D1730439

# Münchener Kommentar
# zum Handelsgesetzbuch

## Band 7

## Transportrecht

## Viertes Buch. Handelsgeschäfte

### Vierter Abschnitt. Frachtgeschäft (§§ 407–452d)

### Fünfter Abschnitt. Speditionsgeschäft (§§ 453–466)

### Sechster Abschnitt. Lagergeschäft (§§ 467–475h)

## Fünftes Buch. Seehandel (§§ 476–619)

## CMR · CIM · MÜ · CMNI

herausgegeben von

### Prof. Dr. Dr. h.c. mult. Karsten Schmidt

em. o. Professor an der Universität Bonn
Professor der Bucerius Law School, Hamburg

# Die einzelnen Bände
## des Münchener Kommentars zum HGB

*Band 1*
Erstes Buch. Handelsstand
§§ 1–104a
Bandredakteur:
Prof. Dr. Dr. h.c. mult. Karsten Schmidt

*Band 2*
Zweites Buch. Handelsgesellschaften und
stille Gesellschaft
Erster Abschnitt. Offene Handelsgesellschaft
§§ 105–160
Bandredakteur:
Prof. Dr. Dr. h.c. mult. Karsten Schmidt

*Band 3*
Zweites Buch. Handelsgesellschaften und
stille Gesellschaft
Zweiter Abschnitt. Kommanditgesellschaft
Dritter Abschnitt. Stille Gesellschaft
§§ 161–237
Konzernrecht der Personengesellschaft
Bandredakteur:
Prof. Dr. Dr. h.c. mult. Karsten Schmidt

*Band 4*
Drittes Buch. Handelsbücher
§§ 238–342e
Bandredakteur:
Prof. Dr. Dres. h.c. Werner Ebke

*Band 5*
Viertes Buch. Handelsgeschäfte
§§ 343–406
CISG
Bandredakteurin:
Professor Dr. Barbara Grunewald

*Band 6*
Bankvertragsrecht
Recht des Zahlungsverkehrs,
Emissionsgeschäft,
Anlageberatung,
Effektengeschäft,
Depotgeschäft,
Ottawa Übereinkommen über
Internationales Factoring
Bandredakteur:
Prof. Dr. Walther Hadding

*Band 7*
Transportrecht
§§ 407–619
CMR · CIM · MÜ · CMNI
Bandredakteur:
Professor Dr. Rolf Herber

# Münchener Kommentar zum Handelsgesetzbuch

Band 7

Transportrecht

## Viertes Buch. Handelsgeschäfte

Vierter Abschnitt. Frachtgeschäft (§§ 407–452d)

Fünfter Abschnitt. Speditionsgeschäft (§§ 453–466)

Sechster Abschnitt. Lagergeschäft (§§ 467–475h)

## Fünftes Buch. Seehandel (§§ 476–619)

CMR · CIM · MÜ · CMNI

herausgegeben von

**Prof. Dr. Dr. h.c. mult. Karsten Schmidt**

em. o. Professor an der Universität Bonn
Professor der Bucerius Law School, Hamburg

Bandredakteur

**Prof. Dr. Rolf Herber**

Rechtsanwalt in Hamburg
Universitätsprofessor i.R. an der Universität Hamburg
Honorarprofessor an der Universität Frankfurt am Main
Ministerialdirigent a.D. im Bundesministerium der Justiz

3. Auflage

Verlag C. H. Beck/Verlag Franz Vahlen
München 2014

Zitiervorschlag:
MüKoHGB/*Bydlinski* § 463 Rn. 3
MüKoHGB/*Jesser-Huß* CMR Art. 17 Rn. 6

**www.beck.de**

ISBN 978 3 406 61027 1

© 2014 Verlag C. H. Beck oHG
Wilhelmstraße 9, 80801 München

Druck: Druckerei C.H. Beck Nördlingen
(Adresse wie Verlag)

Satz: Meta Systems Publishing & Printservices GmbH, Wustermark

Gedruckt auf säurefreiem, alterungsbeständigem Papier
(hergestellt aus chlorfrei gebleichtem Zellstoff)

# Die Bearbeiter des siebten Bandes

*Dr. Bernd Andresen*
Rechtsanwalt, Düsseldorf

*Dr. Kay Uwe Bahnsen*
Rechtsanwalt, Hamburg

*Professor Dr. Peter Bydlinski*
Professor an der Universität Graz

*Dr. Tobias Eckardt*
Rechtsanwalt, Hamburg

*Dr. Fritz Frantzioch*
Richter am Oberlandesgericht a.D., Hamburg

*Professor Dr. Rainer Freise*
Ministerialrat a.D., Frankfurt am Main
Honorarprofessor an der Universität Frankfurt am Main

*Professor Dr. Rolf Herber*
Rechtsanwalt, Hamburg
Universitätsprofessor i.R. an der Universität Hamburg
Honorarprofessor an der Universität Frankfurt am Main
Ministerialdirigent a.D. im Bundesministerium der Justiz

*Dr. Peter Hesse*
Rechtsanwalt, Hamburg

*Professorin Dr. Helga Jesser-Huß*
Professorin an der Universität Graz

*Professor Dr. Karsten Otte, M. C. J. (Univ. of Texas)*
Direktor bei der Bundesnetzagentur, Bonn
apl. Professor an der Universität Mannheim
Honorarprofessor an der Nationalen Marineuniversität Odessa (Ukraine)

*Dr. Jan-Erik Pötschke*
Rechtsanwalt, Hamburg

*Professor Dr. Edgar Ruhwedel*
em. Professor an der Universität Frankfurt am Main

*Hartmuth Sager*
Rechtsanwalt, Hamburg

## Bearbeiterverzeichnis

*Dr. Christine Schmidt*
Richterin am Landgericht Darmstadt

*Dr. Wilm Steingröver*
Rechtsanwalt, Hamburg

*Christian Teutsch*
Rechtsanwalt, Düsseldorf

*Dr. Karl-Heinz Thume*
Rechtsanwalt, Nürnberg

# Im Einzelnen haben bearbeitet:

## HGB

Einleitung . . . . . . . . . . . . . . . . . . . . . . . . . . . . . Dr. Rolf Herber
§§ 407–424 . . . . . . . . . . . . . . . . . . . . . . . . . . Dr. Karl-Heinz Thume
§§ 425–437 . . . . . . . . . . . . . . . . . . . . . . . . . . Dr. Rolf Herber
§§ 438, 439 . . . . . . . . . . . . . . . . . . . . . . . . . . Dr. Tobias Eckardt
§§ 440–442 . . . . . . . . . . . . . . . . . . . . . . . . . . Dr. Christine Schmidt
§§ 443–448 . . . . . . . . . . . . . . . . . . . . . . . . . . Dr. Rolf Herber
§ 449 . . . . . . . . . . . . . . . . . . . . . . . . . . . . . . . . Dr. Christine Schmidt
§ 450 . . . . . . . . . . . . . . . . . . . . . . . . . . . . . . . . Dr. Rolf Herber
§§ 451–451h . . . . . . . . . . . . . . . . . . . . . . . . . . Dr. Bernd Andresen
§§ 452–452b . . . . . . . . . . . . . . . . . . . . . . . . . . Dr. Rolf Herber
§ 452c . . . . . . . . . . . . . . . . . . . . . . . . . . . . . . . Dr. Bernd Andresen
§ 452d . . . . . . . . . . . . . . . . . . . . . . . . . . . . . . . Dr. Rolf Herber
§§ 453–466 . . . . . . . . . . . . . . . . . . . . . . . . . . Dr. Peter Bydlinski
§§ 467–475h . . . . . . . . . . . . . . . . . . . . . . . . . . Dr. Fritz Frantzioch
§§ 476–479 . . . . . . . . . . . . . . . . . . . . . . . . . . Dr. Jan-Erik Pötschke
§ 480 . . . . . . . . . . . . . . . . . . . . . . . . . . . . . . . . Dr. Rolf Herber
§§ 481–495 . . . . . . . . . . . . . . . . . . . . . . . . . . Dr. Jan-Erik Pötschke
§§ 496, 497 . . . . . . . . . . . . . . . . . . . . . . . . . . Dr. Christine Schmidt
§§ 498–509 . . . . . . . . . . . . . . . . . . . . . . . . . . Dr. Rolf Herber
§ 510 . . . . . . . . . . . . . . . . . . . . . . . . . . . . . . . . Dr. Tobias Eckardt
§§ 511–526 . . . . . . . . . . . . . . . . . . . . . . . . . . Dr. Rolf Herber
§§ 527–535 . . . . . . . . . . . . . . . . . . . . . . . . . . Dr. Jan-Erik Pötschke
§§ 536–552 . . . . . . . . . . . . . . . . . . . . . . . . . . Dr. Christine Schmidt
§§ 553–569 . . . . . . . . . . . . . . . . . . . . . . . . . . Hartmuth Sager
§§ 570–573 . . . . . . . . . . . . . . . . . . . . . . . . . . Dr. Wilm Steingröver
§§ 574–595 . . . . . . . . . . . . . . . . . . . . . . . . . . Dr. Rolf Herber
§§ 596– 619 . . . . . . . . . . . . . . . . . . . . . . . . . . Dr. Tobias Eckardt

EGHGB Art. 6-8, 71 . . . . . . . . . . . . . . . . . . . . Dr. Rolf Herber

ADSp . . . . . . . . . . . . . . . . . . . . . . . . . . . . . . . . Dr. Kay Uwe Bahnsen

VBGL . . . . . . . . . . . . . . . . . . . . . . . . . . . . . . . . Dr. Bernd Andresen

Allgemeine Geschäftbedingungen der Bundes-
fachgruppe Schwertransporte und Kranarbeiten      Dr. Bernd Andresen

Allgemeine Beförderungsbedingungen für
Fracht der Lufthansa Cargo AG . . . . . . . . . . . . Dr. Edgar Ruhwedel

Hamburger Lagerungsbedingungen . . . . . . . . . Dr. Fritz Frantzioch

Kaibetriebsordnung . . . . . . . . . . . . . . . . . . . . . Dr. Peter Hesse

CMR . . . . . . . . . . . . . . . . . . . . . . . . . . . . . . . . . Dr. Helga Jesser-Huß

## Bearbeiterverzeichnis

Internationaler Eisenbahnverkehr . . . . . . . . . .     Dr. Rainer Freise

Internationaler Luftverkehr . . . . . . . . . . . . . . .     Dr. Edgar Ruhwedel

Internationaler Binnenschiffverkehr . . . . . . . . .     Dr. Karsten Otte

Beförderung durch Universalpostdienstleister. .     Christian Teutsch

# Vorwort

Der vorliegende Band deckt das gesamte im Vierten und Fünften Buch des Handelsgesetzbuchs und in den ergänzenden internationalen Übereinkommen verankerte deutsche und internationale Zivilrecht des Gütertransports ab. Dessen Neufassung durch das Transportrechtsreformgesetz von 1998 und durch das Seerechtsreformgesetz von 2013 hat das Handelsgesetzbuch auch in diesem Bereich zu einer modernen Kodifikation gemacht.

In der 1997 erschienenen ersten Auflage war es nach intensiver Vorbereitung gelungen, das damals in einer Vielzahl von Rechtsquellen zersplitterte deutsche und internationale Transportrecht in einem übersichtlichen Kommentar mit Einblicken auch in das Geldtransportrecht zusammenzufassen. Doch schon ein Jahr später veränderte das Transportrechtsreformgesetz von 1998 die gesetzlichen Grundlagen des deutschen Transportrechts grundlegend. Demgemäß erschien bereits im Jahr 1999 als Band 7a ein Aktualisierungsband zur ersten Auflage, allerdings beschränkt auf die Aufgabe, „der Praxis in den wichtigeren Problemfeldern eine Orientierung" zu „geben, dies vor allem unter Auswertung der Gesetzgebungsmaterialien" (so damals das Vorwort).

So blieb es der zweiten Auflage vorbehalten, die Grundstrukturen des systematisch neu angelegten neuen deutschen Gütertransportrechts und der dieses nach wie vor ergänzenden internationalen Übereinkommen – nun unter Einschluss des Posttransportrechts, jedoch noch ohne das noch der Reform harrende Seetransportrecht – im Gesamtzusammenhang umfassend darzustellen und die einzelnen Regelungen, insbesondere die mit ihnen neu entwickelten Konzepte, etwa das der AGB-Festigkeit der Haftungsregeln, der Mithaftung des ausführenden Frachtführers und der Einordnung des Multimodaltransports als Frachtvertrag sui generis, eingehend zu erläutern. Eine fast schon unübersehbare Zahl allein von veröffentlichten Gerichtsentscheidungen, nicht zuletzt eine rege Rechtsprechung des Bundesgerichtshofs, und eine Fülle von Kommentierungen und Einzelabhandlungen prägten das Bild der neuen Vorschriften der §§ 407 bis 475h HGB. Die in der ersten Auflage kommentierten internationalen Transportrechtsübereinkommen waren inzwischen – mit Ausnahme der CMR, zu der zahlreiche Urteile und Publikationen erschienen waren – durch neue, bereits für Deutschland in Kraft getretene ersetzt oder ergänzt worden: Das für den Luftverkehr geltende Warschauer Abkommen von 1929/1955 wurde durch das Montrealer Übereinkommen von 1999 ersetzt. Anstelle der COTIF 1980 mit den Einheitlichen Rechtsvorschriften für den Vertrag über die internationale Eisenbahnförderung von Gütern (CIM) trat die COTIF 1999. Für Binnenschiffsbeförderungen wurde schließlich mit dem Budapester Übereinkommen über den Vertrag über die Güterbeförderung in der Binnenschifffahrt von 2001 (CMNI) erstmals eine internationale Übereinkommensregelung getroffen.

Die nunmehr vorgelegte, wiederum umfassend neu kommentierte dritte Auflage konnte das durch das Gesetz zur Reform des Seehandelsrechts vom 20.4.2013 (BGBl. I S. 831) von Grund auf neu geregelte Fünfte Buch in die systematische Kommentierung einbeziehen. Diese erste Erläuterung des systematisch völlig neu konzipierten deutschen Seehandelsrechts kann naturgemäß noch nicht dieselben Anforderungen erfüllen wie die Kommentierung des Vierten Buchs. Sie soll jedoch Praxis und Wissenschaft in einem möglichst frühen Zeitpunkt die Einarbeitung in das neue Recht erleichtern und zugleich zu einer Diskussion neuer Probleme anregen.

Der Münchener Kommentar zum Handelsgesetzbuch erläutert damit als erster unter allen Großkommentaren zum HGB sämtliche Bücher dieses Gesetzes und festigt damit den Prozess einer Wiedergewinnung kodifikatorischer Einheit. Hierzu wird das vorliegende Werk zum Nutzen der Praxis weiterhin beitragen.

Hamburg/München 2014                    Bandredaktor, Herausgeber und Verlag

# Inhaltsverzeichnis

## 1. Teil. Handelsgesetzbuch

### Viertes Buch. Handelsgeschäfte

|  | §§ | Seite |
|---|---|---|
| Einleitung | | 3 |
| **Vierter Abschnitt. Frachtgeschäft** | | 19 |
| Erster Unterabschnitt. Allgemeine Vorschriften | 407–450 | 28 |
| Nach § 412: Verordnung über die Lade- und Löschzeiten sowie das Liegegeld in der Binnenschifffahrt (Lade- und Löschzeitenverordnung – BinSchLV) | | 108 |
| Zweiter Unterabschnitt. Beförderung von Umzugsgut | 451–451h | 379 |
| Dritter Unterabschnitt. Beförderung mit verschiedenartigen Beförderungsmitteln | 452–452d | 409 |
| **Fünfter Abschnitt. Speditionsgeschäft** | 453–466 | 469 |
| **Sechster Abschnitt. Lagergeschäft** | 467–475h | 647 |

### Fünftes Buch. Seehandel

| | §§ | Seite |
|---|---|---|
| Erster Abschnitt. Personen der Schifffahrt | 476–480 | 737 |
| Zweiter Abschnitt. Beförderungsverträge | 481–552 | 751 |
| Erster Unterabschnitt. Seefrachtverträge | 481–535 | 751 |
| Erster Titel. Stückgutfrachtvertrag | 481–526 | 751 |
| Erster Untertitel. Allgemeine Vorschriften | 481–497 | 751 |
| Zweiter Untertitel. Haftung wegen Verlust oder Beschädigung des Gutes | 498–512 | 833 |
| Dritter Untertitel. Beförderungsdokumente | 513–526 | 932 |
| Zweiter Titel. Reisefrachtvertrag | 527–535 | 992 |
| Zweiter Unterabschnitt. Personenbeförderungsverträge | 536–552 | 1031 |
| Dritter Abschnitt. Schiffsüberlassungsverträge | 553–569 | 1057 |
| Erster Unterabschnitt. Schiffsmiete | 553–556 | 1057 |
| Zweiter Unterabschnitt. Zeitcharter | 557–569 | 1076 |
| Vierter Abschnitt. Schiffsnotlagen | 570–595 | 1111 |
| Erster Unterabschnitt. Schiffszusammenstoß | 570–573 | 1111 |
| Zweiter Unterabschnitt. Bergung | 574–587 | 1139 |
| Dritter Unterabschnitt. Große Haverei | 588–595 | 1146 |
| Fünfter Abschnitt. Schiffsgläubiger | 596–604 | 1151 |
| Sechster Abschnitt. Verjährung | 605–610 | 1163 |
| Siebter Abschnitt. Allgemeine Haftungsbeschränkung | 611–617 | 1179 |
| Achter Abschnitt. Verfahrensvorschriften | 618, 619 | 1193 |

# Inhaltsverzeichnis

Seite

## Anhang

### A. Gesetze und Übereinkommen

I. Gesetz über das Verfahren bei der Errichtung und Verteilung eines Fonds zur Beschränkung der Haftung in der See- und Binnenschiffahrt (Schifffahrtsrechtliche Verteilungsordnung – SVertO) .............................. 1195

II. Gesetz über das Verfahren in Familiensachen und in den Angelegenheiten der freiwilligen Gerichtsbarkeit (Auszug: § § 402–409: Dispache) .......... 1218

III. Übereinkommen vom 19. November 1976 über die Beschränkung der Haftung für Seeforderungen ................................................... 1220

IV. Internationales Übereinkommen vom 23. September 1910 zur einheitlichen Feststellung von Regeln über den Zusammenstoß von Schiffen ..... 1230

V. Internationales Übereinkommen zur Vereinheitlichung von Regeln über die zivilgerichtliche Zuständigkeit bei Schiffszusammenstößen vom 10. Mai 1952 ....................................................................... 1233

### B. Allgemeine Bedingungen

#### I. National

1. Allgemeine Deutsche Spediteurbedingungen ............................... 1236
2. Vertragsbedingungen für den Güterkraftverkehrs-, Speditions- und Logistikunternehmer (VBGL) .................................................... 1300
3. Allgemeine Geschäftsbedingungen der Bundesfachgruppe Schwertransporte und Kranarbeiten ....................................................... 1317
4. Allgemeine Leistungsbedingungen (ALB) der DB Schenker Rail AG.... 1322
5. Allgemeine Beförderungsbedingungen für Fracht der Lufthansa Cargo AG ................................................................................ 1326
6. Hamburger Lagerungsbedingungen ......................................... 1342
7. Kaibetriebsordnung ........................................................... 1353

#### II. International

1. York Antwerp Rules (2004) .................................................. 1365
2. Lloyd's Open Form (LOF 2011) .............................................. 1375
3. Interclub Agreement (1996, amended 2011) ................................ 1377

#### III. Charterbedingungen

1. Barecon (2001) ................................................................ 1380
2. Baltime 1939 (2001) .......................................................... 1392
3. NYPE 1993 .................................................................... 1397
4. NYPE 1946 .................................................................... 1410
5. Gencon (1994) ................................................................ 1413

#### IV. Konnossementsbedingungen

1. Congen Bill (2007) ............................................................ 1417
2. Conline Bill (2000) ........................................................... 1419
3. FIATA Multimodal Transport Bill ........................................... 1421

## 2. Teil. Einführungsgesetz zum Handelsgesetzbuch

Seite

Art. 6–8, 71 ................................................................ 1428

## 3. Teil. Internationale Übereinkommen

### 1. Abschnitt. Internationaler Straßenverkehr

Übereinkommen über den Beförderungsvertrag im Internationalen Straßengüterverkehr – CMR ........................................................... 1445

### 2. Abschnitt. Internationaler Eisenbahnverkehr

Eisenbahntransport- Internationales Recht ................................ 1891
1. Übereinkommen über den internationalen Eisenbahnverkehr (COTIF)
   – Auszug –............................................................ 1908
2. Einheitliche Rechtsvorschriften für den Vertrag über die internationale Eisenbahnbeförderung von Gütern (CIM – Anhang B zum Übereinkommen
   COTIF)............................................................... 1916
3. Ordnung für die internationale Eisenbahnbeförderung gefährlicher Güter
   (RID – Anhang C zum Übereinkommen COTIF) ....................... 2076
4. Einheitliche Rechtsvorschriften für Verträge über die Verwendung von
   Wagen im internationalen Eisenbahnverkehr (CUV – Anhang D zum Übereinkommen COTIF) ................................................. 2082

### Anhang

5. Allgemeine Beförderungsbedingungen für den internationalen Eisenbahngüterverkehr (ABB-CIM)................................................ 2107
6. Bestimmungen der DB Schenker Rail AG für den internationalen Eisenbahnverkehr.............................................................. 2111
7. Allgemeiner Vertrag für die Verwendung von Güterwagen – AVV – (ohne
   Anlagen) ............................................................ 2114

### 3. Abschnitt. Internationaler Luftverkehr

1. Übereinkommen zur Vereinheitlichung bestimmter Vorschriften über die
   Beförderung im internationalen Luftverkehr – Montrealer Übereinkommen –
   MÜ.................................................................. 2123
2. Gesetz zur Durchführung des Übereinkommens vom 28. Mai 1999 zur Vereinheitlichung bestimmter Vorschriften über die Beförderung im internationalen Luftverkehr und zur Durchführung der Versicherungspflicht zur Deckung
   der Haftung für Güterschäden nach der Verordnung (EG) Nr. 785/2004 –
   Montrealer-Übereinkommen-Durchführungsgesetz – MontÜG.............. 2419

### 4. Abschnitt. Internationaler Binnenschiffsverkehr

Budapester Übereinkommen über den Vertrag über die Güterbeförderung in der
Binnenschifffahrt – CMNI................................................. 2421

# Inhaltsverzeichnis

## 4. Teil. Beförderung durch Universalpostdienstleister

Seite

A. AGB der Deutschen Post im innerdeutschen Bereich.......................... 2628

B. Weltpostvertrag und AGB der Deutschen Post im internationalen Bereich .. 2644

Sachverzeichnis............................................................... 2687

# Verzeichnis der Abkürzungen und der abgekürzt zitierten Literatur

| | |
|---|---|
| aA | anderer Ansicht |
| aaO | am angegebenen Ort |
| ABB–CIM | Allgemeine Beförderungsbedingungen für den internationalen Eisenbahngüterverkehr |
| ABB LH | Allgemeine Beförderungsbedingungen für Fracht der Lufthansa Cargo AG (Anhang B I 5.) |
| ABGB | Allgemeines Bürgerliches Gesetzbuch (Österreich) |
| Abk. | Abkommen |
| ABl. | Amtsblatt |
| abl. | ablehnend |
| *Abraham* | Amtsblatt der Europäischen Gemeinschaften |
| Abs. | Absatz, Absätze |
| Abschn. | Abschnitt |
| abw. | abweichend |
| ADB | Allgemeine Deutsche Binnen-Transportversicherungs-Bedingungen |
| ADHGB | Allgemeines Deutsches Handelsgesetzbuch von 1861 |
| ADNR | Verordnung über die Beförderung gefährlicher Güter auf dem Rhein |
| ADR | Accord europeén relatif au transport international des marchandises dangereuses par route |
| ADS Güterversicherung | Allgemeine Deutsche Seeversicherungsbedingungen von 1919. Besondere Bestimmungen für die Güterversicherung von 1973 idF von 1984 |
| ADSp | Allgemeine Deutsche Spediteur-Bedingungen (Anhang B I 1.) |
| aE | am Ende |
| AETR | Europäisches Übereinkommen über die Arbeit des im internationalen Straßenverkehr beschäftigten Fahrpersonals |
| aF | alte Fassung |
| AGB | Allgemeine Geschäftsbedingungen |
| AGB–BSK | AGB der Bundesfachgruppe Schwertransporte und Kranarbeiten (Anhang B I 3.) |
| AGBG | Gesetz zur Regelung des Rechts der Allgemeinen Geschäftsbedingungen |
| AGNB | Allgemeine Beförderungsbedingungen für den gewerblichen Güternahverkehr mit Kraftfahrzeugen |
| AHB | Allgemeine Versicherungsbedingungen für die Haftpflichtversicherung |
| Air L. | Air Law |
| ALB | Allgemeine Lagerbedingungen des Deutschen Möbeltransports; Allgemeine Leistungsbedingungen (der Bahnen) |
| ALB DB Schenker Rail AG | Allgemeine Leistungsbedingungen der DB Schenker Rail AG (Anhang B I 4.) |
| *Alff* | Alff, Lager- und Speditionsrecht, 1986 |

# Abkürzungs- und Literaturverzeichnis

| | |
|---|---|
| All E. R. | The All English Law Reports |
| allgM | allgemeine Meinung |
| aM | anderer Meinung |
| ÄndG | Änderungsgesetz |
| *Andresen/Valder* | Andresen/Valder, Speditions-, Fracht- und Lagerrecht, November 2013 |
| Anh. | Anhang |
| Anl. | Anlage |
| Anm. | Anmerkung |
| Ann. Air Sp. L. | Annals of Air and Space Law |
| Ann. dir. comp. | Annuario di diritto comparato |
| ArchEW | Archiv für Eisenbahnwesen |
| ArchLR | Archiv für Luftrecht |
| ArrestÜ | Brüsseler Übereinkommen vom 10.5.1952 zur Vereinheitlichung von Regeln über den Arrest in Seeschiffe, BGBl. 1972 II 653, 655 |
| Art. | Artikel |
| ASDA-Bull | Bulletin der Schweizerischen Vereinigung für Luft und Weltraumrecht |
| Aufl. | Auflage |
| Bamberger/Roth/ *Bearbeiter* | Bamberger/Roth (Hrsg.), Kommentar zum Bürgerlichen Gesetzbuch, 3. Aufl. 2012 |
| BAnz. | Bundesanzeiger |
| *v. Bar* IPR II | v. Bar, Internationales Privatrecht, Band 2, 1991 |
| *v. Bar/Mankowski* IPR I | v. Bar/Mankowski, Internationales Privatrecht, Band 1, 2. Aufl. 2003 |
| *Basedow* EurVerkPol | Basedow (Hrsg.), Europäische Verkehrspolitik, 1987 |
| *Basedow* TranspV | Basedow, Der Transportvertrag, 1987 |
| Baumbach/Hopt/ *Bearbeiter* | Baumbach/Hopt (Hrsg.), Handelsgesetzbuch mit Nebengesetzen, 36. Aufl. 2014 |
| Baumgärtel/*Bearbeiter* | Baumgärtel (Hrsg.), Handbuch der Beweislast im Privatrecht, Kommentar, 1981 ff. |
| Bearb., bearb. | Bearbeitung, Bearbeiter, bearbeitet |
| BeckRS | Beck-Rechtsprechung |
| Begr. | Begründung |
| Bek. | Bekanntmachung |
| Bericht | Bericht der Sachverständigenkommission zur Reform des Transportrechts, hrsg. vom BMJ 1996 |
| BerSV | Abschlussbericht der Sachverständigengruppe zur Reform des Seehandelsrechts vom 27.8.2009, abgedruckt bei Czerwenka, Geplante Reform S. 265 ff. und TranspR 2009, 417 ff. (Auszug) |
| Beschlussempfehlung TRG | Beschlussempfehlung und Bericht des Rechtsausschusses des Deutschen Bundestages zum TRG , BT-Drucks. 13/10014 vom 3.3.1998 |
| Beschlussempfehlung SRG | Beschlussempfehlung und Bericht des Rechtsausschusses des Deutschen Bundestages zum SRG, BT-Drucks. 17/11884 vom 12.12.2012 |
| BGB | Bürgerliches Gesetzbuch |

| | |
|---|---|
| BGBl. | Bundesgesetzblatt |
| BGE | Entscheidungen des Schweizerischen Bundesgerichts, Amtliche Sammlung |
| BGH | Bundesgerichtshof |
| BGH-Report | Schnelldienste zur Zivilrechtsprechung des Bundesgerichtshofs und der Oberlandesgerichte (Zeitschrift) (s. auch OLG-Report) |
| BGHWarn | Rechtsprechung des Bundesgerichtshofes in Zivilsachen – in der amtlichen Sammlung nicht enthaltene Entscheidungen (als Fortsetzung von WarnR) |
| BGHZ | Entscheidungen des Bundesgerichtshofes in Zivilsachen |
| BIMCO | Baltic and International Maritime Council |
| BinSchG | Binnenschifffahrtsgesetz idF vom 20.5.1858, RGBl. I S. 868 |
| BinSchLV | Verordnung über die Lade- und Löschzeiten sowie das Liegegeld in der Binnenschifffahrt (Lade- und Löschzeitenverordnung – BinSchLV) vom 23.11.1999, BGBl. I S. 2389 |
| BinSchVerfG | Gesetz über das gerichtliche Verfahren in Binnenschifffahrtssachen, BGBl I 1952, 641, zuletzt geändert durch Gesetz vom 26.3.2007, BGBl. I 358 |
| B/L | Bill of Lading |
| BMJ | Bundesminister der Justiz/Bundesministerium der Justiz |
| BR-Drucks. | Drucksachen des Bundesrates |
| *Bredow/Seiffert* | Bredow/Seiffert, Incoterms 2000 |
| B. R. H. | Belgische Rechtspraak in Handelszaken |
| BRZ | Bruttoraumzahl |
| BSK | Bundesfachgruppe Schwertransporte und Kranarbeiten |
| BT | Bulletin des transports (Frankreich) |
| BT-Drucks. | Drucksachen des Deutschen Bundestages |
| BTL | Bulletin des transports et de la logistique (Frankreich) |
| Buchst. | Buchstabe |
| Bus. Lawyer | The Business Lawyer |
| Bus. L. J. | The Business Law Journal |
| BVerfG | Bundesverfassungsgericht |
| BW | Burgerlijk Wetboek (Bürgerliches Gesetzbuch der Niederlande) |
| BYIL | British Yearbook of International Law |
| *Canaris* | Canaris, Handelsrecht, 24. Aufl. 2006 |
| CCass. | Cour de Cassation, Corte di Cassazione |
| CBRB | Niederländische internationale Binnenschiffstransportbedingungen |
| C. C. | Code Civil |
| CCH Avi | Commerce Clearing House – Aviation Cases |
| c.com. | code de commerce |
| CCV | Convention internationale relative au contrat de voyage |
| CEMT | Conférence européenne des ministres de transport |
| c & f | cost & freight |
| CFR | cost and freight (Kosten und Fracht, Incoterm) |
| ch., chap. | chapter |
| CIF, cif | cost, insurance, freight (Kosten, Versicherung, Fracht) (Incoterm) |
| CIM | Règles uniformes concernant le contrat de transport international ferroviaire des marchandises/Einheitliche Rechtsvorschriften für den Vertrag über die internationale Eisenbahnbeförderung von Gütern (Anhang B zum Übereinkommen COTIF in der Fassung des Protokolls von 1999) |

# Abkürzungs- und Literaturverzeichnis

CISG ..................... UN Convention on Contracts for the International Sale of Goods/Übereinkommen der Vereinten Nationen vom 11.4.1980 über Verträge über den internationalen Warenkauf, BGBl. 1989 II S. 588

CITEJA ................. Comité international technique d'experts juridiques aériens

CIV ...................... Règles uniformes concernant le contrat de transport international ferroviaire des voyageurs/Einheitliche Rechtsvorschriften für den Vertrag über die internationale Eisenbahnbeförderung von Personen (Anhang A zum Übereinkommen COTIF in der Fassung des Protokolls von 1999)

Clarke ................... Clarke, International Carriage of Goods by Road: CMR, 4. Aufl. 2003

CLNI ..................... Convention sur la limitation de la responsibilité en navigation intérieure/Straßburger Übereinkommen vom 4.11.1988 über die Beschränkung der Haftung in der Binnenschifffahrt

Clunet ................... Clunet, Journal du droit international

CMI ...................... Comité Maritime International

C. M. I. Bull .......... Bulletin de l'Association belge pour l'unification du droit maritime

CMLM ................. Übereinkommen vom 6.5.1993 über Schiffsgläubigerrechte und Schiffshypotheken

CMLR ................. Common Market Law Report

CMNI ................... Convention de Budapest relative au contrat de transport de marchandises en navigation intérieure/Budapester Übereinkommen vom 22.6.2001 über den Vertrag über die Güterbeförderung in der Binnenschifffahrt

CMR ..................... Convention relative au contrat de transport international de marchandises par route/Übereinkommen vom 19.5.1956 über den Beförderungsvertrag im internationalen Straßengüterverkehr

c.n. ....................... Codice della navigazione (Italien)

c. o. d. ................... cash on delivery (Lieferung gegen Nachnahme)

Cód. com. ............. Código de comercio

Cod. nav. .............. Codice della navigazione

COGSA ................ Carriage of goods by sea act

Com. ..................... Tribunal de commerce

Com. L. Eur. .......... Commercial Laws of Europe

Comp. L. J. ............ Comparative Law Journal

Complutense .......... Revista de la facultad de derecho de la Universidad Complutense (Curso) (Spanien)

Comp. L.YB. .......... Comparative Law Yearbook

*Costanzo* ............... Costanzo, Il contratto di trasporto internazionale nella CMR, 1979

COTIF ................. Convention relative aux transports internationaux ferroviaires (COTIF) du 9 mai 1980 dans le teneur du Protocole de modification du 3 juin 1999/Übereinkommen über den internationalen Eisenbahnverkehr (COTIF) vom 9.5.1980 in der Fassung des Änderungsprotokolls vom 3.6.1999

C/P ....................... Charterparty

CRTD ................. Internationales Übereinkommen vom 10.10.1989 über die zivilrechtliche Haftung für Schäden bei der Beförderung gefährlicher Güter auf der Straße, auf der Schiene und auf Binnenschiffen

CUI ...................... Règles Uniformes concernant le contrat d'utilisation de l'infrastructure en trafic international ferroviaire/Einheitliche Rechts-

|  |  |
|---|---|
|  | vorschriften für den Vertrag über die Nutzung der Infrastruktur im internationalen Eisenbahnverkehr (Anhang E zum Übereinkommen COTIF in der Fassung des Protokolls von 1999) |
| CTO | Combined Transport Operator |
| CUV | Règles Uniformes concernant les contrats d'utilisation de véhicules en trafic internationale ferroviaire/Einheitliche Rechtsvorschriften für Verträge über die Verwendung von Wagen im internationalen Eisenbahnverkehr (Anhang D zum Übereinkommen COTIF in der Fassung des Protokolls von 1999) |
| CVN | Convention relative au contrat de transport de voyageurs et de bagages en navigation intérieure |
| CVR | Convention relative au contrat de transport de voyageurs et de bagages par route |
| Czernich/Heiss/ *Bearbeiter* | Czernich/Heiss (Hrsg.), EVÜ – Das Europäische Schuldvertragsübereinkommen, 1999 |
| *Czerwenka,* Geplante Reform | Czerwenka, Die geplante Reform des Seehandelsrechts, Köln 2011 |
| *Czerwenka* | Czerwenka, Das Gesetz zur Reform des Seehandelsrechts, Köln 2014 |
| DB | Der Betrieb (Zeitschrift) |
| D. Chr. | Dalloz Chronique |
| ders. | derselbe |
| dgl. | desgleichen; dergleichen |
| DGV | Der Güterverkehr (Zeitschrift) |
| dh. | das heißt |
| dies. | dieselbe(n) |
| Dir. aereo | Il diritto aereo |
| Dir. com. int. | Diritto del Commercio Internazionale |
| Dir. Mar. | Il diritto marittimo |
| Diss. | Dissertation |
| D. M. F. | Le Droit maritime français |
| Dr. prat. com. int. | Receuil Dalloz Sirey, Sommaires Commentés |
| DGTR | Deutsche Gesellschaft für Transportrecht, |
| *Dubischar* | Dubischar, Grundriß des gesamten Gütertransportrechts, 1987 |
| DVIS | Deutscher Verein für Internationales Seerecht und Schriften des DVIS |
| DVWG | Deutsche Verkehrswissenschaftliche Gesellschaft |
| DVZ | Deutsche Verkehrszeitung |
| ebd. | ebenda |
| EBJS/*Bearbeiter* | Ebenroth/Boujong/Joost/Strohn (Hrsg.), Handelsgesetzbuch, 2. Aufl. 2009 |
| EBO | Eisenbahn-Bau- und Betriebsordnung |
| ECAC | European Civil Aviation Conference |
| ECE | United Nations Economic Commission for Europe/Wirtschaftskommission der Vereinten Nationen für Europa |
| ECU | European Currency Unit (EU-Währungseinheit) |
| Ed. | editor/edition |
| EDI | Electronic Data Interchange |
| EDV | Elektronische Datenverarbeitung |
| EGBGB | Einführungsgesetz zum Bürgerlichen Gesetzbuch |

# Abkürzungs- und Literaturverzeichnis

| | |
|---|---|
| EGHGB | Einführungsgesetz zum Handelsgesetzbuch |
| EG-RL | Richtlinie der Europäischen Gemeinschaften |
| EGV | Vertrag zur Gründung der Europäischen Wirtschaftsgemeinschaft |
| EG-VO | Verordnung der Europäischen Gemeinschaften |
| *Ehrenbergs* Hdb. | Ehrenbergs Handbuch des gesamten Handelsrechts mit Einschluß des Wechsel-, Scheck-, See- und Binnenschiffahrtsrechts, des Versicherungsrechts sowie des Post- und Telegraphenrechts, 1913–1928 |
| Einf. | Einführung |
| Einl. | Einleitung |
| *Eisemann/Melis* | Eisemann/Melis, Die Incoterms – Ausgabe 1980, 1982 |
| *Emparanza Sobejano/ Recalde Castells* | Emparanza Sobejano, Recalde Castells, El Contrato de Transporte Internacional de Mercancías por Ferrocarril |
| *Enge* | Enge, Transportversicherung, 3. Aufl. 1996 |
| *Enge/Schwampe* | Enge/Schwampe, Transportversicherung, 4. Aufl. 2012 |
| engl. | englisch |
| entspr. | entsprechend |
| ER | Einheitliche Richtlinien |
| ERA | Einheitliche Richtlinien und Gebräuche für Dokumenten-Akkreditive |
| Erg. | Ergebnis, Ergänzung |
| Erl. | Erläuterungen; Erlass |
| Erman/*Bearbeiter* | Erman (Hrsg.), Handkommentar zum Bürgerlichen Gesetzbuch, 13. Aufl. 2011 |
| ERM | European Rate Exchange Mechanism |
| ETL; E. T. L. | European Transport Law |
| ETR | Europäisches Transportrecht (European Transport Law) |
| EU | Europäische Union |
| EuG | Gericht 1. Instanz der EG |
| EuGH | Europäischer Gerichtshof |
| EuGHE | Sammlung der Rechtsprechung des Gerichtshofs der Europäischen Gemeinschaften |
| EuGVÜ | Übereinkommen über die gerichtliche Zuständigkeit und die Vollstreckung gerichtlicher Entscheidungen in Zivil- und Handelssachen |
| EuGVVO | Verordnung (EG) Nr. 44/2001 des Rates vom 22.12.2000 über die gerichtliche Zuständigkeit und die Anerkennung und Vollstreckung von Entscheidungen in Zivil- und Handelssachen, ABl. L 307 vom 24.11.2001 S. 28 |
| EuIPRÜ | Übereinkommen vom 19.6.1980 über das auf vertragliche Schuldverhältnisse anzuwendende Recht, BGBl. 1986 II S. 810 |
| EuMVVO | Verordnung (EG) Nr. 1896/2006 des Europäischen Parlaments und des Rates vom 12.12.2006 zur Einführung eines Europäischen Mahnverfahrens, ABl. EG 2006 Nr. L 339 S. 1 |
| EuVgerFVO | Verordnung (EG) Nr. 861/2007 des Europäischen Parlaments und des Rates vom 11.7.2007 zur Einführung eines Verfahrens für geringfügige Forderungen, ABl. EG 2007 Nr. L 199 S. 1 |
| EuZW | Europäische Zeitschrift für Wirtschaftsrecht |
| e. V. | eingetragener Verein |
| EVO | Eisenbahn-Verkehrsordnung |
| evtl. | eventuell |

| | |
|---|---|
| EVÜ | EG-Übereinkommen von Rom über das auf vertragliche Schuld-verhältnisse anzuwendende Recht vom 19.6.1980 |
| EWG | Europäische Wirtschaftsgemeinschaft |
| EWGV | Vertrag zur Gründung der Europäischen Wirtschaftsgemeinschaft vom 25.3.1957 |
| EWiR | Entscheidungen zum Wirtschaftsrecht |
| ex ship | ab Schiff |
| EzA | Entscheidungssammlung zum Arbeitsrecht |
| EZB | Europäische Zentralbank |
| FamFG | Gesetz über das Verfahren in Familiensachen und in den Angele-genheiten der freiwilligen Gerichtsbarkeit (Auszug §§ 402 ff. im Anhang A II) |
| fas | free alongside ship (Frei Längsseite Seeschiff, Incoterm) |
| FBL | FIATA Multimodal Transport Bill of Lading |
| FCR | Forwarders Certificate of Receipt |
| FCT | Forwarders Certificate of Transport |
| f., ff. | Folgende |
| Ferrari/*Bearbeiter* | Ferrari/Kieninger/Mankowski/Otte/Saenger/Schulze/Staudinger, Internationales Vertragsrecht, 2. Aufl. 2012 |
| FG | Festgabe |
| FG Herber | Thume (Hrsg.), Transportrecht und Vertriebsrecht 2000, Fest-gabe für Professor Dr. Rolf Herber, 1999 |
| FIATA | Fédération Internationale des Associations de Transitaires et Assi-milés |
| Fn. | Fußnote |
| FOB, fob | free on board (Frei an Bord, Incoterm) |
| *Förtsch* | Förtsch, Kommentar zum BSchG, 2. Aufl. 1990 |
| FPA | Free of Particular Average |
| FrankfKomm/ *Bearbeiter* | Frankfurter Kommentar zum Luftverkehrsrecht, 1972 m. ErgLfgen |
| Fremuth/Thume/ *Bearbeiter* | Fremuth/Thume (Hrsg.), Kommentar zum Transportrecht, 2000 |
| FS | Festschrift |
| FS Duden | Pawlowski (Hrsg.), Festschrift für Konrad Duden zum 70. Geburtstag, 1977 |
| FS Herber | Lagoni/Paschke (Hrsg.), Seehandelsrecht und Seerecht, Fest-schrift für Rolf Herber zum 70. Geburtstag, 1999 |
| FS Piper | Erdmann/Gloy/Herber (Hrsg.), Festschrift für Henning Piper zum 65. Geburtstag, 1996 |
| FS Raisch | Karsten Schmidt (Hrsg.), Unternehmen, Recht und Wirtschafts-ordnung, Festschrift für Peter Raisch zum 70. Geburtstag, 1995 |
| FS Thume | Harms (Hrsg.), Vertrieb, Versicherung, Transport, Festschrift für Karl-Heinz Thume zum 70. Geburtstag, 2008 |
| Geimer/Schütze/ *Bearbeiter* | Geimer/Schütze (Hrsg.) Internationaler Rechtsverkehr in Zivil- und Handelssachen, Loseblatt-Handbuch |
| gem. | gemäß |
| GFG | Gesetz über den Güterfernverkehr 1935 |
| GFT | Tarif für den Güterfernverkehr mit Kraftfahrzeugen |
| *Giemulla/Schmid* | s. FrankfKomm/*Bearbeiter* |
| ggf. | gegebenenfalls |

# Abkürzungs- und Literaturverzeichnis

GGVSE .................. Gefahrgutverordnung Straße und Eisenbahn
G. it. ...................... Giurisprudenza italiana (Italien)
*Giuliano/Lagarde* ....... Giuliano/Lagarde, Bericht über das Übereinkommen über das auf vertragliche Schuldverhältnisse anzuwendende Recht, ABl. EG 1980 C 282/1
GL ........................ Gefährliche Ladung (Deutschland)
GNT ...................... Tarif für den Güternahverkehr mit Kraftfahrzeugen
GoA ....................... Geschäftsführung ohne Auftrag
*Goette* ................... Goette, Binnenschifffahrtsfrachtrecht, 1995
*Goltermann* .............. Goltermann, Eisenbahn-Verkehrsordnung, 3. Aufl. 1959
*Gramm* ................... Das neue deutsche Seefrachtrecht nach den Haager Regeln, 1938
*Greiter* ................... Greiter, CMR–Gerichtsurteile, 1985
Großkomm. ............ Großkommentar
GroßkommHGB/
*Bearbeiter* ............... Handelsgesetzbuch, Großkommentar, begr. von Staub, weitergeführt von Mitgliedern des Reichsgerichts, 3. Aufl. 1967–1982 (4. Aufl. s. Staub)
GS ........................ Gedächtnisschrift
GüKG .................... Güterkraftverkehrsgesetz vom 22.6.1998, BGBl. I S. 1485
GüKUMB .............. Beförderungsbedingungen für den Umzugsverkehr und für die Beförderung von Hausmöbeln in besonders für die Möbelbeförderung eingerichteten Fahrzeugen im Güterfernverkehr und Güternahverkehr
GVBl. ..................... Gesetz- und Verordnungsblatt
GVÜ ...................... Übereinkommen über die gerichtliche Zuständigkeit und die Vollstreckung gerichtlicher Entscheidungen in Zivil- und Handelssachen vom 27.09.1968
GYIL ..................... German Yearbook of International Law
GWB ...................... Gesetz gegen Wettbewerbsbeschränkungen idF der Bekanntmachung vom 15.7.2005, BGBl. I S. 2114; 2009 I S. 3850, zuletzt geändert 22.12.2011, BGBl. I S. 3044

hA ......................... herrschende Ansicht
*Haage* .................... Haage, Das Abladegeschäft, 4. Aufl. 1958
*Haak* ..................... Haak, The Liability of the Carrier under the CMR, 1986
Habilschr. .............. Habilitationsschrift
Halbs. ..................... Halbsatz
HambR .................. Übereinkommen der Vereinten Nationen von 1978 über die Beförderung von Gütern auf See (Hamburg- Regeln)
Hansa ..................... Hansa, Zentralorgan für Schiffahrt, Schiffbau, Hafen
HansOLG .............. Hanseatisches Oberlandesgericht
HansRGZ ............... Hanseatische Rechts- und Gerichtszeitschrift
HansRZ ................. Hanseatische Rechtzeitschrift für Handel, Schifffahrt und Versicherung, Kolonial- und Auslandsbeziehungen
*Hartenstein/Reuschle* ... Hartenstein/Reuschle, Handbuch des Fachanwalts Transport- und Speditionsrecht, 2. Aufl., 2011
HBÜ ...................... Londoner Übereinkommen vom 19.11.1976 über die Beschränkung der Haftung für Seeforderungen (BGBl. 1986 II S. 786) (Anhang A III)
Hdb. ...................... Handbuch
H/E/P/K/*Bearbeiter* .. Hein/Eichhoff/Pukall/Krien (Hrsg.), Güterkraftverkehrsrecht, 4. Aufl. 1998

| | |
|---|---|
| *Herber* | Herber, Seehandelsrecht, Systematische Darstellung, 1999 |
| *Herber,* Haftungsrecht | Herber, Das neue Haftungsrecht der Schiffahrt, Kehl 1989 |
| *Herber/Czerwenka* | Herber/Czerwenka, Internationales Kaufrecht, 1991 |
| *Herber/Piper* | Herber/Piper, Internationales Straßentransportrecht (Kommentar zur CMR), 1996 |
| Heymann/*Bearbeiter* | Heymann, Handelsgesetzbuch (ohne Seerecht), Kommentar, 1988–1990; 2. Aufl. 1995–1999 |
| HGB | Handelsgesetzbuch |
| HGB-E | HGB-Entwurf |
| HHR | s. HambR |
| *Hill/Evans* | Hill/Evans, Transport Laws of the World, Bd. 1–6, 1977 ff. |
| hins. | hinsichtlich |
| hL | herrschende Lehre |
| HLB | Hamburger Lagerungsbedingungen (Anhang B I 6.) |
| hM | herrschende Meinung |
| HNS-Übk. | International Convention on Liability and Compensation for Damage in Connection with the carriage of Hazardous and Noxious Substances by Sea, 1996 |
| Hopt/*Bearbeiter* Form | Hopt (Hrsg.), Vertrags- und Formularbuch zum Handels-, Gesellschafts-, Bank- und Transportrecht, 4. Aufl. 2013 |
| HP | Haager Protokoll von 1955 zum Warschauer Abkommen |
| HpflG | Haftpflichtgesetz |
| H. R. | Hoge Raad |
| HR | Internationales (Brüsseler) Übereinkommen vom 25. August 1924 zur einheitlichen Feststellung von Regeln über Konnossemente (sog. Haager Regeln) |
| HRefG | Handelsrechtsreformgesetz |
| Hrsg.; hrsg. | Herausgeber; herausgegeben |
| HS | Halbsatz |
| *Hueck/Canaris* | Hueck/Canaris, Das Recht der Wertpapiere, 12. Aufl. 1986 |
| *Hueck* oHG | Alfred Hueck, Das Recht der offenen Handelsgesellschaft, 4. Aufl. 1971 |
| HVisbyR | Haager Regeln idF der Visby-Regeln |
| IATA | International Air Transport Association |
| IATA Rev. | IATA Review |
| ICA | Interclub Agreement (Anhang B II 3.) |
| ICAO | International Civil Aviation Organization |
| ICC | International Chamber of Commerce; Interstate Commerce Commission |
| idF | in der Fassung |
| IDIT | Institut de droit international des transports, Rouen |
| idR | in der Regel |
| idS | in diesem Sinne |
| IEL | International Encyclopedia of Laws |
| iErg. | im Ergebnis |
| ieS | im engeren Sinne |
| IHK | Industrie- und Handelskammer |
| iHv. | in Höhe von |
| IMF | International Monetary Fund |
| IMO (früher: IMCO) | International Maritime Organization |
| IMO-Nr. | Schiffsidentifikationsnummer |

# Abkürzungs- und Literaturverzeichnis

| | |
|---|---|
| INSA | International Shipowners' Association |
| Int. Bus. L. J. | International Business Law Journal/Revue de Droit des Affaires Internationales (Frankreich) |
| Int. & Comp. L. Q. | The International and Comparative Law Quarterly (Großbritannien) |
| Int. Encycl. Comp. L. | International Encyclopedia of Comparative Law |
| Int. Lawyer | The International Lawyer |
| Int. TranspZ | Internationale Transportzeitschrift |
| Int. Verkw. | Internationales Verkehrswesen |
| IOPC-Fund | International Oil Pollution Compensation Fund |
| IPR | Internationales Privatrecht |
| IPRax | Praxis des Internationalen Privat- und Verfahrensrechts (Zeitschrift) |
| iÜ | im Übrigen |
| IÜB | Übereinkommen vom 28.4.1989 über Bergung |
| IÜS | Internationales Übereinkommen vom 23.9.1910 zur einheitlichen Feststellung von Regeln über Hilfsleistung und Bergung in Seenot |
| IÜZ | Internationales Übereinkommen vom 23.9.1910 zur einheitlichen Feststellung von Regeln über den Zusammenstoß von Schiffen (RGBl. 1913, 49) (Deutsche Übersetzung, Anhang A IV) |
| IÜZZ | Internationales Übereinkommen zur Vereinheitlichung von Regeln über die zivilgerichtliche Zuständigkeit bei Schiffszusammenstößen vom 10.5.1952 (BGBl. 1972 II, 663) (Deutsche Übersetzung, Anhang A V) |
| iVm. | in Verbindung mit |
| IVTB | Internationale Verlade- und Transportbedingungen des VBW und der IVR (in der Fassung von 2010) für die Binnenschifffahrt |
| iwS | im weiteren Sinne |
| iZw. | im Zweifel |
| J. Air L. & Com. | Journal of Air Law and Commerce (USA) |
| Jb. | Jahrbuch |
| JBl. | (österr.) Juristische Blätter (Zeitschrift) |
| JBL. | The Journal of Business Law |
| J. C. P. | Juris classeur périodique. La semaine juridique |
| J. der. marítimo | Jornadas de Derecho Marítimo, Universidad de la Rabida |
| J. D. I. | Journal du droit international |
| *Jesser* | Jesser, Frachtführerhaftung nach der CMR, 1992 |
| Jg. | Jahrgang |
| J. M. M. | Journal de la Marine Marchande |
| J. O. | Journal officiel |
| Journ. Air L.Com. | The Journal of Air Law and Commerce |
| Journ. Mar. L. Com | Journal of Maritime Law and Commerce |
| JurBl. | Juristische Blätter |
| JurBüro | Das juristische Büro (Zeitschrift) |
| Jur. Dr. unif. | Jurisprudence du droit uniforme – Uniform Law Cases |
| Jur. gén. | Jurisprudence générale, Répertoire méthodique et alphabéthique de législation, de doctrine et de jurisprudence, Dalloz (Frankreich) |
| JuS | Juristische Schulung (Zeitschrift) |

JW ...................... Juristische Wochenschrift
JZ ....................... Juristenzeitung

KBO ..................... Kaibetriebsordnung (Anhang B I 7)
KFG ..................... Gesetz über den Verkehr mit Kraftfahrzeugen
Kfz ...................... Kraftfahrzeug
Kh. ...................... Rechtbank van Koophandel
*Koller* ................... Koller, Transportrecht, Kommentar zum Speditions-, Straßen-
transport- und Lufttransportrecht, 8. Aufl. 2013
*Koller/Roth/Morck* ..... Koller/Roth/Morck, Handelsgesetzbuch, 7. Aufl. 2011
krit. ...................... kritisch
*Kropholler* ............... Kropholler, Internationales Einheitsrecht, 1975
*Kropholler* EuZPR .... Kropholler, Europäisches Zivilprozeßrecht, 8. Aufl. 2007
*Kropholler* IPR ........ Kropholler, Internationales Privatrecht, 6. Aufl. 2006
KVO ..................... Kraftverkehrsordnung für den Güterfernverkehr mit Kraftfahrzeu-
gen (Beförderungsbedingungen)

LASH .................... Lighter Aboard Ship
*Lenz* ..................... Lenz, Straßengütertransportrecht, 1988
Leipziger Kommen-
tar/ *Bearbeiter* .......... Leipziger Kommentar zum StGB, 12. Aufl. 2007 ff.
*Lieser* .................... Lieser, Ergänzung der CMR durch unvereinheitlichtes deutsches
Recht, 1991
Lit. ...................... Literatur
lit. ....................... littera
L. J. ..................... Lord Justice
Ll. L. .................... Lloyd's List
Lloyd's L. Rep. ........ Lloyd's Law Reports
Lloyd's Mar. & Com.
L. Q. .................... Lloyd's Maritime and Commercial Law Quarterly (Großbritan-
nien)
LoI ....................... Letter of Indemnity
Lloyd's L. Rep. ........ Lloyd's List Law Reports (Großbritannien)
LLV ...................... Verordnung über den Lade- und Löschtag sowie die Lade- und
Löschzeiten in der Binnenschiffahrt vom 26.1.1994 (BGBl. I
S. 160)
LM ....................... Nachschlagewerk des BGH, hrsg. von Lindenmaier, Möhring
u. a.
LMCLQ ................. Lloyd's Maritime and Commercial Law Quarterly
LMK ..................... Kommentierte BGH-Rechtsprechung
LOF ...................... Lloyds Open Form (Anhang B II 2.)
LuftfzRG ............... Gesetz über die Rechte an Luftfahrzeugen
LuftVG .................. Luftverkehrsgesetz
LuftVZO ................ Luftverkehrszulassungsordnung
LugÜ .................... (Lugano-) Übereinkommen vom 16.9.1988 über die gerichtliche
Zuständigkeit und die Vollstreckung gerichtlicher Entscheidun-
gen in Zivil- und Handelssachen

*Mankowksi* ............... Mankowski, Seerechtliche Vertragsverhältnisse im Internationa-
len Privatrecht, 1995
Mar. Law ............... The Maritime Lawyer
MARPOL .............. Internationales Übereinkommen vom 2.11.1973 zur Verhütung
der Meeresverschmutzung durch Schiffe
*Mittelstein* ............... Mittelstein, Binnenschifffahrtsrecht, Bd. 1, 2. Aufl. 1903

# Abkürzungs- und Literaturverzeichnis

*Mittelstein* Hdb ......... Mittelstein, Das Recht der Binnenschifffahrt, Ehrenbergs Hdb. Bd. 7, Abt. 1, 1918

MontÜG ............... Gesetz zur Durchführung des Übereinkommens vom 28.5.1999 zur Vereinheitlichung bestimmter Vorschriften über die Beförderung im internationalen Luftverkehr und zur Durchführung der Versicherungspflicht zur Deckung der Haftung für Güterschäden nach der Verordnung (EG) Nr. 785/2004 (Montrealer-Übereinkommen-Durchführungsgesetz – MontÜG) vom 6.6.2004

MP ...................... Montrealer Protokoll

MT ...................... Multimodal Transport

MT-Dok. ............... Dokument des multimodalen Transports

MTO .................... Multimodal Transport Operator

MT-Übk. ............... United Nations Convention on the International Multimodal Transport of Goods

MÜ ...................... Übereinkommens vom 28.5.1999 zur Vereinheitlichung bestimmter Vorschriften über die Beförderung im internationalen Luftverkehr (Montrealer Übereinkommen), BGBl. 2004 II 459

*Müglich* .................. Müglich, Transport- und Logistikrecht, 2002

*Müglich* Komm ......... Müglich, Das neue Transportrecht (Kommentar, 1999)

MüKoBGB/
*Bearbeiter* ................ Münchener Kommentar zum Bürgerlichen Gesetzbuch, 5. Aufl. 2007 ff.; soweit erschienen 6. Aufl. 2012 ff.

MüKoHGB/
*Bearbeiter* ................ Münchener Kommentar zum Handelsgesetzbuch, 2. Aufl. 2006 ff.; soweit erschienen 3. Aufl. 2010 ff.

mwN .................... mit weiteren Nachweisen

m. weit. Nachw. ...... mit weiteren Nachweisen

m. zahlr. Nachw. ..... mit zahlreichen Nachweisen

m. zust. Anm. ......... mit zustimmender Anmerkung

Nachw. .................. Nachweis

Neth.Int.L.Rev. =
NILR .................... Netherlands International Law Review

nF ....................... neue Fassung; neue Folge

NIPR ................... Nederlands Internationaal Privaatrecht

NJ ....................... Nederlandse Jurisprudentie

NJB ..................... Nederlands Juristenblad

NJW .................... Neue Juristische Wochenschrift

NJWE-VHR .......... Neue Juristische Wochenschrift, Entscheidungsdienst Versicherungs- und Haftungsrecht

NJW-RR .............. NJW-Rechtsprechungs-Report (Zivilrecht)

N. L. Civ. Comm. ... Le Nuove Leggi Civili Commentate

Nr. ...................... Nummer(n)

NTBR ................... Nederlands Tijdschrift voor Burgerlijk Recht

NZI ..................... Neue Zeitschrift für das Recht der Insolvenz und Sanierung

NZV .................... Neue Zeitschrift für Verkehrsrecht

Oetker/*Bearbeiter* ...... Oetker (Hrsg.), Handelsgesetzbuch, Kommentar, 3. Aufl. 2013

öHGB ................... Österreichisches Handelsgesetzbuch

öJBl. ..................... s. JBl.

ÖJZ ..................... Österreichische Juristenzeitung

ÖlFÜ ................... Übereinkommen vom 18.12.1971 über die Errichtung eines Internationalen Fonds zur Entschädigung für Ölverschmutzungsschäden

| | |
|---|---|
| ÖlFÜ 1992 | ÖlFÜ idF von 1992 |
| OLG | Oberlandesgericht |
| OLGE | Die Rechtsprechung der Oberlandesgerichte auf dem Gebiet des Zivilrechts |
| OLG-Report | Schnelldienste zur Zivilrechtsprechung des Bundesgerichtshofs und der Oberlandesgerichte (Zeitschrift) |
| ÖlHÜ | Übereinkommen vom 29.11.1969 über die zivilrechtliche Haftung für Ölverschmutzungsschäden |
| ÖlHÜ 1992 | ÖlHÜ idF von 1992 |
| ÖlmeldeVO | Verordnung zur Ermittlung der zum Internationalen Entschädigungsfonds für Ölverschmutzungsschäden nach dem ÖlSG |
| OlSchVO | Verordnung über Orderlagerscheine |
| ÖlSG | Ölschadensgesetz vom 30.9.1988 |
| öOGH | Oberster Gerichtshof (Österreich) |
| OR | Schweizerisches Obligationenrecht |
| öRdW | (österr.) Recht der Wirtschaft |
| öRiZ | Österreichische Richter-Zeitung |
| öUGB | s. UGB |
| oV | ohne Verfasser |
| OWiG | Gesetz über Ordnungswidrigkeiten |
| öZfRV | Österreichische Zeitschrift für Rechtsvergleichung (siehe auch ZfRV) |
| | |
| Palandt/*Bearbeiter* | Palandt, Bürgerliches Gesetzbuch, 72. Aufl. 2013 |
| Palandt/*Bearbeiter* | Palandt, Bürgerliches Gesetzbuch, 73. Aufl. 2014 |
| Par. | Paragraph |
| *Paschke/Furnell* | Paschke/Furnell, Transportrecht, Grundriss, 2011 |
| PBefG | Personenbeförderungsgesetz |
| PBVO | Personenbeförderungsverordnung |
| *Pesce* | Pesce, Il contratto di trasporto internazionale di merci su strada, 1984 |
| PF | Poincaré-Franken |
| PflVersG | Gesetz über die Pflichtversicherung der Kraftfahrzeughalter vom 5.4.1965 (Pflichtversicherungsgesetz), BGBl. I S. 213, zuletzt geändert am 6.12.2011 |
| P & I | Protection and Indemnity |
| *Piper* | Piper, Höchstrichterliche Rechtsprechung zum Speditions- und Frachtrecht, 7. Aufl. 1994 |
| *Piper/Pokrant/Gran* | Piper/Pokrant/Gran, Höchstrichterliche Rechtsprechung und Vertragsgestaltung, 2007 |
| *Pokrant/Gran* | Transport- und Logistikrecht, Höchstrichterliche Rechtsprechung und Vertragsgestaltung, 10. Aufl. 2013 |
| PostG | Postgesetz v. 22.12.1997, BGBl. I S. 3294, zuletzt geändert am 31.10.2006 |
| PoststrukturG | Gesetz zur Neustrukturierung des Post- und Fernmeldewesens und der Deutschen Bundespost v. 8.6.1989 (Poststrukturgesetz), BGBl. I S. 1026 |
| PostVerfG | Postverfassungsgesetz vom 8.6.1989, BGBl. I S. 1026; Art. 1 des PostStrukturG |
| ProdHaftG | Gesetz über die Haftung für fehlerhafte Produkte vom 15.12.1989 (Produkthaftungsgesetz), BGBl. I S. 2198, zuletzt geändert am 19.6.2002 |
| Prot. | Protokolle der Reichsberatungen zum BGB |

# Abkürzungs- und Literaturverzeichnis

Prot. z. ADHGB ...... Protokolle zum ADHGB
*Puttfarken* ................. Puttfarken, Seehandelsrecht, 1997
*Putzeys* ................... Putzeys, Le contrat de transport routier de marchandises, 1981
pVV ...................... positive Vertragsverletzung

Q. B. ..................... Law Reports, Queen's Bench Division (Großbritannien)
Q. C. ..................... Queen's Counsel

*Rabe* ..................... Rabe, Seehandelsrecht, 4. Aufl. 2000
RabelsZ ................. Zeitschrift für ausländisches und internationales Privatrecht
*Ramming* ................ Ramming, Hamburger Handbuch zum Binnenschifffahrtsfracht-
                         recht, 2009
Rb. ....................... (Arrondissements-)Rechtbank
R. D. A. I. .............. Revue de Droit des Affaires Internationales/International Busi-
                         ness Law Journal (Frankreich)
RdErl. .................... Runderlass
RdSchr. .................. Rundschreiben
RdTW ................... Recht der Transportwirtschaft (Zeitschrift)
RDU ..................... Revue de droit uniforme, hrsg. von UNIDROIT, Rom
RdW ..................... Recht der Wirtschaft
Rec. des Cours ........ Recueil des Cours de l'Académie de droit international de La
                         Haye
RefE ...................... Referentenentwurf
RefE-SRG .............. Referentenentwurf des Bundesministeriums der Justiz für ein
                         SRG vom 24.5.2011, abgedruckt bei Czerwenka, Geplante
                         Reform S. 33 ff. und TranspR 2011, 277 ff. (nur Entwurfstext)
Reg.Begr. .............. Begründung zum Regierungsentwurf eines Gesetzes zur Neure-
                         gelung des Fracht-, Speditions- und Lagerrechts (TRG) TRG,
                         BT-Drucks. 13/8445 vom 29.8.1997
RegBegr-SRG ......... Begründung zum Regierungsentwurf eines Gesetzes zur Reform
                         des Seehandelsrechts (SRG), BT-Drucks. 17/10309 vom
                         12.7.2012, abgedruckt TranspR 2012, 165 ff.
RegE ..................... Entwurf eines Gesetzes zur Neuregelung des Fracht-, Speditions-
                         und Lagerrechts (Transportrechtsreformgesetz – TRG) v.
                         29.8.1997, BT-Drucks. 13/8445
RegE-SRG ............. Entwurf eines Gesetzes zur Reform des Seehandelsrechts (SRG),
                         BT-Drucks. 17/10309 vom 12.7.2012, abgedruckt in TranspR
                         2012, 165 ff.
Reithmann/Martiny/
*Bearbeiter* ................ Reithmann/Martiny (Hrsg.), Internationales Vertragsrecht. Das
                         Internationale Privatrecht der Schuldverträge, 7. Aufl. 2009
*Reuschle* ................... Reuschle, Montrealer Übereinkommen, Übereinkommen zur
                         Vereinheitlichung bestimmter Vorschriften über die Beförderung
                         im internationalen Luftverkehr, 2005
Rev. crit. dr. int.
privé ...................... Revue critique de droit international privé (Frankreich)
Rev. dr. unif. .......... Revue de droit uniforme
Rev. fr. dr. aérien .... Revue française de droit aérien
Rev. gén. air .......... Revue générale de l'air
Rev. int. dr. comp. .. Revue internationale de droit comparé
Rev. jur. com. ........ Revue de jurisprudence commerciale
Rev. trim. dr. civ. .... Revue trimestrielle de droit civil
Rev. trim. dr. com. .. Revue trimestrielle de droit commercial
Rev. trim. dr. europ. Revue trimestrielle de droit européen

| | |
|---|---|
| RG ...................... | Reichsgericht |
| RGBl. .................... | Reichsgesetzblatt |
| RGRK/*Bearbeiter* ..... | Das Bürgerliche Gesetzbuch mit besonderer Berücksichtigung der Rechtsprechung des Reichsgerichts und des Bundesgerichtshofes (Kommentar), hrsg. von Mitgliedern des BGH, 12. Aufl. |
| RGZ ..................... | Entscheidungen des Reichsgerichts in Zivilsachen |
| *Richter-Hannes/ Richter* ......................... | Richter-Hannes/Richter, Möglichkeit und Notwendigkeit der Vereinheitlichung des internationalen Transportrechts, 1978 |
| RID ...................... | Règlement concernant le transport international ferroviaire des marchandises dangereuses/Ordnung für die internationale Eisenbahnbeförderung gefährlicher Güter (Anhang C zum Übereinkommen COTIF in der Fassung des Protokolls von 1999) |
| Riv. di diritto privato ........................ | Rivista di diritto privato (Italien) |
| Riv. dir. civ. .......... | Rivista di diritto civile |
| Riv. dir. com. ........ | Rivista del diritto commerciale e del diritto generale delle obbligazioni |
| Riv. dir. int. ........... | Rivista di diritto internazionale |
| Riv. dir. int. priv. proc. .................... | Rivista di diritto internazionale privato e processuale |
| Riv. dir. nav. .......... | Rivista del diritto della navigazione |
| Riv. trim. dir. proc. civ. ...................... | Rivista trimestrale di diritto e procedura civile |
| RIW ..................... | Recht der Internationalen Wirtschaft, Außenwirtschaftsdienst des BetriebsBeraters |
| RJM ..................... | Reichsminister der Justiz |
| Rn. ....................... | Randnummer |
| Rodière ................. | Rodière, Droit des transports, 2. Aufl. 1977 |
| Rom I-VO ............ | Verordnung (EG) Nr. 593/2009 des Parlaments und des Rates vom 17.6.2008 über das auf vertragliche Schuldverhältnisse anzuwendende Recht, ABl. EG 2008 Nr. L 177 |
| Rom II-VO ........... | Verordnung (EG) Nr. 864/2007 des Parlaments und des Rates vom 11.7.2007 über das auf außervertragliche Schuldverhältnisse anzuwendende Recht, ABl. EG 2007 Nr. L 199 |
| RoRo .................... | Roll-on/Roll-off |
| RR ....................... | (VN-) Übereinkommen vom 11.12.2008 über Verträge über die internationale Beförderung von Gütern ganz oder teilweise auf See (Rotterdam-Regeln) |
| RRa ..................... | Reiserecht aktuell (Zeitschrift) |
| Rspr. .................... | Rechtsprechung |
| RTD com. ............. | Revue trimestrielle de droit commercial et économique (Frankreich) |
| RT-Drucks. ........... | Reichstagsdrucksache |
| *Ruhwedel* ................ | Ruhwedel, Der Luftbeförderungsvertrag, 3. Aufl. 1998 |
| RvdW .................... | Rechtspraak van de Week |
| RvglHWB ............. | Rechtsvergleichendes Handwörterbuch für das Zivil- und Handelsrecht des In- und Auslandes |
| s. ......................... | siehe |
| S. ......................... | Seite/Satz |
| *Sanchez-Gamborino* .... | Sanchez-Gamborino, El contrato de transporte internacional. CMR, 1996 |

# Abkürzungs- und Literaturverzeichnis

| | |
|---|---|
| *Schachtschneider/Piper/Hübsch* .................. | Schachtschneider, Piper, Hübsch (Hrsg.), Transport – Wirtschaft – Recht, Gedächtnisschrift für Johann Georg Helm, 2001 |
| *Schadee/Claringbould* .. | Schadee/Claringbould, Transport Treaties (Loseblatt), 1974 ff. |
| *Schaps/Abraham* ........ | Schaps/Abraham, Seehandelsrecht, 4. Aufl. 1978 |
| *Schlegelberger/Bearbeiter* ................ | Schlegelberger, Handelsgesetzbuch, 5. Aufl. 1973–1992 |
| *Schlegelberger/Liesecke* . | Schlegelberger/Liesecke, Seehandelsrecht, Kommentar, 1964 |
| *Karsten Schmidt* HandelsR ..................... | Karsten Schmidt, Handelsrecht, 6. Aufl. 2013 |
| *Schwampe* ................ | Schwampe, Seekaskoversicherung, Kommentierung der DTV-Kaskoklauseln, 2009 |
| *Schwenk/Giemulla* ..... | Schwenk/Giemulla, Handbuch des Luftverkehrsrechts, 4. Aufl. 2013 |
| SDR ...................... | Special Drawing Right |
| SeemG/ SeeLotsG .... | Seemannsgesetz v. 26.7.1957, zuletzt geändert am 20.4.2013 Gesetz über das Seelotswesen v. 13.10.1954, neugefasst 13.9.1984, BGBl. I S. 1213, zuletzt geändert 7.8.2013 |
| SeeRÄndG (=SÄG) . | Gesetze zur Änderung des Handelsgesetzbuches und anderer Gesetze (Seerechtsänderungsgesetze) vom 21.6.1972 (1.SeeRÄndG, BGBl. I S. 966 ff.), vom 25.7.1986 (2. SeeRÄndG, BGBl. I S 1120) und vom 16.5.2001 (3. SeeRÄndG, BGBl. I S. 898) |
| SeeSchStrO ............ | Seeschifffahrtsstraßenordnung idF vom 22.10.1998, BGBl. I S. 3209;1999 I S. 193 |
| SeeUG ................... | Seeunfalluntersuchungsgesetz vom 6.12.1985, BGBl. I S. 2146 |
| SFrG 1937 ............. | Gesetz zur Änderung von Vorschriften des Handelsgesetzbuches über das Seefrachtrecht vom 10.8.1937 |
| SHSG .................... | Seehandelsschiffahrtsgesetz (DDR) |
| SigG ..................... | Gesetz zur digitalen Signatur vom 22.7.1997, BGBl. 1997 I S. 1870 |
| *Silingardi/Riguzzi/Gragnoli* ................. | Silingardi/Riguzzi/Gragnoli, Trasporto internazionale merci su strada e CMR, 1989 |
| Slg. ...................... | Sammlung der Rechtsprechung des Gerichtshofs der Europäischen Gemeinschaft und des Gerichts erster Instanz |
| s. o. ...................... | siehe oben |
| Soergel/*Bearbeiter* ..... | Soergel (Hrsg.), Bürgerliches Gesetzbuch mit Einführungsgesetzen, 12. Aufl. 1987 ff., 13. Aufl. 1999 ff. |
| sog. ...................... | sogenannt |
| SPGB .................... | Seeprivatgesetzbuch |
| SpP ...................... | Speditions-Police |
| SRG ...................... | Gesetz zur Reform des Seehandelsrechts vom 20.4.2013, BGBl. I S. 831 |
| SRTB .................... | Schweizer Rheintransport-Bedingungen |
| S & S .................... | Schip & Schade |
| SSchGB ................. | Seeschiffahrtsgesetzbuch |
| st. ........................ | ständig |
| Staub/*Bearbeiter* ........ | Staub, Handelsgesetzbuch, 4. Aufl. des Großkommentars zum HGB, 1983 ff. |
| Staudinger/*Bearbeiter* . | Staudinger (Hrsg.), Kommentar zum Bürgerlichen Gesetzbuch |

| | |
|---|---|
| Stein/Jonas/*Bearbeiter* | Stein/Jonas, Kommentar zur Zivilprozeßordnung, 22. Aufl. 2002 ff. |
| str. ..................... | strittig |
| stRspr. .................. | ständige Rechtsprechung |
| StVG .................... | Straßenverkehrsgesetz idF v. 5.3.2003, BGBl. I S. 310, 919 |
| StVO .................... | Straßenverkehrsordnung v. 16.11.1970, BGBl. I S. 1565 |
| StVZO ................... | Straßenverkehrs-Zulassungs-Ordnung v. 26.4.2012, BGBl. I S. 679, zuletzt geändert am 5.11.2013 |
| SVertO .................. | Gesetz über das Verfahren bei der Errichtung und Verteilung eines Fonds zur Beschränkung der Haftung in der See- und Binnenschiffahrt idF v. 23.3.1999 (Schifffahrtsrechtliche Verteilungsordnung), BGBl. I S. 530; 2000 I S. 149 (Anhang A I) |
| SVS/RVS ............... | Speditions- und Rollfuhrversicherungsschein |
| SZR ..................... | Sonderziehungsrecht |
| SZW/RSDA .......... | Schweizerische Zeitschrift für Wirtschaftsrecht; Revue Suisse de droit des affaires (Zeitschrift) |
| TD ...................... | Transportdienst |
| TG ...................... | Bundesgesetz über den Transport im öffentlichen Verkehr (Transportgesetz, Schweiz) |
| TGI ..................... | Tribunal de grande instance (Frankreich) |
| Theunis/*Bearbeiter* .... | Theunis (Hrsg.), International Carriage of Goods by road (CMR), 1987 |
| Thume/*Bearbeiter* ..... | Thume (Hrsg.) Kommentar zur CMR. 3. Aufl. 2013 |
| *Thume/de la Motte/* | |
| *Ehlers* .................. | Transportversicherungsrecht, 2. Aufl, 2011 |
| *Thume/Fremuth* ........ | Thume/Fremuth (Hrsg.), Frachtrecht, Kommentar zu §§ 425 ff HGB, CMR, GüKG, KVO, AGNB, und GüKUMB, 1996 |
| Transp. L. J. ............ | Transportation Law Journal |
| TranspR ................. | Transportrecht (Zeitschrift) |
| TRG .................... | Gesetz zur Neuregelung des Fracht-, Speditions- und Lagerrechts (Transportrechtsreformgesetz – TRG) v. 25.6.1998, BGBl. I S. 1588 |
| Trib. .................... | Tribunale |
| Trib.civ. ............... | Tribunal Civil |
| Trib. com. ............. | Tribunal de Commerce |
| Trib. gr. inst. .......... | Tribunal de grande instance |
| TÜV .................... | Technischer Überwachungsverein |
| Tz. ...................... | Textziffer |
| Überbl. .................. | Überblick |
| überwM ................. | überwiegende Meinung |
| Übk. .................... | Übereinkommen |
| U. D. P. ................. | Institut International pour l'Unification du Droit privé/International Institut for the Unification of Private Law (s. a. UNIDROIT) |
| UGB .................... | (österreichisches) Unternehmensgesetzbuch |
| *Ulmer/Brandner/* | |
| *Hensen* .................. | Ulmer/Brandner/Hensen, Kommentar zum Gesetz zur Regelung des Rechts der Allgemeinen Geschäftsbedingungen, 11. Aufl. 2011 |
| ULR ..................... | Uniform Law Review, hrsg von UNIDROIT, Rom |
| UN ...................... | United Nations |

# Abkürzungs- und Literaturverzeichnis

| | |
|---|---|
| UNCITRAL ........... | United Nations Commission for International Trade Law/Ausschuss der Vereinten Nationen für Internationales Handelsrecht |
| UNCTAD ............. | United Nations Conference on Trade and Development |
| UN-Dok. ............... | UN-Dokumente |
| UNIDROIT ........... | Institut International pour l'Unification du Droit Privé/International Institute for the Unification of Private Law (Rom) |
| Uniform L. Rev. ..... | Uniform Law Review/Revue de droit uniforme (Hrsg. UNIDROIT, Rom) |
| UN-Kaufrecht ......... | s. CISG |
| UNO ................... | United Nations Organisation |
| unstr. ...................... | unstreitig |
| Unterabs. ................. | Unterabsatz |
| UNTS ................... | United Nations Treaty Series |
| unzutr. .................... | unzutreffend |
| UPU ...................... | Union Postale Universelle; Universal Postal Union |
| USchadG ............... | Gesetz über die Vermeidung und Sanierung von Umweltschäden v. 10.5.2007 (Umweltschadensgesetz), BGBl. I S. 666, zuletzt geändert am 23.7.2013 |
| UVV ...................... | Unfallverhütungsvorschrift |
| VAG ...................... | Versicherungsaufsichtsgesetz |
| VBGL ................... | Vertragsbedingungen für den Güterkraftverkehrs-, Speditions- und Logistikunternehmer (Anhang B I 2.) |
| Verf. ...................... | Verfassung; Verfasser |
| Verk. Mitt. ............. | Verkehrsrechtliche Mitteilungen |
| Verk. Rdsch. ........... | Verkehrsrechtliche Rundschau |
| Veröff. .................... | Veröffentlichung |
| VersR .................... | Versicherungsrecht, Juristische Rundschau für die Individualversicherung |
| VersW ................... | Versicherungswirtschaft |
| vgl. ....................... | Vergleiche |
| VisbyR ................. | Protokoll vom 23.2.1968 zur Änderung des Brüsseler Übereinkommens vom 25.8.1924 zur Vereinheitlichung von Regeln über Konnossemente, sowie die dadurch geänderte Fassung der HR (sog. Visby-Regeln) |
| *Vischer/Huber/Oser* .... | Vischer/Huber/Oser, Internationales Vertragsrecht, 2. Aufl. 2000 |
| VkBl. .................... | Verkehrsblatt, Amtsblatt des Bundesministers für Verkehr |
| VN ....................... | Vereinte Nationen |
| VO ....................... | Verordnung |
| VOB ...................... | Vergabe- und Vertragsordnung für Bauleistungen |
| Vol. ...................... | Volume |
| VOL ...................... | Verdingungsordnung für Leistungen |
| Voraufl. ................. | Vorauflage |
| Vorb., Vorbem. ....... | Vorbemerkung |
| *Vortisch/Bemm* .......... | Vortisch/Bemm, Binnenschifffahrts- und Flößereirecht, 4. Aufl. 1991 |
| VRS ...................... | Verkehrsrechts – Sammlung |
| VVG ...................... | Gesetz über den Versicherungsvertrag |
| VW ....................... | Versicherungswirtschaft (Zeitschrift) |
| w. ........................ | weitere |
| WA ....................... | Warschauer Abkommen vom 12.10.1929 zur Vereinheitlichung von Regeln über die Beförderung im internationalen Luftverkehr |

| | |
|---|---|
| WA 1929 ............... | ursprüngliche Fassung des WA |
| WA 1955 ............... | WA idF des Protokolls von Den Haag vom 28.9.1955 |
| WA 1971 ............... | WA idF des Protokolls von Guatemala vom 8.3.1971 |
| WA (MP 4) 1975 ..... | Montreal Protocol No. 4 to amend Convention for the Unification of Certain Rules relating to International Carriage by Air, signed at Warsaw on 12 October 1929, as amended by the Protocol done at Hague on 28 September 1955, signed at Montreal on 25 September 1975 |
| *v. Waldstein/Holland* .. | von Waldstein/Holland, Binnenschifffahrtsrecht, 5. Aufl. 2007 |
| WG ....................... | Wechselgesetz |
| WHG ................... | Gesetz zur Ordnung des Wasserhaushalts v. 31.7.2009 (Wasserhaushaltsgesetz), BGBl. I S. 2585, zuletzt geändert am 7.8.2013 |
| Wiener Vertragsrechtskonvention ...... | Wiener Übereinkommen über das Recht der Verträge vom 23.5.1969 |
| *Wolf/Horn/Lindacher* . | M. Wolf/Horn/Lindacher, AGB-Gesetz, Kommentar, 4. Aufl. 1999 |
| *WPV* ..................... | Weltpostvertrag |
| *Wüstendörfer* ............. | Wüstendörfer, Neuzeitliches Seehandelsrecht, 2. Aufl. 1950 |
| YAR ..................... | York-Antwerp Rules (Anhang B II 1.) |
| YB ........................ | UNCITRAL-Yearbook, New York: United Nations Publication (1971 ff.) |
| ZAG ..................... | Zusatzabkommen von Guadalajara vom 18.9.1961 zum WA 1929/1955 zur Vereinheitlichung von Regeln über die von einem andern als dem vertraglichen Luftfrachtführer ausgeführte Beförderung im internationalen Luftverkehr |
| ZEuP .................... | Zeitschrift für Europäisches Privatrecht |
| ZfBSch .................. | Zeitschrift für Binnenschifffahrt und Wasserstraßen |
| ZfRV .................... | Zeitschrift für Rechtsvergleichung |
| ZfV ...................... | Zeitschrift für Versicherungswesen |
| ZG ....................... | Zeitschrift für Gesetzgebung |
| ZHR ..................... | Zeitschrift für das gesamte Handelsrecht und Wirtschaftsrecht |
| Ziff. ...................... | Ziffer(n) |
| ZIntEisenb ............. | Zeitschrift für den internationalen Eisenbahnverkehr/Bulletin des transports internationaux ferroviaires (Schweiz) |
| ZIP ...................... | Zeitschrift für Wirtschaftsrecht und Insolvenzpraxis |
| zit. ....................... | zitiert |
| ZLR ..................... | Zeitschrift für Luftrecht |
| ZLW .................... | Zeitschrift für Luft- und Weltraumrecht |
| ZPO .................... | Zivilprozeßordnung |
| ZRP ..................... | Zeitschrift für Rechtspolitik |
| ZRvgl. .................. | Zeitschrift für Rechtsvergleichung |
| zust. ..................... | zustimmend; zuständig |
| zutr. ..................... | zutreffend |
| ZVerkR ................. | Zeitschrift für Verkehrsrecht (Österreich) |
| ZVR ..................... | (österr.) Zeitschrift für Verkehrsrecht |
| *Zweigert/Kropholler* .... | Zweigert/Kropholler, Quellen des internationalen Einheitsrechts Bd. 2, 1972 |

# Handelsgesetzbuch

Vom 10. Mai 1897 (RGBl. S. 219)
zuletzt geändert durch Gesetz vom 15. Juli 2014 (BGBl. I S. 934)

# 1. Teil. Handelsgesetzbuch

## Einleitung

### Übersicht

|  | Rn. |  | Rn. |
|---|---|---|---|
| **I. Entstehungsgeschichte** | 1–45 | b) Sachverständigengruppe zur Reform des Seehandelsrechts | 35–37 |
| 1. Entstehung transportrechtlicher Sonderregelungen | 1–6 | c) Gesetzgebungsverfahren | 38 |
| 2. Reform des deutschen Transportrechts in zwei Schritten | 7–10 | d) Leitgedanken | 39–45 |
| 3. Transportrechtsreformgesetz 1998 | 11–29 | **II. Gliederung und wesentlicher Inhalt** | 46–60 |
| a) Reformdiskussion | 11, 12 | 1. Viertes Buch | 46–48 |
| b) Sachverständigenkommission zur Reform des Transportrechts | 13–15 | 2. Fünftes Buch | 49–60 |
| c) Gesetzgebungsverfahren | 16–20 | **III. Internationales Privatrecht** | 61–66 |
| d) Leitgedanken | 21–29 | **IV. Internationale Übereinkommen** | 67 |
| 4. Seerechtsreformgesetz von 2013 | 30–45 | **V. Zeitlicher Anwendungsbereich** | 68, 69 |
| a) Reformdiskussion | 30–34 | | |

## I. Entstehungsgeschichte

**1. Entstehung transportrechtlicher Sonderregelungen.** Die Unterscheidung zwi- **1** schen allgemeinem Zivilrecht und Transportrecht hat lange Tradition. Schon im Altertum entwickelte sich als **Sonderrechtsgebiet** im Transportrecht das Seehandelsrecht. Die besonderen Gefahren und Notlagen der Seeschifffahrt und die Besonderheiten des Warenhandels über See brachten es mit sich, dass sich dieses Sonderrecht herausbildete.[1] Mit dem Ausbau der Straßen gewannen aber auch andere Transportarten größere Bedeutung.

Erste grundlegende Kodifikationen in Deutschland waren das **preußische Allgemeine** **2** **Landrecht** von 1794 und das ADHGB von 1861. In diesen Kodifikationen wurden nicht nur der Seetransport, sondern auch der Landtransport geregelt.[2] Schon das ADHGB von 1861 sah jedoch keine einheitliche Regelung für diese Transporte vor: So sah es in seinem Art. 421 Abs. 2 einen Vorbehalt für Postanstalten vor; in den Art. 422 ff. wurden für Geschäfte der öffentlichen Eisenbahnen besondere Regeln vorgesehen. Der Seetransport wurde in einem eigenständigen Buch geregelt.

Diese **Zersplitterung** nahm im Laufe der folgenden Jahrzehnte zu: Mit dem Preußischen **3** Eisenbahngesetz von 1838 und der 1892 erlassenen Eisenbahn-Verkehrsordnung (EVO) wurden Sonderregelungen für öffentliche Eisenbahnen erlassen. Das Binnenschifffahrtsfrachtrecht wurde in das Binnenschifffahrtsgesetz von 1895 aufgenommen. Zwar wurde 1897, gemeinsam mit dem Bürgerlichen Gesetzbuch, das **Handelsgesetzbuch** erlassen, welches das Frachtgeschäft und den Speditionsvertrag auf der – nur wenig modernisierten – Basis des ADHGB kodifizierte, doch blieben Sonderregelungen für die Eisenbahn und die Binnenschifffahrt daneben erhalten. Die schon bei Inkrafttreten des Handelsgesetzbuchs bestehende Zersplitterung des Transportrechts, welches damals noch nicht als ein eigenständiges Rechtsgebiet gesehen wurde, setzte sich auch im darauf folgenden Jahrhundert durch weitere Sondergesetze fort: Regelungen für den Luftfrachtvertrag wurden erstmalig in das Luftverkehrsgesetz von 1922 aufgenommen. Im Bereich des Lagerrechts wurde im Jahre 1931 die Verordnung über Orderlagerscheine erlassen. Es folgten mit dem Gesetz betreffend den Güterfernverkehr mit Kraftfahrzeugen von 1935 (GFG) sowie der Kraftverkehrsordnung für den Güterfernverkehr mit Kraftfahrzeugen (KVO) von 1936 Sonderregelungen

---

[1] Vgl. *Wüstendörfer* in Ehrenberg, Handbuch des gesamten Handelsrechts, Siebenter Band, II. Abteilung, 1923, S. 5 ff.

[2] Vgl. *Hattenhauer/Bernert,* Allgemeines Landrecht für die Preußischen Staaten von 1794 (1970), II. Teil, 8. Titel, 11. und 15. Abschnitt.

für den Straßengüterverkehr. Für den Umzugsverkehr wurden schließlich im Jahre 1983 Beförderungsbedingungen für den Umzugsverkehr in Form einer Rechtsverordnung (Güterkraftverkehrstarif für den Umzugsverkehr (GüKUMT)) erlassen.

4    Die **Regelung des Fracht- und Speditionsrechts sowie des Seehandelsrechts im Handelsgesetzbuch** waren nicht nur durch die vielfältigen, auch durch die wirtschaftlichen Verhältnisse infolge der beiden Weltkriege entstandenen Sonderbestimmungen und zunehmend internationale Einflüsse unübersichtlich, sondern auch inhaltlich überholt. Das Landfrachtrecht im Vierten Buch des HGB kannte noch keine angemessene Haftungsbegrenzung, wie sie allen Transportrechten heute eigen ist; es war jedoch dispositiv und wurde deshalb praktisch nicht mehr angewendet. Das Seehandelsrecht, das schon bei seiner fast unveränderten Übernahme aus dem ADHGB den damaligen wirtschaftlichen Verhältnissen nicht mehr Rechnung trug, war zudem nicht auf die neuen Begriffe des Bürgerlichen Gesetzbuchs abgestimmt. Dieser seit 1900 unbefriedigende Zustand des deutschen Transportrechts ist mehr als ein Jahrhundert bestehen geblieben – ein nur durch die schwierigen wirtschaftlichen und politischen Verhältnisse dieser Zeit erklärbares Versäumnis des Gesetzgebers. Allerdings veranlasste nach dem Zweiten Weltkrieg auch zunehmend die Rücksichtnahme auf internationale Rechtsvereinheitlichungsvorhaben im Verein mit dem Bestreben der Wirtschaft, die jeweiligen, meist zufällig entstandenen Vorteile aus Sonderregeln möglichst lange für sich zu erhalten, den Gesetzgeber immer wieder zum Abwarten.

5    Denn parallel zum deutschen Recht entwickelte sich auch ein **internationales Einheitsrecht als verkehrsträgerspezifisch ausgestaltetes Sonderrecht.** Im ausgehenden 19. Jh. wurde auf Grund des Berner Übereinkommens vom 14. Oktober 1890 über den Eisenbahnfrachtverkehr (RGBl. 1892 S. 793) weit reichende Rechtseinheit im internationalen Eisenbahnverkehr erzielt.[3] Der Seetransport wurde erstmalig international einheitlich durch das Übereinkommen vom 25. August 1924 zur Vereinheitlichung von Regeln über Konnossemente (sog. Haager Regeln) (RGBl. 1939 II S. 1049) geregelt. Zum Markstein für den internationalen Luftverkehr wurde das Warschauer Abkommen vom 12. Oktober 1929 zur Vereinheitlichung von Regeln über die Beförderung im internationalen Luftverkehr (RGBl. 1933 II S. 1039). Erst nach dem Zweiten Weltkrieg wurde es möglich, auch den Beförderungsvertrag für den internationalen Straßengüterverkehr supranational zu regeln, so durch das Übereinkommen von 1956 über den Beförderungsvertrag im internationalen Straßengüterverkehr (CMR). Erst im Jahre 2000 gelang es schließlich, auch für die Binnenschifffahrt internationales Einheitsrecht zu schaffen, und zwar durch das Budapester Übereinkommen vom 22. Juni 2001 über den Vertrag über die Güterbeförderung in der Binnenschifffahrt (CMNI) (BGBl. 2007 II S. 298). Die schon frühzeitig einsetzende internationale Transportrechtsvereinheitlichung übte eine zentrifugale Wirkung auf das innerdeutsche Frachtrecht[4] aus.

6    Die **Ursachen** für die inhaltlichen Verschiedenheiten des Transportrechts sind komplex. Sie sind im Wesentlichen darauf zurückzuführen, dass die einzelnen Verkehrszweige ihre technischen Entwicklungsschübe zu verschiedenen Zeitpunkten erlebt haben, so dass sich die Wettbewerbsverhältnisse zwischen den Verkehrsträgern im geschichtlichen Ablauf nicht gleichförmig entwickelten. In den Wettbewerbsprozessen wurde das Transportvertragsrecht dann zum Teil zum Zwecke der Nivellierung von Wettbewerbsbedingungen instrumentalisiert.[5] Ferner spielten die internationalen Bezüge über die seit der Wende zum 20. Jahrhundert rapide zunehmenden Rechtsangleichung und Rechtsangleichungsversuche eine erhebliche Rolle.; so wurden namentlich das Seehandelsrecht und das Luftrecht sehr stark von dem international auf diesen Gebieten vorherrschenden anglo-amerikanischen Rechtsdenken geprägt.

7    **2. Reform des deutschen Transportrechts in zwei Schritten.** Nach langem Zögern und nach angesichts des Beharrungsbestrebens der betroffenen Wirtschaft zunächst zaghaft

---

[3] S. zu den Arten einschlägiger Rechtsquellen *Basedow* TranspV S. 67 ff.
[4] Vgl. *Basedow* ZHR 161 (1997), 186, 196 ff.
[5] Siehe näher *Basedow* ZHR 161 (1997), 186, 196 ff.

vorgetragenen Vorschlägen aus der Wissenschaft[6] und nach einer dazu anregenden Tagung der Deutschen Gesellschaft für Transportrecht in Wiesbaden 1991[7] hat sich das Bundesministerium im Jahr 1992 entschlossen, eine grundlegende Reform des deutschen Transportrechts einzuleiten. Unmittelbarer Anstoß dafür waren die bevorstehende Liberalisierung des Europäischen Verkehrsmarktes,[8] dem die bis dahin starre Reglementierung des deutschen Landtransports durch GüKG und KVO geopfert wurden, sowie die deutsche Wiedervereinigung. In Verbindung mit der Erstreckung des Handelsrechts der Bundesrepublik Deutschland auf die neuen Bundesländer musste das Recht der DDR auch in den Bereichen zurücktreten, in denen es moderner als das westdeutsche war – wie namentlich auf dem Gebiet der Seeschifffahrt durch das SHSG. Es fehlte die Zeit zu Veränderungen und Verbesserungen des veralteten überkommenen Handelsrechts, die jedoch schon beim Einigungsvertrag in Aussicht gestellt wurden.[9]

Das Bundesministerium der Justiz setzte 1992 eine Sachverständigenkommission ein, die **8** Vorschläge für eine einheitliche, moderne Regelung des durch die staatliche Reglementierung der Kriegs- und Nachkriegszeit verunstalteten deutschen Gütertransportrechts entwickeln sollte.[10] Auf der Grundlage des Berichts dieser Kommission[11] wurde das Transportrechtsreformgesetz von 1998 erlassen, das den innerstaatlichen Land-, Binnenschiffs- und Lufttransport sowie den Multimodaltransport regelt, dazu im Einzelnen Rn. 11 ff.

Ausgeklammert aus diesem ersten Reformschritt wurde zunächst das Seehandelsrecht. **9** Maßgebend dafür waren einmal die starken internationalen Bezüge und die Unklarheit über die weitere internationale Entwicklung. Zudem war klar, dass die notwendige Rücksichtnahme auf weltweit vorherrschende Haftungsprinzipien eine Sonderstellung des Seehandelsrechts auch im deutschen Transportrecht unabweisbar erfordern würde.

Nachdem sich zunehmend herausstellte, dass eine wirksame Modernisierung des interna- **10** tionalen Seehandelsrechts in näherer Zukunft nicht zu erwarten ist, entschloss sich das Bundesministerium der Justiz 2004, eine Modernisierung auch des Fünften Buches des HGB in Angriff zu nehmen. Es setzte erneut eine Sachverständigengruppe[12] ein, die das Ministerium unterstützen sollte. Diese legte nach vierjährigen Beratungen einen Abschlussbericht mit einem formulierten Gesetzesvorschlag[13] vor, der nach ausführlicher Erörterung mit Wissenschaft und Wirtschaft über einen Referenten-[14] und Regierungsentwurf[15] schließlich zu dem Seerechtsreformgesetz vom 20. April 2013 (SRG) (BGBl. I S. 831) führte. Dazu im Einzelnen u. Rn. 30 ff..

**3. Transportrechtsreformgesetz 1998. a) Reformdiskussion.** Die starke Zersplitte- **11** rung des Transportrechts war Anlass für zahlreiche **Kritik.** So zählte *Helm* das Recht der Haftung aus Frachtgeschäften im Jahre 1966 „zu den unübersichtlichsten und kompliziertesten Teilgebieten des Handelsrechts".[16] Bezeichnet wurde das Transportrecht auch als „Flickenteppich"[17] oder gar als „Sumpf".[18] Als Konsequenz wurde gefordert, eine gesetzliche Neuregelung des Landfrachtrechts von Schiene und Straße nach dem Vorbild der CMR vorzunehmen.[19] War damit die Kodifizierung des Transportrechts in allgemeinen Regeln

---

[6] Vgl. namentlich *Basedow,* Der Transportvertrag, Tübingen 1987; *Herber* JZ 1974, 629.
[7] Vgl. Symposium der Deutschen Gesellschaft für Transportrecht, Wiesbaden 1991: Das deutsche Transportrecht an der Schwelle zum Europäischen Binnenmarkt, Bd. 7 der Schriften zum Transportrecht, 1993.
[8] Vgl. *Herber* TranspR 2006, 470, 471.
[9] Vgl. dazu *Herber* TranspR 1991, 1, 5 f.
[10] Mandat und Zusammensetzung TranspR 1993, 39 f.
[11] BAnz. Nr. 268a vom 5.12.1996, S. 6 f.; Gesetzesvorschlag auch TranspR 1996, 442 ff.
[12] Mandat und Zusammensetzung TranspR 2004, 272.
[13] Gesetzesvorschlag mit Auszug aus er Begründung TranspR 2009, 417 ff.; Bericht vollständig abgedruckt bei *Czerwenka,* Die geplante Reform des Seehandelsrechts, Köln 2011., S. 285 ff.
[14] Gesetzesvorschlag TranspR 2011, 276 ff.
[15] Vollständig abgedruckt mit Begründung TranspR 2012, 166 ff.
[16] *Helm,* Haftung für Schäden an Frachtgütern, 1966, S. 1.
[17] So *Herber,* FS Stödter, 1979, S. 56. und JZ 1974, 629.
[18] So *Basedow* TranspV S. 63.
[19] *Helm,* Haftung für Schäden an Frachtgütern, 1966, S. 192 f., *Herber* JZ 1974, 629, 634.

bereits dem Gesetzgeber als Aufgabe zugewiesen, so empfahl *Basedow* dann im Jahre 1987, „allgemeine Regeln über Transportverträge bezüglich der Personenbeförderung in das BGB und bezüglich der Gütertransporte in das HGB einzustellen".[20] Dem lag die Beobachtung zugrunde, dass die Instrumentalisierung des Transportvertragsrechts zu Zwecken der Marktordnung vor dem Hintergrund einer sich abzeichnenden Deregulierung des Verkehrswesens nicht mehr gerechtfertigt sei.[21]

12    Diesen Äußerungen im rechtswissenschaftlichen Schrifttum entsprach ein allmählicher Richtungswandel in der Entwicklung der **internationalen Gesetzgebung.** Während die Übereinkommen zum Transportrecht, die bis auf das Jahr 1890 zurückgehen, sich in den ersten Jahrzehnten durch tief greifende Unterschiede zwischen den einzelnen Verkehrsträgern auszeichneten, wies die Entwicklung in der jüngeren Zeit auf eine allmähliche Konvergenz der Übereinkommen hin.[22]

13    **b) Sachverständigenkommission zur Reform des Transportrechts.** Ende 1992 setzte das Bundesministerium der Justiz eine Sachverständigenkommission zur Reform des Transportrechts ein.[23] Als wesentlichen Grund nannte das **Mandat** der Kommission „die nicht mehr hinnehmbare Unübersichtlichkeit und Zersplitterung der gegenwärtigen Rechtsvorschriften und die damit einhergehende Rechtsunsicherheit". Die Kommission wurde beauftragt, bei ihren Arbeiten „besonders darauf zu achten ..., wo nicht gerechtfertigte Unterschiede in den für die verschiedenen Verkehrsträger geltenden Regelungen bestehen und gar zu Wettbewerbsverzerrungen führen".[24] Der Kommissionsauftrag erstreckte sich auf die Güterbeförderung auf der Straße, der Schiene, mit Binnenschiffen und beim multimodalen Transport sowie das Recht der Spedition, der Lagerei und des Umschlags. Wegen der besonderen Dringlichkeit einer Regelung des Landtransportrechts wurde nach dem Mandat das Recht der Personenbeförderung ebenso ausgeschlossen wie das Recht der See- und Luftbeförderung.[25] Erst der Rechtsausschuss des Deutschen Bundestages dehnte dann die gesetzlichen Regelungen auf die Luftbeförderung aus. Begründet wurde dies mit dem „Interesse größtmöglicher Rechtsvereinheitlichung" und dem Ziel, innerstaatliche Sonderregelungen auf dem Gebiet des Frachtrechts zu vermeiden.[26]

14    Für die Rückbesinnung auf die allgemeinen, nicht verkehrsmittelspezifischen Regelungen waren vor allem die technische Entwicklung seit den fünfziger Jahren, nämlich die zuerst sehr zaghafte, sich später aber rasch beschleunigende und mittlerweile geradezu rasante Entwicklung des **Containertransports** maßgeblich. Die Beförderung von Stückgütern, zum Teil aber auch von Massengütern in standardisierten Metallkisten ermöglichte seither die unmittelbare Umladung von einem Verkehrsmittel auf ein anderes an den Knotenpunkten des Verkehrs, ohne dass es einer Öffnung des Containers und einer Neuverpackung des Transportgutes bedurfte. Die Unterschiede zwischen den vertragsrechtlichen Regelungen, die an den Schnittstellen des Verkehrs aufeinander stoßen, erwiesen sich zunehmend als zufällig und hinderlich. Denn bei Öffnung des Containers durch den Empfänger lässt sich vielfach nicht feststellen, auf welchem Segment eines derartigen multimodalen Transports ein Schaden eingetreten ist und nach welchem Recht sich daher die Haftung des Beförderers richtet. Aus der technischen Entwicklung ergab sich insofern von ganz allein ein Druck in Richtung auf eine Angleichung der verschiedenen sektoralen Transportrechte. Mit der Deregulierung der Gütertransportmärkte entfiel zudem ein wesentlicher Grund für die starre, zwingende Ausgestaltung des Frachtrechts der Landtransportträger.[27] In dem

---

[20] *Basedow* TranspV S. 515.
[21] *Deregulierungskommission,* Marktöffnung und Wettbewerb, 1991, Rn. 160 ff. und 190 zum Zusammenhang von Marktordnung und Vertragsrecht.
[22] Siehe näher *Basedow* TranspV S. 202 f.
[23] Vgl. Zusammensetzung und Mandat vgl. TranspR 1993, 39 f.
[24] TranspR 1993, 40.
[25] TranspR 1993, 40.
[26] Vgl. Beschlussempfehlung TRG S. 46 (zu § 407).
[27] Siehe schon oben *Basedow* TranspV S. 63.

Maße, wie das Bedürfnis nach zwingender Feinsteuerung abnahm und der Vertragsfreiheit Raum ließ, ergab sich dann auch die Möglichkeit zur Schaffung allgemeiner Regeln, die durch Vereinbarungen der Parteien den Bedürfnissen einzelner Verkehrsträger angepasst werden können.

Der **Sachverständigenkommission** gehörten 18 Mitglieder an, darunter 4 Richter, **15** 4 Hochschullehrer und 10 Vertreter der verschiedenen am Transportvertragsrecht interessierten Wirtschaftszweige.[28] Nach knapp vierjährigen Beratungen lieferte die Kommission ihren Schlussbericht an den Bundesminister der Justiz ab.[29] Außer der Rückführung der verschiedenen Spezialmaterien in das Handelsgesetzbuch empfahl die Kommission, den Vertrag über die Beförderung mit verschiedenartigen Verkehrsmitteln, also den multimodalen Transportvertrag, erstmalig im deutschen Recht gesetzlich zu regeln. Die frachtrechtlichen Vorschläge der Kommission lehnten sich zwar im Grundsatz an die Bestimmungen der CMR an, folgten ihr aber nicht in allen Details. Sonderregeln für einzelne Verkehrsträger lehnte die Kommission fast durchgehend ab;[30] eine Ausnahme sollte allein vorgesehen werden für die Lade- und Löschzeiten in der Binnenschifffahrt, so jetzt § 412 Abs. 4 HGB.

**c) Gesetzgebungsverfahren.** Das eigentliche Gesetzgebungsverfahren machte sehr **16** rasche Fortschritte. Bereits Ende Februar 1997 legte das Bundesministerium der Justiz einen **Referentenentwurf** vor und leitete diesen den interessierten Verbänden zur Stellungnahme zu. Nach Anhörung der Verbände beschloss die Bundesregierung im Mai 1997 den **Regierungsentwurf,**[31] zu dem der Bundesrat bereits im Juli 1997 eine Stellungnahme abgab.[32] Nach erster Lesung des Deutschen Bundestages am 1. Oktober 1997 und intensiven Berichterstattergesprächen befassten sich am 11. Februar 1998 die Ausschüsse Recht, Verkehr, Wirtschaft und Umwelt mit dem Gesetzentwurf. Abweichend vom Bundesrat, der sich in seiner Stellungnahme auf einige wenige Änderungsvorschläge beschränkte, kam es im Rechtsausschuss des Deutschen Bundestages zu einer sehr detaillierten Diskussion des Regierungsentwurfs. Sie führte zu zahlreichen Änderungen in den Einzelheiten, behielt aber die grundsätzliche Ausrichtung und die Leitlinien des Kommissionsentwurfs bei.[33]

Am 5. März 1998 wurde der Regierungsentwurf in der Fassung der Beschlussempfehlung **17** des Rechtsausschusses in 2./3. Lesung **vom Deutschen Bundestag verabschiedet.**[34] Auf Betreiben der Freien und Hansestadt Hamburg und der Freien Hansestadt Bremen widersprach der **Bundesrat** der vom Deutschen Bundestag beschlossenen Regelung über die dispositive Ausgestaltung des Lagerrechts (§§ 475, 475h HGB). Darüber hinaus stieß die im Gesetz enthaltene Regelung über den besonderen Haftungsausschlussgrund im Falle der „vereinbarten oder der Übung entsprechenden Verwendung von offenen, nicht mit Planen gedeckten Fahrzeugen" (§ 427 Abs. 1 Nr. 1 HGB) auf Bedenken vor allem der Bundesländer mit starker Affinität zur Automobilindustrie Am 27. März 1998 beschloss der Bundesrat daher, wegen der genannten Regelungen den Vermittlungsausschuss anzurufen.[35] Die Beratungen im Vermittlungsausschuss standen unter erheblichem Zeitdruck. Die Bundesregierung argumentierte, dass mit der endgültigen Zulassung von Straßentransportunternehmern aus anderen EG-Mitgliedstaaten zum innerdeutschen Verkehr (Kabotage) am 1. Juli 1998[36]

---

[28] Siehe näher Bericht der Sachverständigenkommission zur Reform des Transportrechts, BAnz. Nr. 268a-vom 5.12.1996, S. 6 f. sowie TranspR 1993, 39 f.

[29] Siehe Bericht der Sachverständigenkommission (Fn. 28).

[30] Vgl. hierzu die vor allem von Seiten der Binnenschifffahrt geäußerte Kritik, so etwa von *Papst,* Binnenschifffahrt 1996, Nr. 13 S. 77 ff.

[31] BR-Drucks. 368/97.

[32] BT-Drucks. 13/8445 S. 133 mit der Gegenäußerung der Bundesregierung auf S. 137.

[33] Siehe Beschlussempfehlung und Bericht des Rechtsausschusses in BT-Drucks. 13/10014 sowie den Gesetzesbeschluss des Bundestages in BR-Drucks. 200/98.

[34] Vgl. BR-Drucks. 200/98.

[35] Vgl. BR-Drucks. 200/98 (Beschluss).

[36] Verordnung (EWG) Nr. 3118/93 über die Festlegung der Bedingungen für die Zulassung von Verkehrsunternehmern zum Güterkraftverkehr innerhalb eines Mitgliedstaates, in dem sie nicht ansässig sind, ABl. EG 1993 L 279/1; zur vorangegangenen Entwicklung der Kabotagefreiheit im Straßengüterverkehr siehe *Basedow/Dolfen* in Dauses, Handbuch des EU-Wirtschaftsrechts, 1993 ff., Rn. L 171 ff.

die bisherige Marktordnung nach dem Güterkraftverkehrsgesetz einschließlich der Kraftverkehrsordnung und insbesondere die Unterscheidung von Fernverkehr und Nahverkehr entfallen müsse; daher sei die Verabschiedung eines neuen Transportvertragsrechts unabweisbar. Am 28. Mai 1998 verabschiedete schließlich der Vermittlungsausschuss einen Kompromissvorschlag. Dieser wurde am 29. Mai 1998 vom Deutschen Bundestag angenommen.[37] Noch am selben Tag beschloss der Bundesrat, gegen das so geänderte Gesetz keinen Einspruch zu erheben. Damit war das Gesetz am 29. Mai 1998 zustande gekommen. Am 25. Juni 1998 wurde das Transportrechtsreformgesetz verkündet und am 29. Juni 1998 im Bundesgesetzblatt bekannt gemacht (BGBl. 1998 I S. 1588).

18     Am 1. Juli 1998 trat das Gesetz zur Neuregelung des Fracht-, Speditions- und Lagerrechts, das mit seinem Kurznamen als **Transportrechtsreformgesetz (TRG)** bezeichnet wird,[38] gemäß seinem Art. 12 Abs. 2 in Kraft. Zugleich traten die §§ 27–76 BinSchG über Frachtverträge zur Beförderung von Gütern auf Binnengewässern,[39] die §§ 37–96 EVO über Eisenbahnfrachtverträge,[40] die gesamte Kraftverkehrsordnung (KVO),[41] die im Luftverkehrsgesetz enthaltenen Vorschriften über die Beförderung von Frachtgütern,[42] die Verordnung über Beförderungsbedingungen für den Umzugsverkehr und für die Beförderung von Handelsmöbeln in besonders für die Möbelbeförderung eingerichteten Fahrzeugen im Güterfernverkehr und Güternahverkehr (GüKUMB)[43] sowie die Verordnung über Orderlagerscheine[44] außer Kraft.

19     Hinter diesen zahlreichen äußerlichen Veränderungen steckt eine **tief greifende Rechtsbereinigung.** An die Stelle der verschiedenen Sonderfrachtrechte für einzelne Verkehrsträger ist eine umfassende Regelung in den §§ 407–475h HGB getreten. Da der Gesetzgeber im Rahmen der Postreform auch auf die spezifische Regelung der Beförderung von Briefen und Paketen im Postgesetz verzichtet hat,[45] erfasst das neue Transportrecht des HGB auch diesen Bereich der Postbeförderung. Die den **Seetransport** betreffenden Vorschriften des Fünften Buches des HGB, vor allem die §§ 556 ff. HGB, blieben dagegen, dem Mandat der Sachverständigenkommission entsprechend, zunächst unberührt. Sie wurden später, in einem zweiten Schritt der Reform, modernisiert (vgl. dazu Rn. 10, 30 ff.).

20     Das **Gesetz zur Reform des Seehandelsrechts** hat nicht nur das Fünfte Buch des Handelsgesetzbuchs grundlegend neu gefasst (dazu Rn. 51 ff.), sondern auch einige Vorschriften des allgemeinen Frachtrechts im Vierten Buch erneut geändert. Dabei handelt es sich zum Teil um Anpassungen an das modernisierte Seehandelsrecht, zum Teil um kleinere Korrekturen, die sich in den anderthalb Jahrzehnten der Anwendung des Transportrechtsreformgesetzes als zweckmäßig erwiesen haben. Zwar ist es dabei geblieben, dass die Haftungsgrundsätze des Seehandelsrechts von denen des allgemeinen Frachtrechts verschieden sind,[46] doch sind in mancher Hinsicht Angleichungen beider Regime vorgenommen worden: So wurde das Recht das Lagerscheins an das reformierte Konnossementsrecht angepasst. Das Pfandrecht erfuhr im Hinblick auf die Rechtsprechung des BGH und die sich daran anschließende Diskussion in der Wissenschaft eine Präzisierung, Die Umschreibung der Vertragsfreiheit wurde klarstellend und formal erleichternd neu gefasst.

---

[37] Vgl. BR-Drucks. 516/98.
[38] Gesetz vom 25.6.1998, BGBl. I S. 1588.
[39] Vgl. Art. 2 Nr. 2 TRG.
[40] Vgl. Art. 3 Nr. 15 TRG.
[41] Vgl. Art. 9 Nr. 3 TRG.
[42] Siehe die Einzelnen Änderungen des Luftverkehrsgesetzes in Art. 6 TRG.
[43] Vgl. Art. 9 Nr. 4 TRG.
[44] Vgl. Art. 7 TRG.
[45] Vgl. einerseits die §§ 10 ff. PostG in der Fassung der Bekanntmachung vom 3.7.1989, BGBl. I S. 1449, andererseits § 18 PostG vom 22.12.1997, BGBl. I S. 3294; diese Vorschrift enthält nur noch eine Ermächtigung der Bundesregierung zum Erlass von Rahmenvorschriften für die Inanspruchnahme von Postdienstleistungen, die sich auch auf vertragsrechtliche Regelungen beziehen können. Siehe zur bisherigen Rechtslage § 452 HGB Rn. 3.
[46] Zu den Abweichungen und ihrer Berechtigung vgl. *Czerwenka,* FS Herber, S. 45, 48 ff.

**d) Leitgedanken.** Die Regelung des Frachtrechts im Transportrechtsreformgesetz ori- 21
entiert sich an den folgenden Leitlinien: Konsolidierung, Deregulierung, Internationalisierung, Modernisierung und Liberalisierung.

Der ersten Leitlinie – **Konsolidierung** – wurde durch eine Beseitigung der Sonderrege- 22
lungen für die Straße, die Schiene, die Binnenschifffahrt und den Luftverkehr und Zusammenführung der für die verschiedenen Verkehrsträger Straße, Schiene, Binnenschifffahrt
und Luft geltenden Teiltransportrechte zu einheitlichen Regelungen in den §§ 407 ff. HGB
entsprochen. Die Sachverständigenkommission hatte zwar zunächst – ihrem Mandat entsprechend – lediglich Vorschläge für ein einheitliches Recht der Güterbeförderung auf
Straße, Schiene und Binnenwasserstraße unterbreitet. Im Rechtsausschuss des Deutschen
Bundestages wurde dann aber der Anwendungsbereich der vorgeschlagenen Regelungen
auch auf die Luftbeförderung erstreckt, siehe Rn. 8. Demgemäß sieht das deutsche Transportrecht nunmehr nur noch zwei frachtvertragliche Regelungskomplexe vor: einen für
den Seefrachtvertrag in den §§ 556 ff. HGB und einen für die Güterbeförderung mit allen
anderen Verkehrsmitteln, §§ 407 ff. HGB.

Der zweiten Leitlinie – **Deregulierung** – wurde durch eine drastische Reduzierung der 23
Anzahl der Vorschriften entsprochen. Während es bis zur Transportrechtsreform mehr als
zweihundert gesetzliche Vorschriften über den Frachtvertrag gab, gab es nach der Reform
nur noch achtundfünfzig Vorschriften.

In Befolgung der dritten Leitlinie – **Internationalisierung** – wurde eine stärkere Aus- 24
richtung des geltenden Rechts an internationalen Übereinkommen vorgenommen. Vorbild
war dabei vor allem das Übereinkommen von 1956 über den Beförderungsvertrag im
internationalen Straßengüterverkehr (CMR). Dafür gab es die folgenden Gründe: Zum
einen sollte dem Umstand Rechnung getragen werden, dass sich in der verkehrswirtschaftlichen Wirklichkeit der Straßenverkehr zum weitaus dominierenden Verkehrsträger entwickelt hatte.[47] Die CMR war also der großen Mehrheit der verladenden Wirtschaft und der
Transportunternehmen bereits seit langem bekannt. Zum andern wurde mit der Ausrichtung des innerstaatlichen Rechts an der CMR berücksichtigt, dass sich die CMR nicht
nur für grenzüberschreitende Transporte in ganz Europa durchgesetzt hat, sondern von
zahlreichen Staaten auch bereits auf den innerstaatlichen Verkehr mehr oder weniger übertragen wurde;[48] die Orientierung an der CMR war also auch ein Stück europäischer
Rechtsangleichung. Aber auch andere **internationale Übereinkommen hatten Vorbildfunktion:** So ist die in § 437 HGB erstmalig geregelte Figur des „ausführenden" Frachtführers dem Abkommen von Guadalajara, Art. 10 des Übereinkommens der Vereinten
Nationen von 1978 über die Beförderung von Gütern auf See (Hamburg Regeln) und
Art. 2 Satz 2 des Athener Übereinkommens von 1974 über die Beförderung von Reisenden
und ihrem Gepäck auf See nachgebildet.

Freilich ist das Transportrechtsreformgesetz keineswegs eine Kopie der genannten Über- 25
einkommen. Die Orientierung vor allem an der CMR war stets nur der Ausgangspunkt
der Beratungen; in zahlreichen Einzelpunkten weicht das deutsche Gesetz von den Übereinkommen ab. Dies ist vielfach sachlich, zum Teil aber auch nur aus sprachlichen Präferenzen
begründet. Folgende Sachgründe haben für **Ausnahmen von der Befolgung der CMR**
eine Rolle gespielt: Im Gegensatz zu internationalen Übereinkommen brauchte das deutsche Gesetz wegen der Allzuständigkeit des nationalen Gesetzgebers seinen Anwendungsbereich nicht näher zu regeln. Manche Vorschriften der CMR betreffen Fragen, die in den
nationalen Rechtssystemen üblicherweise im allgemeinen Zivilrecht geregelt sind; um der
Vereinheitlichung willen sieht die CMR auch für solche Fragen wie etwa die Fristberechnung Bestimmungen vor, so etwa in Art. 30 CMR. Ein nationales Frachtrecht kann jedoch

---

[47] S. Einl. CMR Rn. 1 für den grenzüberschreitenden Güterverkehr. Im binnenländischen deutschen
Güterverkehr entfielen im Jahre 1997 83,4 Prozent des Verkehrsaufkommens auf den Straßenverkehr, 8,3 Prozent auf die Eisenbahnen, 6,1 Prozent auf die Binnenschifffahrt und 2,3 Prozent auf Rohrfernleitungen, vgl.
*Bundesministerium für Verkehr* (Hrsg.), Verkehr in Zahlen 1998 (1998) S. 235.
[48] Siehe näher Einl. CMR Rn. 28 ff.

von solchen Regelungen entlastet werden, die für die gesamte Rechtsordnung einheitlich und allgemein niedergelegt sind. § 438 enthält daher keine Fristberechnungsregeln. Vor dem Hintergrund der allgemein anerkannten zivilrechtlichen Konstruktion des Konsensualvertrages war auch die Übernahme einer Vorschrift nach dem Vorbild von Art. 4 CMR entbehrlich. Weitere Abweichungen folgen daraus, dass das Transportrechtsreformgesetz der Vertragsfreiheit in viel umfassenderem Maße Raum gibt als die absolut zwingende CMR (vgl. Art. 41 CMR); wo abweichende Vereinbarungen grundsätzlich zugelassen werden, sind fein ausgefeilte Regelungen über die Angabe des Lieferinteresses und die Wertdeklaration (Art. 24, 26 CMR) überflüssig.

26      Im Übrigen reicht das Transportrechtsreformgesetz in sachlicher Hinsicht an vielen Stellen über die CMR hinaus. Die eingehende Regelung der primären Vertragspflichten, die sich auf die Verpackung und Kennzeichnung, das Verladen und Entladen der Güter (§§ 411 f.), auf die Kündigung des Vertrages durch den Absender und die Nichteinhaltung der Ladezeit durch ihn (§§ 415, 417) sowie auf die Zahlung der Fracht (§ 420) und einige andere Fragen beziehen, hat in der CMR keine Entsprechung. In einer zwingend ausgestalteten Regelung können solche Fragen auch nicht ohne großen Schaden für die Flexibilität der Transportprozesse geregelt werden. Anders verhält es sich mit dem grundsätzlich dispositiven Transportrechtsreformgesetz: Hier steht eine gesetzliche Regelung der primären Leistungspflichten abweichenden AGB nicht im Wege, dient jedoch ihrer Inhaltskontrolle als Orientierung und ist gerade unter diesem Aspekt sinnvoll. Über die CMR hinaus gehen naturgemäß auch die dort nicht behandelten sachenrechtlichen Fragen des Frachtführerpfandrechts (§§ 441 ff.); dasselbe gilt für den Ladeschein (§§ 444 ff.). Die betreffenden Vorschriften haben ihre praktische Bedeutung ohnehin bislang nur in der Binnenschifffahrt erlangt, werden künftig aber auch der Begebung multimodaler Transportdokumente als Rechtsgrundlage dienen können.

27      Eine stärkere Berücksichtigung moderner Transportpraktiken (**Modernisierung**) – Leitlinie vier – erfolgte durch erstmalige Regelung des multimodalen Frachtvertrags (§§ 452 ff. HGB). Erstmals eingeführt wurden Regelungen zu der sehr problematischen Frage des anwendbaren Rechts im Falle des unbekannten Schadensortes.

28      Die Leitlinie fünf – **Liberalisierung** – wurde schließlich durch **Erweiterung der Vertragsfreiheit** umgesetzt. So wurde den Parteien eines Vertrages über eine Beförderung auf der Straße oder Schiene im Gegensatz zu den bis dahin geltenden, teilweise einseitig, teilweise beidseitig zwingenden Regelungen von EVO, KVO und GüKUMB, nunmehr gestattet, von den gesetzlichen Regelungen abzuweichen. Nachdem die Deregulierung der Verkehrsmärkte zur Freigabe des Preises als Hauptparameter des Wettbewerbs geführt hatte, wurde kein Grund mehr für eine umfassende zwingende Regelung der frachtvertraglichen Beziehungen gesehen. Zwingende Normen wurden nur noch insoweit für geboten erachtet, als die Vertragsfreiheit wegen der asymmetrischen Information der Vertragspartner oder der ungleichgewichtigen Verhandlungslage keine Gewähr für eine sachgerechte Verteilung der Risiken bot. Dies betrifft erfahrungsgemäß den Bereich der Haftung. Hier neigen die Vertragsparteien ohne nähere Überlegung zu einer weitgehenden oder vollständigen Verlagerung der Risiken auf Versicherungen, so dass Anreize zur Schadensprävention vermindert oder sogar völlig unterdrückt werden. Das Transportrechtsreformgesetz erklärte deshalb viele Haftungsregelungen für zwingend, vgl. §§ 449, 451h, 452d, 466 und – sehr eingeschränkt – § 475h. Dabei verfolgte allerdings das Transportrechtsreformgesetz eine differenzierte Lösung.[49] Denn danach kann unter folgenden Voraussetzungen von den Haftungsvorschriften abgewichen werden: (1) in Verbraucherverträgen, wenn dies zum Vorteil des Verbrauchers ist; (2) in anderen als Verbraucherverträgen durch Individualvereinbarung oder, soweit die Haftungsgrenzen betroffen sind, durch AGB, sofern die darin bestimmte Haftungsgrenze zwischen 8,33 und 40 Sonderziehungsrechten liegt (vgl. § 449 Abs. 2); (3) in Verträgen über die Beförderung von Briefen und briefähnlichen Sendungen ohne gesetzlich

---

[49] S. hierzu eingehend *Basedow* TranspR 1998, 58 ff.

vorgegebene Grenzen. Für andere als Haftungsbestimmungen gilt generell der Grundsatz der Vertragsfreiheit.

Für die Rechtswirklichkeit in den einzelnen Verkehrszweigen haben sich dadurch zum **29** Teil drastische Veränderungen ergeben, die freilich durch Vereinbarung der Parteien abgemildert werden können. Dies zeigt sich besonders deutlich an der Regelung der Haftungshöchstsumme in § 431, die gleichsam zur Nagelprobe des gesamten Gesetzgebungsvorhabens wurde. Hier galt es einen Kompromiss zu finden zwischen den hohen Haftungsgrenzen von 100 DM/kg gemäß § 85 Abs. 1 Satz 2 EVO bzw. 80 DM/kg gemäß § 35 Abs. 4 KVO einerseits und den im Vergleich dazu äußerst niedrigen Haftungsbegrenzungen der Binnenschifffahrt, wo vor der Transportrechtsreform Höchstsummen von 0,20 DM/kg gebräuchlich waren.[50] Mit den §§ 431, 449 wurde ein Kompromiss erzielt, wonach der Haftungshöchstbetrag sich mit 8,33 SZR/kg an Art. 23 CMR orientiert, jedoch die Möglichkeit besteht, durch AGB anderweitige Höchstbeträge festzulegen, sofern sie zwischen 2 SZR und 40 SZR liegen. Damit wurde insbesondere den Verkehrsunternehmen ermöglicht, durch vorformulierte Vertragsbedingungen Haftungshöchstsummen festzusetzen, die den bisher üblichen oder vorgeschriebenen Höchstsummen gleichen oder jedenfalls nahe kommen.

**4. Seerechtsreformgesetz von 2013. a) Reformdiskussion.** Das bis zur Reform gel- **30** tende, im Fünften Buch des HGB kodifizierte deutsche Seehandelsrecht stammte im Wesentlichen noch aus dem Allgemeinen Deutschen Handelsgesetzbuch (ADHGB) von 1861. Dessen Regelungen waren 1897 in das HGB übernommen worden, ohne an das neue allgemeine Zivilrecht des gleichzeitig erlassenen BGB angepasst zu werden. Die Zeit fehlte nicht nur dafür, sondern erst recht für eine inhaltliche Überarbeitung der Rechtsregeln, die wegen der schon damals stürmischen Entwicklung der Seeverkehrswirtschaft angezeigt gewesen wäre. Deshalb war das Seehandelsrecht des HGB schon bei seinem Inkrafttreten im Jahr 1900 veraltet. Die Regelungen waren weithin noch auf Beförderungen von Ganzladungen in hölzernen Segelschiffen zugeschnitten, die in freier Frachtfahrt als „Trampschiffe" Ladung aufnahmen. Schon bei Erlass des HGB traten an deren Stelle zunehmend Liniendienste mit Dampfschiffen, welche Industrieprodukte als Stückgüter beförderten. Wurde schon diese Rückständigkeit des Gesetzes beklagt, so setzte sich die Entwicklung nach dem Zweiten Weltkrieg durch die Einführung des Containers und die Verbesserung des Nachrichtenwesens so nachhaltig fort, dass das geltende Recht den technischen und wirtschaftlichen Gegebenheiten in keiner Wiese mehr entsprach.

Dies wurde früh erkannt, doch kam es gleichwohl nicht zu einer grundlegenden Reform **31** des deutschen Seehandelsrechts. Zwar wurde das Seehandelsrecht des HGB einige Male auch grundsätzlicher geändert, doch dienten diese Änderungen nur der Anpassung an internationale Übereinkommen auf Teilgebieten, die inzwischen zu einem großen Teil auch schon wieder veraltet und außer Kraft getreten sind. So diente die erste Änderung durch das Seefrachtgesetz von 1937 (RGBl. I S. 891) der Anpassung an das Brüsseler Konnossementsübereinkommen von 1924 (die sog. Haager Regeln) und das Seerechtsänderungsgesetz von 1972 (BGBl. I S. 966 ff.) in erster Linie der Anpassung an das Brüsseler Haftungsbeschränkungsübereinkommen von 1957. Ein weiteres Seerechtsänderungsgesetz von 1986 (BGBl. I S. 1120) musste diese Änderungen bereits korrigieren und das HGB an die mittlerweile auf internationaler Ebene vorgenommene Ersetzung der Haager Regeln durch das Brüsseler Protokoll von 1968 zu den Haager Regeln (die sog. Visby-Regeln) und des Haftungsbeschränkungsübereinkommens von 1957 durch das Übereinkommen über die Beschränkung der Haftung für Seeforderungen von 1976 anpassen.

Schon die Geschichte dieser wenigen Änderungen zeigt das Dilemma der Kodifikation **32** des Seehandelsrechts: Seehandel vollzieht sich vorwiegend international und bedürfte deshalb internationaler Rechtsregeln. Diese zu schaffen, bemühen sich seit anderthalb Jahrhunderten zahlreiche internationale Organisationen: Zunächst das Comité Maritime Internatio-

---

[50] Vgl. Reg.Begr. S. 67.

nal, dann die UN-Seeschifffahrts-Organisation (IMCO, später IMO), die Kommission der UN für Internationales Handelsrecht (UNCITRAL), die UN-Wirtschaftskommission für Europa (ECE) – um nur einige zu nennen. Der Erfolg ist jedoch unbefriedigend: Ausarbeitung und Akzeptanz der zahlreichen Übereinkommen werden durch Verschiedenheiten der Rechtsordnungen und Rechtssetzungsprinzipien (kontinentales Recht *versus* common law) ebenso behindert wie durch widerstreitende Interessen von Wirtschaftsbeteiligten und Staaten.

33    Die Hoffnung auf einheitliche Regeln über die Güterschadenshaftung, den Kernbereich des Frachtrechts, hat deshalb auch den deutschen Gesetzgeber bisher an einer grundlegenden Reform des deutschen Seehandelsrechts gehindert. Die Wirtschaft hatte sich auf die international unbefriedigende und keineswegs einheitliche Rechtslage eingerichtet, deren Unklarheit gelegentlich dem Einzelnen auch Vorteile bieten kann. Der Deutsche Verein für Internationales Seerecht hatte zwar nach Verabschiedung der Hamburg-Regeln auf Wunsch des Bundesministeriums der Justiz Anfang der 1980er Jahre Vorschläge zu einer Reform des deutschen Seehandelsrechts gemacht,[51] doch führten diese nicht zu einem Gesetzgebungsvorhaben, weil die Wirtschaft eine Ratifizierung der Hamburg-Regeln ablehnte und deshalb für die Regelung der Güterschadenshaftung keine zeitgemäße internationale Vorgabe bestand. Als später das Seefrachtrecht wieder auf die Tagesordnung von UNCITRAL gesetzt wurde mit dem Ziel einer Revision der Hamburg-Regeln, verwiesen Wissenschaft und Wirtschaftsverbände auf diese Arbeiten, um eine eigenständige deutsche Regelung zu vermeiden. Diese Verhandlungen zogen sich bis zur Verabschiedung des UN-Übereinkommens von 2008[52] hin, welches unter dem Namen Rotterdam-Regeln schließlich im September 2009 gezeichnet wurde. Die Hoffnung auf eine baldige wirksame Rechtsvereinheitlichung des Seefrachtrechts auf einer Basis, die modernen Anforderungen genügt, musste jedoch schon während der Verhandlungen aufgegeben werden, nachdem sich bereits abzeichnete, das auch das künftige Übereinkommen wenig Aussicht auf Akzeptanz durch die großen Schifffahrtsstaaten haben würde. Jedenfalls würde sein Inkrafttreten frühestens nach einem Jahrzehnt zu erwarten sein.

34    Angesichts dieser Entwicklung gab das Bundesministerium der Justiz seine Zurückhaltung im Jahre 2004 auf: Nachdem das deutsche allgemeine Frachtrecht 1998 grundlegend neu gestaltet worden war und die damit verbundene Regelung des Multimodalvertrages bereits Auswirkungen auch auf den Seetransport hatte, musste auch das veraltete Seehandelsrecht endlich modernisiert werden. Fehlte eine allgemein akzeptierte internationale Vorgabe, so konnte der Gesetzgeber nur versuchen, sich so weit wie möglich an allgemein vorherrschende Haftungsrundsätze anzulehnen.[53] Man konnte das deutsche geschriebene Recht nicht völlig verkommen lassen. Würde sich im Frachtrecht später doch eine allgemeine internationale Regelung herausbilden, müsste deren Übernahme dann erneut geprüft werden.

35    **b) Sachverständigengruppe zur Reform des Seehandelsrechts.** Deshalb berief das Bundesministerium der Justiz Mitte 2004 erneut eine Sachverständigengruppe ein,[54] die eine Reform nunmehr auch des deutschen Seehandelsrechts vorbereiten sollte. Sie bestand aus neun Sachverständigen und hatte den Auftrag,[55] Vorschläge zu erarbeiten, die es dem Gesetzgeber erlauben, das Seehandelsrecht zeitgemäß und den Erfordernissen der heutigen Schifffahrt und des modernen Handels gemäß neu zu regeln. Insbesondere sollte sie untersuchen, welche Regelungen sich als unzureichend, unpraktikabel oder überflüssig erwiesen haben und welche neuen Bestimmungen zur Regelung der modernen Verhältnisse erforder-

---

[51]  Vgl. Reform des Seehandelsrechts, Schriften des Deutschen Vereins für Internationales Seerecht, Hefte B 14–16, Hamburg 1985.

[52]  UN Convention on Contracts for the International Carriage of Goods Wholly or Partly by Sea, vom 11. Dezember 2008, abgedruckt in TranspR 2009, 372 ff.

[53]  Vgl. zu dieser Problematik *Herber* TranspR 2012, 269 ff.

[54]  Zusammensetzung vgl. TranspR 2004, 272.

[55]  Vgl. dazu Abschlussbericht S. 8 unter II.

lich sind. Dabei sollten auch der Internationalität des Seehandels Rechnung getragen und die in Verhandlungen zu internationalen Übereinkommen gemachten Erfahrungen sowie die Ergebnisse ähnlicher Modernisierungsbestrebungen in anderen Schifffahrtsländern herangezogen werden. Schließlich sollten ungerechtfertigte Unterschiede zwischen dem Seehandelsrecht und dem für andere Verkehrsträger geltenden Transportrecht möglichst vermieden werden.

Die Sachverständigengruppe überreichte der Bundesministerin der Justiz am 27. August **36** 2009 einen Abschlussbericht[56] über ihre Arbeiten, der einen formulierten Gesetzentwurf zur Neuregelung des gesamten Fünften Buches des HGB enthielt. Dieser Entwurf wurde vom Bundesjustizministerium den beteiligten Bundesressorts, den Landesjustizverwaltungen, den Wirtschaftsverbänden und sonstigen beteiligten Kreisen zur Stellungnahme zugeleitet. Insbesondere auch der Deutsche Verein für Internationales Seerecht und die Deutsche Gesellschaft für Transportrecht berieten ihn eingehend in eigenen Arbeitsgruppen und nahmen ausführlich Stellung.[57]

Auf der Grundlage des Abschlussberichts und der Stellungnahmen hierzu veröffentlichte **37** das Ministerium am 24. Mai 2011 einen Referentenentwurf[58] für ein Gesetz zur Reform des Seehandelsrechts, der den Beteiligten erneut zur Stellungnahme übersandt wurde. Er übernahm im Wesentlichen die Vorschläge der Sachverständigengruppe, erweiterte die Regelungen jedoch auf Anregung der Sachverständigen um Änderungen des Vierten Buches des HGB, soweit die Neufassung des Seehandelsrechts und die Beratungen der Sachverständigen Anpassungen des allgemeinen Frachtrechts zweckmäßig erscheinen ließen, um Wertungswidersprüche zu vermeiden. Hierzu nahmen der Deutsche Verein für Internationales Seerecht[59] und die Deutsche Gesellschaft für Transportrecht[60] – nach einem Symposium in Rostock-Travemünde[61] – erneut ausführlich Stellung.

**c) Gesetzgebungsverfahren.** Am 9. Mai 2012 beschloss die Bundesregierung den **38** Regierungsentwurf eines Gesetzes zur Reform des Seehandelsrechts mit einer ausführlichen Begründung,[62] der am 12. Juli 2012 den gesetzgebenden Körperschaften zugeleitet wurde. Er passierte den Bundesrat in ersten Durchgang ohne wesentliche Einwendungen. Der Rechtsausschuss des Deutschen Bundestages veranstaltete im Rahmen seiner Beratungen in seiner 99. Sitzung am 24. Oktober 2012 eine öffentliche Anhörung von seerechtlichen Sachverständigen[63] und nahm in Beschlussempfehlung und Bericht vom 12. Dezember 2012[64] Stellung Der Deutsche Bundestag beschloss das Gesetz am 13. Dezember 2013 mit den wenigen vom Rechtsausschuss empfohlenen Änderungen in dritter Lesung. Das Gesetz wurde am 20. April 2013 vom Bundespräsidenten unterzeichnet und am 24. April im Bundesgesetzblatt (BGBl. I S. 831) verkündet, sodass es nach seinem Art. 15 am 25. April 2013 in Kraft getreten ist.

**d) Leitgedanken.** Die Leitgedanken des Seerechtsreformgesetzes ergeben sich aus dem **39** Auftrag, den die Sachverständigengruppe zu erfüllen hatte und der oben (b) wiedergegeben ist.

Danach bestand die erste Aufgabe darin, Vorschriften zu schaffen, die den Erfordernissen **40** der heutigen Schifffahrt und des modernen Handels entsprechen. Dies ist sowohl durch die Beseitigung heute überholter oder überflüssiger Rechtsregeln wie die über die unterneh-

---

[56] Abgedruckt bei *Czerwenka,* Die geplante Reform des Seehandelsrechts, S. 285 ff.; Text des Entwurfs auch TranspR 2009, 417 ff.; dazu auch *Herber* TranspR 2009, 445 ff.
[57] Deutscher Verein für Internationales Seerecht; Schriften des DVIS Heft B 18, 2010; Deutsche Gesellschaft für Transportrecht: Stellungnahme v. 20.1.2010, www.transportrecht.org.
[58] Zu den verhältnismäßig geringen Abweichungen vom Abschlussbericht vgl. auch *Czerwenka* TranspR 2011, 249.
[59] Schriften des DVIS Heft B 19, 2012.
[60] TranspR 2011, 309.
[61] Vgl. den Bericht von *Tschiltschke* TranspR 2011, 318.
[62] BT-Drucks. 17/10309; auch TranspR 2011, 165 ff.
[63] Vgl. dazu BT-Drucks. 17/11884 S. 127 und Protokoll der 99. Sitzung des Rechtsausschusses.
[64] BT-Drucks. 17/11884.

merähnliche Stellung des Kapitäns, über das Verklarungsverfahren und über die Partenreederei geschehen sowie durch die Schaffung neuer Vorschriften. Zu letzteren rechnen vor
allem die Kodifizierung der Regeln über den Zeitchartervertrag sowie die Berücksichtigung
moderner technischer und wirtschaftlicher Institutionen des Seehandels wie des Containers
und der damit verbundenen Änderungen des Beförderungsablaufs sowie moderner Dokumentationsformen wie des Seefrachtbriefs.

**41**      Die Kodifizierung des neuen Rechts ist straffer und verständlicher als die des alten, noch
auf das ADHGB zurückgehenden. Sie ist nunmehr auf Systematik und Diktion des BGB
abgestimmt und schon durch ihre – dem alten Recht besonderes bei der Regelung des
Frachtvertrages fast völlig fehlende – sachgerechte und übersichtliche Gliederung verständlicher. Zudem ist sie deutlich verkürzt worden.

**42**      Inhaltlich wurden neuere Gesetze auch anderer Länder vergleichend herangezogen. Das
gilt namentlich für die neueren Seegesetze der skandinavischen Staaten und der Niederlande,
aber auch der früheren DDR, deren Seehandelsschifffahrtsgesetz klar und einfach war,
jedoch im Zuge der Wiedervereinigung nicht beibehalten werden konnte. Internationale
Übereinkommen wurden berücksichtigt, soweit sie eine hinreichende Akzeptanz in den
Schifffahrtsstaaten gefunden haben. Aus der neueren internationalen Entwicklung ist
namentlich die Institution und Mithaftung des sog. ausführenden Verfrachters übernommen
worden.

**43**      Schließlich wurden eine Reihe von Regeln des deutschen allgemeine Frachtrechts
(§§ 407 HGB ff.) in das neue Seerecht übernommen. Zwar sind die Prinzipien des internationalen Rechts wie insbesondere die auf eine Verschuldenshaftung beschränkte und auf
vergleichsweise niedrige Haftungsbeträge begrenzte Haftung des Verfrachters, deren
Beschränkung nur bei seiner persönlichen Leichtfertigkeit, nicht schon bei der seiner Gehilfen entfällt, in Abweichung vom allgemeinen Frachtrecht erhalten geblieben. Doch wurden
viele Haftungsvorschriften im Einzelnen, wie etwa die Verlustvermutung bei Verspätung,
ebenso übernommen wie das Prinzip des auf den Schutz gegen Abweichungen durch AGB
beschränkten zwingenden Geltungsanspruchs des Gesetzes. Im Bereich der – dispositiv
geregelten – beiderseitigen Rechte und Pflichten der Parteien wurden die Bestimmungen
über die Frachtzahlung, über die Rechte und Haftung des Empfängers und über das Weisungsrecht des Befrachters stark an das allgemeine Recht angenähert.

**44**      Das Konnossementsrecht wurde in größere Übereinstimmung mit dem allgemeinen
Zivilrecht gebracht. Dessen Neuregelung führte zu Änderungen auch der erst 1998 neu
gefassten Bestimmungen über den Ladeschein, weil diese dem alten Konnossementsrecht
nachgebildet waren.

**45**      Diese Prinzipien wurden schon durch den Abschlussbericht der Sachverständigen vorgezeichnet. Der Referentenentwurf und das Gesetz weichen in zwei wesentlichen Punkten
von den Empfehlungen der Sachverständigen ab: Einmal in der Definition des ausführenden
Verfrachters, die nach dem Gesetz auch den Hafenumschlagsbetrieb erfassen kann. Sodann
hinsichtlich der Frage, ob Deutschland das Konnossementsübereinkommen von 1924, die
sog. Haager Regeln, kündigen sollte. Die Sachverständigen haben sich dafür ausgesprochen,
weil sie den gravierenden Mangel dieses Übereinkommens, die nicht mehr zeitgemäße
Freistellung des Verfrachters für sog. nautisches Verschulden der Schiffsbesatzung, nicht
beibehalten wollten und weil das alte Übereinkommen ohnehin kaum noch bedeutende
Vertragsstaaten hat. Regierung und Gesetz sind diesem Vorschlag aus politischen Gründen
nicht gefolgt, halten jedoch auch an der gesetzlichen Freistellung von der Haftung für
nautisches Verschulden nicht mehr fest. Deshalb bedurfte es der wenig schönen Vorbehalts-
regelung des Art. 6 EGHGB.

## II. Gliederung und wesentlicher Inhalt

**46**      **1. Viertes Buch.** Das Handelsgesetzbuch regelt in seinem Vierten Buch unter der Überschrift „Handelsgeschäfte" die mit dem Warenumschlag zusammenhängenden Verträge des

Fracht-, Speditions- und Lagerrechts. Bis zur Verabschiedung des Transportrechtsreformgesetzes waren im Vierten Buch neben dem Speditionsgeschäft (§§ 407–415 HGB aF), dem Lagergeschäft (§§ 416–424 aF) und dem Frachtgeschäft (§§ 425–452 aF) auch die Beförderung von Gütern und Personen auf den Eisenbahnen des öffentlichen Verkehrs (§§ 454–457 HGB aF) geregelt. Diese Vorschriften wurden jedoch mit der Transportrechtsreform aufgehoben.

Das Transportrechtsreformgesetz veränderte auch die **Reihenfolge der geregelten** 47 **Vertragstypen:** An erster Stelle wird nunmehr das Frachtgeschäft geregelt; es folgen die Regelungen über das Speditions- und das Lagergeschäft. Dies hängt mit Wandlungen im Erscheinungsbild der Spedition zusammen. Der Gesetzgeber des ausgehenden 19. Jahrhunderts ging vom Leitbild des Transportkommissionärs aus, der als mittelbarer Vertreter des Absenders für dessen Rechnung, aber im eigenen Namen gegen Provision Frachtverträge abschließt. Demgemäß wurde der Speditionsvertrag im unmittelbaren Anschluss an den Kommissionsvertrag und zum Teil durch Verweisung auf die Kommissionsvorschriften geregelt. In der verkehrswirtschaftlichen Wirklichkeit entwickelte sich der Spediteur demgegenüber gleichsam zum Generalunternehmer des Transports. Sein Aufgabenfeld umfasste zwar nach wie vor die Auswahl der ausführenden Verkehrsunternehmer und den Abschluss von Verträgen mit ihnen, doch trat daneben eine Fülle von Hilfsleistungen, die von der Verpackung und Verladung der Güter über ihre Zwischenlagerung und Pflege bis hin zur Verzollung, Dokumentenbeschaffung und sonstigen logistischen Leistungen reicht. Die Spedition definiert sich daher heute als Bestandteil der Verkehrswirtschaft und ist letztlich auf die frachtvertragliche Leistung bezogen. Das Transportrechtsreformgesetz brachte dies dadurch zum Ausdruck, dass es im Vierten Abschnitt des Vierten Buches des HGB zunächst den Frachtvertrag (§§ 407–452d) und erst danach im Fünften Abschnitt das Speditionsgeschäft (§§ 453–466) sowie im Sechsten Abschnitt das Lagergeschäft (§§ 467–475h) regelte. Dabei entfiel auch die speditionsrechtliche Verweisung auf das Recht der Kommission. Für erforderlich gehalten wurde sie lediglich, soweit Forderungen des Spediteurs wirtschaftlich dem Versender zustehen und daher in der Zwangsvollstreckung und im Konkurs auch als Forderungen des Versenders gelten.

Der umfangreichste der drei neuen Abschnitte betrifft mit insgesamt 58 Vorschriften das **48** **Frachtgeschäft.** Er gliedert sich in drei Unterabschnitte: Der erste enthält nach seiner Überschrift „Allgemeine Vorschriften" (§§ 407–450). Diese stellen das Herzstück der gesamten transportrechtlichen Vorschriften dar. Der zweite Unterabschnitt enthält einige Sondervorschriften für die **„Beförderung von Umzugsgut"** (§§ 451–451h). Der Umzugsvertrag wird damit erstmalig im HGB geregelt. Während die außer Kraft gesetzte Verordnung über die Beförderungsbedingungen für den Umzugsverkehr und für die Beförderung von Handelsmöbeln in besonders für die Möbelbeförderung eingerichteten Fahrzeugen im Güterfernverkehr und Güternahverkehr (GüKUMB) außer der Beförderung von Umzugsgut auch die von Handelsmöbeln umfasste, betreffen die §§ 451 ff. allein den Umzugsvertrag; für den Transport von Handelsmöbeln in Möbelwagen gibt es nun keine besonderen Vorschriften mehr. Mit dem dritten Unterabschnitt über die **„Beförderung mit verschiedenartigen Beförderungsmitteln"** wird seit der Transportrechtsreform erstmalig der multimodale Frachtvertrag einer gesetzlichen Regelung zugeführt; auch weltweit gibt es nur in wenigen Ländern vergleichbare, im Einzelnen aber doch deutlich abweichende Gesetzesvorschriften zu diesem Vertragstyp.[65]

**2. Fünftes Buch.** Die im Fünften Buch des Handelsgesetzbuchs enthaltenen Vorschrif- **49** ten über das Seefrachtrecht sind systematisch **klarer gegliedert** als im alten Recht. Obwohl Rechtsinstitute neu kodifiziert wurden (wie namentlich der Zeitchartervertrag), ist der **Zahl der Vorschriften** durch das SRG von bisher 304 auf 143 reduziert worden, also auf **weniger als die Hälfte.**

---

[65] Siehe näher *Basedow,* FS Herber, 1999, S. 15 ff., 20 ff.

50      In einem **ersten Abschnitt** (§§ 476–480) sind **die Personen der Schifffahrt** behandelt, nämlich der **Reeder,** die **Ausrüster,** die **Schiffsbesatzung** und der **Kapitän.** Die Vorschriften sind deutlich einfacher gestaltet als im früheren Recht. Die Partenreederei als überholtes gesellschaftsrechtliches Modell ist entfallen. Der Kapitän hat nicht mehr die aus der Segelschiffszeit überkommene Stellung, die an einen selbständigen Unternehmer erinnert. Die Verklarung ist gestrichen, weil die modernen Kommunikationsmittel eine solche formalisierte Beweissicherung im Ausland, die sich zudem als unpraktikabel erwiesen hat, entbehrlich machen. In diesem Abschnitt findet sich auch eine zentrale Haftungsbestimmung: Die sog. **adjektizische Haftung des Reeders** für Ansprüche gegen Mitglieder der Schiffsbesatzung (§ 480).

51      Im **Zweiten Abschnitt** sind die Vorschriften über **alle Seebeförderungsverträge** zusammengefasst, untergliedert in **Seefrachtverträge** (Erster Unterabschnitt, §§ 481–535) und **Personenbeförderungsverträge** (Zweiter Unterabschnitt, §§ 536–552).

52      Bei den **Seefrachtverträgen** unterscheidet das Gesetz zwischen **Stückgutfrachtvertrag** (Erster Titel, §§ 481–526) und **Reisefrachtvertrag** (Zweiter Titel, §§ 527–535). Anders als im bisherigen Recht, welches diese Vertragstypen allerdings nicht klar abgrenzte, steht entsprechend der modernen Schifffahrtspraxis der Stückgutfrachtvertrag im Vordergrund. Seine Gliederung in **Allgemeine Vorschriften** über die Rechte und Pflichten der Vertragsparteien (Erster Untertitel), **Haftung wegen Verlust oder Beschädigung des Gutes** (Zweiter Untertitel) und **Beförderungsdokumente** (Dritter Untertitel) erleichtert das Auffinden der Bestimmungen für die verschiedenen rechtlichen Schwerpunkte des Frachtvertrages. Die ergänzenden Regeln für den **Reisefrachtvertrag** können danach weitgehend auf die Bestimmungen über den Stückgutfrachtvertrag verweisen.

53      Inhaltlich sind die Rechte und Pflichten der Vertragsparteien dem allgemeinen Frachtrecht nachgebildet, soweit die Verhältnisse der Schifffahrt nicht Abweichungen erfordern. Die Güterschadenshaftung ist sowohl am den Grundätzen des Haag/Visby-Regeln, die das bisherige Recht bestimmt haben, als auch an den Rotterdam-Regeln orientiert, jedoch in diesem Umfeld autonom gestaltet; sie ist im Gegensatz zum allgemeinen Frachtrecht und entsprechend der internationalen Übung eine Verschuldenshaftung mit der niedrigen Haftungsbeschränkung der Visby-Regeln, durchbrechbar nur bei Leichtfertigkeit des Verfrachters selbst, nicht seiner Erfüllungsgehilfen. Der Verfrachter hat zwar für nautisches Fehlverhalten der Schiffsbesatzung einzustehen, kann diese Zurechnung aber auch durch AGB ausschließen, für die im Übrigen nach dem Vorbild des §§ 449 das Verbot der Haftungserleichterung gilt. Das Konnossementsrecht ist stärker am deutschen Wertpapierrecht ausgerichtet worden und klarer als bisher gegenüber dem Frachtvertrag abgegrenzt; der Seefrachtbrief hat erstmals eine gesetzliche Regelung gefunden.

54      Die Regelungen über **Personenbeförderungsverträge** (Zweiter Unterabschnitt, §§ 536–552), die nach altem Recht in einer Anlage zum Handelsgesetzbuch enthalten waren, stehen in engem Zusammenhang mit der Verordnung (EG) Nr. 392/2009 (sog. VO Athen).[66] Soweit diese Verordnung anzuwenden ist, hat sie Vorrang vor deutschen Rechtsregeln. Deshalb kann dieser Unterabschnitt nur Regelungen für Fälle enthalten, die von der VO Athen oder anderen internationalen Übereinkommen (CIV) nicht berührt werden. Diese nationalen Vorschriften lehnen sich inhaltlich an die VO Athen an.

55      Das neue Recht stellt neben die Beförderungsverträge in einem gleichrangigen **Dritten Abschnitt** (§§ 553–569) die **Schiffsüberlassungsverträge.** Damit wird schon in der Systematik klar zum Ausdruck gebracht, dass die Überlassung eines Schiffes, wenn auch mit Besatzung, für eine bestimmte Zeit zur freien wirtschaftlichen Verwendung einen anderen rechtlichen Charakter hat als die Beförderung von Gütern, sei es auch als Ganzladung. Während für die **Bare-Boat-Charter** (Erster Unterabschnitt) nur einige die Vorschriften des BGB über den Mietvertrag ergänzende Regelungen in das HGB aufgenommen wurden, finden sich im **Zweiten Unterabschnitt** eingehendere Vorschriften über die **Zeitcharter.**

---

[66] VO des Europäischen Parlaments und des Rates vom 21. April 2009 über die Unfallhaftung von Beförderern von Reisenden auf See (ABl. L 131 vom 28.5.2009, S. 24).

Auch hier bedürfen die gesetzlichen Regeln in der Praxis der Ergänzung durch Parteivereinbarungen, die in Formularverträgen vielfach vorgezeichnet sind. Das Gesetz beendet nun aber den Streit darüber, ob der Zeitchartervertrag ein Frachtvertrag ist oder nicht; er wird als Vertrag *sui generis* kodifiziert, der jedenfalls – soweit überhaupt noch eine Ergänzung notwendig ist – näher am Mietvertrag als am Frachtvertrag angesiedelt ist.

Ein **Vierter Abschnitt** nimmt die klassischen seerechtlichen Rechtsinstitute für **Schiffs-** 56 **notlagen** auf: **Schiffszusammenstoß** (Erster Unterabschnitt, §§ 570–573), **Bergung** (Zweiter Unterabschnitt §§ 574–587) und **Große Haverei** (Dritter Unterabschnitt, §§ 588– 595). Das Recht des Zusammenstoßes ist international durch das **Übereinkommen von 1910 zur einheitlichen Feststellung von Regeln über den Zusammenstoß von Schiffen** vorgeprägt und deshalb durch die Reform unverändert geblieben. Gleiches gilt für das Recht der Bergung, das durch das **Übereinkommen von 1989 über Bergung** international geregelt ist; allerdings werden diese Regeln in der Praxis durch Vereinbarungen (Lloyds Open Form) regelmäßig stark verändert. Das Recht der **Großen Haverei** ist in einfacher, auf die Grundzüge beschränkter Form geregelt worden, weil der Gesetzgeber dem in der Praxis seltenen Fall Rechnung tragen musste, das die durchweg übliche Vereinbarung der York-Antwerp-Rules unterblieben ist.

Der **Fünfte Abschnitt** regelt das Recht der **Schiffsgläubiger,** das gegenüber dem 57 früheren Recht unverändert geblieben ist, obwohl Deutschland insoweit nicht an ein internationales Übereinkommen gebunden ist.

Im **Sechsten Abschnitt** (§§ 605–610) sind die Vorschriften über die **Verjährung** zusam- 58 mengefasst.

Der **Siebte Abschnitt** nimmt die Vorschriften über die **Allgemeine Haftungsbe-** 59 **schränkung** auf, die bisher an anderer Stelle (beim Reeder, §§ 486 ff. aF) geregelt waren. Es ist aber dabei geblieben, dass die zentralen Bestimmungen in dem direkt anzuwendenden **Übereinkommen von 1976 über die Beschränkung der Haftung für Seeforderungen (mit Protokoll von 1996)** und in der **Schifffahrtsrechtlichen Verteilungsordnung** außerhalb des HGB zu finden sind, auf die mit einigen Modifikationen verwiesen wird.

Der **Achte Abschnitt** schließlich enthält einige **Verfahrensvorschriften.** Wegen des 60 Sachzusammenhangs mit dem Arrestrecht ist eine das gerichtliche Verfahren betreffende Neuerung nicht hier, sondern in § 917 Abs. 2 ZPO zu finden, der durch Art. 7 Nr. 6 dahin geändert wurde, dass es eines Arrestgrundes nicht bedarf, wenn der **Arrest** zur Sicherung der Zwangsvollstreckung **in ein Schiff** stattfindet.

### III. Internationales Privatrecht

Die Vorschriften des deutschen allgemeinen Frachtrechts und des Seefrachtrechts sind 61 nicht nur für innerstaatliche Transporte geschaffen, sondern gelten auch im grenzüberschreitenden Verkehr, soweit die Normen des internationalen Privatrechts ihre Anwendung vorsehen und nicht Internationale Übereinkommen entgegenstehen.

Sofern ein internationaler Sachverhalt vorliegt, beurteilt sich die Anwendung der trans- 62 portrechtlichen Regelungen des Handelsgesetzbuchs grundsätzlich nach den Regeln des Internationalen Privatrechts, seit dem 17. Dezember 2009 im Wesentlichen nach der Verordnung (EG) Nr. 593/2008 des Europäischen Parlaments und des Rates vom 17. Juni 2008 über das auf *vertragliche Schuldverhältnisse* anzuwendende Recht **(Rom I-VO).** Die Rechtsanwendung wird danach, wie nach früherem Recht (§§ 27, 28 EGBGB aF), bestimmt durch **Rechtswahl** (Art. 3 Rom I-VO) oder, wenn es an einer solchen fehlt, durch **objektive Anknüpfung** (Art. 5 Rom I-VO).

Die **Vereinbarung** über das anzuwendende Recht kann grundsätzlich formfrei getroffen 63 werden, ausdrücklich oder stillschweigend (Art. 3 Abs. 1 Satz 2, 3 Rom I-VO). Die Rechtswahlfreiheit findet ihre Grenze allerdings an sog. **Eingriffsnormen (Art. 9 Rom I-VO),** die im Transportrecht namentlich in § 449 Abs. 3 und Art. 6 EGHGB zu finden sind: Sie erstrecken die zwingende Geltung deutscher Vorschriften auch auf bestimmte innerdeutsche oder sonst schützenswerten Tatbestände, die im Übrigen – etwa kraft Rechtswahl – ausländischem Recht unterliegen.

64     Fehlt eine Rechtswahl (muss also eine sog. **objektive Anknüpfung** vorgenommen werden), ist das Recht des Staates anzuwenden, in dem der Beförderer seinen gewöhnlichen Aufenthaltsort hat, sofern sich in diesem Staat auch der Übernahmeort, der Ablieferungsort oder der gewöhnliche Aufenthaltsort des Absenders befindet (Art. 5 Abs. 1 Satz 1 Rom I-VO). Die kumulative Anknüpfung soll wie die Vorgänger-Regelung des Art. 28 Abs. 4 EGBGB aF sicherstellen, dass der Bezug des Sachverhalts zum anwendbaren Recht nicht nur zufällig, sondern substanziell ist. Liegen die Voraussetzungen für die kumulative Anknüpfung nicht vor, unterliegt der Vertrag dem Recht des Staates, in dem der von den Parteien vereinbarte Ablieferungsort liegt (Art. 5 Abs. 1 Satz 2 Rom I-VO). Hier liegt ein Unterschied zum bisherigen Recht: Nach Art. 28 Abs. 1 EGBGB aF – der nach allgM anzuwenden war, wenn die Voraussetzungen des Art. 28 Abs. 4 EGHGB aF nicht vorlagen – kam es auf das Recht an, zu dem der Sachverhalt die engsten Verbindungen aufweist. Eine solche, im IPR übliche „Flexibilitätsklausel" steht zwar auch in der Rom I-VO (Art. 5 Abs. 3 Rom I-VO), findet aber erst nach der Auffanglösung des Ablieferungsortes Anwendung.

65     Besondere kollisionsrechtliche Fragen ergeben sich im Zusammenhang mit der gesetzlichen Regelung der **multimodalen Gütertransporte** in den §§ 452 ff. Hier führt die Berücksichtigung des Teilstreckenrechts zu einer Verdoppelung der kollisionsrechtlichen Fragen: Zunächst ist zu fragen, welches Recht auf den Multimodalvertrag im Ganzen anzuwenden ist; ist dies das deutsche Recht, so ist in einem zweiten Schritt zu untersuchen, welches nationale Recht für einen hypothetischen Frachtvertrag über die betreffende Teilstrecke maßgeblich wäre. Für das Transportrecht ist ergänzend, sofern es sich nicht um vertragliche Rechtsverhältnisse handelt, die **Rom II-VO** für das auf *außervertragliche Ansprüche* anwendbare Recht von Bedeutung. Auch sie gilt, wie die Rom I-VO, seit 2009 in allen EG-Mitgliedstaaten mit Ausnahme Dänemarks.

66     Für die Beurteilung *dinglicher Rechte an Sachen* ist es beim bisherigen deutschen Recht geblieben, weil sie von der Rom II-VO nicht erfasst werden. Für das Transportrecht sind vor allem **Art. 43 Abs. 1 und Art. 45 Abs. 2 EGBGB** von Bedeutung.

### IV. Internationale Übereinkommen

67     Vorrang vor den Regelungen des HGB und vor denen des IPR haben internationale Übereinkommen. Dies sind für **Regelungen über den Frachtvertrag** bei der Straßenbeförderung die **CMR,** bei Eisenbahntransporten die COTIF/**CIM,** bei Luftbeförderungen das **Warschauer Abkommen** mit seinen verschiedenen Ergänzungen sowie das **Montrealer Übereinkommen** und bei Binnenschiffsbeförderungen die **CMNI.** Für Seebeförderungen besteht kein auf Frachtverträge unmittelbar anwendbares internationales Übereinkommen.

### V. Zeitlicher Anwendungsbereich

68     Das TRG ist am 1. Juli 1998 in Kraft getreten. Seine Regeln sind deshalb grundsätzlich auf alle Frachtverträge anzuwenden, die nach dem 1. Juli 1998 abgeschlossen wurden.[67] Wegen Besonderheiten bei der Verjährung und bei Lagerverträgen vgl. die Einl. zur Voraufl.

69     Das SRG ist am 25. April 2013 in Kraft getreten. Seine Regeln sind deshalb grundsätzlich auf alle Frachtverträge anzuwenden, die am oder nach dem 25. April 2013 abgeschlossen wurden. Wegen der Auswirkungen auf die Verjährung und auf andere seerechtliche Rechtsverhältnisse als Frachtverträge vgl. ausführlich *Ramming* RdTW 2013, 303 ff.

---

[67] Vgl. BGH 16.7.1998, TranspR 1999, 19, 21; BGH 22.2.2001, TranspR 2001, 372, 374; BGH 24.10.2002, TranspR 2003, 156, 157.

# Vierter Abschnitt. Frachtgeschäft

## Vorbemerkungen

**Schrifttum:** *Abele,* Transportrechtliche Haftungs- und Versicherungsfragen anhand von temperaturgeführten Pharmatransporten, TranspR 2012, 391; *Andresen,* Die Fautfracht bei Kündigung des Frachtvertrages, GS Helm, S. 3; *ders.,* Die Beförderung von Umzugsgut – Neuregelung durch den Entwurf eines Transportrechtsreformgesetzes, TranspR 1998, 97; *Basedow,* Der Transportvertrag. Studien zur Privatrechtsangleichung auf regulierten Märkten, 1987; *ders.,* Gefährliche Ladung, RabelsZ 48 (1984), 365; *ders., Wettbewerb* auf den Verkehrsmärkten. Eine rechtsvergleichende Untersuchung zur Verkehrspolitik, 1989; *ders.,* Zulässigkeit und Vertragsstatut der Kabotagetransporte, ZHR 156 (1992) 413; Beförderung gefährlicher Güter. Schriftenreihe der DtVerkehrswissGes. Reihe B 149, 1992; s. auch schon Reihe B 76, 1984; *ders.,* 100 Jahre Transportrecht: vom Scheitern der Kodifikationsidee und ihrer Renaissance, ZHR 161 (1997) 186; *ders.,* Die Tragweite des zwingenden Rechts in neuen deutschen Gütertransportrecht, TranspR 1998, 58; *ders.,* Internationale multimodale Gütertransporte – Rechtsvergleichung, Einheitsrecht, Kollisionsrecht, FS Herber, 1999, S. 15; *Bartels,* Der Teilstreckenvertrag beim Multimodal-Vertrag, TranspR 2005, 203; *Bästlein/Bästlein,* Beweisfragen in Rechtsstreitigkeiten gegen den HGB-Frachtführer wegen Güterschäden; TranspR 2003, 413; *Benkelberg-Beier,* Empfängerhaftung nach Maßgabe des Frachtbriefes – Versender als „Vormann" im Sinne des § 442 HGB?, TranspR 1989, 351; *Blaschczok,* Die Haftung beim Einsatz vertragswidriger Transportmittel, TranspR 1987, 401; *Bodis/Remiorz,* Der Frachtzahlungsanspruch gegen den Empfänger nach § 421 Abs. 2 HGB; TranspR 2005, 438, 442 f.; *Braun,* Das frachtrechtliche Leistungsstörungsrecht nach dem Transportrechtsreformgesetz: eine Untersuchung der frachtrechtlichen Leistungsstörungstatbestände der §§ 407 ff. HGB unter besonderer Berücksichtigung der Bezüge zum bürgerlichen Recht, Münster, 2002; *Brüggemann,* Auswirkungen des Transportrechtsreformgesetzes auf das Recht der Umschlagsbetriebe, TranspR 2000, 53; *Büdenbender,* Drittschadensliquidation bei obligatorischer Gefahrentlastung – eine notwendige oder überflüssige Rechtsfigur, NJW 2000, 986; *Bullinger,* Ausschluß der Haftung eines Frachtführers, VersR 1981, 1089; *Butzer,* Die Ermittlung des Ersatzwertes für Unikate im Frachtrecht – zugleich ein Beitrag zum Begriff des „gemeinen Wertes", VersR 1991, 854; *Czerwenka,* Die Bedeutung der Transportrechtsreform für den Eisenbahnverkehr und die Allgemeinen Geschäftsbedingungen der Eisenbahnunternehmen, Die Güterbahnen: zukunftsfähige Mobilität für Wirtschaft und Gesellschaft, 2002, S. 94; *dies.,* Bedarf es einer Revision der CMR zur Einführung des elektronischen Frachtbriefs im internationalen Straßenverkehr?, Sonderbeilage zu TranspR 2004, IX ff.; *dies.,* Das neue Transportrecht nach dem Regierungsentwurf eines Gesetzes zur Neuregelung des Fracht-, Speditions- und Lagerrechts, TranspR 1997, 353; *dies.,* Das neue allgemeine Frachtrecht nach der Reform des Transportrechts und das Seehandelsrecht. Wechselwirkungen und Vorbildfunktionen, FS Herber, S. 45; *dies.,* Die Anwendung des § 347 HGB bei grenzüberschreitenden Transporten, TranspR 2012, 408; *Didier,* Risikozurechnung bei Leistungsstörungen im Gütertransportrecht, Duisburg 2001; *Drescher,* Zur Haftung des Frachtführers bei betrügerischen Bestellungen, TranspR 2007, 303; *Drews,* Warenumschlag im Seehafen als Teilstrecke? TranspR 2004, 450, 451; *Ebenroth/Fischer/Sorek,* Die Haftung im multimodalen Gütertransport bei unbekanntem Schadensort, DB 1990, 1073; *dies.,* Haftungsprobleme im internationalen multimodalen Gütertransport, VersR 1988, 757; *Ehmen,* Zur Haftung des Frachtführers und des Spediteurs für streikbedingte Verzögerungsschäden bei innerdeutschen und internationalen Transporten, TranspR 2007, 354; *Emmerich,* Beschränkte Vertragshaftung und konkurrierende Ansprüche aus unerlaubter Handlung im Frachtrecht, JuS 1967, 345; *Enge,* Transportversicherung, 2. Aufl. 1987; *Faust,* Haftungsprobleme beim Versendungskauf, DB 1991, 1556; *Fikentscher,* Der Werkverschaffungsvertrag, AcP 190 (1990) 34 ff., 56 ff.; *Fischer,* Der „Güter"-Begriff der CMR, TranspR 1995, 326; *ders.,* Leistungsstörung und Kostenlast im Frachtvertrag der Binnenschifffahrt, in Riedel, Transport- und Haftungsrecht in der Binnenschifffahrt, Band 2 der Schriftenreihe des Instituts für Binnenschifffahrtsrecht, 2000, S. 39; *Frantzioch,* Das neue Lagerrecht, TranspR 1998, 101; *Freise,* Auswirkungen des neuen Frachtrechts auf die Eisenbahn, TranspR 1998, 89; *Freise,* Unimodale transportrechtliche Übereinkommen und multimodale Beförderungen, TranspR 2012, 1; *Fremuth,* Das Transportrechtsreformgesetz und sein Überleitungsrecht, TranspR 1999, 95; *Froeb,* Die Haftung für Beschaffenheitsschäden im Transportrecht, 1991; *Griesshaber,* Das gesetzliche Leitbild des Spediteurs und das Speditionsgewerbe – ein Beitrag zur Reform des Transportrechts, VersR 1998, 31; *ders.,* Industrie-, Transport- und Logistikbedingungen: die AGB-Alternative des neuen Transportrechts, 1998; *ders.,* Industrie-Transportbedingungen, 1980; *ders.,* Gütertransport und Versicherungen, DtGesTranspR, Schriften zum Transportrecht, Heft 2, 1990; *ders.,* Haftung für Schäden beim Transport von Gütern, Schriftenreihe der DtVerkWissGes Reihe B 34, 1977; *Gröhe,* Der Transportvertrag als Vertrag zugunsten Dritter, ZEuP 1993, 141; *Haake,* Die Gefahrtragung für zufälligen Verlust oder zufällige Beschädigung beim Einsatz von Mehrweg-Paletten, BB 1982, 1389; *Harms,* Vereinbarungen zur Qualität der Transportleistung und Art 29 CMR, FS Thume S. 173 = TranspR 2008, 310; *Hartenstein,* Haftungsfragen im Budapester Binnenschifffahrts-übereinkommen (CMNI), TranspR 2012, 441; *Heise,* Rechtsfolgen der Nichtausstellung von Frachtpapieren bei Beförderungsverträgen, BB 1966, 1428; *Heiss,* Das Zivilrecht der Nachnahme in Chiotellis-Fikentscher Rechtstatsachenforschung, 1985, S. 169; *Helm,* Haftung für Schäden an Frachtgütern. Studien zur Schadensersatzpflicht aus Frachtgeschäften und zur Konkurrenz vertraglicher und außervertraglicher Ersatzansprüche, 1966; *ders.,* Versicherung von Transportschäden und Versichererregress. 25 Jahre Karlsruher Forum, 1983, 116; *ders.,* Verzögerte Ausführung von Straßengütertransporten nach der Tarifaufhebung, TranspR 1994, 277; *ders.*, Die beschränkte Kausalhaftung von Absender, Versender und Einlagerer, FG Herber, 1999, S. 88; *ders.*, Probleme der CMR: Geltungsbereich – ergänzendes Recht – Frachtbrief – Weisungsbefugnis – aufeinanderfolgende Frachtführer, VersR 1988, 548; *Herber,* Gedanken zur internationalen Vereinheitlichung des Seehandelsrechts, FS Stödter, 1979, S. 56; ders., Die Neuregelung des deutschen Transportrechts, NJW 1998, 3297; *ders.*, Transportrechtsreformgesetz und AGB-Kontrolle. Gedanken aus Anlaß der Entscheidung BGH – I ZR 233/93, TranspR 1998, 333; *ders.*, Haftung beim multimodalen Transport, TranspR 1990, 4; *ders.*, Empfiehlt sich eine Kodifizierung des deutschen Transportrechts?, JZ 1974, 629; *ders.*, Versteckte Änderungen des Transportrechts. Anmerkungen zu einer verwirrenden gesetzgeberischen Praxis, TranspR 1989, 51; *ders.*, Probleme des Durchfrachtvertrages und des Speditionsrechts – Prüfsteine des deutschen Frachtrechts, VersR 1981, 993; *ders.*, Das Transportrecht im vereinten Deutschland, TranspR 1991, 1; *ders.*, Das Abkommen vom 10. Okt. 1989 über die Haftung bei der Beförderung gefährlicher Güter auf der Straße, auf der Schiene und auf Binnengewässern (CRTD), ETR 1991, 161; *ders.*, Einführung zu Transportgesetze, hrsg. von R. Herber 1992; *ders.*, Sind die deutschen Tarife im Straßen- und Binnenschiffsverkehr ungültig?, TranspR 1992, 241; *ders.*, Nochmals: Multimodalvertrag, Güterumschlag und anwendbares Recht, TranspR 2005, 59; *ders.*, Anspruch des Empfängers gegen den Unterfrachtführer aus dem Unterfrachtvertrag?, TranspR 2008, 239; *ders.*, Vorschläge der Sachverständigengruppe zur Reform des Seehandelsrechts – Einführung, Vorgeschichte und Grundzüge, TranspR 2009,445; *ders.*, Wer ist ausführender Verfrachter?, TranspR 2011, 359; *ders.*, Die Reform des deutschen Seehandelsrechts, TranspR 2012, 269; *ders.*, Die Haftung des Unterfrachtführers gegenüber den Ladungsbeteiligten des Hauptfrachtvertrages, TranspR 2013, 1; *Herber-Schmuck,* Beweislast des Transportunternehmers für grobe Fahrlässigkeit, VersR 1991, 1209; dazu *Geiger,* Nochmals – Beweislast des Transportunternehmers für grobe Fahrlässigkeit, VersR 1992, 170; *Herzog,* Das neue Spedtions- und Frachtrecht – Entwurf oder nur Einwurf?, VW 1997, 634; *ders.*, Das Transportrechtsreformgesetz nimmt Gestalt an – Eine Stellungnahme zum Referentenentwurf, VW 1998, 639–640; *Heuer,* Verkehrshaftpflichtversicherungen, in DtGesTranspR Versicherung, S. 31; *ders.*, Das künftige deutsche Frachtrecht, TranspR 1998, 45; *Hill,* Das Verhältnis der transportrechtlichen Haftung zur Haftung wegen positiver Forderungsverletzung, Diss. Tübingen 1993; *Hole-Busch,* Internationale und nationale Vorschriften für die Beförderung gefährlicher Güter, TranspR 1986, 401; *Huber,* Zur Verjährung des Schadensersatzanspruches gegen den Frachtführer, Österr. JBl. 1986, 227; *Junker,* Schadensersatzpflicht bei einem Verstoß gegen ein ausländisches Embargo, JZ 1991, 699; *Knöfel,* Die Haftung des Güterbeförderers für Hilfspersonen, 1995; *dies.,* Der ausführende Frachtführer – eine Rechtsfigur im Schnittpunkt von Transportrecht und allgemeinem Schuldrecht, FG Herber S. 96; *Knorre,* Zur rechtlichen Problematik des sogenannten „Palettentausches", TranspR 1990, 99; *ders.*, Zur Problematik des Palettentausches, TranspR 2001, 1; *ders.*, Kundenschutzklauseln in transportrechtlichen Regelwerken, TranspR 2013, 146; *Koller,* Die Haftung beim Transport mit vertragswidrigen Beförderungsmitteln, VersR 1988, 432; *ders.*, Die Abgrenzung zwischen Speditions- und Frachtverträgen, NJW 1988, 1756; *ders.*, Die Haftung bei unbekanntem Schadensort im multimodalen Verkehr, VersR 1989, 769; *ders.*, Zur Aufklärung über die Schadensentstehung im Straßentransportrecht, VersR 1990, 553; *ders.*, Die Inanspruchnahme des Empfängers für Beförderungskosten durch Frachtführer oder Spediteur, TranspR 1993, 41; *ders.*, Die Unzulänglichkeit der Verpackung im Transport- und Transportversicherungsrecht, VersR 1993, 519; *ders.*, Vertragliche Direktansprüche gegen schädigende Unterfrachtführer im Straßentransportrecht, VersR 1993, 920; *ders.*, Die Haftungsbegrenzung bei sonstigen Vermögensschäden nach dem Transportrechtsreformgesetz, FG Herber, 1999, S. 106; *ders.*, Rechtsnatur und Rechtswirkungen frachtrechtlicher Sperrpapiere, TranspR 1994, 181; *ders.*, Die Tragweite von Vertragsabwehrklauseln und der Einwand des Mitverschuldens im Gütertransportrecht, VersR 2004, 269; *ders.*, Abreden über die Qualität von Beförderungen im Licht des § 449 Abs. 2 HGB, TranspR 2006, 265; *ders.*, Die Vereinbarung der Ausführungsart im Werkvertrags- und Transportrecht, TranspR 2007, 221; *ders.*, Die Übertragung des Namensladescheins, FS Richardi, 2007, S. 1121; *ders.*, Bedeutung der Klausel „cash against documents" (Kasse gegen Dokumente) im internationalen Handelsverkehr, IPRax 1990, 301; *ders.*, Die Haftung des HGB-Unterfrachtführers gegenüber dem Empfänger, TranspR 2009, 229; *ders.*, Der Unterfrachtführer als Schuldner und Gläubiger, TranspR 2009, 451; *ders.*, Erlassvertrag zwischen Hauptfrachtführer und Unterfrachtführer, TranspR 2012, 326; *ders.*, Der „Risikobereich" im HGB-Frachtrecht, VersR 2012, 949; *ders.*, Beweislastverteilung beim multimodalen Luftbeförderungsvertrag, TranspR 2013,14; *ders.*, Der Straßenfrachtführer als Gehilfe des Luftfrachtführers, TranspR 2013, 52; *ders.*, Wer ist Frachtführer im Sinn des § 437 HGB nF?, TranspR 2013, 103; *ders.*, Die Lohnfuhr im Spannungsfeld zwischen Wert-, Dienst-, Arbeits-, Miet- und Frachtvertrag; *ders.*, Verursachung von Güterschäden vor der Übernahme, die nach der Übernahme des Gutes entstehen, TranspR 2013, 173; *ders.*, HGB-Frachtführer und Drittschadensliquidation, TranspR 2013, 220; *Konow,* Grundfragen des frachtrechtlichen Schadenausgleichs – Verursachung und Verschulden als Haftungsgrundlagen, ausgehend von der Haftung der Eisenbahn, DB 1976, 469; *ders.*, Frachtrechtliche Rahmenvereinbarungen, DB 1974, 565; *ders.*, Frachtbrief – Ladeschein – Frachtbriefdoppel, DB 1962, 1613; *ders.*, Haftungsfragen bei Frachtgeschäften, an denen mehrere Frachtführer beteiligt sind, DB 1973, 905; *ders.*, Aufwendungsersatz bei Fürsorgemaßnahmen für das Gut während des Transports, TranspR 1988, 229; *ders.*, Schadensersatz wegen positiver Forderungsverletzungen im Rahmen von Frachtverträgen, TranspR 1987, 14; *Korioth,* Auswirkungen des neuen Frachtrechts auf die Binnenschifffahrt, TranspR 1998, 92; *Krings-Brand,* Vertragswidrige Transportmittel und Beförderung durch internationale Kurierdienste, IPRax 1994, 272; *Krins,* Haftung und Versicherung in der Kontraktlogistik: Ein Überblick, TranspR 2007, 269; *Krüger,* Das deutsche Transportrecht an der Schwelle zum europäischen Binnenmarkt. Bericht über ein Symposium, TranspR 1992, 315; *Lenz,* Konkurrierende Verjährungsfristen im Straßengütertransportrecht, TranspR 1989, 396; *ders.*, Straßengütertransportrecht, 1988 Köln; *Lieser,* Ergänzung der CMR durch unvereinheitlichtes deutsches Recht, 1991; *Luther,* Die Haftung in der Frachtführerkette, TranspR 2013, 94; *Mankowski,* Kollisionsrechtsanwendung bei Güterbeförderungsverträgen, TranspR 1993, 213; *Meyer-Rehfueß,* Aktuelle Fragen des deutschen und internationalen Landtransportrechts, TranspR 1994, 326; *dies.,* Das frachtvertragliche Weisungsrecht, 1995; *de la Motte,* Schadensvorbehalt des Empfängers – § 438 HGB, § 39 KVO, Art. 30 CMR, VersR 1982, 1037; *de la Motte,* Die Auswirkung des ISM-Codes auf das Seehaftungsrecht: Haftungsverschärfung durch Einführung eines gesetzlich vorgeschriebenen Qualitätsmanagementsystems für Seeschiffe?, S. 115; *de la Motte,* Besondere Haftungsfälle nach dem Transportrecht unter Berücksichtigung der Transportrechtsreform in: Haftungsrisiken beim Transport vermeiden, 1998, S. 41; *Müglich,* Probleme des Einsatzes neuer Informationstechniken im Transportrecht, TranspR 2000, 145; *Müller,* Internationale Regelung der Haftung für Schäden bei der Beförderung gefährlicher Güter auf Binnenwasserstraßen, FG Herber, 1999, S. 280 ff.; *ders.,* Von der Überlebenskraft gesetzlicher Fehlentwicklungen – Gedanken zur Reform des Transportrechts, TranspR 1997, 359; *Müller-Rostin,* Die Anspruchsberechtigung für Güterschäden nach dem Warschauer Abkommen, TranspR 1995, 89; *ders.,* Multimodalverkehr und Luftrecht, TranspR 2012,14; *Neufang/Valder,* Laden und Ladungssicherung im Straßengüterverkehr – Wer ist verantwortlich?, TranspR 2002, 325; *Neumann,* Der Spediteur-Frachtführer als aufeinander folgender Frachtführer, TranspR 2006, 384; *Oepen,* Das Pfandrecht des Frachtführers in der Insolvenz des Absenders, TranspR 2011, 89; *Oeynhausen,* Die Bedeutung der Rücksendung von Belegen für die Verjährung von Ansprüchen gegen Frachtführer, VersR 1983, 312; *ders.,* Das Ladegeschäft im Güterfernverkehr bei Versendung durch Spediteure, TranspR 1981, 139; *Otte/Thyes,* Die Entwicklung des deutschen Binnenschiffahrtsrechts in den Jahren 1999 bis 2002, TranspR 2003, 221; *Pelz,* Frachtbrief und Übergabe des Frachtgutes in ihrer Bedeutung für den Frachtvertrag, Diss. Bochum 1980; *Pokrant/Gran,* Transport- und Logistikrecht, 2012; *Prölss/Martin,* Versicherungsvertragsgesetz, 25. Aufl. 1992; *Protsch,* Der Gerichtsstand und die Vollstreckung im internationalen Speditions- und Frachtrecht, 1989; *Rabe,* Drittschadensliquidation im Güterbeförderungsrecht, TranspR 1993, 1; *ders.,* Die Sphärentheorie im Seehandelsrecht, TranspR 2012, 56; *Ramming,* Die Haftung des ausführenden Frachtführers nach § 437 HGB, TranspR 2000, 277; *ders.,* Umschlag von Gut als Beförderung im Sinne des § 407 Abs. 1 HGB, TranspR 2004, 56; *ders.,* Die Nicht-Zurverfügungstellung des Beförderungsmittels zur vorgesehenen Zeit, TranspR 2003, 419; *ders.,* Teilstrecken einer multimodalen Beförderung und ihre Abgrenzung, TranspR 2007, 89; *Richter-Hannes/Richter,* Möglichkeit und Notwendigkeit der Vereinheitlichung des internationalen Transportrechts, 1978; *Ridder,* Transportvorschriften für gefährliche Güter, ETR 1991, 26; *Risch,* Personenschäden und Schäden an nicht zum Transport gehörenden Sachen bei Be- und Entladetätigkeiten im Rahmen eines Frachtvertrages, VersR 2001, 948 ff.; *Rodière,* Introduction to Transport Law and Combined Transport, Int. Encycl. Comp.L, Bd. 12, 1972; *Roesch,* Zum Erlöschen und zur Verjährung der Ersatzansprüche gegen den Straßenfrachtführer nach KVO und CMR, VP 1982, 21; *ders.,* Abschluß des Beförderungsvertrags, Lieferfristbeginn und Lieferfristhaftung im Landfrachtrecht, VersR 1982, 828; *ders.,* Kann im Frachtrecht bei Güterschäden über die Haftungsbestimmungen der einzelnen anzuwendenden frachtrechtlichen Regelungen hinaus Ersatz aus positiver Vertragsverletzung oder unerlaubter Handlung beansprucht werden?, VersR 1980, 314; *ders.,* Das Ladegeschäft nach KVO und CMR, BB 1982, 20; *Roltsch,* Die Haftpflichtversicherung des Straßenfrachtführers, 1983; *ders.,* Der Direktanspruch des Verfügungsberechtigten gegen den Straßentransport-Haftpflichtversicherer, VersR 1985, 317; *ders.,* Die Zurechnung des Verhaltens Dritter im Straßengüterverkehr unter bes. Berücksichtigung versicherungsrechtlicher Aspekte, VP 1984, 157; *Ruhwedel,* Transportrechtsreformgesetz und Frachtgutbeförderung auf dem Luftweg, TranspR 1999, 369; *ders.,* Das störende Eigentum am Frachtgut, FG Herber S. 163; *Rundnagel,* Beförderungsgeschäfte, in Ehrenberg, Handb. des ges. Handelsrechts, Bd. 5, 2. Abt. 1915; *Runge,* Dauereinsatzverträge im Güterfernverkehr, TranspR 1979, 48; *Saller,* Die Rechtsnatur des Autokranvertrages, TranspR 1995, 142; *ders.,* Kranbetreiberhaftung verschärft sich, VersR 2013, 147; *Scheele,* Leistungsstörungen bei Beförderungsverträgen, Diss. Bonn 1963; *Schindler,* Zivilrechtliche Verantwortlichkeit beim Gefahrguttransport auf der Straße, FG Herber, S. 119; *Schlicht,* Die Nachnahme im internationalen Transportrecht, Eine vergleichende Betrachtung der Nachnahme im französischen, deutschen und englischen, sowie im internationalen Recht vor dem Hintergrund eines gemeinsamen europäischen Privatrechts, Aachen 1999; *Schmid,* Die Ansprüche des geschädigten Dritten gegen den Fahrer als Arbeitnehmer im Bereich des Verkehrshaftungsrechts, TranspR 1986, 49; *Patrick Schmidt,* Vereinbarte Verpackung durch den Transportunternehmer – Nebenpflicht im Rahmen der §§ 407 ff. HGB oder werkvertragliche Hauptleistungspflicht?, TranspR 2010, 88; *ders.,* Grenzfälle frachtvertraglicher Haftung und ihre Versicherbarkeit – insbesondere bei Schub- und Schleppverträgen; VersR 2013, 418; *ders.,* Sattelanhänger und ähnliche Transportmittel als Beförderungsgut – fracht- und versicherungsrechtliche Überlegungen, TranspR 2013, 59; *Schneider,* Verkehrshaftungsversicherungen, 1992; *Schiefers,* Lieferverzögerungen durch Unwetter – Anforderungen an den Frachtführer, TranspR 2009, 402; *Schubert/Schmiedel/Krampe,* Quellen zum HGB von 1897, Bd. 2, 1. Halbb. 1987; *Schünemann,* Zivilrechtliche Haftung bei der Gefahrgutbeförderung, TranspR 1992, 53; *Starosta,* Sind Ermittlungskosten als Schadensfeststellungskosten im Sinne des § 430 HGB anzusehen?, TranspR 2008, 466; *Temme,* Individualvereinbarungen und AGB im neuen Transportrecht, FG Herber, 1999, S. 197; *ders.,* Lohnfuhr und Charter, TranspR 2012, 419; *Thume,* Das neue Transportrecht, BB 1998, 2117; *ders.,* Keine Rechte des Empfängers nach Art. 13 Abs. 1 CMR und § 435 HGB gegen den Unterfrachtführer?, TranspR 1991, 85; *ders.,* Palettenverträge im Straßengüterverkehr, TranspR 1989, 47; *ders.,* Haftungsprobleme beim Containerverkehr, TranspR 1990, 41; *ders.,* Transportrecht und Gesetz über Allgemeine Geschäftsbedingungen, DtGesTranspR, Schriften zum Transportrecht, Heft 1, 1988; *ders.,* Gemischte Verträge mit Gemischtbetrieben, TranspR 1994, 382; *ders.,* Verlust – Zerstörung – Beschädigung.

Gedanken zum Güterschaden im Transportrecht, GS Helm, 2001, S. 341; *ders.*, Die Stellung des Empfängers im neuen Frachtrecht, FG Herber, 1999 S. 153; *ders.*, Die Schadensberechnung bei grobem Verschulden – Wertersatz – Schadensersatz?; TranspR 2008, 78; *ders.*, Darlegungs- und Beweisfragen im Transportrecht, TranspR 2008, 428; *ders.*, Die Ansprüche des geschädigten Dritten im Frachtrecht, TranspR 2010, 45; *ders.*, Rechtsfolgen der Verletzung vertraglich vereinbarter Prüfungspflichten bei Kühltransporten, r+s 2011, 503; *ders.*, Probleme bei der Ablieferung des Frachtguts, TranspR 2012, 85; *ders.*, Vereinbarungen über die Qualität des Transports und deren Auswirkungen auf die zwingende Haftung gem. §§ 425 ff. HGB und Art. 17 ff. CMR, TranspR 2012, 426; *ders.*, Kommentar zur CMR, 2013; *ders.*, Verpackungsmängel und ihre Folgen im allg. deutschen Frachtrecht und im grenzüberschreitenden Straßengüterverkehr, TranspR 2013, 8; *ders.*, Haftung für Umschlagschäden – wer haftet wann und wie?, TranspR 2014, 179; *Trappe*, Haftung beim Transport gefährlicher Güter im Seeverkehr, VersR 1986, 942; *Tunn*, Rechtsfragen zum Verkehr mit Euro- und Gitterboxpaletten, TranspR 1992, 263; *Valder*, Das Entladen von Gütern im Straßengüterverkehr, GS Helm, 2001, S. 355; *ders.*, Ablieferung von Gütern, Stellungnahme zu Widmann (TranspR 2001, 72), TranspR 2001, 363; *Vollkommer/Vollkommer*, Auswirkungen und Impulse der Transportrechtsreform von 1998 auf das Prozessrecht, GS Helm, 2001, S. 365; *Weipert*, Vertrag über projektbezogene kombinierte Transporte, Münchener Vertragshandbuch, Bd. 2, 1993, S. 375; *Willenberg*, Kraftverkehrsordnung für den Güterfernverkehr mit Kraftfahrzeugen, 4. Aufl. 1991; *Widmann*, Ablieferung von Gütern nach der Neufassung des HGB, TranspR 2001, 72; *Willenberg*, Rechtsfragen des Palettenverkehrs auf der Straße, TranspR 1985, 161; *Wöhrn*, Die Verantwortlichkeit des Beförderers/Operators im internationalen kombinierten Transport für Schäden durch verspätete Auslieferung der Güter, 1980; *Zapp*, Rechtsprobleme im Zusammenhang mit der Verpackung in der CMR und im deutschen Handelsgesetzbuch, TranspR 2004, 333; *Züchner*, Der Rechtsverlust im Frachtrecht, VersR 1965, 830.

## Übersicht

|  | Rn. |  | Rn. |
|---|---|---|---|
| **I. Struktur** | 1, 2 | d) Schuldhafte Verletzung vertraglicher Nebenpflichten | 9–13 |
| **II. Verhältnis zum allgemeinen Zivilrecht** | 3–13 | **III. Verhältnis zu handelsrechtlichen Sondervorschriften** | 14 |
| 1. Grundsatz | 3 | **IV. Verhältnis zu internationalen Übereinkommen** | 15 |
| 2. Verhältnis zum werkvertraglichen Mängelgewährleistungsrecht | 4 | **V. Versicherungen** | 16–19 |
| 3. Verhältnis zum allgemeinen Leistungsstörungsrecht | 5–13 | 1. Allgemeines | 16 |
| a) Allgemeines | 5 | 2. Transportversicherung | 17, 18 |
| b) Unmöglichkeit | 6, 7 | 3. Verkehrshaftungsversicherung | 19 |
| c) Verzug | 8 |  |  |

## I. Struktur

1   Die im Vierten Abschnitt des Handelsgesetzbuchs unter der Überschrift „Frachtgeschäft" enthaltenen Vorschriften regeln die Güterbeförderung zu Lande, auf Binnengewässern und mit Luftfahrzeugen. Dabei teilt das Gesetz die Vorschrift in **drei Unterabschnitte** auf. In dem mit „Allgemeine Vorschriften" überschriebenen Ersten Unterabschnitt sind die einheitlich die für die auf der Straße und Schiene, mit Binnenschiffen und per Luft zu befördernden Güter geltenden Regelungen aufgenommen. Mit Ausnahme von § 412 Abs. 4, der für den Bereich der Binnenschifffahrt in einem eng begrenzten Sonderfall ergänzende Regelungen durch Verordnung gestattet, enthält das Gesetz keine Sondervorschriften für einzelne der genannten Verkehrsträger. Wie sich aus der Formulierung „Allgemeine Vorschriften" ergibt, sind die im Ersten Unterabschnitt enthaltenen Bestimmungen grundsätzlich auch in den in den nachfolgenden Unterabschnitten geregelten Fällen der Beförderung von Umzugsgut oder der Beförderung mit verschiedenartigen Transportmitteln anzuwenden. Da jedoch das allgemeine Frachtrecht in diesen Fällen nicht immer hinreichende Antworten für Probleme bereithält, die bei der Durchführung solcher Beförderungen auftreten, werden im Zweiten und Dritten Unterabschnitt zusätzlich Sondervorschriften normiert.[1]

2   Das Gesetz definiert – anders als früher – das Frachtgeschäft nicht aus der Sicht des Frachtführers, sondern, entsprechend dem allgemeinen im BGB enthaltenen Zivilrecht, nach den wesentlichen Vertragsmerkmalen. Es kehrt damit in gewissem Umfange zurück

---

[1] Reg.Begr. S. 24.

zu der vor Verabschiedung des HGB geltenden Systematik, wonach das Handelsgesetzbuch ein Sonderrecht für bestimmte Tatbestände des Handels, nicht dagegen ein Standesrecht der Kaufleute war.[2] Dies schließt nicht aus, dass es sich bei dem im Vierten Buch geregelten Frachtrecht auch weiterhin um ein **Sonderrecht für Kaufleute und Unternehmer**[3] handelt. Denn nach § 407 Abs. 3 gelten die Vorschriften nicht, wenn die Beförderung durch einen Verbraucher durchgeführt werden soll.

### II. Verhältnis zum allgemeinen Zivilrecht

**1. Grundsatz.** Die das Frachtgeschäft betreffenden Regelungen im HGB sind nicht 3 umfassend. Soweit sie keine Antworten bereithalten, ist auf die allgemeinen zivilrechtlichen Bestimmungen zurückzugreifen. Denn die im Vierten Buch des HGB enthaltenen Regelungen zum Frachtgeschäft stellen Sondervorschriften gegenüber dem allgemeinen Zivilrecht dar. Wie sich aus Art. 2 Abs. 1 EGHGB ergibt, haben die im HGB enthaltenen Regelungen Vorrang vor denen des BGB. Soweit dagegen Regelungslücken bestehen, kommen die Vorschriften des BGB ergänzend zur Anwendung.

**2. Verhältnis zum werkvertraglichen Mängelgewährleistungsrecht.** Der Fracht- 4 vertrag ist eine Unterart des Werkvertrags gem. §§ 631 ff. BGB mit Elementen der Geschäftsbesorgung[4] und der Verwahrung (§ 407 Rn. 21). Die im BGB enthaltenen Vorschriften werden jedoch weitgehend von den Sonderregelungen in den §§ 407 ff. verdrängt. Von den sonderfrachtrechtlichen Vorschriften verdrängt sind insbesondere diejenigen über werkvertragliche Mängelgewährleistung, die zu einer Herabsetzung der Vergütung (Minderung) führen könnten. Näheres dazu s. unter Rn. 88.

**3. Verhältnis zum allgemeinen Leistungsstörungsrecht. a) Allgemeines.** Das 5 Frachtvertragsrecht trägt der Nichterfüllung bzw. nicht korrekten Erfüllung der Vertragspflichten des Frachtführers insbesondere mit seinen Regelungen in § 419 über Beförderungs- und Ablieferungshindernisse sowie in den §§ 425 ff. über die Haftung für Verlust, Beschädigung und Überschreitung der Lieferfrist Rechnung. Aber auch in anderen frachtrechtlichen Sondervorschriften finden sich Gedanken aus dem allgemeinen Leistungsstörungsrecht wieder, so etwa in der Regelung über die Nichteinhaltung der Ladezeit (§ 417). Der Grundsatz, dass die frachtrechtlichen Bestimmungen in ihrem Anwendungsbereich vollständig die allgemeinen Rechtsbehelfe für Vertragsverletzung und Gefahrtragung, insbes. für Unmöglichkeit, Verzug und Schlechterfüllung stets verdrängen, lässt sich gleichwohl nicht aufstellen. Denn dies würde in vielen Fällen zu unsachgerechten Ergebnissen führen.

**b) Unmöglichkeit.** Bei der Beantwortung der Frage, inwieweit neben den frachtrecht- 6 lichen Sonderregelungen noch die allgemeinen zivilrechtlichen Vorschriften der §§ 275, 280, 323 ff. BGB zur Anwendung gelangen, ist danach zu differenzieren, ob der Frachtführer **bereits die Obhut** über das zu befördernde Gut erlangt hat. Hat der Frachtführer die Obhut über das Gut erlangt, so werden die allgemeinen zivilrechtlichen Bestimmungen zum Leistungsstörungsrecht durch die frachtrechtlichen Sonderregelungen, insbesondere § 419, verdrängt, wenn zu einem späteren Zeitpunkt erkennbar wird, dass die Beförderung unmöglich ist oder unmöglich wird.[5] Wird bereits **vor der Übernahme des Gutes** durch den Frachtführer erkennbar, dass die Beförderung unmöglich ist, so greift § 419 nicht. In diesem Fall bleiben neben den frachtrechtlichen Sonderregelungen über die Kündigung des Frachtvertrags (§§ 415 ff.) die allgemeinen zivilrechtlichen Bestimmungen zum Leistungsstörungsrecht anwendbar (vgl. § 415 Rn. 34 ff.). Allerdings haben die frachtrechtlichen Sondervorschriften über Schadensersatz wegen Verlusts oder Beschädigung des Gutes (§§ 425 ff.) stets Vorrang vor dem allgemeinen Leistungsstörungsrecht.

---

[2] Vgl. hierzu *Lehmann*, Lehrbuch des Handelsrechts, 2. Aufl. 1912, S. 38.
[3] Vgl. auch Baumbach/*Hopt* Einl. Vor EGHGB Rn. 3.
[4] Fremuth/Thume/*Fremuth* § 407 Rn. 22; *Koller* Rn. 35.
[5] Vgl. auch *Koller* § 407 Rn. 88.

**7**    Ein Frachtvertrag, der sich auf die Beförderung mit einem bestimmten, zeitlich bzw. fahrplanmäßig eingeplanten Beförderungsmittel bezieht, weist **Fixgeschäftscharakter** auf (dafür genügt allerdings nicht nur die Angabe einer Flugnummer bei Luftfracht);[6] im Allgemeinen stellt aber die Versäumung der Leistungszeit bei Güterbeförderung keinen Fall des sog. absoluten (uneigentlichen) Fixgeschäfts dar, welches für eine Leistung außerhalb dieser Zeit zur Anwendbarkeit der §§ 275, 323 ff. BGB führte.[7]

**8**    **c) Verzug.** Nach allgemeinen Regeln der §§ 286 ff. BGB gerät der Frachtführer in Schuldnerverzug, der das zu einem bestimmten Termin versprochene Fahrzeug nicht stellt oder das Gut verspätet abholt.[8] Ist hierdurch das Gut verspätet abgeliefert worden, bemisst sich allerdings der ersatzfähige Schaden nach den §§ 425 ff., also nicht nach den allgemeinen Regeln der §§ 286, 326, 249 ff. BGB. Diese gelten jedoch, wenn der Frachtführer im Schadensfall mit der Entschädigungsleistung in Verzug gerät.[9]

**9**    **d) Schuldhafte Verletzung vertraglicher Nebenpflichten. aa) Allgemeines.** Die Verletzung vertraglicher Pflichten zur korrekten Miterledigung von Nebenleistungen, von Aufklärungs- und Schutzpflichten, zur Unterlassung vertragszweckgefährdenden Tuns[10] führt an sich auch im Frachtvertrag zur Haftung nach den Grundsätzen der positiven Vertragsverletzung (pVV) nach § 280 BGB. Für eine Reihe von Nebenleistungen und Nebenpflichtverletzungen enthalten die frachtrechtlichen Regelungen im HGB aber Tatbestände, so etwa betr. Nachnahmefehler oder Befolgung von Weisungen ohne Vorlage des Frachtbriefs. Hier gelten die **frachtrechtlichen Vorschriften als lex specialis.** Im Übrigen sieht aber § 433 auch für die Fälle der pVV nach allgemeinen zivilrechtlichen Regelungen eine Haftungsbeschränkung vor.

**10**    **bb) Nebenpflichten.** Zu den **Nebenpflichten,** gehören alle Aufklärungs-, Mitwirkungs-, Schutz-, Fürsorge-, und Loyalitätspflichten der Vertragspartner, die zu reibungslosen Abwicklung des Frachtvertrages von Bedeutung sein können.[11] **Ihre Verletzung kann eine Haftung nach § 280 BGB auslösen,** soweit die frachtrechtlichen Haftungsvorschriften nicht greifen. Als eine solche ist ggf. die Pflicht anzusehen, für das Gut eine Transportversicherung abzuschließen.[12] Weiter zählt hierzu die vertraglich auferlegte Pflicht zur Kontrolle des Gutes bei Übernahme zur Beförderung (Überprüfung der Verladeweise, einer Kühltemperatur etc.), verbunden mit dem Gebot, ggf. die Verladung zu unterbrechen und Weisungen einzuholen,[13] ebenso, wenn es der Frachtführer bzw. sein Fahrer unterlässt, die Zahl der Güter, wie aufgetragen, mitzuzählen.[14] Den Frachtführer trifft ferner die Nebenpflicht, seinen Auftraggeber in allen wesentlichen Fragen eines Transportes zu beraten, namentlich wenn dieser ins Ausland geht und deshalb mit Besonderheiten der Abwicklung zB von Nachnahmen verbunden ist.[15] Zur Haftung aus pVV führt es auch, wenn der Frachtführer eine ihm besonders auferlegte Rechtswahrungspflicht iSd. § 388 bezüglich Mängelrüge und -dokumentation verletzt,[16] wenn er im Zuge von Nebenpflichten zur Verzollung die nötige Aufklärung versäumt,[17] oder wenn er durch die Verwechslung und Falschablieferung zweier Sendungen dem Absender weitere Schäden verursacht.[18]

---

[6]    OLG Düsseldorf 13.12.1990, TranspR 1991, 106, 107; OLG Frankfurt 24.11.1987, MDR 1989, 165; vgl. auch BGH 28.9.1978, NJW 1979, 495 zur Personenbeförderung.
[7]    S. zugleich im Hinblick auf § 326 BGB *Scheele* S. 136 ff.; vgl. *Thume* CMR Art. 17 Rn. 220; grundsätzlich MüKoBGB/*Emmerich* § 275 Rn. 24 f.
[8]    OLG Frankfurt 18.12.1990, TranspR 1991, 249, 250.
[9]    BGH 27.9.2009, TranspR 2009, 408.
[10]    BGH 26.1.1995, NJW-RR 1995, 992, 993 zur CMR – nicht genehmigter Transportweg; OLG Düsseldorf 26.1.1995, NJW-RR 1995, 1312 – falsche Auskunft.
[11]    Fremuth/Thume/*Fremuth* Rn. 51.
[12]    BGH 28.2.1975, VersR 1975, 610, 611 (insoweit in NJW 1975, 1597 nicht abgedruckt).
[13]    OLG München 3.5.1989, TranspR 1991, 61, 62 zu CMR.
[14]    OLG Frankfurt 19.1.1984, TranspR 1985, 420, 421 zu ADSp.
[15]    OLG Hamm 28.4.1983, TranspR 1983, 151, 153 zu CMR.
[16]    OLG Düsseldorf 14.12.1972, VersR 1973, 282.
[17]    OLG Düsseldorf 25.6.1981, VersR 1982, 350, 351.
[18]    BGH, 27.10.1978, VersR 1979, 275 (CMR, Buschbohnen-Saatgut).

Die ergänzende Haftung nach § 280 BGB ist nötig, um es haftungsmäßig abzusichern, **11** dass ein Frachtführer bzw. sein Erfüllungsgehilfe sich nicht grob vertragszweckgefährdend verhält und dass man nicht Weisungen ignoriert, missachtet oder nicht weitergibt, von deren Beachtung der **Transporterfolg** abhängt oder auf deren Berücksichtigung es dem Auftraggeber offensichtlich ankommt. Soweit allerdings die weisungswidrige Behandlung die Beschädigung oder den Verlust des Gutes bewirkt (zB bei Missachtung einer Weisung, das Gut anzuhalten und auf Lager zu nehmen), gewinnen die Tatbestände frachtvertraglicher Obhutshaftung (§§ 425 ff.) Vorrang;[19] ebenso, wenn die Weisung gerade die Modalität der Beförderung betrifft (zB Kleider hängend zu befördern)[20] oder wenn der Frachtführer eine weitere Strecke bzw. längere Dauer der Beförderung wählt als dem Gut zuträglich. Bei Lieferfristüberschreitung ist prinzipiell nur nach deren Voraussetzungen und Grenzen zu haften; das schließt die Haftung für Stornierung zugesagter Aufträge als Folge der Verspätung aus.[21] Es kann auch das Unterlassen von Mitteilungen bzw. eine Falschmeldung über den Transportverlauf, die als solche die Transportdauer nicht beeinflusst hat, nicht neben der Entschädigung für Lieferfristüberschreitung einen Anspruch auf Ersatz weiterer Schäden begründen.[22] Anders ist es jedoch, wenn er bei Verspätung dem Absender falsche Auskünfte über die zu erwartende Ankunft des Gutes erteilt, die in Wirklichkeit nicht eingehalten werden kann.[23]

**cc) Allgemeiner Rechtsgüterschutz.** Dieser sowie der Ersatz primärer Vermögens- **12** schäden im Wege der pVV kommt auch dem Frachtführer zugute, namentlich wenn es um die **Integrität des Transportmittels** geht. Allgemein ist der Absender verpflichtet, nur solches Transportgut zu übergeben, das sich auf dem vorhergesehenen Weg und ohne besonderen Aufwand und in der üblichen Zeit wieder aus dem Transportmittel entfernen lässt; es ist vor allem bei Spezialtransporten zu vermeiden, dass das Transportgut wegen seiner Beschaffenheit dann nur unter Aufwand an Zeit und Kosten wieder entladen werden kann.[24] Bei Beladen seitens des Absenders ist auf den Schutz des Fahrzeugs zu achten, ebenso beim Entladen durch den Empfänger. Jede Entladepflicht bzw. –obliegenheit umfasst zugleich die Schutzpflicht, dabei so vorzugehen, dass das Beförderungsmittel nicht beschädigt wird.[25] Soweit der Empfänger die an sich dem Absender mitobliegende Last trägt, das Gut zu entladen, ist er zugleich als Erfüllungsgehilfe des Absenders anzusehen; spiegelbildlich steht der Empfänger als der auf Grund Vertrages zugunsten Dritter Begünstigte da, wenn er zu Schaden kommt, weil ein dem Absender gestelltes Transportmittel nicht ordnungsgemäß entladen werden kann.[26]

Der Frachtführer seinerseits ist verpflichtet, das Transportmittel zu sichern, während be- **13** oder entladen wird,[27] um so Schaden von Absender bzw. Empfänger abzuwenden. Das OLG Hamburg hat einen Transporteur auf Grund eines von ihm verschuldeten Unfalls, der dazu führte, dass Beförderungsgut die Umwelt verseuchte, die Feuerwehr einschritt und den Absender kostenpflichtig machte, zum Ersatz dieser Aufwendungen aus pVV verpflichtet. Es hat nicht verkannt, dass ein Güterschaden vorliegt, der an sich die Haftung nach pVV nicht eröffnet, jedoch entscheidend darauf abgestellt, dass hier nicht die Liquidation eines Güterschadens in Rede steht, sondern die Kosten einer mit demselben Ergebnis verbundenen, dem Transporteur zuzurechnenden Umweltgefahr auszugleichen sind.[28]

---

[19] Vgl. zum alten Recht BGH 27.1.1982, NJW 1982, 1944.
[20] Vgl. OLG Düsseldorf 11.6.1987, TranspR 1987, 430.
[21] AA aber OGH Wien 14.11.1984, TranspR 1985, 346, 347; dagegen zutr. *Konow* TranspR 1987, 14, 17.
[22] LG Frankfurt 9.7.1984, TranspR 1985, 110, 112 m. Anm. *Schiller*.
[23] BGH 14.7.1993, VersR 1993, 1226 (CMR).
[24] OLG Düsseldorf 4.3.1982, RIW 1984, 234, 236.
[25] Vgl. OLG Hamburg 21.12.1989, TranspR 1990, 292, 294 zu § 56 BinSchG aF; OGH Wien 2.4.1982, TranspR 1984, 151, 152 zu CMR.
[26] BGH 14.11.1991, VersR 1992, 767, 768 zu CIM.
[27] BGH 19.1.1973, NJW 1973, 511 betr. EVO.
[28] OLG Hamburg 24.1.1985, VersR 1986, 357; zust. *Konow* TranspR 1987, 14, 17.

### III. Verhältnis zu handelsrechtlichen Sondervorschriften

**14**    Ergänzend anzuwenden sind auch handelsrechtliche Sondervorschriften. So gelten etwa für Binnenschifffahrt die Regeln über die **globale Haftungsbeschränkung** (§§ 4 ff. BinSchG). Ist der Frachtführer zugleich Schiffseigner, kann er also, wenn er für Schäden einzustehen hat, die an Bord oder in unmittelbarem Zusammenhang mit dem Betrieb des Schiffes oder mit einer Bergung oder Hilfeleistung einschließlich einer Wrackbeseitigung eingetreten sind, seine Haftung für die Gesamtheit der aus diesem Schadensereignis entstandenen Ansprüche auf die in den §§ 5e ff. BinSchG genannten Beträge beschränken.

### IV. Verhältnis zu internationalen Übereinkommen

**15**    Wie in der Einleitung (vgl. Rn. 30) ausgeführt, gelten gerade für den Bereich des Transportrechts zahlreiche internationale Übereinkommen. Diese Übereinkommen bedürfen nach Art. 59 Abs. 2 GG, da sie sich auf Gegenstände der Bundesgesetzgebung beziehen, der Zustimmung oder Mitwirkung der jeweils für die Bundesgesetzgebung zuständigen Körperschaften in der Form eines Bundesgesetzes. Soweit daher Deutschland diese Übereinkommen ratifiziert hat, sind sie durch ein **Vertragsgesetz,** gegebenenfalls ergänzt durch ein Ausführungsgesetz, in innerstaatliches Recht transformiert worden. Die Regelungen dieser Übereinkommen gelten hierdurch entweder unmittelbar oder, bei deren Einarbeitung in innerstaatliche Kodifikationen unter Ausschluss der unmittelbaren Anwendung, als innerstaatliches Recht mir dem Rang eines Gesetzes. Im Rahmen ihres Anwendungsbereichs kommt ihnen als *lex specialis* Vorrang vor den Regelungen des HGB zu.

### V. Versicherungen

**16**    **1. Allgemeines.** Jede Beförderung birgt Risiken; deshalb hat sich die Versicherungswirtschaft schon immer im Transportsektor betätigt.[29] Sie bietet seit alters in den Geschäftszweigen der **Transportversicherung** dem sog. Güter- oder Ladungsinteressenten Ausgleich für Verluste und Schäden an den transportierten Gütern.[30] Ferner trägt sie als **Verkehrshaftungsversicherung** auch dem Interesse der Frachtführer Rechnung, für ihre Haftung aus Frachtverträgen Deckungsschutz zu erlangen. Aktivitäten von Versicherern haben die Transportrechtsentwicklung stark mitgeprägt. Ordnungen frachtvertraglicher Haftung, welche Mindestentschädigungen vorsehen auch der Parteidisposition entzogen sind, entsprechen ebenso dem Anliegen der Transportversicherungswirtschaft, bei Beförderern in gewissem gesichertem Umfang Regress suchen zu können, wie dem Interesse des Vertragspartners des Beförderers; die Entstehung der sog. Haager Regeln illustriert diese Interessenkonstellation.[31] Die Rechtsentwicklung ist jedoch nicht nur von Interessenwiderstreit gekennzeichnet, vielmehr von kompromissbereiter Suche nach Lösungen, welche im **Zusammenwirken von Verlader-, Beförderer- und Versichererseite** das Schadens- und Haftungsrisiko durch aufeinander abgestimmten Zuschnitt von Haftung, Versicherung und Regress auffangen. Herausragendes Beispiel dafür gab früher die in den ADSp aF entwickelte sog. Haftungsersetzung durch Versicherungsschutz ab. Auch wo es nicht zu so weittragenden Lösungen kam, spielt die Versicherungsfrage eine bedeutende Rolle. Praktisch sind die nachstehend skizzierten Verschränkungen von Versicherung und Haftung typisch beachtlich:

**17**    **2. Transportversicherung.** Die Verantwortlichkeit des Frachtführers wird vielfach in Prozessen geklärt, welche ein Transportversicherer angestrengt hat. Üblicherweise wird für das zu transportierende Gut eine Transportversicherung abgeschlossen; Vertragsklauseln wie cif schaffen für den Verkäufer des Gutes eine diesbezügliche Verpflichtung. Spediteure sind

---

[29] S. dazu *Thume/de la Motte/Ehlers,* Transportversicherungsrecht 2. Aufl. 2011.
[30] Eingehend *Enge/Schwampe* Transportversicherung S. 7 ff., Thume/de la Motte/Ehlers/*Thume* Teil 2 Rn. 402 ff. und *Ehlers* ebendort, Teil 5; s. auch *Lenz* Rn. 815 ff.
[31] S. *Stödter,* Geschichte der Konnossementsklauseln, 1953.

gem. Ziffer 21 ADSp häufig beauftragt und berechtigt, für den Versender eine Transportversicherung abzuschließen. Mit dem Transportversicherungsvertrag wird dem Güterinteressenten eine Versicherungsleistung bei Verlust oder Beschädigung des unterwegs befindlichen Gutes gesichert. Nach deutschen Transportversicherungsbedingungen der DTV-Güter 2000, 20011 trägt der Versicherer idR alle Gefahren, denen die Güter während der Reise ausgesetzt sind; allerdings pflegen Ausschlüsse wie zB für unzulängliche Verpackung des Gutes diese sog. Allgefahrendeckung zu modifizieren. Einen Versicherungsschutz für Verspätungsschäden sehen diese Bedingungen jedoch nicht vor.

Wenn der Transportversicherer den eingetretenen Güterschaden gedeckt hat, gehen **18** nach allgemeinen versicherungsrechtlichen Grundsätzen (vgl. § 86 VVG; § 45 ADS 1919; Ziffer 23.1 DTV-Güter 2000/2011) die Ansprüche des Geschädigten gegen den Schädiger auf ihn über. Ferner kann der Absender schon zuvor in Erwartung der Deckungsleistung seine Ersatzansprüche gegen den schadensersatzpflichtigen Frachtführer an den Transportversicherer abtreten. Angesichts der Funktion des Transportversicherungsschutzes darf ein solcher Anspruchsübergang in Beförderungsbedingungen (AGB) nicht ausgeschlossen werden.[32] Praktische Konsequenz ist, dass im Regelfall eines Transportschadens nicht Absender oder Empfänger als Beteiligte am Frachtvertrag die sich daraus ergebenden Ersatzansprüche geltend machen, vielmehr der Transportversicherer die Ansprüche durchsetzt und so die Pflichten aus dem Frachtvertrag klären lässt. Durchaus vergleichbar mit einer im allgemeinen Haftpflichtrecht zutage tretenden Tendenz wird das (hier vorwiegend vertragliche) Schadensrecht im Wege der Regressprozesse fortgebildet.

**3. Verkehrshaftungsversicherung.** Für einen Transportschaden, der dem Beförderer **19** zuzurechnen ist, besteht idR gleichfalls Versicherungsschutz in Gestalt der sog. Verkehrshaftungsversicherung (auch Güterschadenshaftpflichtversicherung genannt).[33] Der Geschädigte bzw. der Regress suchende Transportversicherer hat es also praktisch mit der Haftpflichtversicherung des Beförderers zu tun. Diese Sparte im Versicherungsmarkt erlangte ihre heutige Breitenwirkung mit der Pflichtversicherung der Unternehmer des Straßengüterverkehrs auf Grund von GFG bzw. GüKG und KVO. Damit war der weitere Zweck verbunden, die Kunden der weithin mittelständischen Unternehmer des gewerblichen Straßengüterverkehrs gegen das Risiko der Insolvenz eines ersatzpflichtigen Beförderers abzusichern. Im Wettbewerb Schiene/Straße war so eine Versicherungsdeckung gewährleistet, wie sie der „Selbstversicherung" der Bahn entsprach. Die auch nach der Reform des Güterkraftverkehrsrechts im Jahre 1998[34] vorgeschriebene Pflicht des Unternehmers, eine Haftpflichtversicherung abzuschließen und aufrecht zu erhalten (vgl. § 7a GüKG) bringt es mit sich, dass die Verletzung versicherungsvertraglicher Obliegenheiten nicht zum Nachteil des Geschädigten wirkt; typische Ausschlüsse von der Versicherungsdeckung muss auch er sich allerdings entgegenhalten lassen. Diese primär auf Deckung der Schadensverantwortlichkeit nach einem Frachtvertrag bezogene Haftpflichtversicherung des Frachtführers bleibt von der Haftpflichtversicherung zur Deckung der (außervertraglichen) Haftung aus dem Betrieb des Kraftfahrzeugs nach Gefährdungshaftung und Deliktsrecht zu unterscheiden.[35] Sie ist aber, wie diese, Haftpflichtversicherung.

---

[32] BGH 8.12.1975, BGHZ 65, 364 = NJW 1976, 672.
[33] S. dazu die Musterbedingungen des GDV, die DTV-VHV laufende Versicherung 2003/2011.
[34] Vgl. Gesetz zur Reform des Güterkraftverkehrsrechts vom 22. Juni 1998 (BGBl. I S. 1485).
[35] Dazu *Steinkrauss* DtGesTranspR Versicherung S. 144 ff. Zur Haftung aus Betriebsgefahr bei Abheben eines Containers LG Duisburg 13.4.1988, TranspR 1988, 430.

# Erster Unterabschnitt. Allgemeine Vorschriften

## § 407 Frachtvertrag

(1) **Durch den Frachtvertrag wird der Frachtführer verpflichtet, das Gut zum Bestimmungsort zu befördern und dort an den Empfänger abzuliefern.**

(2) **Der Absender wird verpflichtet, die vereinbarte Fracht zu zahlen.**

(3) [1]**Die Vorschriften dieses Unterabschnitts gelten, wenn**

1. **das Gut zu Lande, auf Binnengewässern oder mit Luftfahrzeugen befördert werden soll und**
2. **die Beförderung zum Betrieb eines gewerblichen Unternehmens gehört.**

[2]**Erfordert das Unternehmen nach Art oder Umfang einen in kaufmännischer Weise eingerichteten Geschäftsbetrieb nicht und ist die Firma des Unternehmens auch nicht nach § 2 in das Handelsregister eingetragen, so sind in Ansehung des Frachtgeschäfts auch insoweit die Vorschriften des Ersten Abschnitts des Vierten Buches ergänzend anzuwenden; dies gilt jedoch nicht für die §§ 348 bis 350.**

## Übersicht

| | Rn. | | Rn. |
|---|---|---|---|
| I. Normzweck | 1 | 4. Lagervertrag | 81 |
| II. Beteiligte Personen | 2–19 | 5. Logistikvertrag | 82 |
| 1. Allgemeines | 2 | 6. Dauer- und Rahmenvertrag | 83–84a |
| 2. Frachtführer | 3, 4 | 7. Beschäftigungsvertrag | 85 |
| 3. Unterfrachtführer | 5, 6 | 8. Palettengeschäft | 86, 87 |
| 4. Ausführender Frachtführer | 7 | VI. Rechtsnatur des Frachtvertrags | 88–98 |
| 5. Zwischenfrachtführer | 8 | 1. Werkvertrag mit Elementen des Verwahrungsvertrags | 88 |
| 6. Teilfrachtführer | 9 | 2. Dreipersonenvertrag | 89 |
| 7. Samtfrachtführer | 10 | 3. Vertrag zugunsten Dritter | 90–93 |
| 8. Absender | 11–13 | 4. Vertrag mit Schutzwirkung zugunsten Dritter | 94–98 |
| 9. Empfänger | 14–18 | VII. Abschluss des Frachtvertrags | 99–110 |
| 10. Leute | 19 | 1. Abschlussfreiheit | 99, 100 |
| III. Wesentliche Merkmale des Frachtvertrags | 20–63 | 2. Inhaltsfreiheit | 101–101b |
| 1. Beförderungs-, Ablieferungs- und Obhutspflicht des Frachtführers | 20–56 | 3. Einigung | 102–105 |
| a) Grundsatz | 20–23 | 4. Einbeziehung von Beförderungsbedingungen | 106–109 |
| b) Beförderung | 24–32 | 5. Nichtigkeit | 110 |
| c) Bestimmungsort | 33 | VIII. Anwendungsbereich der frachtrechtlichen Vorschriften | 111–128 |
| d) Ablieferung | 34–48 | 1. Beförderung zu Land, auf Binnengewässern, mit Luftfahrzeugen | 111–124 |
| e) Beförderungsgegenstand | 49–56 | a) Allgemeines | 111–113 |
| 2. Pflicht zur Frachtzahlung | 57–63 | b) Vereinbarung über das einzusetzende Transportmittel | 114–120 |
| IV. Nebenpflichten der Vertragsparteien | 64–74 | c) Beförderung zu Lande | 121 |
| 1. Allgemeines | 64 | d) Beförderung auf Binnengewässern | 122 |
| 2. Nebenpflichten des Frachtführers | 65–71a | e) Beförderung mit Luftfahrzeugen | 123, 124 |
| 3. Nebenpflichten des Absenders | 72–74 | 2. Unternehmenseigenschaft des Frachtführers | 125–128 |
| V. Abgrenzung zu sonstigen Rechtsgeschäften | 75–87 | | |
| 1. Gefälligkeitsverhältnis | 75 | | |
| 2. Umschlagsvertrag | 76 | | |
| 3. Speditionsvertrag | 77–80 | | |

## I. Normzweck

Die Norm dient der Charakterisierung des Frachtvertrags und damit der Abgrenzung 1
von anderen Vertragstypen. Zugleich dient sie der Festlegung des räumlichen Anwendungsbereichs der in den §§ 407–452d enthaltenen frachtrechtlichen Vorschriften. Dabei berücksichtigt die Regelung auch, dass mit der Neuregelung des Kaufmannsrechts (§§ 1 ff. HGB)
durch das Handelsrechtsreformgesetz vom 22. Juni 1998[1] der Katalog sog. Grundhandelsgewerbe in § 1 Abs. 2 HGB aF gestrichen wurde, in dem auch das Geschäft des Frachtführers
angeführt war.

## II. Beteiligte Personen

**1. Allgemeines.** § 407 nennt als Personen, die an der Abwicklung des Frachtvertrags 2
beteiligt sind, den Frachtführer, den Absender und den Empfänger. Hinzu kommen nach
§ 437 der ausführende Frachtführer sowie nach § 428 die sog. Leute. Den sowohl im Binnenschifffahrtsrecht (§ 7 BinSchG) als auch im Seerecht (§ 535) verwendeten Begriff
„Ladungsbeteiligter" und zusätzlich den im Seerecht verwendeten Begriff „Ablader" (vgl.
§ 643 Nr. 6 aF und § 513 Abs. 2 nF), mit dem derjenige bezeichnet wird, der auf Grund
des Frachtvertrags die Güter dem Beförderer (Verfrachter) übergibt, ohne Vertragspartei zu
sein, kennt das Vierte Buch nicht. Ein Bedürfnis hierfür war nach Auffassung des Gesetzgebers offensichtlich nicht gegeben.

**2. Frachtführer.** Nach § 407 Abs. 1 ist Hauptverpflichteter des Frachtvertrags der 3
Frachtführer. Hierunter versteht das Gesetz denjenigen, der sich auf Grund des Frachtvertrags verpflichtet, im eigenen Namen eine Beförderung durchzuführen. Der Begriff „Frachtführer" entspricht der herkömmlichen Terminologie des Handelsgesetzbuchs. Im Seefrachtrecht heißt diese Person „Verfrachter" (§ 481 Abs. 1 HGB).

Unbeachtlich ist, ob der Frachtführer über ein **eigenes Fahrzeug** verfügt, mit dem er 4
die Beförderung durchführt. Der Frachtführer muss auch nicht, wenn er sich zu einer
Beförderung auf Binnenwasserstraßen verpflichtet, Schiffseigner iSd. § 1 BinSchG sein, also
Eigentümer eines zur Schifffahrt auf Flüssen oder sonstigen Binnengewässern bestimmten
und hierzu von ihm verwendeten Schiffes.[2] Die Eigenschaft als Frachtführer bleibt auch
dann erhalten, wenn er einen Dritten mit der Durchführung eines Teils der Beförderung
oder sogar mit der ganzen Beförderung beauftragt.

**3. Unterfrachtführer.** Schaltet der Frachtführer einen Dritten ein, der sich gegenüber 5
dem Frachtführer zur Durchführung der vom Frachtführer geschuldeten Beförderung verpflichtet, so ist im Verhältnis zu diesem Dritten der Frachtführer als Absender und der
Dritte im Verhältnis zu letzterem als Frachtführer anzusehen.[3] Zur Unterscheidung der
genannten Personen wird mit Blick auf die gesamte Vertragskette der erstgenannte Frachtführer als Hauptfrachtführer, der von ihm beauftragte Dritte als **Unterfrachtführer**
bezeichnet. Aus dem zwischen dem Hauptfrachtführer und Absender („Urabsender")
geschlossenen Frachtvertrag (Hauptfrachtvertrag) heraus bleibt allein der Hauptfrachtführer
verpflichtet, die Beförderung durchzuführen. Der zwischen dem Hauptfrachtführer und
dem Unterfrachtführer geschlossene Frachtvertrag wird als Unterfrachtvertrag bezeichnet.
Aus diesem heraus wird der Unterfrachtführer gegenüber dem Hauptfrachtführer verpflichtet, entsprechend der in dem Unterfrachtvertrag getroffenen Vereinbarung einen Teil oder
die ganze vom Hauptfrachtführer geschuldete Beförderung durchzuführen. Der Unterfrachtvertrag weist gegenüber dem Hauptfrachtvertrag die tatsächliche Besonderheit auf,
dass er dazu dient, einen vom Hauptfrachtführer dem Absender zugesagten Beförderungserfolg zu erreichen. Ansonsten ist jedoch jeder Frachtvertrag isoliert zu betrachten.[4] Besonder-

---

[1] Gesetz zur Neuregelung des Kaufmanns- und Firmenrechts und zur Änderung anderer handels- und
gesellschaftsrechtlicher Vorschriften (Handelsrechtsreformgesetz – HRefG) vom 22.6.1998, BGBl. I S. 1474.
[2] Vgl. hierzu v. Waldstein/Holland § 1 BinSchG Rn. 47 ff.
[3] Vgl. auch BGH 25.10.1984, TranspR 1985, 48, 49.
[4] Vgl. auch Koller Rn. 8.

heiten gelten jedoch für den Unterfrachtvertrag, soweit es um die Einordnung des Frachtvertrags als Vertrag zugunsten Dritter und die Zahlungspflicht des Empfängers nach § 421 Abs. 2 und 3 geht (vgl. hierzu Rn. 93 und § 421 Rn. 41 ff.).

6    Wenn auch der vom Hauptfrachtführer beauftragte Unterfrachtführer nicht selbst die Beförderung durchführt, sondern seinerseits einen Dritten mit der Durchführung beauftragt, so ist dieser ihm gegenüber wiederum Unterfrachtführer. Mit Blick auf die gesamte Vertragskette ist in diesem Falle der Dritte gegenüber dem ursprünglichen Absender als **Unterfrachtführer zweiten Grades** (oder auch als Unter-Unterfrachtführer) anzusehen. Eine solche Kette kann, insbes. im grenzüberschreitenden Straßengüterverkehr auch aus sechs oder mehr Gliedern bestehen.[5]

7    **4. Ausführender Frachtführer.** Das HGB kennt den Begriff des Unterfrachtführers nicht. Allerdings verwendet das HGB den Begriff des **„ausführenden Frachtführers"** (§ 437; vgl. im Seerecht den „ausführenden Verfrachter, § 509). Hierunter versteht das Gesetz eine Person, die die vom Frachtführer geschuldete Beförderung ganz oder teilweise ausführt (s. hierzu § 437 Rn. 4 ff.). Zur Unterscheidung zwischen Frachtführer und ausführendem Frachtführer wird der Frachtführer auch als vertraglicher Frachtführer bezeichnet. Führt der ausführende Frachtführer die Beförderung auf der Grundlage eines mit dem vertraglichen Frachtführer abgeschlossenen Unterfrachtvertrags aus, so ist er zugleich auch Unterfrachtführer. Der ausführende Frachtführer muss aber nicht notwendigerweise mit dem vertraglichen Frachtführer einen wirksamen Unterfrachtvertrag abgeschlossen haben. Unbeachtlich ist sogar, ob er kraft Ermächtigung oder mit Einverständnis des – vertraglichen – Frachtführers tätig wird (vgl. § 437 Rn. 6). Nicht als ausführender Frachtführer ist dagegen der Bedienstete des Hauptfrachtführers anzusehen. Denn der ausführende Frachtführer ist – anders als der Bedienstete – selbständig tätig, also nicht weisungsabhängig im Sinne des Arbeitsrechts.

8    **5. Zwischenfrachtführer.** Schuldet der erstbeauftragte Frachtführer nur die Beförderung auf einer Teilstrecke der gesamten Beförderung und hat er den Auftrag, für die weitere Teilstrecke einen anderen Frachtführer zu beauftragen, so ist der mit der Weiterbeförderung beauftragte andere Frachtführer nicht Unterfrachtführer, weil der erstbeauftragte Frachtführer für diese weitere Strecke keine Beförderung schuldet. Der zweite Frachtführer ist vielmehr „Zwischenfrachtführer". Bei dem zwischen dem erstbeauftragtem Frachtführer und dem zweiten Frachtführer abgeschlossenen Frachtvertrag handelt es sich um einen sog. „Zwischenfrachtvertrag". Beim Abschluss dieses Zwischenfrachtvertrags handelt der dazu beauftragte Erstfrachtführer als Spediteur im eigenen Namen (§ 454 Abs. 3); er haftet demgemäß seinem Auftraggeber gegenüber nach Speditionsrecht.[6]

9    **6. Teilfrachtführer.** Beauftragt der Absender von Anfang an zwei oder mehrere Frachtführer jeweils nur mit der Beförderung auf Teilstrecken, so handelt es sich bei den so beauftragten Frachtführern um sog. Teilfrachtführer. Solche Teilfrachtführer sind jeweils nur gegenüber dem Absender für die Beförderung auf der jeweiligen Teilstrecke verantwortlich.[7]

10    **7. Samtfrachtführer.** Als Samtfrachtführer bezeichnet die Rechtsprechung[8] schließlich die auf Grund des Vertragseintritts eines nachfolgenden Frachtführers (Unterfrachtführers) dem Absender gemeinsam verantwortlichen Frachtführer.

11    **8. Absender.** Den Vertragspartner des Frachtführers nennt das HGB in § 407 Abs. 2 „Absender". Das Seerecht nennt diese Person „Befrachter" (vgl. § 481 Abs. 2, § 512 Abs. 1). Gebräuchlich ist in der Umgangssprache auch der Begriff **„Verlader".** Das Gesetz kennt diesen Begriff jedoch nicht.

---

[5] Vgl. *Koller* TranspR 2009, 229.
[6] AllgM; vgl. EBJS/*Reuschle* Rn. 37; *Koller* Rn. 70.
[7] Ebenso EBJS/*Reuschle* Rn. 38.
[8] BGH 25.10.1984, NJW 1985, 555, 556 zur CMR.

Unbeachtlich ist, ob die Güter, die zur Beförderung aufgegeben werden, im **Eigentum** 12 des Absenders stehen. Der Absender kann einen Beförderungsvertrag auch über fremde Güter abschließen.

Hat der **Frachtführer** einen Unterfrachtführer beauftragt, so ist ersterer im Verhältnis 13 zum Unterfrachtführer als Absender anzusehen. Absender kann auch derjenige sein, der sich gegenüber einem anderen verpflichtet hat, die Beförderung von Gut zu besorgen, ihm gegenüber also als **Spediteur** iSd. § 453 anzusehen ist. Schließt der Spediteur in Erfüllung des Speditionsvertrags den danach erforderlichen Frachtvertrag im eigenen Namen mit einem Dritten ab, so ist er im Verhältnis zu diesem Dritten als Absender anzusehen. Anderes gilt dagegen, wenn der Spediteur im Namen des Versenders einen Dritten mit der Durchführung der Beförderung beauftragt. In diesem Falle ist nicht der Spediteur, sondern dessen Vertragspartner, der Versender, im Verhältnis zu dem Dritten als Absender anzusehen.

**9. Empfänger.** Der Empfänger ist nach § 407 Abs. 1 die Person, an die nach dem 14 Frachtvertrag das Gut abzuliefern ist **(Soll-Empfänger).**[9] Entscheidend ist also die Zuständigkeit, das Gut nach seiner Beförderung abgeliefert zu bekommen. Wer weder im Frachtbrief noch sonst als Empfänger bestimmt ist, aber beispielsweise durch Falschauslieferung in den Besitz des Gutes gelangt oder versehentlich von dessen Ankunft verständigt wird (sog. Zufallsempfänger), kann also die Empfängerrechte nicht erlangen.[10] Eine solche Person ist folglich nicht Empfänger und bleibt Herausgabe- und Bereicherungsansprüchen ausgesetzt.[11] Zwischen dem Empfänger, der nicht zugleich Absender ist, und dem Frachtführer besteht kein vertragliches Rechtsverhältnis. Der Empfänger ist nur der aus dem Frachtvertrag **begünstigte Dritte** (s. Rn. 90 ff.).

Wer als Empfänger anzusehen ist, bestimmt sich in erster Linie nach dem zwischen 15 dem Absender und dem Frachtführer abgeschlossenen **Vertrag.** Wird ein **Frachtbrief** ausgestellt, so enthält dieser üblicherweise gem. § 408 Abs. 1 Nr. 5 Name und Anschrift des Empfängers (sog. frachtbriefmäßiger Empfänger). Die Parteien können jedoch nach Abschluss des Vertrages einvernehmlich einen anderen Empfänger vereinbaren. Empfänger kann auch eine Person sein, die sich gegenüber einem Dritten verpflichtet hat, diesem das Gut weiterzuleiten (etwa der sog. Empfangsspediteur). Der Dritte, an den die als Empfänger bestimmte Person das Gut weiterzuleiten hat, ist dagegen nicht Empfänger. Er kann die Empfängerrechte nur erst durch Abtretung erlangen; freilich kann er sich auch zu deren Geltendmachung bevollmächtigen lassen.[12] Vom Empfänger zu unterscheiden ist die Meldeadresse, die regelmäßig bei Binnenschiffsbeförderungen angegeben wird. Hierunter ist lediglich die Stelle zu verstehen, bei der der Frachtführer seine Lade- oder Löschbereitschaft anzeigt (vgl. hierzu § 408 Rn. 31).

Wird ein **Ladeschein** ausgestellt, so bestimmt sich die Beantwortung der Frage, wer 16 Empfänger ist, nach dem Inhalt des Ladescheins (§ 444 Abs. 1 Satz 1). § 446 Abs. 1 bestimmt- wie in § 520 Abs. 1, wer bei Ausstellung eines Ladescheins verfügungsberechtigt ist.

Macht der Absender oder der Empfänger von seinem **Weisungsrecht** nach §§ 418, 419 17 iVm. § 446 Abs. 2 Gebrauch und ist danach das Gut nicht an den vertraglich bestimmten Empfänger abzuliefern, sondern an eine andere Person, so ist diese andere Person als Empfänger iSd. § 407 Abs. 1 anzusehen.[13]

Zwischen Absender und Empfänger kann **Personengleichheit** bestehen. Dies ist der 18 Fall, wenn der Transportauftrag vom künftigen Empfänger erteilt wird, also etwa von demjenigen, der als Käufer die Ware beim Verkäufer abholen und sich zuführen lässt. Personengleichheit besteht auch bei der sog. Selbstadressierung durch den Spediteur, der zB eine Sammelladung zwischen seinen Stützpunkten transportieren lässt. Hat der Fracht-

---

[9] Zu diesem Begriff vgl. *Wüstendörfer* Seehandelsrecht S. 215 ff.
[10] OLG Düsseldorf 22.2.1973, BB 1973, 819.
[11] OLG Karlsruhe 10.3.1975, MDR 1975, 761.
[12] ROHG 13.9.1879, ROHGE 25, 330.
[13] Ebenso *Koller* Rn. 9.

führer einen Unterfrachtführer damit beauftragt, die gesamte Beförderung durchzuführen, so ist der Empfänger sowohl derjenige, an den nach dem Hauptfrachtvertrag das Gut abzuliefern ist, als auch derjenige, an den nach dem Unterfrachtvertrag das Gut abzuliefern ist. Ist der Unterfrachtführer nach der in dem Unterfrachtvertrag getroffenen Vereinbarung nur zur Durchführung eines Teils der vom Hauptfrachtführer geschuldeten Beförderung verpflichtet, so können der Empfänger aus dem Hauptfrachtvertrag und der Empfänger aus dem Unterfrachtvertrag personenverschieden sein.

**19**      **10. Leute.** Mit dem in § 428 verwendeten Begriff „Leute" übernimmt das Gesetz einen alt hergebrachten Begriff des Handelsrechts. Hierunter versteht das Gesetz all diejenigen Personen, mit denen der Frachtführer einen Dienst- oder Arbeitsvertrag abgeschlossen hat oder die in sonstiger Weise in den Betrieb des Frachtführers eingegliedert sind (vgl. § 428 Rn. 5).

### III. Wesentliche Merkmale des Frachtvertrags

**20**      **1. Beförderungs-, Ablieferungs- und Obhutspflicht des Frachtführers. a) Grundsatz.** Nach Abs. 1 ist der Frachtführer verpflichtet, das Gut zum Bestimmungsort zu befördern und es dort an den Empfänger abzuliefern. Anders als der Spediteur, der die Versendung von Gütern als eine kommissionsähnliche Geschäftsbesorgung[14] „besorgt" (§ 453), übernimmt also der Frachtführer die Beförderung „in eigener Regie und Verantwortung";[15] er steht ein für die Ankunft des Gutes am Zielort. Geschuldet wird also ein **Erfolg.** Die Übernahme zur Beförderung (hierzu § 425 Rn. 35 ff.) ist nicht Bestandteil der Beförderungspflicht.

**21**      Die **Beförderung und** die **Ablieferung** beim berechtigten Empfänger bilden die vertragsgemäßen **Hauptleistungen des Frachtführers.** Hinzu kommt als weitere, in § 407 HGB nicht genannte, aber sehr charakteristische Hauptpflicht die **Obhutspflicht** des Frachtführers während der Beförderung bis hin zur Beendigung der Ablieferung.[16] Sie ist eine **Fürsorgepflicht** und bedeutet, dass der Frachtführer das ihm anvertraute fremde Gut vor Verlusten und Beschädigungen zu bewahren hat.[17] Hierdurch wird der Frachtvertrag – anders als beispielsweise der Schleppvertrag – zu einem gemischten Vertrag, der zugleich Elemente eines Verwahrungsvertrages enthält.[18] Diese dritte Hauptpflicht entnimmt die herrschende Rechtsprechung und Lehre von je her aus den Haftungsbestimmungen der einzelnen Frachtrechtsordnungen, weil der Frachtführer seine Hauptpflichten stets mit größtmöglicher Sorgfalt zu erfüllen hat, wenn er der Regelhaftung entgehen will.[19]

**21a**     Wird die **Beförderungsleistung** nur als Nebenpflicht mitgeschuldet, ist ihre rechtliche Beurteilung anhand der für den gemischten Vertrag aufgestellten Kriterien vorzunehmen. Macht zB ein Umschlags- und Lagergeschäft den wesentlichen Vertragsgegenstand aus, so bleibt die Zulieferung des Gutes an einen Empfänger als diesbezügliche Nebenpflicht zu betrachten.[20] Es geschieht auch typisch nur kraft Nebenpflicht (wenn nicht überhaupt rein gefälligkeitshalber), dass ein Käufer die gekaufte Sache vom Verkäufer mit dessen Fahrzeugen ins Haus geschickt bekommt; daran ändern auch Klauseln nichts, denen zufolge zB „auswärtige Lieferungen ab Verkaufshaus auf Kosten und Gefahr des Käufers" gehen. Das schließt nicht aus, auf eine kraft Kaufvertrages mitgeschuldete Versendung Vorschriften des Speditionsrechts ergänzend anzuwenden,[21] denn immerhin besorgt der Verkäufer eine Versendung, gleich ob durch eigene Leute oder durch einen Frachtführer. Ein Käufer

---

[14] *Alff* § 408 Rn. 1; s. auch *Lenz* Rn. 164 ff.
[15] *Basedow* TransportV S. 35.
[16] Oetker/*Paschke* Rn. 30.
[17] *Koller* TranspR 2013, 140, 143; *P. Schmidt* VersR 2013, 416, 418, 421 ff.
[18] Staub/*Helm* § 425 Rn. Rn. 106, 133; EBJS/*Reuschle* § 407, Rn. 32; *Koller* TranspR 2006, 265, 266; Fremuth/Thume/*Fremuth* Rn. 47 und schon in Fremuth/Thume, Frachtrecht, 1996, § 425 HGB Rn. 27.
[19] Vgl. zB § 426 Abs. 1 HGB und Art. 17 Abs. 2 letzte Alt. CMR.
[20] Zutr. LG Bremen 10.9.1991, TranspR 1991, 445, 446. Vgl. auch *Basedow* TransportV S. 34.
[21] Zutr. *Faust* DB 1991, 1556, 1559 f.

willigt verkehrsüblich nicht in eine auch nur nach Art eines gemischten Vertrags oder nebenvertraglich relevante Mitgeltung von Frachtrecht ein, schon gar nicht dadurch, dass er sich (zwangsläufig) als Empfänger in einen vom Verkäufer ausgestellten Frachtbrief eintragen lässt. Ein Frachtvertrag wird bei den üblichen Versendungskäufen mit privaten Käufern nur zwischen dem Verkäufer und dem von ihm eingeschalteten Beförderer geschlossen; der Käufer ist daran allenfalls als Empfänger beteiligt.

Ebenso wie im Werkvertragsrecht (§§ 631, 633 Abs. 1 BGB) ist als Element der Haupt- **22** leistungspflicht beim Frachtgeschäft die mangelfreie Herstellung des Werkes geschuldet, dh. die **Ablieferung** des vollständigen und unbeschädigten Gutes beim richtigen Empfänger.[22] Soweit die Integrität des Gutes und die Vollständigkeit der Sendung in Rede stehen, würde die konstruktive Annahme diesbezüglicher vertragstypischer Schutzpflichten nur die mit der Haftung gem. § 425 für Beschädigung und Verlust während der sog. Obhutszeit gegebene, als Obhutspflicht verstandene Verantwortlichkeit anders ausdrücken. Angesichts solcher frachtvertragstypischer Ersatztatbestände erübrigen sich insoweit nähere dogmatische Einordnungen als Nichterfüllung, Schlechterfüllung oder Schutzpflichtverletzung, auch als Herstellung eines mangelhaften Werkes; ohnehin dürfen die besonderen Voraussetzungen dieser Obhutshaftung sowie deren Begrenzungen nicht durch Rückgriff auf allgemeinere Tatbestände einer Ersatzpflicht unterlaufen werden.[23]

Der Zweck des Frachtvertrages, dass nämlich das Gut am Zielort an den Empfänger **23** abgeliefert werden soll, ist primär sachlich bestimmt. Unmaßgeblich ist daher, ob der Frachtführer die Beförderung selbst durchführt, oder sie einem anderen überlässt. Insbes. kann er über die von ihm übernommene Beförderung mit einem Dritten einen **Unterfrachtvertrag** abschließen. Dabei kennzeichnet es den Unterfrachtvertrag als eigenständigen Vertrag, dass der Hauptfrachtführer bei der Übertragung der Beförderung im eigenen Namen handelt (also nicht im Namen seines Auftraggebers) und dass dies auf eigene Rechnung des Hauptfrachtführers geschieht (also nicht nach Art von Spedition auf Rechnung dieses Auftraggebers). Wie oben ausgeführt (Rn. 5 ff.) kann der **Unterfrachtführer** auch nur für einen Teil der Beförderung eingesetzt werden und zugleich auch „**ausführender Frachtführer**" (Rn. 7) sein; häufig sind Ketten von Unterfrachtführerverhältnissen.[24] Die Einschaltung des Unterfrachtführers berührt nicht die eigene Verpflichtung des Hauptfrachtführers, für den versprochenen Beförderungserfolg einzustehen.[25] Soweit allerdings dem Frachtführer zugleich Aufgaben übertragen sind, die ein Vertrauen in persönliche Dienstleistungen voraussetzen, verbietet sich gem. § 664 BGB die Auftragsübertragung.[26] Erforderlich ist insoweit eine ausdrückliche Absprache.[27]

**b) Beförderung.** Wesentliches Merkmal der „Beförderung" ist die zielgerichtete Orts- **24** veränderung[28]: Der Frachtführer verspricht, das Gut von einem Ort zu einem anderen zu verbringen. Geschuldet wird dabei der **Beförderungserfolg,** nicht allein die Beförderungshandlung.[29] Ohne Bedeutung ist, welches **Beförderungsmittel** (= **Transportmittel,** zB Kfz, Fuhrwerk, Lasttier, Karren, Fahrrad, Handwagen, Schlitten, Bahnwagon, Boot, Schiff, Flugzeug, Ballon oder auch nur – beim Dienstmann, Gepäckträger etc. – die eigene Körperkraft), eingesetzt wird.[30] Auch die Ortsveränderung eines mit eigener Motorkraft ausgestatteten Fahrzeugs ist eine Beförderung, wenn Auftrag lautet, dieses Fahrzeug von einem Ort zum andern zu verbringen; so zB bei Überführung eines Neuwagens.[31] Selbst das Treiben

---

[22]  So auch Fremuth/Thume/*Fremuth* Rn. 22; *Braun* S. 7 f.
[23]  Heymann/*Honsell* Rn. 38.
[24]  Vgl. OLG Düsseldorf 12.12.1985, TranspR 1986, 56; OLG Düsseldorf 7.7.1988, TranspR 1988, 425.
[25]  *Basedow* TransportV S. 44.
[26]  *Fikentscher* AcP 190 (1990), 86 zu unerlaubter Substitution.
[27]  Vgl. HansOLG Hamburg 7.5.1987, VersR 1987, 1111 zu Grenzen der Substitution.
[28]  EBJS/*Reuschle* Rn. 30, Fremuth/Thume/*Fremuth* Rn. 45.
[29]  RG 25.5.1889, RGZ 25, 108, 110.
[30]  Fremuth/Thume/*Fremuth* Rn. 46.
[31]  Vgl. HansOLG Bremen 15.3.2001, TranspR 2001, 259.

einer Herde ist Beförderung, weil die Ortsveränderung zielgeleitet wird.[32] Die Ortsveränderung muss nicht horizontal, sie kann auch vertikal (bei Kranarbeiten) erfolgen.[33]

25  Auf die **Größe der Distanz** kommt es nicht an.[34] Es genügt als Ortsveränderung das Umsetzen einer Maschine mit Hilfe eines Krans von einem Stockwerk eines Gebäudes in ein anderes Stockwerk,[35] das umzugsweise Verbringen von Inventar von einem Stockwerk zu einem anderen innerhalb des Hauses oder in einem Unternehmen (sog. Trageumzug) oder das „Einbringen" einer Maschine in eine Maschinenhalle auf demselben Werksgelände mit einem Gabelstapler.[36] Auch ein Versetzen eines Messestandes durch Gabelstapler kann eine Beförderung sein.[37]

26  Die Beförderung muss nicht an einem Stück ausgeführt werden. **Umladungen** und **Zwischenlagerungen,** die nicht wegen ihrer Dauer oder wegen insoweit eigens vereinbarter Pflichten lagervertraglichen Charakter aufweisen,[38] vielmehr mit der Beförderung üblicherweise einhergehen, bleiben Elemente des Frachtvertrags, bis dieser mit Ablieferung des Gutes beim Empfänger beendet ist.

27  **Strittig ist,** inwieweit der **Umschlag als Beförderung** anzusehen ist und welcher Rechts- und Haftungsordnung er demzufolge zuzurechnen ist. Der Begriff des Umschlags ist nicht klar definiert. Allgemein werden hierzu in allen Bereichen des Land-, Luft- und Seeverkehrs das Verladen und Entladen sowie die damit zusammenhängenden Tätigkeiten wie etwa Stauen von Stückgut, Trimmen eines Schiffes, Zwischenlagern, Verpacken und Umpacken von Gütern, angesehen.[39] Es gibt aber auch Umschlagsbetriebe, die die bei der Übernahme und Weiterleitung der Güter erforderlichen Ladevorgänge nicht selbst vornehmen. Bei der Verabschiedung des TRG wurde die Frage, inwieweit der Umschlag als Beförderung anzusehen ist, bewusst offen gelassen.[40] Nach der damaligen Regierungsbegründung erschien es „angesichts der Vielgestaltigkeit des Umschlaggeschäfts jedenfalls nicht sachgerecht", Umschlaggeschäfte generell aus dem Frachtrecht herauszunehmen.[41] Auch bei der Seerechtsreform ist keine Definition erfolgt, jedoch wurde durch die Einführung des neuen § 509 und der damit verbundenen Neufassung des § 437 klar gestellt, dass dann, wenn beim Umschlag im Rahmen der Beförderung ein Schaden entsteht, ein Direktanspruch des Drittgeschädigten gegen das Umschlagsunternehmen als ausführender Frachtführer entstehen kann.[42]

28  Ob es sich beim Umschlag um eine Beförderung handelt, die den §§ 407 ff. unterworfen ist, hängt zunächst davon ab, ob die Umschlagtätigkeit Bestandteil eines Frachtvertrages ist, also eines Vertrages, der in jedem Falle zumindest noch eine – weitere – Beförderung zum Gegenstand hat, oder ob der Umschlagsvertrag in einem vom Frachtvertrag gesonderten Vertrag vereinbart wurde.

28a  Ein solcher **eigenständiger Vertrag** kommt bei jeder Beförderung zustande, in die ein Umschlagsunternehmen eingeschaltet ist, nämlich jeweils zwischen dem Umschlagsbetrieb und seinem Auftraggeber. Dabei ist in der Binnenschifffahrt der Umschlagsvertrag zwischen

[32] Fremuth/Thume/*Fremuth* Rn. 46; *Koller* Rn. 11.
[33] HansOLG Hamburg 14.4.1994, VersR 1996, 352; OLG Nürnberg 21.1.1994, TranspR 1994, 286.
[34] Vgl. auch *Koller* Rn. 10.
[35] BGH 15.12.1994, NJW-RR 1995, 415; *Runge* TranspR 2009, 96.
[36] OLG Nürnberg 5.7.2000, TranspR 2000, 428.
[37] Ebenso Fremuth/Thume/*Fremuth* Rn. 45 unter Berufung auf AG Düsseldorf 7.2.1991, TranspR 1991, 355. Unabhängig hiervon ist die Frage zu beantworten, ob der Auftragnehmer das Gut in seine Obhut genommen hat; vgl. hierzu AG Düsseldorf 7.2.1991 aaO.
[38] Zur Abgrenzung AG Garmisch-Partenkirchen 2.12.1970, VersR 1971, 621.
[39] Vgl. hierzu Art. 1 Buchst. b des Übereinkommens der Vereinten Nationen über die Haftung von Umschlagsunternehmen im internationalen Handelsverkehr (United Nations Convention on the Liability of Operators of Transport Terminals in International Trade) von 1991, der beförderungsbezogene Leistungen („transport-related services") als solche ansieht, die folgende Leistungen umfasst: „storage, warehousing, loading, unloading, stowage, trimming, dunnaging and lashing". Siehe zum Ganzen auch *Thume* TranspR 2014, 179 und *Ramming* TranspR 2004, 56.
[40] Vgl. Reg.Begr. S. 34 (zu § 407).
[41] Vgl. Reg.Begr. S. 34 (zu § 407).
[42] Vgl. RegBegr-SRG S. 86 (zu § 509).

dem Absender und dem Umschlagsbetrieb ein Vertrag mit Schutzwirkung zugunsten des zu entladenen Schiffes.[43] Hier ist die Umschlagstätigkeit nicht Teil eines Frachtvertrages, den ein Dritter mit dem Frachtführer geschlossen hat, sondern als eigene **Hauptleistung des Unternehmens** vereinbart. Dieser Vertrag ist als **gemischter Vertrag** anzusehen, wenn die Umschlagtätigkeit mehrere der oben genannten Leistungen umfasst, sich also nicht auf die bloße Ortsveränderung des Gutes beschränkt. Nach den für die gemischten Verträge von der Rspr. entwickelten Grundsätzen[44] ist jedenfalls jene Umschlagtätigkeit, die die Bewegung des Gutes von einem Beförderungsmittel auf ein anderes beinhaltet, eine Beförderung, so dass insoweit die allgemeinen frachtrechtlichen Regelungen[45] anzuwenden sind. Dazu gehören neben den Umsetzungstätigkeiten innerhalb des Terminalgeländes auch alle Be- und Entladevorgänge, weil durch das Anheben und Absenken der Güter bei ihnen immer eine –wenn auch geringe – Ortsveränderung (s. Rn. 25) stattfindet. Dieser Beurteilung folgen auch Gerichte[46] und die Praxis, indem sie in ihren Geschäftsbedingungen von der Anwendung des Frachtrechts ausgehen.[47] Bei Schadenseintritt haftet deshalb der Umschlagsbetrieb seinem Vertragspartner nach dem anwendbaren Frachtrecht und dem Absender außerdem ggf. als ausführender Frachtführer auch nach §§ 437 bzw. 509.[48]

Ist die Umschlagtätigkeit im Rahmen eines Frachtvertrages vereinbart worden, gehört   **29** sie also zur arbeitstechnischen Abwicklung der nach dem Frachtvertrag geschuldeten Beförderung, so ist sie als eine **unselbständige beförderungsnahe Nebenleistung** zu der nach dem Frachtvertrag geschuldeten Beförderung anzusehen und somit denselben Regelungen wie die nach dem Frachtvertrag geschuldete Beförderung unterworfen.[49] Umstritten ist, ob dies auch dann gilt, wenn die Umschlagtätigkeit wegen ihres besonderen Aufwands eigenes Gewicht besitzt und somit eine **eigenständige Teilleistung** darstellt, mit der Folge, dass die Verpflichtung hierzu selbständiger Vertragsbestandteil ist und folglich auch dieser Vertrag als gemischter Vertrag nach den hierauf anwendbaren Maßstäben[50] zu beurteilen ist. Das erhält besondere Bedeutung bei einem multimodalen Transport. Denn wenn eine im Anschluss an einen Seetransport vorgenommene Umschlagtätigkeit eine eigenständige Teilstrecke iSd. § 452a darstellt, ist auf sie Landfrachtrecht und nicht Seefrachtrecht anzuwenden.[51] Nach einer teilweise in Lit. und Rspr. vertretenen Auffassung besitzt eine Umschlagtätigkeit eigenes Gewicht und ist damit einer eigenen rechtlichen Bewertung unterworfen, wenn sie mit besonderem, großem Gerät – Containerbrücken, Krane, Getreideheber – durchgeführt werden soll.[52] So wurde bei einem Fall, in dem auf Mafi-Trailern befindliche Kisten mit einer Zugmaschine aus einem Schiff gezogen und zu einer Lagerhalle auf dem Terminal verbracht wurden, das Verbringen dieser Kisten auf dem Terminal wegen

---

[43] Schifffahrtsobergericht Köln 6.3.2012 – 3 U 101/08 BSch, BinSchiff 2012, Nr. 9, 75; B3 U 23/04, BinSchiff 2004, Nr. 10, S. 53 f.; 3 U 16/02, 3 U 17/02, Hamburger Seerechts-Report 2002, 158 ff.; 3 U 73/66, VersR 1967, 533; zustimmend v. *Waldstein/Holland*, Binnenschiffahrtsrecht, 5. Aufl. 2007, § 412 HGB Rn. 15 f.; *Goette* Binnenschifffahrtsfrachtrecht § 41 BinSchG aF Rn. 9; *Vortisch-Bemm* Binnenschiffahrtsrecht, 4. Aufl. 1991, § 41 BinSchG aF Rn. 11).

[44] Vgl. Palandt/*Grüneberg* BGB Überbl. v. § 311 Rn. 19 ff.

[45] So auch *Koller* Rn. 10a; *ders.* TranspR 2008, 333, 336; *Herber* TranspR 2005, 59; Oetker/*Paschke* § 407 Rn. 26; *Brüggemann* TranspR 2000, 53, 54 („Allgemein wird heute der Umschlagsvorgang als Beförderung und damit als frachtrechtlich zu behandelnder Tatbestand betrachtet."); *Bartels* TranspR 2005, 203, 204; aA *Ramming* TranspR 2004, 56, 58 f., der das „Wegschaffen des Gutes von seinem bisherigen Ort, insbesondere ein Trennen des Gutes von dem vorherigen Beförderungsmittel" nicht als Beförderung im Sinne einer Ortsveränderung ansieht.

[46] OLG Hamburg 12.7.2011, TranspR 2011, 366.

[47] Vgl. hierzu *Brüggemann* TranspR 2000, 53 mwN.

[48] Siehe RegBegr-SRG S. 86 (zu § 509).

[49] Vgl. OLG Hamburg 19.8.2004, TranspR 2004, 402, 404; Ebenso *Koller* Rn. 10. AA wohl *Ramming* TranspR 2004, 56, 57.

[50] Vgl. Palandt/*Grüneberg* BGB Überbl. v. § 311 Rn. 19 ff.

[51] Vgl. hierzu BGH 3.11.2005, TranspR 2006, 35, 36; OLG Celle 24.10.2002, TranspR 2003, 253.

[52] So OLG Hamburg 19.8.2004, TranspR 2004, 402, 403; zustimmend *Herber* TranspR 2004, 404, 405 und TranspR 2005, 59, 60 f.; Fremuth/Thume/*Fremuth* § 452a Rn. 20; aA *Drews* TranspR 2004, 450, 451–453; *ders.* TranspR 2008, 18, 22; *Bartels* TranspR 2005, 203, 204–206.

ihres Gewichts und der Abmessungen und weil hierbei die besonderen Anweisungen des Absenders zu befolgen waren, als eine dem Landfrachtrecht unterworfene Beförderung angesehen.[53] Der BGH[54] hat die Umschlagstätigkeit als eine eigenständige Teilleistung verneint, wenn sie die charakteristisch für die nach dem Frachtvertrag geschuldete Beförderungsleistung sei und dementsprechend eine enge Verbindung zu dieser aufweise und „keine besonderen Umstände" gegeben seien. Eine andere Auffassung sei auch mit dem System der §§ 452 ff. nicht zu vereinbaren, wonach sich jeder Multimodaltransport vollständig in Teilstrecken iS des § 452a zerlegen lässt. Dementsprechend hat der BGH[55] die Umschlagtätigkeit, die in dem Ausladen von einem Seeschiff sowie der daran anschließenden Lagerung und Umlagerung des Gutes in einem Hafenterminal besteht, der Seestrecke zugeordnet und auf die Haftung für Schäden an dem Gut Seerecht angewendet, weil die Seestrecke, wenn insoweit keine besonderen Umstände gegeben sind, nicht schon mit dem Löschen der Ladung ende, sondern erst mit der Verladung des Gutes auf das Transportmittel, mit dem es aus dem Hafen entfernt werden soll. Ferner hat der BGH die Haftung eines Spediteurs, der den Auftrag hatte, zwei Kräne in Antwerpen zu übernehmen und zu fixen Kosten die Versendung auf dem Seeweg nach Guyana zu besorgen, ebenfalls dem Seerecht unterworfen, nachdem beide Kräne auf dem Terminal des vom Spediteur beauftragten Umschlagsbetriebes im frei zugänglichen Hafengelände in Antwerpen abgestellt und entwendet worden waren.[56] Andererseits hat der BGH das Beladen von Gut auf einen Lkw im Anschluss an dessen Ausladen aus einem Schiff innerhalb eines Hafengeländes der „nachfolgenden Landstrecke" zugeordnet und die Haftung für Schäden, die bei dem Beladen auf den Lkw entstanden sind, nach Landfrachtrecht beurteilt.[57] Unter Berufung auf diese Grundsätze hat das OLG Hamburg eine rund 3-wöchige Zwischenlagerung von Gut im Hafengelände eines Kaiumschlagbetriebs[58] ebenso wie eine längere Beförderung auf einem Kaigelände[59] und sogar die Reparatur eines Containers im Hafengelände[60] als Teil der Seestrecke angesehen und die Haftung für Verlust oder Beschädigung des Gutes während der Umschlagtätigkeit nach seefrachtrechtlichen Gesichtspunkten beurteilt. Dementsprechend hat das OLG München[61] einen beim Umschlag auf dem Flughafen nach der Phase des Entladens noch innerhalb des Zollbereichs entstandenen Güterschaden dem Luftfrachtrecht (MÜ) unterworfen.

**29a**     Die Umschlagtätigkeit kann nach dieser Rechtsprechung nicht als eigenständige Teilleistung gewertet werden, wenn sie charakteristisch für die nach dem Frachtvertrag geschuldete Beförderungsleistung ist und deshalb eine enge Verbindung zu dieser aufweist. Problematisch und auch nicht notwendig erscheint dagegen die weitere vom BGH geforderte Voraussetzung, dass „keine besonderen Umstände" vorliegen dürfen. Die Frage, ob und unter welchen Voraussetzungen einer Umschlagtätigkeit eigenes Gewicht beigemessen und sie damit einer eigenen rechtlichen Beurteilung zu unterwerfen werden ist, kann vielmehr nach denselben Gesichtspunkten beantwortet werden wie die Frage, ob die mit einem Transport einhergehende Zwischenlagerung nach frachtrechtlichen oder nach lagerrechtlichen Gesichtspunkten zu beurteilen ist (hierzu Vor § 467 Rn. 17):[62] Steht die Umschlagtä-

---

[53] OLG Hamburg 19.8.2004, TranspR 2004, 402, 403; zustimmend *Herber* TranspR 2004, 404, 405 und TranspR 2005, 59, 60 f.

[54] BGH 18.10.2007, TranspR 2007, 472; 3.11.2005, TranspR 2006, 35, 36.

[55] BGH 3.11.2005, TranspR 2006, 35, 36. Zustimmend *Drews* TranspR 2004, 450, 451, wonach bei der täglich tausendfach erfolgenden Bewegung einzelner Container auf einem Terminalgelände von einem erhöhten Risiko oder Aufwand keine Rede sein könne, sowie *Bartels* TranspR 2005, 203.

[56] BGH 24.11.2010, TranspR 2011, 161.

[57] BGH 18.10.2007, TranspR 2007, 472, 474 m. krit. Anm. *Herber* TranspR 2007, 475 ff. und zust. Anm. *Rabe* TranspR 2008, 186 ff.

[58] OLG Hamburg 28.2.2008, TranspR 2008, 125, 128.

[59] OLG Hamburg 10.4.2008, TranspR 2008, 213, 215.

[60] OLG Hamburg 19.6.2008, TranspR 2008, 261, 263.

[61] OLG München 16.3.2011, TranspR 2011, 199.

[62] Vgl. zur Frage der Beurteilung einer „verkehrsbedingten Zwischenlagerung" BGH 10.3.1994, TranspR 1994, 279, 281.

tigkeit in enger Beziehung zu einem bestimmten Transport selbst und erscheint nur als „Annex" zur Beförderung, so ist sie der Beförderung zuzuordnen.[63] Ist Ursache für die Umschlagtätigkeit dagegen nicht eine bestimmte Beförderung, sondern ein sonstiger Umstand, etwa das Fehlen eines nahe gelegenen Container-Stellplatzes oder eine vorangegangene Beschädigung, die eine Reparatur erforderlich macht, so ist die Tätigkeit einer eigenen rechtlichen Beurteilung unterworfen (s. hierzu auch § 452 Rn. 27).[64]

In den Fällen des „gebrochenen Transports", bei denen jeweils gesonderte Frachtverträge **29b** für die Beförderungen mit verschiedenen Verkehrsmitteln abgeschlossen werden und die §§ 452 ff. nicht zur Anwendung gelangen (s. hierzu Vor § 452 Rn. 2),[65] lässt sich eine Umschlagtätigkeit nicht einem der Transporte zuordnen. Dann werden die in Rn. 28a dargelegten Gesichtspunkte bedeutsam.

Ein weiteres Problem wird bei der Betrachtung der unterschiedlichen Haftungssysteme **29c** sichtbar, denen die beim im Rahmen eines Frachtvertrages erforderlich werdenden umschlagsbeteiligten Unternehmen unterliegen. Der Verfrachter haftet dem Verlader nach der obigen Rechtsprechung des BGH für Schäden beim Umschlag zB nach Seerecht, der Umschlagsbetrieb selbst jedoch, da er sich an Land befindet, dem Verfrachter für auf seinem Terminal eintretende Schäden nach allg. Landfrachtrecht (§§ 425 ff.) oder ggf. womöglich nach Werkvertragsrecht. Nach dem Willen des Gesetzgebers wird nun der Umschlagsbetrieb im Rahmen der mit dem Frachtführer bzw. Verfrachter geschlossenen Frachtvertrages „ausführender Frachtführer" sein und deshalb für die in seiner Obhut entstehenden Schäden nach § 437 und dem neu geschaffenen § 509 so haften, als wäre er selbst der Frachtführer bzw. Verfrachter,[66] und zwar haftet er mit diesem gemeinsam insoweit dem Geschädigten direkt als Gesamtschuldner. Die überschießende Haftung des Umschlagsbetriebes nach Landfrachtrecht wird also bei diesem Direktanspruch zwar gesetzlich ausgeschlossen, aber es ist fraglich ob daneben der Frachtführer bzw. Verfrachter im Wege der Drittschadensliquidation den Umschlagsbetrieb in die höhere Haftung nehmen kann oder gar muss, wie der BGH entschieden hat[67] Denn in dem Auftragsverhältnis zwischen dem auftraggebenden Frachtführer und dem auftragnehmenden Umschlagsbetrieb richtet sich, wie eben ausgeführt, die Haftung des Umschlagsbetriebs nach allg. Fracht- bzw. Werkvertragsrecht. In diesem Innenverhältnis ist jener kein „ausführender Frachtführer", sondern Vertragspartner des Frachtführers. Ein weiteres Problem tritt ein, wenn der Empfänger das Gut im Umschlagsbetrieb abholt, sodass die Ablieferung dort erfolgt. Dann hat dieser die Rechte aus § 421, ihm gegenüber haftet der Umschlagsbetrieb als Unterfrachtführer, wenn die Umschlagtätigkeit dem Frachtrecht unterliegt. Diese Haftung kann wieder höher sein, als nach § 437 bzw. § 509.[68]

Als Beförderung kann gelegentlich auch das **Schleppen** anzusehen sein, so etwa das **30** eines Containers, der vermöge eines Container-Chassis auf eigenen Rädern mitläuft.[69] Das gilt aber nur, wenn das zu schleppende Gut **in** die **Obhut** des Abschleppenden gelangt.[70] Das ist typisch dann der Fall, wenn das abgeschleppte Fahrzeug unbemannt ist. Aber auch das Schleppen eines Pannenfahrzeugs, bei dem sich der Fahrer im Abschleppwagen befindet, kann als Beförderung iSd. § 407 anzusehen sein.[71] Sobald der Schlepper ein Fahrzeug zur Beförderung übernommen und während des Schleppvorgangs die alleinige Verantwortung für die Sicherheit hat, während der Auftraggeber keine Möglichkeit zur Einflussnahme hat, ist im Regelfall der Transporterfolg geschuldet und ein Frachtvertrag anzunehmen.[72] Beim

---

[63] Ebenso *Koller* TranspR 2008, 333, 338.
[64] So schon zu Recht *Czerwenka* in der Voraufl. § 407 Rn. 29a.
[65] Vgl. auch *Koller* TranspR 2008, 333 ff.
[66] RegBegr- SRG S. 86.
[67] BGH 18.3.2010, TranspR 2010, 376.
[68] Siehe BGH 13.6.2012, TranspR 2012, 456.
[69] OGH (Wien) 30.5.1985, TranspR 1986, 225, 226. Vgl. auch OLG Nürnberg 21.1.1994, TranspR 1994, 286 Gestellung eines Autokrans mit Kranführer als Frachtvertrag; dazu *Saller* TranspR 1995, 142.
[70] Fremuth/Thume/*Fremuth* Rn. 79; *Koller* Rn. 19; *Rabe* § 556 Anh. Rn. 3.
[71] Vgl. OLG Düsseldorf 13.11.2000, VersR 2001, 1302; OLG Köln 29.7.2003, VersR 2004, 1438.
[72] OLG Saarbrücken 24.2.2010, TranspR 2011, 25.

Schleppen eines bemannten Schiffes kommt es darauf an, ob der Schlepper eine Führungs-
rolle in Form der nautischen Leitung des Schleppzuges übernimmt.[73] Wird das Schleppen
eines bemannten, aber nicht selbständig fahrenden Fahrzeugs geschuldet, so ist auf diesen
Vertrag nicht Frachtrecht, sondern Werkvertragsrecht anzuwenden.[74] Gleiches gilt für ein
bemanntes, aber manövrierunfähiges Schiff.[75]

**31**      Die **Überlassung eines Transportmittels oder eines Lademittels** (vgl. § 411 S. 3),
etwa eines Containers, zum Gebrauch für Transportdienstleistungen ist Miete iSd. § 535 ff.
BGB,[76] auch wenn es der Überlassende (zB durch Anschirren von Pferden)[77] erst noch
voll gebrauchstauglich macht. Solange derjenige, der einem anderen ein Transportmittel
überlässt, weder zugleich eine Beförderungsleistung verspricht und insbes. nicht einen Fahrer stellt oder auch nur Güter übernimmt, liegt kein Frachtvertrag vor, auch wenn sich der
Überlassende als Frachtführer bezeichnet.[78] Die Haftung für Mängel des Beförderungsmittels und dadurch verursachte Schäden an den Gütern schon vor Beförderungsbeginn richtet
sich nach Mietrecht. Anderes gilt, wenn ein Transportmittel zur Verfügung gestellt wird,
das vom Vertragspartner beladen werden soll, und sodann damit von demjenigen, der das
Transportmittel stellt, eine Beförderung durchgeführt werden soll.[79]

**32**      Wird **zusammen mit dem Transportmittel auch noch Personal** überlassen bzw.
gestellt, ändert dies, wenn der Besitz während der Nutzungsdauer zur freien Verfügung auf
den Mieter übergeht,[80] nichts an der mietrechtlichen Einordnung; es tritt iS eines gemischten Vertrages ein Dienstverschaffungsvertrag hinzu, wenn der Vermieter auch die Dienste
des Personals mitschuldet.[81] Von rein arbeitsrechtlichem Interesse bleibt die Eingliederung
des überlassenen Personals in den Betrieb des Mieters nach Kriterien der Arbeitnehmerüberlassung.[82] Ist ein „bemannter" Lastkraftwagen zur beliebigen Ladung und Fahrt nach Weisung des Auftraggebers zur Verfügung zu stellen, handelt es sich um einen **Lohnfuhrvertrag**.[83] Auch er ist grundsätzlich als gemischter Vertrag mit Elementen von Miete und
Dienstverschaffung einzuordnen. Der Unternehmer schuldet nicht den Erfolg seiner Tätigkeit, so zB auch keine Ablieferung, daher handelt es sich hier nicht um einen Frachtvertrag.[84]
Anders als bei Arbeitnehmerüberlassung, die dazu führt, dass der „verliehene" Arbeiter in
den Betrieb des entleihenden Unternehmers eingegliedert wird und nach Weisungen des
Unternehmers zu arbeiten hat, bleiben beim Lohnfuhrvertrag Fahrzeug und Fahrer in den
Betrieb des Fuhrunternehmers eingegliedert, der die Verantwortung nach den Vorschriften
des GüKG trägt; diesen Rücksichten trägt das bloße Verständnis eines solchen Vertrags als
Miet- und Dienstverschaffungsvertrag nicht ausreichend Rechnung.[85] Führt ein Transportunternehmer innerbetriebliche Transporte mit von ihm gestellten Fahrzeugen und Fahrern
durch und richten sich die Transporte nach Zeit, Ladung, Übernahme- und Ablieferungsort
ausschließlich nach den Weisungen der Mitarbeiter des Auftraggebers, ist das Vertragsverhältnis hinsichtlich der Lkw als Mietvertrag, hinsichtlich der Fahrer als Dienstverschaffungsvertrag, nicht aber als Frachtvertrag zu werten.[86] Anders ist es, wenn die Parteien für

---

[73] Vgl. BGH 16.3.1956, VersR 1956, 367, 368; OLG Hamburg 31.12.1992, TranspR 1993, 194, 196.
[74] So auch *v. Waldstein/Holland* Rn. 24 mwN.
[75] BGH 14.3.1957, VersR 1957, 286; OLG Hamburg 31.12.1992, TranspR 1993, 194, 196.
[76] oder, bei kostenloser Überlassung, Leihe.
[77] OLG Karlsruhe 6.5.1988, NJW 1989, 907.
[78] OGH (Wien) 30.5.1985, TranspR 1986, 225, 226; aber OLG Nürnberg 21.1.1994, TranspR 1994,
286 – Gestellung eines Autokrans mit Kranführer als Frachtvertrag; dazu *Saller* TranspR 1995, 142.
[79] Vgl. HansOLG Hamburg 22.4.2010, TranspR 2011,112.
[80] Vgl. OLG München 1.4.1987, TranspR 1987, 444, 446 zur Schiffsmiete.
[81] BGH 15.2.1978, WM 1978, 620, 621; OLG Düsseldorf 7.11.1991, BB 1992, 171 – Kran; s. auch *Saller*
TranspR 1995, 142; LG Hamburg 28.2.1996, TranspR 1996, 339, 340.
[82] BAG 10.2.1977, DB 1977, 1273; BAG 28.2.1991, VersR 1991, 902 betr. Hilfeleistung beim Beladen.
[83] OLG Saarbrücken 24.2.2010, TranspR 2011, 25; OGH Wien 8.9.1983, TranspR 1984, 281; vgl. auch
BGH 3.6.1964, VersR 1964, 967, 968 und OLG Bremen 16.8.2007, TranspR 2008, 167.
[84] *Andresen/Valder* § 407 Rn. 11.
[85] BGH 17.1.1975, NJW 1975, 780, 781; OLG Düsseldorf 26.7.1984, VersR 1984, 935.
[86] LG Ansbach 15.9.2000, TranspR 2001, 210.

einzelne zu bedienende Touren einen auf Dauer angelegten Rahmenvertrag schließen, bei dem die Beförderung von Frachtgut und nicht die Überlassung von Transportmitteln und Fahrerpersonal im Vordergrund steht. Dann handelt es sich um einen frachtrechtlichen Rahmenvertrag.[87]

**c) Bestimmungsort.** Die Beförderungspflicht umfasst die Pflicht zur Beförderung des   33 Gutes zum Bestimmungsort. Unter Bestimmungsort versteht das Gesetz die **politische Gemeinde.** Abzugrenzen ist dieser Begriff von dem der Ablieferungsstelle (vgl. § 408 Abs. 1 Nr. 4, § 418 Abs. 1 S. 2, Abs. 2, § 419 Abs. 1 S. 1, § 421 Abs. 1 S. 1). Letztere konkretisiert das genaue Ziel der Beförderung, durch die Angabe der genauen geographischen Bezeichnung, etwa nach Straße und Hausnummer.[88] Dass die Beförderung nicht vor Erreichen dieses Ziels beendet werden kann, ergibt sich aus dem Nachsatz, dass die Beförderung am Bestimmungsort an den Empfänger abzuliefern ist. Dies schließt ein, dass das Gut auch zu der Ablieferungsstelle zu verbringen ist.[89]

**d) Ablieferung. aa) Allgemeines.** Seit Inkrafttreten des TRG wird erstmalig auch die   34 Verpflichtung zur Ablieferung des Gutes an den Empfänger als **eine der Hauptpflichten des Frachtführers** ausdrücklich erwähnt. So wird verdeutlicht, dass der prinzipiell werkvertragliche Erfolg des Frachtgeschäfts erst mit der Ablieferung vertragsgemäß herbeigeführt ist. Auf einen Vertrag über den Abtransport von Abrissmaterial von einer Baustelle und dessen Entsorgung durch den Auftragnehmer selbst finden die Vorschriften des Frachtrechts keine Anwendung; es fehlt am Merkmal der Ablieferung.[90]

Unter Ablieferung ist der Vorgang zu verstehen, durch den der Frachtführer die zur   35 Beförderung erlangte Obhut über das Gut mit ausdrücklicher oder stillschweigender **Einwilligung des Verfügungsberechtigten** wieder aufgibt und diesen in die Lage versetzt, die tatsächliche Gewalt über das Gut auszuüben.[91] Die einseitige Besitzaufgabe seitens des Frachtführers genügt nicht als Ablieferung. Es reicht auch nicht aus, wenn der Frachtführer den Empfänger lediglich auffordert, das Gut abzuholen. Hinzukommen muss die Einwilligung des Verfügungsberechtigten zur Ablieferung. Aus dieser Einwilligung muss erkennbar sein, dass der Verfügungsberechtigte davon weiß, dass nunmehr die Einwirkungsmöglichkeit auf das Gut gegeben ist.

Mit Blick auf die oben dargestellte Definition ist umstritten, ob die Ablieferung unter   36 den Begriff des **Rechtsgeschäfts** zu subsumieren ist.[92] Diese Diskussion erhält ihre Nahrung dadurch, dass die Ablieferung nicht bloß „einseitiger Akt" des Beförderers[93] ist und dass die definitorisch vorausgesetzte Einwilligung des Verfügungsberechtigten zu den Modalitäten der Besitzerlangung typisch Ausdruck eines Willens ist, wie er sonst das Wesen rechtsgeschäftlicher Willenserklärung ausmacht. Gegen diese Auffassung werden erhebliche Bedenken erhoben: Hier werde nicht eine Regelung der beiderseitigen Rechtsbeziehungen iS des umfassenden Begriffs des Rechtsgeschäfts getroffen, vielmehr solle nach dem Willen der Vertragspartner lediglich die endgültige Abwicklung des Geschäfts so von statten gehen, wie sie gemeint sei. Es gehöre zur Hauptpflicht des Frachtführers, das Gut dem Empfänger auszuhändigen, deshalb wirke es überzeichnet, diesbezüglich von einer rechtsgeschäftlichen Erklärung des Frachtführers zu reden, dass er das Gut in Erfüllung des Frachtvertrages

---

[87] BGH 22.4.2010, TranspR 2010, 225; siehe dazu Rn. 83 f.
[88] Vgl. Reg.Begr. S. 35.
[89] So auch *Koller* Rn. 10a.
[90] KG Berlin 11.1.2011, TranspR 2011, 223.
[91] BGH vom 2.4.2009, TranspR 2009, 410; BGH 23.10.1981, NJW 1982, 1284; OLG Hamm 19.6.2008, TranspR 2008,405; OLG Stuttgart 22.1.2003, TranspR 2003, 104, 105; OLG Frankfurt 22.9.1999, TranspR 2000, 120, 121; LG Hamburg 26.10.1994, TranspR 1995, 293; vgl. *Thume* in Thume CMR, Art. 17 Rn. 20 ff.; Staub/*Helm* § 425 Rn. 52; *Koller* § 425 Rn. 24; *Thume* TranspR 2012, 85.
[92] so BGH 23.10.1981, TranspR 1982, 11; BGH 11.7.1996, NJW-RR 1997, 222; Großkomm HGB/ *Helm* § 429 HGB aF Rn. 12; vgl. *Koller* 7. Aufl. § 425 Rn. 31a; *Thume* Art. 17 CMR Rn. 20; ablehnend *Jesser-Huß* Art. 17 CMR Rn. 21.
[93] Vgl. BGH 15.11.1965, BGHZ 44, 304 = NJW 1966, 593, 595 zu § 611 HGB.

übergebe.[94] Ein derartiger Inhalt eines Rechtsgeschäfts bedeutete nur die Kehrseite dessen, dass den Gläubiger bzw. hier den Empfänger nur solches Verhalten des Schuldners überhaupt etwas angeht, das sich als Erfüllung des geschlossenen Vertrages verstehen lässt. Im Rechtsgeschäft „Frachtvertrag" wird, wo nicht ausnahmsweise zB das Verklappen von Abfällen im Meer geschuldet ist, mit dem Transport zum Empfänger wesensgemäß dessen Besitzerwerb, also generell dessen Besitzerwerbswille vorausgesetzt. Auch insofern ist von Frachtführerseite keine neue, rechtsgeschäftliche Willensbildung impliziert. Es ist im Zweifel zu unterstellen, dass der Empfänger will, was vertraglich vereinbart ist.[95] Insofern handelt es sich nur darum, den Empfänger davor zu schützen, dass er sich nichts Vertragswidriges aufdrängen lassen muss. Eine eigentliche Schutzfunktion zugunsten des Vertragspartners bzw. des Empfängers kommt der Qualifikation von Verhalten als „rechtsgeschäftlich" nur dahin zu, dass evtl. eine offen gelassene Regelung zu Ende zu regeln oder diese zu ändern bleibt, wenn also zB die Modalitäten der Ablieferung sich ändern sollen oder wenn Fragen der Empfangszuständigkeit zB von Personal oder sonstigen Dritten auftreten. Soweit es sich um die Regelung von Umständen handelt, welche bei Vertragsschluss im Rahmen der rechtsgeschäftlichen Regelung hätten mitgeregelt werden können, also eine Art Vertragsergänzung oder -abänderung vorzunehmen ist, kann sie Wirksamkeit erlangen nur nach Maßgabe der allgemeinen Wirksamkeitsvoraussetzungen. Da dann aber auch das Verhalten des Frachtführers gleichsinnig auf rechtsgeschäftliche Ausführungsregelungen zielt, kann nicht gesagt werden, der Ablieferungsvorgang sei nur auf Seite des Empfängers als Rechtsgeschäft anzusehen.[96]

37      Die erwähnten konsensuellen Elemente lassen es als ausreichend erscheinen, das Annahmeverhalten bei Gut wie bei Frachtbrief nach Art einer Willenserklärung für **anfechtbar** zu halten. Dies ist jedenfalls dann der Fall, wenn dem die Annahme tragenden Konsens eine arglistige Täuschung zugrunde liegt. Eine Anfechtung wegen Irrtums scheidet nach allgemeinen Grundsätzen aus, soweit sich der Irrtum auf die gesetzlich angeordnete Rechtsfolge der Zahlungspflicht bezieht. Ferner ist der Vertrauensschutz zu berücksichtigen, der angesichts von ausdrücklichen wie stillschweigenden Erklärungen, welche verkehrsüblich rasch und typisch verlässlich erwartet werden dürfen, geboten ist; auch dies schließt die Irrtumsanfechtung prinzipiell aus.

38      **bb) Besitzaufgabe seitens des Frachtführers.** Die Besitzaufgabe seitens des Frachtführers muss **zum Zwecke der Beendigung des beförderungsbedingten Besitzmittlungsverhältnisses** erfolgen.[97] Einer Ablieferung steht folglich nicht entgegen, wenn der Frachtführer das Gut auf Grund eines veränderten Rechtsgrundes in Besitz behält, also das Gut vereinbarungsgemäß zur Verwahrung oder zur Ausführung eines neuen Frachtvertrages behält.[98] Die bloße Übergabe der Ladepapiere ersetzt dagegen nicht den für die Besitzaufgabe zu verlangenden Gewahrsamswechsel.[99] Dementsprechend kann es bei einstweiligem Fehlen konkreter Einwirkungsmöglichkeiten auch nicht genügen, wenn der Empfänger vor körperlicher Übergabe des Gutes den Empfang lediglich quittiert und die Fracht zahlt,[100] es sei denn, dass der Empfänger damit deutlich zum Ausdruck bringt, dass er sich als Gewahrsamsinhaber betrachtet.

39      Ist der **Empfänger entladepflichtig,** so steht einer „Ablieferung" des Gutes nicht entgegen, dass sich nicht abgeladenes Gut noch auf dem Beförderungsmittel befindet und deshalb dem Frachtführer, zB durch seinen Fahrer, nach wie vor Einwirkungsmöglichkeiten

---

[94] *Czerwenka* in der Vorauflage, § 407 Rn. 36; vgl. *Koller,* 7. Aufl. § 425 HGB Rn. 31a.
[95] *Czerwenka* in der Vorauflage, § 407 Rn. 36 und *Koller* 7. Aufl. § 425 HGB Rn. 31a.
[96] *Czerwenka* in der Vorauflage, § 407 Rn. 36.
[97] Vgl. OLG Frankfurt 22.9.1999, TranspR 2000, 120, 121; OLG Hamburg 4.6.1981, VersR 1983, 42.
[98] RG 13.4.1921, RGZ 102, 92, 93; vgl. auch RG 22.9.1926, RGZ 114, 308, 314 zu § 89 EVO aF; OLG Düsseldorf 29.4.1993, NJW-RR 1994, 1190. Zur Entladung an anderem Ort als dem Empfangsort auf Grund vorzeitiger Empfängerweisung OLG München 23.4.1993, TranspR 1993, 348 zu CMR.
[99] OLG Nürnberg 21.12.1989, TranspR 1991, 99.
[100] So aber *Willenberg* § 29 KVO Rn. 15.

auf das Gut gegeben sind. Eine Ablieferung liegt in diesem Fall vor, wenn der Empfänger, nachdem ihm die Ankunft gemeldet war und ihm auch die Papiere übergeben wurden, eine bestimmte Entladestelle in seinem Betrieb anweist[101] und der Frachtführer dort das Fahrzeug mit geöffneter Ladefläche abstellt, sodass der Empfänger entladen kann.[102]

Haben dagegen die Vertragsparteien vereinbart, dass der **Frachtführer zu entladen** hat, **40** so ist eine Ablieferung erst nach dem Entladen bzw. bei evtl. vertragsgemäßer Verbringung des Gutes zu einem bestimmten Ort beim Empfänger mit Ende dieser Tätigkeit anzunehmen.[103] Wirkt der Empfänger beim Entladen des Fahrzeugs mit, so ist allein hieraus noch nicht auf die Ablieferung an den Empfänger zu schließen. Eine Ablieferung ist in diesem Falle nur anzunehmen, wenn dem Empfänger die Zugriffsmöglichkeit auf das Gut ohne weitere Mitwirkung des Frachtführers eröffnet ist, zB hinsichtlich der Entleerung eines Tankwagens.[104] Ob und wann der Empfänger ohne weitere Mitwirkungshandlung des Frachtführers in der Lage ist, die tatsächliche Gewalt über das Gut zu erlangen und auszuüben (vgl. § 854 BGB), erscheint zugleich als Ausdruck seines verkehrsüblich zu deutenden Willens.

Die **Abladepflicht des Frachtführers** kann sich aus den besonderen Umständen des **40a** Einzelfalls oder aus der Verkehrssitte ergeben.[105] Solche Umstände können sich aus der besonderen **Beschaffenheit des Gutes** oder aus der **Spezialausstattung des Transportfahrzeugs** ergeben, so zB bei Tank- und Silofahrzeugen, die über die zum Entladen erforderlichen Hebebühnen, Kran-, Kipp- und Schüttvorrichtungen, Pumpen und Gebläse, sowie Leitungen und Schläuche verfügen.[106] Bei diesen Spezialfahrzeugen erfolgt die Ablieferung schüttbarer, gasförmiger oder flüssiger Güter, sobald diese die Entladeleitung des Fahrzeugs verlassen und in die Zuleitung des in die Leitungen des Empfängers fließen.[107] Beinhaltet der Frachtauftrag den Einsatz solcher Spezialfahrzeuge, die zusätzlich mit besonderen Ladevorrichtungen ausgestattet sind, ist bei der Auftragserteilung in der Regel stillschweigend vereinbart, dass der Frachtführer die Ladetätigkeiten übernimmt, weil nur dieser die entsprechenden Vorrichtungen auch ordnungsgemäß bedienen kann.[108] Doppelstöckige Transporter zur Beförderung von Pkws, die keine besonderen technischen Ladevorrichtungen haben, gelten daher auch nicht als solche Spezialfahrzeuge, für die den Frachtführer die Verpflichtung zur Ladetätigkeit trifft.[109] Zumindest aber hat der Frachtführer in derartigen Fällen, bedingt durch die besonderen technischen Einrichtungen, umfangreichere Mitwirkungspflichten bei der Be- und Entladung zu erfüllen. So ist es seine Aufgabe, die entsprechenden Schläuche anzuschließen und Schieber und Auslassventile zu öffnen, denn er hat alle erforderlichen Maßnahmen zu ergreifen, damit der Empfänger das Gut auch tatsächlich übernehmen kann.[110]

Hat der Frachtführer eine Mehrheit von Stückgütern oder Wagenladungen abzuliefern, **41** so erfolgt die Ablieferung nicht sukzessive, sondern erst mit **Ablieferung des letzten Gutes.** Es ist dem Empfänger schon nicht zuzumuten, sich für die Dauer des Entladens mitwirkungsbereit zu halten; oft wird auch der Arbeitsgang des Entladens noch das schon abgeladene Gut beeinträchtigen können. Anderes gilt nur, wenn der Empfänger teilabgeladenes Gut als solches akzeptiert hat.[111]

---

[101] OLG Düsseldorf 27.4.1955, NJW 1955, 1322, 1323 zu KVO.
[102] *Thume* TranspR 2012, 85 mwH.
[103] BGH 9.11.1979, NJW 1980, 833 zu KVO; eingehend OLG Hamm 19.6.2008, TranspR 2008, 405, *Thume* TranspR 2012, 85, 86.
[104] OLG Düsseldorf 19.11.1964, NJW 1965, 204 zu KVO.
[105] *Thume* TranspR 2012, 85 mwH.
[106] Vgl. BGH 13.6.1985, TranspR 1985, 329; *Neufang/Valder* TranspR 2002, 325,329; Thume/*Thume* CMR Art. 17 Rn. 52 ff.
[107] BGH 19.4.1982, LM § 606 Nr. 7; OLG Hamburg 21.5.1981, VersR 1982, 62 (zu § 606 HGB); *Andresen/Valder* § 425 Rn. 32. *Fremuth* § 429 Rn. 16; Thume/*Thume* CMR Art. 17 Rn. 52 ff.
[108] BGH 30.4.1974, BB 1975, 1221; BGH 13.6.1985, TranspR 1985, 329, 331 (zu § 1 KVO).
[109] OLG Düsseldorf 10.5.1979, VersR 1979, 862.
[110] Fremuth/Thume/*Fremuth* § 425 Rn. 29 und § 429 Rn. 16.
[111] AA *Koller* § 425 Rn. 27: Ablieferung erfolgt sukzessive, sobald der Empfänger die Möglichkeit ungestörter Sachherrschaft erwirbt.

**42**    Liegt ein **Ablieferungshindernis** vor und macht der Frachtführer von der ihm in § 419 Abs. 3 S. 2 eingeräumten Befugnis Gebrauch, das Gut auf Kosten des Verfügungsberechtigten abzuladen, so gilt die Beförderung nach dem Entladen als beendet (§ 419 Abs. 3 S. 5). Solange allerdings der Frachtführer das Gut in seiner Obhut behält, ist es als nicht abgeliefert anzusehen.

**43**    **cc) Ablieferung beim rechtmäßigen Empfänger.** Die Ablieferung muss beim bei dem rechtmäßigen Empfänger des Gutes erfolgen, das ist jener, der entweder im Frachtbrief als solcher angegeben oder nach § 418 HGB bestimmt worden ist.[112] Die Auslieferung des Gutes an den wirtschaftlichen Endempfänger, der nicht diese Voraussetzungen erfüllt, ist daher unzureichend.[113] Nach Auffassung des OLG Hamburg[114] ist selbst der frachtbriefmäßige Empfänger dann nicht berechtigter Empfänger, wenn der Frachtführer ihm entgegen ausdrücklicher Weisung das Gut ohne Vorlage des Original-FCR übergibt. Offenbar der gleichen Meinung ist auch das OLG München in einer neuen Entscheidung vom 26.1.2011,[115] das einen Verlust der Sendung annimmt, die dem Empfänger unter Missachtung eines vereinbarten und nicht erfolgten „on hold" Vermerks übergeben wird. Diese Auffassung begegnet allerdings erheblichen Bedenken. Hier wird vielmehr ein Verstoß gegen eine nachnahmeähnliche Weisung vorliegen, für den der Frachtführer gemäß §§ 280 und 823 BGB wegen Pflichtverletzung und unerlaubter Handlung haftet. Die Haftung ist im Regelfall gemäß § 433 HGB beschränkt auf das Dreifache der Haftung für Verlust.[116]

**44**    **dd) Besitzerwerb durch den Verfügungsberechtigten.** Typischerweise liegt eine Ablieferung vor, wenn der Empfänger das Gut entgegennimmt, also **unmittelbaren Besitz** über das Gut iSd. § 854 Abs. 1 BGB ausübt. Bei der Ablieferung von gasförmigem oder flüssigem Gut aus Tank- oder Silofahrzeugen ist dies der Fall, wenn das Gut in die Leitungen des Empfängers fließt.[117] Ausreichend ist jedoch, dass der Verfügungsberechtigte **in der Lage ist, die tatsächliche Gewalt** über das Gut **auszuüben** (§ 854 Abs. 2 BGB). Diese Voraussetzung ist erfüllt, wenn das Gut entsprechend der vom Empfänger vorgegebenen Organisation auf einer vereinbarungsgemäß bereitgestellten und farblich gekennzeichneten Palette abgestellt wird, auch wenn die Mitarbeiter des Empfängers hiervon nicht ausdrücklich unterrichtet wurden.[118] Dagegen genügt es nicht, dass der Frachtführer einen verschlossenen Pkw ohne Mitaushändigung des Fahrzeugschlüssel abstellt.[119]

**45**    Solange der Verfügungsberechtigte wegen bestimmter **Hindernisse** nicht die Möglichkeit hat, die Sachherrschaft auszuüben, ist eine Ablieferung zu verneinen. Dementsprechend ist eine Ablieferung bei einer Entladepflicht des Empfängers zu verneinen, wenn das Fahrzeug nicht hinreichend gesichert ist und die Gefahr des Umkippens des Fahrzeugs besteht.[120] Diese Situation liegt vor bei einer kopflastigen Beladung des Fahrzeugs mit dem damit verbundenen Risiko des Umkippens beim Entladevorgang.[121] Gleiches gilt, solange bei einem Lkw die Ladefläche noch nicht abgesenkt und die Spanngurte gelöst sind.[122] Ergreift der Empfänger gleichwohl die Sachherrschaft, ist das Gut dennoch abgeliefert.

[112] BGH 13.7.2000, NJW 2001, 448 = TranspR 2000, 409.
[113] BGH 27.1.1982, TranspR 1982, 105 = NJW 1982, 1944 = RIW 1982, 670 = VersR 1982, 669 und vom 13.7.1979, VersR 1979, 1154; OLG Frankfurt a. M. vom 30.3.1977, VersR 1978, 169.
[114] OLG Hamburg 18.5.1989, TranspR 1990, 188 u. vom 30.11.1995, TranspR 1996, 280 (CMR); OLG Nürnberg 18.4.2001, TranspR 2001, 262 (WA).
[115] OLG München 26.1.2011, BeckRS 2011, 02849.
[116] OLG Hamm 28.4.1983, TranspR 1983, 151 und vom 16.8.1984, TranspR 1985, 97; OLG Düsseldorf 21.4.1994, RIW 1994, 597; *Koller* § 425 Rn. 7; *Fremuth* in Fremuth/Thume/*Fremuth* § 422 Rn. 17 –(2a); EBJS/*Schaffert* § 425 Rn. 28; *Thume*, GS Helm, 2001, S. 341, 344 und TranspR 1995, 1,3.
[117] So BGH 19.3.1982, LM § 606 Nr. 7; OLG Hamburg 21.5.1981, VersR 1982, 62; Fremuth/Thume/*Fremuth* § 425 Rn. 20; aA OLG Hamburg 7.12.1978, VersR 1979, 347; Fremuth/Thume/*Fremuth* § 425 Rn. 20.
[118] So OLG Frankfurt 22.9.1999, TranspR 2000, 120.
[119] OLG Oldenburg 4.3.1976, VersR 1976, 583.
[120] OLG Stuttgart 22.1.2003, TranspR 2003, 104, 105.
[121] OLG Stuttgart 22.1.2003, TranspR 2003, 104, 105.
[122] OLG München 13.6.1997, TranspR 1997, 433.

**ee) Einwilligung des Verfügungsberechtigten.** Die Ablieferung ist vollzogen, wenn **46** der Empfänger hierzu ausdrücklich oder schlüssig einwilligt, das kann auch stillschweigend oder durch konkludente Handlungen geschehen.[123] Dabei muss sich der Frachtführer in den Grenzen der vom Empfänger erteilten Weisungen halten; eine danach vorzeitige Anlieferung beendet die Obhut des Frachtführers nicht.[124] Oft deckt sich die Einwilligung mit den anfänglich getroffenen Vereinbarungen über die Transportausführung. Wenn danach der Frachtführer verpflichtet ist, das beförderte Gut zu einem genau bestimmten Aufstellplatz in einem Gebäude zu verbringen, kann die Einwilligung des Empfängers zur Obhutserlangung erst angenommen werden, wenn das Gut zum bestimmungsgemäßen Platz verbracht worden ist.[125]

Hat sich der Empfänger damit einverstanden erklärt, dass das Gut auch außerhalb der **47** Geschäftszeit zu einer bestimmten Stelle verbracht wird, so ist das Gut abgeliefert, wenn der Frachtführer sich hierbei in dem vom Empfänger bestimmten **zeitlichen und räumlichen Rahmen** hält.[126] Die Ablieferung kann daher auch in Abwesenheit des Empfängers erfolgen, soweit dieser eine durch den Frachtführer ungestörte Sachherrschaft erlangt und deren Übernahme in Abwesenheit vereinbart war.[127] Dagegen liegt keine Ablieferung vor, wenn der Frachtführer nach Ankunft des Gutes am Bestimmungsort den Empfänger lediglich benachrichtigt, wo er es abgestellt hat, ihm den Frachtbrief übergibt und ihn auffordert, das Gut abzuholen.[128] Nicht ausreichend ist es ferner, das Gut in einem Zolllager zu hinterlegen[129] oder, wie dies bei Päckchen häufig geschieht, beim Nachbarn abzugeben, es sei denn, der Empfänger ist damit einverstanden.[130] Wenn in den Frachtpapieren als Ablieferungsstelle die Anschrift eines Zustellungscenters der Schwestergesellschaft des Frachtführers genannt ist mit dem Hinweis, den Empfänger telefonisch zu kontaktieren, bedeutet die bloße dortige Ankunft des Gutes noch keine Ablieferung.[131] Eine Ablieferung am falschen Ort bleibt jedoch unschädlich, wenn der Empfänger ungeachtet der Falschauslieferung darüber weiter verfügt.[132] Ebenso ist die zeitliche Falschauslieferung zu behandeln, wenn eine dazu auf Empfängerseite zuständige Person in die Terminänderung einwilligt; doch können dazu typisch nicht Bedienstete wie Hausmeister oder Pförtner als ermächtigt gelten, die im Allgemeinen nicht rechtsgeschäftlich tätig werden, jedenfalls dann nicht, wenn der Empfänger selbst den Termin bestimmt hatte.[133]

Weitere Voraussetzung für die Ablieferung ist, dass der Verfügungsberechtigte die Leis- **48** tung als in der Hauptsache vertragsgemäße Erfüllung billigt.[134] Wird das Gut nur vorläufig, zB zur **Prüfung** der Richtigkeit oder Integrität der Sendung, entgegengenommen, fehlt es an einer solchen Billigung und damit an der Ablieferung.

**e) Beförderungsgegenstand.** Gegenstand der Beförderung ist **Gut**.[135] Dieses wird im **49** Gesetz auch als Frachtstück (vgl. etwa § 409 Abs. 2, § 431 Abs. 2) bezeichnet. Ein Frachtstück kann aber auch aus mehreren zu einer Ladungseinheit zusammengefügten Gütern

---

[123] BGH 9.11.1979, TranspR 1980, 94; BGH 23.10.1981, TranspR 1982, 11; OLG Düsseldorf 12.1.1984, TranspR 1984, 102; OLG Frankfurt 16.2.1982, TranspR 1982, 19; OLG Frankfurt 7.4.1987, TranspR 1988, 150; OLG Hamburg 30.1.1986, VersR 1987, 813.
[124] BGH 23.10.1981, NJW 1982, 1284 zu KVO.
[125] BGH 9.11.1979, NJW 1980, 833 zu KVO.
[126] *Willenberg* § 29 KVO Rn. 16.
[127] OLG Düsseldorf 29.11.2006, JURIS und 12.12.1985, TranspR 1986, 56.
[128] *Koller* § 425 Rn. 25; *Thume* TranspR 2012, 85; *Willenberg* § 29 KVO Rn. 18.
[129] OLG Köln 20.11.1980, TranspR 1982, 43, 44; OLG Hamburg 24.5.1984, TranspR 1984, 274; 16.1.1986, TranspR 1986, 229 und 25.2.1988, TranspR 1988, 277; *Koller* Art. 17 CMR Rn. 7; *Müller-Rostin* TranspR 1989, 121, 124.
[130] Ablieferung beim Nachbarn kann auch nicht in AGB vereinbart werden: OLG Düsseldorf 14.3.2007, VersR 2008, 1377.
[131] OLG Hamburg 8.7.2010, JURIS im Anschluss an BGH 2.4.2009, TranspR 2009, 410.
[132] OLG Frankfurt 7.4.1987, NJW-RR 1987, 1055.
[133] BGH 23.10.1981, NJW 1982, 1284.
[134] Vgl. BGH 18.9.1967, BGHZ 48, 257, 262 = NJW 1967, 2259, 2260 zum Werkvertrag.
[135] S. auch Thume/*Thume* CMR Art. 17 Rn. 60.

bestehen, zB Gut auf einer Palette[136] (vgl. hierzu § 409 Rn. 14 f.). Sind nach dem Frachtvertrag mehrere Frachtstücke an den Empfänger zu befördern, werden diese als **Sendung**
betrachtet (vgl. § 431 Abs. 2 HGB).

**50**     Der Begriff „Gut" umfasst jedweden **körperlichen** (festen, flüssigen, gasförmigen)
**Gegenstand.** Gut muss nicht iSd. volkswirtschaftlichen Begriffs eines Gutes von Wert oder
Nutzen sein; es genügt, dass ein Interesse an seiner Beförderung besteht. Dieses ist offenkundig auch bei Müll oder sonstigem **Abfall** vorhanden.[137] Gut iSd. § 407 kann auch Umzugsgut sein (arg. e § 451). Allerdings sind insoweit die Sonderregelungen der §§ 451 ff. zu
beachten. Unter den Begriff „Gut" fallen auch lebende **Tiere** (vgl. § 427 Abs. 1 Nr. 6), auch
wenn sie gemäß § 90a BGB nicht als Sachen anzusehen sind. Das macht den Viehtreiber
zum Frachtführer.[138]

**51**     **Briefe** fallen, wie sich aus § 449 Abs. 1 ergibt, ebenfalls unter den Begriff „Gut". Die
Postbeförderung ist also nicht aus dem Anwendungsbereich der frachtrechtlichen Regelungen des Handelsgesetzbuchs ausgenommen. Im Postgesetz[139] finden sich keine frachtrechtlichen Sondervorschriften. Von der Ermächtigung des § 18 PostG zum Erlass einer Rechtsverordnung, die auch vertragsrechtliche Fragen regelt, hat die Bundesregierung keinen
Gebrauch gemacht, da eine Abweichung von den gesetzlichen Regelungen der §§ 407 ff.
durch Rechtsverordnung verfassungsrechtlich ohnehin nicht möglich ist.

**52**     Ferner gehört zum Gut die **Verpackung.** Gleiches gilt für ein vom Absender gestelltes
Ladehilfsmittel wie etwa eine Palette[140] oder ein Container.[141] Vom Frachtführer gestellte
Verpackungs- oder Ladehilfsmittel sind dagegen nicht Teil des zu befördernden Gutes.

**53**     Gut kann auch ein **Transportmittel** selbst sein, falls es zB huckepack transportiert oder
als Sattelauflieger (Sattelanhänger, Trailer bzw. Semitrailer, Wechselbrücke) von Ort zu Ort
verbracht wird[142] (Trailer-Trucking, ggf. im sog. Rundlauf oder Pkw- Straßenüberführung
auf eigenen Rädern). Auch ein Container, der vermöge eines Container-Chassis auf eigenen
Rädern mitläuft, kann Gut sein.[143]

**54**     Nicht als Gut sind **Personen** anzusehen. Das Tatbestandsmerkmal „Beförderung von
Gut" grenzt damit die Personenbeförderung vom Frachtgeschäft iSd. §§ 407 ff. ab.

**55**     Wird zusammen mit einer Person deren **Reisegepäck** befördert, so ist dieses ebenfalls
kein Gut im iSd. § 407 HGB. Die Beförderung von Reisegepäck stellt sich vielmehr als
Nebenpflicht im Rahmen des Personenbeförderungsvertrages dar.[144]

**56**     Auch wenn § 407, anders als Art. 1 Abs. 1 Buchst. b CMR, keine dahingehende aus-
drückliche Regelung enthält, sind auch **Leichen** nicht als Gut anzusehen.[145] Zwar ist nach
hM eine Leiche als Sache anzusehen. Aus dem Sinn und Zweck der frachtrechtlichen
Regelungen, insbesondere den darin vorgesehenen Regelungen über eine summenmäßige
Haftungsbeschränkung pro Kilogramm, lässt sich folgern, dass die §§ 407 ff. nicht auf die
Beförderung von Leichentransporten zugeschnitten sind.

**57**     **2. Pflicht zur Frachtzahlung.** Nach Abs. 2 ist der Absender verpflichtet, die vereinbarte Fracht zu zahlen. Die ist seine vertragliche **Hauptpflicht.** Wesensmerkmal des Frachtvertrags ist also die **Entgeltlichkeit** der Beförderung. Auf eine bloße Gefälligkeitsbeförderung finden die frachtrechtlichen Vorschriften des HGB keine Anwendung.[146]

---

[136] Vgl. *Koller* § 409 Rn. 14; *Bästlein/Bästlein* TranspR 2003, 413, 415.
[137] Vgl. BGH 1.2.1990, TranspR 1990, 232.
[138] ROHG 24.3.1874, ROHGE 13, 133.
[139] PostG vom 22.12.1997, BGBl. I S. 3294.
[140] Vgl. BGH 15.1.1987, TranspR 1987, 178, 179.
[141] Vgl. auch EBJS/*Reuschle* Rn. 52; *Fremuth*/Thume/*Fremuth* Rn. 48.
[142] BGH 27.10.1983, TranspR 1984, 6; OLG Hamburg 4.2.1988, NJW-RR 1988, 1065; LG Regensburg
28.11.1989, TranspR 1990, 194.
[143] OLG Düsseldorf 26.4.1990, TranspR 1991, 233, 235.
[144] Vgl. auch Staub/*Helm* § 425 aF Rn. 101.
[145] AA. *Goltermann* Vor § 53 EVO Anm. 1c.
[146] Ebenso *Koller* Rn. 31; *Oetker/Paschke* Rn. 22; aA Baumbach/Hopt/*Merkt* Rn. 6; *Goltermann* § 82 EVO
Anm. 1b cc (4).

**Fracht** iSd. Abs. 2 ist die Vergütung für die vom Frachtführer erbrachte Beförderungs- **58**
leistung. Damit werden –mangels anderslautender Abrede – sämtliche normalen und vorhersehbaren Leistungen des Frachtführers abgegolten, auch solche für besondere Ausrüstung
des eingesetzten Fahrzeugs wie Isolier-, Kühleinrichtungen, Ladebordwände, Hebevorrich-
tungen, Ladegeräte wie Pumpen, Schläuche, Gebläse bei Tank- und Silofahrzeugen, ferner
Gurte, Keile, Ketten, Planen und Decken.[147] Wie sich aus § 420 Abs. 1 S. 2 ergibt,
umschließt die „Fracht" auch die im regelmäßigen Verlauf der Beförderung für diese angefallenen Kosten.[148] Hierzu zählen die in § 66 Abs. 1 BinSchG aF aufgeführten Hafen-,
Schleusen-, Kanal- und Brückengelder sowie die Lotsengebühren. Auch diese Kosten können also nicht gesondert verlangt werden; sofern keine abweichende Vereinbarung getroffen
ist.

Nicht in die Fracht einbezogen und somit gesondert erstattungsfähig sind nur die **Auf-** **58a**
**wendungen,** die der Frachtführer für das Gut gemacht hat und die er den Umständen
nach für erforderlich halten durfte (§ 420 Abs. 1 S. 2; vgl. hierzu § 420 Rn. 5 ff.). Eine
besondere Vergütung für die verlängerte Bereitstellung des Transportmittels während der
Be- und Entladezeiten ist das **Standgeld** (§ 412 Abs. 3). Bei unvorhersehbaren Verzögerungen während der Beförderung, auf die der Absender keinen Einfluss nehmen kann, besteht
dagegen kein Anspruch auf zusätzliche Vergütung.[149]

Die **Höhe** der zu zahlenden Fracht richtet sich nach der jeweiligen Vereinbarung. Ist **59**
die Fracht nach Zahl, Gewicht oder anders angegebener Menge des Gutes vereinbart, richtet
sich die Bemessung der Fracht nach § 420 Abs. 4 HGB. Ist keine Vereinbarung getroffen
worden, ist gem. § 632 Abs. 2 BGB die übliche Vergütung geschuldet.[150] Lässt sich auch
eine übliche Vergütung nicht feststellen, kann ggf. die Auslegung des Vertrags ergeben,
dass die angemessene Vergütung durch den Richter, ausnahmsweise auch durch den Frachtführer nach § 316 iVm. § 315 BGB bestimmt werden soll.[151]

Die Fracht wird grundsätzlich bei Ablieferung des Gutes **fällig** (§ 420 Abs. 1 S. 1). Den **60**
Vertragsparteien ist jedoch gestattet, von § 420 Abs. 1 S. 1 abweichende Fälligkeitsabreden
zu treffen. IdR geschieht dies durch Frankaturvermerke (vgl. hierzu § 408 Rn. 41).

**Schuldner** der Fracht ist der Absender als Vertragspartner des Frachtführers. Unter den **61**
in § 421 genannten Voraussetzungen wird jedoch auch der Empfänger bei Ablieferung des
Gutes zur Zahlung der Fracht verpflichtet. Die Voraussetzungen, unter denen der Absender
oder der Empfänger zahlungspflichtig sind, können jedoch durch Vertragsvereinbarung
modifiziert werden (vgl. hierzu § 421 Rn. 31). IdR geschieht dies durch Frankaturvermerke
(vgl. hierzu § 408 Rn. 41).

Bei der Frachtzahlungspflicht handelt es sich grundsätzlich um eine **Schickschuld.** Dies **62**
bedeutet, dass Leistungs- bzw. Erfüllungsort idR der Sitz des Absenders zurzeit der Entstehung des Frachtvertrages ist (§ 269 Abs. 1 iVm. § 270 Abs. 4 BGB) ist,[152] der Absender
jedoch verpflichtet ist, das Geld auf seine Gefahr und Kosten an den Wohnsitz des Gläubigers
zu übermitteln.[153]

Neben der Fracht schuldet der Absender den Ersatz von **Aufwendungen** für das Gut, **63**
die er für erforderlich halten durfte (§ 420 Abs. 1 S. 2 HGB). Hierzu zählen etwa Kosten
für die Verzollung des Gutes oder für das Umpacken von Gut, weil seine Verpackung
schadhaft geworden ist.[154] Hat der Frachtführer infolge veränderter, aber im Ergebnis richtiger Abwicklung des Auftrags Kosten erspart, darf der Absender die vereinbarte Fracht nicht
kürzen.[155]

---

[147] Ebenso Fremuth/Thume/*Fremuth* Rn. 60.
[148] Vgl. Reg.Begr. S. 53 (zu § 420).
[149] BGH 22.6.2011, TranspR 2011, 362.
[150] Ebenso Fremuth/Thume/*Fremuth* Rn. 60; *Koller* Rn. 107.
[151] Vgl. hierzu Palandt/*Sprau* BGB § 632 Rn. 15 ff.
[152] Vgl. auch OLG Dresden 24.11.1998, TranspR 1999, 62, 63.
[153] Ebenso *Koller* § 420 Rn. 8.
[154] LG Düsseldorf 29.11.1985, TranspR 1987, 340 zu CMR; dazu *Konow* TranspR 1988, 229.
[155] OGH Wien 31.1.1991, VersR 1992, 476.

### IV. Nebenpflichten der Vertragsparteien

**64**    **1. Allgemeines.** § 407 umschreibt nur die Hauptpflichten der Vertragsparteien, also die Beförderungs- und Ablieferungspflicht des Frachtführers (s. hierzu Rn. 24; 34) und die Zahlungspflicht des Absenders (s. hierzu Rn. 57). Die **Nebenpflichten** ergeben sich aus cic und pVV (§ 280 BGB). Es handelt sich um die dem Frachtvertrag innewohnenden **Aufklärungs-, Mitwirkungs-, Schutz-, Fürsorge und Loyalitätspflichten,** die der reibungslosen Auftragsabwicklung dienen. Viele davon sind in einzelnen Sondervorschriften geregelt.

**65**    **2. Nebenpflichten des Frachtführers.** Zu den Nebenpflichten des Frachtführers zählen die Pflicht, auf Verlangen des Absenders den Frachtbrief zu unterzeichnen (§ 408 Abs. 2 S. 2), auf Verlangen des Absenders Gewicht, Menge oder Inhalt der Sendung zu überprüfen (§ 409 Abs. 3 S. 2), das Gut betriebssicher zu verladen (§ 412 Abs. 1 S. 2), Begleitpapiere sorgfältig zu behandeln (§ 413 Abs. 2) sowie Weisungen einzuholen und zu befolgen (§§ 418, 419). Auch die Einhaltung der Lieferfrist stellt – trotz der Formulierung in § 423 – keine Hauptpflicht des Frachtführers dar, sondern nur eine Nebenpflicht.[156]

**66**    Zu den sonstigen Nebenpflichten kann die Pflicht zur Ausstellung einer zur Abwicklung eines Dokumentenakkreditivs benötigten **Übernahmebescheinigung** gehören; der Frachtführer haftet dann dafür, dass eine solche Bescheinigung nur auf der Basis angemessener Prüfung und zutreffend ausgestellt wird.[157] Da der Frachtführer damit rechnen muss, dass der Absender als Verkäufer einen Nachweis darüber benötigt, dass er das Gut zum Versand gebracht hat, muss er nach Treu und Glauben beitragen, dem anderen Teil den mit der Versendung bezweckten Gesamtleistungserfolg zu sichern (sog. allgemeine Pflicht zur Leistungssicherung);[158] insofern besteht eine solche Pflicht nicht nur kraft ausdrücklicher Vereinbarung.[159]

**67**    Auch die **Verzollung,** insbes. die Gestellung des Transportguts bei den zuständigen Zollbehörden, zählt zu den typischen Nebenpflichten des Frachtführers,[160] zumal das Gesetz für Schadloshaltung des Frachtführers sorgt, wenn es wegen unzulänglichen Papieren zu Störungen kommt (vgl. § 413 Abs. 2).[161] Nur die ordnungsgemäße Erfüllung der zugleich nach Geschäftsbesorgung (§ 675 BGB) zu beurteilenden Pflichten gewährt insoweit den Anspruch auf Auslagenersatz.[162]

**68**    Eine weitere Nebenpflicht kann eine dem Frachtführer vertraglich ausdrücklich auferlegte **Übernahmekontrollpflicht** (zB Kontrolle einer Verladeweise oder Übernahmetemperatur verbunden mit dem Gebot, ggf. Weisungen einzuholen[163]) sein. Ohne besonderen Auftrag besteht dagegen grundsätzlich keine Pflicht, das Gut auf Mängel zu untersuchen, Mängel zu rügen und festgestellte Mängel zu dokumentieren oder dokumentieren zu lassen. Zwar wird ein Frachtführer schon im eigenen Interesse solche Feststellungen treffen. Er riskiert nämlich, dass er einen Schaden als während der Zeit seiner Beförderung entstanden gelten lassen muss, wenn er ggf. nicht darzutun vermag, dass das Gut schon beschädigt in seine Obhut gelangte. Allerdings hat das OLG Düsseldorf für einen Fall der Übernahme des Gutes vom vorausgehenden Beförderer die frachtvertragliche Nebenpflicht angenommen, bei erkannten Mängeln (nicht bloß erkennbaren Mängeln) geeignete Maßnahmen zur Beweissicherung zu ergreifen.[164]

---

[156] Ebenso Andresen/Valder/*Andresen* Rn. 29.
[157] Vgl. BGH 19.3.1976, NJW 1976, 1583, 1585 zu WA; s. zum Fall der unrichtigen Konnossementsausstellung BGH 25.9.1986, BGHZ 98, 284 = NJW 1987, 588.
[158] MüKoBGB/*Roth* § 242 Rn. 159.
[159] So aber Schlegelberger/*Geßler* § 426 Rn. 24.
[160] Staub/*Helm* § 425 aF Rn. 137 ff., 144; *Lenz* Rn. 259; *Koller* Rn. 74; einschränkend Schlegelberger/*Geßler* § 427 Rn. 4: ausdrückliche Übernahme nötig.
[161] Zur Transportverzögerung wegen fehlerhaftem Carnet TIR s. BGH 9.9.2010, TranspR 2011, 178.
[162] OLG Düsseldorf 25.6.1981, VersR 1982, 350.
[163] OLG München 3.5.1989, TranspR 1991, 61; OLG Karlsruhe 24.3.2011, TranspR 2011,185 = r+s 2011, 531; zu den Rechtsfolgen bei Verletzung der vertraglichen Prüfungspflicht s. *Thume* r+s 2011, 503 mwH.
[164] OLG Düsseldorf 14.12.1972, VersR 1973, 282.

Keine frachtvertragliche Nebenpflicht, sondern eine auf Grund einer Zusatzabrede ent- 69 standene Pflicht ist die Pflicht des Frachtführers, das Gut nur gegen Einziehung einer **Nachnahme** an den Empfänger abzuliefern.[165] Der Frachtführer wird insoweit als Geschäftsbesorger für den Absender tätig.[166]

Ebenfalls nicht als frachtvertragliche Nebenpflicht ist die Pflicht des Frachtführers anzuse- 70 hen, in den Fällen, in denen er Gut auf **Paletten** zur Beförderung übernimmt, eine entsprechende Anzahl von Leerpaletten gleicher Art und Größe vom Empfänger zurückzuverlangen und zurückzubefördern. Eine solche Pflicht besteht nur, wenn eine dahingehende Vereinbarung getroffen wurde (Näheres s. Rn. 86 f.). Angesichts der vielgestaltigen Rechtsbeziehungen zwischen Ladungsbeteiligten, Spediteuren, Fracht- und Unterfrachtführern und der Interessen an Palettennutzung kann ein dahingehender Handelsbrauch nicht angenommen werden.[167]

Mangels vertraglicher Vereinbarung gibt es keine vertragliche Pflicht des Frachtführers 71 zum **Abschluss einer Versicherung** der Güter.[168] Bei der in § 7a Güterkraftverkehrsgesetz (GüKG) geregelten Pflicht des Unternehmers, „eine Haftpflichtversicherung abzuschließen und aufrecht zu erhalten, die die gesetzliche Haftung wegen Güter- und Verspätungsschäden nach dem Vierten Abschnitt des Vierten Buches des Handelsgesetzbuchs während Beförderungen, bei denen der Be- und Entladeort im Inland liegt, versichert", trifft nur den Güterkraftverkehrsunternehmer im Sinne des GüKG und ist ausschließlich öffentlich-rechtlich ausgestaltet. Vertragliche Ansprüche lassen sich hieraus nicht herleiten.

Die Haftung des Frachtführers bei Verletzung der Nebenpflichten regelt sich in einzelnen 71a Fällen nach den vorhandenen Spezialnormen (vgl. § 413 Abs. 2). Bei hierdurch während der Obhut eintretenden Güterschäden und Verspätungsschäden haftet der Frachtführer ausschließlich und abschließend nach §§ 425 ff.,[169] auch wenn die schadensverursachende Nebenpflichtverletzung vor Beginn der Obhutszeit erfolgt ist.[170] In den übrigen Fällen richtet sich die Haftung nach §§ 280, 823 ff. BGB in Verbindung mit § 433 HGB.[171]

**3. Nebenpflichten des Absenders.** Nicht zur Pflicht des Absenders gehört die **Über-** 72 **gabe des Gutes** durch den Absender an den Frachtführer.[172] Vielmehr kann er den Vertrag jederzeit kündigen (§ 415) und außerdem jederzeit verlangen, dass der Frachtführer den Transport mit einer unvollständigen Ladung beginnt (§ 416). Stellt der Absender das Gut nicht zur Beförderung bereit bzw. übergibt er das Gut nicht, so ist hierin im Regelfall ein bloßes Zuwiderhandeln gegen eine Mitwirkungsobliegenheit zu sehen, die es dem Frachtführer gestattet, seine Rechte nach § 417 auszuüben.[173]

Bedeutsam als Nebenpflichten des Absenders sind die Pflicht zur **Ausstellung eines** 73 **Frachtbriefs** (§ 408 Abs. 1) und zur **Aushändigung der Begleitpapiere** (§ 413 Abs. 1). Nach allgemeinen Regeln treffen den Absender darüber hinaus Nebenpflichten zum Schutz des Frachtführers und seiner Rechtsgüter, insbes. des Beförderungsmittels. Diese verwirklichen sich vorwiegend beim **Verladen und Entladen** (§ 412)[174] und können mit delikti-

---

[165] Anders insoweit noch in der 1. Aufl. *Dubischar* § 425 Rn. 80 ff.
[166] Vgl. *Koller* § 422 Rn. 1.
[167] *Basedow* ZHR 150 (1986), 469, 478.
[168] Pflicht zum Abschluss einer Transportversicherung nur bei besonderer Vereinbarung, BGH 28.2.1975, VersR 1975, 610 (CMR). Zu den diesbezüglichen Rechten und Pflichten des Spediteurs s. Ziffer 21 ADSp. vgl. auch oben Vor § 407 Rn. 17.
[169] *Koller* § 425 Rn. 40; EBJS/*Reuschle* § 407 Rn. 72.
[170] HM in Rechtsprechung und Literatur; s. zur nur CMR BGH 25.1.2007, TranspR 2007, 314 Tz. 15; *Heuer* VersR 1988, 312,315; *Thume* CMR Art. 17 Rn. 154 und ausführlich in r+s 2011, 503 und TranspR 2013, 8; aA EBJS/*Boesche* Art. 17 Rn. 17; zum deutschen allg. Frachtrecht *Koller* § 425 Rn. 40; aA *Andresen/ Valder* § 425 Rn. 20 und EBJS/*Schaffert* § 425 Rn. 17.
[171] *Koller* § 425 Rn. 40; EBJS/*Reuschle* § 407 Rn. 72; *Thume* r+s 2011, 503 und TranspR 2013, 8, 11.
[172] Ebenso *Koller* Rn. 108.
[173] Vgl. auch OLG Düsseldorf 1.10.1992, TranspR 1993, 97 (zur Rechtslage vor Erlass des TRG).
[174] OLG Hamburg 21.12.1989, TranspR 1990, 292, 294 zu § 56 BinSchG. – Zur Relevanz gebotener Hinweise auf Schadensrisiken OLG München 12.4.1990, NJW-RR 1991, 230, 232 zu CMR.

scher Haftung einhergehen.[175] Zu den Nebenpflichten zählen auch die Pflicht zur **Mitteilung über gefährliches Gut** (§ 410), die Pflicht zur ausreichenden **Verpackung und Kennzeichnung** (§ 411). Darüber hinaus besteht eine Pflicht des Absenders, den Frachtführer davon in Kenntnis zu setzen, dass er nicht zu normalen Geschäftszeiten beim Empfänger abliefern kann.[176]

74      Beim Empfänger, dem ein Container mit dem Gut zur Entladung, auch zum Weitertransport, zur Verfügung gestellt wird, entstehen mit solcher Inanspruchnahme des Containers **Obhutspflichten,** bei deren Verletzung er dem Frachtführer ersatzpflichtig wird.[177] Bei Containermiete seitens des Absenders ist der Empfänger als dessen Erfüllungsgehilfe hinsichtlich der Rückgabe- und Obhutspflichten anzusehen. Da der Absender als Mieter den Container im Zuge der vom Frachtführer vermittelten Beförderungsabwicklung in allseitigem Einverständnis an den Empfänger weiterüberlassen hat, kann er seiner Rückgabepflicht dadurch genügen, dass er den ihm zustehenden Rückgabeanspruch an den Frachtführer abtritt.[178]

### V. Abgrenzung zu sonstigen Rechtsgeschäften

75      **1. Gefälligkeitsverhältnis.** Wie sich aus der Umschreibung der Hauptpflichten der Parteien des Frachtvertrags ergibt, ist Wesensmerkmal des Frachtvertrags dessen Entgeltlichkeit. Auf eine bloße Gefälligkeitsbeförderung finden also die frachtrechtlichen Vorschriften des HGB keine Anwendung.[179]

76      **2. Umschlagsvertrag.** In einem Umschlagsvertrag werden oft vielfältige Aufgaben des Umschlagsunternehmers festgelegt: Ver- und Entladen; Messen, Zählen, Wiegen der Güter; Verpacken, Lagern. Wie oben (Rn. 27 ff.) ausgeführt, ist der Umschlagsvertrag als gemischter Vertrag anzusehen, wenn die Umschlagtätigkeiten die oben dargestellten Leistungen umfassen. Entsprechend den auf gemischte Verträge anzuwendenden Grundsätzen ist dabei die Umschlagtätigkeit, die sich auf die Bewegung des Gutes von einem Transportmittel auf ein anderes bezieht, als Beförderung anzusehen, auf die die allgemeinen frachtrechtlichen Regelungen anzuwenden sind.[180]

77      **3. Speditionsvertrag.** Gemäß § 453 HGB begründet der Speditionsvertrag die Pflicht, die **Versendung des Gutes zu besorgen.** Der Spediteur schuldet also (nur) die Organisation der Beförderung (§ 454 Abs. 1 HGB), während der Frachtführer den Erfolg der Beförderung schuldet.

78      Die „theoretisch" klare **Unterscheidung zwischen Fracht- und Speditionsvertrag** bereitet in der Praxis oft erhebliche Schwierigkeiten.[181] Erschwerend kommt hinzu, dass auch die Rechtsprechung in der Sachdarstellung des erteilten Auftrags nicht immer sorgfältig zwischen den Begriffen der Beförderung selbst und der Besorgung der Versendung unterscheidet.[182] Auf dem Markt der Beförderungsleistungen werden in breitem Umfang spartenübergreifende und komplexe Dienstleistungen angeboten. Das Befördern ist bekanntlich nach Beförderungsmitteln, Transportwegen, optimaler Kombination, Maßgeblichkeit von Entgelten, Sicherheitsvorschriften u. a. m. zur Sache einer schwierigen, spezialisierten Dienstleistung geworden. Dabei treten traditionell die Spediteure als Anbieter des (optimalen) Arrangements für den Transport sowie eines im Dienstleistungspaket mitenthaltenen

---

[175] S. zu Personenschaden BGH 7.1.1992, NJW–RR 1992, 533; zur Verantwortlichkeit des Empfängers für durch sein Personal verursachten Sachschaden BGH 7.7.1964, VersR 1964, 1045.
[176] AG Köln 1.9.1976, TranspR 1978, 76.
[177] Vgl. OLG Hamburg 11.9.1986, VersR 1987, 559.
[178] Vgl. BGH 30.6.1971, BGHZ 56, 308 = NJW 1971, 2065 zu Untervermietung.
[179] Ebenso *Koller* Rn. 31; aA Baumbach/Hopt/*Merkt* Rn. 9.
[180] *Thume* TranspR 2014, 179; teilw. aA *Ramming,* Hamb.Handbuch Multimodaler Transport, Rn. 944, 946.
[181] S. dazu Thume/*de la Motte*/*Temme* CMR Vor Art. 1 Rn. 64 ff.; *Andresen*/*Valder* § 407 Rn. 7 ff. und EBJS/*Rinkler* § 453 Rn. 2 ff.
[182] S. dazu zB BGH 16.2.2012, TranspR 2012, 148 den Wortlaut der Rn. 1.

Transportes auf. Viele Speditionsunternehmen betreiben als sog. Gemischtbetriebe zugleich das Speditions- und Frachtgeschäft. Zugleich bieten auch Beförderungsunternehmen, zB Reedereien, insbes. im Containerdienst, Transportleistungen „von Haus zu Haus" an, die Dienstleistungen nach Art speditioneller Organisation einschließen. Eine weitere Variante bildet das Geschäft der sog. Non Vessel Owning Carriers, dh. von Beförderern, die Transportaufträge durchweg mit Hilfe von Fremdunternehmern erfüllen.[183] Während es für die Erteilung und Übernahme eines Beförderungsauftrags spricht, wenn sich ein Auftraggeber direkt mit dem Transportauftrag an einen typischen Beförderer wie die Bahn, einen Unternehmer der Binnenschiffs- oder Seebeförderung, ein Luftfahrtunternehmen wendet, bedarf der einem Spediteur erteilte Auftrag nicht selten näherer rechtlicher Einordnung.

Ein Fracht- und nicht ein Speditionsvertrag kommt zustande, wenn bei Auftragserteilung **79** die beabsichtigte **Beförderung als solche angesprochen** wird, zB als Anfrage bei einem Gemischtbetrieb, „ob er einen Lkw in der Nähe eines bestimmten Abgangsortes zum sofortigen Transport eines Gutes verfügbar habe"; der daraufhin geschlossene Vertrag versteht sich als Frachtvertrag, namentlich wenn für den Auftragnehmer erkennbar geworden ist, dass der Auftraggeber davon ausgeht, dass das Gut auf der ganzen Strecke mit dem als verfügbar benannten eigenen Kraftfahrzeug befördert werden soll.[184] Es spricht für einen Frachtvertrag, wenn präzise Absprachen über den Transportablauf und die Gestellung von Wechselbrücken getroffen werden,[185] wenn nicht nur der Transportvorgang als solcher thematisiert wird, dies vielmehr in einer Frachtvertragsverhältnisse kennzeichnenden Terminologie geschieht, so wenn der Preis ausdrücklich als „Fracht" bezeichnet wird,[186] oder typische Frachtdokumente wie ein Frachtbrief ausgestellt werden.[187] Von Bedeutung können auch die verwendeten Formulare sein.[188] Dabei ist im Hinblick auf die Aussagekraft der Wortwahl davon auszugehen, dass Kaufleute des Transportgewerbes (gerade auch unter Einschluss der Speditionskaufleute) die von ihnen verwendeten Begriffe in ihrer rechtlichen Bedeutung handhaben und so verstanden wissen wollen; insoweit kommt es immer darauf an, welchem Verkehrskreis die Beteiligten zugehören. Zu Lasten des Auftraggebers, der mit den Erwartungen der Spediteure vertraut ist (dass sie nämlich von vornherein und im Zweifel eher Speditionsverträge abschließen), ist also zu berücksichtigen, dass nach diesem Empfängerhorizont der Auftrag als Speditionsauftrag angenommen wird. Er muss daher klarstellen, dass er Fracht- und keinen Speditionsvertrag will.[189] Demgegenüber kann der private sowie der in dieser Branche weniger erfahrene gewerbliche Auftraggeber davon ausgehen, dass ein von ihm erteilter Transportauftrag als solcher akzeptiert wird; es liegt am Spediteur, im Rahmen der Auftragsannahme für Klarstellung zu sorgen, dass er sich als Spediteur beauftragt sieht, insbes. wenn damit eine für den Kunden ungünstigere Vertrags- und Haftungsregelung einhergeht.[190] Ungenügend ist dabei, dass der Spediteur darauf hinweist, dass er den Transport nicht selbst ausführt, denn es kommt auch unter Frachtführern vor, dass Subunternehmer eingeschaltet werden.

**Umstände typischer Transportabwicklung** geben keine zwingenden Indizien ab: Es **80** erscheint zwar für den Kunden generell kostengünstiger (und also in seinem bei der Würdi-

---

[183] *Wilde* Hansa 1988, 35.

[184] OLG Düsseldorf 7.12.1989, TranspR 1990, 188; OLG Düsseldorf 5.11.1992, TranspR 1993, 99: „Transport von Gut". Die Vereinbarung einer Beförderung „ohne Umladung" spricht nicht für Frachtvertrag, LG Mannheim 22.3.1993, TranspR 1993, 387; s. auch OLG Düsseldorf 1.10.1992, TranspR 1993, 117. Zu „gemischten Verträgen mit Gemischtbetrieben" *Thume* TranspR 1994, 382.

[185] OLG München 13.6.1997, TranspR 1997, 433.

[186] OLG München 5.7.1989, TranspR 1990, 16.

[187] BGH 22.4.1982, BGHZ 84, 101, 104 = NJW 1983, 516 betr. Luftfracht; s. aber auch BGH 13.4.1989, NJW-RR 1989, 1270: Brief nur als Quittung. Ein Speditionsvertrag kann vorliegen, auch wenn im Bordero des Versenders der Auftragnehmer als Frachtführer bezeichnet ist und letzterer diese Bezeichnung in eigene Papiere übernimmt; dies spricht dann nur für Selbsteintritt, so OLG Düsseldorf 1.4.1993, TranspR 1993, 381.

[188] „Speditionsauftrag" mit wesentlichen speditionellen Vereinbarungen, Fehlen eines Frachtbriefs, BGH 17.5.1984, VersR 1984, 884.

[189] OLG Düsseldorf 11.7.1996, TranspR 1997, 238.

[190] Zutr. *Koller* NJW 1988, 1756, 1760 f.

gung des Vertrages mit zu berücksichtigenden Interesse liegend), dass namentlich ein kleineres Gut im Wege der Sammelladung befördert wird. Aber das spricht nicht unbedingt für einen Speditionsvertrag, weil auch ein Frachtführer Sammelladungen zusammenstellen kann, für die dann Frachtrecht gilt.[191] Ebenso wenig spricht allein die Vereinbarung „zu fixen Kosten" für Speditionsauftrag (iS des § 459), denn auch die Vergütung des Frachtführers (Fracht gem. § 420) wird idR fest vereinbart.[192] Ferner gibt die Verwendung typischer AGB kein zwingendes Kriterium der Einordnung ab. Die Bezugnahme auf die ADSp kann zwar als ein starkes Indiz dafür dienen, dass aus Sicht des Auftragnehmers ein Speditionsauftrag gewollt ist; weil sie aber auch Frachtgeschäfte betreffen (Ziff. 2.1 ADSp), ist nicht ausgeschlossen, dass unter der Geltung der ADSp ein Frachtvertrag vereinbart wird.[193] Wenn wesentliche Umstände bei der Gesamtwürdigung dafür sprechen, dass ein Frachtvertrag abgeschlossen worden ist, dann obliegt dem Auftragnehmer die Darlegungs- und Beweislast für den Abschluss eines Speditionsvertrages.[194]

81     **4. Lagervertrag.** Ist Hauptgegenstand des Vertrages die Lagerung und Aufbewahrung des Gutes, so handelt es sich nicht um einen Frachtvertrag, sondern um einen Lagervertrag (§ 467). Ist die Lagerung dagegen nicht ausdrücklich „verfügt", sondern bloße Nebenpflicht, so handelt es sich um einen Frachtvertrag.

82     **5. Logistikvertrag.** Beim Logistikvertrag[195] handelt es sich um einen Vertrag, in dem sich eine Partei nicht nur zur Beförderung, sondern auch zu zahlreichen anderen Leistungen, etwa Projektierung, Vormontage, Verpackung, Preisauszeichnung, Montage nach Beförderung[196] verpflichtet. Nach den Regeln über typengemischte Verträge[197] sind die Leistungen zu beurteilen, welche nicht mehr die Qualität frachtvertragstypischer Zusatzleistungen aufweisen, vielmehr den Leitbildern anderer werk- oder dienstvertraglicher Tätigkeiten entsprechen. Das gilt für besondere Aufgaben der Warendistribution, der Behandlung des Gutes, der Produktionsvorbereitung beim Empfänger. Je weiter diese Partei, der Logistikunternehmer, in das Arbeitsfeld, insbesondere den Material- und Warenfluss des Auftraggebers einbezogen ist, umso mehr verliert der transportrechtliche Anteil der logistischen Leistung an Bedeutung und gewinnt insbesondere das dienstvertragliche Element an Bedeutung.[198] Für Leistungsstörungen gelten dann vorzugsweise die Vorschriften desjenigen Vertragstyps, für den die betreffenden Leistungen charakteristisch sind.[199] Es kommen dann vor allem insoweit die Grundsätze der jeweils vertragstypischen Verschuldens- oder Gewährshaftung zum Tragen, nicht die Regeln frachtvertraglicher Schadenshaftung, die als solche wesentlich den beförderungstypischen Schadensgefahren Rechnung tragen.

83     **6. Dauer- und Rahmenvertrag.** Auch im Transportwesen spielen längerfristige Vertragsbeziehungen eine immer größere Rolle. Wer in teure Beförderungsmittel investiert, ist interessiert an längerfristiger Auslastung; wer auf Dauer Versandaufträge zu erteilen hat, will längerfristig Beförderungskapazität sicherstellen. In einem **Dauerfrachtvertrag** verpflichtet sich ein Frachtführer zu wiederkehrenden Transportleistungen.[200] Die Dauer kann

---

[191] Zutr. OLG München 21.2.1992, TranspR 1992, 185; s. auch OLG München 31.7.1992, NJW-RR 1993, 166.

[192] Wie wichtig aber gerade die Unterscheidung zwischen Fracht- und Fixkostenspeditionsauftrag ist, zeigt BGH 16.2.2012, TranspR 2012, 148 hinsichtlich der Haftung des Auftragnehmers bei mangelhafter Verpackung.

[193] *Koller* NJW 1988, 1756, 1758; *Andresen/Valder* § 407 Rn. 9; *Thume/de la Motte/Temme* CMR Vor Art. 1 Rn. 71 f.

[194] OLG München 21.2.1992, TranspR 1992, 185. S. zur Beweislast aber auch OLG Hamm 14.6.1993, TranspR 1994, 76.

[195] S. *Gass* TranspR 2000, 203; EBJS/*Reuschle* Vor § 407 Rn. 139 ff.

[196] OLG Hamburg 3.2.1971, VersR 1971, 729; s. aber auch OLG Düsseldorf 2.12.1982, VersR 1983, 749. Vgl. auch *Krins* TranspR 2007, 269.

[197] Vgl. *Krins* TranspR 2007, 269, 271.

[198] Vgl. hierzu auch OLG Frankfurt 1.11.2006, TranspR 2007, 78, 81.

[199] MüKoBGB/*Emmerich* § 311 Rn. 47.

[200] *Lenz* Rn. 97; *Helm* Rn. 108.

unbestimmt sein,[201] sich nach Fristen oder Terminen bestimmen (so als Jahreskontrakt)[202] sowie nach einem abzuwickelnden Projekt (zB Durchführung der in einem Anlagenbau erforderlichen Transporte).[203] Abgesehen von der Kapazitätsbindung ist von Vorteil, dass es sich erübrigt, bei jedem anfallenden Transportvorgang einen neuen Frachtvertrag zu schließen; die Beförderung geschieht jeweils in Erfüllung der Verpflichtung aus dem Dauerfrachtvertrag. Es macht eine Hauptpflicht des Beförderers aus, im Rahmen solcher Transportplanung zu kooperieren und nach den verabredeten Bedingungen der Ablaufplanung einsatzbereit zu sein.

Ein **beförderungsgeschäftsbezogener Rahmenvertrag** legt demgegenüber zunächst **84** nur die Bedingungen künftig abzuschließender Frachtverträge fest, ohne selbst schon frachtrechtlichen Bestimmungen zu unterliegen.[204] Die Beförderung von Frachtgut und nicht die Überlassung von Transportmitteln und Fahrerpersonal muss im Vordergrund stehen, sonst würde es sich um einen Lohnfuhrvertrag handeln.[205] Der Rahmenvertrag schafft klagbare Ansprüche auf den Abschluss solcher Einzelfrachtverträge.[206] Sein wirtschaftlicher Sinn liegt oft zugleich darin, dass mit dem Engagement nach Maßgabe des Rahmenabkommens tatsächliche (vom zeitlichen bzw. sachlichen Auftragsvolumen her) oder rechtliche Ausschließlichkeitsbindungen gegeben sind, dieses also evtl. auf ein Unterlassen gerichtet ist, für andere Auftraggeber tätig zu werden.

Dauer- wie Rahmenverträge dürfen, soweit nicht wettbewerbs- oder tarifrechtliche Pri- **84a** vilegierungen bestehen, nicht gegen Tarif- und Wettbewerbsrecht verstoßen; dies begrenzt die Vertragsfreiheit.[207] Das bedeutet zugleich ein Verbot von Haftungsvereinbarungen, welche vom sektoral zwingenden Frachtrecht abweichen.

**7. Beschäftigungsvertrag.** Sog. Beschäftigungsverträge sind Dauerverträge (Dauerein- **85** satzverträge), in denen ein Auftraggeber (zB ein Speditionsunternehmen) einen „selbstfahrenden" Kleinunternehmer mit idR einem eigenen Fahrzeug auszulasten verspricht, praktisch unter dem Vorbehalt „jeweiliger Auftragslage". Der Fuhrunternehmer verpflichtet sich zu wiederkehrenden Transportleistungen sowie dazu, sich in die Organisation und Disposition des Auftraggebers einzuordnen. Üblich sind Klauseln, die einen anderweitigen Einsatz des Fahrzeugs an die Genehmigung des Auftraggebers binden. Eine weitergehende Eingliederung, die sich etwa darin zeigt, dass auch Urlaubsfragen geregelt werden, kann den Arbeitnehmerstatus des „Fuhrunternehmers" bewirken.[208] Hat dieser das Fahrzeug vom Auftraggeber des Beschäftigungsvertrages auf der Basis der Zusage erworben, eine gewisse Zeit beschäftigt zu werden, kommen bei vorzeitiger Beendigung Ausgleichsansprüche infrage.[209] Führt er im Rahmen eines derartigen Dauereinsatzvertrages einen Auftrag zB in zwei Tagen aus, der bei einiger Anstrengung in einem Tag hätte ausgeführt werden können, so stand das Fahrzeug gleichwohl während dieser Zeit ausschließlich dem Auftraggeber zur Verfügung; eine Minderung des vertraglich vereinbarten Entgelts verbietet sich deshalb, es sei denn, der Fuhrunternehmer hätte im Vertrauen auf ein garantiertes Entgelt Ruhetage eingelegt, in denen das Fahrzeug überhaupt nicht eingesetzt worden wäre.[210]

**8. Palettengeschäft.** Vereinbarungen, durch die ein Absender dem Frachtführer neben **86** der Beförderung auch die Beschaffung von Paletten oder die Gestellung (genormter) Austauschpaletten überträgt, werden von Lehre und Rspr. als **Darlehen** gem. § 607 BGB

---

[201] BGH 22.4.2010, TranspR 2010, 225.
[202] *Konow* DB 1965, 565.
[203] *Weipert* S. 396.
[204] Staub/*Helm* § 425 aF Rn. 108; *Lenz* Rn. 98; vgl. auch BGH 2.12.1991, VersR 1992, 595, 596 zu Seefracht.
[205] BGH 22.4.2010, TranspR 2010, 225.
[206] *Konow* DB 1965, 565 ff., 566 (Fn. 107).
[207] *Runge* TranspR 1979, 48 mit Mustervertrag S. 49.
[208] Vgl. *Wank* DB 1992, 90; LSG Berlin 27.10.1993, NZS 1994, 409.
[209] BGH 15.3.1990, NJW 1990, 2543.
[210] LG Saarbrücken 17.9.1974, TranspR 1979, 43, 44.

qualifiziert, insofern verkehrsüblich eine Austauschpalette als vertretbare Sache (§ 91 BGB) zurückzugeben ist.[211] Werden zB im Verhältnis zwischen Absender und Frachtführer wechselseitig Paletten überlassen, dann sind die „Palettenschulden" und „-gutschriften" im laufenden „Palettenkonto" passend nach Kontokorrentrecht zu behandeln.[212] Mit „Darlehen" ist zwar sowohl eine causa für die evtl. entgeltliche Überlassung wie für die Rückgabe benannt. Diese ist aber nach der Natur der Sache gegenstandslos, falls faktisch **Palettentausch** vorliegt, also palettiertes Gut im sofortigen Austausch gegen leere Paletten übernommen oder abgeliefert wird. Wenn sich, wie ebenfalls üblich und konform zum System der Mehrwegpaletten, die Beteiligten darüber einig sind, dass die Kompensation nicht unbedingt sofort erfolgt (weil gerade keine Leerpaletten zur Hand sind oder weil der Frachtführer gerade sein Fahrzeug damit nicht belasten will), dann muss sich nichts an der Qualifikation als Tausch ändern, falls diese Kompensation später erfolgt.[213] Es kennzeichnet den Tausch, dass er Sache gegen Sache, nicht, dass er Zug um Zug erfolgt; wesentlich ist im Übrigen die prinzipiell sofortige Fälligkeit der beiderseitigen Leistungen, die auch der Praxis der Führung von Palettenkonten mit laufender Saldierung entspricht.

87    Der Palettentausch pflegt von sog. Palettenannahme- bzw. -ausgabescheinen begleitet zu werden, welche **Bedingungen für den Palettentausch** als AGB enthalten. Ein Fahrer muss verkehrsüblich als bevollmächtigt angesehen werden, solche Bedingungen in das Palettentauschverhältnis einzubeziehen. Diese Scheine enthalten neben Angaben u. a. über Wiederbeschaffungs- und Reparaturpreise bei Verlust und Beschädigung Regelungen über Nutzungsausfall für verspätete Rückgabe als Verzugsschadenspauschale,[214] auch als pauschalierte Nutzungsentschädigung iSv. § 557 BGB, wobei doch eine Klausel, nach der neben dem Verzögerungsentgelt nach Ablauf von 30 Tagen ohne weiteres Ersatzkosten in Höhe des Wiederbeschaffungswertes verlangt werden können, gegen § 307 Abs. 2 Nr. 1 BGB verstößt.[215] Der bloße Vermerk „Palettentausch" auf der Auftragsbestätigung bedeutet nur, dass ein Ausgleich der zum Transport benötigten und bei der angelieferten Ware verbliebenen Euro-Paletten mit dort vorhandenen Leerpaletten gleicher Art und Güte im Wege des Tausches erfolgen soll, und nicht, dass etwa beim Empfänger nicht vorhandene Tauschpaletten zu vergüten sind.[216] Eine Vereinbarung, die den Transporteur zur Rücklieferung von Paletten unabhängig davon verpflichtet, ob der Empfänger Leerpaletten herausgibt („ Palettentausch mit Übernahme des Tauschrisikos"). kann durch vorformulierte Geschäftsbedingungen nicht wirksam begründet werden, sondern setzt eine Individualvereinbarung mit einem gesonderten Entgelt für die Risikoübernahme voraus.[217]

## VI. Rechtsnatur des Frachtvertrags

88    **1. Werkvertrag mit Elementen des Verwahrungsvertrags.** Der Frachtvertrag ist eine besondere Unterart des Werkvertrags gem. §§ 631 ff. BGB mit Elementen der Geschäftsbesorgung iSd. § 675 BGB.[218] Kriterium ist der Erfolgsbezug des Beförderns: Das Gut soll an einen anderen Ort verbracht und an die richtige Person abgeliefert werden. Die §§ 631 ff. BGB kommen dementsprechend zur Anwendung, soweit nicht die §§ 407 ff.

---

[211] Grundlegend zum Palettenverkehr *Thume* CMR, 1. Aufl. Anhang IV; s. auch *Haake* BB 1982, 1389; *Willenberg* TranspR 1985, 161; *Thume* TranspR 1989, 47; *Knorre* TranspR 1990, 99; EBJS/*Reuschle* Rn. 52 f. mwN; *Knorre* TranspR 2001, 1.
[212] OLG Frankfurt 5.10.1982, ZIP 1982, 1331; OLG Frankfurt 9.12.1992, TranspR 1993, 145 betr. Saldoausgleich.
[213] Zur Palettenrücknahme als Holschuld OLG Celle 27.10.1993, TranspR 1994, 247, 249.
[214] LG Offenburg 15.1.1985, TranspR 1985, 194. Zur Interpretation von Erklärungen auf/bei Palettenbegleitscheinen OLG Düsseldorf 3.12.1992, TranspR 1993, 355.
[215] AG Brakel 28.4.2010, TranspR 2010, 315.
[216] OLG Frankfurt 15.4.2003, TranspR 2006, 82 mit Anm. *Knorre*.
[217] OLG Celle 6.3.2003, TranspR 2003, 450. Zur Unwirksamkeit einer formularmäßigen Tauschverpflichtung s. OLG Bremen 16.8.2007, TranspR 2008, 167 und zur Wirksamkeit einer Vertragsstrafenvereinbarung in Lohnfuhrvertrag s. OLG Köln 5.9.2000, BeckRS 2000, 30130084.
[218] *Koller* Rn. 35; *Oetker*/*Paschke* Rn. 16; *EBJS*/*Reuschle* Rn. 27 Fremuth/Thume/*Fremuth* Rn. 22; *Baumbach*/*Hopt*/*Merkt* Rn. 12.

Sondervorschriften enthalten. Doch eignen sich nicht alle werkvertraglichen Regeln zur Anwendung auf den Frachtvertrag. Denn diese orientieren sich, wie namentlich die Vorschriften über Mängelgewährleistung zeigen, vorzugsweise an der Herstellung einer Sache und weniger an der Erbringung einer Leistung. Der BGH spricht vom Frachtvertrag als einen auf Leistungen nichtkörperlicher Art gerichteten Vertrag.[219] Die Leistung ist mit Auslieferung des Gutes an den Empfänger erbracht.[220] Eine „Abnahme" iSd. § 640 BGB kommt hierfür nicht in Betracht. Durch die weitere, in § 407 HGB nicht genannte Obhutspflicht,[221] die ebenfalls – anders als beispielsweise der Schleppvertrag – eine charakteristische Hauptpflicht die des Frachtführers während der Beförderung bis hin zur Beendigung der Ablieferung ist,[222] enthält er zusätzlich Elemente eines Verwahrungsverhältnisses[223] und so wird der Frachtvertrag insgesamt gewissermaßen zu einem gemischten Vertrag[224] sui generis.

**2. Dreipersonenvertrag.** Keine Befürworter[225] findet die Figur eines **Dreipersonen-** 89 **vertrages,** wenngleich der Empfänger als „Subjekt" des Vertragsverhältnisses angesprochen wird.[226] Richtig ist der Bezugspunkt, dass nämlich der Empfänger nicht Vertragspartei des zwischen Absender und Frachtführer geschlossenen Beförderungsvertrages ist.[227] Dies gilt allerdings nur, soweit der Empfänger nicht personengleich mit dem (frachtbriefmäßigen) Absender ist.

**3. Vertrag zugunsten Dritter.** Der Frachtvertrag ist als Vertrag zugunsten Dritter 90 im Sinne des § 328 BGB anzusehen, wenn eine Personenverschiedenheit aller drei am Frachtvertrag Beteiligter als Absender, Frachtführer und Empfänger gegeben ist. Als Dritter wird dann der Empfänger angesehen.[228] Dies heute hM vertritt auch die Rspr.[229]

Das Recht des Dritten (hier: auf die Beförderungsleistung bzw. auf Ablieferung des 91 Gutes) entsteht nicht sofort, sondern nur unter gewissen Voraussetzungen. Eine solche Voraussetzung spezifiziert § 421 u. a. als Ankunft des Gutes an der Ablieferungsstelle. Angesichts der schon gem. § 418 dem Empfänger eingeräumten Befugnis, dem Frachtführer Weisungen zu erteilen und Maßnahmen zur Sicherstellung des Gutes zu ergreifen, spricht mehr für die Variante des **berechtigenden, echten Vertrags zugunsten Dritter** als für den unechten, bloß ermächtigenden Vertrag zugunsten Dritter (der zwar in der Person des Frachtführers die Verpflichtung bzw. Ermächtigung begründete, an den Empfänger zu leisten, ohne diesem aber eine andere Position als die Zuständigkeit zum Empfang des Gutes einzuräumen). Die Rechtsstellung des Empfängers wird allerdings vorrangig nach frachtrechtlichen Regeln bestimmt.

Die Einordnung bleibt im Einzelfall insbes. nach der **Interessenlage** vorzunehmen: Danach 92 kann es bei vom Absender vorausbezahlter Fracht für einen berechtigenden, bei vom Empfänger zu erhebender Fracht für einen ermächtigenden Vertrag zugunsten Dritter sprechen. Nicht nur die Frachtzahlung fällt ins Gewicht. Wenn das Gesetz dem Empfänger die sog. Empfänger-

---

[219] BGH 27.10.1988, TranspR 1989, 60, 63.
[220] OLG Düsseldorf 1.4.1982, VersR 1983, 632, 633; zu abweichenden Vereinbarungen OLG Düsseldorf 29.4.1993, TranspR 1995, 157, 158.
[221] Vgl. Rn. 21.
[222] Oetker/*Paschke* Rn. 30.
[223] Staub/*Helm* § 425 Rn. 106, 133; EBJS/*Reuschle* § 407 Rn. 32; *Koller* Rn. 15; *ders.* TranspR 2006, 265, 266; Fremuth/Thume/*Fremuth* Rn. 47 und schon in *Fremuth/Thume,* Frachtrecht, 1996, § 425 Rn. 27.
[224] EBJS/*Reuschle* § 407 Rn. 42.
[225] S. *Basedow* TransportV S. 322 Anm. 31.
[226] So *Schmidt* HandelsR § 31 V 1.
[227] BGH 5.7.1962, VersR 1962, 728.
[228] *Koller* Rn. 35; *Andresen/Valder* Rn. 2; *Fremuth/Thume* Rn. 22; EBJS/*Reuschle* Rn. 28; Oetker/*Paschke* Rn. 17; *Basedow* TransportV S. 322; Heymann/*Honsell* § 435 aF Rn. 1; *Gröhe* ZEuP 1993, 141; vgl. auch Staub/*Helm* § 425 aF Rn. 104 („in gewisser Hinsicht").
[229] BGH 14.6.2007, TranspR 2007, 425, 427; BGH 30.10.2008, TranspR 2009, 30 und BGH 28.5.2009, TranspR 2010, 34; vgl. auch BGH 10.4.1974, NJW 1974, 1614, 1616 zu CMR; OLG Frankfurt 10.5.1977, BB 1977, 1071 zu WA; BGH 14.11.1991, VersR 1992, 767, 768 zu CIM; vgl. auch LG Düsseldorf 27.11.1987, NJW-RR 1988, 929; zum Seefrachtvertrag OLG Hamburg 9.7.1992, TranspR 1993, 22.

rechte der §§ 418 ff. gewährt, dann trägt es offensichtlich zugleich der typischen Gegebenheit beim Versendungskauf Rechnung: Der Käufer, der evtl. bereits den Kaufpreis bezahlt hat und vielleicht schon weitere Dispositionen über die Ware getroffen hat, verdient auch eine frachtrechtliche Position, die ihm erlaubt, zumindest gegen Zahlung der Fracht gleichsam das Gut „auszulösen"; darauf läuft praktisch die Befugnis des § 421 hinaus, im eigenen Namen die frachtvertraglichen Rechte (namentlich auf Auslieferung, ggf. auf Schadensersatz) gegen den Frachtführer geltend zu machen, wenngleich um den „Preis" der Erfüllung der sich aus dem Frachtvertrag ergebenden Verpflichtungen. Die konstruktive Annahme eines berechtigenden Vertrages zugunsten Dritter trifft dieses Eigeninteresse des Empfängers und macht zugleich deutlich, dass es sich um eine aus dem Beförderungsvertrag zwischen Frachtführer und Absender abgeleitete Stellung handelt. Die Auslegungsregel des § 328 Abs. 2 BGB bleibt belanglos, soweit die §§ 418 ff. Art und Umfang des Empfängerrechts näher bestimmen; die Regel des § 421 (Ablieferung gegen Erfüllung der frachtvertraglichen Forderungen) entscheidet die zu § 328 BGB strittige Frage, ob der Anspruch des Dritten im Gegenleistungszusammenhang steht, bejahend auch in dem wirtschaftlichen Sinn, dass der effektiv Zahlende spätestens damit „Herr des Synallagmas" wird.[230]

**93**   In welchem Umfang auch dem **Unterfrachtvertrag** die Eigenschaft eines Vertrages zugunsten Dritter zuzusprechen ist, mit der Folge, dass der Empfänger Begünstigter sowohl aus dem Hauptfrachtvertrag als auch aus dem Unterfrachtvertrag anzusehen ist,[231] ist nach der Rspr. des BGH wie folgt zu beantworten: Soweit den Unterfrachtführer gegenüber dem Hauptfrachtführer aus dem mit ihm vereinbarten Unterfrachtvertrag die volle Frachtführerhaftung trifft, gibt es nach der seit 2007 bestehenden Auffassung des BGH[232] – insoweit in Aufgabe seiner früheren Rspr.[233] – keinen Grund, die Haftung des Unterfrachtführers gegenüber dem Empfänger als Drittbegünstigten dieses Unterfrachtvertrags auszuschließen und dem Empfänger bei Verlust oder Beschädigung des Gutes keine eigenen Schadensersatzansprüche gegenüber dem Unterfrachtführer aus dem Unterfrachtvertrag zuzusprechen. Zur Begründung führt der BGH an, dass der Empfänger nach § 421 befugt sei, die „Primärrechte auf Ablieferung des Gutes, Übergabe der Zweitausfertigung des Frachtbriefs geltend zu machen und sich auf das Weisungsrecht zu berufen" und daher auch die Möglichkeit haben müsse, zur Sanktionierung dieser Primärrechte Haftungsansprüche gegenüber dem Unterfrachtführer geltend zu machen. Ob diese Entscheidungen auch zur Aufgabe der Auffassung des BGH 20.10.2005[234] führt, wonach dem Unterfrachtführer seinerseits nach § 421 Abs. 2 und 3 kein eigener Anspruch auf Zahlung eines Standgeldes gegenüber dem Empfänger aus dem Unterfrachtvertrag zusteht, weil auch dem Empfänger nach § 421 „nur Ansprüche aus dem zwischen dem Absender und dem Hauptfrachtführer geschlossenen Vertrag" zustehen und sich der Schuldbeitritt des Empfängers kraft § 421 nur auf die Verpflichtungen des Absenders dem Hauptfrachtführer bezieht, bleibt abzuwarten. Es erscheint jedoch zweifelhaft, dass die Rspr. diesen Grundsatz aufrechterhalten wird (vgl. hierzu unten § 421 Rn. 41 ff.).

**94**   **4. Vertrag mit Schutzwirkung zugunsten Dritter.** Zweifelhaft ist, inwieweit es einer Heranziehung des von der Rspr.[235] entwickelten, jedoch gesetzlich nicht verankerten Vertragstypus „Vertrag mit Schutzwirkung zugunsten Dritter" bedarf, wonach in den Fällen, in denen allein der Vertragspartner des Schuldners der Gläubiger der vertraglich geschuldeten Leistung ist, ein Dritter gleichwohl vertragliche Schadensersatzansprüche geltend machen kann, wenn er auf Grund seiner Nähe zur vertraglich geschuldeten Leistung in die

[230] Soergel/*Hadding* BGB § 328 Rn. 42 mit Anm. 2a; s. aber *Koller* § 435 HGB Rn. 4 zur Bestandskraft.
[231] So *Helm* TranspR 1983, 77.
[232] BGH 14.6.2007, TranspR 2007, 425, 427 m. Anm. *Thume;* BGH 30.10.2008, TranspR 2009, 130; BGH 28.5.2009, TranspR 2010, 34. BGH 13.6.2012, TranspR 2012, 456; s. dazu auch *Herber* TranspR 2013, 1 und TranspR 2008, 239; *Ramming* NJW 2008, 291 und *Koller* TranspR 2009, 229 und 451.
[233] Vgl. hierzu BGH 24.9.1986, TranspR 1988, 108, 111; BGH 28.4.1987, TranspR 1988, 338, 339; BGH 10.5.1990, TranspR 1990, 418, 419; BGH 24.10.1991, BGHZ 116, 15.
[234] TranspR 2006, 29, 30.
[235] Vgl. RG 5.10.1917, RGZ 91, 21, 24; RG 3.6.1921, RGZ 102, 232, 233 f.; RG 10.2.1930, RGZ 127, 218, 222; BGH 22.1.1968, BGHZ 49, 350, 353; BGH 10.5.1984, NJW 1985, 2411, 2411.

vertragliche Sorgfalts- und Obhutspflicht einbezogen ist und diese Pflicht verletzt wird. Der Heranziehung dieses Vertragstypus bedarf es nur, soweit wegen der Unzulänglichkeit des Deliktsrechts, insbesondere der unzulänglichen Regelung der Gehilfenhaftung im Deliktsrecht in § 831 BGB und des Fehlens eines umfassenden Vermögensschutzes,[236] ein Schutzbedürfnis einer Person, die nicht an dem Vertrag beteiligt ist, bedarf. Der Kreis der geschützten Personen ist eng zu ziehen.[237] Das vertragliche Haftungsrisiko würde andernfalls ein unkalkulierbares Ausmaß annehmen.[238]

Soweit durch den Frachtvertrag dem **Empfänger** ein Anspruch auf die vereinbarte **95** Leistung gewährt wird, bedarf es einer Heranziehung dieses von der Rspr.[239] entwickelten Vertragstypus „Vertrag mit Schutzwirkung zugunsten Dritter" grundsätzlich nicht, weil dem Empfänger bereits gem. § 421 Abs. 1 eigene Ersatzansprüche gegenüber dem Frachtführer zu stehen.[240] Als schutzbedürftiger Dritter kann jedoch der Empfänger von Umzugsgut anzusehen sein, wenn er Mitarbeiter eines Unternehmens ist, das einen Frachtführer mit dem Umzug des Umzugsguts dieses Mitarbeiters beauftragt und diesem die gesamte Abwicklung des Umzuges überlässt. Zum Schutz dieses Mitarbeiters haben Belehrungen nach § 451g auch gegenüber dem Mitarbeiter zu erfolgen.[241]

Schutzbedürftiger Dritter ist nicht der **Verkäufer,** der (steuerliche) Nachweise über den **96** Transport braucht, den der Käufer beim Frachtführer in Auftrag gegeben hat. Wo der Frachtführer nicht ausdrücklich oder stillschweigend die Verpflichtung (zugunsten des Verkäufers) mit übernommen hat, ihm solche Dokumente zu verschaffen, bleibt der Verkäufer auf Grund der (kaufvertraglichen) Nebenpflicht, dass ihm der Käufer solche Papiere besorgt, zureichend geschützt. Da der Verkäufer immerhin tatsächlich wie ein Absender dasteht, kann zwar nicht gesagt werden, er komme mit der Hauptleistung des Frachtführers nicht in Berührung; abzustellen bleibt im Wesentlichen darauf, dass dem Frachtführer eine diesbezügliche Schutzbedürftigkeit nicht typisch erkennbar ist, davon aber nicht abgesehen werden kann, soll nicht das Haftungsrisiko des Vertragspartners übermäßig vergrößert werden.[242]

In der Rspr. wird der **Eigentümer** des transportierten Gutes als schutzbedürftiger Dritter **97** angesehen.[243] Dies erscheint allerdings zweifelhaft, solange der Eigentümer im Wege der Drittschadensliquidation vorgehen kann. Zwar muss der Frachtführer typisch annehmen, dass er Gut transportiert, welches nicht dem Absender oder Empfänger gehört. Daraus folgt aber zunächst nur die sachbezogene Obhuts- und Fürsorgepflicht im Hinblick auf das Gut, die den Frachtführer als ungeschriebene Hauptpflicht des Frachtvertrages trifft.[244] So wird dem Dritten jedenfalls der Mindestschutz des Deliktsrechts gewährleistet; er steht insoweit nicht schutzlos da. Der besondere frachtvertragliche Schutz kann ihm im Wege der Drittschadensliquidation zuteil werden, die gerade bezweckt, einen vertraglichen Ersatzanspruch nicht daran scheitern zu lassen, dass der Absender nicht der materiell Geschädigte ist (s. dazu § 425 Rn. 65 ff.).

Der **Binnenschiffsfrachtvertrag** stellt auch keinen Vertrag mit Schutzwirkung zuguns- **97a** ten des **Eigentümers eines Hafens** dar,[245] jedoch besitzt dort der zwischen dem Absender und dem Umschlagsbetrieb abgeschlossene **Umschlagsvertrag Schutzwirkung zugunsten des Schiffseigners.**[246]

---

[236] Vgl. Palandt/*Grüneberg* BGB § 328 Rn. 13.
[237] Vgl. Palandt/*Grüneberg* BGB § 328 Rn. 16.
[238] Vgl. BGH 26.11.1968, BGHZ 51, 91, 96.
[239] Vgl. RG 5.10.1917, RGZ 91, 21, 24; RG 3.6.1921, RGZ 102, 232, 233 f.; RG 10.2.1930, RGZ 127, 218, 222; BGH 22.1.1968, BGHZ 49, 350, 353.
[240] OLG Hamm 26.5.1987, NJW-RR 1987, 1109, 1110.
[241] So zur Anwendung der Vorschriften der GüKUMT OLG Hamburg 19.12.1996, TranspR 1997, 270, 273.
[242] LG Düsseldorf 27.11.1987, NJW-RR 1988, 929.
[243] So OLG Köln 19.8.2003, TranspR 2004, 120; OLG Köln 27.3.2001, TranspR 2001, 364, 365. Vgl. auch BGH 14.6.1982, VersR 1982, 902, 902 f.
[244] Vgl. BGH 10.5.1984, NJW 1985, 2411, 2412 zum Lagervertrag; BGH 24.9.1987, NJW-RR 1988, 479, 480 zu CMR.
[245] OLG Karlsruhe, Schifffahrtsobergericht, 5.11.1996, TranspR 1998, 258, 260.
[246] Schifffahrtsobergericht Köln 6.3.2012, BinSchiff 2012, Nr. 9, 75 und JURIS mwH.

98      Vorgeschlagen wurde, den **Unterfrachtvertrag** als Vertrag mit Schutzwirkung für den
Absender des Hauptfrachtvertrages und den Empfänger zu qualifizieren.[247] Der Rechtsfigur
des Unterfrachtvertrags mit Schutzwirkung für den Empfänger bedarf es nicht mehr, soweit
man der neuen Rspr. des BGH folgt und dem Unterfrachtvertrag, der als normaler Frachtvertrag ebenfalls auf Ablieferung des Gutes beim Empfänger gerichtet ist, die Züge des
(berechtigenden) Vertrags zugunsten Dritter beimisst (hierzu Rn. 93).[248] Aber auch wenn
man, der Auffassung folgt, dass der im Unterfrachtvertrag bestimmte Empfänger, der
zugleich auch Empfänger nach dem Hauptfrachtvertrag ist, nicht – auch – berechtigter
Dritter aus dem Unterfrachtvertrag ist, sondern nur berechtigter Dritter aus dem Hauptfrachtvertrag, ist eine Rechtfertigung für die Einordnung des Unterfrachtvertrags als Vertrag
mit Schutzwirkung für den Empfänger nicht erforderlich. Denn der Empfänger ist als
berechtigter Dritter aus dem Hauptfrachtvertrag hinreichend geschützt. Im Verhältnis zum
Absender des Hauptvertrages bedarf es ebenfalls keiner „Schutzwirkung", weil bei einem
materiell ihn treffenden Schaden der Absender des Unterfrachtvertrags zur Drittschadensliquidation nicht nur befugt[249] bzw. zur Abtretung seines Ersatzanspruchs aus dem Unterfrachtvertrag in der Lage ist.[250] Die Anspruchsberechtigung sollte auch gegenüber einem
Frachtführer „in der Kette" klar und restriktiv definiert bleiben. Es wiegt hier stärker das
prinzipielle Bedenken, dass nicht im Wege des Vertrages mit Schutzwirkung Begrenzungen
der Anspruchsberechtigung nach Maßgabe der Relativität des Schuldverhältnisses überspielt
und Prozessrisiken durch Mehrfachzuständigkeiten vergrößert werden. Wer in der Kette
von Unterfrachtführern selbst schon als solcher agiert, verdient bei weiterer Einschaltung
von Unterfrachtführern keinen Drittschutz, auch wenn er gem. § 428 für die zumindest in
stillschweigendem Einverständnis eingeschalteten weiteren Erfüllungsgehilfen haftet.[251] Mit
der Einschaltung weiterer Unterfrachtführer ist das Risiko, durch deren Verhalten zu Schaden zu kommen, in Kauf genommen. Dieses Risiko wird durch die Auftragsweitergabe als
solche nicht erhöht und ist sonach nicht durch einen Drittschutz zu kompensieren.[252]

## VII. Abschluss des Frachtvertrags

99      **1. Abschlussfreiheit.** Grundsätzlich können die Vertragsparteien frei darüber entscheiden, ob sie einen Frachtvertrag abschließen wollen. Es besteht mit Ausnahme der Ermächtigungen für Notstandszeiten nach dem sog. Verkehrssicherstellungsgesetz kein Kontrahierungszwang. Die Grundsätze zum sog. allgemeinen Kontrahierungszwang bei Vermeidung
von Diskriminierung gem. § 26 Abs. 2 GWB bzw. einer Haftung gem. § 826 BGB hat die
Rspr. hier bislang nicht zur Anwendung gebracht.[253]

100     Nur soweit ein Unternehmen **Postdienstleistungen** auf Grund einer Verpflichtung
zum Universaldienst nach § 13 oder § 14 PostG[254] oder diese Leistungen nach § 56 PostG
erbringt, besteht gemäß § 3 PDLV[255] ein Kontrahierungszwang. Unter Postdienstleistungen
versteht dabei § 4 Nr. 1 PostG die Beförderung von Briefsendungen und von adressierten
Paketen mit einem Einzelgewicht von nicht mehr als 20 Kilogramm sowie die Beförderung
von Büchern, Katalogen, Zeitungen oder Zeitschriften durch Unternehmen, die Briefsendungen oder die o. g. adressierten Pakete befördern (vgl. hierzu Posttransport Rn. 8).

---

[247] *Koller* VersR 1993, 920, 925.
[248] So schon *Thume* TranspR 1991, 85, 87 f.
[249] OLG Hamburg 4.12.1986, VersR 1987, 558.
[250] Lt. BGH 18.3.2010, TranspR 2010, 376 ist der Hauptfrachtführer, der mit dem Absender eine geringere
Haftung vereinbart hatte, als mit dem ausführenden Unterfrachtführer, sogar verpflichtet, den überschießenden
Differenzbetrag im Wege der Drittschadensliquidation diesem gegenüber geltend zu machen und diesen
Anspruch gegebenenfalls seinem Auftraggeber abzutreten. Dem kann der ausführende Frachtführer nicht mit
Erfolg § 437 Abs. 2 entgegenhalten.
[251] Vgl. MüKoBGB/*Grundmann* § 278 Rn. 43.
[252] Vgl. *Gernhuber,* Das Schuldverhältnis, § 21 II 6 j.
[253] Vgl. *Basedow* TransportV S. 193 ff.
[254] Postgesetz vom 22. Dezember 1997 (BGBl. I S. 3294), zuletzt geändert durch Art. 4 Abs. 106 des
Gesetzes v. 7.8.2013 (BGBl. I S. 3154).
[255] Postdienstleistungsverordnung vom 21. August 2001 (BGBl. I S. 2178).

**2. Inhaltsfreiheit.** Die Wirksamkeit vertraglicher Vereinbarungen über den näheren 101
Inhalt des Frachtvertrages, dh. über die Art und Weise der Ausführung des Transportes,
werden in Rechtsprechung und Literatur durchaus kontrovers betrachtet, insbes., soweit
diese Auswirkungen auf die Haftung des Frachtführers haben können. Diese **Abreden
beinhalten** jedoch die **primären Leistungspflichten** des Frachtführers, die sich aus der
Rechtsnatur des Beförderungsvertrages ergeben. Auch insoweit besteht daher grundsätzlich
**Vertragsfreiheit,** die zunächst lediglich begrenzt wird durch die allgemeinen Schranken
der Sitten- und Gesetzeswidrigkeit (§§ 134, 138 BGB). Besondere frachtrechtliche Grenzen
enthält das Gesetz hinsichtlich der Haftung der Vertragspartner (§§ 449, 541h, 542d). Allgemeine Geschäftsbedingungen unterliegen der § 305 ff. BGB.[256]

Da weder die genauen Modalitäten der Beförderung noch die der Ablieferung gesetzlich 101a
genau geregelt sind, müssen sie ohnehin in der Regel vereinbart werden, So werden die
Vertragspartner **Abreden** darüber treffen, **welche Art von Transportmittel** (Lkw, Bahn,
Schiff, Flugzeug) eingesetzt werden soll. Dabei sind die Risiken je nach der Art der Beförderung durchaus unterschiedlich. So kann ein Lkw-Transport – zB wegen Schnee- und
Eisglätte – gefahrenträchtiger sein als eine Luftbeförderung des gleichen Gutes und letztere
kann sich umgekehrt auch nachträglich noch als gefährlicher erweisen. Auch Vereinbarungen über die **Qualität des** befördernden **Fahrzeuges** (zB Planen- oder Koffer-Lkw) und
etwaige **Sonderausstattungen** (zB Kühlaggregate) und **Zusatzeinrichtungen zum Be-
und Entladen** (Hebebühnen, Pumpen, Rohre, Schläuche etc,) sind üblich und im Einzelfall auch notwendig. Der Privatautonomie ist hier ein weiter Gestaltungsraum eingeräumt.
So weist *Koller*[257] zu Recht darauf hin, dass zB die Wirksamkeit einer Vereinbarung, einen
Lkw mit Luftfederung oder GPS-Ausstattung einzusetzen, bislang niemals in Frage gestellt
worden ist, auch wenn sie nicht im Einzelnen ausgehandelt worden ist. Die Abreden müssen
daher nicht ausdrücklich erfolgen. Gem. Es genügen stillschweigende Übereinkünfte (§ 157
BGB) und wirksame Klauseln in AGB.[258]

Umstritten ist jedoch, ob **Abreden über die Qualität der Beförderung** möglich sind. 101b
Ein dazu treffendes Beispiel schildert Harms[259]: *Ein Absender, der die sofortige Lieferung von
Lebensmittel zum Weihnachtsfest nach Italien schuldet, sucht dringend einen Frachtführer und findet
schließlich auch einen, der jedoch nur noch ein Fahrzeug mit Sommerreifen zur Verfügung stellen
kann. Der Frachtführer weist den Absender hierauf und auf die angekündigte Schneefallgefahr in den
Alpen hin und lehnt zunächst den Auftrag ab. Schließlich erklärt er sich auf Drängen des Absenders
doch noch bereit, die Beförderung zu übernehmen.* Eine solche Vereinbarung ist durchaus möglich
und auch **wirksam,** insbesondere wenn sie auch dem Absender in Kenntnis aller drohenden
Gefahren ausdrücklich wünscht. Der **BGH** hält zwar vertragliche Abreden über die Qualität
der Beförderung durchaus für zulässig, wenn hierdurch zugunsten des Absenders die Sorgfaltspflicht des Frachtführers konkretisiert und damit seine Obhutpflicht erweitert wird.[260]
Anders sieht er es jedoch bei Vertragsklauseln, die – namentlich in AGB – die Sorgfaltspflicht
des Frachtführers eingrenzen. So hält er insbes. Formularklauseln, die den Verzicht auf
Schnittstellenkontrollen zum Inhalt haben, in ständiger Rechtsprechung für unzulässig, weil
sie gegen § 449 Abs. 2 Satz 1 verstoßen sollen.[261] Zahlreiche OLG[262] und ein Teil der

---

[256] *Koller* Rn. 41 u. 41a; *Thume* TranspR 2012, 426.
[257] *Koller* TranspR 2006, 265, 266.
[258] *Koller* Rn. 46.
[259] *Harms,* FS Thume, 2008, S. 173 = TranspR 2008, 310.
[260] BGH 20.1.2005, TranspR 2005, 311= VersR 2006, 814; BGH 29.10.2009, TranspR 2010, 200
(Rn. 20); BGH 30.9.2010, TranspR 2010, 437= VersR 2011, 819.
[261] BGH 30.1.2008, TranspR 2008, 117 und TranspR 2008, 122; BGH 20.9. 2007, TranspR 2008, 113
und TranspR 2008, 163; BGH 20.7.2006, TranspR 2006, 394; BGH 1.12.2005, TranspR 2006, 171 und
TranspR 2006, 169, AA OGH Wien, 17.3.2005, TranspR 2005, 408.
[262] Vgl. OLG Düsseldorf 25.3.2010, TranspR 2010, 229 und 21.11.2007, TranspR 2008, 38; OLG Hamburg 16.11.2006, TranspR 2007, 240; OLG Karlsruhe 14.10.2005, JURIS; OLG Bamberg 8.11.2004,
TranspR 2005, 358; OLG Frankfurt 1.7.2004, TranspR 2004, 464; OLG Nürnberg 1.9.2004, NJW-RR
2005, 138; OLG Stuttgart 19.11.2003, NJW-RR 2004, 610.

Literatur[263] folgen dieser Auffassung. Das kann aber **nicht richtig** sein, denn eine Vertrags-klausel, die ausschließlich die primäre Leistungspflicht – nämlich die Qualität der Beförde-rung selbst – zugunsten des Frachtführers einschränkt, mag zwar Auswirkungen auf den Umfang der Sorgfaltspflichten haben, die in §§ 449 enthaltenen Normen betreffen jedoch gerade keine primären Leistungspflichten des Frachtführers, sondern enthalten ausschließlich Rechtsfolgen, die bei Verstößen gegen vertraglich vereinbarten Pflichten (die sog. sekundä-ren Vertragspflichten) eintreten.[264]

102    **3. Einigung.** Der Frachtvertrag ist nach der Konzeption des HGB ein **Konsensualver-trag.** Er kommt also allein durch Willensübereinstimmung zustande, unabhängig davon, ob und wann das Gut übernommen wird. Das HGB macht – abweichend von § 61 EVO aF und § 15 KVO aF – Vertragswirkungen insbes. nicht von Förmlichkeiten wie Fracht-briefausstellung oder von Vollzugsakten wie die Übergabe des zu befördernden Gutes an den Frachtführer abhängig.[265] Auf die Auslegung von Angebot und Annahme sowie das Zustandekommen des Vertrages finden die allgemeinen Vorschriften des BGB, insbesondere die §§ 133 ff., 145 ff. BGB, Anwendung. Eine konkludente Annahme eines Vertragsange-bots kann danach in der Entgegennahme von Gut und Frachtbrief zur Beförderung gesehen werden. Bedient sich der Frachtführer zum Abschluss des Vertrages elektronischer Kommu-nikationsmittel, ist § 312e BGB zu beachten.

102a    Die Vertragsparteien können sich bei Abschluss des Vertrages **vertreten** lassen (§§ 164 ff. BGB). Bei Binnenschiffsbeförderungen ist zu berücksichtigen, dass der Schiffer keine gesetzliche Vertretungsmacht für den Schiffseigner hat (§ 15 Abs. 2 BinSchG). Im Straßen-frachtrecht ist weitgehend ungeklärt und im Einzelfall jeweils umstritten, in welchem Umfang die **Fahrer Vollmachten** besitzt.[266] Grundsätzlich ist davon auszugehen dass der Fahrer keinerlei Befugnisse hat, den Frachtführer, insbesondere im Rahmen der rechtsge-schäftlichen Beziehungen zum Absender, also beim Abschluss oder bei der nachträglichen Abänderung eines Beförderungsvertrages, zu vertreten, es sei denn, ihm wären von seinem Geschäftsherrn im Einzelfall solche Befugnisse besonders erteilt worden.[267] Zu prüfen ist deshalb jeweils, ob etwa von einer – sei es auch nur stillschweigend erteilten Bevollmächti-gung, beispielsweise zur Annahme einer Rückfracht, ausgegangen werden kann. Ferner könnte, je nach der Verkehrssitte, auch eine Duldungs- oder Anscheinsbevollmächtigung des Fahrers in Frage kommen.[268]

103    Weil die Beförderung von Gütern durch Frachtführer zugleich die Besorgung von Geschäften für andere iSd. § 362 Abs. 1 mit sich bringt, kann ein **Schweigen**[269] des Fracht-führers auf einen ausreichend bestimmten Antrag von Seiten eines Kunden, mit dem er in Geschäftsverbindung steht, zum Vertragsschluss führen.[270]

104    Divergierende Vorstellungen der Parteien darüber, ob ein Speditions- oder Frachtvertrag erteilt ist, stellen nach der Rspr. keinen **Einigungsmangel** dar.[271] Herrscht Einverständnis immerhin über die Erledigung einer Beförderung und ist auch mit der Vertragsausführung begonnen worden, so kommt ein Vertrag wirksam zustande. Welcher Vertragstypus vor-liegt, ist durch Auslegung zu ermitteln. Ein Vertragsschluss scheitert auch nicht an mangeln-der Einigung über die Höhe der Fracht; geschuldet ist dann die übliche Vergütung (vgl. Rn. 59).

---

[263] EBJS/*Schaffert* § 449 HGB, Rn. 3, 12, 13, 17; Piper/*Pokrant/Gran,* Transport- und Logistikrecht Rn. 46 f.; Baumbach/Hopt/*Merkt* § 449 HGB, Rn. 2 Oetker/*Paschke* § 426 HGB, Rn. 5; *Andresen/Valder,* Speditions-, Fracht- und Lagerrecht § 426 HGB, Rn. 9.
[264] *Koller* § 449 Rn. 6 und TranspR 2006, 265. *Thume,* TranspR 2012, 426, *Ramming* TranspR 2010, 397, 411 ff.; vgl. auch *Harms* in Festschrift für Thume, S. 173 = TranspR 2008, 310 und *Patrick Schmidt* TranspR 2008, 299, 303.
[265] Amtl.Begr. TRG BR-Drucks. 368/97, 25.
[266] Vgl. OLG Hamm 16.5.1998, TranspR 2000, 442.
[267] *Heuer* VersR 1988, 312.
[268] Vgl. *Koller* Rn. 38; *Thume/Schmid* CMR Art. 3 Rn. 43 f.
[269] Vgl. BGH 3.3.1988, NJW-RR 1988, 925, 926 betr. Speditionsauftrag.
[270] So auch Andresen/Valder/*Andresen* Rn. 36; *Koller* Rn. 38. AA *Temme,* FG Herber, S. 197, 202.
[271] OLG Hamburg 10.9.1974, VersR 1975, 660, 661.

Wird, wie etwa in Beförderungsbedingungen von Paketdienstunternehmen, bestimmt, **105**
dass die Beförderung bestimmter Güter, etwa Schmuck oder Edelsteine, ausgeschlossen ist
(sog. **Verbotsgut**) und dass ein Frachtvertrag nicht zustande kommt, wenn solches Gut
befördert werden soll, so bedeutet dies nicht immer, dass diese Rechtsfolge tatsächlich
eintritt.[272] Die Beantwortung der Frage, ob ein Frachtvertrag zustande kommt, hängt von
der Auslegung der Willenserklärungen ab (§§ 133, 157 BGB). Enthalten die AGB neben
der dargestellten Bestimmung über das Nichtzustandekommen eines Vertrags bei Beförderung von Verbotsgut die Bestimmung, dass der Frachtführer ein Nachentgelt erheben kann,
wenn er erst nach Übergabe des Verbotsguts von seinem Inhalt erfährt, und dass er „bereits
jetzt" die Anfechtung des Beförderungsvertrags wegen Täuschung erklärt, so folgert der
BGH hieraus, dass vom Zustandekommen des Vertrags ausgegangen wird.[273] Gleiches gilt,
wenn in den AGB Regelungen über die Haftung für Verbotsgut enthalten sind.[274] Wird
der Frachtführer allerdings durch Falschangaben vor oder bei Vertragsabschluss bewusst
irregeführt, so kommt wegen Verschuldens bei Vertragsschluss nach § 311 Abs. 2, §§ 280,
249 Abs. 1 BGB eine Loslösung vom Vertrag bzw. volle Haftungsbefreiung bei Verlust in
Betracht.[275]

**4. Einbeziehung von Beförderungsbedingungen.** Beförderungsbedingungen, die **106**
den Status von AGB besitzen, bedürfen der Einbeziehung in den Frachtvertrag (§ 305 Abs. 1
BGB). Die Ausnahmeregelung des § 305a BGB, wonach es einer Einbeziehung gemäß
§ 305 Abs. 2 BGB nicht bedarf, wenn es sich um Tarife und Ausführungsbestimmungen
der Eisenbahnen handelt, die mit Genehmigung der zuständigen Verkehrsbehörde oder auf
Grund von internationalen Übereinkommen erlassen wurden, oder wenn es sich um
Beförderungsbedingungen der Straßenbahnen, Obusse und Kraftfahrzeuge im Linienverkehr handelt, findet auf Güterbeförderungen keine Anwendung. Gemäß § 310 BGB kommt
jedoch eine **erleichterte Einbeziehung** in Betracht, wenn die Beförderungsbedingungen
gegenüber einem Unternehmer verwendet werden.

Bei der Prüfung, ob die Beförderungsbedingungen nach den Grundsätzen über die **107**
rechtsgeschäftliche Einbeziehung von AGB Vertragsbestandteil geworden sind, bleibt darauf
zu achten, ob der Absender damit rechnen muss, dass der Frachtführer immer auf der
Grundlage solcher AGB arbeitet; dabei kommt es auf den unterschiedlich verbreiteten
Gebrauch dieser AGB an. Durchaus verallgemeinerungsfähig ist der Fall der nach Auffassung
des BGH unterbliebenen Miteinbeziehung von nur mit der Lupe und auch dann nur
mit Mühe lesbarer Konnossementsbedingungen,[276] so hinsichtlich der Kleinstbuchstaben
in einem Luftfrachtbrief eines Dokumentenbeförderungsunternehmens.[277] Für die AGB
eines Paketdienstes lässt es der BGH genügen, dass im Rahmen einer **laufenden Geschäfts-
bindung unter Kaufleuten** geänderte AGB in künftige Verträge eingezogen werden,
indem auf Rechnungen auf die Neufassung der AGB durch besonderen Vermerk klar und
eindeutig hingewiesen wird.[278]

Wird der Frachtvertrag unter **Einsatz elektronischer Kommunikationsmittel** abge- **108**
schlossen, so muss der Frachtführer dem Vertragspartner nach § 312e BGB die Möglichkeit
verschaffen, die Vertragsbestimmungen einschließlich der AGB bei Vertragsschluss abzuru-
fen und in wiedergabefähiger Form zu speichern. Die AGB sind allerdings erst in den
Vertrag einbezogen, wenn die Voraussetzungen des § 305 Abs. 2 BGB erfüllt sind. Nach

---

[272] Siehe hierzu § 449 Rn. 32 f.; *Koller* VersR 2004, 269. *Ramming* TranspR 2007, 409, 411 und *Thume*
TranspR 2012, 426.
[273] BGH 26.3.2009, TranspR 2010, 76; BGH, 3.7.2008, TranspR 2008, 397; BGH 3.5.2007, TranspR
2007, 405; BGH 13.7.2006, TranspR 2006, 448; BGH 14.6.2006, TranspR 2006, 345; BGH 30.3.2006,
TranspR 2006, 254.
[274] Vgl. BGH 15.2.2007, TranspR 2007, 164, 166; BGH 16.11.2006, TranspR 2007, 161, 163.
[275] BGH 16.11.2006, TranspR 2007, 161, 163; BGH 29.6.2006, TranspR 2006, 390; BGH 30.3.2006,
TranspR 2006, 254; BGH 26.9.1997, NJW 1998, 302.
[276] BGH 30.5.1983, NJW 1983, 2772, 2773.
[277] OLG Düsseldorf 14.3.1991, TranspR 1991, 235, 240.
[278] BGH 6.12.1990, NJW-RR 1991, 570.

der Rspr. des BGH sind die Voraussetzungen des § 305 Abs. 2 Nr. 2 BGB, wonach der Klauselverwender dem Vertragspartner die Möglichkeit verschaffen muss, in zumutbarer Weise von dem Inhalt der Beförderungsbedingungen Kenntnis zu nehmen, jedenfalls dann erfüllt, wenn sich auf der Bestellseite ein Link zu den Beförderungsbedingungen befindet und deutlich darauf hingewiesen wird, dass der Auftrag gemäß diesen Beförderungsbedingungen erteilt wird.[279]

109    Im Frachtgeschäft werden heute insbesondere die Vertragsbedingungen für den Güterkraftverkehrs- und Logistikunternehmer (VBGL) und die Allgemeinen Deutschen Spediteurbedingungen (ADSp) verwendet. Es handelt sich hierbei um AGB, die von Verbänden entworfen wurden. Angesichts ihrer weiten Verbreitung wurden die ADSp bis zum Jahre 1998, also dem Zeitpunkt, in dem die Transportrechtsreform in Kraft gesetzt wurde, in ständiger Rechtsprechung als „fertig bereitliegende Rechtsordnung" angesehen, die kraft stillschweigender Unterwerfung Bestandteil des Vertrages wurde, wenn die Bezugnahme auf die ADSp verkehrsüblich war.[280] Seit dem Inkrafttreten des Transportrechtsreformgesetzes und der vollständigen Neufassung der ADSp wird die Frage diskutiert, ob sich diese Rechtsprechung noch aufrechterhalten lässt. Die Meinungen hierzu gehen auseinander.[281] Erhebliche Bedenken bestehen wohl schon deshalb, weil der Berufsstand nicht mehr ausschließlich die ADSp verwendet. So enthält das vom Berufsverband Güterkraftverkehr Logistik und Entsorgung e. V. (BGL) empfohlene Bedingungswerk VBGL keinen Verweis auf die ADSp.[282] Da die ADSp Haftungshöchstsummen vorsehen, die unter dem in § 431 Abs. 2 genannten Betrag von 8,33 SZR liegen, bedarf es zur Einbeziehung der ADSp nach der Rechtsprechung des BGH[283] auf Grund des § 449 Abs. 2 Satz 2 Nr. 1 HGB jedenfalls der qualifizierten Information des Vertragspartners; eine stillschweigende Einbeziehung reicht insoweit nicht aus (vgl. hierzu § 449 Rn. 22; ADSp Vorbem. Rn. 6 ff.).

110    5. Nichtigkeit. Die Nichtigkeitsgründe insbes. der §§ 134, 138 BGB können sich im Bereich von Frachtverträgen dahin auswirken, dass ein Frachtvertrag als sittenwidrig anzusehen ist, wenn er zur Belohnung für die Aushändigung eines unrichtigen Transportdokuments geschlossen wird.[284] Sittenwidrig sind idR auch Frachtverträge über Güter, die unter völliger Umgehung (auch ausländischer) Zoll- und Einfuhrbestimmungen befördert werden sollen, namentlich wenn dies gewerbsmäßig geschieht oder eine überhöhte Fracht vereinbart wird,[285] ferner Verträge, welche die Umgehung ausländischer Embargobestimmungen durch Täuschung ausländischer Stellen zum Gegenstand haben.[286] Frachtverträge über Kriegswaffen sowie Kernbrennstoffe bedürfen der Genehmigung gem. §§ 3, 4 Gesetzes über die Kontrolle von Kriegswaffen, § 4 AtomG; bei versagter Genehmigung sind solche Transportverträge gem. § 134 BGB nichtig. Nicht gesetz- oder sittenwidrig ist ein Beförderungsvertrag allein wegen vereinbarter außerordentlich kurzer Transportzeit.[287]

## VIII. Anwendungsbereich der frachtrechtlichen Vorschriften

111    1. Beförderung zu Land, auf Binnengewässern, mit Luftfahrzeugen. a) Allgemeines. Nach Abs. 3 S. 1 Nr. 1 gelten die im Ersten Unterabschnitt des Vierten Abschnitts enthaltenen allgemeinen frachtrechtlichen Vorschriften nur, wenn das Gut zu Land, auf Binnengewässern oder mit Luftfahrzeugen befördert werden soll. Nicht erfasst sind mithin

---

[279] Vgl. zu § 2 Abs. 1 Nr. 2 AGBG BGH 14.6.2006, NJW 2006, 2976 = TranspR 2006, 345, Anm. hierzu *Lober* EWiR 2007, 163.
[280] Vgl. BGH 14.12.1988, TranspR 1989, 141.
[281] Vgl. EBJS/*Bahnsen* vor Ziffer 1 ADSp Rn. 22 und *Koller* vor Ziff. 1 ADSp Rn. 11 jeweils mwN.
[282] Zurückhaltung empfiehlt auch EBJS/*Bahnsen* vor Ziffer 1 ADSp Rn. 25 f.; ablehnend *Piper/Pokrant/Gran* Rn. 10 und *Czerwenka* 2. Aufl., Rn. 109.
[283] BGH 23.1.2003, BGHZ 133, 308.
[284] OLG München 29.10.1982, RIW 1983, 957.
[285] So *Rabe* Vor § 556 Rn. 73; BGH 23.6.1955, WM 1955, 1324, 1326.
[286] Vgl. BGH 20.11.1990, NJW 1991, 634; dazu *Junker* JZ 1991, 699.
[287] OLG Düsseldorf 7.7.1988, TranspR 1988, 425, 428.

Verträge über eine **Beförderung auf dem Seeweg.** Die einengende Aufzählung trägt dem Umstand Rechnung, dass die Seebeförderung Gegenstand eigenständiger Regelungen im Fünften Buch ist (vgl. §§ 556 ff.). Trotz der Ausklammerung der Seebeförderung berührt das allgemeine Frachtrecht den Seefrachtvertrag an zwei Stellen, nämlich in § 450 und in § 452. § 450 betrifft die sog. **Fluss-See-Schifffahrt** mit Schiffen, die die europäischen Randmeere und die darein mündenden Flussläufe oft bis zu küstenfernen Binnenhäfen befahren. Solche Beförderungen sind dadurch gekennzeichnet, dass Güter ohne Umladung sowohl auf Binnengewässern als auch über See transportiert werden. Zur Vermeidung eines Konflikts zwischen dem für die Beförderung auf Binnengewässern maßgeblichen allgemeinen Frachtrecht der §§ 407 ff. und dem Seefrachtrecht der §§ 556 ff. bestimmt § 450, unter welchen Voraussetzungen welche der genannten Rechtsordnungen maßgeblich ist, nämlich dann, wenn ein Konnossement ausgestellt ist oder, wo dies nicht geschehen ist, wenn die nach dem Vertrag auf Seegewässern zurückzulegende Strecke die größere ist.

Eine weitere Ausnahme von dem Grundsatz, dass im Vierten Buch des Handelsgesetz- **112** buchs **die Beförderung auf See** nicht geregelt ist, sieht § 452 vor. Danach erfasst der Dritte Unterabschnitt über die **Beförderung mit verschiedenartigen Beförderungs-mitteln** auch den Fall, dass ein Teil der Beförderung zur See durchgeführt wird (§ 452 aE). Diese Bestimmung beruht auf der Prämisse, dass der Vertrag über eine multimodale Beförderung und der Vertrag über eine unimodale Beförderung auf einer einzelnen Teilstre-cke, beispielsweise über See, zwei verschiedene Verträge sind. Da die Containertransporte über See zu einem ganz großen Teil heute Teilbeförderungen im Rahmen multimodaler Transporte sind, ist die tatsächliche Auswirkung des allgemeinen Frachtrechts auf Seebeför-derungen daher durchaus beträchtlich.

Die Beförderung kann auch **grenzüberschreitend** sein. Ob bei einer grenzüberschrei- **113** tenden Beförderung allerdings die §§ 407 ff. zur Anwendung gelangen, hängt davon ab, ob internationale Übereinkommen vorrangig anzuwenden sind oder auf Grund der Regelun-gen des Internationalen Privatrechts eine ausländische Rechtsordnung zur Anwendung gelangt (vgl. hierzu Einl. Rn. 27 ff., 30 ff.).

**b) Vereinbarung über das einzusetzende Transportmittel. aa) Art des Trans-** **114** **portmittels.** Wie sich aus der Verwendung des Wortes „soll" ergibt, ist für die Anwendung der §§ 407 ff. grundsätzlich die vertragliche Vereinbarung maßgeblich, nicht die tatsächliche Ausführung. Die Vereinbarung muss jedoch nicht ausdrücklich getroffen sein. Auch eine stillschweigende Vereinbarung reicht aus. Die Vereinbarung muss sich ausschließlich auf einen der genannten Beförderungswege beziehen (sog. **unimodale Beförderung**). Richtet sich der Vertrag auf eine Beförderung mit verschiedenartigen Beförderungsmitteln (sog. multimodale Beförderung), so sind die §§ 452 ff. HGB anzuwenden, wenn hypothetische Verträge über jeden Teil der Beförderung mit jeweils einem Transportmittel verschiedenen Rechtsvorschriften unterworfen sind.

Haben der Absender und der Frachtführer keine Absprache darüber getroffen, mit wel- **115** cher Art von Beförderungsmittel der Transport auszuführen ist (sog. **unbenannter Trans-portvertrag**),[288] bleibt es Sache des Frachtführers, gleich einem Werkunternehmer über die Modalität zu bestimmen, wie er den erwarteten Beförderungserfolg herbeiführen will.[289] Er übt deshalb bei der Auswahl des Beförderungsmittels nicht eigentlich ein Leistungsbe-stimmungsrecht iSd. § 315 BGB aus,[290] und es bedarf auch insofern nicht der Heranziehung gerade des § 315 Abs. 3 BGB, um die Bestimmung nur nach Maßgabe billigen Ermessens verbindlich sein zu lassen. Denn es liegt schon in der Natur des Frachtvertrags, dass die Bestimmung sachangemessen erfolgt, weil erstens das Gut dem Frachtführer zur Beförde-rung anvertraut ist und weil zweitens der Frachtführer gleich einem zur Geschäftsbesorgung Beauftragten das Interesse seines Auftraggebers berücksichtigen muss. Allerdings besitzt die

---

[288] Vgl. *Ebenroth/Fischer/Sorek* VersR 1988, 757, 758.
[289] Vgl. *Koller* TranspR 2007, 221, 223.
[290] So aber *Basedow* TranspV S. 58.

nähere Festlegung des Beförderungsmittels bzw. dessen konkreter Einsatz insofern eine gewisse **rechtsgestaltende Wirkung,** als der zunächst abstrakt erteilte Transportauftrag beförderungsmittelspezifisch konkretisiert wird: Es gelten dann die frachtrechtlichen Regeln, welche die Durchführung einer Beförderung und namentlich die Haftung je nach Art und Einsatz des tatsächlich genutzten Beförderungsmittels bestimmen.[291] Werden verschiedenartige Beförderungsmittel eingesetzt, kommt ein multimodaler Transport infrage. Welches Recht auf diese Beförderung anzuwenden ist, bestimmt sich nach den §§ 452 ff.

**116**    Setzt der Frachtführer entgegen der vertraglichen Vereinbarung ein **anderes als das im Vertrag bestimmte Transportmittel** ein oder wählt er einen anderen als den im Vertrag bestimmten Beförderungsweg und musste der Absender auch nicht mit dem Einsatz anderer Transportmittel rechnen,[292] so liegt eine Vertragsverletzung vor.[293] Die Haftung des Frachtführers für Verlust oder Beschädigung des Gutes beantwortet sich in diesem Falle danach, welches Recht die schärfste Haftung vorsieht: Das Recht des vertragswidrig eingesetzten Beförderungsmittels ist maßgeblich, wenn die Nichtanwendung zu einer Besserstellung des Frachtführers führen würde.[294] Denn es verstößt gegen das aus § 242 BGB hergeleitete Verbot des venire contra factum proprium, wenn der Frachtführer, der durch die vertragswidrige Verwendung eines Lkw anstelle eines Flugzeugs besser gestellt wird als derjenige, der berechtigt eine Straßenbeförderung durchführt. Dem Frachtführer ist es mithin verwehrt, sich insbes. zur Minderung seiner Ersatzpflicht darauf zu berufen, auftragswidrig gehandelt zu haben. Nach der Maxime, dass eine schuldhaft vertragswidrig handelnde Partei nicht besser stehen darf als eine vertragsgemäß handelnde, muss also der Frachtführer zumindest das mit dem von ihm unter Verletzung des Vertrages gewählte Beförderungsmittel verbundene spezifische Transportrisiko tragen und diejenige Haftungsordnung gegen sich gelten lassen, in die er sich durch die Wahl des Beförderungsmittels selbst hineingestellt hat oder durch Erfüllungsgehilfen hineingestellt worden ist.[295] Angesichts dessen, dass die §§ 407 ff. gleiche Regelungen für Land-, Binnenschiffs- und Luftbeförderungen enthalten, kommt allerdings den vorgenannten Grundsätzen bei Anwendung der §§ 407 ff. nur geringe praktische Bedeutung bei.

**117**    Der vertragswidrige Einsatz eines bestimmten Transportmittels kann darüber hinaus dazu führen, dass der Frachtführer nach § 435 wegen **schweren Verschuldens** ohne betragsmäßige Begrenzung haftet. Voraussetzung ist allerdings, dass auf sich die Haftung des Frachtführers unter Berücksichtigung der o. g. Grundsätze nach allgemeinem Frachtrecht richtet.[296] Dies ist etwa der Fall, wenn eine Dokumentensendung nicht, wie dem erweckten Anschein nach zu erwarten, mit dem Flugzeug, sondern mit dem Pkw befördert wird.[297]

**118**    Ist das Gut infolge der vertragswidrigen Verwendung eines bestimmten Beförderungsmittels **verloren gegangen oder beschädigt worden,** so können Ansprüche deswegen ausschließlich nach den einschlägigen frachtrechtlichen Vorschriften geltend gemacht werden, bei Anwendung der §§ 407 ff. also nach den §§ 425 ff. Ein konkurrierender Anspruch aus § 280 BGB wegen **positiver Vertragsverletzung** besteht daneben nicht. Die §§ 425 ff. sind, wie sich auch aus § 433 ergibt, im Verhältnis zu § 280 BGB lex specialis.[298]

**119**    Im „umgekehrten" Fall, dass mit dem vertragswidrig eingeschalteten Beförderungsmittel **niedrigere Haftungsgrenzen** verbunden sind, bleibt der Absender vom komplementären

---

[291] Vgl. Staub/*Helm* § 425 aF Rn. 4.
[292] Vgl. OLG Hamburg 24.10.1991, TranspR 1992, 66.
[293] Vgl. *Koller* TranspR 2007, 221, 223; Staub/*Helm* Anhang V nach § 452 Rn. 69 und 85; EBJS/*Reuschle* Rn. 8; eingehend *Blaschczok* TranspR 1987, 401; *Koller* VersR 1988, 432; *Piper* Rn. 32 f.
[294] BGH 17.5.1989, TranspR 1990, 19; OLG München 23.9.2004, VersR 2005, 962. Zur rein luftfrachtrechtlichen Beurteilung als qualifiziertes Verschulden OLG Düsseldorf 21.1.1993, TranspR 1993, 246; dazu *Krings-Brand* IPRax 1994, 272.
[295] So auch EBJS/*Reuschle* Rn. 9.
[296] S. dazu OLG München 23.9.2004, VersR 2005, 962.
[297] BGH 13.4.1989, NJW-RR 1989, 1270, 1271; s. zum erstinstanzlichen Urteil LG Hamburg 2.5.1985, TranspR 1985, 423 die Anm. *Blaschczok* dort S. 425; ferner OLG Hamburg 31.12.1986, TranspR 1987, 142.
[298] Ebenso *Koller* Rn. 27. Anders insoweit die Vorauflage zu § 425 HGB aF Rn. 110 ff.

Ansatz der Vertragsverletzung her davon zu verschonen: Aus der Vertragsverletzung darf der Frachtführer nicht den Vorteil ziehen, dass in geringerem Umfang zu haften ist; auch hat der Absender mit dem Abschluss eines transportmittelspezifischen Frachtvertrags die dafür vorgesehene Regelhaftung erkauft.

**bb) Qualität des Beförderungsmittels.** Wie sich aus § 427 Abs. 1 Nr. 1 ergibt, kön- **120** nen die Parteien auch eine **Vereinbarung über die Qualität des einzusetzenden Transportmittels** treffen, so unter anderem darüber, ob das Fahrzeug offen, mit Planen gedeckt oder ein Kastenwagen sein soll und ob es mit eigenen Entladevorrichtungen etc. ausgestattet sein soll oder nicht. Die Grenze der Vertragsfreiheit liegt allerdings dort, wo Kardinalpflichten berührt sind, so etwa bei der Pflicht, ein fahr- und ladungstüchtiges Schiff zu stellen (vgl. hierzu § 449 Rn. 34).

**c) Beförderung zu Lande.** Die Beförderung zu Lande umfasst jeglichen Transport auf **121** der Straße, auf der Schiene oder sonst in einer bodengebundenen Art und Weise. Unbeachtlich ist, welches Transportmittel hierzu verwendet wird. Als Beförderung zu Lande ist mithin auch eine bloß mit menschlicher Kraft ausgeführte Beförderung wie beispielsweise ein Trageumzug, eine Beförderung per Magnetschwebebahn oder eine Beförderung durch Pipeline anzusehen.

**d) Beförderung auf Binnengewässern.** Der Begriff Binnengewässer umfasst alle Bin- **122** nenwasserstraßen, darunter insbesondere Flüsse, Kanäle und Seen.[299] Die Grenzziehung zwischen See- und Binnengewässer richtet sich nach dem jeweils anwendbaren nationalen Recht. Soweit deutsches Recht zur Anwendung gelangt, ist eine Abgrenzung zwischen See- oder Binnengewässer in erster Linie nach § 1 Flaggenrechtsverordnung,[300] gegebenenfalls auch nach natürlicher Betrachtungsweise und der Anschauung der Schifffahrtstreibenden[301] vorzunehmen.

Nicht entscheidend ist, ob das Fahrzeug, das zur Beförderung eingesetzt wird, als Binnenschiff oder als Seeschiff einzuordnen ist.[302] Nur unter den Voraussetzungen des § 450 HGB finden bei einer Beförderung auf Binnengewässern Seefrachtrecht und nicht die §§ 407 ff. Anwendung.

**e) Beförderung mit Luftfahrzeugen.** Abweichend von der an sich in Abs. 3 verwen- **123** deten Systematik, für die Bestimmung des Anwendungsbereichs der allgemeinen frachtrechtlichen Regelungen nicht auf die Verwendung eines bestimmten Transportmittels abzustellen, sondern auf den Beförderungsweg, verlangt Abs. 3 Nr. 1 in Bezug auf die Luftbeförderung den Einsatz eines Luftfahrzeugs. In der Sache dürfte sich hieraus jedoch kein Unterschied ergeben. Klargestellt wird jedoch, dass es insoweit nur auf die Beförderung in der Luft ankommt. Wird anstelle eines Luftfahrzeugs ein anderes Beförderungsmittel, insbesondere ein Lkw, verwendet (sog. **Trucking,** vgl. hierzu Art. 18 MÜ Rn. 54 ff.), handelt es sich nicht um eine Beförderung mit einem Luftfahrzeug, sondern um eine Beförderung zu Lande. Soweit diese Beförderung zu Lande vertragswidrig erfolgt und die Bestimmungen des MÜ nicht zur Anwendung gelangen, bestimmt sich die Haftung des Frachtführers für Verlust oder Beschädigung des Gutes nach den oben dargelegten Grundsätzen (s. Rn. 116).

**Luftfahrzeuge** sind nach § 1 Abs. 2 Luftverkehrsgesetz[303] Flugzeuge, Drehflügler, Luft- **124** schiffe, Segelflugzeuge, Motorsegler, Frei- und Fesselballone, Drachen, Rettungsfallschirme,

---

[299] Vgl. auch *v. Waldstein/Holland* § 1 BinSchG Rn. 16.
[300] Flaggenrechtsverordnung vom 4. Juli 1990 (BGBl. I S. 1389), zuletzt geändert durch Gesetz v. 27.6.2013 (BGBl. I S. 1926).
[301] So zur Einordnung des Wattenmeeres als Seegewässer BGH 13.3.1980, BGHZ 76, 201, 204. Vgl. hierzu auch *Rabe* Einf. Rn. 33 ff.; *v. Waldstein/Holland* § 1 BinSchG Rn. 17.
[302] Vgl. zur Unterscheidung zwischen See- und Binnenschiff *Rabe* Einf. Rn. 17; *v. Waldstein/Holland* § 1 BinSchG Rn. 18.
[303] Luftverkehrsgesetz idF der Bek. vom 10. Mai 2007 (BGBl. I S. 698), zuletzt geändert durch Art. 2 Abs. 175 G zur Strukturreform des Gebührenrechts des Bundes vom 7.8.2013 (BGBl. I S. 3154).

Flugmodelle, Luftsportgeräte sowie sonstige für die Benutzung des Luftraums bestimmte Geräte, sofern sie in Höhen von mehr als dreißig Metern über Grund oder Wasser betrieben werden können. Darüber hinaus sieht die genannte Regelung Raumfahrzeuge, Raketen und ähnliche Flugkörper als Luftfahrzeuge an, solange sie sich im Luftraum befinden.

**125**   **2. Unternehmenseigenschaft des Frachtführers.** Die frachtvertraglichen Vorschriften der §§ 407–450 sind anzuwenden, wenn die Beförderung **auf Seiten des Frachtführers** zum Betrieb eines gewerblichen Unternehmens gehört (Abs. 3 S. 2 Nr. 2).[304] In Bezug auf den Absender verlangt das Gesetz keine besondere Qualifikation. Der Absender kann auch Verbraucher sein. Ist dies der Fall, kommen ihm einzelne Sondervorschriften zugute (vgl. § 414 Abs. 3, § 449 Abs. 1). Sind die Voraussetzungen des Abs. 3 S. 2 Nr. 2 nicht erfüllt, gehört also die Beförderung nicht zum Betrieb eines gewerblichen Unternehmens, sind auf den Vertrag die allgemeinen zivilrechtlichen Regelungen (§§ 631 ff., 675 BGB) anzuwenden.

**126**   Die Formulierung „Betrieb eines gewerblichen Unternehmens" knüpft an § 343 HGB an, wonach Handelsgeschäfte alle **Geschäfte eines Kaufmanns** sind, die zum Betriebe seines Handelsgewerbes gehören. Im Gegensatz zu § 343 verwendet § 407 Abs. 3 allerdings nicht den Begriff des „Handelsgewerbes". Denn der Begriff des Handelsgewerbes setzt voraus, dass das Unternehmen nach Art und Umfang einen in kaufmännischer Weise eingerichteten Geschäftsbetrieb erfordert (§ 1 Abs. 2) oder dass zumindest die Firma des Unternehmens in das Handelsregister eingetragen ist (§ 2). Wie sich aus einem Umkehrschluss aus Abs. 3 S. 2 ergibt, sollen die frachtrechtlichen Vorschriften jedoch auch **nicht eingetragene Kleingewerbetreibende** erfassen, also Unternehmen, die – anders als nach § 1 Abs. 2, § 2 – einen nach Art oder Umfang in kaufmännischer Weise eingerichteten Geschäftsbetrieb nicht erfordern und auch nicht im Handelsregister eingetragen sind. Um dies zu erreichen, vermeidet Abs. 3 S. 1 Nr. 2 die Verwendung des Begriffs „Handelsgewerbe" und beschränkt sich auf die Verwendung des Begriffs „gewerbliches Unternehmen".[305] Da in den Fällen, in denen eine vertraglich vereinbarte Beförderung nicht zum Betrieb eines Unternehmens gehört, das nach Art oder Umfang einen in kaufmännischer Weise eingerichteten Geschäftsbetrieb erfordert und dessen Firma auch nicht in das Handelsregister eingetragen ist, mangels Kaufmannseigenschaft des Frachtführers auf Grund der §§ 1, 2 die sonstigen Bestimmungen des HGB nicht gelten, bestimmt § 407 Abs. 3 S. 2 ergänzend, dass in Ansehung dieses Beförderungsgeschäfts nicht nur die frachtrechtlichen Regelungen der §§ 407–450 gelten, sondern ergänzend auch die Vorschriften des Ersten Abschnitts des Vierten Buches, dh. die §§ 343–372, mit Ausnahme der §§ 348–350. Frachtrecht und ergänzend die allgemeinen Vorschriften über Handelsgeschäfte gelten folglich auch für den Frachtführer, der früher als sog. Minderkaufmann angesehen wurde.

**127**   Der Begriff **„gewerbliches Unternehmen"** entspricht dem des Gewerbes iSd. § 1.[306] Ein gewerbliches Unternehmen wird allgemein angenommen, wenn eine erkennbar planmäßige, auf Dauer angelegte, selbständige, auf Gewinnerzielung ausgerichtete oder jedenfalls wirtschaftliche Tätigkeit am Markt unter Ausschluss freiberuflicher, wissenschaftlicher und künstlerischer Tätigkeit ausgeübt wird.[307]

**128**   Zum Betriebe eines gewerblichen Unternehmens gehören alle Geschäfte, die dem Interesse dieses Unternehmens, der Erhaltung seiner Substanz und Erzielung von Gewinn dienen sollen.[308] Unmaßgeblich ist, ob die Durchführung des Beförderungsgeschäfts gerade dem Interesse des Handelsgewerbes dient, das derjenige, der die Beförderung verspricht, betreibt. Denn anders als § 343 spricht § 407 Abs. 3 S. 1 Nr. 2 nicht vom Betrieb „seines", sondern vom Betrieb „eines" gewerblichen Unternehmens. Es reicht mithin aus, wenn die Beförderung zum Betriebe irgendeines gewerblichen Unternehmens gehört. Auch der

---

[304] *Koller* Rn. 28.
[305] Vgl. hierzu auch Reg.Begr. S. 34 (zu § 407).
[306] Hierzu eingehend *Karsten Schmidt* HandelsR § 1 Rn. 26 ff.
[307] So Baumbach/*Hopt* § 1 Rn. 12 mwN; vgl. auch *Karsten Schmidt* HandelsR § 1 Rn. 26 ff. mwN.
[308] Baumbach/*Hopt* § 343 Rn. 3 mwN.

**Gelegenheitsfrachtführer,** der außerhalb des regelmäßigen Betriebs seines Gewerbes eine Beförderung durchführt, wird also – wie schon früher – den frachtrechtlichen Vorschriften unterstellt. Jenseits dieses geschäftlich-unternehmerischen Tätigkeitsbereichs unterliegen Beförderungen, seien es „private" von Kaufleuten, seien es die von Privatpersonen übernommenen, falls entgeltlich, dem Werkvertragsrecht des BGB.

### § 408 Frachtbrief. Verordnungsermächtigung

(1) [1]Der Frachtführer kann die Ausstellung eines Frachtbriefs mit folgenden Angaben verlangen:
1.  Ort und Tag der Ausstellung;
2.  Name und Anschrift des Absenders;
3.  Name und Anschrift des Frachtführers;
4.  Stelle und Tag der Übernahme des Gutes sowie die für die Ablieferung vorgesehene Stelle;
5.  Name und Anschrift des Empfängers und eine etwaige Meldeadresse;
6.  die übliche Bezeichnung der Art des Gutes und die Art der Verpackung, bei gefährlichen Gütern ihre nach den Gefahrgutvorschriften vorgesehene, sonst ihre allgemein anerkannte Bezeichnung;
7.  Anzahl, Zeichen und Nummern der Frachtstücke;
8.  das Rohgewicht oder die anders angegebene Menge des Gutes;
9.  die bei Ablieferung geschuldete Fracht und die bis zur Ablieferung anfallenden Kosten sowie einen Vermerk über die Frachtzahlung;
10. den Betrag einer bei der Ablieferung des Gutes einzuziehenden Nachnahme;
11. Weisungen für die Zoll- und sonstige amtliche Behandlung des Gutes;
12. eine Vereinbarung über die Beförderung in offenem, nicht mit Planen gedecktem Fahrzeug oder auf Deck.

[2]In den Frachtbrief können weitere Angaben eingetragen werden, die die Parteien für zweckmäßig halten.

(2) [1]Der Frachtbrief wird in drei Originalausfertigungen ausgestellt, die vom Absender unterzeichnet werden. [2]Der Absender kann verlangen, daß auch der Frachtführer den Frachtbrief unterzeichnet. [3]Nachbildungen der eigenhändigen Unterschriften durch Druck oder Stempel genügen. [4]Eine Ausfertigung ist für den Absender bestimmt, eine begleitet das Gut, eine behält der Frachtführer.

(3) [1]Dem Frachtbrief gleichgestellt ist eine elektronische Aufzeichnung, die dieselben Funktionen erfüllt wie der Frachtbrief, sofern sichergestellt ist, dass die Authentizität und die Integrität der Aufzeichnung gewahrt bleiben (elektronischer Frachtbrief). [2]Das Bundesministerium der Justiz wird ermächtigt, im Einvernehmen mit dem Bundesministerium des Innern durch Rechtsverordnung, die nicht der Zustimmung des Bundesrates bedarf, die Einzelheiten der Ausstellung, des Mitführens und der Vorlage eines elektronischen Frachtbriefs sowie des Verfahrens einer nachträglichen Eintragung in einen elektronischen Frachtbrief zu regeln.

#### Übersicht

| | Rn. | | Rn. |
|---|---|---|---|
| I. Normzweck | 1 | III. Rechtsnatur des Frachtbriefs | 10–12 |
| II. Funktion des Frachtbriefs | 2–9 | IV. Ausstellung eines Frachtbriefs | 13–22a |
| 1. Allgemeines | 2, 3 | 1. Absender als Aussteller (Abs. 1) | 13, 14 |
| 2. Beweisfunktion | 4–6 | 2. Pflicht zur Ausstellung (Abs. 1) | 15 |
| 3. Quittungsfunktion | 7 | 3. Ausfertigungen (Abs. 2 S. 1) | 16, 17 |
| 4. Instruktionsfunktion | 8 | 4. Unterschriften (Abs. 2) | 18–21 |
| 5. Legitimations- und Sperrfunktion | 9 | a) Unterschrift des Absenders | 18 |

Rn.

b) Unterschrift des Frachtführers ..... 19–21
5. Elektronischer Frachtbrief ........... 22, 22a

V. Inhalt des Frachtbriefs (Abs. 1) .. 23–45

1. Allgemeines ......................... 23
2. Vorgeschriebene Angaben (Abs. 1
   S. 1)................................ 24–44
   a) Ort und Tag der Ausstellung
      (Nr. 1) .......................... 24
   b) Name und Anschrift des Absenders
      (Nr. 2) .......................... 25
   c) Name und Anschrift des Frachtfüh-
      rers (Nr. 3) ..................... 26
   d) Tag der Übernahme des Gutes,
      Übernahme- und Ablieferungsstelle
      (Nr. 4) .......................... 27, 28
   e) Name und Anschrift des Empfän-
      gers, Meldeadresse (Nr. 5) ........ 29–31
   f) Art des Gutes und der Verpackung,
      gefährliche Güter (Nr. 6) ......... 32, 33

Rn.

g) Anzahl, Zeichen und Nummern
   der Frachtstücke (Nr. 7) .......... 34, 35
h) Rohgewicht oder anders angegebene Menge des Gutes (Nr. 8) .... 36, 37
i) Fracht, Kosten sowie Frachtzahlungsmodalitäten (Nr. 9) .......... 38–41
j) Nachnahmebetrag (Nr. 10) ........ 42
k) Weisungen für die Zoll- und sonstige amtliche Behandlung des
   Gutes (Nr. 11) ................... 43
l) Beförderung in offenem Fahrzeug
   oder auf Deck (Nr. 12) ........... 44
3. Sonstige Angaben (Abs. 1 S. 2) ....... 45
VI. Rechtsfolgen bei Pflichtverlet-
    zung .................................. 46–49
1. Verzögerte oder verweigerte Ausstellung des Frachtbriefs ................. 46, 47
2. Unrichtige oder unvollständige Frachtbriefangaben .......................... 48
3. Verweigerung der Unterschriftsleistung durch den Frachtführer ......... 49

## I. Normzweck

1    Die Norm regelt nach dem Vorbild von § 426 HGB aF, §§ 10, 11 KVO, Art. 5 und 6 CMR sowie §§ 55, 56 EVO aF und Art. 12, 13 CIM 1980[1] den Frachtbrief als ein Dokument, das im Wesentlichen der Unterrichtung des Frachtführers über das Gut, den Empfänger und die Modalitäten der Frachtzahlung dient, dazu der Dokumentation getroffener besonderer Vereinbarungen. Mit dem SRG wurde die Vorschrift leicht geändert und Abs. 1 an den für den Stückgutfrachtverkehr neu geschaffenen § 515 Abs. 1 S. 1. Nr. 9 angeglichen Neu ist Abs. 3, der – wie im seefrachtrecht § 526 Abs. 4 – die Möglichkeit eröffnet, anstelle eines papiergebundenen Frachtbriefs zu verwenden.

## II. Funktion des Frachtbriefs

2    **1. Allgemeines.** Die wichtigste Funktion des Frachtbriefs ist die als Instruktions- und Beweisurkunde. Da der Frachtführer konkreter Anweisungen über Ziel, Objekt und Modalitäten der Beförderung bedarf, gibt ihm das Gesetz einen Anspruch auf Ausstellung eines Frachtbriefs, dessen Inhalt im Einzelnen in Absatz 1 ausgeführt ist.

3    Der Frachtbrief ist dagegen **keine vertragskonstitutive Urkunde.**[2] Dementsprechend kann sich der Absender auch mit mündlichen Anweisungen begnügen. Das Fehlen des Frachtbriefs berührt weder den Bestand noch die Gültigkeit des Beförderungsvertrags.[3] Gleiches gilt für die Unvollständigkeit oder unzutreffende Angaben des Frachtbriefs. Auch ein defizitär ausgefüllter Frachtbrief bzw. ein Dokument, das immerhin als warenbegleitendes Papier und nicht zB bloß als Quittung gedacht ist,[4] kann als Instruktionspapier fungieren, solange das Papier den Mindesterfordernissen genügt, wie sie nötig sind, um vor allem den Frachtführer über für ihn wesentliche Punkte nicht im Unklaren zu lassen. Die in § 408 Abs. 1 S. 1 enthaltenen Angaben sind ohnehin nur beispielhaft und können gem. Abs. 1 S. 2 durch weitere Instruktionsangaben ergänzt werden. So ist zB insbes. die Eintragung einer Lieferfrist zweckmäßig, aber nicht Voraussetzung für deren Wirksamkeit.[5] Ferner

[1] Vgl. Reg.Begr. S. 35 (zu § 408).
[2] Staub/Helm § 426 aF Rn. 27; Koller Rn. 1; Lenz Rn. 197 ff.; Heise BB 1966, 1428; nur terminologisch zT abw. Pelz S. 75 f., 88.
[3] So ausdrücklich im internationalen Straßen- und Luftfrachtrecht Art. 4 S. 2 CMR, Art. 5 Abs. 2 WA.
[4] Vgl. Helm VersR 1988, 548, 550 zu CMR.
[5] BGH 20.9.1093, TranspR 1994, 16 zu CMR-Frachtbrief.

können darin Abreden über die Einhaltung bestimmter Temperaturen Umladeverbote, Palettentausch oder einen Gerichtsstand[6] aufgenommen werden.

**2. Beweisfunktion.** Die Beweisfunktion ergibt sich aus § 409. Nach § 409 Abs. 1 **4** beweist der von beiden Parteien unterschriebene Frachtbrief den Abschluss des Beförderungsvertrags, dessen Inhalt einschließlich seiner Nebenabreden[7] sowie die Übergabe des Gutes. Darüber hinaus erbringt der Frachtbrief auch den widerleglichen Beweis für den äußerlich guten Zustand des Gutes und seiner Verpackung bei der Übernahme durch den Frachtführer und für die Übereinstimmung der Anzahl der Frachtstücke und ihrer Zeichen und Nummern mit den Angaben im Frachtbrief, sofern nicht die sog. Vorbehalte vermerkt sind. Zu beachten ist jedoch, dass der Frachtführer nicht zur Überprüfung der Angaben verpflichtet ist. Vielmehr hat der Gesetzgeber –insoweit von Art. 8 CMR abweichend – bewusst drauf verzichtet, eine Überprüfungspflicht des Frachtführers bezüglich der Richtigkeit der Frachtbriefangaben und des Zustandes von Gut und Verpackung zu normieren.[8]

Dadurch, dass nach dem Gesetz davon auszugehen ist, dass bestimmte Angaben im **5** Frachtbrief mit der Realität übereinstimmen,[9] kommt dem Frachtbrief also – im Vergleich zum allgemeinen Urkundsbeweis – erhöhte Beweiskraft zu.[10] Voraussetzung ist allerdings, dass der Frachtbrief von beiden Parteien unterzeichnet wurde. Aus diesem Grunde billigt das Gesetz dem Absender das bereits erwähnte Recht zu, vom Frachtführer zu verlangen, dass auch er den Frachtbrief unterzeichnet (§ 408 Abs. 2 S. 2).

Grundsätzlich **keinen Beweis** erbringt der Frachtbrief für das im Frachtbrief angegebene **6** **Gewicht**[11] oder den im Frachtbrief angegebenen **Inhalt der Frachtstücke** (etwa den Zustand von Gut, das in einem Container befördert wird), weil der Frachtführer idR die Richtigkeit diese vom Absender eingetragenen Angaben nicht überprüfen kann. Anderes gilt nur dann, wenn der Frachtführer die Angaben überprüft und das Ergebnis der Überprüfung in den Frachtbrief einträgt (§ 409 Abs. 3 HGB).

**3. Quittungsfunktion.** Die vom Frachtführer unterschriebene oder abgestempelte Ausfertigung des Frachtbriefs dient insbes. auch als Quittung für die Übernahme des Gutes iS **7** eines schriftlichen Empfangsbekenntnisses gem. § 368 BGB. Dies spielt vor allem dann eine Rolle, wenn lediglich der Frachtführer den Frachtbrief unterschrieben hat und damit dem Frachtbrief, weil er nicht von beiden Parteien unterschrieben wurde, keine Beweiskraft gemäß § 409 HGB zukommt. Denn in diesem Falle kommt dem Frachtbrief – abhängig von den Umständen des Einzelfalls – materielle Beweiskraft wie bei der Quittung im Sinne von § 368 BGB zu.[12] Allerdings wird nicht der Empfang einer „geschuldeten Leistung" quittiert, sondern die Übernahme von Frachtgut (§ 409 Abs. 1), was im Hinblick auf die Beweiswirkung einer tatsächlichen Bestätigung aber keinen Unterschied macht.

**4. Instruktionsfunktion.** Der Frachtbrief dient zugleich der Information der am Fracht- **8** geschäft beteiligten Personen. Denn die in § 408 Abs. 1 vorgeschriebenen Angaben geben Aufschluss über die Vertragsparteien, das zu befördernde Gut, die Beförderungsstrecke und eventuell zu ergreifende Maßnahmen. Ferner informiert er den Empfänger über die ihm zuzustellende Sendung und über die ggf. zu zahlende Fracht.

**5. Legitimations- und Sperrfunktion.** Zum Zweck der Legitimation des Empfängers **9** und der erleichterten Verfügung über das unterwegs befindliche Gut sieht das HGB vor allem den Ladeschein vor (s. §§ 444 ff.). Aber auch dem Frachtbrief kommt unter bestimmten Voraussetzungen eine vergleichbare Funktion zu. So kann ihm eine Sperrfunktion

---

[6] Fremuth/Thume/*Fremuth* Rn. 2.
[7] BGH 23.5.1990, NJW-RR 1990, 1314, 1316 zur KVO, differenzierend hinsichtlich der weiteren Nebenabreden des Abs. 1 S. 2 *Koller* Rn. 16.
[8] RegBegr TRG S. 38.
[9] Für unrichtige Angaben würde der Absender gem. § 414 Abs. 1 Nr. 2 haften.
[10] Zur Beweisfunktion des CMR-Frachtbriefs im Steuerrecht s. BFH 4.5.2011, DB 2011, 1675.
[11] S. jedoch OLG München 9.4.2012, BeckRS 2012, 10668.
[12] BGH 24.10.2002, TranspR 2003, 156, 159.

verliehen werden, indem in ihm bestimmt wird, dass der Absender sein Verfügungsrecht nur gegen Vorlage der Absenderausfertigung des Frachtbriefs ausüben kann (§ 418 Abs. 4). Eine solche im Frachtbrief vorgeschriebene **Einschränkung des Verfügungsrechts** macht die Frachtbriefausfertigung nach § 418 Abs. 4 zum „Sperrpapier".[13] Bei Missachtung haftet der Frachtführer dem durch die Sperrwirkung begünstigten Empfänger bzw. sonst berechtigten Inhaber der Ausfertigung nach § 418 Abs. 6 auf Schadensersatz, auch dann, wenn er die in der Ausfertigung quittierte Ware überhaupt nicht übernommen hat.[14]

### III. Rechtsnatur des Frachtbriefs

10    Der Frachtbrief ist eine **einseitige schriftliche Erklärung des Absenders** des Frachtguts über den Inhalt des mit dem Frachtführer geschlossenen Frachtvertrags. Zusammen mit der Unterschrift des Frachtführers ist sie als Beweisurkunde für diesen Inhalt zu dienen geeignet.[15] Nach der gesetzlichen Konzeption sind Frachtbriefausstellung und Frachtvertragsabschluss Rechtsakte je für sich. Der Frachtbrief ist als solcher nicht ieS Vertragsurkunde, welche eine übereinstimmende Vertragserklärung dokumentiert, und für die auf Grund ihrer Schriftform die Vermutung der Vollständigkeit und Richtigkeit spricht. Er bildet eine frachtvertragsgemäß einzufordernde Beigabe zum Beförderungsgut, die allerdings wesentliche Elemente des Vertragsinhalts formularmäßig zur Abwicklung des Geschäfts festlegt, und die sich als Urkunde dann auch zum Beweis nutzen lässt.

11    Wird der Frachtbrief schon vor dem eigentlichen Abschluss des Frachtvertrags ausgestellt, dann kann in dessen Übergabe an den Frachtführer zugleich das **Angebot des Absenders** auf Abschluss des Frachtvertrags gesehen werden. Es spricht speziell für das Angebot zum Abschluss eines Fracht- und nicht eines Speditionsvertrags, wenn ein Frachtvertragsformular verwendet wird, gleich, von welcher Seite es ausgefüllt wird.[16] Es kann den Rückschluss auf einen ihm erteilten Speditionsauftrag nahegelegen, wenn sich ein Spediteur als frachtbriefmäßiger Absender in den Frachtbrief einträgt.[17] Nimmt der Frachtführer den ausgestellten Frachtbrief widerspruchslos an, dann stimmt er zugleich den darin bekundeten rechtsgeschäftlichen Erklärungen zu, so dass sie zum Inhalt des Frachtvertrags werden, ausgenommen solche Erklärungen, mit denen verkehrsüblich nicht zu rechnen ist und auf die nicht hingewiesen ist. Dies gilt vor allem für Abreden, welche einen den evtl. bereits geschlossenen Frachtvertrag abändernden Charakter aufweisen. Umgekehrt bleiben Vermerke, welche der Frachtführer auf dem Frachtbrief nach dessen Übernahme anbringt, bedeutungslos, soweit sie nicht zur Kenntnis des Absenders gelangen und dieser sich mit ihrem Inhalt nicht ausdrücklich oder konkludent einverstanden erklärt.[18]

12    Der Frachtbrief ist **zu unterscheiden vom Ladeschein** (§§ 444 ff.). Anders als jener ist der Frachtbrief kein **Wertpapier**. Er dokumentiert nach dem Katalog des Abs. 1 zwar u. a. Vereinbarungen, aber doch nicht ieS Zahlungsversprechen oder Auslieferungsversprechen als solche. Die Rechte aus dem Frachtbrief stehen auch nicht dem Inhaber des Frachtbriefs zu, vielmehr dem nach frachtrechtlichen Grundsätzen Verfügungsberechtigten[19] (vgl. §§ 418 ff.). Endlich fungiert der Frachtbrief auch nicht, wie der Ladeschein, als sog. Traditionspapier; er soll das Gut begleiten, nicht es zum Zwecke von Verfügungen darüber repräsentieren. Lediglich im Hinblick auf danach zu erhebende Nachnahmen kann der Frachtbrief zugleich als sog. Anweisungsbrief angesehen werden.[20] Allerdings kann er zum

---

[13] S. zum Frachtbriefdoppel *Konow* DB 1972, 1613, 1618; *Fremuth/Thume/Fremuth* Rn. 5 f.; umfassend *Pelz* S. 34 ff.; zur Bedeutung für Ersatzansprüche *Staub/Helm* § 426 aF Rn. 67; eingehend zu Rechtsnatur und Rechtswirkung frachtrechtlicher Sperrpapiere *Koller* TranspR 1994, 181.

[14] BGH 19.3.1976, NJW 1976, 1583, 1584 zum Luftfrachtbriefdritt.

[15] RG 9.12.1912, RGZ 80, 58, 60 f.

[16] BGH 22.4.1982, BGHZ 84, 101, 104 = NJW 1983, 516, 517 zu WA; OLG Düsseldorf 13.3.1986, TranspR 1986, 165, 166 zu KVO; *Koller* NJW 1988, 1756, 1758.

[17] OLG München 30.10.1974, VersR 1975, 129, 130.

[18] Vgl. *Konow* DB 1972, 1613, 1614.

[19] BGH 4.6.1976, NJW 1976, 1746, 1747.

[20] *Pelz* S. 18 ff.

Sperrpapier gekürt werden mit der Folge, dass das Weisungsrecht nur gegen Vorlage der Absenderausfertigung ausgeübt werden kann (§ 418 Abs. 4). Insoweit hat der Frachtbrief eine einem Wertpapier vergleichbare Funktion.

### IV. Ausstellung eines Frachtbriefs

**1. Absender als Aussteller (Abs. 1). Aussteller** des Frachtbriefs ist – anders als beim 13
Ladeschein (§ 444) – der Absender. Teilt der Absender die in den Frachtbrief einzutragenden Angaben dem Frachtführer mit und übernimmt der Frachtführer unter Verwendung der von ihm vorgehaltenen Formulare die Erstellung bzw. das Ausfüllen des Frachtbriefs, so bleibt es gleichwohl bei der Ausstellung durch den Absender, wenn dieser durch Blankounterschrift oder sonst durch Unterschrift unter den ausgefüllten Frachtbrief sich die Eintragungen als seine Erklärungen zu eigen macht.

Der Absender kann sich bei der Ausstellung des Frachtbriefs **vertreten** lassen (§ 164 14
BGB). Vertreter kann dabei insbesondere auch der Frachtführer sein, dem der Absender die notwendigen Informationen zukommen lässt.

**2. Pflicht zur Ausstellung (Abs. 1).** Der Absender ist nur auf Verlangen des Frachtführers 15
rers zur Ausstellung des Frachtbriefs verpflichtet (§ 408 Abs. 1 HGB). Es handelt sich hierbei um einen sog. **verhaltenen Anspruch.**[21] Eine Ausnahme hiervon sieht § 451b Abs. 1 für den Umzugsvertrag vor. Danach ist der Absender von Umzugsgut nicht verpflichtet, einen Frachtbrief auszustellen. Ein Frachtbriefzwang, wie er noch in § 55 EVO aF und § 10 KVO aF zur Einhaltung von Tarifzwang und zur aufsichtsbehördlichen Kontrolle galten, besteht dagegen nicht mehr.

**3. Ausfertigungen (Abs. 2 S. 1).** Nach dem Vorbild der Sonderfrachtrechte, wo 16
immer schon zB mit Frachtbriefdoppel oder Luftfrachtbriefdritt gearbeitet wurde, sind nach dem Vorbild von Art. 5 Abs. 2 CMR **drei Originalausfertigungen** des Frachtbriefs vorgesehen, die alle drei zu unterzeichnen sind. Die Ausfertigungen sind rechtlich gleichwertig. Die Anfertigung von Kopien ist zwar möglich, ersetzt aber nicht die Originalurkunde. Diese kann jedoch mit der Durchschrift einer mittels Durchschreibsatz erstellten Frachtbriefausfertigung erstellt werden, wenn der Aussteller mit der Durchschrift ein weiteres gleichwertiges Original herstellen will.[22] Wird im Prozess nur eine Ausfertigung eines Frachtbriefs vorgelegt, der eine Unterschrift im Durchschreibeverfahren aufweist, muss hierzu der Nachweis geführt werden, dass das Durchschreibeverfahren bewusst als Schreibmittel eingesetzt worden ist.[23]

Die Zuordnung zu Absender, Frachtführer und zur Begleitung des Gutes bestimmt S. 4. Die 17
nach Abs. 2 S. 4 vom Frachtführer unterschriebene oder Faksimile abgestempelte und dem Absender wieder auszuhändigende Ausfertigung des Frachtbriefs wird auch als sog. **Frachtbriefdoppel** bezeichnet. Diese Ausfertigung dient vor allem als Quittung für den Empfang des Gutes. Das ermöglicht es dem Absender, zB in seiner Rolle als Verkäufer, dem Käufer gegenüber nachzuweisen, dass die Ware in die Obhut eines Beförderers gelangt ist und sich auf dem Transport befindet. Nach Zahlungsbedingungen wie „Kasse gegen Dokumente"[24] kann der Verkäufer dann gegen Übergabe des Transportdokuments Zahlung seitens des Käufers bzw. einer eingeschalteten Bank erlangen. Es erhöht die Bereitschaft zur Zahlung und zur Kreditgewährung finanzierender Banken,[25] wenn der Frachtführer sog. nachträgliche Verfügungen nur beachten und ausführen darf, wenn ihm die Frachtbriefausfertigung vorgelegt wird.

**4. Unterschriften (Abs. 2). a) Unterschrift des Absenders.** Der Begriff „Ausstel- 18
lung" schließt die **Unterzeichnung** des Frachtbriefs durch den Absender ein. Die Unter-

---

[21] Vgl. zu der vergleichbaren Regelung in § 368 BGB Palandt/*Grüneberg* BGB § 368 Rn. 7.
[22] Ebenso *Koller* Rn. 17; *Bästlein/Bästlein* TranspR 2003, 413, 414. Vgl. BGH 25.4.2006, WM 2006, 1060, 1062 (zu einer mittels Durchschreibsatz erstellten Vollmacht).
[23] Vgl. *Bästlein/Bästlein* TranspR 2003, 413, 414.
[24] S. Baumbach/*Hopt* § 346 Rn. 5; vgl. auch *Lenz* Rn. 230 ff.
[25] *Basedow* TranspV S. 363.

schrift muss nach Abs. 2 S. 3 grundsätzlich eigenhändig gefertigt werden. Sie kann aber auch in Druck oder durch Stempel geleistet werden. Aus Gründen der Fälschungssicherheit wird dabei allerdings mit dem Wort „Nachbildungen" Faksimilierung verlangt. Eine Ersetzung der eigenhändig gefertigten Unterschrift durch eine qualifizierte elektronische Signatur nach § 126 Abs. 3 iVm. § 126a BGB ist nicht möglich.[26] Denn dies setzt voraus, dass der Frachtbrief in einem elektronischen Dokument enthalten ist. Die Ausstellung eines elektronischen Frachtbriefs ist jedoch nicht möglich (vgl. hierzu Rn. 22).

**19**    **b) Unterschrift des Frachtführers.** Legt der Absender insbes. aus Gründen des Beweisvorteils nach § 409 Wert auf einen Frachtbrief, so muss er dies vorsorglich zur Bedingung des Vertragsabschlusses machen. Eine Mitwirkungspflicht des Frachtführers bei Ausstellung des Frachtbriefs besteht grundsätzlich nicht. Dementsprechend bleibt der Frachtbrief eine Urkunde iS des § 416 ZPO und wird nicht formungültig oder verliert seine Eigenschaft als Frachtbrief, weil er nicht die Unterschrift des Frachtführers trägt.[27] Allerdings hat der Absender nach Maßgabe von Abs. 2 S. 2 gegenüber dem Frachtführer einen Anspruch auf **Unterzeichnung** des schon ausgestellten Frachtbriefs, die wiederum faksimiliert erfolgen kann. Dies sichert dem Frachtbrief die erhöhte Beweiswirkung gem. § 409. Die beidseitige Unterzeichnung ist auch in § 4 Abs. 1 S. 1 VBGL vorgesehen; demgegenüber muss es angesichts des berechtigten Interesses daran, beweiserleichternde Urkunden zu erlangen, als Verkürzung der Rechtsstellung des Vertragspartners angesehen werden, wenn nach Nr. 3 S. 2 ALB DB Cargo bahnseitig bestimmt wird, dass der Frachtbrief nicht von der Bahn unterschrieben wird.[28]

**20**    Die Unterschrift kann auch durch einen **Bevollmächtigten** des Frachtführers geleistet werden. Inwieweit Angestellte des Frachtführers als bevollmächtigt angesehen werden können, ist nach den allgemeinen zivilrechtlichen Vorschriften (§§ 167 ff., 133, 157 BGB) zu beurteilen. Wenn der Absender duldet, dass der Fahrer die Unterschrift leistet, muss er sich dessen Verhalten nach den Grundsätzen der Duldungs- oder Anscheinsvollmacht uU auch dann anrechnen lassen, wenn er keinen Bevollmächtigungswillen hatte. Regelmäßig ist davon auszugehen, dass der Fahrer des Frachtführers zur Unterzeichnung des Frachtbriefs berechtigt ist,[29] aber nur insoweit, als dessen Inhalt dem abgeschlossenen Frachtvertrag entspricht. So kann zB auch bei längerer Geschäftsverbindung eine Schiedsgerichtsklausel nicht dadurch in den Frachtvertrag einbezogen werden, dass der Versender sie auf Frachtbriefen, die nicht vom Frachtführer, sondern von Fahrern der von diesem beauftragten Unternehmen unterzeichnet sind, regelmäßig abdruckt.[30] Analog § 16 Abs. 2 BinSchG ist auch der Schiffer zur Unterzeichnung des Frachtbriefs berechtigt (arg. a maiore ad minus).

**21**    Der Anspruch auf Unterschrift durch den Frachtführer wird **fällig** mit Übernahme des Gutes durch den Frachtführer.[31] Denn erst zu diesem Zeitpunkt ist es dem Frachtführer möglich, die Angaben im Frachtbrief auf ihre Richtigkeit zu überprüfen und ggf. Vorbehalte nach § 409 einzutragen.

**22**    **5. Elektronischer Frachtbrief.** Der neue Abs. 3 eröffnet – ebenso wie im Seefrachtrecht § 526 Abs. 4 – die Möglichkeit, anstelle eines papiergebundenen Frachtbriefs einen elektronischen Frachtbrief zu verwenden. Hierfür besteht, wie sich insbesondere auf internationaler Ebene gezeigt hat, ein Bedürfnis.[32] Um die Gleichwertigkeit der elektronischen

---

[26] Ebenso *Müglich* TranspR 2000, 145, 147; aA *Koller* Rn. 18.
[27] Vgl. *Koller* Rn. 23. AA BFH 8.8.2006, BFHE 215, 406.
[28] Krit. hierzu *Czerwenka*, Die Bedeutung der Transportrechtsreform für den Eisenbahnverkehr, S. 100.
[29] So auch *Koller* § 407 Rn. 38 und § 408 Rn. 20 und *Andresen/Valder* Rn. 21.
[30] OLG Hamm TranspR 2000, 442.
[31] Ebenso *Koller* Rn. 20; *v. Waldstein/Holland* §§ 408, 409 Rn. 21.
[32] Vgl. Art. 6 § 9 CIM/COTIF und Artikel 2 des vom Binnenverkehrsausschuss der UNECE am 20. Februar 2008 verabschiedeten Zusatzprotokolls zur CMR, wonach der dort bezeichnete Frachtbrief mittels elektronischer Kommunikation ausgestellt werden kann. (Das Zusatzprotokoll ist allerdings noch nicht völkerrechtlich in Kraft getreten, weil es bisher lediglich von Bulgarien, Lettland, den Niederlanden und der Schweiz ratifiziert wurde).

Aufzeichnung mit dem herkömmlichen Frachtbrief zu gewährleisten, verlangt die neue Vorschrift, dass die elektronische Aufzeichnung dieselben Funktionen erfüllen muss wie der papiergebundene Frachtbrief und dass die Authentizität und die Integrität der Aufzeichnung stets gewahrt bleiben müssen. Der Begriff „Aufzeichnung" entspricht dabei dem in § 516 Abs. 2 HGB-E nach dem Vorbild der Rotterdam-Regeln eingeführten Begriff. Hierdurch soll deutlich gemacht werden, dass es sich hierbei nicht um eine Privaturkunde im Sinne von § 416 ZPO handelt.[33]

Zu den Funktionen, die die elektronische Aufzeichnung erfüllen muss, zählen insbeson- **22a** dere die Beweisfunktion (§ 409 HGB) und die Instruktionsfunktion des Frachtbriefs. Hinzu kommen kann eine Sperrfunktion, wenn die Parteien sicherstellen wollen, dass Weisungen nur gegen Vorlage des Frachtbriefs befolgt werden (§ 418 Abs. 4 HGB). Soll ein elektronischer Frachtbrief ausgestellt werden, müssen daher Wege gefunden werden, wie die elektronische Aufzeichnung von beiden Parteien unterzeichnet werden kann, wie die in § 408 Abs. 2 Satz 1 HGB genannten drei Originalausfertigungen des Frachtbriefs ausgestellt und nur bestimmten Personen zugeordnet werden können, wie eine Ausfertigung das Gut nach § 408 Abs. 2 Satz 3 HGB „begleiten" kann, wie die elektronische Aufzeichnung nach § 418 Abs. 4 HGB zum Sperrpapier gekürt werden kann und wie dieses dann nach § 418 Abs. 6 HGB „vorzulegen" ist und schließlich, wie in die elektronische Aufzeichnung, ohne dass die Authentizität und Integrität der Aufzeichnung in Frage gestellt werden, noch nachträglich Vorbehalte nach § 409 Abs. 2 HGB eingetragen werden können.[34] Satz 1 sieht bewusst von einer weiter gehenden, detaillierten Regelung des elektronischen Frachtbriefs ab, weil ausreichende Erfahrungen mit der Verwendung elektronischer Dokumente in der Praxis noch fehlen. Die Entwicklung elektronischer Frachtbriefe soll daher nicht durch eine starre und detaillierte gesetzliche Regelung verhindert werden. Nach Satz 2 soll ist deshalb das Bundesjustizministerium ermächtigt, im Einvernehmen mit dem Bundesinnenministerium weitere Einzelheiten durch Rechtsverordnung zu regeln. Die Formulierung „Einzelheiten des Mitführens des elektronischen Frachtbriefs" soll dabei den Fall abdecken, dass nach § 408 Abs. 2 Satz 4 HGB eine Ausfertigung des Frachtbriefs das Gut begleitet und damit vom jeweiligen Beförderer mitgeführt werden muss.[35] Diese Rechtsverordnung bedarf nicht der Zustimmung, des Bundesrates weil die in Art. 80 Abs. 2 GG genannten Kriterien nicht erfüllt sind.[36]

### V. Inhalt des Frachtbriefs (Abs. 1)

**1. Allgemeines.** Abs. 1 listet auf, welche Angaben auf Verlangen des Frachtführers in **23** den Frachtbrief aufzunehmen sind. Eine Formenstrenge für die Aufmachung und Bezeichnung des Transportdokuments als Frachtbrief gibt es jedoch nicht.[37] Durch die Formulierung „kann verlangen" wird vielmehr deutlich gemacht, dass die Regelung den Frachtbriefinhalt nicht zwingend vorschreibt. Die in Absatz 1 aufgeführten Angaben sind also in ihrer Gesamtheit nicht notwendiger Bestandteil des Frachtbriefs. Allerdings muss der Frachtbrief **Mindestangaben** enthalten. Dazu gehören die Person des Absenders als seines primären Schuldners sowie die Erteilung des Transportauftrags hinsichtlich eines bestimmten Gutes.[38] Nebenabreden wie eine Nachnahmevereinbarung sind stets auch ohne frachtbriefliche Eintragung wirksam. Nur die besonderen beweisrechtlichen Folgen einer Unterschrift können bei deren Fehlen nicht eintreten (vgl. § 416 ZPO); auch die fehlende Unterschrift macht aber den Frachtbrief des § 409 nicht unwirksam.[39] Im Übrigen kann der Frachtführer einen Frachtbrief, der nicht die Angaben des Abs. 1 enthält, zurückweisen. Die Aufnahme einer

---

[33] Reg.Entw. SeeRGes. S. 97.
[34] Reg.Entw. SeeRGes. S. 97.
[35] Reg.Entw. SeeRGes. S. 97.
[36] Reg.Entw. SeeRGes. S. 98.
[37] Vgl. Hopt/*Joos/Leyens* Form S. 317.
[38] RG 9.7.1912, RGZ 80, 58, 61.
[39] S. aber BGH 16.10.1986, TranspR 1987, 96, 97 zu Art. 9 CMR.

bestimmten Angabe, die zwar im Katalog des Abs. 2 enthalten ist, aber für das konkrete Beförderungsgeschäft unwesentlich ist, kann der Frachtführer nicht verlangen.[40] Sind sie vom Absender nur informationshalber eingetragen, erlangen sie nicht die Beweiskraft des § 409 (s. Rn. 45).

**24**    **2. Vorgeschriebene Angaben (Abs. 1 S. 1). a) Ort und Tag der Ausstellung (Nr. 1).** Nummer 1 deckt sich mit § 426 Abs. 2 Nr. 1 HGB aF und Art. 6 Abs. 1 Buchst. a CMR. Abzustellen ist auf die Frachtbriefausstellung, nicht auf den Vertragsschluss.

**25**    **b) Name und Anschrift des Absenders (Nr. 2).** Nummer 2 ist Art. 6 Abs. 1 Buchst. b CMR nachgebildet. Zum Begriff „Absender" vgl. § 407 Rn. 11. Die Angabe ist vor allem in den Fällen nützlich, in denen beim Absender nachgefragt werden muss, wie mit dem Gut weiter verfahren werden soll (vgl. § 419).

**26**    **c) Name und Anschrift des Frachtführers (Nr. 3).** Nummer 3 entspricht Art. 6 Abs. 1 Buchst. c CMR; eine vergleichbare Vorschrift findet sich in § 426 Abs. 2 Nr. 2 HGB aF. Zum Begriff „Frachtführer" vgl. § 407 Rn. 3 f. Soweit der Frachtführer Kaufmann ist, sind Firma (§ 17) und Niederlassung (§ 29) oder, bei Vorliegen einer Handelsgesellschaft, der Sitz der Gesellschaft (§ 106) anzugeben. Die Angabe der Anschrift des Frachtführers ist vor allem im Hinblick auf das für den Absender bestimmte Frachtbriefdoppel von Belang.

**27**    **d) Tag der Übernahme des Gutes, Übernahme- und Ablieferungsstelle (Nr. 4).** Nummer 4 sieht abweichend von § 426 Abs. 2 Nr. 4 HGB aF nicht lediglich die Angabe des „Ortes" von Übernahme und Ablieferung vor, dh. der jeweiligen politischen Gemeinde, sondern nach dem Vorbild von Art. 6 Abs. 1 Buchst. d CMR und § 11 Abs. 1 Buchst. b KVO die der **„Stelle".**[41] „Stelle" meint – konkreter als Bestimmungsort (hierzu § 407 Rn. 33) die genaue geographische Bezeichnung innerhalb der jeweiligen Orte iSv. politischer Gemeinde, etwa die Straße und Hausnummer.[42] Bei einer Binnenschiffsbeförderung ist Übernahmestelle die genaue Stelle im Ladehafen, an der der Frachtführer das Gut übernehmen muss (Ladestelle); die Ablieferungsstelle ist die Stelle im Löschhafen, die für die Ablieferung vorgesehen ist (Löschstelle).[43] Ist die Stelle nicht zu bestimmen, genügt auch die Angabe des Ortes.[44]

**28**    Tag der Übernahme des Gutes ist der **Tag,** an dem das Gut übernommen werden soll. Da der Frachtbrief, anders als das Übernahmekonnossement (§ 642), nicht vom Beförderer (Verfrachter) ausgestellt wird, sondern vom Absender, und der Zeitpunkt der Ausstellung regelmäßig vor Übernahme der Güter zur Beförderung liegt, kann es insoweit nur auf den vertraglich vereinbarten Tag der Übernahme ankommen, nicht auf den Tag der tatsächlichen Übernahme.[45] Ob und wann der Frachtführer das Gut tatsächlich übernommen hat, ergibt sich daraus, zu welchem Zeitpunkt der Frachtführer die Übernahme des Gutes auf dem Frachtbrief – gegebenenfalls mit Aufnahme von Vorbehalten – quittiert hat.

**29**    **e) Name und Anschrift des Empfängers, Meldeadresse (Nr. 5).** Nummer 5 ist § 426 Abs. 2 Nr. 3 HGB aF sowie Art. 6 Abs. 1 Buchst. e CMR nachgebildet. Ohne Vorbild ist die Erwähnung der Meldeadresse. Damit soll vor allem den Gegebenheiten beim Binnenschiffstransport Rechnung getragen werden, da hier vielfach zum Zeitpunkt der Ausstellung des Frachtbriefs noch keine abschließenden Angaben über die Modalitäten der Empfangnahme getroffen werden können.[46] Aber auch im Luftverkehr ist die Angabe der Meldeadresse durchaus üblich.[47]

---

[40] Schlegelberger/*Geßler* § 426 aF Rn. 15.
[41] Vgl. Reg.Begr. S. 35 (zu § 408).
[42] Vgl. Reg.Begr. S. 35 (zu § 408).
[43] So auch *v. Waldstein/Holland* Rn. 7.
[44] Vgl. Reg.Begr. S. 35 (zu § 408).
[45] AA *v. Waldstein/Holland* Rn. 7; *Koller* Rn. 7 und Oetker/*Paschke* Rn. 11.
[46] So Reg.Begr. S. 36 (zu § 408).
[47] Vgl. *Müller-Rostin* TranspR 1995, 89 ff.

Zum Begriff **„Empfänger"** vgl. § 407 Rn. 14. Die Anschrift des Empfängers muss nicht **30** mit der Ablieferungsstelle identisch sein.[48] Wird kein Empfänger angegeben, kann idR davon ausgegangen werden, dass der Absender zugleich auch der Empfänger ist. Da allgemein der Absender nachträglich einen anderen als Empfänger bezeichnen kann (vgl. § 418 Abs. 1), bleibt es ihm auch unbenommen, sich dessen Benennung von vornherein vorzubehalten; diese Benennung darf auch einem Dritten anheim gestellt bzw. vorbehalten bleiben.[49]

Die Angabe der **Meldeadresse** (sog. „notify address") dient dem Frachtführer als eine **31** weitere Anschrift zur Kontaktaufnahme. Unter dem Begriff wird die Person verstanden, die über die Ankunft zu unterrichten ist bzw. der die Löschbereitschaft anzuzeigen ist.

**f) Art des Gutes und der Verpackung, gefährliche Güter (Nr. 6).** Nummer 6 hat **32** ihr Vorbild in Art. 6 Abs. 1 Buchst. f CMR. Die Angaben dienen insbes. dazu, Verwechselungen und Falschauslieferungen zu vermeiden. Unter „Art" von Gut und Verpackung ist die gattungsgemäße, typische Bezeichnungen zu verstehen (zB Getränke, Teppiche und Kisten, Kartons, Säcke etc.).

Bei Gefahrgut sind konform mit den Gefahrgutvorschriften (s. dazu § 410) die dort **33** normierten Bezeichnungen zu verwenden. Angesichts des über solche öffentlich-rechtliche Klassifizierungen des Gefahrgutrechts hinausreichenden Begriffes des gefährlichen Gutes in § 410 bleiben zusätzlich die allgemein anerkannten Bezeichnungen maßgeblich.

**g) Anzahl, Zeichen und Nummern der Frachtstücke (Nr. 7).** Nummer 7 entspricht wörtlich Art. 6 Abs. 1 Buchst. g CMR. Die Angaben sind vor allem wegen der **34** Beweiswirkung des Frachtbriefs (§ 409 Abs. 2 S. 1) von Bedeutung: Ist der Frachtbrief von Absender und Frachtführer unterzeichnet worden und hat der Frachtführer bei Übernahme keinen Vorbehalt nach § 409 Abs. 2 S. 2 in den Frachtbrief eingetragen, so wird vermutet, dass die im Frachtbrief angegebene Anzahl der Frachtstücke, deren Zeichen und Nummern den tatsächlichen Gegebenheiten entsprechen.

**Frachtstücke** sind alle Einzelstücke, wenn sie als solche im Frachtbrief ausgewiesen **35** sind, ferner alle im Frachtbrief aufgeführte Einheiten (zB Paletten; Kartons, die auf einer Palette verschweißt sind).

**h) Rohgewicht oder anders angegebene Menge des Gutes (Nr. 8).** Nummer 8 **36** entspricht wörtlich Art. 6 Abs. 1 Buchst. h CMR. Die Angabe im Frachtbrief entfaltet ohne deren Überprüfung durch den Frachtführer nach § 409 Abs. 3 S. 3 keine Beweiswirkung.[50] Allerdings kann die Angabe für die Bemessung der Fracht eine Rolle spielen (§ 420 Abs. 4).

**Rohgewicht** ist das Bruttogewicht des Gutes, also das Gewicht des Gutes einschließlich **37** seiner Verpackung.[51] Unter den Begriff „anders angegebene Menge des Gutes" fallen auch Volumenangaben, zB die Angabe in Litern.

**i) Fracht, Kosten sowie Frachtzahlungsmodalitäten (Nr. 9).** Nummer 9 geht **38** inhaltlich über § 426 Abs. 2 Nr. 7 HGB aF hinaus, weil sie sich nicht auf die „Vorausbezahlung" beschränkt, sondern ganz allgemein auf die Frachtzahlung bezieht. Der Wortlaut wurde durch das Seehandelsreformgesetz an den neuen § 515 Abs. 1 S. 1 Nr. 9 angeglichen An die Stelle der „vereinbarten" Fracht sind die Worte „bei Ablieferung geschuldete" Fracht getreten. Sachlich hat sich hierdurch nichts geändert. Auf diese Weise soll der erheblichen praktischen Bedeutung von Frankaturvermerken und dem **Informations- und Beweissicherungsbedürfnis** der Parteien Rechnung getragen werden. Die Eintragung soll insbesondere den Empfänger des Gutes darüber informieren, in welcher Höhe ihn gem. § 421

---

[48] So ausdrücklich *v. Waldstein/Holland* Rn. 8; Steuerrechtlich ist im CMR-Frachtbrief bei innergemeinschaftlicher Lieferung als Versendungsbelegnachweis die Angabe des Bestimmungsorts erforderlich BFH 4.5.2011, DB 2011, 1675.

[49] *Rundnagel* S. 125.

[50] S. Rn. 6; dem Frachtführer ist jedoch anzuraten, einen Vorbehalt hinsichtlich der unmöglichen bzw. fehlenden Überprüfung im Frachtbrief anzubringen.

[51] Vgl. Thume/*Teutsch* CMR Art. 6 Rn. 15.

noch eine Frachtzahlungsverpflichtung trifft. Findet sich ein Vermerk, der auf eine Fracht-vorauszahlung seitens des Absenders hinweist (zB „frachtfrei"), so wird keine Verbindlich-keit des Empfängers begründet.

**39**    Einzutragen sind sämtliche Angaben über Art und Höhe der bei Ablieferung geschuldeten **Fracht.** Zum Begriff „Fracht" vgl. § 407 Rn. 58. Fehlen im Frachtbrief die Angaben hierzu, gelten § 420 sowie ergänzend die allgemeinen zivilrechtlichen Regelungen (vgl. hierzu § 407 Rn. 59).

**40**    Zu den bis zur Ablieferung des Gutes anfallenden **Kosten** zählen alle Kosten, die auf Grund besonderer vertraglicher Vereinbarung zusätzlich zur Fracht zu zahlen sind (sog. Frachtzuschläge). Das sind nicht nur die Aufwendungen iSd. § 420 Abs. 1 S. 1, sondern auch solche, die grundsätzlich mit der Fracht abgegolten sind, jedoch auf Grund besonderer vertraglicher Vereinbarung als Extravergütung geschuldet sind. Zu den Kosten zählen Ausla-gen für Empfangsspediteure, Mehrkosten für Umwege,[52] Schwergewichtszuschläge oder Kleinwasserzuschläge. Nicht erforderlich ist eine genaue Angabe der Höhe dieser Kosten. Es reicht aus, wenn die Kosten bestimmbar sind.

**41**    Zu dem „Vermerk über die Frachtzahlung" zählt vor allem die Angabe des Frachtzah-lungspflichtigen, insbes. wenn sie vom dispositive Gesetz abweichen soll. Praktisch geschieht dies anhand sog. **Frankaturvermerke.**[53] Verwendet werden hier üblicherweise die Klau-seln der Incoterms.[54] Hierzu gehört etwa der Vermerk **„frei", „frei Haus", „frachtfrei",** wonach der Absender allein die Fracht schuldet. Ein typischer Vermerk ist auch der über die Vorausbezahlung der Fracht **(„freight prepaid").**[55] Solche Vermerke wirken verkehrs-üblich umfassend, so dass der Empfänger −(vgl. § 421 Abs. 2 S. 1) nichts zu zahlen braucht und auch eine über die tatsächlich bezahlte hinausgehende Fracht vom Empfänger nicht verlangt werden kann.[56] Vereinbaren die Vertragsparteien **„Überweisung"** der Fracht auf den Empfänger bzw. die Versendung **„unfrei",** so bedeutet dies, dass der Frachtführer die Fracht beim Empfänger erheben soll. Allerdings bleibt der Absender Frachtschuldner; als Gesamtschuldner haftet er mit, selbst wenn der Empfänger gem. § 421 verpflichtet wird, dem Frachtführer Zahlung zu leisten.[57] Der Absender kann aber die Einrede erheben, dass sich der Frachtführer zur Begleichung seiner Rechnung zunächst an den Empfänger halten muss.

**42**    **j) Nachnahmebetrag (Nr. 10).** Nummer 10 entspricht wörtlich Art. 6 Abs. 2 Buchst. c CMR (s. CMR Art. 6 Rn. 33 ff.). Zum Begriff der Nachnahme vgl. § 422 Rn. 3 ff. Im Frachtbrief anzugeben ist der vom Frachtführer einzuziehende Betrag.

**43**    **k) Weisungen für die Zoll- und sonstige amtliche Behandlung des Gutes (Nr. 11).** Nummer 11 entspricht Art. 6 Abs. 1 Buchst. j CMR (s. CMR Art. 6 Rn. 23 ff.). Die Regelung betrifft ausschließlich die amtliche Behandlung des Gutes. Sonstige Weisun-gen fallen unter die nach Abs. 1 S. 2 eintragungsfähigen Angaben im Frachtbrief. Durch die Eintragung werden sie bei Gegenzeichnung des Frachtführers Vertragsbestandteil und unterliegen gem. § 409 Abs. 1 der erhöhten Beweiswirkung.[58]

**44**    **l) Beförderung in offenem Fahrzeug oder auf Deck (Nr. 12).** Eine der Num-mer 12 vergleichbare Regelung findet sich nur in § 56 Abs. 2 Buchst. k EVO aF. Zweck ist, mit Blick auf § 427 Abs. 1 Nr. 1 die Beweisbarkeit etwaiger haftungsrechtlich relevanter Abreden zu erleichtern. Denn nach § 427 Abs. 1 Nr. 1 stellt die vereinbarte oder der Übung

---

[52] Vgl. EBJS/*Reuschle* Rn. 21.
[53] S. dazu *Basedow* TransportV S. 316 f.
[54] Vgl. hierzu Baumbach/*Hopt* § 346 Rn. 40 ff.
[55] Vgl. BGH 15.6.1987, WM 1987, 1198, 1200; BGH 10.10.1957, BGHZ 25, 300, 304 = NJW 1957, 1917, 1918 betr. Konnossementsklausel; OLG Hamburg 15.12.1983, TranspR 1984, 288 m. Anm. *Rabe;* OLG Düsseldorf 31.7.1986, TranspR 1986, 341, 342 zum Luftfrachtbrief; OLG Hamburg 30.8.1990, VersR 1991, 604.
[56] Vgl. Fremuth/Thume/*Fremuth* § 421 Rn. 21; *Rabe* TranspR 1984, 289.
[57] Fremuth/Thume/*Fremuth* Rn. 25.
[58] EBJS/*Reuschle* Rn. 24.

entsprechende Verwendung von offenen, nicht mit Planen gedeckten Fahrzeugen oder Verladung auf Deck einen besonderen Haftungsausschlussgrund dar. Es besteht daher ein Bedürfnis, die diesbezügliche Vereinbarung anhand der Frachtbriefeintragung beweisbar zu machen.[59]

**3. Sonstige Angaben (Abs. 1 S. 2).** Abs. 1 S. 2 erlaubt es den Parteien, weitere für **45** zweckmäßig gehaltene Angaben in den Frachtbrief einzutragen. Den Parteien kommt zwar insoweit zusätzliche Gestaltungsfreiheit hinsichtlich des Frachtbriefinhalts zu; die erhöhte Beweiskraft des Frachtbriefs beschränkt sich jedoch nach § 409 HGB auf die dort genannten Kriterien, erfasst also insbes. keine Angaben, die nicht den Abschluss und den Inhalt des Frachtvertrags und Sonderabreden – wie etwa Palettentausch – betreffen, sondern nur einer ergänzenden Information des Frachtführers dienen sollen. Insoweit handelt es sich dann um einseitige Erklärungen des Absenders.[60]

## VI. Rechtsfolgen bei Pflichtverletzung

**1. Verzögerte oder verweigerte Ausstellung des Frachtbriefs.** Weigert sich der **46** Absender, trotz Verlangens durch den Frachtführer einen Frachtbrief auszustellen, so kann der Frachtführer sein **Zurückbehaltungsrecht** gem. § 273 BGB ausüben.[61]

Die verzögerte oder verweigerte Ausstellung des Frachtbriefs durch den Absender wird **47** teilweise als Gläubigerverzug angesehen, der die Rechtsfolgen der §§ 293 ff. BGB auslöst.[62] Hiergegen spricht jedoch, dass sich die Ausstellung des Frachtbriefs nicht bloß als eine Mitwirkungsobliegenheit des Absenders darstellt, sondern bei einem entsprechenden Verlangen des Frachtführers als eine Schuldnerverpflichtung (s. Rn. 15).[63] Die Verletzung dieser Pflicht löst die Rechtsfolgen des **allgemeinen Leistungsstörungsrechts** aus (Schadensersatz nach den §§ 280 ff. BGB; Rücktritt nach den §§ 323 ff. BGB).[64] Diese Rechtsfolgen sind durch die frachtrechtlichen Regelungen nicht ausgeschlossen.

**2. Unrichtige oder unvollständige Frachtbriefangaben.** Die verschuldensunabhängige Haftung des Absenders für die Unrichtigkeit oder Unvollständigkeit der in den Frachtbrief aufgenommenen Angaben richtet sich nach § 414 Abs. 1 Nr. 2 (hierzu § 414 Rn. 14). Eine Mitverantwortlichkeit des Frachtführers bestimmt sich nach § 414 Abs. 2. **48**

**3. Verweigerung der Unterschriftsleistung durch den Frachtführer.** Weigert sich **49** der Frachtführer, dem Verlangen des Absenders nach Abs. 2 S. 2 Folge zu leisten und den Frachtbrief zu unterzeichnen, so liegt darin eine Verletzung von Nebenpflichten, welche eine Schadensersatzpflicht nach § 280 BGB auslösen kann. Schon im eigenen Interesse wird der Frachtführer den ausgefüllten Frachtbrief aber unterzeichnen – ohnehin ist sektoral üblich, dass er das Ausfüllen besorgt.

## § 409 Beweiskraft des Frachtbriefs

**(1) Der von beiden Parteien unterzeichnete Frachtbrief dient bis zum Beweis des Gegenteils als Nachweis für Abschluß und Inhalt des Frachtvertrages sowie für die Übernahme des Gutes durch den Frachtführer.**

**(2) [1]Der von beiden Parteien unterzeichnete Frachtbrief begründet ferner die Vermutung, daß das Gut und seine Verpackung bei der Übernahme durch den Frachtführer in äußerlich gutem Zustand waren und daß die Anzahl der Frachtstücke und ihre Zeichen und Nummern mit den Angaben im Frachtbrief überein-**

---

[59] Vgl. Reg.Begr. S. 36 f. (zu § 408).
[60] Vgl. *Koller* Rn. 16.
[61] *Koller* Rn. 21; *Zapp* TranspR 2004, 333, 334.
[62] Schlegelberger/*Geßler* § 426 Rn. 9.
[63] Ebenso *Braun* S. 277 f. mwN.
[64] Ebenso Baumbach/Hopt/*Merkt* Rn. 1 (Schadensersatzpflicht nach § 280 Abs. 1 BGB).

stimmen. [2]Der Frachtbrief begründet diese Vermutung jedoch nicht, wenn der Frachtführer einen begründeten Vorbehalt in den Frachtbrief eingetragen hat; der Vorbehalt kann auch damit begründet werden, daß dem Frachtführer keine angemessenen Mittel zur Verfügung standen, die Richtigkeit der Angaben zu überprüfen.

(3) [1]Ist das Rohgewicht oder die anders angegebene Menge des Gutes oder der Inhalt der Frachtstücke vom Frachtführer überprüft und das Ergebnis der Überprüfung in den von beiden Parteien unterzeichneten Frachtbrief eingetragen worden, so begründet dieser auch die Vermutung, daß Gewicht, Menge oder Inhalt mit den Angaben im Frachtbrief übereinstimmt. [2]Der Frachtführer ist verpflichtet, Gewicht, Menge oder Inhalt zu überprüfen, wenn der Absender dies verlangt und dem Frachtführer angemessene Mittel zur Überprüfung zur Verfügung stehen; der Frachtführer hat Anspruch auf Ersatz seiner Aufwendungen für die Überprüfung.

## Übersicht

|  | Rn. |  | Rn. |
|---|---|---|---|
| I. Normzweck | 1 | b) Äußerlich guter Zustand von Gut und Verpackung | 10–13 |
| II. Bedeutung der Vermutung | 2 | c) Anzahl der Frachtstücke | 14, 15 |
| III. Beidseitig unterzeichneter Frachtbrief | 3 | d) Vorbehalt | 16–18 |
| IV. Gegenstand der Vermutung | 4–24 | 4. Gewicht, Menge, Inhalt (Abs. 3) | 19–24 |
| 1. Allgemeines | 4 | a) Vermerk über die Richtigkeit der Angabe im Frachtbrief | 19, 20 |
| 2. Abschluss und Inhalt des Frachtvertrags, Übernahme des Gutes (Abs. 1) | 5–8 | b) Überprüfung auf Verlangen | 21, 22 |
| a) Vertragsabschluss | 5 | c) Aufwendungsersatz | 23, 24 |
| b) Inhalt des Frachtvertrags | 6 | V. Beweisführung in sonstigen Fällen | 25–29 |
| c) Übernahme des Gutes | 7, 8 | 1. Einseitig unterschriebener Frachtbrief | 25, 26 |
| 3. Zustand von Gut und Verpackung, Anzahl der Frachtstücke (Abs. 2) | 9–18 | 2. Fehlen eines Frachtbriefs | 27–29 |
| a) Grundsatz | 9 | VI. Rechtsfolgen bei Fehlverhalten des Frachtführers | 30–32 |

## I. Normzweck

**1**   § 409 wurde nach dem Vorbild der Art. 5 Abs. 1 S. 1, Art. 9 CMR, aber auch § 61 EVO aF und Art. 11 §§ 3, 4 CIM 1980 ausgestaltet.[1] Eine vergleichbare Regelung fand sich bereits in Art. 391 ADHGB. Die Vorschrift bezweckt, dem Frachtbrief unter bestimmten Voraussetzungen eine **erhöhte Beweiskraft** zuzuweisen. Ohne die in § 409 enthaltene Regelung käme dem Frachtbrief nur der Beweiswert einer Privaturkunde gem. § 416 ZPO zu. Danach wird jedoch lediglich bewiesen, dass der Aussteller der Urkunde die darin verkörperte Erklärung abgegeben hat (sog. formelle Beweiskraft); die Frage, ob die in der Urkunde getroffene Aussage wahr ist, ist im Wege freier Beweiswürdigung zu entscheiden (§ 286 ZPO). Durch § 409 wird dagegen auch eine Vermutung für das Vorliegen bestimmter Tatsachen sowie die Wahrheit bestimmter im Frachtbrief getroffener Aussagen begründet. Die Vermutungswirkung betrifft Abschluss und Inhalt des Frachtvertrages einschließlich aller Nebenabreden und Sondervereinbarungen, die Übernahme des Gutes, Verpackung, Anzahl, Zeichen und Nummern der Frachtstücke, unter einschränkenden Voraussetzungen auch Gewicht und Inhalt der Frachtstücke.

## II. Bedeutung der Vermutung

**2**   Der von beiden Vertragsparteien unterzeichnete Frachtbrief entfaltet in Bezug auf die in § 409 genannten Tatsachen eine Vermutung. Diese Vermutung ist gem. § 292 ZPO

---

[1] Vgl. Reg.Begr. S. 37 (zu § 409).

widerleglich. Der Frachtbrief entfaltet damit erhöhte Beweiskraft. Erst durch den **Beweis des Gegenteils,** dass die vermutete Tatsache nicht vorliegt, kann die Vermutung entkräftet werden. Der Beweis des Gegenteils ist zu unterscheiden vom Gegenbeweis. Der Beweis des Gegenteils ist Hauptbeweis. Letzter ist, anders als der Gegenbeweis, nicht schon dann erbracht, wenn nach der Beweisaufnahme Zweifel an der Richtigkeit der nach § 409 vermuteten Tatsache bestehen. Das Gericht muss vielmehr vom Gegenteil überzeugt sein. Ein „non liquet" geht zu Lasten desjenigen, der den Beweis des Gegenteils führen will.[2] Diese erhöhte Beweiskraft besteht auch gegenüber dem schutzbedürftigen im Frachtbrief genannten Empfänger, nicht jedoch gegenüber Dritten.[3]

### III. Beidseitig unterzeichneter Frachtbrief

Voraussetzung dafür, dass dem Frachtbrief die erhöhte Beweiskraft iSd. § 409 beigemessen wird, ist, dass der Frachtbrief **von beiden Parteien unterzeichnet** worden ist. Die Unterzeichnung des Frachtbriefs durch beide Parteien muss konform mit den Anforderungen, aber auch den Erleichterungen nach § 408 erfolgen. Der Grund für diese Regelung ist, dass sich die im Frachtbrief getroffenen Aussagen auch zu Lasten des Frachtführers auswirken können; der Frachtführer soll sich daher an den Aussagen im Frachtbrief nur dann festhalten lassen müssen, wenn er durch seine Unterschrift seiner Kenntnis und Billigung des Frachtbriefinhalts Ausdruck gegeben hat.[4]   **3**

### IV. Gegenstand der Vermutung

**1. Allgemeines.** § 409 entspricht weitgehend Art. 8, 9 CMR. Wie in Art. 9 Abs. 1   **4** CMR bezieht sich die widerlegliche Vermutung nach § 409 Abs. 1 darauf, dass ein Frachtvertrag abgeschlossen wurde und dass der Frachtführer das Gut übernommen hat. Wie in Art. 9 Abs. 2 CMR bezieht sich die widerlegliche Vermutung nach § 409 Abs. 2 ferner darauf, dass sich Gut und Verpackung bei Übernahme in äußerlich gutem Zustand befanden und dass die Anzahl der Frachtstücke und ihre Zeichen und Nummern mit den Angaben im Frachtbrief übereinstimmen. Insoweit erhält der Frachtbrief durch die Unterzeichnung des Frachtführers die **Funktion einer Empfangsquittung**[5] (Näheres dazu s. Rn. 28). Dies bewirkt zugleich den Nachweis für den Beginn der Obhut. Allerdings kann insoweit die Beweiskraft des Frachtbriefs durch Eintragung begründeter Vorbehalte entkräftet werden. Ohne Vorbild in der CMR ist schließlich die in Abs. 3 enthaltene Regelung, wonach sich die widerlegliche Vermutung auch auf das Rohgewicht oder anders angegebene Menge des Gutes oder den Inhalt der Frachtstücke bezieht, wenn der Frachtführer das Rohgewicht oder anders angegebene Menge des Gutes oder den Inhalt der Frachtstücke überprüft und das Ergebnis in den Frachtbrief eingetragen hat. Die Vorschrift soll eine Regelungslücke schließen, die bezüglich der Beweiskraft des Frachtbriefs in der CMR erkannt wurde.[6] Eine ähnliche Bestimmung enthält die seefrachtrechtliche Regelung des § 656 Abs. 2 Satz 1 in Verbindung mit § 643 Nr. 8 HGB, nach der sich die Beweiskraft des Konnossements auch auf die Richtigkeit der Angaben über Art und Menge des Gutes erstreckt.

**2. Abschluss und Inhalt des Frachtvertrags, Übernahme des Gutes (Abs. 1).**   **5**
**a) Vertragsabschluss.** Nach Absatz 1 entfaltet der von beiden Parteien unterzeichnete Frachtbrief die widerlegliche Vermutung für den Abschluss des Frachtvertrags. Die Vermutungswirkung bezieht sich darauf, dass ein Vertrag zwischen den Personen zustande gekommen ist, die **im Frachtbrief als Absender und Frachtführer benannt** sind.[7] Es bleibt

---

[2] Vgl. hierzu *Bästlein/Bästlein* TranspR 2003, 413, 414.
[3] Fremuth/Thume/*Fremuth* Rn. 5; EBJS/*Reuschle* Rn. 4; vgl. auch *Koller* Rn. 31 („sowie Dritten, die in den Schutzbereich einbezogen sind").
[4] Vgl. Reg.Begr. S. 37 (zu § 409).
[5] EBJS/*Reuschle* Rn. 6.
[6] Reg.Begr. S. 38 (zu § 409).
[7] Vgl. *Koller* Rn. 4 mwN.

damit der Beweis zulässig, dass eine andere Person Absender im frachtrechtlichen Sinn und damit Partei des Beförderungsvertrages ist.[8]

**6**     **b) Inhalt des Frachtvertrags.** Die Vermutungswirkung erstreckt sich nach Abs. 1 auch auf den Inhalt des Frachtvertrags. Dies gilt jedoch nur in dem Umfang, in dem der Frachtvertrag und seine Nebenabreden im Frachtbrief wiedergegeben sind.[9] Wird behauptet, dass zusätzlich zu dem im Frachtbrief wiedergegebenen Abreden noch weitere Vereinbarungen getroffen wurden, so etwa einer Abrede über die Frachtzahlung (§ 408 Abs. 1 S. 1 Nr. 9) oder über eine Beförderung auf offenem Wagen oder auf Deck (§ 408 Abs. 1 S. 1 Nr. 12), ist dies von demjenigen zu beweisen, der sich hierauf beruft. Eine Vermutungswirkung für das Bestehen oder Nichtbestehen einer solchen weiteren Abrede entfaltet der Frachtbrief nicht. Gleiches gilt hinsichtlich weiterer vereinbarter aber im Frachtbrief nicht wiedergegebenen Nebenabreden, zB einer Abrede über eine Nachnahme (§ 408 Abs. 1 S. 1 Nr. 10).[10]

**7**     **c) Übernahme des Gutes.** Die erhöhte Beweiskraft des von beiden Parteien unterzeichneten Frachtbriefs erstreckt sich schließlich darauf, dass Güter der im Frachtbrief dokumentierten Art in die Obhut des Frachtführers gelangt sind. Allerdings fungiert der Frachtbrief hier ebenso wenig wie hinsichtlich des Vertrages als solchen (der in einer anderen Urkunde festgehalten sein kann) als vorrangiges Beweismittel; diesbezügliche Beweisaufgaben können von mancherlei Bescheinigungen und Erklärungen mit Quittungscharakter wahrgenommen werden. Freilich bietet es sich an, diesbezügliche Erklärungen auf den gewöhnlich ohnehin vorhandenen Frachtbrief zu setzen. Interessiert an dieser Beweiswirkung kann der Frachtführer sein, falls übernommenes Gut sein Transportmittel oder die Güter anderer Auftraggeber beschädigt hat. Zumeist aber sucht solchen Beweis der Ladungsinteressent, denn Absender bzw. Empfänger müssen bei Schäden am Gut oder durch Falschauslieferung beweisen können, dass das Gut in die Obhut des Frachtführers gelangt ist. Dem dient dann vor allem die sog. **Quittungsfunktion** des Frachtbriefs (s. § 408 Rn. 7).[11] Beweisbedeutung hinsichtlich der Frage, ob dem Frachtführer überhaupt Gut übergeben worden ist, kommt freilich schon dem Umstand zu, dass der Frachtführer den Frachtbrief mit entsprechenden Angaben (unbeanstandet) angenommen hat;[12] dies bleibt jedoch Sache der freien Beweiswürdigung gem. § 286 ZPO, hat also nicht an der an die Unterschriftsleistung geknüpften Beweiskraft gem. § 416 ZPO teil.

**8**     **Nicht bewiesen** wird mit dem Frachtbrief, zu welchem **Zeitpunkt** der Frachtführer das Gut übernommen hat. Das Datum, das auf dem Frachtbrief als dasjenige ausgewiesen ist, an dem der Frachtführer den Frachtbrief unterzeichnet hat, kann aber als Indiz dafür dienen, dass der Frachtführer an diesem Tag auch das Gut übernommen hat.[13]

**9**     **3. Zustand von Gut und Verpackung, Anzahl der Frachtstücke (Abs. 2). a) Grundsatz.** Die Beweiskraft für den äußerlich guten Zustand des Gutes und der Verpackung sowie der Anzahl, Zeichen und Nummern der Frachtstücke bei der Übernahme kann sich angesichts der Betriebsabläufe sowie des Umstands, dass es untunlich ist, die Güter und deren evtl. Verpackung gleichsam der Waren- und Tauglichkeitskontrolle zu unterziehen, nur auf deren „äußerlichen" Zustand erstrecken. Das ist der Zustand, wie er evident in Erscheinung tritt (dazu näher Art. 8 CMR Rn. 7). Die Beweiskraft kann jedoch durch Aufnahme begründeter Vorbehalte iSd. Abs. 2 S. 2 entkräftet werden. Zur Vermeidung eines Beweisnachteils liegt es daher im eigenen Interesse des Frachtführers, auf den Zustand von Gut und Verpackung sowie die Anzahl der Frachtstücke zu achten und ggf.

---

[8] BGH 15.10.1959, NJW 1960, 39, 40 zu KVO; BGH 30.1.1964, VersR 1964, 479, 480.
[9] Vgl. *Koller* Rn. 4.
[10] Vgl. auch *Koller* Rn. 4. Vgl. auch BGH 23.5.1990, NJW-RR 1990, 1314, 1316 zu KVO.
[11] *Lenz* Rn. 223.
[12] Staub/*Helm* § 426 aF Rn. 44.
[13] *Koller* Rn. 4.

Vorbehalte iSv. S. 2 einzutragen.[14] Der Frachtführer ist jedoch zur Überprüfung und Eintragung eines Vorbehalts nicht verpflichtet. Vielmehr hat der Gesetzgeber – insoweit von Art. 8 CMR abweichend – bewusst drauf verzichtet, eine Überprüfungspflicht des Frachtführers bezüglich der Richtigkeit der Frachtbriefangaben und des Zustandes von Gut und Verpackung zu normieren.[15]

**b) Äußerlich guter Zustand von Gut und Verpackung.** Abs. 2 S. 1 begründet eine **10** widerlegliche Vermutung für den äußerlich guten Zustand des Gutes und seiner Verpackung. Dies gilt, soweit der Frachtbrief keinen diesbezüglichen Vorbehalt enthält, zunächst rein objektiv und auch dann, wenn der Frachtführer gar keine Möglichkeit hatte, diese Angaben zu überprüfen.[16] Als **äußerlich** ist der Zustand zu verstehen, der sich mit angemessenen Mitteln, die einem Frachtführer zur Verfügung stehen, und der verkehrserforderlichen Sorgfalt eines ordentlichen Frachtführers ohne besondere Warenkenntnisse feststellen lässt.[17] Hierzu ist nicht erforderlich, dass der Frachtführer Stichproben nimmt.[18] Weiter gehende Anforderungen gelten dagegen, wenn der Frachtführer Spezialtransporte durchführt.[19] So kann von einem Frachtführer, der Kühltransport durchführt, auch erwartet werden, dass er anhand der Kühlscheibe die Vorkühlung überprüft[20] und Messgeräte vorhält, um die Ladetemperatur an der Oberfläche des Gutes, ggf. auch im Inneren durch Stichproben[21] zu überprüfen. Ist die Prüfungspflicht vereinbart und hat der Frachtführer die mangelnde Vorkühlung bei der Übernahme nicht im Frachtbrief vermerkt, ist es seine Sache, die Vermutung des „reinen" Frachtbriefs für ausreichende Vorkühlung zu widerlegen.[22]

Ist das Gut **verpackt,** ist als äußerlicher Zustand des Gutes nur derjenige anzusehen, der **11** sich ohne ein Auspacken des Gutes feststellen lässt. Lässt sich der Zustand des Gutes ohne Öffnen der Verpackung nicht feststellen, ist allein auf den Zustand der Verpackung abzustellen. Eine Vermutung für den guten Zustand des Gutes in der Verpackung wird in diesem Falle nicht begründet.[23] Zum äußerlichen Zustand des Gutes kann aber ausnahmsweise auch der Inhalt der Verpackung gehören, und zwar beispielsweise dann, wenn sich das Gut auf einer mit Stretchfolie überzogenen Palette befindet und sich durch diese hindurch der Zustand des Gutes feststellen lässt.

Ob der Zustand als „gut" zu beurteilen ist, misst sich an den Angaben im Frachtbrief. **12** Soweit in dem Frachtbrief Angaben zum Zustand enthalten sind, ist der so beschriebene Zustand als „gut" anzusehen. Enthält der Frachtbrief dagegen keinerlei Angaben, so sind das Gut und seine Verpackung als in äußerlich „gutem Zustand" befindlich anzusehen, wenn bei einer Überprüfung mit angemessenen Mitteln und unter Beachtung der verkehrserforderlichen Sorgfalt des Frachtführers keine Mängel festgestellt werden können.

Ein äußerlich guter Zustand des Gutes ist zu verneinen, wenn das Gut sich auf einer **13** Palette befindet, die mit Stretchfolie umgeben ist, und sich **Staunässe an der Stretchfolie** niedergeschlagen hat.[24]

**c) Anzahl der Frachtstücke.** Als **Frachtstück** iSd. Abs. 2 S. 1 kommt das einzelne **14** Gut in Betracht. Ein Frachtstück kann aber auch aus mehreren zu einer Ladungseinheit zusammengefügten Gütern bestehen, zB Gut auf einer Palette.[25] Für die Vermutungswir-

---

[14] S. zB dazu OLG Köln 17.1.2012, BeckRS 2012, 11010: „Dass dem Fahrer eine Anzahl von 567 Kartons übergeben wurde, wird aufgrund des ordnungsgemäß unterzeichneten Frachtbriefs vermutet".
[15] RegBegr TRG S. 38; *Thume* TranspR 2013, 8, 9.
[16] *Piper* TranspR 1990, 357, 360; *Heuer* VersR 1988, 312; EBJS/*Reuschle* Rn. 9.
[17] Vgl. *Bästlein/Bästlein* TranspR 2003, 413, 415; *Koller* Rn. 15; Baumbach/Hopt/*Merkt* Rn. 2.
[18] Vgl. *Koller* Rn. 16.
[19] *Bästlein/Bästlein* TranspR 2003, 413, 415; *Koller* Rn. 16.
[20] So zu § 656 Abs. 2, § 643 Nr. 8 OLG Hamburg 3.8.1995, TranspR 1996, 29. AA OLG Hamm 26.6.1997, TranspR 1998, 301, 302.
[21] Vgl. hierzu auch *Koller* Rn. 16.
[22] OLG München 8.3.2012, BeckRS 2012, 06101.
[23] Ebenso *Koller* Rn. 17.
[24] So Art. 1 Abs. 2 WA 1955 BGH 9.6.2004, TranspR 2004, 369, 370.
[25] Vgl. *Koller* Rn. 14; *Bästlein/Bästlein* TranspR 2003, 413, 415.

kung ist die hierzu gemachte Angabe im Frachtbrief maßgeblich. Führt dieser eine bestimmte Anzahl von Paletten auf, nicht aber die Zahl der auf der Palette befindlichen Einzelstücke, ist die Anzahl der Paletten maßgeblich. Ist allerdings das auf der Palette befindliche Gut für verschiedene Empfänger bestimmt, kommt der Anzahl der Paletten keine Beweiswirkung zu.[26]

**15**  Werden im Frachtbrief sowohl die Anzahl der Paletten als auch die Zahl der hierauf befestigten Kartons angegeben, ist unter Berücksichtigung aller Begleitumstände, insbesondere des mit der Angabe im Geschäftsverkehr verfolgten Zwecks und der Interessenlage der Parteien, **im Wege der Auslegung zu ermitteln,** ob Frachtstück iSd. Abs. 2 S. 1 die Paletten oder die Kartons sind.[27] Dabei spielt insbesondere eine Rolle, ob der Frachtführer überhaupt die Möglichkeit der Überprüfung der Angabe hat oder ob diese, etwa weil der Container verschlossen oder die Folie auf der Palette undurchsichtig ist, nicht möglich ist.[28] Ergibt sich aus der Berücksichtigung aller Begleitumstände, dass Frachtstück nur die Palette ist, ist der Angabe der Anzahl der Kartons keine beweisrechtliche Wirkung beizumessen; es bedarf daher insoweit auch nicht der Aufnahme eines Vorbehalts in den Frachtbrief, um die Beweiswirkung auszuräumen.[29]

**16**  **d) Vorbehalt.** Die Vermutungswirkung kann nach Abs. 2 S. 2 durch einen begründeten Vorbehalt entkräftet werden. Zweck des Vorbehalts ist also, die Beweiswirkung des Frachtbriefs einzuschränken. Dieser Zweck wird nur durch die Eintragung im Frachtbrief erreicht. Deshalb empfiehlt es sich stets, auch den Vorbehalt über fehlende Prüfungsmöglichkeiten einzutragen(s. die folgende Rn.). Eine **Eintragung** in das Frachtbriefdoppel sowie in die das Gut begleitende Frachtbriefausfertigung genügt.[30] Ausreichend ist auch, wenn das Frachtbriefformular in der Weise ausgestaltet ist, dass nur noch anzukreuzen ist, ob ein Vorbehalt erklärt und wie dieser begründet wird, und das entsprechende Kreuz gesetzt worden ist.[31]

**17**  Voraussetzung für einen wirksamen Vorbehalt ist allerdings, dass dieser begründet ist. Mit der **Begründungsnotwendigkeit** verlangt das Gesetz Nachvollziehbarkeit.[32] Eine Standardbegründung liefert das Gesetz in S. 2 HS 2 mit, nämlich dass dem Frachtführer keine angemessenen Mittel zur Verfügung standen, die Richtigkeit der Angaben (im Frachtbrief) zu überprüfen. Dadurch sind andere Begründungen, etwa die Begründung „Container versiegelt", keineswegs ausgeschlossen. Ein schlichter Unbekanntvermerk („Inhalt unbekannt"; „said to contain") reicht dagegen nicht aus. Bei Mängeln an einem von mehreren Gütern muss spezifiziert werden, welches Gut betroffen ist. Ist aus Sicht des Frachtführers Zahl, Zeichen oder Nummer des Frachtstücks unzutreffend angegeben, so reicht es aus, wenn im Frachtbrief die Abweichung kenntlich gemacht ist.

**18**  Darauf, ob die Begründung zutrifft, kommt es nicht an. Unbeachtlich ist auch, ob der Erklärung des Vorbehalts eine Prüfung vorangegangen ist.[33] Auch ein **objektiv falscher Vorbehalt** zerstört die Vermutung.[34]

**19**  **4. Gewicht, Menge, Inhalt (Abs. 3). a) Vermerk über die Richtigkeit der Angabe im Frachtbrief.** Abs. 3 ist aufgenommen worden, um insbes. angesichts zunehmender Diebstahlshäufigkeit die Interessen von Absender und Empfänger verstärkt zu schützen.[35] Daher sieht Abs. 3 vor, dass der Frachtbrief auch dann Vermutungswirkung entfaltet,

---

[26] Vgl. *Koller* Rn. 14.
[27] Vgl. *Bästlein/Bästlein* TranspR 2003, 413, 415; OLG Hamm 10.1.2000, TranspR 2000, 424, 425 (zum Speditionsübergabeschein).
[28] Vgl. *Bästlein/Bästlein* TranspR 2003, 413, 415.
[29] Ebenso *Bästlein/Bästlein* TranspR 2003, 413, 415; vgl. auch *Koller* Rn. 14.
[30] *Koller* Rn. 9.
[31] So ausdrücklich Reg.Begr. S. 38 (zu § 409).
[32] Baumbach/Hopt/*Merkt* Rn. 2. Zu Art. 8, 9 CMR OLG Düsseldorf 24.9.1992, TranspR 1993, 54, 55.
[33] *Koller* Rn. 9, 11.
[34] LG Köln 6.9.2001, TranspR 2002,155, 156; Baumbach/Hopt/*Merkt* Rn. 2; *Koller* Rn. 11.
[35] Reg.Begr. S. 38 (zu § 409).

wenn der Frachtführer das Rohgewicht (zu diesem Begriff s. § 408 Rn. 37) oder die anders angegebene Menge des Gutes oder den Inhalt der Frachtstücke (zu diesem Begriff s. Rn. 14) überprüft und in dem von beiden Parteien unterzeichneten Frachtbrief vermerkt hat, dass Gewicht, Menge oder Inhalt mit den Angaben im Frachtbrief übereinstimmen. Führt die Überprüfung zu dem Ergebnis, dass die Angaben im Frachtbrief nicht mit der Wirklichkeit übereinstimmen, so entfaltet der Frachtbrief insoweit keine Vermutungswirkung. Die im Frachtbrief vermerkten Abweichungen können jedoch ein Indiz für das tatsächliche Gewicht, die Menge oder den Inhalt des Gutes sein.[36]

Entgegen dem ausdrücklichen Wortlaut von Abs. 3, wonach der Vermerk darüber, dass **20** Gewicht, Menge oder Inhalt tatsächlich den Angaben im Frachtbrief entsprechen, nach vorangegangener Prüfung gemacht worden sein muss, entfaltet der Frachtbrief auch dann die in Abs. 3 vorgesehene Vermutungswirkung, wenn eine **Prüfung nicht durchgeführt** wurde.[37] Das in Abs. 3 normierte Erfordernis, dass eine Prüfung vorgenommen wurde, dient nur dem Schutz des Frachtführers: Er soll nicht an die in Abs. 3 genannten Angaben im Frachtbrief gebunden werden, die er nicht selbst überprüft und bestätigt hat. Bestätigt aber der Frachtführer die Angaben, ohne zuvor eine Prüfung vorgenommen zu haben, so besteht insoweit kein Schutzbedürfnis des Frachtführers. Wenn keine Prüfung erfolgt ist, kann die Vermutungswirkung durch Vorbehalt entkräftet werden.

**b) Überprüfung auf Verlangen.** Der Frachtführer hat die Überprüfung vorzunehmen, **21** wenn es der Absender **verlangt.** Da die Überprüfung aufwändig sein kann, braucht der Frachtführer sie nur vorzunehmen, wenn ihm angemessene Mittel hierzu zur Verfügung stehen. Für die Annahme eines angemessenen Mittels zur Überprüfung des Gewichts genügt, wenn dem Frachtführer eine Wiegevorrichtung vom Absender zur Verfügung gestellt wird.

Aus dem Grundsatz von Treu und Glauben abzuleiten ist darüber hinaus das Recht des **22** Frachtführers, **ohne Verlangen des Absenders** eine Überprüfung vorzunehmen.[38] Eine Inhaltskontrolle darf er jedoch nur vornehmen, wenn er hierfür die Zustimmung des Absenders hat oder die Überprüfung dem mutmaßlichen Interesse des Absenders entspricht.[39]

**c) Aufwendungsersatz.** Der Frachtführer kann, wenn er die Prüfung auf Verlangen **23** vornimmt, nach Abs. 3 S. 2 Ersatz seiner Aufwendungen für die Überprüfung verlangen. Der Frachtführer kann dabei analog § 418 Abs. 1 S. 4 die Überprüfung von der Zahlung eines **Vorschusses** abhängig machen.[40] Inwieweit der Frachtführer Aufwendungsersatz auch bei einer Prüfung verlangen kann, die er nicht auf Verlangen des Absenders vorgenommen hat, richtet sich nach § 683 BGB.[41]

**Aufwendungen** iSd. Abs. 3 S. 2, 2. HS sind in demselben Sinne zu verstehen wie **24** Aufwendungen iSd. § 670 BGB. Aufwendungen sind mithin alle Vermögensopfer, die der Frachtführer zum Zwecke der Überprüfung freiwillig oder auf Weisung des Absenders gemacht hat, sowie solche, die sich als notwendige Folge der Ausführung ergeben.[42] Zu den zu erstattenden Aufwendungen zählen mithin die an die Leute des Frachtführers zu zahlende Vergütung, die Aufwendungen für gebotene Sachaufwendungen sowie für die Heranziehung von Experten. Hiervon unberührt bleibt der Anspruch auf Standgeld nach § 412 Abs. 3.

## V. Beweisführung in sonstigen Fällen

**1. Einseitig unterschriebener Frachtbrief.** Wird der Frachtbrief **nur vom Absen-** **25** **der,** nicht aber vom Frachtführer unterzeichnet, bleibt der Beweiswert von Erklärungen

---

[36] *Koller* Rn. 29.
[37] Ähnlich *Bästlein/Bästlein* TranspR 2003, 413, 416; aA *Koller* Rn. 28.
[38] Vgl. Baumbach/Hopt/*Merkt* Rn. 3; *Koller* Rn. 26.
[39] Vgl. Baumbach/Hopt/*Merkt* Rn. 3; *Koller* Rn. 26.
[40] *Koller* Rn. 25; *Andresen/Valder* Rn. 17.
[41] Ebenso *Koller* Rn. 25.
[42] Vgl. Palandt/*Sprau* BGB § 670 Rn. 3.

und Bestätigungen nach allgemeinen Regeln zu bestimmen.[43] Dies bedeutet, dass der
Frachtbrief dann, wenn er nach § 126 BGB eigenhändig unterschrieben wurde, als eine
Privaturkunde im Sinne von § 416 ZPO Beweis dafür erbringt, dass der Absender die
in ihm enthaltenen Erklärungen als Aussteller abgegeben hat.[44] Ob die in der Erklärung
wiedergegebenen Tatsachen vorliegen, unterliegt freier Beweiswürdigung (§ 286 ZPO).
Die in § 409 angeordnete Vermutung der Richtigkeit der Erklärung entfällt. Wurde der
Frachtbrief lediglich mit einer faksimilierten oder gestempelten Unterschrift des Absenders
versehen, so entfällt auch der formelle Beweis nach § 416 ZPO.[45] Kann nachgewiesen
werden, dass das Faksimile befugt zur Unterzeichnung genutzt wurde, spricht aber ein Indiz
dafür, dass die Erklärungen vom Absender stammen. Gleiches gilt, wenn der Frachtbrief
im Durchschreibeverfahren erstellt wurde (vgl. hierzu § 408 Rn. 16) und das vorgelegte
Frachtbriefexemplar nur eine Unterschrift im Durchschreibeverfahren ausweist.[46] Er kann
darüber hinaus aber auch ein Indiz dafür sein, dass das Gut und seine Verpackung in
äußerlich gutem Zustand waren.

26    Entsprechendes gilt, wenn der Frachtbrief **nur vom Frachtführer** unterzeichnet ist. In
diesem Fall kommt dem Frachtbrief vor allem die Bedeutung einer Empfangsbestätigung
bei.[47] Insoweit kann er, abhängig von den Umständen des Einzelfalles, insbesondere von
der allgemeinen Zuverlässigkeit des Ausstellers und der Bedeutung der Quittung für die
beteiligten Verkehrskreise, ein Indiz für die Richtigkeit der in ihm enthaltenen Angaben[48]
dienen (zur Empfangsbestätigung s. Rn. 28).

27    **2. Fehlen eines Frachtbriefs.** Bei vollständigem Fehlen eines Frachtbriefs muss der
Gläubiger das Bestehen eines Frachtvertrags, die Übergabe des Gutes sowie die Anzahl und
der Zustand des Gutes nach **allgemeinen Beweisgrundsätzen** beweisen (§ 286 ZPO).
Dagegen kann aus dem Fehlen eines Frachtbriefs nicht die Vermutung hergeleitet werden,
dass ein Frachtvertrag überhaupt nicht geschlossen wurde. Verzichtet der Frachtführer
bewusst auf die Anfertigung eines Frachtbriefs und die Dokumentation der Übergabe und
kann der Absender beweisen, dass er das Gut dem Frachtführer zum Abtransport bereitgestellt hat, so muss der Frachtführer beweisen, dass er das Gut nicht erhalten hat.[49]

28    Hat der Frachtführer oder dessen Fahrer eine **Empfangsbestätigung** oder Übernahmebescheinigung ausgestellt, so kann auch mit dieser der Beweis für die Anzahl
der übergebenen Frachtstücke und den Zustand des Gutes geführt werden.[50] Gleiches
gilt hinsichtlich des Gewichtes.[51] Die Empfangsbestätigung oder Übernahmebescheinigung hat den Charakter einer **Quittung** (§ 368 BGB). Ihre formelle Beweiskraft
richtet sich nach § 416 ZPO, ihre materielle Beweiskraft nach § 286 ZPO. Danach
kann man im Zweifel davon ausgehen, dass die in der Empfangsbestätigung oder
Übernahmebescheinigung enthaltenen Angaben zutreffen. Denn es gilt der Erfahrungssatz, dass derjenige, der etwas bestätigt, zutreffend bestätigt.[52] Dieser Anschein kann
jedoch durch Gegenbeweis erschüttert werden, so etwa, wenn nachgewiesen wird,
dass es sich bei der Bescheinigung um eine „bloße Vorausbescheinigung" handelte,
die unverschuldet blind unterschrieben wurde.[53] Die Beweiskraft der Empfangsbestätigung oder Übernahmebescheinigung bezieht sich im Zweifel aber nicht auf Angaben,

[43] Hierzu BGH 17.4.1997, TranspR 1998, 21, 23.
[44] *Baumgärtel/Reinicke* § 426 Rn. 1.
[45] Vgl. *Bästlein/Bästlein* TranspR 2003, 413, 418.
[46] Vgl. *Bästlein/Bästlein* TranspR 2003, 413, 414.
[47] *Bästlein/Bästlein* TranspR 2003, 413, 417; *Koller* § 408 Rn. 27.
[48] Vgl. auch OLG Köln 20.6.1997, TranspR 1998, 303, 304; OLG Düsseldorf 13.3.1997, TranspR 1998,
30, 31 (zu einer Empfangsbescheinigung des Frachtführers auf der Ladeliste); *Koller* § 408 Rn. 27.
[49] OLG Nürnberg 1.9.2004, NJW-RR 2005, 183, 183.
[50] BGH 20.7.2006, TranspR 2006, 394, 395; 24.10.2002, TranspR 2003, 156, 158; *Koller* § 408
Rn. 27.
[51] OLG Düsseldorf 18.2.2010, BeckRS 2011, 08109.
[52] *Bästlein/Bästlein* TranspR 2003, 413, 417; *Koller* § 408 Rn. 27.
[53] OLG Köln 20.6.1997, TranspR 1998, 303, 304.

die der Unterzeichnende nicht bestätigen konnte, etwa weil sie sich auf den Inhalt einer verschlossenen Sendung beziehen.[54]

Sind die **Güter in verschlossenen Behältnissen (Kartons)** zum Versand gebracht **28a** worden, war bei kaufmännischen Absendern früher prima facie anzunehmen, dass die im **Lieferschein** und in der dazu korrespondierenden Rechnung aufgeführten Waren in dem Behältnis tatsächlich enthalten waren. Es oblag dann dem Schädiger, den zugunsten des Absenders streitenden Anscheinsbeweis durch substantiierten Vortrag auszuräumen. Dieser Grundsatz galt auch dann, wenn ein Dauerkunde dem Frachtführer ständig eine Vielzahl von Pakete übergeben hatte.[55] Von dieser Auffassung ist der BGH inzwischen abgerückt. Nach der neueren Rechtsprechung unterliegt die Würdigung der Umstände, die für Umfang und Wert einer verlorengegangenen Sendung sprechen, stets der freien richterlichen Beweiswürdigung gemäß § 286 ZPO[56] Der Tatrichter hat sich die Überzeugung von der Richtigkeit des behaupteten Umfangs einer Sendung daher anhand der gesamten Umstände des Einzelfalls, insbesondere aufgrund von vorgelegten Lieferscheinen und dazu korrespondierenden Rechnungen, zu bilden. Dafür ist es grundsätzlich nicht erforderlich, dass sowohl Lieferscheine als auch korrespondierende Rechnungen zum Nachweis des Sendungsumfangs vorgelegt werden. Der Tatrichter kann sich die Überzeugung von der Richtigkeit des behaupteten Inhalts einer Sendung auch dann bilden, wenn nur eines der beiden Dokumente vorgelegt wird und der beklagte Frachtführer dagegen keine substantiierten Einwände erhebt.[57] Dieser Grundsatz ist jedoch bei einem Streit über den Inhalt eines entwendeten, vom Versender selbst beladenen und verschlossenen Transportcontainers nach Auffassung des BGH nicht ohne weiteres anwendbar.[58]

Besteht zwischen den Parteien des Frachtvertrages Streit darüber, ob der beim Empfänger **28b** nicht angekommene Teil der Sendung überhaupt in die Obhut des Frachtführers gelangt ist, kann nicht auf die Grundsätze des Anscheinsbeweises zurückgegriffen werden. Da die Parteien über den Grund der Haftung streiten, scheidet auch eine Anwendung des § 287 ZPO aus. Der Anspruchsteller hat daher in einem solchen Fall den vollen Beweis dafür zu erbringen, dass der nicht beim Empfänger angekommene Teil der Sendung in die Obhut des Frachtführers gelangt ist.[59]

Einer Empfangsbestätigung gleichgestellt werden können auch **Versandlisten,** die vom **29** Absender im EDI-Verfahren erstellt und vom Frachtführer nicht beanstandet wurden.[60]

### VI. Rechtsfolgen bei Fehlverhalten des Frachtführers

Trägt der Frachtführer **keinen Vorbehalt** bezüglich des Zustandes des Gutes, der Verpa- **30** ckung oder der Anzahl, Zeichen oder Nummern der Frachtstücke ein, so hat dies lediglich zur Folge, dass die Angaben im Frachtbrief als zutreffend vermutet werden. Darüber hinausgehende Schadensersatzpflichten löst die Nichtaufnahme von Vorbehalten nicht aus,[61] denn auf eine gesetzliche Pflicht zur Überprüfung dieser Angaben hat der Gesetzgeber- abweichend von Art. 8 CMR –bewusst verzichtet.[62] Anderes gilt bei kollusivem Zusammenwirken des Frachtführers mit dem Absender. Hier kommt eine Haftung des Frachtführers gegenüber Dritten nach § 826 BGB in Betracht.[63]

---

[54] BGH 20.7.2006, TranspR 2006, 394, 395; BGH 4.5.2005, TranspR 2005, 403, 404; BGH 24.10.2002, TranspR 2003, 156, 158; BGH 29.6.1986, TranspR 1986, 459, 461; OLG Düsseldorf 14.11.2001, TranspR 2002, 73 (zu Art. 17, 29 CMR); *Koller* § 425 Rn. 41 mwN.

[55] BGH 24.10.2002, TranspR 2003, 156, 159. BGH 20.7.2006, TranspR 2006, 394, 395.

[56] BGH 26.4.2007, TranspR 2007,418; BGH 2.4.2009, TranspR 2009, 262; BGH 29.10.2009, TranspR 2010, 200; BGH 13.9.2012, TranspR 2013, 192.

[57] BGH 20.9.2007, TranspR 2008, 163; BGH 22.10.2009, TranspR 2010, 73, BGH 29.10.2009, TranspR 2010, 200; BGH 13.9.2012, TranspR 2013, 192.

[58] BGH 13.9.2012, TranspR 2013, 192.

[59] BGH 26.4.2007, TranspR 2007, 418, 419.

[60] BGH 20.7.2006, TranspR 2006, 394, 395; BGH 4.5.2005, TranspR 2005, 403, 404.

[61] AA wohl *Koller* Rn. 31.

[62] RegBegr TRG S. 38.

[63] Vgl. *Koller* Rn. 31. Vgl. auch *Rabe* § 656 Rn. 32 ff. zu der Praxis, gegen Ausstellung eines Revers die Aufnahme eines Vorbehalts im Konnossement zu unterlassen.

**31**    Trägt der Frachtführer einen **objektiv falschen Vorbehalt** in den Frachtbrief ein, so kann eine solche Eintragung den Frachtführer gegenüber dem Absender nach den §§ 280 ff. BGB schadensersatzpflichtig machen.[64] Die Haftung ist jedoch nach § 433 begrenzt, sofern nicht die Voraussetzungen des § 435 (schweres Verschulden) vorliegen.

**32**    **Weigert sich der Frachtführer,** das Rohgewicht oder die anders angegebene Menge des Gutes oder den Inhalt der Frachtstücke zu **überprüfen** oder das Ergebnis in den Frachtbrief einzutragen, so stellt dies ebenfalls eine Pflichtverletzung dar, die die Rechtsfolgen der §§ 280 ff BGB auslöst.[65] Die Haftung ist jedoch nach § 433 begrenzt, sofern nicht die Voraussetzungen des § 435 (schweres Verschulden) vorliegen. Ein Rücktritt des Absenders nach den §§ 323 ff. BGB ist dagegen ausgeschlossen. Insoweit geht § 415 den genannten Vorschriften als lex specialis vor (s. dort Rn. 34).[66]

## § 410 Gefährliches Gut

**(1) Soll gefährliches Gut befördert werden, so hat der Absender dem Frachtführer rechtzeitig in Textform die genaue Art der Gefahr und, soweit erforderlich, zu ergreifende Vorsichtsmaßnahmen mitzuteilen.**

**(2) Der Frachtführer kann, sofern ihm nicht bei Übernahme des Gutes die Art der Gefahr bekannt war oder jedenfalls mitgeteilt worden ist,**

**1. gefährliches Gut ausladen, einlagern, zurückbefördern oder, soweit erforderlich, vernichten oder unschädlich machen, ohne dem Absender deshalb ersatzpflichtig zu werden, und**

**2. vom Absender wegen dieser Maßnahmen Ersatz der erforderlichen Aufwendungen verlangen.**

### Übersicht

|  | Rn. |  | Rn. |
|---|---|---|---|
| I. Normzweck | 1 | 1. Allgemeines | 16 |
| II. Gefährliches Gut | 2, 3 | 2. Fehlende Mitteilung oder mangelnde Kenntnis von der Art der Gefahr | 17, 18 |
| III. Mitteilungspflicht (Abs. 1) | 4–15 | 3. Handlungsmöglichkeiten | 19, 20 |
| 1. Pflicht des Absenders | 4–14 | 4. Rechtsfolgen | 21, 22 |
| a) Allgemeines | 4–7 | a) Beendigung der Beförderung | 21 |
| b) Mitteilungspflichtiger und Adressat der Mitteilung | 8, 9 | b) Aufwendungsersatzanspruch des Frachtführers | 22 |
| c) Inhalt der Mitteilung | 10, 11 | | |
| d) Form der Mitteilung | 12, 13 | **V. Sonstige Rechtsfolgen bei Pflichtverletzung** | 23–25 |
| e) Zeitpunkt der Mitteilung | 14 | | |
| 2. Pflicht des Frachtführers | 15 | 1. Schadensersatzanspruch des Frachtführers | 23 |
| **IV. Selbsthilfemaßnahmen des Frachtführers (Abs. 2)** | 16–22 | 2. Schadensersatzanspruch des Absenders | 24, 25 |

## I. Normzweck

**1**    Zweck des § 410 ist, den Frachtführer, der mit gefährlichem Gut umgehen muss, zu schützen.[1] Zwar ergibt sich ein breites Spektrum von Hinweis- und Vorsorgepflichten bereits aus öffentlich-rechtlichen Gefahrgutvorschriften. In § 410 steht aber die **frachtvertragliche Aufgaben- und Lastenverteilung** in Rede. Um den Frachtführer in die Lage zu versetzen, die notwendigen Vorkehrungen für eventuell eintretende Gefahrensituationen zu treffen, soll er darüber informiert werden, welcher Art die von dem Gut ausgehende

---

[64] Baumbach/Hopt/*Merkt* Rn. 2. Zu schuldhaft unrichtigen Marginalklauseln auf einem Konnossement vgl. *Rabe* § 646 Rn. 11 (culpa in contrahendo).

[65] *Koller* Rn. 23 f.

[66] So auch *Koller* Rn. 24.

[1] Reg.Begr. S. 39 (zu § 410).

Gefahr im konkreten Fall ist und welche Vorsichtsmaßnahmen er ggf. treffen muss (Abs. 1). Diese Information erübrigt sich, wenn der Frachtführer – zB aus früherer Beförderung gleichartiger Güter – bereits ausreichende Kenntnisse von der Gefährlichkeit des Gutes und den während seiner Obhut erforderlichen Sicherungsmaßnahmen hat. Für den Fall, dass der Absender seinen Informationspflichten nicht oder nicht in vollem Umfang nachgekommen ist, räumt das Gesetz dem Frachtführer die Befugnis ein, sich auf Kosten des Absenders des Gutes zu entledigen (Abs. 2). § 410 hat sein Vorbild insbes. in Art. 22 CMR.[2]

## II. Gefährliches Gut

§ 410 verwendet in Übereinstimmung mit Art. 22 CMR bewusst nicht den Begriff **2** „Gefahrgut", sondern den Begriff „gefährliches Gut". Nach der Gesetzesbegründung[3] soll durch die Verwendung dieses Begriffs klargestellt werden, dass hierunter nicht nur **Gefahrgut iS öffentlich-rechtlicher Klassifikationen** des Gefahrgutrechts zu verstehen ist, sondern auch Gut, das allein unter beförderungsspezifischen Gesichtspunkten als gefährlich anzusehen ist. Mit Blick auf das dargestellte gesetzgeberische Ziel ist Gut jedenfalls dann als „gefährlich" iSd. § 409 anzusehen, wenn es unter die Definition von § 2 Abs. 1 GGBefG[4] fällt und nach den einschlägigen öffentlich-rechtlichen Vorschriften, insbesondere GGVSE,[5] GGVBinSch[6] und GGVSee,[7] als Gefahrgut klassifiziert ist. Unbeachtlich ist hierbei, ob dieses Gut im Normalzustand ungefährlich wirkt.[8] Denn Sinn und Zweck des § 410 ist, den Frachtführer gerade auch dann zu schützen, wenn sich die Gefährlichkeit eines Gutes in einer untypischen Situation realisiert. Nach § 2 Abs. 1 GGBefG sind als gefährliche Güter alle Stoffe und Gegenstände anzusehen, von denen auf Grund ihrer Natur, ihrer Eigenschaften oder ihres Zustandes im Zusammenhang mit der Beförderung **Gefahren für die öffentliche Sicherheit oder Ordnung,** insbesondere für die Allgemeinheit, für wichtige Gemeingüter, für Leben und Gesundheit von Menschen sowie für Tiere und Sachen ausgehen können. Beförderung im Sinne dieser Vorschrift umfasst dabei nicht nur den Vorgang der Ortsveränderung, sondern auch die Übernahme und die Ablieferung des Gutes, zeitweilige Aufenthalte im Verlauf der Beförderung sowie Vorbereitungs- und Abschlusshandlungen wie Verpacken und Auspacken der Güter, Be- und Entladen, auch wenn diese Handlungen nicht vom Beförderer ausgeführt werden (§ 2 Abs. 2 GGBefG).

Darüber hinaus ist aber auch dann Gut als „gefährlich" anzusehen, das nach den einschlä- **3** gigen Vorschriften nicht als gefährlich klassifiziert ist.[9] Angesichts der sehr weit reichenden öffentlich-rechtlichen Regelungen ist allerdings bei der Beurteilung der Gefährlichkeit von Gut, das nicht als gefährlich iSd. öffentlich-rechtlichen Vorschriften klassifiziert ist, ein restriktiver Maßstab anzuwenden. Nicht jede Gefahr, die von einem Gut ausgeht, macht das Gut zu gefährlichem Gut iSd. § 410. So führt die von dem Gut ausgehende Gefahr der Durchnässung anderer Ladung noch nicht allein aus diesem Grunde dazu, das Gut als gefährlich iSd. § 410 anzusehen.[10] Nicht ausreichend ist auch, dass das Gut eine unmittelbare Gefahr allein für das Beförderungsmittel darstellt, mit der ein ordentlicher Frachtführer

---

[2] Reg.Begr. S. 39 (zu § 410).

[3] Reg.Begr. S. 39 (zu § 410).

[4] Gefahrgutbeförderungsgesetz vom 6. August 1975 (BGBl. I S. 2121), zuletzt geändert durch Art. 2 Abs. 148 G zur Strukturreform des Gebührenrechts des Bundes vom 7.8.2013 (BGBl. I S. 3154).

[5] Gefahrgutverordnung Straße und Eisenbahn in der Fassung der Bekanntmachung vom 24. November 2006 (BGBl. I S. 2683), zuletzt geändert durch § 39 Nr. 1 GefahrgutVO Straße, Eisenbahn und Binnenschifffahrt vom 17.6.2009 (BGBl. I S. 1389).

[6] Gefahrgutverordnung Binnenschifffahrt vom 31. Januar 2004 (BGBl. I S. 136), zuletzt geändert durch § 39 Nr. 2 GefahrgutVO Straße, Eisenbahn und Binnenschifffahrt vom 17.6.2009 (BGBl. I S. 1389).

[7] Gefahrgutverordnung See in der Fassung der Bekanntmachung vom 3. Dezember 2007 (BGBl. I S. 2815), zuletzt geändert durch Art. 4 VO zur Änd. gefahrgutrechtlicher und schiffssicherheitsrechtlicher Vorschriften vom 19.12.2012 (BGBl. I S. 2715).

[8] Ebenso *Koller* Rn. 2; *Trappe* VersR 1986, 942, 944. AA Vorauflage § 425 Rn. 117; *Rabe* § 564b Rn. 3.

[9] Weitergehend *Koller* Rn. 2; Baumbach/Hopt/*Merkt* Rn. 1, die nicht bloß auf die Klassifikation abstellen.

[10] Ebenso *Koller* Rn. 2 (gefüllte Milchflaschen); *Rabe* § 564b Rn. 4.

üblicherweise nicht zu rechnen braucht.[11] Erforderlich ist, dass von dem Gut auf Grund seines Zustandes eine Gefahr sowohl für das Transportmittel und der darauf befindlichen Ladung als **auch für andere außerhalb des Beförderungsmittels befindliche Personen oder Sachen** ausgeht.[12] Zu weitgehend erscheint es daher, verpackte Stahlcoils, aus denen Konservierungsöl austreten kann, als gefährliche Güter iSd. § 410 anzusehen.[13]

### III. Mitteilungspflicht (Abs. 1)

4   **1. Pflicht des Absenders. a) Allgemeines.** Abs. 1 normiert eine Mitteilungspflicht des Absenders für den Fall, dass gefährliches Gut befördert werden soll. Die Mitteilung stellt eine **geschäftsähnliche Handlung** dar.[14] Auf sie sind insbesondere die Vorschriften über Willensmängel (§§ 116 ff. BGB), über die Auslegung (§§ 133 ff. BGB) sowie über die Stellvertretung (§§ 164 ff. BGB) anzuwenden.[15] Keine Mitteilung ist jedoch erforderlich, wenn der Frachtführer bereits genaue Kenntnis von der konkreten Gefahr es zu befördernden Gutes und den erforderlichen Sicherungsmaßnahmen hat.[16]

5   Die Haftung des Absenders für die **Verletzung der Mitteilungspflicht** richtet sich nach § 414. Darüber hinaus kann die Verletzung der Pflicht bei der Beurteilung der Frage eine Rolle spielen, in welchem Umfang der Frachtführer für Güter- oder Verspätungsschäden haftet (§ 425 Abs. 2).

6   Eine Einschränkung von § 410 sieht § 451b Abs. 2 für den Fall vor, dass der Frachtvertrag die Beförderung von **Umzugsgut** zum Gegenstand hat und der Absender ein Verbraucher ist. In diesem Falle muss der Absender den Frachtführer über die vom Gut ausgehende Gefahr nur ganz „allgemein" unterrichten.

7   Die Pflicht, über gefährliches Gut zu informieren, ist **abdingbar.**[17] Dementsprechend können Frachtführer, die auf Gefahrguttransporte spezialisiert sind, auf Informationen über die genaue Art der Gefahr und zu ergreifende Vorsichtsmaßnahmen verzichten.[18]

8   **b) Mitteilungspflichtiger und Adressat der Mitteilung.** Nach Abs. 1 ist der **Absender** zur Mitteilung verpflichtet. Die nach öffentlich-rechtlichen Vorschriften bestehende Pflicht sonstiger Personen, etwa des Herstellers, bleibt hiervon unberührt.[19]

9   Adressat der Mitteilung ist der **Frachtführer.** Dies gilt auch dann, wenn der Frachtführer keinerlei Fahrzeuge besitzt und nur durch Einschaltung von Unterfrachtführern seiner Beförderungspflicht nachkommen kann. Allerdings besteht die Möglichkeit der Empfangsvertretung (§ 166 BGB). Als Empfangsvertreter kommt der Fahrer oder in der Binnenschifffahrt der Schiffer in Betracht.[20] Unberührt hiervon bleibt die öffentlich-rechtliche Pflicht, den Verlader iSd. Gefahrgutrechts[21] sowie denjenigen, der die Beförderung tatsächlich ausführt, zu unterrichten.

10   **c) Inhalt der Mitteilung.** Nach Abs. 1 hat die Mitteilung zum einen die genaue Art der Gefahr, zum anderen etwa zu ergreifende Vorsichtsmaßregeln zu beinhalten. Für eine

---

[11] AA *Koller* Rn. 2; *v. Waldstein/Holland* Rn. 2; *Korioth* TranspR 1998, 92, 93 (extrem rieselfähiges Ladungsgut, das einen Ladungsschaden und erhebliche Kosten zur Säuberung des Bilgenraums verursachen kann); Thume/*de la Motte/Temme* CMR Art. 22 Rn. 24.

[12] Vgl. OLG Düsseldorf 23.1.1992, TranspR 1992, 218, 219.

[13] So aber OLG Köln, Schifffahrtsobergericht, 24.4.2007, Hamburger Seerechts-Report 2007, 89 Nr. 62; AG Duisburg-Ruhrort, Schifffahrtsgericht, 14.3.2005, Hamburger Seerechts-Report 2007, 138 Nr. 88.

[14] EBJS/*Reuschle* Rn. 2.

[15] EBJS/*Reuschle* Rn. 2.

[16] OLG Köln, Schifffahrtsobergericht, 24.4.2007, Hamburger Seerechts-Report 2007, 89 Nr. 62; AG Duisburg-Ruhrort, Schifffahrtsgericht, 14.3.2005, Hamburger Seerechts-Report 2007, 138 Nr. 88; *Koller* Rn. 9.

[17] Ebenso *Koller* Rn. 22.

[18] Fremuth/Thume/*Fremuth* Rn. 33.

[19] Vgl. hierzu Thume/*de la Motte/Temme* CMR Art. 22 Rn. 22 ff.

[20] Vgl. *Koller* Rn. 11; *v. Waldstein/Holland* Rn. 6.

[21] Vgl. hierzu § 2 Nr. 4 GGVSE, wonach Verlader das Unternehmen ist, das die Versandstücke in ein Fahrzeug, einen Wagen oder einen Großcontainer verlädt, oder das als unmittelbarer Besitzer das gefährliche Gut dem Beförderer zur Beförderung übergibt oder selbst befördert.

Mitteilung der **genauen Art der Gefahr** reicht es nicht aus, im Frachtbrief im Einklang mit § 408 Abs. 1 S. 1 Nr. 6 nur die allgemein anerkannte Bezeichnung zu vermerken.[22] Handelt es sich um Gefahrgut im Sinne öffentlich-rechtlicher Klassifikationen, genügt es aber, dass der Absender dem Frachtführer zusätzlich unter Hinweis auf die einschlägigen öffentlich-rechtlichen Gefahrgutvorschriften die Gefahrenklasse mitteilt.[23] Ist das Gut nicht Gefahrgut im Sinne öffentlich-rechtlicher Klassifikationen, so muss der Absender nähere Hinweise zu der Gefahr geben.

Über zu ergreifende **Vorsichtsmaßnahmen** ist nur zu unterrichten, soweit dies erfor- **11** derlich ist. Der Umfang der Mitteilungspflicht hat sich dabei an den Informationsbedürfnissen des Frachtführers zu orientieren; diese sind nach einem verobjektivierten Absenderhorizont zu bestimmen.[24] Handelt es sich um Gefahrgut im Sinne öffentlich-rechtlicher Klassifikationen, ist eine Mitteilung über zu ergreifende Vorsichtsmaßnahmen entbehrlich, wenn es sich bei dem Frachtführer um eine Person handelt, die Verantwortlicher iSd. § 9 Abs. 5 GGBefG ist, also etwa als Unternehmer oder als Inhaber eines Betriebes gefährliche Güter befördert. Denn in diesem Falle kann davon ausgegangen werden, dass der Frachtführer die öffentlich-rechtlichen Gefahrgutvorschriften und die danach zu ergreifenden Vorsichtsmaßnahmen kennt.

**d) Form der Mitteilung.** Die Mitteilung kann in den Frachtbrief aufgenommen wer- **12** den (§ 408 Abs. 1 S. 1 Nr. 6, S. 2). Nach Abs. 1 reicht aber auch aus, dass die notwendigen Informationen in **Textform** (§ 126b BGB) gegeben werden. Die Information muss also in einer Urkunde oder auf andere zur dauerhaften Wiedergabe in Schriftzeichen geeigneten Weise enthalten sein. Es genügt eine Information auf Diskette oder CD-ROM. Ausreichend ist auch eine Information per E-Mail, vorausgesetzt, der Frachtführer hat – etwa durch Angabe seiner E-Mail-Adresse – zu erkennen gegeben, dass er mit einer Mitteilung per E-Mail einverstanden ist.[25] In jedem Falle muss aber in der Mitteilung der Absender als der Erklärende benannt und der Abschluss der Mitteilung erkennbar gemacht sein.

Nicht ausreichend ist dagegen eine **mündliche Mitteilung.** Dies gilt auch für den Fall, **13** dass die Mitteilung auf einem Anrufbeantworter hinterlassen wird[26] Denn die Mitteilung dient nicht nur dazu, dem Frachtführer eine Entscheidungshilfe dafür zu geben, ob er den Beförderungsauftrag überhaupt annehmen will, sondern sie dient auch dazu, den Frachtführer in die Lage zu versetzen, die notwendigen Vorkehrungen für eventuell eintretende Gefahrensituationen zu treffen. Hierfür ist aber erforderlich, dass dem Frachtführer die notwendigen Informationen in einer greifbaren, leicht zugänglichen Weise vorliegen,[27] so dass er und seine Mitarbeiter hierauf wiederholt zurückgreifen können.

**e) Zeitpunkt der Mitteilung.** Die Mitteilung muss „**rechtzeitig**" sein. Bewusst offen **14** lässt das Gesetz damit, ob die Mitteilung bereits bei Vertragsschluss gemacht werden muss oder ob es ausreicht, dass der Frachtführer die Mitteilung bei der Übergabe des Gutes erhält.[28] Mit Blick auf die Interessenlage der Vertragsparteien ist die Mitteilung jedenfalls dann als rechtzeitig anzusehen, wenn sie dem Frachtführer bei Vertragsabschluss zugeht. Eine Information, die erst nach dem Zeitpunkt des Vertragsabschlusses erteilt wird, ist dann als rechtzeitig anzusehen, wenn sie dem Frachtführer noch ermöglicht, die notwendigen Vorkehrungen für den Transport und ggf. zu ergreifende Vorsichtsmaßnahmen zu treffen.[29] Bei der Beurteilung der Rechtzeitigkeit sind dabei die öffentlich-rechtlichen Vorschriften über die Beförderung gefährlicher Güter zu berücksichtigen. Ist danach vorgeschrieben,

[22] *Koller* Rn. 3.
[23] Ebenso EBJS/*Reuschle* Rn. 3, 6; Thume/*de la Motte/Temme* CMR Art. 22 Rn. 31 (zur CMR).
[24] So Reg.Begr. S. 39 (zu § 410).
[25] Vgl. Palandt/*Heinrichs/Ellenberger* BGB § 126b Rn. 3.
[26] EBJS/*Reuschle* Rn. 5; aA *Koller* Rn. 3.
[27] Vgl. Reg.Begr. S. 39 (zu § 410).
[28] Vgl. Reg.Begr. S. 39 (zu § 410).
[29] Vgl. auch *Koller* Rn. 4.

dass bestimmte Informationen bereits bei Vertragsabschluss zu erteilen sind,[30] ist diese Vorgabe auch für die Anwendung des § 410 maßgeblich.

15     **2. Pflicht des Frachtführers.** Eine Pflicht des Frachtführers, sich wegen einer etwaigen Gefährlichkeit des Gutes zu erkundigen, besteht nicht.[31] Jedoch gebieten es die allgemeinen vertraglichen Schutzpflichten, erkannte Defizite vorsorglich mitzuteilen und Abhilfe nahe zu legen (zur Haftung s. Rn. 23).

### IV. Selbsthilfemaßnahmen des Frachtführers (Abs. 2)

16     **1. Allgemeines.** Abs. 2 gibt dem Frachtführer, dem nicht bei Übernahme des Gutes die Art der Gefahr bekannt war oder jedenfalls mitgeteilt worden ist, eine Reihe **selbsthilfeartiger Befugnisse.** Die Regelung entspricht weitgehend Art. 22 CMR. Anders als dort ist dem Frachtführer jedoch nicht nur das Ausladen, Vernichten oder Unschädlichmachen des Gutes gestattet, sondern auch das Einlagern oder Rückbefördern des Gutes.

17     **2. Fehlende Mitteilung oder mangelnde Kenntnis von der Art der Gefahr.** Voraussetzung für die Ergreifung von bestimmten Maßnahmen ist, dass der Frachtführer nicht spätestens bei der Übernahme des Gutes zur Beförderung die Art der Gefahr **mitgeteilt** worden ist und dass er sich auch aus anderen Quellen keine Kenntnis von der Art der Gefahr verschafft hat. Der Erhalt der Mitteilung impliziert die Möglichkeit der Kenntnisnahme; auf diese selbst kommt es daher nicht an.[32] Entscheidend ist, ob in der Mitteilung über die Art der Gefahr unterrichtet wurde. Abs. 2 setzt jedoch –anders als Abs. 1 – nicht voraus, ob und wann der Frachtführer auch über etwaige Vorsichtsmaßnahmen unterrichtet wurde.[33] Die fehlende Unterrichtung über Vorsichtsmaßnahmen allein ermöglicht es dem Frachtführer also nicht, Maßnahmen nach Abs. 2 zu ergreifen.

18     Ist keine Mitteilung erfolgt, kommt es darauf an, ob der Frachtführer spätestens bei Übernahme des Gutes zur Beförderung **Kenntnis** von der Art der Gefahr hatte. Dabei steht der Kenntnis des Frachtführers die Kenntnis seiner Wissensvertreter, so etwa des Fahrers, gleich.[34] Kenntnis bedeutet, dass der Frachtführer um die Art der Gefahr wusste.[35] Der Umstand, dass dem Frachtführer im Zeitpunkt der Übernahme des Gutes bekannt war, dass er Gefahrgut befördert, reicht hierfür nicht aus. Erforderlich – aber auch ausreichend – ist, dass er auch wusste, um welche Art von Gefahrgut es sich handelt.

19     **3. Handlungsmöglichkeiten.** Abs. 2 Nr. 1 gestattet dem Frachtführer, gefährliches Gut auszuladen, einzulagern, zurückzubefördern oder sogar zu vernichten. Der Begriff **Ausladen** bedeutet, dass der Frachtführer das Gut aus dem Beförderungsmittel entfernt. Der Begriff ist nicht gleichzusetzen mit dem Begriff „entladen". Denn letzterer impliziert die Beendigung der Beförderung (vgl. hierzu § 412 Rn. 22). Im vorliegenden Fall geht es jedoch vor allem darum, dass der Frachtführer die durch das Gut ausgehende Gefahr minimieren will, indem er es aus dem Transportmittel entfernt. Regelmäßig erfolgt das Ausladen mit dem Zweck, das Gut umzuladen, einzulagern oder auch zu vernichten bzw. unschädlich zu machen. Ausnahmsweise kann das Ausladen aber auch mit dem Vernichten einhergehen, so etwa im Falle einer Binnenschiffsbeförderung, wenn das Gut über Bord geworfen wird (sog. Seewurf).[36] Der Frachtführer hat dabei jedoch in jedem Falle die einschlägigen öffentlich-rechtlichen Vorschriften zu beachten. **Einlagern** bedeutet, dass der Frachtführer das Gut in einem eigenen Lager verwahrt oder einem Dritten zur Verwahrung übergibt (arg. e

---

[30] Vgl. etwa § 9 Abs. 1 Buchst. a GGVSE und § 7 Abs. 3 Nr. 10 GGVBinSch, wonach der Absender dafür zu sorgen hat, dass dem Beförderer oder, bei Anwendung der GGVBinSch, dem Schiffsführer bestimmte Zeugnisse vor dem Be- und Entladen zugänglich gemacht werden.
[31] EBJS/*Reuschle* Rn. 12.
[32] Reg.Begr. S. 39 (zu § 410).
[33] Reg.Begr. S. 39 (zu § 410).
[34] Baumbach/Hopt/*Merkt* Rn. 2; *Koller* Rn. 11.
[35] Reg.Begr. S. 29 (zu § 410).
[36] AA *Koller* Rn. 15.

§ 419 Abs. 1 S. 2).[37] Mit der **Rückbeförderung** geht notwendigerweise eine Pflicht des Absenders zur Rücknahme des Gutes einher.

Abweichend von § 419 muss der Frachtführer bei der Wahl der Maßnahme **nicht zuvor 20 eine Weisung des Absenders einholen.** Er muss allerdings auch, wie im Falle des § 419 Abs. 3 S. 1, die Grundsätze von **Verhältnismäßigkeit** und Treu und Glauben beachten.[38]

**4. Rechtsfolgen. a) Beendigung der Beförderung.** Analog § 419 Abs. 3 S. 4 ist die 21 Beförderung als beendet anzusehen, wenn der Frachtführer das Gut zum Zwecke der Beendigung der Beförderung vom Fahrzeug entfernt und etwa bei einem Dritten einlagert. Damit entfällt zugleich die vertragliche Obhutspflicht des Frachtführers. Dies gilt allerdings nicht, wenn der Frachtführer das Gut zum Zwecke der Rückbeförderung in seiner Obhut belässt.

**b) Aufwendungsersatzanspruch des Frachtführers.** Wegen der Ursächlichkeit des 22 Absenderverhaltens für die vom Frachtführer nach Nr. 1 getroffenen Maßnahmen gewährt Nr. 2 dem Frachtführer einen Anspruch auf Ersatz der erforderlichen Aufwendungen. Dieser Anspruch ist dem nach Art. 22 Abs. 2, 2. HS CMR gewährten Ersatzanspruch nachgebildet. **Aufwendungen** iSd. Abs. 2 Nr. 2 sind in demselben Sinne zu verstehen wie Aufwendungen iSd. § 670 BGB. Es handelt sich also um alle Vermögensopfer, die der Frachtführer wegen der ergriffenen Maßnahme gemacht hat, einschließlich derjenigen Vermögensopfer, die sich als notwendige Folge der Maßnahme ergeben.[39] Zu den zu erstattenden Aufwendungen zählen mithin entstandene Beförderungsauslagen, Kosten für das Ausladen und Einlagern des Gutes sowie die Kosten der Vernichtung oder Unschädlichmachung.[40] Hinzu kommen wie im Falle des § 683 BGB Vergütungen für die vom Frachtführer selbst aufgewendete Zeit und Arbeitskraft.[41]

### V. Sonstige Rechtsfolgen bei Pflichtverletzung

**1. Schadensersatzanspruch des Frachtführers.** Hat der Absender seine Mitteilungs- 23 pflicht nach Abs. 1 verletzt und hierdurch einen Schaden verursacht, so kann der Frachtführer auch § 414 Ersatzansprüche geltend machen[42] (s. § 414 Rn. 13 f.).

**2. Schadensersatzanspruch des Absenders.** Macht der Frachtführer von seinem 24 Recht nach Abs. 2 Nr. 1 Gebrauch, so kann der Absender wegen ihm entstandener Schäden keinen Anspruch geltend machen. Dies stellt Abs. 2 Nr. 1 aE ausdrücklich klar. Ist der Frachtführer dagegen irrtümlich von der Gefährlichkeit des Gutes ausgegangen und hat die in Abs. 2 Nr. 1 genannten Maßnahmen ergriffen, oder überschreitet er die Grenzen der Verhältnismäßigkeit,[43] so haftet er nach den §§ 425 ff., ggf. auch nach § 280 BGB und § 823 BGB iVm. § 434.[44]

Verletzt der Frachtführer seine allgemeinen vertraglichen Schutzpflichten dadurch, dass 25 er es unterlässt, erkannte Defizite vorsorglich mitzuteilen und Abhilfe nahe zu legen, ist sein Fehlverhalten im Rahmen von § 414 Abs. 2 zu berücksichtigen.[45]

## § 411 Verpackung, Kennzeichnung

[1]**Der Absender hat das Gut, soweit dessen Natur unter Berücksichtigung der vereinbarten Beförderung eine Verpackung erfordert, so zu verpacken, daß es vor**

---

[37] Vgl. auch *Koller* Rn. 15.
[38] Reg.Begr. S. 39 (zu § 410). Vgl. auch Baumbach/Hopt/*Merkt* Rn. 3; *Koller* Rn. 3.
[39] Vgl. Palandt/*Sprau* BGB § 670 Rn. 3.
[40] Reg.Begr. S. 40 (zu § 410).
[41] *Koller* Rn. 16. Vgl. auch Palandt/*Sprau* BGB § 683 Rn. 8.
[42] *Koller* Rn. 17.
[43] Vgl. EBJS/*Reuschle* Rn. 9.
[44] Vgl. *Koller* Rn. 20; *v. Waldstein/Holland* Rn. 9.
[45] EBJS/*Reuschle* Rn. 12.

**Verlust und Beschädigung geschützt ist und daß auch dem Frachtführer keine Schäden entstehen.** [2]**Soll das Gut in einem Container, auf einer Palette oder in oder auf einem sonstigen Lademittel, das zur Zusammenfassung von Frachtstücken verwendet wird, zur Beförderung übergeben werden, hat der Absender das Gut auch in oder auf dem Lademittel beförderungssicher zu stauen und zu sichern.** [3]**Der Absender hat das Gut ferner, soweit dessen vertragsgemäße Behandlung dies erfordert, zu kennzeichnen.**

## Übersicht

|  | Rn. |  | Rn. |
|---|---|---|---|
| I. Normzweck | 1, 1a | 3. Berücksichtigung der vereinbarten Beförderung | 12–15 |
| II. Verpackungspflicht (S. 1) | 2–16 | 4. Wirtschaftlichkeit der Verpackung | 16 |
| 1. Grundsatz | 2–8 | III. Kennzeichnungspflicht (S. 2) | 17–20 |
| 2. Natur des Gutes | 9–11 | IV. Rechtsfolgen bei Pflichtverletzung | 21, 22 |

## I. Normzweck

**1**  § 411 enthält eine Regelung über die Verpackungs- und Kennzeichnungspflicht, die in erster Linie die Vertragsabwicklung in der Praxis erleichtern soll, indem sie ein gesetzliches Modell für die Pflichtenverteilung zur Verfügung stellt.[1] Denn oft fehlt es an einer ausdrücklichen Vereinbarung der Verpackungs- und Kennzeichnungspflicht. Durch die Zuweisung der Verpackungs- und Kennzeichnungspflicht an den Absender berücksichtigt sie die Warennähe des Absenders und stärkt zugleich die Position des Frachtführers. Dieser kann ggf. auf Erfüllung dieser Pflicht bestehen und bei Nichterfüllung seine Leistung verweigern. Soweit die Verpackungspflicht betroffen ist, entspricht die Regelung § 18 Abs. 1 KVO aF.[2]

**1a**  Satz 2 wurde mit dem SRG in Angleichung an den neuen § 484 S. 2 eingefügt. Die Vorschrift entspricht Art. 27 Abs. 2 der seerechtlichen Rotterdam-Regeln. Näheres dazu siehe bei § 484.

## II. Verpackungspflicht (S. 1)

**2**  **1. Grundsatz.** Der **Begriff der Verpackung** ist weit auszulegen.[3] Dazu zählt jede körperlich mit dem Gut verbundene Vorkehrung, die geeignet ist, es selbst vor Beschädigung zu bewahren[4] und Schäden an Personen und anderen Sachen zu verhindern. Zur Verpackung gehört zunächst die gezielt angebrachte, wieder möglichst ohne größeren Aufwand auch lösbare Umhüllung eines Produktes. Der verpackte Gegenstand ist dann das Packgut und das fertig gepackte Produkt wird Packstück genannt. Mehrere Packstücke des gleichen Packgutes bilden dann eine Sammelpackung.[5] So bildet zB bei einem größeren Karton mit Glühbirnen dieser selbst die äußere Umhüllung und im inneren finden sich weitere Umhüllungen einer jeden einzelnen Glühbirne. Nur auf diese Weise wird der Zweck der Verpackung erfüllt, der darin besteht, einerseits das Gut selbst vor Beschädigungen, Verunreinigungen und Umwelteinflüssen – wie etwa Temperaturschwankungen – zu schützen und andererseits die Gefahr von Personen- und Sachschäden zu verhindern. Auch beigegebene Kühlelemente zur Erreichung bestimmter Transporttemperaturen gehören nach Auffassung des OLG München,[6] zur Verpackung, während eine Öl- oder Wachsbeschichtung zum Korrosionsschutz nicht unter diesen Begriff fällt,[7] sie erfüllt aber einen ganz ähnlichen

---

[1]  Reg.Begr. S. 40 (zu § 411).
[2]  Reg.Begr. S. 40 (zu § 411).
[3]  Eingehend siehe *Thume* TranspR 2013, 8.
[4]  Vgl. *Koller* Rn. 5.
[5]  Wikipedia Stichwort „Verpackung".
[6]  OLG München 7.5.2008, BeckRS 2008, 10196.
[7]  OLG München 18.4.2007 – 7 U 5108/06, VersR 2008, 988; siehe dazu auch *Goller* TranspR 2008, 53, 55.

Zweck. Das gleiche gilt auch für die Vorkühlung von frischen Lebensmitteln, Medikamenten und ähnlichen Gütern, weil sie dem gleichen Schutzweck dient. Durch unzureichende Vorkühlung werden solche Waren nicht zu einem mangelhaften Gut iSd. § 425 Abs. 2, ebenso wenig wie eine schlecht verpackte Glühbirne. Beide Güter haben vielmehr die ganz natürliche Beschaffenheit, während der Beförderung besonders leicht beschädigt werden zu können.[8] Anders ist es jedoch bei Tiefkühlprodukten. Das sind idR bestimmte wasserhaltige Lebensmittel, die durch einen besonderen Einfrierungsprozess fabrikationsmäßig hergestellt werden und so zu einem mit besonderen Eigenschaften ausgestatteten Gut werden.[9]

Zur Verpackung gehören alle Packhilfsmittel wie etwa Paletten und auch Container.[10] **3** Diese zählen, wie alle Verpackungsmittel, bei der Berechnung des Haftungshöchstbetrages gem. § 431 zum Rohgewicht des Gutes.[11] Weist der Container Mängel auf, kommt es darauf an, ob er vom Absender gestellt wird oder vom Frachtführer.[12] Zusätzlich bestimmt jetzt der neu eingefügte Satz 2, dass bei vorgesehener Beförderung des Gutes in einem Container, auf einer Palette oder in oder auf einem sonstigen zur Zusammenfassung von Frachtstücken verwendeten Lademittel der Absender das Gut auch in oder auf dem Lademittel beförderungssicher zu stauen und zu befestigen hat. Die Vorschrift dient der Klarstellung und der Angleichung an den neuen § 484; sie entspricht Art. 27 Abs. 2 der seerechtlichen Rotterdam-Regeln.

Abs. 2, bestimmt nun – in Übereinstimmung mit § 484 S. 2 –, dass dann, wenn das Gut **4** in einem Container, auf einer Palette oder in oder auf einem sonstigen Lademittel zur Beförderung übergeben wird, zur Verpackungspflicht auch die Obliegenheit gehört, es in oder auf dem Lademittel beförderungssicher zu stauen und zu befestigen, damit der Inhalt keine Personen- oder Sachschäden verursacht.[13] Innerhalb der Behälter benötigen sie jedoch keinen weiteren Schutz vor Witterungseinflüssen oder Rinnverlusten, soweit dieser durch das Lademittel selbst gewährt werden soll. Der undichte Behälter ist deshalb ein Verpackungsmangel.

Der **Absender** hat nach S. 1 das Gut, soweit dessen Natur unter Berücksichtigung **5** der vereinbarten Beförderung eine Verpackung erfordert, zu verpacken. Damit soll auch gewährleistet werden, dass während des Transports durch das Gut keine Personen- oder Sachschäden verursacht werden können. S. 2 stellt nun zusätzlich klar, dass das Gut, um diesen Zweck zu erreichen, auch auf und im Inneren der Lademittel (Container, Palette, Kiste etc.) beförderungssicher eingebracht, gestaut und befestigt werden muss.[14] Eine Ausnahme von der Verpackungspflicht des Absenders gilt nur für den Umzugsvertrag, der auf der Seite des Absenders von einem Verbraucher abgeschlossen wurde. Denn in diesem Falle hat der Frachtführer grundsätzlich das Umzugsgut zu verpacken und zu kennzeichnen (§ 451a Abs. 2 HGB). Soweit der **Frachtführer** nicht verpflichtet ist, das Gut zu verpacken, legt ihm das Gesetz auch keine grundsätzliche Kontrollpflicht hinsichtlich der Verpackung auf. Vielmehr hat der Gesetzgeber – insoweit von Art. 8 CMR abweichend – bewusst drauf verzichtet, eine Überprüfungspflicht des Frachtführers bezüglich des Zustandes von Gut und Verpackung zu normieren.[15] Jedoch hat der Frachtführer, wenn er eine ungenügende Verpackung erkannt hat, eine aus der Obhut erwachsende vertragliche Nebenpflicht, den Absender hierauf hinzuweisen.[16] Diese besteht freilich weniger gegenüber dem kauf-

---

[8] *Thume* TranspR 2013, 8; *Thume* CMR, 3. Aufl. 2013, Art. 17 Rn. 93 und 193 mwH; aA bei frischem Obst, Gemüse und Fleisch *Koller* Art. 17 CMR Rn. 33. Die Unterscheidung ist insbes. für die Beweislast von Bedeutung.

[9] *Thume* TranspR 2013, 8 und CMR, 3. Aufl. 2013, Art. 17 Rn. 193.

[10] EBJS/*Boesche* CMR Art. 17 Rn. 53; *Thume* TranspR 1990, 41, *Koller* Rn. 5; MüKoHGB/*Jesser-Huß* Art. 17 CMR Rn. 61 (Verpackung); siehe dazu auch erste Auflage, Anhang III, Rn. 76.

[11] *Koller* § 431 Rn. 4; *Thume* TranspR 1990, 41, 46.

[12] Vgl. OLG Hamburg 22.4.2010, TranspR 2011, 112.

[13] Vgl. OLG Hamburg 4.8.2000, TranspR 2001, 38.

[14] Vgl. schon OLG Hamburg 4.8.2000, TranspR 2001, 38.

[15] RegBegr TRG S. 38.

[16] OLG Stuttgart 9.2.2011, BeckRS 2011, 09384; OLG München 21.2.1992, TranspR 1992, 185; OLG Hamburg 14.3.1969, VersR 1970, 51; Baumbach/Hopt/*Merkt* § 412 Rn. 1; *Koller* Rn. 17.

männischen als gegenüber dem nichtkaufmännischen Kunden. Streitig ist, ob ihn darüber hinaus eine Mitverantwortung treffen kann, wenn er evidente Verpackungsmängel nicht bemerkt (s. dazu § 414 Rn. 23). Dagegen lässt sich in keinem Falle aus § 242 BGB eine Pflicht des Frachtführers herleiten, ggf. selbst oder durch seine Leute Hand anzulegen und das Gut den Anforderungen entsprechend zu verpacken.

6   Hinsichtlich des Ob und Wie der Verpackung kommt es nicht nur darauf an, dass das **Gut selbst keinen Schaden** nimmt. Vielmehr soll die Verpackung auch so beschaffen sein, dass **auch beigeladenes Gut sowie das Beförderungsmittel** selbst keinen Schaden erleiden.[17] Beide Leitgesichtspunkte gelten je für sich. Ein Absender darf also nicht Beschädigung seines Gutes durch minderwertige Verpackung in Kauf nehmen, wenn dadurch gleichzeitig Schäden an Gütern Dritter zu befürchten sind, für die der Frachtführer aufkommen muss. Dagegen ist der Absender nicht verpflichtet, das Gut so zu verpacken, dass die Ladefläche besser ausgenutzt oder die Ladezeit verkürzt werden kann.[18]

7   Bei der Pflicht, das Gut so zu verpacken, dass dem Frachtführer keine Schäden entstehen, handelt es sich um eine frachtvertragliche **Nebenpflicht** des Absenders gegenüber dem Frachtführer.[19] § 411 kommt keine drittschützende Wirkung in der Weise zu, dass an ihrem Eigentum geschädigte Dritte daraus direkt gegenüber dem Verpackungspflichtigen (frachtvertragliche) Ansprüche geltend machen könnten.[20]

8   Die Regelung ist **nicht zwingend.** Die Vertragsparteien können auch vereinbaren, dass die Verpackung vom Frachtführer geschuldet wird[21] oder dass der Frachtführer die Verpackung überprüft.[22] Verpflichtet sich der Frachtführer, das Gut zu verpacken, so geschieht dies idR im Rahmen des Frachtvertrages,[23] zB anlässlich der Übernahme des Gutes oder auch danach, wenn sich die fehlende bzw. mangelhafte Verpackung herausgestellt hat. Dann handelt es sich um Nebenpflichten des Frachtführers, der bei deren Verletzung ggf. nach §§ 425 ff. oder wegen PVV nach § 280 ff. BGB haftet.[24] Im Einzelfall kann der Frachtführer die Verpackung jedoch auch als von den Pflichten des Frachtvertrags unabhängige zusätzliche Pflicht aufgrund eines mit dem Absender geschlossenen Werkvertrags übernehmen, dann wird er als Erfüllungsgehilfe des Absenders tätig.[25] In diesem Fall haftet er für die Erfüllung der Verpackungspflicht wie jeder andere Werkunternehmer nach Werkvertragsrecht.[26] Dagegen haftet der Spediteur bei einer als speditionellen Nebenpflicht übernommenen und mangelhaft ausgeführten Verpackung nach § 461 Abs. 2 HGB.[27]

9   **2. Natur des Gutes.** Die Art der Verpackung muss sich an der Beschaffenheit des Gutes orientieren. Dabei müssen zweierlei Gesichtspunkte berücksichtigt werden: zum einen die Gefahr der Beschädigung des Gutes, zum andern die mögliche Gefahr, die von dem Gut ausgeht.

10  Die Natur des Gutes erfordert eine Verpackung, wenn das Gut überhaupt erst hierdurch **beförderungsfähig** wird. Hierzu zählen Flüssigkeiten, Gase, staubförmige Substanzen und

---

[17] Zur Haftung bei mangelhafter Verpackung s. § 414 Rn. 8 ff. und 35 ff.

[18] Vgl. *Goltermann* § 62 EVO Anm. 1b bb.

[19] Vgl. auch *Koller* Rn. 1.

[20] S. zur Schutzwirkung einer Verkäuferpflicht zur ordnungsgemäßen Verpackung OLG Düsseldorf 26.10.1995, TranspR 1996, 165 = NJW-RR 1996, 1380; zur Rechtsnatur eines Verpackungsvertrags OLG München 6.5.1998, TranspR 1998, 407, 410.

[21] OLG München 15.3.2006, TranspR 2006, 355, 357; Fremuth/Thume/*Fremuth* Rn. 12.

[22] *Koller* Rn. 18.

[23] *P. Schmidt* TranspR 2010, 88, 92; *Thume* TranspR 2013, 8, 13; *Runge* TranspR 2009, 96; aA *Koller* § 411 Rn. 18 und TranspR 2013, 173, der Verpackung in jedem Fall als Werkvertrag ansieht, weil sie von der Beförderung klar abzugrenzen ist.

[24] S. dazu Vor § 407 Rn. 9 ff. und § 407 Rn. 64 ff.

[25] BGH 13.9.2007, TranspR 2007, 477 Rn. 27.

[26] *Thume* TranspR 2013, 8, 13; für generelle Haftung nach Werkvertragsrecht *Koller* Rn. 18 und TranspR 2013, 173.

[27] BGH 16.2.2012, TranspR 2012, 148.

Schüttgüter.[28] Hier kann auf die Verpackung nur verzichtet werden, wenn die Beförderung – getrennt von anderen Substanzen – in Spezialfahrzeugen, wie zB Tank- oder Silolastzügen erfolgt. Andererseits gibt es Gut, das üblicherweise nicht verpackt wird. Zu denken ist insoweit etwa an lebende Tiere, Feinbleche;[29] Marmorplatten[30] oder Natursteine, wenn diese sicher verladen und gestaut sind.[31] Besonders empfindliches Gut – wie zB Eier, Glaswaren, Porzellan oder wertvolle Möbelstücke – muss besonders verpackt werden. So muss frostempfindliches Gut besonders gegen Kälte geschützt werden.[32]

Ist das Gut besonders **diebstahlsgefährdet**, so bedeutet dies nicht, dass die Verpackung **11** so beschriftet sein muss, dass kein Rückschluss auf den Inhalt des Frachtstücks möglich ist. Die Beschriftung ist kein Bestandteil der Verpackung.[33]

**3. Berücksichtigung der vereinbarten Beförderung.** Maßgeblich für die Verpa- **12** ckung sind der vereinbarte Beförderungsweg und die vereinbarte Beförderungsart. Grundsätzlich hat der Absender das Gut insoweit vor Verlust oder Beschädigung zu schützen, als er bei normaler Transportbeanspruchung mit einer Beschädigung zu rechnen hat.[34] Die Verpackung muss insbesondere nicht vor den Folgen eines Unfalls schützen.[35] Wenn Sammelladung vereinbart ist, muss das Frachtgut so zu verpacken, dass eine Be-, Um- und Entladung gefahrlos möglich ist.[36] IdR ausreichend ist eine im internationalen Frachtverkehr übliche Standardexportkartonverpackung.[37]

Bei einer Beförderung auf der **Schiene** muss der Absender mit Erschütterungen, Umla- **13** dungen und Rangierstößen rechnen.[38] Zu einer normalen Transportbeanspruchung beim Transport auf der **Straße** gehören transportbedingte Erschütterungen. Dagegen gehört zu einer normalen Transportbeanspruchung beim Transport mit abgedeckten Kraftfahrzeugen oder beim Lagerumschlag nicht, dass das Gut der Nässe ausgesetzt wird.[39] Bei einer Beförderung mit **Binnenschiffen** ist insbesondere Feuchtigkeit zu berücksichtigen.[40]

Bei der Beförderungsart ist auch die **Beschaffenheit des Beförderungsmittels** zu **14** berücksichtigen. Haben die Parteien Beförderung in **offenem Kfz** oder die **Verladung auf Deck** vereinbart oder ist diese üblich (vgl. dazu den Haftungsausschluss des § 427 Abs. 1 Nr. 1), so muss bei der Verpackung berücksichtigt werden, dass das Gut durch Sonne, Regen, Schnee, Hagel, aber auch durch herunterragende Äste besonderen Gefahren ausgesetzt ist.[41] Dies ist nur dann nicht der Fall, wenn die Vertragsparteien Zusatzabreden getroffen wurden, die zB ein Befahren von Alleen untersagen und damit auch die Gefahr, dass herunterragende Äste das Gut beschädigen, verringern.

Bei der Beurteilung, welche besonderen Risiken dem Gut bei seiner Beförderung dro- **15** hen, kann nicht immer ein besonderer Sachverstand des Absenders unterstellt werden, es sei denn er verfügt aus früher erteilten Frachtaufträgen über eigene Erfahrungen. Wenn das Gesetz gleichwohl die Pflicht zureichender Verpackung dem Absender zuschiebt, so vorwiegend zur Entlastung des Frachtführers von evtl. zeitraubenden und ihn eben bei eher fehlender Warenkenntnis überfordernden Dienstleistungen. Dies kann den Frachtführer nicht davon dispensieren, den Absender auf evtl. minderwertige Verpackung aufmerksam zu machen, die ersichtlich deshalb vorliegt, weil dem Absender die nähere Kenntnis über

---

[28] S. dazu Thume/*Thume* CMR Art. 17 Rn. 127 ff.
[29] OLG Frankfurt 25.10.1977, VersR 1978, 535.
[30] OLG Köln 2.2.1972, VersR 1972, 778.
[31] S. dazu Thume/*Thume* CMR Art. 17 Rn. 137.
[32] BGH 12.5.1960, BGHZ 32, 297, 300.
[33] So auch OLG Frankfurt 7.11.1985, TranspR 1986, 231; OLG München 19.11.1985, TranspR 1986, 234; vgl. auch *Koller* Rn. 6; aA *Zapp* TranspR 2004, 333, 337.
[34] S. dazu Thume/*Thume* CMR Art. 17 Rn. 132 ff.
[35] Vgl. *Koller* Rn. 6.
[36] OLG Stuttgart 9.2.2011, BeckRS 2011, 09384.
[37] OLG Koblenz 28.3.2011, BeckRS 2011, 13510 = VersR 2012, 508.
[38] Vgl. OLG Düsseldorf 20.3.1997, TranspR 1998, 167, 168.
[39] Vgl. LG Wuppertal 30.5.2001, TranspR 2001, 318.
[40] *v. Waldstein/Holland* Rn. 3.
[41] Vgl. hierzu auch *Koller* TranspR 2007, 221, 223; OLG Frankfurt 25.10.1977, VersR 1978, 535.

Gefährdungen bei der Beförderung und dem Umschlag fehlt. Dem Frachtführer kommt daher uU nach § 242 BGB eine entsprechende **Hinweispflicht** zu (s. Rn. 2).[42]

16    **4. Wirtschaftlichkeit der Verpackung.** Grundsätzlich kommt es nicht darauf an, ob der Wert des Gutes die Verpackung lohnt.[43] Der Verpackungsaufwand muss in einem angemessenen Verhältnis zur verpackten Ware stehen.[44] Ein völlig unangemessener Aufwand, der einen absoluten Schutz auch gegen vollkommen ungewöhnliche und nicht vorhersehbare Transportrisiken bietet, wird nicht geschuldet.

### III. Kennzeichnungspflicht (S. 2)

17    Der Umfang der Kennzeichnungspflicht nach Satz 2 bestimmt sich nach den Erfordernissen vertragsgemäßer Behandlung des Gutes. Die Regelung entspricht in der Sache zunächst § 18 Abs. 5 Satz 1 KVO aF, dh. sie dient in erster Linie dazu, Fehlversendungen und Verwechselungen zu vermeiden, damit das Gut zum richtigen Empfänger ankommen kann. Daneben soll sie aber, ähnlich wie die Verpackung, auch eine sichere Beförderung erleichtern. Hat daher der Frachtführer das Gut zu be- und entladen oder ist ein Umschlag zu erwarten, sind auch bestimmte Eigenschaften – wie etwa Kopflastigkeit des Gutes zu kennzeichnen und anzugeben, wo das Gut (mit Gabelstapler oder Kran) angehoben werden kann und muss.[45] Die Art der Kennzeichnung liegt im Ermessen des Absenders; zB durch farbige Markierung, Aufkleber, ausgefallene Verpackung etc.[46]

18    Die Kennzeichnungspflicht ist wie die Verpackungspflicht eine **Nebenpflicht des Absenders.** Dies folgt aus § 414 Abs. 1 S. 1 Nr. 1, der dem Frachtführer einen Schadensersatzanspruch im Falle unzureichender Kennzeichnung zubilligt. Auch insoweit besteht jedoch, wie im Falle der Verpackung, eine Hinweispflicht des Frachtführers, wenn er eine unzureichende Kennzeichnung erkennt (s. Rn. 2).

19    Die Kennzeichnung dient vor allem der **Identifizierung** des Gutes, um Verwechslungen und Falschauslieferungen zu vermeiden. Das Gut ist daher mit Markierungen bzw. Informationsträgern zu versehen, wenn dies erforderlich ist, um erkennen zu lassen, welchem Beförderungsauftrag/Frachtbrief es zuzuordnen ist.

20    Nicht zur Kennzeichnung iSd. § 411 gehört das Anbringen von Warnungen zur **Sicherung der vertragsgemäßen Behandlung,**[47] so etwa die Markierung wie „Vorsicht Glas" oder „vor Nässe schützen." Sie kann aber Bestandteil einer ordnungsgemäßen Verpackung sein.[48] So muss zB bei zerbrechlichem oder nässeempfindlichem Gut die Verpackung so beschaffen sein, dass bei der zu erwartenden normalen Transportbeanspruchung kein Schaden entsteht. Die Markierung kann aber dazu dienen, eine abweichende Transportbeanspruchung zu verhindern.

### IV. Rechtsfolgen bei Pflichtverletzung

21    Verletzt der **Absender** seine Verpackungs- oder Kennzeichnungspflicht, so **haftet** er **nach § 414.** Darüber hinaus führt die Verletzung der Verpackungs- oder Kennzeichnungspflicht dazu, dass der Frachtführer nach Maßgabe von § 427 Abs. 1 Nr. 3 bzw. § 427 Abs. 1 Nr. 5 von seiner Haftung befreit ist. Eine allgemeine Überprüfungspflicht des Frachtführers hinsichtlich der Verpackung und Kennzeichnung besteht- abweichend von Art. 8 CMR – zwar nicht;[49] aber der Frachtführer darf evidente Mängel nicht ignorieren. Hat er eine ungenügende Verpackung oder Kennzeichnung erkannt, so muss er den Absender hierauf

---

[42] Vgl. Baumbach/Hopt/*Merkt* § 412 Rn. 1; *Koller* Rn. 4.
[43] Fremuth/Thume/*Fremuth* Rn. 7.
[44] Reg.Begr. S. 40 (zu § 411).
[45] Staub/*Helm* Anh. II zu § 452, § 18 KVO Rn. 25; *Kober* TranspR 2009, 89, 94; *Koller* Rn. 19; vgl. OLG Stuttgart 14.4.1954, VersR 1954, 399 (LS) und 18.3.1975, VersR 1975, 729.
[46] Fremuth/Thume/*Fremuth* Rn. 4.
[47] Ebenso *Koller* Rn. 20.
[48] AA *Koller* Rn. 20.
[49] Reg.Begr. S. 38 (zu § 409).

hinweisen: sonst verletzt er seine **vertragliche Obhuts- und Sorgfaltspflicht** und dieses Verhalten ist im Rahmen von § 414 Abs. 2 und § 427 zu berücksichtigen.[50] Zur Frage der Mitverantwortlichkeit beim Übersehen evidenter Verpackungsmängeln siehe § 414 Rn. 23. Eine Pflicht zur Ausbesserung der Verpackung besteht grundsätzlich nicht,[51] jedoch hat der Frachtführer ggf. ihm erteilte Weisungen gem. § 418 zu befolgen.

Darüber hinaus kann der Frachtführer von seinem **Zurückbehaltungsrecht** nach § 273  **22** BGB Gebrauch machen und die Beförderung mangelhaft verpackten Gutes ablehnen, wenn bei einer Beförderung dieses Gutes mit einer Beschädigung anderer Güter oder des Beförderungsmittels zu rechnen ist.[52] Außerdem kann der Frachtführer in diesem Fall nach § 417[53] dem Absender eine Nachfrist setzen und den **Vertrag kündigen** sowie die Ansprüche nach § 415 Abs. 2 geltend machen, wenn der Absender auch nach der gesetzten Frist kein ordnungsgemäß verpacktes Gut zur Verfügung stellt (vgl. § 417 Rn. 5). Wird der Verpackungsmangel während der Beförderung offenbar, erkannt und dem Absender mitgeteilt und erteilt dieser trotz Aufforderung innerhalb angemessener Frist keine Weisung, so kann der Frachtführer nach § 419 Abs. 3 vorgehen und ggf. den Transport abbrechen.[54]

### § 412 Verladen und Entladen. Verordnungsermächtigung

**(1) ¹Soweit sich aus den Umständen oder der Verkehrssitte nicht etwas anderes ergibt, hat der Absender das Gut beförderungssicher zu laden, zu stauen und zu befestigen (verladen) sowie zu entladen. ²Der Frachtführer hat für die betriebssichere Verladung zu sorgen.**

**(2) Für die Lade- und Entladezeit, die sich mangels abweichender Vereinbarung nach einer den Umständen des Falles angemessenen Frist bemißt, kann keine besondere Vergütung verlangt werden.**

**(3) Wartet der Frachtführer auf Grund vertraglicher Vereinbarung oder aus Gründen, die nicht seinem Risikobereich zuzurechnen sind, über die Lade- oder Entladezeit hinaus, so hat er Anspruch auf eine angemessene Vergütung (Standgeld).**

**(4) Das Bundesministerium der Justiz wird ermächtigt, im Einvernehmen mit dem Bundesministerium für Verkehr, Bau und Stadtentwicklung durch Rechtsverordnung, die nicht der Zustimmung des Bundesrates bedarf, für die Binnenschiffahrt unter Berücksichtigung der Art der zur Beförderung bestimmten Fahrzeuge, der Art und Menge der umzuschlagenden Güter, der beim Güterumschlag zur Verfügung stehenden technischen Mittel und der Erfordernisse eines beschleunigten Verkehrsablaufs die Voraussetzungen für den Beginn der Lade- und Entladezeit, deren Dauer sowie die Höhe des Standgeldes zu bestimmen.**

### Übersicht

| | Rn. | | Rn. |
|---|---|---|---|
| **I. Normzweck** | 1 | b) Umfang der Pflicht | 7–10 |
| **II. Verladen (Abs. 1)** | 2–19 | c) Mitwirkungspflicht des Frachtführers | 11 |
| 1. Grundsatz | 2–4 | 3. Betriebssicheres Verladen | 12, 13 |
| 2. Beförderungssicheres Verladen | 5–11 | 4. Abweichende Umstände oder Verkehrssitte | 14, 15 |
| a) Verpflichtung des Absenders | 5, 6 | | |

---

[50] OLG Stuttgart 9.2.2011, BeckRS 2011, 09384; OLG München 21.2.1992, TranspR 1992, 185; OLG Hamburg 14.3.1969, VersR 1970, 51; Fremuth/Thume/*Fremuth* Rn. 12; *Koller* Rn. 17; *Thume* TranspR 2013, 8.

[51] Baumbach/Hopt/*Merkt* § 412 Rn. 1; *Koller* Rn. 13; aA Fremuth/Thume/*Fremuth* Rn. 13.

[52] Vgl. LG Hamburg 6.12.1995, TranspR 1997, 116, 117; vgl. auch *Koller* Rn. 10; Oetker/*Paschke* Rn. 10, 22; EBJS/*Reuschle* Rn. 18.

[53] AA *Koller* Rn. 10 (Anwendung der allgemeinen zivilrechtlichen Regelungen über den Rücktritt).

[54] Fremuth/Thume/*Fremuth* Rn. 13.

|  |  | Rn. |  |  | Rn. |
|---|---|---|---|---|---|
| 5. | Rechtsfolgen bei mangelhaftem Verladen | 16–19 | 2. | Bemessung der Frist | 29, 30 |
|  | a) Fehlverhalten des Absenders | 16–18 | **V. Stand- oder Liegegeld (Abs. 3)** | | 31–48 |
|  | b) Fehlverhalten des Frachtführers | 19 | 1. | Grundsatz | 31, 32 |
| **III. Entladen (Abs. 1)** | | 20–26 | 2. | Rechtliche Einordnung | 33, 34 |
| 1. | Verpflichtung des Absenders | 20, 21 | 3. | Warten nach Ablauf der Lade- oder Entladezeit | 35, 36 |
| 2. | Umfang der Pflicht des Absenders | 22, 23 | 4. | Überliegezeit | 37 |
| 3. | Pflicht des Frachtführers | 24 | 5. | Umstände außerhalb des Risikobereichs des Frachtführers | 38–46 |
| 4. | Rechtsfolgen bei mangelhaftem Entladen | 25–26 |  | a) Sphärengedanke | 38 |
|  | a) Fehlverhalten des Absenders oder Empfängers | 25, 25a |  | b) Risikobereich des Frachtführers | 39–45 |
|  | b) Fehlverhalten des Frachtführers | 26 |  | c) Beweislast | 46 |
| **IV. Lade- und Entladezeit oder** | | | 6. | Höhe | 47, 48 |
| **Löschzeit (Abs. 2)** | | 27–30 | **VI. Verordnungsermächtigung** | | |
| 1. | Bedeutung | 27, 28 | **(Abs. 4)** | | 49 |

## I. Normzweck

**1**    Die Norm regelt die Pflichtenverteilung beim Ver- und Entladen[1] sowie die Rechtsfolgen bei Verzögerungen. Bis zur Verabschiedung des TRG fehlte eine solche Vorschrift im Landfrachtrecht des HGB. Mit der ausdrücklichen Pflichtenzuweisung schafft § 412 in einem prozessträchtigen Bereich mehr Rechtsklarheit.[2] Dies geschieht durch eine Legaldefinition des Verladens, durch die Fortschreibung des in § 17 Abs. 1 S. 2 KVO aF verwendeten Begriffs der betriebssicheren Verladung sowie die Miterfassung des in Lehre und Rspr. herausgearbeiteten Komplementärbegriffs der beförderungssicheren Verladung. Nach dem Vorbild des § 33 BinSchG aF und des § 567 aF wird weiter wird klargestellt, dass der Frachtführer keine besondere Vergütung verlangen kann, wenn das Ver- und Entladen innerhalb der vereinbarten oder einer angemessenen Zeit erfolgt; so dass erst ab Überschreiten dieser Frist eine besondere Vergütung (sog. Standgeld) fällig wird.

## II. Verladen (Abs. 1)

**2**    **1. Grundsatz.** Nach der Grundregel in Abs. 1 hat der Absender das Gut zu laden, zu stauen und zu befestigen. Diese Pflicht bezieht sich aber nur auf die Beförderungssicherheit. Für die betriebssichere Verladung ist der Frachtführer zuständig (Abs. 1 S. 2). Nach der Gesetzesbegründung[3] trägt die vorgenommene Pflichtenverteilung den jeweiligen **Verantwortungsbereichen** der Beteiligten Rechnung: Der Absender als Warenfachmann könne, wie auch im Falle des Verpackens, am besten beurteilen, wie das Gut vor Beförderungseinflüssen geschützt, gesichert und gestapelt werden könne. Der Frachtführer könne demgegenüber auf Grund seiner Spezialkenntnisse im Hinblick auf die konkreten Eigenschaften des Fahrzeugs eher die zur Gewährleistung einer betriebssicheren Verladung erforderlichen Maßnahmen einschätzen.

**3**    Eine Ausnahme von der Regelung in § 412 enthält § 451a Abs. 1 für den **Umzugsvertrag.** Danach muss der Frachtführer, der einen Umzugsvertrag abgeschlossen hat, auch die nach allgemeinem Frachtrecht den Absender treffenden Pflichten übernehmen, also die Möbel ab- und aufbauen und das gesamte Umzugsgut, soweit erforderlich, selbst ver- und entladen.

**4**    Abweichend von der Grundregel kann sich aus besonderen den Umständen oder der Verkehrssitte im Einzelfall eine Ladepflicht des Frachtführers ergeben (s. Rn. 14 f.). Im Übrigen ist es den Vertragsparteien ist unbenommen, **abweichende Vereinbarungen** zu treffen. § 412 zählt nicht zu den Vorschriften, die in § 449 als nicht abdingbar aufgeführt

---

[1]  Zum Stückgutfrachtvertrag im neuen Seehandelsrecht s. § 486.
[2]  Reg.Begr. S. 40 (zu § 412).
[3]  Reg.Begr. S. 40 (zu § 412).

sind. Auch konkludente Abmachungen sind möglich, so kann sich zB die Beladepflicht des Frachtführers daraus ergeben, dass er schon zuvor im Rahmen einer laufenden Geschäftsverbindung ständig ohne Zusatzvergütung die Beladung durchgeführt hat.[4] Ferner kann eine abweichende Vereinbarung auch noch nach Vertragsabschluss getroffen werden. Aus der bloßen Mithilfe des Personals des Frachtführers kann aber noch nicht geschlossen werden, dass eine von Abs. 1 abweichende Vereinbarung über die Pflichtenverteilung getroffen wird (Näheres s. Rn. 6).

**2. Beförderungssicheres Verladen. a) Verpflichtung des Absenders.** Nach Abs. 1 5 hat der Absender das Gut zu verladen. Absender iSd. § 412 ist der Vertragspartner des Frachtführers (hierzu § 407 Rn. 11). Holt der Frachtführer das Gut bei einem Dritten ab, der mit dem Absender einen Speditionsvertrag abgeschlossen hat, dann erfüllt regelmäßig dieser Dritte die den Absender als Vertragspartner des Frachtführers treffende Aufgabe zur Verladung; Verladefehler **des Dritten** werden dem Absender gem. § 278 BGB zugerechnet.[5]

Da der Frachtführer zur Verladung nicht verpflichtet ist, ist die **Mithilfe von Personal** 6 **des Frachtführers** grundsätzlich als bloße Gefälligkeit zu werten. Sie lässt also nicht den Schluss zu, dass solche Tätigkeiten vom Frachtführer verantwortlich übernommen sind.[6] Der Fahrer ist idR auch nicht bevollmächtigt, eine Vereinbarung zu treffen, die den Frachtführer zur Ladetätigkeit verpflichtet.[7] Selbst wenn dieser oder andere Mitarbeiter des Frachtführers mit dessen Billigung nach Weisung und unter der Oberaufsicht des Absenders am Verladen mitwirken, sind sie keine Erfüllungsgehilfen des Frachtführers. Dieser haftet bei Ladefehlern für sie weder nach § 278 BGB noch nach § 428.[8] Anders ist es jedoch, wenn Hilfspersonen des Frachtführers auf dessen Weisung verantwortlich verladen.[9] Werden der Fahrer oder andere Hilfspersonen des Frachtführers ohne Wissen des Absenders auf eigene Faust tätig, so kann bei deren Ladefehlern ggf. eine Haftung des Frachtführers wegen Schutzpflichtverletzung aus §§ 280, 282, 278, 241 Abs. 2 BGB, 428 HGB entstehen[10]

**b) Umfang der Pflicht.** Nach Abs. 1 S. 1 umfasst der Begriff „Verladen" das **Laden,** 7 **Stauen und Befestigen.** Laden bedeutet das Verbringen des Gutes auf oder in das Transportmittel. Stauen umfasst das Platzieren, Verteilen und Stapeln des Gutes. Befestigen beinhaltet die abschließende Fixierung des Gutes zum Schutz vor Verrutschen, Umstürzen oder Herabfallen, also etwa das Verzurren, Verkeilen oder Verspannen. Die Verladetätigkeit ist beendet, wenn das Gut auf das Fahrzeug verbracht ist und etwa notwendige Maßnahmen zur Befestigung beendet sind.[11]

**Beförderungssicher** verladen ist das Gut, wenn es durch geeignetes Verstauen und 8 Befestigen gegen Schäden, die ihm während einer normalen, vertragsgerecht durchgeführten Beförderung drohen, gesichert ist.[12] Die erforderlichen Befestigungsmittel (Spanngurte

[4] BGH 6.12.2007, TranspR 2008, 205.

[5] OLG Hamm 15.6.1998, TranspR 1999, 197, 200 (Anspruch des Unterfrachtführers gegen den Hauptfrachtführer, dessen Vertragspartner die Verladung durchgeführt hat); *Oeynhausen* TranspR 1981, 139, 141; s. zum Ladegeschäft auch *Koller* Rn. 10 ff.; *Lenz* Rn. 440 ff.; *Roesch* BB 1982, 20 ff. und *Neufang/Valder* TranspR 2002, 325.

[6] Vgl. OLG Köln 26.3.1996, NJW-RR 1996, 1183 = VersR 1997, 88 = TranspR 1996, 379; OLG Düsseldorf 23.1.1997, TranspR 1998, 114. Hierzu auch *Koller* Rn. 10.

[7] BGH 25.1.2007, TranspR 2007, 314; vgl. OLG Düsseldorf 29.9.1988, TranspR 1989, 10.

[8] *Koller* Rn. 12; *Risch* VersR 2001, 94; vgl. auch Thume/*Thume* CMR Art. 17 Rn. 150 ff. und 160 ff.

[9] *Koller* Rn. 12; *Neufang/Valder* TranspR 2002, 325.

[10] BGH 28.11.2013, TranspR 2014, 23; *Koller* Rn. 14; *Neufang/Valder* TranspR 2002, 325; EBJS/*Reuschle* Rn. 19.

[11] Reg.Begr. S. 41 (zu § 412).

[12] BGH 21.4.1960, BGHZ 32, 194, 197 = NJW 1960, 1201, 1202 zu KVO; BGH 12.11.1992, NJW-RR 1993, 606 (zu AGNB); OLG Hamm 15.6.1998, TranspR 1999, 197 insbes. zur Zurechnung von Hilfspersonen (Kranfirmen); OLG Düsseldorf 5.12.1996, TranspR 1998, 110, 111 insbes. zum Befestigen OLG Düsseldorf 21.4.1994, TranspR 1995, 347, 349 zur Abwägung von Lade- und Fahrfehler nach CMR. Vgl. auch *Neufang/Valder* TranspR 2002, 325, 326.

etc.) hat der Frachtführer bereit zu halten.[13] Abhängig von der vertraglichen Vereinbarung ist dabei auch zu berücksichtigen, dass bei der Durchführung der Beförderung auch eine Notbremsung oder ein plötzliches Ausweichmanöver erforderlich sein kann oder dass schlechte Straßenverhältnisse bestehen. Nicht zu berücksichtigen ist dagegen, dass das Fahrzeug möglicherweise in einen Unfall verwickelt sein wird.[14]

9      Fraglich ist das Verhältnis der dargestellten Regelung zu der für die **Binnenschifffahrt** geltenden Regelung in § 8 Abs. 2 BinSchG, wonach die gehörige Stauung der Ladung dem Schiffer obliegt. Eine Unterscheidung zwischen beförderungssicherer und betriebssicherer Stauung wird in § 8 Abs. 1 BinSchG nicht getroffen. Grundsätzlich ist diese Vorschrift unabhängig von den Vertragsbeziehungen zwischen Frachtführer und Absender anzuwenden. Es erscheint allerdings wenig sinnvoll, diese Regelung vollständig isoliert zu betrachten. Denn wenn nach dem Frachtvertrag die Stauung nicht zu den Aufgaben des Frachtführers und damit des Schiffes gehört, erscheint es widersprüchlich, dem Schiffer diese Aufgabe gleichwohl zuzuweisen und ihn hierfür einstehen zu lassen.[15] Die Regelung macht allerdings Sinn, soweit es um die betriebssichere Stauung geht, also darum, die Ladung so unterzubringen und zu verteilen, dass die Sicherheit von Schiff und sonstiger Ladung nicht gefährdet ist. Denn insoweit handelt es sich um eine Kardinalpflicht, die auch durch eine vertragliche Vereinbarung nicht abbedungen werden kann. Angesichts der mit § 412 neu vorgenommenen Pflichtenverteilung ist daher § 8 Abs. 2 BinSchG einengend dahingehend auszulegen, dass unter „gehöriger Stauung" iSd. nur die betriebssichere Stauung zu verstehen ist.[16]

10     Trotz des Wortlauts in Abs. 1 beschränkt sich die Pflicht des Absenders zur beförderungssicheren Verladung nicht nur darauf, dafür zu sorgen, dass das zur Beförderung aufgegebene Gut durch geeignetes Verstauen und Befestigen gegen Schäden während der Beförderung gesichert ist. Vielmehr trifft den Absender auch die **allgemeine Schutzpflicht,** dafür Sorge zu tragen, dass Rechtsgüter des Frachtführers, insbes. dessen Beförderungsmittel, nicht geschädigt werden.[17]

11     **c) Mitwirkungspflicht des Frachtführers.** Die beförderungssichere Verladung ist Sache des Absenders, weil er als Warenfachmann und idR auch Verpacker am besten beurteilen kann, wie das Gut vor Transporteinflüssen geschützt werden kann.[18] Der Frachtführer braucht daher die Beförderungssicherheit der Verladung nicht zu überprüfen. Dies kann auch nicht etwa aus dem allgemeinen Grundsatz abgeleitet werden, dass der Beförderer das Gut vor Schaden zu bewahren habe. Erkennen jedoch der Frachtführer oder seine die Beförderung ausführenden Leute – zB bei der Prüfung der Betriebssicherheit(s. Rn. 12) – eine insoweit unzureichende Verladung, ist der Frachtführer nach Treu und Glauben (§ 242 BGB) gehalten, den Absender hierauf **hinzuweisen** und ggf. ausreichende Abhilfemaßnahmen zu veranlassen.[19] Dagegen ist er nicht verpflichtet, beim Verladen selbst oder durch seine Leute Hand anzulegen, um bessere Beförderungssicherheit zu erreichen.

12     **3. Betriebssicheres Verladen.** Die sog. betriebssichere Verladung ist nach Abs. 1 S. 2 stets Sache des Frachtführers. Damit berücksichtigt das Gesetz, dass schon öffentlich-rechtlich, so etwa nach § 22 Abs. 1 StVO, § 9 Abs. 13 GGVSE, vorgeschrieben ist, die Betriebssicherheit eines Fahrzeugs für die ganze Beförderungsstrecke zu gewährleisten.[20] Die Regelung in Abs. 1 S. 2 über die Pflicht zur betriebssicheren Verladung deckt sich auch mit der

---

[13] *Neufang/Valder* TranspR 2002, 325, 326.
[14] Vgl. *Neufang/Valder* TranspR 2002, 325, 326.
[15] Ebenso zu der Parallelvorschrift im Seerecht *Rabe* § 514 aF Rn. 11.
[16] Ebenso *v. Waldstein/Holland* § 8 BinSchG Rn. 36.
[17] OLG Hamm 15.6.1998, TranspR 1999, 197, 199; OLG Hamburg 21.12.1989, TranspR 1990, 292, 294 (zu § 56 BinSchG aF).
[18] Reg.Begr. S. 40.
[19] Grundlegend BGH 24.9.1987, NJW-RR 1988, 479, 480; OLG Hamm 23.2.2012, TranspR 2012, 376; OLG München 28.7.1995, TranspR 1996, 240, 241. Zur ggf. nötigen Gestellung eines Spezialfahrzeugs als Vertragsänderung OLG Düsseldorf 27.1.1994, TranspR 1997, 223.
[20] BGH 12.11.1992, NJW-RR 1993, 606, 607; OLG Stuttgart 22.1.2003, TranspR 2003, 104, 105; OLG Düsseldorf 14.7.1987, TranspR 1987, 432, 433 (zu AGNB).

in § 8 Abs. 2 BinSchG, wonach in der Binnenschifffahrt die gehörige Stauung der Ladung dem Schiffer obliegt (hierzu Rn. 9).

Zur betriebssicheren Verladung gehört, dass von dem beladenen Fahrzeug **keine Ver-**   **13** **kehrsgefahren** ausgehen, insbes. das Fahrzeug mit seiner Ladung jeder Verkehrslage gewachsen ist, mit der auf dem Transportweg zu rechnen ist.[21] Insbes. darf es nicht überladen sein und die Ladung darf die gesetzlich zugelassenen Ausmaße nicht überschreiten. Im Rahmen der von ihm zu verantwortenden Betriebssicherheit muss der Frachtführer bzw. sein Personal auch den Standort eines Gutes auf der Ladefläche bestimmen. Ferner muss er die erforderlichen Maßnahmen ergreifen, um sicherzustellen, dass die Stabilität nicht gefährdet ist. Hierzu muss er die Ladungsbefestigung kontrollieren, sofern Anzeichen dafür bestehen, dass die Betriebssicherheit gefährdet sein könnte. Er ist berechtigt, dem Absender Weisungen für die betriebssichere Verladung zu erteilen.[22] Ggf. muss er selbst das Gut so befestigen, dass das Fahrzeug durch Gewichtsschwankungen oder Verrutschen des Gutes in seiner Betriebssicherheit nicht beeinträchtigt wird und auch das Gut selbst während der Fahrt nicht über die Ladefläche hinausrutscht und abkippt.[23] Hat er Anlass zu der Annahme, dass möglicherweise keine gleichmäßige Gewichtsverteilung bei der Beladung vorgenommen wurde, muss er sich sachkundig machen.[24] Dies gilt insbesondere auch für ein betriebssicheres Stauen innerhalb eines Containers.[25]

**4. Abweichende Umstände oder Verkehrssitte.** Nach § 412 Abs. 1 satt 1 hat –   **14** abweichend von der gesetzlichen Regel – der Frachtführer zu verladen, wenn und soweit es sich „aus den **Umständen**" ergibt. Zu den Umständen zählen in erster Linie solche Gegebenheiten, die bereits zum Zeitpunkt des Vertragsschlusses vorliegen.[26] Dementsprechend ist von abweichenden Umständen auszugehen, wenn nach den Vorstellungen der Vertragsparteien zum Zeitpunkt des Vertragsschlusses das Verladen nur mithilfe von technischen Mitteln durchgeführt werden kann, die sich am Fahrzeug selbst befinden, und daher bei Vertragsschluss vereinbart ist, dass der Frachtführer ein Fahrzeug mit eigenen Ladehilfsmitteln stellen soll.[27] Zu nennen sind hier etwa die Be- und Entladevorrichtungen an Tank- oder Silofahrzeugen, bei Kran- und Kippvorrichtungen bei Baustellenfahrzeugen, Hebebühnen bei Auslieferungsfahrzeugen.[28] Dagegen reicht der bloße Umstand, dass ein Transportfahrzeug mit besonderen technischen Verladevorrichtungen einschließlich einer Hebebühne zum Einsatz kommt und die Parteien des Frachtvertrags keine Bedienung der Verladevorrichtung durch den Absender vereinbart haben, nicht aus, um das Vorliegen abweichender Umstände anzunehmen.[29] Anderes gilt, wenn der Frachtführer im Rahmen laufender Geschäftsbeziehungen die Verladetätigkeit übernommen hatte, so dass der Absender nach Treu und Glauben annehmen durfte, der Frachtführer werde auch weiterhin so verfahren.[30]

Zum anderen kann sich eine Ausnahme aus der **„Verkehrssitte"** ergeben. Eine solche   **15** Verkehrssitte wird allgemein dort festzustellen sein, wo es schon die Natur des Beförderungsmittels, etwa eines Flugzeugs, verbietet, dass Tätigkeiten im Transportmittel von Betriebsfremden ausgeführt werden. Neben solcher sachlich geprägten Verkehrssitte steht jene eher arbeitsökonomisch motivierte, die dahin zielt, dass die Dienstleistungen des Lade-

---

[21] OLG Stuttgart 22.1.2003, TranspR 2003, 104, 105; OLG Köln 26.3.1996, TranspR 1996, 379, 380. Vgl. auch *Neufang/Valder* TranspR 2002, 325, 327.

[22] OLG Stuttgart 22.1.2003, TranspR 2003, 104; EBJS/*Reuschle* Rn. 21 und 28.

[23] OLG Köln 26.3.1996, TranspR 1996, 379, 380.

[24] OLG Düsseldorf 20.3.1997, TranspR 1998, 167, 169; OLG Karlsruhe 2.9.1994, TranspR 1994, 445, 447.

[25] OLG Düsseldorf 20.3.1997, TranspR 1998, 167, 169; *Neufang/Valder* TranspR 2002, 325, 328; *Andresen/Valder* Rn. 15; Fremuth/Thume/*Fremuth* Rn. 6.

[26] BGH 6.12.2007, TranspR 2008, 205, 205.

[27] Vgl. LG Köln 29.3.2001, TranspR 2003, 396, 397; *Koller* Rn. 9.

[28] Vgl. auch *Neufang/Valder* TranspR 2002, 325, 329.

[29] Vgl. BGH 6.12.2007, TranspR 2008, 205; *Valder,* GS Helm, S. 355, 362. abw. *Koller* Rn. 29.

[30] Vgl. BGH 6.12.2007, TranspR 2008, 205; *Koller* Rn. 7.

geschäfts gleich einer Zugabe von Beförderseite mit erbracht werden. Sollen dabei nicht die an sich den Absender treffenden Lasten allzu leicht auf den Frachtführer abgewälzt werden, muss jenes Rechtskriterium der Verkehrssitte gewahrt bleiben, dass eine verpflichtende Regel feststellbar sein muss, die auf einer gleichmäßigen, einheitlichen und freiwilligen Übung der beteiligten Kreise über einen angemessenen Zeitraum hinweg beruht.[31] Die Beweislast für eine solche Verkehrssitte trägt der Absender.

**16**  **5. Rechtsfolgen bei mangelhaftem Verladen. a) Fehlverhalten des Absenders.** Hat der Frachtführer festgestellt, dass der Absender das Gut unzureichend verladen hat, und ist der Absender trotz eines dahingehenden Hinweises des Frachtführers nicht bereit, weitere Maßnahmen zu ergreifen, so kann der Frachtführer von seinem **Zurückbehaltungsrecht** nach § 273 BGB Gebrauch machen und die Beförderung des Gutes ablehnen, wenn mit der mangelnden Beförderungssicherheit eine Gefährdung seines Fahrzeugs einhergeht.[32] Darüber hinaus kann der Frachtführer in diesem Fall gem. § 417 Abs. 2 dem Absender eine Nachfrist setzen und in dem Fall, in dem der Absender auch nach der gesetzten Frist keine weiteren Maßnahmen ergreift, den Vertrag kündigen und die Ansprüche nach § 415 Abs. 2 geltend machen (vgl. § 417 Rn. 5).[33] Wird die mangelhafte Verladung erst während der Beförderung offenbar und droht hierdurch ein Transportschaden, so entsteht hierdurch ein Beförderungshindernis iSd. § 419. Der Frachtführer hat deshalb unverzüglich den Absender zu informieren und Weisungen einzuholen. Erteilt dieser trotz Aufforderung innerhalb angemessener Frist keine Weisung, so kann der Frachtführer nach § 419 Abs. 3 vorgehen und ggf. den Transport abbrechen.[34]

**17**  Führt ein fehlerhaftes Verladen durch den Absender zu einem Verlust oder einer Beschädigung des Gutes oder zu einer Überschreitung der Lieferfrist, so kann sich der Frachtführer nach § 427 Abs. 1 Nr. 3 auf einen **Haftungsausschluss** berufen.

**18**  Hat die beförderungsmangelhafte Verladung durch den Absender zur Folge, dass Rechtsgüter des Frachtführers beschädigt werden, so kann der Frachtführer nach den §§ 280, 282 BGB **Schadensersatz** in unbeschränkter Höhe verlangen. Dies ist etwa der Fall, wenn ein Frachtführer einen Unterfrachtführer beauftragt hat und diesem auf Grund der Tatsache, dass dessen Lkw infolge der mangelhaften Verladung durch den Absender beschädigt wurde, Schadensersatz zu leisten hat.[35] Darüber hinaus kann der Frachtführer auch Schadensersatz nach § 823 BGB verlangen, wenn sein Fahrzeug beschädigt wurde. § 414 ist nicht – auch nicht entsprechend – anwendbar, weil die im dortigen Abs. 1 enthaltene Aufzählung bewusst auf bestimmte Mängel beschränkt ist und Verlademängel dort nicht genannt sind.[36]

**19**  **b) Fehlverhalten des Frachtführers.** Verletzt der Frachtführer, der eine unzureichende beförderungssichere Verladung erkannt hat, seine vertragliche aus der Obhutpflicht resultierende Nebenpflicht, den Absender hierauf hinzuweisen, ist dieser Umstand im Rahmen des § 427 Abs. 2 zu berücksichtigen.[37] Für einen evidenten, auch die Betriebssicherheit gefährdenden Verlademangel des Absenders haftet der Frachtführer bei Unterlassung der Hinweispflicht anteilig auch dann, wenn der infolge des Verlademangels eingetretene Güterschaden nicht auf der mangelnden Betriebssicherheit beruht.[38] Der Frachtführer muss sich ferner entgegenhalten lassen, wenn die Verladung nicht nur beförderungs- sondern auch betriebsunsicher war und er dies nicht erkannt hat. Ihn trifft dann eine Mithaftung gem.

---

[31] Vgl. Baumbach/*Hopt* § 346 Rn. 1.

[32] Ebenso *Koller* Rn. 21.

[33] AA *Koller* Rn. 21 (Anwendung der allgemeinen zivilrechtlichen Regelungen über Verzug und Rücktritt).

[34] Vgl. *Koller* Rn. 22 und 23 aE; s. auch Fremuth/Thume/*Fremuth* Rn. 13 (bei Verpackungsmangel).

[35] OLG Hamm 15.6.1998, TranspR 1999, 197, 199. Vgl. *Koller* Rn. 23; *v. Waldstein/Holland* Rn. 15.

[36] *Koller* Rn. 23; aA EBJS/*Reuschle* Rn. 32; Baumbach/Hopt/*Merkt* Rn. 1. Koller ist zuzustimmen, weil Reuschles Gegenargument durch die mit dem im SeeHRRefG vorgenommene Aufhebung des § 414 Abs. 1 S. 2 entfallen ist.

[37] Vgl. *Koller* Rn. 22.

[38] OLG Hamm 23.2.2012, ADAJUR Dok.Nr. 99526.

§§ 425 Abs. 1 und 2, 1. Alt, 427 Abs. 1 Nr. 3[39] Ist der eingetretene Schaden allein durch betriebsunsichere Verladung verursacht, trifft den Frachtführer insoweit die alleinige Verantwortung, sodass er dann für Güter- und Verspätungsschäden nach §§ 425 ff. haftet.[40]

## III. Entladen (Abs. 1)

**1. Verpflichtung des Absenders.** Auch die Entladepflicht weist das Gesetz dem **20** **Absender** zu. Dies rechtfertigt sich daraus, dass der Beförderungsvertrag nur zwischen Frachtführer und Absender geschlossen ist. Nimmt, wie in der Praxis üblich, der **Empfänger** die Entladung vor, wird er als Erfüllungsgehilfe des Absenders tätig.[41] Dies gilt auch dann, wenn er nach § 421 Abs. 1 die Ablieferung des Gutes gegen Erfüllung der Verpflichtungen aus dem Frachtvertrag verlangt. Denn die Regelung begründet keine Pflicht des Empfängers zum Entladen. Allerdings hat der Frachtführer in diesem Falle ein Leistungsverweigerungsrecht, wenn der Empfänger die Ablieferung nicht bewirkt (vgl. § 421 Rn. 29).

Wie beim Verladen kann sich auch beim Entladen aus den **Umständen und aus der 21 Verkehrssitte** eine dahingehende Verpflichtung des Frachtführers ergeben. Ersteres ist wie beim Verladen anzunehmen, wenn das Entladen nur mithilfe von technischen Mitteln durchgeführt werden kann, die sich am Fahrzeug selbst befinden, und die Vertragsparteien bei Vertragsschluss daher von der Verwendung eines mit diesen Mitteln ausgestatteten Fahrzeugs ausgegangen sind. Zur Verkehrssitte soll es laut *Koller* im Zweifel auch gehören, dass der Frachtführer Stückgut zu entladen hat, das noch mit Sackkarre und dgl. befördert werden kann.[42] Das kann aber wohl nur gelten, wenn der Empfänger eine Privatperson ist, die erkennbar über keine solchen Entlademittel verfügt.

**2. Umfang der Pflicht des Absenders.** Entladen im Sinne des § 412 bedeutet, dass **22** der Absender (Empfänger) nach dem Zeitpunkt, zu dem der Frachtführer das Gut abliefert, dh. zur Entgegennahme bereitstellt, die Sachherrschaft über das Gut übernimmt und es von der Ladefläche entfernt. Dem Entladen muss also die Ablieferung (vgl. hierzu § 407 Rn. 34 ff.) vorangegangen sein,[43] wenn die Pflicht, das Gut zu entladen, wie in § 412 Abs. 1 vorgesehen beim Absender (Empfänger) und nicht beim Frachtführer liegt. In der Schifffahrt wird anstelle des Begriffs „Entladen" der Begriff „Löschen" verwendet.

Wie beim Verladen trifft den Absender, der zum Entladen des Gutes verpflichtet ist, **23** zusätzlich die **allgemeine Schutzpflicht,** dafür Sorge zu tragen, dass Rechtsgüter des Frachtführers, insbes. dessen Beförderungsmittel, nicht geschädigt werden.[44]

**3. Pflicht des Frachtführers.** Trotz der nach Abs. 1 bestehenden Pflicht des Absenders **24** oder Empfängers, das Gut zu entladen, kann auch den Frachtführer eine vertragliche Nebenpflicht treffen. Hierzu zählt, dem Absender oder Empfänger das Abholen oder Ausladen des Gutes in einer Weise zu ermöglichen, dass damit kein im Bereich des Frachtführers liegendes Risiko der Abnahme des Frachtguts entgegensteht. Die Verpflichtung des Frachtführers nach Abs. 1 S. 2, für eine betriebssichere Verladung zu sorgen, wirkt insoweit über den Ablieferungszeitpunkt nach § 425 Abs. 1 HGB hinaus.[45]

**4. Rechtsfolgen bei mangelhaftem Entladen. a) Fehlverhalten des Absenders 25 oder Empfängers.** Ist – wie im Regelfall – der Absender entladepflichtig und wird das Frachtgut beim Entladen durch den Empfänger beschädigt, so kann keine Haftung des Frachtführers nach § 425 eintreten, weil die Ablieferung bereits erfolgt ist (s. Rn. 22). Bewegt in einem solchen Fall der Fahrer des Frachtführers auf Bitten des Empfängers das

---

[39] Vgl. *Koller* Rn. 45.
[40] Vgl. *Koller* Rn. 44; EBJS/*Reuschle* Rn. 29.
[41] Vgl. Fremuth/Thume/*Fremuth* Rn. 3; *Koller* Rn. 25; *Thume,* FG Herber, S. 153, 159.
[42] *Koller* Rn. 29; aA *Valder,* GS Helm, S. 355, 362.
[43] Vgl. OLG Hamm 19.6.2008, TranspR 2008,405.
[44] OLG Hamburg 21.12.1989, TranspR 1990, 292, 294 (zu § 56 BinSchG aF).
[45] OLG Stuttgart 22.1.2003, TranspR 2003, 104, 106.

Gut noch auf der Ladefläche, so haftet der Frachtführer nicht für diese Gefälligkeit, wenn dabei ein Schaden eintritt.[46]

**25a**    Werden beim Entladen durch den Absender Rechtsgüter des Frachtführers beschädigt, so kann der Frachtführer – ebenso wie bei einer solchen Pflichtverletzung beim Verladen (hierzu Rn. 18) – nach den §§ 280, 282 BGB und § 823 BGB Schadensersatz in unbeschränkter Höhe verlangen. Hat der Empfänger das Gut entladen, so hat der Frachtführer einen Anspruch gegen den Empfänger aus § 823 BGB und gegen den Absender aus §§ 280, 282 BGB.

**26**    **b) Fehlverhalten des Frachtführers.** Verletzt der Frachtführer nacherfolgter Ablieferung seine Pflicht, das Fahrzeug so zu sichern, dass es entladen werden kann, und ist hierdurch beim Entladen das Gut beschädigt worden, so kann ein Schadensersatzanspruch auf § 280 BGB gestützt werden.[47]

### IV. Lade- und Entladezeit oder Löschzeit (Abs. 2)

**27**    **1. Bedeutung.** Abs. 2 enthält eine Legaldefinition der Lade- und Entladezeit und gibt Kriterien für die Fristbestimmung vor, wenn die Vertragsparteien keine konkrete Frist vertraglich bestimmt haben. Die Vorschrift steht in engem Zusammenhang mit Abs. 3. Denn nach Abs. 3 hat der Frachtführer, wenn auf Grund vertraglicher Vereinbarung oder aus Gründen, die nicht dem Risikobereich des Frachtführers zuzurechnen sind, die Lade- oder Entladezeit überschritten wird, einen Anspruch auf ein sog. Standgeld. Die fristgemäße Lade- und Entladezeit selbst gilt nach Abs. 2 grundsätzlich als **mit dem Beförderungsentgelt mit vergütet.** Die Dauer der Lade- und Entladezeit ist also für die Vertragsparteien von großer Bedeutung: Ist die Zeit sehr kurz bemessen, besteht aus Sicht des Absenders die Gefahr, dass er zusätzlich zur Pflicht, die Fracht zu zahlen, mit weiteren Zahlungspflichten belastet wird. Ist die Zeit dagegen sehr großzügig bemessen, sind aus Sicht des Frachtführers zusätzliche Verdienstmöglichkeiten ausgeschlossen.

**28**    Um die durch die Überschreitung der Lade- oder Entladezeit entstandenen Belastungen zu minimieren sieht das Gesetz für den Fall, dass die Ladezeit überschritten wird, weitere Gestaltungsmöglichkeiten vor: Der Absender kann den Frachtvertrag **kündigen** (§ 415) oder, bei Verladen nur eines Teils der Ladung, vom Frachtführer nach Maßgabe des § 416 die Beförderung dieses Teils verlangen (§ 417 Abs. 2). Umgekehrt kann auch der Frachtführer den Vertrag kündigen und unter den in § 415 Abs. 2 genannten Voraussetzungen entweder die vollständige Fracht, Standgeld und Aufwendungsersatz unter Anrechnung ersparter Aufwendungen oder ein Drittel der vereinbarten Fracht verlangen. Bei Verladen nur eines Teils der Ladung kann der Frachtführer außerdem unter den in § 417 Abs. 3 genannten Voraussetzungen die Beförderung nur dieses Teils durchführen.

**29**    **2. Bemessung der Frist.** Bei der Lade- und Entladezeit handelt es sich um die Zeit, die nach den Umständen für das Verladen bzw. das Entladen benötigt wird. Die Lade- und Entladezeit **beginnt** mit dem vertraglich vereinbarten Zeitpunkt zu laufen. Darauf, ob das Fahrzeug tatsächlich lade- bzw. entladebereit ist, kommt es nicht an. Ist das Fahrzeug aus Gründen, die im Risikobereich des Frachtführers liegen, nicht in dem vereinbarten Zeitpunkt lade- oder entladebereit, so kann der Frachtführer gem. Abs. 3 für diese Zeit, soweit sie zu einem Überschreiten der Lade- oder Entladezeit führt, kein Standgeld verlangen (hierzu unten Rn. 38 ff.). Trifft das Fahrzeug vor dem vereinbarten Termin ein, so beginnt die Lade- bzw. Entladezeit erst mit dem vereinbarten Termin. Wird im Einvernehmen zwischen Absender und Frachtführer bereits unmittelbar nach dem Eintreffen des Fahrzeugs, aber vor dem ursprünglich vereinbarten Termin mit dem Ver- oder Entladen begonnen, so kann hieraus geschlossen werden, dass die Vertragsparteien den Termin vertraglich geändert haben.

---

[46] OLG Hamm 19.6.2008, TranspR 2008, 405.
[47] OLG Stuttgart 22.1.2003, TranspR 2003, 104, 106.

Die **Dauer der Lade- und Entladezeit** ist, soweit der Frachtvertrag nicht die Beförde- **30** rung auf Binnengewässern zum Gegenstand hat, für die die auf Grund des Abs. 4 erlassene BinSchLV gilt, nicht gesetzlich festgelegt. Abs. 3 geht davon aus, dass die Vertragsparteien hierüber eine Vereinbarung treffen. Für den Fall, dass diese fehlt, sieht Abs. 3 allerdings vor, dass die nach den Umständen des Falles zu bemessende angemessene Frist zugrunde zu legen ist. Maßstab ist hierbei, innerhalb welcher Frist ein ordentlicher Absender während der gewöhnlichen Geschäftszeiten die beförderungssichere Be- oder Entladung des hier in Frage stehenden Gutes vornehmen kann.[48] Dabei ist zu berücksichtigen, ob der Absender nur ein Fahrzeug oder mehrere Fahrzeuge be- oder entladen muss.

## V. Stand- oder Liegegeld (Abs. 3)

**1. Grundsatz.** Die Lade- und Entladezeit nach Abs. 2 gilt grundsätzlich als **mit dem** **31** **Beförderungsentgelt mit vergütet.** Wird diese Zeit auf Grund vertraglicher Vereinbarung oder aus Gründen, die nicht dem Risikobereich des Frachtführers zuzurechnen sind, überschritten, so gewährt Abs. 3 nach dem Vorbild im Binnenschifffahrtsrecht (§ 36 BinSchG aF) und im Seerecht (§§ 567 ff.) sowie in der früheren KVO (§ 25 Abs. 4) dem Frachtführer einen Anspruch auf ein sog. Standgeld.

**Schuldner** des Standgeldes ist der Absender. Als weiterer Schuldner kommt unter den **32** Voraussetzungen des § 421 Abs. 3 der Empfänger hinzu (hierzu § 421 Rn. 38 f.).

**2. Rechtliche Einordnung.** Bei dem Standgeld handelt es sich nicht um Schadenser- **33** satz, sondern um eine angemessene **Vergütung** für die nach Ablauf der Lade- bzw. Entladezeit erbrachten Leistungen, insbesondere die verlängerte Bereitstellung des Transportmittels.[49] Damit entfällt die wegen des Charakters des Standgelds dogmatisch nicht unumstrittene Notwendigkeit, den Anspruch auf Standgeld aus § 642 BGB herzuleiten.[50] Zugleich entfällt damit der – konkurrierende – Anspruch auf Schadensersatz.[51] § 412 Abs. 3 ist dispositiv, entsprechende Vereinbarungen in Allg. Geschäftsbedingungen unterliegen jedoch der Inhaltskontrolle nach § 307 BGB. Eine Vertragsklausel, die den Anspruch auf Standgeld uneingeschränkt ausschließt, benachteiligt den Frachtführer unangemessen und ist deshalb unwirksam.[52] Zur Vereinbarung über die Höhe siehe Rn. 47.

Das Standgeld wird in der Schifffahrt als **Liegegeld** bezeichnet. Dementsprechend **34** spricht. Zur Klarstellung, dass Stand- und Liegegeld identisch sind, bestimmt § 4 Abs. 1 BinSchLV ausdrücklich, dass das vom Frachtführer geschuldete Standgeld als Liegegeld zu bezeichnen ist.

**3. Warten nach Ablauf der Lade- oder Entladezeit.** Der Frachtführer kann ein **35** Standgeld verlangen, wenn er auf Grund vertraglicher Vereinbarung oder aus Gründen, die nicht seinem Risikobereich zuzurechnen sind, über die Lade- oder Entladezeit hinaus auf das Laden bzw. Entladen warten muss. **Warten** bedeutet, dass der Frachtführer mit dem Verkehrsmittel direkt an der Ladestelle steht und zum Be- bzw. Entladen bereit ist. Verzögerungen vor Erreichen der Ladestelle fallen daher nicht unter § 412.[53] Eine (angemessene) Wartezeit sieht zB § 417 Abs. 1 vor, wenn der Absender das Gut während der Ladezeit nicht verladen bzw. dem Frachtführer, soweit dieser ladepflichtig ist, nicht zur Verfügung gestellt hat. **Verzögerungen während der Beförderung** bis zum Zeitpunkt der Ablieferung, etwa Verzögerungen bei dem Überschreiten einer Grenze, begründen keinen Anspruch auf Standgeld. Insoweit gilt die Sonderregelung des § 419.

---

[48] Vgl. *Koller* Rn. 46.
[49] BGH 16.12.2008 TranspR 2009, 77, Rn. 22; BGH 12.1.1951, BGHZ 1, 47, 49 ff.; Reg.Begr. S. 41 (zu § 412); *v. Waldstein/Holland* Rn. 30.
[50] OLG Düsseldorf 4.3.1982, RIW 1984, 234. Vgl. hierzu auch Reg.Begr. S. 41 (zu § 412).
[51] Vgl. auch *Koller* Rn. 60.
[52] BGH 12.5.2010, TranspR 2010, 432; aA OLG Hamm 26.11.2009, BeckRS 2010, 07866.
[53] Vgl. *Koller* Rn. 51a und VersR 2012, 949, 958.

**36**  **Das Warten iSd. § 412 Abs. 3** beginnt in dem Zeitpunkt, in dem der Frachtführer nach der getroffene Abrede, der Verkehrssitte oder den jeweiligen Umständen den Lade- bzw. Entladebeginn erwarten darf.[54] Warten bedeutet, dass der Frachtführer sein Fahrzeug **an der Lade- oder Entladestelle belässt** und davon absieht, es anderweitig einzusetzen. Für den Begriff des „Wartens" ist unmaßgeblich, aus welchen Gründen der Frachtführer sein Fahrzeug an der Lade- oder Entladestelle belässt. Auch dann, wenn der Frachtführer überhaupt nicht imstande ist, das Fahrzeug fortzubewegen, so etwa wegen Eisgangs oder Überschwemmung, ist von einem Warten auszugehen.[55] Gleiches gilt für den Fall, dass der Frachtführer nach § 417 Abs. 1 eine Nachfrist gesetzt hat, jedoch nach Ablauf dieser Frist weiter zuwartet, bevor er von seinen Rechten nach § 417 Abs. 2 oder 3 Gebrauch macht. Die Gründe, weshalb der Frachtführer sein Fahrzeug nicht fortbewegt, sind nur zu berücksichtigen, soweit es um den Anspruch auf Standgeld geht.

**37**  **4. Überliegezeit.** Die Regelung, wonach dem Frachtführer ein Standgeld für diejenigen Fälle zugebilligt wird, in denen er auf Grund vertraglicher Vereinbarung über die Lade- oder Entladezeit hinaus wartet, soll nach der Reg.Begr.[56] der in der Schifffahrt üblichen Praxis Rechnung tragen, eine „Überliegezeit" zu vereinbaren (vgl. §§ 31, 50 BinSchG aF, § 567 Abs. 3 HGB). Ist eine Überliegezeit vereinbart, so muss der Frachtführer während dieser Zeit warten; die Möglichkeit der Kündigung nach § 417 ist in diesem Falle ausgeschlossen.

**38**  **5. Umstände außerhalb des Risikobereichs des Frachtführers. a) Sphärengedanke.** Ein Anspruch auf Standgeld entfällt, wenn der Grund für das Überschreiten der Lade- oder Entladezeit im Risikobereich[57] des Frachtführers liegt. Die Regelung greift hier den Sphärengedanken auf, der auch anderen Regelungen, so § 415 Abs. 2 S. 2, Abs. 3 S. 3, § 416 S. 3, § 417 Abs. 4, § 419 Abs. 1 S. 3, Abs. 4, § 420 Abs. 2 S. 2, Abs. 3, zugrunde liegt. Nach der Gesetzesbegründung[58] sind hiernach Umstände, die den Vertragsablauf stören, stets dem Risikobereich des einen oder anderen Vertragspartners zuzuordnen; im Störungsfall erscheinen dann jeweils nur die Schutzbedürfnisse derjenigen Seite anerkennenswert, deren Gefahrenkreis die Störungsursache nicht zuzuordnen ist, die also für die Störungssituation keinen Anlass gegeben hat. Auf ein **„Vertretenmüssen"** kommt es nicht an. Auch Umstände, die von keiner Partei zu vertreten sind, sind nach dem Willen des Gesetzgebers jeweils dem Risikobereich eines Vertragspartners zuzuordnen.[59] Das soll auch bezüglich solcher Störungsursachen gelten, die in einer „neutrale Sphäre" unvorhersehbar von außen wirken und von keinem der beiden Vertragspartner beherrscht oder beeinflusst werden können. Insoweit sind deshalb die Begriffe „Risikobereich" und „Sphäre" von einander zu unterscheiden. Abweichend von dieser Intension des Gesetzgebers sieht dies jedoch der BGH zumindest bei einer Verzögerung des Transports während der Beförderung gem. § 420 Abs. 3 aF (jetzt Abs. 4), die in der „neutralen Sphäre" ihre Ursache hat. Nach seiner Auffassung enthalten die Gesetzesmaterialien keine hinreichenden Anhaltspunkte, dass auch „neutrale" Störungsursachen, die nicht per se in den Risikobereich des Absenders oder des Frachtführers fallen und für keine der Parteien vorhersehbar oder beherrschbar sind, im Wege einer wertenden Betrachtung dem Risikobereich des Absenders zugeordnet werden müssen.[60]

**39**  **b) Risikobereich des Frachtführers.** Nach § 412 Abs. 3 besteht der Anspruch auf das Standgeld nur dann nicht, wenn die Gründe für die Wartezeit dem Risikobereich des Frachtführers zuzurechnen sind. Nach dem klaren und eindeutigen Wortlaut dieser Bestim-

---

[54] *Didier* S. 202; *Koller* Rn. 51.
[55] Ebenso *Braun* S. 249. AA *Koller* Rn. 51, 56.
[56] Reg.Begr. S. 41 (zu § 412).
[57] S. dazu sehr eingehend *Koller* VersR 2012, 949.
[58] Reg.Begr. S. 41 (zu § 412).
[59] *EBJS/Reuschle* § 412 Rn. 37.
[60] BGH 22.6.2011, TranspR 2011, 362; kritisch dazu *Koller* VersR 2012, 949.

mung führt, – anders als in § 420 Abs. 3 aF (jetzt Abs. 4) – ausnahmslos jeder nicht dem Risikobereich des Frachtführers zuzurechnende Verzögerungsgrund zur Entstehung des Standgeldanspruchs. Ob und inwieweit die Verzögerungsursache für den Absender vorhersehbar oder beherrschbar war, ist hier ohne Bedeutung.[61] Die Frage, nach welchen Kriterien zu bestimmen ist, ob ein Umstand dem Risikobereich des Frachtführers zuzuordnen ist, ist in der Literatur umstritten.[62]

Unstreitig ist allerdings, dass all jene Umstände dem Risikobereich des Frachtführers **40** zuzurechnen sind, die **im Organisationsbereich des Frachtführers ihren Ursprung** haben und für den Frachtführer abstrakt vorhersehbar und beherrschbar sind.[63] Hierzu zählen alle Umstände, die der Frachtführer zu vertreten hat,[64] so etwa der Fall, dass der Schiffsführer durch Nichtbeachtung der gebotenen nautischen Sorgfalt Verladeeinrichtungen des Absenders beschädigt.[65] Bei der Bestimmung des Risikobereichs kommt es jedoch auf ein Vertretenmüssen des Frachtführers letztlich gar nicht an.[66] Unbeachtlich ist daher auch, ob der in seinem Organisationsbereich entstandene Umstand vom Frachtführer vorhersehbar und beherrschbar war.[67] Im Risikobereich des Frachtführers liegt deshalb auch ein Streik in seinem Unternehmen. Ferner zählen hierzu alle organisatorischen Umstände, die dazu führen, dass das Beförderungsmittel nicht genutzt werden kann. Zu nennen ist etwa der Fall, dass im vertraglich vereinbarten Zeitpunkt kein Fahrzeug zur Verfügung gestellt wird oder dass das Fahrzeug im vertraglich vereinbarten Zeitpunkt noch nicht ladebereit ist, weil es nicht hinreichend gegen Bewegungen gesichert ist oder der Laderaum noch nicht zur Verfügung steht.[68] Auch der nicht vorhersehbare und nicht durch Einsatz eines Notruders kompensierbare Ausfall einer elektronischen Ruderanlage des zur Beförderung verwendeten Schiffes ist ein Umstand, der in den Risikobereich des Frachtführers fällt.[69] Der Umstand, dass der Frachtführer nach Ablauf einer gem. § 417 Abs. 1 gesetzten Nachfrist weiter zuwartet, fällt dagegen nicht in den Risikobereich des Frachtführers. Denn der Grund für das Zuwarten liegt darin, dass der Absender seiner Pflicht, das Gut zur Verfügung zu stellen oder es zu verladen, nicht nachkommt. Hierbei handelt es sich dann zweifelsfrei um einen Umstand, der im Risikobereich des Absenders liegt.[70]

Umgekehrt sind alle Umstände nicht dem Risikobereich des Frachtführers zuzuordnen, **41** die **im Organisationsbereich des Absenders oder Empfängers** ihren Ursprung haben. Hierzu zählen alle Umstände, die auf ein Verhalten des Absenders oder des Empfängers zurückzuführen sind, etwa die unrichtige Angabe der genauen Übernahme- oder Ladestelle.[71] Weiter zählt hierzu, dass der Absender im Zeitpunkt des Beginns der Ladezeit noch nicht über das Gut verfügt, sowie der Umstand, dass der Empfänger dem Fahrer nicht ermöglicht, zu dem vertraglich vereinbarten Zeitpunkt die vereinbarte Rampe an der Ablieferungsstelle anzufahren. Auf ein Verschulden des Absenders kommt es nicht an.[72]

Unterschiedlich beurteilt wird in Literatur und Rechtsprechung– abweichend vom oben **42** in Rn. 38 dargelegten offensichtlichen Willen des Gesetzgebers – die Frage, welchem Risi-

---

[61] Umkehrschluss aus BGH 22.6.2011, TranspR 2011, 362 Rn. 19.

[62] Eingehend hierzu *Braun* S. 95 ff.; *Didier* S. 156 ff. und *Koller* VersR 2012, 949 und in Rn. 53 ff. Vgl. auch Schifffahrtsobergericht Köln 28.10.2008, ZfBSch 2008, 74 ff.; Schifffahrtsobergericht Karlsruhe 5.12.2001, TranspR 2002, 348 ff.; Schifffahrtsgericht Mannheim 31.8.2000, TranspR 2002, 351 ff.; AG Neuruppin 20.2.2004, juris.de.

[63] *Koller* Rn. 56 und VersR 2012, 949; *Didier* S. 159.

[64] *Koller* Rn. 56 und VersR 2012, 949. *v. Waldstein/Holland* Rn. 25.

[65] *v. Waldstein/Holland* Rn. 25.

[66] *Koller* Rn. 56.

[67] AA *Didier* S. 159; *v. Waldstein/Holland* Rn. 28.

[68] Zu den Anforderungen an die Bereitstellung des Lkw zur Verladung vgl. *Neufang/Valder* TranspR 2002, 325, 326.

[69] AA *v. Waldstein/Holland* Rn. 28.

[70] So auch *Andresen/Valder* § 417 Rn. 13; *Braun* S. 250; *Koller* § 417 Rn. 8. AA Reg.Begr. S. 48 (zu § 417), Fremuth/Thume/*Fremuth* § 417 Rn. 13.

[71] Vgl. *v. Waldstein/Holland* Rn. 25.

[72] BGH 22.6.2011, TranspR 2011, 362; ebenso *Koller* § 420 Rn. 26.

kobereich Umstände zuzuordnen sind, die **nicht aus dem Organisationsbereich eines der Vertragspartner** herrühren. Zu nennen sind hier plötzliche überraschende Ereignisse, wie beispielsweise eine Straßensperre, Hoch- und Niedrigwasser, Eisgang, Sturm, aber auch eine Staatstrauer, bei der jede Form der Arbeit untersagt ist.[73] Nach Auffassung von *Didier*[74] sind diese Umstände nicht dem Frachtführer zuordnen, es sei denn, sie sind vom Frachtführer im konkreten Fall vorhersehbar oder zumindest beherrschbar. *Canaris*[75] will diese Umstände einer neutralen Sphäre und ebenfalls nicht dem Frachtführer zuzuordnen, sofern sie nicht den Einsatz des Beförderungsmittels während des betreffenden Zeitraums ganz ausschließen. *Koller*[76] spricht von einer neutralen Störungsursache. Allerdings ordnet er die genannten Umstände nicht einer neutralen Sphäre, sondern dem Risikobereich des Frachtführers zu, wenn die Umstände sich unmittelbar im Organisationsbereich des Frachtführers auswirken und von ihm vorhergesehen wurden oder unter Beachtung der verkehrserforderlichen Sorgfalt hätten vorhergesehen werden müssen. Dort, wo der Frachtführer überhaupt nicht transportieren kann, will Koller allerdings schon mangels Wartens einen Standgeldanspruch ausschließen (hierzu Rn. 36). *Braun*[77] ordnet dagegen die in der neutralen Sphäre entstehenden Umstände dem Risikobereich des Frachtführers zu, wenn sie den Frachtführer an der Erfüllung seiner Verpflichtungen hindern, vorausgesetzt, der Absender ist seinerseits seiner Aufgabenerfüllung nachgekommen und hat auch keine besonderen Risiken für die Durchführung des Transports geschaffen.

43     Die Auffassung, dass es eine **neutrale Sphäre** gibt, ist grundsätzlich zu bejahen. Anders als nach den vorgenannten Auffassungen sind die Umstände, die einer neutralen Sphäre zuzuordnen sind, jedoch nur dann keinem Risikobereich der Vertragspartner zuzuordnen, wenn diese Umstände in keiner Weise verkehrsbezogen sind (zB Staatstrauer; Generalstreik). Umstände, die dagegen verkehrsbezogen sind (zB allgemeines Fahrverbot), sind dagegen in Übereinstimmung mit der gesetzgeberischen Intention entweder dem Risikobereich des Frachtführers oder dem des Absenders zuzuordnen. Auch die Zuordnung einer Störungsursache sowohl dem Risikobereich des Frachtführers als auch dem Risikobereich des Absenders ist ausgeschlossen.[78]

44     In Anlehnung an die Auffassung von *Braun* sind dabei die Umstände, die nicht aus dem Organisationsbereich des Frachtführers herrühren, gleichwohl dem **Risikobereich des Frachtführers** zuzuordnen, wenn sie unmittelbare Auswirkung auf die Nutzung des Beförderungsmittels oder des Beförderungswegs haben. Dementsprechend ist dem Risikobereich des Frachtführers ein allgemeines Fahrverbot zuzurechnen, weil es unmittelbare Auswirkung auf die Nutzung des Beförderungsmittels hat. Zu den Umständen, die den Beförderungsweg betreffen und dementsprechend ebenfalls dem Risikobereich des Frachtführers zuzurechnen sind, zählen Straßensperren, Hoch- und Niedrigwasser[79] sowie Eisgang. Dieser braucht sich solche „von außen" kommenden Ursachen im Rahmen des § 419 Abs. 1 S. 4 jedoch nicht entgegenhalten lassen, wenn sie für ihn völlig unbeherrschbar und auch unvorhersehbar sind (siehe dazu § 419 Rn. 42).

45     Umstände, die unmittelbare Auswirkung auf die Nutzung der Belade- oder Entladestelle haben, sind dagegen dem **Risikobereich des Absenders** zuzurechnen. Hierzu zählt etwa der Umstand, dass Hochwasser die Zufahrt zur Beladestelle verhindert[80] oder dass das Verladen wegen Unwetters einzustellen ist.[81]

46     **c) Beweislast.** Der Frachtführer, der ein Standgeld verlangt, muss alle in Abs. 3 genannten anspruchsbegründenden Tatsachen beweisen. Hierzu gehört, dass und wie lange er

---

[73] *Koller* Rn. 53.
[74] *Didier*, Risikozurechnung bei Leistungsstörungen im Gütertransportrecht, S. 156 ff. Zustimmend *v. Waldstein/Holland* Rn. 26 ff.
[75] *Canaris* § 31 Abs. 2 Rn. 52, 55.
[76] *Koller* Rn. 55 und VersR 2012, 949.
[77] *Braun* S. 117.
[78] AA *Koller* § 407 Rn. 87.
[79] Vgl. OLG Köln 2.2.2009, TranspR 2009, 171 bei Vorhersehbarkeit.
[80] Vgl. *Braun* S. 118.
[81] Vgl. *Koller* Rn. 57.

über die Lade- oder Entladezeit hinaus gewartet hat und dass dies auf Grund vertraglicher Vereinbarung oder auf Grund eines Umstandes geschehen ist, der nicht seinem Risikobereich zuzurechnen ist.[82] Da es sich bei der zuletzt genannten Tatsache (Umstand, der nicht dem Risikobereich des Frachtführers zuzurechnen ist) um eine sog. negative Tatsache handelt, kann jedoch der Beweis nach den Grundsätzen des Anscheinsbeweises als erbracht angesehen werden, wenn die Tatumstände, die unstreitig sind, den Schluss nahe legen, dass es sich um einen Umstand handelt, der dem Risikobereich des Absenders oder einer neutralen Sphäre zuzurechnen ist.[83]

**6. Höhe.** § 412 Abs. 3 ist dispositiv, aber eine Formularklausel, die den Anspruch auf  **47** Standgeld uneingeschränkt ausschließt, benachteiligt den Frachtführer unangemessen und ist deshalb unwirksam (s. dazu Rn. 33). Dagegen kann und wird die Höhe des Liegegeldes idR vereinbart werden: Dies kann auch stillschweigend oder konkludent geschehen.[84] Klauseln in Allg. Geschäftsbedingungen unterliegen aber der Inhaltskontrolle nach § 307 BGB.[85] Haben die Parteien keine dahingehende vertragliche Vereinbarung getroffen, ist nach Abs. 3 ein angemessenes Liegegeld geschuldet. Die Beweislast für die Höhe des vereinbarten oder angemessenen Standgeldes liegt beim Frachtführer. Für die Binnenschifffahrt gelten Sonderregelungen (vgl. hierzu §§ 4, 7 BinSchLV).

Die **Angemessenheit** der Vergütung bestimmt sich danach, welche Vergütung zZ des  **48** Vertragsschlusses üblicherweise im Geschäftsverkehr für die Zur-Verfügung-Stellung des in Frage stehenden Fahrzeuges in der Zeit nach Ablauf der Lade- oder Entladezeit gezahlt wird. Die Beurteilung der Angemessenheit obliegt dem Richter. Der Frachtführer kann die Höhe nicht einseitig bestimmen. §§ 315, 316 BGB sind nicht anzuwenden.[86]

### VI. Verordnungsermächtigung (Abs. 4)

Abs. 4 enthält eine auf den Bereich der Binnenschifffahrt beschränkte Verordnungser-  **49** mächtigung. Danach kann dortigen besonderen Gegebenheiten hinsichtlich Ladegeschäft und Standgeld Rechnung getragen werden.[87] Die Sonderregelungen sind in der BinSchLV getroffen.

---

[82] *Koller* § 412 Rn. 61; *Didier* S. 202.
[83] AA *Reuschle*, der in EBJS § 412 Rn. 37 den Absender für beweispflichtig dafür hält, dass die Wartezeit nicht dem Risikobereich des Frachtführers zuzurechnen ist. Dem widerspricht jedoch der Wortlaut des Abs. 3.
[84] *Koller* § 412 Rn. 49.
[85] BGH 12.5.2010, TranspR 2010, 432.
[86] Ebenso *Koller* Rn. 49; aA Fremuth/Thume/*Fremuth* Rn. 19.
[87] Vgl. Reg.Begr. S. 42 (zu § 412).

# Anhang

## Verordnung über die Lade- und Löschzeiten sowie das Liegegeld in der Binnenschifffahrt (Lade- und Löschzeitenverordnung – BinSchLV)

In Fassung der Bekanntmachung vom 25. Januar 2010
(BGBl. I S. 62) FNA 4103-7

## Vorbemerkung

1    Die BinSchLV regelt die Voraussetzungen für den Beginn der Lade- und Löschzeit, deren Dauer sowie die Höhe des Liegegeldes in der Binnenschifffahrt. Bis zum Inkrafttreten des TRG waren Regelungen über die Lade- und Löschzeit sowie das Liegegeld im Vierten Abschnitt des BinSchG und in der LLV enthalten. Diese Regelungen wurden jedoch mit Wirkung vom 1. Juli 1998 durch Art. 2 Nr. 2 und Art. 9 Nr. 2 TRG aufgehoben. Statt dessen wurde in § 412 Abs. 4 eine Verordnungsermächtigung aufgenommen, die es dem Bundesministerium der Justiz gestattet, auf der Grundlage des neuen Rechts, das in § 412 HGB die Pflichtenverteilung beim Ver- und Entladen sowie die Rechtsfolgen bei etwaigen Verzögerungen regelt, neue Vorschriften durch Verordnung zu erlassen. Nachdem Bemühungen des Binnenschifffahrtsgewerbes und der Verladerschaft gescheitert waren, sich auf Regelungen über die Lade- und Löschzeiten sowie die Höhe des Liegegeldes zu einigen, erließ das Bundesministerium der Justiz auf Wunsch der Praxis die nachstehend abgedruckte Verordnung.
2    Vorbild für die BinSchLV waren das bis zum 1. Juli 1998 geltende Recht, die beim Erlass der BinSchLV geltenden Tankschiff-Transportbedingungen des Bundesverbands der Deutschen Binnenschifffahrt e. V. sowie die Regelungen in den Rheinanliegerstaaten Niederlande und Schweiz. Zugleich berücksichtigte sie Vorschläge des Binnenschifffahrtsgewerbes und der Verladerschaft.
3    Die Verordnung ist dispositiv. Die Vertragsparteien können also von den gesetzlichen Regelungen abweichen und damit auf die jeweiligen Beförderungsmodalitäten flexibel reagieren.
4    Nachstehend wird die Begründung des BMJ vom 5. November 1999 zu der – damals noch im Entwurf befindlichen – BinSchLV abgedruckt.

## Abschnitt 1. Trockenschifffahrt
### Begründung des BMJ vom 5. November 1999

Die in Abschnitt 1 enthaltenen Regelungen betreffen, wie sich aus der Überschrift zu diesem Abschnitt ergibt, allein die Trockenschifffahrt. Als solche wird, wie sich aus § 1 Abs. 1 Satz 1 des Entwurfs ergibt, die Schifffahrt verstanden, mit der anderes als flüssiges oder gasförmiges Gut befördert wird. Für die Beförderung von Flüssiggut sieht Abschnitt 2 des Entwurfs gesonderte Regelungen vor.

### § 1 Beginn der Ladezeit
(1) Hat der Frachtvertrag die Beförderung von anderem als flüssigem oder gasförmigem Gut zum Gegenstand, so beginnt die Ladezeit nach Ablauf des Tages, an dem der Frachtführer die Ladebereitschaft dem Absender oder der vereinbarten Meldestelle anzeigt.

(2) [1]Haben die Parteien vereinbart, dass der Zeitpunkt der Ladebereitschaft voranzumelden ist, so beginnt die Ladezeit abweichend von Absatz 1 zwei Stunden nach dem in der Voranmeldung genannten Zeitpunkt. [2]Voraussetzung ist jedoch, dass die Voranmeldung mindestens acht Stunden vor dem angemeldeten Zeitpunkt dem Absender oder der vereinbarten Meldestelle zugeht und der Frachtführer zum angemeldeten Zeitpunkt ladebereit ist.

(3) Wird an dem Tag, an dem der Frachtführer seine Ladebereitschaft anzeigt, oder wird bei einer Voranmeldung noch vor Ablauf der Frist von zwei Stunden nach dem angemeldeten Zeitpunkt der Ladebereitschaft geladen, so beginnt die Ladezeit mit dem Beginn des Ladens.

## Begründung des BMJ vom 5. November 1999

**Absatz 1** regelt in Anlehnung an das bis zum 1. Juli 1998 geltende Recht (§ 28 Abs. 1 und 2, § 29 Abs. 1, § 38 Abs. 1 BinSchG) den Beginn der Ladezeit. Maßgebend hierfür ist wie bisher die Anzeige der – tatsächlich vorhandenen – Ladebereitschaft: Nach Ablauf des Tages, an dem die Anzeige erstattet wurde, also nach Ablauf des sog. Meldetages, beginnt die Ladezeit. Dies gilt unabhängig davon, ob es sich um Stück- oder Massengut handelt; eine dem § 39 Abs. 1 BinSchG aF entsprechende Ausnahmeregelung für die Beförderung von Stückgütern mit einem Gewicht von weniger als 10 000 kg erscheint nicht erforderlich.

Die in Absatz 1 genannte Anzeige unterliegt keinen bestimmten Formerfordernissen. Sie muss jedoch, wie bisher, dem Absender oder – bei mehreren Teilladungen – den Absendern oder einer etwa vereinbarten Meldestelle an einem Werktag während der gewöhnlichen Geschäftszeit zugegangen sein, um sofort wirksam zu werden. Wird die Anzeige außerhalb der gewöhnlichen Geschäftszeit, an einem Samstag, Sonntag oder Feiertag erstattet, so gilt die Anzeige als am nächsten Werktag erstattet. Dieses Erfordernis wird allerdings – abweichend von § 28 Abs. 2 BinSchG aF – nicht ausdrücklich im Verordnungsentwurf normiert. Denn es ergibt sich bereits aus allgemeinen zivilrechtlichen Grundsätzen (§§ 130, 193 BGB).

Abweichend von dem bis zum 1. Juli 1998 geltenden Recht sieht **Absatz 2** eine Sonderregelung für die Fälle vor, in denen die voraussichtliche Ladezeit voranzumelden ist. Da der Absender im Falle der Voranmeldung die Möglichkeit hat, sich auf das Eintreffen des Schiffes und die bevorstehende Ladebereitschaft einzustellen, soll die Ladezeit entsprechend einem Vorschlag des Binnenschifffahrtsgewerbes bereits zwei Stunden nach dem angekündigten Termin beginnen. Voraussetzung ist jedoch, dass dieser angekündigte Termin mit dem Zeitpunkt der tatsächlichen Ladebereitschaft übereinstimmt und dass die Voranmeldung mindestens acht Stunden vor diesem Zeitpunkt erfolgt ist. Sind diese Voraussetzungen nicht erfüllt, kommt Absatz 2 nicht zur Anwendung. In diesem Falle beginnt die Ladezeit erst, wenn die in Absatz 1 normierten Erfordernisse erfüllt sind.

Entgegen den Vorschlägen des Binnenschifffahrtsgewerbes wird die in Absatz 2 vorgeschlagene Regelung davon abhängig gemacht, dass die Vertragsparteien die Pflicht des Frachtführers zur Voranmeldung vereinbart haben. Eine gesetzliche Pflicht zur Voranmeldung besteht also nicht. Damit soll dem Umstand Rechnung getragen werden, dass die Voranmeldung, weil sie wegen der noch nicht feststehenden Ladebereitschaft und wegen der Vorverlegung des Beginns der Ladezeit für den Absender erhebliche Risiken in sich birgt, keineswegs allgemein gebräuchlich ist.

Nach **Absatz 3** wird – abweichend von den Absätzen 1 und 2 – die Ladezeit bereits mit dem tatsächlichen Beginn der Ladearbeiten in Lauf gesetzt, ohne dass noch der Ablauf des Meldetages oder bei einer Voranmeldung der Ablauf der Frist von zwei Stunden nach dem angemeldeten Zeitpunkt der Ladebereitschaft abzuwarten ist. Die Regelung entspricht weitgehend § 2 Abs. 2 Satz 1 LLV.

### § 2 Dauer der Ladezeit

(1) [1]Die Ladezeit beträgt eine Stunde für jeweils 45 Tonnen Rohgewicht der für ein Schiff bestimmten Sendung. [2]Als ein Schiff im Sinne von Satz 1 ist auch ein Schub- oder Koppelverband anzusehen.

(2) Bei der Berechnung der Ladezeit kommen folgende Zeiten nicht in Ansatz:
1. Sonntage und staatlich anerkannte allgemeine Feiertage an der Ladestelle,
2. an Werktagen die Zeit zwischen 20.00 Uhr und 6.00 Uhr,
3. die Zeit, in der aus Gründen, die dem Risikobereich des Frachtführers zuzurechnen sind, das Verladen jeder Art von Gut unmöglich ist.

(3) Absatz 2 Nummer 1 und 2 ist nicht anzuwenden, soweit der Frachtführer während der darin genannten Zeiten vereinbarungsgemäß oder auf Weisung des Absenders oder der Meldestelle ladebereit ist.

## Begründung des BMJ vom 5. November 1999

Nach **Absatz 1** bemisst sich die Dauer der Ladezeit nach Stunden und nicht, wie nach der bis zum 1. Juli 1998 geltenden Regelung in § 2 Abs. 1 Satz 1 LLV, nach Ladetagen. Durch diese, auf einen Wunsch des Binnenschifffahrtsgewerbes zurückgehende Regelung soll dem Umstand Rechnung getragen werden, dass angesichts der beim Güterumschlag zur Verfügung stehenden technischen Mittel eine präzisere Berechnung der Ladezeit notwendig ist: Der Frachtführer kann besser disponieren und der Absender muss sich nicht mehr jeden auch nur angefangenen Ladetag voll auf die Ladezeit anrechnen lassen. Schon heute vereinbaren die Parteien in vielen Fällen, dass die Ladezeit nach Stunden zu bemessen ist. Dieser Praxis soll mit der Verordnung Rechnung getragen werden.

Die anzusetzenden Stunden berechnen sich – wie bisher – nach dem Gewicht des verladenen Gutes. Bei dem Gewicht handelt es sich um das Rohgewicht, das nach § 431 HGB auch für die Berechnung der Haftungshöchstgrenze maßgeblich ist. Durch die Verwendung des Begriffs der „Sendung" soll klargestellt werden, dass maßgeblich das im Frachtbrief zusammengefasste Gut ist. Abzustellen ist allerdings – wie bisher – auf die für ein Schiff bestimmte Sendung. Als ein Schiff ist dabei, wie auch schon § 2 Abs. 1 Satz 2 LLV klargestellt hat, ein Schub- oder Koppelverband anzusehen.

Nach dem vorgeschlagenen Absatz 1 sind je Stunde grundsätzlich 45 to Rohgewicht der Sendung anzusetzen. Im Vergleich mit § 2 Abs. 1 Satz 1 LLV wird damit die Ladezeit vor allem bei kleineren Ladungen insgesamt erheblich verkürzt. Denn nach § 2 Abs. 1 Satz 1 LLV beträgt die pro Stunde anzusetzende Menge einer Sendung von

| | |
|---|---|
| 300 Tonnen | 21,42 to/Std., |
| 750 Tonnen | 26,78 to/Std., |
| 1 500 Tonnen | 35,71 to/Std., |
| 2 600 Tonnen | 46,42 to/Std. |

Die Verkürzung der Ladezeit geht auf verschiedene Vorschläge sowohl des Binnenschifffahrtsgewerbes als auch der Verladerschaft zurück. Sie soll dem Umstand Rechnung tragen, dass sich die Umschlagsgeschwindigkeit erheblich erhöht hat. Der vorgeschlagene Betrag orientiert sich dabei an dem bis zum 1. Juli 1998 geltenden deutschen Recht sowie an den in den Rheinanliegerstaaten geltenden Höchstsätzen. So beträgt etwa in den Niederlanden bei einer Ladung von 2600 to die pro Stunde anzusetzende Menge 48 to, in der Schweiz 37,5 to. Mit einem einheitlichen Satz von 45 to pro Stunde liegt damit der hier unterbreitete Vorschlag geringfügig über diesen Sätzen, jedoch unter dem von Seiten des Binnenschifffahrtsgewerbes unterbreiteten Vorschlag, einheitlich 80 to/Std. anzusetzen. Die Übernahme dieses Vorschlags erscheint nicht sachgerecht. Zum einen würde hierdurch die schon bisher bestehende Diskrepanz mit dem Recht der übrigen Rheinanliegerstaaten noch erhöht werden, das deutlich längere Lade- und Löschzeiten kennt. Zum anderen würde sie dazu führen, dass die Ladezeiten in der Trockenschifffahrt zum Teil sogar kürzer wären als in der Tankschifffahrt. Denn nach § 6 des Entwurfs liegt der pro Stunde anzusetzende Betrag bei Sendungen bis 1100 to bei 45,83 to. Und schließlich würde mit dem Ansatz noch höherer Sätze außer Acht gelassen, dass trotz verbesserter technischer Bedingungen in vielen Fällen die Ladeleistungen nach wie vor deutlich unter dem vorgeschlagenen Betrag liegen.

**Absatz 2** bestimmt, wie die Ladezeit zu berechnen ist und welche Zeiten bei der Berechnung der Ladezeit nicht anzusetzen sind. Grundsätzlich sind die Stunden – entsprechend dem Seerecht (§ 573 Abs. 1 HGB) – in ununterbrochen fortlaufender Reihenfolge zu zählen. Abweichend hiervon werden jedoch bestimmte Zeiten nicht mitgerechnet.

Nicht mitgerechnet werden nach **Nummer 1** Sonntage oder staatlich anerkannte allgemeine Feiertage. Da davon auszugehen ist, dass an diesen Tagen keine Leistungen erbracht werden, erscheint es – entsprechend der Wertung von § 29 Abs. 3 Satz 2 BinSchG aF – sachgerecht, diese Zeiten bei der Fristberechnung grundsätzlich nicht zu berücksichtigen. Bei den Feiertagen handelt es sich um die an der Ladestelle geltenden Feiertage. Bei einem Transport aus dem Ausland ist also der an der ausländischen Ladestelle geltende Feiertag maßgeblich.

Nach **Nummer 2** wird ferner der auf Werktage fallende Zeitraum zwischen 20.00 Uhr und 6.00 Uhr nicht auf die Ladezeit angerechnet. Denn auch bei diesem Zeitraum handelt es sich, wie auch der bis zum 1. Juli 1998 geltende § 1 Abs. 1 LLV belegt, um einen Zeitraum, während dem regelmäßig nicht gearbeitet wird. So wird nach wie vor in vielen Häfen nur einschichtig gearbeitet und sind Kranarbeiten schon ab 20.00 Uhr nicht mehr gestattet.

Nach **Nummer 3** ist schließlich die Zeit auf die Ladezeit nicht anzurechnen, in der aus Gründen, die dem Risikobereich des Frachtführers zuzurechnen sind, insbesondere durch Hochwasser oder Eisgefahr, das Verladen jeder Art von Gut unmöglich ist. Die Regelung präzisiert § 412 Abs. 3 HGB, wonach dem Frachtführer ein Liegegeld wegen Überschreitens der Ladezeit nur zusteht, wenn er nicht aus Gründen, die seinem Risikobereich zuzurechnen sind, über die Ladezeit hinaus wartet. Entsprechend § 29 Abs. 3 Satz 2 BinSchG aF soll also auch künftig bei Ruhen jeglichen Ladeverkehrs dem Frachtführer dadurch, dass er sein Schiff bereithält, kein geldwerter Vorteil zukommen.

**Absatz 3** statuiert eine Ausnahme zu der Regelung in Absatz 2 Nr. 1 und 2, wonach die darin genannten Zeiten nicht auf die Ladezeit anzurechnen sind. Danach sind die in Absatz 2 Nr. 1 und 2 genannten Zeiten, also ein Sonn- oder Feiertag oder die Nachtzeit, auf die Ladezeit anzurechnen, soweit der Frachtführer vereinbarungsgemäß oder auf Weisung des Absenders oder der Meldestelle ladebereit ist. Die Regelung entspricht weitgehend dem bis zum 1. Juli 1998 geltenden Recht (vgl. § 1 Abs. 1 Satz 2 und 3 LLV).

Nicht übernommen wird der Vorschlag des Binnenschifffahrtsgewerbes, die angefangenen Stunden, die in der Zeit zwischen 23.00 Uhr und 5.00 Uhr liegen und in denen tatsächlich Gut verladen wird, doppelt zu zählen. Denn es kann nicht davon ausgegangen werden, dass an Wochenenden oder in der Nachtzeit doppelt so schnell Gut umgeschlagen wird wie während der üblichen Arbeitszeiten. Der Umstand, dass das Verladen außerhalb der üblichen Arbeitszeiten eine besondere Belastung für den Frachtführer darstellt, kann nur bei der Berechnung der dem Frachtführer geschuldeten Vergütung berücksichtigt werden.

### § 3 Löschzeit

Für die Bestimmung des Beginns der Entladezeit (Löschzeit) sowie ihrer Dauer sind die §§ 1 und 2 entsprechend mit der Maßgabe anzuwenden, dass an die Stelle des Absenders der Empfänger tritt.

### Begründung des BMJ vom 5. November 1999

Die Vorschrift stellt klar, dass hinsichtlich der Entladezeit, die entsprechend dem Sprachgebrauch in der Binnenschifffahrt als Löschzeit bezeichnet wird, die Vorschriften über die Ladezeit entsprechende Anwendung finden. Dieser Regelungsgleichlauf bestand bereits in dem bis zum 1. Juli 1998 geltenden Recht (vgl. § 48 Abs. 1 BinSchG aF, §§ 1 ff. LLV).

### § 4 Liegegeld

(1) [1]Das dem Frachtführer geschuldete Standgeld (Liegegeld) beträgt bei einem Schiff mit einer Tragfähigkeit bis zu 1500 Tonnen für jede angefangene Stunde, während der der Frachtführer

nach Ablauf der Lade- oder Löschzeit wartet, 0,05 Euro je Tonne Tragfähigkeit. [2]Bei einem Schiff mit einer Tragfähigkeit über 1500 Tonnen beträgt das für jede angefangene Stunde anzusetzende Liegegeld 75 Euro zuzüglich 0,02 Euro für jede über 1500 Tonnen liegende Tonne.

(2) Bei der Berechnung des Liegegeldes sind die Stunden nicht zu berücksichtigen, in denen aus Gründen, die dem Risikobereich des Frachtführers zuzurechnen sind, das Verladen oder Entladen jeder Art von Gut unmöglich ist.

(3) Als ein Schiff im Sinne von Absatz 1 ist auch ein Schub- oder Koppelverband anzusehen.

## Begründung des BMJ vom 5. November 1999

Die Vorschrift regelt die Bemessung des nach § 412 Abs. 3 HGB geschuldeten Standgeldes, das in der Binnenschifffahrt mit dem hier gebräuchlichen Begriff des Liegegeldes bezeichnet wird.

**Absatz 1** knüpft entsprechend § 32 Abs. 1 BinSchG aF bei der Bemessung des Liegegeldes an die grundsätzlich im Eichschein ausgewiesene Tragfähigkeit des Fahrzeugs in Tonnen an. Um dem Frachtführer die Zeit zu vergüten, während der er sein Schiff hätte anderweitig nutzen können, erscheint die Ladekapazität des Schiffes als sachgerechte Bezugsgröße.

Die vorgeschlagenen, im Hinblick auf die Einführung des Euro am 1. Januar 1999 nicht mehr in Deutscher Mark, sondern in Euro ausgedrückten Beträge orientieren sich an dem bis zum 1. Juli 1998 geltenden Recht (§ 32 BinSchG) sowie an Vorschlägen des Binnenschifffahrtsgewerbes und der Verladerschaft. Im Vergleich zur bisherigen Praxis, wonach dem Frachtführer in den Fällen, in denen er nicht den ganzen Ladetag über gewartet hatte, gemäß § 3 Abs. 1 LLV ein Anspruch auf ein Liegegeld in Höhe von einem Zehntel des in § 32 BinSchG festgelegten Liegegeldes pro angefangene Stunde zugebilligt wurde, sind diese Beträge zum Teil niedriger, zum Teil höher: So lag bisher das für eine Stunde angesetzte Liegegeld bei einem Schiff von 1000 to Tragfähigkeit bei 120 DM; nach dem Entwurf beläuft es sich umgerechnet auf etwa 98 DM. Bei einem Schiff von 2500 to Tragfähigkeit lag bisher das für eine Stunde angesetzte Liegegeld bei 170 DM; nach dem Entwurf beläuft es sich umgerechnet auf etwa 186 DM. Insgesamt gesehen werden jedoch die nach dem bis zum 1. Juli 1998 geltenden Recht vergleichsweise hohen Liegegeldsätze für kleine Schiffe weitgehend beibehalten und die für größere Schiffe vorgesehenen Liegegeldsätze maßvoll erhöht. Eine noch weiterreichende Erhöhung der Liegegeldsätze, wie sie vom Binnenschifffahrtsgewerbe gefordert wird, wird dagegen mit Blick auf die in § 7 des Entwurfs enthaltene Regelung über Liegegeld in der Tankschifffahrt, vor allem aber auch auf die erheblich niedrigeren Liegegeldsätze in den übrigen Rheinanliegerstaaten für nicht sachgerecht erachtet.

Das Liegegeld ist für jede angefangene Stunde zu zahlen, in der der Frachtführer sein Schiff lade- oder löschbereit hält. Unbeachtlich ist, ob diese Stunde auf die Zeit zwischen 6.00 Uhr und 20.00 Uhr, auf die Nachtzeit oder auf einen Sonn- oder Feiertag fällt. Nicht anzusetzen ist lediglich die Zeit, an der aus Gründen, die dem Risikobereich des Frachtführers zuzurechnen sind, das Verladen oder Entladen jeder Art von Gut unmöglich ist (§ 412 Abs. 3 HGB). Dies wird durch **Absatz 2** klargestellt.

Die Regelung in **Absatz 3,** wonach auch Schub- und Koppelverbände als Schiff anzusehen sind, ist erforderlich, um klarzustellen, dass für die Berechnung des Liegegeldes auf die Tragfähigkeit des Verbandes insgesamt abzustellen ist (vgl. § 2 Abs. 1 Satz 2 LLV).

## Abschnitt 2. Tankschifffahrt
## Begründung des BMJ vom 5. November 1999

Abschnitt 2 enthält – im Vergleich zu Abschnitt 1 – eigenständige Vorschriften über die Lade- und Löschzeit sowie das Liegegeld für die Tankschifffahrt. Zur Tankschifffahrt zählt nach der Legaldefinition in Absatz 1 Satz 1 nur die Schifffahrt, mit der Flüssiggut befördert wird. Nicht hierzu zählt die Beförderung von gasförmigem Gut. Entsprechend dem bis zum 1. Juli 1998 geltenden Recht wird ein Regelungsbedarf insoweit verneint.

### § 5 Beginn der Lade- und Löschzeit

(1) [1]Hat der Frachtvertrag die Beförderung flüssigen Gutes durch ein Tankschiff zum Gegenstand, so beginnen die Lade- und die Löschzeit jeweils in dem Zeitpunkt, in dem der Frachtführer die Lade- oder Löschbereitschaft anzeigt. [2]Voraussetzung ist jedoch, dass der Frachtführer den Zeitpunkt der Lade- oder Löschbereitschaft mindestens acht Stunden zuvor voranmeldet. [3]Die Voranmeldung und die Anzeige müssen montags bis freitags zwischen 7.00 Uhr und 16.00 Uhr oder samstags zwischen 7.00 Uhr und 13.00 Uhr dem Absender oder der vereinbarten Meldestelle zugehen.

(2) Hat der Frachtführer den Zeitpunkt der Lade- oder Löschbereitschaft nicht oder nicht fristgerecht vorangemeldet, beginnt die Frist in dem in § 1 Abs. 1 genannten Zeitpunkt oder, wenn vor diesem Zeitpunkt geladen oder gelöscht wird, mit dem Beginn des Ladens oder Löschens.

### Begründung des BMJ vom 5. November 1999

**Absatz 1 Satz 1** bestimmt in Anlehnung an die heute weit gebräuchlichen Tankschiff-Transportbedingungen des Bundesverbands der Deutschen Binnenschifffahrt e. V. als Zeitpunkt, in dem die Lade- und Löschzeit in der Tankschifffahrt beginnt, den Zeitpunkt der Anzeige der – tatsächlich vorhandenen – Lade- oder Löschbereitschaft. Abweichend von § 1 Abs. 1 und § 3 des Entwurfs ist also dem Fristbeginn ein Meldetag grundsätzlich nicht vorgeschaltet.

Entsprechend der heutigen Praxis wird allerdings in **Absatz 1 Satz 2** verlangt, dass der Zeitpunkt der Lade- oder Löschbereitschaft vorangemeldet wurde. Die Voranmeldung muss wie in § 1 Abs. 2 des Entwurfs mindestens acht Stunden vor Eintreffen des Schiffes erfolgt sein. Abweichend von der zuletzt genannten Regelung muss in der Tankschifffahrt jedoch nicht ausdrücklich die Verpflichtung zur Voranmeldung vereinbart werden. Angesichts dessen, dass heute die Voranmeldung in der Tankschifffahrt allgemein üblich ist, soll vielmehr auch ohne eine dahingehende Vereinbarung eine Voranmeldung dazu führen, dass die Lade- und Löschzeit schon mit der Meldung der – tatsächlich bestehenden – Lade- bzw. Löschbereitschaft beginnt und nicht erst nach Ablauf des Meldetages. Wurde allerdings eine Voranmeldung nicht oder nicht acht Stunden vor dem Zeitpunkt der Anzeige der tatsächlich bestehenden Lade- oder Löschbereitschaft erstattet, so beginnt die Lade- bzw. Löschzeit – ebenso wie in der Trockenschifffahrt – erst nach Ablauf des Meldetages **(Absatz 2).**

Nach **Absatz 1 Satz 3** müssen sowohl die Voranmeldung also auch die Anzeige der Lade- oder Löschbereitschaft dem Absender oder einer etwa vereinbarten Meldestelle montags bis freitags in der Zeit zwischen 7.00 Uhr und 16.00 Uhr oder samstags zwischen 7.00 Uhr und 13.00 Uhr zugehen. Die in der vorgeschlagenen Regelung aufgeführten Zeiten sind heute allgemein üblich (vgl. 9.3 der Tankschiff-Transportbedingungen). Wird die Voranmeldung oder die Anzeige außerhalb dieser Zeiten erstattet, so gilt sie gemäß §§ 130, 193 BGB als um 7.00 Uhr des folgenden Werktages erstattet. Dieser Zeitpunkt ist dann maßgeblich für den Fristbeginn.

Die Regelungen stehen, da die Verordnung kein zwingendes Recht enthält, unter dem Vorbehalt abweichender Vereinbarungen zwischen den Vertragsparteien. Ihnen bleibt es also unbenommen, die Acht-Stunden-Frist für die Voranmeldung zu modifizieren oder auch auf eine Voranmeldung zu verzichten.

### § 6 Dauer der Lade- und Löschzeit

(1) [1]Die gesamte Lade- und Löschzeit beträgt in der Tankschifffahrt bei einer für ein Schiff bestimmten Sendung mit einem Gewicht

bis zu 1 100 Tonnen 24 Stunden,

bis zu 1 500 Tonnen 26 Stunden,

bis zu 2 000 Tonnen 28 Stunden, wenn es sich um ein Tankschiff in Doppelhüllenbauweise handelt, sonst 30 Stunden.

[2]Bei einer Sendung über 2 000 Tonnen erhöht sich die Lade- und Löschzeit um sechs Stunden je weitere angefangene 1 000 Tonnen. [3]Bei einer Sendung über 5 000 Tonnen erhöht sich die Lade- und Löschzeit um vier Stunden je weitere angefangene 1 000 Tonnen. [4]Die erforderliche Aufheizzeit wird auf die Lade- und Löschzeit angerechnet. [5]Als ein Schiff im Sinne von Satz 1 ist auch ein Schub- oder Koppelverband anzusehen.

(2) Beträgt die Mindestpumpenkapazität des Tankschiffs weniger als 200 Kubikmeter pro Stunde, so erhöht sich die nach Absatz 1 anzusetzende Lade- und Löschzeit um die Zeit, die der effektiven Stundenleistung während des Lade- und Löschvorgangs entspricht.

(3) [1]Bei der Berechnung der Lade- und Löschzeit ist die für das Laden und Löschen tatsächlich benötigte Zeit getrennt festzustellen; angefangene Stunden, die sich bei der Ermittlung der tatsächlich benötigten Ladezeit und der tatsächlich benötigten Löschzeit ergeben, sind auf volle Stunden aufzurunden. [2]Nicht in Ansatz kommen folgende Zeiten:
1. im Falle des Ladens Sonntage und staatlich anerkannte allgemeine Feiertage an der Ladestelle, im Falle des Löschens Sonntage und staatlich anerkannte allgemeine Feiertage an der Löschstelle,
2. an Werktagen, die einem Sonntag oder einem gesetzlichen Feiertag an der Lade- oder Löschstelle nachfolgen, die Zeit zwischen 0.00 Uhr und 7.00 Uhr, an einem Samstag und am 24. und 31. Dezember zusätzlich die Zeit zwischen 13.00 Uhr und 24.00 Uhr,
3. die Zeit, in der aus Gründen, die dem Risikobereich des Frachtführers zuzurechnen sind, das Verladen oder Entladen jeder Art von Gut unmöglich ist.
[3]Satz 2 Nummer 1 und 2 ist nicht anzuwenden, soweit der Frachtführer während der darin genannten Zeiten vereinbarungsgemäß oder auf Weisung der Meldestelle oder des Absenders lade- oder löschbereit ist.

## Begründung des BMJ vom 5. November 1999

Die in **Absatz 1** festgesetzten Zeiten stimmen mit denen in § 5 Abs. 1 und 3 LLV und 9.1 der Tankschiff-Transportbedingungen des Bundesverbands der Deutschen Binnenschiffahrt überein. Die in **Satz 3** enthaltene Regelung, nach der die erforderliche Aufheizzeit auf die Lade- und Löschzeit angerechnet wird, entspricht § 5 Abs. 5 LLV.

**Absatz 2** entspricht § 5 Abs. 3 LLV. Er berücksichtigt, dass bei Tankschiffen mit vergleichsweise geringer Mindestpumpenkapazität die in Absatz 1 festgelegte Lade- und Löschzeit zu kurz ist. Daher soll bei Schiffen mit einer Mindestpumpenkapazität von weniger als 200 Kubikmeter die Lade- und Löschzeit anteilig erhöht werden.

Die in **Absatz 3 Satz 1** enthaltene Regelung über die Berechnungsmodalitäten ist § 5 Abs. 2 LLV entnommen. **Absatz 3 Satz 2** beruht – entsprechend § 4 Satz 1 LLV – auf dem Grundgedanken, dass das Lade- und Löschgeschäft in der Tankschifffahrt typischerweise rund um die Uhr abgewickelt wird. Bei den anzusetzenden Stunden also auch Stunden in der Nachtzeit mitgerechnet. Eine Ausnahme von diesem Grundsatz ist in **Satz 2 Nummern 1 bis 3** normiert. Ebenso wie in der Trockenschifffahrt werden also bestimmte Zeiten auf die Lade- und Löschzeit nicht angerechnet. Bei diesen Zeiten handelt es sich – wie bisher in § 5 Abs. 6 LLV – um bestimmte, auf einem Sonn- oder Feiertag oder auf einem diesen Tagen nachfolgenden Werktag liegende Stunden. Zu den Feiertagen zählen, abweichend von § 5 Abs. 6 Nr. 2 LLV, auch solche im Ausland. Denn die vorgeschlagene Regelung kann auch im internationalen Verkehr zum Tragen kommen. Zusätzlich zu den genannten, nicht anzusetzenden Zeiten wird **in Satz 2 Nr. 3** entsprechend der Regelung in § 2 Abs. 2 Nr. 3 des Entwurfs auch die Zeit aufgeführt, in der die Schifffahrt zum Erliegen gekommen ist.

**§ 7 Liegegeld**

(1) Das dem Frachtführer geschuldete Standgeld (Liegegeld) beträgt für jede angefangene Stunde, in der der Frachtführer nach Ablauf der Lade- und Löschzeit wartet, bei Tankschiffen mit einer Tragfähigkeit

bis zu 500 Tonnen 25 Euro,

bis zu 1 000 Tonnen 54 Euro,

bis zu 1 500 Tonnen 75 Euro.

(2) Abweichend von Absatz 1 beträgt das für jede angefangene Stunde anzusetzende Liegegeld bei Tankschiffen in Doppelhüllenbauweise mit einer Tragfähigkeit

bis zu 500 Tonnen 60 Euro,

bis zu 1 000 Tonnen 80 Euro,

bis zu 1 500 Tonnen 100 Euro,

über 1 500 Tonnen 100 Euro zuzüglich 20 Euro je weitere angefangene 500 Tonnen.

(3) Bei der Berechnung des Liegegeldes sind die Stunden nicht zu berücksichtigen, in denen aus Gründen, die dem Risikobereich des Frachtführers zuzurechnen sind, das Verladen oder Entladen jeder Art von Gut unmöglich ist.

(4) Als ein Schiff im Sinne dieser Vorschrift ist auch ein Schub- oder Koppelverband anzusehen.

### Begründung des BMJ vom 5. November 1999

Die bis zum 1. Juli 1998 geltende Liegegeldregelung für die Tankschifffahrt wird weitgehend beibehalten. Die Beträge **(Absatz 1 Satz 1)** entsprechen in etwa den in § 32 Abs. 1 BinSchG aF genannten Beträgen. Im Hinblick darauf, dass die bisherige Praxis das in § 32 Abs. 1 BinSchG aF nach Kalendertagen berechnete Liegegeld gemäß § 6 LLV aufteilte, wenn nicht den ganzen Tag über gewartet wurde, wird nach dem Entwurf von vornherein ein Liegegeldsatz pro Stunde angesetzt. Die gewählten Sätze entsprechen einem Vierundzwanzigstel der in § 32 Abs. 1 BinSchG aF genannten Beträge; im Interesse der leichteren Handhabung sind die in Euro ausgedrückten Beträge jedoch gerundet.

Entsprechend der in § 4 Abs. 1 Satz 1 des Entwurfs enthaltenen Regelung für die Trockenschifffahrt ist auch in der Tankschifffahrt das Liegegeld für jede angefangene Stunde zu zahlen, in der der Frachtführer sein Schiff lade- oder löschbereit hält. Unbeachtlich ist, ob diese Stunde auf Sonn- oder Feiertage oder auf die Zeit zwischen 0.00 Uhr und 7.00 Uhr eines einem Sonntag oder einem gesetzlichen Feiertag nachfolgenden Werktages oder auf die Zeit zwischen 13.00 Uhr und 24.00 Uhr an einem Samstag, an Heilig Abend oder an Sylvester fällt. Nicht anzusetzen ist – entsprechend der für die Trockenschifffahrt geltenden Regelung des § 4 Abs. 2 des Entwurfs – lediglich die Zeit, in der aus Gründen, die dem Risikobereich des Frachtführers zuzurechnen sind, das Verladen oder Entladen jeder Art von Gut unmöglich ist (§ 412 Abs. 3 HGB). Dies wird in **Absatz 2** klargestellt.

Die in **Absatz 3** enthaltene, dem § 5 Abs. 4 Satz 1 LLV entsprechende Regelung über die Behandlung von Schub- und Koppelverbänden entspricht der für die Trockenschifffahrt geltenden Regelung in § 4 Abs. 3 des Entwurfs.

### Abschnitt 3. Inkrafttreten

**§ 8 (Inkrafttreten)**

### § 413 Begleitpapiere

**(1) Der Absender hat dem Frachtführer alle Urkunden zur Verfügung zu stellen und Auskünfte zu erteilen, die für eine amtliche Behandlung, insbesondere eine Zollabfertigung, vor der Ablieferung des Gutes erforderlich sind.**

(2) [1]Der Frachtführer ist für den Schaden verantwortlich, der durch Verlust oder Beschädigung der ihm übergebenen Urkunden oder durch deren unrichtige Verwendung verursacht worden ist, es sei denn, daß der Verlust, die Beschädigung oder die unrichtige Verwendung auf Umständen beruht, die der Frachtführer nicht vermeiden und deren Folgen er nicht abwenden konnte. [2]Seine Haftung ist jedoch auf den Betrag begrenzt, der bei Verlust des Gutes zu zahlen wäre.

### Übersicht

|  | Rn. |  | Rn. |
|---|---|---|---|
| I. Normzweck | 1, 2 | 1. Grundsatz | 11 |
| II. Zur-Verfügung-Stellen von Begleitpapieren, Auskunftserteilung (Abs. 1) | 3–10 | 2. Verlust, Beschädigung, unrichtige Verwendung | 12 |
| 1. Pflicht des Absenders | 3–9 | 3. Verschuldensmaßstab | 13–15 |
| a) Grundsatz | 3, 4 | 4. Schadensersatz | 16, 17 |
| b) Begleitpapiere | 5–7 |  |  |
| c) Auskünfte | 8, 9 | IV. Sonstige Rechtsfolgen bei Pflichtverletzung | 18–22 |
| 2. Pflicht des Frachtführers | 10 | 1. Pflichtverletzung durch den Absender | 18–20 |
| III. Haftung des Frachtführers für Verlust, Beschädigung, unrichtige Verwendung (Abs. 2) | 11–17 | 2. Verletzung von Hinweispflichten durch den Frachtführer | 21, 22 |

## I. Normzweck

1     Die Norm hat zum Ziel, den **störungsfreien Transportverlauf** zu sichern, indem sie den Absender verpflichtet, alle[1] namentlich zur Zollabfertigung oder sonstigen amtlichen Behandlung des unterwegs befindlichen Gutes nötigen Begleitpapiere zur Verfügung zu stellen und die erforderlichen Auskünfte zu erteilen. Damit soll verhindert werden, dass der Transportablauf behindert wird und Nachteile für den Frachtführer wie für Ladungsinteressenten dadurch entstehen, dass bei behördlichen Abfertigungen oder Kontrollen nötige Dokumente nicht oder nur unvollständig zur Verfügung stehen. Denn im Falle unvollständiger Papiere drohen nicht nur Wartezeiten, sondern schlimmstenfalls auch eine Beschlagnahme der Güter.

2     Die **Haftung des Absenders** für das Fehlen, die Unvollständigkeit oder Unrichtigkeit der nach Abs. 1 geschuldeten Dokumente und Auskünfte ist in § 414 geregelt. Demgegenüber regelt Abs. 2 in Anlehnung an § 427 HGB aF und § 12 KVO aF sowie Art. 11 CMR die Verantwortlichkeit des Frachtführers bei Verlust, Beschädigung oder unrichtiger Verwendung der Dokumente.

## II. Zur-Verfügung-Stellen von Begleitpapieren, Auskunftserteilung (Abs. 1)

3     **1. Pflicht des Absenders. a) Grundsatz.** Abs. 1 begründet eine vertragliche **Nebenpflicht** des Absenders, alle Begleitpapiere zur Verfügung zu stellen und Auskünfte zu erteilen, die für eine amtliche Behandlung des Gutes vor der Ablieferung erforderlich sind. Darf der Frachtführer Beförderungsmittel und -weg (etwa bei einer internationalen Beförderung) bestimmen, dann konkretisiert sich die Absenderverpflichtung erst auf entsprechende Mitteilung hin. Die Verpflichtung versteht sich nicht nur als Mitwirkungsobliegenheit. Ähnlich wie in § 642 BGB ist die Mitwirkung des Absenders insoweit eine Pflicht, als von deren Erfüllung die Erreichung des Vertragszweckes, die Durchführung der Beförderung, abhängt. Ihre Verletzung löst Schadensersatzansprüche nach § 414 Abs. 1 Nr. 4 aus.

4     Abs. 1 ist **dispositiv.** Durch Zusatzvereinbarung kann die Dokumentenbeschaffung auch zur Aufgabe des Frachtführers gemacht werden; oft erledigt der Frachtführer auch diese Dienstleistung. Ist vertraglich vereinbart, dass der Frachtführer die Zollabfertigung des Gutes

---

[1] Die mit dem SeeRHG erfolgte Einfügung des Wörtchens „alle" in S. 1 ist rein sprachlich bedingt und dient der Anpassung an § 486 nF; RegBegr-SRG 98.

übernimmt, so bedeutet dies jedoch nicht, dass damit der Auftraggeber von seiner in Abs. 1 geregelten Pflicht befreit ist.[2]

**b) Begleitpapiere.** Das Gesetz versteht unter Begleitpapieren alle Urkunden, die für 5 eine **amtliche Behandlung** des Gutes vor seiner Ablieferung erforderlich sind. Beispielhaft benennt das Gesetz als wichtige Dokumente exemplarisch diejenigen für Zoll.[3] Angesichts der Vielzahl und des Wechsels einschlägiger Papiere ist eine Aufzählung nicht möglich. Dem Schutzzweck nach, dem Frachtführer eine reibungslose Transportabwicklung zu ermöglichen, fallen unter die Vorschrift alle Papiere, auf die es während des Transports ankommt. Hierzu zählen auch Gesundheitsbescheinigungen und Gefahrgutzeugnisse.[4] Nicht hierzu zählen Papiere, mit denen der Frachtführer den ihn treffenden Pflichten zB in gewerbepolizeilicher Hinsicht zu genügen hat.

Die Beantwortung der Frage, welche Begleitpapiere **erforderlich** sind, bestimmt sich 6 danach, welche Papiere der Frachtführer zur reibungslosen Durchführung des nach dem Vertrag vorgesehenen Transports benötigt. Die Dokumente müssen vollständig und gültig sein. Für die Beurteilung ist ein objektiver Maßstab anzulegen.[5] Zugrunde zu legen sind die einschlägigen öffentlich-rechtlichen Vorschriften. Ein ungewöhnlicher Transportverlauf oder ein Fehlverhalten der Behörden ist unbeachtlich. Dokumente, die nicht notwendig, sondern (nur) nützlich sind, müssen nicht übergeben werden. So ist zB der Absender nach Auffassung des BGH zur Ausstellung eines Carnet TIR nicht verpflichtet. Diese Urkunde dient dem Interesse des Frachtführers an der Beschleunigung des grenzüberschreitenden Transports, weil für Güter, die im TIR-Verfahren unter Zollverschluss mit Straßenfahrzeugen befördert werden, idR keine Beschau bei den Durchgangszollstellen vorgenommen wird, wodurch sich der Aufenthalt an den Grenzen im Allgemeinen erheblich verkürzt. Der Absender kann sich aber gegenüber dem Frachtführer vertraglich verpflichten, für die Beschaffung eines Carnet TIR zu sorgen.[6]

Einen **Zeitpunkt** für die Übergabe der Begleitpapiere benennt das Gesetz nicht. Einer 7 besonderen Aufforderung durch den Frachtführer bedarf es nicht.[7] Grundsätzlich sind die Auskünfte und Papiere vor Beginn der Beförderung so rechtzeitig zur Verfügung zu stellen, dass der Frachtführer die Beförderung ordnungsgemäß vorbereiten kann. Jedoch wird es im Ausnahmefall ausreichend sein, wenn Ergänzungen von unvollständigen Dokumenten rechtzeitig dem Grenzspediteur zur Bearbeitung nachgereicht werden.[8] Wenn sich während des Verlaufs der Beförderung Beförderungs- oder Ablieferungshindernisse einstellen, so etwa, wenn sich einschlägige Vorschriften ändern, muss der Absender ohnehin noch zu einem späteren Zeitpunkt auf Aufforderung des Frachtführers Papiere oder Auskünfte nachreichen.[9] Die Verpflichtung nach Abs. 1 besteht, bis das Gut an den Empfänger abgeliefert ist.

**c) Auskünfte.** Auskünfte iSd. § 413 sind alle schriftlich, elektronisch oder mündlich 8 erteilten Informationen, die für eine **amtliche Behandlung** des Gutes erforderlich sind. Dabei geht es um Informationen, die das Gut selbst, die Begleitpapiere und die zu erwartende amtliche Behandlung betreffen. Nicht unter § 413 fallen dagegen Auskünfte, die keinen Bezug zu einer amtlichen Behandlung des Gutes haben.

Die **Erforderlichkeit** bestimmt sich danach, welche Auskünfte der Frachtführer zur 9 reibungslosen Durchführung des nach dem Vertrag vorgesehenen Transports benötigt. Angesichts der an die Nichterfüllung der Pflicht anknüpfenden scharfen, nämlich verschuldensunabhängigen Haftung des Absenders (§ 414), ist an die Erforderlichkeit ein strenger

---

[2] BGH 30.4.1997, TranspR 1998, 153, 155.
[3] Hierzu *Lenz* Rn. 256 ff.
[4] EBJS/*Reuschle* Rn. 3.
[5] *Koller* Rn. 2.
[6] BGH 9.9.2010, TranspR 2011, 178.
[7] EBJS/*Reuschle* Rn. 3.
[8] OLG Köln 26.8.1994, TranspR 1995, 65; *Andresen/Valder* Rn. 4; *Koller* Rn. 3.
[9] Vgl. *Koller* Rn. 3.

Maßstab anzulegen.[10] Erforderlich sind nicht schon solche Auskünfte, die hilfreich oder nützlich sind. Vielmehr sind nur solche Informationen erforderlich, ohne die die vertraglich vereinbarte Beförderung nicht durchgeführt werden kann, die dem Frachtführer nicht zur Verfügung stehen und deren Kenntnis von ihm auch nicht erwartet werden kann.[11] Darüber hinaus sind alle diejenigen Informationen erforderlich, die der Frachtführer vom Absender erbittet und die einen Bezug zur amtlichen Behandlung des Gutes haben.

10    **2. Pflicht des Frachtführers.** Eine Pflicht des Frachtführers, die vom Absender zur Verfügung gestellten Urkunden und erteilte Auskünfte auf Vollständigkeit und Eignung zu überprüfen, besteht nicht. Ausdrücklich geregelt ist dies für den Umzugsverkehr in § 451b Abs. 3 S. 2. Jedoch gebieten es die allgemeinen vertraglichen Schutzpflichten, erkannte Defizite vorsorglich mitzuteilen und Abhilfe nahe zu legen (zur Haftung s. Rn. 21). Handelt es sich um einen Umzug, muss der Frachtführer außerdem den Absender, wenn dieser ein Verbraucher ist, über die zu beachtenden öffentlich-rechtlichen Vorschriften unterrichten (§ 451 Abs. 3 S. 2).

### III. Haftung des Frachtführers für Verlust, Beschädigung, unrichtige Verwendung (Abs. 2)

11    **1. Grundsatz.** Die in Abs. 2 enthaltene **Haftungsregelung entspricht** der in den **§§ 425 ff.** für die Frachtführerhaftung bei Güterschäden. Nach der Reg.Begr.[12] wurde es für sinnvoll erachtet, die Haftung für die pflichtwidrige Behandlung von Begleitpapieren mit der Haftung für sonstiges Frachtführerfehlverhalten gleichzustellen. Die Beigabe von Begleitpapieren im Transportgeschäft sei heute bereits so häufig, dass sich auch bei Pflicht-verletzungen im Hinblick auf Begleitpapiere beförderungstypische Risiken realisierten. Die Haftungsregelung in § 413 Abs. 2 ist lex specialis gegenüber §§ 425 ff.[13] Die **Beweislastver-teilung** ist jedoch wiederum wie bei der Haftungsregelung für Güterschäden. Der Absender trägt die Beweislast für die ordnungsgemäße und vollständige Übergabe, die Nichtverwen-dung oder unrichtige Verwendung der Begleitpapiere, wobei den Frachtführer die sekun-däre Darlegungslast für den Umgang mit den Begleitpapieren trifft.[14] Behauptet der Absen-der den Verlust der Urkunde, so hat der Frachtführer die ordnungsgemäße Ablieferung (zB beim Zoll) zu beweisen.[15]

12    **2. Verlust, Beschädigung, unrichtige Verwendung.** Nach Abs. 2 ist der Frachtfüh-rer für den durch Verlust, Beschädigung oder unrichtiger Verwendung der ihm übergebe-nen Urkunden entstandenen Schaden verantwortlich. Während es sich bei „Verlust oder „Beschädigung" der Urkunden um klare Tatbestände handelt, bedarf die „unrichtige Ver-wendung" der Konkretisierung. Direktive ist dafür nach der Praxis **„jeder pflichtwidrige Umgang mit den Frachtdokumenten".**[16] Dies schützt einerseits den Absender in wei-tem Umfang vor nachteiligen Machenschaften mit den Dokumenten, falls nur objektiv vertraglichen Sorgfaltspflichten zuwidergehandelt ist. Andererseits führt die weite Auslegung der Spezialnorm dazu, dass überall dort, wo der Schaden auch durch die unrichtige Verwen-dung der Begleitpapiere verursacht worden ist, die Haftungsbegrenzung des Abs. 2 S. 2 greift.

13    **3. Verschuldensmaßstab.** Während § 427 HGB aF sowie Art. 11 CMR durch Verwei-sung auf das Speditionsrecht der Verschuldenshaftung folgt, sieht Abs. 2 die auch sonst hinsicht-lich der Frachtführerhaftung maßgebliche **verschuldensunabhängige Haftung** vor. Nach

---

[10] Ähnlich *Koller* § 414 Rn. 12.
[11] EBJS/*Reuschle* Rn. 5; *Koller* Rn. 9.
[12] Reg.Begr. S. 42 (zu § 413).
[13] Vgl. auch *Koller* Rn. 16; *Braun* S. 191.
[14] Vgl. *Koller* Rn. 17.
[15] OLG Karlsruhe 29.10.2007 – 15 U b54/07, BinSchiff 2010, Nr. 1, 73–75.
[16] So zuletzt BGH 26.6.1997, NJW 1998, 1075 = LM KVO Nr. 67/68 m. Anm. *Dubischar* = WuB § 413 IV E 1.98 m. Anm. *Koller;* vgl. auch OLG Düsseldorf 23.12.1996, TranspR 1997, 422.

der Gesetzesbegründung[17] beruht die Einführung einer verschuldensunabhängigen Haftung im Wesentlichen auf der Überlegung, dass eine solche Haftung den für den Verkehrsnutzer unüberschaubaren Risiken des Transportgeschäfts am besten Rechnung trägt. Um eine unbillige Belastung des Frachtführers, die mit der Erweiterung des Haftungstatbestandes einhergeht, zu vermeiden, wurde ergänzend eine Haftungsbegrenzung eingeführt.

Die Formulierung „es sei denn, dass der Verlust, die Beschädigung oder die unrichtige **14** Verwendung auf **Umständen beruht, die der Frachtführer nicht vermeiden und deren Folgen er nicht abwenden konnte**" entspricht im Wesentlichen der in § 426 verwendeten Formulierung. Nicht enthalten ist in § 413 Abs. 2 S. 1 der Hinweis auf die „größte Sorgfalt". Im Hinblick darauf, dass die in § 426 enthaltene Formulierung erst im Rechtsausschuss des Deutschen Bundestages eingefügt wurde,[18] wurde offensichtlich übersehen, dass sich eine im Übrigen gleich lautende Formulierung in § 413 findet. In der Sache bestehen jedoch keine Abweichungen.

Entsprechend § 425 Abs. 2 kommt bei der Bemessung des zu ersetzenden Schadens auch **15** eine eventuelle **Mitverursachung** des Absenders zu berücksichtigen.[19]

**4. Schadensersatz.** Zu ersetzen ist grundsätzlich jeder Schaden iSd. §§ 249 BGB, der **16** dem Absender durch den Verlust, die Beschädigung oder die unrichtige Verwendung der Begleitpapiere entstanden ist. Der Schaden ist jedoch nach Abs. 2 S. 2 auf den Betrag, begrenzt, der bei Verlust des Gutes zu zahlen wäre. Die Regelung kompensiert zugunsten des Frachtführers vom Haftungsumfang her das mit der objektivierten Haftung erhöhte Einstandsrisiko.

Welchen Betrag der Frachtführer bei Verlust des Gutes zu zahlen hat, richtet sich nach **17** den §§ 429, 431. Der Frachtführer haftet also nur **bis zur Grenze des Wertes des Gutes,** höchstens jedoch bis zu der nach § 431 zu berechnenden Haftungssumme. Die Haftungsbegrenzung bleibt jedoch unter den Voraussetzungen des § 435 außer Betracht.

## IV. Sonstige Rechtsfolgen bei Pflichtverletzung

**1. Pflichtverletzung durch den Absender.** Verletzt der Absender seine Pflicht, dem **18** Frachtführer die für eine amtliche Behandlung des Gutes erforderlichen Begleitpapiere zur Verfügung zu stellen und Auskünfte zu erteilen, so kann der Frachtführer nach § 414 **Schaden- und Aufwendungsersatz** verlangen. Ein wegen Schuldnerverzugs auf § 286 BGB oder – richtiger – wegen Gläubigerverzugs (§ 293 BGB)[20] auf § 642 BGB gestützter Anspruch auf Schadensersatz wegen verspäteter Übergabe der Begleitpapiere kommt nicht in Betracht.[21] Insoweit hält § 414 eine abschließende Regelung vor (vgl. hierzu § 414 Rn. 35). Anderes gilt, soweit der Absender zwar nicht seine Pflicht aus § 413 verletzt hat, jedoch seine allgemeinen vertraglichen Schutzpflichten, den Frachtführer über das Gut zu unterrichten. Insoweit kommt eine Haftung nach § 280 BGB in Betracht.[22]

Darüber hinaus ist eine Pflichtverletzung als **Mitverursachung** im Rahmen der Haftung **19** des Frachtführers nach Maßgabe von § 425 Abs. 2 zu berücksichtigen.

Schließlich kann der Frachtführer von seinem **Zurückbehaltungsrecht** nach § 273 **20** BGB Gebrauch machen und die Beförderung ablehnen, wenn wegen der Unvollständigkeit der Begleitpapiere bei der Beförderung dieses Gutes mit einer Beschlagnahme des Beförderungsmittels zu rechnen ist. Außerdem kann der Frachtführer in diesem Fall **analog § 417 Abs. 2** dem Absender eine Nachfrist setzen und in dem Fall, in dem der Absender auch nach der gesetzten Frist die erforderlichen Begleitpapiere nicht zur Verfügung stellt, den Vertrag **kündigen** und die Ansprüche nach § 415 Abs. 2 geltend machen. Eine Kündigung

---

[17] Reg.Begr. S. 42 (zu § 413).
[18] S. hierzu Beschlussempfehlung S. 48 (zu § 426).
[19] So auch EBJS/*Reuschle* Rn. 14.
[20] Ebenso Fremuth/Thume/*Fremuth* Rn. 4. Zur vergleichbaren Problematik nach § 642 BGB vgl. Palandt/*Sprau* BGB § 642 Rn. 2.
[21] AA Fremuth/Thume/*Fremuth* Rn. 4.
[22] Ebenso *Koller* Rn. 9.

des Vertrages nach § 643 BGB scheidet wegen der hier analog anzuwendenden, auch insoweit abschließenden Regelung in § 417 aus.[23]

**21**     **2. Verletzung von Hinweispflichten durch den Frachtführer.** Verletzt der Frachtführer seine allgemeinen vertraglichen Schutzpflichten dadurch, dass er es unterlässt, erkannte Defizite vorsorglich mitzuteilen und Abhilfe nahe zu legen, und ist dieses Verhalten **mit ursächlich** dafür, dass der Absender nach § 414 haftet, so ist die Verletzung der Pflicht des Frachtführers nach Maßgabe von § 414 Abs. 2 zu berücksichtigen.

**22**     Darüber hinaus kommt eine **Schadensersatzpflicht** nach § 280 BGB in Betracht. Dies gilt allerdings nicht, falls der unterlassene Hinweis adäquat kausal für einen Verlust, Beschädigung oder Lieferfristüberschreitung war. Insoweit haben die §§ 425 ff. Vorrang.

### § 414 Verschuldensunabhängige Haftung des Absenders in besonderen Fällen

**(1) Der Absender hat, auch wenn ihn kein Verschulden trifft, dem Frachtführer Schäden und Aufwendungen zu ersetzen, die verursacht werden durch**
1. **ungenügende Verpackung oder Kennzeichnung,**
2. **Unrichtigkeit oder Unvollständigkeit der in den Frachtbrief aufgenommenen Angaben,**
3. **Unterlassen der Mitteilung über die Gefährlichkeit des Gutes oder**
4. **Fehlen, Unvollständigkeit oder Unrichtigkeit der in § 413 Abs. 1 genannten Urkunden oder Auskünfte.**

**(2) Hat bei der Verursachung der Schäden oder Aufwendungen ein Verhalten des Frachtführers mitgewirkt, so hängen die Verpflichtung zum Ersatz sowie der Umfang des zu leistenden Ersatzes davon ab, inwieweit dieses Verhalten zu den Schäden und Aufwendungen beigetragen hat.**

**(3) Ist der Absender ein Verbraucher, so hat er dem Frachtführer Schäden und Aufwendungen nach den Absätzen 1 und 2 nur zu ersetzen, soweit ihn ein Verschulden trifft.**

### Übersicht

| | Rn. | | | Rn. |
|---|---|---|---|---|
| **I. Normzweck** | 1–2a | | 5. Haftungsbegrenzung | 19–21 |
| | | | 6. Mitverursachung (Abs. 2) | 22–28 |
| **II. Haftung des Absenders, der kein** | | | a) Grundsatz | 22 |
| **Verbraucher ist (Abs. 1 S. 1)** | 3–28 | | b) Ungenügende Verpackung oder | |
| 1. Verschuldensunabhängige Haftung | 3, 4 | |    Kennzeichnung | 23, 24 |
| 2. Ersatzberechtigung | 5–6a | | c) Unrichtigkeit oder Unvollständigkeit | |
| 3. Verletzungshandlung (Abs. 1) | 7–15 | |    der Angaben im Frachtbrief | 25, 26 |
| a) Grundsatz | 7 | | d) Unterlassene Mitteilung über Gefähr- | |
| b) Ungenügende Verpackung oder | | |    lichkeit des Gutes | 27 |
|    Kennzeichnung (Nr. 1) | 8–10 | | e) Fehlen, Unvollständigkeit oder | |
| c) Unrichtige oder unvollständige Anga- | | |    Unrichtigkeit der Begleitpapiere oder | |
|    ben im Frachtbrief (Nr. 2) | 11, 12 | |    Auskünfte | 28 |
| d) Unterlassene Mitteilung über Gefähr- | | | | |
|    lichkeit des Gutes (Nr. 3) | 13, 14 | | **III. Haftung des Absenders, der Ver-** | |
| e) Fehlen, Unvollständigkeit oder | | | **braucher ist (Abs. 3)** | 29–33 |
|    Unrichtigkeit der Begleitpapiere oder | | | **IV. Haftung der Erfüllungsgehilfen** | |
|    Auskünfte (Nr. 4) | 15 | | **des Absenders** | 34 |
| 4. Schäden und Aufwendungen | 16–18 | | **V. Konkurrenzen** | 35–37 |

### I. Normzweck

**1**     Die Norm bündelt einige bis zum Inkrafttreten des TRG zT verstreute Sondertatbestände der Haftung des Absenders gegenüber dem Frachtführer auf Schadens- und Aufwendungser-

---

[23] AA *Koller* Rn. 7, 12; Fremuth/Thume/*Fremuth* Rn. 4.

satz. Vorbilder sind hinsichtlich der Haftung für Verpackung (Abs. 1 S. 1 Nr. 1) Art. 10 CMR und § 18 Abs. 3 KVO aF, hinsichtlich der Haftung für Frachtbriefangaben (Abs. 1 S. 1 Nr. 2) Art. 7 Abs. 1 CMR, § 426 Abs. 3 HGB aF und § 13 Abs. 1 KVO aF, hinsichtlich der Haftung wegen Mängeln der Gefahrmitteilung (Abs. 1 S. 1 Nr. 3) Art. 22 Abs. 2 aE CMR und hinsichtlich der Haftung wegen Begleitpapieren und Auskünften (Abs. 1 S. 1 Nr. 4) Art. 11 Abs. 2 CMR, § 427 Satz 2 HGB aF. Zweck ist, den Frachtführer, der auf Grund der vom Absender unzulänglich oder nicht erfüllten Pflichten der in Abs. 1 katalogisierten Art Schaden an eigenen Sachen oder infolge der Inanspruchnahme durch Dritte an seinem Vermögen erleidet, zu schützen. Da der Frachtführer sich im Vertrauen auf die Beschreibung des Gutes und die Vorgaben für den Transport auf die Beförderung einlässt, soll ihm durch die Normierung einer verschuldensunabhängigen Haftung ein möglichst **effektiver Schutz** zugute kommen. Dieser effektive Schutz wäre aber bei einer Verschuldenshaftung gefährdet, weil dann vor allem in den Fällen, in denen der Vertragspartner des Frachtführers ein Speditionsunternehmen ist, der Absender regelmäßig die Möglichkeit hätte, sich zu seiner Entlastung darauf zu berufen, dass er keine Möglichkeiten gehabt hätte, die Informationen, die ihm von seinem Auftraggeber, dem Versender, überlassen worden seien, zu überprüfen.[1] Zugleich berücksichtigt die Norm, dass der Frachtführer seinerseits Gefahr nach den §§ 425 ff. läuft, aus verschuldensunabhängiger Haftung in Anspruch genommen zu werden. Dies gilt etwa für den Fall, dass das Fahrzeug des Frachtführers beschlagnahmt wird, auf dem sich nicht nur die Güter des Absenders, sondern auch andere Güter befunden haben.

Eingeschränkt wird allerdings die Haftung durch eine Ausnahmeregelung zugunsten **2** von Absendern, die **Verbraucher** sind: Die bislang in § 414 Abs. 1c S. 2 aF enthaltene Haftungshöchstsumme ist dagegen mit dem SRG entfallen. Die Bestimmung hatte eine auf das Gewicht des beförderten Gutes bezogene Haftungshöchstsumme enthalten und war in der Literatur auf Kritik gestoßen. Ihr damaliges Ziel, ein Gleichgewicht der Haftung des Absenders mit der des Frachtführers zu erreichen, wird nun ermöglicht durch § 449 Abs. 2 S. 2, wonach die verschuldensunabhängige Haftung des Absenders auch in AGB vertraglich beschränkt werden kann.[2]

Abweichend vom neuen § 488 Abs. 3 wurde darauf verzichtet, eine verschuldensunab- **2a** hängige Haftung des Absenders auch für die Fälle zu normieren, in denen ein Ladeschein ausgestellt wird, weil – anders als im Seefrachtrechtbezüglich des Konnossements nach § 513 Abs. 1 – kein Anspruch auf Ausstellung eines Ladescheins besteht.[3]

## II. Haftung des Absenders, der kein Verbraucher ist (Abs. 1 S. 1)

**1. Verschuldensunabhängige Haftung.** Abs. 1 begründet für den Fall, dass der **3** **Absender kein Verbraucher** ist (arg. e Abs. 3), dessen **verschuldensunabhängige Haftung** für alle Schäden und Aufwendungen des Frachtführers wegen der Verletzung bestimmter, im Einzelnen aufgeführter Verpflichtungen des Absenders.[4] Haftungsausschlussgründe sieht das Gesetz nicht vor. Insbesondere erlaubt es **keine Entlastung** bei Vorliegen von Umständen iSd. § 426, also solcher Umstände, die der Absender nicht vermeiden und deren Folgen er nicht abwenden konnte.[5] Die Haftung ist gem. § 449 Abs. 1 nur durch Individualvereinbarung abdingbar, jedoch ermöglicht jetzt die neue Bestimmung des § 449 Abs. 2 S. 2, die Haftungshöhe auch in AGB zu beschränken.

**Handlungen Dritter** muss sich der Absender analog § 428 zurechnen lassen.[6] Zwar ist **4** § 428 nach seinem Wortlaut nur auf den Frachtführer anzuwenden. Angesichts dessen, dass der Absender mit der Begründung einer verschuldensunabhängigen Haftung dem Fracht-

---

[1] Vgl. zur CMR *Herber/Piper* Art. 10 CMR Rn. 1.
[2] RegBegr-SRG S. 53 und 60.
[3] RegBegr-SRG S. 53.
[4] OLG Köln 3 U 136/06 BSch, BinSchiff 2009, Nr. 3, 96–97 = JURIS.
[5] Ebenso Baumbach/Hopt/*Merkt* § 413 Rn. 1; *Koller* 2; aA *Canaris* § 31 Rn. 59.
[6] Vgl. auch *Koller* Rn. 19b.

führer haftungsrechtlich gleichgestellt werden soll, macht es jedoch wenig Sinn, für die Frage der Zurechnung von Handlungen Dritter auf § 278 BGB zurückzugreifen. Denn auf ein Verschulden soll es gerade nicht ankommen. § 831 BGB ist dagegen nicht anwendbar, da es sich bei der Haftung nach § 414 um eine vertragliche Haftung handelt.[7]

5     **2. Ersatzberechtigung.** § 414 begründet nur eine **Verantwortlichkeit des Absenders gegenüber dem Frachtführer.**[8] Die Haftung kommt als solche weder gegenüber dem Empfänger zum Tragen noch gegenüber einem nachfolgenden Frachtführer, der nicht selbst in den ursprünglichen Frachtvertrag eingetreten ist. Die Ersatzpflicht kann den vorausgehenden Frachtführer immer treffen, wenn er seinerseits dem nachfolgenden als Absender gegenübertritt.

6     Mit dem Sinn dieser Haftung, den Frachtführer schadlos zu stellen, ist es grundsätzlich nicht zu vereinbaren, in ihrem Rahmen die **Drittschadensliquidation** zuzulassen oder gar der Vorschrift eine Schutzwirkung zugunsten Dritter zuzuschreiben.[9] Nach der amtl. Begründung sind Schäden Dritter nur insoweit zu ersetzen, als der Frachtführer hierfür in Anspruch genommen wird.[10] oder werden könnte. Im Übrigen würde der Absender für Schäden Dritter- soweit er diesen nicht vertragsrechtlich Ersatz schuldet, nach Deliktsrecht haften Das ist jedoch strittig, denn eine Drittschadensliquidation erscheint im Einzelfall durchaus unter dem Gesichtspunkt sachgerecht, dass es dem Schädiger nicht zugute kommen soll, dass die Vertragswidrigkeit einen Dritten stärker trifft als den Vertragspartner.[11] Dann kann zB der drittgeschädigte Eigentümer des beigeladenen Gutes, der vom Frachtführer nur beschränkt nach §§ 429, 431 HGB Ersatz bekommt, seinen überschießenden Drittschaden vom Frachtführer liquidieren lassen.[12]

6a    Die Haftung zielt nicht darauf ab, den Frachtführer so zu stellen, wie er selbst bei Vertragserfüllung stehen würde (er hätte zB ein höheres Beförderungsentgelt verdient, wenn das Gewicht nicht falsch angegeben worden wäre); nur Integritätsinteresse bzw. Vertrauensschaden sind im Rahmen strikter Haftung ausgleichsfähig

7     **3. Verletzungshandlung (Abs. 1). a) Grundsatz.** Abs. 1 listet die Handlungen auf, die eine verschuldensunabhängige Haftung des Absenders begründen können. Die Liste ist, wie sich bereits aus der in der Überschrift enthaltenen Formulierung „in besonderen Fällen" ergibt, **abschließend.** Eine analoge Anwendung des § 414 auf andere, nicht in dieser Norm ausgeführte Handlungen, wie zB Ladetätigkeiten, verbietet sich.[13] Soweit derartige Handlungen Schäden verursacht haben, können Schadensersatzansprüche wegen dieser Handlungen allein auf allgemeine zivilrechtliche Normen, insbesondere die §§ 280 ff., 823 BGB gestützt werden.

8     **b) Ungenügende Verpackung oder Kennzeichnung (Nr. 1).** Die Sanktion für ungenügende Verpackung oder Kennzeichnung knüpft an die **Pflicht des Absenders** an, das Gut zu verpacken und zu kennzeichnen (§ 411). Voraussetzung für eine Haftung nach Abs. 1 S. 1 Nr. 1 ist, dass der Absender diese Pflicht verletzt und hierdurch Schäden oder Aufwendungen verursacht hat.[14] Nicht ausreichend ist, dass der Absender das Gut, obwohl er hierzu nicht verpflichtet war, tatsächlich verpackt hat, diese Maßnahmen nicht den in § 411 gestellten Anforderungen an die Verpackung entsprechen und hierdurch ein Schaden

---

[7] EBJS/*Reuschle* Rn. 9.

[8] Reg.Begr. S. 43 (zu § 414); *Koller* Rn. 13; EBJS/*Reuschle* Rn. 13; *Thume* TranspR 2013, 8, 10.

[9] EBJS/*Reuschle* Rn. 13.

[10] Reg.Begr. S. 43 (zu § 414).

[11] Für die Zulassung einer Drittschadensliquidation auch Baumbach/Hopt/*Merkt* Rn. 1; *Koller* Rn. 15.

[12] Vgl. *Jesser-Huß* Art. 10 CMR Rn. 7 und *Koller* Art. 10 CMR Rn. 3; aA *Herber/Piper* Art. 10 CMR Rn. 18.

[13] Ebenso *Helm,* FG Herber, S. 88, 93; *Koller* Rn. 1, 8, 10 und 12; Oetker/*Paschke* Rn. 4; Baumbach/Hopt/*Merkt* Rn. 1; aA EBJS/*Reuschle* Rn. 13, dessen Argumentation jedoch seit der Neuregelung nicht mehr zutrifft.

[14] *Koller* Rn. 6.

verursacht wurde.[15] Denn § 414 normiert einen Sondertatbestand für eine vertragliche Haftung des Absenders (hierzu Rn. 35). Im Rahmen der vertraglichen Haftung ist aber die Pflichtenzuweisung zu berücksichtigen. Haben die Parteien die in § 411 normierte Pflicht des Absenders, das Gut zu verpacken, abbedungen, so ist davon auszugehen, dass Maßnahmen, die der Absender gleichwohl ergreift, im Verantwortungsbereich des Frachtführers liegen und damit auch seiner Kontrolle. Eine Haftung des Absenders aus § 411 Abs. 1 Nr. 1 kommt insoweit nicht in Betracht.[16]

Mit dem Betriff **„ungenügende"** soll – deutlicher als etwa in Art. 10 CMR, der als **9** Vorbild für die vorliegende Regelung herangezogen wurde und der den Begriff „mangelhaft" verwendet – klargestellt werden, dass sämtliche Fälle als haftungsbegründend in Betracht kommen, in denen die Verpackung oder Kennzeichnung entweder gänzlich fehlt oder unzulänglich ist.[17] Der Begriff impliziert, dass der Absender keine Vorsorge für vorhersehbare Störungen bei der Durchführung des Transports getroffen, also die verkehrserforderliche Sorgfalt außer Acht gelassen hat.[18] § 414 ist daher auch anwendbar, wenn eine notwendige Verpackung gänzlich fehlt.[19]

Ist das Gut nicht vom Absender selbst verpackt worden, sondern von einem von ihm **10** eingeschalteten Dritten, muss er sich deren Handlungen analog § 428 zurechnen lassen (s. Rn. 4).

**c) Unrichtige oder unvollständige Angaben im Frachtbrief (Nr. 2).** Die Sanktion **11** für die Unrichtigkeit oder Unvollständigkeit der in den Frachtbrief aufgenommenen Angaben knüpft ebenfalls an die **Pflicht des Absenders** an, auf Verlangen des Frachtführers einen Frachtbrief auszustellen (§ 408 Abs. 1 Satz 2). Sie betrifft alle Angaben des Absenders im Frachtbrief, nicht nur die Pflichtangaben des § 408 Abs. 1 S. 1 Nr. 1 bis 12, weil sich der Frachtführer ggf. auf diese verlassen können muss.[20]

**Unrichtig** ist eine Angabe, die den Tatsachen nicht entspricht.[21] **Unvollständig** sind **12** Angaben, die in sich lückenhaft sind. Abzustellen ist dabei auf eine einzelne Angabe im Frachtbrief, nicht dagegen auf die Angaben in ihrer Gesamtheit. Denn da § 408 den Frachtbriefinhalt nicht zwingend vorschreibt (s. § 408 Rn. 23), wird auch an das Fehlen einer einzelnen Angabe keine Sanktion geknüpft.[22] Als Beispiel für eine unvollständige Angabe ist der Fall zu nennen, dass im Frachtbrief die Anschrift des Empfängers angegeben ist, jedoch Angabe der Hausnummer fehlt.[23]

**d) Unterlassene Mitteilung über Gefährlichkeit des Gutes (Nr. 3).** Die Sanktion **13** für eine unterlassene Mitteilung über die Gefährlichkeit des Gutes knüpft zwar an die **Pflicht des Absenders** an, bei gefährlichem Gut über die genaue Art der Gefahr und zu ergreifende Vorsichtsmaßnahmen zu unterrichten (§ 410 Abs. 1),[24] sie beschränkt aber die Haftung des Absenders auf die unterlassene Mitteilung über die Gefährlichkeit des Gutes, erfasst also nicht den unterlassenen Hinweis auf zu ergreifende Vorsichtsmaßnahmen. Andere Mitteilungspflichten, die sich aus vertraglichen Nebenabreden oder dem Grundsatz von Treu und Glauben ergeben, fallen ebenfalls nicht unter Nr. 3.[25]

Als **Unterlassen** iSd. Nr. 3 ist sowohl der Fall des gänzlichen Fehlens einer Mitteilung **14** als auch der der Unrichtigkeit der Mitteilung anzusehen. Denn eine unrichtige Mitteilung

[15] AA Reg.Begr. S. 44 (zu § 414); Beschlussempfehlung S. 46 (zu § 414), wonach allein darauf abzustellen ist, wer den Schaden „herbeigeführt" hat.
[16] Ebenso *Koller* Rn. 6; Baumbach/Hopt/*Merkt* Rn. 2; EBJS/*Reuschle* Rn. 17; Oetker/*Paschke* Rn. 6.
[17] Reg.Begr. S. 43 (zu § 414).
[18] So Gegenäußerung der Bundesregierung zur Stellungnahme des Bundesrates zum RegE, BT-Drucks. 13/8445 S. 137 (zu 2.).
[19] ebenso Fremuth/Thume/*Fremuth* Rn. 4; *Koller* Rn. 3; differenzierend EBJS/*Reuschle* Rn. 18.
[20] *Koller* Rn. 8; Oetker/*Paschke* Rn. 7.
[21] EBJS/*Reuschle* Rn. 20.
[22] Vgl. Reg.Begr. S. 444 (zu § 414).
[23] *Koller* Rn. 9.
[24] Reg.Begr. S. 44 (zu § 414).
[25] Ebenso *Koller* Rn. 10.

stellt ein teilweises Unterlassen der gebotenen richtigen Mitteilung dar.[26] Das Unterlassen muss kausal für die entstandenen Schäden und Aufwendungen sein.[27] Daran wird es idR fehlen, wenn der Frachtführer zur Zeit der Übernahme genaue Kenntnis über die Gefährlichkeit des Gutes hat, so dass keine Mitteilung erforderlich ist (§ 410 Rn. 17). Im Übrigen gilt Abs. 2;[28] siehe auch Rn. 27.

**15**     **e) Fehlen, Unvollständigkeit oder Unrichtigkeit der Begleitpapiere oder Auskünfte (Nr. 4).** Die Sanktion für fehlende, unvollständige oder unrichtige Begleitpapiere oder Auskünfte knüpft an die **Pflicht des Absenders** an, dem Frachtführer alle Urkunden zur Verfügung zu stellen und Auskünfte zu erteilen, die für eine amtliche Behandlung des Gutes erforderlich sind (§ 413 Abs. 1).

**16**     **4. Schäden und Aufwendungen.** Dem Frachtführer sind Schäden und Aufwendungen zu ersetzen, die durch die dargestellten Verletzungshandlungen **verursacht** wurden. Diese Formulierung vereinheitlicht die in der in Art. 7 Abs. 1, Art. 10, 11 Abs. 2, Art. 22 Abs. 2 aE CMR differierende Umschreibung der Reichweite des zu leistenden Ersatzes.[29] Verursachung setzt voraus, dass zwischen dem Verhalten des Absenders und den Schäden und Aufwendungen ein adäquater Kausalzusammenhang besteht. Eine Mitverursachung reicht, wie sich aus Abs. 2 ergibt, aus.

**17**     Ersatzfähig sind alle **Schäden** des Frachtführers. Hierzu zählen zum einen Personen- und Sachschäden, die der Frachtführer selbst erleidet. Darüber hinaus sind Vermögensschäden ersatzfähig, die der Frachtführer dadurch erleidet, dass er Dritten Schadensersatz wegen eingetretener Verzögerungen oder Beschädigung leisten muss.

**18**     **Aufwendungen** sind alle Vermögensopfer, die der Frachtführer wegen ergriffener Maßnahmen gemacht hat, einschließlich derjenigen Vermögensopfer, die sich als notwendige Folge der Maßnahme ergeben.[30] Zu den zu erstattenden Aufwendungen zählen etwa Kosten für die Ausbesserung der Verpackung, die Nachbeschaffung nötiger Information, die Zahlung eines gegen den Frachtführer verhängten Bußgelds wegen unzulänglicher Begleitpapiere oder Kosten, die infolge einer Beschlagnahme des Beförderungsmittels wegen unzulänglicher Begleitpapiere entstanden sind. Entsprechend § 683 BGB[31] umfassen die Aufwendungen auch den Ersatz der vom Frachtführer aufgewendeten Zeit und Arbeitskraft.[32]

**19**     **5. Haftungsbegrenzung.** Die Haftung für Schäden – nicht für Aufwendungsersatz – **war bislang** nach Abs. 1 S. 2 aF auf den Betrag von 8,33 SZR für jedes Kilogramm des **Rohgewichts der Sendung** begrenzt. Ein abweichender Betrag galt nach § 451c im Umzugsverkehr. Beide Bestimmungen wurden durch das SRG aufgehoben

**20**     Jetzt enthält das Gesetz **keine Begrenzung** mehr. Der Absender, der kein Verbraucher gem. Abs. 3 ist, haftet daher verschuldensunabhängig und in voller Höhe für alle Schäden und Aufwendungen des Frachtführers, die durch die in Nr. 1–4 genannten Umstände von ihm verursacht sind.

**21**     Vertragliche **Abweichungen** von der gesetzlichen Regelung sind nach § 449 Abs. 1 grundsätzlich **nur durch** eine im einzelnen ausgehandelte **Individualvereinbarung,** die auch für eine Mehrzahl gleichartiger Verträge gelten darf, möglich Eine sehr bedeutsame Ausnahme von diesem Grundsatz ist allerdings im neuen Abs. 2 S. 2 des § 449 enthalten. Danach kann die **Höhe der** vom Absender zu leistenden **Entschädigung auch in Allg. Geschäftsbedingungen begrenzt** werden. Eine solche Vereinbarung unterliegt dann der

---

[26] So ausdrücklich Reg.Begr. S. 44 (zu § 414).
[27] EBJS/*Reuschle* Rn. 23.
[28] Differenzierend *Koller* Rn. 10.
[29] Reg.Begr. S. 43 (zu § 414).
[30] Vgl. Palandt/*Sprau* BGB § 670 Rn. 3.
[31] Vgl. hierzu Palandt/*Sprau* BGB § 683 Rn. 8.
[32] Ebenso *Koller* Rn. 14.

allgemeinen Inhaltskontrolle gem. §§ 307 ff. BGB, sie darf also den Frachtführer nicht unangemessen benachteiligen.

**6. Mitverursachung (Abs. 2). a) Grundsatz.** Sowohl für den Schadensersatz wie die **22** Erstattung von Aufwendungen normiert Abs. 2 die Heranziehung des **Rechtsgedankens des § 254 BGB.** Damit ist der Praxis entsprochen, die auch im Bereich der Haftung nach Art. 10 und 11 CMR vom „Alles-oder-Nichts-Prinzip" abgewichen ist (Art. 10 CMR Rn. 8; Art. 11 CMR Rn. 18). Die Abweichungen von § 254 BGB erklären sich daraus, dass § 414 Abs. 1 eine verschuldensunabhängige Haftung regelt und daher auf ein Mitverschulden nicht abgestellt werden kann.[33] Eine Schadensteilung oder sogar ein Ausschluss der Haftung des Absenders kommt danach in Betracht, wenn der Frachtführer oder eine der in § 428 genannten Personen den Schaden mit verursacht hat. Ferner wird die Mitverantwortlichkeit des Frachtführers gegeben sein, wenn er Fehler des Absenders bezüglich der Nr. 1–4 erkannt hat und diesen dann nicht unterrichtet und ggf. keine weiteren erforderlichen Weisungen einholt. Problematisch und auch umstritten ist jedoch, ob sich der Frachtführer gemäß Abs. 2 auch entgegenhalten lassen muss, dass er evidente Mängel nicht erkannt hat. Dies gilt insbes. hinsichtlich der Nr. 1 und 2, weil im deutschen allgemeinen Frachtrecht – im Gegensatz zu Art. 8 CMR – keine Prüfungspflicht hinsichtlich der Verpackung und Kennzeichnung des Gutes und der Angaben im Frachtbrief verankert worden ist.[34] Näheres siehe sogleich unter den folgenden lit.

**b) Ungenügende Verpackung oder Kennzeichnung.** Liegt ein Fall des § 414 Abs. 1 **23** Nr. 1 vor, so kann eine Mitverursachung darin liegen, dass der Frachtführer **erkannt** hat, dass das Gut ungenügend verpackt oder gekennzeichnet war und den Absender nicht unterrichtet und keine Weisungen eingeholt hat.[35] Da das Gesetz eine Prüfungspflicht nicht anordnet (s. § 411 Rn. 2), ist umstritten, ob eine Mitverantwortlichkeit auch anzunehmen ist, wenn der Frachtführer die ungenügende Verpackung oder Kennzeichnung hätte erkennen können und er nicht dazu beigetragen hat, den Schaden abzuwenden. Teilweise wird in der Literatur die Auffassung vertreten, dies sei nicht zulässig, selbst dann, wenn die ungenügende Verpackung evident war. Da keine gesetzliche Prüfungspflicht bestehe, sei es dem Frachtführer auch nicht als eine die Haftung des Absenders ausschließende Mitverursachung anzurechnen, dass er Kontrollmaßnahmen unterlässt, die zur Fehlerentdeckung hätten führen können, gleich ob er evtl. Anhaltspunkte aus leichter oder grober Fahrlässigkeit verkannt hat.[36] Nach wohl überwiegender und auch richtiger Ansicht besteht jedoch eine aus der Obhutspflicht (oder aus § 242 BGB) resultierende vertragliche Nebenpflicht, das Frachtgut zumindest oberflächlich zu kontrollieren, sodass er sich bei deutlich erkennbaren dh. evidenten Verpackungsmängeln die fehlende Unterrichtung des Absenders gem. § 254 BGB analog entgegen halten lassen muss.[37]

**Keine Mitverantwortlichkeit** ist anzunehmen, wenn der Frachtführer eine mangel- **24** hafte Verpackung während der Beförderung **nicht ausbessert;** denn hierzu ist der Frachtführer nicht verpflichtet (vgl. § 411 Rn. 2).[38]

**c) Unrichtigkeit oder Unvollständigkeit der Angaben im Frachtbrief.** Der **25** Frachtführer ist, soweit nicht die Voraussetzungen des § 409 Abs. 3 erfüllt sind, grundsätzlich nicht verpflichtet, die Richtigkeit und Vollständigkeit der Angaben im Frachtbrief zu überprüfen (s. § 409 Rn. 30).[39] Dementsprechend kann im Falle des § 414 Abs. 1 S. 1 Nr. 2

---

[33] Vgl. Reg.Begr. S. 44 (zu § 414).
[34] Vgl. Reg.Begr. TRG S. 38 (zu § 409).
[35] *Koller* Rn. 19 Fremuth/Thume/*Fremuth* § 411 Rn. 12; EBJS/*Reuschle* Rn. 30.
[36] *Czerwenka* i. d. Voraufl.; GemK/*Bracker* § 411 Rn. 6; *Zapp* TranspR 2004, 333, 339.
[37] OLG Stuttgart 9.2.2011, BeckRS 2011, 09384; Fremuth/Thume/*Fremuth* § 411 Rn. 12; Baumbach/Hopt/*Merkt* § 412 Rn. 1; *Koller,* Rn. 19 und wohl auch Oetker/*Paschke* Rn. 13 sowie Fremuth/Thume/*Fremuth* § 408 Rn. 37 „Frachtführer hätte Mängel erkenn müssen".
[38] *Koller* § 427 Rn. 36; *Zapp* TranspR 2004, 333, 337.
[39] AA LG Frankfurt 20.9.2000, TranspR 2001, 129, 130; Fremuth/Thume/*Fremuth* § 408 Rn. 37. Einschränkend *Koller* Rn. 19 (Prüfpflicht bei Evidenz).

grundsätzlich auch keine Mitverantwortlichkeit darin gesehen werden, dass der Frachtführer die **Prüfung unterlassen** hat. Zur Frage, ob dies auch bei evidenten Unrichtigkeiten der Angaben gilt, vgl. Rn. 23.

26    Ein Fall der Mitverursachung liegt aber vor, wenn der Frachtführer unter Verwendung der von ihm vorgehaltenen Formulare die **Erstellung bzw. das Ausfüllen des Frachtbriefs** übernommen und dabei erkennbar unstimmige Angaben nicht überprüft hat oder vom Absender vorgegebene Daten falsch übernommen hat. Der Absender kann davon ausgehen, dass gerade dem Frachtführer bekannt ist, wie wichtig es ist, dass Frachtbriefe richtig ausgestellt werden; der Rationalisierungsvorteil diesbezüglicher Delegation soll nicht durch umständliche Nachkontrolle wieder eingeschränkt werden. Der Frachtführer, der solche Dienstleistungen übernimmt, also ersichtlich nicht nur gelegentlich gefälligkeitshalber hilft, würde gegen sein Vorverhalten verstoßen, wenn er den Absender verantwortlich macht für Fehlleistungen seines eigenen Personals. Er schuldet bei verschuldeter Schlechterfüllung übernommener Nebenpflichten zur Ausstellung von Frachtbrief und sonstigen Beförderungsdokumenten dem Absender Freistellung, wenn dieser wegen Schäden Dritter in Anspruch genommen wird.[40]

27    **d) Unterlassene Mitteilung über Gefährlichkeit des Gutes.** Eine Mitverursachung ist weiter anzunehmen, wenn der Beförderer die Gefährlichkeit des Gutes bei dessen Übernahme **kennt**. In diesem Fall darf er sich nicht auf unterbliebene Information berufen.[41] Siehe auch Rn. 14.

28    **e) Fehlen, Unvollständigkeit oder Unrichtigkeit der Begleitpapiere oder Auskünfte.** Im Falle des § 414 Abs. 1 S. 1 Nr. 4 kann ein Fall der Mitverursachung vorliegen, wenn der Frachtführer Begleitpapiere ungeachtet **erkannter Defizite** für die zu erwartenden behördlichen Kontrollen verwendet hat.[42] Ferner kann Mitverursachung anzunehmen sein, wenn die Fehlerhaftigkeit der Begleitpapiere evident war und der Frachtführer durch Klärung oder sonstige Vorsorge den Schaden seinerseits hätte abwenden können. Obwohl das Gesetz keine Prüfungspflicht anordnet (vgl. § 413 Rn. 10), verstößt der Frachtführer gegen die ihm obliegende Obhutspflicht, wenn er offensichtliche Mängel nicht beachtet und die Beförderung übernimmt und ausführt, ohne sich im Rahmen der ihm gegebenen Möglichkeiten zu vergewissern, ob die Begleitpapiere in Ordnung sind, und, verglichen mit dem Transportgut, keine Unstimmigkeiten aufweisen;[43] dann gereicht das Unterlassen dem Frachtführer zum Nachteil.

### III. Haftung des Absenders, der Verbraucher ist (Abs. 3)

29    Die Härte einer verschuldensunabhängigen Haftung will das Gesetz dem Verbraucher als Absender ersparen. Dieses **Verbraucherprivileg** war im RegE noch nicht enthalten. Nach Einwänden des Bundesrates[44] und des Rechtsausschusses des Deutschen Bundestages[45] wurde zum Schutz des Absenders, der zugleich Verbraucher ist, eine verschuldensabhängige Haftung begründet.[46] Soweit es sich bei dem Frachtvertrag um einen Umzugsvertrag handelt, war die Sonderregelung in § 451c zu beachten, die jedoch durch das SRG entfallen ist. Die Regelung hat vor allem Bedeutung bei **Brief- und Paketbeförderungen.**[47]

---

[40] Ebenso Fremuth/Thume/*Fremuth* § 408 Rn. 37. Weitergehend *Koller* Rn. 19a, der § 414 Abs. 1 ganz ausschließt, wenn Frachtführer den Frachtbrief ausgefüllt und als Bevollmächtigter des Absenders unterzeichnet hat; jedoch müsse der Absender für die Übermittlung unrichtiger Angaben einstehen.
[41] BGH 26.10.1977, BB 1978, 1235 zu ADSp.
[42] BGH 22.1.1954, BGHZ 12, 136 = NJW 1954, 795.
[43] BGH 15.6.1955, VersR 1955, 523, 525.
[44] BT-Drucks. 13/8445 S. 134.
[45] Beschlussempfehlung TRG S. 47.
[46] Krit. *Herber* NJW 1998, 3297, 3300.
[47] Vgl. hierzu die Gegenäußerung der Bundesregierung zur Stellungnahme des Bundesrates zum RegE, BT-Drucks. 13/8445 S. 137 (zu 2.).

**Problematisch ist, dass die** ursprünglich im Abs. 1 S. 2 enthaltene **Haftungsbegren-** 30
**zung durch das SRG aufgehoben worden ist.** Damit haftet jetzt auch der Verbraucher
für die Folgen von verschuldeten Verstößen gegen § 414 grundsätzlich unbeschränkt, wenn
die Vertragspartner nichts anderes vereinbart haben. Zwar ist die insoweit bei der Beförderung von Briefen oder briefähnlichen Sendungen nach Maßgabe des § 449 Abs. 1 schon
immer bestehende Vertragsfreiheit nun in der Neufassung des § 449 auch auf alle übrigen
Frachtaufträge erweitert worden, aber idR werden wohl **nur erfahrene Verbraucher von
der Möglichkeit Gebrauch machen, ihre Haftung vertraglich einzuschränken.**

Der **Begriff des Verbrauchers** ist in § 13 BGB definiert. Danach ist **Verbraucher** jede 31
natürliche Person, die den Vertrag zu einem Zweck abschließt, der weder ihrer gewerblichen noch ihrer selbständigen beruflichen Tätigkeit zugerechnet werden kann. Ein Verbraucher bestimmt sich sonach nicht nur danach, ob die Person eine natürliche Person (im
Gegensatz zu jeder Art von juristischer Person) ist, sondern vor allem nach der konkreten
Zwecksetzung (hier) des abgeschlossenen Frachtvertrages her: Zielt er auf einen der durch
die genannten Ausgrenzungen bestimmten privaten Sphäre zuzurechnenden Zweck, so
handelt es sich um einen Verbrauchervertrag. Über die Zurechnung zum privaten oder
unternehmerisch/beruflichen Bereich entscheidet nicht der innere Wille des Handelnden,
sondern der durch Auslegung zu ermittelnde Vertragsinhalt unter Berücksichtigung der
Begleitumstände.[48]

**Verschulden** des Verbrauches iS § 276 BGB kann nur vorliegen, wenn dieser Kenntnis 32
von der erforderlichen Verpackung und Kennzeichnung des Gutes, der Unrichtigkeit bzw.
Unvollständigkeit der Angaben im Frachtbrief, der Gefährlichkeit des Gutes oder vom
Umfang der notwendigen Begleitpapiere und Auskünfte hatte oder haben musste. Unverschuldete Irrtümer gehen nicht zu seinen Lasten. Maßgeblich sind insoweit stets die von
einem ordentlichen Verbraucher seines Verkehrskreises zu erwartenden Kenntnisse und
Fähigkeiten.[49] **Auf das Maß des Verschuldens kommt es** dagegen nach der Neufassung
**nicht mehr an.** Anders als früher tritt die unbeschränkte Haftung des Absenders, wenn
nichts anderes vereinbart ist, auch bei Verstößen ein, die auf einfacher Fahrlässigkeit beruhen, und nicht nur, wenn ihm schweres Verschulden iSd. § 435 vorzuwerfen ist.

**Handlungen Dritter** muss sich der Absender nach § 278 BGB zurechnen lassen. Anders 33
als in dem Falle, in dem der Absender kein Verbraucher ist (hierzu Rn. 4), bedarf es eines
Rückgriffs auf § 428 nicht. Denn bei Anwendung des Abs. 3 haftet der Absender nur für
Verschulden.

### IV. Haftung der Erfüllungsgehilfen des Absenders

Die Haftung der Personen, für die der Absender einstehen muss, wird in § 414 nicht 34
geregelt. Da zwischen dem Frachtführer und diesen Personen kein Vertragsverhältnis
besteht, kommt insoweit allein eine außervertragliche Haftung (§ 823 BGB) in Betracht.
Jene ist, anders als früher, ebenfalls unbegrenzt, wenn die Vertragspartner insoweit nichts
anderes vereinbart haben; denn mit dem Wegfall des Abs. 1 S. 2 ist auch die Verweisung
auf die Haftungsbegrenzung des § 436 entfallen.

### V. Konkurrenzen

§ 414 normiert einen Sondertatbestand für eine **vertragliche Haftung** des Absenders. 35
Die Vorschrift ist insoweit lex specialis gegenüber allgemeinen zivilrechtlichen Regelungen,
die ebenfalls eine vertragliche Haftung des Absenders begründen. Dementsprechend sind,
soweit § 414 zur Anwendung gelangt, Schadensersatzansprüche nach § 642 BGB wegen der
Verletzung einer Mitwirkungspflicht des Bestellers (Absenders) ausgeschlossen. Auch ein
Rückgriff auf das allgemeine Leistungsstörungsrecht (Schadensersatz nach den §§ 280 ff.
BGB, Rücktritt nach den §§ 323 ff. BGB ist im Rahmen des Anwendungsbereichs des

---

[48] Vgl. Palandt/*Ellenberger* BGB § 13 Rn. 4.
[49] *Koller* Rn. 22.

§ 414 ausgeschlossen.[50] Unberührt bleibt jedoch die Regelung über Beförderungs- oder Ablieferungshindernisse (§ 419).

36    Dagegen bleiben alle Ansprüche aus **außervertraglicher Haftung,** insbesondere der Anspruch aus § 823 BGB unberührt.[51] Dies gilt insbes., wenn der Frachtvertrag nichtig ist.[52]

37    Unberührt bleibt durch § 414 auch der Anspruch des Frachtführers auf **Standgeld und Aufwendungsersatz** insbesondere in den Fällen, in denen die Lade- oder Entladezeit überschritten wurde (§ 412 Abs. 3), der Frachtführer bei Nichteinhaltung der Ladezeit die unvollständige Ladung befördert hat (§ 417 Abs. 3 iVm. § 416 S. 2) oder dem Frachtführer Weisungen erteilt wurden (§ 418 Abs. 1 S. 4).[53]

## § 415 Kündigung durch den Absender

(1) **Der Absender kann den Frachtvertrag jederzeit kündigen.**

(2) [1]**Kündigt der Absender, so kann der Frachtführer entweder**
1. **die vereinbarte Fracht, das etwaige Standgeld sowie zu ersetzende Aufwendungen unter Anrechnung dessen, was er infolge der Aufhebung des Vertrages an Aufwendungen erspart oder anderweitig erwirbt oder zu erwerben böswillig unterläßt, oder**
2. **ein Drittel der vereinbarten Fracht (Fautfracht)**
**verlangen.** [2]**Beruht die Kündigung auf Gründen, die dem Risikobereich des Frachtführers zuzurechnen sind, so entfällt der Anspruch auf Fautfracht nach Satz 1 Nr. 2; in diesem Falle entfällt auch der Anspruch nach Satz 1 Nr. 1, soweit die Beförderung für den Absender nicht von Interesse ist.**

(3) [1]**Wurde vor der Kündigung bereits Gut verladen, so kann der Frachtführer auf Kosten des Absenders Maßnahmen entsprechend § 419 Abs. 3 Satz 2 bis 4 ergreifen oder vom Absender verlangen, daß dieser das Gut unverzüglich entlädt.** [2]**Der Frachtführer braucht das Entladen des Gutes nur zu dulden, soweit dies ohne Nachteile für seinen Betrieb und ohne Schäden für die Absender oder Empfänger anderer Sendungen möglich ist.** [3]**Beruht die Kündigung auf Gründen, die dem Risikobereich des Frachtführers zuzurechnen sind, so ist abweichend von den Sätzen 1 und 2 der Frachtführer verpflichtet, das Gut, das bereits verladen wurde, unverzüglich auf eigene Kosten zu entladen.**

### Übersicht

| | Rn. | | Rn. |
|---|---|---|---|
| I. Normzweck | 1, 1a | 3. Anspruch auf Fautfracht (Abs. 2 S. 1 Nr. 2) | 17–19 |
| II. Kündigung durch den Absender (Abs. 1) | 2–7 | 4. Kündigungsgrund im Risikobereich des Frachtführers (Abs. 2 S. 2) | 20–22 |
| | | a) Grundsatz | 20 |
| III. Ansprüche des Absenders nach Kündigung | 8 | b) Risikobereich des Frachtführers | 21 |
| | | c) Interessenwegfall | 22 |
| IV. Zahlungsansprüche des Frachtführers nach Kündigung (Abs. 2) | 9–22 | V. Maßnahmen bei Kündigung nach Verladung (Abs. 3) | 23–32 |
| 1. Allgemeines | 9, 10 | 1. Grundsatz | 23–25 |
| 2. Anspruch auf Fracht, Standgeld, Aufwendungsersatz (Abs. 2 S. 1 Nr. 1) | 11–16 | 2. Entladung durch Frachtführer | 26–30 |
| | | a) Grundsatz | 26–29 |

---

[50] Ebenso *Braun* S. 157 f.; aA *Helm,* FG Herber, S. 88, 94; *Koller* weist in Rn. 20a zu Recht darauf hin, dass die Frage, ob § 414 in seinem Anwendungsbereich lex specialis gegenüber § 280 BGB ist, seit der Seerechtsreform an Bedeutung verloren hat, weil Schadensersatz jeweils in voller Höhe zu leisten ist.
[51] Ebenso *Koller* Rn. 20; aA EBJS/*Reuschle* Rn. 33.
[52] *Koller* Rn. 20b; EBJS/*Reuschle* Rn. 34.
[53] Vgl. *Koller* Rn. 17.

| Rn. | | Rn. |
|---|---|---|
| b) Kündigung im Risikobereich des Frachtführers ............ 30 | 3. Entladung durch Absender ............. 31, 32 | |
| | **VI. Konkurrenzen** ................... 33–37 | |

## I. Normzweck

Die Norm gewährt in Anlehnung an das allgemeine Werkvertragsrecht (§ 649 BGB) **1** dem **Absender** ein allgemeines, weder an zeitliche noch an sachliche Voraussetzungen geknüpftes **willkürliches Kündigungsrecht.** Bis zur Reform des Transportrechts durch das TRG ließ sich ein solches Kündigungsrecht für den Bereich des Straßen- und Eisenbahnfrachtrechts nur aus der allgemeinen werkvertraglichen Vorschrift herleiten. Spezialgesetzlich geregelt waren bis dahin nur die Vertragsbeendigung nach Beförderungsbeginn bei Vorliegen eines Beförderungshindernisses (§ 428 Abs. 2 Satz 1 HGB aF, § 28 Abs. 2 Satz 2 KVO aF, § 73 Abs. 2 Satz 2 EVO aF). Detaillierte Kündigungsvorschriften gab es demgegenüber für den Binnenschiffstransport (§§ 36, 37 BinSchG aF) und für den Seetransport (§§ 580 bis 582 HGB). Letztere sind ersetzt durch den § 489 nF, der dem § 415 angeglichen wurde. Durch die Übernahme der dem allgemeinen Werkvertragsrecht entlehnten Regelung ist das Frachtrecht enger mit dem Werkvertragsrecht verzahnt und dem Auftraggeber „größtmögliche Dispositionsfreiheit"[1] gewährt worden. Mit Blick auf die daran anknüpfenden Rechtsfolgen, insbesondere den dem Frachtführer zustehenden Vergütungsanspruch, enthält das Gesetz allerdings frachtvertragsspezifische Sonderlösungen. Den Vertragsparteien steht nicht nur eine leicht handhabbare, zugleich streit- und prozessverhindernde Regelung zur Verfügung, sondern es ist gleichzeitig ein fairer Ausgleich zwischen Absender und Frachtführer geschaffen.[2] Zu diesem Zwecke orientiert sich das Gesetz nicht nur an den genannten schifffahrtsrechtlichen Vorbildern. Vielmehr fließen zum Schutz des Absenders gleichzeitig Regelungen ein, die dem **allgemeinen Leistungsstörungsrecht** entlehnt sind.

Der **Frachtführer** hat – wie der werkvertragliche Unternehmer – kein Recht auf ordent- **1a** liche Kündigung des Frachtvertrages.[3]

## II. Kündigung durch den Absender (Abs. 1)

Abs. 1 räumt dem Absender das Recht ein, **jederzeit** zu kündigen. Die Kündigung kann **2** also sowohl vor dem Zeitpunkt der Übernahme des Gutes zur Beförderung durch den Frachtführer, als auch nach diesem Zeitpunkt erklärt werden. Das Recht, den Frachtvertrag jederzeit zu kündigen, entfällt jedoch, wenn es sich um länger andauernde Vertragsbeziehungen, zB einen Mengenvertrag[4] in Form eines Rahmenvertrags über die Beförderung einer größeren Menge Gutes über einen längeren Zeitraum, handelt.[5] Mangels abweichender vertraglicher Regelung besteht dort ein allgemeines Kündigungsrecht analog § 621 BGB[6] und nach § 314 BGB ein Recht auf Kündigung aus wichtigem Grund.[7]

**Kündigungsberechtigt ist nur der Absender.** Sein Kündigungsrecht erlischt mit dem **3** Verlust seines Weisungsrechts. Dadurch wird verhindert, dass der Absender mit der Kündigung in das Weisungsrecht des Empfängers oder eines anderen Verfügungsberechtigten eingreift.[8] Der Zeitpunkt, in dem der Absender sein Weisungsrecht verliert und damit zugleich sein Kündigungsrecht, ist, wenn kein Ladeschein ausgestellt wird, grundsätzlich der Zeitpunkt der Ankunft des Gutes an der Ablieferungsstelle (§ 419 Abs. 2 S. 1). Bei

[1] Reg.Begr. S. 45 (zu § 415).
[2] Vgl. Reg.Begr. S. 45 (zu § 415).
[3] Fremuth/Thume/*Fremuth* Rn. 34; *Koller* § 417 Rn. 20.
[4] Zu einem solchen Vertrag vgl. OLG Karlsruhe 6.6.2003, TranspR 2004, 316, 319.
[5] Vgl. Fremuth/Thume/*Fremuth* Rn. 7; *Koller* Rn. 33.
[6] BGH 22.4.2010, TranspR 2010, 225(Rn. 15).
[7] Vgl. zur Kündigung bei Dauerschuldverhältnissen auch Palandt/*Sprau* BGB § 649 Rn. 10.
[8] Vgl. *Andresen*, GS Helm, S. 5; Fremuth/Thume/*Fremuth* Rn. 4; *Koller* Rn. 26.

Ausstellung eines Ladescheins ist dies dagegen der Zeitpunkt, zu dem der Absender den Ladeschein an einen Dritten begeben hat.[9]

4  Die Kündigung bezieht sich grundsätzlich auf den Frachtvertrag im Ganzen. Zulässig ist aber auch eine **Teilkündigung** – so etwa, wenn der Frachtvertrag mehrere Beförderungen zum Gegenstand hat und nur in Bezug auf eine einzelne Beförderung gekündigt wird.[10]

5  Ob eine Kündigung vorliegt, ist durch **Auslegung** (§§ 133, 157 BGB) zu ermitteln. Sie kann in der Weigerung liegen, dem Frachtführer Gut zu übergeben, oder – wenn für die Beförderung ein fester Termin vereinbart ist – in der Erklärung, der Termin müsse verschoben werden.[11] Der Umstand, dass der Absender nur untätig ist und die Ladezeit verstreichen lässt, ist dagegen noch nicht als Kündigung anzusehen.[12] Bei Nichteinhaltung der Ladezeit kann der Frachtführer nach § 417 vorgehen. Nicht als Kündigung ist auch der Fall anzusehen, dass der Absender, der vom Frachtführer wegen eines Beförderungshindernisses nach § 419 Abs. 1 S. 1 um Erteilung einer Weisung gebeten wird, vom Frachtführer verlangt, das Gut nicht mehr weiter zu befördern.[13] Insoweit geht § 419 dem § 415 vor. Gleiches gilt für den Fall, dass der Absender dem Frachtführer, ohne dass ein Beförderungs- oder Ablieferungshindernis vorliegt, gemäß § 418 eine Weisung erteilt.[14] Die Beweislast dafür, dass eine die Kündigung iS von § 415 vorliegt, trifft denjenigen, der sich darauf beruft.[15]

6  Die **Kündigungserklärung** kann formlos erfolgen.[16] Ist jedoch ein Frachtbrief ausgestellt, der einen Sperrvermerk enthält, bedarf es der Vorlage der Absenderausfertigung des Frachtbriefs (arg. e § 418 Abs. 4).[17] Entsprechendes gilt, wenn ein Ladeschein ausgestellt ist (arg. e § 446 Abs. 1). Einer Fristsetzung oder der Angabe von Kündigungsgründen bedarf es nicht. Auch eine konkludente Erklärung ist möglich.

7  Mit der Kündigung ist der Frachtvertrag **beendet,** dh. der Vertrag wird mit Wirkung für die Zukunft aufgehoben. Der Vertrag bleibt aber Rechtsgrund für die vor Kündigung erbrachten Leistungen.[18]

### III. Ansprüche des Absenders nach Kündigung

8  Ein Anspruch des Absenders auf Rückbeförderung des Gutes besteht nicht. Allerdings behält der Absender auch im Falle der Kündigung den in § 407 verankerten Anspruch gegen den Frachtführer auf **Herausgabe des zur Beförderung übergebenen Gutes.**[19] Die Obhutspflicht des Frachtführers besteht bis zur Entladung, bis dahin haftet er daher für Güterschäden nach den §§ 425 ff. HGB. Danach richtet sich seine Haftung bis zur Herausgabe nach §§ 280, 281, 286 und §§ 823 ff. BGB.[20] Die Haftung wird dann gem. § 433 HGB beschränkt.[21]

### IV. Zahlungsansprüche des Frachtführers nach Kündigung (Abs. 2)

9  **1. Allgemeines.** Ebenso wie nach § 649 BGB bleiben bei der Kündigung durch den Absender die **Vergütungsansprüche des Frachtführers** bestehen. Abweichend vom

---

[9] Vgl. *Andresen*, GS Helm, S. 5; *Koller* Rn. 18.

[10] Vgl. *Koller* Rn. 2, 11; Heymann/*Schlüter* Rn. 6.

[11] *Andresen*, GS Helm, S. 7; *Koller* Rn. 2 und 10.

[12] Ebenso *Koller* Rn. 2; Heymann/*Schlüter* Rn. 2.

[13] Ebenso *Koller* Rn. 5 und 10.

[14] Vgl. auch *Koller* Rn. 20.

[15] *Koller* Rn. 10.

[16] Heymann/*Schlüter* Rn. 5.

[17] Vgl. *Koller* Rn. 18, 26.

[18] Vgl. Palandt/*Sprau* BGB § 649 Rn. 3.

[19] *Koller* Rn. 27.

[20] Ebenso *Koller* Rn. 27.

[21] *Koller* Rn. 27. Nach überwiegender Auffassung werden nur solche Güterschäden aus dem Geltungsbereich des § 433 herausgenommen, die im Haftungszeitraum des § 425 entstehen (so *Koller* § 433 Rn. 4; Fremuth/Thume/*Fremuth* § 433 Rn. 12; EBJS/*Schaffert* § 433 Rn. 4); aA BGH 28.11.2013, TranspR 2014, 23, der § 433 bei Güterschäden außerhalb der Obhutszeit nicht für anwendbar hält.

Werkvertragsrecht hat der Frachtführer allerdings die Wahl zwischen zwei Alternativen: Er kann konkret abrechnen (Abs. 2 S. 1 Nr. 1) oder er kann eine Pauschale verlangen (Abs. 2 S. 1 Nr. 2). Der Frachtführer muss also, wenn er vollen Ersatz erlangen will, hinsichtlich des Anspruchsumfangs einen konkreten Einzelnachweis führen. Will er sich hiervon entlasten, kann er zwar auch eine Pauschale wählen; diese ist aber der Höhe nach begrenzt, damit der Absender nicht unangemessen belastet wird.[22] Ferner ist Vergütungsanspruch in beiden Fällen eingeschränkt, wenn die Kündigung auf Gründen beruht, die dem Risikobereich des Frachtführers zuzurechnen sind (Abs. 2 S. 2).

Hat der Frachtführer von seinem Wahlrecht Gebrauch gemacht, so bleibt er **an die 10 getroffene Entscheidung gebunden.** Eine Möglichkeit, die einmal getroffene Wahl wieder zu ändern, besteht nicht.[23]

**2. Anspruch auf Fracht, Standgeld, Aufwendungsersatz (Abs. 2 S. 1 Nr. 1). 11** Abs. 2 S. 1 Nr. 1 entspricht weitgehend § 649 S. 2 BGB sowie den im See- und Binnenschifffahrtsrecht vorgesehenen Regelungen über die Kündigung nach Reiseantritt (§ 37 Abs. 1 BinSchG aF, §§ 489 und 532 Abs. 2 nF HGB [früher § 582 Abs. 1 HGB]).[24] Danach steht dem Frachtführer im Falle der Kündigung durch den Absender grundsätzlich die **vereinbarte Fracht** zu. Im Falle einer Teilkündigung (vgl. hierzu Rn. 4) ist dies die anteilige Fracht für die Beförderung, auf die sich die Teilkündigung bezieht.[25] Da die Regelung nur zwei Berechnungsmethoden anbietet, nämlich die konkrete (Abs. 2 S. 1 Nr. 1) und die pauschale Abrechnungsmethode (Abs. 2 S. 1 Nr. 2), muss S. 1 Nr. 1 – entgegen seinem Wortlaut – auch für den Fall gelten, dass keine Vereinbarung über die Höhe der Fracht getroffen wurde und die Höhe der Fracht nach § 632 Abs. 2 BGB (übliche Vergütung) oder § 316 iVm. § 315 BGB (Bestimmung der angemessenen Vergütung durch den Richter, ausnahmsweise auch durch den Frachtführer) bestimmt wird (vgl. hierzu § 407 Rn. 59).

Ob und in welcher Höhe das dem Frachtführer nach Abs. 2 S. 1 Nr. 1 geschuldete 12 **Standgeld** zu zahlen ist, ergibt sich mangels besonderer Vereinbarung aus § 412 Abs. 3, ggf. auch aus der BinSchLV.

Welche die nach Abs. 2 S. 1 Nr. 1 zu ersetzenden **Aufwendungen** sind, ergibt sich aus 13 dem Vertrag sowie aus Gesetz, insbesondere aus § 420 Abs. 1 S. 2 und § 418 Abs. 1 S. 4.

Im Einklang mit dem in § 649 S. 2 BGB verankerten Gedanken der gebotenen **Vorteils- 14 anrechnung** muss sich der Frachtführer anrechnen lassen, was er infolge der Aufhebung des Vertrages an Aufwendungen erspart oder anderweitig erwirbt oder zu erwerben böswillig unterlässt. Rechtstechnisch geschieht der Abzug durch Anrechnung, nicht durch Aufrechnung.[26] Der Frachtführer muss beweisen, dass keine Beträge anzurechnen sind.[27] Dies folgt daraus, dass diese negative Tatsache Bestandteil der Anspruchsvoraussetzung ist: Denn nur wenn der Frachtführer einen konkreten Einzelnachweis nach Abs. 2 S. 1 Nr. 1 hinsichtlich des Anspruchsumfangs führt, kann er davon absehen, sich auf die in Abs. 2 S. 1 Nr. 2 enthaltene Regelung über die Fautfracht zu berufen.[28] Da der Frachtführer insoweit aber das Vorliegen einer sog. negativen Tatsache beweisen muss, kann der Beweis nach den Grundsätzen des Anscheinsbeweises als erbracht angesehen werden, wenn die Tatumstände, die unstreitig sind, den Schluss nahe legen, dass er keine anderweitigen Aufwendungen erspart, erworben oder zu erwerben böswillig unterlassen hat.

**„Ersparte Aufwendungen"** sind solche Aufwendungen, die bei Ausführung des Ver- 15 trags zu machen gewesen wären und die durch die Nichtausführung des konkreten Vertrags infolge der Kündigung entfallen. Welche Aufwendungen hier in Betracht kommen, ist

---

[22] Reg.Begr. S. 45 (zu § 415); EBJS/*Reuschle* Rn. 5.
[23] So auch *Koller* Rn. 15; Heymann/*Schlüter* Rn. 8; Baumbach/Hopt/*Merkt* Rn. 2; EBJS/*Reuschle* Rn. 4.
[24] Vgl. Reg.Begr. S. 45 (zu § 415).
[25] So auch *Koller* Rn. 16.
[26] Erman/*Seiler* BGB § 649 Rn. 6; Heymann/*Schlüter* Rn. 9.
[27] Vgl. *Koller* Rn. 16; Oetker/*Paschke* Rn. 7.
[28] Reg.Begr. S. 45 (zu § 415).

insbes. anhand der Vertragsunterlagen unter Berücksichtigung der Kalkulation der Fracht zu beurteilen.[29] Aufwendungen in diesem Sinne sind nur solche, die in die Fracht einkalkuliert waren und nicht nach § 420 Abs. 1 S. 1 gesondert verlangt werden können.[30] Hierzu zählen alle Kosten, die im regelmäßigen Verlauf der Beförderung für diese angefallen sind, so etwa Hafen-, Schleusen-, Kanal- und Brückengelder, Lotsengebühren (vgl. hierzu § 420 Rn. 6). In Betracht kommen weiter auch die Kosten, die der Frachtführer für von ihm in Abweichung von § 412 Abs. 1 vertraglich übernommene Lade- und Löschtätigkeiten angesetzt hat.

16  **„Böswilligkeit"** erfordert über den Vorsatz hinaus die Absicht, die Untätigkeit in treuwidriger Weise auszunutzen, etwa indem ein zumutbarer Ersatzauftrag nicht übernommen wird.

17  **3. Anspruch auf Fautfracht (Abs. 2 S. 1 Nr. 2).** Nach Abs. 2 S. 1 Nr. 2 hat der Frachtführer alternativ das Recht, pauschal eine „Fautfracht" in Höhe von einem Drittel der nach dem Frachtvertrag geschuldeten Fracht zu verlangen. Macht der Frachtführer von diesem Recht Gebrauch, kann er weitere Zahlungen nicht mehr verlangen. Mit der Fautfracht sind der Anspruch auf Fracht, Standgeld und Aufwendungsersatz abgegolten.[31] Das Rechtsinstitut der „Fautfracht" ist dem See- und Binnenschifffahrtsrecht nachgebildet (§ 34 BinSchG aF, § 580 HGB aF). Er versteht sich als eine gesetzlich festgelegte, pauschale Kündigungsentschädigung, die weder Leistungsentgelt noch Schadensersatz ist.[32]

18  Die Fautfracht berechnet sich nach der vereinbarten Fracht, oder, wenn die **Höhe der Fracht** nicht vereinbart wurde, nach der üblichen Fracht (§ 632 Abs. 2 BGB) oder der nach § 316 iVm. § 315 BGB zu bestimmenden angemessenen Fracht (vgl. hierzu § 407 Rn. 59).

19  Der Anspruch auf Fautfracht **entfällt** gem. Abs. 2 S. 2, wenn die Kündigung auf Gründen beruht, die dem **Risikobereich des Frachtführers** zuzurechnen sind (hierzu Rn. 21).[33]

20  **4. Kündigungsgrund im Risikobereich des Frachtführers (Abs. 2 S. 2). a) Grundsatz.** Wenn die Kündigung auf Gründen beruht, die dem Risikobereich des Frachtführers zuzurechnen sind, so entfällt gem. Abs. 2 S. 2 der Vergütungsanspruch des Frachtführers nach ganz oder teilweise: Sind diese Voraussetzungen erfüllt, so entfällt in jedem Falle der Anspruch nach Abs. 2 S. 1 Nr. 2 auf Fautfracht. Darüber hinaus entfällt nach Abs. 2 S. 1 Nr. 1 auch der Anspruch auf Vergütung, Standgeld und Aufwendungsersatz, soweit die Beförderung für den Absender nicht von Interesse ist. Jeweils unmaßgeblich ist, ob die Gründe nicht nur im Risikobereich des Frachtführers, sondern auch im Risikobereich des Absenders liegen.[34]

21  **b) Risikobereich des Frachtführers.** Der Begriff „Risikobereich" ist in demselben Sinne zu verstehen wie in § 412 (s. § 412 Rn. 38 ff.). Darauf, ob den Frachtführer ein Verschulden trifft oder nicht, kommt es nicht an. Die Risikoverantwortlichkeit des Frachtführers knüpft nicht nur an vom Frachtführer verschuldete Störungen, sondern auch bei ihm unverschuldete Betriebsstörungen an.[35] Die Beweislast, dass der Kündigungsgrund (auch) dem Risikobereich des Frachtführers zuzurechnen ist, trägt der Absender.[36]

22  **c) Interessenwegfall.** Wie in § 420 Abs. 2 befolgt das Gesetz den Grundsatz, dass in den Fällen, in denen ein bestimmter Umstand dem Risikobereich des Frachtführers zuzu-

---

[29] Vgl. BGH 21.12.1995, BGHZ 131, 362 = NJW 1996, 1282 (auch zur Beweislast).
[30] Ebenso *Koller* Rn. 16; *v. Waldstein/Holland* Rn. 7.
[31] *Koller* Rn. 17; *EBJS/Reuschle* Rn. 11.
[32] Reg.Begr. S. 45 (zu § 415); Baumbach/Hopt/*Merkt* Rn. 2.
[33] Zur Beweislast für behauptete Fahr- und Ladeuntauglichkeit OLG Köln-Schifffahrtsobergericht 21.3.1997, TranspR 1997, 375.
[34] Vgl. *Andresen*, GS Helm, S. 11; *Koller* Rn. 16 und 17.
[35] Vgl. auch Beschlussempfehlung TRG S. 46 (zu § 415) (es reicht aus, dass Frachtführer Anlass für Kündigung gegeben hat). AA 1. Aufl. Bd. 7a Rn. 4.
[36] *Andresen*, GS Helm, S. 11; *Koller* Rn. 17; Oetker/*Paschke* Rn. 9.

rechnen ist, die von ihm erbrachte Leistung nur vergütungspflichtig ist, soweit an ihr Interesse besteht. Der Absender wird daher von der Pflicht zur Zahlung der nach dem Frachtvertrag geschuldeten Fracht, von Standgeld und von Aufwendungsersatz nach Abs. 2 S. 1 Nr. 1 befreit, soweit die Beförderung für den Absender nicht von Interesse ist. Ein Wegfall des Interesses an der Beförderungsleistung ist zu bejahen, wenn die erbrachte Beförderungsleistung **keinen Wert mehr für den Absender** hat. Dies ist etwa dann der Fall, wenn der Absender für die gesamte Beförderung einen neuen Auftrag erteilen muss.[37] Ein Interessewegfall kann ferner vorliegen, wenn die Vertrauensbasis zum Frachtführer zerstört ist und daher der Absender davon absehen möchte, das Gut durch den Frachtführer befördern zu lassen.[38] Dagegen reicht für die Annahme eines Interessewegfalls nicht allein der Umstand aus, dass der Absender das Gut anderweitig zu einem höheren Preis verkaufen kann.[39] Wurde das Gut von einem Geschäftsbesorger, zB einem Spediteur, versandt, so ist das Interesse eines Auftraggebers maßgebend.[40] Die Beweislast für den Wegfall des Interesses trägt der Absender.[41]

### V. Maßnahmen bei Kündigung nach Verladung (Abs. 3)

**1. Grundsatz.** Da im Zeitpunkt der Kündigung des Frachtvertrags das Gut häufig schon **23** auf das Beförderungsmittel verladen und auch schon mit der Beförderung begonnen wurde, regelt Abs. 3, wer im Falle der Kündigung das Gut zu entladen und die Kosten hierfür zu tragen hat. Da § 415 an das Kündigungsrecht des Absenders keine Anforderungen stellt, räumt Abs. 3 S. 1 dem Frachtführer zum Ausgleich ein **Wahlrecht** ein, wie mit dem Gut zu verfahren ist: Der Frachtführer kann bestimmen, ob das Gut von ihm selbst oder vom Absender zu entladen ist. § 412 Abs. 1 S. 1, der den Absender verpflichtet, das Gut zu entladen, gilt insoweit nicht.[42] Auch eine Rangfolge der in Betracht kommenden Handlungsalternativen gibt das Gesetz nicht vor. Es ist in das Ermessen des Frachtführers gestellt, welche Alternative er wählen will.[43] Das Wahlrecht entfällt allerdings, wenn die Kündigungsgründe dem Risikobereich des Frachtführers zuzurechnen sind. In diesem Falle ist allein der Frachtführer entlade- und insoweit auch kostenpflichtig (Abs. 3 S. 3).

Das Wahlrecht nach Abs. 1 S. 1 ist **unverzüglich** auszuüben, dh. gem. § 121 BGB **24** „ohne schuldhaftes Zögern". Zwar verlangt nur Abs. 3 S. 3 vom Frachtführer für den Fall, dass die Kündigung auf Gründen beruht, die seinem Risikobereich zuzurechnen sind, eine „unverzügliche" Entladung. Aber auch in den Fällen, in denen die Kündigung auf anderen Gründen beruht, hat der Frachtführer nicht die Möglichkeit, die Entscheidung und damit auch das Entladen zu verzögern. Denn mit der durch die Kündigung bewirkten Beendigung des Frachtvertrages kann der Absender die unverzügliche Herausgabe des zur Beförderung übergebenen Gutes verlangen (hierzu Rn. 8).[44] Verletzt der Frachtführer die Pflicht zur unverzüglichen Herausgabe des Gutes, haftet er nach § 280 Abs. 2, § 286 BGB auf Schadensersatz. Maßgeblicher Zeitpunkt für das Entladen des Gutes ist derjenige, an dem das Gut mit Rücksicht auf den Betrieb des Frachtführers und die Interessen Dritter entladen werden kann (arg. e Abs. 3 S. 2).

Abs. 3 S. 1 ist dispositiv. Der Anspruch des Frachtführers auf Ersatz der Aufwendungen **25** für ein Entladen des Gutes oder auf Entladen des Gutes durch den Absender kann also abbedungen werden. Er entfällt allerdings nicht ohne weiteres schon dann, wenn die Parteien eine von § 412 Abs. 1 **abweichende Vereinbarung** getroffen haben und danach der Frachtführer zum Entladen des Gutes verpflichtet ist. Denn eine nicht vom Frachtführer

---

[37] So Beschlussempfehlung S. 47 (zu § 415).
[38] *Koller* Rn. 16.
[39] Vgl. Fremuth/Thume/*Fremuth* Rn. 23.
[40] *Koller* Rn. 16; Oetker/*Paschke* Rn. 7.
[41] AA *Koller* Rn. 16.
[42] Baumbach/Hopt/*Merkt* Rn. 3; EBJS/*Reuschle* Rn. 15.
[43] Vgl. Beschlussempfehlung TRG S. 47 (zu § 415).
[44] *Koller* Rn. 27, 29; Heymann/*Schlüter* Rn. 13 (Anwendung des § 407 Abs. 1 analog).

veranlasste Kündigung dürfte grundsätzlich zusätzlichen Aufwand für den Frachtführer bedeuten, der nicht schon mit der Fracht abgegolten ist.

**26**     **2. Entladung durch Frachtführer. a) Grundsatz.** Macht der Frachtführer von seinem Recht nach Abs. 3 S. 1 Gebrauch, die Entladung selbst, durch seine Leute oder durch einen von ihm beauftragten Dritten vorzunehmen, muss er dies, wie oben (Rn. 24) ausgeführt, **unverzüglich** tun, dh. gem. § 121 BGB „ohne schuldhaftes Zögern".[45] Die Entladung muss jedoch nicht sofort und daher auch nicht direkt an dem Platz erfolgen, an dem sich das Gut zum Zeitpunkt des Erhalts der Kündigung befindet. Vielmehr hat der Frachtführer das Gut so rasch wie möglich an einen nahegelegenen zur Entladung geeigneten Ort, zB Lagerhaus, Hafen etc. zu bringen.[46]

**27**     Entstehen durch die Entladung Schäden am Gut, so haftet der Frachtführer hierfür auf Grund seiner **vertraglichen Obhutspflicht** (hierzu Rn. 8).[47] Mit Abschluss des Entladevorgangs ist dagegen die Beförderung und damit zugleich die Obhutzeit beendet (vgl. § 419 Abs. 3 S. 5).[48]

**28**     Die **Kosten** für das Entladen sind, soweit die Kündigung nicht auf Gründen beruht, die im Risikobereich des Frachtführers liegen, vom Absender zu tragen (Abs. 3 S. 1). Haben die Parteien abweichend von § 412 Abs. 1 vereinbart, dass der Frachtführer zum Entladen des Gutes verpflichtet ist, so bedeutet dies noch nicht ohne weiteres, dass der Frachtführer damit auch die Kosten des Entladens im Falle einer Kündigung durch den Absender nach § 415 zu tragen hat. Denn eine vorzeitige Entladung dürfte regelmäßig mit Mehrkosten verbunden sein (s. Rn. 25). Es ist daher in einem solchen Fall davon auszugehen, dass jedenfalls die Mehrkosten vom Absender zu tragen sind.

**29**     Nach Abs. 3 S. 1 kann der Frachtführer mit dem Gut nach § 419 Abs. 3 S. 2 bis 4 verfahren. Er kann also unter den in § 419 Abs. 3 genannten Voraussetzungen das Gut selbst **verwahren,** es für Rechnung des Absenders einem Dritten zur Verwahrung anvertrauen, ggf. auch verkaufen oder gar vernichten, und für die ergriffenen Maßnahmen Aufwendungsersatz verlangen (vgl. hierzu § 419 Rn. 28 ff.). Bei der Entscheidung darüber, welche Maßnahme er ergreift, hat der Frachtführer entsprechend § 419 Abs. 3 S. 1 zu prüfen, welche der Maßnahmen im Interesse des Verfügungsberechtigten die beste zu sein scheint.[49] Zwar verweist § 415 Abs. 3 S. 1 nicht auf die genannte Vorschrift. Die in § 419 Abs. 3 S. 1 zum Ausdruck gebrachte allgemeine Interessenwahrungspflicht des Frachtführers entfällt jedoch nicht allein deshalb, weil der Absender von seinem Kündigungsrecht Gebrauch macht. Dementsprechend muss der Frachtführer davon absehen, eine der genannten Maßnahmen zu ergreifen, wenn der Absender das Gut unverzüglich zurücknimmt. Denn insoweit besteht kein Anlass für den Frachtführer, das Gut auf Kosten des Absenders in die Obhut eines Dritten zu geben oder gar zu verkaufen oder zu vernichten.

**30**     **b) Kündigung im Risikobereich des Frachtführers.** Nach Abs. 3 S. 3 entfällt der Anspruch auf Ersatz der **Kosten** für die Entladung, wenn die Kündigung auf Gründen beruht, die dem Risikobereich des Frachtführers zuzurechnen sind (hierzu Rn. 21). Zugleich entfällt in diesem Fall der Anspruch auf Ersatz der **Aufwendungen,** die er für Maßnahmen nach § 419 Abs. 3 S. 2 bis 4 ergriffen hat. Dagegen bleibt der Frachtführer für den Fall, dass der Absender das Gut nach dem Entladen nicht unverzüglich entgegennimmt, die Möglichkeit, Maßnahmen nach § 419 Abs. 3 S. 2 bis 4 zu ergreifen.[50] Denn § 415 Abs. 3 S. 3 schränkt nur den Anspruch auf Kosten- bzw. Aufwendungsersatz ein. Eine vergleichbare Regelung findet sich in § 419 Abs. 4.

---

[45] *Koller* Rn. 27, 29.

[46] *Koller* Rn. 29.

[47] AA Fremuth/Thume/*Fremuth* § 415 Rn. 29 für den Fall, dass der Frachtführer das Gut durch Dritte entladen lässt. Dann soll er nur für Auswahlverschulden haften. Dies widerspricht jedoch der allg. Auffassung, dass die Obhutshaftung des Frachtführers bei eigener Entladung noch bis zu deren Beendigung fortbesteht.

[48] So auch *Koller* Rn. 29.

[49] EBJS/*Reuschle* Rn. 17.

[50] AA *Koller* Rn. 32 unter Hinweis auf den Wortlaut von § 415 Abs. 3 S. 3.

**3. Entladung durch Absender.** Alternativ kann sich der Frachtführer darauf beschrän- 31
ken, den Absender aufzufordern, die Entladung seinerseits vorzunehmen. Dann endet seine
Obhutspflicht bei Beginn der Entladung. Der Absender hat seiner Entladepflicht nach Abs. 3
S. 1 **unverzüglich,** dh. gem. § 121 BGB „ohne schuldhaftes Zögern", nachzukommen (s.
Rn. 24). Die der Entladepflicht korrespondierende Duldungspflicht schränkt aber Abs. 3
Satz 2 dahin ein, dass das Entladen ohne Nachteile für den Betrieb des Frachtführers und
ohne Schäden für die Absender oder Empfänger anderer Sendungen möglich sein muss.
Die Formulierung entspricht der in § 418 Abs. 1 S. 2. Die Entgegensetzung von Schäden
und Nachteilen ist dahin zu verstehen, dass es sich bei den Schäden für Absender und
Empfänger anderer Sendungen um drohende Güterschäden handeln muss, nicht um bloße
(Vermögens-)Nachteile etwa wegen Transportverzögerung.

Beruht die Kündigung auf Gründen, die dem **Risikobereich des Frachtführers** zuzu- 32
rechnen sind (hierzu Rn. 21), muss der Frachtführer das Gut auf eigene Kosten entladen
(Abs. 3 S. 3). Ein Anspruch des Frachtführers gegenüber dem Absender auf Ersatz der
Aufwendungen für ein Entladen des Gutes oder auf Entladen des Gutes durch den Absender
besteht insoweit nicht.

## VI. Konkurrenzen

§ 415 geht als lex specialis der **werkvertragsrechtlichen Kündigungsregelung** in 33
§ 649 BGB vor. Bei auf Dauer gerichteten Rahmenverträgen besteht mangels abweichender
vertraglicher Regelung ein allgemeines Kündigungsrecht analog § 621 BGB[51] und nach
§ 314 BGB ein Recht auf Kündigung aus wichtigem Grund.[52]

Strittig ist, in welchem Verhältnis § 415 zu den zivilrechtlichen Regelungen des **allge-** 34
**meinen Leistungsstörungsrechts** über den Rücktritt vom Vertrag (§§ 323 ff. BGB) steht.
Nach der Gesetzesbegründung[53] verbleiben dem Absender im Vorfeld der Kündigung die
Rechtsbehelfe des allgemeinen Leistungsstörungsrechts. Da jedoch Abs. 2 erst während des
Gesetzgebungsverfahrens geändert wurde und dort die Zahlungsansprüche des Frachtführers
unter Risikogesichtspunkten eingeschränkt wurden,[54] kann unter Berufung auf die
Reg.Begr. an der darin geäußerten Auffassung nicht mehr festgehalten werden. Denn mit
dem Kriterium der Risikosphäre sind in die Kündigungsregelung des jetzigen § 415 Elemente des allgemeinen Leistungsstörungsrechts aufgenommen worden. Ähnlich wie die
§§ 323 ff. BGB entlastet die Regelung den Schuldner, dh. den Absender, wenn ein Umstand
vorliegt, der ihm nicht zuzurechnen ist: Nach § 326 BGB wird der Gläubiger im Falle der
Unmöglichkeit von seiner Pflicht zur Zahlung befreit. Nach § 415 wird der Absender von
seiner Pflicht zur Zahlung der Fautfracht und auch zur Zahlung der Fracht unter Anrechnung ersparter Aufwendungen befreit, wenn der Grund für die Kündigung dem Risikobereich des Frachtführers zuzuordnen ist und die Beförderung für den Absender nicht von
Interesse ist. Damit verbleibt allerdings eine Mehrbelastung des Absenders nach § 415, wenn
ein Fall der Unmöglichkeit vorliegt und der Grund für die Kündigung nicht im Risikobereich des Frachtführers liegt. Zu denken ist etwa an den Fall, dass das nach dem Vertrag
zu befördernde Gut vor Vertragsabschluss untergegangen ist oder dass infolge von Hochwasser eine Beladung des Fahrzeugs nicht möglich ist. Hier erscheint es sachgerecht, neben
§ 415 noch allgemeines Leistungsstörungsrecht zur Anwendung gelangen zu lassen und
dem Absender neben § 415 zu gestatten, sich unter Berufung auf allgemeine zivilrechtliche
Regelungen vom Vertrag zu lösen. In solchen Fällen ist gem. §§ 133, 157 BGB zu ermitteln,
ob der Absender gekündigt oder sonstige Rechte geltend gemacht hat.[55] Dabei ist allerdings
auch zu berücksichtigen, dass sich in den Fällen, in denen sich der Beförderung des Gutes
nach seiner Übernahme durch den Frachtführer Hindernisse in den Weg stellen, eine

---

[51] BGH 22.4.2010, TranspR 2010, 225(Rn. 15).
[52] Vgl. zur Kündigung bei Dauerschuldverhältnissen auch Palandt/*Sprau* BGB § 649 Rn. 10.
[53] Reg.Begr. S. 46 (zu § 415). Zust. Baumbach/Hopt/*Merkt* Rn. 1; *Ramming* TranspR 2003, 419, 429.
[54] Vgl. Beschlussempfehlung S. 47 (zu § 415).
[55] *Koller* Rn. 5 ff., EBJS/*Reuschle* Rn. 28.

spezialgesetzliche Regelung in § 419 findet. Der Absender hat auf Grund dieser Regelung die Möglichkeit, dem Frachtführer die Weisung zu erteilen, das Gut unverzüglich wieder auszuladen, und sich dadurch gem. § 420 Abs. 2 seiner Frachtzahlungspflicht zu entledigen. In diesen Fällen scheidet eine Anwendung der §§ 323 ff. BGB aus (vgl. § 419 Rn. 51). Die §§ 323 ff. BGB sind daher nur neben § 415 anwendbar, solange § 419 nicht greift, also in den Fällen, in denen noch **vor der Übernahme des Gutes** durch den Frachtführer erkennbar wird, dass die Beförderung unmöglich ist.[56] Das entspricht auch den von der Rechtsprechung zur Kündigung von Dauerschuldverhältnissen (§ 314 BGB) entwickelten Grundsätzen:[57] Die Parallele macht auch Sinn, weil jede Beförderungsleistung die zeitliche Dimension einer Dauer besitzt, wie sie allen Dauerschuldverhältnissen innewohnt.

35     Da § 415 nur die Kündigungsmöglichkeit durch den Absender regelt, trifft er zu der Frage, inwieweit der **Frachtführer** berechtigt ist, nach den §§ 323 ff. BGB vom Vertrag zurückzutreten, keine Aussage. Die Rechte des Frachtführers nach den §§ 323 ff. BGB bleiben also von § 415 unberührt. Zu berücksichtigen bleiben allerdings die §§ 417, 419 (vgl. § 417 Rn. 17 f., § 419 Rn. 51). Folgt man dem eben in Rn. 34 zuletzt geschilderten Gedankengang, so hat der Frachtführer ggf. das Recht auf Kündigung gem. § 314 BGB.

36     Wie bereits oben (Rn. 34) erwähnt, räumt der in der Neufassung leicht veränderte § 419 dem Absender bei Vorliegen eines nach Übernahme des Gutes erkennbar werdenden **Beförderungs- oder Ablieferungshindernisses** weitere Rechte ein. Ob der Absender bei Abgabe einer entsprechenden Erklärung in diesem Falle von der in § 419 eröffneten Möglichkeit Gebrauch machen will oder vielmehr von seinem Kündigungsrecht nach § 415, ist wiederum durch Auslegung zu ermitteln. In den Fällen, in denen sich der Durchführung des Frachtvertrags ein Beförderungs- oder Ablieferungshindernis entgegenstellt und der Absender die Weisung erteilt, das Gut zu entladen, wird allerdings in der Erklärung regelmäßig keine Kündigung iSd. § 415 Abs. 1 zu sehen sein (s Rn. 5). Die Rechtsfolgen richten sich in diesem Fall allein nach den §§ 419, 420 Abs. 2.[58]

37     § 415 ist dispositiv. Die Vertragsparteien haben also die Möglichkeit, **abweichende Vereinbarungen** zu treffen.[59] Hierzu zählt insbesondere die Vereinbarung eines **Fixgeschäfts** iSd. § 323 Abs. 2 S. 2 BGB. Haben also die Vertragsparteien vereinbart, dass die Beförderung unbedingt zu einem im Vertrag genannten Termin durchzuführen ist, so kann der Absender bei Nichteinhaltung der Frist gem. den §§ 323, 346 BGB vom Vertrag zurücktreten bzw. gem. § 314 BGB kündigen (s. Rn. 33 und 34); einer Kündigung nach § 415 bedarf es insoweit nicht.[60]

## § 416 Anspruch auf Teilbeförderung

**[1]Wird das Gut nur teilweise verladen, so kann der Absender jederzeit verlangen, dass der Frachtführer mit der Beförderung des bereits verladenen Teils des Gutes beginnt. [2]In diesem Fall gebührt dem Frachtführer die volle Fracht, das etwaige Standgeld sowie Ersatz der Aufwendungen, die ihm durch das Fehlen eines Teils des Gutes entstehen; von der vollen Fracht kommt jedoch die Fracht für dasjenige Gut in Abzug, welches der Frachtführer mit demselben Beförderungsmittel anstelle des nicht verladenen Gutes befördert. [3]Der Frachtführer ist außerdem berechtigt, soweit ihm durch das Fehlen eines Teils des Gutes die Sicherheit für die volle Fracht entgeht, die Bestellung einer anderweitigen Sicherheit zu fordern. [4]Beruht die Unvollständigkeit der Verladung auf Gründen, die dem Risikobereich des Frachtführers zuzurechnen sind, so steht diesem der Anspruch nach den Sätzen 2 und 3 nur insoweit zu, als tatsächlich Gut befördert wird.**

---

[56] Weitergehend *Koller* Rn. 6.
[57] MüKoBGB/*Ernst* § 323 BGB Rn. 35; Palandt/*Grüneberg* BGB § 314 Rn. 12.
[58] Ebenso *Braun* S. 72 ff.
[59] EBJS/*Reuschle* Rn. 28.
[60] Ebenso *Koller* Rn. 9 f.; *Ramming* TranspR 2003, 419, 421 ff. AA *Andresen*, GS Helm, S. 6.

## Übersicht

|  | Rn. |  | Rn. |
|---|---|---|---|
| **I. Normzweck** | 1 | **III. Ansprüche des Frachtführers (S. 2** | |
|  |  | **bis 4)** | 7–13 |
| **II. Anspruch des Absenders auf Teilbe-** | | 1. Fracht, Standgeld, Aufwendungsersatz . | 7–10 |
| **förderung (S. 1)** | 2–6 | 2. Sicherheitsleistung | 11 |
| 1. Geltendmachung des Beförderungsan- | | 3. Unvollständigkeit der Verladung im | |
| spruchs | 2–4 | Risikobereich des Frachtführers | 12, 13 |
| 2. Abwehrrechte des Frachtführers | 5, 6 | **IV. Konkurrenzen** | 14 |

## I. Normzweck

Die Vorschrift gewährt dem Absender in Anlehnung an schifffahrtsrechtliche Vorbilder **1** (§ 35 Abs. 1 S. 2 und Abs. 2 BinSchG aF, § 578 HGB aF)[1] und an § 533 nF einen Anspruch auf Teilbeförderung. Die im Zuge der Reform des Seehandelsrechts vorgenommenen Änderungen des Wortlauts erfolgten lediglich, um den bislang verwendeten Begriff „Ladung" zu vermeiden, also aus rein sprachlichen Gründen.[2] Die Bestimmung erweitert die in § 415 eröffnete **Dispositionsmöglichkeit des Absenders** für den Fall, dass bereits ein Teil des Beförderungsgutes verladen wurde, das übrige Gut jedoch noch nicht zur Verfügung steht. Hat der Absender kein Interesse daran, den Vertrag zu beenden und so des Anspruchs auf Beförderung vollständig verlustig zu gehen, möchte er andererseits aber auch vermeiden, dass der Frachtführer noch länger auf das übrige Frachtgut wartet und hierfür gemäß § 412 Abs. 3 Standgeld verlangt, so räumt ihm das Gesetz die Möglichkeit ein, „flexibel zu reagieren"[3] und vom Frachtführer die Beförderung der noch unvollständigen Ladung zu verlangen. Diese erweiterte Dispositionsmöglichkeit hat freilich ihren Preis. Denn ihre Inanspruchnahme darf nicht mit Einbußen für den Frachtführer verbunden sein. Aus diesem Grunde sieht § 416 vor, dass dem Frachtführer auch in diesem Falle regelmäßig die volle Fracht gebührt.

## II. Anspruch des Absenders auf Teilbeförderung (S. 1)

**1. Geltendmachung des Beförderungsanspruchs.** Voraussetzung für die Geltend- **2** machung eines Anspruchs auf Teilbeförderung ist – anders als beim seerechtlichen Stückgutfrachtvertrag gem. § 533 –, dass bereits ein Teil des vereinbarten Frachtgutes vollständig iS von § 412 verladen (also auch gestaut und befestigt) wurde, nach dem Vertrag jedoch noch weitere Teile zu verladen sind. Unmaßgeblich ist, aus welchem Grunde diese Teile noch nicht verladen wurden. Wie sich aus S. 3 ergibt, ist insbesondere nicht erforderlich, dass die Unvollständigkeit der Verladung auf Gründen beruht, die dem Risikobereich des Frachtführers zuzuordnen sind.

Mit Geltendmachung des Anspruchs auf Teilbeförderung verzichtet der Absender darauf, **3** dass der Frachtführer den nicht verladenen Teil des Gutes noch befördert; insbesondere behält er auch nicht den Anspruch auf die ausschließliche Nutzung der Laderäume (arg. e S. 2). Insoweit handelt es sich bei dem Verlangen auf Teilbeförderung um eine **Teilkündigung.**[4]

Der Anspruch kann formlos und nach Beginn der Ladung **jederzeit** geltend gemacht **4** werden. Der Absender kann also insbesondere schon innerhalb der Ladezeit verlangen, dass mit der Beförderung des bereits verladenen Teils des Gutes begonnen wird. Auf das Ende der Ladezeit muss er nicht warten. Auch das Verstreichen einer von den Parteien nach § 412 Abs. 3 vereinbarten Überliegezeit (hierzu § 412 Rn. 37) muss der Absender nicht abwarten.

---

[1]  Vgl. Reg.Begr. S. 46 (zu § 416).
[2]  RegBegr-SRG S. 53.
[3]  Reg.Begr. S. 46 (zu § 416).
[4]  AA *Koller* Rn. 2 und *Braun* S. 269, die das Verlangen als besondere Form der Weisung qualifizieren.

5  **2. Abwehrrechte des Frachtführers.** Wenn wegen der Unvollständigkeit des Frachtgutes die Begleitdokumente unvollständig und fehlerhaft geworden sind und daher bei einer Beförderung der Teilladung mit einer Beschlagnahme des Beförderungsmittels zu rechnen ist, kann der Frachtführer von seinem **Zurückbehaltungsrecht** nach § 273 BGB Gebrauch machen und die Beförderung ablehnen (vgl. § 413 Rn. 20).[5] Dagegen reicht es zur Geltendmachung eines Zurückbehaltungsrechts und der Ablehnung der Beförderung nicht aus, wenn infolge des Fehlens eines Teils der Ladung die Betriebssicherheit des Fahrzeugs gefährdet ist. Vielmehr ergibt sich aus S. 2, dass der Frachtführer zunächst alle ihm möglichen und zumutbaren Maßnahmen ergreifen muss, um die Beförderung der Teilladung zu ermöglichen.[6] Dazu gehört uU auch, das Gut so umzustauen, dass die Betriebssicherheit des Fahrzeugs nicht beeinträchtigt wird.

6  Im Falle einer nur teilweise erfolgten Verladung hat der Frachtführer außerdem das Recht, seinerseits den Vertrag nach Setzung einer Nachfrist gem. § 417 zu **kündigen** und die Ansprüche nach § 415 Abs. 2 geltend machen. Das gilt allerdings nur, solange der Absender den Frachtführer nicht durch die Geltendmachung des § 416 HGB zu einer Teilbeförderung zwingt. Denn § 416 kommt im Verhältnis zu § 417 Abs. 3 der Vorrang zu.[7]

### III. Ansprüche des Frachtführers (S. 2 bis 4)

7  **1. Fracht, Standgeld, Aufwendungsersatz.** Auch wenn der Frachtführer auf Verlangen des Absenders nur einen Teil der vertraglich vereinbarten Ladung befördert, steht ihm gleichwohl die **volle Fracht** zu. Dies entspricht dem Grundsatz, der auch bei Kündigung des gesamten Vertrages nach § 415 Abs. 2 S. 1 Nr. 1 gilt (vgl. hierzu § 415 Rn. 11).[8] Ebenso wie dort darf der Frachtführer, von dem eine Teilbeförderung verlangt wird, außerdem etwaiges Standgeld und Aufwendungsersatz verlangen.

8  Die **Voraussetzungen des** dem Frachtführer geschuldeten **Standgeldes** bestimmen sich nach § 412 Abs. 3.[9] Zu der Zeit, für die der Frachtführer ein Standgeld verlangen kann, zählt dabei auch die Zeit, die der Frachtführer über die Ladezeit hinaus benötigt, um das bereits verladene Gut infolge der Minderlieferung so umzustauen, damit die Betriebssicherheit des Fahrzeugs nicht beeinträchtigt wird.[10] In Betracht kommt darüber hinaus die Zeit, bis zu der dem Frachtführer die von ihm nach S. 3 verlangte Sicherheit gestellt wird.[11]

9  Als zu ersetzende **Aufwendungen** nennt S. 2 nur jene, die dem Frachtführer **infolge der Unvollständigkeit der Ladung** entstehen. Aufwendungen iSd. S. 2 sind die gleichen wie die Aufwendungen iSd. § 670 BGB. Es handelt sich also um alle Vermögensopfer, die der Frachtführer wegen der ergriffenen Maßnahme gemacht hat, einschließlich derjenigen Vermögensopfer, die sich als notwendige Folge der Maßnahme ergeben.[12] Entsprechend § 670 BGB sind dabei nur solche Aufwendungen zu ersetzen, die der Frachtführer den Umständen nach für erforderlich halten durfte.[13] Hierzu zählen insbesondere die Aufwendungen, die durch Umstauen der Ladung oder sonstige Sicherheitsmaßnahmen entstanden sind.[14] Der Anspruch auf Aufwendungsersatz nach § 420 Abs. 1 S. 2 bleibt von S. 2 unberührt; er kann also zusätzlich geltend gemacht werden.[15]

10  Nach S. 2, 2. HS muss sich jedoch der Frachtführer auf seinen Zahlungsanspruch die Fracht **anrechnen** lassen, die er dadurch verdient, dass er mit demselben Beförderungsmittel

---

[5]  *Koller* Rn. 3.
[6]  Vgl. *Koller* Rn. 3.
[7]  *Braun* S. 270 f.
[8]  Heymann/*Schlüter* Rn. 2.
[9]  Baumbach/Hopt/*Merkt* Rn. 1; EBJS/*Reuschle* Rn. 2.
[10]  Vgl. *Rabe* § 578 Rn. 9.
[11]  Ebenso *Koller* Rn. 12; Fremuth/Thume/*Fremuth* Rn. 9.
[12]  Vgl. Palandt/*Sprau* BGB § 670 Rn. 3.
[13]  Vgl. auch *Koller* Rn. 9; so auch Heymann/*Schlüter* Rn. 7.
[14]  EBJS/*Reuschle* Rn. 6.
[15]  Ebenso *Koller* Rn. 9.

anstelle des nicht verladenen Gutes Ersatzladung befördert. Die Regelung orientiert sich inhaltlich an den früheren seerechtlichen Vorschriften der § 587 Satz 1 Nr. 1 aF, § 588 Abs. 2 Satz 2 aF.[16] und entspricht dem neuen § 533 Abs. 1 S. 2. Abweichend von § 415 Abs. 2 S. 1 Nr. 1 muss sich der Frachtführer dagegen nicht anrechnen lassen, was er an Aufwendungen erspart oder zu erwerben böswillig unterlassen hat.[17] Wie im Falle des § 415 Abs. 2 S. 1 Nr. 1 muss auch im Falle des S. 2, 2. HS der Frachtführer die Tatsache, ob und in welchem Umfang er Fracht für die Beförderung einer Ersatzladung mit demselben Beförderungsmittel verdient hat, darlegen und beweisen. Der Beweis kann allerdings mit Hilfe des Anscheinsbeweises erbracht werden (vgl. § 415 Rn. 14).

**2. Sicherheitsleistung.** Nach § 441 Abs. 1 S. 1 hat der Frachtführer insbesondere wegen **11** der durch den Frachtvertrag begründeten Forderungen ein Pfandrecht an dem Gut. Dieses Pfandrecht wird durch die unvollständige Verladung beeinträchtigt, wenn der Wert der Teilladung nicht mehr die Forderungen deckt. Daher begründet S. 3 einen Anspruch auf Nachbesicherung. Die Höhe der Sicherheit errechnet sich aus der Differenz zwischen dem Wert der nach dem Vertrag zu befördernden gesamten Ladung und dem Wert der Teilladung. Auf die Höhe des Anspruchs auf Aufwendungsersatz und Standgeld kommt es nicht an.[18] Ein Anspruch auf Nachbesicherung entfällt, wenn der Wert der Teilladung die in § 441 Abs. 1 S. 1 genannten Forderungen deckt.[19] Der Absender kann nach § 232 BGB bestimmen, wie die Sicherheit zu leisten ist.[20] Solange der Absender keine Sicherheit leistet, kann der Frachtführer dem Absenderverlangen gem. S. 1 ein Leistungsverweigerungsrecht entgegensetzen (§ 273 BGB).

**3. Unvollständigkeit der Verladung im Risikobereich des Frachtführers.** Für den **12** Fall, dass die unvollständige Verladung ganz oder teilweise auf Gründen beruht, die dem Risikobereich des Frachtführers zuzurechnen sind, schneidet S. 4 die Rechte des Frachtführers nach den Sätzen 2 und 3 zurück: Er kann nur **Fracht** für die Beförderung des ihm tatsächlich übergebenen Gutes verlangen. Ein Anspruch auf **Sicherheitsleistung** entfällt. Gleiches gilt für den Anspruch auf Ersatz der **Aufwendungen,** die dem Frachtführer infolge der Unvollständigkeit des verladenen Gutes entstanden sind. Neben der Fracht für die Beförderung des tatsächlich zur Beförderung übergebenen Gutes kann der Frachtführer aber in jedem Falle auch weiterhin nach § 420 Abs. 1 S. 2 die Aufwendungen verlangen, die für das Gut gemacht wurden.

Der **Begriff „Risikobereich"** entspricht dem in § 412 verwendeten Begriff (s. § 412 **13** Rn. 38 ff.). In den Risikobereich des Frachtführers fallen also alle verkehrsbezogenen Umstände, darunter auch der Umstand, dass es infolge von Niedrigwasser erforderlich ist, von der vollständigen Verladung des Gutes abzusehen. Dagegen gehört die Tatsache, dass der Absender aus zolltechnischen Gründen nur einen Teil des Gutes versenden kann, nicht zum Risikobereich des Frachtführers.[21] Entscheidend ist, dass gerade der in Frage stehende Umstand kausal für die Unvollständigkeit der Verladung war.

### IV. Konkurrenzen

Fraglich ist, in welchem Verhältnis § 416 zu § 419 steht. Grundsätzlich ist davon auszuge- **14** hen, dass ein Umstand, der dazu geführt hat, dass nur ein Teil des vereinbarten Gutes verladen wird, nicht zugleich ein Beförderungshindernis iSd. § 419 ist. Denn ein **Beförderungshindernis** setzt begrifflich voraus, dass das Gut bereits zur Beförderung übernommen wurde (vgl. § 419 Rn. 9). § 416 erfasst dagegen regelmäßig den Fall, dass der Frachtführer

---

[16] Vgl. Reg.Begr. S. 47 (zu § 416).
[17] Fremuth/Thume/*Fremuth* Rn. 12; *Koller* Rn. 6; *Müglich* Rn. 6; EBJS/*Reuschle* Rn. 8.
[18] So jetzt auch *Koller* Rn. 12; aA *Andresen/Valder* Rn. 11.
[19] Fremuth/Thume/*Fremuth* Rn. 8; EBJS/*Reuschle* Rn. 10; vgl. auch *Rabe* § 578 Rn. 10 (zu der in § 578 enthaltenen Regelung).
[20] Fremuth/Thume/*Fremuth* Rn. 8.
[21] Heymann/*Schlüter* Rn. 3.

vor Eintritt des die Verladung hindernden Umstandes das Gut noch nicht zur Beförderung erhalten hat. Ausnahmsweise kann dies allerdings auch anders sein. Zu denken ist etwa an den Fall, dass der Frachtführer sich in Abweichung von § 412 Abs. 1 dazu verpflichtet hat, das Gut zu verladen, und er daher das Gut noch vor der Verladung zur Beförderung übernommen hat. Wird nach der Übernahme des Gutes erkennbar, dass die Verladung und damit auch die daran anschließende Beförderung nicht durchgeführt werden kann, so richten sich die Rechtsfolgen nach § 419. Im Rahmen seines Anwendungsbereichs verdrängt er § 416.[22]

## § 417 Rechte des Frachtführers bei Nichteinhaltung der Ladezeit

**(1) Verlädt der Absender das Gut nicht innerhalb der Ladezeit oder stellt er, wenn ihm das Verladen nicht obliegt, das Gut nicht innerhalb der Ladezeit zur Verfügung, so kann ihm der Frachtführer eine angemessene Frist setzen, innerhalb derer das Gut verladen oder zur Verfügung gestellt werden soll.**

**(2) Wird bis zum Ablauf der nach Absatz 1 gesetzten Frist kein Gut verladen oder zur Verfügung gestellt oder ist offensichtlich, dass innerhalb dieser Frist kein Gut verladen oder zur Verfügung gestellt wird, so kann der Frachtführer den Vertrag kündigen und die Ansprüche nach § 415 Abs. 2 geltend machen.**

**(3) Wird das Gut bis zum Ablauf der nach Absatz 1 gesetzten Frist nur teilweise verladen oder zur Verfügung gestellt, so kann der Frachtführer mit der Beförderung des bereits verladenen Teils des Gutes beginnen und die Ansprüche nach § 416 Satz 2 und 3 geltend machen.**

**(4) [1]Der Frachtführer kann die Rechte nach Absatz 2 oder 3 auch ohne Fristsetzung ausüben, wenn der Absender sich ernsthaft und endgültig weigert, das Gut zu verladen oder zur Verfügung zu stellen. [2]Er kann ferner den Vertrag nach Absatz 2 auch ohne Fristsetzung kündigen, wenn besondere Umstände vorliegen, die ihm unter Abwägung der beiderseitigen Interessen die Fortsetzung des Vertragsverhältnisses unzumutbar machen.**

**(5) Dem Frachtführer stehen die Rechte nicht zu, wenn die Nichteinhaltung der Ladezeit auf Gründen beruht, die seinem Risikobereich zuzurechnen sind.**

### Übersicht

|  | Rn. |  | Rn. |
|---|---|---|---|
| I. Normzweck | 1, 2 | V. Beförderung eines Teils der Ladung (Abs. 3) | 13–14 |
| II. Nichteinhaltung der Ladezeit (Abs. 1) | 3–6 | | |
| 1. Ladezeit | 3, 3a | VI. Endgültige Verweigerung der Beladung | 15 |
| 2. Gründe für die Nichteinhaltung der Ladezeit | 4–6 | | |
| III. Nachfrist (Abs. 1) | 7–9 | VII. Risikobereich des Frachtführers (Abs. 5) | 16 |
| IV. Kündigung durch den Frachtführer (Abs. 2) | 10–12 | VIII. Konkurrenzen | 17, 18 |

### I. Normzweck

1    Dem Frachtführer steht, anders als dem Absender, ein allgemeines, weder an zeitliche noch an sachliche Voraussetzungen geknüpftes willkürliches Kündigungsrecht nicht zu. § 417 gewährt ihm jedoch gewisse Dispositionsmöglichkeiten für den Fall, dass der Absender das Gut nicht innerhalb der Ladezeit verlädt oder er es nicht innerhalb dieser Zeit zur Verfügung stellt. Für diesen Fall soll dem Frachtführer ermöglicht werden, insbesondere

---

[22] Vgl. *Braun* S. 271; *Didier* S. 206.

im Hinblick auf die weitere Verwendung des Beförderungsmittels Maßnahmen zu treffen.[1] Eine Parallelvorschrift enthält das neue Seefrachtrecht in § 490, dort jedoch beschränkt auf die Fälle der verzögerten Abladung, weil dort dem Befrachter die Beladung nicht obliegt. Der Grund der Regelung beruht darauf, dass in vielen Fällen dem Frachtführer eher an der freien **Disposition über das Beförderungsmittel** gelegen sein wird als am Standgeld gem. § 412 Abs. 3.[2] Die vom Kündigungs- bis zum Teilbeförderungs-recht reichenden Befugnisse des Frachtführers macht das Gesetz allerdings von einer den Absender schützen-den Nachfristsetzung abhängig. Damit folgt die Bestimmung zum einen alten schifffahrts-rechtlichen Vorbildern (§§ 33 bis 35 BinSchG aF und §§ 570, 571 und 585 aF HGB), zum andern aber auch allgemeinen, im Werkvertragsrecht und allgemeinen Leistungsstörungs-recht enthaltenen Regelungen über die Kündigung des Vertrags bei unterlassener Mitwir-kung (§ 643 BGB) und über den Rücktritt vom Vertrag bei Wegfall der Gegenleistungs-pflicht (§ 326 BGB aF).[3]

Abs. 1 war schon durch Art. 5 Abs. 16 Nr. 9 des Schuldrechtsmodernisierungsgesetzes **2** vom 26. November 2001[4] geändert worden. Zweck dieser Änderung war die Angleichung des § 417 an die dem § 326 BGB aF vergleichbare Regelung des § 323 BGB nF im allgemei-nen Leistungsstörungsrecht, der im Gegensatz zu der alten Regelung des § 326 BGB **keine Ablehnungsandrohung** als Voraussetzung für das Kündigungsrecht des Gläubigers mehr vorsieht. Es reicht vielmehr eine Leistungsaufforderung kombiniert mit einer eindeutigen Fristsetzung aus.[5] Die Änderung ist nach Art. 229 § 5 EGBGB auf Schuldverhältnisse, die nach dem 1. Januar 2002 entstanden sind, anwendbar. Bei der Seehandelsrechtsreform wur-den der Text der Bestimmung dem neuen § 490 angeglichen und als Abs. 4 die Folgen einer endgültigen Ladeverweigerung eingefügt. der bisherige Abs. 4 ist als Abs. 5 beibehalten.

## II. Nichteinhaltung der Ladezeit (Abs. 1)

**1. Ladezeit.** In Abs. 1 der Neufassung sind die Wörter „wenn er zur Verladung nicht **3** verpflichtet ist" durch die Wörter „wenn ihm das Verladen nicht obliegt", ersetzt worden. Damit wird klargestellt, dass die Verladung oder die bloße Zur-Verfügung-Stellung des Gutes keine vertragliche Verpflichtung des Absenders beinhaltet, sondern eine Mitwir-kungshandlung im Sinne des § 642 BGB ist, ohne welche der Frachtführer seiner Beförde-rungsverpflichtung nicht nachkommen kann.[6]

Voraussetzung für die Anwendung der Vorschrift ist die Nichteinhaltung der Ladezeit. **3a** Mit „Ladezeit" meint das Gesetz die in § 412 Abs. 2 vertraglich bestimmte bzw. nach den Umständen des Falles angemessene Frist für das Verladen des Gutes iSv. § 412 Abs. 1 (vgl. § 412 Rn. 27 ff.). Ladezeit ist aber auch eine − vertraglich vereinbarte − Überliegezeit, während der der Frachtführer nach § 412 Abs. 3 warten muss (vgl. § 412 Rn. 37); erst eine Überschreitung dieser Zeit ist als Nichteinhaltung der Ladezeit iSd. § 417 zu verstehen.[7]

**2. Gründe für die Nichteinhaltung der Ladezeit.** Die Gründe für die Nichteinhal- **4** tung der Ladezeit müssen **beim Absender** liegen. Im Einklang mit der Arbeitsteilung beim Ladegeschäft unterscheidet dabei das Gesetz zum einen den Fall, dass der Absender verladepflichtig ist, aber das Gut innerhalb der Ladezeit nicht verlädt; und zum andern den Fall, dass der Frachtführer verladepflichtig ist, der Absender jedoch dem Frachtführer das Gut nicht innerhalb der Ladezeit zum Verladen zur Verfügung stellt. Beide Alternativen sind erfüllt, wenn der Absender überhaupt kein Gut verlädt oder zur Verfügung stellt. Sie sind darüber hinaus aber auch dann erfüllt, wenn nur ein Teil der Ladung innerhalb der Ladezeit verladen wird oder zur Verfügung gestellt wird.

---

[1] Vgl. Reg.Begr. S 47 (zu § 417).
[2] Heymann/*Schlüter* Rn. 1.
[3] Vgl. Reg.Begr. S. 47 (zu § 417).
[4] Gesetz zur Modernisierung des Schuldrechts vom 26. November 2001 (BGBl. I S. 3138).
[5] Vgl. BT-Drucks. 14/6040 S. 281; hierzu *Koller* TranspR 2001, 425, 431.
[6] RegBegr-SRG 53.
[7] *Braun* S. 257.

**5**     Zweifelhaft ist, ob die Voraussetzungen des Abs. 1 auch dann erfüllt sind, wenn der
Absender zwar Gut verlädt oder zur Verfügung stellt, dieses aber vom Absender unter
Verstoß gegen § 411 **ungenügend verpackt** ist, oder wenn der Absender seine Pflicht
nach § 412, das Gut **beförderungssicher** zu verladen, verletzt. Nach einer Auffassung
greift in diesem Falle § 417 nicht.[8] § 417 sei nur auf die Anlieferung oder Verladung als
solche, nicht jedoch auf andere den Absender treffende Mitwirkungspflichten oder -oblie-
genheiten anzuwenden.[9] Auch eine analoge Anwendung scheide mangels Regelungslücke
aus. Vielmehr griffen bei echten Pflichten die Regelungen des § 323 BGB, im Übrigen die
des § 643 BGB ein.[10] Für eine solche enge Auslegung von § 417 sprechen jedoch die
Regelungen in den Absätzen 2 bis 4 über die Rechtsfolgen bei Nichteinhaltung der Ladezeit: Die Verweisung in Abs. 2 lediglich auf § 415 Abs. 2, nicht jedoch auf § 415 Abs. 3,
sowie die Sonderregelung für Teilladung in Abs. 3 könnten durchaus den Schluss nahe
legen, dass der Gesetzgeber in Absatz 2 nur den Fall regeln wollte, dass noch überhaupt
kein Gut verladen wurde. Für eine **weite Auslegung** von § 417 und Einbeziehung der
Fälle, in denen das Gut – zB wegen mangelhafter Verpackung – oder die Anlieferung oder
Verladung nicht ordnungsgemäß war, spricht jedoch, dass mit § 417 gerade eine transportrechtliche Sonderregelung gegenüber den §§ 323 und 643 BGB geschaffen werden sollte
und dass Zweck dieser Sonderregelung ist, dem Frachtführer Dispositionsmöglichkeiten
insbesondere im Hinblick auf die weitere Verwendung seines Beförderungsmittels einzuräumen, wenn er mit der Beförderung weiter zuwarten muss, sich aber nicht mit einem
Standgeldanspruch zufrieden geben möchte (vgl. Rn. 1). Ein solcher Fall ist aber nicht nur
dann gegeben, wenn überhaupt kein Gut oder nur ein Teil der versprochenen Ladung
angeliefert oder verladen wird, sondern auch dann, wenn Gut ungenügend verpackt angeliefert oder nicht beförderungssicher verladen wird. Auch hier haben die Pflichtverletzungen
durch den Absender zur Folge, dass der Frachtführer sein Fahrzeug nicht, wie ursprünglich
geplant, einsetzen kann. Denn der Frachtführer, der den Mangel erkannt hat, sollte mit der
Beförderung des Gutes erst beginnen, wenn er dem Absender zusätzlich Gelegenheit gegeben hat, die ihm obliegenden Mitwirkungshandlungen noch zu erbringen. Andernfalls
könnten sich hieraus für den Frachtführer nachteilige Folgen ergeben. Deshalb ist als ein
Fall der unterlassenen Verladung oder Zur-Verfügung-Stellung von Gut auch der Fall anzusehen, dass das Gut mit ungenügender Verpackung übergeben wird oder nicht beförderungssicher verladen wird.

**6**     Darauf, ob die Nichteinhaltung der Ladezeit vom Absender zu vertreten ist, kommt es
nicht an. Der Frachtführer kann allerdings nach Abs. 4 aus der Nichteinhaltung der Ladezeit
keine Rechte nach § 417 herleiten, wenn und solange[11] die Gründe hierfür in seinem
**Risikobereich** liegen (hierzu Rn. 16).

### III. Nachfrist (Abs. 1)

**7**     Hat der Absender innerhalb der Ladezeit die ihm obliegenden Mitwirkungshandlungen
nicht vorgenommen, erwächst dem Frachtführer entweder ein Kündigungsrecht gem.
Abs. 2 oder aber das Recht, mit der Beförderung eines Teils der Ladung zu beginnen
(Abs. 3). Voraussetzung ist aber, dass er eine Nachfrist gesetzt hat. Dies entspricht der
allgemeinen zivilrechtlichen Vorschrift in § 323 Abs. 1.[12] Unter einer **Nachfrist** ist dabei
die Frist zu verstehen, die der Frachtführer dem Absender noch einmal gewährt, damit
dieser das Gut verladen oder zur Verfügung stellen kann. Dem Absender soll also eine letzte
Gelegenheit geben werden, das Gut anzuliefern. Die Nachfrist kann grundsätzlich erst
gesetzt werden, wenn die Lade- und Überliegezeit abgelaufen ist.[13] Entsprechend § 323

---

[8] Vgl. *Koller* § 411 Rn. 10, § 412 Rn. 21; *Braun* S. 284.
[9] Vgl. *Koller* Rn. 1; *Braun* S. 284.
[10] Vgl. *Koller* Rn. 1, § 411 Rn. 10, 13.
[11] Ebenso *Koller* Rn. 6; Fremuth/Thume/*Fremuth* Rn. 2, 18.
[12] BT-Drucks. 14/6040 S. 281.
[13] Ebenso *Koller* Rn. 6.

Abs. 2 Nr. 1 BGB ist eine Nachfristsetzung allerdings entbehrlich, wenn der Absender sich ernsthaft und endgültig weigert, das Gut noch zur Verfügung zu stellen oder die Verladung noch vorzunehmen.[14]

Die Fristsetzung muss eine **bestimmte und eindeutige Aufforderung** enthalten, das **8** Gut zu verladen oder zur Verfügung zu stellen. Der Einhaltung einer bestimmten Form bedarf es nicht. Die Frist muss nach Tagen, Wochen oder anderen Zeiteinheiten bemessen sein.[15] Bei der Beurteilung, ob die Frist **angemessen** ist, sind alle beteiligten Interessen und alle Umstände des Einzelfalles zu berücksichtigen.[16] Sie soll so bemessen sein, dass der Absender in der Lage ist, die bereits in Angriff genommene Leistung zu beenden. Nicht erforderlich ist aber, die Frist so zu bemessen, dass der Absender noch hinreichend Zeit zur Verfügung hat, um das Gut überhaupt zu beschaffen. Ist die vom Frachtführer gesetzte Frist nicht angemessen, so bedeutet dies nicht, dass der Frachtführer seine Rechte nach Abs. 2 oder 3 nicht ausüben kann. Vielmehr tritt an die Stelle der unangemessen kurzen Frist eine angemessene Frist.[17]

Ist die **Nachfrist abgelaufen** und der Absender der Aufforderung nicht nachgekommen, **9** kann der Frachtführer von den ihm nach den Abs. 2 und 3 vorgesehenen Möglichkeiten (Kündigung, Beförderung nur des geladenen Teils des Gutes) Gebrauch machen. Das gilt jetzt gem. der Ergänzung in Abs. 2 auch schon dann, wenn nach Fristsetzung offensichtlich wird, dass innerhalb dieser Frist kein Gut verladen oder zur Verfügung gestellt wird, entsprechend der Wertung des § 323 Abs. 4 BGB.[18] Diese Rechte können jedoch nach § 242 BGB verwirkt sein, wenn der Frachtführer nach Ablauf der Nachfrist eine längere Frist verstreichen lässt, ohne von den genannten Möglichkeiten Gebrauch zu machen.[19]

### IV. Kündigung durch den Frachtführer (Abs. 2)

Der Frachtführer kann bei Vorliegen der Voraussetzungen des Abs. 1 den Vertrag kündi- **10** gen (Abs. 2). Nach dem im Zuge der Seerechtsreform neu eingeführten Abs. 4 kann die Kündigung auch ohne Nachfristsetzung erfolgen, wenn sich der Absender ernsthaft und endgültig geweigert hat, die in Abs. 1 enthaltenen Obliegenheiten zu erfüllen. Bei der Kündigung handelt es sich um eine einseitige, empfangsbedürftige, unwiderrufliche und bedingungsfeindliche **Willenserklärung.**[20] Eine bestimmte Frist, bis zu deren Ablauf die Kündigungserklärung ausgesprochen sein muss, sieht das Gesetz nicht vor. Die Kündigung kann jedoch nach § 242 BGB verwirkt sein, wenn sie längere Zeit nach Ablauf der Nachfrist nicht ausgesprochen wird.[21]

Mit der Kündigung ist der Frachtvertrag **beendet,** dh. der Vertrag wird mit Wirkung **11** für die Zukunft aufgehoben. Die Kündigung beendet also die Beförderungspflicht des Frachtführers mit sofortiger **Wirkung,** dh. der Frachtführer kann sein Beförderungsmittel abziehen und anderweitig verwenden. Der Vertrag bleibt aber Rechtsgrund für die vor Zugang der Kündigungserklärung erbrachten Leistungen. Dementsprechend bleibt der Frachtführer nach Abs. 2 berechtigt, Ansprüche gem. § 415 Abs. 2 auf Fautfracht oder volle Fracht, Standgeld und Aufwendungsersatz abzüglich ersparter Aufwendungen geltend zu machen. Dabei kann er das Standgeld bis zum Zeitpunkt der Kündigung auch dann verlangen, wenn diese nicht unmittelbar nach Ablauf der Nachfrist erklärt wird, sondern erst nach weiterem Zuwarten. Die zu den §§ 34, 35 BinSchG aF, §§ 579, 585 aF HGB entwickelten Grundsätze, wonach der Frachtführer nach Ablauf der Nachfrist nur dann Standgeld verlan-

---

[14] *Koller* Rn. 6; Heymann/*Schlüter* Rn. 6.
[15] Vgl. Palandt/*Grüneberg* BGB § 281 Rn. 9; MüKoBGB/*Ernst* § 323 Rn. 68.
[16] Vgl. Reg.Begr. S. 48 (zu § 417); *Koller* Rn. 6.
[17] *Koller* Rn. 6; *Andresen/Valder* P 100, Rn. 9.
[18] RegBegr-SRG S. 53.
[19] So auch *Koller* Rn. 8; Palandt/*Grüneberg* BGB § 242 Rn. 87 ff.; Heymann/*Schlüter* Rn. 6.
[20] Heymann/*Schlüter* Rn. 6; *Koller* Rn. 8.
[21] Ebenso *Koller* Rn. 8; Palandt/*Grüneberg* BGB § 242 Rn. 87 ff.; Heymann/*Schlüter* Rn. 8.

gen kann, wenn dies mit dem Absender vereinbart ist, greifen hier nicht.[22] Darüber hinaus kann der Frachtführer bereits entstandene Schadensersatzansprüche auch weiterhin geltend machen.[23]

12    Befindet sich bereits **Gut auf dem Transportmittel,** welches aber ungenügend verpackt oder nicht beförderungssicher verladen ist, so ist es als nicht zur Verfügung gestellt bzw. verladen iSd. Abs. 2 anzusehen. (vgl. hierzu Rn. 5). Deshalb kann der Frachtführer, der von seinem Recht nach Abs. 2 Gebrauch gemacht und den Vertrag gekündigt hat, auch dann entsprechend § 415 Abs. 3 vorgehen.

## V. Beförderung eines Teils der Ladung (Abs. 3)

13    Ist bis zum Ablauf der Frist nach Abs. 1 nur ein Teil der nach dem Frachtvertrag zu liefernden Ladung verladen oder zur Verfügung gestellt, so braucht der Frachtführer gem. Abs. 3 nach Ablauf der Nachfrist nicht länger zu warten. Das Gleiche gilt, ohne dass es der Setzung einer Nachfrist bedarf, gem. Abs. 4, wenn sich der Absender ernsthaft und endgültig geweigert hat, die in Abs. 1 enthaltenen Obliegenheiten zu erfüllen. Vielmehr kann er in diesen Fällen mit der Beförderung der unvollständigen Ladung beginnen. Mit dem Begriff „kann" ist hauptsächlich gesagt, dass der Frachtführer die Möglichkeit hat, zu entscheiden, ob er in dieser Weise vorgehen will. Er hat also ein **Wahlrecht.** Dagegen ist er nicht verpflichtet, mit der Beförderung der noch unvollständigen Ladung zu beginnen.[24] Er kann stattdessen auch weiter zuwarten und ein Standgeld nach § 412 Abs. 3 verdienen.[25] Dagegen steht ihm kein Kündigungsrecht zu.[26] Der Begriff „kann" schließt aber nicht aus, dass der Absender seinerseits von seinem Kündigungsrecht nach § 415 Gebrauch macht[27] oder nach § 416 vom Frachtführer verlangt, mit der unvollständigen Ladung zu beginnen.

13a    Einer vorherigen **Erklärung** des Frachtführers, dass er nunmehr mit der Beförderung des auf dem Beförderungsmittel befindlichen Teils der Ladung beginne, bedarf es nicht. Der Frachtführer trifft seine Wahl dadurch, dass er mit der Beförderung tatsächlich beginnt.

14    Die **Rechtsfolgen,** die sich daraus ergeben, dass der Frachtführer mit der Beförderung nur eines Teils der Ladung beginnt, sind dieselben wie die bei Beförderung eines Teils der Ladung auf Grund Verlangens des Absenders nach § 416: Der Frachtführer kann gem. § 416 S. 2 die volle Fracht, das etwaige Standgeld und Aufwendungsersatz verlangen. Ferner hat er gem. § 416 S. 3 Anspruch auf Stellung einer Sicherheit.

## VI. Endgültige Verweigerung der Beladung

15    Der neu eingefügte Abs. 4 erleichtert die Rechtsposition des Frachtführers in zwei besonderen Fällen. Zum einen wird ihm die Möglichkeit eingeräumt, die Rechte nach Abs. 2 oder 3 auch ohne Nachfristsetzung ausüben, wenn der Absender sich ernsthaft und endgültig weigert, das Gut zu verladen oder zur Verfügung zu stellen. Das entspricht § 323 Abs. 2 Nr. 1 BGB. Zum anderen kann der Frachtführer den Vertrag nach Abs. 2 auch ohne Fristsetzung kündigen, wenn besondere Umstände vorliegen, die ihm unter Abwägung der beiderseitigen Interessen die Fortsetzung des Vertragsverhältnisses unzumutbar machen. Auch diese Regelung folgt dem allg. Schuldrecht, nämlich § 323 Abs. 2 Nr. 3 BGB. Nicht aufgenommen wurde eine der dem § 323 Abs. 2 nachgebildete Regelung, weil entsprechende Fixabreden im Bereich des Frachtrechts nur sehr selten anzutreffen sind.[28]

---

[22] So auch *Andresen/Valder* Rn. 13; *Braun* S. 250; *Koller* Rn. 8, 9. AA Reg.Begr. S. 48 (zu § 417), Fremuth/Thume/*Fremuth* Rn. 13; *Müglich* Rn. 4.

[23] So auch *Koller* Rn. 9.

[24] AA *Koller* Rn. 15a (Pflicht zur Beförderung mangels anderweitigen Ersuchens des Absenders).

[25] Ebenso *Braun* S. 270; AA *Koller* Rn. 15a; Reg.Begr. S 48 (zu § 417).

[26] Ebenso *Koller* Rn. 17.

[27] AA noch 1. Aufl. *Dubischar* Rn. 5.

[28] Näheres dazu siehe RegBegr-SRG S. 54.

### VII. Risikobereich des Frachtführers (Abs. 5)

Liegt die Ursache für die Nichteinhaltung der Ladezeit im Risikobereich des Frachtführ- **16**
rers (vgl. hierzu § 412 Rn. 38 ff.), stehen dem Frachtführer nach Abs. 4 die Rechte nach
Abs. 2 und 3 nicht zu. Es bleibt in diesem Falle dem **Absender überlassen,** ob er den
Vertrag nach § 415 kündigen oder vom Frachtführer die Beförderung der Teilladung nach
§ 416 verlangen will. Die Beweislast dafür, dass die Ursache für die Nichteinhaltung der
Ladezeit im Risikobereich des Frachtführers liegt, liegt beim Absender.[29]

### VIII. Konkurrenzen

Die Vorschrift ist **lex specialis** gegenüber den **§§ 642, 643 BGB.**[30] Der Frachtführer **17**
kann also bei Vorliegen der Voraussetzungen des § 417 den Vertrag nur nach dieser Regelung kündigen. Entsprechend den zu § 415 entwickelten Grundsätzen (s. dort Rn. 34 f.)
sind neben § 417 die allgemeinen zivilrechtlichen Regelungen zum Leistungsstörungsrecht
**(§§ 323 ff. BGB)** anzuwenden. Ist also etwa dem Absender unmöglich, das Gut zur Verfügung zu stellen oder zu verladen, weil dieses zuvor untergegangen ist, greifen die §§ 323 ff.
BGB.[31] Bei einer ergänzenden Anwendung der Rücktrittsregeln des § 323 BGB, die hier
ohnehin bedenklich erscheint, werden wohl die speziellen frachtrechtlichen Folgen des
§ 415 und nicht die allgemeinen der §§ 346 ff. BGB ausgelöst werden.[32]

Soweit § 417 zur Anwendung gelangt, scheidet eine konkurrierende Anwendung des **18**
**§ 419 über Beförderungs- und Ablieferungshindernisse** aus.[33] Denn § 417 regelt nur
die Fälle, in denen sich Probleme vor Übernahme des Gutes zur Beförderung ergeben
haben – sei es dadurch, dass das Gut überhaupt nicht verladen oder zur Verfügung gestellt
wurde, sei es dadurch, dass nur ein Teil des Gutes verladen oder zur Verfügung gestellt
wurde. § 419 greift aber erst, wenn der Frachtführer bereits Gut zur Beförderung übernommen hat (vgl. § 419 Rn. 9).

### § 418 Nachträgliche Weisungen

(1) ¹Der Absender ist berechtigt, über das Gut zu verfügen. ²Er kann insbesondere verlangen, daß der Frachtführer das Gut nicht weiterbefördert oder es an
einem anderen Bestimmungsort, an einer anderen Ablieferungsstelle oder an einen
anderen Empfänger abliefert. ³Der Frachtführer ist nur insoweit zur Befolgung
solcher Weisungen verpflichtet, als deren Ausführung weder Nachteile für den
Betrieb seines Unternehmens noch Schäden für die Absender oder Empfänger
anderer Sendungen mit sich zu bringen droht. ⁴Er kann vom Absender Ersatz
seiner durch die Ausführung der Weisung entstehenden Aufwendungen sowie
eine angemessene Vergütung verlangen; der Frachtführer kann die Befolgung der
Weisung von einem Vorschuß abhängig machen.

(2) ¹Das Verfügungsrecht des Absenders erlischt nach Ankunft des Gutes an
der Ablieferungsstelle. ²Von diesem Zeitpunkt an steht das Verfügungsrecht nach
Absatz 1 dem Empfänger zu. ³Macht der Empfänger von diesem Recht Gebrauch,
so hat er dem Frachtführer die entstehenden Mehraufwendungen zu ersetzen
sowie eine angemessene Vergütung zu zahlen; der Frachtführer kann die Befolgung der Weisung von einem Vorschuß abhängig machen.

---

[29] Ebenso *Koller* Rn. 8; Fremuth/Thume/*Fremuth* Rn. 20.
[30] *Braun* S. 268.
[31] AA *Braun* S. 262 und *Koller* Rn. 5 (Anwendung der §§ 419 bzw. 420).
[32] *Koller* hält in VersR 2011, 1209 die Neuerungen in § 417 in Hinblick auf allgemeinen Bestimmungen
des BGB für problematisch und fragwürdig.
[33] AA *Braun* S. 262.

(3) Hat der Empfänger in Ausübung seines Verfügungsrechts die Ablieferung des Gutes an einen Dritten angeordnet, so ist dieser nicht berechtigt, seinerseits einen anderen Empfänger zu bestimmen.

(4) Ist ein Frachtbrief ausgestellt und von beiden Parteien unterzeichnet worden, so kann der Absender sein Verfügungsrecht nur gegen Vorlage der Absenderausfertigung des Frachtbriefs ausüben, sofern dies im Frachtbrief vorgeschrieben ist.

(5) Beabsichtigt der Frachtführer, eine ihm erteilte Weisung nicht zu befolgen, so hat er denjenigen, der die Weisung gegeben hat, unverzüglich zu benachrichtigen.

(6) ¹Ist die Ausübung des Verfügungsrechts von der Vorlage des Frachtbriefs abhängig gemacht worden und führt der Frachtführer eine Weisung aus, ohne sich die Absenderausfertigung des Frachtbriefs vorlegen zu lassen, so haftet er dem Berechtigten für den daraus entstehenden Schaden. ²Die Haftung ist auf den Betrag begrenzt, der bei Verlust des Gutes zu zahlen wäre.

## Übersicht

| | Rn. | | Rn. |
|---|---|---|---|
| I. Normzweck | 1 | 5. Sonstige Weisungen | 23–25 |
| II. Begriff des Weisungs- oder Verfügungsrechts | 2–4 | VII. Ablehnung der Weisungsbefolgung | 26–33 |
| III. Verfügungsberechtigte Personen | 5–11 | 1. Allgemeines | 26–28 |
| 1. Allgemeines | 5 | 2. Ablehnungsgründe | 29–31 |
| 2. Absender (Abs. 1) | 6–9 | a) Nachteile für den Betrieb des Unternehmens (Abs. 1 S. 3) | 29, 30 |
| 3. Empfänger (Abs. 2) | 10 | b) Schäden Dritter (Abs. 1 S. 3) | 31 |
| 4. Dritter (Abs. 3) | 11 | 3. Benachrichtigung des Verfügungsberechtigten (Abs. 5) | 32, 33 |
| IV. Weisungsempfänger | 12 | | |
| V. Ausübung des Weisungsrechts | 13–17 | VIII. Ansprüche des Frachtführers bei Weisungserteilung (Abs. 1 S. 4) | 34–39 |
| 1. Form und Zeitpunkt der Weisung | 13, 14 | 1. Aufwendungsersatz | 34, 35 |
| 2. Vorlage der Beförderungsurkunde | 15–17 | 2. Vergütung | 36, 37 |
| VI. Inhalt der Weisung | 18–25 | 3. Vorschuss | 38 |
| 1. Allgemeines | 18, 19 | 4. Schuldner der Zahlungspflicht | 39 |
| 2. Beendigung der Weiterbeförderung (Abs. 1 S. 2) | 20 | IX. Haftung des Frachtführers | 40–44 |
| 3. Änderung des Bestimmungsorts oder der Ablieferungsstelle (Abs. 1 S. 2) | 21 | 1. Befolgung einer Weisung | 40–42 |
| 4. Ablieferung an einen anderen Empfänger (Abs. 1 S. 2) | 22 | 2. Nichtbefolgung einer zulässigen Weisung | 43, 44 |

## I. Normzweck

1    Die Norm berücksichtigt den **fremdnützigen Geschäftsbesorgungscharakter** des Frachtvertrags. In Anlehnung an Art. 12 CMR räumt sie dem Absender und dem Empfänger das Recht ein, den Vertrag einseitig zu ändern. Dieses vom Gesetz als Weisungs- oder auch Verfügungsrecht bezeichnete Recht trägt dem Umstand Rechnung, dass der Frachtvertrag zu seiner Erfüllung idR eines Zeitraums bedarf, während dessen sich die Rahmenbedingungen seiner Durchführung geändert haben können, und die es geboten erscheinen lassen, in das Transportgeschehen einzugreifen und Änderungen vorzunehmen. So kann etwa eine nach Beginn der Beförderung eingetretene Zahlungsunfähigkeit des Empfängers den Absender veranlassen, den Frachtführer um eine Beförderung zu einem Dritten zu ersuchen. Im Zuge der Seerechtsreform ist Abs. 6 S. 2 geändert und den Bestimmungen der §§ 446 Abs. 2 S. 2, 491 Abs. 5 S. 2 und 521 Abs. 4 S. 2 angepasst worden.

## II. Begriff des Weisungs- oder Verfügungsrechts

§ 418 spricht von der Befugnis, „über das Gut zu verfügen". Unter dem traditionellen **2** frachtrechtlichen Begriff „Verfügung" versteht das Gesetz nicht Verfügungen im sachenrechtlichen Sinn, sondern, wie die Überschrift von § 418 klarstellt, nachträgliche Weisungen, also Direktionsbefugnisse, die der **einseitigen Vertragsänderung** entsprechend dem allgemeinen Auftragsrecht der §§ 662, 665 BGB dienen.[1] Die Befugnis, eine Weisung auszusprechen, leitet sich nicht aus Eigentum oder sonstiger Verfügungsbefugnis des Transportgutes ab. Vielmehr wurzelt sie im abgeschlossenen Frachtvertrag.[2] Sie ist ausschließlich schuldrechtlicher Natur und rechtfertigt sich daraus, dass dem Frachtführer ebenso wie einem Werkunternehmer kein Anspruch auf Durchführung der Beförderung eingeräumt ist, er vielmehr dem jederzeitigen Kündigungsverlangen seines Auftraggebers unterliegt (vgl. § 415), und dass der Absender, ähnlich wie der Besteller eines Werks, Vorgaben zur Durchführung eines Werkes geben kann, ohne sich dies bei Vertragsschluss vorzubehalten. Das werkvertragliche „Weisungsrecht" kommt damit zugleich dem Weisungsrecht des Auftraggebers beim Geschäftsbesorgungsvertrag nahe.[3] Das Weisungsrecht besteht **„über das Gut"**, es bezieht sich daher auf die beförderungsbezogen Pflichten des Frachtführers (Näheres s. Rn. 18 f.). Seine Ausübung ist aber insbesondere davon abhängig, was nach dem Vertrag für den Vertragspartner hinnehmbar ist. Dabei sind auch die besonderen frachtrechtlichen Rahmenbedingungen zu berücksichtigen. Beförderungsaufträge werden unter den heutigen Gegebenheiten oft hochgradig arbeitsteilig abgewickelt, dh. mit erheblichem Aufwand an Vorplanung, insbes. im Hinblick auf die Einschaltung von Unterfrachtführern. Insoweit kann ein Weisungsrecht des Absenders durchaus störend wirken, jedenfalls umständlich umzusetzen sein.

Erklärungen, die der **Leistungsbestimmung** nach § 263 BGB dienen, – wie etwa die **3** Konkretisierung der bei Vertragsschluss noch offen gelassenen Entladestelle während der Beförderung[4] – sind nicht als Weisung iSd. § 418 anzusehen.[5] Von der Weisung iSd. § 418 ist auch die in § 427 Abs. 3–5 genannte Weisung zu unterscheiden. Bei letzterer handelt es sich nicht um eine Vertragsänderung, sondern um eine bei Vertragsabschluss erteilte Handlungsanweisung.

Das Weisungsrecht ist als solches mangels Eigenschaft als Anspruch **nicht abtretbar.**[6] **4** Da das Weisungsrecht durch Abgabe einer Willenserklärung ausgeübt wird, gelten jedoch auch insoweit die allgemeinen zivilrechtlichen Regelungen über die **Stellvertretung** (§§ 164 ff. BGB). Im Übrigen steht es den Parteien frei, das gesetzliche Weisungsrecht **vertraglich** zu **modifizieren;**[7] § 449 schränkt die Vertragsfreiheit insoweit nicht ein. Es bleibt damit den Beteiligten insbesondere unbenommen, abweichende Vereinbarungen darüber zu treffen, zu welchem Zeitpunkt das Weisungsrecht des Empfängers entsteht. Zulässig ist auch, den Umfang der Weisungen vertraglich einzuschränken oder zu erweitern. Mit der Geschäftsbesorgungsnatur des Frachtvertrages wäre es aber unvereinbar, dem Absender formularvertraglich jegliches Weisungsrecht zu nehmen. Eine solche Bestimmung in Allgemeinen Geschäftsbedingungen wäre daher nach § 307 Abs. 2 Nr. 2 BGB unwirksam.

## III. Verfügungsberechtigte Personen

**1. Allgemeines.** § 418 räumt grundsätzlich dem Absender, unter bestimmten Vorausset- **5** zungen anstelle des Absenders dem Empfänger oder auch einem Dritten eine Weisungsbefugnis ein. Die Regelungen in § 418 über die verfügungsberechtigten Personen gelten

---

[1] Reg.Begr. S. 48; Baumbach/Hopt/*Merkt* Rn. 2; EBJS/*Reuschle* Rn. 4.
[2] Zur Rechtslage bei Traditionspapieren *Basedow* TransportV S. 299; *Lenz* Rn. 962.
[3] *Rundnagel* S. 142; Schlegelberger/*Geßler* § 433 aF Rn. 1; Heymann/*Schlüter* Rn. 1; Staub/*Helm* § 433 aF Rn. 9; *Helm* VersR 1988, 548, 552.
[4] Vgl. OLG Hamburg 7.4.1994, TranspR 1994, 444.
[5] Ebenso Andresen/Valder/*Andresen* Rn. 9; Heymann/*Schlüter* Rn. 2; *Koller* Rn. 4.
[6] Ebenso *Koller* Rn. 3. AA Fremuth/Thume/*Fremuth* Rn. 6, 13, Andresen/Valder/*Andresen* Rn. 7.
[7] Vgl. BGH 15.10.1959, NJW 1960, 39, 40 zu KVO.

jedoch nicht, wenn ein Ladeschein ausgestellt ist. Nach § 446 Abs. 1 steht in diesem Falle ausschließlich dem zum Empfang Legitimierten das Weisungsrecht zu (vgl. hierzu § 446 Rn. 7 f.). Darüber hinaus können die Vertragsparteien eine von § 418 abweichende Vereinbarung treffen und etwa das Weisungsrecht von Beginn der Beförderung an dem Empfänger einräumen.

**6**    **2. Absender (Abs. 1).** Das Gesetz erlaubt in Abs. 1 zunächst nur dem Absender, also demjenigen, der Vertragspartner des Frachtführers ist, Weisungen zu erteilen. Das schließt nicht aus, dass sich der Frachtführer gegenüber einem Dritten, zB dem Eigentümer des Gutes, verpflichtet, das Gut nur nach dessen Weisung auszuliefern; dabei bleibt es Sache des Frachtführers, den Frachtvertrag mit dem Absender im Rahmen der gesetzlichen Vorschriften so zu gestalten, dass er seine Vertragspflichten gegenüber dem Dritten erfüllen kann.[8]

**7**    Die Weisungsbefugnis des Absenders **erlischt** gemäß § 418 Abs. 2 S. 1 mit Ankunft des Gutes an der Ablieferungsstelle. Unter Ablieferungsstelle ist das genaue Ziel der Beförderung zu verstehen, konkretisiert durch die Angabe der genauen geographischen Bezeichnung, etwa nach Straße und Hausnummer, das im Frachtbrief (vgl. § 408 Abs. 1 Nr. 4) oder sonst vertraglich bezeichnet ist (vgl. § 408 Rn. 27). **Ankunft** des Gutes bedeutet, dass das Gut tatsächlich die Ablieferungsstelle erreicht hat. Dagegen ist nicht erforderlich, dass das Fahrzeug schon zur Entladung oder zum Löschen bereit steht. Sie lebt jedoch nach § 419 Abs. 1 S. 2 wieder auf, wenn ein Ablieferungshindernis entsteht.

**8**    Abs. 1 steht allerdings unter dem Vorbehalt des § 419 Abs. 1: Weigert sich der an sich verfügungsberechtigte Empfänger im Falle eines Ablieferungshindernisses, Weisungen zu erteilen, so ist wieder der Absender verfügungsberechtigt.

**9**    Trifft zunächst nur ein **Teil des Gutes an der Ablieferungsstelle** ein, bleibt das Weisungsrecht des Absenders bezüglich des verbliebenen Teils der noch unterwegs befindlichen Güter unberührt, unabhängig davon, ob die Beförderung der einzelnen Teile der Sendung vertragsgemäß nach und nach durchgeführt wird oder ob alle Teile zusammen befördert werden sollten.[9] Im letzteren Fall hat zwar auf der Grundlage alten Rechts ein Teil des Schrifttums befürwortet, dass das Weisungsrecht des Absenders auch bezüglich der noch nicht angekommenen Teile mit Ankunft des ersten Teils erlischt.[10] Gerade mit Blick auf § 421 spricht jedoch vieles dafür, im Sachzusammenhang der Kompetenz zur Erteilung von Weisungen auf das Interesse des Absenders zu achten, der die Möglichkeit behalten sollte, sich anhand nachträglicher Weisungen auf die gerade angesichts der Empfängerrechte gem. § 421 zu erwartende Situation einzustellen und dementsprechend zu disponieren. Auch im Interesse des Frachtführers muss Klarheit bestehen, wessen Weisungen er zu befolgen hat; es dient der Sicherheit der Geschäftsbeziehungen, wenn er davon ausgehen kann, dass bezüglich des Gutes, das sich noch unterwegs befindet, prinzipiell der Absender ihm gegenüber weisungsbefugt bleibt, dieser „Herr des gesamten Transportvorgangs" bleibt.[11]

**10**    **3. Empfänger (Abs. 2).** Mit Ankunft des Gutes an der Ablieferungsstelle, also dem Zeitpunkt des Erlöschens des Weisungsrechts des Absenders, steht das Weisungsrecht dem Empfänger in dem nach Abs. 1 gewährten Umfang zu. Die Regelung berücksichtigt, dass der Empfänger nach Ankunft des Gutes an der Ablieferungsstelle vom Frachtführer die Ablieferung des Gutes gegen Erfüllung der sich aus dem Frachtvertrag ergebenden Verpflichtungen verlangen kann (§ 421 Abs. 1), also seinerseits eine Dispositionsbefugnis kraft Gesetzes hat. Sie verhindert damit, dass der Frachtführer in diesem Zeitpunkt vorübergehend zum Diener zweier Herren wird.[12]

---

[8] Vgl. BGH 15.10.1959, NJW 1960, 39; Fremuth/Thume/*Fremuth* Rn. 35.
[9] Fremuth/Thume/*Fremuth* Rn. 23; *Koller* Rn. 15.
[10] Schlegelberger/*Geßler* § 433 aF Rn. 13.
[11] Staub/*Helm* § 433 aF Rn. 24.
[12] Vgl. Fremuth/Thume/*Fremuth* Rn. 22.

**4. Dritter (Abs. 3).** Der Dritte, an den auf Weisung des Empfängers in Ausübung seines 11 Weisungsrechts das Gut abgeliefert werden soll, ist nicht berechtigt, seinerseits einen anderen Empfänger zu bestimmen. Diese Art. 12 Abs. 4 CMR wörtlich entsprechende Vorschrift soll einer ausufernden Belastung des Frachtführers entgegenwirken. Der Dritte kann jedoch andere Weisungen erteilen, so etwa Weisungen, die sich auf das Entladen oder Löschen des Gutes beziehen.

### IV. Weisungsempfänger

Adressat der Weisung des Absenders ist allein der **Frachtführer,** also derjenige, der sich 12 diesem gegenüber verpflichtet hat, das Gut zu befördern. Bedient sich der Frachtführer zur Durchführung der Beförderung weiterer Personen (Unterfrachtführer), so ist er gehalten, eine ihm erteilte Weisung an die von ihm eingeschalteten Personen weiterzuleiten. Eine Passivvertretung (§ 164 Abs. 3 BGB) ist möglich. Jedoch ist angesichts der Wirkung einer Weisung davon auszugehen, dass der Erfüllungsgehilfe (zB der Fahrer)des Frachtführers regelmäßig keine Vollmacht hat, Weisungen des Absenders entgegenzunehmen.[13] Anders ist die Situation jedoch bei Ankunft des Gutes an der Ablieferungsstelle, also dem Zeitpunkt des Erlöschens des Weisungsrechts des Absenders. Wird das Gut von einem **Unterfrachtführer** dorthin gebracht, so ist dieser aufgrund des ihm erteilten Frachtauftrages – zumindest in unaufschiebbaren Fällen – auch bevollmächtigt,[14] für den (Haupt-)Frachtführer zulässige Weisungen entgegen zu nehmen und zu befolgen.[15] Der Empfänger kann deshalb die Weisung dem Unterfrachtführer erteilen.[16]

### V. Ausübung des Weisungsrechts

**1. Form und Zeitpunkt der Weisung.** Das Weisungsrecht wird durch Abgabe einer 13 Willenserklärung ausgeübt. Eine bestimmte Form oder Übermittlungsart schreibt das Gesetz nicht vor. Wie jede Willenserklärung wird auch die Weisung erst mit Zugang wirksam (§ 130 BGB). Die Übermittlungsgefahr trägt der Verfügungsberechtigte. Hat der Frachtführer zur Durchführung der Beförderung einen Unterfrachtführer eingesetzt, so ist er gehalten, die Weisung an den Unterfrachtführer weiterzuleiten, denn durch „Auftragsweitergabe" darf sich die Stellung des Absenders nicht verschlechtern. Für einen Übermittlungsfehler im Verhältnis zum Unterfrachtführer muss daher der Frachtführer einstehen.[17]

Auch ein bestimmter **Zeitpunkt** ist für die Abgabe der Weisungserklärung nicht vorge- 14 geben. Aus dem Sinn und Zweck des § 418 ist jedoch zu folgern, dass eine Weisung nur erteilt werden kann, wenn und solange sich das Gut in der Obhut des Frachtführers befindet.[18] Solange der Absender dem Frachtführer noch kein Gut übergeben hat, besteht kein Schutzbedürfnis des Absenders, welches es erfordert, diesem ein Recht zur einseitigen Änderung des Vertrages verbunden mit einer grundsätzlich bestehenden Gehorsamspflicht des Frachtführers einzuräumen. Dementsprechend ist es auch nicht zulässig, den Frachtführer einseitig anzuweisen, das Gut an einer anderen Übernahmestelle oder zu einem anderen Zeitpunkt zu übernehmen oder länger an der Be- oder Entladestelle auf das Ver- oder Entladen des Gutes zu warten.[19] Mit Beendigung des Vertrages, auch durch Kündigung, erlischt allerdings auch das Weisungsrecht. Gleiches gilt für den Fall des Güterverlusts.

**2. Vorlage der Beförderungsurkunde.** Der Absender kann sein Weisungsrecht nur 15 gegen Vorlage der **Original-Absenderausfertigung des Frachtbriefs** ausüben, wenn

---

[13] Diff. *Koller* Rn. 20, der den Fahrer eines Lkw bei Weisungen, die keinen Aufschub dulden – zB Anhalten der Beförderung – für empfangsbevollmächtigt hält.
[14] Vgl. Palandt/*Ellenberger* BGB § 167 Rn. 1 und § 172 Rn. 19.
[15] AA *Koller* Rn. 20 der den Absender nicht für berechtigt hält, dem Unterfrachtführer Weisungen zu erteilen.
[16] Vgl. *Koller* TranspR 2009, 451.
[17] Vgl. *Koller* Rn. 20.
[18] Ebenso *Fischer,* Transport- und Haftungsrecht in der Binnenschifffahrt, S. 39, 54. AA *Koller* Rn. 6.
[19] AA *Koller* Rn. 6.

dies im Frachtbrief vorgeschrieben ist (§ 418 Abs. 4). Hat der Absender etwa auf Grund Zahlungsbedingungen wie „Kasse gegen Dokumente" den Frachtbrief aus der Hand gegeben, kann der Empfänger erwarten, dass der Absender von nachträglichen Weisungen „ausgesperrt" bleibt, dh. keine Weisungen erteilen kann (s. dazu Art. 12 Abs. 5 Buchst. a CMR Rn. 24). Anders als nach der CMR muss der **Sperrvermerk** im Frachtbrief eingetragen sein. Weil bei Binnentransporten im Allgemeinen kein Bedürfnis für eine regelmäßige Ausgestaltung des Frachtbriefs als Sperrpapier besteht, erhält er diese Eigenschaft nur kraft Einzelabrede.[20] Diese aber muss, schon wegen der Haftung gem. Abs. 6, im Frachtbrief dokumentiert sein. Ferner muss auch hier der Frachtbrief von beiden Parteien unterzeichnet sein. § 418 Abs. 4 betrifft nur den Fall, dass der Absender von seinem Weisungsrecht Gebrauch machen will. Ist das Gut an der Ablieferungsstelle angekommen und das Weisungsrecht gem. § 418 Abs. 2 auf den Empfänger übergegangen, so kann der Empfänger auch ohne Vorlage eines Frachtbriefs Weisungen erteilen.[21] Bei Annahmeverweigerung erlischt jedoch dessen Weisungsbefugnis(§ 419 Abs. 1 S. 2).

16    **Vorlage** des Frachtbriefs bedeutet, dass der Absender den Frachtbrief vorzeigt und dem Frachtführer dadurch die Einsichtnahme und Prüfung der Urkunde ermöglicht. Vorzulegen ist dabei die Originalurkunde; die Vorlage einer Kopie reicht nicht aus.[22] Dementsprechend ist auch eine Übermittlung per Fax unzulässig.[23] Bei Verlust des Originals ist keine Weisung mehr möglich.[24] Die Vorlage muss beim Frachtführer, also bei dessen Niederlassung oder beim bevollmächtigten Vertreter erfolgen. Vorlage beim Fahrer reicht daher grundsätzlich nicht[25] (s. Rn. 12).

17    Ist ein **Ladeschein** ausgestellt, so muss der Frachtführer nach § 446 Abs. 1 S. 2 einer Weisung wegen Rückgabe oder Ablieferung des Gutes nur Folge leisten, wenn ihm der Ladeschein vorgelegt wird. Da nach § 446 Abs. 1 S. 1 nur der Besitzer des Ladescheins zur Erteilung von Weisungen befugt ist, kann der Frachtführer aber auch in allen anderen Fällen, in denen ein Ladeschein ausgestellt ist, die Vorlage des Ladescheins verlangen (vgl. hierzu § 446 Rn. 8).

## VI. Inhalt der Weisung

18    **1. Allgemeines.** Abs. 1 S. 2 führt zwei Weisungen auf, die **typischerweise** in Frage kommen. Es handelt sich hierbei um die Weisung, das Gut nicht weiterzubefördern, es an einem anderen Bestimmungsort, an einer anderen Ablieferungsstelle oder an einen anderen Empfänger abzuliefern. Diese Aufzählung ist nur beispielhaft, denn durch das Wort „insbesondere" wird verdeutlicht, dass auch andere Weisungen möglich sind. Die Auflistung der genannten Weisungen kennzeichnet jedoch zugleich auch Inhalt und Grenze des Weisungsrechts: Das Verfügungsrecht des Frachtvertrages beschränkt sich auf die **Befugnis, in den Transportablauf einzugreifen.**[26] Weisungen iSd. § 418 sind deshalb nur solche Erklärungen, die sich auf die **Durchführung der Beförderung** des nach dem Vertrag zu befördernden Gutes oder dessen Ablieferung beziehen. Dementsprechend ist eine Weisung, anderes Gut zu übernehmen oder während der Beförderung aufzuladen, nicht als Weisung iSd. § 418 anzusehen.[27] Zu denken ist insoweit auch an den Verkauf oder die Vernichtung des Gutes. Letzteres ist dem Frachtführer bei einem Beförderungs- oder Ablieferungshindernis zwar unter bestimmten Voraussetzungen gestattet. Hierbei handelt es sich jedoch nur um Handlungsalternativen, die dem Frachtführer zur Verfügung gestellt werden, wenn die Beförderungsleistung gestört ist. Es geht jedoch zu weit, dem Verfügungsberechtigten zu

---

[20]  Vgl. EBJS/*Reuschle* Rn. 28.
[21]  Ebenso *Koller* Rn. 16.
[22]  Vgl. *Koller* Rn. 39.
[23]  Ebenso *Koller* Rn. 39.
[24]  Ebenso *Koller* Rn. 40; aA Fremuth/Thume/*Fremuth* Rn. 32; Baumbach/Hopt/*Merkt* Rn. 3.
[25]  *Koller* Rn. 39.
[26]  Fremuth/Thume/*Fremuth* Rn. 5.
[27]  So auch *Koller* Rn. 5.

gestatten, den Frachtführer unabhängig von dem Vorliegen eines Beförderungs- oder Ablieferungshindernisses zur Vornahme solcher Handlungen anzuweisen. Denn sie beziehen sich in diesen Fällen gerade nicht auf die Durchführung der Beförderung, sondern auf sonstige Leistungen, die der Frachtführer typischerweise nicht zu erbringen hat.[28] Umstritten ist, ob eine Weisung erteilt werden kann, das Gut zu etikettieren oder umzupacken,[29] oder langfristig einzulagern.[30] Solche Weisungen werden dann zulässig sein, so dass sie auch zu befolgen sind, wenn sich die Notwendigkeit während der Beförderung ergibt, etwa weil das Gut schlecht verpackt ist oder der Empfänger eine Reise angetreten hat.[31] Unzulässig dürfte auch eine nachträgliche einseitige Weisung sein, das Gut in einem besonders ausgestatteten Fahrzeug (zB luftgefederter Lkw) zu befördern.[32] Insoweit wird eine vertragliche Abmachung erforderlich sein. Auch die **Nachnahme** bedarf gem. § 422 grundsätzlich einer Vereinbarung, kann jedoch dann noch durch nachträgliche einseitige Weisung erfolgen, wenn diese den Frachtführer nicht unzumutbar belastet.[33]

**Nicht als Weisung** iSd. § 418 ist darüber hinaus eine Erklärung **anzusehen,** die zum Ziel hat, eine von den Vertragsparteien **bewusst getroffene Pflichtenverteilung** im Nachhinein einseitig zu modifizieren.[34] Denn wenn die Parteien bewusst bestimmte Beförderungs-modalitäten im Vertrag festgelegt haben, ist diese Vereinbarung gemäß den §§ 133, 157 BGB dahin auszulegen, dass sie insoweit eine einseitige Vertragsänderung durch Geltendmachung des Weisungsrechts von vornherein ausschließt. Dementsprechend ist eine Aufforderung, entgegen der ursprünglich getroffenen ausdrücklichen Vereinbarung das Gut zu verladen oder zu entladen,[35] anstelle des ursprünglich vereinbarten Verkehrsmittels, etwa eines bestimmten Schiffes, ein anderes Verkehrsmittel zu verwenden, oder das Gut zu einem anderen als den vertraglich vereinbarten Zeitpunkt abzuliefern,[36] nicht als Weisung iSd. § 418 HGB anzusehen. **19**

**2. Beendigung der Weiterbeförderung (Abs. 1 S. 2).** Die Beendigung der Weiter- **20** beförderung ist nicht einengend dahin zu verstehen, das Gut allenfalls kurze Zeit im Fahrzeug stehen zu lassen ist, vielmehr iwS eines Ruhens der Vertragsabwicklung. Eine Weisung, die Weiterbeförderung zu beenden, kann aber auch darin liegen, dass der Frachtführer angewiesen wird, das Gut nicht bis zum Ablieferungsort zu befördern, sondern es unverzüglich zu entladen und zu verwahren oder einem Dritten zur Verwahrung zu übergeben.[37]

**3. Änderung des Bestimmungsorts oder der Ablieferungsstelle (Abs. 1 S. 2).** Das **21** Recht zur Änderung des Bestimmungsorts oder der Ablieferungsstelle (vgl. zu diesen Begriffen § 407 Rn. 33) umfasst das Recht, das Gut an dem Ort, an dem es sich gerade befindet, herauszuverlangen, auch noch an einem Ort, der später auf der vorgesehenen Beförderungsstrecke liegt. Älteren Gerichtsentscheidungen zufolge soll der Rücktransport nicht verlangt werden dürfen.[38] Ein Festhalten an diesem Grundsatz erscheint angesichts der in § 418 geregelten Erfordernisse nicht sachgerecht.[39] Einen uU kostenintensiven **Rücktransport** kann der Frachtführer bei Vorliegen der Voraussetzungen in Abs. 1 S. 3 und 4 ablehnen.

---

[28] Ebenso EBJS/*Reuschle* Rn. 10. zweifelnd *Koller* Rn. 6.
[29] Ablehnend *Czerwenka* in der Vorauflage.
[30] Bejahend OLG Köln 30.7.2002, TranspR 2002, 116, 117.
[31] Der Frachtführer hat beim Erkennen mangelhafter Verpackung Weisungen zu erholen, wenn er seiner Obhutspflicht genügen will. Vgl. § 411 Rn. 21 und *Thume* TranspR 2013, 8.
[32] AA *Koller* Rn. 6; EBJS/*Reuschle* Rn. 7.
[33] HM; EBJS/*Reuschle* § 422 Rn. 7; *Andresen/Valder* § 422 Rn. 3; *Fremuth/Thume/Fremuth* § 422 Rn. 19; vgl. *Koller* § 422 Rn. 6.
[34] *Koller* Rn. 4.
[35] Ebenso *v. Waldstein/Holland* § 412 Rn. 12.; *Andresen/Valder* Rn. 9.
[36] Ebenso, jedenfalls soweit es um eine Verkürzung der Lieferfrist geht, *Herber/Piper* Art. 12 CMR Rn. 10. AA *Koller* Rn. 6.
[37] So auch *Koller* Rn. 6.
[38] ROHG 4.11.1873, ROHGE 11, 290, 293; ROHG 30.11.1874, ROHGE 16, 195, 198. Ebenso Schlegelberger/*Geßler* § 433 aF Rn. 8; Heymann/*Honsell* § 433 aF Rn. 7.
[39] So auch Fremuth/Thume/*Fremuth* Rn. 13.

22   **4. Ablieferung an einen anderen Empfänger (Abs. 1 S. 2).** Die Weisung, das Gut
an einen anderen Empfänger abzuliefern, kann sich auch darauf richten, das Gut an einen
Dritten auszuliefern. Diese kann erforderlich werden bei den sog. Durchlieferungen, insbes.
beim **Streckengeschäft,** bei dem die „rollende Ware" (zB Frischobst und Gemüse) während der Beförderung an die einzelnen Zwischenhändler oder Endabnehmer verkauft wird
und dementsprechend umgeleitet werden muss.[40] Ferner umfasst Abs. 1 S. 2 auch den Fall,
dass das Gut an den Absender zurückbefördert werden soll. Empfänger in diesem Sinne ist
dann der vertragliche Absender.[41]

23   **5. Sonstige Weisungen.** Als sonstige Weisungen iSd. § 418 sind alle anderen als die
in Abs. 1 S. 2 aufgeführten Weisungen anzusehen, die sich auf die **Durchführung der
Beförderung** des zur Beförderung übernommenen Gutes (hierzu Rn. 18) sowie auf dessen
Ablieferung beziehen und die **nicht durch Vertrag von vornherein ausgeschlossen**
sind (hierzu Rn. 19). Trotz der bewusst offen gehaltenen Formulierung in § 418[42] dürften
angesichts der an eine Weisung zu stellenden Anforderungen nur vergleichsweise wenige
andere Weisungen in Betracht kommen. Denkbar ist die Aufforderung, das Gut nur gegen
Aushändigung bestimmter weiterer Dokumente[43] oder gegen Nachnahme iSd. § 422 (siehe
Rn. 19) auszuliefern oder aber auch das Gut wieder auszuladen. Als sonstige Weisung
kommt auch die Aufforderung zur Wiederausladung des Gutes,[44] zu seiner späteren Ablieferung[45] und zu Verzollung[46] in Betracht. Zweifelhaft erscheint die Zulässigkeit vom Vertrag
abweichender nachträglicher Weisungen, Gut zu verladen oder beim Empfänger zu entladen,[47] oder andere Unterfrachtführer einzusetzen Unzulässig dürften Weisungen sein, die
sich auf Maßnahmen beziehen, die nicht beförderungsbezogen sind, wie zB die Versicherung oder Begleitpapiere zu beschaffen.[48] In vielen der vorgenannten Fälle wird der Frachtführer auch nach Abs. 1 S. 2 das Recht haben, die Befolgung der Weisung abzulehnen.

24   Da sich eine Weisung nur auf die Durchführung der Beförderung des bereits übernommenen Gutes beziehen kann, ist als Weisung iSd. § 418 dagegen nicht die Aufforderung
anzusehen, das Gut an einer anderen Übernahmestelle oder zu einem anderen Zeitpunkt
zu übernehmen oder länger an der Be- oder Entladestelle auf das Ver- oder Entladen des
Gutes zu warten.[49]

25   Das **Weisungsrecht des Empfängers** kann naturgemäß wesentliche Befugnisse des
Weisungsrechts des Absenders nicht mehr umfassen, so die nach Ankunft des Gutes am
Ablieferungsort gegenstandlosen Befugnisse, das Gut anzuhalten oder es unterwegs an den
Absender zurückzugeben. Praktisch stehen im Wesentlichen Befugnisse hinsichtlich der
Konkretisierung des Ablieferungsanspruchs in Rede.

### VII. Ablehnung der Weisungsbefolgung

26   **1. Allgemeines.** Die Einordnung einer Erklärung als Weisung iSd. § 418 bedeutet nicht,
dass der Frachtführer jede Vertragsänderung hinnehmen und stets die erteilte Weisung auch
befolgen muss. Die Grenzen setzt Abs. 1 S. 3, wonach der Frachtführer nur insoweit zur
Befolgung von Weisungen verpflichtet ist, als deren Ausführung weder Nachteile für den
Betrieb seines Unternehmens noch Schäden für die Absender oder Empfänger anderer
Sendungen mit sich zu bringen droht (hierzu Rn. 29 ff.). Der Frachtführer hat also das

---

[40] Siehe, auch zu den kaufrechtlichen Besonderheiten, Fremuth/Thume/*Fremuth* Rn. 14.
[41] Ebenso *Koller* Rn. 6.
[42] Vgl. Reg.Begr. S. 49 (zu § 418).
[43] Vgl. *Koller* Rn. 6.
[44] Vgl. Fremuth/Thume/*Fremuth* Rn. 10.
[45] Vgl. *Koller* Rn. 6.
[46] HM: BGH 15.1.1987, VersR 1987, 980 (zur CMR); Thume/*Temme* CMR Art. 12 Rn. 6; *Koller* Rn. 6;
EBJS/*Reuschle* Rn. 7.
[47] *v. Waldstein/Holland* § 412 Rn. 12.
[48] Ablehnend *Koller* Rn. 6; Oetker/*Paschke* Rn. 2; aA bzgl. Versicherung EBJS/*Reuschle* Rn. 7 und *Andre-
sen/Valder* Rn. 2.
[49] AA *Koller* Rn. 6.

Recht, sein **eigenes Interesse sowie treuhänderisch das anderer Ladungsbeteiligter** dem Interesse des Verfügungsberechtigten unter bestimmten Voraussetzungen vorzuziehen und die Befolgung einer ihm erteilten Weisung abzulehnen.

Das Vorliegen eines Ablehnungsgrundes führt nicht notwendigerweise dazu, dass die **27** Weisung völlig außer Betracht bleibt. Wie sich aus dem Wort „insoweit" ergibt, kommt möglicherweise noch eine **partielle Ausführung der Weisungen** in Betracht.[50] Inwieweit dies tatsächlich der Fall ist, ist durch Auslegung zu ermitteln.[51]

Die Regelung kommt allerdings erst dann zum Tragen, wenn die Weisung weder sitten- **28** widrig ist[52] noch gegen Verbotsgesetze verstößt[53] und damit nach den §§ 134, 138 BGB nichtig ist. Darüber hinaus muss die Ausführung der Weisung dem Frachtführer möglich sein.[54] Ist sie objektiv oder subjektiv **unmöglich,** greifen dagegen die allgemeinen zivilrechtlichen Regelungen in § 275 Abs. 1 BGB.[55] Für diesen Fall bedarf es daher insbesondere nicht der Benachrichtigung des Verfügungsberechtigten nach Abs. 5. Anderes gilt, wenn die Ausführung der Weisung einen Aufwand erfordert, der unter Beachtung des Inhalts des Schuldverhältnisses und der Gebote von Treu und Glauben in einem groben Missverhältnis zu dem Leistungsinteresse des Verfügungsberechtigten steht. Hier greift nicht § 275 Abs. 2 BGB, sondern als lex specialis die Regelung in § 418 Abs. 1 S. 3, die das Merkmal der **Zumutbarkeit** umschreibt.

**2. Ablehnungsgründe. a) Nachteile für den Betrieb des Unternehmens (Abs. 1 29 S. 3).** Abs. 1 S. 3 formuliert das Ablehnungsrecht sehr weit und offen: Es genügt, dass die Ausführung der fraglichen Weisung Nachteile für den Betrieb des Unternehmens mit sich zu bringen droht. Die Nachteile müssen sich nach einer **ex ante-Beurteilung** des Frachtführers mit Wahrscheinlichkeit einstellen.[56] Die Nachteile müssen „für den Betrieb des Unternehmens" zu befürchten sein. Darunter fällt nicht jeder Aufwand. So bleibt der bloße Umstand, dass dem Unternehmen Unkosten bei Ausführung der Weisung entstehen, schon deshalb außer Betracht, weil nach Abs. 1 S. 4, die Unkosten und eine angemessene Vergütung zu erstatten sind.[57] Die Nachteile müssen daher anderer Art und gewichtig sein. Erforderlich sind drohende ungünstige Veränderungen der Betriebsabläufe, atypische Risiken oder Imageschäden, etc. Andererseits ist es – abweichend von der Parallelvorschrift Art. 12 Abs. 5 Buchst. b CMR – nicht erforderlich, dass die Ausführung der Weisung den gewöhnlichen Betrieb des Frachtführers „hemmt", also das gewöhnliche Maß an Betriebsbehinderung übersteigt (s. Art. 12 CMR Rn. 20). Nach der Regierungsbegründung[58] werden an die Intensität der Beeinträchtigung geringere Anforderungen gestellt als nach der CMR; allerdings reiche auch nach Abs. 1 S. 3 unter Berücksichtigung der Grundsätze von Treu und Glauben nicht schon jede Unverträglichkeit mit dem Unternehmenskonzept des Frachtführers aus, um eine Weisung abzulehnen.

Das Vorliegen eines Nachteils für den Betrieb des Unternehmens des Frachtführers ist **30** zu bejahen, wenn der Frachtführer **atypische Transportrisiken** eingeht, so etwa bei einer Fahrt in ein gefährdetes Gebiet.[59] Gleiches gilt für den Fall, dass der Empfänger den Frachtführer nach Ankunft des Gutes an der Ablieferungsstelle anweist, das Gut zu einer anderen weiter entfernt liegenden politischen Gemeinde zu befördern und dort an einen Dritten abzuliefern. Denn eine solche Weisung läuft praktisch auf einen Anschlusstransport mit – von der Ladung abgesehen – neuem und selbständigen Gepräge hinaus; das Weisungsrecht des Empfängers als ein im bisherigen Frachtvertrag wurzelndes, diesen modifizierendes

---

[50] Vgl. Fremuth/Thume/*Fremuth* Rn. 17; EBJS/*Reuschle* Rn. 9.
[51] Vgl. auch *Koller* Rn. 21.
[52] Vgl. hierzu *Koller* Rn. 9.
[53] Vgl. hierzu *Koller* Rn. 10.
[54] Vgl. Reg.Begr. S. 49; EBJS/*Reuschle* Rn. 9; Fremuth/Thume/*Fremuth* Rn. 17; *Koller* Rn. 8.
[55] Vgl. Reg.Begr. S. 49 (zu § 418); Fremuth/Thume/*Fremuth* Rn. 17.
[56] Vgl. Fremuth/Thume/*Fremuth* Rn. 18; EBJS/*Reuschle* Rn. 12.
[57] Ebenso *Koller* Rn. 11; Andresen/Valder/*Andresen* Rn. 9.
[58] Reg.Begr. S. 49 (zu § 418).
[59] So *Koller* Rn. 11.

Recht darf nicht zu einer Art Kontrahierungszwang für weitere Beförderungsaufträge werden.[60]

**31**    **b) Schäden Dritter (Abs. 1 S. 3).** Das Kriterium „noch Schäden für die Absender oder Empfänger anderer Sendungen" entspricht dem in Art. 12 Abs. 5 Buchstabe b CMR „noch die Absender oder Empfänger anderer Sendungen schädigen" (s. dort Art. 12 CMR Rn. 21). Schäden iSd. Abs. 1 S. 3 sind etwa der Verderb oder die verspätete Ablieferung von Gütern, die zusammen mit dem Gut befördert werden, das Gegenstand des hier in Frage stehenden Frachtvertrags ist. Zu denken ist weiter an den Fall, dass sich durch die Weisung die Verladung weiteren Gutes, zu dessen Beförderung sich der Frachtführer verpflichtet hat, verzögert und dadurch dem Absender dieses anderen Gutes Vermögensschäden entstehen.[61]

**32**    **3. Benachrichtigung des Verfügungsberechtigten (Abs. 5).** Wenn der Frachtführer eine ihm erteilte Weisung nicht zu befolgen beabsichtigt, muss er nach Abs. 5 denjenigen, der die Weisung erteilt hat, unverzüglich benachrichtigen. Die frühzeitige Informationspflicht entspricht dem Leitbild fremdnütziger Geschäftsbesorgung und sichert dem Verfügungsberechtigten alsbaldige anderweitige Dispositionen.[62] Unterlassung oder Verspätung der Benachrichtigung bedeutet, falls schuldhaft, Schadensersatzpflicht (s. dazu Rn. 43). Nach Abs. 5 muss der Frachtführer de Weisungsgeber zwar nur über seine Entscheidung unterrichten, dass er die Weisung nicht befolgen wird, sodass es einer **Angabe von Gründen** nicht bedarf, mit deren Angabe ermöglicht er jedoch, dass der Weisungsgeber ggf. andere Dispositionen ergreifen und zB eine neue Weisung erteilen kann.[63] Der Frachtführer muss seine Entscheidung jedoch unverzüglich, dh. ohne schuldhaftes Zögern (§ 121 BGB) dem Verfügungsberechtigten mitteilen, so dass dieser dann die Möglichkeit hat, sich nach den Gründen zu erkundigen und ggf. seine Weisung zu modifizieren.

**33**    Keiner Benachrichtigung des Verfügungsberechtigten bedarf es, wenn die Weisung wegen Verstoßes gegen die guten Sitten oder ein gesetzliches Verbot unwirksam ist oder wenn ihre Befolgung unmöglich ist (hierzu Rn. 28).

### VIII. Ansprüche des Frachtführers bei Weisungserteilung (Abs. 1 S. 4)

**34**    **1. Aufwendungsersatz.** Gem. Abs. 1 S. 3, Abs. 2 S. 2 hat der Verfügungsberechtigte, der die Weisung erteilt hat, dem Frachtführer die diesem durch die Ausführung der Weisung entstandenen Aufwendungen zu erstatten.[64] Dies entspricht bereits der Rechtslage nach dem Recht der Geschäftsbesorgung (§§ 675, 670 BGB).[65] Der Begriff **„Aufwendung"** ist in gleichem Sinne zu verstehen wie in § 670 BGB. Es muss sich also um Vermögensopfer handeln, die der Frachtführer zum Zwecke der Ausführung der Weisung erbringt. Voraussetzung ist stets eine Verrichtung, welche als solche nicht schon nach dem ursprünglichen Vertrag geschuldet war. Geschuldet werden – ebenso wie in § 670 BGB – nur die erforderlichen Aufwendung. Der Frachtführer darf die Aufwendungen nicht beliebig in die Höhe treiben.

**35**    Da zusätzlich der Anspruch auf angemessene Vergütung besteht, sind aus dem Aufwendungsersatz die mit der Vergütung abgegoltenen allgemeinen **Geschäftsunkosten** herauszurechnen. Ist also das Gut auf Grund einer Weisung an einen anderen Bestimmungsort weiterzutransportieren, so ist für diese Weiterbeförderung die der vertraglichen entsprechenden bzw. übliche Fracht geschuldet. Insoweit besteht kein Aufwendungsersatzanspruch.[66]

---

[60] Streitig; so wie hier *Czerwenka* in der Vorauflage; aA *Koller* Rn. 11.
[61] Vgl. auch *Koller* Rn. 12.
[62] Vgl. Reg.Begr. S. 50 (zu § 418).
[63] Vgl. *Koller* Rn. 22.
[64] BGH 22.4.2010, TranspR 2010, 429.
[65] Reg.Begr. S. 49; *Braun* S. 139.
[66] Ebenso *Koller* Rn. 25.

**2. Vergütung.** Dem Frachtführer wird es in wirtschaftlicher Hinsicht erleichtert, eine **36** Weisung zu befolgen, indem ihm über den Ersatz seiner durch die Ausführung der Weisung entstehenden Aufwendungen hinaus eine angemessene Vergütung zusteht. Hauptkriterium für die Angemessenheit der Vergütung ist die für den primär geschuldeten Leistungsumfang geschuldete Fracht in Relation zu Ladung und Beförderungszeit. Wird zum Beispiel ein Rücktransport angewiesen, so kann dieser zu vergüten sein.[67]

Der Anspruch auf die ursprünglich vereinbarte Fracht wird durch die Weisung grundsätz- **37** lich nicht berührt. Führt die Weisung jedoch zu einer Verkürzung der geschuldeten Beförderung, so muss sich der Frachtführer entsprechend § 415 Abs. 2 S. 1 Nr. 1 **ersparte Aufwendungen** anrechnen lassen.[68]

**3. Vorschuss.** Nach Abs. 1 S. 4, Abs. 2 S. 3 kann der Frachtführer die Befolgung der **38** Weisung von einem Vorschuss abhängig machen. Vergleichbare Regelungen finden sich im Auftragsrecht (§§ 675, 669 BGB). Die **Höhe des Vorschusses** richtet sich nicht nur nach den zu erwartenden Aufwendungen, sondern auch nach der zu zahlenden Vergütung;[69] doch darf, solange der Wert des Gutes auch die Mehrkosten deckt (vgl. § 441), die Ausführung der Weisung nicht durch Streit um die Angemessenheit eines Vorschusses behindert werden. Weigert sich der Verfügungsberechtigte, einen Vorschuss zu zahlen, hat der Frachtführer ein Leistungsverweigerungsrecht.

**4. Schuldner der Zahlungspflicht.** Schuldner der Kostentragungs-, Vergütungs- und **39** Vorschusspflicht ist, wenn der Absender die Weisung erteilt hat, der Absender (Abs. 1 S. 3). Die Zahlungspflicht geht nicht nach § 421 auf den Empfänger über. Hat der Empfänger die Weisung erteilt, ist allein er der Schuldner des Aufwendungsersatzes, der Vergütung und des Vorschusses (Abs. 2 S. 3). Der Frachtführer kann sich also nicht gemäß § 421 Abs. 4 auch an den Absender halten.[70]

## IX. Haftung des Frachtführers

**1. Befolgung einer Weisung.** Soweit der Frachtführer eine ihm erteilte **zulässige** **40** **Weisung fehlerhaft ausführt,** haftet er für den daraus entstandenen Schaden nach § 280 BGB, oder, wenn die fehlerhafte Ausführung der Weisung einen Güterschaden zur Folge hat, nach den §§ 425 ff. HGB.[71] Seine Haftung soll nach bisheriger Auffassung gem. den §§ 431, 433 beschränkt sein, sofern nicht § 435 zur Anwendung gelangt.[72] Da aber die Neufassung des Abs. 6 S. 2 die für die wesentlich gravierenden Verstöße gegen Abs. 4 bis dato völlig unbeschränkte Haftung des Frachtführers nun auf den Betrag begrenzt, der bei Verlust des Gutes zu zahlen ist (siehe Rn. 42), sollte diese Begrenzung künftig auch bei fehlerhafter Ausführung einer wirksam erteilten Weisung auch für Vermögensschäden gelten.[73] Führt die fehlerhafte Ausführung zu einem Beförderungs- oder Ablieferungshindernis, kommt § 419 zur Anwendung.

Erteilt der Absender oder der Empfänger eine **Weisung, die unzulässig ist,** weil sie **41** sich nicht auf die Durchführung der Beförderung des nach dem Vertrag zu befördernden Gutes oder dessen Ablieferung bezieht, sondern andere Leistungen zum Gegenstand hat, so bestimmt sich die Haftung des Frachtführers für die fehlerhafte Befolgung dieser Weisung nach den Grundsätzen des gemischten Vertrags. So haftet der Frachtführer etwa nach den Regelungen über den Lagervertrag (§§ 467 ff. HGB), wenn er vom Verfügungsberechtigten beauftragt wird, das Gut langfristig einzulagern, und ihm hierbei Fehler unterlaufen.[74] Aller-

---

[67] Vgl. Fremuth/Thume/*Fremuth* Rn. 19.
[68] Fremuth/Thume/*Fremuth* Rn. 20; *Koller* Rn. 28; *Jesser-Huß* Art. 12 CMR Rn. 33 mwN; EBJS/*Reuschle* Rn. 18.
[69] *Koller* Rn. 27.
[70] Ebenso EBJS/*Reuschle* Rn. 24.
[71] Vgl. Fremuth/Thume/*Fremuth* Rn. 33.
[72] *Andresen/Valder* Rn. 33; *Koller* Rn. 30; EBJS/*Reuschle* Rn. 32; Fremuth/Thume/*Fremuth* § 422 Rn. 33.
[73] Vgl. *Koller* Rn. 31.
[74] Ebenso OLG Köln 30.7.2002, TranspR 2003, 116, 118. AA *Koller* Rn. 29.

dings erscheint es geboten, dem Frachtführer auch hier die Möglichkeit zu gewähren, sich auf die Haftungsbegrenzungen des Abs. 6 S. 2 zu berufen. Denn wenn schon der Frachtführer sich bei zulässigen Weisungen auf diese Haftungsbegrenzungen berufen kann, so muss dies umso mehr gelten, wenn es sich bei der Weisung um eine an sich unzulässige Weisung handelt.

42 Falls die Ausübung des Weisungsrechts von der Vorlage des Frachtbriefs abhängig gemacht wird (s. Abs. 4) und der Frachtführer Weisungen **ohne Vorlage der Absenderausfertigung** ausführt, haftet er nach Abs. 6, ohne dass es auf ein Verschulden ankäme, dem Berechtigten für den daraus entstehenden Schaden. Diese Gefährdungshaftung erhöht die Verlässlichkeit der einem Sperrpapier zukommenden Schutzwirkung. Schadensersatzberechtigter ist der Inhaber der Absenderausfertigung, der diese praktisch als Käufer des Gutes auf Grund einer Klausel wie „Kasse gegen Dokumente" erhalten hat. Es handelt sich insoweit nicht um eine wertpapierrechtliche Befugnis, da der Frachtbrief nur etwas dokumentiert, nichts verbrieft, auch nicht einen etwaigen Auslieferungsanspruch des Empfängers. Der Schaden dieses Berechtigten besteht typischerweise darin, dass er den Kaufpreis entrichtet hat, aber infolge des frachtvertragswidrigen Verhaltens die Ware nicht oder nur mit zusätzlichen Aufwendungen erhält. Der Frachtführer haftet nicht nur für Güter- und Vermögensschäden, sondern auch für sonstige Vermögensschäden wie auf Grund der eben erwähnten Aufwendungen. Die – bislang unbeschränkte – Haftung ist jetzt gem. Abs. 6 S. 2 auf den Betrag begrenzt, der bei Verlust des Gutes zu zahlen wäre. Die Neufassung dient der Angleichung an die Regelungen, die für den Ladeschein in § 446 Abs. 2 S. 2 sowie für den Stückgutfrachtvertrag und das Konnossement in § 491 Abs. 5 S. 2 und § 521 Abs. 4 S. 2 gelten.

43 **2. Nichtbefolgung einer zulässigen Weisung.** Wenn der Frachtführer schuldhaft eine **Weisung nicht ausführt,** kann der Verfügungsberechtigten nach § 280 BGB Ersatz des hierdurch verursachten Schadens verlangen. Der Ersatz sollte künftig auch hier in gleicher Weise nach Maßgabe des Abs. 6 S. 2 beschränkt sein, wie bei der mangelhaften Ausführung (siehe Rn. 40). Diese Haftung des Frachtführers aus § 280 BGB kommt auch in Betracht, wenn er es schuldhaft unterlässt, den Verfügungsberechtigten nach Abs. 5 zu **unterrichten.** War die Weisung darauf gerichtet, das Gut nur gegen Einziehung einer Nachnahme abzuliefern, so bestimmt sich die Haftung nach § 422 Abs. 3. Führt die Nichtbefolgung der wirksamen Weisung zu einem Beförderungs- oder Ablieferungshindernis, kommt § 419 zur Anwendung.[75]

44 Den **Beweis** dafür, dass der Frachtführer eine Pflicht die Weisung nicht befolgt oder von einer Benachrichtigung abgesehen hat, muss der Verfügungsberechtigte führen. Dafür reicht es aus, dass er nachweist, eine Weisung erteilt zu haben. Der Frachtführer muss dagegen, wenn er sich entlasten will, beweisen, dass ein Ablehnungsgrund iSd. Abs. 1 S. 3 vorlag und er den Verfügungsberechtigten gem. Abs. 5 rechtzeitig von seiner Absicht, die Weisung nicht zu befolgen, unterrichtet hat.[76]

## § 419 Beförderungs- und Ablieferungshindernisse

(1) ¹Wird nach Übernahme des Gutes erkennbar, dass die Beförderung oder Ablieferung nicht vertragsgemäß durchgeführt werden kann, so hat der Frachtführer Weisungen des nach § 418 oder § 446 Verfügungsberechtigten einzuholen. ²Ist der Empfänger verfügungsberechtigt und ist er nicht zu ermitteln oder verweigert er die Annahme des Gutes, so ist, wenn ein Ladeschein nicht ausgestellt ist, Verfügungsberechtigter nach Satz 1 der Absender; ist die Ausübung des Verfügungsrechts von der Vorlage eines Frachtbriefs abhängig gemacht worden, so bedarf es in diesem Fall der Vorlage des Frachtbriefs nicht. ³Der Frachtführer ist, wenn ihm

---

[75] Vgl. *Koller* Rn. 31.
[76] Ebenso *Koller* Rn. 13; EBJS/*Reuschle* Rn. 36.

Weisungen erteilt worden sind und das Hindernis nicht seinem Risikobereich zuzurechnen ist, berechtigt, Ansprüche nach § 418 Abs. 1 Satz 4 geltend zu machen.

(2) Tritt das Beförderungs- oder Ablieferungshindernis ein, nachdem der Empfänger auf Grund seiner Verfügungsbefugnis nach § 418 die Weisung erteilt hat, das Gut an einen Dritten abzuliefern, so nimmt bei der Anwendung des Absatzes 1 der Empfänger die Stelle des Absenders und der Dritte die des Empfängers ein.

(3) [1]Kann der Frachtführer Weisungen, die er nach § 418 Abs. 1 Satz 3 befolgen müßte, innerhalb angemessener Zeit nicht erlangen, so hat er die Maßnahmen zu ergreifen, die im Interesse des Verfügungsberechtigten die besten zu sein scheinen. [2]Er kann etwa das Gut entladen und verwahren, für Rechnung des nach § 418 oder § 446 Verfügungsberechtigten einem Dritten zur Verwahrung anvertrauen oder zurückbefördern; vertraut der Frachtführer das Gut einem Dritten an, so haftet er nur für die sorgfältige Auswahl des Dritten. [3]Der Frachtführer kann das Gut auch gemäß § 373 Abs. 2 bis 4 verkaufen lassen, wenn es sich um verderbliche Ware handelt oder der Zustand des Gutes eine solche Maßnahme rechtfertigt oder wenn die andernfalls entstehenden Kosten in keinem angemessenen Verhältnis zum Wert des Gutes stehen. [4]Unverwertbares Gut darf der Frachtführer vernichten. [5]Nach dem Entladen des Gutes gilt die Beförderung als beendet.

(4) Der Frachtführer hat wegen der nach Absatz 3 ergriffenen Maßnahmen Anspruch auf Ersatz der erforderlichen Aufwendungen und auf angemessene Vergütung, es sei denn, daß das Hindernis seinem Risikobereich zuzurechnen ist.

## Übersicht

| | Rn. | | Rn. |
|---|---|---|---|
| I. Normzweck | 1–3 | 2. Innerhalb angemessener Zeit nicht zu erlangende Weisung | 25–27 |
| II. Beförderungs- oder Ablieferungshindernis (Abs. 1) | 4–15 | 3. Maßnahmen | 28–38 |
| 1. Allgemeines | 4 | a) Interesse des Verfügungsberechtigten | 28 |
| 2. Begriff des Hindernisses | 5–8 | b) Entladen und Verwahren | 29 |
| 3. Maßgeblicher Zeitpunkt | 9, 10 | c) Verwahrung durch einen Dritten | 30, 31 |
| 4. Einzelfälle | 11–15 | d) Rückbeförderung | 32, 33 |
| III. Pflicht zur Einholung von Weisungen (Abs. 1) | 16–18 | e) Selbsthilfeverkauf | 34–37 |
| | | f) Vernichtung | 38 |
| IV. Weisungserteilung | 19–21 | VI. Rechtsfolgen | 39–47 |
| 1. Verfügungsberechtigter (Abs. 1 S. 1 und 2, Abs. 2) | 19, 20 | 1. Beendigung der Beförderung (Abs. 3 S. 5) | 39 |
| 2. Formale Anforderungen | 21 | 2. Zahlungsansprüche des Frachtführers (Abs. 1 S. 3, Abs. 4) | 40–47 |
| V. Dispositionsbefugnisse des Frachtführers bei fehlender Weisung (Abs. 3) | 22–38 | a) Ansprüche bei Weisungserteilung | 40–44 |
| | | b) Ansprüche ohne Weisung | 45–47 |
| 1. Grundsatz | 22–24 | VII. Haftung des Frachtführers | 48, 49 |
| | | VIII. Konkurrenzen | 50–52 |

## I. Normzweck

Die Norm regelt, welche Maßnahmen der Frachtführer ergreifen kann und muss, wenn **1** nach der Übernahme der Güter zur Beförderung eine Situation eintritt, die die Vertragserfüllung unmöglich macht oder zumindest erheblich erschwert, und welche Ansprüche der Frachtführer in diesem Falle gegenüber dem Verfügungsberechtigten hat. Zweck dieser Regelung ist, durch die **Möglichkeit der Umgestaltung des Vertrages bei Beförderungs- und Ablieferungs-hindernissen** den Vertrag zu erhalten und unnützen Transportaufwand zu vermeiden.[1] Damit trägt die Regelung zugleich dem Umstand Rechnung,

---

[1] Vgl. auch *Koller* Rn. 7.

dass den Frachtführer einerseits Obhuts- und Fürsorgepflichten für das ihm anvertraute Gut[2] treffen, er andererseits aber auch ein Interesse daran hat, den Beförderungsauftrag ungeachtet des Hindernisses abgewickelt zu sehen.

2    Die Bestimmung ist mit der Seerechtsreform dem § 492 angepasst worden. Nach dessen Vorbild ist nun in Abs. 1 auf die – im Ergebnis unmaßgebliche – Unterscheidung zwischen einem Beförderungshindernis und einem Ablieferungshindernis verzichtet worden. Zugleich wird jetzt – in Übereinstimmung mit § 492 Abs. 1 S. 1 – klargestellt, dass die Vorschrift nur dann zur Anwendung gelangt, wenn das Beförderungs- oder Ablieferungshindernis nach Übernahme des Gutes erkennbar wurde. Ferner wird die Verweisung auf § 446 verdeutlicht, dass bei Ausstellung eines Ladescheins Verfügungsberechtigter im Sinne des § 419 stets der durch den Ladeschein legitimierte Besitzer ist.[3] **Vorbilder** für § 419 sind von jeher die Art. 14–16 CMR. Weitere Entsprechungen finden sich in § 428 Abs. 1 und § 437 HGB aF, in § 28 KVO aF sowie in den §§ 52, 68 und 69 BinSchG aF.

3    § 419 ist **dispositiv.** Die Parteien können abweichende Vereinbarungen über die Rechte und Pflichten der Vertragsparteien im Falle eines Beförderungs- oder Ablieferungshindernisses treffen.

## II. Beförderungs- oder Ablieferungshindernis (Abs. 1)

4    **1. Allgemeines.** § 419 regelt, – ebenso wie Art. 14 und 15 CMR – die Beförderungs- und Ablieferungshindernisse und deren Folgen. Anders als die CMR behandelt er jedoch die Fälle, in denen Hindernisse vor Ankunft des Gutes am Ablieferungsort eingetreten sind (Beförderungshindernis), und die Fälle, in denen Hindernisse nach Ankunft des Gutes am Ablieferungsort eingetreten sind (Ablieferungshindernis), gleich und verzichtet nun ganz auf deren Unterscheidung, weil bereits in Art. 16 CMR die Rechtsfolgen weitgehend deckungsgleich geregelt sind.[4] Eine sachliche Abweichung von den Regelungen der CMR ist auch nicht dadurch beabsichtigt, dass § 419 – abweichend von Art. 14 CMR – nicht darauf abstellt, ob die Erfüllung des Vertrages zu den im Frachtbrief festgelegten Bedingungen „unmöglich" geworden ist, sondern darauf, ob die Beförderung „nicht vertragsgemäß durchgeführt werden kann".[5]

5    **2. Begriff des Hindernisses.** § 419 Abs. 1 enthält – anders als Abs. 2 – den Begriff „Hindernis" zwar nicht mehr, wohl aber dessen Legaldefinition. Aus seinem Wortlaut ergibt sich nämlich, dass darunter alle nach Übernahme des Gutes erkennbar werdenden Umstände zu verstehen sind, die die vertragsgemäße Durchführung und Beendigung der Beförderung beeinträchtigen. Dabei ist, wie aus der Formulierung **„vertragsgemäße Durchführung"** folgt, nicht nur auf die Beförderung als solche abzustellen ist, sondern darauf, in welcher Art und Weise die Beförderung vertraglich vereinbart war, also insbesondere, ob die Verwendung eines bestimmten Beförderungsmittels, das Befahren einer bestimmten Strecke oder die Einhaltung einer fest bestimmten Lieferfrist vertraglich vorgeschrieben war.

6    Hindernis iSd. § 419 ist dabei zunächst jeder Umstand, der die Durchführung der Beförderung oder Ablieferung **objektiv oder subjektiv unmöglich** iSd. § 275 Abs. 1 BGB macht, dh. für jedermann oder für den Frachtführer unmöglich macht. Dies ist etwa der Fall, wenn ein fester Ablieferungszeitpunkt vertraglich festgeschrieben ist und dieser nicht mehr eingehalten werden kann oder wenn eine bestimmte Beförderungsstrecke, etwa eine Binnenschiffsbeförderung, vereinbart ist, die maßgebliche Wasserstraße jedoch wegen Eisgangs oder anderer ungünstiger Witterungsverhältnisse oder auf Grund behördlicher Anord-

---

[2] Vgl. OLG Frankfurt 21.12.1993, TranspR 1994, 152, 153 (unterlassene Information über Unterbeauftragung) zur CMR.
[3] RegBegr-SRG. S. 100 (zu § 419).
[4] Reg.Begr. S. 51 (zu § 419).
[5] Vgl. schon Reg.Begr. S. 51 zur Altfassung des § 419.

nung für die Schifffahrt geschlossen ist.[6] Der Fall der Beschädigung des Gutes oder des Güterverlusts ist dagegen nicht als maßgeblicher Umstand iSd. § 419 anzusehen.[7]

Darüber hinaus reicht aber auch eine **Erschwerung der Beförderung und Ablieferung** aus. Dabei muss es sich freilich „entsprechend der Konzeption des Art. 14 Abs. 1 CMR"[8] um eine qualifizierte Erschwerung handeln. Diese liegt vor, wenn die Voraussetzungen des § 275 Abs. 2 BGB erfüllt sind, mithin die Durchführung der Beförderung, wie sie im Vertrag vereinbart wurde, oder die Ablieferung des Gutes einen Aufwand erfordern würde, der in einem groben Missverhältnis zu dem Leistungsinteresse des Absenders oder Empfängers steht. Darüber hinaus ist aber auch – unter Berücksichtigung des Rechtsgedankens in § 635 Abs. 2 BGB[9] – von einem Hindernis auszugehen, wenn der Aufwand des Frachtführers zur Behebung des Hindernisses, berechnet nach dem Zeitpunkt, in dem die Beförderung geschuldet ist, in keinem vernünftigen Verhältnis zu dem mit der Beseitigung des Hindernisses erzielbaren Erfolg steht.[10] Maxime bleibt, dass der Frachtführer nur in den Grenzen des vertraglichen Leistungsversprechens und eines zumutbaren Mehraufwands zum Weitertransport verpflichtet ist. So stellt ein Ausfall eines Beförderungsmittels (zB eine technische Panne) oder die Sperrung einer Strecke infolge eines Naturereignisses oder auf Grund behördlicher Anordnung ein Hindernis iSd. § 419 dar, wenn es nur mit unzumutbaren Aufwendungen überwunden werden kann. Dagegen ist das Bestehen eines Hindernisses zu verneinen, wenn im Frachtvertrag ein bestimmter Beförderungsweg nicht vorgeschrieben ist und es dem Frachtführer ohne größeren Aufwand möglich ist, einen anderen als den ursprünglichen Beförderungsweg zu wählen. Unbeachtlich ist, ob einer der Vertragsparteien den Umstand zu vertreten hat. So kann etwa auch ein Verpackungsmangel ein Beförderungshindernis darstellen.[11] Ist das Hindernis allerdings dem Risikobereich des Frachtführers zuzurechnen, kann er keinen Aufwendungsersatz- und Vergütungsanspruch geltend machen (Abs. 1 S. 3, Abs. 4; hierzu Rn. 42).

Angesichts der gravierenden Rechtsfolgen (Einlagerung, Verkauf) ist zusätzlich zu fordern, dass das Hindernis derart beschaffen sein muss, dass mit seinem **Wegfall** auf absehbare Zeit oder doch während einer allseits noch zumutbaren Wartefrist **nicht zu rechnen** ist.[12] 8

**3. Maßgeblicher Zeitpunkt.** Maßgeblich für die Beachtlichkeit des Hindernisses nach 9 § 419 ist, dass es in dem Zeitraum **zwischen der Übernahme des Gutes zur Beförderung und der Ankunft des Gutes an der Ablieferungsstelle erkennbar** wurde. Nicht als Hindernis iSd. § 419 sind also Abreisehindernisse anzusehen, dh. Hindernisse, die nach Vertragsabschluss, jedoch vor Übernahme des Gutes eintreten[13] und als solche erkennbar sind. Zwar mag es durchaus sein, dass es zweckmäßig sein könnte, den Vertrag zu erhalten.[14] Dies rechtfertigt es jedoch nicht, dem Absender oder Empfänger ein einseitiges Weisungsrecht auch in den Fällen zu gewähren, in denen er das Gut dem Frachtführer noch gar nicht übergeben hat. Es erscheint unangemessen, dem Frachtführer auch in diesen Fällen die Verpflichtung aufzuerlegen, eine Weisung einzuholen und diese im Grundsatz auch zu befolgen. Im Übrigen ist zu berücksichtigen, dass die in § 419 normierte Verpflichtung zur Einholung einer Weisung voraussetzt, dass sich das **Gut bereits in der Obhut des Frachtführers** befindet (vgl. hierzu § 418 Rn. 14). Denn andernfalls geht eine Weisung, wie mit dem Gut zu verfahren ist, ins Leere. Anderes gilt für ein Abreisehindernis, das erst

---

[6] Vgl. OLG Karlsruhe 5.12.2001, TranspR 2002, 348 f.; OLG Köln 28.10.2008, ZfBSch 2008, 74 ff.
[7] Ebenso *Koller* Rn. 11. AA *Braun* S. 27, 216.
[8] Reg.Begr. S. 51 (zu § 419).
[9] Hierzu Palandt/*Sprau* BGB § 635 Rn. 10.
[10] Ebenso *Braun* S. 26, 32; *Koller* Rn. 5.
[11] Vgl. *Koller* § 411 Rn. 14.
[12] *Koller* Rn. 3.
[13] Vgl. Baumbach/Hopt/*Merkt* Rn. 1; *Fischer*, Leistungsstörung und Kostenlast im Frachtvertrag der Binnenschifffahrt, S. 39, 54 ff.; *Otte/Thyes* TranspR 2001, 221, 226; aA *Koller* Rn. 7; *Braun* S. 231 f. Unklar Andresen/Valder/*Andresen* Rn. 7 (unter § 419 fallen auch Hindernisse vor Übernahme, nicht aber solche bis zur Verladung).
[14] So *Braun* S. 229 f.; *Koller* Rn. 7.

nach Übernahme des Gutes erkennbar wird. Denn hier ist die Interessenlage der Vertragsparteien dieselbe wie in dem Fall, in dem erst nach Übernahme des Gutes ein Beförderungs- oder Ablieferungshindernis entsteht. In keinem Falle erforderlich ist es jedoch, dass sich das Hindernis in dem Zeitpunkt, in dem es erkennbar wurde, bereits dahingehend realisiert hat, dass die Durchführung der Beförderung oder der Ablieferung unterbrochen ist. Es reicht aus, dass auf Grund des Vorliegens des Hindernisses zu erwarten ist, dass sich der vertragsgemäßen Durchführung der Beförderung oder Ablieferung dieses Hindernis in den Weg stellen wird.

10      Für die Erkennbarkeit ist ein **objektiver Maßstab** anzulegen. Dabei sind die Erkenntnismöglichkeiten des Frachtführers und seiner Wissensvertreter zugrunde zu legen.[15]

11      **4. Einzelfälle.** Vor allem im Eisenbahnverkehr und in der Binnenschifffahrt können Hindernisse eintreten. Ein **Beförderungshindernis** liegt zB vor, wenn auf der Donau eine Pontonbrücke angebracht wird, die die Fortsetzung des Transports auf dem vorgesehenen Weg auf unabsehbare Zeit, dh. in einem noch überschaubaren Zeitraum verhindert, und deutlich wird, dass der Beförderungserfolg in dem vertraglich vorgegebenen zeitlichen Rahmen nicht (auch nicht durch den Transport über einen Umweg) herbeigeführt werden kann.[16] Ähnlich ist es, wenn der Frachtführer wegen **Niedrigwassers** nicht in der Lage ist, die gesamte Ladung mit dem vereinbarten Schiff weiter zu transportieren; und deshalb entweder einen Teil der Ladung auf ein anderes Schiff umladen oder die Niedrigwasserstrecke nach teilweiser Leichterung mit dem Schiff zwei Mal fahren muss und so die regelmäßige Lieferfrist gem. § 423 HGB nicht einhalten kann.[17] Als Hindernis iSd. § 419 sind ferner die zollamtliche **Beschlagnahme**[18] und ein **Streik** anzusehen. Dabei kommt es nicht darauf an, ob im Betrieb des Frachtführers oder eines ausführenden Frachtführers gestreikt wird.[19] Kann der Frachtführer Gut wegen streikbedingter Maßnahmen beim Empfänger nicht abliefern und erteilt der Absender dem Frachtführer daraufhin Weisungen, die am Ende eine längere Obhutszeit des Frachtführers zur Folge haben, so dürfte hierin auch eine konkludente Verlängerung der vertraglich vereinbarten Lieferzeit zu sehen sein und der Absender kann später keinen Anspruch wegen eines Verzögerungsschadens gegen den Frachtführer geltend machen. Gem. § 419 Abs. 1 S. 3 iVm. § 418 Abs. 1 S. 4 hat der Frachtführer vielmehr einen Anspruch auf Ersatz der Aufwendungen, die durch die Weisung entstanden sind, sowie auf eine angemessene Vergütung.[20]

12      Ein **Ablieferungshindernis** ist anzunehmen, wenn der **Empfänger des Gutes oder der Inhaber des Ladescheins nicht zu ermitteln** ist. Hierfür reicht es allerdings nicht aus, dass sich der Name des Empfängers nicht schon aus dem Frachtbrief (vgl. § 408 Abs. 1 Nr. 5) oder dem Ladeschein (vgl. § 444 Abs. 1 HGB) ergibt. Bei einem Fehlen der Empfängerangabe oder einer Unstimmigkeit ist der Frachtführer nach Treu und Glauben gehalten, den Empfänger sowie seine Anschrift bzw. Inhaber des Ladescheins namhaft zu machen, soweit dies mit zumutbarem Aufwand an Zeit und Kosten (Telefonbuch, Rückfrage beim Absender) möglich ist.[21] Dies kann auch durch Kontaktaufnahme mit dem Absender geschehen.[22]

13      Ein weiteres Ablieferungshindernis ist die **Annahmeverweigerung.**[23] Dieser Fall liegt vor, wenn der Empfänger deutlich macht, dass er nicht willens ist, sich das Gut übergeben zu lassen. Dabei genügt seine Weigerung, das Gut unter den Bedingungen zu übernehmen,[24] an welche der Frachtführer die Übergabe zu knüpfen hat, so an die Begleichung

---

[15] Vgl. *Koller* Rn. 8.
[16] SchOG Karlsruhe 5.12.2001, TranspR 2002, 348.
[17] SchOG Köln 27.2.2009, TranspR 2009, 171.
[18] Vgl. OLG Hamburg 16.1.1986, TranspR 1986, 229 (CMR).
[19] Vgl. hierzu *Ehmen* TranspR 2007, 354 ff.
[20] *Ehmen* TranspR 2007, 354, 356.
[21] OLG Hamburg 25.2.1988, TranspR 1988, 277, 278, Fremuth/Thume/*Fremuth* Rn. 8; *Koller* Rn. 16.
[22] Vgl. *Koller* Rn. 17.
[23] BGH 22.4.2010, TranspR 2010, 429.
[24] OLG Düsseldorf 12.12.1985, TranspR 1986, 56, 58 zu CMR.

der sich aus dem Frachtvertrag bzw. aus dem Frachtbrief ergebenden Zahlungen für Fracht bzw. Nachnahme. An der Tatsache der Weigerung ändert es nichts, dass sie nur vorübergehend gemeint ist, weil etwa nicht während der Geschäftszeit angeliefert wird oder dem Empfänger die personelle oder räumliche Kapazität für Entladung oder Lagerung gerade nicht verfügbar ist. Entgegen der Ansicht, eine solche vorübergehende Weigerung sei (jedenfalls bei zeitgerechter Anlieferung) als Annahmeverzug mit den Folgen insbes. des Ersatzes von Mehraufwendungen einer zweiten Zuführung (§ 304 BGB) zu qualifizieren,[25] also nicht gleich als Ernstfall der Annahmeverweigerung, erscheint es passender, auch die nur vorübergehend gemeinte Weigerung, falls sie nicht lediglich vorhersehbar ganz kurz ist,[26] als Ablieferungshindernis anzusehen. Gerade der Umstand, dass sich Frachtführer und Empfänger alsbald den Rechtsfolgen des § 419 ausgesetzt sehen, fördert die dann vorzuziehende sachgerechte Lösung, dass sich nämlich die Beteiligten ggf. anhand einer ergänzenden Vereinbarung zwischen Frachtführer und Empfänger über die Modalitäten einer späteren Ablieferung und insbes. über Kostenersatz verständigen. Nur die Anwendung des § 419, nicht der Regeln über Annahmeverzug, trägt auch dem Interesse des Absenders genügend Rechnung, rechtzeitig über auch ihn betreffende planwidrige Abläufe unterrichtet zu werden.[27]

Ein weiterer Fall des Ablieferungshindernisses ist gegeben, wenn sich der Empfänger **14** nach Ankunft an der Ablieferungsstelle weigert, das Gut **vereinbarungsgemäß zu entladen.** Ein Rückgriff auf die allgemeinen zivilrechtlichen Regelungen über Annahmeverzug (§ 293 BGB) scheidet auch hier aus. Das wird selbst dann gelten müssen, wenn der Empfänger zuvor noch die Annahme des bereit gestellten Gutes erklärt hatte, sodass die Ablieferung im Sinne des § 407 bereits erfolgt und die Obhutszeit schon beendet war. Dann ist § 419 zumindest entsprechend anzuwenden.[28]

**Nicht als Ablieferungshindernis** iSd. Abs. 1 ist der Fall anzusehen, dass der Absender **15** oder Empfänger die Entladetätigkeit beginnt, sie aber nicht innerhalb der Entladezeit (§ 412 Abs. 2) beendet.[29] Die **Überschreitung der Entladezeit** löst in diesem Falle nur den Anspruch nach § 412 Abs. 3 aus; § 419 ist nicht anwendbar.

### III. Pflicht zur Einholung von Weisungen (Abs. 1)

Abs. 1 S. 1 begründet eine Pflicht des Frachtführers, bei Vorliegen von Hindernissen **16** Weisungen des weisungsberechtigten Absenders oder sonst verfügungsberechtigten Ladungsinteressenten (Rn. 19 und 20) einzuholen. Dies gilt selbst dann, wenn nach Einschätzung des Frachtführers eine Weisungserteilung nicht mehr möglich ist.[30] Die Weisungserteilung impliziert die vorgängige **Information** über Art und Ausmaß des Hindernisses. Diese Information muss dem Verfügungsberechtigten ermöglichen, auf ihrer Grundlage eine Weisung zu erteilen.

**Maßgeblicher Zeitpunkt** für die Pflicht zur Einholung von Weisungen ist, wie aus dem **17** Wort „erkennbar" folgt, nicht der Zeitpunkt, in dem sich das Hindernis bereits realisiert hat, sondern der Zeitpunkt, in dem das Hindernis für den Frachtführer erkennbar ist. Der Geschäftsbesorgungscharakter des Frachtvertrages fordert, dass der Frachtführer den Verfügungsberechtigten **unverzüglich** über das Hindernis informiert und Weisungen einholt. Dies ermöglicht es, dass Verfügungsberechtigter und Frachtführer noch rechtzeitig die notwendigen Dispositionen treffen können.

Fällt das **Hindernis wieder weg,** entfällt auch die Pflicht zur Einholung von Weisungen. **18** Hat der Frachtführer bereits nach einer Weisung nachgesucht, gebieten es jedoch der

---

[25] Staub/*Helm* § 437 aF Rn. 8.
[26] Ebenso wohl Fremuth/Thume/*Fremuth* Rn. 10.
[27] Heymann/*Honsell* § 437 aF Rn. 5.
[28] Ebenso *Koller* Rn. 15.
[29] Ebenso Fremuth/Thume/*Fremuth* Rn. 9 und *Czerwenka* in der Voraufl.; aA *Braun* S. 217; *Koller* § 412 Rn. 50, § 419 Rn. 12 und 13; Oetker/*Paschke* Rn. 3.
[30] Vgl. OLG Hamburg 9.3.2000, TranspR 2000, 253, 254 (zu Art. 14 CMR).

Grundsatz von Treu und Glauben, den Verfügungsberechtigten über den Wegfall des Hindernisses zu unterrichten.[31]

## IV. Weisungserteilung

19   **1. Verfügungsberechtigter (Abs. 1 S. 1 und 2, Abs. 2).** Wer weisungsberechtigt ist, ergibt sich aus § 418 oder, bei Ausstellung eines Ladescheins, aus § 446 Abs. 1. Falls der Empfänger nach Ankunft des Gutes an der Ablieferungsstelle weisungsberechtigt ist (§ 418 Abs. 2), er aber nicht zu ermitteln ist oder die Annahme des Gutes verweigert, kommt es nach Abs. 1 S. 2 – in Abweichung von § 418 – zu einem **Rückfall des Verfügungsrechts** auf den Absender. Die Regelung gilt allerdings nicht, wenn ein Ladeschein ausgestellt ist. Hier bestimmt sich das **Weisungsrecht** ausschließlich nach § 446 Abs. 1. Das wird jetzt in der Neufassung ausdrücklich klargestellt.

20   Wenn der verfügungsberechtigte Empfänger einen **Drittempfänger** bestimmt hat, rückt nach § 419 Abs. 2 im Falle eines Beförderungs- oder Ablieferungshindernisses der Empfänger für das Vorgehen nach Abs. 1 in die Position des Absenders und der Dritte in die des Empfängers ein.

21   **2. Formale Anforderungen.** Hinsichtlich der Form der Weisung macht § 419 keine Vorgaben. Darüber hinaus befreit er den Absender, auf den nach Abs. 1 S. 2 das Weisungsrecht zurückfällt, von der bei Ausstellung eines Sperrpapiers (§ 418 Abs. 4) bestehenden Pflicht, bei Ausübung des Verfügungsrechts einen **Frachtbrief** vorzulegen (Abs. 1 S. 2). Diese Regelung trägt dem Umstand Rechnung, dass der Frachtbrief, der als Sperrpapier ausgestaltet ist, oftmals schon an den Empfänger weitergegeben sein wird. Klarer Rechtslage zuliebe muss es sich der Empfänger in diesen Fällen gefallen lassen, dass bei Annahmeverweigerung durch ihn Weisungen nur noch des Absenders beachtlich sind. Dies gilt allerdings nicht, wenn ein **Ladeschein** ausgestellt ist. Hier bleibt es dabei, dass Weisungen nur der durch den Ladeschein Legitimierte erteilen darf (§ 446 Abs. 2).

## V. Dispositionsbefugnisse des Frachtführers bei fehlender Weisung (Abs. 3)

22   **1. Grundsatz.** Abs. 3 gewährt dem Frachtführer, der Weisungen, die er nach § 418 Abs. 1 S. 3 zu befolgen hätte, innerhalb angemessener Zeit nicht erlangen kann, weit reichende, die Ladungsinteressenten stark berührende Dispositionsfreiheiten. Es handelt sich um die immer schon – insbes. gem. § 437 Abs. 2 HGB aF sowie Art. 14 Abs. 2, Art. 16 Abs. 2 und 3 CMR – praktizierten Maßnahmen, sich des Beförderungsgutes zu entledigen. Das Gesetz gibt die Direktive, solche Maßnahmen zu ergreifen, die im **Interesse des Verfügungsberechtigten** die besten zu sein scheinen (S. 1); damit sind objektive, aber aus Sicht des Frachtführers zu bestimmende Kriterien gemeint. Die beispielhaft („etwa") aufgezählten Maßnahmen geben eine Rangordnung vor: Zunächst sind die am wenigsten einschneidenden Maßnahmen in Betracht zu ziehen. Nur äußerstenfalls ist ein Verkauf oder gar eine Vernichtung des Gutes gestattet.

23   Selbstverständliche Voraussetzung für das Entstehen bzw. Fortbestehen der Befugnisse ist das **Andauern des Hindernisses.** Fällt es weg und hat der Frachtführer noch nicht das Gut entladen, hat er entsprechend der primären Leistungspflicht, das Gut dem Empfänger abzuliefern, das Gut weiterzubefördern und abzuliefern.

24   Nach dem Entladen des Gutes gilt allerdings die Beförderung als beendet (Abs. 3 S. 5). Eine frachtvertragliche Obhutshaftung und Weiterbeförderungspflicht entfällt (s. Rn. 39).

25   **2. Innerhalb angemessener Zeit nicht zu erlangende Weisung.** Unter den Begriff „nicht zu erlangende Weisung" fallen drei Situationen: Dazu gehört zunächst, der Fall, dass der Frachtführer auf sein Weisungsersuchen vom Verfügungsberechtigten **innerhalb angemessener Zeit keine Weisung** erhalten hat. Für die Bemessung der Frist sind –

---

[31]  Ebenso *Koller* Rn. 20. AA Fremuth/Thume/*Fremuth* Rn. 15.

abhängig von den Umständen des Einzelfalls, so etwa des Ausmaßes des Hindernisses, der Art des beförderten Gutes, des geplanten Transportablaufs sowie des Umstandes, dass sich möglicherweise auf dem Beförderungsmittel noch Güter anderer Absender befinden[32] – sowohl die Interessen des Frachtführers an einer zügigen Durchführung des Transports als auch die des Verfügungsberechtigten an einer Unversehrtheit des Gutes und fristgerechter Ablieferung zu berücksichtigen. Hiernach ist „Säumigkeit" erst dann für gegeben zu erachten, wenn der Zeitraum, während dessen der Frachtführer unter regelmäßigen Umständen mit dem Eingang der Weisung rechnen werden durfte (vgl. § 147 Abs. 2 BGB), verstrichen ist und weiteres Zuwarten nicht mehr zumutbar ist. Unerheblich ist, ob den Verfügungsberechtigten an der Unterlassung oder Verzögerung ein Verschulden trifft,[33] denn es muss genügen, dass er die Chance besessen hat, sich zu äußern; die pünktliche Rückantwort bleibt sein Risiko.

Ferner ist als eine nicht zu erlangende Weisung auch eine Aufforderung des Verfügungs- **26** berechtigten anzusehen, die nach § 418 Abs. 1 S. 3 **nicht zu befolgen** ist. Dies ist etwa der Fall, wenn die Weisung zu einer nicht hinnehmbaren Gefährdung oder Schädigung des Gutes führt, oder aber auch aus rechtlichen Gründen, so wenn der Frachtführer gezwungen ist, sich vertrags- oder rechtswidrig zu verhalten.

Schließlich fällt unter den Begriff „nicht erlangbaren Weisungen" der Fall, dass um eine **27** Weisung überhaupt nicht nachgesucht werden konnte, etwa weil hierfür **keine Zeit** war, also eine angemessene Frist überhaupt nicht zur Verfügung stand.[34]

**3. Maßnahmen. a) Interesse des Verfügungsberechtigten.** Abs. 3, der dem Fracht- **28** führer nur solche Maßnahmen gestattet, die „im Interesse des Verfügungsberechtigten **die besten zu sein scheinen**", entspricht der Formulierung in Art. 14 Abs. 2 CMR und greift den Rechtsgedanken des § 677 BGB auf. Der Frachtführer ist danach verpflichtet, den Willen des Verfügungsberechtigten zu berücksichtigen, den jener bei Beurteilung aller Umstände geäußert haben würde. Unerheblich ist, ob der Frachtführer den Verfügungsberechtigten kennt. Wie aus der Formulierung „zu sein scheinen" zu entnehmen ist, reicht aus, dass der Frachtführer aus seiner Sicht die Interessen des Verfügungsberechtigten bestmöglich beurteilt und danach handelt.[35]

**b) Entladen und Verwahren.** Nach Abs. 3 S. 2 kann der Frachtführer das Gut entladen **29** (s. § 412 Abs. 1). Fehler sind ihm zuzurechnen.[36] Zur Verwahrung ist der Frachtführer befugt, nicht verpflichtet. Eine Verwahrung beim Frachtführer kommt insbesondere in Frage, wenn er zugleich Lagergeschäfte betreibt. Aus seiner **Fürsorgepflicht für das Frachtgut** kann sich aber eine Pflicht zur schonenden Behandlung, insbes. Einlagerung des Gutes ergeben, so bei Gefriergut, das in ein (nahes) Kühlhaus gehört.[37] Die Pflicht zur Einlagerung kann sich auch nach einem vom Frachtführer verschuldeten Ablieferungshindernis unter dem Gesichtspunkt der Schadensminderungspflicht ergeben.

**c) Verwahrung durch einen Dritten.** Abs. 3 S. 2 gewährt dem Frachtführer die **30** Befugnis, das Gut „einem Dritten zur Verwahrung anzuvertrauen". Er kann insbesondere Maßnahmen ergreifen, wie sie das HGB für den Fall des Annahmeverzuges eines Käufers vorsieht (vgl. § 373), also das Gut in einem öffentlichen Lagerhaus oder sonst in sicherer Weise zu hinterlegen. Die Maßnahmen dienen auch hier dazu, dass sich der Frachtführer von der Last der Obhut über das Gut befreien kann.

Bei Drittverwahrung des Gutes kommt der Verwahrungs- bzw. Lagervertrag je nach **31** Auftreten des Frachtführers dem Dritten gegenüber im eigenen Namen des Frachtführers

---

[32] Vgl. *Andresen/Valder* Rn. 21.
[33] *Rundnagel* S. 169.
[34] Vgl. Reg.Begr. S. 52 (zu § 419); *Koller* Rn. 40.
[35] Fremuth/Thume/*Fremuth* Rn. 18; Heymann/*Schlüter* Rn. 11; *Koller* Rn. 41; *Andresen/Valder* Rn. 22.
[36] *Andresen/Valder* Rn. 23.
[37] Staub/*Helm* § 437 aF Rn. 17; OLG Düsseldorf 12.12.1985, TranspR 1986, 56, 58 zu CMR.

**für Rechnung des nach § 418 oder § 446 Verfügungsberechtigten** zustande.[38] Der Frachtführer schuldet also dem Dritten die nach dem Vertrag zu zahlende Vergütung, hat jedoch einen Freistellungs- und Erstattungsanspruch gegenüber dem Verfügungsberechtigten.[39] Ein Abschluss im Namen des Verfügungsberechtigten ist dagegen mangels Vollmacht ausgeschlossen.[40] Dem zwischen Frachtführer und Drittem geschlossenen Vertrag kommen Schutzwirkungen zugunsten Dritter zu, entweder zugunsten des Absenders, falls der Empfänger durch Annahmeverweigerung gem. § 333 BGB seine Rechte aus § 421 verloren hat, oder zugunsten des Empfängers, wenn nach Ankunft andere Ablieferungshindernisse vorliegen.[41] Gibt der Frachtführer das Gut einem Dritten in Verwahrung, so haftet der Frachtführer nicht für ein Verschulden dieses Dritten, sondern nur für die **sorgfältige Auswahl** des Dritten. Denn der Dritte ist nicht Erfüllungsgehilfe des Frachtführers.[42]

32    **d) Rückbeförderung.** Eine Rückbeförderung kommt insbesondere dann in Betracht, wenn das Gut von geringem Wert ist und zu erwarten ist, dass ein Selbsthilfeverkauf erfolglos sein wird. Zu denken ist etwa an Abfallprodukte oder Gefahrgut. Mit dem Recht auf Rückbeförderung geht die Verpflichtung des Absenders einher, das Gut auch wieder anzunehmen.[43] Der Absender tritt insoweit an die Stelle des frachtbriefmäßigen Empfängers.

33    Eine Rückbeförderung und Ablieferung beim Absender scheidet allerdings aus, wenn ein **Ladeschein** ausgestellt ist. Denn nach § 446 Abs. 1 ist eine Ablieferung nur noch an den durch den Ladeschein Legitimierten zulässig.[44]

34    **e) Selbsthilfeverkauf.** Verderbliche Ware darf dem sog. **Selbsthilfeverkauf** zugeführt werden. Gleiches gilt, wenn der Zustand des Gutes einen Selbsthilfeverkauf rechtfertigt oder wenn die andernfalls –bei einer Verwahrung -Einlagerung oder bei Rücktransport – entstehenden Kosten in keinem angemessenen Verhältnis zum Wert des Gutes stehen (Abs. 3 S. 3). Die Regelung ist eng an Art. 16 Abs. 3 CMR angelehnt (s. Art. 16 CMR Rn. 17 ff.).

35    Einer **vorgängigen Androhung** des Verkaufs bedarf es nicht.[45] Dies folgt aus der Verweisung auf § 373 Abs. 2 S. 2, der gerade bei verderblicher Ware oder Gefahr im Verzug davon dispensiert. Die Wendung „verkaufen lassen" lässt erkennen, dass der Verkauf stets durch eine zuständige Person[46] durchgeführt werden muss, dass also der Frachtführer nicht selbst als Verkäufer auftreten darf.

36    Obgleich in Abs. 3 S. 3 nur von „Verkauf" die Rede ist, während § 373 Abs. 2 alternativ Versteigerung und Verkauf nennt, wird, wenn es das Gut irgendwie zulässt, vorzugsweise die Versteigerung geboten sein. Davon geht jedenfalls die Meinung aus, welche hervorhebt, dass die Nichtnennung des § 373 Abs. 5 in Abs. 2 S. 2 bedeute, dass der Absender nicht von Zeit und Ort der Versteigerung zu benachrichtigen sei.[47] Wenn es aber zu einer **Versteigerung** kommt, so wird idR auch Zeit bestehen, den betroffenen Absender davon zu verständigen; Absender bzw. Empfänger sollte die Chance nicht genommen werden, bei der Versteigerung mitzubieten.[48] Während der Wortlaut von Abs. 3 insoweit Unklarheiten lässt, sprechen doch die frachtvertraglichen Schutzpflichten für einen solchen Mindestschutz des Betroffenen, dessen Rechtsverlust im Wege der Versteigerung droht. Allerdings hat die unterlassene Benachrichtigung nicht die Unverbindlichkeit des Verkaufs zur Folge.[49]

---

[38] Baumbach/Hopt/*Merkt* Rn. 2; *Rundnagel* S. 170.
[39] Vgl. *Herber*/*Piper* Art. 16 CMR Rn. 23.
[40] Ebenso *Koller* Rn. 45.
[41] Staub/*Helm* § 437 aF Rn. 16.
[42] RG 20.10.1920, RGZ 100, 162, 163.
[43] Ebenso Fremuth/Thume/*Fremuth* Rn. 19.
[44] Ebenso *Koller* Rn. 17.
[45] AA *Koller* Rn. 27 (vorherige Androhung bei andern Fällen als Verderb oder Gefahr in Verzug).
[46] Dazu Staub/*Koller* § 374 Rn. 45.
[47] Schlegelberger/*Geßler* § 437 aF Rn. 19.
[48] Vgl. Staub/*Helm* § 437 aF Rn. 21.
[49] Vgl. Staub/*Koller* § 374 Rn. 46.

Den nach Abzug seiner Unkosten verbleibenden Erlös aus Versteigerung bzw. Verkauf  37
hat der Frachtführer dem Berechtigten herauszugeben.[50] Einem **Prätendentenstreit** von
Absender, Empfänger und evtl. davon verschiedenem Eigentümer des Gutes darf er ausweichen, indem er den Betrag dem Absender als seinem Auftraggeber für den Transport auskehrt.

**f) Vernichtung.** Die Vernichtung des Gutes hat der Gesetzgeber namentlich im Hin-  38
blick auf deren mögliche Verderblichkeit sowie auf die Umweltunverträglichkeit zugelassen.[51] Sie ist nur im Falle der ultima ratio zulässig, nämlich dann, wenn alle anderen
denkbaren Maßnahmen als sinnlos erscheinen.

## VI. Rechtsfolgen

**1. Beendigung der Beförderung (Abs. 3 S. 5).** Nach Abs. 3 S. 5 gilt die Beförderung  39
nach Entladen des Gutes als beendet. Die Regelung hat vor allem Bedeutung für die
Haftung des Frachtführers nach § 425. Denn nach der Beendigung der Beförderung endet
auch die Obhutszeit des Frachtführers, innerhalb derer der Frachtführer nach § 425 für
Verlust, Beschädigung oder Lieferfristüberschreitung einzustehen hat.[52] Bleibt das Gut in
der Obhut des Frachtführers, so etwa, wenn er dieses selbst verwahrt, so bestimmt sich
seine Haftung zunächst nach den Vorschriften der Verwahrung (§ 688 BGB)[53] und bei
Einlagerung nach denen des Lagervertrages (§ 475).[54]

**2. Zahlungsansprüche des Frachtführers (Abs. 1 S. 3, Abs. 4). a) Ansprüche bei**  40
**Weisungserteilung.** Im Falle der Weisungserteilung hat der Frachtführer nach § 419 Abs. 1
S. 3 iVm. § 418 Abs. 1 S. 4 einen Anspruch auf **Aufwendungsersatz und Vergütung**
**sowie einen Vorschuss.** Auf diese Weise wird dem Bedürfnis des Frachtführers Rechnung
getragen, für den Einsatz von Arbeitskraft und Betriebsmitteln auch bei hindernisbedingt
erteilter Weisung Aufwendungsersatz und eine Vergütung zu erhalten.[55] Der Anspruch auf
Aufwendungsersatz umfasst allerdings nur die dem Frachtführer durch die Ausführung der
Weisung entstandenen Aufwendungen. Kosten, die der Frachtführer aufgewendet hat, um
vom Verfügungsberechtigten eine Weisung zu erlangen, zählen dagegen nicht zu den Aufwendungen iSd. Abs. 4, die „wegen der nach Absatz 3 ergriffenen Maßnahmen" erforderlich waren.[56]

Der Anspruch auf die ursprünglich vereinbarte Fracht wird durch die Weisung, das Gut  41
zu einer anderen Ablieferungsstelle zu befördern, grundsätzlich nicht berührt.[57] Insbesondere reduziert sich der **Frachtanspruch** nicht entsprechend § 420 Abs. 2 auf den Teil der
Beförderung, den der Frachtführer entsprechend der ursprünglich getroffenen Vereinbarung
zurückgelegt hat.[58] Führt die Weisung jedoch zu einer Verkürzung der geschuldeten Beförderung, so muss sich der Frachtführer entsprechend § 415 Abs. 2 S. 1 Nr. 1 ersparte Aufwendungen anrechnen lassen (vgl. auch § 418 Rn. 37).[59]

Der Aufwendungs- und Vergütungsanspruch entfällt jedoch, wenn das Hindernis dem  42
**Risikobereich** des Frachtführers zuzurechnen ist (Abs. 1 S. 4).[60] Die Pflicht des Frachtführers, Weisungen einzuholen oder bei fehlender, nicht erlangbarer Weisung die Interessen

---

[50] *Rundnagel* S. 170.
[51] Vgl. Reg.Begr. S. 52 (zu § 419).
[52] BGH 5.2.1987, VersR 1987, 678 (CMR); *Andresen/Valder* Rn. 31; *Lammich/Pöttinger* Rn. 78. Vgl. auch
*Baumbach/Hopt/Merkt* Rn. 3.
[53] BGH 5.2.1987, VersR 1987, 678 (CMR); *Andresen/Valder* Rn. 23; *Lammich/Pöttinger* Rn. 49. AA EBJS/
*Reuschle* Rn. 39 (frachtrechtl. Ohutshaftung).
[54] *Koller* Rn. 44; EBJS/*Reuschle* Rn. 38.
[55] Reg.Begr. S. 52 (zu § 419).
[56] Ebenso *Braun* S. 43; *Andresen/Valder* Rn. 16; *Koller* Rn. 23.
[57] Ebenso *Koller* Rn. 32.
[58] So *Braun* S. 144 ff.
[59] Ähnlich *Koller* Rn. 32 (analoge Anwendung von § 420 Abs. 2 S. 2).
[60] Zum Risikobereich des Frachtführers s. § 412 Rn. 38 ff.

des Verfügungsberechtigten zu wahren, bleibt von dieser Regelung unberührt. Wie oben (vgl. § 412 Rn. 38 ff.) ausgeführt, ist ein Umstand dem Risikobereich des Frachtführers zuzuordnen, der unmittelbare Auswirkung auf die Nutzung des Beförderungsmittels oder des Beförderungswegs hat. Ein solcher Fall ist nach der Rspr. für den Fall bejaht worden, dass eine Wasserstraße gesperrt war und den Parteien die tatsächliche, nautische und genehmigungsrechtliche Problematik bewusst war.[61] Der Frachtführer braucht sich aber „von außen" kommende Ursachen wie Straßensperren, Hoch-, Niedrigwasser und Eisgang. im Rahmen des § 419 Abs. 1 S. 4 nicht entgegenhalten lassen, wenn sie für ihn völlig unbeherrschbar und auch unvorhersehbar sind.[62] Umstände, die im Organisationsbereich des Absenders oder Empfängers ihren Ursprung haben (etwa mangelhafte Verpackung, aber auch falsche Informationen),[63] fallen nicht dadurch in den Risikobereich des Frachtführers, dass dieser es unterlassen hat, dem Entstehen dieses Umstandes entgegenzuwirken. Denn eine Pflicht des Frachtführers, die äußerste Sorgfalt darauf zu verwenden, um ein Beförderungs- oder Ablieferungshindernis abzuwenden, kann weder aus § 419 noch aus § 426 hergeleitet werden.[64] Wenn allerdings der Frachtführer noch die Möglichkeit hat, das Hindernis zu beseitigen oder zu umgehen, besteht schon qua definitionem kein Beförderungs- oder Ablieferungshindernis iSd. § 419.

43    **Schuldner** der Kostentragungs-, Vergütungs- und Vorschusspflicht ist wie im Falle des § 418 (s. § 418 Rn. 39) ausschließlich derjenige, der die Weisung erteilt hat.[65] Lehnt er eine Zahlungspflicht mit dem Argument ab, das Hindernis sei dem Risikobereich des Frachtführers zuzurechnen, so trägt der Schuldner, wie sich den allgemeinen Beweislastregeln und – noch deutlicher – aus der in Abs. 4 verwendeten Formulierung „es sei denn" ergibt, auch die **Beweislast** dafür, dass das Hindernis im Risikobereich des Frachtführers liegt.[66] Da der Frachtführer den Beweis dafür führen muss, dass ein Beförderungs- oder Ablieferungshindernis vorgelegen hat, erscheint es auch unter dem Gesichtspunkt der Sachnähe[67] nicht geboten, ihm zugleich die Beweislast dafür aufzuerlegen, dass dieses Hindernis nicht seinem Risikobereich zuzurechnen ist.

44    Die Vorschrift betrifft nur Zahlungen für die in Durchführung der Weisung ausgeführten Verrichtungen; ein Anspruch auf sog. **Distanzfracht** wegen einer bis zum Eintritt des Hindernisses zurückgelegten Beförderungsstrecke ergibt sich aus § 420 Abs. 2 S. 1.

45    **b) Ansprüche ohne Weisung.** Entsprechendes gilt, wenn der Frachtführer nach Abs. 3 Maßnahmen ohne Erlangung einer Weisung ergriffen hat. Nach Abs. 4 hat der Frachtführer Anspruch auf Ersatz der **erforderlichen Aufwendungen** sowie auf angemessene Vergütung. Zu den Aufwendungen zählen alle Kosten, die der Frachtführer wegen der nach Abs. 3 ergriffenen Maßnahmen aufwenden musste. Hat der Frachtführer das Gut vorzeitig entladen, kann er insbesondere Ersatz der hierdurch entstandenen zusätzlichen Kosten verlangen; hinzu kommt ein Anspruch des Frachtführers auf eine angemessene Vergütung für das Entladen, wenn er nach dem Frachtvertrag nicht zum Entladen des Gutes verpflichtet war (vgl. § 412 Abs. 1). Einen Aufwendungs- und Vergütungsanspruch kann der Frachtführer auch geltend machen, wenn er gemäß Abs. 3 das Gut zurückbefördert hat. § 420 Abs. 2 kommt insoweit nicht zur Anwendung.

46    Der Anspruch auf Aufwendungsersatz und eine angemessene Vergütung besteht jedoch nicht, wenn das Beförderungs- oder Ablieferungshindernis dem **Risikobereich** des Frachtführers zuzurechnen ist (hierzu Rn. 42).

---

[61] So OLG Karlsruhe 5.12.2001, TranspR 2002, 348, 350; vgl. auch OLG Köln 2.2.2009, TranspR 2009, 171 bei Vorhersehbarkeit von Niedrigwasser.

[62] *Koller* Rn. 27 und VersR 2012, 949, 956 zu den Voraussetzungen der Vorhersehbarkeit.

[63] Hierzu *Koller* Rn. 27.

[64] AA *Koller* Rn. 27.

[65] Ebenso *Koller* Rn. 26. AA *Andresen/Valder* Rn. 16 f. (Schuldner ist stets der Absender, bei Erteilung von Weisungen durch den Empfänger auch dieser).

[66] *Andresen/Valder* Rn. 34. AA *Koller* Rn. 27.

[67] So aber *Koller* Rn. 27.

**Schuldner** der Kostentragungs-, Vergütungs- und Vorschusspflicht ist, **anders als in** 47 **den Fällen, in denen eine Weisung erteilt wurde,** grundsätzlich der Absender.[68] Denn der Empfänger kann nur in Anspruch genommen werden, wenn er entweder eine Weisung erteilt hat (§ 418 Abs. 2 S. 3) oder vom Frachtführer verlangt hat, das Gut gegen Erfüllung der Verpflichtung aus dem Frachtvertrag abzuliefern (§ 421 Abs. 1 S. 1).[69] Andernfalls würde dem Frachtvertrag der Charakter eines Vertrags zu Lasten Dritter zukommen.[70] Ist der Empfänger in dem Zeitpunkt, in dem das Beförderungs- oder Ablieferungshindernis erkennbar wurde, weisungsberechtigt, so ist dieser – aber nur dann – neben dem Absender[71] – Schuldner, wenn die Voraussetzungen des § 421 Abs. 1 erfüllt sind.[72] Der Schuldner trägt – ebenso wie im Falle der erteilten Weisung (hierzu Rn. 43) – auch die Beweislast dafür, dass das Hindernis im Risikobereich des Frachtführers lag.[73]

### VII. Haftung des Frachtführers

Die Haftung des Frachtführers für eine fehlerhafte Ausführung einer ihm erteilten Wei- 48 sung richtet sich, wie im Falle des § 418 (s. § 418 Rn. 40) nach § 280 BGB, oder, wenn die fehlerhafte Ausführung der Weisung einen Güterschaden zur Folge hat, nach den §§ 425 ff. In ersterem Falle ist jedoch entsprechend § 680 BGB nur eine Haftung für Vorsatz oder grobe Fahrlässigkeit zu bejahen. Die Haftung ist in jedem Falle nach den §§ 431, 433 beschränkt, sofern nicht § 435 zur Anwendung gelangt.

Darüber hinaus kann eine Schadensersatzpflicht nach § 280 BGB, § 433 HGB bestehen, 49 wenn der Frachtführer das Hindernis verschuldet hat.[74] Gleiches gilt für den Fall, dass der Frachtführer nicht seiner Pflicht nachgekommen ist, unverzüglich nach Erkennbarkeit eines Beförderungs- oder Ablieferungshindernisses eine Weisung einzuholen.[75]

### VIII. Konkurrenzen

Das **werkvertragliche Rücktrittsrecht** gem. § 634 Nr. 3 iVm. §§ 636, 323 und 326 50 Abs. 5 BGB, welches an sich zum Schutz des Unternehmers die Nachfristsetzung voraussetzt, wird durch § 419 als Sonderregelung verdrängt. Verdrängt werden außerdem bei Annahmeverweigerung durch den Empfänger die Regelungen der §§ 293 ff. BGB über den **Annahmeverzug.**

Soweit § 419 zur Anwendung gelangt, verdrängt er die allgemeinen zivilrechtlichen 51 Regelungen über den Ausschluss der Leistungspflicht bei **Unmöglichkeit** der Leistung (§§ 275, 323 BGB).[76] Voraussetzung ist allerdings, dass, wie oben (Rn. 9) ausgeführt, während der Obhutszeit des Frachtführers ein Beförderungshindernis erkennbar ist. Dabei kommt es nicht darauf an, ob der Frachtführer den Verfügungsberechtigten um eine Weisung ersucht oder nicht.[77] Das Recht auf **Kündigung** nach § 415 bleibt dagegen unberührt. Außerhalb des Anwendungsbereichs des § 419 kommt außerdem eine Anwendung der allgemeinen zivilrechtlichen Regelungen über die Unmöglichkeit der Leistung in Betracht (vgl. hierzu § 415 Rn. 34).[78]

Unberührt bleiben die Regelungen über Schadensersatz. Insbesondere bleibt der Absen- 52 der zum **Schadensersatz nach § 414** verpflichtet, wenn das Beförderungs- oder Ablieferungshindernis auf eine ungenügende Verpackung oder Kennzeichnung, auf eine Unrich-

---

[68] BGH 22.4.2010, TranspR 2010, 429; vgl. *Andresen/Valder* Rn. 32; *Koller* Rn. 49.
[69] BGH 22.4.2010, TranspR 2010, 429.
[70] Vgl. *Koller* Rn. 49.
[71] BGH 22.4.2010, TranspR 2010, 429.
[72] BGH 22.4.2010, TranspR 2010, 429; ähnlich *Koller* Rn. 49 (Zahlungspflicht des Empfängers bei Vorliegen der Voraussetzungen des § 683 BGB).
[73] Vgl. auch *Andresen/Valder* Rn. 34. AA *Koller* Rn. 52.
[74] Vgl. *Braun* S. 170; *Koller* Rn. 35.
[75] Vgl. EBJS/*Reuschle* Rn. 22.
[76] Vgl. *Braun* S. 85; *Koller* § 407 Rn. 88.
[77] Vgl. auch *Koller* § 407 Rn. 83.
[78] Vgl. *Braun* S. 72 f.

tigkeit oder Unvollständigkeit der in den Frachtbrief aufgenommenen Angaben, auf eine fehlende Mitteilung über die Gefährlichkeit des Gutes oder auf das Fehlen, die Unvollständigkeit oder die Unrichtigkeit der in § 413 Abs. 1 genannten Urkunden oder Auskünfte zurückzuführen ist. Soweit das Beförderungs- oder Ablieferungshindernis auf andere Umstände, die der Absender zu vertreten hat, zurückzuführen ist, bleibt auch ein Schadensersatzanspruch des Frachtführers nach den §§ 280 ff. BGB unberührt.

### § 420 Zahlung. Frachtberechnung

(1) ¹Die Fracht ist bei Ablieferung des Gutes zu zahlen. ²Der Frachtführer hat über die Fracht hinaus einen Anspruch auf Ersatz von Aufwendungen, soweit diese für das Gut gemacht wurden und er sie den Umständen nach für erforderlich halten durfte.

(2) ¹Der Anspruch auf die Fracht entfällt, soweit die Beförderung unmöglich ist. ²Wird die Beförderung infolge eines Beförderungs- oder Ablieferungshindernisses vorzeitig beendet, so gebührt dem Frachtführer die anteilige Fracht für den zurückgelegten Teil der Beförderung, wenn diese für den Absender von Interesse ist.

(3) ¹Abweichend von Absatz 2 behält der Frachtführer den Anspruch auf die Fracht, wenn die Beförderung aus Gründen unmöglich ist, die dem Risikobereich des Absenders zuzurechnen sind oder die zu einer Zeit eintreten, zu welcher der Absender im Verzug der Annahme ist. ²Der Frachtführer muss sich jedoch das, was er an Aufwendungen erspart oder anderweitig erwirbt oder zu erwerben böswillig unterlässt, anrechnen lassen.

(4) Tritt nach Beginn der Beförderung und vor Ankunft an der Ablieferungsstelle eine Verzögerung ein und beruht die Verzögerung auf Gründen, die dem Risikobereich des Absenders zuzurechnen sind, so gebührt dem Frachtführer neben der Fracht eine angemessene Vergütung.

(5) Ist die Fracht nach Zahl, Gewicht oder anders angegebener Menge des Gutes vereinbart, so wird für die Berechnung der Fracht vermutet, daß Angaben hierzu im Frachtbrief oder Ladeschein zutreffen; dies gilt auch dann, wenn zu diesen Angaben ein Vorbehalt eingetragen ist, der damit begründet ist, daß keine angemessenen Mittel zur Verfügung standen, die Richtigkeit der Angaben zu überprüfen.

### Übersicht

|  | Rn. |  | Rn. |
|---|---|---|---|
| I. Normzweck | 1 | 5. Beweislast | 20 |
| II. Fälligkeit der Fracht (Abs. 1 S. 1) | 2–4 | 6. Konkurrenzen | 21 |
| III. Aufwendungen für das Gut (Abs. 1 S. 2) | 5–9 | V. Fracht bei Beförderungsrisiko des Absenders (Abs. 3) | 22–26 |
| IV. Distanzfracht (Abs. 2) | 10–21 | VI. Zusatzvergütung bei Verzögerung der Beförderung (Abs. 4) | 27–31 |
| 1. Grundsatz | 10–12 | 1. Anspruchsvoraussetzungen | 27–30 |
| 2. Vorzeitige Beendigung der Beförderung | 13–15 | 2. Konkurrenzen | 31 |
| 3. Interesse des Absenders | 16–18 | VII. Berechnung der Fracht nach Zahl, Gewicht oder Menge (Abs. 5) | 32 |
| 4. Berechnung | 19 |  |  |

### I. Normzweck

1    Die Vorschrift regelt Detailfragen zur Fälligkeit von Frachtansprüchen und güterbezogenen Aufwendungen, zur Teilvergütung bei Beförderungs- und Ablieferungshindernissen

und verzögerter Beförderung sowie zur Frachtberechnung. Die mit der Seerechtsreform neu gefassten Abs. 2 und 3, die den § 493 Abs. 2 und 3 entsprechen, dienen zum einen dem Zweck, das allgemeine und das Seefrachtrecht gemeinsam stärker dem § 326 anzugleichen[1] und enthalten zum anderen wichtige frachtrechtliche Ausnahmen. Während Abs. 2 nur teilweise geändert und neugefasst wurde, ist Abs. 3 ganz neu und gewährt nun dem Frachtführer nach dem Vorbild des § 326 Abs. 2 BGB bei Hindernissen, die vom Absender zu vertreten sind, einen weitgehend vollen Vergütungsanspruch. Ergänzt wird die Vorschrift durch § 407 Abs. 2 über die Frachtzahlungspflicht des Absenders und durch § 421 über die Frachtzahlungspflicht des Empfängers. Sie hat in der CMR kein Vorbild; im dem bis zur Transportrechtsreform geltenden Recht fanden sich Bestimmungen, die jedenfalls auch den hier geregelten Problemkomplex betreffen, in §§ 20, 21 KVO aF, § 69 EVO aF, Art. 15 CIM aF und §§ 63–65 BinSchG aF.

## II. Fälligkeit der Fracht (Abs. 1 S. 1)

Abs. 1 S. 1 knüpft an § 407 Abs. 2 an, der die Pflicht des Absenders zur Zahlung der **2** Fracht regelt (zum Begriff „Fracht" s. § 407 Rn. 58). Die danach vom Absender geschuldete Fracht ist **bei Ablieferung des Gutes fällig,** weil der Frachtführer seine Beförderungspflicht erfüllt hat. Dies entspricht der allgemeinen Regelung im Werkvertragsrecht (§ 641 BGB) und fügt sich ein in die Regelung des § 421 Abs. 1 S. 1, die den Empfänger verpflichtet, die Fracht zu zahlen, wenn das Gut an der Ablieferungsstelle angekommen ist und der Empfänger die Ablieferung verlangt. Die Pflicht zur Zahlung bei Ablieferung unterstreicht die Zug-um-Zug-Verknüpfung der synallagmatischen Vertragspflichten – Ortsveränderung des Gutes gegen Zahlung der Fracht.[2] Eine gesetzliche Pflicht des Absenders zur Frachtvorauszahlung bei Vertragsabschluss oder Antritt der Beförderung besteht also nicht. Die Parteien können aber abweichende Vereinbarungen treffen. Angesichts verbreiterter Vertragsklauseln zur Bestimmung des Frachtzahlungspflichtigen und zum Zeitpunkt der Frachtzahlung (sog. **Frankaturvermerke;** hierzu § 408 Rn. 41) besitzt S. 1 nur nachrangige Bedeutung.

Mit dem Zeitpunkt „bei **Ablieferung**" ist der Zeitpunkt gemeint, in dem der Frachtfüh **3** rer die zur Beförderung erlangte Obhut über das Gut nach seiner Ankunft an der Ablieferungsstelle mit ausdrücklicher oder stillschweigender Einwilligung des Verfügungsberechtigten wieder aufgibt und diesen in die Lage versetzt, die tatsächliche Gewalt über das Gut auszuüben (hierzu § 407 Rn. 34 ff.).[3] Da der Frachtführer nur Zug um Zug gegen Zahlung der Fracht abliefern muss, muss die Ablieferung noch nicht vollständig abgeschlossen sein.[4]

Verweigert der Empfänger die Annahme des Gutes, so wird die Vergütung nicht bereits **4** in diesem Augenblick unter dem Gesichtspunkt des Annahmeverzugs fällig.[5]

## III. Aufwendungen für das Gut (Abs. 1 S. 2)

**Zusätzlich zum Frachtanspruch** hat der Frachtführer nach Abs. 1 S. 2 einen Anspruch **5** auf Ersatz der **Aufwendungen,** die von ihm zusätzlich **für das Gut** gemacht worden sind und die der Frachtführer den Umständen nach für erforderlich halten durfte. Die Regelung gibt eine Orientierungs- und Auslegungshilfe hinsichtlich der Reichweite der Frachtvereinbarung.[6] Rechnung getragen wird dabei besonders den Bedürfnissen der Parteien bei einer Eisenbahn- und der Binnenschiffsbeförderung.[7] Vorbild für die Regelung ist § 66 BinSchG aF.

---

[1] RegBegr-SRG. S. 135 (zu § 493).
[2] Reg.Begr. S. 53 (zu § 420); Fremuth/Thume/*Fremuth* Rn. 10.
[3] Vgl. auch *Andresen/Valder* Rn. 6 (Zeitpunkt, in dem das Gut dem Empfänger zur Entgegennahme zur Verfügung steht).
[4] Vgl. *Koller* Rn. 3.
[5] S. *Koller* § 407 Rn. 107.
[6] Vgl. Reg.Begr. S. 53 (zu § 420).
[7] Reg.Begr. S. 53 (zu § 420).

**6**     Da nur solche Aufwendungen neben der Fracht zu zahlen sind, die „zusätzlich für das Gut" gemacht wurden, wird klargestellt, dass **Aufwendungen, die im regelmäßigen Verlauf der Beförderung für diese anfallen,** von der Fracht umfasst sind, also nicht mehr gesondert erstattet verlangt werden können.[8] Zu diesen beförderungsbezogenen Aufwendungen zählen zB Straßenmauten und die in § 66 Abs. 1 BinSchG aF aufgeführten Hafen-, Schleusen-, Kanal- und Brückengelder sowie die Lotsengebühren. Einbezogen in die Fracht sind auch die sog. Frachtzuschläge, sofern sie nach dem Vertrag geschuldet sind. Hat der Frachtführer infolge veränderter, aber im Ergebnis richtiger Abwicklung des Auftrags Kosten erspart, darf der Absender die vereinbarte Fracht nicht kürzen.[9]

**7**     Als **Aufwendungen, die „zusätzlich für das Gut"** gemacht wurden, sind dagegen solche Auslagen anzusehen, die nicht beförderungs-, sondern güterbezogen sind und über den regelmäßigen Verlauf der Beförderung hinaus erforderlich werden, weil ein unvorhersehbares Leistungserschwernis eingetreten ist.[10] Hierzu zählen Auslagen zur Zollbehandlung[11] oder zur Erhaltung des Gutes, etwa das Umpacken des Gutes, weil seine Verpackung schadhaft geworden ist.[12] Bei Binnenschiffsbeförderungen zählen hierzu auch die bei der Einladung und Löschung der Güter entstehenden Kosten wie die Ufer-, Kran- und Wiegegelder.[13] Nicht als Aufwendung iSd. § 420 Abs. 1 S. 2 sind dagegen die Aufwendungen für Maßnahmen anzusehen, die der Frachtführer im Falle eines Beförderungs- oder Ablieferungshindernisses ergriffen hat. Denn diese sind nicht „für das Gut" gemacht, sondern beförderungsbezogen.[14] Die Erstattungsfähigkeit dieser Aufwendungen richtet sich nach § 419 Abs. 1 S. 3 oder § 419 Abs. 4.

**8**     Zusätzliche Voraussetzung für einen Aufwendungsersatzanspruch nach Abs. 1 S. 2 ist, dass die Aufwendungen vom Frachtführer **den Umständen nach für erforderlich** gehalten werden durften. Die Formulierung entspricht der in § 670 BGB. Ebenso wie dort ist für die Entscheidung, ob diese Voraussetzung erfüllt ist, ein objektiver Maßstab mit subjektivem Einschlag[15] anzuwenden: Zu prüfen ist, ob der Frachtführer nach seinem verständigen Ermessen auf Grund sorgfältiger Prüfung bei Berücksichtigung aller Umstände über die Notwendigkeit der Aufwendungen entschieden hat[16] und ob aus dieser Sicht die Aufwendungen unter Berücksichtigung des Interesses des Absenders angemessen sind und in einem vernünftigen Verhältnis zur Bedeutung des Gutes und zum angestrebten Beförderungserfolg stehen.

**9**     Der Aufwendungsersatzanspruch ist, wie sich aus der Verknüpfung von Satz 2 mit Satz 1 ergibt, zu demselben Zeitpunkt **fällig** wie der Frachtanspruch. Auch die nach Abs. 1 S. 2 geschuldeten Aufwendungen sind mithin „bei Ablieferung" zu zahlen (hierzu Rn. 3).[17]

### IV. Distanzfracht (Abs. 2)

**10**    **1. Grundsatz.** Die Bestimmung ist im Zuge der Seerechtsreform neu gefasst worden und findet ihre Entsprechung nun auch in § 439 Abs. 2. Sie hat ihre Wurzeln im allgemeinen Schuldrecht Dort bestimmt § 326 Abs. 1 S. 1 HS 1 BGB, dass bei Unmöglichkeit der einen Hauptleistung grundsätzlich auch die Gegenleistung entfällt, und nach allgemeinem Werkvertragsrecht (§§ 644, 645 BGB) hat der Unternehmer keinen Anspruch auf Vergütung, wenn die Ausführung des Werks vor seiner Abnahme unmöglich wird. Anders ist es nach § 326 Abs. 2 BGB, wenn und soweit der Gläubiger die Unmöglichkeit der Leistung des Schuldners zu vertreten hat, und beim Werkvertrag gewährt § 645 BGB dem Unternehmer

---

[8]  Vgl. Reg.Begr. S. 53 (zu § 420).
[9]  OGH Wien 31.1.1991, VersR 1992, 476.
[10]  So auch *Braun* S. 142; *Koller* Rn. 9 ff.
[11]  BGH 7.3.2013, RdTW 2013, 318; vgl. auch OLG Frankfurt 14.7.1980, MDR 1981, 147 (zur CMR).
[12]  LG Düsseldorf 29.11.1985, TranspR 1987, 340 zu CMR; dazu *Konow* TranspR 1988, 229.
[13]  So auch Reg.Begr. S. 53 (zu § 420) mit Hw. auf § 66 BinSchG aF.
[14]  Vgl. Fremuth/Thume/*Fremuth* Rn. 8.
[15]  Vgl. Palandt/*Sprau* BGB § 670 Rn. 3.
[16]  Vgl. Palandt/*Sprau* BGB § 670 Rn. 3.
[17]  Vgl. auch *Koller* Rn. 17.

einen Anspruch auf eine Teilvergütung, wenn das Werk vor der Abnahme infolge eines Mangels des von dem Besteller gelieferten Stoffes oder infolge einer von dem Besteller für die Ausführung erteilten Anweisung untergegangen, verschlechtert oder unausführbar geworden ist, ohne dass den Unternehmer ein Mitverschulden trifft.

Zunächst bestimmt Abs. 2 S. 1, dass der Anspruch auf die Fracht entfällt, soweit die **11** Beförderung unmöglich ist. Durch den Begriff „soweit" soll der Fall der teilweisen **Unmöglichkeit der Beförderung** erfasst werden. Gleich anschließend regelt jedoch Abs. 2 S. 2 einen Sonderfall, nämlich den, dass der Transport infolge eines Beförderungs- oder Ablieferungshindernisses beendet wird. Dann gewährt die Bestimmung dem Frachtführer einen Anspruch auf eine Vergütung. In Anlehnung an § 69 BinSchG aF, § 630 HGB[18] reduziert Abs. 2 S. 2 allerdings den Frachtzahlungsanspruch auf die anteilige Fracht für den zurückgelegten Teil der Beförderung (sog. **Distanzfracht**). Auf eine Einführung des Begriffs Distanzfracht hat der Gesetzgeber verzichtet, weil jener Begriff an anderer Stelle nicht mehr verwendet wird.[19] Dieser Teil-Vergütungsanspruch des Frachtführers ist nicht davon abhängig, wer das vorzeitige Beförderungsende zu vertreten hat. Insbesondere kommt es nicht darauf an, ob das Hindernis auf ein Verhalten des Absenders zurückzuführen ist. Jedoch entsteht der Anspruch nach Abs. 2 S. 2 HS 2 nur wenn die erfolgte Teilbeförderung für den Absender von Interesse ist. Diese Einschränkung galt nach der bislang geltenden Altfassung nur, wenn das die Beförderungsunmöglichkeit herbeiführende Hindernis dem Risikobereich des Frachtführers zuzurechnen war (zu den Folgen der Gesetzesänderung s. Rn. 16 f.).

Die Distanzfracht ist ihrer Natur nach echte Fracht, nicht Schadensersatz.[20] Sie ist analog **12** Abs. 1 S. 1 bei Beendigung des Vertrages **fällig**.[21]

**2. Vorzeitige Beendigung der Beförderung. Abs. 2 S. 1,** wonach die Beförderung **13** infolge eines Beförderungs- oder Ablieferungshindernisses beendet sein muss, knüpft an § 419 an und **setzt damit voraus, dass das Hindernis erst nach Übernahme des Gutes erkennbar** war.[22] Wird die ursprünglich vereinbarte Beförderung dadurch verkürzt, dass wegen eines Beförderungs- oder Ablieferungshindernisses das Gut vorzeitig entladen werden muss, so hat der Frachtführer einen Anspruch auf sog. Distanzfracht. Die Regelung greift dagegen nicht, wenn infolge eines Beförderungs- oder Ablieferungshindernisses der Frachtführer die Weisung erhält, das Gut an einer anderen Ablieferungsstelle abzuliefern. Hier kann jedoch eine Reduzierung der Fracht entsprechend § 415 Abs. 1 S. 1 Nr. 1 angezeigt sein (vgl. § 418 Rn. 37, § 419 Rn. 41).

Nicht anzuwenden ist Abs. 2, wenn der Absender **nach § 415 den Vertrag gekündigt 14** hat oder – ohne dass ein Beförderungs- oder Ablieferungshindernis vorgelegen hat – **nach § 418 Abs. 1 S. 1 die Weisung erteilt** hat, das Gut vorzeitig zu entladen.[23] Im Falle der Kündigung sieht § 415 eine Sonderregelung über den Vergütungsanspruch des Frachtführers vor. Auch für eine ergänzende Anwendung von § 420 Abs. 2 ist insoweit kein Platz. Gleiches gilt für den Fall, dass der Absender, ohne dass ein Beförderungs- oder Ablieferungshindernis vorgelegen hat, nach § 418 Abs. 1 S. 1 die Weisung erteilt hat, das Gut vorzeitig zu entladen.[24] Der Anspruch auf die ursprünglich vereinbarte Fracht wird hierdurch nicht berührt; allenfalls muss sich der Frachtführer entsprechend § 415 Abs. 2 S. 1 Nr. 1 ersparte Aufwendungen anrechnen lassen (vgl. § 418 Rn. 37).

Nicht als vorzeitige Beendigung infolge eines Beförderungs- oder Ablieferungshindernis- **15** ses ist auch der **Verlust des Gutes** während der Beförderung anzusehen. Denn hierbei

[18] Vgl. Reg.Begr. S. 53 (zu § 420).
[19] Reg.Begr-SRG. S. 135 (zu § 493).
[20] Vgl. zu § 630 HGB *Rabe* § 630 Rn. 3.
[21] Vgl. *Koller* Rn. 30.
[22] *Koller* Rn. 19.
[23] So jetzt auch *Koller* Rn. 23; vgl. schon Fremuth/Thume/*Fremuth* Rn. 4 und 19 „Frachtansprüche aus anderen Rechtsgründen bleiben von § 420 unberührt".
[24] So auch *Andresen/Valder* Rn. 12.

handelt es sich nicht um ein Hindernis iSd. § 419 (vgl. § 419 Rn. 6). Der Frachtführer trägt in diesem Fall entsprechend § 644 BGB die Vergütungsgefahr – und zwar insbesondere auch dann, wenn er den Verlust nicht zu vertreten hat, sondern es sich um einen zufälligen Verlust handelt.[25] Hiervon unberührt bleibt ein eventueller Anspruch des Frachtführers gegen den Absender auf Schadensersatz nach § 280 BGB, wenn der Absender den Verlust des Gutes zu vertreten hat.[26]

**16**    **3. Interesse des Absenders.** Der Anspruch auf die Distanzfracht steht dem Frachtführer lt. Neufassung des S. 2 HS 2 nur insoweit zu, als die Beförderung für den Absender von Interesse ist. Die in der früheren Fassung dieser Bestimmung enthaltenen Worte, wonach dies nur gelten soll, wenn „das Hindernis dem Risikobereich des Frachtführers zuzurechnen ist"[27] sind entfallen. Der Gesetzgeber hat diese Passage ersatzlos gestrichen, weil sie sich nach seiner Auffassung bereits im Rückschluss aus dem neuen Abs. 3 ergibt, dass Abs. 2 ohnehin nur greift, wenn das Hindernis dem Risikobereich des Frachtführers zuzurechnen ist.[28] (s. Rn. 22 ff.). Schon bei der Neuregelung des allg. Frachtrechts im Zuge der Transportrechtsreform von 1998 war er davon ausgegangen, dass alle Umstände, die den Vertragsablauf stören, stets der Risikosphäre des einen oder des anderen Vertragspartners zuzuordnen seien.[29] In der Rechtsprechung Literatur war seitdem jedoch umstritten, ob dies im Rahmen des § 420 aF auch gilt, wenn von außen wirkende unvorhersehbare und von den Parteien des Frachtvertrags nicht beherrschbare Störungsursachen auftreten, wie beispielsweise die Sperrung eines Beförderungswegs, Hoch oder Niedrigwasser, Eisgang oder Sturm,[30] oder ob es auch eine neutrale Sphäre gibt[31] (s. dazu auch § 412 Rn. 38 ff., 43). Der BGH hat dies inzwischen für einen Fall des § 420 Abs. 3 aF bejaht und festgestellt, dass von außen wirkende Verzögerungsursachen, die bei Abschluss des Frachtvertrags für den Absender weder vorhersehbar noch beherrschbar sind und bei denen auch sonst kein Anlass für eine Zurechnung zu seinem Risikobereich besteht, grundsätzlich keine Vergütungspflicht des Absenders auslösen.[32]

**17**    Da es jetzt nur noch auf das **Interesse des Absenders** ankommt, müsste nach dem Wortlaut des neuen Abs. 2 der Anspruch auf die Distanzfracht auch entfallen, wenn das Hindernis nicht nach Abs. 3 nF vom Absender zu vertreten, sondern – dem BGH folgend – in der neutralen Sphäre entstanden und daher dessen Risikobereich nicht zuzurechnen ist. Diese Auslegung widerspricht jedoch dem deutlich erklärten Willen des Gesetzgebers der, – wie oben erwähnt – die Streichung der Worte „ist das Hindernis dem Risikobereich des Frachtführers zuzurechnen" nur vorgenommen hat, weil es nach seiner Auffassung nur zwei Sphären und keine dritte „neutrale geben sollte. Deshalb werden diese gestrichenen Worte auch zukünftig bei der Prüfung der Frage, ob dem Frachtführer ein Anspruch auf die Distanzfracht zusteht, als – nunmehr ungeschriebenes- Tatbestandsmerkmal zu berücksichtigen sein.

**18**    Das Interesse des Absenders an der Beförderungsleistung (Abs. 2 S. 2) wird – wie im Falle des § 415 – nicht vorliegen, wenn die erbrachte Beförderungsleistung keinen Wert mehr für den Absender hat, so insbesondere, wenn der Absender für die gesamte Beförderung einen neuen Auftrag erteilen muss (vgl. § 415 Rn. 22).

---

[25] Vgl. Reg.Begr. S. 54 (zu § 420); Baumbach/Hopt/*Merkt* Rn. 2; *Andresen/Valder* Rn. 26; *Oetker/Paschke* Rn. 5; im Ergebnis auch *Ramming* TranspR 2002, 336, 337, der dies allerdings aus § 275 Abs. 4 iVm. 326 Abs. 1 S. 1, 1. HS BGB herleitet. AA *Canaris* § 33 Rn. 52.

[26] Ebenso Baumbach/Hopt/*Merkt* Rn. 2.

[27] Vgl. dazu SchiffOG Karlsruhe 5.12.2001 U 7/00 BSch; TranspR 2002, 348.

[28] Reg.Begr-SRG. S. 136 (zu § 493).

[29] Reg.Begr. S. 41 (zu § 412).

[30] Verneinend zu § 420 Abs. 3 aF SchiffOG Köln 28.10.2008, TranspR 2009, 43 und 2.2.2009, TranspR 2009, 171; LG Magdeburg 18.5.2010, BeckRS 2011, 22323; *Czerwenka* in der Voraufl. § 420 Rn. 23; v. *Waldstein/Holland* § 420 Rn. 13; grundsätzlich bejahend wohl noch *Koller* § 420 Rn. 26 f.; *Braun* S. 134 f.; *Didier* S. 213 ff.; differenzierend: Heymann/*Schlüter* § 420 Rn. 11. Sehr eingehend zum Problem der Risikobereiche zuletzt *Koller* VersR 2012, 949.

[31] *Canaris* § 31 Abs. 2 Rn. 51 f.; vgl. *Koller* § 412 Rn. 56.

[32] BGH 22.6.2011, TranspR 2011, 362; krit. dazu *Koller* VersR 2012, 949.

**4. Berechnung.** Wie der Teil der Fracht zu ermitteln ist, der für den zurückgelegten Teil **19**
der Beförderung zu zahlen ist, lässt das Gesetz offen. Hier kann jedoch **§ 631 entsprechend**
herangezogen werden.[33] Danach ist bei der Berechnung nicht allein das Verhältnis der
bereits zurückgelegten zu der noch zurückzulegenden Entfernung zu berücksichtigen, sondern auch das Verhältnis des durchschnittlichen, mit dem vollendeten Teil der Reise verbundenen Aufwandes an Kosten, Zeit, Gefahren und Mühen zu dem Aufwand, der sich
auf den nicht vollendeten Teil der Reise bezieht. Haben die Parteien vereinbart, dass der
Frachtführer das Gut ver- und entladen soll und umfasst daher die Fracht auch die Kosten
für diese Tätigkeiten, so sind diese bei der anteiligen Berechnung der Fracht nicht herauszurechnen, da sich diese Kosten auch bei einer Verkürzung der Strecke grundsätzlich nicht
reduzieren.[34]

**5. Beweislast.** Das Vorliegen eines Beförderungs- oder Ablieferungshindernisses sowie **20**
das Bestehen eines Interesses des Absenders an der Beförderungsleistung hat der Frachtführer
zu beweisen. Die **Beweislast** dafür, dass das Hindernis dem Risikobereich des Frachtführers
zuzurechnen ist, trägt der Absender.[35]

**6. Konkurrenzen.** Liegt kein Beförderungshindernis, sondern ein **Abreisehindernis** **21**
vor, so bestimmt sich die Frage, unter welchen Voraussetzungen ein Anspruch auf Fracht
besteht, nicht nach Abs. 2, sondern danach, ob der Absender von seinem Recht Gebrauch
gemacht hat, den Vertrag nach § 415 zu kündigen, oder der Frachtführer von seinem
Recht nach § 417 Gebrauch gemacht hat, seinerseits den Vertrag zu kündigen oder mit der
Beförderung eines bereits verladenen Teils der Ladung zu beginnen. Eine analoge Anwendung des Abs. 2 scheidet angesichts seines klaren Wortlauts aus.[36] Bei **zufälligem Verlust
des Gutes** ist entsprechend der für den Werkvertrag geltenden Regelung des § 644 BGB
die Vergütungsgefahr dem Frachtführer zuzuweisen (hierzu Rn. 14).

### V. Fracht bei Beförderungsrisiko des Absenders (Abs. 3)

Neu eingefügt mit der Seerechtreform wurde Abs. 3, der seine Entsprechung auch in **22**
§ 493 Abs. 3 findet. Die Vorschrift enthält eine von Abs. 2 abweichende Regelung für zwei
besondere Fälle der **Beförderungsunmöglichkeit,** deren Ursachen in der Sphäre des
Absenders liegen. Vorbild der Regelung ist § 326 Abs. 2 BGB. Anders als dort wird hier
allerdings nicht auf ein Vertretenmüssen abgestellt, sondern an dem System des Frachtrechts
festgehalten, wonach es darauf ankommt, aus welchem Risikobereich das die Unmöglichkeit herbeiführende Beförderungshindernis stammt.[37]

Nach Abs. 3 S. 1 behält der Frachtführer den **Anspruch auf** die **volle Fracht,** wenn **23**
die **Beförderung** ganz oder teilweise aus Gründen **unmöglich** ist, die dem **Risikobereich
des Absenders** zuzurechnen sind oder die zu einer Zeit eintreten, zu welcher der Absender
im **Verzug der Annahme** ist. Dies gilt sowohl dann, wenn die Unmöglichkeit eintritt,
bevor der Frachtführer mit der Beförderung begonnen hat, als auch dann, wenn die Beförderung nur teilweise erbracht wurde.[38] Zum Begriff der Unmöglichkeit, der dem des Beförderungshindernisses entspricht, s. § 419 Rn. 6 ff.

Zum Begriff **Risikobereich** s. Rn. 16 und § 412 Rn. 38 ff. Zum Risikobereich des **24**
Absenders gehören alle von ihm verschuldeten Hindernisse, insbes. jene, die auf § 414
beruhen, und solche, die in seiner Sphäre ihren Ursprung haben.[39] Folgt man der Auffassung
des BGH zum eingeschränkten Risikobereich des Absenders bei vorübergehenden Störun-

[33] Vgl. auch *Koller* Rn. 20 (entsprechende Anwendung des § 64 Abs. 2 BinSchG aF).
[34] Vgl. *Andresen/Valder* Rn. 14.
[35] Ebenso *Andresen/Valder* Rn. 17.
[36] So auch *Andresen*, GS Helm, S. 3, 9. AA *Koller* § 415 Rn. 6.
[37] Reg.Begr-SRG. S. 136 (zu § 493).
[38] Reg.Begr-SRG. S. 136 (zu § 493).
[39] Siehe dazu BGH 22.6.2011, TranspR 2011, 362 und – statt vieler – *Koller* Rn. 24 und VersR 2012, 949.

gen, deren Ursachen aus einer „neutrale Sphäre" unvorhersehbar von außen eintreten und von keinem der beiden Vertragspartner beherrscht oder beeinflusst werden können.[40] auch für die Fälle der lang andauernden und die Unmöglichkeit der Beförderung herbei führenden Ursachen, so entsteht insoweit kein Anspruch auf die Fracht gem. Abs. 3. In diesen Fällen würde aber dem Frachtführer nach der Neufassung des Abs. 2 bei fehlendem Interesse des Absenders nicht einmal eine Distanzfracht zustehen, wenn man der in Rn. 17 dargelegten Auffassung nicht zustimmen will.

25    In **Annahmeverzug** gerät der Absender, wenn er die erforderliche Mitwirkung bei der ihm vertragsgemäß angebotenen Beförderungsleistung nicht erbringt (§ 293 ff. BGB), sei es, dass er die Beförderung ablehnt oder das Gut nicht bereitstellt, bzw. übergeben will etc.

26    Nach Abs. 3 S. 2 muss sich der Frachtführer aber **ersparte Aufwendungen** oder einen anderweitigen Erwerb, gegebenenfalls auch das böswillige Unterlassen eines anderweitigen Erwerbs, anrechnen lassen. Näheres hierzu s. § 415 Rn. 14 ff.

### VI. Zusatzvergütung bei Verzögerung der Beförderung (Abs. 4)

27    **1. Anspruchsvoraussetzungen.** Abs. 4 entspricht dem früheren Abs. 3. Danach steht dem Frachtführer neben der Fracht eine angemessene Vergütung zu, falls **nach Beginn der Beförderung und vor der Ankunft an der Ablieferungsstelle** aus Gründen, die dem Risikobereich des Absenders zuzurechnen sind, eine **Verzögerung** eintritt. Die Regelung rundet die für Beförderungs- und Ablieferungs-hindernisse vorgesehene Regelung in Abs. 2 und 3 ab und ergänzt die speziellen Standgeldregelungen für den Zeitaufwand bei Be- und Entladen (§ 412 Abs. 3) nach dem Vorbild der § 428 Abs. 2 S. 1 HGB aF, § 28 Abs. 2 S. 1, 1. Alternative KVO aF sowie § 71 Abs. 2 BinSchG aF.[41] Entsprechend der Wertung des früheren Rechts gewährt Abs. 4 dem Frachtführer nur dann einen Anspruch auf eine zusätzliche Vergütung wegen einer bei der Beförderung eingetretenen Verzögerung, wenn diese in den Risikobereich des Absenders fällt. Andernfalls geht eine Verzögerung zu Lasten des Frachtführers.[42] Ergeben sich Verzögerungen in der Zeit vor Beginn der Beförderung oder nach Ankunft an der Ablieferungsstelle, greift § 420 nicht. In diesem Fall hat der Frachtführer einen Vergütungsanspruch nach Maßgabe des § 412. Darüber hinaus kann er den Absender nach § 414 Abs. 1 Nr. 4 in Anspruch nehmen, wenn sich Verzögerungen wegen Mängeln der Begleitpapiere oder unzureichender Information ergeben.

28    Eine **Verzögerung** iSd. Abs. 4 liegt vor, wenn nach Beginn der Beförderung ein Umstand eintritt, der die Durchführung der Beförderung zeitweilig behindert und dazu führt, dass – entgegen dem ursprünglich geplanten Transportablauf – die Lieferfrist (§ 423) überschritten wird.[43] Dabei muss die Verzögerung von gewisser Erheblichkeit sein.[44]

29    Voraussetzung für die Gewährung eines Vergütungsanspruchs des Frachtführers ist, dass die Verzögerung auf Gründen beruht, die dem **Risikobereich des Absenders** zuzurechnen sind. Die Voraussetzung ist erfüllt, wenn die Verzögerung auf ein Verhalten des Absenders zurückzuführen ist oder ihren Ursprung im Organisationsbereich des Absenders oder aber unmittelbare Auswirkung auf dessen Organisationsbereich hat (hierzu § 412 Rn. 38 ff.). Dazu gehören auch die Folgen aus Verstößen gegen die §§ 408, 410 f., 413, selbst wenn deren Ursache wiederum von außen kommt und unvorhersehbar ist.[45] Umstände, die diese Bedingungen nicht erfüllen – hierzu können beispielsweise vorübergehende Straßensperren, Hoch- und Niedrigwasser, Eisgang oder Sturm zählen (s. Rn. 16) – begründen nach der vom BGH bestätigten Auffassung[46] keinen Anspruch auf eine Vergütung nach Abs. 4.[47]

---

[40] BGH 22.6.2011, TranspR 2011, 362; kritisch dazu *Koller* VersR 2012, 949.
[41] Vgl. Reg.Begr. S. 56 (zu § 420).
[42] Vgl. Schiff OG Köln 28.10.2008, TranspR 2009, 43= ZfBSch 2008, 74, 75.
[43] Vgl. *Braun* S. 133, *Koller* Rn. 25, *Andresen/Valder* Rn. 19.
[44] Vgl. Reg.Begr. S. 56 (zu § 420).
[45] *Koller* VersR 2012, 949, 954.
[46] BGH 22.6.2011, TranspR 2011, 362; s. dazu § 412 Rn. 38.
[47] So nun auch *Koller* VersR 2012, 949, 955.

Die **Beweislast** dafür, dass die Verzögerungen dem Risikobereich des Absenders zuzu- **30** rechnen sind, trägt der Frachtführer.[48] Hierzu reicht nicht aus, dass bewiesen wird, dass ein Umstand jedenfalls nicht dem Risikobereich des Frachtführers zuzurechnen ist.[49]

**2. Konkurrenzen.** Abs. 3 schließt einen Anspruch des Frachtführers auf Schadensersatz **31** aus § 414 oder §§ 280 ff., 823 BGB nicht aus.[50]

### VII. Berechnung der Fracht nach Zahl, Gewicht oder Menge (Abs. 5)

Über die Höhe der Fracht trifft das Gesetz keine Aussage. Es bleibt den Parteien überlas- **32** sen, hierzu eine Vereinbarung zu treffen (hierzu § 407 Rn. 59). Das Gesetz trifft nur eine Aussage darüber, wie die Fracht zu berechnen ist, wenn sich vereinbarungsgemäß ihre Höhe nach Zahl, Gewicht oder anders angegebener Menge des Gutes bemisst. Es bestimmt, dass in den Fällen, in denen die Fracht nach Zahl, Gewicht oder anders angegebener Menge des Gutes vereinbart ist, für die Frachtberechnung vermutet wird, dass Angaben hierzu im Frachtbrief oder Ladeschein – nur dort, nicht in sonstigen Papieren wie Ladelisten – zutref- fen (vgl. § 408 Abs. 1 Nr. 7 und 8, § 444). Anders als die als Vorbild herangezogenen Regelungen in § 63 Satz 1 BinSchG aF und § 657 Abs. 1 HGB, nach denen die Angaben unwiderleglich für die Frachtberechnung maßgeblich sind, wird hier die Richtigkeit der Angaben lediglich **widerleglich vermutet.** Dies erlaubt es, Zweifelsfälle durch Beweis des Gegenteils zu klären. Immerhin greift die Vermutungswirkung auch dann ein, wenn in den Frachtbrief oder den Ladeschein ein begründeter Vorbehalt iSd. § 409 Abs. 2 S. 2 eingetragen ist. Anders als für die Güterschadenshaftung erscheint es für die Frachtberech- nung angemessen, dass sich Absender bzw. Empfänger sowie der Frachtführer im Interesse verlässlicher Berechnungsgrundlagen an den im Papier, wenngleich unter Vorbehalt, einge- tragenen Angaben festhalten lassen müssen; stets ist der Beweis des Gegenteils zulässig.

### § 421 Rechte des Empfängers. Zahlungspflicht

**(1) ¹Nach Ankunft des Gutes an der Ablieferungsstelle ist der Empfänger berechtigt, vom Frachtführer zu verlangen, ihm das Gut gegen Erfüllung der Verpflichtungen aus dem Frachtvertrag abzuliefern. ²Ist das Gut beschädigt oder verspätet abgeliefert worden oder verlorengegangen, so kann der Empfänger die Ansprüche aus dem Frachtvertrag im eigenen Namen gegen den Frachtführer geltend machen; der Absender bleibt zur Geltendmachung dieser Ansprüche befugt. ³Dabei macht es keinen Unterschied, ob Empfänger oder Absender im eigenen oder fremden Interesse handeln.**

**(2) ¹Der Empfänger, der sein Recht nach Absatz 1 Satz 1 geltend macht, hat die noch geschuldete Fracht bis zu dem Betrag zu zahlen, der aus dem Frachtbrief hervorgeht. ²Ist ein Frachtbrief nicht ausgestellt oder dem Empfänger nicht vorge- legt worden oder ergibt sich aus dem Frachtbrief nicht die Höhe der zu zahlenden Fracht, so hat der Empfänger die mit dem Absender vereinbarte Fracht zu zahlen, soweit diese nicht unangemessen ist.**

**(3) Der Empfänger, der sein Recht nach Absatz 1 Satz 1 geltend macht, hat ferner ein Standgeld oder eine Vergütung nach § 420 Abs. 4 zu zahlen, ein Stand- geld wegen Überschreitung der Ladezeit und eine Vergütung nach § 420 Abs. 4 jedoch nur, wenn ihm der geschuldete Betrag bei Ablieferung des Gutes mitgeteilt worden ist.**

**(4) Der Absender bleibt zur Zahlung der nach dem Vertrag geschuldeten Beträge verpflichtet.**

---

[48] Ebenso *Koller* Rn. 27.
[49] Vgl. SchiffOG Köln 28.10.2008, ZfBSch 2008, 74, 75.
[50] Ebenso *Koller* Rn. 36.

## Übersicht

| | Rn. | | | Rn. |
|---|---|---|---|---|
| I. Normzweck | 1, 2 | | c) Passivlegitimation | 27–29 |
| II. Abdingbarkeit | 3 | | d) Zurechenbarkeit des Schadens | 30 |
| | | | e) Gesamtschuldnerschaft | 31 |
| III. Rechte des Empfängers (Abs. 1) | 4–31 | | | |
| 1. Allgemeines | 4–7 | | IV. Pflichten des Empfängers | 32–49 |
| 2. Anspruch auf Ablieferung (Abs. 1 S. 1) | 8–16 | | 1. Allgemeines | 32–36 |
| a) Zweck des Anspruchs | 8 | | 2. Zahlungspflichten (Abs. 1 S. 1 aE, Abs. 2 und 3) | 37–45 |
| b) Inhalt des Anspruchs | 9 | | a) Grundsatz | 37–39 |
| c) Wirksamkeitsvoraussetzung | 10, 11 | | b) Fracht (Abs. 2) | 40–42 |
| d) Aktivlegitimation | 12, 13 | | c) Standgeld (Abs. 3) | 43, 44 |
| e) Passivlegitimation | 14–16 | | d) Zusatzvergütung bei Beförderungshindernis (Abs. 3) | 45 |
| 3. Anspruch auf Schadensersatz (Abs. 1 S. 2, 3) | 17–31 | | 3. Aktivlegitimation von Frachtführer und Unterfrachtführer | 46–49 |
| a) Inhalt des Anspruchs | 17 | | | |
| b) Aktivlegitimation | 18–26 | | | |

## I. Normzweck

**1**  Die Norm ist nach dem Vorbild § 435 HGB aF und Art. 13 CMR ausgestaltet. Weitere Entsprechungen befanden sich in §§ 435, 436 HGB aF, § 25 Abs. 1 und 2 KVO aF, § 75 Abs. 2 und 3 EVO aF, Art. 28 § 1 CIM 1980 sowie – im Seefrachtrecht – § 614 HGB[1] und sind jetzt im neuen § 494 vorhanden. Sie ist die **Schlüsselnorm für die Rechtsstellung des Empfängers** im Rahmen des Frachtvertrags. In Umsetzung des Gedankens, dass der Frachtvertrag ein Vertrag zugunsten Dritter (§ 328 BGB) ist (hierzu § 407 Rn. 90 ff.), begründet sie einen primären Anspruch des Empfängers auf Ablieferung des Gutes. Damit trägt sie dem Erfüllungsinteresse des durch den Frachtvertrag begünstigten Empfängers Rechnung. Zugleich ermöglicht sie dem Empfänger, den durch den Frachtvertrag begründeten sekundären Anspruch auf Ersatz wegen Verlust, Beschädigung oder verspäteter Ankunft des Gutes gegen den Frachtführer geltend zu machen.

**2**  Die Realisierung des Ablieferungsanspruchs verknüpft die Norm mit der **Verpflichtung des Empfängers** zur Erfüllung der an sich nur den Frachtführer treffenden Verpflichtungen aus dem Frachtvertrag, insbesondere mit der Zahlungspflicht des Empfängers. Die gesetzliche Anordnung der Zahlungspflicht ist erforderlich, weil der zwischen Absender und Frachtführer abgeschlossene Frachtvertrag nicht den Empfänger hinsichtlich der Fracht zahlungspflichtig machen kann; darin läge ein unzulässiger Vertrag zu Lasten Dritter.[2] Dementsprechend kann eine sog. Bestimmung über die Fracht im Frachtbrief (vgl. § 408 Abs. 1 Nr. 9), deren Sinn dahin geht, dass der Empfänger die Fracht zahlen soll (zB anhand des Vermerkes „unfrei"), als solche keine Zahlungspflicht des Empfängers begründen; die darin liegende sog. Überweisung der Fracht auf den Empfänger macht diesen erst zahlungspflichtig bei Vorliegen der Voraussetzungen des § 421. Da der Absender zur Zahlung der nach dem Vertrag geschuldeten Beträge verpflichtet bleibt, gewinnt der Frachtführer mit der gesetzlichen Anordnung der Zahlungspflicht des Empfängers neben seinem Vertragspartner, dem Absender, einen zweiten Schuldner. Es wird damit praktisch zugleich dem Umstand Rechnung getragen, dass nach den typischen Vertragsbeziehungen zwischen Absender und Empfänger letzterer mit den Versandkosten belastet ist.

## II. Abdingbarkeit

**3**  Die Bestimmung ist nach in Literatur und Rechtsprechung weit verbreiteter Auffassung – anders als Art. 13 CMR – uneingeschränkt abdingbar, weil sie in § 449 nicht genannt ist.[3]

---

[1] Vgl. Reg.Begr. S. 54 f. (zu § 421).
[2] *K. Schmidt* HandelsR § 32 II 6; *Lenz* Rn. 987.
[3] Fremuth/Thume/*Fremuth* Rn. 31 ff.; *Koller* Rn. 1 und VersR 2009, 451, 457; EBJS/*Reuschle* Rn. 1; LG Memmingen 25.2.2004, NJW-RR 2004, 1175.

Der BGH hat diese Frage noch nicht entschieden; § 421 Abs. 1 S. 2 enthält jedoch das Recht des Empfängers auf Geltendmachung von Haftungsansprüchen im eigenen Namen. Nach Abs. 1 S. 3 steht ihm dieses Recht nicht nur für eigene Schäden zu, sondern auch für Schäden des Absenders im Wege der Drittschadensliquidation. Es erscheint daher zumindest zweifelhaft, ob diese Rechte abbedungen werden können, wenn im Frachtvertrag nicht auch zugleich von Abs. 1 S. 1 abgewichen wird.[4] Sind die Empfängerrechte bereits entstanden, so steht deren Fortbestand jedenfalls nicht mehr im Belieben der Parteien des Frachtvertrags. Der Absender kann deshalb nicht mit Wirkung zu Lasten des Empfängers eine diesem zustehende Schadensersatzforderung gemäß § 397 BGB erlassen.[5]

### III. Rechte des Empfängers (Abs. 1)

**1. Allgemeines. Empfänger** ist die Person, an die nach dem Frachtvertrag, ggf. wieder- **4** gegeben im Frachtbrief (vgl. § 408 Abs. 1 Nr. 5), das Gut abzuliefern ist. Vom Empfänger zu unterscheiden ist die Meldeadresse, die regelmäßig bei Binnenschiffsbeförderungen angegeben wird (vgl. § 408 Rn. 29). Wer im Frachtbrief noch sonst als Empfänger bestimmt worden ist, aber, zB durch Falschauslieferung, in den Besitz des Gutes gelangt ist oder versehentlich von dessen Ankunft verständigt worden ist (sog. Zufallsempfänger), ist nicht Empfänger.[6] Eine solche Person bleibt Herausgabe- und Bereicherungsansprüchen ausgesetzt.[7] Auch derjenige, an den der als Empfänger bestimmte Spediteur das Gut weiterzuleiten hat, ist nicht Empfänger iSd. § 421. Anderes gilt, wenn ihm die Empfängerrechte abgetreten wurden; freilich kann er sich auch zu deren Geltendmachung bevollmächtigen lassen.[8] Ist ein **Ladeschein** ausgestellt ist, ist Empfänger iSd. Abs. 1 S. 1 nur der durch den Ladeschein Legitimierte (§ 446).

Die **Rechtsstellung des Empfängers** richtet sich nach dem Frachtvertrag: Da § 421, **5** wie in Rn. 3 ausgeführt, nach hM uneingeschränkt abdingbar ist, kann nach Auffassung von *Koller* der Absender mit dem Frachtführer – auch in AGB – vereinbaren, dass der Empfänger keinen Anspruch auf Ablieferung erwirbt.[9] Andernfalls ist der Frachtvertrag maßgeblich, wie er sich im **Augenblick des Rechtserwerbs,** dh. bei Ankunft des Gutes an der Ablieferungsstelle, gestaltet. Das fordert insbes. die Berücksichtigung von Umgestaltungen, welche auf Grund nachträglicher Weisungen des Absenders eingetreten sind. Es kommt diesbezüglich darauf an, wie sich der Frachtvertrag aus der Sicht von Absender und Frachtführer, nicht des Empfängers versteht.[10] Auch ist dieser Frachtvertragsinhalt maßgeblich, nicht die Verlautbarung im Frachtbrief.

Die Rechte entstehen auch, wenn das Gut ganz oder teilweise überhaupt nicht angekom- **6** men ist, also ein Fall des **Total- oder Teilverlusts** vorliegt. Auch dann kann der Empfänger nach § 421 Abs. 1 S. 2 die Rechte aus dem Beförderungsvertrag im eigenen Namen gegen den Frachtführer geltend machen. Ebenso wie nach Art. 13 CMR, der insoweit als Vorbild diente, wird also auch in diesem Fall der Empfänger aktivlegitimiert.[11]

Die Ansprüche des Empfängers aus dem Frachtvertrag sind nach allgemeinen Regeln **7** **abtretbar** und pfändbar (auch als künftige vor Ankunft); sie können durch einen bevollmächtigten bzw. ermächtigten Dritten geltend gemacht werden.[12]

**2. Anspruch auf Ablieferung (Abs. 1 S. 1). a) Zweck des Anspruchs.** Nach Abs. 1 **8** S. 1 ist der Empfänger berechtigt, vom Frachtführer nach Ankunft des Gutes an der Abliefe-

---

[4] S. dazu OLG Düsseldorf 2.9.2009, BeckRS 2012, 01095 (Vorinstanz zu BGH 21.12.2011, TranspR 2012, 110), das in Rn. 26 die Frage eines Verstoßes gegen § 449 offen gelassen hat.

[5] BGH 21.12.2011, TranspR 2012, 110 (Rn. 20; betr. Unterfrachtvertrag); s. dazu *Koller* TranspR 2012, 326.

[6] OLG Düsseldorf 22.2.1973, BB 1973, 819. Vgl. auch *Koller* Rn. 3.

[7] OLG Karlsruhe 10.3.1975, MDR 1975, 761.

[8] ROHG 13.9.1879, ROHGE 25, 330.

[9] *Koller* Rn. 2. und TranspR 2009, 451, 453.

[10] RG 8.12.1883, RGZ 13, 68, 75 f.

[11] Vgl. auch *Koller* Rn. 2.

[12] Schlegelberger/*Geßler* § 435 aF Rn. 6.

rungsstelle zu verlangen, dass ihm das Gut abgeliefert wird. Geschieht dies, so kann der Empfänger nach Abs. 1 S. 2 im eigenen Namen Ansprüche aus dem Frachtvertrag geltend machen wenn das Gut verspätet oder beschädigt abgeliefert worden, ja sogar, wenn es verloren gegangen ist. Für diesen letztgenannten Fall können jedoch die Voraussetzungen des Abs. 1 S. 1 („nach Ankunft des Gutes") nicht greifen. Daraus folgt, dass der Empfänger auch dann einen Schadensersatzanspruch haben kann, wenn er die Ablieferung nicht verlangt (hierzu Rn. 18 f.). Das Ablieferungsverlangen löst aber nach Abs. 2 und 3 auch Zahlungspflichten des Empfängers aus (hierzu Rn. 33).

9    **b) Inhalt des Anspruchs.** Der frachtvertragliche Anspruch des Empfängers auf **Ablieferung** richtet sich darauf, dass der Frachtführer die zur Beförderung erlangte Obhut über das Gut mit ausdrücklicher oder stillschweigender Einwilligung des Empfängers wieder aufgibt und diesen in die Lage versetzt, die tatsächliche Gewalt über das Gut auszuüben (zum Begriff der Ablieferung s. § 407 Rn. 35 ff.). Er umfasst zugleich den Anspruch auf **vollständige und unbeschädigte Herausgabe** des Gutes.[13] Zwar kann bei Beschädigung dieser Anspruch nicht erfüllt werden; der primäre Ablieferungsanspruch wandelt sich aber dann um in einen sekundären Anspruch auf Schadensersatz.[14]

10    **c) Wirksamkeitsvoraussetzung.** Bei dem Ablieferungsverlangen handelt es sich um eine **zugangsbedürftige Willenserklärung,** auf die die §§ 116 ff. BGB anzuwenden sind.[15] Die Willenserklärung kann ausdrücklich, stillschweigend oder konkludent abgegeben werden. Ebenso wie im Falle von Art. 13 CMR muss der Empfänger in der Willenserklärung bekunden, bereit zu sein, die Ansprüche aus dem Frachtvertrag zu erfüllen.[16] Die bloße Entgegennahme des Gutes reicht nicht aus.[17] Auch die Erklärung, zunächst das Gut zur Überprüfung herauszugeben, reicht nicht. Der Empfänger kann mithin das Gut prüfen, bevor er es unter Übernahme der Zahlungspflicht annimmt.[18]

11    **Maßgeblicher Zeitpunkt** für die Abgabe der Erklärung ist nach Abs. 1 S. 1 der Zeitpunkt, nachdem das Gut an der Ablieferungsstelle – nicht, wie nach § 435 HGB aF bzw. nach Art. 13 CMR am Ablieferungsort – angekommen ist. Durch Abstellen auf die Ablieferungsstelle erzielt die Vorschrift einen Gleichklang mit § 418, der in Abs. 2 für den Übergang des Weisungsrechts ebenfalls an den Zeitpunkt der Ankunft am Ablieferungsort anknüpft.[19] Ablieferungsstelle ist – wie in § 418 – das im Frachtbrief (vgl. § 408 Abs. 1 Nr. 4) oder sonst vertraglich bezeichnete genaue Ziel der Beförderung, konkretisiert durch die Angabe der genauen geographischen Bezeichnung (vgl. § 408 Rn. 27). Ablieferungsstelle kann darüber hinaus aber auch die Stelle sein, die nachträglich durch Weisung gem. § 418 bestimmt ist. Die Regelung gilt auch, wenn das Gut nicht vollständig angekommen ist, sondern nur ein **Teil der Sendung,** etwa, weil der andere Teil in Verlust geraten ist. Auch in diesem Falle ist also der Empfänger berechtigt, die Ablieferung zu verlangen und die Rechte nach § 421 geltend zu machen.[20]

12    **d) Aktivlegitimation.** Anspruchsinhaber ist der **Empfänger.** Näheres dazu siehe Rn. 4. Der Ablieferungsanspruch des Empfängers **entsteht,** wie sich aus Abs. 1 S. 1 ergibt, bei Ankunft des Gutes an der Ablieferungsstelle. Der Frachtführer muss diesem Anspruch jedoch nur Zug um Zug gegen Erfüllung der ihm daraus erwachsenden Ansprüche nachkommen (hierzu Rn. 33).

---

    [13] So zur CMR BGH 6.7.1979, BGHZ 75, 92, 95; *Herber/Piper* Art. 13 Rn. 5.
    [14] So auch zur CMR *Herber/Piper* Art. 13 Rn. 5.
    [15] Vgl. Heymann/*Schlüter* Rn. 9; aA *Canaris* § 33 Rn. 63.
    [16] BGH 1.11.2007, TranspR 2007, 311, 312; OLG Düsseldorf 17.11.2004, TranspR 2005, 209, 210. Zust. *Herber* TranspR 2007, 312 f.
    [17] BGH 11.1.2007, TranspR 2007, 311, 312; EBJS/*Reuschle* Rn. 30; nun auch *Koller* Rn. 23; aA Baumbach/Hopt/*Merkt* Rn. 2; *Fremuth* TranspR 2005, 211, 212; *Bodis/Remiorz* TranspR 2005, 438, 442 f.
    [18] Vgl. *Koller* Rn. 23. Ebenso zu Art. 13 CMR *Jesser-Huß* Art. 13 Rn. 25.
    [19] Vgl. Reg.Begr. S. 55 (zu § 421).
    [20] BGH 2.12.1982, VersR 1983, 339, 340; OLG Frankfurt 7.6.1977, OLGZ 1978, 208; *Karsten Schmidt* HandelsR § 31 V 2 a.

Die Aktivlegitimation des Empfängers verdrängt nicht die sich aus dem Frachtvertrag **13** ergebende Befugnis des **Absenders,** seinerseits die Ablieferung an den Empfänger zu verlangen (§ 335 BGB).[21] Ist ein **Ladeschein** ausgestellt, kann der Absender Ablieferung an den durch den Ladeschein legitimierten Empfänger verlangen (§ 444).[22] Die Ausstellung eines Ladescheins lässt also die Aktivlegitimation des Absenders nicht entfallen (vgl. hierzu § 444 Rn. 49 ff.).

**e) Passivlegitimation.** Der Anspruch richtet sich gegen den **Frachtführer.** Ihm gegen- **14** über muss das Ablieferungs-verlangen erklärt werden. Hat dieser zur Ausführung des Fracht-vertrags, in dem der Empfänger als solcher benannt worden ist, einen **Unterfrachtführer** eingeschaltet und gibt der Empfänger seine Erklärung gegenüber dem Unterfrachtführer ab, so ist das Erfordernis des § 421 Abs. 1 S. 1 jedenfalls erfüllt, soweit der Unterfrachtführer als Vertreter oder Empfangsbote des (Haupt-)Frachtführers handelt. Nach der in Lit. und Rspr. vertretenen Auffassung, gilt dies auch, wenn der Unterfrachtführer nicht Vertreter oder Empfangsbote des Frachtführers ist.

Ob in einem solchen Fall der Empfänger auch einen eigenen **Ablieferungsanspruch** **15** **gegen den Unterfrachtführer** erwirbt, war früher streitig.[23] Dies wird nach der neueren Rspr. des BGH[24] bejaht: Der Empfänger ist danach als Drittbegünstigter aus dem Unter-frachtvertrag nach § 421 gegenüber dem Unterfrachtführer „zumindest befugt [. . .], die Primärrechte auf Ablieferung des Gutes, Übergabe der Zweitausfertigung des Frachtbriefs geltend zu machen und sich auf das Weisungsrecht zu berufen." Mit dieser Argumentation hat sich der BGH einer schon früher in der Lit.[25] vertretenen Meinung angeschlossen, wonach der Empfänger, der im Unterfrachtvertrag als solcher bestimmt ist, als Begünstigter sowohl aus dem Frachtvertrag zwischen dem (Ur-)Absender und dem (Haupt-)Frachtführer als auch aus dem Unterfrachtvertrag zwischen dem (Haupt-)Frachtführer und dem anliefern-den Unterfrachtführer erscheint und nach § 421 einen Ablieferungsanspruch geltend machen kann. Das ist zunehmend auch in der Lit. anerkannt.[26] Haupt und Unterfrachtführer sind insoweit Gesamtschuldner.[27]

Folge der Auffassung des BGH ist, dass der Empfänger, der die Ablieferung verlangt, **16** zum einen Schadensersatzansprüche gegen den anliefernden Unterfrachtführer – als zugleich ausführenden Frachtführer –. nach § 437 haben kann und zum anderen nach § 421 Abs. 2 und 3 Ansprüche gegen den vom Absender eingesetzten (Haupt-) Frachtführer und gegen den anliefernden Unterfrachtführer. Außerdem kann der Empfänger nach § 421 Abs. 2 zum Kostenschuldner sowohl aus dem Hauptfrachtvertrag als auch dem Unterfrachtvertrag werden. Die hieraus resultierenden Probleme sind zum Teil noch ungelöst und heftig umstritten (hierzu Rn. 28 ff. und 46 f.).

**3. Anspruch auf Schadensersatz (Abs. 1 S. 2, 3). a) Inhalt des Anspruchs.** Der **17** Empfänger erlangt frachtvertragliche Schadensersatzansprüche nicht uneingeschränkt. Nach Abs. 1 S. 2 stehen ihm die Rechte wegen **Verlust oder Beschädigung** des Gutes zu,[28] ferner die Rechte wegen **Verspätung** und wegen Begleitschäden, so wenn der Zugang zur Stelle, wo er abzuladen hat, nicht gesichert wurde.[29] Sonstige Ansprüche wegen Pflicht-verletzung, etwa wegen unzureichender Information, stehen dem Empfänger nicht zu.[30] Eine Einschränkung besteht auch hinsichtlich solcher Ersatzansprüche, welche aus dem besonderen Interesse des Absenders herzuleiten sind, so wenn der Frachtführer dem Absen-

---

[21] Vgl. Baumbach/Hopt/*Merkt* Rn. 1.
[22] AA *Ramming* TranspR 2006, 101 zur Altfassung.
[23] Verneinend noch *Czerwenka* in der Vorauflage.
[24] BGH 14.6.2007, TranspR 2007, 425, 427.
[25] Vgl. Heymann/*Schlüter* Rn. 3; *Helm* TranspR 1983, 77; ebenso in der 1. Aufl. § 435 Rn. 14.
[26] *Koller* Rn. 4; Oetker/*Paschke* § 421 Rn. 8.
[27] Vgl. *Koller* Rn. 4.
[28] BGH 10.4.1974, NJW 1974, 1614, 1615.
[29] RG 9.3.1910, RGZ 73, 148, 150.
[30] So auch *Andresen/Valder* Rn. 12; *Koller* Rn. 17.

der haftet, weil er unzulässig eine Weisung des Empfängers befolgt hat.[31] In diesem besonderen Fall entspricht es der Natur der Sache, dass nicht derjenige gegen den Frachtführer vorgeht, dem die Vertragsverletzung mutmaßlich nützte.

18    **b) Aktivlegitimation. aa) Verfügungsrecht. Das Gesetz berechtigt den Empfänger,** vom Frachtführer die durch den Frachtvertrag begründeten Schadensersatzansprüche wegen Verlust, Beschädigung oder Verspätung im eigenen Namen gegen den Frachtführer geltend zu machen (zum Begriff des Empfängers s. Rn. 4).Obwohl der Gesetzgeber mit dem in § 421 statuierten Erfordernis der Ankunft des Gutes an der Ablieferungsstelle einen Gleichklang mit der Regelung über den Übergang des Weisungsrechts auf den Empfänger (§ 419 Abs. 2) erzielen wollte, ist es für die Zwecke der Geltendmachung der Ansprüche auf Ablieferung oder Schadensersatz **nicht** – jedenfalls nicht immer – erforderlich, dass der Empfänger auch zugleich **Verfügungsberechtigter** ist;[32] Dieser Anspruch steht dem Empfänger nach § 421 Abs. 1 S. 2 vielmehr auch dann zu, wenn das Gut während der Beförderung verloren geht, also gar nicht bei ihm ankommt. Deshalb hat der Empfänger den Schadensersatzanspruch auch dann, wenn die Vertragsparteien vertraglich den Übergang eines Weisungsrechts auf den Empfänger ausgeschlossen haben oder das Weisungsrecht des Empfängers nach § 419 Abs. 1 S. 2 wegen eines Ablieferungshindernisses auf den Absender zurückgefallen ist.[33] Anderes gilt nur dann, wenn die vertragliche Vereinbarung auch den Ausschluss der Aktivlegitimation des Empfängers zum Inhalt hat und wenn der Empfänger nach Ankunft des Gutes dessen Annahme verweigert und so ein Ablieferungshindernis verursacht[34] (hierzu gleich Rn. 19).

19    **bb) Entstehung des Anspruchs. Schadensersatz wegen** gänzlichen oder teilweisen **Verlusts** kann der Empfänger bereits mit dessen Entstehung verlangen, weil das Gut insoweit nicht mehr abgeliefert werden kann.[35] Der Anspruch des Empfängers wegen **Beschädigung** des Gutes entsteht grundsätzlich mit Ablieferung des Gutes an den Empfänger.[36] Der Anspruch entsteht jedoch auch schon vor diesem Zeitpunkt, wenn der Schaden zu einer Zeit eingetreten ist, in der der Empfänger bereits Eigentümer des Gutes war und die Versendung auf seine Gefahr erfolgte.[37] Nicht erforderlich ist, dass der Empfänger die Ablieferung des Gutes verlangt hat.[38] Auch dann, wenn dem Empfänger das Gut abgeliefert wurde, ohne dass er erklärt hat, bereit zu sein, die Ansprüche aus dem Frachtvertrag zu erfüllen und insbesondere die Zahlungspflichten zu übernehmen, ist ihm eine Aktivlegitimation zuzubilligen. Dagegen reicht die bloße Ankunft des Gutes an der Ablieferungsstelle nicht aus. Denn sonst müsste eine Aktivlegitimation des vertraglichen Empfängers auch bei **Annahmeverweigerung** und Ablieferung an einen Dritten auf Weisung des Absenders nach § 419 Abs. 1 S. 2 iVm. § 418 Abs. 1 S. 2 bejaht werden mit der Folge, dass sowohl der ursprünglich im Vertrag vorgesehene Empfänger als auch der Dritte Schadensersatzansprüche geltend machen könnten. Dies aber erscheint mit Sinn und Zweck des § 421, die Durchsetzung der Ersatzansprüche zu erleichtern, nicht vereinbar. Bei endgültiger Annahmeverweigerung erlischt daher das Rechts des Empfängers auf Schadensersatz.[39]Anderes gilt, wenn der Empfänger bei Ankunft des Gutes an der Ablieferungsstelle die Annahme zunächst verweigert hat, jedoch das Gut zu einem späteren an ihn und nicht an einen Dritten abgeliefert wurde.[40] Denn es besteht in diesem Falle keine Veranlassung, dem Empfänger einen eigenen Schadensersatzanspruch zu versagen.

[31] Schlegelberger/*Geßler* § 435 aF Rn. 13.
[32] So *Czerwenka* in der Voraufl. Rn. 17; vgl. zur CMR BGH 28.4.1988, TranspR 1988, 338, 339; *Herber/ Piper* Art. 13 Rn. 15; Thume/*Temme* CMR Art. 13 Rn. 20. AA *Koller* Rn. 9.
[33] Vgl. hierzu BGH 15.10.1998, TranspR 1999, 102, 104 (zur CMR).
[34] *Koller* Rn. 9.
[35] HM; vgl. *Koller* § 425 Rn. 54.
[36] Vgl. *Koller* § 425 Rn. 54, Baumbach/Hopt/*Merkt* Rn. 1; Fremuth/Thume/Fremuth Rn. 5 f.
[37] Vgl. OLG Köln 19.8.2003, TranspR 2004, 120; aA *Koller* § 425 Rn. 54.
[38] AA wohl *Andresen/Valder* Rn. 12.
[39] Ebenso *Koller* § 425 Rn. 55.
[40] Vgl. BGH 15.10.1998, TranspR 1999, 102; Fremuth/Thume/*Fremuth* Rn. 20.

Gleiches gilt für den Anspruch des Empfängers wegen **Lieferfristüberschreitung.** Der **20** Anspruch wegen **Total- oder Teilverlusts** entsteht dagegen bereits dann, wenn der Verlust des Gutes festgestellt ist oder die Frist nach § 424 überschritten ist (s. Rn. 19) Der Geltendmachung des Ablieferungsanspruchs bedarf es nicht.[41]

Ausgeschlossen ist ein Schadensersatzanspruch des Empfängers, wenn nach dem Fracht- **21** vertrag § 421 Abs. 1 S. 1 **abbedungen** und ein unmittelbarer Anspruch des Empfängers ausgeschlossen wurde. Dem steht § 449 nicht entgegen.

**cc) Geltendmachung im eigenen Namen.** Der Empfänger kann den Anspruch gegen **22** den Frachtführer **im eigenen Namen** geltend machen (Abs. 1 S. 2, 1. HS). Dies ist nicht darauf zu beziehen, dass er Rechte aus dem vom Absender geschlossenen Frachtvertrag geltend machte, denn nach dem Normkonzept handelt er im Rahmen seiner Gläubigerstellung aus dem Frachtvertrag als einem Vertrag zugunsten Dritter.

**dd) Doppellegitimation.** Wie Abs. 1 S. 2, 2. HS ausdrücklich bestimmt, bleibt neben **23** dem Empfänger der Absender zur Geltendmachung von Schadensersatzansprüchen aktivlegitimiert. Die Aktivlegitimation des Empfängers verdrängt nicht die sich aus dem Frachtvertrag ergebende Berechtigung des Absenders zur Geltendmachung solcher Ansprüche. Der Empfänger wird also mit Ankunft des Gutes an der Ablieferungsstelle hinsichtlich der damit begründeten Ansprüche zum zweiten Gläubiger des Frachtführers. Mit der Doppellegitimation von Empfänger und Absender will das Gesetz die Rechtsverfolgung erleichtern. Es wird vermieden, dass ein Anspruchsverlust dadurch eintritt, dass nicht der materiell wirklich Berechtigte solche Ersatzansprüche rechtzeitig und formgerecht geltend macht.[42] Keine Doppellegitimation ist vorhanden, wenn ein **Ladeschein** ausgestellt ist oder ein Frachtbrief gem. § 418 Abs. 4 mit einem Sperrvermerk versehen ist.[43] Dann ist nur der Empfänger aktiv legitimiert.

Das HGB regelt nicht, wie sich Absender- und Empfängerrecht auf Schadensersatz sach- **24** lich und zeitlich zueinander verhalten. Es liegt auf der Hand, dass der Frachtführer nicht sowohl aus vertraglichem Absenderrecht wie aus Empfängerrecht gem. § 421 ggf. **doppelt in Anspruch genommen** werden darf. Vielmehr führt der Umstand der Doppellegitimation von Absender und Empfänger – wie im Falle des Art. 13 CMR – dazu, dass beide im Verhältnis zum Frachtführer Gesamtgläubiger iS von § 428 BGB sind. Dementsprechend lässt auch nur die Leistung des Frachtführers an einen der beiden Ersatzberechtigten die Anspruchsberechtigung des anderen Gläubigers entfallen. Die Rechtsbeziehungen zwischen dem Absender und dem Empfänger der Ware sind für den Schädiger grundsätzlich ohne Bedeutung.[44] Dieser aus § 428 Abs. 1 S. 1, § 362 BGB herleitbare Grundsatz gilt allerdings nur, wenn der klagende Empfänger obsiegt und der beklagte Frachtführer an den Kläger geleistet hat. Offen bleibt damit, welche Folgen sich daraus ergeben, dass die Klage abgewiesen wurde.[45] Nach einer in der Lit.[46] vertretenen Auffassung soll dagegen der Ersatzanspruch des Empfängers wegen Verlusts des Gutes analog § 418 Abs. 1 untergehen, wenn der Absender wegen desselben Schadensfalls Leistung an sich verlangt. Einer analogen Anwendung von § 418 stehen jedoch Sinn und Zweck dieser Regelung entgegen. Denn hiernach erlischt das Verfügungsrecht des Empfängers nur in den Fällen, in denen er sein Recht nicht ausübt oder die Annahme des Gutes verweigert. Diese Fälle sind jedoch nicht übertragbar auf den Fall, dass der Empfänger an dem Gut interessiert ist, es jedoch nicht erhalten hat. Der Schadensersatzanspruch des Empfängers wegen Verlust des Gutes bleibt vielmehr bestehen.

---

[41] AA bei Teilverlust *Andresen/Valder* Rn. 12.

[42] Vgl. Reg.Begr. S. 55 (zu § 421).

[43] *Andresen/Valder* Rn. 15; *Koller* Rn. 15; *Ramming* TranspR 2000, 277, 281; *ders.* TranspR 2006, 95, 101.

[44] StRspr. des BGH; BGH 14.2.2008, TranspR 2008, 323; BGH 6.7.2006, TranspR 2006, 363; BGH 15.10.1998, TranspR 1999, 102, 105; BGH 10.5.1984, TranspR 1984, 283, 284; BGH 6.7.1979, BGHZ 75, 92, 96 = NJW 1979, 2472, 2473 zur CMR. Eingehend hierzu *Vollkommer/Vollkommer*, GS Helm, S. 365, 376 ff.

[45] Eingehend hierzu *Vollkommer/Vollkommer*, GS Helm, S. 365, 376 ff.

[46] So *Koller*, 7. Aufl., § 425 Rn. 17 und *ders.* jetzt § 425 Rn. 55; siehe aber dort Rn. 60.

Der vom Absender verklagte Frachtführer kann in jenem Prozess dem Empfänger auch nicht den Streit verkünden, weil in diesem Fall § 72 Abs. 1, 2. Alt. ZPO nicht greift.[47] Ferner findet keine Rechtskrafterstreckung des gegen den Absender ergangenen klagabweisenden Urteils auf Ansprüche des Empfängers statt, weil dieses Urteil nach § 325 ZPO nur zwischen den dortigen Parteien in Rechtskraft erwächst.[48] Will der Frachtführer sicher gehen, nicht auch noch durch den Empfänger verklagt zu werden, muss er im Erstprozess des Absenders eine isolierte Drittwiderklage gegen den Empfänger auf Feststellung dahin erheben, dass jenem gegen ihn wegen des mit der Absenderklage geltend gemachten Transportschadens keine weiteren Ansprüche mehr bestehen.[49]

25    **ee) Handeln in fremdem Interesse (Abs. 1 S. 3).** Nach Abs. 1 S. 3 können sowohl Empfänger als auch Absender sowohl im eigenen als auch im fremden Interesse handeln. Das **Handeln in fremdem Interesse** betrifft praktisch den Fall, dass der Empfänger zugleich als Empfangsspediteur für einen Endempfänger tätig wird. Da diesem Endempfänger vor Abtretung der Empfängerrechte überhaupt noch keine Rechte zustehen, fehlt es an der Voraussetzung für die Annahme einer gesetzlich geregelten Rechts- und Prozessstandschaft.[50] Die Doktrin spricht die frachtrechtlich gewährte Berechtigung als „formelle Berechtigung" an,[51] weil damit festgelegt wird, welche Personen Ersatzansprüche geltend machen können, obgleich andere Personen den wirklichen Schaden erlitten haben, sog. materiell Geschädigte sind. Auch insofern sehen Rspr. und Lehre[52] seit jeher die Dinge nicht zu eng. Anhand der **Drittschadensliquidation** wird das „Auseinanderfallen von formaler Ersatzberechtigung und materiellem Schaden überbrückt",[53] und mit Hilfe der **Prozessstandschaft** darf auch der nicht (formell) Berechtigte den Schaden geltend machen.

26    Mit der Formulierung in Abs. 1 S. 3, dass es keinen Unterschied mache, ob der Empfänger oder Absender im eigenen oder fremden Interesse handelt, ist im Einklang mit der bisherigen Lehre und Rspr. der Grundsatz zulässiger sog. **Drittschadensliquidation** im Gesetz verbreitert verankert worden.[54] Die Person, die formell zur Geltendmachung vertraglicher Ansprüche berechtigt ist, muss also nicht identisch sein mit derjenigen, die den wirklichen Schaden erlitten hat. Sie kann vielmehr den Schaden des materiell Geschädigten in eigenem Namen geltend machen.[55] Hierzu kann sie ggf. sogar aus ihrem Vertragsverhältnis mit dem Drittgeschädigten verpflichtet sein.[56] Dies schließt im Einklang mit bisheriger Rspr. und Lehre den Einwand des Frachtführers aus, dass der Absender oder der Empfänger nicht auch der materiell Geschädigte sei (insbes. im Falle des Spediteurs als frachtvertraglichem Absender oder Empfänger, der das Interesse des Versenders bzw. als Empfangsspediteur eines Endempfängers wahrnimmt; zu den Konstellationen der Drittschadensliquidation § 425 Rn. 65 ff.).

27    **c) Passivlegitimation.** Das Gesetz berechtigt den Empfänger, die Schadensersatzansprüche aus dem Frachtvertrag **gegen den Frachtführer** geltend zu machen (§§ 407 Abs. 1, 425). Dies ist – auch wenn ein oder mehrere Unterfrachtführer eingesetzt wurden, der erste vom (Ur-) Absender beauftragte Hauptfrachtführer.[57]

28    Ob der Empfänger in einem solchen Fall aus § 421 Abs. 1 S. 2 **Schadensersatzansprüche** auch **gegen** einen, insbes. gegen den das Gut bei ihm anliefernden **Unterfrachtführer**

---

[47] *Vollkommer/Vollkommer,* GS Helm, S. 365, 377.
[48] *Vollkommer/Vollkommer,* GS Helm, S. 365, 378.
[49] Vgl. *Vollkommer/Vollkommer,* GS Helm, S. 365, 378.
[50] So aber Staub/*Helm* § 435 aF Rn. 16.
[51] Staub/*Helm* § 429 aF Rn. 147; *Helm* TranspR 1983, 29; vgl. auch *Lenz* Rn. 714 ff.
[52] *Koller* § 425 Rn. 63 mit Hinweisen auf die Rspr. des BGH zur CMR; Staub/*Helm* § 429 aF Rn. 157 ff.
[53] *Helm,* Haftung für Schäden an Frachtgütern, 1966, S. 29. Eingehend *Rabe* TranspR 1993, 1.
[54] BGH 21.12.2011, TranspR 2012, 10; BGH 28.5 2009, TranspR 2010, 34.
[55] Zu Grenzen OLG Zweibrücken 17.12.1996, TranspR 1997, 369; vgl. auch OGH Wien 26.11.1996, TranspR 1997, 281 (Hauptfrachtführer darf Schäden seines Auftraggebers geltend machen).
[56] Vgl. 21.12.2011, TranspR 2012, 10; BGH 18.3.2010, TranspR 2010, 376.
[57] HM; s. *Koller* § 425 Rn. 65; EBJS/*Reuschle* Rn. 22; *Andresen/Valder* § 422 Rn. 3; Fremuth/Thume/ *Fremuth* Rn. 1; Oetker/*Paschke* Rn. 8.

geltend machen kann und welche das dann ggf. sind, ist bis heute in der Literatur höchst umstritten,[58] obwohl der BGH seit dem Jahre 2007 hierzu mehrere Urteile erlassen hat. Zunächst hatte der BGH in einer zu Art. 13 CMR ergangenen Grundsatzentscheidung – in Abkehr des bis dato geltenden Rechtsprechung – diesen Weg eröffnet und festgestellt, dass dem Empfänger bei Verlust oder Beschädigung des Gutes gegenüber dem Unterfrachtführer Schadensersatzansprüche zustehen können. Dies ergibt sich – so der BGH – daraus, das Hauptfrachtführer, der einen Beförderungsauftrag nicht selbst ausführt, sondern damit im eigenen Namen und für eigene Rechnung einen anderen Frachtführer, den Unterfrachtführer, beauftragt, einen selbständigen (Unter-)Frachtvertrag mit diesem abschließt und insoweit dessen Absender ist. Deshalb haftet der Unterfrachtführer dem Hauptfrachtführer als dem Absender. Trifft aber den Unterfrachtführer dem Hauptfrachtführer gegenüber die volle Frachtführerhaftung aus dem Unterfrachtvertrag, gibt es keinen Grund, seine Haftung gegenüber dem Empfänger als Drittbegünstigten dieses Unterfrachtvertrags auszuschließen.[59] Diese Rechtsprechung hat der BGH der Folgezeit – aus seiner Sicht konsequent – weiter entwickelt. Mit Urteil vom 30.10.2008[60] hat er entschieden, dass dies auch im Bereich des allg. deutschen Frachtrechts gilt und dem Anspruch des Empfängers nach § 421 Abs. 1 S. 2 auch § 437 nicht entgegensteht. Dementsprechend kann der Unterfrachtführer – so der BGH – gegenüber dem Empfänger, der ihn als ausführenden Frachtführer nach §§ 437, 421 Abs. 1 S. 2 HGB aus dem Hauptfrachtvertrag in Anspruch nimmt, auch nur die Einwendungen aus dem Hauptfrachtvertrag geltend machen (§ 437 Abs. 2), während er bei einer Inanspruchnahme aus dem Unterfrachtvertrag seiner Haftung Einwendungen aus dem von ihm mit dem Hauptfrachtführer geschlossenen Beförderungsvertrag, – d. i. der Unterfrachtvertrag – entgegenhalten kann. Beide Ansprüche können daher, wenn deutsches Recht zur Anwendung kommt, nebeneinander bestehen[61] In zwei weiteren Urteilen hat der BGH diese Rechtsprechung inzwischen gefestigt,[62] sodass mit einer Änderung wohl nicht zu rechnen ist. Nach dieser Rechtsprechung können also dem Empfänger ggf. mehrere von einander unabhängige Ansprüche gegen Unterfrachtführer zustehen. Gegen den anliefernden Unterfrachtführer kann er gem. § 421 Abs. 1 S. 2 Ansprüche aus dem Unterfrachtvertrag erheben und ggf. zugleich solche aus § 437 aus dem Hauptfrachtvertrag, jeweils vorausgesetzt, dass beide Frachtverträge dem deutschen Recht unterliegen. Diese Ansprüche können unterschiedlich hoch sein, wenn der Absender mit dem Hauptfrachtführer oder der Hauptfrachtführer mit dem Unterfrachtführer gem. 449 HGB. zulässige, von der gesetzlichen Regelhaftung abweichende Vereinbarungen getroffen haben oder wenn dies in beiden Verträgen unterschiedlich geschehen ist. Ähnlich ist es, wenn bei einem multimodalen Hauptfrachtvertrag der Hauptfrachtführer als Verfrachter nach Seerecht haftet, der anliefernde Unterfrachtführer, das Gut jedoch an Land übernommen und auf der Straße zum Empfänger gebracht hat.

Ansprüche aus § 421 können aber immer nur gegen jenen Unterfrachtführer erhoben **29** werden, der nach dem jeweiligen Unterfrachtvertrag zur Ablieferung an den Empfänger verpflichtet ist. Wenn also zB bei einer Beförderung von Augsburg nach Essen in einer Frachtführerkette der vom Absender beauftragte Hauptfrachtführer die Beförderungsstrecke aufteilt und mit der ersten Teilstrecke bis Köln den Unterfrachtführer X beauftragt und

---

[58] Ablehnend *Czerwenka* in der Voraufl. und *Koller* TranspR 2009, 229 ff., TranspR 2009, 451, 456 und § 425 Rn. 65 sowie *Herber* TranspR 2008, 239 und TranspR 2013, 1, 3 ff., nach deren Auffassung – anders als in der CMR – § 437 als lex specialis in seinem Anwendungsbereich weitergehende Ansprüche gegen den Unterfrachtführer blockiert; zweifelnd auch *Luther* TranspR 2013, 93, 94. Zu den Bedenken gegen die vom BGH bezogene Rechtsposition s. auch § 425 Rn. 76 ff.

[59] BGH 14.6.2007 mit Hinweisen auf MüKoHGB/*Basedow,* 1. Aufl., Art. 13 CMR Rn. 18; und *Thume* TranspR 1991, 85, 88 (zur CMR).

[60] BGH 20.10.2008, TranspR 2009, 130.

[61] BGH 20.10.2008, TranspR 2009, 130 mit Hinweisen auf *Thume* TranspR 2007, 427 und *Ramming* NJW 2008, 291.

[62] BGH 28.5.2009, TranspR 2010, 34 und BGH 13.5.2012, TranspR 2012, 456; Oetker/*Paschke* § 421 Rn. 13. Laut *Koller* Rn. 16 aber nur, wenn gegen den Unterfrachtführer kein Anspruch aus § 437 besteht.

mit der Weiterbeförderung nach Essen den Unterfrachtführer Y, so hat der Empfänger in Essen neben den Ansprüchen gegen den Hauptfrachtführer Ansprüche gegen den anliefernden Unterfrachtführer Y, und zwar sowohl aus § 437 als auch aus § 421 Abs. 1 S. 2, wobei er nachweisen muss, dass der Schaden in dessen Obhut eingetreten ist und nicht schon auf dem Weg nach Köln. Kann er nachweisen, dass die Beschädigung bereits auf der Teilstrecke zwischen München und Köln eingetreten ist, so kann er diesbezüglich aus § 437 auch gegen X vorgehen. Anders wäre es, wenn der erste Unterfrachtführer X mit der Beförderung des Gutes über die Gesamtstrecke beauftragt ist und diesen Auftrag wiederum voll an Y weiter gibt. Dann haftet auch X dem Empfänger für Verlust- nicht aber für Beschädigung – gem. § 421 als ablieferungspflichtiger Unterfrachtführer aus dem ersten Unterfrachtvertrag neben Y und neben dem Hauptfrachtführer, dessen Haftung sich aus seinem mit dem Absender abgeschlossenen Hauptfrachtvertrag richtet.

**30**    **d) Zurechenbarkeit des Schadens.** Die Schadensersatzansprüche des Empfängers sind nur begründet, wenn der Güterschaden (Verlust und Beschädigung) in der Obhut des in Anspruch genommenen Frachtführers entstanden ist, ganz gleich, ob es sich dabei um einen Haupt- oder Unterfrachtführer handelt, der insoweit dann zugleich ausführender Frachtführer sein kann, wenn der Hauptfrachtvertrag deutschem Recht unterliegt. Sowohl § 421 Abs. 1 als auch § 437 setzen nämlich voraus, dass die Haftungsgrundlage des § 425 Abs. 1 gegeben ist. Damit entschärft sich bei näherer Betrachtung des jeweiligen Einzelfalls die Situation, die sich nach Meinung in der Literatur seit Inkrafttreten des Transportrechtsreformgesetzes so sehr verschlechtert haben soll.[63] Zwar haften der vertragsschließende und der ausführende Frachtführer ggf. nach dem Hauptfrachtvertrag, der anliefernde Unterfrachtführer gem. § 421 jedoch nach dem Unterfrachtvertrag, sodass die Ansprüche bei Regelhaftung ggf. unterschiedlich hoch sein können, wenn in den einzelnen Haupt- und Unterfrachtverträgen im Rahmen § 449 zulässige abweichende Haftungsbedingungen vereinbart sind. Aber der Empfänger hat, wenn der nicht den Haupt-, sondern den Unterfrachtführer wegen eines Güterschadens nach § 421 oder § 437 in Anspruch nehmen will, das Problem darlegen zu müssen, dass dieser das Gut vollständig und unversehrt übernommen hat. Wenn der Güterschaden in der Frachtführerkette bereits bei einem vorausgehenden Unterfrachtführer eingetreten ist, kann der Empfänger diesen nach § 437 haftbar machen. Der anliefernde Unterfrachtführer haftet in einem solchen Fall dagegen weder dem Absender, noch seinem Hauptfrachtführer noch dem Empfänger, weil der Schaden nicht in seiner Obhut entstanden ist. Ähnlich ist die Situation für den Empfänger, der vom ausführenden oder anliefernden (Unter-)Frachtführer Ersatz für eine Lieferfristüberschreitung verlangen will. Auch hier kommt es darauf an, dass die Lieferfristüberschreitung während der Obhutszeit eingetreten ist. Streitig wird aber wohl auch nach Inkrafttreten der Neufassung des § 437 sein, ob für die Lieferfrist der zwischen dem ausführenden Frachtführer und seinem unmittelbaren Auftraggeber abgeschlossene Frachtvertrag maßgebend ist oder jene Lieferfrist, die der (Ur-)Absender mit dem vertraglichen Frachtführer vereinbart hat.[64] All diese Schwierigkeiten muss der Empfänger beachten, wenn er nicht den (Haupt-) Frachtführer, sondern den ausführenden Frachtführer oder den anliefernden Unterfrachtführer nach § 421 Abs. 1 in Anspruch nehmen will. An einen weiteren vor der Ablieferung an ihn in der Kette befindlichen Unterfrachtführer wird er sich wohl ohnehin in den seltensten Fällen wenden wollen.[65] In der Praxis werden diese Fälle deshalb wohl genau so selten vorkommen, wie die Inanspruchnahme des ausführenden Frachtführers nach § 437.

**31**    **e) Gesamtschuldnerschaft.** Der Hauptfrachtführer, der nach § 437 ausführende und der gem. § 421 zur Ablieferung beim Empfänger verpflichtete Unterfrachtführer haften diesem gem. §§ 421 ff. BGB als Gesamtschuldner, soweit deren Haftung der Höhe nach

---

[63] So zB *Herber* TranspR 2013, 1, 2.
[64] Vgl. dazu *Koller,* 7. Aufl. § 437 Rn. 21 und jetzt Rn. 14; EBJS/*Schaffert* § 437 Rn. 9; *Thume* VersR 200, 1071, 1075; *Andresen/Valder* § 437 Rn. 20. 3; Oetker/*Paschke* § 437 Rn. 10 und unten § 437 Rn. 20.
[65] Ob dies zulässig ist, sei hier dahin gestellt.

deckungsgleich ist. Dies ergibt sich zum einen aus § 437 Abs. 2[66] und § 509 Abs. 3 (§ 509 Rn. 45 ff.) und zum anderen daraus, dass die jeweiligen Ansprüche gleichstufig sind. Die Gleichstufigkeit der Verpflichtungen ergibt sich daraus, dass alle als gleichrangige Schuldner haften, ohne dass einer von ihnen nur subsidiär oder vorläufig für die andere Verpflichtung einstehen muss und dass insoweit ein inhaltsgleiches Gläubigerinteresse befriedigt wird.[67]

## IV. Pflichten des Empfängers

**1. Allgemeines.** Aus dem Frachtvertrag als einem gegenseitigen Vertrag folgt, dass der 32 Frachtführer den Ansprüchen des Empfängers nur gegen Erfüllung der ihm daraus erwachsenden Ansprüche nachzukommen hat. Abs. 1 S. 1 ordnet diese an sich bereits aus § 334 BGB herleitbare Leistung **Zug um Zug gegen Erfüllung der Verpflichtungen aus dem Frachtvertrag** ausdrücklich an.

Aus der Verpflichtung zur Erfüllung Zug um Zug folgt, dass dem Frachtführer ein 33 **Leistungsverweigerungsrecht** wegen aller aus dem Frachtvertrag herleitbarer Ansprüche zusteht. Hierzu zählen insbes. der Anspruch auf Fracht unter Einschluss auch vertragsgemäßer bzw. tarifkonformer Zuschläge, aber auch der Anspruch auf Einzug einer Nachnahmen (§ 422),[68] der Anspruch auf Ersatz von Aufwendungen sowie Ersatzansprüche zB wegen einer Beschädigung des Transportmittels, die vom Absender oder vom Empfänger zu vertreten ist.[69] Der Frachtführer kann sein Leistungsverweigerungsrecht unter Berufung auf sein Pfandrecht gem. § 441 durchsetzen.[70]

Das Leistungsverweigerungsrecht kann darüber hinaus auch dann geltend gemacht wer- 34 den, wenn die Verpflichtung des Absenders, das Gut zu **entladen,** noch nicht erfüllt ist (§ 412).[71]

§ 421 geht zugunsten des Frachtführers aber über diese Möglichkeit bloßer Leistungsver- 35 weigerung hinaus, indem er den Empfänger, der die Ablieferung des Gutes verlangt, zugleich zum Schuldner des anliefernden Frachtführers hinsichtlich der **Zahlungsverpflichtungen** aus dem Frachtvertrag macht. Dieser – es kann auch der anliefernde Unterfrachtführer sein[72]– gewinnt damit neben seinem Vertragspartner, dem Absender (bzw. Hauptfrachtführer), einen zweiten Schuldner. Die allgM versteht dies als Fall eines **gesetzlichen Schuldbeitritts,** der Absender (bzw. Hauptfrachtführer) und Empfänger zu Gesamtschuldnern hinsichtlich der Zahlungsverpflichtungen aus dem Frachtvertrag macht.[73] Dagegen handelt es sich nicht um eine Art Eintritt in den Frachtvertrag, weder, wie schon das RG dargelegt hat, der Form noch der Sache nach, denn der Empfänger haftet nach § 421 nicht vertraglich, sondern kraft Gesetzes.[74]

Die Regelung impliziert nicht die **Pflicht des Empfängers zur Abnahme.** Der Emp- 36 fänger kann also insbesondere die Abnahme von beschädigtem Gut verweigern.[75] Gerät allerdings der Empfänger nach dem Ablieferungsverlangen in Annahmeverzug, hat er entstehende Mehraufwendungen zu erstatten (§ 304 BGB).

**2. Zahlungspflichten (Abs. 1 S. 1 aE, Abs. 2 und 3). a) Grundsatz.** Abs. 2 S. 1 37 knüpft die Verpflichtung des Empfängers zur Zahlung „der aus dem Frachtbrief hervorgehenden Kosten" daran an, dass der Empfänger „die ihm nach Abs. 1 zustehenden Rechte" – diese sind die Rechte auf Aushändigung des Frachtbriefs und Ablieferung des Frachtguts –

---

[66] § 437 Rn. 39 ff.; vgl. *Koller* § 437 Rn. 39; EBJS/*Schaffert* § 437 Rn. 13.
[67] BGH 22.12.2011, VersR 2012, 729; BGH 28.11.2006, NJW 2007, 1208.
[68] Vgl. *Koller* Rn. 6.
[69] Vgl. auch *Koller* Rn. 6.
[70] Vgl. auch *Koller* Rn. 6.
[71] Vgl. *Valder* TranspR 2001, 363, 364; *ders.,* GS Helm, S. 355, 357.
[72] BGH 14.6.2007, TranspR 2007, 425, 427; *Koller* Rn. 25 und TranspR 2009, 451, 458.
[73] Vgl. BGH 20.10.2005, TranspR 2006, 29, 30; *Koller* Rn. 23, 25; EBJS/*Reuschle* Rn. 23; Baumbach/Hopt/*Merkt* Rn. 3.
[74] RG 8.3.1919, RGZ 95, 122, 123.
[75] AA 1. Vorauflage Bd. 7 § 430 HGB aF Rn. 19.

„geltend macht" (s. Rn. 6). Deshalb begründet die **bloße Übernahme des Frachtguts** allein noch **keine Zahlungspflicht** des Empfängers, sie ist keine konkludente Geltendmachung des Rechts auf Ablieferung nach Abs. 1 S. 1.[76]

**38**    Andererseits folgt aus der dem Abs. 1 S. 1 zu entnehmenden Zug um Zug- Verpflichtung (s. Rn. 30), dass der Empfänger Zahlung anbieten muss, wenn er das Recht auf Ablieferung geltend machen und den Besitz am Gut erlangen will. Auf die Entgegennahme auch des Frachtbriefs wie nach § 436 HGB aF kommt es nicht mehr an, zumal nach neuem Recht der Frachtbriefzwang entfallen ist. Deshalb spricht die Vorschrift auch nicht mehr von einer Zahlungspflicht nach Maßgabe des Frachtbriefs, vielmehr allgemein iS der zu erfüllenden Verpflichtungen aus dem Frachtvertrag. Mit Geltendmachung seines Ablieferungsanspruchs gewinnt der Frachtführer so neben dem Absender als dem primären frachtvertraglich Zahlungspflichtigen (§ 407 Abs. 2) einen weiteren Schuldner (hierzu siehe Rn. 35). Die Zahlungspflicht des Absenders nach § 407 Abs. 2 bleibt unbeschadet der Zahlungspflicht des Empfängers bestehen (Abs. 4). Sie hängt nicht von einer vorherigen erfolglosen Inanspruchnahme des Empfängers oder von einer Mitteilung über die Zahlungsunwilligkeit oder -unfähigkeit des Empfängers ab.

**39**    Wenn das Gesetz von „Zahlung" spricht, schließt dies aus, dass der Empfänger zu **andersartigen Leistungen** als einer Geldzahlung verpflichtet werden kann,[77] denn nur die Zahlungspflicht ist dem Empfänger verkehrstypisch anzusinnen, nicht die Übernahme anderer Leistungen. Die Zahlungspflicht kann sich aber um die nach Abs. 3 geschuldeten Standgelder und Vergütungen erweitern.

**40**    **b) Fracht (Abs. 2). aa) Frachtzahlungsabreden.** Zu zahlen ist die noch geschuldete Fracht. Ob die Fracht – noch – geschuldet ist, ergibt sich aus dem Frachtvertrag, insbesondere aus einem **Frankaturvermerk** im Frachtbrief (vgl. § 408 Rn. 41). So führt der Vermerk „**frei**", „**frei Haus**" oder „**frachtfrei**" dazu, dass – entgegen Abs. 2 – eine eigene Zahlungsverpflichtung des Empfängers gar nicht entsteht.[78] Denn hiernach ist Schuldner der Fracht ausschließlich der Absender. Der Frachtführer hat jedoch, wenn der Absender bei Geltendmachung des Ablieferungsverlangens noch nicht gezahlt hat, ein Leistungsverweigerungsrecht gem. Abs. 1 S. 1 (hierzu Rn. 29).[79] Auch der Vermerk **„freight prepaid"** führt dazu, dass eine eigene Zahlungsverpflichtung des Empfängers gar nicht entsteht. Hinzu kommt jedoch, dass die Fracht bereits bei Übernahme des Gutes durch den Frachtführer fällig wird und dementsprechend auch ein Leistungsverweigerungsrecht des Frachtführers bei Ablieferung des Gutes ausgeschlossen ist.[80]

**41**    **bb) Höhe der zu zahlenden Fracht.** Um zu verhindern, dass der Empfänger, der keinen unmittelbaren Einfluss auf die zwischen dem Absender und Frachtführer getroffene Frachtvereinbarung hatte, mit unangemessenen Forderungen konfrontiert wird, bestimmt Abs. 2 S. 1, dass der Empfänger die geschuldete Fracht nur bis zu dem Betrag zu zahlen hat, der aus dem ihm **vorgelegten Frachtbrief** hervorgeht. Die Regelung impliziert, dass im Frachtbrief gem. § 408 Abs. 1 Nr. 9 Angaben über die vereinbarte Fracht und die bis zur Ablieferung anfallenden Kosten enthalten sind; daraus kann sich der Empfänger, der vor Entgegennahme des Gutes zur Information in den Frachtbrief Einblick nehmen darf, ein Bild von der auf ihn zukommenden Zahlungspflicht machen. Abs. 2 verlangt nicht, dass der Frachtbrief sowohl vom Absender als auch vom Empfänger unterzeichnet worden ist. Es reicht aus, wenn der Frachtbrief den Anforderungen des § 408 Abs. 2 entspricht.[81]

**42**    Allerdings sind die in § 408 enthaltenen Angaben nicht zwingend vorgeschrieben (vgl. § 408 Rn. 23). Auch kennt das Gesetz keinen Frachtbriefzwang (hierzu § 408 Rn. 15). Für

---

[76] BGH 11.1.2011, TranspR 2011, 307.

[77] So aber Schlegelberger/*Geßler* § 436 aF Rn. 9; wie hier Staub/*Helm* § 436 aF Rn. 19, Heymann/*Honsell* § 436 aF Rn. 13.

[78] Vgl. Baumbach/Hopt/*Merkt* Rn. 4; *Koller* Rn. 11.

[79] Vgl. Baumbach/Hopt/*Merkt* Rn. 4; *Koller* Rn. 11.

[80] Vgl. Baumbach/Hopt/*Merkt* Rn. 4; *Koller* Rn. 11. AA OLG Düsseldorf 31.1.1986, TranspR 1986, 341.

[81] Vgl. *Koller* Rn. 28.

den Fall, dass kein Frachtbrief existiert oder er dem Empfänger nicht vorgelegt wird oder sich daraus nicht die Höhe der zu zahlenden Fracht ergibt, ist daher nach Abs. 2 S. 2 die Fracht in Höhe des Betrages zu zahlen, der mit dem Absender **vereinbart** war. Dies gilt allerdings nur, soweit diese Fracht nicht unangemessen ist (Abs. 2 S. 2). Die Beweislast für die Unangemessenheit trägt der Empfänger. Die Angemessenheit ist nach objektiven Kriterien zu bestimmen.[82] Hierzu zählen die Höhe des marktüblichen Entgelts sowie besondere Umstände des Einzelfalls.

**c) Standgeld (Abs. 3).** Nach Abs. 3 schuldet der Empfänger zusätzlich zur Fracht stets **43** ein **Standgeld wegen Überschreitung der Entladezeit.** Da das Standgeld nicht Bestandteil der Fracht ist, ist insoweit unbeachtlich, ob durch einen Frankaturvermerk über die Zahlung der Fracht (hierzu Rn. 35) der Empfänger von der Pflicht zur Zahlung der Fracht befreit wurde. Voraussetzung für die Pflicht zur Zahlung von Standgeld ist jedoch, dass der Absender das Entladen schuldet und die Entladezeit überschritten wurde (§ 412 Abs. 3). Nicht erforderlich ist dagegen, dass dem Empfänger die Höhe des Standgelds bekannt ist. Da der Empfänger durch eigenes Mitwirken, insbesondere beim Entladen, zur Entstehung des Anspruchs auf Standgeld beigetragen hat, erschien eine Schutzbedürftigkeit insoweit nicht gegeben.[83]

Macht der Frachtführer einen Anspruch auf **Standgeld wegen Überschreitung der** **44** **Ladezeit** geltend, so schuldet ihn der Empfänger nur, wenn ihm der geschuldete Betrag bei Ablieferung des Gutes mitgeteilt worden ist. Die Mitteilung stellt – wie auch im Falle des § 410 – eine **geschäftsähnliche Handlung** dar.[84] Auf sie sind insbesondere die Vorschriften über Willensmängel (§§ 116 ff. BGB), über die Auslegung (§§ 133 ff. BGB) sowie über die Stellvertretung (§§ 164 ff. BGB) anzuwenden.

**d) Zusatzvergütung bei Beförderungshindernis (Abs. 3).** Schließlich schuldet der **45** Empfänger nach Abs. 3 auch eine Vergütung nach § 420 Abs. 3 bei einem Beförderungshindernis, wenn ihm der geschuldete Betrag bei Ablieferung des Gutes mitgeteilt worden ist. Zur Mitteilung s. Rn. 44.

**3. Aktivlegitimation von Frachtführer und Unterfrachtführer.** Gläubiger der **46** Zahlungsansprüche ist allein der Vertragspartner des Absenders. Hat der vertragliche Frachtführer einen **Unterfrachtführer** eingeschaltet, so kann letzterer nach der bisherigen Rspr. des BGH[85] aus § 421 Abs. 2 und 3 keinen eigenen Anspruch auf Zahlung eines Standgeldes gegenüber dem Empfänger aus dem Unterfrachtvertrag herleiten. Der BGH begründet dies damit, dass auch dem Empfänger nach § 421 „nur Ansprüche aus dem zwischen dem Absender und dem Hauptfrachtführer geschlossenen Vertrag" zustehen und sich der Schuldbeitritt des Empfängers kraft § 421 nur auf die Verpflichtungen des Absenders dem Hauptfrachtführer bezieht. Angesichts der – in Abkehr von früheren Urteilen – seit 2007 getroffenen Entscheidung des BGH,[86] wonach der Empfänger gegenüber einem vom Hauptfrachtführer eingeschalteten Unterfrachtführer, den gegenüber dem Hauptfrachtführer die volle Frachtführerhaftung trifft, als Drittbegünstigter aus dem Unterfrachtvertrag bei Verlust oder Beschädigung des Gutes eigene Schadensersatzansprüche gegenüber dem Unterfrachtführer aus dem Unterfrachtvertrag hat, erscheint es allerdings zweifelhaft, ob sich diese Auffassung des BGH zur fehlenden Zahlungspflicht des Empfängers aufrecht erhalten lässt. Denn wenn der Empfänger nach § 421 befugt ist, gegenüber dem anliefernden Unterfrachtführer die Primärrechte auf Ablieferung des Gutes, Übergabe der Zweitausfertigung des Frachtbriefs und auch Schadensersatzansprüche geltend zu machen, so besteht kein Grund, dem Unterfrachtführer einen eigenen Zahlungsanspruch

---

[82] Vgl. Baumbach/Hopt/*Merkt* Rn. 3; *Koller* Rn. 29.
[83] Vgl. Reg.Begr. S. 55 f. (zu § 421).
[84] Vgl. dazu *Koller* Rn. 30.
[85] BGH 20.10.2005, TranspR 2006, 29, 30.
[86] BGH 14.6.2007, TranspR 2007, 425, 427 m. Anm. *Thume;* BGH 20.10.2008, TranspR 2009, 130; BGH 28.5.2009, TranspR 2010, 34 und BGH 13.5.2012, TranspR 2012, 456; s. Rn. 28.

gegen diesen mit der Begründung zu versagen, der Empfänger sei nur Drittbegünstigter des Hauptfrachtvertrages und der gesetzliche Schuldbeitritt beziehe sich nur auf die Verpflichtungen des (Ur-)Absenders gegenüber dem Hauptfrachtführer.[87]

47     Folgt man dieser Auffassung, dass der Empfänger Drittbegünstigter sowohl des Hauptfrachtvertrages als auch des Unterfrachtvertrages ist und insoweit § 421 zur Anwendung gelangen kann, so bedeutet das jedoch **nicht,** dass der Empfänger, der die Ablieferung verlangt, nach Abs. 2 der Bestimmung gleich **zwei Verpflichtungen** eingeht: Vielmehr bedarf sein Verlangen gem. §§ 133, 157 BGB der Auslegung, gegen wen dies gerichtet ist, ob er also die Ablieferung vom Hauptfrachtführer oder vom anliefernden Unterfrachtführer fordert.[88]

48     **Wenn** dem Empfänger ein **Frachtbrief vorgelegt wird** und darin die Fracht genannt ist, so ist diese nach Abs. 2 S. 1 zu zahlen. Der Empfänger wird deshalb in diesem Fall den im Frachtbrief genannten Frachtführer als Adressaten seines Ablieferungsbegehrens ansehen. Das wird auch dann gelten, wenn im vorgelegten Frachtbrief die Fracht nicht beziffert ist.[89] In der Regel wird es sich beim vorgelegten Frachtbrief um den des Hauptfrachtvertrages handeln. Aber auch ohne Vorlage eines Frachtbriefes wird in der Literatur angenommen, dass der Empfänger **im Zweifel die Ablieferung vom Hauptfrachtführer** als dem Beauftragten seines Vertragspartners, des Absenders, verlangen wird.[90]

49     Bei einem Unfrei-Vermerk (hierzu § 408 Rn. 41) steht dem Absender die dilatorische Einrede zu, dass sich der Frachtführer zur Begleichung seiner Rechnung zunächst an den Empfänger halten muss, ggf. unter Ausnutzung seines Zurückbehaltungsrechts am beförderten Gut (vgl. Art. 14 CMR Rn. 30).[91] Insofern liegt ein unechtes Gesamtschuldverhältnis vor.[92]

## § 422 Nachnahme

(1) Haben die Parteien vereinbart, daß das Gut nur gegen Einziehung einer Nachnahme an den Empfänger abgeliefert werden darf, so ist anzunehmen, daß der Betrag in bar oder in Form eines gleichwertigen Zahlungsmittels einzuziehen ist.

(2) Das auf Grund der Einziehung Erlangte gilt im Verhältnis zu den Gläubigern des Frachtführers als auf den Absender übertragen.

(3) Wird das Gut dem Empfänger ohne Einziehung der Nachnahme abgeliefert, so haftet der Frachtführer, auch wenn ihn kein Verschulden trifft, dem Absender für den daraus entstehenden Schaden, jedoch nur bis zur Höhe des Betrages der Nachnahme.

### Übersicht

| | Rn. | | | Rn. |
|---|---|---|---|---|
| I. Normzweck | 1, 2 | | 1. Ablieferung ohne Einziehung der Nachnahme (Abs. 3) | 19–26 |
| II. Begriff der Nachnahme | 3–5 | | a) Grundsatz | 19–21 |
| III. Nachnahmevereinbarung | 6–10 | | b) Nichteinziehung der Nachnahme | 22, 23 |
| IV. Pflichten des Frachtführers | 11–18 | | c) Schaden | 24 |
| 1. Einziehung (Abs. 1) | 11–15 | | d) Haftungshöchstgrenze | 25 |
| 2. Herausgabe des Erlangten (Abs. 2) | 16–18 | | e) Aktivlegitimation | 26 |
| V. Haftung des Frachtführers | 19–28 | | 2. Sonstige Pflichtverletzungen | 27, 28 |

---

[87] *Thume* TranspR 2007, 427, 428; *Herber* TranspR 2013, 1, 5; *Koller* TranspR 2009, 451, 457 und § 421 Rn. 25.

[88] *Koller* Rn. 25.

[89] *Koller* Rn. 25.

[90] *Koller* Rn. 25.

[91] So *Koller* § 420 Rn. 5.

[92] Vgl. *Valder* TranspR 2001, 363.

## I. Normzweck

§ 422 berücksichtigt, dass es vor allem bei Landtransporten nicht unüblich ist, Nachnah- **1**
mevereinbarungen zu treffen. In Anlehnung an Art. 21 CMR und § 71 EVO aF stellt er
daher in Abs. 1 eine **Auslegungsregel** für eine frachtrechtliche Nachnahmevereinbarung
bereit und sieht in seinem Abs. 3 Sanktionen für den Fall der Verletzung der Nachnahmevereinbarung vor. Eine verschuldensunabhängige Haftung, wie sie dem § 31 Abs. 1 Buchst. d
KVO aF,[1] zum Teil auch dem Art. 21 CMR[2] entnommen wird, ist dabei vorgesehen, um
dem Absender auf diese Weise die Verlässlichkeit der Nachnahmevereinbarung zu sichern
und ihn von dem schwierigen und aufwändigen Verschuldensnachweis zu entbinden.[3] Um
eine unbillige Belastung des Frachtführers zu vermeiden, stellt die Regelung zum Ausgleich
in ihrem Haftungstatbestand allein auf die Ablieferung des Gutes ohne Einziehung einer
Nachnahme ab und bezieht nicht auch sonstige Nachnahmefehler ein. Außerdem sieht sie
eine der Höhe nach begrenzte Haftung vor.

Darüber hinaus regelt Abs. 2, wem das auf Grund der Einziehung Erlangte im Verhältnis **2**
zu Gläubigern des Frachtführers zusteht. Auch diese Vorschrift dient vor allem dem **Schutz
des Absenders,** indem sie nach dem Vorbild des Kommissionsrechts (§ 392 Abs. 2)
bestimmt, dass das auf Grund der Einziehung Erlangte im Verhältnis zu den Gläubigern
des Frachtführers als auf den Absender übertragen gilt und der Absender damit frühzeitig
die vollstreckungsrechtliche Stellung eines Rechtsinhabers erlangt.[4]

## II. Begriff der Nachnahme

Bei der Nachnahme ist grundsätzlich zwischen verschiedenen Arten zu unterscheiden: **3**
Der Auftrag zur sog. **Waren- oder Wertnachnahme** zielt darauf, den Gegenwert des
beförderten Gutes, dh. den Kaufpreis, zu erheben. Die oft damit einhergehende, jedoch
auch für sich allein zu vereinbarende sog. **Fracht- oder Kostennachnahme** geht auf den
Einzug gerade der Transportkosten. Anders als bei der Überweisung der Fracht auf den
Empfänger (hierzu § 408 Rn. 41) wird hier ein Betrag eingezogen, der dem Absender
zusteht, idR weil er Fracht und Aufwendungsersatz an den Frachtführer gezahlt hat bzw.
ihm schuldet, während nach den Bedingungen des Liefergeschäfts solche Kosten vom Emp-
fänger/Käufer zu tragen sind. Angesichts der Möglichkeit der sog. Überweisung der Fracht
auf den Empfänger tritt aber die Fracht- oder Kostennachnahme praktisch hinter der Überweisung der Fracht zurück.

Fraglich ist, ob **Wesensmerkmal der Nachnahme** die **Einziehung eines Geldbetra- 4
ges in bar** ist[5] oder ob unter eine Nachnahme auch die Ablieferung gegen Einziehung auf
Sicht fälliger Zahlungspapiere fällt (vgl. hierzu Art. 21 CMR Rn. 3 f.). Diese Frage kann
angesichts der Regelung in Abs. 1 offen bleiben. Denn aus Abs. 1 folgt, dass nach dem
Willen des Gesetzgebers eine Nachnahme nicht auf die Fälle beschränkt ist, die in Abs. 1
geregelt werden. Vielmehr bleibt es den Vertragsparteien überlassen, zu entscheiden, auf
welche Weise der Empfänger die Zahlung leisten soll. So heißt es ausdrücklich in der
Begründung zum Regierungsentwurf eines TRG: „Die Regelung schließt nicht aus, dass
der Barzahlung die Begebung von Zahlungspapieren gleichgestellt wird, die, wie etwa
Schecks, im Verkehr üblicherweise an die Stelle von Bargeld treten und wie dieses einfach
und leicht nachvollziehbar übertragen werden können. Allerdings muss dann die Zahlung
mit derartigen Papieren vereinbart sein."[6] Vereinbaren die Parteien die Ablieferung des
Gutes gegen „Einziehung eines Zahlungspapiers", so wird darunter idR kein Scheck sondern ein **auf Sicht fälliges Zahlungspapier** zu verstehen sein.

---

[1] Vgl. 1. Vorauflage § 31 KVO Rn. 15.
[2] Vgl. *Herber/Piper* Art. 21 Rn. 15; *Koller* Art. 21 Rn. 4; *Fremuth/Thume* CMR Art. 21 Rn. 121 ff.
[3] Vgl. Reg.Begr. S. 57 (zu § 422).
[4] Vgl. Reg.Begr. S. 56 (zu § 422).
[5] So BGH 21.1.1999, VersR 1999, 1522; Fremuth/Thume/*Fremuth* Rn. 5; *Andresen/Valder* Rn. 9; vgl.
EBJS/*Reuschle* Rn. 6; *Koller* Rn. 2.
[6] Reg.Begr. S. 56 (zu § 422).

**5**    Nicht um eine Nachnahme iSd. § 422, sondern um eine **nachnahmeähnliche Vereinbarung** handelt es sich dagegen, wenn der Frachtführer verpflichtet wird, bei Ablieferung von dem Empfänger Handlungen zu erwirken, die nur im Zusammenhang mit anderweitigen Zahlungsvorgängen relevant werden (vgl. hierzu Art. 21 CMR Rn. 5).[7] Hierzu zählen die Klauseln wie „Auslieferung gegen Traveler-Scheck"[8] oder „gegen Zahlungsnachweis",[9] „Ablieferung gegen Eröffnung eines Akkreditivs" und „Auslieferung gegen FCR".[10] Dementsprechend stellt auch eine dem Frachtführer erteilte Weisung „Auslieferung gegen Bankakzept und Bankaval" keine Nachnahmevereinbarung dar, weil sie nach Durchführung weder so eindeutig noch so einfach ist, wie es einem verkehrsüblich klar konturierten und unter den tatsächlichen Rahmenbedingungen der Auslieferung machbaren Nachnahmeauftrag entspricht.[11]

### III. Nachnahmevereinbarung

**6**    Nach Abs. 1 müssen die Parteien die Einziehung einer Nachnahme vereinbaren. Bei der Vereinbarung handelt es sich um eine zwischen Absender und Frachtführer getroffene **Nebenabrede** zum Frachtvertrag. Die Abrede begründet keine frachtvertragliche Nebenpflicht, sondern eine auf Grund der zusätzlichen Vereinbarung begründete zusätzliche Pflicht des Frachtführers, das Gut nur gegen Einziehung eines bestimmten Geldbetrags im eigenen Namen für den Absender abzuliefern und den Nachnahmebetrag dem Absender herauszugeben.[12] Der Frachtführer, der per Nachnahme liefert, wird insoweit als Geschäftsbesorger für den Absender tätig[13] und hat insoweit Anspruch auf eine besondere Vergütung, die ggf. auch nach § 354 zu zahlen ist.[14]

**7**    Die Nachnahmevereinbarung bedarf keiner bestimmten **Form**. Insbesondere bedarf es keiner Eintragung in den Frachtbrief. Praktisch wird sie jedoch im Frachtbrief vermerkt sein (§ 408 Abs. 1 Nr. 10).

**8**    Der Frachtführer kann auch durch eine **nachträgliche Weisung** iSd. § 418 verpflichtet werden, das Gut nur gegen Nachnahme iSd. § 422 auszuliefern (vgl. § 418 Rn. 23).[15] Einer Annahmeerklärung durch den Frachtführer bedarf es insoweit nicht. Beabsichtigt der Frachtführer die Weisung nicht befolgen, muss er nach § 418 Abs. 5 den Verfügungsberechtigten unverzüglich benachrichtigen.

**9**    Ob eine Nachnahmevereinbarung getroffen oder eine Weisung zur Einziehung einer Nachnahme erteilt wurde, ist durch **Auslegung** (§§ 133, 157 BGB) zu ermitteln. Aus der bloßen Kennzeichnung der Sendung als Nachnahmesendung kann nicht schlechthin auf eine Nachnahmeabrede geschlossen werden. Anderes gilt, wenn nach den AGB des Frachtführers diese Kennzeichnung ausreicht.[16] Besteht zwischen Absender und Frachtführer eine Geschäftsverbindung, so kann ein Nachnahmeauftrag auch gem. § 362 Abs. 1 durch Schweigen angenommen werden; dabei kommt aber auch dem vorher gezeigten Abrechnungsverhalten des Frachtführers Bedeutung etwa dahin zu, dass bei üblich unbarer Auslieferung der Absender nicht annehmen kann, man wolle sich gerade ihm gegenüber zur Nachnahmeerhebung verpflichten.[17] Eine AGB-Klausel zur „Abwehr" von Nachnahmeanträgen bleibt bei im Einzelfall angenommenem Auftrag wirkungslos.[18]

---

[7]  S. Fremuth/Thume/*Fremuth* Rn. 18.
[8]  OLG Hamm 16.8.1984, TranspR 1985, 97.
[9]  Vgl. LG Nürnberg-Fürth 25.1.1991, TranspR 1991, 300 m. Anm. *Starosta*.
[10]  OLG Düsseldorf 21.4.1994, TranspR 1994, 391 m. Anm. *Thume*.
[11]  So zur CMR OLG Düsseldorf 19.6.1986, TranspR 1986, 336, 337; s. auch OLG Düsseldorf 21.4.1994, NJW-RR 1995, 96 zu Nachnahmeanordnung der CMR. Beweisdokumente CMR.
[12]  Vgl. *Heiss,* Das Zivilrecht der Nachnahme in Chiotellis-Fikentscher Rechtstatsachenforschung, 1985, S. 169, 171.
[13]  Vgl. *Koller* Rn. 1; *Staub/Helm* § 425 Rn. 145; *Lenz* Rn. 553 ff.; zum Begriff der Nachnahme nach CMR OLG Düsseldorf 21.4.1994, TranspR 1994, 391.
[14]  Üblich sind laut *Andresen/Valder* Rn. 5 2 % des Nachnahmebetrages.
[15]  Vgl. BGH 3.2.2005, NJW-RR 2005, 1058; Fremuth/Thume/*Fremuth* Rn. 19; *Koller* § 418 Rn. 6, 13.
[16]  Vgl. hierzu OLG Düsseldorf 19.12.1985, TranspR 1986, 59, 60.
[17]  BGH 3.3.1988, NJW-RR 1988, 925, 926 betr. Spedition.
[18]  Vgl. OLG Düsseldorf 13.12.1990, TranspR 1991, 91, 92.

Im Liefergeschäft zwischen Absender und Empfänger verwendete Handelsklauseln wie 10 **„Kasse gegen Dokumente"**, wonach der Käufer die Beförderungsurkunden bei Vorlage durch Kaufpreiszahlung einzulösen hat, und zwar grundsätzlich ohne vorherige Besichtigung der Ware,[19] oder **„cash on delivery"**, wonach der Kaufpreis dem Frachtführer bei Ablieferung der Ware zu zahlen ist,[20] binden zunächst ausschließlich die Parteien dieses Liefergeschäfts. Sie verpflichten dagegen nicht den Frachtführer zu einer Auslieferung Zug um Zug gegen Zahlung einer Nachnahme.[21] Dies gilt selbst dann, wenn der Frachtführer zB auf Grund einer ihm mit den Papieren ausgehändigten Rechnung hiervon Kenntnis erlangt. Erforderlich ist stets, dass dem Frachtführer deutlich ein Nachnahmeauftrag erteilt wurde.[22]

### IV. Pflichten des Frachtführers

**1. Einziehung (Abs. 1).** Das Gesetz gibt in Abs. 1 eine Auslegungsregel dahin, dass im 11 Zweifel der **Betrag in bar** oder in Form eines gleichwertigen Zahlungsmittels einzuziehen ist. Dieser Grundsatz entspricht der bisherigen Rspr., wonach grundsätzlich allein die Entgegennahme eines Barbetrags die vertragsgemäße Art der Nachnahmeerhebung ist.[23]

Der Barzahlung ist die Bezahlung eines „gleichwertigen Zahlungsmittels" gleichgestellt. 12 Damit soll der „zunehmende Einsatz elektronischer Medien bei Bewirkung einer Zahlung" Rechnung getragen werden.[24] Als gleichwertige Zahlungsmittel wird nach der Beschlussempfehlung des Rechtsausschusses des Deutschen Bundestages die Zahlungsweise in Gestalt des sog. **electronic cash** angesehen.[25] Entscheidend ist, dass diese Zahlungsweise der Sicherheit der Bargeldannahme mit ihrer Erfüllungswirkung entspricht.

Das in Abs. 1 statuierte Erfordernis der Zahlung in bar oder in Form eines gleichwertigen 13 Zahlungsmittels ist nicht erfüllt bei Zahlung mit **Verrechnungsscheck.** Denn bei Zahlung mit Verrechnungsscheck tritt die Erfüllung erst mit Einlösung durch Barzahlung oder Gutschrift ein.[26] Voraussetzung dafür ist, dass der Scheck auch gedeckt ist. Dies aber kann der Frachtführer bei Empfangnahme des Schecks nicht überprüfen.[27] Die Regelung schließt aber nicht aus, dass auch die Einziehung eines Schecks vereinbart werden kann; denn § 422 Abs. 1 ist dispositiv. Allerdings muss die Abweichung von Abs. 1 klar und unmissverständlich vereinbart sein.[28] Dies ist nicht der Fall, wenn sich der Frachtführer in seinen Allgemeinen Geschäftsbedingungen vorbehält, auf Barzahlung gerichtete Nachnahmeaufträge ab einer bestimmten Höhe nicht anzunehmen oder in diesen Fällen den Nachnahmebetrag per Scheck einzuziehen.[29]

Die Einziehung hat **Zug um Zug** gegen Ablieferung des Gutes zu erfolgen. Der Fracht- 14 führer hat also ein Leistungsverweigerungsrecht – und auch gegenüber dem Absender die Pflicht –, die Ablieferung zu verweigern, wenn der Empfänger die Zahlung der Nachnahme verweigert.

Wird die Erfüllung der Nachnahmevereinbarung unmöglich, so stellt dies ein **Abliefe-** 15 **rungshindernis** iSd. § 419 dar. Der Frachtführer muss also Weisungen vom Verfügungsberechtigten einholen.[30] Gleiches gilt für den Fall, dass der Empfänger sich nach Ankunft des Gutes am Ablieferungsort weigert, die Nachnahme zu zahlen.[31]

---

[19] Vgl. BGH 26.6.1963, WM 1963, 844.
[20] Vgl. BGH 19.9.1984, NJW 1985, 550.
[21] Fremuth/Thume/*Fremuth* Rn. 12 ff.
[22] Vgl. OLG Frankfurt 27.1.1989, TranspR 1990, 68; dazu *Koller* IPRax 1990, 301 ff.; OLG Düsseldorf 13.12.1990, TranspR 1991, 91, 92.
[23] BGH 25.10.1995, NJW-RR 1996, 353 = TranspR 1996, 118.
[24] Vgl. Beschlussempfehlung TRG S. 48 (zu § 422).
[25] Ibid.
[26] Vgl. BGH 29.3.2007, NJW-RR 2007, 1118; BGH 11.10.1995, NJW 1995, 3386, 3388.
[27] Vgl. OLG Düsseldorf 13.12.2006, TranspR 2007, 25, 26.
[28] Vgl. Reg.Begr. S. 56 (zu § 422); Fremuth/Thume/*Fremuth* Rn. 9.
[29] Vgl. OLG Düsseldorf 13.12.2006, TranspR 2007, 25, 26.
[30] Vgl. Fremuth/Thume/*Fremuth* Rn. 23; *Koller* Rn. 14.
[31] Vgl. EBJS/*Reuschle* Rn. 16; Fremuth/Thume/*Fremuth* Rn. 24; *Koller* Rn. 17.

16    **2. Herausgabe des Erlangten (Abs. 2).** Das bei Einziehung der Nachnahme Erlangte ist an den Absender **herauszugeben**. Dies ergibt sich aus allgemeinem Geschäftsbesorgungsrecht (§§ 675, 667 BGB). Hat der Frachtführer Bargeld erlangt, hat er den Wert herauszugeben. Hierbei handelt es sich allerdings nicht um eine Geldschuld, sondern um eine Stückschuld. Bei Verlust des ihm zugeflossenen Wertes haftet der Frachtführer daher nur nach § 280 Abs. 1 BGB.[32]

17    Bei Nachnahmeaufträgen, die in einer **Kette von Frachtführern** weitergegeben wurden, sind die eingezogenen Beträge innerhalb der Frachtführerkette abzuführen, also jeweils von Auftragnehmer zu Auftraggeber. Sind die Nachmänner als Subunternehmer eingeschaltet, so ist für sie als Erfüllungsgehilfen einzustehen; sind sie (wohl eher ausnahmsweise) auf Rechnung des Versenders/Lieferanten beauftragt, so ist der erstbeauftragte Spediteur/ Frachtführer lediglich verpflichtet, seinen Herausgabeanspruch gegen seinen Nachmann abzutreten und frei von Einwendungen und Einreden zu halten.[33]

18    Die in Abs. 2 enthaltene Bestimmung, dass das auf Grund der Einziehung Erlangte im Verhältnis zu den Gläubigern des Frachtführers als **auf den Absender übertragen** gilt, sorgt in Anlehnung an den dem § 392 Abs. 2 zugrunde liegenden Rechtsgedanken dafür, dass der Absender frühzeitig die vollstreckungsrechtliche Stellung eines Rechtsinhabers erlangt. So kann er bei Einzelzwangsvollstreckung gegen den Frachtführer die Drittwiderspruchsklage gem. § 771 ZPO erheben und bei dessen Insolvenz ein Aussonderungsrecht gem. § 47 InsO geltend machen.[34] Der Frachtführer wird damit ähnlich wie ein Kommissionär behandelt, der als Geschäftsbesorger im eigenen Namen auf fremde Rechnung tätig wird. Die vorgeschlagene Regelung geht jedoch über eine Wiedergabe des § 392 Abs. 2 hinaus, indem sie sich nicht auf Forderungen bezieht, sondern auf das durch Einziehung Erlangte, solange es noch identifizierbar im Vermögen des Frachtführers vorhanden ist. Denn Forderungen stehen dem Frachtführer gegen den Empfänger bezüglich der Nachnahme im Allgemeinen nicht zu.

### V. Haftung des Frachtführers

19    **1. Ablieferung ohne Einziehung der Nachnahme (Abs. 3). a) Grundsatz.** Abs. 3 normiert eine **verschuldensunabhängige Haftung** des Frachtführers für den Fall, dass das Gut ohne Einziehung der Nachnahme dem Empfänger abgeliefert wird. Diese verschuldensunabhängige Haftung entspricht Art. 21 CMR. Sie dient dazu, die die Verlässlichkeit der Nachnahmevereinbarung zu gewährleisten. Die verschuldensunabhängige Haftung gilt nur für die Ablieferung des Gutes ohne Nachnahmeeinzug. Sonstige Fehler wie zB die unzulängliche Verwahrung oder gar Unterschlagung des eingenommenen Geldes begründen nur die allgemeinen Ansprüche des Absenders aus dem Nachnahmeauftrags-verhältnis oder aus Deliktsrecht (s. Rn. 28).

20    Abs. 3 erfasst **alle Fälle, in denen eine Nachnahmeabrede getroffen wurde.** Dies ist nicht nur der Fall, wenn eine Nachnahmeabrede getroffen wurde, die den Anforderungen des § 422 Abs. 1 entspricht, mithin vorsieht, dass ein Betrag in bar oder in Form eines gleichwertigen Zahlungsmittels eingezogen werden soll. Auch in den Fällen, in denen die Parteien der Nachnahmevereinbarung eine andere Zahlungsweise vereinbart haben, etwa Zahlung per Verrechnungsscheck, greift Abs. 3.[35] Der Nachnahmeabrede gleichgestellt ist der Fall, dass der Absender dem Frachtführer nachträglich die Weisung erteilt hat, das Gut nur gegen Nachnahme abzuliefern (hierzu Rn. 8).

21    Abs. 3 ist **nicht dispositiv**, sondern nur in den Grenzen des § 449 abdingbar. Diese Einschränkung der Vertragsfreiheit gilt nicht nur für den Fall, dass eine Nachnahmevereinbarung getroffen wurde, die den Anforderungen des § 422 Abs. 1 entspricht, sondern auch

---

[32]  Vgl. BGH 21.12.2005, NJW 2006, 986 (zu § 667 BGB); Palandt/*Sprau* BGB § 667 Rn. 7; Palandt/ *Grüneberg* BGB § 245 Rn. 13.
[33]  OLG München 3.11.1989, BB 1990, 447.
[34]  Vgl. Reg.Begr. S. 56 (zu § 422).
[35]  AA wohl *Koller* Rn. 6.

in den Fällen, in denen die Parteien eine von Abs. 1 abweichende Nachnahmevereinbarung getroffen haben, so etwa die Vereinbarung, dass auch ein Verrechnungsscheck bei Ablieferung der Ware eingezogen werden kann.[36]

**b) Nichteinziehung der Nachnahme.** Das in Abs. 3 normierte Erfordernis, dass das **22** Gut ohne Einziehung der Nachnahme abgeliefert wird, ist erfüllt, wenn der Frachtführer es **unterlassen** hat, den Nachnahmeauftrag auszuführen. Dazu zählt auch die teilweise erfolgte Unterlassung, also die Einziehung eines zu geringen Teilbetrages.

Fraglich ist, ob darüber hinaus unter Abs. 3 auch **andere Nachnahmefehler** fallen. Zu **23** denken ist etwa an der Fall, dass Falschgeld entgegengenommen wird, dass entgegen der Nachnahmeabrede ein nicht bankbestätigter Scheck entgegengenommen oder ein nicht statthaftes Zahlungssurrogat akzeptiert wird. Für die Anwendung von Abs. 3 auf diese Fälle spricht, dass sie sich im Ergebnis in gleicher Weise nachteilig für den Absender auswirken wie die vollständige Außerachtlassung einer Nachnahmeabrede. Gegen die Anwendung von Abs. 3 auf derartige Nachnahmefehler spricht, dass Abs. 3 bewusst in Abkehr von seinem Vorbild in § 31 Abs. 1 Buchst. d KVO aF die Formulierung „Fehler bei der Einziehung von Nachnahmen" vermieden hat. Nach der Begründung zu dem Regierungsentwurf eines TRG sollte dadurch sichergestellt werden, dass – zur Vermeidung einer unbilligen Belastung des Frachtführers – „die Regelung in ihrem Haftungstatbestand allein auf die Ablieferung des Gutes ohne Einziehung einer Nachnahme abstellt und nicht etwa sonstige Nachnahmefehler einbezieht."[37] Darüber hinaus führt die Anwendung des Abs. 3 auf die dargestellten Fälle zu „unerträglichen Wertungswidersprüchen",[38] wenn der Frachtführer trotz größter Sorgfalt diesen Fehler nicht vermeiden konnte. Aus diesem Grunde wird in der Lit. gefordert, auf die genannten Fälle § 426 analog anzuwenden und eine Haftung des Frachtführers zu versagen, wenn er nachweisen kann, dass Nichteinziehung der Nachnahme auf Umständen beruht, die der Frachtführer auch bei größter Sorgfalt nicht vermeiden und deren Folgen er nicht abwenden konnte.[39]

**c) Schaden.** Zu ersetzen ist der Schaden, der durch die Nichteinziehung der Nach- **24** nahme entstanden ist. Welcher Schaden dies ist, bestimmt sich nach den §§ 249 ff. BGB. Dieser Schaden besteht nicht ohne weiteres und stets in der Höhe des Nachnahmebetrags. Maßgeblich ist, wie der Absender gestanden hätte, wenn der Frachtführer auftragsgemäß die Zahlung des Nachnahmebetrages gefordert hätte. Steht fest, dass der Empfänger den geforderten Betrag gezahlt hätte oder dass der Wert der beförderten Ware dem Nachnahmebetrag entsprochen hätte, so ist ein Schaden des Absenders in dieser Höhe zu bejahen.[40] Liegt dagegen der Wert des Gutes unter dem Nachnahmebetrag, so etwa, weil das Gut schadhaft ist, so entsteht ein Schaden nur in Höhe des Wertes des Gutes.[41] Auch ein etwaiges Mitverschulden des Absenders und seiner Gehilfen ist nach §§ 428 (mit § 278 BGB) zu berücksichtigen.[42]

**d) Haftungshöchstgrenze.** Die verschuldensunabhängige Haftung ist **begrenzt:** Für **25** den aus dem Nachnahmefehler ieS entstandenen Schaden haftet der Frachtführer nur bis zur Höhe des Betrages der Nachnahme. Dies soll im Vergleich zur Parallelvorschrift des Art. 21 CMR verdeutlichen, dass der Frachtführer den konkret nachgewiesenen Schaden zu ersetzen hat, der aus der Herausgabe des Gutes ohne Nachnahmeeinzug folgt, jedoch höchstens bis zur Grenze des Nachnahmebetrages.[43] Diese Haftungsgrenze fällt jedoch nach

[36] AA *Koller* Rn. 3.
[37] Reg.Begr. S. 57 (zu § 422).
[38] *Koller* Rn. 19.
[39] HM; vgl. Baumbach/Hopt/*Merkt* Rn. 3; *Andresen/Valder* Rn. 20; *Koller* Rn. 19; EBJS/*Reuschle* Rn. 26; Oetker/*Paschke* Rn. 12; aA *Braun* S. 193 und *Czerwenka* in der Voraufl.
[40] Vgl. zur CMR BGH 10.10.1991, BGHZ 115, 299 = NJW 1992, 621, 622 = TranspR 1992, 100; OLG Düsseldorf 13.12.2006, TranspR 2007, 25, 27.
[41] Vgl. *Koller* Rn. 20.
[42] *Koller* Rn. 20.
[43] Vgl. BGH 10.10.1991, NJW 1992, 621.

§ 435 weg, wenn dem Frachtführer schweres Verschulden iS dieser Vorschrift vorzuwerfen ist.

**26**    **e) Aktivlegitimation.** Nach Abs. 3 ist der Absender berechtigt, Schadensersatz zu fordern. Anspruchsberechtigt ist jedoch auch der im Frachtvertrag bestimmte Empfänger, wenn dieser von seinem Weisungsrecht nach § 418 Abs. 2 Gebrauch gemacht hat und den Frachtführer angewiesen hat, das Gut an einen Dritten gegen Einziehung einer Nachnahme abzuliefern.[44]

**27**    **2. Sonstige Pflichtverletzungen.** Die Haftung des Frachtführers für **andere** als die in Rn. 22 und 23 genannten **Nachnahmefehler,** zB für mangelhafte Ausführung des in Rn. 5 erwähnten nachnahme- ähnlichen Vereinbarungen richtet sich nach § 280 und § 823 BGB. Die Haftung ist nach den §§ 431, 433 beschränkt, soweit kein grobes Verschulden iS § 435 vorliegt. Das gilt auch, wenn der Frachtführer das Gut an den richtigen Empfänger unter Missachtung einer ihm erteilten Weisung ausliefert. Dann liegt kein Verlust vor, weil die Beförderungspflicht erfüllt ist; das Gut hat sein frachtvertragsgemäßes Ziel erreicht. Die Pflichtwidrigkeit des Frachtführers liegt in diesem Falle in der Nichtbeachtung der ihm erteilten Weisung.[45]

**28**    Für **Verlust des auf Grund der Einziehung Erlangten** haftet der Frachtführer nach § 280 ff. und 823 BGB (hierzu Rn. 16).Das Gleiche gilt, wenn er die eingezogenen Nachnahme nicht an den Absender herausgibt und bei verzögerlicher Herausgabe (§ 286 BGB).

### § 423 Lieferfrist

**Der Frachtführer ist verpflichtet, das Gut innerhalb der vereinbarten Frist oder mangels Vereinbarung innerhalb der Frist abzuliefern, die einem sorgfältigen Frachtführer unter Berücksichtigung der Umstände vernünftigerweise zuzubilligen ist (Lieferfrist).**

#### Übersicht

|                               | Rn.  |                               | Rn.   |
|-------------------------------|------|-------------------------------|-------|
| I. Normzweck                  | 1, 2 | IV. Gesetzliche Lieferfrist   | 9, 9a |
| II. Begriff                   | 3, 4 | V. Rechtsfolgen               | 10    |
| III. Vereinbarte Lieferfrist  | 5–8  |                               |       |

### I. Normzweck

**1**    Die Norm enthält in Anlehnung an Art. 19 CMR eine **Legaldefinition** der Lieferfrist. Die Definition ist bedeutsam für die Regelungen über die Verlustvermutung des § 424, die Frachtführerhaftung wegen Verspätungsschäden nach den §§ 425 ff., die Schadensanzeige nach § 438 Abs. 3 sowie die Verjährung bei Nichtablieferung des Gutes (§ 439 Abs. 2 S. 2). Das Gesetz gibt eine vertragskonkretisierende Direktive für die Fristbestimmung, wenn die Lieferfrist nicht von den Parteien vereinbart wurde.

**2**    Auch wenn § 423 eine Pflicht des Frachtführers zur Einhaltung der Lieferfrist normiert, begründet er **keine Hauptpflicht** des Frachtführers, sondern nur eine Nebenpflicht.

### II. Begriff

**3**    Bei der Lieferfrist handelt es sich um den **Zeitraum,** der für die Durchführung der nach dem Frachtvertrag vorgesehenen Beförderung benötigt wird. **Fristbeginn** ist – soweit keine

---

[44] Vgl. *Koller* Rn. 22.

[45] Fremuth/Thume/*Fremuth* § 425 Rn. 12; *Koller* Rn. 26; *Thume* TranspR 2001, 433 mwN; *Thume* TranspR 2012, 85, 87; aA RG 4.1.1911 – Rep. I 148/10, RGZ 75, 108; OLG Hamburg 18.5.1989, TranspR 1990, 188 OLG Nürnberg 18.4.2001, TranspR 2001, 262 (zum WA).

andere Vereinbarung getroffen wurde – der Zeitpunkt, an dem das Gut tatsächlich[1] zur Beförderung übernommen wird.[2] Dies ist regelmäßig der Zeitpunkt, in dem das Gut auf der Ladefläche abgesetzt wird oder, wenn die Vertragsparteien eine von § 412 abweichende Vereinbarung getroffen und dem Frachtführer die Pflicht zum Verladen auferlegt haben, der Zeitpunkt, in dem der Frachtführer das Gut zum Zwecke der Verladung im Rahmen des Frachtvertrages in seine Obhut übernimmt (vgl. hierzu § 425 Rn. 35 ff.). **Fristende** ist der Zeitpunkt, an dem das Gut nach dem Vertrag abgeliefert werden soll (zum Begriff der Ablieferung vgl. § 407 Rn. 35 ff.). Wenn in der Binnenschifffahrt der Frachtführer vertraglich verpflichtet ist, auch die Umladung des Gutes durchzuführen, bedeutet Ablieferung iS des § 423 nicht nur „Eintreffen am Entladeort" mit der Möglichkeit zur Entladung, sondern die Durchführung und den Abschluss der Umladung.[3] Das gilt auch im Übrigen allg. Frachtrecht, denn auch dort kann, wann der Frachtführer die Verpflichtung zum Entladen übernommen hat, die Ablieferung erst mit deren Beendigung erfolgen.

Von der Lieferfrist zu unterscheiden ist die sog. **Antrittsfrist;** das ist **die Übernahme-** **4** oder auch **Ladefrist** genannte Frist, die dem Frachtführer bis zur Übernahme des Gutes – bzw., wenn er zu beladen hat – bis Ende der Beladung und zum möglichen Beginn der Beförderung eingeräumt worden ist. Diese Frist endet also mit der Übernahme des Gutes[4] bzw. dem Ende der übernommenen Beladung. Überschreitet der Frachtführer diese Frist, weil er das vom Absender bestellte und diesem zugesagte Fahrzeug nicht rechtzeitig bereitstellt oder sich verspätet, so haftet er nicht nach § 423, sondern für die Folgen dieser Verzögerung – so zB für die vom Absender nutzlos aufgewandten Arbeitslöhne des wartenden Verladepersonals nach §§ 280 ff. BGB.[5] Daneben besteht ggf. für den Absender die Möglichkeit zum Rücktritt bzw. zu Kündigung nach § 415.[6] Wird jedoch bei einer vereinbarten Übernahme- und Ladefrist infolge von deren Nichteinhaltung die gesamte Lieferfrist überschritten, so richten sich insoweit die Rechtsfolgen nach § 423.

### III. Vereinbarte Lieferfrist

Die Lieferfrist bemisst sich in erster Linie nach der vertraglichen Vereinbarung. Auf die **5** Vereinbarung sind die allgemeinen zivilrechtlichen Regelungen anzuwenden, insbesondere die Auslegungsregelungen der §§ 133, 157 und 187 ff. BGB. Die Vereinbarung kann **ausdrücklich oder stillschweigend** geschlossen wurden. Einer bestimmten Form bedarf es nicht. Eine Eintragung im Frachtbrief ist möglich (§ 408 Abs. 1 S. 2).

Statt einer Frist kann ein Termin vereinbart werden, zu dem die Ablieferung erfolgen **6** soll. Denn es kommt für die Haftung wegen Lieferfristüberschreitung wesentlich darauf an, dass ein bestimmter Endtermin verstrichen ist, gleich ob dieser absolut oder nach einem Fristablauf bestimmt ist. Die Vereinbarung muss aber keinen festen Ablieferungszeitpunkt bestimmen.[7] Erforderlich ist dagegen stets, dass der Ablieferungszeitpunkt auf Grund der Vereinbarung **bestimmbar** ist (vgl. auch Art. 19 CMR Rn. 8). Eine Vereinbarung, die unbestimmte Formulierungen („möglichst bald", „umgehend") enthält, reicht hierfür nicht aus.[8] Diese Formulierung ist zu unbestimmt, um hieraus einen genauen Ablieferungszeitpunkt herleiten zu können. In diesem Falle greift § 423, 2. Alternative. Anderes gilt, wenn nur ein **Beförderungszeitraum** vereinbart wurde, der Beginn der Frist jedoch nicht genau

---

[1] Vgl. *Andresen/Valder* Rn. 4.
[2] Vgl. auch *Koller* Rn. 9.
[3] OLG Bamberg 23.1.2006, Hamburger Seerechts-Report 2008, 86; JURIS.
[4] OLG Hamm 14.11.1985, TranspR 1986, 77.
[5] Fremuth/Thume/*Fremuth* Rn. 9; *Koller* Rn. 3; *Andresen/Valder* Rn. 3; *Ramming* TranspR 2003, 419; *Rundnagel* S. 139; zur Verzugshaftung gem. § 286 BGB bei verspäteter Abholung OLG Frankfurt 18.12.1990, TranspR 1991, 249, 250. Vgl. auch § 425 Rn. 32 und Art. 19 CMR Rn. 4, sowie *Thume* Art. 19 CMR Rn. 8 mwH.
[6] Vgl. Fremuth/Thume/*Fremuth* Rn. 9; *Koller* Rn. 3; *Andresen/Valder* Rn. 6.
[7] Vgl. *Koller* Rn. 5. AA *Andresen/Valder* Rn. 13; Fremuth/Thume/*Fremuth* Rn. 5.
[8] Vgl. *Andresen/Valder* Rn. 13; Fremuth/Thume/*Fremuth* Rn. 5; EBJS/*Reuschle* Rn. 6. Oetker/*Paschke* Rn. 23; *Thume* TranspR 1992, 403; zur CMR auch *Jesser-Huß* Art. 19 Rn. 8 mwN. AA *Koller* Rn. 5.

bestimmt wurde. In diesem Fall ist der Fristbeginn durch Auslegung zu ermitteln; hilfsweise ist als Beginn dieses Zeitraums der Zeitpunkt der Übernahme des Gutes zur Beförderung anzusehen.[9]

**7**    Die Vereinbarung kann in einer Vereinbarung über eine **Just in time-Lieferung**[10] bestehen. Sie dient vielen Beziehern von Waren, Halbfabrikaten oder Fertigungszubehör dazu, auf eine umfassende eigene Lagerhaltung zu verzichten. Stattdessen bauen diese Personen darauf, dass die zur Beförderung aufgegebenen Güter zeit- und bedarfsgerecht für den Fertigungs- oder Distributionsvorgang angeliefert bzw. heranbefördert werden. Die Transportmittel dienen dabei zugleich als „fahrende Lager", bei denen es vor allem darauf ankommt, dass die Güter zeitgenau dem Empfänger zur Verfügung stehen. Von daher gehen erhebliche Anreize aus, die Beförderungsvorgänge eng mit Produktionsplänen zu verzahnen.

**8**    Die Vereinbarung einer so kurz bemessenen Frist, dass sie nach den Umständen schlechterdings nicht eingehalten werden kann, kann nach § 138 BGB **unwirksam** sein;[11] es gilt dann die in § 423 bestimmte gesetzliche Lieferfrist.

### IV. Gesetzliche Lieferfrist

**9**    Mangels Vereinbarung steht dem Frachtführer der Zeitraum zur Verfügung, der ihm als einem sorgfältigen Frachtführer unter Berücksichtigung aller Umstände vernünftigerweise zuzubilligen ist. Die Frage, welche Umstände zu berücksichtigen sind, ist von einem **ex-ante-Standpunkt** aus zu beantworten (vgl. auch Art. 19 CMR Rn. 9).[12] Zu berücksichtigen sind insbesondere die vorgesehene Art des Beförderungsmittels, die Art des Gutes, die Art der Beförderung (zB Sammelladung), die Zahl der Lade- und Entladestellen.[13] Auch die besondere Eilbedürftigkeit der Beförderung verderblicher Güter ist zu beachten, dort kann ggf. der Einsatz zweier Fahrer erforderlich sein.[14] Außer Betracht bleiben die Umstände, die sich während der Beförderung ereignet haben, etwa die Sperrung einer Wasserstraße. Diese Umstände sind im Rahmen des § 419 zu berücksichtigen, haben aber auf die Bemessung der Lieferfrist keinen Einfluss.

**9a**    Die Umstände sind **aus der Sicht eines sorgfältigen Frachtführers** zu bewerten, also des Idealtyps eines Frachtführers (§ 347). Zu prüfen ist dabei, welche Frist ein solcher Frachtführer vernünftigerweise vereinbart hätte, um seiner Pflicht zur vertragsgemäßen und fristgerechten Beförderung nachkommen zu können.

### V. Rechtsfolgen

**10**    Hält der Frachtführer die Lieferfrist nicht ein, ist er unter den Voraussetzungen der §§ 425 ff. schadensersatzpflichtig.

Ist die vereinbarte Lieferfrist so kurz bemessen, dass sie nach den Umständen nicht eingehalten werden kann, wird dies jedoch erst nach Übernahme zur Beförderung erkennbar, besteht ein **Beförderungshindernis.**[15] Die Rechte und Pflichten der Vertragsparteien bestimmen sich dann nach § 419. War bereits vor Übernahme erkennbar, dass die Lieferfrist nicht einzuhalten war, richten sich die Rechte und Pflichten der Vertragsparteien nach § 415 oder den allgemeinen zivilrechtlichen Regelungen über Leistungsstörungen (§§ 275, 323 ff. BGB). Das Gleiche gilt, wenn ein **absolutes Fixgeschäft** vorliegt, also die Einhaltung der Lieferfrist nach dem Zweck des Frachtvertrages und der gegebenen Interessenlage

---

[9]    AA *Koller* Rn. 8 (Zeitpunkt des Vertragsangebots bzw. Vertragsabschlusses).
[10]    Dazu in handels- bzw. schuldrechtlicher Perspektive *Lehmann* BB 1990, 1849; *Nagel* DB 1991, 319; *Martinek,* Moderne Vertragstypen, Bd. 3, 1993, § 28.
[11]    Vgl. *Andresen/Valder* Rn. 12; *Andresen/Valder* Rn. 12; *Koller* Rn. 6.
[12]    Ebenso ausführlich *Koller* Rn. 11; EBJS/*Reuschle* Rn. 12.
[13]    Vgl. *Andresen/Valder* § 42 Rn. 14; *Koller* Rn. 11; *Thume* TranspR 1991, 403, *ders.* RIW 1992, 966.
[14]    Vgl. OLG Düsseldorf 7.7.1988, TranspR 1988 425 (zu CMR).
[15]    Vgl. auch *Koller* Rn. 8.

des Absenders derart wesentlich ist, dass eine verspätete Leistung keine Erfüllung mehr darstellt.[16]

## § 424 Verlustvermutung

**(1) Der Anspruchsberechtigte kann das Gut als verloren betrachten, wenn es weder innerhalb der Lieferfrist noch innerhalb eines weiteren Zeitraums abgeliefert wird, der der Lieferfrist entspricht, mindestens aber zwanzig Tage, bei einer grenzüberschreitenden Beförderung dreißig Tage beträgt.**

**(2) Erhält der Anspruchsberechtigte eine Entschädigung für den Verlust des Gutes, so kann er bei deren Empfang verlangen, daß er unverzüglich benachrichtigt wird, wenn das Gut wiederaufgefunden wird.**

**(3) [1]Der Anspruchsberechtigte kann innerhalb eines Monats nach Empfang der Benachrichtigung von dem Wiederauffinden des Gutes verlangen, daß ihm das Gut Zug um Zug gegen Erstattung der Entschädigung, gegebenenfalls abzüglich der in der Entschädigung enthaltenen Kosten, abgeliefert wird. [2]Eine etwaige Pflicht zur Zahlung der Fracht sowie Ansprüche auf Schadensersatz bleiben unberührt.**

**(4) Wird das Gut nach Zahlung einer Entschädigung wiederaufgefunden und hat der Anspruchsberechtigte eine Benachrichtigung nicht verlangt oder macht er nach Benachrichtigung seinen Anspruch auf Ablieferung nicht geltend, so kann der Frachtführer über das Gut frei verfügen.**

### Übersicht

| | Rn. | | Rn. |
|---|---|---|---|
| I. Normzweck | 1–3 | IV. Wiederauffinden des Gutes nach | |
| | | Ausübung des Wahlrechts | 21–29 |
| II. Verlustvermutung (Abs. 1) | 4–16 | 1. Benachrichtigungspflicht des Frachtführers | 21, 22 |
| 1. Abzuwartende Frist | 4–8 | | |
| 2. Betrachtung als Verlust | 9–16 | 2. Anspruch auf Ablieferung des Gutes (Abs. 3) | 23–27 |
| III. Benachrichtigungsverlangen (Abs. 2) | 17–20 | 3. Verfügung des Frachtführers über das Gut (Abs. 4) | 28, 29 |

### I. Normzweck

Die Norm eröffnet nach dem Vorbild in Art. 20 CMR, § 37 Abs. 4 KVO und Art. 39 **1** CIM 1980 die Möglichkeit, Gut, das bis zu einem bestimmten Zeitpunkt nicht abgeliefert wurde, als in Verlust geraten zu betrachten. Dies dient der **Dispositionssicherheit** insbesondere des Empfängers, der nicht sicher weiß, ob das Gut tatsächlich verloren gegangen ist, aber nicht mehr länger zuwarten möchte.[1] Durch die Verlustvermutung wird ihm die Beweisführung erleichtert, wenn er Schadensersatz wegen Verlusts des Gutes verlangt.[2] Zugleich wird er davon befreit, das Gut noch nach seinem Auffinden abnehmen zu müssen.[3] Zu seinem Schutz stellt die Norm zusätzlich ein Verfahren für den Fall bereit, dass zu einem späteren Zeitpunkt das Gut doch noch auftaucht und der Empfänger oder sonstige Anspruchsberechtigte noch Interesse an dem Gut hat.

Das neue Seerecht enthält für den Stückgutfrachtvertrag in § 511 eine entsprechende **2** Regelung, die jedoch nur für die Fälle einer vereinbarten Lieferfrist gilt. Ferner kann nach

---

[16] *Koller* Rn. 3.
[1] Versicherungsrechtlich handelt es sich um den Fall der „Verschollenheit" (Ziff. 17.2 DTV- Güter 2000/2011 und Ziff. 7.2 ADS; siehe dazu *Ehlers* in Thume/de la Motte/Ehlers, Transportversicherungsrecht. 2. Aufl., S. 251).
[2] Vgl. zur CMR *Herber/Piper* Art. 20 Rn. 2 und Thume/*Demuth* Art. 20 Rn. 1; zu § 87 EVO aF *Goltermann* § 87 EVO Anm. 1a aa.
[3] BGH 25.10.2001, TranspR 2002, 198, 199; *Herber/Piper* CMR Art. 20 Rn. 3.

Abs. 1 Satz 2 der dortigen Bestimmung der Anspruchsberechtigte das Gut nicht als verloren betrachten, wenn der Verfrachter es wegen eines Zurückbehaltungs- oder Pfandrechtes nicht abzuliefern braucht. Diese Einschränkung wird auch im Rahmen des § 424 gelten; sie versteht sich eigentlich schon von selbst, weil der Frachtführer, der ein solches Recht am Gut geltend macht, im Besitz des Gutes sein muss, so dass kein Anlass für die Vermutung, das Gut sei verloren, besteht.

3    Die Regelung beschränkt sich auf die **Vermutung des Verlusts während der Obhut.** Ist streitig, ob das Gut überhaupt in die Obhut des Frachtführers gelangt ist, muss der Anspruchsberechtigte insoweit noch Beweis führen (vgl. § 425 Rn. 44 ff.). § 424 trifft hierüber keine Aussage.

## II. Verlustvermutung (Abs. 1)

4    **1. Abzuwartende Frist.** Die Frist, nach deren Ablauf der anspruchsberechtigte Empfänger oder Absender (vgl. § 421 Abs. 1) das Gut als iSd. § 425 Abs. 1 in Verlust geraten betrachten darf, bemisst sich zunächst nach der Lieferfrist, also nach der Frist, innerhalb derer das Gut abzuliefern ist (§ 423). Um dem Frachtführer zu ermöglichen, nach dem nicht abgelieferten Gut noch zu suchen und es doch noch – wenngleich verspätet – abzuliefern, räumt das Gesetz dem Frachtführer grundsätzlich noch einmal eine **Zusatzfrist** in derselben Länge ein, bis zu deren Ablauf das Gut noch nicht als verloren gegangen betrachtet werden kann. Diese Zusatzfrist – nicht die Lieferfrist zuzüglich der weiteren Frist[4] – muss allerdings im innerstaatlichen Verkehr mindestens 20 Tage betragen, im grenzüberschreitenden Verkehr mindestens 30 Tage. Beträgt als zB die Lieferfrist 3 Tage ab Übernahme des Gutes, so kann der Anspruchsberechtigte nach 23 Tagen ab Übernahme des Gutes dieses als verloren betrachten. Durch diese Mindestfrist ist gewährleistet, dass auch bei einer kurzen Lieferfrist (zB einer Just-in-time-Beförderung innerhalb einer Tagesfrist) die Verlustvermutung nicht zu früh greift. Zugleich wird, soweit der grenzüberschreitende Verkehr betroffen ist, berücksichtigt, dass in diesem Verkehr mehr Zeit für das Wiederauffinden des Gutes benötigt wird.

5    Eine **grenzüberschreitende Beförderung** liegt vor, wenn nach dem Frachtvertrag der Ort der Übernahme des Gutes und der Bestimmungsort in verschiedenen Staaten liegen. Hat allerdings der Verfügungsberechtigte nachträglich die Weisung erteilt, das Gut nicht über die Grenze zu transportieren, so entfällt der Charakter der Beförderung als grenzüberschreitend.[5] Denn die Weisung stellt eine Vertragsänderung dar, die auch im Rahmen von § 424 zu berücksichtigen ist. Umgekehrt wird eine innerstaatliche Beförderung zu einer grenzüberschreitenden, wenn nach den ursprünglich im Frachtvertrag getroffenen Vereinbarungen der Ort der Übernahme des Gutes und der Bestimmungsort in demselben Staat liegen, jedoch durch eine nachträgliche Weisung das Gut über eine Grenze befördert werden soll. Vor einer Anwendung des § 424 ist allerdings in jedem Falle zu prüfen, ob nicht vorrangig internationale Übereinkommen wie die CMR zur Anwendung gelangen, die die Vorschriften des HGB verdrängen (vgl. Vor § 407 Rn. 30 ff.).

6    Die Zusatzfrist **beginnt** gem. § 187 BGB an dem Tag zu laufen, der dem Tag folgt, an dem die Lieferfrist endet. Sonn- und Feiertage werden mitgezählt.[6] Fällt der letzte Tag auf einen Sonn- oder Feiertag, tritt allerdings an die Stelle dieses Tages der nächste Werktag (§ 193 BGB).

7    Entgegen einer zu der vergleichbaren Regelung in Art. 20 CMR vertretenen Auffassung (vgl. Art. 20 CMR Rn. 2) verlängert sich die Frist nicht um jene Tage, an denen das Gut auf Grund eines nicht vom Frachtführer zu vertretenden **Beförderungs- oder Ablieferungshindernisses** nicht befördert oder abgeliefert werden kann.[7] Denn dies ist weder vom Wortlaut des § 424 gedeckt, noch entspricht eine Verlängerung dem Sinn und Zweck

---

[4] Vgl. *Andresen/Valder* Rn. 5.
[5] So auch *Koller* Rn. 7. Anders insoweit für die Anwendung der CMR *Herber/Piper* Art. 1 Rn. 53.
[6] Vgl. zur CMR OLG Düsseldorf 25.9.1997, TranspR 1999, 159, 160.
[7] So auch *Andresen/Valder* Rn. 6; *Koller* Rn. 8 f.; Oetker/*Paschke* Rn. 7.

des § 424, dem Anspruchsberechtigten nach Ablauf einer genau bestimmten Frist Dispositionssicherheit zu gewähren. Wenn der Fristenlauf von der nur schwer zu beurteilenden Frage abhängig gemacht werden soll, ob die Nichtablieferung auf ein nicht vom Frachtführer zu vertretendes Beförderungs- oder Ablieferungshindernis zurückzuführen ist, ist die Dispositionssicherheit in Frage gestellt. Liegt ein Beförderung- oder Ablieferungshindernis vor, so kann sich allerdings die Lieferfrist auf Grund einer vom Frachtführer eingeholten **Weisung** des Verfügungsberechtigten verlängern, so etwa, wenn dieser bestimmt, dass das Gut zu einem anderen Ablieferungsort zu befördern ist oder für eine beschränkte Zeit zwischen zu lagern. In diesem Fall endet die Lieferfrist in dem Zeitpunkt, in dem das Gut auf Grund der Weisung des Verfügungsberechtigten beim Empfänger abzuliefern ist. Denn die Weisung modifiziert den ursprünglichen Frachtvertrag (vgl. § 418 Rn. 2). Anderes gilt, wenn der Frachtführer auf Grund der ihm nach § 419 Abs. 3 zugesprochenen Befugnis, selbst über die zu ergreifenden Maßnahmen zu entscheiden, das Gut zurückbefördert. Denn er ist nicht befugt, den Vertrag zu modifizieren. Es besteht auch keine Veranlassung, die eigene Entscheidung des Frachtführers mit der – nicht den Grenzen des § 419 Abs. 3 unterworfenen – Weisung gleichzustellen.[8] Denn im Falle des § 419 Abs. 3 bleibt ihm stets die Möglichkeit, das Gut zu entladen, um es etwa in Verwahrung zu geben, und so die Beförderung zu beenden (§ 419 Abs. 3 S. 4). Bei einer vorzeitigen Beendigung der Beförderung ist aber ohnehin kein Platz mehr für eine Verlustvermutung nach § 424.

Wie die Lieferfrist, so ist auch die in Abs. 1 bestimmte Frist **dispositiv**. Regelungen in **8** AGB, welche die Geltendmachung der Verlustvermutung hinausschieben, müssen sich an § 307 BGB messen lassen, insofern nach der Natur des Gutes und den ersichtlichen Geschäftszwecken auf Seiten der Berechtigten Erwartungssicherheit zählt.

**2. Betrachtung als Verlust.** Ist bis zum Ablauf der in Abs. 1 bestimmten Frist das **Gut 9 nicht an den Empfänger abgeliefert** worden, kann der Anspruchsberechtigte das Gut als verloren betrachten. Gut iSd. Abs. 1 ist auch der Teil einer nach dem Frachtvertrag aus mehreren Frachtstücken zusammengesetzten Sendung, der nicht an den Empfänger abgeliefert wurde.

Worauf die fehlende Ablieferung zurückzuführen ist, ist unbeachtlich. Der Anspruchsbe- **10** rechtigte kann also auch dann das Gut als verloren betrachten, wenn er dessen **Verbleib kennt,**[9] es sei denn, dem Frachtführer steht am Gut ein Zurückbehaltungs- oder Pfandrecht zu (siehe dazu Rn. 2).

Der Begriff **„Anspruchsberechtigter"** ist von demjenigen des Verfügungsberechtigten **11** iSd. § 418 zu unterscheiden. Anspruchsberechtigter iSd. § 424 ist derjenige, der aus dem Verlust des Gutes Rechte herleiten kann, also aktivlegitimiert ist.[10] Wie sich aus § 421 Abs. 1 S. 2 ergibt, sind grundsätzlich sowohl der Absender als auch der Empfänger zur Geltendmachung von Schadensersatzansprüchen aktivlegitimiert (sog. Doppellegitimation; hierzu § 421 Rn. 23).[11]

Die Verlustvermutung tritt nicht schon nach Ablauf der in Abs. 1 bestimmten Frist ein. **12** Vielmehr muss der Anspruchsberechtigte zunächst sein **Wahlrecht** ausüben, ob er das Gut als verloren betrachten will oder ob er weiter auf das Gut warten und auf einer Ablieferung des Gutes an den Empfänger bestehen will.[12] Das Wahlrecht muss durch Abgabe einer entsprechenden Erklärung ausgeübt werden.[13] Hierbei handelt es sich um eine geschäftsähnliche Handlung, auf die die Vorschriften über Willensmängel (§§ 116 ff. BGB), über die Auslegung (§§ 133 ff. BGB) sowie über die Stellvertretung (§§ 164 ff. BGB) anzuwenden sind. Insbesondere kann die Erklärung ausdrücklich oder stillschweigend abgegeben werden. So reicht – ebenso wie bei Anwendung von Art. 20 CMR (s. Art. 20 CMR Rn. 6) – aus,

---

[8] AA *Koller* Rn. 9.
[9] Vgl. *Koller* Rn. 4.
[10] Vgl. Reg.Begr. S. 57 f. (zu § 424).
[11] EBJS/*Reuschle* Rn. 6; *Koller* Rn. 13.
[12] Vgl. zur CMR *Herber/Piper* Art. 20 Rn. 2.
[13] Vgl. *Andresen/Valder* Rn. 4; *Koller* Rn. 10. AA OLG Frankfurt 5.11.1985, TranspR 1986, 282, 284.

dass er bei Ankunft des Gutes nach Fristablauf die Annahme des Gutes verweigert. Ausreichend ist ebenfalls, dass der Anspruchsberechtigte einen Schadensersatzanspruch wegen Verlusts des Gutes geltend macht.

**13**     Unklar ist, wie sich angesichts der **Doppellegitimation von Absender und Empfänger** nach § 421 Abs. 1 S. 2 Absender- und Empfängerrechte sachlich und zeitlich zueinander verhalten. Bei der Beantwortung dieser Frage ist zu berücksichtigen, dass Zweck des § 424 ist, dem Anspruchsberechtigten die Beweisführung zu erleichtern, wenn er Schadensersatz wegen Verlusts des Gutes verlangt. Dementsprechend ist auch nur auf die Erklärung desjenigen abzustellen, der den Schadensersatzanspruch geltend macht.

**14**     Hat der Anspruchsberechtigte von seinem Wahlrecht Gebrauch gemacht, so hindert dies ihn nicht daran, seine **Wahl zu ändern,** sein Entschädigungsverlangen wegen Verlusts wieder aufzugeben und stattdessen Ablieferung (ggf. in Verbindung mit Schadensersatz wegen Überschreitung der Lieferfrist und/oder Beschädigung) zu fordern.[14] Allein in dem Umstand, dass der Anspruchsberechtigte nach Geltendmachung eines Schadensersatzanspruchs das wieder aufgefundene Gut doch noch annimmt, ist jedoch noch keine Änderung der Wahl zu sehen. Hierfür bedarf es einer zusätzlichen Erklärung.[15] Der Umstand, dass der Anspruchsberechtigte nach Ausübung seines Wahlrechts das Gut doch noch annimmt, ist in diesem Fall bei der Bemessung des Schadensersatzes wegen Verlusts im Wege der Vorteilsausgleichung zu berücksichtigen.[16]

**15**     Das Wahlrecht geht jedoch verloren, wenn das Gut noch **vor Abgabe der Erklärung** wiederaufgefunden und **abgeliefert** wird. Denn mit der Ablieferung des Gutes ist der Vertrag erfüllt. Ein Anspruch wegen Verlust des Gutes kann dann nicht mehr geltend gemacht werden.[17] Dies gilt allerdings nicht, wenn nur ein Teil der Sendung abgeliefert wurde. In diesem Falle kann der Anspruchsberechtigte noch nach Maßgabe von § 424 den nicht abgelieferten Teil der Sendung als verloren gegangen betrachten.

**16**     Macht der Anspruchsberechtigte von seinem Wahlrecht Gebrauch und betrachtet das Gut als verloren, so wird durch Abs. 1 – ebenso wie nach Art. 20 CMR (s. Art. 20 CMR Rn. 4) – **unwiderleglich vermutet,** dass das Gut tatsächlich verloren gegangen ist.[18] Dem Frachtführer ist es also verwehrt zu beweisen, dass das Gut nicht verloren gegangen ist. Das gilt selbst dann, wenn das Gut nach Ausübung des Wahlrechts wiederaufgefunden und dem Empfänger abgeliefert wurde.[19] Der Anspruchsberechtigte handelt auch nicht rechtsmissbräuchlich (§ 242 BGB), wenn er in diesem Fall trotz Ablieferung an den Empfänger an seinem Schadensersatzanspruch wegen Verlust des Gutes festhält.[20] Die Ausübung des Wahlrechts führt dagegen nicht zu einer Umgestaltung des Frachtvertrags mit seiner Primärpflicht „Ablieferung des Gutes" in ein Abwicklungsverhältnis mit Schadensersatzansprüchen.[21] Denn der Ablieferungsanspruch bleibt auch dann bestehen, wenn der Anspruchsberechtigte von seinem Recht Gebrauch gemacht hat, das Gut als verloren zu betrachten.[22] Es entfällt lediglich die Pflicht, das Gut noch abzunehmen, wenn es zu einem späteren Zeitpunkt noch auftaucht[23] (vgl. Rn. 1). Dagegen kann der Anspruchsberechtigte auch dann, wenn er von seinem Wahlrecht Gebrauch gemacht hat, noch zu einem späteren Zeitpunkt von der Weiterverfolgung seines Schadensersatzanspruchs wegen Verlust des Gutes Abstand nehmen und stattdessen Ablieferung fordern[24] (vgl. Rn. 13).

---

[14]  OLG Düsseldorf 21.11.2007, TranspR 2008, 36, 37. *Koller* Rn. 12, 16.
[15]  OLG Düsseldorf 21.11.2007, TranspR 2008, 36, 37.
[16]  OLG Düsseldorf 21.11.2007, TranspR 2008, 36, 37.
[17]  Vgl. *Andresen/Valder* Rn. 8; *Koller* Rn. 11.
[18]  Vgl. zu Art. 20 CMR allerdings auch BGH 25.10.2001, TranspR 2002, 198, 199, der sowohl von „unwiderleglicher Vermutung" als auch von „Verlustfiktion" spricht; auch BGH 9.9.2010, TranspR 2011, 178 spricht nur von „Verlustfiktion"; kritisch *Koller* Rn. 11, Fn. 11 und Oetker/*Paschke* Rn. 10.
[19]  BGH 25.10.2001, TranspR 2002, 198, 199.
[20]  Vgl. BGH 25.10.2001, TranspR 2002, 198, 199.
[21]  AA *Andresen/Valder* Rn. 7; *Koller* Rn. 10; *Braun* S. 18 Oetker/*Paschke* Rn. 11.
[22]  So auch zu § 87 EVO aF *Goltermann* § 87 EVO Anm. 1a bb.
[23]  Vgl. BGH 25.10.2001, TranspR 2002, 198 (CMR).
[24]  *Koller* Rn. 16; Oetker/*Paschke* Rn. 13.

### III. Benachrichtigungsverlangen (Abs. 2)

Eine für den Verlust des Gutes entgegengenommene Entschädigung nach den §§ 425 ff. **17** nimmt dem Anspruchsberechtigten nicht die Chance, das Gut doch noch zu erhalten. Er muss allerdings verlangen, dass er unverzüglich benachrichtigt wird, wenn das Gut wiederaufgefunden wird. Das **Verlangen** kann sowohl mündlich als auch schriftlich erklärt werden. Der Einhaltung einer bestimmten Form bedarf es, anders als nach Art. 20 Abs. 2 CMR, nicht. Nicht erforderlich ist auch, dass der Anspruchsberechtigte ausdrücklich verlangt, benachrichtigt zu werden. Es reicht aus, wenn aus seiner Erklärung abgeleitet werden kann, dass er auch bei Zahlung eines Schadensersatzes wegen Verlusts des Gutes das frachtrechtliche Verhältnis noch nicht als abgeschlossen betrachtet. Ein Verlangen ist dementsprechend in der Erklärung „unbeschadet meiner Rechte auf das Gut" zu sehen.[25] Die Erklärung kann sich auch auf einen **Teil der Sendung** beschränken.[26]

Nach dem Wortlaut von Abs. 2 kann der Anspruchsberechtigte **bei Empfang der Ent- 18 schädigung** verlangen, über ein Wiederauffinden benachrichtigt zu werden. Die Formulierung „Empfang der Entschädigung" kennzeichnet den Zeitpunkt, in dem dem Anspruchsberechtigten das Geld übergeben wurde, ein ihm überreichter Scheck eingelöst wurde oder der geschuldete Betrag dem Konto des Anspruchsberechtigten gutgeschrieben wurde (vgl. auch Art. 20 CMR Rn. 9). Maßgeblich ist dabei, dass der gesamte Entschädigungsbetrag empfangen wurde.

Das Benachrichtigungsverlangen ist rechtzeitig nach Abs. 2 erklärt, wenn die Erklärung **19** dem Anspruchsberechtigten bei Empfang der Entschädigung zugegangen ist (§ 130 BGB).[27] Es gibt keine Anhaltspunkte im Gesetz dafür, von dieser allgemeinen zivilrechtlichen Regelung abzuweichen und für den Zeitpunkt auf das Absenden der Erklärung abzustellen.

Der Anspruchsberechtigte kann jedoch den Frachtführer auch schon **vor Empfang der 20 Entschädigung** auffordern, ihn bei Wiederauffinden des Gutes zu unterrichten. Denn entscheidend ist, dass der Frachtführer darüber unterrichtet ist, dass sich der Anspruchsberechtigte sein Wahlrecht, später das Gut zurückzuverlangen, sichern will.[28]

### IV. Wiederauffinden des Gutes nach Ausübung des Wahlrechts

**1. Benachrichtigungspflicht des Frachtführers.** Der Frachtführer, der nach Abs. 2 **21** aufgefordert wurde, den Anspruchsberechtigten über ein Wiederauffinden des Gutes zu benachrichtigen, ist **verpflichtet,** dieser Aufforderung Folge zu leisten. Eine selbständige Benachrichtigungspflicht besteht dagegen nicht.[29] Die Benachrichtigungspflicht entfällt, wenn der Anspruchsberechtigte selbst in den Besitz des Gutes gelangt ist.[30] Unterlässt der Frachtführer eine geschuldete Benachrichtigung, so haftet er nach § 280 BGB.[31] Der Schaden bemisst sich aus der Differenz zwischen dem, was der Anspruchsberechtigte bei Rückgabe des Gutes erhalten hätte, nämlich das Gut zuzüglich Schadensersatzes wegen Lieferfristüberschreitung, und dem, was der Anspruchsberechtigte als Schadensersatz für den Verlust des Gutes erhalten hat.

Die Benachrichtigung durch den Frachtführer muss unverzüglich, dh. ohne schuldhaftes **22** Zögern (§ 121 BGB), nach dem Wiederauffinden des Gutes erfolgen. **Wiederauffinden** iSd. § 424 bedeutet dabei, dass der Frachtführer wieder in der Lage ist, das Gut abzuliefern.[32]

**2. Anspruch auf Ablieferung des Gutes (Abs. 3).** Ist der Anspruchsberechtigte davon **23** benachrichtigt worden, dass das Gut wiederaufgefunden wurde, räumt Abs. 3 ihm erneut

---

[25] Vgl. *Goltermann* § 87 EVO Anm. 2a aa.
[26] Vgl. *Andresen/Valder* Rn. 8.
[27] Vgl. *Koller* Rn. 19.
[28] Ebenso *Koller* Rn. 17; *Heymann/Schlüter* Rn. 9.
[29] Vgl. Reg.Begr. S. 58 (zu § 424).
[30] Vgl. *Goltermann* § 87 EVO Anm. 2a bb.
[31] Vgl. auch *Koller* Rn. 26.
[32] Vgl. *Goltermann* § 87 EVO Anm. 2a bb.

ein **Wahlrecht** ein. Der Anspruchsberechtigte ist also nicht verpflichtet, das Gut abzunehmen. Es bleibt ihm überlassen zu entscheiden, ob er das Gut abnehmen will oder nicht. Erst mit der Erklärung eines Ablieferungsverlangens lebt die frachtvertragliche Ablieferungspflicht wieder auf.[33] Dies gilt, wie sich aus dem Umkehrschluss aus Abs. 4 entnehmen lässt, allerdings nur, wenn der Anspruchsberechtigte zuvor vom Frachtführer gem. Abs. 2 verlangt hat, nach dem Wiederauffinden des Gutes unverzüglich benachrichtigt zu werden. Das Wahlrecht besteht dagegen nicht, wenn der Frachtführer den Anspruchsberechtigten unterrichtet hat, ohne hierzu aufgefordert worden zu sein.

24   Das Ablieferungsverlangen muss spätestens **innerhalb eines Monats nach Zugang der Benachrichtigung** erklärt werden. Bei dieser Frist handelt es sich um eine Ausschlussfrist.[34] Ihre Einhaltung ist vom Anspruchsberechtigten zu beweisen. Mit Überschreitung dieser Frist entfällt das Recht, die Ablieferung des Gutes zu verlangen. Dagegen bleibt es dem Anspruchsberechtigten unbenommen, bereits vor Zugang der Benachrichtigung über das Wiederauffinden des Gutes die Ablieferung zu verlangen,[35] so etwa, wenn er auf andere Weise Kenntnis von dem Wiederauffinden des Gutes erlangt hat.

25   Macht der Anspruchsberechtigte von seinem Wahlrecht Gebrauch und verlangt die Ablieferung des Gutes, so ist der Frachtführer nach Abs. 3 verpflichtet, dieser Forderung nachzukommen. Die **Ablieferung** muss also in der Weise erfolgen, wie sie im Frachtvertrag vorgesehen ist. Insbesondere ist das Gut zu dem vertraglich vorgesehenen oder durch nachträgliche Weisung (§ 418) bestimmten Ablieferungsort zu verbringen und dort an den Empfänger abzuliefern. Aufwendungen, die dem Frachtführer dadurch entstehen, dass er das Gut vom Ort seines Wiederauffindens zu diesem Ablieferungsort befördert, kann der Frachtführer nicht verlangen.

26   Hat der Anspruchsberechtigte bereits Schadensersatz wegen Verlusts des Gutes nach den §§ 425 ff. erhalten, so muss der Frachtführer das Gut nur **Zug um Zug gegen Erstattung des Schadensersatzes** herausgeben. Darüber hinaus kann der Frachtführer, wenn er noch keine Fracht erhalten hat, die Ablieferung von der Zahlung der Fracht abhängig machen (Abs. 3 S. 2). Der Anspruchsberechtigte darf allerdings die ggf. in der Entschädigung enthaltenen Kostenerstattungen behalten. Unberührt bleibt darüber hinaus sein Anspruch auf Schadensersatz wegen Überschreitung der Lieferfrist, ggf. zusätzlich auf Schadensersatz wegen Beschädigung des Gutes (vgl. hierzu § 425 Rn. 26). Der Anspruchsberechtigte kann mit seinen Ansprüchen aufrechnen.[36]

27   Liefert der Frachtführer das Gut dem Empfänger ab, **ohne** vom Anspruchsberechtigten hierzu nach Abs. 3 **aufgefordert worden zu sein,** so kann er hieraus keine Rechte herleiten. Er kann insbesondere in einem Schadensersatzprozess des Anspruchsberechtigten gegen den Frachtführer wegen Verlust des Gutes nicht geltend machen, dass die Ablieferung des Gutes an den Empfänger im Wege der Vorteilsausgleichung noch zu berücksichtigen sei.[37]

28   **3. Verfügung des Frachtführers über das Gut (Abs. 4).** Abs. 4 bestimmt, welche Rechte der Frachtführer hat, wenn der Anspruchsberechtigte untätig bleibt – sei es, dass er davon abgesehen hat, vom Frachtführer eine Benachrichtigung nach Abs. 2 zu verlangen, sei es, dass er nach Benachrichtigung seinen Anspruch auf Ablieferung gem. Abs. 3 nicht geltend gemacht hat. Das Gesetz räumt hier dem Frachtführer das Recht ein, **wie ein Eigentümer** über das Gut nach Belieben zu verfügen. Dagegen begründet das Gesetz keinen gesetzlichen Eigentumserwerb des Frachtführers.[38] Der Frachtführer ist also nicht in seinem Verfügungsrecht an Voraussetzungen gebunden, wie sie etwa in den §§ 373 Abs. 2–4 HGB oder §§ 1233–1240 BGB vorgesehen sind.[39]

---

[33] Vgl. *Andresen/Valder* Rn. 16; *Koller* Rn. 25.
[34] Vgl. auch *Koller* Rn. 23.
[35] Vgl. auch *Andresen/Valder* Rn. 15; *Koller* Rn. 23.
[36] Vgl. zur CMR *Herber/Piper* Art. 20 Rn. 11.
[37] Vgl. zur CMR BGH 25.10.2001, TranspR 2002, 198, 199.
[38] Vgl. Reg.Begr. S. 59 (zu § 424). AA Fremuth/Thume/*Fremuth* Rn. 26.
[39] Vgl. Reg.Begr. S. 58 (zu § 424).

Die Regelung steht allerdings unter dem Vorbehalt, dass der Anspruchsberechtigte 29 zugleich Eigentümer des Gutes ist. Stehen die **Interessen eines vertragsfremden Eigentümers** des Gutes auf dem Spiel, so kann dieser noch die Herausgabe nach § 985 BGB verlangen.[40] Einen Verkauf muss dieser Eigentümer aber entsprechend § 434 Abs. 2 gegen sich gelten lasen, wenn er der Beförderung zugestimmt hat.[41] Eines Einverständnisses mit der Verwertung des Gutes bedarf es nicht.[42] In diesem Falle kann er aber vom Frachtführer Ausgleich nach den Kriterien der Bereicherung in sonstiger Weise (Eingriffskondiktion) verlangen. Denn auch die Zahlung einer Entschädigung an einen ohnehin nicht mit dem Eigentümer identischen Berechtigten rechtfertigt es nicht, dass der dem Eigentümer zugewiesene volle Güterwert diesem vorenthalten wird; freilich darf der Frachtführer die Schadensersatzzahlung bereicherungsmindernd abziehen.[43]

## Vorbemerkungen § 425

**Schrifttum:** *Abele,* Transportrechtliche Haftungs- und Versicherungsfragen anhand von temperaturgeführten Pharmatransporten, TranspR 2012, 391; *Bästlein/Bästlein,* Beweisfragen in Rechtsstreitigkeiten gegen den HGB-Frachtführer wegen Güterschäden, TranspR 2003, 413; *Basedow,* Der Transportvertrag, 1987; *ders.,* Hundert Jahre Transportrecht: Vom Scheitern der Kodifikationsidee und ihrer Renaissance, ZHR 161 (1997), 186; *ders.,* Die Tragweite des zwingenden Rechts im neuen deutschen Gütertransportrecht, TranspR 1998, 58; *Bock,* Die Haftung des Spediteurs bei Straßengütertransporten, 2004; *Czerwenka,* Das neue Transportrecht nach dem Regierungsentwurf eines Gesetzes zur Neuregelung des Fracht-, Speditions- und Lagerrechts, TranspR 1997, 353; *Demuth,* Ist der CMR-Totalschaden als Verlust zu behandeln?, TranspR 1996, 257; *Ehmen,* Zur Haftung des Frachtführers und des Spediteurs für streikbedingte Verzögerungsschäden bei innerdeutschen und internationalen Transporten, TranspR 2007, 354; *Fremuth,* Die Vorschläge des Kommissionsentwurfs für den Frachtvertrag, TranspR 1997, 48; *Gass,* Das neue Transport- und Speditionsrecht, 1999; *Helm,* Haftung für Schäden an Frachtgütern, 1966; *Herber,* Die Neuregelung des deutschen Transportrechts, NJW 1998, 3298, 3302; *ders.,* Pflichtversicherungen für den Spediteur – mit vielen Fragezeichen, TranspR 2004, 229; *ders.,* Einführung in den Entwurf der Sachverständigenkommission für die Reform des Transportrechts, TranspR 1997, 45; *ders.,* Die Haftung des Unterfrachtführers gegenüber den Ladungsbeteiligten des Hauptfrachtführers, TranspR 2013, 1; *Heuer,* Die Haftung des Frachtführers nach der CMR, 1975, S. 138; *Heuer,* Zur außervertraglichen Haftung des Frachtführers (und seines Kfz-Haftpflichtversicherers) für Güterfolgeschäden, TranspR 2002, 334, 335; *ders.,* Das künftige deutsche Frachtrecht, TranspR 1998, 45; *ders.,* Anm. zu OLG Dresden 16.12.2004, TranspR 2005, 70, 71; *Hinz,* Frachtvertrag und Frachtführerhaftung, 2005; *Katzenstein,* Haftungsbeschränkungen zugunsten und zulasten Dritter, Tübingen 2002; *Koller,* Reform des Transportrechts, VersR 1996, 1441; *ders.,* Die Haftung des HGB-Unterfrachtführers gegenüber dem Empfänger, TranspR 2009, 229; *ders.,* Der Unterfrachtführer als Schuldner und Gläubiger, TranspR 2009, 451; *ders.,* Die Regressklage von Transportunternehmen, TranspR 2011, 389; *ders.,* Verursachung von Güterschäden vor der Übernahme, die nach der Übernahme des Gutes entstehen, TranspR 2013, 173; *ders.,* HGB-Frachtführer und Drittschadensliquidation, TranspR 2013, 220; *Luther,* Die Haftung in der Frachtführerkette, TranspR 2013, 93; *Neufang/Valder,* Laden und Ladungssicherung im Straßengüterverkehr – Wer ist verantwortlich? TranspR 2002, 325; *Neumann,* Prozessuale Besonderheiten im Transportrecht, TranspR 2006, 429; *ders.,* Wirtschaftliche Kriterien der Haftung des Frachtführers, TranspR 2004, 14; *Piper,* Ausgewählte Fragen zur Haftung und zur Darlegungs- und Beweislast im Prozess des Frachtführers und Spediteurs unter Berücksichtigung des Transportrechtsreformgesetzes, FG Herber, S. 135; *ders.,* Probleme der CMR unter Berücksichtigung der Rechtsprechung des Bundesgerichtshofes, insbesondere zur Ersatzverpflichtung des CMR-Frachtführers, TranspR 1990, 357, 360; *Pokrant,* Aktuelle höchstrichterliche Rechtsprechung zum Gütertransportrecht, TranspR 2011, 49; 2012, 45; 2013, 41; *ders.,* Die Rechtsprechung des Bundesgerichtshofs zur sekundären Darlegungslast des Frachtführers, RdTW 2013, 10; *Ramming,* Die Nicht-Zurverfügungstellung des Beförderungsmittels zur vorgesehenen Zeit, TranspR 2003, 419, 421 f.; *ders.,* Die Entlastung des Frachtführers von seiner Haftung nach § 425 Abs. 1 HGB für Verlust und Beschädigung des Gutes und Überschreitung der Lieferfrist, TranspR 2001, 53; *Rundnagel,* Die Haftung der Eisenbahn für Verlust, Beschädigung und Lieferfristüberschreitung nach deutschem Eisenbahnrecht, Leipzig 1924; *Saur,* Die Änderung der Haftungsgrundsätze im Fracht-, Speditions-, und Lagerrecht durch das Transportrechtsreformgesetz, 1999; *Skradde,* Die Erstattungsfähigkeit des entgangenen Gewinnes im Falle einer Ersatzlieferung, TranspR 2013, 224; *Speckmann,* Die Haftung des Unterfrachtführers gegenüber dem Empfänger und sonstigen Dritten, Schriften zum Transportrecht Bd. 34, 2012; *Thonfeld,* Kann der hohe Wert des Gutes ein Maßstab für die Anforderungen an die Sorgfaltspflicht des Frachtführers sein?, TranspR 1998, 241; *Thume,* Zum Verlustbegriff, insbesondere

---

[40] Vgl. Baumbach/Hopt/*Merkt* § 425 Rn. 2.
[41] Vgl. zur CMR *Herber/Piper* Art. 20 Rn. 13; *Bracker* TranspR 1999, 7, 12.
[42] So aber OLG Düsseldorf 20.3.1997, TranspR 1998, 32, 34.
[43] OLG Düsseldorf 20.3.1997, TranspR 1998, 32, 34 ordnet die Verfügung allein dem Rechtskreis des Frachtführers zu.

bei weisungswidriger Ablieferung einer Sendung, TranspR 2001, 433; *ders.*, Die Rechte des Empfängers bei Vermischungsschäden in Tanks oder Silos als Folge verunreinigt angelieferter Güter, VersR 2002, 267; *ders.*, Nochmals: Zur außervertraglichen Haftung des Frachtführers und seines Kfz-Haftpflichtversicherers für Folgeschäden bei Kontaminierung des Frachtgutes, TranspR 2004, Sonderbeilage zu Eingeschränkte Unabdingbarkeit der gesetzlichen Haftung Heft 3, S. XL ff.; *ders.*, Haftungsprobleme bei CMR-Kühltransporten, TranspR 1992, 1; *ders.*, Rechte des Empfängers gegen den Unterfrachtführer, TranspR 1999, 85; *ders.*, Probleme bei der Ablieferung des Frachtguts, TranspR 2012, 85; *Wöhrn*, Die Verantwortlichkeit des Beförderers, 1980.

## Übersicht

| | Rn. | | Rn. |
|---|---|---|---|
| I. Allgemeines | 1–6 | 2. Begrenzung der Haftung wegen reiner Vermögensschäden | 24 |
| II. Das Haftungssystem | 7–22 | | |
| 1. Haftung für Güterschäden | 7–10 | IV. Haftungsbeschränkung der Leute | 25 |
| 2. Haftung für Verspätungsschäden | 11 | V. Schadensanzeige | 26, 27 |
| 3. Schadensteilung | 12 | VI. Verjährung | 28, 29 |
| 4. Umfang des zu leistenden Ersatzes | 13–17 | VII. Eingeschränkte Unabdingbarkeit der gesetzlichen Haftung | 30–33 |
| a) Verlust oder Beschädigung | 13–16 | | |
| b) Verspätungsschäden | 17 | 1. Frachtverträge mit Verbrauchern | 31 |
| 5. Haftung für andere | 18 | 2. Kaufmännischer Verkehr | 32, 33 |
| 6. Konkurrierende Deliktsansprüche | 19 | VIII. Sondervorschriften für Umzüge | 34–38 |
| 7. Durchbrechung der Haftungsgrenzen | 20 | IX. Sondervorschriften für den multimodalen Transport | 39–42 |
| 8. Mithaftung des ausführenden Frachtführers | 21, 22 | X. Anspruchsberechtigung | 43–46 |
| III. Haftung für Schäden, die in §§ 425 ff. nicht geregelt sind | 23, 24 | 1. Aktivlegitimation | 43, 44 |
| 1. Anwendung der allgemeinen Regeln über die Vertragsverletzung | 23 | 2. Passivlegitimation | 45, 46 |

## I. Allgemeines

1    Die §§ 425 ff. enthalten die praktisch bedeutsamen zentralen Bestimmungen über die Schadensersatzansprüche des Absenders oder Empfängers bei Verlust oder Beschädigung des Gutes sowie bei Verspätung. Sie sind, im Gegensatz zum sonst im Wesentlichen dispositiven Frachtrecht, der Änderung durch Allgemeine Geschäftsbedingungen weitgehend entzogen und im Interesse der Einheitlichkeit erstreckt worden auf den Umzugsvertrag (§§ 451–451h), auf den Multimodalvertrag (§§ 452–452d) und auf den Spediteur, sofern er die Güter in seiner Obhut hat (§ 461 Abs. 1). Dadurch ist für diesen wichtigen Bereich eine Abgrenzung der oft ineinander übergehenden Funktionen entbehrlich.

2    Das Haftungsregime ist eng an das der CMR angelehnt um zu vermeiden, dass für innerstaatliche und internationale Beförderungen verschiedene Rechtsgrundsätze gelten. Deshalb hat der Gesetzgeber bewusst auch niedrige Haftungsgrenzen in Kauf genommen, die nicht der deutschen Landtransportrechts-Tradition entsprechen (vgl. Rn. 15).

3    Die Haftungsregelung ist *lex specialis* gegenüber den allgemeinen vertragsrechtlichen Bestimmungen des BGB für die darin geregelten Fälle der Schlechterfüllung und des Verzuges. Deshalb ist der Rückgriff auf allgemeine Rechtsbehelfe des BGB, insbesondere des Werkvertragsrechts, grundsätzlich ausgeschlossen, soweit es sich um Schäden wegen Verlusts oder Beschädigung des beförderten Gutes oder um Verspätungsschäden handelt.[1]

4    Die §§ 425 ff. sind Bestandteil des **allgemeinen deutschen Frachtrechts,** neben dem es seit dem TRG weitere gesetzliche Regeln für den innerstaatlichen Transport außerhalb des HGB nicht mehr gibt. **Sonderregeln** für spezielle Beförderungsarten finden sich lediglich noch in den beiden weiteren Unterabschnitten des Vierten Abschnitts über den **Umzugsvertrag** und über den **Multimodalvertrag. Gesondert,** jedoch auch im HGB (5. Buch) geregelt ist ferner der **Seefrachtvertrag,** der allerdings auch den Regeln über

---

[1] OLG Stuttgart 22.1.2003, TranspR 2003, 104, 105; *Koller* § 425 Rn. 96; Fremuth/Thume/*Fremuth*/*Thume* § 425 Rn. 50. Eingehend dazu *Braun,* Das frachtrechtliche Leistungsstörungsrecht nach dem Transportrechtsreformgesetz, Regensburg 2002.

den Multimodalvertrag unterfällt, wenn der Seetransport Teil eines übergreifenden Multimodaltransportes ist.

Damit unterfallen Straßenbeförderung, Eisenbahnbeförderung, Luftbeförderung und 5
Binnenschiffsbeförderung dem allgemeinen Haftungsrecht für Güterschäden und Verspätung. Diese **Vereinheitlichung der Haftungsregeln** wurde **durch das TRG** geschaffen,
nachdem zuvor ein Wildwuchs verschiedener Rechtsquellen herrschte. Für die Haftung
aus Verträgen über die Güterbeförderung mit Kraftfahrzeugen im Fernverkehr galt seit
dem Beginn der Zwangswirtschaft in der Zeit vor dem Zweiten Weltkrieg die zwingende
Kraftverkehrsordnung (KVO),[2] für den Nahverkehr das dispositive HGB, für die Beförderung von Umzugsgut und Möbeln mit Kraftfahrzeugen eine spezielle Verordnung
(GüKUMB),[3] für die Beförderung mit der Eisenbahn die – schon vom HGB als vorrangig
vorgesehene – Eisenbahn-Verkehrsordnung (EVO),[4] für die Beförderung mit Binnenschiffen seit 1895 das Binnenschifffahrtsgesetz.[5] Alle enthielten unterschiedliche Haftungsregeln.

Zu der verwirrenden Vielfalt deutscher Rechtsvorschriften kamen schon damals **zahlrei-** 6
**che internationale Regeln,** die in völkerrechtlichen Übereinkommen für grenzüberschreitende Transporte festgeschrieben sind.[6] Bei der Anwendung dieser Übereinkommen
bleibt es auch künftig: Sie sind – als *leges speciales,* nicht als vorrangiges Recht – auf internationale Güterbeförderungen anzuwenden, soweit diese von ihnen erfasst werden; ist dies nicht
der Fall, so gelten auch grenzüberschreitend die §§ 425 ff., soweit das deutsche internationale
Privatrecht auf deutsches Sachrecht verweist.

## II. Das Haftungssystem

**1. Haftung für Güterschäden.** Nach § 425 trifft den Frachtführer eine **Obhutshaf-** 7
**tung** für die Zeit von der Übernahme des Gutes zur Beförderung bis zu seiner Ablieferung.
Er haftet grundsätzlich für Verlust und Beschädigung des ihm anvertrauten Gutes bis zu
dessen Wert und begrenzt auf den Gegenwert von 8,33 Sonderziehungsrechten.

Von dieser Haftung ist der Frachtführer befreit, wenn er beweist, dass er **auch bei** 8
**größter Sorgfalt den Verlust oder die Beschädigung nicht vermeiden oder ihre
Folgen nicht abwenden** konnte (§ 426). Es ist eine weitgehend theoretische Frage, ob
man die Haftung danach als eine verschuldensunabhängige[7] oder als eine Haftung für (vermutetes) Verschulden mit sehr scharfen Anforderungen an die Sorgfalt einordnet (dazu
§ 426 Rn. 4 ff.); praktisch kann sich der Frachtführer nach ähnlichen Kriterien entlasten
wie beim „unabwendbaren Ereignis" nach § 7 StVG.[8]

Neben dem **allgemeinen Haftungsbefreiungstatbestand des § 426** sieht das Gesetz 9
eine Reihe von auf Eigenarten des Gutes oder der Beförderung oder auf Handlungen des
Absenders beruhenden **besonderen (auch „bevorrechtigten") Haftungsbefreiungsgründen in § 427** vor, die im Wesentlichen der CMR entsprechen. Letztere haben die
Besonderheit, dass in Fällen, in welchen einer der hier aufgeführten Umstände zum Schadenseintritt führen konnte, die Kausalität (widerleglich) vermutet wird (§ 427 Abs. 2); denn

---

[2] Zuletzt idF vom 23.12.1958, BAnz. Nr. 151, geänd. BGBl. 1995 I S. 1414, aufgeh. durch das TRG.

[3] Zuletzt idF vom 3.8.1983, BAnz. Nr. 151, geänd. BGBl. 1995 I S. 1414, aufgeh. durch das TRG.

[4] Jetzt idF BGBl. III Gliederungsnummer 934–1, zuletzt geänd. durch das TRG.

[5] Jetzt idF BGBl. III Gliederungsnummer 4103–1, zuletzt geänd. durch das TRG.

[6] Namentlich CMR (Übereinkommen über den Beförderungsvertrag im internationalen Straßengüterverkehr vom 19.5.1956, BGBl. 1961 II S. 119), CIM (Einheitliche Rechtsvorschriften für den Vertrag über die internationale Eisenbahnbeförderung vom 9.5.1980, BGBl. 1985 II S. 224 m. späteren Änderungen); Warschauer Abkommen zur Vereinheitlichung von Regeln über die Beförderung im internationalen Luftverkehr vom 12.10.1929 (RGBl. 1933 II S. 1039) mit Protokoll vom 28.9.1955 (BGBl. 1958 II S. 291) und Zusatzübereinkommen vom 18.9.1961 (BGBl. 1963 II S. 1159); CMNI (Budapester Übereinkommen über den Vertrag über die Güterbeförderung in der Binnenschifffahrt vom 22.6.2001 (BGBl. 2007 II S. 298); ferner eine Reihe seerechtlicher Übereinkommen.

[7] So zur CMR insbesondere BGH 28.2.1975, NJW 1975, 1597 und 10.4.2003, TranspR 2003, 303; aA öOGH 10.4.1991, TranspR 1991, 422: Verschuldenshaftung mit verschärftem Sorgfaltsmaßstab; differenzierter *Koller* § 426 Rn. 2.

[8] OLG Köln 29.7.2003, TranspR 2004, 320, 321.

die darin genannten Gefahren rechtfertigen typischerweise den Schluss, dass der Schaden nicht vom Beförderer zu vertreten ist. Weist der Frachtführer nach, dass der Schaden durch eine vereinbarte Beförderung in offenem Wagen (§ 427 Abs. 1 Nr. 1), durch Fehler beim Verpacken (§ 427 Abs. 1 Nr. 2) oder Verladen (§ 427 Abs. 1 Nr. 3) durch den Absender oder beim Entladen durch den Empfänger (§ 427 Abs. 1 Nr. 3), durch besondere Schadensanfälligkeit des Gutes (§ 427 Abs. 1 Nr. 4, 6) oder durch ungenügende Kennzeichnung der Frachtstücke (§ 427 Abs. 1 Nr. 5) entstanden sein kann, so wird vermutet, dass er ausschließlich dadurch verursacht wurde (§ 427 Abs. 2). In allen diesen Fällen kann der Geschädigte die Vermutung jedoch durch den Beweis einer (Mit-)Verursachung oder eines (Mit-)Verschuldens des Frachtführers mit der Folge dessen völliger oder teilweiser Haftung entkräften.

**10**    Der Beweis des Verlusts wird durch eine **Verlustvermutung** erleichtert (§ 424); danach kann der Berechtigte das Gut als verloren ansehen, wenn es nicht innerhalb einer bestimmten Frist (§ 424) abgeliefert wird; wird es später wieder aufgefunden, kann er es gegen Erstattung der etwa schon erhaltenen Entschädigung herausverlangen.

**11**    **2. Haftung für Verspätungsschäden.** Die Haftung des Frachtführers für Schäden durch Überschreitung der Lieferfrist folgt grundsätzlich denselben Regeln wie die Güterschadenshaftung. Die Lieferfrist richtet sich nach Vereinbarung oder ist die nach den Umständen angemessene Frist (§ 423). Die Haftung umfasst alle Vermögensschäden, ist jedoch stark begrenzt (§ 431 Abs. 3).

**12**    **3. Schadensteilung.** Klarer als in der CMR ist das Prinzip der Abwägung von Mitverschulden und Mitverursachung normiert (§ 425 Abs. 2), das der deutschen Rechtstradition entspricht (§ 254 BGB).

**13**    **4. Umfang des zu leistenden Ersatzes. a) Verlust oder Beschädigung. Bei Verlust oder Beschädigung** des Gutes richtet sich der Umfang des zu leistenden Ersatzes nach dem Wert des Gutes am Übernahmeort (§ 429 Abs. 1). Es wird vermutet, dass Aufwendungen für die Reparatur beschädigten Gutes dem an sich der Entschädigung zugrunde zu legenden Wertunterschied entsprechen (§ 429 Abs. 2 Satz 2). Ist unmittelbar vor der Beförderung ein Kaufpreis für das beförderte Gut vereinbart worden, so hat dieser die Vermutung für sich, er spiegele den Wert wider (§ 429 Abs. 3 Satz 2).

**14**    Neben dem **Wertersatz** hat der Frachtführer, anders als nach der CMR[9] auch die etwaigen **Kosten der Schadensfeststellung** zu tragen (§ 430). Auch dieser Schadensposten unterfällt jedoch der summenmäßigen Haftungsbegrenzung (Rn. 15). Ferner sind über den Ersatz nach §§ 429 bis 431 hinaus die Fracht, die öffentlichen Abgaben und die sonstigen Kosten aus Anlass der Beförderung des Gutes zu erstatten (§ 432). Weiterer Schaden, insbesondere wirtschaftlicher Folgeschaden, ist nicht zu ersetzen (§ 432 Satz 2).

**15**    Über die Begrenzung auf den Wert des Gutes hinaus, die vor allem dem Ausschluss der Haftung für Folgeschäden dient, ist die Ersatzverpflichtung bei Güterschäden weiter auf den **Betrag von 8,33 SZR je** Kilogramm begrenzt (§ 431 Abs. 1; wegen der Berechnung bei Beschädigung eines Teiles des versandten Gutes vgl. § 431 Abs. 2). Der Betrag dieser sog. summenmäßigen Haftungsbegrenzung war im Gesetzgebungsverfahren umstritten; nach früherem Recht bestanden erhebliche Differenzen für die einzelnen Beförderungsmittel,[10] die nun beseitigt sind.

**16**    Das Gesetz gibt den Vertragsparteien jedoch die Möglichkeit, den Haftungsbetrag für Güterschäden innerhalb eines Rahmens von 2 bis 40 SZR sowie zuungunsten des Klauselaufstellers **auch durch AGB zu modifizieren** (§ 449 Abs. 1 Satz 2), während das Haftungssystem im Übrigen nur durch Individualvereinbarung vertraglich geändert werden kann.

---

[9] Jedoch entsprechend § 32 Abs. 1 KVO.
[10] DM 80,– je kg nach der KVO, DM 100 je kg nach der EVO. Keine gesetzliche Begrenzung galt für Binnenschifffahrt und Spedition; üblich waren jedoch Vereinbarungen über DM 0,15 in der Binnenschifffahrt und DM 5,– in der Spedition.

**b) Verspätungsschäden. Die Haftung für Verspätungsschäden** ist begrenzt auf das 17
Dreifache der vereinbarten Fracht (§ 431 Abs. 3).

**5. Haftung für andere.** Die Vorschrift über die Haftung für die Leute (§ 428) entspricht 18
dem vor dem TRG geltenden Recht und geht nach der neueren Auslegung des § 278 BGB
nicht wesentlich über das allgemeine Schuldrecht hinaus.

**6. Konkurrierende Deliktsansprüche.** Konkurrierende Deliktsansprüche sind densel- 19
ben gesetzlichen und vereinbarten Haftungsbeschränkungen unterworfen wie die vertraglichen Schadensersatzansprüche (§ 434 Abs. 1). Die Vorschrift stellt klar (Abs. 2), dass sich
der Frachtführer auch gegenüber am Vertrage nicht beteiligten Eigentümern der Güter auf
die gesetzlichen Haftungsbeschränkungen berufen kann, es sei denn, der Dritte hat der
Beförderung nicht (auch nicht stillschweigend) zugestimmt und der Frachtführer wusste
dies infolge grober Fahrlässigkeit nicht.

**7. Durchbrechung der Haftungsgrenzen.** Handelt der Frachtführer oder handeln 20
seine Leute vorsätzlich oder „leichtfertig in dem Bewusstsein, dass ein Schaden mit Wahrscheinlichkeit eintreten werde", so entfallen die Begrenzungen der Haftung (o. Rn. 14, 15,
17). Die Verpflichtung zum Schadensersatz richtet sich dann allein nach den allgemeinen
Regeln des BGB (§ 435); die Verjährung der Ansprüche beträgt dann statt ein Jahr drei
Jahre (§ 439).

**8. Mithaftung des ausführenden Frachtführers.** Neben dem vertragschließenden 21
Frachtführer, der primär verantwortlich bleibt, haftet auch der ausführende Frachtführer
dem Geschädigten für Güter- und Verspätungsschäden (§ 437). Der Inhalt der Haftung
bestimmt sich nach dem Gesetz und, wenn der vertragschließende Frachtführer haftungserleichternde Vereinbarungen mit dem Absender getroffen hat, nach diesen. Die Haftung setzt
kein Unterfrachtverhältnis zwischen ausführendem und vertragschließendem Frachtführer
voraus, doch wird dieses regelmäßig bestehen.

Um die gerichtliche Durchsetzung der Ansprüche gegen vertragschließenden und aus- 22
führenden Frachtführer in einem Forum zu ermöglichen, sieht das Gesetz eine besondere
Gerichtsstandsregelung vor, die seit dem SRG in § 30 Abs. 1 ZPO enthalten ist.[11]

### III. Haftung für Schäden, die in §§ 425 ff. nicht geregelt sind

**1. Anwendung der allgemeinen Regeln über die Vertragsverletzung.** Nur im 23
Anwendungsbereich der §§ 425 ff. ist der – auch ergänzende – **Rückgriff auf allgemeines
Vertragsrecht ausgeschlossen.**[12] Soweit jedoch eine Vertragsverletzung im Rahmen des
Beförderungsvertrages ohne Verlust oder Beschädigung des beförderten Gutes während der
Obhutszeit und in anderer Weise als durch Überschreitung der Lieferfrist zu Sach- oder
Vermögensschäden führt, bleiben § 280 BGB (früher: die Grundsätze über die „positive
Vertragsverletzung") und auch die konkurrierenden Vorschriften über die unerlaubte Hand-
lung anwendbar.[13]

**2. Begrenzung der Haftung wegen reiner Vermögensschäden.** Auch für Schäden, 24
die nicht unter das Haftungsregime der §§ 425 ff. fallen, haftet der Frachtführer jedoch
beschränkt, wenn es sich um reine Vermögensschäden handelt, die durch die **Verletzung
einer mit der Ausführung der Beförderung zusammenhängenden vertraglichen
Pflicht** entstehen, jedoch nicht Gütersachschäden oder sonstige Sachschäden, Verspätungsschäden oder Personenschäden sind. Für solche Vermögensschäden ist die Haftung auf das
Dreifache des bei Verlust der Güter zu zahlenden Betrages beschränkt (§ 433).

---

[11] Sie war bis zum SRG in § 440 HGB enthalten; zur Begründung vgl. Beschlussempfehlung TRG S. 49.
[12] Fremuth/Thume/*Fremuth* § 425 Rn. 50; *Koller* § 425 Rn. 1, 96.
[13] Wegen Einzelheiten vgl. § 425 Rn. 10 ff.

## IV. Haftungsbeschränkung der Leute

25    Auch die Leute des Frachtführers können sich, wenn sie – was praktisch nur aus dem Gesichtspunkt der deliktsrechtlichen Haftung möglich ist – persönlich haften, auf die gesetzlichen Haftungsbegrenzungen des Frachtführers sowie auf dessen haftungsmildernde vertragliche Vereinbarungen im Frachtvertrag berufen (§ 436). Diese Begünstigung kommt nur Beschäftigten des Frachtführers, nicht selbständigen Erfüllungsgehilfen zugute. Sie entfällt, wie beim Verfrachter selbst, bei qualifiziertem Verschulden der Leute.

## V. Schadensanzeige

26    **Bei Teilverlust oder äußerlich erkennbarer Beschädigung** muss der Empfänger oder Absender bei Ablieferung gegenüber dem Frachtführer oder gegenüber demjenigen, der das Gut abliefert, den Schaden anzeigen und hinreichend deutlich kennzeichnen (§ 438 Abs. 1). Äußerlich nicht erkennbare Beschädigungen müssen in Textform – es genügen also auch Fax und Email – innerhalb von sieben Tagen angezeigt werden (§ 438 Abs. 2, 4). Unterbleibt die Anzeige, so wird vermutet, dass das Gut in vertragsgemäßem Zustand ausgeliefert wurde.

27    **Ansprüche wegen Überschreitung der Lieferfrist** erlöschen, wenn der Empfänger dem Frachtführer die Überschreitung der Lieferfrist nicht innerhalb von 21 Tagen anzeigt (§ 438 Abs. 3).

## VI. Verjährung

28    Die Verjährungsfrist beträgt in der Regel **ein Jahr,** bei **qualifiziertem Verschulden** iSd. § 435 **drei Jahre** (§ 439 Abs. 1). Sie beginnt mit dem Tage, an dem das Gut abgeliefert wurde oder hätte abgeliefert werden müssen. Bei Rückgriffsforderungen beginnt die Frist jedoch erst mit dem Tage der Zahlung durch den Erstschuldner oder mit dem Eintritt der Rechtskraft eines Urteils gegen diesen, sofern der Rückgriffsgläubiger den Rückgriffsschuldner spätestens drei Monate, nachdem er Kenntnis von dem Schaden und der Person des Rückgriffsschuldners erlangt hat, benachrichtigt.

29    Die Verjährungsregelung gilt **für alle Ansprüche aus dem Frachtvertrag,**[14] namentlich auch auf Zahlung der Fracht.

## VII. Eingeschränkte Unabdingbarkeit der gesetzlichen Haftung

30    Das neue deutsche Frachtrecht ist allgemein und auch hinsichtlich seiner Güterschadens- und Verspätungshaftung **grundsätzlich dispositiv.** Hiervon gibt es jedoch **Ausnahmen im Bereich des Haftungsrechts** (§ 449).

31    **1. Frachtverträge mit Verbrauchern.** Bei Frachtverträgen mit Verbrauchern kann von der gesetzlichen Haftung nicht zum Nachteil des Verbrauchers abgewichen werden. Praktisch hat diese Einschränkung der Vertragsfreiheit jedoch geringe Bedeutung; Verbraucher werden im Wesentlichen beim Umzugsvertrag eine Rolle spielen, der jedoch in §§ 451 ff. sondergesetzlich mit starken verbraucherschützenden Elementen geregelt ist.

32    **2. Kaufmännischer Verkehr.** Im kaufmännischen Verkehr sind der Abänderung der Haftungsbestimmungen durch **vorformulierte Bedingungen** Grenzen gesetzt: Die in § 413 Abs. 2, §§ 414, 418 Abs. 6, § 422 Abs. 3, §§ 425 bis 438, § 445 Abs. 3, § 446 Abs. 2 genannten Haftungsregeln können nicht durch vorformulierte Vertragsbedingungen (AGB) abbedungen werden. Dieses Verbot, das der Rechtssicherheit im Massengeschäft dienen soll, erfährt wiederum wichtige Einschränkungen: Vereinbarungen über die Höhe der Haf-

---

[14] Der BGH (10.1.2008, TranspR 2008, 84) bezieht Schadensersatzansprüche wegen Beschädigung in unmittelbarem räumlichen und zeitlichen Zusammenhang mit der Ablieferung des Gutes in die Regelung ein. Die Verlängerung bei Leichtfertigkeit soll nach Auffassung des BGH auch für den Anspruch auf Zahlung der Fracht gelten (BGH 22.4.2010, TranspR 2010, 225).

tungsbegrenzung je kg – die als Regel auf 8,33 SZR festgesetzt ist – sind auch in AGB **innerhalb einer Marge zwischen 2 und 40 SZR** zulässig. Voraussetzung ist dabei allerdings, dass der Verwender der vorformulierten Vertragsbedingungen seinen Vertragspartner in geeigneter Weise darauf hinweist, dass diese einen anderen als den gesetzlich vorgesehen Beitrag vorsehen.[15] Zulässig sind weiter auch in AGB Vereinbarungen über den Haftungsbetrag, die für den Verwender der AGB ungünstiger sind als das Gesetz.

Die Einschränkungen der Vertragsfreiheit gelten auch für inländische Beförderungen,  33 die **ausländischem Recht** unterliegen (§ 449 Abs. 3).

## VIII. Sondervorschriften für Umzüge

Als eine Sonderform des Frachtvertrages ist der Umzugsvertrag im Zweiten Unterab-  34 schnitt (§§ 451 ff.) geregelt. Folgende **Besonderheiten gegenüber dem allgemeinen Frachtrecht** sind hervorzuheben:

Die Vertragspflichten sind auf die Eigenarten des Umzugs abgestellt, bei dem der Fracht-  35 führer in der Regel nicht nur zu be- und entladen, sondern auch die Möbel ab- und aufzubauen hat (§ 451 Abs. 1). Ist der **Absender Verbraucher,** so kommt die Pflicht zur Verpackung hinzu. Einen Verbraucher hat der Frachtführer über seine Vertragspflicht zur Angabe gefährlichen Gutes – das dieser nur in allgemeiner Form anzugeben hat (§ 451b Abs. 2) – und über zu beachtende Zoll- und Verwaltungsvorschriften zu unterrichten (§ 451b Abs. 3).

Während sich der Haftungsgrund nach allgemeinem Frachtrecht bestimmt, sind die  36 **besonderen Haftungsausschlussgründe** im Hinblick auf die Verschiedenheit der typischen Gefahren besonders geregelt (§ 451d). Die **Begrenzung der Haftung** des Frachtführers (§ 431 Abs. 1, 2) und des Absenders (§ 414 Abs. 1 Satz 2) ist in §§ 451e, 451c abweichend geregelt, weil das Gewicht nicht festgestellt wird und kein sachliches Kriterium wäre: Die Haftung ist – in beiden Fällen – auf 620 Euro **je Kubikmeter** des zur Erfüllung des Vertrages benötigten Laderaumes begrenzt.

Der **Schadensanzeige** kommen **weitergehende Wirkungen** als im allgemeinen  37 Frachtrecht zu: Unterbleibt sie (bei erkennbarem Verlust oder Schaden am Tage nach der Ablieferung, sonst innerhalb von vierzehn Tagen), so erlischt der Schadensersatzanspruch. Andererseits hat der Frachtführer zur Erhaltung seiner Rechte den Absender, wenn er Verbraucher ist, auf diese Obliegenheit – in drucktechnisch besonders hervorgehobener Form – hinzuweisen, ebenso wie auf die Haftungsbestimmungen insgesamt und auf die Möglichkeit weitergehender Versicherung (§ 451g Satz 2).

Die Haftungsregeln sind **gegen abweichende Vereinbarungen** ähnlich **geschützt**  38 wie im allgemeinen Frachtrecht. Gegenüber Verbrauchern ist die Haftung also absolut zwingend; sonst ist sie nur gegen vorformulierte Bedingungen geschützt, durch die jedoch die Haftungsobergrenze (ohne Vorgabe einer bestimmten Marge, vgl. Rn. 32) verändert werden kann.

## IX. Sondervorschriften für den multimodalen Transport

§§ 452–452d enthalten – erstmals im deutschen Recht und ohne wesentliche Vorbilder  39 im Ausland[16] – Vorschriften über den multimodalen Transport; darunter ist zu verstehen ein Vertrag über eine **Güterbeförderung, welche mit verschiedenartigen Beförderungsmitteln durchgeführt wird,** sofern auf wenigstens zwei der Teilstrecken verschiedene Rechtsvorschriften anzuwenden wären, wenn zwischen den Frachtvertragsparteien

---

[15] Das Erfordernis, dass die Veränderung des Haftungsbetrages in den AGB in drucktechnisch deutlicher Gestaltung besonders hervorgehoben sein muss, wurde durch das SRG abgemildert, nachdem es vom BGH sehr streng ausgelegt und praktisch dahin interpretiert wurde, dass eine stillschweigende Einbeziehung solcher AGB nicht möglich ist. Vgl. BGH 23.1.2003, BGHZ 153, 308 = TranspR 2003, 119.

[16] Wo nur Holland eine ähnliche Regelung kennt, vgl. *Wulfmeyer*, Das niederländische Recht des multimodalen Transportvertrages, 1996.

ein gesonderter Vertrag über die Beförderung auf dieser Strecke abgeschlossen worden wäre.

**40**  Die Haftungsregeln basieren zum Teil auf der früheren Rechtsprechung des BGH[17] und auf langjährigen internationalen Verhandlungen, die jedoch nicht zu einem allgemein akzeptierten Ergebnis geführt haben.[18]

**41**  Außer einigen die Reklamation und die Verjährung betreffenden Klarstellungen in § 452b enthält der Dritte Unterabschnitt nur eine materiell bedeutsame Besonderheit gegenüber dem Normalfall des Frachtvertrages: Kann festgestellt werden, auf welcher Teilstrecke der Schaden eingetreten ist, so kann jede Vertragspartei die Anwendung des **Haftungsrechts verlangen, das anzuwenden wäre, wenn ein Vertrag über die Beförderung nur auf dieser Strecke abgeschlossen worden wäre** (§ 452a).

**42**  Damit folgt das Gesetz einem Haftungsprinzip, welches man als Network-System mit einer Einheitshaftung für den Fall unbekannten Schadensortes bezeichnen kann.[19] Die Regelung bedeutet für die praktische Rechtsanwendung eine Erleichterung gegenüber der früheren, von der Rechtsprechung geprägten Rechtslage, nach der der Frachtführer bei unbekanntem Schadensort nach dem Recht der Strecke haftete, auf welcher bei Abschluss eines entsprechenden Unimodalvertrages die schärfste Haftung bestehen würde. Da die Rechtsprechung nicht so weit gehen konnte, eine im Gesetz nicht vorgegebene Einheitshaftung für den Fall unbekannten Schadensortes zu schaffen, musste sie ihre Lösung auf die Anwendung von Beweislastregeln stützen. Praktisch hatte dies zur Folge, dass bei unbekanntem Schadensort die Haftung nur nach Ermittlung des hypothetisch auf jede einzelne Teilstrecke anzuwendenden Rechts und aus deren Vergleich festgestellt werden konnte. Da die Teilstrecken eines Multimodalvertrages häufig im Ausland liegen, können dabei erhebliche Schwierigkeiten auftreten.[20] Dies vermeidet das neue Recht mit der Einheitshaftung. Es geht dabei sogar noch einen Schritt weiter, indem es den Parteien die Möglichkeit einräumt, den Rückgriff auf das Teilstreckenrecht vertraglich weiter einzuschränken (§ 452d; vgl. im Einzelnen dort Rn. 33 ff.).

## X. Anspruchsberechtigung

**43**  **1. Aktivlegitimation.** Berechtigt zur Geltendmachung von Schadensersatzansprüchen sind der Absender und – bei Beschädigung, Teilverlust und Verspätung – der Empfänger; dies ist, nachdem die Berechtigung des Empfängers in der CMR problematisch ist,[21] ausdrücklich gesetzlich klargestellt. (§ 421 Abs. 1 Satz 2) (Dazu sowie zu Drittschadensliquidation und Prozessstandschaft vgl. im Einzelnen § 425 Rn. 62 ff.)

**44**  Die **Rechte des Empfängers sind abtretbar,** ohne dass es auf den Übergang der frachtrechtlichen Verfügungsbefugnis vom Absender auf den Empfänger ankommt.[22] Die Abtretung an den Transportversicherer kann durch AGB nicht ausgeschlossen werden.[23]

**45**  **2. Passivlegitimation.** Passivlegitimiert ist der vertragliche Frachtführer. Daneben haftet der ausführende Frachtführer unter den Voraussetzungen des § 437. Beide sind Gesamtschuldner.

---

[17] BGH 24.6.1987, BGHZ 101, 172 = NJW 1988, 60 = TranspR 1987, 447.

[18] Eine erste (IMCO/ECE-)Konferenz in Genf 1972 scheiterte (dazu *Loewe* ETR 1972, 650 und ETR 1975, 587; *Herber* Hansa 1973, 7); eine zweite (UNCTAD-)Konferenz 1980 beschloss ein Übereinkommen über multimodale Transporte, das jedoch nicht in Kraft trat (dazu *Richter-Hannes,* Die UN-Konvention über die internationale multimodale Güterbeförderung, Wien 1982; *Balz* ZLW 1980, 303; *Herber* Hansa 1980, 950). Vgl. zur Vorgeschichte im Einzelnen Vor § 452 Rn. 6 ff.

[19] Es lag sowohl dem von ECE und IMCO in langen Jahren ausgearbeiteten Entwurf eines TCM-Übereinkommens zugrunde, der auf einer diplomatischen Konferenz in Genf 1972 vorwiegend aus politischen Gründen gescheitert ist, als auch dem bisher erfolglosen UN-Übereinkommen von 1980 (vgl. Fn. 18). Das heute in der Praxis gebräuchliche FIATA-Bill of Lading sowie die UNCTAD/ECE-Regeln haben diese Struktur ebenfalls aufgenommen.

[20] Dazu eingehend *Herber,* FS Piper, 1996, S. 877.

[21] Vgl. *Herber/Piper* Vor Art. 17 CMR Rn. 13 f.

[22] BGH 28.4.1988, TranspR 1988, 338, 339 (zu Art. 13 Abs. 1 Satz 2 CMR).

[23] OLG Karlsruhe 4.2.1994, TranspR 1994, 237.

Nach der zur CMR, die eine dem § 437 entsprechende Regelung nicht kennt, überwie- 46
gend – und jetzt auch vom BGH[24] – vertretenen Auffassung **haftet der Unterfrachtführer**
dem Empfänger aus dem mit dem Hauptfrachtführer abgeschlossenen Unterfrachtvertrag
auch direkt. Der BGH hat sich dieser Auffassung auch für das innerstaatliche deutsche
Recht angeschlossen.[25] Gegen diese Auffassung, die erhebliche Probleme aufwirft, bestehen
schwerwiegende Bedenken, zumal § 437 eine bessere und allein sachgerechte Basis für
Ansprüche gegen den Unterfrachtführer zur Verfügung stellt. Vgl. dazu im Einzelnen § 425
Rn. 78 ff.

## § 425 Haftung für Güter- und Verspätungsschäden. Schadensteilung

**(1) Der Frachtführer haftet für den Schaden, der durch Verlust oder Beschädigung des Gutes in der Zeit von der Übernahme zur Beförderung bis zur Ablieferung oder durch Überschreitung der Lieferfrist entsteht.**

**(2) Hat bei der Entstehung des Schadens ein Verhalten des Absenders oder des Empfängers oder ein besonderer Mangel des Gutes mitgewirkt, so hängen die Verpflichtung zum Ersatz sowie der Umfang des zu leistenden Ersatzes davon ab, inwieweit diese Umstände zu dem Schaden beigetragen haben.**

**Schrifttum:** Vor § 425.

### Übersicht

| | Rn. | | Rn. |
|---|---|---|---|
| **I. Normzweck** | 1–3 | 2. Lieferfristüberschreitung | 51 |
| **II. Entstehungsgeschichte** | 4 | 3. Umfang des Schadens | 52 |
| **III. Allgemeines** | 5, 6 | **X. Schadensteilung (Abs. 2)** | 53–61 |
| **IV. Schaden** | 7–13 | 1. Allgemein | 53 |
| **V. Haftungstatbestände (Abs. 1)** | 14–26 | 2. Verhalten des Absenders oder des Empfängers | 54–58 |
| 1. Verlust | 14–19 | 3. Besonderer Mangel des Gutes | 59 |
| 2. Beschädigung | 20–23 | 4. Abwägung | 60 |
| 3. Überschreitung der Lieferfrist | 24–26 | 5. Einzelfälle | 61 |
| **VI. Zeitpunkt der Entstehung des Schadens** | 27–33 | **XI. Aktivlegitimation** | 62–64 |
| 1. Verlust oder Beschädigung | 27–30 | 1. Schadensersatzansprüche wegen Beschädigung | 62, 63 |
| 2. Überschreitung der Lieferfrist | 31–33 | 2. Schadensersatzansprüche wegen Verlust | 64 |
| **VII. Obhutszeitraum** | 34–42a | **XII. Drittschadensliquidation** | 65–69 |
| 1. Übernahme | 35–40 | **XIII. Prozessstandschaft** | 70–72 |
| 2. Ablieferung | 41, 41a | **XIV. Anspruchsberechtigung des Transportversicherers** | 73–75 |
| 3. Hilfe von Personal des nicht Verladepflichtigen | 42, 42a | | |
| **VIII. Rechtswidrigkeit** | 43 | **XV. Passivlegitimation** | 76–86 |
| **IX. Beweislast** | 44–52 | 1. (Haupt-) Frachtführer | 76 |
| 1. Bei Verlust oder Beschädigung | 44–50 | 2. Unterfrachtführer | 77–85 |
| a) Beweis der Übernahme des Gutes | 45–48 | 3. Haftpflichtversicherer | 86 |
| b) Beweis der Ablieferung | 49, 50 | | |

### I. Normzweck

Die Norm enthält die tragenden Grundsätze der **Haftung des Frachtführers für** 1
**Güterschäden und Verspätungsschäden (Abs. 1)** sowie über die Beachtlichkeit eines

---

[24] BGH 14.6.2007, TranspR 2007, 425.
[25] BGH 30.10.2008, TranspR 2009, 130.

**mitwirkenden Verursachungsbeitrages** der Ladungsbeteiligten **(Abs. 2).** Den Frachtführer trifft danach für Verlust oder Beschädigung des Gutes eine **Obhutshaftung.** Zwar kommen ihm eine Reihe von Haftungsausschlussgründen zugute (§§ 426, 427), doch handelt es sich nicht mehr, wie nach § 429 aF, § 58 BinSchG und § 44 f. LuftVG um eine Haftung nur für vermutetes Verschulden (vgl. dazu § 426 Rn. 4 ff.). Mit der Einführung der Obhutshaftung wurde zugleich eine summenmäßige Beschränkung der Haftung (§ 431) eingeführt. Die Haftungsnorm folgt damit im Wesentlichen dem Vorbild der CMR (Art. 17); Zweck der Angleichung war vor allem, einen möglichst weitgehenden Gleichlauf des deutschen Rechts mit anerkannten internationalen Übereinkommen und damit eine Übereinstimmung der Haftungsregeln für internationale und innerstaatliche Güterbeförderungen herbeizuführen.[1]

2      Die in Abs. 1 enthaltene Regelung ist *lex specialis* für die darin geregelten Fälle der Schlechterfüllung. Der Rückgriff auf allgemeine Rechtsbehelfe des BGB, insbesondere des Werkvertragsrechts, ist damit grundsätzlich ausgeschlossen, soweit es sich um Schäden wegen Verlusts oder Beschädigung des beförderten Gutes oder um Verspätungsschäden handelt.[2]

3      **Abs. 2** greift den das deutsche Zivilrecht beherrschenden Grundsatz des § 254 BGB auf, wonach ein **Mitverschulden** zur Minderung oder gar zum Ausschluss der Frachtführerhaftung führen kann, erweitert um die Berücksichtigung eines bloß schuldlosen **Verursachungsbeitrages.** Die Vorschrift fasst damit alle Fälle mitwirkenden Verhaltens des Ersatzberechtigten in einer Vorschrift zusammen.[3]

## II. Entstehungsgeschichte

4      Das Haftungssystem folgt im Grundsätzlichen der **Haftungsregelung der CMR,** lehnt sich aber in Details auch an das bis zum TRG geltende innerstaatliche Recht der Straßenbeförderung (§§ 29–36 KVO) und der Eisenbahnbeförderung (§§ 82–88 EVO aF, Art. 36–50 CIM aF) an. Die Bestimmung ist im Gesetzgebungsverfahren nicht verändert worden.

## III. Allgemeines

5      § 425 begründet eine Haftung des Frachtführers für Verlust, Beschädigung oder verspätete Ablieferung des von ihm in seine Obhut genommenen Gutes, die **von einem Verschulden iSd. § 276 BGB unabhängig** ist. Entfallen ist damit das Prinzip der sog. Haftung für vermutetes Verschulden, welches § 429 Abs. 1 aF (für Güterschäden) und die Verspätungshaftung (nach allgemeinen Verzugsregeln) kennzeichnete. Danach war der Frachtführer von der Haftung befreit, wenn Verlust, Beschädigung oder Verspätung auf Umständen beruhen, die durch die Sorgfalt eines ordentlichen Frachtführers nicht abgewendet werden konnten.

6      Das geltende Recht sieht – neben einer Reihe besonderer Haftungsausschlussgründe (§ 427), wie sie sich in allen Transportrechten finden – einen wesentlich engeren Haftungsausschluss vor: Nach § 426 ist der Frachtführer nur bei Vorliegen von Umständen, die er **auch bei größter Sorgfalt nicht vermeiden und deren Folgen er nicht abwenden** konnte, von seiner Haftung befreit. Diese Haftung ist jedoch nicht eine Gefährdungshaftung.[4] Der BGH hat sie zwar bei Art. 17 CMR so bezeichnet, doch nur zur Kennzeichnung, dass hier eine anderer Verschuldensmaßstab für die Entlastung des Frachtführers maßgebend ist als bisher nach allgemeinem deutschem Frachtrecht (§ 429 aF)[5] und jetzt auch nach § 498

---

[1] Reg.Begr. S. 59.

[2] OLG Stuttgart 22.1.2003, TranspR 2003, 104, 105; OLG Hamburg 28.2.2002, TranspR 2003, 21; *Koller* Rn. 96; EBJS/*Schaffert* Rn. 4; Fremuth/Thume/*Fremuth* Rn. 50.

[3] Reg.Begr. S. 60.

[4] So aber Fremuth/Thume/*Fremuth* Rn. 1; Heymann/*Joachim* Rn. 1.

[5] *Piper,* FG Herber, S. 136; vgl. BGH 28.2.1975, NJW 1975, 1597, 1598; BGH 13.4.2000, TranspR 2000, 407, 408; OLG Celle 20.6.2002, TranspR 2004, 122, 123; anders die österreichische Rspr. OGH Wien 10.4.1991, TranspR 1991, 422, 423 („vermutete Verschuldenshaftung mit verschärftem Sorgfaltsmaßstab"); OGH Wien 28.2.2001, ZfRV 2001, 192; GroßkommHGB/*Helm* Art. 17 CMR Rn. 4 f.

Abs. 2 für das Seerecht. Nachdem in dem vom RegE zunächst in § 426 übernommenen Wortlaut der CMR im Rechtsausschuss des Bundestages[6] durch Einfügung der Worte „auch bei größter Sorgfalt" klargestellt wurde, dass die Haftung die Verletzung von Sorgfaltspflichten – allerdings mit außerordentlich strengen Anforderungen – voraussetzt,[7] kann die Haftung als Verschuldenshaftung mit besonders scharfem Verschuldensmaßstab[8] eingeordnet werden. Im Gesetzgebungsverfahren wurde der Begriff der „Unabwendbarkeit", wie er aus dem Straßenverkehrsrecht bekannt ist, verwendet.[9] Letztlich hat die begriffliche Zuordnung jedoch wenig praktische Bedeutung; entscheidend ist, wie man den Begriff „größte Sorgfalt" im Einzelfall auslegt (dazu im Einzelnen § 426 Rn. 4 ff.).

### IV. Schaden

Der Frachtführer haftet für den **Schaden, der durch Verlust oder Beschädigung** 7 **des Gutes oder durch Lieferfristüberschreitung entsteht.** Das Tatbestandsmerkmal „Schaden" weicht von dem Vorbild des Art. 17 Abs. 1 CMR ab und bringt klarer zum Ausdruck, dass es sich hier um Entschädigung für Vermögenseinbußen handelt, die durch den Verlust oder die Beschädigung des Gutes oder durch Überschreitung der Lieferfrist (Verspätung) entstehen.[10]

Für die von Absatz 1 erfassten Schäden haftet der Frachtführer **nur nach Maßgabe** 8 **der transportrechtlichen Sonderbestimmungen der §§ 425 ff.** Für Ansprüche wegen Verlust oder Beschädigung des Gutes bedeutet dies, dass lediglich der Substanzwert (§ 429) und einige zusätzliche Kosten (§§ 430, 432) zu ersetzen sind, weitergehende Schäden, insbesondere wegen der wirtschaftlichen Folgen des Verlusts oder der Beschädigung (**sog. Güterfolgeschäden**) – außer im Falle des § 435 – dagegen **nicht** (§ 432 Satz 2).[11] Er haftet zudem begrenzt durch die summenmäßigen Beschränkungen nach § 431. Auch **außervertragliche Ansprüche** gegen den Frachtführer sind insoweit ausgeschlossen (§ 434).[12]

Im Anwendungsbereich der Vorschrift ist der ergänzende **Rückgriff auf allgemeines** 9 **Vertragsrecht ausgeschlossen.**[13] Wegen konkurrierender außervertraglicher Ansprüche, insbesondere aus unerlaubter Handlung, vgl. Erl. zu § 434.

**Unberührt bleibt** jedoch die Anwendung des **§ 280 BGB** (früher: der Grundsätze über 10 die positive Vertragsverletzung), soweit eine Vertragsverletzung im Rahmen des Beförderungsvertrages, jedoch ohne Verlust oder Beschädigung des beförderten Gutes und nicht durch Überschreitung der Lieferfrist, zu Sach- oder Vermögensschäden führt. So etwa, wenn bei der Ablieferung Gegenstände oder andere Interessen (etwa die ungehinderte Zufahrt zu seinem Grundstück) des Empfängers beeinträchtigt werden oder ein Vermögensschaden etwa dadurch entsteht, dass Werbeprospekte zu früh geliefert werden.[14]

Eine Sondergruppe bilden die sog. **Vermischungsschäden:**[15] Wird flüssiges Gut oder 11 Schüttgut, das in einen Tank oder in ein Lager des Empfängers zu liefern ist, in den falschen Behälter gefüllt und dadurch nicht nur die beförderte Ladung, sondern auch der bisherige Inhalt des Behälters wertlos, so haftet der Frachtführer für die Beschädigung des beförderten Gutes nach §§ 425 ff., jedoch für die Schäden am vorhandenen Inhalt nach § 280 BGB. Denn der Schaden am vorhandenen Gut ist nicht eine wirtschaftliche Folge des Güterscha-

---

[6] Beschlussempfehlung TRG S. 14, 48.

[7] Daran kann auch die Erklärung im Rechtsausschuss des BT (Beschlussempfehlung TRG S. 48) nichts ändern, es habe sich durch die Einführung der Worte keine Änderung des Maßstabs ergeben; diesen sah der Rechtsausschuss in der „Unabwendbarkeit".

[8] *Herber* NJW 1998, 3298, 3302; *Koller* Rn. 1; offenbar unentschieden Baumbach/Hopt/*Merkt* Rn. 1.

[9] Beschlussempfehlung TRG S. 48.

[10] Reg.Begr. S. 59.

[11] BGH 5.10.2006, BGHZ 169, 187, 190 = NJW 2007, 58, 58 = TranspR 2006, 454, 455; OLG Hamburg 28.2.2002, TranspR 2003, 21, 21; EBJS/*Schaffert* Rn. 5; Heymann/*Joachim* Rn. 2; Fremuth/Thume/*Fremuth* Rn. 9.

[12] Im Einzelnen vgl. auch BGH 5.10.2006, BGHZ 169, 187, 190 f.

[13] Fremuth/Thume/*Fremuth* Rn. 50; *Koller* Rn. 1, 96.

[14] Vgl. OLG Köln 22.11.2005, TranspR 2006, 458 f.

[15] Dazu ausführlich *Thume* VersR 2002, 267 ff.

dens, vielmehr ein parallel zur Zerstörung des Beförderungsgutes, allerdings durch dieselbe Handlung verursachter eigener Sachschaden.

12    Die **Haftung nach § 280 BGB** in diesen Fällen setzt ein Verschulden des Frachtführers oder seiner Hilfspersonen (§ 278 BGB) voraus, ist jedoch grundsätzlich unbeschränkt. Allerdings ist die Beschränkung nach § 433 zu beachten, soweit es sich um reine Vermögensschäden handelt; diese Beschränkung greift im Falle der zu früh gelieferten Prospekte ein,[16] versagt jedoch in den Vermischungsfällen, da Sachschäden von § 433 ausgenommen sind. Wegen der insoweit konkurrierenden Ansprüche aus unerlaubter Handlung vgl. § 434 Rn. 8.

13    Zu unterscheiden sind jedoch die von dem Haftungsregime des HGB nicht erfassten Schäden an anderen Gütern und Interessen als dem beförderten Gut von den sog. **„weiterfressenden Schäden"**. Wird das Transportgut verunreinigt, die Verunreinigung aber zunächst vom Empfänger nicht bemerkt und entsteht durch Verarbeitung oder Weiterverkauf ein Sachschaden an anderen Gütern oder ein Vermögensschaden, so handelt es sich um einen Güterfolgeschaden, der nach § 432 Satz 2 von der Haftung ausgeschlossen ist.[17] Insoweit sind dann auch konkurrierende außervertragliche Ansprüche ausgeschlossen,[18] vgl. § 434 Rn. 6.

### V. Haftungstatbestände (Abs. 1)

14    **1. Verlust.** Verlust liegt vor, wenn das Gut zerstört oder nicht auffindbar ist, sodass eine Ablieferung an den Empfänger nicht mehr möglich ist.[19]

15    Der Grund für das Unvermögen des Frachtführers, das Gut an den Empfänger auszuliefern, ist grundsätzlich unerheblich. So kann auch **Auslieferung an einen Nichtberechtigten** einen Verlust begründen, wenn die Falschauslieferung nicht ohne weiteres rückgängig zu machen ist. Selbst Auslieferung an den Käufer ist Auslieferung an einen Nichtberechtigten, wenn er nicht nach dem Frachtvertrag zur Entgegennahme der Lieferung legitimiert ist.[20] Wird der Empfänger durch eine Weisung des Verfügungsberechtigten ausgewechselt, so bewirkt auch die Ablieferung an den ursprünglichen Empfänger einen Verlust.[21] Gleiches gilt, wenn die Berechtigung des Empfängers nach dem Vertrag durch die Vorlage eines Papiers nachgewiesen werden muss,[22] also nur derjenige Berechtigter ist, der diese Bedingung erfüllen kann. Eine **Beschlagnahme** des Gutes kann ebenfalls Verlust darstellen, wenn nicht in absehbarer Zeit mit einer Freigabe zu rechnen ist. Ebenso eine Versteigerung oder eine Pfandverwertung.[23]

16    Ist das Gut an den berechtigten Empfänger ausgeliefert worden, hat der Frachtführer jedoch eine Weisung über die Modalitäten der Ablieferung nicht befolgt, etwa einen von ihm zu erhebenden Geldbetrag oder einen Scheck nicht eingezogen, so kann man nicht von Verlust sprechen.[24] Es handelt sich um eine **Ablieferung unter Verletzung einer Nebenpflicht,** deren Haftungsfolgen im wichtigsten Fall der Nachnahme in § 422 speziell geregelt sind. Falschauslieferung oder Beschädigung infolge unrichtiger Verwendung von dem Frachtführer ausgehändigten Dokumenten ist jedoch Güterschaden.[25]

---

[16] So auch OLG Köln (Fn. 14).

[17] BGH 5.10.2006, BGHZ 169, 187, 190 f. = NJW 2007, 58, 59 = TranspR 2006, 454, 455; *Thume* VersR 2002, 267, 269; *ders.* TranspR 2004, Sonderbeilage zu Heft 3, S. XL ff.; *Koller* § 432 Rn. 15; aA *Heuer* TranspR 2002, 334, 335; *ders.* TranspR 2005, 70, 71; Fremuth/Thume/*Fremuth* § 434 HGB Rn. 5 f.

[18] BGHZ 169, 187, 190 f. = NJW 2007, 58, 59 = TranspR 2006, 454, 455.

[19] Fremuth/Thume/*Fremuth* Rn. 11; *Koller* Rn. 4; EBJS/*Schaffert* Rn. 6 f.

[20] BGH 16.3.1970, VersR 1970, 437, 438; BGH 13.7.1979, VersR 1979, 1154, 1154; EBJS/*Schaffert* Rn. 27; Baumbach/Hopt/*Merkt* Rn. 3; *Koller* Rn. 28.

[21] BGH 27.1.1982, NJW 1982, 1944.

[22] Etwa durch ein FCR, vgl. OLG Hamburg 21.11.1989, TranspR 1990, 188, 190.

[23] BGH 10.7.1997, NJW-RR 1998, 543, 544 = TranspR 1998, 106, 108.

[24] *Thume* TranspR 2001, 433, 435; EBJS/*Schaffert* Rn. 7; *Koller* Rn. 7; aA BGH 27.1.1982, NJW 1982, 1944 OLG Hamburg 18.5.1985, Art. 18 WA Rn. 5.

[25] OLG München 6.10.2011, TranspR 2001, 434 (zur CMR).

Wird das Gut nicht innerhalb der Frist des § 424 abgeliefert, so wird der **Verlust unwi-** 17 **derleglich vermutet.** Der Berechtigte kann es nach dieser Bestimmung als verloren behandeln, braucht also den Beweis des Verlusts nicht zu führen. Dazu und zu der Rechtslage bei Wiederauffinden vgl. Erl. zu § 424.

Ist das Gut so stark beschädigt, dass es **wirtschaftlich wertlos** ist, sollte nicht von einem 18 **Totalverlust** ausgegangen werden, sondern von einer Beschädigung.[26] Denn das wertlose Gut kann immerhin noch abgeliefert werden; der Schaden stellt sich oft erst nach der Annahme durch den Empfänger heraus. Allerdings ist die Abgrenzung nach deutschem Recht für die Wertberechnung (§ 429) und die Verjährung (§ 439) nicht erheblich.[27]

Das Gesetz unterscheidet nicht mehr zwischen **gänzlichem und teilweisem Verlust,** 19 der jedoch bei § 431 noch eine Rolle spielt.

**2. Beschädigung.** Beschädigung ist die äußere oder innere Substanzverletzung, welche 20 eine Wertminderung zur Folge hat.[28] Als äußere Substanzverschlechterung umfasst die Beschädigung die typischen Beeinträchtigungen durch Bruch,[29] Kratzer, Schrammen, Verbiegen, Nässeeinwirkung, wie sie insbes. zu Rost führt,[30] durch Verknitterung von Textilien.[31] Sie erstreckt sich auf die Verunreinigung, welche durch verschmutzende Beimengung von Fremdstoffen, etwa infolge schlecht gereinigter Transportmittel entstehen kann;[32] dem steht nicht entgegen, dass man die Beimengung wieder beseitigen kann, wenn dies nicht ohne nennenswerte Kosten möglich ist.

Eine **innere Substanzverschlechterung** liegt vor, wenn das Gut zwar äußerlich unver- 21 sehrt wirkt, aber durch einen äußeren Einfluss in seiner Natur – nicht bloß in seinem Wert – nachteilig verändert worden ist. Dies ist der Fall bei Geruchsbeeinträchtigung,[33] einem Frischeverlust von Röstkaffee auf Grund transportunfallbedingter Verzögerung des Verkaufs,[34] bei Weintrauben nach Ablauf der üblichen Vermarktungsdauer,[35] bei Verkürzung der Vermarktungsdauer von durch mangelnde Kühlung vollreif gewordenen Früchten,[36] vor allem beim **Antauen von Tiefkühlprodukten** wie Fisch[37] oder Torten.[38] War eine bestimmte Kühlung der Ware, zB von Fleisch, geboten, dann liegt eine Beschädigung schon darin, dass das Gut nicht so befördert wurde, wie es der Sollkühlung entspricht;[39] diese Beeinträchtigung zeigt sich schon darin, dass angetautes Gut nur unter Verstoß gegen lebensmittelrechtliche Vorschriften oder sonst unter gesundheitlichen Bedenken wieder gekühlt werden kann.

Der bloße, nicht ohne größeren Aufwand zu beseitigende **Verdacht einer Beschädi-** 22 **gung,**[40] etwa einer Maschine nach einem Sturz, einer Flüssigkeit oder eines Schüttgutes

---

[26] So mit Recht *Thume* TranspR 2001, 433, 434; ebenso EBJS/*Schaffert* Rn. 6; *Koller* Rn. 5 f.; Fremuth/ Thume/*Fremuth* Rn. 11; vgl. dazu auch BGH 29.7.2009, TranspR 2009, 408.

[27] Anders nach der CMR (Art. 32), für die *Demuth* TranspR 1996, 257, 260 deshalb die Gleichstellung ablehnt.

[28] EBJS/*Schaffert* Rn. 12; *Koller* Rn. 13; Fremuth/Thume/*Fremuth* Rn. 14.

[29] OLG Hamm 13.5.1993, NJW-RR 1994, 294.

[30] BGH 19.11.1959, BGHZ 31, 183, 185 = NJW 1960, 337, 338 zu KVO; BGH 7.5.1969, VersR 1969, 703, 704 zu KVO (nasse Felle); LG Köln 11.11.1982, TranspR 1983, 54, 55 zur CMR (Korrosion von Aluminiumbändern).

[31] OLG Düsseldorf 11.6.1987, TranspR 1987, 430, 431.

[32] OLG Köln 26.9.1985, TranspR 1986, 285, 257 m. Anm. *Knorre* zu CMR; OLG Hamburg 19.12.1985, TranspR 1986, 146, 147 zur CMR (Rückstände aus Vorladung); OLG Hamburg 8.7.2010, VRS 119, 272.

[33] OLG Hamburg 22.4.2010, TranspR 2011, 112.

[34] BGH 10.2.1983, BGHZ 86, 387, 390 = NJW 1983, 1674, 1674 zu KVO.

[35] AG Düsseldorf 12.9.1985, MDR 1986, 239, 239 = VersR 1986, 500, 500.

[36] AG Düsseldorf 12.9.1985, MDR 1986, 239, 239 = VersR 1986, 500, 500.

[37] BGH 3.7.1974, NJW 1974, 1616, 1616 f. zur CMR. Bei angeordneter Vernichtung liegt Totalschaden vor, OLG Hamburg 13.7.1995, TranspR 1996, 110 f.; OLG Düsseldorf 9.10.2002, TranspR 2003, 107.

[38] OLG Hamburg 30.3.1989, TranspR 1989, 321, 324 zur CMR.

[39] OLG Hamm 11.6.1990, TranspR 1990, 375, 376 zur CMR; OLG Celle 13.1.1975, WM 1975, 189, 190; vgl. auch LG Bremen 10.9.1991, TranspR 1991, 445, 446; zur Haftung bei Kühltransport am Beispiel der CMR *Thume* TranspR 1992, 1 ff.

[40] BGH 24.5.2000, NJW-RR 2001, 322, 323 = TranspR 2000, 456, 485; OLG Hamburg 13.9.1990, TranspR 1991, 151, 153; Baumbach/Hopt/*Merkt* Rn. 2; EBJS/*Schaffert* Rn. 13; *Koller* Rn. 13.

durch mögliche Verunreinigung oder von Gefriergut durch mögliches Antauen, kann bereits eine Beschädigung darstellen.

23    Der Anspruch auf Schadensersatz wegen Verlust oder Beschädigung ist abtretbar; die Abtretung an den Transportversicherer kann in AGB nicht ausgeschlossen werden.[41]

24    **3. Überschreitung der Lieferfrist.** Eine Haftung wegen Lieferfristüberschreitung kommt nur dann in Betracht, wenn Schadensursache allein die verspätete Lieferung ist,[42] also die Lieferfristüberschreitung zu einem Vermögensschaden, nicht jedoch zu einem Substanzschaden oder (Teil-)Verlust führt. Fälle reinen Verspätungsschadens können etwa sein: Aufwendungen für bereitgestelltes Personal und Entladegerät, Preisverfall zwischen dem vertragsgemäßen Tag der Ablieferung und dem tatsächlichen Ablieferungstag, Versäumung eines Versteigerungstermins mit vermindertem Erlös bei einer Nachauktion,[43] Kosten der Vorhaltung anderer Güter, die zum Zweck einer Projektdurchführung schon bereitstehen.[44] Ein derartiger Verspätungsschaden lag der Entscheidung des BGH vom 28.2.1975 zugrunde: Ein Lkw mit auszuliefernden Zeitschriften war auf einer Fahrt zu einem Fußballspiel entwendet, aber alsbald samt Ladung wiedergefunden worden; Kosten entstanden dadurch, dass mit dem Nachdruck begonnen worden war, weil absehbar erschien, dass die Zeitschriften nicht fristgemäß ausgeliefert werden würden.[45]

25    Danach rechnen solche Schäden nicht zu den Verspätungsschäden, in denen die **Verspätung zu Verlust oder Beschädigung des Gutes geführt hat.** Hat das Gut selbst Schaden genommen, weil es länger als die Lieferzeit erlaubt unterwegs war (etwa Verderb von Obst), handelt es sich um Verlust oder Beschädigung. Die Verzögerung macht hier lediglich einen der möglichen schadensverursachenden Umstände aus.[46] Schadensfälle solcher Art erlangen ein zusätzliches frachtrechtstypisches Gepräge, weil oft der Ausschlusstatbestand von „natürlicher Beschaffenheit" bzw. innerem Verderb in Frage kommt. Wo immer Güterschäden aufgetreten sind, richtet sich der Ersatz dafür nach der Haftung für Verlust oder Beschädigung.

26    Hat eine Lieferfristüberschreitung nicht nur zu einem Vermögensschaden, sondern auch zu einer Beschädigung des Gutes geführt, so steht der Substanzschaden nicht unbedingt der Geltendmachung eines **zusätzlichen Schadens wegen Verletzung eines Interesses an fristgerechter Ablieferung** entgegen.[47] Voraussetzung ist jedoch, dass dadurch nicht Vermögensschäden ausgeglichen werden, die Folge der Substanzverletzung sind,[48] also von der Haftung ausgenommene Güterfolgeschäden. Die Verspätungshaftung soll die Einhaltung von Lieferfristen absichern. Der zu ersetzende Schaden muss deshalb neben dem Substanzschaden den Charakter eines reinen Verzögerungsschadens tragen, also sich etwa darin zeigen, dass der Empfänger das Gut nicht einmal im beschädigten Zustand rechtzeitig in die Hände bekommt.[49]

### VI. Zeitpunkt der Entstehung des Schadens

27    **1. Verlust oder Beschädigung. Schaden wegen Verlusts oder Beschädigung** fällt nur unter die Haftungsvorschriften des Frachtrechts, wenn der Verlust oder die Beschädigung im Obhutzeitraum eingetreten ist, also in der Zeit von der Übernahme zur Beförderung durch den Frachtführer bis zur Ablieferung.[50] Nur während dieser Obhutzeit besteht

---

[41] BGH 4.3.2004, TranspR 2004, 460, 463; *Koller* Rn. 80, 82a; Fremuth/Thume/*Fremuth* Rn. 81.
[42] GroßkommHGB/*Helm* Rn. 133 ff.; Fremuth/Thume/*Fremuth* Rn. 28; vgl. OLG Karlsruhe 4.2.1994, TranspR 1994, 237.
[43] LG Lübeck 17.3.1986, TranspR 1986, 339, 339.
[44] *Wöhm,* Die Verantwortlichkeit des Beförderers, 1980, S. 18.
[45] BGH 28.2.1975, VersR 1975, 658, 658 zur KVO.
[46] *Helm* S. 170; *Koller* Rn. 40; Fremuth/Thume/*Fremuth* Rn. 28.
[47] *Koller* Rn. 91; Fremuth/Thume/*Fremuth* Rn. 33; Überschneidungen der Anwendungsbereiche anerkennt auch GroßkommHGB/*Helm* Rn. 139.
[48] *Heuer,* Die Haftung des Frachtführers nach der CMR, 1975, S. 138; Fremuth/Thume/*Fremuth* Rn. 33.
[49] *Koller* Art. 23 CMR Rn. 17.
[50] OLG Stuttgart 22.1.2003, TranspR 2003, 104, 105; Fremuth/Thume/*Fremuth* Rn. 9; *Koller* Rn. 41.

die ausschließliche Einwirkungsmöglichkeit des Frachtführers und dessen daraus abgeleitete allgemeine Rechtspflicht, das ihm anvertraute Gut vor Schaden zu bewahren.[51] Für Schäden, welche zwar nach Vertragsschluss, aber vor Obhutserlangung oder nach Obhutende entstehen, haftet der Frachtführer nach Maßgabe der allgemeinen Vorschriften des BGB (§§ 280, 823).[52] Solche Schäden können etwa entstehen, wenn der Frachtführer dem Absender vor Übernahme des Gutes einen Container zum Verpacken zur Verfügung stellt, durch dessen Schadhaftigkeit das Gut beschädigt wird.[53] Für diese Ansprüche gilt die Beschränkung des § 431 nicht. Der Frachtführer trägt jedoch keine Verantwortung für die Eignung des dem Absender zur Verfügung gestellten Containertyps, denn vom Absender wird die notwendige Warenkunde erwartet, um die Eignung des bereitgestellten Ladungsmittels zu beurteilen;[54] weist der Absender einen ungeeigneten Container nicht zurück, greift in der Regel der Haftungsausschlusstatbestand des § 427 Abs. 1 Nr. 2.

Die Abgrenzung der in den Obhutszeitraum fallenden Schäden ist oft schwierig. Einmal, **28** weil zweifelhaft sein kann, wann der Schaden entstanden ist. Sodann, weil wegen der Vielfalt der Verladevorgänge der genaue Zeitpunkt der Übernahme und der Abnahme nicht immer leicht zu bestimmen ist.

Dass der Schaden im Obhutszeitraum entstanden sein muss, bedeutet nicht notwendig, **29** dass er in diesem Zeitraum bereits erkennbar gewesen sein muss. Entscheidend ist, dass die chemisch/physikalische Veränderung im Obhutszeitraum eingetreten ist.[55] Ist etwa das Gut während der Beförderung durch Keime verunreinigt worden, die sich erst später auswirken, so ist dies ein Schaden während der Obhut.[56] Ähnlich, wenn Stahlrollen während der Beförderung durchnässt werden oder Verpackung oder Imprägnierung des Gutes beschädigt werden, der Schaden sich aber erst nach Ablieferung (durch Rost) manifestiert. Der nach der Ablieferung eintretende (weitere) Schaden ist dann Folgeschaden, für den nicht nach § 425, sondern allenfalls – wenn den Frachtführer auch daran ein eigenständiges Verschulden trifft (etwa infolge unterlassener Mitteilung an den Empfänger) – nach § 280 BGB gehaftet wird.[57]

Ist ein Schaden, der sich erst nach der Ablieferung voll entwickelt hat, durch eine **30** Beschädigung während der Obhut verursacht worden (wie etwa der Rost an Stahlrollen, die während der Beförderung nass geworden sind), so ist bei der Ermittlung des Wertes nach § 429 Abs. 2 nur der bei Ablieferung durch die erhöhte Schadensanfälligkeit verminderte Wert des Gutes (hypothetisch) anzusetzen.[58]

**2. Überschreitung der Lieferfrist.** Die Überschreitung der Lieferzeit braucht nicht **31** notwendig während der Obhutszeit eingetreten zu sein. Bei der Verspätungshaftung nach § 425 Abs. 1 handelt es sich nicht, wie bei der Haftung für Schäden durch Verlust oder Beschädigung, um eine Obhutshaftung als Sonderregelung gegenüber §§ 280 ff. BGB, sondern um eine Sonderregelung des Verzuges.[59]

Liefert der Frachtführer das Gut nicht innerhalb der vereinbarten oder ihm als angemessen **32** zuzubilligenden Lieferzeit (§ 423) ab, so haftet er für den Verzugsschaden, allerdings beschränkt auf das Dreifache der Fracht (§ 431 Abs. 3). Dabei kommt es nicht darauf an, ob die Verzögerung während der Beförderung eingetreten ist oder ob der Frachtführer das Gut zu spät übernommen hat.[60] Hat der Frachtführer das Gut zu spät übernommen, es

[51] BGH 24.9.1987, NJW-RR 1988, 479, 480 = TranspR 1988, 108, 109.
[52] OLG Stuttgart 22.1.2003, TranspR 2003, 104, 105 mN; Fremuth/Thume/*Fremuth* Rn. 16; *Koller* Rn. 40; EBJS/*Schaffert* Rn. 17.
[53] Vgl. den Fall OLG Hamburg 21.4.2010, TranspR 2011, 112.
[54] OLG Hamburg 26.11.1987, TranspR 1988, 238 = VersR 1988, 595; zust. *Thume* TranspR 1990, 41, 42.
[55] *Koller* TranspR 2013, 173.
[56] *Koller* TranspR 2013, 173, 176.
[57] *Koller* TranspR 2013, 173; eingehend auch *Thume* TranspR 2013, 8, 11; aA EBJS/*Schaffert* § 425 Rn. 17.
[58] *Koller* TranspR 2013, 173.
[59] *Koller* Rn. 40.
[60] *Ramming* TranspR 2003, 419, 421 f.; E/B/J/S/*Schaffert* Rn. 15; aA *Koller* Rn. 39.

aber infolge zügiger Beförderung gleichwohl innerhalb der Lieferfrist abgeliefert, entsteht aber dem Absender ein Schaden durch die Verzögerung des Einladens (etwa durch Nichtausnutzung vorgesehener Hilfsmittel oder durch Überstundenbezahlung), so bestimmt sich die Haftung hierfür nach allgemeinem Zivilrecht.[61]

33     Bei Lieferzeitüberschreitungen infolge von Streiks wird es entscheidend darauf ankommen, ob der Frachtführer mit zumutbaren Anstrengungen die Möglichkeit hatte, die rechtzeitige Lieferung sicherzustellen.[62] Dabei spielen sowohl die Vorhersehbarkeit als auch der Aufwand für die etwa mögliche Umgehung des Streiks durch Beauftragung anderer Frachtführer eine Rolle.

## VII. Obhutszeitraum

34     Obhutszeit ist die Zeit von der Übernahme des Gutes zum Zwecke der Beförderung[63] bis zu seiner Ablieferung.[64]

35     **1. Übernahme.** Übernahme bedeutet in aller Regel Besitzerlangung, jedenfalls Begründung der Obhut des Frachtführers an dem zu befördernden Gut zum Zweck der Beförderung.[65] Der Frachtführer wird mit Übernahme des Gutes – unmittelbarer oder mittelbarer – Fremdbesitzer; dabei wird der unmittelbare Besitz oft durch einen Besitzdiener (Fahrer oder sonstiges Personal) erworben und vermittelt. Ein Hauptfrachtführer erlangt Besitz in dem Augenblick, in dem ein von ihm als Zubringer eingeschalteter Unterfrachtführer den unmittelbaren Besitz übertragen erhält. Freilich muss der Besitzmittler unmittelbaren Besitz erlangt haben.[66] Der Absender behält den mittelbaren Besitz am zu befördernden Gut (vgl. §§ 854, 868 BGB).

36     Ausnahmsweise kann die Übernahme auch in der **einvernehmlichen Begründung der Obhut** des Frachtführers bestehen, **ohne** dass diesem der **ausschließliche körperliche Besitz** eingeräumt wird, sofern der Frachtführer durch eine Willenseinigung mit dem Absender in die Lage versetzt wird, die tatsächliche Gewalt über das Gut auszuüben und es gegen Verlust und Beschädigung zu schützen.[67]

37     Hat, wie regelmäßig nach § 412 Abs. 1, der **Absender zu laden,** beginnt der Obhutszeitraum mit dem Absetzen des Gutes auf der Ladefläche.[68] Die Auffassung, die Obhut des Frachtführers werde erst mit dem völligen Abschluss der Ladetätigkeit begründet,[69] geht auf einen Sonderfall zurück, nämlich das Beladen eines Kühlfahrzeuges,[70] bei dem der Frachtführer die Obhut erst übernimmt, wenn die Leute des Frachtführers die Türen schließen. Generell kommt es auf die Besonderheiten jedes einzelnen Falles an.[71] Hat der Absender die Ladung auch zu stauen oder zu befestigen, so wird die Obhut des Frachtführers regelmäßig, doch abhängig vom Einzelfall, erst danach begründet werden.

38     Haben dagegen die Vertragsparteien in Abweichung von § 412 Abs. 1 vereinbart, dass der **Frachtführer das Gut zu verladen** hat, so beginnt der gem. § 425 maßgebliche Haftungszeitraum bereits in dem Augenblick, in dem der Frachtführer das Gut **zum Zwecke der Verladung** im Rahmen des Frachtvertrages in seine Obhut nimmt und zu erken-

---

[61] *Ramming* TranspR 2003, 419, 421 f.; *Koller* Rn. 39.
[62] *Ehmen* TranspR 2007, 354.
[63] EBJS/*Schaffert* Rn. 18; *Koller* Rn. 21; näher zum Besitzerwerb OLG Düsseldorf 23.12.1996, TranspR 1998, 112, 113.
[64] OLG Dresden 16.12.2004, TranspR 2005, 72, 73; Heymann/*Joachim* Rn. 2; EBJS/*Schaffert* Rn. 17; Baumbach/Hopt/*Merkt* Rn. 2; *Koller* Rn. 16.
[65] OLG Düsseldorf 17.11.2010, TranspR 2011, 74.
[66] OLG Düsseldorf 5.8.1976, DB 1977, 250, 251.
[67] BGH 28.6.2001, NJW-RR 2002, 536, 537 = TranspR 2001, 471, 472; BGH 27.10.1978, NJW 1979, 493, 493 f. (Art. 18 WA).
[68] *Piper* TranspR 1990, 357, 360; *Herber/Piper* Art. 17 CMR Rn. 2.
[69] *Koller* Rn. 19; EBJS/*Schaffert* Rn. 18; *Thume* Art. 17 CMR Rn. 30.
[70] OLG Celle 22.11.1973, NJW 1974, 1095, 1096 zu KVO.
[71] *Piper* TranspR 1990, 357, 360.

nen gibt, dass er die Herrschaftsgewalt zum Zwecke der Beförderung übernimmt,[72] also nicht erst mit der Beendigung des Beladevorgangs.[73] In diesem Fall geschieht also das Laden auf Risiko des Frachtführers.

Die Übernahme hat insofern **rechtsgeschäftsähnlichen Charakter,** als sie den Wil- 39 len des Übernehmenden voraussetzt, den Besitz zum Zweck der Beförderung zu überneh-men oder durch einen Besitzmittler entgegennehmen zu lassen.[74] Es bedarf hierfür aber keiner ausdrücklichen Erklärung; die Bereitschaft kann vielmehr auch konkludent zum Ausdruck gebracht werden.[75] Insofern bleibt für eine Willensbekundung allenfalls dahin Raum, dass die Sache gerade zur Abwicklung des fraglichen Frachtvertrages entgegenge-nommen wird.

Die Übernahme muss **zur Beförderung** geschehen. Die Haftung gem. § 425 ist deshalb 40 ausgeschlossen, solange das Gut dem Frachtführer nur zur Lagerung oder Verwahrung übergeben worden ist, also noch kein Frachtvertrag abgeschlossen wurde,[76] mag eine spätere Beförderung durch den Lagerhalter auch beabsichtigt sein. Ist bei Übernahme bereits ein Frachtvertrag abgeschlossen, so gilt die Haftungsregel des § 425 jedoch auch schon vor der eigentlichen Beförderung. Lagert der Frachtführer das Gut zunächst aus Gründen vor, die seiner Sphäre zuzurechnen sind (etwa wegen fehlender Transportkapazität) so beginnt die Obhutshaftung des § 425 Abs. 1 bereits mit der Vorlagerung.[77] Umfassen die Verpflichtun-gen des Frachtführers außer der Beförderung auch Nebenleistungen wie kurzfristige Vorla-gerung, Verpacken oder Umpacken, liegt also ein gemischter, werkvertragliche Leistungen umfassender Vertrag vor, so beginnt der frachtvertragliche Haftungszeitraum schon mit der Übernahme zum Zwecke solcher Hilfsverrichtungen für die Beförderung;[78] dies gilt jedoch nicht, wenn in den Vertrag besonders ins Gewicht fallende frachtvertragsfremde Elemente einbezogen sind[79] wie etwa die Demontage einer Maschine.[80]

**2. Ablieferung.** Die Obhutszeit endet regelmäßig mit der Ablieferung, durch die der 41 Frachtführer die zur Beförderung erlangte Obhut über das Gut mit ausdrücklicher oder stillschweigender Einwilligung des Verfügungsberechtigten wieder aufgibt und diesen in die Lage versetzt, die tatsächliche Gewalt über das Gut auszuüben.[81] Hat, wie regelmäßig (§ 412 Abs. 1), der Absender und für diesen der Empfänger zu entladen, so endet die Obhut des Frachtführers regelmäßig, wenn der Fahrer den (entladepflichtigen) Empfänger (etwa durch Öffnen der Ladeklappe des Lkw oder Absenken der Ladefläche) in die Lage versetzt, gefahrlos die Sachherrschaft zu übernehmen;[82] die Sachherrschaft kann dabei auch ohne sofortige Erlangung des unmittelbaren Besitzes durch den Empfänger (etwa durch Anwei-sungen über das endgültige Entladen, bei dem der Fahrer regelmäßig aus Gefälligkeit für den Empfänger handelt und deshalb den Frachtführer bei Schäden nicht verpflichtet) ausgeübt werden.[83] Spätestens endet die Obhut des Frachtführers mit dem Ansetzen des Ladegeschirrs

---

[72] OLG Düsseldorf 17.11.2010, TranspR 2011, 75 ff.

[73] BGH 23.5.1990, NJW-RR 1990, 1314, 1315 = TranspR 1990, 328, 329 (zur KVO); OGH Wien 3.7.1985, TranspR 1987, 374, 376; EBJS/*Schaffert* Rn. 18; *Koller* Rn. 20.

[74] Heymann/*Honsell* Rn. 9; Fremuth/Thume/*Fremuth* Rn. 17; aA *Koller* Rn. 18.

[75] BGH 27.10.1978, NJW 1979, 493, 494.

[76] *Koller* Rn. 21; EBJS/*Schaffert* Rn. 20; Schlegelberger/*Geßler* Rn. 6; Heymann/*Honsell* Rn. 10; LG Berlin 21.9.1971, VersR 1971, 756, 757.

[77] BGH 12.1.2012, TranspR 2012, 107.

[78] Schlegelberger/*Geßler* Rn. 6; *Koller* Rn. 23; EBJS/*Schaffert* Rn. 20.

[79] EBJS/*Schaffert* Rn. 20; *Koller* Rn. 23.

[80] Vgl. hierzu BGH 13.9.2007, TranspR 2007, 477; anders OLG Düsseldorf 5.8.1976, DB 1977, 250, 251.

[81] Zu den Problemen der Ablieferung eingehend *Thume* TranspR 2012, 85 ff.; BGH 19.1.1973, VersR 1973, 350; BGH 9.11.1979, TranspR 1980, 94, 95 = VersR 1980, 181, 182; OLG Nürnberg 21.12.1989, TranspR 1991, 99; GroßkommHGB/*Helm* Rn. 52; Baumbach/Hopt/*Merkt* Rn. 3; Fremuth/Thume/*Fremuth* Rn. 18; *Piper* TranspR 1990, 357, 360. Zum Begriff vgl. auch § 407 Rn. 34 ff.

[82] OLG Hamm 19.6.2008, TranspR 2008, 405 mit ausführlichen Nachweisen; *Thume* TranspR 2012, 85, 86.

[83] Sehr klar und eingehend zu dieser nicht ungewöhnlichen Fallgestaltung OLG Hamm 19.6.2008, TranspR 2008, 405.

am Gut; dies ist namentlich beim Entladen von Schiffen der regelmäßige Ablieferungsort.[84] **Hat jedoch der Frachtführer** auf Grund entsprechender Vereinbarung **zu entladen,** so endet die Obhut erst mit der Übergabe an den Empfänger.[85]

**41a**    Auch die Ablieferung an einen Empfangsspediteur beendet die Obhut des Frachtführers.[86]

**42    3. Hilfe von Personal des nicht Verladepflichtigen.** Problematisch ist die Rechtslage in den nicht seltenen Fällen, in denen der Fahrer beim Verladen durch die Ladungsbeteiligten hilft, denen die Pflicht zum Verladen (entsprechend der Regel des § 412 oder kraft Vertrages) oblag. Geschieht dies in Absprache oder zumindest mit Billigung des Frachtführers, kann in der Absprache aber keine Änderung des Vertrages gesehen werden, so werden die abgestellten Leute in der Regel unter den Weisungen des Ladungsbeteiligten arbeiten. Solange dieser die Obhut über das Gut hat, scheidet eine Haftung des Frachtführers nach § 425 aus.[87] Dies gilt noch mehr, wenn der Fahrer aus Gefälligkeit „mit anfasst". Umgekehrt kann die Mithilfe von Leuten des Absenders oder Empfängers bei Verladetätigkeiten des Frachtführers (Fahrers), die noch nicht zu der Annahme führt, der Frachtführer habe seine Obhut schon verloren, zu einem Mitverschulden mit der Folge der Schadensersatzminderung führen. Vgl. auch Erl. zu § 428.

**42a**    Wird der **Fahrer** oder eine andere vom Frachtführer eingesetzte Hilfsperson vor Beendigung des dem Absender vertraglich obliegenden Verladevorgangs **ohne Kenntnis und Billigung des Absenders oder Empfängers** beim Verladen des Transportgutes tätig, folgt daraus nicht ohne weiteres, dass der Frachtführer das Gut schon zu Beginn seiner eigenmächtigen Mitwirkung bei der Verladung in seine Obhut genommen oder während des Entladevorgangs noch in seiner Obhut behalten hat. Deshalb haftet der Frachtführer für Schäden, die sein Fahrer oder sonst Beauftragter bei solcher Mitwirkung schuldhaft verursacht, nicht nach §§ 425 ff., sondern nach § 280 Abs. 1 Satz 1 BGB; dieser Anspruch ist, soweit es sich bei den verursachten Schäden um Güterschäden handelt, nicht nach § 433 beschränkt.[88]

### VIII. Rechtswidrigkeit

**43**    Ungeschriebenes Tatbestandsmerkmal ist das der Rechtswidrigkeit: Die Handlung, die zum Verlust, zur Beschädigung oder zur Lieferfristüberschreitung geführt hat, muss widerrechtlich sein.[89] Dies ist nicht der Fall, wenn eine Duldungspflicht besteht. Eine Pfandverwertung, die zum Verlust des Gutes geführt hat, kann mithin nur dann eine Haftung auslösen, wenn sie rechtswidrig ist.[90] Gleiches gilt für die pfandrechtswidrige Veräußerung des Gutes.[91]

### IX. Beweislast

**44    1. Bei Verlust oder Beschädigung.** Bei Verlust oder Beschädigung hat der Empfänger oder Absender den Beweis zu führen, dass das Gut während der Obhut des Frachtführers verloren gegangen ist oder beschädigt wurde. Dafür bedarf es zunächst des Beweises, dass das Gut dem Frachtführer übergeben wurde und im Zeitpunkt der Übernahme in einwandfreiem Zustand war.[92]

[84] OLG Düsseldorf 9.11.1995, TranspR 1997, 70, 71; *Koller* Rn. 26; EBJS/*Schaffert* Rn. 24; GroßkommHGB/*Helm* Rn. 65.
[85] OLG Hamm 19.6.2008, TranspR 2008, 405.
[86] BGH 7.4.2011, TranspR 2011, 365.
[87] *Neufang/Valder* TranspR 2002, 325, 332; *Koller* Rn. 19, 27.
[88] BGH 28.11.2013, TranspR 2014, 23.
[89] So auch EBJS/*Schaffert* § 426 Rn. 2; *Koller* § 426 Rn. 1; GroßkommHGB/*Helm* Rn. 119.
[90] Vgl. BGH 18.5.1995, NJW 1995, 2917 = TranspR 1995, 383, 384 (zu Art. 17 Abs. 1 CMR).
[91] BGH 10.7.1997, NJW-RR 1998, 543, 544 = TranspR 1998, 106, 108 (mit Anm. *Koller* EWiR 1998, 319).
[92] EBJS/*Schaffert* Rn. 35; *Fremuth/Thume/Fremuth* Rn. 75; *Koller* Rn. 41; BGH 26.4.2007, TranspR 2007, 418 Tz. 13; BGH 24.10.2002, TranspR 2003, 156, 158.; OLG Köln 15.12.2009, TranspR 2010, 147.

**a) Beweis der Übernahme des Gutes.** Beweis der Übernahme des Gutes durch den 45
Frachtführer kann durch einen von beiden Vertragsparteien unterzeichneten Frachtbrief
(§ 409 Abs. 1) oder durch einen Ladeschein (§ 443 Abs. 1) geführt werden; die durch
diese Papiere begründete Vermutung ist grundsätzlich widerleglich, jedoch im Falle des
auf den gutgläubigen Anspruchsteller übertragenen Ladescheins unwiderleglich (§ 444
Abs. 2). Beide Papiere begründen zugleich, sofern sie keinen wirksamen Vorbehalt enthalten (§ 409 Abs. 2 Satz 2; § 444 Abs. 1) die – widerlegliche oder unwiderlegliche – Vermutung, dass das übernommene Gut in äußerlich gutem Zustand war (§ 409 Abs. 2 Satz 1;
§ 444 Abs. 1).

Abgesehen von dem Sonderfall des § 409 Abs. 3 Satz 1 erstreckt sich die Beweiswirkung 46
auch bei Frachtbrief und Ladeschein nicht auf den Inhalt von Frachtstücken und das
Gewicht. Insoweit ist der Anspruchsteller deshalb stets auf andere Beweismittel angewiesen.
Der sonst nur durch Zeugenbeweis zu führende Beweis wird im kaufmännischen Verkehr
jedoch durch die Rechtsprechung erleichtert, die Lieferschein und korrespondierende Handelsrechnung als *prima facie*-Beweis dafür gelten lässt, dass das angegebene Gut versandt
worden ist.[93] Auch eine dem Frachtführer durch EDV zugestellte Versandliste kann genügen.[94] Für die Überzeugungsbildung des Richters ist es ausreichend, wenn Lieferschein
oder Handelsrechnung zum Nachweis des Inhalts vorgelegt wird, wenn dieses Dokument
in sich schlüssig und geeignet ist, den behaupteten Schaden zu belegen und wenn der
Beklagte dagegen keine substantiierten Einwände erhebt.[95]

Wurde weder Ladeschein noch Frachtbrief ausgestellt, so kann der Beweis für Über- 47
nahme und Anzahl der übergebenen Frachtstücke und den Zustand des Gutes auch durch
eine vom Frachtführer oder seinem Fahrer ausgestellte **Empfangsbestätigung** (Übernahmequittung) geführt werden, die etwa lautet „Stückzahlmäßig und in einwandfreiem
Zustand laut Rollkarte übernommen".[96] Die Beweiskraft einer solchen Empfangsbestätigung kann durch jeden Gegenbeweis, durch den die Überzeugung des Gerichts von ihrer
Richtigkeit erschüttert wird, entkräftet werden.[97] Im Zweifel sind alle Empfangsbescheinigungen dahin auszulegen, dass ein Frachtführer nur das bescheinigen will, wozu er verpflichtet ist, so dass sich etwa eine Bescheinigung über auf Paletten gestaute Güter im Zweifel
nur auf Zahl und Gewicht der Paletten, nicht auf die palettierten Güter erstreckt. Allerdings
kann sich im Einzelfall die Quittungswirkung auch auf Umstände erstrecken, die zu prüfen
und zu dokumentieren der Frachtführer an sich nicht verpflichtet ist, so auf die Kerntempe-
ratur von übernommenen Kühlgut.[98] Ein Vermerk „ungezählt übernommen" bedeutet,
dass der Frachtführer jegliche Quittungswirkung ausschließen will, dass also der Geschädigte
nach allgemeinen Grundsätzen Zahl und Zustand der übernommenen Güter beweisen
muss.[99]

Ob der Frachtführer eine gegebene Möglichkeit zur Überprüfung nicht wahrnimmt und 48
„blind" Quittungen erteilt, kann nicht erheblich sein. Der Verkehrsschutz verlangt, ihn an
seiner Erklärung festzuhalten.[100] Enthält allerdings die Empfangsbestätigung Angaben, die
der Unterzeichnende ersichtlich oder erwiesenermaßen nicht bestätigen konnte, wie beispielsweise Angaben über die Art oder die Anzahl der in verschlossenen Behältnissen verpackten Waren oder das nicht nachgewogene Gewicht einer Sendung, so wird eine solche
Bestätigung auch ohne ausdrücklichen Vorbehalt den Beweis nicht erbringen können.

---

[93] BGH 24.10.2002, NJW-RR 2003, 754, 756 = TranspR 2003, 156, 158 f.; BGH 20.7.2006, NJW-
RR 2007, 28, 29 = TranspR 2006, 394, 395; OLG Koblenz 30.11.2006, VersR 2007, 1009. Das gilt nach
der Entscheidung vom 20.7.2006 auch dann, wenn ein Versender ständig eine Vielzahl von Paketen übergibt;
*Koller* Rn. 41.
[94] BGH 30.1.2008, TranspR 2008, 122; BGH 1.12.2005, TranspR 2006, 166, 167; *Koller* Rn. 41.
[95] BGH 22.10.2009, TranspR 2010, 73 Tz. 20; BGH 20.9.2007, TranspR 2008, 163 Tz. 34 f.
[96] BGH 24.10.2002, TranspR 2003, 156, 158.
[97] BGH 14.4.1978, WM 1978, 849, 849; GroßkommHGB/*Helm* § 429 Rn. 106, *Koller* § 408 Rn. 27.
[98] OLG Düsseldorf 30.10.1980, VersR 1981, 526, 526.
[99] OLG Hamburg 29.10.1981, VersR 1983, 187, 187; dazu *Züchner* VP 1984, 193, 194.
[100] Bedenklich deshalb OLG Köln 19.6.1969, VersR 1969, 1111, 1113.

49      **b) Beweis der Ablieferung.** Beweis der Ablieferung an den berechtigten[101] Empfänger hat der Frachtführer zu führen.[102] Dies geschieht in der Regel durch eine Empfangsquittung. Kann der Frachtführer diesen Beweis nicht führen, kann sich der Empfangsberechtigte auf die Verlustvermutung des § 424 berufen.

50      Macht der Anspruchsberechtigte einen Schaden wegen Beschädigung des Gutes geltend, so hat er die Beschädigung zu beweisen. Zeigt er den Schaden entsprechend § 438 an, so streitet zwar nicht noch die (zusätzliche, jedoch auch widerlegliche) Vermutung des § 438 Abs. 1 gegen ihn, dass das Gut in vertragsgemäßem Zustand abgeliefert worden ist, doch muss er Beschädigung und Schaden gleichwohl im Streitfall noch beweisen.[103]

51      **2. Lieferfristüberschreitung.** Bei der Verspätungshaftung hat der Anspruchsteller die Vereinbarung einer Lieferfrist und deren Überschreitung, mangels Vereinbarung die Nichteinhaltung der dem Frachtführer nach § 423 zuzubilligenden Frist zu beweisen.

52      **3. Umfang des Schadens.** Kann die Höhe des Schadens nicht genau bewiesen werden, hat das Gericht den Schaden – gegebenenfalls einen Mindestschaden[104] – zu schätzen (§ 287 ZPO). Zur Darlegung eines Schadens des Verkäufers wegen Überschreitung der Lieferfrist genügt nicht, dass die Käufer Deckungskäufe tätigen mussten; es müssen vielmehr alle Vor- und Nachteile abgewogen werden.[105]

## X. Schadensteilung (Abs. 2)

53      **1. Allgemein.** Absatz 2 greift den Rechtsgedanken des § 254 BGB auf.[106] Die von der Literatur vielfach erhobene Kritik, namentlich gegen die Stellung im Gesetz, erscheint unbegründet. Die Bestimmung bringt nach der noch problematischeren Regelung der CMR – welche Haftungsausschluss (Art. 17 Abs. 2) und Schadensteilung (Art. 17 Abs. 5) gesondert und unvollständig behandelt – in einer umfassenden Regel klar zum Ausdruck, was gemeint ist: Es sollen Mitverursachung und Mitverschulden in allen Haftungsfällen gegeneinander abgewogen werden, wobei das Ergebnis sowohl eine Schadensteilung als auch – im Extremfall – ein völliger Haftungsausschluss sein kann.[107] Die uneingeschränkte Anwendung des für das deutsche Recht zentralen Prinzips des § 254 BGB, die nach der CMR zweifelhaft ist und erst durch die Rechtsprechung eröffnet werden musste,[108] ist damit sichergestellt. Die Auslegung orientiert der BGH mit Recht an § 254 BGB,[109] dessen Wiederholung im Transportrecht wegen des abschließenden Charakters der Haftungsregelung der §§ 425 ff. geboten war.

54      **2. Verhalten des Absenders oder des Empfängers.** Bestimmte in § 427 Abs. 1 genannte Verhaltensweisen des Absenders (etwa ungenügende Verpackung oder Kennzeichnung) führen kraft Gesetzes zur Haftungsbefreiung. Dazu Erl. zu § 427.

55      Unter § 425 Abs. 2 fällt **jedes sonstige Verhalten** des Absenders oder Empfängers, das zum Schaden ursächlich beigetragen hat; etwa auch eine unsachgemäße Weisung oder ein unterlassener, gebotener Hinweis[110] (vgl. Art. 17 Abs. 2, 2. Fall CMR). Jedes unsachgemäße Verhalten kann ebenfalls zur Haftungsbefreiung führen, besonders, wenn schweres Ver-

---

[101] Zur Prüfung der Berechtigung vgl. BGH 13.7.2000, TranspR 2001, 298.

[102] Im Einzelnen dazu *Thume* TranspR 2012, 85, 87.

[103] *Piper*, FG Herber, S. 136; GroßkommHGB/*Helm* § 429 Rn. 105, 108, 110; *Koller* § 438 Rn. 17.

[104] OLG Düsseldorf 16.11.2005, TranspR 2006, 30, 33; vgl. auch BGH 22.10.2009, TranspR 2010, 73.

[105] LG München I 5.4.2002, TranspR 2003, 22, 22; EBJS/*Schaffert* Rn. 42.

[106] Reg.Begr. S. 59; EBJS/*Schaffert* Rn. 45; Fremuth/Thume/*Fremuth* Rn. 63; Baumbach/Hopt/*Merkt* Rn. 4.

[107] BGH 13.7.2006, TranspR 2006, 448; BGH 11.9.2008, TranspR 2008, 362; BGH 13.8.2009, TranspR 2010, 145.

[108] So ist der völlige Haftungsausschluss in Art. 17 Abs. 5 CMR nicht und in Art. 17 Abs. 2 CMR nur für einen Sonderfall – falsche Weisung – vorgesehen, vgl. *Herber/Piper* CMR Art. 17 Rn. 151.

[109] BGH 1.12.2005, NJW-RR 2006, 756, 757 = TranspR 2006, 119, 120, stRspr.

[110] Vgl. KG 19.3.1998, TranspR 1998, 418, 420: Unterlassener Hinweis, dass der preußische „Farnesische Stier" aus Gipshohlguss besteht.

schulden auf Absender- oder Empfängerseite zusätzlich für die Abwägung ins Gewicht fällt. Nach der Rechtsprechung führt jedoch nicht schon bloße Kenntnis des Absenders von einer mangelhaften Organisation des Betriebes des Frachtführers zu einem Mitverschulden, sofern diesem nicht bekannt ist, dass es im Unternehmen des Frachtführers auf Grund der Organisationsmängel immer wieder zu Verlusten kommt.[111]

Einen Mitverursachungsbeitrag von **Absender wie Empfänger** lässt das Gesetz beacht- **56** lich sein, weil jeder von ihnen als Gläubiger des Schadensersatzanspruches in Betracht kommt. Es kommt nicht darauf an – wie nach Art. 17 Abs. 2 CMR[112] –, dass derjenige einen Verursachungsbeitrag geleistet hat, der (nach § 418) in diesem Zeitpunkt verfügungsberechtigt war.

Der Empfänger muss sich das Verschulden des Absenders und dessen Erfüllungsgehilfen **57** zurechnen lassen und umgekehrt.[113] Im Falle der Drittschadensliquidation (vgl. hierzu Rn. 65 ff.) muss auch berücksichtigt werden, ob der materiell Geschädigte seiner Schadensminderungsobliegenheit nachgekommen ist.[114]

**Wichtige Fälle der Mitverursachung** sind die **Nichtangabe des besonderen Wertes** **58** eines Gutes, der unterlassene Hinweis auf die Gefahr eines ungewöhnlich hohen Schadens oder auf die Gefährlichkeit des Gutes.[115] Die Gefahr eines ungewöhnlich hohen Schadens soll nach der Rechtsprechung des BGH nach den Umständen des Einzelfalles zu beurteilen sein, insbesondere danach, welche Haftungsrisiken der Frachtführer zu übernehmen bereit ist.[116] In der Folgezeit hat sich jedoch der Grundsatz herausgebildet, dass ein ungewöhnlich hoher Schaden in der Regel angenommen wird, wenn der Wert des Gutes den zehnfachen Betrag der Haftungshöchstgrenze nach den Beförderungsbedingungen des Frachtführers übersteigt.[117] Fehlt es an Geschäfts- oder Beförderungsbedingungen des Frachtführers, die eine Höchsthaftung vorsehen, so nimmt der BGH einen ungewöhnlich hohen Schaden dann an, wenn der Wert den zehnfachen Betrag der Haftungsbegrenzung nach § 431 Abs. 1 übersteigt.[118]

**3. Besonderer Mangel des Gutes.** Besonderer Mangel des Gutes ist als den Schaden **59** mit verursachender Umstand – in Anlehnung an Art. 17 Abs. 2 CMR – im Gesetz besonders hervorgehoben worden, weil er nicht unbedingt auf einem Verhalten oder Verschulden des Absenders oder Empfängers beruht. Anders als nach der CMR führt er jedoch nicht prinzipiell zum Ausschluss der Haftung; allerdings enthält auch die CMR in Art. 17 Abs. 5 ein Korrektiv dieser drastischen Lösung, sodass im Ergebnis die Rechtslage weitgehend identisch ist.

**4. Abwägung.** Die Abwägung[119] richtet sich im Rahmen der nicht vom Verschulden **60** abhängigen Haftung nach Absatz 1 **primär nach dem Maß der Verursachung.** Zusätzlich ist im Rahmen der Umstände ein Verschulden mit zu berücksichtigen, und zwar auf beiden Seiten. Ein nicht schuldhaftes mitwirkendes Verhalten soll jedenfalls in der Regel nicht zu einem Anspruchswegfall führen.[120]

**5. Einzelfälle.** Der Mitverursachungseinwand hat besondere Bedeutung in den Fällen **61** des qualifizierten Verschuldens des Frachtführers, in denen nach § 435 die Haftungsbe-

---

[111] BGH 20.9.2007, TranspR 2008, 163; BGH 24.6.2010, TranspR 2010, 382.

[112] Der Begriff wird allerdings von der Rechtsprechung weiter (iS eines „Berechtigten") ausgelegt, vgl. *Herber/Piper* Art. 17 Rn. 56 f.

[113] *Fremuth/Thume/Fremuth* Rn. 67; *EBJS/Schaffert* Rn. 47; *Rundnagel,* Die Haftung der Eisenbahn für Verlust, Beschädigung und Lieferfristüberschreitung nach deutschem Eisenbahnrecht, Leipzig 1924, S. 214.

[114] OLG München 23.2.1990, NJW-RR 1990, 828, 828 f.

[115] OLG Hamburg 19.12.1985, TranspR 1986, 146, 148 (zur CMR).

[116] BGH 1.12.2005, TranspR 2006, 212.

[117] BGH 20.9.2007, TranspR 2008, 163; BGH 30.1.2008, TranspR 2008, 117.

[118] BGH 21.1.2010, TranspR 2010, 189. Nach dieser Entscheidung soll ggf. ein durch AGB festgelegter (§ 449 Abs. 2 Satz 1) niedrigerer Haftungshöchstbetrag maßgebend sein. Man wird kaum rechtfertigen können, dass das nicht auch für den Fall einer Erhöhung des Betrages gelten soll.

[119] Grundlegend hierzu BGH 13.8.2009, TranspR 2010, 145.

[120] Reg.Begr. S. 60; EBJS/*Schaffert* Rn. 49; ausführlich *Koller* Rn. 70 f.; aA Fremuth/Thume/*Fremuth* Rn. 66.

schränkungen und -begrenzungen des Frachtrechts entfallen.[121] Wenn die verhältnismäßig niedrige Haftungsobergrenze von 8,33 SZR je kg (§ 431) unanwendbar ist und der Schadensersatzanspruch praktisch in unbegrenzter Höhe besteht, erhält der Mitverschuldenseinwand naturgemäß zentrale Bedeutung, um die Entschädigungssummen je nach Abwägung des beiderseitigen Verhaltens im Einzelfall angemessen einzugrenzen (vgl. dazu § 435 Rn. 27). Deshalb werden die Einzelfälle in den Erl. zu § 435 behandelt (dort Rn. 34 ff.); vgl. ferner Art. 29 CMR Rn. 36 ff.

## XI. Aktivlegitimation

62    **1. Schadensersatzansprüche wegen Beschädigung.** Schadensersatzansprüche wegen Beschädigung stehen als Ansprüche aus dem Frachtvertrag grundsätzlich dem Absender als Vertragspartner des Frachtführers zu.

63    Nach Ankunft des Gutes an der Ablieferungsstelle ist **auch der Empfänger** berechtigt, die durch den Frachtvertrag begründeten Rechte, also auch die Ansprüche auf Schadensersatz, gegen Erfüllung der sich aus dem Frachtvertrag ergebenden Verpflichtungen im eigenen Namen gegen den Frachtführer geltend zu machen (§ 421 Abs. 1).

64    **2. Schadensersatzansprüche wegen Verlust.** Ist das Gut völlig in Verlust geraten, so ist § 421 HGB nach seinem Tatbestand unanwendbar. Der Absender kann außer seinem eigenen Schaden im Wege der Drittschadensliquidation auch den Schaden des Empfängers geltend machen. Wegen der Einzelheiten vgl. § 421 Rn. 27 ff.

## XII. Drittschadensliquidation

65    Ausnahmsweise kann der aus dem Vertrag formell Ersatzberechtigter im Wege der Drittschadensliquidation auch den Schaden eines anderen geltend machen, wenn seine Rechtsbeziehung mit diesem die Wahrnehmung des Drittinteresses rechtfertigt und der materiell Geschädigte selbst **keinen eigenen vertraglichen Anspruch** geltend machen kann.

66    Das Gesetz hat die Drittschadensliquidation ausdrücklich **anerkannt** für den Fall, dass der Absender den Schaden des Empfängers oder der Empfänger den Schaden des Absenders geltend macht, § 421 Abs. 1 Satz 3.[122]

67    Die Rechtsprechung hat die Drittschadensliquidation des **Spediteurs** bejaht, der als Vertragspartner des Frachtführers (frachtbriefmäßiger Absender) den Schaden seines Vertragspartners, nämlich des **Versenders,** geltend gemacht hat.[123] Bejaht wurde auch die Drittschadensliquidation des Spediteurs im Empfängerinteresse.[124] Anerkannt wurde weiter die Drittschadensliquidation durch den **Absender,** der den Frachtvertrag im Interesse eines Dritten abgeschlossen hat,[125] sowie des Frachtführers, der die Beförderung auf einen weiteren Beförderer (Unterfrachtführer) übertragen hat und einen Schaden seines Vertragspartners, des Absenders, geltend macht.[126] Es bedarf für die Legitimation nicht unbedingt eines Vertragsverhältnisses zwischen dem vertraglich Berechtigtem und dem Geschädigten, vielmehr **genügt ein tatsächliches Interessenwahrnehmungsverhältnis** wie etwa beim Lagerhalter für den Eigentümer der von einem anderen eingelagerten Güter[127] oder beim Spediteur für den Transportversicherer seines Auftraggebers.[128] Wenn allerdings ein Haupt-

---

[121] Dass § 425 Abs. 2 gleichwohl anzuwenden ist, wird heute nicht mehr bestritten. Vgl. BGH 30.1.2008, TranspR 2008, 117; BGH 11.9.2008, TranspR 2008, 362.

[122] Dazu § 421 Rn. 22 f.; *Koller* Rn. 63; Fremuth/Thume/*Fremuth* § 421 Rn. 16 ff.; Reg.Begr. S. 54; auch *Neumann* TranspR 2006, 429, 431, der in § 421 Abs. 1 Satz 3 einen Fall der Prozessstandschaft sieht. Dazu unten Rn. 69 f.

[123] BGH 14.3.1985, VersR 1985, 753, 754; OLG Hamm 6.2.1997, TranspR 1998, 34, 34.

[124] BGH 20.4.1989, NJW 1989, 3099, 3099. Zu Grenzen OLG Hamburg 9.8.1990, VersR 1991, 716, 716; OLG Hamburg 17.6.1993, TranspR 1993, 384, 386; OLG München 27.1.1994, NJW-RR 1994, 673, 674.

[125] BGH 14.3.1985, VersR 1985, 753, 754.

[126] OLG Hamburg 4.12.1986, VersR 1987, 558, 558; OLG Frankfurt 8.6.1982, TranspR 1982, 150, 150.

[127] BGH 29.3.2001, TranspR 2001, 447, 449; *Piper* VersR 1988, 201, 202 f.

[128] OGH 27.4.2011, TranspR 2011, 373.

frachtführer selbst seinem Auftraggeber, dem Absender, ersatzpflichtig geworden ist (und zwar gerade, weil er für den Unterfrachtführer einstehen muss) und ihm seinen Anspruch gegen den Unterfrachtführer abtritt, dann ist dies begrifflich auch insofern kein Fall von Drittschadensliquidation, als wirtschaftlich mittels des abgetretenen Anspruchs ein Schaden des Auftraggebers ausgeglichen werden soll.[129] Hier tritt der Hauptfrachtführer den Anspruch gegen den Unterfrachtführer zwecks Erfüllung einer eigenen Ersatzpflicht ab. Gegenstand der Abtretung kann auch schon der Anspruch gegen den Unterfrachtführer sein, den Hauptfrachtführer von dem Schaden freizustellen, für den der Unterfrachtführer letztlich verantwortlich bzw. regresspflichtig ist; mit Abtretung dieses Freistellungsanspruchs an den geschädigten Auftraggeber verwandelt sich der Anspruch in einen Zahlungsanspruch.[130]

Der BGH[131] hat kürzlich ausgesprochen, dass der Hauptfrachtführer aus dem mit seinem **68** Auftraggeber geschlossenen Vertrag verpflichtet ist, einen **überschießenden Differenzbetrag, auf den ihm sein Unterfrachtführer haftet,** im Wege der Drittschadensliquidation für den Absender geltend zu machen oder diesen Anspruch abzutreten. Dem stehe § 437 Abs. 2 nicht entgegen, der sich auf einen anderen Anspruch, nämlich den gesetzlichen Anspruch nach § 437 beziehe. Der BGH weicht in dieser Beurteilung ab von der Entscheidung der Vorinstanz; das OLG Hamburg[132] hatte die Drittschadensliquidation mit Rücksicht darauf abgelehnt, dass § 437 dem Geschädigten (dem Vertragspartner des Hauptfrachtführers) einen direkten Anspruch gegen den in concreto weitergehend haftenden Unterfrachtführer gebe. Dem OLG Hamburg ist darin zuzustimmen, dass die Drittschadensliquidation als lückenfüllender, im Grunde unsystematischer Behelf aus Billigkeitserwägungen ausscheiden sollte, wenn der Geschädigte den vertraglich Haftenden unmittelbar in Anspruch nehmen kann. Zwar führt der Anspruch aus § 437 nur zu einem Ersatzanspruch nach Maßgabe des Hauptfrachtvertrages, also inhaltlich nicht weiter als der gegen den Hauptfrachtführer. Gleichwohl spricht vieles dafür, die Entscheidung des Gesetzgebers für die Lösung des § 437 mit dem OLG Hamburg als einen Ausschluss der Drittschadensliquidation zu werten.[133]

Die Drittschadensliquidation ist nicht dadurch ausgeschlossen, dass der dadurch begüns- **69** tigte Vertragspartner des Frachtführers oder Empfängers einen **eigenen Ersatzanspruch** gegen den Schädiger aus unerlaubter Handlung erheben kann.[134] Denn dabei ist angesichts der Eigenständigkeit vertraglicher und deliktischer Ansprüche keine prozessual unzulässige doppelte Inanspruchnahme des Schuldners zu befürchten. Ausgeschlossen ist dagegen eine Drittschadensliquidation, wenn der materiell Geschädigte nur deshalb keine Ansprüche geltend machen kann, weil er anderweitige Rechtswahrung versäumt. Deshalb wurde die Drittschadensklage eines Spediteurs in einem Fall abgewiesen, in dem das beschädigte Gut als vom Versender verkaufte Ware im Verhältnis zum Käufer gem. § 377 als genehmigt anzusehen war.[135] Können die Ladungsbeteiligten den Unterfrachtführer selbst unmittelbar aus dem Unterfrachtvertrag in Anspruch nehmen (vgl. dazu Rn. 77 ff.), so scheidet der Weg über den Hauptfrachtführer jedoch wohl grundsätzlich aus, weil dann für dessen Einschaltung kein Bedürfnis besteht.

### XIII. Prozessstandschaft

In gewillkürter Prozessstandschaft kann der Kläger vom formell Ersatzberechtigten aus- **70** drücklich oder stillschweigend ermächtigt werden, dessen Anspruch in eigenem Namen

---

[129] OLG Hamburg 2.10.2008, TranspR 2009, 176, 181.
[130] BGH 20.3.1978, VersR 1978, 557, 558.
[131] BGH 18.3.2010, TranspR 2010, 376; das OLG Hamburg, 2.10.2008, TranspR 2009, 176 hatte in der Vorinstanz anders entschieden.
[132] OLG Hamburg 2.10.2008, TranspR 2009, 176, 181; unter Berufung auf *Zapp* TranspR 2000, 106, 109; ebenso schon *Knöfel*, FG Herber, S. 96; aM *Thume* VersR 2000, 1071, 1078; *Ramming* TranspR 2000, 277, 293.
[133] Vgl. *Knöfel*, FG Herber, S. 96.
[134] Vgl. BGH 10.5.1984, NJW 1985, 2411, 2412 zum Lagervertrag.
[135] OLG Hamburg 9.8.1990, VersR 1991, 716, 716.

gerichtlich geltend zu machen. Voraussetzung für die Prozessführungsbefugnis ist, dass der Kläger ein **eigenes schutzwürdiges Interesse** an der Rechtsverfolgung hat.[136] In der grundlegenden Entscheidung des BGH[137] ist dieses berechtigte Interesse darin gesehen worden, dass der formell „Rechtsfremde" Ausgleich eines ihn treffenden Transportschadens verlangte. An die Ermächtigung des materiell Geschädigten durch den formell Ersatzberechtigten stellt die Rechtsprechung zwar keine hohen Anforderungen; sie wird etwa in dem Umstand erblickt, dass der frachtbriefmäßige Empfänger das Gut an den (geschädigten) Endempfänger weitergeleitet und es ihm überlassen hat, das Gut zusammen mit dem Frachtführer zu überprüfen.[138] In einem anderen Fall hat der BGH in der Rückbelastung des Absenders seitens des Empfängers zugleich eine Ermächtigung gesehen, den Ersatzanspruch geltend zu machen; für das eigene Interesse des Absenders (Spediteurs) reichte es aus, dass dieser das Interesse des Auftraggebers (Versenders) wahrzunehmen hat.[139] Aus der Führungsklausel in einem Versicherungsvertrag kann sich die Ermächtigung des führenden Versicherers zur Geltendmachung der Rechte auch der anderen Versicherer ergeben.[140] Nicht zugelassen hat die Rechtsprechung dagegen die Annahme einer konkludenten Ermächtigung des Transportversicherers des Empfängers, Rechte des Absenders wahrzunehmen.[141]

71    Im Verhältnis von Absender und Empfänger lässt § 421 Abs. 1 Satz 3 auch die Geltendmachung der Rechte des jeweils anderen – also fremder Rechte – im eigenen Namen zu, also auch im Wege der Prozessstandschaft.[142] Die Auslegung dieser Bestimmung als Zulassung der Drittschadensliquidation schließt nicht aus, dass hierin **auch eine (gesetzliche) Prozessstandschaft** zu sehen sein kann, wenn der Kläger das Recht als fremdes gerichtlich geltend macht, was der Wortlaut und die Absicht des Gesetzgebers[143] einschließen. Denn Aktivlegitimation und Prozessstandschaft haben entscheidende Bedeutung für die **Unterbrechung der Verjährung.** Nach § 209 Abs. 1 BGB wird die Verjährung durch Klageerhebung nur seitens des Berechtigten unterbrochen. Die Berechtigung kann auf eigener Aktivlegitimation, auch kraft Drittschadensliquidation, oder auf Prozessstandschaft beruhen.

72    Im Falle der **gewillkürten Prozessstandschaft** ist zu berücksichtigen, dass die verjährungsunterbrechende Wirkung erst in dem Augenblick eintritt, in dem sie **prozessual offengelegt** wird oder offensichtlich ist.[144]

## XIV. Anspruchsberechtigung des Transportversicherers

73    Bei Schadensregulierung durch einen Transportversicherer geht gem. § 67 VVG der Anspruch des Versicherungsnehmers gegen den Frachtführer auf den Versicherer über. Zweckmäßigerweise lässt sich ein Transportversicherer (gegen Zahlung der Versicherungsleistung) alle in Betracht kommenden Forderungen gegen Frachtführer abtreten; dies verbessert seine Regressmöglichkeiten.[145]

74    Mangels gesetzlichen oder vertraglichen Forderungsüberganges kann auch zugunsten eines Transportversicherers eine stillschweigende Ermächtigung iSd. Prozessstandschaft angenommen werden.[146] Der BGH hat eine dem Endempfänger seitens des frachtbriefmäßigen Empfängers erteilte Ermächtigung dem Transportversicherer des Endempfängers mit

---

[136] BGH 19.1.1989, NJW–RR 1989, 690, 690; BGH 7.6.2001, TranspR 2001, 478, 481, stRspr.
[137] BGH 26.9.1957, BGHZ 25, 250, 260 = NJW 1957, 1838, 1839.
[138] BGH 6.5.1981, NJW 1981, 2640, 2640 zu CMR.
[139] BGH 10.4.1974, NJW 1974, 1614, 1617 zu CMR.
[140] BGH 7.6.2001, TranspR 2001, 478, 481.
[141] BGH 9.7.1979, VersR 1979, 906, 907; *Koller* Rn. 86.
[142] *Neumann* TranspR 2006, 429, 430.
[143] Es sollte möglichst weitgehend sichergestellt werden, dass eine Verjährung bei Geltendmachung durch den „falschen" Kläger nicht eintritt. Vgl. Reg.Begr. S. 55.
[144] BGH 7.6.2001, TranspR 2001, 478, 481.
[145] *Helm*, 25 Jahre Karlsruher Forum, 1983, 116, 121; s. auch GroßkommHGB/*Helm* § 429 Anh. I Rn. 92 ff.
[146] GroßkommHGB/*Helm* § 429 Anh. I Rn. 114.

zugutekommen lassen.[147] Kein Sachgrund besteht dafür, dass der Absender in Prozessstandschaft für den Transportversicherer einen auf diesen übergegangenen Ersatzanspruch gerichtlich verfolgt.[148]

Ein **Assekuradeur,** der für einen Transportversicherer u. a. die Regulierung von Schä-   75
den und Regressen besorgt, darf (jedenfalls an den norddeutschen Seeplätzen) im eigenen Namen auf Leistung an sich klagen, wenn er die Ansprüche der hinter ihm stehenden Versicherer geltend macht.[149]

## XV. Passivlegitimation

**1. (Haupt-) Frachtführer.** Primärer Anspruchsgegner ist der Frachtführer, mit dem   76
der Frachtvertrag abgeschlossen wurde, auf dem der Anspruch aus § 425 beruht. Ihm wird das schädigende Verhalten von Personal und von Erfüllungsgehilfen nach § 428 zugerechnet; das schließt die Haftung des Hauptfrachtführers für einen eingeschalteten Unterfrachtführer und dessen Leute ein.

**2. Unterfrachtführer.** Der BGH hat sich mit einer überraschenden Abkehr von seiner   77
früheren Rechtsprechung[150] im Jahre 2007[151] der damals hM[152] angeschlossen, wonach dem Empfänger nach Art. 13 CMR auch ein **direkter Anspruch** auf Schadensersatz **gegen den Unterfrachtführer** zusteht. Diesen Grundsatz hat er 2008 auf das deutsche Landfrachtrecht erstreckt,[153] obgleich dem Empfänger hier– im Gegensatz zur CMR – eine gesetzliche Mithaftung des ausführenden Frachtführers nach § 437 zur Verfügung steht.[154]

Die Auffassung des BGH begegnet erheblichen Bedenken.[155] Denn sie führt zu **kaum**   78
**lösbaren praktischen Problemen** bei der auf dieser Grundlage folgerichtigen Anwendung des § 421 auf das Unterfrachtverhältnis, die durch § 437 gerade vermieden werden sollten. Der Anspruch des Empfängers gegen den ausführenden Frachtführer aus § 437 ist weitergehend und sachgerechter und sollte zumindest, wo er begründet ist, den Direktanspruch aus dem Unterfrachtvertrag ausschließen.[156] Er reicht zudem sachlich weiter, denn er begründet einen direkten Anspruch nach Maßgabe des Hauptfrachtvertrages und auch gegen einen ausführenden Frachtführer, der eine Teilstrecke vor dem abliefernden letzten ausführenden Frachtführer durchführt. Ein Anspruch gegen diesen ließe sich nur schwer mit dem Argument des BGH begründen; dass der Vertrag sinnvoll nur abgewickelt werden könne, wenn der Empfänger vom Unterfrachtführer die Herausgabe des Gutes verlangen kann.[157] Der BGH geht allerdings zutreffend davon aus, dass der Anspruch aus dem Unterfrachtvertrag – wenn man ihn annimmt – selbständig neben dem nach § 437 besteht, dass also der gesetzliche Anspruch nicht *lex specialis* ist.[158]

---

[147] BGH 6.5.1981, NJW 1981, 2640, 2640; trotz Kritik zust. *Helm,* 25 Jahre Karlsruher Forum, 1983, S. 122; restriktiv BGH 6.2.1981, NJW 1981, 2750, 2750.

[148] BGH 9.7.1979, VersR 1979, 906, 907.

[149] LG Hamburg 13.7.1989, TranspR 1990, 33, 35; vgl. OLG Hamburg 4.2.1982, VersR 1982, 872, 872 zur Klage aus abgetretenem Recht.

[150] BGH 24.10.1991, BGHZ 116, 15, 18 f. = TranspR 1992, 177, 178.

[151] BGH 14.6.2007, TranspR 2007, 425.

[152] *Thume* TranspR 1991, 85, 89; MüKoHGB/*Basedow* (Voraufl.) Art. 13 CMR Rn. 17 ff.; GroßkommHGB/*Helm* Art. 13 CMR Rn. 2; *Thume/Temme* Art. 13 CMR Rn. 17; *Koller* Art. 13 CMR Rn. 5; OGH 17.2.1998 – 10 b 170 (97 z); aA EBJS//*Huther* Art. 13 CMR Rn. 8; *Herber/Piper* CMR Rn. 19.

[153] BGH 30.10.2008, TranspR 2009, 130 unter Berufung auf *Thume* TranspR 2007, 427 und *Ramming* NJW 2008, 291, 292; krit. dazu *Herber* TranspR 2008, 239. Bestätigt durch BGH 28.5.2009, TranspR 2010, 34.

[154] Auf diesen Aspekt weist vor allem *Koller* hin.

[155] Vgl. im Einzelnen *Herber* TranspR 2008, 239; ähnlich neuerdings auch *Koller* TranspR 2009, 229.

[156] So *Koller.*

[157] BGH TranspR 2007, 425, 427 Tz. 31.

[158] Wie *Koller* annimmt. Er ist allerdings vom Gesetzgeber in der Annahme geschaffen worden, dass ein Direktanspruch des Empfängers gegen den Unterfrachtführer entsprechend der früheren Rechtsprechung nicht besteht.

**79**    Die hM argumentiert, dass auch der vom Hauptfrachtführer mit einem Unterfrachtführer abgeschlossene Vertrag ein Frachtvertrag iSd. §§ 407 ff. ist und dass deshalb der Empfänger auch hinsichtlich dieses Vertrages die Rechte aus § 421 geltend machen könne. Im Ergebnis führt dies zu einer **gesamtschuldnerischen Haftung von Hauptfrachtführer und Unterfrachtführer für Güterschäden.**

**80**    Ist auch der Unterfrachtvertrag ein Frachtvertrag zugunsten des Empfängers, so folgt aus § 421, dass der **Empfänger,** wenn er die Auslieferung verlangt, **verpflichtet wird, auch dem Unterfrachtführer ausstehende Fracht zu zahlen.** Voraussetzung dafür wäre jedoch, dass der Empfänger die Auslieferung aus dem Unterfrachtvertrag – nicht aus dem Hauptfrachtvertrag – verlangt, denn dann gäbe er die entsprechende – zumeist stillschweigende – Verpflichtungserklärung[159] notwendigerweise zugunsten des Unterfrachtführers ab mit der Folge, dass er (nur) zur Zahlung der dem Unterfrachtführer (vom Hauptfrachtführer) geschuldeten Fracht verpflichtet wäre. Man kann aber kaum annehmen, dass der Unterfrachtvertrag dem Unterfrachtführer das Recht einräumte, das Gut beim Empfänger im eigenen Nahmen und im eigenen Frachterwerbsinteresse abzuliefern: Der **Hauptfrachtführer beauftragt den Unterfrachtführer,** um seine eigene Beförderungsverpflichtung zu erfüllen und **für ihn das Gut abzuliefern** mit der Folge einer Begründung seines Frachtanspruches gegen den Empfänger.

**81**    Schon diese Überlegung zeigt, dass die – sehr kursorische – Begründung des BGH das weitreichende Ergebnis nicht trägt. Der BGH sagt: *„Trifft … den Unterfrachtführer dem Hauptfrachtführer gegenüber die volle Frachtführerhaftung, gibt es keinen Grund, seine Haftung gegenüber dem Empfänger als Drittbegünstigten des Unterfrachtvertrages auszuschließen.“* Der Frachtvertrag ist jedoch nicht notwendig, sondern nur potenziell ein Vertrag zu Gunsten eines Dritten und schon gar nicht zugunsten des Empfängers aus dem Hauptfrachtvertrag. Wen er begünstigt, hängt allein vom Parteiwillen ab. Bei dessen sachgerechter Auslegung wird man in aller Regel – wie der BGH in seiner früheren Rechtsprechung durchaus zu Recht angenommen hat[160] – einen Direktanspruch des Empfängers gegen den Unterfrachtführer aus dem Unterfrachtvertrag verneinen müssen. Denn der Hauptfrachtführer ist nicht daran interessiert, dass der Unterfrachtführer das Gut im eigenen Namen beim Empfänger abliefert und seine eigene Fracht für sich einzieht.

**82**    Folgt man der Rechtsprechung des BGH, so gewinnt die Frage großes Gewicht, **wer als Unterfrachtführer nach § 425 in Anspruch genommen werden kann.** Die Antwort ist nicht dieselbe wie die auf die Frage, wer ausführender Frachtführer nach § 437 sein kann; dort kommt es allein darauf an, ob der Handelnde die Beförderung (ganz oder teilweise) ausführt. Für den vertraglichen Anspruch des Empfängers gegen den Unterfrachtführer wird man darüber hinaus verlangen müssen, dass der Unterfrachtvertrag die Ablieferung an den Empfänger beinhaltet. Wenn man einmal davon absieht, dass dies nach hier vertretener Auffassung – als eigene Ablieferungspflicht des Unterfrachtführers – niemals der Fall ist, wird man doch wohl auch nach der Auffassung des BGH kaum annehmen können, dass etwa ein Unterfrachtführer, der in Sammelladung das Gut auf einem Teil der Strecke befördert, mit dem Hauptfrachtführer einen Vertrag zugunsten des Empfängers abschließt.

**83**    Der problematische Fall, dass dem Empfänger **mehrere Unterfrachtführer haften** und dass dementsprechend mehrere für den Erwerb des Anspruchs auf Zahlung ausstehender Fracht gegen den Empfänger in Betracht kommen, kann deshalb nur eintreten, wenn bei abgestuften Beförderungsverhältnissen mehrere Frachtführer die Phase der Ablieferung übernehmen. In diesem Fall wird man in der Regel davon ausgehen müssen, dass – auch soweit dem Empfänger nicht zugleich ein Beförderungspapier vorgelegt wird, aus dem sich der maßgebende Frachtführer ergibt – jeder Unterfrachtführer im Zweifel für den Hauptfrachtführer handelt, also durch die Ablieferung dessen Anspruch auf Zahlung etwa noch ausstehender Fracht begründet. Der tatsächlich abliefernde Frachtführer wird allenfalls

---

[159] Vgl. BGH 11.1.2007, TranspR 2007, 311; OLG Düsseldorf 17.11.2004, TranspR 2005, 209, 210.
[160] BGH 24.10.1991, TranspR 1992, 177, 178.

auf Grund seines eigenen Vertrags abliefern, sicher nicht stillschweigend für einen zwischen ihm und dem Hauptfrachtführer eingeschalteten Frachtführer. Die Auslösung von Frachtverbindlichkeiten des Empfängers gegenüber mehreren Frachtführern kommt danach praktisch nicht in Betracht.

Auf der Grundlage der Rechtsprechung des BGH lässt sich jedoch ein in der Praxis häufig **84** auftretendes Problem lösen, das Gegenstand der Entscheidung vom 20.10.2005[161] war: Der ausliefernde **Unterfrachtführer** wird häufig **Auslagen** gemacht haben, deren Erstattung noch aussteht, etwa das Standgeld für einen Container im Ankunftshafen. Diese kann er – wie der BGB mit Recht angenommen hat – vom Empfänger nur über den Anspruch der Hauptfrachtführers erstattet verlangen. Es erscheint vertretbar, ihm zu ermöglichen, insoweit auf Grund seines (Unter-)Frachtvertrages abzuliefern und zugleich Erstattung der Auslagen zu fordern, auch wenn er im Wesentlichen – also mit Wirkung für den Anspruch auf Fracht und Erstattung der übrigen Auslagen – für den Hauptfrachtführer ausliefert.

Der Hauptfrachtführer kann den Unterfrachtführer nicht dadurch von der Inanspruch **85** nahme durch den Unterfrachtführer befreien, dass er ihm den Ersatzanspruch erlässt.[162] Das schließt zwar nicht aus, dass die Parten des Unterfrachtvertrages einen Ersatzanspruch des Empfängers gegen den Unterfrachtführer vertraglich von vornherein ausschließen, eine Drittbegünstigung also gar nicht erst entstehen lassen. Dadurch bleibt jedoch die Pflicht des Hauptfrachtführers, seinen eigenen Anspruch gegen den Unterfrachtführer auf Schadensersatz dem Empfänger im Wege der Drittschadensliquidation zugutekommen zu lassen, unberührt.

**3. Haftpflichtversicherer.** Ein „Direktanspruch" des Geschädigten gegen den **Haft** **86** **pflichtversicherer des Frachtführers** ist auch dort nicht gewährt, wo diese Versicherung als Pflichtversicherung ausgestaltet ist (vgl. § 7a GüKG). Damit entbehrt diese Pflichtversicherung eines praktischen Nutzens.[163]

## § 426 Haftungsausschluß

**Der Frachtführer ist von der Haftung befreit, soweit der Verlust, die Beschädigung oder die Überschreitung der Lieferfrist auf Umständen beruht, die der Frachtführer auch bei größter Sorgfalt nicht vermeiden und deren Folgen er nicht abwenden konnte.**

**Schrifttum:** *Ehmen,* Zur Haftung des Frachtführers und des Spediteurs für streikbedingte Verzögerungsschäden bei innerdeutschen und internationalen Transporten, TranspR 2007, 354; *Neumann,* Wirtschaftliche Kriterien der Haftung des Frachtführers, TranspR 2004, 14; *Ramming,* Die Entlastung des Frachtführers von seiner Haftung nach § 425 Abs. 1 HGB für Verlust und Beschädigung des Gutes und Überschreitung der Lieferfrist, TranspR 2001, 53.

### Übersicht

| | Rn. | | Rn. |
|---|---|---|---|
| I. Normzweck | 1 | e) Straßenverkehr/Stau | 17–19 |
| II. Entstehungsgeschichte | 2, 3 | f) Streik | 20 |
| | | g) Falschablieferung/Ungeklärte Verlustursache | 21 |
| III. Haftungsmaßstab | 4–21 | | |
| 1. Unabwendbare Umstände | 4–7 | | |
| 2. Einzelfälle | 8–21 | IV. Kausalität | 22, 23 |
| a) Diebstahl/Raub | 8, 9 | | |
| b) Feuer | 10 | V. Beweislast | 24 |
| c) Fahrzeugmängel | 11–15 | | |
| d) Nässeschäden | 16 | VI. Rechtsfolge | 25 |

[161] TranspR 2006, 29.
[162] BGH 21.12.2011, TranspR 2012, 110; dazu *Koller* TranspR 2012, 326 f.
[163] Hierzu ausführlich *Herber* TranspR 2004, 229 f.

## I. Normzweck

1    Die Vorschrift sieht eine Einschränkung der in § 425 Abs. 1 statuierten Obhutshaftung des Frachtführers vor. Mit dem **allgemeinen Haftungsausschlussgrund** (im Gegensatz zu den besonderen Haftungsausschlussgründen des § 427) begrenzt sie die vertragliche Einstandspflicht des Frachtführers für die Integrität des Gutes sowie für fristgemäße Vertragserfüllung.

## II. Entstehungsgeschichte

2    Die Formulierung lehnt sich an Art. 17 Abs. 2, 4. Fall CMR an. Begründet wurde diese Anlehnung damit, dass es nicht wünschenswert sei, im innerstaatlichen Recht von dieser **international eingeführten und gebräuchlichen Formulierung** abzuweichen. Außerdem könne zur Auslegung dieser Formulierung bereits auf umfängliche Rechtsprechung, die im Zusammenhang mit der CMR ergangen ist, zurückgegriffen werden.[1] Allerdings wurden – abweichend vom Regierungsentwurf – auf Vorschlag des Rechtsausschusses des Deutschen Bundestages[2] die Worte „**auch bei größter Sorgfalt**" eingefügt. Dieser Ergänzung lag die Überlegung zugrunde, dass auch bei Anwendung der CMR als „unabwendbar" nur ein Schaden angesehen wird, den auch ein besonders gewissenhafter Frachtführer bei Anwendung der äußersten ihm zumutbaren Sorgfalt nicht hätte vermeiden können. Dieses Verständnis sollte im Gesetzestext nunmehr klarer zum Ausdruck gebracht werden.[3]

3    Nicht Gesetz geworden ist die im Regierungsentwurf enthaltene, dem Art. 17 Abs. 3 CMR nachgebildete Einschränkung des Haftungsausschlusses dahin, dass sich der Frachtführer zu seiner Entlastung nicht auf **Mängel des für die Beförderung verwendeten Fahrzeugs** berufen darf. Der Gesetzgeber hat sich nicht von der Erwägung überzeugen lassen, dass die Stellung eines fahr- und ladungstüchtigen Fahrzeugs eine der Kardinalpflichten des Frachtführers ausmacht und es deshalb nicht gerechtfertigt sei, einen Haftungsausschluss des Frachtführers auf dieser Grundlage zu gestatten.[4] Unter Berufung auf Art. 36 § 2 CIM 1980 und Art. 20 WA idF des HP von 1955 hat der Deutsche Bundestag vielmehr seine Auffassung zum Ausdruck gebracht, dass es nicht sachgerecht sei, den Frachtführer auch in Fällen haften zu lassen, in denen der den Schaden verursachende Mangel des Fahrzeugs unabwendbar war.[5]

## III. Haftungsmaßstab

4    **1. Unabwendbare Umstände.** Die hM nimmt an, nach der Umschreibung des Befreiungsgrundes handele es sich bei der Obhutshaftung des Frachtführers um eine verschuldensunabhängige Haftung.[6] Das trifft zu, wenn man den Begriff des Verschuldens ausschließlich iSd. Definition des § 276 BGB versteht,[7] doch scheint mir das nicht zwingend. Die Anforderungen an die Sorgfalt des Frachtführers sind zweifellos strenger als bei normaler Fahrlässigkeit. Es soll vielmehr das Verhalten eines besonders gewissenhaften Frachtführers maßgebend sein, der die **äußerste ihm zumutbare Sorgfalt** aufwendet.[8] Es bleibt also ein Verschuldensvorwurf. Für die praktische Anwendung spielt die systematische Einordnung jedoch keine Rolle.

5    Maßgebend ist das **Verhalten eines besonders gewissenhaften Frachtführers.** Es kommt also nicht auf die persönlichen Verhältnisse, Kenntnisse oder Gewohnheiten des

---

[1] Reg.Begr. S. 61 (zu § 426).
[2] Beschlussempfehlung TRG S. 14.
[3] Beschlussempfehlung TRG S. 48.
[4] So noch amtl. Begr. TRG S. 61.
[5] Beschlussempfehlung TRG S. 48.
[6] BGH 13.12.1990, BGHZ 113, 164, 165; BGH 28.2.1975, NJW 1975, 1597, 1598; OLG Nürnberg 10.12.1992, TranspR 1993, 138; Fremuth/Thume/*Fremuth*/§ 425 Rn. 1; Heymann/*Joachim* Rn. 2; *Beckmann* VersR 1999, 1460, 1461; *Züchner* DB 1971, 513; anders jetzt, entgegen der Voraufl., EBJS/*Schaffert* Rn. 2.
[7] So *Koller* Rn. 2.
[8] So auch *Koller* Rn. 4; EBJS/*Schaffert* Rn. 5; *Ruhwedel* TranspR 1999, 369.

konkreten Frachtführers an, vielmehr ist ein **objektiver Maßstab** anzulegen. Der Befreiungsgrund ist am ehesten mit dem des unabwendbaren Ereignisses in § 7 StVG zu vergleichen.[9]

**Unvermeidbarkeit und Unabwendbarkeit des Schadens** sind also an Hand des  6
Maßstabes eines idealen Frachtführers zu bestimmen, der eine über den Durchschnitt erheblich hinausgehende Aufmerksamkeit, Geschicklichkeit und Umsicht sowie ein geistesgegenwärtiges und sachgemäßes Handeln im Rahmen des Menschenmöglichen an den Tag legt.[10]
Der ideale Frachtführer berücksichtigt Erkenntnisse, die nach allgemeiner Erfahrung geeignet sind, Gefahrensituationen nach Möglichkeit zu vermeiden; er wendet ein Maß an
Sorgfalt an, mit der auch eine atypische Schadensursache hätte vermieden werden können.[11]

**Zumutbare Schadensverhütungsmaßnahmen** sind solche, die nicht völlig untragbar  7
und absurd sind.[12] Die Anforderung geht über die verkehrsübliche Sorgfalt hinaus. Das
Maß der aufzuwendenden Sorgfalt ist grundsätzlich nicht abhängig vom Wert des Gutes;[13]
doch können die notwendigen Maßnahmen von der sich daraus ergebenden Gefahrenart –
etwa Diebstahls- oder Beraubungsgefahr – bestimmt werden.[14] Der Beförderungspreis ist
ebenfalls kein geeignetes Kriterium für die anzuwendende Sorgfalt; der Frachtführer muss
die im Einzelfall gebotenen Vorsorgemaßnahmen – etwa Einsatz eines zweiten Fahrers,
Übernachtung nur auf bewachten Parkplätzen – beurteilen und den Preis danach kalkulie-
ren.[15] Der Preis kann allerdings einen Anhaltspunkt dafür bieten, dass die Vertragsparteien
eine bestimmte Art der Beförderung vereinbart haben, was grundsätzlich zulässig ist (vgl.
dazu § 449 Rn. 29). Hinsichtlich des Haftungsmaßstabes ist § 426 *lex specialis* zum Leistungsstörungsrecht des BGB. Deshalb haftet der Frachtführer auch bei Annahmeverzug des Empfängers nicht nach § 347 Abs. 2 BGB.[16]

**2. Einzelfälle. a) Diebstahl/Raub.** Es kommt entscheidend darauf an, ob die getroffe-  8
nen Maßnahmen den aktuell erforderlichen äußersten Sorgfaltsanforderungen genügen. Je
größer die mit der Güterbeförderung verbundenen Risiken sind, desto höhere Anforderungen sind an die zu treffenden Sicherungsmaßnahmen zu stellen. Von erheblicher Bedeutung
ist in diesem Zusammenhang, ob das transportierte Gut leicht verwertbar und damit besonders diebstahlsgefährdet ist,[17] welchen Wert es hat, ob dem Frachtführer die besondere
Gefahrenlage bekannt sein musste und welche konkreten Möglichkeiten einer gesicherten
Fahrtunterbrechung es gegeben hat, um die vorgeschriebenen Pausen einzuhalten.[18]

**Beispiele für Vermeidbarkeit:** Unzureichende oder fehlende Überwachung des Lage-  9
rungsgeländes;[19] Erkunden des Lagergeländes nach stillem Alarm mit einem Fahrzeug führt
nicht zur Unabwendbarkeit;[20] Abstellen und unbewachtes Stehenlassen (6 Stunden) eines
Lkw in einem Industriegebiet;[21] Abstellen eines Pkw auf einem unbeleuchteten Parkplatz,

---

[9] OLG Köln 29.7.2003, TranspR 2004, 320, 321; OLG Stuttgart 11.12.2002, OLGR Stuttgart 2003, 95,
96; OLG Brandenburg 21.7.2004, TranspR 2005, 114, 115; LG Bonn 20.11.2001, TranspR 2002, 163, 164;
*Koller* Rn. 4; EBJS/*Schaffert* Rn. 3; Fremuth/Thume/*Fremuth* § 425 Rn. 1 u. 9; *Ramming* TranspR 2001, 53;
aA: Lammich/*Pöttinger* § 425 Rn. 18.

[10] OLG Frankfurt 9.3.2006, TranspR 2006, 297; OLG Köln 29.7.2003, TranspR 2004, 320, 321; OLG
Stuttgart 11.12.2002, OLGR Stuttgart 2003, 95, 96; OLG Brandenburg 21.7.2004, TranspR 2005, 114, 115;
*Koller* Rn. 4; EBJS/*Schaffert* Rn. 5.

[11] EBJS/*Schaffert* Rn. 5.

[12] OLG Frankfurt 9.3.2006, TranspR 2006, 297; OLG Köln 29.7.2003, TranspR 2004, 320; OLG Bamberg OLGR 2005, 720, 721; *Koller* Rn. 4; Heymann/*Joachim* Rn. 2; EBJS/*Schaffert* Rn. 5.

[13] *Neumann* TranspR 2004, 14, 24.

[14] Vgl. etwa BGH 6.6.2007, TranspR 2007, 423.

[15] *Neumann* TranspR 2004, 14, 24.

[16] *Koller* Rn. 2; aA *Ramming* TranspR 2001, 54, 55.

[17] BGH 6.6.2007, TranspR 2007, 423.

[18] OLG Saarland 5.4.2006, TranspR 2007, 63 (CMR).

[19] BGH 8.10.1998, TranspR 1999, 59; OLG Frankfurt 9.3.2006, TranspR 2006, 297 ff.; OLG München
16.12.2004, OLGR München 2007, 99–100; OLG Bremen 11.1.2001, TranspR 2001, 166–169; OLG
Oldenburg 13.11.1996, VersR 1997, 1380.

[20] OLG Karlsruhe 12.5.2005, NJW-RR 2005, 1123–1125 (CMR).

[21] OLG Hamm 12.7.1995, TranspR 1996, 237.

während der Fahrer in der Kabine schläft.[22] **Dagegen** ist ein bewaffneter Überfall durch gewalttätige Täter in einem naturgemäß zugänglichen Güterumschlagslager **unvermeidbar;**[23] es ist dem Frachtführer nicht zuzumuten, ein Bewachungsunternehmen zur Bewachung der Ladung zu beauftragen.[24]

**10**   **b) Feuer.** Beim Brand ist zwischen Brandstiftung und regulärer Brandentstehung zu differenzieren. Der „normale" Brand eines Fahrzeuges ist in der Regel auf technische Mängel am Fahrzeug zurückzuführen. Hier sind strenge Maßstäbe an die Maßnahmen des Frachtführers bezüglich der technischen Fehlerlosigkeit eines Fahrzeugs zu stellen (vgl. Rn. 11 ff.). Entsteht ein Brand jedoch durch Eindringen von Glut von außen in den Luftfilter, ist dieser unabwendbar.[25] Beim Abstellen von Fahrzeugen in der Nähe von Gefahrenquellen wird man regelmäßig von einem Sorgfaltspflichtverstoß ausgehen können.[26] Bei Brandstiftung sollten ähnliche Maßstäbe wie beim Diebstahl gelten: Wird das Fahrzeug samt Ladung unbewacht und ungesichert abgestellt, so ist die Vermeidbarkeit in der Regel gegeben. Wird während der Fahrt ein Anschlag verübt, so ist er in der Regel unvermeidbar.

**11**   **c) Fahrzeugmängel.** Anders als die CMR kennt das HGB keine Garantiehaftung für die Funktionsfähigkeit des Fahrzeugs. Es ist dem Frachtführer möglich, sich auch hierfür über den Einwand des § 426 zu entlasten. Dahinter steht die Erwägung, dass es auf Grund der grundsätzlich schon strengen Sorgfaltsanforderungen keiner zusätzlichen Garantiehaftung bedarf. Der Frachtführer hat also nachzuweisen, dass kein bei äußerster Sorgfalt erkennbarer Mangel am Fahrzeug vorgelegen hat oder dass ein eventuell vorliegender Mangel nicht schadenskausal geworden ist oder werden konnte.

**12**   Ein Fahrzeugmangel liegt vor bei sämtlichen Einschränkungen der Betriebs- und Funktionsfähigkeit des Fahrzeugs und seiner technischen Einrichtungen.[27]

**13**   Ein Kühlungsausfall bei einem zwei Tage lang abgestellten Lkw ist unabwendbar, wenn das Außenthermometer regelmäßig überwacht wurde.[28] Ebenso ist ein Schaden unvermeidbar, wenn bei Anwendung äußerster Sorgfalt nicht erkennbar war, dass das Transportmittel nicht die für einen sicheren Transport erforderlichen Eigenschaften aufwies.[29]

**14**   Schwieriger ist die Einordnung bei einer generell mangelnden Eignung des Fahrzeugs für den konkreten Transport oder bei der Benutzung eines andersartigen Fahrzeugs als vereinbart. Die Frage, ob es sich um einen Fahrzeugmangel handelt, wenn das für diesen Transport ungeeignete Fahrzeug technisch einwandfrei ist, kann – anders als nach der CMR (Art. 17 Abs. 3 CMR) – hier jedoch offen bleiben, weil die Rechtsfolge dieselbe ist.

**15**   Der Einbau einer neuen Seilwinde auf einem Abschleppwagen zur Vermeidung von Schäden ohne den Nachweis, dass frühere Schäden auf die vorherige Winde zurückzuführen sind, führt nicht zur Unabwendbarkeit.[30]

**16**   **d) Nässeschäden.** Entstehen durch Nässe Schäden am Gut, entweder direkt durch die Feuchtigkeit oder durch daraus folgenden Rost, so fällt dies in der Regel in den Sorgfaltsbereich des Frachtführers.[31] Bei Witterungsschäden können Ausnahmen nur völlig unvorhersehbare Wetterkapriolen sein, die der Frachtführer nicht voraussehen konnte. Eine nicht ausreichende Verpackung ist nur im Rahmen des § 425 Abs. 2 zu berücksichtigen.

---

[22] KG Berlin 11.1.1995, TranspR 1995, 342, 344.
[23] LG Frankfurt 9.5.2001, TranspR 2001, 393, 394.
[24] BGH 8.10.1998, TranspR 1999, 59 (CMR).
[25] OLG Brandenburg 21.7.2004, TranspR 2005, 114, 115 m. weit. Hinweisen bezüglich der Beweisanforderungen.
[26] *Koller* Rn. 7; Heymann/*Joachim* Rn. 5.
[27] Fremuth/Thume/*Fremuth* Rn. 15.
[28] OLG Hamburg 2.5.1985, VersR 1986, 866.
[29] OLG Brandenburg 21.7.2004, TranspR 2005, 114, 115.
[30] OLG Köln 29.7.2003, TranspR 2004, 320, 321.
[31] Vgl. OLG Düsseldorf 30.5.1988, TranspR 1988, 423, 425 (CMR); OLG Hamburg 28.6.1984, TranspR 1985, 114, 115 (CMR); *Koller* Rn. 12; EBJS/*Schaffert* Rn. 15.

**e) Straßenverkehr/Stau.** Der Frachtführer ist verpflichtet, möglichen Verkehrsbehin- **17** derungen auszuweichen. Dazu gehört, dass er sich über Verkehrsfunk, Informationen der Fachverbände und Navigationshilfen beständig über die Straßenlage auf dem Laufenden hält und gegebenenfalls Alternativrouten vorsieht. Das Gleiche gilt für unbestimmte Witterungsverhältnisse.[32]

Bei Verkehrsunfällen wird vorausgesetzt, dass sich der Frachtführer völlig verkehrsge- **18** recht verhalten hat, der Unfall für ihn also ein unabwendbares Ereignis iSd. § 7 Abs. 2 StVG aF war.[33] Ein solches unabwendbares Ereignis liegt immer schon dann nicht vor, wenn ein – sei es auch nur geringfügiges – Verschulden des Fahrers für den Unfall ursächlich gewesen oder ein solcher Ursachenzusammenhang zumindest nicht auszuschließen ist.[34]

Vermeidbar sind Unfälle, die auf ein Ungleichgewicht der Beladung (bei Kenntnis dessel- **19** ben) zurückzuführen sind. Ebenfalls vermeidbar sind Schäden auf Grund eines Unfalls, der aus einem Befahren einer Autobahnauffahrt mit 80 km/h bei feuchter Witterung entsteht.[35] Unvermeidbar ist ein Schaden bei Benutzung der von den zuständigen Behörden vorgeschriebenen Wege.[36]

**f) Streik.** Der Frachtführer braucht sich das Verhalten seiner Erfüllungsgehilfen im Falle **20** eines Arbeitskampfes grundsätzlich nicht gem. § 428 zurechnen zu lassen.[37] Er hat jedoch soweit wie möglich Sorge dafür zu tragen, dass sich der Streik in seinem Unternehmen oder bei einem Erfüllungsgehilfen nicht auf die Ausführung des Frachtvertrages auswirkt, etwa durch Beauftragung eines anderen Frachtführers.

**g) Falschablieferung/Ungeklärte Verlustursache.** Liefert der Frachtführer das Gut **21** falsch ab, so kann er sich nur dann auf Unvermeidbarkeit des Schadens berufen, wenn er alle erdenklichen und entfernt Erfolg versprechenden Maßnahmen anwendet, um sich ein zuverlässiges Bild von der Empfangsberechtigung der Person zu verschaffen, der das Gut übergeben wird.[38] Dafür reicht es nicht aus, dass sich die Person auf dem Gelände des Empfängers befindet.[39] Die Falschbezeichnung des Bestimmungsortes durch den Absender führt nicht zwingend zur Unabwendbarkeit des Schadens.[40] Es obliegt dem Frachtführer grundsätzlich für die Dauer der Obhut über das Gut, einen Verlust desselben möglichst zu vermeiden. Er hat daher, wenn der Umschlag von Transportgut besonders verlustanfällig ist, die Beförderung so zu organisieren, dass Ein- und Ausgang der Güter kontrolliert werden, damit Fehlbestände frühzeitig festgehalten werden können.[41]

## IV. Kausalität

Dem Wortlaut des § 426 entsprechend entfällt die Haftung auf Grund von unabwendba- **22** ren Umständen nur, wenn der Schaden auf diesen Umständen beruht. Grundsätzlich muss also Kausalität zwischen dem unvermeidbaren Umstand und dem konkreten Schaden bestehen. Die Einschränkung „soweit" kann nur zum Tragen kommen, wenn sich der Schaden in verschiedene Kategorien mit unterschiedlicher Verursachung aufteilen lässt; sind auf Seiten des Frachtführers sowohl unvermeidbare als auch vermeidbare Umstände kumulativ geworden, kommt in Haftungsausschluss nicht in Betracht.

---

[32] EBJS/*Schaffert* Rn. 15.
[33] BGH 10.4.2003, VersR 2004, 399.
[34] BGH 10.4.2003, VersR 2004, 399.
[35] LG Bonn 20.11.2001, TranspR 2002, 163, 164.
[36] OLG Celle 7.9.2000, TranspR 2001, 119, 121.
[37] So auch *Koller* Rn. 5; EBJS/*Schaffert* Rn. 6; Heymann/*Joachim* Rn. 14; aA *Ehmen* TranspR 2007, 354, 358 der auf eine wirtschaftliche Betrachtungsweise abstellt.
[38] OLG Stuttgart 13.10.1999, TranspR 2001, 127 (CMR); *Koller* Rn. 8a; EBJS/*Schaffert* Rn. 10.
[39] OLG Stuttgart 13.10.1999, TranspR 2001, 127 (CMR).
[40] OLG Bamberg OLGR Bamberg 2005, 720, 721.
[41] BGH 1.12.2005, TranspR 2006, 169, 171; BGH 1.12.2005 TranspR 2006, 171, 173.

23     **Verursachungsbeiträge des Absenders oder Empfängers** sind im Rahmen des § 426 nicht zu berücksichtigen.[42] Diese haben erst bei § 425 Abs. 2 Bedeutung.

## V. Beweislast

24     Da es sich bei § 426 um eine für den Frachtführer günstige Regelung handelt, hat er nach allgemeinen Grundsätzen auch die Beweislast zu tragen. Er muss sowohl die Schadensursache nachweisen als auch die Unabwendbarkeit des Schadens.[43] Gelingt ihm dieser positive Beweis nicht, kann er auch versuchen zu beweisen, dass der Schaden auf keinen vermeidbaren Verursachungsbeitrag zurückzuführen sein kann.

## VI. Rechtsfolge

25     Gelingt dem Frachtführer der Beweis, dass es sich bei der Schadensursache um einen unabwendbaren Umstand handelt, so entfällt seine Haftung. Gelingt ihm das nur für einen Teil des Schadens, so tritt nur ein anteiliger Haftungsausschluss ein; das ergibt sich aus dem Wort „soweit".

## § 427 Besondere Haftungsausschlußgründe

**(1) Der Frachtführer ist von seiner Haftung befreit, soweit der Verlust, die Beschädigung oder die Überschreitung der Lieferfrist auf eine der folgenden Gefahren zurückzuführen ist:**

1. **vereinbarte oder der Übung entsprechende Verwendung von offenen, nicht mit Planen gedeckten Fahrzeugen oder Verladung auf Deck;**
2. **ungenügende Verpackung durch den Absender;**
3. **Behandeln, Verladen oder Entladen des Gutes durch den Absender oder den Empfänger;**
4. **natürliche Beschaffenheit des Gutes, die besonders leicht zu Schäden, insbesondere durch Bruch, Rost, inneren Verderb, Austrocknen, Auslaufen, normalen Schwund, führt;**
5. **ungenügende Kennzeichnung der Frachtstücke durch den Absender;**
6. **Beförderung lebender Tiere.**

**(2) [1]Ist ein Schaden eingetreten, der nach den Umständen des Falles aus einer der in Absatz 1 bezeichneten Gefahren entstehen konnte, so wird vermutet, daß der Schaden aus dieser Gefahr entstanden ist. [2]Diese Vermutung gilt im Falle des Absatzes 1 Nr. 1 nicht bei außergewöhnlich großem Verlust.**

**(3) Der Frachtführer kann sich auf Absatz 1 Nr. 1 nur berufen, soweit der Verlust, die Beschädigung oder die Überschreitung der Lieferfrist nicht darauf zurückzuführen ist, daß der Frachtführer besondere Weisungen des Absenders im Hinblick auf die Beförderung des Gutes nicht beachtet hat.**

**(4) Ist der Frachtführer nach dem Frachtvertrag verpflichtet, das Gut gegen die Einwirkung von Hitze, Kälte, Temperaturschwankungen, Luftfeuchtigkeit, Erschütterungen oder ähnlichen Einflüssen besonders zu schützen, so kann er sich auf Absatz 1 Nr. 4 nur berufen, wenn er alle ihm nach den Umständen obliegenden Maßnahmen, insbesondere hinsichtlich der Auswahl, Instandhaltung und Verwendung besonderer Einrichtungen, getroffen und besondere Weisungen beachtet hat.**

**(5) Der Frachtführer kann sich auf Absatz 1 Nr. 6 nur berufen, wenn er alle ihm nach den Umständen obliegenden Maßnahmen getroffen und besondere Weisungen beachtet hat.**

---

[42] Fremuth/Thume/*Fremuth* Rn. 21.
[43] *Koller* Rn. 20; Heymann/*Joachim* Rn. 17; EBJS/*Schaffert* Rn. 17; *Fremuth*/Thume Rn. 16.

**Schrifttum:** *Neufang/Valder,* Laden und Ladungssicherung im Straßengüterverkehr – Wer ist verantwortlich? TranspR 2002, 325; *Ramming,* Die Entlastung des Frachtführers von seiner Haftung nach § 425 Abs. 1 HGB für Verlust und Beschädigung des Gutes und Überschreitung der Lieferfrist, TranspR 2001, 54; *Thume,* Haftungsprobleme bei CMR-Kühltransporten, TranspR 1992, 1; *ders.,* Verpackungsmängel und ihre Folgen im allgemeinen deutschen Frachtrecht und im grenzüberschreitenden Straßengüterverkehr, TranspR 2013, 8: *Schmidt, Patrick,* Sattelanhänger und ähnliche Transportmittel als Beförderungsgut – fracht- und versicherungsrechtliche Überlegungen, TranspR 2013, 59 *Zapp,* Rechtsprobleme im Zusammenhang mit der Verpackung in der CMR und im deutschen Handelsgesetzbuch, TranspR 2004, 333.

## Übersicht

| | Rn. | | | Rn. |
|---|---|---|---|---|
| I. Normzweck | 1 | | 3. Behandeln, Verladen oder Entladen des Gutes durch den Absender oder den Empfänger (Nr. 3) | 17–20b |
| II. Entstehungsgeschichte | 2, 3 | | 4. Natürliche Beschaffenheit des Gutes (Nr. 4; Abs. 4) | 21–24 |
| III. Allgemeines. Beweislast | 4–6 | | | |
| **IV. Die besonderen Haftungsausschlussgründe im Einzelnen (Abs. 1)** | 7–30 | | 5. Ungenügende Kennzeichnung der Frachtstücke durch den Absender (Nr. 5) | 25–28 |
| 1. Verwendung von offenen, nicht mit Planen gedeckten Fahrzeugen oder Verladung auf Deck (Nr. 1; Abs. 3) | 7–13 | | 6. Beförderung lebender Tiere (Nr. 6; Abs. 5) | 29, 30 |
| | | | **V. Kausalitätsvermutung (Abs. 2)** | 31–33 |
| 2. Ungenügende Verpackung durch den Absender (Nr. 2) | 14–16b | | **VI. Besondere Schutzpflichten des Frachtführers (Abs. 3 bis 5)** | 34–39 |

## I. Normzweck

Die Vorschrift nennt in **Abs. 1** einen Katalog von weiteren Haftungsausschlussgründen, **1** denen gemeinsam ist, dass sie Situationen typischer Gefährdung des beförderten Gutes umschreiben, die nicht in den Verantwortungs- und Risikobereich des Frachtführers fallen. Das Gesetz knüpft an diese Tatbestände, die deshalb auch als **bevorrechtigte Befreiungsgründe** bezeichnet werden, die (widerlegliche) Kausalitätsvermutung, dass ein Schaden, der aus der jeweils umschriebenen Ursache entstehen konnte, hieraus entstanden ist **(Abs. 2).** Die Beweiserleichterung hat Vorbilder in Art. 17 Abs. 4, Art. 18 Abs. 2 CMR und § 608 Abs. 2 aF (jetzt § 499 Abs. 2 Satz 1) sowie früher in § 83 EVO, § 34 KVO, § 59 BinSchG. **Absätze 3, 4 und 5** enthalten Einschränkungen der Ausschluss- und Vermutungswirkung in Fällen, in denen besondere Umstände den Schluss auf eine Ursächlichkeit der Kataloggründe nicht als Regel rechtfertigen.

## II. Entstehungsgeschichte

Unmittelbares Vorbild der Regelung sind Art. 17 Abs. 4, Art. 18 Abs. 2 CMR; im **2** Gegensatz zu diesen Bestimmungen gelten die besonderen Haftungsausschlussgründe jedoch nicht nur für Schäden durch Verlust oder Beschädigung des Gutes, sondern auch für Verspätungsschäden, um eine Einheitlichkeit der Haftungsregelung in allen Fällen herbeizuführen.[1]

Die Vorschrift ist bis auf die Einfügung von Abs. 3 im Laufe des Gesetzgebungsverfahrens **3** nicht verändert worden. Abs. 3 wurde auf Empfehlung des Vermittlungsausschusses[2] eingefügt (und dadurch wurden die Absätze 3 und 4 des RegE Absätze 4 und 5),[3] nachdem das Land Niedersachsen im Bundesrat geltend gemacht hatte,[4] § 427 Abs. 1 Nr. 1 in der vom Deutschen Bundestag beschlossenen, dem RegE entsprechenden Fassung werde den Interessen der Automobilindustrie nicht gerecht: Neufahrzeuge seien bei der Beförderung besonderen Gefahren ausgesetzt, die nicht notwendig und auch nicht typischerweise nur auf die Beförderung auf offenen Spezialfahrzeugen zurückzuführen seien, sondern auch auf

---

[1] Reg.Begr. S. 62.
[2] Beschlussempfehlung 13/10873 v. 28.5.1998.
[3] Durch Beschluss des Deutschen Bundestages vom 29.5.1998 gem. Art. 77 GG.
[4] Vgl. BT-Drucks. 13/10292 v. 31.3.1998; BR-Drucks. 516/98 v. 29.5.1998.

unvorsichtiges Verhalten beim Fahren (zB durch Alleen mit der Folge von Kratzern am Lack) und beim Ein- und Ausladen.

### III. Allgemeines. Beweislast

4  Ist ein Schaden aus einer der in Abs. 1 genannten Gefahren entstanden, so ist der Frachtführer von der Haftung befreit. Die Formulierung „soweit" soll zum Ausdruck bringen, dass die Befreiung eine vollständige oder eine teilweise sein kann;[5] auch in diesen Fällen sind andere Verursachungsbeiträge, namentlich ein Mitverschulden des Frachtführers, zu berücksichtigen (§ 425 Abs. 2 HGB; § 254 BGB). Die Formulierung „soweit" ist, genau genommen, allerdings missverständlich: Der Schaden ist in den Mitverursachungsfällen durch die genannte besondere Gefahr nicht nur teilweise, sondern im Ganzen, aber kumulativ mit anderen relevanten Ursachen herbeigeführt worden. Ist der verursachte Schaden teilbar, liegt kein Fall der Mitverursachung vor.

5  Konnte der Schaden aus einer der besonderen Gefahren entstehen, so **wird vermutet, dass er hieraus entstanden** ist (Abs. 2 Satz 1). Der Frachtführer muss die für die Anwendbarkeit der Beweisvermutung erforderliche Schadenskausalität darlegen, indem er die – nach der Lebenserfahrung nicht fernliegende – Möglichkeit eines ursächlichen Zusammenhangs zwischen den in Nr. 1–5 bezeichneten besonderen Gefahren und dem Schaden konkret aufzeigt oder dartut, dass dieser aus einer der Gefahren lebenserfahrungsgemäß folgt.[6] Der **Geschädigte kann die Vermutung widerlegen,** indem er eine andere Schadensursache oder zumindest die Mitwirkung eines anderen Verursachungsbeitrages darlegt. Es ist dann wiederum Sache des Frachtführers zu beweisen, dass er für diese andere Ursache nicht haftet (§ 426).

6  Sind für Haftungsentlastung und Beweiserleichterung neben den Tatbestandsumschreibungen des Absatzes 1 zusätzliche positive Erfordernisse aufgestellt (Abs. 3–5), so hat der Frachtführer deren Voraussetzungen zu beweisen, um sich auf die jeweilige Fallgruppe des Absatzes 1 berufen zu können. Die Beweislast für das Bestehen und den Inhalt von Weisungen allerdings trägt der Absender.[7]

### IV. Die besonderen Haftungsausschlussgründe im Einzelnen (Abs. 1)

7  **1. Verwendung von offenen, nicht mit Planen gedeckten Fahrzeugen oder Verladung auf Deck (Nr. 1; Abs. 3).** Das Gut ist verstärkt Gefährdungen insbesondere durch Witterungseinflüsse, Diebstahl, aber auch durch Auswirkungen des Transportbetriebs, ausgesetzt, wenn es offen und nicht mit Planen bedeckt befördert wird. Die Wendung ist identisch mit derjenigen in Art. 17 Abs. 4 lit. a CMR (dort Rn. 54 ff.): KVO und AGNB enthielten keinen solchen Ausschluss, doch galt es als haftungsausschließendes Verschulden des Verfügungsberechtigten, wenn das Gut besser in einem geschlossenen Fahrzeug befördert worden wäre, es der Absender aber im offenen Lkw transportieren ließ. Eine ausdrückliche Regelung fand sich in § 83 Abs. 1 lit. a EVO[8] sowie in Art. 36 § 3 lit. a CIM 1980. Eine Parallelvorschrift über die Verladung auf Deck enthielt § 59 Abs. 1 Nr. 1, 1. Alt. BinSchG.

8  Die genannten Modalitäten der Beförderung müssen **vereinbart sein oder wenigstens der Übung entsprechen.** Das Gesetz verlangt dabei nicht wie CMR und CIM einen Vermerk im Frachtbrief, weil dieser nicht mehr obligatorisch ist. Der Frachtführer wird jedoch daran interessiert sein, eine Abrede über die Beförderung in offenem Wagen oder an Deck eines Schiffes schriftlich oder in einem etwa ausgestellten Frachtbrief (§ 408 Abs. 1 Nr. 12) festzuhalten; denn er trägt die Beweislast hierfür. Die Vereinbarung kann allerdings

---

[5] Reg.Begr. S. 62.
[6] BGH 15.6.2000, TranspR 2000, 459, 462.
[7] *Ramming* TranspR 2001, 53, 56; *Koller*/Roth/Morck Rn. 1; aA Fremuth/Thume/*Fremuth* Rn. 14, der damit einen unmöglichen Negativbeweis verlangen würde.
[8] S. noch LG Hamburg 27.10.1998, TranspR 1999, 68 ff. – Schaden infolge Lokomotivenbrand.

auch **stillschweigend** getroffen werden und selbstverständlich auch **durch AGB**.[9] Der Gesetzgeber ist dem Vorschlag der Sachverständigenkommission,[10] eine ausdrückliche Vereinbarung zu fordern, nicht gefolgt. Dieser Vorschlag erschien, insbesondere im Hinblick auf das Ausreichen selbst bloßer Übung, als zu formstreng und hätte Beweisprobleme aufgeworfen.[11]

**Offen** ist ein Fahrzeug, wenn es nicht zumindest mit Planen allseitig umschlossen ist.[12] **9** In Betracht kommt jedes Fahrzeug, mit dem ein Transport bewerkstelligt werden kann, also auch ein Gabelstapler.[13]

Die **Verladung an Deck** betrifft vor allem die Binnenschifffahrt. In der Schifffahrt ist **10** die Verladung vieler Güterarten, namentlich von Containern, an Deck auch ohne besondere Vereinbarung kraft Übung zulässig.[14] Gelegentlich (Gefahrgut!) ist sie auch gesetzlich vorgeschrieben.

Es hindert die Anwendung der Vorschrift nicht, dass das Gut in besonders witterungsbe- **11** ständiger Weise verpackt oder besonders diebstahlsicher auf dem Fahrzeug befestigt worden ist; auch ein vom Absender gestellter Container oder ein durch besondere Folie gegen Regen geschütztes Gut fällt, wenn auf offenem Fahrzeug oder an Deck befördert, unter die Regelung.[15] Auch ist unerheblich, ob das Gut – etwa wegen seiner Größe – gar nicht anders als offen befördert werden konnte.[16]

Die Vermutung, dass ein Verlust auf die Beförderung in offenem Fahrzeug oder auf **12** Deck verursacht worden ist, gilt nicht bei außergewöhnlich großem Verlust (Abs. 2 Satz 2). Diese Einschränkung betrifft nicht die Haftungsfreistellung des Frachtführers (vorbehaltlich des Abs. 3), sondern nur die Beweiserleichterung. Obgleich auch ein außergewöhnlich großer Verlust durch die Beförderung im offenen Wagen begünstigt worden sein kann (Diebstahl!), spricht der Umfang des Schadens hier nach der Lebenserfahrung nicht dafür, dass er ohne eine Nachlässigkeit des Frachtführers eingetreten ist. Deshalb ist die Beweislastumkehr hier nicht gerechtfertigt. Der Begriff des außergewöhnlich großen Verlusts soll die Fälle des „außergewöhnlich großen Abgangs" und des „Verlusts von ganzen Frachtstücken", die in der Vorbildnorm des Art. 18 Abs. 3 CMR gesondert genannt sind, vereinfachend zusammenfassen;[17] ein gewisser Unterschied mag allerdings darin liegen, dass der Verlust selbst ganzer Packstücke, bezogen auf die Gesamtzahl der Packungen einer Sendung, nicht unbedingt einen außergewöhnlich großen Verlust darzustellen braucht.[18]

Der Frachtführer kann sich auf den Haftungsbefreiungsgrund der Nummer 1 nur berufen, **13** wenn er beweist, dass Verlust, Beschädigung oder Verspätung nicht darauf zurückzuführen sind, dass er besondere Weisungen des Absenders im Hinblick auf die Beförderung des Gutes beachtet hat (Abs. 3). Diese, in Anlehnung an Abs. 5 (im RegE: Abs. 4) erst auf Antrag des Vermittlungsausschusses eingefügte (vgl. Rn. 3) Vorschrift, wurde im Interesse der Automobilindustrie aufgenommen, gilt jedoch allgemein für alle Fälle der Nummer 1. Absender oder Empfänger müssen beweisen, dass sie Weisungen erteilt haben, der Frachtführer, dass er sie beachtet hat. Gelingt dem Frachtführer dieser Beweis nicht, kann er sich allenfalls nach § 426 entlasten und Mitverursachung nach § 425 Abs. 2 einwenden.[19]

**2. Ungenügende Verpackung durch den Absender (Nr. 2).** Die Verpackung ist **14** ungenügend, wenn sie erforderlich und mangelhaft ist. Die Verpackung ist mangelhaft,

---

[9] *Ramming* TranspR 2001, 53, 57; *Koller* Rn. 7.
[10] Bericht S. 18, 88.
[11] Reg.Begr. S. 62.
[12] *Ramming* TranspR 2001, 53, 56; *Koller* Rn. 3.
[13] *Ramming* TranspR 2001, 53, 56.
[14] Dazu OLG München 6.5.1998, TranspR 1998, 407, 412.
[15] Dazu eingehend *Koller* Rn. 3.
[16] EBJS/*Schaffert* Rn. 4.
[17] Reg.Begr. S. 64.
[18] *Ramming* TranspR 2001, 53, 58 f.
[19] Vgl. dazu OLG München 15.6.2006, TranspR 2006, 355: Nässeschäden an auf offenem Fahrzeug transportierter Maschine, die vom Frachtführer vertragswidrig unzureichend geschützt war.

wenn sie Güter nicht vor Beschädigung durch Gefahren schützt, denen sie bei ordnungsgemäßer Beförderung ausgesetzt sind.[20] Im Rahmen normaler Beförderung braucht der Absender nicht damit zu rechnen, dass das Gut besonders starker, über die normale Luftfeuchtigkeit hinausgehender Nässeeinwirkung ausgesetzt wird.[21] Die Verpackung muss jedoch so beschaffen sein, dass seine Be- und Entladung auch in einem Sammelladungstransport gefahrlos möglich ist.[22] Für Erforderlichkeit und Mangelhaftigkeit der Verpackung sowie für die Ursächlichkeit des Verpackungsmangels für den Schaden ist der Frachtführer beweispflichtig.[23]

15     Der Begriff ist identisch mit dem entsprechenden in § 414 Abs. 1 Nr. 1. Wie dort wurde ein besonderer Hinweis auf das gänzliche Fehlen einer Verpackung (der in Art. 17 Abs. 4 lit. b CMR ausdrücklich enthalten ist) als überflüssig nicht aufgenommen.[24]

16     Hat nicht der Absender selbst das Gut verpackt, sondern ein Dritter, so ist ihm die fehlerhafte Verpackung durch diesen als seinem Erfüllungsgehilfen zuzurechnen. Das gilt sogar dann, wenn der Frachtführer selbst die Verpackung auf Grund einer selbständigen, dem Werkvertragsrecht zuzuordnenden Vereinbarung für den Absender übernommen hat.[25] Auf die Pflicht zum Verpacken, die nach § 414 mangels abweichender Abrede dem Absender obliegt, kommt es entscheidend nur dann an, wenn die (notwendige) Verpackung völlig fehlt;[26] bei mangelhafter Verpackung auch durch den hierzu nicht verpflichteten Frachtführer scheidet, außer in dem genannten Fall der Vornahme für den Absender, der Haftungsbefreiungsgrund aus.

16a    Handelt es sich bei der Verpackung um eine Standard-Export-Karton-Verpackung, die im internationalen Frachtverkehr üblich ist, besteht in der Regel kein Haftungsausschluss wegen ungenügender Verpackung.[27]

16b    Ist der Verpackungsmangel für den Frachtführer oder dessen Leute oder Erfüllungsgehilfen offensichtlich, muss der Absender hierauf, hingewiesen werden;[28] in dem Unterlassen des Hinweises kann in besonderen Fällen sogar ein vorsatzgleiches Verschulden liegen.[29]

17     **3. Behandeln, Verladen oder Entladen des Gutes durch den Absender oder den Empfänger (Nr. 3).** Auch diese an sich selbstverständliche Regel zur Befreiung des Transporteurs bei in dieser Weise von Verladerseite gesetzten Schadensursachen[30] entspricht der CMR, hier Art. 17 Abs. 4 lit. c (s. dort Rn. 65 ff.).

18     **Behandeln** ist jedes Verhalten, welches außer den speziell genannten Tätigkeiten des Verladens und Entladens den sicheren Transport der Güter ermöglichen soll. Da die Verpackung (Nr. 2) und die Kennzeichnung (Nr. 5) besonders genannt sind, kommen praktisch jedoch nur noch wenige Maßnahmen für die Anwendung des allgemeinen Oberbegriffs in Betracht. Zu denken ist allenfalls an eine besondere Vorbereitung des Gutes für die Beförderung,[31] etwa die Vorkühlung von Gefriergut oder das Einfetten empfindlicher Maschinenteile. Grundsätzlich muss auch ein Unterlassen genügen, wo eine Rechtspflicht zum Handeln besteht.[32] Jedenfalls aber muss der Begriff restriktiv ausgelegt werden,[33] weil mit der Einordnung unter Nr. 3 zugleich die Beweislastumkehr des Absatzes 2 verbunden

---

[20]  OLG Hamburg 19.12.1985, TranspR 1986, 146, 148.
[21]  AG Mettmann 11.8.2000, TranspR 2001, 317.
[22]  OLG Stuttgart 9.2.2011, TranspR 2012, 459.
[23]  OLG Bremen 8.2.2007, TranspR 2008, 253, 257 (zu Art. 17 Abs. 4 Buchst. c CMR).
[24]  Reg.Begr. S. 63.
[25]  BGH 13.9.2007, TranspR 2007, 477 Rn. 27; OLG Koblenz 28.3.2011, VersR 2012, 508.
[26]  Reg.Begr. S. 63.
[27]  OLG Koblenz 28.3.2011, VersR 2012, 508.
[28]  OLG Hamburg 14.3.1969, VersR 1970, 51; OLG München 21.2.1992, TranspR 1992, 185; *Koller* § 411 Rn. 17; aA OLG Hamm 13.2.1989, TranspR 1989, 432; MüKoHGB/*Czerwenka*, 2. Aufl. 2009, § 411 Rn. 2.
[29]  OLG Stuttgart 9.2.2011, TranspR 2012, 459.
[30]  Zum Beweis eines Verladefehlers OLG Köln 23.9.1997, TranspR 1998, 169.
[31]  *Ramming* TranspR 2001, 53, 59; insofern mit Recht zweifelnd *Koller* Rn. 45.
[32]  *Ramming* TranspR 2001, 53, 60; aA Koller/Roth/Morck/*Koller* Rn. 3; Baumbach/Hopt/*Merkt* Rn. 2.
[33]  So mit Recht *Koller* Rn. 45.

ist; dies setzt eine eigenständige, abgrenzbare Aktivität des Absenders zur Unterstützung des Transports voraus. Allgemein ist ein schadenskausales Verhalten des Absenders, insbesondere bei Unterlassung zweckdienlicher Informationen oder Weisungen, nur nach § 425 Abs. 2 – also unter der Beweislast des Frachtführers – relevant.

Bei der Fallgruppe des **Verladens** und **Entladens** kommt es allein darauf an, wer tatsächlich geladen oder entladen hat, nicht, wer dazu nach dem Vertrag verpflichtet war. Das „Verladen" umfasst nach der Legaldefinition des § 412 Abs. 1 auch das Stauen und Befestigen des Gutes. **19**

Dass sich die genannten Ladungsbeteiligten, Absender und Empfänger, das risikoschaffende oder -erhöhende Verhalten für sie handelnder Dritter zurechnen lassen müssen, ergibt sich aus allgemeinen Grundsätzen und brauchte deshalb, anders als in der CMR, nicht ausdrücklich gesagt zu werden.[34] Die Zurechnung kann jedoch erhebliche Schwierigkeiten bereiten, weil beim Laden und Entladen häufig Leute der nicht verladepflichtigen Vertragspartei aus Gefälligkeit oder im Interesse einer zügigen Erledigung der Arbeiten ohne klare Abmachungen mithelfen. Bei Mithilfe durch den Fahrer, die nicht besonders mit dem Frachtführer vereinbart wurde, ist dieser jedenfalls dann Gehilfe des Absenders oder Empfängers, wenn er – wie in diesen Fällen regelmäßig – unter deren Weisung oder unter Weisung von deren Leuten arbeitet.[35] **20**

Wird das Gut durch Restmengen der Vorladung verunreinigt, liegt kein Verladefehler iSd. § 427 Abs. 1 Nr. 3 vor,[36] doch muss die Frage der Mitverschuldung im Rahmen des § 425 Abs. 2 geprüft werden. Eine Prüfungspflicht des Absenders ist jedoch umstritten; grundsätzlich kann sich der Absender darauf verlassen, dass der Frachtführer ein vertragskonform sauberes Transportmittel stellt.[37] Eine Prüfungspflicht des Absenders wird generell nur bei besonders empfindlichen Gütern bejaht.[38] **20a**

Liegt ein evidenter, die Betriebssicherheit gefährdender Verlademangel des Absenders vor, auf den der Verfrachter pflichtwidrig vor Antritt der Fahrt nicht hinweist, haftet der Frachtführer auch, sofern der Schaden aufgrund des Verlademangels in einer Situation eintritt, in der die Betriebssicherheit des Transportfahrzeugs nicht konkret beeinträchtigt ist.[39] **20b**

**4. Natürliche Beschaffenheit des Gutes (Nr. 4; Abs. 4).** Die Vorschrift nennt mit Bruch, Rost, innerem Verderb, Austrocknen, Auslaufen, normalem Schwund exemplarisch („insbesondere") einige wichtige Transportrisiken, die von Eigenschaften der Ladung ausgehen. Allgemein hat sie jede besondere Anfälligkeit bestimmter Güter auch bei normaler ordnungsgemäßer Beförderung,[40] Schäden zu erleiden, zum Gegenstand. Vorbild war Art. 17 Abs. 4 Buchst. d CMR; die dort zusätzlich genannten Beispiele der Einwirkung von Ungeziefer und Nagetieren wurden als überflüssig nicht übernommen,[41] gelten aber sachlich auch hier. **21**

Es genügt für die Anwendung der Entlastung und Beweiserleichterung grundsätzlich, dass das Gut bei normaler Verpackung[42] und normaler Beförderung[43] in der vereinbarten Beförderungsart weit überdurchschnittlich Beschädigungen ausgesetzt ist. Werden – wie in aller Regel – bei bekannten Risiken dieser Art Vereinbarungen über besondere Vorkehrungen zur Schadensverhütung (Kühlung bei wärmeanfälligem Gut, besondere Federung des Fahrzeuges bei stoßempfindlichem Gut) getroffen, so greift modifizierend Abs. 4 ein: Der **22**

---

[34] Reg.Begr. S. 63.

[35] Vgl. dazu in Einzelnen *Neufang/Valder* TranspR 2002, 325, 331 f.; EBJS/*Schaffert* Rn. 34; vgl. auch OLG Hamm 19.6.2008, TranspR 2008, 405.

[36] OLG Hamburg 8.7.2010, VRS 119, 272.

[37] BGH 13.12.1968, VersR 1969, 228, 229.

[38] OLG Hamm 14.6.1993, TranspR 1994, 109.

[39] OLG Hamm 23.2.2012, TranspR 2012, 376 ff.

[40] *Ramming* TranspR 2001, 53, 61; *Koller* Rn. 67.

[41] Reg.Begr. S. 63.

[42] *Koller* Rn. 77.

[43] Missverständlich jedoch Koller/Roth/Morck/*Koller* Rn. 4: vertragskonformer; vgl. Abs. 4.

Frachtführer hat zunächst zu beweisen, dass er diese Vereinbarungen eingehalten hat und kann sich erst dann auf die Vermutung des Abs. 2 Satz 2 berufen.

23    Die Schäden müssen auf der Natur des Gutes beruhen; Gefahr der Einwirkung von außen, etwa erhöhte Diebstahlgefahr bei hochwertigen, leicht verwertbaren Gütern (Handys, Kleidung), genügt hierfür nicht.[44]

24    Wichtige Fallgruppen von Spezialtransporten mit besonderen Vereinbarungen über die Behandlung schadensanfälliger Ladung stellen Kühltransporte und Autotransporte dar. Dazu im Einzelnen unten Rn. 37 f.

25    **5. Ungenügende Kennzeichnung der Frachtstücke durch den Absender (Nr. 5).** Dieser Ausschlussgrund entspricht Art. 17 Abs. 4 lit. e CMR (s. dort Rn. 86 ff. zu Einzelheiten). Mit „Kennzeichnung" übernimmt die Norm den Begriff aus § 411; darunter fällt auch die in der CMR gesondert angeführte Nummerierung. Durch ungenügende Kennzeichnung wird die ordnungsgemäße Transportabwicklung erschwert oder vereitelt, ohne dass dies in den Risikobereich des Frachtführers fällt. Anders als in § 411, wo es um das „Gut" geht, ist hier von „Frachtstücken" die Rede, weil sich die Kennzeichnung auf die einzelnen Gütereinheiten beziehen kann.[45]

26    **Ungenügend** ist die Kennzeichnung, wenn sie fehlt oder mangelhaft, insbesondere falsch ist. Falsche Empfängerangaben, aber auch nur unrichtiger Empfangsort bringen ebenso wie unrichtige, mit den Dokumenten nicht übereinstimmende oder unleserliche Merkzeichen die Gefahr von Fehlleitungen mit Güterverlust mit sich. Mangelhaft ist die Kennzeichnung insbesondere auch dann, wenn auf wieder verwendeten Verpackungen alte Kennzeichen nicht hinreichend neutralisiert werden.[46]

27    Die mangelhafte Kennzeichnung muss vom Absender oder seinem Erfüllungshilfen (namentlich dem Ablader) angebracht worden sein; wer dazu verpflichtet war (in der Regel: der Absender, § 411 Satz 2), spielt keine Rolle; auf die Verpflichtung kommt es nur dann an, wenn die Kennzeichnung völlig fehlt.

28    Aus dem vom Frachtführer zu behauptenden und zu beweisenden Fehler der Kennzeichnung muss sich nach der Lebenserfahrung die Gefahr des Schadens ergeben. Das ist nicht der Fall, wenn sich der Fehler – etwa eine falsche Postleitzahl – beim Frachtführer leicht aufklären lässt.[47]

29    **6. Beförderung lebender Tiere (Nr. 6; Abs. 5).** Dieser Ausschlussgrund entspricht Art. 17 Abs. 4 lit. f CMR (s. auch dort Rn. 88 f.). Er greift ein, wenn der Schaden seine nicht fernliegende Ursache in der besonderen Anfälligkeit gerade von Tieren gegen Schäden während des Transports wie etwa Verhungern, Verdursten, Verletzungen durch andere Tiere hat. Hierzu ist auch das Entweichen[48] von Tieren zu rechnen, nicht aber deren Diebstahl.[49]

30    Besondere praktische Bedeutung hat beim Tiertransport die Einschränkung des Absatzes 5, wonach der Frachtführer sich auf die Vermutung nur berufen kann, wenn er die ihm nach den Umständen obliegenden Maßnahmen getroffen und besondere Weisungen beachtet hat. Hierunter fallen zunächst die öffentlich-rechtlichen Bestimmungen wie namentlich des Tierschutzes und des Seuchenschutzes, aber auch alle Maßnahmen, die vernünftigerweise geboten sind.[50] Darüber hinaus sind besondere Weisungen über die Art der Beförderung und über die Behandlung der Tiere (Tränken) zu beachten; diese können vom Weisungsberechtigten (§ 418) auch noch nachträglich erteilt werden.[51]

---

[44] *Ramming* TranspR 2001, 53, 61.
[45] Reg.Begr. S. 63.
[46] LG Köln 6.9.2001, TranspR 2002, 155.
[47] OLG Bamberg 16.2.2005, OLGR Bamberg 2005, 720, 722.
[48] *Koller* Rn. 100.
[49] *Ramming* TranspR 2001, 53, 63.
[50] *Ramming* TranspR 2001, 53, 63.
[51] *Koller* Rn. 100.

## V. Kausalitätsvermutung (Abs. 2)

Nach Abs. 2 Satz 1 ist die Ursächlichkeit der in Abs. 1 bezeichneten Gefahren für den **31** eingetretenen Schaden zu vermuten, wenn dieser nach den Umständen des Falles aus einer dieser Gefahren entstehen konnte. Das Gesetz gewährt dem Frachtführer eine Beweiserleichterung, die eingreift, wenn er darlegt und beweist, dass der eingetretene Schaden aus einer dieser besonderen Gefahren nach den konkreten Umständen des Falles entstehen konnte.[52] Der Beweis des Gegenteils bleibt jedoch zulässig.[53]

Sind für Haftungsentlastung und Beweiserleichterung neben den Tatbestandsumschrei- **32** bungen des Absatzes 1 zusätzliche positive Erfordernisse aufgestellt (Abs. 3–5), so hat der Frachtführer deren Voraussetzungen zu beweisen, um sich auf die jeweilige Fallgruppe des Absatzes 1 berufen zu können. Die Beweislast für das Bestehen und den Inhalt von Weisungen allerdings trägt der Absender.[54]

Steht die Kausalität der besonderen Schadensursache fest, so bleibt dem Geschädigten **33** die Möglichkeit, eine mitwirkende Schadensursache darzutun und zu beweisen, für die der Frachtführer haftet, sich also nach § 426 entlasten kann. Dies führt (Abs. 1: „soweit", s. oben Rn. 4) in der Regel zur Schadensteilung. Kann der Berechtigte dagegen die Kausalitätsvermutung widerlegen, so verbleibt dem Frachtführer die Möglichkeit, einen anderen Haftungsausschlusstatbestand nach § 427 geltend zu machen oder sich auf den allgemeinen Haftungsbefreiungsgrund des § 426 zu berufen.[55]

## VI. Besondere Schutzpflichten des Frachtführers (Abs. 3 bis 5)

Die Abs. 3–5 enthalten ergänzende Bestimmungen zu den Haftungsbefreiungsgründen der **34** Nr. 1, 4 und 6. Sie gehen davon aus, dass zur Verminderung der betreffenden Risiken besondere vertragliche Vereinbarungen getroffen oder Weisungen (§ 418) erteilt worden sind, die den Beförderungsweg, die Beförderungsart oder sonstige Modalitäten der Beförderung betreffen. Der Frachtführer muss, um sich auf den Haftungsausschluss und die Kausalitätsvermutung berufen zu können, zunächst dartun und beweisen, dass er diese Verpflichtungen erfüllt hat.

**Abs. 3** hat Weisungen (oder, was gleichstehen muss, vertragliche Vereinbarungen) für **35** den Fall der Beförderung in offenen Wagen oder auf Deck zum Gegenstand. Sie können sowohl den Beförderungsweg (keine Fahrt durch Alleen) als auch sonstige Vorsichtsmaßnahmen (keine Fahrt durch starken Regen; Beaufsichtigung bei Zwischenaufenthalten) vorschreiben.

**Abs. 5** hat ähnliche Weisungen (oder vertragliche Vereinbarungen) im Auge, die im **36** Einzelfall das tierspezifische Risiko vermindern sollen.

**Abs. 4** enthält eine Sonderregelung für bestimmte **Spezialtransporte,** die der Beherr- **37** schung von Gefahren dienen sollen, welche von der besonderen natürlichen Schadensanfälligkeit des beförderten Gutes ausgehen. Die Bestimmung entspricht in der Sache Art. 18 Abs. 4 CMR, ist jedoch weiter gefasst: Während die CMR nur Spezialfahrzeuge nennt, bezieht sich Abs. 4 auf alle Vorkehrungen – auch außerhalb des Fahrzeugs, etwa durch Vorhalten funktionsfähiger Anschlüsse für Kühlcontainer – und führt zusätzliche Gefahren – „Erschütterungen oder ähnliche Einflüsse" – auf.

Der praktisch wichtigste Fall ist die Beförderung von **Kühl- und Gefriergut** in Spezial- **38** fahrzeugen und -containern. Der Frachtführer kann sich, wenn der Schaden durch mangelnde Kühlung entstanden sein kann, auf Abs. 1 Nr. 4 nur berufen, wenn er im Einzelnen dartut und beweist, dass er die ihm nach den Umständen obliegenden Maßnahmen zur

---

[52] BGH 15.6.2000, TranspR 2000, 459, 462; OLG Hamburg 8.2.1996, TranspR 1996, 389, 391.
[53] Dies folgt aus allgemeinen Beweisgrundsätzen und brauchte deshalb nicht – wie in Art. 18 Abs. 2 Satz 2 CMR – ausdrücklich im Gesetz gesagt zu werden (Reg.Begr. S. 64).
[54] *Ramming* TranspR 2001, 53, 56; EBJS/*Schaffert* Rn. 62 bezgl. Abs. 4; Koller/Roth/Morck/*Koller* Rn. 1; unklar Fremuth/Thume/*Fremuth* Rn. 14, der damit aber einen unmöglichen Negativbeweis verlangen würde.
[55] *Ramming* TranspR 2001, 53, 64.

Auswahl, Instandhaltung und Verwendung der Kühleinrichtung getroffen und die ihm hierzu erteilten Weisungen eingehalten hat;[56] hierzu ist erforderlich, dass er substantiiert die Art der Kühleinrichtung, ihre Wartung und Bedienung, Methoden und Umfang der Kontrollen sowie die Kühlung und deren Überwachung während Fahrpausen oder Standzeiten darlegt und im Falle des Bestreitens beweist.[57]

**39**     Dafür, dass das Kühl- oder Gefriergut hinreichend vorgekühlt war, trägt jedoch der Geschädigte die Beweislast.[58]

## § 428 Haftung für andere

> **[1]Der Frachtführer hat Handlungen und Unterlassungen seiner Leute in gleichem Umfange zu vertreten wie eigene Handlungen und Unterlassungen, wenn die Leute in Ausübung ihrer Verrichtungen handeln. [2]Gleiches gilt für Handlungen und Unterlassungen anderer Personen, deren er sich bei Ausführung der Beförderung bedient.**

**Schrifttum:** *Knöfel*, Die Haftung des Güterbeförderers für Hilfspersonen, Diss. Hamburg 1995; *Neufang/Valder*, Laden und Ladungssicherung im Straßengüterverkehr – Wer ist verantwortlich? TranspR 2002, 325.

### Übersicht

|                                        | Rn.   |                                        | Rn.    |
|----------------------------------------|-------|----------------------------------------|--------|
| I. Normzweck                           | 1, 2  | V. Einstehen für andere Personen       | 7–12   |
|                                        |       | 1. Personenkreis                       | 7–10   |
| II. Entstehungsgeschichte              | 3     | 2. Bei der Ausführung der Beförderung  | 11, 12 |
| III. Anwendungsbereich                 | 4     | VI. Organe. Gesetzliche Vertreter      | 13     |
| IV. Einstehen für die Leute            | 5–6a  | VII. Außervertragliche Ansprüche       | 14     |
| 1. Personenkreis                       | 5     | VIII. Eigene Haftung der Leute und     |        |
| 2. In Ausübung ihrer Verrichtungen     | 6, 6a | anderen Personen                       | 15–17  |

## I. Normzweck

**1**     Die Norm regelt die haftungsrechtliche Zurechnung des Verhaltens von Hilfspersonen des Frachtführers. Der Frachtführer haftet für das Verhalten seiner Leute und für das anderer Personen, die er in die Erfüllung seiner vertraglichen Pflichten einschaltet, wie für eigenes.

**2**     Die Regelung ist mit § 278 BGB verwandt, jedoch weiter gefasst. Einmal insofern, als der Frachtführer für seine Leute auch dann einzustehen hat, wenn diese nicht mit dem konkreten Beförderungsgeschäft betraut waren und wenn ihr Handeln nicht unmittelbar mit der Ausführung der ihnen obliegenden Verrichtungen zu tun hatte. Dieser weite Begriff der „Leute" wird im Transportrecht vielfach angewendet, um Schwierigkeiten zu vermeiden, die sich ergeben würden, wenn bei der Zurechnung die jeweilige innerbetriebliche Aufgabe des Handelnden ermittelt werden müsste. Sodann rechnet die Bestimmung dem Frachtführer nicht nur – wie § 278 BGB – ein Verschulden, sondern jedes Verhalten zu; das ist geboten, weil der Frachtführer nach §§ 425 ff. nicht nur für Verschulden iSd. § 276 BGB haftet.

## II. Entstehungsgeschichte

**3**     Die Norm unterscheidet nach den typischen Einwirkungsmöglichkeiten des Frachtführers zwischen so benannten **„Leuten"** und **„anderen Personen"**. Sie übernimmt damit die Regelungsgehalte u. a. von § 431 HGB aF, § 6 KVO, Art. 50 CIM 1980, Art. 3 CMR. Anders als in Art. 3 CMR ist jedoch nicht von „Bediensteten" die Rede, um das Missver-

---

[56] OLG Hamm 21.6.1999, TranspR 2000, 445 (zu Art. 18 Abs. 4 CMR).
[57] OLG Hamm 21.6.1999, TranspR 2000, 445 (zu Art. 18 Abs. 4 CMR).
[58] *Thume* TranspR 2013, 8 f.; OLG Köln 15.12.2009, TranspR 2010, 147 Tz. 15.

ständnis zu vermeiden, es müsse ein wirksames Dienstverhältnis vorliegen.[1] Abweichend von der CMR wird auch klarer zwischen den Verrichtungen der Leute und der Betrauung anderer Personen mit der Beförderung unterschieden.[2] Die Bestimmung ist im Gesetzgebungsverfahren nicht verändert worden.

### III. Anwendungsbereich

Die Zurechnungsnorm gilt lediglich für die in den §§ 425 ff. sowie in den § 413 Abs. 2, **4** § 422 Abs. 3, §§ 425, 447 spezialgesetzlich geregelten Ansprüche gegen den Frachtführer. Auf Ansprüche, die außerhalb des Zeitraums der Obhut des Frachtführers entstanden sind und nach allgemeinem Schuldrecht (§§ 280 ff. BGB) zu beurteilen sind, ist nicht § 428, sondern § 278 BGB anzuwenden;[3] das gilt auch dann, wenn sich Pflichten, deren Verletzung zu einem Anspruch aus §§ 280 ff. BGB führt, aus §§ 408 ff. ergeben, ohne jedoch eine spezielle Anspruchsgrundlage im HGB zu finden.[4]

### IV. Einstehen für die Leute

**1. Personenkreis.** Zu den „Leuten" gehören alle im Betrieb des Frachtführers Beschäf- **5** tigten. Sie brauchen nicht notwendig auf Grund eines Arbeitsvertrages beschäftigt zu sein, sondern müssen lediglich in den Betrieb eingegliedert sein.[5] Deshalb zählen hierzu auch Aushilfskräfte, Leiharbeitskräfte, Praktikanten, mitarbeitende Familienangehörige. Entscheidend ist, dass sie den Weisungen (Direktionsrecht) des Frachtführers unterliegen.[6]

**2. In Ausübung ihrer Verrichtungen.** Das Fehlverhalten muss in **einem inneren 6 Zusammenhang** mit den der Hilfsperson übertragenen Aufgaben stehen;[7] die Handlung muss noch zum allgemeinen Umkreis des zugewiesenen Aufgabenbereichs gehören und darf nicht nur bei Gelegenheit der Tätigkeit begangen worden sein.[8] Die übertragenen Aufgaben brauchen sich nicht auf den in Rede stehenden Frachtvertrag zu beziehen.[9] Ein innerer Zusammenhang mit der Aufgabe kann auch bei vorsätzlichem Handeln und bei Handeln gegen ausdrückliche Weisungen des Frachtführers angenommen werden.[10] Allerdings kann es nicht genügen, dass die Beschäftigung dem Handelnden allgemein die Möglichkeit der Einwirkung auf das Gut gegeben hat. Entscheidend ist, dass der Handelnde in die den Frachtführer gegenüber seinem Auftraggeber treffenden Schutzpflichten einbezogen war. Das ist jedenfalls dann anzunehmen, wenn ihm im Rahmen seiner Aufgaben Zugang zu nicht allgemein zugänglichen Gütern eingeräumt wurde, unabhängig davon, ob sich der konkrete Auftrag darauf bezog.[11] Deshalb ist namentlich auch ein **Diebstahl** von Gut aus dem Lager ein Verstoß gegen die vertragsspezifische Nicht-Schädigungspflicht und damit vom Frachtführer zu vertreten.[12] Ebenso die Beschädigung von fremdem lagerndem Gut durch Anfahren mit dem für einen anderen Auftrag eingesetzten Gabelstapler. Ein weiteres Beispiel bildet die Benutzung des Lkw zum Alkoholschmuggel mit der Folge der Beschlagnahme.[13]

Besonderes praktisches Gewicht hat die Zurechnung eines Verschuldens des Fahrers **6a** beim Be- und Entladen eines Lkw, das vertraglich zu den Pflichten des Absenders oder Empfängers gehört. Der Fahrer hilft in solchen Fällen regelmäßig – gleich, ob aus eigenem

---

[1] Reg.Begr. S. 64.
[2] Reg.Begr. S. 64; dazu unten Rn. 5 ff.
[3] *Koller* Rn. 2; Baumbach/Hopt/*Merkt* Rn. 1; Fremuth/Thume/*Fremuth* Rn. 3.
[4] AA OLG Stuttgart 22.1.2003, TranspR 2003, 104; *Koller* Rn. 2; Baumbach/Hopt/*Merkt* Rn. 1.
[5] EBJS/*Schaffert* Rn. 5; *Koller* Rn. 4; Fremuth/Thume/*Fremuth* Rn. 10.
[6] *Koller* Rn. 4.
[7] *Koller* Rn. 7.
[8] BGH 27.6.1985, NJW-RR 1986, 248 = TranspR 1985, 338.
[9] EBJS/*Schaffert* Rn. 6; *Koller* Rn. 5.
[10] BGH 27.6.1985, NJW-RR 1986, 248 = TranspR 1985, 338.
[11] OLG Köln 19.6.2007, TranspR 2007, 469 = VersR 2008, 419.
[12] OLG Köln 19.6.2007, TranspR 2007, 469 = VersR 2008, 419.
[13] Vgl. BGH 27.6.1985, NJW-RR 1986, 248 = TranspR 1985, 338.

Antrieb oder mit Duldung oder gar auf Weisung des Frachtführers unter der Obhut und Verantwortung des Absenders oder Empfängers, sodass die Tätigkeit außerhalb des Obhuts-zeitraums des Verfrachters liegt und dessen Haftung nach § 425 schon daran scheitert. In Betracht kommt jedoch eine Haftung des Frachtführers aus § 280 BGB, wenn er die Mithilfe billigt und dadurch die Tätigkeit in die dem Fahrer übertragenen Verrichtungen einbe-zieht.[14] Anders, wenn der Fahrer ohne Kenntnis und Billigung des Frachtführers mithilft.[15] In diesen Fällen stellt sich auch die Frage, ob der Fahrer für seine eigene Haftung die Vergünstigung des § 436 in Anspruch nehmen kann (vgl. dort Rn. 6).

### V. Einstehen für andere Personen

7    **1. Personenkreis. „Andere Personen"** sind nicht betriebszugehörige Personen oder Unternehmen, die vom Frachtführer zur Erfüllung seiner frachtvertraglichen Pflichten ein-geschaltet werden. Es können Subunternehmer sein, die den ganzen Transport oder wesent-liche Teile durchführen oder Personen, die nur für einzelne Tätigkeiten während der Beförderung oder zu deren Vorbereitung oder Abwicklung im Rahmen der Obhut des Frachtführers über die Güter herangezogen werden. Auf das Innenverhältnis zum Frachtfüh-rer kommt es nicht an; entscheidend ist, dass die Person mit Einverständnis des Frachtführers dessen Pflichten gegenüber Absender oder Empfänger erfüllt.

8    Schaltet ein Unterfrachtführer einen oder mehrere weitere **Unterfrachtführer** ein, so hat der Frachtführer auch für diese als seine Erfüllungshilfen einzustehen. Ebenso für die Leute und Erfüllungsgehilfen aller Unterfrachtführer.[16]

9    Beispiele bilden auch das **Infrastrukturunternehmen** als Erfüllungsgehilfe der Eisen-bahn, die **Flughäfen** und ihre Leute, **Häfen** und **Umschlaganlagen,** soweit sie im Auftrag des Frachtführers – und nicht des Absenders oder Empfängers – tätig werden.

10   Erfüllungsgehilfen des Frachtführers sind dagegen nicht **Beamte** oder Bedienstete von **Behörden,** etwa Zollbeamte oder Veterinärbeamte, die im öffentlichen Interesse Untersu-chungen an dem Gut vornehmen und es dabei häufig auch einlagern, da der Frachtführer auf deren Auswahl keinen Einfluss hat.[17]

11   **2. Bei der Ausführung der Beförderung.** Anders als bei den Leuten braucht sich der Frachtführer ein Verhalten der anderen Personen nur zurechnen zu lassen, wenn er sich ihrer bei der Beförderung bedient. Sie müssen in die Ausführung des konkreten Frachtvertrages eingeschaltet sein; es genügt nicht – wie bei den Leuten –, dass sich ein Fehlverhalten bei der Erledigung eines anderen Auftrages auf den Frachtvertrag auswirkt. Der Begriff der „Beförderung" ist hier jedoch weit auszulegen: Es braucht sich nicht um die eigentliche Beförderung im engen Sinne der Ortsveränderung zu handeln; vielmehr rechnen auch die Vorbereitung – Umschlag, Laden – und die Abwicklung am Bestimmungsort – Entladen, Lagerung, Ablieferung – dazu, sofern sie unter die vertraglichen Pflichten des Frachtführers und in dessen Obhutszeitraum fallen.[18] Bedient sich der Frachtführer fremder Hilfe außer-halb dieses beförderungsbezogenen Pflichtenkreises und seines Obhutszeitraumes – etwa zu den Vertragsverhandlungen oder zur Überprüfung einer Reklamation –, so kann nur eine Zurechnung über § 278 BGB in Betracht kommen.

12   Auch die anderen Personen müssen in Ausübung ihrer Verrichtungen gehandelt haben. Insoweit gilt das oben bei Rn. 6 Gesagte.

### VI. Organe. Gesetzliche Vertreter

13   Nicht geregelt ist das Einstehen für Organe und gesetzliche Vertreter des Frachtführers. Dieses vollzieht sich nach allgemeinen Regeln der §§ 31, 278 BGB.

---

   [14]  Vgl. jetzt BGH 28.11.2013, TranspR 2014, 23 und § 425 Rn. 42a.
   [15]  Zum Problem vgl. eingehend *Neufang/Valder* TranspR 2002, 325, 331 f.; *Koller* § 412 Rn. 10 ff.; vgl. auch § 427 Rn. 20.
   [16]  OLG Düsseldorf 11.5.1989, TranspR 1990, 63; OLG Hamm 14.11.1985, TranspR 1986, 77.
   [17]  EBJS/*Schaffert* Rn. 8; aA OLG München 7.5.1999, TranspR 1999, 301, 303 mwN, wonach es nur darauf ankommt, dass der Dritte dem Frachtführer gegenüber zum Schutz des Gutes verpflichtet ist.
   [18]  EBJS/*Schaffert* Rn. 9.

## VII. Außervertragliche Ansprüche

Nach Deliktsrecht hat der Frachtführer für seine Leute und die anderen Personen, soweit **14** sie im Rahmen der Verrichtung, für die sie bestellt sind, Dritten Schäden zufügen, nach § 831 BGB einzustehen; dabei kann ihm – in dem seltenen Fall, dass es sich um reine Vermögensschäden handelt – die Beschränkung des § 433 zugutekommen.

## VIII. Eigene Haftung der Leute und anderen Personen

Die Leute und anderen Personen haften bei Verschulden persönlich nach Maßgabe der **15** §§ 823 ff. BGB. Ihnen kommen jedoch die Beschränkungen der Haftung, die das Gesetz für die vertragliche Haftung des Frachtführers vorsieht, zugute; vgl. dazu § 436.

Soweit die Leute im Rahmen eines Arbeitsverhältnisses tätig werden, ist der etwaige **16** Regressanspruch des Frachtführers, der ein Verschulden des Arbeitnehmers voraussetzt, nach arbeitsrechtlichen Grundsätzen beschränkt; in der Regel wird eine Haftung bei einfacher Fahrlässigkeit ausscheiden, selbst wenn die Tätigkeit nicht im strengen Sinne gefahrgeneigt ist;[19] im Einzelfall ist das Gefahrenrisiko abzuwägen. Die Beschränkungen gelten jedoch nicht im Außenverhältnis zu Dritten; insoweit kommen dem Arbeitnehmer jedoch nicht nur die gesetzlichen Haftungsbeschränkungen und -begrenzungen des Frachtführers zugute (§ 436), sondern auch haftungserleichternde Vereinbarungen des Frachtführers mit dem geschädigten Dritten.[20]

Soweit Unterfrachtführer bei der Beförderung mitwirken, kommt ihre Haftung nach **17** § 437 neben der des Frachtführers in Betracht.

## § 429 Wertersatz

**(1) Hat der Frachtführer für gänzlichen oder teilweisen Verlust des Gutes Schadensersatz zu leisten, so ist der Wert am Ort und zur Zeit der Übernahme zur Beförderung zu ersetzen.**

**(2) ¹Bei Beschädigung des Gutes ist der Unterschied zwischen dem Wert des unbeschädigten Gutes am Ort und zur Zeit der Übernahme zur Beförderung und dem Wert zu ersetzen, den das beschädigte Gut am Ort und zur Zeit der Übernahme gehabt hätte. ²Es wird vermutet, daß die zur Schadensminderung und Schadensbehebung aufzuwendenden Kosten dem nach Satz 1 zu ermittelnden Unterschiedsbetrag entsprechen.**

**(3) ¹Der Wert des Gutes bestimmt sich nach dem Marktpreis, sonst nach dem gemeinen Wert von Gütern gleicher Art und Beschaffenheit. ²Ist das Gut unmittelbar vor Übernahme zur Beförderung verkauft worden, so wird vermutet, daß der in der Rechnung des Verkäufers ausgewiesene Kaufpreis abzüglich darin enthaltener Beförderungskosten der Marktpreis ist.**

**Schrifttum:** *Butzer,* Die Ermittlung des Ersatzwertes für Unikate im Frachtrecht, zugleich ein Beitrag zum Begriff des „gemeinen Wertes", VersR 1991, 854 ff.; *Koller,* Der Wertersatz im Transportrecht, FG 50 Jahre BGH 2000, S. 181 ff.; *Skradde,* Die Erstattungsfähigkeit des entgangenen Gewinns im Falle einer Ersatzlieferung, TranspR 2013, 224.

### Übersicht

| | Rn. | | Rn. |
|---|---|---|---|
| I. Normzweck | 1–3 | 1. Gänzlicher oder teilweiser Verlust | 7–10 |
| | | a) Totalverlust | 8 |
| II. Entstehungsgeschichte | 4–6 | b) Teilverlust | 9, 10 |
| III. Wertersatz bei Verlust des Gutes | | 2. Wertersatz | 11–19 |
| (Abs. 1) | 7–20 | 3. Beweislast | 20 |

[19] BAG Beschluss Großer Senat 27.9.1994, NJW 1995, 210.
[20] BGH 21.12.1993, NJW 1994, 852 = TranspR 1994, 162.

Rn.                                                                Rn.

**IV. Wertersatz bei Beschädigung des**          2. Wertvergleich .......................... 22–29
**Gutes (Abs. 2)** .......................... 21–32
1. Beschädigung des Gutes ................ 21         3. Beweislast. Vermutungen .............. 30–32

## I. Normzweck

1    Die Norm enthält die grundsätzliche frachtrechtliche **Begrenzung des Umfangs der Frachtführerhaftung** auf das **Wertersatzprinzip.** Das bedeutet, dass der Frachtführer an Stelle der im allgemeinen Schadensersatzrecht (§ 249 BGB) vorgesehenen Naturalrestitution lediglich den Ersatz des Wertes des verlorenen oder beschädigten Gutes schuldet. Der Geschädigte kann nicht Ausgleich seines individuellen Schadens einschließlich etwa entgangenen Gewinns verlangen. Eine Ausnahme von dieser Beschränkung gilt nur dann, wenn der Schaden durch qualifiziertes Verschulden des Frachtführers oder seiner Leute oder Erfüllungsgehilfen herbeigeführt worden ist (§ 435).

2    Das Wertersatzprinzip erfordert eine **Wertermittlungsregel,** die Art. 23 und 25 CMR nachgebildet ist. Nach **Absatz 1** ist der Wert des Gutes **am Ort und zur Zeit der Übernahme** zur Beförderung zu Grunde zu legen; er bestimmt sich in der Regel nach seinem Marktpreis **(Abs. 3).**

2a    In **Abs. 2** wird das Wertersatzprinzip auf den Fall der Beschädigung des Gutes erstreckt und mit einer Vermutung handhabbar gemacht. Die Regelung wird ergänzt durch eine summenmäßige Haftungsbeschränkung (§ 431).

3    Die frachtrechtlichen Haftungsbeschränkungen haben Tradition.[1] Das **Wertersatzprinzip**[2] ist der **Grundstein der Haftungsbegrenzungen.** Gerechtfertigt wird es mit dem Argument, der Frachtführer solle nur mit den Beförderungsrisiken, nicht aber mit für ihn unabsehbaren Schadensersatzrisiken aus der Sphäre von Absender und Empfänger belastet werden.[3] Er solle das transporttypische Schadensrisiko grundsätzlich nur in Höhe der Schäden am Frachtgut selbst tragen, während Schadensrisiken aus den besonderen Interessen der Wirtschaft an Güterbewegungen nicht auf die Verkehrswirtschaft verlagert werden dürften.[4] Nur durch diese Risikoverteilung sei dem Frachtführer auch eine Kalkulation für seinen Geschäftsbetrieb möglich.[5] Denn sein Entgelt könne sich zumeist nicht an dem häufig beträchtlichen Wert der Güter, sondern nur an Durchschnittssätzen von Gut und Beförderungsentfernung orientieren; Art und Ausmaß von Folgeschäden seien für den Frachtführer in der Regel nicht absehbar. Zusätzlich werden heute derartige Haftungsbegrenzungen damit gerechtfertigt, dass Versicherungsdeckungen, wie sie gerade im Transportgewerbe verbreitet und notwendig sind, kalkulierbar und daher begrenzt gehalten werden müssen.[6]

## II. Entstehungsgeschichte

4    Die Haftungsbegrenzung war im Vorläufer der Regelung (Art. 396 ADHGB) als Kompensation für die verschuldensunabhängige Haftung bis zur Grenze der höheren Gewalt gedacht. Als mit § 430 HGB aF das Verschuldensprinzip maßgeblich wurde, war zwar dieser Grund für die Vergünstigung entfallen, doch wurde an dem Prinzip der Haftungsbeschränkung festgehalten, und es wurde später auch in frachtrechtliche Sonderbestimmungen aufgenommen. Diese wichen im Detail voneinander ab, namentlich hinsichtlich der Wertermittlung: Während etwa § 430 HGB aF auf den Wert des Gutes am Ablieferungsort abstellte, knüpfte § 35 KVO an den Fakturenwert an. Das TRG ist dem Vorbild der CMR gefolgt und hat den Wert am Ort der Übergabe zur Beförderung (den sog. „Versandwert"[7]) gewählt.

---

[1]  *Basedow,* Der Transportvertrag, S. 404 ff.
[2]  Hierzu eingehend, auch historisch, *Koller,* FG 50 Jahre BGH, S. 181 ff.
[3]  Reg.Begr. S. 65.
[4]  *Butzer* VersR 1991, 854, 859; *Basedow,* Der Transportvertrag, S. 408.
[5]  *K. Schmidt* HandelsR § 31 IV 1 c.
[6]  *Basedow,* Der Transportvertrag, S. 464 ff.
[7]  Dazu eingehend Art. 23 CMR Rn. 5.

§ 429 behält das Wertersatzprinzip bei und lehnt sich an Art. 23 Abs. 1 und 2, Art. 24 **5**
CMR und Art. 40, 42 CIM (aF) an. Das Festhalten an einer Begrenzung der Haftung auf
den Güterwert erschien nicht nur unter Vereinheitlichungsgesichtspunkten, sondern auch
im Hinblick auf die oben erwähnte Verteilung der Haftungsrisiken nach Verantwortungssphären sachgerecht.[8]

Die im RegE[9] vorgesehenen Abs. 1, 2 Satz 1, Abs. 3 Satz 1 sind im Gesetzgebungsverfah- **6**
ren unverändert geblieben. Im Rechtsausschuss des Deutschen Bundestages wurden Abs. 2
Satz 2 und Abs. 3 Satz 2 hinzugefügt;[10] beide Ergänzungen enthalten sinnvolle Vermutungen, welche die Ermittlung des für den Ersatz maßgeblichen Wertes erleichtern.[11]

### III. Wertersatz bei Verlust des Gutes (Abs. 1)

**1. Gänzlicher oder teilweiser Verlust.** Zum Begriff des Verlusts vgl. § 425 Rn. 14 ff. **7**
Im Gegensatz zu § 425 (vgl. dort Rn. 19) unterscheidet § 429 für die Berechnung des
Wertersatzes zwischen gänzlichem und teilweisem Verlust.

**a) Totalverlust. Gänzlicher Verlust (Totalverlust)** liegt vor, wenn ein einzeln ver- **8**
sandtes Stück oder alle Stücke einer Sendung (vgl. zum Begriff der Sendung Rn. 10 und
§ 431 Rn. 9) verloren gehen. Dann ist der Wert des Stückes oder der gesamten Sendung
der Wertermittlung zu Grunde zu legen.

**b) Teilverlust. Teilverlust** liegt vor, wenn aus einer **mehrere Stücke umfassenden** **9**
**Sendung** nur einzelne verloren gehen. Dann ist grundsätzlich der Wert nur der verloren
gegangenen Stücke zu berücksichtigen.[12] Doch können die anderen, ordnungsgemäß abgelieferten Stücke durch den Verlust des Teiles der Sendung eine Werteinbuße erlitten haben,
wenn sie mit den verloren gegangenen eine wirtschaftliche Einheit bilden, die – ebenso
wie bei der Berechnung der Höchsthaftungssumme (§ 431 Abs. 2) – bei der Wertermittlung
nach § 429 zu berücksichtigen ist. Ob die Sendung insgesamt (oder einzelne andere Sendungsteile) durch den Teilverlust entwertet worden ist, muss unter wirtschaftlichen
Gesichtspunkten beurteilt werden.[13] Die wirtschaftliche Entwertung der unversehrten Sendungsteile stellt in der Sache deren Beschädigung dar,[14] die auszugleichen ist. Deshalb ist
hierbei auch zu berücksichtigen, ob eine Ersatzbeschaffung oder Reparatur des verlorenen
oder beschädigten Teils der Sendung in angemessener Zeit möglich ist und zu einer vollständigen Wiederherstellung der Sachgesamtheit führt.[15] Die Entwertung der unversehrten
Teile kann den Wert der verloren gegangenen übersteigen, doch bleibt der Gesamtwert
die Obergrenze und das Gesamtgewicht die summenmäßige Grenze nach § 431.

Eine **einheitliche Sendung** (vgl. dazu auch § 431 Rn. 9) bilden mehrere Stücke, wenn **10**
sie gemeinsam zur Beförderung gegeben sind. Ihr Inhalt braucht nicht sachlich zusammen-
zugehören; allerdings ist dies erforderlich für die haftungsmäßige Berücksichtigung unbeschädigter Stücke bei Verlust oder Beschädigung nur einzelner Sendungsteile (vgl. dazu
Rn. 9). Die Sendung kann nur einen Absender haben und muss an einen Empfänger gesandt
sein; das ist rechtlich, nicht wirtschaftlich zu beurteilen;[16] deshalb sind mehrere Teile verschiedener Urversender, die von einem Spediteur zu einer (Sammelladungs-) Sendung
zusammengefasst und im eigenen Namen zum Versand gebracht werden, eine Sendung.
Die Teile brauchen jedoch nicht einheitlich befördert zu werden.[17]

---

[8] Reg.Begr. S. 65.
[9] Reg.Begr. S. 9.
[10] Beschlussempfehlung TRG S. 15.
[11] Vgl. Begründung Beschlussempfehlung TRG S. 48.
[12] *Koller* Rn. 19.
[13] BGH 6.2.1997, TranspR 1997, 335; OLG Hamburg 15.1.1998, TranspR 1998, 290.
[14] BGH 6.2.1997, TranspR 1997, 335; *Koller* Rn. 19.
[15] BGH 6.2.1997, TranspR 1997, 335; kritisch wegen der Systemwidrigkeit, dass hier auf Umstände am
Empfangsort abgestellt wird, doch im Ergebnis zustimmend *Koller*, FG 50 Jahre BGH, S. 190 Fn. 52.
[16] *Koller* § 431 Rn. 3.
[17] *Koller* § 431 Rn. 3.

**11**   **2. Wertersatz.** Bei Verlust des Gutes hat der Frachtführer nicht den vollen Schaden zu ersetzen, sondern nur den des Wertes des beförderten Gutes. Das Gesetz schreibt hierfür eine abstrakte Wertberechnung vor. Geschuldet wird **pauschalierter Wertersatz.** Jeder weitere Schadensersatz wegen der von §§ 425 ff. erfassten Güterschäden ist damit – außer in den Ausnahmefällen der §§ 430, 432 – ausgeschlossen (§ 432 Satz 2); §§ 249 ff. BGB sind unanwendbar. Ausgeschlossen ist insbesondere der Ersatz wirtschaftlicher Folgeschäden, namentlich entgangenen Gewinns.[18] Vollen Schadensausgleich, der auch solche Schadensposten einschließt, kann der Geschädigte nur unter den Voraussetzungen des § 435 verlangen.[19]

**12**   Der Wertersatz stellt jedoch andererseits eine **Mindestentschädigung** dar: Der Geschädigte kann ihn verlangen, auch wenn sein wirtschaftlicher Schaden geringer ist.[20] Auf die Höhe des konkreten (individuellen) Schadens kommt es nicht an; konkrete Absatzmöglichkeiten bleiben außer Betracht.[21] Deshalb ist – anders als bei einer Schadensermittlung nach §§ 249 ff. BGB – auch die Möglichkeit eines günstigeren Deckungskaufes nicht zu berücksichtigen.[22]

**13**   Der Wertersatz ist stets in Geld zu leisten, **Naturalrestitution** kann von keiner Seite verlangt werden;[23] Wiederbeschaffungskosten sind deshalb nicht zu erstatten.

**14**   **Maßgeblicher Wert** ist primär der **Marktpreis,**[24] in Ermangelung eines Marktpreises der **gemeine Wert** (Zeitwert) **am Ort und zurzeit der Übernahme des Gutes** durch den Frachtführer.

**15**   **Marktpreis** ist der Wert, den ein Gut gleicher Art und Güte ohne Berücksichtigung der besonderen Verhältnisse des konkreten Falles bei einem Verkauf erzielen würde (sog. „Verkäuflichkeitswert").[25] Dabei ist auf den Markt am Ort und zurzeit der Übernahme des Gutes durch den Frachtführer abzustellen, so dass Wertsteigerungen während oder auf Grund des Transports außer Betracht bleiben.[26]

**16**   Bei der Wertbestimmung am Übernahmeort ist zu fragen, was der Empfänger hätte zahlen müssen, wenn er sich das Gut in dem durch das Schadensereignis veränderten Zustand beschafft hätte.[27] Zwar ist der Wert abstrakt zu ermitteln, sodass individuelle Besonderheiten aus der Sphäre des Geschädigten unberücksichtigt bleiben;[28] doch ist im Hinblick auf die Maßgeblichkeit des Beschaffungswertes auf die Verhältnisse auf dem Teilmarkt und insbesondere der **Handelsstufe** (Großhandel oder Einzelhandel) abzustellen, auf denen sich der Empfänger das Gut beschafft hat.[29]

**17**   Da der Begriff „Marktpreis" keine Bildung im freien Wettbewerb erfordert, fallen auch **staatlich festgesetzte Preise** darunter.[30]

**18**   Lässt sich ein Marktpreis nicht ermitteln, ist auf den **gemeinen Wert** von Gütern gleicher Art und Beschaffenheit abzustellen (Zeitwert). Maßgeblich ist dann der allgemeine Verkaufswert am Übernahmeort.[31] Für diesen können der **Kaufpreis** (vgl. die Vermutung in Absatz 3 Satz 2) oder die **Herstellungskosten** einen Anhaltspunkt bieten. Notfalls ist der Wert zu schätzen (§ 287 ZPO).

**19**   Problematisch können Fälle sein, in denen das Gut am Abgangsort keinen Verkaufswert hat, weil es sich etwa um Spenden oder um dort nicht mehr verkäufliche gebrauchte

---

[18] Vgl. im Einzelnen § 425 Rn. 8 ff.
[19] Dazu, wie weit er in den Fällen des § 435 ein Wahlrecht hat, vgl. § 435 Rn. 25.
[20] BGH 15.10.1992, TranspR 1993, 137, 138.
[21] BGH 15.10.1992, TranspR 1993, 137, 138.
[22] OLG Stuttgart 5.9.2001, TranspR 2002, 23; *Koller* Rn. 18; Fremuth/Thume/*Fremuth* Rn. 16.
[23] *Koller* Rn. 18.
[24] Der in Art. 23 Abs. 2 CMR zusätzlich aufgeführte Börsenpreis ist nicht ausdrücklich genannt, weil er im Transportrecht keine praktische Rolle spielt, Reg.Begr. S. 65.
[25] *Koller* Rn. 5.
[26] *Koller* Rn. 5; aA Fremuth/Thume/*Fremuth* Rn. 19.
[27] BGH 29.7.2009, TranspR 2009, 408 Tz. 9; *Koller* Rn. 5
[28] BGH 29.7.2009, TranspR 2009, 408 Tz. 9; *Koller* Rn. 22; Oetker/*Paschke* Rn. 10.
[29] BGH 29.7.2009, TranspR 2009, 408 Tz. 9 und ausführlich *Koller* Rn. 22; ferner BGH 28.6.1993, NJW-RR 1993, 1371 = TranspR 1993, 396; BGH 27.2.2003, TranspR 2003, 29.
[30] *Butzer* VersR 1991, 854, 856; *Koller* Rn. 10; *Herber/Piper* Art. 23 CMR Rn. 10.
[31] OGH Wien 28.6.1988, TranspR 1989, 222, 224; *Koller* Rn. 11.

Maschinen[32] handelt. Hier wird es sich in der Regel um internationale Beförderungen handeln, auf die selten deutsches innerstaatliches Recht anzuwenden ist. Ist dies der Fall, so wird man auch hier den Substanzwert schätzen müssen, wofür der Wiederbeschaffungspreis einen Anhalt bietet. Ähnliches gilt für **Unikate.**[33]

**3. Beweislast.** Der Geschädigte hat den Wert des Gutes zu beweisen. Dabei kommt 20 ihm die gesetzliche **Vermutung des Abs. 3 Satz 2** zugute, dass ein in einer Rechnung ausgewiesener Kaufpreis abzüglich in der Rechnung etwa enthaltener Beförderungskosten dem Wert des Gutes am Abgangsort entspricht. Voraussetzung dafür ist jedoch, dass der Verkauf unmittelbar vor Übernahme der Beförderung stattgefunden hat, weil nur dann eine hinreichend zeitnahe Bewertung daraus entnommen werden kann. Eine solche – tatsächliche – Vermutung leitet die Praxis schon lange für die CMR, die eine entsprechende gesetzliche Vermutung nicht kennt – aus der Lebenserfahrung her.[34] Greift diese Vermutung nicht oder ist sie widerlegt und kann der Wert nicht anders nachgewiesen werden, so ist er zu schätzen (§ 287 ZPO). Eine Schätzung – durch das Gericht oder einen Sachverständigen – setzt allerdings greifbare Anhaltspunkte, also etwa Angaben über Alter und Zustand des verlorenen Gegenstandes voraus, weil das richterliche Ermessen nicht „völlig in der Luft hängen" darf.[35]

### IV. Wertersatz bei Beschädigung des Gutes (Abs. 2)

**1. Beschädigung des Gutes.** Beschädigung des Gutes ist seine innere oder äußere, den 21 Wert mindernde Substanzveränderung (vgl. im Einzelnen § 425 Rn. 20 ff.)

**2. Wertvergleich.** Auch bei Beschädigung des Gutes besteht – wie bei Verlust – grund- 22 sätzlich kein Anspruch auf Zahlung der erforderlichen Reparaturkosten oder gar auf Naturalrestitution. Vielmehr tritt auch hier an die Stelle dieser Ansprüche nur ein pauschalierter Schadensersatzanspruch, der den Ausgleich der durch die Beschädigung verursachten Wertminderung des Gutes zum Gegenstand hat.[36] Voller Schadensersatz nach Maßgabe der §§ 249 ff. BGB ist auch bei Beschädigung nur im Falle des § 435 zu zahlen.

Der Wertersatz richtet sich nach dem Unterschiedsbetrag zwischen dem Wert des Gutes 23 im unbeschädigten Zustand (sog. **Gesundwert**) und seinem Wert im beschädigten Zustand (sog. **Restwert**).[37] Nach Absatz 2 ist auch der Restwert (hypothetisch) nach Zeit und Ort der Übernahme zu bestimmen.

Für die **Ermittlung des Gesundwertes** gilt dasselbe wie für die Wertermittlung bei 24 Verlust (vgl. Rn. 14 ff.)

Die Ermittlung des Restwertes ist problematischer, weil sie hypothetisch für den Über- 25 nahmeort erfolgen muss und weil in der Regel ein beschädigtes Gut keinen Markt und deshalb keinen feststellbaren Marktwert hat. Deshalb wird der Preis, der beim Verkauf am Übernahmeort zur Verladezeit für das beschädigte Gut zu erzielen gewesen wäre, zumeist geschätzt werden müssen. Dabei sind namentlich folgende Grundsätze zu berücksichtigen:

Bei der Beschädigung eines technischen Gerätes, etwa eines Automobils, ist auch der 26 sog. **merkantile Minderwert** zu berücksichtigen; die Beeinträchtigung des Verkaufswertes über die wirkliche Verminderung des technischen Wertes hinaus durch die Einschätzung potentieller Kunden stellt eine echte Einbuße an Marktwert dar.[38] Anders verhält es sich dagegen mit einem Schaden („Ansehensschaden"), den der Empfänger dadurch erleidet, dass er beschädigte – jedoch noch voll funktionsfähige – Ware im Interesse seines Ansehens

---

[32] Vgl. den Fall OLG Hamburg 15.1.1998, TranspR 1998, 290.

[33] Dazu *Butzer* VersR 1991, 854, 856.

[34] *Herber/Piper* Art. 23 CMR Rn. 12.

[35] BGH 18.4.2002, TranspR 2003, 29.

[36] BGH 13.2.1980, NJW 1980, 2021. Zum Wertersatz gem. § 1332 ABGB mit Restwertanrechnung bei Totalschaden OLG Linz 30.12.1992, TranspR 1994, 110.

[37] Vgl. *de la Motte* VersR 1988, 317, 318. Ein „Ansehensverlust" beim Verkauf beschädigter Geräte ist nicht Bestandteil des objektiven Verkehrswertes, so OLG Hamm 25.11.1993, TranspR 1994, 61 (zur CMR).

[38] OLG Frankfurt 15.1.1991, BB 1991, 503 (zu den AGNB).

überhaupt nicht, auch nicht verbilligt anbieten will; darin liegt ein über den wirklichen Schaden hinausgehendes Element entgangenen Gewinns, der nicht berücksichtigungsfähig ist.[39] Ist ein Transport des beschädigten Gutes erforderlich, um es an einen Ort zu bringen, wo es verwertbar ist, so sind die Kosten hierfür zu berücksichtigen, wenn und soweit sie den Verkaufswert – zugunsten des Schädigers – erhöhen;[40] die Kosten des Rücktransports zum Abgangsort stellen jedoch die Obergrenze dieses Postens dar.[41]

27    **Kosten der Verwertung oder von Verwertungsversuchen** sind als solche nicht erstattungsfähig.

28    **Kosten,** die der Geschädigte **zur Schadensminderung oder Schadensbehebung** aufgewendet hat, können ebenfalls nicht gesondert geltend gemacht werden;[42] sie vermindern bereits die Wertdifferenz. Wird etwa durchfeuchtete Ware vom Empfänger notdürftig getrocknet, so bestimmt sich der für die Berechnung des Wertersatzes maßgebende Restwert nach dem Zustand bei der Ablieferung, also vor der Trocknung. Jede Verbesserung des Zustandes kommt damit dem Empfänger zugute. Unternimmt andererseits der Frachtführer Schadensminderungsmaßnahmen, so geschieht dies auf seine Kosten und erhöht den Restwert, vermindert also die zu zahlende Wertdifferenz. Ist etwa Gut nach einem Straßenunfall aufgesammelt oder gegen Regen geschützt worden, so kommen diese Aufwendungen im dadurch erhöhten oder gesicherten Restwert zum Ausdruck.

29    Aufwendungen für die Behebung des Schadens (etwa die Reparatur einer Maschine) begründen in jedem Fall eine Vermutung dafür, dass sie der Wertdifferenz entsprechen **(Abs. 2 Satz 2).**

30    **3. Beweislast. Vermutungen.** Der Geschädigte hat die Wertdifferenz zu beweisen, also sowohl Gesund- als auch Restwert.[43]

31    Angesichts der Schwierigkeiten vor allem bei der Ermittlung des Restwertes stellt Abs. 2 Satz 2 eine **Vermutung dafür** auf, dass die zur **Schadensminderung und Schadensbehebung** aufzuwendenden Kosten dem Unterschiedsbetrag entsprechen. Liegt eine Rechnung, an welche die Vermutung geknüpft werden kann, nicht vor, so sind andere Beweiserleichterungen wie namentlich ein *prima-facie*-Beweis (etwa, wenn häufig Sendungen der gleichen Art versandt worden sind) nicht ausgeschlossen.[44]

32    Die Vermutung kann für **Schadensminderungsmaßnahmen** entgegen dem Wortlaut – der im Rechtsausschuss des Bundestages ohne längere Vorbereitung eingefügt wurde – nicht uneingeschränkt gelten. Denn bei einer bloßen Minderung des Schadens konnte dieser nur teilweise behoben werden, sodass nur für diesen einen Teil, der jedoch in der Regel kaum bezifferbar abgegrenzt werden kann, die Vermutung eine Rolle spielen kann.

## § 430 Schadensfeststellungskosten

**Bei Verlust oder Beschädigung des Gutes hat der Frachtführer über den nach § 429 zu leistenden Ersatz hinaus die Kosten der Feststellung des Schadens zu tragen.**

**Schrifttum:** *Starosta,* Sind Ermittlungskosten als Schadensfeststellungskosten im Sinne des § 430 HGB anzusehen? TranspR 2008, 466.

### I. Normzweck

1    Die Pflicht zum Ausgleich der Kosten der Schadensfeststellung ist gesondert angeordnet worden, weil der Wertersatz nach § 429 solche Aufwendungen nicht umfasst. Der Gesetzge-

---

[39] OLG Hamm 25.11.1993, TranspR 1994, 61 (zur CMR); ebenso *Koller* Rn. 22; Oetker/*Paschke* Rn. 10; dahingestellt in OLG Köln 15.12.2009, TranspR 2010, 147.
[40] OLG Celle 29.10.1998, TranspR 1999, 106.
[41] OLG Celle 29.10.1998, TranspR 1999, 106.
[42] Fremuth/Thume/*Fremuth* Rn. 33; eingehend *Koller* Rn. 22.
[43] Fremuth/Thume/*Fremuth* Rn. 36.
[44] *Koller* Rn. 30.

ber sieht diese Kosten zu Recht als untrennbar mit dem Schadensfall verknüpft an. Dies entspricht auch der früheren Rechtslage nach § 32 Satz 2 KVO. In der CMR hat die Regelung kein Vorbild, dort sind diese Kosten nicht erstattungsfähig;[1] das wurde von der Kommission als ein Mangel empfunden.[2]

Das TRG hat jedoch nicht die Regelung des § 32 Abs. 1 KVO übernommen, wonach **2** auch die Kosten der Schadensabwendung und -minderung erstattungsfähig waren. Denn nach dem der CMR entnommenen Wertersatzprinzip sind diese Kosten im geschuldeten Wertersatz enthalten, so dass eine gesonderte Berechnung ausscheidet.[3]

## II. Entstehungsgeschichte

Die Bestimmung ist aus dem Vorschlag der Sachverständigenkommission[4] und dem **3** RegE[5] unverändert übernommen worden.

## III. Schadensfeststellungskosten

Schadensermittlungskosten sind nur bei Verlust oder Beschädigung zu erstatten, nicht **4** bei Lieferfristüberschreitung.

Der Begriff deckt alle Kosten, die zur Feststellung der zu ersetzenden Werteinbuße **5** (§ 429) aufgewendet werden.[6] Also namentlich Kosten von Sachverständigen,[7] Telefonkosten, Reisekosten.[8] Auch Aufwendungen zur Feststellung des Reparaturaufwandes wie Kostenvoranschläge, Transportkosten.

Zu den Feststellungskosten gehören auch Aufwendungen zur Feststellung, ob aus einem **6** Unfall überhaupt ein Schaden entstanden ist, wenn der Unfall feststeht und seine Auswirkungen zweifelhaft sind. Ist eine empfindliche Maschine vom Lkw gefallen und kann nur durch Prüfung im Herstellerwerk festgestellt werden, ob sie dabei beschädigt worden ist, so sind die Kosten der Verbringung dorthin und der Untersuchung wohl nicht als Schadensfeststellungskosten nach § 430 zu ersetzen, weil der Schadensverdacht bereits einen Wertverlust darstellt, der nach § 429 zu berücksichtigen ist[9]

Wohl auch dazu zu rechnen sind Kosten im Zusammenhang mit der Ermittlung des bei **7** Beschädigung für die Berechnung des Wertverlustes maßgebenden hypothetischen Restwertes am Übernahmeort.[10] Nicht dagegen Kosten der Ermittlung der Schadensursache[11] oder des Schadensverlaufes; diese sind schon durch den Wortlaut eindeutig ausgeschlossen, ihre Verteilung bestimmt sich nach der Beweislast für den Ersatzanspruch.

Es versteht sich von selbst, dass nur die notwendigen Kosten erstattungsfähig sind; eines **8** Rückgriffs auf § 254 BGB bedarf es dafür nicht.[12]

## IV. Haftungsbeschränkung

Auch dieser Ersatzposten ist – gemeinsam mit dem nach § 429 zu zahlenden Wertersatz – **9** Gegenstand der summenmäßigen Haftungsbegrenzung nach § 431. Das ergibt sich aus dem Wortlaut des § 431, aber auch schon aus der Stellung im Gesetz.[13]

---

[1] *Herber/Piper* Art. 23 CMR Rn. 27; *Helm* Art. 23 CMR Rn. 34; *Thume* Art. 23 CMR Rn. 33; OLG Hamburg 29.11.1984, TranspR 1985, 130, 131; OLG Hamburg 2.5.1985, TranspR 1985, 398, 398 f.; OLG Hamburg 24.10.1991, TranspR 1992, 66, 67.

[2] Bericht S. 93.

[3] Vgl. § 429 Rn. 28; Reg.Begr. S. 65.

[4] Bericht S. 93.

[5] Reg.Begr. S. 65.

[6] Hein/Eichhoff/Pukall/Krien/*Andresen* Rn. 4; Fremuth/Thume/*Fremuth* Rn. 4; EBJS/*Schaffert* Rn. 3.

[7] OLG Hamburg 29.11.1984, TranspR 1985, 130, 131; OLG Hamburg 2.5.1985, TranspR 1985, 398, 398 f.; OLG Hamburg 24.10.1991, TranspR 1992, 66, 67.

[8] *Koller* Rn. 3; Heymann/*Joachim* Rn. 3.

[9] Dazu *Koller* Rn. 3 und BGH 24.5.2000, TranspR 2000, 456.

[10] *Koller* Rn. 3.

[11] *Starosta* TranspR 2008, 466; *Koller* Rn. 3; aA Fremuth/Thume/*Fremuth* Rn. 4.

[12] So aber *Koller* Rn. 3; EBJS/*Schaffert* Rn. 4; zutreffend Fremuth/Thume/*Fremuth* Rn. 8.

[13] Reg.Begr. S. 65; Hein/Eichhoff/Pukall/Krien/*Andresen* Rn. 5; EBJS/*Schaffert* Rn. 4; Heymann/*Joachim* Rn. 3.

## V. Beweislast

10    Der Anspruchsteller hat die Notwendigkeit und Höhe der Aufwendungen nachzuweisen. Voraussetzung ist ferner, dass die Haftung des Frachtführers für den Unfall feststeht, für welche die normale Beweislast nach § 425 gilt (vgl. § 425 Rn. 44 ff.).

## § 431 Haftungshöchstbetrag

**(1) Die nach den §§ 429 und 430 zu leistende Entschädigung wegen Verlust oder Beschädigung ist auf einen Betrag von 8,33 Rechnungseinheiten für jedes Kilogramm des Rohgewichts des Gutes begrenzt.**

**(2) Besteht das Gut aus mehreren Frachtstücken (Sendung) und sind nur einzelne Frachtstücke verloren oder beschädigt worden, so ist der Berechnung nach Absatz 1**

**1. die gesamte Sendung zu Grunde zu legen, wenn die gesamte Sendung entwertet ist, oder**

**2. der entwertete Teil der Sendung zu Grunde zu legen, wenn nur ein Teil der Sendung entwertet ist.**

**(3) Die Haftung des Frachtführers wegen Überschreitung der Lieferfrist ist auf den dreifachen Betrag der Fracht begrenzt.**

**(4) [1]Die in den Absätzen 1 und 2 genannte Rechnungseinheit ist das Sonderziehungsrecht des Internationalen Währungsfonds. [2]Der Betrag wird in Euro entsprechend dem Wert des Euro gegenüber dem Sonderziehungsrecht am Tag der Übernahme des Gutes zur Beförderung oder an dem von den Parteien vereinbarten Tag umgerechnet. [3]Der Wert des Euro gegenüber dem Sonderziehungsrecht wird nach der Berechnungsmethode ermittelt, die der Internationale Währungsfonds an dem betreffenden Tag für seine Operationen und Transaktionen anwendet.**

**Schrifttum:** *Bahnsen*, AGB-Kontrolle bei den Allgemeinen Deutschen Spediteurbedingungen, TranspR 2010, 19 ff.; *Ramming*, Probleme des § 449 Abs. 1 und 2 HGB − insbesondere Leistungsbeschreibungen, TranspR 2010, 397 ff.

### Übersicht

| | Rn. | | Rn. |
|---|---|---|---|
| I. Normzweck | 1–5 | V. Haftungsbeschränkung bei Lieferfristüberschreitung (Abs. 3) | 18–21 |
| II. Entstehungsgeschichte | 6–7a | VI. Beweislast | 22 |
| III. Haftungshöchstbetrag bei Verlust oder Beschädigung der gesamten Sendung (Abs. 1) | 8–11 | VII. Die Rechnungseinheit (SZR) und ihre Umrechnung (Abs. 4) | 23, 24 |
| 1. Verlust oder Beschädigung | 8 | VIII. Abweichende Vereinbarungen | 25–27 |
| 2. Sendung | 9 | IX. Keine Reduktion des Höchstbetrages bei Mitverschulden | 28 |
| 3. Gewicht | 10, 11 | | |
| IV. Haftungshöchstbetrag bei Teilverlust oder Teilbeschädigung (Abs. 2) | 12–17 | X. Zusätzliche Beschränkung der Haftung im Schifffahrtrecht | 29 |

## I. Normzweck

1     Die Haftung des Frachtführers ist **summenmäßig auf bestimmte Haftungsbeträge begrenzt,** für Güterschäden als Regel auf 8,33 SZR je kg. Diese Begrenzung erschien dem Gesetzgeber erforderlich, um den Frachtführer vor ruinöser Haftung zu schützen und um die Versicherbarkeit der Haftung zu gewährleisten.[1]

---

[1] RegBegr S. 66; OLG Düsseldorf 2.11.2005, TranspR 2005, 468, 471; *Herber* TranspR 2004, 93, 96; EBJS/*Schaffert* Rn. 1.

Die Haftungssumme **(Abs. 1)** ist durch **Bezugnahme auf das Sonderziehungsrecht** 2 (SZR) des Internationalen Währungsfonds definiert und entspricht in Höhe und Maßstab der summenmäßigen Begrenzung nach der CMR.[2] Die Angleichung an die CMR wurde gewählt, um eine größtmögliche Rechtsvereinheitlichung zwischen der Haftung im internationalen und im nationalen Straßenverkehr zu erreichen.[3] Dabei wurde eine erhebliche Absenkung der Haftung gegenüber früherem deutschem Recht[4] in Kauf genommen. Andererseits bestand in vielen Bereichen, namentlich im Binnenschifffahrtsrecht, die Übung, die Haftung vertraglich noch weit stärker einzuschränken, was nach neuem Recht nur begrenzt möglich ist (§ 449). Die Möglichkeit, die Haftungssumme durch Individualvertrag frei und durch AGB immerhin innerhalb einer Marge zwischen 2 und 40 SZR/kg zu modifizieren (§ 449 Abs. 2 Satz 1), gibt den Beteiligten jedoch weitgehende Freiheit, die Summe ihren jeweiligen Bedürfnissen anzupassen.

Eine **gewichtsbezogene Haftungsbegrenzung** findet sich heute im Recht praktisch 3 aller Beförderungsmittel und der weitaus meisten Staaten. Die internationalen transportrechtlichen Übereinkommen kennen sie durchweg, auch für verschuldensabhängige Haftung, allerdings auf unterschiedliche Beträge.[5] Die grundsätzlichen, bis zum Vorwurf der Verfassungswidrigkeit gesteigerten Angriffe von *Canaris*[6] gegen die gewichtsbezogene Haftungsbegrenzung sind haltlos. Es kann sich nicht darum handeln, den Eigenarten einzelner, verschieden wertvoller Ladungsarten Rechnung zu tragen, was *Canaris* offenbar für notwendig hält. Vielmehr geht es allein um die Grenze der Belastbarkeit des Frachtführers mit dem Ziel, die Haftung für überdurchschnittlich wertvolle, jedoch als solche nicht erkennbare Güter zu begrenzen. Zwar ist die Regel-Haftungshöchstsumme vom deutschen Gesetz recht niedrig bemessen, doch ist die Haftung höher als in vielen vergleichbaren Staaten und entspricht dem europaweit angewendeten Recht der CMR.

Die **Haftung für Lieferfristüberschreitung** auf den dreifachen Betrag der Fracht 4 **(Abs. 3)** weicht von der CMR (dort einfache Fracht) ab, weil üblicherweise die Fracht bei Inlandtransporten geringer ist und weil das wachsende Bedürfnis nach sog. „Just in time" – Lieferungen eine fühlbare Sanktion erfordert.[7]

Im Übrigen regelt die Norm Detailfragen bei Teilverlust bzw. Teilbeschädigung der 5 Sendung **(Abs. 2)** sowie der Umrechnung des SZR-Betrages in Euro **(Abs. 4)**.

## II. Entstehungsgeschichte

Die Vorschrift wurde bei ihrem Erlass im Wesentlichen unverändert entsprechend dem 6 Regierungsentwurf[8] und dem Vorschlag der Sachverständigenkommission[9] beschlossen. Geändert wurde jedoch vom Rechtsausschuss des Deutschen Bundestages[10] der **Zeitpunkt der Umrechnung** des SZR in Euro (Abs. 4 Satz 2): An die Stelle des Tages der Urteilsverkündung, der nach Art. 23 Abs. 7 CMR maßgebend ist, wurde der Tag der Übernahme des Gutes zur Beförderung gesetzt; die Abweichung erschien im Interesse der Praktikabilität der Regelung erforderlich[11] (vgl. dazu Rn. 23).

Großen praktischen Einfluss auf die Tragweite der Vorschrift hat die Regelung des § 449 7 **Abs. 2** (vgl. dazu im Einzelnen § 449 Rn. 18 ff.), die im Gesetzgebungsverfahren des TRG erheblich verändert und im Zuge der Seerechtsreform nochmals Gegenstand kleinerer ver-

---

[2] Art. 23 idF des Protokolls zur CMR vom 5.6.1978; *Müglich* Rn. 3.
[3] RegBegr S. 66 f.
[4] KVO: 80 DM/kg, EVO: 100 DM/kg; HGB und BinSchG kannten keine summenmäßige Begrenzung.
[5] Art. 23 Abs. 3 CMR; Art. 30 Abs. 2 CIM; Art. 22 Abs. 3 MÜ; Art. 4 § 5 HR, Art. 6 HambR; Art. 20 CMNI.
[6] *Canaris* § 33 Rn. 23.
[7] Reg.Begr. S. 67.
[8] Reg.Begr. S. 9.
[9] Bericht S. 19.
[10] Beschlussempfehlung TRG S. 16.
[11] Beschlussempfehlung TRG S. 48.

baler und struktureller Abwandlungen wurde. Obgleich die Haftungsregelung insgesamt[12] gegenüber Veränderungen durch AGB geschützt ist (§ 449 Abs. 1 Satz 1), sah der RegE TRG[13] vor, dass die Vertragsparteien den Betrag der summenmäßigen Begrenzung nach § 431 Abs. 1 auch durch AGB frei vereinbaren können. Die Sachverständigenkommission hatte eine solche Ausnahme und auch deren Begrenzung im Sinne des später beschlossenen TRG erwogen, aber nicht vorgeschlagen.[14] Der RegE wollte jedoch größere Flexibilität ermöglichen und die vom Gesetz abweichende Vereinbarung der Summe des § 431 Abs. 1 generell zulassen;[15] dabei vertraute er auf die Kontrolle durch das AGB-Gesetz.[16] Der Rechtsausschuss des Deutschen Bundestages[17] hat die Gestaltungsfreiheit hinsichtlich der Summe zwar im Prinzip beibehalten, jedoch eingeschränkt auf die Vereinbarung einer Marge zwischen 2 und 40 SZR oder auf einen Betrag, der für den Aufsteller der AGB ungünstiger als der gesetzliche Haftungsbetrag ist. Bei der Begrenzung der AGB-Gestaltungsfreiheit nach oben durch 40 SZR spielte vor allem der Gedanke eine Rolle, die kleinen Frachtführer gegen unangemessene Belastung durch Formularbedingungen übermächtiger Versender und Spediteure zu schützen.

7a    Das SRG hat die Vorschrift nochmals redaktionell geändert. Zur Anpassung an § 504 wurde der Begriff der „Sendung" als eines aus mehreren Frachtstücken bestehenden Gutes gesetzlich definiert. Sachliche Änderungen sind damit nicht verbunden.[18]

### III. Haftungshöchstbetrag bei Verlust oder Beschädigung der gesamten Sendung (Abs. 1)

8    **1. Verlust oder Beschädigung.** Die Entschädigung[19] für Güterschäden durch Verlust oder Beschädigung der gesamten Sendung ist auf 8,33 Rechnungseinheiten (= SZR, Abs. 4) für jedes Kilogramm des Rohgewichts begrenzt. Die Grenze gilt für die Summe der Ansprüche auf Wertersatz und Schadensfeststellungskosten (§§ 429, 430), nicht für die nach § 432 zu erstattenden Beträge; das ergibt sich klar aus Wortlaut und Stellung des § 431.[20] Für Lieferfristüberschreitungen enthält Abs. 3 eine Sonderregelung. Zu den Begriffen Verlust und Beschädigung vgl. § 425 Rn. 14 ff. und 20 ff.

9    **2. Sendung.** Die Haftungsbegrenzung für Güterschäden ist bezogen auf die Sendung, nicht das einzelne Stück.[21] Für die Berechnung der Haftungshöchstsumme ist nicht das einzelne Frachtstück, sondern die vom Frachtführer zu transportierende Sendung, mithin die Summe des Rohgewichts der entwerteten Frachtstücke, maßgeblich. Mehrere (Pack-) Stücke bilden eine Sendung, wenn sie auf Grund eines einheitlichen Vertrages für einen Absender an einen Empfänger gesandt werden.[22] Auch die von einem Spediteur aufgegebene Sammelladung ist deshalb eine einheitliche Sendung; auf die Verschiedenheit der Urversender kommt es nicht an.[23] Wird ein Frachtbrief oder Ladeschein ausgestellt, so bilden die darin zusammengefassten Stücke die Sendung. Das gilt auch dann, wenn über die auf Grund eines einheitlichen Frachtvertrages beförderten Stücke mehrere Frachtbriefe ausgestellt werden; jeder Frachtbrief bezeichnet dann eine Sendung.[24]

---

[12] Für Verträge mit Verbrauchern gilt eine weitergehend zwingende Haftung (§ 449 Abs. 3).
[13] § 448 des Entwurfs, Reg.Begr. S. 12.
[14] Bericht S. 126 f.; dazu Reg.Begr. S. 88.
[15] Reg.Begr. S. 88.
[16] Reg.Begr. S. 88.
[17] Beschlussempfehlung TRG S. 22, 50.
[18] Vgl. RegBegr-SRG S. 55.
[19] Die Wahl des von § 429 („Schadensersatz") abweichenden Ausdrucks soll verdeutlichen, dass es sich hier nicht um eine gesonderte Anspruchsgrundlage, sondern um eine Inhaltsbestimmung der Ansprüche aus §§ 429, 430 handelt, Reg.Begr. S. 66.
[20] Heymann/*Joachim* § 432 Rn. 8.
[21] OLG Stuttgart 21.4.2010, TranspR 2010, 343.
[22] *Koller* Rn. 3; *Fremuth*/*Thume* Rn. 7; *Müglich* Rn. 5; BGHZ 79, 302, 305; vgl. auch § 429 Rn. 10.
[23] *Fremuth*/*Thume* Rn. 8; *Koller* Rn. 3; Heymann/*Joachim* Rn. 3.
[24] Wohl auch BGH 30.1.1981, BGHZ 79, 302, 304 ff. = NJW 1981, 1902; aA *Koller* Rn. 3; EBJS/ *Schaffert* Rn. 2; Heymann/*Joachim* Rn. 3.

**3. Gewicht.** Maßgebend ist das Bruttogewicht der gesamten Sendung, wenn diese insge- **10** samt verloren oder beschädigt ist. Die vom Absender mit angelieferten Verpackungen, auch Container und Paletten, rechnen dazu,[25] nicht jedoch vom Frachtführer etwa für die Beförderung gestellte Container. Das Gewicht eines unbeschädigt gebliebenen Containers wird nicht in die Berechnung einbezogen;[26] er ist zwar mit der Ware Bestandteil der Sendung, doch liegt bei Beschädigung nur des Inhalts eine Teilbeschädigung der Sendung nach Abs. 2 vor.

Enthält eine Sendung Einzelpackungen von verschiedenem Gewicht, so wird die Haf- **11** tungssumme bei Totalschaden auf das Gesamtgewicht der Sendung bezogen unabhängig davon, ob sich bei Zugrundelegung der Einzelgewichte etwas anderes ergäbe: Die Sendung bildet eine haftungsmäßige Einheit.[27]

## IV. Haftungshöchstbetrag bei Teilverlust oder Teilbeschädigung (Abs. 2)

Abs. 2 fasst – anders als die CMR in Art. 23 Abs. 3, Art. 25, jedoch ebenso wie Abs. 1 **12** die Fälle des vollständigen Verlusts oder der vollständigen Beschädigung – die Fälle des **Teilverlusts und der Teilbeschädigung in einer Vorschrift** zusammen.

Grundsatz ist auch hier, dass das **Gewicht nur der verlorenen oder beschädigten** **13** **Frachtstücke**[28] in Ansatz zu bringen ist. Frachtstück ist nicht jede einzelne Sache, wenn mehrere Sachen zu einem Frachtstück zusammengefasst worden sind (Packstück); so ist etwa bei Beschädigung eines Kartons auf einer Palette das Gewicht der gesamten Palette zugrunde zu legen. Aus der Verwendung des Wortes „Teil" in Abs. 2 Nr. 2 kann nicht entnommen werden,[29] dass nicht stets ein ganzes Packstück Bezugsgröße sein soll, sondern ein „Anteil an der Sendung"; diese Auffassung würde zu Rechtsunsicherheit führen, denn der Anteil müsste unter Berücksichtigung aller Inhalte aller Packstücke ermittelt werden und zudem durch eine anteilige Berücksichtigung der Verpackung ergänzt werden.

Dem Rohgewicht der verlorenen oder beschädigten Frachtstücke soll das **Gewicht der** **14** **Verpackung** des verlorenen oder beschädigten Teils anteilig hinzuzurechnen sein.[30] Das trifft jedoch nur dann zu, wenn das Gewicht der Verpackung nicht bereits, wie regelmäßig, über die Berücksichtigung der Packstücke in die Berechnung eingeht. Die Hinzurechnung des Verpackungsgewichts kann eine Rolle spielen, wenn Stücke einer Sendung beschädigt worden sind, die einzeln nur eine nicht transportgerechte Verpackung haben und deshalb einer Umverpackung etwa durch einen Container oder einen anderen Behälter bedürfen; in solchen Fällen erscheint es gerechtfertigt, dem Gewicht der beschädigten Stücke anteilig das Gewicht der (auch unbeschädigt gebliebenen) Umverpackung hinzuzurechnen.[31]

Ebenso wie bei der Beschädigung der ganzen Sendung ist auch bei der Teilbeschädigung **15** der **Grad der Beschädigung unerheblich.**[32] Auch bei leichter Beschädigung mit erheblichem Restwert dient als Bezugsgröße für die Höchstsumme das Gewicht des oder der betroffenen Packstücke.

Werden durch den Verlust oder die Beschädigung einzelner Stücke einer Sendung alle **16** oder einzelne der **anderen Stücke mittelbar entwertet,** so ist deren Gewicht mit zu berücksichtigen. Auch hinsichtlich dieser kommt es nicht darauf an, wie stark deren Beeinträchtigung ist und ob die gewichtsbezogene Höchsthaftungssumme für diese Teile der

---

[25] Fremuth/Thume/*Fremuth* Rn. 6; EBJS/*Schaffert* Rn. 4.
[26] OLG Köln 27.2.1996, TranspR 1996, 287; aA *Koller* Rn. 4; EBJS/*Schaffert* Rn. 4; Heymann/*Joachim* Rn. 4; OLG Düsseldorf 2.11.2005, TranspR 2005, 468, 471.
[27] Der Wortlaut des Absatzes 1 „für jedes Kilogramm des Gutes" ist insofern bewusst (Reg.Begr. S. 66) eindeutiger als der von Art. 23 Abs. 3 CMR (*Koller* Rn. 4); doch wird auch zur CMR überwiegend diese Auffassung vertreten, vgl. dazu ausführlich Art. 23 CMR Rn. 25 ff.; BGH 30.1.1981, BGHZ 79, 302, 304 ff. = NJW 1981, 1902; *Herber/Piper* Art. 23 CMR Rn. 19.
[28] So auch EBJS/*Schaffert* Rn. 14; *Fremuth*/Thume Rn. 10.
[29] Wie *Koller* (7. Aufl., Rn. 15) erwogen hatte.
[30] So EBJS/*Schaffert* Rn. 14; *Koller* Rn. 15.
[31] EBJS/*Schaffert* Rn. 14.
[32] *Koller* Rn. 15; Art. 25 CMR Rn. 16.

Sendung deren Wertverlust übersteigt: Das Gewicht dieser Stücke ist mit dem der verlorenen oder beschädigten zu einer Summe zu addieren, welche die Begrenzung für den Gesamtschaden angibt.

17    Werden einzelne Stücke **wiedergefunden** oder lassen sie sich **leicht ersetzen** oder reparieren, so ist deren Wert beim Gesamtschaden abzuziehen;[33] die Haftungsbegrenzung ist dann erst auf den bereinigten Wert anzuwenden.

### V. Haftungsbeschränkung bei Lieferfristüberschreitung (Abs. 3)

18    Für Schäden wegen Lieferfristüberschreitung haftet der Frachtführer nur bis zum **Dreifachen der Fracht.** Auch hier handelt es sich, wie bei den Absätzen 1 und 2, nur um eine Obergrenze des Ersatzes; zu ersetzen ist allein der tatsächlich entstandene Schaden, wenn dieser unter den Frachtkosten liegt.

19    Die Haftung des Frachtführers für **Schäden** wegen Lieferfristüberschreitung ist nicht, über die Begrenzung auf das Dreifache der Fracht hinaus, auf unmittelbare Schäden beschränkt, sondern umfasst **alle** adäquat durch die Lieferverzögerung verursachten **Vermögenseinbußen des Absenders oder Empfängers.**[34] Als Schäden kommen insbesondere in Betracht entgangener Gewinn, Schadensersatzforderungen des Abnehmers, Produktionsausfall, Verfall des Preises für das beförderte Gut, Aufwendungen zur Vermeidung eines Abbruchs der Geschäftsbeziehungen;[35] vgl. auch § 425 Rn. 32.

20    Der Haftungsbegrenzung nach Abs. 3 ist die **für die konkrete Beförderung vereinbarte** Fracht zu Grunde zu legen. Werden mehrere Stücke in einer Sendung befördert (dazu oben Rn. 9), so ist der Berechnung der Haftungsgrenze der Betrag der Fracht zu Grunde zu legen, der für die Gesamtbeförderung der Sendung für die gesamte Beförderungsstrecke gezahlt wurde oder zu zahlen ist. Wenn *Koller* statt auf die Sendung auf die „nach dem Frachtvertrag zu befördernden Güter" abstellen will,[36] bleibt unklar, wie die Gesamtsumme etwa bei einem viele Sendungen und Einzelfrachtstücke umfassenden Frachtvertrag angemessen aufgeteilt werden soll; als Bezugsgröße steht nur der Begriff der Sendung zur Verfügung, der deshalb nach Abs. 2 für Verlust und Beschädigung maßgeblich ist. Dass er in Abs. 3 nicht genannt wird, kann kein Grund gegen eine sachgerechte Analogie sein.

21    **Fracht** ist das vereinbarte Beförderungsentgelt (§ 407 Abs. 2). Hierzu rechnen nicht Standgelder (§ 420 Abs. 3), wie sich schon aus dem Wortlaut der § 420 Abs. 3, § 421 Abs. 3 ergibt. Ferner nicht Aufwendungen, die der Frachtführer für die Sache gemacht hat. Aufwendungen aus Anlass der Beförderung, die in § 432 eine Sonderregelung außerhalb der Haftungsbegrenzung des § 431 erfahren haben, rechnen ebenfalls nicht zu der für die Bemessung des Haftungsbetrages maßgebenden Frachtbasis. Dagegen ist eine Vergütung, die der Frachtführer nach § 418 Abs. 1 Satz 3 bei Ausführung belastender Verfügungen verlangen kann, dazu zu rechnen, denn es handelt sich um eine Angleichung der Fracht an die neue, abgeänderte Beförderungsleistung.

### VI. Beweislast

22    Der Frachtführer hat die Voraussetzungen der Beschränkung seiner Haftung zu beweisen.[37] Dazu gehört auch das Gewicht der verlorenen oder beschädigten Frachtstücke. Hat der Absender dieses im Frachtbrief angegeben und ist es vom Frachtführer überprüft (§ 408 Abs. 3) oder in anderer Weise bestätigt worden, so streitet die Vermutung für die Richtigkeit dieser Angabe. Fehlt es an einer solchen Beweisgrundlage, so hat der Frachtführer den Beweis zu führen, dass die Angaben des Anspruchstellers über das Gewicht nicht zutreffen,

---

[33] BGH 6.2.1997, TranspR 1997, 335; *Fremuth*/Thume Rn. 11.

[34] BGH 30.9.1993, BGHZ 123, 303 = NJW 1993, 3331 = TranspR 1994, 21 (zu Art. 17 Abs. 1, Art. 23 Abs. 5 CMR); *Koller* § 425 Rn. 91.

[35] BGH (Fn. 34).

[36] Rn. 17: Zu Art 23 CMR vertritt er jedoch Rn. 19 ebenfalls die Auffassung, dass es auf die Sendung ankommt; ein Unterschied beider Bestimmungen ist in dieser Hinsicht nicht zu sehen.

[37] Heymann/*Joachim* Rn. 10; *Koller* Rn. 13; EBJS/*Schaffert* Rn. 6, 11; Fremuth/Thume/*Fremuth* Rn. 19.

denn ihm obliegt der Beweis für den Umfang der Haftungsbegrenzung. Dem Anspruchsteller obliegt jedoch der Beweis dafür, dass das Gut beschädigt wurde und dass bei Verlust oder Beschädigung einzelner Stücke einer Sendung andere Stücke beeinträchtigt wurden und deshalb in die Beschränkungsberechnung einzubeziehen sind.[38]

## VII. Die Rechnungseinheit (SZR) und ihre Umrechnung (Abs. 4)

Die **Rechnungseinheit,** nach der sich die Höchsthaftung gem. Abs. 1 und 2 errechnet, **23** ist das Sonderziehungsrecht des Internationalen Währungsfonds (Satz 1; zu Natur und Funktion des SZR vgl. Art. 23 CMR Rn. 20). Da ungeachtet der mit dem SZR erreichten verringerten Wechselkurs- und Inflationsrisiken Wertschwankungen bleiben, muss der Wert des SZR taggenau in Euro umgerechnet werden. Dafür bietet die Norm die Alternativen des von den Parteien vereinbarten Tages oder des Tages der Übernahme des Gutes zur Beförderung (Satz 2). Den für die Umrechnung vom RegE[39] vorgeschlagenen Tag des Urteils als Stichtag entsprechend Art. 23 Abs. 7 Satz 2 CMR hat der Gesetzgeber verworfen, da das Abstellen auf den Zeitpunkt der Urteilsverkündung nicht praktikabel sei.[40] Im Gegensatz zu diesem stellt der Tag der Übernahme einen objektiven, nachträglich nicht beeinflussbaren und im Zeitpunkt der Urteilsabfassung bekannten Zeitpunkt dar, an den sich das Gericht halten kann, wenn es nicht zu einer Parteivereinbarung kommt. Die Parteivereinbarung ist auch durch AGB zulässig.

Nach Satz 3 ist für die Wertberechnung selbst die Berechnungsmethode des IWF maßge- **24** bend. Über den jeweiligen Gegenwert des SZR in Euro informiert der Internationale Währungsfond auf seiner Homepage www.IMF.org; der Kurs wird in Deutschland vom Bundesanzeiger, der DVZ und den führender Tageszeitungen übernommen.

## VIII. Abweichende Vereinbarungen

Die Haftungshöchstgrenze und deren Berechnung kann zu Ungunsten von Verbrau- **25** chern – außer bei Briefen und briefähnlichen Sendungen – niemals, sonst durch Individualvereinbarung stets vertraglich abgeändert werden (§ 449 Abs. 1 Satz 1 und Abs. 3). **Durch AGB** kann bei Nicht-Verbrauchern lediglich der Haftungsbetrag je kg innerhalb der **Marge von 2 bis zu 40 SZR** verändert werden, wobei die Hinweispflicht des Verwenders zu beachten ist (§ 449 Abs. 2 Satz 1 Nr. 1). Dazu im Einzelnen § 449 Rn. 20 ff.[41]

Die Vereinbarung eines **abweichenden Haftungsbetrages durch AGB** nach § 449 **26** Abs. 2 ist nur zulässig, soweit die **Bezugsgröße des SZR beibehalten** wird.[42] Die abweichende Meinung von *Ramming*[43] findet weder im Gesetzeswortlaut[44] eine Stütze, noch wird sie dem Zweck der Vorschrift gerecht: Dem Klauselgegner soll die Abweichung leicht erkennbar sein, weshalb auch die strenge Hinweispflicht des Verwenders der AGB hinzutritt. Wird der Betrag in Euro oder gar in einer fremden Währung angegeben, so bedarf es der Umrechnung – die zudem variabel ist –, um festzustellen, ob sich der Betrag innerhalb der Marge hält und wie bedeutend die Abweichung vom gesetzlichen Regelfall ist.

Die Festsetzung eines abweichenden Betrages unterliegt grundsätzlich der **Kontrolle** **27** **nach AGB-Recht,**[45] doch wird im Rahmen der zugelassenen Marge ein Verstoß gegen das Angemessenheitsgebot eine seltene Ausnahme darstellen.[46]

---

[38] *Koller* Rn. 13; Fremuth/Thume/*Fremuth* Rn. 18.
[39] Reg.Begr. S. 66.
[40] Beschlussempfehlung TRG S. 16.
[41] Auch *Ramming* TranspR 2010, 397 ff.
[42] § 449 Rn. 19; Fremuth/Thume/*Fremuth* § 449 Rn. 37; EBJS/*Schaffert* § 449 Rn. 33.
[43] *Ramming* VersR 1999, 1177; zustimmend, soweit es wenigstens bei der Gewichtsbezogenheit bleibt, *Koller* § 449 Rn. 53. Auch *Ramming* räumt jedoch nunmehr ein (TranspR 2010, 397, 407), dass die Gewichtsbezogenheit nicht verändert werden darf.
[44] Es kann „ein anderer Betrag zwischen 2 und 40 Rechnungseinheiten" festgelegt werden, es muss also bei der Bezugsgröße SZR bleiben.
[45] Vgl. *Bahnsen* TranspR 2010, 19 ff.
[46] Vgl. dazu *Herber* TranspR 1999, 89.

## IX. Keine Reduktion des Höchstbetrages bei Mitverschulden

28   Ist der Schadensersatzanspruch gegen den Frachtführer wegen Mitverschuldens des Absenders oder Empfängers reduziert (§ 425 Abs. 2), so ist die Höchstgrenze auf den reduzierten Betrag anzuwenden. Der Höchstbetrag ermäßigt sich also nicht dadurch, dass der Grundanspruch durch die Berücksichtigung des Mitverschuldens unter die Haftungsgrenze abgesenkt wird, es findet keine „Quotelung" des Haftungshöchstbetrages statt.[47] Diese für die CMR anerkannte Regel muss – trotz unterschiedlichen Gesetzeswortlautes – auch für § 431 gelten.

## X. Zusätzliche Beschränkung der Haftung im Schifffahrtrecht

29   Im Schifffahrtrecht besteht zusätzlich zu der Haftungsbegrenzung nach § 431 eine – so genannte „globale" – Haftungsbeschränkung für Schäden, die durch Unfälle mit Großschäden verursacht wurden, auf einen etwa dem Wert des Schiffes entsprechenden Wert, **§§ 611 ff. HGB, §§ 4 ff. BinSchG.** Die seerechtliche Regelung greift allerdings bei Frachtverträgen, welche unter §§ 407 ff. und damit unter § 431 fallen, nur ausnahmsweise ein, wenn nämlich ein Binnentransport mit einem Seeschiff durchgeführt wird (vgl. dazu § 450).

## § 432 Ersatz sonstiger Kosten

**[1]Haftet der Frachtführer wegen Verlust oder Beschädigung, so hat er über den nach den §§ 429 bis 431 zu leistenden Ersatz hinaus die Fracht, öffentliche Abgaben und sonstige Kosten aus Anlaß der Beförderung des Gutes zu erstatten, im Fall der Beschädigung jedoch nur in dem nach § 429 Abs. 2 zu ermittelnden Wertverhältnis. [2]Weiteren Schaden hat er nicht zu ersetzen.**

**Schrifttum:** *Decker,* Wertersatz, kein Schadensersatz bei Verlust des Gutes im internationalen Straßengüterverkehr, TranspR 1985, 311; *Heuer,* Der Umfang der Kostenerstattung gemäß Artikel 23 Absatz 4 CMR, TranspR 1987, 357; *Koller,* Die Erstattungspflicht von Frachten, Zöllen und sonstigen Kosten gem. Art. 23 Abs. 4 CMR, VersR 1989, 2.

### Übersicht

|  | Rn. |  | Rn. |
|---|---|---|---|
| **I. Normzweck** | 1 | 4. Sonstige Kosten aus Anlass der Beförderung | 7, 8 |
| **II. Entstehungsgeschichte** | 2 | 5. Keine Begrenzung nach § 431 | 9 |
| **III. Ersatzanspruch (Satz 1)** | 3–9 | **IV. Entschädigung bei Beschädigung und Teilverlust. Mitverursachung** | 10–11 |
| 1. Voraussetzungen | 3, 4 | | |
| 2. Erstattung der Fracht | 5 | **V. Kein Ersatz weiteren Schadens** | |
| 3. Öffentliche Abgaben | 6 | **(Satz 2)** | 12, 13 |

### I. Normzweck

1   Die Norm, die ihr Vorbild in Art. 23 Abs. 4 CMR hat, gewährt einen zusätzlichen, nicht der Höchsthaftungsregelung unterworfenen Ersatzanspruch gegen den Frachtführer. Dieser erfasst die aus Anlass der Beförderung angefallenen Kosten und Aufwendungen, wie namentlich Fracht und öffentliche Abgaben. Der Anspruch ergänzt den Schadensersatzanspruch wegen Verlusts oder Beschädigung des Gutes, der sich nach § 429 am Wert des Gutes am Ort und zur Zeit der Übernahme orientiert. Die Vorschrift soll einen Ausgleich für die Kosten gewähren, die der Absender vergeblich aufgewendet hat, um den Wert des Gutes durch die Beförderung zu erhöhen, die sich aber nicht bereits im Wert des Gutes am Abgangsort niederschlagen. Mit der Formulierung „Kosten aus Anlass der Beförderung"

---

[47] Saarländisches OLG 16.7.2008, TranspR 2008, 409, 411; *Koller* Art. 23 CMR Rn. 8; *Thume* Art. 23 CMR Rn. 56.

wird der Regelungsbereich von demjenigen des § 430 abgegrenzt,[1] der im Gegensatz hierzu schadensbedingte Kosten zum Gegenstand hat.

## II. Entstehungsgeschichte

Die Vorschrift ist unverändert aus dem RegE[2] und dem Entwurf der Sachverständigen-   2
kommission[3] übernommen wurden. Sie entspricht Art. 23 Abs. 4 CMR, bringt jedoch deutlicher als dieser zum Ausdruck, dass sie nur für Verlust und Beschädigung gilt.[4]

## III. Ersatzanspruch (Satz 1)

**1. Voraussetzungen.** Voraussetzung ist, dass der Frachtführer für Verlust oder Beschä-   3
digung des Gutes nach §§ 429–431 haftet. Das Gesetz sieht für diesen Fall eine Ergänzung des auf bloßen Wertersatz (§ 429) und auf Ersatz der Schadensfeststellungskosten (§ 430) beschränkten Schadensersatzanspruchs durch zusätzliche – nicht der Begrenzung nach § 431 unterliegende – Erstattung der für die Beförderung aufgewendeten Kosten vor.

Es muss sich um **Aufwendungen handeln, die auch bei normalem Verlauf der**   4
**Beförderung** angefallen wären, also nicht durch den Schaden bedingt sind.[5] Schadensbedingte Kosten sind durch §§ 429, 430 abgegolten; soweit Folgeschäden danach nicht zu ersetzen sind, stellt Satz 2 nochmals ausdrücklich klar, dass eine Ergänzung nach § 432 insoweit nicht in Betracht kommt.

**2. Erstattung der Fracht. Fracht** ist, soweit bereits bezahlt, zurückzugewähren. Ist sie   5
noch nicht bezahlt, entfällt der Anspruch des Frachtführers.[6] *Koller* weist mit Recht darauf hin, dass sich diese Rechtsfolge regelmäßig bereits aus § 420, bei Vorauszahlung in Verbindung mit § 812 BGB, ergibt, dass § 432 jedoch im Gegensatz zu § 420 nicht durch AGB abbedungen werden kann (§ 449 Abs. 1 Satz 1). Erfasst ist nur die **Fracht vom vertraglichen Abgangs- zum Bestimmungsort,** nicht Vorfrachten[7] oder die Fracht für Rücksendung des beschädigten Gutes;[8] erstere spiegelt sich im zu ersetzenden Wert des Gutes am Abgangsort (§ 429) wider, letztere ist eine Folge des Schadens.

**3. Öffentliche Abgaben. Öffentliche Abgaben** müssen, wie die sonstigen Kosten   6
(Rn. 7), aus Anlass der Beförderung entstanden sein. Hauptanwendungsfall des Vorbildes des Art. 23 Abs. 4 CMR sind Zölle und Steuern, die jedoch wegen der geringen Bedeutung im innerstaatlichen Verkehr hier nicht ausdrücklich genannt sind. Gleichwohl können Zölle ausnahmsweise eine Rolle spielen, weil die §§ 429 ff. auch für internationale Beförderungen gelten, wenn ein Übereinkommen nicht anwendbar ist; ferner, wenn eine innerstaatliche Beförderung auf Grund eines Unterfrachtvertrages im Rahmen einer grenzüberschreitenden Beförderung ausgeführt wird. Dann kann namentlich der in der Praxis wiederholt aufgetretene Fall eine Rolle spielen, dass bei Verlust von einfuhrzollpflichtiger Ware (Zigaretten!) im Transitverkehr durch Diebstahl im Inland die Zollpflicht ausgelöst wird. Hier handelt es sich um eine durch den Schaden, nicht aus Anlass der (ordnungsgemäßen) Beförderung entstandene Abgabe, die nicht erstattungspflichtig ist.[9] Als öffentliche Abgaben kommen noch in Betracht **Wiegegelder,** bezahlte **Einfuhrumsatzsteuer.**[10]

---

[1] Reg.Begr. S. 67 f.; Heymann/*Joachim* Rn. 1.

[2] S. 9, 67.

[3] Bericht S. 19, 97.

[4] Reg.Begr. S. 67.

[5] BGH 13.2.1980, NJW 1980, 2021; *Heuer* TranspR 1987, 357, 360 (zu Art. 23 CMR); *Koller* Rn. 7; EBJS/*Schaffert* Rn. 3; Fremuth/Thume/*Fremuth* Rn. 5; Oetker/*Paschke* Rn. 3, 8.

[6] BGH 14.12.1988, TranspR 1989, 141; *Koller* Rn. 11; Oetker/*Paschke* Rn. 4.

[7] EBJS/*Schaffert* Rn. 6; *Koller* Rn. 7; Fremuth/Thume/*Fremuth* Rn. 5.

[8] OLG München 5.7.1989, TranspR 1990, 16, 17.

[9] *Koller* Rn. 6; EBJS/*Schaffert* Rn. 5; Oetker/*Paschke* Rn. 6; Fremuth/Thume/*Fremuth* Rn. 5; Art. 23 CMR Rn. 35; zur CMR vgl. ferner LG Köln 11.10.1986, TranspR 1987, 98; *Loewe* ETR 1976, 503, 568; *Herber/Piper* Art. 23 Rn. 30; aA House of Lords ETR 1978, 75 und zuvor Court of Appeal ETR 1977, 751, ihnen folgend OLG Hamburg 9.5.1985, TranspR 1986, 15, dazu *Koller* VersR 1989, 2 ff.

[10] OLG München 17.7.1991, TranspR 1991, 427.

**7**  **4. Sonstige Kosten aus Anlass der Beförderung.** Sonstige Kosten aus Anlass der Beförderung sind namentlich Prämien für die Transportversicherung,[11] Kosten der Verpackung durch den Frachtführer,[12] Nebenkosten zur Fracht (für Be- und Entladen durch den Frachtführer, Standgeld), soweit sie nicht schon ohnehin zur Fracht gehören, Nachnahmegebühren.[13]

**8**  **Schadensbedingt und deshalb nicht erstattungsfähig** sind etwa Reparaturkosten,[14] Kosten der Schadensfeststellung (die in § 430 gesondert geregelt sind), Kosten der Lagerung nach einem Unfall.[15]

**9**  **5. Keine Begrenzung nach § 431.** Dass die Ersatzpflicht unbegrenzt ist, folgt schon aus dem Gesetzeswortlaut und der systematischen Stellung des § 432.

### IV. Entschädigung bei Beschädigung und Teilverlust. Mitverursachung

**10**  Bei **Beschädigung** ist der Erstattungsanspruch entsprechend dem Wertverhältnis nach § 429 Abs. 2 zu kürzen (Satz 2 letzter Satzteil).[16] Gleiches gilt bei **Teilverlust;**[17] Fracht und Kosten für die gesamte Sendung sind entsprechend dem Anteil der verlorenen Stücke an der Sendung zu reduzieren.

**10a**  *Schaffert*[18] und *Koller*[19] wollen stärker differenzieren und stellen für die Erstattung von Frachten und Zöllen darauf ab, nach welchem Maßstab diese für die beschädigten oder verlorenen Sendungsteile angefallen sind. Das entspricht nicht dem Gesetz, das eine Aufteilung nach dem Maßstab des § 429 Abs. 2 vorschreibt. Eine Ausnahme von diesem Grundsatz kann bei Teilverlust allenfalls dann in Betracht kommen, wenn für den verlorenen Teil ein Frachtanspruch überhaupt entfällt.

**11**  Bei **Mitverursachung** des Schadens durch den Absender ist der Anspruch nach § 425 Abs. 2 entsprechend zu kürzen.[20]

### V. Kein Ersatz weiteren Schadens (Satz 2)

**12**  Die Vorschrift hat nur klarstellende Bedeutung dahin, dass nach den allgemeinen Grundsätzen frachtvertraglicher Entschädigung (vgl. § 429 Rn. 1) für Güterfolgeschäden nicht gehaftet wird, sofern nicht der Sonderfall des § 435 vorliegt.[21]

**13**  Satz 2 steht nicht Ersatzansprüchen wegen Schadensformen entgegen, die in den §§ 407 ff. nicht geregelt sind. Deshalb sind etwa Schadensersatzansprüche wegen Verzugs, die darauf gestützt werden, dass der Frachtführer eine nach §§ 425 ff. geschuldete Entschädigung nicht rechtzeitig geleistet hat, nicht ausgeschlossen.[22]

### § 433 Haftungshöchstbetrag bei sonstigen Vermögensschäden

**Haftet der Frachtführer wegen der Verletzung einer mit der Ausführung der Beförderung des Gutes zusammenhängenden vertraglichen Pflicht für Schäden, die nicht durch Verlust oder Beschädigung des Gutes oder durch Überschreitung**

---

[11] EBJS/*Schaffert* Rn. 7; Oetker/*Paschke* Rn. 7.
[12] Verpackung durch den Absender geht in den Wert am Abgangsort ein und ist deshalb hier nicht zu berücksichtigen, *Koller* Rn. 7; Hein/Eichhoff/Pukall/Krien/*Andresen* Rn. 5.
[13] Mit detaillierter Aufzählung Heymann/*Joachim* Rn. 6 f.
[14] BGH 13.2.1980, NJW 1980, 2021.
[15] *Koller* Rn. 9.
[16] BGH 14.12.1988, TranspR 1989, 141, wonach es insoweit einer Aufrechnung nicht bedarf.
[17] Das ist in Art. 23 Abs. 4 CMR ausdrücklich klargestellt und muss auch hier gelten. Ebenso Oetker/*Paschke* Rn. 7; aA EBJS/*Schaffert* Rn. 9; *Koller* Rn. 10.
[18] EBJS/*Schaffert* Rn. 9.
[19] Rn. 10.
[20] Reg.Begr. S. 68.
[21] BGH 5.10.2006, TranspR 2006, 454 = NJW 2007, 58.
[22] BGH 29.7.2009, TranspR 2009, 408 = NJW 2009, 3239.

**der Lieferfrist entstehen, und handelt es sich um andere Schäden als Sach- oder Personenschäden, so ist auch in diesem Falle die Haftung begrenzt, und zwar auf das Dreifache des Betrages, der bei Verlust des Gutes zu zahlen wäre.**

**Schrifttum:** *Hackert,* Die Reichweite der Haftungsbegrenzung bei sonstigen Vermögensschäden gemäß § 433 HGB, Diss. Hamburg 2000; *Koller,* Die Haftungsbegrenzung bei sonstigen Vermögensschäden nach dem Transportrechtsreformgesetz, FG Herber, S. 106.

### Übersicht

|  | Rn. |  | Rn. |
|---|---|---|---|
| **I. Normzweck** | 1–4 | a) Vermögensschäden | 7, 7a |
| **II. Entstehungsgeschichte** | 5 | b) Keine Sach- oder Personenschäden | 8, 8a |
| **III. Voraussetzungen der Haftungsbegrenzung** | 6–12 | c) Mit der Ausführung der Beförderung zusammenhängende vertragliche Pflicht | 9–12 |
| 1. Allgemeines | 6 | **IV. Einzelfälle** | 13 |
| 2. Gesetzliche Einschränkungen des Anwendungsbereichs | 7–12 | **V. Haftungshöchstbetrag** | 14 |

## I. Normzweck

Erklärter Zweck der Vorschrift ist es, den Frachtführer vor einer unbeschränkten **1** Haftung wegen der Verletzung vertraglicher Nebenpflichten zu schützen.[1] In der CMR ist die Haftung für die Verletzung von Nebenpflichten nicht geregelt; sie wird dort deshalb dem anwendbaren nationalen Recht entnommen, in Deutschland den Regeln über die positive Vertragsverletzung (nach der Schuldrechtsmodernisierung: § 280 BGB).[2] Die KVO kannte eine eigene Haftungsregelung für Schäden, die „im Zuge der Beförderung des Gutes ... durch schuldhafte nicht ordnungsgemäße Ausführung des Beförderungsvertrages ... entstanden sind" (§ 31 Abs. 1); die Haftung nach dieser Spezialvorschrift für positive Vertragsverletzung war jedoch dem Betrag[3] nach beschränkt (§ 31 Abs. 2). Ähnliches galt für Haftung und Beschränkung nach dem GüKUMB und den ADSp.[4]

Die Gesetz gewordene Lösung beruht auf einem Kompromiss. Sie soll einerseits den **2** Haftungsumfang bei der **Verletzung beförderungstypischer Nebenpflichten** kalkulierbar machen und einen für den jeweiligen Vertragstyp angemessenen **Interessenausgleich** herbeiführen, andererseits jedoch „Verwerfungen im allgemeinen Zivilrecht" vermeiden.[5] Die Vorschrift enthält keine eigene Haftungsnorm, sondern sieht **lediglich eine Begrenzung** der Haftung nach anderen, zumeist allgemeinen Haftungsvorschriften vor.

Die Reg.Begr.[6] räumt ein, dass es sich um eine **Generalklausel** handelt, bei der die **3** Abgrenzung zwischen den von der Haftungsbegrenzung erfassten Fällen und den allgemeinen Haftungsnormen nach dem Einzelfall entschieden werden muss. Dabei soll die Anknüpfung an die **„Ausführung der Beförderung"** verdeutlichen, dass es sich um **beförderungstypisches** oder zumindest **beförderungsnahes Fehlverhalten** handeln muss, durch dass sich transportspezifische Risiken realisieren.

Schließlich weist die Reg.Begr.[7] darauf hin, dass als Auslegungshilfe bei der Abgrenzung **4** spezialgesetzlich erfasster von allgemeiner Haftung die Rechtsprechung zur Unterscheidung kauf- und werkvertraglicher Sachmängelgewährleistung und positiver Forderungsverletzung herangezogen werden könne.

---

[1] Reg.Begr. S. 68; Heymann/*Joachim* Rn. 1; EBJS/*Schaffert* Rn. 1.
[2] Vgl. *Herber/Piper* vor Art. 17 Rn. 8.
[3] Bei Ladungsgütern 30 000 DM je Lastzug und bei Stückgütern 5000 DM je Absender und Lastzug.
[4] Im Einzelnen vgl. Reg.Begr. S. 68.
[5] Reg.Begr. S. 68.
[6] S. 69.
[7] S. 69; kritisch hierzu *Koller,* Festgabe Herber, S. 114.

## II. Entstehungsgeschichte

5  Die Bestimmung ist im Wesentlichen unverändert aus dem Vorschlag der Sachverständigenkommission[8] übernommen worden. Der Rechtsausschuss des Bundestages hat jedoch die Worte „eng und unmittelbar", die im RegE vor den Worten „mit der Ausführung der Beförderung zusammenhängenden Pflicht" standen und eine weitere Einengung des Anwendungsbereichs auf transportspezifische Fälle gewährleisten sollten, ohne nähere Begründung[9] gestrichen.

## III. Voraussetzungen der Haftungsbegrenzung

6  **1. Allgemeines.** Angesichts der wenig klaren Umschreibung des gesetzlichen Tatbestandes kann die Abgrenzung der der Bestimmung unterfallenden Tatbestände nur von einer Interessenabwägung geleitet sein, die im Auge behält, dass der Frachtführer haftungsrechtlich gegenüber anderen Dienstleistungsunternehmen, die gleiche Funktionen wahrnehmen und dafür unbegrenzt haften, **nicht unangemessen privilegiert** werden darf.[10] Das bedeutet im Ergebnis das Gebot einer **restriktiven Auslegung.**

7  **2. Gesetzliche Einschränkungen des Anwendungsbereichs. a) Vermögensschäden.** Wesentliche Einschränkungen gibt die Vorschrift selbst vor: Es muss sich um **Ansprüche wegen Vermögensschäden** handeln. Doch dürfen diese nicht **durch Verlust oder Beschädigung des Gutes oder durch Überschreitung der Lieferfrist** entstanden sein, denn insoweit enthalten die §§ 425–432 ohnehin schon eine abschließende Regelung, die Vermögens-Folgeschäden ausschließt (§ 432 Satz 2). Diese Einschränkung der Anwendbarkeit des § 433 gilt jedoch auch dann, wenn die Sach- oder Verspätungsschäden nicht innerhalb der Obhutszeit des Frachtführers, also innerhalb des Anwendungsbereichs der §§ 425–432 entstanden sind, sodass Schadensersatzansprüche aus § 280 BGB herzuleiten sind. Dies hat der BGH[11] – entgegen einer verbreiteten Meinung in der Literatur[12] – klargestellt. Es folgt schon aus dem klaren Wortlaut der Bestimmung, aber auch aus ihrem Zweck: Der Frachtführer soll gegen alle mit der Beförderung im weitesten Sinne zusammenhängenden Risiken der Haftung für (oft erhebliche) Vermögensschäden durch wirtschaftliches Fehlverhalten geschützt werden, das sich nicht in Schäden des zu befördernden Gutes auswirkt, gleich in welchem Zeitpunkt.

7a  Spezialgesetzlich – und deshalb ebenfalls die Haftungsbegrenzung nach § 433 ausschließend – geregelt ist auch die Haftung für **Nichteinziehung einer Nachnahme** (§ 422 Abs. 3) und für den **Verlust von Begleitpapieren** (§ 413 Abs. 2). Gesetzlich ausgeschlossen ist die Haftungsbegrenzung auch bei Fehlern hinsichtlich der Beachtung von Weisungen bei dem als **Sperrpapier ausgestellten Frachtbrief** (§ 418 Abs. 6).[13]

8  **b) Keine Sach- oder Personenschäden.** Bei den durch die Pflichtverletzung entstandenen Schäden darf es sich nicht um Sach- oder Personenschäden handeln. Der Schutz absoluter Rechte – etwa der körperlichen Unversehrtheit eines Beteiligten, der bei Anlieferung des Gutes überfahren wird – muss den Vorrang haben.

8a  Hier muss man wohl hinzufügen, dass die Vorschrift auch bei Verletzung anderer durch § 823 BGB deliktsrechtlich absolut geschützter Rechtsgüter keine Anwendung finden sollte;[14] allerdings werden sonstige Rechte selten im Zusammenhang mit einem Frachtver-

---

[8] Bericht S. 20, 97.

[9] Beschlussempfehlung TRG S. 48; dort heißt es lapidar: „Es erscheint nicht geboten zu verlangen. . .".

[10] *Koller,* FG Herber, S. 115 f.; EBJS/*Schaffert* Rn. 8; dies ist wohl auch mit dem Hinweis auf die Gefahr von „Verwerfungen im allgemeinen Zivilrecht" in der Reg.Begr. S. 68 gemeint.

[11] BGH 28.11.2013, TranspR 2014, 23 Rn. 32 ff.

[12] *Koller* Rn. 4; EBJS/*Schaffert* Rn. 4; Fremuth/Thume/*Fremuth* Rn. 12); dagegen mit ausführlicher Analyse der Entstehung und Bedeutung der Vorschrift *Hackert,* S. 68 ff., 124.

[13] Oetker/*Paschke* Rn. 8; aA offenbar *Koller* § 418 Rn. 34: Der Wortlaut des § 418 Abs. 6 erscheint mir jedoch eindeutig.

[14] *Koller,* FG Herber, S. 113 f.; *ders.* Rn. 5.

trag verletzt, zu denken wäre jedoch etwa an einen Eingriff in den eingerichteten und ausgeübten Gewerbetrieb.

**c) Mit der Ausführung der Beförderung zusammenhängende vertragliche** 9
**Pflicht.** Das haftungsbegründende Fehlverhalten muss eine **vertragliche Pflicht** im Zusammenhang mit der Ausführung der Beförderung betreffen. Das Gesetz spricht nicht von Nebenpflichten, an welche Kommission und Reg.Begr. jedenfalls primär gedacht haben. Zumal nach der Modernisierung des Schuldrechts lässt die Zusammenfassung der Vertragsverletzungen in § 280 BGB eine Unterscheidung nach Haupt- und Nebenpflichten kaum noch sinnvoll und erforderlich erscheinen. Der Wortlaut der Vorschrift verlangt sie nicht.[15]

Die verletzte Pflicht muss eine **vertragliche** sein. Es muss also ein gültiger Frachtvertrag 10 vorliegen. Das schließt nicht unbedingt Ansprüche aus Fehlverhalten vor Vertragsschluss aus. So vor allem solche aus **culpa in contrahendo,** jedenfalls nachdem diese durch die Schuldrechtsmodernisierung in § 311 Abs. 2 BGB zu vertraglichen erklärt worden sind.[16] Allerdings muss hier besonders sorgfältig auf die Beförderungsbezogenheit geachtet werden; **Lagerung vor einem später beabsichtigten Transport** ist noch nicht hierzu zu rechnen.[17]

Wichtigster Fall ist, auch nach Einordnung dieses Rechtsinstituts in § 280 BGB, die 11 **positive Vertragsverletzung.** Ein hierfür typischer Sachverhalt war Gegenstand der Entscheidung des BGH vom 14.7.1993:[18] Der Frachtführer hatte bei der Mitteilung einer Verspätung unrichtige Angaben über den Standort des Fahrzeugs und dessen voraussichtliche Ankunft am Bestimmungsort gemacht. Der BGH wandte in Ergänzung der CMR deutsches Recht an und kam zu unbegrenzter Haftung aus positiver Vertragsverletzung.[19]

Wenn die Anwendung auf alle vertraglichen Pflichten danach grundsätzlich in Betracht 12 kommt, muss die notwenige **Eingrenzung durch das Kriterium des „Zusammenhangs mit der Ausführung der Beförderung"** vorgenommen werden.[20] Dass dieser, wie der RegE vorschlug, „eng und unmittelbar" sein muss, ergibt sich nach der Streichung dieser Worte im Bundestag nicht mehr aus dem Gesetz, erscheint aber bei der Intention der Vorschrift selbstverständlich.[21] Entscheidend für die Abgrenzung sollte die Überlegung sein, dass der Frachtführer nur in eng begrenztem Rahmen, soweit sich seine Pflichtverletzung auf die Beförderung bezieht, in den Genuss einer Haftungsbeschränkung kommen sollte, die anderen Dienstleistenden, welche dieselbe Tätigkeit isoliert ausüben, nicht zugute kommt.[22] Deshalb können logistische Zusatzleistungen, wie etwa die Kommissionierung oder Bearbeitung des Gutes, nicht unter die Begrenzung fallen;[23] hier mag man auch argumentieren, dass solche Leistungen, werden sie zum Gegenstand des Vertrages gemacht, diesen zu einem Speditionsvertrag qualifizieren, bei dem für die speditionellen Leistungen ebenfalls grundsätzlich unbegrenzt gehaftet wird (§ 461 Abs. 2). Gleiches gilt für Zusatzleistungen wie **Demontage oder Montage des zu befördernden Gutes,** die nicht als beförderungsspezifisch gelten können.[24]

---

[15] So auch *Koller* Rn. 2.

[16] Deshalb dürfte die ablehnende Auffassung von *Koller,* FG Herber, S. 108 und *Hackert* S. 134 insoweit zumindest überholt sein. *Koller* Rn. 3 hält zwar daran fest, lässt jedoch im Ergebnis die Ausnahmen zu, in denen das Merkmal des „Zusammenhangs mit der Ausführung der Beförderung", das stets zusätzlich gegeben sein muss, erfüllt ist.

[17] EBJS/*Schaffert* Rn. 8; *Koller* Rn. 6.

[18] BGHZ 123, 200 = NJW 1993, 2808 = TranspR 1993, 426.

[19] Dieser Fall bot den unmittelbaren Anlass dafür, das Problem im Sachverständigenausschuss zu erörtern; das erklärt auch die starke Fokussierung der Begründung auf den Fall der positiven Vertragsverletzung.

[20] *Herber* NJW 1998, 3297, 3304; *Koller* Rn. 6, 7.

[21] *Koller* Rn. 7, ist allerdings zuzugeben, dass dieses Kriterium ziemlich nichtssagend ist.

[22] So im Ergebnis auch *Koller,* FG Herber, S. 115 ff.: „Keine Privilegierung des Transportunternehmers gegenüber anderen Dienstleistenden".

[23] Fremuth/Thume/*Fremuth* Rn. 18; Oetker/*Paschke* Rn. 5.

[24] *Koller* Rn. 6; Oetker/*Paschke* Rn. 5.

## IV. Einzelfälle

13    Der Begriff der Ausführung des Vertrages schließt zunächst auch **Leistungsstörungen bei Gestellung des Fahrzeugs,** bei Stellung eines ungeeigneten Fahrzeuges oder Verzug bei der Gestellung (sofern dieser nicht zur Lieferfristüberschreitung führt und damit unter § 425 fällt) ein.[25] Soweit die Folgen **falscher Ablieferung** nicht – wie regelmäßig – als Verlust qualifiziert werden und dessen wirtschaftliche Folgeschäden deshalb ausgeschlossen sind, sondern daneben Ansprüche aus positiver Vertragsverletzung auslösen,[26] hängen sie ebenfalls mit der Ausführung des Vertrages zusammen. Die Haftung des Frachtführers für **Ausstellung eines unrichtigen Ladescheines**[27] oder sonstigen Beförderungspapiers ist nach § 433 beschränkt. Haftet der Frachtführer aus positiver Vertragsverletzung, weil er nach Übernahme des Gutes durch den entladepflichtigen Empfänger nicht dafür sorgt, dass das Fahrzeug stabil steht und das Gut nicht beim Entladen durch den Empfänger geschädigt wird, so ist nicht nur der Sachschadensanspruch von der Begrenzung nach § 433 ausgenommen, sondern auch der Anspruch wegen wirtschaftlicher Folgeschäden dieses Sachschadens.[28] Für den Vermögensschaden, der dem Empfänger dadurch entsteht, dass Werbeprospekte infolge einer Verwechslung zu früh ausgeliefert und deshalb vor der Zeit verteilt werden, haftet der Frachtführer aus positiver Vertragsverletzung ebenfalls begrenzt.[29]

## V. Haftungshöchstbetrag

14    Für die hier tatbestandlichen „reinen" Vermögensschäden ist die Haftung des Frachtführers auf das **Dreifache** des Betrages, der bei Verlust des Gutes zu zahlen wäre, begrenzt. Die Berechnung richtet sich also zunächst nach der gewichtsbezogenen Haftungsbegrenzung für den Güterschaden nach §§ 429, 431. Ist der Haftungsbetrag vertraglich – durch Individualvereinbarung oder im Rahmen der Margen des § 449 Abs. 2 Satz 1 durch AGB – verändert worden, so ist der geänderte Betrag der Berechnung der Haftungsgrenze zu Grunde zu legen. Schadensfeststellungskosten gem. § 430 können bei einem Schaden, der gerade nicht an Verlust oder Beschädigung anknüpft, ihrer Natur nach nicht anfallen. Die Erstattungen nach § 432 sind ebenfalls nicht zu berücksichtigen;[30] soweit die Pflichtverletzung Rückerstattungspflichten des Frachtführers auslöst, gehen diese jedenfalls nicht in den Höchstbetrag für die Begrenzung des Schadensersatzes ein.

## § 434 Außervertragliche Ansprüche

**(1) Die in diesem Unterabschnitt und im Frachtvertrag vorgesehenen Haftungsbefreiungen und Haftungsbegrenzungen gelten auch für einen außervertraglichen Anspruch des Absenders oder des Empfängers gegen den Frachtführer wegen Verlust oder Beschädigung des Gutes oder wegen Überschreitung der Lieferfrist.**

**(2) ¹Der Frachtführer kann auch gegenüber außervertraglichen Ansprüchen Dritter wegen Verlust oder Beschädigung des Gutes die Einwendungen nach Absatz 1 geltend machen. ²Die Einwendungen können jedoch nicht geltend gemacht werden, wenn**
1. **sie auf eine Vereinbarung gestützt werden, die von den in § 449 Absatz 1 Satz 1 genannten Vorschriften zu Lasten des Absenders abweicht,**
2. **der Dritte der Beförderung nicht zugestimmt hat und der Frachtführer die fehlende Befugnis des Absenders, das Gut zu versenden, kannte oder infolge grober Fahrlässigkeit nicht kannte oder**

---

[25] *Koller* Rn. 8; Oetker/*Paschke* Rn. 6.
[26] Vgl. etwa BGH 27.10.1978, NJW 1979, 2473; OLG Hamburg 9.8.2002, TranspR 2003, 209.
[27] Dazu § 444 Rn. 42; hier liegt allerdings die Ausnahme des § 435 nahe.
[28] OLG Stuttgart 22.1.2003, TranspR 2003, 104, 105.
[29] OLG Köln 22.11.2005, TranspR 2006, 458.
[30] Unklar insoweit *Koller* Rn. 10.

**3. das Gut vor Übernahme zur Beförderung dem Dritten oder einer Person, die von diesem ihr Recht zum Besitz ableitet, abhanden gekommen ist.** [3]Satz 2 Nummer 1 gilt jedoch nicht für eine nach § 449 zulässige Vereinbarung über die Begrenzung der vom Frachtführer zu leistenden Entschädigung wegen Verlust oder Beschädigung des Gutes auf einen niedrigeren als den gesetzlich vorgesehenen Betrag, wenn dieser den Betrag von 2 Rechnungseinheiten nicht unterschreitet.

**Schrifttum:** *Heuer,* Zur außervertraglichen Haftung des Frachtführers (und seines Kfz-Haftpflichtversicherers) für Güterfolgeschäden, TranspR 2002, 334; *ders.,* Zur Frage einer Anspruchskonkurrenz von vertraglicher und außervertraglicher Haftung des Frachtführers, TranspR 2006, 456; *ders.,* Zum Anwendungsbereich von § 434 HGB, TranspR 2005, 70; *Hübsch,* Vertragliche Wirkungen zu Lasten Dritter im Gütertransportrecht, VersR 1997, 799; *Ruhwedel,* Das störende Eigentum am Frachtgut, FG Herber, S. 163; *Thume,* Nochmals – Zur außervertraglichen Haftung des Frachtführers und seines Kfz-Haftpflichtversicherers für Folgeschäden bei Kontaminierung des Frachtguts, TranspR 2004, Sonderbeilage zu Heft 3, S. XL ff.; *ders.,* Die Ansprüche des geschädigten Dritten im Frachtrecht, TranspR 2010, 45.

## Übersicht

| | Rn. | | Rn. |
|---|---|---|---|
| I. Normzweck | 1–3 | b) Haftungsbefreiungen und -begrenzungen im Frachtvertrag | 18 |
| II. Entstehungsgeschichte | 4, 4a | IV. Außervertragliche Ansprüche Dritter (Abs. 2) | 19–27 |
| III. Außervertragliche Ansprüche des Absenders oder Empfängers (Abs. 1) | 5–18 | 1. Begriff | 19 |
| 1. Allgemeines | 5 | 2. Wirkung der Vorschrift | 20–21 |
| 2. Erfasste Ansprüche | 6–12 | 3. Voraussetzung der Zustimmung | 22–25 |
| a) Gegenstand | 6–9 | a) Zustimmung des Dritten zur Beförderung | 23 |
| b) Anspruchsgrundlagen | 10 | b) Gutgläubige Annahme der Versendungsbefugnis des Absenders | 24, 25 |
| c) Ansprüche gegen den Frachtführer | 11, 12 | 4. Das Gut darf dem Dritten nicht abhanden gekommen sein | 26, 27 |
| 3. Rechtsfolgen | 13–18 | V. Beweislast | 28 |
| a) Gesetzliche Haftungsbefreiungen und -begrenzungen | 13–17 | | |

## I. Normzweck

Die Norm sichert den Vorrang des frachtvertraglichen Haftungssystems mit seinen Haftungsbefreiungen und -begrenzungen. Damit soll eine Umgehung oder Entwertung frachtrechtlicher Ansprüche durch die Geltendmachung außervertraglicher Ansprüche durch die am Frachtvertrag Beteiligten **(Abs. 1)** oder vertragsfremde Dritte verhindert und zugleich gewährleistet werden, dass die Frachtführerhaftung nicht durch außervertragliches Recht verschärft wird. Namentlich bei Verlust oder Beschädigung können deliktische Ansprüche wegen Eigentumsverletzung bestehen. Es entspricht dem anerkannten Konkurrenzprinzip von vertraglicher und deliktischer Haftung, dass Deliktsansprüche nicht von vornherein ausgeschlossen sind.[1] Sie werden aber im Hinblick darauf, dass dem frachtvertraglichen Haftungssystem eine spezifisch ausgewogene Risikozuteilung zugrunde liegt, den frachtvertraglichen Haftungsbefreiungen und -begrenzungen unterworfen. **1**

Abs. 1 verallgemeinert damit Regelungen, die schon seit langem für die meisten Verkehrsträger, etwa nach § 506 (= § 607a aF), Art. 28 Abs. 1 CMR, gelten; im früheren innerstaatlichen Landfrachtrecht ließ jedoch die Rspr. prinzipiell neben der begrenzten Vertragshaftung nach HGB und KVO eine unbegrenzte Deliktshaftung zu (s. § 429 HGB aF Rn. 72 ff. mwN), weil das Gesetz eine dem Abs. 1 entsprechende Vorschrift nicht enthielt. **2**

Abs. 2 will in gleicher Schutzrichtung die Aushöhlung des vertraglichen Entschädigungssystems mittels **außervertraglicher Ansprüche vertragsfremder Dritter** verhindern.[2] **3**

---

[1] Dazu BGH 1.2.1996, NJW-RR 1996, 1121 = TranspR 1997, 418.
[2] Dazu grundsätzlich *Hübsch* VersR 1997, 799.

Durch die Nennung der „Dritten" sind Auslegungsprobleme vermieden, wie sie sich bei der Parallelnorm des Art. 28 Abs. 1 CMR ergeben (s. dort Rn. 9 ff.). Der Dritte, von dem angenommen wird, dass die Beförderung in der Regel auch in seinem Interesse liegt, muss sich Einwendungen des Frachtführers aus Gesetz und Vertrag gegen seinen Deliktsanspruch wie nach Abs. 1 entgegenhalten lassen. Durch Anfügen dreier Ausnahmen in Abs. 2 Satz 2 Nr. 1, 2 und 3 ist aber für gewisse Situationen gegen eine in diesen Fällen nicht gerechtfertigte Zurückstellung der Rechte solcher Dritter gesorgt.

## II. Entstehungsgeschichte

4     Die Vorschrift ist – in ihrer Fassung vor dem SRG – aus dem RegE[3] unverändert übernommen worden. Die Sachverständigenkommission[4] hatte – entsprechend dem Vorbild des Art. 28 Abs. 1 CMR, dem gegenüber jedoch sprachliche Verbesserungen vorgenommen wurden – vorgeschlagen, die Sperrwirkung nur den gesetzlichen Haftungsbefreiungen und -begrenzungen zugutekommen zu lassen. Dagegen hat schon der RegE auch die **im Frachtvertrag vorgesehenen Befreiungen und Begrenzungen** mit einbezogen, weil sonst ein Wertungswiderspruch bestünde: Es sollen also auch die nach dem Gesetz zulässigen vertraglichen Haftungsbefreiungen und -begrenzungen nicht durch konkurrierende deliktische Ansprüche ausgehebelt werden können.[5]

4a    Im Zuge der Reform des Seehandelsrechts wurde Abs. 2 neu gefasst. Der RegE-SRG sah bereits zwei Änderungen des Satzes 2 vor[6]: Einmal sollte nach der neu geschaffenen Nr. 1 angeordnet werden, dass der Frachtführer dem Dritten, auch wenn dieser der Beförderung zugestimmt hat, nur die Einwendungen auf Grund der gesetzlichen Haftungsbestimmungen entgegenhalten kann, dagegen nicht die (auch nach § 449 Abs. 2 zulässig) vereinbarten vertraglichen Änderungen, soweit sie die Haftung des Frachtführers zu Lasten des Absenders verringern. Ferner soll der Frachtführer nach Nr. 2 die Einwendungen aus dem Frachtvertrag auch solchen Dritten entgegenhalten können, die der Beförderung nicht zugestimmt haben, deren Zustimmung der Frachtführer aber ohne grobe Fahrlässigkeit annehmen durfte. Auf Empfehlung des Rechtsausschusses des Deutschen Bundestages[7] wurde Abs. 2 Nr. 1 durch einen neu eingefügten Satz 2 dahin eingeschränkt, dass dem Dritten haftungseinschränkende Vereinbarungen entgegengehalten werden dürfen, welche die Haftung für Verlust oder Beschädigung betreffen, nach § 449 Abs. 2 wirksam vereinbart sind und die Haftung nicht auf einen geringeren Betrag als 2 Rechnungseinheiten verringern. Der Grund wurde in der Verkehrsüblichkeit solcher Vereinbarungen gesehen, die auch der Dritte gegen sich gelten lassen müsse.

## III. Außervertragliche Ansprüche des Absenders oder Empfängers (Abs. 1)

5     **1. Allgemeines.** Die Vorschrift erfasst nur außervertragliche Ansprüche wegen Verlust oder Beschädigung des Gutes oder wegen Überschreitung der Lieferfrist. Sie müssen sich gegen den Frachtführer richten. Ansprüche der am Vertrag Beteiligten – Absender und Empfänger – sind nach Abs. 1 vollständig, Ansprüche Dritter nach Abs. 2 unter bestimmten Voraussetzungen hinsichtlich der transportrechtlichen Haftungsmodifizierung den frachtvertraglichen Ansprüchen gleichgestellt.

6     **2. Erfasste Ansprüche. a) Gegenstand.** Die Reichweite der Vorschrift ist auf Ansprüche wegen Verlust, Beschädigung und Überschreitung der Lieferfrist beschränkt, weil nur insoweit beförderungsspezifische Risiken bestehen, auf welche die konkurrierenden frachtvertraglichen Haftungsbestimmungen zugeschnitten sind.[8] Der Ausschluss weitergehender

---

[3] Reg.Begr. S. 10.
[4] Bericht S. 20.
[5] Reg.Begr. S. 70.
[6] Vgl. dazu RegBegr-SRG S. 55.
[7] Beschlussempfehlung SRG S. 127.
[8] Reg.Begr. S. 70.

außervertraglicher Ansprüche trägt nur so weit, wie sie mit sondergesetzlich geregelten Ansprüchen aus dem Frachtvertrag konkurrieren.

Erfasst sind danach alle außervertraglichen Ansprüche, die **denselben Gegenstand wie** 7 **die in §§ 425 ff. geregelten vertraglichen Ansprüche** haben. Dies sind primär Ansprüche wegen Entziehung oder Beeinträchtigung des Eigentums oder Besitzes. Dabei sind auch Ansprüche auf Ersatz von Folgeschäden solcher Beeinträchtigungen eingeschlossen; denn diese sind von der Vertragshaftung erfasst, jedoch ausgeschlossen (§ 432 Satz 2). Deshalb kann etwa ein sog. „weiterfressender Schaden", der aus Schäden am Transportgut entsteht (vgl. § 425 Rn. 13), auch nicht auf außervertraglicher Grundlage ersetzt verlangt werden;[9] er ist von der Haftungsfreistellung des transportrechtlichen Haftungssystems gedeckt (vgl. § 425 Rn. 13), das gegen Umgehungen geschützt wird.[10]

Andererseits greift der Ausschluss außervertraglicher Ansprüche nicht, wenn der konkur- 8 rierende vertragliche Anspruch nicht auf §§ 425 ff., sondern auf § 280 BGB gestützt wird. So etwa, wenn im Silo des Empfängers befindliches Gut durch **Vermischung mit falsch eingefülltem Transportgut** beschädigt wird (vgl. § 425 Rn. 8 ff.); hier kann der Anspruch auch auf § 823 BGB gestützt werden und ist, da es sich um Sachschaden handelt, auch nicht nach § 433 beschränkt.

Eine entsprechende Anwendung der Vorschrift ist für Ansprüche wegen Schäden aus dem 9 **Verlust von Begleitpapieren** angebracht;[11] die Analogie rechtfertigt sich daraus, dass § 413 Abs. 2 Satz 2 sie in das transportvertragliche Haftungssystem einbezieht und unter Bezugnahme auf die Haftungsbegrenzung bei Verlust regelt.[12] Gleiches lässt sich für die Auslieferung an einen anderen als den nach dem **Ladeschein** Berechtigten sagen,[13] weil § 445 Abs. 3 Satz 2 hier ebenfalls die vertragliche Ersatzpflicht an die Verlustbegrenzung koppelt. Anders jedoch bei Schäden durch Nichtbeachtung einer **Nachnahmeverpflichtung;**[14] denn die Ablieferung ohne Einziehung der Nachnahme führt nicht zu einer Haftung wegen Verlusts (vgl. § 425 Rn. 16). Von vornherein ausscheiden muss eine Anwendung der Vorschrift auf die Fälle des § 433, die in den in § 434 genannten Tatbeständen ausdrücklich gerade nicht gilt.[15]

**b) Anspruchsgrundlagen.** Als mit den vertraglichen Schadensersatzansprüchen wegen 10 Verlust oder Beschädigung des Gutes konkurrierende außervertragliche Ansprüche kommen in erster Linie solche aus unerlaubter Handlung (§ 823 BGB) in Betracht, ferner aus Geschäftsherrenhaftung (§ 831 BGB). Gefährdungshaftungstatbestände spielen praktisch kaum eine Rolle, da die transportrechtlichen Gefährdungshaftungsbestimmungen die Haftung für Sachen, die mit Eisenbahn oder Kraftfahrzeug befördert werden, ausschließen (§ 1 HpflG; §§ 7, 8a StVG). Ansprüche wegen reiner Vermögensschäden können sich aus § 823 Abs. 2 BGB iVm. der Verletzung eines Schutzgesetzes, etwa der StVO, ergeben; doch wird in diesen Fällen, wie als Regel bei § 826 BGB, häufig ein qualifiziertes Verschulden iS des § 435 vorliegen, welches alle Haftungsbegrenzungen nach dem Vertrag – und damit auch nach § 434 – entfallen lässt. Theoretisch erscheint auch die Frage, ob Ansprüche aus **Verschulden bei Beratung** (§ 311 Abs. 2 BGB) in Betracht kommen können; selbst wenn man sie als außervertraglich ansehen wollte,[16] würden sie nicht unter die Sperre des § 434 fallen, da die konkurrierenden frachtvertraglichen Ansprüche nicht auf § 425, sondern auf § 280 BGB beruhen (vgl. § 425 Rn. 27).

---

[9] BGH 5.10.2006, BGHZ 169, 187 = NJW 2007, 58 = TranspR 2006, 454; HansOLG Bremen 16.10.2003, TranspR 2005, 68; *Thume* VersR 2002, 267; TranspR 2004, Sonderbeilage zu Heft 3 S. XL; *Koller* Rn. 3, 7; EBJS/*Schaffert* Rn. 7; aA *Heuer* TranspR 2002, 334 und TranspR 2005, 70. Nicht zur Entscheidung stand in BGH 5.10.2006, ob der Haftungsausschluss in § 434 Abs. 2 HGB auch zu Lasten solcher (außenstehender) Dritter wirkt, die durch das auf dem Transport beschädigte Frachtgut einen Schaden erleiden (vgl. dazu Rn. 21).

[10] Reg.Begr. S. 69, 70.

[11] *Koller* Rn. 3; aA Fremuth/Thume/*Fremuth* Rn. 6.

[12] Vgl. zu der entsprechenden Problematik bei Art. 28 CMR dort Rn. 7.

[13] So auch *Koller* Rn. 3.

[14] Für die *Koller* Rn. 3 ebenfalls eine Analogie befürwortet.

[15] Reg.Begr. S. 70; Oetker/*Paschke* Rn. 6.

[16] So *Koller* Rn. 4.

11    **c) Ansprüche gegen den Frachtführer.** Erfasst werden nur Ansprüche gegen den Frachtführer. Sie müssen in Konkurrenz zu einem von der Regelung der §§ 425 ff. betroffenen Anspruch aus einem **wirksamen Frachtvertrag** stehen, der vom **Absender oder Empfänger** geltend gemacht werden kann.

12    Ansprüche gegen den **ausführenden Frachtführer** (§ 437) stehen gleich;[17] auch dieser soll – als Korrelat seiner durch § 437 gesteigerten Haftung – alle Einwendungen haben, die er als Frachtführer hätte.[18] Die Vorschrift schützt jedoch nicht jeden **Unterfrachtführer;**[19] dieser kann nach der neueren Rechtsprechung des BGH[20] zwar vom Empfänger unmittelbar in Anspruch genommen werden, jedoch auf Grund eines anderen (des Unterfracht-) Vertrages, nach dessen Rechtsstatut die Frage der Konkurrenz deliktischer Ansprüche gesondert zu beurteilen ist. Wegen der Ansprüche Dritter, also anderer Personen als Absender und Empfänger, vgl. Abs. 2.

13    **3. Rechtsfolgen. a) Gesetzliche Haftungsbefreiungen und -begrenzungen.** Gegen den im Übrigen weiterhin seinen speziellen Regeln folgenden außervertraglichen Anspruch kann der Frachtführer **alle Einwendungen** erheben, die ihm **nach §§ 407 ff., insbesondere §§ 425–432, §§ 437–439** gegen den vertraglichen Anspruch zustehen.

14    Der Frachtführer kann auch **Beweisvergünstigungen** des Frachtvertragsrecht für sich in Anspruch nehmen, etwa die der § 409 Abs. 2 Satz 2, § 427 Abs. 2,[21] doch wird der außervertragliche Anspruch in der Regel ohnehin an den Anspruchsteller weitergehende Beweisanforderungen stellen als das Vertragsrecht.

15    Hat der Frachtführer oder haben seine Leute qualifiziert schuldhaft iS des § 435 gehandelt, so entfällt auch für den außervertraglichen Anspruch die Anwendung aller Privilegien; unanwendbar wird dann jedoch nicht § 434 selbst,[22] denn es bleibt auch dann für den außervertraglichen Anspruch bei der Begrenzung der **Verjährung auf drei Jahre** nach § 439, was wegen der besonderen Berechnung der frachtrechtlichen Verjährung nach § 439 Abs. 2 und 3 praktisch bedeutsam sein kann.

16    Es bleibt bei dem **Gerichtsstand**[23] und den Regeln des IPR für den außervertraglichen Anspruch. Sofern ausländisches Recht anzuwenden ist, verlangt Art. 34 EGBGB materiellrechtlich die Anwendung der deutschen frachtrechtlichen Beschränkungen und damit auch des § 434.

17    Konkurrierende außervertragliche Ansprüche wegen **Überschreitung der Lieferfrist** erscheinen kaum denkbar. Soweit sie auf § 280 BGB gestützt werden könnten, sind sie vertraglicher Natur, bei deliktischer Haftung setzen sie in aller Regel ein die Voraussetzungen des § 435 erfüllendes Verschulden voraus. Vertragliche Terminzusagen gehen – soweit nach § 449 zulässig – dem Gesetz vor und bleiben damit auch für die außer(fracht-)vertragliche Haftung relevant.

18    **b) Haftungsbefreiungen und -begrenzungen im Frachtvertrag. Haftungsbefreiungen und -begrenzungen im Frachtvertrag** können auch gegenüber den außervertraglichen Ansprüchen geltend gemacht werden, soweit diese dispositiver Natur sind. Wird – nach § 449 wirksam – eine über das Gesetz hinausgehende, jedoch begrenzte Haftung (etwa auf 40 SZR je kg) vereinbart, so gilt diese Begrenzung auch für den außervertraglichen Anspruch.[24]

---

[17]    OLG Düsseldorf 13.11.2000, TranspR 2002, 397; Oetker/*Paschke* Rn. 7; aA *Koller* Rn. 5, entgegen der Voraufl. Vgl. auch § 437 Rn. 28.

[18]    Das ist durch die Neufassung des § 437 (Haftung „als wäre er der Frachtführer") noch deutlicher geworden.

[19]    *Koller* Rn. 5.

[20]    BGH 14.6.2007, TranspR 2007, 425.

[21]    Fremuth/Thume/*Fremuth* Rn. 8.

[22]    So aber *Koller* Rn. 8; EBJS/*Schaffert* Rn. 17.

[23]    So wohl auch *Koller* Rn. 8.

[24]    *Basedow* TranspR 1998, 59; *Koller* Rn. 7.

### IV. Außervertragliche Ansprüche Dritter (Abs. 2)

**1. Begriff. Dritte** iS des Abs. 2 sind alle Personen, die **aus dem Frachtvertrag keine** 19
**Rechte** wegen Verlusts oder Beschädigung des Gutes oder wegen Lieferfristüberschreitung
geltend machen können, also **alle Personen außer Absender und Empfänger.** Hierzu
rechnen auch die Arbeitnehmer und der ausführende Frachtführer, die zwar in §§ 436, 437
hinsichtlich der Einreden, auch aus § 434, dem Frachtführer haftungsrechtlich gleichgestellt
sind, jedoch als Inhaber außervertraglicher Ansprüche gegen den Frachtführer – etwa aus
Verletzung ihres Eigentums – nur unter § 434 Abs. 2 fallen.

**2. Wirkung der Vorschrift.** Dritten kann der Frachtführer die ihm gegenüber Absender 20
und Empfänger nach dem Frachtvertrag zustehenden Einwendungen (mit der Ausnahme des
Abs. 2 Satz 1 Nr. 1, vgl. Rn. 20a, jedoch auch die Einschränkung des Abs. 2 Satz 2, Rn. 20b)
entgegenhalten. Es muss sich um außervertragliche Ansprüche handeln, die mit den Ansprüchen wegen Verlust oder Beschädigung des Gutes oder wegen Überschreitung der Lieferfrist
konkurrieren, welche denselben Gegenstand haben wie die in §§ 425 ff. geregelten vertraglichen Ansprüche (vgl. Rn. 7). Dem Dritten können also kraft Gesetzes Einwendungen aus
einem fremden Vertrag entgegengehalten werden; es wird so angesehen, als konkurriere ihr
Anspruch mit einem vertraglichen, ebenso wie bei Absender und Empfänger.

Nach der Neufassung durch das SRG (vgl. Rn. 4a) kann der Frachtführer dem Dritten 20a
grundsätzlich (vgl. aber Rn. 20b) **nur** solche frachtvertraglichen **Einwendungen** entgegenhalten, die **auf dem Gesetz beruhen** oder auf vertraglichen Vereinbarungen, welche für
Absender günstiger sind als die gesetzlichen Regeln **(Abs. 2 Satz 1 Nr. 1).** Da auch das
Haftungsrecht durch Individualvereinbarungen oder im Rahmen der Marge nach § 449 Abs. 2
durch AGB zuungunsten des Absenders verändert werden kann, erscheint es nicht sachgerecht, dem Dritten uneingeschränkt auch durch über das gesetzliche Normalmaß hinausgehende Einwendungen zu binden.[25] Diese Regelung ist nicht von subjektiven Voraussetzungen abhängig gemacht worden, gilt also auch dann, wenn der Dritte diese Vereinbarungen
gekannt hat. Man wird allerdings in Ausnahmefällen eine ausdrückliche Billigung – wie etwa
die Zustimmung des Urversenders zu der durch seinen Spediteur als Absender mit dem
Frachtführer getroffenen Vereinbarung über eine besonders niedrige Haftung für einen Spezi-
altransport – als Verzicht auf den Schutz dieser Vorschrift auslegen können.

Der Ausschluss von Einwendungen nach Abs. 2 Satz 1 Nr. 1 erfährt jedoch nach Abs. 2 20b
Satz 2 eine wichtige **Ausnahme:** Der Frachtführer darf dem Dritten auch über das Gesetz
hinausgehende haftungsbeschränkende Vereinbarungen mit dem Absender entgegenhalten,
welche die Haftung für Verlust oder Beschädigung betreffen und diese nicht weiter als
auf 2 Rechnungseinheiten absenken. Vorausgesetzt ist dabei, dass solche Vereinbarungen
wirksam zustande gekommen sind, also entweder durch Individualvereinbarung der Vertragsparteien oder durch AGB unter Hinweis auf die Abweichung vom Gesetz (nach Maßgabe des § 449 Abs. 2) getroffen wurden.[26]

Vorausgesetzt ist eine Nähe des Dritten zum Vertrag. Diese wird dadurch begründet, 21
dass der Dritte durch den Frachtvertrag in seinen Rechten an der beförderten Sache beein-
trächtigt wird, in der Regel also Eigentümer der auf Grund eines von anderen geschlossenen
Frachtvertrages beförderten Sache ist. Deshalb sind Eigentümer von Sachen, die durch den
Frachtführer nicht befördert, sondern **nur mittelbar geschädigt** werden, nicht in ihren
Rechten eingeschränkt; so etwa, wenn ein Außenstehender durch das auf dem Transport
verunreinigte Transportgut einen Schaden erleidet.[27] Der Haftungsausschluss des § 434
Abs. 2 kann zu seinen Lasten nicht geltend gemacht werden. Die gegen diese Auffassung
erhobenen Bedenken von *Thume*[28] der das Schutzbedürfnis von Frachtführer einerseits und

---

[25] RegBegr-SRG S. 55.
[26] Vgl. Beschlußempfehlung SRG S. 127.
[27] *Koller* Rn. 13 aE; offen gelassen in BGH 5.10.2006, BGHZ 169, 187 = NJW 2007, 58 = TranspR
2006, 454.
[28] TranspR 2010, 45, 49.

Drittem andererseits von den Gegebenheiten des Einzelfalles abhängig machen will, wird von *Koller*[29] mit Recht als zu unbestimmt abgelehnt; die Geltendmachung der vertraglichen Haftungsbeschränkungen gegenüber einem Dritten stellt eine Ausnahme dar, die nicht extensiv interpretiert werden darf.

22    **3. Voraussetzung der Zustimmung.** Die (belastende) Drittwirkung der – gesetzlichen und vertraglichen – Haftungsbefreiungen und -begrenzungen des Frachtvertrages hat jedoch im Interesse des Eigentumsschutzes eine **einschränkende Voraussetzung.** Sie setzt voraus, dass der **Dritte der Beförderung zugestimmt** hat oder der Frachtführer die fehlende Befugnis des Absenders, das Gut zu versenden, kannte oder grob fahrlässig nicht kannte (**Abs. 2 Nr. 2;** dazu u. Rn. 23 ff.). In jedem Fall – auch bei Zustimmung des Dritten – sind die Einwendungen dem wirklich Berechtigten nicht abgeschnitten, wenn ihm das Gut abhanden gekommen ist (**Abs. 2 Nr. 3;** dazu unten Rn. 26).

23    **a) Zustimmung des Dritten zur Beförderung. Zustimmung des Dritten zur Beförderung** kann ausdrücklich oder stillschweigend (konkludent) erteilt werden. Allgemein wird man eine Zustimmung zur Beförderung anzunehmen haben, wenn der Berechtigte das Gut einem anderen – auf welcher Rechtsgrundlage auch immer (Miete, Kommission) – übergeben hat, der es im Rahmen der vertraglichen Verwendung befördern lassen muss oder voraussichtlich oder auch nur möglicherweise befördern lassen wird. So etwa bei Reparaturverträgen,[30] Leasingverträgen, allgemein bei längerfristiger Überlassung von Gegenständen, wenn mit der Veränderung des Verwendungsortes gerechnet werden muss. Die (mutmaßliche) Zustimmung deckt dann jedoch nur die vorhersehbare Art und Entfernung der Beförderung.[31]

24    **b) Gutgläubige Annahme der Versendungsbefugnis des Absenders.** Liegt eine Zustimmung des Dritten nicht vor, so wird der Frachtführer – außer bei abhanden gekommenen Sachen, vgl. dazu Rn. 26f – dennoch gegen außervertragliche Ansprüche des am Vertrage nicht beteiligten Dritten geschützt, wenn er die fehlende Befugnis des Absenders, das Gut zu versenden, ohne grobe Fahrlässigkeit nicht kannte. Dies ist nicht schon dann der Fall, wenn er wusste oder wissen musste, dass der Absender nicht Eigentümer des versendeten Gutes war; deshalb können Anhaltspunkte bloß dafür, dass der Versender nicht der Eigentümer ist, nicht schon Anlass zu einer Nachforschungspflicht des Frachtführers geben.[32] Es ist im Wirtschaftsleben fast der Normalfall, dass fremde Sachen versandt werden, sei es durch den Spediteur oder einen Sicherungseigentümer oder von einem Reparaturbetrieb zur Vertragswerkstatt. Grobe Fahrlässigkeit liegt erst dann vor, wenn der Frachtführer konkrete Anhaltspunkte für die Annahme hat, dass der Eigentümer mit der Beförderung nicht (auch nicht mutmaßlich, vgl. Rn. 23) einverstanden war. So etwa, wenn erkennbar wertvolles Gut unter geringen Sicherheitsvorkehrungen versandt wird. Wird dem Frachtführer Gut von einem Spediteur übergeben – sei es, dass dieser den Frachtvertrag im eigenen Namen schließt oder in dem eines anderen –, so wird er nur sehr ausnahmsweise Anlass haben, sich über dessen Befugnis zur Versendung zu vergewissern.

25    Hält der Frachtführer den Absender – ohne grobe Fahrlässigkeit – für den Eigentümer, so ist er auch hinsichtlich der (aus dem Eigentum folgenden) Versendungsbefugnis ohne weiteres gutgläubig.

26    **4. Das Gut darf dem Dritten nicht abhanden gekommen sein.** Der Begriff des Abhandenkommens entspricht § 935 Abs. 1 BGB: Der Berechtigte darf den Besitz nicht durch Diebstahl, Verlust oder sonst unfreiwillig verloren haben. Dem steht der Fall gleich,[33]

---

[29] Rn. 13 aE.
[30] *Koller* Rn. 13.
[31] *Koller* Rn. 13.
[32] Weitergehend aber wohl *Ruhwedel*, FG Herber, S. 169; diese Auffassung dürfte aber jedenfalls nach der Änderung des Gesetzes durch des SRG (vgl. Rn. 4a) nicht mehr zu halten sein.
[33] Vgl. auch § 935 Abs. 1 Satz 2 BGB.

dass der Berechtigte nur mittelbarer Besitzer war und der unmittelbare Besitzer den Besitz unfreiwillig verloren hat. In diesen Fällen geht, wie beim gutgläubigen Erwerb des Eigentums, das Interesse des wirklich Berechtigten dem des Verkehrsschutzes vor.

Der Besitzverlust muss vor Übernahme des Gutes zur Beförderung durch den Frachtführer **27** stattgefunden haben. Kommt das Gut während der Beförderung dem Frachtführer abhanden, kann der Frachtführer die Einwendungen aus dem Vertrag unbeschränkt geltend machen.[34]

### V. Beweislast

Der Frachtführer hat, wenn er einem Anspruch aus außervertraglicher Haftung die Einwendungen aus dem Vertrag entgegensetzen will, die Beweislast dafür, dass der Schaden **28** in Ausführung eines wirksamen Frachtvertrages entstanden ist und durch diesen geregelt ist. Setzt er die Einwendungen einem am Frachtvertrag nicht beteiligten Dritten entgegen, so muss dieser dagegen beweisen, dass der Frachtführer den etwa behaupteten Mangel der Zustimmung nicht gekannt hat oder dass dessen Unkenntnis zumindest auf grober Fahrlässigkeit beruhte oder dass das Gut ihm abhanden gekommen war.[35]

## § 435 Wegfall der Haftungsbefreiungen und -begrenzungen

**Die in diesem Unterabschnitt und im Frachtvertrag vorgesehenen Haftungsbefreiungen und Haftungsbegrenzungen gelten nicht, wenn der Schaden auf eine Handlung oder Unterlassung zurückzuführen ist, die der Frachtführer oder eine in § 428 genannte Person vorsätzlich oder leichtfertig und in dem Bewußtsein, daß ein Schaden mit Wahrscheinlichkeit eintreten werde, begangen hat.**

**Schrifttum:** *Fremuth,* Haftungsbegrenzungen und deren Durchbrechung im allgemeinen deutschen Frachtrecht und nach der CMR, TranspR 2004, 99; *Herber,* Die Neuregelung des deutschen Transportrechts, NJW 1998, 3927; *Heuer,* Das künftige deutsche Frachtrecht, TranspR 1999, 45; *ders.,* Haftungsbegrenzungen und deren Durchbrechung nach dem ADSp 2003, TranspR 2004, 114; *Knorre,* Die Anwendung der für Paketdienstfälle entwickelten Grundsätze zum Mitverschulden des Auftraggebers auf Ladungsverkehre, TranspR 2008, 162; *Koller,* Schadensverhütung und Quersubventionen bei der CMR aus deutscher Sicht, TranspR 2006, 413; *Malsch/Anderegg,* Zur transportrechtlichen Rechtsprechung des Oberlandesgerichts Düsseldorf, TranspR 2008, 45; *Marx,* Die Darlegungs- und Beweislast beim qualifizierten Verschulden im Transportrecht nach der aktuellen Rechtsprechung des Bundesgerichtshofs, TranspR 2010, 147; *Neumann,* Die unbeschränkte Haftung des Frachtführers nach § 435 HGB, TranspR 2004, 413; *ders.,* Die vorsätzliche Nichtbeachtung von transportrechtlichen Abreden, TranspR 2006, 67; *Pokrant,* Die Rechtsprechung des Bundesgerichtshofs zur sekundären Darlegungslast des Frachtführers, TranspR 2011, 49; 2012, 45; 2013, 41; *Rinkler,* Zweifache Schadensberechnung bei qualifiziertem Verschulden, TranspR 2005, 305 *Seyffert,* Die Haftung des ausführenden Frachtführers im neuen deutschen Frachtrecht, Diss. Hamburg 2000; *Starck,* Qualifiziertes Verschulden nach der Transportrechtsreform – Bemerkungen zu Begriff und Geltungsbereich, FG Herber, S. 128; *Thume,* Durchbrechung der Haftungsbeschränkung nach § 435 HGB im internationalen Vergleich, TranspR 2002, 1; *ders.,* Grobes Verschulden und Mitverschulden – Quo Vadis BGH?, TranspR 2006, 369; *ders.,* Die Schadensberechnung bei grobem Verschulden: Wertersatz – Schadensersatz?, TranspR 2008, 78; *Ungewitter,* Beweisrechtliche Probleme zum Haftungsprivileg nach § 435 HGB bei Beschädigung oder Verlust von Beförderungsgut, VersR 2007, 1058; *Schriefers,* Die unbeschränkte Haftung „plus X" des § 435 HGB laut OLG Stuttgart, TranspR 2007, 184.

### Übersicht

| | Rn. | | Rn. |
|---|---|---|---|
| **A. Normzweck** | 1 | **I. Ursächlichkeit** | 7 |
| **B. Entstehungsgeschichte** | 2 | **II. Qualifiziertes Verschulden** | 8–19 |
| **C. Rechtstatsachen** | 3, 4 | 1. Vorsatz | 9 |
| **D. Anwendungsbereich** | 5, 6 | 2. Leichtfertiges Handeln im Bewusstsein, dass ein Schaden mit Wahrscheinlichkeit eintreten wird | 10–16 |
| **E. Tatbestand** | 7–24 | | |

---

[34] EBJS/*Schaffert* Rn. 23; Oetker/*Paschke* Rn. 16.
[35] So auch *Koller* Rn. 18; EBJS/*Schaffert* Rn. 24.

Rn.                                                  Rn.

a) Ursprung ........................... 10, 11      I. Allgemeines ......................... 30–32
b) Leichtfertigkeit ..................... 12, 13     II. Grundsatz .......................... 33
c) „Bewusstsein der Schadenswahr-
   scheinlichkeit" ..................... 14–16       III. Einzelfälle ........................ 34–52
3. Einzelfälle ........................... 17–19      1. Verbotsgut ....................... 35, 36
                                                     2. Unterlassene Wertdeklaration ........ 37–41
III. Einstehen für Hilfspersonen ..... 20            3. Ungewöhnlich hoher Schaden ....... 42–46a
IV. Insbesondere: Grobes Organisati-                 4. Beauftragung trotz Kenntnis einer
onsverschulden ........................ 21–24           mangelhaften Betriebsorganisation ... 47–52
F. Rechtsfolgen ...................... 25–29          H. Beweislast und Darlegungslast ... 53–56a
G. Mitverschulden und Mitverursa-
chung ................................. 30–52        I. Abdingbarkeit ...................... 57–59

# A. Normzweck

1    Die Vorschrift ist Ausdruck des im Transportrecht geltenden Prinzips, dass die dem Frachtführer wegen vertragstypischer Risiken eingeräumten Haftungsprivilegien bei besonders schwerem (oft pauschal als „qualifiziert" bezeichnetem) Verschulden entfallen.[1] Bei eigener schwerer Schuld und – in der Regel[2] – solcher der Hilfspersonen verbietet sich die Berufung auf Haftungsbefreiungen und -begrenzungen.[3] Der unbeschränkten Haftung kommt damit eine Sanktionsfunktion zu.[4] Das für die „Durchbrechung" der Haftungsbeschränkung **vorausgesetzte qualifizierte Verschulden** hat zwei Ausprägungen: Vorsatz oder leichtfertiges Handeln im Bewusstsein der Wahrscheinlichkeit eines Schadenseintritts.

# B. Entstehungsgeschichte

2    Vor dem TRG galt für die Durchbrechung der Haftungsbeschränkungen – außer dem unproblematischen Vorsatz – der Maßstab der groben Fahrlässigkeit;[5] dieser wurde bei der Neufassung durch die Formulierung ersetzt: „leichtfertig und in dem Bewusstsein, dass ein Schaden mit Wahrscheinlichkeit eintreten werde". Zweck der Neuformulierung war eine Angleichung an internationale Übereinkommen, die in neuerer Zeit diesen Begriff verwenden;[6] so namentlich in Art. 25 WA idF des HP, Art 4 § 5 lit. e) HR idF der VR, Art. 13 des Athener Übereinkommens vom 13.12.1974 über die Beförderung von Reisenden und ihrem Gepäck auf See, Art 8 Abs. 1 HambR. Der Begriff, der aus einem im Luftrecht entstandenen bei der Verabschiedung des HP zum WA ausgehandelten Kompromiss zwischen englischen („wilful misconduct") und französischen („faute lourde") Rechtsvorstellungen hervorgegangen ist, wurde auch schon zuvor in deutsche Gesetze übernommen, so in § 660 Abs. 3 aF und § 5b BinSchG. Er wird von der Literatur im Allgemeinen zugleich als eine **Verschärfung des Durchbrechungsmaßstabs** angesehen.[7] Das dürfte **hinsichtlich der subjektiven Seite** zutreffen (dazu Rn. 11), doch stand im Vordergrund das Motiv, unterschiedliche Formeln für den Wegfall der Privilegien in den verschiedenen Teiltransportrechten zu vermeiden.

---

[1] BGH 25.3.2004, BGHZ 158, 322, 328 = TranspR 2004, 309, 310; BGH 17.6.2004, NJW-RR 2005, 265, 266 = TranspR 2004, 399, 401; EBJS/*Schaffert* Rn. 1.
[2] Ausnahme: § 507 Nr. 1, nach dem nur qualifiziertes Verschulden des Verfrachters selbst die Beschränkungen entfallen lässt.
[3] Reg.Begr. S. 71.
[4] *Seyffert* S. 123.
[5] § 430 aF.
[6] Reg.Begr. S. 72; Bericht S. 102.
[7] OLG Köln 19.6.2001, TranspR 2001, 407, 410; OLG Nürnberg 22.8.2001, TranspR 2002, 22; MüKoHGB/*Dubischar* ErgBd. 7a Rn. 6; *Andresen/Valder* Rn. 12; *Rabe* § 607a, E 3. c.; *Herber* NJW 1998, 3297, 3304; *Neumann* TranspR 2002, 413; *Fremuth* TranspR 2004, 99.

## C. Rechtstatsachen

Da im Laufe der Jahre die transportierten Güter immer wertvoller geworden sind, reicht **3**
die summenmäßige Haftungsbegrenzung nach § 431 sowie nach Art. 23 Abs. 3 CMR häufig
nicht mehr aus, um eine angemessene Entschädigung für Verlust oder Beschädigung des
Gutes zu gewährleisten.[8] Das TRG hat gleichwohl die Summe der CMR übernommen,
um Differenzen zwischen dem innerdeutschen und dem grenzüberschreitenden Straßengütertransport zu vermeiden; maßgebend dafür war ferner, dass die meisten europäischen
Länder in ihrem innerstaatlichen Recht noch weit niedrigere Haftungssummen kennen,
sodass eine Anhebung nur international erfolgen sollte.

Die danach **unzeitgemäß niedrige Haftungssumme** dürfte wesentlich dazu beigetra- **4**
gen haben, dass die deutsche Rechtsprechung dazu neigt, die Voraussetzungen der Durchbrechung der Haftungsgrenzen eher großzügig anzunehmen (dazu im Einzelnen Rn. 17).[9]
Insbesondere die durch das prozessuale Gebot der sog. „sekundären Darlegungslast" des
Frachtführers (dazu unten Rn. 45) ergänzten scharfen Anforderungen des BGH an die
Sorgfaltspflicht des Frachtführers sind auf Kritik im Schrifttum gestoßen.[10] In der Praxis
führt diese Rechtsprechung oft zu der Einschätzung, ein Rechtsstreit sei – soweit es sich
um die Anwendung des § 435 im Rahmen des Art. 29 CMR handelt – besser im (oft
nur vermeintlich) verladerfreundlicheren Ausland zu führen[11] oder durch Vergleich zu
vermeiden. Für eine vergleichsweise Regelung hat sich in der Praxis weithin die sog.
„Hamburger Brauch" entwickelt, wonach die Versicherung in Fällen, in denen ernsthaft mit
einer Durchbrechung der Haftungsbegrenzung wegen groben Organisationsverschuldens
gerechnet werden muss, vergleichsweise den Gesamtschaden bis zu 70 % übernimmt.[12]
Es bleibt abzuwarten, ob diese Praxis sich angesichts der neueren Rechtsprechung zum
Mitverschulden des Absenders ändern wird.

## D. Anwendungsbereich

Die Vorschrift gilt nicht nur im allgemeinen Frachtrecht, sondern auch für den Umzugs- **5**
vertrag (§ 451), für die Beförderung mit verschiedenartigen Beförderungsmitteln (§ 452
Satz 1) und für die Obhutshaftung des Spediteurs (§ 461 Abs. 1).[13]

Für Schäden im Rahmen der CMR verweist **Art. 29 CMR** auf nationales Recht und **6**
damit – bei Vorliegen der Voraussetzungen für die Anwendung deutschen Rechts – auf
§ 435.[14]

## E. Tatbestand

### I. Ursächlichkeit

Das vorsätzliche oder leichtfertige Handeln oder Unterlassen muss für den Güter- oder **7**
Verspätungsschaden **ursächlich** geworden sein.[15] Maßgeblich ist das konkrete zum Schaden

---

[8] *Neumann* TranspR 2002, 413.
[9] *Heuer* TranspR 1998, 45, 49.
[10] *Fremuth* TranspR 2004, 99, 103 f.; *Thume* TranspR 2001, 1, 6 f.; *Heuer* TranspR 1998, 45, 49.
[11] Wofür die Rechtsprechung des EuGH zum Vorrang der negativen Feststellungsklage dem Frachtführer
eine – im Rahmen der CMR nach deutscher Ansicht allerdings nicht tragfähige – Handhabe zu bieten scheint,
vgl. *Koller* Art. 31 CMR Rn. 8; *Shariatmadari* TranspR 2006, 105; *Haak/Hoeks* TranspR 2005, 89; BGH
20.11. 2004, TranspR 2004, 77; öOGH 17.2.2006, TranspR 2006, 257.
[12] Vgl. auch *Thume* TranspR 2008, 78.
[13] Im Rahmen des § 461 Abs. 2 ist für die Anwendung mangels gesetzlicher Haftungsbeschränkung schon
begrifflich kein Raum.
[14] BGH 16.7.1998, NJW-RR 1999, 254, 255 = TranspR 1999, 19, 21; *Thume* TranspR 2002, 1, 2;
Fremuth/Thume/*Fremuth* Rn. 8 ff.; *Koller* Art. 29 CMR Rn. 3a.
[15] *Müglich* Rn. 6.

führende Verhalten, nicht jeder bei der Beförderung zu Tage tretende Fehler oder jedes Versäumnis.[16] Die Pflichtverletzung muss nicht nur für den Eintritt des Schadens, sondern auch für dessen Umfang kausal sein.[17] Steht ein Sorgfaltspflichtverstoß fest, so obliegt es dem Frachtführer, im Prozess Umstände vorzutragen und zu beweisen, die gegen dessen Kausalität für den Schaden sprechen.[18]

## II. Qualifiziertes Verschulden

8    Die Befreiungen und Begrenzungen der Frachtführerhaftung entfallen, wenn dem Frachtführer oder seinen Leuten (§ 428) ein besonders qualifiziertes Verschulden zur Last fällt. Das Gesetz verlangt dafür **Vorsatz** oder eine näher umschriebene Form bewusster grober Fahrlässigkeit (nämlich: ein Handeln **„leichtfertig und in dem Bewusstsein, dass ein Schaden mit Wahrscheinlichkeit eintreten werde"**). Da es für die Anwendung der Vorschrift keinen Unterschied macht, ob der Schädiger vorsätzlich oder leichtfertig gehandelt hat, und da Vorsatz – abgesehen von Diebstahl – selten vorkommen und zu beweisen sein wird, spielt praktisch nur der Leichtfertigkeitstatbestand eine Rolle.[19]

9    **1. Vorsatz.** Vorsatz kann neben dem direkt vorsätzlichen Herbeiführen eines Schadens *(dolus directus)* auch in der Form des bedingten Vorsatzes *(dolus eventualis)* vorkommen; dieser setzt die Billigung des für möglich gehaltenen Erfolges voraus[20] und unterscheidet sich dadurch von der bewussten groben Fahrlässigkeit, bei der der Handelnde auf den Nichteintritt des Schadens vertraut. Alle Vorsatzformen erfordern das Bewusstsein der Pflichtwidrigkeit des Handelns.[21]

10    **2. Leichtfertiges Handeln im Bewusstsein, dass ein Schaden mit Wahrscheinlichkeit eintreten wird. a) Ursprung. Dieser Begriff** ist aus internationalen Übereinkommen übernommen worden, von denen er auch bereits in deutsche Gesetze übernommen worden ist (vgl. Rn. 2). Er stammt aus dem Luftrecht (Art. 25 WA) und wurde dort, in seiner deutschen Ausprägung, bereits vor Übernahme in das allgemeine Frachtrecht des HGB von der Rechtsprechung interpretiert. Auf diese Auslegung kann die Rechtsprechung bei der Anwendung des § 435 zurückgreifen;[22] davon geht auch die Gesetzesbegründung[23] aus.

11    Der neue Begriff setzt sich zusammen aus einem **objektiven („Leichtfertigkeit")** und einem **subjektiven („Bewusstsein der Schadenswahrscheinlichkeit") Element.**[24] Nach allgemeiner Ansicht ist der neue Begriff insgesamt schärfer als der der **„groben Fahrlässigkeit".**[25] Eine Verschärfung liegt jedoch nicht im objektiven Tatbestand; die Anforderungen an den Verstoß des Frachtführers gegen die Sorgfaltspflicht entsprechen

---

[16] *Koller* Rn. 2.

[17] Vgl. auch *Koller* Rn. 20.

[18] BGH 13.4.1989, TranspR 1989, 327, 328; BGH 16.7.1998, NJW-RR 1999, 254, 256 = TranspR 1999, 19, 22 f.; BGH 20.1.2005, NJW-RR 2005, 1277, 1279 = TranspR 2005, 311, 314; Fremuth/Thume/*Harms* CMR Art. 29 Rn. 101; *Koller* Art. 29 CMR Rn. 7a.

[19] *Neumann* TranspR 2006, 67, 70; Fremuth/Thume/*Fremuth* Rn. 11.

[20] BGH 20.11.1990, NJW 1991, 634, 636 mwN; *Müglich* Rn. 3; Fremuth/Thume/*Fremuth* Rn. 11; ob bloße Gleichgültigkeit ausreicht (vgl. § 276 Rn. 161; Soergel/*Wolf* BGB § 276 Rn. 65; Staudinger/*Löwisch* (1995) BGB § 276 Rn. 18; *Koller* Rn. 5), kann hier angesichts der in der Alternative bereits ausreichenden Leichtfertigkeit offen bleiben, dürfte aber zu verneinen sein.

[21] OLG Stuttgart 19.11.2003, NJW-RR 2004, 610, 611; Heymann/*Joachim* Rn. 3.

[22] BGH 25.3.2004, BGHZ 158, 322, 328 = TranspR 2004, 309, 310; *Fremuth* TranspR 2004, 99, 101; *Thume* TranspR 2002, 1, 2; *Starck*, FG Herber, 1999, S. 128, 131; anders *Koller* Rn. 6 und dort Fn. 29, der eine eigenständige deutsche Auslegung fordert.

[23] Reg.Begr. S. 71.

[24] BGH 17.6.2004, TranspR 2004 399, 401; OLG Köln 19.6.2001, TranspR 2001, 407, 409 f.; *Fremuth* TranspR 2004, 99, 101; Fremuth/Thume/*Fremuth* Rn. 13; EBJS/*Schaffert* Rn. 6, *Müglich* Rn. 5; *Koller* Rn. 6 f.; Heymann/*Joachim* Rn. 9; Oetker/*Paschke* Rn. 7; Art. 25 WA Rn. 28.

[25] OLG Köln 19.6.2001, TranspR 2001, 407, 410; OLG Nürnberg 22.8.2001, TranspR 2002, 22; *Andresen/Valder* Rn. 12; *Rabe* § 607a HGB, E 3. c.; *Herber* NJW 1998, 3297, 3304; *Neumann* TranspR 2002, 413, 413; *Fremuth* TranspR 2004, 99, 99.

denen bei der groben Fahrlässigkeit (unten b). Lediglich das erforderte Bewusstsein des Sorgfaltspflichtverstoßes ist gegenüber der groben Fahrlässigkeit insofern modifiziert, als das **Bewusstsein der Schadenswahrscheinlichkeit** hinzukommen muss. Praktisch kann der Begriff jedoch mit dem der **bewussten groben Fahrlässigkeit** gleichgesetzt werden, wie auch die Ergebnisse der Rechtsprechung zeigen.

**b) Leichtfertigkeit.** „**Leichtfertigkeit**" umschreibt die vorwiegend objektive Komponente des Verschuldensbegriffs. Das Tatbestandsmerkmal erfordert einen besonders schweren Pflichtenverstoß, bei dem sich der Frachtführer, seine „Leute" oder andere Erfüllungsgehilfen in krasser Weise über die Sicherheitsinteressen der ihnen anvertrauten Güter der Vertragspartner hinwegsetzen.[26] Dieser Maßstab entspricht im Wesentlichen dem der groben Fahrlässigkeit,[27] die von der Rechtsprechung definiert wird als ein Verhalten, das „die erforderliche Sorgfalt nach den gesamten Umständen in ungewöhnlich großem Maß verletzt und das nicht beachtet, was im gegebenen Fall jedem einleuchten muss".[28] Die Auffassung des BGH, dass der Begriff im Hinblick auf seine internationale Herkunft aus dem Luftrecht[29] ebenso auszulegen sei wie in Art. 25 WA,[30] führt wohl hinsichtlich der objektiven Anforderungen nicht zu einer signifikanten Verschärfung gegenüber der groben Fahrlässigkeit.[31] Die Gegenüberstellung der Anforderungen führt wohl auch nicht zu einer sinnvollen Abgrenzung von der groben Fahrlässigkeit, weil die Kriterien beider Begriffe nicht klar genug umrissen sind.[32] Es spricht auch wenig für die Annahme, dass mit der Gesetzesänderung eine Verschärfung des objektiven Sorgfaltsmaßstabes beabsichtigt war; der Grund für die Änderung lag in der Anpassung an den internationalen Sprachgebrauch. Eine Verschärfung ist jedoch insofern eingetreten, als nunmehr zusätzlich zur objektiv groben Fahrlässigkeit deren Bewusstsein gefordert wird. Objektiv muss genügen zu verlangen, dass – aus der Sicht eines ordentlichen Frachtführers – ein krasser Verstoß gegen grundlegende, auf der Hand liegende Sorgfaltspflichten vorliegt.[33]

Je größer die mit der Güterbeförderung verbundenen Risiken sind, desto höhere Anforderungen sind an die zu treffenden Sicherheitsmaßnahmen zu stellen. Von besonderer Bedeutung ist in diesem Zusammenhang, ob das transportierte Gut leicht verwertbar und damit besonders diebstahlgefährdet ist, welchen Wert es hat, ob dem Frachtführer die besondere Gefahrenlage bekannt sein musste und welche konkreten Möglichkeiten einer gesicherten Fahrtunterbrechung es gab, um vorgeschriebene Pausen einzuhalten.[34] Wegen einzelner Fälle vgl. unten Rn. 17.

**c) „Bewusstsein der Schadenswahrscheinlichkeit".** Das Bewusstsein des **wahrscheinlichen Schadenseintritts beim Handelnden** muss zur objektiven Sorgfaltsverletzung hinzutreten. Der Handelnde muss bei der Sorgfaltspflichtverletzung das Bewusstsein gehabt haben, dass seine Handlung oder Unterlassung grob gegen die üblichen Sorgfaltsan-

---

[26] BGH 25.3.2004, BGHZ 158, 322, 328 = TranspR 2004, 309, 310; BGH 17.6.2004, NJW-RR 2005, 265, 266 = TranspR 2004, 399, 401; BGH 11.11.2004, TranspR 2006, 161, 164; BGH 6.6.2007, TranspR 2007, 423, 424; OLG Hamburg 30.1.2003, TranspR 2003, 122.

[27] OLG Stuttgart 28.5.2008, TranspR 2008, 259; OLG Nürnberg TranspR 2002, 22, 22; *Starck,* FG Herber, S. 128, 132; *Koller* Rn. 6; Baumbach/Hopt/*Merkt* Rn. 2; *Müglich* S. 65; *Neumann* TranspR 2002, 417; aA Fremuth/Thume/*Fremuth* Rn. 17.

[28] BGH 15.11.2001, BGHZ 149, 337, 344 mwN = NJW 2002, 3106, 3106; BGH 11.11.2004, TranspR 2006, 161, 162; *Starck,* FG Herber, 1999, S. 128, 129 mwN; Fremuth/Thume/*Fremuth* Rn. 13.

[29] Darauf weist die vom BGH in Bezug genommene RegBegr S. 71 hin.

[30] BGH 25.3.2004, BGHZ 158, 322, 328 = TranspR 2004, 309, 310.

[31] Anders wohl EBJS/*Schaffert* Rn. 8; vgl. auch *Thume* TranspR 2002, 1, 3; Fremuth/Thume/*Fremuth* Rn. 17.

[32] So mit Recht *Koller* Rn. 6.

[33] *Koller* Rn. 6; im praktischen Ergebnis wird diese Formel trotz verschiedener Versuche weiterer Präzisierung allg. geteilt.

[34] BGH 16.7.1998, TranspR 1999, 19, 21; BGH 13.4.2000, NJW-RR 2000, 1633, 1634 = TranspR 2000, 407, 408; BGH 6.6.2007, TranspR 2007, 423, 424; OLG Stuttgart 23.2.2005, OLGR Stuttgart 2006, 149, 151.

forderungen verstößt und dass ein Schaden mit Wahrscheinlichkeit eintreten werde.[35] Dabei braucht er jedoch nicht den später konkret eingetretenen Schaden in seiner Ausprägung im Einzelnen vorhergesehen zu haben.[36]

**15**     Nach dem Wortlaut braucht die Wahrscheinlichkeit eines Schadenseintritts nicht objektiv bestanden zu haben; doch wäre eine dahingehende Auslegung zu wörtlich: Sinnvoll ist allein das Verständnis, dass eine hohe **Wahrscheinlichkeit des Schadeneintritts tatsächlich bestanden haben muss** und dass sie dem Handelnden bewusst war.[37] „Wahrscheinlich" ist der Schaden, wenn das Risiko des Schadenseintritts nahe liegend ist.[38] Dafür können keine bestimmten Prozentsätze maßgebend sein; so kann auch nicht verlangt werden, dass die Wahrscheinlichkeit des Schadenseintritts größer ist als die seines Ausbleibens.[39] Man kann auch kaum von einem „mittleren Grad von Gewissheit, der zwischen Möglichkeit und absoluter Gewissheit liegen" soll,[40] ausgehen. Vielmehr lässt sich verallgemeinernd nur sagen, dass die Wahrscheinlichkeit nicht größer sein darf, als nach den Umständen und der Verkehrsübung angemessen erscheint: Der Handelnde musste wissen, dass er mit seinem Verhalten ein im Gewerbe unübliches und unvertretbares Schadensrisiko eingeht.

**16**     Da sich der **innere Tatbestand** zumeist nur **aus Indizien ermitteln** lässt, umschreibt die Rechtsprechung dieses subjektive Erfordernis wie folgt: „Das Bewusstsein von der Wahrscheinlichkeit des Schadenseintritts ist eine sich dem Handelnden aus seinem leichtfertigen Verhalten aufdrängende Erkenntnis, es werde wahrscheinlich ein Schaden entstehen".[41] Die Erfüllung des Tatbestandsmerkmals der Leichtfertigkeit reicht für sich genommen jedoch nicht aus, um auf das Bewusstsein von der Wahrscheinlichkeit des Schadens zu schließen.[42] Ein Schluss von der Leichtfertigkeit auf das Bewusstsein ist vielmehr nur dann zulässig, wenn das leichtfertige Verhalten nach seinem Inhalt und nach den Umständen, unter denen es aufgetreten ist, diese Folgerung rechtfertigt;[43] der Schluss kann allerdings auch im Rahmen typischer Geschehensabläufe nahe liegen.[44]

**17**     **3. Einzelfälle. Leichtfertig:** Fehlende Ein- und Ausgangskontrolle bei Umschlag von Transportgütern;[45] Erfordernis von Schnittstellenkontrollen wird verstärkt, wenn rechtlich selbstständige Drittunternehmen in die Erbringung der Transportleistung eingebunden

---

[35] BGH 21.3.2007, TranspR 2007, 361; OLG Stuttgart 28.5.2008, TranspR 2008, 259.

[36] *Thume* TranspR 2002, 1, 3; *Herber/Piper* Art. 29 CMR Rn. 14; OLG Stuttgart 8.2.2006, TranspR 2006, 303, 304.

[37] Anders Fremuth/Thume/*Fremuth* Rn. 17; GroßkommHGB/*Helm* Art. 29 CMR Rn. 9; *Seyffert,* S. 129; *Rabe* § 607 aE 3. e.

[38] OLG München 27.7.2001, TranspR 2002, 161; OLG Oldenburg 23.5.2001, TranspR 2001, 367, 368; Art. 29 CMR Rn. 15; *Koller* Rn. 16; Baumbach/Hopt/*Merkt* Rn. 2; GroßkommHGB/*Helm* Anh. VI nach § 452 Art. 29 CMR Fn. 46.

[39] So mit Recht jetzt EBJS/*Schaffert* Rn. 13 Fn. 52 entgegen der Voraufl.; anders jedoch OLG Köln 19.6.2001, TranspR 2001, 407, 410; Fremuth/Thume/*Fremuth* Rn. 16.

[40] OLG Frankfurt 22.10.1980, VersR 1981, 164, 165; OLG Oldenburg 23.5.2001, TranspR 2001, 367; Hein/Eichhoff/Pukall/Krien/*Andresen* Rn. 15; Art. 25 WA Rn. 30; Giemulla/Schmid/*Giemulla* Art. 25 WA Rn. 45; *Thume* TranspR 2002, 1, 3; *Neumann* TranspR 2002, 413, 416; *Seyffert* S. 130.

[41] BGH 21.3.2007, TranspR 2007, 361; BGH 6.6.2007, TranspR 2007, 423, 424; BGH 25.3.2004, BGHZ 158, 322, 328 = TranspR 2004, 309, 310; BGH 17.6.2004, NJW-RR 2005, 265, 266 = TranspR 2004, 399, 401; BGH 11.11.2004, TranspR 2006, 161, 164; BGH 25.3.2004, BGHZ 158, 322, 328 = TranspR 2004, 309, 310; BGH 17.6.2004, NJW-RR 2005, 265, 266 = TranspR 2004, 399, 401; BGH 11.11.2004, TranspR 2006, 161, 164; OLG Stuttgart 28.5.2008, TranspR 2008, 259.

[42] BGH 16.2.1979, BGHZ 74, 162, 168 = NJW 1979, 2474, 2476; BGH 25.3.2004, BGHZ 158, 322, 328 = TranspR 2004, 309, 310; BGH 17.6.2004, NJW-RR 2005, 265, 266 = TranspR 2004, 399, 401; BGH 6.6.2007, TranspR 2007, 423, 424; OLG Köln 19.6.2001, TranspR 2001, 407, 411.

[43] BGH 16.2.1979, BGHZ 74, 162, 168 = NJW 1979, 2474, 2476; BGH 25.3.2004, BGHZ 158, 322, 328 = TranspR 2004, 309, 310; BGH 17.6.2004, NJW-RR 2005, 265, 266 = TranspR 2004, 399, 401.

[44] BGH 25.3.2004, BGHZ 158, 322, 329 = TranspR 2004, 309, 311; BGH 9.10.2003, TranspR 2004, 175, 177; BGH 4.3.2004, TranspR 2004, 460, 462; BGH 13.12.2012, TranspR 2013, 286 (Tz. 17). Die letztgenannte Entscheidung gibt Anlass zu der Hoffnung, dass der BGH seine gelegentlich überzogenen Anforderungen an die aufzuwendende Sorgfalt künftig abmildern wird.

[45] BGH 25.3.2004, BGHZ 158, 322, 330 = TranspR 2004, 309, 311; BGH 17.6.2004, NJW-RR 2005, 265, 266 = TranspR 2004, 399, 401; OLG Stuttgart 8.2.2006, TranspR 2006, 303, 304; OLG Frankfurt 24.9.2002, TranspR 2003, 340, 342; OLG München 27.7.2001, TranspR 2002, 161, 162.

sind;[46] der Vorwurf eines leichtfertigen Verhaltens ist in diesen Fällen regelmäßig gerechtfertigt, weil es sich hierbei um elementare Vorkehrungen gegen Verlust von Ware handelt;[47] Verwendung von schadensträchtiger EDV;[48] Ablieferung auf Hinweis eines Unbekannten auf öffentlichem Grund ohne Gegenprobe beim Adressaten;[49] Transport mit vertragswidrigen Transportmitteln ist als grobe Fahrlässigkeit eingestuft worden;[50] Unterlassen einer Stabilitätsberechnung und Missachtung weiterer Warnsignale bei Beladung eines Binnenschiffs[51]; Umladen trotz ausdrücklich vereinbarten Verbots;[52] Eingangsscan 24 h nach Einlieferung;[53] fehlerhafte Organisation bei der Annahme von Gütern;[54] spätes Nachforschen;[55] Unterlassen einer notwendigen Reinigung des Transportfahrzeugs;[56] Anstellung und Beauftragung eines Fahrers ohne Überprüfung seiner Zeugnisse;[57] ungenügende Einzäunung, Kameraüberwachung ohne Übertragung auf Monitor, wenig Kontrollgänge;[58] Durchfahren einer Brückenunterführung einer Bundesautobahn mit einem deutlich die erlaubte Höhe überragenden Lkw samt Ladung ohne behördliche Ausnahmegenehmigung;[59] Durchführung des Transports mittels eines nicht funktionsfähigen Kühlfahrzeugs bei Außentemperaturen von ca. 30 ° C;[60] Warensendung vor den Geschäftsräumen des frachtbriefmäßig vorgesehenen Empfängers auf allgemein zugänglichem Gelände einem über Telefon herbeigerufenen Dritten übergeben, dessen Legitimation aber nicht überprüfen;[61] „Einnicken" des Fahrers am Steuer nur dann leichtfertig, wenn feststeht, dass sich der Fahrer bewusst über von ihm erkannte deutliche Anzeichen einer Übermüdung hinweggesetzt hat.[62] Mangelhafte Überwachung des Unterfrachtführers bei „just-in-time"-Lieferung.[63]

**Nicht leichtfertig:** Abstellen eines Hängers in einer Parkbucht zur normalen Tages-    **18** zeit;[64] Liegenlassen eines Pakets auf der Rückbank eines Pkw über Nacht;[65] Abstellen eines Kleintransporters über Nacht an belebter Straße;[66] Beförderung auf Rollen, da Anheben unmöglich;[67] Abstellen eines Lkw, wenn das Gelände umzäunt und nach Betriebsschluss durch ein Rolltor verschließbar ist sowie zudem durch einen Wachdienst in der Nacht kontrolliert wird;[68] Abstellen eines Aufliegers übers Wochenende auf einem in einem Gewerbegebiet gelegenen verschlossenen, nachts beleuchteten und in unregelmäßigen Abständen von einem Bewachungsunternehmen bestreiften Firmengelände;[69] Frachtführer sucht nach Auslösung des Alarms das Lager auf, findet beim Überfahren des Geländes mit einem Pkw keine Hinweise auf einen Diebstahlversuch und verlässt das Lager, ohne auch die Umgebung des Lagers abzusuchen oder die Polizei zu verständigen.[70] Eine neuere Entscheidung des BGH[71] hat Leichtfertigkeit verneint, wenn ein mit Sammelgut beladenes

---

[46] BGH 25.3.2004, TranspR 2004, 309, 311; OLG Stuttgart 8.2.2006, TranspR 2006, 303, 304.
[47] BGH 17.6.2004, TranspR 2004, 399, 401.
[48] OLG Oldenburg 23.5.2001, TranspR 2001, 367, 368.
[49] OLG Oldenburg 23.5.2001, TranspR 2001, 367, 368.
[50] OLG Hamburg 30.8.1984, VersR 1985, 832, 832.
[51] OLG Stuttgart 1.7.2009, TranspR 2009, 309.
[52] OLG Köln 8.3.2002, TranspR 2002, 239, 241.
[53] OLG Köln 24.5.2005, TranspR 2006, 397, 399.
[54] OLG Stuttgart 20.9.2006, VersR 2007, 859.
[55] OLG Düsseldorf 12.12.2001, TranspR 2002, 33, 35.
[56] OLG Celle 12.12.2002, TranspR 2003, 448, 449 f.
[57] OLG Saarbrücken 13.7.2005, TranspR 2007, 83.
[58] OLG Frankfurt 9.3.2006, TranspR 2006, 297, 298.
[59] OLG Koblenz 29.5.2006 – 12 U 218/05 (juris).
[60] OLG München 22.3.2006, TranspR 2006, 400, 401.
[61] OLG Düsseldorf 24.7.2002, TranspR 2003, 343, 345.
[62] BGH 21.3.2007, TranspR 2007, 361.
[63] OLG Stuttgart 28.5.2008, TranspR 2008, 259.
[64] OLG Koblenz 24.5.2007, VersR 2008, 378.
[65] OLG Zweibrücken 2.10.2003, NJW-RR 2004, 685, 686.
[66] OLG Hamburg 17.4.2003, TranspR 2003, 242, 243.
[67] OLG Köln 30.8.2003, VersR 2006, 1710.
[68] OLG Stuttgart 15.8.2001, TranspR 2002, 37.
[69] OLG Düsseldorf 2.11.2005, TranspR 2005, 468, 470.
[70] OLG Karlsruhe 12.5.2005, NJW-RR 2005, 1123.
[71] BGH 13.12.2012, TranspR 2013, 286.

Fahrzeug, auf dem sich auch eine Palette mit leicht absetzbarem Gut (Tabakwaren) befand, am Wochenende in einem unbewachten Gewerbegebiet einer deutschen Großstadt abgestellt wurde.

19    **Diebstahl/Raub:** Raub während der Fahrt ist unabwendbar;[72] Mitnahme einer Anhalterin und Verschaffung der Möglichkeit K. O.-Tropfen zu verabreichen;[73] Einsetzen eines Planen-Lkw statt eines Koffer-Lkw ohne Kenntnis des besonderen Wertes des Gutes.[74]

### III. Einstehen für Hilfspersonen

20    Der Frachtführer verliert seine Haftungsprivilegien nicht nur bei qualifiziert schuldhaftem eigenem Handeln und Unterlassen, sondern auch bei entsprechendem Verhalten seiner Leute oder seiner sonstigen Erfüllungsgehilfen. Auch bei einem vom Frachtführer eingesetzten Subunternehmer handelt es sich um „andere Leute" iS von § 428 Satz 2.[75] Wegen des Kreises der erfassten Personen im Einzelnen vgl. § 428.

### IV. Insbesondere: Grobes Organisationsverschulden

21    Eine besondere, die gerichtliche Praxis in den letzten Jahren bestimmende Fallgruppe ist die des sog. groben Organisationsverschuldens. Hier handelt es sich um **Fälle, in denen Schadensort und Schadenshergang nicht aufgeklärt werden können.** Die Rechtsprechung nimmt dann eine Durchbrechung der Haftungsbegrenzungen an, wenn der Frachtführer seinen Betrieb nicht ordnungsgemäß organisiert hat und nicht auszuschließen ist, dass der Schaden dadurch verursacht wurde. Eine besondere Rolle spielt bei den in Betracht kommenden Organisationsmängeln das Unterlassen von sog. **Schnittstellenkontrollen,** dh. der zumindest stichprobenweisen körperlichen Kontrolle des Gutes beim Übergang von einem Teilbereich in einen anderen, etwa vom Lager in das Transportmittel oder von einem Transportmittel in ein anderes.[76] Allerdings gilt dies nur für Schäden, die aus **Verlust des Gutes** resultieren. Bei **Beschädigungen** kann diese Regel nicht in gleicher Schärfe angewendet werden, da Beschädigungen des Gutes auch durch eine Schnittstellenkontrolle nur dann festgestellt werden können, wenn sie äußerlich ohne weiteres erkennbar sind; deshalb werden Schnittstellenkontrollen in der Regel nur zur Feststellung von Verlusten, nicht von Schäden durchgeführt.[77]

22    Begründet wird die Rechtsprechung zum groben Organisationsverschulden durch Unterlassung von Schnittstellenkontrollen damit, dass es sich beim **Umschlag von Gütern** um einen **besonders schadensträchtigen Vorgang** handelt,[78] bei dem ein Abgleich per Papier oder EDV ohne eine körperliche Kontrolle nicht ausreichend ist.[79] Allerdings kann eine stichprobenartige Kontrolle im Einzelfall ausreichen, wenn hinreichend gewährleistet ist, dass dadurch Verlusten wirksam entgegengewirkt werden kann;[80] das setzt jedoch

---

[72]  BGH 13.11.1997, TranspR 1998, 250, 251.

[73]  OLG Hamm 22.11.2004, TranspR 2005, 123.

[74]  BGH 6.6.2007, TranspR 2007, 423, 424.

[75]  BGH 4.3.2004, TranspR 2004, 460, 462.

[76]  BGH 15.11.2001, BGHZ 149, 337, 346 f. = NJW 2002, 3106, 3107; BGH 15.11.2001, TranspR 2002, 452, 455 (mwN); BGH 25.3.2004, BGHZ 158, 322, 330 = TranspR 2004, 309, 311; BGH 11.11.2004, TranspR 2006, 161; BGH 3.2.2005, NJW-RR 2005, 1058 = TranspR 2005, 208; BGH 1.12.2005, TranspR 2006, 166, 168; BGH 30.3.2006, NJW-RR 2006, 1264, 1265 = TranspR 2006, 250, 252; BGH 14.6.2006, NJW 2006, 2976, 2978 = TranspR 2006, 345, 347; BGH 29.6.2006, NJW-RR 2006, 1694, 1696 = TranspR 2006, 466, 467; BGH 20.9.2007, TranspR 2008, 113, 114; BGH 30.1.2008, TranspR 2008, 117, 119.

[77]  BGH 19.5.2005, TranspR 2006, 114, 115; BGH 15.11.2001, NJW-RR 2002, 1108, 1110 = TranspR 2002, 302, 305; *Thume* TranspR 2006, 369, 370; etwas strenger OLG Düsseldorf vgl. *Malsch/Anderegg* TranspR 2008, 45 ff.; OLG Düsseldorf 13.4.2005 juris.

[78]  BGH 15.11.2001, BGHZ 149, 337, 346 f. = NJW 2002, 3106, 3107; BGH 15.11.2001, TranspR 2002, 452, 455 (mwN); BGH 25.3.2004, BGHZ 158, 322, 330 = TranspR 2004, 309, 311; BGH 11.11.2004, TranspR 2006, 161, 163.

[79]  BGH 15.11.2001, BGHZ 149, 337, 346 f. = NJW 2002, 3106, 3107; BGH 15.11.2001, TranspR 2002, 452, 455 (mwN); BGH 25.3.2004, BGHZ 158, 322, 330 = TranspR 2004, 309, 311; BGH 11.11.2004, TranspR 2006, 161, 163.

[80]  BGH 15.11.2001, TranspR 2002, 452, 455.

voraus, dass die Umstände der Stichprobenkontrolle, ihr genauer Ablauf, ihre Häufigkeit und Intensität nachvollzogen werden können.[81] Schnittstellenkontrollen sind besonders geboten, wenn Drittunternehmen in die Transportleistungen eingebunden sind.[82] Aus einer geringen Schadensquote oder einer hohen Aufklärungsquote ergeben sich im Übrigen noch keine hinreichenden Anhaltspunkte für die Annahme, dass im maßgeblichen Zeitraum keine schwerwiegenden Mängel in der Organisation des Frachtführers vorgelegen haben.[83]

Der vom BGH angenommene objektive Mangel der Organisation führt auch zu einem **23** Bewusstsein, es werde mit Wahrscheinlichkeit ein Schaden entstehen: **Wer Schnittstellenkontrollen unterlässt,** obwohl er weiß oder hätte wissen müssen, dass es darauf entscheidend ankommt, **hat dieses Bewusstsein.**[84]

Diese Rechtsprechung des BGH führt insbesondere in Verbindung mit den vom Gericht **24** entwickelten **Grundsätzen über die Darlegungs- und Beweislast** zu einem erheblichen Risiko der Frachtführer, bei nicht aufgeklärten Verlusten über die Regelhaftung des Gesetzes hinaus in Anspruch genommen zu werden. Dazu Rn. 53.

## F. Rechtsfolgen

Bei Vorliegen qualifizierten Verschuldens entfallen die gesetzlichen und vertraglichen **25** Haftungsbefreiungen und -begrenzungen. Die Verpflichtung des Frachtführers zum Schadensersatz für Güter- und Verspätungsschäden ergibt sich dann **allein aus den Bestimmungen des BGB,** insbesondere §§ 249 ff. und §§ 823 ff. BGB.

Das Gesetz sagt, dass die den Frachtführer privilegierenden Bestimmungen „**nicht gelten.**" **26**

Die Formulierung weicht ab von Art. 29 Abs. 1 CMR, der jedoch bei Erlass des § 435 Pate gestanden hat und in seinem Grundsatz übernommen werden sollte;[85] dort heißt es, dass sich der Frachtführer auf die Begrenzungen und Beschränkungen „nicht berufen" dürfe. Aus letzterer Fassung hat der BGH[86] ein Wahlrecht des Geschädigten entnommen, der sich entweder auf die allgemeinen Vorschriften oder aber auf die ohne qualifiziertes Verschulden des Frachtführers anzuwendenden frachtrechtlichen Bestimmungen stützen könne.

Ein solches **Wahlrecht des Geschädigten** wird man trotz des abweichenden Wortlauts **27** schon deshalb auch hier annehmen dürfen, weil die Durchbrechung der Haftungsgrenzen des Frachtrechts die Rechtsposition des Geschädigten verbessern soll.[87] Das Frachtrecht des HGB kann trotz seiner Einschränkungen für den Geschädigten – in Ausnahmefällen – günstiger sein als das allgemeine Recht, etwa wenn er sich auf die Wertersatzbestimmung des § 429 stützen kann, einen entsprechenden Schaden aber nicht nachzuweisen vermag. Dabei ist jedoch zu beachten, dass er dann auch alle anderen Begrenzungen – namentlich die summenmäßige Begrenzung des Schadens auf 8,33 SZR (§ 431) und den Ausschluss weitergehenden Folgeschadens – gegen sich gelten lassen muss.[88] In aller Regel wird der Schadensersatz nach allgemeinem Recht zwar den Wert des Gutes zumindest erreichen,

---

[81] BGH 15.11.2001, BGHZ 149, 337, 348 = NJW 2002, 3106, 3108.

[82] BGH 15.11.2001, BGHZ 149, 337, 348 = NJW 2002, 3106, 3107; BGH 15.11.2001, TranspR 2002, 452, 455.

[83] BGH 25.3.2004, BGHZ 158, 322, 333 = TranspR 2004, 309, 310; BGH 4.3.2004, TranspR 2004, 460, 462.

[84] BGH 25.3.2004, BGHZ 158, 322, 334 = TranspR 2004, 309, 310; BGH 17.6.2004, NJW-RR 2005, 265, 267 = TranspR 2004, 399, 401.

[85] Reg.Begr. S. 27, wo die Fassung des § 435 sogar mit dem Hinweis begründet wird, der Frachtführer solle sich nicht auf die Beschränkungen „berufen" dürfen.

[86] BGH 3.3.2005, NJW-RR 2005, 908, 909 = TranspR 2005, 253, 254.

[87] *Thume* TranspR 2008, 78 ff.; OLG Stuttgart 5.9.2001, TranspR 2002, 23; OLG Düsseldorf 24.7.2002, TranspR 2003, 343, 347; aA *Schriefers* TranspR 2007, 184, 187.

[88] BGH 30.9.2010, TranspR 2010, 437 (zu Art. 29 CMR); *Thume* TranspR 2008, 78 ff.

doch ist der Schaden vom Geschädigten nachzuweisen, wobei ihm zumindest der Rechtsgedanke des § 429 Abs. 3 zugutekommt.

28    Im Rahmen der allgemeinen Rechtsvorschriften ist **auch § 254 BGB anzuwenden** (dazu im Einzelnen Rn. 31).

29    Entfallen sollen **auch die Beschränkungen im Frachtvertrag.** Dies muss einschränkend dahin interpretiert werden, dass Beschränkungen erhalten bleiben, die durch Individualvereinbarung („in Einzelnen ausgehandelt", § 449) getroffen wurden; denn sie unterliegen – abgesehen von der Grenze der Sittenwidrigkeit – keinerlei Einschränkungen durch das Frachtrecht. Im Übrigen kommt es nicht darauf an, ob eine vertragliche Beschränkung oder Begrenzung für den Absender günstiger ist als das Gesetz; die Vorschrift lässt jede Begrenzung entfallen.

## G. Mitverschulden und Mitverursachung

### I. Allgemeines

30    Die Rechtsprechung zum Mitverschulden hat in letzter Zeit an Bedeutung gewonnen, da der BGH den Einwand des Mitverschuldens offenbar als **Korrektiv seiner sehr weitgehenden Annahme qualifizierten Verschuldens** verwendet.[89]

31    Das Mitverschulden beurteilt sich auch bei Vorliegen eines qualifizierten Verschuldens nach **§ 425 Abs. 2.**[90] Selbst wenn man annähme, dass § 425 Abs. 2 als Haftungsbegrenzung iS des § 435 verstanden werden kann,[91] so ist die Wiederholung dieses Grundgedankens des deutschen Zivilrechts im HGB nur klarstellender Natur und allein darauf zurückzuführen, dass seine Anwendung im Rahmen der CMR, die dazu schweigt, problematisch erscheinen kann. In diesem Fall wäre also § 254 BGB direkt anzuwenden. Die Rechtsprechung zu § 254 BGB (auch die vor der Reform des Transportrechts) ist ohnehin anwendbar.[92]

32    Der Mitverschuldenseinwand nach § 254 BGB ist auch im Rahmen der verschärften Haftung nach Art. 29 CMR zu berücksichtigen.[93]

### II. Grundsatz

33    Der Einwand der Mitverursachung bedeutet, dass ein Verhalten des Verletzten, das für den Schadenseintritt ursächlich geworden ist, **in der Haftungsverteilung Berücksichtigung** findet.[94] Es kommt darauf an, in welchem Maß das Verhalten des Schädigers oder

---

[89]  So auch *Koller* TranspR 2006, 413, 417 f.
[90]  BGH 5.6.2003, NJW 2003, 3626, 3629 = TranspR 2003, 467, 471; BGH 9.10.2003, TranspR 2004, 175, 177; BGH 23.10.2003, NJW-RR 2004, 394, 396 = TranspR 2004, 177, 179; BGH 17.6.2004, NJW-RR 2005, 265, 267 = TranspR 2004, 399, 401; BGH 11.11.2004, TranspR 2006, 161, 165; BGH 1.12.2005, TranspR 2006, 166, 168; BGH 1.12.2005, TranspR 2006, 205, 206; BGH 29.6.2006, NJW-RR 2006, 1694, 1696 = TranspR 2006, 466, 467; BGH 3.5.2007, TranspR 2007, 405, 407; BGH 3.5.2007, TranspR 2007, 412, 413; BGH 3.5.2007, TranspR 2007, 414, 415; BGH 3.5.2007, TranspR 2007, 419, 420; BGH 11.9. 2008, TranspR 2008, 362, 363; BGH 3.7.2008, TranspR 2008, 397, 398; BGH 3.7.2008, TranspR 2008, 400, 401; Reg.Begr. S. 60; *Malsch/Anderegg* TranspR 2008, 45 ff.; Baumbach/Hopt/*Merkt* § 425 Rn. 4; EBJS/ *Schaffert* § 425 Rn. 50; Heymann/*Joachim* § 425 Rn. 4; Oetker/*Paschke* Rn. 13. AA *Koller* Rn. 19a (Fn. 199), *Thume* TranspR 2006, 369, 371, *Ramming* TranspR 2003, 471, 472, die davon ausgehen, dass die Durchbrechung des § 435 HGB auch den § 425 Abs. 2 ausschließe; das ist jedoch abzulehnen, da § 435 HGB nur die Privilegierung des Frachtführers aufheben soll, § 425 Abs. 2 bezieht sich jedoch auf einen Verursachungsbeitrag des Versenders.
[91]  So *Thume* TranspR 2006, 371, 373.
[92]  BGH 5.6.2003, NJW 2003, 3626, 3629 = TranspR 2003, 467, 471; BGH 1.12.2005, TranspR 2006, 166, 168; BGH 29.6.2006, NJW-RR 2006, 1694, 1696 = TranspR 2006, 466, 467; BGH 16.11.2006, VersR 2007, 1539, 1542; BGH 3.5.2007, TranspR 2007, 405, 407; *Malsch/Anderegg* TranspR 2008, 45 ff.
[93]  BGH 1.12.2005, NJW-RR 2005, 1108, 1109; BGH 30.3.2006, NJW-RR 2006, 1264, 1266 = TranspR 2006, 250, 252; BGH 3.5.2007, TranspR 2007, 419, 420; BGH 3.5.2007, TranspR 2007, 421, 422; aA *Thume* TranspR 2006, 369, 371.
[94]  BGH 28.9.2006, NJW-RR 2007, 1282–1286 = TranspR 2007, 110, 113.

das des Geschädigten den Eintritt des Schadens wahrscheinlich gemacht hat.[95] Kriterien sind zB vorsätzliches Verhalten, Grad der Verursachung, etc. Neben der Kausalität ist das entscheidende Kriterium der Schutzzweck. Die vom Versender verletzte Sorgfaltspflicht muss gerade dem Zweck der Vermeidung eines Schadens gedient haben.[96]

### III. Einzelfälle

In der neueren Rechtsprechung des BGH haben sich bestimmte Fallgruppen des Mitver- **34** schuldens herausgebildet:

**1. Verbotsgut.** Die AGB vieler Transportunternehmen, insbesondere der Paketdienste, **35** enthalten Klauseln, die Güter von einem bestimmtem Wert oder einer bestimmten Art (Geld, Wertsachen, Schmuck) von der Beförderung ausnehmen, da sie besonderer Verlustgefahr ausgesetzt sind. Häufig hat der Versender in solchen Fällen die Möglichkeit, eine (teurere) Transportart mit regelmäßig höheren Sicherheitsstandards zu wählen.

Gibt der Versender solches Verbotsgut ohne Angabe seines Wertes oder seiner Natur **36** auf und nimmt der Beförderer es an, so kommt zwar durch schlüssiges Verhalten ein Frachtvertrag zustande.[97] Der Versender kann jedoch in einen nach § 254 Abs. 1 BGB **beachtlichen Selbstwiderspruch** geraten, wenn er bei Verlust vollen Schadensersatz verlangt, obwohl er weiß oder wissen konnte, dass der Frachtführer dieses Gut in der gewählten Transportart wegen des damit verbundenen Verlustrisikos nicht befördern will.[98] Der Versender muss die Regelung über „Verbotsgüter" kennen oder fahrlässig nicht kennen; Angabe in den AGB des Versenders reicht hierfür aus.[99] Hat der Versender positive Kenntnis davon, dass der Frachtführer bestimmte Güter nicht befördern will, und setzt er sich bewusst über den entgegenstehenden Willen des Frachtführers hinweg, so kann sein darin liegendes Mitverschulden bei einem Verlust der Sendung zu einem vollständigen Ausschluss der Haftung führen.[100] Bereits die bloße Möglichkeit des Beförderers, bei einer korrekten Wertangabe des Versenders die Beförderung ohne erhöhte Sicherheitsanforderungen zu verweigern oder höhere Sicherheitsanforderungen gegen höheres Entgelt vorzusehen, begründet die erforderliche Kausalität.[101]

**2. Unterlassene Wertdeklaration.** Unterlässt der Absender eine Wertangabe, obwohl **37** er weiß oder hätte wissen müssen, dass der Frachtführer die Sendung bei Kenntnis des Wertes mit größerer Sorgfalt behandelt hätte, so handelt er dem Gebot des § 254 Abs. 1 BGB zuwider, einer Schadensentstehung entgegenzuwirken.[102] Oft ist in den AGB der Transportunternehmen die folgende Klausel vorgesehen: „Die Wert- und Haftungsgrenze wird angehoben durch die korrekte Deklaration des Wertes der Sendung … Diese Wertangabe gilt als Haftungsgrenze. Der Versender erklärt durch die Unterlassung der Wertangabe, dass sein Interesse an den Gütern die oben genannte Grundhaftung nicht übersteigt." Diese Klausel wird zwar von der Haftungsdurchbrechung des § 435 erfasst. Jedoch ist aus der

---

[95] Heymann/Joachim § 425 Rn. 7; *Malsch/Anderegg* TranspR 2008, 45 ff.
[96] BGH 15.11.2001, TranspR 2002, 295, 301.
[97] BGH 30.3.2006, BGHZ 167, 64, 70 mwN; BGH 29.6.2006, TranspR 2006, 390, 392.
[98] BGH 3.5.2007, TranspR 2007, 405, 408.
[99] BGH 30.3.2006, BGHZ 167, 64, 74 = TranspR 2006, 254, 257; BGH 13.7.2006, NJW-RR 2007, 19 = TranspR 2006, 448, 451; BGH 28.9.2006, NJW-RR 2007, 1282–1286 = TranspR 2007, 110, 113.
[100] BGH 13.7.2006, TranspR 2006, 448, 451; BGH 28.9.2006, NJW-RR 2007, 1282–1286 = TranspR 2007, 110, 114; BGH 15.2.2007, NJW-RR 2007, 1110–1113, = TranspR 2007, 164, 167; BGH 3.5.2007, TranspR 2007, 405, 408.
[101] BGH 13.7.2006, TranspR 2006, 448, 451; BGH 15.2.2007, NJW-RR 2007, 1110–1113 = TranspR 2007, 164, 166.
[102] BGH 13.2.2003, NJW-RR 2003, 751, 753 = TranspR 2003, 255, 258; BGH 15.11.2001, BGHZ 149, 337, 353 = NJW 2002, 3106, 3109; BGH 17.6.2004, NJW-RR 2005, 265, 267 = TranspR 2004, 399, 401; BGH 15.11.2001, TranspR 2002, 452, 457; BGH 11.11.2004, TranspR 2006, 161, 165; BGH 1.12.2005, TranspR 2006, 166, 168; BGH 30.3.2006, NJW-RR 2006, 1264, 1267 = TranspR 2006, 250, 253; BGH 3.5.2007, TranspR 2007, 414, 415; Heymann/Joachim § 425 Rn. 5; *Malsch/Anderegg* TranspR 2008, 45 ff.

Begrenzung der Haftung für einen sorgfältigen Absender ersichtlich, dass der Transporteur bei wertvolleren Gütern höhere Sorgfaltsmaßstäbe anlegen würde.[103]

**38**   Mit seinem Verzicht auf diese vom Frachtführer üblicherweise angebotenen weitergehenden Schutzvorkehrungen setzt der Versender das Transportgut bewusst einem erhöhten Verlustrisiko aus mit der Folge, dass ihm der eingetretene Schaden gemäß § 254 BGB anteilig zuzurechnen ist.[104]

**39**   **Voraussetzung für die Kausalität des Mitverschuldens in dieser Fallgruppe** – anders als beim sog. ungewöhnlich hohen Schaden (s. Rn. 37 ff.) – ist, dass der Transporteur seine Sorgfaltspflichten tatsächlich besser erfüllt hätte, wenn ihm der Wert bekannt gewesen wäre.[105] Dabei kommt es nicht drauf an, dass ein Verlust vollständig hätte ausgeschlossen werden können.[106] Es ist vielmehr darauf abzustellen, dass dem Frachtführer die Möglichkeit genommen wird, den Ort des Schadenseintritts einzugrenzen und auf diese Weise von einer mit dem Vorwurf grob fahrlässigen Verhaltens begründeten Schadenshaftung freizukommen.[107] Nur wenn der Schädiger zumindest gleich gute Erkenntnismöglichkeiten vom Wert der Sendung hat wie der Geschädigte, entfällt die Kausalität;[108] dafür reichen Wertangaben bei Nachnahmesendungen,[109] oder in Transportlisten[110] aus, nicht aber Wertdeklarationen im Rahmen des EDI-Verfahrens.[111]

**39a**  Beim Paketversand für Großkunden wird mittlerweile in der Regel das **EDI-Verfahren** vereinbart. Dieses sieht vor, dass der Kunde mit Hilfe einer zur Verfügung gestellten Software Versandlisten anfertigt, in denen die an einem Abholtag dem Transporteur zur Beförderung übergebenen Pakete unter Angabe einer Kontroll- und Referenznummer und des jeweiligen Empfängers aufgeführt werden.[112] In diese Software kann auch der Warenwert eingegeben werden. Ob diese Angabe den Anforderungen an eine Wertdeklaration genügt, ist vom Einzelfall abhängig. Grundsätzlich gilt: Es kann auch bei einem EDV-gestützten Verfahren der Mitverschuldenseinwand durch die bloße Wertangabe ausgeschlossen sein, wenn die Versandlisten in dem dem Kunden von dem Transportunternehmen zur Verfügung gestellten Softwaresystem Wertangaben ausdrücklich vorsehen und der Versender daher davon ausgehen kann, dass das Transportunternehmen seine Wertangaben beachten wird.[113] Das ist der Fall, wenn in der Software eine Rubrik für den **Haftungswert** vorgese-

---

[103] BGH 20.3.1979, BGHZ 74, 25, 28; BGH 17.10.2000, NJW 2001, 149, 150; BGH 1.12.2005, TranspR 2006, 116, 118; BGH 1.12.2005, TranspR 2006, 166, 168; BGH 15.12.2005, TranspR 2006, 214, 215; BGH 19.1.2006, NJW-RR 2006, 822 = TranspR 2006, 121, 123; BGH 30.3.2006, NJW-RR 2006, 1264, 1266 f. = TranspR 2006, 250, 253; BGH 3.5.2007, TranspR 2007, 414, 415.

[104] BGH 13.2.2003, NJW-RR 2003, 751, 753 = TranspR 2003, 255, 258; BGH 15.11.2001. BGHZ 149, 337, 353 = NJW 2002, 3106, 3109; BGH 17.6.2004, NJW-RR 2005, 265, 267 = TranspR 2004, 399, 401; BGH 15.11.2001, TranspR 2002, 452, 457; BGH 11.11.2004, TranspR 2006, 161, 165; BGH 30.3.2006, NJW-RR 2006, 1264, 1266 f. = TranspR 2006, 250, 253; BGH 3.5.2007, TranspR 2007, 414, 415.

[105] BGH 15.11.2001, TranspR 2002, 452, 457; BGH 13.2.2003, NJW-RR 2003, 751, 753 = TranspR 2003, 255, 258; BGH 8.5.2003, NJW-RR 2003, 1473, = TranspR 2003, 317 318; BGH 5.6.2003, NJW 2003, 3626, 3629 = TranspR 2003, 467, 471; BGH 9.10.2003, TranspR 2004, 175, 178; BGH 23.10.2003, NJW-RR 2004, 394, 396 = TranspR 2004, 177, 179; BGH 17.6.2004, NJW-RR 2005, 265, 267 = TranspR 2004, 399, 401; BGH 3.2.2005, NJW-RR 2005, 1058, 1058 = TranspR 2005, 208, 209; BGH 1.12.2005, TranspR 2006, 166, 168; OLG Bamberg 8.11.2004, TranspR 2005, 358, 362.

[106] BGH 11.11.2004, TranspR 2006, 161, 165; BGH 19.5.2005, TranspR 2006, 114, 115 f.; BGH 17.6.2004, NJW-RR 2005, 265, 267 = TranspR 2004, 399, 401.

[107] BGH 8.5.2003, NJW-RR 2003, 1473, = TranspR 2003, 317, 318; BGH 17.6.2004, NJW-RR 2005, 265, 267 = TranspR 2004, 399, 401; BGH 11.11.2004, TranspR 2006, 161, 165; BGH 30.3.2006, NJW-RR 2006, 1264, 1267 = TranspR 2006, 250, 253; Baumbach/Hopt/*Merkt* § 425 Rn. 4.

[108] BGH 3.7.2008, TranspR 2008, 397, 399; BGH 15.11.1952, VersR 1953, 14 f.; MüKoBGB/*Oetker* 4. Aufl. § 254 Rn. 72; Palandt/*Grüneberg* § 254 BGB Rn. 38; BGH 30.3.2006, NJW-RR 2006, 1264, 1267 = TranspR 2006, 250, 253 f.

[109] BGH 3.2.2005, NJW-RR 2005, 1058, 1058 = TranspR 2005, 208, 209.

[110] BGH 1.12.2005, TranspR 2006, 119, 121.

[111] BGH 20.9.2007, TranspR 2008, 113, 116 Tz. 45; 117; BGH 3.5.2007, TranspR 2007, 412, 414; BGH 3.5.2007, TranspR 2007, 419, 420 f.; BGH TranspR 2006, 394 = NJW-RR 2007, 28 Tz. 31.

[112] BGH 20.9.2007, TranspR 2008, 113; BGH 1.12.2005, TranspR 2006, 119, 121; BGH 20.7.2006, TranspR 2006, 394, 396.

[113] BGH 20.7.2006, TranspR 2006, 394, 397; BGH 1.12.2005, TranspR 2006, 119, 121.

hen ist.[114] Wenn der Transporteur seinen Kunden ein derartiges Softwaresystem zur Verfügung stellt, muss er entweder dafür Sorge tragen, dass die dort eingegebenen Werte von ihm berücksichtigt werden,[115] oder er muss seinen Kunden gegenüber ausdrücklich und unmissverständlich erklären, auf welchem anderen Wege Wertdeklarationen zu erfolgen haben.[116]

Wenn die konkrete Ausgestaltung des EDI-Verfahrens dem Absender aber keinerlei **39b** Anhaltspunkte für die Annahme bietet, bereits die Erfassungssoftware teile wertdeklarierte Sendungen einem besonders kontrollierten Transportsystem zu, hat er selbst Maßnahmen zu ergreifen, um auf eine sorgfältigere Behandlung der wertdeklarierten Sendung aufmerksam zu machen.[117]

Das ist dem Umstand geschuldet, dass im Interesse der Parteien ein **Verfahren** angewandt **39c** wird, das zum Zwecke der Beschleunigung des Versandes **auf Paketkontrollen verzichtet.**[118] Konkret bedeutet das, dass im Rahmen des EDI-Verfahrens dann die besonders werthaltigen Pakete dem Fahrer gesondert zu übergeben sind.[119]

Es gibt **keine pauschale Quotenregelung** für den Mitverschuldensanteil. Die Abwä- **40** gung darf insbesondere nicht schematisch erfolgen, sondern muss alle festgestellten Umstände des Einzelfalls berücksichtigen.[120] Hinsichtlich der Rechtsfolgen trifft § 254 Abs. 1 BGB für sämtliche Fälle des Mitverschuldens eine einheitliche Regelung: Danach sind die Verursachungs- und Verschuldensanteile von Schädiger und Geschädigtem im Einzelfall gegeneinander abzuwägen.[121] Die vom OLG Düsseldorf vertretene feste Quotenregelung[122] ist vom BGH abgelehnt worden.[123] Dem ist zuzustimmen.

Es gilt jedoch: Je größer der gesicherte Bereich, das heißt, je höher der Anteil **41** möglicher Kontrollen, desto größer ist auch der Anteil des Mitverschuldens des Versenders, der durch das Unterlassen der Wertangabe den Transport der Ware außerhalb des gesicherten Bereichs veranlasst.[124] Je höher der tatsächliche Wert der nicht wertdeklarierten Sendung ist, desto gewichtiger ist der in dem Unterlassen der Wertdeklaration liegende Schadensbeitrag. Denn je höher der Wert der zu transportierenden Sendung ist, desto offensichtlicher ist es, dass die Beförderung des Gutes eine besonders sorgfältige Behandlung durch den Frachtführer erfordert, und desto größer ist das in

---

[114] BGH 20.7.2006, TranspR 2006, 394, 397; BGH 1.12.2005, TranspR 2006, 119, 121.
[115] BGH 20.9.2007, TranspR 2008, 113 Tz. 44.
[116] BGH 20.7.2006, TranspR 2006, 394, 397; BGH 1.12.2005, TranspR 2006, 119, 121.
[117] BGH 3.7.2008, TranspR 2008, 400, 401; BGH 3.7.2008, TranspR 2008, 397, 398; BGH 3.7.2008, TranspR 2008, 403, 404; BGH 20.9.2007, TranspR 2008, 113, 117; BGH 3.5.2007, TranspR 2007, 414, 415 f.; BGH 3.5.2007, TranspR 2007, 412, 414; BGH 3.5.2007, TranspR 2007, 419, 420; BGH 20.7.2006, TranspR 2006, 394, 397; aA OLG Düsseldorf 31.5.2006, TranspR 2006, 349, 350; OLG Düsseldorf 28.6.2006, BeckRS 2007, 08361; OLG Düsseldorf 20.2.2008, TranspR 2008, 313 f.
[118] BGH 20.9.2007, TranspR 2008, 113, 117; BGH 3.5.2007, TranspR 2007, 414, 415 f.; BGH 3.5.2007, TranspR 2007, 412, 414; BGH 3.5.2007, TranspR 2007, 419, 420; BGH 20.7.2006, NJW-RR 2007, 28 = TranspR 2006, 394, 397.
[119] BGH 3.7.2008, TranspR 2008, 400, 401; BGH 3.7.2008, TranspR 2008, 397, 398; BGH 3.7.2008, TranspR 2008, 403, 404; BGH 3.5.2007, TranspR 2007, 414, 415 f.; BGH 3.5.2007, TranspR 2007, 412, 414; BGH 3.5.2007, TranspR 2007, 419, 420; BGH 20.7.2006, NJW-RR 2007, 28 = TranspR 2006, 394, 397.
[120] BGH 11.9.2008, TranspR 2008, 362, 364; BGH 3.7.2008, TranspR 2008, 394, 396; BGH 3.7.2008, TranspR 2008, 400, 402; BGH 3.7.2008, TranspR 2008, 403, 404; BGH 28.9.2006, TranspR 2007, 110, 114.
[121] BGH 13.8.2009, TranspR 2010, 145; BGH 11.9.2008, TranspR 2008, 362, 364; BGH 3.7.2008, TranspR 2008, 394, 396; BGH 3.7.2008, TranspR 2008, 400, 402; BGH 3.7.2008, TranspR 2008, 403, 404.
[122] OLG Düsseldorf 20.2.2008, TranspR 2008, 314, 315 f.; OLG Düsseldorf 13.12.2006, TranspR 2007, 23, 25; OLG Düsseldorf 14.6.2006, I-18 U 22/06 (juris); OLG Düsseldorf 30.8.2006, BeckRS 2006, 12921; OLG Düsseldorf 31.5.2006, TranspR 2006, 349, 352.
[123] BGH 11.9.2008, TranspR 2008, 362, 365; BGH 3.7.2008, TranspR 2008, 394, 397; BGH 3.7.2008, TranspR 2008, 400, 402; BGH 3.7.2008, TranspR 2008, 403, 404.
[124] BGH 8.5.2003, NJW-RR 2003, 1473, = TranspR 2003, 317, 318; BGH 19.5.2005, TranspR 2006, 114, 116; BGH 1.12.2005, TranspR 2006, 116, 119; BGH 11.11.2004 TranspR 2006, 161, 165; BGH 1.12.2005, TranspR 2006, 166, 169.

dem Unterlassen der Wertdeklaration liegende Verschulden des Versenders gegen sich selbst.[125]

**42**    **3. Ungewöhnlich hoher Schaden.** Eine Mitverantwortlichkeit des Geschädigten scheint auch mit Blick auf § 254 Abs. 2 Satz 1 BGB geboten. Danach kann sich ein anspruchsminderndes Mitverschulden auch daraus ergeben, dass der Geschädigte es unterlassen hat, den Schuldner auf die Gefahr eines ungewöhnlich hohen Schadens aufmerksam zu machen, die der Schuldner weder kannte noch kennen musste.[126] Es kommt hier – im Gegensatz zur Wertdeklaration – nicht darauf an, dass eine sorgfältigere Behandlung durch den Frachtführer tatsächlich vorgenommen worden wäre. Den Auftraggeber trifft vielmehr eine allgemeine Obliegenheit, auf die Gefahr eines außergewöhnlich hohen Schadens hinzuweisen, um seinem Vertragspartner die Möglichkeit zu geben, geeignete Maßnahmen zur Verhinderung eines drohenden Schadens zu ergreifen.[127] Die Kausalität des Mitverschuldenseinwands nach § 254 Abs. 2 Satz 1 BGB kann nur verneint werden, wenn der Frachtführer trotz eines Hinweises auf den ungewöhnlichen Wert des Gutes generell keine besonderen Maßnahmen ergriffen hätte;[128] das hat der Absender zu beweisen.

**43**    Während bei der unterbliebenen Wertdeklaration der Frachtführer darlegen und beweisen muss, dass er die wertdeklarierten Güter sicherer befördert hätte, muss hier der **Versender den Beweis erbringen,** dass der ungewöhnlich hohe Schaden **auch bei Angabe des hohen Wertes** des Gutes eingetreten wäre.[129]

**43a**    Wenn der Schädiger zumindest gleich gute Erkenntnismöglichkeiten vom Wert der Sendung hat wie der Geschädigte, entfällt die Kausalität;[130] dafür reichen Wertangaben bei Nachnahmesendungen[131] oder in Transportlisten[132] aus, nicht aber Wertdeklarationen im Rahmen des EDI-Verfahrens.[133]

**44**    Wann ein **ungewöhnlich hoher Schaden** droht, lässt sich **nicht in einem bestimmten Betrag** oder einer bestimmten Wertrelation angeben, sondern kann nur unter Berücksichtigung der konkreten Umstände des Einzelfalls beurteilt werden. Hierbei ist maßgeblich auf die Sicht des Haftenden abzustellen.[134] Es ist dabei auch in Rechnung zu stellen, welche Höhe Schäden erfahrungsgemäß, also nicht nur selten erreichen. Da insoweit die Sicht des Haftenden maßgeblich ist, ist vor allem zu berücksichtigen, in welcher Höhe dieser, soweit für ihn die Möglichkeit einer vertraglichen Disposition besteht, Haftungsrisiken einerseits vertraglich eingeht und andererseits von vornherein auszuschließen bemüht ist.[135]

---

[125]  BGH 1.12.2005, TranspR 2006, 166, 168.

[126]  BGH 15.11.2001, BGHZ 149, 337, 353 = NJW 2002, 3106, 3109; BGH 17.6.2004, NJW-RR 2005, 265, 267 = TranspR 2004, 399, 401; BGH 11.11.2004, TranspR 2006, 161, 165; BGH 1.12.2005, TranspR 2006, 166, 168; BGH 1.12.2005, NJW-RR 2006, 1108, 1109 = TranspR 2006, 208, 209; BGH 3.5.2007, TranspR 2007, 405, 407; BGH 3.5.2007, TranspR 2007, 412, 414; BGH 3.5.2007, TranspR 2007, 414, 416.

[127]  BGH 20.1.2005, NJW-RR 2005, 1277, 1280 = TranspR 2005, 311, 314 f.; BGH 1.12.2005, TranspR 2006, 116, 119; BGH 1.12.2005, NJW-RR 2006, 1108, 1110 = TranspR 2006, 208, 209; BGH 29.6.2006, NJW-RR 2006, 1694, 1696 = TranspR 2006, 466, 467; BGH 3.5.2007, TranspR 2007, 412, 414; BGH 3.5.2007, TranspR 2007, 414, 416.

[128]  BGH 13.8.2009, TranspR 2010, 145; BGH 11.9.2008, TranspR 2008, 362, 364; BGH 3.7.2008, TranspR 2008, 394, 396; BGH 3.7.2008, TranspR 400, 401; BGH 1.12.2005, NJW-RR 2006, 1108, 1110 = TranspR 2006, 208, 209; BGH 29.6.2006, NJW-RR 2006, 1694, 1696 = TranspR 2006, 466, 468; BGH 3.5.2007, TranspR 2007, 421, 422.

[129]  *Ramming* TranspR 2007, 409, 411.

[130]  BGH 3.7.2008, TranspR 2008, 397, 399; BGH 15.11.1952, VersR 1953, 14; MüKoBGB/*Oetker* 4. Aufl. § 254 BGB Rn. 72; Palandt/*Grüneberg* § 254 BGB Rn. 38; BGH 30.3.2006, NJW-RR 2006, 1264, 1267 = TranspR 2006, 250, 253 f.

[131]  BGH 3.2.2005, NJW-RR 2005, 1058 = TranspR 2005, 208, 209.

[132]  BGH 1.12.2005, TranspR 2006, 119, 121.

[133]  BGH 3.5.2007, TranspR 2007, 412, 414; BGH 3.5.2007, TranspR 2007, 419, 420 f.

[134]  BGH 18.2.2002, NJW 2002, 2553, 2554; OLG Hamm NJW-RR 1998, 380, 381; Bamberger/Roth/ *Grüneberg* BGB § 254 Rn. 28; BGH 1.12.2005, TranspR 2006, 166, 168; BGH 1.12.2005, NJW-RR 2006, 1108, 1110 = TranspR 2006, 208, 209; BGH 3.5.2007, TranspR 2007, 405, 407.

[135]  BGH 3.5.2007, TranspR 2007, 405, 407 f.; BGH 3.5.2007, TranspR 2007, 414, 416; BGH 3.5.2007, TranspR 2007, 419, 420; BGH 3.5.2007, TranspR 2007, 420, 421; BGH 1.12.2005, NJW-RR 2006, 1108, 1110 = TranspR 2006, 208, 209; BGH 1.12.2005, TranspR 2006, 166, 169; BGH 1.12.2005, TranspR 2006, 116, 119.

Die **Rechtsprechung** neigt dazu, die Gefahr eines besonders hohen Schadens iSd. § 254   **45**
Abs. 2 S. 1 BGB in den Fällen anzunehmen, in denen der Wert der Sendung den **zehnfa-
chen Betrag der Haftungshöchstgrenze gemäß den Beförderungsbedingungen** des
Schädigers übersteigt.[136] Entscheidend ist der Wert des einzelnen Pakets, nicht der Sen-
dung.[137]Sehen die Beförderungsbedingungen des Frachtführers keine Regelung für seine
Höchsthaftung im Fall des Verlustes von Transportgut vor, so liegt es nach Auffassung des
BGH[138] nahe, für die Frage, ob ein ungewöhnlich hoher Schaden iS von § 254 Abs. 2
Satz 1 BGB droht, von dem zehnfachen Betrag der Haftungsbegrenzung nach § 431 Abs. 1
auszugehen; ist durch AGB (nach § 449 Abs. 2 zulässig) ein geringerer als der in § 431
Abs. 1 vorgesehene Haftungshöchstbetrag vereinbart worden, so soll für die Berechnung
des Zehnfachen von diesem Betrag auszugehen sein.[139] Diese Annahme des BGH erscheint
reichlich arbiträr und entfernt sich durch eine gewisse Formalisierung von dem zuvor
vertretenen Grundsatz, dass die Frage eines ungewöhnlich hohen Schadens nur unter
Berücksichtigung der konkreten Umstände des Einzelfalles beurteilt werden kann, wobei
insbesondere in Rechnung zu stellen ist, welche Schäden erfahrungsgemäß – also nicht nur
selten – eintreten.[140]

Auch hier gelten für die Mitverschuldensanteile keine strikten Quoten. Die für die   **46**
Wertdeklaration angeführten Kriterien finden Anwendung. Allerdings gilt, dass eine Haftung des Frachtführers, die über die Wertgrenze hinausgeht, ab der er Güter nicht mehr
befördern will, bei einem Mitverschulden des Versenders wegen unterlassenen Hinweises
auf die Gefahr eines ungewöhnlich hohen Schadens iS von § 254 Abs. 2 BGB in der Regel
zu verneinen ist.[141]

In Ausnahmefällen kommt sogar ein vollständiger Haftungsausschluss in Betracht. Näm-   **46a**
lich, wenn der Versender positive Kenntnis davon hat, dass der Frachtführer bestimmte
Güter nicht befördern will und er sich bei der Einlieferung bewusst über den entgegenstehenden Willen des Frachtführers hinwegsetzt.[142] Hierfür ist ein Kennenmüssen des Versenders ausreichend.[143]

**4. Beauftragung trotz Kenntnis einer mangelhaften Betriebsorganisation.** Eine   **47**
Anspruchsminderung gemäß § 254 Abs. 1 BGB kann auch dann in Betracht kommen,
wenn der Versender einen Transporteur mit der Transportdurchführung beauftragt, von
dem er weiß oder zumindest hätte wissen müssen, dass es in dessen Unternehmen auf
Grund von groben Organisationsmängeln immer wieder zu Verlusten kommt. Die Auftragserteilung beinhaltet unter solchen Umständen die Inkaufnahme eines Risikos, dessen
Verwirklichung allein dem Schädiger anzulasten unbillig erscheint und mit der Regelung
des § 254 Abs. 1 BGB zugrunde liegenden Gedanken von Treu und Glauben unvereinbar
ist.[144] Eine mangelhafte Betriebsorganisation liegt immer dann vor, wenn der Transpor-

---

[136] BGH 30.1.2008, TranspR 2008, 117; BGH 20.9.2007, TranspR 2008, 113, 117; BGH 3.5.2007,
TranspR 2007, 405, 407 f.; BGH 3.5.2007, TranspR 2007, 414, 416; BGH 3.5.2007, TranspR 2007,
419, 420; BGH 3.5.2007, TranspR 2007, 420, 421; BGH 1.12.2005, NJW-RR 2006, 1108, 1110 =
TranspR 2006, 208, 209; BGH 1.12.2005, TranspR 2006, 166, 169; BGH 1.12.2005, TranspR 2006,
116, 119.
[137] BGH 13.8.2009, TranspR 2010, 143; BGH 3.7.2008, TranspR 2008, 400, 401; BGH 3.7.2008,
TranspR 2008, 403, 404; BGH 3.5.2007, TranspR 2007, 412, 414; BGH 3.5.2007, TranspR 2007, 414,
416.
[138] BGH 21.1.2010, TranspR 2010, 189; vgl. auch BGH 1.12.2005; TranspR 2006, 212.
[139] BGH 21.1.2012, TranspR 2010, 189.
[140] BGH 1.12.2005, NJW 2006, 1426 = TranspR 2006, 212.
[141] BGH 3.5.2007, TranspR 2007, 405, 408; BGH 11.9.2008, TranspR 2008, 362, 365.
[142] BGH 13.8.2009, TranspR 2010, 145; BGH 3.7.2008, TranspR 2008, 397, 399; BGH 3.7.2008,
TranspR 2008, 400, 402; BGH 3.7.2008, TranspR 2008, 403, 404.
[143] BGH 3.7.2008, TranspR 2008, 397, 399.
[144] BGH 30.3.2006, NJW-RR 2006, 1264, 1265 = TranspR 2006, 250, 252; BGH 23.10.2003, NJW-
RR 2004, 394, 396 = TranspR 2004, 177, 178; BGH 15.11.2001, BGHZ 149, 337, 355 = NJW 2002,
3106, 3110; BGH 13.2.2003, NJW-RR 2003, 751, 753 f. = TranspR 2003, 255, 258; BGH 29.4.1999,
NJW 1999, 3627, 3628 = TranspR 1999, 410, 411.

teur die notwendigen Sicherungsmaßnahmen, insbesondere Schnittstellenkontrollen unterlässt.[145]

**48**     Problematisch ist der Nachweis der Kenntnis des Versenders. An die Kenntnis werden erhöhte Anforderungen gestellt, da grundsätzlich die Verantwortung für die Transportorganisation bei dem Transporteur liegt.

**49**     Der konkrete Sachverhalt muss dem Versender Anlass für die Annahme bieten, der Unternehmer werde durch die ihm angetragenen Arbeiten überfordert, weil er die erforderliche Ausstattung oder die notwendige fachliche Kompetenz nicht besitzt.[146] Der Versender braucht daher ohne besonderen Anlass die Eignung, Befähigung und Ausstattung des Vertragspartners nicht in Zweifel zu ziehen oder zu überprüfen.[147] Kenntnis und Billigung der Transportorganisation reicht *für sich allein* zur Begründung eines Mitverschuldens nicht aus.[148]

**50**     Konkretes Wissen um das Unterlassen von Schnittstellenkontrollen, vermittelt durch wirksame oder unwirksame AGB oder auf anderem Wege, ist hingegen ausreichend.[149] Denn das Wissen um ein Unterlassen von Schnittstellenkontrollen – gerade auch beim Transport von sehr werthaltigen Gütern – ist gleichzusetzen mit dem Wissen um eine mangelhafte Betriebsorganisation.

**51**     Für die Kausalität auch in dieser Fallgruppe gilt: Die verletzte Sorgfaltsanforderung muss gerade der Vermeidung des eingetretenen Schadens dienen. Die Beauftragung eines Transporteurs, der bekennend keine Schnittstellenkontrollen durchführt, führt zu einer Verringerung der Sicherheit des Gutes, da ein erhöhter Diebstahlsanreiz gegeben ist und die Nachverfolgung eines verlorenen Paktes erschwert wird. Kausalität ist für diese Fälle also gegeben.

**52**     Es ist dem Auftraggeber eines Frachtführers in einem Schadensersatzprozess wegen Verlustes von Transportgut grundsätzlich nicht gemäß § 242 BGB verwehrt, sich auf grobe Fahrlässigkeit des Spediteurs zu berufen, wenn er die Geschäftsbeziehung nach Kenntnis des Schadensfalls fortsetzt.[150] Selbst ein vorbildlich organisierter Warenumschlag kann das Auftreten von Verlustschäden nicht vollständig vermeiden. Demgemäß vermittelt die Kenntnis entstandener Verluste allein noch nicht zwingend das Bewusstsein, dass die Verluste auf einem groben Organisationsverschulden beruhen.[151]

## H. Beweislast und Darlegungslast

**53**     Grundsätzlich liegt die **Darlegungs- und Beweislast beim Anspruchsteller,** da es sich um eine Ausnahmeregel zu seinen Gunsten handelt.[152] Der Anspruchsteller genügt

---

[145] OLG Düsseldorf 8.12.2004, BeckRS 2006, 10226, Rn. 72; OLG Düsseldorf 26.7.2004, BeckRS 2005, 04400, Rn. 49 ff.; OLG Düsseldorf 31.5.2006, TranspR 2006, 349, 351.

[146] BGH 30.3.2006, NJW-RR 2006, 1264, 1266 = TranspR 2006, 250, 252; BGH 2.10.1990, NJW 1991, 165, 166; BGH 12.1.1993, NJW 1993, 1191, 1192.

[147] BGH 13.2.2003, NJW-RR 2003, 751, 754 = TranspR 2003, 255, 259; BGH 15.11.2001, NJW-RR 2002, 1108, 1112 = TranspR 2002, 302, 304; BGH 23.10.2003, NJW-RR 2004, 394, 396 = TranspR 2004, 177, 178; BGH 4.3.2004, TranspR 2004, 460, 463.

[148] BGH 23.10.2003, NJW-RR 2004, 394, 396 = TranspR 2004, 177, 178; BGH 15.11.2001, NJW-RR 2002, 1108, 1112 = TranspR 2002, 302, 304; BGH 30.3.2006, NJW-RR 2006, 1264, 1266 = TranspR 2006, 250, 252; BGH 11.9.2008, TranspR 2008, 362, 363; BGH 24.6.2010, TranspR 2010, 382; aA OLG Düsseldorf TranspR 2006, 349, 351.

[149] OLG Düsseldorf 26.7.2004, BeckRS 2005, 04400; OLG Düsseldorf 31.5.2006, TranspR 2006, 349; abw. OLG Düsseldorf 17.6.2005, BeckRS 2005, 08770: Unwirksame AGB können keine Kenntnis vermitteln.

[150] BGH 15.11.2001, BGHZ 149, 337, 355 = NJW 2002, 3106, 3110.

[151] BGH 30.3.2006, NJW-RR 2006, 1264, 1266 = TranspR 2006, 250, 252; BGH 15.11.2001, TranspR 2002, 458, 460.

[152] BGH 5.6.2003, NJW 2003, 3626, 3627 = TranspR 2003, 467, 468; BGH 9.10.2003, TranspR 2004, 175, 175; BGH 23.10.2003, NJW-RR 2004, 394, 395 = TranspR 2004, 177, 179; BGH 4.3.2004, TranspR 2004, 460, 464; BGH 3.11.1994, BGHZ 127, 275, 283 = NJW 1995, 1490, 1492; BGH 5.6.2003, NJW 2003, 3626, 3627; zusammenfassend kürzlich BGH 18.12.2008 TranspR 2009, 134; *Koller* Rn. 20; Heymann/*Joachim* Rn. 10; Fremuth/Thume/*Fremuth* Rn. 20; *Seyffert* S. 131.

seiner Darlegungspflicht jedoch bereits, wenn die Umstände des Falles ein qualifiziertes Verschulden mit einer gewissen Wahrscheinlichkeit nahe legen.[153] Dann trifft den **Frachtführer eine prozessuale Aufklärungspflicht** und damit eine Einlassungsobliegenheit (sog. sekundäre Beweislast). Gleiches gilt, wenn sich aus dem unstreitigen Sachverhalt Anhaltspunkte für ein qualifiziertes Verschulden ergeben oder der Schadenshergang völlig im Dunkeln liegt.[154] Die Aufklärungspflicht beinhaltet vor allem die Umstände, die der Wahrnehmung des Versenders entzogen sind, da sie der betrieblichen Sphäre des Frachtführers zuzurechnen sind.[155] Der Frachtführer ist gehalten, durch detaillierten Sachvortrag zur Organisation seines Betriebes und zu den von ihm ergriffenen Sicherungsmaßnahmen Stellung zu nehmen.[156] Weigert er sich, dieser Einlassungsobliegenheit nachzukommen, oder ist ihm eine Darlegung der Details des Transports nicht möglich, so ist der Schluss auf ein qualifiziertes Verschulden sowohl in Bezug auf die Leichtfertigkeit als auch in Bezug auf dessen Bewusstsein zulässig.[157] Denn in einem solchen Fall ist nach der allgemeinen Lebenserfahrung regelmäßig nicht nur von einer Organisation des Betriebsablaufs auszugehen, die keinen hinreichenden Schutz der zu befördernden Güter gegen ein Abhandenkommen gewährleistet und sich in krasser Weise über die Sicherheitsinteressen des Vertragspartners hinwegsetzt, sondern auch von einer sich dem Handelnden aus seinem leichtfertigen Verhalten aufdrängenden Erkenntnis, es werde mit Wahrscheinlichkeit ein Schaden entstehen.[158] Der Schluss auf das Bewusstsein allgemein ist im Rahmen des Indizienbeweises möglich. Allerdings darf nicht direkt aus der Leichtfertigkeit auf ein Bewusstsein geschlossen werden (s. Rn. 16).

Der BGH[159] hat in diesem Zusammenhang klargestellt, dass seine weitreichenden **53a** Anforderungen an die Darlegungslast des Frachtführers nicht dazu führen können, dass die Beweislast umgekehrt wird: Hat der Frachtführer seiner Einlassungsobliegenheit genügt, so muss der **Anspruchsteller** die Voraussetzungen für die unbeschränkte Haftung des Frachtführers nicht nur darlegen, sondern **gegebenenfalls auch beweisen.** Das gilt auch dann, wenn dem Anspruchsteller eine nähere Darlegung wegen der Zugehörigkeit des Geschehens zum Wahrnehmungsbereich des Frachtführers – trotz der in einem solchen Fall erhöhten Anforderungen an dessen (sekundäre) Darlegungslast – nicht möglich ist.

Der häufigste Fall des qualifizierten Verschuldens ist der **Verzicht des Frachtführers 54 auf Ein- und Ausgangskontrollen an Schnittstellen.**

Hat der Anspruchsberechtigte das qualifizierte Verschulden bewiesen, ist es an dem **55** Frachtführer, die Kausalität zu widerlegen.[160]

**Für Beschädigungen gilt das oben Gesagte nur eingeschränkt.** Im Rahmen **56** des Organisationsverschuldens auf Grund von unterlassenen Schnittstellenkontrollen

---

[153] BGH 9.10.2003, TranspR 2004, 175, 175; BGH 23.10.2003, NJW-RR 2004, 394, 395 = TranspR 2004, 177, 179; BGH 4.3.2004, TranspR 2004, 460, 464; BGH 5.6.2003, NJW 2003, 3626, 3627. BGH 13.1.2011, TranspR 2011, 218 = NJW-RR 2011, 1181 hat das bloße Blockieren der Bremsen nicht als eine hinreichende Grundlage für die Annahme angesehen, dass ein darauf folgender Unfall mit hoher Wahrscheinlichkeit auf eine unzureichende Wartung der Bremsanlage zurückzuführen sei.

[154] BGH 9.10.2003, TranspR 2004, 175, 175; BGH 23.10.2003, NJW-RR 2004, 394, 395 = TranspR 2004, 177, 179; BGH 4.3.2004, TranspR 2004, 460, 464; BGH 5.6.2003, NJW 2003, 3626, 3628; BGH 18.3.2010, I ZR 1/09 LG (juris); Mannheim 3.3.2011, TranspR 2011, 429.

[155] BGH 3.11.1994, BGHZ 127, 275, 284; BGH 4.5.1995, BGHZ 129, 345, 349 f.

[156] BGH 9.10.2003, TranspR 2004, 175; BGH 23.10.2003, NJW-RR 2004, 394, 395 = TranspR 2004, 177, 179; BGH 4.3.2004, TranspR 2004, 460, 464; BGH 3.11.1994, BGHZ 127, 275, 284 = NJW 1995, 1490, 1492; BGH 4.5.1995, BGHZ 129, 345, 351 = NJW 1995, 3117, 3118; BGH 5.6.2003, NJW 2003, 3626, 3628.

[157] BGH 26.3.2009, TranspR 2010, 76; BGH 4.3.2004, TranspR 2004, 460, 462; BGH 5.6.2003, NJW 2003, 3626, 3628.

[158] BGH 4.3.2004, TranspR 2004, 460, 462 mwN; krit. hierzu *Fremuth* TranspR 2004, 103, der eine solche schematische Annahme als unzulässig empfindet.

[159] BGH 10.12.2009, TranspR 2010, 78.

[160] EBJS/*Schaffert* Rn. 18; Oetker/*Paschke* Rn. 18; *Ungewitter* VersR 2007, 1058, 1060.

kommt es auf die Art des entstandenen Schadens an.[161] Denn die Kontrollen dienen nicht der Feststellung von Schäden am Gut, sondern der Verfolgbarkeit des Gutes bei Verlust. Es können allenfalls äußere Schäden festgestellt werden.[162] Daher gilt bei Beschädigungen nur dann eine Aufklärungspflicht, wenn der Anspruchsteller Anhaltspunkte für ein qualifiziertes Verschulden vorträgt, das zu der Beschädigung geführt hat.[163] Ein Indiz ist das Ausmaß und die Art der Beschädigung.[164] Liegen die Anhaltspunkte vor, trifft den Frachtführer eine Recherchepflicht. Kann der Frachtführer trotz angemessener Recherche die Schadensursache nicht aufklären, bleibt der Anspruchsteller beweispflichtig.[165]

**56a**    Der BGH[166] hat den für Verlustfälle entwickelten Grundsatz, dass den Frachtführer eine sekundäre Darlegungslast trifft, wenn der Vortrag des Gegners ein vom Frachtführer zu vertretendes schadensursächliches qualifiziertes Verschulden mit gewisser Wahrscheinlichkeit nahelegt oder sich Anhaltspunkte dafür aus dem unstreitigen Sachverhalt ergeben, auch auf Fälle angewendet, in denen das Frachtstück zwar abgeliefert, seine Verpackung aber während des Transports geöffnet, sein Inhalt ganz oder teilweise herausgenommen und die Verpackung wieder verschlossen worden ist.

## I. Abdingbarkeit

**57**    Der Abdingbarkeit des § 435 durch AGB sind durch die §§ 449, 466 und §§ 138, 276 Abs. 3 BGB enge Grenzen gesetzt. Fraglich ist, ob ein in AGB **vertraglich vereinbarter Verzicht auf Schnittstellenkontrollen** unter diese Regelung fällt. Die Rechtsprechung nimmt eine Unvereinbarkeit mit § 449 an;[167] ein Verzicht auf Schnittstellenkontrollen sei gem. § 449 Abs. 1 Satz 1 (= § 449 Abs. 2 Satz 1 aF), und § 307 Abs. 1, 2 BGB unwirksam, weil der Frachtführer sich hiermit von einer ihm obliegenden Hauptpflicht, nämlich der Verpflichtung, die Warensendung während des Transports stets unter Kontrolle zu halten, in weitem Umfang freizeichne.[168] Dem steht jedoch entgegen,[169] dass man in der Vereinbarung eine reine Leistungsbeschreibung sehen kann. Die Abgrenzung ist im Einzelnen schwierig, vgl. dazu § 449 Rn. 27 ff.

**58**    Die allgemein übliche Klausel über den Verzicht auf „eine Kontrolle des Transportweges durch schriftliche Ein- und Ausgangsdokumentation an den einzelnen Umschlagstellen" wird als **reiner Dokumentationsverzicht** angesehen.[170]

**59**    Im Übrigen ist eine Abbedingung des § 435 durch Individualvereinbarung – bis zur Grenze der guten Sitten, also vor allem einer Befreiung von Kardinalpflichten des Frachtführers – möglich.

---

[161] BGH 15.11.2001, NJW–RR 2002, 1108, 1112 = TranspR 2002, 302, 305; BGH 15.11.2001, TranspR 2002, 452, 458; BGH 9.10.2003, TranspR 2004, 175, 177; BGH 19.5.2005, TranspR 2006, 114, 115; *Thume* TranspR 2006, 369, 370; *Koller* Rn. 21.
[162] BGH 22.11.2007, TranspR 2008, 30; BGH 15.11.2001, NJW–RR 2002, 1108 = TranspR 2002, 302, 305; BGH 9.10.2003, TranspR 2004, 175, 177.
[163] BGH 29.6.2006, TranspR 2006, 390, 393; BGH 22.11.2007, TranspR 2008, 30; BGH 29.7.2009, TranspR 2009, 331 (zu § 660 aF).
[164] BGH 29.6.2006, TranspR 2006, 390, 393; BGH 22.11.2007, TranspR 2008, 30; *Koller* Rn. 21a.
[165] BGH 22.11.2007, TranspR 2008, 30 ff.; BGH 29.6.2006, TranspR 2006, 390, 393.
[166] BGH 13.6.2012, TranspR 2012, 456.
[167] BGH 9.10.2003, TranspR 2004, 175, 176; BGH 4.3.2004, TranspR 2004, 464, 467; BGH 1.12.2005, NJW–RR 2006, 758 = TranspR 2006, 169, 170 f.; BGH 1.12.2005, TranspR 2006, 171, 173; OLG Düsseldorf 26.7.2004, TranspR 2005, 216; OLG München 17.3.2004, NJW–RR 2004, 1064, 1065 = TranspR 2005, 26.
[168] BGH 1.12.2005, TranspR 2006, 171, 173; OLG Bamberg 8.11.2004, TranspR 2005, 358, 361; Hein/Eichhoff/Pukall/Krien/*Andresen* Rn. 18; OLG Köln 5.8.2003, TranspR 2004, 28, 30.
[169] So auch *Thume* TranspR 2006, 369, 370; *Koller* Rn. 23; *Tomhave* TranspR 2006, 124, 126; Heymann/*Joachim* Rn. 11.
[170] BGH 15.11.2001, TranspR 2002, 306, 308; BGH 13.2.2003, TranspR 2003, 255, 257; BGH 9.10.2003, TranspR 2004, 175, 176.

## § 436 Haftung der Leute

[1]Werden Ansprüche aus außervertraglicher Haftung wegen Verlust oder Beschädigung des Gutes oder wegen Überschreitung der Lieferfrist gegen einen der Leute des Frachtführers erhoben, so kann sich auch jener auf die in diesem Unterabschnitt und im Frachtvertrag vorgesehenen Haftungsbefreiungen und -begrenzungen berufen. [2]Dies gilt nicht, wenn er vorsätzlich oder leichtfertig und in dem Bewußtsein, daß ein Schaden mit Wahrscheinlichkeit eintreten werde, gehandelt hat.

### Übersicht

| | Rn. | | Rn. |
|---|---|---|---|
| I. Normzweck | 1 | 3. Geschützte Personen | 6–9 |
| II. Entstehungsgeschichte | 2 | a) Leute | 6 |
| | | b) Selbstständige Erfüllungsgehilfen | 7 |
| III. Außervertragliche Ansprüche | | c) Unterfrachtführer | 8 |
| gegen die Leute | 3–9 | d) Vertraglich Begünstigte | 9 |
| 1. Erfasste Ansprüche | 3, 4 | | |
| 2. Anspruchsteller | 5 | IV. Rechtsfolge | 10, 11 |

### I. Normzweck

Die Vorschrift gewährt den Leuten des Frachtführers das Recht, bei außervertraglicher **1** Inanspruchnahme auf Schadensersatz die gesetzlichen und frachtvertraglichen Haftungsbefreiungen und -begrenzungen geltend zu machen, die dem Frachtführer zu Gebote stehen. Damit verallgemeinert die Norm einen **Drittschutz,** wie er ähnlich schon nach § 508 Abs. 1 (§ 607a Abs. 2 aF) sowie nach Art. 28 Abs. 2 CMR gilt. Dies entspricht einerseits dem arbeitsrechtlichen Grundgedanken der Fürsorge und sichert anderseits, ebenso wie § 434, das frachtvertragliche Haftungssystem gegen Umgehungen: Könnten die Leute des Frachtführers wegen der Ansprüche, für die dieser nur begrenzt haftet, aus Delikt in unbegrenzter Höhe in Anspruch genommen werden, so träfen ihn in vielen Fällen arbeitsrechtliche Freistellungsverpflichtungen wegen gefahrgeneigter Tätigkeit.[1]

### II. Entstehungsgeschichte

Der Vorschlag der Sachverständigenkommission[2] ist unverändert in den RegE[3] über- **2** nommen worden und hat ohne Diskussion im Bundestag Eingang in das Gesetz gefunden. Die Sachverständigenkommission hat nach einer Abwägung den Schutz – abweichend von Art. 28 CMR, jedoch in Übereinstimmung mit § 607a Abs. 2 aF – auf die Leute, also die **abhängig im Betrieb des Frachtführers Beschäftigten,** beschränkt; andere Erfüllungsgehilfen erscheinen nicht in gleicher Weise schutzbedürftig und können bei ihrer Inanspruchnahme in der Regel auch nicht Regress beim Frachtführer nehmen.[4]

### III. Außervertragliche Ansprüche gegen die Leute

**1. Erfasste Ansprüche.** Alle Ansprüche wegen Verlust oder Beschädigung des Gutes **3** oder wegen Überschreitung der Lieferfrist, für die der Frachtführer nach §§ 425 ff. haftet und hinsichtlich derer er den Einwand der Haftungsbegrenzung auch gegenüber außervertraglichen Ansprüchen geltend machen kann (§ 434). Bei den Leuten kommen in erster Linie Ansprüche aus unerlaubter Handlung (§ 823 BGB) in Betracht, auch aus § 7 StVG, § 1 HaftpflG.[5]

---

[1] Reg.Begr. S. 73.
[2] Bericht S. 20, 103 f.
[3] S. 72.
[4] Vgl. Bericht S. 104.
[5] *Koller* Rn. 6; Oetker/*Paschke* Rn. 6.

**4**     Ebenso wie der Frachtführer (vgl. dazu § 434 Rn. 9) sollten auch seine Leute bei Schäden wegen Verlust oder Beschädigung von **Begleitpapieren** (§ 413 Abs. 2 Satz 2) und gegen Schäden durch **Auslieferung an einen nicht** durch den Ladeschein **Legitimierten** (§ 445 Abs. 3) nur begrenzt haften, wenn sie hierfür in Anspruch genommen werden können;[6] auf andere Fälle sollte die Vergünstigung jedoch nicht erstreckt werden.[7]

**5**     **2. Anspruchsteller.** Der Einwand kann gegenüber jedem erhoben werden, seien es Beteiligte am Vertrag (Absender und Empfänger) oder Dritte, die als Eigentümer des beförderten Gutes geschädigt sind. Der Schutz gegenüber Dritten ergibt sich aus der entsprechenden Anwendung von § 434 Abs. 2, dessen Einschränkungen nach § 434 Abs. 2 Satz 2 jedoch auch hier zu beachten sind.[8]

**6**     **3. Geschützte Personen. a) Leute.** Diese können die Haftungsbefreiungen und -begrenzungen des Frachtführers geltend machen. Zum Begriff der Leute vgl. § 428 Rn. 5. Sie müssen, obgleich dies nicht ausdrücklich im Gesetz hervorgehoben ist, **in Ausübung ihrer Verrichtungen** gehandelt haben.[9]

**7**     **b) Selbstständige Erfüllungsgehilfen. Selbstständige Erfüllungsgehilfen** können die Einwendungen als solche nicht geltend machen. Das gilt deshalb auch für **deren Leute.** Soweit diese Erfüllungsgehilfen jedoch zugleich die **Stellung eines ausführenden Frachtführers** haben (§ 437), können sie sich kraft dieser auf die Haftungsbefreiungen und -begrenzungen nach dem Hauptfrachtvertrag berufen (§ 437 Abs. 2), auch gegenüber außervertraglichen Ansprüchen (§ 434); diese Einwendungen können auch die **Leute des ausführenden Frachtführers** erheben (§ 437 Abs. 4).

**8**     **c) Unterfrachtführer.** Nach der neueren Rechtsprechung des BGH haftet dieser aus dem Unterfrachtvertrag vertraglich gegenüber dem Empfänger[10] des Hauptfrachtvertrages. Gegenüber diesem Anspruch kann er alle Haftungsbefreiungen und -begrenzungen der §§ 425 ff. aus eigenem Recht geltend machen, auch gegenüber deliktischen Ansprüchen (§ 434). Die Einwendungen aus dem Unterfrachtvertrag können jedoch von den nach § 434 aus dem Hauptvertrag abgeleiteten (die ihm, sofern er selbständiger Erfüllungsgehilfe ist, nicht zustehen, s. Rn. 7) verschieden sein, weil die Bedingungen des Unterfrachtvertrages mit denen aus dem Hauptfrachtvertrag nicht identisch zu sein brauchen.

**9**     **d) Vertraglich Begünstigte.** Durch haftungsbefreiende Vertragsklauseln zugunsten Dritter (sog. Himalaya-Klauseln[11]) kann der Frachtführer die gesetzlichen und vertraglichen Haftungsbefreiungen und -begrenzungen seines Frachtvertrages mit dem Absender auch einem selbständigen Erfüllungsgehilfen zugutekommen lassen; diese Begünstigung kann allerdings nur gegenüber den Vertragspartnern des Frachtführers vereinbart werden, nicht gegenüber außenstehenden Eigentümern des Gutes (§ 434 Abs. 2), wo sie eines gesetzlichen Fundamentes bedürfte. Die Rechtsprechung lässt solche haftungsbefreienden Klauseln zugunsten auch selbständiger Erfüllungsgehilfen jedenfalls dann zu, wenn der Erfüllungsgehilfe „in eine besondere Nähe zum Hauptvertrag gerückt" wird.[12] Dies ist bei einem Unterfrachtführer wohl generell der Fall.[13] Im Übrigen ist zumindest bei Freizeichnungen

---

[6]  Vgl. § 434 Rn. 9; *Koller* Rn. 3.

[7]  Weitergehend *Koller* Rn. 3; EBJS/*Schaffert* Rn. 5; es erscheint jedoch bedenklich, die Haftung für allgemeine Vermögensschäden nach § 823 Abs. 2 in die ausdehnende Interpretation der Vergünstigung einzubeziehen.

[8]  *Koller* Rn. 5; EBJS/*Schaffert* Rn. 4; Fremuth/Thume/*Fremuth* Rn. 8, 9; Oetker/*Paschke* Rn. 5.

[9]  Vgl. dazu § 428 Rn. 6a; ebenso *Koller* Rn. 4.

[10]  BGH 14.6.2007, TranspR 2007, 425; BGH 30.10.2008, TranspR 2009, 130; vgl. dazu § 425 Rn. 77 ff. Ob diese Haftung auch gegenüber dem Absender besteht, erscheint fraglich.

[11]  Der Name ist abgeleitet von einem seerechtlichen Fall (House of Lords, 2 LLRep. 1954, 267), in dem der Kapitän eines Schiffes dieses Namens an Stelle des vertraglich freigezeichneten Reeders in Anspruch genommen wurde; vgl. dazu *Herber*, Seehandelsrecht, S. 206 f.; *Rabe*, Seehandelsrecht, 4. Aufl., § 607a Rn. 10.

[12]  BGH 6.7.1995, BGHZ 130, 223 = TranspR 1996, 23.

[13]  Vgl. auch *Rabe*, Seehandelsrecht, 4. Aufl., § 607a Rn. 14.

durch AGB Zurückhaltung bei der Anerkennung jedenfalls hinsichtlich der Kardinalpflicht sorgfältiger Güterbeförderung geboten.[14]

## IV. Rechtsfolge

Die Leute können sich auf die gesetzlichen und vertraglichen Haftungsbefreiungen und **10** -begrenzungen berufen. Hat der Frachtführer im Frachtvertrag eine Haftungsgrenze vereinbart, die ungünstiger ist als die gesetzliche – etwa eine Haftung auf 20 SZR je kg –, so können die Leute die ihnen Günstigere des Gesetzes geltend machen;[15] dies folgt nach Auffassung der Reg.Begr. daraus, dass sich die Leute auf die im Gesetz „und" im Frachtvertrag vorgesehenen Haftungsgrenzen stützen, also die ihnen **günstigere Regelung wählen** können.[16]

Die Vergünstigungen der Leute entfallen ebenso wie die des Frachtführers selbst, wenn **11** ihnen **qualifiziertes Verschulden iS des § 435** zur Last fällt. Dabei kommt es allein auf den Schuldvorwurf gegen den in Anspruch Genommenen an;[17] haftet der Frachtführer selbst wegen eigenen qualifizierten Verschuldens oder wegen eines solchen anderer Erfüllungsgehilfen nach § 435 unbeschränkt, so kann sich ein Bediensteter, dem ein qualifiziertes Verschulden nicht zur Last fällt, gleichwohl auf die Haftungsbefreiungen und -begrenzungen berufen.

## § 437 Ausführender Frachtführer

(1) ¹**Wird die Beförderung ganz oder teilweise durch einen Dritten ausgeführt (ausführender Frachtführer), so haftet dieser für den Schaden, der durch Verlust oder Beschädigung des Gutes oder durch Überschreitung der Lieferfrist während der durch ihn ausgeführten Beförderung entsteht, so, als wäre er der Frachtführer.** ²**Vertragliche Vereinbarungen mit dem Absender oder Empfänger, durch die der Frachtführer seine Haftung erweitert, wirken gegen den ausführenden Frachtführer nur, soweit er ihnen schriftlich zugestimmt hat.**

(2) **Der ausführende Frachtführer kann alle Einwendungen und Einreden geltend machen, die dem Frachtführer aus dem Frachtvertrag zustehen.**

(3) **Frachtführer und ausführender Frachtführer haften als Gesamtschuldner.**

(4) **Werden die Leute des ausführenden Frachtführers in Anspruch genommen, so gilt für diese § 436 entsprechend.**

**Schrifttum:** *Czerwenka*, Passagierschaden im Binnenschiffsverkehr, NJW 2006, 1250; *dies.*, Die Anwendung des § 437 bei grenzüberschreitenden Transporten, TranspR 2012, 408; *Demuth*, Abgetretener höherer Ersatzanspruch des vertraglichen Frachtführers gegen den ausführenden Frachtführer in der Hand des Absenders, TranspR 2004, Sonderbeilage XII; *Herber*, Die Haftung des Unterfrachtführers gegenüber den Ladungsbeteiligten des Hauptfrachtvertrages, TranspR 2013, 1; *Knöfel*, Der ausführende Frachtführer – eine Rechtsfigur im Schnittpunkt von Transportrecht und allgemeinem Schuldrecht, FG Herber, S. 96; *Koller*, Die Haftung des HGB-Unterfrachtführers gegenüber den Empfänger, TranspR 2009, 229; *ders.*, Der Unterfrachtführer als Schuldner und Gläubiger, TranspR 2009, 451; *ders.*, Erlassvertrag zwischen Hauptfrachtführer und Unterfrachtführer, TranspR 2012, 326; *ders.*, Wer ist Frachtführer im Sinn des § 437 HGB nF?, TranspR 2013, 103; *ders.*, Die Regressklage von Transportunternehmen, TranspR 2001, 359; *Ramming*, Die Haftung des ausführenden Frachtführers nach § 437 HGB, TranspR 2000, 277; *ders.*, Neues vom ausführenden Frachtführer, VersR 2007, 1190; *ders.*, Die neuen Vorschriften über den ausführenden Verfrachter, RdTW 2013, 81; *Seyffert*, Die Haftung des ausführenden Frachtführers in neuen deutschen Frachtrecht, Diss. Hamburg 2000; *Speckmann*, Die Haftung des Unterfrachtführers gegenüber dem Empfänger und sonstigen Dritten, Diss.

---

[14] *Rabe* (Fn. 12); *Koller* Rn. 9; EBJS/*Schaffert* Rn. 2.
[15] *Koller* Rn. 8; EBJS/*Schaffert* Rn. 6; Fremuth/Thume/*Fremuth* Rn. 5; Baumbach/Hopt/*Merkt* Rn. 1.
[16] Reg.Begr. S. 73; *Koller* Rn. 8 weist allerdings mit Recht darauf hin, dass die Begründung, es handele sich sonst um einen „Vertrag zu Lasten Dritter", nicht tragfähig ist: Es wäre durchaus möglich gewesen, die – stets in der Regelung enthaltene – Vergünstigung nur soweit reichen zu lassen, wie der Frachtführer selbst entlastet ist.
[17] *Koller* Rn. 7; EBJS/*Schaffert* Rn. 6; Fremuth/Thume/*Fremuth* Rn. 11; Oetker/*Paschke* Rn. 8.

Hamburg 2012; *Steingröver,* Die Mithaftung des ausführenden Verfrachters im Seerecht – de lege lata und de lege ferenda, Diss. Hamburg 2006; *Thume,* Die Haftung des ausführenden Frachtführers nach § 437 HGB, VersR 2000, 1071; *Wagner,* Die Haftung des ausführenden Frachtführers nach dem Transportrechtsreformgesetz, ZHR 163 (1999), 679; *Zapp,* Ansprüche gegen den ausführenden Frachtführer bei internationalen Lufttransporten, TranspR 2000, 239.

## Übersicht

|  | Rn. |  | Rn. |
|---|---|---|---|
| I. Normzweck | 1, 2 | c) Vereinbarungen zwischen vertrag- |  |
| II. Entstehungsgeschichte | 3, 3a | schließendem und ausführendem |  |
|  |  | Frachtführer | 34 |
| III. Ausführender Frachtführer | 4–12a | d) Auswirkung der Sonderrechtsbezie- |  |
| 1. Begriff | 4–10 | hung zwischen Unterfrachtführer |  |
| 2. Abgrenzung | 11 | und Empfänger nach der neueren |  |
| 3. Voraussetzung: Wirksamer Haupt- |  | BGH-Rechtsprechung | 35, 35a |
| frachtvertrag nach §§ 407 ff. | 12, 12a | 4. Verantwortlichkeit für Leute und |  |
| IV. Haftung des ausführenden |  | andere Erfüllungsgehilfen | 36, 37 |
| Frachtführers | 13–38 | 5. Anspruch nach § 437 und Drittscha- |  |
| 1. Grundlage | 13–16 | densliquidation | 38 |
| 2. Ausgestaltung der Haftung im Einzel- |  | V. Verhältnis zur Haftung des ver- |  |
| nen | 17–28 | tragschließenden Frachtführers | 39–42 |
| a) Schadensereignis im Obhutszeit- |  | 1. Gesamtschuldnerschaft | 39–41 |
| raum | 19–21 | 2. Ausgleich | 42 |
| b) Entlastung nach §§ 426, 427 | 22–26 | VI. Reklamation. Verjährung | 43–46 |
| c) Anwendbarkeit des § 435 | 27 | VII. Haftung der Leute des ausfüh- |  |
| d) Anwendbarkeit des § 434 | 28 | renden Frachtführers | 47–49 |
| 3. Auswirkung von Vereinbarungen | 29–35a | VIII. Ausführender Frachtführer |  |
| a) Vereinbarungen des vertragschlie- |  | beim Multimodalvertrag | 50 |
| ßenden Frachtführers | 29–32 | IX. Anwendbares Recht (IPR) | 51, 52 |
| b) Vereinbarungen des ausführenden |  | X. Gerichtsstand | 53, 54 |
| Frachtführers | 33 |  |  |

## I. Normzweck

**1**    Zweck der Vorschrift ist es, dem Geschädigten einen leichteren Zugriff auf den tatsächlichen Schädiger in den Fällen zu ermöglichen, in denen der vom Absender vertraglich beauftragte Frachtführer das Gut nicht selbst oder durch eigene Leute befördert, sondern die Beförderung selbständigen Dritten überträgt.[1] Da es dem Frachtführer grundsätzlich frei steht, die vertraglich übernommene Beförderungspflicht durch Unterfrachtführer erfüllen zu lassen, sollen Absender und Empfänger bei Güter- und Verspätungsschäden **neben dem Anspruch gegen den vertraglichen Frachtführer** kraft Gesetzes einen **Direktanspruch** gegen den jeweils die Beförderung „ausführenden" Frachtführer geltend machen können. Mit der Regelung wird zugleich erreicht, dass auch dem in die Beförderung eingeschalteten Dritten die Haftungsbegrenzungsregelungen des Frachtvertragsrechts zugute kommen.

**2**    Modell für die Regelung sind vor allem Art. II ZAG, Art. 10 HambR und Art. 2 Satz 2 des Athener Übereinkommens vom 13.12.1974 über die Beförderung von Reisenden und ihrem Gepäck auf See.[2] Das im Luftrecht entstandene Rechtsinstitut ist in weitere Übereinkommen[3] und nationale Gesetze[4] übernommen worden und findet sich auch schon im deutschen Recht, so in § 509, in § 546 (Art. 3 der Anlage zu § 664 aF) und in § 149a LuftVG aF. Andere Rechtskonstruktionen wie namentlich die gemeinschaftliche Haftung aufeinanderfolgender Frachtführer nach Art. 34 ff. CMR und § 432 HGB aF schützen die

---

[1] Reg.Begr. S. 74.
[2] Reg.Begr. S. 73.
[3] Vgl. Art. 39 MÜ, Art. 27 CIM, Art. 4 CMNI.
[4] Vor allem in die skandinavischen Seegesetze von 1995, vgl. dazu *Honka,* New Carriage of Goods by Sea, Abo 1997, S. 76 ff.; *Corra Solaguren,* Haftung im Seefrachtrecht und ihre gesetzliche Fortentwicklung in den skandinavischen Saaten, Diss. Hamburg 2004, S. 142 ff.

Geschädigten nicht in gleicher Weise und stellen mit ihrer Anforderung an den Eintritt in den (Haupt-)-Frachtvertrag durch Übernahme von Gut und Frachtbrief sehr enge Voraussetzungen. Auch die seit langem vom Schrifttum befürwortete[5] und neuerdings vom BGH[6] anerkannte Direkthaftung des Unterfrachtführers gegenüber dem Empfänger aus dem Unterfrachtvertrag enthält, abgesehen von den rechtlichen Bedenken gegen diese Konstruktion (vgl. dazu § 425 Rn. 76 ff.), keine von der Ausgestaltung des Unterfrachtvertrages unabhängige Sicherung für den Empfänger. § 437 statuiert dagegen eine gesetzliche Mithaftung des ausführenden Frachtführers grundsätzlich zu den Bedingungen des Hauptfrachtvertrages.

## II. Entstehungsgeschichte

Die Vorschrift ist aus dem Kommissionsentwurf[7] unverändert in den RegE[8] übernommen und in den parlamentarischen Beratungen nicht verändert worden.[9] **3**

Durch das SRG (Art. I Nr. 17) ist die Vorschrift durch zwei Klarstellungen geändert **3a** worden: In Abs. 1 Satz 1 sind die Wörter „in gleicher Weise wie" ersetzt worden durch die Wörter: „so, als wäre er." In Abs. 2 sind hinter „Einwendungen" die Wörter „und Einreden" eingefügt worden. Diese Änderungen haben nur klarstellende Bedeutung;[10] nach der neuen Formulierung ist deutlicher, dass es für die persönlichen Merkmale etwa des § 435 für die Haftung des ausführenden Frachtführers allein auf dessen Verhalten ankommt.

## III. Ausführender Frachtführer

**1. Begriff.** Ausführender Frachtführer ist nach der Definition des Gesetzes ein Dritter, **4** der die Beförderung ganz oder teilweise ausführt. Er ist „Dritter", wenn er am ursprünglichen Vertrag, der ein Frachtvertrag oder ein jedenfalls teilweise dem Frachtrecht unterworfener Speditionsvertrag mit der Haftung nach §§ 425 ff. sein muss, nicht beteiligt ist.

Der Dritte muss eine **Beförderung** ausführen. Dieses Merkmal kann insbesondere bei **4a** der Ausführung von Hilfsfunktionen zweifelhaft sein, vor allem beim Laden und Entladen eines Beförderungsmittels. Bedient sich der Frachtführer zum Ein- und Ausladen des Gutes eines Dritten, namentlich etwa eines Umschlagsunternehmens, so ist dieses ausführender Frachtführer, obgleich sein Vertrag mit dem Frachtführer häufig ein Werkvertrag sein wird; denn für den Hauptfrachtvertrag – auf dessen Beurteilung es für § 437 allein ankommt – ist das Be- und Entladen Teil der Beförderung. Diese Problematik hat besonders praktisches Gewicht beim Seetransport, wo das Be- und Entladen in den großen Seehäfen regelmäßig durch selbständige Kaianstalten vorgenommen wird. Vgl. dazu § 509 Rn. 57 ff.

Es kommt nicht darauf an, **weshalb der ausführende Frachtführer die Beförderung** **5** **übernommen** hat. In aller Regel wird er auf Grund eines mit dem Hauptfrachtführer – unmittelbar oder über einen weiteren Unterfrachtführer – geschlossenen Unterfrachtvertrages tätig werden. Das braucht jedoch nicht der Fall zu sein. Das Gesetz verlangt – anders als die Vorbilder – bewusst[11] nicht, dass der vertragsschließende Frachtführer dem ausführenden die Beförderung „übertragen" hat,[12] dass er ihn dazu „ermächtigt" hat[13] oder dass er

---

[5] Vgl. nur *Basedow* in der 1. Aufl. Art. 13 CMR Rn. 17 ff.; *Koller* VersR 1988, 673; *Thume* TranspR 1991, 85, 88 f.; *Koller* Art. 13 CMR Rn. 5; *Helm,* Frachtrecht II, 2. Aufl. 2002, Art. 13 CMR Rn. 2; OLG München 21.7.1989, TranspR 1989, 324 (aufgehoben von BGH 24.10.1991, BGHZ 116, 15 ff. = TranspR 1992, 177 ff.); dagegen außer BGH aaO: EBJ/*Huther,* 1. Aufl. 1997, Art. 13 CMR Rn. 8; *Herber/Piper* CMR Art. 13 Rn. 19.

[6] BGH 14.6.2007, TranspR 2007, 425.

[7] Bericht S. 20, 104 ff.

[8] Reg.Begr. S. 10, 73 ff.

[9] Beschlussempfehlung TRG S. 18.

[10] Vgl. RegBegr-SRG S. 55, 86; *Koller* Rn. 3, misst der Änderung wohl zu viel grundsätzliche Bedeutung bei.

[11] Vgl. Reg.Begr. S. 74.

[12] Wie Art. 3 der Anlage zu § 664 aF und Art. 1 Abs. 3, Art. 4 Abs. 2 Satz 1 CMNI.

[13] Wie Art. I Buchst. c ZAG.

wenigstens „einverstanden" ist.[14] Genügen soll allein die Ausführung, dh. die **tatsächliche Durchführung des Transports.**[15]

**6**    Man wird bei dem klaren Wortlaut des Gesetzes und der Motive auch nicht verlangen können, dass der Dritte die Beförderung mit **Billigung des Hauptfrachtführers** ausführt.[16] Diese wäre für den Dritten oft schwer feststellbar; bei mehrstufigen Unterfrachtverhältnissen kennt der vertragschließende Frachtführer auch meist nicht den letztlich ausführenden, man müsste also mit mutmaßlicher Billigung arbeiten.

**7**    Auch auf der Seite des ausführenden Frachtführers kann man nicht generell die Kenntnis verlangen, dass er einen **bestimmten fremden Hauptfrachtvertrag** ausführt. Er wird zwar mit der Haftung aus dem Hauptfrachtvertrag überzogen, dessen Existenz und Regeln er oft nicht kennen wird, doch ist seine gesetzliche Haftung – sofern er nicht Erweiterungen ausdrücklich zugestimmt hat (Abs. 1 Satz 2) – stets auf den Standard des allgemeinen deutschen Frachtrechts begrenzt. Mit einer solchen Haftung muss ein Frachtführer bei einer deutschem Recht unterliegenden Beförderung stets rechnen. Problematisch ist die Auferlegung der Haftung allerdings, wenn eine Teilstrecke eines deutschem Recht unterliegenden Multimodalvertrages im Ausland liegt und der ausländische ausführende Frachtführer nach § 437 haften soll; hier hilft jedoch eine restriktive Interpretation des Kollisionsrechts (dazu Rn. 51).

**8**    Allerdings bleibt das Erfordernis, dass es sich um die **nach dem Hauptvertrag** geschuldete Beförderung handelt. Es kann nicht genügen, dass ein Dritter die Güter aus eigenem Antrieb, etwa im Wege der Geschäftsführung ohne Auftrag, im Interesse des Absenders befördert (zB weil er sieht, dass der Hauptfrachtführer damit im Verzug ist), oder dass er sie irrtümlich, etwa auf Grund einer Verwechslung, transportiert; denn es wäre nicht gerechtfertigt, ihm in diesem Falle auch die Vergünstigungen des Frachtrechts zugute kommen zu lassen. Deshalb muss verlangt werden, dass der ausführende Frachtführer zumindest **weiß,** dass er die Beförderung für einen anderen Frachtführer durchführt. Er muss, wie *Koller*[17] mit Recht sagt, faktisch bereit gewesen sein, die Transportunternehmerrolle (als selbständiger Gewerbetreibender) einzunehmen, also den Transport bestimmten Gutes über eine Strecke, für die er eingeschaltet worden ist, unter unmittelbarer eigener Kontrolle abzuwickeln. Führt er die Beförderung für einen Spediteur durch, so geht es aber zu weit zu verlangen,[18] dass dieser wegen §§ 458–460 als Frachtführer haftet. Der Ausführende haftet zwar nur nach § 437, wenn der Spediteur diese Voraussetzungen erfüllt, doch ist seine Rechtsposition gegenüber den Ladungsbeteiligten nicht grundlegend anders, wenn dies nicht der Fall ist: Dann haftet er als (vertragschließender) Frachtführer inhaltlich in gleicher Weise.

**9**    Der ausführende Frachtführer muss die Beförderung **tatsächlich ausführen.** Er muss sie faktisch selbst oder durch seine Leute bewirken. Das bedeutet praktisch, dass in einer Kette von Unterfrachtverträgen, die in der Transportwirtschaft heute sehr häufig vorkommt, stets nur der letzte Unterfrachtführer die Position des ausführenden Frachtführers einnimmt.[19]

**10**    Da es nur auf die tatsächliche Ausführung der Beförderung ankommt, ist es auch **unerheblich, welchen Rechtsvorschriften ein Unterfrachtvertrag** zwischen vertragschließendem und ausführendem Frachtführer unterliegt: Dies kann ein Übereinkommen (CMR, MÜ, CIM), ausländisches Recht oder auch Seerecht sein.[20] Die Unbeachtlichkeit des etwaigen Unterfrachtvertrages zwischen (Haupt-) Frachtführer und ausführendem Frachtführer

---

[14]  Wie § 48b Abs. 1 Satz 1 LuftVG.
[15]  Reg.Begr. S. 74; auch *Knöfel,* FG Herber, S. 96, 98 ff.
[16]  So aber *Seyffert* S. 60 ff., die allerdings eine Vermutung hierfür sprechen lassen will; dagegen *Steingröver* S. 171 ff.; Hopt/*Merkt* Rn. 1.
[17]  Rn. 11; aA *Ramming* TranspR 2000, 277, 279.
[18]  So aber wohl *Koller* Rn. 9, 11.
[19]  Das ist bei den anderen Gestaltungen, namentlich der recht missglückten Formulierung der CMNI, oft sehr problematisch; vgl. dazu etwa *Ramming* TranspR 2008, 107, 109 ff. mwN.
[20]  *Ramming* TranspR 2000, 277, 279.

ist zu unterscheiden von dem Erfordernis, dass der ausgeführte Hauptfrachtvertrag dem Recht der §§ 425 ff. unterliegt[21] (vgl. dazu Rn. 12 ff.).

**2. Abgrenzung.** Der Anspruch aus § 437 ist scharf zu trennen von Ansprüchen aus dem **11** Unterfrachtvertrag. Nimmt der Geschädigte den ausführenden Frachtführer aus abgetretenem oder auf ihn übergegangenem Recht des Hauptfrachtführers in Anspruch, so kann dieser selbstverständlich alle Einwendungen aus dem Unterfrachtvertrag, nicht aber solche aus dem Hauptfrachtvertrag erheben.[22] Gleiches gilt – folgt man dem BGH – für die unmittelbare Haftung des Unterfrachtführers aus seinem Unterfrachtvertrag. Dagegen kann sich der ausführende Frachtführer gegenüber dem Anspruch aus § 437 nicht auf Bedingungen seines Frachtvertrages mit dem vertragschließenden Frachtführer, in der Regel also eines Unterfrachtvertrages, berufen.[23]

**3. Voraussetzung: Wirksamer Hauptfrachtvertrag nach §§ 407 ff.** Die gesetzliche **12** Haftung des ausführenden Frachtführers greift nur ein, wenn er (ganz oder teilweise) eine Beförderungsleistung erbringt, die Gegenstand eines **wirksamen**[24] **(Haupt-)Frachtvertrages** ist. Der **Frachtvertrag muss den Bestimmungen der §§ 407 ff., 425 ff. unterliegen.**[25] Gilt für den Hauptvertrag anderes Recht, so scheidet die Anwendung des § 437 aus; ob das den Hauptvertrag regelnde Recht eine Mithaftung des ausführenden Frachtführers vorsieht und wie diese ausgestaltet ist, bestimmt sich allein nach diesem. So sieht etwa das MÜ[26] eine solche Mithaftung vor, die CMR dagegen nicht. Bei Anwendung ausländischen Rechts auf den Hauptfrachtvertrag entscheidet dieses über die Mithaftung,[27] wobei dann die Frage der IPR-Anknüpfung besondere Probleme bereiten kann (vgl. Rn. 51 f.).

*Czerwenka*[28] will auch einen ausländischen Frachtvertrag als Grundlage für einen **12a** Anspruch nach § 437 genügen lassen. Die ausführlich begründete abweichende Ansicht geht davon aus, dass § 437 wegen seines allgemein anerkannten Charakters als außervertragliche Haftungsnorm kollisionsrechtlich nicht dem Recht des Hauptfrachtvertrages zu unterstellen, sondern eigenständig nach Art. 4 Rom II-VO anzuknüpfen ist. Dem ist kollisionsrechtlich wohl schon deshalb zuzustimmen, weil ein in einer anderen Rechtsordnung beheimateter und tätiger ausführender Frachtführer nicht mit einem Anspruch nach einem ihm fremden Recht des Hauptvertrages konfrontiert werden darf.[29] Die kollisionsrechtliche Sonderanknüpfung des § 437 kann jedoch nicht die sachrechtliche Voraussetzung entbehrlich machen, dass auch der Hauptfrachtvertrag deutschem Recht und nach diesem den §§ 425 ff. unterliegen muss. Denn § 437 enthält sachrechtlich das „ungeschriebene Tatbestandsmerkmal" der Anwendbarkeit der §§ 425 ff.[30] § 437 ist im Rahmen des deutschen Frachtrechts geschaffen worden, um die Rechtsstellung des Empfängers zu stärken (vgl. Rn. 1) und ist deshalb Bestandteil des vom Gesetzgeber abgewogenen Systems von gegenseitigen Rechten der Beteiligten im Rahmen der §§ 425 ff. Eine Anwendung des § 437 – mit dem Inhalt der

---

[21] Diese Fragen werden in der Darstellung bei *Koller* Rn. 7 und EBJS/*Schaffert* Rn. 6 wohl nicht deutlich genug getrennt, doch scheint mir dort in der Sache keine abweichende Meinung vertreten zu sein.

[22] Dazu, ob und in welchem Umfang im Rahmen des Unterfrachtvertrages nach Einführung des Direktanspruches gegen den ausführenden Frachtführer noch Ansprüche aus Drittschadensliquidation geltend gemacht werden können, vgl. Rn. 38.

[23] BGH 30.10.2008, TranspR 2009, 130 Tz. 24.

[24] *Koller* Rn. 10; EBJS/*Schaffert* Rn. 7; *Oetker*/*Paschke* Rn. 5.

[25] BGH 30.10.2008, TranspR 2009, 130 = NJW 2009, 1205; *Demuth* TranspR 1999, 100; *Ramming* TranspR 2000, 277, 280; *ders.* VersR 2007, 1190; *Koller* Rn. 11; EBJS/*Schaffert* Rn. 7; Fremuth/Thume/ *Fremuth* Rn. 8; aA *Czerwenka* TranspR 2012, 408; dagegen *Herber* TranspR 2013, 1; *Koller* TranspR 2013, 103; mit Einschränkung *Zapp* TranspR 2000, 239.

[26] Art. 40; in Fortführung der Regelung des ZAG.

[27] Das haben OLG Köln 16.1.2007, VersR 2007, 1149 und OLG Düsseldorf 1.7.2007, TranspR 2007, 239 übersehen; vgl. auch die Kritik bei *Ramming* VersR 2007, 1190.

[28] TranspR 2012, 408.

[29] *Czerwenka* NJW 2006, 1250.

[30] So besonders klar *Ramming* VersR 2007, 1190, 1199 mN; auch *Herber* TranspR 2013, 1,7; aA *Czerwenka* TranspR 2012, 408, 411.

§§ 425 ff.? – auf einen völlig anderen Grundsätzen folgenden Hauptfrachtvertrag wäre auch schon wegen der Schwierigkeiten bei der Anwendung von Abs. 2 kaum praktikabel. Vgl. auch Rn. 51

### IV. Haftung des ausführenden Frachtführers

13 **1. Grundlage.** Der ausführende Frachtführer haftet „so, als wäre er der Frachtführer". Die frühere Fassung (vgl. Rn. 3a) „in gleicher Weise wie der (vertragschließende) Fracht-führer". hatte, in Verbindung mit der Begründung, zu Fehlinterpretationen geführt.[31] Gemeint ist nach wie vor: Er haftet nach den gleichen gesetzlichen Regeln wie der vertrag-schließende Frachtführer.[32] Allerdings wird dieser Anspruch auch geprägt von den vertragli-chen Vereinbarungen des (Haupt-)Frachtvertrages, insoweit jedoch mit der Einschränkung des Abs. 1 Satz 2.

14 Über die **Rechtsnatur der Haftung** wird gestritten.[33] Die Reg.Begr.[34] spricht von einer „gesetzlichen Schuldmitübernahme". Das hat zu Schwierigkeiten bei der dogmatischen Einordnung Anlass gegeben. Es kann sich in der Tat nicht darum handeln, dass der ausfüh-rende Frachtführer auch für Handlungen oder gar ein Verschulden des vertragschließenden Frachtführers einstehen und damit eine zusätzliche Haftungsgarantie für dessen Schuld über-nehmen soll; vielmehr soll er nach denselben rechtlichen Kriterien – jedoch auf ihn selbst und seinen Verantwortungsbereich bezogen – haften wie der vertragschließende.[35] Er wird kraft Gesetzes so angesehen, als habe er einen gleichen Frachtvertrag mit dem Absender geschlossen wie der vertragliche Frachtführer. Danach haftet er für Schäden, die in seinem Obhutsbereich eingetreten sind, und zwar nach den Regeln der §§ 425 ff., abgemildert durch etwa den Frachtführer begünstigende Abmachungen zwischen diesem und dem Absender. Da diese vertragsähnliche Haftung gesetzlich angeordnet ist, kann man sie auch als **quasi-vertraglich** bezeichnen.[36]

15 Es entsteht also kraft Gesetzes ein **paralleler Ersatzanspruch.** Dies ergibt sich auch aus einem Blick auf die Vorbilder, namentlich Art. II ZAG, in welchem diese Rechtskonstruk-tion klarer zum Ausdruck kommt.

16 Abzulehnen ist dagegen die Auffassung *Rammings*[37], der den Anspruch gegen den ausfüh-renden Frachtführer als deliktischen einordnen will. Anerkennt man allerdings dessen ver-tragsentsprechende Ausgestaltung, so mag dies im Ergebnis keinen Unterschied machen; denn dem Recht der außervertraglichen Ansprüche muss auch bei Annahme einer quasi-vertraglichen Haftung jedenfalls die international-privatrechtliche Anknüpfung folgen, vgl. dazu unten Rn. 51. Im Übrigen kommt dem Einordnungsstreit keine praktische Bedeutung zu, da sich die Einzelfragen aus dem Gesetz beantworten lassen.

17 **2. Ausgestaltung der Haftung im Einzelnen.** Der ausführende Frachtführer haftet für Schäden durch **Verlust oder Beschädigung oder durch Nichteinhaltung der Lie-ferzeit,** soweit diese während seiner Obhut eingetreten sind, nach §§ 425 ff. Eine Ausdeh-nung der Haftung auf andere Haftungsnormen des Frachtvertrages, wie sie *Koller*[38] vor-schlägt, ist mit dem Ausnahmecharakter der Regelung nicht zu vereinbaren. Zu denken ist allenfalls an eine analoge Anwendung auf den Verlust von **Begleitpapieren** durch den ausführenden Frachtführer, weil hier die Situation sehr vergleichbar ist; im Übrigen besteht

---

[31] *Thume* VersR 2000, 1071 und *Wagner* ZHR 163 (1999), 679 hatten erwogen, den ausführenden Frachtführer auch für Schäden haften zu lassen, die nicht in seinem Obhutsbereich entstanden sind.

[32] *Koller* Rn. 26; EBJS/*Schaffert* Rn. 10; allg. Meinung.

[33] Vgl. die eingehende Darstellung bei *Koller* Rn. 3 f.; ferner *Knöfel,* FG Herber, S. 96 ff.; *Wagner* ZHR 163 (1999), 679.

[34] S. 74.

[35] Klar und überzeugend *Wagner* ZHR 163 (1999), 679, 701; vgl. zur Problematik auch *Thume* VersR 2000, 1071 ff.

[36] *Seyffert* S. 160 ff.; dem entspricht es praktisch, wenn *Koller* Rn. 3 von einer „vertragsähnlichen Einstands-pflicht" spricht.

[37] VersR 2007, 1190, 1199.

[38] Rn. 5, 12.

kein Wertungswiderspruch,[39] wenn das Gesetz die gesetzliche Belastung des ausführenden Frachtführers auf wenige Kernansprüche beschränkt.

**Im Einzelnen** gelten für den Ersatzanspruch gegen den ausführenden Frachtführer fol-   **18** gende Regeln:

**a) Schadensereignis im Obhutszeitraum.** Der Schaden muss sich in der **Zeit der Obhut** des ausführenden Frachtführers ereignet haben. Es gilt Entsprechendes wie beim Hauptanspruch (vgl. § 425 Rn. 27 ff.). Dabei ist als Obhutszeitraum nur derjenige anzusehen, während dessen der ausführende Frachtführer das Gut in seinem Gewahrsam hat; führt er nur einen Teil der Beförderung aus, so haftet er von der Übernahme von einem vorhergehenden Frachtführer bis zur Ablieferung an einen nachfolgenden oder an den Empfänger. Beim ausführenden Frachtführer bedeutet das Erfordernis der Obhut jedoch, dass er – anders als der vertragschließende, bei dem mittelbarer Besitz genügt – **unmittelbaren Besitz** an den Gütern haben muss.[40]

Die **Erlangung des Gewahrsams** durch den ausführenden Frachtführer hat der   **19** Anspruchsteller zu **beweisen**. Das kann bei der Einschaltung mehrerer aufeinanderfolgender Unterfrachtführer schwierig sein. Dem Anspruchsteller kann dabei jedoch ein Auskunftsanspruch gegen den Hauptfrachtführer zugutekommen, dem man auch, wenn er das ihm zur einheitlichen Beförderung anvertraute Gut an mehrere Unterfrachtführer übergibt, eine Dokumentation der Schnittstellen abverlangen kann.[41]

Schäden durch **Überschreitung der Lieferfrist** sind nur dann in der Obhutszeit entstan-   **20** den, wenn die Überschreitung allein in dieser Zeit verursacht wurde. Maßgebend ist die für den Hauptfrachtvertrag geltende Lieferzeit;[42] nur dann, wenn diese – auch bei einer Beförderung nur auf einer Teilstrecke – während der Obhutszeit des ausführenden Frachtführers überschritten wurde, ist der Schaden während dieser Beförderung eingetreten. Zu vertreten hat der nur einen Teil der Gesamtbeförderung ausführende Frachtführer nur die Überschreitung der nach den Umständen angemessenen Lieferfrist (§ 423), die auf seinen Beförderungsanteil entfällt. Auf die in einem Unterfrachtvertrag festgelegte Lieferfrist kommt es hier so wenig wie auch sonst auf den Unterfrachtvertrag an.[43] Dem steht auch nicht entgegen, dass eine etwa im Hauptfrachtvertrag vereinbarte Lieferfrist dem ausführenden Frachtführer nicht bekannt zu sein braucht; allerdings kann die auf einer abweichenden Vereinbarung über die Lieferfrist im Unterfrachtvertrag beruhende Unkenntnis des ausführenden Frachtführers von der Lieferfrist des Hauptfrachtvertrags einen Entlastungsgrund nach § 426 darstellen.[44] Nach dem Gesetz ist jedoch grundsätzlich maßgebend die nach den Umständen angemessene Lieferfrist; hat der vertragschließende Frachtführer eine kürzere Lieferfrist vereinbart, so bindet diese den ausführenden nicht (Abs. 1 Satz 2).[45]

Wird die Beförderung durch mehrere Frachtführer nacheinander ausgeführt und tragen   **21** mehrere zur vertragsverletzenden Gesamtverzögerung bei, so kann nur der Hauptfrachtführer von den Ladungsbeteiligten in Anspruch genommen werden; Versuche, hier zu Teilzurechnungen zu gelangen,[46] sind mit dem Zweck der Vorschrift nicht vereinbar[47] und würden zu unendlichen Streitigkeiten über die einzelnen Verzögerungsbeiträge führen, die jedenfalls der Anspruchsteller zu beweisen hätte.

**b) Entlastung nach §§ 426, 427.** Der ausführende Frachtführer kann sich ebenso wie   **22** der vertragschließende von der Haftung entlasten, wenn der Verlust, die Beschädigung oder

[39] Auf den *Koller* Rn. 5 abstellt; deshalb ist eine Anwendung auf Nachnahmefehler (so aber *Koller* Rn. 12) abzulehnen.
[40] Vgl. *Seyffert* S. 182.
[41] Ähnlich wie bei Multimodalvertrag, vgl. § 452a Rn. 11.
[42] Reg.Begr. S. 74.
[43] *Ramming* TranspR 2000, 277, 282; Oetker/*Paschke* Rn. 10; aA *Koller* Rn. 14, 15; EBJS/*Schaffert* Rn. 9.
[44] *Koller* Rn. 14.
[45] Ebenso *Thume* VersR 2000, 1071; *Seyffert* S. 177; Oetker/*Paschke* Rn. 10.
[46] Vgl. *Koller* Rn. 15.
[47] Ebenso Oetker/*Paschke* Rn. 10.

die Überschreitung der Lieferfrist auf Umständen beruht, die er auch bei größter Sorgfalt nicht vermeiden oder deren Folgen er nicht abwenden konnte. Dabei hat er auch für ein Verhalten seiner Leute einzustehen (§ 436).

**23**    **Nicht einzustehen** hat der ausführende Frachtführer für das Verhalten des Hauptfrachtführers und der etwa vertraglich zwischen diesem und ihm eingeschalteten Frachtführer sowie von deren Leuten.[48] Ferner hat er, wenn er nur einen Teil der Gesamtbeförderung ausführt, nicht einzustehen für das Verhalten anderer ausführender Frachtführer. Diese sind nicht seine Erfüllungshilfen, und das Gesetz ordnet – in Abweichung von dem Vorbild des Luftrechts[49] und ebenso wie nach der Anlage zu § 664 aF[50] und den HambR[51] – die Haftung des ausführenden Frachtführers für diese nicht an. Im Ergebnis bedeutet dies, dass sich der in Anspruch genommene ausführende Frachtführer von der Haftung **für einen in seinem Obhutsbereich entstandenen Schaden** mit der Begründung **entlasten** kann, er sei wegen für ihn nicht erkennbarer Fehler bei der Behandlung (etwa: Verpackung, Kennzeichnung) oder infolge unterbliebener Information über mit dem Absender vereinbarte oder sonst notwendige Vorsichtsmaßnahmen für ihn unabwendbar gewesen.

**24**    Andererseits ist der ausführende Frachtführer, wenn er von einem Hauptfrachtführer in die Beförderung eingeschaltet worden ist, dessen Erfüllungsgehilfe (§ 428).

**25**    Auch für die **Entlastung nach § 427** gelten keine Besonderheiten. Der ausführende Frachtführer kann in gleicher Weise wie der vertragschließende die Beweiserleichterungen des § 427 Abs. 2 in Anspruch nehmen. Wegen der Einzelheiten ist auf die Bem. zu § 427 zu verweisen.

**26**    Problematisch kann die Entlastungsmöglichkeit sein, wenn der vertragschließende Frachtführer bestimmte **Modalitäten der Beförderung oder eine bestimmte Lieferzeit vertraglich zugesagt** hat. Soweit man hierin eine Erweiterung der Haftung sehen kann (dazu Rn. 31), wirken solche Vereinbarungen nach Abs. 1 Satz 2 nicht gegen den ausführenden Frachtführer, wenn er ihnen nicht ausdrücklich (schriftlich) zugestimmt hat. Die Grenze zur Leistungsbeschreibung, welche die vom ausführenden Frachtführer übernommene Beförderungsleistung erst individualisiert, ist jedoch fließend und schwer zu ziehen. Auch wenn man dem ausführenden Frachtführer bei einer Bindung an vom vertragschließenden vereinbarte Modalitäten der Beförderung die Vorschrift des Absatzes 2 nicht zugutekommen lassen will,[52] kann dieser sich in aller Regel jedenfalls nach § 426 entlasten, wenn ihm Abweichungen vom gesetzlichen Regelfall der Vertragspflichten bei Übernahme der Beförderung nicht mitgeteilt wurden. Dabei ist allerdings vorausgesetzt, dass ihn nicht nach den Umständen des Falles eine Pflicht zur Erkundigung über etwa vereinbarte Besonderheiten traf, wodurch die Unabwendbarkeit nach § 426 ausgeschlossen oder ein Mitverschulden nach § 427 Abs. 5 begründet sein kann.

**27**    **c) Anwendbarkeit des § 435.** Im Rahmen der übrigen Haftungsbegrenzungsbestimmungen **gilt auch § 435.**[53] Dagegen ist *Ramming*[54] der Auffassung, für § 435 sei deshalb kein Raum, weil der ausführende Frachtführer stets Erfüllungsgehilfe des vertragschließenden sei und deshalb bei seinem qualifizierten Verschulden die Haftungsprivilegien des vertragschließenden entfielen (§§ 437, 328), was dann wiederum auch für den ausführenden gelte. Das ist vom praktischen Ergebnis her in der Regel zutreffend, doch sollten beide Ansprüche theoretisch auseinandergehalten werden. Die Selbstständigkeit beider Haftungsnormen kann sich etwa zeigen, wenn (durch Individualvereinbarung oder gem. § 449 Abs. 2 Satz 1 Nr. 2)

---

[48] *Koller* Rn. 17; EBJS/*Schaffert* Rn. 22.
[49] Art. III Abs. 2 ZAG; § 48b Abs. 3 Satz 2 LuftVG.
[50] Die in Art. 3 Abs. 2 nur für die – schon aus § 428 folgende – Einstandspflicht des vertragschließenden Frachtführers für den ausführenden und dessen seine Leute nennt.
[51] Art. 10 Abs. 1 Satz 2, der der Anlage zum HGB (= Athener Übereinkommen über die Passagierhaftung) entspricht.
[52] So *Koller* Rn. 20 ff. (7. Auflage), weil sich Absatz 2 nur auf sekundäre Vertragsansprüche beziehe.
[53] EBJS/*Schaffert* Rn. 23.
[54] VersR 2007, 1190.

für den vertragschließenden Frachtführer geringere Anforderungen an die Durchbrechung vereinbart sind.

**d) Anwendbarkeit des § 434. Anwendbar ist auch § 434,**[55] sowohl Abs. 1 als auch **28** Abs. 2. Zwar wird auch hier die Beschränkung zugunsten des vertragschließenden Frachtführers oft auch dem ausführenden zugutekommen (Abs. 2), doch können die subjektiven Voraussetzungen bei beiden unterschiedlich sein; hat der vertragschließende Frachtführer die fehlende Versendungsbefugnis des Absenders gekannt oder grob fahrlässig nicht gekannt (§ 434 Abs. 2 Nr. 2), so kann sich gleichwohl der gutgläubige ausführende Frachtführer auf § 434 berufen. Es ist nicht zu sehen, weshalb der ausführende Frachtführer, der demselben Haftungsregime wie der vertragsschließende unterliegt, weniger gegen Umgehungen durch deliktische Ansprüche geschützt werden sollte als jener.[56]

**3. Auswirkung von Vereinbarungen. a) Vereinbarungen des vertragschließen-** **29** **den Frachtführers.** Vereinbarungen des vertragschließenden Frachtführers mit dem Absender oder Empfänger kommen dem ausführenden grundsätzlich zugute, und zwar unabhängig davon, ob sie nur die Haftung für Güterschäden oder Lieferfristüberschreitung betreffen (wie etwa die Vereinbarung einer niedrigeren Haftungssumme als 8,33 SZR oder einer verkürzten Verjährungsfrist). In jedem dieser Fälle kann sich der vertragschließende Frachtführer gegenüber einem Ersatzanspruch entlastend auf die Vereinbarung berufen, sodass diese Einwendung nach Abs. 2 auch dem ausführenden zur Verfügung steht.

Die Bindung der Haftung des ausführenden Frachtführers an die Vereinbarungen des **30** Vertrages erfährt jedoch eine Ausnahme insofern, als Vereinbarungen, welche die **gesetzliche Haftung erweitern,** eine entsprechende Haftung des ausführenden Frachtführers nur begründen, wenn er ihnen schriftlich zugestimmt hat (Abs. 1 Satz 2). Die Zustimmung kann sowohl gegenüber dem vertragschließenden Frachtführer (etwa im Rahmen eines Unterfrachtvertrages) als auch gegenüber Absender oder Empfänger erklärt werden.[57]

**Haftungserweiternde Vereinbarungen** sind grundsätzlich nur solche, die sich auf **31** die sekundären Schadensersatzansprüche beziehen.[58] Vertragliche Vereinbarungen über die Modalitäten der Beförderung – Einsatz bestimmter Fahrzeuge, Wegevorschriften – sind auch ohne Zustimmung für die Haftung des ausführenden Frachtführers maßgebend.[59] Er haftet für die Schäden, die sich aus der Verletzung der im Vertrag festgelegten Frachtführerpflichten während der Zeit seiner Obhut ergeben.

Es ist Sache des ausführenden Frachtführers, sich über die **Modalitäten einer von ihm** **32** **übernommenen Beförderung** zu unterrichten. Weichen diese allerdings vom Normalfall ab und hatte er keinen Anlass, solche Vereinbarungen zu vermuten, so kann er sich bei Nichtbeachtung uU auf Unabwendbarkeit des Schadens berufen;[60] allerdings wird seine Erkundigungspflicht je nach Sachlage recht weit gehen müssen mit der Folge des Ausschlusses der Haftungsfreistellung nach § 426.

**b) Vereinbarungen des ausführenden Frachtführers.** Auch der ausführende Fracht **33** führer kann **Vereinbarungen mit Absender und Empfänger** treffen, die – da die Haftung nach § 437 unter § 449 Abs. 1 fällt – nur in dem engen Rahmen des § 449 Abs. 2 Satz 1 (§ 449 Abs. 2 Satz 2 aF) zulässig sind. Dazu wird jedoch selten Gelegenheit sein, da er mit den Ladungsbeteiligten normalerweise keine unmittelbaren rechtsgeschäftlichen Kontakte hat (vgl. aber unten c, Rn. 34). Zu denken wäre an eine Freistellungserklärung des Absenders auch gegenüber dem ausführenden Frachtführer bei besonders gefahrgeneigter

---

[55] *Koller* Rn. 5 zu § 434; OLG Düsseldorf 13.11.2000, TranspR 2002, 397; aA *Ramming* VersR 2007, 1090.
[56] So aber *Ramming* VersR 2007, 1090.
[57] *Seyffert* S. 169 ff.; *Koller* Rn. 29.
[58] *Koller* Rn. 28 f.
[59] *Koller* Rn. 28; *Seyffert* S. 175 ff.
[60] So zutreffend *Seyffert* S. 176.

Beförderung. Eine solche Haftungserleichterung zu seinen Gunsten kann auch durch den vertragschließenden Frachtführer (als sog. Himalaya-Klausel) vereinbart werden.

34    **c) Vereinbarungen zwischen vertragschließendem und ausführendem Fracht-führer. Vereinbarungen zwischen vertragschließendem und ausführendem Frachtführer** sind (als sog. Unterfrachtverträge) – direkt oder indirekt über weitere Unterfrachtführer – die Regel. Sie haben auf die Haftung des ausführenden Frachtführers gegenüber dem Empfänger und dem Absender (des Hauptvertrages) keinen Einfluss. Ist die Haftung des Unterfrachtführers gegenüber dem vertragschließenden Frachtführer danach weitergehend als dessen Haftung nach dem Hauptvertrag, so kommt dies dem Empfänger oder Absender im Rahmen des § 437 nicht zugute; diese können jedoch die weitergehende Haftung des Unterfrachtführers im Wege der Drittschadensliquidation durch den Hauptfrachtführer für sich nutzbar machen, der Empfänger kann ggf. den Unterfrachtführer auch direkt aus dem Unterfrachtvertrag in Anspruch nehmen (vgl. dazu Rn. 35 f.). Ist die Haftung des ausführenden Frachtführers nach dem Unterfrachtvertrag dagegen schwächer als nach dem Hauptfrachtvertrag, so haftet der ausführende Frachtführer gleichwohl nach Maßgabe des Hauptvertrags und kann, wird er in Anspruch genommen, vom vertragschließenden Frachtführer Freistellung oder Ersatz verlangen.[61]

35    **d) Auswirkung der Sonderrechtsbeziehung zwischen Unterfrachtführer und Empfänger nach der neueren BGH-Rechtsprechung.** Folgt man der neueren BGH-Rechtsprechung[62] und sieht den Unterfrachtvertrag – jedenfalls, wenn er die Ablieferung an den Empfänger einschließt – als Vertrag zu dessen Gunsten an, so besteht stets auch eine direkte vertragliche Beziehung zwischen ausführendem Frachtführer und Empfänger, die sich allerdings erst realisiert, wenn der Empfänger das Gut unter Bezugnahme auf den Unterfrachtvertrag oder von diesem bei Verlust Schadensersatz verlangt. Die Parteien des Unterfrachtvertrages können bei entsprechender Ausgestaltung des Unterfrachtvertrages und im Rahmen des § 449 die Ansprüche des Empfängers aus dem Unterfrachtvertrag reduzieren. Über den Anspruch des Empfängers nach § 437 können sie dagegen ohne Zustimmung des Empfängers nicht verfügen.[63] Möglich wäre allerdings eine die Rechts des Empfängers aus § 437 ausschließende Vereinbarung des Hauptfrachtführers mit dem Absenders, soweit sie den Anforderungen des § 449 genügt.

35a    Beide Ansprüche des Empfängers gegen den Unterfrachtführer – der aus § 437 nach Maßgabe des Hauptfrachtvertrages und der aus dem Unterfrachtvertrag nach Maßgabe des Unterfrachtvertrages – stehen kumulativ nebeneinander. Der ausführende Frachtführer im Sinne von § 437 Abs. 1 haftet nach Maßgabe des (Haupt-)Frachtvertrags zwischen dem Absender und dem vertraglichen (Haupt-)Frachtführer. Die Haftung des Unterfrachtführers gegenüber dem Empfänger gemäß § 421 Abs. 1 Satz 2 richtet sich demgegenüber allein nach dem den Empfänger begünstigenden Unterfrachtvertrag.[64] Dieses Nebeneinander, welches der Intention des Gesetzes bei der Schaffung des Direktanspruches nach § 437 nicht entspricht, ist ein Grund, die BGH-Rechtsprechung über den Direktanspruch des Empfängers gegen den Unterfrachtführer jedenfalls in den Fällen, in denen ein solcher Anspruch besteht, abzulehnen.[65]

36    **4. Verantwortlichkeit für Leute und andere Erfüllungsgehilfen.** Der ausführende Frachtführer hat für seine Leute ebenso einzustehen wie der vertragschließende (§§ 437,

[61] *Koller* Rn. 31.
[62] Urteil vom 14.6.2007, TranspR 2007, 425 in Abkehrung von der früheren Rechtsprechung, vgl. BGH 24.10.1991, BGHZ 116, 15 = TranspR 1992, 177; jetzt auch bestätigt für den Fall der Konkurrenz mit § 437, BGH 30.10.2008 TranspR 2009, 130 Tz. 29; BGH 13.6.2012, TranspR 2012, 456; ebenso die überwiegende Lehre, vgl. *Koller* VersR 1988, 673; *Thume* TranspR 1991, 85, 88 f. und TranspR 2007, 427; *Koller* Art. 13 CMR Rn. 5; *Basedow* in der Voraufl. Art. 13 CMR Rn. 17 ff.; *Helm,* Frachtrecht II, 2. Aufl. 2002, Art. 13 CMR Rn. 2; dagegen EBJ/*Huther,* 1. Aufl. 1997, Art. 13 CMR Rn. 8; *Herber/Piper* CMR Art. 13 Rn. 19.
[63] BGH 21.12.2011, TranspR 2012, 110.
[64] BGH 13.6.2012, TranspR 2012, 456, Tz. 27.
[65] *Koller* TranspR 2009, 451, 455; *Herber* TranspR 2008, 239; TranspR 2013, 1, 5; vgl. auch § 425 Rn. 78.

428). Gleiches gilt für andere Personen, die er zur Erfüllung der von ihm wahrgenommenen Erfüllung von Pflichten aus dem Hauptvertrag einschaltet. Dazu rechnen in der Regel jedoch nicht (weitere) **Unterfrachtführer,** weil diese im Rahmen ihrer Obhut selbst in die Stellung des ausführenden Frachtführers einrücken. Das schließt natürlich eine Haftung des „Zwischenfrachtführers" aus einem (weiteren) Unterfrachtvertrag nicht aus, die uU auch dem Absender und Empfänger im Wege der Drittschadensliquidation zugutekommen kann.

Nicht einzustehen hat der ausführende Frachtführer für Handlungen des vertragsschlie- **37** ßenden und seiner Leute, ebenso wenig wie für Handlungen anderer ausführender Frachtführer; diese sind nicht seine Erfüllungsgehilfen.

**5. Anspruch nach § 437 und Drittschadensliquidation.** Denkbar ist eine Vertrags- **38** gestaltung, bei welcher der vertragschließende Frachtführer die Haftung – im Rahmen des „Korridors" nach § 449 Abs. 2 Satz 1 (§ 449 Abs. 2 Satz 2 aF) oder durch Individualvereinbarung – begrenzt, im Unterfrachtvertrag jedoch die Regelbegrenzung des § 431 oder gar eine höhere vereinbart. Er ist dann nach der Rechtsprechung des BGH[66] verpflichtet, den Schaden, soweit er seine eigene Haftungsgrenze überschreitet, im Wege der Drittschadensliquidation für Absender oder Empfänger beim Unterfrachtführer geltend zu machen. Diese vor Einführung des Direktanspruches nach § 437 nicht seltene Konstellation hat nach dem TRG keine rechtspolitische Berechtigung mehr, sodass es naheliegt, die Anerkennung der – als Notbehelf zur Korrektur unbefriedigender Ausnahmefälle konzipierten – Drittschadensliquidation hier nunmehr zu versagen.[67] Allerdings lässt sich mit guten Gründen dogmatisch argumentieren, der Unterfrachtführer habe seiner weitergehenden vertraglichen Haftung zugestimmt.[68] Eine interessante Variante vertritt *Demuth,*[69] der die Einwendungen des ausführenden Frachtführers aus dem Hauptvertrag über § 437 Abs. 2 auf den abgetretenen Anspruch aus dem Unterfrachtvertrag durchschlagen lassen will.

### V. Verhältnis zur Haftung des vertragschließenden Frachtführers

**1. Gesamtschuldnerschaft.** Ausführender und vertragsschließender Frachtführer haf- **39** ten den Ladungsbeteiligten als Gesamtschuldner (Abs. 3), soweit ihre Verpflichtungen deckungsgleich sind. Insoweit finden §§ 421 ff. BGB Anwendung.

Unterschiedliche **Haftungsbeträge** der beiden Frachtführer können sich aus verschiede- **40** nen Gründen ergeben. Etwa, wenn der vertragschließende Frachtführer seine Haftung vertraglich gegenüber der gesetzlichen Regelhaftung erhöht hat und dies nicht zu Lasten des ausführenden wirkt, weil dieser der Erhöhung nicht zugestimmt hat. Oder wenn der vertragschließende Frachtführer sich wegen eigenen qualifizierten Verschuldens nicht auf die Begrenzungen berufen kann (§ 435).

Eine **höhere Haftung** des ausführenden Frachtführers ist wegen dessen Möglichkeit, **41** alle Einreden des vertragschließenden aus dem Hauptfrachtvertrag geltend zu machen (Abs. 2), nur bei vertraglichen Veränderungen vorstellbar (vgl. Rn. 35, 38). Haftet der Unterfrachtführer aus dem Unterfrachtvertrag weitergehend als nach dem Hauptvertrag und folgt man hM und BGH, so ist er gegenüber Absender und Empfänger auch insoweit mit dem vertragschließenden Frachtführer Gesamtschuldner, als sich die Ansprüche decken. Zu dem Verhältnis beider Ansprüche zueinander vgl. Rn. 35a; aus der Selbständigkeit beider

---

[66] BGH 18.3.2010, TranspR 2010, 376 entgegen der Vorinstanz, OLG Hamburg 2.10.2008, TranspR 2009, 176; vgl. auch BGH 28.5.2009, TranspR 2010, 34.

[67] So mit Recht *Knöfel,* FG Herber, S. 96, 103; *Seyffert* S. 202; *Zapp* TranspR 2000, 106; *Herber* TranspR 2000, 142; *Koller* TranspR 2011, 389, 390, 398; *Luther* TranspR 2013, 93, 98 f.

[68] So die wohl hM, vgl. *Valder* TranspR 1998, 51, 57; *Knorre* TranspR 1999, 99, 100; *Thume* VersR 2000, 1071, 1078; *Ramming* TranspR 2000, 277, 293; EBJS/*Schaffert* Rn. 28; Fremuth/*Thume/Fremuth* Rn. 22.

[69] TranspR 2004 Beilage S. XII, XIV; dies wäre vielleicht auch ein Modell für das Verhältnis beider Ansprüche nach der neueren BGH-Rechtsprechung (vgl. oben Rn. 35a).

Ansprüche folgt, dass der Hauptfrachtführer nicht berechtigt ist, dem Unterfrachtführer mit Wirkung zu Lasten des Empfängers eine Schadensersatzforderung zu erlassen.[70]

**42**   **2. Ausgleich.** Soweit die beiden Frachtführer als Gesamtschuldner haften, findet der Ausgleich nach § 426 BGB statt. Danach ist der Ausgleich zu gleichen Teilen vorzunehmen, „sofern nicht etwas anderes bestimmt ist"; die Abweichung kann sich aus dem Unterfrachtvertrag ergeben, der einer von seinen beiden Parteien das Schadensrisiko aufbürdet und vielleicht auch besondere Abreden über die Haftung trifft. Auch der Unterfrachtvertrag ist jedoch, da er echter Frachtvertrag ist, an die gesetzlichen Haftungsregeln der §§ 425 ff. gebunden, sodass Abweichungen nur in dem engen Rahmen des § 449 möglich sind.

## VI. Reklamation. Verjährung

**43**   **Die Schadensanzeige** folgt denselben Regeln wie bei Ansprüchen gegen den vertragsschließenden Frachtführer. Wird die Reklamation bei Ablieferung gegenüber dem ausführenden Frachtführer (oder dessen Fahrer) erklärt, so wirkt sie für die Ansprüche gegen beide Frachtführer,[71] denn für den Anspruch gegen den vertragschließenden Frachtführer kann die Reklamation nach § 438 Abs. 5 auch gegenüber dem abliefernden ausführenden erklärt werden. Zweifelhaft ist jedoch, ob die Reklamation, die gegenüber dem abliefernden Frachtführer erklärt worden ist, auch für einen Anspruch gegen einen ausführenden Frachtführer wirkt, der in einer Vorphase tätig geworden ist und nicht an den Endempfänger abgeliefert hat. *Koller*[72] bezweifelt das, es wird aber wohl überwiegend bejaht[73] und entspricht jedenfalls dem Zweck des § 438 Abs. 5, dass die Erklärung gegenüber dem, der tatsächlich abliefert, jedem gegenüber wirksam sein soll, der sich später als passiv legitimiert herausstellt. Es wäre auch, folgte man Koller, für den Empfänger kaum möglich, eine Reklamation gegenüber einem vorhergehenden ausführenden Frachtführer (bei Übergabe des Gutes durch einen anderen!) zu erklären, den er nicht kennt.

**44**   **Die Verjährung** des Anspruchs gegen den ausführenden Frachtführer vollzieht sich unabhängig von der des Anspruchs gegen den vertragschließenden.[74] Das Gesamtschuldverhältnis bezieht sich nur auf die Entstehung der Ansprüche und begründet keine Akzessorietät des Anspruchs.[75] Kraft Verweisung in Abs. 1 gilt § 439. Danach beträgt die Verjährungsfrist ein Jahr, bei qualifiziertem Verschulden des ausführenden Frachtführers oder der ihm nach § 428 zuzurechnenden Leute drei Jahre.

**45**   Problematisch ist der **Beginn der Verjährungsfrist** in den Fällen, in denen der ausführende Frachtführer eine Teilstrecke ausführt, die nicht mit der Ablieferung an den Endempfänger endet. Dann stellt sich die Frage, ob die Ablieferung an einen anderen ausführenden Frachtführer als Ablieferung im Sinne der Verjährung der Ansprüche für Schäden wegen des von ihm betreuten Abschnittes anzusehen ist. Die überwiegende Meinung nimmt dies an.[76] *Ramming*[77] befürwortet dagegen eine entsprechende Anwendung des § 452b Abs. 2, nach welchem beim Multimodalvertrag die Verjährung nach einem Teilstreckenrecht erst mit der Ablieferung an den Endempfänger endet. Die Analogie erscheint jedoch nicht angängig:[78] Einmal sind sowohl § 452b als auch die ergänzende Haftung des ausführenden Frachtführers Ausnahmen im System des Frachtrechts, die beide nicht extensiv angewendet werden sollten. Vor allem aber ist eine strenge Anwendung der Verjährungsvorschriften zugunsten des ausführenden Frachtführers – der ja die Verhältnisse des Gesamttransports nicht notwendig kennt – keine unzumutbare Härte für die Ladungsbeteiligten, weil es hier

---

[70]  BGH 21.12.2011, TranspR 2012, 110 Tz. 20; *Koller* TranspR 2012, 326.
[71]  *Koller* Rn. 25.
[72]  Rn. 25; so jetzt auch, anders als die Voraufl., EBJS/*Schaffert* Rn. 25.
[73]  *Seyffert* S. 260 f.
[74]  *Knöfel*, FG Herber, S. 102; *Seyffert* S. 263 f.; *Ramming* TranspR 2000, 277, 286; *Koller* Rn. 33.
[75]  *Koller* Rn. 33.
[76]  *Seyffert* S. 264 ff.; *Knöfel*, FG Herber, S. 102; *Koller* Rn. 33; EBJS/*Schaffert* Rn. 26.
[77]  TranspR 2000, 277, 286.
[78]  Dazu eingehend *Seyffert* S. 265; *Koller* Rn. 33, EBJS/*Schaffert* Rn. 26 entgegen der Voraufl.

um deren zusätzliche Sicherung durch einen zweiten Haftpflichtigen neben dem vertraglichen Schuldner geht, während § 452b Abs. 2 die Haftung des vertragschließenden Unimodalfrachtführers selbst betrifft; bei letzterem ist der Schutz der Ladungsbeteiligten weit wichtiger. Deshalb muss auch die Haftung eines ausführenden Frachtführers im Rahmen der Teilstrecke eines Multimodaltransports in gleicher Weise beurteilt werden; § 452b Abs. 2 kann auch auf dessen Haftung nach § 437 keine Anwendung finden.

Eine Hemmung der Verjährung durch die Reklamationserklärung nach § 439 Abs. 3 **46** wirkt nur gegenüber dem Reklamationsgegner;[79] dieser muss die Reklamation zurückweisen, um die Beendigung der Hemmung herbeizuführen. Auch insoweit haben beide Ansprüche ein selbständiges Schicksal.

### VII. Haftung der Leute des ausführenden Frachtführers

Die Leute des ausführenden Frachtführers werden in gleicher Weise gegen eine unbe- **47** grenzte (außervertragliche) Haftung geschützt wie die des vertragschließenden (§ 436). Wie in § 436 erstreckt sich der Schutz auch hier **nicht auf andere Erfüllungsgehilfen** (vgl. dazu § 436 Rn. 7).

Die in Anspruch genommenen Leute können sich auf die gesetzlichen Haftungsbefreiun- **48** gen und -begrenzungen berufen, die der ausführende Frachtführer in Anspruch nehmen kann. Ebenso auf vertraglich vereinbarte; hat der ausführende Frachtführer vertraglichen Haftungsverschärfungen durch den vertragschließenden Frachtführer zugestimmt (Abs. 1 Satz 2), so können sich auch die Leute nur auf die veränderten Haftungsbedingungen berufen.

Befreiungen und Begrenzungen, die im Verhältnis zwischen ausführendem und vertrag- **49** schließendem Frachtführer **(Unterfrachtvertrag)** vereinbart sind, können die Leute ebenso wenig wie der ausführende Frachtführer selbst dem (Ur-)Absender und dem Empfänger entgegenhalten.[80]

### VIII. Ausführender Frachtführer beim Multimodalvertrag

Beim Multimodalvertrag, der deutschem Recht unterliegt, haftet der ausführende Fracht- **50** führer nach §§ 452, 425 ff., wenn er den gesamten Multimodaltransport ausführt. Führt er die Beförderung nur auf einer Teilstrecke durch, so entscheidet das – hypothetisch – anwendbare Teilstreckenrecht (§ 452a) darüber, ob insoweit eine Mithaftung des ausführenden Frachtführers besteht. Vgl. im Einzelnen § 452 Rn. 50, § 452a Rn. 37, 38.

### IX. Anwendbares Recht (IPR)

Obgleich es sich um einen quasi-vertraglichen Anspruch handelt, ist das anwendbare **51** Recht nicht nach Art. 3–5 Rom I-VO, sondern nach den Grundsätzen über außervertragliche Ansprüche zu bestimmen.[81] Danach kommt es auf den Ort des Schadenseintritts an.[82] Soweit danach deutsches Recht anzuwenden ist, muss jedoch sachrechtlich beachtet werden, dass eine Voraussetzung für die Anwendbarkeit des § 437 die Anwendung der §§ 425 ff. auf den Hauptfrachtvertrag ist (vgl. dazu Rn. 12 f.); deshalb muss praktisch auch dieser dem deutschen Recht unterliegen, was nach Art. 3–5 Rom I-VO zu beurteilen ist.

Schwierig wird die Beurteilung, wenn man der neueren Rechtsprechung des BGH über **52** den unmittelbaren Anspruch des Empfängers gegen den Unterfrachtführer folgt.[83] Dieser Anspruch – der von dem aus § 437 zu trennen ist (vgl. Rn. 35 f.), – ist unabhängig von

---

[79] *Seyffert* S. 267; *Koller* Rn. 33.
[80] *Seyffert* S. 241; *Koller* Rn. 42.
[81] *Czerwenka* TranspR 2012, 408 mwN; *dies.* NJW 2006, 1250, 1251 f.; *Ramming* TranspR 2000, 277, 294 ff.; *ders.* VersR 2007, 1190 ff.
[82] Art. 4 Abs. 1 Rom II-VO; *Koller* Rn. 43 schlägt eine analoge Anwendung von Art. 12 Abs. 2 Rom II-VO (culpa in contrahendo) vor.
[83] Dazu eingehend *Ramming* VersR 2007, 1190, 1198.

dem quasi-vertraglichen nach § 437 nach schuldrechtlichen Grundsätzen anzuknüpfen. Das kann aber nicht dazu führen, dass der rechtlich davon verschiedene, auf denselben Schadensersatz gerichtete Anspruch aus § 437 ebenfalls dem Vertragsstatut folgt.[84]

### X. Gerichtsstand

53    Der ausführende Frachtführer kann – außer an den allgemeinen Gerichtsständen, insbesondere also an seinem Sitz – an den Gerichtsständen des § 30 Abs. 1 ZPO verklagt werden. Bezogen auf den ausführenden Frachtführer sind dies der Gerichtsstand am Ort der Übernahme des Gutes durch ihn und am Ort der Ablieferung an den Empfänger oder einen anderen ausführenden Frachtführer.[85] Das ist allerdings streitig. Der BGH[86] hat zu Art. 31 CMR die Auffassung vertreten, dass auch für einen Unterfrachtführer, der nur eine Beförderung übernommen hat und aus Delikt in Anspruch genommen wird, Übernahme- und Ablieferungsort der Gesamtbeförderung maßgebend seien; unter der CMR besteht jedoch kein dem § 437 entsprechender Anspruch gegen den ausführenden Frachtführer, sodass im Falle des § 437 eine eigenständige Beurteilung des Anspruchs gerechtfertigt erscheint.[87]

54    Daneben stehen den Ladungsbeteiligten auch die Gerichtsstände zur Verfügung, in denen der vertragschließende Frachtführer verklagt werden kann, also einmal dessen allgemeiner Gerichtsstand (Sitz), aber auch Übernahme- und Ablieferungsort der Gesamtbeförderung, wenn der ausführende Frachtführer das Gut nur über einen Teil der Gesamtstrecke befördert und deshalb diese Orte für beide nicht identisch sind. Diese Regelung gibt den Anspruchsberechtigten eine große Wahlmöglichkeit. Denn der vertragschließende Frachtführer kann auch an den Gerichtsständen der Übernahme und Ablieferung durch einen ausführenden Frachtführer verklagt werden, auf dessen Strecke der Schaden eingetreten ist und der deshalb aus § 437 mit haftet. Eine großzügige Auslegung der Wahlmöglichkeit ist jedoch gewollt[88] und sinnvoll. Eine Einschränkung der Zuständigkeit für Klagen gegen den vertragschließenden Frachtführer im Gerichtsstand des ausführenden auf Fälle, in denen der Anspruch tatsächlich auch gegen den Letzteren gerichtlich geltend gemacht wird, wie sie *Ramming*[89] vorschlägt, ist schon nach dem Gesetzeswortlaut nicht möglich.

### § 438 Schadensanzeige

**(1) ¹Ist ein Verlust oder eine Beschädigung des Gutes äußerlich erkennbar und zeigt der Empfänger oder der Absender dem Frachtführer Verlust oder Beschädigung nicht spätestens bei Ablieferung des Gutes an, so wird vermutet, daß das Gut vollständig und unbeschädigt angeliefert worden ist. ²Die Anzeige muß den Verlust oder die Beschädigung hinreichend deutlich kennzeichnen.**

**(2) Die Vermutung nach Absatz 1 gilt auch, wenn der Verlust oder die Beschädigung äußerlich nicht erkennbar war und nicht innerhalb von sieben Tagen nach Ablieferung angezeigt worden ist.**

**(3) Ansprüche wegen Überschreitung der Lieferfrist erlöschen, wenn der Empfänger dem Frachtführer die Überschreitung der Lieferfrist nicht innerhalb von einundzwanzig Tagen nach Ablieferung anzeigt.**

**(4) ¹Eine Schadensanzeige nach Ablieferung ist in Textform zu erstatten. ²Zur Wahrung der Frist genügt die rechtzeitige Absendung.**

---

[84] So aber wohl *Ramming* VersR 2007, 1190, 1198, unter Hinweis auf Art. 41 Abs. 1 und Abs. 2 Nr. 1 EGBGB; Art. 4 Abs. 3 Satz 1 und 2 Rom II-VO.
[85] *Ramming* TranspR 2001, 159; *Koller* § 30 ZPO Rn. 3, 4.
[86] BGH 31.5.2001, NJW-RR 2002, 31 = TranspR 2001, 452.
[87] Zum Unterschied zwischen Art. 31 CMR und § 437 vgl. auch *Koller* TranspR 2002, 132 ff.
[88] Vgl. Beschlussempfehlung S. 49.
[89] TranspR 2001, 159, 163.

**(5) Werden Verlust, Beschädigung oder Überschreitung der Lieferfrist bei Ablieferung angezeigt, so genügt die Anzeige gegenüber demjenigen, der das Gut abliefert.**

**Schrifttum:** *Bästlein/Bästlein*, Beweisfragen in Rechtsstreitigkeiten gegen den HGB-Frachtführer wegen Güterschäden TranspR 2003, 413; *Demuth*, Die Schadensanzeige des § 438 HGB im Vergleich zu den vorbehalten des Art. 30 CMR, Gedächtnisschrift Helm, S. 49; *Looks*, Der multimodale Transportvertrag nach dem TRG, VersR 1999, 31; *de la Motte*, Schadenvorbehalt des Empfängers − § 438 HGB, § 39 KVO, Art. 30 CMR, VersR 1982, 1038; *Scheel*, Die Entwicklung des Umzugsrechtes seit Inkrafttreten der Transportrechtsreform am 1.7.1998, TranspR 2005, 239; *Thume*, Probleme bei der Ablieferung des Frachtguts, TranspR 2012, 85; *Tunn*, Beweislast und Beweisführung für Güterschäden bei der Ablieferung von Sendungen nach § 438 HGB, VersR 2005, 1646.

## Übersicht

| | Rn. | | Rn. |
|---|---|---|---|
| I. Normzweck | 1, 2 | III. Schadensanzeige bei äußerlich nicht erkennbarem Verlust oder äußerlich nicht erkennbarer Beschädigung des Gutes (Abs. 2) | 18–23 |
| II. Schadensanzeige bei äußerlich erkennbarem Verlust oder Beschädigung des Gutes (Abs. 1) | 3–17 | | |
| 1. Ablieferung | 3 | IV. Anzeige bei Lieferfristüberschreitung (§ 438 Abs. 3) | 24–29 |
| 2. Erkennbarkeit | 4–9 | | |
| 3. Form und Inhalt | 10–12 | V. Form der Schadensanzeige nach Ablieferung (§ 438 Abs. 4) | 30 |
| 4. Person des Reklamierenden | 13 | | |
| 5. Adressat der Reklamation | 14, 15 | VI. Anzeige gegenüber dem letzten Frachtführer (§ 438 Abs. 5) | 31 |
| 6. Wirkung der ordnungsmäßigen Reklamation | 16 | | |
| 7. Rechtsfolge einer fehlenden oder unzureichenden Reklamation | 17 | VII. Beweislast | 32 |

## I. Normzweck

Die Norm nimmt die schon bisher allenthalben geltenden Obliegenheiten rechtzeitiger **1** Schadensanzeige **(Reklamation)** auf und vereinheitlicht sie in weitgehender Anlehnung an Art. 30 CMR. Nur begrifflich wird, im Abweichung vom Begriff des „Vorbehalts" in Art. 30 CMR, auf die sonstigen Rügeobliegenheiten des HGB − §§ 377, 611 − Bezug genommen.[1] Die Vorschrift dient dazu, den Frachtführer frühzeitig über den Schadensfall zu informieren und es ihm so zu ermöglichen, Beweise zu sichern[2] und gegebenenfalls seine Unter- oder Oberfrachtführer in Kenntnis über den Schaden zu setzen, um so eine zügige Abwicklung des Schadensfalles zu erleichtern.[3]

Beseitigt sind für den Verlust- oder Beschädigungsfall materielle Rechtsverluste wie nach **2** § 39 KVO bei nicht sofortiger bzw. verspäteter Rüge; nunmehr wird bei unterbleibender Anzeige **lediglich widerleglich vermutet,** dass das Gut in vertragsgemäßem Zustand also vollständig und unbeschädigt abgeliefert wurde. Es bleibt allerdings dabei, dass ein äußerlich erkennbarer Verlust oder eine solche Beschädigung spätestens bei Ablieferung, oder bei Nichterkennbarkeit innerhalb von sieben Tagen, anzuzeigen ist. Hinzu kommen eine − sachlich in den Folgen abweichende − Regelung für Lieferfristüberschreitung, eine Modernisierung der Anzeigeformalien sowie eine erleichternde Zulassung der Reklamation gegenüber dem letzten Frachtführer in einer Kette. Von einer Harmonisierung der Reklamationsregeln für Transport und Handelskauf wurde im Rahmen des TRG Abstand genommen.[4] Die Reform des Seehandelsrechts brachte nur redaktionelle Änderungen in Abs. 1.[5]

---

[1] Reg.Begr. S. 76.
[2] Saarl. OLG 29.6.2005, TranspR 2007, 66, 68; OLG München 16.3.2011, TranspR 2011, 199, 200; CMR Art. 30 Rn. 10; *Thume/Demuth* CMR Art. 30 Rn. 10.
[3] Reg.Begr. S. 74, vgl. CMR Art. 30 Rn. 2.
[4] Reg.Begr. S. 76.
[5] RegBegr-SRG S. 55.

## II. Schadensanzeige bei äußerlich erkennbarem Verlust oder Beschädigung des Gutes (Abs. 1)

3     **1. Ablieferung.** Falls Verlust oder Beschädigung „äußerlich erkennbar" sind (s. hierzu auch § 409 Rn. 10 ff.; Art. 30 CMR Rn. 7 ff.), sind Empfänger oder Absender gehalten, dies dem Frachtführer **spätestens bei Ablieferung**[6] des Gutes anzuzeigen. Die Ablieferung liegt in der Aufgabe des Gewahrsams an dem Transportgut bei gleichzeitigem Einverständnis des berechtigten Empfängers, der durch die Gewahrsamsaufgabe in die Lage versetzt wird, die tatsächliche Gewalt über das Gut auszuüben.[7] Die Formulierung „bei"– und nicht bspw. „zum Zeitpunkt der" – Ablieferung spricht dafür, nicht auf die Erkennbarkeit während des Ablieferungsaktes per se abzustellen, sondern auf den einheitlichen Lebensvorgang der Ablieferung.[8] Da der Frachtführer die von ihm zur Ablieferung notwendigen Schritte häufig schon mit dem Öffnen der Ladeklappe unternommen hat,[9] wären anderenfalls nur solche Schäden erkennbar, die in situ wahrgenommen werden können: Eine eigentlich offensichtliche Beschädigung der Ware, die in zweiter Reihe steht, wird dann nach dem Entladen der ersten Reihe des Gutes, aber nach dem Ablieferungsakt per se erkennbar, mit der Folge, dass sie in Textform angezeigt werden müsste.[10] Hierdurch würde zum einen der einheitliche Lebensvorgang zerstückelt und zum anderen könnte der Empfänger in vielen Fällen die Ware nicht „bei Ablieferung" kontrollieren, weil Anzahl der Packstücke, Gewicht und Temperatur etc. nicht schon beim Öffnen der Ladeklappe erkennbar sind. Da auf die Ablieferung des Gutes abgestellt wird, greift die Vorschrift nicht, wenn der Empfänger die Annahme des Gutes verweigert, da in einem solchen Fall keine Ablieferung im Sinne des § 425 vorliegt; ausführlicher zum Begriff der Ablieferung § 407 Rn. 34 ff.; § 425 Rn. 41. Ebenso, wenn das Gut **in toto in Verlust geraten** ist,[11] oder es aus anderen Gründen allenfalls zu einem Versuch der Ablieferung kommt.

4     **2. Erkennbarkeit.** Die Vorschrift impliziert, dass die **tatsächlichen Gegebenheiten** der Ablieferung die **Erkennbarkeit** des Schadens erlauben. Wird also die Ware unter Umständen abgeliefert, die es nicht erlauben, den unter anderen Umständen äußerlich erkennbaren Schaden festzustellen, ist dieser nicht „äußerlich erkennbar" im Sinne des § 438.[12] Der Empfänger, der für die entsprechenden Umstände, die eine Erkennbarkeit behinderten, beweispflichtig ist, muss jedoch auf eine möglichst schnelle Überprüfung der Ware hinwirken. Im Zusammenhang mit der Erkennbarkeit des Güterschadens ist eine Obliegenheit des Frachtführers dahingehend anzunehmen, dass dieser ggf. Hilfestellung leisten muss, um dem Empfänger die Untersuchung der Ware zu ermöglichen.[13] Hierzu zählt etwa, die Güter an einer ausreichend beleuchteten Lokalität abzuladen, sofern die Abladung vom Transportauftrag umfasst ist.

5     Die äußerliche Erkennbarkeit stellt nicht allein darauf ab, dass die Schäden sichtbar sind. In Betracht kommen vielmehr **sämtliche sensorischen Eindrücke,** die die angelieferten Güter vermitteln. Temperatur, Feuchtigkeit, Gewicht, Anzahl der Packstücke[14] oder unge-

---

[6] Zur Rechtsnatur von Ablieferung bzw. Annahme BGH 11.7.1996, TranspR 1997, 67, 69; eingehend auch OLG Hamm 19.6.2008, TranspR 2008, 405.

[7] *Tunn* VersR 2005, 1646.

[8] *Koller* Rn. 3.

[9] Vgl. *Thume* TranspR 2012, 85, 88.

[10] Vgl. *Thume* TranspR 2012, 85, 88 f.

[11] *Koller* Rn. 2; CMR Art. 30 Rn. 3; *Thume/Demuth* Art. 30 CMR Rn. 6; Fremuth/Thume/*Fremuth* Rn. 4.

[12] Vgl. Saarl. OLG 29.6.2005, TranspR 2007, 66, 68; OLG Düsseldorf 7.3.1985, TranspR 1985, 190 zur Erkennbarkeit bei Umzügen; *Koller* Rn. 4; EBJS/*Schaffert* Rn. 8; *de la Motte* VersR 1982, 1038; *Thume/Demuth* Art. 30 CMR Rn. 19.

[13] *Koller* Rn. 13.

[14] Zu Art 30 CMR OLG Linz 27.11.1989, TranspR 1990, 154, 155; *Tunn* VersR 2005, 1646, 1648; CMR Art. 30 Rn. 7. Zwingend ist dies jedoch nicht; bspw. ein Teilverlust von 1 % bei 5000 Schrauben ist nicht ohne weiteres ersichtlich.

wöhnliche Geräusche können ebenfalls zu einer Erkennbarkeit des Schadens führen.[15] Der Maßstab gegen welchen die Erkennbarkeit für die Person des Empfängers zu messen ist, ist der des in der betreffenden Branche Üblichen.[16] Soweit also besondere Kontrollen oder **Kontrollinstrumente** üblich sind, wie beispielsweise Temperaturkontrollen bei Kühltransporten, kann vom Empfänger erwartet werden, dass er solcherlei Kontrollen vornimmt, weshalb eine (Temperatur-)Abweichung auch dann für ihn erkennbar ist, wenn er entgegen der Übung solche Kontrollgeräte nicht vorhält oder nutzt.[17]

Im Rahmen von **Sukzessivlieferverträgen** kann eine Beschädigung von Teillieferun- **6** gen auch schon vor Ablieferung der Gesamtmenge erkannt und gerügt werden. Etwas anderes gilt hinsichtlich einer Mengendifferenz, welche sich erst abschließend nach Anlieferung der letzten Teillieferung feststellen lässt.[18]

Das Merkmal der äußerlichen Erkennbarkeit führt dazu, dass der Empfänger **nicht** gehal- **7** ten ist, die Ware zu **entpacken,** oder diese zu öffnen, um den Zustand der Ware festzustellen.[19] Etwas anderes kann dann gelten, wenn der **Zustand der Verpackung** darauf schließen lässt, dass die Ware im Inneren der Verpackung beschädigt wurde.[20] Da die Reklamation hinreichend spezifisch sein muss, ist der Empfänger gehalten, nachzuforschen, ob der Schaden an der Verpackung oder auch an den Waren selbst besteht,[21] insbesondere da die Rüge einer beschädigten Verpackung nicht zur Reklamation eines Güterschadens ausreicht; s. unten Rn. 11.

**Nicht erforderlich** ist eine Anzeige, wenn dem Frachtführer, oder seinem Erfüllungsge- **8** hilfen, dessen Wissen er sich zurechnen lassen muss,[22] der **Güterschaden bekannt** ist; wofür allerdings der Ersatzberechtigte beweisbelastet ist.[23] Hierbei ist auf denselben Personenkreis abzustellen, der als Empfänger der Reklamation in Betracht kommt. Es kann keinen Unterschied machen, ob diese Personen durch dem Empfänger auf den Schaden aufmerksam gemacht werden, oder ob sie diese Kenntnis auch ohne einen entsprechenden Hinweis haben.[24]

Die **vollständige wirtschaftliche Entwertung** wird zwar im Rahmen des § 425 oft **9** dem Totalverlust gleichgestellt (vgl. dazu aber § 425 Rn. 18), die Obliegenheit aus § 438 entfällt jedoch nur dann, wenn gleichzeitig auch die Ablieferung unmöglich ist.[25] Zum einen stellt § 438 auf die Ablieferung als auslösendes Moment der Obliegenheit ab. Zum anderen lässt sich die vollständige wirtschaftliche Entwertung in den meisten Fällen nur durch eine in Augenscheinnahme durch den Empfänger oder einen Sachverständigen (und eben nicht durch den Fahrer des Frachtführers) von einer Beschädigung abgrenzen (vgl. CMR Art. 30 Rn. 7). Daher ist die Schadensanzeige in diesen Fällen notwendig.

**3. Form und Inhalt.** Für die Anzeige bei Ablieferung ist keine besondere **Form** vorge- **10** schrieben;[26] verlangt ist aber nach Abs. 1 S. 2, dass diese Anzeige den Verlust bzw. die Beschädigung – und eben nicht den daraus resultierenden (finanziellen) Schaden –[27] **hinreichend deutlich** kennzeichnet. Wirkungslos bleibt also eine bloß allgemeine Angabe ohne jede Umschreibung; andererseits soll mit „hinreichend deutlich" auch gesagt sein, dass der

---

[15] EBJS/*Schaffert* Rn. 8; *Koller* Rn. 4; *Tunn* VersR 2005, 1646, 1647.
[16] OLG Düsseldorf 18.3.1993, TranspR 1993, 287, 288.
[17] *Koller* Rn. 4; *Thume/Demuth* CMR Art. 30 Rn. 22.
[18] *Koller* Rn. 3.
[19] OLG Düsseldorf 18.3.1993, TranspR 1993, 287, 288; EBJS/*Schaffert* Rn. 8.
[20] OLG Düsseldorf 18.3.1993, TranspR 1993, 287, 288; OLG Köln 7.11.2000, TranspR 2001, 93, 94; *Koller* Rn. 4; EBJS/*Schaffert* Rn. 8; *Thume/Demuth* CMR Art. 30 Rn. 21.
[21] Baumbach/Hopt/*Merkt* Rn. 1; *Tunn* VersR 2005, 1646, 1648, vgl. unten Rn. 11.
[22] OLG München 16.3.2011, TranspR 2011, 199, 200; *Koller* Rn. 14.
[23] So mit Recht *Koller* Rn. 14. Die formalen Bedenken von *Tunn* VersR 2005, 1646, 1649 gegen diese Auffassung überzeugen nicht; kann dem Frachtführer positive Kenntnis nachgewiesen werden, so wäre eine Berufung auf die unterlassene Anzeige ohnehin nach Treu und Glauben unbeachtlich.
[24] Einschränkend *Koller* Rn. 14.
[25] *Koller* Rn. 2.
[26] OLG Stuttgart 17.11.2009, NJW-RR 2010, 883 ff.
[27] RegBegr-SRG S. 56; *Koller* Rn. 12.

Verlust bzw. die Beschädigung nicht konkret bis in alle Einzelheiten spezifiziert werden muss.[28] Wie nach der CMR-Parallelvorschrift sollen Verlust oder Beschädigung der Art und dem Umfange nach so genau angezeigt sein, dass der Frachtführer weiß, wofür er voraussichtlich in Anspruch genommen werden wird. Dem Zweck der Vorschrift entsprechend muss er in die Lage versetzt werden, zu erkennen, für welche Art Beschädigung er in welchem Umfange haftbar gehalten werden soll[29] sowie die für seine Zwecke erforderlichen Beweise zu sichern (s. Art. 30 CMR Rn. 10).[30] Hinreichend kann daher ein Verweis auf eine wahrscheinliche Schädigung der Ware sein; sofern er sich nicht in Pauschalitäten erschöpft.[31]

**11**     **Inhaltlich** handelt es sich um eine Anzeige der **Schadenstatsache** ohne die explizite juristische Bewertung, die in der (gleichzeitigen oder späteren)[32] Haftbarhaltung liegt. Entsprechend muss dem Frachtführer diese Tatsachengrundlage hinreichend deutlich gemacht werden. Notwendig ist, dass deutlich wird, ob eine Beschädigung oder ein Verlust angezeigt werden soll,[33] was beispielsweise bei einer Formulierung wie „unter Vorbehalt, da Palette nicht gut gewickelt", „Verpackung beschädigt" oder „Sendung beschädigt (offen)" nicht der Fall ist.[34] Innerhalb dieser Kategorien sind **pauschale Schadensbeschreibungen** wie „Ware beschädigt" oder deren Annahme „unter Vorbehalt" nicht ausreichend, da hiermit die Tatsachengrundlage, auf welcher der Vorbehalt basiert nicht hinreichend erkenntlich wird.[35] Der jeweils erforderliche Umfang ist am Einzelfall zu messen. Unnötig ist jedenfalls eine genaue Beschreibung der Schadens**ursache**; es geht primär um das „Ob" und nicht das „Wie" des Schadens.

**12**     Aus der Notwendigkeit, den Frachtführer über den Verlust oder die Beschädigung hinreichend zu informieren, folgt gleichzeitig, dass diese **Information** auch für den Frachtführer **verständlich** sein muss. Dies gilt nicht nur hinsichtlich des Inhalts der Anzeige, sondern auch für weitere Aspekte wie bspw. Lesbarkeit oder zur Anzeige verwandte Sprache.

**13**     **4. Person des Reklamierenden.** Die Reklamation kann neben dem **Empfänger** auch vom **Absender** und deren jeweils **bevollmächtigten Personen** abgegeben werden; gleichfalls ist eine nachträgliche Genehmigung möglich.[36] Grundsätzlich kann davon ausgegangen werden, dass die Person, die zur Entgegennahme der Ware bevollmächtigt ist, auch zur Reklamation befugt ist.

**14**     **5. Adressat der Reklamation. Adressat** der Anzeige kann entweder nach Abs. 1 der vertragliche Frachtführer, oder, nach Abs. 5 der ausliefernde Frachtführer sein. Dies trägt dem Umstand Rechnung, dass der Empfänger mit den anderen an der Ausführung des Transports beteiligten Personen nicht in Kontakt kommt.[37] Nach den allgemeinen Vorschriften kann der Vorbehalt auch gegenüber **Bevollmächtigten oder Empfangsboten** – zu denken ist hier insbesondere an den Fahrer – erklärt werden.[38] Es ist davon auszugehen, dass derjenige, der seitens des ausliefernden Frachtführers bevollmächtigt wurde, die Güter an den Empfänger abzuliefern, gleichzeitig bevollmächtigt wurde, von diesem die Schadensanzeige nach § 438 entgegen zu nehmen.[39]

---

[28]  Reg.Begr. S. 76.

[29]  *Koller* Rn. 10; *Tunn* VersR 2005, 1646, 1647; vgl. Art. 30 CMR Rn. 10.

[30]  HansOLG Hamburg 27.1.2004, TranspR 2004, 215, 216 ff. Wobei an die Haftbarhaltung nach § 439 Abs. 3 inhaltlich weitergehende Anforderungen zu stellen sind; siehe dort Rn. 24 ff.

[31]  EBJS/*Schaffert* Rn. 7.

[32]  EBJS/*Schaffert* Rn. 7; *Thume/Demuth* CMR Art. 30 Rn. 9.

[33]  HansOLG Hamburg 27.1.2004, TranspR 2004, 215, 216.

[34]  OLG Köln 7.11.2000, TranspR 2001, 93, 94; LG Memmingen 1.8.2001, NJW-RR 2002, 458; Ensthaler/*Bracker* Rn. 3; *Thume/Demuth* CMR Art. 30 Rn. 10.

[35]  Saarl. OLG 29.6.2005, TranspR 2007, 66, 68; OLG München 16.3.2011, TranspR 2011, 199, 200; EBJS/*Schaffert* Rn. 7; *Koller* Rn. 12, Art. 30 CMR Rn. 9.

[36]  *Koller* Rn. 5; Fremuth/Thume/*Fremuth* Rn. 20; Art. 30 CMR Rn. 11; *Thume/Demuth* CMR Art. 30 Rn. 15.

[37]  Reg.Begr. S. 77.

[38]  EBJS/*Schaffert* Rn. 6; *Koller* Rn. 8; *Thume/Demuth* CMR Art. 30 Rn. 18.

[39]  *Bästlein/Bästlein* TranspR 2003, 413, 419; vgl. Art. 30 CMR Rn. 11.

Aus dem Zweck der Vorschrift folgt darüber hinaus, dass in den Fällen, in denen der **15** Transport durch eine **Kette** von (Unter-) Frachtführern durchgeführt wird, diese verpflichtet sind, in entsprechender Anwendung des § 438, die ihnen zugegangene Anzeige an ihren jeweiligen Vertragspartner **weiterzureichen,** um diesen ebenfalls die Möglichkeit zu eröffnen, den Schaden zu inspizieren bzw. Beweise zu sichern.[40]

**6. Wirkung der ordnungsmäßigen Reklamation.** Wird die Schadensanzeige wirk- **16** sam erklärt, so tritt die Vermutung der Ablieferung in vollständigem und unbeschädigtem Zustand nicht ein. Es entsteht dadurch aber nicht die entgegengesetzte Vermutung für die fehlerhafte Ablieferung; der Anspruchsteller hat auch bei wirksamer Rüge den Beweis dafür zu führen, dass der behauptete Verlust bzw. die behauptete Beschädigung während der Obhutszeit des Frachtführers eingetreten ist.[41]

**7. Rechtsfolge einer fehlenden oder unzureichenden Reklamation. Unterbleibt** **17** die Anzeige oder genügt sie nicht den Anforderungen hinreichender Deutlichkeit, so wird **widerleglich vermutet,** dass das Gut in vollständigem und unbeschädigtem Zustand abgeliefert worden ist.[42] Diese Folge tritt natürlich auch dann ein, wenn der Empfänger bei Ablieferung den ordnungsgemäßen Empfang der Ware, beispielsweise durch eine reine Empfangsquittung bestätigt, hat; diese Erklärung muss er gegen sich gelten lassen.[43] Der Gesetzgeber hielt es, im Einklang mit der Parallelnorm der CMR, nicht für geboten, die fehlende Reklamation mit einer Anspruchspräklusion als Sanktion zu versehen, weil dem Ziel einer schnellen Klärung von Güterschadensfällen auch mit einer **„Beweislastumkehr"**[44] entsprochen werden könne. Dem Geschädigten bleibt also der Beweis, dass der Verlust bzw. die Beschädigung während der Zeit der Obhut des Frachtführers eingetreten ist, möglich. Dabei muss er allerdings nicht nur die Hürde der allgemeinen Beweislast, sondern auch die der gegen seinen Anspruch gerichteten Vermutung der Ablieferung im ordnungsgemäßen Zustand überwinden. Nach § 292 ZPO ist damit verbunden, dass vom Anspruchsteller der **volle Gegenbeweis** gegen die Vermutung geführt wird; ein bloßes Erschüttern der Vermutung ist unzureichend.[45] Hieraus folgt auch, dass den Frachtführer keine sekundäre Darlegungs- und Beweislast trifft, zum Ablauf des Transportes vorzutragen, solange nicht seitens des Anspruchsstellers bewiesen ist, dass das Gut nicht in vollständigem und unbeschädigtem Zustand abgeliefert wurde.[46] Weiter muss der Anspruchsteller dartun, dass der Verlust bzw. die Beschädigung nicht in der Zeit nach der Ablieferung entstanden ist.

### III. Schadensanzeige bei äußerlich nicht erkennbarem Verlust oder äußerlich nicht erkennbarer Beschädigung des Gutes (Abs. 2)

Falls nicht äußerlich erkennbar (s. zur Erkennbarkeit Rn. 4 ff. und Art. 30 CMR Rn. 13), **18** muss der sog. **verdeckte Mangel** innerhalb von sieben Kalendertagen angezeigt werden, andernfalls gilt auch hier die Vermutung wie nach Abs. 1 (vgl. Rn. 17). Die Frist beginnt mit dem Tag der Ablieferung.

Der **Inhalt** der Anzeige entspricht dem oben ausgeführten (s. Rn. 11). Die Anzeige **19** kann durch den Empfänger oder Absender des Gutes und deren Bevollmächtigte erfolgen (vgl. Rn. 13).

---

[40] LG Hamburg 15.8.2000, TranspR 2000, 414, 415; *Koller* Rn. 9.
[41] *Koller* Rn. 26; *Tunn* VersR 2005, 1646, 1648.
[42] OLG Braunschweig 3.2.2005, NJW-RR 2005, 834, 845 ff.
[43] Vgl. Saarl. OLG 29.6.2005, TranspR 2007, 66, 70, EBJS/*Schaffert* Rn. 13.
[44] OLG Köln 7.11.2000, TranspR 2001, 93, 94. Die Reg.Begr. (S. 76) benutzt zwar diesen Begriff, merkt jedoch gleichzeitig an, dass den Anspruchssteller nach den allgemeinen Vorschriften ohnehin die Beweislast trifft. Insoweit erscheint der Begriff „Beweislastumkehr" verfehlt.
[45] Reg.Begr. S. 76; *Koller* Rn. 16; *Bästlein/Bästlein* TranspR 2003, 413, 414; *Tunn* VersR 2005, 1646, 1647.
[46] OLG Celle 21.5.2004, TranspR 2005, 214, 216; aA wohl *Koller* Rn. 25.

**20**    Im Gegensatz zu den Fällen des Abs. 1 muss die Anzeige nach Abs. 2 dem Vertragspartner des Absenders der Güter, also dem Hauptfrachtführer, zumindest **in Textform** zugesandt werden.[47] Die Vorschrift des Abs. 5 greift insoweit nicht ein.

**21**    Die Frist von sieben Tagen berechnet sich nach den allgemeinen zivilrechtlichen Grundsätzen (§§ 187 ff. BGB) und ist nach Abs. 4 S. 2 gewahrt, wenn die Anzeige **rechtzeitig abgesandt** wurde. Das Verzögerungsrisiko trägt demnach der Frachtführer.[48] Ob damit auch das **Übermittlungsrisiko** auf diesen abgewälzt wird, ergibt sich nicht eindeutig aus den Gesetzesmaterialien. Zieht man jedoch die in der Reg.Begr. mehrfach aufgezeigte Parallele zu den §§ 377, 611, so trifft den Absender das Risiko des Verlusts der Reklamation.[49]

**22**    Für die **Rechtsfolgen** einer unwirksamen Reklamation kann ebenso wie für die einer nicht (s. Rn. 17) ausreichenden (s. Rn. 16) Reklamation das oben zur Verlust- bzw. Beschädigungsanzeige bei äußerlich erkennbaren Mängeln Ausgeführte verwiesen werden. Auch hier trifft den Anspruchsteller die Pflicht, den vollen Gegenbeweis zur gesetzlichen Vermutung zu erbringen.

**23**    Ist der Verlust bzw. die Beschädigung innerhalb der 7-Tage-Frist angezeigt worden, so kann der Frachtführer Anhaltspunkte dafür vortragen, dass der Verlust bzw. die Beschädigung nach der Ablieferung entstanden sein kann; der Anspruchsteller ist in diesem Fall zur Darlegung des Geschehensablaufs nach Ablieferung im Rahmen seiner prozessualen Mitwirkungspflicht verpflichtet.

### IV. Anzeige bei Lieferfristüberschreitung (§ 438 Abs. 3)

**24**    Die Überschreitung der Lieferfrist (vgl. § 423) ist, im Gegensatz zur CMR,[50] vom Empfänger dem Frachtführer innerhalb von einundzwanzig Kalendertagen nach der Ablieferung anzuzeigen. Allerdings kann die Erklärung auch von einem Vertreter des Empfängers, und damit grundsätzlich auch vom Absender, abgegeben werden, siehe Rn. 13. Nicht erfasst sind von Abs. 3 Beschädigungen an den Gütern selbst, die durch die verspätete Ablieferung zurückzuführen sind, wie beispielsweise Verderb. Abs. 3 betrifft also nur die durch die Verspätung entstandenen **Vermögensschäden**.[51] Ebenso sollen Aufwendungen zur Verhütung oder Verminderung von Schäden, die infolge verspäteter Anlieferung des Gutes entstehen können, nicht von Abs. 3 umfasst sein.[52]

**25**    Zwar ist dem Frachtführer regelmäßig bekannt, dass die Lieferfrist nicht eingehalten wurde. Dies befreit den Empfänger jedoch nicht von der Verpflichtung, diesem nach Abs. 3 die Überschreitung anzuzeigen und so auf den Schaden bzw. drohende Ansprüche hinzuweisen.[53]

**26**    Wird diese Frist versäumt, ist der Anspruch auf den Verspätungsschaden **präkludiert**.[54] Im Rahmen des Art. 30 CMR hat der BGH entschieden, dass die mangelnde Anzeige im Prozess von Amts wegen zu berücksichtigen ist.[55] Dies trifft auch im Rahmen des HGB zu: Der Empfänger hat die Verspätung, den daraus resultierenden Schaden und die Einhaltung der Frist vorzutragen und gegebenenfalls zu beweisen. Gelingt ihm dies nicht, erlischt der Anspruch, was seitens des Gerichts von Amts wegen zu beachten ist.[56]

**27**    Der **Adressatenkreis** der Anzeige entspricht oben Rn. 14, sofern sie bei Ablieferung erfolgt. Erfolgt sie nach Ablieferung, ist sie an den **Hauptfrachtführer** zu senden.[57] Die

---

[47]  *Koller* Rn. 20; vgl. Art. 30 CMR Rn. 12; *Thume/Demuth* CMR Art. 30 Rn. 12.
[48]  Reg.Begr. S. 77.
[49]  BGH 13.5.1987, BGHZ 101, 49 = NJW 1987, 2235.
[50]  Art. 30 CMR Rn. 20, GroßkommHGB/*Helm* Art. 30 CMR Rn. 60.
[51]  EBJS/*Schaffert* Rn. 16, vgl. Art. 30 CMR Rn. 21.
[52]  *Scheel* TranspR 2005, 239, 243.
[53]  AG Neuruppin 20.2.2004, juris; *Koller* Rn. 30 ff., 37.
[54]  Ensthaler/*Bracker* Rn. 5.
[55]  BGH 14.11.1991, TranspR 1992, 135, 138.
[56]  *Koller* Rn. 38; aA LG Hamburg 11.1.2005, NJW-RR 2005, 543, 544; Baumbach/Hopt/*Merkt* Rn. 2.
[57]  *Koller* Rn. 30 ff.

Anzeige kann **formlos** erfolgen, so lange sie bei Ablieferung erfolgt. Danach bedarf sie mindestens der **Textform**.[58]

**Inhaltlich** unterscheiden sich die Anforderungen nach Abs. 3 von denen nach Abs. 1 **28** insoweit, als dass der Schaden nicht klar umrissen werden muss. Nach dem Wortlaut ist ausreichend, dass die Überschreitung der Lieferfrist angezeigt wird. Die darin liegende Monierung des Vertragsbruchs ist ausreichend, es den Ersatzverpflichteten zu ermöglichen, weitere Schritte einzuleiten.[59] Zur Sicherung von Beweisen ist die im Rahmen von Abs. 1 geforderte genauere Beschreibung des Schadens hier nicht notwendig.

Hinsichtlich des Beginns und der Berechnung der **Frist** der Anzeige kann auf die Ausfüh- **29** rungen zu Abs. 1 und 2 verwiesen werden (s. Rn. 1 ff. und 21).

### V. Form der Schadensanzeige nach Ablieferung (§ 438 Abs. 4)

Die Vorgaben zur Form der Anzeige haben sich dem Wandel der Telekommunikation **30** angepasst. Wurde zunächst die strenge Schriftform des § 126 BGB gefordert, so war nach Abs. 4 S. 2 aF keine Unterschrift mehr nötig, sofern aus der Anzeige deren Aussteller in anderer Weise erkennbar ist, so etwa anhand des Firmenbriefkopfes. Es genügte nach Abs. 4 S. 1 HS 2 aF die Übermittlung mit Hilfe einer telekommunikativen Einrichtung, beispielsweise per Telefax.[60] Mit der neuen Fassung des Absatzes 4 ist nun ausdrücklich klargestellt, dass **Textform** (§ 126b BGB) für die nachträgliche Anzeige bei verdeckten Mängeln erforderlich ist.[61] Es genügt also die Anzeige durch nicht qualifiziert elektronisch signierte E-Mail.[62] Fristwahrend wirkt rechtzeitige Absendung (Abs. 4 S. 3). **Nicht** ausreichend ist eine **mündliche** Reklamation,[63] ebenso ist zu beachten, dass auch die Textform nicht von der Einhaltung gewisser Mindestbedingungen entbindet.[64] Die Vereinbarung der Schriftform per AGB ist Verbrauchern gegenüber als Verstoß gegen einen wesentlichen Grundgedanken der Regelung nach § 307 Abs. 1 Nr. 1 BGB für unwirksam erachtet worden.[65]

### VI. Anzeige gegenüber dem letzten Frachtführer (§ 438 Abs. 5)

Für alle Fälle gebotener Schadensanzeige, also bei Verlust, Beschädigung und Lieferfrist- **31** überschreitung, genügt die Anzeige bei Ablieferung gegenüber demjenigen, der das Gut abliefert. Diese neuartige Regelung trifft den häufigen Fall, dass es der Empfänger nach dem Transport durch eine Mehrheit von Frachtführern tatsächlich nur mit dem letzten in der Kette zu tun hat. Es ist sachgerecht, dass der Empfänger, der in einem solchen Fall den vertraglichen Frachtführer oft nicht kennt, wirksam auch gegenüber dem **abliefernden Frachtführer** reklamieren kann.[66] Es bleibt danach Sache von Vereinbarungen innerhalb der Kette, wie die Reklamation an die anderen und insbes. an den vertraglichen Frachtführer übermittelt wird. Eine Anzeige nach Ablieferung hat, wie sich im Umkehrschluss ergibt, ausschließlich gegenüber dem vertraglichen Frachtführer zu erfolgen.

### VII. Beweislast

Den Frachtführer trifft die Beweislast für die Ablieferung als solche an den Empfänger.[67] **32** Die Beweislast für Verlust, Beschädigung der Güter und ggf. deren Nichterkennbarkeit

---

[58] *Koller* Rn. 32 ff.
[59] *Thume/Demuth* CMR Art. 30 Rn. 43.
[60] Reg.Begr. S. 77.
[61] Durch Art. 22 Nr. 5 des Gesetzes vom 13.7.2001, BGBl. I S. 1542.
[62] Schon zur alten Fassung *Herber* NJW 1998, 3297, 3304.
[63] OLG Celle 21.5.2004, TranspR 2005, 214, 216.
[64] Vgl. BGH 3.11.2011, MDR 2011, 1460.
[65] OLG Köln 27.4.2010, MMR 2010, 619, 620.
[66] Reg.Begr. S. 77.
[67] *Koller* Rn. 15; *Bästlein/Bästlein* TranspR 2003, 413, 419.

oder Verzögerung ihrer Anlieferung sowie den Zeitpunkt, Inhalt und Zugang der entsprechenden Reklamation trägt der Ersatzberechtigte.[68]

## § 439 Verjährung

(1) [1]**Ansprüche aus einer Beförderung, die den Vorschriften dieses Unterabschnitts unterliegt, verjähren in einem Jahr.** [2]**Bei Vorsatz oder bei einem dem Vorsatz nach § 435 gleichstehenden Verschulden beträgt die Verjährungsfrist drei Jahre.**

(2) [1]**Die Verjährung beginnt mit Ablauf des Tages, an dem das Gut abgeliefert wurde.** [2]**Ist das Gut nicht abgeliefert worden, beginnt die Verjährung mit dem Ablauf des Tages, an dem das Gut hätte abgeliefert werden müssen.** [3]**Abweichend von den Sätzen 1 und 2 beginnt die Verjährung von Rückgriffsansprüchen mit dem Tag des Eintritts der Rechtskraft des Urteils gegen den Rückgriffsgläubiger oder, wenn kein rechtskräftiges Urteil vorliegt, mit dem Tag, an dem der Rückgriffsgläubiger den Anspruch befriedigt hat, es sei denn, der Rückgriffsschuldner wurde nicht innerhalb von drei Monaten, nachdem der Rückgriffsgläubiger Kenntnis von dem Schaden und der Person des Rückgriffsschuldners erlangt hat, über diesen Schaden unterrichtet.**

(3) [1]**Die Verjährung eines Anspruchs gegen den Frachtführer wird auch durch eine Erklärung des Absenders oder Empfängers, mit der dieser Ersatzansprüche erhebt, bis zu dem Zeitpunkt gehemmt, in dem der Frachtführer die Erfüllung des Anspruchs ablehnt.** [2]**Die Erhebung der Ansprüche sowie die Ablehnung bedürfen der Textform.** [3]**Eine weitere Erklärung, die denselben Ersatzanspruch zum Gegenstand hat, hemmt die Verjährung nicht erneut.**

(4) **Die Verjährung von Schadensersatzansprüchen wegen Verlust oder Beschädigung des Gutes oder wegen Überschreitung der Lieferfrist kann nur durch Vereinbarung, die im einzelnen ausgehandelt ist, auch wenn sie für eine Mehrzahl von gleichartigen Verträgen zwischen denselben Vertragsparteien getroffen ist, erleichtert oder erschwert werden.**

**Schrifttum:** *Drews,* Zur Frage der Hemmung der Verjährung im Transportrecht, TranspR 2004, 340; *Harms,* Schuldrechtsreform und Transportrecht – Der Einfluß der neuen Regeln zur Verjährung auf das Transportrecht, TranspR 2001, 294; *Herber,* Verjährung von Vergütungsansprüchen des Frachtführers und Spediteurs aus Altverträgen, TranspR 2000, 20; *ders.,* Dreijährige Verjährung von Primärleistungsansprüchen nach § 439 Abs. 1 Satz 2 HGB?, TranspR 2010, 357; *Kirchhof,* Der Luftfrachtvertrag als multimodaler Vertrag im Rahmen des Montrealer Übereinkommens, TranspR 2007, 133; *Koller,* Die Auswirkungen der Reform des deutschen Schuldrechts auf das Transportrecht, TranspR 2001, 425; *ders.,* Die Verjährung der Haftung für Ladungsschäden bei Binnenschifftransporten, TranspR 2004, 24; *ders.,* Die Verjährung bei vorsätzlicher oder leichtfertiger Missachtung von Leistungs- und Schutzpflichten im deutschen Frachtrecht, VersR 2006, 1581; *ders.,* Reform der Verjährungsregeln in HGB-Transportrecht?, VersR 2011, 192; *ders.,* Verjährung im Rückgriffsverhältnis nach den §§ 439, 463, 475a HGB, TranspR 2012, 277; *Köper,* Zur Anwendbarkeit des § 439 Abs. 1 S. 2 HGB auf Frachtansprüche TranspR 2006, 191; *Mankowski/Höpker,* Die Hemmung der Verjährung bei Verhandlungen gem. § 203 BGB, MDR 2004, 721; *Müller-Rostin,* Entzieht sich das Luftfrachtrecht der einheitlichen Verjährungsregelung in § 452b Abs. 2 HGB?, TranspR 2008, 241; *Ramming,* Der neue § 612 HGB, TranspR 2002, 45; *Thume,* Neue Rechtsprechung zur Verjährung im Transportrecht, TranspR 2009, 233; *Steinborn,* Formvorschriften die Haftbarhaltungen im nationalen Recht, TranspR 2011, 16; *Ungewitter,* zur Darlegungs- und Beweislast bei der verlängerten Verjährungsfrist nach § 439 Abs. 1 Satz 2 HGB, VersR 2010, 454; *Vyvers,* Glück gehabt – auch Ansprüche gegenüber den am Kartell beteiligten Spediteuren verjährt?!, TranspR 2012, 453; *v. Waldstein/Holland,* Die Verjährung im Binnenschiffahrtsrecht – Eine Bestandsaufnahme nach der Reform des deutschen Schuldrechts.

---

[68] Vgl. Saarl. OLG 29.6.2005, TranspR 2007, 66, 71; EBJS/*Schaffert* Rn. 12; *Thume/Demuth* CMR Art. 30 Rn. 56 ff.

**Übersicht**

|  | Rn. |  | Rn. |
|---|---|---|---|
| I. Normzweck | 1 | 2. Rückgriffsansprüche | 17, 18 |
| II. Reichweite der Verjährung (§ 439 Abs. 1 S. 1) | 2–9 | V. Hemmung der Verjährung (§ 439 Abs. 3) | 19–32 |
| 1. Grundsätzliches | 2 | 1. Grundsatz | 19 |
| 2. Intertemporale Geltung | 3 | 2. Form der Anspruchsstellung | 20–22a |
| 3. Unabhängig vom Rechtsgrund | 4 | 3. Person des Anspruchsstellers | 23, 23a |
| 4. Bezug zur Beförderung | 5–9 | 4. Inhalt der Reklamation | 24, 25 |
| III. Dauer | 10–12a | 5. Adressat der Reklamation | 26 |
| 1. Regelverjährung (§ 439 Abs. 1 S. 1) | 10 | 6. Hemmung | 27, 28 |
| 2. Verlängerung bei qualifiziertem Verschulden (§ 439 Abs. 1 S. 2) | 11–12a | 7. Beendigung der Hemmung | 29–31 |
|  |  | 8. Wiederholte Reklamation | 32 |
| IV. Verjährungsbeginn (§ 439 Abs. 2) | 13–18 | VI. Vereinbarte Verjährung (§ 439 Abs. 4) | 33–35 |
| 1. Zeitpunkt | 13–16 | VII. Beweislast | 36 |

## I. Normzweck

Hauptzweck der Norm ist eine **Vereinheitlichung** bislang sektoral verschiedener Verjährungsregeln, wobei es aber grundsätzlich bei der bislang vorherrschenden und bewährten Verjährungsfrist von einem Jahr bleibt.[1] Hierin, sowie in Einzelheiten, entspricht die Vorschrift Art. 32 CMR, ferner darin, dass sich die Verjährungsfrist bei schwerem Verschulden auf drei Jahre verlängert und die Verjährung allgemein alle Ansprüche aus einer dem Frachtrecht unterliegenden Beförderung erfasst. Weitere Einzelheiten betreffen die Verjährung von Rückgriffsansprüchen, deren Geltendmachung erleichtert wird, die Hemmung der Verjährung sowie Verjährungsvereinbarungen.[2] Die Reform des Seehandelsrechts wurde dazu genutzt, die zwischenzeitlich zu § 439 Abs. 3 ergangene Rechtsprechung durch eine Überarbeitung des Gesetzestextes zu berücksichtigen; s. u. Rn. 22 ff. In Sinne der Harmonisierung des See- und allgemeinen Transportrechts wurde darüber hinaus der Wortlaut des Abs. 4 angepasst; s. dazu Rn. 33.

## II. Reichweite der Verjährung (§ 439 Abs. 1 S. 1)

**1. Grundsätzliches.** § 439 regelt die Verjährung für alle Ansprüche aus einer den Vorschriften dieses Unterabschnitts (dh. den §§ 407–450) unterliegenden Beförderung. Dies gilt unabhängig davon, von welcher Seite der Anspruch erhoben wird. Erfasst sind insbesondere sowohl Ansprüche des (Unter-)Frachtführers, als auch Ansprüche des Absenders;[3] notwendig ist, dass der Anspruchsteller am Frachtvertrag oder am Beförderungsvorgang beteiligt war, was bspw. bei einem Verkehrshaftungsversicherer nicht der Fall ist.[4] Ebenfalls erfasst sind, im Rahmen der §§ 451, 452b, 463 und 475a, Ansprüche aus Umzugs-,[5] Multimodal-, Speditions- und Lagervertrag sowie die in § 434 Abs. 2 genannten Ansprüche Dritter.[6] Umstritten ist, ob § 117 BinSchG im Verhältnis zu § 439 Vorrang genießt.[7]

**2. Intertemporale Geltung.** Gestützt auf den in Art. 169 EGBGB verankerten Rechtsgedanken, verjähren die vor Inkrafttreten des TRG noch nicht verjährten Ansprüchen nach

---

[1] Reg.Begr. S. 77.
[2] S. zu allem *Demuth,* Transport- und Vertriebsrecht, 2000, S. 326 ff.
[3] Reg.Begr. S. 77.
[4] OLG Frankfurt a. M. 11.10.2010, TranspR 2010, 433, 435 f. mit Anm. *Trieb.*
[5] Schleswig-Holsteinisches OLG 5.6.2008, NJW-RR 2008, 1361.
[6] OLG Frankfurt a. M. 11.10.2010, TranspR 2010, 433, 436.
[7] Zustimmend *v. Waldstein/Holland* TranspR 2003, 387, 393; zutreffend differenzierend *Koller* TranspR 2004, 24.

neuem Recht, wenn die dann anzuwendende Frist länger als die nach altem Recht ist;[8] ist die nach dem TRG geltende Frist kürzer, so berechnet sie sich ab dem Inkrafttreten der neuen Regelung.[9] Ebenso folgt aus dem Rechtsgedanken, dass die Frage der Erleichterung oder Erschwerung der Verjährung für zuvor geschlossene Verträge sich ebenfalls nach der neuen Regelung bestimmt.[10]

4      **3. Unabhängig vom Rechtsgrund.** Erforderlich ist, dass die Ansprüche auf einer den Vorschriften der §§ 407 ff. unterliegenden Beförderung basieren. Unbeachtlich ist, worauf die Ansprüche gestützt sind; also ob auf **Vertrag** (derogiert ist insoweit § 195 BGB) oder auf **außervertraglichen Rechtsgrund** – wie Schadensersatzansprüche aus § 823 BGB[11] oder **bereicherungsrechtliche** Ansprüche wegen zu viel gezahlter Fracht.[12] Entscheidend ist nur, dass ein Beförderungsvertrag überhaupt geschlossen wurde und ein Bezug zur Beförderung besteht (s. noch § 463 Rn. 4 ff.).[13] Sofern kein Beförderungsvertrag geschlossen wurde, unterliegen Ansprüche aus Verschulden bei Vertragsverhandlungen (cic, § 311 Abs. 2 BGB iVm. § 280 Abs. 1 BGB) den allgemeinen Verjährungsvorschriften.[14] Erfasst sind auch Ansprüche aus einer Verletzung solcher vertraglicher Nebenpflichten, die unmittelbar mit der Beförderung zu tun haben und sich nicht aus einer eigenständigen vertraglichen Abrede ergeben; beispielsweise die Rückgabe von Transportpaletten (vgl. Art. 32 CMR Rn. 6). Zu beachten ist, dass die Frage des Rechtsgrundes seit der Seerechtsreform im Rahmen des Abs. 4 Relevanz erlangt; s. dazu Rn. 33.

5      **4. Bezug zur Beförderung.** Erfasst werden, wie schon nach altem Recht,[15] alle Ansprüche, die mit der Beförderung in einem **unmittelbaren inneren Zusammenhang** stehen. Hierzu zählen beispielsweise Beratungsleistungen im Zusammenhang mit der Organisation des Transportes, Eindeckung einer Versicherung für den Transport im Auftrage des Absenders, Verzollung, Ausstellung des Frachtbriefs, an anderen Gütern des Empfängers eintretender Vermischungsschaden und Auskunftsansprüche.[16] Sofern ein Rahmenvertrag bereits alle wesentlichen Vertragsbedingungen, insbesondere der Einsatz konkreter Transportfahrzeuge bei den bestimmten Fahrten und die vom Auftraggeber zu zahlende Vergütung festlegt, fallen auch die Ansprüche aus diesem unter § 439.[17] Bezüglich der primären Erfüllungs- und vertraglichen Aufwendungsersatzansprüche ist allerdings hinsichtlich der Verlängerung der Verjährungsfrist bei qualifiziertem Verschulden eine Einschränkung zu machen; siehe unten Rn. 12.

6      Nach einer Entscheidung des BGH kann der geforderte sachliche Zusammenhang gegeben sein, wenn die Beschädigung des Transportguts in **unmittelbarem raum–zeitlichem Zusammenhang** mit dessen Ablieferung erfolgt. Dabei kommt es allerdings auf die Frage der **Ablieferung** der Güter **nicht entscheidend** an.[18] Hiermit stellt sich der BGH gegen die Ansicht der Vorinstanz, die darauf abgestellt hatte, dass die Obhut des Frachtführers bereits beendet war und § 439 daher nicht angewandt hatte.[19] Ob das Ziel des BGH, auf

---

[8]  BGH 15.12.2005, TranspR 2006, 70, 71; vgl. auch BGH 29.9.2006, TranspR 2006, 451, 453.

[9]  AG Bremen 14.4.2000, TranspR 2000, 308; insgesamt kritisch *Herber* TranspR 2000, 20.

[10]  AG Hamburg-Harburg 24.3.1999, TranspR 2000, 258, mit Anm. *Dißars* TranspR 2000, 259.

[11]  BGH 10.1.2008, TranspR 2008, 84, 85; *Thume* TranspR 2009, 233; aA für deliktische Ansprüche *Koller* Rn. 27.

[12]  BGH 18.2.1972, NJW 1972, 1003; OLG Düsseldorf 11.7.1996, TranspR 1997, 274; LG Wuppertal 25.6.1992, MDR 1993, 226; Fremuth/Thume/*Fremuth* Rn. 10 f.; *Herber/Piper* Art. 32 CMR Rn. 6; GroßkommHGB/*Helm* Art. 32 CMR Rn. 8; aA für den Bereich der Spedition § 463 Rn. 7.

[13]  *Koller* Rn. 3; Fremuth/Thume/*Fremuth* Art. 32 CMR Rn. 3; GroßkommHGB/*Helm* Art. 32 CMR Rn. 3, 6 ff.; *Thume/Demuth* CMR Art. 32 Rn. 3 ff.

[14]  *Koller* Rn. 3; aA Fremuth/Thume/*Fremuth* Rn. 8; vgl. § 463 Rn. 5; vgl. Art. 32 CMR Rn. 5 und *Thume/Demuth* CMR Art. 32 Rn. 4.

[15]  Vgl. zu Art. 32 CMR: BGH 10.5.1990, TranspR 1990, 418, 419.

[16]  OLG Düsseldorf 24.7.2002, VersR 2003, 198, 199; OLG Nürnberg 26.11.1974, NJW 1974, 501; EBJS/*Schaffert* Rn. 4 ff.; *Koller* Rn. 5 ff.; *Herber/Piper* Art. 32 CMR Rn. 8; siehe auch Art. 32 CMR Rn. 10.

[17]  BGH 22.4.2010, TranspR 2010, 225; BGH 15.1.2009, TranspR 2009, 132.

[18]  BGH 10.1.2008, TranspR 2008, 84, 85.

[19]  OLG Dresden 16.12.2004, TranspR 2005, 72; kritische Anm. dazu *Heuer* TranspR 2005, 73.

diesem Wege Schwierigkeiten mit der Feststellung des Ablieferungszeitpunktes zu umgehen, erreicht werden kann, ohne gleichzeitig eine Abgrenzungsproblematik mit der Bestimmung des „hinreichenden sachlichen Zusammenhangs mit der Beförderung" zu eröffnen, darf allerdings bezweifelt werden.[20]

**Nicht** erfasst werden Ansprüche aus Verträgen, die **lediglich im Umfeld der Beförde-** 7 **rung** anzusiedeln sind.[21] Hierzu zählen beispielsweise Rahmen- oder Mengenverträge, die lediglich die Basis für später durchzuführende Beförderungen bilden, und nicht alle wesentlichen Vertragsbedingungen, insbesondere den Einsatz konkreter Transportfahrzeuge bei den bestimmten Fahrten und die vom Auftraggeber zu zahlende Vergütung festlegen.[22] Ebenso Ansprüche aus und im Zusammenhang mit an den Transport anschließenden Tätigkeiten, wie beispielsweise der Verwahrung,[23] Überprüfung oder des Ein-, Auf- oder Zusammenbaus des Transportguts.[24]

**Außervertragliche Ansprüche Dritter** aus der Beschädigung transportierter Güter 8 unterfallen ebenfalls der Reglung des § 439. Jedoch nicht in den Fällen des § 434 Abs. 2.

Die Frage, wie die Regelung des § 439 zu Art. 18 Abs. 4 S. 2 MÜ in den Fällen steht, 9 in denen im Rahmen eine multimodalen Transportes unter Einschluss einer **Luftstrecke** ein Schaden mit unbekannten Schadensort eintritt, ist umstritten. Da das MÜ, ebenso wie das WA, keine Einzelfragen zum intermodalen Verkehr regeln, ist insoweit den nationalen Vorschriften der Vorrang einzuräumen;[25] siehe hierzu ausführlich § 452b Rn. 8, 15.

### III. Dauer

**1. Regelverjährung (§ 439 Abs. 1 S. 1).** Nach Abs. 1 S. 1 verjähren Ansprüche aus 10 einer den Vorschriften dieses Unterabschnitts (dh. den §§ 407–450) unterliegenden Beförderung in einem Jahr.

**2. Verlängerung bei qualifiziertem Verschulden (§ 439 Abs. 1 S. 2).** Die Verjäh- 11 rungsfrist verlängert sich auf drei Jahre, wenn Verschulden in der Form des (auch bedingten) Vorsatzes oder der gem. § 435 ihm gleichstehenden bewussten Leichtfertigkeit (s. dort Rn. 10 ff.) den Anspruch mitträgt. Da § 439 auf das dem Vorsatz nach § 435 gleichstehende Verschulden verweist, und es in § 435 heißt, dass „der Schaden auf eine Handlung oder Unterlassung zurückzuführen" sein müsse, die „vorsätzlich oder leichtfertig und in dem Bewusstsein, dass ein Schaden mit Wahrscheinlichkeit eintreten werde" begangen wurde, ist eine Kausalität zwischen Verhalten und Schaden erforderlich.[26] In einem solchen Fall lässt das Frachtrecht schon immer das Interesse des Schuldners gegenüber dem Anliegen des Gläubigers an Erhalt und Durchsetzung seiner Rechte zurücktreten. Die weite Formulierung, die gerade nicht von einem qualifizierten Verschulden des Anspruchsgegners selbst spricht, soll ausdrücken, dass auch ein dem Anspruchsgegner zurechenbares Verhalten von **Hilfspersonen** zur Verlängerung der Verjährungsfrist führt.[27] Dies gilt nicht nur für die Ansprüche gegen den Hauptfrachtführer und dessen Leute, sondern auch für solche gegen den **Unterfrachtführer** und dessen Leute.[28]

---

[20] So auch *Koller* Rn. 4.
[21] BGH 21.9.2006, TranspR 2006, 451, 453 ff.
[22] BGH 3.11.1999, NJW-RR 2000, 1560; BGH 21.9.2006, NJW-RR 2007, 182, 184 = TranspR 2006, 451, 453 f.; OLG Karlsruhe 21.2.2007, TranspR 2007, 213, 216; vgl. BGH 22.4.2010, TranspR 2010, 225; BGH 15.1.2009, TranspR 2009, 132; OLG Karlsruhe 6.6.2003, TranspR 2004, 316, 319; unklar *Koller* Rn. 4, und 7 der es einerseits ausreichen lässt, dass der „rahmenartig vereinbarte Transport" durch Einzelaufträge konkretisiert wird und andererseits § 439 ausschließt, wenn „mehrere Rechtsgeschäfte" abgeschlossen werden.
[23] BGH 20.10.2005, TranspR 2006, 74, 75 ff.
[24] AG Bonn 12.3.2013 TranspR 2013, 288 mit Anm. *Hammer; Koller* Rn. 12 ff.
[25] Zum WA: *Ramming* TranspR 1999, 325, 329; *Koller* TranspR 2001, 69, 71. Zum MÜ: *Kirchhof* TranspR 2007, 133, 140; aA *Müller-Rostin* TranspR 2008, 241; vgl. auch BGH 10.5.2012, TranspR 2012, 466 und *Koller* TranspR 2013, 14.
[26] Vgl. *Ungewitter* VersR 2010, 454 ff.; BGH 22.4.2010, TranspR 2010, 225.
[27] Reg.Begr. S. 78.
[28] BGH 10.1.2008, TranspR 2008, 84, 85.

**12**     Die dreijährige Verjährungsfrist ist in Übereinstimmung mit dem OLG Frankfurt[29] nicht auf **primäre Erfüllungs- und vertragliche Aufwendungsersatzansprüche** im Transportrecht anzuwenden.[30] Dies folgt nicht nur aus der Entstehungsgeschichte der Regelung, wonach diese an Art. 32 CMR angelehnt ist,[31] was im Rahmen des Seerechtsreformgesetzes nochmals betont wurde.[32] Zu Art. 32 CMR hat der BGH bereits ausdrücklich entschieden, dass diese Regelung auf den vertraglichen Erfüllungsanspruch nicht anwendbar ist.[33] Vielmehr folgt dies auch aus der Überlegung, dass der Erfüllungsanspruch mit Vertragsschluss entsteht und die Frage des Verschuldens für diesen irrelevant ist.[34] Führt ein Frachtführer den beauftragten Transport nicht aus, bleibt der Erfüllungsanspruch des Absenders bestehen; zahlt der Absender die Fracht nicht, bleibt der Erfüllungsanspruch des Frachtführers bestehen. Die Nichterfüllung einer Leistungspflicht ist eine Pflichtverletzung, die Sekundäransprüche begründen kann, mit welchen der Nichterfüllungsschaden liquidiert wird. Erst hier könnte ein Verschulden relevant und § 439 Abs. 1 S. 2 einschlägig sein.[35]

**12a**    Die Entscheidung des BGH[36] weicht bei genauer Betrachtung[37] nicht von den hier getätigten Ausführungen ab, da das Gericht einen Schadensersatzanspruch aus § 280 Abs. 1 Satz 1 in Verbindung mit § 241 Abs. 2 BGB bejaht und hierzu ausdrücklich auch ausführt, dass das Verschulden der Beklagten gemäß § 280 Abs. 1 Satz 2 BGB vermutet werde und von ihr nicht widerlegt wurde. Damit bejaht das Gericht also keinen Primäranspruch, sondern einen sekundären Schadensersatzanspruch.[38] Im Übrigen würde andernfalls jede Zahlungsverweigerung zu einer Verlängerung der einjährigen Verjährungsfrist führen, weil sie praktisch immer vorsätzlich erfolgt – wobei in der der BGH-Rechtsprechung folgenden instanzgerichtlichen Rechtsprechung umstritten ist, ob der Vorsatz qualifiziert sein muss.[39] Zutreffend gilt dies auch für die aus der Nichtzahlung der Fracht entstehenden Schadensersatzansprüche, die ebenfalls entsprechend verjähren.[40]

### IV. Verjährungsbeginn (§ 439 Abs. 2)

**13**     **1. Zeitpunkt.** Da die Verjährung alle Ansprüche der Vertragsbeteiligten erfasst, bedurfte es eines allseits deutlich erkennbaren Kriteriums; hierfür bot sich die tatsächliche bzw. hypothetische Ablieferung an. Die Verjährung beginnt daher mit dem Ende des Tages zu laufen, an dem das Gut abgeliefert wurde. Die Ablieferung liegt üblicherweise, seitens des Frachtführers, in der Aufgabe des Gewahrsams an dem Transportgut bei gleichzeitigem Einverständnis des berechtigten Empfängers, der durch die Gewahrsamsaufgabe in die Lage versetzt wird, die tatsächliche Gewalt über das Gut auszuüben; ausführlicher zum Begriff der Ablieferung § 407 Rn. 34 ff. Im Unterschied zu den Bestimmungen der CMR (Art. 32 Abs. 1 lit. a–c) und der CIM (Art. 58 § 2 lit. a–h) wird zugunsten der Praktikabilität[41] nicht nach Anspruchsgrundlage bzw. Schadensart differenziert.[42]

---

[29] OLG Frankfurt 15.4.2005, TranspR 2005, 405, 406, LG Düsseldorf 27.4.2007, juris.

[30] So auch LG Düsseldorf 27.4.2007, juris und *Köper* TranspR 2006, 191; *Herber* TranspR 2010, 357; aA BGH 22.4.2010, TranspR 2010, 225 orbiter; vgl. auch *Pokrant* TranspR 2011, 49; *Koller* Rn. 27; *ders.* VersR 2006, 1581; *ders.* VersR 2011, 192; AG Remscheid 21.5.2012, TranspR 2012, 28; vgl. OGH 6.7.2011, TranspR 2011, 377 zu dieser Frage im Rahmen der CMR.

[31] BT-Drucks. 13/8445 S. 77.

[32] RegBegr-SRG S. 56.

[33] BGH 11.12.1981, VersR 1982, 649.

[34] *Herber* TranspR 2010, 357, 359.

[35] *Herber* TranspR 2010, 357, 359; aA *Köper* TranspR 2006, 191, 195 f. der die Vorschrift teleologisch dahingehend reduziert, dass sie auch nicht auf die Verzugsschäden aus verspäteter Frachtzahlung Anwendung findet.

[36] BGH 22.4.2010, TranspR 2010, 225, siehe insbes. Tz. 16 und 34.

[37] S. *Herber* TranspR 2010, 357.

[38] Auch *Pokrant* TranspR 2011, 49, 50 spricht von einem Schadensersatzanspruch.

[39] Vgl. AG Remscheid 21.5.2012, TranspR 2013, 28; LG Wuppertal 12.12.2012, TranspR 2013 158; OLG Düsseldorf 20.3.2013, TranspR 2013, 196.

[40] *Köper* TranspR 2006, 191, 194.

[41] Reg.Begr. S. 78.

[42] BGH 10.1.2008, TranspR 2008, 84, 85; vgl. kritisch zu Art. 32 CMR dort Rn. 12 ff.

Bei einer **verspäteten Ablieferung** des Transportgutes ist ebenfalls auf den Zeitpunkt **14** der tatsächlichen Ablieferung abzustellen, und nicht auf den der erwarteten Übergabe.[43] Die Begründung zum TRG stellt lediglich hilfsweise auf die hypothetische Ablieferung ab;[44] da es aber auch bei einer Verspätung eine faktische Ablieferung gibt, ist kein Raum, um auf einen anderen Zeitpunkt abzustellen. Bei **Nichtablieferung des Transportgutes** und auch im Rahmen der Verlustvermutung nach § 424 beginnt die Verjährungsfrist mit dem Ende des Tages zu laufen, an dem das Gut hätte abgeliefert werden müssen.[45] Im Falle einer **Sukzessivlieferung** ist die letzte Teilablieferung entscheidend – zuvor lässt sich ohnehin nicht abschließend feststellen, inwieweit der Vertrag unvollständig und damit fehlerhaft erfüllt wurde.[46] Entsprechendes gilt in den Fällen der **Teilablieferung:** die Verjährungsfrist beginnt mit der Ablieferung des verbleibenden Teils.[47]

Nicht ausdrücklich geregelt ist jedoch, auf welchen Zeitpunkt für den Verjährungsbeginn **15** des Anspruchs des Frachtführers auf die **Fracht** abzustellen ist.[48] Die Natur des Transportvertrages als Unterfall des Werkvertrages und die vereinfachte Handhabung sprechen dafür, die Verjährung des Frachtanspruches ebenfalls auf den Zeitpunkt der Ablieferung abzustellen.

Grundsätzlich kommt es bei der Bestimmung des Verjährungsbeginns nicht darauf an, ob **16** der Schaden bereits erkennbar ist, entstanden war oder sich aufgrund einer Gefährdungslage jederzeit realisieren kann.[49]

**2. Rückgriffsansprüche.** Für **Rückgriffsansprüche** gegen einen Frachtführer iSd. **17** § 407 – nicht jedoch bzgl. sonstiger Hilfspersonen[50] – enthält S. 3 eine Sonderregelung. Der **Rückgriffsgläubiger** muss nicht **Frachtführer** iSd. § 407 sein, um in den Genuss der Regelung zu kommen, es kann sich **auch** um einen, **einem Landfrachtführer** im Sinne des § 407 **gleichstehenden,**[51] Transportverpflichteten (bspw. **Verfrachter, Luftfrachtführer**) handeln.[52] Als Konsequenz ist auch nicht erforderlich, dass der Anspruch, dem sich der Rückgriffsgläubiger ausgesetzt sieht, den §§ 407 ff HGB oder überhaupt deutschem Recht entstammt.[53] Nach der Sonderregelung des S. 3 ist zwar die Länge der Fristen für Ansprüche und Rückgriffsansprüche gleich, jedoch beginnt grundsätzlich die Verjährung erst mit dem Tag des Eintritts der Rechtskraft des Urteils gegen den Rückgriffsgläubiger oder, wenn kein rechtskräftiges Urteil vorliegt, mit dem Tag, an dem der Rückgriffsgläubiger den Anspruch befriedigt hat. Damit beginnt die Verjährung solcher sich insbesondere bei Einschaltung ausführender Frachtführer (s. § 437 Abs. 3) ergebender Regressansprüche **nicht** mehr **zeitgleich** mit der Verjährung des gegen den Rückgriffsberechtigten gerichteten Anspruchs; dies brachte demjenigen, der vom Geschädigten zuerst in Anspruch genommen wurde, das Risiko, Regressansprüche zu verlieren, weil und insofern er nicht schon dann, wenn der Geschädigte erstmals an ihn herantritt, diesbezüglich verjährungsunterbrechende oder -hemmende Maßnahmen trifft.[54]

Das Regelungsmodell des § 612 Abs. 2 HGB verwarf der Regierungsentwurf zugunsten **18** einer Lösung nach Art. 39 Abs. 4 CMR aus Gründen höherer Rechtssicherheit.[55] Gesetz

---

[43] *Koller* Rn. 14; aA noch ErgBd. 7a § 463 Rn. 12, wie hier § 463 Rn. 13.
[44] Reg.Begr. S. 78.
[45] *Koller* Rn. 17.
[46] OLG Hamburg 3.2.1971, VersR 1971, 729, 731; *Koller* Rn. 14; Art. 32 CMR Rn. 15; *Thume/Demuth* CMR Art. 32 Rn. 25.
[47] EBJS/*Schaffert* Rn. 8, *Koller* Rn. 14.
[48] Im Rahmen der CMR gilt insoweit Art. 32 Abs. 1 Satz 3 lit. c, siehe dort Rn. 19.
[49] Schleswig-Holsteinisches OLG 5.6.2008, NJW-RR 2008, 1361, 1363.
[50] BGH 2.10.2012, TranspR 2013, 194; BGH 7.3.2013, TranspR 2013, 339; AG Bonn 14.9.2000, TranspR 2000, 467.
[51] BGH 2.10.2012, TranspR 2013, 194.
[52] HansOLG Hamburg 12.7.2011, TranspR 2011, 366 und nachgehend BGH 2.10.2012, TranspR 2013, 194.
[53] BGH 7.3.2013, TranspR 2013, 339; *Koller* Rn. 24.
[54] EBJS/*Schaffert* Rn. 14.
[55] Reg.Begr. S. 78.

geworden ist schließlich eine dies noch modifizierende, vom Rechtsausschuss vorgeschlagene Fassung mit einer sinnvollen Ergänzung: Damit der Rückgriffsschuldner nicht evtl. jahrelang in Ungewissheit darüber bleibt, ob gegen ihn ein Regressanspruch geltend gemacht wird, ist seine Unterrichtung über den Schadensfall durch den Regressgläubiger[56] erforderlich. Nur dann, wenn diese Information innerhalb von drei Monaten, nachdem der Rückgriffsgläubiger Kenntnis von dem Schaden und der Person des Rückgriffsschuldners erlangt hat, geschehen ist, kommt der spätere Verjährungsbeginn dem regresssuchenden Erstschuldner zugute; sonst beginnt die Verjährung wie nach Sätzen 1 und 2. Die Unterrichtung bedarf keiner Form.[57]

## V. Hemmung der Verjährung (§ 439 Abs. 3)

19    **1. Grundsatz.** Bei einem Ersatzanspruch gegen den Frachtführer ist die Verjährung von dem Zeitpunkt an, zu dem Empfänger oder Absender durch die Erklärung, mit der Ersatzansprüche erhoben werden, an den Frachtführer herantritt, bis zu dem Zeitpunkt, in dem dieser die Erfüllung des Anspruchs ablehnt, gehemmt.

20    **2. Form der Anspruchsstellung.** Bis zur Reform im Jahre 2013 war eine schriftliche Anspruchserhebung erforderlich; seit Inkrafttreten des SRG genügt Textform. Schriftlichkeit bedeutet jeweils **eigenhändige Unterschrift** (§ 126 BGB). Seit der Einführung der **elektronischen Form genügt** diese, sofern die Mitteilung mit einer qualifizierten **elektronischen Signatur** versehen ist (§ 126 Abs. 3, § 126a Abs. 1 BGB). In der Praxis zeigt sich jedoch, dass entsprechend signierte elektronische Kommunikation die Ausnahme bildet (vgl. Art. 32 CMR Rn. 35).

21    Umstritten ist, ob im Rahmen des § 439 Abs. 3 aF eine **entsprechende Anwendung** der Formvorschriften des **§ 438 Abs. 4** oder eine teleologische Reduktion des § 439 Abs. 3 gerechtfertigt ist. Die Anpassung des § 438 Abs. 4 wurde damit begründet, dass durch die Einführung der **Textform** die Intention der bislang geltenden Bestimmung beibehalten werde, die zwar eine schriftliche Schadensanzeige vorsah, aber keine eigenhändige Unterschrift bei Erkennbarkeit des Ausstellers erforderte und die telekommunikative Übermittlung zuließ. Dies entspräche der neu geschaffenen Textform.[58] Da die verjährungshemmende Anspruchsstellung per Fax bzw. einfacher E-Mail im Rahmen der CMR anerkannt ist, spricht unter Verweis auf die entsprechende Regelung in der CMR einiges dafür, die **Verwendung der Textform anzuerkennen** (vgl. Art. 32 CMR Rn. 35 mwN).[59] *Koller* weist darauf hin, dass weder der Ersatzberechtigte vor einer übereilten Anspruchsstellung geschützt werden müsse, noch der Frachtführer einer gesteigerten Sicherheit bei der Identifikation des Anspruchsstellers bedürfe, da er lediglich darüber informiert werden solle, dass gegen ihn Ansprüche geltend gemacht werden.[60] Soweit man auf die Klarstellungs- und Beweisfunktion der Form abstellt,[61] ist dem entgegenzuhalten, dass erstere auch durch ein wohlformuliertes Fax oder eine entsprechende E-Mail erreicht werden kann. Darüber hinaus trägt der Anspruchsteller, der die Wahl der Form hat, auch das **Beweisrisiko** hinsichtlich der Hemmung der Verjährung und damit die Pflicht, den Zugang der (unsignierten) E-Mail bzw. des Faxes nachzuweisen. Schließlich ergibt sich durch die Anwendbarkeit des § 203 BGB, dass auch auf Grund einer Anspruchsstellung, die zu einem Meinungsaustausch führt, ohne dass der Anspruch eindeutig abgelehnt wird,[62] die Verjährung für mindestens drei Monate gehemmt ist, ohne dass es auf eine besondere Form ankäme. Eine strikte Anwendung der strengen Schriftform des § 126 BGB im Rahmen des § 439 stellt für den Rechtsverkehr insoweit eine Hürde dar; insbesondere, da die Kommunikation per

---

[56] OLG Frankfurt 10.9.2009, TranspR 2010, 36.
[57] OLG Frankfurt 10.9.2009, TranspR 2010, 36, 37; OLG Hamburg 12.7.2011, TranspR 2011, 336, 339.
[58] BT-Drucks. 14/4987 S. 28.
[59] So auch LG Bremen 1.7.2009, TranspR 2010, 233; *Steinborn* TranspR 2011, 16.
[60] *Koller* Rn. 33.
[61] So LG Hamburg 12.2.2009, TranspR 2009, 224.
[62] BGH 26.10.2006, NJW 2007, 587, 588.

Fax weitgehend üblich ist bzw. sich E-Mails mit qualifizierter elektronischer Signatur (immer noch) nicht in der täglichen Praxis etabliert haben.

Eine **Anerkennung bloßer Textform für die Reklamation scheitert** jedoch an der 22 eindeutigen Formulierung des § 439 Abs. 3 aF, die im Gegensatz zu § 438 Abs. 4 eben nicht im Rahmen der Einführung der Textform angepasst wurde.[63] Das OLG München hat dies unter Heranziehung der Entstehungsgeschichte eingehend begründet und darauf abgestellt, dass eine Regelungslücke, die über den Wortlaut des Abs. 3 hinweghelfen würde, nicht besteht.[64] Jedoch wird sich der Frachtführer im Rahmen einer längeren Geschäftsbeziehung gegebenenfalls entgegenhalten lassen müssen, dass bisher zwischen den Parteien ohne weiteres nicht-signierte E-Mails oder Faxe für sämtliche Kommunikation ausreichend waren. In einer solchen Situation kann es dem Frachtführer nach Treu und Glauben verwehrt sein, sich darauf zu berufen, dass die Erhebung des Ersatzanspruchs formunwirksam erfolgte. Dies umso mehr, wenn in der Vergangenheit bereits solcherlei Geltendmachung anstandslos akzeptiert wurden. Ein entsprechender Handelsbrauch, dass Faxe für die Geltendmachung von Ansprüchen ausreichend seien oder dass auf eine solche qualifizierte Signatur verzichtet werde, hat sich (noch?) nicht etabliert.[65] Allerdings ist zu beachten, dass eine Reaktion auf die an sich formunwirksame Anspruchsstellung in eine Verhandlungssituation nach § 203 BGB führen kann, was wiederum eine Hemmung der Verjährung zur Folge hat; siehe Rn. 26.[66]

Seit dem Inkrafttreten des SRG genügt die Einhaltung der Textform (§ 126b BGB).[67] 22a

**3. Person des Anspruchsstellers.** Die gesetzliche Regelung geht von einer Reklama- 23 tion durch den **Absender** bzw. den **Empfänger** aus. Nach den allgemeinen zivilrechtlichen Regeln kann sie damit auch durch entsprechend, auch konkludent,[68] bevollmächtigte Dritte erfolgen.[69] Folgerichtig kann auch ein **Zessionar** oder ein **Prozessstandschafter,** der den Anspruch in eigenem Namen und fremde Rechnung geltend machen kann, diese Erklärung abgeben.[70] Reklamationsberechtigt ist also jeder, der einen Anspruch gegen den Frachtführer geltend machen kann.[71] Im Gegenschluss sind diejenigen nicht in der Lage, wirksam zu reklamieren, die den Anspruch (noch) nicht geltend machen können.[72]

Die Geltendmachung durch einen Berechtigten wirkt sich nicht zugunsten des anderen 23a Berechtigten aus.[73]

**4. Inhalt der Reklamation.** In inhaltlicher Hinsicht geht die Haftbarhaltung des § 439 24 über die Schadensanzeige des § 438 hinaus. Notwendig ist, dass dem Frachtführer **eindeutig** mitgeteilt wird von wem, für welches Schadensereignis Ersatz verlangt wird.[74] Nicht ausreichend ist daher das Stellen eines Nachforschungsauftrages,[75] da mit diesem kein Ersatz für ein Schadensereignis verlangt wird. Der Frachtführer muss in die Lage versetzt werden, darüber entscheiden zu können, ob er mit dem Anspruchsteller in Verhandlungen über

---

[63] BGH 20.9.2012, TranspR 2013, 156; BGH 13.12.2012, TranspR 2013, 286.
[64] OLG München 23.7.2008, TranspR 2008, 321, 322 hierauf aufbauend LG Hamburg 12.2.2009 zur Formunwirksamkeit des Faxes. Nunmehr auch BGH 20.9.2012, TranspR 2013, 156.
[65] Im Rahmen der CMR wird die Signatur nicht gefordert, vgl. Art. 32 CMR Rn. 35; *Thume/Demuth* CMR Art. 32 Rn. 64.
[66] BGH 13.3.2008, VersR 2008, 1669.
[67] RegBegr-SRG S. 56.
[68] OLG Köln 19.8.2003, TranspR 2004, 120, 122; *Koller* Rn. 37.
[69] OLG Köln 19.8.2003, TranspR 2004, 120 ff.; *Koller* Rn. 37; *Thume/Demuth* CMR Art. 32 Rn. 67.
[70] BGH 7.6.2001, TranspR 2001, 479, 481; *Koller* Rn. 39; vgl. Art. 32 CMR Rn. 30; *Thume/Demuth* CMR Art. 32 Rn. 68.
[71] BGH 8.7.2004, TranspR 2004, 357, 358.
[72] *Koller* Rn. 38; *Thume/Demuth* CMR Art. 32 Rn. 72.
[73] OLG Köln 19.8.2003, TranspR 2004, 120, 121.
[74] Zu Art. 32 CMR dort Rn. 28 sowie BGH 9.2.1984, TranspR 1984, 146, 148; OLG Karlsruhe 28.9.2001, TranspR 2004, 33, 35; *Herber/Piper* Art. 32 CMR Rn. 30; *GroßkommHGB/Helm* Art. 32 CMR Rn. 106; *Koller* § 459 Rn. 33; *Thume/Demuth* CMR Art. 32 Rn. 61.
[75] BGH 13.3.2008, VersR 1669, 1670.

die Regulierung eintritt oder die Haftbarhaltung zurückweist, um so die Hemmung der Verjährung zu beenden.[76]

25    Einerseits ergibt sich damit, dass sich die Hemmung **nur auf das** in der Haftbarhaltung **spezifizierte Ereignis** bzw. den darauf basierenden Anspruch bezieht.[77] Andererseits folgt hieraus, dass es nicht notwendig ist, dem Frachtführer mit der Haftbarhaltung sämtliche Schadensunterlagen zu übersenden. Nach erfolgter Haftbarhaltung ist es eine Entscheidung des Frachtführers, ob er sich beim Reklamanten um weitere Einzelheiten zum Schadensereignis bemüht, oder sich diese selbst verschafft.[78] Damit wird der Reklamant weitgehend von der Gefahr entlastet, dass die Verjährung auf Grund des Fehlens einzelner Unterlagen nicht gehemmt wird, was wiederum dem erklärten Ziel der Förderung von Verhandlungen ohne Zeitdruck dient.

26    **5. Adressat der Reklamation.** Die Erklärung kann sowohl dem **Frachtführer** direkt, als auch einer entsprechend (konkludent) **bevollmächtigten Person** gegenüber abgegeben werden. In Frage kommen hier insbesondere der Fahrer, ein Schadensbearbeiter bzw. die Versicherung des Frachtführers.[79] Entsprechend den Ausführungen zur Person des Reklamierenden muss die Reklamation gegenüber **dem Anspruchsgegner,** und nicht beispielsweise gegenüber dessen Unterfrachtführer,[80] erklärt werden.

27    **6. Hemmung.** Mit der Verjährungshemmung soll die **gütliche Einigung** gefördert werden. Verhandlungen zwischen den Parteien sollen ohne den Druck laufender Verjährungsfristen geführt werden können.[81] Aus dieser Zielsetzung folgt, dass die zwischenzeitlich im Rahmen der Schuldrechtsmodernisierung eingeführten erweiterten Hemmungsgründe (§§ 203–211, 213 BGB) auch schon neben § 439 aF zur Anwendung kommen.[82] Besondere Relevanz kommt dabei der **Hemmung** der Verjährung durch Verhandlungen zwischen den Parteien **nach § 203 BGB** zu;[83] jedenfalls soweit nach der Zurückweisung der Reklamation noch über die Haftung verhandelt wird.[84] Teilweise wird allerdings vertreten, dass § 203 BGB nicht neben § 439 aF anwendbar sei, was insbesondere mit der damit verbundenen Rechtssicherheit begründet wird.[85] Nicht gelöst wird mit dieser Ansicht jedoch die Situation, dass nach einer (voreiligen) Zurückweisung der Reklamation die Parteien dennoch Verhandlungen zur Beilegung der Streitigkeit führen.[86] Wenn man den Gesprächen nicht sämtlichen Einfluss auf die Verjährung absprechen will, müsste man, wenn § 203 BGB nicht anwendbar sein sollte, auf § 242 BGB, unter dem Blickwinkel des venire contra factum proprium, rekurrieren. Damit ergäbe sich die Notwendigkeit, die verjährungshemmende Wirkung nach § 242 BGB von der nach § 203 BGB abzugrenzen; das Argument gesteigerter Rechtssicherheit ist deshalb nicht stichhaltig. Die Hemmung der Frist nach § 203 BGB ist also möglich, sodass sich auch die in § 439 aF vorgesehenen Verjährungsfristen durch zwischenzeitliche Verhandlungen vor wirksamer Haftbarhaltung oder nach deren Zurückweisung, verlängern. Diese § 439 Abs. 3 aF umgebende Unsicherheit ist durch das SRG beseitigt worden; § 203 BGB ist, wie sich durch die Einfügung „auch" ergibt, neben § 439

---

[76] *Thume/Demuth* CMR Art. 32 Rn. 62.
[77] *Koller* Rn. 33.
[78] EBJS/*Schaffert* Rn. 22; *Koller* Rn. 33.
[79] EBJS/*Schaffert* Rn. 24; *Herber/Piper* Art. 32 CMR Rn. 40; vgl. *Thume/Demuth* CMR Art. 32 Rn. 73.
[80] *Koller* Rn. 41.
[81] Reg.Begr. S. 79.
[82] BGH 13.3.2008, TranspR 2008, 467; OLG München 16.7.2009, juris; EBJS/*Schaffert* Rn. 19; *Koller* Rn. 31; *Thume/Demuth* CMR Art. 32 Rn. 89; *Mankowski/Höpker* MDR 2004, 721, 727; aA *Harms* TranspR 2001, 294, 297; *v. Waldstein/Holland* TranspR 2003, 387, 395.
[83] HansOLG Bremen 16.8.2007, TranspR 2008, 167, 170; LG Düsseldorf 27.4.2007, juris; *Koller* TranspR 2001, 425, 429; EBJS/*Schaffert* Rn. 19.
[84] BGH 13.3.2008, VersR 2008, 1669, 1670 f.; BGH 17.2.2004, TranspR 2004, 225, 226; *Ramming* TranspR 2002, 45, 53; siehe auch Art. 32 CMR Rn. 44.
[85] *Drews* TranspR 2004, 340.
[86] Vgl. BGH 13.3.2008, VersR 2008, 1669, 1670 ff.

Abs. 3 anwendbar.[87] Daneben kann natürlich auch im Wege des befristeten Verzichts auf die
Einrede der Verjährung den Parteien mehr Zeit für die gütliche Beilegung der Streitigkeit
verschafft werden. Solche Verzichtserklärungen können auch dann noch vom bisherigen
Verkehrshaftungsversicherer des Frachtführers für diesen bindend abgegeben werden, wenn
im Laufe der Verhandlungen der Versicherer wechselt.[88]

Anwendbar sind damit auch die zu § 852 Abs. 2 aF BGB entwickelten Grundsätze,[89]   **28**
wie beispielsweise zur Beendigung der Hemmung der Verjährung bei **„Einschlafenlassen"**
der Verhandlungen.[90] Ein Abbruch von Verhandlungen durch ein solches Einschlafenlassen
ist dann anzunehmen, wenn der Berechtigte den Zeitpunkt versäumt, zu dem eine Antwort
auf die letzte Anfrage des Ersatzpflichtigen spätestens zu erwarten gewesen wäre, wenn die
Verhandlungen mit verjährungshemmender Wirkung hätten fortgesetzt werden sollen.[91]

**7. Beendigung der Hemmung.** Die hemmungsbeendende Zurückweisung der   **29**
Ansprüche muss hinreichend deutlich – auch bezüglich des Umfanges – zum Ausdruck
kommen.[92] Die Zurückweisung gegenüber einem Berechtigten hat keine Auswirkungen
auf evtl. geltend gemachte Ansprüche eines weiteren Anspruchsinhabers.[93] Im Gegensatz
zu den Formerfordernissen der Haftbarhaltung ist für deren Zurückweisung die Textform
ausreichend.[94] Auf das im bisherigen Recht zT enthaltene zusätzliche Erfordernis der Rückgabe von überlassenen Belegen ist insbes. angesichts der häufigen Verwendung von Kopien
verzichtet worden.[95]

Die Verjährung läuft nach allgemeinen Regeln für den Teil des angemeldeten Anspruchs   **30**
weiter, für welchen der Frachtführer die Haftung ablehnt.

Nicht ausgeschlossen ist, dass schon **vor Beginn der Verjährungsfrist** die Haftung   **31**
zurückgewiesen wird.[96] Beginnt die Frist beispielsweise im Rahmen eines Sukzessivliefer-
vertrages mit der letzten Ablieferung (siehe Rn. 14), so kann seitens des Frachtführers die
Haftung für die Beschädigung eines schon transportierten Stücks zurückgewiesen werden.
Ebenso, wenn bereits während des Transportes absehbar ist, dass die Ablieferung nicht wird
rechtzeitig erfolgen können. Auch kann die Haftung für einen Verlust schon mit der Wirkung nach Abs. 3 abgelehnt werden, wenn der Schadensersatzanspruch noch nicht erhoben
wurde.[97] Der BGH stellt allerdings wenig überzeugend auf die Überlegung ab, dass sich
der Vertragsgegner nicht mehr zu Verhandlungen bereit finden werde. Die Bereitschaft zu
Verhandlungen ist jedoch kein Element der Hemmung nach Abs. 3, sondern lediglich im
Rahmen des § 203 BGB zu beachten; siehe Rn. 27. Zutreffend ist vielmehr darauf abzustellen, dass eine endgültige Verweigerung eines Schadensausgleiches seitens des Anspruchsstellers nicht dadurch negiert werden kann, dass dieser seinen Anspruch formell und inhaltlich
gemäß § 439 wiederholt. Sollten sich auf eine solche Wiederholung dennoch weitere
Gespräche zwischen den Parteien anschließen, greift § 203 BGB, sodass auch unter dem
Blickwinkel der von Zeitdruck befreiten Verhandlungen keine Notwendigkeit besteht, eine
Hemmung nach Abs. 3 anzunehmen. Allerdings muss zum Zeitpunkt der Zurückweisung
dem Frachtführer die Grundlage der Haftung erkennbar sein und sich die Zurückweisung
auf einen **hinreichend konkretisierten Schaden** beziehen. Eine pauschale Zurückweisung ist ebenso abzulehnen, wie eine pauschale Haftbarhaltung.

---

[87] Vgl. RegBegr-SRG S. 56.
[88] OLG München 26.1.2011, TranspR 2011, 147.
[89] Vgl. Reg.Begr. S. 79; für den Bereich des Binnenschifffahrtsrechts: *v. Waldstein/Holland* TranspR 2003,
387, 394 ff.
[90] HansOLG Bremen 16.8.2007, TranspR 2008, 167, 170.
[91] BGH 5.11.2002, NJW 2003, 895, 897.
[92] *Thume/Demuth* CMR Art. 32 Rn. 76.
[93] OLG Köln 19.8.2003, TranspR 2004, 120, 121.
[94] *Koller* Rn. 44.
[95] Reg.Begr. S. 79.
[96] *Koller* Rn. 42.
[97] BGH 13.3.2008, VersR 2008, 1669, 1670.

**32**    **8. Wiederholte Reklamation.** Klarstellend ist in S. 2 gesagt, dass eine weitere Erklärung des **selben Berechtigten,** die denselben Ersatzanspruch zum Gegenstand hat, **nicht
erneut** die Verjährung **hemmt.** Unbeachtlich ist somit, dass neue Tatsachen zur Begründung des selben Anspruchs vorgebracht werden. Nicht von S. 2 erfasst sind Situationen, in
denen der Anspruch auf einen anderen Lebenssachverhalt gestützt wird. Insoweit kann
auf den im Zivilprozessrecht entwickelten Begriff des Streitgegenstandes zurückgegriffen
werden.[98]

## VI. Vereinbarte Verjährung (§ 439 Abs. 4)

**33**    Die Verjährung von Schadensersatzansprüchen wegen Verlust oder Beschädigung des
Gutes oder wegen Überschreitung der Lieferfrist kann im Voraus erleichtert oder erschwert
werden, wobei die Obergrenze des § 202 BGB zu beachten ist. Erfasst werden auch qualitativ weitergehende Vereinbarungen wie zB Ausschlussfristen.[99] Parallel zu der im Rahmen
der SRG geänderten Vorschrift des § 449 wird die Vertragsfreiheit nunmehr nur noch für
die genannten Ansprüche eingeschränkt.[100] Die Vereinbarung muss im Einzelnen ausgehandelt, also eine sog. **Individualvereinbarung** sein. Die zu allgemeinen Geschäftsbedingungen entwickelten Kriterien zur Individualvereinbarung sind insoweit anwendbar;[101] zum
Begriff des Aushandelns siehe auch § 449 Rn. 15.

**34**    Eine im Voraus getroffene Vereinbarung ist auch möglich, wenn diese für eine Mehrzahl
von gleichartigen Verträgen, beispielsweise als Rahmenvereinbarung, zwischen denselben
Vertragsparteien getroffen ist. Ausgeschlossen sind damit Verjährungsregeln in AGB wie in
ADSp aF oder AGNB.[102] Die Erschwerung der Verjährung durch Verlängerung der Frist,
Verschiebung des Verjährungsbeginns oder Erweiterung der Hemmungs- oder Unterbrechungsgründe[103] findet ihre Rechtfertigung in der im Frachtrecht häufigen Komplexität
von Schadensfällen. Schriftform der Vereinbarung ist nicht angeordnet.

**35**    Die Vorschrift meint Verjährungsvereinbarungen, die bei Vertragsschluss oder doch vor
Schadenseintritt getroffen werden; **unberührt** bleiben die Fälle, in denen **nach Schadenseintritt** im Zuge der Schadensbearbeitung eine erschwerte Verjährung, Unterbrechungs-
oder Hemmungsregelungen vereinbart werden; diese beurteilen sich nach allgemeinen zivilrechtlichen Regeln.[104]

## VII. Beweislast

**36**    Es gelten die **allgemeinen Regelungen.** Mithin trägt der Schuldner die Beweislast für
den Beginn und den Eintritt der Verjährung und der Gläubiger die Beweislast für die
Hemmung, Verlängerung auf drei Jahre,[105] bzw. die Voraussetzungen des Abs. 2 S. 3.[106]

## § 440 Pfandrecht des Frachtführers

**(1)** [1]**Der Frachtführer hat für alle Forderungen aus dem Frachtvertrag ein Pfandrecht an dem ihm zur Beförderung übergebenen Gut des Absenders oder eines
Dritten, der der Beförderung des Gutes zugestimmt hat.** [2]**An dem Gut des Absenders hat der Frachtführer auch ein Pfandrecht für alle unbestrittenen Forderungen
aus anderen mit dem Absender abgeschlossenen Fracht-, Seefracht-, Speditions-**

---

[98] *Koller* Rn. 45.
[99] LG Mannheim 19.2.2010, 1 S 146/09, juris.
[100] RegBegr-SRG S. 56.
[101] EBJS/*Schaffert* Rn. 28.
[102] LG Fulda 18.11.2009, TranspR 2010, 192, 193.
[103] Reg.Begr. S. 79.
[104] EBJS/*Schaffert* Rn. 29.
[105] Wobei wegen des Verlustes auf § 435 die dort etablierten Vermutungen gelten, § 435 Rn. 7 mwN.
AA *Ungewitter* VersR 2010, 454, 455 ff.; wie hier *Koller* Rn. 30.
[106] EBJS/*Schaffert* Rn. 32; *Koller* Rn. 30, 50.

**und Lagerverträgen. ³Das Pfandrecht nach den Sätzen 1 und 2 erstreckt sich auf die Begleitpapiere.**

(2) **Das Pfandrecht besteht, solange der Frachtführer das Gut in seinem Besitz hat, insbesondere solange er mittels Konnossements, Ladescheins oder Lagerscheins darüber verfügen kann.**

(3) **Das Pfandrecht besteht auch nach der Ablieferung fort, wenn der Frachtführer es innerhalb von drei Tagen nach der Ablieferung gerichtlich geltend macht und das Gut noch im Besitz des Empfängers ist.**

(4) ¹**Die in § 1234 Abs. 1 des Bürgerlichen Gesetzbuchs bezeichnete Androhung des Pfandverkaufs sowie die in den §§ 1237 und 1241 des Bürgerlichen Gesetzbuchs vorgesehenen Benachrichtigungen sind an den nach § 418 oder § 446 verfügungsberechtigten Empfänger zu richten. ²Ist dieser nicht zu ermitteln oder verweigert er die Annahme des Gutes, so haben die Androhung und die Benachrichtigung gegenüber dem Absender zu erfolgen.**

**Schrifttum:** *Altmeppen,* Zur Rechtsnatur der handelsrechtlichen Pfandrechte, ZHR 157 (1993), 541; *Bräuer,* Das Pfandrecht des Frachtführers in der Krise des Absenders – Erwerb einer insolvenzfesten Rechtsposition?, TranspR 2006, 197; *Brüning-Wildhagen,* Pfandrechte und Zurückbehaltungsrechte im Transportrecht, 2000; *Corra Solaguren,* Das Frachtrecht vor 150 Jahren, TranspR 2000, 345; *Czerwenka,* Das neue Transportrecht nach dem Regierungsentwurf eines Gesetzes zur Neuregelung des Fracht-, Speditions- und Lagerrechts, TranspR 1997, 353; *Didier,* Pfand-, Sicherungs- und Zurückbehaltungsrechte des Frachtführers bei drohender Zahlungsunfähigkeit und Insolvenz des Absenders, NZI 2003, 513; *Didier,* Unsicherheitseinrede und Pfandrecht zur Sicherung von Frachtforderungen, NJW 2004, 813; *Leithaus,* Taktik für Insolvenzverwalter in Anfechtungsprozessen, NZI 2005, 533; *Müglich,* Das neue Transportrecht, 1999; *Oepen,* Das Pfandrecht des Frachtführers in der Insolvenz des Absenders, TranspR 2011, 89; *Risch,* Die Begründung gesetzlicher Pfandrechte an Dritteigentum im Speditions- und Frachtrecht, TranspR 2005, 108; *P. Schmidt,* Das Pfandrecht der §§ 441, 464 HGB im internationalen Kontext, TranspR 2011, 56.
**Spezialregelungen:** §§ 464, 475b, 495 HGB.

**Übersicht**

| | Rn. | | Rn. |
|---|---|---|---|
| I. Normzweck | 1, 2 | 1. Besitzrecht, Schutzrechte | 28 |
| II. Entstehungsgeschichte | 3–5 | 2. Verwertungsrecht | 29 |
| III. Entstehen des Pfandrechts | 6–25 | 3. Rechte in der Zwangsvollstreckung | 30 |
| 1. Wirksamer Frachtvertrag | 7 | 4. Rechte in der Insolvenz | 31, 32 |
| 2. Besitz des Frachtführers | 8 | **VI. Erlöschen des Pfandrechts, Arglist-** | |
| 3. Gesicherte Forderungen | 9–16 | **einrede** | 33–41 |
| a) Konnexe Forderungen | 9–12 | 1. Erlöschen durch Besitzverlust | 33–39 |
| b) Inkonnexe Forderungen | 13–16 | a) Besitzpfandrecht | 33–35 |
| 4. Eigentum, Zustimmung des Eigentü- | | b) Fortbestand bei Besitz des nachfolgen- | |
| mers und gutgläubiger Erwerb | 17–25 | den Frachtführers | 36 |
| a) Eigentum | 17 | c) Fortbestand bei gerichtlicher Geltend- | |
| b) Zustimmung des Eigentümers | 18–22 | machung | 37–39 |
| c) Gutgläubiger Erwerb | 23–25 | 2. Sonstige Erlöschensgründe | 40 |
| | | 3. Arglisteinrede | 41 |
| **IV. Umfang des Pfandrechts** | 26, 27 | **VII. Pfandverwertung** | 42–44 |
| 1. Objekte des Pfandrechts | 26 | 1. Voraussetzungen | 42 |
| 2. Begleitpapiere | 27 | 2. Pfandverkauf | 43, 44 |
| **V. Inhalt des Pfandrechts** | 28–32 | **VIII. Abdingbarkeit** | 45 |

**I. Normzweck**

Auch der Frachtführer erlangt, wie der Spediteur (§ 464), der Lagerhalter (§ 475b) und **1** der Verfrachter (§ 495), **kraft Gesetzes** ein Pfandrecht am Frachtgut zur Sicherung seiner Forderungen gegen den Absender und den Empfänger. Das hohe Sicherungsbedürfnis des Frachtführers ergibt sich dabei aus seiner grundsätzlichen **Vorleistungspflicht.** Zwar muss er nach § 421 Abs. 1 dem Empfänger das Gut nur gegen Erfüllung der frachtvertraglichen Verpflichtungen herausgeben, im Verhältnis zu konkurrierenden Gläubigern sowie dem Eigentümer des Gutes gegenüber schützt ihn aber erst eine **dingliche Sicherheit**. Überdies wird § 421 häufig abbedungen, so dass der Frachtführer nur vom Absender Zahlung verlangen kann.[1] Das Frachtführerpfandrecht ist ein **Verwertungsrecht**; Bedeutung erlangt es aber in erster Linie als **Druckmittel** zur Durchsetzung vertraglicher Forderungen des Frachtführers.

2    Enthalten internationale frachtrechtliche Sonderordnungen – so etwa CIM und CMR – keine Bestimmungen über das Frachtführerpfandrecht und kommt nach den Regeln des IPR deutsches Recht ergänzend zur Anwendung, erwirbt der Frachtführer auch im grenzüberschreitenden Verkehr ein Pfandrecht nach § 440.[2]

## II. Entstehungsgeschichte

3    Bereits Artikel 409 des Allgemeinen Deutschen Handelsgesetzbuchs (ADHGB) von 1861, der seinerseits Art. 316 des Entwurfs eines Handelsgesetzbuchs für die Preußischen Staaten von 1857 zum Vorbild hat,[3] enthielt eine gesetzliche Regelung des Frachtführerpfandrechts,[4] die in der Folgezeit Eingang in § 440 HGB fand.

4    Im Rahmen des **Gesetzes zur Neuregelung des Fracht-, Speditions- und Lagerrechts** (TRG) vom 25.6.1998 (BGBl. I S. 1588) wurde die Regelung des § 440 in § 441 überführt, inhaltlich aber im Wesentlichen beibehalten. Neu war allerdings die größere Reichweite der Sicherung: Das Gesetz verlangte nicht mehr, dass Forderungen und Frachtgut Gegenstand desselben Frachtvertrages sind. Vielmehr sicherte das Pfandrecht nun auch **inkonnexe Forderungen** aus anderen mit dem Absender abgeschlossenen Fracht-, Speditions- oder Lagerverträgen. Mit dieser Erweiterung wollte der Gesetzgeber das gesetzliche Pfandrecht angesichts der wachsenden Umlaufgeschwindigkeit der Güter effektiver gestalten. Im Regierungsentwurf war zunächst vorgesehen, nur solche inkonnexen Forderungen einzubeziehen, die „anerkannt oder rechtskräftig festgestellt" sind.[5] Der Rechtsausschuss des Bundestages ersetzte diese Formulierung durch den Begriff der **„unbestrittenen Forderung"**, damit sich der Pfandgläubiger aus dem Pfand befriedigen kann, ohne zuvor eine (anerkennende) Erklärung des Schuldners abwarten zu müssen.[6] Das Pfandrecht erstreckte sich nunmehr auch auf die **Begleitpapiere**. Das Eigentum vertragsfremder Dritter wurde durch eine flankierende Neufassung des § 366 Abs. 3 geschützt.

5    Die gegenwärtige Regelung des Frachtführerpfandrechts hat eine weitere Änderung durch das **Gesetz zur Reform des Seehandelsrechts** (SRG) vom 20.4.2013 (BGBl. I S. 831) erfahren. Wegen der Überführung des § 440 aF (Gerichtsstand) in § 30 Abs. 1 ZPO nF ist zunächst eine Neunummerierung vorgenommen worden, infolge derer § 441 aF (wieder) zu § 440 nF geworden ist. Neben einer redaktionellen Anpassung an die Diktion des BGB soll außerdem in Anlehnung an eine Entscheidung des Bundesgerichtshofs vom 10.6.2010[7] sowie der überwiegenden Auffassung in der Literatur[8] folgend klargestellt werden, dass das gesetzliche Frachtführerpfandrecht nicht nur an Gut des Absenders entstehen kann, sondern auch an Gut eines Dritten, vorausgesetzt, dass dieser der **Beförderung des Gutes zugestimmt** hat und es sich um ein Pfandrecht für eine **konnexe** Forderung

---

[1] *Didier* NZI 2003, 513.
[2] OLG Hamburg 3.11.1983, VersR 1984, 235, 236 (zur CMR); OLG Düsseldorf 25.11.1976, VersR 1977, 1047, 1048 (zur CMR); *P. Schmidt* TranspR 2011, 56; aA *Fremuth/Thume* § 441 Rn. 4 für COTIF/CIM.
[3] *Corra Solaguren* TranspR 2000, 352.
[4] S. *Schubert/Schmiedel/Krampe,* Quellen zum Handelsgesetzbuch von 1897, Bd. I, S. 209.
[5] BR-Drucks. 368/97 S. 79.
[6] BT-Drucks. 13/10014 S. 49.
[7] BGH 10.6.2010, TranspR 2010, 303.
[8] *Koller* (Voraufl.) § 441 Rn. 3; EBJS/*Schaffert* § 441 Rn. 3; *Fremuth/Thume* § 441 Rn. 11; Baumbach/Hopt/*Merkt* § 441 Rn. 1; *Oepen* TranspR 2011, 89,103; *P. Schmidt* TranspR 2011, 56, 57; Voraufl. Rn. 15.

handelt.[9] Sind **inkonnexe** Forderungen betroffen, ist demgegenüber erforderlich, dass es sich bei dem zur Beförderung übergebenen Gut um Gut des Absenders handelt.[10] Durch eine weitere Änderung in Abs. 4 S. 1 soll den Interessen des legitimierten Besitzers des Ladescheins Rechnung getragen werden, der durch einen Pfandverkauf ebenfalls in seinen Interessen beeinträchtigt sein kann. Die neue Regelung sieht daher vor, dass die Androhung des Pfandverkaufs sowie weitere Benachrichtigungen an den **verfügungsberechtigten Empfänger** zu richten sind, mithin entweder an den im Vertrag bestimmten Empfänger oder, im Falle der Ausstellung eines Ladescheins, an den legitimierten Besitzer des Ladescheins.[11]

### III. Entstehen des Pfandrechts

Das Entstehen des Pfandrechts setzt das Vorliegen eines wirksamen Frachtvertrags, den 6 Besitz des Frachtführers am Frachtgut und das Bestehen einer zu sichernden Forderung voraus. Erst wenn die letzte dieser Voraussetzungen eingetreten ist, entsteht das Pfandrecht. Dass der Absender außerdem Eigentümer sein oder – bei konnexen Forderungen – jedenfalls der Beförderung zustimmen muss, kann überwunden werden, wenn die Voraussetzungen des gutgläubigen Erwerbs vorliegen.

**1. Wirksamer Frachtvertrag.** Das Frachtführerpfandrecht entsteht nur im Rahmen 7 eines wirksamen Frachtvertrags. Entscheidend ist, ob der **Schwerpunkt des Vertrags** in der Beförderungsleistung liegt.[12]

**2. Besitz des Frachtführers.** Der Frachtführer muss mit dem Willen des Absenders[13] 8 **unmittelbaren** (§§ 854 f. BGB) oder zumindest **mittelbaren** Besitz (§ 868 BGB) an dem zu befördernden Gut erlangt haben.[14] Der mittelbare Besitz kann auch durch die Übergabe von **Traditionspapieren** (Konnossement, Ladeschein, Lagerschein) an den Frachtführer übertragen werden, wenn diese auf ihn ausgestellt oder indossiert sind (Abs. 2). Das bereits entstandene Pfandrecht kann später als besitzloses Pfandrecht fortbestehen (hierzu nachfolgend Rn. 36 bis 39).

**3. Gesicherte Forderungen. a) Konnexe Forderungen.** Gesichert sind alle **fracht-** 9 **vertraglichen Geldforderungen** oder solche, die in Geldforderungen übergehen können,[15] die gerade mit der Beförderung des dem jeweiligen Pfandrecht unterfallenden Gutes zusammenhängen.[16] Der Begriff der Konnexität ist hier erheblich enger auszulegen als in § 273 BGB, wo ein „innerlich zusammenhängendes, einheitliches Lebensverhältnis"[17] bzw. „ein innerer, natürlicher, wirtschaftlicher Zusammenhang"[18] ausreicht. Erfasst werden alle Forderungen aus dem Frachtvertrag (zB Fracht, Zollgelder, Wiege- und Liegegelder, Steuern, Straßen- und Mautgebühren), einschließlich **vertraglicher Schadens- und Aufwen-**

---

[9] RegBegr-SRG, BT-Drucks. 17/10309 S. 56.
[10] RegBegr-SRG, BT-Drucks. 17/10309 S. 57.
[11] RegBegr-SRG, BT-Drucks. 17/10309 S. 57.
[12] Schifffahrtsobergericht Köln 30.5.2008, TranspR 2009, 37, 40; *Koller* § 440 Rn. 2. S. auch § 495 Rn. 5.
[13] *Koller* § 440 Rn. 4.
[14] *Koller* § 440 Rn. 19; *Fremuth/Thume* § 441 Rn. 6; *Heymann/Schlüter* § 441 Rn. 3; *Baumbach/Hopt/ Merkt* § 441 Rn. 7; *Andresen/Valder* § 441 Rn. 9.
[15] Zum Pfandrecht allgemein *Staudinger/Wiegand* (2009) BGB § 1204 Rn. 12; *MüKoBGB/Eickmann* § 1204 Rn. 17. Nichts Näheres zur Möglichkeit des Übergangs in eine Geldforderung ausgeführt, aber im Ergebnis zutreffend: OLG Hamburg 23.5.2002, TranspR 2002, 359, 360 (Sicherung der vertraglichen Nebenpflicht auf Zurverfügungstellung der zur Zollabfertigung erforderlichen Urkunden).
[16] Vgl. § 366 Abs. 3 S. 2 zum Pfandrecht für inkonnexe Forderungen: „... gesetzliche Pfandrecht an Gut, das nicht Gegenstand des Vertrages ist, aus dem die durch das Pfandrecht zu sichernde Forderung herrührt, ...";  s. auch BGH 10.6.2010, TranspR 2010, 303, 307; BGH 8.3.1955, BGHZ 17, 1, 3; OLG Hamm 26.11.1992, TranspR 1993, 310, 312; *Koller* § 440 Rn. 10; *Fremuth/Thume* § 441 Rn. 24.
[17] BGH 27.9.1984, NJW 1985, 189, 190; BGH 3.7.1991, NJW 1991, 2645, 2646.
[18] BGH 17.3.1975, BGHZ 64, 122, 126.

**dungsersatzansprüche** gemäß §§ 414–419.[19] Einbezogen werden auch **künftige oder bedingte** Forderungen sowie die **Kosten der Pfandverwertung** selbst, etwa Lagergelder, die durch die Verwahrung des Gutes aus Anlass der Geltendmachung des Pfandrechts entstehen.[20] Unerheblich ist grundsätzlich, ob die Forderungen Gegenstand des Frachtbriefes sind.[21] Da ausdrücklich nur vertragliche Forderungen gesichert sind, werden Forderungen aus Delikt, Geschäftsführung ohne Auftrag oder ungerechtfertigter Bereicherung nicht erfasst.[22]

**10**    Das Pfandrecht kann dem **Empfänger** gegenüber wegen frachtvertraglicher Ansprüche gegen den **Absender** geltend gemacht werden und umgekehrt.[23] Selbst wenn die Ablieferung „frachtfrei" vereinbart ist, die Fracht also vom Absender zu zahlen ist, und keinerlei Ansprüche gegen den Empfänger bestehen, kann das Pfandrecht wegen frachtvertraglicher Forderungen gegen den Absender gegenüber dem Empfänger geltend gemacht werden.[24]

**11**    Forderungen aus **Nachnahmevereinbarungen** (§ 422) sind pfandrechtlich gesichert, wenn es sich ihrer Natur nach um frachtvertragliche Aufwendungsersatzansprüche handelt. Hierunter fallen Kostennachnahmen (zB Vorfracht, Speditionskosten), während bei Wertnachnahmen nur ein Aufwendungsersatzanspruch des Frachtführers entsteht, wenn er einen entsprechenden Vorschuss an den Absender oder einen vorhergehenden Frachtführer geleistet hat.[25] Eine nicht bevorschusste Wertnachnahme ist nur gesichert, wenn diese im Frachtbrief vermerkt ist und der Empfänger Frachtgut und Frachtbrief angenommen hat.[26] Da der Frachtführer in diesem Fall aber den Besitz am Frachtgut aufgegeben hat, bleibt das Pfandrecht nur bestehen, wen er es innerhalb von drei Tagen gerichtlich geltend macht (hierzu nachfolgend Rn. 37–39).

**12**    Wird ein **einheitlicher Frachtvertrag** geschlossen, so sichert das gesamte zu befördernde Frachtgut alle Forderungen aus dem Frachtvertrag, auch wenn vereinbarungsgemäß mehrere **Teilbeförderungen** durchgeführt werden, die abschnittsweise zu vergüten sind.[27] Bei **Rahmen- und Dauerfrachtverträgen** ist Konnexität nur im Hinblick auf Forderungen anzunehmen, die sich auf das betreffende Ausführungsgeschäft beziehen.[28] Gleiches gilt bei einer **Zusammenfassung von Hin- und Rückreise** in einem einheitlichen Frachtvertrag.[29]

**13**    **b) Inkonnexe Forderungen.** Miteinbezogen sind auch Forderungen aus anderen mit dem Absender geschlossenen Fracht-, Seefracht-, Speditions- oder Lagerverträgen (Abs. 1 S. 2). Der Frachtführer soll bei **ständigen Geschäftsbeziehungen** mit dem Absender wegen aller im Rahmen einer laufenden Rechnung entstandenen Forderungen durch ein Pfandrecht an dem jeweiligen in seinem Besitz befindlichen Frachtgut dinglich gesichert sein.[30] Da innerhalb solcher Geschäftsbeziehungen häufig Fracht-, Seefracht-[31], Speditions- und Lagerverträge neben- oder nacheinander abgeschlossen werden, wird das Pfandrecht

---

[19] *Brüning-Wildhagen* S. 19; *Fremuth/Thume* § 441 Rn. 26; *Staub/Helm* § 440 Rn. 8; *Heymann/Schlüter* § 441 Rn. 6.

[20] BGH 10.6.2010, TranspR 2010, 303; OLG Düsseldorf 25.11.1976, VersR 1977, 1047, 1048; *Brüning-Wildhagen* S. 19; *Staub/Helm* § 440 Rn. 10.

[21] BGH 25.4.1991, TranspR 1991, 312, 315; *Koller* § 440 Rn. 10; *Staub/Helm* § 440 Rn. 8.

[22] *EBJS/Schaffert* § 441 Rn. 8; *Koller* § 440 Rn. 12 (aber Möglichkeit der Analogie).

[23] BGH 25.4.1991, TranspR 1991, 312, 315; OLG Hamm 25.9.1984, TranspR 1985, 100, 102; *EBJS/Schaffert* § 441 Rn. 8.

[24] *Brüning-Wildhagen* S. 19 (anders bei Klausel „frei gegen Lieferschein").

[25] *Staub/Helm* § 440 Rn. 9; *Fremuth/Thume* § 441 Rn. 26; *Brüning-Wildhagen* S. 20.

[26] *Staub/Helm* § 440 Rn. 9; *Brüning-Wildhagen* S. 20.

[27] RG 8.11.1910, RGZ 74, 398, 400; OLG Düsseldorf 25.11.1976, VersR 1977, 1047, 1048; *EBJS/Schaffert* § 441 Rn. 8; *Koller* § 440 Rn. 10; *Fremuth/Thume* § 441 Rn. 25; *Brüning-Wildhagen* S. 17; *P. Schmidt* TranspR 2011, 56, 65.

[28] Schifffahrtsobergericht Köln 30.5.2008, TranspR 2009, 37, 40 f.; *Brüning-Wildhagen* S. 17 f.; *Koller* § 440 Rn. 10; *EBJS/Schaffert* § 441 Rn. 8; *Staub/Helm* § 440 Rn. 11; *P. Schmidt* TranspR 2011, 56, 65; aA *Fremuth/Thume* § 441 Rn. 25.

[29] BGH 10.6.2010, TranspR 2010, 303, 307; *P. Schmidt* TranspR 2011, 56, 65; *Koller* § 440 Rn. 10.

[30] *Czerwenka* TranspR 1997, 356, 358.

[31] Im Rahmen des SRG ist die Aufzählung um den Seefrachtvertrag ergänzt worden.

nach Abs. 1 S. 2 auch auf diese erstreckt. §§ 464 S. 2, 475b Abs. 1 S. 2 und 495 Abs. 1 S. 2 enthalten entsprechende Regelungen für die Pfandrechte des Spediteurs, des Lagerhalters und des Verfrachters.

Inkonnexe Forderungen werden allerdings nur gesichert, wenn sie **unbestritten** sind. **14** Erfasst werden neben den Forderungen, die überhaupt nicht bestritten, ausdrücklich **anerkannt** oder **rechtskräftig festgestellt** sind, auch solche, die der Schuldner nur **pauschal in Abrede** stellt.[32] Der Frachtführer trägt die Beweislast, dass die Forderung unbestritten ist.[33]

Uneinigkeit besteht, bis zu welchem **Zeitpunkt** das Bestreiten erfolgen kann. Während **15** eine Ansicht[34] verlangt, dass die Forderung bis zur Geltendmachung unbestritten sein muss, differenziert eine andere Ansicht[35] danach, ob die Forderung bei Inbesitznahme des Frachtgutes bereits bestand: Werde eine bestehende Forderung bis zur Inbesitznahme des Frachtgutes nicht bestritten, so hindere ein späteres Bestreiten nicht die Geltendmachung des Pfandrechts. Entstehe die Forderung aber erst nach Inbesitznahme des Frachtgutes, könne sie auch später bestritten werden. Von dritter Seite[36] wird schließlich ein unverzügliches Bestreiten nach Geltendmachung der Forderung gegenüber dem Schuldner gefordert.

Eine derartige zeitliche Beschränkung des Bestreitens außerhalb der hierfür geltenden **16** zivilprozessualen Regeln ist jedoch abzulehnen. Der Gesetzgeber wollte durch die Ersetzung der „anerkannten oder rechtskräftig festgestellten Forderungen" durch „unbestrittene Forderungen" lediglich dem Frachtführer ermöglichen, sich aus dem Pfand zu befriedigen, ohne zuvor eine Erklärung des Schuldners abwarten zu müssen.[37] Die Einführung einer zeitlichen Beschränkung war hierdurch nicht beabsichtigt, zumal Anerkenntnis oder rechtskräftige Feststellung zweifellos auch weiterhin **jederzeit** zu einer Erstreckung des Pfandrechts auf die betroffenen inkonnexen Forderungen führen sollen. Dies ist auch für beide Seiten **interessengerecht:** Der Frachtführer ist für die Geltendmachung des Pfandrechts nicht auf eine (anerkennende) Erklärung des Schuldners angewiesen, muss aber ohne eine solche damit rechnen, dass ein späteres Bestreiten des Schuldners sein Pfandrecht *ex nunc* erlöschen lässt. Bis zu diesem Zeitpunkt vorgenommene Verwertungshandlungen bleiben freilich rechtmäßig. Das berechtigte Sicherungsinteresse des Frachtführers wird dadurch geschützt, dass nur substantiiertes, schlüssiges Bestreiten das Pfandrecht zu Fall bringt. Ein missbräuchliches Bestreiten ist nach § 242 BGB unzulässig und kann zu Schadensersatzansprüchen des Frachtführers führen. In allen anderen Fällen ist der Schuldner vor einer Pfandverwertung zu schützen, wenn das Bestehen der zugrundeliegenden Forderung streitig ist und er den Frachtführer auf diesen Umstand hinweist.

**4. Eigentum, Zustimmung des Eigentümers und gutgläubiger Erwerb. a) Eigen- 17 tum.** Das Pfandrecht entsteht im Hinblick auf konnexe und unbestrittene inkonnexe Forderungen, wenn das Frachtgut im Eigentum des Absenders steht. Dies ergibt sich nach der Neufassung im Rahmen des SRG nunmehr unmittelbar aus Abs. 1.

**b) Zustimmung des Eigentümers. aa) Konnexe Forderungen.** Abs. 1 S. 1 nF sieht **18** darüber hinaus – in Übereinstimmung mit der bisher hM[38] – nunmehr ausdrücklich vor,

---

[32] BGH 10.6.2010, TranspR 2010, 303, 307; OLG Karlsruhe 9.12.2004, NJW-RR 2005, 402; Baumbach/ Hopt/*Merkt* § 441 Rn. 3; *Andresen/Valder* § 441 Rn. 15; EBJS/*Schaffert* § 441 Rn. 10; *Fremuth/Thume* § 441 Rn. 26; *Koller* § 440 Rn. 15.

[33] *Müglich* § 441 Rn. 14; *Koller* § 440 Rn. 15.

[34] HK/*Ruß* § 441 Rn. 5; *Fremuth/Thume* § 441 Rn. 14, 19.

[35] *Koller* § 440 Rn. 15; EBJS/*Schaffert* § 441 Rn. 10; *Andresen/Valder* § 441 Rn. 15.

[36] *Brüning-Wildhagen* S. 117.

[37] BT-Drucks. 13/10014 S. 49.

[38] BGH 10.6.2010, TranspR 2010, 303, 306; OLG München, 11.12.2013, 7 U 2856/13, juris Rn. 4; OLG Düsseldorf 10.9.2012 – 3 VA 4/12, BeckRS 2012, 20204; OLG Düsseldorf 29.4.2008, MDR 2008, 1365; Schifffahrtsobergericht Köln 30.5.2008, TranspR 2009, 37, 41; *Koller* (Voraufl.) § 441 Rn. 3; EBJS/ *Schaffert* § 441 Rn. 3; *Fremuth/Thume* § 441 Rn. 11; Baumbach/Hopt/*Merkt* § 441 Rn. 1; *Oepen* TranspR 2011, 89,103; *P. Schmidt* TranspR 2011, 56, 57; Voraufl. Rn. 15.

dass das Gut außerdem für konnexe Forderungen haftet, wenn der Eigentümer, der dem Absender das Frachtgut übergibt, der **Beförderung zugestimmt** hat.

19    Die Zustimmung zur Beförderung ist keine rechtsgeschäftliche Einräumung einer Verfügungsbefugnis im engeren Sinne, da ein gesetzliches Pfandrecht nicht durch dingliche Einigung, sondern unabhängig vom Willen des Eigentümers entsteht, wenn seine objektiven Voraussetzungen vorliegen.[39] Es handelt sich aber jedenfalls um eine **Willenserklärung,**[40] mit der der Eigentümer das Gut in eine Situation versetzt, in der das Pfandrecht **kraft Gesetzes** entstehen kann.[41] Gegenstand der Erklärung ist das Einverständnis des Eigentümers mit dem Abschluss des Frachtvertrags durch den Absender und der Übergabe des Gutes an den Frachtführer.[42] Nach dem Willen des Gesetzgebers soll die Zustimmung zur Beförderung aber die gleichen Rechtsfolgen wie die Einräumung einer Verfügungsbefugnis nach § 185 Abs. 1 BGB auslösen: Der Pfandrechtserwerb erfolgt „vom Berechtigten", auf den guten Glauben des Erwerbers kommt es nicht an.[43]

20    Der Eigentümer kann seine Zustimmung zur Beförderung **ausdrücklich** oder **konkludent** erteilen. Letzteres wird etwa dann anzunehmen sein, wenn er eine Beförderung für möglich halten musste und gleichwohl das Gut aus der Hand gegeben hat.[44] Angesichts der Üblichkeit von Unterfrachtverträgen ist grundsätzlich davon auszugehen, dass eine Zustimmung zur Beförderung auch eine solche zum Abschluss von **Unterfrachtverträgen** beinhaltet.[45] Ist der Eigentümer zugleich Absender und schließt den Frachtvertrag allerdings unter dem **Vorbehalt,** dass die Beförderung **ausschließlich durch seinen Vertragspartner** durchgeführt wird, so liegt keine Zustimmung zur Beförderung durch einen Unterfrachtführer im Sinne des Abs. 1 S. 1 vor.[46] Beauftragt der Hauptfrachtführer dennoch einen Unterfrachtführer, entsteht ein Pfandrecht des Unterfrachtführers nur, wenn die Voraussetzungen des gutgläubigen Erwerbs (vgl. Rn. 23–25) vorliegen.[47]

21    Das Pfandrecht entsteht regelmäßig erst, wenn die letzte seiner Voraussetzungen eingetreten ist (vgl. Rn. 6). Folglich kann die Zustimmung zur Beförderung gemäß Abs. 1 S. 1 grundsätzlich nur erteilt werden, so lange der Frachtführer **wenigstens mittelbaren Besitz** am Frachtgut hat.[48] Ist zum Zeitpunkt der Zustimmung bereits ein wirksamer Frachtvertrag

---

[39]  BGH 10.6.2010, TranspR 2010, 303, 306: Staub/*Canaris* § 366 Rn. 89.

[40]  Damit finden insbesondere die §§ 104 ff., 116 ff. BGB Anwendung, vgl. Staub/*Canaris* § 366 Rn. 91.

[41]  Bislang ist diese überwiegend auf eine (analoge) Anwendung des § 185 Abs. 1 BGB gestützt worden, vgl. OLG Düsseldorf 10.9.2012 – 3 VA 4/12, BeckRS 2012, 20204; OLG Düsseldorf 29.4.2008, MDR 2008, 1365; OLG Karlsruhe 20.2.2004, TranspR 2004, 467, 468; *Koller* (Voraufl.) § 441 Rn. 3; Staub/*Canaris* § 366 Rn. 92; *P. Schmidt* TranspR 2011, 56, 57; kritisch: *Risch* TranspR 2005, 108, 110; EBJS/*Schaffert* § 441 Rn. 3.

[42]  Staub/*Canaris* § 366 Rn. 89. In der Literatur wird deswegen auch der Begriff der „Versendungsbefugnis" verwendet, vgl. *Risch* TranspR 2005, 108, 110.

[43]  Dass ein Erwerb vom berechtigten Nichteigentümer möglich ist, hat sich auch schon vor der Neuregelung in Abs. 1 S. 1 aus der Regelung des § 366 Abs. 3 aF ergeben, die den Gutglaubensschutz hinsichtlich der Verfügungsbefugnis u. a. auf das gesetzliche Frachtführerpfandrecht ausdehnt, soweit konnexe Forderungen betroffen sind. Der Schutz des guten Glaubens an die Verfügungsbefugnis setzt nämlich voraus, dass das Einverständnis des Berechtigten einen Erwerbstatbestand begründen kann (vgl. Staub/*Canaris* § 366 Rn. 90; *Oepen* TranspR 2011, 90, 92; Heymann/*Horn* § 366 Rn. 24). Der gute Glaube muss sich freilich auch hier auf die durch den Eigentümer des Gutes eingeräumte Möglichkeit beziehen, die rechtlichen und tatsächlichen Voraussetzungen für die Entstehung des gesetzlichen Pfandrechts zu schaffen (MüKoHGB/*Welter* § 366 Rn. 67). Deswegen wird in diesem Zusammenhang auch der Begriff der „Versendungsbefugnis" verwendet (vgl. *P. Schmidt* TranspR 2011, 56, 57).

[44]  BGH 10.6.2010, TranspR 2010, 303, 306; OLG München, 11.12.2013, 7 U 2856/13, juris Rn. 4; *Koller* § 440 Rn. 7; *P. Schmidt* TranspR 2011, 56, 57; EBJS/*Schaffert* § 441 Rn. 3.

[45]  *Koller* TranspR 2009, 451, 455.

[46]  Vgl. zur alten Rechtslage: BGH 10.6.2010, TranspR 2010, 303, 306. S. auch *Risch* TranspR 2005, 108, 110, der davon ausgeht, dass das Einverständnis des Eigentümers im Hinblick auf eine konkrete Beförderung erteilt wird.

[47]  *P. Schmidt* TranspR 2011, 56, 60.

[48]  Es spricht demgegenüber einiges dafür, eine nach Besitzaufgabe in den Zeiträumen des Abs. 3 bzw. des § 441 Abs. 1 S. 2 erteilte Zustimmung nicht für die Pfandrechtsentstehung ausreichen zu lassen, da nach den vorgenannten Vorschriften das Pfandrecht als besitzloses Pfandrecht fortbesteht, mithin ein bereits entstandenes Besitzpfandrecht voraussetzt.

abgeschlossen worden und liegen sowohl Besitz des Frachtführers als auch eine zu sichernde Forderung vor, so entsteht das Pfandrecht *ex nunc* mit Erteilung der Zustimmung. Nach dem Rechtsgedanken des § 183 S. 1 BGB ist die Zustimmung nur bis zum **Beginn der Beförderung widerruflich.**

**bb) Inkonnexe Forderungen.** Für inkonnexe Forderungen haftet demgegenüber ausweislich der neuen gesetzlichen Regelung in Abs. 1 S. 2 **nur** Gut, das im Eigentum des Absenders steht. Damit wird ein Pfandrecht für inkonnexe Forderungen selbst dann nicht begründet, wenn der Eigentümer, der nicht zugleich Absender ist, mit der Beförderung des Gutes einverstanden ist.[49] Der Regierungsentwurf rechtfertigt die Regelung damit, dass es Bedenken begegne, den Eigentümer von Drittgut stets auch für die Schulden des Absenders einstehen zu lassen, die mit der Beförderung dieses Gutes nichts zu tun haben.[50] 22

**c) Gutgläubiger Erwerb. aa) Konnexe Forderungen.** Ist der Absender nicht Eigentümer des Frachtgutes und liegt auch keine Zustimmung des Eigentümers zur Beförderung des Gutes vor, so entsteht ein Pfandrecht zur Sicherung **konnexer** Forderungen (s. Rn. 9–12), wenn der Frachtführer in gutem Glauben ist, dass der **Absender** der **Eigentümer** des Frachtgutes ist, oder dass der **Eigentümer** der Beförderung des Gutes **zugestimmt** hat (§ 366 Abs. 3 S. 1, vgl. Rn. 19).[51] Voraussetzung ist ferner, dass das Gut nicht im Sinne des § 935 Abs. 1 BGB abhanden gekommen ist, wobei eine Ausnahme für die in § 935 Abs. 2 BGB genannten Güter gilt. 23

**bb) Inkonnexe Forderungen.** Ein Pfandrecht zur Sicherung **inkonnexer** Forderungen kann demgegenüber nur gutgläubig erworben werden, wenn der Frachtführer annimmt, der **Absender sei Eigentümer** des Frachtgutes (§ 366 Abs. 3 S. 2).[52] Der im Rahmen des SRG neu gefasste § 366 Abs. 3 S. 2 scheint allerdings anzuordnen, dass ein Pfandrecht zur Sicherung inkonnexer Forderungen überhaupt nicht mehr gutgläubig erworben werden kann. Denn die Möglichkeit des gutgläubigen Erwerbs der gesetzlichen Pfandrechte des HGB[53] beruht darauf, dass die Regelung des § 366 Abs. 3 S. 1 einen solchen jedenfalls voraussetzt.[54] Gemäß § 366 Abs. 3 S. 2 nF soll Abs. 3 S. 1 für das eine inkonnexe Forderung sichernde Pfandrecht jedoch gerade nicht gelten. Aus der Begründung des Regierungsentwurfs ergibt sich aber, dass die Aufteilung der ursprünglich einheitlichen Regelung des Abs. 3 lediglich dem leichteren Verständnis der Vorschrift dienen und S. 2 im Wesentlichen dem bisherigen Abs. 3 2. HS entsprechen sollte. In der Sache bleibe es dabei, so die Regierungsbegründung, dass ein gesetzliches Pfandrecht für inkonnexe Forderung nicht erworben werden könne, wenn sich der gute Glaube auf die Verfügungsbefugnis 24

---

[49] Dies war vor der Neuregelung umstritten, vgl. etwa OLG Karlsruhe 20.2.2004, TranspR 2004, 467, 468; *Andresen/Valder* § 441 Rn. 16 f. einerseits und BGH 10.6.2010, TranspR 2010, 303, 307; *P. Schmidt* TranspR 2011, 56, 57; *Risch* TranspR 2005, 108, 110 andererseits.

[50] RegBegr-SRG, BT-Drucks. 17/10309 S. 57. Der BGH hat dieses Ergebnis vor der Neuregelung mit einer teleologischen Reduktion des § 441 Abs. 1 S. 1 aF begründet: Der Eigentümer wisse im Allgemeinen nicht, welche offenen Forderungen dem ausführenden Unterfrachtführer gegen seinen Vertragspartner zustünden, so dass es ihm schwer falle, das Entstehen eines Pfandrechts für inkonnexe Forderungen an seinem Gut durch mehr als nur pauschales und damit beachtliches Bestreiten zu verhindern. Es dürfe auch nicht außer Acht gelassen werden, dass dem Vertragspartner des versendenden Eigentümers die Möglichkeit eröffnet würde, dem ausführenden Unterfrachtführer eine Befriedigungsmöglichkeit an Fremdgut zu verschaffen, indem er es unterlasse, eine gegen ihn gerichtete Forderung ausreichend zu bestreiten, obwohl er hierzu in der Lage gewesen wäre. Dadurch würde eine erhebliche, vom Gesetzgeber nicht gewollte Verschiebung des Ausfallrisikos zu Lasten des versendenden Eigentümers geschaffen, obwohl die inkonnexe Forderung keinerlei Bezug zum Eigentum aufweise (BGH 10.6.2010, TranspR 2010, 303, 307).

[51] *Koller* § 440 Rn. 6, 8.

[52] BGH 10.6.2010, TranspR 2010, 303, 308; *Koller* § 440 Rn. 16; Heymann/*Schlüter* § 441 Rn. 4; *Brüning-Wildhagen* S. 118; *Fremuth/Thume* § 441 Rn. 13; *Müglich* § 441 Rn. 5; *Andresen/Valder* § 441 Rn. 18.

[53] Für die gesetzlichen Pfandrechte des BGB nimmt die hM demgegenüber an, dass diese nicht gutgläubig erworben werden können, vgl. zum Stand der Diskussion Staudinger/*Wiegand* (2009) BGB § 1257 Rn. 6 ff.

[54] Vgl. zu § 366 Abs. 3 aF: Staub/*Canaris* § 366 Rn. 88, 93 f.; Heymann/*Horn* § 366 Rn. 24; EBJS/*Lettl* § 366 Rn. 23; Röhricht/Graf v. Westphalen/*Wagner* § 366 Rn. 25 f.; Staudinger/*Wiegand* (2009) BGB § 1257 Rn. 6.

des Absenders beziehe.[55] Hieraus wird deutlich, dass die Neuregelung nicht den gutgläubigen Erwerb des Frachtführerpfandrechts für inkonnexe Forderungen grundsätzlich, also auch bei gutem Glauben an das Eigentum des Absenders, ausschließen sollte.

25   Durch die Beschränkung des gutgläubigen Erwerbs eines Pfandrechts für inkonnexe Forderungen soll das Eigentum vertragsfremder Dritter geschützt werden. Ist der Absender selbst **Spediteur** oder **Frachtführer,** so kann regelmäßig nicht davon ausgegangen werden, dass er Eigentümer ist.[56] Sind **Eigentumsvorbehalte** und **Sicherungsübereignungen** in der betreffenden Branche üblich, kommt gutgläubiger Erwerb nur bei zusätzlichen Erkundigungen des Frachtführers über die Eigentumsverhältnisse in Betracht.[57]

### IV. Umfang des Pfandrechts

26   **1. Objekte des Pfandrechts.** Das Pfandrecht erfasst alle Sachen, die **Gegenstand der Beförderung** sind, unter Einschluss der Verpackung. Ob das Gut im Sinne des § 811 ZPO pfändbar ist, ist unerheblich. Das Gut muss lediglich durch Pfandverkauf **verwertbar** sein.[58] Da dem Frachtführer nicht das Risiko der zutreffenden **Bewertung** des Frachtgutes auferlegt werden kann, haftet das gesamte Gut, auch wenn tatsächlich schon ein Teil davon wertmäßig die Forderung des Frachtführers deckt.[59]

27   **2. Begleitpapiere.** Mit dem Gut werden auch seine Begleitpapiere vom Pfandrecht erfasst (Abs. 1 S. 3), sofern diese in den **Besitz** des Frachtführers gelangt sind.[60] Hierunter fallen alle für die Beförderung und sonstige Behandlung des Gutes erforderlichen Dokumente, zB Zollbelege, Einfuhrbescheinigungen, Unbedenklichkeitsbescheinigungen, Ursprungsnachweise (s. § 413 Abs. 1). Mit dieser Regelung trägt das Gesetz dem Umstand Rechnung, dass solche Papiere für die Verwertung des Gutes erforderlich sind und die Regeln über das Zurückbehaltungsrecht einer diesbezüglichen Nutzung der Papiere entgegenstehen.[61] **Surrogate** werden nur in den Fällen der §§ 1219 Abs. 2 und 1247 S. 2 BGB vom Pfandrecht erfasst.[62]

### V. Inhalt des Pfandrechts

28   **1. Besitzrecht, Schutzrechte.** Das Frachtführerpfandrecht begründet ein **absolutes Besitzrecht** iSd. § 986 BGB, insbesondere auch gegenüber dem Eigentümer (§§ 1257, 1223 BGB).[63] Dem Frachtführer stehen die Ansprüche aus §§ 823, 859, 861 f., 869 BGB zu, sofern sein Besitzrecht **beeinträchtigt** wird. Nach §§ 1257, 1227 BGB kann er ferner die Eigentumsansprüche der §§ 985 ff. BGB analog geltend machen. Da das Pfandrecht (nur) Sicherungsrecht ist, ist der Frachtführer bei Ankunft des Frachtgutes an der Ablieferungsstelle aber nach § 421 Abs. 1 verpflichtet, das Frachtgut Zug um Zug gegen Erfüllung seiner Ansprüche aus dem Frachtvertrag an den Empfänger abzuliefern (Sonderregelung zu § 1223 Abs. 2 BGB).

29   **2. Verwertungsrecht.** Der Frachtführer ist berechtigt, das Frachtgut nach den Vorschriften über den Pfandverkauf zu verwerten (hierzu nachfolgend Rn. 42–44).

30   **3. Rechte in der Zwangsvollstreckung.** Hat der Frachtführer den zumindest mittelbaren Besitz am Frachtgut, kann er, wenn ein Dritter die Zwangsvollstreckung in das

---

[55] RegBegr-SRG, BT-Drucks. 17/10309, S. 51.
[56] BGH 10.6.2010, TranspR 2010, 303, 308; *Koller* § 441 Rn. 12; *Andresen/Valder* § 441 Rn. 18; *P. Schmidt* TranspR 2011, 56, 60; EBJS/*Schaffert* § 441 Rn. 5.
[57] *Koller* § 440 Rn. 3.
[58] *Koller* § 440 Rn. 3; *Fremuth/Thume* § 441 Rn. 16.
[59] *Fremuth/Thume* § 441 Rn. 16.
[60] *Koller* § 440 Rn. 5; Baumbach/Hopt/*Merkt* § 441 Rn. 6; EBJS/*Schaffert* § 441 Rn. 13.
[61] BR-Drucks. 368/97 S. 80.
[62] *Fremuth/Thume* § 441 Rn. 23.
[63] BGH 22.4.1999, NJW 1999, 3716, 3717; Baumbach/Hopt/*Merkt* § 441 Rn. 5; *Koller* § 440 Rn. 22; *Andresen/Valder* § 441 Rn. 21; EBJS/*Schaffert* § 441 Rn. 16.

Frachtgut betreibt, **Drittwiderspruchsklage** nach § 771 ZPO[64] oder **Klage auf vorzugsweise Befriedigung** nach § 805 ZPO[65] erheben. Hat er keinen Besitz am Frachtgut steht ihm nur die Klage auf vorzugsweise Befriedigung nach § 805 ZPO zu.[66]

**4. Rechte in der Insolvenz.** In der Insolvenz begründet das Pfandrecht ein **Absonde-** 31 **rungsrecht** gemäß § 50 Abs. 1 Var. 3 iVm. §§ 166–173 InsO.[67] Da das Frachtführerpfandrecht grundsätzlich Besitzpfandrecht ist, findet regelmäßig die Bestimmung des § 173 Abs. 1 InsO Anwendung, wonach das Recht des Frachtführers zur Verwertung unberührt bleibt, solange er nicht, eine auf Antrag des Insolvenzverwalters durch das Gericht bestimmte Frist missachtet (§ 172 Abs. 2 InsO). Dies hat zur Folge, dass sich die Verwertung des Guts auch nach Insolvenzeröffnung nach den allgemeinen Regeln richtet.[68] Sofern die Verwertung des Guts nicht zur vollständigen Befriedigung aller Forderungen des Frachtführers führt, erhält er nach §§ 52, 190 InsO die Insolvenzquote nur auf denjenigen Teilbetrag, mit dem er bei der abgesonderten Befriedigung ausgefallen ist oder zu dem er auf abgesonderte Befriedigung verzichtet hat.

Hinsichtlich inkonnexer Altforderungen aus laufender Geschäftsbeziehung, kann die 32 Inbesitznahme des Frachtgutes durch den Frachtführer, die (nachträglich) für diese Forderungen ein Pfandrecht zur Entstehung bringt, nicht als **inkongruente Deckung** iSd. § 131 InsO qualifiziert werden.[69] Andernfalls wäre diese, wenn sie in die in § 131 Abs. 1 Nr. 1 oder Nr. 2 InsO vorgesehenen Zeiträume fällt, immer anfechtbar, selbst wenn der Frachtführer Zahlungseinstellung und Insolvenzantrag nicht kennt. Das Frachtführerpfandrecht für inkonnexe Forderungen liefe dann leer. Kein Frachtführer würde in der Krise des Absenders für diesen weitere Transporte unternehmen.[70] Auch eine nachfolgende Verwertung des Pfandrechts im Wege einer individualvertraglichen Ablösungsvereinbarung ist anfechtungsrechtlich unbedenklich, wenn diese ein Bargeschäft iSd. § 142 InsO darstellt.[71] Dabei erlaubt § 1246 BGB, den Wert des Pfandrechts auf der Grundlage einer wirtschaftlichen Betrachtungsweise zu ermitteln: Liegt der im Rahmen eines freihändigen Verkaufs zu erzielende Wert über demjenigen, der in einer öffentlichen Versteigerung realisiert worden wäre, so ist ersterer maßgeblich.[72]

## VI. Erlöschen des Pfandrechts, Arglisteinrede

**1. Erlöschen durch Besitzverlust. a) Besitzpfandrecht.** Das Frachtführerpfandrecht 33 ist grundsätzlich Besitzpfandrecht: Es besteht nach Abs. 2 nur für die Dauer des Besitzes des Frachtführers am Gut. **Mittelbarer Besitz** genügt,[73] jedenfalls wenn der Besitz nicht durch den Schuldner der Forderung vermittelt wird.[74] Die (freiwillige) Ablieferung des Gutes führt grundsätzlich zum Erlöschen des Pfandrechts, und zwar unabhängig davon, an wen abgeliefert wird. Die Regelung ist insofern weiter als § 1253 BGB, der lediglich eine Rückgabe des Pfandes an den Verpfänder oder Eigentümer zum Erlöschen des Pfandrechtes führen lässt. Sie trägt den üblichen Geschäftsabläufen im Frachtgeschäft Rechnung, bei denen eine Ablieferung in der Regel an einen Dritten erfolgt.[75] Besitzverlust tritt auch ein,

---

[64] MüKoZPO/*K. Schmidt/Brinkmann* § 771 Rn. 34; *Zöller/Herget* § 771 Rn. 14.

[65] *Zöller/Stöber* § 805 Rn. 5; *Stein/Jonas/Münzberg* § 805 Rn. 1; MüKoZPO/*Gruber* § 805 Rn. 10.

[66] *Brüning-Wildhagen* S. 29; *Zöller/Stöber* § 805 Rn. 1; MüKoZPO/*Gruber* § 805 Rn. 1.

[67] Nach § 91 Abs. 1 InsO entsteht allerdings kein Pfandrecht, wenn der Abschluss des Frachtvertrags mit dem Absender und die Übergabe des Gutes durch ihn erst nach Eröffnung des Insolvenzverfahrens über das Vermögen des Absenders erfolgen, s. hierzu *Oepen* TranspR 2011, 89, 90.

[68] *Oepen* TranspR 2011, 89, 92.

[69] BGH 21.4.2005, NJW-RR 2005, 916, 917; BGH 18.4.2002, TranspR 2002, 292; OLG Rostock 22.12.2003, ZIP 2004, 864, 865; *Oepen* TranspR 2011, 89, 96; *Didier* NJW 2004, 813, 815; *Koller* § 440 Rn. 22; EBJS/*Schaffert* § 441 Rn. 12; aA *Leithaus* NZI 2005, 532, 534.

[70] *Bräuer* TranspR 2006, 197, 199.

[71] BGH 21.4.2005, NJW-RR 2005, 916, 918; aA OLG Rostock 22.12.2003, ZIP 2004, 864, 865.

[72] BGH 21.4.2005, NJW-RR 2005, 916, 918; *Bräuer* TranspR 2006, 197, 202.

[73] *Koller* § 440 Rn. 9; *K. Schmidt* HandelsR § 32 II 8.

[74] RG 25.9.1934, JW 1934, 2971, 2972.

[75] *Altmeppen* ZHR 157 (1993), 541, 555.

wenn das Gut in Räume verbracht wird, die der Frachtführer dem Auftraggeber vermietet hat.[76]

34    Ob auch der **unfreiwillige Besitzverlust** zum Erlöschen des Pfandrechts führt, ist in der Literatur umstritten. Die dies bejahende Ansicht[77] beruft sich auf den Wortlaut des Abs. 2, der nicht zwischen freiwilligem oder unfreiwilligem Besitzverlust unterscheide. Es wird allerdings angenommen, dass bei vorübergehendem unfreiwilligem Besitzverlust das Pfandrecht wieder aufleben kann. Dem Frachtführer werden außerdem Herausgabeansprüche nach §§ 1257, 1227, 985 BGB eingeräumt. Die – inzwischen wohl herrschende – Gegenmeinung[78] macht geltend, dass für die gesetzlichen Pfandrechte des Handelsrechts grundsätzlich die gleichen Regeln gelten müssten wie für das rechtsgeschäftliche Pfandrecht des BGB, so dass der unfreiwillige Besitzverlust nach §§ 1257, 1253 BGB zu beurteilen sei. Dort ist einhellige Meinung, dass dieser nicht zum Erlöschen des Pfandrechts führt.[79] Das Reichsgericht[80] hat anlässlich eines Spediteurpfandrechts ebenso entschieden.[81]

35    Die besseren Gründe sprechen für einen Erhalt des Pfandrechts bei unfreiwilligem Besitzverlust. Der historische Gesetzgeber ist offenbar davon ausgegangen, dass auf die handelsrechtlichen Pfandrechte grundsätzlich die Vorschriften des BGB zum rechtsgeschäftlichen Pfandrecht zur Anwendung kommen sollen.[82] Aus historischer Perspektive lässt sich auch das Wortlautargument entkräften: Die Vorgängervorschrift in Art. 409 ADHGB in der Fassung vom 5. Juni 1869[83] fasste die Vorgänger der nun in Abs. 2 und 3 enthaltenen Regelungen in einem Satz zusammen. Dies legt nahe, dass die (freiwillige) Ablieferung der für das Erlöschen des Pfandrechts maßgebliche Tatbestand sein sollte. Es ist nicht anzunehmen, dass die Neugliederung der Vorschrift in zwei Absätze eine Veränderung ihres Inhalts zur Folge haben sollte. Darüber hinaus ist nicht einsichtig, warum das Frachtführerpfandrecht einen deutlich geringeren Schutz als das rechtsgeschäftliche Pfandrecht des BGB genießen soll. Überwiegende Verkehrsschutzgesichtspunkte, die eine abweichende Behandlung rechtfertigen könnten, sind hier nicht ersichtlich; von einem Rechtsverlust des Frachtführers würden vielmehr in erster Linie der Eigentümer oder dessen Gläubiger profitieren.

36    **b) Fortbestand bei Besitz des nachfolgenden Frachtführers.** Eine Sonderregelung findet sich in § 441 Abs. 1 S. 2. Hiernach besteht das Pfandrecht des vorhergehenden Frachtführers so lange wie das Pfandrecht des letzten Frachtführers. Ob zwischen vorhergehendem und nachfolgendem Frachtführer ein Besitzmittlungsverhältnis besteht, ist unerheblich (s. § 441 Rn. 3).

37    **c) Fortbestand bei gerichtlicher Geltendmachung.** Ungeachtet der Ablieferung des Gutes, also der freiwilligen Besitzaufgabe, bleibt das Pfandrecht iS eines Folgerechts bestehen, sofern es der Frachtführer binnen **drei Tagen** nach der Ablieferung gerichtlich geltend macht und das Gut noch im Besitz des Empfängers ist (Abs. 3). Diese Regelung wurde in das HGB aufgenommen, um einen angemessenen Ausgleich zwischen dem Interesse des Empfängers, die Fracht erst nach Übergabe und Prüfung des Frachtgutes zu zahlen, und

---

[76] OLG Nürnberg 8.8.1972, MDR 1973, 55 LS.
[77] Zu § 410: Staub/*Helm* § 410 HGB Rn. 31; Schlegelberger/*Schröder* § 410 Rn. 12.
[78] *Altmeppen* ZHR 157 (1993), 541, 555; Baumbach/Hopt/*Merkt* § 441 Rn. 7; EBJS/*Schaffert* § 441 Rn. 15; Bamberger/Roth/*Sosnitza* BGB § 1253 Rn. 4; Soergel/*Habersack* BGB § 1253 Rn. 2; zu § 464: MüKoHGB/*Bydlinski* § 464 Rn. 8; Heymann/*Joachim* § 464 Rn. 5; zu § 397: Staub/*Koller* § 397 Rn. 16.
[79] Staudinger/*Wiegand* (2009) BGB § 1253 Rn. 2 ff.; MüKoBGB/*Damrau* § 1253 Rn. 3 ff.; Soergel/*Habersack* BGB § 1253 Rn. 4.
[80] RG 20.4.1880, RGZ 1, 255, 258.
[81] Das OLG Hamburg hat allerdings, anklingen lassen, dass ein unfreiwilliger Besitzverlust – der in dem zu entscheidenden Fall allerdings nicht vorlag – zu einem Verlust des Pfandrechts führen kann (OLG Hamburg 26.7.1990, VersR 1991, 363).
[82] S. hierzu ausführlich *Altmeppen* ZHR 157 (1993), 541, 548 ff.
[83] Art. 409 Abs. 1 S. 2: „Dieses Pfandrecht besteht, so lange das Gut zurückbehalten oder niedergelegt ist; es dauert auch nach der Ablieferung noch fort, insofern der Frachtführer es binnen drei Tagen nach der Ablieferung gerichtlich geltend macht, und das Gut noch bei dem Empfänger oder bei einem Dritten sich befindet, welcher es für den Empfänger besitzt.", in: *Schubert/Schmiedel/Krampe,* Quellen zum Handelsgesetzbuch von 1897, Bd. I, S. 209.

dem Sicherungsinteresse des Frachtführers zu schaffen.[84] Für die Fristberechnung ist nach § 187 Abs. 1 BGB der Tag der Ablieferung nicht einzubeziehen.

Erforderlich ist eine Form **gerichtlicher Geltendmachung** des Pfandrechts selbst (nicht **38** der ihm zugrundeliegenden Forderung) durch Klage oder Antrag auf einstweiligen Rechtsschutz. Zur Fristwahrung genügt der **Eingang** des Antrags bei Gericht.[85] Räumt der Empfänger dem Frachtführer innerhalb der Frist freiwillig wieder Besitz am Frachtgut ein, ist eine gerichtliche Geltendmachung entbehrlich.[86] Eine Rückgabe des Gutes nach Fristablauf lässt das erloschene Pfandrecht allerdings nicht wieder aufleben;[87] immerhin lässt sich das Gut dann aber als Objekt eines **Zurückbehaltungsrechts** nutzen.

Mit dem Erfordernis, dass sich das Gut bei Geltendmachung des Pfandrechts noch im **39** (zumindest mittelbaren) Besitz des Empfängers befindet, soll aus Gründen des Verkehrsschutzes die Ausnahme vom Besitzpfandprinzip nicht nur zeitlich, sondern auch sachlich begrenzt werden. Bei freiwilligem (s. Rn. 34, 35). Besitzverlust vor gerichtlicher Geltendmachung des Pfandrechts erlischt das Pfandrecht; Gut- oder Bösgläubigkeit des Dritterwerbers spielen keine Rolle.[88] Der Besitzverlust des Empfängers nach fristgerechter gerichtlicher Geltendmachung des Pfandrechts ist dagegen unschädlich, es sei denn, ein Dritter erwirbt gutgläubig lastenfrei (§ 936 BGB).[89]

**2. Sonstige Erlöschensgründe.** Das Pfandrecht erlischt außerdem durch **Erlöschen 40 der gesicherten Forderung** (§§ 1257, 1252 BGB), durch Erklärung des Frachtführers gegenüber dem Absender oder dem Eigentümer, dass er das Pfandrecht **aufgibt** (§§ 1257, 1255 BGB) und durch **Konsolidation** (§§ 1257, 1256). Im Falle des **gutgläubigen lastenfreien Erwerbs** durch einen Dritten geht das Pfandrecht ebenfalls unter (§ 936 BGB).

**3. Arglisteinrede.** Die Geltendmachung des Pfandrechts ist nach § 242 BGB ausge- **41** schlossen, wenn einer solchen ausnahmsweise vertragliche Vereinbarungen entgegenstehen.[90] Hat der Frachtführer etwa für einen konkreten Auftrag Vorkasse verlangt und auch erhalten, kann er später nicht die Auslieferung des Gutes unter Berufung auf ein Pfandrecht wegen offen stehender Altforderungen verweigern.[91]

## VII. Pfandverwertung

**1. Voraussetzungen.** Die Pfandverwertung richtet sich nach §§ 1228 ff. BGB. Voraus- **42** setzungen des Pfandverkaufs sind die **Pfandreife** (Fälligkeit der Forderung) nach § 1228 Abs. 2 BGB, die **Verkaufsandrohung** nach § 1234 Abs. 1 BGB und der Ablauf der **Wartefrist.** Hinsichtlich der letzten beiden Voraussetzungen gelten für das Frachtführerpfandrecht Sonderregeln: Nach § 368 HGB ist die Wartefrist auf eine Woche verkürzt. Die Androhung des Pfandverkaufs ist nach der Ergänzung des Abs. 4 S. 1 im Rahmen des SRG an den **nach § 418 oder § 446 verfügungsberechtigten Empfänger**[92] zu richten. Hierdurch soll den Interessen des legitimierten Besitzers des Ladescheins Rechnung getragen werden, der durch einen Pfandverkauf ebenfalls in seinen Interessen beeinträchtigt sein kann. Verfügungsberechtigter Empfänger ist entweder der im Vertrag bestimmte Empfänger oder, im Falle der Ausstellung eines Ladescheins, der legitimierte Besitzer des Ladescheins. Dass die

---

[84] Denkschrift zum Entwurf eines Handelsgesetzbuchs und eines Einführungsgesetzes, in: *Schubert/Schmiedel/Krampe,* Quellen zum Handelsgesetzbuch von 1897, Bd. II Halbband 2, S. 1169.

[85] *Koller* § 440 Rn. 9; *Baumbach/Hopt/Merkt* § 441 Rn. 8; *Müglich* § 441 Rn. 10; *Heymann/Schlüter* § 441 Rn. 8; *Fremuth/Thume* § 441 Rn. 38; *EBJS/Schaffert* § 441 Rn. 15.

[86] *Heymann/Schlüter* § 441 Rn. 8; *Koller* § 440 Rn. 19; *Baumbach/Hopt/Merkt* § 441 Rn. 8; *Müglich* § 441 Rn. 10.

[87] RG 28.10.1899, RGZ 44, 116, 120.

[88] AA *Schlegelberger/Geßler* § 440 Rn. 20; wie hier *Staub/Helm* § 440 Rn. 20.

[89] *Baumbach/Hopt/Merkt* § 441 Rn. 8; *Fremuth/Thume* § 441 Rn. 41.

[90] *Koller* § 440 Rn. 20; *Fremuth/Thume* § 441 Rn. 30; *EBJS/Schaffert* § 441 Rn. 17.

[91] BGH 18.5.1995, NJW 1995, 2917, 2918.

[92] Die Formulierung „verfügungsberechtigter Empfänger" wurde § 419 Abs. 1 HGB nF entnommen, vgl. RegBegr-SRG, BT-Drucks. 17/10309, S. 57.

Androhung des Pfandverkaufs an den Empfänger zu richten ist, ist zweckmäßig, weil die Person des Eigentümers dem Frachtführer nicht immer bekannt ist. Ist der Empfänger nicht zu ermitteln oder verweigert er die Annahme des Gutes, so hat die Androhung gegenüber dem Absender zu erfolgen (Abs. 4 S. 2).

43    **2. Pfandverkauf.** Die Pfandverwertung ist regelmäßig in Wege der **öffentlichen Versteigerung** nach §§ 1235 ff. BGB zu bewirken (§ 1235 Abs. 1 BGB). Ein **freihändiger Verkauf** ist möglich, wenn das Pfandgut einen Börsen- oder Marktpreis hat (§ 1235 Abs. 2 BGB). Die **Benachrichtigungen** nach §§ 1237, 1241 BGB sind grundsätzlich an den nach § 418 oder § 446 verfügungsberechtigten Empfänger zu richten (Abs. 4 S. 1) (s. hierzu vorstehende Rn. 42). Liegen die Voraussetzungen des Abs. 4 S. 2 vor, ist der Absender zu benachrichtigen.

44    Werden die gesetzlichen Verwertungsvorschriften eingehalten, erlangt der Erwerber **Eigentum** am Pfandgut (§ 1242 Abs. 1); die Rechte Dritter erlöschen nach § 1242 Abs. 2 BGB. Die Wirkungen des § 1242 BGB treten hingegen nicht ein, wenn bei der Pfandverwertung gegen die in § 1243 Abs. 1 BGB genannten Vorschriften verstoßen wird. Verstößt der Frachtführer gegen sonstige Verwertungsvorschriften, macht er sich nach § 1243 Abs. 2 BGB (nur) schadensersatzpflichtig.[93]

### VIII. Abdingbarkeit

45    Die Regelung des § 440 ist dispositiv (§ 449 Abs. 1 S. 1). Abweichende Vereinbarungen können damit grundsätzlich auch in AGB getroffen werden. Wird das Frachtführerpfandrecht allerdings formularmäßig ausgeschlossen, ohne dass dem Frachtführer eine andere, angemessene Sicherheit angeboten wird, liegt regelmäßig ein Verstoß gegen § 307 BGB vor.[94]

## § 441 Nachfolgender Frachtführer

**(1)** [1]**Hat im Falle der Beförderung durch mehrere Frachtführer der letzte bei der Ablieferung die Forderungen der vorhergehenden Frachtführer einzuziehen, so hat er die Rechte der vorhergehenden Frachtführer, insbesondere auch das Pfandrecht, auszuüben.** [2]**Das Pfandrecht jedes vorhergehenden Frachtführers bleibt so lange bestehen wie das Pfandrecht des letzten Frachtführers.**

**(2) Wird ein vorhergehender Frachtführer von einem nachgehenden befriedigt, so gehen Forderung und Pfandrecht des ersteren auf den letzteren über.**

**(3) Die Absätze 1 und 2 gelten auch für die Forderungen und Rechte eines Spediteurs, der an der Beförderung mitgewirkt hat.**

**Schrifttum:** *Brüning-Wildhagen,* Pfandrechte und Zurückbehaltungsrechte im Transportrecht, 2000; *Koller,* Der Unterfrachtführer als Schuldner und Gläubiger, TranspR 2009, 451; *Müglich,* Das neue Transportrecht, 1999; *Ramming,* Die Einziehungspflicht des letzten Frachtführers, Verfrachters bzw. Spediteurs (Unternehmers), TranspR 2006, 235.

### I. Normzweck

1    Die Norm trägt der Situation Rechnung, dass bei einem einheitlichen Beförderungsvorgang häufig **mehrere Frachtführer** zusammenwirken. Um zu vermeiden, dass jeder vorhergehende Frachtführer die Weitergabe des Frachtgutes von der Begleichung seiner Forderungen durch den nachfolgenden Frachtführer abhängig macht (vgl. § 421 Abs. 1 S. 1), was zu erheblichen **zeitlichen Verzögerungen** führen kann, ordnet Abs. 1 an, dass der letzte

---

[93] BGH 10.7.1997, TranspR 1998, 106, 109; *Andresen/Valder* § 441 Rn. 33; aA *Koller* § 440 Rn. 22.
[94] BGH 3.5.1984, BGHZ 91, 139, 144 ff. (zu § 648 BGB); EBJS/*Schaffert* § 441 Rn. 20; *Koller* § 440 Rn. 24.

Frachtführer auch die Forderungen der vorhergehenden Frachtführer einzuziehen und deren Rechte, darunter das Pfandrecht, auszuüben hat. Nach Abs. 1 S. 2 bleibt das Pfandrecht jedes vorhergehenden Frachtführers, auch wenn er den Besitz an dem Frachtgut schon aufgegeben hat, so lange bestehen, wie das Pfandrecht des letzten Frachtführers. Hingegen betrifft Abs. 2 die Variante, dass der nachfolgende Frachtführer bereits die Forderung des vorhergehenden Frachtführers erfüllt hat: Dann erwirbt er kraft Gesetzes dessen Forderung nebst Pfandrecht. Abs. 3 stellt klar, dass die Regeln auch gelten, wenn ein **Spediteur** an der Beförderung mitgewirkt hat, es sei denn, dieser ist Empfangsspediteur (s. § 465 Abs. 1). Die praktische Bedeutung der Vorschrift wird als gering eingeschätzt.[1]

## II. Entstehungsgeschichte

Die Vorschrift hat seit ihrem Bestehen kaum inhaltliche Änderungen erfahren. Vorgänger **2** ist Art. 410 des Allgemeinen Deutschen Handelsgesetzbuchs (ADHGB) von 1861, der später zu § 441 HGB, im Rahmen des Gesetzes zur Neuregelung des Fracht-, Speditions- und Lagerrechts (TRG) vom 25.6.1998 (BGBl. I S. 1588) zu § 442 HGB und schließlich infolge der durch das Gesetz zur Reform des Seehandelsrechts (SRG) vom 20.4.2013 (BGBl. I. S. 831) bedingten Änderungen wieder zu § 441 HGB wurde. Normzweck und Inhalt blieben jedoch im Wesentlichen unberührt.[2]

## III. Einziehung der Forderungen der vorhergehenden Frachtführer

**1. Rechtsbeziehungen in der Kette.** Die Vorschrift enthält sich näherer Angaben **3** über die Rechtsverhältnisse zwischen den in der Kette kooperierenden Frachtführern. Sie setzt aber jedenfalls voraus, dass **ein und dasselbe Gut** befördert worden ist. Nach allgM gilt die Norm für alle Fälle, in denen ein nachfolgender Frachtführer von dem vorhergehenden als **Unterfrachtführer** beauftragt worden ist.[3] Sie soll nach einer Ansicht jedoch nicht für unmittelbar vom Absender beauftragte **Teilfrachtführer** gelten, weil diese untereinander nicht vertraglich verbunden seien.[4] Stärker wiegt aber der Gesichtspunkt, dass auch ein Teilfrachtführer in den „**wirtschaftlich-technischen Beförderungsvorgang**" (als Kriterium der Kette) eingeschaltet ist;[5] auch er hat es verdient, dass seine Forderung und sein Pfandrecht am Ende der Kette mitberücksichtigt werden. Ferner sollte der gesetzliche Schutz von vorhergehenden Frachtführern nicht dadurch verloren gehen, dass der letzte Frachtführer ein Teilfrachtführer ist. Es kann auch nicht darauf ankommen, ob die Kette durch Besitzmittlungsverhältnisse zusammengehalten wird.[6] Es reicht aus, wenn mehrere Frachtführer einen **einheitlichen Beförderungsvorgang tatsächlich ausführen**.[7] Abs. 1 S. 1 begründet damit gesetzliche Schuldverhältnisse zwischen dem letzten und jedem vorgehenden Frachtführer.[8]

**2. Forderungen der vorhergehenden Frachtführer.** Abweichend von seinem **4** Wortlaut, der das Bestehen einer solchen vorauszusetzen scheint, begründet Abs. 1 S. 1 eine **Verpflichtung** des letzten Frachtführers, die Forderungen der vorhergehenden Frachtführer bei der Ablieferung einzuziehen.[9] Die Einziehungspflicht umfasst alle Forde-

---

[1] BR-Drucks. 368/97 S. 80. S. auch *Koller* TranspR 2009, 451, 454.
[2] S. im Hinblick auf die durch das TRG bedingten Änderungen: BR-Drucks. 368/97 S. 80.
[3] *Koller* § 441 Rn. 2; Baumbach/Hopt/*Merkt* § 442 Rn. 1; EBJS/*Schaffert* § 442 Rn. 2; Staub/*Helm* § 441 Rn. 6; Heymann/*Schlüter* § 442 Rn. 3; *Müglich* § 442 Rn. 3; *Fremuth*/*Thume* § 442 Rn. 6.
[4] Heymann/*Schlüter* § 442 Rn. 3; *Müglich* § 442 Rn. 3.
[5] Staub/*Helm* § 441 Rn. 6; HK/*Ruß* § 442 Rn. 1.
[6] Staub/*Helm* § 441 Rn. 6; *Koller* § 441 Rn. 2; EBJS/*Schaffert* § 442 Rn. 2; HK/*Ruß* § 442 Rn. 1; aA *Müglich* § 442 Rn. 3; Heymann/*Schlüter* § 442 Rn. 3.
[7] Vgl. BR-Drucks. 368/97. S. auch Staub/*Helm* § 441 Rn. 6; EBJS/*Schaffert* § 442 Rn. 2; Baumbach/Hopt/*Merkt* § 442 Rn. 1; *Fremuth*/*Thume* § 442 Rn. 6.
[8] *Ramming* TranspR 2006, 235, 242.
[9] Vgl. BR-Drucks. 368/97 S. 80. S. auch *Koller* § 441 Rn. 1, 3; EBJS/*Schaffert* § 442 Rn. 1; Heymann/*Schlüter* § 442 Rn. 3; aA *Andresen*/*Valder* § 442 Rn. 4; *Brüning-Wildhagen* S. 121.

rungen der vorhergehenden Frachtführer gegen deren **jeweilige Empfänger,** die nur **Zug um Zug** gegen die Ablieferung des Frachtgutes zu erfüllen waren.[10] Ob sie im Frachtbrief vermerkt sind, ist unerheblich.[11] Der vorhergehende Frachtführer soll so gestellt werden, als könne er von seinen Sicherungsrechten gegenüber seinem Empfänger Gebrauch machen.[12] Der letzte Frachtführer ist berechtigt, die Forderungen der vorhergehenden Frachtführer in **eigenem Namen**[13] geltend zu machen (gesetzliche Einziehungsermächtigung). Die betreffenden Forderungen müssen dem letzten Frachtführer **bekannt** oder jedenfalls **erkennbar** sein; ihn trifft aber keine Nachforschungspflicht.[14] Die Geltendmachung der Forderungen innerhalb der Frist des § 440 Abs. 3 genügt.[15] Die vom letzten Frachtführer eingezogenen Beträge sind an den jeweiligen Forderungsinhaber auszukehren (§§ 675 Abs. 1, 667 BGB).[16]

5      Verstößt der letzte Frachtführer gegen die Einziehungspflicht, indem er dem endgültigen Empfänger das Frachtgut abliefert, ohne dass er zuvor ausreichende Zahlungen auf die offenen Forderungen der vorhergehenden Frachtführer erhalten hat, haftet der letzte Frachtführer gegenüber den vorhergehenden Frachtführern nach § 280 BGB auf **Schadensersatz.**[17] Der Schaden der vorhergehenden Frachtführer besteht darin, dass ihnen das Frachtgut nicht mehr als Sicherheit für ihre offenen Forderungen zur Verfügung steht.[18]

## IV. Ausübung der Rechte der vorhergehenden Frachtführer

6      Der letzte Frachtführer hat nicht nur die Forderungen der vorhergehenden Frachtführer einzuziehen, sondern auch deren „Rechte" auszuüben. Hierunter fallen insbesondere **Pfand- und Zurückbehaltungsrechte** am Frachtgut.[19] Der endgültige Empfänger kann diese durch Zahlung auf die Forderungen der vorhergehenden Frachtführer abwenden, wozu er freilich durch Abs. 1 S. 1 nicht verpflichtet wird. Andernfalls bleibt ihm nur, die Entgegennahme des Frachtgutes zu verweigern.[20]

7      Abs. 1 S. 2 darf nicht dahin verstanden werden, dass die Pfandrechte der vorhergehenden Frachtführer nur bei gleichzeitiger Existenz eines Pfandrechts des letzten Frachtführers bestünden. Die Vorschrift ordnet vielmehr an, dass die Pfandrechte der vorhergehenden Frachtführer solange bestehen, wie der **letzte Frachtführer** ein **eigenes Pfandrecht ausüben kann,** falls ihm eines zusteht. Unerheblich ist, ob dieses tatsächlich besteht oder, etwa durch Befriedigung der eigenen Forderungen des letzten Frachtführers, bereits erloschen ist.[21] Die Pfandrechte der vorhergehenden Frachtführer bestehen danach bis zur Ablieferung des Frachtgutes an den endgültigen Empfänger und, bei Vorliegen der Voraussetzungen des § 440 Abs. 3 (s. hierzu § 440 Rn. 37–39), auch noch darüber hinaus. Da zwischen den verschiedenen am Beförderungsvorgang beteiligten Frachtführern nicht notwendigerweise Besitzmittlungsverhältnisse vorliegen müssen (s. vorstehend Rn. 3), können **besitzlose Pfandrechte** der vorhergehenden Frachtführer begründet werden.[22]

---

[10] Ausführlich hierzu *Koller* TranspR 2009, 451, 454 f.; vgl. auch *Ramming* TranspR 2006, 235, 240; EBJS/*Schaffert* § 442 Rn. 4.
[11] *Koller* § 441 Rn. 3.
[12] *Ramming* TranspR 2006, 235, 240.
[13] *Koller* § 441 Rn. 3; EBJS/*Schaffert* § 442 Rn. 4; Staub/*Helm* § 441 Rn. 13; Heymann/*Schlüter* § 442 Rn. 3.
[14] *Koller* § 441 Rn. 3; *Fremuth/Thume* § 442 Rn. 15; Heymann/*Schlüter* § 442 Rn. 3; Staub/*Helm* § 441 Rn. 12, 18; EBJS/*Schaffert* § 442 Rn. 4; aA *Ramming* TranspR 2006, 235, 238: Unkenntnis entlaste lediglich von Pflichtverletzung.
[15] Staub/*Helm* § 441 Rn. 17; *Fremuth/Thume* § 442 Rn. 20; aA *Brüning-Wildhagen* S. 124.
[16] OLG München 3.11.1989, VersR 1990, 182, 183; *Ramming* TranspR 2006, 235, 242.
[17] *Ramming* TranspR 2006, 235, 243; *Koller* § 441 Rn. 3; EBJS/*Schaffert* § 442 Rn. 4.
[18] *Ramming* TranspR 2006, 235, 244.
[19] *Koller* § 441 Rn. 4; EBJS/*Schaffert* § 442 Rn. 4.
[20] *Ramming* TranspR 2006, 235, 245.
[21] *Koller* § 441 Rn. 5; EBJS/*Schaffert* § 442 Rn. 5; Staub/*Helm* § 441 Rn. 1; *Müglich* § 442 Rn. 5; *Fremuth/Thume* § 442 Rn. 21.
[22] BGH 18.4.2002, TranspR 2002, 292, 294; Staub/*Helm* § 441 Rn. 19.

## V. Forderungsübergang bei Befriedigung der vorhergehenden Frachtführer

Befriedigt der nachfolgende Frachtführer den vorhergehenden Frachtführer, so ordnet **8** Abs. 2 an, dass dessen Forderungen und Pfandrechte **kraft Gesetzes** auf den nachfolgenden Frachtführer übergehen. Unerheblich ist, ob die Forderungen Gegenstand des Frachtbriefs sind.[23] Vorteilhaft kann der Pfandrechtserwerb insbesondere sein, wenn das übergegangene Pfandrecht einen günstigeren Rang inne hat als etwaige eigene Sicherungsrechte.

## VI. Mitwirkender Spediteur

Abs. 1 und 2 finden auch auf einen Spediteur Anwendung, der an der Beförderung **9** mitgewirkt hat. Eine Ausnahme gilt allerdings für den Empfangsspediteur, der Letzter in der Kette ist: Dieser wird von § 465 erfasst, der seinerseits wieder auf § 441 verweist.[24]

## VII. Abdingbarkeit

Da § 441 **dispositiv** ist (vgl. § 449 Abs. 1 S. 1), kann die Einziehungspflicht im Frachtver- **10** trag des letzten Frachtführers mit seinem Absender ausgeschlossen werden, etwa durch einen besonderen Vermerk im Frachtbrief. Hierbei handelt es sich nicht um einen unzulässigen Vertrag zu Lasten Dritter.[25] Der Vertragspartner des letzten Frachtführers kann sich durch eine solche Vereinbarung allerdings gegenüber seinen Vormännern haftbar machen.[26] „**Frei**"-**Klauseln,** durch die der Absender im Verhältnis zum Empfänger die Zahlungspflicht alleine übernimmt, entbinden den letzten Frachtführer nicht von seiner Pflicht zur Wahrung der Rechte der vorhergehenden Frachtführer.[27]

## § 442 Rang mehrerer Pfandrechte

**(1) Bestehen an demselben Gut mehrere nach den §§ 397, 440, 464, 475b und 495 begründete Pfandrechte, so geht unter denjenigen Pfandrechten, die durch die Versendung oder durch die Beförderung des Gutes entstanden sind, das später entstandene dem früher entstandenen vor.**

**(2) Diese Pfandrechte haben Vorrang vor dem nicht aus der Versendung entstandenen Pfandrecht des Kommissionärs und des Lagerhalters sowie vor dem Pfandrecht des Spediteurs, des Frachtführers und des Verfrachters für Vorschüsse.**

## I. Normzweck

Treffen mehrere Pfandrechte zusammen und reicht der Erlös aus der Verwertung des **1** Pfandgutes nicht zur Befriedigung aller Pfandgläubiger aus, bedarf es der Entscheidung, welcher Pfandgläubiger vorrangig befriedigt werden soll. Allgemein gilt hier das sog. **Prioritätsprinzip:** Das zeitlich früher entstandene Pfandrecht geht dem später entstandenen vor (§ 1209 BGB). Abweichend hiervon ordnet Abs. 1 für die dort genannten **beförderungsbezogenen** Pfandrechte an, dass das **später entstandene** Pfandrecht Vorrang vor dem früher entstandenen Pfandrecht genießt. Dies ist deshalb angemessen, weil Handelsgüter durch den Transport regelmäßig an Wert gewinnen oder hierdurch jedenfalls Wertverluste vermieden werden. Abs. 2 sieht außerdem vor, dass die beförderungsbezogenen Pfandrechte Vorrang vor den übrigen in § 442 genannten Pfandrechten haben. Die praktische Bedeutung der Vorschrift ist gering.

---

[23] *Fremuth/Thume* § 442 Rn. 22.
[24] BR-Drucks. 368/97 S. 80; s. auch *Koller* § 441 Rn. 3; Baumbach/Hopt/*Merkt* § 442 Rn. 2; EBJS/*Schaffert* § 442 Rn. 3.
[25] *Koller* § 441 Rn. 3; Staub/*Helm* § 441 Rn. 15; aA *Ramming* TranspR 2006, 235, 242.
[26] Staub/*Helm* § 441 Rn. 15; Heymann/*Schlüter* § 442 Rn. 6; *Koller* § 441 Rn. 3.
[27] Staub/*Helm* § 441 Rn. 16; Heymann/*Schlüter* § 442 Rn. 6.

## II. Entstehungsgeschichte

2   Die Vorschrift entspricht inhaltlich § 443 aF. Da das Pfandrecht des Verfrachters infolge der Neufassung des Fünften Buchs des Handelsgesetzbuchs durch das Gesetz zur Reform des Seehandelsrechts (SRG) vom 20.4.2013 (BGBl. I. S. 831) nunmehr in § 495 geregelt ist, wurde die Verweisung in Abs. 1 entsprechend geändert. Das Pfandrecht des Verfrachters ist erst durch das Gesetz zur Neuregelung des Fracht-, Speditions- und Lagerrechts (TRG) vom 25.6.1998 (BGBl. I S. 1588) in die Vorschrift aufgenommen worden, zuvor wurde es aber bereits im Wege der Auslegung den in § 442 genannten Pfandrechten gleichgestellt.[1]

## III. Beförderungsbezogene Pfandrechte

3   Abs. 1 erfasst die Pfandrechte des Kommissionärs (§ 397), des Frachtführers (§ 440), des Spediteurs (§ 464), des Lagerhalters (§ 475b) und des Verfrachters (§ 495). Diese Pfandrechte nehmen eine Sonderstellung ein, wenn sie „durch die **Versendung** oder die **Beförderung** des Gutes entstanden sind". Das sind insbesondere Pfandrechte, die Frachten, Spediteurprovisionen, beförderungsbedingte Aufwendungsersatzansprüche (Verpackungskosten, Verzollungskosten, Standgelder u. a.) sichern.[2] Bei **Nachnahmen** muss unterschieden werden: Kostennachnahmen (zB Vorfracht, Speditionskosten) beziehen sich auf Beförderungskosten, so dass die diesbezüglichen Pfandrechte zu den bevorrechtigten gehören. Demgegenüber fallen (bevorschusste) Wertnachnahmen unter die in Abs. 2 genannten Vorschüsse und sind damit nur durch nicht bevorrechtigte Pfandrechte gesichert.[3]

4   Abweichend von dem allgemein für Verfügungsgeschäfte geltenden Prioritätsgrundsatz geht im Verhältnis der beförderungsbezogenen Pfandrechte zueinander das zeitlich **später entstandene** Pfandrecht dem früher entstandenen vor. Nach Abs. 2 haben die beförderungsbezogenen Pfandrechte außerdem Vorrang vor den nicht beförderungsbezogenen Pfandrechten.

5   Abweichungen von der Rangordnung können sich durch gutgläubigen Erwerb des Vorranges oder durch gutgläubigen lastenfreien Erwerb ergeben (§ 366 Abs. 3, 2).

## IV. Nicht beförderungsbezogene Pfandrechte

6   Hierunter fallen die in Abs. 1 genannten gesetzlichen Pfandrechte, soweit sie „nicht aus der Versendung entstanden" sind. Erfasst werden etwa Pfandrechte, die Vorschüsse auf Wertnachnahmen oder Lagerkosten, die nicht anlässlich der Beförderung entstanden sind, sichern.[4] Die Rangfolge untereinander sowie im Verhältnis zu vertraglichen Pfandrechten oder Pfändungspfandrechten richtet sich nach dem **Prioritätsgrundsatz,** das zeitlich früher entstandene Pfandrecht geht also dem später entstandenen vor.

## V. Abdingbarkeit

7   Die Vorschrift des § 442 ist dispositiv (s. § 449 Abs. 1 S. 1).

## Vorbemerkung § 443

**Schrifttum:** *Czerwenka,* Die Bedeutung der Wiedereinführung der Skripturhaftung im Seefrachtrecht durch das Zweite Seerechtsänderungsgesetz von 1986, TranspR 1988, 256; *Döser,* Inkorporationsklauseln in Konnossementen, Hamburg 2004; *Herber,* Konnossement und Frachtvertrag, FS Peter Raisch, 1995, S. 67; *ders.,* Der Ladeschein-Renaissance eines vergessenen Wertpapiers, FS Thume, S. 177; *ders.,* Konnossement und Multimodal-Ladeschein nach neuem Recht als Beförderungsdokumente beim Überseekauf, FS Magnus, S. 673 ff.; *Hoffmann,* FIATA Multimodal Transport Bill of Lading und deutsches Recht, TranspR 2000, 243; *Kopper,* Der multimodale Ladeschein im internationalen Transportrecht, Saarbrücken 2007, Schriftenreihe zum Transportrecht Bd. 31; *Mankowski,* Neue internationalprivatrechtliche Probleme des Konnossements,

---

[1] BR-Drucks. 368/97 S. 81.
[2] Staub/*Helm* § 443 Rn. 5.
[3] Staub/*Helm* § 443 Rn. 6; *Fremuth/Thume* § 443 Rn. 9.
[4] *Koller* § 442 Rn. 2; Staub/*Helm* § 443 Rn. 6.

TranspR 1988, 410; *Ramming*, Fixkostenspedition – CMR – FBL, TranspR 2006, 95; *ders.*, Internationalprivatrechtliche Fragen des Multimodal-Frachtvertrages und des Multimodal-Ladescheins, TranspR 2007, 279; *ders.*, Die Haftung des Beförderers für die Ausstellung unrichtiger Konnosemente und Ladescheine, RdTW 2013, 423; *Schnauder*, Sachenrechtliche und wertpapierrechtliche Wirkungen der kaufmännischen Traditionspapiere, NJW 1991, 1642.

## I. Allgemeines

Der Ladeschein gibt den Parteien des Frachtvertrages die Möglichkeit, den Anspruch **1** auf Auslieferung des Gutes in einem **begebbaren Wertpapier** zu verbriefen und damit handelbar zu machen. Er entspricht wirtschaftlich und rechtlich dem Konnossement des Seeverkehrs.

**Vor der Transportrechtsreform von 1998** hatte der Ladeschein des HGB kaum **2** praktische Bedeutung. Er wird im reinen Landtransport selten verwendet, schon weil im Hinblick auf die regelmäßig kurzen Beförderungszeiten kein Bedürfnis besteht, während des Transports über das Gut zu verfügen. Herkömmlich spielt er eine erhebliche Rolle lediglich in der Binnenschifffahrt (als sog. „**Binnenkonnossement**"), für die er vor dem TRG in §§ 72 bis 76 aF BinSchG spezialgesetzlich geregelt war.

Diese Situation hat sich durch das TRG grundlegend geändert. Einmal ist der Ladeschein **3** der **Binnenschifffahrt** nunmehr von §§ 443 ff. (bis zum SRG: §§ 444 ff., vgl. Rn. 4) erfasst, nachdem die Sondernormen des BinSchG aufgehoben wurden.[1] Sodann hat der Ladeschein als **Traditionspapier des Multimodaltransports**, das in der Praxis häufig **Durchkonnossement** genannt wird, durch §§ 443 ff. eine gesetzliche Grundlage erhalten, da der hierdurch verbriefte Multimodalfrachtvertrag im allgemeinen Frachtrecht (§§ 452 ff.) eine gesetzliche Regelung erfahren hat. Das Durchkonnossement hat erhebliche praktische Bedeutung; dies zeigt schon die häufige Verwendung eines dafür geschaffenen internationalen Formulars, des FIATA Multimodal Transport Bill of Lading (FBL), vgl. dazu § 452d Rn. 44 ff.

## II. Entstehungsgeschichte der Ladescheinvorschriften

Die nach dem SRG in §§ 443 ff. enthaltenen Bestimmungen waren in ähnlicher Form **4** durch das TRG als §§ 444 ff. aF in die Regelung des allgemeinen Frachtrechts eingefügt worden. §§ 444 aF waren, soweit das angebracht erschien, dem damaligen Konnossementsrecht des Seerechts nachgebildet worden.[2] Nachdem das Konnossement im Seerecht durch das SRG eine Neuregelung in §§ 513 ff. erfahren hat, waren erneut Anpassungen des Ladescheinrechts erforderlich, um **Divergenzen zwischen den rechtlich und wirtschaftlich gleichwertigen Traditionspapieren möglichst gering zu halten.** Die Übereinstimmung der rechtlichen Ausgestaltung ist von besonderer Bedeutung angesichts der zunehmenden Verwendung des Ladescheins als Dokument des multimodalen Transports mit Einschluss einer Seestrecke (vgl. dazu § 443 Rn. 35 ff.).

Die Neufassung der §§ 443 ff. war **nicht Gegenstand der Beratungen der Sachver- 5 ständigengruppe** zur Reform des Seehandelsrechts und des BerSV. Die Angleichung der durch das TRG – damals auf der Basis des Vorschlags des Sachverständigenausschusses[3] – geschaffenen §§ 444 bis 448 aF an das neue Konnossementsrecht wurde erst durch den RefE-SRG vorgeschlagen, der insoweit im Wesentlichen in den RegE-SRG übernommen wurde. Aus diesem ging er sachlich unverändert in das SRG ein; dabei wurde lediglich eine Änderung der Nummerierung der §§ 444, 444a des RefE-SRG in §§ 443, 444 vorgenommen, weil durch Aufhebung der Gerichtsstandsregelung des § 440 aF (und deren Übernahme in § 30 ZPO) redaktionell eine neue Zählung der §§ 440–448 notwendig wurde.

---

[1] Nach dem TRG waren die Vorschriften zum Ladeschein in den §§ 444 ff. aF enthalten, nach den Änderungen durch Art. 1 Nr. 24–26 SRG nunmehr in §§ 443 ff.

[2] Reg.Begr. S. 83; Voraufl. § 444 Rn. 4.

[3] Bericht S. 22, 77 zu E § 443; vgl. Voraufl. § 444 Rn. 5.

### III. Verbliebene Abweichungen des Ladescheinrechts vom Konnossementsrecht

6    Die neuen Vorschriften über den Ladeschein sind nicht unverändert aus dem Konnossementsrecht übernommen worden. Dadurch ergeben sich sachliche Unterschiede, die Gefahren für die Beteiligten vor allem in den Fällen mit sich bringen können, in denen ein Multimodalfrachtvertrag mit Einschluss einer – in solchen Fällen meist wirtschaftlich im Vordergrund stehenden – Seebeförderung durch ein **Durchkonnossement** verbrieft wird. Die Praxis beurteilt ein solches, regelmäßig auch so bezeichnetes ("Through-B/L") und in den Auslandsrechten kaum vom See-Konnossement unterschiedenes Dokument in gleicher Weise wie ein Konnossement. Deshalb kann die gesetzlich gebotene verschiedene wertpapierrechtliche Ausgestaltung zu Überraschungen führen, die durch eine weitergehende Angleichung der Ladescheinregeln zumindest in den Fällen der Verbriefung eines Multimodalfrachtvertrages mit Seestreckeneinschluss hätte vermieden oder zumindest vermindert werden können.[4]

7    Wegen dieser Schwierigkeiten muss sorgfältig geprüft werden, welche Regeln des See-Konnossementsrechts (§ 513 ff.) auf das Ladescheinrecht übertragen werden können und in welchen Punkten rechtliche Verschiedenheiten bestehen bleiben. Vgl. dazu § 443 Rn. 35 ff.

### § 443 Ladeschein. Verordnungsermächtigung

**(1) [1]Über die Verpflichtung zur Ablieferung des Gutes kann von dem Frachtführer ein Ladeschein ausgestellt werden, der die in § 408 Abs. 1 genannten Angaben enthalten soll. [2]Der Ladeschein ist vom Frachtführer zu unterzeichnen; eine Nachbildung der eigenhändigen Unterschrift durch Druck oder Stempel genügt.**

**(2) [1]Ist der Ladeschein an Order gestellt, so soll er den Namen desjenigen enthalten, an dessen Order das Gut abgeliefert werden soll. [2]Wird der Name nicht angegeben, so ist der Ladeschein als an Order des Absenders gestellt anzusehen.**

**(3) [1]Dem Ladeschein gleichgestellt ist eine elektronische Aufzeichnung, die dieselben Funktionen erfüllt wie der Ladeschein, sofern sichergestellt ist, dass die Authentizität und die Integrität der Aufzeichnung gewahrt bleiben (elektronischer Ladeschein). [2]Das Bundesministerium der Justiz wird ermächtigt, im Einvernehmen mit dem Bundesministerium des Innern durch Rechtsverordnung, die nicht der Zustimmung des Bundesrates bedarf, die Einzelheiten der Ausstellung, Vorlage, Rückgabe und Übertragung eines elektronischen Ladescheins sowie die Einzelheiten des Verfahrens einer nachträglichen Eintragung in einen elektronischen Ladeschein zu regeln.**

#### Übersicht

| | Rn. | | Rn. |
|---|---|---|---|
| I. Normzweck | 1 | IV. Inhalt und Form des Ladescheins | 10–30 |
| | | 1. Vorgeschriebene Angaben | 10–26 |
| II. Entstehungsgeschichte | 2 | 2. Zusätzliche Angaben | 27 |
| III. Gegenstand und Natur des Ladescheins | 3–9 | 3. Formerfordernisse | 28 |
| 1. Zweck | 3 | 4. Folgen des Fehlens einzelner Angaben | 29, 30 |
| 2. Auslieferungsversprechen | 4 | V. Elektronischer Ladeschein | 31, 32 |
| 3. Wertpapierrechtliche Verbriefung | 5, 6 | VI. Der Ladeschein in Sonderfällen | 33–62 |
| 4. Unterschied zum Frachtbrief | 7 | 1. Binnenschifffahrt | 33, 34 |
| 5. Keine gesetzliche Verpflichtung zur Ausstellung | 8 | 2. Multimodaltransport mit Seestreckeneinschluss – Das Durchkonnossement | 35–62 |
| 6. Nur eine Ausfertigung | 9 | a) Besonderheiten der materiellen und formellen Regeln | 37–62 |

---

[4] Vgl. dazu *Herber* TranspR 2010, 85, auch FS Magnus, S. 673, 678 ff.

## I. Normzweck

Der Ladeschein gibt den Parteien des Frachtvertrages die Möglichkeit, den Anspruch **1** auf Auslieferung des Gutes in einem **begebbaren Wertpapier** zu verbriefen und damit handelbar zu machen. Er entspricht wirtschaftlich und rechtlich dem Konnossement des Seeverkehrs.[1]

## II. Entstehungsgeschichte

Die Vorschrift ist aus dem RegE-SRG (dort noch § 444) praktisch unverändert übernom- **2** men worden. Abs. 1 und 2 sind gegenüber § 444 aF unverändert geblieben. Abs. 3 ist neu und hat sein Vorbild in § 516 Abs. 2. Die Rechtsgedanken des Abs. 3 Satze 2 und 3 aF haben, der neuen Systematik entsprechend, ihren Platz in § 444 Abs. 1 und 2 gefunden. Abs. 3 Satz 1 und Abs. 4 aF sind in dieser Form, dem Konnossementsrecht entsprechend, nicht erhalten geblieben; das Verhältnis von Ansprüchen aus dem Frachtvertrag und Ansprü- chen aus dem Ladeschein wird nunmehr behandelt in § 444 Abs. 3.[2]

## III. Gegenstand und Natur des Ladescheins

**1. Zweck.** Der Ladeschein soll als urkundliche Verpflichtung des Frachtführers, das **3** Gut an den legitimierten Inhaber des Ladescheins auszuliefern, verbunden mit der sog. Traditionswirkung gem. § 448, vor allem die Veräußerung oder Verpfändung des unterwegs befindlichen Gutes ermöglichen. Soweit es sich lediglich darum handelt, den Empfänger vor nachteiligen Verfügungen des Absenders zu schützen und seine Legitimation zu stärken, genügt der Praxis oft ein Frachtbrief, der nach § 418 Abs. 4 zu einem Sperrpapier ausgestaltet werden kann. Der Ladeschein gibt dem gutgläubigen Empfänger darüber hinaus eine wert- papierrechtliche Garantie, den Anspruch gegen den Frachtführer so zu erwerben, wie er sich nach der Beschreibung im Frachtbrief darstellt, selbst wenn der Frachtvertrag nur geringere Rechte begründet (§ 444 Abs. 2).

**2. Auslieferungsversprechen.** Im Ladeschein wird die Verpflichtung des Frachtführers **4** zur Auslieferung des Gutes an den Empfänger am Bestimmungsort gegenüber dem sich aus dem Frachtvertrag ergebenden Anspruch des Absenders verselbstständigt. Die Auslieferungs- verpflichtung braucht nicht wörtlich, formelhaft erklärt zu werden; es genügt, dass sich diese Verpflichtung aus dem Gesamtinhalt der Urkunde ergibt. Wesentlich ist jedoch stets die Angabe, dass das Gut **nur gegen Vorlage des Papiers** ausgeliefert werden soll und darf. Bei eindeutiger Kennzeichnung als Ladeschein, namentlich bei einer Orderklausel, ergibt sich diese Folge bereits aus § 445 Abs. 2 Satz 1; Zweifel können insofern vor allem beim Rektaladeschein entstehen; enthält ein Papier nur den Namen des Empfängers ohne besondere Erwähnung der Bindung des Auslieferungsanspruchs an dessen Vorlage, so fehlt es am Wertpapiercharakter, das Papier ist bloße Empfangsbestätigung. Wegen der verschie- denen Arten des Ladescheins vgl. jetzt die ausdrückliche Regelung in § 444 Abs. 3 Satz 2.

**3. Wertpapierrechtliche Verbriefung.** Der Auslieferungsanspruch wird durch den **5** Ladeschein wertpapierrechtlich verbrieft. Der Ladeschein enthält eine Art Schuldverspre- chen iSd. § 780 BGB, ohne jedoch eine abstrakte Forderung im strengen Sinne zu begrün- den; denn es wird ein frachtrechtlicher Anspruch verbrieft, dem stets Einwendungen entge- gengehalten werden können, die sich aus dem Typus des Frachtvertrages ergeben (der Ladeschein wird deshalb, ebenso wie das Konnossement, als „halb-kausales Wertpapier" bezeichnet).[3]

Entscheidend für den Wertpapiercharakter ist, dass die Verpflichtung zur Auslieferung **6** des Gutes sowie die Möglichkeit der Erteilung nachträglicher Weisungen an die **Vorlage**

---

[1] *Herber,* FS Magnus, S. 673 ff.; *Kopper* S. 29 ff.
[2] RegBegr-SRG S. 58.
[3] GroßkommHGB/*Canaris* § 363 Rn. 66; *Herber* S. 283.

**und Rückgabe des Ladescheins** gebunden ist (§§ 445 Abs. 2 Satz 1, 446 Abs. 1 Satz 2). Dadurch wird der legitimierte Inhaber des Ladescheins in die Lage versetzt, über den Anspruch und damit über das Gut (§ 448) unter Ausschluss Dritter, insbesondere des Absenders, zu verfügen.

7   **4. Unterschied zum Frachtbrief.** Nach Funktion und Rechtsnatur bestehen folgende wesentliche Unterschiede zum Frachtbrief: Der Frachtbrief, der gem. § 408 Abs. 1 auf Verlangen des Frachtführers auszustellen ist, soll vor allem das Gut begleiten; er dient als Beweisurkunde für den Abschluss des Frachtvertrags. Der Ladeschein wird dagegen vom Frachtführer ausgestellt und dem Absender übergeben, der ihn an den Empfänger weitergibt: Er enthält eine Verpflichtungserklärung und hat die rechtliche Qualität eines Wertpapiers (vgl. insbes. §§ 445–448). Der Ladeschein begründet – ebenso wie der von beiden Vertragsparteien unterschriebene Frachtbrief (§ 409 Abs. 2) – die Vermutung, dass die Güter wie im Ladeschein beschrieben vom Frachtführer übernommen worden sind (§ 444 Abs. 1; dazu § 444 Rn. 5); in der Hand eines gutgläubigen Erwerbers des Ladescheins kann diese Vermutung, anders als beim Frachtbrief, zu einer unwiderleglichen erstarken (§ 444 Abs. 2 Satz 1 und 2, vgl. § 444 Rn. 7).

8   **5. Keine gesetzliche Verpflichtung zur Ausstellung.** Anders als beim Konnossement (§ 513 Abs. 1 Satz 1) und vor dem TRG im Binnenschifffahrtsrecht (§ 72 Abs. 1 BinSchG aF) besteht nach allgemeinem Frachtrecht keine gesetzliche Verpflichtung des Frachtführers, auf Verlangen des Absenders einen Ladeschein auszustellen.[4] Eine andere Auslegung des Abs. 1 („kann") ist auch bei einem Multimodal-Ladeschein mit Einschluss einer Seestrecke nicht möglich,[5] obwohl die Reg.Begr.[6] den Verzicht auf die Einführung einer Ausstellungspflicht nur im Hinblick auf das heute geringere Bedürfnis im Binnentransport (und dort, wegen der Abweichung vom früheren Recht, vor allem der Binnenschifffahrt) begründet. Denn der Wortlaut ist eindeutig. Deshalb muss beim Binnenschifffahrtsfrachtvertrag und beim Multimodalfrachtvertrag darauf geachtet werden, die Pflicht zur Ausstellung eines Ladescheins vertraglich zu begründen, wenn sie gewünscht wird.

9   **6. Nur eine Ausfertigung.** Im Gegensatz zu den seefrachtrechtlichen Bestimmungen des § 514 Abs. 3 und zum Frachtbrief (§ 408 Abs. 2) sieht das Gesetz nicht vor, dass der Ladeschein in mehreren Ausfertigungen ausgestellt wird. Die Reg.Begr. zum TRG[7] begründet dies damit, dass schon im alten Recht nur eine Ausfertigung vorgesehen war und dass es der auf die Besonderheiten des Seeverkehrs zugeschnittenen abweichenden Regelung nicht bedürfe, weil im Binnenverkehr eine grundlegend andere Transportsituation bestehe (geringere Verlustgefahr, kürzere Beförderungszeiten, keine Notwendigkeit der Veräußerung des Gutes während der Beförderung). Die Zulassung mehrerer Ausfertigungen zwinge auch zu einer komplizierten gesetzlichen Regelung bei der Abwicklung der Auslieferung, namentlich einer Hinterlegungsregelung wie beim Konnossement (jetzt § 521 Abs. 3). Diese Begründung wird jedoch der gewachsenen Bedeutung des Ladescheins im Multimodalverkehr nicht gerecht.[8] Zwar kann man zweifeln, ob die Ausstellung mehrerer Konnossementsausfertigungen, entgegen ihrer erneuten Bestätigung durch das SRG, im Seeverkehr heute noch notwendig ist; doch besteht, sofern man dies annimmt, ein gleiches Bedürfnis bei einem Ladeschein („Durchkonnossement") über eine Multimodalbeförderung, die eine Seestrecke einschließt. Man wird es jedoch (auch im Falle des Orderpapiers trotz des *numerus clausus* des § 363 Abs. 2) für zulässig halten dürfen, die **Ausstellung mehrerer Ausfertigungen** zu **vereinbaren;** allerdings sollte dann zur Vermeidung von Schwierigkeiten und in Übereinstimmung mit der Regelung in § 521 Abs. 3 Satz 1 auch

---

[4] *Koller* Rn. 6; Fremuth/Thume/*Fremuth* Rn. 3.
[5] So aber *Kopper* S. 53.
[6] S. 82.
[7] S. 82.
[8] Vgl. dazu kritisch auch *Rabe* TranspR 1998, 439.

vereinbart werden, dass das Gut gegen Vorlage nur einer Ausfertigung ausgeliefert werden darf.

## IV. Inhalt und Form des Ladescheins

**1. Vorgeschriebene Angaben.** Während das Konnossementsrecht (§ 515) ebenso wie **10** das Ladescheinrecht vor dem TRG die notwendigen Angaben für den Ladeschein gesondert festlegt, verweist **Abs. 1** auf die für den Frachtbrief in § 408 Abs. 1 vorgeschriebenen Angaben. Dadurch sollte das Gesetz vereinfacht und eine einheitliche Ausgestaltung der im Verkehr gebräuchlichen Dokumente erreicht werden.[9]

Die geforderten Angaben weichen zum Teil vom Konnossementsrecht ab. **11**

**Im Einzelnen** gilt für die durch Verweisung in **Abs. 1 Satz 1** in Bezug genommenen Angaben des **§ 408 Abs. 1 Satz 1:**

Die Angaben nach **§ 408 Abs. 1 Satz 1 Nr. 1** entsprechen dem Seerecht (§ 515 Abs. 1 **12** Nr. 1). Sie sind unproblematisch. Vgl. auch § 515 Rn. 3.

**§ 408 Abs. 1 Satz 1 Nr. 2** weicht insofern vom Seerecht ab, als der **Absender** anzuge- **13** ben ist, während § 515 Abs. 1 Nr. 2 die Angabe des im allgemeinen Frachtrecht als Rechtsfigur nicht bekannten **Abladers** verlangt. Hieraus können sich Probleme beim Ladeschein über eine Multimodalbeförderung mit Einschluss einer Seestrecke und insbesondere bei dessen gutgläubigem Erwerb etwa durch den fob-Käufer ergeben, vgl. Rn. 57; diese Probleme berechtigen jedoch nicht zu einer analogen Anwendung der seerechtlichen Vorschriften,[10] zumal sie durch die Erweiterung des Gutglaubensschutzes zugunsten des ersten Nehmers durch das SRG weitgehend gegenstandslos sein dürften.

Nach **§ 408 Abs. 1 Satz 1 Nr. 3** ist der **Name des Frachtführers** anzugeben. Dies ist **14** eine wesentliche Angabe, weil der Frachtführer zugleich der aus dem Ladeschein Verpflichtete ist. Anders als beim Konnossement (vgl. § 515 Rn. 8) führt das Fehlen der Angabe zur Unwirksamkeit des Ladescheins, weil eine Ersatzlösung wie § 518 im Seerecht für den Ladeschein fehlt.

Nach **§ 408 Abs. 1 Satz 1 Nr. 4** sind **Stelle der Übernahme und der vorgesehenen** **15** **Ablieferung des Gutes** anzugeben; das weicht vom Seerecht (§ 515 Abs. 1 Nr. 5) ab, wo nur der Ablieferungs**hafen** und der Bestimmungs**ort** anzugeben sind. Die Bezeichnung „Stelle" ist enger als die des „Hafens" oder „Ortes;" die genauere Angabe ist vom TRG in bewusster Abkehr vom früheren Recht (§ 444 Nr. 5 aF) eingeführt worden. Sie ist für das Landtransportrecht angebracht, passt jedoch nicht für den Multimodaltransport mit Seeeinschluss. Dort wird ebenso wie im Seeverkehr die Angabe oft nicht möglich sein, etwa weil die genaue Ablieferungsstelle in einem Bestimmungshafen nicht vorhersehbar ist; dann muss die Bezeichnung des Ablieferungs**ortes** und die Angabe einer **Meldeadresse** (§ 408 Abs. 1 Nr. 5) genügen.

Anzugeben ist – anders als im Seerecht – der **Tag der Übernahme**. Der Ladeschein **16** bestätigt damit jedoch nur die Übernahme des Gutes durch den Frachtführer, nicht – wenn ein Schiffstransport involviert ist – die Verladung an Bord. Das kann bei Übersee-Multimodalverträgen und bei Binnenschiffstransporten zu Schwierigkeiten führen, weil in Akkreditiven die Vorlage eines Bordkonnossements oft vorgeschrieben ist. Man wird es jedoch für zulässig und wirksam halten müssen, auch den Ladeschein durch einen **Bordvermerk** („Shipped on board vessel X") um diese Angabe mit entsprechendem Gutglaubensschutz zu erweitern (vgl. § 514 Abs. 2 Satz 2; § 72 Abs. 2 BinSchG aF). Er kann dann auch beim Akkreditivgeschäft dem Bordkonnossement gleichgeachtet werden.

Der **Name des Empfängers (§ 408 Abs. 1 Satz 1 Nr. 5)** kann und muss nur bei **17** einem Rektaladeschein angegeben werden. Für den **Orderladeschein** enthält **Abs. 2 Son-**

---

[9] Reg.Begr. S. 83.
[10] So aber *Kopper* S. 46, der Abs. 2 „im Lichte des § 642 (aF)" auslegen und „den Ablader berücksichtigen" will, was zudem zu unpraktikablen Ergebnissen führen würde. Die Kommission (Bericht S. 119) hat die Einführung des Abladers erwogen und verneint – allerdings dabei vielleicht, wie *Kopper* meint, weniger auf den Multimodal-Ladeschein gesehen.

**derbestimmungen** über die Bestimmung des Empfangsberechtigten. Bei einem – praktisch jedoch kaum vorkommenden – Inhaberladeschein erübrigt sich die Bezeichnung des Empfängers aus der Natur der Sache.

18    § 408 Abs. 1 Satz 1 Nr. 5 sieht ferner die Angabe einer **Meldeadresse** vor; das entspricht § 515 Abs. 1 Nr. 6 und der Übung im Seerecht.

19    Die in **§ 408 Abs. 1 Satz 1 Nr. 6 bis 8** aufgeführten Angaben hinsichtlich der **Güterbeschreibung** sind stärker aufgegliedert als nach dem vor dem TRG geltenden Recht (§ 445 Abs. 1 Nr. 6 und 7 aF), das durch das TRG an den Katalog der Frachtbriefangaben nach der CMR (Art. 6) angeglichen worden ist.[11] Die Gliederung ist auch detaillierter als beim Konnossement (§ 515 Abs. 1 Nr. 7 und 8). Vgl. dazu § 515 Rn. 13–15.

20    Wie im Seerecht (vgl. § 515 Rn. 15) ist das **Gewicht** nicht notwendig anzugeben (§ 408 Abs. 1 Satz 1 Nr. 8); es genügt eine andere Umschreibung der Menge. Zeichen und Nummern (im Seerecht: „**Merkzeichen**", § 515 Abs. 1 Nr. 8) sind nur dann anzugeben, wenn sie zur vertragsgemäßen Behandlung des Gutes erforderlich sind (§ 411 Satz 2).

21    Anders als beim Konnossement (§ 515 Abs. 1 Nr. 7) ist bei der Beschreibung des Gutes nach § 408 Abs. 1 Satz 1 Nr. 6–7 die Angabe der **äußerlich erkennbaren Verfassung und Beschaffenheit des Gutes** nicht anzugeben. Fehlt diese Angabe, so wird jedoch ebenso wie beim Konnossement (§ 517 Abs. 1 Satz 3, Abs. 2) vermutet, dass das Gut und seine Verpackung bei der Übernahme durch den Frachtführer in äußerlich gutem Zustand waren, sofern der Ladeschein nicht einen begründeten Vorbehalt gegen die Richtigkeit der Angaben eingetragen hat (§§ 441, 409 Abs. 2, Abs. 3 Satz 1). Wegen der Vermutung im Einzelnen vgl. § 444 Rn. 5 ff.).

22    Abweichend vom Konnossementsrecht (§ 515 Abs. 2) ist der Frachtführer jedoch nicht verpflichtet, die Angaben des Abladers (hier: des Absenders, vgl. Rn. 13) über das Gut auf dessen Verlangen so, wie in Textform mitgeteilt, aufzunehmen; er ist nicht, wie der Verfrachter im Seerecht, darauf angewiesen, einen Vorbehalt aufzunehmen, wenn er die Angaben für unrichtig hält, doch kann er so verfahren (§§ 444, 409 Abs. 2 Satz 2). Es steht ihm aber auch – wie im früheren Seerecht (§ 645 Abs. 2 Nr. 2 aF) – **frei, die als unrichtig erkannten Angaben gar nicht aufzunehmen.** Diese Frage stellt sich zudem nur dann, wenn der Frachtführer – abweichend vom Gesetz, (vgl. Rn. 8) die Ausstellung eines Ladescheins vereinbart hat.

23    Die nach **§ 408 Abs. 1 Satz 1 Nr. 9** anzugebende **Fracht** sowie die **bis zur Ablieferung anfallenden Kosten** und der **Vermerk über die Frachtzahlung** dienen als Basis für die Verpflichtung des Empfängers bei Geltendmachung des Auslieferungsanspruchs (§ 421 Abs. 2 Satz 1). Fehlen diese Angaben, hält § 421 Abs. 2 Satz 2 eine Ersatzregelung bereit. Der Vermerk über die Frachtzahlung soll erkennen lassen, ob und wieweit bei Ablieferung noch Fracht aussteht, für die der Empfänger haftet; diese Regelung entspricht der beim Konnossement (vgl. dazu § 515 Rn. 16), für das allerdings nicht die Angabe der gesamten Fracht, sondern nur die der bei Ablieferung zu zahlenden Fracht verlangt wird (§ 515 Abs. 1 Nr. 9).

24    Für die Angabe einer bei Ablieferung einzuziehenden **Nachnahme (§ 408 Abs. 1 Satz 1 Nr. 10)** gelten dieselben Überlegungen wie für die ausstehende Fracht (Nr. 9, Rn. 23). Die Angabe hat im Konnossementsrecht keine Parallele, weil dort Nachnahmen praktisch nicht vorkommen.

25    Die Angaben über **Weisungen für die Güterbehandlung** (§ 408 Abs. 1 Satz 1 Nr. 11) sind typisch für den Frachtbrief. Sie haben beim Ladeschein insofern Bedeutung, als sich der Empfänger gegenüber dem Frachtführer auf dessen über das Gesetz hinausgehende vertragliche Verpflichtungen etwa im Zusammenhang mit der Zollklarierung am Empfangsort nur berufen kann, wenn sie im Ladeschein vermerkt sind. Sie sind beim Konnossement nicht vorgesehen, das von vornherein eine andere Zweckbestimmung als der aus Frachtbrief hervorgegangene Ladeschein hat.

---

[11] Reg.Begr. S. 83.

Vereinbarungen über die **Beförderung in einem offenem Fahrzeug** oder **auf Deck** 26 (§ 408 Abs. 1 Satz 1 Nr. 12) haben haftungsrechtliche Bedeutung. Die Vereinbarung, welche an der Vermutungswirkung des § 444 Abs. 1 teilnimmt, schließt Schadensersatzansprüche aus (§ 427 Abs. 1 Satz 2). Diese Angabe ist im Konnossement ebenfalls nicht vorgesehen, empfiehlt sich jedoch im Hinblick auf die scharfe Haftung des Verfrachters bei fehlender Vereinbarung (§ 500), vgl. § 515 Rn. 19.

**2. Zusätzliche Angaben.** Nach § 443 Abs. 1, § 408 Abs. 1 Satz 2 können in den Lade- 27 schein weitere Angaben aufgenommen werden. Das empfiehlt sich vor allem bei Ladescheinen, die einen multimodalen Transport mit Seestreckeneinschluss verbriefen (sog. „Durchkonnossemente"). Vgl. dazu Rn. 35 ff.

**3. Formerfordernisse. Nach Abs. 1 Satz 2** ist der Ladeschein vom Frachtführer zu 28 unterzeichnen. Die Unterschrift muss eigenhändig geleistet werden, wobei natürlich Vertretung möglich ist. Sie kann auch gedruckt sein oder durch Stempel ersetzt werden, doch genügt nicht ein normaler Firmenstempel; vielmehr muss sowohl die gedruckte als auch die gestempelte Unterschrift eine Nachbildung der eigenhändigen, also faksimiliert sein. Das soll Fälschungen erschweren.[12] Die Regelung entspricht der für den Frachtbrief (§ 408 Abs. 2 Satz 3).

**4. Folgen des Fehlens einzelner Angaben.** Bei dem Katalog aufzunehmender Anga- 29 ben handelt es sich um eine **Sollvorschrift;**[13] ein zwingender Mindestinhalt ist nicht vorgeschrieben, ergibt sich jedoch daraus, dass die Merkmale des Wertpapiers erfüllt sein müssen. Fehlt die Unterschrift, ist der Ladeschein nichtig (§ 125 BGB). Im Übrigen muss er den Verpflichteten (Frachtführer) erkennen lassen und die versprochene Leistung nach Gut und Beförderung zumindest charakterisieren. Ist der **Frachtführer** nicht für einen Dritten erkennbar, so ist der Ladeschein unwirksam; eine dem § 518 entsprechende Regelung, wonach in einem solchen Fall der Reeder verpflichtet ist, fehlt im allgemeinen Frachtrecht, weil eine vergleichbare Beziehung einer Person zu einem Beförderungsmittel, die eine solche Fiktion zuließe, – zumal beim Multimodaltransport – nicht besteht.

Wesentlich ist stets die Erwähnung der **Ablieferungspflicht** am Bestimmungsort, denn 30 sie wird durch den Ladeschein verbrieft.[14] Darüber hinaus bedarf es jedoch auch des Hinweises, dass die **Ablieferung nur gegen Vorlage des Ladescheins** erfolgt; denn die Bindung des Anspruches an die Innehabung des Papiers ist das Charakteristikum des Wertpapiers. Beim Rekta-Ladeschein ist der ausdrückliche Hinweis unverzichtbar, sonst handelt es sich um eine dem Seefrachtbrief vergleichbare reine Beweisurkunde. Beim Orderladeschein und beim Inhaberladeschein sollte der Hinweis nicht fehlen, kann dort aber, da mit der Order- oder Inhaberklausel die Eigenart des Papiers umschrieben ist und daher § 445 Abs. 2 Satz 1 Anwendung findet, wohl durch Auslegung interpoliert werden.

## V. Elektronischer Ladeschein

Gemäß Abs. 3 Satz 1 steht dem Ladeschein eine elektronische Aufzeichnung gleich, 31 vorausgesetzt sie erfüllt dieselben Funktionen wie der papiergebundene Ladeschein und die Authentizität und Integrität der Aufzeichnungen werden gewahrt. Die Bestimmung entspricht den Vorschriften für den Frachtbrief (§ 408 Abs. 3), das Konnossement (§ 516 Abs. 2) und den Seefrachtbrief (§ 526 Abs. 4). Bisher stand einer solchen Aufzeichnung der *numerus clausus* der Wertpapiere entgegen (vgl. hierzu auch § 516 Rn. 5 ff.).[15]

Die Funktionen, die ein elektronischer Ladeschein erfüllen muss, sind insbesondere die 32 Beweisfunktion, Instruktionsfunktion, Sperrfunktion, Traditionsfunktion und die Legitima-

---

[12] Reg.Begr. S. 37.
[13] Reg.Begr. S. 82; allgM, *Koller* Rn. 17; *Kopper* S. 57.
[14] EBJS/*Schaffert* § 444 Rn. 4 verlangen mit Recht, dass „die für die Bestimmtheit des Ablieferungsversprechens notwendigen Angaben" im Ladeschein enthalten sind.
[15] RegBegr-SRG S. 57 f., 93.

tionsfunktion. Ebenso wie für das Konnossement gilt auch für den Ladeschein, dass sich in der Praxis noch keine elektronische Form entwickelt hat und der Gesetzgeber daher bewusst auf die Einführung detaillierter Vorgaben verzichtet.[16] Die Regelung durch Rechtsverordnung, zu der das BMJ ermächtigt ist (Abs. 3 Satz 2), wird dieselben Schwierigkeiten stoßen wie die zur Regelung elektronischer Konnossemente (vgl. dazu § 516 Rn. 7).

### VI. Der Ladeschein in Sonderfällen

33    **1. Binnenschifffahrt.** In der Binnenschifffahrt findet der Ladeschein traditionell Verwendung; er wird dort auch als Binnen-Konnossement bezeichnet. Die Sondervorschriften im BinSchG sind jedoch beseitigt worden, sodass ausschließlich die Vorschriften der §§ 443 ff. anzuwenden sind.[17]

34    Das gilt jedoch nicht für den Ladeschein im Anwendungsbereich des Budapester Übereinkommens (CMNI), welches eigene, im Wesentlichen jedoch übereinstimmende Regeln über das „Konnossement" enthält (Art. 11–13 CMNI). Auch nach der CMNI besteht jedoch, wie jetzt für den Ladeschein im deutschen Recht allgemein, kein Anspruch des Absenders mehr auf Ausstellung eines „Konnossements" (vgl. Rn. 8); dieser muss vielmehr ausdrücklich vereinbart werden.

35    **2. Multimodaltransport mit Seestreckeneinschluss – Das Durchkonnossement.** In der Praxis hat der Ladeschein große Bedeutung als „Konnossement" (auch sog. „Durchkonnossement," „Through B/L") für den Multimodalverkehr und in diesem Rahmen wiederum für Multimodalbeförderungen mit Einschluss einer Seestrecke[18] (vgl. dazu auch § 452a Rn. 39 ff.). Die Vertragsparteien möchten diese Beförderung, dem Gesamtbild des überwiegenden Seetransports entsprechend, in einem Konnossement verbrieft sehen, sind sich aber oft nicht der gesetzlich vorgeschriebenen Verschiedenheiten bewusst. Denn obgleich das Durchkonnossement als Konnossement bezeichnet und wirtschaftlich behandelt wird, da sich der Transportweg oft nur durch eine kurze Anschlussstrecke an Land vom reinen Seetransport („port-to-port") unterscheidet, unterliegt es rechtlich allein den Rechtsregeln über den Ladeschein der §§ 443 ff.

36    International werden häufig besondere Bedingungen vereinbart, namentlich durch das FIATA-B/L, ein Multimodal-Dokument des Internationalen Spediteurverbandes FIATA, dessen Wirksamkeit bei Anwendung deutschen Rechts nicht immer zweifelsfrei ist (vgl. dazu § 452d Rn. 54 ff.).[19]

37    **a) Besonderheiten der materiellen und formellen Regeln.** Eine für den Multimodalfrachtvertrag (§§ 452 ff.) ausgestelltes Dokument ist ein Ladeschein (§§ 443 ff.). Es unterscheidet sich vom (See-) Konnossement sowohl hinsichtlich des verbrieften Anspruchs als vor allem auch der wertpapierrechtlichen Ausgestaltung.

38    **aa) Verbriefter Anspruch.** Der Anspruch aus dem Ladeschein auf Ablieferung des Gutes nach Ankunft an der Ablieferungsstelle oder, bei dessen Verlust oder Beschädigung, auf Schadensersatz bestimmt sich nach §§ 452 ff. Diese Regeln unterscheiden sich von denen aus einem Seefrachtvertrag namentlich in Folgendem:

39    – Die **Rechte und Pflichten der Vertragsparteien** bestimmen sich nach §§ 407 ff., nicht nach § 481 ff.

40    – Deshalb gelten auch für die **Haftung des Befrachters** – unabhängig vom Schadensort – andere Vorschriften als beim Seetransport: Der Befrachter haftet zwar – weitergehend als nach Seerecht (§ 488) verschuldensunabhängig für bestimmte Handlungen und unrichtige

---

[16]   RegBegr-SRG S. 93.

[17]   Zu den Bestimmungen über den Ladeschein unter den besonderen Verhältnissen der Binnenschifffahrt vgl. die Erläuterungen der §§ 444 ff. bei v. *Waldstein/Holland*.

[18]   Der weitaus überwiegende Teil aller Multimodalbeförderungen schließt eine Seestrecke ein, vgl. EBJS/*Reuschle* § 452 Rn. 43; *Looks* VersR 1999, 31, 41.

[19]   Kritisch zur Wirksamkeit des FBL unter Anwendung deutschen Rechts auch EBJS/*Reuschle* § 452 Rn. 40 ff.; *Koller* § 452 Rn. 49 mwN.

Angaben (§ 414 Abs. 1), doch kann die Haftung auch durch AGB beschränkt werden (§ 449 Abs. 2 Satz 2). Eine besondere Haftungsregelung für einen Ablader – der im allg. Frachtrecht nicht definiert ist – besteht nicht; liefert ein Dritter das Gut dem Verfrachter (der hier Frachtführer ist) ab, haftet er nach allgemeinen Grundsätzen, unbeschränkt und abdingbar.

- **Schadensersatzansprüche wegen Güterschäden und Verspätung** richten sich nach **41** §§ 452 ff.; Sie bestimmen sich grundsätzlich, **bei nicht bekannten Schadensort, nach §§ 425 ff.**

- Bei **bekanntem Schadensort** ist **das jeweils nach § 452a berufene Teilstrecken- 42 recht** maßgeblich. Der Anspruch aus dem Ladeschein ist deshalb auch in seiner Ausprägung nach § 452a verbrieft, kann sich also außer nach §§ 425 ff. auch nach einem auf die hypothetische Teilstrecke anwendbaren internationalen Übereinkommen (CMR, CMNI, MÜ) oder nach Seerecht richten. Gedeckt durch den Ladeschein ist auch die vertragliche Unterstellung aller Ansprüche – auch bei bekanntem Schadensort – unter §§ 425 ff. gem. § 452d Abs. 2.

- **Nur bei Beweis des Schadenseintritts auf der Seestrecke** findet das Haftungsrecht **43** der §§ 498 ff. Anwendung. Es gilt dann ohne die Modifikationen des Art. 6 EGHGB; es handelt sich nicht um ein Konnossement, das den Anforderungen der HR entspricht, die nur für reine Seetransporte gelten.

- Ist der **Schadensort nicht bekannt** oder liegt er auf einer Land- oder Luftstrecke, für **44** die kein internationales Übereinkommen (CMR, CMNI, MÜ) anzuwenden ist, nach dessen Haftungsrecht der Anspruch sich andernfalls richtet, sind bei Anwendung der §§ 425 ff. vor allem folgende **Besonderheiten gegenüber der seerechtlichen Haftung** zu erwähnen:

  - Der Verfrachter haftet nicht nur bei Verschulden, sondern schon bei **Außerachtlas- 45 sung der äußersten Sorgfalt** (§ 427);

  - Die **besonderen Haftungsausschlussgründe** (§ 427) sind **enger definiert** als im **46** Seerecht (§ 499); es fehlen die schifffahrtstypischen Gefahren des § 499 Abs. 1 Nr. 1– 4, von denen die Nr. 2–3 auch außerhalb der Seestrecke eintreten können; der Frachtführer kann sich in diesen Fällen nur durch den Nachweis eines unabwendbaren Ereignisses (also nicht schon bei mangelndem Verschulden) entlasten.

  - Der Frachtführer haftet auch für Verschulden seiner Leute und Erfüllungsgehilfen, **47** nicht jedoch (wie nach § 501) für die (fremde) **Schiffsbesatzung;** man wird diese allerdings – bei einer Binnenschiffsstrecke, wo diese Haftung aktuell werden kann – in aller Regel als Erfüllungsgehilfen bei der Ausführung des Frachtvertrages ansehen können.

  - Die **Haftung für nautisches Verschulden** der Besatzung kann auch durch AGB **48** nicht generell – also praktisch für den Schadenseintritt auf einer Binnenschiffsstrecke – ausgeschlossen werden, doch ist der Ausschluss für den Fall eines Schadenseintritts auf See – der in diesen Fällen regelmäßig bekannt sein wird – zulässig (§ 507 Nr. 1). Wegen der Wirkung gegenüber dem aus dem Ladeschein Berechtigten vgl. Rn. 62.

  - Der Frachtführer haftet, anders als nach Seerecht, auch für **Verspätung** (§ 425), **49** beschränkt auf das Dreifache der Fracht (§ 431 Abs. 3); diese Haftung kann durch AGB nicht vermindert werden;

  - Die **Haftung für Güterschäden** ist begrenzt auf 8,33 SZR je kg. Es besteht die **50** Möglichkeit, die Haftung auch durch AGB auf bis zu 2 SZR je kg zu reduzieren (§§ 431, 449 Abs. 2 Satz 2 Nr. 1). Wegen der Wirkung gegenüber dem aus dem Ladeschein Berechtigten vgl. Rn. 62. – Die alternative Begrenzung auf 667,67 SZR je **Stück oder Einheit** und die darauf aufbauende sog. „**Containerklausel**" (§ 504 Abs. 1 Satz 1 und 2) finden außer bei Schadenseintritt auf See keine Anwendung und können insoweit durch AGB nicht vereinbart werden.[20] Für den Fall des Schadensein-

---

[20] EBJS/*Reuschle* § 452 Rn. 44 weisen mit Recht darauf hin, dass die Unanwendbarkeit der Containerklausel für den Verfrachter heute – vor allem im Lichte der neuen Entwicklung – ein Vorteil sein kann, der für die Vereinbarung nach § 452d Abs. 2 für den Fall des bekannten Schadensortes auf einer Seestrecke spricht.

tritts auf See kann (und muss, wenn die Anwendung des § 504 Abs. 1 Satz 2 gewünscht wird) die Zahl der Stücke im Container auch auf dem Ladeschein angegeben werden.

51 – Die **Haftungsbeschränkung entfällt bei leichtfertigem Verhalten des Verfrachters oder seiner Leute (§ 435)** – nicht nur, wie im Seerecht (§ 507 Nr. 1), nur bei Leichtfertigkeit des Verfrachters selbst. Diese Haftungsdurchbrechung kann nur für die Seestrecke und insoweit nur für nautisches Verschulden (also nicht für sonstiges Verschulden der Besatzung) durch eine Vereinbarung auch durch AGB ausgeschlossen werden (§ 512 Abs. 2 Nr. 1).

52 – Die verschuldensunabhängige seerechtliche Haftung bei unerlaubter **Verladung an Deck (§ 500)** die bei abredewidriger Decksverladung sogar unbeschränkt ist (§ 507 Nr. 2), gilt nicht außerhalb der Seestrecke (also namentlich auf Binnenschiffen).

53 – Wie beim Konnossement ist auch beim Ladeschein der Anspruch gegen den **ausführenden Frachtführer (§ 437)** mit verbrieft. Ist der Schadensort bekannt, so haftet der ausführende Frachtführer oder Verfrachter, der nur auf dieser Teilstrecke tätig geworden ist, jedoch nur, wenn das maßgebende Teilstreckenrecht eine solche Haftung vorsieht und nach dessen Regeln.

54 **bb) Wertpapierrechtliche Ausgestaltung.** Das Recht des Ladescheins (§§ 443 ff.) ist nicht vollständig an das des Konnossements (§§ 513 ff.) angeglichen worden. Hervorzuheben sind insbesondere folgende Unterschiede:

55 – Es besteht **keine Verpflichtung** des Frachtführers, einen Ladeschein auszustellen. Diese kann aber im Frachtvertrag vereinbart werden (vgl. Rn. 8).

56 – Der Ladeschein ist **nur in einer Ausfertigung** auszustellen. Man wird jedoch annehmen können, dass es (trotz enger Grenzen wegen des *numerus clausus* der Orderpapiere) auch beim Orderladeschein zulässig ist, die Ausstellung mehrerer Exemplare zu vereinbaren (vgl. Rn. 9). Diese Vereinbarung birgt jedoch Gefahren, wenn dabei nicht zugleich vereinbart wird, wie bei Vorlage nur eines Exemplars zu verfahren ist (§ 521 Abs. 3 kann nicht ohne weiteres analog angewendet werden). Sonst würde der Frachtführer nur bei Vorlage aller Exemplare ausliefern müssen und dürfen.

57 – Es **fehlt die Rechtsfigur des Abladers** (vgl. Rn. 13). Probleme, die sich daraus bisher bei fob-Verkäufen ergeben konnten, dürften allerdings durch die Erweiterung des Gutglaubensschutzes auf den ersten Nehmer auch im Ladescheinrecht (§ 444 Abs. 2) weitgehend behoben sein: Ist der Absender zugleich Empfänger und liefert ein Dritter das Gut an den Frachtführer ab, so wird man den als Empfänger angegebenen Absender als gutgläubig ansehen können, sodass auch ihm die Unwiderleglichkeit der Vermutung nach § 444 Abs. 2 zugutekommt.

58 – Es ist **nicht gesagt, wann der Ladeschein ausgestellt werden darf.** Der Ladeschein wird im Allgemeinen bei Übergabe des Gutes ausgehändigt. Es ist kein **Bordvermerk** vorgesehen. Wird im Ladeschein – was zulässig ist (vgl. Rn. 16) – die Übernahme des Gutes zu einem bestimmten Zeitpunkt oder die Verladung an Bord bestätigt, so ist deren Richtigkeit nicht durch die verschuldensunabhängige Haftung nach § 523 Abs. 2 bewehrt; sie bestimmt sich nach allgemeinen Regeln der Vertragsverletzung (§ 280 BGB) ist jedoch dispositiv und – bei mangelnder Leichtfertigkeit (§ 435) – für reine Vermögensschäden auf das Dreifache des bei Verlust zu zahlenden Ersatzes beschränkt (§ 433).

59 – Wird der **Frachtführer im Ladeschein nicht oder unrichtig benannt,** fehlt es an der Auffangregelung des § 518, wonach der Reeder aus dem Konnossement verpflichtet ist. Der Ladeschein ist dann unwirksam (vgl. Rn. 29).

60 – Es **fehlt die gesetzliche Vertretungsmacht des Kapitäns** für den Verfrachter (§ 513 Abs. 1 Satz 2). Der für den Verfrachter zeichnende Kapitän haftet deshalb nach § 279 persönlich; diese Haftung ist nicht nach §§ 436, 433 beschränkt, weil § 436 nur Ansprüche wegen Güterschäden und wegen Verspätung erfasst.

61 – Es **fehlt an einer Regelung über die Haftung für unrichtige Konnossementsausstellung (§ 523).** Deshalb bleibt es insoweit bei der allgemeinen Haftung aus (positiver)

Vertragsverletzung (§ 280 BGB). Diese ist verschuldensabhängig, jedoch nicht zwingend und nicht nach § 523 Abs. 4 (auf den bei Verlust zu zahlenden Ersatzbetrag), sondern auf das Dreifache dieses Betrages begrenzt (§ 433).

– Es **fehlt eine Bestimmung (entsprechend § 525 Satz 2)** wonach Haftungserleichterungen auch insoweit, als sie nach § 449 zulässig sind, dem aus dem Ladeschein berechtigten Dritten nicht entgegengehalten werden können. Deshalb können beim Ladeschein alle zulässigen vertraglichen Haftungsverminderungen geltend gemacht werden. Allerdings wird man verlangen müssen, dass sie – um dem gutgläubigen Berechtigten entgegengesetzt werden zu können, im Ladeschein eingetragen sind (§ 522). Das gilt auch für die Vereinbarungen, die nur mit Wirkung für einen Schaden auf der Seestrecke möglich sind, also für die nach § 512 Abs. 2 (die beim Konnossement wegen § 525 Satz 3 jedem Dritten entgegengehalten werden kann) und für die Herabsetzung der Haftung auf 2 SZR. Die Wirksamkeit der Herabsetzung der Haftung auf 2 SZR setzt auch materiell einen „Hinweis" voraus (§ 449 Abs. 2 Satz 1 Nr. 1), der in der Eintragung im Ladeschein gesehen werden kann. **62**

## § 444 Wirkung des Ladescheins. Legitimation

(1) Der Ladeschein begründet die Vermutung, dass der Frachtführer das Gut so übernommen hat, wie es im Ladeschein beschrieben ist; § 409 Absatz 2 und 3 Satz 1 gilt entsprechend.

(2) [1]Gegenüber einem im Ladeschein benannten Empfänger, an den der Ladeschein begeben wurde, kann der Frachtführer die Vermutung nach Absatz 1 nicht widerlegen, es sei denn, dem Empfänger war im Zeitpunkt der Begebung des Ladescheins bekannt oder infolge grober Fahrlässigkeit unbekannt, dass die Angaben im Ladeschein unrichtig sind. [2]Gleiches gilt gegenüber einem Dritten, dem der Ladeschein übertragen wurde. [3]Die Sätze 1 und 2 gelten nicht, wenn der aus dem Ladeschein Berechtigte den ausführenden Frachtführer nach § 437 in Anspruch nimmt und der Ladeschein weder vom ausführenden Frachtführer noch von einem für ihn zur Zeichnung von Ladescheinen Befugten ausgestellt wurde.

(3) [1]Die im Ladeschein verbrieften frachtvertraglichen Ansprüche können nur von dem aus dem Ladeschein Berechtigten geltend gemacht werden. [2]Zugunsten des legitimierten Besitzers des Ladescheins wird vermutet, dass er der aus dem Ladeschein Berechtigte ist. [3]Legitimierter Besitzer des Ladescheins ist, wer einen Ladeschein besitzt, der
1. auf den Inhaber lautet,
2. an Order lautet und den Besitzer als Empfänger benennt oder durch eine ununterbrochene Reihe von Indossamenten ausweist oder
3. auf den Namen des Besitzers lautet.

### Übersicht

| | Rn. | | Rn. |
|---|---|---|---|
| I. Normzweck | 1 | V. Haftung für unrichtige Ladescheinangaben | 11–16 |
| II. Entstehungsgeschichte | 2–4 | | |
| III. Gegenstand der Vermutung (Abs. 1) | 5–8 | VI. Inanspruchnahme des ausführenden Frachtführers (Abs. 2 Satz 3) | 17 |
| IV. Unwiderleglichkeit der Vermutung gegenüber einem gutgläubigen Empfänger oder Dritten (Abs. 2) | 9, 10 | VII. Legitimation und Verhältnis zu den Ansprüchen aus dem Frachtvertrag (Abs. 3) | 18–21 |

# I. Normzweck

**1**    Die Vorschrift regelt die **Beweiswirkung** des Ladescheins (Abs. 1 und 2) und bestimmt, welche Anforderungen an die Legitimation aus dem Ladeschein zu stellen sind (Abs. 3). Dabei übernimmt sie die Terminologie und Systematik des Konnossementsrechts (§§ 517, 519 und § 522) und trägt damit zur Vereinheitlichung der allgemeinen transportrechtlichen Regelungen mit den seerechtlichen Vorschriften bei.[1]

# II. Entstehungsgeschichte

**2**    Die Vorschrift wurde durch das SRG eingefügt. **Abs. 1** entspricht § 517 Abs. 1 Satz 1 und fand sich in ähnlicher Form in § 444 Abs. 3 Satz 2 aF. Er bringt an herausragender Stelle die Beweisfunktion des Ladescheins zum Ausdruck und übernimmt das Konnossementsrecht auch redaktionell.[2]

**3**    Auch **Abs. 2** ist an das Konnossementsrecht (§ 522 Abs. 2) angeglichen worden und tritt an die Stelle von § 444 Abs. 3 Satz 3 aF.[3] Dabei ist neu in das Ladescheinrecht übernommen worden die der seerechtlichen Systematik entsprechende Unterscheidung zwischen der Begebung des Ladescheins an einen darin genannten Empfänger **(Satz 1)** und der Übertragung des Ladescheins an Dritte **(Satz 2)**. Dadurch wird, neben dem Schutz eines Nehmers eines Orderladescheins (und Inhaberladescheins), auch der Schutz eines gutgläubigen ersten Nehmers eines Rektaladescheins erreicht.[4] Abs. 2 **Satz 3** übernimmt die seerechtliche Regelung des § 522 Abs. 3 Satz 2 über die Inanspruchnahme eines ausführenden Verfrachters für die Inanspruchnahme des ausführenden Frachtführers aus dem Ladeschein.

**4**    **Abs. 3** entspricht § 519. Die Vorschrift führt die wertpapierrechtliche Terminologie des Konnossementsrechts in das Ladescheinrecht ein und verdeutlicht die Trennung von Ansprüchen aus dem Ladeschein und denen aus dem Frachtvertrag (vgl. auch § 519 Rn. 1 und 2). Die Vorschrift ersetzt § 444 Abs. 3 Satz 1 aF sowie § 446 aF.[5]

# III. Gegenstand der Vermutung (Abs. 1)

**5**    Der Ladeschein begründet die – zunächst **widerlegliche** – **Vermutung,** dass der Frachtführer die Güter wie im Ladeschein beschrieben übernommen hat (Abs. 1); dies schließt die Vermutung ein (Abs. 1 Halbsatz 2, § 409 Abs. 2), dass die Güter und ihre Verpackung in äußerlich gutem Zustand waren und dass die Anzahl der Frachtstücke und ihre Zeichen und Nummern mit den Angaben im Ladeschein übereinstimmen, sofern nicht ein begründeter Vorbehalt (Rn. 8) aufgenommen worden ist (Abs. 1 Halbsatz 2, § 409 Abs. 2).[6] Wie jetzt auch im Seerecht (§ 517 Abs. 1 Satz 3)[7] braucht der Hinweis auf die äußerlich gute Verfassung des Gutes („apparent good order and condition") im Ladeschein nicht ausdrücklich erwähnt zu werden; allein das Fehlen eines Vorbehaltes begründet eine dahingehende Vermutung.

**6**    Die Beweiswirkung bezieht sich nur auf den äußerlich erkennbaren Zustand, also nicht auf den **Inhalt von Verpackungen oder Lademitteln;** das ist in § 517 Abs. 1 Satz 2 ausdrücklich gesagt (vgl. dort Rn. 9), gilt jedoch auch hier. Anders nur, wenn der Inhalt von den Parteien gemeinschaftlich überprüft wurde (§ 409 Abs. 3).[8]

**7**    Der Ladeschein dient **nicht zum Beweis für den Inhalt des Frachtvertrages,** mögen dessen Bedingungen auch oft mit denen des Ladescheins übereinstimmen; auf § 409 Abs. 1

---

[1]  RegBegr-SRG S. 58.
[2]  RegBegr-SRG S. 58.
[3]  RegBegr-SRG S. 58.
[4]  RegBegr-SRG S. 58.
[5]  RegBegr-SRG S. 58.
[6]  Zum Vorbehalt, seiner Rechtfertigung und Wirkung vgl. § 409 Rn. 16 ff. und § 517 Rn. 11 ff.
[7]  Vor dem SRG verlangte § 643 Nr. 8 aF einen ausdrücklichen Hinweis auf die äußerlich gute Verfassung des Gutes im Konnossement. Auch in dieser Hinsicht wurde die Rechtslage im Seerecht dem allgemeinen Transportrecht angeglichen.
[8]  Ebenso *Koller* Rn. 3.

ist in Abs. 1 Halbsatz 2 bewusst nicht Bezug genommen worden, denn der Ladeschein ist – wie das Konnossement – eine Urkunde des Frachtvertrages, nicht aber eine Urkunde über den Frachtvertrag.[9]

Die Beweiswirkung der Angaben über die sog. Abladetatsachen nach § 443 Abs. 1, § 408 **8** Abs. 1 Nr. 6–8 kann durch einen **Vorbehalt** eingeschränkt werden, der begründet sein muss, um wirksam zu sein (§ 444 Abs. 1, § 409 Abs. 2 Satz 2). Die Gründe entsprechen sachlich den für das Konnossement in § 517 Abs. 2 aufgeführten (vgl. auch § 517 Rn. 13 ff.). Des Vorbehalts bedarf es naturgemäß nicht, wenn der Frachtführer die Angaben – auch entgegen dem Wunsch des Befrachters, der ihn (anders als der des Abladers den Verfrachter nach § 515 Abs. 2, vgl. § 443 Rn. 22) nicht bindet – nicht ohne die gebotene Einschränkung übernommen hat (etwa: „ein beschädigtes Motorrad").

### IV. Unwiderleglichkeit der Vermutung gegenüber einem gutgläubigen Empfänger oder Dritten (Abs. 2)

Die Vermutung aus Abs. 1 erstarkt in der Hand eines gutgläubigen – also weder in **9** Kenntnis der Unrichtigkeit der Ladescheinangabe noch in grob fahrlässiger Unkenntnis handelnden (§ 932 Abs. 2 BGB) – Erwerbers zur **unwiderleglichen Vermutung** (Abs. 2 **Satz 1 u. 2**). Gutgläubiger Erwerber iSv. Abs. 2 kann entweder ein gutgläubiger Empfänger sein, an den der Ladeschein begeben wurde (Abs. 2 Satz 1) oder ein gutgläubiger Dritten, dem der Ladeschein durch Indossament (beim Orderladeschein) oder durch Einigung und Übergabe (beim Inhaberladeschein) übertragen wurde (Abs. 2 Satz 2).

Die in Abs. 2 vorgenommene Unterscheidung zwischen einem „Empfänger, an den der **10** Ladeschein begeben wurde" (Satz 1) und einem „Dritten, an den der Ladeschein übertragen wurde" (Satz 2) entspricht der im Seerecht (§ 522 Abs. 2) durch das SRG eingeführten Systematik und führt zu einer **Erweiterung des Gutglaubensschutzes** (vgl. § 522 Rn. 19 ff.). Vor dem SRG war durch § 444 Abs. 3 Satz 3 aF nur der gutgläubige Erwerber eines Orderladescheins geschützt. Nach wohl überwiegender Ansicht fielen die erste Begebung eines Orderladescheins und der erste, im Rektaladeschein als Empfänger benannte Nehmer nicht in den Anwendungsbereich des § 444 Abs. 3 Satz 3 aF.[10] Dieser Streit kann nunmehr dahin stehen, denn Abs. 2 Satz 1 und 2 stellt eindeutig den Willen des Gesetzgebers heraus, sowohl den gutgläubigen ersten Nehmer eines Rektaladescheins (Satz 1) als auch eines Orderladescheins und Inhaberladescheins (Satz 2) zu schützen.[11] Vgl. ausführlich zum Gutglaubensschutz bei der Übertragung von Wertpapieren § 522 Rn. 19 ff.

### V. Haftung für unrichtige Ladescheinangaben

Enthält der Ladeschein unrichtige Angaben über die Güter (§ 443 Abs. 1, § 408 Abs. 1 **11** Satz 1 Nr. 6 bis 8) oder fehlt ein Vorbehalt wegen äußerlich erkennbarer Mängel (§ 444 Abs. 1 Halbsatz 2, § 409 Abs. 2 Satz 2), so kann der aus dem Ladeschein Berechtigte – gestützt auf die widerlegte Vermutung des Abs. 1 oder, nach gutgläubigem Erwerb, auf die unwiderlegliche Vermutung des Abs. 2 Satz 1 oder 2 – Schadensersatzansprüche auf der Basis der im Ladeschein enthaltenen Angaben geltend machen. Der Frachtführer wird wegen der Vermutung nicht mit dem Einwand gehört, er habe die Güter nicht wie beschrieben in seine Obhut übernommen.[12] Er wird deshalb so behandelt, als seien die Güter

---

[9] So anschaulich Schaps/*Abraham* § 642 Rn. 10 für das Konnossement, der daraus mit Recht herleitet, dass es zum Beweis des Frachtvertrages nicht bestimmt und geeignet ist.

[10] So auch Vorauflage § 444 Rn. 40.

[11] RegBegr-SRG S. 58.

[12] Diese Funktion der Vermutung ist gelegentlich anschaulich als Skripturhaftung bezeichnet worden (etwa *Czerwenka* TranspR 1988, 256). Der Ausdruck darf allerdings nicht zur Verwechslung mit der seerechtlichen Skripturhaftung vor dem Seefrachtgesetz von 1937 führen, die weitergehend eine absolute, verschuldensunabhängige Einstandshaftung war. Dazu auch *Rabe* TranspR 1997, 89; *Bästlein* TranspR 1997, 404; *Herber* S. 299.

während seiner Obhutszeit verloren oder beschädigt worden[13] und haftet nach §§ 425 ff., mit der Begrenzung nach §§ 431, 435.

12    Trifft den Frachtführer oder einen seiner Erfüllungsgehilfen ein **Verschulden an der unrichtigen Ausstellung des Ladescheins,** so haftet er dem Empfänger wegen Verletzung vertraglicher Nebenpflichten (§ 280 BGB – früher sog. „positiver Vertragsverletzung") auf Ersatz des Schadens, den dieser dadurch erleidet, dass er im Vertrauen auf die Ladescheinangaben Aufwendungen gemacht, insbesondere den Kaufpreis gezahlt hat.[14] Der Frachtführer haftet hierfür ohne die Haftungsbeschränkung nach § 431,[15] jedoch mit der Begrenzung nach § 433, sofern ihn nicht – wie in diesen Fällen oft – der Vorwurf der Leichtfertigkeit (§ 435) trifft. Die Haftung für unrichtige Ladescheinangaben kann vertraglich – auch durch AGB – ausgeschlossen werden, da § 449 nur die Haftung wegen Güterschäden und Verspätung erfasst;[16] ein – wirksamer – Vorbehalt hinsichtlich der Beschreibung der Güter, auch als „Unbekannt"-Klausel hinsichtlich des Inhalts geschlossener Behältnisse,[17] schließt die Haftung in der Regel aus.[18]

13    Weicht die **Beschreibung des Gutes im Ladeschein** von dessen wirklicher Beschaffenheit ab, so wird hierin nicht stets ein Verschulden liegen. Denn der Frachtführer hat grundsätzlich keine Prüfungspflicht hinsichtlich der ihm vom Absender gemachten Angaben, die Möglichkeit des Vorbehalts nach § 408 Abs. 3 Satz 3 dient primär der Wahrung seines eigenen Interesses an der Vermeidung einer unrichtigen gegen ihn sprechenden Vermutung. Ein Verschulden wird man – zumal bei der heute oft schwer einzuschätzenden Qualität der Güter – nur dann annehmen können, wenn die Mängel des Gutes für den Frachtführer ohne weiteres erkennbar waren. Geht der Verdacht so weit, dass sich dem Frachtführer die Absicht der Übervorteilung des Empfängers durch den Absender hätte aufdrängen müssen, wird auch ein Anspruch aus § 826 BGB in Betracht kommen. Im letzteren Fall kann der Frachtführer sogar eine etwaige Reversverpflichtung, die er sich zur Absicherung gegen die Gefahr, bei Verzicht auf einen Vorbehalt wegen der Mängel vom Empfänger in Anspruch genommen zu werden, vom Absender hat geben lassen (sog. „Abladerrevers"), nicht geltend machen, weil sie gegen die guten Sitten verstößt.[19]

14    Von besonderer Bedeutung ist bei einem Ladeschein, der einen Multimodalvertrag unter Einschluss einer Seestrecke verbrieft, die Ausstellung eines Ladescheins, bevor der Frachtführer **das Gut übernommen hat** oder – wenn die **Verladung an Bord** eines Schiffes bestätigt wurde (was im Ladenschein nicht angegeben zu werden braucht, aber angegeben werden kann, vgl. § 443 Rn. 16).

15    In all diesen Fällen kann dem Empfänger ein Schaden entstehen, den er jedoch beweisen muss. Dazu gehört insbesondere auch, dass er den gegen Vorlage des unrichtigen Dokumentes etwa gezahlten Kaufpreis nicht zurückerhalten kann.

16    Eine analoge Anwendung der Regelung des § 523, insbesondere der verschuldensunabhängigen Haftung nach § 523 Abs. 2 und der Haftungsbeschränkung nach § 523 Abs. 4 erscheint nicht angängig. Allerdings wäre eine Ausdehnung gerade dieser Regelung auf den Ladeschein im Fall von dessen Verwendung als – auch ein Seestrecke beinhaltendes – Durchkonnossement durch den Gesetzgeber wünschenswert. (Dazu auch § 443 Rn. 61).

## VI. Inanspruchnahme des ausführenden Frachtführers (Abs. 2 Satz 3)

17    Wird ein ausführender Frachtführer wegen seiner Haftung nach § 437 aus dem Ladeschein in Anspruch genommen, bleibt die Vermutung des Abs. 1 für diesen widerlegbar,

---

[13] *Koller* Rn. 4.
[14] *Koller* Rn. 4; für das Seerecht BGH 25.9.1986, BGHZ 98, 284 = NJW 1987, 588 = TranspR 1986, 29; *Rabe* § 656 Rn. 38 ff. mit ausführlichen Nachweisen zur Haftung für unrichtige Konnossementsausstellung.
[15] BGH 25.9.1986, BGHZ 98, 284.
[16] Ähnlich für das Konnossement im Hinblick auf § 662 aF BGH 27.10.1960, BGHZ 33, 364.
[17] Wie sie heute, obwohl nicht mehr notwendig, sicher noch häufig vorkommen wird.
[18] BGH 27.10.1960, BGHZ 33, 364.
[19] BGH 25.1.1973, NJW 1973, 465; *Rabe* § 656 Rn. 35 ff.

selbst wenn der aus dem Ladeschein Berechtigte gutgläubig war (Abs. 2 Satz 3). Anders ist die Beweislage nur zu beurteilen, wenn der ausführende Frachtführer selbst oder einer seiner zur Zeichnung von Ladescheinen befugten Vertreter den Ladeschein ausgestellt hat. Der Gesetzgeber hat mit dieser Bestimmung der Schutzwürdigkeit des ausführenden Frachtführers, der den Ladeschein nicht selbst ausstellt, höher eingestuft als die des gutgläubigen Dritten, der einen Anspruch auf Ablieferung der Sendung hat.[20] Die Regelung entspricht derjenigen im Konnossementsrecht (§ 522 Abs. 3 Satz 2). Auf die Ausführungen hierzu wird verwiesen (vgl. § 522 Rn. 27 ff.).

### VII. Legitimation und Verhältnis zu den Ansprüchen aus dem Frachtvertrag (Abs. 3)

Abs. 3 enthält zwei wichtige Regelungen, die in dieser Klarheit bisher nicht im Gesetz **18** enthalten waren. Er entspricht wörtlich dem neuen § 519; deshalb kann auf die Erläuterungen dazu verwiesen werden.

**Satz 1** spricht den Grundsatz aus, dass neben den im Ladeschein verbrieften Ansprüchen **19** nicht parallel Ansprüche aus dem Frachtvertrag geltend gemacht werden können. Der Ladeschein **überlagert den Frachtvertrag,** der nicht notwendig mit den Rechtsverhältnissen aus dem Konnossement identisch ist. Welche Ansprüche im Konnossement verbrieft sind, ergibt sich allein aus der Urkunde in Verbindung mit dem Gesetz (vgl. dazu § 519 Rn. 10–17).

Zu den verbrieften Ansprüchen gehören auch diejenigen gegen den ausführenden **20** Frachtführer. Das wird im Gesetz nicht ausdrücklich gesagt, folgt jedoch aus § 447 Abs. 2 (vgl. auch § 519 Rn. 12).

**Abs. 2** bestimmt, wer berechtigt ist, die im Ladeschein verbrieften Ansprüche geltend **21** zu machen. Die Vorschrift ist in Wortlaut und Systematik § 519 nachgebildet. Vgl. dazu § 519 Rn. 3–9).

### § 445 Ablieferung gegen Rückgabe des Ladescheins

(1) ¹Nach Ankunft des Gutes an der Ablieferungsstelle ist der legitimierte Besitzer des Ladescheins berechtigt, vom Frachtführer die Ablieferung des Gutes zu verlangen. ²Macht er von diesem Recht Gebrauch, ist er entsprechend § 421 Absatz 2 und 3 zur Zahlung der Fracht und einer sonstigen Vergütung verpflichtet.

(2) ¹Der Frachtführer ist zur Ablieferung des Gutes nur gegen Rückgabe des Ladescheins, auf dem die Ablieferung bescheinigt ist, und gegen Leistung der noch ausstehenden, nach § 421 Absatz 2 und 3 geschuldeten Zahlungen verpflichtet. ²Er darf das Gut jedoch nicht dem legitimierten Besitzer des Ladescheins abliefern, wenn ihm bekannt oder infolge grober Fahrlässigkeit unbekannt ist, dass der legitimierte Besitzer des Ladescheins nicht der aus dem Ladeschein Berechtigte ist.

(3) ¹Liefert der Frachtführer das Gut einem anderen als dem legitimierten Besitzer des Ladescheins oder, im Falle des Absatzes 2 Satz 2, einem anderen als dem aus dem Ladeschein Berechtigten ab, haftet er für den Schaden, der dem aus dem Ladeschein Berechtigten daraus entsteht. ²Die Haftung ist auf den Betrag begrenzt, der bei Verlust des Gutes zu zahlen wäre.

### Übersicht

| | Rn. | | Rn. |
|---|---|---|---|
| I. Normzweck | 1 | IV. Pflichten des Empfängers | 11, 12 |
| II. Entstehungsgeschichte | 2 | V. Haftung des Frachtführers bei | |
| III. Legitimation und Ablieferung | 3–10 | Falschablieferung (Abs. 3) | 13–15 |

---

[20] RegBegr-SRG S. 58.

| | Rn. | | Rn. |
|---|---|---|---|
| VI. Haftung des Frachtführers für Aus-lieferung ohne Rückgabe des Lade-scheins | 16, 17 | VII. Ablieferung durch den ausführen-den Frachtführer | 18, 19 |
| | | VIII. Verlust des Ladescheins | 20 |

## I. Normzweck

**1**   Die Bestimmung regelt die **Rechte und Pflichten des Empfängers bei Ablieferung** des Gutes an der Ablieferungsstelle. Als Vorbild diente § 521 für das Konnossement, der bis auf § 521 Abs. 3 im Wesentlichen wörtlich in das Ladescheinrecht übernommen wurde. Eine dem § 521 Abs. 3 entsprechende Regelung ist im Landfrachtrecht nicht erforderlich, da sie den Fall der Ausstellung mehrerer Ausfertigungen des Konnossements regelt, der für den Ladeschein gesetzlich nicht vorgesehen ist.

## II. Entstehungsgeschichte

**2**   Der Fragenkomplex war zuvor in § 445 aF (Rückgabe des Ladescheins, Abs. 2 Satz 1), § 446 Abs. 1 aF (Legitimation, Abs. 1 Satz 1) und § 447 Satz 1 Alt. 1, Satz 2 aF (Haftung für Falschablieferung ohne Vorlage des Ladescheins, Abs. 3) geregelt. Durch die Neuregelung wurde die Systematik an die Bestimmung über das Konnossement (§ 521) angeglichen.[1] Die Fassung des § 521 beruht im Wesentlichen (Abs. 2 bis 4) auf dem BerSV (§ 508).[2] Durch den Referentenentwurf wurde die Vorschrift teilweise anders formuliert.

## III. Legitimation und Ablieferung

**3**   Das Gesetz regelt die **formelle Legitimation** zum Empfang des Gutes, bestimmt also die Person, an welche der Frachtführer das Gut mit schuldbefreiender Wirkung abliefern kann, auch wenn er nicht der materiell Berechtigte ist (sog. Liberationswirkung). An den materiell Berechtigten darf er stets ausliefern, doch tut er dies bei Nichtbeachtung der wertpapierrechtlichen Legitimation auf eigenes Risiko. Materielle Berechtigung darf hier nicht im Sinne des Frachtvertrages verstanden werden, sondern allein als Recht aus dem Ladeschein, das nur sehr ausnahmsweise (etwa bei Verlust oder Diebstahl des Scheins) von der Legitimation verschieden ist; **materiell berechtigt** aus dem Ladeschein ist dessen **Eigentümer.**

**4**   Wer **legitimierter Besitzer des Ladescheins** ist, ergibt sich aus § 444 Abs. 3 Satz 3, der klarer als nach altem Recht die Merkmale der verschiedenen wertpapierrechtlichen Ladescheinarten aufführt. Nach der Neuregelung des § 444 Abs. 2, durch welche die Rechte auch des gutgläubigen Besitzers eines Rektaladescheins gestärkt worden sind (vgl. § 444 Rn. 9 f.), können sich regelmäßig alle legitimierten Besitzer von Ladescheinen auf einen gutgläubig erworbenen Ausschluss von Einwendungen berufen.

**5**   An den legitimierten Besitzer kann der Frachtführer schuldbefreiend abliefern, sofern er **nicht in bösem Glauben** über die Berechtigung des Inhabers ist (Abs. 2 Satz 2). Bösgläubig ist der Frachtführer, wenn er positive Kenntnis davon hat, dass der legitimierte Besitzer des Ladescheins nicht der aus dem Ladeschein Berechtigte, also dessen Eigentümer ist oder wenn seine Unkenntnis hierüber auf grober Fahrlässigkeit beruht (Abs. 2 Satz 2); der Bestimmung liegt, wie bei § 521 Abs. 2 Satz 2, der Redlichkeitsmaßstab des Art. 40 Abs. 3 Satz 1 WG zugrunde.[3]

**6**   **Ablieferung** kann der legitimierte Besitzer erst verlangen, wenn das Gut an der Ablieferungsstelle angekommen ist. Ablieferungsstelle ist – anders als der nach dem Recht vor dem TRG und nach Art. 13 CMR maßgebende Ablieferungsort – die genaue Stelle.[4] Das entspricht dem Löschplatz beim Konnossement (§ 521 Abs. 1 Satz 1; dazu § 521 Rn. 4). Im

[1] RegBegr-SRG S. 58.
[2] Vgl. RegBegr-SRG S. 95 f.
[3] RegBegr-SRG S. 58.
[4] Vgl. auch § 443 Rn. 15.

Landtransport wird dies regelmäßig die Laderampe des Empfängers, aber auch ein Bahnhof sein, beim Schiffstransport die genaue Entladestelle im Bestimmungshafen.

Der Frachtführer braucht das Gut nur Zug um Zug gegen Rückgabe des Ladescheins 7 und gegen Leistung der noch ausstehenden Zahlungen gem. § 421 Abs. 2 und 3 auszuliefern (**Abs. 2 Satz 1**). Der Frachtführer hat bei Nichterfüllung dieser Leistungen ein Zurückbehaltungsrecht und kann seine Ansprüche auf Zahlung (Abs. 1 Satz 2) mit Hilfe seines Pfandrechts (§§ 440 ff.) durchsetzen. Wegen der Einzelheiten vgl. § 421 Rn. 32–34.

Einen Quittungsvermerk kann der Frachtführer bei jeder Art von Ladeschein verlangen, 8 auch beim Inhaberladeschein;[5] zwar erlangt der Frachtführer mit der Übergabe des Papiers selbst die formelle Berechtigung, doch dient die Empfangsbestätigung dem Frachtführer nicht nur zum Schutz gegen erneute Inanspruchnahme, sondern zugleich zum Nachweis der vertragsgemäßen Leistung gegenüber dem Empfänger.

Erfolgt die Ablieferung in mehreren Teilleistungen, muss bis zur endgültig vollen Leis- 9 tung die Anbringung von Quittungsvermerken auf dem Ladeschein genügen.[6] Gleiches gilt, wenn das Gut nicht oder nicht vollständig oder beschädigt abgeliefert wird;[7] der Ladescheininhaber benötigt dann den Ladeschein zum Beweis seiner Legitimation für die Geltendmachung von Ersatzansprüchen.

Verweigert der Ladescheininhaber die Annahme des Gutes, so kann der Frachtführer es 10 ohne Vorlage des Papiers dem Absender aushändigen.[8]

### IV. Pflichten des Empfängers

Macht der legitimierte Besitzer des Ladescheins von seinem Recht aus Abs. 1 Satz 1 11 Gebrauch, trifft ihn gemäß **Abs. 1 Satz 2** die Verpflichtung, die entsprechend § 421 Abs. 2 und 3 noch ausstehende Fracht und bei Beförderungsverzögerung eine noch ausstehende Vergütung zu zahlen.[9] Wegen der Einzelheiten ist insoweit auf § 521 Rn. 16 ff. zu verweisen, an welche die Vorschrift angeglichen worden ist.[10]

Maßgebend für die Entstehung der Zahlungspflicht des Empfängers ist das **Ablieferungs-** 12 **verlangen.** Dieses ist identisch mit der **Geltendmachung** des Ablieferungsanspruchs, vgl. dazu § 421 Rn. 37 ff. Einverständnis besteht darüber, dass der Empfänger das Gut besichtigen darf, bevor er seinen Herausgabeanspruch geltend macht und damit seine Zahlungspflicht auslöst.[11]

### V. Haftung des Frachtführers bei Falschablieferung (Abs. 3)

Liefert der Verfrachter das Gut an einen Nicht-Legitimierten oder – im Falle des Abs. 2 13 Satz 2, in dem er die mangelnde Berechtigung des Legitimierten kennt oder kennen müsste – an einen anderen als den wirklich Berechtigten ab,[12] so haftet er dem Berechtigten auf Schadensersatz. Der Ersatzanspruch steht auch im ersteren Fall **dem Berechtigten,** nicht dem nur Legitimierten zu. Ist also das Gut unrichtig ausgeliefert und dadurch dem Berechtigten entzogen worden, so genügt es für die Aktivlegitimation nicht, dass dieser durch den Ladeschein formell legitimiert ist; er muss vielmehr materiell berechtigt sein. Bei dem Anspruch kommt ihm allerdings auch hier die Vermutung des § 444 Abs. 3 Satz 2 zugute, sodass er lediglich seine formelle Legitimation dartun und beweisen muss, während es dem Verfrachter obliegt, diese Vermutung zu widerlegen.

---

[5] AA *Koller* § 445 Rn. 3.
[6] *Koller* § 445 Rn. 3; EBJS/*Schaffert* Rn. 2.
[7] *Koller* § 445 Rn. 3 und EBJS/*Schaffert* Rn. 2, weisen mit Recht darauf hin, dass es sich dabei um eine Teilleistung handelt.
[8] OLG Hamburg 12.9.2002, TranspR 2003, 400; EBJS/*Schaffert* § 445 Rn. 1.; aA *Koller* § 445 Rn. 3.
[9] RegBegr-SRG S. 58.
[10] Vgl. RegBegr-SRG S. 58.
[11] § 421 Rn. 37.
[12] Dass die Falschauslieferung vom Berechtigten auch nachträglich noch genehmigt werden kann, ergibt sich aus § 185 Abs. 2 BGB. Eine stillschweigende Genehmigung kann auch in einem Verhalten des Berechtigten gesehen werden, BGH 25.4.1974, VersR 1974, 800.

**14**     Wie bei § 521 Abs. 4 ist auch beim Ladeschein der Schadensersatzanspruch für Falschablieferung **verschuldensunabhängig** (vgl. § 521 Rn. 25).[13] Angesichts der Möglichkeit,
befreiend auch an den legitimierten Nichtberechtigten zu leisten, kommt ein Ersatzanspruch
ohne Verschulden allerdings im Falle der Verletzung des Abs. 2 Satz 2 praktisch nicht in
Betracht. Ohne Verschulden denkbar, wenngleich selten könnte jedoch die Ablieferung an
einen nicht Legitimierten geschehen. So etwa bei Fehlinterpretation der Indossamentenreihe, bei der jedoch die Echtheit der Unterschriften wiederum nicht zu prüfen ist.

**15**     Abs. 3 Satz 2 sieht eine Begrenzung der Haftung auf den Betrag vor, der bei Verlust des
Gutes zu zahlen wäre. Damit wird, wiederum in Übereinstimmung mit § 521 Abs. 4 Satz 2,
die Härte der verschuldensunabhängigen Haftung abgemildert (vgl. § 521 Rn. 26). In der
Formulierung liegt ein Verweis auf die §§ 425 ff., wodurch der in § 435 vorgesehene Wegfall
der Haftungsbefreiungen und -begrenzungen für vorsätzliche oder leichtfertige Handlungen, auch für vorsätzliche oder leichtfertige Ablieferungen an einen Nicht-Legitimierten
oder Nichtberechtigten gilt. In einer solchen Konstellation ist voller Schadensersatz gemäß
§§ 280, 249 BGB zu leisten. Bei nicht befreiender Leistung an einen durch den Ladeschein
Legitimierten, aber in Wirklichkeit nicht Berechtigten ist dies wegen Abs. 2 Satz 2 der
Normalfall.

## VI. Haftung des Frachtführers für Auslieferung ohne Rückgabe des Ladescheins

**16**     Liefert der Verfrachter das Gut ab, **ohne sich den Ladeschein zurückgeben zu lassen,**
so kann einem künftigen Erwerber des wertlos gewordenen Ladescheins ein Vertrauensschaden entstehen. Dieser wird jedoch nach dem klaren Wortlaut des Abs. 3 nicht von diesem
gedeckt. Allerdings scheint die Reg.Begr.[14] der Auffassung zu sein, dieser Fall sei gedeckt.
Der Verfrachter schädigt sich allerdings durch die Nicht-Rücknahme selbst, weil er einem
künftigen Berechtigten gegenüber zur Vermeidung eines Schadensersatzanspruchs den
Beweis führen muss, dass er das Gut an einen legitimierten Besitzer des Ladescheins abgeliefert hat. Vgl. dazu § 521 Rn. 27.

**17**     Sofern eine Haftung aus § 280 BGB – entsprechend der unrichtigen Ausstellung eines
Ladescheins, vgl. § 444 Rn. 12 – konstruiert werden kann, ist diese nach § 433 auf das
Dreifache des bei Verlust des Gutes zu Zahlende begrenzt. Auch diese Beschränkung entfällt
jedoch bei Vorsatz oder Leichtfertigkeit (§ 435).[15]

## VII. Ablieferung durch den ausführenden Frachtführer

**18**     Da auch der ausführende Frachtführer aus dem Ladeschein in Anspruch genommen
werden kann (vgl. § 444 Rn. 17; vgl. zum Konnossement auch. § 519 Rn. 12; § 522
Rn. 28), treffen ihn auch die wertpapierrechtlichen **Pflichten des vertragsschließenden
Frachtführers** aus dem von diesem ausgestellten Ladeschein. Der legitimierte Besitzer kann
auch von ihm gem. § 445 Ablieferung verlangen; Verfahren und Haftung richten sich nach
Abs. 2 und 3. Auch aus dem Ladeschein haften der (vertragsschließende) Verfrachter als
primär Ladescheinverpflichteter und der ausführende Frachtführer als Gesamtschuldner
(§ 437 Abs. 3). Wegen der dem ausführenden Verfrachter zu Gebote stehenden Einwendungen vgl. § 447 Abs. 2.

**19**     Auch das an den ausführenden Frachtführer gerichtete **Ablieferungsverlangen des
Empfängers** löst dessen Zahlungspflicht nach Abs. 1 Satz 2 aus. Anders als bei der Ablieferung auf Grund des Frachtvertrages stellt sich hier jedoch auch nach der Rechtsprechung
des BGH nicht die Frage, ob der ausführende Verfrachter auf Grund des Unterfrachtvertrages abliefert und deshalb der Empfänger die Verpflichtungen aus dem Unterfrachtvertrag
übernimmt (vgl. dazu § 437 Rn. 35). Im Ladeschein verbrieft ist nicht ein Anspruch des
Empfängers gegen den Unterverfrachter, sondern allein der quasi-vertragliche gesetzliche

---

    [13]  Vgl. Reg.Begr. S. 96.
    [14]  RegBegr-SRG S. 58 und zur Parallelvorschrift § 521 RegBegr-SRG S. 96.
    [15]  *Koller* § 445 Rn. 8a; Fremuth/Thume/*Fremuth* § 447 Rn. 6; EBJS/*Schaffert* § 447 Rn. 12.

Anspruch aus § 437. Deshalb kann nur auf dessen Grundlage abgeliefert werden. Die Ansprüche gegen den Empfänger bestehen daher bei Ablieferung durch den Unterfrachtführer immer nur nach Maßgabe des Hauptfrachtvertrages und stehen ausschließlich dem, Frachtführer als primär Ladescheinverpflichteten zu.

### VIII. Verlust des Ladescheins

Ist ein Order- oder Inhaberladeschein verloren gegangen, so muss er im Wege des **20** **Aufgebotsverfahrens (§§ 466 ff. FamFG)** für kraftlos erklärt werden (§ 365 Abs. 2; § 799 BGB). – Für den Rekta- **(Namens-) Ladeschein** ist das streitig; eine verbreitete Meinung[16] verlangt analog § 808 Abs. 2 Satz 2 BGB, § 365 Abs. 2 HGB ein Aufgebot, um den Inhaber des Namensladeschein entsprechend zu schützen. In der Tat spricht die Parallele zu den Papieren nach § 808 BGB dafür, auch beim **Namens – (Rekta-) Ladeschein** die Kraftloserklärung durch ein Aufgebotsverfahren zuzulassen. Denn der Gläubiger kann anders nicht Leistung erlangen, wenn der Frachtführer sie mit Recht mangels Vorlage des Papiers verweigert. Allerdings kommt dem Frachtführer, da er den Berechtigten, dem er den Namensladeschein ausgestellt hat, kennt, bei einer Leistung an diesen die befreiende Wirkung nach § 407 BGB zugute; denn eine Übertragung auf einen Dritten war nur durch Abtretung nach § 398 BGB möglich, sodass sich kein Anderer auf einen geschützten gutgläubigen Erwerb berufen könnte. Dabei schadet dem Frachtführer nur positive Kenntnis von einer Abtretung des Anspruchs durch den ersten Berechtigten (§ 407 Abs. 1 aE BGB). Der Frachtführer wird deshalb in der Praxis oft bereit sein, dem Inhaber des abhanden gekommenen Namensladescheins zumindest gegen eine Garantieerklärung das Gut auszuliefern. Vgl. auch § 521 Rn. 15.

## § 446 Befolgung von Weisungen

**(1) ¹Das Verfügungsrecht nach den §§ 418 und 419 steht, wenn ein Ladeschein ausgestellt worden ist, ausschließlich dem legitimierten Besitzer des Ladescheins zu. ²Der Frachtführer darf Weisungen nur gegen Vorlage des Ladescheins ausführen. ³Weisungen des legitimierten Besitzers des Ladescheins darf er jedoch nicht ausführen, wenn ihm bekannt oder infolge grober Fahrlässigkeit unbekannt ist, dass der legitimierte Besitzer des Ladescheins nicht der aus dem Ladeschein Berechtigte ist.**

**(2) ¹Befolgt der Frachtführer Weisungen, ohne sich den Ladeschein vorlegen zu lassen, haftet er dem aus dem Ladeschein Berechtigten für den Schaden, der diesem daraus entsteht. ²Die Haftung ist auf den Betrag begrenzt, der bei Verlust des Gutes zu zahlen wäre.**

### Übersicht

| | Rn. | | Rn. |
|---|---|---|---|
| I. Normzweck | 1 | IV. Haftung bei Verletzung der Vorschrift (Abs. 2) | 8–10 |
| II. Entstehungsgeschichte | 2 | | |
| III. Das Verfügungsrecht (Abs. 1) | 3–7 | | |
| 1. Übergang auf den jeweils legitimierten Inhaber des Ladescheins | 3–7 | V. Regelung für Frachtbriefe mit Sperrvermerk | 11 |

### I. Normzweck

Die Vorschrift stellt sicher, dass nach Ausstellung des Ladescheins nur noch dessen legiti- **1** mierter Besitzer durch Weisungen in den Gang der Beförderung eingreifen kann.

---

[16] *Koller* § 445 Rn. 3; aA EBJS/*Schaffert* § 445 Rn. 3; zweifelnd *Helm,* Frachtrecht I, 2. Aufl. 1994, § 448 Rn. 4.

## II. Entstehungsgeschichte

2    Die Vorschrift ist durch den RefE-SRG eingefügt und an § 520 angeglichen worden. Von § 520 unterscheidet sie sich nur insofern, als dort mehrere Ausfertigungen des Konnossements berücksichtigt werden können und normalerweise ausgestellt werden, während der Ladeschein nach dem Gesetz nur in einer Ausfertigung ausgestellt wird. Im früheren Recht bestand eine ähnliche Bestimmung in § 446 Abs. 2 aF – mit der Schadensersatzverpflichtung bei Verletzung durch den Frachtführer nach § 447 aF.

## III. Das Verfügungsrecht (Abs. 1)

3    **1. Übergang auf den jeweils legitimierten Inhaber des Ladescheins.** Das Recht des Absenders, nachträgliche Weisungen zu erteilen (sog. Verfügungsrecht, § 418) steht bei Ausstellung eines Ladescheins dem durch das Papier Legitimierten zu. Es entsteht zunächst mit Abschluss des Frachtvertrages beim Absender, geht jedoch alsbald nach Wirksamwerden des Ladescheins – also, wie beim Konnossement (vgl. Vor § 513 Rn. 23), mit dem Begebungsvertrag – auf den jeweils durch das Papier Legitimierten über.

4    Der Legitimierte kann **alle Weisungen erteilen, die §§ 418, 419 zulassen.** Abs. 1 Satz 2 stellt nunmehr klar, dass der Frachtführer **Vorlage des Ladescheins** verlangen kann, um die Legitimation zu prüfen.[1]

5    Abs. 1 enthält eine **Abänderung der Vorschriften über den Frachtvertrag,** regelt also nicht nur das Ladescheinverhältnis.[2] Darüber hinaus stellt er jedoch eine Schutzvorschrift zugunsten des Frachtführers dar, der Weisungen auch des materiell nicht Berechtigten befolgen darf, sofern dieser nur formell legitimiert ist.

6    Der Frachtführer darf Weisungen nur befolgen, wenn er hinsichtlich der Berechtigung eines legitimierten Besitzers gutgläubig ist; (vgl. dazu § 445 Rn. 5; § 520 Rn. 7). Sofern er die Ausführung nicht nach §§ 418, 419 verweigern kann, muss er die Weisung befolgen. Vgl. im Übrigen § 520 Rn. 3 bis 7.

7    Die frühere (§ 446 Abs. 2 Satz 2) Schutzbestimmung für den Frachtführer, wonach dieser Verfügungen über die Rückgabe des Gutes oder die Ablieferung an einen Anderen, die im Unterschied zu anderen Weisungen – etwa Zuweisung eines abweichenden Ablieferungsortes oder Anordnung einer Zwischenlagerung – zu einem Verlust des Gutes für den Berechtigten führen können, von der Rückgabe des Ladescheins abhängig machen konnte, ist nicht in das neue Recht aufgenommen worden. Dem Frachtführer steht dieses Recht danach nicht mehr zu.

## IV. Haftung bei Verletzung der Vorschrift (Abs. 2)

8    Befolgt der Frachtführer die Weisung eines nicht Legitimierten oder eines obwohl formell Legitimierten offenbar nicht Berechtigten und führt dies zu einem Verlust des Gutes, so haftet der Verfrachter hierfür auch **ohne ein Verschulden.** Die Verschärfung, die mit der besonderen Schadensträchtigkeit des Verhaltens gerechtfertigt wird,[3] dürfte nur in seltenen Fällen zum Tragen kommen, weil die Verletzung des Prüfungsgebotes in aller Regel schuldhaft sein wird.

9    Wichtiger ist die **Beschränkung der Ersatzpflicht auf den Schaden, der bei Verlust des Gutes zu zahlen wäre (Abs. 2 Satz 2).** Dabei ist jedoch zu berücksichtigen, dass bei einer auf Leichtfertigkeit iSd. § 435 beruhenden Missachtung der Legitimation oder – wenn diese offenbar zu Unrecht besteht – der Berechtigung alle Haftungsbeschränkungen entfallen, also eine unbeschränkte Haftung eintritt; das wird bei den gebotenen hohen Sorgfaltsanforderungen wegen der großen wirtschaftlichen Bedeutung des Dokumentenverkehrs nicht selten sein (vgl. auch § 520 Rn. 9).

---

[1] Das wurde schon nach § 446 aF im Wege der Auslegung ebenso gesehen, vgl. Voraufl. Rn. 10.
[2] GroßkommHGB/*Helm* § 447 aF Rn. 5.
[3] RegBegr-SRG S. 95.

Die Haftungsbestimmung ist gegen **Erleichterung durch AGB** geschützt (§ 449 Abs. 1 **10**
Satz 1).

## V. Regelung für Frachtbriefe mit Sperrvermerk

Auch ein Frachtbrief kann mit der dem Ladeschein von Natur aus eigenen Sperrwirkung **11**
zur Verhinderung von Weisungen Unbefugter **durch besondere Vereinbarung** ausgestattet werden (§ 418 Abs. 6); dann gelten bei Missachtung der Vorlagepflicht dieselben Haftungssanktionen wie beim Ladeschein nach § 446 Abs. 2. Durch das SRG wurde der Maßstab der Begrenzung (Betrag, der bei Verlust zu zahlen ist, § 418 Abs. 6) auch für diesen Fall an § 446 Abs. 2 Satz 2 angeglichen; auch diese Haftung ist – wie beim Ladeschein – gegen Abänderung durch AGB geschützt (§ 449 Abs. 1).

## § 447 Einwendungen

(1) ¹**Dem aus dem Ladeschein Berechtigten kann der Frachtführer nur solche Einwendungen entgegensetzen, die die Gültigkeit der Erklärungen im Ladeschein betreffen oder sich aus dem Inhalt des Ladescheins ergeben oder dem Frachtführer unmittelbar gegenüber dem aus dem Ladeschein Berechtigten zustehen. ²Eine Vereinbarung, auf die im Ladeschein lediglich verwiesen wird, ist nicht Inhalt des Ladescheins.**

(2) **Wird ein ausführender Frachtführer nach § 437 von dem aus dem Ladeschein Berechtigten in Anspruch genommen, kann auch der ausführende Frachtführer die Einwendungen nach Absatz 1 geltend machen.**

### I. Normzweck

Die Vorschrift legt den Umfang der Bindung des Frachtführers an den Inhalt der Urkunde **1**
und die ihm gegenüber dem aus dem Ladeschein Berechtigten zustehenden **Einwendungen** fest **(Abs. 1).** Sie regelt weiter **(Abs. 2)** die Einwendungen des aus dem Ladeschein in Anspruch genommenen **ausführenden Frachtführers.** Die Vorschrift hat in dieser Form kein Vorbild im früheren Ladescheinrecht; sie strebt vielmehr die Gleichstellung mit dem neuen Konnossementsrecht an.

**Abs. 1** entspricht § 522 Abs. 1; **Abs. 2** entspricht § 522 Abs. 3 Satz 1. Die zusätzlichen **2**
Regelungen im Konnossementsrecht über die Unwiderleglichkeit der für die Eintragungen im Dokument sprechenden Vermutung gegenüber einem gutgläubigen Berechtigten (§ 522 Abs. 2) und über die Einschränkung der Unwiderleglichkeit im Hinblick auf den ausführenden Verfrachter (§ 522 Abs. 3 Satz 2) sind ebenfalls in das Ladescheinrecht übernommen worden, jedoch an anderer Stelle (§ 444 Abs. 2).

### II. Entstehungsgeschichte

Die Bestimmung ist erst durch den RefE-SRG eingefügt worden. Sie ist in der Systema- **3**
tik an die des bisherigen Ladescheinrechts angepasst worden,[1] sodass die in § 522 zusammengefassten Bestimmungen im Wesentlichen wörtlich, jedoch an verschiedenen Stellen übernommen worden sind (vgl. o. Rn. 2).

### III. Einwendungen des Frachtführers (Abs. 1)

Abs. 1 entspricht wörtlich § 522 Abs. 1. Deshalb kann hinsichtlich der Einwendungen **4**
auf die Erl. zu § 522 Rn. 4 bis 18 verwiesen werden.

---

[1] Vgl. RegBegr-SRG S. 59.

## IV. Gutglaubensschutz für die Abladetatsachen

5      Der in § 522 Abs. 2 geregelte Gutglaubensschutz für die Abladetatsachen (dazu vgl. § 522 Rn. 19 bis 26) ist in identischer Weise in § 444 Abs. 2 Satz 1 und 2 geregelt (dazu § 444 Rn. 9 f.).

## V. Besonderheiten bei Inanspruchnahme des ausführenden Frachtführers

6      Wie im Konnossementsrecht der ausführende Verfrachter, kann auch der ausführende Frachtführer, obgleich aus dem Ladeschein nicht (notwendig) ersichtlich, aus dem Dokument in Anspruch genommen werden (§ 444 Rn. 15). Auch ihm gegenüber gelten deshalb die Vermutungen nach § 444 Abs. 2 Satz 1 und 2. Wie beim Konnossement (§ 522 Abs. 3 Satz 2) erstarken diese aber auch in der Hand eines gutgläubigen legitimierten Besitzers des Ladescheins nicht zu unwiderleglichen (§ 444 Abs. 2 Satz 3), sofern der Ladeschein nicht von ihm oder seinem Vertreter ausgestellt wurde. Insoweit kann auf die Erl. zu § 522 Rn. 27, 28, 30 und 31 verwiesen werden.

## § 448 Traditionswirkung des Ladescheins

**¹Die Begebung des Ladescheins an den darin benannten Empfänger hat, sofern der Frachtführer das Gut im Besitz hat, für den Erwerb von Rechten an dem Gut dieselben Wirkungen wie die Übergabe des Gutes. ²Gleiches gilt für die Übertragung des Ladescheins an Dritte.**

## I. Normzweck

1      Der Ladeschein ist (wie der Orderlagerschein, § 475g, und das Konnossement, § 524) ein sog. **Traditionspapier.** Das Gesetz stellt für die Übertragung von Rechten an dem beförderten Gut, insbesondere für dessen Übereignung und Verpfändung, die Übergabe des Ladescheins der Übergabe des Gutes gleich. Damit soll die Verfügung über das Gut während der Beförderung erleichtert werden.

2      Die Traditionswirkung bei Begebung an den benannten Empfänger **(Satz 1)** eignet nicht nur Order- und Inhaberladeschein, sondern auch dem **Rektaladeschein.** Spediteurpapieren wie das FCT, die keine Wertpapiere sind, können jedoch nicht begeben werden und deshalb auch keine Traditionswirkung entfalten.[1] Eine rechtsgeschäftliche Übertragung an Dritte **(Satz 2)** nach der ersten Begebung ist jedoch nur bei den echten Wertpapieren, also Order- und Inhaberladeschein, nicht beim Rektaladeschein möglich.

## II. Entstehungsgeschichte

3      Die Vorschrift ist gegenüber § 448 aF durch wörtliche Anpassung an § 524 neu gefasst worden[2] Sie hat im Gesetzgebungsverfahren keinen Anlass zu besonderer Diskussion gegeben.

## III. Begriff der Traditionswirkung

4      Die rechtssystematische Bedeutung der gesetzlich angeordneten Traditionswirkung ist unklar und umstritten, vgl. dazu eingehend § 524 Rn. 5. Über die praktischen Folgen besteht jedoch weitgehend Einverständnis.

---

[1] Dazu *Koller* § 454 Rn. 25; Baumbach/Hopt/*Merkt* Rn. 1 und § 452 Rn. 9; auch BGH 15.12.1976, BGHZ 68, 18 = NJW 1977, 499 (zum Forwarders Receipt).
[2] RegBegr-SRG S. 59.

### IV. Voraussetzungen und Grenzen der Traditionswirkung

Hierzu kann auf die eingehenden Erläuterungen zu § 524 verwiesen werden.  5

### V. Verfügungen über das Gut ohne Ladescheinübergabe

Wie beim Konnossement (dazu § 524 Rn. 20) steht auch beim Ladeschein dessen Ausstel-  6
lung grundsätzlich einer Übereignung des Gutes nach allgemeinen Regeln nicht entgegen.
Ist ein Orderladeschein ausgestellt worden, so ist der Herausgabeanspruch des Inhabers
jedoch untrennbar mit der Urkunde verbunden. Deshalb kann eine Eigentumsübertragung
nach § 931 BGB nicht vorgenommen werden, wenn nicht der Ladeschein zurückgegeben
worden ist[3] oder zugleich übertragen wird.[4] Dies gilt auch dann, wenn der Veräußerer nicht
Eigentümer ist und das Vorhandensein des Orderladescheins bei der Abtretungserklärung
verschweigt; § 934 BGB schützt nicht den guten Glauben daran, dass der Herausgabeans-
spruch nicht in einem Orderladeschein verbrieft ist.[5] Die Sperrwirkung, wonach das verbriefte Recht auf Herausgabe nicht vom Besitz am Papier zu trennen ist, ist im Interesse
des Verkehrsvertrauens auf alle gesetzlich anerkannten Traditionspapiere zu beziehen.[6]

## § 449 Abweichende Vereinbarungen über die Haftung

(1) [1]Soweit der Frachtvertrag nicht die Beförderung von Briefen oder briefähnlichen Sendungen zum Gegenstand hat, kann von den Haftungsvorschriften in
§ 413 Absatz 2, den §§ 414, 418 Absatz 6, § 422 Absatz 3, den §§ 425 bis 438, 445
Absatz 3 und § 446 Absatz 2 nur durch Vereinbarung abgewichen werden, die im
Einzelnen ausgehandelt wird, auch wenn sie für eine Mehrzahl von gleichartigen
Verträgen zwischen denselben Vertragsparteien getroffen wird. [2]Der Frachtführer
kann sich jedoch auf eine Bestimmung im Ladeschein, die von den in Satz 1
genannten Vorschriften zu Lasten des aus dem Ladeschein Berechtigten abweicht,
nicht gegenüber einem im Ladeschein benannten Empfänger, an den der Ladeschein begeben wurde, sowie gegenüber einem Dritten, dem der Ladeschein übertragen wurde, berufen.

(2) [1]Abweichend von Absatz 1 kann die vom Frachtführer zu leistende Entschädigung wegen Verlust oder Beschädigung des Gutes auch durch vorformulierte
Vertragsbedingungen auf einen anderen als den in § 431 Absatz 1 und 2 vorgesehenen Betrag begrenzt werden, wenn dieser Betrag
1. zwischen 2 und 40 Rechnungseinheiten liegt und der Verwender der vorformulierten Vertragsbedingungen seinen Vertragspartner in geeigneter Weise darauf
   hinweist, dass diese einen anderen als den gesetzlich vorgesehenen Betrag vorsehen, oder
2. für den Verwender der vorformulierten Vertragsbedingungen ungünstiger ist
   als der in § 431 Absatz 1 und 2 vorgesehene Betrag.
[2]Ferner kann abweichend von Absatz 1 durch vorformulierte Vertragsbedingungen die vom Absender nach § 414 zu leistende Entschädigung der Höhe nach
beschränkt werden.

(3) Ist der Absender ein Verbraucher, so kann in keinem Fall zu seinem Nachteil
von den in Absatz 1 Satz 1 genannten Vorschriften abgewichen werden, es sei
denn, der Frachtvertrag hat die Beförderung von Briefen oder briefähnlichen Sendungen zum Gegenstand.

---

[3] BGH 15.12.1976, BGHZ 68, 18 = NJW 1977, 499 für ein Konnossement.
[4] BGH 27.10.1967, BGHZ 49, 160, 163 = NJW 1968, 591, 592 für einen Lagerschein; zum Ladeschein
schon RG 8.11.1927, RGZ 119, 215, 218.
[5] BGH 27.10.1967, BGHZ 49, 160.
[6] *K. Schmidt* HandelsR § 23 III 4.

**(4) Unterliegt der Frachtvertrag ausländischem Recht, so sind die Absätze 1 bis 3 gleichwohl anzuwenden, wenn nach dem Vertrag sowohl der Ort der Übernahme als auch der Ort der Ablieferung des Gutes im Inland liegen.**

**Schrifttum:** *Bahnsen,* AGB-Kontrolle bei den Allgemeinen Deutschen Spediteurbedingungen, TranspR 2010, 19; *Bästlein/Bästlein,* Einbeziehung von Haftungsbeschränkungsklauseln in Transportverträge – Anmerkung zu OLG Hamburg 19.12.2002 – 6 U 222/01, TranspR 2003, 61; *Basedow,* Die Tragweite des zwingenden Rechts im neuen deutschen Gütertransportrecht, TranspR 1998, 58; *Czerwenka,* Das neue Transportrecht nach dem Regierungsentwurf eines Gesetzes zur Neuregelung des Fracht-, Speditions- und Lagerrechts, TranspR 1997, 353; *Ettrich,* Das Mitverschulden des Versenders bei unterlassener Wertdeklaration – Anmerkung zu BGH 8.5.2003 – I ZR 234/02, TranspR 2003, 317; *Grimme,* Die Haftung für den Verlust und die Beschädigung von Postsendungen im nationalen und internationalen Verkehr, TranspR 2004, 160; *Heuer,* Haftungsbegrenzungen und deren Durchbrechung nach den ADSp 2003, TranspR 2004, 114; *Herber,* Transportrechtsreformgesetz und AGB-Kontrolle, TranspR 1998, 344; *Herber,* Die Neuregelung des deutschen Transportrechts, NJW 1998, 3297; *Herzog,* Die Einbeziehung der ADSp in den Verkehrsvertrag, TranspR 2001, 244; *Koch,* Das AGB-Recht im unternehmerischen Verkehr: Zu viel des Guten oder Bewegung in die richtige Richtung? BB 2010, 1810; *Koller,* ADSp '99 – Bedenken gegen Einbeziehung und Wirksamkeit nach AGBG, TranspR 2000, 1; *ders.,* Nochmals: Einbeziehung der ADSp in Transportverträge, TranspR 2001, 359; *ders.,* Die Tragweite von Vertragsabwehrklauseln und der Einwand des Mitverschuldens im Gütertransportrecht, VersR 2004, 269; *ders.,* Abreden über die Qualität von Beförderungen im Licht des § 449 Abs. 2 HGB, TranspR 2006, 265; *ders.,* Die Vereinbarung der Ausführungsart im Werkvertrags- und Transportrecht, TranspR 2007, 221; *ders.,* Reformvorhaben im Fracht-, Speditions- und Lagerrecht, VersR 2011, 1209; *Martiensen,* Multimodaltransport und Güterumschlag in Seehäfen im Lichte neuerer Rechtsprechung, VersR 2008, 888; *Ramming,* Zur Abdingbarkeit des Höchstbetrags der Haftung des Frachtführers nach neuem Frachtrecht – unter besonderer Berücksichtigung multimodaler Beförderung, die eine Seeteilstrecke umfassen, VersR 1999, 1177; *ders.,* Die Erfordernisse der § 449 Abs. 1 und 2 HGB etc. und ihre Einordnung als formelle bzw. materielle Wirksamkeitsvoraussetzungen, TranspR 2009, 200; *ders.,* Probleme des § 449 Abs. 1 und 2 HGB – insbesondere Leistungsbeschreibungen, TranspR 2010, 397; *P. Schmidt,* Formalisierte Einbeziehung der ADSp? – Überlegungen zu § 449 HGB, TranspR 2011, 398; *ders.,* Grenzfälle frachtvertraglicher Haftung und ihre Versicherbarkeit – insbesondere bei Schub- und Schleppverbänden, VersR 2013, 418; *Staudinger,* Das Transportrechtsreformgesetz und seine Bedeutung für das Internationale Privatrecht, IPRax 2001, 183; *Thume,* Vereinbarungen über die Qualität des Transports und deren Auswirkungen auf die zwingende Haftung gem. § 425 ff. HGB und Art. 17 ff. CMR, TranspR 2012, 426.

Übersicht

|                                                              | Rn.     |                                                                | Rn.     |
| ------------------------------------------------------------ | ------- | -------------------------------------------------------------- | ------- |
| **I. Normzweck**                                             | 1–4     | g) Summenmäßige Beschränkung der Haftung des Absenders         | 29      |
| **II. Entstehungsgeschichte**                                | 5–9     | 6. Abweichende Bestimmungen im Ladeschein                      | 30, 31  |
| **III. Unternehmergeschäfte**                                | 10–42   | 7. Einzelfälle                                                 | 32–40   |
| 1. Grundsatz                                                 | 10      | a) Verzicht auf Schnittstellenkontrollen                       | 33–37   |
| 2. Unternehmer                                               | 11      | b) Verbotsgut                                                  | 38, 39  |
| 3. Zwingende Vorschriften                                    | 12, 13  | c) Qualität des einzusetzenden Beförderungsmittels             | 40      |
| 4. Qualifizierte Individualvereinbarung                      | 14–17   | 8. Verjährung                                                  | 41      |
| a) Allgemeines                                               | 14      | 9. Prüfungsmaßstab, Rechtsfolge                                | 42      |
| b) Aushandeln                                                | 15, 16  | **IV. Verbrauchergeschäfte**                                   | 43–46   |
| c) Beweislast                                                | 17      | 1. Grundsatz                                                   | 43      |
| 5. Vorformulierte Vertragsbedingungen                        | 18–29   | 2. Verbraucher                                                 | 44      |
| a) Allgemeines                                               | 18      | 3. Verjährung                                                  | 45      |
| b) Haftungskorridor                                          | 19      | 4. Prüfungsmaßstab, Rechtsfolge                                | 46      |
| c) Geeigneter Hinweis                                        | 20–23   | **V. Briefe und briefähnliche Sendungen**                      | 47–49   |
| d) Begünstigung des Vertragspartners des Verwenders          | 24, 25  | **VI. Ausländisches Recht**                                    | 50, 51  |
| e) Einbeziehung                                              | 26, 27  |                                                                |         |
| f) Inhaltskontrolle                                          | 28      |                                                                |         |

## I. Normzweck

1    Die Norm bestimmt die Grenzen zulässiger Abweichung von den Vorschriften der §§ 407–448, mit dem Ziel, einen **Kernbestand frachtrechtlicher Haftungsvorschriften**

unter bestimmten gesetzlichen Vorgaben der Privatautonomie zu entziehen.[1] Systematisch differenziert die Norm einerseits nach der Person des Absenders – Unternehmer oder Verbraucher – und sieht andererseits Sonderregeln für die Beförderung von Briefen und briefähnlichen Sendungen vor. Zur Ermittlung der maßgeblichen Regelung sollte daher zunächst geprüft werden, ob eine Beförderung von Briefen oder briefähnlichen Sendungen vorliegt; bei abweichendem Beförderungsgegenstand ist sodann auf die Person des Absenders abzustellen.

Ist der Absender **Unternehmer,** können die Vertragsparteien die haftungsrechtlichen **2** Vorschriften modifizieren, wenn sie eine **Individualvereinbarung** getroffen haben. Hierunter fallen in Abweichung von § 305 Abs. 1 S. 1 BGB auch Abreden, die für eine Mehrzahl gleichartiger Verträge zwischen denselben Vertragsparteien getroffen werden. In **vorformulierten Vertragsbedingungen** können gegenüber einem Unternehmer als Absender lediglich in einem vorgegebenen Rahmen die bei Verlust oder Beschädigung des beförderten Gutes geltenden Haftungshöchstbeträge erhöht oder abgesenkt werden (sog. **Korridorlösung**) oder für den Verwender der vorformulierten Vertragsbedingungen **ungünstigere** als die gesetzlich geltenden Haftungshöchstbeträge vorgesehen werden. Hintergrund dieser gestuften Regelung ist die Überlegung des Gesetzgebers, dass die Privatautonomie nur dort eingeschränkt werden soll, wo dies unbedingt nötig und durch gesetzgeberisch zu wahrende Schutzbedürfnisse geboten ist. Durch die Anordnung zwingender Regelungen soll hier der Rechtszersplitterung und dem Missbrauch von Marktmacht entgegengewirkt werden.[2] Dabei wird dem Modell der **„AGB-Festigkeit"** der Vorzug gegenüber einer inhaltlichen Klauselkontrolle gegeben, um inhaltliche Wertungsfragen hinsichtlich des Klauselinhalts zu vermeiden.[3] Zu Gunsten eines Absenders, der **Verbraucher** ist, wird ein haftungsrechtlicher Mindeststandard statuiert, von dem weder durch Individualvereinbarung noch durch vorformulierte Vertragsbedingungen abgewichen werden darf.

Eine Ausnahme gilt für das Massengeschäft der **Briefbeförderung,** für das – selbst **3** gegenüber Verbrauchern – umfassende **Vertragsfreiheit** herrscht. Dem Beförderer soll hier die Möglichkeit gegeben werden, die Haftung zu modifizieren, da das Haftungsrisiko mangels direktem Kundenkontakt und Kenntnis vom Wert des zu befördernden Gutes für den Beförderer kaum abschätzbar ist.[4]

Schließlich ordnet Abs. 4 an, dass die Haftungsregeln, die nach Abs. 1 bis 3 zwingenden **4** Charakter haben, auch dann maßgeblich sind, wenn kraft Rechtswahl oder Anknüpfung **ausländisches Recht** Vertragsstatut ist, Übernahme- und Ablieferungsort aber im Inland liegen. Die Regelung erfasst mithin Kabotagetransporte.

## II. Entstehungsgeschichte

Die Grundkonzeption der Vorschrift ist auf das **Gesetz zur Neuregelung des Fracht-,** **5** **Speditions- und Lagerrechts (TRG)** vom 25.6.1998 (BGBl. I S. 1588) zurückzuführen (s. hierzu auch § 431 Rn. 7). Der Regierungsentwurf des TRG unterschied allerdings zunächst nicht zwischen Verbraucher und Unternehmer und machte (allein) die Höhe des bei Verlust oder Beschädigung des beförderten Gutes geltenden Haftungshöchstbetrags der Änderung durch AGB zugänglich. Dabei ging er davon aus, dass Abweichungen vom Regelhaftungssatz der 8,33 Sonderziehungsrechte generell gemäß § 9 AGBG (jetzt § 307 BGB) gerichtlich kontrollierbar bleiben.[5] Der Rechtsausschuss des Deutschen Bundestages hielt jedoch die Einführung von gesetzlichen Grenzen für die Abdingbarkeit des Haftungshöchstbetrags durch AGB für erforderlich, nämlich einer die Absender schützende Untergrenze und einer die Frachtführer schützende Obergrenze.[6]

---

[1] Reg.Begr. S. 85.
[2] Reg.Begr. S. 85.
[3] Reg.Begr. S. 86.
[4] Reg.Begr. S. 86.
[5] Reg.Begr. S. 87.
[6] BT-Drucks. 13/10014 S. 50. S. auch zu den divergierenden Positionen im Gesetzgebungsverfahren den Bericht von *Herber* NJW 1998, 3297, 3305.

**6**  Durch das **Gesetz zur Reform des Seehandelsrechts** (SRG) vom 20.4.2013 (BGBl. I. S. 831) hat die Vorschrift weitere Änderungen erfahren, um sie an §§ 414, 512 und 525 HGB nF anzupassen. Daneben sind verschiedene redaktionelle Änderungen vorgenommen worden.[7] Durch Ergänzung der Überschrift um den Zusatz „über die Haftung" soll klargestellt werden, dass Regelungsgegenstand nur die Frage der Abdingbarkeit gesetzlicher Haftungsvorschriften ist. Regelungstechnisch wird die Unterscheidung zwischen Frachtverträgen, die die Beförderungen von Briefen oder briefähnlichen Gegenständen zum Gegenstand haben, und sonstigen Frachtverträgen sowie Unternehmer- und Verbrauchergeschäften beibehalten. Allerdings werden **Verbrauchergeschäfte als Sonderfall** nun nicht mehr in Abs. 1, sondern in Abs. 3 geregelt.[8]

**7**  Aufgegeben wird im Rahmen des SRG demgegenüber die in § 449 Abs. 1 S. 2 aF enthaltene Regelung, wonach jede von § 418 Abs. 6 abweichende Vereinbarung unwirksam ist, wenn sie zu Lasten eines gutgläubigen Dritten geht. Die Regierungsbegründung[9] führt insofern aus, dass der Frachtbrief kein Wertpapier sei, so dass es Bedenken begegne, eine zwischen dem Absender und dem Frachtführer getroffene individualvertragliche Vereinbarung Dritten gegenüber für unwirksam zu erklären, die ihre Rechte aus dem zwischen dem Absender und dem Frachtführer abgeschlossenen Frachtvertrag herleiten. Anderes gelte für den **Ladeschein,** weswegen Abs. 1 S. 2 nun vorsieht, dass jede Bestimmung in einem Ladeschein, die von den in S. 1 genannten Haftungsvorschriften zu Lasten des Absenders abweicht, Dritten gegenüber unwirksam ist, ohne dass es auf den guten Glauben des Dritten ankommt.

**8**  Auf Initiative des Rechtsausschusses des Deutschen Bundestages[10] wurde schließlich im Rahmen einer redaktionellen Bereinigung des Abs. 1 S. 2 die Formulierung, „zu Lasten des Absenders" durch die Formulierung **„zu Lasten des aus dem Ladeschein Berechtigten"** ersetzt, um die Terminologie an die der §§ 444 ff. HGB anzugleichen. Darüber hinaus sollte klargestellt werden, dass unter „Dritter" im Sinne dieser Vorschrift ein im Ladeschein benannter Empfänger, an den der Ladeschein begeben wurde, oder ein Dritter zu verstehen ist, dem der Ladeschein übertragen wurde. Aus der Verweisung in Abs. 2 S. 1 auf Abs. 1 ergibt sich überdies, dass von den gesetzlichen Haftungsvorschriften nicht nur durch Bestimmungen des Frachtvertrags, sondern auch durch solche des Ladescheins abgewichen werden kann.

**9**  Verzichtet werden soll künftig außerdem auf das bisher in § 449 Abs. 2 S. 2 Nr. 1 aF enthaltene Erfordernis der besonderen Hervorhebung einer Abweichung von den gesetzlichen Haftungshöchstbeträgen **„in drucktechnisch deutlicher Gestaltung",** da dieses in der Praxis erhebliche Probleme bereitet habe. Es erscheine ausreichend, von dem Verwender der vorformulierten Vertragsbedingungen zu fordern, dass dieser seinen Vertragspartner auf die Abweichung von den gesetzlichen Haftungshöchstbeträgen **„in geeigneter Weise"** hinweise.[11] Gestrichen wird außerdem die Vorschrift des § 449 Abs. 2 S. 3 aF, da die Haftung des Absenders künftig nicht mehr durch Gesetz summenmäßig beschränkt ist (§ 414 nF). Die vom Absender nach § 414 zu leistende Entschädigung kann jedoch gemäß Abs. 1 S. 2 der Höhe nach durch vorformulierte Vertragsbedingungen beschränkt werden, im Übrigen gilt für Abweichungen von § 414 die Regelung des Abs. 1.

### III. Unternehmergeschäfte

**10**  **1. Grundsatz.** Das Gesetz gewährt den Parteien einen weiten Gestaltungsspielraum, wenn der Absender Unternehmer ist. Für Individualvereinbarungen gilt hier Vertragsfreiheit. Durch vorformulierte Vertragsbedingungen können demgegenüber nur die gesetzlichen Bestimmungen modifiziert werden, die nicht zu den in Abs. 1 S. 1 genannten **Haf-**

---

[7] RegBegr-SRG S. 59.
[8] RegBegr-SRG S. 60.
[9] RegBegr-SRG S. 59.
[10] BT-Drucks. 17/11884 S. 128.
[11] RegBegr-SRG S. 60.

**tungsregeln** zählen. Das Gesetz gestaltet mithin diese Haftungsregeln als resistent gegen vorformulierte Vertragsbedingungen, als **„AGB-fest"**, aus.[12] Allerdings können die Haftungshöchstbeträge in den in Abs. 2 S. 1 genannten Grenzen geändert werden. Abweichende Vorschriften gelten auch hier für die Briefbeförderung (s. nachfolgend Rn. 47 ff.).

**2. Unternehmer.** Der Begriff des Unternehmers wird zwar in § 449 nicht ausdrücklich **11** verwendet. Er ist aber maßgeblich, weil die Regelung der Abs. 1 und 2 ausweislich des Abs. 3 nur auf Unternehmergeschäfte Anwendung findet und § 14 BGB ihn als Gegenbegriff zum Verbraucher definiert (zur Beweislastverteilung s. Rn. 44). Unternehmer ist gemäß § 14 BGB eine natürliche oder juristische Person oder eine rechtsfähige Personengesellschaft, die bei Abschluss eines Rechtsgeschäfts in **Ausübung ihrer gewerblichen oder selbständigen beruflichen Tätigkeit** handelt. Voraussetzung ist, dass die Person am Markt planmäßig und dauerhaft Leistungen gegen Entgelt anbietet.[13] Auf die Absicht einer Gewinnerzielung kommt es ebenso wenig an,[14] wie darauf, ob die Tätigkeit haupt- oder nebenberuflich erfolgt.[15]

**3. Zwingende Vorschriften.** In Abs. 1 S. 1 wird eine Reihe von Vorschriften als **12** resistent gegen vorformulierte Vertragsbedingungen ausgestaltet, die allesamt die **Haftung** des Frachtführers bzw. des Absenders betreffen, mithin die im Falle der Störung von Primärpflichten entstehenden **Sekundärpflichten.** Hierunter fällt die verschuldensunabhängige Haftung des Absenders wegen ungenügender Verpackung, Kennzeichnung, unrichtiger Angaben und unterlassener Mitteilung der Gefährlichkeit des Gutes (§ 414) sowie die Haftung des Frachtführers wegen Verlust oder Beschädigung ihm übergebener Urkunden (§ 413 Abs. 2), wegen der Ausführung von Weisungen ohne gebotene Vorlage der Absenderausfertigung des Frachtbriefs (§ 418 Abs. 6), wegen der Verletzung von Nachnahmeweisungen (§ 422 Abs. 3), wegen Verlust, Beschädigung und Lieferfristüberschreitung (§§ 425–438)[16] und wegen Ablieferung und Weisungsbefolgung ohne Ladeschein (§ 445 Abs. 3 und § 446 Abs. 2).

Damit steht Abs. 1 S. 1 grundsätzlich einer Vereinbarung, die die **primären Leistungs-** **13** **pflichten** der Parteien des Frachtvertrags betrifft, nicht entgegen, auch wenn diese in vorformulierten Vertragsbedingungen enthalten ist.[17] Zu beachten ist allerdings, dass die Regelung in Abs. 1 S. 1 insofern (mittelbare) Auswirkungen auf die primären Leistungspflichten hat, als Leistungsinhalte, die **gleichzeitig auch den gesetzlich vorgesehenen Sorgfaltsmaßstab modifizieren,** nicht in AGB vereinbart werden dürfen.[18]

**4. Qualifizierte Individualvereinbarung. a) Allgemeines.** Ein Abweichen von den **14** gesetzlichen Haftungsbestimmungen ist grundsätzlich zulässig, wenn die entsprechende Vertragsklausel **„im Einzelnen ausgehandelt"** ist. Unerheblich ist, ob die Vereinbarung für eine Mehrzahl von gleichartigen Verträgen zwischen denselben Vertragsparteien gelten soll. Damit fallen auch – im Einzelnen ausgehandelte[19] – **Rahmenverträge** unter diese Regelung.[20] Der Gesetzgeber hat sich bewusst hierfür entschieden, da Interessenlage und Schutzbedürfnis bei Einzel- und Rahmenvereinbarungen vergleichbar sind. Nicht erfasst werden sollen jedoch Vertragswerke, die als empfohlene **Musterbedingungen** von Vereinigungen der beteiligten Wirtschaftskreise erarbeitet worden sind,[21] etwa die ADSp.[22]

---

[12] Reg.Begr. S. 86.
[13] BGH 29.3.2006, NJW 2006, 2250, 2251; OLG Frankfurt 27.7.2004, NJW 2004, 3433.
[14] BGH 29.3.2006, NJW 2006, 2250, 2251; Staudinger/*Habermann* (2004) BGB § 14 Rn. 35.
[15] OLG Frankfurt 22.12.2004, NJW 2005, 1438; Staudinger/*Habermann* (2004) BGB § 14 Rn. 47.
[16] Vgl. OLG Düsseldorf 25.3.2010, TranspR 2010, 229, 231 f. (zu § 425 f.); OLG Stuttgart 19.11.2003, NJW-RR 2004, 610, 612 (zu § 435); OLG Köln 27.4.2010, MMR 2010, 619 (zu § 438).
[17] Reg.Begr. S. 85.
[18] Str.; s. hierzu eingehend Rn. 33 ff.
[19] *Basedow* TranspR 1998, 58, 63.
[20] Reg.Begr. S. 87; s. auch EBJS/*Schaffert* § 449 Rn. 26; *Koller* § 449 Rn. 33; Baumbach/Hopt/*Merkt* § 449 Rn. 2.
[21] Reg.Begr. S. 87.
[22] BGH 23.1.2003, TranspR 2003, 119, 120; *Ramming* VersR 1999, 1177, 1179; *Bahnsen* TranspR 2010, 19, 20.

**15**   **b) Aushandeln.** Durch die Anknüpfung an die Voraussetzung des „Aushandelns" soll sichergestellt werden, dass nicht die äußere Gestaltung des Vertragswerks, sondern die **konkrete Entstehungsgeschichte** der Vereinbarung maßgeblich ist.[23] Der Begriff ist der Terminologie des Rechts der Allgemeinen Geschäftsbedingungen entlehnt (vgl. § 305 Abs. 1 S. 3 BGB). Ist eine Vertragsbedingung im Einzelnen ausgehandelt, geht der Gesetzgeber davon aus, dass die Parteien ihre jeweiligen Interessen in diese Verhandlungen eingebracht haben, so dass keine durch zwingendes Recht zu wahrenden Schutzbedürfnisse bestehen.[24]

**16**   Aushandeln bedeutet, dass jede Partei die **Möglichkeit** hat, auf den konkreten Regelungsinhalt **Einfluss zu nehmen.** Dies ist unzweifelhaft der Fall, wenn beide Vertragsparteien die möglichen Regelungsalternativen erörtern und gemeinsam den maßgeblichen Vertragstext formulieren. Wird der Vertragstext von einer Partei vorgeschlagen, so muss sie dessen Inhalt **ernsthaft zur Disposition** stellen.[25] Nicht ausreichend ist das Angebot einer Wahl zwischen verschiedenen Regelungsalternativen, wenn diese vom Vertragspartner vorgegeben sind und inhaltlich feststehen.[26] Anders kann der Fall zu beurteilen sein, wenn eine Seite der anderen im Rahmen von **ergänzungsbedürftigen Vertragsformularen** mehrere Regelungsalternativen anbietet, wobei die Ergänzungen nicht lediglich unselbständiger Art sein dürfen, sondern den Gehalt der Regelung mitbestimmen müssen und die Wahlfreiheit auch nicht in anderer Weise überlagert sein darf.[27] Der Annahme einer Individualvereinbarung steht auch nicht entgegen, dass sich die Parteien letztlich nach ausführlicher Erörterung der Einzelregelung darauf einigen, den von einer Partei vorgeschlagenen Vertragsinhalt **unverändert zu übernehmen.**[28] Voraussetzung ist aber auch hier, dass der Verwender seine Klausel zuvor ernsthaft zur Disposition gestellt hat. Unzureichend ist jedenfalls eine von der anderen Partei unterschriebene **vorformulierte Erklärung,** die Abänderungen seien im Einzelnen ausgehandelt worden und entsprächen den Wünschen der unterzeichnenden Partei.[29]

**17**   **c) Beweislast.** Die Beweislast für das Vorliegen einer Individualvereinbarung trägt nach allgemeinen Beweislastgrundsätzen derjenige, der sich auf ihr Vorliegen beruft.[30] Der Gesetzgeber ging davon aus, dass es bei dieser Beweislastverteilung im Regelfall bei der Geltung der gesetzlichen Regeln bleiben wird. Abweichende Vereinbarungen kämen nur bei bewusster Entscheidung der Parteien für die vereinbarten Regelungen und mithin in Fällen geringerer Schutzbedürftigkeit zum Tragen. Die für den Nachweis des individuellen Aushandelns regelmäßig erforderlichen Aufzeichnungen würden nämlich eher in denjenigen Konstellationen gefertigt, in denen dem Herbeiführen der vertraglichen Einigung besondere Aufmerksamkeit gewidmet worden sei.[31] **Handschriftliche Änderungen** von vorformulierten Vertragsklauseln können Indiz eines Aushandelns sein.[32] Fehlt eine schriftliche Dokumentation des Verhandlungsvorgangs, so wird der Beweis in der Regel durch Zeugen geführt werden müssen.

---

[23]  Reg.Begr. S. 87.

[24]  Reg.Begr. S. 86.

[25]  BGH 1.12.2005, TranspR 2006, 169, 171; BGH 1.12.2005, TranspR 2006, 171, 173; OLG Köln 22.6.2004, TranspR 2005, 156, 158.

[26]  BGH 1.12.2005, TranspR 2006, 169, 171; BGH 1.12.2005, TranspR 2006, 171, 173; OLG Karlsruhe 14.10.2005, OLGR Karlsruhe 2006, 438, 440; OLG Hamburg 16.11.2006, TranspR 2007, 240, 243.

[27]  BGH 6.12.2002, NJW 2003, 1313, 1314; OLG Nürnberg 1.9.2004, NJW-RR 2005, 183, 184; OLG Frankfurt 1.7.2004, TranspR 2004, 464, 466; *Koller* § 449 Rn. 37.

[28]  BGH 15.12.1976, NJW 1977, 624, 625; OLG Düsseldorf 28.6.2006, TranspR 2006, 353, 354; *Koch* BB 2010, 1810, 1811 f.; *Koller* § 449 Rn. 38.

[29]  BGH 15.12.1976, NJW 1977, 624, 625; LG Frankfurt 2.4.1984, NJW 1984, 2419, 2420; HK/*Ruß* § 449 Rn. 9.

[30]  Reg.Begr. S. 87; s. auch OLG Düsseldorf 31.5.2006, TranspR 2006, 349; *Basedow* TranspR 1998, 58, 64; *Koller* § 449 Rn. 42; EBJS/*Schaffert* § 449 Rn. 32.

[31]  Reg.Begr. S. 87.

[32]  *Koller* § 449 Rn. 42.

**5. Vorformulierte Vertragsbedingungen. a) Allgemeines.** Durch vorformulierte  18
Vertragsbedingungen[33] kann im haftungsrechtlichen Bereich nur die wegen Verlust oder
Beschädigung des Gutes zu leistende Entschädigung auf einen anderen als den in **§ 431**
**Abs. 1 und 2 vorgesehenen Betrag** begrenzt werden. Der dort vorgesehene Haftungsbetrag von 8,33 Sonderziehungsrechten ist also **nicht „AGB-fest".** Die Haftungshöhe ist
allerdings nur innerhalb der in Abs. 2 S. 1 Nr. 1 und 2 normierten Grenzen durch vorformulierte Vertragsbedingungen disponibel.[34] Darüber hinaus kann die nach § 414 **vom Absen-**
**der zu leistende Entschädigung** der Höhe nach durch vorformulierte Vertragsbedingungen beschränkt werden (Abs. 2 S. 2).

**b) Haftungskorridor.** In vorformulierten Vertragsbedingungen ist eine Haftungs-  19
höchstsumme zwischen **zwei und vierzig Rechnungseinheiten,** dh. Sonderziehungsrechten iSd. § 431 Abs. 4 HGB, zulässig. Die so für die Abdingbarkeit gesetzten Grenzen
lassen der Regelung in vorformulierten Vertragsbedingungen einen relativ breiten Gestaltungsspielraum. Das Gesetz begrenzt die Abweichungsbefugnis ausdrücklich auf den
**„Betrag"** der Haftungshöchstsumme. Nicht abänderbar durch vorformulierte Vertragsbedingungen sind damit alle übrigen gesetzlichen Vorgaben zur Haftungshöhe, so etwa der
Grundsatz, dass sich die Haftungshöchstsumme am Gewicht orientiert.[35] Umstritten ist, ob
auch auf andere Bezugsgrößen, etwa den Euro, abgestellt werden kann.[36] Dies ist abzulehnen, da der Vertragspartner des Verwenders ohne weitere Nachprüfungen feststellen können
soll, ob der festgelegte Betrag den gesetzlich vorgegebenen Haftungskorridor einhält.[37]

**c) Geeigneter Hinweis.** Dass der Verwender[38] seinen Vertragspartner in **geeigneter**  20
**Weise** auf den in seinen vorformulierten Vertragsbedingungen enthaltenen und von den
gesetzlichen Vorschriften abweichenden Haftungshöchstbetrag hinweisen muss, hat erst
durch das SRG Eingang in die Regelung gefunden. Nach Abs. 2 S. 2 Nr. 1 aF war demgegenüber in Anlehnung an § 355 Abs. 2 S. 1 BGB[39] eine besondere Hervorhebung des
abweichenden Betrags in den vorformulierten Vertragsbedingungen in drucktechnisch
deutlicher Gestaltung erforderlich, was von der Literatur als „Fremdkörper" im unternehmerischen Rechtsverkehr kritisiert worden ist.[40] Dem Verwender wird also nunmehr ein
**größerer Gestaltungsspielraum** eingeräumt: Der erforderliche Hinweis kann auch anders
als in drucktechnisch deutlicher Gestaltung der entsprechenden Klausel erfolgen, wenn er
nur geeignet ist, die Aufmerksamkeit des Vertragspartners auf den abweichenden Haftungshöchstbetrag zu lenken. Ausweislich der Regierungsbegründung zum SRG[41] ist diese Änderung auf erhebliche Probleme bei der praktischen Durchsetzung der alten Regelung zurückzuführen, die auch dadurch entstanden seien, dass der BGH[42] die Regelung in bewusster

---

[33] Anders als AGB iSd. § 305 Abs. 1 S. 1 BGB müssen vorformulierte Vertragsbedingungen nicht für eine
Vielzahl von Verträgen vorformuliert sein. Der Begriff der „vorformulierten Vertragsbedingungen" knüpft
damit an geringere Voraussetzungen an, so dass AGB iSd. § 305 Abs. 1 S. 1 BGB stets auch vorformulierte
Vertragsbedingungen iSd. § 449 Abs. 2 S. 1 sind (s. hierzu *Ramming* VersR 1999, 1177, 1179; *Ramming*
TranspR 2010, 397, 406).
[34] Die ursprünglich in § 449 Abs. 2 S. 2 RefE-SRG nach dem Vorbild des MÜ vorgesehene Möglichkeit,
die Regelung des § 435 über den Wegfall der Haftungsbefreiungen und -begrenzungen mittels AGB abzubedingen, wenn zugleich als Haftungshöchstsumme mindestens 19 SZR/kg festgesetzt und die Anwendung der
§§ 426, 427 ausgeschlossen wird (ablehnend *Koller* VersR 2011, 1209), ist später nicht in den RegE-SRG
übernommen worden.
[35] *Koller* § 449 Rn. 53; EBJS/*Schaffert* § 449 Rn. 33; *Ramming* TranspR 2010, 397, 407.
[36] So *Ramming* VersR 1999, 1177, 1180; *Bahnsen* TranspR 2010, 19, 25; *Koller* § 449 Rn. 53.
[37] S. § 431 Rn. 26; EBJS/*Schaffert* § 449 Rn. 33; *Fremuth/Thume* § 449 Rn. 37; HK/*Ruß* § 449 Rn. 5.
[38] Der Begriff des Verwenders richtet sich nach der Legaldefinition in § 305 Abs. 1 S. 1 BGB.
[39] Die Vorschrift des § 355 Abs. 2 S. 1 BGB orientiert sich ihrerseits an den Vorgängerregelungen in § 7
Abs. 2 S. 2 VerbrKrG, § 5 Abs. 2 S. 4 TzWrG, § 2 Abs. 1 S. 2 HWiG.
[40] *Koller* VersR 2011, 1209, 1211; s. auch *Herzog* TranspR 2001, 244, 247; *Martiensen* VersR 2008, 888,
889; *Ramming* TranspR 2010, 397, 410.
[41] RegBegr-SRG S. 60.
[42] BGH 23.1.2003, TranspR 2003, 119, 120.

Abkehr von der Regierungsbegründung zum TRG[43] auch auf die Einbeziehung von vorformulierten Vertragsbedingungen in den Vertrag angewendet habe.

21    Vor dem Hintergrund dieser Entstehungsgeschichte ist aber davon auszugehen, dass jedenfalls bei Hervorhebung des Betrags der Haftungshöchstsumme in **drucktechnisch deutlicher Gestaltung** auch ein geeigneter Hinweis iSv. Abs. 2 S. 1 Nr. 1 nF vorliegt, denn diese Gestaltung soll zweifelsohne die Aufmerksamkeit des Vertragspartners auf die entsprechende Vertragsklausel lenken.[44] Der Hinweispflicht kann damit etwa durch **Sperrschrift, Einrahmung, Fett- oder Farbdruck** genügt werden, wenn sich dadurch die Betragsangabe in nicht zu übersehender Weise aus dem übrigen Text heraushebt.[45] Nicht erforderlich ist allerdings, dass die gesamte Regelung der Haftungshöchstsumme auffällig gestaltet ist.[46] Immerhin ist der Regelungsadressat Unternehmer, so dass ihm zugemutet werden kann, den deutlich hervorgehobenen **Haftungshöchstbetrag samt zugehöriger Berechnungsfaktoren**[47] als Anlass für eine Überprüfung der gesamten Regelung zu nehmen. Überdies wird gerade durch die alleinige Hervorhebung des Betrags diesem besondere Aufmerksamkeit zuteil.[48]

22    Die Regelung in Abs. 2 S. 1 Nr. 1 erlaubt darüber hinaus aber auch, den entsprechenden Hinweis in anderer Weise als durch eine besondere optische Gestaltung der vorformulierten Vertragsbedingungen zu erteilen, vorausgesetzt, dies geschieht **in geeigneter Weise bei Vertragsschluss.** Denkbar ist hier insbesondere ein Hinweis **mündlicher Natur.**[49] In jedem Fall darf der Verwender aber nicht nur generell auf die Geltung seiner vorformulierten Vertragsbedingungen hinweisen, sondern muss nach der gesetzlichen Regelung in Abs. 2 S. 1 Nr. 1 ausdrücklich hervorheben, dass diese **einen anderen als den gesetzlich vorgesehenen Haftungshöchstbetrag** enthalten. Die Anforderungen an die konkrete Ausgestaltung des Hinweises hängen von den Umständen des jeweiligen Vertragsschlusses ab. Maßgeblich ist jedoch stets, dass der Hinweis geeignet sein muss, von einem **durchschnittlichen Vertragspartner** mit **zumutbarem Erkenntnisaufwand** inhaltlich nachvollzogen zu werden.[50]

23    Die **Beweislast** dafür, dass er den erforderlichen Hinweis in geeigneter Weise erteilt hat, trägt der Verwender der vorformulierten Vertragsbedingungen. Hat der Verwender seinen Vertragspartner nicht in geeigneter Weise darauf hingewiesen, dass die vorformulierten Vertragsbedingungen einen anderen als den gesetzlichen Haftungshöchstbetrag vorsehen, gilt der gesetzliche Haftungshöchstbetrag.

24    **d) Begünstigung des Vertragspartners des Verwenders.** Durch vorformulierte Vertragsbedingungen kann ferner nach Abs. 2 S. 1 Nr. 2 der in Abs. 2 S. 1 Nr. 1 vorgegebene **Haftungskorridor** überschritten werden, wenn der Betrag für den Verwender der vorformulierten Vertragsbedingungen **ungünstiger** ist, als der in § 431 Abs. 1 und 2 vorgesehene Betrag.

25    Die gesetzliche Regelung in Abs. 2 S. 1 Nr. 2 erlaubt ein Abweichen zugunsten des Vertragspartners des Verwenders nur im Hinblick auf den Haftungshöchstbetrag. Nach dem Wortlaut der Regelung dürfen vorformulierte Vertragsbedingungen damit **nicht zugunsten** des Vertragspartners des Verwenders von den **übrigen in Abs. 1 S. 1 genannten Haftungsvorschriften** abweichen.[51] Sieht man die Regelung in ihrem systematischen

---

[43] Reg.Begr. S. 88.
[44] So auch *Koller* § 449 Rn. 57. Zu Abs. 2 S. 2 Nr. 1 aF: BGH 18.10.2007, VersR 2008, 661, 663.
[45] Zu Abs. 2 S. 2 Nr. 1 aF: BGH 25.4.1996, NJW 1996, 1964, 1965; BGH 24.6.2004, NJW 2004, 3183, 3184; OLG Hamburg 19.8.2004, TranspR 2004, 402, 404: Hierfür reiche es nicht aus, dass die entsprechende Klausel links und rechts mit einem Strich versehen sei.
[46] Zu Abs. 2 S. 2 Nr. 1 aF: OLG Hamburg 19.8.2004, TranspR 2004, 402, 404; *Ramming* TranspR 2010, 397, 408; aA EBJS/*Schaffert* § 449 Rn. 35; *Heymann*/*Schlüter* § 449 Rn. 22.
[47] ZB „2 SZR für jedes Kilogramm des Rohgewichts der Sendung".
[48] Zu Abs. 2 S. 2 Nr. 1 aF: *Ramming* VersR 1999, 1177, 1181.
[49] *Koller* § 449 Rn. 57.
[50] Vgl. zu Abs. 2 S. 2 Nr. 1 aF: EBJS/*Schaffert* § 449 Rn. 35.
[51] *Koller* § 449 Rn. 5; *Koller* TranspR 2006, 265, 269; EBJS/*Schaffert* § 449 Rn. 25; *Ramming* TranspR 2010, 397, 406; aA wohl OLG Frankfurt 1.7.2004, TranspR 2004, 464, 466 f.

Zusammenhang mit Abs. 3, fällt auf, dass demgegenüber bei Beteiligung eines Verbrauchers eine Abweichung von den genannten Haftungsvorschriften – auch in vorformulierten Vertragsbedingungen – stets zugunsten des Verbrauchers zulässig ist. Es ist zweifelhaft, ob der Verwender in erhöhtem Maße geschützt werden muss, wenn sein Vertragspartner Unternehmer ist. Zwar kommt, anders als bei der Beteiligung eines Verbrauchers, ein Übergewicht an Marktmacht durchaus auf Seiten des Vertragspartners des Verwenders in Betracht. Dieses ermöglicht dem Vertragspartner des Verwenders aber ohnehin, auf eine für den Verwender nachteilige Abänderung seiner vorformulierten Vertragsbedingungen im Wege der – zulässigen – Individualvereinbarung zu dringen. Der eindeutige Wortlaut setzt einer Auslegung aber Grenzen, so dass es im Ergebnis bei der Einzelfallregelung des Abs. 2 Nr. 2 verbleiben muss und im Übrigen eine Abweichung in vorformulierten Vertragsbedingungen zugunsten des Vertragspartners des Verwenders unzulässig ist.

**e) Einbeziehung.** Für die Einbeziehung der vorformulierten Vertragsbedingungen gel- **26** ten grundsätzlich die für Verträge zwischen Unternehmern maßgeblichen **allgemeinen Regeln.** Nach § 310 Abs. 1 S. 1 BGB sind die in § 305 Abs. 2 und 3 BGB normierten Einbeziehungsvoraussetzungen für AGB, die gegenüber einem Unternehmer verwendet werden, gerade nicht anwendbar. Auch im Verkehr zwischen Unternehmern gelten AGB aber nur dann, wenn sie durch rechtsgeschäftliche Einbeziehung Vertragsbestandteil geworden sind.[52]

Die zu Abs. 2 S. 2 Nr. 1 aF geführte Diskussion, ob das Erfordernis der drucktechnisch **27** deutlichen Gestaltung auch Auswirkungen auf die Frage der Einbeziehung der vorformulierten Vertragsbedingungen bzw. AGB in den Frachtvertrag hat, ist durch die Aufgabe dieses Erfordernisses im Rahmen der Neufassung der Regelung in dieser Form obsolet geworden. Zwar sollte die Frage der Einbeziehung der AGB in den Vertrag ausweislich der Regierungsbegründung zum TRG durch das Erfordernis der drucktechnisch deutlichen Gestaltung auch schon zuvor gerade nicht berührt werden.[53] Sowohl der Bundesgerichtshof[54] als auch zahlreiche Stimmen in der Literatur[55] nahmen jedoch an, dass die hinter dem Deutlichkeitsgebot stehende Warnfunktion leerliefe, wenn bei einem mündlich geschlossenen Vertrag mündlich auf drucktechnisch deutlich gestaltete AGB verwiesen werden könne. Nach dieser Ansicht schied eine stillschweigende Einbeziehung der AGB folglich aus;[56] dem Vertragspartner des Verwenders müssten zwar nicht die gesamten AGB, wohl aber deren von der gesetzlichen Haftungshöchstsumme abweichender Teil in qualifizierter Form zur Kenntnis gebracht werden.[57] Dieses Erfordernis sei jedenfalls dann erfüllt, wenn die entsprechende Klausel dem Vertragspartner des Verwenders entweder vorgelegt werde oder ihm positiv bekannt sei, dass sie Vertragsbestandteil werden soll.[58]

Nach Aufgabe des Erfordernisses der drucktechnisch deutlichen Gestaltung kommt nun – entsprechend den allgemeinen Regeln zum Vertragsschluss – auch eine **mündliche Einbeziehung** der vorformulierten Vertragsbedingungen oder eine solche durch **schlüssiges Verhalten** in Betracht, vorausgesetzt, der nach Abs. 2 S. 1 Nr. 1 erforderliche Hinweis ist erteilt.

**f) Inhaltskontrolle.** Auch AGB iSd. § 305 Abs. 1 S. 1 BGB, die sich innerhalb des **28** vorgegebenen Haftungskorridors bewegen, unterliegen der Inhaltskontrolle nach §§ 307 ff.

---

[52] BGH 12.2.1992, BGHZ 117, 190, 194; *P. Schmidt* TranspR 2011, 398, 402; Palandt/*Grüneberg* BGB § 305 Rn. 49 ff.

[53] Reg.Begr. S. 88.

[54] BGH 23.1.2003, TranspR 2003, 119, 120; ebenso OLG Hamburg 19.12.2002, TranspR 2003, 72, 73; LG Memmingen 16.1.2002, TranspR 2002, 82, 83; aA OLG Brandenburg 15.8.2001, TranspR 2001, 474, 476.

[55] *Koller* TranspR 2001, 359, 361; *Bästlein/Bästlein* TranspR 2003, 61, 62; *Heuer* TranspR 2004, 114, 115; EBJS/*Schaffert* § 449 Rn. 35; Voraufl. § 449 Rn. 22; aA *Herber* TranspR 2003, 119 ff.; *Herzog* TranspR 2001, 244, 247; *Ramming* VersR 1999, 1177, 1182; *Ramming* TranspR 2010, 397, 409; *P. Schmidt* TranspR 2011, 398, 403 f.

[56] BGH 23.1.2003, TranspR 2003, 119, 120; LG Memmingen 16.1.2002, TranspR 2002, 82, 83.

[57] BGH 23.1.2003, TranspR 2003, 119, 120; *Koller* TranspR 2000, 1, 3 ff.; *Koller* TranspR 2001, 359, 361; *Bästlein/Bästlein* TranspR 2003, 61, 62; Voraufl. § 449 Rn. 22; aA *Herber* TranspR 2003, 119 ff.

[58] OLG Hamburg 19.12.2002, TranspR 2003, 72, 73; Baumbach/Hopt/*Merkt* § 449 Rn. 2.

BGB.[59] Dem Korridor kommt lediglich die Funktion zu, Ausnahmen von der AGB-Festigkeit der Haftungsbestimmungen generell zuzulassen. In der Sache bestimmt er Grenzen
extremer Abweichung vom gesetzlichen Entschädigungsbetrag. Den Beteiligten bleibt der
Vorteil, dass sie innerhalb des Korridors vertragliche Regelungen durch vorformulierte
Vertragsbedingungen treffen können. Sie erhalten aber keinen Freibrief, dass jeder festgesetzte Haftungsbetrag in dem relativ weiten gesetzlichen Rahmen als angemessen zu gelten
hätte. Summenmäßige Haftungsbegrenzungen sind auch hier nur zulässig, wenn sie in
einem **angemessenen Verhältnis zum vertragstypischen Risiko** stehen, und wenn die
Höchstsumme die **vertragstypisch vorhersehbaren Schäden** abdeckt.[60] So kann die
Haftung nicht auf eine Summe begrenzt werden, die den Wert der beförderten Güter bei
weitem weder im konkreten noch im Regelfall deckt.[61]

29       **g) Summenmäßige Beschränkung der Haftung des Absenders.** Infolge der Neufassung des § 414 durch das SRG ist die Haftung des Absenders künftig nicht mehr durch Gesetz
summenmäßig beschränkt. Die vom Absender nach § 414 zu leistende Entschädigung kann
jedoch gemäß Abs. 1 S. 2 nF der Höhe nach durch vorformulierte Vertragsbedingungen
beschränkt werden, im Übrigen gilt für Abweichungen von § 414 die Regelung des Abs. 1.

30       **6. Abweichende Bestimmungen im Ladeschein.** Nach dem durch das SRG neu
eingefügten Abs. 1 S. 2, der § 525 S. 2 nF zum Vorbild hat, kann sich der Frachtführer auf
eine Bestimmung im Ladeschein, die von den in S. 1 aufgeführten Vorschriften zu Lasten
des aus dem Ladeschein Berechtigten abweicht, nicht gegenüber einem im Ladeschein
benannten Empfänger oder einem Dritten, dem der Ladeschein übertragen wurde, berufen.
Auf die Gutgläubigkeit des Dritten kommt es insoweit nicht an.[62] Dem Gesetzgeber
erschien es zum Erhalt der Umlauffähigkeit des Ladescheins geboten, die Möglichkeit der
Abweichung von den gesetzlichen Haftungsvorschriften einzuschränken.[63]

31       Aus der Verweisung in Abs. 2 S. 1 auf Abs. 1 ergibt sich, dass von dem bei Verlust
oder Beschädigung des Gutes geltenden gesetzlichen Haftungshöchstbetrag nicht nur durch
Bestimmungen des Frachtvertrags, sondern auch durch solche des Ladescheins abgewichen
werden kann. Damit ist eine Bestimmung im Ladeschein, die die Voraussetzungen des
Abs. 2 erfüllt, auch dann wirksam, wenn sie zu Lasten Dritter geht.[64]

32       **7. Einzelfälle.** Da der Gesetzgeber nur die in Abs. 1 S. 1 genannten Vorschriften AGB-
fest ausgestaltet hat, alle übrigen frachtrechtlichen Vorschriften aber weiterhin durch das
gerade im gewerblichen Sektor so wichtige Instrument der AGB abbedungen werden können, ist anlässlich einzelner Klauseln eine umfangreiche Diskussion darüber entstanden, ob
sie von den genannten Vorschriften erfasst werden oder nicht.

33       **a) Verzicht auf Schnittstellenkontrollen.** Die bestehenden Abgrenzungsschwierigkeiten zeigen sich deutlich bei der Diskussion um die Zulässigkeit von Klauseln in vorformulierten Vertragsbedingungen, nach denen sich der Versender damit einverstanden erklärt,
dass eine Kontrolle des Transportwegs an den einzelnen Umschlagstellen nicht durchgeführt
wird (s. hierzu auch § 435 Rn. 21 ff.).[65]

34       Nach der **hM** sind solche Klauseln wegen Verstoßes gegen Abs. 2 S. 1 aF bzw. nunmehr
Abs. 1 S. 1 nF **unwirksam,** da sie eine unzulässige Abweichung von dem in § 426 festgelegten

---

[59] *Herber* NJW 1998, 3297, 3305; *Basedow* TranspR 1998, 58; *Ramming* VersR 1999, 1177, 1185; *Ramming*
TranspR 2010, 397, 409; EBJS/*Schaffert* § 449 Rn. 39 ff.; HK/*Ruß* § 449 Rn. 5; Baumbach/Hopt/*Merkt* § 449
Rn. 2; *Fremuth/Thume* § 449 Rn. 39; *Andresen/Valder* § 449 Rn. 44 f.; aA *Koller* TranspR 2000, 1, 5 f.
[60] BGH 11.11.1992, NJW 1993, 335, 336.
[61] OLG München 2.3.1994, NJW-RR 1994, 742.
[62] RegBegr-SRG S. 59.
[63] RegBegr-SRG S. 59.
[64] RegBegr-SRG S. 59, 60.
[65] Zur Bedeutung von Schnittstellenkontrollen s. OLG Düsseldorf 31.5.2006, TranspR 2006, 349, 352;
OLG Karlsruhe 14.10.2005, OLGR Karlsruhe 2006, 438, 440.

Sorgfaltsmaßstab beinhalten.[66] Teilweise wird auch eine unzulässige Abbedingung des § 435 angenommen, da bei einem Fehlen von Schnittstellenkontrollen grundsätzlich davon ausgegangen werden könne, dass die in § 435 festgelegten Voraussetzungen einer qualifizierten Haftung erfüllt seien.[67] Dem Versender ist nach der hM jedoch ein **Mitverschulden** anzulasten, wenn er eine gebotene Wertdeklaration unterlassen oder von einem Hinweis auf die Gefahr eines ungewöhnlichen hohen Schadens abgesehen hat.[68] Im Rahmen des Mitverschuldens wird auch zu Lasten des Versenders berücksichtigt, wenn er den Transportauftrag in Kenntnis des Umstands erteilt, dass der Frachtführer keine Schnittstellenkontrollen durchführt.[69]

Nach **anderer Ansicht**[70] handelt es sich bei dem Verzicht auf Schnittstellenkontrollen **35** um eine zulässige Festlegung des Umfangs **primärer Vertragspflichten,** die von Fragen der Haftung scharf zu trennen sei. Der Gesetzgeber habe nur die Vertragsfreiheit hinsichtlich sekundärer Vertragspflichten einschränken wollen. Der Verzicht auf Schnittstellenkontrollen sei daher gegenüber einem Unternehmer in AGB zulässig.

Letztlich kann es dahinstehen, ob es sich bei dem Verzicht auf Schnittstellenkontrollen **36** um eine Leistungsbeschreibung oder eine Haftungsregelung handelt. Entscheidend ist, dass der Verzicht auf Schnittstellenkontrollen – jedenfalls auch – den in § 426 **gesetzlich vorgegebenen Sorgfaltsmaßstab** der Frachtführerhaftung **modifiziert.** Schnittstellenkontrollen dienen als elementare Vorkehrung gegen den Verlust der Ware. Der Frachtführer ist nach § 426 nur von der Haftung für den Verlust des Transportguts befreit, wenn der Verlust auf Umständen beruht, die er auch bei größter Sorgfalt nicht vermeiden kann. Eine Haftungsbefreiung ist bei einem Verstoß gegen wesentliche Sorgfaltspflichten ausgeschlossen, wozu der Schutz des Transportguts vor Verlust gehört. Der Frachtführer hat daher die Beförderung so zu organisieren, dass Ein- und Ausgang der Güter kontrolliert werden. Sofern Schnittstellenkontrollen abbedungen werden, läuft dies somit auf eine Einschränkung der in § 426 geforderten wesentlichen Sorgfaltspflichten hinaus.[71]

Zuzugeben ist, dass der solchermaßen AGB-fest ausgestaltete Sorgfaltsmaßstab wegen **37** der Wechselwirkungen zwischen Leistungsinhalt und Haftung Auswirkungen auf den Leistungsinhalt insofern hat, als Leistungsinhalte, die den gesetzlich vorgesehenen Sorgfaltsmaßstab modifizieren, nicht in AGB vereinbart werden können. Diese **(mittelbaren) Auswirkungen auf den Leistungsinhalt** lassen sich bei der verwandten Regelungstechnik jedoch nicht vermeiden.[72] Der Gesetzgeber hat diese Auswirkungen bewusst in Kauf genommen, um die Unabdingbarkeit der Haftungsregeln durch AGB sicherzustellen.[73] Wollen die Par-

[66] BGH 1.12.2005, TranspR 2006, 169, 170 f.; BGH 1.12.2005, TranspR 2006, 171, 173; BGH 20.7.2006, VersR 2007, 564, 565; OLG Hamburg 29.1.2004, NJW-RR 2004, 1038, 1039; OLG Köln 22.6.2004, TranspR 2005, 156, 158; OLG Nürnberg 1.9.2004, NJW-RR 2005, 183, 184; OLG Düsseldorf 31.5.2006, TranspR 2006, 349 f.; OLG Hamburg 16.11.2006, TranspR 2007, 240, 243; OLG Koblenz 30.11.2006, VersR 2007, 1009, 1010; OLG Düsseldorf 21.11.2007, TranspR 2008, 38, 40; OLG Düsseldorf 25.3.2010, TranspR 2010, 229, 230 ff.; LG Düsseldorf 4.3.2009, TranspR 2010, 81; Baumbach/Hopt/*Merkt* § 449 Rn. 2; GK/*Bracker* § 449 Rn. 5; EBJS/*Schaffert* § 449 Rn. 33; *Andresen/Valder* § 426 Rn. 9.
[67] OLG Nürnberg 1.9.2004, NJW-RR 2005, 183, 184; OLG Karlsruhe 14.10.2005, OLGR 2006, 438, 440.
[68] BGH 1.12.2005, TranspR 2006, 171, 174; BGH 20.7.2006, VersR 2007, 564, 566 f.; OLG Düsseldorf 31.5.2006, TranspR 2006, 349, 350 f.; OLG Koblenz 30.11.2006, VersR 2007, 1009, 1010.
[69] OLG Düsseldorf 31.5.2006, TranspR 2006, 349; 350 f.; s. hierzu auch § 435 Rn. 47 ff.
[70] *Koller* § 449 Rn. 6; *Koller* TranspR 2006, 265 ff.; *Koller* TranspR 2007, 221, 224; *Ettrich* TranspR 2003, 443, 445; *Ramming* TranspR 2010, 397, 414; *Thume* TranspR 2012, 426, 431.
[71] BGH 1.12.2005, TranspR 2006, 169, 170 f.; BGH 1.12.2005, TranspR 2006, 171, 173.
[72] So auch OLG Düsseldorf 25.3.2010, TranspR 2010, 229, 231; vgl. auch P. *Schmidt* VersR 2013, 418, 423.
[73] Vgl. Reg.Begr. S. 86: „Schließlich kann im Frachtgeschäft ein Bedürfnis dafür vorhanden sein, die ganze Reichweite vertraglicher Inhaltsfreiheit – von einer Haftungserhöhung im Rahmen eines qualitätsvollen Beförderungsangebots über eine gänzliche Abbedingung der Haftung bei außergewöhnlichen Risikotransporten bis zur Schaffung ‚maßgeschneiderter‘ Vertragslösungen für langfristige Geschäftsverbindungen oder größere Projekte – ausschöpfen zu können. Gleichwohl wird die Konzeption einer gänzlichen Dispositivität des Frachtrechts nicht übernommen. Ausschlaggebend ist insofern insbesondere die Erwägung, dass ein in vollem Umfang dispositives Recht Rechtsunsicherheit insbesondere bei der jeweils marktunterlegenen Partei begründet. Unterschiedlich ausgestaltete Haftungsregeln in allgemeinen Geschäftsbedingungen können dazu führen, dass das Haftungsrisiko völlig unüberschaubar wird – ein Zustand, der angesichts der Erfahrungen mit dem geltenden Transportrecht in jedem Falle vermieden werden sollte."

teien dennoch auf Schnittstellenkontrollen verzichten, weil etwa eine solche Beförderung auf eigenes Risiko des gewerblichen Versenders für diesen wesentlich günstiger angeboten werden kann, müssen sie den Weg der Individualvereinbarung wählen.

**38**   **b) Verbotsgut.** In den AGB vieler Transportunternehmen sind ferner häufig Klauseln enthalten, wonach der Frachtführer keinen Vertrag über die Beförderung bestimmter, in der Regel wertvoller Güter (zB Geld, Edelmetalle, Schmuck) abschließt. Da diese AGB aber nur für den Vertragspartner verbindlich sind, wenn ein wirksamer Vertrag geschlossen ist, und da sie ferner regelmäßig besondere Rechte des Frachtführers (Leistungsverweigerungs- und Anfechtungsrechte, Haftungsausschlüsse) im Falle des Vertragsschlusses über Verbotsgut enthalten, muss ihre Auslegung zwangsläufig dazu führen, dass sie dem Vertragsschluss selbst nicht im Wege stehen. Nimmt der Frachtführer unwissentlich Verbotsgut an, kommt demnach ein wirksamer Frachtvertrag durch **schlüssiges Verhalten** zustande.[74]

**39**   Eine Klausel, wonach für die Beförderung von Verbotsgütern die Haftung des Frachtführers ausgeschlossen wird, ist wegen Verstoßes gegen Abs. 1 S. 1 **unwirksam**, so dass der Frachtführer auch für Verbotsgut nach den gesetzlichen Regeln haftet.[75] Darüber hinaus kommt ein Verstoß gegen § 307 Abs. 1 S. 1 BGB in Betracht.[76] Der Versender muss sich allerdings im Hinblick auf die unterlassene Wertdeklaration und den unterlassenen Hinweis des Frachtführers auf die Gefahr des Eintritts eines ungewöhnlich hohen Schadens unter Umständen ein erhebliches **Mitverschulden** entgegenhalten lassen,[77] das sogar einen vollständigen Haftungsausschluss des Frachtführers gerechtfertigt erscheinen lassen kann (s. hierzu auch § 435 Rn. 35 f.).[78]

**40**   **c) Qualität des einzusetzenden Beförderungsmittels.** Demgegenüber ist es grundsätzlich zulässig, in AGB die Qualität des einzusetzenden Beförderungsmittels zu bestimmen, da eine solche Klausel nicht von den in Abs. 1 S. 1 genannten Vorschriften abweicht. § 427 Abs. 1 Nr. 1 gestattet sogar ausdrücklich eine solche Vereinbarung, nämlich die Verwendung von offenen, nicht mit Planen gedeckten Fahrzeugen. Anderes gilt nur, wenn die getroffene Vereinbarung die Durchführung der Beförderung gefährdet, etwa bei einer Bestimmung, die es dem Frachtführer gestattet, ein nicht fahr- und ladungstüchtiges Schiff zu stellen.[79]

**41**   **8. Verjährung.** Vereinbarungen über die Verjährung richten sich nach § 439 Abs. 4. Verjährungsvorschriften können hiernach durch qualifizierte Individualvereinbarung modifiziert werden (vgl. § 439 Rn. 33 ff.).

**42**   **9. Prüfungsmaßstab, Rechtsfolge.** Zur Feststellung, ob eine unzulässige Abweichung vorliegt, ist ein Vergleich jeder einzelnen vertraglichen Regelung mit den genannten gesetzlichen Vorschriften vorzunehmen. Die Unwirksamkeit der Regelung führt grundsätzlich dazu, dass an ihre Stelle die entsprechende gesetzliche Regelung tritt.[80] Insofern ist § 306

---

[74] BGH 30.3.2006, VersR 2007, 226, 228; BGH 13.7.2006, BB 2006, 2324, 2325; BGH 16.11.2006, VersR 2007, 1539, 1540; BGH 15.2.2007, VersR 2008, 97, 98; OLG Köln 8.4.2003, VersR 2003, 1148, 1149; OLG Köln 5.8.2003, VersR 2003, 1598.

[75] BGH 30.3.2006, VersR 2007, 226, 228 f.; BGH 13.7.2006, BB 2006, 2324, 2326; BGH 16.11.2006, VersR 2007, 1539, 1542; BGH 15.2.2007, VersR 2008, 97, 98; OLG Köln 8.4.2003, VersR 2003, 1148, 1149; OLG Köln 5.8.2003, VersR 2003, 1598, 1599; LG Bonn 21.10.2003, VersR 2003, 1600, 1602; LG Landshut, 1.3.2013, 54 O 1098/12, juris Rn. 26; *Grimme* TranspR 2004, 160, 163; aA *Koller* § 449 Rn. 6.

[76] OLG Karlsruhe 14.10.2005, OLGR Karlsruhe 2006, 438, 440; LG Bonn 21.10.2003, VersR 2003, 1600, 1602; *Koller* VersR 2004, 269, 274.

[77] BGH 30.3.2006, VersR 2007, 226, 229; BGH 13.7.2006, BB 2006, 2324, 2326; BGH 16.11.2006, VersR 2007, 1539, 1542; BGH 15.2.2007, VersR 2008, 97, 98 f.; OLG Köln 5.8.2003, VersR 2003, 1598, 1600.

[78] BGH 13.7.2006, BB 2006, 2324, 2326; BGH 15.2.2007, VersR 2008, 97, 99.

[79] Vgl. auch BGH 29.1.1968, BGHZ 49, 356, 363; BGH 20.3.1978, BGHZ 71, 167, 171; OLG Köln 3.7.1998, TranspR 2000, 130, 131.

[80] OLG Köln 22.6.2004, TranspR 2005, 156, 158; OLG Nürnberg 24.1.2008, VersR 2009, 1385, 1386; *Heymann/Schlüter* § 449 Rn. 23; *Koller* § 449 Rn. 63; EBJS/*Schaffert* § 449 Rn. 25.

Abs. 2 BGB analog anzuwenden.[81] Ausnahmsweise kann sich auf der Grundlage einer analogen Anwendung des § 306 Abs. 3 BGB ergeben, dass der Vertrag insgesamt unwirksam ist, weil das Festhalten an ihm auch unter Berücksichtigung der Ersetzung der unwirksamen Bestimmungen durch die gesetzlichen Regelungen eine unzumutbare Härte darstellt.[82]

## IV. Verbrauchergeschäfte

**1. Grundsatz.** Handelt es sich bei dem **Absender** um einen **Verbraucher,** darf zu **43** seinem Nachteil nicht von den in Abs. 1 S. 1 genannten Vorschriften abgewichen werden, es sei denn, es handelt sich um eine Briefbeförderung (dazu nachfolgend Rn. 47 ff.). Abweichende Vereinbarungen zugunsten des Verbrauchers – selbst wenn sie in AGB des Frachtführers enthalten sind – sind zulässig.[83] Ziel der Unabdingbarkeit der in Abs. 1 S. 1 genannten Vorschriften ist zu vermeiden, dass der Verbraucher einer verschärften Haftung ausgesetzt wird. Auch sollen die Beweislastregeln nicht zu Lasten des Verbrauchers abgeändert werden.[84]

**2. Verbraucher.** Der Begriff des Verbrauchers richtet sich nach der Definition des § 13 **44** BGB.[85] Danach ist Verbraucher eine natürliche Person, die den Frachtvertrag zu einem Zweck abschließt, der **weder ihrer gewerblichen noch ihrer selbständigen beruflichen Tätigkeit** zugerechnet werden kann. Der intellektuelle oder ökonomische Status einer Person ist nicht maßgeblich. Auch der Unternehmer, der außerhalb seiner gewerblichen oder beruflichen Tätigkeit handelt, ist Verbraucher.[86] Derjenige, der für sich die Verbrauchereigenschaft in Anspruch nimmt, trägt die Beweislast dafür, dass deren Voraussetzungen vorliegen.[87]

**3. Verjährung.** Vereinbarungen über die Verjährung sind in § 439 Abs. 4 einer eigen- **45** ständigen Regelung unterworfen (zu Einzelheiten s. § 439 Rn. 33 ff.). Hiernach können die Verjährungsregeln zu Lasten des Verbrauchers durch qualifizierte Individualvereinbarung modifiziert werden.

**4. Prüfungsmaßstab, Rechtsfolge.** Zur Feststellung, ob eine unzulässige Abweichung **46** vorliegt, ist ein Vergleich jeder einzelnen vertraglichen Regelung mit den genannten gesetzlichen Vorschriften und nicht etwa ein auf den gesamten Vertrag bezogener Günstigkeitsvergleich vorzunehmen.[88] Erweist sich eine Abweichung als unzulässig, hat dies nicht eine Gesamtnichtigkeit des Frachtvertrags zur Folge. Vielmehr ist allein die betreffende vertragliche Regelung unwirksam und durch die entsprechende gesetzliche Regelung zu ersetzen.[89]

## V. Briefe und briefähnliche Sendungen

Für Verträge über die Beförderung von Briefen oder briefähnlichen Sendungen herrscht – **47** freilich in den Grenzen der allgemeinen Vorschriften des BGB, insbesondere der §§ 138,

[81] OLG Köln 5.8.2003, VersR 2003, 1598, 1599; OLG Köln 22.6.2004, TranspR 2005, 156, 158; *Ramming* TranspR 2010, 397, 407; *Koller* § 449 Rn. 63.
[82] OLG Köln 8.4.2003, VersR 2003, 1148, 1149; OLG Köln 5.8.2003, VersR 2003, 1598, 1599; s. hierzu auch *Koller* § 449 Rn. 63; EBJS/*Schaffert* § 449 Rn. 23.
[83] Baumbach/Hopt/*Merkt* § 449 Rn. 1; *Koller* § 449 Rn. 76.
[84] Heymann/*Schlüter* § 449 Rn. 6.
[85] Die zunächst in Abs. 1 S. 1 enthaltene Bezugnahme auf § 414 Abs. 4 HGB aF ist – wie der § 414 Abs. 4 HGB aF selbst – infolge der Definition der Begriffe des Verbrauchers und des Unternehmers im Allgemeinen Teil des BGB (§§ 13 und 14 BGB) im Zuge der Umsetzung der Fernabsatzrichtlinie gestrichen worden. Zu der gemeinschaftsrechtlichen Überlagerung der §§ 13, 14 BGB und deren Auswirkung auf § 449 vgl. *Staudinger* IPRax 2001, 183, 185.
[86] Palandt/*Ellenberger* BGB § 13 Rn. 2.
[87] BGH 11.7.2007, NJW 2007, 2619, 2621; Staudinger/*Weick* (2004) BGB § 13 Rn. 67.
[88] *Koller* § 449 Rn. 72.
[89] *Staudinger* IPRax 2001, 183, 184; Heymann/*Schlüter* § 449 Rn. 23; *Koller* § 449 Rn. 72; EBJS/*Schaffert* § 449 Rn. 2.

242, 305 ff. BGB[90] – grundsätzlich **Vertragsfreiheit.** Diese Regelung wirkt als Öffnungs-klausel dafür, dass für die Massengeschäfte der Briefbeförderung sowie der Beförderung ähnlicher Sendungen wie bisher die Haftung dem Grunde nach ausgeschlossen,[91] oder jedenfalls betragsmäßig stark begrenzt bleibt und zwar gerade auch gegenüber dem Verbrau-cher. Die Gründe für diese haftungsrechtliche Sonderbehandlung liegen in der Anonymität dieser Beförderungsvorgänge, ihrer Massenhaftigkeit sowie in dem von Befördererseite her kaum abschätzbaren Haftungsrisiko.[92] Darüber hinaus besitzen diese Sendungen typischer-weise keinen besonderen wirtschaftlichen Wert, so dass aus dem Verlust eines Briefes in der Regel kein materieller Schaden erwächst.[93]

48    Unter den Begriff der Briefbeförderung fällt auch die Beförderung von Wertbriefen[94] und Einschreiben.[95] Als **briefähnliche Sendungen** sind dem Brieftransport verwandte Dienstleistungen wie Beförderung von Infopost, Postwurfsendungen, Zeitungen, Zeit-schriften und Päckchen anzusehen.[96]

49    Demgegenüber sind **Paketsendungen** und sonstige sog. Frachtpost nicht in den Anwen-dungsbereich der Regelung einbezogen, da deren Beförderung der Güterbeförderung näher steht als dem postalischen Massenverkehr.[97] Insbesondere findet bei der Beförderung von Paketen regelmäßig ein vorheriger Kontakt mit dem Absender statt, der es jedenfalls grund-sätzlich erlaubt, den Kunden auf Haftungsausschlüsse hinzuweisen oder mit ihm individuelle Vereinbarungen hierüber zu treffen.[98]

## VI. Ausländisches Recht

50    Unterliegt der Frachtvertrag – kraft Rechtswahl oder objektiver Anknüpfung – ausländi-schem Recht, wie es namentlich bei einem Kabotagetransport der Fall sein kann, dann gelten die nach Abs. 1 bis 3 zwingenden Haftungsvorschriften gleichwohl, sofern der **Ort der Übernahme** und der **Ort der Ablieferung** des Gutes im Inland liegen. Nach dem Wortlaut der Vorschrift ist der vertraglich vereinbarte und nicht der tatsächliche Über-nahme- oder Ablieferungsort maßgeblich.[99]

51    Abs. 4 ist damit eine zwingende Bestimmung des deutschen Rechts iSd. **Art. 34 EGBGB** bzw. **Art. 9 Rom I-VO** zum Schutz des Absenders.[100] Hintergrund der Bestimmung ist die seit 1. Juli 1998 innerhalb des EU-Binnenmarktes geltende Kabotagefreiheit.[101] Durch die Regelung soll – insbesondere aus Wettbewerbsgründen – gewährleistet werden, dass Beförderungen, die innerhalb Deutschlands von ausländischen Beförderern durchgeführt

---

[90] *Koller* § 449 Rn. 47. Im Rahmen der Inhaltskontrolle von AGB wurde allerdings eine Regelung, die dem Absender den Ersatzanspruch bei der Versendung von Briefen abspricht, die von der Beförderung ausgeschlossen sind, für wirksam gehalten (LG Hamburg 15.6.2001, TranspR 2001, 445); gleichfalls die Haftungshöchstsumme von 50 DM (LG Hamburg 2.7.1999, TranspR 2001, 445, 447) sowie von 1000 DM (LG Bad Kreuznach 18.6.2002, TranspR 2002, 442, 443) gemäß § 6 Abs. 3 AGB „Frachtdienst Inland der Deutschen Post".

[91] S. etwa zur Zulässigkeit der Abbedingung von Schnittstellenkontrollen BGH 14.6.2006, VersR 2007, 273, 274.

[92] Reg.Begr. S. 86.

[93] BGH 15.11.2001, TranspR 2002, 295, 299; OLG München 17.3.2004, VersR 2004, 805; OLG Frank-furt 1.7.2004, TranspR 2004, 464, 465; OLG Nürnberg 1.9.2004, NJW-RR 2005, 183 f.; OLG Karlsruhe 14.10.2005, OLGR Karlsruhe 2006, 438, 440.

[94] LG Bad Kreuznach 18.6.2002, TranspR 2002, 442, 443; aA *Grimme* TranspR 2004, 160, 162.

[95] LG Hamburg 2.7.1999, TranspR 2001, 445, 447.

[96] EBJS/*Schaffert* § 449 Rn. 23.

[97] Reg.Begr. S. 86; BGH 1.12.2005, TranspR 2006, 169, 171; BGH 1.12.2005, TranspR 2006, 171, 174; BGH 16.11.2006, VersR 2007, 1539, 1542; OLG Frankfurt 1.7.2004, TranspR 2004, 464, 465; OLG Köln 5.8.2003, TranspR 2004, 28, 30; OLG Stuttgart 14.1.2004, TranspR 2005, 27, 29; s. auch *Grimme* TranspR 2004, 160, 161.

[98] OLG Köln 8.4.2003, VersR 2003, 1148, 1149; OLG Köln 22.6.2004, TranspR 2005, 156, 158.

[99] *Staudinger* IPRax 2001, 183; HK/*Ruß* § 449 Rn. 10; *Koller* § 449 Rn. 77.

[100] Reg.Begr. S. 88; s. auch OLG Köln 18.5.2004, TranspR 2005, 263, 264; *Ramming* TranspR 2009, 200, 207; EBJS/Schaffert § 449 Rn. 41; *Koller* § 449 Rn. 77; HK/*Ruß* § 449 Rn. 10; Baumbach/Hopt/*Merkt* § 449 Rn. 3; Palandt/*Thorn* Art. 9 Rom I-VO Rn. 10.

[101] Reg.Begr. S. 88; s. hierzu auch *Staudinger* IPRax 2001, 183, 184.

werden, nur in demselben Umfang wie Transporte ohne jeglichen Auslandsbezug abweichenden Parteivereinbarungen, etwa der Bezugnahme auf ausländische Rechtsordnungen, zugänglich sind.[102] Von der Einbeziehung auch grenzüberschreitender Transporte wurde abgesehen, um Normenkonflikte mit Rechtsordnungen anderer Staaten zu vermeiden.[103]

## § 450 Anwendung von Seefrachtrecht

**Hat der Frachtvertrag die Beförderung des Gutes ohne Umladung sowohl auf Binnen- als auch auf Seegewässern zum Gegenstand, so ist auf den Vertrag Seefrachtrecht anzuwenden, wenn**
**1. ein Konnossement ausgestellt ist oder**
**2. die auf Seegewässern zurückzulegende Strecke die größere ist.**

**Schrifttum:** *Ramming,* Zur Abgrenzung zwischen Binnenschiffahrts- und Seefrachtrecht nach § 450 HGB TranspR 2005, 138.

### Übersicht

| | Rn. | | Rn. |
|---|---|---|---|
| I. Normzweck | 1 | IV. Verhältnis der Nummern 1 und 2 | 7 |
| II. Entstehungsgeschichte | 2, 2a | V. Größere Seestrecke | 8, 9 |
| III. Tragweite der Vorschrift | 3–6 | VI. Ausstellung eines Konnossements | 10–16 |

### I. Normzweck

Die Abgrenzung von See- und Binnenschifffahrtsfrachtrecht bei übergreifenden Beförderungen ist seit langem streitig und konnte vor dem TRG nicht sachgerecht gelöst werden. Die Auffassung, dass sich das Seerecht „als das stärkere" durchsetze,[1] führte zwar zu einer klaren Abgrenzung, ließ sich aber weder aus dem Gesetz noch nach dem Zweck begründen.[2] Deshalb hat das TRG nunmehr eine eindeutige gesetzliche Abgrenzung geschaffen. Das war umso mehr geboten, als nach der Einführung gesetzlicher Regeln für den Multimodaltransport die Gefahr bestanden hätte, dass die gemischten Beförderungen auch bei kurzer Binnenstrecke – etwa einer Fahrt auf der Elbe nach einer Überseebeförderung – durch § 452 der Anwendung des Seefrachtrechts entzogen worden wären. **1**

### II. Entstehungsgeschichte

Die Regelung ist unverändert aus dem Vorschlag der Sachverständigenkommission[3] in den RegE[4] übernommen und im Gesetzgebungsverfahren nicht im Einzelnen erörtert worden. Ein in der Diskussion gemachter Vorschlag, es bei der früheren Auffassung – Vorrang des Seerechts – zu belassen, wurde von der Bundesregierung abgelehnt.[5] **2**

Das SRG sieht eine Vereinfachung der Vorschrift durch Streichung der Wörter „1. ein Konnossement ausgestellt ist oder 2." vor (Art. 1 Nr. 27 SRG). Diese vom Deutschen Bundestag beschlossene Änderung tritt jedoch erst in Kraft, wenn die HR außer Kraft treten (Art. 15 Abs. 2 Satz 1 SRG). Bis dahin soll die Alternative 1 weiterhin sicherstellen, **2a**

---

[102] Reg.Begr. S. 88.
[103] Reg.Begr. S. 88.
[1] *Wüstendörfer,* Neuzeitliches Seehandelsrecht, 2. Aufl. 1950, S. 45; Prüßmann/*Rabe* Seehandelsrecht 3. Aufl. 1992, Einf. I C 2a; aA *Herber* Seehandelsrecht S. 7.
[2] Sie ist deshalb mit Recht vom Gesetz nicht übernommen worden, Reg.Begr. S. 89.
[3] Bericht S. 28, 128.
[4] Reg.Begr. S. 12, 88.
[5] Reg.Begr. S. 89.

dass eine Verletzung der HR bei Ausstellung eines Konnossements vermieden wird.[6] Vgl. dazu u. Rn. 15a.

### III. Tragweite der Vorschrift

**3**    Die Bestimmung enthält eine **Sonderregel** für Transporte, die sich auf See- und Binnengewässern vollziehen und bei Umladung Fälle des Multimodaltransportes sind. Vergleichbar etwa Art. 2 CMR wird, wenn eine Umladung nicht erfolgt, der Gesamttransport dem See- oder Binnenschifffahrtsrecht (dh. dem allgemeinen Frachtrecht der §§ 407 ff.) zugeordnet und damit der Anwendung der §§ 452 ff. entzogen.

**4**    Diese Zuordnung gilt nur für die rechtliche **Beurteilung von Frachtverträgen,** nicht für andere schifffahrtsrechtliche (auch Haftungs-) Regeln wie etwa die globale Haftungsbeschränkung (der §§ 611 ff. für das Seeschiff und der §§ 4 ff. BinSchG für das Binnenschiff); die **Große Haverei** ist dagegen als Teil des Frachtrechts nach den jeweils anwendbaren Rechtsregeln des HGB oder des BinSchG zu beurteilen (soweit nicht, wie üblich, York-Antwerp-Rules oder Rheinregeln vereinbart sind).[7] Für § 450 ist **unerheblich, ob das befördernde Schiff ein Seeschiff oder ein Binnenschiff** ist.

**5**    Es muss sich um eine Reise **ohne Umladung** zwischen den verschiedenartigen Strecken handeln. Wird das Gut umgeladen, so gelten – sofern die beiden Strecken unterschiedlichen Rechtsregimen zugerechnet werden (Binnenschifffahrt und Seeschifffahrt) – §§ 452 ff.

**5a**    Das Erfordernis „ohne Umladung" schließt nicht jede Umladung während des Transports aus. Entscheidend ist, ob die Güter die Grenze zwischen Binnen- und Seegewässern auf einem Schiff (gleich, ob See- oder Binnenschiff) ohne Umladung passieren[8] Denkbar ist natürlich, dass bei einer Umladung vor oder nach dem Übergang von Binnen- und Seegewässern auf eine der Teilstrecken zunächst wiederum § 450 anzuwenden ist: Wird etwa das Gut von Basel bis Duisburg mit einem Binnenschiff und dann, nach Umladung, von Duisburg nach Kanada mit einem anderen (See- oder Binnen-)Schiff befördert, so gelten für den Gesamtvertrag, der sich aus Binnen- und Seestrecke zusammensetzt, §§ 452 ff.[9]

**6**    Wie beim Multimodalvertrag **kommt es allein auf den Vertrag** an: Sieht dieser die Beförderung ohne Umladung vor, so gilt § 450 auch dann, wenn später eine Umladung vorgenommen wird.[10]

### IV. Verhältnis der Nummern 1 und 2

**7**    Gedanklich hat das **Kriterium der Strecke** (Nummer 2) den **Vorrang.** Denn die jeweils auf See- oder Binnengewässern zurückgelegte längere Strecke entscheidet kraft Gesetzes über das anzuwendende Recht und gilt unabhängig davon, ob ein Konnossement oder Ladeschein ausgestellt worden ist. Dagegen setzt die Ausstellung des Konnossements (Nummer 1) eine Entscheidung der Vertragsparteien voraus, die in ihrer rechtlichen Einordnung zudem umgekehrt von der Natur des Vertrages abhängig ist. Deshalb erscheint es zweckmäßig, zunächst auf die autonome Begriffsbestimmung der Nummer 2 und erst danach auf die Nummer 1 einzugehen.

### V. Größere Seestrecke

**8**    Nach **Nummer 2** ist autonomes Kriterium für die Abgrenzung die **Länge der Strecke.** Diese ist, um Zweifel auszuschließen, rein geographisch zu beurteilen. Unklarheiten können gleichwohl deshalb bestehen, weil das öffentliche Recht keine einheitliche und klare Abgrenzung von See- und Binnengewässern vorgibt. Mangels anderer Maßstäbe muss auf

---

[6] RegBegr-SRG S. 145.
[7] *Herber* Seehandelsrecht S. 8.
[8] S. zutreffend *Ramming* TranspR 2005, 138, 143; vgl. auch EBJS/*Schaffert* Rn. 2.
[9] Ähnlich *Koller* Rn. 4.
[10] *Koller* Rn. 3.

die Definition des § 1 FlaggenrechtsVO vom 4.7.1990, BGBl. I S. 1389 zurückgegriffen werden. Davon geht auch die Reg.Begr.[11] aus, die „ohne direkte gesetzliche Bezugnahme" die Begriffsbestimmung der „Seefahrt" in der FlaggenrechtsVO für maßgebend hält. Die Rechtsprechung hat auch sonst im Seehandelsrecht zur Abgrenzung von der Binnenschifffahrt die Definition des Flaggenrechts übernommen.[12] Das führt zwar dazu, dass die Fahrt auf Seeschifffahrtsstraßen wie namentlich der Elbe von Hamburg bis zur Mündung, ja sogar bis Bremerhaven[13] nicht als Seefahrt anzusehen ist, doch ist das im Interesse der Klarheit hinnehmbar. Versuche, hier durch Abstellen auf andere Kriterien, insbesondere die Verkehrsanschauung, Korrekturen vorzunehmen,[14] sind mit dem Gesetz nicht vereinbar, das klar allein auf die Distanz abstellt.

§ 1 FlaggenrechtsVO lautet: 9

„Als Grenzen der Seefahrt im Sinne des § 1 des Flaggenrechtsgesetzes werden bestimmt:
1. die Festland- und Inselküstenlinie bei mittlerem Hochwasser,
2. die seewärtige Begrenzung der Binnenwasserstraßen,
3. bei an der Küste gelegenen Häfen die Verbindungslinie der Molenköpfe und
4. bei Mündungen von Flüssen, die keine Binnenwasserstraßen sind, die Verbindungslinie der äußeren Uferausläufe."

## VI. Ausstellung eines Konnossements

**Nummer 1** sieht alternativ ein **zweites Kriterium** für die Anwendung von Seerecht 10 auf die Gesamtstrecke vor: Ist ein **Konnossement** ausgestellt, so gilt auch dann Seefrachtrecht, wenn das Merkmal der größeren Seestrecke nicht erfüllt ist.

Es muss sich um ein **Konnossement** handeln und dieses muss **tatsächlich ausgestellt** 11 worden sein; es genügt nicht, dass es nach dem Vertrag hätte ausgestellt werden sollen.[15] Andere Dokumente wie namentlich Seefrachtbriefe erfüllen dieses Erfordernis nicht. Deren Gleichstellung wird zwar im Schrifttum gefordert,[16] jedoch gegen den Gesetzeswortlaut und gegen den Zweck der Vorschrift. § 450 stellt nicht primär auf den Parteiwillen ab;[17] denn die Vorschrift führt zu der Entscheidung, ob das zwingende Haftungsrecht der §§ 425 ff. oder das des Seefrachtrechts gilt. Allerdings ist der Parteiwille insofern beachtlich, als die Parteien des Frachtvertrages bestimmen können, ob sie ein Konnossement ausstellen wollen oder nicht; insofern besteht auch hier eine Rückwirkung der Parteientscheidung auf die Anwendung zwingenden Rechts, ebenso wie nach § 662 aF. Das Abstellen auf die Konnossementsausstellung dient allein dem Zweck, eine Kollision mit den HR zu vermeiden, die keine klare Unterscheidung zwischen See- und Binnengewässern kennen, aber Konnossemente geschützt sehen wollen.[18] Auch nach der Reform des Seerechts durch das SRG bedarf es dafür der Anwendung von Seefrachtrecht, weil nur über diese die Wahrung der Anforderungen der HR in den Fällen, in denen dies geboten ist, durch Anwendung des Art. 6 EGHGB gewährleistet ist.

Problematisch ist jedoch die Abgrenzung des Konnossements vom **Ladeschein**. Hier 12 sind auch Reg.Begr.[19] und Kommissionsbericht[20] nicht eindeutig; danach kann „auch ein als Ladeschein bezeichnetes Papier ... unter Umständen als Konnossement im Sinne dieser Vorschrift angesehen werden".

---

[11] S. 89.
[12] BGHZ 76, 201; 204; Wegen der Abgrenzung von See- und Binnengewässern vgl. auch *v. Walstein/Holland* § 1 BinSchG Rn. 16 f.
[13] Offen gelassen für diesen Fall in OLG Hamburg 10.4.2008, TranspR 2008, 213.
[14] So ErgBd. 7a Rn. 8 ff.; auch auf den Parteiwillen kann es nicht ankommen, so aber wohl *v. Walstein/Holland* Rn. 6.
[15] So aber, entgegen dem Wortlaut des Gesetzes, *Ramming* TranspR 2005, 138, 140.
[16] ErgBd. 7a Rn. 7; *Rabe* Einf. Rn. 41; wie hier *Koller* Rn. 5; *EBJS/Schaffert* Rn. 3.
[17] Dem ErgBd. 7a, Rn. 6 Bedeutung beimessen wollte.
[18] Reg.Begr. S. 89.
[19] S. 89.
[20] S. 128.

**13**     Konnossement und Ladeschein sind **rechtlich in gleicher Weise ausgestaltet.**[21] Der Ladeschein wird in der Praxis des Binnenschifffahrtsrechts häufig als Konnossement bezeichnet; ebenso das sog. Durchkonnossement („Through Bill of Lading"), welches rechtlich nach deutschem Recht ein Ladeschein ist (vgl. dazu vor § 443 Rn. 3, § 452d Rn. 44 ff.). Ob die eine oder andere Version des auch **wirtschaftlich gleichwertigen Papiers** vorliegt, hängt deshalb umgekehrt davon ab, ob Ansprüche aus einem Seefrachtvertrag verbrieft werden oder aus einem dem allgemeinen Frachtrecht unterliegenden Vertrag. Ist die Seestrecke die längere und ergibt sich deshalb schon aus Nummer 2, dass Seefrachtrecht anzuwenden ist, so kann nach § 514 ein (See-) Konnossement ausgestellt werden. Ist dies jedoch nicht der Fall – und das setzt Nummer 1 voraus, um einen selbständigen Sinn zu haben –, dann ist ein als „Konnossement" bezeichnetes Papier, das für die Gesamtstrecke ausgestellt wird, an sich notwendig Ladeschein iSd. § 443. Die Vorschrift der Nummer 1 führt jedoch durch ihre konstitutive Wirkung dazu, dass damit der von der Distanz gesehen nicht dem Seerecht unterliegende Vertrag dem Seefrachtrecht unterstellt wird; dadurch transformiert sich zugleich der Ladeschein in ein Konnossement.

**14**     Deshalb muss ein **Ladeschein für die Gesamtstrecke,** der die rechtlichen Anforderungen an ein Konnossement erfüllt, dem Konnossement gleichgeachtet werden: Er ist kraft Definition der Nummer 1 ein Konnossement. Nur so kann auch der Zweck der Bestimmung erreicht werden, Kollisionen mit den HR zu vermeiden.[22] International sind beide Dokumente ungeachtet ihrer unterschiedlichen Bezeichnung in Deutschland gleichbedeutend.

**15**     Diese Auslegung hat allerdings die **praktische Konsequenz,** dass eine überwiegend auf Binnengewässern durchgeführte Beförderung bei nur kleinem Seeanteil durch Ausstellung eines „Konnossements" der Haftung nach §§ 425 ff. entzogen werden kann. Das ist jedoch eine Folge der Vorsicht des Gesetzgebers hinsichtlich der Wahrung der HR auch bei gemischten Beförderungen.

**15a**    Leider hat der Gesetzgeber des SRG sich nicht entschließen können, die in Art. 1 Nr. 27 vorgesehene sachgerechte Änderung der Bestimmung vor Außerkrafttreten der HR wirksam werden zu lassen. Die Kombination der beiden Alternativen ist logisch missglückt[23] und auf vielfältige Kritik gestoßen. Der Vermeidung der Verletzung der HR – wenn man diese schon nicht kündigen will – dient Art. 6 EGHGB. Allerdings hat die unter Rn. 15 aufgezeigte Konsequenz jetzt nicht mehr die Folge, dass die dem allgemeinen Frachtrecht der §§ 407 ff in weiterem Umfang als durch den Zweck der Vermeidung der Verletzung der HR gebotenen entzogenen Schiffsbeförderungen einem überholten und veralteten Seerecht unterfallen.[24]

**15b**    Unterliegt eine Beförderung infolge der Konnossementsausstellung dem Seefrachtrecht, so entscheidet wiederum Art. 6 EGHGFB darüber, ob dies das modernere Haftungsrecht der §§ 498 ff. in der Neufassung durch das SRG ist oder ob es der Korrekturen durch Art. 6 Abs. 1 Satz 1 EGHGB zur Anpassung an das alte, unzulängliche Recht der HR ist. Deshalb besteht auch kein Anlass mehr, eine – nicht mit dem Wortlaut zu vereinbarende – Reduktion der Konnossementsalternative auf Konnossemente, die zwingendem Recht unterfallen,[25] vorzunehmen; diese Korrektur ist nach Aufhebung des § 662 aF und dessen Ersetzung durch eine flexiblere Regelung in § 511 wohl ohnehin überholt.

**16**     Voraussetzung der Nummer 1 ist aber jedenfalls, dass das Dokument die **Gesamtstrecke abdeckt.** Deshalb ist ein Ladeschein, der nur für den Binnenschifffahrtsanteil der Gesamtstrecke ausgestellt wird, nicht ausreichend. Gleiches gilt für ein Konnossement, das nur den Seeanteil deckt.

---

[21] §§ 443 ff. sind der rechtlichen Ausgestaltung der §§ 513 ff. gefolgt.

[22] S. oben Rn. 11. Allerdings kann die Auslegung nicht, wie *Ramming* TranspR 2005, 138, 142 zu meinen scheint, davon abhängig gemacht werden, ob die HR tatsächlich im Einzelfall anwendbar sind; die so motivierte Vorschrift gilt innerstaatlich allgemein.

[23] Dazu vor allem *Ramming* TranspR 2005, 139 ff.

[24] Was noch in der Voraufl., Rn. 15, bedacht werden musste.

[25] So EBJS/*Schaffert* § 449 Rn. 3; Oetker/*Paschke* § 450 Rn. 2; ablehnend auch *Koller* § 450 Rn. 5.

## Zweiter Unterabschnitt. Beförderung zum Umzugsgut

### § 451 Umzugsvertrag

**Hat der Frachtvertrag die Beförderung von Umzugsgut zum Gegenstand, so sind auf den Vertrag die Vorschriften des Ersten Unterabschnitts anzuwenden, soweit die folgenden besonderen Vorschriften oder anzuwendende internationale Übereinkommen nichts anderes bestimmen.**

Schrifttum: *Andresen,* Die Beförderung von Umzugsgut, TranspR 1998, 97; *ders.,* Die Haftung des Möbelspediteurs beim Umzug, FG Herber, S. 145; *Scheel,* Die Entwicklung des Umzugsrechts seit Inkrafttreten der Transportrechtsreform, TranspR 2005, 239; *Mittelhammer,* Leitfaden für den Praktiker zum Umzugsrecht, TranspR 2011,139.

### Übersicht

|  | Rn. |  | Rn. |
|---|---|---|---|
| I. Überblick | 1–5 | 2. Umzugsgut | 11–15 |
| 1. Vertragsart | 1 | III. Anwendung von Frachtrecht | 16–19 |
| 2. Gesetzesbegründung | 2–4 | IV. Vertragsgestaltung | 20–23 |
| 3. Haftung | 5 | 1. Internationale Übereinkommen | 20–22 |
| II. Beförderung von Umzugsgut | 6–15 | 2. Abdingbarkeit | 23 |
| 1. Umzugsvertrag | 7–10 |  |  |

## I. Überblick

**1. Vertragsart.** Ein **Umzugsvertrag** beinhaltet verschiedene Leistungen, die der Ver- **1** pflichtete zu erbringen hat. Zum einen ist es die Beförderung, zum anderen das Be- und Entladen, das Auf- und Abbauen der Möbel, Besorgung von Versicherungsschutz, eine eventuelle Verzollung oder die Besorgung sonstiger Leistungen in Zusammenhang mit dem Umzug. Insoweit wäre ein **gemischter Vertrag,** bestehend aus Frachtvertrag, Werkvertrag und Geschäftsbesorgungsvertrag denkbar gewesen. Der Gesetzgeber hat den Umzugsvertrag, der in diesem zweiten Unterabschnitt behandelt wird, als Sonderfrachtvertrag konzipiert. In § 451 wird festgelegt, welche Rechtsvorschriften auf den Vertragstypus „Frachtvertrag, der die Beförderung von Umzugsgut zum Gegenstand hat", anzuwenden sind.

**2. Gesetzesbegründung.** Der Gesetzgeber hat deshalb den Umzugsvertrag nicht aus- **2** schließlich als Frachtvertrag entsprechend dem 1. Unterabschnitt konzipiert, weil der Frachtvertrag im Regelfall ein beiderseitiges Handelsgeschäft ist. Als solcher hätte er viele frachtrechtliche Regelungen enthalten, die für den Umzugsvertrag so nicht übernommen werden konnten. Der Gesetzgeber hat sich dabei auch an der bisherigen Normierung für den Umzugsvertrag orientiert.

Vor dem Transportrechtsreformgesetz bis zum 1.7.1998 galten die „Beförderungsbedin- **3** gungen für den Umzugsverkehr und für die Beförderung von Handelsmöbeln in besonders für die Möbelbeförderung eingerichteten Fahrzeugen im Güterfernverkehr und Güternahverkehr (GüKUMB)". Diese **Beförderungsbedingungen** waren ursprünglich Teil des Güterkraftverkehrstarifs für das Güterkraftverkehrsgewerbe, enthielten allerdings bereits Regelungen im Hinblick auf den **Verbraucherschutz.** So gebieten Gründe des Verbraucherschutzes, die den Absender treffende Haftung im Vergleich zum allgemeinen Frachtrecht zu modifizieren und zusätzliche Beratungspflichten des Möbelspediteurs gegenüber seinen Kunden zu statuieren.[1]

Die **Haftung des Frachtführers** ist dem Grunde nach im allgemeinen Frachtrecht des **4** Ersten Unterabschnitts geregelt. Das Gewicht des Umzugsguts ist jedoch schwer festzustellen

---

[1] BT-Drucks. 13/8445 S. 89.

und deshalb als Anknüpfungspunkt für die Haftung wenig geeignet.[2] Die vertraglichen Pflichten, die besonderen Haftungsausschlussgründe, die Rügepflichten und deren Rechtsfolgen wurden jedoch in Anlehnung an GüKUMB geregelt. Der Grund liegt in den typischerweise anderen Verhältnissen, da in der Regel Privatpersonen Auftraggeber sind. Privatpersonen als Verbraucher müssen auf der einen Seite besser geschützt werden, deshalb sind vertragliche Haftungsregeln nicht zu Lasten des Verbrauchers abänderbar. Auf der anderen Seite wird regelmäßig gebrauchtes Gut transportiert und nach dem Transport sofort weiterbenutzt. Deshalb sind die **Rügepflichten** mit der Vermutungsregelung im § 438 nur teilweise geeignet. Während die Anwendung der früher geltenden Regelungen GüKUMB davon abhängig war, dass mit einem Lkw befördert wurde, ist dies für die Anwendung der sonderfrachtrechtlichen Vorschriften der §§ 451 ff. ohne Bedeutung. Die Beförderung von Umzugsgut mit Kfz, Eisenbahn, Binnenschiff oder auch ohne Fahrzeug im Rahmen eines Trageumzugs führt zur Anwendung der Sondervorschriften. Bei einem grenzüberschreitenden Transport ist zuerst zu prüfen, ob zwingende internationale Abkommen zur Anwendung kommen, ansonsten gelten bei Anwendung deutschen Rechts die §§ 451 ff.[3] Auch wenn das Umzugsgut in einem Container befördert wird, gelten die §§ 451 ff., selbst dann, wenn der Frachtführer das Beladen und Stauen nicht übernommen hat. Er wird regelmäßig durch § 451d Abs. 1 Nr. 4 geschützt.

5    **3. Haftung.** Kernstück der gesetzlichen Regelung für den Umzugsvertrag ist die Haftung, da die Leistung disponibel ist. Deshalb kommt der **Leistungsbeschreibung** im Umzugsvertrag auch eine besondere Bedeutung zu. Neben der Beschränkung auf Güter- und Verspätungsschäden sowie die Haftungsbegrenzung bei Vermögensschäden und bei außervertraglichen Ansprüchen gibt es **besondere Haftungsausschlüsse,** die typischerweise nur bei Umzügen vorkommen, eine andere Haftungsbegrenzung sowie Sonderregelungen über die Schadensanzeige und die Information von Verbrauchern.

## II. Beförderung von Umzugsgut

6    Voraussetzung für die Anwendung der besonderen Vorschriften der §§ 451 ff. ist, dass Umzugsgut befördert wird. Hierfür gilt in erster Linie auch das Frachtrecht des Ersten Unterabschnitts in den §§ 407–450. Im Zweiten Unterabschnitt sind Abweichungen und Ergänzungen zum allgemeinen Frachtrecht.

7    **1. Umzugsvertrag.** Die ungenaue, aber gebräuchliche Bezeichnung „**Umzugsvertrag**" steht für den „Frachtvertrag über die Beförderung von Umzugsgut". Allerdings ist das Leitbild eines Umzugsvertrages ein anderes als das eines Frachtvertrages. Für den Regelfall gehört das Ab- und Aufbauen der Möbel sowie das Ver- und Entladen des Umzugsgutes mit zur Leistung und bei Verbrauchern darüber hinaus auch die Ausführung sonstiger auf den Umzug bezogener Leistungen (§ 451a). **Sonstige Leistungen** können sein die Verpackung, die Besorgung von Versicherungen, die Verzollung oder die Anpassung und Ergänzung einer transportierten Küche.

8    Der Umzugsvertrag wird geschlossen zwischen dem Absender (häufig als Auftraggeber bezeichnet) und dem Frachtführer (in der Regel der Möbelspediteur). Wird bei einem Umzug für einen Mitarbeiter der Arbeitgeber **Vertragspartner,** so ist dieser Absender. In der Regel wird allerdings der Mitarbeiter selber Vertragspartner und der Arbeitgeber nur Frachtzahler. Auch ein Gerichtsvollzieher, der mit der Zwangsräumung einer Wohnung einen Möbelspediteur beauftragt, ist der Absender. Dieser Vertrag entfaltet jedoch Schutzwirkungen zu Gunsten des Umziehenden.[4]

9    In der Regel kommt der Frachtvertrag zwischen dem Umziehenden als Absender und dem Möbelspediteur als Frachtführer zustande. Aufgrund der Verweisung auf § 407 Abs. 3

---

[2]  *Andresen* TranspR 1998, 98.
[3]  *Andresen,* FG Herber, S. 145.
[4]  OLG Hamburg 19.12.1996, TranspR 1997, 270; OLG Stuttgart 17.11.2009, NJW-RR 2010, 883.

muss es sich jedoch bei der Beförderung um eine zum **Betrieb eines gewerblichen Unternehmens** gehörende Leistung handeln. Für den **Do-it-yourself-Umzug** mit Freunden finden die Bestimmungen der §§ 451 ff. keine Anwendung. Bei der privaten Mithilfe beim Umzug oder bei der Schwarzarbeit gilt das allgemeine Schadensersatzrecht des BGB.

Der Umzugsvertrag betrifft nur die Beförderung von Umzugsgut auf dem Land, auf 10 Binnengewässern oder mit Luftfahrzeugen, nicht jedoch bei der Beförderung als Seefracht. Soweit allerdings ein **multimodaler Transport** vorliegt, findet über § 452c bei Anwendung deutschen Rechts das Umzugsvertragsrecht des 2. Unterabschnitts Anwendung, wenn der Schadensort unbekannt ist.

**2. Umzugsgut.** Der Gesetzgeber hat den Begriff **Umzugsgut** nicht definiert. Unter 11 Umzug versteht man die Ortsveränderung beweglicher Sachen, die zu einem bestimmten Zweck verwendet wurden und weiterhin nicht nur vorübergehend, diesem oder einem ähnlichen Zweck dienen sollen. Darunter fallen Wohnungseinrichtungen und alle Sachen des Umziehenden aus Privathaushalten, Einrichtungen aus Büros, Betrieben, Schulen, Kinderheimen, Krankenhäusern, Kasernen, Museen, Bibliotheken und Instituten. Danach ist Umzugsgut eine Gesamtheit von Sachen, die einem einheitlichen Zweck zu dienen bestimmt sind und zu diesem Zweck Verwendung gefunden haben.[5]

Der Begriff „Umzugsgut" in § 451 ist weit zu verstehen. Eine gleichzeitige Wohnsitzver- 12 legung des Absenders ist weder notwendiges Merkmal des Umzugsvertrages noch Voraussetzung für eine Anwendbarkeit der Vorschriften des Zweiten Unterabschnitts. Von diesen Vorschriften werden auch Verträge über die Beförderung von privatem **Heirats- und Erbgut** sowie Büro- und Betriebsumzüge erfasst.[6]

Wird das Umzugsgut eingelagert, so ist die Zweckbestimmung nicht aufgehoben. Nach 13 der **Einlagerung** soll es in der Regel wieder als Wohnungseinrichtung oder für den früheren Zweck genutzt werden. Das gilt zB auch bei Transport, Einlagerung und Rücktransport bei einer Wohnungsrenovierung.[7]

Gibt ein Verbraucher einen Auftrag zur Beförderung einzelner oder mehrerer gebrauch- 14 ter Möbelstücke aus einer Wohnung in eine andere, aus dem Lager in eine Wohnung oder aus einer Wohnung in ein Lager, so ist im Regelfall davon auszugehen, dass die beförderten Sachen am neuen Ort oder später wieder entsprechend ihrer früheren Bestimmung genutzt werden sollen. Deshalb ist bei solchen Aufträgen im Zweifel ein Vertrag über die Beförderung von Umzugsgut iSd. § 451 anzunehmen.[8] Das gilt auch für die Beförderung einzelner gebrauchter Möbelstücke. Die **Einordnung als Umzugsvertrag** oder als sonstiger Frachtvertrag ist insbesondere im Hinblick auf die Haftung, die Rügefristen und die Information des Verbrauchers von besonderer Bedeutung. Vom Gesetzesaufbau her ist es nicht möglich, bei umzugsähnlichen Leistungen, die aber nicht die Beförderung von Umzugsgut zum Gegenstand haben, in einem Frachtvertrag die Haftungsvorschriften des Zweiten Unterabschnitts durch allgemeine Geschäftsbedingungen zu vereinbaren. Bei der Beförderung von neuen Möbeln an einen Verbraucher, die ausgeliefert und aufgebaut werden, kommen nur die Vorschriften des Ersten Unterabschnitts zur Anwendung und eventuell darüber hinaus Werkvertragsrecht oder Kaufrecht. Diese Beschränkung ergibt sich für diese Fälle aus § 449.

Wenn die Einordnung als Umzugsvertrag oder allgemeiner Frachtvertrag zweifelhaft ist, 15 muss die Einordnung anhand anderer Indizien erfolgen. Dies kann auch der **Parteiwille** sein. Vereinbaren die Vertragsparteien bei der Verlagerung eines gesamten Betriebs oder einer Fabrik die Anwendung der Regelungen im Zweiten Unterabschnitt über die Beförderung von Umzugsgut, so hat dies bei der Auslegung Berücksichtigung zu finden. Auch die **Betriebsverlagerung** ist ein Umzug. Wird im Rahmen eines solchen Umzugs durch einen Frachtführer

---

[5] *Andresen*, FG Herber, S. 146 f.
[6] BT-Drucks. 13/8445 S. 90.
[7] OLG Schleswig 5.6.2008, NJW-RR 2008,1361= TranspR 2009, 30.
[8] So auch *Koller* Rn. 3.

ausschließlich eine Maschine transportiert, so muss in den vertraglichen Vereinbarungen zwischen Möbelspediteur und Frachtführer deutlich gemacht werden, ob es sich um die Teilleistung aus einem Umzug oder um einen Maschinentransport als Auftrag für einen allgemeinen Frachtvertrag handelt. Beide Varianten sind denkbar.[9] Steht der Transport im Vordergrund ohne sonstige Leistungen, ist allgemeines Frachtrecht anzuwenden.

### III. Anwendung von Frachtrecht

**16**    Ziel des Gesetzgebers war, den **Umzugsvertrag** grundsätzlich **als Frachtvertrag** zu regeln und nur die Besonderheiten in Abänderung oder Ergänzung des Ersten Unterabschnitts im Zweiten Unterabschnitt festzulegen. Damit finden die Regelungen über den Frachtvertrag, die Kündigung des Frachtvertrages (Fautfracht) und das Weisungsrecht ebenso Anwendung wie die Regelungen bei Beförderungs- und Ablieferungshindernissen. Ebenso sind die Vorschriften über die Lieferfrist, die Haftung nur für Güter- und Verspätungsschäden sowie das Wertersatzprinzip sowohl im allgemeinen Frachtrecht als auch im Umzugsbeförderungsrecht anzuwenden. Zu erwähnen ist noch die Haftungsbegrenzung bei Vermögensschäden (§ 433), die Gleichstellung außervertraglicher Ansprüche mit den vertraglichen (§ 434) sowie die Regelung über die Verjährung, den Gerichtsstand und das Pfandrecht (§§ 439–443).

**17**    Da der Möbelspediteur als Frachtführer nach § 428 sowohl für Handlungen seiner Leute als auch für Handlungen und Unterlassungen anderer Personen, denen er sich bei der Beförderung bedient, haftet, ist er auch berechtigt, **Unterfrachtführer** oder **ausführende Frachtführer** (§ 437) einzusetzen, sofern die Parteien nicht etwas anderes vereinbaren. Hätte der Gesetzgeber hierzu eine Pflicht des Frachtführers zur Vereinbarung beim Einsatz von Unterfrachtführern gewollt, so hätte er im Zweiten Unterabschnitt eine abweichende Regelung normieren müssen.[10] Der Gesetzgeber ist jedoch von einer Liberalisierung des Vertragsrechts ausgegangen, so dass ein Vertragspartner, der Wert auf die tatsächliche Durchführung durch den von ihm beauftragten Frachtführer legt, dies im Vertrag vereinbaren muss. Sonst gilt der Regelfall des § 437, der den Einsatz von ausführenden Frachtführern gestattet.

**18**    Die gesetzlichen Vorschriften über die **Haftung des Frachtführers** im Ersten Unterabschnitt werden vom Grundsatz her auch beim Umzugsvertrag übernommen. Sonderregelungen gelten für die besonderen Haftungsausschlussgründe durch § 451d. Auch der Haftungshöchstbetrag wird abweichend von § 431 bei Verlust und Beschädigung in § 451e im Hinblick auf die erschwerte Gewichtsfeststellung auf die Bezugsgröße benötigter Laderaum gestellt. Unverändert wird die Haftung bei Lieferfristüberschreitung nach § 431 Abs. 3 übernommen. Die Regelung über die Schadensanzeige wird abweichend von § 438 Abs. 1 und 2 bezüglich Frist und Rechtsfolge in § 451f geregelt. Der Grund liegt darin, dass es sich auf der einen Seite um Verbraucher handelt, auf der anderen Seite um gebrauchtes Gut.

**19**    Hervorzuheben ist im Zweiten Unterabschnitt die Berücksichtigung des Verbraucherschutzes. Zum einen hat der Frachtführer eine Informationspflicht und Unterrichtungspflicht über die Haftung und die Schadensanzeige (§ 451g). Bei fehlender oder mangelhafter Unterrichtung über Haftungsbefreiungen und -begrenzungen ist Folge die Anwendung des allgemeinen Schadensersatzrechts ohne Wertersatzprinzip und Ausschluss der Folgeschäden. Bei fehlender Information über das Verhalten im Schadensfall kann der Frachtführer sich nicht auf die Einhaltung der Rügefristen berufen. Der **Verbraucherschutz** kommt im Übrigen auch in den Regelungen über abweichende Vereinbarungen in § 451h statt in § 449 zum Tragen, da in den dort genannten Fällen Abweichungen zu Lasten des Verbrauchers auch durch Individualvereinbarung unzulässig sind.

### IV. Vertragsgestaltung

**20**    **1. Internationale Übereinkommen.** Der Gesetzgeber geht davon aus, dass er mit den Vorschriften im Ersten und Zweiten Unterabschnitt für die Beförderung von Umzugsgut

---

[9] *Andresen,* FG Herber, S. 147.
[10] AA *Koller* § 451a HGB Rn. 4, wie hier *Demuth* in Knorre/Demuth/Schmid, Handbuch des Transportrechts, S. 116.

eine umfassende, auch die Interessen des Verbrauchers berücksichtigende Regelung getroffen hat. Diese Regelung soll deshalb auch im internationalen Verkehr gelten, wenn deutsches Recht zur Anwendung kommt. Nur bei abweichenden **internationalen Übereinkommen** soll etwas anderes gelten. Zwar gibt es zurzeit keine internationalen Übereinkommen über den Umzugsvertrag, jedoch will der Gesetzgeber auch solche Übereinkommen erfassen, die für einzelne Verkehrsträger Regelungen zum allgemeinen Frachtrecht enthalten und auf Umzugsverträge anzuwenden sind.

Für den **Straßengüterverkehr,** als Hauptanwendungsfall im Umzugsverkehr, ist Art. 1 **21** Abs. 4c CMR zu beachten, wonach ausdrücklich die Beförderung von Umzugsgut vom Anwendungsbereich der CMR ausgenommen wird.

Bei der Beförderung auf See liegt im Regelfall ein multimodaler Transport vor, da die **22** Beförderung auf See in der Regel nur eine Teilleistung des Umzugsvertrages ist. Zwar ist im § 407 die Seebeförderung nicht erwähnt, als Teilleistung eines gesamten Umzugsvertrages ist sie jedoch über § 452c zu beachten. Damit kommt im Regelfall das deutsche Umzugsfrachtrecht des HGB zur Anwendung. Internationale Übereinkommen können jedoch bei der internationalen Eisenbahnbeförderung zur Anwendung kommen, da die CIM keinen Ausschluss für die Beförderung von Umzugsgut enthält. Das Gleiche gilt auch für den Luftfrachtverkehr, da das Montrealer Übereinkommen keine Regelung über die Beförderung von Umzugsgut enthält. Auch wenn Umzüge per Eisenbahn oder Flugzeug nicht den Regelfall darstellen, wäre bei solchen Konstellationen jedenfalls vorrangig vor dem nationalen Recht das internationale Übereinkommen anzuwenden.[11]

**2. Abdingbarkeit.** Grundprinzip der gesetzlichen Regelung ist die **Vertragsfreiheit. 23** Das hat zur Folge, dass die Leistung sowohl durch Individualvereinbarung als auch durch Allgemeine Geschäftsbedingungen beschrieben werden kann. So können zusätzliche Pflichten, wie zB die Besorgung einer Transportversicherung, übernommen werden oder übliche Aufgaben wie der Aufbau von Möbeln, zB für die Küche, ausgeschlossen werden. Auch Regelungen aus dem Ersten Unterabschnitt, zB zur Fälligkeit der Vergütung, können im Umzugsvertrag als **Allgemeine Geschäftsbedingungen** geregelt werden. Nicht abgewichen werden kann jedoch von den Regelungen, die im § 451h iVm. § 449 aufgeführt sind, wenn diese Regelungen zu Lasten der Verbraucher erfolgen. Bei Verträgen mit anderen als Verbrauchern kann von diesen Vorschriften über die Haftung von Frachtführer und Absender durch Individualvereinbarung abgewichen werden.[12]

## § 451a Pflichten des Frachtführers

**(1) Die Pflichten des Frachtführers umfassen auch das Ab- und Aufbauen der Möbel sowie das Ver- und Entladen des Umzugsguts.**

**(2) Ist der Absender ein Verbraucher, so zählt zu den Pflichten des Frachtführers ferner die Ausführung sonstiger auf den Umzug bezogener Leistungen wie die Verpackung und Kennzeichnung des Umzugsgutes.**

### Übersicht

| | Rn. | | Rn. |
|---|---|---|---|
| **I. Zweck der Regelung** ............... | 1 | a) Sonstige auf den Umzug bezogene Leistungen .......................... | 9–11 |
| **II. Pflichten des Frachtführers** ........ | 2–14 | b) Verpackung des Umzugsgutes ....... | 12 |
| 1. Pflichten gegenüber allen Vertragspartnern ..................................... | 3–6 | c) Kennzeichnung des Gutes .......... | 13 |
| a) Ver- und Entladen des Umzugsguts . | 4, 5 | 3. Vereinbarung mit Unternehmern ...... | 14 |
| b) Ab- und Aufbau der Möbel ......... | 6 | | |
| 2. Pflichten gegenüber Verbrauchern ..... | 7–13 | **III. Abweichende Vereinbarungen** .... | 15 |

[11] BT-Drucks. 13/8445 S. 90.
[12] S. hierzu Kommentierung zu § 451h Rn. 8 ff.

## I. Zweck der Regelung

**1**    Mit dem Sonderfrachtvertrag wollte der Gesetzgeber den Vertrag über die Beförderung von Umzugsgut genauer beschreiben und die Rechte und Pflichten regeln. Er hat sich dabei daran orientiert, dass üblicherweise bei einem Umzug nicht nur die Umzugsgüter befördert werden, sondern die Möbel vom Frachtführer abgebaut werden, das Fahrzeug beladen wird, die Möbel zur neuen Wohnung transportiert werden, dort wieder entladen werden und in der neuen Wohnung regelmäßig auch aufgebaut werden. Dieser Mindestumfang ist – unabhängig von vielen weiteren möglichen Leistungen – typisch für einen Frachtvertrag über die Beförderung von Umzugsgut. Mit der Festlegung eines erweiterten **Pflichtenkatalogs** soll der Verbraucher geschützt werden, auch wenn die Pflichten abdingbar sind, da sie nicht die Haftung betreffen.[1] Da die vom Frachtführer auszuführenden Leistungen der freien Vereinbarung unterliegen, gelten die Pflichten des § 451a dann, wenn im Umzugsvertrag hierzu keine andere Regelung getroffen wurde.

## II. Pflichten des Frachtführers

**2**    Während im Ersten Unterabschnitt die Pflicht des Frachtführers mit der Beförderung des Gutes an den Bestimmungsort und Ablieferung an den Empfänger beschrieben wird, werden im 2. Unterabschnitt dem Frachtführer **zusätzliche Pflichten** zugewiesen. Es handelt sich dabei nicht nur um Pflichten, die üblicherweise der Absender hat (Verladen und Entladen, Verpacken, Kennzeichnung), sondern auch um zusätzliche werkvertragliche Pflichten wie das Ab- und Aufbauen der Möbel. Damit hat der Gesetzgeber sich an der früheren gesetzlichen Regelung in den Beförderungsbedingungen (GüKUMB) orientiert, die diese Leistungen als Teil der Pflichten des Unternehmers enthielten. Zur Abgrenzung ist es trotzdem sinnvoll, dass vom Möbelspediteur als Frachtführer eine umfassende Leistungsbeschreibung gegeben wird, damit zB geregelt wird, ob Montagen ausgeführt werden sollen.

**3**    **1. Pflichten gegenüber allen Vertragspartnern.** Der Gesetzgeber hat im ersten Absatz die Pflichten des Frachtführers beschrieben, die von ihm wahrzunehmen sind, unabhängig davon, ob der Auftraggeber ein Verbraucher oder ein Unternehmer ist. Allerdings kann im Vertrag, auch durch übliche Formularverträge, also durch **Allgemeine Geschäftsbedingungen,** hiervon abgewichen werden. Das gilt auch gegenüber Verbrauchern. Mit der Beschreibung dieser Tätigkeit des Frachtführers wird ein **gesetzliches Leitbild** geschaffen.

**4**    **a) Ver- und Entladen des Umzugsguts.** Der Regelfall in der **Leistungsbeschreibung** durch den Gesetzgeber ist bei der Beförderung von Umzugsgut das Laden, Stauen und Befestigen (Verladen iS des § 412 Abs. 1) durch den Frachtführer. Dabei gehört zum Laden auch das Heranschaffen der Möbel und Kartons aus der Wohnung zum Fahrzeug, da durch die Leistungsbeschreibung in § 451a die Arbeit vom Abbauen der Möbel bis zur Ladungssicherung dem Frachtführer zugewiesen wird. Das Gleiche gilt natürlich auch für den Weg vom Fahrzeug in die neue Wohnung bis zu dem vom Umziehenden angegebenen Standort.

**5**    Die vom Frachtführer als Umzugsgut zu befördernden Gegenstände sind in der Regel unverpackt. Deshalb ist es Aufgabe des Frachtführers, die Umzugsgüter vor Beschädigung zu schützen. Er muss deshalb zum **Schutz vor Beschädigungen** der Möbel Packdecken oder Luftpolsterfolie verwenden. Das Umzugsgut ist so zu stauen und zu befestigen, dass es während des Transports nicht verschoben wird. Das gilt bei Überseeumzügen auch für den Transport im Container, auch wenn zB zum Umzugsgut ein Pkw gehört. Wenn durch den Möbelspediteur als Frachtführer ein solcher Auftrag angenommen wird, muss er die Güter entsprechend für den vorgesehenen Reiseweg beförderungssicher stauen und befestigen.

---

[1] BT-Drucks. 13/8445 S. 91.

**b) Ab- und Aufbau der Möbel.** Wenn Möbel nicht einfach als ganzes Stück getragen 6
und befördert werden können, sondern ganz oder teilweise für den Transport zerlegt werden
müssen, gehört das nach Abs. 1 zum **Aufgabenbereich** des Frachtführers. Er hat sie dann
nicht nur zu zerlegen, sondern auch wieder zusammenzusetzen und aufzubauen. Allerdings
wird von Abs. 1 nicht die Anpassung der Möbel an die örtlichen Verhältnisse in der neuen
Wohnung erfasst. Auch für den Abbau und Wiederaufbau von **Einbauküchen** gilt, dass
notwendige Umbauten der Küchenmöbel für die neue Wohnung und Einpassung von
neuen Küchenmöbeln nur als sonstige auf den Umzug bezogene Leistungen nach Abs. 2
oder als zusätzlicher Werkvertrag vereinbart werden können. Deshalb ist eine eindeutige
Leistungsbeschreibung im Umzugsvertrag wichtig, damit der Umfang der Leistung für beide
Seiten übereinstimmend festgelegt wird. Bei den in Abs. 1 erfassten Leistungen handelt
es sich teilweise um werkvertragliche Arbeiten, die jedoch dem Frachtrecht unterworfen
werden.

**2. Pflichten gegenüber Verbrauchern.** Aus Gründen des Verbraucherschutzes hat 7
der Gesetzgeber dem Frachtführer zusätzliche Pflichten bereits bei der Vertragsanbahnung
und vor Vertragsschluss auferlegt. Bei Verbrauchern hat der Frachtführer **Aufklärungspflichten**, zB in § 451b eine Informationspflicht bei gefährlichem Gut und die zu beachtenden Zoll- und sonstigen Verwaltungsvorschriften. Darüber hinaus ist der Frachtführer nach
§ 451g verpflichtet, den Verbraucher über die Haftungsbefreiungen und Haftungsbegrenzungen bei Abschluss des Vertrages zu unterrichten. Spätestens bei der Ablieferung hat
er den Empfänger über Form und Frist der Schadensanzeige sowie die Rechtsfolgen bei
Unterlassen einer ordnungsgemäßen Schadensanzeige zu unterrichten.

Dem Frachtführer werden bei der Durchführung von Umzügen, wenn der Absender 8
ein **Verbraucher** ist, zusätzliche Pflichten zugewiesen. Diese gelten dann, wenn hierüber
keine gesonderte Vereinbarung getroffen wurde. Die Verbrauchereigenschaft ergibt sich
aus § 13 BGB. Absender bedeutet auf Grund der Definition in § 407, dass der Vertragspartner
im Sinne von Abs. 2 Verbraucher sein muss. Bei Einsatz eines Unterfrachtführers oder
ausführenden Frachtführers (§ 437) bleibt allerdings der Absender der Verbraucher.

**a) Sonstige auf den Umzug bezogene Leistungen.** Der Gesetzgeber hat sonstige 9
auf den Umzug bezogene Leistungen in den Regelungsbereich des Sonderfrachtvertrages
über die Beförderung von Umzugsgut einbezogen. Als Beispiele hat er die Verpackung
und die Kennzeichnung des Umzugsguts aufgeführt. Es ist deshalb durch Auslegung zu
ermitteln, ob eine bestimmte Leistung auf den Umzug bezogen ist oder ob es sich um
zusätzliche **Werk-, Geschäftsbesorgungs- oder Dienstverträge** handelt. Die Besorgung
einer **Transportversicherung** gehört dazu, sie war im Entwurf der Sachverständigenkommission sogar als Beispiel mit der Verpackung aufgeführt worden.[2] Für den Frachtführer
besteht allerdings keine Pflicht, eine Transportversicherung abzuschließen. Er hat nur auf
die Möglichkeit im Rahmen seiner Information nach § 451g hinzuweisen. Auch die Verzollung im Rahmen eines internationalen Umzugs ist Teil einer auf den Umzug bezogenen
Leistung.

Beim Abbau und Wiederaufbau einer **Einbauküche** ist in der Regel erforderlich, eine 10
neue Arbeitsplatte einzusetzen, sind Wandschränke anzudübeln und ggf. neue zusätzliche
Schränke einzubauen oder die bisherige Küche zu verkürzen. Dies geht über das Ab- und
Aufbauen der Möbel hinaus, ist jedoch eine typischerweise auf den Umzug bezogene
Leistung, so dass hierfür das **Sonderfrachtrecht** zur Anwendung kommt und nicht aus-
schließlich Werkvertragsrecht. Das gilt auch für das Abhängen und Wiederanbringen von
Lampen, das Aufhängen von Wandschränken, das Anschließen von Wasch- und Spülma-
schinen, wenn Frachtführer und Absender dies als zu erbringende Leistung vereinbaren.[3]

Abzugrenzen ist jedoch eine Leistung, die üblicherweise auch außerhalb eines Umzugs 11
stattfindet. Der Aufbau neuer Möbel, die Vermittlung von Elektrikern oder Installateuren

---

[2] *Andresen* TranspR 1998, 99.
[3] *Koller* Rn. 24, der Abs. 2 jedoch eng auslegen will.

oder die Installation von zusätzlichen Wasser- und Elektroanschlüssen ist zwar noch eine anlässlich des Umzugs erbrachte Leistung, jedoch fehlt ihr der **Bezug zum Transport.** Das gilt auch für Renovierungsarbeiten oder die Reinigung der alten Wohnung. Es ist insoweit Werkvertrags-, Dienstvertrags- oder Geschäftsbesorgungsvertragsrecht anzuwenden.

12      **b) Verpackung des Umzugsgutes.** Im allgemeinen Frachtrecht des ersten Unterabschnitts ist das Verpacken der zu befördernden Gegenstände Sache des Absenders. Beim Umzug ist dies ohne besondere Vereinbarung bei Verbrauchern Pflicht des Frachtführers. Verpackung ist der Schutz vor Beschädigung beim Transport. Insoweit geht es nicht nur um das Einpacken von Geschirr, Wäsche und Bekleidung sowie Büchern, auch der Schutz von Bildern, Lampen und sonstigen transportempfindlichen Gegenständen ist **Verpackung.** Bei Verbrauchern ist es deshalb Aufgabe des Frachtführers, bei Einschränkung seiner Leistung dies im Vertrag zu kennzeichnen. Zu empfehlen ist eine solche eindeutige Regelung auch bei Verträgen mit Unternehmern. Ausdrücklich ist nur das Verpacken, nicht jedoch das Auspacken genannt. Ohne gesonderte Vereinbarung gehört das Auspacken von Kisten nicht zum Leistungsumfang des Frachtführers. Nur wenn das Auspacken als vertragliche Leistung vereinbart wurde, ist die Ablieferung erst mit dem Auspacken beendet.[4]

13      **c) Kennzeichnung des Gutes.** Auch die Kennzeichnung der zu befördernden Güter ist im allgemeinen Frachtrecht Aufgabe des Absenders. Beim Umzug soll der Möbelspediteur als Frachtführer auf Grund seiner vorzunehmenden Behandlung des Gutes die Kennzeichnung selber vornehmen. Die **Kennzeichnung von Gütern** dient der Information der mit dem Transport befassten Personen über Identität und eventuelle Behandlung. Die Kennzeichnung dient zum einen der Behandlung im Rahmen des Umzugs, zB durch Information, welchen Inhalt die Kartons haben. Zum anderen dient die Kennzeichnung auch dazu, die beförderten Gegenstände abzugrenzen gegenüber Gegenständen anderer Absender. Soweit für die Kennzeichnung Weisungen oder Informationen gegeben werden müssen, bleibt dies Sache des Absenders.

14      **3. Vereinbarung mit Unternehmern.** Die Pflichten, die der Frachtführer im Zweifel für den Verbraucher übernimmt, wenn keine gesonderte Vereinbarung getroffen wurde, hat er bei einem Unternehmer als Auftraggeber nicht automatisch zu übernehmen. Bei einem Unternehmer geht der Gesetzgeber davon aus, dass dieser selber in der Lage ist, mit dem Frachtführer den Leistungsumfang zu vereinbaren. Sollen also zusätzlich zu den in Abs. 1 genannten Pflichten weitere Pflichten entsprechend Abs. 2 hinzukommen, so muss der Frachtführer hierüber mit dem Unternehmer eine **Vereinbarung,** auch in Form Allgemeiner Geschäftsbedingungen, treffen. Werden solche auf den Umzug bezogene Leistungen vereinbart, so gelten auch für diese die Regelungen des Sonderfrachtvertrages „Beförderung von Umzugsgut".

### III. Abweichende Vereinbarungen

15      Die Pflichten im Rahmen des § 451a sind weder ausschließlich noch abschließend geregelt. Der Frachtführer kann seine Pflichten durch Vereinbarung auf den Transport selbst beschränken, wobei er dann in der Regel das Befestigen und Stauen übernimmt. Transportiert er nur und wird auch das Verladen durch den Absender vorgenommen, so ist es in der Regel ein einfacher Frachtvertrag. Auf der anderen Seite kann durch Vereinbarung der **Leistungsumfang** auch weiter ausgebaut werden bis zur Grenze der nicht mehr zum Umzug gehörenden Leistungen. Dann sind diese Leistungen im Rahmen eines gemischten Vertrages erbracht. Während der Frachtführer die Haftung für seine Umzugsleistung nicht ausschließen kann, ist es jedoch möglich, durch Vereinbarung auch für zusätzliche Leistungen die Anwendung des Frachtrechts des § 451a zu vereinbaren. Damit wird dann eine

---

[4] Unklar insoweit *Mittelhammer* TranspR 2011, 141.

Haftung ohne Verschulden, aber der Höhe nach begrenzt, Vertragsinhalt. Im Einzelfall ist jedoch zu prüfen, ob ein Verstoß gegen zwingende Regelungen über Allgemeine Geschäftsbedingungen gegeben ist.[5]

## § 451b Frachtbrief. Gefährliches Gut. Begleitpapiere. Mitteilungs- und Auskunftspflichten

**(1) Abweichend von § 408 ist der Absender nicht verpflichtet, einen Frachtbrief auszustellen.**

**(2) ¹Zählt zu dem Umzugsgut gefährliches Gut und ist der Absender ein Verbraucher, so ist er abweichend von § 410 lediglich verpflichtet, den Frachtführer über die von dem Gut ausgehende Gefahr allgemein zu unterrichten; die Unterrichtung bedarf keiner Form. ²Der Frachtführer hat den Absender über dessen Pflicht nach Satz 1 zu unterrichten.**

**(3) ¹Der Frachtführer hat den Absender, wenn dieser ein Verbraucher ist, über die zu beachtenden Zoll- und sonstigen Verwaltungsvorschriften zu unterrichten. ²Er ist jedoch nicht verpflichtet zu prüfen, ob vom Absender zur Verfügung gestellte Urkunden und erteilte Auskünfte richtig und vollständig sind.**

### Übersicht

| | Rn. | | Rn. |
|---|---|---|---|
| I. Rechte und Pflichten der Vertragsparteien | 1 | IV. Zoll- und Verwaltungsvorschriften | 9–16 |
| II. Frachtbrief | 2, 3 | 1. Informationspflicht des Frachtführers | 10–12 |
| III. Gefährliches Gut | 4–8 | 2. Urkundengestellung | 13 |
| 1. Absenderpflicht | 5, 6 | 3. Überprüfung durch den Frachtführer | 14–16 |
| 2. Unterrichtungspflicht des Frachtführers | 7 | V. Abweichende Vereinbarungen | 17 |
| 3. Vertragsverletzung | 8 | | |

## I. Rechte und Pflichten der Vertragsparteien

Über die Pflichten des § 407 hinaus sind in den §§ 408, 410 und 413 **zusätzliche Pflichten des Absenders** aufgeführt. Diese sind bei der Beförderung von Umzugsgut sowohl bei Unternehmern als auch Verbrauchern (Abs. 1), besonders aber bei Verbrauchern (Abs. 2 und 3) nicht passend oder nicht ausreichend. Mit diesen Vorschriften soll deshalb den Besonderheiten beim Umzug, insbesondere aber dem **Verbraucherschutz** Rechnung getragen werden. **1**

## II. Frachtbrief

Zwar kennt das nationale Transportrecht **keinen Frachtbriefzwang,** jedoch sieht § 408 vor, dass der Frachtführer die Ausstellung eines Frachtbriefs vom Absender verlangen kann. Beim Umzug werden viele Auftraggeber (Absender) gar nicht in der Lage sein, einen solchen Frachtbrief auszustellen, weil sie sonst keine Güter versenden. Deshalb soll der Frachtführer ein solches Verlangen nicht stellen dürfen. Trotzdem können die Parteien des Umzugsvertrages sich auf die **Ausstellung eines Frachtbriefs** durch den Absender oder durch den Frachtführer einigen, da die Regelung des § 451b Abs. 1 abdingbar ist. Wird dann ein Frachtbrief ausgestellt und vom Frachtführer und Absender unterzeichnet, so gelten die Beweisregeln des § 409. Hat der Absender unrichtige oder unvollständige Angaben für den Frachtbrief gemacht, so haftet er nach § 414, als Verbraucher jedoch nur bei Verschulden. **2**

---

[5] *Koller* Rn. 35.

**3**  Im innerdeutschen Umzugsverkehr sind Frachtbriefe nicht gebräuchlich. Das liegt daran, dass auch zu Zeiten der GüKUMB die Ausstellung von Frachtbriefen nicht vorgeschrieben war, sondern die Mitführungspflicht des Umzugsvertrages. Im internationalen Verkehr, insbesondere auch im Überseeverkehr, werden jedoch regelmäßig Frachtbriefe ausgestellt, in der Regel jedoch durch den Frachtführer auf Grund der Angaben des Absenders.

### III. Gefährliches Gut

**4**  Absatz 2 hat zwei Voraussetzungen für seine Anwendbarkeit. Zum einen muss zum Umzugsgut auch gefährliches Gut gehören, zum andern muss der Absender ein Verbraucher (§ 13 BGB) sein. Ist der Absender kein Verbraucher, so gilt § 410 unmittelbar.

**5**  **1. Absenderpflicht.** Ist der Absender ein Verbraucher, so hat er den Frachtführer über die von dem Gut ausgehende Gefahr allgemein zu unterrichten. Diese Absenderpflicht aus § 410 wird insoweit modifiziert, als die Unterrichtung keiner Form bedarf. Auch eine mündliche Information reicht somit aus. Nach § 410 hätte der gewerbliche Absender dem Frachtführer rechtzeitig in Textform die genaue Art der Gefahr und eventuelle Vorsichtsmaßnahmen mitzuteilen. Dabei ist **„Gefährliches Gut"** nicht nur Gefahrgut iS des Gefahrgutrechts (zB ADR, GGVSEB), erfasst werden auch Güter, die allein unter beförderungsspezifischen Gesichtspunkten als gefährlich anzusehen sind (vgl. § 410 Rn. 3). Beim Umzug kommen zB in Frage Farbe, Waschbenzin, Lösungsmittel, Öl, Reinigungsmittel, scharfkantige Gegenstände. Die Mitteilung des Verbraucherabsenders muss nur in allgemeiner Form erfolgen, zB durch den Hinweis „brennbar", „ätzend", „Verletzungsgefahr" und Bezeichnung des zu befördernden Gegenstandes.

**6**  Die Information des Frachtführers durch den Verbraucher muss, auch wenn sie weder in Textform noch schriftlich erfolgen muss, rechtzeitig erfolgen. Dies ist notwendig, damit der Frachtführer sich darauf einstellen kann und Vorsichtsmaßnahmen ergreifen kann oder auch die Beförderung ablehnen kann, wenn dadurch die Durchführung des Umzugs gefährdet ist. **Rechtzeitig** ist regelmäßig die **Information** bei Vertragsschluss, wenn der Frachtführer seiner Unterrichtungspflicht nachgekommen ist. Spätestens muss sie nach § 410 bei Übergabe des Umzugsguts erfolgen. Das ist als ausreichend anzusehen, wenn es sich um übliches, zu einem Haushalt gehöriges gefährliches Gut handelt, wie zB Reinigungs- und Lösungsmittel in üblichen Mengen.

**7**  **2. Unterrichtungspflicht des Frachtführers.** Der Gesetzgeber ging davon aus, dass der Möbelspediteur als Frachtführer sich über die Bedingungen bei einem Umzug sehr viel besser auskennt als ein Absender. Deshalb wurde dem Frachtführer eine zusätzliche Informationspflicht auferlegt. Er ist verpflichtet, den Absender als Verbraucher darüber zu informieren, welche Information dieser an den Frachtführer geben muss. Die **Information des Frachtführers** kann mündlich oder in Textform erfolgen. Auch wenn die Weitergabe des Gesetzestextes nicht als ausreichend anzusehen ist, sollte die Information sich am Gesetzestext orientieren und sinnvollerweise in die Formulare erkennbar als Verpflichtung des Absenders eingebaut sein. Damit kann der Frachtführer auch die Erfüllung seiner Informationspflicht nachweisen.

**8**  **3. Vertragsverletzung.** Kommt der Frachtführer seiner Unterrichtungspflicht nicht nach, so liegt eine **Vertragsverletzung** vor. Ist dessen Folge ein Güter- oder Verspätungsschaden, so haftet der Frachtführer nach §§ 425 ff. Soll der Absender, weil er auf Grund der fehlenden Information des Frachtführers den Frachtführer nicht informiert hat, nach § 410 Abs. 2 auf Aufwendungsersatz in Anspruch genommen werden, so ist das Verhalten des Frachtführers und des Absenders im Rahmen der Mitverursachung entsprechend § 254 BGB zu berücksichtigen. Soll der Absender wegen der nicht erfolgten Unterrichtung nach § 414 auf **Schadensersatz** in Anspruch genommen werden, so ist in erster Linie das Verschulden des Absenders nach § 414 Abs. 3 zu prüfen und im Rahmen dessen die fehlende Unterrichtung zu berücksichtigen. Handelt der Absender trotzdem schuldhaft, weil die Verpflichtung des Absenders zur Unterrichtung auf der Hand lag, so haftet der Absender nach § 414.[1] Die frühere Sonderregelung der Haftung des Absenders bei Umzügen in § 451c ist durch das Gesetz zur Reform des Seehandelsrechts entfallen.

## IV. Zoll- und Verwaltungsvorschriften

Beim Umzug hat der Absender, wenn es sich um einen Verbraucher handelt, regelmäßig **9** keine Kenntnis von zu beachtenden **Zoll- und Verwaltungsvorschriften.** Der Möbelspediteur wird gerade deshalb als Frachtführer gewählt, weil er sich in diesem Bereich auskennt. Der Gesetzgeber hat deshalb beim Verbraucherumzug dem Frachtführer eine zusätzliche Pflicht in Ergänzung des § 413 auferlegt.

**1. Informationspflicht des Frachtführers.** Nach § 413 hat der Absender dem Fracht- **10** führer Urkunden zur Verfügung zu stellen und Auskünfte zu erteilen, die für eine Zollabfertigung erforderlich sind. Damit der Absender als Verbraucher dieser Verpflichtung nachkommen kann, hat der Gesetzgeber den Frachtführer verpflichtet, den Absender über alle Zoll- und Verwaltungsvorschriften im Rahmen des konkreten Umzugs aufzuklären. Das betrifft zB Einfuhrverbote, Anmeldeformalitäten und vorzulegende Formulare für die Zollabfertigung. Die Information kann mündlich oder schriftlich oder in Textform erfolgen. Der Möbelspediteur als Frachtführer sollte zum Nachweis seiner vertraglichen Verpflichtung die schriftliche Darstellung (auch in Textform) wählen.

Die **Informationspflicht** bezieht sich nur auf das zu befördernde Gut. Über sonstige **11** Regeln, wie zB Niederlassungsfreiheit, Arbeitnehmerfreizügigkeit, Visa-Bestimmungen muss er nicht unterrichten.

Die Informationspflicht bezieht sich nur auf den **Verbraucherumzug.** Da der Möbel- **12** spediteur als Frachtführer in der Regel sich jedoch in diesen Gebieten besonders auskennt, kann er auch dann, wenn ein Unternehmer Auftraggeber des Umzugs ist, die Informationsverpflichtung als vertragliche Leistung übernehmen. Hierüber muss eine Vereinbarung, zumindest konkludent, getroffen werden. Nur die Bezeichnung „Internationale Möbelspedition" beinhaltet noch nicht die Verpflichtung des Frachtführers. Hierzu müsste der Absender seinen Wunsch erkennen lassen.

**2. Urkundengestellung.** Der Absender hat nach § 413 Abs. 1 die Urkunden zur Ver- **13** fügung zu stellen, die zur Zollabfertigung oder amtlichen Behandlung benötigt werden. Das gilt unabhängig davon, ob der Absender ein Verbraucher ist oder nicht. Diese Verpflichtung wird im § 451b nicht noch einmal wiederholt. Als zusätzliche vertragliche Pflicht kann der Frachtführer jedoch auch weitere Leistungen übernehmen. Da der Gesetzgeber die **Verpflichtung zur Urkundenbeschaffung** dem Absender auferlegt hat, handelt es sich nicht um eine ohne Vereinbarung zu erbringende Pflicht iSd. § 451a Abs. 2. Durch Vereinbarung ist es jedoch möglich, diese Leistung auf den Frachtführer zu übertragen.

**3. Überprüfung durch den Frachtführer.** Es ist nicht Aufgabe des Frachtführers, zu **14** überprüfen, ob die zur Verfügung gestellten Urkunden vollständig und richtig sind und ob die in den Papieren gemachten Angaben ebenfalls richtig und vollständig sind. Der Hinweis in Abs. 3 letzter Satz ist eine Wiederholung aus § 414 Abs. 1 Nr. 4.

Stellt der Frachtführer jedoch bei Übergabe der Urkunden fest, dass diese unrichtig oder **15** unvollständig sind, so trifft ihn die vertragliche Nebenpflicht im Rahmen der **Interessenwahrung,** den Absender darauf aufmerksam zu machen, um Schaden von dem Absender abzuwenden.

Verletzt der Frachtführer seine Informationspflicht, so haftet er bei kausalen Güterschä- **16** den- und Lieferfristüberschreitungen gemäß §§ 425 ff., wenn der Schaden während der

---

[1] Wie hier *Koller* Rn. 6.

Obhut des Frachtführers eintritt. Zum gleichen Ergebnis kommt man, wenn man § 413 Abs. 2 entsprechend anwendet, da auch dort der Schaden auf den Wert des Gutes bei Verlust beschränkt ist. Für sonstige Schäden, zB die Erhebung von Einfuhrumsatzsteuer wegen fehlerhafter Information des Frachtführers, haftet der Frachtführer wegen **Vertrags-verletzung,** beschränkt durch § 433. Verletzt der Absender seine Pflicht zur Übergabe vollständiger und richtiger Urkunden und Auskünfte, so haftet er dem Frachtführer nach § 414 Abs. 1. Ein Verbraucher könnte dem Frachtführer ggf. entgegenhalten, dass er nicht ausreichend informiert wurde.[2]

### V. Abweichende Vereinbarungen

**17**    Die gegenseitigen Pflichten bei eventueller Ausstellung von Frachtbriefen können ver-traglich abgeändert werden, hier gibt es **keine zwingenden Regelungen.** Das gilt auch für die Informationspflicht des Frachtführers über die Zollvorschriften. Beim gefährlichen Gut macht die Abänderung der Informationspflicht keinen Sinn, da die Vereinbarung min-destens so umfangreich sein muss wie die Information selbst. Umgekehrt können die Absen-derpflichten erweitert oder eingeschränkt werden. Hierfür gibt es keine Beschränkungen außer den Vorbehalten, die für alle AGB gelten, wie zB überraschende Klauseln.[3] Nicht abgeändert werden kann die Haftungsregelung des § 414 auf Grund des § 451h Abs. 1 zu Lasten des Verbrauchers.

### § 451c *(aufgehoben)*

### § 451d Besondere Haftungsausschlußgründe

(1) Abweichend von § 427 ist der Frachtführer von seiner Haftung befreit, soweit der Verlust oder die Beschädigung auf eine der folgenden Gefahren zurück-zuführen ist:
1. Beförderung von Edelmetallen, Juwelen, Edelsteinen, Geld, Briefmarken, Münzen, Wertpapieren oder Urkunden;
2. ungenügende Verpackung oder Kennzeichnung durch den Absender;
3. Behandeln, Verladen oder Entladen des Gutes durch den Absender;
4. Beförderung von nicht vom Frachtführer verpacktem Gut in Behältern;
5. Verladen oder Entladen von Gut, dessen Größe oder Gewicht den Raumver-hältnissen an der Ladestelle oder Entladestelle nicht entspricht, sofern der Frachtführer den Absender auf die Gefahr einer Beschädigung vorher hinge-wiesen und der Absender auf der Durchführung der Leistung bestanden hat;
6. Beförderung lebender Tiere oder von Pflanzen;
7. natürliche oder mangelhafte Beschaffenheit des Gutes, der zufolge es besonders leicht Schäden, insbesondere durch Bruch, Funktionsstörungen, Rost, inneren Verderb oder Auslaufen, erleidet.

(2) Ist ein Schaden eingetreten, der nach den Umständen des Falles aus einer der in Absatz 1 bezeichneten Gefahren entstehen konnte, so wird vermutet, daß der Schaden aus dieser Gefahr entstanden ist.

(3) Der Frachtführer kann sich auf Absatz 1 nur berufen, wenn er alle ihm nach den Umständen obliegenden Maßnahmen getroffen und besondere Weisungen beachtet hat.

---

[2] *Koller* Rn. 7.
[3] Anders die Begründung zum Regierungsentwurf, BT-Drucks. 13/8445 S. 98; wie hier *Koller* Rn. 12.

## Übersicht

| | Rn. | | Rn. |
|---|---|---|---|
| I. Überblick | 1–3 | 5. Verladen oder Entladen großer und schwerer Güter | 11–13 |
| II. Haftungsausschluss bei besonderen Gefahren | 4–16 | 6. Beförderung lebender Tiere oder Pflanzen | 14 |
| 1. Beförderung von Wertgegenständen | 5, 6 | 7. Beschaffenheit des Gutes | 15, 16 |
| 2. Ungenügende Verpackung oder Kennzeichnung | 7 | III. Kausalität | 17 |
| 3. Behandeln, Verladen oder Entladen durch den Absender | 8 | IV. Verschulden des Frachtführers | 18, 19 |
| | | V. Beweislast | 20, 21 |
| 4. Nicht vom Frachtführer verpacktes Gut | 9, 10 | VI. Haftungshinweis | 22 |
| | | VII. Abweichende Vereinbarungen | 23 |

## I. Überblick

Die Regelung im § 451d im Umzugsverkehr ändert die **Haftungsausschlussgründe** 1 des § 427 im Hinblick auf die Besonderheiten bei der Beförderung von Umzugsgut. Damit ist § 451d in seinem Geltungsbereich lex speciales zu § 427. Die im § 451d aufgeführten besonderen Haftungsausschlussgründe waren vor der Transportrechtsreform in den gesetzlichen Beförderungsbedingungen für den Möbeltransport (GüKUMB) geregelt. Sie sind im Wesentlichen übernommen worden.

Während im § 427 die Haftungsbefreiungtatbestände für Verlust, Beschädigung und 2 Überschreitung der Lieferfrist bei Kaufmannsgut geregelt werden, hat der Gesetzgeber im § 451d nur die Haftungsbefreiung für Güterschäden genannt, so dass bei Lieferfristüberschreitungen keine besonderen Haftungsausschlussgründe bestehen. Insoweit findet auch nicht § 427 Anwendung, da § 451d den § 427 insgesamt verdrängt.[1] Bei **Lieferfristüberschreitungen** haftet der Frachtführer auch beim Umzug nach § 425, kann somit eine Haftungsbefreiung ausschließlich nach § 426 in Frage kommen, wenn die Überschreitung der Lieferfrist auf Umständen beruht, die der Frachtführer auch bei größter Sorgfalt nicht vermeiden und deren Folgen er nicht abwenden konnte.

Da für die Beförderung von Umzugsgut teilweise von allgemeinen gesetzlichen Regeln 3 des 1. Unterabschnitts abgewichen wird und im Übrigen bei der Beförderung von Umzugsgut andere Umstände bestehen können, ist mit der Regelung in § 451d den **besonderen Gefahren bei Umzügen** nachgekommen worden. Zu den besonderen Gefahren werden Schäden gerechnet, die von der Art des Gutes ausgehen (Nr. 1: Beförderung von Wertsachen; Nr. 6: Beförderung von Tieren und Pflanzen). Beide Tatbestände beinhalten die Beförderung von Gegenständen, die nur auf Grund besonderer Vereinbarung oder Weisung im Rahmen eines Umzugs befördert werden sollten. Die Haftung soll ebenfalls ausgeschlossen werden bei der Beförderung von Gut, das auf Grund seiner natürlichen oder mangelhaften Beschaffenheit besonders schadensanfällig ist (Nr. 7). Wenn auf Grund gesetzlicher Regelung oder auf Grund Vereinbarung Handlungen vom Absender vorgenommen werden, so soll der Frachtführer dafür nicht in Anspruch genommen werden (Nr. 2–4). Schließlich ist unter der Nr. 5 noch der Sonderfall geregelt, dass die zu befördernden Güter nach Ansicht des Frachtführers zu groß oder zu schwer sind, um ohne Beschädigungen an der Lade- oder Entladestelle transportiert werden zu können. Dies ist ein Fall, der gelegentlich bei Umzügen auftritt.

## II. Haftungsausschluss bei besonderen Gefahren

§ 451d enthält eine Reihe von Haftungsausschlussgründen und sieht zugleich für diese 4 Fälle im Abs. 2 eine Beweiserleichterung für den Frachtführer vor. Diese Haftungsbefreiung gilt jedoch nur für die dort beschriebenen Fälle und nur, soweit der Verlust darauf zurückzu-

---

[1] BT-Drucks. 13/8445 S. 93; *Koller* Rn. 2.

führen ist. Durch die Formulierung „soweit" wird der Rechtsgedanke des § 254 BGB **(Mitverschulden)** betont. Vorwerfbares Verhalten des Frachtführers ist zu berücksichtigen. § 451d lässt § 425 Abs. 2 unberührt, so dass bei Verursachung des Schadens sowohl durch Absender oder Empfänger auf der einen Seite und Frachtführer auf der anderen Seite ein eventuelles Verschulden des Frachtführers mit zu berücksichtigen ist.

5    **1. Beförderung von Wertgegenständen. Wertgegenstände** können im Rahmen eines Umzugs leichter abhanden kommen, weil die Obhut des Gutes zB auf Grund offener Wohnungstüren und offener Beladestellen auf dem Lkw nicht immer gewährleistet werden kann. Deshalb soll der Frachtführer nicht haften bei der Beförderung von Edelmetallen, Juwelen, Edelsteinen, Geld, Briefmarken, Münzen, Wertpapieren oder Urkunden. Der Umziehende soll diese wertvollen Gegenstände selbst befördern oder soll eine besondere Weisung erteilen, damit der Möbelspediteur diese Gegenstände mit besonderer Sorgfalt befördert und für deren sichere Verwahrung sorgen kann.

6    Edelmetalle sind Gold, Silber, Platin, auch in Form von Schmuck. Juwelen sind gefasste oder ungefasste Edelsteine, Perlen oder Korallen.[2] Unter Geld versteht man gültiges Geld, bei Briefmarken oder Münzen kommt es nicht darauf an, ob sie gültig sind. Wertpapiere und Urkunden erfassen sowohl Wertpapiere im engeren Sinne (Inhaber- und Orderpapiere) als auch sonstige wichtige Urkunden. Nicht erfasst sind jedoch sonstige Wertsachen wie **Kunstgegenstände und Antiquitäten,**[3] für die Beförderung dieser Gegenstände wird der Möbelspediteur regelmäßig wegen seiner besonderen fachlichen Eignung beauftragt. Dann soll er sich nicht auf Haftungsausschlussgründe berufen können.

7    **2. Ungenügende Verpackung oder Kennzeichnung.** Die Verpackung und Kennzeichnung ist nach § 411 Sache des Absenders, bei Verbraucherumzügen allerdings nach § 451a Abs. 2 Pflicht des Frachtführers. Durch Vereinbarung kann jedoch davon abgewichen werden, so dass die Verpackung oder das Kennzeichnen vom Absender übernommen wird. Damit kommt die Haftungsbefreiung des § 451d beim Umzug für gewerbliche Auftraggeber oder bei Übernahme der **Verpackungsverpflichtung** oder **Kennzeichnung** durch den Absender in Betracht. Entscheidend ist, wer tatsächlich verpackt oder gekennzeichnet hat, nicht die vertragliche Verpflichtung. Wird ein Karton durch den Absender zB mit Wäsche gekennzeichnet, obwohl in dem Karton Porzellan eingepackt war, so liegt eine falsche Kennzeichnung vor, die zur Anwendung des § 451d führen kann, wenn der Karton deshalb nicht ordnungsgemäß behandelt wird.

8    **3. Behandeln, Verladen oder Entladen durch den Absender.** Diese Regelung entspricht der Formulierung im § 427 Abs. 1 Nr. 3. Zu berücksichtigen ist jedoch, dass nach § 451a diese Tätigkeiten regelmäßig Aufgabe des Frachtführers sind. Deshalb hat diese Vorschrift nur dann Bedeutung, wenn der Absender tatsächlich verladen oder entladen hat. Erfasst wird auch das **Behandeln des Gutes** aus Anlass des Transports. Behandeln kann insoweit der Abbau und Aufbau von Schränken oder Möbeln sein, wenn dieses durch den Absender vorgenommen wird. In diesem Fall soll für Schäden durch diese Tätigkeit, obwohl insoweit eventuell der Frachtführer bereits Obhut hat, der Frachtführer nicht haften. Dies ist eine Risikoverteilung auf Grund der tatsächlichen Einwirkungsmöglichkeiten.

9    **4. Nicht vom Frachtführer verpacktes Gut.** Wenn **Gut in Behältern** befördert wird, welche nicht vom Frachtführer gepackt wurden, soll er dafür nicht haften. Gemeint sind Behälter aller Art einschließlich der vom Frachtführer zur Verfügung gestellten Umzugskartons oder sonstiger Kisten und Kartons, die der Umziehende benutzt. Das gilt auch für die Beförderung von Umzugsgut in einem Seecontainer, wenn der Frachtführer das Gut nicht verpackt hat, sondern ihm ein bereits gepackter Seecontainer übergeben wird.[4]

---

[2] *Koller* Rn. 3.
[3] BT-Drucks. 13/8445 S. 93.
[4] So auch *Fremuth/Thume/Eckardt* Rn. 2.

Es kommt nicht darauf an, ob der Frachtführer zum Verpacken verpflichtet war. Ent-  **10**
scheidend ist, wer das **Verpacken** tatsächlich vorgenommen hat.[5] Ist jedoch das Verpacken,
zB von Porzellan, vereinbart gewesen, unterlässt der Frachtführer das Verpacken, so kann
eine Haftung auf Grund des Abs. 3 bestehen. Der Frachtführer hat dann nicht alle nach den
Umständen erforderlichen Maßnahmen und die besonderen Weisungen beachtet. Insoweit
entfällt dann der Haftungsausschließungsgrund.

**5. Verladen oder Entladen großer und schwerer Güter.** Da bei Umzügen der  **11**
Frachtführer nicht nur die Beförderung übernimmt, sondern auch das Verladen oder Entladen von der Wohnung ins Fahrzeug oder vom Fahrzeug in die Wohnung, kommt es immer
wieder vor, dass Gegenstände nach Auffassung des Möbelspediteurs von ihrer Größe oder
von ihrem Gewicht her nicht geeignet sind, zB durch ein enges Treppenhaus befördert zu
werden. Dabei können Schäden am Gut oder auch an der Wohnung oder im Treppenhaus
entstehen. Nach Abs. 1 Nr. 5 hat Schäden am Gut der Frachtführer nicht zu verantworten,
wenn er den Absender auf die Gefahr der Beschädigung vorher hingewiesen hat und der
Absender auf Durchführung der Leistung bestanden hat. Dieser Hinweis des Frachtführers
bedarf keiner besonderen Form, er sollte jedoch zu Beweiszwecken vom Frachtführer
dokumentiert werden. Besteht der Absender trotz des Hinweises des Frachtführers auf
Durchführung des Transports, so haftet der Frachtführer dann, wenn er schuldhaft unsorgfältig handelt.[6]

Diese Fälle treten in der Regel wegen der **Größe des** zu transportierenden **Gutes** auf,  **12**
weil zB ein Flügel nicht auseinandergebaut werden soll oder kann. Da Umzüge in der
Regel nur an der Beladestelle besichtigt werden und eine Besichtigung an der Entladestelle
nur auf Grund besonderen Hinweises des Absenders erfolgt, treten die Fälle häufiger an
der Entladestelle auf. Ein **erhebliches Gewicht** kann die Begründung dann sein, wenn an
der Entladestelle ein schwerer Tresor deshalb nicht befördert werden kann, weil nicht
genügend Leute über die Treppe (zB eine Wendeltreppe) tragen können.

Der Haftungsausschluss bezieht sich jedoch ausschließlich nur auf Schäden an dem Gut.  **13**
Werden **Schäden am Treppenhaus** oder Ähnliches verursacht, so liegt kein Fall des
§ 451d vor. Im Hinblick auf die Besonderheiten in einem solchen Fall sollte sich der Frachtführer zuvor die Haftungsfreistellung vom Absender bestätigen lassen. Die Erklärung muss
zwar nicht schriftlich erfolgen, zu Beweiszwecken ist eine Dokumentation jedoch zu empfehlen.

**6. Beförderung lebender Tiere oder Pflanzen.** Nach § 427 Nr. 6 ist der Frachtführer  **14**
bei der **Beförderung lebender Tiere** von seiner Haftung befreit. Dieser Haftungsausschluss wird hier übernommen und noch durch die Beförderung von Pflanzen erweitert,
da bei einem Umzug häufig auch Pflanzen mit befördert werden. Tiere sollen möglichst
nicht im Rahmen eines Umzugs befördert werden, bei **Pflanzen** ist der Nachweis, dass
diese durch den Umzug beschädigt wurden, teilweise sehr schwer zu führen. Auch können
gerade durch eine längere Zeit ohne Licht und ohne Wasser Pflanzen beschädigt werden.
Auch aus diesem Grunde sind sie von der Haftung des Frachtführers ausgenommen. Bietet
jedoch der Möbelspediteur ausdrücklich an, dass er Pflanzen in frostgeschützten Fahrzeugen
befördert, so kann bei einem Ausfall der Heizung eine Haftung des Frachtführers gegeben
sein. Wer eine besondere Leistung auf Grund besonderer Fachkenntnis und Beförderungsmittel anbietet, soll bei nicht ordnungsgemäßer Durchführung auch dafür haften.

**7. Beschaffenheit des Gutes.** Nach § 427 Nr. 4 ist die natürliche oder mangelhafte  **15**
Beschaffenheit des Gutes ein besonderer Haftungsausschlussgrund. Dieser wird hier in
§ 451d Nr. 7 wiederholt. Zusätzlich aufgenommen wurden jedoch die Funktionsstörungen.
Die weiteren genannten Beispielsfälle wie Bruch, Rost, innerer Verderb oder Auslaufen
haben beim Umzug keine große Bedeutung. **Empfindliche Güter** hat der Möbelspediteur

---

[5] *Koller* Rn. 6.
[6] *Mittelhammert* TranspR 2011, 143.

als Frachtführer sorgfältig zu verpacken und zu verstauen. Das gehört zu den ihm obliegenden Pflichten. Bei der Dauer der Umzüge ist der innere Verderb selten, allenfalls bei Überseeumzügen denkbar. Güter, die dem inneren Verderb ausgesetzt sind, werden in der Regel nicht in Form eines Umzugs befördert. Bietet der Möbelspediteur jedoch bei Umzügen an, dass er Stromanschluss für die Tiefkühltruhe im Möbelwagen hat, so haftet er auch für das Auftauen der Tiefkühlkost, wenn die Tiefkühltruhe nicht angeschlossen wird oder die Stromversorgung nicht funktioniert.

16     Der für Umzüge wesentliche Haftungsausschlussgrund ist der der Funktionsstörungen. Funktionsstörungen sollen deshalb ausgenommen werden, weil ansonsten vor dem Transport eine Funktionsüberprüfung hätte stattfinden müssen, um festzustellen, ob bereits **Funktionsstörungen** vorhanden sind. Darüber hinaus sind Funktionsstörungen während des Transports leicht möglich, wenn es sich um besonders empfindliche Geräte, wie Rundfunk- und Fernsehgeräte, Video- oder DVD-Recorder, Computer, Spülmaschinen und Ähnliches handelt. Nicht erfasst werden äußerliche Beschädigungen, zB Bruch des Gehäuses, für die der Frachtführer trotzdem haftet.

### III. Kausalität

17     Die besonderen Gefahren, die im § 451d Abs. 1 Nr. 1–7 aufgeführt sind, müssen für den Eintritt des Schadens kausal geworden sein. Wenn das der Fall ist, wird vermutet, dass der Verlust oder die Beschädigung des Gutes wegen der dort aufgeführten besonderen Gefahren entstanden ist. Die besondere Gefahr bei den Wertgegenständen besteht im **Diebstahlsrisiko.** Bei den Nrn. 2 bis 4 handelt es sich um Handlungen des Absenders. Die besondere Gefahr besteht dann in der möglichen Mangelhaftigkeit der Verpackung oder den Manipulationsmöglichkeiten nach dem Schadenseintritt.[7] Wird zB in einem Umzugskarton, der nicht vom Frachtführer gepackt wurde, beschädigtes Gut gefunden, so wird vermutet, dass es wegen der fehlerhaften Verpackung beschädigt wurde. Geht jedoch der gesamte Behälter verloren, so ist die **besondere Gefahr** „Einpacken nicht durch den Frachtführer" nicht kausal für den Schaden gewesen.[8] Das gilt auch, wenn ein vom Umziehenden gepackter Container ohne zusätzliche Sicherung vor dem Speditionsgebäude abgestellt wird.[9] Beim Verladen oder Entladen von Gut, dessen Größe oder Gewicht den Raumverhältnissen an der Ladestelle nicht entspricht, ist in dem sperrigen Gut die besondere Gefahr zu sehen. Gleiches gilt für die Beförderung lebender Tiere oder Pflanzen sowie der mangelhaften Beschaffenheit des Gutes und bei Funktionsstörungen.

### IV. Verschulden des Frachtführers

18     Der Gesetzgeber hat die Risikoverteilung bei den in Abs. 1 genannten Gefahren so getroffen, dass das Risiko nicht dem Frachtführer zugeordnet wird. Der Schaden entspringt nicht seiner **Risikosphäre,** auch wenn er in den meisten der genannten Fälle Obhut hat. Bei Verschulden des Frachtführers soll die Haftungsbefreiung nicht gelten. Das ergibt sich daraus, dass er sich auf die Haftungsbefreiung nach Abs. 3 dann nicht berufen kann, wenn er nicht alle ihm nach den Umständen **obliegenden Maßnahmen** getroffen hat. Da der Frachtführer beim Umzug das Beladen regelmäßig übernimmt, muss er auch bei Gut in Behältern, das nicht nicht von ihm verpackt wurde, die Kartons sorgfältig behandeln und zB **Kartons,** die mit zerbrechlichen Gegenständen gefüllt und entsprechend gekennzeichnet sind, nicht mit schweren Gegenständen belasten. Bruchempfindliche Gegenstände hat der Frachtführer mit Decken und Gurten zu sichern.

19     Der Frachtführer kann sich auch dann nicht auf die Haftungsausschlüsse berufen, wenn er **besondere Weisungen** iSd. Abs. 3 nicht beachtet hat. Weist der Absender den Frachtführer an, Pflanzen in Kübeln in Folie vor Kälte zu schützen oder Pflanzen während der

---

[7] *Koller* Rn. 10.
[8] *Scheel* TranspR 2005, 244.
[9] OLG München 13.6.2007, OLGR 2009, 136.

Dauer des Umzugs zu gießen und beachtet der Frachtführer diese Weisung nicht, so kann er sich bei Schäden an den Pflanzen nicht auf den Haftungsausschluss berufen. Will er der Weisung nicht nachkommen, so muss er das unmittelbar nach Weisungserhalt dem Absender mitteilen. Zu den besonderen Weisungen gehören auch **Vereinbarungen,** wenn der Möbelspediteur für bestimmte Leistungen besonders wirbt und der Absender diese Leistung vertraglich vereinbart. So kann das Angebot von Strom für die Tiefkühltruhe auch während des Transports und die Übergabe und Mitnahme einer gefüllten Tiefkühltruhe als konkludente Vereinbarung angesehen werden, die Tiefkühlkost durch Benutzen des Stromanschlusses zu sichern.

### V. Beweislast

Der Geschädigte hat den Schaden darzulegen. Es ist Aufgabe des Frachtführers, um sich **20** auf den Haftungsausschluss zu berufen, vorzutragen, wenn ein Fall des § 451d Abs. 1 Nr. 1–7 vorliegt. Legt er dar und beweist einen dieser Fälle, so wird nach Abs. 2 vermutet, dass der Schaden auf Grund der dort genannten Schadensursachen eingetreten ist. In den Fällen der Nr. 1, 6 oder 7 ergibt sich bereits aus der Darlegung des Schadens, dass eine Vermutung eines entsprechenden Haftungsausschlusses gegeben ist. In den Fällen der Nr. 2–5 wird der Frachtführer darlegen und beweisen müssen, dass der Absender die dort aufgeführten Handlungen vorgenommen hat. Daraus wird dann vermutet, dass ein Schaden auf Grund des Verhaltens des Absenders eingetreten ist. Diese Vermutung muss ggf. der Anspruchsteller dadurch beseitigen, dass er den Beweis führt, wonach die besondere Gefahr nicht kausal für den Schaden gewesen ist.

Abs. 3 trifft auch eine Beweislastregelung im Hinblick darauf, dass der Frachtführer alle **21** ihm nach den Umständen obliegenden Maßnahmen getroffen und besondere Weisungen beachtet hat. Will der Anspruchsteller dies außer Kraft setzen, so hat er ein **Verschulden des Frachtführers** zu beweisen. Gegebenenfalls ist der Frachtführer jedoch darlegungspflichtig für den Transportablauf, der außerhalb des Wahrnehmungsbereichs des Absenders ist. Eine solche sekundäre Darlegungs- und Beweislast verpflichtet den Frachtführer, die von ihm getroffenen Maßnahmen im Einzelnen darzulegen.[10] Dabei ist zu beachten, dass dies für alle in Abs. 1 genannten Haftungsausschlusstatbestände gilt, nicht nur für einzelne Bestimmungen, wie sie im § 427 Abs. 3–5 aufgeführt sind. Allerdings ist der Anspruchsteller darlegungs- und beweispflichtig dafür, dass er besondere Weisungen oder Vereinbarungen über die Behandlung des Gutes gegeben hat. Wenn der Frachtführer dann dargelegt hat, dass er alle nach den Umständen obliegenden Maßnahmen getroffen hat und die besonderen Weisungen beachtet hat, so muss der Anspruchsteller das Verschulden des Frachtführers beweisen, um den Haftungsausschluss auszuhebeln.[11]

### VI. Haftungshinweis

Ist der Absender ein Verbraucher, so kann sich der Frachtführer auf die Haftungsbefreiung **22** des § 451d nur berufen, wenn er den Absender bei Abschluss des Vertrages über die Haftungsbestimmungen unterrichtet hat und auf die Möglichkeit hingewiesen hat, eine weitergehende Haftung zu vereinbaren oder das Gut zu versichern. Diese Unterrichtung muss in drucktechnisch deutlicher Gestaltung besonders hervorgehoben sein und erfolgt üblicherweise durch die Aushändigung eines Haftungshinweises (§ 451g).

### VII. Abweichende Vereinbarungen

§ 451d ist ein Haftungstatbestand. Hiervon kann nur im Rahmen des § 451h abgewichen **23** werden. Danach kann bei Verbrauchern durch **Individualvereinbarung** oder Rahmen-

---

[10] Siehe zur Rechtsprechung des BGH *Pokrant* RdTW 2013, 10.
[11] *Koller* Fn. 26, zweifelt an der Nachweismöglichkeit des Frachtführers, alle Maßnahmen getroffen zu haben.

vereinbarung nur zu Gunsten des Verbrauchers, ansonsten durch Individualvereinbarung auch zu Lasten des Absenders abgewichen werden. Vereinbarungen über den Umfang der Leistungen, zB über die Verpackungs- und Kennzeichnungspflicht oder über das Verpacken und Auspacken von Behältern sind jedoch jederzeit möglich, auch durch Allgemeine Geschäftsbedingungen.

## § 451e Haftungshöchstbetrag

**Abweichend von § 431 Abs. 1 und 2 ist die Haftung des Frachtführers wegen Verlust oder Beschädigung auf einen Betrag von 620 Euro je Kubikmeter Laderaum, der zur Erfüllung des Vertrages benötigt wird, beschränkt.**

1    Die Haftung des Frachtführers wegen Verlust oder Beschädigung ist abweichend vom allgemeinen Frachtrecht für die Beförderung von Umzugsgut festgelegt worden. Im Gegensatz zum allgemeinen Frachtrecht wird die Haftung nicht nach dem Gewicht des beschädigten Guts bemessen, sondern der **Haftungshöchstbetrag auf 620 EUR** des zur Erfüllung des Vertrages benötigten Laderaums beschränkt. § 451e bezieht sich nur auf Güterschäden. Für die Nichteinhaltung der **Lieferfrist** gilt § 431 Abs. 3 mit der dortigen Beschränkung auf den dreifachen Betrag der Fracht. Zur Fracht gehören beim Umzug nicht die reinen Transportkosten sondern auch die Kosten für die nach § 451a vereinbarten auf den Umzug bezogenen Leistungen. Für **sonstige Vermögensschäden** gilt das allgemeine Schuldrecht mit der Begrenzung des § 433 auf das Dreifache des Betrages, der bei Verlust des Gutes zu zahlen wäre.

2    § 451e setzt nur eine Haftungshöchstgrenze fest, der Schaden selbst wird nach §§ 425–432 berechnet. Bei der **Berechnung der Haftungshöchstgrenze** kommt es auf den Vertrag an, und zwar auf das Volumen des Gutes, dessen Beförderung insgesamt auf Grund des Vertrages geschuldet wird. Es kommt insoweit abweichend vom allgemeinen Frachtrecht weder auf das Gewicht noch auf den Umfang des beschädigten Teils an, sondern auf den Umfang des insgesamt benötigten Laderaums. Das gilt sowohl bei Totalverlust, Teilverlust oder Beschädigung. Begonnene Kubikmeter sind anteilig zu berechnen.

3    Bei der Berechnung des benötigten Laderaums ist der einzelne Vertrag mit jedem einzelnen Absender zu Grunde zu legen. Werden Verträge mit verschiedenen Absendern geschlossen und die Güter in einem Fahrzeug befördert, ist die Grenze der Ersatzleistungen für jeden Vertrag gesondert zu berechnen. Werden für einen Umzug von einem Absender zwei Möbelwagen benötigt, so kommt es auf den insgesamt benötigten Laderaum an.[1] Bei größeren Büroumzügen ergibt sich dadurch eine höhere Haftung. Ein Umzug von 1000 cbm hätte eine Haftung von 620 000 EUR insgesamt zur Folge. Das gilt selbst dann, wenn nur eine kleine wertvolle Maschine beschädigt wird.

4    Die Haftungsbegrenzung gilt auch bei **Trageumzügen.** Hier wird zwar kein Laderaum benötigt, er ist aber so zu ermitteln, als ob das im Rahmen eines Trageumzugs beförderte Gut mit einem Lkw befördert worden wäre. Nach § 451h können abweichende Vereinbarungen bei Verträgen mit Verbrauchern nur zu Gunsten des Verbrauchers getroffen werden. Die Haftungsbegrenzung kann deshalb durch eine **Vereinbarung** mit dem Verbraucher als Absender erhöht werden, nicht jedoch durch einseitige Angabe eines Haftungshöchstbetrages.[2] Der Frachtführer sollte sich insoweit bei einer Haftungserweiterung Versicherungsschutz einholen.

5    Nach § 451h Abs. 2 kann mit gewerblichen Absendern durch **Individualvereinbarung** von den gesamten Haftungsregelungen abgewichen werden. Damit ist es auch zulässig, die Haftung auf einen Haftungshöchstbetrag für ein beschädigtes Teil zu begrenzen oder eine Summe entsprechend bestehenden Versicherungsschutzes zu vereinbaren oder zB bei **Tra-**

---

[1] *Andresen,* FG Herber, S. 141 f.
[2] BT-Drucks. 13/8445 S. 95.

**geumzügen** eine Vereinbarung über die Haftung zu treffen. Durch vorformulierte Geschäftsbedingungen kann auch ein anderer Betrag als 620 EUR je cbm vereinbart werden. Der andere Betrag ist nicht wie im § 449 Abs. 2 durch einen Korridor begrenzt. Allerdings muss der Frachtführer auf die in den vorformulierten Vertragsbedingungen enthaltene Bestimmung gemäß § 451h in geeigneter Weise darauf hinweisen, dass ein anderer als der gesetzlich vorgesehene Betrag vereinbart wurde. Die früher im § 451h aF vorgesehene drucktechnisch deutliche Gestaltung darf als ausreichend angesehen werden. Die Abweichung in Form Allgemeiner Geschäftsbedingungen kann dann allerdings noch im Rahmen der Inhaltskontrolle gemäß § 307 BGB geprüft werden.

## § 451f Schadensanzeige

**Abweichend von § 438 Abs. 1 und 2 erlöschen Ansprüche wegen Verlust oder Beschädigung des Gutes,**
1. **wenn der Verlust oder die Beschädigung des Gutes äußerlich erkennbar war und dem Frachtführer nicht spätestens am Tag nach der Ablieferung angezeigt worden ist,**
2. **wenn der Verlust oder die Beschädigung äußerlich nicht erkennbar war und dem Frachtführer nicht innerhalb von vierzehn Tagen nach Ablieferung angezeigt worden ist.**

### Übersicht

| | Rn. | | Rn. |
|---|---|---|---|
| I. Sonderregelung zu § 438 | 1, 2 | a) Inhalt und Form der Schadensanzeige | 12 |
| II. Schadensanzeige bei Güterschäden | 3–15 | b) Frist der Schadensanzeige | 13 |
| 1. Schadensanzeige bei äußerlich erkennbaren Schäden | 6–11 | 3. Rechtsfolgen fehlerhafter Schadensanzeigen | 14 |
| a) Inhalt der Schadensanzeige | 7 | 4. Regeln bei mehreren Frachtführern | 15 |
| b) Form der Schadensanzeige | 8, 9 | III. Beweislast | 16 |
| c) Frist der Schadensanzeige | 10, 11 | IV. Information des Empfängers | 17 |
| 2. Schadensanzeige bei äußerlich nicht erkennbaren Güterschäden | 12, 13 | V. Abweichende Vereinbarungen | 18 |

### I. Sonderregelung zu § 438

Im § 451f wird eine abweichende Regelung zu § 438 Abs. 1 und 2 getroffen. Sie betrifft **1** **Güterschäden,** nicht Schadensersatz wegen **Lieferfristüberschreitung.** Hierfür gilt die Form und Frist des allgemeinen Frachtrechts von 21 Tagen nach § 438 Abs. 3. Nur die Abs. 1 und 2 des § 438 werden abweichend geregelt, die Abs. 3–5 gelten auch für Schadensanzeigen nach § 451 f. Die Frist der **Schadensanzeige** wird gegenüber dem allgemeinen Frachtrecht verlängert, um dem Umzugskunden eine effektivere Verfolgung seiner Ansprüche zu ermöglichen. Anstelle der sofortigen Anzeigepflicht bei offensichtlichen Schäden wie in GüKUMB tritt eine Anzeigefrist von einem Tag bei äußerlich erkennbaren Schäden. Bei äußerlich erkennbaren Schäden nach § 438 Abs. 1 beträgt die Frist 14 Tage statt der 7 Tage in § 438 Abs. 1.

Enthält § 438 nur eine Vermutung, dass die Ware ordnungsgemäß abgeliefert wurde, **2** wenn die Schadensanzeige nicht rechtzeitig oder nicht in der richtigen Form erfolgte, so sieht § 451f das Erlöschen des Anspruchs wegen Verlust oder Beschädigung vor. Ist der Absender ein Verbraucher, so ist jedoch nach § 451g der Empfänger spätestens bei der Ablieferung des Gutes über die **Form und Frist der Schadensanzeige** sowie die Rechtsfolgen bei Unterlassen der Schadensanzeige zu unterrichten. Ohne eine solche Unterrichtung kann der Frachtführer sich nicht auf Fehler bei der Schadensanzeige berufen. Das Erlöschen der Ansprüche ist deshalb bei der Beförderung von Umzugsgut abweichend vom allgemeinen Frachtrecht eingeführt worden, weil verhältnismäßig lange Rügefristen und Schadensüberprüfungen nach langer Zeit Anreize zu Missbräuchen bieten. Bei Umzügen handelt es sich in der Regel um gebrauchtes Gut, das auch nach Beendigung des Umzugs sofort benutzt wird, so dass Vorschäden als auch Schäden nach der Ablieferung eintreten können, bei denen die Versuchung besteht, diese Schäden noch als Umzugsschaden geltend zu machen.[1]

## II. Schadensanzeige bei Güterschäden

3    Im § 451f wird die gleiche Terminologie benutzt wie im § 438. Unterschieden wird zwischen äußerlich erkennbaren Schäden und äußerlich nicht erkennbaren. Es wird nicht mehr, wie im früheren § 13 GüKUMB der Begriff „offensichtliche Schäden" verwendet.

4    Äußerlich erkennbar sind Beschädigungen oder Teilverluste, die bei einer zumutbaren Untersuchung durch den Empfänger erkannt oder festgestellt werden können. Äußerlich nicht erkennbar sind alle Schäden an den Gütern, die beim Ausladen und Abtragen vom Empfänger nicht ohne Weiteres bemerkt werden können. Dazu zählen auch Beschädigungen oder Teilverluste verpackter einzelner Sachen, soweit keine äußerlichen Beschädigungen an der Verpackung erkennbar waren. Die Anforderungen, die dem Empfänger obliegen, richten sich nach den Verhältnissen beim Ausladen und Abtragen des Gutes. Eine Inaugenscheinnahme nicht verpackter Sachen genügt. Es ist nicht zumutbar, dass der Empfänger jede einzelne Sache einer gründlichen Untersuchung auf eventuelle Beschädigungen unterzieht, was im Übrigen beim Ausladen im Umzugsverkehr ohnehin nicht möglich ist.

5    Dem Empfänger ist es zuzumuten, bis zum Ablauf der **Rügefrist** die Güter einer oberflächlichen Untersuchung zu unterziehen. Schäden, die er dabei feststellen kann, sind äußerlich erkennbar. Dabei kommt es nicht ausschließlich auf die Erkennbarkeit zum Ablieferungszeitpunkt an, da der Empfänger äußerlich erkennbare Schäden noch bis zum Ablauf des nächsten Kalendertages rügen kann. Insoweit können Einschränkungen, die mit der besonderen Situation des Umzugs begründet werden, nicht mehr geltend gemacht werden. Auch bei einem umfangreichen Umzug ist es dem Empfänger zuzumuten, innerhalb der Frist von 14 Tagen verpackte Verhältnisse auf Unversehrtheit des beförderten Gutes zu überprüfen. Will der Empfänger eine längere Frist, so muss der Absender hierüber mit dem Frachtführer eine **Individualvereinbarung** treffen.

6    **1. Schadensanzeige bei äußerlich erkennbaren Schäden.** Die Schadensanzeige ist eine Wissenserklärung, nicht eine Willenserklärung. Sie muss jedoch ebenso wie die Willenserklärung zugehen, deshalb sind die Regeln über die Willenserklärung analog anzuwenden. Als Wissenserklärung ist eine Erklärung in Form vorformulierter Bedingungen unwirksam, wenn bestimmte Tatsachen bestätigt werden sollen (§ 309 Nr. 12 BGB, wenn der andere Vertragspartner ein Verbraucher ist). Zulässig ist jedoch in jedem Fall ein ausdrückliches Empfangsbekenntnis, so dass für die Bestätigung des ordnungsgemäßen Erhalts des Gutes eine gesonderte Unterschrift erforderlich ist.

7    **a) Inhalt der Schadensanzeige.** Gemäß § 438 Abs. 1 Satz 2 muss der Schaden hinreichend konkret bezeichnet sein. Damit soll klargestellt werden, dass allgemeine Angaben ohne jede Umschreibung des Mangels nicht ausreichen. Erklärungen, dass das Gut „unter Vorbehalt" angenommen wird oder ein Hinweis, dass das Gut „in schlechtem Zustand" angekommen sei, reichen nicht aus. Auch wenn im § 451f die Abweichung vom gesamten Abs. 1 des § 438 aufgezeigt wird, ist Abs. 1 Satz 2 als Beschreibung des Begriffs Schadensanzeige zur Auslegung heranzuziehen.[2]

8    **b) Form der Schadensanzeige.** Bei der **Ablieferung** kann die Schadensanzeige mündlich erfolgen, eine Form ist nur bei einer Anzeige nach Ablieferung vorgeschrieben. Die Formfreiheit gilt jedoch nur dann, wenn der Schaden unmittelbar „bei Ablieferung"

---

[1] BT-Drucks. 13/8445 S. 95.
[2] OLG Saarbrücken 29.6.2006, TranspR 2007, 66.

angezeigt wird (§ 438 Abs. 4). Die Ablieferung ist mit Abschluss der vertraglich vereinbarten Arbeiten, wie Aufstellen der Möbel, beendet. Die Ablieferung ist spätestens beendet, wenn die Umzugskolonne die Wohnung verlassen hat, selbst dann, wenn nicht alle Leistungen erbracht wurden. Eine telefonische Meldung anschließend im Büro des Frachtführers entspricht nicht mehr der vorgeschriebenen Form, da dies eine Schadensreklamation nach Ablieferung ist. Sie muss zumindest in **Textform** erfolgen.

In der Entgegennahme einer mündlichen Anzeige über äußerlich erkennbare Schäden **9** nach Ablieferung ist noch kein Verzicht des Frachtführers auf die Form zu sehen. Er ist verpflichtet, Erklärungen entgegenzunehmen, aber nur ausnahmsweise verpflichtet, auf Verspätung oder fehlende Form hinzuweisen. Die **Schadensanzeige** nach Ablieferung hat in Textform zu erfolgen. Die Textform des § 126b BGB lässt zusätzlich zur strengen Schriftform des § 126 BGB auch die Nutzung elektronischer Datenübermittlung (E-Mail, Telefax) zu.[3]

**c) Frist der Schadensanzeige.** Die Frist zur Anzeige äußerlich erkennbarer Schäden **10** beginnt mit der Ablieferung. Die Ablieferung ist erst erfolgt, wenn der Frachtführer seine vertraglich geschuldete Leistung erbracht hat. Hat er also das Auspacken der Kartons übernommen oder den Aufbau der beförderten Küche vereinbart, so beginnt die **Rügefrist** erst mit der vollständigen Erfüllung, selbst wenn dies erst in ein oder zwei Tagen nach der Beförderung erfolgt. Es besteht kein Anspruch des Frachtführers auf Teilabnahme.[4] Werden jedoch einzelne Leistungen nicht erbracht, zB Lampen trotz Vereinbarung nicht angebracht, so ist die Ablieferung erfolgt, wenn die Mitarbeiter des Frachtführers erkennbar die Leistung als erfüllt betrachten oder weitere Arbeiten ablehnen. Insoweit sind Reklamationen über äußerlich erkennbare Schäden bis zum nächsten Tag zu erheben.

Die Frist zur Schadensmeldung endet an dem der Ablieferung folgenden Tag um **11** 24:00 Uhr. Das ergibt sich aus § 188 BGB. Auch § 193 BGB ist entsprechend anzuwenden, so dass bei einer Ablieferung an einem Freitag der Empfänger Zeit hat, bis Montag, 24:00 Uhr, den Schaden anzuzeigen. Würde die Frist auf den Kalendertag beschränkt, auch wenn es sich um einen Sonntag oder Feiertag handelt, könnte der Empfänger kaum beweisen, dass er einen Schaden schriftlich angezeigt hat, weil die Öffnungszeiten der Post und Leerungszeiten der Briefkästen dies nicht ermöglichen. Nach § 438 Abs. 4 Satz 2 genügt zur Fristwahrung die rechtzeitige Absendung der Anzeige.

**2. Schadensanzeige bei äußerlich nicht erkennbaren Güterschäden. a) Inhalt 12 und Form der Schadensanzeige.** Die **Schadensanzeige** muss substantiiert erfolgen, damit der Empfänger der Meldung darauf reagieren kann (s. im Übrigen Rn. 7). Damit sie wirksam ist, muss sie in der Form des § 438 Abs. 4, also mindestens in Textform, erstattet werden.

**b) Frist der Schadensanzeige.** Äußerlich nicht erkennbare Schäden sind innerhalb **13** von 14 Tagen nach Ablieferung anzuzeigen. Für die Fristberechnung gelten die §§ 187 ff. BGB, so dass der Tag der Ablieferung nicht berechnet wird. Ist die Ablieferung an einem Donnerstag erfolgt, so kann bis zum Donnerstag in 14 Tagen, 24:00 Uhr, die Schadensanzeige abgesandt werden (zu Fristbeginn und Wahrung der Frist siehe Rn. 10 und 11).

**3. Rechtsfolgen fehlerhafter Schadensanzeigen.** Abweichend von § 438 führt die **14** fehlerhafte Schadensrüge zum Verlust von Schadensersatzansprüchen. Die Ansprüche gemäß § 425 Abs. 1 wegen Verlust oder Beschädigung erlöschen ohne Rücksicht auf Verschulden des Absenders mit Ablauf der Frist.[5] Dies ist im Hinblick auf die Besonderheiten bei einem Umzug gerechtfertigt (s. Rn. 1 und 2). Die Folge des **Anspruchsverlusts** tritt jedoch nicht ein, wenn der Schaden vorsätzlich oder leichtfertig in dem Bewusstsein, dass ein Schaden mit Wahrscheinlichkeit eintreten werde, verursacht wurde (§ 435). Das Gleiche gilt bei

---

[3] *Scheel* TranspR 2005, 245.
[4] *Koller* Fn. 15.
[5] Gesetzesbegründung, BT-Drucks. 13/8445 S. 96.

fehlender Unterrichtung nach § 451g Nr. 2 über Form, Frist und Rechtsfolgen bei Unterlassen der Schadensanzeige.

**15**   **4. Regeln bei mehreren Frachtführern.** Nach seinem Wortlaut gilt § 451f auch im Verhältnis mehrerer Frachtführer, wenn das Gut weitergegeben wurde. Trotzdem ist auf das Verhältnis zwischen Frachtführer und **ausführendem Frachtführer** § 451f nicht direkt anwendbar. Dieses würde in der Praxis auch Schwierigkeiten bereiten, da für den Empfänger die rechtzeitige Absendung der Schadensmeldung ausreichend ist, somit uU die Frist von einem Tag oder 14 Tagen bereits abgelaufen sein kann. Auf der anderen Seite besteht ein erhebliches Interesse beider Frachtführer, über Beschädigungen umgehend informiert zu werden, um zB die Mitarbeiter über Schäden befragen zu können. Aus diesem Grunde ist § 451f mit seinen Fristen auch im Verhältnis der Frachtführer untereinander anzuwenden, allerdings kann sich ein Überschreiten der Frist dadurch ergeben, dass der Empfänger diese Fristen voll ausgeschöpft hat. In diesem Fall ist die Schadensanzeige in angemessener Frist an den Ausführenden oder an den Vertragspartner weiterzuleiten, je nachdem, bei wem die Schadensanzeige eingegangen ist.[6]

## III. Beweislast

**16**   Der Absender muss beweisen, dass er eine Schadensanzeige mit zutreffendem Inhalt und in der richtigen Form abgegeben hat. Da nach § 438 Abs. 4 Satz 2 die rechtzeitige Absendung ausreicht, muss er auch die Rechtzeitigkeit beweisen. Auch den Zugang der Schadensanzeige muss der Ersatzberechtigte beweisen.[7] Der Ersatzberechtigte muss auch die mündliche Rüge bei der Ablieferung beweisen. Wegen der Schwierigkeiten bei Zeugenbeweisen ist in jedem Fall zu empfehlen, nicht nur eine mündliche Schadensanzeige, sondern eine schriftliche Schadensanzeige zu erstatten. In der Zusage, den gemeldeten Mangel zu prüfen, ist noch keine Anerkennung des Schadens zu sehen. Damit tritt höchstens eine Hemmung gemäß § 439 Abs. 3 ein.[8] Arglist dürfte dann vorliegen, wenn der Frachtführer durch sein Verhalten verhindert, dass eine formgültige Anzeige erfolgt.[9]

## IV. Information des Empfängers

**17**   Da die fehlerhafte Schadensanzeige den Verlust aller Ansprüche zur Folge haben kann, werden dem Frachtführer bei Verbrauchern als Absender Informationspflichten auferlegt. Nach § 451g Nr. 2 kann sich der Frachtführer bei einem Verbraucher (§ 13 BGB) als Absender nicht auf die Nichteinhaltung der Rügefristen berufen, wenn er den Empfänger nicht spätestens bei Ablieferung des Gutes über die Form und Frist der Schadensanzeige sowie die Rechtsfolgen bei Unterlassen der Schadensanzeige unterrichtet hat. Diese Regelung ergibt sich aus § 451g, die Information muss nicht drucktechnisch hervorgehoben werden, darf jedoch nicht versteckt sein (s. hierzu die Kommentierung zu § 451g).

## V. Abweichende Vereinbarungen

**18**   Nach § 451h Abs. 1 kann von den die Haftung des Frachtführers regelnden Vorschriften bei einem Verbraucher nicht zum Nachteil des Absenders abgewichen werden. Mit einem Verbraucher kann somit eine längere Rügefrist, nicht jedoch eine kürzere vereinbart werden. Bei Nichtverbrauchern kann von den Regelungen über die Schadensanzeige nur durch Vereinbarung abgewichen werden, die im Einzelnen ausgehandelt sind. Durch vorformulierte Vertragsbedingungen können die Regelungen des § 451f nicht abgeändert werden. Wird die Rügefrist in zulässiger Form abgewandelt, so muss der Frachtführer dann, um Versicherungsschutz zu haben, dies mit seinem Versicherer abklären.

---

[6] LG Hamburg 15.8.2000, TranspR 2000, 414 mit abl. Anm. *Weber* TranspR 2000, 405.
[7] OLG Düsseldorf 16.2.1989, TranspR 1989, 265 zum inhaltsähnlichen § 13 Abs. 3 GüKUMT, OLG Saarbrücken 29.6.2005, TranspR 2007, 66, lässt die Beweislastfrage offen, wie hier *Koller* Rn. 10.
[8] *Scheel* TranspR 2005, 245.
[9] *Koller* Rn. 10.

## § 451g Wegfall der Haftungsbefreiungen und -begrenzungen

[1]Ist der Absender ein Verbraucher, so kann sich der Frachtführer oder eine in § 428 genannte Person

1. auf die in den §§ 451d und 451e sowie in dem Ersten Unterabschnitt vorgesehenen Haftungsbefreiungen und Haftungsbegrenzungen nicht berufen, soweit der Frachtführer es unterläßt, den Absender bei Abschluß des Vertrages über die Haftungsbestimmung zu unterrichten und auf die Möglichkeiten hinzuweisen, eine weitergehende Haftung zu vereinbaren oder das Gut zu versichern,

2. auf § 451f in Verbindung mit § 438 nicht berufen, soweit der Frachtführer es unterläßt, den Empfänger spätestens bei der Ablieferung des Gutes über die Form und Frist der Schadensanzeige sowie die Rechtsfolgen bei Unterlassen der Schadensanzeige zu unterrichten. [2]Die Unterrichtung nach Satz 1 Nr. 1 muß in drucktechnisch deutlicher Gestaltung besonders hervorgehoben sein.

### Übersicht

|  | Rn. |  | Rn. |
|---|---|---|---|
| I. Verbraucherschutzregelung | 1, 2 | 4. Folgen fehlender Information | 9 |
| II. Information über Haftungsregeln | 3–9 | III. Information zur Schadensanzeige | 10–14 |
| 1. Haftungsbefreiungen und Haftungsbegrenzungen | 4 | 1. Form und Inhalt der Unterrichtung | 11 |
| 2. Haftungsvereinbarung oder Versicherungsmöglichkeit | 5 | 2. Zeitpunkt der Unterrichtung des Empfängers | 12, 13 |
| 3. Haftungshinweise | 6–8 | 3. Folge fehlerhafter Unterrichtung | 14 |
| a) Haftungshinweise bei Vertragsschluss | 7 | IV. Beweislast | 15, 16 |
| b) Drucktechnisch deutliche Gestaltung | 8 | V. Abdingbarkeit | 17 |

### I. Verbraucherschutzregelung

Einer der Gründe für eine gesonderte Regelung der Beförderung von Umzugsgut war **1** der Verbraucherschutz. Die Regelung des § 451g ist neben dem Verbot, zu Ungunsten des Verbrauchers von den gesetzlichen Haftungsregeln abzuweichen (§ 451h Abs. 1 und § 449 Abs. 1), eine wichtige Verbraucherschutzvorschrift. Die in dieser Vorschrift geregelten Fälle zwingen den Frachtführer, den Verbraucher als Absender über Haftungsbefreiungen und -begrenzungen zu informieren, wenn er nicht unbeschränkt haften will. Ebenso kann der Frachtführer sich nicht auf die Nichteinhaltung der Rügefristen berufen, wenn er nicht den Empfänger bei einem Verbraucherumzug über das Verhalten im Schadensfall ausreichend unterrichtet hat.[1]

Die Unterrichtungspflichten bestehen nur, wenn der Absender ein Verbraucher (§ 13 **2** BGB) ist. Der Absender ist der Auftraggeber des Frachtvertrages über die Beförderung von Umzugsgut (§ 407 Abs. 2). Der Gesetzgeber ist davon ausgegangen, dass Gewerbetreibende und Selbständige in der Lage sind, sich über ihre Rechte und Pflichten im Rahmen eines Umzugsvertrages selbst zu informieren.[2] Entscheidend ist die Eigenschaft des Auftraggebers beim Vertrag, nicht die subjektive Kenntnis des Auftraggebers von den zu beachtenden Vorschriften. Beauftragt ein Rechtsanwalt den Möbelspediteur mit seinem Büroumzug, so liegt ein Vertrag mit einem gewerblichen Auftraggeber vor. Soll die Privatwohnung des Anwalts umgezogen werden, so ist er als Absender ein Verbraucher. Beauftragt ein Unternehmen den Frachtführer mit der Durchführung eines Mitarbeiterumzugs oder der Gerichtsvollzieher den Frachtführer mit einer Räumung, so ist der Absender kein Verbraucher. Wegen des Wortlauts des Gesetzes wird ausschließlich auf die Eigenschaft des Absen-

---

[1] OLG Saarbrücken 29.6.2005, TranspR 2007, 66.
[2] BT-Drucks. 13/8445 S. 96.

ders in Bezug auf den Vertrag abgestellt und nicht auf eine wirtschaftliche Betrachtungsweise.[3]

## II. Information über Haftungsregeln

3    Da die Haftung des Frachtführers im Sinne des § 407 und in weiteren Ausnahmen des Frachtführers, der Umzugsgut befördert, vom allgemeinen Schuldrecht und Werkvertragsrecht abweicht, soll der Verbraucher über die Besonderheiten informiert werden, um ggf. Vereinbarungen zu treffen oder Versicherungen abzuschließen.

4    **1. Haftungsbefreiungen und Haftungsbegrenzungen.** Ein wesentlicher Inhalt des Frachtrechts ist die Abänderung des Werkvertragsrechts bei Haftung und Schadensersatz. Zu den Haftungsbestimmungen, über die der Frachtführer den Absender unterrichten muss, zählen aus dem allgemeinen Frachtrecht die §§ 425–437, wobei die §§ 427 und 431 Abs. 1, 2 und 4 durch die §§ 451d und 451e als Sonderregelung des Umzugsvertragsrechts ersetzt werden. Da die Nachnahme (§ 422 Abs. 3) fast nie im Umzugsvertrag vorkommt, kann insoweit auf die Information verzichtet werden. Da es sich um sehr viele Regelungen handelt, lässt es sich nicht vermeiden, dass die Information umfangreich ist und der Verbraucher als Absender einen längeren Text lesen muss.

5    **2. Haftungsvereinbarung oder Versicherungsmöglichkeit.** Der Frachtführer muss auf die rechtlich zulässige Möglichkeit der **Haftungserweiterung** oder eine Versicherungsmöglichkeit hinweisen. Er ist jedoch auf Grund der Vertragsfreiheit nicht gezwungen, eine Haftungserweiterung zu vereinbaren. Der Frachtführer kann statt der Haftungserweiterung eine **Transportversicherung** anbieten, vermitteln oder eine Abschlussmöglichkeit nachweisen.[4] Das folgt aus der Verwendung des Wortes „oder" in § 451g. Das Angebot einer Transportversicherung im Umzugsvertrag ist ausreichend, der ausschließliche Hinweis, dass der Abschluss einer Versicherung möglich ist, reicht nicht.

6    **3. Haftungshinweise.** Auf die Haftungsbefreiungen und Haftungsbegrenzungen hat der Frachtführer bei Vertragsschluss hinzuweisen. Der Hinweis muss in drucktechnisch deutlicher Gestaltung erfolgen, wenn der Frachtführer sich darauf im Schadensfall berufen will. Die Information muss weiterhin zusammenhängend, übersichtlich und verständlich sein. Allerdings ist die Information wegen der vielen Regeln umfangreich, das muss der Verbraucher aus Gründen der Vollständigkeit hinnehmen. Die Information darf zwar nicht nur in der Wiedergabe des Gesetzestextes bestehen, muss sich jedoch sehr nah daran orientieren, um nicht missverständlich zu sein. Die Haftungsinformation darf auch bei einem fremdsprachigen Auftraggeber in deutscher Sprache abgegeben werden, zumindest dann, wenn die Vertragsverhandlungen in deutscher Sprache geführt wurden.[5]

7    **a) Haftungshinweise bei Vertragsschluss.** Bereits bei Vertragsschluss muss die Information über die Haftung, die Haftungsbefreiungen und Haftungsbegrenzungen sowie die Möglichkeit einer Haftungserweiterung bzw. Versicherungsmöglichkeit erfolgen. Nur dann ist der Umziehende als Absender in der Lage zu entscheiden, ob er nur bei einer **Haftungserweiterung,** bei Abschluss einer **Transportversicherung** oder eventuell überhaupt nicht mit diesem Frachtführer einen Vertrag abschließen will. Wird der Umzugsvertrag direkt in der Wohnung nach der Besichtigung des Umzugsgutes abgeschlossen, so müssen die Haftungshinweise bereits zu diesem Zeitpunkt vorliegen. Bei einem schriftlichen Angebot müssen die Haftungshinweise zusammen mit dem Angebot übermittelt werden. Eine Übersendung einer Haftungsinformation nach Abschluss des Vertrages ist nicht ausreichend.

8    **b) Drucktechnisch deutliche Gestaltung.** Ebenso wie in § 449 HGB aF bei der Haftungserweiterung bzw. -verringerung muss die Information in drucktechnisch deutlicher

---

[3] *Andresen,* FG Herber, S. 149.
[4] *Koller* Rn. 3; *Tschiltschke* TranspR 2008, 458.
[5] OLG Saarbrücken 29.6.2005, TranspR 2007, 66.

Gestaltung besonders hervorgehoben sein. Die entsprechenden schriftlichen Hinweise müssen gegenüber den übrigen allgemeinen Geschäftsbedingungen abgehoben sein. Die gebotene drucktechnische Hervorhebung kann dabei auf verschiedene Arten geschehen, etwa durch Fettdruck, größere Schrifttypen, Unterstreichungen, besonderen Hinweis oder Herausnahme aus dem Katalog der übrigen Geschäftsbedingungen oder durch Verwendung von Farbe.[6] Die **Haftungsinformation** braucht nicht im Text der Vertragsurkunde enthalten zu sein, sondern kann auch mittels eines Beiblatts übermittelt werden, sofern das Beiblatt hinreichend auffällig ist.[7] Ist die Haftungsinformation auf der Rückseite des Umzugsvertrages, so ist auf der Vorderseite in drucktechnisch deutlicher Gestaltung auf die Haftungsinformation auf der Rückseite hinzuweisen. Es ist nicht vorgeschrieben, dass der Absender durch Unterschrift bestätigt, über die Haftungsbestimmungen belehrt worden zu sein. Eine solche Unterschrift war noch im Regierungsentwurf vorgesehen. Dies ist jedoch entbehrlich, da im Hinblick auf die weitreichenden Folgen einer fehlenden Unterrichtung der Frachtführer darum bemüht sein wird, die erfolgte Information durch Bestätigung des Erhalts nachzuweisen.[8]

**4. Folgen fehlender Information.** Der Frachtführer kann sich nicht auf die Haftungs- **9** beschränkungen berufen, wenn er fehlerhaft über die Haftung sowie die Möglichkeiten, eine erweiterte Haftung zu vereinbaren oder eine Versicherung abzuschließen, informiert.[9] Das bezieht sich auf alle Haftungsbefreiungen und Haftungsbegrenzungen des ersten und zweiten Unterabschnitts. Die Haftungsbefreiungen und –begrenzungen kommen allerdings nur insoweit nicht zum Tragen, als der Aufklärungsmangel reicht.[10] Darüber hinaus muss die Regelung so ausgelegt werden, dass zwischen der fehlerhaften Unterrichtung und dem eintretenden Schaden ein Kausalzusammenhang bestehen muss. Hat der Frachtführer nicht über eine Versicherungsmöglichkeit unterrichtet, der Absender trotzdem eine Transportversicherung abgeschlossen, so kann der Absender nicht wegen der fehlenden Unterrichtung unbeschränkten Schadensersatz verlangen.[11] Der Hinweis ist entbehrlich, wenn der Verbraucher bereits eine Transportversicherung abgeschlossen hat und dies dem Frachtführer bekannt ist.[12] Wird vom Frachtführer dem Absender eine Transportversicherung angeboten, so muss er auch über Inhalt, Leistungsumfang und Ausschlüsse informieren, zB über fehlenden Versicherungsschutz bei Diebstahl.[13] Mit der Verpflichtung zur Unterrichtung soll der Verbraucher auf Risiken fehlender Haftung hingewiesen werden. Ziel ist der Schutz des Verbrauchers und nicht die schärfere Haftung des Frachtführers. Deshalb ist die Haftung für Zufall und höhere Gewalt weiterhin ausgeschlossen.[14]

### III. Information zur Schadensanzeige

Ist der Absender ein Verbraucher, so erlöschen Ansprüche wegen Verlust oder Beschädi- **10** gung des Gutes, wenn der Verlust oder die Beschädigung des Gutes äußerlich erkennbar war und dem Frachtführer nicht spätestens am Tag nach der Ablieferung angezeigt worden ist. Ist der Verlust oder die Beschädigung äußerlich nicht erkennbar und dem Frachtführer nicht innerhalb von 14 Tagen nach Ablieferung angezeigt worden, so erlöschen die Ansprüche ebenfalls. Diese weitreichende Folge des Verlustes aller Rechte bei nicht ordnungsgemäßer Schadensrüge erschien dem Gesetzgeber bei Verbrauchern nur gerechtfertigt, wenn zuvor über das Verhalten im Schadensfall aufgeklärt wurde. Sinn und Zweck der Regelung

---

[6] BT-Drucks. 13/8445 S. 97.
[7] *Koller* Rn. 5; OLG Saarbrücken 29.6.2005, TranspR 2007, 66; *Tschiltschke* TranspR 2008, 458.
[8] *Andresen,* FG Herber, S. 150.
[9] So bereits zu § 10 Abs. 2 GüKUMB, OLG Hamburg 31.7.1995, TranspR 1996, 68.
[10] *Koller* Rn. 7; *Tschiltschke* TranspR 2008, 458.
[11] AA *Fremuth*/Thume/*Eckardt* Rn. 7 und *Koller* Rn. 7, wie hier bei der Versicherung *Tschiltschke* TranspR 2008, 459.
[12] *Mittelhammer* TranspR 2011, 146.
[13] OLG München 13.6.2007, OLGR 2009, 136.
[14] *Tschiltschke* TranspR 2008, 458.

im § 451g ist es, den mit dem Rechtsgebiet Transportrecht nicht vertrauten Verbraucher dadurch vor Schaden zu bewahren, dass er ausreichend über seine Rechte und Pflichten im Schadensfall unterrichtet wird.

**11**    **1. Form und Inhalt der Unterrichtung.** Die Information über das Verhalten im Schadensfall kann formlos, also auch mündlich, erfolgen. Es ist nicht – wie bei der Information über die Haftung – vorgesehen, dass sie drucktechnisch besonders hervorgehoben sein muss. Sie sollte allerdings nicht in einer Textwüste untergehen. Auch eine schriftliche Information ist nicht vorgeschrieben. Die Aufklärung über das Verhalten im Schadenfall muss allerdings auch dann, wenn sie mündlich erteilt wird, besonders deutlich und vollständig sein. Aus diesem Grunde wird in der Praxis die Information nicht nur mündlich, sondern regelmäßig schriftlich vorgenommen. Die Unterrichtung des Verbrauchers muss so sein, dass sie verständlich ist und darf sich nicht auf die bloße Wiedergabe eines Gesetzestextes erstrecken.[15] Auch diese Unterrichtung kann in deutscher Sprache erfolgen, wenn die Verhandlungssprache deutsch war. Die Umschreibung kann auch Auslegungen der Gerichte berücksichtigen und deshalb darauf hinweisen, dass Schäden „spezifiziert" angegeben werden müssen und allgemeine Hinweise wie „unter Vorbehalt" nicht ausreichen.[16] Dadurch wird für eine bessere Verständlichkeit als durch die Wiedergabe des Gesetzestextes gesorgt.

**12**    **2. Zeitpunkt der Unterrichtung des Empfängers.** Die Aufklärung über das Verhalten im Schadensfall kann und sollte sinnvollerweise bereits mit dem Umzugsvertrag erfolgen.[17] Vom Gesetzeswortlaut her ist die Unterrichtung gerade nicht bei Ablieferung vorgesehen, damit der Verbraucher auch die Möglichkeit der vorherigen Kenntnisnahme nicht erst beim Umzug hat. Sie kann zB mit der Haftungsinformation verbunden werden, da die Nichtbeachtung der Rügevorschriften Auswirkungen auf die Haftung des Frachtführers hat. Zu empfehlen ist aber – obwohl nicht vorgeschrieben – eine weitere Information auf dem Arbeitsschein bei der Ablieferung, da diese dann zeitnah im Zusammenhang mit der Ablieferung erfolgt. Deshalb wollte der Gesetzgeber auch, dass der Empfänger und nicht der Absender belehrt wird.

**13**    Eine Unterrichtung über das Verhalten im Schadensfall muss nur erfolgen, wenn der Absender ein Verbraucher ist. Auch wenn der Hinweis dem Empfänger erteilt wird, muss die Aufklärungspflicht bei der Person des Absenders als Verbraucher gegeben sein. Beim Umzug sind in der Regel Absender und Empfänger die gleichen Personen. Deshalb kommt es nicht darauf an, ob der Absender als Vertragspartner auch persönlich das Umzugsgut in Empfang nimmt. Ist an der Entladestelle nur ein nicht am Vertrag Beteiligter anwesend, so ist trotzdem der Absender auch der Empfänger, weil das Umzugsgut ihm wieder als Vertragspartner ausgeliefert wird.

**14**    **3. Folge fehlerhafter Unterrichtung.** Der Frachtführer kann sich auf die Rügefristen des § 451f und des § 438 nicht berufen, wenn er den Empfänger nicht ausreichend belehrt. Hat er also nicht oder fehlerhaft darüber informiert, dass eine Rüge, wenn sie nach Ablieferung erfolgt, schriftlich oder in Textform zu erfolgen hat, so kann er sich auf eine fehlende Form nicht berufen. Hat er jedoch über die Fristen belehrt, so hat der Empfänger bei der **Rügefrist** diese trotzdem einzuhalten. Ist der Empfänger über die Rechtsfolge, dass sämtliche Ansprüche erlöschen, nicht ausreichend belehrt, so kann der Frachtführer sich überhaupt nicht auf die nicht eingehaltenen Frist- und Formvorschriften berufen. Nur soweit der Aufklärungsmangel kausal für die fehlerhafte Schadensanzeige war, geht das Recht des Frachtführers verloren, sich auf Form und Frist der Schadensanzeige zu berufen.[18] Das ergibt sich aus dem Zweck der Unterrichtung, den Verbraucher durch Aufklärung vor Schaden zu bewahren.

---

[15] *Andresen*, FG Herber, S. 150.
[16] OLG Saarbrücken 29.6.2005, TranspR 2007, 66.
[17] So auch LG Kiel 28.6.2000, TranspR 2000, 309; OLG Saarbrücken 29.6.2005, TranspR 2007, 66; aA *Koller* Rn. 11.
[18] *Koller* Rn. 35.

## IV. Beweislast

Der Frachtführer trägt die Beweislast für die ordnungsgemäße Unterrichtung sowohl **15** über die Haftungsbestimmungen als auch über das Verhalten im Schadensfall. Da die Informationen über die Haftungsbefreiungen und Haftungsbegrenzungen in **Textform** erfolgen muss, empfiehlt sich eine Quittung über den Erhalt der Haftungsinformationen. Der Beweis kann jedoch auch in anderer Form geführt werden.

Die Information über das Verhalten im Schadensfall muss zwar nicht in Textform erfol- **16** gen, sollte aber zu Beweiszwecken entweder gemeinsam mit der Haftungsinformation erfolgen und/oder auf dem Ablieferungsschein. Bei einer mündlichen Information bei Ablieferung an die dort anwesende Person müsste bei einem Bestreiten der ausreichenden und vollständigen Unterrichtung der Belehrende als Zeuge vernommen werden. Bei Zweifeln geht dann das Beweisrisiko zu Lasten des Frachtführers.

## V. Abdingbarkeit

Die Verbraucherinformation ist mit den dortigen Rechtsfolgen zwingend. Beim Tatbe- **17** stand des § 451g handelt es sich um eine die Haftung regelnde Vorschrift, so dass gemäß § 451h Abs. 1 davon nicht zu Ungunsten des Verbrauchers – auch nicht durch Individualvereinbarung – abgewichen werden kann.

## § 451h Abweichende Vereinbarungen

**(1) Ist der Absender ein Verbraucher, so kann von den die Haftung des Frachtführers und des Absenders regelnden Vorschriften dieses Unterabschnitts sowie den danach auf den Umzugsvertrag anzuwendenden Vorschriften des Ersten Unterabschnitts nicht zum Nachteil des Absenders abgewichen werden.**

**(2) ¹In allen anderen als den in Absatz 1 genannten Fällen kann von den darin genannten Vorschriften nur durch Vereinbarung abgewichen werden, die im einzelnen ausgehandelt ist, auch wenn sie für eine Mehrzahl von gleichartigen Verträgen zwischen denselben Vertragsparteien getroffen ist. ²Die vom Frachtführer zu leistende Entschädigung wegen Verlust oder Beschädigung des Gutes kann jedoch auch durch vorformulierte Vertragsbedingungen auf einen anderen als den in § 451e vorgesehenen Betrag begrenzt werden, wenn der Verwender der vorformulierten Vertragsbedingungen seinen Vertragspartner in geeigneter Weise darauf hinweist, dass diese einen anderen als den gesetzlich vorgesehenen Betrag vorsehen. ³Ferner kann durch vorformulierte Vertragsbedingungen die vom Absender nach § 414 zu leistende Entschädigung der Höhe nach beschränkt werden.**

**(3) Unterliegt der Umzugsvertrag ausländischem Recht, so sind die Absätze 1 und 2 gleichwohl anzuwenden, wenn nach dem Vertrag der Ort der Übernahme und der Ort der Ablieferung des Gutes im Inland liegen.**

### Übersicht

| | Rn. | | Rn. |
|---|---|---|---|
| **I. Ergänzung zu § 449** | 1–5 | 1. Abweichende Regelungen durch Individualvereinbarung | 8–12 |
| 1. Verbraucher | 2–4 | 2. Abweichende Regelungen durch AGB | 13, 14 |
| 2. Haftungsregelungen | 5 | 3. Beweislast | 15 |
| | | **III. Anwendung ausländischen** | |
| **II. Abweichende Vereinbarungen** | 6–15 | **Rechts** | 16 |

## I. Ergänzung zu § 449

Der Vertrag über die Beförderung von Umzugsgut wird in sehr vielen Fällen mit Ver- **1** brauchern abgeschlossen. Der Gesetzgeber hat deshalb im zweiten Unterabschnitt besondere

Verbraucherschutzbestimmungen übernommen, deren Durchsetzung § 451h schaffen soll. Die Regelung des § 451h ist eine Ergänzung zu § 449. Die Vorschriften des zweiten Unterabschnitts über die Beförderung von Umzugsgut, soweit sie die Haftung regeln, können bei einem Umzug für Verbraucher nicht zu dessen Nachteil abgeändert werden (Abs. 1). Bei Verträgen mit Unternehmen oder anderen, die keine Verbraucher sind, kann in Parallele zu § 449 Abs. 2 durch **Individualvereinbarung** von allen Haftungsregelungen und durch AGB von der Höhe der Entschädigung abgewichen werden. Die unbeschränkte Haftung des Absenders nach § 414, bei Verbrauchern nur bei Verschulden, kann durch AGB des Absenders oder des Frachtführers der Höhe nach eingeschränkt werden.

**2**      **1. Verbraucher.** Der Verbraucher wird nicht gesondert beschrieben, die Definition ergibt sich aus § 13 BGB. Abs. 1 sieht vor, dass der Verbraucher besonders geschützt wird. Dabei kommt es auf die Eigenschaft des Absenders in Bezug auf den konkreten Frachtvertrag an (s. § 451g Rn. 2). Schließt der Arbeitgeber als Absender für den Umzug seines Mitarbeiters den Umzugsvertrag ab, so handelt es sich nicht um einen Verbraucherumzug. Übernimmt der Arbeitgeber jedoch nur die Kosten und wird der Vertrag zwischen Frachtführer und Mitarbeiter direkt abgeschlossen, so handelt es sich um einen Verbraucherumzug.

**3**      Der Verbraucher soll nicht schlechter gestellt werden als es das Gesetz vorsieht. Deshalb ist bei einem **Verbraucherumzug** die Vertragsfreiheit hinsichtlich der Haftung eingeschränkt. Es kann deshalb nicht zum Nachteil des Verbrauchers von den Haftungsregelungen abgewichen werden. Dispositiv ist jedoch vollständig der Leistungsumfang, wie zB Einpacken, Auspacken, Küchenab- und -aufbau, Versicherung.

**4**      Übernimmt der Frachtführer gemäß § 451a Abs. 2 zusätzliche auf den Umzug bezogene Leistungen, so gelten auch für diese Arbeiten die Haftungsregelungen im ersten und zweiten Unterabschnitt. Auch insoweit kann nicht zu Lasten des Verbrauchers von den gesetzlichen Haftungsregelungen abgewichen werden. Wird also der Küchenaufbau, der in der Regel auch die Anpassung einer neuen Arbeitsplatte beinhaltet, vom Frachtführer als besondere auf den Umzug bezogene Leistung übernommen, so gilt die verschuldensunabhängige Haftung des HGB aber der Höhe nach beschränkt. Wird die Leistung nur an einen Schreiner vermittelt, der direkte Vereinbarungen mit dem Umziehenden trifft, so gilt hierfür Werkvertragsrecht mit Verschuldenshaftung, dafür aber nicht begrenzt.

**5**      **2. Haftungsregelungen.** Ist der Absender ein Verbraucher, kann nicht zu seinem Nachteil von den in § 449 Abs. 1 genannten Vorschriften (s. Kommentierung zu § 449) abgewichen werden. Hinzu kommen die Haftungsregelungen der §§ 451–451 f. Die Haftung des Frachtführers wird geregelt in den §§ 451d–451h. Dies ist damit zu begründen, dass in § 449 Abs. 1 die §§ 414, 427, 431 und 438 genannt werden, auf die in den obigen Vorschriften Bezug genommen wird. Hinsichtlich der anderen Vorschriften finden die Regelungen des § 449 direkte Anwendung.

## II. Abweichende Vereinbarungen

**6**      Aufgrund der durch § 451h und § 449 eingeschränkten Vertragsfreiheit kann nicht zu Lasten des Verbrauchers von den gesetzlichen Haftungsregeln abgewichen werden. Zu Gunsten ist dies sowohl durch Individualvereinbarung als auch durch Allgemeine Geschäftsbedingungen möglich. Dabei kommt es nicht auf eine Gesamtbetrachtung an, jede einzelne Bestimmung darf nur zu Gunsten des Verbrauchers abgeändert werden.

**7**      Ist der Absender kein Verbraucher, so kann durch Individualvereinbarung von allen Haftungsregelungen abgewichen werden, durch Allgemeine Geschäftsbedingungen kann nur die in § 451e auf 620 Euro je cbm vorgesehene Haftungsbegrenzung verändert werden.

**8**      **1. Abweichende Regelungen durch Individualvereinbarung.** Ebenso wie in § 449 Abs. 2 behandelt Abs. 2 den Frachtvertrag mit Absendern, die der gewerblichen oder beruflichen Sphäre zuzuordnen sind. Wenn es sich um die Beförderung von Umzugsgut handelt, kann durch im Einzelnen ausgehandelte Abrede oder Rahmenvereinbarung von den in

§ 449 Abs. 1 genannten und den korrespondierenden Haftungsvorschriften des zweiten Unterabschnitts (Umzugsverkehr) abgewichen werden. Das ist sowohl zu Gunsten als auch zu Lasten des Frachtführers möglich.

Die Formulierung „Vereinbarung, die im Einzelnen ausgehandelt ist", entspricht der **9** Regelung in § 305 Abs. 1 Satz 3 BGB. Eine solche **Individualvereinbarung** liegt vor, wenn der Vertragspartner über den Vertragsgegenstand verhandlungsbereit ist und der Inhalt der Haftungsregelung ausgehandelt wird. Entscheidend ist, dass die Abrede das Ergebnis freier Verhandlung gleichberechtigter Verhandlungspartner darstellt. Das gilt bei Abschluss eines Rahmenvertrages (s. im Übrigen Kommentierung zu § 449 Rn. 14 ff.).

Eine Individualabrede liegt regelmäßig vor, wenn ein Vertrag ausschließlich für ein **10** größeres Projekt erstellt wird, zB für den Umzug verschiedener Büros in eine Zentrale. Es darf sich jedoch nicht um ein Vertragsmuster handeln, das wiederverwendet wurde oder wiederverwendet werden soll und nicht verhandelbar war. Musterformulierungen müssen in jedem Fall verhandelbar sein.

Es ist nicht möglich, sich durch Individualvereinbarung auf die Anwendung von Allge- **11** meinen Geschäftsbedingungen zu einigen. Insoweit ist die Einbeziehung der VOB oder VOL unwirksam, soweit dadurch Haftungsregelungen abgeändert werden. Die Abweichung von den gesetzlichen Rügefristen im Schadensfall durch die Regelung der VOB kann ebenfalls nicht durch Bezugnahme auf die VOB zur Geltung gebracht werden. Anders sieht es nur aus bei Regeln über die Fälligkeit der Vergütung oder Abschlusszahlungen. Hier sind auch durch Bezugnahme auf andere AGB Vereinbarungen möglich.

Eine Formulierung im Vertrag, wonach die Vertragsparteien übereinstimmend erklären, **12** dass es sich um eine im Einzelnen ausgehandelte Vereinbarung handelt, ist bei Verbrauchern wegen Verstoß gegen § 309 Nr. 12b BGB unwirksam.[1] Aber auch bei Unternehmern ist die formularmäßige den Vertragspartner benachteiligende Bestätigung von Tatsachen regelmäßig als Umgehung anzusehen und deshalb nicht ausreichend. Eine solche Formulierung wird eher als Indiz dafür angesehen, dass es keine Verhandlungen über die Vertragsbedingungen gegeben hat.

**2. Abweichende Regelungen durch AGB.** In Parallele zu § 449 Abs. 3 Satz 2 kann **13** jedoch die Haftungsbegrenzung des § 451e auf einen anderen Betrag als 620 EUR je cbm Umzugsgut festgesetzt werden, auch durch AGB. Bei **Verbrauchern** ist dies nur durch Erhöhung der **Haftungssumme,** nicht durch Herabsetzen möglich. Es kann auch eine Haftungshöhe vereinbart werden, die als Bezugsgröße nicht den Ladungsumfang hat. So kann zB bei einem **Trageumzug,** bei dem das Volumen nicht so leicht feststellbar ist, ein bestimmter Betrag als Haftungshöchstgrenze festgelegt werden, der bei Verbrauchern allerdings nicht zu einer Haftungsverringerung führen darf. Anders als in § 449 Abs. 2 Satz 1 gibt es keinen Korridor für die Haftungsbegrenzung nach oben und nach unten. Bei einer unbegrenzten Regelung sind deshalb die §§ 305 ff. BGB, insbesondere § 307 BGB, zu beachten. Die Vereinbarung einer äußerst geringen Haftungssumme im Verhältnis zum Leitbild in § 451e kann deshalb unwirksam sein.[2]

Eine abweichende Regelung ist nach Abs. 2 Satz 2 aE nur wirksam, wenn der Verwender **14** der AGB in geeigneter Weise darauf hinweist, dass ein anderer als der gesetzlich vorgesehene Betrag vereinbart wird. Dies kann auch wie in § 451h aF vorgesehen und in § 451g noch geregelt durch drucktechnisch hervorgehobenen Text erfolgen, ausreichend ist aber auch ein deutlicher Hinweis im Vertragstext auf die in den AGB enthaltene Veränderung, die gut lesbar ist und sich vom übrigen Text abheben muss (s. im Übrigen Kommentierung zu § 449 Rn. 20 ff.).

**3. Beweislast.** Derjenige, der sich auf eine vom Gesetz abweichende Regelung berufen **15** will, muss nachweisen, dass sie in zulässiger Weise Vertragsinhalt geworden ist. Beruft sich ein Frachtführer oder Absender darauf, dass eine Haftungsregelung durch Individualverein-

---

[1] BGH 28.1.1987, NJW 1987, 1634 zum früheren § 11 Nr. 15 AGB-Gesetz.
[2] *Koller* Rn. 3.

barung verändert wurde, so muss der Inhalt der Vereinbarung bewiesen werden und darüber hinaus, dass es sich um eine im Einzelnen ausgehandelte Regelung handelt. Das betrifft zB Veränderungen der Haftungsbegrenzung bei Lieferfristüberschreitung oder Rügefristen. Will zB ein Verbraucher den Verzicht auf Rügefristen geltend machen, so muss er beweisen, dass er insoweit eine Vereinbarung mit dem Frachtführer getroffen hat. Derjenige, der eine andere Haftungssumme als die des § 451e reklamiert, muss bei Vereinbarung durch AGB beweisen, dass er darauf in geeigneter Weise hingewiesen hat. Die unbegrenzte Haftung des Absenders nach § 414 kann durch AGB der Höhe nach begrenzt werden, die Vereinbarung muss der Absender beweisen.

### III. Anwendung ausländischen Rechts

**16**      § 451h Abs. 3 entspricht der Regelung in § 449 Abs. 4. Durch die Vereinbarung ausländischen Rechts soll nicht die halbzwingende Regelung durch §§ 449, 451h ausgehebelt werden können, wenn es sich um einen Inlandsumzug handelt (s. Kommentierung zu § 449 Rn. 50 f.).

### Dritter Unterabschnitt. Beförderung mit verschiedenartigen Beförderungsmitteln

## Vorbemerkungen

**Schrifttum:** *Bahnsen,* AGB-Kontrolle bei den Allgemeinen Deutschen Spediteurbedingungen, TranspR 2010, 19; *ders.,* Art. 2 CMR und die UND ADRIYATIC, TranspR 2012, 400; *Balz,* Das UNCTAD-Übereinkommen über den internationalen multimodalen Güterverkehr, ZLW 1980, 303; *Bartels,* Der Teilstreckenvertrag beim Multimodal-Vertrag, TranspR 2005, 203; *Basedow,* Die Tragweite des zwingenden Rechts im neuen deutschen Gütertransportrecht, TranspR 1998, 58; *ders.,* Internationale multimodale Gütertransporte, FS Herber, 1999, S. 15; *Beckmann,* Auswirkungen des neuen Transportrechts auf die Haftung des Frachtführers in der Binnenschiffahrt, VersR 1999, 1460; *Birnbaum,* Vereinheitlichungsbestrebungen auf dem Gebiet des Rechtes des kombinierten Verkehrs, Osnabrück 1985; *Bydlinski,* Multimodaltransport, bekannter Schadensort und § 452d Abs. 3 HGB, TranspR 2009, 389; *Drews,* Zum anwendbaren Recht beim multimodalen Transport, TranspR 2003, 12; *ders.,* Warenumschlag im Seehafen als Teilstrecke?, TranspR 2004, 450; *ders.,* Der multimodale Transportvertrag im historischen Zusammenhang, TranspR 2006, 177; *ders.,* Zum Umschlag von Waren in einem Seehafen, TranspR 2008, 18; *ders.,* Der multimodale Transport – eine Bestandsaufnahme, TranspR 2010, 327; *ders.,* Der Umschlag von Waren unter dem neuen Seehandelsrecht, TranspR 2013, 253; *Freise,* Unimodale transportrechtliche Übereinkommen und multimodale Beförderungen, TranspR 2012, 1; *ders.,* Der Güterumschlag im Eisenbahnverkehr, TranspR 2013, 260; *Ganten,* Übereinkommen über den multimodalen Güterverkehr. HANSA 1976, 1035; *Hartenstein,* Die Bestimmung des Teilstreckenrechts im Multimodaltransportvertrag, TranspR 2005, 9; *Häußer,* Subunternehmer beim Seetransport, Mannheim 2006; *Herber,* Einführung in das Übereinkommen über den internationalen multimodalen Güterverkehr, TranspR 1981, 37; *ders.,* Die Haftung beim multimodalen Transport, TranspR 1990, 4; *ders.,* Haftung beim Ro/Ro-Verkehr, TranspR 1994, 375 ff.; *ders.,* Zur Berücksichtigung des Teilstreckenrechts beim multimodalen Transportvertrag, FS Piper, 1996, S. 877; *ders.,* Die Vorschläge des Kommissionsentwurfs für den multimodalen Transport, TranspR 1997, 58; *ders.,* Die Neuregelung des deutschen Transportrechts, NJW 1998, 3297; *ders.,* Probleme des Multimodaltransports mit Seestreckeneinschluß nach neuem deutschen Recht, TranspR 2001, 101; *ders.,* Zur Problematik abweichender AGB-Haftungsbestimmungen beim Multimodaltransport mit Seestrecke, GS Helm, S. 99; *ders.,* Nochmals: Multimodalvertrag, Güterumschlag und anwendbares Recht, TranspR 2005, 59; *ders.,* Neue Entwicklungen im Recht des Multimodaltransports, TranspR 2006, 435; *ders.,* Reform des Seehandelsrechts – Anlass zur Überprüfung auch des Multimodalfrachtrechts, TranspR 2010, 85; *Hoffmann,* FIATA Multimodal Transport Bill of Lading und deutsches Recht, Diss., Hamburg 2002; *ders.,* FIATA Multimodal Transport Bill of Lading und deutsches Recht, TranspR 2000, 243; *Ingelmann,* Dokumentäre Sicherungsübereignung bei kombinierten Transporten, Hamburg 1992; *Jayme/Nordmeier,* Multimodaler Transport: Zur Anknüpfung an den hypothetischen Teilstreckenvertrag im Internationalen Transportrecht – Ist § 452a HGB Kollisions- oder Sachnorm?, IPRAX 2008, 503; *Kirchhof,* Der Luftfrachtvertrag als multimodaler Vertrag im Rahmen des Montrealer Übereinkommens, TranspR 2007, 133; *ders.,* Wo endet die Luft im Sinne des Montrealer Übereinkommens?, TranspR 2010, 321; *Kirchhof, M.,* Umschlag im Luftrecht, TranspR 2013, 265; *Koller,* Die Haftung des Multimodalbeförderers beim bekannten Schadensort, VersR 2006, 1187; *ders.,* Die Tragweite der FIATA-Multimodal Transport Bill of Lading im Licht des Transportrechtsreformgesetzes, GS Helm, 2001, S. 167; *ders.,* Reklamation und Verjährung sowie Ausschlußfristen bei internationalen Lufttransporten mit gekoppelten Zubringerleistungen, TranspR 2001, 69; *ders.,* Quantum Corporation Inc. v. Plane Trucking Limited und die Anwendbarkeit der CMR auf die Beförderung mit verschiedenartigen Transportmitteln, TranspR 2003, 45; *ders.,* Anm. zu OLG Köln 25.5.2004, TranspR 2004, 361; *ders.,* Die Rechtsnatur des Umschlagsvertrages und die Bedeutung für die Teilstrecke, TranspR 2008, 333; *ders.,* Der Straßenfrachtführer als Gehilfe des Luftfrachtführers, TranspR 2013, 52; *ders.,* Beweisverteilung beim multimodalen Luftbeförderungsvertrag, TranspR 2013, 14; *Kornemann,* Multimodale Tarifierung im Recht der Linienkonferenzen, Hamburg 2001; *Korioth,* Das europäische Binnenschifffahrtsrecht und der multimodale Verkehr, BinSchiff 2002, Nr. 10, S. 42; *Looks,* Der multimodale Transportvertrag im TRG, VersR 1999, 31; *Luther,* Die Haftung in der Frachtführerkette, TranspR 2013, 103; *Martiensen,* Multimodaltransport und Güterumschlag in Seehäfen im Lichte neuer Rechtsprechung, VersR 2008, 888; *Mast,* Der Multimodale Frachtvertrag nach deutschem Recht, Diss. Mannheim 2002; *Müller-Feldhammer,* Die Haftung des Unternehmers beim multimodalen Transport für Güterschäden und Güterverluste aus dem Beförderungsvertrag, Leipzig 1995; *ders.,* Die Standarddokumente des kombinierten Transports – Hinwendung zum System der modifizierten Einheitshaftung, TranspR 1994, 272; *Müller-Rostin,* Multimodalverkehr und Luftrecht, TranspR 2012, 14; *Müller-Rostin/Otte,* Der grenzüberschreitende multimodale Transportvertrag, Liber Amicorum Kegel, 2002, S. 154; *Rabe,* Die Probleme bei einer multimodalen Beförderung unter Einschluß einer Seestrecke – Sind Lösungen in Sicht?, TranspR 2000, 189; *ders.,* Die gesetzliche Regelung des Multimodaltransports unter Einschluß von Seebeförderungen, GS Helm, 2001, S. 301; *ders.,* Das Mafi-Trailer-Urteil des BGH – Ein Fazit, TranspR 2008, 186; *Ramberg,* The Law of Transport Operators in International Trade, Stockholm, 2005; *Ramming,* Probleme der Rechtsanwendung im neuen Recht der multimodalen Beförderung, TranspR 1999, 325; *ders.,* Zur Reichweite der Verweisung nach § 452a Satz 1 HGB im Hinblick auf die Erstattung der Fracht, TranspR 2002, 336; *ders.,* Umschlag von Gut als Beförderung im Sinne des § 407 Abs. 1 HGB?, TranspR 2004, 56; *ders.,* Durchbrechung der Einheitslösung (§ 452 Satz 1

HGB) im Hinblick auf besondere Durchführungsvorschriften des Rechts der (See-) Teilstrecke, TranspR 2004, 201; *ders.,* Zur BinSchLV: Anwendungsbereich – Bedeutung im Rahmen des § 452 Satz 1 HGB – besondere Durchführungsvorschrift, TranspR 2004, 343; *ders.,* Gerichtsstand am Umschlagsort zwischen Teilstrecken; VersR 2005, 607; *ders.,* Teilstrecken einer multimodalen Beförderung und ihre Abgrenzung, TranspR 2007, 89; *ders.,* Die CMNI – erste Fragen der Rechtsanwendung, TranspR 2006, 373; *ders.,* Internationalprivatrechtliche Fragen des Multimodal-Frachtvertrages und des Multimodal-Ladescheins, TranspR 2007, 279; *Richter-Hannes,* UN-Konvention über die Internationale Multimodale Güterbeförderung, Wien 1982 *Rogert,* Einheitsrecht und Kollisionsrecht im internationalen multimodalen Gütertransport, Diss. Hamburg 2005; *Schimmelpfeng,* Neues FIATA Combined Transport Bill of Lading, TranspR 1988, 53; *Shariat- madari,* Das IPR der Multimodalbeförderung (unter Einschluss einer Seestrecke), TranspR 2010, 275; Spanja- art, GODAFOSS, the applicability of the CMR within multimodalcontracts of carriage, TranspR 2012, 278; *Thume,* Haftungsprobleme beim Containerverkehr, TranspR 1990, 41 ff.; von Waldstein, Umschlag in der Binnenschifffahrt, TranspR 2013, 269; *de Wit,* Multimodal Transport, London 1995; *Witt,* Möglichkeiten der Vertragsgestaltung durch Einheitshaftungsvereinbarungen im multimodalen Transport, Diss. Hamburg, 2008; *Wulfmeyer,* Das niederländische Recht des multimodalen Transportvertrages, Diss. Hamburg 1996.

## Übersicht

| | Rn. | | Rn. |
|---|---|---|---|
| I. Begriff | 1–5 | III. Allgemeine Geschäftsbedingun- | |
| II. Internationale Bemühungen um | | gen | 12–14 |
| eine Haftungsregelung | 6–11 | IV. Das deutsche Recht | 15–17 |

## I. Begriff

1    Das TRG hat in §§ 452–452d HGB das Recht des **Multimodaltransportes** gesetzlich geregelt. Dieser wird vom Gesetz jedoch nicht – wie in der deutschen und internationalen Praxis durchweg üblich – als solcher bezeichnet, sondern als **Vertrag über die Beförde- rung mit verschiedenartigen Beförderungsmitteln.** Da grundsätzlich alle Bestimmun- gen des allgemeinen Frachtrechts auch auf diese Sonderform des Frachtvertrages Anwen- dung finden, bedurfte es im Gesetz keiner eigenen Bezeichnung.[1] Das gilt insbesondere auch für den Frachtführer des Multimodalverkehrs, der in der Praxis häufig als „Multimodal Transport Operator" („MTO") bezeichnet wird.

2    Die Terminologie ist uneinheitlich: Gleichbedeutend mit dem Begriff des multimodalen Transports ist der des „kombinierter Verkehrs".[2] Die Änderung der Bezeichnung wurde nach dem Scheitern der Genfer Konferenz von 1972 (dazu Rn. 8 f.) – auf der noch der Entwurf eines Übereinkommen über den „Transport Combiné" erörtert wurde – vorge- nommen, um die Identität des von der Mehrheit der Entwicklungsländer ungeliebten Ver- handlungsgegenstandes zu verdecken. Den Gegensatz zum multimodalen Transport bildet der sog. „gebrochene Transport" (gelegentlich auch: „segmentierter Transport"),[3] bei dem gesonderte Frachtverträge für die Teilstrecken abgeschlossen werden. Der Begriff „Durch- frachtvertrag" wird untechnisch für verschiedene Gestaltungsformen verwendet; so gele- gentlich auch für einen Frachtvertrag, bei dem der Frachtführer nur die Verpflichtung übernimmt, einen Frachtführer für eine Anschlussstrecke zu vermitteln („on-carriage"), ohne für diese selbst die Pflicht der Beförderung zu übernehmen; er ist dann für die Anschlussstrecke lediglich Spediteur.

3    Sonderformen des Multimodaltransports sind namentlich der **Ro/Ro-** („Roll-on/Roll- off") Verkehr und der **Huckepack-Verkehr.** Ersterer bezeichnet in der Regel die Beförde- rung eines mit dem Gut beladenen Straßenfahrzeugs oder Eisenbahnwagens auf einem (See- oder Binnen-)Schiff, letzterer die Beförderung eines beladenen Lkw auf der Eisenbahn.

4    (Multimodal-)Frachtführer iSd. §§ 452 ff. ist nur, wer die **Beförderungspflicht für die gesamte, mehrere Teilstrecken mit verschiedenen Beförderungsmitteln umfas- sende Strecke** übernimmt. Voraussetzung ist ferner, wie bei jedem Frachtvertrag, dass er

---

[1] Reg.Begr. S. 99.
[2] Er wurde noch von BGH 24.6.1987, BGHZ 101, 172 = NJW 1988, 640 = TranspR 1987, 447 synonym verwendet. Ebenso Reg.Begr. S. 99.
[3] Fremuth/Thume/*Fremuth* Art. 2 CMR Anh. III § 452 Rn. 8; EBJ/*Gass,* 1. Aufl., § 452 Rn. 14.

die Güter in seine **Obhut** nimmt,[4] die er allerdings durch Unterfrachtführer mittelbar innehaben kann. Multimodalfrachtführer kann auch ein **Spediteur** sein, wenn er die Beförderungspflicht – wie im FBL – vertraglich übernimmt oder wenn die Voraussetzungen der §§ 458–460 vorliegen.

Der Vertrag begründet eine Beförderungspflicht und Haftung des Multimodalfrachtführers, die **unabhängig ist von seinen Vereinbarungen mit Unterfrachtführern.** Das     5 schließt nicht aus, dass sich seine Haftung unter den Voraussetzungen des § 452a nach dem Teilstreckenrecht bestimmt, doch spielt dabei niemals der konkrete Unterfrachtvertrag des Multimodalfrachtführers mit dem Unterfrachtführer eine Rolle, sondern allein ein rein hypothetischer Vertrag, den der Multimodalfrachtführer mit dem Absender über die Teilstrecke geschlossen hätte.[5] Deshalb kann der Multimodalfrachtführer nicht ohne weiteres darauf vertrauen, dass er Schadensersatzverpflichtungen im Regress an den Unterfrachtführer weitergeben kann; der Wert des Multimodalvertrages für den Absender liegt gerade darin, dass ihm für die Gesamtheit der verschiedenartigen Beförderungen ein einziger Verpflichteter gegenübersteht und er sich um die Gestaltung der einzelner Teilbeförderungen keine Gedanken zu machen braucht.

## II. Internationale Bemühungen um eine Haftungsregelung

Der bereits seit Mitte des vorigen Jahrhunderts durch die Verwendung des Containers     6 sprunghaft ansteigende Multimodalverkehr[6] verharrt rechtlich infolge der Aufsplitterung des Transportrechts in Teiltransportrechte unterschiedlichster Ausformung in einem außerordentlich unbefriedigenden Zustand. Der durchgehende Transport wird weitgehend nach Spezialregeln für die einzelnen Transportmittel, die unter anderen technischen und historischen Voraussetzungen entstanden sind, unter kleinlicher Verteidigung der jeweiligen Privilegien beurteilt. Nur **in wenigen Ländern** bestehen **Sondervorschriften** für Multimodaltransporte. Neben Deutschland haben vor allem die Niederlande – dem deutschen Recht ähnliche – gesetzliche Regeln geschaffen;[7] recht unvollkommene Ansätze spezieller Regelungen finden sich auch in einigen südamerikanischen Ländern und in China.[8] Der Hauptgrund für das Fehlen spezieller Rechtsvorschriften in den meisten Staaten dürfte darin liegen, dass diese Staaten auf eine internationale Regelung warten, die allein sachgerecht wäre, aber gegenwärtig nicht erreichbar erscheint.

Auf **internationaler Ebene** haben jahrzehntelange Bemühungen um ein Übereinkom-     7 men bisher nicht zum Erfolg geführt. Zwar wurde schon bei Verabschiedung der CMR im Jahre 1956 in einem Unterzeichnungsprotokoll (BGBl. 1961 II S. 1146) eine Entschließung verabschiedet, wonach „über ein Übereinkommen über den Beförderungsvertrag über den kombinierten (damals auch sog. „gemischten") Verkehr zu verhandeln" sei. Die Arbeiten hierzu verliefen jedoch mehrspurig, und es gelang nicht, die Sonderwünsche der Seeschifffahrt mit den transportmittelübergreifenden Auffassungen zu vereinbaren.[9]

**UNIDROIT** hatte schon 1961 und 1965 Entwürfe für ein Übereinkommen auf der     8 Basis der CMR ausgearbeitet.[10] Das **Comité Maritime International** legte 1969 mit den sog. „Tokyo Rules"[11] einen Gegenentwurf vor, der weitgehend vom Seerecht geprägt war. Die zwischenstaatlichen Organisationen, denen diese beiden wissenschaftlichen Organisa-

---

[4] *Koller* § 407 Rn. 15; allgM.

[5] BGH 25.10.2007, TranspR 2008, 210; OLG Hamburg TranspR 2008, 213; im Einzelnen § 452 Rn. 28 ff.

[6] Der Containerisierungsgrad des Stückgutumschlags im Hafen Hamburg wuchs von 38,1 % im Jahre 1980 auf 96,8 % im Jahre 2005.

[7] Buch 8 BW; dazu eingehend *Wulfmeyer,* Das niederländische Recht des multimodalen Transportvertrages, Hamburg 1996.

[8] Wegen Einzelheiten *Otte,* Liber Amicorum Kegel, S. 154.

[9] Zum Verlauf im Einzelnen *Herber* TranspR 1981, 37; *Hoffmann,* FIATA Multimodal Transport Bill of Lading und deutsches Recht, Diss. Hamburg 2002, S. 10 ff.; *Richter-Hannes* S. 23 ff.

[10] *Loewe* ETR 1975, 587, 590; *Birnbaum* S. 40 ff.

[11] Vgl. *Herber* Hansa 1980, 950.

tionen zuarbeiten – ECE und IMCO (später: IMO) – führten die Entwürfe zunächst gesondert und dann in einem damals sog. „Round Table"-Gespräch zu einem Übereinkommensentwurf (1971) zusammen.[12] Dieser Entwurf (sog. **TCM-Entwurf,** abgeleitet von „Transport Combiné de Marchandises") wurde 1972 zum Gegenstand einer – vom Wirtschafts- und Sozialrat der VN (ECOSOC) einberufenen – Diplomatischen Konferenz in Genf (Welt-Container-Konferenz) gemacht, jedoch nicht zur Verabschiedung, sondern nur zur weiteren Beratung. Denn der Entwurf war noch von erheblichen Meinungsverschiedenheiten geprägt und wies daher viele Alternativen auf.

9    Die Verhandlungen führten jedoch nicht zu einer Überbrückung der Gegensätze zwischen den Industriestaaten, sondern förderten einen weiteren Widerstand gegen das Übereinkommen zutage: Die Entwicklungsländer bildeten die Mehrheit der über hundert Konferenzstaaten, und sie lehnten das Übereinkommen aus wirtschaftspolitischen Gründen ab: Sie befürchteten, dass der kapitalintensive Ausbau einiger Containerhäfen an Knotenpunkten die Verkehrsströme an den meisten Entwicklungsländern vorbeilenken werde. Ihre Bedenken trafen sich mit denen einiger Industriestaaten mit überwiegenden Schifffahrtsinteressen, welche die Haftungsprivilegien des Seerechts auch im Containerverkehr nicht in Frage stellen wollten.[13] Die Konferenz setzte schließlich eine internationale Arbeitsgruppe[14] ein. Da diese bei der UNCTAD angesiedelt war und nach deren schwerfälligem Gruppensystem arbeiten musste, trat sie von 1973 bis 1979 zu sechs (jeweils etwa dreiwöchigen) Sitzungen zusammen, ohne einen wesentlichen Fortschritt zu erreichen.

10    Ein Durchbruch wurde erst 1979, nach Abschluss des **VN-Übereinkommens über das Seefrachtrecht von 1978 („Hamburg-Regeln"),**[15] erzielt, welches das Seerecht etwas näher an das Landfrachtrecht anzugleichen versuchte. Der Entwurf konnte danach vereinfacht werden und wurde in dieser Form schon 1980 auf einer UNCTAD-Konferenz in Genf als **VN-Übereinkommens über die Internationale Multimodale Güterbeförderung**[16] verabschiedet. Dieses Übereinkommen ist jedoch bis heute vor allem deshalb nicht in Kraft getreten, weil die Hamburg-Regeln nur eine sehr begrenzte Zahl von Teilnehmern gefunden haben;[17] es ist zudem als Folge von Kompromisslösungen recht unklar und mit zu vielen Vorbehalten belastet.

11    Eine internationale Lösung ist auch in näherer Zukunft nicht in Sicht. **Arbeiten im Rahmen der ECE,** die weiterhin eine transportmittelübergreifende Regelung anstreben, erscheinen angesichts des Widerstandes der Vertreter der Teiltransportrechte wenig aussichtsreich und sind praktisch eingeschlafen. Nachdem das internationale Luftrecht, das internationale Eisenbahnrecht und das internationale Binnenschifffahrtsrecht bereits einige diese Verkehrsträger interessierende Teilaspekte auch des Multimodaltransports in ihre Regelungen einbezogen haben (vgl. § 452 Rn. 54 ff.), versucht auch das Seehandelsrecht durch die sog. **Rotterdam-Regeln**[18] – deren Inkrafttreten allerdings noch in weiter Ferne zu liegen scheint – Multimodaltransporte unter Einschluss einer Seestrecke weitgehend dem Seetransportrecht zu unterstellen. Ein Versuch einer Sachverständigengruppe im Rahmen der **EU,**[19] wenigstens eine fakultative Regelung des Multimodaltransportes auf der Grundlage einer Einheitshaftung zu schaffen (unter dem Stichwort „freight integrator"), scheint schon in der Konsultation am Widerstand der beteiligten Verbände zu scheitern. So wird es vermutlich lange Zeit bei dem gegenwärtigen unbefriedigenden internationalen Rechts-

---

[12] Vgl. *Loewe* ETR 1975, 587, 591.

[13] *Herber* TranspR 1982, 37, 39.

[14] International Preparatory Group; zu deren Verhandlungen *Ganten* Hansa 1976, 1035.

[15] Abgedruckt TranspR 1992, 430, 436.

[16] Abgedruckt Voraufl., MMT Rn. 87.

[17] Gegenwärtig 32 Vertragsstaaten, darunter jedoch nur wenige Schifffahrtsstaaten.

[18] United Nations Contention on Contracts for the International Carriage of Goods Wholly or Partly by Sea, 11.12.2008, abgedruckt TranspR 2009, 372. Dort auch einführende Referate eines Symposiums der Deutschen Gesellschaft für Transportrecht in Hamburg am 25.6.2009. Das Übereinkommen ist bisher von zwei Staaten ratifiziert worden (Spanien und Tonga) und tritt nach 20 Ratifikationen in Kraft.

[19] Veröff. unter http://europa.eu.int/comm/transport/logistics/consultations/index_en.htm.

zustand bleiben. Die verladende Wirtschaft zeigt wenig Interesse an der Frage, wohl weil die wirtschaftlich bedeutenden Verlader ihre Vertragsverhältnisse unabhängig von den bestehenden Rechtsregeln individuell für sich günstig gestalten können.

### III. Allgemeine Geschäftsbedingungen

Angesichts des Fehlens verlässlicher internationaler und – in den weitaus meisten Staaten – nationaler Regeln muss sich der Verkehr mit Allgemeinen Geschäftsbedingungen behelfen.                                                                                **12**

Weite Verbreitung hat das **FIATA Multimodal Transport Bill of Lading** (FIATA-  **13** Konnossement für den multimodalen Transport, abgekürzt: **FBL**[20]) gefunden, das inhaltlich auf dem VN-Übereinkommen von 1980 aufbaut. Es ist ein Transportdokument des multimodalen Verkehrs, das auch im Akkreditivgeschäft Verwendung findet. Allerdings stellt der in Deutschland allein vertriebsberechtigte Verein Hamburger Spediteure die (durchnummerierten) Formulare, für welche die FIATA Urheberrechtsschutz in Anspruch nimmt, nur den Mitgliedern der regionalen Spediteurverbände zur Verfügung, deren Fachkunde und angemessene Versicherung er überprüft.[21] Die ursprüngliche Fassung von 1984 wurde 1992 revidiert und wird in dieser Form heute weitgehend verwendet.

Ein anderes, als solches weniger verbreitetes Dokument ist das sog. **UNCTAD/ICC –  14 Dokument,**[22] das von der UNCTAD nach dem Scheitern des UN-Übereinkommens in Zusammenarbeit mit der Internationalen Handelskammer (ICC) ausgearbeitet wurde[23] Es sollte die Einheitlichen Richtlinien der ICC von 1975 für die Ausgestaltung von Dokumenten des kombinierten Transports modernisieren und ersetzen. Die UNCTAD/ICC-Rules 1991 haben mittelbar auf das – zuvor in der Fassung von 1984 angewendete – revidierte FIATA Multimodal Transport Bill of Lading (FBL) von 1992 Einfluss gehabt: Die FIATA verfolgte die Arbeiten der UNCTAD/ICC, passte ihr Dokument weitgehend an und erhielt für die Neufassung des FBL (1992) die Zustimmung der ICC.

### IV. Das deutsche Recht

Bei dieser Sachlage musste der deutsche Gesetzgeber gelegentlich der Reform des Trans-  **15** portrechts im Jahre 1998 auch Regeln über den multimodalen Transport schaffen. Er konnte dabei auf einer **gesicherten deutschen Rechtsprechung** über die Güterschadenshaftung beim multimodalen Transport aufbauen. Der BGH[24] hatte schon vor der Transportrechtsreform Grundsätze entwickelt, die auf dem Boden des alten deutschen Frachtrechts und der in den internationalen Verhandlungen entwickelten Prinzipien zu vertretbaren Ergebnissen führten; die Rechtsprechung enthielt allerdings Schwachstellen, welche die Gerichte nicht ohne Hilfe des Gesetzgebers beseitigen konnten. Vgl. dazu § 452 Rn. 10.

Bei Erlass des TRG war allen Beteiligten klar, dass **multimodale Transporte** häufig –  **16** vor allem dann, wenn sie eine Seestrecke einschließen – **grenzüberschreitend** sind und dass deshalb ein deutsches Gesetz nur sehr bedingt Rechtssicherheit gewährleisten kann. Da jedoch die Arbeiten an einer internationalen Regelung seit langer Zeit erfolglos geblieben sind und dies voraussichtlich lange Zeit bleiben werden, musste bei der Neuordnung des deutschen Frachtrechts dem heute so verbreiteten Multimodalvertrag durch eigene Regelungen Rechnung getragen werden. Denn mangels eines internationalen Übereinkommens ist **auch auf internationale Beförderungen nationales Recht anzuwenden,**

---

[20] Abgedruckt im Anh. B IV 3 (S. 1421) und TranspR 1993, 402.

[21] *Schimmelpfeng* TranspR 1988, 53, 54.

[22] UNCTAD/ICC Rules for Multimodal Transport Documents (1991) – kurz UNCTAD/ICC-Rules –, ICC-Publication Nr. 481.

[23] Zur Vorgeschichte und zum wesentlichen Inhalt vgl. *Hoffmann,* FIATA Multimodal Transport Bill of Lading und deutsches Recht, Diss. Hamburg 2002, S. 25 ff.; *ders.* TranspR 2000, 243.

[24] Vgl. insbesondere BGH 24.6.1987, BGHZ 101, 172 = NJW 1988, 640 = TranspR 1987, 447.

wenn dessen Anwendungsvoraussetzungen gegeben sind;[25] verweist das Internationale Privatrecht des Gerichts auf deutsches Recht, so muss dieses eine angemessene Regelung bereithalten.

17    Das Gesetz trägt der **Internationalität** Rechnung, indem es sich so weit wie möglich an das in der internationalen Diskussion vorherrschende Regelungskonzept (das sog. „**Network-System**") hält und darüber hinaus allen auf den Multimodalvertrag – gegenwärtig und künftig – anwendbaren internationalen Übereinkommen Vorrang einräumt. In letzterer Hinsicht geht es mit seinem ausdrücklichen Vorbehalt so weit, dass seine Zurückhaltung im Schrifttum – wie etwa in der 1. Aufl. dieses Kommentars[26] – gelegentlich missverstanden und zu extensiv interpretiert wird. Vorbehalten worden ist nur die Anwendung der internationalen Übereinkommen, die für Deutschland verbindlich und mit Wirkung auch für multimodale Transporte andere als die in §§ 452 ff. HGB enthaltenen Regeln vorschreiben. Vgl. dazu § 452 Rn. 52 ff.

## § 452 Frachtvertrag über eine Beförderung mit verschiedenartigen Beförderungsmitteln

[1]Wird die Beförderung des Gutes auf Grund eines einheitlichen Frachtvertrags mit verschiedenartigen Beförderungsmitteln durchgeführt und wären, wenn über jeden Teil der Beförderung mit jeweils einem Beförderungsmittel (Teilstrecke) zwischen den Vertragsparteien ein gesonderter Vertrag abgeschlossen worden wäre, mindestens zwei dieser Verträge verschiedenen Rechtsvorschriften unterworfen, so sind auf den Vertrag die Vorschriften des Ersten Unterabschnitts anzuwenden, soweit die folgenden besonderen Vorschriften oder anzuwendende internationale Übereinkommen nichts anderes bestimmen. [2]Dies gilt auch dann, wenn ein Teil der Beförderung über See durchgeführt wird.

### Übersicht

| | Rn. | | Rn. |
|---|---|---|---|
| **I. Normzweck** | 1–4 | **VI. Rechtsregime des Multimodalvertrages** | 36–51 |
| 1. Gegenstand der Regelung | 1, 2 | 1. Anwendung des ersten Unterabschnitts | 36–42 |
| 2. Anwendungsbereich | 3, 4 | a) Auf den gesamten Vertrag | 36, 37 |
| **II. Entstehungsgeschichte** | 5, 6 | b) Grundsätzlich unveränderte Anwendung des allgemeinen Frachtrechts | 38 |
| **III. Rechtstatsachen** | 7–10 | c) Besonderheiten | 39–42 |
| **IV. Tatbestand des Multimodalvertrages (Satz 1)** | 11–13 | 2. Insbesondere: Haftung für Güterschäden und Verspätung | 43–51 |
| **V. Voraussetzungen des Multimodalvertrages im Einzelnen** | 14–35 | a) Verpflichtung zur Anwendung äußerster Sorgfalt während der gesamten Obhutszeit | 44 |
| 1. Einheitlicher Frachtvertrag | 14–16 | b) Haftungsausschlussgründe des § 427 | 45 |
| 2. Verschiedenartige Beförderungsmittel | 17–27 | c) Haftungshöchstbetrag | 46 |
| 3. Verschiedene Rechtsvorschriften für die Teilstrecken | 28–35 | d) Verspätungen | 47 |
| a) Hypothetischer Teilstreckenvertrag | 28 | e) Anwendbarkeit sonstiger Vorschriften des allgemeinen Frachtrechts | 48 |
| b) Anwendbares Recht | 29–32 | f) Durchbrechung der Haftungsbeschränkung | 49 |
| c) Natur der anwendbaren Vorschriften | 33 | g) Haftung des ausführenden Frachtführers | 50 |
| d) Erfordernis verschiedener Vorschriften für wenigstens zwei Teilstrecken | 34, 35 | | |

---

[25] Dies richtet sich beim Multimodalfrachtvertrag ebenso wie beim Frachtvertrag im Allgemeinen nach Art. 3, 5 Rom I-VO, BGH 29.6.2006, NJW-RR 2006, 1694 = TranspR 2006, 466. (noch zu §§ 27, 28 EGBGB aF).
[26] ErgBd. 7a § 452 Rn. 20 ff.

Rn.

h) Schadensanzeige und Verjährung .. 51

**VII. Abweichende Regeln in internationalen Übereinkommen über Multimodaltransport** ..................... 52–60

1. Vorrang für bestimmte Übereinkommen ................................. 52–59
   a) UN-Übereinkommen über den internationalen multimodalen Transport von Gütern 1980 ...... 53
   b) Sonstige Übereinkommen ......... 54–59

2. Internationale Bedingungswerke ..... 60

Rn.

**VIII. Insbesondere: Multimodalverträge unter Einschluss einer Seestrecke (Satz 2)** ........................... 61–73

1. Abweichungen des allgemeinen Frachtrechts vom Seehandelsrecht .... 62–68
   a) Dokumentation ..................... 63, 64
   b) Laden und Entladen .............. 65
   c) See- und Ladungstüchtigkeit des Schiffes ........................... 66
   d) Fautfracht .......................... 67
   e) Sonstige Regelungen .............. 68

2. Insbesondere: Besonderheiten bei der Haftung für Güterschäden und Verspätung ................................. 69–73

## I. Normzweck

**1. Gegenstand der Regelung.** Die Bestimmung ordnet den Transport mit verschiedenen Transportmitteln auf Grund eines einheitlichen Vertrages, den sog. **Multimodalfrachtvertrag**, in das System des neuen Transportrechts ein: Er wird als normaler Frachtvertrag[1] angesehen, auf den grundsätzlich die Vorschriften der §§ 407–451h anzuwenden sind **(Satz 1).** Davon weichen lediglich einige **Sonderregeln** ab, die in diesem Unterabschnitt enthalten sind: § 452a lässt bei bekanntem Schadensort für die Bestimmung des Schadensersatzes den Rückgriff auf das Teilstreckenrecht zu. § 452b enthält Modifikationen für Schadensanzeige und Verjährung, welche den Besonderheiten des gemischten Vertrages Rechnung tragen. § 452c regelt den Sonderfall eines multimodalen Umzugsvertrages und schränkt für diesen den Rückgriff auf das Teilstreckenrecht nach § 452a auf das völkerrechtlich unabweisbar gebotene Maß ein. § 452d schließlich legt fest, in welchem Umfang die Vertragsparteien vertraglich von der gesetzlichen Regelung abweichen können.

Mit der Regelung strebt das Gesetz eine **Verbesserung der Rechtssicherheit** an.[2] Diese konnte durch die Rechtsprechung nur beschränkt erreicht werden, weil das bei unbekanntem Schadensort mangels einer Einheitsregelung auf den Multimodalvertrag anzuwendende „schärfste" Teilstreckenrecht schwer zu ermitteln war.[3] Die grundsätzlich unveränderte Anwendung des allgemeinen Frachtrechts der §§ 407 ff. auch auf den Multimodalvertrag ergänzt ferner den Vereinheitlichungseffekt, der durch die Angleichung der Frachtrechtsbestimmungen für alle Beförderungsarten – außer dem Seetransport – durch deren Zusammenfassung im ersten Unterabschnitt erreicht wird. § 452d Abs. 2 erleichtert darüber hinaus die weitere **Vereinheitlichung** der auf den Multimodalvertrag anwendbaren Regeln durch vertragliche Vereinbarung; dieser sind allerdings Grenzen durch die völkerrechtlichen Verpflichtungen Deutschlands gesetzt (§ 452d Abs. 3), deren Unklarheit leider erhebliche Rechtsunsicherheit mit sich bringt.

**2. Anwendungsbereich.** Obwohl die allgemeinen frachtrechtlichen Bestimmungen der §§ 407 ff. nicht für reine Seebeförderungen gelten (§ 407 Abs. 3 Satz 1), sind die §§ 452–452d nach **Satz 2** auch auf Multimodalbeförderungen anzuwenden, bei denen ein Teil der Beförderung auf einer **Seestrecke** durchgeführt wird. Damit wird auf solche Verträge auch dann, wenn – wie regelmäßig – die Seestrecke den weit überwiegenden Teil der Gesamtbeförderung ausmacht und andere Beförderungsmittel nur für eine verhältnismäßig kleine Anschlussbeförderung verwendet werden, insgesamt das Frachtrecht des Vierten Buches angewendet; das Seefrachtrecht des Fünften Buches kommt auf diese Verträge nur noch für die Ermittlung der Schadensersatzpflicht des Frachtführers in dem beschränkten

---

[1] Ob damit die frühere Einordnung als gemischter Vertrag hinfällig ist (wie die Reg.Begr. S. 99 meint; zweifelnd *Koller* Rn. 1, Fn. 2), ist eine angesichts der gesetzlichen Regelung nur noch theoretische Frage.
[2] Reg.Begr. S. 99.
[3] Reg.Begr. S. 100.

Umfang der Verweisung in § 452a zur Anwendung. Zu den sich daraus ergebenden Folgen vgl. Rn. 61 ff.

4    Angesichts der Eigenständigkeit der deutschen Regelung (dazu Vor § 452 Rn. 16, 6) können sich schwierige **Abgrenzungsprobleme** zu ausländischen Rechtsordnungen und internationalen Übereinkommen ergeben. Dazu Rn. 29 ff., 54 ff.

## II. Entstehungsgeschichte

5    Die Vorschrift ist unverändert aus dem Vorschlag der **Sachverständigenkommission**[4] in den **Regierungsentwurf**[5] übernommen worden und war in den Beratungen in Bundestag und Bundesrat nicht Gegenstand grundsätzlicher Erörterung. Sie wurde auch durch das SRG nicht inhaltlich verändert; zur Anpassung an den Sprachgebrauch des neuen 5. Buches wurden lediglich in Satz 2 die Wörter „zur See" durch „über See" ersetzt. Das ist deshalb zu bedauern, weil die Modernisierung des Seefrachtrechts es ermöglicht hätte, die einseitige Ausrichtung des Multimodalvertrages auf das allgemeine (für Landtransporte konzipierte – zur Zeit des Erlasses des TRG jedoch einzig moderne) Frachtrecht zumindest für Fälle aufzulockern, in denen der Multimodalvertrag überwiegend eine Seebeförderung beinhaltet;[6] dadurch hätten namentlich Ungereimtheiten beim Durchkonnossement (vgl. dazu § 444 Rn. 35) vermieden werden können.

6    Zur Geschichte der – bisher erfolglosen – **internationalen Rechtsvereinheitlichung** vgl. Vor § 452 Rn. 6 ff.

## III. Rechtstatsachen

7    Multimodale Beförderungen haben durch die Einführung des **Containers** in den letzten fünfzig Jahren sprunghaft zugenommen.[7] Während zuvor bei Beförderungen mit verschiedenen Beförderungsmitteln der Abschluss von Einzelverträgen für die Teilstrecken (sog. „gebrochener Verkehr") die Regel war, bei denen das Gut an jedem Übergang von einem Frachtführer abgeliefert und von einem anderen übernommen werden musste, erleichtert die Verwendung von Containern den **Durchtransport mit Umladung des Transportgefäßes,** erschwert jedoch die Überprüfung des Gutes beim Übergang von einem Beförderungsmittel auf ein anderes. Dadurch stieg die Zahl der Schäden, die nicht einer bestimmten Teilstrecke zugeordnet werden können.

8    Der wirtschaftlichen Bestimmung des Containers entsprechend erfolgt dessen Beförderung sehr häufig auf Grund eines **einheitlichen Frachtvertrages** mit verschiedenen Beförderungsmitteln, bei welcher der Frachtführer das Gut in seiner Obhut behält, auch wenn er den unmittelbaren Besitz jeweils an Unterfrachtführer überträgt. Die Ladungsbeteiligten haben während der Beförderung keine Kontrollmöglichkeit, insbesondere auch nicht bei der Umladung von einem Transportmittel auf ein anderes, die sich in der Obhut des Multimodalfrachtführers vollzieht. Bei der Verschiedenheit der Rechtsregeln, die – national und international – für die Teilstrecken gelten, wirft dies naturgemäß namentlich bei der Bestimmung der für die Schadensersatzpflicht maßgebenden Vorschriften Probleme auf.

9    Das deutsche Transportrecht war vor der Reform von 1998 in für sämtliche Transportzweige verschiedene Rechtsquellen und -grundsätze zersplittert und deshalb in besonderem Maße ungeeignet, die Probleme der neuen Transportart zu lösen. Zwar ist diese Zersplitterung für innerdeutsche Beförderungen durch das TRG weitgehend beseitigt worden. Geblieben sind jedoch die vom allgemeinen Transportrecht der §§ 407 ff. **abweichenden Regeln** des **Seerechts** und die besonderen Vorschriften des **international vereinheitlich-**

---

[4] Bericht S. 25, 142; damals E §§ 451–451d.
[5] Reg.Begr. 14, 98.
[6] Vgl. dazu *Herber* TranspR 2010, 85.
[7] Der von und zu deutschen Seehäfen aus- und eingehende Stückgutverkehr ist in Hamburg zu 96,8 %, in den bremischen Häfen zu 82,7 % containerisiert. (Quelle: Institut für Seeverkehrswirtschaft und Logistik in Bremen).

**ten Rechts,** namentlich der CMR, der CIM, des Warschauer und Montrealer Übereinkommens und der CMNI.

Die **Rechtsprechung** konnte **vor dem TRG** insbesondere die Frage der Haftung für **10** Schäden beim Multimodaltransport allein nicht befriedigend lösen. Zwar entwickelte der BGH[8] zwei wichtige Grundsätze, die bei dieser Rechtslage nicht selbstverständlich waren: Die Haftung wird der Haftungsordnung für das Beförderungsmittel entnommen, bei dessen Verwendung der Schaden entstanden ist. Und: Die Beweislast hinsichtlich des Schadensortes trifft den Frachtführer, wenn er daraus das Recht herleitet, besondere Vergünstigungen des Teilstreckenrechts in Anspruch zu nehmen. Praktisch bedeutete das: Bei bekanntem Schadensort wendete der BGH das jeweilige – schon nach dieser Auffassung hypothetisch zu ermittelnde – Teilstreckenrecht an, bei unbekanntem Schadensort das Recht der Teilstrecke, für welche die dem Absender günstigste Haftungsordnung gelten würde. Diese, auch im niederländischen Bürgerlichen Gesetzbuch[9] bestehende, reine sog. „Network"-Haftung erfordert jedoch bei unbekanntem Schadensort stets die Ermittlung sämtlicher Teilstreckenrechte, um sie vergleichen und das dem Absender günstigste feststellen zu können. Dieser Vergleich ist nicht nur sehr aufwändig, sondern stößt auch deshalb auf Schwierigkeiten, weil die Teilrechte jeweils in verschiedener Hinsicht – etwa dem Grund der Haftung, der Höhe der Begrenzung oder der Verjährung – günstiger oder ungünstiger für den Frachtführer sein können. Hinzu kam, dass sich Schadensanzeige und Verjährung kaum nach den Vorschriften des Teilrechts des bekannten Schadensortes richten können, weil dieser Ort dem Anspruchsberechtigten regelmäßig zu spät bekannt ist, um die darauf bezüglichen Regeln einhalten zu können. Eine sachgerechte Lösung dieser Schwierigkeiten war nur durch gesetzliche Einfügung einer sog. Einheitshaftung für den Fall des unbekannten Schadensortes möglich, die das TRG mit § 452 geschaffen hat.[10] Zugleich wurde die bis dahin offene Problematik, welche Vorschriften über Verjährung und Schadensanzeige bei bekanntem Schadensort anzuwenden sind, durch § 452b geklärt.

### IV. Tatbestand des Multimodalvertrages (Satz 1)

Das Gesetz enthält eine **Begriffsbestimmung,** die drei Merkmale nennt: Das Gut **11** muss (1) auf Grund eines **einheitlichen Frachtvertrages** (2) mit **verschiedenartigen Beförderungsmitteln** befördert werden, und es müssen (3) für die Teilstrecken **verschiedene Rechtsvorschriften** gelten.

Diese Merkmale müssen auf die **vertragliche Vereinbarung** zutreffen. Es genügt nicht, **12** dass das Gut vom Frachtführer trotz der Vereinbarung einer unimodalen Beförderung tatsächlich mit verschiedenen Beförderungsmitteln befördert wird.[11] Deshalb haftet der Frachtführer nach dem Recht des vereinbarten unimodalen Beförderungsmittels, und zwar wegen der vertragswidrigen Beförderung bei nach § 435 oder in dem Recht der vereinbarten Beförderung für die Durchbrechung der Haftungsbeschränkung vorausgesetztem Verschulden gegebenenfalls unbegrenzt.[12] Daneben haftet er für Schäden[13] auch, nach Wahl des Ladungsbeteiligten, nach dem Recht der vom ihm tatsächlich gewählten Beförderungsart.[14]

Bei **fehlender Benennung eines bestimmten Beförderungsmittels** im Frachtvertrag **13** wird man häufig eine stillschweigend erteilte Befugnis des Frachtführers zur nachträglichen Festlegung der Beförderungsart annehmen können;[15] der Vertrag unterliegt dann den

---

[8] Vgl. die Leitentscheidung BGH 24.6.1987, Z 101, 172 = NJW 1988, 640 = TranspR 1987, 447.
[9] Buch 8, Art. 41–43 (8.1.2.2.) Niederländisches BW.
[10] Reg.Begr. S. 100.
[11] *Koller* Rn. 11; Fremuth/Thume/*Fremuth* Art. 2 CMR Anh. III § 452 Rn. 17; anders ErgBd. 7a Rn. 4.
[12] *Koller* Rn. 7, 11.
[13] Ähnlich *Koller* Rn. 7, 11.
[14] BGH 17.5.1989, NJW 1990, 639 = TranspR 1990, 19; Diese Rechtsprechung zum alten Recht ist weiterhin anwendbar, vgl. *Piper*, FG Herber, S. 135, 140; *Koller* § 452 Rn. 11; *Andresen/Valder* § 452 Rn. 30. Ähnlich, aber wohl enger für die Anwendung des Rechts der tatsächlichen Beförderung (nur wenn zwingend) Fremuth/Thume/*Fremuth* Art. 2 CMR Anh. § 452 Rn. 17.
[15] *Koller* Rn. 7, 11.

Regeln der gewählten Beförderung. Ist dies im Einzelfall nicht möglich, weil der Absender – etwa wegen Eilbedürftigkeit oder schonender, möglichst erschütterungsfreier Beförderung – erkennbar Wert auf eine bestimmte Beförderungsart legte, haftet der Frachtführer wegen vertragswidriger Beförderung (s. Rn. 12). Andererseits ist eine als Multimodaltransport vereinbarte Beförderung auch dann nach §§ 452 ff. zu beurteilen, wenn tatsächlich nur ein Beförderungsmittel eingesetzt wird;[16] das wirkt sich zwar wegen § 452a nicht auf die Haftung aus, jedoch auf die sonstigen Vertragsbedingungen.

## V. Voraussetzungen des Multimodalvertrages im Einzelnen

14    **1. Einheitlicher Frachtvertrag.** Ein einheitlicher Frachtvertrag liegt vor, wenn eine Person die Verpflichtung zur Beförderung übernimmt, wonach sie das Gut – selbst oder durch einen Bevollmächtigten – am Abgangsort in ihre Obhut zu übernehmen und am Bestimmungsort an den Empfänger abzuliefern hat. Ein Spediteur kann Frachtführer sein, wenn er – wie etwa im FBL – ausdrücklich die Beförderungspflicht übernimmt oder kraft Gesetzes (§ 458: Selbsteintritt; § 459: Vereinbarung fester Kosten; § 560: Sammelladung) die Rechte und Pflichten eines Frachtführers oder Verfrachters hat. Selbsteintritt, Kostenvereinbarung oder Sammelladung müssen sich auf die gesamte vom Vertrag umfasste Multimodalstrecke beziehen; damit scheidet die Sammelladung hier praktisch weitgehend aus,[17] weil Sammelladungen in aller Regel nur für eine unimodale Teilbeförderung gebildet werden.

15    Organisiert der Spediteur einen Vertrag mit verschiedenen Beförderungsmitteln, ohne zugleich die Verpflichtung zur (gesamten) Beförderung zu übernehmen, sind die Vorschriften der §§ 452 ff. nicht anwendbar. Er haftet dann nach §§ 453 ff. Allerdings scheidet diese Gestaltungsmöglichkeit, sofern sie nicht durch Individualvereinbarung getroffen wird, bei Vereinbarung eines bestimmten Betrages für die Gesamtbeförderung aus (§ 459).[18] Jedoch bleiben, wie bei der Anwendung des § 459 auf den Unimodalvertrag, die rein speditionellen Pflichten des Spediteur-Frachtführers[19] außerhalb der Anwendung des Frachtrechts.

16    Kein Multimodaltransport ist der sog. „gebrochene Transport", bei dem einzelne Frachtverträge für die Teilstrecken abgeschlossen werden. Ferner nicht der Vertrag über den Transport auf einer Teilstrecke, bei dem der Frachtführer die Verpflichtung übernimmt, einen Frachtführer für eine Anschlussstrecke zu vermitteln, ohne für diese selbst die Pflicht der Beförderung zu übernehmen (oft missverständlich auch als Durchfrachtvertrag – „oncarriage" – bezeichnet). Der Begriff „kombinierter Verkehr" ist gleichbedeutend mit dem des multimodalen Transports, vgl. Vor § 452 Rn. 2.

17    **2. Verschiedenartige Beförderungsmittel.** Die Beförderung muss vertragsgemäß mit verschiedenartigen Beförderungsmitteln erfolgen. Das Gesetz enthält keine Definition, überlässt vielmehr die Beurteilung angesichts der Vielfalt heute verwendeter Fahrzeuge der Rechtsprechung[20] und damit praktisch der **Verkehrsanschauung.** Neben den großen Kategorien der Lkw, Eisenbahnen, Schiffe und Flugzeuge kommen auch Krane, Pipelines, Gabelstapler, Elevatoren und Containerbrücken, ja auch Handkarren in Betracht.[21]

18    Eine grundsätzliche Ausgliederung von Gabelstaplern, Hubwagen und Sackkarren als **„Arbeitsmaschinen"** oder **„Flurfördergeräte",**[22] die in Gegensatz gestellt werden zu den Beförderungsmitteln, erscheint zu weitgehend. Das Erfordernis kann großzügig ausge-

---

[16] *Andresen/Valder* Rn. 30.

[17] Fremuth/Thume/*Fremuth* Art. 2 CMR Anh. III § 452 Rn. 16 mwN.

[18] *Drews* TranspR 2006, 177, 182 kritisiert die gesetzliche Regelung, weil er die Tätigkeit des Spediteurs (auch) als Multimodal-"Frachtführer" originär als speditionelle Leistung ansieht. Zu Unrecht, denn schon seit langem ist von der Rechtsprechung das Prinzip der zwingenden Frachtführerhaftung im Falle des § 459 HGB anerkannt. Durch Individualvereinbarung kann die Haftung des Spediteurs natürlich auch bei Vereinbarung fixer Kosten abgemildert werden. Vgl. im Einzelnen die Erläuterungen zu § 459.

[19] § 459 Rn. 45 f.; dazu im Einzelnen auch *Koller* § 459 Rn. 41.

[20] Reg.Begr. S. 99.

[21] *Koller* Rn. 12.

[22] So aber *Andresen/Valder* Rn. 31.

legt werden, weil als eingrenzendes Kriterium für den Multimodalverkehr vom Gesetz gefordert wird, dass auf die Teilstrecken verschiedene Rechtsvorschriften angewendet würden, wenn hierüber gesonderte Verträge abgeschlossen worden wären (dazu Rn. 28 ff.). *Bartels*[23] folgert hieraus zu Recht, dass zwar viele Hilfsmittel auch beim Verladen und Entladen objektiv Beförderungsmittel sind, dass bei der Frage der Rechtsanwendung auf einen hypothetischen Teilstreckenvertrag jedoch zu fragen ist, ob Vertragsparteien eines Multimodalvertrages über deren Verwendung einen besonderen Beförderungsvertrag geschlossen hätten. Die Annahme einer eigenständigen Teilstrecke rechtfertigt sich nur, wenn es sich um Beförderungsmittel handelt, deren Einsatz üblicherweise den Gegenstand besonderer vertraglicher Vereinbarung bildet. Das ist namentlich für die Abfertigung im Containerterminal problematisch (dazu Rn. 24 ff.).

Während für die meisten Beförderungsmittel insofern kaum Zweifel bestehen, könnte **19** fraglich sein, ob **Seeschiffe und Binnenschiffe** als verschiedenartige Transportmittel anzusehen sind. Die Frage ist zu bejahen: Beide Schiffsarten unterliegen unterschiedlichen Bau- und Ausrüstungsbestimmungen und sind in verschiedene Register eingetragen. Wird das Gut nach einer Binnenschiffsreise im Seehafen auf ein anderes Schiff für die anschließende Seereise umgeladen oder umgekehrt, so erscheint es vertretbar, Verschiedenheit der Transportmittel auch dann anzunehmen, wenn die Seereise mit einem Binnenschiff oder die Binnenreise mit einem Seeschiff durchgeführt wird.[24] Bei einer **durchgehenden Reise** eines See- oder Binnenschiffes über See- und Binnengewässer tritt jedoch grundsätzlich kein Wechsel dieser Eigenschaft ein, es liegt also insoweit kein Multimodalverkehr vor; das folgt schon aus § 450, der den Frachtvertrag über See- und Binnengewässer ohne Umladung einheitlich dem See- oder Binnenschifffahrtsrecht unterstellt.

Ist das Erfordernis der Verschiedenartigkeit der Beförderungsmittel nicht erfüllt, so wird **20** die Beförderung nicht allein dadurch zu einer multimodalen iSd. §§ 452 ff., dass zwei **aufeinanderfolgende Beförderungen mit gleichartigen Beförderungsmitteln** bei gesonderter Beurteilung verschiedenen Rechtsregeln unterliegen würden. Wird etwa das Gut nach grenzüberschreitender Lkw-Beförderung zur Weiterbeförderung im Inland auf einen anderen Lkw umgeladen, so handelt es sich um einen einheitlichen, insgesamt nach der CMR zu beurteilenden Straßentransport.[25]

Die Teilstrecke muss eine **Beförderung** zum Gegenstand haben. Deshalb ist die Verein- **21** barung einer Transportleistung in Verbindung mit einer anschließenden **Lagerung** kein Multimodalvertrag. Die unimodale Beförderung mit vorhergehender oder anschließender („verfügter") Lagerung auf Grund eines einheitlichen Vertrages ist nach den allgemeinen Regeln über den gemischten Vertrag zu beurteilen; dabei können die Grundsätze des § 452a als Auslegungshilfe dienen. Wegen des Güterumschlags vgl. Rn. 23 ff.

Eine **Zwischenlagerung** bei Beförderung des Gutes durch zwei verschiedene Beförde- **22** rungsmittel soll nach hM der vorhergehenden oder der nachfolgenden Beförderung zugerechnet werden.[26] Diese Auffassung entspricht der Reg.Begr.,[27] nach welcher „beförderungsnahe Leistungen" der jeweiligen Teilstrecke zugeordnet werden sollen. Sie erscheint bei näherem Hinsehen jedoch nicht praktikabel, denn sie führt offensichtlich zu willkürlichen Ergebnissen, die sich namentlich bei der Frage der Haftung nach Teilstreckenrecht (§ 452a) auswirken.[28] Die vagen Zuordnungskriterien der hM laufen letztlich auf die Maß-

---

[23] TranspR 2005, 203, 205.

[24] Bei multifunktional einsetzbaren Transportmitteln ist die jeweilige Verwendung maßgeblich. Das entspricht der Rechtsprechung zur Abgrenzung von See- und Binnenschiffen (BGH 13.3.1980, BGHZ 76, 201 = NJW 1980, 1747 – Schwimmbagger). Ebenso *Koller* Rn. 14.

[25] *Koller* Rn. 14.

[26] BGH 3.11.2005, BGHZ 164, 394 = NJW-RR 2006, 616 = TranspR 2006, 35; BGH 18.10.2007, TranspR 2007, 472; OLG Celle 24.10.2002, TranspR 2003, 253, 2534; OLG Hamburg 10.4.2008, TranspR 2008, 213; Fremuth/Thume/*Fremuth* Art. 2 CMR Anh. III § 452 Rn. 45; *Koller* Rn. 16; aA *Herber* TranspR 2006, 435, 438; *Ramming* TranspR 2007, 89, 92.

[27] S. 101 sowie Bericht S. 147.

[28] Dazu im Einzelnen § 452a Rn. 32 ff.

geblichkeit der Verkehrsanschauung[29] hinaus, die jedoch allenfalls ausnahmsweise brauchbare Ergebnisse für diesen für den Multimodalfrachtvertrag typischen Tatbestand liefert. BGH und OLG Celle[30] haben eine Zwischenlagerung im Hafen nach einem Seetransport und vor dem Laden auf den Lkw der Seestrecke zugeordnet, weil der Verkehr diese als zur Seebeförderung gehörend ansehe. Es ist – allerdings entgegen dem BGH[31] – vorzuziehen, in diesen Fällen eine Phase zwischen den verschiedenen Teilstrecken anzunehmen, auf die nicht § 452a anzuwenden ist;[32] dazu unten Rn. 27.

23      Schwieriger als für die Zwischenlagerung, die offenkundig eine beförderungsnahe Nebenleistung ist, ist die Frage zu beantworten, ob der **bloße Umschlag der Güter** – auch ohne eine Zwischenlagerung, aber häufig mit einer kurzen Beförderung – als eine eigenständige Beförderungsphase anzusehen sein kann. Der **Güterumschlagvertrag ist vom Gesetzgeber bewusst nicht geregelt,** seine Einordnung vielmehr der Rechtsprechung überlassen worden.[33] Ein internationales Übereinkommen[34] ist zwar mühsam zustande gekommen, aber nicht in Kraft getreten.

24      Das **Ein- und Ausladen** des Gutes ist als ein Annex zur vorhergehenden oder zur anschließenden Beförderung anzusehen und deshalb rechtlich dieser zuzuordnen.[35] Zwar wird die Auffassung vertreten, dies sei anders zu beurteilen, wenn der **Umschlag einen besonderen Aufwand erfordert** und eigenständige Risiken in sich birgt;[36] so etwa bei Einsatz besonderer Transportgeräte wie Krane, Containerbrücken, Van-Carrier oder gar einer Hafenbahn. Dann könnte er zumindest dann als eigenständige Teilstrecke nach § 452 zu qualifizieren sein, wenn hierüber üblicherweise ein selbständiger Vertrag abgeschlossen wird;[37] der Umschlag wäre dann **Gegenstand eines fiktiven Teilstreckenbeförderungsvertrages** und deshalb nicht einer anschließenden oder vorhergehenden Beförderungsstrecke zuzurechnen.[38] Dies kann aber jedenfalls nicht für den **eigentlichen Vorgang des Entladens oder Beladens eines Transportfahrzeuges** gelten, das **immer** – unabhängig vom Einsatz auch besonders schweren Gerätes wie einer Containerbrücke – **dem jeweiligen Transport zuzurechnen** ist. In Betracht kommen kann die Sonderanknüpfung als eigenständiger Landtransport nur für die Phase zwischen diesen beiden Ladevorgängen, also etwa der Beförderung über eine längere Distanz mit der Hafenbahn oder einem Van-Carrier.

25      Das **OLG Hamburg**[39] hat bei einer Beschädigung während der Umladung vom Seeschiff auf den Lkw eine selbständige Teilstrecke angenommen, weil das Gut über eine Strecke von mehreren hundert Metern (mit einem sog. Mafi-Trailer) transportiert werden musste. Der **BGH**[40] hat diese Entscheidung zwar im Ergebnis bestätigt, weil er den Unfall rein tatsächlich unmittelbar der Beladung des Lkw zurechnete. Gleichwohl hat er in einem *obiter dictum* zum Ausdruck gebracht, dass er die gesamte Umladung in einem Seehafen bis

---

[29] Auf diese stellen auch die Fn. 25 genannten Entscheidungen und *Koller* Rn. 16 ff. ab.

[30] Fn. 25. Noch weiter geht OLG Hamburg TranspR 2008, 261, wonach ein Schaden durch Schweißarbeiten in einem selbständigen Reparaturbetrieb im Umladehafen der Seestrecke zugeordnet wird.

[31] BGH 18.10.2007, TranspR 2007, 472.

[32] Vgl. *Herber* TranspR 2006, 435, 436; TranspR 2007, 475; aA BGH (Fn. 30, Tz. 17); *Koller* Rn. 15 Fn. 47.

[33] Reg.Begr. S. 101 f.; zur Einordnung des Umschlagvertrages eingehend § 407 Rn. 27 ff.

[34] United Nations Convention on the Liability of Operators of Transport Terminals in International Trade vom 19.4.1991, TranspR 1991, 461; dazu *Herber/Harten* TranspR 1991, 461 und eingehend *Harten,* Das internationale Übereinkommen über die Haftung der Terminal Operator im internationalen Handelsverkehr und seine Anwendbarkeit auf die deutschen Güterumschlagsbetriebe, Hamburg 1993.

[35] Reg.Begr. S. 101; OLG Hamburg 19.8.2004, TranspR 2004, 402; *Koller* Rn. 15.

[36] OLG Hamburg 19.8.2004, TranspR 2004, 402; *Koller* Rn. 14, 15.

[37] Reg.Begr. S. 101; *Bartels* TranspR 2005, 203, 205; Fremuth/Thume/*Fremuth* Art. 2 CMR Anh. III § 452 Rn. 26; kritisch *Ramming* TranspR 2007, 89, 90. Dabei darf jedoch nicht auf den hypothetischen Willen der konkreten Vertragsparteien abgehoben werden, auf den es für die objektive Gesetzesauslegung nicht ankommen kann. Entscheidend ist die tatsächliche Übung.

[38] *Koller* Rn. 14, 15.

[39] OLG Hamburg 19.8.2004, TranspR 2004, 402.

[40] BGH 18.10.2007 TranspR 2007, 472.

zum Beginn des Beladens des Lkw dem Seerecht zurechnen würde. Allerdings hat er dabei – wie schon in einer vorhergehenden Entscheidung vom 3.11.2005[41] – weiterhin den Vorbehalt gemacht, dass dies nur beim Fehlen besonderer Umstände (in der zweiten Entscheidung vom 18.10.2007: „in der Regel") gelten soll; das ist wohl dahin zu interpretieren, dass er sich die Einordnung als eigenständigen (Land-)Transport vorbehält, wenn der Fall dies einmal ausnahmsweise nahelegen sollte.

Die gegen die Auffassung des OLG Hamburg, welches die im Hafen zurückgelegte **26** Strecke als Landtransport nach §§ 407 ff. ansah, gerichteten Bedenken[42] stützen sich vor allem darauf, dass das Teiltransportrecht – insbesondere das Seerecht mit seinen damals praktisch unbeschränkten Freizeichnungsmöglichkeiten[43] für die Umladephase – bei eigenständiger Beurteilung des Umschlages erheblich an Bedeutung verlieren würde, weil dann jeder unimodale Transport durch vor- oder nachgeschaltete Ladungsvorgänge zu einem Multimodaltransport werden könne.[44] Unter Betonung vor allem dieses Gesichtspunktes hat der **BGH**[45] die Beurteilung des Umladevorgangs als selbständige Teilstrecke in den genannten Fällen abgelehnt. Das Gericht hat den Ersatzanspruch nach Seerecht beurteilt, ohne sich jedoch mit der Frage auseinanderzusetzen, wann „besondere Umstände" im Sinne des Vorbehaltes vorliegen könnten.

Stellt der **Umschlag** im Einzelfall, wie danach regelmäßig, keine eigenständige Teilstre- **27** cke dar, weil die Beförderung dabei nicht als so gewichtig erscheint, dass sie üblicherweise zum Gegenstand eines besonderen Beförderungsvertrages gemacht wird, so muss die Lösung im Grundsatz die gleiche sein wie bei der **Zwischenlagerung:** Nur das **Ein- und Ausladen** aus einem Beförderungsmittel im engsten möglichen Sinne[46] ist **der jeweiligen Beförderung zuzurechnen.** Jede Zwischenphase des Umschlags, also das Verbringen von einem zum anderen Transportmittel nach dem Ende des Ausladevorgangs und bis zum Beginn des Einladevorgangs oder die transportbedingte Lagerung kann und darf weder dem einen noch dem anderen Beförderungsabschnitt zugerechnet werden; die Teilstrecken schließen nicht notwendig nahtlos aneinander an.[47] Diese Auffassung ist allerdings vom **BGH**[48] ausdrücklich abgelehnt worden; er hält sie zwar für praktisch zweckmäßig, jedoch – unter Berufung auf *Koller*[49] – für mit dem Gesetzeswortlaut nicht vereinbar. Das überzeugt nicht, denn § 452 setzt bei der Definition der Teilstrecke deren Charakter als Beförderung voraus; deshalb kann etwa auch jede andere nicht mit einer Ortsveränderung verbundene Behandlung des Gutes (wie etwa Zusammenstellen von Sammelgut für eine Teilstrecke, Reparatur eines Containers in einer Werkstatt auf dem Hafengelände)[50] eine normale Werkleistung darstellen, die insbesondere auch haftungsmäßig (vgl. § 452a Rn. 32) nicht einer Teilstrecke

---

[41] BGH 3.11.2005, TranspR 2006, 35.
[42] BGH 18.10.2007, TranspR 2007, 472; ähnlich schon zuvor *Drews* TranspR 2004, 450 und TranspR 2006, 177; ferner *Bartels* TranspR 2005, 203.
[43] Nach § 663 Abs. 2 Nr. 2 aF bestand für Schäden, die vor Einladung und nach Ausladung entstehen, keine zwingende Haftung. Die Rechtsprechung ließ nicht nur die formularmäßige Freizeichnung des Verfrachters (BGH 26.6.1997, NJW-RR 1997, 1253 = TranspR 1997, 379 mit Anm. *Herber* TranspR 1997, 382 und *Suhr* VersR 1997, 1426; OLG Hamburg 2.11.2000, TranspR 2001, 87; *Rabe* Seehandelsrecht § 606 Rn. 35 ff.) zu, sondern auch die zugunsten des Umschlagbetriebes (vgl. etwa Fed. Court of Canada 9.3.1999, ETR 1999, 796). OLG Hamburg 19.6.2008, TranspR 2008, 261, hat sogar die im Seerecht vorgesehene Haftungsbefreiung für Feuer (§ 607 Abs. 2 aF) auf einen Schweißunfall im Hafengelände angewendet.
[44] Obgleich es hier allein um die Umladung im Rahmen eines echten Multimodaltransportes, nicht um die Beurteilung eines reinen Seetransportes von Hafen zu Hafen ging; dazu unten Rn. 27.
[45] BGH 3.11.2005, BGHZ 164, 394 = NJW-RR 2006, 616 = TranspR 2006, 35; BGH 18.10.2007, TranspR 2007, 472 m. Anm. *Herber;* ebenso die Vorinstanz OLG Celle 24.10.2002, TranspR 2003, 253.
[46] Dazu im Einzelnen § 452a Rn. 32a.
[47] *Herber* TranspR 2006, 435, 438; *Ramming* TranspR 2007, 89, 92.
[48] BGH 18.10.2007, TranspR 2007, 472, Tz. 17.
[49] Rn. 15 Fn. 47.
[50] Insoweit zutreffend, jedoch in der Ausnahme zu weit gehend Fremuth/Thume/*Fremuth* Art. 2 CMR Anh. III § 452 Rn. 44; aA jedoch OLG Hamburg 19.6.2008, TranspR 2008, 261, das einen Schaden beim Schweißen eines Containers in einer Hafenwerkstatt der Seestrecke zugerechnet und hierauf sogar noch die Haftungsfreistellung des § 607 Abs. 2 aF (Feuer) angewendet hat.

zugerechnet zu werden braucht, sondern unter die allgemeinen Frachtführerpflichten und deshalb nur unter § 452 fällt. Der **BGH** ist bei seiner gegenteiligen Auslegung, nach der sich der Multimodaltransport stets vollständig in Teilstrecken zerlegen lässt, gezwungen, jede Nebenleistung der einen oder anderen Beförderung zuzuordnen. **Für den Sonderfall des Multimodalvertrages mit See- und anschließender Lkw-Strecke hat er entschieden,**[51] **dass das Verbringen des Transportgutes nach dem Ausladen aus dem Schiff innerhalb des Hafens bis zum Beginn des Beladens des Lkw für den Weitertransport dem Seetransport zuzurechnen** sei und dies im Wesentlichen mit der Verkehrsanschauung begründet. Offen bleibt danach, ob Gleiches auch für die Umladung bei anderen Verkehrsmitteln gelten soll. – Man wird aus der Entscheidung aber jedenfalls zu entnehmen haben,[52] dass **eine reine Seestrecke – von Hafen zu Hafen – nicht durch eine vorhergehende oder nachfolgende Umladung** oder gar Zwischenlagerung durch einen Terminalbetrieb **zum Multimodalvertrag** wird – vorausgesetzt allerdings, es liegen keine besonderen Umstände vor, welche die Annahme einer Beförderung gebieten (eine Möglichkeit, die der BGH ausdrücklich offen gelassen hat). Dem wird man schon aus Gründen der Praktikabilität zustimmen können.

28 **3. Verschiedene Rechtsvorschriften für die Teilstrecken. a) Hypothetischer Teilstreckenvertrag.** Der (fracht-)rechtlichen Beurteilung der Teilstrecken ist ein hypothetischer Transportvertrag zugrunde zu legen, der die Beförderung des Gutes nur mit dem einzelnen Beförderungsmittel auf dieser Teilstrecke zum Gegenstand hat und **zwischen den Vertragsparteien des Multimodalvertrages**[53] abgeschlossen worden wäre. Es kommt nicht darauf an, welche Rechtsbeziehungen zwischen dem Multimodalfrachtführer und einem etwaigen Unterfrachtführer tatsächlich bestehen oder fiktiv bestehen würden.

29 **b) Anwendbares Recht.** Hat der Multimodalvertrag eine internationale Beförderung zum Gegenstand und ist die **Teilstrecke grenzüberschreitend** oder liegt sie im **Ausland,** so ist zunächst zu prüfen, welchem Recht ein hypothetischer unimodaler Beförderungsvertrag unterläge.[54] Das ist nach deutschem internationalem Privatrecht zu beurteilen, also nach Art. 3, 5 Rom I-VO.[55] Zwar handelt es sich nicht um eine wirkliche Abgrenzung verschiedenen Rechtsordnungen.[56] Als Vorfrage für die im materiellen deutschen Recht vorgeschriebene Beurteilung nach dem hypothetischen Teilstreckenrecht muss jedoch entschieden werden, welcher Rechtsordnung dieses zu entnehmen wäre. Es geht also allein um die ebenfalls hypothetisch zu stellende Frage, wie der Teilvertrag anzuknüpfen wäre, eine Frage, die naturgemäß nach geltendem deutschem IPR zu beantworten ist. Deshalb ist die Auffassung von *Jayme/Nordmeier,*[57] dass die Vorschaltung des IPR in § 452 nach Inkrafttreten der EU-VO „Rom I" nicht mehr zulässig sei, abzulehnen: Auch künftig wird die Anknüpfung des Teilstreckenrechts nach denselben Grundsätzen – dann denen des EU-Rechts – vorzunehmen sein, nach denen ein wirklicher Vertrag beurteilt würde. Ist ein

---

[51] BGH 18.10.2007, TranspR 2007, 472.
[52] Zu den Folgen der Entscheidung vgl. *Herber* TranspR 2007, 475; *Rabe* TranspR 2008, 186.
[53] BGH 25.10.2007, TranspR 2008, 210; OLG Hamburg 10.4.2008, TranspR 2008, 213. Dies steht im Gegensatz zu Art. 2 CMR, wonach es auf den (hypothetischen) Vertrag ankommt, den der Absender mit dem Frachtführer des Trägertransportmittels abgeschlossen hätte. Dieses Prinzip ist auf § 452 schon angesichts des klaren Wortlauts nicht zu übertragen (aA *Rabe* TranspR 2000, 1899). Anders wohl auch EBJ/*Gass,* 1. Aufl., § 452a Rn. 8, der auf die Regressmöglichkeit des Multimodalfrachtführers Wert legt, welche das Gesetz aber gerade nicht schützt, vgl. auch *Herber* TranspR 2005, 59, 61; *Hartenstein* TranspR 2005, 9, 13.
[54] BGH 18.10.2007, TranspR 2007, 472; BGH 25.10.2007, TranspR 2008, 210; allgM; aA *Hartenstein* TranspR 2005, 9 ff., der die Verweisung auf Teilstreckenrecht für eine reine Sachnormverweisung unter Ausschluss des IPR hält; dagegen *Herber* TranspR 2005, 59, 61.
[55] BGH 25.10.2007, TranspR 2008, 210; OLG Hamburg 19.6.2008, TranspR 2008, 261, 263. (noch zu §§ 27, 28 EGBGB aF).
[56] Darauf weisen Reithmann/Martiny/*Mankowski,* Internationales Vertragsrecht, 6. Aufl. 2000, Rn. 1679, mit Recht hin. Die Meinungsverschiedenheiten über die Einordnung, die *Mankowski* eingehend darlegt, haben jedoch nur theoretische Bedeutung; im praktischen Ergebnis wendet auch *Mankowski* Rn. 1680 die Art. 27, 28 EGBGB auf die Bestimmung des anwendbaren Rechts an.
[57] VersR 2008, 503 ff.

internationales Übereinkommen einschlägig und erfasst es den Beförderungsvertrag, von dem hypothetisch auszugehen ist, so ist es anzuwenden, sofern das auf die Teilstrecke anzuwendende Recht dies vorsieht (und in der nach diesem Recht gebotenen Form).

Unterliegt der Multimodalvertrag nach den hierfür maßgebenden Art. 3, 5 Rom I-VO[58] **30** insgesamt dem deutschen Recht, so werden die Voraussetzungen für die **Anwendung deutschen Rechts** nach denselben Vorschriften oft **auch für die Teilstrecken** vorliegen. Hat der Frachtführer des Multimodalvertrages seinen Sitz in Deutschland, so führt Art. 5 Abs. 1 Rom I-VO zur Anwendung deutschen Rechts auch auf die hypothetische Teilstrecke, wenn entweder der Absender seinen Sitz ebenfalls in Deutschland hat oder wenn sich der Übernahme- oder der Ablieferungsort der Teilstrecke in Deutschland befindet. Sind diese Voraussetzungen nicht gegeben, so gilt das Recht des Ablieferungsortes (Art. 5 Abs. 1 Satz 2 Rom I-VO). Dadurch kann häufiger als nach altem Recht des § 28 Abs. 1. 4 EGHGB aF der Fall eintreten, dass die Teilstreckte bei objektiver Anknüpfung einer anderen Rechtsordnung als der Gesamtvertrag unterliegt; doch kann auch nach dem Recht der Rom I-VO – wenngleich erst nach Prüfung, ob für die Anwendung des Rechts des Ablieferungsortes der Teilstrecke im Einzelfall sachliche Gründe sprechen – das korrigierende Kriterium einer „offensichtlich engeren Verbindung" zu einer anderen Rechtsordnung herangezogen werden.[59] Dieses wird oft dazu führen, auf die Teilstrecke das selbe Recht anzuwenden wie auf den Gesamtvertrag.

Die Vertragsparteien können das auf den hypothetischen Teilstreckenvertrag anzuwen- **31** dende Recht grundsätzlich ebenso wie das auf den Gesamtvertrag anzuwendende Recht **vereinbaren** (Art. 3 Rom I-VO)[60]; allerdings bestehen hierbei Einschränkungen hinsichtlich der Haftungsbestimmungen, vgl. § 452d Rn. 21 Die **Vereinbarung** deutschen Rechts **für die Gesamtbeförderung** schließt nicht, wie die hM annimmt,[61] zwangläufig auch die entsprechende Vereinbarung **für die hypothetischen Teilstrecken** ein; ein Wille der Parteien, die gesetzliche Anknüpfung auch für den Teilvertrag zu verändern, bedarf tatsächlicher Anhaltspunkte im Einzelfall. Denn wenn es sachliche Gründe dafür gibt, im Einzelfall die Teilstrecke eigenständig anzuknüpfen, müssen diese grundsätzlich auch bei Rechtswahl hinsichtlich des Gesamttransports gelten. Aber auch wenn man der herrschenden Auffassung nicht folgt und die Gesamtrechtswahl nicht stets auf die Teilstrecke durchschlagen lässt, sondern annimmt, dass die Wahl des deutschen Rechts für den Gesamtvertrag zur Folge haben muss, die hypothetischen Teilstrecken ebenso anzuknüpfen, wie dies nach deutschem Recht bei dessen gesetzlicher Anknüpfung weiterhin geschehen kann,[62] kommt man in aller Regel zu demselben Ergebnis: Der Sachzusammenhang führt außer in ganz besonders gelagerten Ausnahmefällen zur Anwendung derselben Rechtsordnung (vgl. auch Rn. 30).

Der Vertrag bleibt auch dann, wenn für alle Teilstrecken (sofern zulässig) die Anwendung **32** (nur) der Haftungsregeln der §§ 425 ff. vereinbart wurde, ein den §§ 452 ff. im Übrigen unterliegender (Multimodal-)Frachtvertrag. Wird dagegen für einen Vertrag über die Beförderung mit verschiedenen Beförderungsmitteln insgesamt **abweichendes einheitliches Frachtrecht vereinbart,** so etwa für eine Beförderung über Straße und Seefähre (mit Umladung des Gutes) die Anwendung der CMR, dann sind die Rechtsfolgen des § 452 als abbedungen anzusehen; dies ist jedoch durch AGB nur im Rahmen der Vorgaben des § 452d zulässig.

---

[58] Dies hat der BGH (29.6.2006, NJW-RR 2006, 466 = TranspR 2006, 466) – noch für §§ 27, 28 EGHGB aF – ausdrücklich festgestellt, obgleich es für den Frachtvertrag allgemein gilt.

[59] Art. 5 Abs. 3 Rom I-VO.

[60] OLG Hamburg 19.8.2004, TranspR 2004, 402; aA *Koller* § 452a Rn. 9; vgl. auch § 452a Rn. 18.

[61] *Basedow,* FS Herber, S. 15, 42; *Otte,* FS Kegel, S. 141; *Ramming* TranspR 1999, 325; Fremuth/Thume/ *Fremuth/Thume* Transportrecht § 452a Rn. 11; OLG Düsseldorf TranspR 2002, 33, 34 f.; OLG Hamburg 19.12.2002, TranspR 2003, 72 und 19.8.2004, TranspR 2004, 402, 403; aA *Koller* § 452a Rn. 5; BGH 18.10.2007, TranspR 2007, 472 hat dieses Frage ausdrücklich offen gelassen; ebenso noch BGH 25.10.2007, TranspR 2008, 210 Tz. 17.

[62] *Herber* TranspR 2006, 435, 436; *Mast* S. 206.F auch oben Rn. 30.

**33**    **c) Natur der anwendbaren Vorschriften.** Die auf den hypothetischen Teilstrecken-vertrag anzuwendenden Rechtsvorschriften können auf **deutschem oder ausländischem innerstaatlichem Gesetz** oder auf **internationalen Übereinkommen** beruhen. Es muss sich um Gesetze (im materiellen Sinne, es genügen also Verordnungen) handeln oder um Übereinkommen, die nach dem maßgebenden Recht Gesetzeskraft haben. Etwa für Ver-träge auf der Teilstrecke bestehende Handelsbräuche sind zu berücksichtigen.[63] Allgemeine Geschäftsbedingungen fallen jedoch, auch wenn sie wie das FBL üblich sind, niemals unter die Vorschrift;[64] sie sind vielmehr stets am staatlichen Recht zu messen.

**34**    **d) Erfordernis verschiedener Vorschriften für wenigstens zwei Teilstrecken.** Unterliegen Beförderungen trotz Verschiedenheit der Transportmittel **denselben Rechts-vorschriften,** so sind §§ 452 ff. nicht anwendbar. Dies ist nach der Transportrechtsreform nicht selten der Fall, so etwa bei einer durchgehenden Beförderung mit Lkw und Eisenbahn oder mit Lkw und Binnenschiff im Inland. Auch grenzüberschreitende Beförderungen mit verschiedenen Transportmitteln können, wenn deutsches Recht anzuwenden ist und abweichende internationale Rechtsregeln nicht bestehen oder im Einzelfall nicht anwendbar sind, dem einheitlichen Frachtrecht der §§ 407 ff. unterfallen. Ebenso ist eine **durch-gehende Binnen-See-Reise** eines (See- oder Binnen-) Schiffes nicht nach §§ 452 ff., sondern einheitlich nach See- oder Binnenschifffahrtsrecht zu beurteilen (§ 450). Wegen Gleichheit durch Vereinbarung vgl. oben Rn. 32.

**35**    Hat der Vertrag mehr als zwei verschiedene Beförderungsarten zum Gegenstand, so genügt es, dass **wenigstens zwei verschiedene Rechtsregime** anzuwenden wären. So ist etwa eine Beförderung mit Lkw (im Inland), Bahn (im Inland) und Flugzeug (grenzüber-schreitend) ein Multimodalvertrag iSd. § 452, obwohl Straßen- und Eisenbahnbeförderung denselben Rechtsregeln (§§ 407 ff.) unterliegen.

## VI. Rechtsregime des Multimodalvertrages

**36**    **1. Anwendung des ersten Unterabschnitts. a) Auf den gesamten Vertrag.** Die Rechte und Pflichten der Vertragsparteien richten sich nach §§ 407 ff. Das gilt auch für Multimodalbeförderungen unter Einschluss einer Seestrecke, obgleich die unimodale Seebe-förderung nicht dem ersten Unterabschnitt unterliegt (§ 407 Abs. 1 Nr. 1). Danach können auch solche Verträge nach allgemeinem Frachtrecht der §§ 407 ff. zu beurteilen sein, bei denen sämtliche Teilstrecken bei eigenständiger Anknüpfung nach anderen Rechtsregeln zu beurteilen wären; so etwa eine Beförderung, die sich aus einer internationalen Luftstrecke und einer grenzüberschreitenden Anschlussbeförderung auf der Straße oder aus einer inter-nationalen Binnenschifffahrtsstrecke und einer nachfolgenden Seestrecke (mit Umladung) zusammensetzt.

**37**    Da die **Rechte und Pflichten der Vertragsparteien** in den §§ 407 ff. überwiegend **dispositiv** geregelt sind, können und werden sie von den Vertragsparteien ihren Erforder-nissen angepasst werden. Das ist unbeschränkt auch durch AGB möglich[65] **außer** in dem engen Bereich der **Haftung für Güterschäden und Verspätung,**[66] die durch vorformu-lierte Bedingungen nur sehr beschränkt – im Rahmen der § 449 Abs. 2, § 452d Abs. 2 – vertraglich verändert werden kann. Im Einzelnen dazu § 452d Rn. 13 ff.

**38**    **b) Grundsätzlich unveränderte Anwendung des allgemeinen Frachtrechts.** Die Rechte und Pflichten der Vertragsparteien im Allgemeinen sind den §§ 407–424 zu entneh-men. Diese Vorschriften sind grundsätzlich unverändert anzuwenden. Der Vorschlag *Ram-*

---

[63] OLG Hamburg 10.4.2008, TranspR 2008, 213; *Koller* VersR 2000, 1187, 1191; *Andresen/Valder* Rn. 13.
[64] OLG Hamburg 19.8.2004, TranspR 2004, 402; *Koller* § 452a Rn. 7; aA EBJS/*Reuschle* § 452a Rn. 9; zur Vereinbarkeit des FBL mit deutschem Frachtrecht vgl. § 452d Rn. 44 ff.
[65] Es geschieht in aller Regel durch das FBL; dazu § 452d Rn. 44 ff.
[66] Dessen Abgrenzung nicht immer unproblematisch ist, wenn Abreden über die Art und Weise der Durchführung des Transports mittelbar Auswirkungen auf die Haftung haben, vgl. dazu *Koller* TranspR 2006, 265 und § 449 Rn. 27 ff., § 452d Rn. 15.

*mings,*[67] unter dem Begriff der **„besonderen Durchführungsvorschriften"** Spezialregeln einzelner Beförderungsmittel den Vorrang vor den allgemeinen Regeln einzuräumen, findet im Gesetz keine Stütze; die Folgerungen *Rammings* würden zudem zu erheblicher Rechtsunsicherheit führen. Das schließt jedoch nicht aus, im Rahmen der normalen Auslegung der Bestimmungen des allgemeinen Frachtrechts **die besonderen Gegebenheiten des Multimodaltransportes** zu berücksichtigen.

**c) Besonderheiten.** Die Rechte und Pflichten von Frachtführer, Absender und Emp   **39** fänger im Allgemeinen bedürfen hier keiner wiederholenden Darlegung, sie sind zu den §§ 407 ff. im Einzelnen dargestellt worden. Aus der Eigenart des Multimodaltransportes ergeben sich jedoch einige Besonderheiten[68] bei der Anwendung der auf unimodale Beförderungen zugeschnittenen Bestimmungen:

Der Multimodalfrachtführer muss wie jeder Frachtführer das Gut für die gesamte Dauer   **40** der Beförderung in seine **Obhut** nehmen (dazu § 425 Rn. 34 ff.). Da er die Beförderung in aller Regel nicht selbst durchführt, ist hier die Einschaltung von **Unterfrachtführern,** die ihm den mittelbaren Besitz vermitteln, regelmäßig unbeschränkt zulässig.[69] – Da die **Umladung des Gutes von einem Beförderungsmittel auf ein anderes** während der Obhut des Multimodalfrachtführers und im Rahmen seiner Gesamtplanung geschieht, hat dieser für Laden und Entladen zu sorgen.[70] Wegen besonderer „Durchführungsvorschriften" – wie sie *Ramming*[71] nennt – im Bereich des Seerechts vgl. Rn. 61 ff.

Auch beim Multimodaltransport kann der Frachtführer verlangen, dass der Absender   **41** einen **Frachtbrief** nach Maßgabe des § 408 Abs. 1 ausstellt; der Absender kann verlangen, dass der Frachtführer diesen unterzeichnet (§ 408 Abs. 2). Der Frachtbrief hat auch hier die Beweiswirkung des § 409. An Stelle des Frachtbriefes kann der Frachtführer einen **Ladeschein** ausstellen (§ 443 ff.); eine Verpflichtung hierzu besteht – wie im allgemeinen Frachtrecht, jedoch anders als im Seerecht (§ 513 Abs. 1) – nicht, kann aber vertraglich vereinbart werden. Der Ladeschein entspricht in Ausgestaltung und Wirkung dem **Konnossement.** Seine Verwendung ist im Multimodalverkehr sehr gebräuchlich,[72] wo er als „Durchkonnossement" (through bill of lading) bezeichnet zu werden pflegt. **Für die Teilstrecken** können daneben **keine Dokumente** ausgestellt werden. Wenn *Koller*[73] sagt, solche Dokumente (zB einen CIM-Frachtbrief) habe der Frachtführer auszustellen, sind hier wohl die Unterfrachtverträge gemeint, die der Multimodalfrachtführer für die Teilstrecken abschließt; diese sind aber nicht mit den Teilstrecken iSd. § 452 identisch, vielmehr haben sie mit dem Multimodalfrachtvertrag rechtlich keinen Zusammenhang.[74] Für die Teilstrecken iSd. § 452, die eine hypothetische Konstruktion sind, kommt die Ausstellung eines gesonderten Papiers nicht in Frage, schon gar nicht neben einem Ladeschein, der das Gut repräsentiert. Zum **Durchkonnossement und** dazu, wie weit das in §§ 443 ff. geregelte Recht des Ladescheins bei Verwendung für Multimodalbeförderungen mit Seestreckeneinschluss (als „Durch-Konnossement" oder „CT-B/L") dem Konnossementsrecht des Seeverkehrs angeglichen werden kann, vgl. § 443 Rn. 35 ff..

Die Vorschriften über den **Gerichtsstand** (§ 30 ZPO) gelten für den Multimodalvertrag   **42** in gleicher Weise wie für einen unimodalen Frachtvertrag. Zu den allgemeinen Gerichtsständen kommen also die der Übernahme und der Ablieferung des Gutes hinzu. **Übernahme und Ablieferung** sind dabei **in Bezug auf den Gesamtvertrag** zu sehen. Übernahme und Ablieferung bei einer Teilbeförderung begründen dagegen keine gerichtliche

---

[67] TranspR 2004, 201.
[68] Dazu eingehend *Koller* Rn. 20 ff.
[69] Die Zulässigkeit stellt allerdings beim Transportvertrag auch allgemein die Regel dar, vgl. auch *Koller* § 407 Rn. 49.
[70] *Koller* Rn. 24.
[71] TranspR 2004, 201; vgl. auch oben Rn. 38.
[72] Häufig in der Form des FBL, dazu § 452d Rn. 44 ff.
[73] Rn. 26.
[74] Vgl. auch OLG Hamburg 10.4.2008, TranspR 2008, 213.

Zuständigkeit; auch bei bekanntem Schadensort treten diese nicht an die Stelle der Endpunkte der Gesamtbeförderung, denn § 452a bringt nur die Vorschriften der Teilstrecke über die Haftung für Güterschäden und Verspätung zur Anwendung, zu denen die prozessuale Regelung des Gerichtsstandes nicht gehört.[75]

**43**  **2. Insbesondere: Haftung für Güterschäden und Verspätung.** Auch die Haftung für Güterschäden und Verspätung bestimmt sich ausschließlich nach den allgemeinen Regeln der §§ 425 ff., sofern nicht die Voraussetzungen des § 452a vorliegen. Sie kann durch Individualvereinbarung unbeschränkt, durch vorformulierte Vertragsbedingungen jedoch nur in den Grenzen und unter den formalen Voraussetzungen des § 449 Abs. 2 Satz 1 – durch Veränderung des Haftungshöchstbetrages zwischen 2 und 40 SZR oder zuungunsten des Verwenders der AGB – modifiziert werden. Dazu im Einzelnen § 431 Rn. 25 ff., § 449 Rn. 18 ff.

**44**  **a) Verpflichtung zur Anwendung äußerster Sorgfalt während der gesamten Obhutszeit.** Um die Haftung nach § 425 abzuwenden, muss der Frachtführer dartun und beweisen, dass er während der gesamten Beförderung die von § 426 geforderte äußerste Sorgfalt angewendet hat, um den Schaden zu vermeiden oder die Folgen des Schadensereignisses abzuwenden oder gering zu halten. Das setzt bei unbekanntem Schadensort – und damit unbekanntem Schadenshergang – ordentliche Auswahl und, falls erforderlich, Beaufsichtigung aller Erfüllungsgehilfen, insbesondere aller Unterfrachtführer voraus. Eine Kontrolle des Gutes an den Stellen, an denen es von der Obhut eines Erfüllungsgehilfen in die eines anderen übergeht (Schnittstellen), wird man zwar grundsätzlich, aber wohl nicht im Massengeschäft mit Containern verlangen können; dazu § 452a Rn. 12.

**45**  **b) Haftungsausschlussgründe des § 427.** Die Haftungsausschlussgründe des § 427 können dem Frachtführer auch bei nicht bekanntem Schadenshergang zugutekommen. Die Vermutung, dass der Schaden auf eine der dort genannten Gefahren zurückzuführen ist, ist nicht notwendig davon abhängig, dass ein bestimmter Schadensablauf festgestellt wird. Auch bei einer Multimodalbeförderung mit Seestreckeneinschluss kann sich der Multimodalfrachtführer jedoch nicht auf die Haftungsausschlussgründe des § 499 berufen, die allerdings denen des § 427 weitgehend entsprechen. Ihm kommt jedoch nicht ohne Weiteres die Vermutung des § 499 Abs. 1 Nr. 1, Abs. 2 zugute, dass sich der Schaden bei offenkundig rauer See auf der Seeteilstrecke ereignet haben könnte. Erst wenn der Schadenseintritt auf See nachgewiesen ist, kann § 499 Abs. 1 Nr. 1 mit der Folge der Enthaftung eingreifen.

**46**  **c) Haftungshöchstbetrag.** Der Haftungshöchstbetrag richtet sich nach § 431, beträgt also 8,33 SZR je kg. Er ist durch AGB vertraglich nur innerhalb der „Marge" von 2–40 SZR modifizierbar (§ 449 Abs. 2 Satz 1 Nr. 1), durch Individualvereinbarung frei veränderbar. Vgl. auch § 431 Rn. 25 ff., § 449 Rn. 19.

**47**  **d) Verspätungen.** Für Verspätungen, für die der Multimodalfrachtführer nur haftet, wenn die Beförderungsdauer die für die Gesamtbeförderung vorgesehene Zeit überschreitet, besteht eine Haftung nur im Rahmen der Begrenzung auf das **Dreifache der Fracht** (§ 431 Abs. 3), abdingbar nur durch Individualvereinbarung.

**48**  **e) Anwendbarkeit sonstiger Vorschriften des allgemeinen Frachtrechts.** Wegen der ebenfalls anwendbaren Vorschriften der §§ 432 (Ersatz sonstiger Kosten), 433 (Haftungshöchstbetrag bei reinen Vermögensschäden), 434 (Ausschluss außervertraglicher Ansprüche) und 436 (Inanspruchnahme der Haftungsvergünstigungen durch die Leute) ist auf die Erläuterungen zu diesen Vorschriften zu verweisen; sie erfahren keine Veränderungen beim Multimodaltransport.

---

[75] Zutreffend OLG Köln 25.5.2004, TranspR 2004, 359 mit zust. Anm. von *Koller; Koller* § 452a Rn. 27. AA Court of Appeal London 27.3.2002, Quantum Corp. v. Plane Trucking LLRep. [2002] Vol. 2 S. 25 ff., der auch den Übernahmeort einer CMR-Teilstrecke als Gerichtsstand anerkennt; dagegen *Koller* TranspR 2003, 45. Vgl. auch BGH 17.7.2008, TranspR 2008, 365.

**f) Durchbrechung der Haftungsbeschränkung.** Die Bestimmung des § 435 über den  **49**
Wegfall der Haftungsbefreiungen und -begrenzungen stellt nach der Rechtsprechung des
BGH an die Darlegungslast des Frachtführers strenge Anforderungen. Er hat bei Güterverlust
im Einzelnen darzulegen – und bei Bestreiten zu beweisen – dass er die ihm zuzumutenden
Maßnahmen getroffen hat, den Schadenseintritt zu vermeiden. Gelingt ihm dies nicht zur
Überzeugung des Gerichts oder kann er Angaben über die ergriffenen Maßnahmen nicht
machen, so tendiert die deutsche Rechtsprechung sehr weitgehend dazu, nicht nur den
Entlastungsbeweis nach § 426 als gescheitert anzusehen, sondern darüber hinaus den Wegfall
aller Vergünstigungen wegen **groben Organisationsverschuldens** des Frachtführers
anzunehmen. Dazu im Einzelnen § 435 Rn. 21 ff.

**g) Haftung des ausführenden Frachtführers.** Anzuwenden ist auch § 437, wonach  **50**
der ausführende Frachtführer dem Absender und Empfänger grundsätzlich in gleicher Weise
haftet wie der vertragsschließende Multimodalfrachtführer. Praktisch wird die Vorschrift
beim Multimodaltransport jedoch nur, wenn die gesamte Beförderung einem Unterfrachtführer anvertraut wird. Bei Übernahme eines Teiles der Beförderung setzt die Inanspruchnahme eines Unterfrachtführers nach § 437 den Beweis voraus, dass der Schaden auf der
von ihm übernommenen Teilstreckenbeförderung eingetreten ist; ist diese Strecke bekannt,
so liegen die Voraussetzungen des § 452a vor und die Frage, ob und in welcher Weise der
ausführende Frachtführer den Ladungsbeteiligten haftet, bestimmt sich nach dem anwendbaren Teilstreckenrecht.[76] Dazu und zu der Problematik der Haftung eines nur durch den
hypothetischen Teilstreckenvertrag mit dem Hauptvertrag verbundenen **ausländischen
ausführenden Frachtführers** vgl. § 452a Rn. 37, 38.

**h) Schadensanzeige und Verjährung. Schadensanzeige** und **Verjährung** sind in  **51**
§ 452b eigenständig geregelt. Vgl. die Erläuterungen zu diesen Vorschriften.

### VII. Abweichende Regeln in internationalen Übereinkommen über Multimodaltransport

**1. Vorrang für bestimmte Übereinkommen. Satz 1** enthält einen ausdrücklichen  **52**
Hinweis auf den Vorrang internationaler Übereinkommen. Der Gesetzgeber hat diesen zur
Vermeidung der Verletzung völkerrechtlicher Verpflichtungen Deutschlands klarstellend
aufgenommen, weil andernfalls das Verhältnis solcher Übereinkommen zum – jüngeren –
deutschen Gesetz nicht unzweifelhaft wäre.[77] Gemeint sind hier nur solche **Übereinkommen, die den multimodalen Transport als solchen regeln**,[78] nicht dagegen auch
Übereinkommen, die nur eine Teilstrecke betreffen und deshalb nur auf diese nur über
§ 452a – also kraft nationalen Rechts – Anwendung finden können[79] Ob dies der Fall ist,
muss aus dem jeweiligen Übereinkommen entnommen werden. Das ist manchmal nicht
ohne Zweifel möglich, weil die älteren Übereinkommen über unimodale Beförderungen
den Multimodaltransport nicht in Betracht gezogen haben und weil neuere, grundsätzlich
nur für unimodale Beförderungen konzipierte Übereinkommen gelegentlich Einzelregeln
auch für Multimodaltransporte unter Einschluss des jeweiligen Transportmittels enthalten.[80]

---

[76] AA *Ramming,* der über §§ 452, 437 die Haftung des ausführenden Frachtführers auch nach einem
Teilstreckenrecht annehmen will, das eine dem § 437 entsprechende Bestimmung nicht enthält (wie etwa die
CMR). Im Einzelnen § 437 Rn. 12, 50 ff.

[77] Denn die Übereinkommen gehen nicht schon auf Grund höheren Ranges vor; aA Fremuth/Thume/
*Fremuth* Art. 2 CMR Anh. III § 452 Rn. 57.

[78] Nach der Reg.Begr., S. 100, sind Übereinkommen „nur vorrangig zu beachten, soweit sie Einzelfragen
des multimodalen Verkehrs regeln".

[79] Insoweit wird der Vorauflage nicht gefolgt, die auch bestimmten unimodalen Übereinkommen Vorrang
einräumen wollte, ErgBd. 7a, Rn. 20; der Unterschied ist jetzt auch vom BGH TranspR 2008, 365 für den
Fall der CMR klar herausgestellt worden. Vgl. dazu auch § 452d Rn. 36, 39.

[80] So namentlich die CIM und das MÜ, vgl. dazu unten Rn. 57, 58. Die Fälle sind noch selten –
zum Glück, weil das Expansionsstreben der Teilrechtsgebiete eine sachgerechte internationale Regelung des
Multimodaltransportes zunehmend zu erschweren droht.

**53**   **a) UN-Übereinkommen über den internationalen multimodalen Transport von Gütern 1980.** Als umfassendes internationales Überkommen kommt gegenwärtig nur das **UN-Übereinkommen über den internationalen multimodalen Transport von Gütern von 1980**[81] in Betracht, das jedoch nicht in Kraft getreten ist.

**54**   **b) Sonstige Übereinkommen.** Andere, auch für Deutschland verbindliche **Übereinkommen** behandeln **Sonderfälle des Multimodaltransports.** Hier sind zu nennen:

**55**   **Art. 2 CMR.** Nach dieser Bestimmung unterliegt eine (multimodale) internationale Beförderung auf der Straße, bei welcher der Lkw auf einer Teilstrecke auf einem Schiff **(Ro/Ro-Verkehr)** oder einer Eisenbahn **(Huckepack-Verkehr)** befördert wird, insgesamt der CMR. Für Schäden, die während und wegen der Beförderung mit Schiff oder Eisenbahn entstehen, „bestimmt sich die Haftung des Straßenfrachtführers . . . danach, wie der Frachtführer des anderen Verkehrsmittels gehaftet hätte, wenn ein lediglich das Gut betreffender Beförderungsvertrag zwischen dem Absender und dem Frachtführer des anderen Verkehrsmittels nach den zwingenden Vorschriften des für die Beförderung durch das andere Verkehrsmittel geltenden Rechts geschlossen worden wäre".

**56**   Die Problematik dieser **missverständlich formulierten Vorschrift** ist viel erörtert worden.[82] Da das internationale und frühere deutsche Seefrachtrecht zwingende Vorschriften nur bei Ausstellung eines Konnossements kennt und Konnossemente im Ro/Ro-Verkehr nicht üblich und sinnvoll sind, geht das Abstellen auf zwingende Regeln für den praktisch wichtigsten Fall der Ro/Ro-Seefähren ins Leere;[83] dementsprechend werden in Literatur und Rechtsprechung unterschiedliche Auffassungen vertreten.[84] Die Lösung muss beim Begriff „zwingendes Recht" ansetzen; er ist zwar eine zutreffende Übersetzung des – allein amtlichen – französischen Textes („dispositions impératives"). Doch wurde der Antrag zur Aufnahme des Art. 2 CMR von Großbritannien in Englisch gestellt und enthielt die Umschreibung „conditions prescribed by law"; diesen Begriff kann man wohl zwanglos und sinnvoll dahin auslegen, dass die regelmäßig angewendeten Rechtsregeln – also namentlich die Haager/Visby-Regeln – auch dann gelten sollen, wenn sie nicht zwingend, aber üblich sind.[85] Nachdem die bisher hM dieser dem Zweck entsprechenden Auslegung nicht gefolgt war, sondern den Begriff „zwingendes Recht" eng interpretiert hatte,[86] **anerkennt der BGH**[87] nunmehr, dass auf Grund dieser Vorgeschichte die **HR als zwingende Vorschriften iSd. Art. 2 Abs. 1 Satz 2 CMR** anzusehen sind. Wegen Einzelheiten vgl. Art. 2 CMR Rn. 17 ff. Diese Beurteilung muss auch für das neue deutsche Seehandelsrecht gelten, obgleich es nach § 512 nur mit Einschränkungen zwingend ist (vgl. dazu die Erl. zu § 512).

**57**   **Art. 1 §§ 3, 4 COTIF-CIM 1999** enthält Regelungen, die in einem gewissen – engen – Umfang vorschreiben, auf Multimodalbeförderungen Eisenbahnrecht anzuwenden. Nach Art. 1 § 3 ist bei einheitlichem Vertrag auch auf eine an eine internationale Eisenbahnbeförderung anschließende rein innerstaatliche Beförderung auf Straße oder Binnengewässern insgesamt die CIM anzuwenden, wenn diese „in Ergänzung der grenzüberschreitenden Beförderung auf der Schiene" erfolgt.[88] Nach Art. 1 § 4 werden Multimodalverträge, bei

---

[81] UN- (UNCTAD-) Convention on International Multimodal Transport of Goods, Genf 24.5.1980.

[82] Zuletzt eingehend Fremuth/Thume/*Fremuth* Art. 2 CMR Anh. III § 452 Rn. 131 ff.; *Herber* TranspR 1994, 375.

[83] Nach dem neuen deutschen Seefrachtrecht des SRG besteht diese Problematik etwas verändert: Die Haftungsvorschriften sind lediglich AGB-fest (vgl. § 512), also auch nicht absolut zwingend, dies jedoch stets und unabhängig von der Ausstellung eines Konnossements.

[84] Dazu Art. 2 CMR Rn. 17 ff.; Fremuth/Thume/*Fremuth* Art. 2 CMR Rn. 131 ff.

[85] So der Oberste Gerichtshof der Niederlande 29.6.1990, TranspR 1991, 132; ähnlich LG Köln 28.5.1985, VersR 1985, 985; zustimmend *Herber* TranspR 1994, 375, 380 f.; Fremuth/Thume/*Fremuth* Art. 2 CMR Anh. Rn. 138.

[86] Vgl. Art. 2 CMR Rn. 17 ff.; *Koller* Art. 2 CMR Rn. 8 ff. mwN.

[87] BGH TranspR 2012, 330.

[88] Dafür ist nicht erforderlich, dass die Anschlussbeförderung auf der Schiene technisch unmöglich ist; es genügt, dass ihr im Verhältnis zur Schienenbeförderung lediglich eine untergeordnete Bedeutung zukommt; vgl. BGH 9.10.2013, TranspR 2013 433; zustimmend dazu mit eingehender Erläuterung *Freise*, TranspR 2013 426 ff.

denen die internationale Beförderung neben einer Eisenbahnstrecke auch eine Seestrecke oder eine internationale Binnenschifffahrtsstrecke umfasst, einheitlich nach Eisenbahnrecht beurteilt, wenn die Schifffahrtsstrecke in die Streckenliste der Bahn eingetragen ist. Dazu im Einzelnen Art. 1 CIM Rn. 11 ff., 16 ff. Insoweit ist für die Anwendung des § 452 von einer einheitlichen Teilstrecke auszugehen.

Sowohl **Art. 31 Abs. 1 WA** als auch **Art. 38 Abs. 1 MÜ** schreiben vor, dass eine dem **58** Übereinkommen unterliegende Luftbeförderung auch dann zwingend dem Übereinkommen unterfällt, wenn sie Bestandteil eines multimodalen Transportvertrages ist. **Art. 18 Abs. 3 Satz 1 WA und Art. 18 Abs. 4 Satz 1 MÜ** definieren die Abgrenzung der Luftstrecke von anderen Strecken in der Weise, dass Strecken außerhalb des Flughafens jedenfalls nicht zur Luftbeförderung zählen;[89] für Anschlussstrecken zu Land, zur See oder auf Binnengewässern enthalten **Art. 18 Abs. 3 Satz 1 WA und Art. 18 Abs. 4 Satz 1 MÜ** eine (widerlegliche) Vermutung, dass der Schaden auf der Luftstrecke eingetreten ist. Das internationale Luftrecht schreibt also **zwingend die Anwendung des Network-Systems** hinsichtlich einer Teilstrecke in der Luft vor, die WA oder MÜ unterfällt. Diese Vorgabe ist für die Anwendung des § 452 bindend; sie schließt insbesondere eine Vereinbarung der Parteien nach § 452d Abs. 2 aus. Zugleich stellt die Vorschrift klar, dass Land-, See oder Binnenschifffahrtsstrecken außerhalb des Flughafens – gleichgültig, ob sie Anschlussstrecken iSd. Art. 18 Abs. 3 Satz 2 WA oder Art. 18 Abs. 4 Satz 2 MÜ sind oder nicht – stets als eigenständige Teilstrecken neben der Luftstrecke anzusehen sind.[90] Wegen der Beweislastregel vgl. § 452a Rn. 25. Zu Schadensanzeige und Verjährung bei bekanntem (oder nach WA oder MÜ vermutetem) Schadenseintritt auf der Luftstrecke vgl. § 452b Rn. 8, 15.

Umstritten ist allerdings, ob und unter welchen Voraussetzungen eine **Beförderung** **58a** **außerhalb eines Flughafens** noch dem Lufttransportrecht zuzurechnen ist, sodass nicht nur die Vermutung des Art. 18 Abs. 4 Satz 2 für den Schadenseintritt auf einer Luftstrecke Anwendung findet, sondern schlechthin Luftrecht anzuwenden ist. Der BGH hat dies in einer sehr umstrittenen[91] Entscheidung vom 24.2.2011[92] sehr weitgehend angenommen: Er hat nicht nur den Aufenthalt des Gutes auf einem ausgelagerten, räumlich vom Flughafen getrennten, nur über einen Straßentransport erreichbaren Außenlager der Fluggesellschaft, das der Zwischenlagerung diente, dem Flughafen und damit dem Luftrecht zugeordnet, sondern auch die Straßenbeförderung dorthin. Zur Begründung weist er darauf hin, dass es allein darauf ankomme, dass der Luftfrachtführer auch während dieser Landbeförderung noch die Obhut über das Gut habe. Dabei wird jedoch übersehen, dass zwar Art. 18 Abs. 3 grundsätzlich die Obhut des Luftfrachtführers voraussetzt, dass jedoch nach Abs. 4 Luftrecht zwingend nur auf Oberflächenbeförderungen auf einem Flughafen anzuwenden ist, unabhängig davon, ob der Luftfrachtführer auch bei anderen Beförderungen die Obhut innehat.

Das MÜ (nicht das WA) ist auch insofern vorrangig, als es in Art. 18 Abs. 4 Satz 2 **59** vorschreibt, dass Strecken, die im Rahmen einer vereinbarten Luftbeförderung mit anderen Transportmitteln durchgeführt werden (sog. **Luftersatzverkehr,** regelmäßig auf der Straße), rechtlich als Luftbeförderung gelten (dazu im Einzelnen Art. 18 MÜ Rn. 54 ff., auch 61). Dies ist, bei Anwendbarkeit des MÜ auf die Teilstrecke, auch bei der Beurteilung nach § 452 zu beachten und führt, wenn die gesamte Strecke teils per Flugzeug, teils im Ersatzverkehr per Lkw zurückgelegt wurde, dazu, dass kein Multimodaltransport, sondern eine reine Luftbeförderung vorliegt.

**2. Internationale Bedingungswerke.** Die von der Wirtschaft entwickelten Bedin- **60** gungswerke, insbesondere die **Standard Conditions des FIATA Multimodal Transport Bill of Lading (FBL)** und die **UNCTAD/ICC-Rules** (vgl. Vor § 452 Rn. 13, 14; § 452d Rn. 44 ff.), sind keine Übereinkommen. Sie gehen deshalb der gesetzlichen Rege-

---

[89] Daraus ergibt sich im Umkehrschluss, dass Landbeförderungen auf dem Flugplatz stets dem Luftrecht zuzuordnen sind. Vgl. auch BGH 2.4.2009, TranspR 2009, 262, 266.
[90] Dazu eingehend *Kirchhof* TranspR 2007, 133.
[91] Vgl. *Freise,* TranspR 2011, 1, 11 f.; *Müller-Rostin,* TranspR 2012, 14 f.
[92] TranspR 2011, 436; ebenso schon OGH (Wien) vom 19.1.2011, TranspR 2011, 264.

lung nicht nur nicht vor, sondern sind an dieser zu messen.[93] In Deutschland sind die Regeln nur wirksam, soweit sie nicht gegen § 449 HGB oder § 305 BGB verstoßen. Dazu im Einzelnen § 452d Rn. 60 ff.

### VIII. Insbesondere: Multimodalverträge unter Einschluss einer Seestrecke (Satz 2)

**61**  Die Bestimmungen der §§ 407–450 finden auf einen multimodalen Frachtvertrag auch dann **grundsätzlich uneingeschränkt Anwendung,** wenn dieser eine Seestrecke einschließt (§ 452 Satz 2). Daran ändert sich auch nichts dadurch, dass die Seestrecke – wie in diesen Fällen regelmäßig – die bedeutendste Teilstrecke ist, vielleicht nur ergänzt durch einen verhältnismäßig kurzen Vorlauf auf Straße oder Schiene im Abgangs- oder Ankunftsland. Unbeachtlich ist auch, ob für die gesamte Beförderung ein „Seekonnossement" ausgestellt ist; dieses ist beim Multimodaltransport rechtlich stets ein Ladeschein iSd. § 443 ff. (Dazu und zu den Unterschieden des sog. „Durchkonnossements" zum reinen Seekonnossement vgl. § 443 Rn. 34 ff.) Da viele Vorschriften des allgemeinen Frachtrechts aber nur den Regelfall ordnen und die Berücksichtigung der Umstände des Einzelfalles ermöglichen, können Besonderheiten des Seetransportes bei der Umschreibung des Pflichtenkatalogs berücksichtigt werden. Vgl. auch oben Rn. 38 ff.

**62**  **1. Abweichungen des allgemeinen Frachtrechts vom Seehandelsrecht.** Abweichungen des allgemeinen Frachtrechts vom Seefrachtrecht (vgl. dazu § 452a Rn. 39 ff.) bestehen hinsichtlich der Rechte und Pflichten der Parteien aus dem Stückgutvertrag insbesondere in folgenden Punkten (wegen der Güterschadenshaftung vgl. § 452a Rn. 39 ff.):

**63**  **a) Dokumentation.** Der Absender hat nicht (wie im Seerecht der Ablader, § 513, den das allgemeine Frachtrecht als besondere Rechtsfigur nicht kennt) kraft Gesetzes einen **Anspruch auf Ausstellung eines Konnossements;** die Ausstellung eines Ladescheins (zu dessen Unterschieden vom Konnossement vgl. § 443 Rn. 34 ff.) steht im Belieben des Frachtführers (§ 443 Abs. 1). Die Begründung eines Anspruchs des Absenders – der einen Vertreter nach dem Modell des seerechtlichen Abladers nach allgemeinem Vertragsrecht bestimmen kann – bedarf deshalb besonderer Vereinbarung.

**64**  Das Fehlen der Rechtsfigur des **Abladers** kann auch insofern Probleme bereiten, als unrichtige Angaben des Dritten, der an Stelle des Absenders das Gut anliefert, diesen nicht ohne weiteres – wie im Seerecht den Ablader und einen vom Befrachten benannten Dritten nach § 488 – haftbar machen. Stellt beim fob-Kauf der Käufer als Absender das Schiff, welches vom Verkäufer beladen wird, so haftet letzterer nicht wegen Verletzung eigener vertraglicher Sorgfaltspflicht; man wird ihn aber zumindest als Vertreter des Absenders ansehen können, sodass dieser verpflichtet wird.

**65**  **b) Laden und Entladen.** Während im Stückgutverkehr auf See der Verfrachter zu laden und zu löschen hat (§ 486 Abs. 2), trifft die Pflicht zum Ein- und Ausladen nach § 410 im Zweifel den Absender. Die Besonderheiten beim Schiffstransport lassen es aber ohne weiteres zu, bei einer Stückgutbeförderung mit Seeeinschluss Verladung und Entladung durch den Frachtführer am Anfang oder Ende der Multimodalbeförderung als vereinbart anzusehen. Umladungen in seinem Obhutsbereich hat er stets vorzunehmen (vgl. Rn. 40); das folgt ohne weiteres aus der Eigenart der Beförderung.

**66**  **c) See- und Ladungstüchtigkeit des Schiffes.** Das wichtige Merkmal der Verfrachterpflichten nach altem Recht (§ 559 Abs. 1, 2 aF, entsprechend Art. 3 § 1 HR), wonach die See- und Ladungstüchtigkeit des Schiffes nur **bei Beginn der Reise** sicherzustellen war – und deshalb nur eine Haftung für anfängliche See- und Ladungsuntüchtigkeit bestand –, ist durch das SRG beseitigt worden. Wie im Allgemeinen besteht nunmehr auch im Seerecht die allgemeine Pflicht zu sorgfältiger Behandlung des Gutes während der gesamten Beförderung, die alle Maß-

---

[93]  AA EBJS/*Reuschle* § 452a Rn. 9.

nahmen zur Erhaltung der Seetüchtigkeit auch während der Reise einschließt (§ 485). Für die Haftung besteht nach wie vor der Unterschied, dass der Verfrachter im Seerecht sich wegen mangelnden Verschuldens entlasten kann. Allerdings wird sich eine Haftung nach §§ 425 ff. bei Schäden infolge von Seeuntüchtigkeit des Schiffes praktisch nie ergeben, weil in diesen Fällen der Schadensort bekannt ist und über § 452a das Seerecht zur Anwendung kommt.

**d) Fautfracht.** Die nach altem Recht bestehenden Unterschiede zwischen allgemeinem **67** Frachtrecht (§ 415) und Seefrachtrecht (§ 580 aF) hinsichtlich der von dem Absender bzw. Befrachter bei Kündigung des Frachtvertrages zu entrichtenden sog. Fautfracht[94] sind ebenfalls durch das SRG beseitigt worden. Nunmehr lässt auch § 489 – wie § 415 – dem Verfrachter die Wahl zwischen einer Abrechnung seiner Aufwendungen und der Berechnung einer pauschalen Abgeltung in Höhe eines Drittels der vereinbarten Fracht.

**e) Sonstige Regelungen.** Andere Regelungen des Seerechts können in die Bestim- **68** mungen des allgemeinen Frachtrechts auch ohne ausdrückliche Vereinbarung der Parteien hineininterpretiert werden; dazu oben Rn. 38. So namentlich das Recht des Frachtführers, bei Seebeförderungen in besonderen (Not-) Fällen vom Reiseweg abzuweichen (§ 499 Abs. 1 Nr. 8, 9, allerdings nicht mehr mit der extensiven Interpretation der §§ 636a, 641 aF)[95] ebenso wie die spezielle seerechtliche Ausgestaltung des **Deckverladungsverbotes** (§ 486 Abs. 4, allerdings nicht mit der verschuldensunabhängigen Haftung nach § 500 und dem Wegfall der Begrenzungen im Falle des § 507 Nr. 2), die ohnehin vor dem SRG auch im Seerecht ohne gesetzliche Basis angenommen wurde.[96] Nicht in Betracht kommen kann dagegen eine Anwendung der Liegegeldvorschriften des Seerechts anstelle der des § 412 Abs. 3;[97] hier gehen die ausdrücklichen Vorschriften des allgemeinen Frachtrechts vor und können nur durch Vertrag abbedungen werden. **Schadensanzeige und Verjährung** sind in § 452b besonders und für den Multimodaltransport eigenständig geregelt.

**2. Insbesondere: Besonderheiten bei der Haftung für Güterschäden und Ver- 69 spätung.** Die Haftung für Güterschäden und Verspätung nach allgemeinem Frachtrecht unterscheidet sich wesentlich von der nach Seehandelsrecht. Wegen der **seerechtlichen Haftung** vgl. im Einzelnen § 452a Rn. 39 ff. Sie kann praktisch – außer im Falle der Vereinbarung nach § 452d Abs. 2 (vgl. dazu § 452d Rn. 32 ff.) – nur bei bekanntem Schadensort und dann an Stelle der Haftung nach §§ 425 ff. in Betracht kommen.

Im Schrifttum wird gelegentlich kritisiert,[98] dass das Gesetz den Besonderheiten des **70** Seetransports, die sich bei überwiegender Seestrecke auch in den Haftungsregeln für den Fall unbekannten Schadensortes niederschlagen müssten, nicht hinreichend Rechnung getragen habe. Dies ist jedoch eine bewusste Entscheidung des Gesetzgebers, Korrekturversuche sind deshalb grundsätzlich nicht angebracht. Sie sind auch nicht geboten, zumal Änderungen durch Individualvereinbarungen (§ 449) und weithin auch durch AGB (§ 452d) zulässig sind. Anders verhält es sich nur mit den allgemeinen Regeln über Rechte und Pflichten der Parteien, die bei Multimodalbeförderungen mit Seeeinschluss mehr an die neue seerechtliche Pflichtenverteilung hätte angeglichen werden können und sollen.[99] Bei der Haftung wird sehr selten unentdeckt bleiben, dass ein Schaden auf der Seestrecke eingetreten ist, sodass nach § 452a dann insoweit Seerecht anzuwenden ist.

Sofern sich der Schadenseintritt auf See nicht nachweisen lässt (§ 452a), findet bei Verlust **71** oder Beschädigung eines Containers im Multimodaltransport weder die Haftungsbegrenzung je Stück oder Einheit (§ 504 Abs. 1 Satz 1), noch die sog. Containerklausel (§ 504

[94] Vgl. Voraufl. Rn. 67; zur Angleichung vgl. RegBegr-SRG S. 72.
[95] Vgl. *Ramming* TranspR 2004, 201, 204; die Auslegung im Seerecht war allerdings zu großzügig, vgl. im Einzelnen *Rabe* zu § 636a.
[96] Im Hinblick auf die gewohnheitsrechtliche Zulassung der Decksverladung von Containern, vgl. auch dazu *Ramming* TranspR 2004, 201, 204; *Rabe* § 566 Rn. 16.
[97] *Ramming* TranspR 2004, 201, 203, 205 fordert diese.
[98] Vgl. *Rabe* TranspR 1998, 427, 430; *Looks* VersR 1999, 31.
[99] Vgl. *Herber* TranspR 2010, 85.

Abs. 1 Satz 2) Anwendung. Dafür beträgt die **gewichtsbezogene Haftungsbegrenzung statt 2 SZR (§ 504) 8,33 SZR (§ 431).** Sie kann allerdings nach § 449 Abs. 2 Satz 2 auch durch AGB auf 2 SZR abgesenkt werden. Dabei stellt nur die Formvorschrift des § 449 Abs. 2 Satz 2 eine gewisse Sicherung für die Ladungsbeteiligten dar. Durch Individualvereinbarung kann die Haftung vertraglich unbeschränkt verändert werden, der (ohnehin nur sehr beschränkt geltende) zwingende Schutz des Seerechts entfällt. Diese Lage ist zu Unrecht kritisiert worden:[100] Der Frachtführer haftet ebenso wie bei allen anderen Beförderungen, auch von Containern. Dass diese Haftung – vor allem infolge der Dispositionsmöglichkeit innerhalb der Marge des § 449 Abs. 2 Satz 1 Nr. 1 – generell recht niedrig sein kann, ist allenfalls ein allgemeiner Einwand gegen die Entscheidung des Gesetzgebers, spricht jedoch nicht gegen die Anwendung der allgemeinen Grundsätze auch bei Beteiligung einer Seestrecke. Die speziellen seerechtlichen Haftungsregeln kommen nur zur Geltung, wenn der Schaden nachweislich im Bereich der Seebeförderung eingetreten ist.

72      Das **Reederprivileg der allgemeinen, sog. „globalen" Haftungsbeschränkung** nach § 611 in Verbindung mit dem Londoner Haftungsbeschränkungsübereinkommen von 1976 idF des Protokolls von 1996,[101] welches den Ladungsbeteiligten beim Seetransport ergänzend zur vertraglichen Haftungsbegrenzung entgegengehalten werden kann, steht dem Verfrachter nicht als solchem zu Verfügung, sondern nur in seiner Schiffsbezogenheit. Deshalb kann ein Reeder, der einen Multimodalvertrag – etwa über See und eine Land-Anschlussstrecke – abschließt, die Einreden nach § 617 für Schäden bei unbekanntem Schadensort nicht erheben; sie gelten nur für Ansprüche aus Beförderungen „über See" (Art. 2 Abs. 1 Buchst. b des Londoner Übereinkommens). Von vornherein scheidet das Privileg bei Nicht-Reedern aus, sofern nicht die engen Voraussetzungen des Art. 1 Abs. 2, 4 des Londoner Übereinkommens[102] vorliegen. – Eine der seerechtlichen Haftungsbeschränkung nach § 611 entsprechende Regelung – auf andere, den Verhältnissen der Binnenschifffahrt angepasste Beträge – besteht für den **Eigentümer eines Binnenschiffes**[103] nach § 4 Abs. 1, § 5c BinSchG.

73      Reeder, Schiffseigentümer und die diesen gleichstehenden Personen können ihre Haftung nach den genannten Vorschriften dagegen dann beschränken, **wenn der Schaden auf einer See- oder Binnenschifffahrtsstrecke eingetreten** ist und § 452a eingreift; das folgt jedoch nicht aus § 452a, sondern aus den daneben anwendbaren see- und binnenschifffahrtsrechtlichen Sondervorschriften, die an den Charakter des erhobenen Anspruchs als (rein) schifffahrtsrechtlich anknüpfen. Auch bei bekanntem Schadensort kommt dass Privileg jedoch schifffahrtsfremden Personen nicht zugute, etwa dem Spediteur oder auch dem Lkw-Unternehmer oder der Eisenbahn, wenn diese einen Multimodalfrachtvertrag mit Einschluss einer Seestrecke abschließen und bei Nachweis des Schadens auf See nach den seerechtlichen (vertraglichen) Haftungsvorschriften haften; sie haften – auch insoweit, als die Haftung auf ein Verschulden des seerechtlichen Erfüllungsgehilfen gestützt ist – nicht *nach* Seerecht, sondern nur *entsprechend* dessen Regeln, nämlich nach §§ 452, 452a. Insbesondere kann sich deshalb der Zeitcharterer oder der Spediteur bei seiner Haftung aus einem Multimodalvertrag auch dann, wenn der Schadensort auf See bekannt ist und er deshalb nach Seefrachtrecht haftet, nicht auf die Einreden nach § 617 berufen.

## § 452a Bekannter Schadensort

**¹Steht fest, daß der Verlust, die Beschädigung oder das Ereignis, das zu einer Überschreitung der Lieferfrist geführt hat, auf einer bestimmten Teilstrecke einge-**

---

[100] Namentlich von *Rabe* TranspR 1998, 427, 430.

[101] Übereinkommen von 1976 über die Beschränkung der Haftung für Seeforderungen vom 19.11.1976, BGBl. 1986 II S. 786, in der Fassung des Protokolls vom 2.5.1996, BGBl. 2000 II S. 791.

[102] Wenn er Eigentümer, Charterer oder Ausrüster eines Seeschiffes ist (Art. 1 Abs. 2). Ferner können Personen ihre Haftung beschränken, für deren Verschulden einer der genannten Beschränkungsberechtigten haftet (Art. 1 Abs. 4).

[103] Auch hier sind Charterer und Ausrüster des Schiffes gleichgestellt; ferner Erfüllungsgehilfen; § 5c BinSchG.

treten ist, so bestimmt sich die Haftung des Frachtführers abweichend von den Vorschriften des Ersten Unterabschnitts nach den Rechtsvorschriften, die auf einen Vertrag über eine Beförderung auf dieser Teilstrecke anzuwenden wären. [2]Der Beweis dafür, daß der Verlust, die Beschädigung oder das zu einer Überschreitung der Lieferfrist führende Ereignis auf einer bestimmten Teilstrecke eingetreten ist, obliegt demjenigen, der dies behauptet.

### Übersicht

| | Rn. | | | Rn. |
|---|---|---|---|---|
| I. Normzweck | 1–4 | e) Im internationalen Seetransportrecht | | 29 |
| 1. Gegenstand der Regelung | 1–4 | f) Beim Güterumschlag | | 30–33b |
| II. Entstehungsgeschichte | 5 | g) Bei Anwendung ausländischen Rechts | | 34 |
| III. Tatbestandsvoraussetzungen | 6–13 | | | |
| 1. Eintreten des Schadens oder des die Verspätung begründenden Ereignisses auf einer bekannten Teilstrecke | 6–8 | 4. Umfang der Anwendung des Teilstreckenrechts | | 35–38 |
| 2. Beweislast | 9–13 | V. Insbesondere: Multimodalverträge unter Einschluss einer Seestrecke | | 39–51 |
| IV. Rechtsfolgen (Satz 1) | 14–38 | | | |
| 1. Haftung nach dem hypothetischen Teilstreckenrecht | 14, 15 | 1. Haftungsgrundlage | | 42, 43 |
| 2. Ermittlung des hypothetischen Teilstreckenrechts | 16–18a | a) Für Güterschäden | | 42 |
| | | b) Für Verspätung | | 43 |
| 3. In Betracht kommende Teilstreckenrechte | 19–34 | 2. Haftungsbegrenzung | | 44–46 |
| a) Im internationalen Straßentransportrecht | 23 | a) Auf den Handelswert des Gutes | | 44 |
| b) Im internationalen Eisenbahntransportrecht | 24 | b) Haftungshöchstbetrag | | 45, 46 |
| c) Im internationalen Lufttransportrecht | 25–27 | 3. Sonstige Merkmale der Haftung | | 47–51 |
| d) Im internationalen Binnenschiffstransportrecht | 28 | a) Ausführender Frachtführer | | 47 |
| | | b) Sonstige Haftungsnormen | | 48 |
| | | c) Große Haverei | | 49 |
| | | d) Allgemeine (sog. „globale") Haftungsbeschränkung | | 50 |
| | | e) Schadensanzeige und Verjährung | | 51 |

## I. Normzweck

**1. Gegenstand der Regelung.** Die Bestimmung erlaubt für die Ermittlung des **Ersatzanspruches wegen Güterschäden und wegen Verspätung** den Rückgriff auf das **Recht einer Teilstrecke,** auf welcher der Schaden eingetreten ist. Sie greift damit den Gedanken des sog. **Network-Prinzips** auf, der seit Anfang der internationalen Beratungen und in der Rechtsprechung vor Erlass des TRG fast unumstritten das Recht des Multimodaltransportes beherrscht.[1] Danach soll für Schadensersatzansprüche grundsätzlich das Recht des jeweiligen Transportmittels Anwendung finden. Der Einheitsregelung des § 452 bedarf es danach nur für den allgemeinen Inhalt des Vertrages und für Schadensersatzansprüche, soweit nicht der Eintritt des Schadens auf einer bestimmten Teil-Beförderung feststeht. **1**

Die Maßgeblichkeit des Teilstreckenrechts für die Ersatzberechnung bei bekanntem Schadensort wird mit der **größeren Sachnähe des Teilstreckenrechts** begründet.[2] International hat bei der Entwicklung des Networkprinzips zudem die Befürchtung eine Rolle gespielt, die Nichtberücksichtigung von auf internationalen Übereinkommen beruhendem Teilstreckenrecht könnte **völkerrechtliche Verpflichtungen** verletzen.[3] **2**

---

[1] Reg.Begr. S. 101.
[2] Die Reg.Begr. S. 101 sagt, dass das Recht des Schadensortes „am ehesten den Besonderheiten der jeweiligen Spezialtransporte, auf die die traditionellen Sonderfrachtrechte zugeschnitten sind", Rechnung trage.
[3] Die genaue Prüfung der bestehenden Übereinkommen zeigt, dass diese Rücksicht nur in wenigen Ausnahmefällen geboten gewesen wäre (vgl. § 452d Rn. 36). Diese Auffassung hat auch eine kürzlich von der EU eingesetzte Sachverständigengruppe vertreten, die deshalb ein (fakultatives) Einheitshaftungsmodell vorgeschlagen hat (Vor § 452 Rn. 11).

**3**     Vor allem letztere Überlegung und der Wunsch, die Regelung nicht zu sehr von den
international üblichen Bedingungen (etwa des FIATA-Bill of Lading) abzusetzen, haben
den Gesetzgeber davon abgehalten, eine einheitliche Haftung ohne Rücksicht auf den –
bekannten oder unbekannten – Schadensort vorzuschreiben, obgleich dies für die Praxis
klarer und damit praktikabler gewesen wäre. Denn die Ermittlung des maßgebenden Teilstreckenrechts wirft erhebliche Schwierigkeiten auf. Immerhin versucht das Gesetz, die
Vereinbarung einer durchgehenden Einheitshaftung zu erleichtern (vgl. § 452d Rn. 33 ff.).

**4**     Die Berücksichtigung des Teilstreckenrechts ist nur für die in § 452a ausdrücklich
genannten **Ansprüche wegen Güterschäden und wegen Überschreitung der Lieferfrist (Verspätung)** möglich, nicht wegen Schadensersatzansprüchen gegen Absender oder
Empfänger. Ebenso wenig kann die Anwendung einzelner Bestimmungen der Teiltransportrechte über sonstige Rechte und Pflichten der Vertragsparteien über die Ausnahmevorschrift des § 452a gerechtfertigt werden.[4] Die analoge Anwendung sonstiger Haftungsvorschriften des Teiltransportrechts, insbes. der § 413 Abs. 2, § 422, die *Koller*[5] bei Schäden
vorschlägt, die nicht streckenübergreifender Natur sind, würde zu noch größeren Unsicherheiten führen, als sie das Network-Prinzip ohnehin schon mit sich bringt.

## II. Entstehungsgeschichte

**5**     Auch diese Vorschrift entspricht dem Vorschlag der Sachverständigenkommission[6] und
hat im Gesetzgebungsverfahren keine Veränderungen erfahren.

## III. Tatbestandsvoraussetzungen

**6**     **1. Eintreten des Schadens oder des die Verspätung begründenden Ereignisses
auf einer bekannten Teilstrecke.** Die Bestimmung greift nur ein, wenn festgestellt wird,
dass der Schaden oder das die Verspätung begründende Ereignis **auf einer bestimmten
Teilstrecke** eingetreten ist. Die Abgrenzung der Teilstrecken kann namentlich beim Übergang von einer Teilstrecke auf eine andere innerhalb des Gesamtobhut der Multimodalfrachtführers Schwierigkeiten bereiten; vgl. dazu § 452 Rn. 22 ff.

**7**     Der Ausdruck **„eintreten"** ist inhaltsgleich mit „entstehen" in § 425 Abs. 1, § 437
Abs. 1.[7] Entscheidend ist, dass sich auf der Teilstrecke der Verlust oder die Beschädigung
gezeigt hat oder eine zur Verspätung der Gesamtbeförderung führende Verzögerung der
Beförderung eingetreten ist, mag auch eine Ursache früher gesetzt worden sein. *Thume*[8]
spricht anschaulich von dem „tatsächlichen Ereignis, das den Beginn des Schadenseintritts
auslöst".

**8**     Fallgestaltungen, bei denen ein Schaden auf **Ereignisse in verschiedenen Phasen des
Transports** zurückzuführen ist, werden gelegentlich eine wertende Betrachtung erfordern,
wo der Schwerpunkt liegt. Tritt etwa ein Nässeschaden auf einer Seestrecke ein, weil die
Verpackung des Gutes auf der vorangehenden Lkw-Strecke beschädigt wurde, liegt der
Schwerpunkt jedenfalls dann, wenn die unbeschädigte Verpackung den Schaden verhindert
hätte, auf der Lkw-Strecke. Lässt sich eine solche Zuordnung nicht vornehmen, **werden
vielmehr mehrere Ursachen auf verschiedenen Teilstrecken kumulativ kausal** – so
etwa, wenn im genannten Beispiel sowohl die Beschädigung der Verpackung als auch
unzulängliche Vorkehrungen des Schiffes gegen Nässeeinwirkung kausal wurden oder wenn
ungenügend vorgekühltes Gut bei zu hoher Temperatur gefahren wurde und die Tiefkühl-
ladung erst durch das Zusammenwirken beider Fehler geschädigt wurde –, liegt nicht der
in § 452a vorausgesetzte Fall vor, dass der Schaden „auf *einer* Teilstrecke" eingetreten ist;

---

[4]  AA *Ramming* TranspR 2004, 201; *Koller* Rn. 15; vgl. dazu § 452 Rn. 38.
[5]  Rn. 15.
[6]  Bericht S. 146 ff.; Reg.Begr. S. 100 f.
[7]  Fremuth/*Thume*/*Fremuth* Art. 2 CMR Anh. III § 452a Rn. 6.
[8]  *Thume* (zu § 437) VersR 2000, 1071, 1073; ebenso *Koller* § 425 Rn. 40; eingehend und sehr stark
differenzierend jetzt *Koller* TranspR 2013, 173.

die Ausnahmeregel des § 452a kann bei Schadenseintritt auf mehreren Teilstrecken nicht angewendet werden, es bleibt bei § 452. Versuche, in diesen Fällen zu einer anteiligen Haftung nach dem Recht der verschiedenen Teilstrecken zu gelangen,[9] führen zu komplizierten Lösungen und sind weder aus dem Gesetz herzuleiten noch geboten. Gleiches gilt für die Verspätung: Sie ist nur dann nach § 452a einer Teilstrecke zuzurechnen, wenn sie sich allein auf dieser verwirklicht hat[10] (und nicht auf einer anderen wettgemacht wurde).

**2. Beweislast.** Die Beweislast **(Satz 2)** für den Eintritt des Schadens auf einer bestimm- 9 ten Teilstrecke liegt bei demjenigen, der dies behauptet. Praktisch wird das derjenige sein, dem die Anwendung des in Betracht kommenden Teilstreckenrechts zum Vorteil gereicht. Keine der Parteien braucht sich aber ausdrücklich auf die Sondervorschrift zu berufen;[11] liegen die Anwendungsvoraussetzungen vor, ist das Teilstreckenrecht **von Amts wegen zu berücksichtigen,** sofern der unstreitige Sachverhalt den Schadensort erkennen lässt. Satz 2 ist lediglich eine Beweislastregel, die bei streitigem Vortrag der Parteien zum Tragen kommt. Allerdings haben die Prozessparteien, wie stets bei der Verhandlungsmaxime, die Möglichkeit, die Tatsache des bekannten Schadensortes nicht vorzutragen und dadurch die Anwendung des allgemeinen Haftungsrechts der §§ 425 ff. auch bei abweichendem Teilstreckenrecht herbeizuführen.[12] – Wegen **Besonderheiten** bei dem WA und dem MÜ unterfallenden **Luftstrecken** vgl. Rn. 24 ff.

Hat eine Partei den Schadenseintritt auf einer bestimmten Teilstrecke behauptet, so kann 10 sie diese Behauptung auch dann **nicht zurücknehmen,** wenn sich nach Prüfung der Rechtslage herausstellt, dass die Haftung nach dem Recht dieser Teilstrecke für sie ungünstiger ist als nach §§ 452, 425 ff. Dem steht die prozessuale Wahrheitspflicht entgegen.[13]

Die Beweislastregelung des Gesetzes weicht, in Übereinstimmung mit dem Vorschlag 11 der Sachverständigenkommission,[14] bewusst[15] von der **Rechtsprechung vor dem TRG**[16] ab. Danach hatte der Frachtführer nach dem Recht der Strecke mit der „schärfsten" Haftung einzustehen, wenn er nicht den Beweis führen kann, dass der Schaden auf einer Strecke mit niedrigerer Haftung eingetreten ist. Der Grund für diese einseitige Beweisbelastung des Frachtführers ist durch die Einführung der Grundhaftung („Einheitshaftung") für den Fall des unbekannten Schadensortes (§ 452) entfallen; diese erschien dem Gesetzgeber[17] als Regelhaftung angemessen, und der Rückgriff einer Partei auf abweichendes Teilstreckenrecht sollte die seltene Ausnahme darstellen.

Die materielle Beweislastregelung schließt jedoch nicht die Anwendung der vom BGH 12 entwickelten[18] Grundsätze über die **Darlegungslast des Frachtführers** hinsichtlich von Tatbeständen, die sich ausschließlich in seiner Sphäre vollzogen haben, aus. Danach hat der Frachtführer grundsätzlich darzulegen, welche Maßnahmen er zur Feststellung des Schadensortes ergriffen hat, wenn es auf diesen haftungsrechtlich ankommt. Für die Haftung des Frachtführers können sich aus dem Unterlassen solcher Maßnahmen jedoch nur Folgen ergeben, wenn er verpflichtet war, sie zu ergreifen. In Betracht kommen vor allem **Schnittstellenkontrollen** beim Übergang zu einem von dem nach § 452 anzuwendenden allge-

---

[9] So aber *Koller* Rn. 4, der zumindest für bestimmte Fallgruppen eine anteilige Haftung nach dem Recht verschiedener Teilstrecken für den jeweiligen Wertverlust erwägt; zustimmend *Mast* S. 99.

[10] AA *Fremuth/Thume/Fremuth* Art. 2 CMR Anh. III § 452a Rn. 8.

[11] Zumindest missverständlich EBJ/*Gass*, 1. Aufl. § 452a Rn. 14.

[12] So mit Recht EBJS/*Reuschle* Rn. 15.

[13] *Koller* Rn. 19.

[14] Bericht S. 146 f.

[15] Reg.Begr. S. 101.

[16] BGH 24.6.1987, BGHZ 101, 172 = NJW 1988, 640 = TranspR 1987, 447.

[17] Nach der Reg.Begr. (S. 1001) bietet die „Basishaftung auf der Grundlage des allgemeinen Frachtrechts eine jedenfalls akzeptable Lösung für Schadensfälle".

[18] Vgl. etwa BGH 5.6.2003, NJW 2003, 3626 = TranspR 2003, 467, 469; 4.3.2004, TranspR 2004, 460, 461. Die Grundsätze sind prozessualer Natur und deshalb auch auf Ansprüche anzuwenden, die sich materiell nach ausländischem Recht richten, OLG Stuttgart 21.1.2004, VersR 2006, 289, 290; OLG Frankfurt a. M. 14.9.1999, TranspR 2000, 260, 261. Vgl. auch § 435 Rn. 53.

meinen Frachtrecht der §§ 425 ff. verschiedenen Teilstreckenhaftungsregime.[19] Die Anforderungen an eine Dokumentationspflicht dürfen jedoch vor allem beim Containerverkehr in Hinblick auf Massengeschäft und Schnelligkeit des Umschlags nicht zu hoch angesetzt werden. Anders liegt es etwa bei der Beförderung von schadensanfälligen wertvollen Anlagen mit sorgfältig geplanter Kombination von Teilstrecken. In der Regel wird der Multimodalfrachtführer zudem, wenn er Unterfrachtführer einsetzt, schon zur Sicherung eigener Regressansprüche bestrebt sein, den Zustand des Gutes beim Übergang von einem auf einen anderen Teilstreckenbeförderer zu dokumentieren; ein gleiches Interesse haben etwaige Unterfrachtführer auf den Teilstrecken im Hinblick auf ihre etwaige Mithaftung nach §§ 425, 437.

13 Kann der Frachtführer zur Aufklärung des Schadensorts nichts beitragen, hält das Gericht ihn aber nach den jeweiligen Verhältnissen des Einzelfalles, etwa bei einer äußerlich leicht erkennbaren Beschädigung der Verpackung einer wertvollen Sendung, im Rahmen seiner allgemeinen Sorgfaltspflicht für verpflichtet, den Schadensort zu dokumentieren, so kann die Rechtsfolge zwar nicht unmittelbar aus § 435 hergeleitet werden, der kraft Verweisung in § 452 auch beim Multimodaltransport zum Wegfall jeder Haftungsbeschränkung führen kann; denn es handelt sich bei § 452a nicht um eine Haftungsbefreiung oder -begrenzung.[20] Der Rechtsgedanke lässt sich aber analog auf die Abstufung der Haftungsbeschränkung anwenden, die das Zusammenspiel von §§ 452 und 452a zur Folge hat. Deshalb ist im Ergebnis *Piper* zuzustimmen, der bei **Unterlassen von Schnittstellenkontrollen,** das im Einzelfall als leichtfertig im Sinne des § 435 einzustufen ist, dem Frachtführer die Privilegierung durch Anwendung des für ihn günstigeren Beschränkungsregimes versagen will.[21]

## IV. Rechtsfolgen (Satz 1)

14 **1. Haftung nach dem hypothetischen Teilstreckenrecht.** Der Multimodalfrachtführer haftet nach den Rechtsvorschriften, die auf einen Vertrag über eine Beförderung auf der Schadensstrecke anzuwenden gewesen wären. Maßgebend ist also ein **hypothetischer Vertrag, der zwischen den Parteien des Multimodalvertrages** abgeschlossen worden wäre.[22] Auf einen tatsächlich – zwischen Multimodalfrachtführer und Unterfrachtführer – abgeschlossenen Frachtvertrag kommt es nicht an.[23] Etwa für Verträge auf der Teilstrecke bestehende Handelsbräuche sind jedoch zu berücksichtigen[24] (vgl. § 452 Rn. 33).

15 Dem Teilstreckenrecht sind **alle die Haftung für Verlust oder Beschädigung des Gutes und für Überschreitung der Lieferzeit bestimmenden Merkmale** zu entnehmen, also namentlich die Definition des Schadens, das Einstehenmüssen für Hilfspersonen, der Ausschluss von Folgeschäden und konkurrierender Ansprüche aus unerlaubter Handlung, der Verschuldensmaßstab und die Haftungsausschlussgründe, die Haftungsbegrenzung und die Mithaftung eines ausführenden Frachtführers. Zu beachten ist nur der Vorrang von § 452b.

16 **2. Ermittlung des hypothetischen Teilstreckenrechts. Für die Ermittlung des hypothetischen Teilstreckenrechts ist zunächst die maßgebende Rechtsordnung zu bestimmen.**[25] Das muss, obgleich es sich nicht eigentlich um eine Frage des Internationalen Privatrechts handelt, nach Art. 3, 5 Rom I-VO geschehen; vgl. dazu § 452 Rn. 29 ff.

---

[19] Schnittstellenkontrollen werden vom Frachtführer allgemein zur erleichterten Aufklärung von Verlusten verlangt, BGH 17.6.2004, NJW-RR 2005, 265, 267 = TranspR 2004, 399, 401 und sogar für unabdingbar durch AGB gehalten, BGH 1.12.2005, NJW-RR 2006, 775 = TranspR 2006, 169.

[20] So zutreffend *Koller* Rn. 20 (Fn. 95).

[21] *Piper,* FG Herber, S. 135, 140; ähnliche Überlegungen stellen im Ergebnis auch *Mast* S. 115 und *Koller* Rn. 20 an, die bei schwerem Verschulden des Frachtführers erwägen, diesen wegen Beweisvereitelung haften zu lassen.

[22] BGH 25.10.2007, TranspR 2008, 210, 211.

[23] OLG Hamburg 10.4.2008, TranspR 2008, 213.

[24] OLG Hamburg 10.4.2008, TranspR 2008, 213; *Koller* VersR 2000, 1187, 1191; *Andresen/Valder* Rn. 13.

[25] BGH 25.10.2007, TranspR 2008, 210; OLG Hamburg 28.2.2008, TranspR 2008, 125 und 10.4.2008 TranspR 2008, 213.

Danach unterliegt der hypothetische Teilstreckenvertrag deutschem Recht, wenn außer **17** dem Frachtführer entweder auch der Absender seinen Sitz in Deutschland hat oder wenn sich der Übernahme- oder der Ablieferungsort der Teilstrecke in Deutschland befindet. Sind diese Voraussetzungen nicht gegeben, so gilt das Recht des Ablieferungsortes der Teilstrecke (Art. 5 Abs. 1 Satz 2 Rom I-VO). Führen diese Kriterien zur Anwendung ausländischen Rechts auf die Teilstrecke, so ist zu prüfen, ob Art. 5 Abs. 3 Rom I-VO es gebietet, wegen einer „offensichtlich engeren Verbindung" zu einem anderen als dem danach anzuwendenden Recht eine Korrektur dieses Ergebnisses vorzunehmen.

Diese Rechtslage weicht von der nach Art. 28 Abs. 4 EGBGB aF insofern ab, als nicht **17a** mehr primär an die engsten Verbindungen des Vertrages an das Recht eines Staates anzuknüpfen ist, die am Sitz des Frachtführers vermutet wurden. Nach der früheren Rechtslage bestand eine Tendenz,[26] aus diesem Gesichtspunkt den Teilstreckenvertrag ebenso anzuknüpfen wie den Multimodalfrachtvertrag insgesamt, weil bei beiden von demselben Frachtführer auszugehen ist. Nach der Rom I-VO ist diese Konkordanz nicht mehr so naheliegend ist wie bisher.[27] Es wird jetzt im Einzelfall zu prüfen sein, ob für die Anknüpfung eines hypothetischen Teilstreckenvertrages nach anderem Recht als dem der Multimodalvertrages sachliche Gründe sprechen, etwa wegen ortstypischer Besonderheiten der Teilbeförderung. Ist dies – wie wohl meist – nicht der Fall, so wird man weiterhin bei der **Regel** bleiben dürfen, dass der **Teiltransportvertrag die engste Verbindung zu dem Recht des Multimodalfrachtvertrages** hat.[28] Der Auslegungsspielraum, den die IPR-Anknüpfung nach Art. 5 Abs. 3 Rom I-VO mit ihrem flexiblen Merkmal der „engsten Verbindung" eröffnet, darf allerdings nicht durch Heranziehung konkreter Parteiabreden ausgefüllt werden; insbesondere kommt es nicht auf die Bedingungen eines vom Multimodalfrachtführer mit dem Teilfrachtführer für diese Strecke abgeschlossenen Unterfrachtvertrages an.[29] Schon Praktikabilitätsgründe dürften aber regelmäßig dafür sprechen, nur in Ausnahmefällen vom deutschen Recht abzuweichen, wenn dieses für den Gesamttransport gilt.

Zulässig ist auch eine **Rechtswahl** durch die Parteien.[30] Koller[31] erhebt gegen die Zulas- **18** sung der Rechtswahl für die Teilstrecke das Bedenken, dass auf einen hypothetischen Teilstreckenvertrag abzustellen sei, der von den Parteiabreden unabhängig ist (vgl. Rn. 14). Die Vereinbarung lässt sich aber, wollte man dem folgen, jedenfalls als eine vertragliche Änderung des Multimodalrechts rechtfertigen, wie sie auch der Regelung des § 452d zu Grunde liegt; der bindende Charakter der Rom I-VO steht dem nicht entgegen, weil es sich hier nicht um eine echte Anwendung von IPR, vielmehr nur um eine hypothetische handelt.[32] **Voraussetzung einer Rechtswahl** für die Teilstrecke ist allerdings, **dass die Haftungsregelung** des nach objektiver Anknüpfung anwendbaren Teilstreckenrechts **dispositiv** ist (vgl. § 452d Rn. 10).

Entgegen der hM[33] wird man jedoch nicht ohne weiteres annehmen dürfen, dass eine **18a** Rechtswahl für den Multimodalvertrag im Ganzen zugleich eine Rechtswahl für alle Teilstreckenrechte bedeute (dass sie also auf die Teilstrecke „durchschlage").[34] Liegen für diese Absicht der Parteien keine Anhaltspunkte vor, so ist dieselbe Prüfung anzustellen wie bei objektiver Anknüpfung (vgl. Rn. 17a).

**3. In Betracht kommende Teilstreckenrechte.** Die auf den hypothetischen Teilstre- **19** ckenvertrag anzuwendenden Rechtsvorschriften können auf **deutschem oder ausländi-**

---

[26] Vgl. die Voraufl. Rn. 18 sowie § 452 Rn. 30; OLG Hamburg 19.8.2004, TranspR 2004, 402.
[27] Darauf weist Koller Rn. 8, mit Recht hin.
[28] Zum früheren Recht Reithmann/Martiny/Mankowski Rn. 16.
[29] OLG Hamburg 10.4.2008, TranspR 2008, 213; Koller VersR 200, 1187, 1194; aA Drews TranspR 2003, 12, 17 ff., der insbes. bei Strecken im Ausland im Hinblick auf die Regressmöglichkeit des Multimodalfrachtführers die Anwendung deutschen Rechts für bedenklich hält.
[30] § 452 Rn. 31 hM; vgl. insbesondere OLG Hamburg 19.8.2004, TranspR 2004, 402, vgl. auch § 452d Rn. 10.
[31] Koller Rn. 9 m. weit. Hinweisen; anders wohl auch BGH 25.10.2007, TranspR 2008, 210.
[32] O. Rn. 16; § 452 Rn. 29; ebenso Koller Rn. 5 („verweisende Sachnorm").
[33] So insbes. OLG Hamburg 19.8.2004, TranspR 2004, 402 und Angaben bei Koller Fn. 51.
[34] Koller Rn. 9.

**schem innerstaatlichem Gesetz** beruhen (vgl. dazu § 452 Rn. 33). **Internationale Übereinkommen** sind anzuwenden, wenn sie nach dem anwendbaren Recht für Beförderungsverträge über die **hypothetische unimodale Strecke** gelten würden. Es brauchen also nicht (notwendig) Übereinkommen im Sinne des § 452d Abs. 3 (dazu § 452d Rn. 36) zu sein; auch wenn ein Übereinkommen auf die Teilstrecke eines Multimodaltransportes völkerrechtlich nicht Anwendung verlangt (vgl. dazu § 452d Rn. 5, 36), weil es nur unimodale Transporte regelt, ist es der Haftung nach § 452a zugrunde zu legen;[35] denn hypothetisch wird nur die Anwendbarkeit auf den unimodalen Teilstreckenvertrag verlangt. Ob es auf die Teilstrecke anzuwenden ist, in welcher Form und mit welchen etwaigen Vorbehalten, ist nach der berufenen nationalen Rechtsordnung zu beurteilen.

20    Ob innerstaatliches Recht oder Übereinkommen **zwingend** gelten würden, ist nicht erheblich, hat jedoch für die Möglichkeit vertraglicher Abbedingung (§ 452d) Bedeutung. Dazu § 452d Rn. 5 und o. Rn. 18.

21    Setzt die Anwendung des Teilstreckenrechts bei unimodalen Verträgen die Ausstellung eines bestimmten **Dokumentes** voraus, so ist dessen ordnungsgemäße Ausstellung zu unterstellen.[36] Das ist, nachdem die CIM 1999 das Anwendungserfordernis des durchgehenden Frachtbriefes[37] beseitigt hat, allerdings nur noch selten der Fall. Für die Anwendung der Haag/Visby-Regeln – soweit sie nach dem SRG nach ausländischem Recht oder nach Art. 6 EGHGB überhaupt noch anwendbar sind – ist die Ausstellung eines Konnossements nicht erfordert, sie hat vielmehr nur Bedeutung für die Abdingbarkeit (dazu § 452d Rn. 29). Die **Ausstellung eines Dokumentes** kann jedoch nur dann **unterstellt** werden, wenn diese zur **Anwendung der normalen gesetzlichen Haftung** führt. Deshalb ist der Auffassung *Kollers*[38] zuzustimmen, dass für die an die Eintragung im Luftfrachtbrief gebundene Vereinbarung der luftrechtlichen Haftung für andere Teilstrecken[39] nicht die Ausstellung eines entsprechenden Papiers unterstellt werden darf; hier geht es um eine vertragliche Änderung des dispositiven Regelrechts, zudem um eine Regelung des Multimodaltransportvertrages selbst und nicht der hypothetischen Teilstrecke, die der Regelung der §§ 452 ff. insgesamt vorgeht (§ 452 Rn. 52, 58 f.).

22    Wegen der für die **Haftung auf den Teilstrecken** im Einzelnen kann auf die Erläuterungen in diesem Kommentar verwiesen werden. Soweit bei internationalen Teilstrecken die Anwendungsvoraussetzungen des jeweiligen Übereinkommens vorliegen, bestimmt sich die Haftung nach folgenden Regeln:

23    **a) Im internationalen Straßentransportrecht.** Es wird auf einer internationalen Straßen-Teilstrecke im Anwendungsbereich der CMR für Verlust oder Beschädigung auf den Marktwert am Abgangsort bis zu 8,33 SZR gehaftet, bei Verspätung bis zur Höhe der Fracht (Art. 23 CMR). Der Frachtführer hat für alle schadensverursachenden Umstände einzustehen, die er nicht vermeiden und deren Folgen er nicht abwenden konnte. Die Beschränkungen entfallen bei Vorsatz und dem Vorsatz gleichstehendem Verschulden (Art. 29 Abs. 1 CMR; in Deutschland ist dies Leichtfertigkeit iSd. § 435,[40] in Österreich grobe Fahrlässigkeit[41]), auch seiner Leute. Eine Mithaftung des ausführenden Frachtführers ist nicht vorgesehen.

24    **b) Im internationalen Eisenbahntransportrecht.** Der Frachtführer haftet für Verlust und Beschädigung bei (vermutetem) Verschulden auf den Marktwert am Abgangsort bis zu bis 17 SZR/kg, für Verspätung bis zum Dreifachen der Fracht (Art. 30 CIM). Die Beschränkungen entfallen bei Vorsatz und Leichtfertigkeit, auch der Leute. Ein ausführen-

---

35  Vgl. zu dem Gegensatz auch BGH 17.7.2008, TranspR 2008, 365, 368.
36  *Koller* Rn. 10; unentschieden Fremuth/Thume/*Fremuth* Art. 2 CMR Anh. III § 452a Rn. 20.
37  Art. 1 § 1 CIM 1980.
38  Rn. 10; zustimmend wohl auch Fremuth/Thume/*Fremuth* Art. 2 CMR Anh. III § 452a Rn. 20.
39  Art. 31 Abs. 2, Art. 8 Buchst. c WA.
40  BGH 20.1.2005, TranspR 2005, 311, 313.
41  öOGH 31.7.2001, TranspR 2002, 113.

der Frachtführer haftet wie der vertragliche, sofern er Eisenbahn ist (Art. 27, 3 Buchst. b CIM).

**c) Im internationalen Lufttransportrecht.** Im internationalen Lufttransportrecht **25** nach dem MÜ und – soweit noch anwendbar – dem WA, auch in der Fassung des Haager Protokolls gilt eine **Besonderheit für die Beweislast (vgl. auch § 452 Rn. 58):** Nach Art. 18 Abs. 3 Satz 2 WA und Art. 18 Abs. 4 Satz 2 MÜ wird vermutet, dass der Schaden durch ein während der Luftbeförderung eingetretenes Ereignis verursacht worden ist, sofern zweifelhaft ist, ob der Schaden auf der (WA oder MÜ unterliegenden) Luftstrecke oder einer Beförderung zu Lande, zur See oder auf Binnengewässern außerhalb eines Flughafens eingetreten ist, die der Verladung, der Ablieferung oder der Umladung mit Bezug auf die Flugstrecke diente. Hinsichtlich aller anderen Teilstrecken bleibt die Beweislast normal, auch für Strecken, die über die genannte enge Definition der Anschlussbeförderung hinausgehen.[42] Zudem wird man verlangen müssen, dass es sich um eine Anschlussbeförderung handelt, die zur Unterstützung gerade der Luftbeförderung erfolgt. Eine Lkw-Beförderung vom Flughafen Frankfurt etwa nach Nürnberg mag der Ablieferung des Gutes nach dem Flug aus New York dienen; schließt der Multimodalvertrag aber nicht nur die Luft- und Straßenbeförderung von New York nach Nürnberg, sondern noch eine vorhergehende Eisenbahnbeförderung in den USA ein, so dient der Lkw-Transport von Frankfurt nach Nürnberg nicht der Ablieferung nach dem Flug, sondern der Ablieferung im Rahmen des Multimodaltransports, fällt also nicht unter die Beweislastregel des Luftrechts. Soweit die Beweislastregel des Luftrechts anzuwenden ist, dürfte sie allerdings auch dem Multimodalfrachtführer zugute kommen,[43] für den dies bei Anwendung des **MÜ** auf die Teilstrecke vor allem deshalb von Bedeutung sein kann, weil bei einem Schaden auf dieser Teilstrecke eine Durchbrechung der Haftungsbegrenzung von 19 SZR je kg (Art. 22 Abs. 3 MÜ) nicht möglich ist.[44] Vgl. hierzu auch § 452 Rn. 58 ff.

Nach dem **Warschauer Abkommen** haftet der Luftfrachtführer für Zerstörung, Verlust **26** oder Beschädigung, begrenzt auf den Wert des Gutes und 250 Goldfranken je kg (Art. 22 Abs. 2 WA), die nach der 4. UmrechnungsVO v. 1973 in Deutschland 53,50 DM entsprechen. Die Ersatzpflicht tritt nicht ein, wenn der Luftfrachtführer beweist, dass er und seine Leute alle erforderlichen Maßnahmen zur Verhütung des Schadens getroffen haben oder dass sie diese Maßnahmen nicht treffen konnten. Die Haftungsbegrenzung entfällt bei Vorsatz und Leichtfertigkeit des Luftfrachtführers oder seiner Leute (Art. 25 WA). Ein ausführender Luftfrachtführer haftet nach dem Zusatzübereinkommen von Guadalajara in gleicher Weise.

Nach dem **Montrealer Übereinkommen** besteht eine verschuldensunabhängige Haf- **27** tung des Luftfrachtführers bis zu 19 SZR je kg (Art. 22 Abs. 3 MÜ). Die Begrenzung kann jedoch auch bei schwerstem Verschulden des Luftfrachtführers und seiner Leute nicht durchbrochen werden. Ein tatsächlich ausführender Beförderer haftet in gleicher Weise (Art. 40 MÜ).

**d) Im internationalen Binnenschiffstransportrecht.** Das CMNI-Übereinkommen **28** sieht eine Haftung für Verlust, Beschädigung und Verspätung bei (vermutetem) Verschulden vor, begrenzt auf den Marktwert und auf 2 SZR/kg oder 666,67 SZR je Stück oder Einheit (Art. 20 CMNI). Bei Containern ist die Haftung auf 1500 SZR für den Container und 25 000 SZR für dessen Inhalt begrenzt. Die Haftung ist einseitig zwingend, doch kann die Haftung für Verschulden der Besatzung bei der Führung und Bedienung des Schiffes (sog. nautisches Verschulden) vertraglich abbedungen werden.

---

[42] Zur Problematik eingehend *Kirchhof* TranspR 2007, 133 ff.; ferner *Koller* TranspR 2005, 177, 179 f.
[43] HM, vgl. *Koller* (7. Auflage) Art. 18 WA 1955, Rn. 14.
[44] AA *Kirchhof* TranspR 2007, 133, der sich auf BGH 29.6.2006, TranspR 2006, 466 beruft. Aus dem mitgeteilten Sachverhalt ist jedoch nicht mit Sicherheit zu ersehen, ob es sich im entschiedenen Fall um eine Anschlussbeförderung iSd. Art 18 Abs. 3 WA gehandelt hat.

**29**  **e) Im internationalen Seetransportrecht.** Im **internationalen** – ebenso wie im innerstaatlichen – **Seetransportrecht** gilt das 5. Buch des HGB. Dieses enthält eine ganze Reihe von Besonderheiten sowohl für den Frachtvertrag insgesamt (vgl. dazu § 452 Rn. 61 ff.) als insbesondere auch für die Haftung für Güterschäden; denn das Seetransportrecht weist auch nach der Modernisierung durch das SRG noch erhebliche Eigenarten auf. Obwohl das neue Seefrachtrecht in diesem Kommentar gesondert erläutert wird, wird **im Folgenden (Rn. 39 ff.) zusammenfassend auf einige weiterhin bestehende Besonderheiten** des gesetzlichen, bei bekanntem Schadensort auf See anwendbaren Haftungsregimes hingewiesen. Wegen der Abweichungen des Seefrachtrechts von dem bei bekanntem Schadensort anwendbaren allgemeinen Frachtrecht der §§ 407 ff. hinsichtlich der Umschreibung der Rechte und Pflichten der Vertragsparteien vgl. § 452 Rn. 61 ff.

**30**  **f) Beim Güterumschlag.** Dort ist problematisch, nach welchen Rechtsvorschriften der **Güterumschlag zu** beurteilen ist (vgl. § 452 Rn. 23 ff.; § 407 Rn. 28 ff.). Das TRG hat diese Frage offen gelassen und die Beurteilung angesichts der verschiedenen Fallgestaltungen im Einzelfall der Rechtsprechung überlassen.[45] Als eigenständige „Teilstrecke" iSd. § 452a kann der Güterumschlag nach der Rechtsprechung[46] allenfalls dann in Betracht kommen, wenn er wegen „besonderer Umstände" als Beförderung zu qualifizieren ist; „im Regelfall" soll er der vorhergehenden oder nachfolgenden Teilstrecke zuzurechnen sein.[47] Worin solche Umstände bestehen könnten, ist jedoch bisher offen geblieben. Der BGH hat sie nicht – wie zuvor das OLG Hamburg[48] – in der Beförderung mit einem sog. Mafi-Trailer im Hafen vom Seeschiff zum Lkw über eine Distanz von 300 m[49] gesehen, ebenso wenig in einer längeren Zwischenlagerung im Hafen.[50] Das danach offen gebliebene Kriterium könnte allenfalls dann erfüllt sein, wenn der Umschlag ganz **besonderen Aufwand** mit dem Charakter einer Beförderung erfordert, **die eigenständige Risiken** in sich birgt,[51] so etwa bei Einsatz eines Krans, einer Containerbrücke oder einer Hafenbahn. Ein Indiz für die Eigenständigkeit könnte sein, dass für eine solche beförderungsnahe Nebenleistung üblicherweise ein selbständiger Vertrag abgeschlossen wird,[52] wie dies etwa bei der Abfertigung eines Seeschiffes in einem Containerterminal der Fall ist. Diese Betrachtung muss jedoch objektiv nach der Verkehrsanschauung vorgenommen werden; ob die konkreten Parteien einen besonderen Vertrag geschlossen hätten, ist unerheblich.[53] Vgl. auch § 452 Rn. 25.

**31**  Der **BGH** beurteilt danach Schäden, die sich während des Güterumschlags von einem auf ein anderes Transportmittel ereignen, „im Regelfall" nach dem Recht einer der anschließenden Teilstrecken. In den vom BGH bisher entschiedenen Fällen[54] war vor oder nach dem Umschlag **ein Seeschiff beteiligt;** in beiden Fällen beurteilte das Gericht den Schaden während des Umschlags nach Seerecht. Die amtlichen Leitsätze enthalten den Grundsatz, dass bei einem multimodalen Transport unter Einschluss einer Seestrecke diese nicht schon mit Löschen der Ladung vom Seeschiff, sondern erst mit dem Beginn der Verladung auf das Transportmittel endet, mit dem es aus dem Hafen entfernt werden soll. Die vollständige Zurechnung der Umschlagsphase zur Seestrecke wird im Wesentlichen mit der Verkehrsanschauung begründet.[55]

[45] Reg.Begr. S. 101.
[46] BGH 3.11.2005, BGHZ 164, 394 = NJW-RR 2006, 616 = TranspR 2006, 35; BGH 18.10.2007, TranspR 2007, 472 m. Anm. *Herber.*
[47] BGH 3.11.2005, BGHZ 164, 394; OLG Hamburg 19.8.2004, TranspR 2004, 402; *Koller* § 452 Rn. 15.
[48] 19.8.2004, TranspR 2004, 402 mit zust. Anm. *Herber.*
[49] Wie im Fall BGH 18.10.2007, TranspR 2007, 472.
[50] Wie im Fall BGH 3.11.2005, TranspR 2006, 35.
[51] *Koller* § 452 Rn. 15; Fremuth/Thume/*Fremuth* Rn. 20; *Herber* TranspR 2004, 404, 405 und TranspR 2005, 59, 60 f.; aA *Drews* TranspR 2004, 450, 451 ff.; *Bartels* TranspR 2005, 203, 204.
[52] *Bartels* TranspR 2005, 203, 205; Fremuth/Thume/*Fremuth* Anh. III Art. 2 CMR § 452a Rn. 26.
[53] OLG Hamburg 10.4.2008, TranspR 2008, 213.
[54] BGH 3.11.2005, BGHZ 164, 394; BGH 18.10.2007, TranspR 2007, 472.
[55] BGH 3.11.2005, TranspR 2006, 35, 36; BGH 18.10.2007, TranspR 2008, 472 Tz. 20.

Diese Rechtsprechung muss auf **Bedenken** stoßen.[56] Es ist zwar grundsätzlich zutreffend, **32** das Ein- und Ausladen in das und aus dem Transportfahrzeug dem jeweiligen Teiltransportrecht zuzuordnen.[57] Diese Zuordnung muss aber zumindest bei Umladung des Gutes während des Transports – also in der alleinigen Obhut des Multimodalfrachtführers – enge räumliche und zeitliche Grenzen haben. Wird das Gut nicht unmittelbar von einem Beförderungsmittel auf ein anderes umgeladen, sondern bleibt es auch nur kurze Zeit auf dem Umschlagsgelände,[58] so ist die **Zuordnung** dieser Phase zu der einen oder anderen Beförderung **willkürlich**.[59] Die vorrangige Zuordnung zur Seestrecke trägt auch nicht, wenn es sich um Umladungen zwischen anderen Transportmitteln (etwa Binnenschiff/Straße) handelt – was sagt dann die Verkehrsanschauung? Das OLG Hamburg[60] ist der Rechtsprechung des BGH gefolgt (dazu auch Rn. 33a). Es hat in diesem Fall des Umladens von einer Seebeförderung auf eine Binnenschiffsreise auf die Hafenphase Seerecht angewendet, also das Binnenschifffahrtsrecht zurücktreten lassen.

Eine sachgerechte Lösung kann nur darin bestehen, die **Haftung für Schäden während** **33** **der reinen Umschlagsphase, also nach dem Ende des Entladens des vorherigen** **Transportmittels und vor dem Beginn der Beladung des nachfolgenden** – sofern man in dem Umschlag nicht, zumindest im Einzelfall, eine eigenständige (Land-)Beförderung mit der Folge der Anwendung von §§ 452a, 425 sieht – unmittelbar den §§ 452, 425 zu entnehmen. Denn handelt es sich insoweit nicht um einen Transport und ist der Schaden sinnvoll nicht einer der angrenzenden Transportarten zuzurechnen, so liegen die Voraussetzungen des § 452a nicht vor, es bleibt bei der allgemeinen Haftung des Multimodalfrachtführers nach §§ 452, 425.[61] Der BGH[62] hat zwar diese Auslegung ausdrücklich abgelehnt, weil nach seiner Auffassung die Teilstrecken nahtlos aneinander anschließen, ein Multimodaltransport sich also vollständig in Teilstrecken zerlegen lassen müsse. Das ergibt sich jedoch weder aus dem Wortlaut noch aus dem Sinn der Vorschrift: § 452a soll nur die Berücksichtigung der Besonderheiten spezieller Beförderungsmittel ermöglichen,[63] geht jedoch von der Grundhaftung das Multimodalfrachtführers nach §§ 425 ff. aus.

Die **Abgrenzung der reinen Umschlagphase von der Be- und Entladung** sollte **33a** jedoch grundsätzlich eher zugunsten der Haftung des Multimodalfrachtführers nach § 452 – also ohne Modifizierung der Haftung nach § 452a – vorgenommen werden, weil es zu dessen Pflichten gehört, an Stelle der nicht anwesenden Ladungsbeteiligten für die Umladung zu sorgen. Als Leitlinie kann etwa die Auslegung des § 663 Abs. 2 Nr. 2 aF dienen, nämlich der Abgrenzung der Seebeförderung im engeren Sinne – mit der Rechtsfolge unabdingbarer Haftung des Frachtführers – von den sog. „Landschäden", die zwar im Rahmen der Gesamt-Beförderung über See erfolgen, aber eben nicht unmittelbar „auf See"; hier wurde im allgemeinen angenommen, dass der Ladevorgang mit dem Anschlagen des Ladegeschirrs auf dem Kai und der Löschvorgang mit dem Anschlagen des Ladegeschirrs auf dem Schiff beginnt („from tackle-to-tackle).[64] Diese Beurteilung deckt sich im Grundsatz auch mit der Abgrenzung des BGH in der Mafi-Entscheidung vom 18.10.2007[65]

---

[56] Diese werden offensichtlich angesichts der weitreichenden Folgen der Rechtsprechung, welche den Multimodalfrachtführer für die Umschlagsphase stets nur der schwachen, zumal dispositiven Haftung unterwirft, vermehrt erhoben; vgl. *Koller* TranspR 2008, 333; *Martiensen* VersR 2008, 888. Die Entscheidungen werden, auch soweit sie grundsätzlich Zustimmung finden, im Detail ausführlich diskutiert von *Drews* TranspR 2008, 18 ff. und *Rabe* TranspR 2008, 186 ff.

[57] OLG Hamburg 19.8.2004, TranspR 2004, 402; *Koller* § 452 Rn. 14, 15; *Herber* TranspR 2006, 435, 437 f.; Reg.Begr. S. 101 f.

[58] Wie in dem vom BGH 3.11.2005, TranspR 2006, 35 entschiedenen Fall, vgl. § 452 Rn. 26.

[59] Dies zeigt gerade der vom BGH entschiedene Fall, in welchem man die Zeit des Verbleibs im Hafen durchaus auch der nächsten Transportstrecke hätte zurechnen können. Dazu *Herber* TranspR 2006, 435, 437 f.

[60] 10.4.2008, TranspR 2008, 213.

[61] *Herber* TranspR 2006, 435, 438; aA *Koller* § 452 Rn. 15 Fn. 47.

[62] 18.10.2007, TranspR 2007, 472 Tz. 17, unter Berufung auf *Koller* aaO.

[63] Reg.Begr. S. 101.

[64] *Rabe* Seehandelsrecht § 663 Rn. 7.

[65] TranspR 2007, 472.

(Beginn des Beladens des Lkw mit Lösen der Befestigung auf dem Mafi-Trailer). Bedenklich erscheint in dieser Entscheidung eben nur die Zuordnung der Zwischenphase zum Seetransport; sie hat in der jüngsten, dem BGH folgenden Rechtsprechung des OLG Hamburg[66] sogar zu der Beurteilung geführt, dass ein Schaden beim Schweißen eines Containers in einer Hafenwerkstatt im Umladehafen noch der (vorhergehenden oder folgenden) Seestrecke zugerechnet und hierauf sogar noch die Haftungsfreistellung des § 607 Abs. 2 aF (für Schäden durch Feuer) angewendet wurde.

**33b**    Dem BGH ist allerdings in der Zuordnung der Umschlagphase zur Seestrecke dann zuzustimmen, wenn es sich um einen Vorgang des Ladens oder Löschens am Anfang oder Ende einer Seestrecke, nicht um ein Umladen von einem anderen Verkehrsmittel oder auf ein solches handelt. Denn es wäre in der Tat nicht in Einklang mit der Verkehrsanschauung, eine **reine Seebeförderung von Hafen zu Hafen** durch den vor- und nachgeschalteten Terminalumschlag zum Multimodalvertrag werden zu lassen, sofern nicht ganz besondere Umstände dies angezeigt erscheinen lassen.[67]

**34**    **g) Bei Anwendung ausländischen Rechts.** Denkbar ist natürlich auch die Anwendung **ausländischen nationalen Rechts** auf die Teilstrecke, sei es kraft Vereinbarung, sei es nach Art 5 Rom I-VO. Dabei ist zu berücksichtigen, dass ein zwingender Charakter des ausländischen Rechts normalerweise von Deutschland nicht anerkannt wird,[68] eine – auch stillschweigende – Vereinbarung deutschen Rechts also in aller Regel zulässig ist.

**35**    **4. Umfang der Anwendung des Teilstreckenrechts.** Das jeweilige Teilstreckenrecht ist nur hinsichtlich der **Haftung für Verlust, Beschädigung oder Überschreitung der Lieferzeit** in Bezug genommen. Alle anderen Bestimmungen des Frachtrechts der §§ 407 ff. werden durch § 452a nicht berührt.[69] Das Gesetz sagt jedoch nicht im Einzelnen, wie weit die Ersetzung der allgemeinen Haftungsbestimmungen durch die Spezialregeln des Teilstreckenrechts reicht. Offenbar[70] ist dies für die **Haftungsgrundlage (§ 425), die Haftungsausschlussgründe (§§ 426, 427), die Gehilfenhaftung (§ 428), die Bestimmungen über den Haftungsumfang (§§ 429, 430, 432), den Haftungshöchstbetrag (§ 431) und die Durchbrechung der Begrenzungen (§ 435).** Ob und unter welchen Voraussetzungen Deliktsansprüche gegen den Frachtführer geltend gemacht werden können, richtet sich ebenfalls nach dem Teilstreckenrecht. Auch die Verlustvermutung des § 424 ist dem materiellen, verdrängten Ersatzrecht zuzurechnen. Nicht dagegen die Bestimmung der Lieferfrist (§ 423),[71] die nicht die Haftung, sondern die Leistungsumschreibung zum Gegenstand hat. Für Schadensanzeige und Verjährung finden sich in § 452b modifizierende Sondervorschriften.

**36**    Keine Anwendung finden etwaige Regeln des Teilstreckenrechts über den **Gerichtsstand.** Sie sind in § 452a nicht in Bezug genommen worden, vielmehr nur die materiellen Regeln über die Haftung.[72] Soweit Bestimmungen – wie Art. 31 CMR und Art. 46 CIM – auf den Ort der Übernahme oder Ablieferung des Gutes abstellen, sind sie auch deshalb auf eine Teilstrecke nicht anzuwenden, weil für diese nicht eine wirkliche, sondern nur

---

[66] 19.6.2008, TranspR 2008, 261.

[67] Vgl. *Herber* TranspR 2007, 475, 476.

[68] Ausländische sog. „Eingriffsnormen" werden nur anerkannt, wenn sie als entscheidend für die Wahrung der politischen, sozialen oder wirtschaftlichen Organisation des ausländischen Staates entscheidende Bedeutung haben; Deutschland hat auch insoweit einen Vorbehalt zum EVÜ erklärt, sodass die Anerkennung eine seltene Ausnahme darstellt. Vgl. Ferrari/Kieninger/Mankowski/Otte/Saenger/*Staudinger,* Internationales Vertragsrecht, 2007, Art. 34 Rn. 26 ff.

[69] AM jetzt wohl *Ramming* TranspR 2004, 201, der darüber hinaus sog. „besondere Durchführungsvorschriften" der Teilrechte mit Vorrang anwenden will; anders noch TranspR 1999, 325, 339, dazu auch § 452 Rn. 38; für Analogie zumindest bei einigen anderen Haftungsvorschriften auch *Koller* Rn. 8.; vgl. auch o. Rn. 4.

[70] Vgl. *Ramming* TranspR 1999, 325, 339 f.; *Mast* S. 101 f.

[71] Insoweit aM *Ramming* TranspR 1999, 325, 340.

[72] *Koller* Rn. 27.

eine hypothetische Übernahme des Gutes durch den Multimodalfrachtführer stattfindet.[73] Unanwendbar sind aber auch Art. 28 WA und Art. 33 MÜ; auch sie sind keine Haftungsvorschriften, und der materielle Vorrang der luftrechtlichen Übereinkommensvorschriften gebietet es nicht, deren Einhaltung weitergehend abzusichern.[74]

Ein **ausführender Frachtführer** (§ 437) haftet wie der vertragschließende, wenn er die **37** Gesamtbeförderung ausführt; seine Haftung beruht dann auf §§ 452, 437 und umfasst bei bekanntem Schadensort auch die Haftung nach einem Teilstreckenrecht, das selbst die Mithaftung des ausführenden Frachtführers nicht vorsieht (wie etwa die CMR).[75] Führt er nur eine Teilstrecke aus, so richtet sich seine Mithaftung bei bekanntem Schadensort nach dem anwendbaren Teilstreckenrecht; sieht dieses keine Mithaftung des ausführenden Frachtführers vor, wie etwa die CMR,[76] so kann auch § 437 als Bestandteil des allgemeinen deutschen Frachtrechts nicht eingreifen.[77] Anders etwa, wenn auch für die Teilstrecke das innerdeutsche allgemeine Frachtrecht anzuwenden ist oder eine andere Ordnung – wie etwa das internationale Luft- oder Eisenbahnrecht –, die ebenfalls die Mithaftung vorsieht.[78] – Nach der neueren Rechtsprechung des BGH[79] ist allerdings jeweils zu prüfen, ob außer oder neben der Haftung des ausführenden Frachtführers nach § 437 dessen **Haftung aus dem mit dem Multimodalfrachtführer geschlossenen Unterfrachtvertrag** auch gegenüber dem Empfänger in Betracht kommt; ein solcher Anspruch wird jedenfalls gegen den letzten Unterfrachtführer, der das Gut beim Empfänger abzuliefern hat, bestehen, während bei Zwischenstrecken wohl nur der Multimodalfrachtführer selbst als drittbegünstigter Empfänger anzusehen sein dürfte.

Anders als beim vertragschließenden Frachtführer, der als Grundlage seiner Haftung nach **37a** §§ 425 ff. Obhut lediglich in der Form des mittelbaren Besitzes gehabt haben muss (§ 425 Rn. 35), erfordert die Haftung des ausführenden Frachtführers tatsächlichen Gewahrsam, also **unmittelbaren Besitz an dem Gut** (§ 437 Rn. 18; § 509 Rn. 24). Aus dieser Differenzierung ergibt sich ein wesentlicher Unterschied für die Anwendung des Teilstreckenrechts auf die Güterschadenshaftung von vertragschließendem und ausführendem Frachtführer: Beim vertragschließenden Frachtführer besteht die Obhut durchgängig von der Annahme des Gutes bis zu seiner Ablieferung, gleichgültig, ob er selbst unmittelbaren Besitz innehat oder ob dieser durch einen anderen, regelmäßig einen ausführenden Frachtführer, vermittelt wird. Die Beurteilung seiner Haftung nach dem Teilstreckenrecht ist deshalb allein davon abhängig, wie der Streckabschnitt, auf dem der Schaden eingetreten ist, hypothetisch zu beurteilen ist; die tatsächliche Gestaltung der Vertragsabwicklung kann für diese Abgrenzung innerhalb der durchgängigen, ununterbrochenen Obhut des vertragschließenden Frachtführers keine Rolle spielen. Anders beim ausführenden Frachtführer: Er haftet nur während seiner Obhut, die hier unmittelbaren Besitz voraussetzt. Außer in dem hier nicht in Rede stehende Fall, in dem der ausführende Frachtführer die Ausführung der Gesamt-(Multimodal-)Beförderung übernimmt (und dann nach denselben Regeln haftet wie der vertragschließende), kann er für die Teilstrecke nur insoweit in Anspruch genommen werden, als er nach der tatsächlichen Ausgestaltung seiner Mitwirkung Besitz innehatte. Sein durch die Obhut begrenzter Haftungszeitraum muss also nicht räumlich identisch sein mit dem des vertragschließenden. Gehört also etwa das Beladen eines Lkw oder das Einladen in ein Schiff zur Beförderung auf einer Teilstrecke für die Beurteilung der Frachtführerhaftung zu der anschließenden Teilbeförderung (vgl. Rn. 24), so haftet der ausführende Frachtführer für dabei entstehende Schäden nicht, wenn er rein tatsächlich – etwa, weil diese

---

[73] Dazu eingehend und zutreffend *Koller* TranspR 2003, 45; vgl. auch § 452 Rn. 42.
[74] AA *Koller* Rn. 27.
[75] *Koller* Rn. 17.
[76] *Demuth* TranspR 1999, 100.
[77] *Koller* Rn. 17; aM *Ramming* TranspR 2000, 277, 291.
[78] Die im Einzelnen unterschiedlich ausgestaltet sein kann, namentlich hinsichtlich der Haftung des ausführenden Frachtführers für das Verhalten des vertragsschließenden.
[79] BGH 6.6.2007, TranspR 2007, 423 m. Anm. *Thume*; BGH 30.10.2008, TranspR 2009, 130.

Verrichtungen untypisch oder unvorhergesehen von einem anderen vorgenommen wurden – während der Schadenszeit nicht den unmittelbaren Besitz innehatte.

**38**    Problematisch ist bei **Teilstrecken mit Auslandsberührung** die kollisionsrechtliche Anknüpfung der Haftung des ausführenden Frachtführers. Haftet der Multimodalfrachtführer bei bekanntem Schadensort auf einer Teilstrecke im Ausland nach deutschem Recht der §§ 425 ff.,[80] so kann ein ausführender ausländischer Frachtführer auf dieser Teilstrecke, der einen Unterfrachtvertrag nach seiner Rechtsordnung abgeschlossen hat, nicht ohne weiteres der Haftung nach dem ihm unbekannten deutschen Recht des § 437 ausgesetzt werden. Teile der Literatur fordern deshalb – wie für § 437 allgemein –, dass der ausführende Frachtführer in der Lage gewesen sein müsse zu erkennen, dass er Hilfsperson eines Frachtführers ist.[81] Diese Einschränkung geht allgemein für § 437 zu weit,[82] wird aber andererseits dem ausländischen Frachtführer nicht gerecht, weil er trotz dieser Kenntnis die rechtlichen Folgen häufig nicht übersehen kann. Richtiger erscheint es, die Problematik über das Kollisionsrecht zu lösen, indem man die quasi-vertragliche Haftung nach § 437 nicht nach der *lex causae,* sondern – wie eine außervertragliche – nach der *lex loci* des Unfallortes beurteilt;[83] der ausführende Beförderer wird als vertragsfremder Dritter in die Haftung nach einem Vertrag einbezogen, der zwar das Ausmaß seiner Verpflichtung, nicht aber den Geltungsgrund bestimmt. Deshalb ist es sachgerecht, die hierauf anzuwendende Rechtsordnung nicht nach Vertragsrecht, sondern nach Art. 4 Rom-II-VO zu ermitteln.

### V. Insbesondere: Multimodalverträge unter Einschluss einer Seestrecke

**39**    Angesichts der besonderen wirtschaftlichen Bedeutung der Überseeverträge und der gravierenden Abweichungen des Seefrachtrechts von allen anderen Transportrechten verdient der Multimodalvertrag mit Seestreckeneinschluss besondere Erwähnung.

**40**    Ist der Schaden auf einer Seestrecke eingetreten, so findet das **Haftungsregime des Seefrachtrechts (§§ 498 ff.)** Anwendung, das von dem der §§ 425 ff. immer noch verschieden ist. Allerdings sind die Abweichungen des seerechtlichen Haftungssystems der §§ 498 ff von dem des allgemeinen Frachtrechts nach §§ 425 nach den Änderungen des deutschen Seehandelsrechts durch das SRG geringer geworden. Die bisherige Aufgliederung der Ersatzansprüche in solche wegen anfänglicher See- und Ladungstüchtigkeit des Schiffes (§ 559 aF) einerseits und fehlerhafter Ladungsbehandlung (§ 606 aF mit gesetzlicher Freistellung von der Haftung für nautisches Verschulden der Besatzung) andererseits ist zugunsten einer allgemeinen Verschuldenshaftung entfallen. Es bleiben jedoch erhebliche Unterschiede vor allem hinsichtlich des Verschuldensmaßstabs und der Haftungshöhe. Auch im Seefrachtrecht besteht jedoch nunmehr – anders als nach § 559 Abs. 1 aF – die Verpflichtung des Verfrachters, während der gesamten Reise für die See- und Ladungstüchtigkeit des Schiffes zu sorgen, so dass insofern auch ein Unterschied zum allgemeinen Frachtrecht hinsichtlich der Haftung nur noch für den Verschuldensmaßstab besteht.

**41**    Das **Haftungsregime des Seefrachtrechts** ist insbesondere durch folgende haftungsrechtliche Grundsätze gekennzeichnet:

**42**    **1. Haftungsgrundlage. a) Für Güterschäden.** An die Stelle der strengen Obhutshaftung der §§ 425 f. tritt eine Verschuldenshaftung (§ 498). Der Verfrachter – in dessen Rolle der Multimodalfrachtführer bei Anwendung des Seeteilstreckenrechts hypothetisch eintritt – haftet für sein und seiner Leute Verschulden (§ 498 Abs. 2, § 501). Der Verfrachter hat zwar – anders als nach § 607 Abs. 2 aF – auch für ein Verschulden der Schiffsbesatzung bei

---

[80]  Wie etwa im Fall des OLG Hamburg 19.8.2004, TranspR 2004, 402; vgl. dazu § 452 Rn. 26.

[81]  *Koller* § 437 Rn. 9; *Mast* S. 293.

[82]  So mit Recht *Ramming* TranspR 2000, 277, 279; *Seyffert,* Die Haftung des ausführenden Frachtführers, Hamburg 2000, S. 71.

[83]  So *Ramming* TranspR 2000, 277, 294, dem man deshalb nicht darin zu folgen braucht, dass es sich um eine quasi-deliktische Haftung handele. Es genügt die Feststellung, dass es sich um eine außervertragliche Haftung handelt, welche die einschränkungslose Anknüpfung nach Maßgabe des fremden Vertrages nicht verträgt. So zutreffend *Czerwenka* NJW 2006, 1250, 1252.

der Führung und Bedienung des Schiffes sowie bei Feuer einzustehen; insoweit kann er seine Haftung aber auch durch AGB einschränken (§ 512 Abs. 2 Nr. 1). Der Katalog sog. bevorrechtigter Haftungsbefreiungsgründe ist im Seerecht (§ 499) ausgedehnter als im allgemeinen Frachtrecht (§ 427).

**b) Für Verspätung.** Eine spezielle seerechtliche Haftungsregelung für Verspätungen **43** besteht im deutschen und im heute noch überwiegend anwendbaren internationalen Recht[84] nicht. Es gilt jedoch, bei Anwendung deutschen Rechts, ergänzend der allgemeine Schadensersatzanspruch wegen schuldhaften Verzuges bei der Ablieferung, der nicht der seefrachtrechtlichen Haftungsbeschränkung unterliegt, jedoch abdingbar ist und durchweg in Konnossementen abbedungen wird.[85] Für die Anwendung des Seefrachtrechts als (hypothetischen) Teilstreckenrechts bedeutet das, dass der Frachtführer für eine – ausschließlich (Rn. 7, 8) – auf der Seestrecke eingetretene Verspätung, die sowohl nach seerechtlicher Anschauung einen Verzug darstellt als auch im Rahmen der Gesamtbeförderung eine Lieferfristüberschreitung (§ 423) bedeutet, bei (vermutetem) Verschulden ohne jede Beschränkung haftet. Angesichts dessen, dass der Begriff der Verspätung im allgemeinen Recht ebenso vage ist wie nach § 423, ergibt sich daraus praktisch keine gegenüber der Haftung nach §§ 452, 423 dem Grunde nach verschärfte Haftung für Verspätung. Jedoch ist bei Erfüllung des Verspätungstatbestandes auf der Seeteilstrecke die Haftungsbeschränkung des § 431 Abs. 3 nicht anwendbar. Ein vertraglicher Ausschluss der Haftung für Verspätung auf der Seestrecke ist zwar zulässig, kann jedoch nicht, obgleich im Seeverkehr üblich, ohne Vereinbarung unterstellt werden, denn er beruht nicht auf Handelsbrauch.[86]

**2. Haftungsbegrenzung. a) Auf den Handelswert des Gutes.** Die Beschränkung **44** der Haftung auf den Ersatz des Güterwertes in § 502 entspricht in der Sache der nach § 429, allerdings mit der Abweichung, dass im Seefrachtrecht der Güterwert am Bestimmungsort Maßstab der Vergleichsrechnung ist, während § 429 auf den Wert am Abgangsort abstellt. Die Erweiterung der ersatzfähigen Kosten auf solche für die Schadensfeststellung (§ 430) ist durch das SRG nunmehr auch im Seerecht vorgesehen (§ 503) und unterliegt dort – wie der Kostenersatz nach § 430 der Begrenzung nach § 431 unterliegt (vgl. § 430 Rn. 9) – der Haftungsbegrenzung nach § 504 (vgl. § 504 Rn. 89).

**b) Haftungshöchstbetrag.** Die **Höchsthaftung bei Güterschäden** bemisst sich nicht, **45** wie nach § 431, ausschließlich nach dem Gewicht der Güter, sondern alternativ nach Gewicht (2 SZR je kg) oder nach Stück oder Einheit (666.67 SZR) (§ 504 Abs. 1 Satz 1). Für Container und Paletten gilt eine Sonderregelung: Stücke oder Einheiten in einem Container, auf einer Palette oder in einem sonstigen Lademittel werden, wenn sie im Konnossement als in dem Lademittel enthalten angegeben sind, als Stücke oder Einheiten iS der Berechnung nach § 660 Abs. 1 aF angesehen (§ 504 Abs. 1 Satz 2), also mit je 666,67 SZR angesetzt. Für die Anwendung des § 504 Abs. 1 Satz 2 auf den hypothetischen Seefrachtvertrag kann zwar nicht die Ausstellung eines entsprechenden Seekonnossements unterstellt werden, doch bestehen keine Bedenken dagegen, ein für die Gesamtbeförderung ausgestelltes **Durchkonnossement** (obwohl rechtlich Ladeschein iS des § 443) als ein Konnossement auch für die Teilstrecke anzusehen (vgl. § 452d Rn. 30); denn in der Praxis hat dieses die Funktion des Konnossements für die Repräsentation der Güter während der gesamten Beförderung und verdient deshalb denselben Vertrauensschutz zugunsten des Empfängers wie ein nur für eine Seestrecke ausgestelltes Konnossement.

Für **Verspätungsschäden,** die ausschließlich auf der Seestrecke verursacht worden sind **46** (und zur Überschreitung der Lieferfrist für den Gesamttransport führen, § 423) besteht keine Haftungsbeschränkung.

---

[84] HR, HVisbyR; anders nach HambR und RR.

[85] Vgl. dazu allerdings die einschränkende Rechtsprechung, etwa OLG Hamburg 13.1.2011, TranspR 2012, 382.

[86] Zur Unbeachtlichkeit bloßer, nicht zum Handelsbrauch erstarkter Übung OLG Hamburg 10.4.2008, TranspR 2008, 213.

**47**     **3. Sonstige Merkmale der Haftung. a) Ausführender Frachtführer.** Ausführende Frachtführer, die für die Seebeförderung eingesetzt werden, haften den Ladungsbeteiligten nach § 509, der im Wesentlichen § 437 nachgebildet ist. Wegen der unmittelbaren Haftung des See-Teilbeförderers aus dem Unterfrachtvertrag mit dem Multimodalfrachtführer gegenüber dem Empfänger vgl. oben Rn. 37; die neuere Rechtsprechung des BGH[87] müsste, hält man sie für richtig,[88] auf den Seetransport erstreckt werden, wo allerdings die Unterfrachtverhältnisse oft komplizierter liegen (vgl. § 509 Rn. 40; § 498 Rn. 93).

**48**     **b) Sonstige Haftungsnormen.** § 452a erklärt nur die Vorschriften des hypothetischen Vertragsrechts über die Haftung des Frachtführers für Verlust oder Beschädigung des Gutes oder Überschreitung der Lieferfrist für anwendbar. Überlegungen, die verwandten Bestimmungen über die Haftung des Frachtführers für Fehler bei der Einziehung einer Nachnahme (§ 422 Abs. 3) und über die Haftung des Absenders (§ 413 Abs. 2) analog anzuwenden,[89] gehen fehl. Dagegen spricht nicht nur der Wortlaut von § 452a, sondern auch die offensichtliche Absicht des Gesetzes, den Rückgriff auf das Teilstreckenrecht auf einige wesentliche Elemente der Haftung zu begrenzen. Es ist auch nicht recht zu sehen, was die analoge Anwendung dieser Bestimmungen bewirken sollte, sind doch die § 413 Abs. 2, § 422 Abs. 3 über § 452 auf die Grundhaftung des Multimodalfrachtführers nach § 452 ohnehin anzuwenden.

**49**     **c) Große Haverei.** Entsteht der Schaden auf einer Seestrecke, kann sich der Frachtführer auch auf die Regeln der großen Haverei (§§ 588 ff.) berufen, da sie kraft des seerechtlichen Frachtrechts anwendbar sind. Anzuwenden ist das deutsche Recht, nicht (sofern nicht im Multimodalfrachtvertrag vereinbart) die York-Antwerp-Rules, die nicht als Handelsbrauch angesehen werden können.[90] Gleiches gilt für eine mit Binnenschiffen durchgeführte Teilstrecke, bei der die entsprechenden Bestimmungen der §§ 78 BinSchG (nicht die Rhein-Regeln) anzuwenden sind. Die danach von der Ladung im Haveriefall aufzubringenden Beiträge können den Ersatzanspruch erheblich weiter schmälern.

**50**     **d) Allgemeine (sog. „globale") Haftungsbeschränkung.** Ist der Multimodalfrachtführer zugleich Reeder oder Charterer des die Teilstrecke auf See durchführenden See- (oder Binnen-)Schiffes, so kommt ihm bei Schifffahrtsunfällen die Haftungsbeschränkung der §§ 611 ff. oder der §§ 4 ff. BinSchG zugute. Hierbei handelt es sich nicht um eine im engeren Sinne frachtrechtliche Regelung, sodass sie nur den davon begünstigten schiffsnahen Personenkreis, nicht den Multimodalfrachtführer als solchen privilegieren (vgl. § 452 Rn. 72 f.).

**51**     **e) Schadensanzeige und Verjährung.** Schadensanzeige und Verjährung sind durch § 452b HGB zugunsten der einheitlichen Anwendung der §§ 438, 439 HGB modifiziert. Dazu im Einzelnen § 452b.

## § 452b Schadensanzeige. Verjährung

**(1)** [1]**§ 438 ist unabhängig davon anzuwenden, ob der Schadensort unbekannt ist, bekannt ist oder später bekannt wird.** [2]**Die für die Schadensanzeige vorgeschriebene Form und Frist ist auch gewahrt, wenn die Vorschriften eingehalten werden, die auf einen Vertrag über eine Beförderung auf der letzten Teilstrecke anzuwenden wären.**

**(2)** [1]**Für den Beginn der Verjährung des Anspruchs wegen Verlust, Beschädigung oder Überschreitung der Lieferfrist ist, wenn auf den Ablieferungszeitpunkt**

---

[87]   BGH 6.6.2007, TranspR 2007, 423; BGH 30.10.2008, TranspR 2009, 130.
[88]   Vgl. die Bedenken § 425 Rn. 76 ff.; auch *Herber* TranspR 2008, 239.
[89]   *Koller* Rn. 15.
[90]   Zur Unbeachtlichkeit bloßer, nicht zum Handelsbrauch erstarkter Übung OLG Hamburg 10.4.2008, TranspR 2008, 213.

**abzustellen ist, der Zeitpunkt der Ablieferung an den Empfänger maßgebend.** ²**Der Anspruch verjährt auch bei bekanntem Schadensort frühestens nach Maßgabe des § 439.**

**Übersicht**

| | Rn. | | | Rn. |
|---|---|---|---|---|
| I. Normzweck | 1 | IV. Verjährung der Ersatzansprüche | | |
| II. Entstehungsgeschichte | 2 | (Abs. 2) | | 9–18 |
| III. Schadensanzeige (Abs. 1) | 3–8 | | | |

## I. Normzweck

Die Bestimmung enthält Sondervorschriften für die **Schadensanzeige** und für die **Verjäh-** 1 **rung bei Multimodalverträgen.** Da bei Ablieferung des Gutes an den Endempfänger oft nicht feststellbar ist, auf welcher Teilstrecke sich ein Schaden ereignet haben könnte und nach welcher Rechtsordnung er im Hinblick auf § 452a zu beurteilen ist, stellt § 452b sicher, dass diese Unklarheit für Schadensanzeige und Verjährung keine entscheidende Rolle spielt.[1] Die Beteiligten sollen sich stets darauf verlassen können, dass die Regeln der §§ 438, 439 gelten, auch wenn sich später, vielleicht erst im Verlaufe eines gerichtlichen Verfahrens, herausstellt, dass das auf die Ansprüche anzuwendende Schadensersatzrecht hierfür andere Regeln vorsieht. Zugleich wird der Empfänger hinsichtlich Form und Frist einer Schadensanzeige, über die er schnell entscheiden können muss, zusätzlich dadurch geschützt, dass er alternativ immer die Regeln der letzten Teilstrecke anwenden kann, die für ihn am ehesten ersichtlich sind.

## II. Entstehungsgeschichte

Die Vorschrift ist unverändert aus dem Vorschlag der Sachverständigenkommission[2] hervor- 2 gegangen. Vor dem Transportrechtsreformgesetz war die Rechtslage unklar. Die Mehrzahl der Literaturmeinungen neigte bei der Schadensanzeige zur Anwendung des Rechts der letzten Teilstrecke;[3] für die Verjährung wurden verschieden Auffassungen vertreten.[4] Durch die Einführung der Einheitshaftung bei unbekanntem Schadensort (§ 452) war die Möglichkeit gegeben, eine einheitliche Regelung dieser beiden transportmittelübergreifenden Aspekte für die Geltendmachung von Schadensersatzansprüchen vorzusehen. Der Gesetzgeber ging dabei mit Recht davon aus, dass alle etwa auf eine Teilstrecke anwendbaren internationalen Übereinkommen eine solche Lösung nicht hindern, weil sie für Verjährung und Schadensanzeige im Rahmen eines Multimodaltransportes keine angemessene Lösung bereithalten.[5]

## III. Schadensanzeige (Abs. 1)

**Absatz 1 Satz 1** stellt klar, dass bei Multimodalfrachtverträgen § 438 auf die **Schadens-** 3 **anzeige** auch dann anzuwenden ist, wenn der Schadensort bekannt ist; § 452a bleibt hierfür also außer Betracht.

Hinsichtlich **Form und Frist der Schadensanzeige** genügt jedoch **auch** die Einhal- 4 tung der Vorschriften, die für das Recht der letzten Teilstrecke gelten. Der Anzeigende (Empfänger oder Absender, § 438 Abs. 1 Satz 1) hat also die **Wahl** zwischen beiden Bestimmungen.

Zur **Form** gehören auch die Anforderungen an die Kennzeichnung des Schadens (§ 438 5 Abs. 1 Satz 2),[6] die Bestimmung des Adressaten sowie etwaige fristwahrende Maßnahmen

---

[1] Reg.Begr. S. 102.
[2] Damals E § 451b, Bericht S. 148.
[3] Voraufl. Anhang 3 nach § 415 (MMT) Rn. 47.
[4] Voraufl. Anhang 3 nach § 415 (MMT) Rn. 57 f.
[5] Reg.Begr. S. 102 f.; die Überzeugung, dass sie alle – mit wenigen Ausnahmen in Teilbereichen – für den Multimodaltransport gar nicht gelten (vgl. § 452 Rn. 52, § 452d Rn. 36), hat sich erst später durchgesetzt. Zweifelnd noch MüKo 1. Aufl., ErgBd. 7a § 452d Rn. 8, § 452b Rn. 7.
[6] Fremuth/Thume/*Fremuth* Art. 2 CMR Anh. III § 452b Rn. 36; *Andresen/Valder* Rn. 4; wohl auch *Koller* Rn. 2; enger *Ramming* TranspR 1999, 343.

(§ 438 Abs. 4 Satz 3). Nach § 438 Abs. 5 genügt eine Anzeige gegenüber dem Frachtführer der letzten Teilstrecke (etwa der Eisenbahn, die nicht zugleich Multimodalfrachtführer ist); sie kann an den (abliefernden) Gehilfen oder den (Teil-)Frachtführer selbst gerichtet werden.[7]

6      Die **Wirkungen der Anzeige** (§ 438 Rn. 16) richten sich stets nach § 438; das Recht der letzten Teilstrecke gilt nur für die formalen Anforderungen an die Anzeige, nicht für die Rechtsfolgen unterbliebener Anzeige.[8] Knüpft also das Recht der letzten Teilstrecke an die Unterlassung der Anzeige oder anderer anspruchserhaltender Maßnahmen weitergehende Rechtsfolgen als § 438, namentlich (wie Art. 47 CIM) das Erlöschen der Ansprüche, so treten diese bei einem Multimodalvertrag nicht ein. Der von *Fremuth*[9] vertretenen Gegenmeinung ist schon angesichts des klaren Wortlauts des Gesetzes nicht zu folgen.

7      Zu erwägen ist allerdings, auf das Erfordernis der Schadensanzeige zu verzichten – also die Wirkungen des § 438, insbes. auch des § 438 Abs. 3, nicht eintreten zu lassen –, wenn das Recht der letzten Teilstrecke **eine Schadensanzeige gar nicht vorschreibt;**[10] eine solche Analogie entspricht der Intention des § 452b Abs. 1 Satz 2, den Empfänger nicht mit dem Risiko der Anwendung eines für ihn nicht erkennbaren Rechts zu belasten.

8      Der Anwendung des § 438 auf die Wirkungen der unterlassenen Schadensanzeige steht nicht entgegen, dass das materiell (§ 452a) etwa anwendbare Teilstreckenrecht das eines internationalen Übereinkommens ist. Nach der hier vertretenen und heute wohl hM gelten die weitaus meisten der gegenwärtig in Betracht kommenden Übereinkommen unmittelbar völkerrechtlich nur für unimodale Beförderungen (vgl. § 452 Rn. 52, § 452d Rn. 36 ff.),[11] hindern also den Vorrang der eigenständigen deutschen Lösung nicht. Soweit dies ausnahmsweise nicht der Fall ist – nämlich für das **Luftrecht** (§ 452d Rn. 40; § 452 Rn. 58 f.) und für das **Eisenbahnrecht** (§ 452d Rn. 41; § 452 Rn. 57) – erheben die entgegenstehenden Übereinkommen zwar Anspruch auf Vorrang vor dem nationalen Multimodalrecht (vgl. § 452 Rn. 58, 57); dieser Vorrang ist in § 452 vom deutschen Gesetzgeber auch ganz allgemein anerkannt worden. Gleichwohl können die luft- und eisenbahnrechtlichen Besonderheiten hinsichtlich der Schadensanzeige (ebenso wie für die Verjährung) nur insoweit als vorgehend anerkannt werden, als dies zu einem sinnvollen Ergebnis führt. Kern des Vorrangs ist die materielle Regelung über die Haftung und, im Falle des WA/MÜ, auch über die Vermutung des Schadenseintritts auf der Luftstrecke (vgl. § 452 Rn. 58); diese Grundsätze sind vorrangig anzuwenden. Für die Schadensanzeige ebenso wie für die Verjährung (dazu unten Rn. 15) enthalten die Übereinkommen jedoch keine besondere, sachgerechte Regelung, welche dem durch § 452b erstrebten Zweck gerecht wird, den Empfänger, der im Zeitpunkt der Annahme der Lieferung in Unkenntnis des Schadensortes sein kann, davor zu schützen, später mit einem von ihm nicht vorhergesehenen Rügeerfordernis konfrontiert zu werden; insofern sind die vorrangigen Abkommen ausschließlich auf den unimodalen Transport ausgerichtet. Deshalb besteht insoweit eine Lücke des Übereinkommens, welche die Anwendung des § 452b Abs. 1 gestattet.[12] Auch die Reg.Begr.[13] geht ausdrücklich davon aus, dass eine Abweichung von internationalen Vorgaben in Kauf genom-

---

[7] § 438 Rn. 14; *Koller* § 438 Rn. 30.

[8] *Koller* Rn. 2; *Ramming* TranspR 1999, 343; aA Fremuth/Thume/*Fremuth* Art. 2 CMR Anh. III § 452b Rn. 36; *Rabe,* GS Helm, S. 307.

[9] AaO Rn. 36; die für seine Auffassung zitierten Literaturstellen dürften eine so weitgehende Folgerung nicht stützen. Das Rn. 37 herangezogene ältere Schrifttum stammt aus der Zeit vor Einführung der Einheitsregelung der §§ 452b, 438.

[10] Wie *Koller* Rn. 2 vorschlägt; auch Fremuth/Thume/*Fremuth* Art. 2 CMR Anh. III § 452b Rn. 39; *Andresen/Valder* Rn. 4.

[11] EBJS/*Renschle* Rn. 14; für den Fall der CMR BGH 17.7.2008, TranspR 2008, 365.

[12] Im Ergebnis ebenso *Koller* Rn. 2, Fn. 11 aA, BGH 7.10.2013, TranspR 2014, 34, 37 (noch anders für die Verjährung, BGH 2.4.2009, TranspR 2009, 262); *Ramming* TranspR 2009, 267, 268; *Müller-Rostin* TranspR 2008, 241 und TranspR 2012, 14, 22; wohl auch *Freise* TranspR 2012, 1, 13. Die abweichende Meinung stützt sich zu Unrecht auf den Wortlaut der Übereinkommen und des § 452, obwohl sie die Sachwidrigkeit des Ergebnisses anerkennt (so besonders deutlich *Müller-Rostin* TranspR 2012, 22).

[13] Reg.Begr. S. 102 f.

men werden muss, solange das jeweilige Übereinkommen eine sachgerechte Lösung der Schadensanzeige beim Multimodaltransport nicht vorsieht. Der Vorrang der Luftrechtsregelung für Reklamation und Verjährung kann auch nicht mit dem Argument befürwortet werden, die Vermutung des Schadenseintritts auf der Luftstrecke (die auch unter der Anwendung der §§ 452 ff. anerkannt werden muss, vgl. § 452 Rn. 58) mache dem Empfänger deutlich, dass er bei einem Multimodaltransport mit Luftstrecke stets mit der Anwendung von Luftrecht rechnen müsse. Der Empfänger soll im Zeitpunkt der Übernahme seiner Pflichten keine komplizierten rechtlichen Überlegungen schon für die Schadensanzeige anstellen müssen, bevor er einschätzen kann, unter welchem Rechtsregime der Schaden später geltend zu machen sein wird.

### IV. Verjährung der Ersatzansprüche (Abs. 2)

Die Verjährung der Ersatzansprüche war vor Erlass des TRG umstritten.[14] Das Abstellen **9** allein auf das Recht der bekannten Teilstrecke[15] führte kaum zu sachgerechten Lösungen, doch fehlte auch für die Verjährung die jetzt mit § 439 gegebene allgemeine Regelung für den Frachtvertrag. § 439 bietet jetzt die Möglichkeit einer Korrektur, so dass es nach der Neuregelung grundsätzlich bei der **Anwendung des Verjährungsrechts der Teilstrecke,** auf welcher der Schaden eingetreten ist (§ 452a), als Basis bleiben konnte.

**Abs. 2 Satz 1** enthält zunächst für die Anwendung des für unimodale Beförderungen **10** geschaffenen und über § 452 oder 452a auf Multimodalverträge anzuwendenden Verjährungsrechts eine notwendige Klarstellung: Soweit die anzuwendende Verjährungsregelung auf den **Zeitpunkt der Ablieferung** abstellt, ist hierunter beim Multimodalvertrag die Ablieferung an den Endempfänger zu verstehen, also den Empfänger des letzten Teiltransports. Bei einem Schaden auf einer vorhergehenden Teilstrecke hätte sonst zweifelhaft sein können, ob die Ablieferung an den nächsten Teilbeförderer oder Zwischenlagerhalter bereits als maßgebender Zeitpunkt angesehen werden müsste.

Auf den Zeitpunkt der Ablieferung stellt die Verjährungsregelung nicht nur dann ab, **11** wenn dieser für den Beginn der Verjährung maßgebend ist. Dieser Zeitpunkt kann auch mittelbar für maßgebend erklärt sein, wenn auf den Zeitpunkt abgestellt wird, an dem das Gut hätte abgeliefert werden müssen; so namentlich bei Verlust des Gutes, aber auch bei anderen Gründen für die **Nichtablieferung** (§ 439 Abs. 2 Satz 2).

Die Klarstellung soll nicht nur für Regelungen gelten,[16] die an den Zeitablauf die Einrede **12** der Verjährung knüpfen, sondern auch für solche, die weitergehend das – auch von Amts wegen zu berücksichtigende – **Erlöschen von Ansprüchen** anordnen (Ausschlussfrist). Der Hauptanwendungsfall dieser Auslegung, § 612 aF, ist allerdings entfallen, nachdem im deutschen Seerecht der Ausschluss durch eine Verjährung ersetzt wurde;[17] andere Ausschlussfristen, besonders nach Art. 29 WA und Art. 35 MÜ, stellen nicht auf die Ablieferung ab und werden deshalb durch die Klarstellung nicht berührt. Nicht berührt werden auch Verjährungsregelungen, welche auf den Zeitpunkt der Übernahme abstellen.

Praktisch bedeutsamer ist **Absatz 2 Satz 2.** Die Vorschrift schiebt den Eintritt der Ver **13** jährung stets zumindest auf den Zeitpunkt hinaus, in welchem der Anspruch nach § 439 verjährt wäre. Damit gibt das Verjährungsrecht des **§ 439 stets die Mindestdauer** der Verjährungsfrist an; das anwendbare Teilstreckenrecht ist für den Berechtigten nur von Interesse, wenn es für ihn günstiger ist.

Die **Mindestverjährung nach Satz 2** richtet sich auch mit den **Regeln über den** **14** **Fristlauf und die Rechtsfolgen** nach § 439. Dabei ist jedoch zu beachten, dass stets der Multimodalfrachtführer an die Stelle des Unimodalfrachtführers der Teilstrecke tritt, wenn

---

[14] Vorauflage Anhang 3 nach § 415 (MMT) Rn. 52 ff.
[15] Welches in der Vorauflage empfohlen wurde aaO Rn. 52.
[16] Reg.Begr. S. 103: Der Begriff „Verjährung" ist weit zu verstehen und umfasst auch Ausschluss- und Erlöschensregelungen.
[17] Durch Art. 5 Abs. 16 Nr. 10 des Gesetzes vom 26.11.2001, BGBl. I S. 3138.

diesem gegenüber Erklärungen abzugeben sind;[18] denn auch für die Verjährungsregelung gilt, dass auf einen hypothetischen Vertrag über eine Unimodalbeförderung auf der Teilstrecke zwischen den Parteien des Multimodalvertrages[19] abzustellen ist.

15    Die weite Auslegung des Begriffes „Verjährung", die vom Gesetzgeber beabsichtigt ist und vom Schrifttum geteilt wird,[20] wird in der Reg.Begr. auch auf Satz 2 bezogen.[21] Das muss zu der praktischen Konsequenz führen, dass die Mindestverjährung nach Satz 2, § 439 auch dann (nur) zu einer Verjährung führt, wenn das primär **anwendbare Teilstreckenrecht** – wie etwa das Luftrecht – eine **Ausschlussregelung** vorsieht. Fraglich kann dies allenfalls sein, wenn die Ausschlussfrist – wie im Luftrecht – länger ist als die Verjährungsfrist des § 439; dann muss es wohl bei einem Ausschluss bleiben, weil Satz 2 nur eine Garantie hinsichtlich der Dauer der Frist, nicht der Art der Rechtsfolgen gewähren will. Jedoch ist die Frist des § 439 Abs. 1 Satz 2, die bei qualifiziertem Verschulden des Multimodalfrachtführers drei Jahre beträgt und damit länger ist als die des internationalen Luftrechts, nicht nur bei unbekanntem, sondern auch bei bekanntem (oder vermutetem) Schadensort auf der Luftstrecke anzuwenden, weil WA/MÜ für den Fall ihrer Anwendung auf die Teilstrecke eines Multimodalvertrages hierfür (wie für die Reklamation, vgl. Rn. 8) keine spezielle, sachgerechte Lösung vorsehen.[22]

16    Für die **Vereinbarkeit** der Regelung **mit internationalen Übereinkommen** gilt allgemein Gleiches wie bei der Schadensanzeige, vgl. Rn. 8, 15. Auch dann, wenn ausnahmsweise ein internationales Übereinkommen unmittelbar auf den Multimodalfrachtvertrag einwirkt (vgl. § 452 Rn. 52 ff.), geht hinsichtlich der Verjährung § 452b Abs. 2 vor.[23]

17    Kraft der Verweisung in § 452 gilt die Verjährungsregelung des § 439 wie auch beim Unimodalvertrag so auch beim Multimodalvertrag nicht nur für Ansprüche auf Schadensersatz, sondern für **alle Ansprüche aus dem Vertrag.** Also insbesondere auch für den Anspruch des Frachtführers auf Zahlung der Fracht. Auch insoweit gilt die Klarstellung des § 452b.

18    Von der verjährungsrechtlichen Bedeutung des Ablieferungszeitpunkts kann nur durch Individualvereinbarung, nicht jedoch durch **AGB-Klauseln** abgegangen werden (§ 452d Abs. 1 Satz 1), und zwar weder zu Gunsten noch zu Lasten des Geschädigten.

## § 452c Umzugsvertrag über eine Beförderung mit verschiedenartigen Beförderungsmitteln

[1]**Hat der Frachtvertrag die Beförderung von Umzugsgut mit verschiedenartigen Beförderungsmitteln zum Gegenstand, so sind auf den Vertrag die Vorschriften des Zweiten Unterabschnitts anzuwenden.** [2]**§ 452a ist nur anzuwenden, soweit für die Teilstrecke, auf der der Schaden eingetreten ist, Bestimmungen eines für die Bundesrepublik Deutschland verbindlichen internationalen Übereinkommens gelten.**

1    **1. Multimodaler Umzugsvertrag.** In § 452c ist für den Umzugsvertrag eine besondere Regelung beim multimodalen Transport enthalten in Abweichung vom multimodalen Transport mit anderen Gütern. Ein multimodaler Umzugsvertrag liegt vor, wenn ein einheitlicher Frachtvertrag über die Beförderung von Umzugsgut abgeschlossen wird, auf

---

[18] *Koller* Rn. 3.
[19] Kürzlich nochmals ausdrücklich hervorgehoben von BGH 25.10.2007, TranspR 2008, 210 und OLG Hamburg 10.4.2008, TranspR 2008, 213.
[20] EBJS/*Reuschle* § 452b Rn. 9; Fremuth/Thume/*Fremuth* Art. 2 CMR Anh. III § 452b Rn. 48.
[21] Hier enthält die Reg.Begr. offenbar einen Druckfehler: Im letzten Satz der Begr. zu (damals) E § 451b (S. 103) muss es offensichtlich statt „Absatz 2" heißen: „Satz 2".
[22] AA *Müller-Rostin* TranspR 2008, 241; die angeführte Entscheidung BGH 24.3.2005, TranspR 2005, 317 (zu § 439 HGB aF) betrifft nur den Vorrang des WA bei einer reinen Luftbeförderung und berücksichtigt deshalb nicht die speziellen Probleme beim Multimodaltransport. Dazu oben Rn. 8.
[23] Vgl. auch BGH 2.4.2009, TranspR 2009, 262 und o. Fn. 12.

Grund dessen das Umzugsgut mit verschiedenartigen Beförderungsmitteln befördert werden soll. Einheitlich ist der Frachtvertrag dann, wenn durch Übernahme- und Ablieferungsort die gesamte Beförderungsstrecke erfasst wird (siehe Kommentierung zu § 452).

**2. Anwendung der Sondervorschriften für Umzüge.** Der Gesetzgeber ist davon 2
ausgegangen, dass unabhängig von sonstigen möglichen Regelungen die Sondervorschriften für die Beförderung von Umzugsgut eine ausgewogene interessengerechte Lösung enthalten. Aus dem Grunde wird nicht unterschieden, ob andere rechtliche Regelungen zur Anwendung kommen könnten, sofern es sich nicht um zwingende internationale Regelungen handelt. Das in § 452c vorgesehene Einheitssystem sieht für die Vertragsbeziehung zwischen multimodalem Frachtführer und Absender einheitliche Rechtsregeln vor, unabhängig davon, ob der lokalisierbare Schadensort einen spezifischen Bezug zu einer Teilstrecke hat. Das bedeutet, dass unabhängig davon, ob der Schadensort bekannt oder unbekannt ist, sich die Haftung beim Umzugsvertrag nach den §§ 451 ff. richtet.

Mit der Verweisung auf das allgemeine Umzugsrecht wird der Verbraucherschutz im 3
Sinne des deutschen Rechts sichergestellt, so dass auch in Fällen multimodaler Umzugsbeförderungen diejenigen Vorschriften Anwendung finden, die auf die Eigenart des Umzugstransports zugeschnitten sind.[1] Auch gibt es keinen zusätzlichen Unterschied zwischen Verbrauchern und Nichtverbrauchern, da das im allgemeinen Umzugsrecht bereits hinsichtlich der Möglichkeit der Abweichung geregelt ist.

Liegt ein multimodaler Umzugsvertrag vor, sind somit – unabhängig vom Schadensort – 4
vorrangig die zwingenden Vorschriften der §§ 451 bis 451h, dann die zwingenden Vorschriften der §§ 407–450, sodann die Parteivereinbarungen und dann schließlich die dispositiven Regelungen der §§ 451–451h sowie die dispositiven Regelungen der §§ 407–450 anzuwenden.

**3. Vorrang internationaler Abkommen.** Um etwaige völkerrechtliche Verletzungen 5
internationaler Übereinkommen zu vermeiden, wird in § 452c Satz 2 für die Fälle bekannter Schadensorte unter Durchbrechung der Einheitslösung der Rückgriff auf das in § 452a HGB niedergelegte System für die Fälle angeordnet, in denen für die schadensträchtige Teilstrecke ein für die Bundesrepublik Deutschland verbindliches internationales Übereinkommen gilt. Internationale Übereinkommen, die hier in Betracht kommen, sind die CIM, das Montrealer Übereinkommen und die zwingenden Regelungen des Seetransports im HGB und in den Haager Regeln. Nicht anwendbar ist die CMR, da nach Art. 1 CMR diese nicht für Umzugstransporte Anwendung findet.

**4. Abdingbarkeit.** Von den Bestimmungen des § 452c kann nur insoweit abgewichen 6
werden, als die dort in Bezug genommenen Vorschriften abdingbar sind (s. Kommentierung zu § 452d).

## § 452d Abweichende Vereinbarungen

**(1) [1]Von der Regelung des § 452b Abs. 2 Satz 1 kann nur durch Vereinbarung abgewichen werden, die im einzelnen ausgehandelt ist, auch wenn diese für eine Mehrzahl von gleichartigen Verträgen zwischen denselben Vertragsparteien getroffen ist. [2]Von den übrigen Regelungen dieses Unterabschnitts kann nur insoweit durch vertragliche Vereinbarung abgewichen werden, als die darin in Bezug genommenen Vorschriften abweichende Vereinbarungen zulassen.**

**(2) Abweichend von Absatz 1 kann jedoch auch durch vorformulierte Vertragsbedingungen vereinbart werden, daß sich die Haftung bei bekanntem Schadensort (§ 452a)**
**1. unabhängig davon, auf welcher Teilstrecke der Schaden eintreten wird, oder**

---

[1] BT-Drucks. 13/8445 S. 103.

**2. für den Fall des Schadenseintritts auf einer in der Vereinbarung genannten Teilstrecke nach den Vorschriften des Ersten Unterabschnitts bestimmt.**

**(3) Vereinbarungen, die die Anwendung der für eine Teilstrecke zwingend geltenden Bestimmungen eines für die Bundesrepublik Deutschland verbindlichen internationalen Übereinkommens ausschließen, sind unwirksam.**

**Schrifttum:** *Witt,* Möglichkeiten der Vertragsgestaltung durch Einheitshaftungsvereinbarungen im multimodalen Transport, Hamburg, 2008.

## Übersicht

| | Rn. | | Rn. |
|---|---|---|---|
| **I. Normzweck** | 1 | 6. Bei Anwendbarkeit ausländischen Frachtrechts | 28 |
| **II. Entstehungsgeschichte** | 2, 3 | 7. Bei Anwendbarkeit des Seefrachtrechts | 29–31 |
| **III. Abweichende Vereinbarungen** | 4–12 | | |
| 1. Grundsatz | 4 | **VI. Lockerung des zwingenden Charakters des Teilstreckenrechts (Abs. 2)** | 32–43 |
| 2. Individualvereinbarungen | 5, 6 | 1. Bedeutung und Voraussetzungen | 32, 33 |
| 3. Vorformulierte Bedingungen | 7–9 | 2. Vereinbarung der Haftung nach §§ 425 ff. en bloc | 34, 35 |
| a) §§ 305 ff. BGB | 8 | | |
| b) § 449 HGB | 9 | 3. Wahrung internationaler Übereinkommen (Abs. 3) | 36–43 |
| 4. Vereinbarungen über das anzuwendende Recht | 10–12 | a) Natur der entgegenstehenden Übereinkommen | 36, 37 |
| **IV. Inhaltliche Grenzen vertraglicher Vereinbarungen** | 13–21 | b) Entgegenstehende Übereinkommen im Einzelnen | 38–43 |
| 1. Vertragsbedingungen allgemein | 13 | **VII. Multimodalverträge mit formularvertraglicher Ausgestaltung – Das FIATA Multimodal Transport Bill of Lading (FBL)** | 44–76 |
| 2. Haftung bei unbekanntem Schadensort (§ 452) | 14–16 | 1. Bedeutung | 44–47 |
| 3. Haftung bei bekanntem Schadensort (§ 452a) | 17–21 | 2. Das FBL im Einzelnen | 48–53 |
| a) Keine Abänderung des Network-Prinzips | 17 | a) Rechtsnatur | 48, 49 |
| b) Abänderung der Haftungsbestimmungen des (hypothetisch anzuwendenden) Teilstreckenrechts | 18–19 | b) Das FBL als Wertpapier | 50–52 |
| c) Form der Vereinbarung | 20, 21 | c) Das FBL im Dokumentenakkreditivgeschäft | 53 |
| **V. Gestaltungsmöglichkeiten im Einzelnen** | 22–31 | 3. Die Standard Conditions des FBL | 54–76 |
| 1. Bei Anwendbarkeit der §§ 425 ff. | 22, 23 | a) Einordnung | 54 |
| 2. Bei Anwendbarkeit der CMR | 24 | b) Ergänzend anwendbares Recht | 55 |
| 3. Bei Anwendbarkeit der CIM | 25 | c) Ausgestaltung der Standard Conditions des FBL im Detail | 56–59 |
| 4. Bei Anwendbarkeit des WA und MÜ | 26 | d) Vereinbarkeit der Standard Conditions des FBL mit zwingendem deutschem Recht | 60–76 |
| 5. Bei Anwendbarkeit der CMNI | 27 | | |

## I. Normzweck

1     Die Vorschrift bestimmt die Grenzen vertraglicher Möglichkeiten der Gestaltung des Multimodalvertrages. Sie fügt sich ein in das allgemeine, in § 449 für den Frachtvertrag niedergelegte Prinzip, wonach **grundsätzlich Vertragsfreiheit** besteht, **Haftungsvereinbarungen durch vorformulierte Vertragsbedingungen (AGB)** jedoch Einschränkungen unterworfen sind.[1] Hinzu kommt, dass ein etwa zwingender Charakter von Vorschriften außerhalb des HGB-Frachtrechts, die für den Fall des bekannten Schadensortes (§ 452a) zur Anwendung kommen können, gewahrt wird, Vereinbarungen über eine durchgängige Einheitshaftung jedoch im Rahmen des völkerrechtlich Zulässigen erleichtert werden sollen.

---

[1] Reg.Begr. S. 104.

## II. Entstehungsgeschichte

Die Vorschrift entspricht dem Regierungsentwurf (dort E § 451d),[2] der sie aus dem **2**
Vorschlag der Sachverständigenkommission (dort E § 451d Abs. 1, 2 und 4)[3] übernommen
hat.

Der Vorschlag der Sachverständigenkommission sah darüber hinaus in einem Abs. 3 vor, **3**
dass auch durch vorformulierte Bedingungen vereinbart werden können sollte, dass für die
Haftung bei unbekanntem Schadensort anstelle des Haftungshöchstbetrages von 8,33 SZR
(§ 431 Abs. 1, 2) die in § 660 Abs. 1 und 2 (damaliger Fassung) genannten Beträge anzuwenden sind, wenn der Vertrag die Beförderung auch mit einem Seeschiff zum Gegenstand
hat.[4] Der Vorschlag wurde vom Regierungsentwurf nicht übernommen, weil dieser –
abweichend vom Vorschlag der Sachverständigenkommission – in E § 448 Abs. 2 allgemein
vorsah, dass die Haftungsobergrenze auch durch AGB beliebig verändert werden können
sollte. Damit entfiel nach Auffassung der Bundesregierung das Bedürfnis, die im Übersee-
Containerverkehr (etwa nach dem FBL, vgl. Rn. 57) auch im Fall des unbekannten Schadensortes übliche Vereinbarung einer Regelhaftungsbegrenzung auf 2 SZR/kg oder
666,67 SZR je Stück oder Einheit ausdrücklich zuzulassen.[5] Im Verlauf des Gesetzgebungsverfahrens[6] wurde jedoch § 449 (im RegE: § 448) dahin geändert, dass die zugelassenen
Änderungen der Haftungssumme auf einen Korridor von 2–40 SZR oder auf einen für den
Verwender der AGB ungünstigeren Wert begrenzt wurden. Dadurch hat sich auch die
Tragweite der Inbezugnahme dieser Vorschrift in § 452d Abs. 1 Satz 2 und Abs. 2 gegenüber
dem Entwurf verändert. Die endgültig beschlossene Fassung lässt zwar die Absenkung der
gewichtsbezogenen Haftung auf 2 SZR durch AGB zu, jedoch nicht – was für den RegE
immerhin noch zweifelhaft sein konnte – die Einführung der in § 504 (entsprechend § 660
Abs. 1 aF) vorgesehenen Alternativbegrenzung pro Stück oder Einheit. Das SRG hat leider
hier keine Verbesserungen gebracht, weil der Multimodaltransport nicht zum Mandat der
Sachverständigengruppe gehörte und die nach dem Abschlussbericht konzipierte, das
Ladescheinrecht modifizierende Anpassung des allgemeinen Frachtrechts an die neueren
Entwicklungen im Seefrachtrecht die schwierigen und teils kontrovers diskutierten[7] Prob-
leme des Multimodalrechts nicht erneut aufgreifen konnte,

## III. Abweichende Vereinbarungen

**1. Grundsatz.** Abweichende Vereinbarungen können durch **Individualvereinbarung 4**
oder durch **vorformulierte Bedingungen** getroffen werden. Zu den Begriffen vgl. § 449
Rn. 14 ff., 18: Wie in § 449 allgemein wird auch in § 452d Abs. 1 Satz 1 nochmals ausdrücklich hervorgehoben, dass **Rahmenverträge** Individualverträge sein können, wenn sie im
Einzelnen ausgehandelt worden sind.

**2. Individualvereinbarungen.** Grundsätzlich besteht auch bei Multimalverträgen **Ver- 5**
**tragsfreiheit für Abweichungen durch Individualvereinbarung.** Jedoch gelten auch
für diese eine Reihe von **Ausnahmen.** Zunächst allgemein – kraft Bezugnahme auf das
allgemeine Frachtrecht – für Verträge mit **Verbrauchern** (§ 449 Abs. 3) und für **Umzugs-**
**verträge** (§ 451h). Darüber hinaus aber auch hinsichtlich der **im Falle des bekannten**
**Schadensortes** (§ 452a) anzuwendenden Haftungsvorschriften insoweit, als diese zwingenden Charakter haben **(Abs. 1 Satz 2).** Der zwingende Charakter kann sich aus originär
deutschem Recht oder aus einem in Deutschland anwendbaren internationalen Übereinkommen (CMR, CIM, WA, MÜ oder CLNI) ergeben; das Übereinkommen braucht
nicht – wie für die Anwendung des Abs. 3 (dazu Rn. 36) – völkerrechtlich verbindlich für

---

[2] Reg.Begr. S. 14.
[3] Bericht S. 26 f.
[4] Bericht S. 27, 152 f.
[5] Reg.Begr. S. 105.
[6] Beschlussempfehlung TRG S. 22, 50.
[7] Vgl. dazu nur *Herber* TranspR 2010, 85.

die Teilstrecke zu gelten, es ist vielmehr durch Verweisung in § 452a **in demselben Umfang zwingend, in welchem es dies für einen unimodalen Vertrag über die Teilstrecke wäre.**[8]

6    Auch von den zwingenden Vorschriften, welche kraft Verweisung in § 452a anzuwenden sind, kann in dem eng begrenzten Ausnahmefall des **Abs. 2** abgewichen werden, soweit nicht internationale Übereinkommen, die völkerrechtlich bindend auch für die Teilstrecke eines Multimodalvertrages gelten, entgegenstehen. Dazu unten Rn. 33 ff., 36 ff.

7    **3. Vorformulierte Bedingungen.** Werden abweichende Vereinbarungen durch vorformulierte Bedingungen (AGB) getroffen, gelten neben den auch bei Individualvereinbarungen zu beachtenden allgemeinen Grenzen der Vertragsfreiheit weitere Schranken:

8    **a) §§ 305 ff. BGB.** Allgemein sehen die **Vorschriften über Allgemeine Geschäftsbedingungen (§§ 305 ff. BGB)** gewisse Einschränkungen vor, die jedoch neben den Spezialvorschriften des Transportrechts unter Kaufleuten praktisch nur eine geringe Rolle spielen.

9    **b) § 449 HGB.** Zu beachten sind vor allem die **besonderen Einschränkungen des § 449 für Abreden in AGB über die Haftung für Güter- und Verspätungsschäden** in allen Fällen, in denen sich die Haftung – bei unbekanntem oder bekanntem Schadensort – nach §§ 425 ff. bestimmt.

10    **4. Vereinbarungen über das anzuwendende Recht.** Eine materielle Veränderung der Rechtslage kann auch dadurch angestrebt werden, dass die Anwendung eines fremden Rechts oder die ausschließliche Zuständigkeit der Gerichte eines anderen Staates vereinbart wird. Für solche Vereinbarungen gelten, **soweit damit zwingende Haftungsvorschriften umgangen werden,** grundsätzlich dieselben Beschränkungen wie für abweichende materielle Abreden. Wird als Teilstreckenrecht – außer im Falle des Abs. 2 – ein Recht gewählt, das zu einer schwächeren Haftung führt als das nach dem Gesetz anwendbare Recht und ist letzteres zwingend, so liegt darin eine unzulässige Umgehung der §§ 452a, 452d.[9]

11    Nicht zu folgen ist allerdings der Auffassung, eine Rechtswahl für die Teilstrecke sei schlechthin unzulässig.[10] Zwar handelt es sich hier nicht um eine wirklich international-privatrechtliche Frage, also der Abgrenzung der Geltung verschiedener Rechtsordnungen, sondern wegen der Verweisung auf einen hypothetischen Vertrag nur um eine Vorfrage zur Entscheidung über die im Rahmen der Anwendung des deutschen Rechts für die Bestimmung der Haftung materiell heranzuziehenden Rechtsregeln; die Grundsätze des IPR sind jedoch entsprechend anzuwenden (vgl. § 452 Rn. 29). Ein Argument für das Verbot lässt sich auch nicht aus § 452d Abs. 2 herleiten.[11] Dort ist zwar eine besondere Ermächtigung für bestimmte das Teilstreckenrecht verändernde Vereinbarungen ausdrücklich vorgesehen. Diese Bestimmung lässt jedoch keinen Umkehrschluss zu; sie dient vielmehr der Zulassung auch von AGB-Klauseln und ermöglicht weitergehend die Abänderung auch sonst zwingender Rechtsvorschriften (dazu Rn. 33 ff.). Die allgemeine Regelung der Dispositionsmöglichkeit hinsichtlich des Teilstreckenrechts findet sich in § 452d Abs. 1 Satz 2. Danach sind die bei bekanntem Schadensort anzuwendenden Haftungsregeln zwingend, soweit sie selbst es anordnen; sind sie dispositiv, können die Parteien des Multimodalvertrages für den Fall der Erheblichkeit von Teilstreckenrecht Vereinbarungen treffen, auch (wenn das Teilstreckenrecht dies nicht, entsprechend § 449 Abs. 2 Satz 1, verbietet) durch AGB.

---

[8]   *Koller* Rn. 2.

[9]   Ebenso im Ergebnis *Koller* § 452a Rn. 9; *Drews* TranspR 2003, 15; *Herber* TranspR 2005, 61.

[10]   Von der freien Rechtswahl auch hinsichtlich des Teilstreckenrechts gehen offenbar auch BGH 25.10.2007, TranspR 2008, 210 und OLG Hamburg 28.2.2008, TranspR 2008, 124 und 10.4.2008, TranspR 2008, 213 aus; enger jedoch *Koller* § 452a Rn. 9, der die Rechtwahl für die Teilstrecke ganz ausschließt, vgl. § 452a Rn. 18; zweifelnd auch *Drews* TranspR 2003, 12, 15.

[11]   Wie *Drews* TranspR 2003, 12, 15 und *Mast* S. 205 erwägen.

*Herber*

Akzeptiert man diese Freiheit, muss man auch die **Rechtswahl** zulassen,[12] soweit nicht das 12
gewählte Recht die etwa zwingenden Vorschriften des nach objektiver Anknüpfung berufenen
Rechts verletzt. Rechtsanwendungsvereinbarungen stoßen deshalb, ebenso wie mit diesen verbundene Vereinbarungen eines ausschließlichen Gerichtsstandes,[13] nur auf Grenzen, wo das
vereinbarte Recht in seinem Schutz hinter dem an sich anwendbaren zurückbleibt.

### IV. Inhaltliche Grenzen vertraglicher Vereinbarungen

**1. Vertragsbedingungen allgemein. Abänderung der allgemeinen Vertragsbe-** 13
**dingungen** sind uneingeschränkt möglich. Von den Teiltransportrechten stellt praktisch
nur die CMR auch insoweit zwingende Regeln auf, die jedoch für den Multimodalvertrag
nicht bedeutsam werden können, weil § 452a nur auf die Haftungsregeln anderer Rechtsregime als der §§ 425 ff. verweist. Allerdings kann eine Abänderung der Rechte und Pflichten
der Vertragsparteien durch AGB gegen §§ 305c, 307 BGB verstoßen, wenn sie überraschende oder unklare Klauseln enthält oder den Partner sonst unangemessen benachteiligt.
Soweit die Klauseln, wie im Transportrecht häufig, auf **internationalen Vorgaben** beruhen, muss die in § 310 Abs. 1 Satz 2 BGB vorgeschriebene Rücksichtnahme auf die im
Handelsverkehr geltenden Gewohnheiten und Gebräuche jedoch zu einer großzügigeren
Beurteilung führen, als sie bei der strengen Auffassung in Deutschland, die hier auch für
den Handelsverkehr gilt, angebracht wäre.

**2. Haftung bei unbekanntem Schadensort (§ 452).** Da bei unbekanntem Schadens- 14
ort die allgemeinen Vorschriften für den Frachtvertrag (§§ 425 ff.) unverändert Anwendung
finden, gelten auch dieselben Regeln für deren Abdingbarkeit. Danach können die **Haf-**
**tungsbestimmungen** der § 413 Abs. 2, §§ 414, 418 Abs. 6, § 422 Abs. 3, §§ 425–438 und
447 zwar durch Individualvereinbarung beliebig verändert werden, durch **vorformulierte**
**Vertragsbedingungen** jedoch nur in dem engen Rahmen des **§ 449 Abs. 2:** Die vom
Frachtführer zu leistende Entschädigung wegen Verlust oder Beschädigung des Gutes kann
auch beim Multimodalvertrag durch AGB auf einen anderen Betrag als 8,33 SZR (§ 431
Abs. 1, 2) begrenzt werden, und zwar entweder auf einen Betrag zwischen 2 und 40 SZR
oder auf einen für den Verwender ungünstigeren Betrag (vgl. wegen der Einzelheiten § 449
Rn. 19, 23; § 431 Rn. 25).

Die Einschränkung gilt nur für die genannten Bestimmungen über die Haftung. **Abre-** 15
**den über die Gestaltung der Beförderung,** also deren Modalitäten („Qualität der Beförderung"), sind auch durch AGB zulässig. Der BGH hat dies zwar für eine Vereinbarung
(durch AGB) über den Verzicht auf Schnittstellenkontrollen anders entschieden.[14] Dieser
Auffassung hat *Koller*[15] mit im Grundsatz guter Begründung widersprochen, doch ist dem
BGH zuzugeben, dass es sich bei dem **Verzicht auf jede Schnittstellenkontrolle** um
einen Grenzfall handelt, weil nicht die – auch sonst gelegentlich haftungsrelevanten –
Modalitäten der Beförderung (wie etwa Beförderung in einem nicht besonders ausgerüsteten
Lkw oder Wahl einer bestimmten Wegstrecke) im Vordergrund standen, sondern zumindest
mittelbar eine Definition der vom Frachtführer anzuwendenden Sorgfalt beabsichtigt war.

Die vertragliche Veränderung des Haftungshöchstbetrages in AGB bedarf nach der Ände- 16
rung des § 449 Abs. 2 durch das SRG nicht mehr der Hervorhebung in „drucktechnisch
deutlicher Gestaltung. Deshalb ist nicht mehr, wie nach der bisherigen Rechtsprechung
des BGH,[16] notwendig die Übergabe der AGB erforderlich, um die Herabsetzung des

---

[12] So auch BGH 18.10.2007, TranspR 2007, 472 Tz. 15 f.; BGH 25.10.2007, TranspR 2008, 210 sowie
OLG Hamburg 28.2.2008, TranspR 2008, 124 und 10.4.2008, TranspR 2008, 213.
[13] OLG München 17.5.2006, TranspR 2006, 317.
[14] BGH 1.12.2005, NJW-RR 2006, 758 = TranspR 2006, 169; OLG Düsseldorf 26.7.2004, TranspR
2005, 216.
[15] TranspR 2006, 265.
[16] BGH TranspR 31.1.2003, BGHZ 153, 308 = NJW 2003, 1397 = TranspR 2003, 119 ff.; ebenso OLG
Hamburg 19.12.2002, TranspR 2003, 72; dazu *Herber* TranspR 2003, 120. Überlegungen des BMJ, angesichts
dieser Rechtsprechung das Gesetz abzumildern, wurden von der Wirtschaft überwiegend nicht für notwendig
gehalten.

Haftungshöchstbetrages wirksam werden zu lassen (vgl. Voraufl., § 449 Rn. 20 f.). Das erleichtert auch die Anerkennung des FBL (dazu unten Rn. 44 ff.), dessen Herabsetzung der gesetzlichen Höchsthaftungssumme von 8,33 SZR auf 2 SZR häufig an der Formvorschrift scheiterte.[17] Allerdings bedarf es nach der Neufassung von § 449 Abs. 2 Satz 1 Nr. 1 eines Hinweises „in geeigneter Form", dass die AGB einen anderen als den gesetzlich vorgesehenen Betrag enthalten. Dieser Hinweis kann auch durch Hervorhebung oder sonstige Erwähnung in den AGB erfolgen; für den Fall der Hervorhebung durch Textgestaltung wird es vermutlich bei der Rechtsprechung des BGH insoweit bleiben. Er kann aber auch durch separate Mitteilung vorgenommen werden; wegen der Einzelheiten vgl. die Erl. zu § 449.

**17**  **3. Haftung bei bekanntem Schadensort (§ 452a). a) Keine Abänderung des Network-Prinzips.** Das **Prinzip des § 452a (Network),** wonach bei bekanntem Schadensort das Recht der betreffenden Teilstrecke anzuwenden ist, kann durch Parteivereinbarung nur insoweit abgeändert werden, als die in Bezug genommenen Vorschriften eine abweichende Vereinbarung zulassen.[18] Eine Ausnahme davon bildet nur Abs. 2 Nr. 1 unter engen Voraussetzungen.

**18**  **b) Abänderung der Haftungsbestimmungen des (hypothetisch anzuwendenden) Teilstreckenrechts.** Das nach § 452a anzuwendende Teilstreckenrecht bestimmt auch über seine Abdingbarkeit.[19] Es kann in vollem Umfang unabdingbar sein (wie die CMR), es kann nur einseitig – zugunsten des Absenders – zwingend sein (wie WA, MÜ und das Seerecht des HGB in dem für die Anwendung des HR verbliebenen engen, durch Art. 6 EGHGB gekennzeichneten Umfang – also bei Aufstellung eines Konnossementes in den dort genannten Ländern). Soweit das Teiltransportrecht zwingend ist, wird es regelmäßig gegen jede Abbedingung gesichert sein, sowohl durch Individualvereinbarung als auch durch AGB.

**18a**  Das deutsche allgemeine Frachtrecht und neuerdings das Seehandelsrecht sind – als eine Ausnahme im internationalen Vergleich – auch hinsichtlich der Haftung vollständig dispositiv. Abänderungen der gesetzlichen Haftung können unbegrenzt allerdings nur durch Individualvereinbarungen vorgenommen werden; durch AGB können nur die für die Haftungsbegrenzung einzusetzenden Beträge (§§ 431, 504) erhöht und – im allgemeinen Frachtrecht – innerhalb der Variationsbreite des § 449 Abs. 2 Satz 1 Nr. 1 variiert werden Im Seefrachtrecht kann auch durch AGB die Freistellung des Verfrachters von der Haftung für nautisches Verschulden der Besatzung vorgesehen werden (vgl. § 512 Abs. 2 Nr. 1).

**19**  Die Abdingbarkeit des Teilstreckenrechts ist stets **aus der Sicht des deutschen Rechts** zu beurteilen, da diesem der Gesamtvertrag unterliegt. Es kommt also darauf an, ob ein hypothetisch unimodaler Vertrag zwischen den Vertragsparteien des Multimodalvertrages über die Beförderung des Gutes allein auf der Teilstrecke aus deutscher Sicht zwingendem Recht unterläge.

**20**  **c) Form der Vereinbarung.** Eine Vereinbarung, welche die **Haftung für Schäden** regelt, die nachweisbar **auf einer bestimmten Teilstrecke eingetreten sind,** ist scharf zu unterscheiden von einer vertraglichen Haftungsvereinbarung für den Gesamtvertrag (und damit für die Haftung für den Fall unbekannten Schadensortes). Die Vereinbarung kann entweder durch Festlegung bestimmter Haftungsregeln für den Fall des Schadenseintritts auf einer (oder mehreren) Teilstrecken oder in der Form getroffen werden, dass ein Rückgriff auf das Teilstreckenrecht überhaupt – oder für bestimmte Teilstrecken – nicht zugelassen wird; die Zulässigkeit letzterer Vereinbarung ergibt sich aus § 452d Abs. 2 HGB, wonach eine solche Vereinbarung sogar (mit Einschränkungen, vgl. Rn. 33 ff.) durch AGB und unter Abänderung zwingenden Rechts für die Teilstrecke möglich ist.

---

[17] BGH 18.10.2007, TranspR 2007, 472 Tz. 24; ebenso schon OLG Hamburg 19.12.2002, TranspR 2003, 72.
[18] *Koller* Rn. 2.
[19] Reg.Begr. S. 104.

Diese Beschränkungen gelten auch für eine **Rechtswahl** im Hinblick auf das anzuwen- 21 dende Teilstreckenrecht. Wird als Teilstreckenrecht – außer im Falle des Abs. 2 – ein Recht gewählt, das zu einer schwächeren Haftung führt als das nach dem Gesetz anwendbare Recht und ist letzteres zwingend, so liegt darin eine unzulässige Umgehung der §§ 452a, 452d.[20]

## V. Gestaltungsmöglichkeiten im Einzelnen

Das Gesetz eröffnet für die verschiedenen hauptsächlich in Betracht kommenden Teil- 22 streckenrechte folgende Gestaltungsmöglichkeiten.

**1. Bei Anwendbarkeit der §§ 425 ff.** Finden auf den (hypothetischen) Teilstrecken- vertrag (etwa eine innerdeutsche Land- oder Binnenschifffahrtsstrecke oder eine grenzüber- schreitende Strecke ohne Übereinkommensregelung) die Vorschriften des allgemeinen deutschen Frachtrechts Anwendung, so gilt das Gleiche wie bei Anwendung des Fracht- rechts bei unbekanntem Schadensort (Rn. 14 ff.). Auch für diese Teilstrecke kann der Haf- tungshöchstbetrag (bei Beachtung der Form des § 449 Abs. 2 Satz 1 Nr. 1) zwischen 2 und 40 SZR verändert werden. Durch Individualvereinbarung kann die Haftung auch für die Teilstrecke beliebig verändert werden.

Keine Bedenken können dagegen erhoben werden, dass die Haftungssumme für die 23 Teilstrecke – im Rahmen der Marge von 2–40 SZR – anders festgelegt wird als für den Fall unbekannten Schadensortes. Der Gesetzgeber hat eine solche **differenzierende Rege- lung** zwar nicht beabsichtigt,[21] doch kann ihre Zulässigkeit nach dem Wortlaut des letztlich beschlossenen Gesetzes, das die Margen-Freistellung (§ 449 Abs. 2 HGB) durch Bezug- nahme in § 452d Abs. 1 Satz 2 ohne Einschränkung übernimmt, kaum zweifelhaft sein.

**2. Bei Anwendbarkeit der CMR.** Die gesamte Regelung der CMR einschließlich 24 der Haftungsregelung ist **beiderseitig zwingend** (Art. 41). Vertraglich kann die Haftung deshalb in keiner Weise verändert werden, weder durch AGB noch durch Individualverein- barung.

**3. Bei Anwendbarkeit der CIM.** Die gesamte Regelung der CIM ist zwingend, die 25 Haftung des Frachtführers kann jedoch vertraglich erweitert werden (Art. 5 CIM). **Haf- tungseinschränkungen** sind also weder durch AGB noch durch Individualvereinbarung zulässig.

**4. Bei Anwendbarkeit des WA und MÜ.** Die Haftung des Luftfrachtführers nach 26 dem Warschauer Abkommen kann vertraglich nicht zu seinen Gunsten verändert werden (Art. Art. 23 WA). Auch nach dem Montrealer Übereinkommen besteht eine einseitig zwingende (Art. 25, 26, 46 MÜ) Haftung des Luftfrachtführers und des tatsächlich ausfüh- renden Luftfrachtführers. Auch hier sind also **Haftungseinschränkungen** weder durch AGB noch durch Individualvereinbarung zulässig.

**5. Bei Anwendbarkeit der CMNI.** Nach Art. 25 CMNI ist jede vertragliche Verein- 27 barung mit dem Zweck, die Haftung des Frachtführers, des ausführenden Frachtführers, ihrer Bediensteten oder Beauftragten nach dem Übereinkommen auszuschließen, zu beschränken oder zu erhöhen, ebenso wie die Umkehr der Beweislast für diese Haftung und die Verkürzung der Anzeige- und Verjährungsfristen nichtig. Zulässig ist jedoch die Vereinbarung, dass der Frachtführer für Verschulden der Besatzung bei der Führung und Bedienung des Schiffes nicht haften soll, sowie eine ausdrückliche Vereinbarung über die Angabe eines höheren Wertes.

**6. Bei Anwendbarkeit ausländischen Frachtrechts.** Sofern ausländisches Recht 28 anwendbar ist und eine zwingende Haftung vorsieht, wird der zwingende Charakter in

---

[20] *Koller* § 452a Rn. 5; *Drews* TranspR 2003, 15; *Herber* TranspR 2005, 61; vgl. auch Rn. 10.
[21] Nach § 449 Abs. 2 Satz 2 in der Fassung des Vorschlages der Sachverständigenkommission wäre eine Differenzierung durch AGB nicht möglich gewesen, vgl. Rn. 3.

Deutschland in aller Regel nicht anerkannt.[22] Deshalb ist für solche Teilstrecken eine abweichende Vereinbarung zulässig, die aber an §§ 305 ff., 138 BGB zu messen ist.

**29**    **7. Bei Anwendbarkeit des Seefrachtrechts.** Die seerechtliche Haftung nach §§ 498 ff. ist, wie die nach § 425 ff. (Rn. 22), grundsätzlich durch Individualvereinbarung beliebig veränderbar. **Durch AGB** können die **Haftungshöchstbeträge** von von 2 SZR je kg und von 666,67 SZR je Stück oder Einheit – auch einzeln und verschieden – **erhöht** werden; eine Absenkung ist nicht zulässig. Möglich ist ferner durch AGB die Vereinbarung, dass der Verfrachter ein Verschulden seiner Leute und der Schiffsbesatzung bei der Führung und sonstigen Bedienung des Schiffes und bei Feuer oder Explosion an Bord des Schiffes (sog. **nautisches Verschulden**) nicht zu vertreten hat (§ 512 Abs. 2 Nr. 1).

**29a**    Nicht abbedungen oder vermindert werden kann, sowohl durch Individualvereinbarung als auch durch AGB, die Haftung auf der See-Teilstrecke dann, wenn ein **Konnossement in einem der von Art. 6 EGHGB erfassten Länder** ausgestellt worden ist (Art. 6 Abs. 1 Nr. 3 EGHGB). Wie nach § 662 aF gilt die Unabdingbarkeit nur für die Ansprüche aus dem Konnossement, also des legitimierten Konnossementsinhabers,[23] nicht für Ansprüche aus dem Frachtvertrag. Folgt man dieser Meinung, kann auch in diesen Fällen die Haftung des Frachtführers gegenüber dem Absender – sofern er nicht zugleich Konnossementsinhaber ist – frei vereinbart werden, durch AGB nur im Rahmen der allgemeinen Angemessenheitskontrolle. Soweit der zwingende Charakter der gesetzlichen Haftungsregelung reicht, kann sie – im Voraus – vertraglich nicht mehr – wie früher nach § 663 – eingeschränkt werden, wenn es sich um die Beförderung lebender Tiere, um Decksladung, um Schäden vor der Einladung oder nach der Auslandung (sog. Landschäden) oder um nicht handelsübliche Verschiffungen handelt; diese nach den HR nicht ausgeschlossenen Freizeichnungsmöglichkeiten sind in Art. 6 EGHGB, der eine pauschale Regelung zur Wahrung der groben Übereinstimmung mit den HR trifft, nicht vorbehalten. Die Freizeichnung von Landschäden ist gegenüber dem Konnossementsberechtigten auch dann nicht wirksam, wenn sie auf einer Individualvereinbarung beruht; dies gilt nicht nur für die unter Art. 6 EGBGH fallenden Konnossemente,[24] sondern nach § 525 Satz 2 allgemein.

**30**    Soweit die Haftung auf der Teilstrecke wegen Art. 6 Abs. 1 Nr. 3 EGHGB als (einseitig) zwingend angesehen werden muss, stellt sich weiterhin die nach altem Recht generell aufzuwerfende (vgl. Voraufl. Rn. 3) Frage, ob ein für die Gesamtstrecke ausgestelltes **Durchkonnossement** der Anforderung genügt, dass ein Konnossement ausgestellt ist. Denn da der maßgebende hypothetische Seefrachtvertrag zwischen Absender und Frachtführer des Multimodaltransportvertrages abgeschlossen sein soll (§ 452 Rn. 28), müsste für diesen ein (See-) **Konnossement** ausgestellt worden sein, was naturgemäß nicht möglich ist. Es kann aber nicht einfach unterstellt werden, dass ein Konnossement ausgestellt worden wäre.[25] Eine solche Unterstellung ist bei bloßen Formvorschriften, die regelmäßig beachtet zu werden pflegen, angängig.[26] Hier handelt es sich um etwas anderes: Ein Konnossement wird keineswegs bei jedem Seetransport ausgestellt, heute noch weniger als 1924. Die zwingende Haftungsregelung dient allein der Sicherung des Dokumentenverkehrs, nur der Schutz des handelbaren Papiers war überhaupt Anlass für den Abschluss des Konnossements-

---

[22] Ausländische Eingriffsnormen werden in Deutschland in aller Regel – wie schon nach Art. 34 EGBGB (vgl. Voraufl. § 452d Fn 21) – auch nach der Rom I-VO nicht anerkannt, vgl. Palandt/*Thorn*, Art. 9 Rom I-VO Rn. 1 ff.

[23] BGH 19.12.1991, NJW-RR 1992, 482 = TranspR 1992, 106; aM *Herber* Seehandelsrecht S. 341 f.: Unabdingbarkeit auch der Haftung aus dem Frachtvertrag, wenn ein Konnossement ausgestellt worden ist.

[24] Für welche die Rechtsprechung bisher die Zulässigkeit auch nach den HR trotz erheblicher Bedenken wegen unangemessener Entlastung von einer vertraglichen Kardinalpflicht angenommen hat, vgl. OLG Hamburg 26.9.1991, VersR 1992, 1496; 8.2.1996 TranspR 1997, 109; letztlich unentschieden allerdings in BGH 30.11.1992, NJW-RR 1993, 490 = TranspR 1993, 248; zustimmend mit eingehenden vergleichenden Hinweisen *Rabe* Seehandelsrecht § 606 Rn. 35 ff.

[25] So aber wohl *Koller* § 452a Rn. 10.

[26] Wie namentlich beim Frachtbrief, soweit seine Ausstellung eine Gültigkeitsvoraussetzung ist, wie zB im Luftrecht; *Koller* § 452 Rn. 17.

übereinkommens (HR) von 1924. Deshalb muss für die zwingende Anwendung des Seerechts auf der Teilstrecke verlangt werden – aber auch genügen –, dass ein zumindest dem
Konnossement vergleichbares Traditionspapier (auch) über die Seebeförderung tatsächlich
ausgestellt worden ist.[27] Praktisch ist diese Voraussetzung aber erfüllt, wenn für den
(Gesamt-) Transport ein **Durchkonnossement** ausgestellt worden ist. Dieses ist zwar
rechtlich ein Ladeschein (§ 443), hat jedoch identische Eigenschaften und Wirkungen wie
das Seekonnossement;[28] es unterscheidet sich vom Seekonnossement praktisch nur dadurch,
dass es neben der Seebeförderung auch noch andere Beförderungen verbrieft. Unerheblich
ist aber jedenfalls, ob für einen etwaigen Unterfrachtvertrag ein Konnossement ausgestellt
worden ist.[29]

Daraus folgt: Ist in einem der Staaten, die nach Art. 6 EGHGB noch als Vertragsstaaten **31**
(nur) der HR zu beurteilen sind, ein Durchkonnossement ausgestellt worden, gilt für die
Haftung auf einer See-Teilstrecke §§ 498 ff. mit den in Art. 6 EGHGB genannten Maßga-
ben; sie kann zuungunsten des Dokumentinhabers vertraglich nicht verändert werden.
Ist ein Durchkonnossement in Deutschland ausgestellt worden, gilt Gleiches, sofern die
Beförderung (auf der Teilstrecke) von oder nach einem Ort in einem der genannten anderen
Vertragsstaaten der HR geht (Art. 6 Abs. 2 EGHGB).

## VI. Lockerung des zwingenden Charakters des Teilstreckenrechts (Abs. 2)

**1. Bedeutung und Voraussetzungen.** Abs. 2 will die vertragliche Vereinbarung **32**
erleichtern, einen Rückgriff auf das Teilstreckenrecht zu unterbinden und dadurch die
Schadensabwicklung zu vereinfachen. Die Vorschrift lässt über die oben Rn. 22 ff. genannten Freizeichnungsmöglichkeiten hinaus zu, auch **durch AGB** und unter **Abweichung
von zwingendem deutschem Recht zu vereinbaren, dass auch für die Teilstre-
cke(n)** statt des an sich anwendbaren Rechts das Haftungsrecht der §§ 425 ff. HGB gelten
soll. Grenze ist jedoch der Verstoß gegen internationale Verpflichtungen Deutschlands
**(Abs. 3).** Der Gesetzgeber wollte mit Abs. 2 die ihm sachlich wünschenswert erscheinende
Vereinbarung einer Einheitshaftung ohne Rückgriffsmöglichkeit auf das Teilstreckenrecht
so weit erleichtern, wie dies völkerrechtlich irgend zulässig ist.[30]

Die Abbedingung zwingenden deutschen oder – soweit dessen zwingender Charakter **33**
in Deutschland überhaupt anerkannt wird – ausländischen Teilstreckenrechts hat danach
**zwei Voraussetzungen:**
– Es muss für die Teilstrecke, für welche andere zwingende Haftungsvorschriften als die
  §§ 425 ff. gelten, das Haftungsrecht der §§ 425 ff. – also praktisch der Ausschluss des
  Rückgriffs auf das Teilstreckenrecht nach § 452a – vereinbart werden;
– Dieser Vereinbarung dürfen nicht für Deutschland verbindliche internationale Übereinkommen entgegenstehen, die für den jeweiligen Sachverhalt einschlägig sind und ihn
  abweichend regeln. Dazu eingehend unten Rn. 38 ff.

**2. Vereinbarung der Haftung nach §§ 425 ff. en bloc.** Für die Haftung auf der **34**
Teilstrecke muss – an Stelle des an sich anwendbaren Rechts – das **Recht der §§ 425 ff.
HGB insgesamt** vereinbart werden. Nur unter dieser Voraussetzung gilt die gesetzliche
Ermächtigung, von sonst zwingendem Frachtrecht abzuweichen.[31] Dabei kann aber wie-
derum, auch durch AGB, von der Möglichkeit vertraglicher Änderung der Höchsthaftungs-
summe im Rahmen der Marge von 2–40 SZR oder zu Ungunsten des Klauselaufstellers
Gebrauch gemacht werden, auch verschieden von einer entsprechenden Vereinbarung für

---

[27] *Herber,* GS Helm, S. 99, 109 f.; *Mast* S. 209, 267 f.
[28] Es lässt sich deshalb kaum – mit *Rabe* TranspR 2000, 198, 195 – sagen, dass „der Gesetzgeber die
Bedeutung der Ausstellung eines Konnossements über die Seestrecke nicht bedacht" habe.
[29] *Koller* § 452a Rn. 10; aA *Rabe* TranspR 2000, 189, 195. Anders als bei Art. 2 CMR kommt es auf
dieses Verhältnis – auch hypothetisch – hier nicht an. Vgl. auch OLG Hamburg 10.4.2008, TranspR 2008,
213.
[30] Reg.Begr. S. 104 f.
[31] Das ergibt sich eindeutig aus Wortlaut, Zweck und Reg.Begr. (S. 104 zu § 451d Abs. 2 des RegE).

den Fall unbekannten Schadensortes und bei mehreren Teilstrecken (oben Rn. 22, 23);
denn insoweit ist auch das vereinbarte Regime der §§ 425 ff. dispositiv.

35    Für den Frachtführer kann in einer Vereinbarung der Haftung nach §§ 425 ff. auch für
den Fall des bekannten Schadensortes auf einer Seestrecke ein Vorteil liegen, wenn er
bei Anwendung des § 504 die Anwendung der Regel des § 504 Abs. 1 Satz 2 (der sog.
Containerklausel) befürchten muss (die allerdings die Erwähnung der Zahl der Stücke im
Container im Ladeschein voraussetzt). Denn die Zugrundlegung der Zahl der Stücke im
Container kann, je nach Ladung, durchaus zu einer höheren Haftung als der nach Gewicht
(selbst auf 8,33 SZR je kg, besonders aber bei auch nach § 449 zulässiger Absenkung auf
2 SZR je kg) bemessenen führen.[32] Wird die Anwendung der §§ 425 ff auch auf die Seeteilstrecke vereinbart, kann damit insoweit die Haftungsbegrenzung nach Stück oder Einheit
ausgeschlossen und zusätzlich die Haftungsbegrenzung nach Gewicht auf 2 SZR je kg
vermindert werden (§ 449).

36    **3. Wahrung internationaler Übereinkommen (Abs. 3). a) Natur der entgegenstehenden Übereinkommen.** Für die Teilstrecke darf nicht ein völkerrechtliches Übereinkommen eine abweichende zwingende Regelung vorschreiben. Das ist nicht schon
dann der Fall, wenn ein Übereinkommen nach § 452a zwingend auf die Beurteilung des
hypothetischen Teilstreckenvertrages anzuwenden ist; denn hierbei handelt es sich um die
(hypothetische) Anwendung des Übereinkommens auf einen unimodalen Transport.[33] Vielmehr muss, um den Vorbehalt des Abs. 3 eingreifen zu lassen, das Übereinkommen aus
sich selbst heraus völkerrechtlich die Anwendung auch auf die in Rede stehende Teilstrecke
eines Multimodalvertrages zwingend beanspruchen. Da durch Abs. 3 völkerrechtliche Verpflichtungen Deutschlands gewahrt werden sollen,[34] kann es sich nur um Übereinkommen
handeln, die für Deutschland und für den jeweiligen Sachverhalt verbindlich sind. Das
Übereinkommen muss die konkrete Vereinbarung für die Teilstrecke auch im Rahmen
eines multimodalen Transportvertrages tatsächlich betreffen und verbieten.[35] Es wäre weder
durch den Zweck der Bestimmung, noch durch den Wortlaut geboten, irgendwelche
unverbindlichen Übereinkommen zu schützen, und zwar auch dann, wenn sie für die
hypothetische, nach § 452a anzustellende Beurteilung des Teilstreckenrechts – also für eine
unimodale Beförderung – zwingend sind.[36] Ob und wieweit ein Übereinkommen Anwendung auf den Multimodaltransport oder Teile eines solchen verlangt, bedarf der Prüfung
im Einzelfall (dazu näher Rn. 38 ff.).[37]

37    Wenn eine Übereinkommensregelung der Vereinbarung nach Abs. 2 entgegensteht, wird
die Vereinbarung in aller Regel auch durch **Individualvereinbarung** ausgeschlossen sein,
da die halbzwingende Ausgestaltung des deutschen Rechts in § 449 im internationalen
Recht nicht üblich ist.

38    **b) Entgegenstehende Übereinkommen im Einzelnen.** Die gegenwärtig für
Deutschland verbindlichen Übereinkommen gelten nur in sehr begrenztem Umfang, hinsichtlich einzelner Aspekte, für Multimodalverträge. Vgl. dazu § 452 Rn. 52 ff. – **CMR,
CIM und WA/MÜ enthalten Teilregelungen für Fälle des Multimodaltransports,**
die auch nach Absatz 2 nicht abbedungen werden können. Insoweit ist die Herstellung
einheitlicher Haftung ohne Rücksicht auf den Schadensort nicht möglich; es bleibt für die
betroffene Teilstrecke bei der Anwendung des Übereinkommensrechts.

---

[32] Vgl. dazu auch § 443 Rn. 50 und EBJS/*Reuschle* § 452 Rn. 44.
[33] Zur Unterscheidung vgl. jetzt klar und mit ausführlichen Nachweisen BGH 17.7.2008, TranspR 2008,
365 (zur CMR).
[34] Wie die Reg.Begr. S. 105 klar sagt.
[35] *Basedow* TranspR 1998, 58, 62.
[36] Eine solche Auslegung wird immerhin erwogen bei *Mast* S. 247 f.; *Ramming* TranspR 1999, 325, 344,
die jedoch – mit teleologischen Argumenten und vermeintlich unter restriktiver Auslegung – zum richtigen
Ergebnis gelangen. Wie hier *Bydlinski* TranspR 2009, 390, 392.
[37] Sehr deutlich zu dieser Unterscheidung neuerdings auch *Freise* TranspR 2014, 1 ff.

Für die Teilgebiete gilt: 39
- **Internationaler Straßentransport:** Die **CMR** gilt nicht aus sich heraus für eine Teilstrecke eines Multimodalvertrages;[38] sie hindert also nicht die Vereinbarung nach Absatz 2. Eine **begrenzte Ausnahme bildet Art. 2 CMR;** dazu § 452 Rn. 55 f.
- **Internationaler Lufttransport. WA** und **MÜ** beanspruchen die Anwendung auch auf 40 eine **luftrechtliche Teilstrecke des Multimodalvertrages.** Wegen Einzelheiten vgl. § 452 Rn. 58. Insoweit ist die Vereinbarung nach Abs. 2 ausgeschlossen. Wegen Reklamation und Verjährung vgl. auch § 452b Rn. 8, 15.
- **Internationaler Eisenbahntransport.** Die CIM erfasst in bestimmten **Ausnahmefäl-** 41 **len auch Teilstrecken von Multimodaltransporten,** vgl. § 452 Rn. 57; deshalb ist auch insoweit die Vereinbarung nach Abs. 2 ausgeschlossen.
- **Internationaler Binnenschifffstransport.** Die **CMNI** verlangt Berücksichtigung 42 grundsätzlich nur für die Güterbeförderung auf Binnenwasserstraßen (Art. 1 Nr. 1 CMNI), grundsätzlich nicht für Binnenschiffsbeförderungen im Rahmen eines Multimodalvertrages.[39] Sie erfasst allerdings auch Fälle des multimodalen Binnen-Seeverkehrs: Nach Art. 2 Abs. 2 CMNI unterliegen auch Verträge über die Beförderung von Gütern ohne Umladung sowohl auf Binnenwasserstraßen als auch auf Seegewässern dem Übereinkommen, es sei denn, dass ein Seekonnossement ausgestellt worden ist oder die auf Seegewässern zurückzulegende Strecke die größere ist. Diese Gestaltungen sind im deutschen Recht ohnehin aus der Anwendung der §§ 452 ff. ausgenommen und in § 450 einer Sonderregelung unterstellt worden, die der CMNI entspricht.
- **Seerecht.** Auch das Brüsseler Konnossementsübereinkommen von 1924 (HR), das 43 ohnehin nur (noch) einen sehr beschränkten Anwendungsbereich hat und dessen zwingender Charakter von der Ausstellung eines (See-) Konnossements abhängig ist, gilt aus sich heraus nur für reine Seetransporte, nicht für Teile eines Multimodaltransportes.[40] Dieses Übereinkommen hindert also niemals eine Vereinbarung nach Abs. 2. Andere Übereinkommen über das Seefrachtrecht (VR und HambR) sind von Deutschland nicht ratifiziert worden, deshalb völkerrechtlich nicht verbindlich.

### VII. Multimodalverträge mit formularvertraglicher Ausgestaltung – Das FIATA Multimodal Transport Bill of Lading (FBL)

**1. Bedeutung.** Angesichts des Fehlens einer internationalen Haftungsregelung versucht 44 die Wirtschaft, mit allgemeinen Geschäftsbedingungen eine tragfähige Rechtsgrundlage für Multimodaltransporte zu schaffen. Dabei hat sich als dominierendes Dokument das **FIATA Multimodal Transport Bill of Lading** (FIATA-Konnossement für den multimodalen Transport, abgekürzt: **FBL** – vgl. Anh. B IV 3, S. 1421) herausgebildet. Es unterliegt als privates Bedingungswerk der Kontrolle durch das anwendbare staatliche Recht. In Deutschland sind seine Regelungen **nur eingeschränkt wirksam,** soweit sie nicht gegen §§ 452 ff. HGB und §§ 305 ff. BGB verstoßen (dazu unten Rn. 60 ff.).

Der internationale Spediteurverband (FIATA) hat dem Bedürfnis der Praxis nach einer 45 einheitlichen Ausgestaltung des MT-Vertrages und nach einem im Akkreditivgeschäft aufnahmefähigen Transportdokument Rechnung getragen und das **FBL** geschaffen. Es ist ein vom Spediteur oder einem anderen **als Frachtführer** ausgestelltes Konnossement, rechtlich in Deutschland ein – mit dem Konnossement im Wesentlichen identischer – **Ladeschein.** In der revidierten Fassung von 1992 ersetzt es seit 1994 das FIATA Combined Transport Bill of Lading, das in seiner ersten Fassung bis 1970 zurückgeht (dazu Vor § 452 Rn. 13 ff.).

Da sich die Erfolglosigkeit der staatlichen Bemühungen infolge der starken rechtspoliti- 46 schen Gegensätze schon bald nach Aufnahme der Arbeiten abzeichnete (dazu Vor § 452

---

[38] BGH 17.7.2008, TranspR 2008, 365; OLG Köln 25.5.2004, TranspR 2004, 359 m. Anm. *Koller; Koller* TranspR 2003, 45; *Ramming* TranspR 1999, 325, 331; aA Court of Appeal London 27.3.2002, Quantum Corp. v. Plane Trucking LLRep. [2002] Vol. 2 S. 25 ff., dagegen *Koller* TranspR 2003, 45.
[39] Vgl. auch *Freise* TranspR 2012, 1, 5 m. Nachweisen.
[40] *Ramming* TranspR 1999, 325, 331 mit ausführlicher Begründung.

Rn. 7 ff.), verabschiedete die FIATA bereits 1970 das Muster eines **Combined Transport Bill of Lading (FBL)**. Es baute im Wesentlichen auf dem Round-Table Entwurf von IMCO und ECE (Vor § 452 Rn. 8) auf und war das erste weltweit akzeptierte Multimodal-Frachtdokument. Ihm gingen zwar **andere FIATA-Papiere** über den kombinierten Verkehr voraus, doch vermieden diese, den Spediteur – wie erstmals das FBL – in die Rechtsposition des Frachtführers zu stellen.[41] Nach der Verabschiedung des UN-Übereinkommens von 1980 über den Multimodaltransport (vgl. Vor § 452 Rn. 10) wurde das FBL in Anlehnung an dieses Übereinkommen überarbeitet und neu konzipiert. Die **Neufassung von 1992** ist seitdem unverändert.

47      Ein weiteres begebbares Dokument stellen die **UNCTAD/ICC-Rules (Combined Transport Document-CT-Dokument)** der Internationalen Handelskammer in Paris – ICC-Publikation Nr. 481 – von 1991 dar, eine überarbeitete Fassung des Vorgängerdokuments Nr. 298 von 1975. Es wurde in enger Wechselwirkung mit dem FBL entwickelt (vgl. auch Vor § 452 Rn. 14), findet jedoch als solches selten Anwendung.

48      **2. Das FBL im Einzelnen. a) Rechtsnatur.** Das FBL ist das am weitesten verbreitete Transportdokument des multimodalen Verkehrs Es findet auch im Akkreditivgeschäft Verwendung. Auf seiner Rückseite enthält es Allgemeine Geschäftsbedingungen **(Standard Conditions)** für den dem Wertpapier zugrunde liegenden Frachtvertrag.

49      Der allein vertriebsberechtigte Verein Hamburger Spediteure e. V. liefert (durchnummerierte) FBL-Formulare nur an Mitglieder der regionalen Spediteurverbände in Deutschland aus. Nur fachkundige und zuverlässige Spediteure, die ihre Haftungsrisiken versichern, sollen zur Ausstellung des FBL berechtigt sein.[42]

50      **b) Das FBL als Wertpapier.** Das FBL ist ein **Durchkonnossement** für den multimodalen Transport. Gemäß **Klausel 1** kann es zwar auch im unimodalen Verkehr angewendet werden, doch ist es dafür nicht besonders geeignet, denn die für die Abgrenzung verschiedener aufeinanderfolgender Frachtführer geschaffenen Regeln passen nicht auf den unimodalen Transport und werfen deshalb unnötige Zweifelsfragen auf. Die Klausel soll wohl auch nur sicherstellen, dass das Wertpapier nicht unwirksam ist, wenn es einmal unimodal verwendet wird.

51      Das FBL enthält die **Orderklausel** und ist übertragbar, sofern es nicht als „nicht übertragbar" **(Klausel 3.1)** gekennzeichnet ist. Es verbrieft, wie jedes Konnossement, den Anspruch auf Auslieferung des Gutes am Bestimmungsort. Ist es als „nicht übertragbar" gekennzeichnet, ist es Rekta-(Namens-)papier.

52      Nachdem vor dem TRG zweifelhaft war, ob in Deutschland der *numerus clausus* der kaufmännischen Orderpapiere (§ 363) der Anerkennung des FBL als **gekorenes Orderpapier** entgegenstand,[43] ist diese Frage jetzt dadurch geklärt, dass das FBL gem. §§ 452, 440 als **Ladeschein** einzuordnen ist. Ihm kommt daher nicht nur die wertpapierrechtliche Qualifikation als kaufmännisches Orderpapier zu (§ 363 Abs. 2), es hat darüber hinaus die sachenrechtlichen Wirkungen eines **Traditionspapiers** (§ 448).

53      **c) Das FBL im Dokumentenakkreditivgeschäft.** Das FBL in der revidierten Fassung von 1992 entspricht den Anforderungen, welche Art. 26 der Einheitlichen Richtlinien und Gebräuche für Dokumenten-Akkreditive (ERA) der Internationalen Handelskammer (ICC-Publikation Nr. 500)[44] für ein Transportdokument verlangt, „das sich auf mindestens zwei verschiedene Beförderungsarten erstreckt (multimodaler Transport)". Die Neufassung von 2008[45] ist insoweit sachlich unverändert.

---

[41] So namentlich die Spediteur-Übernahmebescheinigung (FCR). Sie ist kein kaufmännisches Wertpapier, vgl. BGH v. 15.12.1976, BGHZ 68, 18 = NJW 1977, 499 = WM 1977, 171, denn sie verbrieft keine Transport-, sondern eine Speditionsleistung.

[42] *Schimmelpfeng* TranspR 1988, 53, 54.

[43] Vgl. Vorauflage Anhang 3 nach § 415 (MMT) Rn. 66 und dort Fn. 80.

[44] *Nielsen* WM 1994, Sonderbeilage Nr. 2, S. 17; zur Neufassung der ERA vgl. *Nielsen* TranspR 2008, 269.

[45] Die neuen Richtlinien, ICC Uniform Customs and Practices for Documentary Credits UCP 600 (ERA 600) – ICC-Publ. Nr. 600 ED – sind am 1.7.2007 in Kraft getreten; dazu *Nielsen* TranspR 2008, 269.

**3. Die Standard Conditions des FBL. a) Einordnung.** Die dem FBL-Formular bei- 54
gegebenen Vertragsbedingungen stellen nach allgM **Allgemeine Geschäftsbedingungen**
dar und sind deshalb am jeweils anwendbaren zwingenden Recht zu messen, nach deutschem Recht an § 449 und §§ 305 ff. BGB (dazu im Einzelnen unten Rn. 60 ff.).

**b) Ergänzend anwendbares Recht.** Nach **Klausel 19** gilt – ergänzend und korrigie- 55
rend – das Recht des Landes, in dem der Frachtführer seinen Sitz hat. Dieses Recht kann
verschieden sein von dem nach Art. 3, 5 Rom I-VO anwendbaren, doch bestehen gegen
die Zulässigkeit einer Rechtswahl für den gesamten Multimodaltransport nach Art. 4
Rom I-VO keine Bedenken.[46] Soweit die Bedingungen den Vorschriften des anwendbaren
Rechts zuwiderlaufen, treten sie zurück (ausdrücklich klargestellt in **Klausel 7.1.**).

**c) Ausgestaltung der Standard Conditions des FBL im Detail.** Hervorzuheben 56
ist, dass nach **Klausel 11** der Frachtführer Reiseweg und Transportmittel frei bestimmen
und nachträglich frei abändern kann; das ist, da insoweit Vertragsfreiheit besteht, nach
deutschem Recht nicht zu beanstanden. Auch hinsichtlich anderer Rechte und Pflichten,
namentlich Absender- und Zahlungspflichten, finden sich Abweichungen vom deutschen
Recht (etwa **Klauseln 12–14**).

**Haftung für Güterschäden.** Nach **Klausel 6.2** haftet der Frachtführer für Verlust oder 57
Beschädigung des Gutes sowie für Lieferverzögerung, wenn sich die Ware während des
schadenskausalen Ereignisses in seiner Obhut befand; er kann sich jedoch durch den Nachweis entlasten, dass ihn oder seine Hilfspersonen kein Verschulden trifft. Bestimmte
Umstände wie vom Absender zu verantwortende Verpackungsmängel, Streik, Aussperrung
o. ä. führen zur Umkehr der Beweislast für ein Verschulden. Bei **bekanntem Schadensort**
haftet der Frachtführer gemäß **Klausel 8.6** nach dem zwingenden Recht der Teilstrecke.
Bei **unbekanntem Schadensort** ist die Haftung der Höhe nach wie folgt begrenzt: Nach
dem **Prinzip der sog. „gespaltenen Basishaftung"** beträgt die Haftungsgrenze
8,33 SZR pro kg, wenn die Güterbeförderung keine Seestrecke oder Strecke auf einer
inländischen Wasserstraße einschließt **(Klausel 8.5)**; erfolgt eine Teilbeförderung zur See
oder auf einer inländischen Wasserstraße, haftet er dagegen entweder auf 2 SZR je kg
oder – wenn sich dadurch eine höhere Haftungssumme ergibt – auf 666,67 SZR pro
Packstück oder Einheit **(Klausel 8.3)**. Der Frachtführer kann diese Haftungsbegrenzungen
nicht in Anspruch nehmen, wenn er oder eine Hilfsperson „bewusst grob fahrlässig" gehandelt hat.

**Schadensanzeige.** Schäden und (Teil-)Verlust sind dem Frachtführer **bei Ablieferung** 58
der Ware durch den Empfänger **schriftlich** substantiiert anzuzeigen; die Rüge verborgener
Mängel hat innerhalb von sechs Tagen ab Ablieferung schriftlich zu erfolgen **(Klausel
Nr. 16)**. **Verjährung.** Die Ansprüche gegen den Frachtführer verjähren **binnen neun
Monaten (Klausel 17).**

Für **Seestrecken und inländische Wasserstraßen** gelten weitere Haftungsausschlüsse 59
**(Klausel 6.6)**: Anwendung finden die Haager Regeln und die Haag-Visby-Regeln für
Gütertransporte auf See und Binnenwasserstraßen sowie der COGSA (Carriage of Goods
by Sea Act of the United States of America) für den Seetransport **(Klausel 7.2).**

**d) Vereinbarkeit der Standard Conditions des FBL mit zwingendem deut-** 60
**schem Recht. aa) Allgemeines.** Die Standard Conditions des FBL müssen sich bei Anwendung unter deutschem Recht die Überprüfung nach zwingenden deutschen Rechtsvorschriften gefallen lassen (oben Rn. 54). Davon gehen sie selbst aus **(Klausel 7.1.);** sie sehen auch vor,
dass die Unwirksamkeit einzelnen Bestimmungen die Wirksamkeit der anderen unberührt lässt
**(Klausel 18)**. Soweit eine Bestimmung klar gegen deutsches Recht verstößt, kann eine sog.
**geltungserhaltende Reduktion** der jeweiligen FBL-Regel nicht in Betracht kommen; diese
ist dann nichtig und wird, soweit eine Lücke entsteht, durch die gesetzliche Regelung ersetzt.

---

[46] BGH 29.6.2006, NJW-RR 2006, 466 = TranspR 2006, 466; wegen einer Rechtswahl für die bloße
Teilstrecke eines insgesamt deutschem Recht unterlegenden Vertrages vgl. § 452 Rn. 31.

Soweit eine Ermessensfreiheit in der Beurteilung und eine die Geltung erhaltende Auslegung erwogen werden können, sollte ein großzügiger Maßstab angelegt werden, weil bei den Standard Conditions als international unter Beteiligung der Marktbeteiligten ausgearbeiteten Bedingungen nach § 310 Abs. 1 BGB – wie früher nach § 24 AGBG – „auf die im Handelsverkehr geltenden Gewohnheiten und Gebräuche . . . angemessen Rücksicht zu nehmen" ist. Das FBL ist seit langem weltweit üblicher Standard und sollte wegen der in Deutschland – im Gegensatz zu vielen anderen Rechtsordnungen und über die EG-Richtlinie hinaus – auch für den Handelsverkehr vorgeschriebenen AGB-Kontrolle nicht weitergehend als unvermeidbar beanstandet werden.[47] Dieser Gedanke muss zunächst einmal dazu führen anzuerkennen, dass die Ungültigkeit einzelner Klauseln den Bestand der Regelung im Übrigen nicht beeinträchtigt **(Klausel 18).** Es würde zwar zu weit gehen, die gesamte Regelung als einen ausgewogenen Interessenausgleich anzusehen und deshalb Verstöße einzelner Vorschriften gegen deutsches Recht nicht zu berücksichtigen,[48] doch erscheint eine Großzügigkeit bei Prüfung der allgemeinen Angemessenheitskriterien des BGB angebracht; sie kann allerdings nicht bei Verstößen gegen zwingendes deutsches Recht gelten.[49]

61    Allerdings sind auch schon **nach dem allgemeinen AGB-Recht des BGB** unter dem Gesichtspunkt des **Transparenzgebotes** (§ 307 Abs. 1 Satz 2 BGB) vielfach Widersprüche innerhalb der Regelung bedenklich. So etwa die Paramount-Klausel (7.2), die selbst bei der gebotenen Reduktion auf den Fall bekannten Schadensortes zu Widersprüchen mit dem an sich anwendbaren Teilstreckenrecht führt.

62    Problematischer ist die Vereinbarkeit der Standard Conditions mit dem zwingenden deutschen Transportrecht. Dazu oben Rn. 22 bis 32.[50]

**bb) Unwirksamkeit einzelner Klauseln der FBL-Standard Conditions.** Soweit deutsches Recht anwendbar ist, erscheinen namentlich folgende Klauseln der Standard Conditions bedenklich:[51]

63    – **Klausel 5.2,** die einen Ausschluss der Haftung des Absenders für **ungenügende Verpackung** vorsieht und damit § 427 Abs. 1 Nr. 2 entspricht, erstreckt den Ausschluss auf den Fall, dass ein vom Frachtführer gestellter Container einen Mangel hatte, den der Absender hätte entdecken können; das ist eine (durch AGB) unzulässige Freizeichnung von der gesetzlichen Haftung.[52]

64    – **Klausel 6.2** sieht eine **Haftung des Frachtführers** (nur) bei (vermutetem) **Verschulden** (fault or neglect) des Frachtführers oder seiner Leute vor. § 426 erfordert dagegen den Entlastungsbeweis, dass der Schaden „auch bei größter Sorgfalt" nicht zu vermeiden war; diese Formulierung ist strenger (vgl. § 426 Rn. 4 ff.) und tritt an die Stelle des Maßstabs des FBL.[53]

65    – **Klausel 6.4** stellt eine **Verlustvermutung** nach 90 Tagen seit Liefertermin auf: Auch diese Regelung wird durch die schärfere des Gesetzes (§ 424) ersetzt; zwar ist § 424 HGB an sich dispositiv, doch führt seine Veränderung zu einer Abschwächung der gesetzlichen Haftung.[54]

66    – **Klausel 6.5** dürfte unbedenklich sein hinsichtlich der Ausnahme für **Streik** (Klausel 6.5. Buchst. e), weil dieser in aller Regel ein unabwendbares Ereignis für den Frachtführer sein wird.

---

[47] So schon nach damaligem Recht – bei einer zwingenden Landhaftung auf 80 DM nach KVO – *Herber* TranspR 1990, 4, 13.

[48] Fremuth/Thume/*Fremuth* Art. 2 CMR Anh. III § 452d Rn. 50.

[49] Fremuth/Thume/*Fremuth* Art. 2 CMR Anh. III § 452d Rn. 51.

[50] Vgl. dazu kritisch auch EBJS/*Reuschle* § 452 Rn. 40 ff.; *Koller* § 452 Rn. 49 mwN.

[51] Eingehende Untersuchungen finden sich insbesondere bei *Hoffmann*, FIATA Multimodal Transport Bill of Lading und deutsches Recht, 2002; *ders.* TranspR 2000, 243; *Koller*, GS Helm, 2001, S. 167.

[52] *Hoffmann* TranspR 2000, 243, 246; zweifelnd Fremuth/Thume/*Fremuth* Art. 2 CMR Anh. III § 452d Rn. 27.

[53] So *Hoffmann* TranspR 2000, 243, 246; *Koller* S. 169 f.; unentschieden Fremuth/Thume/*Fremuth* Art. 2 CMR Anh. III § 452d Rn. 28.

[54] *Koller*, GS Helm, S. 169; aA Fremuth/Thume/*Fremuth* Art. 2 CMR Anh. III § 452d Rn. 29, der sich darauf beruft, dass § 424 in § 449 nicht erwähnt ist.

– **Klausel 6.6** enthält die aus den HR übernommene Haftungsfreistellung für **nautisches** 67
**Verschulden** der Schiffsbesatzung und **Feuer.** Ihrer Natur nach kann diese Regelung
nur wirksam werden, wenn der Schaden auf einer Schifffahrtsstrecke eingetreten ist.
Sofern es sich dabei um eine Seestrecke handelt, ist sie nach § 512 Abs. 2 Nr. 1, § 525
Satz 3 auch durch AGB zulässig. Bei einer Binnenschifffahrtsteilstrecke verstößt die Rege-
lung gegen §§ 452a, 428, wenn die Teilstrecke nach deutschem internem Recht zu
beurteilen ist; im Anwendungsbereich der CMNI ist die vertragliche Abbedingung der
Haftung für nautisches Verschulden dagegen zulässig (Art. 25 Abs. 2 Buchst. a CMNI);
die Freizeichnung des FBL für Feuer – mit der einzigen Ausnahme des Verschuldens des
Frachtführers selbst, der sich aber durch den Nachweis der Sorgfalt bei Herstellung der
Fahrtüchtigkeit entlasten kann – wird dagegen nicht vollständig von Art. 25 Abs. 2
Buchst. b CMNI gedeckt, wonach eine Haftung für Feuer auch bei Verschulden des
ausführenden Frachtführers und der Bediensteten bestehen bleiben muss und für mangelnde Fahrtüchtigkeit auch ohne Verschulden einzustehen ist. Deshalb kann auch im
Geltungsbereich der CMNI die Feuer-Klausel nur im Rahmen des Art. 25 Abs. 2
Buchst. b Wirkung entfalten.
– **Klausel 7.2.** enthält die in Seekonnossementen übliche sog. **Paramount-Klausel,** mit 68
der die HR und die VR in den Vertrag einbezogen werden sollen. Das geschieht hier
sehr pauschal und weitreichend. Sie ist unter deutschem Recht jedenfalls unwirksam,
soweit sie sich auf den Fall unbekannten Schadensortes bezieht. Ferner in ihrer Erstreckung auf Binnenschiffstransporte,[55] für die entweder (soweit sie national sind) §§ 425 ff.
oder (soweit sie international sind) §§ 425 ff. oder die CMNI gelten. Für Seetransporte
kann sie wohl nur als Vereinbarung der Freistellung für Schäden durch nautisches Verschulden und Feuer (§ 512 Abs. 2 Nr. 1, § 525 Satz 3) aufrechterhalten werden.
– **Klausel 8.2** erklärt für die **Ermittlung des Wertes** der beschädigten Güter deren Han- 69
delswert am Bestimmungsort für maßgeblich. Das widerspricht § 429, der auf den
Abgangsort abstellt. Die aus dem Seerecht (§ 502) entlehnte Berechnungsmethode ist nur
unbedenklich, wenn über § 452a Seerecht anzuwenden ist; bei unbekanntem Schadensort
oder anderen Teilstreckenrechten gilt § 429.[56]
– **Klausel 8.3** erklärt für alle Multimodalbeförderungen, die eine See- oder Binnenschiff- 70
fahrtsstrecke einschließen, die **Haftungsgrenzen des Seerechts** (2 SZR/kg oder
666,67 SZR je Stück oder Einheit) für anwendbar. Diese Begrenzung soll sowohl für
den Fall unbekannten Schadensortes als auch für den einer Teilstrecke gelten, auf der
nicht entgegenstehendes zwingendes Recht gilt (Klausel 8.6 Buchst. a). Die Regel ist mit
§§ 431, 449 Abs. 2 Satz 1 Nr. 1 nicht vereinbar. Zwar lässt § 449 Abs. 2 Satz 1 Nr. 1 auch
durch ABG eine vertragliche Herabsetzung der Haftungsgrenze auf 2 SZR je kg zu, doch
ist eine Vereinbarung anderer Kriterien als des Gewichtsbezugs für die Beschränkung
nicht zulässig (vgl. § 431 Rn. 26; § 449 Rn. 19). Deshalb ist die Alternativbegrenzung
auf 666,67 SZR nicht wirksam; sie kann auch nicht über § 449 Abs. 2 Satz 1 Nr. 2
aufrechterhalten werden, weil auch die für den Aufsteller ungünstigere Vereinbarung
sich stets nur auf den Haftungsbetrag je kg beziehen darf. Man könnte allerdings Zweifel
haben, ob dann nicht zumindest die Begrenzung auf 2 SZR/kg anwendbar ist; dagegen
spricht jedoch, dass das Korrektiv der Stückbezogenheit von den VR und dem deutschen
Gesetzgeber eingeführt worden ist, um die niedrige Gewichtsbegrenzung zu kompensieren. Wird beides, wie im FBL, einander ergänzend vereinbart, muss § 139 BGB bei
Nichtigkeit eines von den Parteien offenbar für wesentlich gehaltenen Teiles zur Gesamtnichtigkeit – und damit zur Anwendung von § 431, also 8,33 SZR – führen. Zwar ließe
sich dagegen einwenden, dass eine unbedingte Herabsetzung auf 2 SZR/kg zulässig wäre,
doch ist eine solche Vereinbarung eben nicht getroffen worden. Es kommt hinzu, dass
die Vereinbarung zu ihrer Wirksamkeit drucktechnischer Hervorhebung bedürfte, die

---

[55] *Hoffmann* TranspR 2000, 243, 247; Fremuth/Thume/*Fremuth* Anh. III nach Art. 2 CMR § 452d Rn. 32.
[56] *Hoffmann* TranspR 2000, 243, 248; Fremuth/Thume/*Fremuth* Anh. III nach Art. 2 CMR § 452d Rn. 33.

das FIATA-Formular bisher nicht enthält.[57] Der BGH legt diese Formvorschrift sehr streng aus und hat sie stets auch gegenüber handelsüblichen Formularen[58] allgemein und jetzt auch gegenüber dem FBL[59] angewendet; der Wortlaut des Gesetzes gibt auch kaum eine andere Auslegung her.[60] Deshalb muss schon wegen der Strenge des vom Gesetzgeber geforderten Formerfordernisses mit Unwirksamkeit der Herabsetzung bei Anwendbarkeit deutschen Rechts gerechnet werden, so sehr man dies bedauern mag.[61]

71 – **Klausel 8.6 Buchst. a** will bei bekanntem Schadensort **(nur) das gesetzlich zwingend anwendbare Haftungsbegrenzungsrecht der Teilstrecke** anwenden. Dessen Kombination mit gegebenenfalls (nach anwendbarem Recht) abweichendem sonstigem Schadensersatzrecht ist zwar nicht grundsätzlich unmöglich, setzt jedoch voraus, dass das auf die Teilstrecke anwendbare Recht nur hinsichtlich der Haftungsbegrenzung zwingend ist – was kaum vorkommen wird. Nach deutschem innerstaatlichem Recht ist die Klausel jedenfalls durch AGB nicht zulässig.[62]

72 – **Klausel 8.7** begrenzt die **Haftung für Vermögensschäden** (Verspätung und Güterfolgeschäden) auf das Doppelte der Fracht; das ist sehr viel weniger als nach dem Gesetz, wonach bereits für Verspätungsschäden auf das Dreifache der Fracht gehaftet wird (§ 431 Abs. 3) und darüber hinaus für bestimmte andere Vermögensschäden (§ 431, 432, 433). Die Bestimmung ist deshalb unwirksam.[63] Das gilt auch für die **totale Haftungsobergrenze** nach **Klausel 8.8**.

73 – **Klausel 8.9** regelt den **Wegfall der Haftungsbegrenzung** bei besonders schwerem Verschulden. Er entspricht im Maßstab § 435, lässt jedoch nur das Verschulden des Frachtführers selbst, nicht das seiner Leute genügen. Das ist durch AGB unzulässig,[64] außer wenn auf der Teilstrecke des Schadenseintritts Seerecht anwendbar ist, das dieselbe engere Durchbrechungsvorschrift enthält (§ 507 Nr. 1).

74 – **Klausel 10.1** erstreckt den Schutz der Haftungsbeschränkung für **Ansprüche aus unerlaubter Handlung** – über den der „Leute" hinaus – auf **selbständige Erfüllungsgehilfen.** Das geht über § 436 hinaus, wonach nur die Leute, also abhängig Beschäftige, geschützt werden. Gleichwohl ist deren Freistellung nicht zu beanstanden,[65] weil die außervertragliche Haftung der Erfüllungsgehilfen im Frachtrecht nicht geregelt ist. Allerdings muss im Einzelfall eine Prüfung im Rahmen der §§ 305 ff. BGB auf Angemessenheit erfolgen.[66]

75 – **Klausel 16.1 regelt die Schadensanzeige** und verlangt auch bei sofortiger Rüge schriftliche Mitteilung des Empfängers an den (Multimodal-) Frachtführer. Das widerspricht § 438, wonach die Schadensmitteilung formlos, auch durch den Absender und auch gegenüber dem Abliefernden erfolgen kann, welcher nicht mit dem vertragschließenden Frachtführer identisch ist (zB ausführender Frachtführer) (vgl. im Einzelnen § 438 Rn. 14 f.).

---

[57] Eine Änderung ist jedoch zumindest bei den in Deutschland verwendeten Formularen beabsichtigt.
[58] Vgl. BGH 23.1.2003, BGHZ 153, 308 = NJW 2003, 576 = TranspR 2003, 119; vgl. auch OLG Hamburg 19.8.2004, TranspR 2004, 402.
[59] BGH 18.10.2007, TranspR 2007, 472.
[60] So zutreffend *Hoffmann* TranspR 2000, 243, 248; aA Fremuth/Thume/*Fremuth* Art. 2 CMR Anh. III § 452d Rn. 34.
[61] Im Ergebnis ebenso *Hoffmann* TranspR 2000, 243, 248, jedoch nur im Hinblick auf die mangelnde drucktechnische Hervorhebung; zweifelnd und die Vereinbarkeit der Stückhaftung zu Unrecht bejahend Fremuth/Thume/*Fremuth* Art. 2 CMR Anh. III § 452d Rn. 34.
[62] So wohl auch *Hoffmann* TranspR 2000, 243, 248; Fremuth/Thume/*Fremuth* Art. 2 CMR Anh. III § 452d Rn. 36.
[63] *Hoffmann* TranspR 2000, 243, 249; Fremuth/Thume/*Fremuth* Art. 2 CMR Anh. III § 452d Rn. 38, 39.
[64] *Hoffmann* TranspR 2000, 243, 249; Fremuth/Thume/*Fremuth* Art. 2 CMR Anh. III § 452d Rn. 40.
[65] Ebenso im Ergebnis Fremuth/Thume/*Fremuth* Art. 2 CMR Anh. III § 452d Rn. 42, dessen Begründung allerdings nicht überzeugt: Zwar bezieht § 428 selbständige Erfüllungsgehilfen in die Einstandspflicht des Frachtführers für Erfüllungsgehilfen ein, doch privilegiert sie § 436 bewußt nicht, vgl. *Koller* § 436 Rn. 9. Zweifelnd *Hoffmann* TranspR 2000, 243, 251.
[66] Dazu *Koller* § 436 Rn. 9.

Die Bestimmung wird deshalb durch § 438 ersetzt.[67] Gleiches gilt für die Bestimmung über die Schadensanzeige bei verborgenen Schäden **(Klausel 16.2),** bei der eine Anzeige des Absenders genügt, die innerhalb von 7 Tagen (nicht, wie nach FBL: 6 Tagen) abgesendet werden muss.[68] Ferner ist § 452b Abs. 1 Satz 2 zu beachten, nach welchem Frist und Form für den Geschädigten im Einzelfall nicht günstiger sein können als nach § 438 (vgl. § 452b Rn. 3 ff.).

– **Klausel 17** sieht eine **Ausschlussfrist** von 9 Monaten vor, die nur durch Klage gewahrt   76 werden kann. Diese Regelung ist mit § 439 nicht vereinbar,[69] wonach ein (von Amts wegen zu berücksichtigender) Ausschluss nicht vorgesehen ist, sondern nur eine **Verjährung** nach einem Jahr; diese Frist wird zudem bei Leichtfertigkeit auf drei Jahre verlängert (§ 439 Abs. 1 Satz 2) und kann aus verschiedenen Gründen[70] (§ 439 Abs. 3; auch §§ 203–211, 213 BGB) gehemmt werden.

---

[67] Fremuth/Thume/*Fremuth* Art. 2 CMR Anh. III § 452d Rn. 44.
[68] Fremuth/Thume/*Fremuth* Anh. nach Art. 2 CMR § 452d Rn. 45.
[69] *Hoffmann* TranspR 2000, 243, 252; Fremuth/Thume/*Fremuth* Art. 2 CMR Anh. III § 452d Rn. 47.
[70] Zur kumulativen Geltung der Hemmungsgründe vgl. BGH 13.3.2008, TranspR 2008, 467.

# Fünfter Abschnitt. Speditionsgeschäft[*]

## Vorbemerkungen vor § 453

### Übersicht

| | Rn. | | Rn. |
|---|---|---|---|
| I. Literatur | 1 | III. Zur Kommentierung | 6–12 |
| II. Das Speditionsrecht nach dem TRG 1998 | 2–5 | | |

## I. Literatur

Die **Literatur** zum Speditionsrecht ist reichhaltig, im Vergleich zur frachtrechtlichen aber noch überschau- **1** bar. Hier soll ein erster Überblick über das wichtigste und aktuelle Schrifttum, das sich mit dem Speditionsrecht im Ganzen beschäftigt, gegeben werden. Spezialliteratur findet sich jeweils vor den Übersichten zu den einzelnen Paragraphen. Siehe ferner auch das allgemeine Abkürzungsverzeichnis.

**Allgemeine speditionsrechtliche Literatur: 1. Kommentare (insbes. zur Rechtslage nach Inkrafttreten des TRG):** *Andresen / Valder,* Speditions-, Fracht- und Lagerrecht, Loseblatt, seit 2000; *Fremuth / Thume,* Kommentar zum Transportrecht, 2000; *Helm,* Speditionsrecht, 2. Aufl. 1986 – Sonderausgabe der Kommentierung des Speditionsrechts in *Staub,* Großkommentar zum HGB, 4. Aufl.; *Koller,* Transportrecht Kommentar, 8. Aufl. 2013; *Müglich,* Das neue Transportrecht, 1999; *Paschke* in Oetker, Kommentar zum Handelsgesetzbuch, 3. Aufl. 2013; *Rinkler* in EBJS, Handelsgesetzbuch Bd. 2, 2. Aufl. 2009; *Widmann,* Kommentar zum Transportrecht, 3. Aufl. 1999.

**2. Sonstige Buchveröffentlichungen (Auswahl):** *Griesshaber,* Preise, Haftung und Versicherung in der Spedition, 1979; *Helm,* Aktuelle Fragen des deutschen Speditionsrechts, Schriften des Deutschen Vereins für internationales Seerecht, 1978; *Janßen* in Hartenstein/Reuschle, Handbuch des Fachanwalts Transport- und Speditionsrecht, 2. Aufl. 2012, Kap. 7; *Müglich,* Transport- und Logistikrecht, 2002; *Oelfke,* Speditionsbetriebslehre und Logistik, 20. Aufl. 2008; *Ohling,* Export – Import – Spedition, 10. Aufl. 1986; *Piper/Pokrant/Gran,* Transport- und Logistikrecht. Höchstrichterliche Rechtsprechung zum Speditions- und Frachtrecht, 8. Aufl. 2007; *Piper,* Das Recht der Spedition. Zum 100jährigen Jubiläum des Vereins Hamburger Spediteure, 1984; *Schwanke,* Speditions-, Lager- und Frachtrecht, 1988; *Knorre/Demuth/Schmid,* Handbuch des Transportrechts, 2008.

**3. Sonstiges Schrifttum zur Rechtslage nach Inkrafttreten des TRG (Auswahl):** *Griesshaber,* Das gesetzliche Leitbild des Spediteurs und das Speditionsgewerbe, VersR 1998, 31; *de la Motte,* Die Vorschläge des Kommissionsentwurfs für das Speditionsrecht, TranspR 1997, 85; *Valder,* Das künftige Speditionsrecht, TranspR 1998, 51; *ders.,* Die Definition des Speditionsgeschäfts, FG Herber, 1999, S. 171.

## II. Das Speditionsrecht nach dem TRG 1998

Das TRG hat mit 1.7.1998 zu einer Veränderung der Systematik des Vierten Buches **2** geführt: Der Speditionsvertrag ist nicht mehr im unmittelbaren Anschluss an das Kommissionsgeschäft geregelt. Vielmehr hat nunmehr der **Frachtvertrag** im Transportrecht die **„Leitfunktion"** übernommen: Er bildet „den Bezugspunkt für die übrigen transportrechtlichen Geschäfte".[1] Das Speditionsgeschäft wird erst im Anschluss daran geregelt und eng an das Frachtrecht angelehnt (näher dazu Einl. Rn. 49). Eine subsidiäre Heranziehung des Kommissionsrechts soll nicht mehr erfolgen. Die als geeignet angesehenen Vorschriften wurden unmittelbar in das Speditionsrecht integriert;[2] so wurde etwa § 392 zum Vorbild für den neuen § 457 genommen. Verbleibende **Lücken** sind mit den geschäftsbesorgungsrechtlichen Vorschriften des BGB zu füllen.[3]

Obwohl aus diesem Grund für manche Fragen nur auf konkrete frachtrechtliche Vor- **3** schriften verwiesen wird, ist das Speditionsgeschäft (§§ 453–466) ausführlicher als bisher

---

[*] Das Manuskript wurde Anfang Mai 2013 fertiggestellt und im Oktober 2013 aktualisiert. Für wertvolle Mithilfe danke ich meinem ehemaligen wissenschaftlichen Mitarbeiter Mag. *Michael Haider.* (Der Autor selbst ist zu erreichen unter peter.bydlinski@uni-graz.at.)

[1] RegE BT-Drucks. 13/8845 S. 24.

[2] RegE BT-Drucks. 13/8845 S. 106.

[3] Aus diesem Grund wurden etwa noch vom RegE vorgesehene Regelungen über Aufwendungsersatz, Auskunftspflichten und die Herausgabe des Erlangten als überflüssig wieder gestrichen: Rechtsausschuss BT-Drucks. 13/10014 S. 52.

geregelt: So wurden vor allem die **Rechte und Pflichten der Beteiligten** weitgehend gesetzlich konkretisiert (siehe insbes. die §§ 454, 455), wobei zum Teil Klauseln der bisherigen ADSp als Vorbild dienten. Auch aus diesem Grund sind die neuen ADSp („ADSp 2003", Abdruck S. 1266 ff.) gegenüber dem früheren Bedingungswerk (ADSp '93) deutlich knapper ausgefallen.

4    An der Einordnung des Spediteurs als eines **fremdnützigen Geschäftsbesorgers** wollte das TRG nicht rühren (siehe § 453 Rn. 14). Allerdings muss es in Detailfragen fast zwangsläufig zu Problemen kommen, wenn ein derartiger Vertragstyp inhaltlich nach dem rein werkvertraglich ausgestalteten Frachtrecht konzipiert wird[4] (siehe etwa zur Aufwendungsersatzvorschrift des § 455 dort Rn. 20).

5    Wesentlich verändert wurde die **Haftung des Spediteurs:** Der Grundsatz einer Haftung für vermutetes Verschulden wurde zwar beibehalten (§ 461 Abs. 2). Für in der **Obhut des Spediteurs** beschädigtes oder verloren gegangenes Gut greift hingegen − wie im Frachtrecht − eine **verschuldensunabhängige** Einstandspflicht ein (§ 461 Abs. 1), die allerdings schon von Gesetzes wegen beschränkt ist; ausführlicher dazu bei § 461. Zugleich ist an die Verletzung bestimmter Nebenpflichten auch eine **Versenderhaftung ohne Verschulden** geknüpft (§ 455 Abs. 2; dazu dort Rn. 11 ff.).

### III. Zur Kommentierung

6    Das **Schwergewicht** der Kommentierung liegt bewusst bei den **speditionsrechtlichen Grundfragen** und damit bei den **§§ 453–466 HGB.** Auch auf die Einbindung dieser Vorschriften in das übrige Zivil- und Handelsrecht wurde besonderer Wert gelegt.

7    Das dispositive Speditionsrecht hat trotz verbreiteter Einbeziehung der ADSp (oder anderer Klauselwerke; s. Rn. 8) zumindest aus den folgenden Gründen große Bedeutung: Erstens stellt es den wesentlichen Maßstab bei der Klauselprüfung dar (vgl. nur § 307 BGB); zweitens ist es alleine heranzuziehen, wenn die ADSp nicht eingreifen, wie regelmäßig gegenüber nichtkaufmännischen Versendern (vgl. Nr. 2.4 ADSp), uU gegenüber ausländischen Versendern (vgl. nur Vorbem. ADSp Rn. 13 f. mwN) oder bei ausdrücklichem Ausschluss der Einbeziehung durch (Groß-)Versender; drittens dann, wenn sie für eine Rechtsfrage keine Regelung enthalten.

8    Mit dem TRG ist die Bedeutung der **ADSp** deutlich gesunken; auch seine Alleinstellung hat das Bedingungswerk mittlerweile verloren (s. bereits ErgBd. 7a Vor Ziff. 1 ADSp Rn. 9 aE). Einzelne ADSp-Klauseln werden an passender Stelle in der Kommentierung des HGB-Speditionsrechts mitberücksichtigt. Siehe ferner die umfangreichen Vorbemerkungen zu den ADSp 2003 S. 1213 ff.

9    Da die §§ 453 ff. HGB die speditionsrechtlichen Probleme nach wie vor nicht umfassend regeln, ergab sich die für die Behandlung einzelner Fragenkreise am besten passende Stelle nicht immer von selbst. Dies gilt insbesondere für § 453 und § 456. Die Kommentierung von **§ 453** enthält neben einem Überblick vor allem Näheres zu Abschluss, Inhalt und Beendigung des Speditionsvertrages sowie zu Abgrenzungsfragen. Bei **§ 456** wird nicht nur die Fälligkeit der Spediteuransprüche erörtert; vielmehr werden dort der „Vergütungsanspruch" schlechthin − der sonst nur kurz in § 453 Abs. 2 Erwähnung findet − sowie die speditionellen Aufwendungsersatzansprüche behandelt.

10   Manche Normen des Speditionsrechts (insbes. die §§ 461 Abs. 1, 463 und 464) beinhalten im Wesentlichen oder doch weit gehend bloß **Verweisungen auf frachtrechtliche Bestimmungen.** Daher kann zu vielen Fragen pauschal auf die (meist) ausführlicheren Kommentierungen dieser frachtrechtlichen Vorschriften verwiesen werden.

11   Die Kommentierung des Speditionsrechts befindet sich im Wesentlichen auf dem **Stand vom 1.10.2013.** Insbesondere wurden alle Änderungen berücksichtigt, die das Gesetz zur

---

[4] Insgesamt wenig hilfreich die Aussage von *de la Motte* TranspR 1997, 85, 86, die Spedition sei nunmehr eine „von der Kommission losgelöste eigene Dienstleistung".

Reform des Seehandelsrechts vom 20. April 2013 (BGBl. 2013 I Nr. 19, ausgegeben am 24.4.2013 – in der Folge zitiert als „SRG") mit sich gebracht hat.[5]

Die gesetzlichen Regeln der §§ 453 ff. HGB entsprechen heute zwar nur mehr ausnahms- **12** weise den Vorläuferbestimmungen des ADHGB. Soweit dies aber noch der Fall ist, sind für die Auslegung die **Materialien zum ADHGB** nach wie vor von Bedeutung. Beachtung verdienen dabei insbesondere der Entwurf eines Handelsgesetzbuches für die preußischen Staaten, Berlin 1857 (Text S. 52–57, Motive S. 148–167), die Protokolle eines allgemeinen deutschen Handelsgesetzbuches, 2. Band 1858 (erste Lesung, S. 751–781) und 3. Band 1858 (zweite Lesung, S. 1216–1229). Zur **Urfassung des HGB** siehe die Denkschrift zum Entwurf eines Handelsgesetzbuchs in *Hahn/Mugdan* (Hrsg.), Die gesammelten Materialien zu den Reichs-Justizgesetzen, 6. Band: Materialien zum Handelsgesetzbuch, Berlin 1897 (S. 390–395).

## § 453 Speditionsvertrag

**(1) Durch den Speditionsvertrag wird der Spediteur verpflichtet, die Versendung des Gutes zu besorgen.**

**(2) Der Versender wird verpflichtet, die vereinbarte Vergütung zu zahlen.**

**(3) [1]Die Vorschriften dieses Abschnitts gelten nur, wenn die Besorgung der Versendung zum Betrieb eines gewerblichen Unternehmens gehört. [2]Erfordert das Unternehmen nach Art oder Umfang einen in kaufmännischer Weise eingerichteten Geschäftsbetrieb nicht und ist die Firma des Unternehmens auch nicht nach § 2 in das Handelsregister eingetragen, so sind in Ansehung des Speditionsgeschäfts auch insoweit die Vorschriften des Ersten Abschnitts des Vierten Buches ergänzend anzuwenden; dies gilt jedoch nicht für die §§ 348 bis 350.**

**Schrifttum:** Siehe zunächst Vor § 453 Rn. 1; ferner *Bischof,* Änderungen des HGB-Speditionsrechts, VersR 1979, 691; *Bodis,* Die Routing order – Gedanken zum Speditionsvertrag, TranspR 2009, 5; *Fremuth,* Gerichtsstände im grenzüberschreitenden Speditions- und Landfrachtrecht, TranspR 1983, 35; *Gass,* Der Speditionsvertrag im internationalen Handelsverkehr unter besonderer Berücksichtigung der deutschen Spediteurbedingungen, Diss. Tübingen 1991; *Koller,* Die Abgrenzung zwischen Speditions- und Frachtverträgen, NJW 1988, 1756; *Koller,* CMR und Speditionsrecht, VersR 1988, 556; *Mankowski,* Kollisionsrechtsanwendung bei Güterbeförderungsverträgen, TranspR 1993, 213; *de la Motte,* DDR-Speditionsrecht im Übergang, TranspR 1990, 326; *Lau,* Probleme internationaler und örtlicher Zuständigkeit im Speditionsrecht, VersR 1986, 809; *Piper,* Aus der Rechtsprechung des I. Zivilsenats zum Urheberrecht und gewerblichen Rechtsschutz (außer Patentrecht) sowie zum Handelsvertreter-, Speditions- und Frachtrecht, DRiZ 1990, 366, 370; *Rabe,* Der Spediteur „as agents of the shipper", TranspR 1988, 51; *Schwenzer,* Einbeziehung von Spediteurbedingungen sowie Anknüpfung des Schweigens bei grenzüberschreitenden Verträgen, IPRax 1988, 86.

### Übersicht

|  | Rn. |  | Rn. |
|---|---|---|---|
| **A. Grundbegriffe: Spediteur – Speditionsgeschäft – Speditionsgewerbe** .. | 1–8 | b) Zuordnungskriterien ............ | 19, 20 |
|  |  | c) Bedeutung der Einordnung ........ | 21, 22 |
| **B. Wirtschaftlicher Hintergrund** .... | 9, 10 | 3. Einzel- oder Dauervertrag ........... | 23, 24 |
|  |  | 4. Vertrag zugunsten Dritter ............ | 25 |
| **C. Speditionsvertrag** ................ | 11–99 | 5. Synallagmatischer Vertrag ............ | 26 |
| **I. Begriff** ............................ | 11–16 | **III. Zustandekommen** ................ | 27–31 |
| **II. Rechtsnatur** ........................ | 17–26 | 1. Grundsatz .......................... | 27, 28 |
| 1. Konsensualvertrag .................... | 17 | 2. Abschluss durch Schweigen .......... | 29–31 |
| 2. Entgeltliche Geschäftsbesorgung: Dienst- oder Werkvertrag ........... | 18–22 | **IV. Beteiligte Personen** .............. | 32, 33 |
| a) Mögliche Einordnungsvarianten ... | 18 | **V. Wesentlicher Inhalt** ................ | 34–41 |

[5] Die unmittelbar das Speditionsrecht betreffenden Änderungen finden sich auf S. 835 des zitierten BGBl., die Erläuterungen zum Gesetzentwurf der Bundesregierung in der BT-Drucks. 17/10309 v. 12.7.2012, S. 60 f.

                                    Rn.                                                    Rn.
1. Grundsatz .......................... 34          IV. Gewerbsmäßigkeit ............... 136
2. Für den Speditionsvertrag zwingende             V. Entgeltlichkeit .................... 137, 138
   Pflichten ........................... 35, 36     F. Pflichten und Rechte des Spedi-
3. Hauptpflichten und Nebenpflichten ..  37–39        teurs im Überblick ............... 139–154
4. Versendung als Nebenpflicht eines               I. Vorvertraglicher Bereich .......... 139–151
   anderen Vertrages ................... 40, 41     1. Grundsätzliches ................... 139
VI. Abgrenzung von anderen Ver-                    2. Güterüberlassung ohne Vertrags-
   tragsarten ......................... 42–66          schluss ......................... 140–147
1. Frachtgeschäft .................... 42–60        a) Das Problem ................... 140
   a) Bedeutung der Unterscheidung .... 42         b) Zusendung von Gütern an einen
   b) Grundsätzliches .................. 43, 44        Spediteur ohne vorherigen Kon-
   c) Bedeutung des „Haftungswillens" .  45           takt ......................... 141–143
   d) Einzelaspekte ................... 46–58       c) Güterüberlassung nach Vorkon-
   e) Verbleibende Zweifelsfälle ......... 59, 60     takt ......................... 144
2. Kommissionsgeschäft ................. 61         d) Güterüberlassung auf Grund nichti-
3. Maklergeschäft ...................... 62            gen Vertrages ................... 145–147
4. Reisevermittlung .................... 63         3. Weitere Pflichten in contrahendo .... 148–151
5. Lohnfuhrvertrag .................... 64          II. Vertragspflichten ................. 152
6. Chartervertrag ..................... 65          III. Nachvertragliche Pflichten ...... 153
7. Versendungskauf .................... 66          IV. Rechte des Spediteurs im Über-
VII. Als „Spedition" bezeichnete                       blick ............................ 154
   Geschäftstypen ..................... 67–99       G. Verhältnis der Vertragspartner zu
1. Allgemeines ........................ 67             Dritten .......................... 155–161
2. Einzelfälle ......................... 68–99      I. Allgemeines ...................... 155, 156
D. Rechtsquellen des Speditions-                   II. Verhältnis zwischen Versender
   rechts ............................. 100–105        und Frachtführer ................. 157
I. Allgemeines ....................... 100          III. Verhältnis zwischen Versender
II. Vertragliche Vereinbarungen .... 101, 102         und Empfänger ................... 158
III. Gesetzliche Vorschriften ....... 103–105      IV. Verhältnis zwischen Spediteur
E. Die einzelnen Elemente des Spedi-                  und Empfänger ................... 159–161
   tionsgeschäfts (§ 453 Abs. 1) ........ 106–138   H. Beendigung des Speditionsvertra-
I. Besorgung der Güterversendung .  106–108           ges ............................. 162–187
1. Besorgung der Versendung .......... 106          I. Denkbare Beendigungsgründe .... 162–164
2. Von Gütern ....................... 107           II. Kündigung durch Versender ..... 165–172
3. Art des Transports ................. 108         1. Terminologie ..................... 165
II. Abschluss im eigenen oder im                    2. Bestehen eines Kündigungsrechts .. 166, 167
   fremden Namen ..................... 109–132       3. Erlöschen des Kündigungsrechts ... 168–172
1. Grundsätzliches ................... 109–111      a) Problematik ................... 168
2. Auslegung des Speditionsvertrages ... 112–114   b) Lösungsansatz ................. 169, 170
3. Auslegung des Frachtvertrages ....... 115–125   c) Bei Selbsteintritt ............. 171, 172
   a) Grundsatz ..................... 115–118       III. Kündigung durch Spediteur ..... 173–177
   b) Auftreten als Berufsspediteur ...... 119      1. Ordentliches gesetzliches Kündigungs-
   c) Nennung des Versenders als Absen-                 recht ......................... 173–175
      der ........................... 120–122       2. Kündigungsrecht aus besonderen
   d) Spediteur als Absender in den                     Gründen kraft Gesetzes .............. 176, 177
      Frachtpapieren .................. 123          IV. Folgen von Tod, Liquidation
   e) Stellvertretung oder Vertrag zuguns-             und Konkurs des Versenders ........ 178–180
      ten Dritter ...................... 124, 125    1. Tod ............................. 178
4. Rechtsfolgen bei Abweichen vom ver-             2. Liquidation ...................... 179
   einbarten Auftreten ............... 126–132      3. Insolvenz ........................ 180
   a) Spediteur tritt als Stellvertreter auf  126–130  V. Folgen von Tod, Liquidation und
   b) Zum Handeln in fremdem Namen:                   Konkurs des Spediteurs .............. 181–187
      Beauftragter tritt als Spediteur im           1. Tod ............................. 181–184
      eigenen Namen auf .............. 131, 132
III. Handeln auf fremde oder eigene
   Rechnung .......................... 133–135

|  |  | Rn. |
| --- | --- | --- |
| 2. Liquidation | | 185 |
| 3. Insolvenz | | 186, 187 |
| I. Speditionsverträge und allgemeines Handelsrecht (§§ 343 ff.) | | 188 |
| J. Übernahme speditioneller Pflichten durch Nichtgewerbetreibende | | 189, 190 |
| K. Überblick über wichtige Dokumente des Speditionsgeschäfts | | 191–199 |
| I. Grundsätzliches | | 191–193 |
| II. Vom Spediteur ausgestellte Papiere | | 194–197 |
| 1. Allgemeines | | 194 |

|  |  | Rn. |
| --- | --- | --- |
| 2. Die von der FIATA empfohlenen Papiere | | 195 |
| 3. Spediteurquittung | | 196 |
| 4. Bordero | | 197 |
| III. Dokumente ausführender Unternehmer | | 198, 199 |
| L. Internationales Speditionsrecht | | 200–209 |
| I. Das anwendbare Recht | | 200–205 |
| II. Gerichtsstände | | 206–208 |
| III. Zuständigkeit und anwendbares Recht | | 209 |

## A. Grundbegriffe: Spediteur – Speditionsgeschäft – Speditionsgewerbe

Im allgemeinen Sprachgebrauch wird unter einem Spediteur ein Transportunternehmer **1** verstanden. Der im HGB verwendete Rechtsbegriff „Spediteur" weicht davon ab (Rn. 2). Dies kann leicht zu Unklarheiten führen; auch deshalb, weil mit dem engeren gesetzlichen Begriff bloß ein Teilbereich der Geschäftstätigkeit erfasst ist, die die im Spedition**sgewerbe** (Rn. 7) tätigen Unternehmer entfalten. Es erscheint daher grundsätzlich auch und gerade aus rechtlicher Sicht angebracht, zwischen „Spediteur", „Speditionsgeschäft" und „Speditionsgewerbe" zu unterscheiden.[1]

§ 453 definiert nunmehr den **Vertragstypus,** nicht so wie § 407 aF den (Berufs-)Spedi- **2** teur. Für die **Anwendbarkeit der §§ 454 ff.** genügt es, dass der Spediteur ein gewerbliches Unternehmen betreibt, in dessen Rahmen er den Speditionsvertrag schließt. Die Sonderregeln des Speditionsgeschäfts rechtfertigen sich auf Grund der besonderen Pflichten- und Interessenlage der Beteiligten. Sie sollen daher nicht nur dann anwendbar sein, wenn der Spediteur Kaufmann ist. Deshalb wird darauf abgestellt, dass jemand die Besorgung der **Versendung im Rahmen seines gewerblichen Unternehmens** übernimmt (Abs. 3 Satz 1).[2] Nicht nötig ist dabei, dass derartige Pflichten regelmäßig („gewerbsmäßig") übernommen werden: Auch ein Lagerhalter, der ausnahmsweise einen solchen „Versendungsbesorgungsvertrag" schließt, wird nach den §§ 454 ff. behandelt.

Ist der zur Besorgung der Versendung Verpflichtete hingegen **kein Gewerbetreibender** **3** oder übernimmt er die entsprechenden Pflichten unabhängig von seinem Gewerbe, so stellt sich die Frage, ob und inwieweit einzelne Regelungen des Speditionsgeschäfts analog herangezogen werden können; Alternative wäre die Anwendung schlichten Geschäftsbesorgungsrechts (siehe Rn. 189 f.).

Betreibt jemand **gewerbsmäßig** diese Art der Geschäftsbesorgung, erlangt er dadurch **4** ipso iure die Kaufmannseigenschaft, sofern das Unternehmen nach Art oder Umfang einen in kaufmännischer Weise eingerichteten Geschäftsbetrieb erfordert (vgl. § 1 Abs. 2).

Als Berufsspediteur wird im Wirtschaftsleben auch der **„ADSp-Spediteur"** bezeichnet; **5** dieser schließt ebenfalls gewerbsmäßig Speditionsverträge, darüber hinaus aber auch andere Geschäfte, vor allem Transport- und Lagergeschäfte (vgl. Nr. 2.1 ADSp).

Das **Speditionsgeschäft** (der Speditionsvertrag) ist ein Geschäftsbesorgungsverhältnis **6** mit der Verpflichtung, eine **Güterversendung** zu besorgen, also die Beförderung (bloß) **zu organisieren** (vgl. § 454 Abs. 1). Es verpflichtet damit entgegen dem allgemeinen Sprachgebrauch nicht zum Transport selbst (Details Rn. 34 ff. sowie 43 ff.).

Zum Pflichtenkreis im **Speditionsgewerbe** zählen auch andere Verrichtungen, die ein **7** **Berufsspediteur** üblicherweise immer wieder übernimmt, so vor allem die Pflichten zur

---

[1] *Karsten Schmidt* HandelsR § 33 I 2.
[2] Zustimmend etwa *Bydlinski* ZIP 1998, 1169, 1174; *Bülow/Artz* JuS 1998, 680, 681.

Lagerung und zum Transport (sog. **Gemischtbetrieb**).[3] Was im Einzelnen dazu gehört, ergibt sich teilweise aus **Nr. 2.1 ADSp.** Dadurch erfolgt wieder eine Annäherung an den allgemeinen Sprachgebrauch, der insbesondere die Beförderung zu den Pflichten zieht, während das HGB streng zwischen Speditionsgeschäft (§§ 453 ff.) und Frachtgeschäft (§§ 407 ff.) unterscheidet.

8      Der weitergehende Begriff des Speditionsgewerbes erhält gerade über die Vorschrift der Nr. 2.1 ADSp rechtliche Relevanz: Soweit gesetzlich zulässig, werden dadurch nämlich die Regelungen der ADSp auch für andere Verrichtungen des Spediteurs als die Besorgung der Güterversendung anwendbar (vgl. Nr. 2.5 ADSp).

## B. Wirtschaftlicher Hintergrund

9      Wirtschaftlichen Anstoß zum Abschluss eines Speditionsvertrages gibt immer der Wunsch einer Person, Güter sicher, schnell und kostengünstig von einem Ort an einen anderen zu verbringen. Selbsttransport scheidet häufig aus; unmittelbare Betrauung eines Transporteurs scheitert etwa am Wissen, wer für bestimmte Güter oder bestimmte Transportrouten besonders geeignet ist. Der Spediteur bietet nun gerade für solche Fälle seine Hilfe an: Er erbringt gegen Entgelt fremdnützige Organisationsleistungen auf dem Transportmarkt[4] (zu den Aufgaben des Spediteurs im Einzelnen Rn. 34 sowie bei § 454, insbes. Rn. 1 ff.). Man hat ihn daher auch als **„Transportkommissionär"** bezeichnet[5] (siehe nun allerdings auch Vor § 453 Rn. 2).

10     Speditionstätigkeit im engen Sinn des § 453 Abs. 1, also „Geschäftsbesorgungstätigkeit vom Schreibtisch aus", findet man heutzutage praktisch nur noch in den Seehäfen.[6]

## C. Speditionsvertrag

### I. Begriff

11     Der Speditionsvertrag enthält inhaltlich nach der gesetzlichen Definition (aus der Sicht des Spediteurs) folgende **Merkmale;** sind sie erfüllt, greifen die §§ 454 ff. ein:
– Verpflichtung zur Besorgung der Güterversendung
– gegen Entgelt
– im Betrieb (s)eines gewerblichen Unternehmens.

12     Im Gegensatz zu § 407 aF enthält die Definition **nicht** mehr die Einschränkungen „für Rechnung eines anderen" und „in eigenem Namen". Zur Streichung des alten Tatbestandsmerkmals „in eigenem Namen" siehe § 454 Rn. 106; zu den Folgen eines Handelns des Spediteurs als Stellvertreter hier Rn. 126 ff.

13     Das Begriffsmerkmal **„Handeln für fremde Rechnung"** war vor dem TRG Ausdruck dafür, dass der Speditionsvertrag als Sonderform des Kommissionsgeschäfts ausgestaltet war. Bei gewissen – in der Praxis sogar dominierenden[7] – Sonderformen, namentlich bei der Spedition zu festen „Kosten" (s. nunmehr § 459), konnte dieser Ansatz aber nicht durchgehalten werden. In diesen Fällen handelte der Spediteur auf eigene Rechnung (vgl. 1. Aufl. § 413 Rn. 24). Gleiches sah § 413 Abs. 2 aF ausdrücklich für die

---

[3] *Karsten Schmidt* HandelsR § 33 I 2 c bezeichnet den Spediteur (iwS) denn auch als „Allround-Unternehmer des Warenumschlags". Dazu, welche Dienstleistungen (bis hin zur Einschaltung in die betriebliche Beschaffungs- oder Vertriebslogistik des Auftraggebers) im Einzelnen mit dem Speditionsgewerbe verbunden sein können, *Oelfke* S. 3, 55 ff.

[4] Vgl. nur *Koller* Rn. 3.

[5] Vgl. *Karsten Schmidt* HandelsR § 33 II 2 a.

[6] Vgl. *Oelfke* S. 4.

[7] *Helm* §§ 407–409 Rn. 5, 199. Diese Entwicklung ist schon daran zu erkennen, dass die weitaus meisten der jüngeren speditionsrechtlichen Entscheidungen zu den ADSp und den §§ 412 f. aF bzw. den §§ 458 ff. ergingen bzw. ergehen.

Sammelladungsspedition vor (dazu nunmehr § 460). Da die eigentliche Geschäftsbesorgungsspedition (für fremde Rechnung gegen Provision) im heutigen Wirtschaftsleben nicht mehr den Regelfall darstellt, wurde das Handeln für fremde Rechnung als Tatbestandsmerkmal des Speditionsvertrages in der letzten Phase des Gesetzgebungsverfahrens gestrichen.[8]

Damit könnte möglicherweise in Zweifel gezogen werden, ob der Spediteur noch **14** ohne weiteres als **fremdnütziger Geschäftsbesorger** angesehen werden kann.[9] An dieser prinzipiellen Einordnung wollte das TRG jedoch nichts ändern. Wird der Spediteur auf fremde Rechnung tätig, so besteht daran ohnehin kein Zweifel (siehe insbesondere § 457 Satz 2). Doch auch ansonsten, etwa bei der Spedition zu „fixen Kosten" (§ 459), besorgt der Spediteur grundsätzlich fremde Geschäfte. Der Regierungsentwurf hat die Spedition ausdrücklich weiterhin als „handelsrechtlichen Sonderfall des Geschäftsbesorgungsvertrages" konzipiert.[10] Für diese Sicht spricht neben § 453 Abs. 1 selbst („besorgen"; dazu Rn. 106) etwa auch § 454 Abs. 4. Abweichendes gilt uU – vor allem bei der Spedition zu festen Kosten nach § 459 – allein für die Vergütungsfrage (s. § 459 Rn. 1). Doch auch dann bleiben die übrigen geschäftsbesorgungsrechtlichen Pflichten vollständig aufrecht.

Abs. 2 regelt nach dem bekannten Vorbild des BGB (siehe nur § 433 Abs. 2 BGB) die **15** Selbstverständlichkeit, dass der Versender die **vereinbarte Vergütung** zu bezahlen hat. Aus der insoweit etwas missverständlichen Formulierung „vereinbarte Vergütung" darf nicht geschlossen werden, mangels vereinbarter (konkreter) Vergütung sei kein Entgelt zu entrichten. Vielmehr ergeben sich die grundsätzliche Entgeltspflicht („auch ohne Verabredung") sowie die Entgeltshöhe („nach dem an dem Orte üblichen Sätzen) aus § 354. Eine ausdrückliche Entgeltlichkeitsabrede muss bei Vertragsschluss also nicht getroffen werden. Im Ergebnis gilt Gleiches für jene Übernehmer von Speditionspflichten, auf die § 354 keine Anwendung findet (dazu Rn. 189 f.): Die Entgeltlichkeitsvermutung folgt dann aus § 632 BGB (bzw. § 612 BGB). Der Oberbegriff „Vergütung" soll weiter als der bisherige Provisionsbegriff reichen.[11] Näher zum Vergütungsanspruch bei § 456.

Ob die **Entgeltlichkeit,** die § 453 Abs. 2 nunmehr besonders erwähnt, zwingender **16** Bestandteil des Vertragstyps „Spedition" ist, erscheint zweifelhaft. Näher dazu Rn. 138.

## II. Rechtsnatur

**1. Konsensualvertrag.** Speditionsgeschäfte sind **Konsensualverträge.**[12] Sie werden **17** also (bereits) durch Willensübereinstimmung wirksam, nicht etwa (erst) durch Übergabe des Speditionsguts oÄ. Für die prinzipielle Anwendbarkeit der §§ 453 ff. kommt es daher nur auf die Einigung an; ob mit der Durchführung schon begonnen wurde, ist insoweit irrelevant.

**2. Entgeltliche Geschäftsbesorgung: Dienst- oder Werkvertrag. a) Mögliche** **18** **Einordnungsvarianten.** Von seinem Inhalt her ist der Speditionsvertrag eine **Sonderform der entgeltlichen Geschäftsbesorgung.** Daher findet auf ihn **§ 675 BGB** einschließlich der dort genannten Auftragsvorschriften Anwendung,[13] sofern diese Bestimmungen nicht durch vorrangige HGB-Regelungen verdrängt sind. Zumindest zum früheren

---

[8] Rechtsausschuss, Begründung BT-Drucks. 13/10014 S. 52. In diese Richtung schon *Griesshaber* VersR 1998, 31 f., der sogar meint, der fremdnützig tätig werdende Spediteur sei schon lange eine Fiktion.

[9] So noch ausdrücklich RegE BT-Drucks. 13/8445 S. 30.

[10] BT-Drucks. 13/8445 S. 105: fremdnützige Geschäftsbesorgung ist essentielles Abgrenzungsmerkmal gegenüber anderen Vertragstypen.

[11] RegE BT-Drucks. Nr. 13/8845 S. 106.

[12] Zur Abschaffung des letzten im deutschen Recht noch existierenden Realvertrags durch das SMG MüKoBGB/*Emmerich* § 311 Rn. 9.

[13] Nach *Koller* ZIP 1985, 1243 ff.; *dems.* Rn. 38 soll auf Speditionsverträge auch die in § 675 BGB (bewusst) nicht genannte Norm des § 664 BGB Anwendung finden.

Recht war die Zuordnung zu Dienst- oder Werkvertrag (vgl. § 675 BGB) umstritten; die Rechtsprechung dazu ist uneinheitlich,[14] ebenso die Lehre.[15] Auch die Behandlung als entgeltliche Geschäftsbesorgung sui generis mit dienst- und werkvertraglichen Elementen wurde vorgeschlagen.[16]

**19**    **b) Zuordnungskriterien.** Der Provisionsanspruch des Spediteurs ist zwar ohne Zweifel erfolgsbezogen (näher § 456 Rn. 8). Für den Werkvertrag wäre aber darüber hinaus eine Verpflichtung zur Herbeiführung eines bestimmten Erfolges nötig (§ 631 Abs. 2 BGB), während der Dienstnehmer bloß (sorgfältiges) Tätigwerden schuldet.

**20**    Für den üblichen Einzelspeditionsvertrag, den § 453 Abs. 1 im Auge hat, ist eine **werkvertragliche Einordnung** zu befürworten. Der Spediteur kann sich vor Vertragsschluss überlegen, ob er zur gewünschten Versendung imstande ist. Schließt er ohne Einschränkungen ab, übernimmt er damit im Zweifel (unter anderem) die Pflicht, einen näher umschriebenen Frachtvertrag abzuschließen. Das ergibt sich seit dem TRG ganz deutlich aus § 454 Abs. 1 Nr. 2: Für die **Organisationsleistungen,** namentlich für den besonders bedeutsamen Abschluss eines Frachtvertrages sieht diese Norm ausdrücklich eine **Abschlusspflicht** vor (ebenso Nr. 2.2 ADSp). Damit ist der Speditionsvertrag zumindest nach dispositivem Recht **erfolgsbezogen** ausgestaltet, also **Werkvertrag.**[17] Der Transporterfolg (Gelangen des Gutes an den Bestimmungsort) ist bei gewöhnlicher Spedition allerdings nicht geschuldet, da sonst ein Frachtvertrag vorläge (anders zB bei Selbsteintritt: dazu § 458 Rn. 62 ff.). Wird dem Spediteur die Herbeiführung eines geschuldeten Erfolges (zB Abschluss eines Frachtvertrages mit einem geeigneten Frachtführer) in der Folge ohne sein Verschulden unmöglich, trifft ihn auch keine Ersatzpflicht (vgl. die §§ 275, 326 BGB). In Einzelfällen kann Vertragsauslegung aber auch eine bloße Bemühungspflicht ergeben: so, wenn der Versender ein Kostenlimit setzt und/oder der Spediteur deutlich macht, dass die gewünschte Versendung (Transportmittel, Wegstrecke usw.) nicht ohne weiteres möglich ist.[18] Dieser Gedanke könnte auch Grund dafür sein, dass bei Dauerverträgen (Rn. 24) von einem Dienstvertrag ausgegangen wird.[19] Entscheidend ist nach allem immer der individuelle Vertrag in seiner konkreten Ausgestaltung. Jedenfalls die mechanische Heranziehung aller Spezialvorschriften des Werk- oder Dienstvertragsrechts je nach Einordnung „der Spedition" ist abzulehnen. Vielmehr muss bei jeder Einzelvorschrift geprüft werden, ob sie auch für den besonderen Erfolg „Versendung" passt. Fallweise könnten auch die Normen des allgemeinen Schuldrechts die geeigneteren Regelungen enthalten.[20]

**21**    **c) Bedeutung der Einordnung.** Die Einordnungsfrage kann dann bedeutsam werden, wenn für einen bestimmten Fall Sondervorschriften im Speditions-, Kommissions- und Geschäftsbesorgungsrecht fehlen, weshalb auf noch allgemeinere gesetzliche Vorschriften zurückgegriffen werden muss (ein Überblick über die zu beachtenden Rechtsquellen findet sich in den Rn. 103–105). Die praktische Bedeutung der regelmäßigen Einordnung ist damit nicht allzu groß.[21] Viele wichtige Vorschriften des Werkvertragsrechts – so etwa die Gewährleistungsregeln – sind auf solche Verpflichtungen nicht zugeschnitten und daher als unpassend unanwendbar.[22] Dieses Argument trifft ebenso die von persönlicher Abhängigkeit ausgehenden Vorschriften des Dienstvertragsrechts; die vergleichbare Interessenwah-

---

[14] RG 22.12.1924, RGZ 109, 85, 87 (Dienstvertrag); RG 2.12.1925, RGZ 112, 149, 151 (Werkvertrag); RG 22.9.1926, RGZ 114, 308, 312 (offen gelassen).

[15] Für Werkvertrag (§§ 631 ff. BGB) etwa *Heymann/Joachim* Rn. 4 (sofern nicht Dauerschuldverhältnis – dann Dienstvertrag); *Koller* Rn. 39; *Canaris* § 31 Rn. 70; *Karsten Schmidt* HandelsR § 33 II 1 b; Baumbach/Hopt/*Merkt* Rn. 5 (sofern nicht Dauervertrag); für Dienstvertrag (§§ 611 ff. BGB) etwa Schlegelberger/*Schröder* § 407 Rn. 10; bei Vorliegen eines Dauervertrags auch Baumbach/Hopt/*Merkt* Rn. 5; *Koller* Rn. 39.

[16] *Helm* §§ 407–409 Rn. 7.

[17] Wie hier etwa *Koller* Rn. 39; *Heymann/Joachim* Rn. 4.

[18] Vgl. dazu auch EBJS/*Rinkler* Rn. 23.

[19] Baumbach/Hopt/*Merkt* Rn. 5; *Koller* Rn. 39.

[20] Vgl. *Helm* §§ 407–409 Rn. 7.

[21] So auch *Canaris* § 31 Rn. 70.

[22] Siehe nur *Helm* §§ 407–409 Rn. 7.

rungspflicht ist hingegen ohnehin in § 454 Abs. 4 angesprochen und durch die in § 675 BGB genannten Normen des Auftragsrechts hinreichend konkretisiert.

Praktisch relevant könnte die Zuordnung etwa bei den Versendungshindernissen (s. § 454 **22** Rn. 15 ff.) sowie für den Vergütungsanspruch des Spediteurs bei Abwicklungsstörungen (§ 456 Rn. 26 ff.) werden; darüber hinaus bei den Kündigungsmöglichkeiten (Rn. 173 ff.).

**3. Einzel- oder Dauervertrag.** Der Speditionsvertrag ist in der Regel **Einzelvertrag. 23** Diesem kann aber zwecks Vereinfachung durchaus ein **Rahmenvertrag**[23] zur Seite stehen, in dem bestimmte Fragen (Geltung der ADSp, gleich bleibende Modalitäten der Abwicklung oder der Abrechnung usw.) geregelt sind. Rechtlich folgt daraus nichts Besonderes: Die Bestimmungen des Rahmenvertrages fließen in jeden Einzelvertrag ein. Weicht der Einzelvertrag vom Rahmen ab, gilt bei gewollter Änderung das individuell Vereinbarte. Ansonsten könnte je nach Lage des Falles Dissens oder Anfechtbarkeit wegen Erklärungsirrtums vorliegen.

Denkbar ist auch die Ausgestaltung als **Dauerschuldverhältnis;** so, wenn die Parteien – **24** meist für gewisse Zeit – die mehreren Vertragspflichten für die Zukunft vorweg bindend regeln (zB Verpflichtung zur Besorgung der Versendung einer Wagenladung Dosengemüse einmal pro Woche von A nach B über 12 Monate). Im Beispielsfall kann der einzelne Vertragspartner nicht nachträglich entscheiden, ob er eine bestimmte Versendung während der Vertragszeit durchführen will oder nicht. Denkbar ist aber auch eine Kombination von Rahmenvereinbarung und Dauerschuldverhältnis (zB Pflicht des Spediteurs zur Beratung und zur regelmäßigen Stellung eines Angebots, was erst durch Annahme im Einzelfall zu einem konkreten Speditionsvertrag führt). Aus den Besonderheiten eines Dauerschuldverhältnisses resultierende Fragen gehören jedoch nicht zum Speditionsrecht, sondern in das allgemeine Schuldrecht.[24]

**4. Vertrag zugunsten Dritter.** Häufig sollen die Leistungen des Spediteurs im Ergebnis **25** auch einem Dritten (insbes. dem Empfänger der zu versendenden Ware) zugutekommen. Dennoch ist der **Speditionsvertrag** regelmäßig **kein Vertrag zugunsten Dritter:** Der Spediteur übernimmt die Vertragspflichten nur seinem Auftraggeber gegenüber. Eine rechtsgeschäftliche Begünstigung anderer Personen ist nicht beabsichtigt. Der Empfänger kommt allenfalls auf andere Weise, nämlich kraft Gesetzes, in den Genuss rechtlicher Vorteile; zu nennen sind etwa die Rechte gegen den Frachtführer gemäß § 421 (die etwa auch bei Selbsteintritt des Spediteurs nach § 458 bestehen) und die Ansprüche gegen den Versender (etwa aus einem Kaufvertrag). Ob der Vertrag ausnahmsweise nach § 328 BGB zugunsten Dritter wirken soll oder Schutzwirkungen zugunsten Dritter entfaltet, ist somit Auslegungsfrage im Einzelfall.[25]

**5. Synallagmatischer Vertrag.** Die Pflichten der Vertragsparteien stehen in einem **26** **Gegenseitigkeitsverhältnis:** Der Spediteur erhält seine Vergütung nur, wenn bzw. soweit er auch die Versendung vertragsgemäß besorgt, so dass die §§ 320 ff. BGB grundsätzlich anwendbar sind.

### III. Zustandekommen

**1. Grundsatz.** Speditionsgeschäfte kommen (als Konsensualverträge; Rn. 17) formlos **27** durch übereinstimmende Willenserklärungen der Beteiligten zustande. Die §§ 145 ff. BGB

---

[23] Vgl. OLG Frankfurt 14.12.1982, TranspR 1985, 174 ff.; OLG Düsseldorf 26.1.1995, TranspR 1995, 397 f. (Rahmenvertrag mit Empfangsspediteur).

[24] Eingehend dazu etwa *Horn,* Empfiehlt sich eine zusammenfassende Regelung der Sonderprobleme von Dauerschuldverhältnissen und langfristigen Verträgen? Gutachten und Vorschläge zur Überarbeitung des Schuldrechts I, 1981, S. 551, 560 ff.

[25] Vgl. etwa OLG München v. 31.10.1957, NJW 1958, 424, 425: Pflicht zur Verpackung besteht nicht auch gegenüber Empfänger, wohl aber jene zur Dokumentenabwicklung, da sie von der Vertragsausgestaltung her allein im Interesse des Dritten liegt; gegen einen Vertrag zugunsten Dritter bei Einlagerung fremder Güter (was dem Lagerhalter nicht bekannt war) BGH v. 10.5.1984, TranspR 1984, 283 *(Helm)* = VersR 1984, 932.

sind anzuwenden. Bei Einbezug der ADSp sind auch die zum Teil konkretisierenden, zum Teil modifizierenden Nr. 16.1 und 16.2 zu beachten. So gelten etwa Angebote des Spediteurs regelmäßig nur bei unverzüglicher Annahme zur sofortigen Ausführung des betreffenden Auftrages (Nr. 16.2).

28    Beim Speditionsvertrag besteht wie auch sonst generell kein Bedürfnis, die klaren gesetzlichen Regeln beiseite zu schieben und in (gewissen) Fällen der Vertragsunwirksamkeit – contra legem – das Bestehen eines **faktischen Speditionsvertrages** anzunehmen.[26] Gesetzliche Ansprüche (insbesondere aus dem Bereicherungsrecht), die gerade auch für solche Unwirksamkeitsfälle konzipiert sind, berücksichtigen die schutzwürdigen Interessen der Beteiligten ausreichend.[27]

29    **2. Abschluss durch Schweigen.** Eine Möglichkeit zum erleichterten Vertragsschluss bringt § 362 Abs. 1 mit sich, wenn dessen einzelne Voraussetzungen (bestehende Geschäftsverbindung oder besonderes Erbieten des Spediteurs gegenüber dem Offerenten) erfüllt sind. Der Speditionsvertrag zielt auf Geschäftsbesorgung für andere ab, weshalb die genannte Vorschrift eingreift.[28]

30    Auch dann, wenn dem Spediteur zugleich mit dem „Auftrag" – dh. dem Angebot – bereits das zu versendende Gut übergeben wurde, kann dessen Rechtsstellung ohne sein Zutun für ihn nicht nachteiliger werden, als es das Gesetz vorsieht: Sind die Voraussetzungen des § 362 Abs. 1 nicht erfüllt und hat eine Annahme – etwa nach § 151 BGB – nicht stattgefunden, so ist ein Speditionsvertrag daher auch in diesem Fall nicht zustande gekommen.[29] Ein das gegenteilige Ergebnis begründender Handelsbrauch (§ 346) besteht nicht.[30]

31    Die besonderen Obliegenheiten des § 362 Abs. 2 können den Spediteur dann ebenfalls nicht treffen, da auch dafür das Bestehen einer „Antwortpflicht" nach Abs. 1 Voraussetzung wäre. Ausnahmsweise ist eine Schadensersatzhaftung des Spediteurs nach § 663 Satz 1 BGB denkbar; nämlich dann, wenn er sich (bloß) öffentlich[31] zur Übernahme von Speditionsgeschäften erboten hat und den darauf gerichteten Antrag nicht unverzüglich ablehnt. Rechtsfolge schuldhaften Schweigens ist eine Haftung auf den Vertrauensschaden.[32] – Zur möglicherweise vereinfachten Einbeziehung der ADSp (insbes. durch Schweigen) s. Vorbem. ADSp Rn. 12.

## IV. Beteiligte Personen

32    An einem Speditionsvertrag sind der **Spediteur** und der **Versender** beteiligt (der Partner eines Frachtführers wird demgegenüber als „Absender" bezeichnet). Der Versender kann zugleich Empfänger der zu transportierenden Güter sein; häufig ist Empfänger aber eine andere Person (vgl. Rn. 159).

33    Die ADSp nennen den Partner des Spediteurs allgemeiner **„Auftraggeber"** (s. nur Nr. 1); dies deshalb, weil diese Bedingungen auch dann Anwendung finden, wenn ein Berufsspediteur in Nr. 2.1 ADSp genannte andere Verpflichtungen als (bloß) jene zur Versendung übernommen hat.

## V. Wesentlicher Inhalt

34    **1. Grundsatz.** Als zur Besorgung fremder Geschäfte Verpflichteter trifft den Spediteur eine **umfassende Interessenwahrungspflicht** bei der **Besorgung der Güterversendung** (vgl. nunmehr § 454 Abs. 4). Geschuldet ist daher insbesondere möglichst schnelle,

---

[26] Vgl. allgemein nur Jauernig/*Jauernig* BGB Vor § 145 Rn. 16.
[27] Überzeugend *Helm* §§ 407–409 Rn. 80 gegen Schlegelberger/*Schröder* § 410 Rn. 3.
[28] Vgl. BGH 3.3.1988, VersR 1988, 624.
[29] *Koller* Rn. 41; zu diesem Ergebnis tendiert wohl auch *Helm* §§ 407–409 Rn. 78; aA Schlegelberger/*Schröder* § 407 Rn. 12, der sich auf Treu und Glauben beruft.
[30] *Helm* §§ 407–409 Rn. 78.
[31] Etwa durch Werbung (Anschlag oder Presse): Jauernig/*Mansel* BGB § 663 Rn. 2.
[32] Vgl. dazu nur RG 5.4.1922, RGZ 104, 265, 267; BGH 17.10.1983, NJW 1984, 866 = WM 1983, 1385; MüKoBGB/*Seiler* § 663 Rn. 22.

sichere und kostengünstige Erledigung durch Betrauung eines geeigneten Frachtführers, uU auch Verzollung und Versicherung (vgl. § 454 Abs. 2); ausführlicher zu den vielfältigen Einzelpflichten bei § 454 und § 455. Gegenleistung dafür ist die dem Spediteur gebührende **Vergütung.**

**2. Für den Speditionsvertrag zwingende Pflichten.** Art und Reichweite der im **35** Speditionsvertrag übernommenen Pflichten können im Einzelnen durchaus unterschiedlich sein. **Mindestinhalt** ist allerdings die **Übernahme irgendwelcher Transportorganisationspflichten.** Im Regelfall gehört dazu insbesondere die Auswahl eines geeigneten Frachtführers, doch ist dies nicht zwingend: So geht es auch dann noch um spezifisch speditionelle Pflichten, wenn der (Empfangs-)Spediteur dem Frachtführer über Auftrag des frachtbriefmäßigen Empfängers die Verzollung abnimmt sowie dem Frachtführer nähere Instruktionen hinsichtlich der Ablieferung bei verschiedenen Endempfängern erteilt und das Inkasso durchführt.[33] Zu wenig wäre hingegen allein der Abschluss einer Versicherung auf Rechnung des Auftraggebers,[34] wenn diese Geschäftsbesorgung auch unter Nr. 2.1 ADSp fällt; ebenso die Erfüllung von Nebenaufgaben, die auch bei einer Spedition anfallen könnten (zB logistische Dienstleistungen wie Dokumententransfer und Dokumentation), wenn es an der Beförderungsorganisation fehlt.[35]

Typusprägend ist ferner die **Interessenwahrungspflicht** des Spediteurs. Daher kommt **36** ihre (weit reichende) Abdingung nicht in Betracht (§ 454 Rn. 110), sofern nicht überhaupt ein anderer Vertragstyp gewollt ist. Die Interessenwahrungspflicht (dazu näher § 454 Rn. 107 ff.) resultiert aus dem vertraglichen Innenverhältnis und besteht daher unabhängig davon, ob der Spediteur in eigenem oder in fremdem Namen auftritt bzw. auftreten soll.

**3. Hauptpflichten und Nebenpflichten.** Die Abgrenzung von Haupt- und Neben- **37** pflichten fällt beim Speditionsvertrag nicht leicht. Was zum vertraglichen Synallagma gehört, ist aber schon wegen der §§ 320 ff. BGB, insbesondere des § 326 BGB, von Bedeutung, der nur beim Verzug mit **Haupt(leistungs)pflichten** Anwendung findet[36] (ansonsten greift bloß § 280 BGB ein). Ohne Zweifel **Hauptpflicht** ist die **Entgeltzahlungspflicht** des Versenders.

Was zu den **Hauptpflichten des Spediteurs** zu zählen ist, kann nicht allgemein gesagt **38** werden. Im Regelfall zählt dazu die Pflicht, einen entsprechenden Transportvertrag mit einem Frachtführer (Verfrachter usw.) abzuschließen (Rn. 20), wie wohl überhaupt der gesamte in § 454 Abs. 1 genannte speditionelle Kernbereich. Der Abschluss des Transportvertrages ist damit ebenso synallagmatische Hauptpflicht wie die Pflicht zur Übergabe des Gutes an den Transporteur, sofern nicht Abholung direkt durch den Frachtführer vereinbart ist. Ohne Abschluss und Übergabe kann ja dem Interesse des Versenders nicht Rechnung getragen werden; im Falle des (zulässigen) **Selbsteintritts** ersetzt dieser sowohl Vertragsabschluss als auch Übergabe (näher zum Selbsteintritt bei § 458).

Obwohl die **Wahrung der Versenderinteressen** von besonderer Bedeutung und daher **39** in § 454 Abs. 4 eigens genannt ist, steht diese Pflicht schon mangels Konkretisierbarkeit im Vorhinein nicht im synallagmatischen Austauschverhältnis. Vielmehr strahlt sie „bloß" auf alle denkbaren Einzelpflichten aus. Die Interessenwahrungspflicht muss daher den (prinzipiell nicht gesondert einklagbaren) Nebenpflichten zugeordnet werden.[37] Auch die **Pflicht des Spediteurs zur Befolgung von Weisungen** steht selbst nicht im Austauschverhältnis. – Zu weiteren Pflichten im Einzelnen § 454 Rn. 11 ff.

---

[33] Vgl. etwa den Sachverhalt in der E des öOGH v. 12.12.1973 HS 8412 = *Greiter* CMR-Gerichtsurteile (wohl 1985) 34 ff.

[34] AA OLG Düsseldorf v. 11.3.1993, NJW-RR 1993, 1061, 1062.

[35] OLG Frankfurt a. M. 1.11.2006, TranspR 2007, 78, 81.

[36] Statt aller Jauernig/*Stadler* BGB § 320 Rn. 7, § 326 Rn. 4.

[37] AA offenbar *Koller* § 454 Rn. 4. Zur – bereits terminologisch nicht ganz unumstrittenen – Abgrenzung statt aller Jauernig/*Mansel* § 241 Rn. 10 mwN.

**40**   **4. Versendung als Nebenpflicht eines anderen Vertrages.** Ist die Transportorganisation bzw. die Aufgabe, im eigenen Namen und auf fremde Rechnung Transportverträge
abzuschließen, bloße Nebenpflicht (etwa eines Kaufvertrages), so soll kein Speditionsvertrag
vorliegen, da für diesen die genannte Aufgabe Hauptpflicht sein müsse.[38] Das wird im
Regelfall jedenfalls dann zutreffend sein, wenn der Kaufvertrag eine entsprechende Klausel
enthält; hier sind etwa die Versendungskosten schon im Kaufpreis mit enthalten. Denkbar
ist jedoch auch, dass ein Speditionsvertrag neben den Kaufvertrag tritt. Gehört das Geschäft
zum Betrieb seines gewerblichen Unternehmens (zur Transportorganisation durch andere
Personen s. Rn. 189 f.), greifen dann für die entsprechenden Pflichten des Versendungs-
Verkäufers die §§ 453 ff. ein.[39] Ob ein zusätzlicher Speditionsvertrag vorliegt, kann nur
durch Auslegung im Einzelfall geklärt werden. Dafür genügt wohl nicht, dass zunächst
Holschuld vereinbart war und die Parteien nachträglich übereinkommen, der Verkäufer
solle die Ware dem Käufer zusenden.

**41**   Von der eben behandelten ist die Frage zu unterscheiden, ob gewisse speditionsrechtliche
Normen nicht auch dann Beachtung finden können, wenn die **Besorgung der Versen-
dung bloße Nebenpflicht** eines anderen Vertrages ist. Dafür spricht, dass einige dieser
Regeln an inhaltliche Aspekte der spezifischen Verpflichtung (fremdnützige Beförderungs-
organisation) anknüpfen; daher sollte die Einordnung als Hauptpflicht bzw. als (atypische)
Nebenpflicht nicht das entscheidende Kriterium sein. In Betracht kommt ohnehin nur die
analoge Heranziehung von Einzelnormen, nicht die Anwendung der §§ 453 ff. in ihrer
Gesamtheit. So scheidet etwa die Pflicht zur Zahlung einer (gesonderten) Speditionsvergü-
tung regelmäßig von vornherein aus; beachtlich könnte aber etwa die Konkretisierung der
Versendungspflichten durch die §§ 454 f. sein.

### VI. Abgrenzung von anderen Vertragsarten

**42**   **1. Frachtgeschäft. a) Bedeutung der Unterscheidung.** Die Abgrenzung der Spedition vom Frachtgeschäft[40] ist von erheblicher praktischer Bedeutung; dafür spricht bereits
die große Zahl von Entscheidungen, die sich mit ihr beschäftigen.[41] Dies erklärt sich vor
allem damit, dass das Frachtrecht – im Unterschied zum Speditionsrecht – jedenfalls bis
zum TRG viel zwingendes Recht enthielt, das deshalb insoweit etwa auch durch die
Regelungen der ADSp nicht verdrängt wird. Der Kontrast ist seit dem TRG zwar nicht
mehr so groß, vor allem im Vergleich zu übernationalem Frachtrecht (zB CMR) jedoch
nach wie vor markant. Dass die Rechtsprechung die Einordnungsfrage häufig doch wieder
offen lässt, liegt daran, dass auch auf manche Speditionsverträge unter Umständen Transportrecht anzuwenden ist (vgl. die §§ 459, 460). Dennoch ist systematisch zuerst die Frage zu
klären, welcher Vertrag geschlossen wurde.

**43**   **b) Grundsätzliches.** Anders als Frachtführer (§ 407), die sich zum **Gütertransport**
verpflichten, übernimmt der Spediteur **keine Beförderungspflichten,** sondern bloß die
Transportorganisation (vgl. nur einerseits § 453, andererseits § 407). Diese im Grunde recht
einfache Abgrenzung ist tatsächlich häufig schwierig. Was die Parteien wirklich wollten
(bzw. wie die eine die Willenserklärung der anderen verstehen musste), muss durch Auslegung im Einzelfall (§§ 133, 157 BGB) festgestellt werden.

**44**   Die dabei auftretenden Probleme liegen einmal an dem unterschiedlichen Verständnis
des Begriffs „Spedition" im Recht und in der Alltagssprache (vgl. Rn. 1).[42] Zum Zweiten
führen Berufsspediteure sehr häufig sogenannte **Gemischtbetriebe;** sie schließen also
sowohl Speditions- als auch Frachtverträge ab (vgl. Rn. 7). Aus der tatsächlichen Durchfüh-

[38]   *Koller* Rn. 3; *Helm* §§ 407–409 Rn. 74.
[39]   *Helm* §§ 407–409 Rn. 74.
[40]   Dazu auch § 407 Rn. 77 ff. Für die Zuordnung eines Lohnfuhrvertrages zum Fracht- und nicht zum
Speditionsrecht OLG Düsseldorf 27.10.1994, NJW-RR 1995, 1311.
[41]   Ausführliche Nachweise etwa bei *Koller* Rn. 16–21.
[42]   *Koller* NJW 1988, 1756, 1757; *Karsten Schmidt* HandelsR § 33 IV 1, jeweils mwN.

rung (dazu noch näher Rn. 54 ff.) schließlich können schon wegen der Möglichkeit des Selbsteintritts nach § 458 keine sicheren Schlüsse auf den gewollten Vertragstyp gezogen werden.

**c) Bedeutung des „Haftungswillens".** Die Zuspitzung, wegen der ansonsten beste-  **45** henden Ähnlichkeit der beiden Vertragstypen komme es in Wahrheit allein auf den Haftungswillen an[43] – ob also der Beauftragte für eingesetzte Personen wie für Erfüllungsgehilfen oder bloß wegen Auswahlverschuldens einzustehen habe –, dient mehr der Problembeschreibung als seiner Lösung. Die Klärung der Haftungsfrage knüpft eben gerade am geschlossenen Vertrag an; auch wäre die Frage nach dem Haftungswillen bestenfalls hypothetisch zu beantworten, da die Parteien an diesen Aspekt bei Vertragsschluss kaum einmal denken und überdies insoweit gerade gegenläufige Interessen haben.[44]

**d) Einzelaspekte.** Folgende – hier beispielhaft angeführte – Indizien könnten in unkla-  **46** ren Fällen Hilfe leisten:[45]

**aa) Leistungsbestimmung.** Primär ist an die **vereinbarte Leistungspflicht** anzu-  **47** knüpfen. Auch wenn die getroffene Abrede auf den ersten Blick nicht eindeutig erscheint, kann sie bei der Zuordnung sehr hilfreich sein. Ist etwa zwar von einer Beförderung die Rede, kann diese nach dem Wissen beider Parteien vom Beauftragten aber nicht selbst erfüllt werden, spricht das für Spedition.[46] Allein das Fehlen eigenen Laderaums hat hingegen kaum Indizfunktion, da der Beauftragte Transportraum unschwer besorgen kann. Dagegen weist die Zusage einer festen Transportzeit in Verbindung mit einer für den Transport übernommenen Obhutshaftung deutlich auf einen Frachtvertrag hin.[47]

Die Leistung kann auch durch die einbezogenen AGB ausreichend bestimmt sein;[48]  **48** nicht allerdings durch die ADSp, da diese auch bei Transport- oder Lagerverpflichtungen eines Berufsspediteurs gelten (vgl. Nr. 2.1 ADSp).

Wird die Befugnis zur **Sammelversendung** – also eine typische Spediteurleistung –  **49** vereinbart, so spricht das für einen Speditionsvertrag.[49] Ob dann dennoch Frachtrecht eingreift, hängt nach § 460 Abs. 2 davon ab, ob die Sammelversendung tatsächlich erfolgt.[50] In der Rechtsprechung wird häufig schon die Tatsache, dass das betreffende Gut ein geringes Gewicht hat und daher eine Sammelladung kostengünstiger ist, als Indiz für einen Speditionsvertrag gewertet.[51] Verabsolutiert werden darf dieser Gedanke allerdings nicht: Der Kostenaspekt ist für die Wahl des Vertragstyps nicht immer allein oder primär entscheidend; oft stehen Schnelligkeit und/oder Sicherheit des Transports im Vordergrund.

Hilfe können auch ausdrückliche Vereinbarungen über die vom Auftraggeber zu erbrin-  **50** gende **Gegenleistung** bieten. Ist der Vereinbarung zu entnehmen, dass der Beauftragte neben seinem Entgelt Aufwendungen in Rechnung stellen kann, so spricht das für Spedition. Eine feste Vergütung legt zwar die Anwendung von Frachtrecht nahe, bedeutet für sich aber gerade noch nicht, dass auch ein Frachtvertrag geschlossen wurde (vgl. § 459 Abs. 1).

---

[43] *Basedow* TranspV S. 42 ff., insbes. S. 44; zustimmend *Koller* NJW 1988, 1756, 1757.
[44] Das sieht *Basedow* TranspV S. 44 selbst, der deshalb auch von einem „Teufelskreis" spricht.
[45] Ausführlich *Helm* §§ 412, 413 Rn. 64 ff.; siehe ferner *Koller* Rn. 19 f.; *Basedow* TranspV S. 42 ff.
[46] Vgl. OLG Hamburg 14.5.1992, TranspR 1993, 28 f.: Verladung per Bahn durch einen Schiffsmakler ohne eigene Transportmittel.
[47] OLG Düsseldorf 7.5.1986, VersR 1987, 70.
[48] BGH 6.12.1990, WM 1991, 459 = TranspR 1991, 114 = VersR 1991, 480.
[49] Für einen Rückschluss aus der Abrechnung nach Sammelguttarif auf Spedition *Helm* §§ 412, 413 Rn. 68 (unter Hinweis auf OLG Frankfurt 17.9.1980). Zur generellen Problematik solcher Rückschlüsse sofort Rn. 54.
[50] Vgl. nur den Fall des OLG Hamburg 14.5.1987, TranspR 1987, 379, 383 = VersR 1987, 981, 982; siehe auch § 413 Rn. 88.
[51] BGH 10.2.1983, TranspR 1983, 64, 65; OLG Stuttgart 2.4.1981, VersR 1982, 90; OLG Düsseldorf 13.3.1986, TranspR 1986, 165; OLG München 31.7.1992, TranspR 1993, 101 = NJW-RR 1993, 166.

**51**     **bb) Unklare Leistungsbestimmung.** Lässt die konkrete Vereinbarung der Leistungspflichten eine präzise Abgrenzung nicht zu, müssen weitere Umstände des Vertragsschlusses
herangezogen werden. Wenn die benutzten Begriffe auch mehrdeutig sein können, kann
deren Verwendung – vor allem bei Auftraggebern mit Branchen- und/oder Rechtskennt-
nissen – Indizwirkung haben.[52] **Beispiel:** Kaufleute des Transportgewerbes verwenden den
Ausdruck „Frachtpreis".[53]

**52**     Lassen sich keine sonstigen Indizien finden, so muss bei Verwendung von Begriffen wie
„Transport",[54] „Speditionsauftrag" oder bei einem Auftrag, den Transport vom Ort A
zum Ort B „durchzuführen", die gesetzlich getroffene Abgrenzung beachtet werden: Die
Verpflichtung zur Transportdurchführung begründet einen Frachtvertrag, die Beauftragung
als Spediteur einen Speditionsvertrag. Das gegenteilige Ergebnis wäre willkürlich.

**53**     Wenig hilfreich ist eine Anknüpfung am üblichen **Auftreten des Beauftragten im
Geschäftsverkehr:**[55] Wer eine Firma führt, die nur die Spedition erwähnt, schließt deshalb
noch nicht im Zweifel nur Speditionsverträge. Umgekehrt kann ein Auftreten als Frachtführer nicht allein daraus abgeleitet werden, dass jemand – dem Partner erkennbar – über
eigene Transportmöglichkeiten verfügt: Zum einen haben auch viele Spediteure eigene
Transportmittel (Gemischtbetrieb); zum anderen verpflichtet der Frachtvertrag nicht zum
Transport mit eigenen Beförderungseinrichtungen.

**54**     **cc) Tatsächliche Durchführung.** Zuletzt können auch Rückschlüsse auf den Willen
der Parteien aus späteren Verhaltensweisen eine gewisse Hilfestellung bieten,[56] jedoch ist
Vorsicht am Platze. Insbesondere den Handlungen des Beauftragten im Rahmen der Vertragsabwicklung ist zunächst ja nur zu entnehmen, wie er selbst die Vereinbarung verstanden
hat. Hinzu treten müssten also zumindest zwei Kriterien: Einerseits muss dieses Verhalten
dem Vertragspartner zur Kenntnis gelangt sein; andererseits muss dessen (Nicht-)Reaktion
dahingehend gedeutet werden können, er sehe die Handlungen des Beauftragten als vereinbarungsgemäß an.

**55**     Mit dieser Einschränkung sind auch Schlüsse auf den Parteiwillen aus der **Verwendung
bestimmter Papiere** möglich. Annahme eines Frachtbriefs durch den Beauftragten, in
dem er als Frachtführer bezeichnet wird, spricht nach der Rechtsprechung für (Luft-)Fracht-
vertrag;[57] ebenso die Ausstellung eines (Binnen-)Konnossements[58] oder eines Dokuments
des kombinierten Transports[59] (abgedruckt S. 1421). Dabei ist jedoch wegen der Möglichkeit eines Selbsteintritts nach § 458 große Vorsicht geboten. Ein solcher liegt etwa nahe,
wenn der Spediteur als Absender und als Frachtführer eingetragen ist.[60]

**56**     **Fehlen einer Eintragung** unter „Frachtführer" im Frachtbrief deutet auf einen Speditionsvertrag hin.[61] Das Fehlen eines vom Auftraggeber unterfertigten Frachtbriefs wurde
früher jedenfalls im Güterfernverkehr wegen des dortigen öffentlich-rechtlichen Fracht-
briefzwangs (KVO, EVO) als Indiz für Spedition angesehen.[62] Dieser Frachtbriefzwang
wurde jedoch durch das TRG beseitigt.

**57**     Die (unwidersprochene) Ausstellung typischer **Speditionspapiere** durch den Beauftragten spricht nach hA für Spedition. **Beispiele** aus der Rechtsprechung: „Spediteurfracht-

---

[52] *Koller* NJW 1988, 1756, 1759; ebenso LG Nürnberg 21.6.1991, TranspR 1992, 188.
[53] OLG München 5.7.1989, NJW-RR 1989, 1434.
[54] Darauf legt etwa das OLG Hamburg 8.7.2010, BeckRS 2010, 19153 besonderen Wert.
[55] Tendenziell anders offenbar das OLG Düsseldorf 30.3.1995, NJW-RR 1996, 26 = OLG-Rp Düsseldorf
1995, 266: Auftragnehmer, „die sich als Spediteure verstehen", sollen bei Beauftragung durch im Transportgewerbe tätige Unternehmer in der Regel Speditionsverträge schließen.
[56] Vgl. BGH 6.12.1990, WM 1991, 459, 461 = TranspR 1991, 114, 116 = VersR 1991, 480, 482.
[57] BGH 28.5.1971, VersR 1971, 755 f.; BGH 22.4.1982, BGHZ 84, 101, 104.
[58] BGH 26.10.1981, VersR 1982, 235, 236.
[59] *Helm* §§ 412, 413 Rn. 66.
[60] OLG Karlsruhe 6.10.1982, VersR 1983, 485.
[61] Siehe *Helm* §§ 412, 413 Rn. 65 mwN; dort auch zu weiteren Einzelheiten zur Auslegung mit Hilfe des
Frachtbriefinhalts.
[62] Siehe BGH 17.5.1984, VersR 1984, 844, 845; ferner *Helm* §§ 412, 413 Rn. 65 mwN der uneinheitlichen
Rspr.

brief";[63] „Speditions-Übergabeschein" bzw. „Spediteurübernahmebescheinigung";[64] „Spediteurkonnossement" (forwarders bill of lading).[65] Gleiches gilt für die Verwendung typischer Formulare, so eines Bordero.[66] Zu diesen Papieren noch kurz Rn. 194 ff.

Aus dem **Abschluss einer Versicherung** bzw. der Anmeldung des konkreten Vertrags **58** beim Versicherer kann für die Einordnungsfrage wohl nichts gewonnen werden. Versicherungen sind auch im Frachtrecht nicht unüblich. So sieht insbesondere Nr. 29.1 ADSp für den gesamten Geltungsbereich der ADSp – und damit auch für Frachtverträge – die Pflicht des Spediteurs (iwS) zum Abschluss einer Haftungsversicherung vor.

**e) Verbleibende Zweifelsfälle.** Lässt sich auch anhand der festgestellten Umstände **59** keine Klarheit über den von den Parteien gewünschten Vertragstyp finden, ist entsprechend den allgemeinen Beweislastregeln vorzugehen. Eine Zweifelsregel für Speditions- oder Frachtvertrag gibt es hier ebenso wenig wie bei sonstigen Abgrenzungen; die in Lehre und Rechtsprechung gegebenen Hinweise sind teilweise zumindest missverständlich.[67] Derjenige, der Ansprüche geltend macht, hat die Tatsachen zu behaupten und zu beweisen, aus denen sich sein Begehren ergibt.[68] Das sind etwa jene Umstände, aus denen rechtlich der Abschluss eines Frachtvertrags folgt.

Denkbar ist sogar, dass eine Partei Spedition, die andere aber Transport wollte: Haben **60** beide Vertragspartner **Verschiedenes** nicht nur gewollt, sondern auch **erklärt**, liegt **Dissens** vor; hat sich bloß einer bei seiner Erklärung **geirrt**, kommt **Anfechtung** in Betracht (§ 119 BGB).

**2. Kommissionsgeschäft.** Im Verhältnis zur Kommission ist die Spedition nicht typo- **61** logisch andersartig, sondern nur spezieller: Ganz bestimmte kaufmännische Geschäftsbesorgungen, nämlich auf die Versendung von Gütern gerichtete, werden übernommen. Kommissionsrecht ist hingegen neben der auf Waren oder Wertpapiere gerichteten Einkaufs- bzw. Verkaufskommission des § 383 – der eigentlichen Kommission – an sich auch dann anzuwenden, wenn ein Kaufmann andere als in § 383 genannte Geschäfte für fremde Rechnung im eigenen Namen zu schließen übernimmt (§ 406). Dennoch hat sich der Gesetzgeber dazu entschlossen, § 407 Abs. 2 aF zu streichen, der die subsidiäre Geltung von Kommissionsrecht vorsah. Zur Bedeutung dieses Umstandes für die Lückenfüllung noch Rn. 104 f.

**3. Maklergeschäft.** Im Gegensatz zum Spediteur, der – in eigenem oder in fremdem **62** Namen – kontrahiert, wird ein Makler (zB ein Frachtmakler) bloß **vermittelnd** tätig (vgl. die §§ 93 ff. HGB, 652 ff. BGB); allenfalls besitzt er ausnahmsweise einmal Abschlussvollmacht.[69]

**4. Reisevermittlung.** Reisebüros kümmern sich um Beförderungen von **Personen,** **63** nicht von Gütern. Sie treten regelmäßig nur als Vermittler auf.

**5. Lohnfuhrvertrag.** Die bloße **Zurverfügungstellung eines Transportmittels** (mit **64** oder ohne Bedienungsperson) ist Leihe oder Miete (eventuell einschließlich Dienstverschaffung),[70] nicht Organisation der Versendung.[71] Die Kombination von Fahrzeugmiete und

[63] OLG Stuttgart 25.5.1970, VersR 1972, 532.

[64] OLG Stuttgart 12.11.1974, TranspR 1978, 70; OLG Hamburg 30.6.1983, TranspR 1984, 153.

[65] LG Hamburg 1.8.1980, ETR 1980, 444, 448.

[66] OLG Stuttgart 2.4.1981, VersR 1982, 90, bestätigt durch BGH 10.2.1983, TranspR 1983, 64, 65 f. = VersR 1983, 551; öOGH 21.11.1973, VersR 1974, 1043, 1044.

[67] So die These des OLG Hamburg 14.5.1987, TranspR 1987, 379, 382 mwN, wonach ein Gemischtbetrieb im Zweifel Speditionsverträge schließe, ebenso wie die Gegenthese des LG Berlin 4.5.1983, TranspR 1985, 134 f., wonach der Unternehmer in Zweifelsfällen darauf hinweisen müsse, dass er Speditions- und nicht Frachtverträge schließe; oder *Koller* Rn. 16 ff., der Treu und Glauben bemühen will.

[68] In diesem Sinn wohl auch *Koller* Rn. 18 aE.

[69] Siehe zur Abgrenzung nur OLG Hamburg 8.10.1981, VersR 1983, 79.

[70] Vgl. BGH 14.7.1970, VersR 1970, 934, 935; OLG München 1.4.1987, TranspR 1987, 444, 446; weitere Rspr.-Nachweise bei *Koller* §§ 407 Rn. 18 iVm. 425 Rn. 7. Das Personal untersteht dann den Weisungen des Mieters (BGH aaO).

[71] Mangels In-Obhut-Nahme des Gutes scheidet auch ein Frachtvertrag aus: öOGH 30.5.1985, TranspR 1986, 225.

Dienstverschaffung ist kennzeichnend für den **Lohnfuhrvertrag**,[72] der dem Frachtvertrag dann zumindest sehr nahe steht, wenn die Bezahlung nach Beförderungsleistung berechnet wird.[73] Beförderung selbst, also ein Erfolg, ist aber nicht geschuldet.

**65**    **6. Chartervertrag.** Von einem **Chartervertrag** wird bei unterschiedlichen Gestaltungen gesprochen. Der Begriff stammt aus dem Seerecht;[74] die gleiche Problematik wie in Hinblick auf Schiffe existiert heute jedoch auch in Bezug auf Luftfahrzeuge.[75] Man unterscheidet etwa Miet- und Frachtcharter; im ersten Fall wird nur ein Transportmittel (einschließlich Besatzung) zur Verfügung gestellt; bei der zweitgenannten Form verpflichtet sich der Vercharterer zur Erbringung von Transportleistungen.[76] Um (bloße) Transport**organisation** wie bei der Spedition geht es jedoch in keinem Fall.

**66**    **7. Versendungskauf.** Wer verkaufte Ware auf Grund besonderer Abrede im eigenen Namen, aber (bereits) auf Rechnung des Käufers an diesen oder einen Dritten versenden lässt **(Versendungskauf)**, erfüllt (Neben-)Pflichten aus dem Kaufvertrag; ein eigener Speditionsvertrag existiert daneben regelmäßig nicht.[77]

### VII. Als „Spedition" bezeichnete Geschäftstypen

**67**    **1. Allgemeines.** Im Wirtschaftsleben wird eine Vielzahl von Begriffen verwendet, in denen der Wortteil „-spedition" bzw. „-spediteur" vorkommt. Dies ist nicht immer streng im rechtlich-technischen Sinn der §§ 453 ff. HGB gemeint. Hier wird – alphabetisch geordnet und ohne Anspruch auf Vollständigkeit[78] – eine kurze Übersicht über die wichtigsten Begriffe geboten; ebenso eine kurze Definition. Echte Sonderformen der Spedition werden an passender Stelle näher erörtert.

**68**    **2. Einzelfälle. Abfertigungsspediteur** war nach dem zum 1.1.1994 außer Kraft getretenen § 33 GüKG der Spediteur, der Transporte im Kraftfahrzeug-Güterfernverkehr abfertigte (näher dazu 1. Aufl. § 407 Rn. 65).

**69**    **Bahnspediteure (Rollfuhrunternehmer)** sind **Frachtführer** iSd. § 407. Sie transportieren das Gut als Erfüllungsgehilfen der Eisenbahn vom Zielbahnhof zum Empfänger. Ein Vertragsverhältnis besteht bloß zur Eisenbahn.

**70**    **Berufsspediteure** sind Personen, die **gewerbsmäßig** Güterversendungen besorgen (und diesen Geschäften regelmäßig die ADSp zugrunde legen).

**71**    **Briefspediteur (Korrespondenzspediteur)** wird im Sammelladungsverkehr jener Spediteur genannt, an den der Empfangsspediteur (Rn. 72 ff.) Teillieferungen gemäß Bordero (Rn. 197) erbringen muss und der die Sendung dann an den – dem Empfangsspediteur unbekannten – Endempfänger senden soll.[79]

**72**    **Empfangsspedition (Adressspedition)** liegt dann vor, wenn der frachtvertragliche **Absender** (uU also ebenfalls ein Spediteur) einen Spediteur als Empfänger des Gutes einsetzt.[80]

**73**    Ein wesentlicher Grund, dass der Transporteur das Gut einem (Empfangs-)Spediteur – und nicht zB unmittelbar dem Käufer – abliefern soll, liegt in der Sicherung der Absender- (= Verkäufer-) bzw. der (Haupt-)Spediteurinteressen: Der Empfangsspediteur sorgt dafür, dass die Auslieferung an den Käufer nur Zug um Zug gegen Zahlung des Kaufpreises

[72] BGH 3.6.1964, VRS 27, 177, 178.
[73] KG 21.6.1990, VRS 79, 387, 388. Für eine frachtrechtliche Einordnung OLG Düsseldorf 27.10.1994, NJW-RR 1995, 1311. Vgl. ferner etwa Saarl. OLG 24.2.2010, TranspR 2011, 25 = VersR 2011, 1421.
[74] Dazu etwa *Schaps/Abraham* Vor § 556 HGB Anm. 17.
[75] Vgl. dazu *R. Schmid* TranspR 1983, 113.
[76] Details – auch weiterer Sonderformen der Charter – bei *Prüßmann/Rabe* Seehandelsrecht, 4. Aufl. 2000, § 510 HGB Rn. 9 ff.; *Schaps/Abraham* Vor § 556 HGB Anm. 17.
[77] Zur Beiziehung eines Spediteurs als Gehilfen bei der Erfüllung dieser Verkäufer-Nebenpflichten RG 21.10.1926, RGZ 115, 162.
[78] Zum „Messespediteur" siehe etwa BGH 12.1.2012, 1 NJW-RR 2012, 364.
[79] *Oelfke* S. 139; *Helm* §§ 412, 413 Rn. 129 aE.
[80] Zum Verhältnis dieser Form zur Zwischenspedition § 454 Rn. 26 ff.

erfolgt. Häufig soll der (an einem bestimmten „Knotenpunkt" sitzende) Empfangsspediteur auch eine Weiterversendung übernehmen; dies ist insbesondere bei internationalen Versendungen wegen der dafür nötigen Spezialkenntnisse, aber auch der Anwesenheit vor Ort, von großer praktischer Bedeutung.

Regelmäßig wird daher zwischen Absender und Empfangsspediteur ein entsprechender **74** Vertrag geschlossen, der Letzteren zu entsprechendem Tätigwerden verpflichtet. Um sicherzustellen, dass der Transporteur das Gut tatsächlich dem Empfangsspediteur abliefert, wird dieser als Empfänger in den Frachtbrief eingetragen. Daraus folgt zugleich, dass Ablieferung an den Endempfänger – wie jede sonstige Aushändigung an nicht im Frachtbrief als Empfänger genannte Personen – zu behandeln ist: Es liegt eine Verletzung des Frachtvertrages vor.[81]

Ein **Vertragsverhältnis** besteht nur **zwischen Empfangsspediteur und Absender.** **75** Es kann unterschiedlicher Art sein: Soll das Gut durch den Empfangsspediteur weiter versandt werden, so liegt wiederum ein Speditionsvertrag vor. Fungiert – wie häufig – ein (Haupt-)Spediteur als Absender, so ist der Empfangsspediteur entweder **Unterspediteur** (im Ergebnis: Erfüllungsgehilfe des Hauptspediteurs) oder **Zwischenspediteur** (dem Versender unmittelbar verpflichtet); näher zu diesen Begriffen Rn. 91 ff. und 96 ff. sowie § 454 Rn. 27 ff. Die Klärung, welche Form in concreto gewählt wurde, ist vor allem wegen der Unterschiede bei der Haftung von Bedeutung.[82]

Ist der Absender selbst nicht Spediteur und soll der Empfangsspediteur die (Weiter-)Ver- **76** sendung besorgen, so ist das Rechtsverhältnis ein (gewöhnlicher) Speditionsvertrag.

War hingegen eine Weiterversendung nicht geplant – der Empfangsspediteur soll das **77** Gut etwa bloß beim Endempfänger gegen Einhebung des Kaufpreises abliefern –, so spricht das gegen ein übliches Speditionsgeschäft. Die Hauptpflicht (Besorgung der Güterversendung) fehlt dann ja. Man wird daher eine schlichte entgeltliche Geschäftsbesorgung annehmen müssen. Die Regelungen der wirksam in den Vertrag einbezogenen ADSp gelten wegen deren (weit gefassten) Nr. 2.1 („mit der Beförderung … von Gütern in Zusammenhang …") aber grundsätzlich auch für ein solches Rechtsgeschäft.

**Zwischen Empfangsspediteur und Endempfänger** besteht kein vertragliches **78** Rechtsverhältnis.[83] Da der Empfangsspediteur frachtvertraglich als Empfänger anzusehen ist, ist es zumindest nicht selbstverständlich, dass (auch) im Verhältnis zum Endempfänger etwaige transportrechtliche Sonderregeln eingreifen. So stellt sich etwa die – auf Grund der Interessenlage mE zu bejahende – Frage, ob der Endempfänger bei Übernahme des Gutes dem Empfangsspediteur gegenüber gemäß § 421 verpflichtet ist, den Kaufpreis zu zahlen. Wollte man sie verneinen, dürfte der Empfangsspediteur einen Zahlungsanspruch oder zumindest ein Zurückbehaltungsrecht aus (von seinem Auftraggeber) abgeleitetem Recht besitzen. Umgekehrt kann der Endempfänger den Empfangsspediteur nur ausnahmsweise auf Schadensersatz in Anspruch nehmen; so, wenn dieser dem Endempfänger gegenüber eine unerlaubte Handlung begangen hat[84] oder wenn ihm der Vertragspartner des Empfangsspediteurs – der Absender – seine (etwa auf Vertragsverletzung beruhenden) Ersatzansprüche durch Zession übertragen hat.

Das Fehlen einer vertraglichen Beziehung ist auch im **Verhältnis Frachtführer – Emp- 79 fangsspediteur** festzustellen.[85] Dafür gelten jedoch die §§ 418 ff.; der Empfangsspediteur ist ja „Empfänger" im Sinne der frachtrechtlichen Vorschriften. Schon aus diesem Grund

---

[81] Nach dem BGH 13.7.1979, VersR 1979, 1154 ist diese fehlerhafte Ablieferung gleichbedeutend mit dem Verlust des Gutes.

[82] Zur – frachtrechtlichen – Haftung für Fehler des Empfangsspediteurs beim Nachnahmeeinzug im Falle einer Sammelladungsspedition (§ 460; vgl. dort Rn. 32) BGH 25.10.1995, NJW-RR 1996, 353 f.

[83] OLG Düsseldorf 26.1.1995, TranspR 1995, 397.

[84] Vgl. RG 23.3.1921, RGZ 102, 38, wo sich das – auf dem Transport gestohlene – Gut bereits im Eigentum des Endempfängers befand.

[85] Daher besteht auch keine rechtsgeschäftliche Pflicht zur Rückgabe erhaltener Paletten: LG Köln 9.6.1981, TranspR 1985, 58, 59.

bedarf es nicht der Annahme eines „faktischen Vertrages"[86] (zu generellen Gegenargumenten Rn. 28).

80      **„Exportspedition"** ist ebenso wie **Importspedition** ein in der Praxis gebräuchlicher Begriff. Er hat allerdings nicht mehr rechtlichen Gehalt als der Begriff „Spedition" an sich. Mit ihm werden zumeist Berufsspediteure in Seehäfen beschrieben, die sich auf die Versendung für das Ausland bestimmter Waren spezialisiert haben; umgekehrt kümmern sich Importspediteure um die Weiterversendung (meist) aus Übersee ankommender Güter.[87]

81      **Fixkostenspedition (Spedition zu festen Kosten)** bedeutet, dass zwischen Spediteur und Empfänger eine Vergütung vereinbart wird, die Kosten für die Beförderung einschließt (§ 459 S. 1). Genaueres dazu in der Kommentierung von § 459.

82      **Gelegenheitsspediteur** ist derjenige, der Speditionspflichten übernimmt, ohne Berufsspediteur (Rn. 70) zu sein. Schließt er den Vertrag im Rahmen seines gewerblichen Unternehmens, gelangen die §§ 454 ff. zur Anwendung (§ 453 Abs. 3 S. 1; näher dazu Rn. 2, 136).

83      **Grenzspediteure (Zollspediteure)** sind Unternehmer, die auf die Erledigung von Formalitäten an Grenzübergängen (insbes. Verzollung) spezialisiert sind. Erledigen sie ausschließlich die Verzollung,[88] werden sie mangels Besorgung von Güterversendungen iS des § 453 nicht auf Grund eines Speditions-, sondern auf Grund eines schlichten Geschäftsbesorgungsvertrages[89] tätig.[90] Legen sie ihrer Tätigkeit die ADSp zugrunde – wovon für den Regelfall auszugehen ist (vgl. Nr. 2.1 ADSp) –, so sind dabei verursachte Schäden nach der Rechtsprechung durch die Speditionsversicherung gedeckt.[91] Die §§ 453 ff. sind jedoch auch nicht analog anwendbar.[92]

84      **Hauptspediteur** ist – in Abgrenzung zum Unter- und Zwischenspediteur (Rn. 91 ff. und Rn. 96 ff.) – derjenige, mit dem der Versender die vertragliche Beziehung begründet hat; die Einschaltung des Unter- bzw. Zwischenspediteurs erfolgt hingegen ausschließlich durch den Hauptspediteur.

85      **Hausspediteure (Vollmachtspediteure)** werden im Auftrag des Endempfängers tätig.[93] Darin liegt der wesentliche Unterschied zum Empfangsspediteur (Rn. 72 ff.), den ein Vertrag mit dem Absender verbindet. Ein Hausspediteur ist damit beauftragt, das Gut entgegenzunehmen bzw. abzuholen, zu lagern und/oder einer bestimmten Person (durch Auslieferung bzw. Weiterbeförderung) zukommen zu lassen.

86      Die Frage, ob Hausspediteure Spediteure iS der §§ 453 ff. sind, kann nicht pauschal, sondern nur im Einzelfall unter Berücksichtigung der übernommenen Pflichten entschieden werden. Spedition ist etwa dann anzunehmen, wenn sich der Hausspediteur um die Verteilung der Güter zu kümmern hat;[94] soll er von vornherein selbst weiterbefördern, liegt ein Frachtvertrag vor.

87      Ist der Hausspediteur **frachtvertraglicher Empfänger** des Gutes, so stehen an sich allein ihm die Empfängerrechte zu. Der BGH[95] hat für einen solchen Fall die stillschweigende

---

[86] Vgl. KG 23.5.1985, TranspR 1985, 299, 300 in Aufhebung des Urteils des LG Berlin 2.10.1984, TranspR 1985, 62 f. (wo die nach § 441 zustehenden Herausgabeansprüche allerdings bereits gemäß § 64 aF ADSp verjährt waren).

[87] Vgl. etwa *Oelfke* S. 178 ff., 188 ff.; OLG Hamburg 16.7.2009, TranspR 2010, 337.

[88] Zu ihrer Haftung für die Einhaltung der Zollvorschriften OLG Düsseldorf 3.12.1987, VersR 1988, 1294; OLG München 8.11.1991, TranspR 1992, 60, 62.

[89] Die genaue Zuordnung offen lassend (da § 675 BGB jedenfalls als anwendbar angesehen wird), allerdings m. Nachw. jener Stimmen, die einen reinen Geschäftsbesorgungsvertrag bejahen, OLG München 26.4.2012, TranspR 2012, 293.

[90] Zu den Rechten des Grenzspediteurs (bzw. eines Frachtführers) bei Verauslagung der Einfuhrumsatzsteuer näher *Helm* §§ 407–409 Rn. 226 ff.

[91] Vgl. OLG Köln 9.3.1984, TranspR 1985, 26, 27.

[92] OLG München 8.11.1991, TranspR 1992, 60, 62; siehe aber auch *Braun* VersR 1988, 878, 882, der die frachtrechtlichen Regeln über Zurückbehaltung und gesetzliche Pfandrechte auf den Grenzspediteur erstrecken möchte.

[93] Dazu – im Zusammenhang mit einer sog Routing order – *Bodis* TranspR 2009, 5, 8 ff.

[94] Vgl. BGH 6.5.1981, NJW 1981, 2640 = VersR 1981, 929; BGH 3.3.1988, VersR 1988, 624, 625; siehe ferner öOGH 12.12.1973 HS 8412 = *Greiter* CMR-Gerichtsurteile 34.

[95] BGH 6.5.1981, NJW 1981, 2640 = VersR 1981, 929.

Ermächtigung des Endempfängers zur Geltendmachung von Ersatzansprüchen im Wege gewillkürter Prozessstandschaft angenommen. Auch verjährungshemmende Reklamationen dürfen nach dieser Ansicht neben dem Hausspediteur von Endempfänger und/oder Versicherer vorgenommen werden.[96]

**Möbelspedition (Umzugsspedition)** ist die Bezeichnung für Transport (und Lage- **88** rung) von Umzugsgut, insbes. von Möbeln. Im Vordergrund steht also die **Frachtführertätigkeit.** Diese Beförderung von Umzugsgut (Umzugsvertrag) ist seit dem TRG in den §§ 451–451h geregelt.

Immer wieder wird der Umzugsspediteur aber auch als „echter" Spediteur iS des § 453 **89** tätig (zB internationale Versendung in Containern; Versendungsbesorgung bei Beförderung durch Bahn oder Frachtführer). Die **ADSp** sind auf die Beförderung und Lagerung von Umzugsgut nicht anzuwenden (Nr. 2.3).

**Sammelladungsspedition** bedeutet die gleichzeitige Versendung von Gütern mehrerer **90** Versender durch den Spediteur mit Hilfe eines einheitlichen Frachtvertrages (§ 460). Details in der Kommentierung zu § 460.

**Unterspediteur** ist jener Spediteur, den der (Haupt-)Spediteur im eigenen Namen und **91** auf eigene Rechnung[97] einschaltet, damit dieser die Güterversendung (ganz oder zum Teil) besorgt. In diesem Verhältnis liegt an sich ein echter Speditionsvertrag vor (zur auch hier nicht selten problematischen Abgrenzung vom Frachtvertrag Rn. 42 ff.). Der Hauptspediteur erfüllt dann seine Pflichten gegenüber dem Versender (zum Teil) nicht in eigener Person (bzw. mit seinen eigenen Leuten), sondern zieht einen anderen selbständigen Unternehmer, den Unterspediteur, bei; meist wird der Unterspediteur zur Versendung für eine Teilstrecke eingesetzt.

Fehlt eine gegenteilige Vereinbarung, ist die **Einschaltung von Unterspediteuren** **92** **zulässig,** da die Pflichten aus dem Speditionsvertrag keine höchstpersönlichen sind. Ebenso wenig ergibt die Auslegung eines üblichen Speditionsvertrags, dass der Spediteur nur eigenes Hilfspersonal einsetzen darf. Die dienstvertragliche, auf Arbeitsverhältnisse zugeschnittene[98] Zweifelsregel des § 613 BGB passt hier nicht.[99]

Anders als die Zwischenspediteure (zum Begriff Rn. 96; genauer zur Abgrenzung § 454 **93** Rn. 27 ff.) sind die vom Spediteur auf eigene Rechnung herangezogenen Unterspediteure – obwohl selbständige Unternehmer – im Verhältnis zum Versender **Erfüllungsgehilfen.**[100] Der Spediteur haftet für sie daher nach § 278 BGB.

**Versandspediteur (Versendungsspediteur)** ist der gegenläufige Begriff zu Haus- bzw. **94** Empfangsspediteur. Er wird verwendet, um die in verschiedenen Funktionen beteiligten Spediteure deutlich voneinander abzugrenzen.[101] Gemeint ist damit (in Parallele zum Hauptspediteur; vgl. Rn. 83) regelmäßig der vom Absender eingeschaltete Unternehmer, ohne dass damit eine Aussage über die Qualifikation des zugrunde liegenden Vertrages (zB Spedition oder Fracht) gemacht werden soll.

**Zeitungsspedition** meint den **Transport** von Zeitungen, nicht bloß dessen Organisa- **95** tion. Zeitungsspediteure sind daher **Frachtführer.**

**Zwischenspediteur** wird als Begriff anders als nach altem Recht (vgl. § 408 Abs. 1 aF, **96** § 411 aF) im Gesetz nicht mehr verwendet.[102] Doch auch schon zur Rechtslage vor dem TRG war insoweit manches unklar; so etwa die Frage, wann jemand als Zwischenspediteur eingesetzt werden darf (und als solcher tätig wird);[103] Details dazu § 454 Rn. 27 ff. Die

---

[96]  Vgl. *Helm* TranspR 1983, 29, 35.
[97]  Vgl. *Koller* ZIP 1985, 1243, 1247 mwN; Schlegelberger/*Schröder* Rn. 12.
[98]  Palandt/*Weidenkaff* § 613 Rn. 1.
[99]  AA Schlegelberger/*Schröder* § 408 Rn. 11a, 11b (im Widerspruch zu Rn. 12); wie hier *Helm* §§ 407–409 Rn. 26.
[100]  Siehe nur BGH 1.10.1969, WarnRspr. 1969 Nr. 260; *Koller* Rn. 31, 36; *Helm* §§ 407–409 Rn. 29.
[101]  Siehe zB Fremuth/Thume/*Thume* Vor §§ 453 ff. Rn. 72 iVm. Rn. 48.
[102]  Der RegE verwendet den Ausdruck noch im alten Sinn, also im Gegensatz zum Erfüllungsgehilfen (= Unterspediteur): vgl. BT-Drucks. 13/8445 S. 114.
[103]  Zur Diskussion etwa *Helm* §§ 407–409 Rn. 27, 30; *Koller* Rn. 36, jeweils mwN.

Beibehaltung des Begriffs empfiehlt sich schon deswegen, weil er zum Unterspediteur abgrenzt: Anders als dieser ist der Zwischenspediteur gerade nicht Erfüllungsgehilfe des Hauptspediteurs; vielmehr tritt er gegenüber dem Versender (teilweise) in die Spediteurpflichten ein. Daher haftet der Hauptspediteur dem eigentlichen Versender bei erlaubter Zuziehung eines Zwischenspediteurs nicht nach § 278 BGB, sondern nur für eigenes Verschulden (insbes. bei Auswahl, Überwachung und Instruktion; vgl. § 454 Abs. 1 Nr. 2).

97    Der Zwischenspediteur wird entweder auf Grund eines Speditionsvertrages, den der Hauptspediteur als Versender mit ihm schließt, oder als Substitut tätig. Im Unterschied zum Unterspediteur wird er auf Rechnung des (Haupt-)Versenders eingesetzt.[104] Von praktischer Bedeutung ist diese Form beim gegliederten bzw. unterbrochenen Transport, etwa infolge Umladung auf andere Transportmittel (Lkw – Schiff) oder bei Überschreitung von Staatsgrenzen: Es wird ein weiterer, für den betreffenden Staat oder die betreffende Versendungsart besonders geeigneter zweiter Spediteur eingeschaltet. Regelmäßig übernimmt der Zwischenspediteur also bloß für eine **Teil**strecke die (selbständige) Besorgung der Versendung.

98    Zu Details bei § 454 Rn. 26 ff.; etwa zur Zulässigkeit der (teilweisen) Substitution § 454 Rn. 34; zu den Rechtsfolgen unerlaubter „Weitergabe" (von Teilen) des Speditionsauftrags § 454 Rn. 37.

99    Der in **Nr. 2.7 ADSp** gebrauchte Ausdruck „Zwischenspediteur" ist demgegenüber weiter, nämlich im Sinne von **Zweitspediteur** zu verstehen (der dort dem Erstspediteur gegenüber gestellt wird). Die Klausel hat einen besonderen Regelungszweck: Beauftragt ein Spediteur einen anderen Spediteur mit der Erbringung speditioneller Leistungen (im weiten Verständnis der Nr. 2.1 ADSp), so könnte fraglich sein, wer von den beiden Vertragsparteien Spediteur iS der ADSp ist. Nr. 2.7 stellt klar, dass die ADSp als AGB des Zwischenspediteurs gelten, was bedeutet, dass – wie auch sonst – mit **Spediteur** immer **der Beauftragte** gemeint ist.[105] Voraussetzung ist aber selbstverständlich, dass die ADSp überhaupt in den Vertrag einbezogen wurden (vgl. Vorbem. ADSp Rn. 6), wovon bei ausländischen Zwischenspediteuren nicht ohne weiteres ausgegangen werden darf.[106]

## D. Rechtsquellen des Speditionsrechts

### I. Allgemeines

100    Auch im Speditionsrecht gehen bei der Klärung von Rechten und Pflichten der Beteiligten (Versender und Spediteur) vertragliche Vereinbarungen gesetzlichen Dispositivvorschriften vor; ebenso speziellere den allgemeineren Anordnungen. Das führt zu folgender **Rangfolge,**[107] wobei zwingendem Recht[108] selbstverständlich immer Vorrang zukommt:

### II. Vertragliche Vereinbarungen

101    Neben **Individualabreden** kommt den – nachrangig geltenden (§ 305b BGB) – **Allgemeinen Deutschen Spediteurbedingungen (ADSp)** besonders große praktische Bedeutung zu. Sie sind – trotz ihrer Entstehungsgeschichte – Allgemeine Geschäftsbedingungen und daher wie sonstige AGB Vertragsbestandteile; ihre rechtliche Geltung beruht also auf rechtsgeschäftlicher Vereinbarung.

---

[104] Versuch einer Abgrenzung etwa in RG 6.12.1924, RGZ 109, 288, 291 f.
[105] OLG Frankfurt 8.7.1980, VersR 1981, 85; LG Hamburg 25.3.1991, VersR 1992, 1373; öOGH 22.12.1994, RdW 1995, 302 = JBl. 1995, 467; Fremuth/Thume/*de la Motte* Nr. 2 ADSp Rn. 19 u. a.
[106] AA offenbar *Koller* Ziff. 2 ADSp Rn. 18, der Nr. 2.7 überdies unverständlicher Weise eine Fiktion – wohl: der Geltung der ADSp – für den Fall entnehmen will, dass die AGB des Zwischenspediteurs „einschneidender" als die ADSp sind.
[107] Behandelt wird nur der „echte" Speditionsvertrag (iS des § 453); vgl. Rn. 2 ff.
[108] §§ 134, 138 BGB usw., uU auch die über die §§ 458 ff. HGB anzuwendenden zwingenden Frachtrechtsordnungen; dazu etwa § 458 Rn. 48 f.

Als AGB sind die ADSp an den Kriterien der §§ 305 ff. BGB (vormals: des AGBG) zu   102
messen.

### III. Gesetzliche Vorschriften

Das Speditionsrecht im eigentlichen Sinn findet sich in den §§ 453–466 (wobei zu   103
beachten ist, dass die §§ 459 und 460 speditionsvertragliche Sonderformen regeln). Vor
allem diese primär anwendbare Normengruppe gibt auch den Maßstab (des Dispositivrechts)
vor, der bei der Inhaltskontrolle – insbes. der ADSp – zu beachten ist.

Anders als nach § 407 Abs. 2 aF, der ausdrücklich das **HGB-Kommissionsrecht**   104
(§§ 383 ff.) für subsidiär anwendbar erklärte, soll seit dem TRG eine Lückenfüllung auf
diese Weise nicht mehr möglich sein (s. Vor § 453 Rn. 2).

Da die Spedition aber nach wie vor eine Sonderform der **Geschäftsbesorgung** darstellt   105
(Rn. 14, 61), ist – sofern nötig – in einer nächsten Stufe **§ 675 BGB** (allenfalls iVm. den
§§ 631 ff. bzw. 611 ff. BGB) heranzuziehen. § 675 BGB zählt die auf Geschäftsbesorgungen
anwendbaren auftragsrechtlichen Vorschriften einzeln auf.[109]

## E. Die einzelnen Elemente des Speditionsgeschäfts (§ 453 Abs. 1)

### I. Besorgung der Güterversendung

**1. Besorgung der Versendung.** Der Begriff „besorgen" bedeutet das Gleiche wie   106
im Geschäftsbesorgungsrecht (§ 675 BGB); er bezeichnet eine selbständige Tätigkeit wirtschaftlicher Art, die in der Wahrnehmung von Vermögensinteressen eines anderen besteht,
ohne sich in einer Leistung an diesen zu erschöpfen.[110] Bereits die Wortwahl lässt deutlich
erkennen, dass die Sonderform der Spedition ihre Wurzeln im Geschäftsbesorgungsvertrag
des BGB hat. Welche Pflichten den Spediteur bei der Besorgung der Güterversendung im
Einzelnen treffen, wird nunmehr in § 454 detailliert geregelt. Dazu dort Rn. 11 ff.

**2. Von Gütern.** Der Begriff des „Gutes" ist ausgehend vom Zweck der Spedition   107
umfassend zu verstehen: Außer lebenden Menschen fällt alles darunter, was befördert werden kann. Befördert und damit auch versandt werden können ebenso gut (bewegliche)
Sachen, die nicht gehandelt werden (genauer: nicht – erlaubter – Gegenstand des Handelsverkehrs sind); eine andere Frage ist es, wann solche Speditionsverträge an § 134 BGB
scheitern. Vorweg scheiden aus dem Begriff also nur lebende Menschen, unbewegliche
Sachen und alles Unkörperliche aus. Damit sind auch Gegenstände, die der Verpackung
und Befestigung der Ware dienen, Güter iS des § 453; ebenso gewisse Transportmittel, zB
Container (ausführlicher zum Begriff „Gut" § 407 Rn. 50 ff.).

**3. Art des Transports.** § 453 enthält bewusst keine Konkretisierungen in Hinblick auf   108
Transportweg oder Transportmittel. Daher kommt Speditionsrecht ohne jeden Zweifel
auch dann zur Anwendung, wenn ein Lufttransport oder ein multimodaler Transport organisiert werden soll (in diesem Sinn bereits vor dem TRG in der 1. Aufl. § 407 Rn. 115 f.).

### II. Abschluss im eigenen oder im fremden Namen

**1. Grundsätzliches.** Seit dem TRG tritt der Spediteur beim Abschluss von Ausfüh-   109
rungsgeschäften zwar noch im Regelfall **im eigenen Namen** auf. Anders als früher liegt
aber auch dann ein Speditionsvertrag vor, auf den die §§ 454 ff. anzuwenden sind, wenn
der Spediteur von einer ihm vom Versender erteilten Vollmacht Gebrauch macht, also
**im Namen des Versenders** kontrahiert (vgl. § 454 Abs. 3). Diese Erweiterung ist zu

---

[109] Zusammenstellung und Erörterung dieser Vorschriften (unter Mitbeachtung der Modifikationen durch
die ADSp) bei Schlegelberger/*Schröder* § 407 Rn. 36–46. In der vorliegenden Bearbeitung werden die anwendbaren Einzelvorschriften jeweils an sachlich passender Stelle angesprochen.

[110] Vgl. nur Jauernig/*Mansel* BGB § 675 Rn. 4.

begrüßen.[111] Inhaltlich sind die Spediteurpflichten ja in beiden Konstellationen gleich (siehe auch Rn. 110). Vor dem TRG musste man sich bei Stellvertretung aber mit BGB-Geschäftsbesorgungsrecht behelfen (1. Aufl. § 407 Rn. 122).

110     Eine Verschlechterung der Haftung droht dem Versender nicht, wenn der Spediteur als dessen Vertreter Frachtverträge abschließt. Es ist zwar richtig, dass die Mitwirkungspflichten nunmehr den Auftraggeber (= Versender) treffen, da nur er Partner des Frachtführers wird. Das gilt aber bloß im Außenverhältnis zum Frachtführer. Im Innenverhältnis ändert sich nichts: Der Spediteur ist dem Versender (nicht anders als bei Abschluss im eigenen Namen) gemäß Gesetz und Vertrag verpflichtet; und das eben nicht nur zu Hinweis und Information.[112]

111     Trotz dieser bewussten Erweiterung des Anwendungsbereichs der §§ 454 ff. bleibt es denkbar, dass das tatsächliche Auftreten des Spediteurs bei Abschluss der Ausführungsgeschäfte nicht dem vertraglich Vorgesehenen entspricht. Damit können im Einzelfall folgende, deutlich auseinander zu haltende Rechtsfragen klärungsbedürftig sein:
– Wie sollte der Spediteur nach dem Vertrag tätig werden?
– Wie ist er tatsächlich tätig geworden?
– Welche Rechtsfolgen greifen ein, wenn das Auftreten des Geschäftsbesorgers nicht dem Vereinbarten entspricht?

112     **2. Auslegung des Speditionsvertrages.** Wie der Spediteur auftreten soll, ist für den Einzelfall durch Auslegung zu klären. Bei Beauftragung eines Berufsspediteurs ist mangels deutlicher gegenteiliger Hinweise wohl immer Handeln im eigenen Namen vorgesehen: Bloße Stellvertretung (oder gar Botenschaft) wäre für einen Berufsspediteur untypisch und ist daher nach § 157 BGB bzw. § 346 HGB nicht anzunehmen.

113     Der Spediteur wäre als **Handelsvertreter** anzusehen, wenn er vom Versender ständig mit entsprechenden Aufgaben betraut ist (§ 84 Abs. 1).[113] Maklerrecht kann hingegen niemals eingreifen, weil ein Makler immer nur vermittelt, nicht jedoch als Stellvertreter abschließt (siehe § 652 BGB, § 93 Abs. 1 HGB).

114     Ergibt Vertragsauslegung einmal ausnahmsweise, dass der Beauftragte nach Belieben im eigenen oder im fremden Namen auftreten darf (dem Auftraggeber ist nur wichtig, dass das Gut versandt wird, für Einzelheiten gibt er dem Beauftragten völlig freie Hand), so steht dem Spediteur ein **Wahlrecht** hinsichtlich der Ausführung zu (vgl. § 315 BGB). Die Wahl wird durch das wirkliche Auftreten des Beauftragten ausgeübt.

115     **3. Auslegung des Frachtvertrages. a) Grundsatz.** Ob sich der Geschäftsbesorger seinen so ermittelten Pflichten gemäß verhalten hat, lässt sich nur durch Auslegung seiner dem Beförderer gegenüber abgegebenen Erklärung feststellen. Konkret geht es um die Frage, wie dieser das Auftreten des Spediteurs verstehen durfte: War es auf Vertragsschluss im eigenen oder im fremden Namen (dem des Versenders) gerichtet?

116     Das Auslegungsproblem wird dadurch verschärft, dass ein vom Spediteur im eigenen Namen geschlossener Vertrag auch als **echter Vertrag zugunsten des Versenders** (§ 328 BGB) ausgestaltet sein könnte (dazu Rn. 124 f.). Diese Frage wird allerdings erst dann klärungsbedürftig, wenn feststeht, dass der Spediteur – und nicht der Versender – Vertragspartner des Transporteurs wurde.

117     In der Folge sollen einige praktisch häufige Kriterien angesprochen werden, die für die Klärung der Frage bedeutsam sein könnten.

118     Vorweg sei jedoch noch auf einen allgemeinen **Grundsatz** hingewiesen, der auch und gerade hier uneingeschränkte Geltung beanspruchen kann: **Im Zweifel** ist davon auszugehen, dass jemand für sich – also im eigenen Namen – und nicht als Vertreter für andere

---

[111] *Koller* (VersR 1996, 1441, 1443) weist darauf hin, dass nunmehr neben dem Speditionsrecht uU auch Handelsvertreterrecht anzuwenden sein könnte.
[112] So aber HK/*Ruß* § 454 Rn. 20.
[113] *Koller* VersR 1996, 1443; *Thume* BB 1997, 585, 588; *ders.* BB 1998, 2117, 2121.

tätig wird, also ein **Eigengeschäft** schließt. Handeln in fremdem Namen müsste offen gelegt werden; es ist nicht zu vermuten (§ 164 Abs. 1 und 2 BGB).

**b) Auftreten als Berufsspediteur.** Ist dem Frachtführer erkennbar, dass ihm ein **119** Berufsspediteur gegenübersteht, soll der Frachtvertrag nach hA nahezu immer mit dem Spediteur als Absender zustande kommen; dies, weil einem Kaufmann (hier: dem Frachtführer) klar sein muss, dass Spediteure üblicherweise im eigenen Namen abschließen.[114] Diesem Auslegungsergebnis ist zuzustimmen. Häufig liegt dann bereits kein Zweifel mehr vor; andernfalls ergibt sich dieselbe Lösung aus der eben (Rn. 118) genannten Zweifelsregel.

**c) Nennung des Versenders als Absender.** Die bloße Nennung des Versenders durch **120** den Spediteur spricht für sich keinesfalls für Handeln im Namen dieses Versenders: Ein Frachtführer weiß, wie im Transportrecht eine übliche Vertragskette aussieht, dass der Spediteur also regelmäßig die Versendung von Gütern eines Dritten besorgt. Vertragspartner des Frachtführers wird somit der Spediteur.

Anders kann sich die Rechtslage dann darstellen, wenn der Spediteur den **Versender** **121** **als Absender bezeichnet.** Bei dieser Erklärung könnte es sich zwar einmal – erkennbar – um eine bloß unpräzise Ausdrucksweise handeln, aber für den Frachtführer dennoch klar sein, dass sein Verhandlungspartner in eigenem Namen auftreten will. Von einem Auftreten als Stellvertreter ist hingegen dann auszugehen, wenn im schriftlichen Frachtvertrag unter der Rubrik „Absender" (vom Spediteur selbst oder auf Grund seiner entsprechenden mündlichen Erklärung) der Name des Versenders eingetragen wird. Das ist klassische Offenlegung des Handelns für einen anderen (vgl. aber auch Rn. 125).

Übergibt der Spediteur dem Frachtführer Frachtpapiere, die **der Versender** als Absender **122** unterzeichnet hat (für den Frachtbrief vgl. § 408 Abs. 2 S. 1), ersetzt er sie also nicht durch eigene, so stellt diese Urkunde ein massives Indiz für Handeln in fremdem Namen dar.[115] Schon weil der von beiden Vertragsteilen unterzeichnete Frachtbrief wichtige Beweis- bzw. Vermutungswirkungen auslöst (§ 409) – weshalb dieses Papier häufig verlangt wird (§ 408 Abs. 1 gibt dem Frachtführer ein solches Recht) –, muss die Unterschrift im Interesse des Frachtführers die seines Vertragspartners sein.

**d) Spediteur als Absender in den Frachtpapieren.** Steht hingegen umgekehrt der **123** Spediteur selbst als Absender in den Frachtpapieren, so tritt er dem Frachtführer gegenüber ersichtlich im eigenen Namen auf.

**e) Stellvertretung oder Vertrag zugunsten Dritter.** Einen unmittelbaren Anspruch **124** gegen den Frachtführer erwirbt der Auftraggeber nicht nur dann, wenn der Spediteur wirksam als sein Stellvertreter agiert, sondern auch, wenn das Ausführungsgeschäft ausnahmsweise zu seinen Gunsten geschlossen wird (Frachtvertrag als Vertrag zugunsten des Versenders; § 328 BGB).

Wird der Verkäufer (Versender) im Frachtbrief als Absender genannt und unterfertigt der **125** Spediteur, so soll nach einer – mittlerweile überholten – Entscheidung[116] ein Frachtvertrag zugunsten des Versenders zustande kommen. Diese Auslegung soll deshalb nahe liegen, weil der Verkäufer auch für den Frachtführer erkennbar Wert darauf legte, selbst als Absender zu fungieren. Daraus wird geschlossen, er wollte zumindest die Rechte eines Absenders erhalten. War ein Wille des Verkäufers, als Absender zu fungieren, dem Frachtführer tatsächlich erkennbar, und wurde dessen Name im Frachtbrief als Absender eingetragen, läge allerdings weit eher ein Handeln des Spediteurs im fremden Namen nahe; auch dann, wenn dieser ohne Vertretungshinweis unterschrieben hat. Ergibt sich hingegen aus den

---

[114] Vgl. OLG München 3.11.1988, NJW-RR 1989, 803, 804 (zur Nennung des „shippers" im Konnossement); OLG Köln 15.8.1985, TranspR 1986, 195, 196 (Spediteur schloss als „agent" einen Chartervertrag); *Koller* Rn. 4. Abweichend und im Ergebnis für einen Frachtvertrag zugunsten des Versenders OLG München 27.3.1981, VersR 1982, 264, 265.

[115] Ein Gegenbeweis ist allerdings nicht ausgeschlossen: Staub/*Helm* § 426 Rn. 3.

[116] OLG München 27.3.1981, VersR 1982, 264, 265; anders nunmehr 3.11.1988, NJW-RR 1989, 803, 804.

Umständen klar, dass der Spediteur im eigenen Namen kontrahieren wollte, so führt auch
die Namensnennung nicht zu einer Drittbegünstigung: Für die Anwendung der Ausnahmevorschrift des § 328 BGB genügt es nicht, dass die Wertung des Inhalts des Frachtbriefs als
Vertrag zugunsten Dritter (bloß) „nicht ausgeschlossen" ist;[117] vielmehr müssten starke
Anhaltspunkte für ein Abweichen vom rechtlich Üblichen aufzufinden sein.

126   **4. Rechtsfolgen bei Abweichen vom vereinbarten Auftreten. a) Spediteur tritt
als Stellvertreter auf.** Wird jemand ohne gleichzeitige Bevollmächtigung als Spediteur
betraut, so handelt er als falsus procurator (Scheinvertreter), wenn er den Frachtvertrag
dennoch im Namen des Versenders schließt.[118] Ein wirksamer Frachtvertrag (und damit
Rechte und Pflichten des Auftraggebers dem Frachtführer gegenüber) wird auf rechtsgeschäftlichem Wege zunächst nicht begründet; zu beachten ist allerdings die Genehmigungs-
möglichkeit nach § 177 BGB sowie die Erfüllungshaftung des Scheinvertreters nach § 179
Abs. 1 BGB.

127   Die Übergabe des Gutes genügt insbesondere beim Berufsspediteur keinesfalls, um eine
**Anscheinsvollmacht** anzunehmen. Das ist eben auch für die klassische Spedition ganz
typisch. Anders ist die Situation wohl nur dann, wenn der Spediteur den vom Versender
stammenden Frachtbrief (mit dessen Unterschrift) an den Frachtführer weitergibt, obwohl er
im eigenen Namen handeln sollte. Hier hat der Versender beim Frachtführer das berechtigte
Vertrauen erweckt, er habe den Spediteur bevollmächtigt; bei gehöriger Sorgfalt hätte der
Versender diese Vertrauenserweckung verhindern können. Daher käme eine entsprechende
Zurechnung nach Rechtsscheingrundsätzen in Betracht.[119]

128   Für den Fall der (unwirksamen) **Scheinvertretung** greift im Verhältnis Frachtführer –
Spediteur die Haftungsvorschrift des § 179 BGB ein. Den (unwirksam vertretenen) **Versen-
der** kann der Frachtführer hingegen grundsätzlich nicht belangen; denkbar sind allenfalls
Ersatzansprüche nach § 831 BGB.[120] Für das Verhältnis Versender – Spediteur gelten in
allen Fällen fehlender rechtsgeschäftlich erteilter Vollmacht die Grundsätze der Haftung aus
Vertragsverletzung. Infolge einer schuldhaften Verletzung von Pflichten aus dem Speditionsvertrag muss der Spediteur den Versender so stellen, wie dieser stünde, wenn sich der
Spediteur korrekt verhalten hätte, also im eigenen Namen tätig geworden wäre. Häufig –
vor allem dann, wenn die Versendung zum gewünschten Ergebnis geführt hat (das Gut ist
beim Empfänger eingelangt) – wird jedoch allein das „falsche" Auftreten des Spediteurs
beim Versender gar keinen wirtschaftlichen Nachteil herbeigeführt haben.

129   Zu den Rechtsfolgen der falsa procuratio bereits kurz Rn. 126; zu den Auswirkungen
auf den Aufwendungsersatzanspruch § 456 Rn. 70.

130   Bei Bejahung einer **Anscheinsvollmacht** (Rn. 127) hat der Frachtführer gegen den
Versender – der rechtlich als Vollmachtgeber behandelt wird und damit frachtvertraglicher
Absender ist – alle Rechte aus dem Frachtvertrag (und umgekehrt). Den Spediteur kann
wieder eine Haftung aus Vertragsverletzung treffen (vgl. Rn. 128). In diesem Fall liegt ein
Schaden des Versenders aber wohl bereits in der Entstehung von vertraglichen Leistungspflichten gegenüber dem Frachtführer. Davon hat ihn der Spediteur jedenfalls freizustellen.
Allerdings ist zu beachten, ob und inwieweit der Versender bei korrektem Verhalten des
Spediteurs einem Aufwendungsersatzanspruch ausgesetzt gewesen wäre: Zahlungspflichten
wären dem Versender ja jedenfalls auch dann entstanden, wenn der Spediteur das Ausführungsgeschäft im eigenen Namen, aber (dennoch) auf Rechnung des Versenders abgeschlossen hätte (siehe nur § 456 Rn. 67 ff.).

---

[117] So aber OLG München 27.3.1981, VersR 1982, 264, 265.
[118] OLG Düsseldorf 22.11.1990, TranspR 1991, 34, 35; *Koller* Rn. 4. – Der theoretische Fall, dass der
Spediteur zwar eine Vollmacht des Versenders besitzt, der Auftrag aber in concreto auf Besorgung der
Versendung im eigenen Namen lautet, wird nicht behandelt.
[119] Zur Anscheinsvollmacht statt aller Palandt/*Ellenberger* BGB § 172 Rn. 11 ff. mit reichen Nachweisen
insbes. der BGH-Rspr.
[120] Dazu – mit Diskussion weiterer denkbarer Anspruchsgrundlagen – etwa *Canaris*, Schadensersatz- und
Bereicherungshaftung des Vertretenen bei Vertretung ohne Vertretungsmacht, JuS 1980, 332 (zu BGH NJW
1980, 115).

**b) Zum Handeln in fremdem Namen: Beauftragter tritt als Spediteur im eige-** 131
**nen Namen auf.** Die Konstellation, dass ein zum Auftreten in fremdem Namen Beauftragter ein Eigengeschäft schließt, soll schon deshalb nur kurz erwähnt werden, weil dabei
keine speditionsrechtlichen Fragen auftreten. Gelangt das Gut wie vom Auftraggeber
gewünscht zum Empfänger, so bestehen häufig keine Probleme: Wie im umgekehrten Fall
wird sich der Auftraggeber seinen Zahlungspflichten nicht unter Hinweis auf die formal
unrichtige Durchführung entziehen können (vgl. § 456 Rn. 11); ebenso wenig sind (mangels Schadens) Ersatzpflichten denkbar.

Nachteile des Auftraggebers sind allerdings vor vollständiger Durchführung des Auftrags 132
möglich und nach den Grundsätzen der pVV (§ 280 Abs. 1 BGB) zu ersetzen. Zu denken
ist etwa daran, dass der Auftraggeber anders als vorgesehen keinen Direktanspruch gegen
den Transporteur besitzt. Dann ginge die Ersatzpflicht auf Abtretung der frachtrechtlichen
Ansprüche des Spediteurs.

### III. Handeln auf fremde oder eigene Rechnung

Ein Speditionsvertrag hängt im Unterschied zu § 407 aF nicht mehr zwingend davon 133
ab, dass der Beauftragte **für Rechnung eines anderen (des Versenders)** handelt. Grund
dafür dürfte insbesondere die Fixkostenspedition des § 459 sein, für die das gesetzliche
Speditionsrecht grundsätzlich voll gilt, obwohl der Spediteur hinsichtlich der Transportkosten auf eigene Rechnung handelt. Im Zweifel sollte bei Speditionsverträgen aber weiterhin
Handeln auf fremde Rechnung angenommen werden,[121] da nur dann der geschäftsbesor-
gungstypischen Interessenwahrungspflicht voll entsprochen ist.

„Auf fremde Rechnung" bedeutet, dass alle zur Ausführung des Auftrags gemachten 134
**Aufwendungen**[122] auf den Versender überwälzt werden dürfen. Der Spediteur darf dem
Versender daher insbesondere die Kosten in Rechnung stellen, die er auf Grund des im
eigenen Namen geschlossenen Frachtvertrages an den Frachtführer geleistet bzw. zu leisten
hat (vgl. § 670 BGB; näher § 456 Rn. 51 ff.). Der eigentliche **Entgeltanspruch** (zu diesem
kurz Rn. 137 und ausführlich § 456 Rn. 6 ff.) ist davon grundsätzlich unabhängig, wenn sich
im Einzelnen auch die Frage stellt, ob bestimmte Nebenleistungen als eigens zu ersetzender
Aufwand zu qualifizieren[123] oder bereits pauschal durch die vereinbarte Vergütung abgedeckt sind (dazu § 456 Rn. 55 ff.).

Wird vereinbart, dass alle Leistungen des Spediteurs durch das Entgelt abgegolten sein 135
sollen, liegt nicht mehr Handeln für fremde Rechnung vor.[124] Im Bereich des **§ 459** wird
der Spediteur – zumindest auch (s. dort Rn. 24 f.) – **auf eigene Rechnung** tätig. An der
grundsätzlichen Einordnung der **Fixkostenspedition** (auch) als Spedition ändert das aber
nichts; damit bleibt etwa die Interessenwahrungspflicht des § 454 Abs. 4 weiterhin beachtlich.[125] Daneben treffen solche „eigennützigen" Spediteure, die den Beförderungsvertrag
auf eigene Rechnung schließen, dann aber regelmäßig auch die Pflichten eines Frachtführers.[126] Das gilt auch in jenen – wohl seltenen – Fällen, in denen der Spediteur zwar auf
eigene Rechnung, aber im Namen des Versenders handelt.[127]

### IV. Gewerbsmäßigkeit

„**Gewerbsmäßigkeit**" verlangt § 453 Abs. 3 für die Anwendung der §§ 454 ff. vom 136
Spediteur nur mehr insofern, als dieser die Besorgung der Versendung im Rahmen seines
gewerblichen Unternehmens versprechen muss; also im Rahmen einer nach außen und

---

[121] Dafür etwa auch *Koller* § 454 Rn. 68.
[122] Zum Begriff statt aller BGH 10.11.1988, NJW 1989, 1284, 1285 mwN.
[123] In diesem Sinn etwa für unvorhersehbare Arbeitsleistungen BGH 29.4.1977, BGHZ 69, 34, 36; *Köhler*
JZ 1985, 361.
[124] Vgl. OLG Hamburg 20.11.1986, VersR 1988, 288, 289.
[125] Näher § 459 Rn. 45.
[126] Vgl. *Koller* § 454 Rn. 68.
[127] So *Koller* § 454 Rn. 69, der eine Analogie zu den §§ 458 S. 2 und 459 S. 1 vorschlägt.

auf Dauer angelegten organisierten selbständigen Tätigkeit, die auf den Abschluss einer unbestimmten Vielzahl von Geschäften gerichtet ist.[128] Das müssen allerdings nicht primär Speditionsverträge sein (näher dazu Rn. 189); zum Begriff „Berufsspediteur" bereits Rn. 70.

## V. Entgeltlichkeit

**137**   Zur Entgeltlichkeit bereits kurz Rn. 15 f. Details zum Vergütungsanspruch bei § 456 Rn. 6 ff.

**138**   Für den – wohl seltenen – Fall **unentgeltlicher** Übernahme der Verpflichtung, für einen anderen Versendungen iSd. § 453 zu besorgen, wurde und wird bisher ganz überwiegend die Heranziehung bloß des **Auftragsrechts** (§§ 662 ff. BGB) befürwortet.[129] Das bedeutete insbesondere, dass zur Durchführung des Auftrags getätigte Aufwendungen gemäß § 670 BGB vom Auftraggeber zu ersetzen sind. Nach der Rechtsprechung haftet der Beauftragte bereits für leichte Fahrlässigkeit.[130] Die Vorfrage, ob bzw. unter welchen Voraussetzungen solche Verträge zu ihrer Wirksamkeit analog § 518 Abs. 1 S. 1 BGB notarieller Beurkundung bedürfen, sei hier nur erwähnt.[131] Aus speditionsrechtlicher Sicht ist darauf hinzuweisen, dass viele der in den §§ 454 ff. vorgesehenen Interessenbewertungen und Konkretisierungen auch bei unentgeltlicher Pflichtenübernahme passen; und zwar deutlich besser als die knappen und eher allgemeinen Anordnungen der §§ 662 ff. BGB. Man denke nur an die Konkretisierung der Spediteur-Hauptpflicht durch § 454 oder der Versender(neben)pflichten durch § 455. Wenig überzeugend wäre es ferner etwa auch, gerade dem freigebigen Spediteur kein gesetzliches Pfandrecht (§ 464) zur Sicherung seiner – selbstverständlich bestehenden – Aufwendungsersatzansprüche zu gewähren. ME sprechen daher die besseren Argumente für die **Anwendung der §§ 454 ff.**[132] Dabei erscheint sogar eine direkte Anwendung durchaus möglich.[133] Der Wortlaut des § 453 Abs. 2, der die Pflicht zur Bezahlung der vereinbarten Vergütung vorsieht, steht dem wohl nicht entgegen. Dort ist ja nur von einer Pflicht zur Zahlung der vereinbarten Vergütung die Rede. Was gelten soll, wenn kein Entgelt geschuldet ist, bleibt hingegen gerade ungeregelt. Allerdings hat der Gesetzgeber wohl nur den Entgeltsfall vor Augen gehabt. Daher müsste im Einzelfall – etwa bei den Haftungsvorschriften – überlegt werden, ob die Unentgeltlichkeit eine gewisse Privilegierung des Freigebigen rechtfertigt. Für dieses wiederum allgemeine, weit über das Speditionsrecht hinaus reichende Problemfeld sind die Wertungen der §§ 662 ff. BGB heranzuziehen.[134]

## F. Pflichten und Rechte des Spediteurs im Überblick

### I. Vorvertraglicher Bereich

**139**   **1. Grundsätzliches.** Auch einen Spediteur können bereits **vor Vertragsschluss** gegenüber bestimmten Personen **Pflichten** treffen, deren Verletzung Schadensersatzansprüche auslöst. Diese haben insbesondere dann Bedeutung, wenn ein Vertrag auch in Folge nicht zustande kommt. Anspruchsgrundlagen könnten sich – im speditionellen Zusammenhang

---

[128]  Näher etwa *Canaris* § 2 Rn. 1 ff.
[129]  1. Aufl. § 407 Rn. 148 und ErgBd. 7a Rn. 7; *Koller* Rn. 6 (der allerdings nach wie vor – irrtümlich – §§ 662 ff. HGB zitiert); Oetker/*Paschke* Rn. 3.
[130]  BGH 22.6.1956, BGHZ 21, 102, 110 (Überlassung eines Fahrers für einen Frachtführer); BGH 9.6.1992, NJW 1992, 2474, 2475 mwN; dagegen etwa *Medicus/Petersen* Bürgerliches Recht Rn. 369.
[131]  Dazu ausführlich MüKoBGB/*Seiler* § 662 Rn. 7, 32.
[132]  Ebenso EBJS/*Rinkler* Rn. 32.
[133]  Vgl. etwa *Canaris* § 31, der (zum Frachtvertrag) zwar in Rn. 3 formuliert, die Zahlungspflicht des Absenders sei typusprägend, aber dennoch in Rn. 10 eine – wohl sogar direkte und vollständige – Anwendung der frachtrechtlichen Vorschriften auf die im Betrieb eines gewerblichen Unternehmens übernommene unentgeltliche Beförderungsverpflichtung befürwortet.
[134]  *Medicus/Lorenz* SchR II Rn. 4; *Erman/Herrmann* BGB § 516 Rn. 1; MüKoBGB/*Seiler* § 662 Rn. 53 ff. (insbes. Rn. 56).

wie im Zivilrecht generell – einmal aus einem vorvertraglichen Schuldverhältnis (culpa in contrahendo – cic; siehe § 311 Abs. 2 BGB) ergeben, unter Umständen aber auch aus Deliktsrecht (§§ 823 ff. BGB), dem Eigentümer-Besitzer-Verhältnis (§§ 989 ff. BGB) oder dem Recht der Geschäftsführung ohne Auftrag (§§ 677 ff. BGB).

**2. Güterüberlassung ohne Vertragsschluss. a) Das Problem.** Die Frage nach dem   **140** Bestehen vorvertraglicher Pflichten wird vor allem dann interessant, wenn der Spediteur das Gut bereits erhalten hat, bevor der Speditionsvertrag abgeschlossen wurde. Herrschend wird dazu vertreten, der Spediteur habe für eine sichere Aufbewahrung der Güter zu sorgen. Diese Pflicht – bzw. die Haftung bei ihrer (schuldhaften) Verletzung – wird unterschiedlich begründet: aus culpa in contrahendo (§ 311 Abs. 2 BGB),[135] aus dem Deliktsrecht (§ 823 Abs. 1 BGB)[136] oder aus dem Eigentümer-Besitzer-Verhältnis (§§ 989 ff. BGB).[137]

**b) Zusendung von Gütern an einen Spediteur ohne vorherigen Kontakt.** Richti-   **141** gerweise ist für die Haftung – genauer: bereits für die Frage nach den den Spediteur treffenden Pflichten – zu differenzieren: Zu den zwingend notwendigen Voraussetzungen der **cic-Haftung** gehört ein **vorvertragliches Schuldverhältnis.** Dafür muss jedenfalls mehr als eine Offerte (des Auftraggebers) vorliegen; im Regelfall geht es um das Stadium der Vertragsverhandlungen.[138] Schickt also jemand bloß Güter an einen Spediteur mit dem Ersuchen, für ihre Versendung zu sorgen, so liegen die nötigen Voraussetzungen nicht vor (vgl. § 362 Abs. 2e contrario).

Erleiden die Güter beim Spediteur Schäden, so könnte dieser jedoch nach den **Regeln   142 des Eigentümer-Besitzer-Verhältnisses** ersatzpflichtig sein. Eine Ansicht will die §§ 989 ff. BGB deswegen nicht anwenden, weil der Spediteur, dem das Gut aufgedrängt[139] wurde, bis zum Versuch der Abholung durch den Eigentümer berechtigter Besitzer sei.[140] Dafür spricht, dass die Sachen mit Willen des Berechtigten in die Obhut des Spediteurs gelangt sind; dessen Besitz soll aber nur ein vorübergehender sein. Die herrschende Meinung geht zwar von prinzipieller Anwendbarkeit des Normenkomplexes aus, will jedoch die Haftung analog § 300 Abs. 1 BGB auf grobes Verschulden beschränken.[141]

Der Verschuldensmaßstab kann allerdings bloß an **rechtswidriges Verhalten** angelegt **143** werden. Dafür ist die Verletzung einer Pflicht Voraussetzung. Die Annahme einer Pflicht zu sicherer Aufbewahrung ist aber problematisch; dies schon innerhalb des Eigentümer-Besitzer-Verhältnisses und umso mehr bei der Prüfung eines deliktischen Ersatzanspruches nach § 823 Abs. 1 BGB: Die formulierte Pflicht wäre ja auf **aktives Tun** gerichtet; haftungsbegründend daher eine **Unterlassung.** Warum soll aber jemanden mangels gesetzlicher Sonderregel eine Pflicht zum Handeln treffen, der ohne sein Wollen fremde Sachen in seinen Besitz erhält? Das Auftreten als Berufsspediteur reicht dafür nicht aus. Auch eine vorherige Kontrolle (verbunden mit Abstandnahme vom Besitzerwerb) ist nicht zumutbar: Der Spediteur muss die Sendung ja häufig erst einmal in Besitz nehmen, um feststellen zu können, aus welchem Titel ihm die konkreten Güter zugesandt worden sein könnten. Eine Tätigkeitspflicht wird den Spediteur also allenfalls in engen Grenzen treffen (zB minimaler Sicherungsaufwand, aber hoher Wert und große Gefahr von Schäden). Für diese zurückhaltende Position spricht nicht zuletzt § 362 Abs. 2e contrario: Die dort vorgesehenen – engen – Obsorgepflichten hinsichtlich der Ware setzen nämlich die Erfüllung eines in Abs. 1 genannten Tatbestandes (zB bereits bestehende Geschäftsverbindung mit dem Antragsteller)

---

[135] *Koller* Rn. 42.
[136] BGH 28.4.1953, NJW 1953, 1180, 1182.
[137] Für Konkurrenz *Koller* Rn. 42 Fn. 112.
[138] Näher etwa *Bydlinski* in Westermann/Bydlinski/Weber, BGB – Schuldrecht Allgemeiner Teil, 7. Aufl. 2010, § 11 Rn. 11/7 ff.
[139] Das rechtfertigt aber keinesfalls eine Vernichtung des Gutes durch den Spediteur (so für unbestellt zugesandte Ware etwa Jauernig/*Jauernig* BGB § 145 Rn. 6).
[140] Palandt/*Bassenge* BGB Vor § 987 Rn. 6.
[141] Vgl. nur MüKoBGB/*Baldus* Vor § 987 Rn. 17 mwN.

voraus. Kümmert sich der Spediteur (freiwillig) um das Gut, wird ihm nach den Regeln der Geschäftsführung ohne Auftrag Aufwendungsersatz zustehen (§§ 683, 670 BGB).

**144**    **c) Güterüberlassung nach Vorkontakt.** Von einem vorvertraglichen Verhältnis kann man aber etwa in den Fällen des § 362 sprechen, da hier der Spediteur selbst den geschäftlichen Kontakt angebahnt hat oder dieser bereits längere Zeit besteht: Wird das Gut, das der „Versender" mit seinem Antrag mitgeschickt hat, beim Spediteur beschädigt, bevor die ihm für eine Antwort offen stehende Frist abgelaufen ist, so greifen die Haftungsgrundsätze der **cic** auch dann ein, wenn er den Antrag danach rechtzeitig ablehnt. Aufgrund des Vorkontakts trifft ihn die Pflicht, sich um die Sicherung der Güter zu kümmern (Details in § 362 Abs. 2). Wegen der unkommentierten Zusendung der Güter könnte dem „Versender" jedoch im Einzelfall ein Mitverschuldensvorwurf gemacht werden, der zur Schadensteilung führt (§ 254 BGB). Grundsätzlich Gleiches gilt auch dann, wenn der Spediteur den Antrag bereits abgelehnt und um Abholung der Güter ersucht hat, der Schaden jedoch eintritt, bevor der Versender dieser Aufforderung nachgekommen ist. Hier könnte der Mitverschuldensanteil des Geschädigten aber höher ausfallen.

**145**    **d) Güterüberlassung auf Grund nichtigen Vertrages.** Wurde das Gut auf Grund eines nichtigen Vertrages übergeben, so kann ausnahmsweise eine Haftung nach den Grundsätzen der **cic** eingreifen. Voraussetzung dafür wäre einmal, dass dem Versender die Unwirksamkeit nicht bekannt war und dieser das Gut deshalb dem Spediteur übergibt. Zum Zweiten muss eine Pflicht des Spediteurs bestehen, den Versender über die Nichtigkeit in Kenntnis zu setzen, die schuldhaft verletzt wird. Damit scheidet eine Haftung etwa bei eigener Geschäftsunfähigkeit oder unerkennbarer Geschäftsunfähigkeit des Versenders aus. Nach der Rechtsprechung soll eine cic-Haftung aber etwa dann Platz greifen, wenn ein Dissens durch mehrdeutige Formulierungen (schuldhaft) verursacht wird.[142] Das wird jedoch von einem Teil der Lehre mit guten Gründen abgelehnt.[143]

**146**    Für Handlungen und Unterlassungen in Bezug auf das übergebene Gut sind grundsätzlich die Ausführungen in Rn. 144 zu beachten: Auch bei Vertragsnichtigkeit liegt ja regelmäßig ein Kontakt zwischen den Parteien vor, der dem im vorvertraglichen Schuldverhältnis an Intensität zumindest entspricht.

**147**    Aufwendungen erhält der Spediteur prinzipiell nach Bereicherungsrecht (§§ 812 ff. BGB) ersetzt; nicht hingegen nach den Regeln der Geschäftsführung ohne Auftrag, da er bei Unkenntnis von der Vertragsnichtigkeit eigene Pflichten erfüllen und kein fremdes Geschäft führen will.[144]

**148**    **3. Weitere Pflichten in contrahendo.** Andere vom Spediteur bereits in contrahendo zu beachtende Pflichten sind – in ihrem Umfang je nach Fallgestaltung unterschiedlich – die zu Beratung und Aufklärung, gegebenenfalls sogar bis zum Hinweis, die gewünschte Versendung sei (vom konkreten Spediteur bzw. ganz generell) undurchführbar[145] oder unwirtschaftlich; die Einhaltung bestimmter „Weisungen" sei unzweckmäßig.[146] Generell gilt: Der Spediteur hat – als Kenner des Transportmarkts – über die mit der Versendung zusammenhängenden, nahe liegenden Risiken aufzuklären, sofern der Versendungsinteressent selbst nicht erkennbar informiert ist. Nicht aufzuklären ist etwa über den näheren Inhalt der ADSp, schon gar nicht über einzelne Bestimmungen.[147]

**149**    Neben diesen Handlungspflichten trifft den Spediteur selbstverständlich die Pflicht, jede (vertragsbezogene) **Fehlinformation** zu unterlassen; Fragen hat er daher immer wahrheits-

---

[142] RG 5.4.1922, RGZ 104, 265, 268; RG 19.1.1934, RGZ 143, 219, 221.
[143] Siehe etwa *Singer,* Das Verbot widersprüchlichen Verhaltens, 1993, S. 163 ff., insbes. S. 167 f. mwN.
[144] Siehe nur MüKoBGB/*Seiler* § 677 Rn. 47 f. mwN; aA hingegen der BGH, zB BGH 24.9.1987, BGHZ 101, 393, 399.
[145] BGH 12.1.1966, VersR 1966, 461, 464.
[146] *Koller* Rn. 42. – Unter „Weisungen" sind hier offenbar Vorgaben des Versenders zu verstehen.
[147] OLG Hamburg 19.5.1983, VersR 1984, 156, 157 zu § 41 lit. a ADSp 1978 (Haftungsfreiheit des Spediteurs bei Abschluss einer Speditionsversicherung).

gemäß (oder uU gar nicht) zu beantworten. Haftungsbegründend wären etwa fehlerhafte Auskünfte, die zur Erteilung nicht sachdienlicher Speditionsaufträge führen; aber auch ungenaue Auskünfte über die Abwicklung etwa entstehender Schäden, wenn korrekte Information die Entscheidung des Auftraggebers beeinflusst hätte.[148]

Kommt es in der Folge nicht zum Abschluss eines Speditionsvertrages, sind die **Haf- 150 tungsbeschränkungen der ADSp** auf Fälle der vorvertraglichen Schädigung regelmäßig (Ausnahme: Rahmenvertrag, der ADSp einbezieht) schon deshalb nicht anzuwenden, weil die ADSp nicht vereinbart wurden.[149] Ob Gleiches im Ergebnis auch dann gilt, wenn ohne vorvertragliches Fehlverhalten des Spediteurs – zB falscher Information – der Speditionsvertrag (einschließlich der ADSp) nicht geschlossen worden und damit ein Schaden nicht eingetreten wäre, ist fraglich:[150] Dafür könnte sprechen, dass der in contrahendo Schädigende den Geschädigten so zu stellen hat, wie dieser ohne Fehlverhalten des Spediteurs stünde. Zwar könnten an sich auch über solche Ersatzpflichten (einschränkende) Vereinbarungen getroffen werden. Das müsste dann aber zumindest mit großer Deutlichkeit geschehen. Daran fehlt es hier wohl. Umgekehrt könnte hingegen argumentiert werden, der Versender habe mit den Haftungsschranken rechnen müssen und sich den ADSp sogar unterworfen, weshalb er nicht besser stehen solle als bei Verletzung vertraglicher Pflichten. Allerdings ist Nr. 2.1 ADSp in ihrer aktuellen Fassung („gelten für Verkehrsverträge …") so deutlich formuliert, dass Fälle (bloß) vorvertraglichen Kontakts bzw. vorvertraglicher Schädigung überhaupt nicht im Anwendungsbereich des Klauselwerks liegen.[151]

Die Ansprüche aus cic werden schließlich auch nicht generell durch die (engen) Vor- 151 schriften über die Anfechtung wegen Willensmängeln ausgeschlossen.[152]

## II. Vertragspflichten

Zentrale Vertragspflichten des Spediteurs wurden bereits in den Rn. 34 ff. angesprochen. 152 Wichtige Detailpflichten, die aus einem konkreten Speditionsvertrag resultieren können, seien hier zum Zwecke einer ersten Übersicht – keineswegs erschöpfend – aufgezählt. Einzelne leiten sich aus der in § 454 Abs. 4 ausdrücklich genannten **Interessenwahrungspflicht** (§ 454 Rn. 107 ff.) ab; ihre schuldhafte Verletzung löst regelmäßig Ersatzpflichten aus. Manches steht nunmehr ausdrücklich in § 454; ausführlich dort.
- Befolgung von Weisungen, Rückfrage
- Auskunft und Benachrichtigung
- Abholung und Zustellung
- Zwischenlagerung
- Entladung und Verladung
- Verpackung und Verwiegung
- Versicherung
- Wertdeklaration, Mitgabe von Begleitpapieren
- Verzollung
- Rechnungslegung
- Untersuchung und Mängelrüge
- Einhebung und Abführung von Nachnahme

---

[148] Beispiele nach *Helm* §§ 407–409 Rn. 172.

[149] Für den geplanten Vertragstyp gesetzlich angeordnete Haftungsschranken sollen hingegen auch bei Vertragsunwirksamkeit anwendbar sein: vgl. BGH 2.7.1975, BGHZ 93, 23, 27 f. (zu § 521 BGB: unwirksamer Schenkungsvertrag).

[150] Für eine Begründung dieses Ergebnisses – keine Haftungsbeschränkung – über Rechtsmissbrauchserwägungen (und damit offenbar bloß für krasse Einzelfälle) *Helm* §§ 407–409 Rn. 172.

[151] Nicht recht verständlich ist, warum *Wolf/Thiel*, ADSp, 20. Aufl. 2003, Nr. 2 ADSp Anm. 2 gerade aus dem Wort „Verkehrsverträge" ableiten wollen, dass auch Ansprüche aus vorvertraglichem Handeln erfasst sind.

[152] Zum Verhältnis der Anfechtungsvorschriften zur Haftung wegen „fahrlässiger Täuschung" siehe nur die Hinweise bei *Medicus/Petersen* Bürgerliches Recht Rn. 150, die selbst eine Berufung auf cic bei Verletzung von Auskunftspflichten zulassen.

Einzelheiten zu den Spediteurpflichten § 454 Rn. 11 ff.

### III. Nachvertragliche Pflichten

153    Als **nachvertragliche Pflichten (nachwirkende Vertragspflichten)** werden jene bezeichnet, die trotz vollständiger Abwicklung des Vertragsverhältnisses fortbestehen.[153] Sie sind etwa auf Verschwiegenheit oder auf Richtigstellung früherer fehlerhafter Informationen gerichtet. Dem nachvertraglichen Bereich kann man darüber hinaus alle jene Pflichten zuordnen, die nach Beseitigung des Speditionsvertrages bestehen oder entstehen (können). Zur Beendigung der Spedition Rn. 162 ff.

### IV. Rechte des Spediteurs im Überblick

154    Dem Spediteur können neben dem zentralen, weit verstandenen **Vergütungsanspruch** (§§ 453 Abs. 2, § 456; dazu näher § 456 Rn. 6 ff.) oder an dessen Stelle insbesondere folgende Rechte zustehen:
– Sondervergütungsansprüche (dazu § 456 Rn. 44 ff.)
– Aufwendungsersatzansprüche (dazu § 456 Rn. 51 ff.)
– Pfandrechte am Gut (§ 464; dazu dort Rn. 2 ff.)
– Zurückbehaltungsrechte (vgl. § 369; dazu § 464 Rn. 15 f.)
– das Selbsteintrittsrecht (§ 458; dazu dort Rn. 29 ff.)
– die Befugnis zur Versendung durch Sammelladung (§ 460; dazu dort Rn. 23)
– Schadensersatzansprüche (dazu etwa § 455 Rn. 11 ff.).

## G. Verhältnis der Vertragspartner zu Dritten

### I. Allgemeines

155    Abgesehen von gegenüber Dritten generell bestehenden Rechten und Pflichten stellt sich wegen der **typischerweise vorhandenen Mehrpersonalität** der wirtschaftlichen Vorgänge im Bereich der Spedition ganz massiv die Frage nach der Existenz besonderer Rechtsbeziehungen zwischen Personen, die nicht zugleich die Partner des Speditionsvertrages sind.

156    Hier soll nur die Grundform zur Sprache kommen, nämlich die übliche **„Kette" Versender – Spediteur (= Absender) – Frachtführer – Empfänger** (zu Sonderformen an anderer Stelle; so zur Selbstbeförderung § 458 Rn. 1 ff; zum Einsatz eines Zwischenspediteurs § 454 Rn. 26 ff.; zur Versendung des Gutes gemeinsam mit dem anderer Versender § 460 Rn. 2 ff.). Kurz erwähnt werden nahe liegender Weise bloß Beziehungen der Partner des Speditionsvertrages zu den übrigen Personen, nicht daher etwa das Verhältnis Frachtführer – Empfänger, das zum Frachtrecht gehört.

### II. Verhältnis zwischen Versender und Frachtführer

157    Ansprüche (wie) nach Vertragsrecht hat der Versender gegen den Frachtführer nur dann, wenn der Spediteur den Frachtvertrag im Namen des Versenders oder iS des § 328 BGB als **echten Vertrag zugunsten des Versenders** geschlossen hat. Das ist alles andere als der Regelfall (vgl. bereits Rn. 25).

### III. Verhältnis zwischen Versender und Empfänger

158    Zwischen Versender und Empfänger besteht regelmäßig ein **Vertragsverhältnis,** auf Grund dessen der Versender verpflichtet ist, das Gut dem Empfänger (auf bestimmte Weise) zukommen zu lassen. Häufig ist das ein Kaufvertrag; denkbar wären aber zB auch Miete

---

[153] Überblick bei Jauernig/*Mansel* BGB § 242 Rn. 28 ff.

oder Sicherungsabrede. Rechte und Pflichten zwischen diesen Personen richten sich ausschließlich nach diesem Vertrag, nicht nach Speditionsrecht. Versender und Empfänger können sogar ein und dieselbe Person sein (Bsp.: Umzugsspedition).

### IV. Verhältnis zwischen Spediteur und Empfänger

Zwischen Spediteur und Empfänger bestehen an sich keine vertraglichen Beziehungen. **159** Der Speditionsvertrag selbst kann aber ausnahmsweise als **echter Vertrag zugunsten des Empfängers** ausgestaltet sein (vgl. Rn. 25). **Beispiel** aus der Rechtsprechung: Ein Transportunternehmer soll das Gut einlagern und zur Verfügung des Käufers halten, bis es dieser abholt.[154] Im Bereich der internationalen Spedition ist es üblich, die Art der Begünstigung eines Dritten im Speditionsübergabeschein (FIATA FCR) festzuhalten. Angekreuzt werden kann „zur Verfügung des Empfängers" oder „zum Versand an den Empfänger".[155]

Macht der Spediteur gemäß § 458 von seinem Recht zum **Selbsteintritt** Gebrauch, so **160** hat der Empfänger dem Spediteur (als Transporteur) gegenüber die Rechte und Pflichten, die sich aus frachtrechtlichen Bestimmungen ergeben, so zB nach § 421 (vgl. § 458 Rn. 47 ff.).

Zur (frachtrechtlichen) Pflicht, das Gut nur gegen Einziehung einer **Nachnahme** abzu- **161** liefern, siehe § 422.

## H. Beendigung des Speditionsvertrages

### I. Denkbare Beendigungsgründe

Für Speditionsverträge sind einmal alle jene Auflösungsgründe (und deren unterschiedli- **162** che Wirkungen[156]) zu beachten, die das allgemeine Zivilrecht für zweiseitig verpflichtende Verträge ganz generell kennt: Wegfall wegen Unmöglichkeit (§ 275 BGB);[157] Ausübung gesetzlicher (§§ 323 ff. BGB)[158] oder vertraglicher (§ 346 BGB) Rücktrittsrechte; Anfechtung wegen Irrtums, Arglist oder Drohung (§§ 119 ff. BGB); Berufung auf Fehlen oder Wegfall der Geschäftsgrundlage (§ 313 BGB); einvernehmliche Aufhebung; beiderseitige gänzliche Erfüllung; Zeitablauf; Bedingungseintritt usw.

Etwas näher angesprochen seien bloß sonstige einseitige Auflösungsbefugnisse, nämlich **163** **Kündigungsrechte,** sowie die Auswirkungen von **Tod, Liquidation oder Konkurs** eines Vertragsteils nach Abschluss, jedoch vor vollständiger Erfüllung des Speditionsvertrages.

Für den Fall von **Leistungshindernissen** – seien sie dauerhaft oder vorübergehend, **164** teilweise oder vollständig –, die nicht aus dem Risikobereich des Spediteurs stammen, sieht **Nr. 12.1 ADSp** für beide Vertragsteile ein besonderes Rücktrittsrecht vor, das auch nach bereits teilweiser Auftragsausführung ausgeübt werden kann.

### II. Kündigung durch Versender

**1. Terminologie.** Sowohl in gesetzlichen Bestimmungen als auch in der Literatur findet **165** sich neben dem Begriff „**Kündigung**" auch der des „**Widerrufs**" (vgl. etwa § 405 Abs. 3 HGB, aber etwa auch § 671 Abs. 1 BGB, der den Beauftragten kündigen, den Auftraggeber hingegen widerrufen lässt). Gemeint ist jeweils dasselbe, nämlich Vertragsbeendigung **ex nunc.** Da mit „Widerruf" grundsätzlich Ex-tunc-Wirkung verbunden wird,[159] dürfte es im Speditionsrecht passender sein, von Kündigung zu sprechen.

---

[154] Vgl. BGH 21.4.1978, DB 1978, 1928, 1929.
[155] Dazu *Helm* Anh. IV nach § 415 Rn. 6.
[156] Vgl. nur § 142 Abs. 1 BGB, wonach erfolgreiche Anfechtung rückwirkend zur Vertragsnichtigkeit führt.
[157] Zu Versendungshindernissen § 454 Rn. 15 ff.
[158] Dazu § 454 Rn. 17 ff. sowie § 456 Rn. 28 f.
[159] Siehe nur Palandt/*Grüneberg* BGB Vor § 346 Rn. 13.

**166**   **2. Bestehen eines Kündigungsrechts.** Das Speditionsrecht des HGB sieht ein **Kündigungsrecht des Versenders** nicht ausdrücklich vor. Es ergibt sich jedoch aus anderen gesetzlichen Vorschriften, namentlich aus § 649 S. 1 BGB. Das Bestehen eines Kündigungsrechts stellt sogar über den Bereich der Geschäftsbesorgung hinaus[160] ein allgemeines Prinzip dar: Dem (iwS) Beauftragten wird regelmäßig kein schützenswertes Interesse an der Vertragsdurchführung, sondern bloß an seinem Entgelts- bzw. Aufwendungsersatzanspruch zugestanden.[161] Ausformungen dieses Grundsatzes sind etwa die §§ 649 (Werkvertrag), 671 Abs. 1 (Auftrag), 675 iVm. 649 bzw. 627 (Geschäftsbesorgung) und 651i BGB (Reisevertrag) sowie § 415 HGB (Frachtvertrag), während die §§ 620, 627 BGB mit dem Dauerschuldcharakter des Dienstvertrages besser zu erklären sind.

**167**   **Nr. 16.3 ADSp,** der die Folgen der Kündigung und „Entziehung" des Auftrags behandelt, setzt ebenfalls ein freies Kündigungsrecht des Auftraggebers voraus. Aus der Zitierung bloß der §§ 415, 417 ist jedoch zu schließen, dass die Klausel Speditionsverträge ohne frachtvertragliche Elemente von vornherein nicht erfasst.[162]

**168**   **3. Erlöschen des Kündigungsrechts. a) Problematik.** Zwei praktisch wichtige Fragen sind noch zu klären: die nach den **Grenzen des Kündigungsrechts** sowie die nach den **Rechtsfolgen einer Kündigung** für den Provisionsanspruch des Spediteurs. Beide hängen zwar zusammen; die zweite ist jedoch eingehender an anderer Stelle zu behandeln (§ 456 Rn. 39 f.). Zum Kündigungsrecht wird vertreten, dass es nach Abschluss der Ausführungsgeschäfte durch den Spediteur nicht mehr besteht;[163] die Gegenmeinung will die Grenze erst mit Abschluss der Versendungsbesorgung, also mit Übergabe des Gutes an den Transporteur, ziehen.[164]

**169**   **b) Lösungsansatz.** Da auch bei der Spedition die Verfolgung fremder Interessen durch den Spediteur im Vordergrund steht und dessen Ansprüche (insbes. auf Provision) durch die Kündigung ohnehin nicht ernsthaft tangiert sind (vgl. § 456 Rn. 39; ferner Nr. 16.3 ADSp, der allerdings wohl nur frachtrechtlich geprägte Verträge betrifft, s. Rn. 167), besteht kein Grund, das Kündigungsrecht frühzeitig abzulehnen. Es kann daher auch noch in einem späten Stadium der Vertragsdurchführung ausgeübt werden. Somit ist die Kündigung jedenfalls möglich, wenn sie vor der Übergabe des Gutes an den Transporteur erfolgt. Der Erwägung, nach Übergabe an den Transporteur komme Kündigung nicht mehr in Betracht, liegt offenbar der Gedanke zugrunde, damit habe der Spediteur alles getan, wozu er verpflichtet war. Das kann, muss aber nicht so sein. Damit ist auch schon die Grenze benannt: Hat der Spediteur seine **Vertragspflichten zur Gänze erfüllt,** so gibt es nichts mehr, was durch die Auflösungserklärung modifizierend gestaltet werden könnte: Nur noch die Leistung des Versenders ist offen. Auf diese hat der Spediteur nach korrekter Erfüllung aber jedenfalls vollen Anspruch. Auch eine Weisung (das Gut wieder zurückzuholen) ist in diesem Stadium nicht mehr denkbar. Allenfalls bliebe die Möglichkeit, eine Umdeutung in eine entsprechende zusätzliche Verpflichtung vorzunehmen. Dafür bedürfte es jedoch einer neuerlichen Willenseinigung, also der Zustimmung des Spediteurs. Die hier vorgeschlagene Lösung findet ihre gesetzliche Abstützung in § 649 Satz 1 BGB, wonach dem Werkbesteller bis zur Vollendung des Werks eine Kündigungsmöglichkeit offen steht.[165]

[160] Für Verallgemeinerungsfähigkeit bis hin zum Kauf (insoweit aber schon wegen der Abnahmepflicht des § 433 Abs. 2 BGB bedenklich) Staudinger/*Peters*/*Jacoby* BGB § 649 Rn. 70; aaO auch zu Sonderaspekten im Arbeitsvertrag, wo ein Interesse des Arbeitnehmers an seiner Beschäftigung anerkannt wird (BAG 28.9.1983, NJW 1984, 830).
[161] Zu den Rechtsfolgen der Kündigung in Hinblick auf die Zahlungsansprüche des Spediteurs § 456 Rn. 39 f.
[162] Vgl. *Koller* Ziff. 16 ADSp Rn. 9.
[163] Staub/*Ratz*, 2. Aufl., § 407 Anm. 19; Schlegelberger/*Schröder* § 409 Rn. 10 ff., der (aaO Rn. 10) unter Hinweis auf den Dienstvertrag offenbar davon ausgeht, bereits mit Abschluss der Verträge habe der Spediteur seine Pflichten voll erfüllt (anders zu Recht *ders.* § 412 Rn. 7).
[164] *Helm* §§ 407–409 Rn. 82.
[165] Im Ergebnis wohl ebenso EBJS/*Rinkler* Rn. 117, der allerdings uneingeschränkt ein freies Kündigungsrecht zugestehen will.

Damit kommt es für das Kündigungsrecht nicht (allein) auf den Abschluss der Ausführ- 170 ungsgeschäfte an. Der Gedanke, der Spediteur habe die Vertragsdurchführung schon weit vorangebracht, weshalb in diesem Stadium eine Kündigung häufig nicht sinnvoll sei, kann aber in einem anderen Bereich Berücksichtigung finden: Je weiter die Spedition schon gediehen ist, desto größer können die Nachteile für den Versender auf Grund einer Kündigung werden; man denke nur an die Ansprüche des Frachtführers. Daher wird man in Fällen, in denen der kündigungswillige Versender erkennbar in Unkenntnis darüber ist, welche Aktivitäten der Spediteur bereits gesetzt hat, eine entsprechende **Informationspflicht** des Spediteurs annehmen müssen: Er hat als Geschäftsbesorger ja in jeder Phase die Interessen des Versenders wahrzunehmen (vgl. § 454 Abs. 4). Davon gerade bei der Vertragsbeendigung durch Kündigung abzugehen, besteht kein Anlass.

**c) Bei Selbsteintritt.** Konsequent ist nach den Erwägungen in Rn. 169 die Ansicht, 171 dass auch bei Selbsteintritt nicht allein der Beginn der Beförderung entscheidend ist.[166] Vielmehr kommt eine Kündigung des Speditionsvertrages nur dann nicht mehr in Betracht, wenn der Spediteur bereits seine letzte speditionelle Pflicht erfüllt hat. Zu beachten ist aber ferner, dass den selbst eintretenden Spediteur daneben die Rechte und Pflichten eines Frachtführers treffen (§ 458 S. 2). Daher ist eine – nun frachtrechtlich begründete – Kündigung solange möglich, wie der Transport noch nicht zur Gänze beendet ist (§ 415 Abs. 1).

Zur Frage, ob zusätzlich zum tatsächlichen Beginn des Transports eine Selbsteintrittser- 172 klärung an den Versender abgegeben werden muss oder ob allein eine solche Erklärung ausreicht, um die Rechtsfolgen des § 458 auszulösen, § 458 Rn. 30 ff.

### III. Kündigung durch Spediteur

**1. Ordentliches gesetzliches Kündigungsrecht.** Nach hA steht auch dem Spediteur 173 bereits von Gesetzes wegen ein Kündigungsrecht zu. Begründet wird dies meist mit § 675 iVm. § 671 Abs. 2 BGB.[167] Das ist abzulehnen. **§ 671 Abs. 1 BGB,** der ein Kündigungsrecht gewährt – Abs. 2 leg. cit. regelt nur dessen Grenzen –, ist kraft ausdrücklicher Anordnung des § 675 BGB auf entgeltliche Geschäftsbesorgungen gerade **nicht anzuwenden.** Das ist auch gut verständlich: Wer für sein Tätigwerden eine Gegenleistung erhält, soll stärker gebunden sein als der, der sich freigebig zu einer Geschäftsbesorgung verpflichtet.

Das einseitige Vertragsauflösungsrecht des Spediteurs kann daher nicht auf § 671 BGB 174 gestützt werden. Die ebenfalls genannte Norm des **§ 627 BGB**[168] wäre allenfalls bei dienstvertragsähnlicher Gestaltung heranzuziehen. Zum einen ist jedoch bereits diese Zuordnung des Speditionsvertrages zweifelhaft (vgl. Rn. 18 ff.); zum anderen erscheint es fraglich, ob es sich bei der Spedition wirklich um Dienste höherer Art handelt, die auf Grund besonderen Vertrauens übertragen zu werden pflegen. Dies ist zu verneinen.[169] So sieht etwa § 613 BGB vor, dass die Dienste – auch nicht höhere ohne besonderes Vertrauensverhältnis – im Zweifel höchstpersönlich zu leisten sind. Die Voraussetzungen des § 627 BGB passen für Ärzte, Rechtsanwälte usw., nicht aber für den Spediteur (vgl. nur Rn. 19). Schließlich steht jede Spedition dem Werkvertrag zumindest sehr nahe (Rn. 20); für Werkverträge gewährt § 643 BGB dem Unternehmer nun aber bloß für ganz krasse Fälle unter strengen Voraussetzungen ein – außerordentliches – Kündigungsrecht (Besteller unterlässt notwendige Mitwirkungshandlungen; Unternehmer kann Kündigung unter Fristsetzung androhen; vgl. nunmehr auch § 417 Abs. 2 für den Frachtvertrag). Ein freies Kündigungsrecht würde sich

---

[166] So jedoch Schlegelberger/*Schröder* § 412 Rn. 7; *Helm* §§ 407–409 Rn. 82.
[167] *Koller* Rn. 63 (je nach konkreter Ausgestaltung; uU auch kein Kündigungsrecht); Schlegelberger/*Schröder* § 407 Rn. 44 (bei dienstvertraglicher Ausgestaltung Kündigungsrecht gemäß § 627 BGB); aA *Helm* §§ 407–409 Rn. 83 (der ein freies Rücktrittsrecht ablehnt).
[168] Schlegelberger/*Schröder* § 407 Rn. 44.
[169] Vgl. nur die Beispiele bei Erman/*Belling* § 627 Rn. 3; das RG 24.1.1925, RGZ 110, 119, 123 hat allerdings auch den Kommissionär unter § 627 subsumiert. – Ebenso wenig scheint die Regelung des § 621 Nr. 5 BGB zu passen.

auch mit der zentralen **Interessenwahrungspflicht** des Spediteurs (§ 454 Abs. 4) nicht vertragen.

175    Nach allem besitzt der Spediteur **von Gesetzes wegen kein ordentliches Kündigungsrecht.** Er benötigt es auch nicht zur Durchsetzung berechtigter Interessen.

176    **2. Kündigungsrecht aus besonderen Gründen kraft Gesetzes.** Sachgerecht ist eine Heranziehung des § 643 BGB; etwa wenn der Versender das zu versendende Gut nicht an den Spediteur (oder den von diesem bereits betrauten Frachtführer) übergibt. Die gleiche Wertung liegt § 417 zugrunde.

177    Wird dem Spediteur die von ihm versprochene **Leistung nachträglich unzumutbar,** kann er sich darauf unter Umständen nach den Grundsätzen des Wegfalls der Geschäftsgrundlage berufen.[170] Nachträgliche Vermögensverschlechterung des Versenders rechtfertigt ohne Erbringung oder Sicherstellung der Gegenleistung allerdings bloß eine Leistungsverweigerung (§ 321 BGB).

## IV. Folgen von Tod, Liquidation und Konkurs des Versenders

178    **1. Tod.** Stirbt der Versender, so bleibt der Speditionsvertrag in aller Regel aufrecht.[171] Dies ergibt sich schon aus dem Grundsatz der §§ 1922, 1967 BGB, aber auch auf Grund eines Größenschlusses aus § 675 iVm. § 672 BGB: Soll bereits beim unentgeltlichen Auftrag, bei dem die persönliche Komponente stark ausgeprägt ist (vgl. nur § 664 BGB), der Vertrag im Zweifel aufrecht bleiben, so gilt das umso mehr für ein übliches (Handels-)Geschäft des Wirtschaftslebens. Die Vermutung des Gesetzes wird daher nur ganz ausnahmsweise durch den konkreten Vertragsinhalt (oder die Umstände) entkräftet werden können.

179    **2. Liquidation.** Ist Versender eine Personenhandelsgesellschaft bzw. eine juristische Person, so hat ihre **Auflösung**[172] keinerlei Einfluss auf davor abgeschlossene Verträge. Der Speditionsvertrag bleibt daher auch im Liquidationsstadium aufrecht und muss erfüllt werden (vgl. nur § 149 HGB; § 70 GmbHG).

180    **3. Insolvenz.** Wird der Versender insolvent, so wird der Speditionsvertrag grundsätzlich aufgehoben; gewisse Pflichten gegenüber dem Versender bleiben jedoch bestehen (vgl. §§ 115 f. InsO). Solange der Spediteur die Eröffnung des Insolvenzverfahrens ohne Verschulden nicht kennt, wird der Vertrag als aufrecht fingiert (§ 115 Abs. 3 InsO iVm. § 674 BGB). In Hinblick auf seine Ansprüche ist der Spediteur prinzipiell als Insolvenzgläubiger (§ 38 InsO) zu behandeln; Massegläubiger (§ 53 InsO) ist er nur hinsichtlich seiner Ansprüche aus der gebotenen Fortsetzung des Geschäfts (§ 115 Abs. 2 InsO).

## V. Folgen von Tod, Liquidation und Konkurs des Spediteurs

181    **1. Tod.** Was bei Tod des Spediteurs gilt, ist schwieriger zu beantworten. Über § 675 iVm. § 673 S. 1 BGB würde man zur Zweifelsregel gelangen, dass der Vertrag erlischt. Das wird aber als wenig sachgerecht empfunden: Bei Verträgen aus dem gewerblichen Bereich, insbesondere bei allen Handelsgeschäften, tritt die persönliche Komponente ja deutlich in den Hintergrund.[173]

182    Hält man § 673 BGB für anwendbar, müsste man in jedem Einzelfall genau prüfen, ob kein Zweifel an gewollter Vererblichkeit besteht. Dieser Ansatz, also die Einzelfallprüfung, könnte zu der Differenzierung führen, dass der Vertrag aufrecht bleibt, wenn der Spediteur Träger eines größeren Unternehmens ist.[174] Immer wieder wird jedoch die Zweifelsregel für Speditionsverträge generell beiseitegeschoben; allerdings häufig ohne sich die notwendige methodische Frage zu stellen.

---

[170]  Siehe nur Jauernig/*Stadler* BGB § 313 Rn. 23.
[171]  Einhellige Ansicht: *Koller* Rn. 63; *Helm* §§ 407–409 Rn. 87.
[172]  Grundlegend zur Liquidation etwa *Karsten Schmidt* GesR § 11 V.
[173]  *Helm* §§ 407–409 Rn. 86.
[174]  In diesem Sinn *Koller* Rn. 63.

Etwas widersprüchlich erscheint es jedoch, das Vorliegen eines Zweifelsfalles mit dem   **183**
Argument abzulehnen, dass bei Geschäftsfortführung durch die Erben alle Beteiligten vom
Fortbestand der Verträge ausgehen, zugleich aber die Ansicht als unhaltbar zu bezeichnen,
die das Weiterbestehen der Speditionsverträge von der Fortführung des Speditionsbetriebes
durch die Erben abhängig machen will.[175] § 27 HGB kann für die vorliegende Frage schon
deshalb nicht fruchtbar gemacht werden, weil diese Norm nur die Haftung der Erben
regelt. Ob ein Zweifelsfall vorliegt, darf überdies generell nicht ex post geprüft werden.
Vielmehr muss es darauf ankommen, was die Parteien im Vertragsabschlusszeitpunkt vermutlich vereinbart hätten, wenn sie an den Fall des Todes des Spediteurs vor vollständiger
Vertragsdurchführung gedacht hätten. Dafür steht die Vermutung des § 673 BGB S. 1.

Da § 673 BGB aber von der Sache her tatsächlich nur für stärker persönlich ausgeprägte   **184**
Beziehungen, nicht jedoch für übliche Handelsgeschäfte (wie die Spedition) passt, bieten
sich methodisch zwei Wege an, die diese Zweifelsregel von vornherein ausschalten: Einmal
eine teleologische Reduktion des § 673 S. 1 BGB selbst, zum Zweiten aber auch eine
denselben Gedanken berücksichtigende Auslegung des § 675 BGB.[176] Diese Norm sieht ja
nur eine entsprechende Anwendung des § 673 BGB vor. Damit könnte man bereits diesen
Verweis in einem engeren Sinn verstehen: Die Norm soll nur dann gelten, wenn das
personale Element für die vorliegende entgeltliche Geschäftsbesorgung von gleicher Bedeutung ist wie typischerweise im Auftragsrecht.

**2. Liquidation.** Die **Auflösung** einer Speditionsgesellschaft hat auf den Bestand des   **185**
Speditionsvertrages keinen Einfluss: Dieser ist im Zuge der Abwicklung zu erfüllen.[177]

**3. Insolvenz.** In der Insolvenz des Spediteurs steht dem Insolvenzverwalter gemäß **§ 103**   **186**
**InsO** das Wahlrecht zu, den (beiderseits noch nicht voll erfüllten) Vertrag wie vereinbart
abzuwickeln oder zu beenden. Der Vertrag fällt also allein durch Eröffnung des Insolvenzverfahrens noch nicht dahin. Verlangt der Insolvenzverwalter Erfüllung (Details zur Ausübung dieses Rechts in § 103 Abs. 2 InsO), gehören die Ansprüche des Versenders zu
den Masseforderungen (§ 55 Abs. 1 InsO). Andernfalls werden infolge der Nichterfüllung
entstehende Schadensersatzansprüche des Versenders nur als Insolvenzforderungen befriedigt (§ 103 Abs. 2 S. 1 InsO).

Offene Ansprüche des Spediteurs gegen seine Partner aus den Ausführungsgeschäften   **187**
gelten nach **§ 457 Satz 2** (Vorbild: § 392 Abs. 2) im Verhältnis zu den (sonstigen) Spediteur-
gläubigern als auf den Versender übertragen. Dieser kann sie – sowie vom Spediteur aus
den Ausführungsgeschäften Erlangtes – daher grundsätzlich nach § 47 InsO **aussondern.**[178]

## I. Speditionsverträge und allgemeines Handelsrecht (§§ 343 ff.)

Mit dem Handelsrechtsreformgesetz (BGBl. 1998 I S. 1474) wurde der Anwendungsbe-   **188**
reich des HGB neu geregelt. Daraus resultiert auch die Vorschrift des **§ 453 Abs. 3 Satz 2,**
wonach auf das Speditionsgeschäft die **§§ 343 ff. ergänzend** (und entsprechend) **anzu-**
**wenden** sind, wenn der Vertrag auf Spediteurseite von einem nicht im Handelsregister
eingetragenen **Kleingewerbetreibenden** (vgl. § 2) im Rahmen seines Gewerbes abgeschlossen wurde. Insoweit – aber auch nur insoweit – werden die Kleinunternehmer also
als Kaufleute behandelt.[179] **Ausgenommen** sind nur die „gefährlichen" – früher auf Voll-
kaufleute beschränkten – **§§ 348 bis 350,** also die Vorschriften über die (Nicht-)Herabsetz-

---

[175] So *Helm* §§ 407–409 Rn. 86 gegen Schlegelberger/*Schröder* § 407 Rn. 46. *Helm* scheint also zweispurig
vorzugehen; offen bleibt jedoch, welchem seiner Argumente er das Hauptgewicht beilegt. Daher ist auch
nicht klar zu erkennen, welches Schicksal der Speditionsvertrag erleidet, wenn das Speditionsgeschäft von
den Erben nicht fortgeführt wird.
[176] Ausdrücklich für teleologische Reduktion bereits des § 675 BGB hingegen EBJS/*Rinkler* Rn. 125.
[177] So wohl auch *Helm* §§ 407–409 Rn. 86.
[178] MüKoInsO/*Ganter* § 47 Rn. 286 mwN; *Koller* § 457 Rn. 6; EBJS/*Rinkler* § 457 Rn. 14.
[179] Kritisch *Bydlinski* ZIP 1998, 1169, 1174.

barkeit einer Vertragsstrafe, über die (fehlende) Einrede der Vorausklage des Bürgen sowie über die Formfreiheit von Bürgschaft, Schuldversprechen und Schuldanerkenntnis.

## J. Übernahme speditioneller Pflichten durch Nichtgewerbetreibende

189    Verpflichtet sich jemand **außerhalb eines gewerblichen Unternehmens** zur Besorgung der Versendung von Gütern, stellt sich die Frage, welche Rechtsnormen auf einen solchen Vertrag Anwendung finden (zum vergleichbaren Problem fehlender Entgeltlichkeit bereits Rn. 15). Seinem Wortlaut nach ist § 453 jedenfalls nicht erfüllt, woraus überwiegend auf die Unanwendbarkeit der §§ 454 ff. geschlossen wird.[180] Daraus würde folgen, dass eine schlichte (entgeltliche) Geschäftsbesorgung vorliegt, auf die bloß die – nicht speziell passenden – §§ 675, 631 ff. BGB (Werkvertrag, der eine Geschäftsbesorgung zum Gegenstand hat) anzuwenden sind[181] (zur Einordnungsfrage bereits Rn. 18 ff.). Ein möglicher Ansatz wäre die Auslegung der getroffenen Vereinbarung: Die Parteien haben es ja ohne weiteres in der Hand, die Geltung der §§ 454 ff. rechtsgeschäftlich vorzusehen. Ob jedoch allein die Vereinbarung der Versendungspflicht eine solche (ergänzende) Interpretation rechtfertigt, erscheint fraglich; auch deshalb, weil das dispositive Recht ergänzender Vertragsauslegung grundsätzlich vorgeht.[182]

190    Zu befürworten ist eher eine **analoge Anwendung speditionsrechtlicher Normen**.[183] So liegt die ratio des § 453 Abs. 2 offensichtlich darin, dass die gesetzlichen Vorschriften auf Grund der Besonderheiten der zu erbringenden Leistung geschaffen wurden[184] und daher unabhängig davon zu beachten sind, ob jemand solche Geschäfte laufend („Berufsspedition") oder bloß gelegentlich abschließt („Gelegenheitsspedition"). In der Sache regeln die verwiesenen Vorschriften einen besonderen, die Geschäftsbesorgung näher konkretisierenden Vertragstyp; sie enthalten also (weitestgehend) dispositives Schuldrecht.[185] Das alles spricht mE im Ansatz dafür, die Vorschriften auch dann anzuwenden, wenn im Einzelfall ein Nichtgewerbetreibender die den Speditionsvertrag inhaltlich prägenden Verpflichtungen übernimmt. Mit den §§ 454 ff. ist eben im Wesentlichen die sachgerechte Regelung eines besonderen Vertragstyps beabsichtigt, nämlich der Besorgung der Versendung von Gütern für andere. Der Normenkomplex ist daher – anders als das allgemeine Geschäftsbesorgungsrecht – auf solche Verpflichtungen speziell zugeschnitten. Es ist auch nicht zu sehen, dass sich einzelne Bestimmungen nur für den gewerblichen Bereich eignen. Ein Hinweis auf das nicht immer passende Selbsteintrittsrecht (§ 458) kann wohl ebenfalls kein Gegenargument liefern: Zwar ist es richtig, dass ein Versender nicht ohne weiteres mit dem Selbsttransport durch den Beauftragten einverstanden ist. Das gilt aber ebenso für die Beauftragung eines Gelegenheitsspediteurs und könnte im Wege der Vertragsauslegung berücksichtigt werden. Überdies wird hier nicht für analoge Anwendung der §§ 454 ff. in toto plädiert. Vielmehr geht es nur um jene Normen, die auf Grund der spezifischen Hauptpflicht zur Besorgung der Güterversendung unabhängig vom Status des Beauftragten passend erscheinen. Wer Analogien zu speditionsrechtlichen Normen hingegen generell ablehnt, sollte die Bestimmungen zumindest zur Konkretisierung der einschlägigen geschäftsbesorgungs- und werkvertragsrechtlichen Bestimmungen fruchtbar machen.

---

[180] *Koller* Rn. 7 iVm § 407 Rn. 28 ff.; *Canaris* § 33 Rn. 8 iVm. Rn. 75; implizit auch *Valder* in Andresen/Valder Rn. 47: Speditionsrecht gilt auch für Minderkaufleute (Nichtgewerbetreibende werden von ihm hingegen überhaupt nicht erwähnt); ebenso (ohne Begründung) Oetker/*Paschke* Rn. 19.
[181] So ausdrücklich etwa *Herber* NJW 1998, 3297, 3300.
[182] BGH 1.2.1984, BGHZ 90, 69, 75; vgl. ferner insbes. *Wolf/Neuner* AT § 3 Rn. 8 f., § 35 Rn. 60; *Flume* Rechtsgeschäft § 16 4b.
[183] Vgl. *Karsten Schmidt* HandelsR § 33 I 2 a aE.
[184] IdS Andresen/Valder/*Valder* Rn. 47.
[185] Vgl. *Karsten Schmidt* HandelsR § 3 II 3; *Canaris* § 31 Rn. 70.

## K. Überblick über wichtige Dokumente des Speditionsgeschäfts

### I. Grundsätzliches

Im Rahmen der Transportorganisation können verschiedene Dokumente Bedeutung **191** erlangen.[186] Zu den wesentlichen Aufgaben des Spediteurs (wenn auch zumeist als Nebenpflicht; vgl. § 454 Rn. 105) gehört daher die **Besorgung von Dokumenten,** seien sie öffentlich-rechtlicher (zB für die Verzollung benötigte Dokumente wie Warenverkehrsbescheinigungen und Ursprungszeugnisse) oder privatrechtlicher Natur. In der Folge werden die wichtigsten privatrechtlichen Dokumente und ihre Bedeutung kurz vorgestellt.[187]

Für den Versender haben die Dokumente verschiedene Funktionen. Hier seien seine **192** wesentlichsten Interessen genannt: Er möchte über die schon auf dem Transport befindlichen Waren disponieren (Papiere mit Repräsentations- und Traditionsfunktion); er möchte nachweisen können, was er dem Spediteur (oder Frachtführer) zur Versendung übergeben hat (Papiere mit Beweisfunktion). Schließlich ist die zentrale Bedeutung von Dokumenten für die (Außenhandels-)Finanzierung (mittels Akkreditivs) zu beachten.[188] Welche Papiere **akkreditivtauglich** sind, ergibt sich – von konkreten Vereinbarungen abgesehen – aus den „Einheitlichen Richtlinien und Gebräuchen für Dokumenten-Akkreditive" (ERA) der internationalen Handelskammer in Paris;[189] siehe auch Rn. 195.

Die rechtlichen Konsequenzen, die die Dokumente für Versender und Spediteur haben, **193** sind vielfältig. Auf ihre Bedeutung für die Abgrenzung zwischen Speditions- und Frachtvertrag wurde in Rn. 55 ff. schon kurz eingegangen. Die Übernahme der Dokumentenabwicklung hat regelmäßig Einfluss auf den Entgeltsanspruch des Spediteurs (§ 456 Rn. 48). Trifft den Spediteur die Verpflichtung, Papiere zu besorgen oder selbst auszustellen (eigentliche Spediteurdokumente; dazu sofort Rn. 195 ff.), kann er bei schuldhaften Fehlern ersatzpflichtig werden; so insbesondere bei unrichtiger Ausstellung.[190]

### II. Vom Spediteur ausgestellte Papiere

**1. Allgemeines.** Zur Durchführung von Außenhandelsfinanzierungen benötigt der **194** Versender (= Verkäufer) akkreditivtaugliche Papiere (vgl. Rn. 192). Vom Spediteur selbst stammende Papiere sind nur ausnahmsweise für ein Akkreditiv verwendbar; nämlich dann, wenn sie eigentlich **Transportdokumente** – nicht also reine Speditionspapiere – sind, der Spediteur also (auch) eine **Transportpflicht** übernommen hat (siehe Art. 14, 27 ERA). Im Vergleich zu Dokumenten ausführender Unternehmer (Rn. 198 f.) haben sie den Vorteil, dass sie unmittelbar nach Übergabe des Gutes an den Spediteur zur Verfügung stehen. Es muss also nicht etwa bis zur Übernahme des Gutes durch den Frachtführer oder den Verfrachter gewartet werden.

**2. Die von der FIATA empfohlenen Papiere.** Der internationale Spediteurverband **195** (FIATA = Fédération Internationale des Associations de Transporteurs et Assimiliés[191] = International Federation of Freight Forwarders Associations) empfiehlt den Spediteuren die Verwendung von mehreren Dokumenten, die eine gewisse Einheitlichkeit gewährleisten

---

[186] Die wichtigsten Dokumente des Transportrechts (iwS) stellt Hopt/*Nielsen* Form S. 312 ff., dar.
[187] Ausführlicher etwa *Basedow* TranspV § 15; *Lenz* Rn. 210 ff., insbes. 235 ff.
[188] Ausführlich dazu *Canaris* Bankvertragsrecht Bd. 1, 3. Aufl. 1988, Rn. 916–1101; siehe ferner etwa MüKoHGB/*Nielsen* Bd. 5 ZahlungsV Rn. H 197–218.
[189] Aktuell ist die ab 1.7.2007 zur Anwendung empfohlene Fassung (ICC-Publ. Nr. 600). Dazu näher etwa *Holzwarth* IHR 2007, 136. Bereits mit der Revision 1993 wurden unter anderen die Regeln über die Eignung von Transportdokumenten wesentlich geändert. Zu dieser Fassung insbes. *Nielsen* WM 1993 Sonderbeilage Nr. 3; *ders.* WM 1994 Sonderbeilage Nr. 2; *ders.*, Neue Richtlinien für Dokumenten-Akkreditive, 1994; *Stapel*, Die einheitlichen Richtlinien und Gebräuche für Dokumentenakkreditive 1993, 1998.
[190] Vgl. etwa OLG Düsseldorf 6.9.1973, VersR 1975, 232, 233 f.; ferner *Helm* §§ 407–409 Rn. 137 mwN.
[191] In der Literatur finden sich zumindest fünf verschiedene Schreibweisen der französischen Bezeichnung; die hier verwendete wurde der FIATA-homepage entnommen.

sollen. Vier werden hier kurz vorgestellt.[192] Dabei bezieht sich nur das Erste auf reine Speditionsverträge.

- Die **Spediteur–Übernahmebescheinigung** (**FIATA FCR** = Forwarders Certificate of Receipt) ist eine Empfangsquittung mit wahlweise hinzufügbarer Sperrwirkung (zur Spediteurquittung im allgemeinen Rn. 196).
- Die – wenig gebräuchliche – **Spediteur-Transportbescheinigung** (**FIATA FCT** = Forwarders Certificate of Transport) ist eine Empfangsbescheinigung, in der der Spediteur darüber hinaus die Verantwortung für die Auslieferung an den Inhaber des Dokuments übernimmt.
- Das **übertragbare Durchkonnossement für den kombinierten Transport** (**FBL** = Negotiable FIATA Multimodal Transport Bill of Lading[193]) stellt eine Empfangsbescheinigung dar, die zusätzlich – entsprechend einem Konnossement – als echtes Wertpapier einen Herausgabeanspruch verbrieft. Näheres dazu § 452d Rn. 44 ff.
- Der **Lagerempfangsschein** (**FWR** = FIATA Warehouse Receipt) ist ein – in Deutschland wenig gebräuchlicher – vom Spediteur als Lagerhalter ausgestellter Empfangsschein.

**196**    **3. Spediteurquittung. Nr. 8.1 ADSp** gibt dem Versender das Recht, vom Spediteur eine Empfangsbescheinigung mit dort näher umschriebenem Inhalt zu verlangen. Unsicher ist jedoch, ob der Versender vom Spediteur außerhalb des Anwendungsbereichs der ADSp die Ausstellung einer solchen **Quittung** verlangen kann.[194] Massive Bedenken bestehen gegen eine Begründung mit Hilfe des § 242 BGB: Diese Norm eignet sich zur Einzelfallbehandlung, keinesfalls aber zur generellen Begründung einer Pflicht von Spediteuren, Quittungen auszustellen. Weit konkreter ist die Anknüpfung an **§ 368 BGB:** Ebenso wie im unmittelbaren Anwendungsbereich (Zahlung des Schuldners an den Gläubiger) besteht ein verständliches Interesse des Versenders daran, eine solche Bescheinigung zu erhalten; und unter Beachtung des § 369 BGB (Kosten trägt Versender)[195] ist eine solche Verpflichtung dem Spediteur auch ohne weiteres zumutbar. Eine Quittierungspflicht ist daher entweder analog § 368 BGB[196] oder auf Grund entsprechender ergänzender Vertragsauslegung zu bejahen. Daraus folgt dann aber auch, dass die Pflicht nur bei rechtzeitigem Verlangen des Versenders aktuell wird.

**197**    **4. Bordero.** Das Bordero (vom franz. bordereau) ist eine **Ladeliste,** die üblicherweise vom Sammelspediteur aufgestellt wird, Gut und Frachtbrief begleitet und dem Empfangsspediteur zukommen soll.[197] Anhand des Borderos (der „Frachtkarte") nimmt dieser die Auslieferung der einzelnen Teilsendungen an die Endempfänger vor.

### III. Dokumente ausführender Unternehmer

**198**    Der Spediteur kann auch verpflichtet sein, dem Versender **Dokumente ausführender Unternehmer** zukommen zu lassen. Wieder geht es vor allem um das Interesse des versendenden Verkäufers, mittels dieser Papiere Zahlung des Kaufpreises von der Akkreditivbank zu erhalten (zum Akkreditiv schon kurz Rn. 192).

**199**    Akkreditivtauglich sind insbesondere **Konnossemente** (Art. 20 ERA). Bei deren Ausstellung sind die Weisungen des Versenders genau zu befolgen.[198] In Betracht kommen

---

[192] Nicht hingegen die FIATA SDT (Shippers Declaration for the Transport of Dangerous Goods).

[193] Dieses hat 1994 endgültig das „Negotiable FIATA Combined Transport Bill of Lading" ersetzt.

[194] Vgl. nur *Helm* §§ 407–409 Rn. 134, der unterschiedliche Begründungen erwägt, sich aber nicht festlegt.

[195] Für eine Begründung über § 354, wenn die Quittierung außergewöhnlichen Aufwand erfordert, *Koller* § 454 Rn. 20. Nach dem aaO vorstehenden Satz scheint *Koller* für diesen Fall eine gesetzliche Quittierungspflicht jedoch abzulehnen.

[196] *Koller* § 454 Rn. 20 (sofern mit zumutbarem Aufwand möglich); ebenso Staub/*Koller* § 424 Rn. 22 zur Lagerquittung; Schlegelberger/*Schröder* § 408 Rn. 4 (ohne Begründung).

[197] Vgl. OLG Stuttgart 2.4.1981, VersR 1982, 90.

[198] Vgl. OLG Düsseldorf 26.5.1983, TranspR 1985, 142, 143 = VersR 1984, 34: Unterschrift vom Reedereiagenten statt – wie vorgesehen – vom Kapitän.

ferner multimodale oder Luft-Transportdokumente, ebenso Dokumente des Straßen-, Eisenbahn- und Binnenschifftransports. Details in den Art. 19–27 ERA.

## L. Internationales Speditionsrecht

### I. Das anwendbare Recht

Haben Versender und Spediteur ihren Wohnsitz bzw. ihre geschäftliche Niederlassung **200** nicht im selben Staat, ist der Vertrag im Ausland zu erfüllen, oder hat die geschäftliche Beziehung sonst Auslandsberührung, so liegt eine **internationale Spedition** vor. Dann muss geklärt werden, die Zivilrechtsordnung welchen Staates zur Beurteilung des Vertrages und seiner Folgen heranzuziehen ist.[199] Bei einem Streit vor deutschen Gerichten waren bis zu ihrer Aufhebung zum Ende des 16.12.2009 die Kollisionsnormen der Art. 27 ff. EGBGB einschlägig[200]. Für ab dem 17.12.2009 abgeschlossene Verträge sind die Vorschriften der **Rom I-VO** anzuwenden. (In der Folge werden nur die für die Einordnung des Speditionsvertrags zentralen IPR-Fragen angesprochen).

Primär ergibt sich das Schuldstatut auf Grund einer **Rechtswahl,** die nicht einmal aus- **201** drücklich erfolgen muss (vgl. Art. 3 Abs. 1 Rom I-VO). Hat der Spediteur seine Niederlassung in Deutschland und wurden die ADSp Vertragsinhalt,[201] kommt es über **Nr. 30.3 ADSp** regelmäßig zur Wahl deutschen Rechts.

**Fehlt** es an einer **Rechtswahl,** so ist zunächst zu fragen, ob die Rom I-VO (insbes. **202** deren Art. 4 und 5) für Speditionsverträge eine Sonderregelung enthält. Dabei ist primär an **Art. 5** zu denken, der laut seiner Überschrift „Beförderungsverträge" erfasst (dazu im unmittelbaren frachtrechtlichen Zusammenhang Einl. Rn. 63 ff.). Ob iS des Abs. 1 leg cit ein **„Vertrag über die Beförderung von Gütern"** vorliegt, kann nur durch autonome Auslegung geklärt werden. Die Frage war schon zur Vorläuferbestimmung (Art. 28 Abs. 4 EGBGB, der Art. 4 Abs. 4 EVÜ weitestgehend entsprach) strittig; und sie ist es bis heute. So wird von manchen eine weite, Speditionsverträge einschließende, Auslegung vertreten, wobei darauf abgestellt wird, ob der Vertrag in der Hauptsache der Güterbeförderung dient.[202] Tatsächlich ist in Art. 5 Abs. 1 Rom I-VO von einem **„Vertrag über die Beförderung von Gütern"** die Rede; und in der Folge werden für die Anknüpfung unter anderem der Übernahmeort und der Ablieferungsort für relevant angesehen. Das alles spricht dafür, ebenso wie bei bereits existierenden internationalen Transportrechtskonventionen (zB der CMR) darauf abzustellen, ob die Parteien eine **Beförderungspflicht** begründen wollten[203]. Beförderungsverträge ohne entsprechende Pflicht kommen ja nicht in Betracht (zur Behandlung speditioneller Sonderformen s. noch Rn. 204). Fehlt es an einer entsprechenden, auf Beförderung gerichteten Vereinbarung, findet Art. 5 Rom I-VO somit keine Anwendung. Daher kann die Vorschrift schon ihrem Wortlaut

---

[199] Aspekte vereinheitlichten Rechts kommen hier nicht zu Sprache, da es an sich kein Einheitsspeditionsrecht gibt. In Grenzfällen könnten allerdings Frachtrechtsübereinkommen (zB CMR, WA, MÜ) eine gewisse Rolle spielen.

[200] Näher dazu in der 2. Aufl. Rn. 201 ff.

[201] Zur (erschwerten) Einbeziehung der ADSp gegenüber Ausländern siehe Vorbem. ADSp Rn. 13 f.

[202] IdS etwa Palandt/*Thorn* Art. 5 Rom I-VO Rn. 6 (mit Hinweis auf die zu Art. 4 Abs. 4 EVÜ ergangene E des EuGH Rs. C-133/08 *Intercontainer Interfrigo SC / Balkenende Oosthuizen BV,* wo allerdings gesagt wird, dass Hauptgegenstand des Vertrages die Beförderung im eigentlichen Sinn sein müsse). Ebenso offenbar auch *Ramming* in Ramming, Multimodaler Transport, 2011, Rn. 726: auch Speditionsverträge „dienen in der Hauptsache der Güterbeförderung". In einer anderen Publikation (HamSchRZ 2009, 297) unterstellt *Ramming* Speditionsverträge hingegen Art. 4 Rom I-VO, da es sich bei der Spedition, auch bei der zu fixen Spesen, um keinen Vertrag über die Beförderung von Gütern handle (ausdrücklich gegen seine kurz vorher in HamSchRZ 2009, 21 vertretene gegenteilige Ansicht).

[203] Staudinger/*Magnus* (2011) Art. 5 Rom I-VO Rn. 199 ff.; *A. Staudinger* in Ferrari, Internationales Vertragsrecht, 2. Aufl. 2012, Art. 5 Rom I-VO Rn. 21, 76 mit reichen Nachweisen der Diskussion.

nach **keinesfalls auf Speditionsverträge schlechthin** angewandt werden,[204] da bei
ihnen keine Beförderung geschuldet ist. Die Begründung, es genüge die Verpflichtung
zur Beförderung, auch wenn sie später von einem Dritten durchgeführt werde,[205] erfasst
Speditionsverträge gerade nicht, da der Spediteur aufgrund der getroffenen Abreden nur
zur Transportorganisation, also zu einer Art Geschäftsbesorgung, verpflichtet ist. Keinesfalls kann der Erwägungsgrund 22 der Rom I-VO die Gegenansicht stützen.[206] Ganz
im Gegenteil: Wenn darauf hingewiesen wird, dass gemäß diesem Erwägungsgrund als
Beförderer auch jemand angesehen werden kann, der die Beförderung nicht selbst durchführt,[207] so ist das weniger als die halbe Wahrheit. Vollständig heißt es dort vielmehr, dass
Beförderer jene Vertragspartei ist, „die sich **zur Beförderung der Güter verpflichtet,**
unabhängig davon, ob sie die Beförderung selbst durchführt". Gedacht ist damit etwa
an den Einsatz eines Unterfrachtführers, der den Transport tatsächlich vornimmt. Die
Zentralaussage dieses Satzes aus dem Erwägungsgrund 22 liegt aber ersichtlich woanders
und stützt die hier vertretene Position ganz massiv: Entscheidend ist allein, ob **vertraglich
eine Beförderungspflicht übernommen** wurde.

203       Wurde bloß eine **Pflicht zur Organisation eines Transports** vereinbart, so wird der
Vertrag im Regelfall der Rechtsordnung jenes Staates zu unterstellen sein, in dem der
Spediteur seinen gewöhnlichen Aufenthalt hat. Dies ergibt sich primär aus Art. 4 Abs. 1
lit. b Rom I-VO, wonach Dienstleistungsverträge dem Recht des Staates unterliegen, im
dem der Dienstleister seinen gewöhnlichen Aufenthalt hat[208]. Diese Verweisung geht der
des Abs. 2 leg cit vor, wonach es – bei Unanwendbarkeit des Abs. 1 – auf den gewöhnlichen
Aufenthalt jener Partei ankommt, die die für den Vertrag charakteristische Leistung erbringen muss[209]. Beides führt zum **Recht der Niederlassung des Spediteurs.**[210]

204       Wie gezeigt, kommt es für die Anwendbarkeit des Art. 5 Rom I-VO entscheidend auf
die **Vereinbarung** einer Beförderungspflicht an. Ob einzelne nationale Rechte als **Rechtsfolge** derartige Pflichten vorsehen, ist ohne Bedeutung. Daher liegt kein Beförderungsvertrag etwa bei einer Vereinbarung vor, die der **„Fixkostenspedition"** des deutschen Rechts
entspricht (vgl. § 459):[211] Vereinbart wird bloß Transportorganisation mit einem fixen Entgelt für die zu beschaffende Beförderungsleistung. Dass daraus – wie nach deutschem HGB –
auch Rechte und Pflichten des Spediteurs nach Frachtrecht folgen, ist keinesfalls zwingend.
Andere Rechtsordnungen könnten in einer solchen „Fixpreisabrede" auch bloß einen pauschalierten Aufwendungsersatz für die Beschaffung der Beförderungsleistung sehen oder
(nur) eine verschärfte Haftung des Spediteurs für die (fremde) Transportleistung ohne eigene
Transportpflicht anordnen. Welche genauen Rechtsfolgen eine bestimmte vertragliche

---

[204] IdS statt vieler Staudinger/*Magnus* (2011) Art. 5 Rom I-VO Rn. 199 ff.; Reithmann/Martiny/*Mankowski* Rn. 4081 m. reichen Nachw. (vor allem von Stimmen zu Art. 28 EGBGB). Ebenso bereits zum alten
Recht ausdrücklich etwa OLG Bremen 11.5.1995, VersR 1996, 868.

[205] Vgl. zur früheren Rechtslage Palandt/*Heldrich,* 67. Aufl. 2008, Art. 28 EGBGB Rn. 6 und *Lenz* Rn. 46
unter (unzutreffender) Berufung auf BT-Drucks. 10/503 S. 54.

[206] So aber offenbar in der Tendenz etwa MüKoBGB/*Martiny* Art. 5 Rom I-VO Rn. 39 mwN.

[207] IdS etwa MüKoBGB/*Martiny* Art. 5 Rom I-VO Rn. 39.

[208] *A. Staudinger* in Ferrari, Internationales Vertragsrecht, 2. Aufl. 2012, Art. 5 Rom I-VO Rn. 76 aE;
*Reithmann/Martiny/Mankowski* Rn. 4083.

[209] Den Weg über Abs. 2 wählt etwa Staudinger/*Magnus* (2011) Art. 5 Rom I-VO Rn. 202.

[210] So auch schon zum alten Recht OLG Hamburg 9.10.1987, VersR 1988, 177; OLG Bremen 11.5.1995,
VersR 1996, 868; *Schwenzer* IPRax 1988, 86, 87 (zu OLG Frankfurt 16.12.1986, IPRax 1988, 99).

[211] Ebenso Staudinger/*Magnus* (2011) Art. 5 Rom I-VO Rn. 199. AA etwa *A. Staudinger* in Ferrari, Internationales Vertragsrecht, 2. Aufl. 2012, Art. 5 Rom I-VO Rn. 76, der es für ausreichend erachtet, dass
„zumindest funktionell" (?) eine Transportleistung geschuldet wird; ähnlich (Spediteur wird „funktionell zum
Frachtführer") Reithmann/Martiny/*Mankowski* Rn. 4082. Für die Bejahung eines Güterbeförderungsvertra-
ges (gemäß Art. 28 Abs. 4 EGBGB) zuletzt auch BGH 18.6.2009, TranspR 2009, 327. Zur CMR wird
ebenfalls ganz überwiegend ein weites Verständnis des Begriffs der „Beförderung" vertreten, das die im
deutschen Recht bekannten speditionellen Sonderformen miterfassen soll (s. dazu insbes. Art 1 CMR Rn. 8).
Dies begründet der BGH etwa für die „Fixkostenspedition" damit, dass wirtschaftlich ein Frachtgeschäft
vorliege: 14.2.2008, TranspR 2008, 323. Im Ergebnis ebenso öOGH 30.5.2012, TranspR 2012, 337 mit
Anm. von *Kornfeld.*

Abrede hat, kann und darf nun aber erst anhand der anwendbaren Rechtsordnung bestimmt werden. Auf die konkrete Anordnung des deutschen § 459 HGB darf dabei gerade nicht geblickt werden. Erst das danach zum Zuge kommende nationale Recht entscheidet über die detaillierten Folgen der Fixpreisspedition; also insbes. darüber, ob den Spediteur – wie nach § 459 des deutschen HGB – auch die Rechte und Pflichten eines Frachtführers treffen. Damit ist die Anwendung der beförderungsrechtlichen Sonderkollisionsregel des Art. 5 Rom I-VO auf den **„Selbsteintritt"** (vgl. § 458) ebenfalls abzulehnen;[212] schon deshalb, weil vorweg nicht feststeht, ob die andere (neben der deutschen) in Betracht kommende Rechtsordnung etwas Ähnliches wie den Selbsteintritt kennt bzw. ihn ohne weiteres erlaubt, wie dieser von statten geht und welche Folgen er hat. Wiederum gilt: Lag aufgrund der getroffenen Abreden zunächst bloß ein Speditionsvertrag vor, so lässt sich nur mit Hilfe des anwendbaren Rechts entscheiden, ob eine einseitige Erklärung des Spediteurs überhaupt zu Beförderungspflichten geführt hat. Daher darf die Beförderungspflicht für die IPR-rechtliche Qualifikation nicht einfach unterstellt werden.[213] Nichts anders gilt für die **Sammelladungsspedition** (vgl. § 460): Es stehen jeweils (bestimmte) **Rechtsfolgen eines Speditionsvertrages,** nicht eines Beförderungsvertrages, in Frage. Welche das im Einzelnen sind, ergibt sich aber eben erst aus der anwendbaren Rechtsordnung. Bei der vorgelagerten IPR-rechtlichen Anknüpfung dürfen Besonderheiten des deutschen materiellen Speditionsrechts eben noch keine Rolle spielen.[214]

**Versendet ein Verbraucher,** ist die Sondervorschrift des **Art. 6 Rom I-VO** über   205 Verbraucherverträge zu beachten. Deren Anwendung führt regelmäßig zum (Speditions-)Recht jenes Staates, in dem der Verbraucher seinen gewöhnlichen Aufenthalt hat (Abs. 1 leg cit);[215] und zwar dann, wenn der Spediteur seine Tätigkeit (auch) im „Verbraucherstaat" ausübt oder doch zumindest auch auf diesen Staat ausrichtet. Zu gewissen Einschränkungen der Rechtswahlmöglichkeit siehe Abs. 2 leg cit.[216]

## II. Gerichtsstände

Für den (eigentlichen) internationalen Speditionsverkehr gelten mangels wirksamer   206 **Gerichtsstandsvereinbarung** die durch EG-Verordnung, multilaterale internationale sowie bilaterale Abkommen vorgesehenen **Gerichtsstände.** Dabei betrifft die EuGVVO[217] Streitigkeiten, bei denen der Beklagte seinen Wohnsitz (bzw. seine geschäftliche Niederlassung) in einem Mitgliedstaat der Europäischen Union hat.[218] Das Luganer Übereinkommen schließlich greift für jene Streitigkeiten ein, bei denen der Beklagte in einem EFTA-Staat mit Ausnahme von Liechtenstein wohnhaft ist. Hat der Beklagte Wohnsitz bzw. Niederlassung

---

[212] Wie hier (noch zu Art. 28 Abs. 4 EGBGB) EBJS/*Rinkler* Rn. 144. AA mit der Behauptung, beim Selbsteintritt folge die Beförderungsverpflichtung bereits aus dem Vertrag, Reithmann/Martiny/*Mankowski* Rn. 4082.

[213] Das tun aber etwa *A. Staudinger* in Ferrari, Internationales Vertragsrecht² Art. 5 Rom I-VO Rn. 76 oder Reithmann/Martiny/*Mankowski* Rn. 4082. Besonders markant *Ferrari* in Ferrari, Internationales Vertragsrecht, 2. Aufl. 2012, Art. 1 CMR Rn. 7, der zunächst die autonome Auslegung betont und auf die Beförderungspflicht abstellt, aber gleich anschließend sagt, die CMR finde auch dann Anwendung, wenn der Spediteur wie in den Fällen der §§ 458 ff. HGB (!) die Pflichten eines Frachtführers habe. Wie hier hingegen zB *Ramming* in Ramming, Multimodaler Transport, Rn. 208 mwN; *ders.* HmbSchRZ 2009, 295, 296; *ders.* TranspR 2009, 315, 316.

[214] Deutlich idS wiederum Staudinger/*Magnus* (2011) Art. 5 Rom I-VO Rn. 199 aE.

[215] Näher dazu – und ebenso zur Rechtfertigung der Gegenausnahme für Beförderungsverträge – etwa *A. Staudinger* in Ferrari, Internationales Vertragsrecht, 2. Aufl. 2012, Art. 5 Rom I-VO Rn. 76.

[216] Für Güterbeförderungsverträge würden die im Text erwähnten Abs. 1 und 2 des Art. 6 allerdings nicht gelten (Abs. 4 lit. b leg cit).

[217] Dazu *Mankowski* TranspR 2008, 67.

[218] Zwar nimmt Art. 1 Abs. 3 EuGVVO Dänemark aus dem Anwendungsbereich der VO aus, mit Inkrafttreten des zwischen der Europäischen Gemeinschaft und dem Königreich Dänemark geschlossenen Abkommens über die gerichtliche Zuständigkeit und die Anerkennung und Vollstreckung von Entscheidungen in Zivil- und Handelssachen (ABl. Nr. L 299 v. 16.11.2005, S. 62–67) am 1.7.2007 findet diese Norm gemäß Art. 2 Abs. 2 lit. a des Abkommens aber keine Anwendung mehr, womit sich die Regelungen der EuGVVO auch auf Dänemark erstrecken. Vgl. Musielak/*A. Stadler,* ZPO, 10. Aufl. 2013, Art. 1 EuGVVO Rn. 10.

außerhalb des EU- und EFTA-Bereichs (zB in den USA), entscheiden die nationalen Gerichtsstandsregeln.

207     Bei Selbsteintritt, Fixkosten- und Sammelladungsspedition sollen hingegen nach manchen wegen der frachtrechtlichen Rechtsfolgenverweisung im Anwendungsbereich der CMR die dort vorgesehenen Gerichtsstände (Art. 31 Abs. 1, 39 Abs. 2) beachtlich sein, während andere dieses Ergebnis über eine weite Auslegung des Begriffs „Beförderungsvertrag" in Art. 1 CMR erreichen wollen.[219]

208     Die **ADSp** enthalten in **Nr. 30.2** eine eigene Gerichtsstandsregelung.

### III. Zuständigkeit und anwendbares Recht

209     Ist ein deutsches Gericht zuständig, so hat es den Rechtsfall grundsätzlich nach jenem nationalen materiellen Recht zu entscheiden, das nach der Rom I-VO anzuwenden ist (dazu Rn. 200 ff.). Eine Ausnahme besteht jedoch für **Eingriffsnormen** iS des Art. 9 Rom I-VO. Enthält das Recht des angerufenen Gerichts derartige Normen, so sind diese als international zwingendes Recht gemäß Abs. 2 leg cit vorrangig zu beachten. Eine solche speditionsrechtliche Eingriffsnorm stellt **§ 466 Abs. 5** dar[220] (zu dieser § 466 Rn. 13 ff.).

### § 454 Besorgung der Versendung

**(1) Die Pflicht, die Versendung zu besorgen, umfaßt die Organisation der Beförderung, insbesondere**
1. **die Bestimmung des Beförderungsmittels und des Beförderungsweges,**
2. **die Auswahl ausführender Unternehmer, den Abschluß der für die Versendung erforderlichen Fracht-, Lager- und Speditionsverträge sowie die Erteilung von Informationen und Weisungen an die ausführenden Unternehmer und**
3. **die Sicherung von Schadensersatzansprüchen des Versenders.**

**(2) ¹Zu den Pflichten des Spediteurs zählt ferner die Ausführung sonstiger vereinbarter auf die Beförderung bezogener Leistungen wie die Versicherung und Verpackung des Gutes, seine Kennzeichnung und die Zollbehandlung. ²Der Spediteur schuldet jedoch nur den Abschluß der zur Erbringung dieser Leistungen erforderlichen Verträge, wenn sich dies aus der Vereinbarung ergibt.**

**(3) Der Spediteur schließt die erforderlichen Verträge im eigenen Namen oder, sofern er hierzu bevollmächtigt ist, im Namen des Versenders ab.**

**(4) Der Spediteur hat bei Erfüllung seiner Pflichten das Interesse des Versenders wahrzunehmen und dessen Weisungen zu befolgen.**

**Schrifttum (auch noch zum Recht vor dem TRG):** *Brautlacht,* Die Regreßvereitelung durch den Spediteur, TranspR 1992, 171; *Knütel,* Weisungen bei Geschäftsbesorgungsverhältnissen, insbesondere bei Kommission und Spedition, ZHR 137 (1973), 285; *Neufang/Valder,* Laden und Ladungssicherung im Straßengüterrecht – Wer ist verantwortlich? TranspR 2002, 325; *Schiller/Sips-Schiller,* Der Interessenwahrungsgrundsatz des Spediteurs, BB 1985, 888; *Valder,* Das künftige Speditionsrecht, TranspR 1998, 51; *ders.,* Das Entladen von Gütern im Straßengüterverkehr, GS Helm, 2001, S. 355.

### Übersicht

| | Rn. | | Rn. |
|---|---|---|---|
| A. Überblick | 1–10 | II. Abschluss der notwendigen Ausführungsgeschäfte | 12–54 |
| B. Der Abschluss von Ausführungsgeschäften im Einzelnen | 11–54 | 1. Mögliche Ausführungsgeschäfte | 12 |
| | | 2. Ausführende Personen | 13 |
| I. Auswahl der ausführenden Unternehmer | 11 | 3. Leistungsort | 14 |

---

[219] Dazu mwN Art. 31 CMR Rn. 7 f.; *Arnade* TranspR 1992, 341, 342; Reithmann/Martiny/*Mankowski* Rn. 4103 f.; MüKoBGB/*Martiny* Art. 5 Rom I-VO Rn. 38, 42. u. a.
[220] Staudinger/*Magnus* (2011) Art. 5 Rom I-VO Rn. 206.

| | Rn. | | Rn. |
|---|---|---|---|
| 4. Versendungshindernisse | 15–19 | **III. Einhebung von Nachnahmen –** | |
| 5. Leistungszeit und Verzug | 20–22 | **Herausgabe** | 89–99 |
| 6. Einzelheiten des Transports | 23–25 | 1. Verpflichtung zum Nachnahmeein- | |
| 7. Einsatz eines Zweitspediteurs | 26–46 | zug | 89–92 |
| a) Grundsätzliches | 26 | 2. Haftung bei Verletzung der Einzugs- | |
| b) Zwischenspediteur und Unterspedi- | | pflicht | 93–96 |
| teur | 27–29 | 3. Herausgabepflicht | 97–99 |
| c) Die Haftungsfrage | 30, 31 | **IV. Versicherung** | 100–104 |
| d) Beiziehung des Zweitspediteurs | 32–36 | **V. Ausstellung und Beschaffung von** | |
| e) Substitution trotz fehlender Gestat- | | **Dokumenten** | 105 |
| tung | 37 | **D. Abschluss der Ausführungsge-** | |
| f) Verhältnis zur Empfangsspedition | 38–41 | **schäfte in eigenem oder fremdem** | |
| g) Verhältnis Versender – Zweitspedi- | | **Namen (Abs. 3)** | 106 |
| teur | 42, 43 | **E. Grundsätzliches zur Interessen-** | |
| h) Zusammenfassung | 44, 45 | **wahrungs- und Weisungsbefolgungs-** | |
| i) Kostentragung | 46 | **pflicht (Abs. 4)** | 107–110 |
| 8. Selbsteintritt | 47 | **I. Allgemeines** | 107, 108 |
| 9. Erteilung von Weisungen und Infor- | | **II. Grundsatz** | 109 |
| mationen | 48, 49 | **III. Abdingbarkeit** | 110 |
| 10. Übergabe des Guts | 50–52 | **F. Weisungen** | 111–123 |
| 11. Sicherung von Schadensersatzansprü- | | **I. Begriff** | 111 |
| chen des Versenders | 53, 54 | **II. Rechtsfolgen** | 112–122 |
| **C. Speditionelle Nebenpflichten** | | 1. Grundsatz | 112 |
| **(Abs. 2)** | 55–105 | 2. Belastende Weisungen | 113 |
| **I. Grundsätzliches** | 55–60 | 3. Für den Versender ungünstige Wei- | |
| **II. Güterbezogene Pflichten** | 61–88 | sungen | 114, 115 |
| 1. Abholung | 61–64 | 4. Nicht durchführbare Weisungen | 116 |
| 2. Zwischenlagerung | 65 | 5. Eigenmächtiges Abgehen von Weisun- | |
| 3. Zuführung | 66–69 | gen | 117–122 |
| 4. Verladung – Entladung | 70–72 | a) Schadensersatz | 117–119 |
| 5. Verpackung – sonstige Schutzmaßnah- | | b) „Zurückweisung" | 120–122 |
| men | 73–78 | **III. Vertragliche Abweichungen** | 123 |
| 6. Verwiegung | 79 | **G. Äußerungspflichten des Spedi-** | |
| 7. Kennzeichnung – Wertdeklaration | 80 | **teurs** | 124–131 |
| 8. Untersuchung – Beweissicherung | 81, 82 | **I. Aufklärung** | 124–126 |
| 9. Begleitpapiere | 83, 84 | **II. Benachrichtigung und Rück-** | |
| 10. Transport- und Verpackungshilfsmit- | | **frage** | 127–129 |
| tel | 85 | **III. Rechenschaft (Rechnungsle-** | |
| 11. Besonderheiten bei Gefahrgut | 86 | **gung)** | 130, 131 |
| 12. Verzollung | 87 | | |
| 13. Haftung bei Güterbeschädigung und | | | |
| Güterverlust | 88 | | |

## A. Überblick

§ 454 legt die einzelnen **Spediteurpflichten** weit konkreter und detaillierter fest als 1 § 408 aF. Nach **Abs. 1** steht die ausdrücklich genannte Organisationsleistung im Vordergrund. Die **Generalklausel „Organisation der Beförderung"**, die die Besorgung der Güterversendung nunmehr ausdrücklich definiert, wird in den Nr. 1–3 beispielhaft konkretisiert.[1] Dieser Absatz enthält also den **Kernbereich der Spediteurpflichten**.[2] Die Nummern 1 bis 3 entsprechen den drei Organisationsschritten: Konzeptions-, Ausführungs- und Nachphase.

---

[1] Von der Erwähnung umfassender logistischer Pflichten wurde bewusst abgesehen; vielmehr wird an den „Idealtypus" des Speditionsvertrages angeknüpft: RegE BT-Drucks. 13/8845 S. 105.
[2] RegE BT-Drucks. 13/8845 S. 106.

**2**   Im Vordergrund steht nach wie vor die **Ausführungsphase: Nr. 2** entspricht im Wesentlichen dem § 408 Abs. 1 aF. Neu ist die Erwähnung uU abzuschließender Lagerverträge sowie der Pflicht, den ausführenden Unternehmern die erforderlichen Informationen und Weisungen zu erteilen. In der Sache hat sich damit aber nichts geändert: Die genannten Pflichten konnten vor dem TRG aus dem zentralen Interessenwahrungsgrundsatz gewonnen werden (vgl. 1. Aufl. § 408 Rn. 38).

**3**   Erstmals konkret normiert sind auch die Pflichten zur „Bestimmung", dh. zur **Auswahl von Beförderungsmittel und Beförderungsweg** gemäß **Nr. 1** sowie zur **Sicherung von Schadensersatzansprüchen des Versenders** in **Nr. 3**. Auch insoweit hat sich rechtlich keine Änderung ergeben (näher zu den Pflichten im Schadensfall Rn. 53 f.); die Anordnungen haben vor allem klarstellende Bedeutung.

**4**   **Abs. 2 Satz 1** zählt wichtige **speditionelle Nebenpflichten** auf: Versicherung, Verpackung, Kennzeichnung und Zollbehandlung des Gutes. Diese beispielhaft genannten Pflichten sind „auf die Beförderung bezogen". Da ihre Erfüllung (gerade) durch den Spediteur aber nicht zwingend notwendig ist, also den Typus der Spedition nicht prägt,[3] bestehen sie **nur bei entsprechender Vereinbarung.** Näher dazu Rn. 55 ff.

**5**   Natürlich muss der Spediteur auch andere mit dem Versender vereinbarte Verpflichtungen einhalten. Die Einschränkung auf beförderungsbezogene Leistungen bedeutet, dass bloß für die Verletzung derartiger Pflichten die besonders ausgestaltete **Spediteurhaftung** des § 461 eingreift. Die Rechtsfolgen sonstiger Vertragsverletzungen sind demgegenüber nach allgemeinen Grundsätzen zu bestimmen; uU auch nach dafür einschlägigen Sondervorschriften (zB bei Lagerung).

**6**   Wie schon erwähnt (§ 453 Rn. 6), gehört der Abschluss der zur Ausführung notwendigen Verträge grundsätzlich zu den Pflichten des Spediteurs. Die Ausführung selbst schuldet er hingegen nicht. Im Rahmen der beförderungsbezogenen Nebenpflichten muss insoweit allerdings differenziert werden (Abs. 2 Satz 2; dazu Rn. 58).

**7**   Vor dem TRG war umstritten, welche Rechtsfolgen der Einsatz eines weiteren Spediteurs durch den erstbeauftragten Spediteur auslöste. Das Problem wurde bisher meist mit den Schlagworten „Zwischenspediteur oder Unterspediteur?" umschrieben. In den §§ 453 ff. kommt der schillernde Begriff des **Zwischenspediteurs** (dazu § 453 Rn. 96) nicht mehr vor.[4] Daher ist die Frage, wie der (Haupt-)Spediteur für einen von ihm beigezogenen (Zweit-)Spediteur einzustehen hat, jedenfalls nunmehr allein nach allgemeinen Grundsätzen zu beantworten. Im Regelfall ist der **Zweitspediteur Erfüllungsgehilfe** (§ 278 BGB); näher dazu Rn. 32 ff. Zur dann eingreifenden Haftung nach § 462 Satz 2 siehe dort Rn. 4 ff.

**8**   **Abs. 3** erwähnt – wenn auch in für das HGB eher unüblicher Formulierung („Der Spediteur schließt …") – neben dem Handeln in eigenem Namen ausdrücklich die Möglichkeit und Befugnis eines Spediteurs, bei entsprechender **Bevollmächtigung** die erforderlichen Verträge (= Ausführungsgeschäfte) im Namen des Versenders abzuschließen. Die Norm legt nahe, dass bei erfolgter Bevollmächtigung zumindest im Zweifel eine **Pflicht** des Spediteurs besteht, als bloßer Stellvertreter aufzutreten. Näher zum Auftreten in eigenem oder fremdem Namen, insbesondere auch zu dabei unterlaufenden Pflichtverletzungen, bereits § 453 Rn. 109 ff.

**9**   Die in **Abs. 4** angeordnete – geschäftsbesorgungstypische – Pflicht zur **Interessenwahrung** (näher Rn. 107 ff.) und zur Befolgung von **Weisungen** (näher Rn. 111 ff.) erfasst alle speditionellen Einzelpflichten. Sie entspricht der Rechtslage vor dem TRG (ausführlich 1. Aufl. § 408 Rn. 38–58) und wird in Nr. 1.1 ADSp ausdrücklich wiederholt; wobei diese Klausel aber etwa auch Fracht- oder Lagergeschäfte erfasst (s. Nr. 2.1).

**10**   Einen ersten **Überblick** über wichtige Spediteurpflichten in Stichworten bietet § 453 Rn. 152.

---

[3] RegE BT-Drucks. 13/8845 S. 107.
[4] Der RegE verwendet den Ausdruck noch im alten Sinn, also im Gegensatz zum Erfüllungsgehilfen (= Unterspediteur): vgl. BT-Drucks. 13/8445 S. 114.

## B. Der Abschluss von Ausführungsgeschäften im Einzelnen

### I. Auswahl der ausführenden Unternehmer

Regelmäßig wird ein Spediteur deshalb eingeschaltet, weil der Versender selbst nicht **11** über hinreichende Kenntnisse und Verbindungen verfügt, um den Transport unmittelbar in die Wege zu leiten. Der Spediteur soll also, was die Versendung anlangt, die den Interessen des Versenders in concreto bestmöglich entsprechende Lösung wählen (näher zum allgemeinen Grundsatz der Interessenwahrung Rn. 107 ff.). Bevor an konkrete Vertragsabschlüsse zu denken ist, muss sich der Spediteur über die für den Versender ideale Durchführung (rasch, sicher, günstig) klar werden. In concreto sind allerdings immer die Umstände und Vorgaben im Einzelfall zu beachten (Art der Güter, Dringlichkeit der Versendung, Gefährlichkeit auf gewissen Routen usw.). Ausdrücklich erwähnt das Gesetz die Bestimmung von **Beförderungsmittel und Beförderungsweg** (Abs. 1 Nr. 1). Der Spediteur ist daher verpflichtet, einen für die konkrete Beförderung geeigneten Transporteur auszuwählen, zu beauftragen und den Aufträgen des Versenders gemäß zu instruieren (näher Rn. 108); hingegen ist der **Transporteur kein Erfüllungsgehilfe** des Spediteurs.[5] Mangels spezieller Anweisungen des Versenders sind vom Spediteur eigenverantwortlich namentlich folgende Entscheidungen zu treffen: **Transportmittel, Art des Transports, Transportweg und konkreter Transportunternehmer.** Die Interessenwahrungspflicht führt zu folgenden, bereits angedeuteten groben Grundsätzen: Auszuwählen ist der Transporteur, der die Güter so sicher, so schnell und – jedenfalls bei Besorgung auf fremde Rechnung (siehe § 453 Rn. 133 ff.) – so preisgünstig wie möglich an den Bestimmungsort bringen kann. Dabei geht es einmal um generelle Gesichtspunkte (zB Auswahl eines darauf spezialisierten Landfrachtführers für innerdeutschen Möbeltransport), aber auch um individuelle wie die Zuverlässigkeit und Leistungsfähigkeit des Transporteurs[6] (zum Haftungsmaßstab bei Auswahl des Transporteurs Rn. 31). Dies kann insbesondere bei längeren internationalen Transporten dazu führen, dass mehrere Frachtverträge mit verschiedenen Beförderern abgeschlossen werden müssen, eventuell kombiniert mit dem Einsatz von Zwischenspediteuren (dazu Rn. 27 ff.) für bestimmte Teilstrecken. – Zu den unterschiedlichen Beförderungsarten schon § 453 Rn. 68 ff.

### II. Abschluss der notwendigen Ausführungsgeschäfte

**1. Mögliche Ausführungsgeschäfte.** Die speditionelle **Hauptpflicht** „Besorgung der **12** Versendung" kann üblicherweise (anders zB bei Selbsteintritt nach § 458) nur durch den Abschluss – zumindest – eines sog. **Ausführungsgeschäfts** erfüllt werden. Das ist in aller Regel zumindest ein **Beförderungsvertrag.** Daneben erwähnt § 454 Abs. 2 Nr. 2 auch noch **Speditions- und Lagerverträge** (zur Betrauung eines weiteren Spediteurs ausführlich Rn. 26 ff.). Der Abschluss von **Versicherungsverträgen** findet sich hingegen in Abs. 2; wohl, weil nach der Systematik der Bestimmung in Abs. 2 all jene Pflichten genannt sind, die nicht aus jedem Speditionsvertrag resultieren, sondern die sich aus der konkreten Vereinbarung ergeben müssen (dazu Rn. 100 ff.). Ganz ausnahmsweise kann ein Speditionsvertrag sogar dann vorliegen, wenn keines der in Abs. 1 Nr. 2 genannten Ausführungsgeschäfte abzuschließen ist. So könnte sich die Besorgung der Versendung im bloßen „Dirigieren" eines noch vom Versender (als Absender) selbst betrauten Frachtführers erschöpfen: Entscheidend ist, ob die **Transportorganisation** als **Hauptpflicht** übernommen wurde. Das – aber auch nur das – ist erforderlich, um von einem Speditionsgeschäft sprechen zu

---

[5] Statt aller OLG Hamm 13.2.1995, TranspR 1995, 453, 454 f. = NJW-RR 1995, 1000.
[6] Vgl. etwa öOGH 20.7.1989, TranspR 1991, 37, 41 (Ruf des Frachtführers in der Branche); BGH 4.6.1987, VersR 1987, 1130, 1131 (fehlende Kontrolle der notwendigen Genehmigungen des Frachtführers für den Güterfernverkehr nach den §§ 8 ff. GüKG).

können (§ 453 Rn. 35).[7] Der bloße Abschluss einer Versicherung ist noch nicht Organisation des Transports.[8]

**13**  **2. Ausführende Personen.** Im Regelfall erfüllt der Spediteur seine vertraglichen Pflichten selbst oder durch seine Mitarbeiter. Zur Betrauung eines anderen selbständigen Spediteurs mit (einem Teil) der Versendung noch Rn. 26 ff.

**14**  **3. Leistungsort.** Über den Leistungs- bzw. Erfüllungsort entscheidet primär die vertragliche Abrede (§ 269 Abs. 1 BGB), wobei solche Vereinbarungen (stillschweigend) auch bloß für einzelne Pflichten getroffen werden können (zB Abholen des Speditionsguts). Unter Geltung der ADSp sind die Spediteurpflichten grundsätzlich am Ort jener Niederlassung des Spediteurs zu erfüllen, an die der Auftrag gerichtet wurde (Nr. 30.1). Nichts anderes gilt nach dispositivem Recht (§ 269 Abs. 2 BGB). Der Erfüllungsort hat unter anderem Bedeutung für den **Gerichtsstand** (vgl. etwa § 29 ZPO oder Art. 5 EuGVVO).

**15**  **4. Versendungshindernisse.** Findet der Spediteur keinen geeigneten Transporteur, kommt es für die Haftung entscheidend auf den konkreten Grund für seinen Misserfolg an.

**16**  Wird die **Versendung** durch nach Abschluss des Speditionsvertrags eingetretene Ereignisse **aus objektiven Gründen** auf unbestimmte Zeit überhaupt **unmöglich,** wird der Spediteur nach § 275 Abs. 1 BGB von seiner Pflicht frei; Ersatzpflichten greifen nicht ein (vgl. §§ 280, 276 BGB). Hat das allgemeine Hindernis bereits bei Abschluss des Speditionsvertrags bestanden (anfängliche Unmöglichkeit), ist der Vertrag wirksam (§ 311a Abs. 1 BGB).[9] War die Unmöglichkeit der Erfüllung dem Spediteur bei Abschluss zumindest erkennbar, so hat er dem Versender nach dessen Wahl Schadensersatz wegen Nichterfüllung zu leisten oder dessen nutzlose Aufwendungen zu ersetzen (vgl. § 311a Abs. 2 BGB).[10]

**17**  **Objektiv unmöglich** wird die Versendung nicht nur, wenn die Beförderung durch das Ereignis tatsächlich ausgeschlossen ist, sondern auch, wenn sich kein Beförderer bereitfindet, in dieser Situation vertraglich die gewünschten Transportleistungen zuzusagen. Das kann etwa der Fall sein, wenn das Gut in eine Kriegsregion oder ein Katastrophengebiet verbracht werden soll.

**18**  Ist der Wegfall des Hindernisses hingegen absehbar, liegt wohl auch hinsichtlich der speditionellen Pflichten eine vom Schuldner **nicht zu vertretende Verzögerung** vor (zur Leistungszeit Rn. 20), die dessen Leistungsverpflichtung unberührt lässt (§ 275 BGB e contrario). Rücktritt nach § 323 BGB ist dem Versender daher möglich.[11]

**19**  Ist hingegen bloß dem beauftragten Spediteur die Besorgung der Güterversendung nicht möglich (etwa mangels hinreichender Kontakte zu geeigneten Frachtführern bzw. weil diese wegen des schlechten Rufes des Spediteurs oder wegen Erlöschens seiner Gewerbeberechtigung mit ihm nicht mehr kontrahieren), so kann er dem Versender gegenüber wegen Nichterfüllung ersatzpflichtig werden.[12] Auch ein solches individuelles (subjektives) **ursprüngliches Unvermögen** lässt die Leistungspflicht entfallen (§ 275 Abs. 1 BGB). Der Spediteur haftet jedoch auf Schadensersatz statt der Leistung, also auf das Erfüllungsinteresse.[13] (§ 275 Abs. 4 iVm. § 311a). Gleiches gilt im Ergebnis bei **nach Vertragsschluss entstandenem Unvermögen**[14] (§ 275 Abs. 4 iVm. §§ 280 ff.). Der Spediteur entgeht der

---

[7] Vgl. *Helm* §§ 407–409 Rn. 74; *Koller* § 453 Rn. 3.
[8] Für einen Speditionsvertrag hingegen OLG Düsseldorf 11.3.1993, NJW-RR 1993, 1061, 1062.
[9] Vgl. *Medicus/Lorenz* SchR I Rn. 342.
[10] Statt aller *Weber* in Westermann/Bydlinski/Weber, SchR-AT, 7. Aufl. 2010, Rn. 7/96; Heymann/*Joachim* Rn. 34; *Medicus/Lorenz* SchR I Rn. 452.
[11] Statt vieler Jauernig/*Stadler* BGB § 275 Rn. 10.
[12] Vgl. BGH 12.1.1966, VersR 1966, 461, 464: Der Spediteur hatte es unterlassen, vorweg zu klären, ob eine ausländische Flussschifffahrtsgesellschaft mit Monopolstellung, aber ohne Beförderungszwang, die notwendige Beförderung vornehmen würde.
[13] *Medicus/Lorenz* SchR I Rn. 352, 453 u. v. a.
[14] § 275 Abs. 1 BGB erfasst sowohl anfängliche als auch nachträgliche Unmöglichkeit: statt aller Schulze/*Schulze,* BGB, 7. Aufl. 2012, § 275 Rn. 6; Palandt/*Grüneberg* BGB § 275 Rn. 4; Jauernig/*Stadler* BGB § 275 Rn. 5.

Haftung nur, wenn er beweist, dass er das Leistungshindernis nicht kannte oder seine Unkenntnis nicht zu vertreten hat (§ 311a Abs. 2 Satz 2 BGB) bzw. wenn er die Pflichtverletzung nicht zu vertreten hat (§ 280 Abs. 1 Satz 2 BGB).

**5. Leistungszeit und Verzug.** Fehlt eine Vereinbarung über den Leistungstermin und **20** ist ein solcher auch nicht den Umständen zu entnehmen, kann der Gläubiger die Leistung – hier vor allem: den Abschluss eines Frachtvertrages – sofort verlangen (§ 271 Abs. 1 BGB). Häufig wird sich bei Speditionsverträgen allerdings zumindest aus den Umständen und unter Beachtung der Interessenwahrnehmungspflicht ergeben, dass Erledigung „so schnell wie möglich" geschuldet ist. Genaue Terminvereinbarungen vor allem hinsichtlich der Erfüllung der speditionellen Zentralpflicht, des Abschlusses eines Frachtvertrags, dürften allerdings selten sein; dies deshalb, weil der Spediteur den Transport selbst allenfalls mittelbar beeinflussen kann, der Versender aber – wenn überhaupt – nur am Datum des Einlangens am Bestimmungsort interessiert ist. Und sogar insoweit sieht Nr. 11.1 ADSp vor, dass Verlade- und Lieferfristen grundsätzlich nicht gewährleistet werden.[15]

Erfüllt der Spediteur seine Leistungspflichten nicht rechtzeitig, gerät er in **Verzug.** Zwar **21** setzt Verzug bei Fehlen konkret bestimmter Termine grundsätzlich eine Mahnung voraus (§ 286 Abs. 1 BGB). Hinsichtlich speditioneller Leistungen dürfte jedoch eine besondere Interessenlage bestehen. So bestehen diese Leistungen (Transportorganisation) nicht in einer gegenüber dem Versender vorzunehmenden Handlung, so dass dieser gar nicht erkennen kann, ob der Spediteur mit Fälligkeit tätig wurde. UU erfährt der Versender erst viel später auf Grund einer Information des Empfängers von massiven Verspätungen. Das rechtfertigt es mE, iS des § 286 Abs. 2 Nr. 4 BGB (aus besonderen Gründen unter Abwägung der beiderseitigen Interessen) nach Fälligkeit sofortigen Verzugseintritt anzunehmen. Die Verzugsfolgen, insbes. die Haftung nach § 287 BGB, greifen nicht ein, wenn dem Spediteur der Beweis gelingt, dass er die Verzögerung nicht zu vertreten hat (§ 286 Abs. 4 BGB).[16] Die ADSp enthalten keine darüber hinaus gehende Begünstigung des Spediteurs (s. Nr. 11.2).

Kein Verzug, sondern bloß eine (sonstige) Pflichtverletzung (pVV; s. § 280 Abs. 1 BGB) **22** liegt hingegen dann vor, wenn der Spediteur den Frachtführer rechtzeitig betraut, aber **unrichtig instruiert,** so dass das Gut verspätet oder gar nicht ankommt.

**6. Einzelheiten des Transports.** Ohne spezielle Vorgaben des Versenders ist der Spe- **23** diteur bei der Wahl von Transportperson, Transportmittel, Transportart und Transportweg weitestgehend frei. Zu den dann zu beachtenden Maximen (Interessenwahrung) Rn. 108 f.; zur Wirkung von (An-)Weisungen des Versenders Rn. 112 ff.

Der Versender hat üblicherweise ein besonderes Interesse daran, dass der Transport mög- **24** lichst **kostengünstig** ausgeführt wird. Doch können Sicherheit und Schnelligkeit der Beförderung je nach Sachlage auch die Auswahl eines teureren Frachtführers oder einer teureren Beförderungsart rechtfertigen. Welches der oft gegenläufigen Kriterien primär zu berücksichtigen ist, kann nur im Einzelfall geklärt werden. So rechtfertigt etwa eine deutlich raschere oder sicherere Erledigung regelmäßig geringfügige Mehrkosten.

Unter mehreren ansonsten gleichwertigen Beförderungsvarianten ist – mangels gegentei- **25** liger Weisung – die **billigste** zu wählen. In der 1. Aufl. (§ 408 Rn. 15) wurde insoweit aus der umfassenden Interessenwahrungspflicht des Spediteurs gefolgert, dass er bei entsprechender Möglichkeit die Versendung gemeinsam mit anderen Gütern vorzunehmen habe, da diese Form der **Sammelladungsspedition** (§ 460) die im Vergleich zur Einzelversendung kostengünstigere sei. Jedenfalls für die Rechtslage seit dem TRG kann diese Position nicht mehr vertreten werden:[17] Zum Ersten ist die Sammelverladung seither ausdrücklich als eine Wahlmöglichkeit des Spediteurs ausgestaltet (§ 460 Abs. 1: „… ist befugt"; dazu näher dort Rn. 9 ff.); zum Zweiten bekommt der Spediteur nunmehr ohne Zweifel Transport- sowie

---

[15] Siehe nur *Wolf/Thiel*, ADSp, 20. Aufl. 2003, Nr. 11 ADSp Anm. 2.
[16] Zur differenzierten Behandlung streikbedingter Verzögerungen *Ehmen* TranspR 2007, 354, 360.
[17] Gegen eine Pflicht zur Sammelversendung auch Andresen/Valder/*Valder* § 460 Rn. 7 f.; Heymann/ *Joachim* § 460 Rn. 3; *Koller* § 460 Rn. 3; EBJS/*Rinkler* Rn. 21.

Speditionsleistungen vergütet (siehe § 460 Rn. 37); und zum Dritten kann ein Spediteur nicht gegen seinen Willen in das zT erheblich strengere frachtrechtliche Haftungsregime gedrängt werden (ein Argument, das wohl auch schon für die alte Rechtslage zutraf).

26    **7. Einsatz eines Zweitspediteurs. a) Grundsätzliches.** § 454 Abs. 1 Nr. 2 verpflichtet den Spediteur unter anderem auch zum Abschluss eines für die Versendung **erforderlichen** (weiteren) Speditionsvertrages. Das scheint auf den ersten Blick selbstverständlich, da der erstbeauftragte Spediteur im Interesse des Versenders generell alles Erforderliche zu tun hat, um den Vertrag zu erfüllen. Bei näherem Hinsehen stellen sich jedoch mehrere unterschiedliche, zum Teil ausgesprochen schwierige Fragen. So muss zum Ersten geklärt werden, wann die Beiziehung eines weiteren Spediteurs überhaupt notwendig – oder doch zumindest sinnvoll und daher typischerweise im Versenderinteresse – ist. Zum Zweiten fragt sich, wer die Kosten des beigezogenen Zweitspediteurs zu tragen hat; zum Dritten, ob und unter welchen Voraussetzungen der Spediteur für Fehler des von ihm eingesetzten Zweitspediteurs haftet. Einige dieser Probleme sollen nunmehr angesprochen werden.

27    **b) Zwischenspediteur und Unterspediteur.** In der Diskussion zum Recht vor dem TRG (siehe § 408 aF, der den Begriff des Zwischenspediteurs enthielt) wurde unterschieden, ob ein beigezogener Zweitspediteur Zwischen- oder Unterspediteur war (zu diesen Begriffen bereits § 453 Rn. 96 f. und 91 ff.). Die entscheidende Abgrenzung wurde dabei regelmäßig von der Rechtsfolgenseite her getroffen: Für Fehler des Zwischenspediteurs sollte der Hauptspediteur nur bei Auswahlverschulden haften,[18] für sonst – als „Unterspediteure" – beigezogene Zweitspediteure hingegen streng nach § 278 BGB.[19] Mit diesem Ansatz war schon deshalb wenig gewonnen, weil die entscheidende Frage, wann der Zweitspediteur als Zwischenspediteur eingesetzt werden durfte bzw. eingesetzt wurde, zunächst ganz offen blieb (zu historischen Argumenten 1. Aufl. § 408 Rn. 18 f.).

28    Heutzutage ist der Problemeinstieg zwar schon deshalb ein etwas anderer, weil der Begriff „Zwischenspediteur" im Gesetz nicht mehr vorkommt. Das Problem selbst besteht jedoch unverändert weiter. Bereits die Formulierung des § 454 Abs. 1 Nr. 2 (Pflicht zur Auswahl) dürfte dafür sprechen, dass die Haftung für die Beiziehung ausführender Unternehmer unter den gesetzlichen Voraussetzungen („erforderlich") auf Auswahlverschulden beschränkt ist. Die Frage lautet also weiterhin: Unter welchen Umständen kann der Spediteur einen weiteren Spediteur beiziehen, ohne für diesen als seinen Erfüllungsgehilfen nach § 278 BGB zu haften?

29    Die hA[20] zur Rechtslage vor dem TRG orientierte sich bei der Abgrenzung von Zwischen- und Unterspedition bis zuletzt an einer Formel des RG,[21] wonach Unterspedition gegeben ist, wenn ein Spediteur die Besorgung der ihm aufgetragenen Spedition einem anderen überträgt, wogegen bei Zwischenspedition das Gut an den anderen Spediteur zum Zwecke der Weiterversendung gesandt wird, so dass der andere die Weiterversendung im eigenen Namen für Rechnung des Versenders[22] selbständig zu besorgen hat. Diese Definitionen leiden aber einmal daran, dass sie für Zweifelsfälle keinen Hinweis darauf geben, wann die eine und wann die andere Voraussetzung erfüllt ist; ebenso wenig wird erkennbar, wann ein solcher Zwischenspediteur eingesetzt werden darf.[23] Im Detail ist zum

---

[18]  Siehe OLG München 27.1.1994, NJW-RR 1994, 673 (2. Leitsatz: grundsätzlich keine Haftung für eingeschaltete Zwischenspediteure); diese E beschäftigte sich allerdings primär mit der Wirksamkeit der Haftungsbeschränkungen nach § 52 ADSp 1993.

[19]  Vgl. *Helm* §§ 407–409 Rn. 31.

[20]  Vgl. nur BGH 17.12.1992, NJW 1993, 1704, 1705; *Helm* §§ 407–409 Rn. 30.

[21]  RG 6.12.1924, RGZ 109, 288, 291 f.

[22]  Dieses Kriterium wird von manchen auch nach dem TRG besonders betont: *Koller* § 453 Rn. 36; *Heymann/Joachim* Rn. 8. Etwas anders EBJS/*Rinkler* § 453 Rn. 56, 60 f., der jedenfalls bei Einschaltung eines weiteren Spediteurs im Namen des Versenders Zwischenspedition annimmt.

[23]  Gleiches gilt für den Hinweis, dass der Zweitspediteur immer dann Unterspediteur und damit Erfüllungsgehilfe sei, wenn er vom Hauptspediteur auf eigene Rechnung eingesetzt wird: siehe nur *Koller* ZIP 1985, 1243, 1247; *dens.* Rn. 9, jeweils mwN sowie die Zitate in der vorigen Fn. Aus dem zweiten Speditionsvertrag ergibt sich ja nicht, wie der Hauptspediteur mit seinem Versender abrechnen darf.

Zweiten darauf hinzuweisen, dass die Wortwahl bei der Unterspedition doppelt irreführend ist: Dem Spediteur ist ja immer die Besorgung aufgetragen; unabhängig davon, wie er später vorgeht. Und das Wort „übertragen" deutet weit eher auf Substitution als auf Gehilfeneinsatz hin, obwohl Substitution ein Charakteristikum der Zwischenspedition ist.[24] Schließlich wird die Selbständigkeit des beigezogenen Spediteurs besonders betont,[25] während heutzutage kein Zweifel mehr daran besteht, dass auch selbständige Unternehmer Erfüllungsgehilfen sein können.[26]

**c) Die Haftungsfrage.** Die begriffliche Einordnung ist aber nur das sekundäre Anlie- **30** gen.[27] Entscheidend geht es vielmehr darum, ob der (Haupt-)Spediteur für beigezogene Zweitspediteure nach § 278 BGB oder bloß für Auswahlverschulden haftet. Dafür bedarf es heutzutage wohl nur einer Konkretisierung des Begriffes „erforderlich" iSd. § 454 Abs. 1. Entscheidend müssen dabei die Spediteurpflichten sein, die Besorgung der Versendung unter bestmöglicher Wahrnehmung der Auftraggeberinteressen gebieten. Daraus folgt: Ist die **Beiziehung von Zweitspediteuren** zur Vertragserfüllung im eben umschriebenen Sinn **erforderlich,** kann also nur mit ihrer Hilfe der Auftrag am besten erfüllt werden,[28] so ist sie auch erlaubt.[29] **Beispiele:** Nur der Zweitspediteur verfügt über Spezialkenntnisse bezüglich einer Teilstrecke, sitzt am Ort der Ablieferung, wo Nachnahmen eingezogen werden sollen, am Ort der Verzollung usw.[30]

Kann der Spediteur die betreffende Versendungsverpflichtung hingegen ebenso gut selbst **31** wahrnehmen, so folgt daraus zwar noch nicht, dass die Betrauung eines Zweitspediteurs unzulässig wäre. Der Hauptspediteur kann sich dann durch Einsatz eines anderen Spediteurs aber nicht von seinen Erfüllungspflichten und seiner Haftung befreien. Vielmehr bleibt es beim schuldrechtlichen Grundsatz, dass der Schuldner seine Vertragspflichten persönlich oder doch zumindest unter voller eigener Verantwortung zu erfüllen hat. Bedient sich der Spediteur zur Erfüllung dieser Pflichten nicht seiner eigenen Leute, sondern eines zweiten (selbständigen) Spediteurs, hat er für dessen Fehlverhalten nach **§ 278 BGB** einzustehen. In diesem Fall kann man zu Zwecken deutlicher Unterscheidung nach wie vor von **„Unterspediteur"** sprechen. Der Abschluss mit diesem ist dann aber – wie etwa der Dienstvertrag mit einem Angestellten, der in die Vertragserfüllung eingebunden wird – **kein Ausführungsgeschäft** iSd. § 454.

**d) Beiziehung des Zweitspediteurs.** Der Zweitspediteur wird regelmäßig dadurch in **32** den Versendungsablauf eingeschaltet, dass der (Haupt-)Spediteur mit diesem einen **Speditionsvertrag** schließt. Dabei fungiert der Hauptspediteur als Versender. Der Zweitspediteur befindet sich in der rechtlichen Position jedes Spediteurs: er ist (nur) seinem Versender (dem Erstspediteur) verpflichtet. Unter Umständen weiß der Zweitspediteur nicht einmal, dass auch sein Vertragspartner im Rahmen eines Speditionsvertrages tätig wurde.

Die Pflicht des Hauptspediteurs zu umfassender Interessenwahrung besteht gegenüber **33** seinem Versender auch nach Betrauung des Zweitspediteurs. Aus ihr folgt regelmäßig die Verpflichtung, die Rechte aus dem Zweitspeditionsvertrag im Interesse des Versenders geltend zu machen, zumindest aber, allfällige Erfüllungs- und Ersatzansprüche an den Erst-

---

[24] Siehe nur *Helm* §§ 407–409 Rn. 30 ff.
[25] RG 2.2.1918, RGZ 94, 97, 101; 109, 85, 87; RG 22.10.1924, RGZ 109, 288, 292; RG 6.12.1924, RGZ 114, 109, 110.
[26] Statt vieler MüKoBGB/*Grundmann* § 278 Rn. 44; Kritik insofern auch schon bei *Helm* §§ 407–409 Rn. 30.
[27] Vgl. *Helm* §§ 407–409 Rn. 32 aE.
[28] Etwas großzügiger, allerdings wenig griffig, EBJS/*Rinkler* Rn. 23, der darauf abstellen will, ob für die Parteien der Einsatz eines Zwischenspediteurs als Ausführungsgeschäft „in Betracht kam".
[29] Vgl. OLG Schleswig 25.9.1984, TranspR 1985, 137, 138; OLG Hamburg 13.12.1990, VersR 1991, 1313 (schon bei Vertragsschluss lag auf der Hand, dass der Luftfrachtspediteur den Nachnahmeeinzug in Südafrika nicht selbst werde durchführen können); Schlegelberger/*Schröder* § 408 Rn. 11a aE; strenger *Helm* §§ 407–409 Rn. 32 (zur Substitution).
[30] Vgl. etwa *Helm* §§ 407–409 Rn. 32; *Koller* Rn. 8a iVm. § 453 Rn. 36 (unter Betonung der Verkehrssitte).

versender abzutreten; wegen der bloßen Schadensverlagerung entscheiden über die Höhe etwaigen Schadensersatzes die beim Erstversender entstandenen Nachteile.[31]

34    Rechtstechnisch kommt aber auch eine zweite Variante in Betracht:[32] Der Hauptspediteur gibt den Versendungsauftrag teilweise an einen anderen Spediteur zur Ausführung in eigener Verantwortung weiter (**Substitution;** vgl. § 664 BGB); dadurch entsteht ein Rechtsverhältnis unmittelbar zwischen Versender und Zweitspediteur.[33] Nicht zwingend ist hingegen, dass der Spediteur aus seiner Verantwortlichkeit zur Ausführung ganz ausscheidet.[34] Eine echte Teil-Vertragsübernahme könnte zwischen Haupt- und Zweitspediteur dann wirksam vereinbart werden, wenn die Zustimmung des Versenders zu einem solchen Vertragspartnerwechsel vorliegt.

35    Hat der Versender dem Spediteur einen **bestimmten Zweitspediteur** (etwa als Empfangsspediteur) **vorgegeben,**[35] dann muss der Spediteur jedenfalls gerade diesen betrauen. Der Interessenwahrungsgrundsatz spricht allenfalls dafür, Bedenken gegen die Betrauung des Vorgesehenen vorzubringen. Ansonsten hat der Spediteur mit Einschaltung dieser Person seine Pflichten erfüllt.

36    Unstrittig ist, dass bei der häufig gewählten **Fixkostenspedition** (§ 459) vom Spediteur (auf welche Art immer) beigezogene Personen als dessen Erfüllungsgehilfen behandelt werden.[36] Der Fixkostenspediteur wird hinsichtlich der Beförderung wie ein Frachtführer behandelt, die Beiziehung eines dritten Transporteurs erfolgt daher immer auf eigene Rechnung.

37    **e) Substitution trotz fehlender Gestattung.** Hat der Hauptspediteur mit dem Zweitspediteur vereinbart, dieser solle einen bestimmten Teil der Versendungspflichten mit Wirkung gegenüber dem Versender übernehmen (Substitution; vgl. Rn. 34), fehlt es dafür jedoch an der Gestattung durch den Versender, so ist die beabsichtigte Teil-Vertragsübernahme wirkungslos. Der Hauptspediteur bleibt dem Versender wie vorher verbunden; für Fehlleistungen des dennoch agierenden Zweitspediteurs hat der Hauptspediteur voll einzustehen.[37]

38    **f) Verhältnis zur Empfangsspedition.** Da von Empfangsspedition bereits immer dann gesprochen wird, wenn ein **Berufsspediteur als frachtvertraglicher Empfänger des Gutes** fungiert (§ 453 Rn. 72), kann sich diese mit der Zwischenspedition nach üblichem Verständnis (bzw. der Zweitspedition) überschneiden.[38]

39    Für die Rechtsfragen kommt es jedoch ohnehin nicht auf die Einordnung bei der gesetzlich nicht gesondert geregelten Empfangsspedition an, sondern auf die Befugnis des Hauptspediteurs zum Einsatz Dritter (vgl. Rn. 26 ff.) sowie auf die Art der jeweils vorliegenden Verträge.

40    Die Verpflichtung des Zweitspediteurs muss – anders als bei der „Empfangsspedition" – **alle Merkmale des Speditionsvertrages** erfüllen. Auch der Zwischenspediteur muss also den Transport (oder Teile davon) organisieren. Ausreichend ist neben der echten Weiterversendung (durch Frachtführer oder im Selbsteintritt) die Organisation des Umschlags oder (bloß) der Ablieferung beim Empfänger[39] (einschließlich Nachnahmeeinzug).[40]

---

[31]  Siehe nur Jauernig/*Teichmann* BGB Vor §§ 249–253 Rn. 19, 22 und die dortigen Nachweise sowie hier Rn. 53.

[32]  *Koller* Rn. 9; anders wohl *Helm* §§ 407–409 Rn. 31 f.

[33]  Vgl. etwa Jauernig/*Mansel* BGB § 664 Rn. 2. In Rechtsprechung und Literatur zum Speditionsrecht dürfte der Begriff „Substitution" hingegen nicht immer in diesem technischen Sinn verstanden werden.

[34]  Siehe BGH 17.12.1992, NJW 1993, 1704, 1705; ferner etwa Jauernig/*Mansel* BGB § 664 Rn. 2; *Koller* ZIP 1985, 1243, 1247.

[35]  Vgl. etwa BGH 28.6.1962, BGHZ 37, 294 ff. = NJW 1962, 1814 = VersR 1962, 711.

[36]  *Koller* Rn. 9; *Helm* § 52 ADSp Rn. 11 aE.

[37]  *Koller* ZIP 1985, 1243, 1248.

[38]  Vgl. den Fall des OLG Hamburg 13.12.1990, VersR 1991, 1313.

[39]  BGH 28.6.1962, BGHZ 37, 294, 296; *Koller* § 453 Rn. 36.

[40]  Siehe OLG Hamburg 13.12.1990, VersR 1991, 1313.

Anderes gilt, wenn sich der Empfangsspediteur selbst etwa zum Umschlag, zur Lagerung **41** oder zur Ablieferung verpflichtet: Die Übernahme allein solcher Pflichten, die im Speditionsvertrag Nebenpflichten sein können, reicht wohl nicht aus.[41] So erschöpft sich die bloße Pflicht zur Zustellung des Gutes an den Endempfänger in reiner Frachtführertätigkeit. Auch die Verpflichtung, Güter von einem Transportmittel auf ein anderes zu verladen, kann für sich keinen Speditionsvertrag begründen. Gleiches gilt, wenn der beauftragte Spediteur bloß Gut bis zur Abholung durch den Endempfänger lagern, von diesem die Fracht einziehen soll usw.: Je nach Ausgestaltung der Pflichten liegen andere Vertragstypen vor (zB Frachtvertrag, Werkvertrag, Lagergeschäft, gewöhnliche entgeltliche Geschäftsbesorgung). Darüber sollte man sich im Klaren sein, auch wenn derart Beauftragte als „Empfangsspediteure" bezeichnet zu werden pflegen (vgl. bereits § 453 Rn. 72 ff.).

**g) Verhältnis Versender – Zweitspediteur.** Erfolgt die Einschaltung eines Zweitspe- **42** diteurs durch Abschluss eines zweiten Speditionsvertrags (mit dem Hauptspediteur als Versender),[42] so tritt der Versender der Hauptspedition mit dem Zweitspediteur in keinerlei rechtsgeschäftlichen Kontakt; regelmäßig auch nicht auf Grund vertraglicher Drittwirkungen.

Probleme ergeben sich dann, wenn der Zweitspediteur erkennen kann, dass **Weisungen** **43** **des Hauptspediteurs** den Interessen des Erstversenders zuwider laufen. Grundsätzlich ist er an diese gebunden. Eine Ausnahme wird dann befürwortet, wenn der Zweitspediteur erkennt, dass die Weisung eine Treuwidrigkeit gegenüber dem Erstversender darstellt.[43] Der Hauptspediteur hat zwar jede (wirksame) Weisung zu befolgen, daher auch an den Zweitspediteur „weiterzuleiten"; ein direktes Weisungsrecht des Versenders dem Zweitspediteur gegenüber besteht jedoch regelmäßig nicht.[44]

**h) Zusammenfassung.** Zieht der beauftragte Spediteur einen selbständigen Zweitspe- **44** diteur zur Erfüllung seines Speditionsauftrages bei, so ist der Zweitspediteur mangels abweichender Vereinbarungen **Erfüllungsgehilfe** des Hauptspediteurs, wenn dieser die „weitergegebene" Teilversendung selbst hätte durchführen können. Der beigezogene Spediteur ist dann nach herkömmlicher Terminologie „Unterspediteur", für den der Hauptspediteur nach § 278 BGB haftet (Rn. 31).

War die Einschaltung des zweiten Spediteurs hingegen zur bestmöglichen Ausführung **45** der Spedition zweckmäßig, hat der Hauptspediteur nur für die sorgfältige Auswahl und Instruktion des Zweitspediteurs einzustehen (Rn. 108). Im Regelfall schließt der Hauptspediteur mit dem Zwischenspediteur (als „Ausführungsgeschäft") einen Speditionsvertrag (Rn. 32); denkbar wäre aber auch eine Substitution iS des § 664 BGB (Rn. 34).

**i) Kostentragung.** Die Kosten der Beiziehung eines **Unterspediteurs** kann der Spedi- **46** teur dem Versender nicht zusätzlich in Rechnung stellen. Vielmehr sind sie – wie etwa Personalkosten – von der gewöhnlichen Spediteurvergütung erfasst. Bei der Einschaltung eines **Zwischenspediteurs** ist wohl zu differenzieren: Sofern keine Pauschalvergütungsvereinbarung vorliegt, was wohl im Zweifel abzulehnen ist, können die Kosten für die gemäß Abs. 2 Nr. 2 beigezogenen ausführenden Unternehmer – also auch die für den Zweitspediteur im Wege eines Aufwendungsersatzanspruchs – gesondert geltend gemacht werden. Zum wenig klaren Verhältnis des Vergütungsanspruchs (§§ 453 Abs. 2, 456) zum eigentlichen Aufwendungsersatzanspruch (§ 670 BGB) bei § 456 Rn. 51 ff.

**8. Selbsteintritt.** Der Spediteur kann die Versendung auch ohne den Abschluss von **47** Ausführungsgeschäften vertragsgemäß besorgen; nämlich dadurch, dass er die Beförderung

---

[41] Vgl. *Helm* §§ 407–409 Rn. 10, 101 ff.
[42] So im Fall BGH 28.6.1962, BGHZ 37, 294 ff. = NJW 1962, 1814 = VersR 1962, 711.
[43] BGHZ 37, 294, 297 (vorige Fn.); *Helm* §§ 407–409 Rn. 27.
[44] Zu einem Fall, in dem sich der Zweitspediteur auch dem Erstversender gegenüber verpflichtet hatte, s. wiederum BGH 28.6.1962, BGHZ 37, 294 ff. – Direkte Weisungen bringen auch keinen Speditionsvertrag zustande: OLG Wien 7.10.1974, TranspR 1978, 77, 78.

kraft Selbsteintrittsrechts selbst vornimmt. Dann treffen ihn sowohl speditionelle als auch frachtrechtliche Rechte und Pflichten (Details dazu bei § 458).

**48**    **9. Erteilung von Weisungen und Informationen.** Gemäß § 454 Abs. 1 Nr. 2 aE hat der Spediteur den ausführenden Unternehmern Informationen und Weisungen zu erteilen. Diese etwas knappe Anordnung muss im Kontext des Abs. 4 leg. cit. gelesen werden: Wenn und soweit die Ausführung im Interesse des Versenders bestimmter Informationen und/ oder Weisungen an den Ausführenden bedarf, trifft den Spediteur eine entsprechende speditionelle (Neben-)Pflicht.[45] Für die Weisungserteilung gilt selbstverständlich eine weitere Einschränkung: Die Grenze des Weisungsrechts wird durch jene Rechtsnormen bestimmt, die das Ausführungsgeschäft (zB Fracht- oder Lagervertrag) regeln. – Ausführlich zum Weisungsrecht des Versenders Rn. 111 ff.

**49**    Nicht generell, sondern wohl nur soweit möglich und üblich, wird dem Spediteur im Versenderinteresse bei der Transportorganisation auch eine gewisse **Überwachung und Kontrolle** hinsichtlich der Ausführungsgeschäfte obliegen. Entstehen etwa Zweifel, ob der Ausführende eine Weisung beachtet hat, ist dem nachzugehen. Ebenso wird bei Verzögerung mit der Durchführung des Ausführungsgeschäfts zumindest eine Nachfrage geboten sein. Diese Pflichten ergeben sich aus dem Interessewahrungsgrundsatz, uU in Verbindung mit der Verpflichtung zur Sicherung etwaiger Ersatzansprüche des Versenders (§ 454 Abs. 1 Nr. 3).

**50**    **10. Übergabe des Guts.** Ein Transport- oder Lagervertrag als Ausführungsgeschäft kann nur dann durchgeführt werden, wenn der Transporteur bzw. Lagerhalter das betreffende Gut auch bekommt. Zwar trifft die Verladepflicht an sich den Versender.[46] Holt allerdings der Spediteur das Gut (im „Vorlauf"[47]) vereinbarungsgemäß beim Versender ab, so hat er anschließend das Gut als Absender dem beigezogenen Frachtführer zu übergeben; ja sogar zu verladen (§ 412 Abs. 1). Erstaunlicherweise wird diese – dann auch gegenüber dem Versender bestehende – Pflicht in § 454 mit keinem Wort erwähnt. Wie schon vor dem TRG (1. Aufl. § 407 Rn. 108 ff.) besteht aber auch heutzutage keinerlei Zweifel daran, dass sie besteht. Auch wenn dieser Aspekt bei der Formulierung der Norm vermutlich schlicht vergessen wurde, liegt rechtsdogmatisch schon deshalb kein Problem vor, weil die Aufzählungen in § 454 nur demonstrativ sind. Ein weiteres Argument aus dem Gesetz selbst liefert § 456, der die Fälligkeit der Vergütung an die Übergabe des Gutes (an den Transporteur) knüpft. Allein durch den Abschluss der in concreto notwendigen Ausführungsgeschäfte wird der Spediteur von seiner Hauptpflicht, der Versendungsbesorgung, damit noch nicht frei: Vielmehr muss er dem Beförderer zumindest noch das zu versendende Gut zukommen lassen.[48] Das ist noch keine Verlagerung von Ort zu Ort und schon gar keine Beförderung. Die Übergabe erfolgt ja etwa an der Laderampe des Spediteurs durch Einladen in den Lkw des Frachtführers. **„Ausgeführt"** – und damit vertragsgemäß erfüllt – hat der Spediteur die Versendung(spflicht) somit regelmäßig erst dann, wenn der Transporteur das Gut in seine Obhut genommen hat. Daran soweit nötig mitzuwirken, gehört somit ebenfalls zu den Hauptpflichten des Spediteurs.

**51**    Denkbar sind aber auch Fälle, in denen der Spediteur die Güter niemals in (unmittelbarem) Besitz hatte: Er muss dann bloß einen geeigneten Frachtführer auswählen, der das Gut direkt beim Versender abholt. Damit hat der Spediteur in der Regel ebenfalls genau das getan, was er sollte; das zeigt auch § 456, der für den Vergütungsanspruch nicht darauf abstellt, wer das Gut dem Frachtführer oder Verfrachter zur Beförderung übergibt.[49] (zu den Konsequenzen der Nichtübergabe des Gutes durch den Versender für den speditionellen

---

[45] Im RegE (BT-Drucks. 13/8845 S. 106) wird allerdings der gesamte Abs. 1 als Regelung der „Kernpflicht" des Spediteurs angesehen, während Abs. 2 speditionelle Nebenpflichten beinhalten soll.
[46] Siehe nur *Neufang/Valder* TranspR 2002, 325, 330.
[47] Zur Zuordnung des Vorlaufs zu den speditionellen Pflichten noch kurz bei § 459 Rn. 13 Fn. 32.
[48] Vgl. *Helm* §§ 407–409 Rn. 68 (unter Hinweis auf § 447 BGB).
[49] Richtig *Koller* § 456 Rn. 4 gegen *Helm* §§ 407–409 Rn. 68.

Vergütungsanspruch § 456 Rn. 31 ff.) Durch Abschluss eines Frachtvertrages sowie durch entsprechende Instruktion des Transporteurs, der zur Übernahme des Guts bereit ist, hat der Spediteur in solchen Fällen eben seine zentrale Hauptpflicht erfüllt. Das Schicksal des Gutes auf dem Transport geht ihn nichts mehr an. Daher hat er auch nicht die „Beförderung" selbst vorzunehmen. „Versendungsbesorgung" hat also mit „Transport" an sich nichts gemein. Vielmehr liegt gerade in der Frage, ob Transportleistungen vertraglich geschuldet sind oder nicht, die begriffliche Abgrenzung zum Frachtvertrag (dazu schon § 407 Rn. 77 ff. und § 453 Rn. 42 ff.).

Wirkt der Frachtführer nicht wie vereinbart an der Übernahme des Guts mit, entscheiden **52** die konkreten (erkennbaren) Interessen des Versenders über die daraus folgenden Pflichten des Spediteurs gegenüber dem Versender (Versuch einer Durchsetzung der frachtvertraglichen Ansprüche, Betrauung eines anderen Transporteurs usw.). Im Zweifel hat der Spediteur Weisungen einzuholen (ausführlich zur Interessenwahrungspflicht Rn. 107 ff.; zur Rückfragepflicht Rn. 128; zu Versendungshindernissen Rn. 15 ff.).

**11. Sicherung von Schadensersatzansprüchen des Versenders.** Auch im Schadens- **53** fall hat der Spediteur alles zu tun, um die Interessen des Versenders zu wahren. Die in Abs. 1 Nr. 3 leg. cit. allein angesprochene **Sicherung der Ersatzansprüche des Versenders** (regelmäßig: gegen den vom Versender als Absender eingeschalteten Frachtführer) ist wohl weit, nämlich iS des (kommissionsrechtlichen) § 388 Abs. 1, zu verstehen:[50] Der Spediteur hat alles zu tun, was in concreto zum Erhalt der Rechte des Versenders nötig ist (Wahrung der Rechte gegen den Ausführenden, insbes. durch Erhebung der notwendigen Rügen; Beweissicherung; Benachrichtigung des Versenders usw.). Dazu gehört nicht zuletzt die bei Annahme des Gutes vorzunehmende „Schnittstellenkontrolle".[51] Dabei hat er dem Versender von Art und (voraussichtlichem) Umfang des Schadens Mitteilung zu machen; ferner vom (vermutlichen) Schadenshergang und dem dafür (vermutlich) Verantwortlichen.

Zur **Schadensabwicklung** selbst ist der Spediteur mangels anderer Vereinbarung jedoch **54** nicht verpflichtet, auch wenn ihm etwa als Empfänger des Gutes ein Ersatzanspruch zusteht.[52] Von Abs. 1 Z 3 leg cit nicht erfasst ist die Konstellation, dass der Spediteur Vertragspartner des Haftpflichtigen ist.[53] Steht ihm in solchen Fällen – etwa als Absender eines Frachtvertrags – selbst der Ersatzanspruch zu, reicht es aus, wenn er ihn dem Versender abtritt und diesem Beweismittel sowie zur Durchsetzung benötigte Informationen zukommen lässt.[54] Näher dazu auch **Nr. 22.5 ADSp.**

## C. Speditionelle Nebenpflichten (Abs. 2)

### I. Grundsätzliches

Wie bereits kurz erwähnt (Rn. 4), sollen die **Pflichten des Abs. 2** den Spediteur nur **55** dann treffen, wenn er sie **durch besondere Vereinbarung übernommen** hat. Sie ergeben sich also nicht wie die des Abs. 1 automatisch aus dem abgeschlossenen Speditionsvertrag. Allerdings reicht stillschweigende vertragliche Einbeziehung der Pflicht oder Einbeziehung auf Grund eines Handelsbrauchs (§ 346) bzw. einer Verkehrssitte (§ 157 BGB) aus. So wird sich aus einem grenzüberschreitenden Speditionsauftrag häufig die Pflicht zur Zollbehandlung ergeben, sofern der Speditionsauftrag sonst nicht durchführbar ist (vgl. auch Nr. 5.1 ADSp); anders, wenn der Versender deutlich macht, sich um die zollamtliche Abwicklung selbst zu kümmern.

---

[50] Vgl. RegE BT-Drucks. 13/8845 S. 107.
[51] *Bodis* TranspR 2009, 9.
[52] *Koller* Rn. 12 mwN.
[53] *Bodis* TranspR 2009, 9; *Koller* Rn. 12.
[54] *Koller* Rn. 12.

**56**   Die in Abs. 2 angesprochenen und dort beispielhaft erläuterten speditionellen Neben-pflichten[55] (zu Details gleich Rn. 61 ff.) betreffen **ausschließlich beförderungsbezogene Leistungen.** Mit dieser Einschränkung ist selbstverständlich nicht gemeint, dass der Spedi-teur andere vertraglich übernommene Nebenpflichten nicht zu erfüllen hätte. Vielmehr geht es offenbar – zumindest ganz primär – um die Frage, wann die Pflichtverletzung die Spediteurhaftung (gerade) gemäß § 461 auslöst. Speditionsferne Pflichten[56] und deren Verletzung wären ja nach anderen Vorschriften zu behandeln. Ein markanter Unterschied liegt etwa im Verjährungsrecht: Ist die verletzte Leistungspflicht nicht beförderungsbezogen, greift die kurze Verjährungsfrist des § 463 iVm. § 439 nicht ein.

**57**   Damit ist zu klären, unter welchen Voraussetzungen eine vom Spediteur vertraglich übernommene Nebenpflicht als „auf die Beförderung bezogen" angesehen werden muss. Bisherige **Lösungsversuche** knüpfen an den im Speditionsgewerbe üblichen Nebenleis-tungen,[57] an einer – nicht näher definierten – Nähe zur eigentlichen Beförderung (vor-, zwischen- oder nachgeschaltet und ihr dienend)[58] oder daran an, ob die Beförderung ohne Erfüllung der betreffenden Nebenpflicht nicht zweckmäßig abgewickelt werden kann.[59] Präzise Grenzziehungen sind namentlich bei unscharfen typusbezogenen Begriffen wie dem der „Beförderungsbezogenheit" besonders schwierig. Umso wichtiger ist es, den Zweck der Differenzierung genau im Auge zu behalten. Erfasst sollen eben nur Nebenleistungen sein, die bei der Erbringung speditioneller Leistungen nicht untypisch sind, ohne in jedem Fall notwendig zu sein.[60] Leistungen, die ohne weiteres auch geson-dert von Dritten erbracht werden könnten und in einem allenfalls losen Zusammenhang zur Beförderung stehen, unterfallen daher nicht dem Speditionsrecht. Bei der Zuordnung im Einzelnen können die gesetzlichen Beispiele gute Dienste leisten, die zugleich zeigen, dass eine sehr enge Auslegung der Beförderungsbezogenheit dem Gesetz wohl nicht ent-spricht: So könnte etwa die in Abs. 2 S. 1 ausdrücklich genannte **Verpackung** des Gutes auch von einem dritten Spezialisten vorgenommen werden, der selbstverständlich nicht nach Speditionsrecht behandelt würde.[61] Dennoch ist die vereinbarte Verpackung durch den Spediteur wegen der Nähe zur und der Bedeutung für die Beförderung des Gutes eine speditionelle Nebenpflicht.[62] Für vertraglich geschuldetes **Umverpacken,** das ja immer in Hinblick auf die Beförderung erfolgt, darf dann nichts anderes gelten.[63] Der BGH[64] will danach differenzieren, ob die Verpackungspflicht aufgrund einer selbständigen Abrede unabhängig von der Speditionsleistung übernommen wurde oder nicht. Im ersten Fall geht er von einem Werkvertrag aus, im zweiten von einer speditionellen Nebenleis-tung. Dem ist im Prinzip zuzustimmen. Allerdings dürfte eine solche Unabhängigkeit nur sehr ausnahmsweise vorliegen; so etwa dann, wenn zunächst nur ein Vertrag über das Verpacken geschlossen und erst anschließend auch das Besorgen der Versendung verein-bart wurde. Ob es für die Unabhängigkeit – und damit für eine unterschiedliche rechtliche Behandlung – schon ausreicht, dass die Verpackungsleistung der eigentlichen Speditions-

[55] Der RegE (BT-Drucks. 13/8845 S. 107) spricht von offener Generalklausel mit einem Beispielskatalog.
[56] Siehe zur – mangels konkreter Anhaltspunkte für eine Schutzrechtsverletzung verneinten – Prüfpflicht des Spediteurs in Hinblick auf etwaige Patentrechtsverletzungen durch das zu versendende Gut BGH 17.9.2009, TranspR 2009, 485 = NJW-RR 2010, 110 (MP3-Player aus China); zur (werkvertraglichen) Pflicht, Montageleistungen hinsichtlich zugestellter Möbel vorzunehmen, AG Bonn 12.3.2013, TranspR 2013, 288.
[57] *Müglich* Komm Rn. 7.
[58] Vgl. Andresen/Valder/*Valder* Rn. 20; *ders.* TranspR 1998, 51, 52.
[59] *Koller* Rn. 21.
[60] Ähnliches meint wohl *Koller* Rn. 21, wenn er unter Hinweis auf die Materialien auf die Bedeutung des „idealtypischen" Spediteurbegriffs (im Gegensatz zum berufsständischen) hinweist.
[61] Das zu *Koller* Rn. 21 und dessen Argument einer Störung des Wettbewerbs (am Beispiel der Preisaus-zeichnung durch den Spediteur bzw. durch einen Dritten).
[62] Zustimmend *P. Schmidt* TranspR 2010, 89, 91.
[63] *Valder* TranspR 1998, 51, 52; aA Fremuth/*Thume* Rn. 18.
[64] BGH 13.9.2007, BGHZ 173, 344 = TranspR 2007, 477 = NJW 2008, 1072. Dazu auch *P. Schmidt* TranspR 2010, 88.

leistung (zumindest) gleichwertig ist,[65] erscheint jedoch fraglich. Wenn die – für den Transport nötige – **Kennzeichnung** kraft gesetzlicher Erwähnung dem Speditionsrecht unterliegt, dann sollte auch die beauftragte **Entfernung von Herkunftszeichen** unter Abs. 2 subsumiert werden; zumindest wenn und soweit dies für die reibungslose Durchführung des beabsichtigten Transports zweckmäßig ist.[66] Ausreichenden Bezug zum Typus des Speditionsvertrags haben auch die Pflichten zur Mengenfeststellung (Zählung bzw. Verwiegung), zur Besorgung von Dokumenten usw.[67] Keine entsprechende Ähnlichkeit – insbesondere keine gleichwertige Nähe zur Beförderung – weisen hingegen etwa Pflichten zur Preisauszeichnung, zur Beigabe einer Gebrauchsanweisung in bestimmter Sprache und sonstige „Logistikleistungen" auf.[68]

Bei den in Abs. 2 S. 1 genannten und ähnlichen beförderungsbezogenen Leistungen kann **58** nicht nur fraglich sein, ob sie überhaupt in den Zuständigkeitsbereich des Spediteurs fallen oder ob sich der Versender selbst um deren Erbringung zu kümmern hat. Steht fest, dass der Spediteur dafür verantwortlich ist, bleiben nämlich wiederum zwei Varianten möglich: Der Spediteur hat die betreffende **Nebenleistung selbst** (in eigener Person bzw. durch Erfüllungsgehilfen) zu **erbringen;** oder er hat bloß entsprechende Ausführungsgeschäfte abzuschließen, zB mit einem Spezialisten, der das Gut transportgeeignet verpackt. **Abs. 2 Satz 2** stellt diesbezüglich eine Zweifelsregel[69] auf, nach der den Spediteur die Pflicht zur Leistungserbringung trifft, nicht bloß die zur Organisation durch Abschluss eines Ausführungsgeschäftes. Will der Spediteur gewisse Leistungen, um die er sich nach dem Vertrag zu kümmern hat, nicht selbst erbringen oder in seiner Verantwortung (durch Erfüllungsgehilfen) erbringen lassen, muss er mit dem Versender also eine entsprechende deutliche Vereinbarung treffen.[70]

Satz 2 bezieht sich deutlich gerade – und nur – auf die im vorhergehenden Satz genannten **59** Leistungen („dieser"). Dabei fällt auf, dass zwar Verpackung, Kennzeichnung und Zollbehandlung vom Spediteur selbst vorgenommen werden könnten. Für die **Versicherung** des Gutes kann hingegen von vornherein kein Zweifel am Gewollten bestehen, da die Versicherungspflicht ausschließlich durch einen Vertragsschluss mit einem Versicherer erfüllt werden kann.

Je nach Lage des Falles und der konkreten Vereinbarung kann den Spediteur eine ganze **60** Reihe speditioneller Nebenpflichten treffen. Wegen der mannigfaltigen Ausgestaltungen im Einzelnen ist eine taxative Aufzählung der Spediteurpflichten nicht möglich. In der Folge wird ein Überblick über immer wieder vorkommende Einzelpflichten gegeben. Viele Sonder- und Detailregelungen finden sich in den ADSp.

## II. Güterbezogene Pflichten

**1. Abholung.** Mangels anderer Vereinbarung muss der Spediteur dafür sorgen, dass der **61** Frachtführer das Gut erhält (vgl. Rn. 50). Er kann den Transporteur mit der Abholung beauftragen oder diesem das Gut zuliefern.

Holt der Versender das Gut selbst beim Empfänger ab, so muss im Regelfall der Versender **62** beladen;[71] der Spediteur hat sich daher bereits dann vertragsmäßig verhalten, wenn er zum

---

[65] So der BGH 13.9.2007, BGHZ 173, 344 = TranspR 2007, 477 = NJW 2008, 1072; zustimmend *Ramming* NJW 2008, 1075, 1076. Nicht recht erkennbar ist nach dem referierten Sachverhalt auch, woraus sich ergeben soll, dass die Verpackungs- und die Speditionsleistung *unabhängig voneinander übernommen* worden waren.

[66] Andresen/Valder/ *Valder* Rn. 22; aA Fremuth/Thume/*Thume* Rn. 18.

[67] Reiche Beispiele bei Andresen/Valder/ *Valder* Rn. 22.

[68] Zum gesetzlich nicht speziell geregelten *Logistikvertrag,* der ganz unterschiedliche Pflichten beinhalten kann, siehe etwa *Temme* TranspR 2008, 374 (mit reichen Nachweisen); *Valder* TranspR 2008, 383; *Wieske* TranspR 2008, 388; *Schriefers* TranspR 2009, 11. Für Österreich *Steger* ZVR 2009, 480.

[69] RegE BT-Drucks. 13/8845 S. 107 f.

[70] RegE BT-Drucks. 13/8845 S. 107 f.

[71] Vgl. *Oeynhausen* TranspR 1981, 139, 141; aaO auch zur Abholung des Guts bei einem anderen als dem Versender.

vereinbarten Termin mit einem geeigneten Transportmittel beim Versender erscheint. Bei Versendung durch Private wird Vertragsauslegung hingegen häufig ergeben, dass der – dafür ausgerüstete – Spediteur die Verladung vorzunehmen hat.[72]

63    Zur **Quittierungspflicht** des Spediteurs bereits § 453 Rn. 196. In der Literatur wird erwogen, bei fahrlässiger Nichtquittierung[73] die Beweislast zu Lasten des Spediteurs umzukehren; zumindest soll aber eine Berücksichtigung im Rahmen des § 286 ZPO zu Lasten des Spediteurs erfolgen.[74] Das ist in dieser Generalität nicht überzeugend. Zum einen werden diese Fälle schon deshalb äußerst selten sein, weil die Quittierungspflicht analog § 368 BGB nur durch ein entsprechendes Verlangen des Versenders entsteht. Dann handelt die für die Beweislastumkehr in solchen Fällen zitierte Entscheidung[75] nur von der Beweislast bei Verletzung von Beweis- und Befundsicherungspflichten. Überdies wird nicht recht klar, was aus dem referierten Ansatz konkret folgt: Zunächst ist zusätzlich zu unterstellen, dass der Versender die Übergabe von Gut an den Spediteur sowie die Nichtquittierung beweisen kann. Ansonsten spräche das Fehlen der Quittung ja für Nichtübergabe; überdies müssen Bestehen und Verletzung der Quittierungspflicht erst einmal feststehen. Doch auch wenn dies der Fall ist, kann nicht einfach die Behauptung des Versenders, ein bestimmtes Gut übergeben zu haben, ausreichen.

64    Abholung ist nahezu zwingend mit einem **Transport** des Gutes verbunden. Die Abgrenzung, ob es sich dabei bloß um eine **speditionsrechtliche Nebentätigkeit oder** um die Vornahme einer **eigenständigen Beförderung** handelt, ist im Einzelfall schwierig, heutzutage wegen der einheitlichen Obhutshaftung (§ 461 Abs. 1 bzw. § 425 Abs. 1) aber kaum einmal von praktischer Bedeutung. Ordnet man die Pflicht dem Speditionsrecht zu und lässt der Spediteur durch einen Dritten abholen, so müsste der Spediteur für dessen Verhalten nach § 278 BGB einstehen, während bei frachtrechtlicher Einordnung nur für Auswahlverschulden zu haften wäre. Übliche, zur Erfüllung des Speditionsauftrags notwendige kurze Transporte (etwa im Rahmen der Verladung) werden dem Speditionsrecht unterfallen.[76]

65    **2. Zwischenlagerung.** Auch bei der **(Zwischen-)Lagerung** durch den Spediteur treten Abgrenzungsfragen auf. Die Erfüllung bloßer Nebenpflichten aus dem Speditions- oder Frachtvertrag sind etwa „transportbedingte" Lagerungen (bis zur Abholung durch den betrauten Frachtführer)[77] ebenso wie das Sammeln mehrerer für einen gemeinsamen Transport bestimmter Lieferungen.[78] Einen gesonderten Lagervertrag muss man hingegen in Fällen annehmen, in denen die Lagerung bis auf Weiteres, insbesondere bis zu einer weiteren Weisung des Auftraggebers, erfolgen soll.[79]

66    **3. Zuführung.** Hat der Spediteur das Gut in seiner Obhut, so muss er es dem Frachtführer zuführen, sofern es dieser nicht abholt. Diese Zuführung gehört regelmäßig zur übernommenen **Hauptpflicht** (vgl. Rn. 50). Ist zu diesem Zweck eine Beförderung nötig, sind die Überlegungen in Rn. 64 zu beachten.

67    Wie das Gut in den Besitz des Beförderers gelangt, spielt rechtlich jedoch keine Rolle; dies zeigt auch die Formulierung in § 456, die nicht auf eine Übergabe durch den Spediteur abstellt (dazu schon Rn. 51).

---

[72] *Koller* Rn. 22.

[73] Zu möglichen Rechtsfolgen unrichtiger Quittierung Schlegelberger/*Schröder* § 408 Rn. 4.

[74] *Koller* Rn. 20.

[75] BGH 7.6.1988, ZIP 1988, 1129, 1133 (schadhafte Limonadenflasche). Auch die dort angeführte E des BGH 2.2.1973, VersR 1973, 342, 343 betrifft die Beweissicherung im Interesse des Auftraggebers (fehlerhafte Auslieferungswaage im Lager eines Spediteurs).

[76] *Helm* §§ 407–409 Rn. 103.

[77] Vgl. BGH 10.3.1971, VersR 1971, 619, 620 (keine verkehrsbedingte Zwischenlagerung und daher kein Versicherungsschutz durch Speditionsversicherung); OLG Frankfurt 14.12.1982, TranspR 1985, 174, 176 (transportbedingte Zwischenlagerung durch Frachtführer, daher Haftung nach den zwingenden Vorschriften der KVO, nicht nach den ADSp).

[78] OLG Saarbrücken 19.12.1973, VersR 1974, 1171, 172 (daher Ausschluss für Lagerverträge in Speditionsversicherungsbedingungen nicht anwendbar).

[79] BGH 10.3.1971, VersR 1971, 619, 620 f.

Bleibt ungeklärt, ob der Spediteur das Gut vollständig und unbeschädigt an den Fracht- 68 führer ausgeliefert hat, so kann dem Spediteur zwar keine Verletzung einer **Beweissiche-rungspflicht** vorgeworfen werden.[80] Eine solche Verpflichtung besteht nur dann, wenn der Spediteur erkennen konnte, dass der Versender keine Nachweise über den Zustand des dem Spediteur übergebenen Gutes besitzt, weshalb der Versender ein besonderes Interesse an Dokumentation des an den Frachtführer Übergebenen hat.[81] Dem Spediteur ist eine entsprechende Beweissicherung (zB Bestätigung des Zustands bei Übernahme durch den Frachtführer) aus Beweisgründen jedoch immer anzuraten.

Nach der Rechtsprechung und einem Teil der Literatur soll den Spediteur die **Beweis- 69 last** für die ordnungsgemäße Ablieferung des (vollständigen und äußerlich unbeschädigten) Gutes beim Frachtführer treffen, weshalb er mangels Entlastung für allfällige Schäden haftet, sofern der Versender beweist, das Gut dem Spediteur in unbeschädigtem Zustand übergeben zu haben.[82] § 390 kann für diese Ansicht jedoch nicht ins Treffen geführt werden,[83] da dort **Schadensentstehung in der Obhut des Spediteurs** (Kommissionärs) **vorausge-setzt** wird, während diese Tatsache hier gerade ungeklärt ist. Überdies sind kommissions-rechtliche Vorschriften seit dem TRG nicht mehr zur Füllung von Lücken des Speditions-rechts heranzuziehen (Vor § 453 Rn. 2). Damit hat es in den wenigen unaufklärbaren Fällen bei den allgemeinen Beweislastregeln zu bleiben. Generell zur Beweislast im Schadensfall § 461 Rn. 22 ff., spezieller bei Inanspruchnahme des Spediteurs auf Grund von Güterschä-den § 461 Rn. 6.

**4. Verladung – Entladung.** Mangels anderer Abreden muss und darf der Spediteur 70 Beförderungsverträge zu üblichen Bedingungen abschließen. Daher ist er regelmäßig auch im Verhältnis zum Versender dann zur **Verladung** (auf die Transportmittel des eingeschal-teten Beförderers) verpflichtet, wenn dies im betreffenden Frachtrecht üblich ist.

Eine Pflicht zur **Entladung** könnte allenfalls den Empfangsspediteur treffen. Erschöpft 71 sich die Pflicht des zur Weiterversendung beauftragten Spediteurs im Löschen einer Schiffs-ladung, so liegt darin – wie auch sonst bei der Abholung (Rn. 61 ff.) – eine speditionsrechtli-che Nebenpflicht; ein eigener Beförderungsvertrag ist nicht anzunehmen.[84]

Bei Verladung und Entladung in Fällen des **Selbsteintritts** und der **Sammelladungs- 72 spedition** ist nach hA Frachtrecht, nicht Speditionsrecht zu beachten, sofern das Frachtrecht die entsprechenden Pflichten dem Frachtführer auferlegt;[85] dazu noch § 458 Rn. 51 ff. und § 460 Rn. 32.

**5. Verpackung – sonstige Schutzmaßnahmen.** Die Sorge um die für den beabsich- 73 tigten Transport geeignete **Verpackung** der Güter trifft grundsätzlich den **Versender** (§ 455 Abs. 1). Eine entsprechende Pflicht trifft den Spediteur daher nur auf Grund entspre-chender Vereinbarung bzw. einer Verkehrssitte (§ 454 Abs. 2; vgl. auch Nr. 4.1.2 ADSp); so muss er wohl etwa leicht behebbare Schäden der Verpackung ausbessern. Verletzt ein Fixkostenspediteur die vertraglich übernommene[86] Verpackungspflicht und entstehen dadurch Schäden, so haftet er dafür nach Speditionsrecht, und zwar mangels Obhutsbezugs nach § 461 Abs. 2 Satz 1.[87] Schlichte Weisung des Versenders kann die Verpackungspflicht

---

[80] So zu Recht *Koller* Rn. 20 gegen OLG Frankfurt 19.1.1984, TranspR 1985, 420, 421 f.

[81] Siehe nur *Koller* Rn. 20 mwN. Doch sogar in diesem Fall sind die Folgen der Verletzung einer Beweissi-cherungspflicht unklar: Sie verursacht nur Beweisnot, rechtfertigt aber nicht ohne weiteres die Vermutung eines bestimmten Schadensverlaufs.

[82] BGH 24.6.1987, VersR 1987, 1212, 1214; *Koller* Rn. 20.

[83] So aber ausdrücklich der BGH 24.6.1987, VersR 1987, 1212, 1214.

[84] AA offenbar *Helm* §§ 407–409 Rn. 112.

[85] *Helm* §§ 407–409 Rn. 112; *Koller* § 459 Rn. 11. Siehe auch (zum Nachlauf) BGH 25.10.1995, NJW-RR 1996, 353, 354.

[86] Auch ein solcher Spediteur muss ohne besondere Vereinbarung nicht verpacken oder in einem Contai-ner übernommene Packstücke stauen: LG Hamburg 16.1.2008, TranspR 2008, 218.

[87] BGH 16.2.2012, TranspR 2012, 148, der im Anschluss an die Vorinstanz (OLG Stuttgart 14.7.2010, BeckRS 2012, 07880) von einer speditionellen Nebenpflicht ausgeht.

regelmäßig nicht begründen.[88] Schon auf Grund der umfassenden Interessenwahrungspflicht muss der Spediteur jedoch auf nicht ausreichende Verpackung aufmerksam machen.[89] Darüber hinaus ist anzunehmen, dass der Spediteur dann, wenn er nicht davon ausgehen darf, der Versender habe ausreichende Kenntnisse, schon bei Abschluss des Speditionsvertrages auf die notwendige Art und Qualität der Verpackung hinzuweisen hat. Nur dadurch ist gewährleistet, dass dem Versender unnötige Zusatzkosten (des Umpackens) von vornherein erspart bleiben.

74      Ohne Überprüfungsmöglichkeit besteht auch keine Überprüfungs- und Hinweispflicht; so bei (zulässiger) Abholung des Gutes beim Versender direkt durch den Frachtführer.[90] Hier hat der Spediteur von vornherein keine unmittelbar güterbezogenen Pflichten übernommen. Der Frachtführer ist daher in Hinblick auf die Untersuchung auch nicht sein Erfüllungsgehilfe.[91]

75      Aus seiner Sicht nicht (sicher) transportfähige Güter darf der Spediteur nur dann zum Transport übergeben, wenn er den Versender auf die Mängel aufmerksam gemacht hat, dieser aber auf Versendung im vorliegenden Zustand besteht.[92] Eine andere – frachtrechtliche und im Regelfall zu verneinende – Frage ist es, ob der ausgewählte Beförderer die Ware in diesem Zustand übernehmen muss.

76      Nimmt der Spediteur ohne Rückfrage mit dem Versender die notwendige Verpackung selbst vor (oder lässt er durch den Frachtführer verpacken), so ist nur fraglich, ob er die dafür gemachten Aufwendungen ersetzt erhält. Dass er verpacken darf, ist wegen des Vorteils für den Versender nicht zu bestreiten.[93] Ohne Rückfrage wird ein Ersatz nur nach den Regeln der Geschäftsführung ohne Auftrag in Frage kommen, nicht aber nach den §§ 675, 670 BGB;[94] dies schon deshalb, weil der Versender bei Benachrichtigung uU selbst kostengünstiger verpackt hätte.

77      Teilt der Spediteur dem Versender mit, ein bestimmtes Gut sei so, wie es vorliegt (unverpackt oder verpackt), transportfähig, so wird darin keine (verschuldensunabhängige) Garantie des Spediteurs für die Durchführbarkeit der beabsichtigten Versendung gesehen.[95] Jedoch hat er bei schuldhafter Fehlinformation für entstandene Schäden zu haften. Zu den Auswirkungen auf seine Vergütungs- und Aufwendungsersatzansprüche § 456 Rn. 26, 30 ff. bzw. 61 ff.

78      Was für die Verpackung gilt, ist grundsätzlich auch für **sonstige Schutz- und Sicherungsmaßnahmen** in Bezug auf das Gut zu beachten. Während der Spediteur bei mangelhafter Verpackung aber regelmäßig nicht mehr tun muss, als den Versender davon zu informieren (und die Versendung zunächst zu unterlassen), können hier im Einzelfall wegen der massiv gefährdeten Interessen des Versenders weitergehende Handlungspflichten bestehen. So ergibt sich die Pflicht, für die Kühlung wärmeempfindlicher Güter zu sorgen,[96] typischerweise bereits unmittelbar aus dem Vertrag. Wird eine solche Notwendigkeit erst nach Vertragsabschluss erkennbar, muss in aller Regel (der Spediteur besitzt entsprechende Kühlmöglichkeiten, die Aufwendungen sind geringer als der Wert des Gutes) das gleiche Ergebnis durch eine Konkretisierung der Interessenwahrungspflicht erreicht werden.

---

[88] *Koller* Rn. 21, 28.
[89] OLG Saarbrücken 8.11.1991, TranspR 1992, 33, 34 f. (uU Mitverschulden eines sachkundigen Versenders); vgl. ferner KG 5.11.1965, VersR 1967, 446, 448 (wiederholte Nichtbeanstandung der Einlieferung unverpackten Gutes).
[90] OLG Düsseldorf 23.2.1989, VersR 1990, 502 f. = TranspR 1989, 232 f.
[91] *Koller* Rn. 28.
[92] AA wohl *Helm* §§ 407–409 Rn. 106 („auf keinen Fall").
[93] Schlegelberger/*Schröder* § 408 Rn. 4; *Helm* §§ 407–409 Rn. 106; anders *Koller* Rn. 28 (nur im Fall des § 665 BGB).
[94] So aber Schlegelberger/*Schröder* § 408 Rn. 4.
[95] OLG Düsseldorf 29.4.1974, DB 1976, 1374 (unverpackter Gussheizkessel); diesem offenbar folgend *Helm* §§ 407–409 Rn. 106.
[96] Vgl. OLG Hamburg 23.9.1982, VersR 1983, 827 f.

**6. Verwiegung.** Das Gewicht des zu versendenden Gutes kann sowohl für den Haf- **79** tungsumfang als auch für die Entgeltshöhe des Frachtführers von Bedeutung sein;[97] es ist ferner etwa für die Wahl des richtigen Transportmittels von Bedeutung. Aus diesen Gründen muss häufig eine **Verwiegung** erfolgen, bevor die Beförderung in die Wege geleitet wird. Zur Sorgfalt eines Spediteurs gehört es daher zumindest, in den Fällen, in denen das Gewicht für die Versendung von Bedeutung ist, vom Versender eine entsprechende Information zu verlangen. Ist mit der Gewichtsfeststellung für den Spediteur kein größerer Aufwand verbunden, so wird er sie infolge Geschäftsüblichkeit (vgl. Nr. 4.1.2 ADSp) selbst vorzunehmen haben.[98]

**7. Kennzeichnung – Wertdeklaration.** Für den Transport sind ferner aus ähnlichen **80** Gründen neben der Gewichtsangabe regelmäßig **Kennzeichnung** und **Wertdeklaration** notwendig. Da diese Angaben mit Sicherheit nur der Versender machen kann, trifft den Spediteur eine entsprechende Pflicht grundsätzlich nicht (§§ 455 Abs. 1, § 454 Abs. 2). Da aber oft bloß der Versendungsfachmann im Detail weiß, welche Angaben erforderlich sind, muss er den Versender entsprechend informieren und Ergänzung lückenhafter oder fehlender Angaben verlangen. Näheres zur Kennzeichnungspflicht regelt **Nr. 6 ADSp.**

**8. Untersuchung – Beweissicherung.** Erhält der Spediteur das Gut von einem Drit- **81** ten, etwa von einem Frachtführer, so vor allem bei der Empfangsspedition, muss er das zur Wahrung der Interessen seines Auftraggebers Erforderliche tun. So hat er das Gut zunächst auf äußerlich erkennbare Schäden **zu untersuchen.** Zeigen sich solche, muss er dafür sorgen, dass die Rechte gegen den Verantwortlichen nicht verloren gehen. Der Spediteur hat dabei nicht nur die Schäden dem Frachtführer mitzuteilen (frachtrechtliche Rüge; § 438), sondern auch soweit notwendig die **Beweise zu sichern** und den Versender zu **informieren.**[99] Dazu schon Rn. 53 (zu Abs. 1).

Hingegen besteht von Gesetzes wegen keine Pflicht des (Vollmacht-)Spediteurs, für **82** seinen Auftraggeber etwaigen (kaufrechtlichen) Rügeobliegenheiten der §§ 377 f. nachzukommen.[100]

**9. Begleitpapiere.** Als Absender hat der Spediteur dem Frachtführer alle für einen **83** reibungslosen Transport notwendigen Papiere mit dem Gut zu übergeben (zu diesen Warenbegleitpapieren vgl. § 427). Fehlen notwendige Papiere, so hat er sie vom Versender anzufordern, den die Pflicht trifft, alle erforderlichen Urkunden zur Verfügung zu stellen (§ 455 Abs. 1). Gleiches gilt für Unvollständigkeiten usw.

Erleidet der Versender dadurch Schaden, dass es – etwa in Transitfällen – wegen unvoll- **84** ständiger oder fehlender Papiere zu Verzögerungen oder gar zur Beschlagnahme des Gutes kommt,[101] so kann der Spediteur wegen Verletzung der Interessenwahrungspflicht ersatzpflichtig werden; bei Mitverantwortung des Versenders hat der Spediteur uU nur einen Teil des Schadens zu ersetzen (§ 461 Abs. 3).

**10. Transport- und Verpackungshilfsmittel.** Der Transport von Gut erfolgt häufig **85** unter Verwendung von **Containern, Paletten** oder ähnlichen Hilfsmitteln. Da es sich dabei iwS um Verpackungen handelt, hat sie mangels anderer Vereinbarung der Versender bereit zu stellen (so auch Nr. 4.1.3 ADSp). Bereitet der Spediteur mit Hilfe von Paletten die Sammelversendung von Gütern vor, wird diese Tätigkeit wohl noch zur Verpackung

---

[97] Zum Verlust von Versicherungsansprüchen wegen nicht erfolgter Verwiegung vgl. RG 2.12.1925, RGZ 112, 149, 154 f.

[98] Vgl. *Koller* Rn. 30; Schlegelberger/*Schröder* § 408 Rn. 4.

[99] Zur beweisrechtlichen Wirkung der Unterlassung einer besonders vereinbarten Überprüfung auf Übereinstimmung mit der Ladeliste (wirkt wie eine Empfangsbestätigung) OLG München 17.5.2006, TranspR 2006, 358.

[100] Siehe nur *Helm* §§ 407–409 Rn. 142.

[101] Vgl. BGH 31.1.1957, BGHZ 20, 164 ff. = VersR 1957, 193 f.; ferner OLG Oldenburg 27.10.1977, VersR 1978, 369 (zu Zollnachteilen wegen fehlender Begleitpapiere).

und noch nicht zur Ladetätigkeit gehören.[102] Sonderprobleme der Rückführung stellen sich bei sog. **Poolpaletten (Tauschpaletten).**[103]

86    **11. Besonderheiten bei Gefahrgut.** Bei Versendung von **Gefahrgut** hat der Spediteur dafür zu sorgen, dass er alle ihn als Absender treffenden gesetzlichen Vorschriften einhält. Diese zunächst öffentlich-rechtlichen Verpflichtungen lösen entsprechende vertragliche Nebenpflichten gegenüber dem Versender aus.[104] Zur Informationspflicht des Versenders über die Gefährlichkeit des Versandguts bei § 455.

87    **12. Verzollung.** Da ansonsten die geschuldete Versendung nicht durchgeführt werden kann, trifft bei internationalen Versendungen den Spediteur eine Pflicht zur **Verzollung** (s. schon Rn. 55). Das sieht auch **Nr. 5.1 ADSp** ausdrücklich für Versendungen nach einem Bestimmungsort im Ausland vor, wenn ohne zollamtliche Abfertigung die Beförderung bis zum Bestimmungsort nicht ausführbar ist. Unter Umständen wird diese Pflicht vom beigezogenen Frachtführer mit Hilfe von Grenz- bzw. Zollspediteuren (§ 453 Rn. 83) erfüllt.

88    **13. Haftung bei Güterbeschädigung und Güterverlust.** Bei Beschädigung oder Verlust des Gutes ist primär zu klären, ob der Spediteur dafür verantwortlich ist. Regelmäßig ist das dann nicht mehr der Fall, wenn das Gut bereits dem Beförderer übergeben wurde. Kam es hingegen **in seiner Obhut** zu Schaden, so hat der Spediteur dafür – ebenso wie ein Frachtführer (§ 425 Abs. 1) – grundsätzlich **verschuldensunabhängig** einzustehen (§ 461 Abs. 1). Bei allen anderen Schädigungen haftet der Spediteur bloß bei Verschulden, dessen Vorliegen allerdings vermutet wird. Details zu all dem bei § 461, zur vertraglichen Haftungsmilderung bei § 466. Die ADSp regeln die Spediteurhaftung in den **Nr. 22 ff.**

### III. Einhebung von Nachnahmen – Herausgabe

89    **1. Verpflichtung zum Nachnahmeeinzug.** Nur bei entsprechender Vereinbarung ist der Spediteur neben der eigentlichen Versendungsbesorgung auch verpflichtet, für den Versender Geldbeträge – insbesondere den Kaufpreis, aber uU auch die (anteiligen) Versandkosten – beim Empfänger einzuziehen (sog. **Nachnahme;**[105] ausführlich dazu bei § 422). Durch Weisung des Versenders (vor Auslieferung) kann eine Pflicht zum Nachnahmeeinzug nicht entstehen,[106] da darin eine Erweiterung, nicht bloß eine Konkretisierung der vertraglichen Spediteurpflichten (zur Versendung) liegt (vgl. Rn. 113). Daher verlangt auch etwa die frachtrechtliche Norm des § 422 eine **Vereinbarung,** um den Frachtführer entsprechend zu verpflichten (vgl. aber auch Nr. 10.2 ADSp, wo von „Nachnahmeweisung" die Rede ist). Ist der Spediteur mit einer entsprechenden Vertragsänderung nicht einverstanden, so trifft ihn einmal eine Ablehnungsobliegenheit (§ 362); ferner muss er soweit möglich dafür sorgen, dass das Gut nicht ohne Einhebung der Nachnahme ausgeliefert wird; so durch Anweisung des Frachtführers nach § 418. Er weiß dann ja zumindest, dass die schlichte Auslieferung den Interessen des Versenders widerstreitet. In einem solchen Fall hat der Spediteur bloß die Pflicht, das Gut dem Versender zu weiteren Dispositionen zur Verfügung zu stellen. Nicht muss er sich hingegen in aller Regel um den Rücktransport zum Versender kümmern,[107] da keine solche vertragliche Pflicht besteht. Allenfalls dringliche Sicherungsmaßnahmen muss er setzen.

---

[102] Vgl. *Helm* §§ 407–409 Rn. 107.

[103] Näher dazu etwa KG 23.5.1985, TranspR 1985, 299, 300 f.; *Willenberg* TranspR 1985, 161; *Tunn* TranspR 1992, 263; reiche weitere Nachweise zum Problemkreis bei *Helm* §§ 407–409 Rn. 107 Fn. 50 f.

[104] Übersicht der einschlägigen Rechtsnormen etwa bei § 410 Rn. 2. Zu Besonderheiten bei Gefahrgutcontainertransporten per Schiff *Johannsen* TranspR 1994, 45.

[105] BGH 3.3.1988, NJW-RR 1988, 925, 926 (dort auch zur Annahme eines entsprechenden Auftrags nach § 362); *Koller* Rn. 36.

[106] AA *Helm* §§ 407–409 Rn. 128.

[107] Etwas missverständlich *Koller* Rn. 36: Spediteur hat „das Gut zurückgegeben".

Hat der Spediteur die Einziehungspflicht hingegen übernommen, so verletzt er seine **90** Pflichten,[108] wenn er das Gut trotz in diesem Zusammenhang unklarer oder undurchführbarer Weisungslage ohne Rückfrage ausliefert[109] oder statt Bargeld Wechsel und nicht von einer Bank garantierte Schecks entgegennimmt;[110] ebenso, wenn sich der Spediteur trotz Verpflichtung zur Ablieferung nur gegen Verrechnungsscheck mit der Erklärung des Empfängers begnügt, der Scheck sei bereits an den Versender abgesandt worden.[111] Hat der Spediteur das Gut schon beim Empfänger abgeladen, so trifft ihn im Regelfall die Pflicht, es bei Zahlungsverweigerung wieder aufzuladen.[112]

Setzt der Spediteur zur Einziehung der Nachnahme andere Personen ein (regelmäßig **91** den ausliefernden Frachtführer oder einen Empfangsspediteur), muss er diese zur ordnungsgemäßen Einziehung verpflichten.[113] Haftungsbegründend ist aber auch dabei bloß Auswahl- und Instruktionsverschulden (vgl. § 453 Abs. 1).[114]

Auslieferung ohne (vollständige) Nachnahmeeinziehung erfolgt **auf Gefahr des Spedi-** **92** **teurs** (vgl. § 393 Abs. 1):[115] Zahlt der Empfänger umgehend, hat der Spediteur Glück gehabt; zur ansonsten eingreifenden Haftung Rn. 89 ff.

**2. Haftung bei Verletzung der Einzugspflicht.** Bei der Unterlassung oder der fehler- **93** haften Ausführung des übernommenen Einzugs von Nachnahmen[116] stellt sich sowohl die Frage nach der Haftung an sich als auch die nach der **Beweislast** für die Haftungsvoraussetzungen. Weitestgehend unbestritten ist die rechtliche Ausgangslage: Schuldhafter Nichteinzug macht für alle daraus dem Versender entstandenen Nachteile ersatzpflichtig. Nicht anders als bei sonstigen Vertragsverstößen handelt es sich um eine **Haftung aus positiver Vertragsverletzung** (§ 280 Abs. 1 BGB); bei – hier ziemlich unwahrscheinlichem – fehlendem Verschulden hätte sich der Spediteur zu entlasten. Heikler ist die Frage, ob bzw. wann auch ohne Verschulden gehaftet wird. Dieses Problem wurde schon zur Rechtslage vor dem TRG unter Heranziehung der kommissionsrechtlichen Norm des § 393 diskutiert (dazu – ablehnend – in der 1. Aufl. § 408 Rn. 107). Nunmehr ist an eine **analoge Anwendung des § 422 Abs. 3** zu denken. Schon auf Grund dessen Wortlauts kann es nur um Fälle gehen, in denen der Einzug ganz oder teilweise unterbleibt; nicht daher etwa bei Entgegennahme gut gefälschten Falschgeldes.[117] Abgesehen davon, dass schon im unmittelbaren Anwendungsbereich der Norm bei unterlassenem Einzug trotz entsprechender Pflicht Verschulden kaum einmal fehlen und zu Recht eine Entschärfung durch analoge Heranziehung des § 426 (Haftungsbefreiung bei Nachweis größtmöglicher Sorgfalt) vertreten wird,[118] ist eine Analogie mE abzulehnen. Zum Ersten ist schon nicht zu sehen, warum gerade bei dieser Pflichtverletzung entgegen § 280 Abs. 1 auf das Vertretenmüssen verzichtet werden sollte. Wenn der RegE – dem das Abweichen von den bisherigen und den allgemeinen Regeln durchaus bewusst ist – einen Grund in den Beweisschwierigkeiten des Absen-

---

[108] Zu den Rechtsfolgen dieser Pflichtverletzung im Versicherungsrecht siehe OLG Frankfurt 28.4.1981, RIW 1982, 56 f.

[109] Vgl. OLG Hamm 16.8.1984, TranspR 1985, 97, 98. Zu widersprüchlichen (schriftlichen und mündlichen) Weisungen auch OLG Düsseldorf 18.3.1982, VersR 1983, 631.

[110] BGH 10.2.1982, BGHZ 83, 96, 101 = TranspR 1982, 74 f.; BGH 25.10.1995, NJW-RR 1996, 353, 355 (zu § 413 HGB iVm. Art. 21 CMR).

[111] OLG München 27.1.1994, NJW-RR 1994, 673, 674.

[112] Vgl. OLG Frankfurt 19.1.1984, TranspR 1985, 420, 421.

[113] Vgl. OLG Hamburg 25.7.1962, VersR 1963, 36 (verspätete Inkassoanweisung); OLG Frankfurt 28.4.1981, RIW 1982, 56 f. (unrichtige Mitteilung, die Ware sei bereits vorausbezahlt).

[114] *Helm* §§ 407–409 Rn. 130.

[115] Instruktiv zur Frage, welche Nachteile durch die unterlassene Nachnahmeeinziehung entstanden sind, RG 21.11.1883, RGZ 13, 60, 66 ff.

[116] Zu den Rechten des Spediteurs gegen den Empfänger nach Auslieferung vgl. BGH 29.6.1959, BB 1959, 826, 827.

[117] AA *Koller* § 422 Rn. 19, der sogar Fälle der Abnahme des Gutes mit Waffengewalt mit erfassen will. ME kann in derartigen Konstellationen allerdings schon von einer „Ablieferung" keine Rede sein. Näher zum Begriff der Ablieferung § 407 Rn. 35, § 422 Rn. 1 ff.

[118] *Canaris* § 33 Rn. 64; *Koller* § 422 Rn. 19 (mwN auch der Gegenansicht) u. a.

ders hinsichtlich des Verschuldens sieht,[119] so verkennt er, dass nach allgemeinen Regeln Verschulden an der Pflichtverletzung ohnehin vermutet wird.[120] Zum Zweiten war offenbar (nur) eine Vereinheitlichung frachtrechtlicher Vorschriften geplant,[121] woraus für den Geschäftsbesorgungsvertrag „Spedition" nichts abzuleiten ist. Und zum Dritten enthält § 461 keinen Verweis auf § 422, obwohl § 461 deutlich erkennen lässt, dass sich der Gesetzgeber jedenfalls im haftungsrechtlichen Zusammenhang genau überlegt hat, welche frachtrechtlichen Vorschriften auch im Speditionsrecht gelten sollen. Aus methodischer Sicht bedeutet all dies: Entweder liegt von vornherein keine Lücke vor; oder die Analogie scheitert an dem anerkannten Grundsatz, dass verfehlte Ausnahmevorschriften (wie § 422 Abs. 3) weder weit ausgelegt noch analog angewandt werden dürfen.[122]

**94**    Da der Spediteur nur für die verursachten Schäden haftet – das sind alle jene, die ohne sein Fehlverhalten (Auslieferung ohne Inkasso) nicht entstanden wären –, scheitert ein Ersatzanspruch etwa dann, wenn auch die erlaubte Auslieferung gegen Verrechnungsscheck wegen der fehlenden Deckung des Kontos zum selben Schaden geführt hätte; zusätzlich müsste dann aber feststehen, dass der Empfänger einen solchen Scheck ausgestellt (und damit regelmäßig betrügerisch gehandelt) hätte,[123] wofür die Beweislast den Spediteur trifft. Mit zu bedenken ist jedoch auch immer die Alternative, dass der Empfänger einer Zahlungsaufforderung nicht nachgekommen wäre:[124] Dann hätte der Versender den Nachnahmebetrag zwar ebenfalls nicht erhalten, bekäme aber regelmäßig das Gut wieder zurück. Für die Behauptung, der Empfänger hätte bei Aufforderung bezahlt, trifft den Versender die Beweislast.

**95**    Daraus folgt: Behauptet der Versender einen Schaden in Höhe des Nachnahmebetrages, so muss er entweder dartun, dass bei Aufforderung bezahlt worden wäre, oder nachweisen, dass die (ohne Inkasso ausgelieferte) Ware entsprechend wertvoll war[125] und er sie (auf einfache Weise) nicht wieder zurückbekommen kann. Kann nicht bewiesen werden, dass der Empfänger bei Aufforderung gezahlt hätte, erhält der Versender nur den (von ihm zu beweisenden) Wert des Gutes ersetzt. Denkbar sind aber auch Schäden des Versenders (Absenders), die über den Nachnahmebetrag hinausgehen; so etwa infolge nicht sofortiger Reduktionsmöglichkeit eines Debet-Saldos oder wegen des Verlusts eines Geschäfts mangels Liquidität. Auch diese Nachteile können vom Spediteur schuldhaft verursacht und daher zu ersetzen sein. Eine Analogie zu § 422 Abs. 3, die den Ersatzanspruch mit dem Nachnahmebetrag begrenzt, ist konsequenter Weise auch insoweit abzulehnen (vgl. Rn. 93).[126]

**96**    Nachträgliche Zahlungsunfähigkeit des Empfängers fällt jedenfalls dem Spediteur zur Last. Fraglich könnte aber sein, ob dem Versender überhaupt ein Ersatzanspruch zusteht, wenn er noch durchsetzbare Ansprüche gegen den Empfänger (etwa aus einem Kaufvertrag) besitzt. Konkrete Schäden wären dann eventuell nur Rechtsverfolgungskosten, Verspätungsschäden und ähnliches. Da der Schädiger den Geschädigten jedoch wie bei korrekter Erfüllung seiner Pflichten zu stellen hat, wird der Versender auch schon in diesem Stadium einen weitergehenden Ersatzanspruch haben. Allerdings muss der Spediteur nach dem Rechtsgedanken des § 255 BGB nur gegen Abtretung der Ansprüche des Versenders gegen den Empfänger Ersatz leisten.

**97**    **3. Herausgabepflicht.** Da der Spediteur die Nachnahmebeträge für Rechnung des Versenders einzieht, hat er sie an den Versender herauszugeben (§ 667 Fall 2 BGB). Schuld-

---

[119] RegE BT-Drucks. 13/8845 S. 57.
[120] *Koller* § 422 Rn. 19. Siehe etwa auch MüKoBGB/*Ernst* § 280 Rn. 31.
[121] Vgl. die Hinweise des RegE (BT-Drucks. 13/8845 S. 56) auf Art 21 CMR, § 31 KVO und Art 17 § 3 CIM.
[122] *Larenz*, Methodenlehre, 6. Aufl. 1991, 355 f.
[123] Vgl. *Helm* §§ 407–409 Rn. 131 (kritisch zu einer – mit falscher Fundstelle zitierten – E des OLG Düsseldorf).
[124] Das übersieht Schlegelberger/*Schröder* § 407 Rn. 27.
[125] BGH 10.10.1991, TranspR 1992, 100, 102 (zur CMR).
[126] Wer hingegen Analogie bejaht, darf nicht übersehen, dass diese Haftungsbeschränkung in bestimmten Konstellationen unbeachtlich ist (§ 461 Abs. 1 analog iVm. § 435).

befreiend leistet der Spediteur nur bei Herausgabe an seinen Vertragspartner (den Versender)[127] oder an von diesem namhaft gemachte Personen (§ 362 BGB). Nach dem Gesetz (§ 387 BGB) hat der Spediteur auch die Möglichkeit, gegen den Herausgabeanspruch mit fälligen Gegenforderungen (auf Vergütung oder Aufwendungsersatz) **aufzurechnen.** Einschränkungen dieses Rechts enthält Nr. 19 ADSp (dem Gegenanspruch darf kein Einwand entgegenstehen).

Daneben hat der Spediteur auch andere Werte und Vorteile, die er durch die Ausführung **98** der Versendung erhalten hat, an den Versender weiterzugeben; so zB erfüllungshalber geleistete Wechsel, erhaltene Schadensersatzleistungen oder bestehende Ersatzansprüche gegen Dritte,[128] insbesondere gegen Schädiger und/oder Versicherungen.[129] Frachtrabatte mindern die Aufwendungen des Spediteurs und kommen damit dem Versender automatisch zugute (§ 670 BGB; s. § 456 Rn. 75); zu Abweichungen von diesem Grundsatz bei Sammelladung § 460 Rn. 25 ff., zum Parallelproblem bei Selbsteintritt § 458 Rn. 14, 56.

Der Spediteur hat dem Versender überdies alles zurückzustellen, was er von diesem zur **99** Durchführung der Versendung erhalten hat, soweit es nach Beendigung noch vorhanden ist (vgl. § 667 Fall 1 BGB). Das sind etwa nicht benötigte Vorschüsse und Dokumente oder vom Versender stammende Transporthilfsmittel (Paletten, Container).

## IV. Versicherung

Nach dispositivem Gesetzesrecht besteht beim Speditionsvertrag grundsätzlich **keine** **100** **Versicherungspflicht** (§ 454 Abs. 2). Nichtabschluss einer Versicherung macht den Spediteur daher nur bei Verletzung einer entsprechenden rechtsgeschäftlich übernommenen Verpflichtung verantwortlich.[130]

In diesem Sinn setzt **Nr. 21 ADSp** für die Verpflichtung des Spediteurs zum Abschluss **101** einer Versicherung des Gutes (zB mittels Transport- oder Lagerversicherung) einen entsprechenden Auftrag voraus, gibt dem Spediteur jedoch ein Recht zum Abschluss einer solchen Versicherung auf Rechnung des Auftraggebers, „wenn dies im Interesse des Auftraggebers liegt", was in Nr. 21.2 näher konkretisiert wird. Hingegen verpflichtet **Nr. 29 ADSp** den Spediteur ohne Einschränkung zum Abschluss einer Haftungsversicherung zu marktüblichen Bedingungen. Hält er einen entsprechenden Versicherungsschutz nicht vor, scheidet eine Berufung des Spediteurs auf die ADSp insgesamt aus (Nr. 29.3).

Die Rechtsprechung zur Rechtslage vor dem TRG verpflichtete den Spediteur auch **102** ohne besondere Anweisung zum Abschluss einer Transportversicherung, wenn der Spediteur erkennen konnte, dass es sich um (sehr) **wertvolles Gut** handelt.[131] Das ist – auch zum geltenden Recht – abzulehnen: Zum Ersten knüpft § 454 Abs. 2 die Versicherungspflicht bloß an eine entsprechende Vereinbarung; zum Zweiten führte diese Abgrenzung zwischen (sehr) wertvollen und sonstigen Gütern zu erheblicher Rechtsunsicherheit. Überdies ist den Interessen des Versenders in solchen Fällen ohnehin besser mit einer Rückfrage- bzw. Hinweispflicht[132] (s. Rn. 107 aE, aber auch 128) gedient, die ihm einen Entscheidungsspielraum lässt. Rückfrage und Hinweis bzw. Beratung sind im Rahmen der Interessenwahrungspflicht auch in anderen Fällen geschuldet; etwa wenn ein ersichtlich unerfahre-

---

[127] OLG München 3.11.1989, VersR 1990, 182, 183.

[128] Vgl. RG 6.12.1924, RGZ 109, 288, 292 f.

[129] ZB Transportversicherung. Bei der Speditionsversicherung ist der Versender hingegen unmittelbar berechtigt. Dazu Nr. 29 ADSp.

[130] OLG Düsseldorf 27.7.1983, VersR 1985, 256 (nachträgliche Weisung); siehe ferner BGH 18.1.1974, VersR 1974, 327, 328 (Spediteur übernahm bei Auslandsversendung Gewähr für die ordnungsgemäße Übergabe der Ware am Bestimmungsort, woraus der BGH – wohl zu Unrecht – eine Versicherungspflicht ableitete). Ebenso zur Versicherung gegen Einbruchsdiebstahl bei Lagerung OLG Düsseldorf 1.4.1993, TranspR 1995, 356, 358.

[131] OLG Schleswig 25.4.1984, TranspR 1985, 137, 138; OLG Düsseldorf 23.2.1989, TranspR 1989, 232, 233.

[132] Dafür etwa auch EBJS/*Rinkler* Rn. 36; *Koller* Rn. 35.

ner Verbraucher als Versender auftritt oder die vorgegebenen Summen den Wert des Gutes offensichtlich nicht decken.[133] Näher zu derartigen Rückfragepflichten noch Rn. 128 ff.

103    Trifft den Spediteur allerdings die Pflicht, eine bestimmte Versicherung abzuschließen, so haftet er bei Nichtabschluss (oder sonstigen Abweichungen von der Versicherungspflicht) für jeden Schaden, der bei korrektem Vorgehen von der Versicherung gedeckt worden wäre, wegen Verletzung einer vertraglichen Nebenpflicht, wobei Verschulden vermutet wird (vgl. § 461 Abs. 2). Kann die gewünschte Versicherung nicht abgeschlossen werden, so hat der Spediteur den Versender davon sofort zu verständigen und eine neue Weisung einzuholen[134] (siehe nunmehr auch Nr. 21.1 Abs. 2 ADSp); die Versendung muss er einst-weilen ruhen lassen. Gleiches gilt bei unklaren Weisungen in Bezug auf die Versicherung.[135] Tut der Spediteur das nicht und tritt ein Schaden ein, so haftet er für diesen, wenn er nicht beweist, dass der Versender bei rechtzeitiger Information die Versendung ohne Versiche-rungsschutz gebilligt hätte.

104    Die Versicherungspflicht wird nur durch Abschluss bei einem **anerkannten Versicherer** erfüllt.[136] Wenn formuliert wird, der Versicherer müsse anerkannt „und leistungsfähig" sein,[137] so darf das nicht wörtlich genommen werden. Gemeint kann nur sein, dass übliche Sorgfalt bei der Auswahl diesbezüglich keine Bedenken an den Tag gebracht hätte. Mangels gegenteiliger Abrede (Weisung) muss der Spediteur das gesamte Risiko[138] während der zu besorgenden Versendung versichern.[139]

## V. Ausstellung und Beschaffung von Dokumenten

105    Häufig – vor allem zu Finanzierungszwecken – benötigt der Versender bestimmte Doku-mente (vgl. § 453 Rn. 191 ff.). Von Gesetzes wegen hat er bloß Anspruch auf eine **Quit-tung** (§ 453 Rn. 196). Dokumente ausführender Unternehmer (zB Konnossement, Lade-schein, Lagerschein) muss der Spediteur dem Versender nur bei entsprechender Vereinbarung zukommen lassen; Gleiches gilt für die Ausstellung besonderer Spediteurpa-piere (§ 453 Rn. 195).

## D. Abschluss der Ausführungsgeschäfte in eigenem oder fremdem Namen (Abs. 3)

106    Seit dem TRG kann ein Speditionsvertrag auch dann vorliegen, wenn der Geschäftsbe-sorger die Ausführungsgeschäfte – namentlich den Frachtvertrag – als Stellvertreter des Versenders, also **in fremdem Namen** abschließt (§ 454 Abs. 3). Näher dazu schon bei § 453 Rn. 109 ff.

---

[133] Vgl. öOGH 7 Ob 17/13w v. 18.2.2013, JusGuide 2013/16/11065.

[134] Ebenso trotz der eher gegenteiligen Anordnung in § 35 lit. a Satz 2 ADSp schon früher BGH 17.5.1951, BB 1951, 457; ebenso OLG Düsseldorf 27.7.1983, VersR 1985, 256 (dort auch zum nach § 254 BGB zu berücksichtigenden Mitverschulden des Auftraggebers; grundsätzlich gegen die Annahme eines Mitverschul-dens des Versenders hingegen *Koller* Rn. 35 aE). Das OLG Frankfurt 29.4.1985, TranspR 1985, 401, 402 äußert sich zur Mitteilungspflicht deshalb nicht eigens, weil es davon ausgeht, dass auch Information über die Nichtversicherbarkeit des gesamten Risikos (Transport lebender Chinchillas) dem Versender mangels Alternativen keinen Vorteil gebracht hätte, die Nichtinformation also nicht schadenskausal war.

[135] LG Bremen 23.11.1989, TranspR 1990, 166, 167.

[136] Zu den Rechtsfolgen einer Verletzung der Transportversicherungspflicht siehe OLG Frankfurt 10.7.1979, VersR 1980, 163 = TranspR 1980, 128.

[137] *Koller* Rn. 35; EBJS/*Rinkler* Rn. 37.

[138] Zum Auftrag einer Versicherung „gegen alle Gefahren" OLG Nürnberg 8.1.1952, VersR 1952, 164 f. (*Reimer Schmidt*).

[139] BGH 18.1.1974, VersR 1974, 327, 328 (zeitlich unzureichende Transportversicherung löst zumindest Hinweispflicht aus); OLG Hamburg 22.5.1969, VersR 1970, 76, 77.

## E. Grundsätzliches zur Interessenwahrungs- und Weisungsbefolgungspflicht (Abs. 4)

### I. Allgemeines

§ 454 Abs. 4 entspricht nahezu wörtlich § 408 Abs. 1 HS 2 aF. Die Pflichten zur **Interes-** 107
**senwahrnehmung** und **zur Befolgung von Weisungen** des Versenders bestehen bereits
nach allgemeinem Geschäftsbesorgungsrecht (vgl. insbes. § 384 Abs. 1 HGB, aber auch
Nr. 1 ADSp). Gleich vorweg sei darauf hingewiesen, dass zwischen Weisungsbefolgung
und Interessenwahrung **kein qualitativer oder substanzieller Unterschied** besteht; im
Gegenteil: Während eine Weisung (näher zum Begriff Rn. 111 ff.) das konkrete Interesse
des Versenders offenkundig macht, geht es ohne solche Klärung um dessen typisches, aus
den Umständen erkennbares, vermutliches Interesse, das der Spediteur daher ebenso zu
beachten hat. Das Gesetz verlangt vom Spediteur die Beachtung von Versenderinteresse
bzw. Versenderweisung „bei Erfüllung seiner Pflichten". Daraus folgt jedenfalls, dass Interesse bzw. Weisung auch bei der Auslegung aller im Gesetz konkreter formulierten Einzelpflichten zu beachten sind. Darüber hinaus ist es aber auch denkbar, dass sich eine spezielle
Pflicht des Spediteurs überhaupt erst aus Abs. 4 ergibt; etwa die zur Rückfrage bei Unklarheiten (dazu Rn. 128). Die in Abs. 4 umschriebenen, geschäftsbesorgungscharakteristischen
Prinzipien (vgl. § 453 Rn. 39) beherrschen also die gesamte Pflicht zur Versendungsbesorgung.

Die Interessenwahrungspflicht wurde bereits in unterschiedlichem Kontext angespro- 108
chen. Sie konkretisiert sich je nach Sachlage, weshalb zu ihr wenig Allgemeines gesagt
werden kann; so sind Abweichungen vom ursprünglichen Auftrag uU gerechtfertigt oder
gar geboten.[140] Der Interessenwahrungspflicht als solcher korrespondiert kein selbständig
einklagbarer Anspruch; sie kann jedoch konkrete Handlungs- und Unterlassungspflichten
auslösen, deren Verletzung zu Ersatzpflichten führt. So gebietet es der Interessenwahrungsgrundsatz, dass der Spediteur die beigezogenen Ausführungspersonen (Frachtführer usw.)
sorgfältig auswählt, hinreichend instruiert und soweit üblich und möglich überwacht (vgl.
§ 454 Abs. 1 Nr. 2).

### II. Grundsatz

Die Spedition ist ein **Vertrauensgeschäft.**[141] Der Spediteur hat die Interessen des Ver- 109
senders in jeder Lage bestmöglich zu wahren.[142] Insbesondere bei Kollisionen mit eigenen
Interessen gehen diejenigen des Auftraggebers vor.[143] Dieser Grundsatz gilt für das
Geschäftsbesorgungsrecht ganz allgemein. Er ist nötig, weil derjenige, der fremde Geschäfte
besorgt, eine mehr oder weniger weit gehende Freiheit bei der Durchführung der Spedition
im Einzelnen hat (zur Grenzziehung durch Weisungen Rn. 111 ff.). Speditionsrechtliche
Besonderheiten bestehen nur insofern, als der Spediteur in Sonderfällen (zB bei Spedition
zu festen Kosten gemäß § 459) hinsichtlich der Aufwendungen für den Transport auf eigene
Rechnung handeln kann, insoweit also für den Bereich der Vergütung nicht zur vollen
Beachtung der Versenderinteressen verpflichtet ist, die typischerweise auf möglichst preis-
günstige Erledigung gerichtet sind. Für alle übrigen Aspekte bleibt aber auch in solchen
Fällen die speditionelle Interessenwahrungspflicht unberührt.

---

[140] Zur Frage, wann Versendung im Stückgut- statt (wie ursprünglich vorgesehen) im Sammelladungsverkehr als pVV anzusehen ist, BGH 9.3.1989, VersR 1989, 864, 865 = NJW-RR 1989, 992.

[141] *Schiller/Sips-Schiller* BB 1985, 888; vgl. auch Staub/*Koller* § 384 Rn. 3 (zur Kommission).

[142] Überblick bei *Schiller/Sips-Schiller* BB 1985, 888; aus kommissionsrechtlicher Sicht *Koller* BB 1978,
1733.

[143] Zum – im Speditionsrecht seltenen – Fall eines Konflikts infolge des gleich lautenden Auftrags einer
anderen Person BGH 11.6.1976, WM 1976, 1019, 1020.

### III. Abdingbarkeit

**110**    Ein vertraglicher Totalausschluss der Pflicht widerspräche dem Grundkonzept der Geschäftsbesorgung und damit dem Kernbereich der Spediteurpflichten. Er wäre daher unwirksam (§ 307 bzw. § 242 BGB).[144] Bloße Einschränkungen sind hingegen prinzipiell möglich; so etwa die Vereinbarung, bestimmte Interessen seien vom Versender selbst oder von einer dritten Person wahrzunehmen.

## F. Weisungen

### I. Begriff

**111**    In einem engen, technischen Sinn bedeutet die **Weisung** ein (ausfüllendes) Gestaltungsrecht des Auftraggebers zur – je nach Sachlage gewünschten – **Konkretisierung der Vertragspflichten des Beauftragten** im Stadium **nach Vertragsschluss**.[145] Bewegt sich die Weisung im Rahmen der vertraglich übernommenen Pflichten, so ist der Spediteur an diese ebenso gebunden wie an schon im Vertrag enthaltene spezifische Vorgaben. Umgekehrt kann der Versender grundsätzlich auch von diesen wieder – durch Weisungen – einseitig abgehen, wenn das (etwa wegen Änderungen der Sachlage) aus aktueller Sicht zur Verfolgung seiner Interessen sinnvoll erscheint. Aus diesen Gründen hat die Ansicht viel für sich, den Begriff der „Weisung" in § 454 Abs. 4 von vornherein weit zu verstehen, wodurch bereits im Vertrag enthaltene „Anweisungen" mit erfasst sind.[146] Für den Anwendungsbereich des § 454 ist es hingegen jedenfalls abzulehnen, von „Weisungswidrigkeit" auch bei Verletzung dispositiven Gesetzesrechts zu sprechen.[147] Dass schuldhafte Verletzung gesetzlicher Verpflichtungen zur Haftung führen kann, ist ohnehin unzweifelhaft.

### II. Rechtsfolgen

**112**    **1. Grundsatz.** Die Rechtsfolgen von Weisungen (siehe dazu auch Nr. 9 ADSp) sind im Speditionsrecht die gleichen wie im Geschäftsbesorgungsrecht überhaupt. Prinzipiell hat sich der Spediteur an die Weisungen des Versenders zu halten;[148] zB Versendung per Luftfracht,[149] Versicherung gegen alle möglichen Risiken[150] oder Angabe des gewünschten – bzw. keinesfalls zu wählenden – Transitlandes bei der internationalen Spedition. Wie schon ausgeführt, spielt es auf Grund der zentralen Interessenwahrungspflicht des Spediteurs an sich keine Rolle, ob die Pflichtenkonkretisierung durch den Versender bereits Vertragsbestandteil ist oder erst durch (nachträgliche) Ausübung des Gestaltungsrechts erfolgt. Der Spediteur ist an solche Vorgaben gebunden, sofern sie ihn nicht vertragswidrig belasten.[151]

**113**    **2. Belastende Weisungen.** Nachträgliche Weisungen, die zu einer Zusatzbelastung des Spediteurs im Vergleich zu den von ihm übernommenen Pflichten führen, sind nach

---

[144] Andresen/Valder/*Valder* Rn. 31; EBJS/*Rinkler* § 453 Rn. 133 („Kardinalpflicht") u. a.

[145] Näher etwa *Knütel* ZHR 137 (1973), 285, 288; ebenso Erman/*K. P. Berger* § 665 Rn. 2.

[146] *Knütel* ZHR 137 (1973), 283, 290 f.; *Helm* §§ 407–409 Rn. 89. Ausführliche Nachweise dieser vor allem zu § 384 Abs. 1 (Kommission) geführten Diskussion bei Staub/*Koller* § 384 Rn. 22 ff., der selbst Rn. 22 sowie § 408 Rn. 3 für ein differenziertes Verständnis plädiert.

[147] So aber *Knütel* ZHR 137 (1973), 283, 291 f. und – aus verständlichen Gründen, wenn auch gegen den üblichen Wortsinn – zu § 385 Staub/*Koller* § 384 Rn. 22 aE; *ders.* § 408 Rn. 8. Danach wäre etwa auch die Beschädigung des Guts „weisungswidrig". Vgl. noch Rn. 117 ff.

[148] Zu den Grenzen dieses Grundsatzes siehe etwa BGH 9.3.1989, VersR 1989, 864, 865 = NJW-RR 1989, 992 (Stückgut- statt Sammelladungsversendung); ein Abgehen kann danach sogar ohne Rückfrage rechtmäßig sein (zur Rückfragepflicht Rn. 128 f.).

[149] Vgl. BGH 3.5.1953, BGHZ 9, 1, 3 f.; BGH 18.3.1955, NJW 1955, 828 f. = VersR 1955, 306 f. (zu dieser E *Schmid-Loßberg* MDR 1955, 542 ff.).

[150] Vgl. OLG Nürnberg 8.1.1952, VersR 1952, 164 *(Reimer Schmidt):* Transport von Heidelbeersaft durch Ostdeutschland im Juli 1949; Versicherung auch gegen Beschlagnahme, nicht aber gegen Verderb.

[151] Vgl. OLG Düsseldorf 23.2.1984, TranspR 1984, 222, 226: Der Versender kann das Spediteurpfandrecht des § 50 (nunmehr: Nr. 20) ADSp nicht durch einseitige Weisung außer Kraft setzen.

allgemeinen vertragsrechtlichen Regeln grundsätzlich unwirksam. Weisungsrechte dienen eben nur der Konkretisierung bestehender Vertragspflichten, nicht ihrer Ausweitung. Solche Änderungen bedürfen daher der **Zustimmung** des Spediteurs.[152] Das nötige Einverständnis kann unter Umständen bereits im Schweigen liegen (§ 362).[153] Ergibt Auslegung der Erklärung des Versenders allerdings, dass mit ihr keinesfalls eine (regelmäßig auch seine Zahlungspflichten beeinflussende) Vertragsänderung gewollt war, liegt kein Angebot, sondern nur eine unwirksame Weisung vor. Häufig wird dann die Pflicht des Spediteurs bestehen, den Versender auf diese Tatsache hinzuweisen (Grundsatz der Interessenwahrung).[154]

**3. Für den Versender ungünstige Weisungen.** Der Interessenwahrungsgrundsatz 114 verlangt, dass der Spediteur bei für den Versender objektiv ungünstigen Weisungen aufklärt bzw. Rücksprache hält[155] (zur Rückfragepflicht noch Rn. 128 f.); beharrt der Versender trotz Aufklärung durch den Spediteur über einen günstigeren Ausweg auf seinen Vorgaben, bleibt der Spediteur an sie gebunden.

Von als unzweckmäßig eingeschätzten Weisungen darf der Spediteur ohne Rückfrage 115 nicht abgehen.[156] Sind Rückfragen (etwa aus Zeitgründen) nicht möglich oder antwortet der Versender nicht (rechtzeitig), so darf (und muss![157]) der Spediteur von den Anweisungen jedoch dann eigenmächtig abweichen, wenn dies im Interesse des Versenders notwendig erscheint (vgl. § 665 BGB, der allerdings nur von einem Recht des Beauftragten spricht).

**4. Nicht durchführbare Weisungen.** Aus tatsächlichen Gründen nicht realisierbare 116 Weisungen stehen wie die den Spediteur belastenden außerhalb des Vertragsrahmens. Auch hier gebietet es die Interessenwahrungspflicht, dem Versender die Undurchführbarkeit mitzuteilen.[158] Solange mehrere mögliche Alternativen bestehen, den erkennbaren Versenderinteressen gerecht zu werden, ist dem Spediteur ein eigenmächtiges Vorgehen ohne Rückfrage nicht gestattet (vgl. § 665 S. 2 BGB, aber auch Nr. 9.2 ADSp, der dem Spediteur das Recht einräumt, bei nicht ausreichenden oder nicht ausführbaren Weisungen nach seinem pflichtgemäßen Ermessen zu handeln).

**5. Eigenmächtiges Abgehen von Weisungen. a) Schadensersatz.** Eigenmächtiges 117 Abgehen von Weisungen ohne Rückfrage ist – von den genannten Ausnahmen im Interesse des Versenders abgesehen – **rechtswidrig** und löst daher Ersatzansprüche aus.[159]

Gegenteiliges vertritt die Judikatur zu Recht für den Fall, dass dem Spediteur ein Siche- 118 rungsrecht zusteht, das durch Ausführung der Weisung beeinträchtigt würde. Dann soll das Eigeninteresse des Spediteurs vorgehen, weshalb die Abweichung gestattet ist.[160] Diese Ansicht fügt sich schon deshalb nahtlos in das System ein, weil insoweit der Vertrag selbst oder das Gesetz den Vorrang begründet. Deshalb ist eine gegenteilige („vertragswidrige") Weisung von vornherein wirkungslos (Rn. 113). Auch geht es nicht um die Abwägung genereller Interessen, sondern um die Wahrung des dem Spediteur kraft Vertrages oder Gesetzes zustehenden Sicherungsrechts.

Die Ersatzpflicht ist an ein **Verschulden** des Spediteurs geknüpft (§ 461 Abs. 2). Kein 119 Zweifel kann ferner daran bestehen, dass die **Beweislast** für jene Tatsachen, aus denen sich fehlendes Verschulden des Spediteurs oder seiner Hilfspersonen ergibt, den Spediteur trifft

---

[152] Vgl. OLG Düsseldorf 23.2.1984, TranspR 1984, 222, 226; *Knütel* ZHR 137 (1973), 285, 293.
[153] Vgl. BGH 3.3.1988, BB 1988, 1210 (Schweigen auf selbständigen, isolierten Nachnahmeauftrag); dazu *de la Motte* EWiR 1988, 693. Zur Nachnahmeeinzugspflicht Rn. 89 ff.
[154] Vgl. *Helm* §§ 407–409 Rn. 89 aE: Haftung aus pVV bei schweigender Missachtung.
[155] UU muss er sogar Weisungen einholen: vgl. den Fall OLG Hamburg 23.9.1982, VersR 1983, 827 f. (Probleme mit Kühlgut im Sommer).
[156] BGH 15.12.1975, WM 1976, 630, 632.
[157] Wie hier *Koller* Rn. 15.
[158] Vgl. OLG Hamburg 23.9.1982, VersR 1983, 827 f. (Sortierung von Tiefkühlgut wie vorgesehen ohne zusätzliche Beeisung wegen hochsommerlicher Temperaturen nicht möglich).
[159] Siehe nur BGH 17.4.1951, BGHZ 2, 1, 4; BGH 3.2.1953, BGHZ 9, 1, 3. Speziell zur Haftung bei unerlaubter Selbstbeförderung durch den Spediteur § 458 Rn. 81 ff.
[160] OLG Düsseldorf 23.2.1984, TranspR 1984, 222, 226.

(§ 461 Rn. 22). Gleiches gilt für Umstände, auf Grund derer der Spediteur gemäß § 665 BGB (ohne Rückfrage) von einer Weisung abgehen durfte.[161]

**120**    **b) „Zurückweisung".** Vor dem TRG wurde dem Versender über die §§ 407 Abs. 2 aF und 385 Abs. 1 HS 2 **bei rechtswidrigem Weisungsverstoß** auch ein **Zurückweisungsrecht** zugestanden. Er musste das Geschäft „nicht für seine Rechnung gelten" lassen. Auf diese Weise konnte er etwa die Übernahme jener Kosten ablehnen, die die weisungswidrigen Handlungen des Spediteurs ausgelöst haben;[162] so die Kosten für den durchgeführten Lufttransport, wenn nur der billigere Seetransport weisungsgemäß gewesen wäre. Auch wenn kommissionsrechtliche Vorschriften seit der Reform nicht mehr subsidiär zur Anwendung kommen sollen (s. Vor § 453 Rn. 2), hat sich an der Rechtslage wohl kaum etwas geändert: Aufwendungen, die außerhalb des durch Weisung konkretisierten Vertragsdurchführungsprogramms stehen, können dem Versender ja ohnehin grundsätzlich nicht in Rechnung gestellt werden; jedenfalls nicht, soweit sie nicht erforderlich bzw. für den Versender nicht nützlich waren (vgl. die §§ 670, 683 f. BGB). Einer besonderen „Zurückweisungserklärung" des Versenders bedarf es nicht. Näher zu den Auswirkungen weisungswidrigen Handelns auf die Ansprüche des Spediteurs § 456 Rn. 67 ff.

**121**    Ebenso wie Weisungsverstöße werden Verletzungen des (dispositiven) Gesetzesrechts behandelt.[163] Die Verletzung bloßer Nebenpflichten soll dem Versender hingegen nicht die – aus anderen Gründen – gewünschte Möglichkeit zur Lösung vom Vertrag geben. Das dafür gebrachte Beispiel – unkorrekte Rechnungslegung[164] – ist aber mE aus mehreren Gründen nicht glücklich gewählt: Die Spedition war bereits vorher korrekt durchgeführt; das Fehlverhalten hat häufig keinen Schaden verursacht (Rn. 94); überdies ist fraglich, ob für die Modalitäten der Rechnungslegung der Weisungsbegriff passt.

**122**    Eine Berufung auf weisungswidriges Vorgehen scheidet bei entsprechender Genehmigung des Spediteurverhaltens durch den Versender aus;[165] ebenso dann, wenn sich der Spediteur zur endgültigen Tragung von Mehrkosten bereitfindet (vgl. etwa § 386 Abs. 2). Als **Grundsatz** dürfte gelten, dass besondere Rechte des Versenders dann von vornherein ausscheiden, wenn ihm aus dem weisungswidrigen Vorgehen keinerlei Nachteile entstanden sind[166] bzw. drohen (ähnliche Gedanken zum Aufwendungsersatzanspruch trotz weisungswidrigen Verhaltens finden sich § 456 Rn. 68 ff.).

### III. Vertragliche Abweichungen

**123**    Modifizierungen bzw. Konkretisierungen mancher dieser Grundsätze enthält **Nr. 9 ADSp.**[167] Danach darf der Spediteur etwa „mangels ausreichender oder ausführbarer Weisung" nach seinem pflichtgemäßen Ermessen handeln. Zur Form(freiheit) der Weisung siehe Nr. 3.1 ADSp.

## G. Äußerungspflichten des Spediteurs

### I. Aufklärung

**124**    Aus dem Interessenwahrungsgrundsatz ergibt sich grundsätzlich eine **Pflicht** des Spediteurs **zur Aufklärung.** Da der Versender aber auch ein – häufig sogar primäres – Interesse

---

[161] Vgl. nur KG 18.10.1972, OLGZ 1973, 18, 20 sowie die weiteren Nachweise bei Baumgärtel/*Reinicke*, Handbuch der Beweislast im Privatrecht Bd. 4, 1988, § 385 HGB Rn. 3 Fn. 5.
[162] Vgl. RG 9.10.1926, RGZ 114, 375, 378.
[163] Vgl. *Koller* BB 1979, 1725, 1731; Staub/*Koller* § 385 Rn. 4 mwN, der dieses Ergebnis durch ein weites Verständnis des Weisungsbegriffs erreicht (siehe Rn. 111 aE).
[164] *Koller* BB 1979, 1725, 1731.
[165] Zu den Rechtswirkungen bloßen Schweigens Staub/*Koller* § 385 Rn. 7, 9 aE.
[166] Vgl. *Helm* §§ 407–409 Rn. 163 aE. Andere wollen das Recht auch bei Geringfügigkeit des Verstoßes ausschließen: Schlegelberger/*Hefermehl* § 385 Rn. 9; Staub/*Koller* § 385 Rn. 5 mwN.
[167] Zur weitgehend gleich lautenden Vorläuferklausel des § 13 ADSp vgl. BGH 9.3.1989, VersR 1989, 864, 865 = NJW-RR 1989, 992.

an einfacher und rascher Erledigung der Versendung hat, ergeben sich doch deutliche Grenzen: Der Spediteur als Fachmann soll das Gewünschte eben weitgehend in Eigenregie erledigen (zu Aufklärungspflichten in contrahendo bereits § 453 Rn. 148).

Ob der Spediteur erkennbar nichtkundige Versender generell über das Bestehen **125** bestimmter **Beweisrisiken** aufzuklären hat, ist strittig. Die Rechtsprechung steht einer solchen Aufklärungspflicht eher ablehnend gegenüber.[168] Das ist jedenfalls insoweit richtig, wie es um die bei jeder Versendung bestehenden Gefahren – also die üblichen Speditionsrisiken – geht. Die gegenteilige Ansicht würde ansonsten zu einer Verpflichtung gelangen, den Versender weitgehend über Spedition und Transport im Allgemeinen zu informieren. Entsprechendes gilt für die **Zweckmäßigkeit einer Versicherung,** da auch insoweit regelmäßig nur die üblichen Risiken einer Versendung betroffen sind.

Die Interessenwahrungspflicht gebietet dann Informationsaktivitäten des Spediteurs, **126** wenn die konkrete Beförderung aus dem Versender nicht erkennbaren Gründen besonders risikoreich oder die vorgesehene Versicherung zu gering ist;[169] nach hA wohl auch bei besonders wertvollen Gütern,[170] obwohl in solchen Fällen der Versender ohne weiteres von sich aus an eine Versicherung denken müsste.

## II. Benachrichtigung und Rückfrage

Verläuft die Versendung reibungslos, trifft den Spediteur keine Erklärungspflicht (über **127** den Stand der Versendung,[171] den Namen des eingeschalteten Frachtführers, den erfolgten Selbsteintritt usw.). § 384 Abs. 2 Halbsatz 1 war im Speditionsrecht nach hA auch schon vor dem TRG nicht anzuwenden, da insoweit die Ähnlichkeit zur kommissionsrechtlichen Interessenlage fehlt.[172]

Anderes gilt, wenn bei der Versendung **unerwartete Probleme** auftreten. Davon – **128** insbesondere von Verlust oder Beschädigung des Guts – ist der Versender grundsätzlich zu **benachrichtigen**[173] (s. § 666 Fall 1 BGB). Bestehen mehrere Reaktionsmöglichkeiten, hat der Spediteur (allenfalls unter Hinweis auf die denkbaren Wege) **rückzufragen,** wie er nunmehr vorgehen soll. Eine solche Rückfrage geht über eine bloße Benachrichtigung hinaus; in der Sache bedeutet sie das **Einholen von Weisungen** (vgl. § 665 Satz 2 BGB). **Beispiele:** Teilverlust oder Beschädigung des Gutes im Lager des Spediteurs; unklare Weisungslage;[174] offensichtliches Nichtausreichen der vorgesehenen Versicherung;[175] Unklarheiten über Auslegung eines Fernschreibens;[176] devisenrechtliche Schwierigkeiten und Ablieferungshindernisse;[177] Hindernisse beim Nachnahmeeinzug.[178]

Reagiert der Versender auf die Rückfrage nicht, hat der Spediteur nach pflichtgemäßem **129** Ermessen selbst zu entscheiden (vgl. auch Nr. 9.2 ADSp).

---

[168] Vgl. BGH 26.9.1991, WM 1991, 2036, 2038; für Aufklärung hingegen *Koller* EWiR 1986, 1119, 1120; *ders.* Rn. 20 mwN.

[169] Schlegelberger/*Schröder* § 407 Rn. 23a.

[170] Vgl. Schlegelberger/*Schröder* § 407 Rn. 23a; vorsichtig („allenfalls bei erkennbar sehr wertvollen Gütern") *Helm* §§ 407–409 Rn. 117. Die Rechtsprechung ging vor dem TRG darüber hinaus sogar von einer Pflicht zum Abschluss einer Transportversicherung aus: OLG Schleswig 25.9.1984, TranspR 1985, 137, 138; OLG Düsseldorf 23.2.1989, TranspR 1989, 232, 233. Dazu (und dagegen) bereits Rn. 102.

[171] Anders bei entsprechender Anfrage des Versenders (§ 666 Fall 2 BGB). Auskunftsersuchen ohne sachliches Interesse kann der Spediteur in Extremfällen unter Berufung auf die §§ 226 bzw. 242 BGB entgegentreten: *Helm* §§ 407–409 Rn. 126.

[172] *Helm* §§ 407–409 Rn. 53, 122; vgl. auch *Koller* Rn. 16.

[173] Vgl. OLG München 14.1.1983, TranspR 1984, 174, 175. LG Fulda 24.2.1995, TranspR 1995, 311, 312 (das allerdings in einem Atemzug mit der Pflicht zur Benachrichtigung die zur Rückfrage nennt; dazu sofort).

[174] OLG Düsseldorf 27.7.1983, TranspR 1985, 176, 178 = VersR 1985, 256.

[175] BGH 18.1.974, VersR 1974, 327, 328.

[176] OLG Hamburg 29.9.1983, TranspR 1985, 20, 25.

[177] OLG Hamm 16.8.1984, TranspR 1985, 97, 99.

[178] OLG München 27.1.1994, NJW-RR 1994, 673, 674.

## III. Rechenschaft (Rechnungslegung)

**130**  Mit Beendigung seiner Tätigkeit hat der Spediteur dem Versender **Rechenschaft** abzulegen (§ 666 Fall 3 BGB). Diese beinhaltet vor allem **Rechnungslegung;** ihre nähere Ausgestaltung regelt **§ 259 BGB.** Der Spediteur hat dabei alle für Rechnung des Versenders getätigten Ausgaben und Einnahmen zu belegen.

**131**  Wenn vom Versender gewünscht, hat der Spediteur darüber hinaus aufklärungsbedürftige Einzelheiten der Abwicklung des Speditionsauftrags zu rechtfertigen (vgl. § 666 Fall 2 BGB: „auf Verlangen").[179]

## § 455 Behandlung des Gutes. Begleitpapiere. Mitteilungs- und Auskunftspflichten

**(1)** [1]**Der Versender ist verpflichtet, das Gut, soweit erforderlich, zu verpacken und zu kennzeichnen und Urkunden zur Verfügung zu stellen sowie alle Auskünfte zu erteilen, deren der Spediteur zur Erfüllung seiner Pflichten bedarf.** [2]**Soll gefährliches Gut versendet werden, so hat der Versender dem Spediteur rechtzeitig in Textform die genaue Art der Gefahr und, soweit erforderlich, zu ergreifende Vorsichtsmaßnahmen mitzuteilen.**

**(2)** [1]**Der Versender hat, auch wenn ihn kein Verschulden trifft, dem Spediteur Schäden und Aufwendungen zu ersetzen, die verursacht werden durch**
1. **ungenügende Verpackung oder Kennzeichnung,**
2. **Unterlassen der Mitteilung über die Gefährlichkeit des Gutes oder**
3. **Fehlen, Unvollständigkeit oder Unrichtigkeit der Urkunden oder Auskünfte, die für eine amtliche Behandlung des Gutes erforderlich sind.**
[2]**§ 414 Absatz 2 ist entsprechend anzuwenden.**

**(3) Ist der Versender ein Verbraucher, so hat er dem Spediteur Schäden und Aufwendungen nach Absatz 2 nur zu ersetzen, soweit ihn ein Verschulden trifft.**

### Übersicht

| | Rn. | | | Rn. |
|---|---|---|---|---|
| **I. Allgemeines** | 1, 2 | 1. Schadensersatz | | 11–18 |
| **II. Nebenpflichten des Versenders** | 3–10 | a) Grundsätzliches | | 11–14 |
| 1. Überblick | 3 | b) Privilegierung des Verbraucher-Versenders | | 15 |
| 2. Verpackung und Kennzeichnung | 4 | | | |
| 3. Urkunden und Auskünfte | 5–7 | c) Die (abgeschaffte) Haftungshöchstgrenze | | 16, 17 |
| 4. Gefährliche Güter | 8 | d) Mitverantwortung des Spediteurs | | 18 |
| 5. Pflichten bzw. Obliegenheiten des Spediteurs | 9, 10 | 2. Aufwendungsersatz | | 19–22 |
| **III. Ansprüche des Spediteurs bei Verletzung bestimmter Versenderpflichten** | 11–22 | **IV. Rechtsgeschäftliche Dispositionen** | | 23 |

## I. Allgemeines

**1**  § 455 hat im Recht vor dem TRG keine Entsprechung. Vorbild dieser Bestimmung ist Art 7 eines von UNIDROIT vorbereiteten Entwurfs über den internationalen Speditionsvertrag. Teilweise ähnliche Regelungen fanden sich schon in den ADSp '93.

**2**  § 455 orientiert sich stark an den frachtrechtlichen Neuregelungen der **§§ 410, 411, 413 und 414,** fasst sich allerdings deutlich kürzer. Um Doppelungen zu vermeiden, kann hier weitgehend auf die Kommentierung der zitierten frachtrechtlichen Bestimmungen verwiesen werden. Diese gelangen **unmittelbar** zur Anwendung, wenn die §§ 458–460 einschlägig sind.

---

[179] Siehe (zur Kommission) Staub/*Koller* § 384 Rn. 50, der die Rechtfertigungspflicht im Grundsatz allerdings nicht an ein entsprechendes Verlangen des Auftraggebers knüpft.

## II. Nebenpflichten des Versenders

**1. Überblick.** Während in den alten Vorschriften Pflichten des Versenders kaum zur 3
Sprache kamen, zählt Abs. 1 wichtige Nebenpflichten ausdrücklich auf (zur Hauptpflicht
der Entgeltzahlung näher bei § 456): Verpackung, Kennzeichnung, Urkundenübergabe,
Auskunftserteilung (§ 455 Abs. 1 S. 1). Diese Mitwirkungspflichten treffen den Versender
jedoch nur, soweit sie nicht vertraglich dem Spediteur übertragen wurden (§ 454 Abs. 2).[1]
Verschärfungen gelten für gefährliche Güter (Abs. 1 S. 2).

**2. Verpackung und Kennzeichnung.** Schon nach altem Recht hatte der Versender 4
zu verpacken.[2] Nunmehr wird diesbezüglich ausdrücklich der Maßstab der Erforderlichkeit
eingeführt. Über dessen Konkretisierung entscheiden neben den Eigenschaften des Gutes
ganz wesentlich Transportart und Transportweg (siehe dazu auch Rn. 9). Entsprechendes
gilt für die Kennzeichnung (vgl. auch § 454 Rn. 80).

**3. Urkunden und Auskünfte.** Während § 413 Pflichten (des Absenders) zur Verfü- 5
gungstellung von Urkunden (laut Überschrift: „Begleitpapiere") sowie zur Erteilung von
Auskünften nur insoweit vorsieht, als sie für eine amtliche Behandlung, insbesondere die
Zollabfertigung, erforderlich sind, ist § 455 abweichend und generell dahin formuliert, dass
die in § 455 genannten Versenderpflichten bestehen, soweit der Spediteur der Urkunden
bzw. der Auskünfte „zur Erfüllung seiner Pflichten bedarf".[3] Diese sprachlichen Unterschiede erfolgten bewusst: So sollte etwa die **Auskunftpflicht** des Versenders im Vergleich
zum Frachtrecht „offener" angelegt werden, um den Erfordernissen der Praxis Rechnung
zu tragen; das Auskunftsrecht werde ohnehin durch das Pflichtenprogramm des Spediteurs
begrenzt.[4] Damit wird wohl in jedem Fall eine Konkretisierung danach zu erfolgen haben,
was der Spediteur aus dem Vertrag schuldet.[5] Hinzu tritt die besondere speditionelle Interessenwahrungspflicht: Erkennt der Spediteur, dass ihm notwendige Informationen fehlen, hat
er diese beim Versender einzuholen (zur Frage, ob die gesetzliche Auskunftspflicht des
Versenders nach § 455 an eine Anfrage geknüpft ist oder ob der Versender die Auskünfte
von sich aus zu erteilen hat, s. bei § 413 Rn. 3).

Hinsichtlich der **Urkundenübergabepflicht** wird diskutiert, ob sie wie bei der Auskunft 6
durch die Notwendigkeit für die Erfüllung der Speditionspflichten begrenzt ist. ME ist der
Wortlaut durchaus in diesem Sinn zu verstehen.[6] Damit verträgt sich selbstverständlich eine
differenzierende Lösung. Hat etwa der Spediteur zusätzlich zu den gesetzlichen Pflichten
weitere gemäß § 454 Abs. 2 übernommen, so kann ihn hinsichtlich bestimmter Urkunden
die Pflicht treffen, sie selbst zu beschaffen.[7] Dann ist die Zurverfügungstellung durch den
Versender aber eben auch nicht für die speditionelle Pflichterfüllung erforderlich. Zu beachten ist überdies, dass sich wie bei Auskünften aus dem Interessewahrungsgrundsatz eine
Pflicht des Spediteurs zur Anforderung von Urkunden beim Versender ergeben kann (dazu
schon kurz § 454 Rn. 83).

Verständnis und Überzeugungskraft des § 455 leiden wohl auch unter der wenig glückli- 7
chen Vermengung von auf den Versender zielenden Handlungsgeboten in eigenem (Oblie-

---

[1] HK/*Ruß* § 455 Rn. 1.
[2] Näher *Koller* VersR 1993, 519.
[3] Auf diese Unterschiede weist etwa Fremuth/Thume/*Thume* Rn. 7 hin.
[4] Vgl. RegE BT-Drucks. 13/8445 S. 108, der überdies – in diesem Zusammenhang wenig klar – auf die
Bedürfnisse eines ordentlichen Spediteurs abstellt und überdies wohl zu Unrecht behauptet, aus dem Normtext
selbst gehe nicht hervor, dass sich die Erforderlichkeit nach dem bestimme, was ein (ordentlicher) Spediteur
für die Erfüllung seiner Pflichten an Auskunft benötige.
[5] So etwa Andresen/Valder/*Valder* Rn. 9.
[6] Zweifelnd *Koller* Rn. 3 Fn. 7, der zusätzlich auf die Überschrift von § 455 (die das Wort „Begleitpapiere"
enthält) hinweist. Wenn er in diesem Zusammenhang behauptet, dass die Begründung des RegE (BT-Drucks.
13/8445 S. 108) zunächst erkläre, der Versender habe grundsätzlich alle Auskünfte zu erteilen, dann aber die
begrenzende Wirkung des speditionellen Pflichtenprogramms betone, so zitiert er unpräzise. Tatsächlich ist in
der Begründung von allen „erforderlichen" Auskünften die Rede, was sinnvoll nur auf das Pflichtenprogramm
bezogen werden kann.
[7] Siehe *Koller* Rn. 5.

genheiten) und in fremdem Interesse (Pflichten): Der Hinweis auf die Notwendigkeit der Auskunft (bzw. Urkunde) für die speditionelle Pflichterfüllung zielt in der Sache darauf ab, dass den Interessen des Versenders selbst (an rascher und sicherer Erledigung) nur bei Vorliegen dieser Informationen bzw. Urkunden bestmöglich entsprochen werden kann. Ein Eigeninteresse daran hat der Spediteur aber grundsätzlich nicht. Ihm geht es ganz primär um seine Vergütungs- und Aufwendungsersatzansprüche; diese stehen ihm grundsätzlich aber auch dann zu, wenn er seine Pflichten aus Gründen nicht (voll) erfüllen konnte, die auf Seiten des Versenders liegen (vgl. nur die §§ 645, 649 BGB). Wie § 455 Abs. 2 zeigt, stehen bei dieser Norm allerdings die Interessen des Spediteurs an der Vermeidung ihn selbst treffender Nachteile – Schäden oder Aufwendungen – deutlich im Vordergrund; ein Regelungszweck, der sich im Frachtrecht erst in § 414 findet.

8      **4. Gefährliche Güter.** Aus verständlichen Gründen sind die Pflichten bei der **Versendung gefährlicher Güter** strenger.[8] Satz 2 verlangt eine rechtzeitige Mitteilung über die genaue Art der Gefahr sowie, soweit erforderlich, über notwendige Vorsichtsmaßnahmen. Mit der Einschränkung „soweit erforderlich" ist offenbar gemeint, dass über Vorsichtsmaßnahmen dann nicht eigens zu informieren ist, wenn der Versender davon ausgehen darf, dass der konkrete – etwa auf derartige Gefahrgüter spezialisierte – Spediteur über ausreichende Kenntnisse in Hinblick auf die mitgeteilte Gefährlichkeit verfügt.[9] Die Regelung über die Versendung gefährlicher Güter entspricht nahezu wörtlich § 410 Abs. 1; zu Einzelheiten siehe dort.

9      **5. Pflichten bzw. Obliegenheiten des Spediteurs.** Es wurde bereits deutlich, dass aus der gesetzlichen Zuordnung all dieser Pflichten zum Versender nicht automatisch geschlossen werden darf, den Spediteur könne diesbezüglich niemals eine (Mit-)Verantwortung treffen. So hängen „ob" und „wie" der Erfüllung dieser Pflichten (Verpackung, Kennzeichnung usw.) nicht selten von Transportmittel und Transportweg ab; Umstände, die an sich in der Entscheidung des Spediteurs liegen (vgl. § 454 Abs. 1 Nr. 1). Darf der Spediteur nun nicht davon ausgehen, der Versender habe (bereits) Kenntnis dieser Umstände, oder steht ihm ein erkennbar unerfahrener Versender gegenüber, treffen den Spediteur – entsprechende hinsichtlich einer tauglichen Verpackung, aber auch in Bezug auf (möglicherweise) nötige Urkunden bzw. Auskünfte – entsprechende **Hinweispflichten,** die sich aus dem zentralen Interessenwahrungsgrundsatz (§ 454 Abs. 4) ergeben und nach diesem zu konkretisieren sind. Eine generelle **Pflicht** des Spediteurs, sich trotz erteilter Auskünfte beim Versender aktiv **zu erkundigen,** ob nicht vielleicht weitere, noch nicht erteilte Auskünfte bedeutsam sein könnten, ist allerdings abzulehnen. Vielmehr bedarf es konkreter Anhaltspunkte bzw. Verdachtsmomente, aus denen sich die konkrete Wahrscheinlichkeit ergibt, dass (weitere) ausführungsrelevante Informationen noch nicht gegeben wurden.[10]

10     Nachfragepflichten des Spediteurs können sich auch erst **im Zuge der Ausführung** des Speditionsauftrages aktualisieren; so, wenn sich etwa erst bei der Vorbereitung zum Transport Ungewissheiten über ausführungsrelevante Eigenschaften des Gutes ergeben.[11]

### III. Ansprüche des Spediteurs bei Verletzung bestimmter Versenderpflichten

11     **1. Schadensersatz. a) Grundsätzliches.** Wie § 414 knüpft § 455 Abs. 2 – was aus der Überschrift nicht deutlich wird – an die **Verletzung bestimmter Nebenpflichten** eine **verschuldensunabhängige Schadensersatzpflicht.** Diese Haftung greift in den drei Fällen des Abs. 2 ein. Die dort genannten Nr. 1–3 orientieren sich an den in § 455 Abs. 1 angeordneten Pflichten und entsprechen zugleich nahezu wörtlich den Nr. 1, 3 und 4 des

---

[8] Zu den bei gefährlichen Gütern im Einzelnen gebotenen Verpackungen *Willinger* TranspR 1981, 81.
[9] Vermutlich das ist gemeint, wenn der RegE BT-Drucks. 13/8445 S. 108 eher kryptisch ausführt, dass der Erforderlichkeitsmaßstab bewusst auf den individuell agierenden Spediteur zugeschnitten sei.
[10] Vgl. EBJS/*Rinkler* Rn. 17.
[11] *Koller* Rn. 8. Vgl. ferner EBJS/*Rinkler* Rn. 16 (der allerdings primär die Beförderungsphase im Auge hat).

frachtrechtlichen Vorbilds (§ 414 Abs. 1 Satz 1). Darüber hinaus kommt eine Versenderhaftung nur bei Verschulden in Betracht.[12]

Zwar sieht § 455 Abs. 1 – anders als § 413 – eine Pflicht des Versenders zu Auskunft,    **12** zur Übergabe von Urkunden usw. (bereits) dann vor, wenn sie der Spediteur zur Erfüllung seiner Pflichten benötigt (vgl. Rn. 5). Für die Schadensersatzfolgen wird hingegen einerseits die Terminologie der frachtrechtlichen Vorschrift („erforderlich") wieder aufgegriffen; andererseits erfolgt eine Einschränkung: **Nebenpflichtverletzungen des Versenders in Bezug auf Urkunden und Auskünfte** (Abs. 1 Satz 1) führen nach Abs. 2 Nr. 3 nämlich nicht generell, sondern nur dann zu einer verschuldensunabhängigen Einstandspflicht, wenn die betreffenden Urkunden bzw. Auskünfte **für die amtliche Behandlung des Gutes erforderlich** sind.[13] Eigentliche Schäden des Spediteurs werden daraus aber wohl kaum einmal resultieren; uU aber – dann nach Abs. 2 ebenfalls ersatzfähige – zusätzliche Aufwendungen.

Die **verschuldensunabhängige Versenderhaftung**[14] wird in der Entwurfsbegrün-    **13** dung vor allem mit dem „Gesamtsystem" gerechtfertigt. Ihr wurde wegen des angestrebten Gleichlaufs mit dem Frachtrecht der Vorzug vor der üblichen Verschuldenshaftung gegeben.[15] Eine Parallelregelung findet sich mit § 468 Abs. 3 im Lagerrecht. Tatsächlich ist die Nähe der hier in Frage stehenden Schäden zu den Aufwendungen (dazu Rn. 19 ff.) nicht zu übersehen, deren Ersatz von einem Verschulden ganz unabhängig ist (vgl. nur § 670 BGB). Daher sprach schon vor dem TRG manches für eine „Risikohaftung", soweit es um Gefahren geht, die der Spediteur nicht mit einkalkulieren konnte (siehe 1. Aufl. § 409 Rn. 51). Ob de lege lata von der Haftung analog § 426 dann abzusehen ist, wenn dem Versender selbst bei größtmöglicher Sorgfalt die Gefahr einer Schädigung des Spediteurs unerkennbar geblieben wäre,[16] ist nicht unzweifelhaft, weil das Risiko – wohl anders als bei § 426 – ja dennoch aus der Versendersphäre stammt.

Mangels gesetzlicher Einschränkungen greift die Versenderhaftung des § 455 Abs. 2 auch    **14** dann ein, wenn der **Spediteur schuldhaft gehandelt,** insbes. seine Interessenwahrungspflicht verletzt hat. Ein Argument gegen die rechtspolitische Entscheidung einer verschuldensunabhängigen Versenderhaftung kann daraus allerdings nicht gewonnen werden:[17] Fehlt in concreto eine schuldhafte Pflichtverletzung des Spediteurs, kommt es auf die Existenz eines gesetzlichen Interessenwahrungsgebots von vornherein nicht an. Liegt hingegen eine Verletzung von Spediteurpflichten vor, ist im Rahmen des § 455 Abs. 2 zunächst zu fragen, ob das Verhalten des Spediteurs zugleich eine Obliegenheitsverletzung darstellt, da es ja um seine eigenen Schäden geht. Bejaht man dies – etwa bei erkennbarer Gefährlichkeit des Speditionsguts –, ist der Ersatzanspruch gegen den Versender entsprechend zu mindern; uU entfällt er sogar ganz (zum Schadensersatzanspruch vgl. Rn. 11 ff. sowie § 414 Rn. 3 ff., zum Aufwendungsersatzanspruch hier Rn. 19 ff. und § 414 Rn. 16 ff.).

**b) Privilegierung des Verbraucher-Versenders.** Nur für **schuldhafte** Pflichtverlet-    **15** zungen haftet nach Abs. 3 der versendende Verbraucher (Definition in § 13 BGB). Steht die Pflichtverletzung fest, wird das **Verschulden** auch zulasten eines Verbrauchers **vermutet** (siehe § 280 Abs. 1 Satz 2 BGB).[18] Der Spediteur erhält aber keinerlei Ersatz, wenn der Entlastungsbeweis gelingt, also etwa dann, wenn für den Versender unerkennbar gefährliches Speditionsgut Schäden verursacht. Die pauschale Differenzierung des Gesetzes leuchtet nicht ein: Es ist nicht zu sehen, warum es für solche Fälle auf die Verbraucher- bzw.

---

[12] Heidel/Schall/*Ring* Rn. 10.

[13] Zur Begründung siehe RegE BT-Drucks. 13/8445 S. 108 aE.

[14] Dazu *Helm,* FG Herber, 1999, S. 88.

[15] Vgl. RegE BT-Drucks. 13/8445 S. 108 (der wohl nicht ganz passend von „Gefährdungshaftung" spricht).

[16] Dafür *Canaris* § 31 Rn. 80, 59.

[17] Tendenziell in diese Richtung aber offensichtlich EBJS/*Rinkler* Rn. 26.

[18] Statt vieler HK-BGB/*Schulze,* BGB, 7. Aufl. 2012, § 280 Rn. 15 mwN; speziell in transportrechtlichem Zusammenhang vgl. etwa *Koller* § 414 Rn. 18, 22; Heymann/*Schlüter* § 414 Rn. 7; EBJS/*Rinkler* Rn. 40.

Unternehmereigenschaft desjenigen ankommen soll, aus dessen Sphäre das (verborgene) Risiko stammt. Der Regierungsentwurf des TRG sah den Sphärengedanken noch ausdrücklich als tragende Erwägung an;[19] die Sonderregelung des Abs. 3 wurde – wie alle Verbraucherschutzvorschriften – erst vom Rechtsausschuss ergänzt.[20]

**16**   **c) Die (abgeschaffte) Haftungshöchstgrenze.** Satz 2 enthielt vor der Seehandelsrechtsreform in der Sache zwei Verweise (zum zweiten Rn. 18). Zunächst erklärte er die Haftungshöchstgrenze des § 414 Abs. 1 Satz 2 (und die dort zu findenden Verweise) für entsprechend anwendbar. Diese Höchstgrenze wurde vom Rechtsausschuss aus Gründen des Gleichgewichts bzw. des Haftungsgleichklangs (mit der Frachtführerhaftung) eingeführt.[21] Schon für die Absenderhaftung im Frachtrecht erschien eine solche Orientierung am Gewicht des Transportguts allerdings ganz willkürlich, zumal es gerade nicht um Schäden am Gut, sondern um solche im Vermögen des Frachtführers/Spediteurs geht, die etwa durch falsche Auskünfte oder ungenügende Kennzeichnung entstehen.[22]

**17**   Aufgrund entsprechender Kritik in der Rechtslehre (so auch in Rn. 16 der 2. Aufl.) wurde die frachtrechtliche **Haftungsbegrenzungsregelung** – und damit auch der Verweis in § 455 darauf – **gestrichen.**[23]

**18**   **d) Mitverantwortung des Spediteurs.** Der (verbliebene) Verweis in § 455 Abs. 2 erfasst die in **§ 414 Abs. 2** normierte **Mitverantwortungsregel.** Mit ihr sollte grundsätzlich an den Rechtsgedanken des § 254 BGB angeknüpft werden; die unterschiedliche Formulierung ist vor allem mit dem fehlenden Verschuldenserfordernis der Haftung zu erklären.[24] Sie ist allerdings nicht wirklich geglückt. Der für entscheidend angesehene Beitrag des Verhaltens zu Schäden bzw. Aufwendungen deutet auf die Verursachung hin, wobei zumindest bei den Aufwendungen typischerweise von beiden Seiten eine conditio sine qua non gesetzt wurde. Keinesfalls darf die wenig klare Regelung abschließend verstanden werden,[25] so dass – wie bei § 254 BGB[26] – insbesondere dem Vorliegen und dem Ausmaß des (jeweiligen) Verschuldens für die Aufteilung wesentliche Bedeutung zukommt (zum Aufwendungsersatz vgl. Rn. 20). Schon auf Grund der geschäftsbesorgungsrechtlichen Interessenwahrungspflicht schadet dem Spediteur nicht bloß Kenntnis oder Evidenz des Versenderfehlverhaltens.[27] Alles Weitere siehe bei § 414 Rn. 29 ff.

**19**   **2. Aufwendungsersatz.** Die eben dargestellten Ersatzpflichten des Versenders greifen nicht nur dann ein, wenn die Nebenpflichtverletzung beim Spediteur zu Schäden geführt hat. Vielmehr sind nach denselben Kriterien auch dessen **Aufwendungen** zu ersetzen, die durch derartige Pflichtverletzungen verursacht wurden. Wie in Rn. 13 erwähnt, ist ein Gleichlauf von Aufwendungs- und Schadensersatz in bestimmten Bereichen durchaus begrüßenswert. Ob die Haftungsregelung der §§ 455, 414 insgesamt gelungen ist, erscheint jedoch zweifelhaft. Bedenken erweckt insofern bereits der Wortlaut der § 414 Abs. 2: Anders als Schäden[28] sind Aufwendungen (des Spediteurs) ja von vornherein ohne ein

---

[19] RegE BT-Drucks. 13/8445 S. 43 (unter ausdrücklicher Ablehnung einer Ausweitung des Verbraucherschutzes).
[20] BT-Drucks. 13/10014 S. 47 (wo die verschuldensunabhängige Haftung von Verbrauchern bloß ganz pauschal als zu weitgehend angesehen wird).
[21] BT-Drucks. 13/10014 S. 47.
[22] Ausdrücklich noch anders der RegE BT-Drucks. 13/10014 S. 43 (zu § 414): unbegrenzte Haftung, da hier kein sachgerechter Anknüpfungspunkt für summenmäßige Begrenzung ersichtlich. Ähnlich in anderem Zusammenhang, nämlich zu den Verspätungsschäden im Zusammenhang mit der Spediteurhaftung, RegE BT-Drucks. 13/10014 S. 113: Eine Orientierung an § 431 (Haftung bis zum Dreifachen der Fracht) sei unpassend. Sogar für die Verfassungswidrigkeit der Höchstbetragsregelung des § 414 *Canaris* § 31 Rn. 80, 58.
[23] RegE BT-Drucks. 17/10309 S. 53 mN kritischer Stimmen.
[24] RegE BT-Drucks. 13/10014 S. 44.
[25] Vgl. nur *Koller* § 414 Rn. 19.
[26] Siehe statt aller MüKoBGB/*Oetker* § 254 Rn. 108 ff.
[27] Siehe etwa *Koller* Rn. 9 (speziell im Vergleich zu dessen Ausführungen § 414 Rn. 19, wo unter Berufung auf Art. 10 CMR für den Frachtvertrag die im Text formulierte Einschränkung vertreten wird).
[28] Für eine Zuordnung „verpflichtender Aufwendungen" (zB Befriedigung von Ansprüchen Dritter) zu den Schäden *Koller* § 414 Rn. 14.

Verhalten des Spediteurs undenkbar. Allein das kann aber doch nicht dazu führen, den Spediteur in allen Fällen (zumindest) einen Teil des Aufwands selbst tragen zu lassen. Das mitwirkende Verhalten des Frachtführers/Spediteurs und dessen Beitragen zu den Aufwendungen (bzw. zu den Schäden), auf das § 414 Abs. 2 abstellt, darf somit keinesfalls als bloße Kausalität verstanden werden.

Von vornherein sind nur jene Konstellationen problematisch, in denen die getätigten **Aufwendungen erfolglos** waren oder **höhere Kosten als an sich notwendig** aufliefen: Der Spediteur muss das Gut, dessen Gefährlichkeit er erst nachträglich erkennt, umladen lassen; gewisse Kosten fallen in doppelter Höhe an, weil beim ersten „Versuch" eine wichtige Urkunde fehlte uÄ. Gedanklich ist ohne Zweifel bei § 670 BGB anzusetzen: Entscheidend ist danach, welche Aufwendungen der Beauftragte „für erforderlich halten" durfte. Dabei ist anerkanntermaßen ein sehr strenger Maßstab anzulegen, zumal der Spediteur als Geschäftsbesorger zur Wahrung fremder Interessen eingesetzt wird (siehe § 453 Rn. 14). Hätte der Spediteur bei pflichtgemäßer Sorgfalt als Wahrer fremder Interessen schon vorweg bemerken können, dass wichtige Papiere fehlen oder dass das Speditionsgut gefährlich ist und daher einer Sonderbehandlung bedarf, dürfen Aufwendungen, die ohne Berücksichtigung dieser Umstände getätigt werden, soweit „frustriert" nicht iS des § 670 BGB für erforderlich gehalten werden. Nach allgemeinen Regeln bekäme der Spediteur also keinen Ersatz; nach § 455 Abs. 2 Satz 2 iVm. § 414 Abs. 2 erhält er jedoch regelmäßig (zumindest) einen Teil seiner Aufwendungen ersetzt.[29] Über den in § 414 Abs. 2 zum Ausdruck kommenden Rechtsgedanken des § 254 BGB gelangt man ja nur ausnahmsweise zur Belastung allein einer Seite.[30] Dies zeigt, wie problematisch es ist, Geschäftsbesorgungskonstellationen nach einem streng werkvertraglichen Muster auszugestalten.[31] Für besonders krasse Fälle wird man durch interessengerechte – dh. an § 254 BGB orientierte – Anwendung des § 414 Abs. 2 aber wohl dennoch zu einer § 670 BGB entsprechenden Lösung gelangen können; so vor allem dann, wenn der (zusätzliche) Aufwand vom Versender schuldlos verursacht wurde, während dem Spediteur grobe Sorglosigkeit vorgeworfen werden kann.

Im Anwendungsbereich der **ADSp,** also regelmäßig bei Verträgen mit versendenden **21 Unternehmern,** sieht zwar **Nr. 17.1** eine § 670 BGB entsprechende Lösung vor: Danach hätte der Spediteur Anspruch auf Ersatz jener Aufwendungen, die er den Umständen nach für erforderlich halten durfte. § 466 Abs. 1 erfasst nunmehr aber ausdrücklich auch die Versenderhaftung gemäß § 455, so dass auch diese „Haftung" (einschließlich des Aufwendungsersatzes) rechtsgeschäftlich nur durch eine **im Einzelnen ausgehandelte Vereinbarung** modifiziert werden kann, nicht hingegen durch AGB.

Tritt ein **Verbraucher als Versender** auf, sind die ADSp von vornherein nicht anwend- **22** bar (Nr. 2.4). Für diesen Fall weichen die Rechtsfolgen in noch gravierenderer sachwidriger Weise von den über § 670 BGB zu gewinnenden Ergebnissen ab: Sogar Aufwendungen, die der sorgfältige Spediteur für erforderlich halten durfte, erhält er im Anwendungsbereich des § 455 dann nicht ersetzt, wenn dem Versender die Pflichtverletzung in concreto nicht vorgeworfen werden kann! Da in Abs. 3 neben den Schäden ausdrücklich auch von den Aufwendungen die Rede ist, kann dieses Ergebnis auf methodisch zulässigem Weg nicht verhindert werden, zumal seit dem SRG zu Lasten des Verbrauchers von § 455 Abs. 2 und 3 abweichende Vereinbarungen generell unwirksam sind.

## IV. Rechtsgeschäftliche Dispositionen

Das Vorbild von § 455, nämlich die frachtrechtliche Parallelbestimmung des § 414 Abs. 1, **23** ist in seiner vertraglichen Abdingbarkeit stark eingeschränkt (Details in § 449 Abs. 1 und Abs. 2, dessen Satz 3 die Entschädigung nach § 414 ausdrücklich einbezieht). Demgegenüber erfasste der die Dispositivitätsfrage im Speditionsrecht regelnde § 466 bis zum SRG

---

[29] In diesem Sinn, allerdings ohne kritischen Unterton, etwa *Koller* § 414 Rn. 14.
[30] Siehe bloß Palandt/*Grüneberg* BGB § 254 Rn. 64 ff.
[31] Zumindest zum Teil war das dem Gesetzgeber durchaus bewusst: vgl. RegE BT-Drucks. 13/8445 S. 108 letzter Abs.

die Norm des § 455 – wohl irrtümlicherweise – nicht.[32] Das hat sich geändert; § 455 wird in § 466 Abs. 1 nunmehr ausdrücklich mitgenannt (ohne dass dafür eine ausdrückliche Begründung gegeben wird). Auch die Versenderhaftung gemäß § 455 Abs. 2 und 3 ist daher in denselben Grenzen wie die Absenderhaftung im Frachtrecht rechtsgeschäftlicher Modifikation zugänglich, womit verbrauchernachteilige Abweichungen grundsätzlich unwirksam sind (näher dazu § 466 Rn. 2 ff.).

## § 456 Fälligkeit der Vergütung

**Die Vergütung ist zu zahlen, wenn das Gut dem Frachtführer oder Verfrachter übergeben worden ist.**

**Zum Norminhalt: § 456** regelt die **Fälligkeit des Vergütungsanspruchs.**

**Schrifttum:** *Koller,* Die Inanspruchnahme des Empfängers für Beförderungskosten durch Frachtführer und Spediteur, TranspR 1993, 41; *Walz,* Zivilrechtlicher Ausgleich bei geschäftsmäßiger Steuerzahlung für Dritte – insbes. durch Banken und Spediteure, ZIP 1991, 1405.

### Übersicht

| | Rn. | | Rn. |
|---|---|---|---|
| A. Vorbemerkung und wirtschaftliche Betrachtung | 1, 2 | d) Vom Spediteur zu vertretende Unmöglichkeit | 37 |
| B. Vergütung und Aufwendungsersatzanspruch | 3–5 | e) Verzug des Spediteurs | 38 |
| C. Vergütungsansprüche des Spediteurs | 6–50 | f) Kündigung durch den Versender | 39, 40 |
| I. Begriff | 6 | VIII. Einwendungen und Einreden des Versenders | 41–43 |
| II. Entstehen | 7 | 1. Grundsatz | 41 |
| III. Fälligkeit | 8–17 | 2. Verjährung | 42 |
| 1. Gesetzliche Voraussetzung: Leistungserbringung | 8 | 3. Aufrechnung | 43 |
| 2. Regelfall: Übergabe des Guts auf Grund eines wirksamen Transportvertrags | 9, 10 | IX. Sondervergütungen | 44–48 |
| | | 1. Allgemeines | 44 |
| 3. Fehler bei der Leistungserbringung | 11 | 2. Delkredereprovision | 45 |
| 4. Vertragliche Abweichungen | 12–14 | 3. Sondervergütungen nach den ADSp | 46, 47 |
| 5. Transportketten | 15 | 4. Sondervergütungen außerhalb der ADSp | 48 |
| 6. Speditionssonderformen | 16, 17 | X. Verzinsung des Vergütungsanspruchs | 49, 50 |
| IV. Höhe | 18–21 | 1. Schuldlose Zahlungsverzögerung | 49 |
| V. Währung | 22, 23 | 2. Verschuldete Zahlungsverzögerung (Verzug) | 50 |
| VI. Erfüllungsort | 24, 25 | D. Aufwendungsersatzansprüche des Spediteurs | 51–93 |
| VII. Vergütungsansprüche bei Störungen in der Abwicklung des Speditionsvertrags | 26–40 | I. Rechtsgrundlagen | 51 |
| 1. Problematik | 26, 27 | II. Anspruchsvoraussetzungen | 52–84 |
| 2. Anwendbare Rechtsnormen | 28, 29 | 1. Der Begriff „Aufwendung" | 52–54 |
| 3. Einzelne Abwicklungsstörungen | 30–40 | 2. Verhältnis zur Provision | 55–57 |
| a) Ansonsten vollständige Leistung bei fehlender Übergabe | 30–33 | a) Grundsätzliches | 55, 56 |
| | | b) Eigene Leistungen des Spediteurs | 57 |
| b) Zufällige Unmöglichkeit der Spediteurleistung | 34, 35 | 3. Erforderlichkeit des Aufwands | 58–72 |
| | | a) Allgemeines | 58–60 |
| c) Vom Versender zu vertretende (verschuldete) Unmöglichkeit der Spediteurleistung | 36 | b) Rückfragepflicht | 61–66 |
| | | c) Weisungswidrigkeit | 67–70 |
| | | d) Berücksichtigung von Drittabsprachen | 71, 72 |

[32] Zu den daraus resultierenden Problemen s. etwa in der 2. Aufl. § 455 Rn. 24 ff.

Rn.

4. Aufwendungsersatz bei Nichtausführung ................................. 73, 74
5. Einzelne Aufwendungen ............. 75–84
   a) Fracht ............................ 75–77
   b) Lagerkosten ........................ 78
   c) Eigenbeförderung und Eigenlagerung .......................... 79, 80
   d) Weitere Aufwendungen ........... 81–84

**III. Schuldner des Aufwendungsersatzanspruchs** .......................... 85

**IV. Art und Umfang des Ersatzes** ... 86–89
1. Grundsätze .......................... 86
2. Erfüllungsort ......................... 87
3. Währung ......................... 88, 89

**V. Fälligkeit und Verzinsung** ........ 90

**VI. Vorschüsse** ......................... 91, 92

**VII. Verjährung des Aufwendungsersatzanspruchs** ......................... 93

**E. Weitere gesetzliche Ansprüche** ... 94–100

Rn.

**I. Bei wirksamem Speditionsvertrag** ......................... 94–96
1. Ansprüche auf Grund sonstiger Leistungen ............................... 94
2. Schadensersatzansprüche ............. 95, 96

**II. Bei unwirksamem Speditionsvertrag** ......................... 97–100
1. Ansprüche aus Geschäftsführung ohne Auftrag ............................ 97
2. Ansprüche aus dem Eigentümer-Besitzer-Verhältnis ....................... 98
3. Bereicherungsansprüche ............. 99
4. Sonstige Ansprüche ................. 100

**F. Vergütung und Aufwendungsersatz in Sonderfällen** ................. 101–103

**I. Bei Selbsteintritt** ................... 101

**II. Bei Fixkosten- und Sammelladungsspedition** ........................ 102, 103

## A. Vorbemerkung und wirtschaftliche Betrachtung

§ 456 befasst sich bloß mit einer kleinen Detailfrage des Vergütungsanspruchs. Während **1** die Pflichten des Spediteurs durch das TRG ausführlich geregelt wurden (siehe nur § 454), schenkt das Gesetz den Hauptpflichten des Versenders wenig Augenmerk: § 453 Abs. 2 ordnet nur die Selbstverständlichkeit an, dass der Versender die vereinbarte Vergütung zu zahlen hat, § 456 regelt sehr knapp die **Fälligkeit** dieses Anspruchs. Die Kommentierung zu diesem Paragraphen befasst sich demgegenüber global mit denkbaren **Ansprüchen des Spediteurs gegen den Versender.** Zu einigen besonderen Pflichten des Versenders siehe bereits bei § 455.

Der Anspruch auf Provision iS des § 409 aF war schon bisher nur eine denkbare Variante **2** der Vergütung von Spediteurleistungen. In der Praxis war diese Art der Vergütung von Spediteurleistungen allerdings bereits längere Zeit die Ausnahme. Tatsächlich dürfte nach wie vor ein Großteil der binnenländischen Transporte als **Sammelladung** (§ 460)[1] und ein weiterer erheblicher Teil **zu festen Kosten** (§ 459 – vgl. § 459 Rn. 1) versandt werden (zur Abrechnung in diesen Fällen Rn. 102). Von Bedeutung ist der eigentliche Provisionsanspruch aber etwa noch bei der Seehafenspedition, also bei der Vermittlung von Transporten mittels Seeschiffen.[2]

## B. Vergütung und Aufwendungsersatzanspruch

Aus den eben genannten Gründen verwendet § 456 nF den weiter gefassten Begriff der **3** **Vergütung,** der im Gesetz selbst allerdings nicht näher konkretisiert wird. Mit ihm sollten sowohl die Fälle der eigentlichen „Provisionsspedition" als auch jene erfasst werden, in denen der Spediteur zu einem die Vergütung bestimmter Aufwendungen miterfassenden

---

[1] Nach einer Strukturdatenerhebung des Bundesverbandes Spedition und Logistik (BSL; seit 2003: Deutscher Speditions- und Logistikverband e. V. – DSLV) aus dem Jahre 1988 waren das etwa 75 %. Neuere Daten waren nicht aufzufinden.

[2] Siehe hierzu zB den unverbindlichen „Dienstleistungstarif Deutscher Seehafenspediteure" idF vom 1. Januar 2003. Erstellt werden diese – weiterhin unverbindlichen Preisvorschläge – vom Komitee deutscher Seehafenspediteure (KDS), einem Zusammenschluss der Spediteurvereine der Städte Bremen, Hamburg, Lübeck und Rostock. Dieser Tarif hat den lange gebräuchlichen Seehafen-Speditions-Tarif (SST) abgelöst.

Pauschalentgelt („Fixkostenspedition") tätig wird (Provision plus Aufwendungsersatz oder festes Entgelt).[3] Näher zu gesonderten Aufwendungsersatzansprüchen Rn. 51 ff.

4    Weder aus dem Gesetz selbst noch aus der amtlichen Begründung dazu geht allerdings eindeutig hervor, was mit „Vergütung" genau gemeint ist. Damit ist insbesondere zu klären, ob die Fälligkeitsregel des § 456 in der Variante „Provisionsspedition" auch Aufwendungsersatzansprüche des Spediteurs – insbes. jene für Beförderungsaufwendungen – erfasst. Vergütung ist ohne Zweifel mit **Entgelt** (für die Erbringung der speditionellen oder darüber hinausgehenden, vertraglich geschuldeten Leistungen des Spediteurs) gleichzusetzen.[4] Reine Aufwendungsersatzansprüche[5] gehören daher nicht dazu. Zum anderen ist die Anwendung der für solche Ansprüche generell geltenden (Fälligkeits-)Vorschriften (dazu Rn. 90) statt des § 456 auch im Speditionsrecht dann sachgerecht, wenn die Parteien die Variante „Provision und gesonderter Aufwendungsersatz (nach den konkret entstandenen Kosten)" gewählt haben. Bei der Variante „Pauschalentgelt" wird hingegen nicht differenziert. Daher hängt die Pflicht zur Zahlung der vereinbarten Vergütung auch nicht davon ab, welche Kosten dem Spediteur überhaupt entstehen und ob er Schulden aus Ausführungsgeschäften bereits erfüllt hat; ebenso wenig kommt es darauf an, wann diese dem ausführenden Unternehmer gegenüber fällig werden.

5    **Fazit: Vergütung** iS des § 453 Abs. 2 und des § 456 ist das – wie auch immer vereinbarte – Entgelt des Spediteurs; sei es als reiner Provisionsanspruch bei der klassischen Spedition (bloße Transportorganisation); sei es als Vergütung für Organisations- und Transportleistung bei der Spedition zu festen Kosten (§ 459). Bei Selbsteintritt tritt neben den nach § 456 zu behandelnden Vergütungsanspruch ein dem Frachtrecht unterliegender Anspruch auf die (gewöhnliche) Fracht; ähnlich bei Sammelladungsspedition (§ 460). Somit fallen die für den Transport aufgewendeten Kosten nur bei der klassischen Spedition unter den **Aufwendungsbegriff.**

## C. Vergütungsansprüche des Spediteurs

### I. Begriff

6    Die Vergütung ist der **vertragliche Entlohnungsanspruch** des Spediteurs gegen seinen Vertragspartner, den Versender, für die geschuldeten Bemühungen (Rn. 3 f.); nicht also gegen Dritte (wie etwa den Empfänger des Gutes), außer diese sind der Schuld des Versenders beigetreten oder haben sie gar (befreiend) übernommen. Zu den Fällen der Nachnahme, in denen der Empfänger die Vergütung zahlen soll, Rn. 13 f. – Das Verhältnis der Vergütung zum Aufwendungsersatzanspruch wird in den Rn. 55 ff. näher erörtert.

### II. Entstehen

7    Der Anspruch des Spediteurs entsteht bereits **mit Abschluss des Speditionsvertrags.**[6] Es besteht kein Grund, gerade für Speditionsverträge die für Vertragsansprüche üblichen Entstehungsvoraussetzungen[7] zu verschärfen, etwa Entstehung erst zugleich mit Eintritt der Fälligkeit anzunehmen[8] oder zumindest die Einräumung mittelbaren Besitzes an den Beförderer zu verlangen.[9]

---

[3] RegE BT-Drucks. 13/8845 S. 106, 109.

[4] Vgl. RegE BT-Drucks. 13/8845 S. 106, 109: „festes Entgelt".

[5] Zur Abgrenzung vom Entgelt siehe nur etwa (in dienstvertraglichem Kontext) Jauernig/*Mansel* BGB § 611 Rn. 45.

[6] Statt vieler *Koller* Rn. 2.

[7] Siehe nur (unter Hinweis auf Dienst- und Werkvertrag) *Helm* §§ 407–409 Rn. 201.

[8] So *Koller* § 409 aF Rn. 1 bis zur 3. Auflage.

[9] So Schlegelberger/*Schröder* § 409 Rn. 3.

### III. Fälligkeit

**1. Gesetzliche Voraussetzung: Leistungserbringung.** § 456 lässt den Vergütungsan- 8
spruch des Spediteurs dann fällig werden, „wenn das Gut … übergeben worden ist". Damit
tritt **Fälligkeit** regelmäßig **mit der Übergabe des Gutes an den Transporteur** (auf
Grund eines wirksamen Frachtvertrages) ein. Die ratio der Vorschrift liegt darin, dass der
Spediteur erst dann die Gegenleistung fordern können soll, wenn er seiner Hauptpflicht
bereits nachgekommen oder unmittelbar zur Gänze zu erfüllen bereit ist (dazu noch näher
am Ende der Rn.). Bei der Formulierung des § 409 aF bzw. des § 456 nF wurde nur an
die übliche Konstellation gedacht, in der der Spediteur das Gut vom Versender erhält und
an den Transporteur weitergeben soll. Die Sachverhalte liegen jedoch nicht immer so (vgl.
bereits § 454 Rn. 47 und näher hier Rn. 15 ff.). Die in § 456 genannte Übergabe ist nur
ein Beispiel für Erfüllung der Spediteurpflichten. Damit wird zugleich das werkvertragliche
Element der Spedition betont. Ob den Spediteur eine echte **Vorleistungspflicht** trifft, ist
allerdings unsicher. Zwar formuliert § 456 „wenn das Gut … übergeben worden ist". Im
Einklang mit dem Werkvertragsrecht, das die Vergütung „bei der Abnahme des Werkes"
fällig werden lässt (§ 641 Abs. 1 Satz 1 BGB) und damit insoweit eine Leistung Zug um
Zug vorsieht,[10] könnte man die Norm aber auch in diesem Sinn verstehen. Dann müsste
der Spediteur das Gut erst an den Frachtführer übergeben, wenn er (zugleich) seine Vergütung erhält.[11] Anders als im Werkvertragsrecht liegt hier jedoch eine dreipersonale Konstellation vor (das Gut wird dem Frachtführer übergeben, während der Versender vergütungspflichtig ist), in der eine Zug-um-Zug-Abwicklung zumindest auf praktische Schwierigkeiten stößt bzw. auf eine faktische Vorleistung des Versenders hinausliefe. Daher dürfte weiterhin ein Verständnis vorzugswürdig sein, das den Vergütungsanspruch erst durch die
Übergabe des Gutes an den Frachtführer fällig werden lässt.

**2. Regelfall: Übergabe des Guts auf Grund eines wirksamen Transportvertrags.** 9
Nach der Regel des § 456 ist der Vergütungsanspruch jedenfalls dann fällig und damit
durchsetzbar, wenn der Spediteur das Gut dem Beförderer übergeben hat. Damit hat er
nämlich im Regelfall die Erfüllung seiner Hauptpflichten (Besorgung der Versendung)
beendet[12] (vgl. schon Rn. 8); was auf dem Transport geschieht, geht ihn grundsätzlich
nichts mehr an. Daher ist dieser Augenblick der Übergabe sogar der späteste Zeitpunkt, in
dem dem Spediteur ein durchsetzbares Forderungsrecht gewährt werden muss; bis dahin
leistet er ohnehin vor.

Zusätzlich ist selbstverständlich zu verlangen, dass zwischen Spediteur und Beförderer 10
ein Frachtvertrag zustande kam. Beides, Abschluss des Frachtvertrages und Übergabe des
Gutes an den Transporteur, gehört ja zu den geschuldeten Hauptleistungen (§ 454 Rn. 12,
50).

**3. Fehler bei der Leistungserbringung.** Nach dem in Rn. 10 genannten Grundsatz 11
müssen die Vertragsvereinbarungen mit dem und die Übergabe an den Beförderer zumindest im Kern vertragsgemäß sein: Vereinbart der Spediteur den Transport nach Amerika,
obwohl er die Versendung nach England zu besorgen hat, kann sein Provisionsanspruch
trotz Übergabe des Gutes nicht fällig werden; ebenso wenig dann, wenn er zu versendende
Güter vertauscht. Der Wert solcher Handlungen ist für den Versender ja keinesfalls höher,
als wenn der Spediteur überhaupt keinen Transportvertrag abgeschlossen bzw. das Gut
nicht übergeben hätte.[13] Bei vertrags- bzw. weisungswidrigem Verhalten des Spediteurs
(zB Wahl einer unrichtigen Beförderungsart) wird es darauf ankommen, ob der vom Auf-

---

[10] MüKoBGB/*Busche* § 641 Rn. 3.
[11] So *Koller* TranspR 2009, 451, 454 mit Fn. 51 (nichts dazu hingegen im Kommentar von *Koller*).
[12] Übergabe macht den Provisionsanspruch auch dann fällig, wenn der Spediteur die Provision beim
Empfänger einziehen soll und dies unmöglich ist: vgl. OLG München 1.12.1916, OLGE 37, 31.
[13] Zu den Rechtsfolgen solcher Leistungsstörungen kurz § 454 Rn. 117 ff.

traggeber intendierte Erfolg eingetreten ist oder nicht[14] (vgl. auch die Erwägungen zum Aufwendungsersatz Rn. 51 ff.).

**12**      **4. Vertragliche Abweichungen.** Von der dispositiven Fälligkeitsvorschrift des § 456 kann vertraglich abgegangen werden. Die Anordnung der **Nr. 18.1 ADSp,** wonach Rechnungen sofort zu begleichen sind, ist aber wohl nicht als Abweichung von § 456 zu verstehen.[15]

**13**      Hat der Spediteur mit dem Versender **Nachnahme beim Empfänger** (zum Begriff § 454 Rn. 89 ff.) sowie Einbehaltung des der Vergütung entsprechenden Betrags[16] vereinbart, so muss er – bzw. der von ihm beauftragte Transporteur – versuchen, das Geld vom Empfänger zu erhalten. In einer solchen Abrede (die wegen Nr. 10 ADSp nicht vorschnell angenommen werden darf) liegt aber zugleich die Begründung einer vertraglichen Einrede; man kann auch sagen: das Hinausschieben der Fälligkeit. Könnte der Spediteur nämlich trotzdem gemäß § 456 sofort nach Übergabe des Gutes gegen den Versender vorgehen, wäre die Abrede für den Versender wenig wert. Zahlt der Empfänger trotz entsprechenden Verlangens nicht, kann sich der Spediteur wegen der Vergütung aber (wieder) an den Versender halten.[17]

**14**      Die Vereinbarung ist jedenfalls so zu verstehen, dass der erste erfolglose Einzugsversuch beim Empfänger den Vergütungsanspruch gegen den Versender (wieder) durchsetzbar macht. Unter dem Gesichtspunkt der Fälligkeit fraglich ist jedoch, was für die Auslieferung unter Verletzung der Nachnahmeeinzugspflicht gilt. Ein solches Vorgehen löst einmal Ersatzpflichten des Spediteurs aus (dazu bereits § 454 Rn. 93 ff.), was qua Aufrechnung gegen die Vergütungsforderung regelmäßig zur Befriedigung der Versenderinteressen führt, weshalb die Frage nach dem Bestehenbleiben der Einrede selten von praktischer Bedeutung sein wird. Spätestens dann, wenn das hinter der Vereinbarung stehende Sicherungsinteresse des Versenders befriedigt wird, muss der Vergütungsanspruch aber ohne Zweifel durchsetzbar werden; so insbesondere mit nachträglicher Bezahlung durch den Empfänger an den Versender trotz vertragswidriger Auslieferung. Übrig bleiben Fälle, in denen der Schaden des Versenders hinter der Höhe des Vergütungsanspruchs zurückbleibt, wie bei Auslieferung unter Einziehung bloß eines Großteils des Nachnahmebetrags. Hier dürfte die Auslegung der Abrede zu einem Aufrechtbleiben der Einrede in Höhe der Differenz führen.

**15**      **5. Transportketten.** Keine ausdrückliche Regelung findet nach wie vor die **Fälligkeit beim Einsatz mehrerer Transportunternehmer (Beförderungsketten).** § 456 ist so zu verstehen, dass in der Regel die Übergabe an den ersten Transporteur entscheidet. Dies soll aber nur dann gelten, wenn der Spediteur zu diesem Zeitpunkt seine wesentliche Organisationsleistung bereits erbracht hat.[18] § 456 ist damit – wie schon § 409 aF – Ausdruck der **Vorleistungspflicht** des Spediteurs (Rn. 8).

**16**      **6. Speditionssonderformen.** Für die **Sonderformen** der Spedition gilt Folgendes: Bei der **Sammelladungsspedition** (§ 460) kommt es nach der Grundregel des § 456 auf die Übergabe an den Frachtführer oder Verfrachter auf Grund eines Vertrages über die Beförderung in Sammelladung an. Bei **Selbsteintritt** (§ 458) wird die Vergütung mit Beginn der Beförderung fällig, da der Spediteur erst in diesem Augenblick zum Frachtführer mutiert (§ 458 Rn. 57). Daher kann erst der Beförderungsbeginn der Übergabe an einen

---

[14]  Siehe nur Palandt/*Sprau* BGB § 665 Rn. 7 mwN.

[15]  So zur Vorläuferbestimmung in der 1. Aufl. § 29 ADSp Rn. 1 f. Im Ergebnis wohl ebenso *Koller* Ziff. 18 ADSp Rn. 2 mit Hilfe einer restriktiven geltungserhaltenden Auslegung, der aaO eine Fälligkeitsvorverlegung mittels Rechnung allerdings für unangemessen hält, während er in § 456 Rn. 4 vertritt, dass abweichende Vereinbarungen „unbeschränkt zulässig" seien und dabei ausdrücklich auf Nr. 18 ADSp verweist. Siehe dazu auch *Hättig* Rn. 238.

[16]  Diese Voraussetzung negiert *Koller* Rn. 4 mit Fn. 11 weiterhin, so dass er mir zu Unrecht unterstellt, ich wolle schon allein in der Abrede über die Erhebung einer Nachnahme eine Vereinbarung über die Fälligkeit der Vergütung sehen.

[17]  Wie hier EBJS/*Rinkler* Rn. 32.

[18]  RegE BT-Drucks. 13/8845 S. 109.

dritten Frachtführer iS des § 456 gleichwertig sein. Da das Gesetz für diese Fälle nach wie vor zwischen dem Entgelt für die Speditionsleistung und der Vergütung für die Beförderung unterscheidet, greift § 456 allerdings **nur für die speditionelle Vergütung** ein (Rn. 5).[19] Der Vergütungsanspruch für die Beförderung richtet sich hingegen schon deshalb allein nach Frachtrecht, weil der Spediteur kraft gesetzlicher Anordnung (§ 459 S. 1 bzw. § 460 Abs. 2 S. 1) insoweit als Frachtführer bzw. Verfrachter zu behandeln ist. Für die Fälligkeit dieses Vergütungsteils gilt daher § 420 Abs. 1 S. 1, wonach es auf die Ablieferung des Gutes beim Empfänger ankommt.

Bei der **Fixkostenspedition** (§ 459) ist die Fälligkeitsregel des § 456 hingegen überhaupt **17** nicht anwendbar.[20] Da die vereinbarte „Einheitsvergütung" hinsichtlich ihrer Fälligkeit nicht aufgespalten werden kann, muss man sich entscheiden. Jedenfalls im Regelfall wird das Schwergewicht des Gesamtvertrags auf dem Transport liegen,[21] weshalb sich auch der Vergütungsanspruch allein nach Frachtrecht richtet (§ 420 Abs. 1 S. 1).

## IV. Höhe

Die **Höhe der Vergütung** blieb im TRG bewusst ungeregelt.[22] § 453 Abs. 2 spricht **18** bloß von der „vereinbarten" Vergütung. Nicht notwendig sind ausdrückliche Abreden über Entgeltlichkeit oder konkreten Umfang der Gegenleistung (siehe § 453 Rn. 15). Die ADSp selbst enthalten keine Preisfestlegungen (zur Verbindlichkeit von Preisvereinbarungen siehe Nr. 16.1 ADSp). Die Höhe der Vergütung kann sich auch aus § 354 ergeben. Das ist allerdings nur für die eigentliche „Provisions-Spedition" möglich (vgl. auch § 459 Rn. 18).

Ist der Spediteur zur Berechnung seiner Vergütung auf Informationen durch den Versen- **19** der angewiesen, so hat er ein Recht auf deren Erteilung.[23] Dieses Recht folgt aus interessengerechter (ergänzender) Vertragsauslegung.

Fehlt eine vertragliche Regelung der Vergütungshöhe, ist nach **§ 354 Abs. 1** (ähnlich **20** für den Werkvertrag § 632 Abs. 2 BGB) auch ohne vertraglich vorgesehener Entgeltlichkeit eine **ortsübliche Vergütung** geschuldet; mangels einer solchen nach hA ein angemessenes Entgelt.[24] Die nach § 354 für die Höhe maßgebliche Ortsüblichkeit richtet sich nach dem Ort der Leistung;[25] das ist häufig der Sitz (bzw. die entsprechende Zweigniederlassung) des Spediteurs.[26] Die dann notwendige ziffernmäßige Bestimmung des Vergütungsanspruchs wird der Spediteur vornehmen dürfen (§ 316 BGB).[27]

Schon wegen § 354 trägt der Versender bei an sich feststehender Entgeltspflicht für die **21** Behauptung, die vereinbarte Vergütung liege unter dem Üblichen, die **Beweislast;**[28] das Umgekehrte muss bei vom Spediteur behaupteter höherer Vergütungsvereinbarung gelten.

## V. Währung

Haben die Parteien die **Währung** nicht ausdrücklich festgelegt, in der die Vergütung **22** zu zahlen ist, so ist sie primär durch **Auslegung** festzustellen. Da praktisch immer nur wenige Währungen zur Diskussion stehen, wird sich oft schon aus der Höhe des vereinbarten Betrages und dem betreffenden Währungsverhältnis die gewollte Währung ergeben. Im Zweifel wird die Entscheidung bei Auslandsberührung durch das Vertragsstatut getroffen

---

[19] Ebenso *Koller* Rn. 1.

[20] Anders offenbar RegE BT-Drucks. 13/8845 S. 106 und 109, wo gesagt wird, die neue Fälligkeitsvorschrift des § 456 sei auch für das Vergütungsmodell „festes Entgelt" offen.

[21] Vgl. *Koller* Rn. 1.

[22] RegE BT-Drucks. 13/8845 S. 109.

[23] *Helm* §§ 407–409 Rn. 248; s. ferner etwa *Larenz,* SchR-AT 173 mwN; MüKoBGB/*Krüger* § 259 Rn. 3 ff.

[24] RG 13.4.1915 JW 1915, 658, 659; OLG Stuttgart BB 1958, 573; Ensthaler/*B. Schmidt* § 354 Rn. 12 u. a.

[25] Vgl. Staudinger/*Peters* BGB § 632 Rn. 49.

[26] Generell auf diesen stellt etwa Schlegelberger/*Hefermehl* § 396 Rn. 26 ab.

[27] Vgl. nur MüKoBGB/*Busche* § 632 Rn. 23 mwN.

[28] BGH 31.3.1982, NJW 1982, 1523; vgl. ferner BGH 13.6.1957, BB 1957, 799.

(Art. 3 ff. Rom I-VO).[29] Dieses bestimmt sich jedenfalls bei üblichen Speditionsverträgen mangels anderer Abreden nach Art. 4 Rom I-VO und führt regelmäßig zum Sitzrecht des Spediteurs (dazu § 453 Rn. 200 ff.).

23      Gegenüber ausländischen Auftraggebern wird durch **Nr. 30.3 ADSp** als Vertragsstatut deutsches Recht vereinbart. Das führt zu § 244 Abs. 1 BGB, wonach eine im Inland zu zahlende, aber in einer anderen Währung als Euro ausgedrückte Geldschuld mangels ausdrücklicher gegenteiliger Vereinbarung in Euro gezahlt werden kann. Mit der Wendung „im Inland zu zahlen" ist nach hA der Erfüllungsort[30] (§ 269 BGB) und nicht der Zahlungsort[31] (§ 270 BGB) gemeint (zu dieser Unterscheidung sofort Rn. 24). ME spricht mehr für den Erfüllungsort; schon deshalb, weil der Schuldner dort, nämlich an seinem Sitz, die fremde Währung besorgen müsste, die am Zahlungsort (Spediteursitz) womöglich Landeswährung ist. Seit Inkraft-Treten der Wirtschafts- und Währungsunion ist als „Inland" nicht nur die Bundesrepublik Deutschland, sondern die gesamte Euro-Zone anzusehen.[32] Die Umrechnung erfolgt bei Zahlung in Euro nach dem am Zahlungsort zum Zahlungszeitpunkt maßgebenden Kurswert (§ 244 Abs. 2 BGB). Ein **Wahlrecht des Spediteurs** sieht hingegen **Nr. 18.2 ADSp** vor: Er kann von ausländischen Auftraggebern Zahlung in deren Landeswährung oder in deutscher Währung (Euro) verlangen.

## VI. Erfüllungsort

24      Mangels anderer vertraglicher Fixierung ist **Leistungsort** (Erfüllungsort) des Vergütungsanspruchs der Ort des Wohnsitzes bzw. gewerblichen Niederlassung des Versenders (§§ 270 Abs. 4, 269 Abs. 1 und 2 BGB), während der **Zahlungsort** („Erfolgsort")[33] am Ort der gewerblichen Niederlassung des Spediteurs liegt (§ 270 Abs. 2).[34] Nach **Nr. 30.1. ADSp** ist Erfüllungsort allerdings der Ort derjenigen Niederlassung des Spediteurs, an die der Auftrag gerichtet ist.

25      Der Erfüllungsort hat für die Rechtzeitigkeit der Leistung (Absenden von diesem Ort entscheidet), für das Verlustrisiko (trägt der Schuldner) sowie für den Gerichtsstand des Erfüllungsortes nach § 29 ZPO **praktische Bedeutung**.[35]

## VII. Vergütungsansprüche bei Störungen in der Abwicklung des Speditionsvertrags

26      **1. Problematik.** Zumindest im gesetzlichen Speditionsrecht selbst findet sich keine nähere Rechtsfolgenanordnung für **Abwicklungsstörungen.** Wie auch sonst gibt es jedoch eine Reihe von Konstellationen, in denen es durchaus fraglich ist, ob dem Spediteur ein Vergütungsanspruch überhaupt oder in voller Höhe gebührt (dazu Rn. 30 ff.). Zum Teil werden die hier angesprochenen Probleme in den **Nr. 12 und 16 ADSp** geregelt. Zu Störungen bei Erbringung der Spediteurleistungen bereits näher § 454 Rn. 15 ff.

27      Wie schon ausgeführt (Rn. 8), ist § 456 eine weitreichende **Vorleistungspflicht** des Spediteurs zu entnehmen; die erfolgte Übergabe des Guts an den Transporteur ist bloß ein ganz typischer Fall. § 456 kann schon allein deshalb nicht als eine abschließende Regelung angesehen werden, weil dem Spediteur ansonsten etwa auch dann kein durchsetzbarer Vergütungsanspruch zustehen würde, wenn die Übergabe allein aus Gründen unterbleibt, die der Versender zu vertreten hat oder wenn das Gut schon auf Grund der Vereinbarung niemals durch die Hände des Spediteurs geht. Ein solches Ergebnis wäre indiskutabel.[36]

[29] BGH 26.11.1986, FamRZ 1987, 370 (Schuldstatut); *Maier-Reimer* NJW 1985, 2049, 2055.
[30] IdS statt vieler MüKoBGB/*Grundmann* §§ 244, 245 Rn. 94; Palandt/*Grüneberg* BGB § 245 Rn. 19.
[31] Dafür aber etwa *Basedow*, GS Lüderitz, 2000, S. 1, 7 f.
[32] Erman/*Schaub* BGB § 244 Rn. 15; Palandt/*Grüneberg* BGB § 245 Rn. 19; HK-BGB/*Schulze,* 7. Aufl. 2012, § 244 Rn. 10.
[33] Vgl. MüKoBGB/*Krüger* § 270 Rn. 7.
[34] Vgl. BGH 16.1.1981, WM 1981, 789, 790. Zur Bedeutung der Unterscheidung siehe Palandt/*Grüneberg* BGB § 270 Rn. 1; umfassend *von Caemmerer*, FS Mann, 1977, S. 3, 6 ff.
[35] Siehe nur Palandt/*Grüneberg* BGB § 270 Rn. 1.
[36] In diesem Sinn deutlich etwa auch *Koller* Rn. 4.

**2. Anwendbare Rechtsnormen.** Zu klären ist damit, welche Rechtsnormen für **28** Abwicklungsstörungen bei Speditionsverträgen anzuwenden sind. Aufgrund der weggefallenen (subsidiären) Bezugnahme auf das Kommissionsrecht (Vor § 453 Rn. 2) kommt eine Anwendung des § 396 Abs. 1 Satz 2 nicht mehr in Betracht.

Heranzuziehen sind damit einmal die allgemeinen Vorschriften der **§§ 323 ff.**[37] und zum **29** zweiten die werkvertraglichen Regeln der **§§ 642 ff. BGB** (zur vorzugsweisen Heranziehung von Werkvertrags- und nicht von Dienstvertragsrecht[38] vgl. § 453 Rn. 18 ff.).[39] Damit gelangt man für die unterschiedlichen Konstellationen zu folgenden Ergebnissen:

**3. Einzelne Abwicklungsstörungen. a) Ansonsten vollständige Leistung bei feh-** **30** **lender Übergabe.** Gehört die Übergabe – wie regelmäßig – zu den Spediteurpflichten und nimmt der Spediteur diese nicht vor, wird sein Vergütungsanspruch grundsätzlich (zumindest) nicht fällig. Dies betrifft **Unmöglichkeit** (Rn. 34, 37) und **Verzug**[40] (Rn. 38) hinsichtlich der Erfüllung der Spediteurpflichten gleichermaßen.

Anderes gilt dann, wenn der Grund für die Nichtübergabe beim Versender liegt, der **31** das Gut oder zwingend notwendige Papiere seinerseits nicht wie vorgesehen dem Spediteur zukommen lässt. In solchen Fällen des **Gläubigerverzugs**[41] steht dem Spediteur das (eingeschränkte) Klagerecht nach § 322 Abs. 2 BGB zu;[42] Vollstreckung ist dem Spediteur gemäß den §§ 322 Abs. 3, 274 Abs. 2 BGB ohne Erbringung seiner eigenen Leistung möglich. Der Spediteur kann aber auch eine angemessene Entschädigung gemäß § 642 BGB verlangen oder den Vertrag nach § 643 BGB unter Fristsetzung kündigen.[43]

Will der Spediteur den Vertrag durchführen, tritt der Entschädigungsanspruch bloß **32** neben den vertraglichen Vergütungsanspruch.[44] Dann stellt sich aber auch die Frage nach der **Fälligkeit** des Vergütungsanspruchs in solchen Fällen. Da der Spediteur nicht schlechter gestellt sein kann, wenn der Versender notwendige Mitwirkungshandlungen unterlässt, wird der Vergütungsanspruch wohl zu dem Zeitpunkt fällig, in dem der Spediteur bei entsprechender Mitwirkung des Versenders das Gut dem Beförderer übergeben hätte.[45] Selbstverständlich bleibt der Spediteur auf Grund des aufrechten Vertrages weiterhin zur Besorgung der Versendung verpflichtet.[46]

War der **Spediteur** hingegen von vornherein **nicht zur Übergabe** des Gutes an den **33** Transporteur **verpflichtet,** hat er seine Pflichten also vollständig erfüllt, steht ihm jedenfalls das gesamte Entgelt zu. § 456 geht nur von einem typischen Fall der Vorleistung durch den Spediteur aus. Besteht jedoch keine entsprechende Pflicht (zur Übergabe), darf an diese auch nicht angeknüpft werden.

**b) Zufällige Unmöglichkeit der Spediteurleistung.** Hat der Spediteur wegen von **34** beiden Vertragsteilen nicht zu vertretender nachträglicher[47] Unmöglichkeit noch nichts

---

[37] *Helm* §§ 407–409 Rn. 207 ff.

[38] Dafür jedoch Schlegelberger/*Schröder* § 409 Rn. 14.

[39] Die Anwendung dienstvertraglicher Normen würde allerdings kaum zu anderen Lösungen führen; so gelangte man über § 628 BGB ebenfalls zu einer Teilprovision. Für diese Anspruchsgrundlage etwa Schlegelberger/*Schröder* § 409 Rn. 11 sowie für „Dauerspeditionsverträge" *Koller* § 453 Rn. 39.

[40] Zu den Rechten des Versenders bei Verzug des Spediteurs siehe die §§ 636, 326 BGB.

[41] Dieser setzt nach einhelliger Ansicht kein Verschulden des Gläubigers voraus: statt aller BGH 11.4.1957, BGHZ 24, 91, 96 = NJW 1957, 989, 990; BGH 10.5.1988, NJW-RR 1988, 1266.

[42] Der Versender ist nur dann unbedingt zu verurteilen, wenn er endgültig die Leistungsannahme (hier: durch Mitwirkung an der Übergabe) verweigert: vgl. BGH 22.9.1983, BGHZ 88, 240, 247 f.

[43] Mehraufwendungen infolge des Gläubigerverzugs kann der Spediteur dem Versender in Rechnung stellen: vgl. *Helm* §§ 407–409 Rn. 210 (§ 304 BGB); *Koller* Rn. 8 (§ 642 BGB).

[44] RG 21.9.1920, RGZ 100, 46, 47.

[45] Möglicherweise anders *Koller* Rn. 8, der unter Berufung auf BGH 15.5.1990, NJW 1990, 3008, 3009 bei grundloser und endgültiger Mitwirkungsverweigerung ausdrücklich einen *sofortigen* Zahlungsanspruch des Spediteurs befürwortet. Für eine Besserstellung des Spediteurs im Vergleich zur vertragsgemäßen Mitwirkung des Versenders besteht allerdings ebenfalls kein Anlass.

[46] Vgl. (überzeugend gegen die Anwendung von § 615 BGB) *Helm* §§ 407–409 Rn. 209.

[47] Zur ursprünglichen (objektiven oder bloß subjektiven) Unmöglichkeit siehe die §§ 275, 326 Abs. 1 BGB (kein Vergütungsanspruch).

*Bydlinski*                                                                        551

geleistet, steht ihm auch keine Teilprovision zu (§ 326 Abs. 1 S. 1 HS 1 BGB).[48] Dieses Ergebnis wird auch durch die Gefahrtragungsregel des § 644 Abs. 1 Satz 1 BGB nicht verändert.[49] Fraglich ist aber etwa, ob diese Regel auch bei zufälligem **Untergang des Gutes noch beim Versender** nach Abschluss des Speditionsvertrags eingreift. Die hA will dem Spediteur – sogar bei ursprünglicher Unmöglichkeit – den Vergütungsanspruch auf Grund von Sphärenüberlegungen analog § 645 BGB grundsätzlich erhalten,[50] was jedenfalls dann gut vertretbar ist, wenn er in Unkenntnis dieser Tatsache bereits Teilleistungen erbracht hat.

**35**     Hat der Spediteur seine Hauptleistung nur zum Teil erbracht und ist die restliche Erfüllung durch Zufall unmöglich geworden, gebührt ihm regelmäßig **anteilige Vergütung** (s. § 326 Abs. 1 S. 1 HS 2 BGB, der auf § 441 Abs. 3 BGB verweist). Nach Übergabe des Gutes an den Spediteur scheidet eine Analogie zu § 645 BGB (Rn. 34) jedoch in aller Regel aus. Wird das Gut auf Grund ihm anhaftender Eigenschaften zerstört oder transportunfähig, kommt allerdings eine direkte Anwendung dieser Norm in Betracht (geschuldetes Werk wird infolge eines Stoffmangels unausführbar).

**36**     **c) Vom Versender zu vertretende (verschuldete) Unmöglichkeit der Spediteurleistung.** Hat der Versender (= Vergütungsschuldner) die Unmöglichkeit **zu vertreten** (§ 326 Abs. 2 S. 1 Alt. 1 BGB), insbesondere **verschuldet,** bleibt der – um etwaige Ersparnisse zu mindernde – Vergütungsanspruch des Spediteurs aufrecht (§ 645 Abs. 1 BGB).

**37**     **d) Vom Spediteur zu vertretende Unmöglichkeit.** Hat der Spediteur, also der Vergütungsgläubiger, die Unmöglichkeit der Leistung zu vertreten, etwa weil er selbst das Gut schuldhaft zerstört hat, steht ihm – jedenfalls im Ergebnis – kein Vergütungsanspruch zu (§§ 280 Abs. 1, 283, 323 BGB).

**38**     **e) Verzug des Spediteurs.** Da der Spediteur vorleistungspflichtig ist und damit schon objektive Verzögerungen dem Spediteur zur Last fallen, hindert umso mehr der Schuldnerverzug ein Fälligwerden des Provisionsanspruchs.

**39**     **f) Kündigung durch den Versender.** Kündigt der Versender den Speditionsvertrag (nach § 649 Satz 1 BGB),[51] so kann der Spediteur die Vergütung verlangen; er muss sich aber durch die Nichtausführung gemachte Ersparnisse anrechnen lassen[52] (vgl. § 649 Satz 2 BGB). Die früher hA, wonach der Spediteur überhaupt keine Vergütung erhält, wenn er im Zeitpunkt des Widerrufs durch den Versender noch keinen Beförderungsvertrag abgeschlossen hat,[53] ist abzulehnen.[54] Er verlöre dadurch ja auch den Geschäftsgewinn, wofür keine Begründung zu sehen ist.

**40**     **Nr. 16.3 ADSp,** der dem Spediteur nach Kündigung durch den Auftraggeber[55] die (frachtrechtlichen) Ansprüche nach den §§ 415 und 417 zusteht, ist für reine Speditionsverträge von vornherein unanwendbar.[56] Bei der Spedition zu festen Kosten (§ 459) kommt er hingegen wohl voll zum Tragen, auch wenn die vereinbarte Vergütung die speditionellen Leistungen mit erfasst, da eine Aufsplittung nicht möglich ist. Bei Selbsteintritt (§ 458) und bei Sammelladungsspedition (§ 460) erfasst der Verweis hingegen nur die – getrennte –

---

[48] Vgl. *Helm* §§ 407–409 Rn. 210.
[49] Zum Verhältnis von § 326 zu § 644 BGB siehe nur Jauernig/*Mansel* BGB § 644 Rn. 4.
[50] Siehe etwa *Koller* Rn. 6; MüKoBGB/*Busche* § 645 Rn. 14 ff. mwN auch der Gegenmeinung.
[51] Das Kündigungsrecht erlischt regelmäßig (erst) mit Übergabe des Gutes an den Transporteur: § 453 Rn. 165 ff.
[52] Im Ergebnis ebenso EBJS/*Rinkler* § 453 Rn. 117.
[53] Schlegelberger/*Schröder* § 409 Rn. 10 f.; vgl. ferner *Koller* BB 1979, 1725, 1728 (zur Kommission), der in Fn. 34 aE bei schuldhaftem Verhalten des Kommissionärs (richtig wohl: des Kommittenten) einen Schadensersatzanspruch annimmt.
[54] *Koller* Rn. 10; Andresen/Valder/*Valder* § 453 Rn. 42.
[55] UU wohl auch durch den Spediteur (als Frachtführer; vgl. § 417).
[56] *Koller* Ziff. 16 ADSp Rn. 9.

Beförderungsvergütung.[57] Für das eigentliche Speditionsentgelt gilt dann bloß § 649 Satz 2 BGB (Rn. 39).

## VIII. Einwendungen und Einreden des Versenders

**1. Grundsatz.** Gegen den Vergütungsanspruch des Spediteurs können dem Versender **41** alle denkbaren Einreden und Einwendungen des Bürgerlichen Rechts zustehen.[58] Zwei für die Spedition eventuell bedeutsame werden in der Folge etwas näher behandelt.

**2. Verjährung.** Vergütungsansprüche des Spediteurs unterliegen der Sonderverjäh- **42** rungsvorschrift des § 463 (siehe dort Rn. 4 ff.). Die dortige Verweisung auf die frachtrechtliche Norm des § 439 führt zu einer **Verjährungsfrist von einem Jahr** (§ 439 Abs. 1 Satz 1); zum Verjährungsbeginn siehe bei § 463 Rn. 12. Ist die Frist abgelaufen, kann der Versender die Zahlung verweigern (§ 214 Abs. 1 BGB). Vereinbarungen, die für den Vergütungsanspruch von der gesetzlichen Verjährungsregel des § 463 zu Lasten des Versenders abweichen (insbes. durch die Normierung einer längeren Frist), sind von vornherein unwirksam, wenn ein Verbraucher als Versender auftritt (§ 466 Abs. 1); ansonsten bedarf es für ihre Wirksamkeit einer Individualvereinbarung (Aushandeln im Einzelnen; § 466 Abs. 2); s. dazu auch § 463 Rn. 22 f.

**3. Aufrechnung.** Dem Versender können auch Aufrechnungsrechte zustehen; etwa auf **43** Grund von Ersatzansprüchen. Dafür gelten die Regeln der §§ 387 ff. BGB hinaus. Auch eine Aufrechnung mit verjährten Ansprüchen kommt in Betracht (§ 215 BGB). Über das Gesetz hinausgehende **rechtsgeschäftliche Aufrechnungsschranken** enthält **Nr. 19 ADSp:** Danach ist eine Aufrechnung gegen Ansprüche des Spediteurs nur mit fälligen Ansprüchen zulässig, denen kein Einwand entgegensteht.[59]

## IX. Sondervergütungen

**1. Allgemeines.** Nach den Vorstellungen des Gesetzgebers verabreden Spediteur und **44** Versender eine Vergütung (zur Höhe Rn. 18 ff.), die die Abgeltung der **üblichen** Tätigkeiten bezweckt, die der Spediteur bei der eigentlichen Transportorganisation erbringt. Dazu gehören insbesondere die Auswahl und Betrauung des Transporteurs sowie die Abfertigung der Ware. Wird daher im Vertrag ein Provisionsbetrag vereinbart, darf sich der Versender grundsätzlich darauf verlassen, dass mit dieser Summe sämtliche Leistungen des Spediteurs abgedeckt sind, sofern der Spediteur nicht auf Gegenteiliges hinweist. Dies ergibt sich daraus, dass der Spediteur die für die Auftragserledigung notwendigen Tätigkeiten typischerweise besser übersehen kann als der Versender. **Sondervergütungen** kann der Spediteur daher regelmäßig nur für Leistungen außerhalb der eigentlichen Transportorganisation und nur **auf Grund besonderer Vereinbarung** verlangen. In der Praxis wird nicht selten durch den Verweis auf Abrechnungstarife ein teilweise sehr ausdifferenziertes Abrechnungssystem vereinbart. Diese Tarife enthalten neben der eigentlichen Provision („Werbevergütung") eine Fülle von Sondervergütungen für spezielle Spediteurnebenleistungen. Im Grundsatz nichts anderes gilt für die Fixkostenspedition, bei der ja bloß die Besonderheit besteht, dass die Beförderungsleistung selbst vom Versender nicht über einen eigenen Aufwendungsersatz, sondern im Rahmen einer Gesamtvergütung zu bezahlen ist. – Zu den in den ADSp vorgesehenen Sonderprovisionen kurz Rn. 46 f.

**2. Delkredereprovision.** Auch wenn das Kommissionsrecht seit dem TRG nicht subsi- **45** diär zur Anwendung kommt, ist auf Grund der Vertragsfreiheit die Übernahme einer **Del-**

---

[57] Möglicherweise anders *Koller* aaO, der generell davon spricht, dass die Klausel Frachtgeschäfte aller Art einschließlich der Spedition iS der §§ 458–460 im Auge habe, was sich aus der von ihm zitierten E (BGH 15.10.2001, MDR 2002, 101, 102) allerdings nicht ergibt.
[58] Allgemein dazu *Medicus/Petersen* Bürgerliches Recht Rn. 731 ff.
[59] Zur Frage, ob der Aufrechnungsausschluss auch bei qualifiziertem Verschulden des Frachtführers bzw. Spediteurs eingreift, (verneinend) *Köper* TranspR 2012, 447.

**krederehaftung** des Spediteurs für die Verpflichtung des Beförderers aus dem Ausführungsgeschäft theoretisch möglich. Dafür würde dem Spediteur wohl auch heutzutage – mittels
Analogie oder (ergänzender) Vertragsauslegung – eine gesonderte Vergütung, die Delkredereprovision, zustehen (vgl. § 394 Abs. 2 Satz 2). Praktisch wird eine solche Vereinbarung
aber wohl schon deshalb kaum einmal getroffen werden, weil dem Spediteur der Selbsteintritt nach § 458 oder die Spedition zu festen Kosten (§ 459) regelmäßig größere Vorteile
bringt.

46       **3. Sondervergütungen nach den ADSp.** Für Pflichten bzw. Tätigkeiten, die der
Spediteur neben der eigentlichen Versendung übernimmt, wird häufig eine zusätzliche
Vergütung vereinbart. So sehen bereits die ADSp zugunsten des Spediteurs für einzeln
genannte Tätigkeiten eine **Sondervergütung** vor; zur Anspruchsentstehung notwendig ist
darüber hinaus zumindest ein genereller Hinweis auf zusätzlich anfallende übliche Nebenspesen (vgl. Nr. 16.1 aE ADSp).

**Beispiele:**

47       Verpackung uÄ (Nr. 4.2); zollamtliche Abfertigung (Nr. 5.2); Verwertung von Sicherheiten (Nr. 20.5);
Versicherungsbesorgung und Abwicklung von Versicherungsfällen (Nr. 21.5).

48       **4. Sondervergütungen außerhalb der ADSp.** Nicht in der vereinbarten allgemeinen
Spediteurprovision enthalten sind auch ohne Nennung in den ADSp Entgelte für speditions-
fernere Tätigkeiten. Unabhängig von einem Speditionsvertrag können sich auch ohne
gesonderte Entgeltsabrede Provisionsansprüche über § 354 Abs. 1 ergeben. Zu denken ist
etwa an Dokumentenabwicklung, Qualitätskontrolle des Gutes, Recycling von Verpa-
ckungsmaterial, Lagerführung uÄ, aber auch an bloße Versicherungsvermittlung ohne
Bezug zu einem Speditionsauftrag durch einen Berufsspediteur.[60]

## X. Verzinsung des Vergütungsanspruchs

49       **1. Schuldlose Zahlungsverzögerung.** In den – seltenen – Fällen schuldloser Verzögerung (kein Verzug; vgl. § 286 Abs. 4 BGB) mit der Bezahlung der geschuldeten Vergütung
besteht grundsätzlich keine Verzinsungspflicht (§ 288 Abs. 1 Satz 1 BGB e contrario). Anderes gilt dann, wenn auch der Versender ein Kaufmann ist. In diesem Fall setzt die Verzinsungspflicht mit dem Tage der Fälligkeit ein (§ 353 Satz 1). Mangels anderer Vereinbarung
beträgt der Zinssatz dann **5 %** p. a. (§ 352).

50       **2. Verschuldete Zahlungsverzögerung (Verzug).** Gerät ein Verbraucher mit der
Zahlung der Spediteurvergütung in Verzug (zum Begriff s. § 286 BGB), hat er ohne weitere
Voraussetzungen Verzugszinsen in Höhe von 5 % zuzüglich dem jeweiligen Basiszinssatz
(§ 247 BGB; Höhe zum 1.7.2013: minus 0,38 %) zu bezahlen (§ 288 Abs. 1 Satz 2 BGB).
Ist der Versender wie der Spediteur Unternehmer, betragen die Verzugszinsen 8 Prozent-
punkte über dem Basiszinssatz. Kann der Spediteur höhere Verzugsschäden nachweisen,
erhält er auch diese ersetzt (§ 288 Abs. 4 BGB).

## D. Aufwendungsersatzansprüche des Spediteurs

### I. Rechtsgrundlagen

51       In Hinblick auf den **Aufwendungsersatzanspruch** des Spediteurs hat sich durch das
TRG grundsätzlich nichts geändert: Weiterhin muss auf die **§§ 670, 675 BGB** zurückgegriffen werden. Soweit **Sondervorschriften** existieren, gehen diese jedoch den allgemeinen Regeln vor (zu den Modifikationen durch **§ 455 Abs. 2 und 3** siehe dort Rn. 11 ff.).
Bei der klassischen „Provisionsspedition" (vgl. Rn. 4) steht dem Spediteur aus dem Speditionsvertrag (zu möglichen Ansprüchen ohne Vertrag Rn. 97 ff.) neben dem eigentlichen

---

[60] Vgl. OLG Düsseldorf 11.3.1993, NJW-RR 1993, 1061.

Entgelt (Provision bzw. Vergütung iSd. § 453 Abs. 2) auch ein **Anspruch auf Ersatz seiner Aufwendungen** zu. Im Speditionsrecht des HGB ist die ausdrückliche Zuerkennung eines solchen Ersatzanspruchs allerdings nicht zu finden. Allein § 458 Satz 3 könnte auf den ersten Blick als derartige eigenständige Anspruchsgrundlage verstanden werden, doch ergibt sich bereits aus Satz 2 leg. cit., dass der Gesetzgeber für den Selbsteintritt einen zusätzlichen Frachtvertrag (mit entsprechenden vertraglichen Entgeltsansprüchen) konstruiert (näher § 458 Rn. 38). Da die Spedition aber nach wie vor eine entgeltliche Geschäftsbesorgung darstellt (§ 453 Rn. 18), gelangen die §§ 670, 675 BGB zur Anwendung. Zum Recht des Spediteurs, **Sonderauslagen** zu verrechnen, siehe auch Nr. 16.1 sowie 21.5 ADSp.

## II. Anspruchsvoraussetzungen

**1. Der Begriff „Aufwendung".** Aufwendungen iS des § 670 BGB sind nach hA Vermögensopfer, die der Beauftragte zum Zwecke der Ausführung des Auftrags macht oder die sich als notwendige Folge der Ausführung ergeben.[61] Nicht notwendig ist, dass eigene Vermögenswerte bereits eingesetzt wurden; vielmehr reicht schon das Eingehen einer Verbindlichkeit aus. **52**

Auch im Zusammenhang mit der Spedition wird die **Freiwilligkeit** des Vermögensopfers besonders betont.[62] Dem ist zu folgen, wenn man „freiwillig" iS von „willentlich" versteht.[63] Ansonsten läge der Einwand nahe, der Spediteur sei doch zur Tätigung gewisser (später vom Versender zu ersetzender) Aufwendungen vertraglich verpflichtet, weshalb er gerade nicht mehr frei über Vornahme oder Nichtvornahme entscheiden könne.[64] **53**

Bei der hier diskutierten Begriffsbestimmung geht es vor allem um die **Abgrenzung der Aufwendungen von Schäden**[65] des Beauftragten.[66] Allerdings sollen nach neuerer Ansicht Schäden dann (als „unfreiwillige" Aufwendungen) verschuldensunabhängig überwälzt werden können, wenn sie auf Grund eines erhöhten Risikos entstanden sind, das der Auftrag bzw. die vom Auftraggeber gewünschte konkrete Art der Abwicklung[67] mit sich brachte.[68] Dem wird im Grundsatz zu folgen sein (siehe auch die Gleichstellung in § 455 Abs. 2 sowie dort Rn. 13). Als Anspruchsgrundlage kommt neben § 670 BGB eine (richterrechtliche) „Risikohaftung" in Betracht.[69] Bei der Spedition ist jedoch – wie auch sonst – zu fragen, ob die in der Folge verwirklichte besondere Gefahr bereits bei der Provisionsbemessung berücksichtigt werden konnte. Dies wird im Zweifel immer dann anzunehmen sein, wenn dem Spediteur das Bestehen besonderer Risiken bewusst war, wie etwa bei Übernahme von Gefahrgut. Damit bleibt der verschuldensunabhängige Ersatzanspruch interessegerecht auf Fälle begrenzt, in denen der Spediteur bei Vertragsschluss die besondere Gefahr nicht mit einkalkulieren konnte. **54**

**2. Verhältnis zur Provision. a) Grundsätzliches.** Vor allem dann, wenn genauere vertragliche Regelungen fehlen, ist es wichtig zu klären, welche Aufwendungen des Spediteurs bereits durch die Provision abgedeckt sind und welche gesondert in Rechnung gestellt **55**

---

[61] Siehe statt aller Palandt/*Sprau* BGB § 670 Rn. 2 f. mit Nachweisen aus der Judikatur.

[62] *Helm* §§ 407–409 Rn. 213.

[63] So in der Sache wohl etwa Staudinger/*Martinek* (2006) BGB § 670 Rn. 7. Vgl. *Koller* § 453 Rn. 52: „gewollte Vermögensopfer".

[64] Vielleicht aus diesem Grund formuliert etwa Palandt/*Sprau* BGB § 670 Rn. 3: „freiwillig oder auf Weisung des Auftraggebers". Auf die freiwillige Übernahme der vertraglichen Verpflichtung stellt etwa Staudinger/*Martinek* (2006) BGB § 670 Rn. 7 ab.

[65] So soll nach dem OLG Düsseldorf 28.10.1976, MDR 1977, 226 ein Anspruch auf Kostenerstattung für die Beseitigung von Brandschäden (durch einen Lagerhalter) nicht bestehen, da die Schadensursachen und damit auch die Aufwendungen dem Verantwortungsbereich des Lagerhalters zuzurechnen seien.

[66] BGH 12.10.1972, BGHZ 59, 328, 329; BGH 30.3.1960, NJW 1960, 1568.

[67] OLG München 26.4.2012, TranspR 2012, 293 (zu Schäden eines Grenzspediteurs).

[68] Vgl. Staub/*Koller* § 396 Rn. 33; *Koller* § 453 Rn. 54. Allgemeiner *Medicus/Petersen* Bürgerliches Recht Rn. 429. Zu Begründung und Umfang der Ersatzpflicht in solchen Fällen statt aller *Medicus/Petersen* aaO; *H. Honsell*, FG von Lübtow, 1980, S. 485, 495 ff.

[69] Eine Zusammenfassung erwägenswerter Haftungsgrundlagen findet sich bei Jauernig/*Mansel* BGB § 670 Rn. 3 mwN.

werden dürfen. Als Leitlinie der Abgrenzung gilt grob gesagt folgendes: Provisionen sind Entgelte für die speditionstypischen Haupt-, Neben- und Sonderleistungen des Spediteurs; der Aufwendungsersatz betrifft hingegen bloß jene Kosten, die dem Spediteur allein durch die konkrete Geschäftsbesorgung angefallen sind.

56     Nicht eigens zu erstatten sind damit jedenfalls die sog. **Fixkosten**[70] des Spediteurs (Kosten für Arbeitskräfte, Büro, Kredite usw.), da diese unabhängig von einzelnen Aufträgen anfallen; ebenso wenig jene Zeit- und Arbeitsaufwendungen, die durch Sonderprovisionen entgolten werden. Siehe auch Rn. 44 ff.

57     **b) Eigene Leistungen des Spediteurs.** Fraglich ist die Behandlung eigener Leistungen des Spediteurs. An sich sind vom Aufwendungsbegriff nur Vermögensopfer erfasst, nicht hingegen eigene (Arbeits-)Leistungen, Kenntnisse oder die Verwendung eigener Ressourcen.[71] In Grenzfällen wird den berechtigten Erwartungen eines Auftraggebers entscheidende Bedeutung zukommen (vgl. etwa die kommissionsrechtliche Regelung des § 396 Abs. 2).

58     **3. Erforderlichkeit des Aufwands. a) Allgemeines.** Ersatzfähig sind nur Aufwendungen, die der Spediteur zur Durchführung seines Auftrags im Augenblick der Vornahme[72] den Umständen nach für erforderlich halten darf (§ 670 BGB); ob sie dem Auftraggeber im Ergebnis nützlich waren, spielt keine Rolle.[73] Daraus folgt, dass eine subjektive Ex-ante-Sicht entscheidet, nicht ein rein objektiver Maßstab[74] (und schon gar nicht die Beurteilung ex post). Etwas relativiert wird die Betonung des Subjektiven dadurch, dass die bei der Abwägung der Notwendigkeit einer Aufwendung einzuhaltende Sorgfalt des Spediteurs doppelt verschärft ist: Einmal durch seine generelle – geschäftsbesorgungstypische – Interessenwahrungspflicht, zum zweiten durch die Beachtlichkeit der besonderen Fachkenntnisse des Berufstands.[75] Waren günstigere – und gleichwertige – Möglichkeiten zur Auftragserledigung zu erkennen, so können die darüber hinaus gehenden, tatsächlich getätigten Aufwendungen nicht berechnet werden.[76]

59     Nach hA trägt der Spediteur die **Beweislast** für die Erforderlichkeit der von ihm getätigten Aufwendungen;[77] genauer: dafür, dass er von Erforderlichkeit ausgehen durfte.[78] Der Beweis, es habe keine günstigere Möglichkeit bestanden, kann nun zwar häufig nicht geführt werden. Es ist jedoch ohnehin anerkannt, dass bloß substantiiertes Bestreiten der Behauptungen des (klagenden) Spediteurs über die Erforderlichkeit der getätigten Aufwendungen Gehör findet.[79] Damit werden vom Versender zumindest konkrete Hinweise auf billigere Alternativen (und nicht bloß die Behauptung der Überhöhtheit) verlangt. Werden diese gegeben, ist es am Spediteur, nachzuweisen, warum sein Aufwand ex ante gesehen dennoch erforderlich war.

60     Aufwendungen, die der Spediteur nicht für erforderlich halten durfte (und die auch objektiv nicht erforderlich waren), werden grundsätzlich nicht ersetzt (zur Berufung auf andere Rechtsgrundlagen Rn. 94 ff.). Der Spediteur kann diese Kosten nur dann überwälzen, wenn sich der Versender mit dem getätigten Aufwand einverstanden erklärt. **Beispiel:**

---

[70] Dieser Ausdruck ist treffender als der häufig verwendete Begriff „Generalunkosten", könnte allerdings zu Verwechslungen mit der „Fixkostenspedition" (besser: „Fixpreisspedition") führen.

[71] Siehe nur Palandt/*Sprau* BGB § 670 Rn. 3.

[72] BGH 10.11.1988, NJW 1989, 1285.

[73] Siehe (zur Kommission) etwa *Koller* BB 1979, 1725, 1728.

[74] OLG Düsseldorf 23.2.1984, TranspR 1984, 222, 224; OLG Braunschweig 1.3.1951, VRS 3, 232; vgl. ferner auch BGH 3.2.1953, BGHZ 9, 1 f. = NJW 1953, 541.

[75] Vgl. *Helm* §§ 407–409 Rn. 214.

[76] Daher etwa kein Zuspruch des der russischen Eisenbahn bezahlten 100%igen Frachtaufschlags: OLG Hamburg 29.9.1983, VersR 1984, 773, 774.

[77] *Helm* §§ 407–409 Rn. 217. (Der aaO gegebene Hinweis auf Schlegelberger/*Schröder* § 409 Rn. 15b betrifft offenbar nur das – heute irrelevante – Tarifrecht, nicht die Beweislastfrage.)

[78] Schlegelberger/*Schröder* § 409 Rn. 15a, § 407 Rn. 43; vgl. ferner allgemein etwa Palandt/*Sprau* BGB § 670 Rn. 7.

[79] Siehe nur BGH 17.3.1987, BGHZ 100, 190, 195 f.; Zöller/*Greger* § 138 ZPO Rn. 10a iVm. 8a.

Bezahlung bereits verjährter Schulden.[80] Im Einzelfall kann aber auch anderes gelten; etwa dann, wenn der Spediteur für die Ausführung künftiger Aufträge des Versenders auf die Unterstützung des Gläubigers angewiesen ist und er bei Zahlungsweigerung befürchten muss, ihn als Geschäftspartner zu verlieren.

**b) Rückfragepflicht.** Begründete Zweifel über die Zweckmäßigkeit eines Aufwands 61 lösen Rückfragepflichten aus:[81] Der Spediteur hat den Versender zu kontaktieren und gegebenenfalls Weisungen einzuholen. Die Pflicht zur Rückfrage stellt eine Konkretisierung des generellen Interessenwahrungsgedankens dar. Sie ist daher einmal dann anzunehmen, wenn der Spediteur erwarten kann, dass der Versender zur Auflösung der Zweifel in der Lage ist; zum Zweiten dann, wenn infolge der (unerwarteten) Höhe der notwendigen Aufwendungen ein gänzliches Unterbleiben der Auftragsdurchführung im Interesse des Versenders sein könnte.

Abzulehnen ist allerdings der pauschale Schluss, die Unterlassung einer zumutbaren 62 Rückfrage führe dazu, dass der Spediteur diese Aufwendung nicht für erforderlich halten darf, weshalb er für sie keinen Ersatz erhalte.[82] Die Zumutbarkeitsfrage stellt sich nur dann, wenn erkennbare Gründe zur Rückfrage vorliegen. Selbstverständlich gebührt aber für objektiv notwendige Aufwendungen immer Ersatz; gleichgültig, ob sie der Beauftragte ex ante für erforderlich gehalten hat oder halten durfte. Genau das kann im vorliegenden Zusammenhang beachtlich sein: Gerade ein besonders korrekter Spediteur kann ja auch einmal unbegründete Skrupel haben. Im Einzelnen sind zumindest folgende Konstellationen denkbar:

– Musste der Spediteur keine Zweifel an der Erforderlichkeit der Aufwendungen haben 63 und hatte er sie auch nicht, so besteht keine Rückfragepflicht; überdies erhält er unabhängig vom Erfolg des Aufwands vollen Ersatz.
– Hätte der Spediteur nach den Umständen Zweifel haben müssen, trifft ihn die Pflicht 64 zur Rückfrage. Aufwendungen ohne vorherige Kontaktnahme mit dem Versender tätigt er auf eigene Gefahr. Das bedeutet: kein Ersatz für ex ante unnötige oder erfolglose Maßnahmen (vgl. Rn. 59).
– Der (übervorsichtige) Spediteur hat objektiv unnötige Zweifel. Wegen der Erforderlich- 65 keit der Maßnahme – beurteilt aus einer Ex-ante-Sicht – bestehen keine Rückfragepflichten und volle Ersatzansprüche.
– Der Spediteur hat objektiv berechtigte Bedenken. Ihn trifft daher die Pflicht zur Rück- 66 frage. Auch dann erfolgt die ohne Rückfrage getätigte Aufwendung auf eigene Gefahr.

**c) Weisungswidrigkeit.** Die hA geht davon aus, dass bei Weisungswidrigkeit des kon- 67 kret getätigten Aufwands ein Ersatzanspruch des Beauftragten (Spediteurs) generell ausgeschlossen ist.[83] Sachbegründung dafür kann nur sein, dass die Weisung (zum Begriff § 454 Rn. 111) die Vertragspflicht konkretisiert und weisungswidriges Handeln damit – weil „neben" dem Vertrag stehend oder gegen ihn verstoßend – nicht zugunsten des Weisungsunterworfenen wirken kann.

ME muss man zwischen der Rechtmäßigkeitsfrage und dem Aufwendungsersatzanspruch 68 unterscheiden: Hat etwa der Versender dem Spediteur untersagt, einen bestimmten Frachtführer zu betrauen (zB wegen schlechter Erfahrungen mit diesem in der Vergangenheit), so ist weisungswidriges Vorgehen verboten. Hat nun aber dieser vom Spediteur dennoch

---

[80] Vgl. BGH 19.9.1985, BGHZ 95, 375; OLG Hamm 15.9.1988, TranspR 1989, 55, 57; wohl kritisch *Koller* § 453 Rn. 52 (allerdings ohne Erklärung).
[81] OLG München 14.1.2000, TranspR 2000, 426, 427 im Anschluss an BGHZ 95, 375, 388 ff.
[82] Schlegelberger/*Schröder* § 409 Rn. 15a; *Helm* §§ 407–409 Rn. 215; siehe ferner OLG Hamburg 29.9.1983, VersR 1984, 773, 775 und ROHG 20, 187, 190 v. 9.1.1875.
[83] Zum Auftrag etwa MüKoBGB/*Seiler* § 665 Rn. 38; Erman/*K. P. Berger* BGB § 665 Rn. 12; Jauernig/ *Mansel* BGB § 665 Rn. 8. Zur Spedition etwa Schlegelberger/*Schröder* § 410 Rn. 4; *Helm* § 410 Rn. 15, die bei vertrags- oder weisungswidrig getätigten Aufwendungen (zB Frachtkosten) eine Vergütung ablehnen. AA etwa EBJS/*Rinkler* § 453 Rn. 89.

beauftragte Frachtführer den Transport reibungslos und kostengünstig durchgeführt,[84] wäre der völlige Ausschluss einer Ersatzpflicht des Versenders für die Fracht in keiner Weise überzeugend. Rein pönale Aspekte sind dem Privatrecht ja weitestgehend fremd. Daher ist zu unterscheiden: Weisungswidriges Vorgehen ist einmal vertrags- und damit rechtswidrig; hat der Spediteur beim Versender dadurch Schäden verursacht, ist er für diese haftbar (§ 454 Rn. 117). Diese Grundregel, die § 385 Abs. 1 HS 1 und indirekt etwa auch der Ausnahmeregelung des § 665 BGB zu entnehmen ist, hat nun aber nicht zwingend Auswirkungen auf den Aufwendungsersatzanspruch: Ist genau der vom Auftraggeber gewünschte Erfolg der Transportorganisation eingetreten und waren für eine vertragsgemäße Durchführung jedenfalls Aufwendungen wie die getätigten und zumindest in der gleichen Höhe nötig (zB Frachtkosten), so liegt zum einen – jedenfalls in aller Regel – kein (materieller) Nachteil des Spediteurs vor. Zum anderen besteht aber auch kein Grund, den Auftraggeber von diesem, in seiner Höhe unvermeidbaren Aufwand freizustellen, vielmehr die in fremdem Interesse liegende Belastung dem Beauftragten aufzuerlegen. Jedenfalls in diesen Fällen und bei aufrechtem Vertrag bleibt mE § 670 BGB anwendbar:[85] Solche Aufwendungen wie die getätigten (zB Fracht) waren eben sowohl objektiv notwendig als auch für den Auftraggeber subjektiv nützlich.

69    Anderes könnte allenfalls dann rechtens sein, wenn der Versender von der Vertragswidrigkeit erfährt und das auf seine Rechnung getätigte Geschäft „zurückweist" (vgl. § 454 Rn. 120). Allerdings ist entgegen der hA[86] zumindest in Fällen wie dem genannten eine Zurückweisungsbefugnis abzulehnen (siehe auch schon § 454 Rn. 122). Anders als etwa bei der Einkaufskommission ist nach erfolgter Beförderung eine Wirkung für (eigene) Rechnung des Spediteurs ja nicht sinnvoll möglich: Im Gegensatz zum Kauf steht dem Aufwand kein dem Spediteur verbleibender Vermögenswert gegenüber. Auch deshalb sollte man vertreten, dass bei Erreichung des vom Versender gewünschten Erfolgs eine Zurückweisung nicht in Betracht kommt. Dafür spricht nicht zuletzt § 386 Abs. 2.[87] Allenfalls wäre überdies ein Rechtsmissbrauchseinwand (§ 242 BGB) denkbar.[88] Auch aus präventiven Gründen ist eine „schärfere" Behandlung des Spediteurs keinesfalls nötig: Es reicht, wenn er damit rechnen muss, schadensersatzpflichtig zu werden und wegen seines vertragswidrigen Vorgehens von diesem Versender in Zukunft keine Aufträge mehr zu erhalten.

70    Hat der Spediteur ein an sich weisungswidriges Ausführungsgeschäft mit ausreichender Vollmacht **im Namen des Versenders** abgeschlossen, stellt sich die Frage des Aufwendungsersatzes regelmäßig von vornherein nicht, weil der Versender dem Dritten unmittelbar zur Erfüllung verpflichtet ist.[89] Allerdings könnte der Spediteur die Zahlung im Einzelfall doch einmal aus eigener Tasche leisten. Dann erhält der Spediteur den getätigten Aufwand ebenso ersetzt (bzw. nicht ersetzt) wie bei „Weisungswidrigkeit im eigenen Namen" (Rn. 67 f.), da es für die Abrechnung im Speditions-Innenverhältnis nicht auf das Auftreten dem Dritten gegenüber ankommen kann. Im Ergebnis Gleiches gilt daher – wohl auf Grund schadensersatzrechtlicher Überlegungen – sogar dann, wenn der Versender die im Außenverhältnis zu seinen Lasten begründete Zahlungspflicht tilgt.

---

[84] Eine andere – zu bejahende – Frage ist hingegen, ob der Versender in einem Vorstadium (etwa vor Übergabe des Guts an diesen Frachtführer) vom Spediteur verlangen kann, einen anderen Beförderer zu betrauen. Dann hätte der Spediteur die Ansprüche des ersten Frachtführers aus der eigenen Tasche zu befriedigen.

[85] Anders für den Fall eines entgegenstehenden Verbots der BGH: BGH 13.12.1935, BGHZ 37, 258, 263; BGH 21.10.1976, NJW 1977, 431, 432; BGH 12.4.1978, BB 1978, 1415, 1416.

[86] Sie gewährt dem Versender zT sogar bei unverschuldetem Weisungsverstoß das Zurückweisungsrecht (mit der Folge des gänzlichen Wegfalls von Provisions- und Aufwendungsersatzanspruch!): Knütel ZHR 137 (1973), 285, 297 f.; ähnlich (zum Bankrecht) BGH 8.10.1991, ZIP 1991, 1413, 1414; einschränkend auf Verschuldensfälle Koller BB 1979, 1725, 1730.

[87] Die hA bejaht dessen Analogiefähigkeit: siehe nur Schlegelberger/Hefermehl § 385 Rn. 10 mwN.

[88] So schon für die Kommission bei bloß geringfügiger Abweichung von der Weisung Baumbach/Hopt § 385 Rn. 4; Staub/Koller § 385 Rn. 5 mwN. Die Beweislast für die Tatsachen, aus denen ein Verstoß gegen Treu und Glauben folgt, trägt der Kommissionär: vgl. BGH 23.3.1976, WM 1976, 632.

[89] Darauf zielt wohl die Aussage von Koller § 454 Rn. 66 ab, dass dann eine Zurückweisung von vornherein ausscheidet.

**d) Berücksichtigung von Drittabsprachen.** Zuweilen weiß der Spediteur von den 71 Abmachungen zwischen Versender und Empfänger, wonach der Empfänger bestimmte Kosten zu tragen hat. Dazu wird vertreten, dass der Spediteur solche Aufwendungen nicht dem Versender in Rechnung stellen dürfe, sondern vom Empfänger (etwa per Nachnahme) einfordern müsse.[90] In dieser Generalität überzeugt diese Ansicht nicht.

Eine entsprechende Klausel im Kaufvertrag zwischen Versender und Empfänger betrifft 72 zunächst allein dieses **kaufrechtliche Verhältnis.** Nur zwischen den Kaufvertragspartnern werden die Pflichten und etwaige Insolvenzrisiken verteilt. Der Versender kann daher die betreffenden Kosten vom Empfänger ersetzt verlangen. Nicht führt hingegen die schlichte Kenntnis der Klausel automatisch zu einer Einschränkung der Ersatzansprüche des Spediteurs gegen seinen alleinigen Vertragspartner. Gegen den Empfänger hat der Spediteur regelmäßig auch keinen durchsetzbaren Anspruch.[91] Denkbar wäre daher nur, die Kenntnis der internen Abreden als Weisung (zum Nachnahmeeinzug) zu verstehen. Auslegung im Einzelfall könnte unter Beachtung der allgemeinen Interessenwahrungspflicht eine solche Einzugsanweisung häufig vor allem dann ergeben, wenn die entsprechenden Informationen vom Versender stammen. Fraglich ist jedoch bereits, ob dem Spediteur solche Einzugspflichten ohne seine Zustimmung auferlegt werden können (ablehnend § 454 Rn. 89); Information bei Vertragsschluss könnte allerdings zu einer entsprechenden Vertragsauslegung führen. Doch sogar eine Vereinbarung, das Gut nur gegen Einziehung bestimmter Kosten an den Empfänger auszuliefern, kann die Aufwendungsersatzansprüche des Spediteurs nicht beeinträchtigen, wenn der Empfänger die Zahlung verweigert: Spätestens dann kann der Spediteur den Versender also belangen.[92]

**4. Aufwendungsersatz bei Nichtausführung.** Der Anspruch nach den §§ 675, 670 73 BGB hängt nicht zwingend von der Ausführung der Versendung – und schon gar nicht vom Transporterfolg – ab. Durfte eine konkrete Aufwendung im Augenblick ihrer Vornahme für erforderlich gehalten werden, ist sie auch bei „Erfolglosigkeit" zu ersetzen.[93] Dies gilt sogar dann, wenn die Nichtausführung ihre Ursache in der Sphäre des Spediteurs hat: Bei Verschulden steht dem Versender jedoch regelmäßig ein Schadensersatzanspruch zu, der zur Aufrechnung gegen den Aufwendungsersatzanspruch geeignet ist.[94]

Die Aufwendungen sind auch nach Vertragsbeseitigung, etwa durch Rücktritt, zu erset- 74 zen. In diesem Fall können sogar die nach Beendigung getätigten Aufwendungen verrechnet werden, sofern sie der Spediteur für zum Schutz des Speditionsguts oder zur Rückabwicklung der Spedition erforderlich halten durfte. Ob der Ersatzanspruch direkt auf § 670 BGB[95] oder auf die Regeln der Geschäftsführung ohne Auftrag (vgl. § 683 BGB, der auf die Vorschriften über den Auftrag verweist) gestützt werden kann, ist eine sekundäre Frage. Beachte für Fälle von Leistungshindernissen ferner **Nr. 12.1 Abs. 3 ADSp.**

**5. Einzelne Aufwendungen. a) Fracht.** Die Fracht, also der Preis, den der Spediteur 75 dem Transporteur (Frachtführer oder Verfrachter von Seeschiffen), mit dem er in eigenem Namen kontrahiert, zu bezahlen hat, ist die bei jeder Spedition entstehende Aufwendung. Sie darf dem Versender bei der gewöhnlichen Spedition („Provisionsspedition") neben dem Entgelt zur Gänze in Rechnung gestellt werden. Dass nicht mehr als der getätigte Aufwand in Rechnung gestellt werden darf, folgt bereits aus allgemeinen Regeln und Grundsätzen

---

[90] *Helm* §§ 407–409 Rn. 222 (unter unzutreffender Berufung auf das OLG Düsseldorf 19.4.1984, TranspR 1984, 203 f. und unklarer Gleichschaltung mit einer entsprechenden Abrede über die Kostentragung im Speditionsvertrag). Im Fall des OLG Düsseldorf sollte der Käufer die Kosten ab der Grenze tragen; der Spediteur schloss auch mit diesem einen Speditionsvertrag. Das OLG lehnte es zu Recht ab, den Versender auch für jene Kosten haften zu lassen, die der Empfänger aus seinem Speditionsvertrag schuldete.

[91] Vgl. *Koller* § 453 Rn. 49.

[92] Vgl. zur Parallelproblematik bei Provisionsnachnahme Rn. 13 f. Zur Rechtslage bei Auslieferung des Guts ohne Nachnahmeeinzug § 454 Rn. 93 ff.

[93] Siehe nur Motive zum BGB II S. 541; *Staudinger/Martinek* (2006) BGB § 670 Rn. 3.

[94] Vgl. *Koller* § 453 Rn. 56.

[95] So wohl *Helm* §§ 407–409 Rn. 213.

des Geschäftsbesorgungsrechts. Daher begünstigt selbstverständlich auch ein (nachträglicher) Frachtrabatt den Versender, nicht den Spediteur.[96]

76    Aufgrund seiner generellen Interessenwahrungspflicht muss der Spediteur versuchen, möglichst günstige Frachten zu vereinbaren. Rechtsverbindliche Frachttarife (wie ehemals zB die §§ 20 ff., 40, 84 GüKG) gibt es seit Inkrafttreten des **Tarifaufhebungsgesetzes**[97] zum 1.1.1994 nicht mehr.

77    Die Pflicht zur gesonderten Vergütung der (gesamten) gezahlten Fracht ist bloß bei der – heute seltenen – eigentlichen Provisions-Spedition von Bedeutung; nicht hingegen bei Selbsteintritt (dazu Rn. 101) und bei Fixkosten- bzw. Sammelladungsspedition (dazu Rn. 102 f.).

78    **b) Lagerkosten.** Muss der Spediteur das Gut lagern, um seine Speditionspflichten korrekt erfüllen zu können, sind auch die dabei entstehenden Kosten notwendige und damit ersatzpflichtige Aufwendungen. Mit dem Provisionsanspruch sind eben grundsätzlich nur die Organisationsleistungen sowie die Fixkosten des Spediteurs abgedeckt (vgl. Rn. 55 ff.).

79    **c) Eigenbeförderung und Eigenlagerung.** Ebenso wenig erfasst das vertragliche Entgelt in der Regel sonstige Tätigkeiten des Spediteurs wie Eigenbeförderung und Eigenlagerung. Diese gelten als Aufwendungen (vgl. § 396 Abs. 2) und können daher grundsätzlich gesondert in Rechnung gestellt werden. Ob der konkrete Aufwand – etwa wegen seiner Geringfügigkeit – einmal unberücksichtigt bleibt, ist Auslegungsfrage im Einzelfall (Rn. 57). So kann eine kurzfristige Aufbewahrung im Spediteurlager noch von der Provision erfasst sein. **Beispiel:** Nach dem Seehafen-Speditionstarif von 1952 waren Sammelladungen für drei Tage lagergeldfrei gestellt.

80    Ergibt die Auslegung hingegen, dass der Spediteur mit dem Versender **neben dem Speditionsvertrag** einen eigenen Transport- oder Lagervertrag abgeschlossen hat, so geht es nicht mehr um Aufwendungsersatzansprüche, sondern um vertragliche Entgeltsansprüche aus diesem zweiten Geschäft.

81    **d) Weitere Aufwendungen.** Als weitere Aufwendungen, die vom Spediteur unter den Voraussetzungen der §§ 675, 670 BGB (Rn. 51 ff.) – das heißt dann, wenn sie der Spediteur als im Interesse des Versenders für erforderlich halten durfte – in Rechnung gestellt werden dürfen, sind (beispielhaft) zu nennen: Versicherungsprämien; für den Auftraggeber vorgestreckte Frachten, Nachnahmen, Zölle[98] (vgl. Nr. 17.2 ADSp); Standgelder;[99] Auslagen für die Besorgung und Beglaubigung notwendiger Dokumente (Konsulatsfakturen, Ursprungszeugnisse uÄ); Kosten für Verwiegung, Musterziehung und Reparaturen.[100]

82    Gesondert zu erwähnen sind schließlich die durch **Gläubigerverzug** des Versenders notwendig gewordenen **Zusatzaufwendungen;** diese kann der Spediteur nach § 304 BGB ersetzt verlangen.

83    Ausnahmsweise führt auch die **Befriedigung unberechtigter Forderungen Dritter** zu Aufwendungsersatzansprüchen;[101] so etwa die Zahlung von Schmiergeldern.[102] ME sollte man dabei aber nicht darauf abstellen, ob solche Zahlungen (in den betroffenen

---

[96] Vgl. OLG Hamburg 17.3.1913, SeuffA 69 Nr. 12.

[97] Zu diesem Gesetz und dessen Folgen etwa *Bayer* BB 1994, 1878 f.; *Meyer-Rehfueß* TranspR 1994, 326 f.

[98] Aus der Rspr.: OLG Düsseldorf 19.4.1984, TranspR 1984, 203 f. und OLG Düsseldorf 23.2.1984, TranspR 1984, 222, 224 f.; RG 22.10.1924, RGZ 109, 85 ff.

[99] OLG Düsseldorf 17.3.1994, NJW-RR 1994, 1451, 1452.

[100] Nähere Aufzählungen in Tarifen (wie dem SST) können wohl auch als Anhaltspunkte dafür angesehen werden, welche Aufwendungen üblicherweise gesondert ersetzt werden bzw. welche schon in der Provision enthalten und daher nicht eigens zu entgelten sind.

[101] Siehe aus der Rspr. OLG Braunschweig 1.3.1951, VRS 3, 232, 233 f.; BGH 29.10.1969, VersR 1970, 31 ff.; OLG Hamburg 29.9.1983, VersR 1984, 773, 774 = TranspR 1984, 20, 23 ff. Offenbar generell aA für überhöhte Forderungen Dritter Schlegelberger/*Schröder* § 407 Rn. 43; OLG Düsseldorf 13.5.1971, VersR 1971, 1067.

[102] Zur Behandlung von der Rechtsordnung missbilligter (sittenwidriger) Aufwendungen siehe etwa BGH 9.11.1964, NJW 1965, 293, 294; BGH 8.5.1985, BGHZ 94, 268, 272, = NJW 1985, 2405 (dazu *Fikentscher/ Waibl* IPRax 1987, 86, 89 f.).

Ländern) üblich sind,[103] sondern darauf, ob diese Leistungen (zB Schutzgeldzahlungen) zur Wahrung der schutzwürdigen Interessen des Versenders notwendig waren. In solchen Fällen werden überdies regelmäßig Rückfragepflichten bestehen. Bezahlung durch den Versender führt zum Erwerb etwaiger Rückforderungsansprüche gegen den Dritten, da auch diese Ansprüche aus der Spedition erlangt und vom Spediteur daher (Zug um Zug) herauszugeben sind (§ 667 BGB).

Verauslagte **Einfuhrumsatzsteuer** oder verauslagte **Zölle** kann der Spediteur gleichfalls   **84** vom Versender ersetzt verlangen.[104] Die insbesondere für diesen Aufwand diskutierte Frage, inwieweit der Spediteur statt von seinem Vertragspartner auch von Dritten (regelmäßig: vom Empfänger) Ersatz verlangen kann,[105] stellt sich bei allen Aufwendungen, die auch oder primär einem Dritten zugutekommen (dazu sofort Rn. 85).

### III. Schuldner des Aufwendungsersatzanspruchs

**Schuldner** des Aufwendungsersatzanspruchs ist als Vertragspartner des Spediteurs   **85** selbstverständlich der **Versender.** Die hA gewährt jedoch unter Umständen auch **Ansprüche gegen Dritte,** so insbesondere gegen den durch die Aufwendung (mit)begünstigten Empfänger.[106] Ansprüche aus Geschäftsführung ohne Auftrag scheitern aber regelmäßig daran, dass der Spediteur die Aufwendung in Erfüllung seines Vertrages mit dem Versender und daher auf diesen Rechtsgrund hin tätigt.[107] Aus dem gleichen Grund scheiden Bereicherungsansprüche gegen den Empfänger aus: Die Leistung wird dem Gläubiger (= Versender) erbracht; sie hat daher einen Rechtsgrund.[108] Ein Anspruch (auch) gegen den Empfänger besteht somit grundsätzlich nur dann, wenn sich dieser rechtsgeschäftlich zur Zahlung verpflichtet hat (vgl. schon Rn. 72),[109] was kaum einmal der Fall sein wird.[110]

### IV. Art und Umfang des Ersatzes

**1. Grundsätze.** Aufwendungen sind grundsätzlich **in Geld** zu ersetzen (vgl. § 256 Satz 1   **86** BGB). Lag der Aufwand im Eingehen einer Verbindlichkeit, so kann der Anspruch auch auf **Befreiung** gerichtet sein (§ 257 BGB). **Nr. 17.3 ADSp** sieht ein solches jederzeitiges Befreiungsrecht des Spediteurs auf dessen Aufforderung ausdrücklich vor. Ersetzt verlangen kann der Spediteur immer bloß den tatsächlich getätigten Aufwand; und auch diesen nur soweit, wie er ihn für erforderlich halten durfte.

**2. Erfüllungsort. Leistungsort** (Erfüllungsort) des Aufwendungsersatzanspruchs ist der   **87** Wohnort bzw. der Ort der gewerblichen Niederlassung des Versenders (§§ 270 Abs. 4, 269 BGB); siehe auch schon Rn. 24. **Zahlungsort** („Erfolgsort")[111] ist der Ort der gewerbli-

---

[103] In diesem Sinn jedoch BGH 8.5.1985, BGHZ 94, 268, 272 (allenfalls im Ausland, und auch dort zumeist nicht üblich).

[104] Gar einen entsprechenden Befreiungsanspruch des Spediteurs sieht Nr. 17.3 ADSp vor. Dazu noch kurz Rn. 86.

[105] Siehe nur ausführlich *Helm* §§ 407–409 Rn. 226–237; ferner *Koller* § 453 Rn. 49; *Walz* ZIP 1991, 1405 ff.; aus der Rspr. BGH 25.4.1991, VersR 1991, 1037 ff.

[106] Speziell zur Spedition BGH 25.4.1991, VersR 1991, 1037, 1038 f.; weitere Nachweise der Rspr., die Ansprüche aus GoA bejaht, bei Palandt/*Sprau* BGB § 677 Rn. 7.

[107] OLG Koblenz 20.6.1991, NJW 1992, 2367 f.; ebenso *Walz* ZIP 1991, 1405, 1408.

[108] Siehe nur *Helm* §§ 407–409 Rn. 232.

[109] Zur denkbaren – aber mE kaum praktischen – Möglichkeit, den Anspruch über Vertrauenshaftung zu begründen, etwa *Koller* § 453 Rn. 49 aE (für dessen Beispiel – Empfänger zahlt wiederholt die verauslagte Steuer – über den Gedanken des venire contra factum proprium richtigerweise keine Verpflichtung für die Zukunft angenommen werden darf); an die Möglichkeit einer konkludenten Verpflichtungserklärung denkt *Karsten Schmidt* HandelsR§ 32 V 3 aE.

[110] So wurde in der E des OLG Düsseldorf 10.3.1992, TranspR 1993, 116 bei Verwendung der Klausel „Verzollung zu Lasten des Empfängers" bereits Handeln im Namen des Empfängers abgelehnt.

[111] Vgl. MüKoBGB/*Krüger* § 270 Rn. 7.

chen Niederlassung des Spediteurs (§ 270 Abs. 2).[112] Vgl. auch die von § 269 Abs. 1 abweichende Regelung in **Nr. 30.1 ADSp.**

**88**     **3. Währung.** Sonderfragen ergeben sich, wenn der Spediteur **Aufwendungen in fremder Währung** – also nicht in Euro – tätigt. An sich wäre die Aufwendung wie vom Spediteur getätigt – dh. in der fremden Währung – zu ersetzen.[113] Mangels anderer Vereinbarung könnte dieser Aufwand vom Versender jedoch auch in Euro ersetzt werden, da § 244 Abs. 1 BGB dem Geldschuldner eine Ersetzungsbefugnis einräumt, sofern die Schuld „im Inland zu zahlen" ist (näher dazu Rn. 22).

**89**     Die **ADSp** sehen demgegenüber ein generelles **Wahlrecht des Spediteurs** hinsichtlich der Währung vor **(Nr. 18.3):** Er kann Ersatz in der ausgelegten fremden Währung oder Ersatz „in deutscher Währung" (= Euro) verlangen. Die Umrechnung hat dann nach dem am Zahlungstag amtlich festgesetzten Kurs zu erfolgen.

### V. Fälligkeit und Verzinsung

**90**     Die Aufwendungsersatzansprüche des Spediteurs werden nach dem Gesetz im Zeitpunkt der Vornahme der betreffenden Aufwendungen **fällig** (§ 271 Abs. 1 BGB). Sind sie – wie regelmäßig (anders etwa beim Befreiungsanspruch; dazu Rn. 86) – auf Geld gerichtet, so können schon von diesem Tag an **Zinsen** berechnet werden (§ 256 Satz 1 BGB, § 354 Abs. 2; zum Zinssatz vgl. Rn. 49 f.). Das ist deshalb von praktischer Bedeutung, weil der Spediteur regelmäßig Vergütung und Aufwendungen gemeinsam abrechnet und die Vergütung üblicherweise nicht vor der Übergabe des Gutes an den Transporteur fällig wird. Zur Fälligkeit siehe auch **Nr. 18.1 ADSp,** wobei in dieser Klausel kein Abweichen von § 256 Satz 1 BGB zu erblicken ist.[114]

### VI. Vorschüsse

**91**     Die Anwendung der §§ 675, 669 BGB führt zu einem Recht des Spediteurs, für erforderliche Aufwendungen vom Versender **Vorschüsse** zu verlangen. Dieser Anspruch wird durch die Existenz von (gesetzlichen) Pfandrechten nicht eingeschränkt; auch dann nicht, wenn das Gut ausreichende Sicherheit böte.[115] Dafür spricht bereits, dass die Vorschusslösung für den Spediteur sowohl einfacher als auch sicherer ist als die im Ernstfall notwendige Pfandverwertung, weshalb eine stillschweigende Abbedingung der Vorschussansprüche nicht unterstellt werden darf.[116] Dass die widmungsgemäße Verwendung von Vorschussleistungen nicht gesichert ist, kann nicht als Argument gegen die Heranziehung des § 669 BGB ins Treffen geführt werden. Damit wird eine allfällige Schwäche der Gesetzesbestimmung selbst angesprochen;[117] die Beachtlichkeit des § 669 BGB auch bei entgeltlicher Geschäftsbesorgung ist aber schon auf Grund des klaren Verweises in § 675 BGB unbestreitbar.[118] Zu Besonderheiten bei (bevorstehenden) Fremdwährungsaufwendungen siehe **Nr. 18.3 ADSp,** dessen Wortlaut („Schuldet der Spediteur …") einen Vorschussanspruch stillschweigend voraussetzt.

---

[112] Zur Bedeutung der Unterscheidung siehe Palandt/*Grüneberg* BGB § 270 Rn. 1; umfassend *von Caemmerer,* FS Mann, 1977, S. 3, 6 ff.

[113] Statt vieler MüKoBGB/*Seiler* § 670 Rn. 11 mwN.

[114] Siehe nur 1. Aufl. 29 ADSp Rn. 2.

[115] AA (wegen stillschweigenden Ausschlusses) etwa *Koller* § 453 Rn. 59 mwN; im Ausgangspunkt wie hier Schlegelberger/*Schröder* § 409 Rn. 15c, der allerdings unter Berufung auf die Interessenwahrungspflicht einige wenige Ausnahmen zulassen will.

[116] Zur Diskussion *Helm* §§ 407–409 Rn. 240.

[117] Vgl. nur zum entsprechenden Problem beim Anwaltsvertrag *Raape* AcP 141 (1935), 88 ff.

[118] Gewisse Bedenken bei *Helm* §§ 407–409 Rn. 240, der sich jedoch für die kritischen Fälle damit begnügt, dem Versender das Recht zu geben, statt der Vorschussleistung an den Spediteur direkt dessen Verpflichtung beim Dritten zu begleichen. In allen Fällen kommt dieser Ausweg aber wohl nicht in Betracht, da er voraussetzt, dass bereits im Zeitpunkt der Vorschussfälligkeit der Anspruch eines konkreten Dritten in bestimmter Höhe feststeht, was nicht immer der Fall ist.

Kommt der Versender seiner Vorschusspflicht nicht nach, kann der Spediteur nach § 273 **92** BGB die Erbringung seiner Leistungen verweigern.[119]

## VII. Verjährung des Aufwendungsersatzanspruchs

Die **Verjährung** der Aufwendungsersatzansprüche – wie die des Vergütungsanspruchs **93** (Rn. 42) – richtet sich nach **§ 463**. Regelfall ist danach die Verjährung **innerhalb eines Jahres,**[120] wobei die Frist üblicherweise mit der Ablieferung des Gutes beim Endempfänger zu laufen beginnt (s. § 463 Rn. 12). Details bei § 463 und bei § 439, auf den § 463 verweist.

## E. Weitere gesetzliche Ansprüche

### I. Bei wirksamem Speditionsvertrag

**1. Ansprüche auf Grund sonstiger Leistungen.** Erbringt der Spediteur auch Leistun- **94** gen, die für die Ausführung des Auftrags nicht erforderlich sind, so erhält er dafür prinzipiell nichts. **Ansprüche aus Geschäftsführung ohne Auftrag** scheitern regelmäßig – ganz abgesehen von der Frage, ob das Recht der auftragslosen Geschäftsführung überhaupt eingreift – schon deshalb, weil auch in dessen Rahmen der Maßstab der Erforderlichkeit gilt (§§ 683, 670 BGB), weshalb Aufwendungen regelmäßig entweder aus dem Speditionsvertrag oder gar nicht ersatzfähig sind[121] (gegen Ansprüche gegen Dritte, etwa den Empfänger, bereits Rn. 85). Denkbar bleiben somit allenfalls **Ansprüche aus ungerechtfertigter Bereicherung.** Sie stehen jedoch nur zu, wenn der Begünstigte – noch – bereichert ist (vgl. § 818 Abs. 3 BGB). Das ist für „speditionsfremde" Aufwendungen nur ganz ausnahmsweise anzunehmen.

**2. Schadensersatzansprüche.** Zwischen Spediteur und Versender sind selbstverständ- **95** lich auch Schadensersatzansprüche denkbar; so insbesondere aus Vertragsverletzung. Neben den Ansprüchen aus Erfüllungsverzögerung (insbes. Zahlungsverzug des Schuldners, dazu bereits bei der Vergütung Rn. 50; zu den verschuldensunabhängigen Ansprüchen des Spediteurs infolge Gläubigerverzugs siehe Rn. 31) kommen vor allem Ersatzansprüche aus pVV in Betracht: Auch den Versender trifft ja gegenüber seinem Vertragspartner die Pflicht, diesen nicht zu schädigen. Zu denken ist insbesondere an die Verletzung leistungsbezogener Nebenpflichten (zB unrichtige Deklarierung der Güter)[122] oder sonstiger Schutzpflichten (vgl. den Rechtsgedanken in § 618 BGB).[123] Daneben ist auf die **verschuldensunabhängige Haftung** bei Geschäftsbesorgungsverhältnissen hinzuweisen (vgl. Rn. 34 ff.). Zuletzt kommen deliktische Ansprüche in Betracht; so bei Verletzung der in § 823 Abs. 1 BGB genannten Rechtsgüter (vor allem dem Eigentum des Spediteurs), aber auch bei Verstößen gegen ein Schutzgesetz iS des § 823 Abs. 2 BGB (denkbar etwa bei Gefahrguttransporten).

Manche der hier erörterten Ersatzansprüche stehen nach § 455 (siehe dort Rn. 11 ff.) **96** sogar dann zu, wenn den Versender kein Verschulden trifft; so etwa bei unterlassener Mitteilung über die Gefährlichkeit des Gutes.

### II. Bei unwirksamem Speditionsvertrag

**1. Ansprüche aus Geschäftsführung ohne Auftrag.** Ohne wirksamen Speditionsver- **97** trag können weder Vergütungsansprüche noch Aufwendungsersatzansprüche nach den §§ 675, 670 BGB entstehen (gegen die Annahme eines „faktischen Speditionsvertrags" schon

---

[119] RG 17.6.1913, RGZ 82, 400, 403.

[120] Die Sonderverjährungsvorschrift verdrängt die ansonsten für Aufwendungsersatzansprüche eingreifende dreijährige Regelverjährung gemäß § 195 BGB.

[121] Anderes kann nur dann gelten, wenn der Spediteur „speditionsfremde" Aufwendungen macht, die zur Wahrung ganz anderer Interessen des Versenders (oder Empfängers) dienen.

[122] Vgl. RG 2.7.1890, RGZ 26, 104, 109.

[123] Für dessen analoge Anwendung beim Werkvertrag BGH 5.2.1952, BGHZ 5, 62 ff.

§ 453 Rn. 28). Nur ausnahmsweise sind Ansprüche aus **Geschäftsführung ohne Auftrag** (§§ 683, 670 BGB) denkbar.[124] Entgegen einer verbreiteten Rechtsprechung[125] sind Normen aus dem Recht der GoA dann von vornherein unanwendbar, wenn der Spediteur in Unkenntnis der Nichtigkeit oder aber trotz Kenntnis von der Unwirksamkeit auf die Verbindlichkeit hin leistet.[126] Als Anwendungsbereich der GoA-Regeln verbleiben damit nur Fälle, in denen der Spediteur in Kenntnis seiner fehlenden Verpflichtung bewusst im Interesse des Versenders tätig wird. **Beispiel:** Ein Spediteur lässt das Gut aus einem Krisengebiet, in dem es zwischengelagert wurde, herausbefördern, obwohl er mittlerweile von der Geschäftsunfähigkeit des Versenders und damit der Unwirksamkeit des Speditionsvertrags erfahren hat.

**98**   **2. Ansprüche aus dem Eigentümer-Besitzer-Verhältnis.** Zumeist ergeben sich die Ansprüche des Spediteurs gegen den Eigentümer bei nichtigem Vertrag aus den – dann nach hA abschließenden[127] – Regeln des Eigentümer-Besitzer-Verhältnisses (§§ 994–996 BGB). Regelmäßig ist der Spediteur wegen der Nichtigkeit unberechtigter Besitzer, so dass sich die Frage nach dem Ersatz seiner Aufwendungen grundsätzlich danach bestimmt, ob er redlich oder unredlich (bzw. verklagt) war: Im ersten Fall erhält er nach den §§ 994 ff. BGB für die notwendigen und nützlichen Verwendungen Ersatz,[128] im zweiten Fall sind die Verwendungen gemäß den Grundsätzen der GoA nach dem Interesse des Eigentümers oder nach Bereicherungsrecht zu vergüten (§§ 994 Abs. 2, 683 f., 670 BGB).[129] Da der Spediteur aber auch als redlicher Besitzer nicht besser stehen darf als bei Wirksamkeit des Speditionsvertrages, ist die Erforderlichkeit des Aufwands jedenfalls Grenze der Ersatzfähigkeit.[130] Der Verwendungsanspruch kann auch ein Entgelt des Spediteurs beinhalten, sofern sich dessen Leistung als notwendig oder nützlich für das Gut erweist und grundsätzlich nur entgeltlich zu erhalten ist.[131]

**99**   **3. Bereicherungsansprüche.** Folgt man der hA, wird neben den eben behandelten Ansprüchen aus dem Eigentümer-Besitzer-Verhältnis für Bereicherungsansprüche zumeist kein Raum sein.[132] Denkbar bleibt die Anwendung der §§ 812 ff. BGB aber dann, wenn der Auftraggeber nicht Eigentümer war. Dann droht nämlich keine Umgehung des den §§ 994 ff. BGB zugrunde liegenden Prinzips, das in der Privilegierung des Eigentümers liegt.[133] Außerdem kann Bereicherungsrecht dann anzuwenden sein, wenn der Spediteur nicht Besitzer des Gutes ist oder die Aufwendungen nicht sachbezogen waren (zB beim Forderungseinzug): War der Spediteur im Glauben, zu diesen Aufwendungen verpflichtet zu sein, steht ihm ein Kondiktionsanspruch zu, soweit der Versender (noch) bereichert ist (§ 818 Abs. 3 BGB).

---

[124] Näher dazu etwa *Helm,* Geschäftsführung ohne Auftrag, in: Gutachten und Vorschläge zur Überarbeitung des Schuldrechts III, 1983, S. 356 ff., 393 f.

[125] Siehe etwa BGH 24.9.1987, BGHZ 101, 393, 399; anders jedoch BGH 25.6.1962, BGHZ 37, 258, 262 f.

[126] So zu Recht die hL: statt aller MüKoBGB/*Seiler* § 677 Rn. 48; Palandt/*Sprau* BGB § 677 Rn. 11 mwN.

[127] Vgl. BGH 4.4.1986, DB 1986, 1563, 1565; BGH 29.9.1995, NJW 1996, 52 (dagegen *Canaris* JZ 1996, 344, 346 ff. mit reichen Diskussionsnachweisen); Jauernig/*Chr. Berger* BGB Vor § 994 Rn. 3; Palandt/*Bassenge* BGB Vor § 994 Rn. 15 mwN; anders etwa *Medicus/Petersen* Bürgerliches Recht Rn. 897 und *Larenz/Canaris* SchR BT II § 74 I (Anspruchskonkurrenz zu § 812 BGB).

[128] Im Unterschied zur Erforderlichkeit iS des § 670 BGB ist hierbei ein objektiver Maßstab anzulegen: BGH 20.6.1975, BGHZ 64, 333, 339; Jauernig/*Chr. Berger* BGB § 994 Rn. 1; Palandt/*Bassenge* BGB § 994 Rn. 1.

[129] Vgl. Palandt/*Bassenge* BGB § 994 Rn. 5.

[130] Zum entsprechenden Gedanken beim Exzess des nicht berechtigten Fremdbesitzers RG 1.3.1938, RGZ 157, 133, 135; für den Verwendungsersatz BGH 13.10.1978, NJW 1979, 716; aA *L. Raiser* JZ 1958, 681 ff.

[131] So die hA zu Ansprüchen aus GoA: siehe nur BGH 7.3.1989, NJW-RR 1989, 970 f.; *Köhler* JZ 1985, 359, 361. Sogar ein „Gemeinkostenzuschlag" wird gewährt: BGH 15.12.1975, BGHZ 65, 384, 389.

[132] Beim Nutzungsersatz des rechtsgrundlosen Besitzers wird allerdings – wohl zutreffend – eine Konkurrenz angenommen: Palandt/*Bassenge* BGB § 988 Rn. 5.

[133] Vgl. nur Jauernig/*Chr. Berger* BGB Vor § 994 Rn. 5.

**4. Sonstige Ansprüche.** Je nach Fallgestaltung und Nichtigkeitsgrund können weitere 100 Ansprüche in Frage kommen, so etwa bei Anfechtung nach § 122 BGB oder bei dem Versender zuzurechnender Sittenwidrigkeit eventuell nach § 826 BGB.

## F. Vergütung und Aufwendungsersatz in Sonderfällen

### I. Bei Selbsteintritt

Im Falle des **Selbsteintritts** betraut der Spediteur keinen Dritten mit der Beförderung. 101 Er kann daher auch nicht von ihm bezahlte Frachtkosten überwälzen. § 458 Abs. 2 gibt ihm deshalb das Recht, neben der Spediteurvergütung **die gewöhnliche Fracht** zu verlangen. Erforderliche Aufwendungen, die über das hinausgehen, was für eine Beförderung üblicherweise aufzuwenden ist, können daneben aber durchaus begehrt werden. Näheres § 458 Rn. 61.

### II. Bei Fixkosten- und Sammelladungsspedition

Die **Fixkostenspedition** (§ 459) zeichnet sich dadurch aus, dass der Spediteur mit dem 102 Versender einen festen Preis für die Auftragserledigung (Organisation und Beförderung) vereinbart. Dieser beinhaltet daher eine feste Vergütung für die speditionelle Tätigkeit (vgl. Satz 2 leg. cit.) und die Beförderungsaufwendungen. Der Spediteur hat daher grundsätzlich nur Anspruch auf dieses vereinbarte Entgelt. Aufwendungsersatz kann er, da er die Rechte eines Frachtführers hat, bloß ausnahmsweise verlangen;[134] nämlich soweit es um über die Beförderung hinausgehenden Aufwand geht (zu Details siehe § 459 Rn. 58).

Auch bei der **Sammelladungsspedition** (§ 460) erhält der Spediteur zusätzlich die 103 Rechte und Pflichten eines Frachtführers und damit Anspruch auf eine angemessene Vergütung der Beförderungsleistung. Ein gesonderter Aufwendungsersatzanspruch für die gezahlte Fracht scheidet daher ebenfalls aus. Für den Ersatz zusätzlicher Aufwendungen gilt grundsätzlich das Gleiche wie in den beiden anderen eben erwähnten Fällen. Zu den Einzelheiten siehe § 460 Rn. 47; zu den Rechtsfolgen vertragswidriger Stückgutversendung dort Rn. 45, 52.

## § 457 Forderungen des Versenders

**[1]Der Versender kann Forderungen aus einem Vertrag, den der Spediteur für Rechnung des Versenders im eigenen Namen abgeschlossen hat, erst nach der Abtretung geltend machen. [2]Solche Forderungen sowie das in Erfüllung solcher Forderungen Erlangte gelten jedoch im Verhältnis zu den Gläubigern des Spediteurs als auf den Versender übertragen.**

**Zum Norminhalt: Satz 1** spricht die Selbstverständlichkeit aus, dass Ansprüche aus vom Spediteur **im eigenen Namen** geschlossenen Verträgen bei diesem und nicht beim Versender entstehen. Demgegenüber **entzieht Satz 2** die aus solchen Verträgen (zunächst) beim Spediteur entstandenen **Vermögenswerte dem Zugriff etwaiger Spediteur-Gläubiger.**

§ 457 orientiert sich an der kommissionsrechtlichen Vorschrift des § 392. Diese Norm 1 war im Speditionsrecht vor dem TRG über die Verweisung des § 407 Abs. 2 aF anwendbar (siehe 1. Aufl. § 407 Rn. 102, 200), was jetzt nicht mehr der Fall ist (Vor § 453 Rn. 2). Erfasst sind nur **Forderungen aus Verträgen, die der Spediteur im eigenen Namen, aber auf Rechnung des Versenders abgeschlossen** hat. Da § 457 auf Vertragsforderungen einschränkt, werden reine Deliktsansprüche auch bei weitem Verständnis des Wortlauts

---

[134] *Koller* § 459 Rn. 42.

nicht erfasst;[1] ebenso wenig Bereicherungsansprüche. Aufgrund der ratio dieser Vorschrift (Rn. 3) sollte man jedoch eine Analogie in Betracht ziehen,[2] soweit es um Ansprüche des Spediteurs gegen Dritte geht, die der Spediteur wegen der Fremdnützigkeit seines Handelns gemäß § 667 BGB an den Versender herauszugeben hätte (vgl. § 454 Rn. 94).

2    Bei **im Namen des Versenders** geschlossenen Verträgen stellt sich die Zuordnungsfrage von vornherein nicht; ebenso wenig dann, wenn der Spediteur **auf eigene Rechnung** handelt, da es dann auch keine Pflicht gibt, den Vermögenswert dem Versender zukommen zu lassen.

3    In der Sache geht es darum, einen **Zugriff der Gläubiger des Spediteurs** auf diese, wirtschaftlich dem Versender zustehenden Werte **zu verhindern**. Das geschieht durch eine bloß relativ – nämlich (nur) den Gläubigern des Spediteurs gegenüber – wirkende Zuordnungsfiktion: Ihnen gegenüber gelten die Rechte auch vor Abtretung als solche des Versenders (Satz 2). Dies gilt sowohl für einzelne **Zwangsvollstreckungsmaßnahmen** (Drittwiderspruchsklage nach § 771 ZPO) in das Vermögen des Gläubigers als auch für die **Spediteurinsolvenz** (Aussonderungsrecht nach § 47 InsO). Näheres in der 3. Aufl. dieses Kommentars bei § 392 Rn. 32 ff. (zur Aufrechnung[3] aaO Rn. 23 ff.). § 457 ist Beweis dafür, dass die Spedition trotz der starken Orientierung am Frachtvertrag nach wie vor eine Geschäftsbesorgung darstellt (vgl. bereits § 453 Rn. 6, 12 ff.).

4    Solange eine **Abtretung nicht erfolgt** ist, sind Dispositionen des Spediteurs über seine aus dem Ausführungsgeschäft erworbenen Rechte voll wirksam. Verletzt der Spediteur dadurch Pflichten aus seinem (Innen-)Verhältnis zum Versender, kann er ersatzpflichtig werden. Im Außenverhältnis werden die Grenzen durch § 138 und § 826 BGB gezogen.[4]

5    Abweichend vom Wortlaut des § 392 Abs. 2 greift die **Übertragungsfiktion** des § 457 Satz 2 nicht nur in Bezug auf vom Spediteur für Rechnung des Versenders begründete Forderungen ein. Vielmehr wird – über die Überschrift zu § 457 hinaus – **vom Spediteur bereits Erlangtes** ebenfalls erfasst[5] (Parallele: vom Frachtführer eingezogene Nachnahmen; § 422 Abs. 2, dazu dort Rn. 18). Voraussetzung dafür ist allerdings, dass diese Vermögenswerte im Vermögen des Spediteurs noch abgrenzbar sind;[6] etwa infolge der Verbuchung einer Gutschrift auf einem Sonderkonto.

6    Die vom Wortlaut des § 457 nicht ausdrücklich erfassten **Gestaltungsrechte** des Spediteurs (Kündigung, Irrtumsanfechtung uÄ) können vom Versender ebenfalls erst nach Übertragung[7] geltend gemacht werden.[8]

7    Zur Übertragung von Rechten aus abgeschlossenen Ausführungsgeschäften bzw. (spätestens) zur Herausgabe des Erlangten ist der Spediteur dem Versender gegenüber nach **§ 667 BGB** verpflichtet. Säumigkeit, die zur Schädigung des Versenders führt (Schuldner wird mittlerweile insolvent, Anspruch verjährt oÄ), macht ersatzpflichtig.

## § 458 Selbsteintritt

**[1]Der Spediteur ist befugt, die Beförderung des Gutes durch Selbsteintritt auszuführen. [2]Macht er von dieser Befugnis Gebrauch, so hat er hinsichtlich der Beför-**

---

[1]  *Koller* Rn. 3.
[2]  In diesem Sinn zum Kommissionsrecht § 392 Rn. 7 ff. *(Häuser).*
[3]  Gegen eine Aufrechnung durch den Dritten bei Nachnahmegeschäften BGH 21.1.1999, WM 1999, 1462, 1463.
[4]  Siehe etwa Jauernig/*Teichmann* BGB § 826 Rn. 22; Palandt/*Sprau* BGB § 826 Rn. 5 ff., jeweils mwN.
[5]  Eine entsprechende Erweiterung wurde für § 392 Abs. 2 bisher von manchen bereits de lege lata vorgeschlagen: siehe nur die Nachweise bei Baumbach/Hopt/*Hopt* § 392 Rn. 7. – Gerade in Hinblick auf die neuen Regelungen (§ 422 Abs. 2, § 457 Satz 2) ist es erstaunlich, dass im Zuge der HGB-Reformen 1998 nicht auch § 392 Abs. 2 selbst entsprechend geändert wurde, da die ratio keinesfalls auf das Transportrecht beschränkt ist, sondern jede fremdnützige Tätigkeit (wie nicht zuletzt die eines Kommissionärs) erfasst. Methodisch spricht wohl viel dafür, die genannten Spezialnormen im Analogiewege auf die Kommission zu erstrecken.
[6]  RegE BT-Drucks. 13/8445 S. 109.
[7]  Ausführlich dazu insbes. *P. Bydlinski*, Die Übertragung von Gestaltungsrechten, 1986; *Steinbeck*, Die Übertragbarkeit von Gestaltungsrechten, 1994.
[8]  *Koller* Rn. 3.

**derung die Rechte und Pflichten eines Frachtführers oder Verfrachters.** [3]**In diesem Fall kann er neben der Vergütung für seine Tätigkeit als Spediteur die gewöhnliche Fracht verlangen.**

**Zum Norminhalt: Satz 1** gewährt dem Spediteur ein **Selbsteintrittsrecht. Satz 2** sieht bei Selbsteintritt für die Beförderung die **Anwendung des Frachtrechts** vor. **Satz 3** regelt die **Vergütungsansprüche** nach Selbsteintritt.

**Schrifttum:** *Bartels,* Die zwingende Frachtführerhaftung des Spediteurs, VersR 1975, 598; *Diehl,* Die Pflichten des Spediteurs in den Fällen der §§ 412, 413 BGB, Diss. Tübingen 1987; *Helm,* Nochmals: Die zwingende Frachtführerhaftung des Spediteurs, VersR 1976, 601; *Herber,* Der Spediteur als Frachtführer (Schriftenreihe der deutschen Verkehrswissenschaftlichen Gesellschaft 1978); *ders.,* Zur Haftung des Spediteur-Frachtführers, TranspR 1986, 118; *Jungfleisch,* Der Selbsteintritt des Spediteurs, 1984; *Koller,* Die Verweisung der §§ 412, 413 HGB auf die CMR, VersR 1987, 1058; *Papp,* Haftungsrechtliche Fragen im Zusammenhang mit den §§ 412, 413 HGB, Diss. München 1973; *Runge,* Gedanken zu einer Neufassung der §§ 412, 413 HGB, TranspR 1982, 34; *Horst Schmidt,* Zur Frachtführerhaftung des Spediteurs in den Fällen der §§ 412, 413 HGB, VersR 1975, 984; *Temme,* Die Haftung des selbsteintretenden Spediteurs, VersR 1984, 813; *ders.,* Die Haftung des selbsteintretenden Spediteurs im Straßengüterverkehr, 1988.

## Übersicht

| | Rn. | | Rn. |
|---|---|---|---|
| **A. Allgemeines** | 1–4 | **II. Ausübung** | 30–38 |
| **I. Selbstbeförderung statt Fremdbeför-** | | 1. Real- oder Willensakt | 30, 31 |
| **derung** | 1 | 2. Stellungnahme | 32–37 |
| **II. Ratio und wirtschaftliche Bedeu-** | | 3. Dogmatische Konstruktion | 38 |
| **tung** | 2, 3 | **III. Erlöschen des Selbsteintritts-** | |
| **III. Unanwendbarkeit der kommissi-** | | **rechts** | 39 |
| **onsrechtlichen Vorschriften** | | **IV. Nachträgliches Abgehen vom** | |
| **(§§ 400 ff.)** | 4 | **Selbsteintritt** | 40 |
| **B. Zulässigkeit des Selbsteintritts** | 5–28 | **V. Mitteilungspflichten** | 41 |
| **I. Grundsätzliches** | 5–8 | **VI. „Unechter" Selbsteintritt** | 42, 43 |
| 1. Gesetzliche Anordnung | 5 | **VII. Teil-Selbsteintritt** | 44 |
| 2. Allgemeines Prinzip | 6 | **VIII. Pflicht zum Selbsteintritt?** | 45 |
| 3. Beförderungsarten | 7 | **IX. Beweislast** | 46 |
| 4. Andere Ausführungsgeschäfte | 8 | **D. Rechtsfolgen des zulässigen Selbst-** | |
| **II. Ausnahmen** | 9–27 | **eintritts** | 47–70 |
| 1. Gegenteilige Vereinbarung | 9 | **I. Grundsatz** | 47 |
| 2. Gegenteilige Weisung | 10, 11 | **II. Die Rechtsfolgenanordnung des** | |
| 3. Interessenwidrigkeit | 12–16 | **§ 458 Satz 2 als zwingendes Recht** | 48–50 |
| a) Grundsatz | 12 | 1. Verweis auf zwingendes Transport- | |
| b) Vorteilhafte Fremdbeförderung | 13 | recht | 48, 49 |
| c) Kostengünstigere Fremdbeförderung | | 2. Verweis auf dispositives Transportrecht | 50 |
| im Besonderen | 14 | **III. Anwendbare Normen** | 51–54 |
| d) Beweislast für interessenwidrigen | | 1. Prinzip: Kumulative Anwendung von | |
| Selbsteintritt | 15 | Speditions- und Transportrecht | 51 |
| e) Selbsteintritt nach Abschluss des | | 2. Abgrenzung nach Pflichtenkreisen | 52 |
| Frachtvertrags | 16 | 3. Anwendung einer konkreten Transport- | |
| 4. Bereits erfolgte Fremdbeförderung | 17 | rechtsordnung | 53 |
| 5. Fehlen einer gewöhnlichen Fracht | 18–21 | 4. Abgrenzung im Einzelnen | 54 |
| 6. Fehlen eigener Beförderungsmittel | 22, 23 | **IV. Rechte des Spediteurs** | 55–61 |
| 7. Bei Fixkosten- und Sammelladungsspedi- | | 1. Vergütung | 56, 57 |
| tion | 24–27 | a) Umfang | 56 |
| **III. Gesonderte Gestattung** | 28 | b) Fälligkeit | 57 |
| **C. Das Selbsteintrittsrecht im Einzel-** | | 2. Gewöhnliche Fracht | 58–60 |
| **nen** | 29–46 | a) Umfang | 58, 59 |
| **I. Rechtsnatur** | 29 | | |

|  | Rn. |  | Rn. |
|---|---|---|---|
| b) Fälligkeit | 60 | b) Speditionsrechtliche Einordnung | 67, 68 |
| 3. Aufwendungsersatz | 61 | c) Transportrechtliche Haftung | 69 |
|  |  | d) Speditionsrechtliche Haftung | 70 |
| **V. Pflichten des Spediteurs** | 62–64 | **E. Unzulässige Selbstbeförderung** | 71–84 |
| 1. Als Spediteur | 62 | **I. Anwendungsfälle** | 71, 72 |
| 2. Als Transporteur | 63, 64 | **II. Rechtsfolgen tatsächlicher Selbstbe-** |  |
| **VI. Haftung des Spediteurs** | 65–70 | **förderung ohne Eintrittsrecht** | 73–84 |
| 1. Grundsatz | 65 | 1. Allgemeines | 73–75 |
| 2. Zuordnung: Spediteur- oder Frachtfüh- |  | 2. Rechte des Spediteurs | 76–80 |
| rerhaftung | 66–70 | 3. (Haft-)Pflichten des Spediteurs | 81–84 |
| a) Problematik | 66 |  |  |

# A. Allgemeines

## I. Selbstbeförderung statt Fremdbeförderung

**1**    § 458 regelt die **Selbstbeförderung durch den Spediteur.** Die Vorschrift gewährt ihm prinzipiell eine **Wahlmöglichkeit:** Anstatt einen Fremdtransporteur zu betrauen, kann er die Beförderung mit eigenen Leuten und eigenen Transportmitteln vornehmen. Zum „unechten" Selbsteintritt, bei dem der Spediteur andere Beförderer heranzieht, noch Rn. 42 f. Die Neufassung der Regelung des Selbsteintritts durch das TRG erfolgte vor allem aus Gründen der Klarstellung, da die Formulierung des § 412 aF manche Auslegungsprobleme aufwarf. Wesentliche Änderungen gegenüber der früheren Rechtslage waren jedoch nicht beabsichtigt.

## II. Ratio und wirtschaftliche Bedeutung

**2**    Die im Vergleich zu den kommissionsrechtlichen Vorschriften (§ 400 Abs. 1) deutlich ausgeweitete Möglichkeit zum Selbsteintritt stellt eine die Interessen von Spediteur und Versender berücksichtigende Lösung dar:[1] Bei den sog. **Gemischtbetrieben** (§ 453 Rn. 7) ist der Spediteur an der Ausschöpfung eigener freier Ressourcen interessiert. Den Bedürfnissen des Versenders entspricht der Selbsteintritt nicht zuletzt durch die vereinfachte – und damit beschleunigte – Ausführung.[2]

**3**    Im praktischen Wirtschaftsleben kommt dem Selbsteintritt vor allem im Straßengüterverkehr **große Bedeutung** zu. So erfüllten etwa 1990 65 % der Spediteure Versendungsaufträge ganz oder zum Teil im Selbsteintritt (Güterfernverkehr: 43,3 %; hauptsächlich Selbsteintritt: 27,9 %).[3]

## III. Unanwendbarkeit der kommissionsrechtlichen Vorschriften (§§ 400 ff.)

**4**    Bereits vor dem TRG waren die den Selbsteintritt in Voraussetzungen und Rechtsfolgen ausführlicher regelnden Normen des Kommissionsrechts (§§ 400–405) nach hA auch über die Verweisung des § 407 Abs. 2 aF nicht heranzuziehen, da § 412 aF als abschließende Regelung des speditionellen Selbsteintritts verstanden wurde.[4] Diese zur damals durchaus fragliche These[5] wird für das geltende Recht zutreffen, da der Gesetzgeber den Generalverweis auf das Kommissionsrecht bewusst strich und alles ihm für die Spedition relevant Erscheinende in die speditionsrechtlichen Bestimmungen – so etwa in § 457 – integrierte (vgl. Vor § 453 Rn. 2).

---

[1] Der Tatsache, dass mangels Ausführungsgeschäfts anders als bei „gewöhnlicher" Spedition abgerechnet werden muss, wird durch die Rechtsfolgeanordnung in Satz 3 Rechnung getragen.

[2] Vgl. die Materialien zum ADHGB erste Lesung *Hahn/Mugdan* S. 774.

[3] Quelle: Strukturdatenerhebung des Bundesverbandes Spedition und Lagerei 1990, S. 23. Neuere Daten konnten nicht erhoben werden.

[4] Schlegelberger/*Schröder* § 412 Rn. 1 u. a.

[5] S. 1. Aufl. § 412 Rn. 4 ff.

## B. Zulässigkeit des Selbsteintritts

### I. Grundsätzliches

**1. Gesetzliche Anordnung.** Nach § 458 Satz 1 ist der **Selbsteintritt** – genauer: die 5
Selbstausführung der Beförderung – **prinzipiell zulässig.** Die Wendung „wenn nicht ein
anderes bestimmt ist", ist entfallen. Da das Selbsteintrittsrecht aber vertraglich beschränkt
werden kann[6] (siehe Rn. 9), hat sich insoweit nichts Grundlegendes geändert. Des Weiteren
erwähnt § 458 Satz 2 nur Frachtführer und Verfrachter. Damit stellen sich zumindest zwei
konkrete Fragen: 1. Ist Selbsteintritt auch bei anderen Beförderungsarten möglich (dazu
Rn. 7)? 2. Kommt Selbsteintritt nur in Bezug auf die Beförderung oder auch für andere
Ausführungsgeschäfte in Betracht (dazu Rn. 8)?

**2. Allgemeines Prinzip.** Die Frage nach der Zulässigkeit des Selbsteintritts stellt sich 6
grundsätzlich bei allen Verträgen, in denen ein Teil Drittleistungen beschaffen soll, speziell
bei Organisationspflichten. Dabei kann als Grundsatz gelten: Im Zweifel darf der Beauftragte
die im Ergebnis gewünschte Leistung nicht selbst erbringen. Dafür spricht einmal die Gefahr
von Interessenkollisionen, zum Zweiten aber auch die Tatsache, dass der Beauftragte von
seinem Partner bloß für die Organisationsleistung ausgewählt und daher nur insoweit als
kompetent erachtet wurde. Vertragliche Gestattung der Selbsterledigung ist selbstverständlich immer möglich, darf aus den genannten Gründen aber nicht unterstellt werden. Nahe
liegt eine entsprechende ergänzende Auslegung der Vereinbarung erst dann, wenn aus der
Sicht des Auftraggebers nach den Umständen nichts gegen Selbsterledigung spricht. Gerade
im Speditionsrecht ist diese Situation nun häufig gegeben: Viele Spediteure führen
**Gemischtbetriebe** (§ 453 Rn. 7); und häufig werden Speditions- und Transportleistungen
nicht streng voneinander getrennt. Der Gesetzgeber hat daher mit § 458 Satz 1 die an sich
geltende Zweifelsregel aus guten Gründen umgekehrt: Wer für die Transportorganisation
als kompetent angesehen wird, ist bei entsprechenden Möglichkeiten grundsätzlich auch
zur Beförderung geeignet. Sieht ein Versender das ausnahmsweise einmal anders, muss er
dies bei Vertragsabschluss deutlich machen (und den Selbsteintritt ausschließen); näher dazu
Rn. 9.

**3. Beförderungsarten.** Der eben (Rn. 6) ausgeführte, den Selbsteintritt rechtfertigende 7
Gedanke erfasst im Speditionsrecht zunächst mit Sicherheit nur die Beförderung; jedoch
die Beförderung mit jedem dem Spediteur zur Verfügung stehenden Transportmittel. Dass
auch der **Lufttransport** im Selbsteintritt erfolgen kann, ist anerkannt.[7] Umstritten war
bzw. ist die Rechtslage allerdings für den **Eisenbahntransport.** Da Gründe für eine Differenzierung nicht zu sehen sind, ist der Ansicht zu folgen, die alle Arten der Beförderung
gleich behandelt.[8] Dafür spricht heutzutage wohl auch die Entwurfsbegründung zum TRG,
die meint, mit der Wendung „Frachtführers oder Verfrachters" iS des § 458 Satz 2 werde
klargestellt, dass nicht nur die im Ersten Unterabschnitt erfassten Frachtgeschäfte erfasst
würden.[9] Sofern man einen „unechten" Selbsteintritt ablehnt (dazu Rn. 42 f.), ist die Frage
jedoch praktisch unerheblich. Bedeutung hat sie allenfalls dann, wenn ein bahneigenes
Speditionsunternehmen tätig wird. Gerade dann liegt es aber besonders nahe, dass selbst
befördert wird.

**4. Andere Ausführungsgeschäfte.** Selbsteintritt ist nach ganz hA nur in Bezug auf das 8
Ausführungsgeschäft „Transportvertrag" möglich, nicht hingegen für andere Geschäfte.[10]

---

[6] Vgl. RegE BT-Drucks. 13/8445 S. 109, der insofern auf § 465 HGB-E (= § 466 nF) hinweist.
[7] BGH 10.10.1985, TranspR 1986, 70, 71 f.; OLG Frankfurt 24.11.1987, RIW 1989, 226, 227; *Koller*
Rn. 6.
[8] So etwa – mit näherer Begründung und reichen Nachweisen – *Helm* §§ 412, 413 Rn. 13, 93; *Koller*
Rn. 6; ebenso LG Hamburg 13.7.1989, TranspR 1990, 33, 36; aA insbesondere BGH 27.5.1957, VersR
1957, 503, 504. Zum vergleichbaren Problem bei der Spedition zu festen Kosten § 459 Rn. 41.
[9] BT-Drucks. 13/8445 S. 110.
[10] Schlegelberger/*Schröder* § 412 Rn. 4; *Helm* §§ 412, 413 Rn. 73; *Koller* Rn. 26; Fremuth/Thume/*Thume*
Rn. 9.

Tatsächlich spricht § 458 nur von der Beförderung, was offenbar auch gewollt ist.[11] Für andere Ausführungsgeschäfte (zum Begriff § 454 Rn. 12 ff.) muss nach den grundsätzlichen Überlegungen in Rn. 6 gefragt werden, ob – wie für den Transport – eine typisierte Vorweg-Zustimmung des Versenders zur Selbstausführung angenommen werden darf. Das ist etwa für den Abschluss einer **Versicherung** abzulehnen, nicht hingegen für die **Einlagerung:** Ein üblicher Speditionsbetrieb ist für Lagerungen ähnlich gut ausgerüstet wie für Beförderungen. Deshalb wird der Spediteur analog § 458 auch Einlagerungen im Selbsteintritt ausführen dürfen, was zur Heranziehung der §§ 467 ff. führt.[12]

## II. Ausnahmen

9    **1. Gegenteilige Vereinbarung.** Das Selbsteintrittsrecht des Spediteurs kann vorweg vertraglich wirksam abbedungen werden. Auch ein (nachträglicher) Verzicht auf das Selbsteintrittsrecht ist möglich (zur Abbedingung der Rechtsfolgenanordnung des Satzes 2 Rn. 48 ff.). E contrario § 466 Abs. 2 und 3 ergibt sich, dass eine Beschränkung oder ein Ausschluss des Selbsteintrittsrechts nach § 458 Satz 1 auch mittels AGB des Versenders erfolgen kann.

10    **2. Gegenteilige Weisung.** Ob das Selbsteintrittsrecht auch durch **nachträgliche Weisung** des Versenders ausgeschlossen werden kann, ist strittig. Für die Wirksamkeit[13] einer solchen Weisung könnte die vorrangige Interessenwahrungspflicht des Spediteurs sprechen: Erkennt der Versender erst nach Vertragsabschluss, dass ein Selbsteintritt für ihn ungünstig sein könnte, soll er seinen entsprechenden Interessen durch ein Verbot Wirkung verschaffen können. Dem ist entgegenzuhalten, dass eine Weisung bloß zur Vertragspflichtenkonkretisierung erteilt werden kann (§ 454 Rn. 111). Nicht kann sie hingegen zu Lasten des Spediteurs zur Änderung dessen gesetzlicher Dispositivrechte eingesetzt werden.[14] Konkrete und sachlich begründete Interessen des Versenders – etwa an der Betrauung eines konkreten Frachtführers[15] – führen schon allein auf Grund des Interessenwahrungsgebots dazu, dass der Selbsteintritt verboten ist (Näheres dazu sofort Rn. 12 ff.); einer entsprechenden Weisung bedarf es also nicht. **Fazit:** Das nach § 458 Satz 1 bestehende Selbsteintrittsrecht kann vom Versender nachträglich nicht einseitig eingeschränkt werden.

11    Möglich ist dem Versender aber eine **Änderungskündigung,** solange er die Spedition noch widerrufen kann (dazu § 453 Rn. 166 ff.). Allerdings bedarf es zu einer entsprechenden Modifikation des Speditionsvertrages (Spedition ohne Selbsteintrittsrecht) der Zustimmung des Spediteurs. Wird sie verweigert, greifen die Rechtsfolgen der Vertragskündigung ein. Hat der Spediteur mit der Selbstbeförderung jedoch bereits begonnen, kommt ein **Widerruf** durch den Versender nicht mehr in Frage (§ 453 Rn. 171; vgl. auch § 405 Abs. 3).

12    **3. Interessenwidrigkeit. a) Grundsatz.** Der Gesetzgeber wollte durch § 458 Satz 1 den zentralen geschäftsbesorgungsrechtlichen Grundsatz der Interessenwahrung nicht abschwächen.[16] Vielmehr ist der Selbsteintritt im engeren Sinn (Beförderung mit eigenen Transportmitteln; vgl. Rn. 1) für den Versender ganz regelmäßig genauso interessengerecht wie die Betrauung eines Transporteurs (Rn. 14 ff.). Für die von diesem Regelfall abweichenden Konstellationen, an die der Gesetzgeber bei § 458 nicht eigens gedacht hat, fehlen Detailvorschriften. Die – im Einzelfall schwierige – Grenzziehung muss daher wiederum mit Hilfe des Interessenwahrungsgrundsatzes versucht werden.

---

[11] RegE BT-Drucks. 13/8445 S. 110.

[12] Zustimmend *Koller* Rn. 25, der auch auf § 454 Abs. 1 Nr. 2 und die dort neben den Frachtgeschäften genannten Lagergeschäfte hinweist, denen er enge Verwandtschaft attestiert. AA Andresen/Valder/*Valder* Rn. 2. Wenig klar Fremuth/Thume/*Thume* Rn. 9.

[13] Dafür etwa Schlegelberger/*Schröder* § 412 Rn. 2; *Helm* §§ 412, 413 Rn. 91 mwN in Fn. 178.

[14] *Koller* Rn. 8.

[15] Vgl. *Koller* Rn. 8, der (nur?) für diesen Fall – „Weisung", mit einem bestimmten Frachtführer zu befördern und besonderes Interesse des Versenders daran – eine Ausnahme machen will.

[16] Vgl. bloß *Koller* Rn. 3.

**b) Vorteilhafte Fremdbeförderung.** Daraus folgt nach ganz hA insbesondere, dass der **13** Spediteur, dem ein verlässlicher Transporteur zur Verfügung steht, der **schnellere und/ oder sicherere Beförderungsmöglichkeiten** zu üblichen Konditionen anbietet, diesen zu betrauen hat. Selbstbeförderung durch den Spediteur wäre für den Versender dann ja ungünstiger, also nicht in seinem Interesse. Zu den Rechtsfolgen unzulässiger Selbstbeförderung noch Rn. 73 ff.

**c) Kostengünstigere Fremdbeförderung im Besonderen.** Hat der Spediteur hinge- **14** gen einen geeigneten Beförderer an der Hand, der seine Leistungen zu geringeren als den gewöhnlichen Preisen anbietet, ist die Selbstbeförderung für sich nicht versenderinteressenwidrig und daher zulässig.[17] Der Versender hat hier nur – aber immerhin – das Interesse, alle bei Sorgfalt des Spediteurs erzielbaren Vorteile zu erhalten. Daher ist die Berechnung der gewöhnlichen Fracht (nach Abs. 2) ausgeschlossen;[18] das gilt umso mehr bei Einsatz des billigen Transporteurs als Unterfrachtführer.[19] Nahe liegende Begründung dafür ist § 401 Abs. 1, dessen überzeugende Wertungsgesichtspunkte im Speditionsrecht über § 454 Abs. 4 BGB und § 670 BGB ohne Weiteres Berücksichtigung finden können.[20] Der Fall liegt nicht anders, als wenn der Spediteur trotz anderer Möglichkeiten einen teureren Frachtführer einsetzt.[21] Der Spediteur erhält daher nicht die gewöhnliche Fracht, sondern nur jene, die er dem Fremdbeförderer zu zahlen gehabt hätte. Die **Beweislast** für die Möglichkeit preisgünstigerer Beförderung trägt allerdings der Versender.[22]

**d) Beweislast für interessenwidrigen Selbsteintritt.** Da – wie schon § 458 Satz 1 **15** selbst zeigt – die Interessenwidrigkeit des Selbsteintritts die Ausnahme ist, trifft die **Beweislast** für alle Tatsachen, aus denen sich ergibt, dass der Selbsteintritt den Versenderinteressen erkennbar widersprach, den **Versender.**[23]

**e) Selbsteintritt nach Abschluss des Frachtvertrags.** Mangels Gefährdung der Inte- **16** ressen des Versenders darf der Spediteur auch noch dann vom Selbsteintrittsrecht Gebrauch machen, wenn er bereits ein Ausführungsgeschäft abgeschlossen hat (vgl. § 401 Abs. 2). Ob und wie er von diesem Beförderungsvertrag wieder loskommt, ist sein Risiko; als Aufwendungen kann er die daraus entstehenden Kosten dem Versender nicht in Rechnung stellen,[24] da (genauer: soweit) sie für diesen wertlos sind. Ein Anspruch auf (Teil-)Ersatz der höheren Kosten kommt daher nur ausnahmsweise in Betracht. Hat der Spediteur – etwa wegen besonderer Eilbedürftigkeit – zunächst zulässigerweise über der gewöhnlichen Fracht kontrahiert, führt er den Transport aber dann selbst durch, so kann er dem Versender von seinen ihm tatsächlich entstandenen Kosten niemals mehr in Rechnung stellen als die Kosten des (überflüssig gewordenen) Ausführungsgeschäfts.

**4. Bereits erfolgte Fremdbeförderung.** Wurde der Transport durch den beauftragten **17** Beförderer bereits durchgeführt, scheidet eine Selbstbeförderung und damit der Selbsteintritt schon aus tatsächlichen Gründen aus.[25] Wurde das Gut hingegen erst über eine Teilstrecke transportiert, ist für die restliche Strecke ein (Teil-)Selbsteintritt möglich (vgl. auch Rn. 39, 44). Eine Heranziehung des § 405 Abs. 1 (kein Selbsteintritt nach Ausführungsanzeige) kommt schon deshalb nicht in Betracht, weil einen Spediteur keine entsprechenden Anzeigepflichten treffen (Rn. 41).

---

[17] AA *Koller* Rn. 4 f., der einen solchen Selbsteintritt als pflichtwidrig ansieht, weshalb ihn der Versender zurückweisen und/oder Schadensersatz verlangen könne.

[18] Ganz hA: *Jungfleisch* Selbsteintritt S. 66 ff.; Schlegelberger/*Schröder* § 412 Rn. 2, 10d; *Helm* §§ 412, 413 Rn. 92; *Koller* Rn. 4 f.

[19] AA Baumbach/Hopt/*Merkt* Rn. 2.

[20] Für die Heranziehung der Wertungen des § 401 ausdrücklich auch *Koller* Rn. 4.

[21] Wie hier EBJS/*Rinkler* Rn. 7.

[22] *Koller* Rn. 5; Baumgärtel/*Reinicke* § 412 Rn. 85.

[23] So generell für die Pflichtwidrigkeit des Selbsteintritts Baumgärtel/*Reinicke* Beweislast § 412 Rn. 1; *Koller* Rn. 5 aE.

[24] *Koller* Rn. 8; *Helm* §§ 412, 413 Rn. 93 aE.

[25] In diesem Sinn etwa auch *Koller* Rn. 5, der an sich den „unechten" Selbsteintritt zulässt.

**18**   **5. Fehlen einer gewöhnlichen Fracht.** Mangels konkreten Ausführungsgeschäfts tritt nach Selbsteintritt an die Stelle der einem Dritten geschuldeten Fracht die **gewöhnliche Fracht** (Abs. 2). § 458 geht damit davon aus, dass – etwa auf Grund festgelegter Tarife (die es heute nicht mehr gibt) – die üblichen Beförderungskosten (leicht) feststellbar sind. Ist das in concreto nicht möglich, will die hA den Selbsteintritt dennoch gestatten und die Fracht nach billigem Ermessen (§§ 315 f. BGB) festsetzen lassen.[26] Das ist abzulehnen.[27] Fehlen tatsächlich ausnahmsweise einmal die Kriterien, um die für eine bestimmte Beförderung üblichen Preise nachvollziehbar begründen zu können, so besteht tendenziell die Gefahr einer Benachteiligung des Versenders, wenn der Spediteur (§ 316 BGB) bestimmt. Die Anwendbarkeit der §§ 315 f. BGB setzt überdies voraus, dass die Parteien eine solche nachträgliche Bestimmung (nach billigem Ermessen) vertraglich vorgesehen haben. Das ist hier jedoch nicht der Fall: Es wurde bloß ein Speditionsvertrag geschlossen. Für die hier vertretene Restriktion spricht schließlich nicht zuletzt § 400 Abs. 1, dem die gleichen Wertungen zu entnehmen sind.

**19**   Derart weitgehende Rechte des Spediteurs sind auch deshalb abzulehnen, weil er ohnehin die Möglichkeit hat, dem Versender die Beförderung zu bestimmten Konditionen anzubieten, mit diesem also (auch) einen Transportvertrag zu schließen.

**20**   Der Selbsteintritt ist aber nur dann **ausgeschlossen,** wenn eine gewöhnliche Fracht nicht festgestellt werden kann. Hierbei darf die Latte nicht zu hoch gelegt werden. So ist sogar zu § 400, der vom Börsen- oder Marktpreis spricht, anerkannt, dass eine amtliche oder börsliche Preisfestlegung nicht notwendig ist; vielmehr reicht es aus, wenn ein Marktpreis ermittelbar[28] und die Preisfeststellung nachvollziehbar ist.[29] Eine gewisse, regelmäßig vorhandene Bandbreite des für die betreffende Transportleistung geforderten Entgelts schadet nicht.

**21**   Fehlt es sogar an einer solcherart bestimmbaren gewöhnlichen Fracht, so handelt der Spediteur nur dann korrekt, wenn er **Angebote von mehreren geeigneten Transporteuren** einholt (Interessenwahrungspflicht) und den günstigsten Anbieter auf Rechnung des Versenders betraut. Befördert er selbst, kann er höchstens die Fracht aus der günstigsten Offerte verrechnen (vgl. Rn. 14; zu den Rechtsfolgen bei unzulässigem Selbsteintritt noch genauer Rn. 73 ff.).

**22**   **6. Fehlen eigener Beförderungsmittel.** Nach Wortlaut und ratio (Rn. 2) besteht das Selbsteintrittsrecht auch dann nicht, wenn der Spediteur über keine eigenen geeigneten Beförderungsmöglichkeiten verfügt.[30] Plant er von vornherein die Beförderung durch Einschaltung selbständiger Dritter, besteht für das Privileg des § 458 keine sachliche Rechtfertigung, vielmehr jedoch umgekehrt die nahe liegende Vermutung, dass der Spediteur den Selbsteintritt nur erklärt, um die für ihn günstigere Abrechnung nach Satz 3 zu erreichen. Auf diese Weise kann das Selbsteintrittsrecht nach richtiger Ansicht jedoch ohnehin nicht ausgeübt werden (vgl. Rn. 43). Deshalb kommt es auch dann nicht zur Anwendung des Satzes 3, wenn der Spediteur zur Selbstbeförderung imstande wäre, aber dennoch einen fremden Transporteur betraut. Der „unechte" Selbsteintritt, der in der Sache eine „Selbstbeförderung durch andere" bedeuten würde, wird vom Gesetz generell nicht ermöglicht (Rn. 42).

**23**   Beförderung des Gutes durch Selbsteintritt setzt also den **Einsatz spediteureigener Beförderungsmittel** voraus. Das bedeutet aber selbstverständlich keine sachenrechtliche Zuordnung. Vielmehr kommt es darauf an, dass der Spediteur frei über deren Einsatz bestimmen kann. Gleiches gilt für die bei der Beförderung tätigen Personen. Entscheidend ist damit die **Weisungsbefugnis** des Spediteurs in Hinblick auf den Einsatz von Transportmitteln und Personal. Diese Voraussetzungen sind etwa für Miet- und Leasingfahrzeuge sowie für „Leiharbeitnehmer" erfüllt, niemals aber eben bei Betrauung eines selbständigen Frachtführers.

---

[26]   Schlegelberger/*Schröder* § 412 Rn. 2, 11c aE; *Helm* §§ 412, 413 Rn. 101 aE; EBJS/*Rinkler* Rn. 10.
[27]   Ebenso – mit zT ähnlicher Argumentation – *Koller* Rn. 7.
[28]   Heymann/*Hermann* §§ 400–402 Rn. 3.
[29]   *Karsten Schmidt* HandelsR § 31 VI 1 a aa.
[30]   Ebenso Schlegelberger/*Schröder* § 412 Rn. 2; Heymann/*Joachim* § 458 Rn. 3; vgl. ferner *Helm* §§ 412, 413 Rn. 81.

**7. Bei Fixkosten- und Sammelladungsspedition.** Hat der Spediteur eine konkrete  24
Gegenleistung für die komplette Versendung (einschließlich Beförderung) vereinbart (**Fixkostenspedition** nach § 459), so darf er selbstverständlich auch selbst transportieren. Besondere Rechtsprobleme stellen sich aber deshalb nicht, weil der Spediteur wegen der vertraglichen Vereinbarung jedenfalls (nur) Anspruch auf den Fixbetrag hat, die Rechtsfolgen des
§ 458 Satz 3 also keinesfalls eingreifen;[31] dies deshalb, weil bereits aus der vertraglichen
Vereinbarung folgt, dass der Spediteur bei der Ausführung der Spedition ausschließlich auf
eigene Rechnung tätig wird. Wie sich schon aus § 459 selbst ergibt – der Spediteur hat
hinsichtlich der Beförderung die Rechte und Pflichten eines Frachtführers –, ist Selbstbeförderung ohne Zweifel möglich (§ 459 Rn. 53); nur sind deren Rechtsfolgen, insbesondere
die Entgeltseite, abweichend von § 458 festgelegt. Ob es sich daher überhaupt noch um
einen Selbsteintritt iS des § 458 handelt,[32] ist im Wesentlichen ein bloß terminologischer
Streit.

Bei **Sammelladungsspedition** (§ 460) scheint nach der gesetzlichen Definition ein  25
Selbsteintritt von vornherein ausgeschlossen zu sein; sie setzt nämlich voraus, dass der Spedi-
teur einen Frachtvertrag (über eine Sammelladung) abschließt (siehe auch § 460
Rn. 2, 15 f.).[33] Geht man allerdings davon aus, dass das Selbsteintrittsrecht nicht bloß durch
Selbstbeförderung ausgeübt werden kann (vgl. dazu Rn. 42 ff.), wäre eine anschließende
Sammelversendung im „unechten" Selbsteintritt durchaus möglich (dagegen bereits Rn. 22
und ausführlicher Rn. 42 f.). Für diesen Fall verdrängte wiederum die Rechtsfolgenanordnung des § 460 Abs. 2 die des § 458.[34]

Der Fall, dass der Spediteur die **Sammelladung** (teilweise) **selbst befördert** („echter"  26
Selbsteintritt), fällt nach der gesetzlichen Definition mangels Abschlusses eines Frachtvertrags
nicht unter § 460. Daher ist insoweit Selbsteintritt mit den Rechtsfolgen des § 458 Satz 3
ohne weiteres möglich.[35]

Bei der gebräuchlichen Kombination einer **Sammelversendung zu fixen Kosten** grei-  27
fen jedenfalls die Rechtsfolgen des § 459 ein (§ 460 Rn. 14 f.).

### III. Gesonderte Gestattung

Wurde dem Spediteur der **Selbsteintritt** im Speditionsvertrag **ausdrücklich gestattet,**  28
so ist im Zweifel anzunehmen, dass darin bloß ein Hinweis auf § 458 zu sehen ist. Für die
Auslegung, die speditionelle Interessenwahrungspflicht (zB in Hinblick auf die finanziellen
Konditionen) sollte vertraglich eingeschränkt werden, müssten konkrete Hinweise bestehen.
Die zusätzliche Eröffnung einer bloß wirtschaftlichen („unechten") Eintrittsmöglichkeit
(Rn. 42) wird regelmäßig ebenfalls nicht gewollt sein. Allenfalls soll die Abrede einen
Selbsteintritt auch ohne Bestehen einer gewöhnlichen Fracht ermöglichen; dagegen spricht
allerdings, dass dann massive Unsicherheiten über die Höhe des vom Versender geschulde-
ten Entgelts bestünden (vgl. Rn. 18 ff.).

### C. Das Selbsteintrittsrecht im Einzelnen

### I. Rechtsnatur

§ 458 gibt dem Spediteur ein Wahlrecht (Rn. 1) und damit eine **Gestaltungsmöglich-**  29
**keit:** Führt er die Beförderung selbst aus, ändern sich auch seine Rechte und Pflichten

---

[31] Wie hier *Koller* Rn. 3 (§ 459 ist lex specialis); aA EBJS/*Rinkler* Rn. 4; Andresen/Valder/*Valder* Rn. 30.
[32] Dafür *Helm* §§ 412, 413 Rn. 108 ff., 87. AA Schlegelberger/*Schröder* § 412 Rn. 2 aE; diesem folgend
*Koller* Rn. 2; auch diese Meinung hat aber bloß die Rechtsfolgenseite im Auge und will die Zulässigkeit des
Selbsttransports nicht ausschließen.
[33] *H. Schmidt* VersR 1975, 984, 986.
[34] Vgl. *Helm* §§ 412, 413 Rn. 88. Gegen Selbsteintritt bei Sammelversendung wiederum *Koller* Rn. 3.
[35] *Helm* §§ 412, 413 Rn. 88, 138, 133.

gegenüber dem Versender. Ob diese Befugnis als (echtes) Gestaltungsrecht anzusehen ist,[36] soll hier nicht näher erörtert werden, weil schon über dessen genaue Definition keine Einigkeit besteht.[37] Sachprobleme könnten insbesondere bei der Ausübung des Selbsteintrittsrechts (Rn. 30 ff.) sowie bei der Rücknahme einer solchen Wahl (Rn. 40) bestehen.

## II. Ausübung

**30**    **1. Real- oder Willensakt.** Nach dem Wortlaut von § 458 Satz 1 ist der Spediteur befugt, „die Beförderung des Gutes durch Selbsteintritt auszuführen". Wie diese Wahl vorzunehmen ist, wird nicht ausdrücklich geregelt. Denkbar wäre einmal, dass die besonderen Rechtsfolgen des Abs. 2 allein auf Grund der Selbstbeförderung, also eines **Realakts,** eingreifen.[38] Von vielen wurde demgegenüber bereits zum Recht vor dem TRG die Abgabe einer entsprechenden **Willenserklärung** verlangt;[39] zT wird von der Zugangs- bzw. Empfangsbedürftigkeit dieser Erklärung abgesehen,[40] jedoch für ihre Wirksamkeit zwingend gefordert, dass der Transport bereits begonnen hat.[41] In der Rechtsprechung findet sich kaum einmal eine deutliche Stellungnahme; ohne Problematisierung wird regelmäßig[42] von der Anwendbarkeit des § 458 Satz 2 und 3 auf Grund schlichter Selbstbeförderung ausgegangen.[43]

**31**    Während in § 412 Abs. 1 aF von der Befugnis die Rede war, die Beförderung „selbst auszuführen", heißt es nunmehr „durch Selbsteintritt auszuführen". Damit sollte deutlich gemacht werden, dass der Selbsteintritt **kein bloßer Realakt** ist, sondern eine entsprechende **Willenserklärung** des Spediteurs erfordert.[44] Die neue Formulierung hilft bei der gewünschten Einordnung allerdings wenig, da sie („auszuführen") ohne weiteres auch im Sinne eines bloßen Realakts verstanden werden kann. Dass das Problem zu vielschichtig ist, um es mit einem kurzen Satz umfassend zu lösen, zeigt auch die Unsicherheit der Gesetzesverfasser in der Frage der Zugangsbedürftigkeit der Selbsteintrittserklärung.[45]

**32**    **2. Stellungnahme.** Wie vor dem TRG spricht viel dafür, mehr als einen Realakt zu fordern,[46] jedoch eine „Willensbetätigung" ausreichen zu lassen: Vor Beginn der Selbstbeförderung bleibt die Entscheidungsfreiheit des Spediteurs in solchen Fällen gewahrt, ohne dass dadurch Interessen des Versenders beeinträchtigt wären. Das Gesetz verlangt eine Willenserklärung des Spediteurs nach wie vor nicht ausdrücklich. Da sich der Versender auf die Tatsache des Selbsteintritts und deren Folgen auch nicht besonders einstellen muss, besteht kein Grund, Zugangs- bzw. Empfangsbedürftigkeit anzunehmen. Allein mit der Vornahme der Beförderung will der Spediteur auch nichts erklären: Es gibt keinen Erklärungsempfänger. Regelmäßig hat er dabei aber den Willen, von seinem Selbsteintrittsrecht Gebrauch zu machen.[47] Das legt eine Einordnung als **Willensbetätigung** nahe;[48] eine

[36] So etwa Straube/*Schütz* § 412 Rn. 2; vgl. ferner *Koller* Rn. 9; Heymann/*Joachim* Rn. 5.
[37] Siehe nur Palandt/*Grüneberg* BGB § 413 Rn. 3–5; *P. Bydlinski,* Die Übertragung von Gestaltungsrechten, 1986, S. 5 ff.; *Steinbeck,* Die Übertragbarkeit von Gestaltungsrechten, 1994, S. 20 ff.
[38] In diesem Sinn etwa Helm §§ 412, 413 Rn. 76 (mwN Rn. 74 Fn. 161); *H. Schmidt* VersR 1975, 984, 985; *Thume* TranspR 1990, 401, 402.
[39] So etwa von *Jungfleisch* Selbsteintritt S. 29; Baumbach/Hopt/*Merkt* Rn. 2; Schlegelberger/*Schröder* § 412 Rn. 5 u. a.
[40] So etwa von Heymann/*Joachim* Rn. 5 und von *Koller* Rn. 9.
[41] Schlegelberger/*Schröder* § 412 Rn. 5 f., der damit doch wieder primär an die tatsächliche Ausführung anknüpft.
[42] Ausdrücklich für (rechtsgestaltende) Willenserklärung etwa OLG München 27.7.1990, TranspR 1991, 23, 24.
[43] Reiche Nachweise bei *Helm* §§ 412, 413 Rn. 75 Fn. 165 f.
[44] RegE BT-Drucks. 13/8445 S. 109 f.
[45] Im RegE BT-Drucks. 13/8445 S. 109 findet sich vor dem Wort „Willenserklärung" der Klammerausdruck „(empfangsbedürftige)".
[46] HA: *Canaris* § 31 Rn. 82; *Koller* Rn. 9; EBJS/*Rinkler* Rn. 15 f. u. v. a.
[47] So wird ein konkludent erklärter Selbsteintritt darin gesehen, dass ein Spediteur ein Konnossement ausstellt (und sich so zum Verfrachter macht): *Ramming* TranspR 2008, 442, 444 mwN.
[48] So Straube/*Schütz* § 412 Rn. 5; zumindest im Ergebnis ebenso *Canaris* § 31 Rn. 82; EBJS/*Rinkler* Rn. 17 u. a.

solche löst mE etwa auch in § 151 BGB[49] die Rechtsfolgen der Vertragsperfektion aus.[50] Der Streit, ob es sich nicht etwa doch um eine **nicht empfangsbedürftige Willenserklärung** handelt, ist ein weitestgehend terminologischer, der hier deshalb auf sich beruhen kann: Jeweils geht es darum, dass durch eine willentlich vorgenommene Handlung Rechtsfolgen ausgelöst werden.

Diese Lösung – der Spediteur muss den **Willen** haben, **vom Selbsteintrittsrecht** 33 **Gebrauch zu machen** – kann auch den Bedenken Rechnung tragen, die gegen die Realaktstheorie vorgebracht werden: Rechte und Pflichten (hier vor allem: die zusätzlichen Pflichten eines Frachtführers) könnten in vertraglichen Sonderverbindungen regelmäßig nur rechtsgeschäftlich begründet werden.[51] Das Gesetz dürfte natürlich auch anderes vorsehen. Das müsste aber hinreichend deutlich normiert sein. Aus dem genannten Prinzip folgt daher, dass auch § 458 Satz 1 im Zweifel in diesem Sinn zu verstehen ist.

Gegen die **Realaktstheorie** spricht überdies Folgendes: Wäre bloß an tatsächliches Ver- 34 halten (und nicht an den Willen) des Spediteurs anzuknüpfen, müsste ein Selbsteintritt etwa dann abgelehnt werden, wenn der Spediteur, der eintreten will, das Gut irrtümlich mit dem falschen Transportmittel und/oder an einen falschen Ort befördert. Diese Verhaltensweise könnte dann ja nicht ohne weiteres dem konkreten Speditionsauftrag zugeordnet werden; ein gestaltender Realakt läge wohl nicht vor. Dennoch muss in diesem Fall bei schuldhafter Beschädigung des Gutes das Haftungsregime des Transportrechts eingreifen (dazu noch Rn. 69 ff.). Dessen Heranziehung ist dadurch gesichert, dass man den Selbstbeförderungswillen in Zusammenhang mit dem Beginn der – wenn auch fehlerhaften – Beförderung verlangt, aber auch ausreichen lässt („Willensbetätigung"; vgl. Rn. 32).

Für die wenigen verbleibenden Fälle, in denen ein rechtsgeschäftlich relevanter Wille 35 des selbst befördernden Spediteurs fehlt (so insbesondere bei dessen Geschäftsunfähigkeit), muss es bei den allgemeinen rechtsgeschäftlichen Grundsätzen bleiben: Wo – mangels Geschäftsfähigkeit – keine freie Willensbildung möglich ist, löst die Selbstbeförderung ebenso wenig wie eine ausdrückliche Selbsteintrittserklärung die Folgen des § 458 aus. Für diese Lösung sprechen ganz konkrete Sachgründe. So kann den Geschäftsunfähigen mangels zurechenbarer Übernahme die Gefahr einer strengeren frachtrechtlichen Haftung nicht treffen. Diese verschärfte Einstandspflicht darf eben nur dann eingreifen, wenn der Spediteur rechtsgeschäftlich – und sei es „bloß" über § 458 – Frachtführerpflichten übernommen hat. Dann ist es aber auch umgekehrt nicht bedenklich, dem Spediteur die (günstige) Abrechnungsmöglichkeit des § 458 Satz 3 zu verweigern. Seine rechtsgrundlos vorgenommene Frachtführertätigkeit ist ihm nach bereicherungsrechtlichen Regeln zu vergüten.

Wie schon dargelegt (Rn. 32), spielt der Unterschied zwischen nicht empfangsbedürftiger 36 Willenserklärung und Willensbetätigung in den praktischen Ergebnissen kaum eine Rolle. Wichtiger ist jedoch, dass nicht jede beliebige Betätigung (bzw. „zugangslose" Erklärung) des Willens geeignet ist, die Rechtsfolgen des § 458 auszulösen. Hier zeigt sich auch der richtige Kern der Realaktstheorie: Wie die bisherigen Erwägungen, aber auch der Wortlaut des § 458 deutlich machen, liegt ein **entscheidendes Moment** in der (mit Selbsteintrittswillen) begonnenen **Beförderung** des Gutes.[52] Satz 1 gibt dem Spediteur die Befugnis zur Ausführung der Beförderung durch Selbsteintritt und Satz 2 knüpft die Rechtsfolgen an die Ausübung dieser Befugnis. Das Ausführen einer Beförderung kann jedoch keinesfalls vor dem Beginn der ersten, dem Transport zuzuordnenden Handlung liegen. Vorher scheint der Spediteur also in seinen Dispositionen frei zu sein.

---

[49] Diese Norm zitiert auch *Koller* Rn. 9, der ihr – wie viele andere – die nicht zugangsbedürftige Willenserklärung zuordnet. Ebenso zum Selbsteintritt OLG Hamm 13.2.1995, TranspR 1995, 453, 454 = NJW-RR 1995, 1000.

[50] Siehe dazu etwa *P. Bydlinski* JuS 1988, 36 in Auseinandersetzung mit der herrschenden Gegenansicht, die von einer nicht empfangsbedürftigen Willenserklärung ausgeht. Für Willensbetätigung auch MüKoBGB/*Kramer*, 5. Aufl. 2006, § 151 Rn. 49; anders nunmehr aber MüKoBGB/*Busche* § 151 Rn. 3.

[51] *Koller* Rn. 9.

[52] So im Ergebnis etwa auch OLG Hamburg 23.6.1983, TranspR 1984, 178, 179. Nach dem OLG München 27.7.1990, TranspR 1991, 23, 24 bedarf es keines Zugangs der Selbsteintrittserklärung; es genüge ein entsprechender manifester Wille, der spätestens bei Beginn des (Selbst-)Transportes vorlag.

37    Fraglich kann somit bloß sein, welche Rechtsfolgen eingreifen, wenn der Spediteur gegenüber dem Versender eine **Selbsteintrittserklärung vor Beginn der Beförderung** abgibt. Spricht etwas dagegen, ihm dennoch die Wahl des üblichen Weges (der Drittbeförderung) zu ermöglichen;[53] etwa, weil sein Lkw-Zug unerwarteter Weise für längere Zeit ausfällt? Ausgehend von einer Äußerung im Regierungsentwurf, die den Selbsteintritt als „(empfangsbedürftige) Willenserklärung" verstehen will,[54] könnte man seit den Umformulierungen der Selbsteintrittsvorschrift durch das TRG erwägen,[55] dass die Rechtsfolgen des § 458 Satz 2 – und damit Frachtrecht – bereits mit Zugang dieser Erklärung eingreifen. Daraus könnte folgen, dass ein „Umsteigen" auf Fremdbeförderung nur mehr mit Zustimmung des Versenders zulässig ist; überdies wohl auch, dass die ohne Zustimmung erfolgte Betrauung eines Fremdbeförderers als Einschaltung eines Erfüllungsgehilfen zu behandeln ist, wodurch es zum umstrittenen und aus mehreren Gründen nicht unbedenklichen „unechten" Selbsteintritt käme (zu diesem siehe Rn. 42). Tatsächlich besteht jedoch kein durchschlagender Grund, § 458 in diesem weiten Sinn zu verstehen: So ist schon nicht zu sehen, dass der Regierungsentwurf mit seinem Bekenntnis zur Willenserklärung mehr als die Realaktsthese ablehnen wollte. Hätte er das Problem des unechten Selbsteintritts mitregeln wollen, hätte er sich dazu geäußert. Hinzu kommt, dass das Gesetz am Erfordernis der Ausführung festhält: Erst sobald der Spediteur von dieser Befugnis wirklich Gebrauch gemacht hat (s. Rn. 36), treffen ihn (auch) die Rechte und Pflichten eines Frachtführers. Hinzu kommt die typische Interessewidrigkeit des unechten Selbsteintritts, was ebenfalls gegen entsprechende Absichten des Gesetzgebers spricht. Doch sogar bei gegenteiliger Ansicht muss es Grenzen geben: Nach § 454 Abs. 4 sicherlich speditionsvertragswidrig und daher unwirksam bliebe etwa die Erklärung des Selbsteintritts bereits mit der Absicht, einen preisgünstigen Fremdbeförderer einzusetzen, aber dem Versender die höhere „gewöhnliche" Fracht in Rechnung zu stellen.[56] Dass eine solche Absicht vom Versender kaum einmal bewiesen werden kann, die Kombination von Selbsteintritt und Fremdbeförderung jedoch typischerweise die Gefahr von Interessenkollisionen beinhaltet, ist allerdings bereits für sich ein starkes Argument für die hier (insbes. in Rn. 42) vertretene These genereller Unzulässigkeit.

38    **3. Dogmatische Konstruktion.** Will man versuchen, einen Einklang von § 458 mit den Grundsätzen der allgemeinen Rechtsgeschäftslehre herzustellen, kommt wohl am ehesten folgende dogmatische Konstruktion in Betracht: Dem Spediteur steht das Recht zur einseitigen Vertragsänderung zu. Mit Ausübung – durch Selbsteintritt – tritt an die Stelle der bis dahin rein speditionellen Rechte und Pflichten ein gemischter Vertrag mit Speditions- und Frachtvertragszügen:[57] Die sonstigen speditionellen Pflichten bleiben aufrecht; nur hat der Spediteur nun die Beförderung nicht mehr bloß zu organisieren, sondern auf eigenes Risiko durchzuführen. Bildlich kann man ohne weiteres auch davon sprechen, dass neben den Speditionsvertrag ein Frachtvertrag tritt, in dem der Versender Absender und der Spediteur Frachtführer ist.[58] Allerdings muss man sich bewusst sein, dass die speditionelle Hauptpflicht, einen Frachtvertrag als Ausführungsgeschäft abzuschließen, entfällt.

---

[53] Dafür etwa (noch zum Recht vor dem TRG) Schlegelberger/*Schröder* § 412 Rn. 6, der allerdings – wenig verständlich – für den Fall der „Annahme" dieser Erklärung durch den Versender anders entscheiden will. Das wäre nur dann vertretbar, wenn in der Erklärung des Spediteurs eine Offerte zur Änderung des Vertrags liegt, was aber in aller Regel nicht der Fall ist.

[54] BT-Drucks. 13/8445 S. 109 f., wo auch ausdrücklich von den Schutzkautelen der Rechtsgeschäftslehre die Rede ist.

[55] Vgl. ErgBd. 7a Rn. 4 f., wo ich bei meiner ersten Auseinandersetzung mit der durch das TRG geschaffenen Rechtslage ein solches Verständnis für möglich gehalten habe.

[56] Ganz hA: statt vieler *Koller* Rn. 5 mwN.

[57] Vgl. *Koller* Rn. 1 („Typenkombinationsvertrag"; zu Satz 2) und Rn. 16 („typengemischter Vertrag"; so allerdings bloß im Zusammenhang mit einem Teil-Selbsteintritt, mit dem der Versender rechnen musste).

[58] Siehe nur *Canaris* § 31 Rn. 82. Dass der Spediteur aus der Rolle des reinen Geschäftsbesorgers in die des Frachtführers „schlüpft" (so *Koller* Rn. 1; beifällig etwa EBJS/*Rinkler* Rn. 1), ist allerdings ein zumindest missverständliches Bild, da er seine Rolle als Spediteur ja an sich voll beibehält.

## III. Erlöschen des Selbsteintrittsrechts

Das Selbsteintrittsrecht besteht solange, wie Selbstbeförderung noch möglich ist. Es muss **39** nicht für die gesamte Transportstrecke ausgeübt werden (zum Teilselbsteintritt noch Rn. 44). Daher erlischt es erst **mit Beendigung des gesamten Transports,**[59] nicht hingegen bereits mit Abschluss eines Frachtvertrages über die gesamte Beförderungsstrecke (Rn. 16). Selbstverständliche Zusatzvoraussetzung ist ein aufrechter Speditionsvertrag; wirksame Kündigung (Widerruf) der Spedition beseitigt auch die Selbsteintrittsmöglichkeit (Rn. 11).

## IV. Nachträgliches Abgehen vom Selbsteintritt

Anders als bei zugangsbedürftigen Gestaltungsakten besteht mangels schützenswerter Ver- **40** trauensposition des Versenders kein prinzipielles Hindernis gegen eine einseitige Revision der Selbsteintrittsentscheidung.[60] Soweit damit keine Beeinträchtigung von Versenderinteressen – etwa eine Transportverzögerung – verbunden ist, ist ein Abgehen sogar dann möglich und zulässig, wenn der Versender bereits von der Selbstausführung verständigt wurde. Ebenso könnte der Spediteur seine Entscheidung auch noch nach dem Beginn der Selbstbeförderung (auf eigene Kosten; vgl. Rn. 16 f.) ändern.

## V. Mitteilungspflichten

Ebenso wenig wie der Spediteur den Versender bei „gewöhnlicher", ohne Zwischenfälle **41** verlaufender Spedition von der Person des beigezogenen Beförderers informieren muss (§ 454 Rn. 127), trifft ihn die Pflicht, dem Versender vom Selbsteintritt Mitteilung zu machen;[61] dies deshalb, weil die erlaubte Selbstbeförderung einerseits die Versenderinteressen nicht tangiert, andererseits vom Versender aber auch nicht verhindert werden kann.

## VI. „Unechter" Selbsteintritt

Überwiegend werden Wirksamkeit und Zulässigkeit auch eines **„unechten" Selbstein-** **42** **tritts** befürwortet: Der Spediteur soll die Möglichkeit haben, über § 458 an sich die Frachtführerpflichten zu übernehmen, dann aber (auf eigene Rechnung) einen (Unter-)Beförderer zu betrauen und dennoch nach Abs. 2 abzurechnen.[62] Diese Ansicht ist nicht zwingende Folge der rechtsgeschäftlichen Qualifikation des Selbsteintritts.[63] Sie ist vielmehr von diesem Ansatz (siehe Rn. 30 ff.) her nach Entstehungsgeschichte, ratio und Wortlaut des § 458 **abzulehnen:** Der Gesetzgeber hat die Selbstbeförderung nicht zuletzt deshalb für zulässig erklärt, weil so in gewissen Fällen den Interessen des Versenders am besten entsprochen werden kann (vgl. nur Rn. 2). Die Anerkennung der „Selbstbeförderung durch Dritte" würde jedoch im Wesentlichen zur faktischen Umgehung der Rechnungslegungspflichten bei gewöhnlicher Spedition führen (dazu § 454 Rn. 130): Der Versender kann nicht überprüfen, was der Spediteur für den Transport wirklich bezahlt hat. Günstigere als die gewöhnlichen Frachten würden so regelmäßig (aus Beweisgründen) entgegen dem Gesetz (vgl. Rn. 14) allein dem Spediteur zugutekommen. Will er auf eigene Rechnung handeln, steht

---

[59] *Koller* Rn. 8; Andresen/Valder/ *Valder* Rn. 11.

[60] Vgl. zu § 151 BGB *P. Bydlinski* JuS 1988, 36, 38 mwN der Diskussion.

[61] *Helm* §§ 412, 413 Rn. 77; Andresen/Valder/ *Valder* Rn. 10; Straube/ *Schütz* § 412 Rn. 5 aE; aA Schlegelberger/ *Schröder* Rn. 5; Heymann/ *Joachim* Rn. 5; *Koller* Rn. 9.

[62] In der Rspr. wird die Problematik selten deutlich angesprochen: vgl. etwa BGH 29.6.1959, VersR 1959, 659, 661; OLG Hamburg 10.9.1974, VersR 1975, 660. Aus der Literatur statt vieler *Sieg* VersR 1965, 297, 302; *Merz* VersR 1982, 213, 215; *Jungfleisch* Selbsteintritt S. 33; *Herber* ZHR 150 (1986), 713, 715 (Buchbesprechung); *Canaris* § 31 Rn. 82; *Karsten Schmidt* HandelsR § 33 IV 2 b; Schlegelberger/ *Schröder* § 412 Rn. 9; *Koller* Rn. 5; Oetker/ *Paschke* Rn. 4. Für Zulässigkeit des unechten Selbsteintritts iS von Wirksamkeit auch EBJS/ *Rinkler* Rn. 14, der aber zugleich einen Verstoß gegen die Interessenwahrungspflicht für möglich hält und für diesen Fall eine Ersatzpflicht des Spediteurs befürwortet.

[63] So aber wohl *Helm* §§ 412, 413 Rn. 78, der bei diesem Ansatz eine nähere Begründung der Zulässigkeit des unechten Selbsteintritts für unnötig hält.

ihm aber ohnehin die Möglichkeit einer Fixkostenvereinbarung (§ 459) zur Verfügung. Weitere Wahlmöglichkeiten nach Vertragsschluss müssen nicht eingeräumt werden. Gegen diese den unechten Selbsteintritt ablehnende Lösung spricht auch nicht die nach § 458 für den Versender uU günstigere Haftung des Spediteurs nach Frachtrecht; schon deshalb nicht, weil bei Beförderung durch einen Dritten ohnehin dieser entsprechend haftet. Die Behauptung, Selbsteintritt bedeute nichts anderes, als dass ein Spediteur Frachtführerpflichten, wie er sie von Anfang an durch Vertrag hätte übernehmen können, auch nachträglich übernehmen kann,[64] ist eine unzulässige petitio principii. Wie weit diese *einseitige* Befugnis reicht, ist ja gerade die zu klärende Frage.

**43**  Da ein Selbsteintritt durch bloße Erklärung nicht möglich ist (Rn. 37), sondern vom Spediteur tatsächlich selbst befördert werden muss (zu diesem Tatbestandsmerkmal schon Rn. 22 f.), gibt es abgesehen von gegenteiligen Vereinbarungen[65] keine weitere Konstellation, die zur Anwendung der Rechtsfolgen der Sätze 2 und 3 führt: **Betrauung eines selbständigen dritten Transporteurs schließt** für die betreffende Strecke den **Selbsteintritt aus.**[66]

## VII. Teil-Selbsteintritt

**44**  Keine Bedenken bestehen hingegen gegen die **Selbstbeförderung auf einer Teilstrecke**[67] **oder von Teilpartien.** Auch für einen solchen Teil-Selbsteintritt gelten alle bisherigen Überlegungen; uU stellen sich aber zugleich Fragen des multimodalen Transports[68] (dazu kurz hier Rn. 53; ansonsten siehe die §§ 452 ff.). Die in der Rspr. früher favorisierte, in der Literatur jedoch schon seit langem abgelehnte „Gesamtbetrachtung", wonach für eine Beförderung nur eine Transportrechtsordnung anzuwenden sei, ist überholt.[69] Daher haftet der selbst eingetretene Spediteur nur für Schäden, die auf der von ihm übernommenen Teilstrecke entstanden sind.[70]

## VIII. Pflicht zum Selbsteintritt?

**45**  In manchen Fällen kann der Selbsteintritt für den Versender die günstigste Lösung sein (vgl. nur Rn. 2). Dennoch kann über die Interessenwahrungspflicht (§ 454 Abs. 4) auch dann **keine Pflicht** des Spediteurs angenommen werden, **selbst zu befördern,** wenn ihm dies möglich wäre. § 458 Satz 1 begründet bloß ein Recht des Spediteurs. Dieser hat sich eben nur zur Besorgung der Versendung, nicht zum Transport verpflichtet. Die Beförderung selbst ist überdies mit zusätzlichen (Haftungs-)Risiken behaftet, die dem Spediteur ohne dessen Willen nicht aufgebürdet werden können.

## IX. Beweislast

**46**  Die Tatsachen, aus denen sich der Selbsteintritt des Spediteurs ergibt, hat der zu beweisen, der sich im Prozess auf einen erfolgten Selbsteintritt beruft.[71] Allein aus der Art der (nachträglichen) Abrechnung können keine sicheren Schlüsse für oder gegen Selbsteintritt gezo-

---

[64] *Karsten Schmidt* HandelsR § 33 IV 2 b.

[65] Der rechtsgeschäftlich vorgesehene Selbsteintritt ist jedenfalls zulässig: *Karsten Schmidt* HandelsR § 33 IV 2 b.

[66] Ebenso und ausführlich – wenn auch ausgehend vom Realvertragsansatz – *Helm* §§ 412, 413 Rn. 81; ferner *H. Schmidt* VersR 1975, 984, 985 f.; *Straube/Schütz* § 412 Rn. 6.

[67] Ganz hA. Aus jüngerer Zeit (zur Rechtslage nach dem TRG) in diesem Sinn etwa *Koller* Rn. 14; *Andresen/Valder/Valder* Rn. 20.

[68] *Koller* Rn. 21.

[69] Siehe nur BGH 24.6.1987, NJW 1988, 640; *Koller* Rn. 13 ff. mwN.

[70] Näher dazu etwa BGH 24.6.1987, NJW 1988, 640, 643 und 11.7.1996, NJW-RR 1997, 222, 224.

[71] Vgl. OLG Saarbrücken 19.12.1973, TranspR 1978, 13 (nur Leitsatz), wonach die Beweislast für die Selbstbeförderung dem Auftraggeber auferlegt wurde; offenbar berief sich der Auftraggeber auf die zwingende frachtrechtliche, die ADSp „verdrängende" Haftung.

gen werden;[72] schon gar nicht, wenn man unter Ablehnung des „unechten" Selbsteintritts wirkliche Selbstbeförderung verlangt (Rn. 42 f.).

## D. Rechtsfolgen des zulässigen Selbsteintritts

### I. Grundsatz

Die Rechtsfolgen der Sätze 2 und 3 des § 458 treten dann ein, wenn der Spediteur **von** **47** **seiner Befugnis** zum Selbsteintritt **Gebrauch gemacht** hat. Dabei kommt es auf den **Beginn der Beförderung in Selbsteintrittsabsicht** an. Eine bloße Selbsteintrittserklärung reicht hingegen nicht aus (siehe insbes. Rn. 30 ff.).

### II. Die Rechtsfolgenanordnung des § 458 Satz 2 als zwingendes Recht

**1. Verweis auf zwingendes Transportrecht.** Wegen der Existenz zwingender **48** Frachtrechtssonderordnungen wie insbes. der CMR ist die Klärung der Frage, ob auch die Rechtsfolgen des Selbsteintritts der Parteiendisposition unterliegen, von großer praktischer Bedeutung. Anders gefragt: (Wie weit) Ist § 458 Satz 2 zwingend? Könnten die Parteien beliebig über die Rechtsfolgen des Selbsteintritts disponieren, würden dadurch die hinter der Indisponibilität des Frachtrechts (zB der Haftung) stehenden Gesetzeszwecke durchkreuzt.

Im Grundsatz war schon zu § 412 Abs. 2 aF anerkannt, dass die Norm **soweit zwingend** **49** **ist, wie sie auf zwingendes Transportrecht verweist**.[73] Der Spediteur soll auf Grund des Selbsteintritts in Hinblick auf die Beförderung eben nicht besser stehen, als wenn er von vornherein den einem bestimmten gesetzlichen Regime unterstehenden Transportvertrag geschlossen hätte.[74] Und vor allem soll der Versender/Absender durch die Selbstbeförderung keine rechtlichen Nachteile erleiden. **§ 466 Abs. 3** stellt dies nunmehr ausdrücklich klar, ohne dass darin eine Änderung der Rechtslage läge.

**2. Verweis auf dispositives Transportrecht.** Umgekehrt weicht **dispositives** **50** **Frachtrecht** sehr wohl gegenteiliger Vereinbarung, so – unter Beachtung der §§ 449, 451h und 452d – die §§ 407 ff. und Teile des Seetransportrechts.[75] Gleiches gilt für entsprechende (dispositive) Ergänzungen zu zwingendem Frachtrecht, die ebenfalls disponibel sind.[76] Ob die Parteien im Zweifel das verwiesene Frachtrecht rechtsgeschäftlich verändern oder bereits die Verweisungsnorm (hier: § 458 Satz 2) vertraglich abbedingen, ist wegen des unstrittigen Ergebnisses nebensächlich.[77]

### III. Anwendbare Normen

**1. Prinzip: Kumulative Anwendung von Speditions- und Transportrecht.** Viel **51** deutlicher als § 412 Abs. 2 aF („zugleich die Rechte und Pflichten eines Frachtführers ...) stellt Satz 2 klar, dass **Frachtrecht** nur **hinsichtlich der Beförderung** eingreift. Die

---

[72] Für Indizwirkung bei „unechtem" Selbsteintritt OLG München 12.4.1990, TranspR 1990, 280, 284. Überdies wird dem Spediteur die Darlegungslast für Selbsteintritt dann auferlegt, wenn die Abrechnung nach § 412 Abs. 2 aF (nunmehr § 458 Satz 3) für ihn günstiger ist als bei gewöhnlicher Spedition. Offenbar für die Bedeutsamkeit der vom Spediteur vorgenommenen Abrechnung für die Annahme einer Beförderung im Selbsteintritt *Koller* Rn. 9.

[73] Siehe statt vieler BGH 10.2.1982, NJW 1982, 1946; BGH 10.10.1985, TranspR 1986, 70; öOGH 4.11.1981, TranspR 1982, 80; ferner etwa *Helm* §§ 412, 413 Rn. 5 mwN.

[74] BGH 25.10.1962, BGHZ 38, 150, 154; *Helm* §§ 412, 413 Rn. 5. ZT gegen diese Begründung, nicht aber gegen das Ergebnis *Koller* VersR 1987, 1058, 1062: § 412 Abs. 2 (jetzt: § 458 Satz 2) gebe bloß Grundsätze über die Behandlung von Typenkombinationsverträgen wieder.

[75] Vgl. etwa (jeweils zu § 413 aF) OLG Hamburg 12.1.1984, VersR 1984, 1090; OLG Köln 15.8.1985, TranspR 1986, 74; vgl. ferner mwN *Koller* Rn. 11 aE.

[76] So zu Ergänzungen der CMR durch BGB-Vorschriften BGH 7.3.1985, NJW 1985, 2091 f. (in der CMR nicht geregeltes Aufrechnungsverbot); LG Frankfurt 9.7.1984, TranspR 1985, 110, 112 *(Schiller)*.

[77] Für Abbedingung des § 412 Abs. 2 aF OLG Köln 15.8.1985, TranspR 1986, 74, 77.

Anordnung erfasst alle denkbaren Frachtgeschäfte (Rn. 7). Daneben bleiben **alle speditio-nellen Pflichten** – mit Ausnahme der Pflicht zum Abschluss eines Beförderungsvertrages mit einem Frachtführer oder Verfrachter – **aufrecht**. Eine Änderung gegenüber dem früheren Recht liegt darin nicht. Soweit das Speditions- und das (jeweils anwendbare) Transportrecht unterschiedliche Regelungen enthalten, ist zu klären, wann für diesen typengemischten Vertrag (Rn. 38) die eine und wann die andere Ordnung eingreift. Dass sich der Spediteur bei Eingreifen zwingenden Transportrechts im Zusammenhang mit der Beförderung auf vertragliche Begünstigungen nicht berufen kann, wurde schon festgestellt (Rn. 49).

52   **2. Abgrenzung nach Pflichtenkreisen.** Die Grundsatzfrage ist relativ einfach zu beantworten, wenn die Abgrenzung im Einzelnen auch schwierig sein kann: Für die Tätigkeitsbereiche, die in die Zuständigkeit eines Spediteurs iS des § 453 fallen, gilt ausschließlich Speditionsrecht. Man vergleicht zu diesem Zweck, welche Rechte und Pflichten den Spediteur selbst träfen, wenn er einen außen stehenden Beförderer eingesetzt hätte. Alles, was unmittelbar mit der Beförderung selbst zu tun hat, unterliegt hingegen dem Transportrecht.[78]

53   **3. Anwendung einer konkreten Transportrechtsordnung.** Je nach der Art des Transports greifen für die Beförderung selbst unterschiedliche **Spezialordnungen** (§§ 407 ff., CMR, CIM, WA, MÜ usw.) ein. Für die Beförderung im Selbsteintritt stellen sich insoweit keine Sonderfragen. Das gilt auch für die Rechtsanwendung in Fällen des multimodalen (kombinierten) Transports; wenn also etwa durch Einsatz unterschiedlicher Transportmittel hintereinander verschiedene Sondertransportrechte anzuwenden wären (§§ 452 ff.). – Zur Haftung des selbst eintretenden Spediteurs bei Einsatz **vertragswidriger Transportmittel** Rn. 66 ff., insbes. 69.

54   **4. Abgrenzung im Einzelnen.** Die im Grenzbereich schwierige Frage, welche einzelnen Pflichten zur Spedition und welche zum Transport gehören, lässt sich nicht allgemeingültig beantworten. Entscheidend ist die einzelvertragliche Pflichtenabgrenzung. Zu den **speditionsrechtlichen** Pflichten gehört etwa der Schutz des Gutes bis zum Beginn der Beförderungsphase oder die Sicherung von Schadensersatzansprüchen des Versenders (§ 454 Abs. 1 Nr. 3).

### IV. Rechte des Spediteurs

55   Hier sollen nur die in **§ 458 Satz 3** vorgesehenen Ansprüche angesprochen werden, die die ohne Selbsteintritt bestehenden Rechte des Spediteurs teilweise modifizieren. Zu diesen und weiteren Rechten bei gewöhnlicher Spedition siehe in der Kommentierung des § 456.

56   **1. Vergütung. a) Umfang.** Hinsichtlich des Vergütungsanspruchs bei Selbsteintritt gibt es im Ergebnis kaum einen Unterschied zur gewöhnlichen Spedition. Eine wesentliche Pflicht trifft den Spediteur zwar nicht mehr, nämlich die zur Suche eines geeigneten Beförderers (siehe nur § 454 Rn. 11). Da Selbstbeförderung jedoch häufig auch im Interesse des Versenders erfolgt und ihm daher zumindest ebenso nützt wie eine Fremdbeförderung, wollte man dem Spediteur den in der speditionellen Vergütung liegenden Anreiz zum Selbsteintritt nicht nehmen. Die Spediteurvergütung steht ihm daher mangels anderer Abrede **in voller Höhe** zu.

57   **b) Fälligkeit.** Sie wird mit dem Beginn der Beförderung fällig,[79] da dieser Akt die Übergabe an den Transporteur iS des § 456 ersetzt (zur Fälligkeit im Regelfall § 456 Rn. 8 ff.). Eine (weitere) Privilegierung des Spediteurs durch Vorverlegung der Fälligkeit[80] ist dem Gesetz nicht zu entnehmen.

---

[78] Ganz hA: Schlegelberger/*Schröder* § 412 Rn. 11d; *Koller* Rn. 10 u. a.
[79] *Helm* §§ 412, 413 Rn. 102; ohne Begründung aA Schlegelberger/*Schröder* § 412 Rn. 11.
[80] Dafür Schlegelberger/*Schröder* § 412 Rn. 11.

**2. Gewöhnliche Fracht. a) Umfang.** Mangels einer konkreten Aufwendung in Geld – **58** und daher zwangsläufig anders als nach § 670 BGB – wird dem Spediteur sein Beförderungsaufwand nach einem objektiven Maßstab entgolten: Er hat für seine Beförderungsleistung **zusätzlich** zur speditionellen Vergütung Anspruch auf die „gewöhnliche" (= übliche) Fracht. Anderes gilt bloß, wenn billigere Beförderung durch Dritte erkennbar möglich gewesen wäre: Dann hat der Spediteur nur Anspruch auf diese niedrigere Fracht (Rn. 14). Kann für die konkrete Beförderung eine übliche Fracht nicht festgestellt werden, besteht hingegen von vornherein kein Selbsteintrittsrecht (Rn. 20).

Nach dem hier zugrunde gelegten Ansatz (Ablehnung eines „unechten" Selbsteintritts; **59** Rn. 42 f.) unterliegt auch der Fall einer **„Selbstbeförderung durch Dritte"** zu niedrigeren als den üblichen Preisen von Gesetzes wegen nicht dem § 458. Wurde eine solche Befugnis **vertraglich vorgesehen,** darf der Spediteur wohl im Zweifel gemäß § 458 Satz 3 verrechnen: Mit der Ausbedingung dieses Wahlrechts wird dann im Ergebnis ein Verweis auf die Rechtsfolgen des Selbsteintritts gemeint sein; der Spediteur darf dann – ähnlich wie bei der Fixkostenspedition – auf eigene Rechnung tätig werden.

**b) Fälligkeit.** Die Fälligkeit dieses aus der Beförderung resultierenden Anspruchs **60** bestimmt sich nach Frachtrecht. Entscheidend ist danach regelmäßig die **vollständige Ausführung der Beförderung.**[81] Näher § 420 Rn. 2 ff.

**3. Aufwendungsersatz.** Ansprüche auf **Aufwendungsersatz** werden seit dem TRG **61** nicht mehr eigens genannt. Für tatsächlich getätigte[82] speditionelle Aufwendungen, deren Ersatz neben der Vergütung verlangt werden kann, ist grundsätzlich § 670 BGB einschlägig (§ 456 Rn. 51). Werden hingegen Aufwendungen im Zusammenhang mit der Beförderung gemacht, ist nach § 420 Abs. 1 Satz 2 zu entscheiden, ob sie gesondert – also neben der Fracht – ersetzt werden müssen (dazu dort Rn. 5 ff.).

### V. Pflichten des Spediteurs

**1. Als Spediteur.** Die speditionelle Hauptpflicht, einen geeigneten Frachtführer zu **62** suchen, mit diesem zu kontrahieren und ihm das Gut zukommen zu lassen (§ 454 Rn. 11 ff.), wird durch die Selbstausführung ersetzt. Alle übrigen (Neben-)Pflichten eines Spediteurs, die nach dem Prinzip der Versenderinteressenwahrung zu konkretisieren sind, bleiben hingegen aufrecht (Details § 454 Rn. 55 ff.).

**2. Als Transporteur.** Für die Beförderung selbst ist die Rechtslage so, als ob der Spedi- **63** teur zusätzlich mit dem Versender als Absender einen Transportvertrag geschlossen hätte. Insoweit ergeben sich Pflichten im Detail aus der in concreto einschlägigen Transportrechts-Sonderordnung (§§ 407 ff., CMR, CIM, MÜ usw.).

Zur Pflichtenabgrenzung bereits kurz Rn. 54, zur Abweichung von der vertragsgemäßen **64** Versendungsart, was zum Eingreifen einer anderen Sonderordnung als erwartet führen könnte, Rn. 65 ff., insbes. 69.

### VI. Haftung des Spediteurs[83]

**1. Grundsatz.** Verletzt der selbst eingetretene Spediteur seine **speditionellen** Pflichten, **65** so richtet sich seine Haftung nach Speditionsrecht. Ausführlicher dazu bei § 461. Für Fehler im Zusammenhang mit dem **Transport** selbst greifen hingegen die §§ 425 ff. oder die in concreto anwendbare Transportrechts-Sonderordnung ein.

---

[81] Dazu etwa BGH 27.10.1988, NJW-RR 1989, 160, 162. – Zur Verjährung des Frachtanspruchs bei Selbsteintritt (Einjahresfrist nach § 40 Abs. 1 Satz 1 KVO) BGH 17.3.1994, NJW-RR 1994, 993 f.
[82] Die Vorläuferbestimmung des § 412 Abs. 2 sah demgegenüber – wenig sachgerecht – sogar den Ersatz von Aufwendungen („Kosten") vor, die ohne Selbsteintritt regelmäßig angefallen wären, tatsächlich aber nicht angefallen sind (dazu 1. Aufl. § 412 Rn. 65 f.). Wenig klar zur (Nicht-)Regelung des Ersatzes speditioneller Aufwendungen der RegE BT-Drucks. 13/8445 S. 110 (zu § 457 HGB-E aE).
[83] Im Einzelnen dazu etwa *Bartels* VersR 1975, 598; *Helm* VersR 1976, 601; *Kirchhof* VersR 1983, 608; *Merz* VersR 1982, 213; *H. Schmidt* VersR 1975, 984; *Temme* VersR 1984, 813 u. a.

**66**   **2. Zuordnung: Spediteur- oder Frachtführerhaftung. a) Problematik.** Problematisch ist insbesondere der Fall, dass der Spediteur den **Transport mit einem vertragswidrigen Beförderungsmittel** durchführt. Der Selbsteintritt wird mit Beginn der Beförderung zwar dennoch wirksam (Rn. 34); nur die Art der Selbstbeförderung ist unzulässig (zu den Grenzen der grundsätzlichen Wahlfreiheit des Spediteurs bei der konkreten Durchführung des Speditionsauftrags in Bezug auf den Transport § 454 Rn. 23 ff.). Abgesehen von den allgemeinen Nachteilen, die der Versender dadurch erleiden kann (Güterschäden, Kostenerhöhungen, Zeitverzögerungen usw.), kann dadurch eine andere Transportrechts-Sonderordnung eingreifen.[84] Für den Selbsteintritt stellen sich zwei voneinander zu trennende Fragen: 1. Ist diese Situation der einer unrichtigen Instruktion des Beförderers durch den Spediteur gleichzuhalten, was zur Anwendung von Speditionsrecht führte (vgl. § 454 Abs. 1 Nr. 2); oder ist vom Fehler eines Transporteurs auszugehen, was transportrechtliche Folgen auslöste? 2. (wenn Transportrecht eingreift): Sind die Haftungsregeln für das tatsächlich benutzte oder die für das vereinbarte Beförderungsmittel anzuwenden?

**67**   **b) Speditionsrechtliche Einordnung.** Eine Ansicht erkennt dem Versender bei Verwendung eines vertragswidrigen Transportmittels ein **Zurückweisungsrecht** zu.[85] Darin liegt eine implizite Zuordnung zum Speditionsrecht: Ein solches Recht (näher dazu § 454 Rn. 120 ff.) setzt nämlich **Geschäftsbesorgungspflichten** voraus, die im Transportrecht nicht bestehen. Eine Haftung nach (zwingendem) Transportrecht soll nach dieser Ansicht voraussetzen, dass der Versender das Zurückweisungsrecht nicht ausgeübt hat. Dem Versender wird also insofern ein Wahlrecht zugestanden. Tatsächlich ist die Zurückweisungsmöglichkeit für den Speditionsvertrag bereits im Ansatz wenig passend (§ 454 Rn. 121). Beim Selbsteintritt kommt hinzu, dass ein Ausführungsgeschäft gerade fehlt. Was sollte dann aber zurückgewiesen werden? Daher ist dieser Weg abzulehnen.

**68**   Seit dem TRG gehört die Bestimmung des Beförderungsmittels allerdings ausweislich des **§ 454 Abs. 1 Nr. 1** zu den (Haupt-)Pflichten eines **Spediteurs.** Überdies setzt der Selbsteintritt den Beginn der Beförderung voraus, womit – zumindest für die erste Teilstrecke – das Transportmittel bereits fest steht, bevor Frachtrecht eingreift. Daher richtet sich die Haftung des selbst eintretenden Spediteurs für Schäden auf Grund der Benutzung eines speditionsvertragswidrigen Transportmittels jedenfalls seit Inkrafttreten des TRG nach dem **Speditionsrecht;**[86] und zwar namentlich nach **§ 461 Abs. 2,** da die Wahl des Beförderungsmittels nichts mit der Obhut des Spediteurs über das Gut zu tun hat und der Güterschaden – so er auf dem Transport erfolgt – nicht in der Obhut des Spediteurs in seiner Eigenschaft als Spediteur, sondern in der als Frachtführer entsteht (zur Haftung nach § 461 Abs. 2 dort Rn. 14 ff.).

**69**   **c) Transportrechtliche Haftung.** Aus dem eben Gesagten folgt allerdings nur, dass der Spediteur nach Speditionsrecht für Schäden haftet, deren Ursache die Verwendung eines falschen Transportmittels war. Kommt es zu einem Transportschaden (Beschädigung, Verlust, Verspätung), hat der selbst eingetretene Spediteur dafür jedoch grundsätzlich auch nach Frachtrecht einzustehen. Fraglich ist bloß, ob er nach dem Recht des tatsächlich benutzten oder nach dem des vertragsgemäßen Beförderungsmittels haftet. Die Frage nach der anwendbaren Haftungsordnung im Falle von Transportschäden bei Beförderung mit einem vertragswidrigen Transportmittel kann an sich auch bei jedem gewöhnlichen Frachtvertrag aktuell werden (näher dazu § 407 Rn. 116 ff.). Geht man für den Selbsteintritt wie hier davon aus, dass die Auswahl an sich zu den speditionellen Pflichten gehört, so folgt daraus für die Selbsteintrittsfälle in einem ersten Schritt, dass sich die **Haftung als Beförderer nach dem Recht des benutzten Transportmittels** richtet.[87]

---

[84] Vgl. etwa (nicht zum Selbsteintritt) BGH 17.5.1989, NJW 1990, 639: Straßengütertransport statt Luftfracht.
[85] *Koller* Rn. 12.
[86] Richtig EBJS/*Rinkler* Rn. 29.
[87] Anders bei einem schlichten Frachtvertrag der BGH 17.5.1989, NJW 1990, 639, der nach dem Prinzip der „Meistbegünstigung" im Ergebnis zu dem Haftungsregime gelangt, das den Geschädigten am besten stellt.

**d) Speditionsrechtliche Haftung.** In einem zweiten Schritt ist allerdings zu berück-   70
sichtigen, dass die Wahl des vertragswidrigen Transportmittels eine Verletzung des Speditionsvertrags darstellt. Daraus resultierende Schäden sind zu ersetzen. Diese auf § 461 Abs. 2
gestützte Haftung (vgl. Rn. 68) setzt – im Unterschied zur frachtrechtlichen Obhutshaftung – eine (vermutete) **schuldhafte** Pflichtverletzung des Spediteurs voraus, erstreckt sich
aber auch auf den **gesamten** beim Versender entstandenen **Schaden** (§ 461 Rn. 15).

## E. Unzulässige Selbstbeförderung

### I. Anwendungsfälle

Die Ausführungen in den Rn. 65 ff. betrafen nur die Haftungsfolgen nach erfolgtem   71
**zulässigem** Selbsteintritt. Nun sollen die Fälle der **Unzulässigkeit** behandelt werden.
Unzulässig ist die Selbstbeförderung bei entsprechendem vertraglichem Ausschluss, bei Fehlen einer gewöhnlichen Fracht und bei Entgegenstehen sonstiger Versenderinteressen
(Rn. 9, 12 ff. 18 ff.), nicht aber schon dann, wenn eine Fremdbeförderung preisgünstiger
gewesen wäre (Rn. 14).

Der **„unechte Selbsteintritt"** ist gerade kein Fall der Selbstbeförderung. Ohne entspre-   72
chende Vereinbarung kann bei tatsächlicher Fremdbeförderung auch eine Selbsteintrittserklärung nicht die Rechtsfolgen des § 458 auslösen (Rn. 42 f.). Da der Spediteur einen
Frachtführer betraut hat, bleibt es in jeder Hinsicht bei den Konsequenzen der gewöhnlichen Spedition:[88] Der Spediteur haftet für Auswahl- und Instruktionsverschulden und kann
vom Versender neben der Spediteurprovision nur die wirklich getätigten (und erforderlichen) Aufwendungen ersetzt verlangen.

### II. Rechtsfolgen tatsächlicher Selbstbeförderung ohne Eintrittsrecht

**1. Allgemeines.** Die in Rn. 71 aufgezählten Fälle haben die Gemeinsamkeit, dass der   73
Spediteur den Transport selbst durchgeführt hat, obwohl ihm kein Recht dazu zustand.
Es existierte also von vornherein keine entsprechende Gestaltungsbefugnis (Rn. 29) des
Spediteurs. Daraus folgt, dass § 458 Sätze 2 und 3 nicht anwendbar sind, weshalb zwischen
den Parteien weder der Verweis auf das Frachtrecht greift noch die besonderen Abrech-
nungsvorschriften aktuell werden. Anderes gilt nur bei **nachträglicher Genehmigung**
des Selbsteintritts durch den Versender; eine solche Zustimmung kann jedoch nicht ohne
weiteres in der Begleichung einer – nach den Grundsätzen des § 458 Satz 3 erstellten –
Rechnung gesehen werden.

Mangels Genehmigung ergeben sich die Rechte und Pflichten von Versender und Spedi-   74
teur – ohne dass es einer besonderen „Zurückweisung" des Versenders bedarf (vgl. auch
Rn. 67) – grundsätzlich aus dem weiterhin wirksamen Speditionsvertrag, uU ergänzt um
**bereicherungsrechtliche** Ansprüche des Spediteurs (dazu Rn. 80).

Für die Heranziehung der Normen anderer gesetzlicher Schuldverhältnisse bleibt dagegen   75
regelmäßig von vornherein kein Raum: Verwendungsersatz nach den Vorschriften über
das **Eigentümer-Besitzer-Verhältnis** kann wohl schon deshalb nicht gefordert werden,
weil die Beförderung keinen Aufwand auf die Sache darstellt.[89] Ansprüche aus **Geschäftsführung ohne Auftrag** scheitern jedenfalls häufig deshalb, weil der Spediteur mit Hilfe
des Selbsteintritts seine vertraglichen Verpflichtungen zu erfüllen glaubt, also nicht in Kenntnis des Fehlens eines Rechtsgrundes für den Versender tätig wird; überdies entspricht der
Selbsteintritt nicht dem Willen des Versenders (vgl. § 678 BGB). Schließlich gehen vertragliche Ansprüche jedenfalls vor.

---

[88] *Helm* §§ 412, 413 Rn. 85.
[89] Es sei denn, man lässt in einer Art wirtschaftlicher Betrachtungsweise die Wertsteigerung durch Ortsver-
lagerung ausreichen (siehe etwa die ratio des § 442).

**76**    **2. Rechte des Spediteurs.** Der Spediteur hat seine Pflichten zwar nicht wie vereinbart erfüllt: Er hat keinen geeigneten dritten Frachtführer betraut, sondern selbst befördert. Jedenfalls dann, wenn das Gut ordnungsgemäß beim Empfänger einlangt, die Selbstbeförderung also den vom Versender angestrebten Erfolg erbracht hat (zu Störungen § 456 Rn. 30 ff.), besteht aber kein Grund, dem Spediteur die vereinbarte **Vergütung** vorzuenthalten. Entsprechendes gilt für den Anspruch auf **Aufwendungsersatz** (§ 670 BGB; vgl. § 456 Rn. 73 f.).

**77**    Da die Selbstbeförderung unzulässig ist, kann der Versender auch noch während des Transports korrekte Ausführung verlangen. Konsequenterweise muss deshalb auch die **Fälligkeit** der Ansprüche auf das Ende der Beförderung (ordnungsgemäße Ablieferung beim Empfänger) verlegt werden, sofern sie im Einzelfall nicht ohnehin erst später eintritt (zur Grundregel für den Vergütungsanspruch § 456 Rn. 8 ff. und bei erlaubtem Selbsteintritt hier Rn. 57, für den Aufwendungsersatzanspruch hier Rn. 61).

**78**    In Bezug auf das **Entgelt für den Transport** selbst gilt Folgendes: Mangels aktuell gewordener frachtvertraglicher Rechte und Pflichten (vgl. Rn. 73) besteht kein Anspruch auf die gewöhnliche Fracht nach § 458 Satz 3. Möglich ist aber ein Ersatz der tatsächlichen Aufwendungen, die der Spediteur im Rahmen der Selbstbeförderung getätigt hat (§ 670 BGB iVm. dem Speditionsvertrag). Transportaufwendungen sind grundsätzlich erforderlich; allein die Tatsache, dass sie bei vertragsgemäßem Vorgehen auf andere Weise, nämlich durch Einschaltung eines Dritten (des Beförderers), entstanden wären, kann die Ersatzfähigkeit dem Grunde nach nicht hindern (vgl. § 456 Rn. 58 ff.).

**79**    Ebenso wie bei Beauftragung eines Transporteurs kann der Spediteur jedoch höchstens seinen tatsächlichen Aufwand in Rechnung stellen (vgl. § 670 BGB). Dieser wird nun aber – wegen der Vertragswidrigkeit sachlich gerechtfertigt – häufig unter der Fracht liegen, die ein außen stehender Transporteur verlangt hätte. Die Selbstbeförderung erfolgt ja regelmäßig auf Grund eigener freier Kapazitäten. Daher besteht kein Anlass, dem Spediteur die von Transporteuren mit einkalkulierte Gewinnspanne zuzugestehen; ebenso wenig etwa anteilige Fixkosten für das benutzte Beförderungsmittel (Steuer, Versicherung usw.).

**80**    Erachtet man die notwendigen Transportaufwendungen als über § 670 BGB ersatzfähig, bleibt wegen des Vorrangs vertraglicher Ansprüche für einen **Bereicherungsanspruch** des Spediteurs kein Raum. Bei diesem wäre auf die Position des Versenders, also auf dessen Vermögensvermehrung, abzustellen; diese müsste deshalb zumindest mit dem am Markt vorzufindenden günstigsten Preis bewertet werden (vgl. § 818 Abs. 2 BGB).

**81**    **3. (Haft-)Pflichten des Spediteurs.** Vertragliche Erfüllungspflichten bestehen nach Selbstbeförderung regelmäßig nicht mehr. Von Bedeutung ist daher vor allem die Frage nach etwaigen **Schadensersatzpflichten** des Spediteurs, insbesondere **wegen Transportschäden.** Dazu kann hier nur Grundsätzliches gesagt werden.

**82**    Da den Spediteur mangels Anwendbarkeit des § 458 Satz 2 keine Frachtführerpflichten treffen, haftet er trotz Beförderung grundsätzlich nach Speditionsrecht. Soweit es um Güterschäden auf dem Transport geht, greift dann konsequenterweise die – verschuldensunabhängige – speditionelle Obhutshaftung gemäß § 461 Abs. 1 ein. Nun ist allerdings denkbar, dass die Haftung nach dieser Vorschrift für den Versender ungünstiger ist als die Einstandspflicht gemäß jenen Regeln, die an sich für den konkreten Transport gelten würden. Dies muss wohl über den Gedanken mitberücksichtigt werden, dass der Versender nicht schlechter stehen darf, als wenn sich der Spediteur vertragsgemäß verhalten hätte (vgl. Rn. 70). Korrekt wäre der Einsatz eines dritten Beförderers gewesen. Dann wäre dem Versender die konkrete (zwingende) Transport-Sonderhaftung jedenfalls zugutegekommen, sofern ein Schaden überhaupt eingetreten wäre. Dass kein Beförderer betraut wurde, stellt eine Verletzung nicht obhutsbezogener speditioneller Pflichten dar und führt damit zur Haftung nach § 461 Abs. 2: Allenfalls bei (hypothetischer) Betrauung eines insolventen, nicht ausreichend versicherten Frachtführers durch den Spediteur wäre der Versender auf etwaigen Transportschäden sitzen geblieben. Der Beweis, dass der Schaden auch bei rechtmäßigem Verhalten eingetreten wäre, wird dem Spediteur aber kaum einmal gelingen. Dafür wäre es nämlich nötig, im Einzelnen darzutun, dass ohne Selbstbeförderung – zulässigerweise – ein bestimmter Transporteur betraut worden wäre, von dem Ersatzleistungen nicht einzubringen sind.

**Fazit:** Die Haftung des Spediteurs für bei unerlaubter Selbstbeförderung entstandene Trans-     **83** portschäden richtet sich nach Wahl des Versenders nach § 461 Abs. 1 oder im Ergebnis nach jener Transportrechts-Sonderordnung, die bei Existenz eines Frachtvertrages einschlägig wäre. Für diese Lösung spricht nicht zuletzt ein Vergleich mit der zulässigen Selbstbeförderung.

Fraglich ist schließlich noch, ob sich der unerlaubt selbst befördernde Spediteur generell     **84** auf alle Haftungsschranken des einschlägigen Transportrechtsregimes berufen kann; etwa darauf, der Transportschaden sei ohne sein Verschulden entstanden, wenn die betreffende Haftungsordnung nur bei schuldhafter Schädigung Ersatz gewährt (so etwa nach § 606 HGB für den Seetransport), oder ob für die Haftung Verschulden hinsichtlich der (vertragswidrigen) Selbstbeförderung ausreicht und damit auch Zufallsschäden erfasst werden (so zur Geschäftsführung ohne Auftrag § 678 BGB). ME sollten auch insoweit die Voraussetzungen der besonderen Transporthaftungsordnung entscheidend sein: Hat die Selbstbeförderung – wie regelmäßig, wenn ein geeignetes Beförderungsmittel gewählt wurde – zu keiner Gefahrenerhöhung geführt, erscheinen haftungsmäßige Begünstigungen des Versenders nicht begründbar. Vielmehr genügt es, die Eigenmächtigkeit des Spediteurs auf der Entgeltseite zu sanktionieren (dazu Rn. 78). Überdies widerspricht die Beförderung an sich ja gerade nicht dem Willen des Versenders, weshalb die ratio des § 678 BGB nicht (voll) greift.

## § 459 Spedition zu festen Kosten

[1]Soweit als Vergütung ein bestimmter Betrag vereinbart ist, der Kosten für die Beförderung einschließt, hat der Spediteur hinsichtlich der Beförderung die Rechte und Pflichten eines Frachtführers oder Verfrachters. [2]In diesem Fall hat er Anspruch auf Ersatz seiner Aufwendungen nur, soweit dies üblich ist.

**Zum Norminhalt: Satz 1** knüpft an die Vereinbarung eines konkreten Entgelts, das auch Transportkosten enthält, das **Eingreifen von Frachtrecht.** Nach **Satz 2** erfolgt ein zusätzlicher **Aufwendungsersatz** dann **nur im Rahmen des Üblichen.**

**Schrifttum: a) zur Rechtslage vor dem TRG:** *Bartels,* Die zwingende Frachtführerhaftung des Spediteurs, VersR 1975, 598; *ders.,* Zur Frachtführerhaftung des Spediteurs, VersR 1980, 611; *Bayer,* Die Haftung des Fixkostenspediteurs gegenüber dem Versender für Ladungsschäden bei Seetransport, VersR 1985, 1110; *Bischof,* Zum Recht des Fixkostenspediteurs im Straßengüterverkehr, VersR 1981, 708; *Blasche,* Der Spediteur als Frachtführer, öAnwBl. 1979, 163; *Diehl,* Die Pflichten des Spediteurs in den Fällen der §§ 412, 413 HGB, Diss. Tübingen 1987; *Helm,* Nochmals: Die zwingende Frachtführerhaftung des Spediteurs, VersR 1976, 601; *Herber,* Der Spediteur als Frachtführer, 1978; *Kleyensteuber,* Der Spediteur als Luftfrachtführer, TranspR 1980, 64; *Knorre,* Zur Frachtführerhaftung im grenzüberschreitenden Straßengüterverkehr, VersR 1980, 1005; *ders.,* Zur Haftung des Fixkostenspediteurs im grenzüberschreitenden Straßenverkehr, VersR 1981, 169; *Koller,* Die Verweisung der §§ 412, 413 HGB auf die CMR, VersR 1987, 1058; *ders.,* CMR und Speditionsrecht, VersR 1988, 556; *Lengtat,* Der Spediteur im grenzüberschreitenden Kraftverkehr, VersR 1985, 210; *Merz,* Die Haftungsproblematik im Spediteurs- und Frachtführerrecht, VersR 1982, 213; *Papp,* Haftungsrechtliche Fragen im Zusammenhang mit §§ 412, 413 HGB, Diss. München 1973; *Runge,* Der Spediteur als Frachtführer, TranspR 1978, 62; *ders.,* Gedanken über eine Neufassung der §§ 412, 413 HGB, TranspR 1982, 34; *Jürgen H. Schmidt,* Speditionsversicherung und Verfrachterhaftung des Fixkostenspediteurs, TranspR 1987, 165; *ders.,* Konnossemente und Leistungspflicht der Speditionsversicherer im Falle der Fixkostenspedition, TranspR 1987, 426; *ders.,* Bedeutung des Konnossements für die Verfrachterhaftung des Fixkostenspediteurs, TranspR 1988, 105; *ders.,* Speditionsversicherung und die HGB-Frachtführerhaftung von nicht der KVO-Haftung unterliegenden Fixkosten- und Sammelladungsspediteuren, TranspR 1988, 268; *Horst Schmidt,* Zur Frachtführerhaftung des Spediteurs in den Fällen der §§ 412, 413 HGB, VersR 1975, 984; *Edgar Schneider,* Noch einmal – Die Verfrachterhaftung des Fixkostenspediteurs, TranspR 1987, 329; *Schoner,* Der Spediteur als Luftfrachtführer, TranspR 1979, 57; *Sieg,* Die Abgrenzung der Haftung des Spediteurs und des Güterfernverkehrs-Unternehmers, VersR 1965, 297; *Thume,* Keine zwingende CMR-Haftung des Fixkosten-Sammelladungsspediteurs im grenzüberschreitenden Straßengüterverkehr, TranspR 1992, 355. **b) zur Rechtslage seit dem TRG:** *Knauth,* Die Fixkostenspedition in der Insolvenz des Versenders, TranspR 2002, 282; *Saur,* Die Änderung der Haftungsgrundsätze im Fracht-, Speditions- und Lagerrecht durch das Transportrechtsreformgesetz, 1999; *Starosta,* Zur Auslegung und Reichweite der Ziffer 23.3 ADSp, TranspR 2003, 55; *Thonfeld,* Nochmals: Zur Reichweite von Ziffer 23.3 ADSp 2003, TranspR 2003, 237.

## Übersicht

| | Rn. | | Rn. |
|---|---|---|---|
| **A. Allgemeines** | 1–9 | **IV. Einigung** | 23–30 |
| | | 1. Grundsätzliches | 23 |
| **I. Einführung und wirtschaftliche Betrachtung** | 1 | 2. Handeln auf eigene Rechnung | 24, 25 |
| **II. Entstehungsgeschichte und ratio** | 2–6 | 3. Zeitpunkt der Einigung | 26–30 |
| 1. Die Entwicklung vor dem HGB | 2, 3 | **V. Beweislast** | 31 |
| 2. Der Entwurf des HGB | 4 | **VI. Vereinbarung fixer Preise für andere Ausführungsleistungen** | 32–35 |
| 3. Die Änderungen durch das TRG | 5 | 1. Die Position des RegE | 32 |
| 4. Ratio | 6 | 2. Stellungnahme | 33–35 |
| **III. Rechtsnatur** | 7 | **C. Rechtsfolgen der Fixpreisabrede** | 36–60 |
| **IV. Beförderungspflicht** | 8 | **I. Grundsatz** | 36, 37 |
| **V. Umgehungsvereinbarungen** | 9 | **II. Zwingende Wirkung** | 38–40 |
| **B. Der Tatbestand des § 459: Vereinbarung eines bestimmten Betrages als Vergütung, der Kosten für die Beförderung einschließt** | 10–35 | 1. Dispositionen über die Rechtsfolgen des § 459 Satz 1 | 38, 39 |
| **I. Beförderungskosten** | 10–13 | 2. Dispositionen über nicht-transportrechtliche Pflichten | 40 |
| 1. Kosten | 10–12 | **III. Erfasste Transportrechtsordnungen** | 41–43 |
| 2. Beförderung | 13 | **IV. Pflichten des Fixkostenspediteurs** | 44–46 |
| **II. Bestimmter Betrag** | 14–21 | 1. Frachtrechtliche Hauptpflicht | 44 |
| 1. Grundsätzliches | 14 | 2. Speditionelle Pflichten | 45, 46 |
| 2. Mögliche Arten der Bestimmung | 15–21 | **V. Haftung des Fixkostenspediteurs** | 47–54 |
| a) Konkrete Beträge | 16 | 1. Grundsatz | 47, 48 |
| b) Preisvorbehalte | 17 | 2. Rechtsgeschäftliche Dispositionen | 49 |
| c) Übliche Sätze; nachträgliche Preisbestimmung | 18 | 3. Haftung bei Einschaltung Dritter | 50–52 |
| d) Abrede der an den Frachtführer zu zahlenden Fracht | 19 | 4. Fixkostenspedition und Selbsteintritt | 53 |
| e) Verweis auf externe Preise | 20 | 5. Verjährung | 54 |
| f) Vereinbarung einer Obergrenze | 21 | **VI. Rechte des Fixkostenspediteurs** | 55–60 |
| **III. Vergütung auch hinsichtlich der Beförderung** | 22 | 1. Vereinbartes Entgelt | 55–57 |
| | | 2. Aufwendungsersatz | 58–60 |

## A. Allgemeines

### I. Einführung und wirtschaftliche Betrachtung

1     § 459 will den Fall erfassen, dass sich ein Spediteur auch den Transport – ganz oder teilweise (vgl. Rn. 11) – mit einem bestimmten Betrag vergüten lässt, **insoweit** also **nicht für fremde Rechnung tätig** wird.[1] Dann soll er, was die Beförderung anbelangt, nach Frachtrecht behandelt werden. Das praktische Bedürfnis nach einer solchen Pauschalvereinbarung ist offensichtlich: Für den Versender ist der Abschluss eines gewöhnlichen Speditionsvertrages deshalb problematisch, weil dieser ihm Kalkulationsrisiken auferlegt, die er häufig nicht oder nur unvollständig überblicken kann. Für den Spediteur ist der Frachtenmarkt hingegen transparent. Vor allem aus diesen Gründen hat die „Fixkostenspedition" – besser: Fix**preis**spedition – nicht

---

[1] Zu weit die Formulierung der RegE BT-Drucks. 13/8445 S. 110, die Vereinbarung fixer Kosten (richtig: Preise) sei ein Indiz für den Wegfall der Fremdnützigkeit. Selbstverständlich bleibt auch der Fixkostenspediteur weiterhin (auch) fremdnütziger Geschäftsbesorger, für den prinzipiell die Interessenwahrungspflicht gemäß § 454 Abs. 4 gilt.

erst heutzutage[2] die gewöhnliche (Geschäftsbesorgungs-)Spedition weitestgehend verdrängt. Sie ist zum **wirtschaftlichen Regelfall** geworden;[3] ihre Bedeutung ist mit der Beseitigung bindender Frachttarife durch das TarifaufhebungsG sogar noch gestiegen.[4] Waren präzise Preiszusagen früher angesichts gesetzlicher Tarife (RKT usw.) zumindest für informierte Versender entbehrlich, sind nunmehr auch diese zunehmend an einer Vorweg-Fixierung der finanziellen Gesamtbelastung (einschließlich der Beförderung) interessiert. Das Bedürfnis nach einer Regelung dieser praktisch wichtigen Konstellation ist somit unbestreitbar.

## II. Entstehungsgeschichte und ratio

**1. Die Entwicklung vor dem HGB.** Im preußischen Entwurf von 1857 findet sich 2 noch keine Regelung der Fixkostenspedition. In Vorentwürfen zum ADHGB war zunächst eine Regel vorgeschlagen worden, wonach bei Einigung über bestimmte Sätze der Transportkosten nach den Umständen zu beurteilen sei, ob ein Speditions- oder ein Frachtgeschäft vorliegt (Art. 329 Entwurf ADHGB erste Lesung); in zweiter Lesung wurde daraus eine (dispositive) Haftung für Zwischenspediteure und Frachtführer[5] sowie ein (ebenfalls dispositiver) Anspruch auf die Spediteurprovision neben den vereinbarten Transportkostensätzen (Art. 361). Die dritte Lesung führte schließlich zu dem dann Gesetz (Art. 384 ADHGB) gewordenen Text; geändert, nämlich umgedreht, wurde bloß die Provisionsregel: Provision gebührt nur bei entsprechender Vereinbarung.

Die Entwürfe, vor allem aber auch die Diskussionen in der zweiten Lesung,[6] machen 3 zweierlei deutlich: Einerseits war die Zuordnung zu Speditions- oder Frachtrecht – da alles andere als evident – regelungsbedürftig. Andererseits lag ein Hauptaugenmerk auf der **Haftungsfrage:** Man sah die Gefahr, dass der Spediteur versucht sein könnte, die Transportkosten durch den Einsatz von „Billigtransporteuren" zu minimieren. Dem sollte durch eine strenge – allerdings abdingbare – gesetzliche Einstandspflicht für beigezogene Ausführungspersonen gegengesteuert werden.[7] Nur diese Haftungsfrage und der Provisionsanspruch erfuhren gesetzliche Berücksichtigung.

**2. Der Entwurf des HGB.** Der Gesetzgeber des HGB ging einen Schritt weiter: Um die 4 bei Vereinbarung „fixer Kosten" schwierige Abgrenzung zwischen Fracht- und Speditionsvertrag weitestgehend unnötig zu machen,[8] wurde statt einer reinen Haftungsregelung ganz grundsätzlich die **ausschließliche Geltung von Frachtrecht** angeordnet (vgl. § 413 Abs. 1 aF: „…… so hat er ausschließlich die Rechte und Pflichten eines Frachtführers"). Von Abdingbarkeit der Haftung ist im Gesetzestext keine Rede mehr. Die Materialien lassen hingegen klar erkennen, dass insoweit keine Änderung eintreten sollte.[9] Die zentrale Begründung dieser Verschärfung (bzw. der Verlagerung zum Frachtrecht) lautet: Es entspreche der Natur der Sache, dass derjenige, der sich eine bestimmte Vergütung für eine Leistung versprechen lässt, auch eine selbständige Verpflichtung zur Leistungserbringung übernimmt.[10]

---

[2] Ebenso schon Mitte des 19. Jahrhunderts die Protokolle zum ADHGB (zum Entwurf erster Lesung) II, 1858, S. 775.

[3] Siehe für Deutschland etwa *Bischof* VersR 1979, 691, 697; *Runge* TranspR 1982, 34, 35; für Österreich Straube/*Schütz* § 407 Rn. 1, § 413 Rn. 1.

[4] Dass die Fixpreisvereinbarungen heutzutage im Vordergrund stehen, zeigt sich auch an der Rechtsprechung: So wurden allein in den Jahren 1992 bis 1994 in den einschlägigen Zeitschriften 27 Entscheidungen dazu veröffentlicht. Seit 1998 bis Anfang 2006 finden sich im TranspR zu § 459 bzw. zu § 413 aF fast 40 Entscheidungen.

[5] Diese wurde als gesetzliche Delkrederehaftung angesehen: vgl. Protokolle II S. 777.

[6] Protokolle III, 1858, S. 1222 ff.

[7] Protokolle III S. 1223.

[8] *Hahn/Mugdan* S. 392.

[9] *Hahn/Mugdan* S. 392 f.: „… wie jedem Frachtführer … überlassen bleibt, durch Vereinbarung mit dem Absender die eigene Haftung zu beschränken, so muss dies in gleicher Weise für den Spediteur gelten, welcher durch Festsetzung einer … Fracht in die Stellung eines Frachtführers eintritt." – Das heute vieldiskutierte Problem zwingender frachtrechtlicher Haftung war Ende des 19. Jahrhunderts aber noch kein Thema; solche Normen wurden erst im 20. Jahrhundert – beginnend mit dem GFG 1935 – erlassen.

[10] *Hahn/Mugdan* S. 392.

5    **3. Die Änderungen durch das TRG.** § 459 regelt nach seiner Überschrift die Spedition zu festen Kosten („Fixkostenspedition"), während vor § 413 aF noch von „Spedition zu festen Spesen" zu lesen war. Auch dieser Spezialtyp der Spedition wurde jedoch nicht wesentlich neu geregelt; vielmehr ging es primär um Präzisierungen.[11] Das zentrale Anliegen bestand aber darin, für derartige Kombinationen aus Speditions- und Beförderungsleistungen im Gegensatz zur früheren Formulierung (Rn. 4) klar festzuschreiben, dass Frachtrecht bloß für den Bereich der Beförderung zur Anwendung kommt.

6    **4. Ratio.** Die objektiven Zwecke der Rechtsfolgenanordnung des § 459 Satz 1 stimmen weitgehend mit denen des historischen Gesetzgebers überein: Zum einen soll die Gefahr minimiert werden, dass der auf eigene Rechnung handelnde Fixkostenspediteur seine eigenen Interessen (an für ihn möglichst kostengünstiger Beförderung) über die des Versenders stellt (die vor allem auf möglichst verlässlichen Transport gerichtet sind).[12] Zum anderen steht die Fixkostenspedition dem Frachtvertrag so nahe (zum generellen Problem der Differenzierung zwischen Speditions- und Frachtvertrag bereits ausführlich § 453 Rn. 42 ff.), dass die – auch der **Vereinfachung** dienende – Anwendung frachtrechtlicher Normen eine nahe liegende Lösung darstellt;[13] nicht zuletzt deshalb, weil der Fixkostenspediteur hinsichtlich der Beförderung – wie ein Frachtführer – auf eigene Rechnung tätig wird. Abzulehnen ist hingegen die Ansicht der Rechtsprechung, die Belastung mit Frachtführerpflichten sei deshalb gerechtfertigt, weil der Spediteur sein eigentliches Arbeitsgebiet verlasse.[14] Keinesfalls zu rechtfertigen war es aber schon vor dem TRG, den Fixkostenspediteur gänzlich von seinen speditionellen Pflichten (Organisation, Interessenwahrung usw.) freizustellen (siehe nur 1. Aufl. § 413, insbes. Rn. 47).

### III. Rechtsnatur

7    In der Diskussion zum Recht vor dem TRG wurde auch die Frage nach der Rechtsnatur der Fixkostenspedition gestellt (s. 1. Aufl. Rn. 6 ff.). Sie ist jetzt nicht mehr von wesentlicher Bedeutung, da am Eingreifen sowohl von Fracht- als auch von Speditionsrecht kein Zweifel mehr besteht. Die Situation ähnelt insoweit der Rechtslage nach Selbsteintritt (vgl. § 458 Rn. 51). Im Vordergrund stehen nun vielmehr weit praktischere Probleme. So ist insbesondere das Bestehen einer Beförderungspflicht des Fixkostenspediteurs zu klären (Rn. 8); und vor allem bedarf es einer präzisen Abgrenzung der vom Speditions- oder vom Frachtrecht erfassten (Funktions-)Bereiche (dazu Rn. 36 ff.).

### IV. Beförderungspflicht

8    Die ganz überwiegenden Argumente sprechen für eine **Beförderungspflicht**[15] des Fixkostenspediteurs;[16] ob sich diese bereits aus den vertraglichen Abreden oder (erst) aus dem

---

[11] Die Chance, bei dieser Gelegenheit die unpassende Bezeichnung durch „Spedition zu festen Preisen" zu ersetzen, wurde leider nicht genützt.

[12] Vgl. BGH 21.11.1975, NJW 1976, 1029, 1030; *Koller* VersR 1988, 556, 557; weitere Nachweise bei *Koller* Rn. 1.

[13] Siehe etwa *Koller* VersR 1987, 1058, 1061 f.; *dens.* Rn. 1.

[14] BGH 21.11.1975, BGHZ 65, 340, 343; BGH 4.2.1982, BGHZ 83, 87, 91 f.; BGH 10.2.1982, BGHZ 83, 96, 99 f. u. a. Dagegen zu Recht *Helm* §§ 412, 413 Rn. 105, 6.

[15] In vielen Kommentaren wird diese Frage erstaunlicherweise kaum einmal (deutlich) angesprochen. *Helm* §§ 412, 413 Rn. 104 sagt bloß, dass sich durch die Fixkostenvereinbarung an der vom Spediteur geschuldeten Hauptleistung, nämlich der Besorgung der Versendung, nichts Wesentliches ändere; damit lehnt er eine Beförderungspflicht wohl ab. Schlegelberger/*Schröder* § 413 Rn. 3a und Straube/*Schütz* § 413 Rn. 7 wenden sich ausdrücklich (nur) gegen eine Selbstausführungspflicht. Das ist jedoch ohnehin selbstverständlich und geht daher am Problem vorbei (wenn nicht bloß ein ungenauer Ausdruck gewählt wurde): Beförderung durch eigene Leute schuldet ja auch der Frachtführer nicht; er muss aber zumindest dann selbst befördern, wenn er niemanden findet, der diese Tätigkeit für ihn verrichtet. Ausdrücklich für eine Beförderungspflicht aber etwa EBJS/*Rinkler* Rn. 27; ebenso wohl *Koller* Rn. 24 (Spediteur schuldet wie ein Frachtführer Ortsveränderung als Erfolg).

[16] Ebenso die Materialien: *Hahn/Mugdan* S. 392.

Gesetz (§ 459) ergibt, spielt keine Rolle. Da ist zum Ersten der klare Wortlaut: Die Pflichten eines Frachtführers enthalten selbstverständlich auch die Hauptpflicht, nämlich die zum Transport des Gutes. Zum Zweiten ergibt sich die Pflicht aus der Vereinbarung einer genau bestimmten Gegenleistung: Es wäre nicht tragbar, wenn der Spediteur zunächst einen niedrigen Preis vereinbaren, in der Folge aber darauf hinweisen könnte, er habe zu diesen Konditionen keinen ausführenden Transporteur gefunden. Die Beförderungspflicht resultiert bereits aus der Vereinbarung eines Fixpreises, besteht also – anders als etwa bei Selbsteintritt oder Sammelladungsbeförderung – unmittelbar auf Grund des Vertrages. Dem Handeln auf eigene Rechnung (mit den entsprechenden Gewinnchancen und Verlustrisiken) muss eine **Ausführungspflicht** korrespondieren.[17]

### V. Umgehungsvereinbarungen

Der RegE zum TRG hält Vereinbarungen für möglich – und offensichtlich auch für **9** zulässig –, in denen sich der Spediteur zwar schon vorweg einen festen Betrag im Sinne eines pauschalierten Aufwendungsersatzes zusagen lässt, dabei aber dennoch bloß Transportorganisationspflichten übernehmen will.[18] Eine „automatische" Anwendung von Frachtrecht sei dann „zweifelhaft". Abgesehen davon, dass angesichts des § 459 eine Auslegung in diesem Sinn kaum einmal anzunehmen ist, stellt sich die Frage, ob in solchen Konstruktionen nicht eine **unzulässige Umgehung der Rechtsfolgen des § 459** zu sehen ist. Hält man bereits den Tatbestand des § 459 für erfüllt (so die 1. Aufl. § 413 Rn. 9), liegt in der Beschränkung des Spediteurs auf die Transportorganisation ein rechtsgeschäftliches Abweichen von den gesetzlichen Rechtsfolgen. Derartige Abreden unterfallen § 466. Meint man hingegen, die Vereinbarung bloßer Organisationspflichten falle nicht unter § 459 – etwa mit dem Argument, Vergütung und Aufwendungsersatz seien zu unterscheiden[19] und in concreto sei hinsichtlich der Beförderung eben gerade keine Vergütung vereinbart worden[20] –, liegt ein Umgehungsgeschäft vor. Aufgrund der bereits dargestellten rationes (Rn. 6) darf die Rechtsordnung eine solche Umgehung aber nicht akzeptieren. Daher steht auch bei diesem Ansatz die von § 459 abweichende Rechtsfolgenabrede unter den Wirksamkeitsvoraussetzungen des § 466. Das bedeutet etwa wegen § 466 Abs. 3 das Eingreifen der CMR, wenn es sich um eine grenzüberschreitende Beförderung im Straßengüterverkehr mit Hilfe eines Fahrzeugs handelt. Ein bloßes Aufschlüsseln der unterschiedlichen, betragsmäßig einzeln ausgeworfenen Preis- bzw. Aufwendungsersatzbestandteile bei Vertragsschluss darf den Spielraum des Spediteurs mE schon deshalb nicht erweitern,[21] weil damit die Gefahr, dass der Spediteur in der Folge für eigene Rechnung möglichst preisgünstig befördern lässt, ebenso besteht wie im Normalfall der Fixkostenspedition.[22]

### B. Der Tatbestand des § 459: Vereinbarung eines bestimmten Betrages als Vergütung, der Kosten für die Beförderung einschließt

#### I. Beförderungskosten

**1. Kosten.** In § 413 Abs. 1 aF war von der Einigung „über einen bestimmten Satz der **10** Beförderungskosten" die Rede. Nunmehr heißt es: „Soweit als Vergütung ein bestimmter

---

[17] Vgl. *Hahn/Mugdan* S. 392. Zum TRG siehe den RegE BT-Drucks. 13/8445 S. 111, der allerdings nicht von „Ausführungspflicht" spricht, sondern den insoweit weniger deutlichen Begriff der „Erfolgshaftung" verwendet (siehe dazu auch noch bei Rn. 32 ff.).

[18] BT-Drucks. 13/8445 S. 110.

[19] Dagegen *Koller* Rn. 19.

[20] Der RegE BT-Drucks. 13/8445 S. 110 formuliert allerdings insofern wenig präzise, wenn er vom Aufschlüsseln der „Aufwendungen zum Zwecke der Berechnung seiner Vergütung für die Beförderungsleistung" spricht.

[21] AA offenbar der RegE BT-Drucks. 13/8445 S. 110, der aber unmittelbar vorher betont, dass Handeln auf eigene Rechnung eine Haftung des Spediteurs für den Erfolg der versprochenen Leistung nach Frachtrecht rechtfertige.

[22] Vgl. *Koller* Rn. 2.

Betrag vereinbart ist, der Kosten für die Beförderung einschließt". Die vereinbarte Vergütung ist damit jedenfalls **Entgelt für speditionelle und für Beförderungs-Leistungen**
(ebenso zur – allerdings sehr unklaren – Vorläuferbestimmung die 1. Aufl. § 413 Rn. 58).
Der Begriff „Beförderungskosten" ist etwas unpräzise, da es gerade ganz irrelevant sein soll,
wie hoch die **Kosten** (= Aufwendungen) des Spediteurs in concreto sind. Die „Kosten"
des Versenders werden hingegen üblicherweise als **Preise** bezeichnet.

11    Im Regelfall erfasst die Vergütungsabrede bei der Fixkostenspedition den **gesamten
Transport.** Zwingend notwendig ist das jedoch nicht. Im Tatbestand wird ganz bewusst
nicht „der *die* Kosten . . . einschließt", formuliert.[23] Der Gesetzgeber wollte auch jene Fälle
unter § 459 bringen, in denen kraft besonderer Vereinbarung einzelne Posten zusätzlich in
Rechnung gestellt werden dürfen. In der Begründung zum Regierungsentwurf werden
gesondert abzurechnende Zoll- oder Straßengebühren als Beispiele genannt.[24] Das Verzol-
lungsbeispiel passt aber schon deshalb nicht, weil es sich hierbei ohnehin nicht um von der
Fracht umfasste Leistungen handelt. Und was die Straßengebühren anlangt, so trifft den
Spediteur ohne Zweifel auch für diesen Streckenabschnitt die uneingeschränkte Beförderungspflicht. Das „soweit" am Beginn des Satzes 1 ist schon aus diesem Grund unpassend.
Überdies kann entgegen der gewählten Formulierung nur gemeint sein: „soweit die Vergütung Kosten für die Beförderung einschließt"; also etwa für die erste, nicht aber für die
zweite Teilstrecke.

12    So wurde bereits vor dem TRG vertreten, dass eine Spedition zu festen Spesen auch dann
vorliege, wenn nicht alle Leistungen und Aufwendungen des Spediteurs im vereinbarten
Fixbetrag enthalten sind.[25] Für die Aufwendungen ist diese Meinung heutzutage schon
wegen § 459 Satz 2 unzweifelhaft richtig. Bindend festgelegt müssen aber zumindest die
eigentlichen Beförderungskosten sein,[26] wenn auch nicht unbedingt betragsmäßig.[27] Das
Handeln des Spediteurs **auf eigene Rechnung** darf hinsichtlich der Beförderung nicht
grundsätzlich eingeschränkt sein.[28] Der Anwendung des § 459 nicht entgegen steht etwa
die Vereinbarung, der Versender habe neben dem Fixbetrag Aufwendungsersatz und/oder
Sonderprovision für Lagerung oder Abschlüsse von Versicherungsverträgen zu leisten;
ebenso wenig die Abrede, der Spediteur solle den Frachtsatz zuzüglich Provision erhalten,
in der Rechnung solle aber nur ein – vorher vereinbarter – Festpreis ausgewiesen werden.[29]

13    **2. Beförderung.** § 459 Satz 1 hat eindeutig klargestellt, dass eine Vergütung auch für die
Beförderung und nicht bloß für die Versendungsbesorgung vereinbart worden sein muss.
Dies war vor dem TRG umstritten, wenn auch im selben Sinn zu entscheiden (siehe 1. Aufl.
§ 413 Rn. 13). Beförderung bedeutet also in § 459 wie auch sonst im Kern **Verlagerung
des Transportguts von Ort zu Ort** (§ 407 Rn. 24). Dass dabei manche **Nebenleistungen**
anfallen (können), die dann ebenfalls dem Frachtrecht unterliegen, ist selbstverständlich, wenn
dabei natürlich auch manche Abgrenzungsfragen entstehen. Aus der Sicht der §§ 407 ff. sind
etwa folgende Nebenleistungen dem Frachtrecht zuzuordnen (genauer § 407 Rn. 64 ff.):
beförderungsbedingte Umladungen oder Zwischenlagerungen[30] wie überhaupt Umschlag,
Ver- und Entladen,[31] Vor- und Nachlauf[32] oder die Einhebung von Nachnahmen (§ 408

[23] Ungenau daher die Formulierung des HansOLG Hamburg 11.1.2007, TranspR 2007, 253.
[24] BT-Drucks. 13/8445 S. 111.
[25] BGH 21.11.1975, VersR 1976, 433, 434 f.; ferner *Koller* Rn. 3 sowie *Helm* §§ 412, 413 und die dortigen
Rechtsprechungsnachweise.
[26] BGH 21.11.1975, VersR 1976, 433, 435; OLG Düsseldorf 13.7.1978, VersR 1978, 1016; OLG Frankfurt 24.11.1987, RIW 1989, 226, 227; *Helm* §§ 412, 413 Rn. 114 u. a.
[27] S. BGH 21.1.1999, TranspR 1999, 164, 167 (Rahmenvertrag mit Verweis auf den jeweiligen gesetzlichen Mindesttarif).
[28] Vgl. das HansOLG Hamburg 11.1.2007, TranspR 2007, 253 f.; *Koller* Rn. 4.
[29] BGH 27.1.1994, BB 1994, 2031.
[30] RegE BT-Drucks. 13/8445 S. 111. LG Hamburg 20.1.2000, TranspR 2000, 85 f.; *Knauth* TranspR
2002, 282, 284; Fremuth/Thume/*Thume* Rn. 19; *Saur,* Die Änderung der Haftungsgrundsätze in Fracht-,
Speditions- und Lagerrecht, 1991, S. 85 f.; *Müglich* Rn. 5.
[31] Fremuth/Thume/*Thume* Rn. 19.
[32] *Koller* Rn. 24, 11; LG Hamburg 20.1.2000, TranspR 2000, 85 f. Bei gewöhnlicher Spedition, bei der
der Spediteur an sich bloß Organisationsleistungen schuldet, wird die vereinbarte Abholung des Gutes beim

Abs. 1 Nr. 10, § 422).[33] Demgegenüber sind zB nicht nach Frachtrecht zu behandeln: nicht beförderungsbedingte Lagerungen, Verpackung und Kennzeichnung,[34] Versicherung,[35] Beschaffung von Dokumenten.[36] Umstritten ist die sowohl bei Fracht- als auch bei Speditionsverträgen denkbare Zollbehandlung (siehe einerseits § 408 Abs. 1 Nr. 11, andererseits § 454 Abs. 2).[37] Zum Einsatz eines Zwischenspediteurs auf eigene Rechnung noch Rn. 32.

## II. Bestimmter Betrag

**1. Grundsätzliches.** Die neue gesetzliche Formulierung („bestimmter Betrag" statt  **14** „bestimmter Satz"), für die der RegE keine Begründung gibt, suggeriert, dass § 459 die Vereinbarung einer ganz konkreten Summe verlangt. Die Neuregelung hat die Anforderungen an die Bestimmtheit bzw. Bestimmbarkeit der Vergütung zwar sicherlich nicht gelockert. Allerdings dürfte nach wie vor entscheidend sein, dass dem Versender eine klare und verbindliche Kalkulationsgrundlage zur Verfügung steht; er soll also erkennen können, welche Forderungen im Einzelnen auf ihn zukommen werden.[38] Unter Beachtung dieser ratio sowie des klaren Wortlauts – der ansonsten anders ausgefallen wäre – genügt es also nicht, dass sich aus der Vereinbarung das Handeln des Spediteurs auf eigene Rechnung ergibt.[39] Zur kumulativ notwendigen Voraussetzung des Tätigwerdens auf eigene Rechnung noch Rn. 24.

**2. Mögliche Arten der Bestimmung.** Die Bestimmung der Beförderungskosten ist  **15** auf unterschiedliche Arten möglich (dazu sogleich). Sie kann auch bloß hinsichtlich einer Teilstrecke erfolgen.[40] Für den übrigen Teil gilt dann weiterhin Geschäftsbesorgungs-Speditionsrecht. Betrifft die Fixkostenabrede bloß die deutsche Teilstrecke, so ist mangels Vorliegens einer internationalen Beförderung die CMR nicht anzuwenden.[41]

**a) Konkrete Beträge.** Eine Fixkostenvereinbarung liegt jedenfalls dann vor, wenn –  **16** wie praktisch häufig – konkrete Beträge vereinbart werden; sei es in einer Summe oder pro zu versendender Einheit. Als Maßeinheiten kommen Gewicht, Stückzahlen, Laderaumvolumen, bestimmte Transportabschnitte uÄ in Betracht.[42]

**b) Preisvorbehalte.** Als hinreichende Bestimmung anerkannt sind auch Vereinbarun-  **17** gen mit (üblichen) Preisvorbehalten (etwa wegen möglicher Lohn-, Tarif- und Devisenkursänderungen) oder Gleitklauseln.[43] Soweit ein Frachtführer solche Abreden wirksam treffen kann, muss Gleiches auch nach § 459 möglich und ausreichend sein.

**c) Übliche Sätze; nachträgliche Preisbestimmung.** Werden statt konkreter Beträge  **18** bloß „übliche Sätze" vereinbart, so reicht das allenfalls dann aus, wenn Sätze ohne jede Bandbreite üblich sind, also bereits ex ante ein genauer Preis bestimmt werden kann.

---

Versender zwecks Übergabe an einen Frachtführer allerdings allein dem Speditionsrecht unterfallen (§ 454 Abs. 2). Beim Vorlauf entstehende Güterschäden sind dann nach § 461 Abs. 1 zu ersetzen.

[33] So *Starosta* TranspR 2003, 55, 56; differenzierend *Thonfeld* TranspR 2003, 237, der auf den Einzelfall abstellen will.

[34] LG Hamburg 20.1.2000, TranspR 2000, 85, 86; EBJS/*Rinkler* Rn. 41.

[35] Fremuth/Thume/*Thume* Rn. 22; *Starosta* TranspR 2003, 56; *Thonfeld* TranspR 2003, 237; EBJS/*Rinkler* Rn. 29.

[36] AA Fremuth/Thume/*Thume* Rn. 22.

[37] Für Zuordnung zum Frachtrecht *Koller* Rn. 10; Lammich/Pöttinger/*Pöttinger* § 428 Rn. 440; aA etwa EBJS/*Rinkler* Rn. 41, 45; *Valder* TranspR 1998, 51, 54.

[38] Vgl. die Protokolle zum ADHGB III S. 1223 f.

[39] So aber *Koller* Rn. 20.

[40] OLG Düsseldorf 13.7.1978, VersR 1978, 1016; ebenso wohl BGH 29.11.1984, TranspR 1985, 182, 184.

[41] OLG Hamburg 18.5.1989, TranspR 1990, 188, 189; aA OLG Hamm 25.5.1992, VersR 1993, 1037.

[42] Siehe aus der reichen Rspr. etwa BGH 18.2.1972, NJW 1972, 1003; BGH 30.6.1978, VersR 1978, 935; BGH 14.6.1982, VersR 1982, 845. Weitere Nachweise auch aus der OLG-Judikatur bei *Helm* §§ 412, 413 Rn. 114 Fn. 191 ff.

[43] BGH 14.6.1982, NJW 1982, 1943, 1944 = VersR 1982, 845; OLG Hamburg 8.10.1981, VersR 1982, 342 (Vorbehalt bezüglich Umrechnungskurs des US-Dollars sowie der Konferenzfrachtrate).

Ansonsten fehlt dem Versender die klare Kalkulationsgrundlage.[44] Eine derart präzise Fixierung des „Üblichen" ist seit dem TarifaufhebungsG (BGBl. I 1993 S. 1489) wohl kaum einmal möglich; damit scheidet auch eine „Fixkostenbestimmung" nach § 354 HGB aus.[45] Überdies verlangt das Gesetz seit dem TRG – sicherlich bewusst – die Vereinbarung eines bestimmten Betrages, nicht bestimmter „Sätze". Eine Preisbestimmung über § 315 BGB[46] widerspräche noch krasser den Interessen des Versenders an Klarheit; sie wird auch von verständlichen Spediteurinteressen nicht gefordert: Anders als bei § 315 BGB droht hier ohne wirksame Bestimmung ja keine Vertragsunwirksamkeit; vielmehr liegt ein gewöhnlicher Speditionsvertrag vor.

19     **d) Abrede der an den Frachtführer zu zahlenden Fracht.** Wird genau der Betrag der an den Frachtführer zu zahlenden Fracht (sowie eine zusätzliche besondere Spediteurvergütung) in den Vertrag aufgenommen, könnte sowohl eine gewöhnliche als auch eine Fixkosten-Spedition vorliegen. Entscheidend ist dann, ob die Höhe der Fracht vom Spediteur bloß zwecks Information mitgeteilt wurde[47] oder ob er sich insoweit selbst verpflichtet hat und damit in der Folge auf eigene Rechnung tätig wird.[48]

20     **e) Verweis auf externe Preise.** Die Vereinbarung eines bestimmten Betrages kann auch dann vorliegen, wenn der Versender die Verpflichtung zur Zahlung von dritter Seite vorgegebener Preise übernimmt. Allein die Pflicht zur Zahlung der jeweils aktuellen (Eisenbahn-)Tarife mit einem Zuschlag in einer Rahmenvereinbarung erfüllt den Tatbestand des § 459 aber noch nicht:[49] Diese Pflicht besteht auch nach Geschäftsbesorgungsrecht (§ 670 BGB). Hinzutreten müsste die – in solchen Konstellationen eher unwahrscheinliche – Abrede, der Spediteur handle auf eigene Rechnung (vgl. Rn. 19, 24).

21     **f) Vereinbarung einer Obergrenze.** Keinesfalls gelangt § 459 zur Anwendung, wenn bloß eine Obergrenze für die Verrechnung von Transportkosten (einschließlich Nebenkosten) vereinbart wird.[50] Eine solche Vereinbarung enthält keinen bestimmten Preis; überdies macht sie deutlich, dass der Spediteur an sich auf fremde Rechnung tätig wird.

### III. Vergütung auch hinsichtlich der Beförderung

22     Die vereinbarte Vergütung muss sich auch auf die Erbringung von Beförderungsleistungen beziehen. Näher dazu bereits Rn. 11 ff.

### IV. Einigung

23     **1. Grundsätzliches.** Die Einigung über „fixe Kosten" ist ein **Vertragsbestandteil.** Sie kann daher nach allen für den Vertragsschluss geltenden Regeln, zB stillschweigend, erfolgen. Dafür ist es aber nicht ausreichend, wenn der Versender bloß weiß, dass der Spediteur seinen Verdienst ausschließlich aus einer mit dem Frachtführer vereinbarten Provision bezieht[51] (zu einer entsprechenden Vereinbarung noch Rn. 25). Ähnliches gilt für die (nachträgliche) Inrechnungstellung eines Fixpreises: Ein solches Vorgehen führt schon des-

---

[44] Vgl. OLG Düsseldorf 8.6.1989, TranspR 1990, 30, 31 (ein üblicher Satz sei nicht gleich dem bestimmten Satz des § 413 Abs. 1 aF).
[45] Zur Bestimmung unter der Geltung zwingender Tarife (RKT) BGH 27.5.1957, VersR 1957, 503.
[46] Für eine solche Möglichkeit *Koller* Rn. 20; dagegen und wie hier etwa EBJS/*Rinkler* Rn. 20.
[47] Vgl. LG Hamburg 10.12.1986, TranspR 1987, 399, 400 (mit fehlerhaftem Leitsatz der Redaktion): Dort wurde angenommen, dass die Nennung einer bestimmten Fracht in einer Anlage bloß als Hinweis auf die an den Frachtführer abzuführende Vergütung zu verstehen war (daher weiterhin Handeln auf fremde Rechnung, nicht Fixkostenspedition).
[48] Vgl. BGH 21.11.1975, VersR 1976, 433, 435: Allein die Tatsache, dass sich die Abrede tatsächlich mit Regeltarifsätzen deckt, schließe § 413 aF nicht aus. AA OLG Frankfurt 18.4.1972, TranspR 1979, 18. Zur (früheren) Rechtslage bei von zwingenden Tarifen abweichenden Fixkostenvereinbarungen OLG Hamburg 4.1.1978, MDR 1978, 408: § 413 Abs. 1 aF greift ein, geschuldet ist aber (nur) die tarifliche Fracht.
[49] OLG Hamburg 29.9.1983, VersR 1984, 773, 774 = TranspR 1985, 20, 22.
[50] Vgl. OLG Hamburg 3.11.1983, TranspR 1984, 291, 292 f.
[51] AA ohne Begründung hingegen *Koller* Rn. 20.

halb nicht zum Eingreifen der Rechtsfolgen des § 459, weil es sich dabei um einen bloß einseitigen Akt handelt, die Norm aber ohne jeden Zweifel eine entsprechende Einigung („vereinbart") voraussetzt.[52] Eine solche unwidersprochene Rechnung kann jedoch zumindest Beweiswirkung entfalten.[53] Zu weit ginge es hingegen, in der stillschweigenden Begleichung eine entsprechende Vertragsänderung zu sehen[54] (zur Vereinbarung einer Fixkostenspedition im Nachhinein noch näher Rn. 26 ff.).

**2. Handeln auf eigene Rechnung.** Wie schon deutlich wurde, muss der Abrede nicht   24 nur eine bestimmte Vergütung zu entnehmen sein; zusätzlich muss aus ihr deutlich hervorgehen, dass der Spediteur **auf eigene Rechnung** tätig wird. Diese Voraussetzung ergibt sich in bestimmten Konstellationen bereits aus der Art der Preisbestimmung (vgl. Rn. 16 ff.).

Ohne Bestimmung eines Beförderungspreises reicht die Vereinbarung, der Spediteur   25 handle (teilweise) auf eigene Rechnung, aber nicht zur Erfüllung des Fixkosten-Tatbestandes aus; so zB dann nicht, wenn sich Versender und Spediteur darauf geeinigt haben, der Spediteur dürfe vom Frachtführer auf eigene Rechnung Provision nehmen bzw. Rabatte aushandeln: Eine solche Abrede kann ja auch im Rahmen einer (ansonsten) „gewöhnlichen" Spedition wirksam getroffen werden.

**3. Zeitpunkt der Einigung.** Regelmäßig erfolgt die Fixkostenabrede im Augenblick   26 des Vertragsabschlusses. **Nachvertragliche Vereinbarung fixer Kosten** kann eine **Vertragsänderung** bewirken: Aus der gewöhnlichen Spedition wird die Fixkostenspedition des § 459. Fraglich ist insofern jedoch Zweierlei: 1. Bis wann sind solche Änderungen möglich? 2. Wann liegt überhaupt eine nachträgliche Fixkostenabrede vor, die zur Anwendung des § 459 (und damit von Frachtrecht) führt?[55]

Nach der Rechtsprechung und einem Teil der Lehre kann die Fixkostenvereinbarung   27 nur bis zur Vornahme der Beförderung getroffen werden;[56] die Gegenmeinung[57] lehnt eine solche zeitliche Einschränkung ab.

Das Gesetz selbst gestattet generell auch die **Vereinbarung von Rückwirkung.**[58]   28 Damit könnte die Fixkostenabrede iS des § 459 durchaus sogar noch nach Beendigung der Beförderung getroffen werden. Die von der Rechtsprechung gebrachten Gegenargumente, die Pflichten des Spediteurs veränderten sich über § 459 grundlegend und bei Anerkennung von Rückwirkung sei Manipulationen Tür und Tor geöffnet,[59] ziehen nicht. Zum Ersten sind privatautonom vorgesehene Änderungen inter partes unabhängig von ihrer Bedeutsamkeit grundsätzlich unbedenklich. Zum Zweiten droht die Gefahr von „Manipulationen" (offenbar zu Lasten Dritter, etwa von Versicherungen) auch sonst: Behaupten die Parteien einvernehmlich, sie hätten schon ursprünglich eine Spedition zu festen Spesen vereinbart, wird man ihnen das Gegenteil kaum einmal nachweisen können. Drittens besteht ohnehin kein Zweifel daran, dass nachträgliche Vertragsänderungen Rechtsdispositionen Dritter nicht beeinträchtigen können, sei dies gewollt oder nicht.

---

[52] OLG Düsseldorf 11.10.1990, TranspR 1990, 440, 442; OLG Hamburg 14.5.1992, TranspR 1993, 28.
[53] So zu Recht mwN der Diskussion *Helm* §§ 412, 413 Rn. 117 (zumindest in der Formulierung weiter gehend Rn. 103). Für Indizwirkung etwa auch BGH 21.11.1975, VersR 1976, 433, 435; BGH 10.3.1994, TranspR 1994, 279; OLG Düsseldorf 23.11.1989, TranspR 1990, 63, 64; HansOLG Hamburg 11.1.2007, TranspR 2007, 253, 254.
[54] In der Tendenz wohl ähnlich *Koller* VersR 1988, 556, 557.
[55] Vermengt werden die beiden Fragen etwa in der E des OLG Düsseldorf 11.10.1990, TranspR 1990, 440, 442.
[56] OLG Düsseldorf 8.6.1989, TranspR 1990, 30, 31 und OLG Düsseldorf 11.10.1990, TranspR 1990, 440, 441 (spätere Änderungen befreiten den Spediteur nur von der Rechenschaftspflicht); Schlegelberger/ *Schröder* § 413 Rn. 2c. In diesem Sinn wohl auch OLG München 6.5.1991, TranspR 1992, 195, 196 (Fixpreisvereinbarung vor Übernahme des Gutes ist unproblematisch).
[57] *Koller* VersR 1988, 556, 557; *ders.* Rn. 21; *Helm* §§ 412, 413 Rn. 116.
[58] Statt aller MüKoBGB/*Emmerich* § 311 Rn. 20.
[59] OLG Düsseldorf 8.6.1989, TranspR 1990, 30, 31 und OLG Düsseldorf 11.10.1990, TranspR 1990, 440, 442.

**29**   Aus den letzten Überlegungen folgt jedoch nur, dass eine solche Vereinbarung mit – für die Parteien – voller Rückwirkung getroffen werden kann; nicht aber zugleich, dass jede nachträgliche Festlegung fixer Kosten in diesem Sinn verstanden werden muss. Die Folgen einer solchen Vertragsänderung können vielmehr nur durch **Vertragsauslegung im Einzelfall** ermittelt werden.[60] Nach (bereits begonnener) Beförderung wird es häufig bloß um die Abrechnung mit dem Versender gehen, die durch den Fixpreis vereinfacht und modifiziert wird, nicht hingegen um die sonstigen Rechte und Pflichten, insbesondere nicht um die Haftungsfrage. Rückwirkung ist damit in solchen Fällen im Zweifel nicht gewollt. Das Argument der gegenteiligen Ansicht, § 459 müsse schon deshalb voll eingreifen, weil der Spediteur möglicherweise bereits im Hinblick auf eine spätere Fixkostenvereinbarung faktisch auf eigene Kosten gehandelt habe,[61] zieht aus mehreren Gründen nicht: So besteht keinerlei Mitwirkungspflicht des Versenders, weshalb dessen Einverständnis zur angestrebten Vertragsänderung nicht gerade wahrscheinlich ist. Vor allem aber steht es den Parteien völlig frei, auch die Reichweite der beabsichtigten Vertragsänderung zu bestimmen. Im Regelfall spricht nach erfolgter Beförderung jedoch wie gezeigt nichts dafür, dass die Parteien volle Rückwirkung wollten.[62]

**30**   **Aus praktischer Sicht** ist vor allem folgendes festzuhalten: Die hier behandelten Modifikationen haben im Wesentlichen bloß bis zur Beendigung des Transports praktische Bedeutung. Nach erfolgter Beförderung ist eine Vertragsänderung Richtung Fixkostenspedition allenfalls unter Abrechnungsaspekten – und damit vor allem zugunsten des Spediteurs – sinnvoll, weshalb die Annahme eines entsprechenden Parteiwillens nicht vorschnell erfolgen darf. Die Veränderung bereits erledigter Pflichten (zur Versendung usw.) und der daran geknüpften Haftung ist kaum einmal gewollt.

### V. Beweislast

**31**   Für jene Tatsachen, aus denen sich der Abschluss einer Fixkostenvereinbarung ergibt, ist derjenige beweispflichtig, der sich darauf beruft.[63] Von praktisch größerer Bedeutung ist aber wohl die durch die Regelung des § 459 erreichte **Beweiserleichterung.** Regelmäßig nützt sie dem Versender: Kann dieser die Vereinbarung einer bestimmten, auch Beförderungsleistungen erfassenden Vergütung nachweisen, spielt es keine Rolle mehr, ob der Spediteur rechtsgeschäftlich auch eine Beförderungspflicht übernommen hat: Er wird jedenfalls nach Frachtrecht behandelt[64] (vgl. bereits Rn. 4 f.; Details zu diesen Rechtsfolgen ausführlich Rn. 36 ff.).

### VI. Vereinbarung fixer Preise für andere Ausführungsleistungen

**32**   **1. Die Position des RegE.** § 459 erfasst bloß Vergütungsvereinbarungen, die **Beförderungsleistungen** mit einschließen. Damit bleibt zunächst offen, wie Vereinbarungen zu behandeln sind, nach denen der Vergütungsbetrag **(auch) andere Leistungen** abgelten soll; etwa die eines Zwischenspediteurs, eines Lagerhalters oder eines Unternehmers, der das Gut verpacken soll. Der Frage kommt große praktische Bedeutung zu, da das Anbieten von Leistungspaketen zu Pauschalpreisen heutzutage wohl schon zum Regelfall gehört.[65] Der RegE, der dieses Problem aufgreift,[66] ist diesbezüglich nicht von letzter Klarheit:

---

[60]  Gleiches gilt für die einvernehmliche Vorauszahlung der Fracht, die uU auch als Fixkostenabrede verstanden werden kann: vgl. BGH 22.4.1982, BGHZ 84, 101, 103.

[61]  *Koller* Rn. 21, der für „wörtliche Auslegung" des § 459 plädiert, was im Zusammenhang nur bedeuten kann, dass der Zeitpunkt der Fixkostenabrede keine Rolle spielt.

[62]  So erkennt *Koller* Rn. 22 selbst in etwas anderem, aber vergleichbarem Zusammenhang (Legung einer Pauschalrechnung), dass vom Spediteur zB bloß die Ausschaltung detaillierter Rechnungslegungspflichten beabsichtigt sein könnte (vgl. ferner *Koller* VersR 1988, 556, 557).

[63]  So implizit etwa OLG Düsseldorf 8.6.1989, TranspR 1990, 30, 31.

[64]  Siehe nur *Hahn/Mugdan* S. 392.

[65]  Vgl. RegE BT-Drucks. 13/8445 S. 110.

[66]  BT-Drucks. 13/8445 S. 111.

Zunächst wird ausgeführt, die beförderungsbezogenen speditionellen Nebenpflichten des § 453 Abs. 2 seien trotz Fixkostenabrede nicht dem Frachtrecht zu unterstellen. So unterliege der Spediteur bei Einschaltung einer Verpackungsfirma[67] (auf eigene Rechnung) nicht der frachtrechtlichen Erfolgshaftung, womit wohl gemeint ist, dass den Spediteur insofern weder eine Erfüllungspflicht noch eine Erfüllungsgehilfenhaftung trifft. Anders sei die Rechtslage hingegen bei Leistungen, deren Organisation zu den speditionellen Hauptpflichten (§ 453 Abs. 1) gehöre, wie eine Zwischenspedition oder eine isolierte Lagerung bei einem Drittunternehmer. Daraus, dass diese Leistungen dem Kernbereich der speditionellen Organisationstätigkeit zuzuordnen seien, wird auf ein weites Verständnis des Begriffs der „Beförderung" geschlossen: Einzubeziehen seien alle unmittelbar beförderungsbezogenen, jedoch über den Frachtvertrag hinausgehenden Tätigkeiten. Nicht zuletzt wegen des auch hier beachtlichen Arguments, dem Handeln auf eigene Rechnung müsse eine Erfolgshaftung korrespondieren, spreche vieles dafür, den Spediteur auch in solchen Fällen für den Erfolg einstehen zu lassen. Für beförderungsbedingte Umladungen oder Zwischenlagerungen gelte dies jedenfalls.

**2. Stellungnahme.** Bereits die zentrale Differenzierung des RegE zwischen den Berei- **33** chen des Abs. 1 und des Abs. 2 von § 453 überzeugt nicht. Liegt das Hauptargument auf dem Handeln auf eigene Rechnung und dem damit ermöglichten Verborgenhalten der eigenen Kalkulation, so müsste es bei allen von der Fixkostenabrede erfassten Leistungen zum Tragen kommen und damit generell zur „Erfolgshaftung" des Spediteurs führen.[68] Angesichts des § 454 Abs. 1 Nr. 2 sollte auch klar sein, dass eine Subsumtion von Einlagerungen uÄ unter das Tatbestandsmerkmal „Beförderung" von vornherein ausscheidet. Überdies verbietet sich der vom RegE offenbar bevorzugte Weg über eine weite Auslegung des Begriffs der Beförderung in § 459 jedenfalls dann, wenn die konkrete Vergütung nur für speditionelle und andere Leistungen (zB Lagerung), nicht aber (auch) für den Transport vereinbart wurde. Insofern kämen allenfalls Analogien in Betracht (dazu Rn. 35).

Tatsächlich sollte dem **Zweck der Verweisung** des § 459 auf das Frachtrecht besonde- **34** res Augenmerk geschenkt werden. Sie liegt vor allem darin, zugunsten des Versenders/ Absenders zwingende frachtrechtliche Normen zur Anwendung zu bringen (vgl. § 466 Abs. 3). Daher ist vom Anwendungsbereich der (jeweiligen) frachtrechtlichen Normen auszugehen und zu fragen, ob die betreffende, von der Fixpreisabrede mit erfasste Leistung in concreto zur Erfüllung frachtrechtlicher[69] Pflichten – seien es Neben- oder gar Hauptpflichten – gehört[70] (zu dieser Zuordnung bereits Rn. 13). Wenn ja, ist § 459 direkt anwendbar.

Damit bleibt nur mehr die Frage offen, ob für andere, nicht (auch) der Beförderung **35** zuzuordnenden Leistungen eine **Analogie zu § 459** zu ziehen ist; etwa auf Grund des vom RegE mehrfach betonten Prinzips, wonach Handeln im eigenen Namen mit einer „Erfolgshaftung" korrespondieren müsse. ME folgt aus der Vereinbarung eines Handelns auf eigene Rechnung bloß in der Regel die Übernahme eigener Leistungspflichten. Außerhalb zwingenden Rechts haben es die Parteien aber durchaus in der Hand, Gegenteiliges – dh. insbesondere bloß eine Pflicht zu sorgfältiger Auswahl des dritten Vertrags-

---

[67] Warum diese am Ende des Satzes als Verpackungs*sub*unternehmer bezeichnet wird, bleibt unklar.

[68] So auch die Kritik von *Koller* Rn. 4 (mit detaillierter Begründung) und 7.

[69] Wenig hilfreich bzw. überzeugend EBJS/*Rinkler* Rn. 28 sowie Fremuth/Thume/*Thume* Rn. 21, die „beförderungsbezogene speditionelle Nebenpflichten" (im Regelfall) dem Speditionsrecht unterstellen wollen. Mit der Einordnung als speditionelle Pflichten ist dieses Ergebnis aber wohl schon logisch vorweggenommen (weshalb es einen Widerspruch darstellt, wenn *Thume* ausnahmsweise – bei unmittelbarem Zusammenhang mit der Beförderung – doch Frachtrecht eingreifen lassen will). Das eigentliche Problem liegt in der Vorfrage, ob die konkrete Pflicht als speditionelle oder als frachtrechtliche zu qualifizieren ist.

[70] *Koller* Rn. 4a; *Starosta* TranspR 2003, 56; differenzierend *Herber* TranspR 2000, 433, 434, der eine Abgrenzung zwischen frachtrechtlichen und speditionellen Pflichten nach Maßgabe des jeweiligen Einzelfalls vertritt.

partners, zB eines Lagerhalters – zu vereinbaren.[71] Für die Frage, ob die Parteien Derartiges (bloße Auswahlpflicht) wollten, ist nicht zuletzt **Nr. 2.2 ADSp** zu beachten.

## C. Rechtsfolgen der Fixpreisabrede

### I. Grundsatz

**36**     Liegt eine wirksame Fixpreisvereinbarung vor, so greift **hinsichtlich der Beförderung Frachtrecht** ein (zur Abgrenzung siehe insbes. Rn. 13). Dabei kann es durchaus unklar sein („soweit"), für welche Teile der Beförderung dies gilt; insbesondere, inwieweit den Spediteur selbst die frachtrechtliche Beförderungspflicht trifft (dazu bereits Rn. 8). Auf das von den Parteien konkret Gewollte allein kann es nicht ankommen: § 459 Satz 1 will diese Rechtsfolge ja gerade an die bloße Fixpreisabrede knüpfen. Das ist aber nur deshalb akzeptabel, weil der Spediteur nicht mehr auf fremde Rechnung agiert und die Behandlung nach Frachtrecht daher den typischen Parteiinteressen entspricht.[72]

**37**     Ohne Zweifel hilfreich ist die Neuformulierung in Hinblick auf die **speditionellen Pflichten:** Im Gegensatz zur Rechtslage vor dem TRG („ausschließlich" Rechte und Pflichten nach Frachtrecht) ist nunmehr klar festgelegt, dass sie grundsätzlich **aufrecht** bleiben.[73] Frachtrecht greift eben nur für die Beförderung ein, wozu selbstverständlich auch beförderungsbezogene Nebenleistungen (Rn. 13) zu zählen sind. Für andere Ausführungsgeschäfte bleibt es hingegen bei der Anwendung reinen Speditionsrechts.[74] Gehaftet wird damit etwa bloß für Auswahl und nicht für Erfolg (siehe § 454 Abs. 1 Nr. 2).

### II. Zwingende Wirkung

**38**     **1. Dispositionen über die Rechtsfolgen des § 459 Satz 1.** Der in den Rn. 2 ff. geschilderten Entstehungsgeschichte ist zu entnehmen, dass § 413 Abs. 1 aF ursprünglich als dispositivrechtliche Norm gedacht war.[75] Schon seit längerem verweist sie jedoch häufig auf **zwingendes Frachtrecht** (zur Konsequenz beim vergleichbaren Selbsteintritt § 458 Rn. 48 f.). Nach der gefestigten höchstgerichtlichen Rechtsprechung ist der Verweis auf die konkrete Transportrechts-Ordnung zwingend, soweit die betreffenden Transportrechtsregeln zwingender Natur sind.[76] Gegenteilige Abreden wären damit jedenfalls unwirksam. Ansonsten können zusätzliche Rechte und Pflichten des Fixkostenspediteurs ohne weiteres vereinbart werden.[77] **Fazit: Satz 1** ist soweit **indisponibel,** wie seine Anwendung zur Heranziehung zwingenden Frachtrechts führt (§ 466 Abs. 3).

**39**     Der an der Rechtsprechung geäußerten, mittlerweile nahezu verstummten Kritik[78] ist zwar zuzugeben, dass der Gesetzgeber schon mangels damaliger zwingender Transportrechts-Gesetze zwingende Wirkung der Verweisung nicht einmal erwog; ganz im Gegenteil

---

[71] Ebenso *Koller* Rn. 4a.

[72] In diesem Sinn der RegE BT-Drucks. 13/8445 S. 110.

[73] Das gilt selbstverständlich auch für die speditionellen Nebenpflichten gemäß § 454 Abs. 2 Satz 1: BGH 16.2.2012, TranspR 2012, 148; *Ramming* HmbSchRZ 2009, 295, 309.

[74] Siehe RegE BT-Drucks. 13/8445 S. 111.

[75] Vgl. etwa auch *Helm* §§ 412, 413 Rn. 106.

[76] BGH 21.11.1975, BGHZ 65, 340, 342 ff. = VersR 1976, 433; BGH 10.10.1985, NJW 1986, 1434 = TranspR 1986, 70 = VersR 1986, 285, 286 = BGHZ 96, 136 ff. (gekürzter Abdruck); dazu *Kuhn* ZLW 1986, 261 ff., jeweils mwN der Vorjudikatur; OLG Frankfurt 16.3.1993, NJW-RR 1993, 1255; öOGH 19.1.1994, WBl. 1994, 340, 341. Nachweise älterer E (auch von Instanzgerichten), die sich für Abdingbarkeit der Verweisung aussprachen, bei *Helm* §§ 412, 413 Rn. 5 Fn. 5.

[77] Vgl. etwa Schlegelberger/*Schröder* § 413 Rn. 4c (der allerdings vor allem die speditionsrechtlichen Aspekte im Auge hat); öOGH 19.1.1994, WBl. 1994, 340, 341 (soweit die gesetzliche Frachtrechtshaftung nicht zwingend ist, wird sie durch die Haftungsregeln der AÖSp verdrängt).

[78] Siehe vor allem *Bischof* VersR 1976, 305 ff.; *dens.* VersR 1981, 708 ff.; *dens.* VersR 1988, 225 ff. (zuletzt nur noch gegen die zwingende Verfrachterhaftung; vgl. Rn. 40); *Helm* VersR 1976, 601 f.; gegen zwingende Anwendung der CMR *Lengtat* VersR 1985, 210 ff. Übersicht über die Entwicklung etwa bei *Thume* TranspR 1992, 355 f.

sah er von § 413 Abs. 1 aF abweichende Abreden – ebenso wie bei Frachtverträgen – für „selbstverständlich zulässig" an.[79] Zum einen zeigen aber bereits Entstehungsgeschichte und ratio (Rn. 2 ff.), dass eine Einstandspflicht des Spediteurs für Beförderungsfehler wie nach Transportrecht gewollt war. Zum anderen sind die Bereiche, die mit der Beförderung nicht unmittelbar zu tun haben, regelmäßig ohnehin rechtsgeschäftlicher Disposition zugänglich (Rn. 37, 40). Die Diskussion verlagert sich jedenfalls im Straßengüterverkehr daher auch immer stärker auf die – rein transportrechtliche – Frage, welche (Haftungs-)Bereiche in den Sonderordnungen (vor allem in der CMR) zwingend geregelt sind.[80] Siehe dazu noch in den Rn. 43 f.

**2. Dispositionen über nicht-transportrechtliche Pflichten.** Die Unabdingbarkeit **40** der Rechtsfolgen des § 459 ist nunmehr sehr deutlich und bewusst nur insoweit angeordnet, wie das anwendbare Frachtrecht zwingende Regeln enthält (§ 466 Abs. 3). Die Rechtsfolgen der Verletzung ganz anderer, von einem Frachtführer zusätzlich übernommener Pflichten sind in den Frachtrechts-Sonderordnungen regelmäßig nicht geregelt und daher auch nicht von deren Wertungen erfasst. Deshalb muss dieser Bereich im jeweiligen gesetzlichen Rahmen (zur Lagerung siehe etwa insbes. § 475h) rechtsgeschäftlichen Absprachen zugänglich sein. Das gilt schon für einen Transporteur und umso mehr für den (Fixkosten-)Spediteur.[81] Warum sollte gerade er strenger behandelt werden, wenn ihm (oder seinen Angestellten) etwa Fehler bei der Verzollung oder beim Abschluss einer Versicherung unterlaufen; also in Bereichen, die die Transportrechts-Sonderordnung überhaupt nicht regelt? Daraus folgt: Pflichten, die mit der Beförderung (genauer: mit den gesetzlich geregelten Frachtführerpflichten) nicht einmal am Rande zu tun haben, unterliegen an sich dem üblichen, zT dispositiven Haftungsregime der pVV, nicht hingegen zwingendem Fracht(haftungs)recht. Sondergrenzen der Dispositionsfreiheit sind selbstverständlich zu beachten, für speditionelle Pflichten daher etwa § 466.

### III. Erfasste Transportrechtsordnungen

§ 459 Satz 1 weist dem Spediteur nunmehr ebenso wie die §§ 458 und 460 die Rechte **41** und Pflichten eines **Frachtführers oder Verfrachters** zu. Damit erledigen sich manche Probleme des Rechts vor dem TRG, das in § 413 Abs. 1 aF nur den Frachtführer nannte (dazu 1. Aufl. § 413 Rn. 38 ff.). Es kommen alle denkbaren Transportmittel und die dafür geltenden Sonderordnungen in Betracht, also auch Beförderungen mit Luftfahrzeugen oder mit der Eisenbahn. Daher wird der Spediteur etwa bei vereinbarungsgemäßer Versendung zu fixen Kosten per Luftfracht wie ein Luftfrachtführer nach dem Warschauer Abkommen behandelt.[82] Für den Eisenbahntransport wurde die Anwendbarkeit des § 413 aF gelegentlich bezweifelt,[83] was schon damals nicht überzeugte und heute wohl nicht mehr vertreten wird, da auch die Beförderung mit der Eisenbahn unter § 407 fällt[84] (für eine Miterfassung auch bei § 458 dort Rn. 7).

---

[79] *Hahn/Mugdan* S. 393.

[80] Vgl. etwa *Zapp* TranspR 1993, 333 ff. (zur CMR-Haftung des Fixkostenspediteurs wegen verspäteter Übernahme der Ladung durch den beauftragten Frachtführer); in diese Richtung (zur Reichweite der Unabdingbarkeit der CMR-Haftung) ferner BGH 14.7.1993, BGHZ 123, 200, 206 f. = NJW 1993, 2808 = TranspR 1993, 426 = VersR 1993, 1296 = EWiR 1993, 977 f. *(Koller)* = LM CMR Nr. 54/55 *(Huther); KG* 17.11.1994, TranspR 1995, 209, 211.

[81] Vgl. nur *Koller* VersR 1987, 1058 ff.; *dens.* Rn. 42 (der Spediteur dürfe nicht strenger als ein Frachtführer gestellt sein); OLG München 21.2.1992, TranspR 1992, 185, 186 (Spediteur-Frachtführer soll im rein speditionellen Bereich nicht schlechter gestellt werden als reiner Spediteur; zu § 1 Abs. 5 KVO).

[82] Siehe nur (noch zu § 413 aF) BGH 10.10.1985, NJW 1986, 1434.

[83] Offen lassend BGH 17.10.1985, TranspR 1986, 117, 118 *(Herber)* = VersR 1986, 84 = NJW-RR 1986, 251; gegen Anwendbarkeit der EVO noch der BGH 27.5.1957, VersR 1957, 503, 504; diesem folgend *Konow* DB 1987, 1877 ff.

[84] § 407 Rn. 121; Andresen/Valder/*Valder* Rn. 18; EBJS/*Rinkler* Rn. 31; noch zum Recht vor dem TRG *Helm* §§ 412, 413 Rn. 13, 93.

**42**   Ähnlich wie beim Selbsteintritt kann die **Feststellung der in concreto heranzuziehenden Transportrechtssonderordnung** im Einzelfall schwierig sein. Wurden keine präzisen Vereinbarungen getroffen, liegt es am Spediteur, unter Wahrung der Versenderinteressen das geeignete Transportmittel auszuwählen (§ 454). Auf die Beförderung, insbes. die Haftung für Transportschäden, ist das für das gewählte Transportmittel geltende Recht anzuwenden; bei verschiedenartigen Transportmitteln kommt es daher zur Heranziehung der §§ 452 ff.[85] Zwar kann sich auch einmal bei einem Frachtvertrag die Frage nach dem zu wählenden Beförderungsmittel stellen. Grundsätzlich ist die Auswahl jedoch eine zentrale speditionsrechtliche Pflicht (§ 454 Abs. 1 Nr. 1; siehe auch § 458 Rn. 68). Daher haftet der Spediteur-Frachtführer für fehlerhafte Bestimmung des Beförderungsmittels nach Speditionsrecht. Anderes gilt natürlich für die Beförderungsphase; genauer zur heranzuziehenden transportrechtlichen Haftungsordnung bei Benutzung eines vertragswidrigen Transportmittels § 458 Rn. 66 ff.

**43**   Besondere Bedeutung hat der Rechtsfolgenverweis auf das Frachtrecht im **internationalen Straßengüterverkehr.** Hinsichtlich der Beförderung greift damit auch für den Fixkostenspediteur die zwingende CMR-Haftung ein.[86] Vertragliche Einschränkungen sind daher unwirksam. Zwingend ist die Haftung nur soweit, wie die CMR entsprechende Regeln enthält;[87] dann führt allerdings die Verletzung auch solcher Pflichten zur unbeschränkbaren CMR-Haftung, die aus einem reinen Speditionsvertrag entstehen könnten.[88]

### IV. Pflichten des Fixkostenspediteurs

**44**   **1. Frachtrechtliche Hauptpflicht.** Da der Fixkostenspediteur die Pflichten eines Frachtführers hat, ist er zur **Beförderung** (auf eigene Rechnung) verpflichtet (siehe schon Rn. 8 f.).[89] Zu diesem Zweck darf er selbständige Transporteure einschalten, die dann als Unterfrachtführer zu behandeln sind, oder selbst befördern.

**45**   **2. Speditionelle Pflichten.** Abgesehen von der Pflicht zur Wahrung der Versenderinteressen in Hinblick auf besondere Günstigkeit des abzuschließenden Frachtvertrages, die auf Grund der Fixpreisabrede wegfällt, bleiben alle übrigen speditionellen Pflichten voll aufrecht:[90] So besteht mit der eben gemachten Einschränkung weiterhin eine umfassende **Interessenwahrungspflicht,** die etwa zu Beratungs- und Aufklärungspflichten konkretisiert werden kann und von der nur Informationen über die Preisgestaltung ausgenommen sind;[91] ferner Pflichten zur Verzollung[92] und Versicherung, zur Ausstellung von Begleitpa-

---

[85] BGH 13.9.2007, BGHZ 173, 344 = TranspR 2007, 477 = NJW 2008, 1072; BGH 18.6.2009, NJW-RR 2009, 1479; OLG Köln 10.7.2001, VersR 2002, 1126; OLG Stuttgart 1.7.2009, TranspR 2009, 309.

[86] Siehe nur BGH 14.2.2008, TranspR 2008, 323. Entgegen der hA (und damit auch der zitierten E des BGH) gilt das mE aber nur dann „automatisch", wenn auf den zu festen Kosten abgeschlossenen Speditionsvertrag an sich deutsches Recht Anwendung findet (näher dazu § 453 Rn. 204).

[87] Das ist auch für die Rspr. etwa für Art. 29 CMR nicht der Fall, die diese Norm keinen eigenständigen Haftungstatbestand enthält: KG 17.11.1994, TranspR 1995, 209, 211 im Anschluss an BGH 14.7.1993, BGHZ 123, 200, 206 f., wo der BGH auf Grund der unrichtigen Mitteilung, die Sendung werde rechtzeitig ankommen, eingetretene Schäden nicht unter Art. 17 Abs. 1 CMR subsumierte.

[88] Vgl. BGH 10.2.1982, BGHZ 83, 96, 99 = NJW 1982, 1946 = TranspR 1982, 74: Haftung bei nicht eingezogener und nun uneinbringlicher Nachnahme gemäß Art. 21 CMR.

[89] Zu den sonstigen Pflichten eines Frachtführers siehe nur § 407 Rn. 65 ff.

[90] Ebenso zum österreichischen Recht, obwohl die einschlägige Norm (§ 413 UGB) ihrem Wortlaut nach § 413 HGB vor dem TRG entspricht (wonach der Fixkostenspediteur „ausschließlich" die Rechte eines Frachtführers hat), öOGH 7 Ob 17/13w v. 18.2.2013, JusGuide 2012/16/11065 (für speditionelle Aufklärungs- und Beratungspflichten bei besonderem Wert des Gutes und erkennbarer Unerfahrenheit des Versenders).

[91] OLG Hamburg 31.1.1985, TranspR 1985, 172, 173; vgl. ferner OLG Düsseldorf 24.5.1984, TranspR 1984, 219, 220.

[92] Vgl. OLG Koblenz 21.5.1982, TranspR 1985, 127, 128; OLG Frankfurt 14.7.1980, NJW 1981, 1911, 1912.

pieren[93] usw. (zu wichtigen speditionellen Pflichten § 454 Rn. 11 ff.). **Keine Rechnungs-legungspflicht** (dazu § 454 Rn. 130) trifft den Spediteur hinsichtlich der Beförderungskosten,[94] wohl aber für alle Ausgaben, die er für Rechnung des Versenders getätigt hat (dazu Rn. 59).

Als Geschäftsbesorger trifft den Fixkostenspediteur grundsätzlich auch die Pflicht, gegen **46** beigezogene Personen bestehende (Ersatz-)Ansprüche an den Versender abzutreten bzw. das bereits Empfangene herauszugeben;[95] sogar dann, wenn der Fixkostenspediteur selbst dem Auftraggeber in geringerem Umfang haftet.[96]

### V. Haftung des Fixkostenspediteurs

**1. Grundsatz.** Auch ein Fixkostenspediteur hat für die Verletzung der von ihm ver- **47** traglich übernommenen bzw. ihm von Gesetzes wegen zugeordneten Pflichten einzustehen. Wie bereits mehrfach betont (siehe insbes. Rn. 13), entscheidet sich das anzuwendende Haftungsregime nach der Qualifizierung der verletzten Pflicht, vor allem ihrer fracht- oder speditionsrechtlichen Zuordnung. Da der Fixkostenspediteur hinsichtlich der Beförderung als Frachtführer behandelt wird, trifft ihn auch bei Betrauung eines dritten Beförderers eine unmittelbare Haftung. Sie ist also nicht wie nach § 454 Abs. 1 auf Auswahlverschulden beschränkt; vielmehr wird der Fixkostenspediteur wie ein Frachtführer behandelt, der einen Unterfrachtführer einsetzt. Überdies bestimmt sich seine Haftung grundsätzlich nach der konkreten Transportrechts-(Sonder-)Ordnung[97] (vgl. auch Rn. 41 ff., 49); also etwa nach der CMR oder den §§ 425 ff. HGB. Demgegenüber ist bei der Verletzung speditioneller Pflichten § 461 heranzuziehen. Für Pflichtverletzungen in Bezug auf andere Verträge, zB Lagergeschäfte, sind allein die dafür geltenden Regeln einschlägig.[98]

Auch im Zusammenhang mit der Fixkostenspedition stellt sich häufig die Frage, wie **bei 48 kombiniertem (multimodalem) Transport** zu haften ist. Für Transportschäden bestehen insoweit aber keine Besonderheiten: Die §§ 452 ff. gelangen zur Anwendung.

**2. Rechtsgeschäftliche Dispositionen.** Nicht zuletzt bei Einbeziehung Allgemeiner **49** Geschäftsbedingungen ist die Feststellung der konkret anwendbaren Haftungsordnung von großer Bedeutung. Die **Haftungseinschränkungen der ADSp** (Nr. 22. bis 28.) sind von vornherein nur soweit anzuwenden, wie die über § 459 anzuwendende Transportrechts-Ordnung (CMR, WA usw.) keine zwingenden oder AGB-festen Haftungsvorschriften enthält (vgl. auch Nr. 22.1 ADSp). Soweit die Sonderordnungen aber lückenhaft sind und durch dispositives Recht (des HGB, BGB usw.) ergänzt werden müssen oder von vornherein nicht zwingend ausgestaltet sind, können auch die Regeln der ADSp modifizierend eingreifen.

**3. Haftung bei Einschaltung Dritter.** Wie bereits die Entstehungsgeschichte zeigt, **50** war dem Gesetzgeber vor allem die Angleichung der Haftung des Fixkostenspediteurs an die des Transporteurs ein wesentliches Anliegen. Vom Spediteur mit der Beförderung betraute Personen sind daher als **Unterfrachtführer** (bzw. Unterbeförderer) zu behandeln.[99] Wie der Hauptfrachtführer im Einzelnen für diese beigezogenen Unternehmer

---

[93] *Koller* Rn. 41; anders (im konkreten Fall wohl zu Recht) für die Erstellung von Packlisten OLG Hamburg 16.9.1982, VersR 1983, 484, 485.

[94] Siehe etwa (mit zu pauschaler Formulierung) *Helm* §§ 407–409 Rn. 127 aE. Auch Auskunftsansprüche des Versenders (hier: wegen des Verdachts zu hoher tarifwidriger Frachtberechnung) bestehen nicht: OLG Düsseldorf 24.5.1984, TranspR 1984, 219, 220 f.

[95] Vgl. OLG Köln 15.11.1982, TranspR 1984, 35, 36; *Helm* §§ 412, 413 Rn. 125; *Koller* Rn. 41.

[96] *De la Motte* VersR 1988, 317, 319.

[97] Siehe nur OLG Köln 10.7.2001, VersR 2002, 1126; *Helm* §§ 412, 413 Rn. 124: Haftung unter grundsätzlicher Herrschaft des anzuwendenden Frachtrechts.

[98] Zu Beweislastfragen bei Schädigung während nicht verkehrsbedingter Zwischenlagerung OLG Düsseldorf 30.3.1995, NJW-RR 1995, 1438 (internationale Fixkostenspedition).

[99] Auf deren Rechtsverhältnis zum Fixkostenspediteur kann § 459 jedoch nicht durchschlagen: Ganz überzeugend gegen die dort zitierte gegenteilige hM *Helm* §§ 412, 413 Rn. 41.

haftet, ergibt sich aus der jeweils anwendbaren Transportrechts-(Sonder-)Ordnung[100] (vgl. etwa Art. 3 CMR).

**51**  Schaltet der Fixkostenspediteur einen **zweiten Spediteur** ein, so stellen sich mehrere Fragen. Hier seien nur die für die Haftung relevanten angesprochen. Vorrangig ist zu klären, ob diese Einschaltung in den Bereich der Beförderung fällt, weshalb der Fixkostenspediteur für Fehler des Zweitspediteurs nach Frachtrecht zu haften hätte. Das ist bereits angesichts des § 454 Abs. 1 Nr. 2 abzulehnen, der unter anderem den Abschluss von für die Versendung erforderlichen Speditionsverträgen zu den zentralen speditionellen Pflichten zählt. Das Gegenargument, dass ein Frachtführer, der den Transport mit Hilfe eines Spediteurs organisiere, nach Frachtrecht zu haften hätte, woraus sich ergebe, dass die Tätigkeit eines Zweitspediteurs Teil der Beförderung iS des § 459 sei,[101] überzeugt nicht: Zum einen treffen einen Frachtführer keine Transportorganisationspflichten; vielmehr sind diese gerade die Hauptpflichten eines Spediteurs (§§ 453 f.). Zum anderen hat der Versender auch im Anwendungsbereich des § 459 (primär) einen Speditionsvertrag abgeschlossen und es ist nicht zu sehen, warum sich hinsichtlich der Zuordnung der speditionellen Pflichten allein auf Grund der Abrede, dass die vereinbarte Vergütung auch den Transport abdeckt, etwas ändern sollte. Vielmehr kommen dadurch frachtrechtliche Pflichten bloß hinzu, ohne die speditionellen nachhaltig zu verändern (zu den wenigen Ausnahmen siehe Rn. 37). Ergebnis: Die **Einschaltung eines Zweitspediteurs gehört nicht zur Beförderung** iS des § 459.

**52**  Unter Haftungsgesichtspunkten bleibt somit nur mehr die Frage übrig, ob der (Fixkosten-)Spediteur für Fehler des von ihm eingeschalteten Zweitspediteurs nach § 278 BGB oder ob er nur für Auswahlverschulden haftet. Da insoweit für die Fixkostenspedition keine Besonderheiten bestehen, kann auf die Ausführungen zu § 454 (Rn. 21 ff.) verwiesen werden: Im Regelfall greift § 278 BGB ein, da sich der Spediteur zur Organisation des gesamten Transport – und nicht bloß zur Betrauung geeigneter Organisatoren – verpflichtet hat. Die eben in Rn. 51 abgelehnte Position (Zuordnung zum Frachtrecht) erscheint daher von vornherein nur in jenen Ausnahmefällen erwägenswert, in denen und soweit der Spediteur bloß den Abschluss weiterer Speditionsverträge schuldet.

**53**  **4. Fixkostenspedition und Selbsteintritt.** Da den Fixkostenspediteur von Gesetzes wegen eine Beförderungspflicht trifft, stellt sich die Frage nach dem Selbsteintritts**recht** gemäß § 458 von vornherein nicht: Wer zur Beförderung verpflichtet ist, darf bei entsprechenden Möglichkeiten selbstverständlich auch selbst transportieren. Dies folgt aber aus dem wegen § 459 anzuwendenden Frachtrecht, nicht aus § 458, der hier unanwendbar ist (§ 458 Rn. 24).[102]

**54**  **5. Verjährung.** Aufgrund der Rechtsfolgenanordnung des § 459 greifen bei Schädigungen im Zusammenhang mit der Beförderung die **transportrechtlichen** Verjährungsregeln ein (zB § 439, Art. 32 CMR).[103] **Art. 32 CMR** ist jedenfalls zwingend; sogar dann, wenn sich der Ersatzanspruch bei einer der CMR unterliegenden Beförderung aus nationalem Recht ergibt.[104] Die aktuellen **ADSp** enthalten keine Verjährungsvorschrift mehr.

## VI. Rechte des Fixkostenspediteurs

**55**  **1. Vereinbartes Entgelt.** Nach dem Gesetz hat der Fixkostenspediteur Anspruch auf die vereinbarte Vergütung. Damit sind neben der Beförderung auch die speditionsspezifischen

---

[100] *Helm* §§ 412, 413 Rn. 122; Schlegelberger/*Schröder* § 413 Rn. 4a, 4c.

[101] So *Koller* Rn. 8 (der allerdings zugesteht, dass bei „isolierter" Betrachtungsweise die Tätigkeit eines Zwischenspediteurs keine Beförderung darstellt). Im Ergebnis ebenso der RegE BT-Drucks. 13/8445 S. 111, dessen Ausführungen jedoch nicht allzu klar sind (vgl. Rn. 32 f.).

[102] AA *Helm* §§ 412, 413 Rn. 108 ff., der im Ergebnis (Rn. 111) jedoch ebenfalls zur Anwendung allein des § 413 aF (= § 459) gelangt.

[103] Zum Verjährungsbeginn BGH 29.11.1984, TranspR 1985, 182, 183 = VersR 1985, 258.

[104] HA: siehe nur Art. 32 CMR Rn. 46; *Thume* TranspR 1994, 392, 393 mwN gegen das OLG Düsseldorf v. 21.4.1994, TranspR 1994, 391 f., das § 64 ADSp anwendete.

Leistungen abgegolten. Weitere Vergütungsansprüche bestehen nur bei besonderer Vereinbarung.

Die **Fälligkeit** des Vergütungsanspruchs richtet sich nach Frachtrecht: Entscheidend ist **56** damit jedenfalls im Anwendungsbereich des HGB die vollständige Ausführung der Beförderung, also grundsätzlich die Ablieferung des Gutes (siehe § 420 Abs. 1 Satz 1).

Auch die **Verjährung** dieses Anspruchs richtet sich nach Frachtrecht (§ 463 Rn. 9). **57** Damit gehen dem § 439 die spezielleren Regeln der einschlägigen Sonderordnung vor (vgl. insbes. Art. 32 CMR).[105]

**2. Aufwendungsersatz.** Wesentlicher Zweck des Fixpreises ist es, dem Versender die **58** auf ihn zukommende finanzielle Belastung möglichst präzise vor Augen zu führen. Daher gilt der **Grundsatz:** Neben der vereinbarten Vergütung kann der Spediteur für speditionelle und Beförderungsleistungen keine zusätzlichen Zahlungen verlangen. § 459 **Satz 2** macht davon eine Ausnahme und gewährt **Aufwendungsersatz** neben der vereinbarten Vergütung nur, **soweit** „dies" **üblich** ist. Gemeint ist damit: wenn und soweit ein Ersatz derartiger Aufwendungen üblich ist. Darin liegt ein Verweis auf Handelsbrauch (§ 346) und Verkehrssitte (§ 157 BGB). Umso mehr steht ein Ersatzanspruch dann zu, wenn die gesonderte Verrechnung bestimmter Kosten eigens vereinbart wurde.

§ 459 geht von der Vereinbarung einer konkreten Vergütung aus. Diese erfasst zum **59** einen das Entgelt für die speditionellen Leistungen und zum anderen das für die Beförderung. Darüber hinaus anfallende Aufwendungen sind von der Einschränkung des Satzes 2 daher von vornherein nicht betroffen. Ob und inwieweit auch sie durch die Vergütung abgedeckt sein sollen, kann nur durch sorgfältige Auslegung der getroffenen Abreden geklärt werden. Dabei ist der wesentliche Zweck der Fixpreisabrede (Rn. 9) ebenso zu beachten wie eine dem Versender vorgelegte Kalkulation. Im Zweifel über § 670 BGB gesondert zu vergüten sind etwa verauslagte Zollgebühren oder Versicherungsprämien.[106] Für solche Aufwendungen könnte grundsätzlich auch ein „echter" Frachtführer Ersatz fordern (vgl. § 456 Rn. 81). Anderes gilt für unmittelbar dem Transport zuzurechnende Aufwendungen (zB Überliegegeld bei Seefracht).[107] Vertragsauslegung kann im Einzelfall selbstverständlich jeweils anderes ergeben.[108]

Grundsätzlich zu **Fälligkeit** und **Verzinsung** der Aufwendungsersatzansprüche § 456 **60** Rn. 90; zur **Verjährung** § 456 Rn. 93. Vorrangig sind auch hier etwaige Vorschriften der Transportrechts-Sonderordnungen zu beachten; siehe etwa hier Rn. 54 zur Verjährung.

## § 460 Sammelladung

**(1) Der Spediteur ist befugt, die Versendung des Gutes zusammen mit Gut eines anderen Versenders auf Grund eines für seine Rechnung über eine Sammelladung geschlossenen Frachtvertrages zu bewirken.**

**(2) ¹Macht der Spediteur von dieser Befugnis Gebrauch, so hat er hinsichtlich der Beförderung in Sammelladung die Rechte und Pflichten eines Frachtführers oder Verfrachters. ²In diesem Fall kann der Spediteur eine den Umständen nach angemessene Vergütung verlangen, höchstens aber die für die Beförderung des einzelnen Gutes gewöhnliche Fracht.**

**Zum Norminhalt: Abs. 1** gibt dem Spediteur das **Recht,** das **Speditionsgut gemeinsam mit anderen Gütern** als einheitliche Ladung (Sammelladung) zu versenden. Als Folge

---

[105] Art. 32 CMR gilt auch für Aufwendungsersatzansprüche, soweit sie mit der CMR-Beförderung in sachlichem Zusammenhang stehen: BGH 10.5.1990, WM 1990, 2123, 2125; Art. 32 CMR Rn. 10.

[106] Vgl. OLG Frankfurt 14.7.1980, NJW 1981, 1911, 1912 (Passavant- und Zollabfertigungsgebühren); Schlegelberger/*Schröder* § 413 Rn. 5b; *Helm* §§ 412, 413 Rn. 120; *Koller* Rn. 41.

[107] Vgl. OLG Hamburg 3.11.1983, VersR 1984, 263, 264: Es genügt, wenn die Möglichkeit von Zusatzkosten dem Spediteur an sich erkennbar ist (hier: gebrochener Transport mit Ostblockberührung).

[108] Ähnlich wie hier *Koller* Rn. 42.

einer derartigen Versendung weist **Abs. 2 Satz 1** dem Spediteur bezüglich der Beförderung die Rechtsstellung eines Frachtführers zu. Nach **Abs. 2 Satz 2** erhält er als **Entgelt** eine **angemessene Vergütung,** die nach oben hin mit der Fracht bei Einzelbeförderung begrenzt ist.

**Schrifttum (zur Rechtslage vor dem TRG):** *Bartels,* Die zwingende Frachtführerhaftung des Spediteurs, VersR 1975, 598; *ders.,* Zur Frachtführerhaftung des Spediteurs, VersR 1980, 611; *ders.,* Haftung des Sammelladungsspediteurs nach der KVO, VersR 1984, 419; *Bischof,* Änderung des HGB-Speditionsrechtes, VersR 1979, 691; *Blasche,* Der Spediteur als Frachtführer, öAnwBl. 1979, 163; *Bönisch,* Der Spediteursammelgutverkehr, 1976; *Debling,* Das nationale Sammelladungsgeschäft des Spediteurs im Güterkraftverkehr, 1978; *Diehl,* Die Pflichten des Spediteurs in den Fällen der §§ 412, 413 HGB, Diss. Tübingen 1987; *Helm,* Nochmals: Die zwingende Frachtführerhaftung des Spediteurs, VersR 1976, 601; *Herber,* Der Spediteur als Frachtführer, 1978; *Kleyensteuber,* Der Spediteur als Luftfrachtführer, TranspR 1980, 64; *Knorre,* Zur Frachtführerhaftung im grenzüberschreitenden Straßengüterverkehr, VersR 1980, 1005; *Koller,* Die Verweisung der §§ 412, 413 HGB auf die CMR, VersR 1987, 1058; *ders.,* CMR und Speditionsrecht, VersR 1988, 556; *Konow,* Die Rechtsstellung des Spediteurs gegenüber dem Versender bei Beförderung des Gutes im Eisenbahn-Sammelladungsverkehr, DB 1987, 1877; *Lengtat,* Der Spediteur im grenzüberschreitenden Kraftverkehr, VersR 1985, 210; *Merz,* Die Haftungsproblematik im Spediteurs- und Frachtführerrecht, VersR 1982, 213; *Papp,* Haftungsrechtliche Fragen im Zusammenhang mit §§ 412, 413 HGB, Diss. München 1973; *Roesch,* Zur Abgrenzung von Speditionsvertrag und Frachtvertrag, VersR 1979, 890; *Runge,* Der Spediteur als Frachtführer, TranspR 1978, 62; *ders.,* Gedanken über eine Neufassung der §§ 412, 413 HGB, TranspR 1982, 34; *Jürgen H. Schmidt,* Speditionsversicherung und die HGB-Frachtführerhaftung von nicht der KVO-Haftung unterliegenden Fixkosten- und Sammelladungsspediteuren, TranspR 1988, 268; *Horst Schmidt,* Zur Frachtführerhaftung des Spediteurs in den Fällen der §§ 412, 413 HGB, VersR 1975, 984; *Schoner,* Der Spediteur als Luftfrachtführer, TranspR 1979, 57; *Sieg,* Die Abgrenzung der Haftung des Spediteurs und des Güterfernverkehrs-Unternehmers, VersR 1965, 297; *Thume,* Keine zwingende CMR-Haftung des Fixkosten-Sammelladungsspediteurs im grenzüberschreitenden Straßengüterverkehr, TranspR 1992, 355; *Zapp,* Die Haftung des „413 HGB"-Spediteurs bei grenzüberschreitenden Lkw-Transporten für Schäden aus verspäteter Ladungsübernahme, TranspR 1993, 334.

## Übersicht

| | Rn. | | | Rn. |
|---|---|---|---|---|
| **I. Allgemeines** | 1–19 | 6. Bewirken der Versendung | | 29, 30 |
| 1. Gesetzliche Entwicklung | 1 | 7. Beweislast | | 31 |
| 2. Begriff | 2 | **III. Die Rechtsfolgen des § 460 Abs. 2** | | 32–52 |
| 3. Regelmäßiger Ablauf | 3 | 1. Grundsätzliches | | 32 |
| 4. Praktische Bedeutung | 4 | 2. Pflichten des Spediteurs | | 33–35 |
| 5. Entstehungsgeschichte und ratio | 5–7 | a) Beurteilungsmaßstab | | 33 |
| 6. Rechtsnatur | 8–11 | b) Speditionelle Pflichten | | 34 |
| a) Sammelladung und Speditionsvertrag | 8 | c) Beginn und Ende frachtrechtlicher Pflichten | | 35 |
| b) Gestaltungsrecht (Wahlrecht) | 9–11 | 3. Ansprüche des Spediteurs | | 36–47 |
| 7. Abgrenzungen | 12–16 | a) Grundsätzliches | | 36 |
| a) Vom Frachtvertrag | 12 | b) Vergütung wofür | | 37 |
| b) Von der Fixkostenspedition | 13, 14 | c) Spediteurvergütung | | 38 |
| c) Vom Selbsteintritt | 15, 16 | d) Obergrenze der Vergütung für die Beförderung | | 39 |
| 8. Zulässigkeit | 17 | e) Bestimmung der für die Beförderung angemessenen Vergütung | | 40–42 |
| 9. Konsequenzen unzulässiger Sammelversendung | 18 | f) Rechnungslegungspflicht | | 43, 44 |
| 10. Pflicht zur Versendung in Sammelladung | 19 | g) Vertragswidrige Verladungsart | | 45, 46 |
| | | h) Aufwendungsersatz | | 47 |
| **II. Der Tatbestand des § 460** | 20–31 | 4. Haftung des Spediteurs | | 48–52 |
| 1. Grundsätzliches | 20, 21 | a) Haftung nach Fracht- oder nach Speditionsrecht | | 48, 49 |
| 2. Sammelladung | 22 | b) Haftung bei unzulässiger Sammelladung | | 50, 51 |
| 3. Befugnis zur Versendung in Sammelladung | 23 | c) Haftung bei vertragswidriger Stückgutversendung | | 52 |
| 4. Abschluss eines entsprechenden Frachtvertrages | 24 | **IV. Rechtsgeschäftliche Dispositionen** | | 53 |
| 5. Abschluss auf eigene Rechnung | 25–28 | | | |

## I. Allgemeines

**1. Gesetzliche Entwicklung.** § 460 entspricht weitestgehend der Vorläufervorschrift **1** des § 413 Abs. 2 aF. Jedoch wurde der systematische und inhaltliche Bezug zur Fixkostenspedition beseitigt und manches klarer als bisher formuliert. Auslegungsprobleme gibt es aber nach wie vor (siehe insbesondere Rn. 36 ff. zur Vergütungsregelung des Abs. 2 Satz 2).

**2. Begriff.** § 460 regelt den Fall, dass der beauftragte Spediteur das vom Versender **2** stammende Gut gemeinsam mit anderem Gut (sog. **Sammelladung;** Rn. 22) durch einen Transporteur auf Grund eines für eigene Rechnung (Rn. 25 ff.) geschlossenen Frachtvertrags (Rn. 24) tatsächlich zur Versendung bringt (Rn. 29 f.). Da die Rechtsfolgen des § 460 Abs. 2 Satz 1 denen des § 459 Satz 1 entsprechen (hinsichtlich der Beförderung gilt Frachtrecht),[1] sind viele der zur Fixkostenspedition gemachten Ausführungen auch für die Sammelladung zu beachten. An die Stelle der bestimmten tritt allerdings eine „angemessene" Vergütung (Abs. 2 Satz 2; dazu noch näher Rn. 36 ff.).

**3. Regelmäßiger Ablauf.** Bei der üblichen Sammelversendung wird das Gut beim **3** Versender abgeholt („Vorlauf") und vom Versandspediteur umgeladen („Umschlag"). Dabei wird es mit anderem Gut ergänzt, das von anderen Spediteuren („Beiladern") stammt, zu einer Sendung zusammengefasst und daraufhin zum Empfangsspediteur befördert („Hauptlauf"). Von diesem wird es gemäß dem Bordero (§ 453 Rn. 197) dem Empfänger oder dem Briefspediteur (§ 453 Rn. 71) zugestellt („Nachlauf").[2] Wenn der dargestellte auch der ganz übliche Ablauf ist, so ist er für die Rechtsfolgen des Abs. 2 jedoch nicht Voraussetzung. Entscheidend ist vielmehr allein die zusammengefasste Versendung auf eigene Rechnung (im Einzelnen dazu Rn. 25 ff.).

**4. Praktische Bedeutung.** Häufig hat der Versender bloß Kleingut zu befördern. Im **4** Vergleich zum Einzeltransport ist es dann weit günstiger, dass der Spediteur dieses Gut mit anderen Waren zusammenfasst, die (zumindest zum Teil) auf der gleichen Strecke zu transportieren sind: Größere Mengen können schon deshalb billiger befördert werden, weil das Beförderungsmittel dabei besser ausgelastet wird. Der Sammelgutverkehr hat in Deutschland daher erhebliche Bedeutung:[3] Im Jahre 2005 waren 54 % aller Mitglieder des DSLV (vormals BSL) im Bereich der Sammelladungsspedition aktiv und 28 % gaben dies sogar als ihren Tätigkeitsschwerpunkt an.[4] Im Jahre 2011 wurden auf diese Weise fast 50 Millionen Tonnen Ladung versandt und damit ein Umsatz vom knapp 10 Milliarden Euro erwirtschaftet.[5] Der Sammelladungsverkehr findet neben dem Landtransport (Straße und Schiene) auch im Seetransport (Container-Beförderung) Anwendung.[6]

**5. Entstehungsgeschichte und ratio.** Dem Gesetzgeber schien der Sammelgutverkehr **5** im Interesse aller Beteiligten – aber auch volkswirtschaftlich – förderungswürdig. Er wollte die Vorteile aus dem Sammelgutverkehr, nämlich die Einsparungen gegenüber der Stückgutbeförderung durch bessere Kapazitätenausnutzung, jedoch nicht einseitig zuweisen, sondern zwischen Versender und Spediteur verteilen. Die wie bei der Fixkostenspedition vorgesehene Anwendung von Frachtrecht wurde auch bei Sammelversendung als der „Natur der Sache" entsprechend erachtet.[7]

Anders als bei der Fixkostenspedition war die schwierige Feststellung des vereinbarten **6** Vertragstyps nicht der Grund der Sonderregelung. Vielmehr ist in solchen Fällen die **Vereinbarung** jeweils deutlich bloß **auf Versendungsbesorgung,** nicht auf Beförde-

---

[1] BGH 10.2.1983, BGHZ 87, 4, 6.
[2] Vgl. die schematische Darstellung eines solchen komplexen Vorgangs bei *Bönisch* Spediteursammelgutkehr S. 36 f. Details zur Organisation des Sammelgutverkehrs etwa bei *Helm* §§ 412, 413 Rn. 129 f.
[3] So schon zurzeit der Gesetzwerdung namentlich beim Eisenbahntransport: *Hahn/Mugdan* S. 393.
[4] Angaben nach der DSLV-Broschüre Zahlen, Daten, Fakten aus Spedition und Logistik, 2010, S. 7.
[5] Daten aus dem Report „Die Top 100 der Logistik 2012/2013" der SCS Fraunhofer Arbeitsgruppe für Supply Chain Services, Nürnberg.
[6] Siehe nur *Helm* §§ 412, 413 Rn. 128.
[7] *Hahn/Mugdan* S. 393.

rung **gerichtet** (vgl. Rn. 8). Allerdings besteht bei Sammelversendung ein ähnlich schwer zu lösendes praktisches Problem: Wie sollten die Transportkosten – zumal bei ganz unterschiedlichen Gütern – sachgerecht auf die verschiedenen Versender verteilt werden? Handeln auf Rechnung des (jeweiligen) Versenders ist anders als bei Beauftragung eines Einzelbeförderers kaum möglich (siehe noch Rn. 26). Als beste Lösung wurde die Behandlung des Spediteurs als Frachtführer angesehen, der damit hinsichtlich der Beförderung auf eigene Rechnung handelt. Da aber von vornherein kein fixer Satz vereinbart wird, darf der Spediteur (nur) einen „angemessenen" Preis in Rechnung stellen. Diese „den Umständen nach angemessene Fracht" sollte nach altem Recht auch eine Komponente enthalten, mit der die speditionellen Leistungen vergütet werden;[8] daher war ein daneben bestehender (dispositiver) Anspruch auf Spediteurprovision unnötig. Heutzutage ist weitergehend von angemessener Vergütung die Rede (Abs. 2 Satz 2), was es auf den ersten Blick noch einfacher macht, bei deren Konkretisierung auch die erbrachten speditionellen Leistungen mit zu berücksichtigen. Dem könnte allerdings entgegenstehen, dass das Gesetz die Vergütung mit der gewöhnlichen Fracht für die Einzelbeförderung begrenzt (näher dazu Rn. 39).

7     Sieht der Gesetzgeber wegen der eben genannten **praktischen Schwierigkeiten der Teilfrachtberechnung** eine (objektivierte) Preisberechnung am Maßstab des Angemessenen – und nicht (gemäß § 670 BGB) nach dem vom Spediteur tatsächlich Aufgewendeten – vor, drohen dem Versender ähnliche Gefahren wie bei der Fixkostenspedition: Der Spediteur handelt nun auf eigene Rechnung (Rn. 25 ff.). Er könnte daher zwecks Gewinnmaximierung versucht sein, besonders billige und damit zugleich möglicherweise weniger geeignete und/oder sorgfältige Beförderer auszuwählen. Aus diesem Grund erscheint es gerechtfertigt, ihm nicht nur weitestgehend die Rechte, sondern auch – vor allem unter Haftungsaspekten – die Pflichten eines Frachtführers zuzuweisen (vgl. insbes. schon Rn. 6).

8     **6. Rechtsnatur. a) Sammelladung und Speditionsvertrag.** Der Sammelladungsspedition liegt zunächst ein gewöhnlicher Speditionsvertrag iSd. § 453 zugrunde. Besonderheiten in den Rechtsfolgen sind erst an die konkrete Durchführung – nicht Einzel-, sondern Sammelversendung – geknüpft; nicht jedoch an bestimmte rechtsgeschäftliche Abreden. Von einem Sondertypus des Speditions**vertrags**[9] sollte man daher besser nicht sprechen. Besonderes gilt eben erst dann, wenn der Spediteur eine bestimmte Art der Auftragserledigung, nämlich die Sammelversendung, wählt: Ähnlich wie bei der Selbstbeförderung (§ 458) greift nun von Gesetzes wegen Frachtrecht ein (zur Frage, ob die Sammelladungsspedition eine gesetzliche Form des Selbsteintritts darstellt, Rn. 15 f.; zur Selbstbeförderung einer Sammelladung bereits kurz § 458 Rn. 26).

9     **b) Gestaltungsrecht (Wahlrecht).** Fraglich ist hingegen, ob der Spediteur bei Sammelladung – wie beim Selbsteintritt nach § 458 (vgl. dort Rn. 29) – ein Gestaltungsrecht[10] ausübt. Voraussetzung dafür wäre eine Wahlmöglichkeit, den Vertrag korrekt zu erfüllen. Diese wurde von der hA zur Rechtslage vor dem TRG aber grundsätzlich abgelehnt: Vielmehr sollte Sammelversendung wegen der niedrigeren Kosten jedenfalls bei nicht nennenswerter Erhöhung des Beförderungsrisikos[11] und einer Sammelladungsmöglichkeit sowohl zulässig als auch geboten sein,[12] sofern durch die Sammelversendung keine

---

[8] *Hahn/Mugdan* S. 393: „Mit Rücksicht auf die Leistungen, welchen sich der Spediteur bei der Übernahme der Versendung im Sammelverkehr unterzieht, erscheint es vielmehr billig, dass ihm ein gewisser Teil der Frachtersparnis, die er durch die Herstellung der Sammelladung erzielt, zu eigenem Nutzen verbleibt".
[9] So *Helm* §§ 412, 413 Rn. 127.
[10] *Sieg* DB 1979, 1213 spricht vorsichtig (nur) von „Gestaltungsakt".
[11] Zur Berücksichtigung von Gefahren, die gerade durch die gesammelte Versendung entstehen, siehe etwa Schlegelberger/*Schröder* § 413 Rn. 10 und hier Rn. 34.
[12] OLG Düsseldorf 3.6.1982, VersR 1982, 1076, 1077; Schlegelberger/*Schröder* § 413 Rn. 7a aE; *Helm* §§ 412, 413 Rn. 135 u. a.

größeren Verzögerungen drohten.[13] Ein Wahlrecht zwischen Einzel- und Sammelversendung wäre danach von Gesetzes wegen also kaum einmal anzunehmen gewesen. Es hätte im Wesentlichen bloß aus einer entsprechenden vertraglichen Abrede folgen können.

Diese Ansicht war schon vor dem TRG nicht unbedenklich. Zu § 460 nF ist sie jedenfalls **10** abzulehnen. Zwar geht sie vom abgeschlossenen Vertrag und den daraus resultierenden (speditionsrechtlichen) Konsequenzen aus, dass der Spediteur nach § 454 Abs. 4 zur bestmöglichen Wahrnehmung der Versenderinteressen verpflichtet ist (§ 454 Rn. 107 ff.). Es darf aber nicht vernachlässigt werden, dass der Spediteur auf diese Weise ohne entsprechende privatautonom getroffene Entscheidung (wegen § 460) nach dem regelmäßig strengeren Frachtrecht behandelt wird.[14] Eine solche „Pflicht zum Wechsel in das Frachtrecht" darf es daher nicht geben. Auch die Interessenwahrungspflicht eines Spediteurs (§ 454 Abs. 4) kann nicht so weit gehen, Pflichten eines anderen Vertragstyps übernehmen zu müssen. Vermutlich auch auf Grund solcher Überlegungen gewährt § 460 dem Spediteur nun ausdrücklich (nur) eine **Befugnis** zur Bewirkung der Versendung in Sammelladung (näher dazu Rn. 17). Eine allein aus dem Gesetz resultierende Pflicht zur Sammelversendung wird heute daher zu Recht ganz überwiegend abgelehnt.[15]

Daraus folgt mE zugleich, dass dem Spediteur regelmäßig ein **Wahlrecht** (zwischen **11** Einzel- und Sammelversendung) zusteht. Damit ist allerdings noch nicht automatisch auch die Frage beantwortet, ob die Ausübung eines solchen Gestaltungsrechts durch Wahl der Sammelversendung Voraussetzung für das Eingreifen der Rechtsfolgen des § 460 Abs. 2 ist; anders formuliert: was bei vertragswidriger Sammelversendung gilt. Dazu Rn. 18.

**7. Abgrenzungen. a) Vom Frachtvertrag.** Anders als bei der Fixkostenspedition (vgl. **12** Rn. 13 f.) ist die Abgrenzung von Transportverträgen schon deshalb eher einfach, weil auch der Sammelladungsspedition ein gewöhnlicher Speditionsvertrag iSd. § 453 zugrunde liegt (Rn. 8). Sammelversendung betrifft ja nur die **Erledigung** des Auftrags. Doch sogar die Vereinbarung einer Sammelversendungspflicht führt nicht bereits auf rechtsgeschäftlichem Weg zum Transportrecht, sondern bloß über § 460 Abs. 2, da das Gesetz – wie bei § 458 – darauf abstellt, dass von der betreffenden Befugnis auch tatsächlich Gebrauch gemacht wird (Rn. 29).

**b) Von der Fixkostenspedition.** Vom **Tatbestand** her bereitet die Abgrenzung keine **13** Schwierigkeiten: Wurde ein bestimmter Satz der Beförderungskosten vereinbart, liegt Fixkostenspedition (§ 459) vor; fehlt eine solche Vereinbarung und wurde die Sammelversendung tatsächlich vorgenommen, greift § 460 Abs. 2 ein.

Auch wenn der Fixkostenspediteur seinen Auftrag mittels Sammelversendung erledigt, **14** geht § 459 vor: Diese Norm knüpft das Eingreifen von Frachtrecht ja schon an den abgeschlossenen Vertrag (mit dem Inhalt „Fixpreis"). Praktisch führt dies dazu, dass § 460 Abs. 2 Satz 2 unanwendbar ist: Dieser Verrechnungsregel bedarf es nicht, da der vom Versender (auch) für die Beförderung zu zahlende Betrag bereits auf Grund der vertraglichen Abrede präzise feststeht.

**c) Vom Selbsteintritt.** Die hM sieht in der Sammelversendung einen gesetzlich beson- **15** ders geregelten Selbsteintritt (nach § 458).[16] Die Bedeutung dieser Zuordnung ist wenig klar;[17] auch gibt es durchaus dogmatische Unterschiede zwischen § 460 und § 458 (siehe

---

[13] Vgl. nur *Helm* §§ 412, 413 Rn. 135 aE.

[14] Vgl. *Koller* Rn. 3, der über § 157 BGB aber ebenfalls häufig zu einer entsprechenden Pflicht gelangt.

[15] Heymann/*Joachim* Rn. 3; *Koller* Rn. 3; Andresen/Valder/*Valder* Rn. 7; EBJS/*Rinkler* Rn. 21.

[16] BGH 9.3.1989, VersR 1989, 864, 865 = NJW-RR 1989, 992; BGH 4.2.1982, BGHZ 83, 87, 90; BGH 3.3.1972, NJW 1972, 866; OLG Frankfurt 2.12.1975, VersR 1976, 655, 657; OLG Hamburg 27.3.1980, VersR 1980, 827, 828; *Canaris* § 31 Rn. 85; Schlegelberger/*Schröder* § 413 Rn. 7; *Karsten Schmidt* HandelsR § 33 IV 4. AA etwa *Helm* §§ 412, 413 Rn. 127, 133, 138; Straube/*Schütz* § 413 Rn. 10.

[17] Von manchen wird daraus sogar abgeleitet, ein Verbot des Selbsteintritts würde zugleich eine Sammelversendung verbieten: so ausdrücklich etwa Schlegelberger/*Schröder* § 413 Rn. 7a; dagegen zu Recht *Helm* §§ 412, 413 Rn. 134.

nur Rn. 8 ff. zur Rechtsnatur der Sammelversendung). Überdies ist die Rechtsfolgenanordnung des § 460 Abs. 2 abschließend und von § 458 Abs. 2 abweichend; ein Rückgriff auf § 458 scheidet damit ohnehin aus. Allenfalls mag man bei Sammelversendung von einem „funktionalen" Selbsteintritt sprechen:[18] Statt wie bisher auf fremde handelt der Spediteur nun auf eigene Rechnung.

16      Folgt man der hier vertretenen Ansicht, dass der „unechte" Selbsteintritt von § 458 gar nicht erfasst wird (§ 458 Rn. 72), so kommt auch eine Kombination nicht in Betracht: Die Betrauung eines selbständigen Transporteurs (für eigene Rechnung geschlossener Frachtvertrag) ist ja Tatbestandsmerkmal des § 460.[19] Sammelversendung mit Hilfe von beigezogenen Transporteuren, also **Fremdbeförderung**, führt somit zu § 460, **Selbstbeförderung** auch bei Sammelladung zu § 458.[20]

17      **8. Zulässigkeit.** Im Unterschied zum Recht vor dem TRG, das die Frage nicht anspricht, erklärt § 460 Abs. 1 die **Versendung in Sammelladung** ausdrücklich und ohne Einschränkungen für **zulässig.** („... ist befugt"). Das bedarf der Einschränkung: Gegenteilige Vereinbarungen gehen selbstverständlich vor. Auch heutzutage ist es darüber hinaus möglich, dass sich aus der zentralen Interessenwahrungspflicht ausnahmsweise die Notwendigkeit zur Einzelversendung – und damit das Verbot der Versendung in Sammelladung – ergibt; so etwa bei besonderer Eilbedürftigkeit oder auf Grund besonderer Eigenschaften des Speditionsguts.

18      **9. Konsequenzen unzulässiger Sammelversendung.** Nach dem Wortlaut von § 460 Abs. 2 greifen die dort vorgesehenen besonderen Rechtsfolgen dann ein, wenn der Spediteur von seiner Befugnis nach Abs. 1 Gebrauch macht. Damit bleibt offen, was bei in concreto **unzulässiger Versendung in Sammelladung** gelten soll. Vor dem TRG differenzierte das Gesetz nicht, so dass es allein auf die Tatsache einer Versendung in Sammelladung ankam;[21] daneben hatte der Spediteur für auf Grund der Vertragswidrigkeit entstandene Schäden zu haften. Für die Umformulierung in diesem Punkt gibt der RegE keine Erklärung. Möglicherweise orientierte er sich am insoweit gleich lautenden § 458. Die für die „Einheitslösung" des früheren Rechts sprechenden Sachgründe bestehen nach wie vor: Durch die Versendung auf eigene Rechnung – bei Sammelladung ist der Frachtanteil des einzelnen Versenders ja nicht präzise zu bestimmen – entfernt sich der Spediteur vom üblichen Geschäftsbesorgungsrecht, weshalb er hinsichtlich der Beförderung dem Frachtrecht unterstellt wird. In Hinblick auf die Beförderungspflichten liegt darin eine zusätzliche Belastung. Diese sollte man aber dann (durch einen Größenschluss aus § 460 Abs. 2) umso mehr jenem Spediteur auferlegen, der sich vertragswidrig verhalten hat.[22] Für dadurch entstandene Schäden greift überdies die Haftung nach § 461 Abs. 2 iVm. § 454 ein. Und was die Rechte des Spediteurs anbelangt, so wäre eine Abrechnung nach den Grundsätzen des Handelns für fremde Rechnung bei Sammelladung regelmäßig kaum durchführbar, weshalb auch dafür trotz „Sammelladungsverbots" die Rechtsfolgen des § 460 am besten passen. Zu sonstigen Rechtsfolgen unzulässiger Sammelversendung Rn. 50 f.

19      **10. Pflicht zur Versendung in Sammelladung.** Nicht geklärt hat die Novelle die vor dem TRG strittige – von der hA grundsätzlich bejahte – Frage, ob (vor allem aus Kostengründen) im Einzelfall eine bereits aus dem Gesetz resultierende **Pflicht** zur Sammelladungsversendung besteht. Eine derartige Verpflichtung ist jedenfalls nach geltendem Recht

---

[18] So *Karsten Schmidt* HandelsR § 33 IV 4.
[19] Siehe nur *Koller* Rn. 6 und hier Rn. 24.
[20] Siehe nur *Jungfleisch* Selbsteintritt S. 71; *Schmidt* VersR 1975, 984, 986; *Tischler* VersR 1975, 1001; *Helm* §§ 412, 413 Rn. 138 mwN.
[21] So auch die Rspr.: OLG Düsseldorf 3.6.1982, VersR 1982, 1076, 1077; OLG München 27.6.1984, TranspR 1987, 77, 79.
[22] Ebenso zur Rechtslage nach dem TRG etwa *Koller* Rn. 3; EBJS/*Rinkler* Rn. 9; zumindest im Ergebnis auch Heymann/*Joachim* Rn. 8.

abzulehnen, da sich der Spediteur damit dem strengen Regime des Frachtrechts unterstellen müsste (siehe bereits Rn. 9 f.).

## II. Der Tatbestand des § 460

**1. Grundsätzliches.** Wie nach altem Recht wird weiterhin verlangt, dass der Spediteur 20 die **Versendung** des Speditionsguts auf Grund eines einheitlichen, vom Spediteur **auf eigene Rechnung** abgeschlossenen Frachtvertrags **gemeinsam mit Gut (zumindest) eines anderen Versenders bewirkt.** Stammen alle vom Frachtvertrag erfassten Güter von ein und demselben Versender („Werksammelladung"), kommt § 460 also nicht zur Anwendung.[23] Das hat seinen guten Grund darin, dass in einem solchen Fall das Problem des Aufteilens der Fracht auf mehr als einen Versender nicht entsteht.

Nach dem Gesetzeswortlaut greifen die Rechtsfolgen des § 460 (nur) dann ein, wenn 21 der Spediteur von seiner Befugnis zur Sammelversendung Gebrauch macht (Abs. 2 Satz 1). **Unbefugte Sammelversendung** führt allerdings ebenfalls zum Eingreifen von Frachtrecht (dazu bereits Rn. 18).

**2. Sammelladung.** Erste Voraussetzung des Eingreifens von Frachtrecht ist die Versen- 22 dung als Sammelladung. Von **Sammelladung** spricht man, wenn das Gut des betreffenden Speditionsvertrags mit mindestens einem weiteren Gut, das nicht vom gleichen Versender stammt (Rn. 20), zu einer einheitlichen Ladung zusammengefasst und so versendet, dh. zur Beförderung übergeben wird (etwa in einem Container).[24] Die in Abs. 2 vorgesehenen Rechtsfolgen greifen auch dann ein, wenn alle Güter an ein und denselben Empfänger gehen;[25] ebenso dann, wenn die gesammelt versandten Güter zum Teil dem Spediteur selbst gehören oder von verschiedenen Spediteuren stammen.

**3. Befugnis zur Versendung in Sammelladung.** Auch wenn § 460 auf den Gebrauch 23 der Befugnis zur Sammelversendung abstellt, kommt § 460 – allenfalls analog – ebenfalls zur Anwendung, wenn der Spediteur zu einer Sammelversendung in concreto nicht berechtigt war (Rn. 18). Da der Gesetzgeber vom Grundsatz der Zulässigkeit der Sammelladungsspedition ausging und die verbotene schlicht ungeregelt ließ, drängt sich ein Umkehrschluss gerade nicht auf.

**4. Abschluss eines entsprechenden Frachtvertrages.** Nach § 460 Abs. 2 muss der 24 Spediteur über die Sammelladung einen Frachtvertrag abschließen. **Selbstbeförderung** einer Sammelladung löst die Rechtsfolgen dieser Norm daher nicht aus (Rn. 15 f.); ebenso wenig die Zusammenstellung einer gemeinsamen Transportladung erst durch den Frachtführer (vgl. Rn. 51). Wie bei der Fixkostenspedition genügt jedoch die Sammelversendung mit Hilfe anderer Transporteure, namentlich mit der Eisenbahn[26] (vgl. § 459 Rn. 41 ff.).

**5. Abschluss auf eigene Rechnung.** Der Beförderungsvertrag muss vom Spediteur 25 „für seine Rechnung" abgeschlossen sein, damit Frachtrecht eingreift. Das ist sachgerecht: Nur bei Handeln des Spediteurs auf **eigene** Rechnung ist ein Abweichen vom Geschäftsbesorgungs-Speditionsrecht gerechtfertigt (vgl. § 459 Rn. 1 zur Fixkostenspedition).

Ob ein Frachtvertrag auf eigene oder auf fremde Rechnung geschlossen wurde, ist diesem 26 Vertrag jedoch an sich nicht zu entnehmen. Vielmehr entscheidet grundsätzlich die Vereinbarung zwischen Versender und Spediteur, ob der Spediteur auf fremde oder auf eigene Rechnung handeln darf bzw. muss (vgl. § 453 Rn. 112 ff.). Seit dem TRG kommt das Handeln auf fremde Rechnung im Tatbestand des Speditionsvertrags nicht mehr ausdrück-

---

[23] RegE BT-Drucks. 13/8445 S. 112; ebenso bereits zum Recht vor dem TRG RG 7.4.1923, RGZ 106, 419; OLG Düsseldorf 23.11.1989, TranspR 1990, 63, 64.

[24] Zu den verschiedenen Sammelgutbegriffen *Bönisch* Spediteursammelgutverkehr S. 26 ff.

[25] RG 7.4.1923, RGZ 106, 419, 420; vgl. auch *Helm* §§ 412, 413 Rn. 137.

[26] *Baumhöfener* BB 1974, 395 gegen LG Osnabrück 15.1.1974, BB 1974, 394.

lich vor, auch wenn es an sich weiterhin typusprägend ist[27] (siehe § 453 Rn. 133 ff.). Mit dieser Änderung, die erst im Rechtsausschuss des Bundestags erfolgte, sollte gerade jenen Sonderformen Rechnung getragen werden, in denen namentlich der Transport auf eigene Rechnung des Spediteurs erfolgt.[28] Grund für das Abgehen vom Handeln auf fremde Rechnung ist bei der Sammelladung vor allem die ansonsten im Regelfall kaum mögliche Abrechnung der Transportkosten. Dafür, dass die Vorteile der kostengünstigeren Sammel-versendung nicht allein dem Spediteur zugutekommen, sorgt § 460 Abs. 2 Satz 2 (dazu Rn. 36 ff.).

27    Unmöglich ist die **Berechnung der für den einzelnen Versender aufgewendeten Transportkosten** hingegen nicht.[29] So kann der Spediteur schon im Speditionsvertrag – und, da die Vereinbarung nur inter partes wirkt, auch im Nachhinein (vgl. § 459 Rn. 26 ff.) – vereinbaren, dass die Verrechnung der Fracht im Falle einer Sammelversen-dung anteilig nach benötigtem Laderaum, Gewicht oÄ erfolgt. Zumindest dann, wenn eine solche Vereinbarung mit allen beteiligten Versendern getroffen wurde (und auch die Fracht nach diesen Kriterien berechnet wird), weshalb die gesamte Fracht – aber auch nur diese – den Versendern iSd. § 670 BGB (anteilig) in Rechnung zu stellen ist, schließt der Spediteur den Transportvertrag auf Rechnung der Versender, nicht auf eigene. Man-gels Tatbestandserfüllung findet § 460 dann – ausnahmsweise – von vornherein keine Anwendung.

28    Da solche Konstellationen aber die seltene Ausnahme sein dürften (siehe auch Rn. 26), wird man sagen können, dass der Abschluss eines Frachtvertrages über eine Sammelladung Handeln auf **eigene** Rechnung indiziert. Damit ist das Kontrahieren auf fremde Rechnung bei Sammelladung im Ergebnis negatives Tatbestandsmerkmal und von dem zu beweisen, der sich darauf beruft.

29    **6. Bewirken der Versendung.** Das Gesetz lässt die besonderen Rechtsfolgen eingrei-fen, wenn der Spediteur die Sammelversendung bewirkt. Was unter „**Bewirken**" zu verste-hen ist, bedarf genauerer Klärung. Es kommen wohl vor allem zwei Auslegungsvarianten in Betracht: Einerseits der schlichte Abschluss eines entsprechenden Sammelladungs-Fracht-vertrages und andererseits die auf Grund des Frachtvertrages erfolgte Übergabe des Gutes an den (Sammelladungs-)Transporteur. Jedenfalls unerheblich ist, ob die Parteien des Spedi-tionsvertrages Sammelversendung vereinbart haben,[30] wie überhaupt, ob der Spediteur zur Sammelversendung (auf eigene Rechnung) berechtigt war (vgl. Rn. 18). Frühestens dann, wenn der Spediteur deutlich macht, auf eigene Rechnung zu handeln, bestehen Notwen-digkeit und Rechtfertigung für das Eingreifen von Frachtrecht, insbesondere auch für vom Speditionsrecht abweichende Abrechnung. Solange sich das Gut allerdings noch beim Spe-diteur befindet, gibt es keinen Grund für die Anwendung frachtrechtlicher Normen. Daher ist der ganz überwiegenden Ansicht zu folgen, wonach die Rechtsfolgen des § 460 erst dann eingreifen, wenn und soweit das Gut an den Sammelladungstransporteur übergeben wird;[31] daher nicht für solches Gut, das beim Spediteur zurückbleibt.[32] Der Abschluss eines

---

[27] Vgl. nur den RegE BT-Drucks. 13/8445 S. 106, wo ausgeführt wird, die fremdnützige Tätigkeit („für Rechnung des Versenders") sei nach wie vor notwendiges Merkmal des Speditionsvertrages.
[28] Bericht BT-Drucks. 13/10014 S. 52 (unter ausdrücklichem Hinweis auf die Fixkostenspedition).
[29] Unmöglichkeit nimmt aber etwa *Helm* §§ 412, 413 Rn. 127 an.
[30] BGH 9.3.1989, VersR 1989, 864 f. = NJW-RR 1989, 992 (§ 413 Abs. 2 aF ist bei auftragswidriger Versendung als Stückgut nicht erfüllt); zustimmend *Koller* EWiR 1989, 793, 794. AA noch OLG Frankfurt 7.6.1977, OLGZ 1978, 208, 210.
[31] BGH 13.1.1978, VersR 1978, 318, 319 = NJW 1978, 1160 (Abhandenkommen noch im Spediteurla-ger); BGH 27.11.1981, VersR 1982, 339; BGH 9.3.1989, VersR 1989, 864 f. = NJW 1989, 992; OLG Hamburg 23.6.1983, TranspR 1984, 178, 179 = VersR 1984, 57; *Canaris* § 31 Rn. 121; *Koller* Rn. 4; *Karsten Schmidt* HandelsR § 33 IV 4 (S. 969) u. a. Zum entscheidenden Zeitpunkt noch Rn. 35 f.
[32] BGH 13.1.1978, VersR 1978, 318, 319 = NJW 1978, 1160 (keine Frachtführerhaftung hinsichtlich gar nicht an den Frachtführer gelangten Guts); BGH 27.11.1981, VersR 1982, 339; *Helm* §§ 412, 413 Rn. 136; *Koller* Rn. 4 u. a. – Zur Anwendbarkeit des § 413 Abs. 2 aF auf den sog. „Beilader" (Rn. 3) vgl. OLG Frankfurt 2.12.1975, VersR 1976, 655, 656 f. (Beschädigung des Gutes beim Verladen).

entsprechenden Frachtvertrages reicht somit nicht aus.[33] Handlungen im rein speditionellen Bereich (Speditionslager, Zurollen im Vorlauf usw.) bewirken die Versendung ebenfalls noch nicht.[34] Anderes gilt wohl bereits für das Stadium der Verladung.[35] Dazu auch noch Rn. 33 f.

Der beauftragte Spediteur „bewirkt" die Sammelladung auch dann, wenn sie der von **30** ihm eingesetzte **Unterspediteur** als sein Erfüllungsgehilfe veranlasst; nicht dagegen, wenn die Sammelladung von einem „echten" **Zwischenspediteur** vorgenommen wird (zur Differenzierung siehe vor allem § 454 Rn. 27 ff.). Dann ist ausschließlich der Zwischenspediteur nach § 460 zu behandeln.

**7. Beweislast.** Beruft sich ein Vertragspartner – regelmäßig der Versender – auf die **31** Anwendbarkeit frachtrechtlicher Bestimmungen infolge Sammelversendung, trifft ihn die Beweislast für das Vorliegen aller Tatbestandsmerkmale des § 460.[36]

### III. Die Rechtsfolgen des § 460 Abs. 2

**1. Grundsätzliches.** Deutlicher als früher ist nunmehr – wie bei § 459 – auch für die **32** Sammelladungsspedition festgelegt, dass **nur hinsichtlich der Beförderung Frachtrecht** eingreift[37] (Abs. 2 Satz 1). In allen Pflichtbereichen, die weiterhin dem Speditionsrecht zuzuordnen sind, bleibt es allein bei der Anwendung der §§ 454 ff. Dazu zählen der **Vor- und Nachlauf** schon deshalb, weil es insoweit an gesammelter Versendung fehlt[38] und weil bei dem bestehenden Nebeneinander von Speditions- und Frachtrecht kein Grund für einen Transfer solcher, an sich speditioneller Aufgaben in das Frachtrecht zu sehen ist.[39]

**2. Pflichten des Spediteurs. a) Beurteilungsmaßstab.** Wie in Rn. 29 ausgeführt, **33** greifen die besonderen Rechtsfolgen des § 460 erst mit dem Bewirken der Versendung, dh. der Übergabe des Gutes an den Frachtführer, ein. Ausschließlich Speditionsrecht bleibt daher jedenfalls anwendbar, wenn sich das Gut im entscheidenden Zeitpunkt nicht in der Obhut des Sammelladungs-Frachtführers befunden hat; also insbesondere bei Beschädigung vor Übergabe an den Frachtführer.

**b) Speditionelle Pflichten.** Die in § 454 genannten speditionellen Pflichten sind **34** namentlich bei der Frage zu beachten, ob eine Sammelversendung zulässig oder gar geboten ist (dazu schon Rn. 18 f.). So hat der Spediteur zuerst festzustellen, ob sich das betreffende Gut überhaupt für einen Sammeltransport eignet. Wegen der gegenüber der Stückgutbeförderung unter Umständen erhöhten Transportrisiken können ihn gesteigerte Sorgfaltspflichten etwa hinsichtlich Kennzeichnung und Verpackung treffen.[40]

**c) Beginn und Ende frachtrechtlicher Pflichten.** Wie gezeigt (Rn. 29, 33), greift **35** Frachtrecht grundsätzlich erst mit der Übergabe des Guts an den Sammelladungsfrachtführer

---

[33] AA Baumbach/Hopt/*Merkt* Rn. 1 (mit unrichtigem Verweis auf BGH 13.1.1978, NJW 1978, 1160).

[34] Vgl. mwN OLG Hamm 13.2.1995, TranspR 1995, 453, 454 = NJW-RR 1995, 1000 (tatsächlicher Beginn des Sammeltransports). AA wohl der BGH in den beiden E 17.10.1985, TranspR 1986, 115 und 117 (*Herber*), der für solche Fälle (zB Abhandenkommen des Gutes im Spediteurlager) eine dispositive frachtrechtliche Haftung annahm (ADSp greifen ein).

[35] Vgl. OLG Frankfurt 2.12.1975, VersR 1976, 655, 656 f.: Beschädigung des Guts beim Verladen im Rahmen eines Sammeltransports führt auch bei Vorliegen eines Speditionsvertrags über § 413 Abs. 2 aF zur Frachtführerhaftung.

[36] OLG Hamburg 23.6.1983, VersR 1984, 57 f.

[37] Das betont der RegE BT-Drucks. 13/8445 S. 112 ganz besonders.

[38] RegE BT-Drucks. 13/8445 S. 112; BGH 7.4.2011, TranspR 2011, 365 = NJW-RR 2011, 1602.

[39] Für eine Zuordnung zum Speditionsrecht die ganz hL: *Koller* Rn. 14; *Müglich* Rn. 3; Fremuth/Thume/*Thume* Rn. 14; EBJS/*Rinkler* Rn. 24. Ausdrücklich idS für den Nachlauf („Ausrollen") nun auch BGH 7.4.2011, TranspR 2011, 365 = NJW-RR 2011, 1602 in Abgrenzung zur gegenteiligen, noch zu § 413 Abs. 2 ergangenen E des BGH 25.10.1995, NJW-RR 1996, 353, 354 (Eingreifen der zwingenden CMR-Haftung für Fehlverhalten des eingeschalteten Empfangsspediteurs); aA auch AG Hamburg 26.7.2000, TranspR 2000, 429, 430 (Zustellung eines einzelnen Notebooks durch Nahauslieferer nach Sammeltransport).

[40] Schlegelberger/*Schröder* § 413 Rn. 10.

ein. Die daraus für den Sammelladungsspediteur resultierenden frachtrechtlichen Pflichten – die im Wesentlichen seine Haftung betreffen – enden mit Ablieferung an den Empfänger oder an einen Empfangsspediteur (vgl. Rn. 32) durch den eingeschalteten Frachtführer.[41]

36    **3. Ansprüche des Spediteurs. a) Grundsätzliches.** Abs. 2 Satz 2 regelt den **Vergütungsanspruch des Sammelladungsspediteurs.** Er entspricht weitestgehend dem bisherigen Recht.[42] Allerdings steht dem Spediteur nach dem Wortlaut nicht mehr eine angemessene Fracht, sondern eine **angemessene Vergütung** zu.

37    **b) Vergütung wofür.** Die Gesetzesformulierung legt es auf den ersten Blick nahe, die **angemessene Vergütung** als Gesamtentgelt für alle – also auch für die speditionellen – Leistungen des Sammelladungsspediteurs zu verstehen: Die Einleitungsfloskel des Satzes 2 („in diesem Fall") kann nicht bloß auf die Beförderung in Sammelladung bezogen werden (dann hätte es „insoweit" oder ähnlich heißen müssen). Gegen diese wortlautnaheste Lösung spricht aber bereits die dann ganz unpassende Begrenzung der Vergütung mit der gewöhnlichen „Fracht" für die Einzelbeförderung: Hätte der Spediteur das Gut gesondert versandt, hätte ihm nämlich Aufwendungsersatz für die gesamte angefallene Fracht und zusätzlich die ungeschmälerte Spediteurvergütung gebührt. Dazu kommt ein systematisches Argument: Man kann Abs. 2 ohne weiteres als Regelung bloß des Bereichs „Beförderung in Sammelladung" verstehen und damit auch die Entgeltregelung des Satzes 2 allein darauf beziehen. Vermutlich haben auch die Gesetzesverfasser Derartiges beabsichtigt, obwohl der RegE insoweit widersprüchlich ist: Zunächst heißt es, die Vergütungsregelung werde „auf die reine Beförderungsleistung in Sammelladung eingegrenzt"; dann soll es insoweit aber doch um das Spediteurentgelt und nicht nur um den Frachtbestandteil gehen.[43] Beides zugleich kommt aber keinesfalls in Betracht. Nimmt man die Begrenzung durch Abs. 2 Satz 2 hinzu (dazu sofort Rn. 39), ergibt sich aber mE eine klare Lösung, die allein der ratio der Regelung entspricht und mit ihrem Wortlaut weitgehend verträglich ist: **Die Vergütungsregelung des § 460 Abs. 2 Satz 2 greift ein, soweit es um die Beförderung in Sammelladung geht.**[44]

38    **c) Spediteurvergütung.** Die speditionellen Leistungen des Sammelladungsspediteurs sind wie auch sonst nach § 453 Abs. 2 zu vergüten.[45] Dieser Anspruch tritt **neben** die in § 460 Abs. 2 Satz 2 vorgesehene Vergütung. Zum Ersatz von **Aufwendungen** Rn. 47.

39    **d) Obergrenze der Vergütung für die Beförderung.** Nur bei diesem Verständnis lässt sich auch die **Obergrenze** rechtfertigen, die in der gewöhnlichen Fracht bei Einzelbeförderung liegt. Es wäre ja alles andere als überzeugend, eine Schranke durch bloße Beförderungspreise einzuziehen, wenn neben Beförderungs- auch speditionelle Leistungen mit zu vergüten sind.

40    **e) Bestimmung der für die Beförderung angemessenen Vergütung.** Abgesehen von der Obergrenze (Rn. 39) werden die Kriterien, die bei **Feststellung der Angemessenheit** der vom einzelnen Versender zu bezahlenden Fracht berücksichtigt werden müssen, in § 460 Abs. 2 nicht erwähnt; ebenso wenig, wer die Fracht festlegen darf. Da der Spediteur auf eigene Rechnung handelt und ihm auch für die Beförderungsleistung eine Gewinnspanne zusteht, dürfen die allen Versendern der Sammelladung in Rechnung gestellten Frachtsummen jedenfalls über der dem Beförderer gezahlten Sammelladungsfracht liegen. Zu berücksichtigen sind ferner die bei Sammelladungsspedition häufig erhöhten Generalunkosten; etwa durch längere Inanspruchnahme von Lagerraum.

41    Praktisch erfolgte die Berechnung lange Zeit durch eine von den beteiligten Verbänden 1975 aufgestellte und regelmäßig angepasste **Preisempfehlung („Kundensatz").** Diese

---

[41] BGH 15.11.1984, VersR 1985, 157 f.
[42] Vgl. RegE BT-Drucks. 13/8445 S. 112, wonach sogar eine Streichung der Vorschrift erwogen wurde.
[43] BT-Drucks. 13/8445 S. 112 (diese beiden Punkte werden als Abänderungen gegenüber dem früheren Recht bezeichnet).
[44] Ebenso EBJS/*Rinkler* Rn. 29.
[45] Ebenso *Koller* Rn. 18.

ist aus einer (indisponiblen) Verordnung aus dem Jahre 1939 hervorgegangen.[46] Dieser Kundensatz ist schon seit längerem ausgelaufen und aus kartellrechtlichen Gründen nicht mehr verlängert worden. Stattdessen gibt es seit 1999 eine sog. Mittelstandsempfehlung des DSLV (vormals BSL), die wie ihr Vorläufer eine unverbindliche Preisempfehlung darstellt.[47]

Bestehen keine einigermaßen klaren Berechnungsvorgaben, liegt ein Fall der Leistungs- **42** bestimmung iS des § 315 BGB vor.[48] Mangels gegenteiliger vertraglicher Festlegung steht das **Recht zur Bestimmung** der angemessenen Fracht nach **§ 316 BGB** dem **Spediteur** zu. Diese dogmatische Einordnung entspricht wohl auch dem Wortlaut des § 460 Abs. 2 Satz 2 am besten, nach dem der Spediteur eine angemessene Vergütung verlangen kann. Unbillige Leistungsbestimmung kann vom Versender gerichtlich bekämpft und durch den Richter abgeändert werden (§ 315 Abs. 3 BGB).[49] Zur Beweislast für (Un-)Angemessenheit Rn. 44.

**f) Rechnungslegungspflicht.** Da der Sammelladungsspediteur auf eigene Rechnung **43** handelt, trifft ihn keine Pflicht, über seine Aufwendungen Rechnung zu legen (anders bei der seltenen gesammelten Versendung auf fremde Rechnung; vgl. Rn. 27 f.).

Eine andere Frage ist hingegen die nach der **Beweislast für die Angemessenheit** des **44** dem Versender in Rechnung gestellten Betrages, wenn ihr auch im vorliegenden Bereich wegen der anerkannten „Kundensatzempfehlung" nur geringe Bedeutung zukommen dürfte. Die Billigkeit bzw. Angemessenheit des Preises hat der ihn Bestimmende, hier also der Spediteur darzutun;[50] nicht anders als der Fixkostenspediteur die Vereinbarung des Betrages, den er vom Versender fordert. Dies könnte im Einzelfall zur Notwendigkeit führen, die Kalkulation offen zu legen.[51]

**g) Vertragswidrige Verladungsart.** Zwei Fälle sind zu unterscheiden: Hat der Spedi- **45** teur das Gut **trotz vereinbarter Sammelversendung** als **Stückgut** befördern lassen, so ist der Tatbestand des § 460 nicht erfüllt (Rn. 18, 29). Der Spediteur verliert durch diese Weisungswidrigkeit zwar nicht alle seine Ansprüche (vgl. § 456 Rn. 67 f.); er erhält aber nur das, was er bei korrekter Durchführung in Rechnung hätte stellen können. Im Ergebnis kann dies nur die nach § 460 Abs. 2 Satz 2 zu berechnende Fracht sein. Rechtlich liegt bei nicht befolgter Sammelversendungspflicht zwar kein Fall des § 460 vor: Anders als dort (Rn. 70) wurde bei vereinbarter Sammelversendung aber von vornherein Handeln auf eigene Rechnung vorgesehen.[52] Bereits Vertragsauslegung wird daher in aller Regel ergeben, dass Abrechnung nach Abs. 2 gewollt war.[53]

Wurde das Gut hingegen **trotz Einzelversendungspflicht** einer **Sammelladung** bei- **46** gegeben, greift § 460 unmittelbar ein (Rn. 18, 29). Kommt die Sendung pünktlich und unbeschädigt an, bleibt die Pflichtverletzung folgenlos; ansonsten können Ersatzpflichten nach Frachtrecht oder nach Speditionsrecht bestehen (dazu noch insbes. Rn. 50).

**h) Aufwendungsersatz.** Der Sammelladungsspediteur erhält bloß für seine die Beförde- **47** rung selbst betreffenden Leistungen keinen gesonderten Aufwendungsersatz, sofern dieser

---

[46] Zur geschichtlichen Entwicklung unter Berücksichtigung kartellrechtlicher Probleme, aber auch mit einem Bericht über die Praxis samt Akzeptanz und Kritik sowie einem Ausblick auf die Zukunft *Diehl*, Zwanzig Jahre Kundensatzempfehlung des BSL, Der Spediteur 1995, 203 ff.

[47] Das war zunächst der „Tarif für den Spediteursammelgutverkehr", der allerdings im Jahre 2013 aufgrund kartellrechtlicher Bedenken durch den „Versa-Kostenindex" ersetzt wurde („Versa" ist die Vereinigung der Sammelgutspediteure im DSLV).

[48] Für eine hilfsweise Heranziehung dieser Norm auch RegE BT-Drucks. 13/8445 S. 112. AA *Koller* Rn. 18 (Festsetzung durch den Richter), der für sich für seine Position zu Unrecht auf den RegE beruft.

[49] Vgl. nur *Hahn/Mugdan* S. 394: „Im Streitfalle wird der Richter, soweit erforderlich mit Hülfe des Gutachtens Sachverständiger, über die Höhe der dem Spediteur zukommenden Fracht zu entscheiden haben."

[50] Siehe nur BGH 10.10.1991, BGHZ 115, 311 (zu den §§ 315 f. BGB).

[51] Vgl. Palandt/*Grüneberg* § 315 Rn. 20.

[52] Der BGH 9.3.1989, NJW-RR 1989, 992 = VersR 1989, 864, 865 geht, ohne diese Besonderheit zu sehen, offenbar von einem gewöhnlichen Speditionsvertrag aus.

[53] Unklar *Helm* §§ 412, 413 Rn. 139, der von vorsätzlicher Vertragswidrigkeit ausgeht und daraus die Abrechnung nach § 413 Abs. 2 Satz 2 aF ableitet.

nicht frachtrechtlich (insbes. über § 420 Abs. 1 Satz 2) begründbar ist.[54] Andere Aufwendungen erfolgen aber im Regelfall weiterhin auf Rechnung des Versenders und sind daher nach Speditionsrecht zu ersetzen (siehe § 456 Rn. 51 ff.). Damit kann der Spediteur etwa zwecks Versicherung oder Verzollung geleistete Zahlungen vom Versender ersetzt verlangen (vgl. § 459 Rn. 59 zur Fixkostenspedition).

**48**    **4. Haftung des Spediteurs. a) Haftung nach Fracht- oder nach Speditionsrecht.** Zur Frage, unter welchen Voraussetzungen welches Haftungsregime eingreift, bereits Rn. 32 ff.; zu Einzelheiten ferner schon bei der Fixkostenspedition § 459 Rn. 47 ff.

**49**    Ist unklar, **wann** die **Beschädigung** des Gutes stattgefunden hat (zB bei Lagerung, Vor-, Haupt- oder Nachlauf), stellt sich die Frage nach der **Beweislast**. Die Rspr. zum Recht vor dem TRG wies sie für jene Tatsachen, aus denen sich die Anwendbarkeit der weniger strengen – meist also der speditionsrechtlichen – Haftungsordnung ergibt, dem Spediteur zu.[55] Das überzeugt nicht unbedingt, da es an sich dem Geschädigten obliegt, alle Tatsachen zu behaupten und zu beweisen, aus denen sich die Anwendbarkeit der von ihm geltend gemachten Haftung(snormen) ergibt. Zumindest im Bereich des HGB spielt die genaue Zuordnung des Schadenseintritts heutzutage allerdings kaum mehr eine Rolle, da die Obhutshaftung des Spediteurs ohnehin der eines Frachtführers entspricht (§ 461 Abs. 1; vgl. dort Rn. 7).

**50**    **b) Haftung bei unzulässiger Sammelladung.** War Sammelversendung verboten (entsprechende Weisung, fehlende Eignung des Guts usw.), so greift über § 460 Abs. 2 dennoch die **frachtrechtliche Haftung** ein (Rn. 18). Da der Spediteur aber zugleich speditionsvertragliche Pflichten verletzt hat, können insoweit zusätzliche Ersatzpflichten entstehen, die von einer frachtrechtlichen Haftung unabhängig sind. **Beispiele:** Der Transportschaden trat zwar nachweislich trotz größter Sorgfalt des Beförderers ein (§ 426); er wäre aber bei vertragsgemäßer Einzelversendung ausgeblieben, da der Schaden von einem anderen mitbeförderten Transportgut ausging. Der Spediteur gab dem Frachtführer unrichtige Informationen (§ 454 Abs. 1 Nr. 2), weshalb es zu Transportverzögerungen kam; dies führt zu einer **Spediteurhaftung gemäß § 461 Abs. 2.** Ersparnisse des Versenders auf Grund der Sammelversendung sind schadensmindernd in Anschlag zu bringen.

**51**    Die frachtrechtliche Haftung des Spediteurs greift nicht immer schon dann ein, wenn der beauftragte Frachtführer das Gut – wie häufig – gemeinsam mit anderem befördert. § 460 Abs. 1 verlangt vielmehr aus gutem Grund einen **über eine Sammelladung** geschlossenen Frachtvertrag. Wann ein solcher vorliegt, kann nur Auslegung im Einzelfall ergeben. Führt sie dazu, dass der Frachtführer Beförderung als Stückgut schuldet, hat der Spediteur den Frachtvertrag auf Rechnung seines Versenders geschlossen, weshalb dann weder eine Sammelladungsspedition (s. insbes. Rn. 24 ff.) noch ein sachlicher Grund für eine frachtrechtliche Haftung des Spediteurs vorliegt, wenn der Frachtführer das Gut abredewidrig gemeinsam mit dem anderer Versender befördert. In einem solchen Fall ist der Spediteur nur nach allgemeinen Regeln zu behandeln, weshalb allenfalls eine Haftung für Auswahlverschulden in Betracht kommt.

**52**    **c) Haftung bei vertragswidriger Stückgutversendung.** Verletzt der Spediteur die **Pflicht zur Sammelversendung**, so ist § 460 mangels Tatbestandsverwirklichung nicht anwendbar (Rn. 18, 29). Der Spediteur verstößt aber gegen seine Vertragspflichten. Er hat den Versender daher gemäß § 461 Abs. 2 so zu stellen, wie dieser bei vertragsgemäßem Verhalten stünde; dabei ist die dann eingreifende Frachtrechtshaftung mit zu berücksichtigen.[56]

---

[54] Vgl. *Koller* Rn. 19.
[55] BGH 24.6.1987, BGHZ 101, 172, 183 = NJW 1988, 640, 642 f. = TranspR 1987, 447 *(Herber)* = VersR 1987, 1212 (zur Fixkostenspedition im multimodalen Verkehr). Siehe aber auch *Koller* VersR 1989, 769, 772; *dens.* Rn. 11.
[56] Vgl. noch zum Recht vor dem TRG BGH 9.3.1989, NJW-RR 1989, 992, 993 = VersR 1989, 864, 865 (Beschädigung eines medizinischen Gerätes); grundsätzlich zustimmend *Koller* EWiR 1989, 793, 794.

## IV. Rechtsgeschäftliche Dispositionen

Möglichkeit und Grenzen rechtsgeschäftlicher Dispositionen über die Rechtsfolgen des  53
§ 460 ergeben sich aus **§ 466.** Insbesondere kann gemäß dessen **Abs. 3** von § 460 Abs. 2
Satz 1 nicht abgewichen werden, soweit die danach anwendbare **Frachtrechtsordnung
zwingend** ausgestaltet ist. Die Grundsätze sind generell nicht anders als bei Fixkostenspedition und Selbsteintritt (dazu bereits § 459 Rn. 38 ff. und § 458 Rn. 48 ff.).

## § 461 Haftung des Spediteurs

(1) ¹**Der Spediteur haftet für den Schaden, der durch Verlust oder Beschädigung
des in seiner Obhut befindlichen Gutes entsteht. ²Die §§ 426, 427, 429, 430, 431
Abs. 1, 2 und 4, die §§ 432, 434 bis 436 sind entsprechend anzuwenden.**

(2) ¹**Für Schaden, der nicht durch Verlust oder Beschädigung des in der Obhut
des Spediteurs befindlichen Gutes entstanden ist, haftet der Spediteur, wenn er
eine ihm nach § 454 obliegende Pflicht verletzt. ²Von dieser Haftung ist er befreit,
wenn der Schaden durch die Sorgfalt eines ordentlichen Kaufmanns nicht abgewendet werden konnte.**

(3) **Hat bei der Entstehung des Schadens ein Verhalten des Versenders oder ein
besonderer Mangel des Gutes mitgewirkt, so hängen die Verpflichtung zum Ersatz
sowie der Umfang des zu leistenden Ersatzes davon ab, inwieweit diese Umstände
zu dem Schaden beigetragen haben.**

**Zum Norminhalt:** § 461 regelt die **Spediteurhaftung. Abs. 1** sieht in Hinblick auf
das Speditionsgut eine **verschuldensunabhängige Obhutshaftung** vor. Für alle anderen
Bereiche normiert **Abs. 2** eine **Haftung für (vermutetes) Verschulden. Abs. 3** regelt
die **Mitverantwortung des Versenders.**

**Schrifttum:** *Bischof,* Verfrachterhaftung des Spediteurs? VersR 1988, 225; *Helm,* Haftung für Schäden
an Frachtgütern, 1966; *Herber,* Zur Haftung des Spediteur-Frachtführers, TranspR 1986, 118; *Koller,* Die
Regressklage von Transportunternehmen, TranspR 2011, 389; *Mittelstaedt,* Zur Haftung des Spediteurs wegen
Verlust und Beschädigung des Speditionsgutes, TranspR 1982, 147; *Rabe,* Drittschadensliquidation im Güterbeförderungsrecht, TranspR 1993, 1; *Saur,* Die Änderung der Haftungsgrundsätze im Fracht-, Speditions-
und Lagerrecht durch das Transportrechtsreformgesetz, 1991; *Scheer,* Zur Frage der Beweislast bei der Haftung
des Spediteurs bei ungeklärten Verlustschäden, TranspR 1992, 145. Siehe ferner bei den frachtrechtlichen
Haftungsbestimmungen.

### Übersicht

| | Rn. | | Rn. |
|---|---|---|---|
| A. Allgemeines | 1 | I. Der Anwendungsbereich des § 461 Abs. 2 | 14 |
| B. Die güterbezogene Obhutshaftung (Abs. 1) | 2–13 | II. Haftung für vermutetes Verschulden | 15, 16 |
| I. Die Parallele zum Frachtrecht | 2–5 | III. Die Schadensersatzpflicht im Grundsätzlichen | 17–24 |
| II. Beweislastfragen | 6 | 1. BGB-Schadensersatzrecht als Grundlage | 17–19 |
| III. Speditionelle Sonderformen | 7 | 2. Das Verhältnis der außervertraglichen zur vertraglichen Haftung | 20, 21 |
| IV. Haftungsausschlüsse und Haftungseinschränkungen | 8, 9 | 3. Beweislastfragen | 22–24 |
| V. Verzögerungsschäden | 10, 11 | IV. Die Behandlung von Drittschäden | 25–29 |
| VI. Folgeschäden | 12 | 1. Problematik | 25, 26 |
| VII. Nicht anwendbare frachtrechtliche Haftungsregeln | 13 | 2. Rechtliche Lösungsmöglichkeiten | 27–29 |
| C. Die Haftung für nicht obhutsbezogene Pflichtverletzungen (Abs. 2) | 14–29 | a) Vertrag (mit Schutzwirkungen) zugunsten Dritter | 27 |

|  | Rn. |  | Rn. |
|---|---|---|---|
| b) Drittschadensliquidation | 28 | **II. Abreden über die Obhutshaftung** | |
| c) Eigene außervertragliche Ansprüche | 29 | **iS des § 461 Abs. 1** | 38–40 |
| **D. Mitverantwortung des Versenders** | 30–34 | **III. Abreden über die Verschuldenshaftung nach § 461 Abs. 2** | 41 |
| **E. Vertragliche Haftungsvereinbarungen (§ 466)** | 35–43 | **IV. Regelungen in den ADSp** | 42 |
| **I. Grundsätzliches** | 35–37 | **V. Abreden über die Versenderhaftung nach § 455 Abs. 2** | 43 |

## A. Allgemeines

**1**     § 461 regelt gemeinsam mit § 462 den praktisch überaus bedeutsamen Komplex der **Spediteurhaftung.** In diesem Bereich löst sich die Reform sehr weit vom alten Speditionsrecht. Dieses enthielt keine eigenständigen Haftungsvorschriften; auch wurde die gesetzliche Spediteurhaftung vertraglich (ADSp) weitgehend durch einen Versicherungsschutz ersetzt. Nunmehr statuiert § 461 Abs. 1 für güterbezogene Schäden (Verlust, Beschädigung) nach dem Vorbild des Frachtrechts eine **verschuldensunabhängige Obhutshaftung.** Für (sonstige) Pflichtverletzungen wird ähnlich wie nach bisherigem Dispositivrecht gehaftet, nämlich für vermutetes Verschulden (Abs. 2). Schließlich findet sich entsprechend dem Frachtrecht (§ 425 Abs. 2) eine Regel über die **Mitverantwortung des Versenders** (Abs. 3). Da es um die Haftung des Spediteurs aus dem Speditionsvertrag geht, stehen etwaige Ansprüche dem (geschädigten) **Versender** zu. Zu Ersatzansprüchen Dritter siehe Rn. 25 ff.; zur (Eigen-)Haftung von Hilfspersonen des Spediteurs siehe § 462 Rn. 9 ff.; zur Verjährung der Ersatzansprüche § 463 Rn. 11.

## B. Die güterbezogene Obhutshaftung (Abs. 1)

### I. Die Parallele zum Frachtrecht

**2**     § 461 Abs. 1 verwirklicht den im TRG angestrebten weitgehenden Gleichlauf des Speditions- mit dem Frachtrecht[1] auch im Bereich des Schadensersatzes. Die Bestimmung erfasst Schäden, die dem Versender durch **Verlust oder Beschädigung des Gutes in der Obhut des Spediteurs** entstehen. In diesem Bereich knüpft Satz 1 die Haftung des Spediteurs allein an die Schadensentstehung (näher dazu § 425 Rn. 7 ff.). Namentlich auf ein – auch nur vermutetes – Verschulden des Spediteurs wird also nicht abgestellt. Die präzisen Paragrafenverweise in Satz 2 führen allerdings dazu, dass nahezu alle frachtrechtlichen Ausschluss- und Begrenzungsgründe zu beachten sind, auf die hier nicht eigens eingegangen werden muss (zu § 427 kurz Rn. 8). Besonders hingewiesen sei im vorliegenden Zusammenhang bloß auf den **Haftungsausschluss bei Unabwendbarkeit:** Kurz gesagt ist nach **§ 426** (Details dort Rn. 4 ff.; Vorbild war Art. 17 Abs. 2 CMR) dann kein Ersatz zu leisten, wenn der Schaden auch bei größter Sorgfalt des Spediteurs unvermeidbar war. – Zur Berechnung des Ersatzes für Güterschäden siehe § 429.

**3**     Für die Anwendung des Abs. 1 ist entscheidend, dass sich das **Gut** auf Grund eines wirksamen[2] Speditionsvertrages[3] **in der Obhut (= Verwahrung) des Spediteurs** befand. Wann das der Fall ist, regelt § 461 Abs. 1 nicht.[4] Orientierung bietet § 425 Abs. 1. Die

---

[1]  So ausdrücklich RegE BT-Drucks. 13/8445 S. 112.

[2]  *Koller* Rn. 2 u. a.

[3]  Anders ist die Rechtslage, wenn – neben oder anstelle des Speditionsvertrages – ein Lagervertrag geschlossen wurde da die lagerrechtliche Haftungsregel (§ 475) nach wie vor vermutetes Verschulden verlangt und den Lagerhalter (dann) von jeglicher Ersatzpflicht befreit, wenn ihm der Beweis gelingt, dass der Schaden durch die Sorgfalt eines ordentlichen Lagerhalters nicht abgewendet werden konnte.

[4]  Die vom RegE (BT-Drucks. 13/8445 S. 113) dafür gegebene Begründung ist wenig klar: Wenn kein Obhutsfall vorliegt, kommt eine derartige Haftung selbstverständlich nicht in Betracht. Das spricht aber noch lange nicht gegen eine Konkretisierung des Obhutsbegriffs auch im Speditionsrecht.

Obhuts-Gefährdungshaftung des Frachtführers beschränkt sich gemäß § 425 Abs. 1 auf den Zeitraum zwischen Übernahme zur Beförderung und Ablieferung des Gutes.[5] Eine derartige Begrenzung hat der Gesetzgeber für die Spediteurhaftung aber bewusst unterlassen, um dem gesetzlichen Leitbild des Spediteurs als eines fremde Interessen wahrenden Organisators Rechnung zu tragen. Die entscheidende Zeitspanne ist also weit zu halten und umfasst die gesamte Abwicklung des Vertrages. Für die verschuldensunabhängige Haftung des Spediteurs ist dabei allein die Tatsache maßgeblich, dass er das **Gut** (als Spediteur) **in seiner Obhut**, dh. in seinem **Gewahrsam** hat.[6] Dieser kann ihm auch durch Hilfspersonen (eigene Leute, Unterspediteure) vermittelt werden.[7] Die Obhutsphase beginnt mit Besitzerwerb und endet mit Besitzverlust des Spediteurs.[8] **Beispiele** für Haftung gemäß § 461 Abs. 1: Beschädigung der Ware im Lager des Spediteurs oder beim Verladen.[9] Die Obhutshaftung greift hingegen nicht ein, wenn der Spediteur als reiner „**Schreibtischspediteur**" agiert, das Gut also niemals in Gewahrsam genommen hat;[10] etwa, weil der Frachtführer das Gut auf Weisung des Spediteurs direkt beim Versender übernimmt. Anderes gilt selbstverständlich dann, wenn der Spediteur selbst das Gut abholt,[11] die Ware zum Zweck der Auslieferung palettiert und verpackt[12] oder zwischenlagert.

Um zu § 461 Abs. 1 zu gelangen, muss der Spediteur das Gut zumindest insoweit **zum** **4** **Zwecke der Beförderung**[13] in Besitz haben, als ihn eine Pflicht zur Besorgung der Versendung trifft. Ansonsten liegt ja gar kein Speditionsvertrag vor (vgl. § 453 Abs. 1). Unter dieser Voraussetzung reicht es allerdings aus, wenn der Spediteur das Gut erhalten hat, um es einem anderen Spediteur bzw. einem Lagerhalter zu übergeben.[14]

Zu den Begriffen „**Verlust**" und „**Beschädigung**" siehe bei § 425 Rn. 13 ff. Die **5** Verlustvermutungsregel des § 424 ist schon deshalb nicht (analog) anzuwenden,[15] weil diese Norm in der sicherlich gut überlegten Aufzählung des § 461 Abs. 1 Satz 2 nicht vorkommt, so dass bereits eine Lücke abzulehnen ist. Die Regel passt aber wohl auch schon sachlich nicht, weil die Erfüllungsfristen bei der Spedition (dazu § 454 Rn. 20) nicht ohne weiteres mit den frachtrechtlichen Lieferfristen vergleichbar sind und die Vermutung ihre Wirkung gerade in Verbindung mit dem im Speditionsrecht jedenfalls unanwendbaren § 423 entfaltet.

## II. Beweislastfragen

Den **Versender** trifft die Beweislast dafür, dass das Gut vollständig und ohne Beschädi- **6** gungen zum Spediteur gelangt[16] und nun beschädigt oder verschwunden ist.[17] Der **Spediteur** hätte dann jene Tatsachen zu beweisen, aus denen sich ergibt, dass der Schadenseintritt auf Umständen beruht, die er auch bei größter Sorgfalt nicht hätte vermeiden und deren Folgen er nicht abwenden konnte (vgl. § 426). Zur Frage, ob der Spediteur auch dafür beweispflichtig ist, dass er das Gut in dem Zustand, in dem er es vom Versender erhalten hatte, an den Beförderer weitergegeben hat, schon § 454 Rn. 64. Nach hA muss der **Versender** beweisen, dass der Schaden gerade in der Obhut des Spediteurs entstanden ist,[18] was zu Beweisnot und Anspruchslosigkeit führen würde, wenn der Schaden erst nach Ablieferung beim Endempfänger erkannt wird und nicht mehr zu klären ist, ob der Scha-

[5] Anschaulich zur speditionsrechtlichen Obhutshaftung *Ramming* HmbSchRZ 2009, 309 f.
[6] HK/*Ruß* Rn. 2; *Valder* TranspR 1998, 51, 55.
[7] Näher *Koller* Rn. 4; ebenso etwa Andresen/Valder/*Valder* Rn. 6.
[8] Vgl. OLG Schleswig 25.9.1984, TranspR 1985, 137, 138.
[9] Vgl. etwa Fremuth/Thume/*Thume* Rn. 13 ff.
[10] RegE BT-Drucks. 13/8445 S. 113.
[11] HK/*Ruß* § 461 Rn. 2.
[12] *Valder* TranspR 1998, 51, 56.
[13] Diese Voraussetzung betont Fremuth/Thume/*Thume* Rn. 9; dazu wohl überkritisch *Koller* Rn. 4.
[14] *Koller* Rn. 4.
[15] Dafür jedoch *Koller* Rn. 3; wohl wie hier Andresen/Valder/*Valder* Rn. 9.
[16] BGH 19.6.1986, NJW-RR 1986, 1361 (verpackte Ware); BGH 24.6.1987, VersR 1987, 1212, 1214.
[17] OLG Hamburg 14.1.1988, TranspR 1989, 188, 193.
[18] BGH 19.6.1986, NJW-RR 1986, 1361; Fremuth/Thume/*Thume* Rn. 43 u. a.; dagegen *Koller* Rn. 16.

denseintritt in der Obhut des Spediteurs oder in der des Beförderers erfolgte.[19] Zur Beweislast im Schadensfall siehe auch die **Nr. 25.1 und 25.2 ADSp.**

### III. Speditionelle Sonderformen

7    Ist ein **speditionsrechtlicher Sondertatbestand (§§ 458–460)** erfüllt, muss an sich unterschieden werden: Bei Schädigung im Zuge der Beförderung bleibt für eine Haftung nach § 461 Abs. 1 kein Raum, da die Spezialtatbestände die frachtrechtlichen Vorschriften für unmittelbar anwendbar erklären. Damit ist der (Um-)Weg über § 461 nur dann notwendig, wenn das Gut zwar in der Obhut des Spediteurs, jedoch außerhalb der eigentlichen Beförderungsphase beschädigt wurde oder in Verlust geriet.[20] Aufgrund der inhaltlichen Parallelen der Obhutshaftung nach Fracht- bzw. Speditionsrecht bedarf es allerdings heutzutage seltener als vor dem TRG[21] genauerer Klärung, in welcher Phase es zum Schadensfall gekommen ist: Es genügt die Feststellung, der Schaden sei zu einem Zeitpunkt eingetreten, in dem der Spediteur die Obhut über das Gut hatte, sei sie fracht- oder speditionsrechtlich. Zu speziellen Haftungsfragen bei Selbsteintritt § 458 Rn. 65 ff., bei Fixkostenspedition § 459 Rn. 47 ff. und bei Sammelladungsspedition § 460 Rn. 48 ff.

### IV. Haftungsausschlüsse und Haftungseinschränkungen

8    Kraft ausdrücklichen Verweises sind auf Güterschäden iS des § 461 Abs. 1 auch die frachtrechtlichen **Haftungsgrenzen und Haftungsausschlüsse** anzuwenden, was u. a. dazu führt, dass außervertragliche Ersatzansprüche den selben Einschränkungen unterliegen wie vertragliche (§ 434 Abs. 1; siehe auch noch Rn. 20). Hier sei nur **§ 427** etwas näher angesprochen (zu § 426 bereits kurz hier Rn. 2). Obwohl § 461 Abs. 1 für die speditionelle Obhutshaftung ausdrücklich auch diese Norm für entsprechend anwendbar erklärt, muss man zum Ersten sehen, dass manche Tatbestände auf den Transport – nicht allein die Obhut – zugeschnitten sind (so insbes. Nr. 1: Verwendung von offenen Fahrzeugen). Zum Zweiten trifft den Spediteur als Geschäftsbesorger uU die Pflicht, den Versender auf Gefahren – etwa mangelhafte Verpackung – aufmerksam zu machen (vgl. § 455 Rn. 9). De lege lata folgt daraus: Im Rahmen der verschuldensunabhängigen Obhutshaftung (Abs. 1) kann sich der Spediteur auf einen in § 427 genannten Ausschlusstatbestand berufen; er haftet aber eventuell wegen Verletzung der Interessenwahrungspflicht – dann für vermutetes Verschulden – nach § 461 Abs. 2; und uU sogar unbeschränkt bei qualifiziertem Verschulden iSd. § 435.[22]

9    Auch wenn **§ 451d** in der Aufzählung des § 461 Abs. 1 Satz 2 nicht ausdrücklich vorkommt, so ist er bei der **„Umzugsspedition"** dennoch statt des § 427 zu beachten.[23] Entsprechendes gilt etwa auch für die höchstbetragliche Begrenzung (§ 451e statt § 431 Abs. 1 und 2). Der Gesetzgeber hat es bei § 461 versäumt, den Umzug ausdrücklich mit zu berücksichtigen. Es wäre aber krass wertungswidrig, wollte man gerade bei der speditionellen Obhutshaftung und ihrem Verweis auf das Frachtrecht die bewusste gesetzliche Differenzierung zwischen „normaler" Beförderung und Beförderung von Umzugsgut ignorieren. Überdies entspricht die Differenzierung ganz offensichtlich auch dem Willen des TRG-Gesetzgebers, der durch § 461 Abs. 1 eine Übereinstimmung mit dem Frachtrecht herbeiführen wollte.[24] Im RegE wird überdies im Einzelnen erklärt, welche frachtrechtlichen Haftungsnormen zur Anwendung kommen sollen und welche – warum – nicht.[25]

---

[19] Daher verlangen manche von Frachtführer und Spediteur, zumindest den ihnen bekannten Geschehensablauf substantiiert darzulegen. So zu § 461 insbes. Fremuth/Thume/*Thume* Rn. 46 mwN (zum Frachtrecht).
[20] *Koller* Rn. 5.
[21] Nämlich höchstens dann, wenn die Beförderung nicht dem HGB-Frachtrecht unterliegt.
[22] Ein solches wird etwa dann angenommen, wenn für den Spediteur bzw. Frachtführer ein Verpackungsmangel evident ist, er den Versender bzw. Absender darauf aber nicht hinweist: OLG Stuttgart 9.2.2011, TranspR 2012, 459.
[23] Oetker/*Paschke* Rn. 6 (Redaktionsversehen); zustimmend *Koller* Rn. 8.
[24] RegE BT-Drucks. 13/8445 S. 112.
[25] AaO S. 113.

Das Umzugsrecht wird dabei mit keinem Wort erwähnt; es wurde offenbar schlicht übersehen. Ein methodisch zulässiger Weg zu dem hier vertretenen Ergebnis wäre wohl, bei der in § 461 Abs. 1 angeordneten „entsprechenden" Anwendung der dort aufgezählten Bestimmungen die umzugsrechtlichen Spezialnormen mitzudenken und daher mitzubeachten. Das lässt sich gut mit dem Lex-specialis-Charakter des § 451d[26] gegenüber § 427 begründen: Ein Verweis in § 461 Abs. 1 auf die generellere Norm erfasst bei Vorliegen des spezielleren Sachverhalts (Umzugsspedition) dann eben automatisch auch die entsprechende frachtrechtliche Sonderregel.

### V. Verzögerungsschäden

**Abweichend vom Frachtrecht** (§ 425 Abs. 1 aE) unterfallen **Verzögerungsschä-** 10 **den**[27] nicht der strikten Obhutshaftung nach Abs. 1. Für sie ist daher (bloß) nach § 461 Abs. 2 einzustehen. Als Grund für diese Abweichung wird vom Regierungsentwurf nur das Fehlen einer passenden Bezugsgröße (wie der Fracht[28] im Frachtrecht) für die Berechnung eines Haftungshöchstbetrages genannt.[29] Konsequenterweise wird daher auch § 431 Abs. 3 (der Ersatzanspruch wegen Verzögerung ist mit der dreifachen Fracht begrenzt) vom Verweis des Satzes 2 ausgenommen.

Die Ausführungen des RegE können zumindest in einem wichtigen Punkt nicht überzeugen: Sie lassen keinerlei Begründung dafür erkennen, warum das Fehlen eines geeigneten 11 Höchstbetrags über den **Haftungsmaßstab** – ohne Verschulden mit enger Entlastungsmöglichkeit (§ 461 Abs. 1 iVm. § 426) oder vermutetes Verschulden (§ 461 Abs. 2) – entscheiden soll. Eine sachliche Rechtfertigung für die Zuordnung zum Abs. 2 könnte aber darin liegen, dass die Verzögerung im Speditionsrecht (dazu § 454 Rn. 20 f.) – möglicherweise anders als bei Beförderungen – keine sachliche Nähe zu Güterbeschädigung und Güterverlust hat. Vielmehr besteht keinerlei Unterschied zur verzögerten Erfüllung sonstiger Geschäftsbesorgungspflichten, was deutlich für die Anwendung allgemeiner vertraglicher Haftungsgrundsätze spricht. Unbefriedigend bleibt die Rechtslage aber jedenfalls: So hat ein Spediteur, dem im Verzögerungsfall der Entlastungsbeweis nicht gelingt, alle Schäden des Versenders zu ersetzen (vgl. Rn. 15). Demgegenüber ist bei Beschädigung oder Verlust des Gutes auch dann nur eingeschränkter Ersatz (unter Beachtung aller frachtrechtlichen Haftungsprivilegien) zu leisten, wenn der Spediteur nachweislich schuldhaft gehandelt hat, sofern er nur die – sehr hoch angesetzte – Grenze des § 435 nicht überschreitet.

### VI. Folgeschäden

Nach dem Wortlaut des § 461 Abs. 1 könnte unklar sein, ob der Haftung nach dieser 12 Bestimmung auch **Güterschadenfolgeschäden** unterliegen; zB Nachteile aus dem Verlust von Weiterverkaufschancen oder gar von bereits bestehenden Ansprüchen aus dem Weiterverkauf; Kosten zur Behebung von Schäden, zur Entsorgung beschädigter Ware usw. Auch dies sind ja Schäden, die „durch Verlust oder Beschädigung des Gutes" entstehen. Allerdings ergibt sich aus dem für entsprechend anwendbar erklärten § 432 (Satz 2) deutlich, dass derartige Folgeschäden in aller Regel (Ausnahme: massives Verschulden gemäß § 435) schon von Gesetzes wegen **keiner Ersatzpflicht** unterliegen.[30] § 461 Abs. 1 iVm. §§ 426 bis 432 stellt diesbezüglich eine abschließende Regelung dar.[31] Eine Sonderregelung existiert insbesondere für den aus der **Schadensfeststellung** resultierenden Vermögensschaden: Die dem Versender dafür entstandenen Kosten hat der Spediteur zusätzlich zu ersetzen (§ 461 Abs. 1 iVm. **§ 430**). Siehe ferner auch **§ 432.**

---

[26] Siehe nur *Koller* § 451d Rn. 1.
[27] Zur Vorfrage, wann ein Spediteur seine Leistungen erbringen muss, § 454 Rn. 20 f.
[28] Ob sie wirklich passend ist, sei hier dahingestellt. Dazu § 431 Rn. 18 ff.
[29] RegE BT-Drucks. 13/8445 S. 113.
[30] *Müglich* Komm § 461 Rn. 3; *Valder* TranspR 1998, 51, 55.
[31] So für die Haftung des Frachtführers ausdrücklich RegE BT-Drucks. 13/8445 S. 68.

## VII. Nicht anwendbare frachtrechtliche Haftungsregeln

13    In § 461 Abs. 1 Satz 2 werden beinahe alle Vorschriften der allgemein-frachtrechtlichen[32] Obhutshaftung aufgezählt. Bewusst nicht erwähnt[33] und damit **nicht** von der Verweisung des Abs. 1 **erfasst** sind jedoch die Vorschriften der **§§ 428 und 433:** Die Haftung für andere nach § 428 findet sich in leicht veränderter Form als § 462. § 433 betrifft keinen Obhutsfall; sein Anwendungsbereich gehört daher zu Abs. 2. **§ 431 Abs. 3** ist ebenfalls ausgenommen, weil er die von § 461 Abs. 1 nicht erfasste Verzögerung regelt (vgl. Rn. 10). Zur Nichtnennung von **§ 424** (Verlustvermutung) bereits Rn. 5.

## C. Die Haftung für nicht obhutsbezogene Pflichtverletzungen (Abs. 2)

### I. Der Anwendungsbereich des § 461 Abs. 2

14    Für die Verletzung aller sonstigen, nicht von Abs. 1 erfassten Pflichten des Spediteurs greift die Haftung nach **§ 461 Abs. 2** ein: Satz 1 leg. cit. spricht von den ihm nach § 454 obliegenden Pflichten. Damit sind alle speditionellen Pflichten gemeint, die nicht der Güterobhut zuzuordnen sind.[34] Ansprüche aus der Verletzung von Pflichten aus einem neben dem Speditionsvertrag geschlossenen weiteren Vertrag sind daher ebenso wenig erfasst wie speditionsuntypische Nebenpflichten. In solchen Fällen entscheidet das für diese Pflichten passende Vertragsrechtsregime, etwa Dienst- oder Werkvertragsrecht.[35]

### II. Haftung für vermutetes Verschulden

15    Bei der Haftung nach § 461 Abs. 2 handelt es sich um eine **Verschuldenshaftung.** Daraus folgt unter anderem, dass dem Spediteur keine besondere gesetzliche Haftungsbegrenzung zugutekommt. Er haftet grundsätzlich für den **gesamten** dem Versender verursachten **Schaden** iSd. §§ 249 ff. BGB[36] (zur vertraglichen Haftungsbegrenzung, insbes. mittels AGB, Rn. 34 ff.). Allerdings trifft den **Spediteur** die **Beweislast für fehlendes Verschulden:** Er müsste nachweisen, dass der Schaden auch durch die Sorgfalt eines ordentlichen Kaufmanns (vgl. § 347 Abs. 1) nicht hätte abgewendet werden können (Satz 2). Zu den Fachkenntnissen und Fähigkeiten, die ein ordentlicher Spediteur haben muss, gehört etwa das Wissen über Transportmittel und Transportwege, Konditionen, Versicherungen, Verzollung usw., insbesondere die Kenntnis der einschlägigen Rechtsnormen. In den ADSp werden die Sorgfaltsanforderungen konkretisiert (siehe etwa **Nr. 7 und 14.1 ADSp**). Lex specialis zu den §§ 280 ff. BGB, insbes. zu den **Leistungsstörungstatbeständen,** ist § 461 Abs. 2 nicht.[37]

16    Der **Entlastungsbeweis,** dass weder ihn noch einen seiner Erfüllungsgehilfen eine Fahrlässigkeit in Hinblick auf den eingetretenen Schaden trifft, ist als **Negativbeweis** für den Spediteur schwer zu führen. Er kann vor allem durch Aufdeckung der wahren Schadensursache (Naturereignis, Verhalten außen stehender Dritter) gelingen. Allerdings entlastet den Spediteur nicht allein die Tatsache, dass der Schaden stiftende Umstand, zB Hochwasser, durch die geschuldete Sorgfalt nicht abgewendet werden konnte. Vielmehr müsste er des

---

[32] Zum Fehlen von Verweisen auf Sondervorschriften der Umzugsgutbeförderung bereits Rn. 9.
[33] Vgl. RegE BT-Drucks. 13/8445 S. 113.
[34] Vgl. RegE BT-Drucks. 13/8445 S. 113. Die dort gegebene negative Umschreibung der von Abs. 2 erfassten Schäden ist aber etwas missverständlich: „Schäden, die nicht Güter- oder Güterfolgeschäden sind und nicht während der Obhut des Spediteurs entstanden sind". Zur Haftung für vom Spediteur infolge der Verletzung speditioneller Pflichten zu verantwortende Lieferfristprobleme *Wieske* TranspR 2013, 272, 275 f.
[35] Siehe nur RegE BT-Drucks. 13/8445 S. 113; *Koller* Rn. 20; AG Bonn 12.3.2013, TranspR 2013, 288.
[36] *Andresen/Valder/Valder* Rn. 1; *Medicus/Lorenz* SchR I Rn. 624; *Larenz* SchR-AT 394; MüKoBGB/*Oetker* § 249 Rn. 103 ff.
[37] *Koller* Rn. 18. Näher zu den Folgen von Leistungsstörungen auf Spediteurseite § 456 Rn. 36.

Weiteren dartun, dass er alle zumutbaren Maßnahmen ergriffen hat, um die Auswirkungen des unbeeinflussbaren Umstandes so gering wie möglich zu halten.[38]

## III. Die Schadensersatzpflicht im Grundsätzlichen

**1. BGB-Schadensersatzrecht als Grundlage.** Weil die Haftung nach § 461 Abs. 2 **17** den allgemeinen vertraglichen Schadensersatzprinzipien entspricht und soweit im Speditionsrecht Sondervorschriften fehlen, ist das allgemeine BGB-Schadensersatzrecht mit allen seinen Facetten zu beachten. Diese können im Rahmen einer Speditionsrechtskommentierung nicht annähernd im Detail dargestellt werden. Nur Ausgewähltes, speziell im Speditionsrecht Wichtiges, kommt zur Sprache. Manche Einzelheiten wurden bereits im Kontext der jeweiligen Pflichten behandelt (vgl. etwa § 454 Rn. 11 ff.). Zum **Mitverschulden,** das nunmehr – einschließlich unverschuldeter Umstände auf Versenderseite („besonderer Mangel des Gutes")[39] – in § 461 Abs. 3 geregelt ist, siehe Rn. 30 ff.; zur **Drittschadensliquidation,** wenn der Schaden nicht direkt beim Versender eingetreten ist (wobei Drittschäden nunmehr punktuell, nämlich hinsichtlich der Haftungseinschränkungen, in § 434 Abs. 2 geregelt sind), siehe Rn. 25 ff.; zur **Gehilfenhaftung** siehe § 462; zur **Eigenhaftung von Gehilfen** siehe § 436 (vertragliche und gesetzliche Haftungsschranken begünstigen auch den Gehilfen) sowie § 462 Rn. 9 ff.

Nach dem BGB ist vom Schädiger jener Schaden zu ersetzen, den er (oder seine Erfül- **18** lungsgehilfen; § 278 BGB) durch rechtswidriges Verhalten schuldhaft beim Geschädigten verursacht hat. Diese Voraussetzungen **(Schaden, Kausalität, Rechtswidrigkeit, Verschulden)** sind auch bei der Spediteurhaftung nach § 461 Abs. 2 zu verlangen. Zur Rechtswidrigkeit (Verletzung von Pflichten gemäß § 454) sowie zum Verschuldensmaßstab (Sorgfalt eines ordentlichen Kaufmanns) und der Verschuldensvermutung bereits Rn. 14 ff.

Bei der Schadensersatzhaftung des Spediteurs können wie auch sonst zumindest drei **19** Bereiche[40] unterschieden werden. Im Vordergrund steht die Haftung aus **Vertragsverletzung;** nur diese ist von § 461 Abs. 2 erfasst, da diese Norm die Verletzung einer nach § 454 bestehenden Pflicht voraussetzt. Daneben ist an die Haftung aus **Delikt** (§§ 823 ff. BGB) sowie nach den Vorschriften des **Eigentümer-Besitzer-Verhältnisses** (EBV; §§ 987 ff. BGB) zu denken. Die letztgenannten Normen haben bei der Spedition nahezu keinen Anwendungsbereich, da sie nur für den nicht berechtigten Besitzer von Bedeutung sind.[41]

**2. Das Verhältnis der außervertraglichen zur vertraglichen Haftung.** Nicht selten **20** sind neben den Voraussetzungen der Vertragsverletzung auch die des Deliktsrechts erfüllt. So stellt vor allem die Beschädigung des Gutes einen Eingriff in fremde absolut geschützte Rechte und damit eine **unerlaubte Handlung** dar. Die **Konkurrenzfrage** ist umstritten. Gesetzlich gelöst wird sie nur für die Obhutshaftung gemäß § 461 Abs. 1: Nach dem entsprechend anwendbaren **§ 434 Abs. 1** gelten alle Beschränkungen des vertraglichen Schadensersatzanspruchs auch für den außervertraglichen. Das erscheint durchaus sachgerecht. Zwar ging die Rechtsprechung vor dem TRG ganz überwiegend davon aus, dass die konkurrierenden Ansprüche unbeeinflusst nebeneinander bestehen.[42] Demgegenüber wurde jedoch in der Lehre von einigen die Gegenposition eingenommen: Zu Recht wurde darauf hingewiesen, dass damit gerade bei Güterbeschädigungen die für einzelne Vertragsarten bestehen-

---

[38] Vgl. *Helm* §§ 407–409 Rn. 155.

[39] Zur Zurechnung unverschuldeter Umstände auf Versenderseite bereits *Helm* Haftung S. 138 ff.

[40] Keine nähere Erwähnung findet hier etwa der Bereich der Gefährdungshaftung (vgl. vor allem das StVG).

[41] *Helm* Haftung S. 197 ff.; *Erman/Ebbing* BGB Vor §§ 987–993 Rn. 17; *Baur/Stürmer,* Sachenrecht, 17. Aufl. 1999, § 11 Rn. 4, 24 u. a. Zur (analogen) Anwendung der EBV-Vorschriften auf den zum Besitz berechtigten Besitzer vgl. nur *Wolf/Wellenhofer,* Sachenrecht, 27. Aufl. 2012, § 22 Rn. 36 ff.

[42] Seit RG 13.10.1916, RGZ 88, 433 ff.; zuletzt BGH 12.12.1991, BGHZ 116, 297 = TranspR 1992, 152 = VersR 1992, 589 und BGH 28.10.1993, BGHZ 123, 394 = TranspR 1994, 71 = VersR 1994, 201; ebenso öOGH 9.10.1984, JBl. 1986, 248, 249. Anders jedoch BGH 22.10.1984, TranspR 1985, 155 f. = VersR 1985, 36 f. (zur Präklusion nach § 61 BinnSchG).

den Sonderhaftungsvorschriften bedeutungslos würden.[43] Und auch der Hinweis, man dürfe den Vertragspartner nicht schlechter stellen als einen bloß deliktisch Geschädigten,[44] trägt nicht: Ohne (vermeintlich) abgeschlossenen Speditionsvertrag wäre der Spediteur gar nicht in die Nähe des Risikos gekommen, das sich dann verwirklicht hat. Er kann daher nicht einfach einem rein deliktischen Schädiger gleichgestellt werden.

21      Damit bleibt aber noch zu klären, was für mit Ansprüchen nach § 461 **Abs. 2** konkurrierende außervertragliche Ersatzansprüche gilt. Der Regierungsentwurf schränkte die Erstreckung des Vertragsregimes bewusst auf Ansprüche wegen Verlust und Beschädigung des Gutes (sowie Überschreitung der Lieferfrist) ein, da sich nur in dieser Hinsicht beförderungsspezifische Risiken verwirklichen würden, auf die die vertraglichen Haftungsbestimmungen zugeschnitten seien. Zugleich wird aber auch auf die damals noch diskutierte Schuldrechtsreform verwiesen, wonach – etwa für die Verjährung – dem vertraglichen System Vorrang einzuräumen sei.[45] ME sprechen die stärkeren, zT hier (Rn. 20 f.) bereits genannten Argumente auch im Bereich des § 461 Abs. 2 für eine Führerschaft des vertraglichen Anspruchs. Das Problem dürfte allerdings in der Praxis nicht allzu brisant sein, da Pflichtverletzungen des Spediteurs, die zu anderen Nachteilen als zur Beschädigung oder zum Verlust des Gutes führen, nur ausnahmsweise außervertragliche Ersatzpflichten auslösen. Beispiel dafür wäre etwa die Beschädigung anderer Sachen des Versenders oder eine Verletzung des Versenders selbst bei der Übernahme des Speditionsguts. Und sofern die Pflichtverletzung keinen spezifisch speditions- oder frachtrechtlichen Bezug aufweist, ist überhaupt vorweg zu fragen, welche konkrete Regelung (als lex specialis) Anwendung findet. So könnte man etwa die Körperverletzung des Versenders bei der Ladetätigkeit des Spediteurs durchaus als Verletzung vertraglicher Nebenpflichten – und damit bei § 461 Abs. 2 – einordnen. Dennoch sollte man den daraus resultierenden Ersatzanspruch nicht der kurzen (einjährigen) Verjährungsfrist des § 463 (iVm. § 439), sondern der des § 199 Abs. 2 BGB unterwerfen, da diese Norm für die Beeinträchtigung der körperlichen Integrität die zentralen – und generellen – Wertungen enthält und verwirklicht.

22      **3. Beweislastfragen.** Macht der **Versender** einen Ersatzanspruch gemäß § 461 Abs. 2 geltend, muss er – entsprechend der allgemeinen Regel des § 280 Abs. 1 BGB[46] – jene Tatsachen beweisen, aus denen sich das Zustandekommen eines Speditionsvertrages und der behauptete Schaden sowie dessen Entstehung (Kausalität) auf Grund einer Pflichtverletzung des Spediteurs (Vertragswidrigkeit = Rechtswidrigkeit) ergibt. Gelingt ihm all dies, ist es am Spediteur, die für fehlendes Verschulden sprechenden Tatsachen unter Beweis zu stellen[47] (näher dazu schon Rn. 16). Besonderes kann dann gelten, wenn sich der Spediteur auf einen gesetzlichen Haftungsausschlussgrund beruft.[48]

23      Ist von schuldhafter Schadenszufügung durch den Spediteur auszugehen und beruft sich dieser auf **rechtmäßiges Alternativverhalten,** so trifft ihn die Beweislast dafür, dass der Schaden auch bei korrektem Verhalten eingetreten wäre.[49]

24      Details zur Beweislast finden sich bereits bei Erörterung einzelner Spediteurpflichten (zB § 454 Rn. 69 und 119); ferner in den **Nr. 25.1 und 25.2 ADSp.**

### IV. Die Behandlung von Drittschäden

25      **1. Problematik.** Die bisherigen Erörterungen betrafen jeweils die Behandlung von beim Versender (als dem Vertragspartner des Spediteurs) eingetretenen Schäden. Im Speditions-

---

[43] Zu dieser überwiegend zum Frachtrecht geführten Diskussion siehe statt aller eingehend *Helm* Haftung S. 222 ff., insbes. S. 291 ff.; Staub/*Helm* § 429 Rn. 267 ff., insbes. Rn. 292, 294 (reiche Literaturnachweise dort Rn. 289); *Schlechtriem,* Vertragsordnung und außervertragliche Haftung, 1972, S. 361 ff.

[44] Siehe nur BGH 16.9.1987, NJW 1988, 52, 54 (zur Ersatzpflicht eines Verkäufers nach Ablauf der Rügefrist).

[45] RegE BT-Drucks. 13/8445 S. 69 f. (zu § 434 HGB-E).

[46] BGH 16.2.2012, TranspR 2012, 148.

[47] Statt aller Palandt/*Grüneberg* BGB § 280 Rn. 34 ff.

[48] Zu dem von einem Frachtführer behaupteten Verpackungsmangel als Ursache des Schadens OLG Stuttgart 9.2.2011, TranspR 2012, 459 sowie § 427 Rn. 14 ff.

[49] Unbestritten: siehe nur die Rspr.-Nachweise bei Palandt/*Grüneberg* BGB Vor § 249 Rn. 66.

recht führen Pflichtverletzungen aber nicht selten zu **Schädigungen Dritter**. Noch häufiger ist das allerdings im Frachtrecht: Da der Spediteur im eigenen Namen auftritt, kommt
es oft vor, dass die beigezogenen Unternehmer (Frachtführer, Zwischenspediteure usw.)
Pflichtverletzungen begehen und dadurch Dritte, insbes. Versender und/oder Empfänger
schädigen. Dann stellt sich etwa die Frage, ob der Spediteur auch Schäden des Versenders
gegenüber dem schädigenden Frachtführer geltend machen kann oder ob dem eigentlich
Geschädigten, der nicht Vertragspartner ist, selbst Ersatzansprüche zustehen.[50] Hier sind
jedoch nur **Pflichtverstöße des Spediteurs** zu behandeln, die insbesondere zu Nachteilen
des Empfängers führen können. **Beispiele:** Das Gut wurde auf Grund eines Spediteurfehlers
beschädigt, die Gefahr war jedoch bereits mit der Auslieferung an den Spediteur auf den
Empfänger (als Käufer) übergegangen (§ 447 BGB); das Gut wurde verspätet ausgeliefert.
Darüber hinaus kommt es auch immer wieder vor, dass der Versender dem Spediteur
fremdes Gut zum Zwecke der Versendungsbesorgung übergibt (dazu Rn. 29).

Vor allem in jenen Fällen, in denen der Spediteur **bloß vertragliche Pflichten verletzt**  26
(zB verzögerte Erledigung des Speditionsauftrags), der Vermögensnachteil aber ausschließlich oder teilweise bei jemand anderem als dem Vertragspartner eintritt, stellt sich die Frage
nach der rechtlichen Behandlung solcher Drittschäden (zur Beeinträchtigung auch absolut
geschützter Rechte Dritter s. Rn. 29).

**2. Rechtliche Lösungsmöglichkeiten. a) Vertrag (mit Schutzwirkungen) zu-**  27
**gunsten Dritter.** Aus dem Speditionsvertrag könnte sich einmal ergeben, dass bestimmte
Dritte – namentlich der Empfänger des Gutes – begünstigt oder zumindest mitgeschützt
sind (vgl. § 328 BGB). Dann läge (auch) eine Pflichtverletzung gegenüber diesem Dritten
vor, weshalb ihm ohne weiteres der Ersatzanspruch zusteht. Diese vertragliche Einbeziehung
Dritter ist jedoch die Ausnahme.[51] Sie müsste sich mittels (ergänzender) Auslegung des
konkreten Vertrages ergeben.

**b) Drittschadensliquidation.** Wurde der eben angesprochene vertragliche Weg nicht  28
gewählt, wird insbesondere im Speditions- und Frachtrecht häufig die **Drittschadensliqui-**
**dation** zugelassen:[52] Nach hA kann der Versender (als Vertragspartner) die Schäden des
Dritten (etwa des Empfängers) geltend machen und dabei Leistung an sich selbst oder an
den Geschädigten fordern.[53] Dem eigentlich geschädigten Dritten steht dieser Ersatzanspruch daher erst nach Abtretung zu; auch eine (stillschweigende) Ermächtigung zur Geltendmachung wäre denkbar.[54]

**c) Eigene außervertragliche Ansprüche.** Einer Drittschadensliquidation bedarf es  29
dann von vornherein nicht, wenn dem geschädigten Nichtvertragspartner – wie etwa

---

[50] Ausführliche Nachweise zu diesem hier nicht behandelten Problemkreis bei *Koller* § 454 Rn. 49 ff. –
Zur gegenüber dem Versender bestehenden Pflicht zur Geltendmachung oder Abtretung schon kurz § 454
Rn. 50.

[51] Aus der Rspr. siehe etwa BGH 10.5.1984, TranspR 1984, 283, 284 f. *(Helm)* = VersR 1984, 932
(Lagervertrag mit ADSp); vgl. ferner BGH 21.4.1978, DB 1978, 1928, 1929 (Einlagerung zugunsten des –
abholungsberechtigten – Empfängers, der damit einen eigenen Herausgabeanspruch erwerben sollte). In neuerer Zeit wird jedoch eine häufigere Annahme eines Vertrages mit Schutzwirkungen zugunsten Dritter
beobachtet (was zur Kritik an der weitreichenden Einräumung des Rechts zur in Rn. 28 angesprochenen
Drittschadensliquidation führt): statt vieler *Hagen,* Die Drittschadensliquidation im Wandel der Rechtsdogmatik (1971); *von Schroeter,* Die Drittschadensliquidation in europäischen Privatrechten und im deutschen Kollisionsrecht (1995). Siehe ferner die Zitate in der folgenden Fn.

[52] Zuletzt mwN BGH 18.3.2010, TranspR 2010, 376 (dazu *Koller* TranspR 2011, 389); ferner zB OLG
Hamburg 23.2.1995, TranspR 1995, 458, 461 f.; OLG Düsseldorf 22.1.1998, TranspR 1998, 265; OLG
München 6.5.1998, TranspR 1998, 407, 413. Für Österreich s. nur öOGH 27.4.2011, TranspR 2011, 373.
Grundsätzlich zur Figur der Drittschadensliquidation etwa *von Caemmerer* ZHR 127 (1965), 241; *Hagen,* Die
Drittschadensliquidation im Wandel der Rechtsdogmatik, 1971; *Peters* AcP 180 (1980), 329; aus jüngerer Zeit
etwa *Braun,* Schadensliquidation im Drittinteresse oder „normativer Eigenschaden" des Verletzten? Diss. Jena,
2001; *Büdenbender,* Vorteilsausgleichung und Drittschadensliquidation bei obligatorischer Gefahrenentlastung,
1996; *ders.* NJW 2000, 986; *Bollenberger* JBl. 1997, 284; *Oetker* JuS 2001, 833. Aktuelle und reiche Nachweise
der Diskussion sowie zur Rechtsprechung vor allem zum Frachtrecht § 425 Rn. 65 ff.

[53] Vgl. BGH 20.4.1989, TranspR 1989, 413, 414 = VersR 1989, 1168.

[54] Vgl. nur BGH 6.5.1981, NJW 1981, 2640.

dem Eigentümer des Gutes – eigene (außervertragliche) Ansprüche zustehen. Für solche aus Verlust oder Beschädigung resultierende Ansprüche ist allerdings § 461 Abs. 1 iVm. **§ 434 Abs. 2** zu beachten: Um eine Schlechterstellung des Spediteurs (bzw. Frachtführers) zu vermeiden, muss sich auch der geschädigte Dritte unter bestimmten Voraussetzungen (näher § 434 Rn. 20 ff.) die vertraglichen und gesetzlichen Haftungsbeschränkungen entgegenhalten lassen. Voraussetzung der Anwendbarkeit dieser Norm ist jedoch, dass ein außervertraglicher Anspruch überhaupt entstanden ist. Dafür muss der entsprechende Tatbestand (insbes. § 823 BGB) erfüllt sein. § 461 Abs. 1 kann dem außen stehenden Geschädigten also nicht zur Hilfe kommen. Fehlt es etwa am (nachgewiesenen) Verschulden des Spediteurs, bleibt es (zunächst) allein bei Ersatzansprüchen des Versenders, also bei der Drittschadensliquidation.

## D. Mitverantwortung des Versenders

**30**      Trifft den Versender eine **Mitverantwortung** an der Schadensentstehung, kann es wie bei § 254 BGB zu einer **Minderung** (bis hin zum Wegfall; vgl. § 425 Rn. 53 ff.) **des Ersatzanspruchs** kommen. Abs. 3 knüpft die Mitverantwortung an ein Verhalten des Versenders und – im Anschluss an Art. 17 CMR – an die Gefährlichkeit („besonderer Mangel") des von diesem stammenden Gutes. Ein (subjektiver) Sorgfaltsvorwurf muss den Versender nicht treffen. Der Mitverantwortungsgedanke findet sich schon im Bereich der Verschuldenshaftung (§ 254 BGB). Die Vorschrift des § 461 Abs. 3 **entspricht weitestgehend § 425 Abs. 2** (zu Details siehe daher dort). Deshalb und auch wegen ihrer systematischen Stellung am Ende der Vorschrift erfasst sie unzweifelhaft die **gesamte Spediteurhaftung,** also sowohl die nach § 461 Abs. 2 als auch die nach Abs. 1.

**31**      Die **Ausweitung der Mitverantwortlichkeit des Versenders** im Vergleich zu § 254 auf für den Schadensfall kausales[55] **(schuldloses) Verhalten des Versenders** sowie auf kausale **Gütermängel** ist sachlich dadurch gerechtfertigt, dass auch die Spediteurhaftung verschuldensunabhängig ausgestaltet ist. Bestehen nun in beiden Sphären wenn auch bloß objektive Mängel, wäre die alleinige Schadenstragung durch den Spediteur keine sachgerechte Lösung.[56] Erwägenswert wäre allenfalls – in Parallele zu § 434 – eine Reduktion der Mitverantwortungsregel um Tatbestände, in denen der Versender die vom Gut ausgehende Gefahr auch bei größtmöglicher Sorgfalt nicht vermeiden hätte können. Allerdings stammt ein schadenskausales Risiko auch in solchen Konstellationen vom Versender; überdies kann es vom Spediteur nicht beherrscht werden. Das spricht gegen eine Reduktion des § 461 Abs. 3.[57] Zur **Gewichtung** bloß objektiver Mängel im Verhältnis zu subjektiv vorwerfbaren Verhaltensweisen bei § 425 Rn. 59.

**32**      Im Unterschied zu § 425 Abs. 2 nennt § 461 Abs. 3 nicht auch das **Verhalten des Empfängers** als möglichen Grund einer Anspruchskürzung qua Mitverantwortung; dies ganz bewusst, und zwar deshalb nicht, weil der Spediteur reiner Interessenwahrer des Versenders sei.[58] Liefert allerdings der Spediteur das Gut beim Empfänger ab (Nachlauf), so scheint seine Interessenlage nicht wesentlich anders als die eines abliefernden Frachtführers zu sein. Dies wurde vom Gesetzgeber möglicherweise übersehen, weshalb (nur) insoweit

---

[55] Kausalität (Ursächlichkeit) kann nur vorliegen oder fehlen, weshalb es unpassend ist, vom „Maß der Verursachung" zu sprechen (so aber etwa Fremuth/Thume/*Thume* Rn. 67 und Baumbach/Hopt/*Merkt* § 425 Rn. 4 im Anschluss an den RegE BT-Drucks. 13/8445 S. 60), wobei diese Kritik bereits die Textierung des § 254 Abs. 1 BGB trifft („… vorwiegend … verursacht"). Abstufbar sind bloß Kriterien wie Verschulden oder Gefährlichkeit (Schadensträchtigkeit); ebenso die Verursachungswahrscheinlichkeit, die § 254 BGB vermutlich meint (siehe dazu nur MüKoBGB/*Oetker* § 254 Rn. 108 f.).

[56] Weniger überzeugend demgegenüber die Begründung des RegE BT-Drucks. 13/8445 S. 60 (zu § 425 Abs. 2 HGB-E), wo primär nicht näher erläuterte „Vereinfachungsgesichtspunkte" für diese – über Art 17 CMR hinausgehende – Lösung ins Treffen geführt werden.

[57] So zumindest im Ergebnis wohl auch der RegE aaO.

[58] RegE BT-Drucks. 13/8445 S. 114 (wo vom „Verfügungsberechtigten" die Rede ist).

eine analoge Anwendung des § 425 Abs. 2 erwogen werden sollte,[59] sofern man dem an sich bewusst differenzierenden Gesetzgeber (insoweit) eine planwidrige Unvollständigkeit unterstellen kann.

Auf die frachtrechtlichen **Haftungsbeschränkungen** (insbes. nach § 429 und § 431) **33** verweist bewusst[60] bloß § 461 Abs. 1. Diese Grenzen (bzw. deren Wegfall gemäß § 435) sind daher **nur bei der Obhutshaftung** zu beachten.[61] Die Verschuldenshaftung des Abs. 2 führt demgegenüber grundsätzlich zum Ersatz des **gesamten** verursachten Schadens (Rn. 15). Daraus folgt, dass bei der quotenmäßigen Reduktion der Ersatzpflicht gemäß § 461 Abs. 1 wegen Mitverantwortung des Versenders nicht vom Betrag des Gesamtschadens, sondern nur von jener Summe auszugehen ist, für die der Spediteur ohne Mitverantwortung zu haften hätte (näher dazu § 435 Rn. 30 ff.). Anderes gilt bloß dann, wenn iS des § 435 qualifiziertes Spediteurverschulden vorliegt.

Die Mitverantwortungsregel des § 461 Abs. 3 kommt grundsätzlich auch bei massivem **34** **Spediteurverschulden iS des § 435** zur Anwendung.[62] Allerdings wird es in solchen Fällen wegen des dann regelmäßig zu vernachlässigenden Versender-Mitverschuldens grundsätzlich zu voller Schadenstragung durch den Spediteur kommen; für Vorsatzschädigungen gilt das überhaupt ausnahmslos.[63]

### E. Vertragliche Haftungsvereinbarungen (§ 466)

#### I. Grundsätzliches

Die gesetzliche Spediteurhaftung war vor dem TRG weitgehend disponibel ausgestaltet. **35** Zum **Schutz der Marktschwächeren,** also nicht zwingend nur der Versender,[64] setzt das Recht vertraglichen Abweichungen vom Gesetzesrecht in § 466,[65] der weitgehend der frachtrechtlichen Norm des § 449 entspricht, nunmehr relativ enge Grenzen.[66] Die Bestimmung erfasst nicht allein Normen der Spediteurhaftung (s. § 466 Rn. 2), hat aber vor allem in diesem Bereich besondere Bedeutung. In diesem Abschnitt kommen nur die Auswirkungen des § 466 auf Haftungsfragen zur Sprache.

Der offen und weit formulierte § 466 Abs. 1, der Versendungen durch Unternehmer **36** betrifft (s. dort Rn. 8), erfasst auch **Abweichungen zugunsten des Versenders.** Namentlich dann, wenn der marktmächtigere Versender zu seinen eigenen AGB kontrahiert, droht dem Spediteur ein hohes Haftungsrisiko. Daher setzt § 466 Abs. 1 auch **Grenzen für** eine vertragliche **Verschärfung** der gesetzlichen Spediteurhaftung besonderes gilt in Bezug auf die Höhe der bei Güterschäden zu leistenden Entschädigung (siehe Abs. 2 Satz 1 leg. cit.); dazu noch Rn. 39.

In den allgemeinen gesetzlichen Grenzen, namentlich in denen der §§ 134 und 138 **37** Abs. 1 sowie der §§ 307 ff. BGB, sind Haftungsabreden für die **Versendung von Briefen oder ähnlichen Sendungen** zulässig (siehe § 466 Abs. 1 und 4; näher zu dieser „Bereichsausnahme" bei § 449 Rn. 47 ff.).

#### II. Abreden über die Obhutshaftung iS des § 461 Abs. 1

**Generell unwirksam** sind **Einschränkungen** der gesetzlichen Einstandspflicht nur in **38** einem engen Teilbereich; und zwar zulasten von versendenden **Verbrauchern** für die

---

[59] In der Sache ebenso *Koller* Rn. 11, 19, der allerdings in Rn. 11 von einer Analogie zu *§ 461 Abs. 3* spricht.

[60] Siehe RegE BT-Drucks. 13/8445 S. 113 f.

[61] § 435 Rn. 5; *Marx* TranspR 2010, 174, 176.

[62] BGH 5.6.2003, NJW 2003, 3628 (zu den §§ 435 und 425 Abs. 2 bei der Fixkostenspedition); Baumbach/Hopt/*Merkt* § 425 Rn. 4 u. a.

[63] Statt vieler MüKoBGB/*Oetker* § 254 Rn. 11 mwN.

[64] RegE BT-Drucks. 13/8445 S. 116.

[65] Diese Norm wurde – ebenso wie ihr frachtrechtliches Vorbild (§ 449) – durch den Rechtsausschuss des Bundestags gegenüber dem Regierungsentwurf wesentlich verändert: siehe dazu BT-Drucks. 13/10014 S. 50.

[66] Dazu *Basedow* TranspR 1998, 58, 62.

Obhutshaftung nach § 461 Abs. 1, für die Haftung für andere (Leute und Erfüllungsgehilfen) nach § 462 sowie für versendernachteilige Änderungen der Verjährungsregel des § 463 (iVm. § 439).[67]

**39**     Abgesehen von diesen Verbraucherfällen können **Abweichungen von der Obhutshaftung des § 461 Abs. 1** zwar nicht formularmäßig, aber doch durch **Aushandlung im Einzelfall**[68] wirksam vereinbart werden (§ 466 Abs. 1). Dabei schadet es nicht, wenn das individuell Ausgehandelte für eine Mehrzahl gleichartiger Verträge zwischen denselben Parteien gelten soll. Nur soweit es um die **Höhe der Entschädigung** wegen Verlusts oder Beschädigung des Speditionsgutes geht, sind unter zwei präzise festgelegten Voraussetzungen auch **vorformulierte Vertragsbedingungen zulässig:** zum einen dann, wenn sich die Abweichung vom gesetzlichen Haftungshöchstbetrag des § 431 innerhalb bestimmter Grenzen hält („**Korridorlösung**" des § 466 Abs. 2 Satz 1 Nr. 1) und der Verwender seinen Vertragspartner auf die Änderung gegenüber dem gesetzlich vorgesehenen Haftungs(höchst)betrag „in geeigneter Weise" hinweist;[69] zum anderen – in der Sache ganz unproblematisch –, wenn der Höchstbetrag zu Lasten des vorformulierenden Vertragsteils vom gesetzlichen abweicht (§ 466 Abs. 2 Satz 1 Nr. 2). Details zu all dem s. beim nahezu gleich lautenden § 449 (Abs. 2): speziell zum Aushandeln im Einzelnen dort Rn. 15 f., zur Mehrzahl gleichartiger Verträge Rn. 14.

**40**     In allen **Sonderfällen der Spedition,** die zur Anwendung von Frachtrecht führen, sind, soweit es um Obhutsschäden geht, ebenfalls Dispositionsschranken zu beachten. **§ 466 Abs. 3** ordnet an, dass Abweichungen von § 458 Satz 2, von § 459 Satz 1 sowie von § 460 Abs. 2 Satz 1 nur insoweit zulässig sind, als die darin in Bezug genommenen (frachtrechtlichen) Vorschriften abweichende Vereinbarungen zulassen. Damit stellt die Norm sicher, dass Abreden über die Rechtsfolgen des Selbsteintritts, der Spedition zu festen Kosten sowie der Sammelladungsspedition nur im Rahmen des frachtrechtlich Erlaubten wirksam sind. Führt der Verweis zum HGB-Frachtrecht, sind damit die Dispositionsgrenzen der frachtrechtlichen „Parallelnorm" (§ 449) zu beachten.[70]

### III. Abreden über die Verschuldenshaftung nach § 461 Abs. 2

**41**     Bewusst keinerlei einschränkende Regelung enthält § 466 für **rechtsgeschäftliche Dispositionen über die (Verschuldens-)Haftung** gemäß § 461 Abs. 2. Sie sind daher in den allgemein anerkannten Grenzen (Rn. 37) **zulässig.**[71]

### IV. Regelungen in den ADSp

**42**     Die **ADSp** regeln die **Spediteurhaftung** sowie deren Begrenzung in den **Nr. 22–28.** Dabei werden die Spielräume des Haftungskorridors (Rn. 39) zum Teil – im Sinne einer Absenkung des Haftungshöchstbetrags – vollständig ausgereizt (vgl. Nr. 23). Erwähnt seien hier ferner die die Beweislast im Schadensfall regelnden Klauseln der Nr. 25.1 und 25.2.

---

[67] Merkwürdigerweise erfasst § 449 Abs. 1 auch nach Inkrafttreten des SRG § 439 nicht, so dass ein Verbraucher (als Absender) gegenüber einem Frachtführer in Bezug auf ihm nachteilige Verjährungsabreden schwächer geschützt ist als gegenüber einem Spediteur. Solche im Einzelnen ausgehandelte Abreden sind nämlich grundsätzlich auch zu Lasten von Verbraucher-Absendern wirksam (vgl. § 439 Abs. 4, der nicht differenziert). Diese Verschiedenbehandlung erfolgte offenbar ungewollt (s. BT-Drucks. 13/10014 S. 53, wo davon die Rede ist, dass die vom Rechtsausschuss bei § 466 vorgenommenen Änderungen denen zu § 449 entsprechen), muss de lege lata aber wohl hingenommen werden (ebenso mit rechtspolitischer Kritik etwa Andresen/Valder/ *Valder* § 466 Rn. 7).

[68] Ausführlich dazu *Pfeiffer,* Das Aushandeln im Transportrecht, 2004.

[69] Nach der Fassung des TRG wurde hingegen noch eine besondere Hervorhebung des Haftungsbetrags in „drucktechnisch deutlicher Gestaltung" verlangt (vgl. nur die Hervorhebungen in **Nr. 23 ADSp**); kritisch dazu etwa H. *Schmidt* NJW 2011, 3329, 3334.

[70] RegE BT-Drucks. 13/8445 S. 116.

[71] RegE BT-Drucks. 13/8445 S. 116.

## V. Abreden über die Versenderhaftung nach § 455 Abs. 2

Zur rechtsgeschäftlichen Disposition über die **verschuldensunabhängige Versender-** 43
**haftung** nach § 455 Abs. 2 siehe § 455 Rn. 23 ff.

## § 462 Haftung für andere

[1]**Der Spediteur hat Handlungen und Unterlassungen seiner Leute in gleichem
Umfang zu vertreten wie eigene Handlungen und Unterlassungen, wenn die Leute
in Ausübung ihrer Verrichtungen handeln.** [2]**Gleiches gilt für Handlungen und
Unterlassungen anderer Personen, deren er sich bei Erfüllung seiner Pflicht, die
Versendung zu besorgen, bedient.**

**Zum Norminhalt: Satz 1** sieht eine weitreichende **Haftung des Spediteurs für das
Verhalten seiner Leute** vor. Gleiches gilt nach **Satz 2** für eigentliche **Erfüllungsgehilfen.**

### Übersicht

| | Rn. | | Rn. |
|---|---|---|---|
| I. Allgemeines | 1, 2 | IV. Vertragliche Abweichungen ....... | 8 |
| II. Die Leutehaftung (Satz 1) | 3 | | |
| III. Die Haftung für Erfüllungsgehilfen (Satz 2) | 4–7 | V. Eigenhaftung der Leute und Erfüllungsgehilfen | 9–11 |

## I. Allgemeines

Nach altem Recht (vor dem TRG) war nicht näher geregelt, für wessen Fehlverhalten **1**
der Spediteur zu haften hatte. Eine ausdrückliche Klarstellung ist daher jedenfalls hilfreich.
**Vorbild** für § 462 ist die frachtrechtliche Norm des **§ 428**[1] (dort auch zu Details). Systematisch unterschieden wird dabei zwischen der **Haftung für eigene,** also betriebszugehörige
(Satz 1: „Leute") **und für fremde,** außenstehende **Personen** (Satz 2: „andere").

Hat eine dieser Personen unter den in § 462 genannten Umständen („in Ausübung ihrer **2**
Verrichtungen" bzw. „bei Erfüllung") Schäden verursacht, so ist die Ersatzpflicht nach
denselben Kriterien zu bestimmen, **wie wenn der Spediteur selbst gehandelt hätte**
(Satz 1 HS 1). Einzelheiten zu den Voraussetzungen und zum Umfang des Ersatzes ergeben
sich aus § 461.

## II. Die Leutehaftung (Satz 1)

Die Haftung des Spediteurs nach Satz 1 entspricht der frachtrechtlichen **Leutehaftung 3**
gemäß § 428 Satz 1. Dieser Begriff stammt aus der Vorläuferbestimmung des § 431 aF,
dessen anerkannte Auslegung weiter Gültigkeit haben soll.[2] Präziser als früher beschränkt
sich die Haftung des Spediteurs ausdrücklich auf jene betriebszugehörigen Personen, die
„in Ausübung ihrer Verrichtungen" handeln. Damit wird auf das Handeln der Hilfsperson
im Rahmen des ihr übertragenen Pflichtenkreises abgestellt (ausführlich zu diesem Tatbestandsmerkmal Art. 3 CMR Rn. 21 f.). Hingegen kommt es nicht darauf an, ob die Person
gerade bei der – wenn auch weit verstandenen – Besorgung der Versendung zum Einsatz
kommt. Satz 1 ist ganz zu Recht viel weiter formuliert, weil das Risiko des Fehlverhaltens
speditionsbetriebszugehöriger Personen („Leute" des Spediteurs) eher den Spediteur als den
geschädigten Versender treffen soll; daher etwa auch dann, wenn diese nur die Reinigung
des Lagers oder der Fahrzeuge zu erledigen haben und dabei Schaden stiften (Beschädigung
des Gutes, Vernichtung von Papieren, Unkenntlichmachen von Warnhinweisen usw.).

---

[1] Diese wiederum wurde vor allem Art. 3 CMR nachgebildet: RegE BT-Drucks. 13/8445 S. 64.
[2] RegE BT-Drucks. 13/8445 S. 64.

Sogar eine Haftung des Spediteurs für Vorsatztaten seiner Leute ist – wie bei § 278 BGB (siehe nur dessen Satz 2)[3] – denkbar.[4]

### III. Die Haftung für Erfüllungsgehilfen (Satz 2)

4    Dass die **Erfüllungsgehilfenhaftung** nach § 278 BGB auch für Speditionsverträge gilt und dass selbständige Unternehmer Erfüllungsgehilfen sein können, wird heutzutage von niemandem mehr in Frage gestellt.[5] Die Anordnung des Satzes 2 enthält daher eine bloße Selbstverständlichkeit. Die Bezugnahme auf Satz 1 („Gleiches gilt …") betrifft bloß die dort angeordnete Rechtsfolge, also die Haftung wie für eigenes Handeln.[6]

5    Viel problematischer ist hingegen die Frage, **wann** die Betrauung einer anderen (selbständigen) Person als Einschaltung eines **Erfüllungsgehilfen** oder als Abschluss eines Ausführungsgeschäftes anzusehen ist, was bloß eine Haftung für Auswahlverschulden nach sich ziehen könnte. Über diese Zuordnung entscheiden allein die **vom Spediteur übernommenen Pflichten.** Hilfestellung bei dieser Abgrenzung kann daher allenfalls § 454 bieten, nicht jedoch § 462 selbst[7] (siehe nur § 454 Rn. 30 ff.).

6    Zu § 462 wird diskutiert, ob dessen Satz 2 nur dann eingreift, wenn Personen mit der **Erfüllung speditioneller Hauptpflichten iSd. 454 Abs. 1** betraut wurden.[8] Hat der Spediteur auch (zusätzliche) Pflichten gemäß § 454 Abs. 2 übernommen, so hat er für Fehlverhalten von Gehilfen bei deren Erfüllung aber selbstverständlich ebenso (nach § 278 BGB) einzustehen,[9] so dass die Frage ohne praktische Bedeutung sein dürfte.

7    Selbstverständlich kommt § 462 Satz 2 auch für die Auswahl ausführender Unternehmer (§ 454 Abs. 1 Nr. 2) zur Anwendung.[10] Man muss dabei aber beachten, dass die Haftung für Gehilfenverhalten bloß die **fehlerhafte Auswahl durch den Gehilfen** erfasst, während die betraute Ausführungsperson selbstverständlich nicht nach Erfüllungsgehilfengrundsätzen zugerechnet wird (§ 454 Rn. 28 ff.).

### IV. Vertragliche Abweichungen

8    **Rechtsgeschäftliche Abweichungen** von § 462 sind nur in den Grenzen des § 466 möglich (näher dazu § 461 Rn. 38 ff.). Zu Lasten von Verbrauchern scheidet überhaupt jede vertragliche Haftungsabschwächung aus (siehe § 466 Abs. 1, der § 462 ausdrücklich nennt).

### V. Eigenhaftung der Leute und Erfüllungsgehilfen

9    Direkte Ansprüche des Versenders gegen Gehilfen oder Leute des Spediteurs kommen mangels eines mit ihnen bestehenden rechtsgeschäftlichen Verhältnisses nur dann in Betracht, wenn die Hilfspersonen selbst einen **Haftungstatbestand** verwirklicht haben, was namentlich bei körperlicher Beeinträchtigung des Speditionsguts erfüllt ist (Deliktshaftung nach § 823 Abs. 1 BGB).[11]

10    Nach allgemeinen Regeln ist die deliktische Eigenhaftung unbegrenzt. Ist der Gehilfe für in der Obhut des Spediteurs entstandene Güterschäden verantwortlich, so kommen ihm jedoch alle **gesetzlichen Haftungseinschränkungen** zugute, auf die sich der Spediteur

---

[3] MüKoBGB/*Grundmann* § 278 Rn. 47 (mit umfangreichen Rspr.-Nachweisen).

[4] Siehe etwa Fremuth/Thume/*Thume* Rn. 8 (Diebstahl).

[5] Statt aller MüKoBGB/*Grundmann* § 278 Rn. 44 mwN.

[6] AA Fremuth/Thume/*Thume* Rn. 12, der unverständlicher Weise verlangt, dass der Gehilfe (zusätzlich?) in Ausübung seiner Verrichtung gehandelt hat.

[7] Vgl. RegE BT-Drucks. 13/8445 S. 114. – Es ist schwer nachvollziehbar, dass derartige Selbstverständlichkeiten im Gesetzgebungsverfahren offenbar umstritten waren.

[8] Dafür Fremuth/Thume/*Thume* Rn. 10, 13; ein weiteres Verständnis der Versendungsbesorgung erwägt hingegen *Koller* Rn. 3.

[9] Deutlich in diesem Sinn OLG Stuttgart 14.7.2010, BeckRS 2012, 07880 (als Vorinstanz zu BGH 16.2.2012, TranspR 2012, 148).

[10] AA Fremuth/Thume/*Thume* Rn. 11 Satz 1, der aber offenbar an die – sogleich im Text angesprochene – Zurechnung der ausgewählten Ausführungsperson denkt.

[11] *Larenz,* SchR-AT 274; Palandt/*Grüneberg* BGB § 278 Rn. 40; Jauernig/*Stadler* BGB § 278 Rn. 14.

berufen kann (§ 461 Abs. 1 Satz 2 iVm. § 436). Dieses Privileg genießen allerdings nur die **Leute** des Spediteurs,[12] nicht hingegen sonstige als (Erfüllungs-)Gehilfen beigezogene Personen (siehe § 436 und dort Rn. 7).

Ob zwischen Spediteur und Versender **vereinbarte Haftungsausschlüsse und Haf-** 11 **tungsbeschränkungen** auch in eigener Person haftende Gehilfen des Spediteurs begünstigen, ist in erster Linie durch Auslegung dieser Abrede zu klären. Die hA ist insoweit sehr großzügig.[13] **Nr. 26 ADSp** bezieht (nur) die **Leute des Spediteurs** durch den Verweis auf § 436 ausdrücklich mit ein, was einen Umkehrschluss für sonstige Gehilfen nahe legt. Sachlich spricht für diese Differenzierung auch, dass der Spediteur an einer Begünstigung solcher Personen – anders als bei eigenen Arbeitnehmern – kein besonderes Interesse hat. Neben dem Fürsorgegedanken ist bei eigenen Leuten ja nicht zuletzt an die durch Richterrecht entwickelten Haftungsbegünstigungen eines Dienstnehmers und die daraus resultierenden Regressmöglichkeiten des dem Dritten Schadensersatz leistenden Dienstnehmers gegenüber dem dienstgebenden Spediteur zu denken.[14]

## § 463 Verjährung

**Auf die Verjährung der Ansprüche aus einer Leistung, die den Vorschriften dieses Abschnitts unterliegt, ist § 439 entsprechend anzuwenden.**

**Zum Norminhalt:** § 463 regelt die **Verjährung speditionsvertraglicher Ansprüche** beider Vertragsteile und verweist dabei auf § 439.

**Schrifttum:** *Arens,* Zur Anspruchskonkurrenz bei mehreren Haftungsgründen, AcP 170 (1970), 392; *Brandner/Kummer,* Verbraucherschutz im neuen Transportrecht, in GS Helm, 2001, 13; *Helm,* Haftung für Schäden an Frachtgütern, 1966; s. auch die Literatur zu § 439 und § 453.

### Übersicht

|                                                        | Rn.     |                                                         | Rn.   |
|--------------------------------------------------------|---------|---------------------------------------------------------|-------|
| I. Allgemeines                                         | 1–3     | IV. Hemmung und Neubeginn der Verjährung                | 19–21 |
| II. Anwendungsbereich                                  | 4–9     | V. Rechtsgeschäftliche Abweichungen                     | 22–24 |
| III. Dauer und Beginn der Verjährung                   | 10–18   | VI. Verjährung und Aufrechnung                          | 25, 26 |
| 1. Grundsätzliches                                     | 10      | VII. Die Verjährung von Ersatzansprüchen Dritter        | 27    |
| 2. Verjährungsfrist                                    | 11      | VIII. Beweislastfragen                                  | 28    |
| 3. Verjährungsbeginn                                   | 12–18   | IX. Rechtsfolgen des Fristablaufs                       | 29–32 |
| a) Entscheidender Zeitpunkt: Ablieferung              | 12      | 1. Grundsätze                                           | 29    |
| b) Bei Ablieferung noch nicht entstandene Ansprüche   | 13      | 2. Verzicht auf die Verjährungseinrede                  | 30    |
| c) Rückgriffsansprüche                                | 14      | 3. Einwand der Arglist                                  | 31, 32 |
| d) Wichtige Schadensersatzansprüche des Versenders    | 15–18   |                                                         |       |

## I. Allgemeines

Im Gegensatz zum früheren Recht wird die Verjährung seit dem TRG nicht beim 1 Spedition-, sondern beim Frachtgeschäft ausführlicher geregelt. Deshalb enthält § 463 im Wesentlichen nur einen **Verweis auf § 439.** Für alle Details kann hier daher auf die

---

[12] So nun auch *Koller* § 461 Rn. 21.
[13] BGH 6.7.1995, BGHZ 130, 223; *Koller* Vor Ziff. 1 ADSp Rn. 6; Palandt/*Grüneberg* BGB § 276 Rn. 37. S. auch Vorbem. ADSp Rn. 171 ff.
[14] Aus jüngerer Zeit BAG 18.4.2002, NJW 2003, 377; BAG 12.11.1998, NJW 1999, 966; zur Regressmöglichkeit des Dienstnehmers statt vieler BGHZ 130, 223; zum vorgelagerten Freistellungsanspruch ausführlich MüKoBGB/*Müller-Glöge* § 611 Rn. 907 ff.

Kommentierung des § 439 verwiesen werden, der sich weitgehend Art. 32 CMR zum Vorbild genommen hat, weshalb auch dessen Erläuterung Beachtung verdient.

**2**   Das TRG hat auch wesentliche **inhaltliche Änderungen** mit sich gebracht. So bezieht sich § 463 nicht mehr bloß auf bestimmte gegen den Spediteur bestehende Ersatzansprüche. Vielmehr soll die Verjährungsregel **alle vertraglichen und mit dem Speditionsvertrag in unmittelbarem Zusammenhang stehenden außervertraglichen Ansprüche** erfassen[1] (zu einem auf Grund des gewählten Wortlauts auftretenden Auslegungsproblem Rn. 4). Wesentliches Ziel waren dabei **Vereinfachung** sowie Beseitigung der vielfältigen und unübersichtlichen, zum Teil unsachlichen Differenzierungen[2] (vgl. nur die Diskussion um die auf Ansprüche aus pVV anzuwendenden Fristen[3]). Die anschließende, zum 1.1.2002 in Kraft getretene große Verjährungsrechtsreform hat diesbezüglich allerdings deutlich konsequenter gewirkt.

**3**   Die Regeln der §§ 463, 439 gehen als **leges speciales** den §§ 195 ff. BGB vor (siehe auch Rn. 15).

## II. Anwendungsbereich

**4**   Die Regelungen des § 439 sollen im Speditionsrecht auf die Verjährung von Ansprüchen **„aus einer Leistung"** (entsprechend) anwendbar sein, die den Vorschriften des Fünften Abschnitts (Speditionsgeschäft) unterliegt.[4] Bereits die Auslegung dieses tatbestandlichen Begriffs („*aus* einer Leistung") ist problematisch. Zumindest vom Wortlaut nicht gedeckt sind die **Erfüllungsansprüche** aus dem Speditionsvertrag selbst, die ja Ansprüche „*auf* eine Leistung" sind. Auch für außervertragliche Ansprüche scheint eine Subsumierung nicht ohne Hindernis möglich zu sein. Ähnliche Bedenken treffen allerdings bereits die Formulierung des § 439, in dem von Ansprüchen „aus einer Beförderung" die Rede ist. Gemeint waren aber vermutlich alle **Ansprüche aus der wirksamen Übernahme einer Beförderungspflicht;** in diesem Sinn wird auch die Vorbildregelung des Art. 32 CMR verstanden.[5] So erfasst § 439 Abs. 2 ausdrücklich den Fall der Nichtablieferung, bei dem mit der Beförderung uU noch nicht einmal begonnen wurde. Auch die Begründung zum Regierungsentwurf stützt dieses weite Verständnis. Dort wird ausdrücklich gesagt, dass sich die Anordnung des § 439 (zunächst) auf „sämtliche vertragliche Ansprüche" beziehe und auch den Vergütungsanspruch erfasse bzw. dass sich § 463 auf „alle wechselseitigen Ansprüche aus dem Speditionsvertrag" beziehe.[6]

**5**   Vor allem historische Erwägungen dürften daher auch im Speditionsrecht zu einer Interpretation (oder Analogie?) in dem Sinn führen, dass § 463 grundsätzlich **alle Ansprüche im Zusammenhang mit einem Speditionsvertrag** erfasst.[7] Ob sich eine derartige **Gleichschaltung** mit den anerkannten – je nach Art des Anspruchs durchaus unterschiedlichen – Verjährungszwecken verträgt, erscheint zwar zweifelhaft; sie hat aber gerade im transportrechtlichen Zusammenhang manche Vorbilder und entspricht wohl auch einem internationalen Trend (vgl. nur Art. 32 CMR und Art. 48 CIM nF = Art. 58 CIM aF). Eine Ausnahme ist aber jedenfalls für Körperschäden zu machen, auch wenn sie im Rahmen der Erfüllung eines Speditionsvertrages entstanden sind (§ 461 Rn. 21).

**6**   Einhellig anerkannt ist die **Nichtanwendbarkeit der §§ 463, 439 bei Fehlen eines wirksamen Speditionsvertrags.**[8] Ansonsten sind nur wenige Bereiche ausgenommen; so

---

[1] Vgl. RegE BT-Drucks. 13/8445 S. 114, 77.

[2] RegE BT-Drucks. 13/8445 S. 77.

[3] Dazu 1. Aufl. § 414 Rn. 99.

[4] Zur Frage, ob auch § 439 Abs. 4 kraft des Verweises im Speditionsrecht Anwendung findet oder von § 466 verdrängt wird, siehe Rn. 22.

[5] Art. 32 CMR Rn. 5 ff. mwN.

[6] RegE BT-Drucks. 13/8445 S. 77, 114.

[7] Ganz ähnlich zu § 439 („aus einer Beförderung") etwa *Koller* § 439 Rn. 2 f., der zwar einen gültigen Beförderungsvertrag verlangt, aber iS des Gesetzgebers nicht auf Ansprüche aus diesem Vertrag einschränken will (und die gesetzliche Anknüpfung als „äußerst schwammig" und daher wenig rechtssicher bezeichnet).

[8] § 439 Rn. 4; *Koller* § 439 Rn. 3; EBJS/*Schaffert* § 439 Rn. 8.

**deliktische Ansprüche,** zumindest wenn sie nicht mit vertraglichen konkurrieren.[9] Wohl aber greift die kurze Verjährung grundsätzlich auch zugunsten von **Hilfspersonen** des Spediteurs ein, die selbst aus unerlaubter Handlung haften. Dies wurde bereits vor dem TRG vertreten.[10] Nunmehr ergibt sich diese Konsequenz insbesondere für Ersatzansprüche wegen Verlusts oder Beschädigung des Speditionsgutes daraus, dass der Verweis auf § 439 in Kombination mit dem Grundsatz des weitestgehenden Gleichlaufs von Fracht- und Speditionsrecht zu einer Mitberücksichtigung des § 436 und des § 437 Abs. 1 Satz 1 zwingt.[11] Daraus folgt eine Privilegierung aller in § 462 genannten Personen, also sowohl der Leute des Spediteurs (vgl. § 436) als auch selbständiger Hilfspersonen (vgl. § 437).

**Bereicherungsansprüche** sollten nicht der kurzen HGB-Sonderverjährung unterstellt 7 werden. Dafür spricht nicht bloß der Gesetzeswortlaut (zu diesem schon Rn. 4). Es wäre überdies in keiner Weise einzusehen, dass der Leistende etwa bei Überzahlung des Entgelts oder gar bei irrtümlicher Doppelzahlung im Transportrecht nur ein Jahr Zeit zur Rückforderung hätte, während bei überzahltem Kaufpreis oder bei Zahlung im Irrtum über das Bestehen eines Speditionsvertrags nach § 195 BGB drei Jahre zur Verfügung stehen (s. Rn. 10). Entsprechendes gilt für den Anspruch des Versenders auf Ausfolgung eingezogener Nachnahmen. Die hA, die sich vor allem zu Art. 32 CMR entwickelt hat,[12] sieht dies anders.[13] Wie gezeigt, zwingt der Gesetzeswortlaut nicht zu derart wertungswidersprüchlichen und auch in der Sache unpassenden Ergebnissen.[14] Diese sind auch nicht durch den – schwammigen und keinesfalls systemkonformen – „Rechtsgedanken eines Gleichlaufs sämtlicher sich aus der Beförderungssituation ergebender Ansprüche"[15] gerechtfertigt. Allenfalls könnten (gleichartige) Beweisprobleme die Gleichbehandlung tragen. Dieser Gedanke liegt wohl jener Ansicht zugrunde, wonach § 439 (bzw. § 463) Leistungskondiktionen dann erfasst, wenn bei ihnen die Existenz eines Rechtsgrundes aus dem (Fracht-)Vertrag geprüft werden muss.[16] Jedoch stehen die Fälle der Doppel- und Zuvielzahlung der Zahlung trotz fehlenden Vertrags wertungsmäßig sehr nahe. Überdies leuchtet es mE nicht ein, nach einem Jahr nur mehr den Beweis über das Zustandekommen eines Vertrages an sich zuzulassen, nicht aber über dessen Inhalt, da typischerweise weder zusätzliche Beweisschwierigkeiten drohen noch die Herausgabe des zu Unrecht zu viel Erlangten für den Spediteur oder Frachtführer eine unzumutbare Härte darstellt.

**Ansprüche auf Grund nicht speditionstypischer Leistungen** des Spediteurs fallen 8 bereits nach seinem Wortlaut („Leistung, die den Vorschriften dieses Abschnitts unterliegt") nicht unter § 463. Die Abgrenzung ist allerdings nicht immer einfach (zu speditionellen Nebenleistungen § 454 Rn. 55 ff.). Zusätzlich kommen gemischte Verträge in Betracht. Sofern bei ihnen eine Anspruchstrennung ausscheidet, greift § 463 dann ein, wenn das Hauptgewicht des Vertrages speditioneller Natur ist.[17] Wegen des nicht wirklich überzeugenden undifferenzierten Pauschalansatzes der transportrechtlichen Verjährungsfristen

---

[9] Vgl. HK/*Ruß* § 439 Rn. 2.

[10] Ebenso jetzt zur Rechtslage nach dem TRG – ohne Differenzierung oder nähere Begründung –Andresen/Valder/*Valder* § 439 Rn. 12; HK/*Ruß* § 439 Rn. 2; *Müglich* Komm § 439 Rn. 2. Vgl. ferner *Koller* § 439 Rn. 12c, der die Frist des § 439 zugunsten von Leuten (des Frachtführers) dann anwenden will, wenn die Ansprüche gegen den Frachtführer unter § 439 fallen und diesem („typisierend"?) Freistellungsansprüche seiner Leute drohen.

[11] Die in diesen Bestimmungen ebenfalls genannte Verspätung führt kaum einmal zur Deliktshaftung.

[12] Siehe dort Rn. 7 mwN; öOGH 27.3.1983, TranspR 1984, 191.

[13] Statt vieler BGH 1.8.1972, NJW 1972, 1003, 1004; öOGH 2.4.1982, TranspR 1984, 43; OLG Düsseldorf 11.7.1996, TranspR 1997, 274; zum neuen Transportrecht des HGB Andresen/Valder/*Valder* § 439 Rn. 12; *Koller* § 463 Rn. 3; HK/*Ruß* § 439 Rn. 2; *Müglich* Komm § 439 Rn. 2.

[14] Wie hier bereits zur CMR (gegen die Anwendung des Art 32 CMR auf eine irrtümliche Doppelzahlung) LG Essen 24.10.1992, TranspR 1992, 326 (mit ablehnender Anm. von *Arens*).

[15] So die Formulierung in der Begründung zum RegE BT-Drucks. 13/8445 S. 77 (demgegenüber ist S. 114 zu § 462 Entwurf = § 463 nF von „allen wechselseitigen Ansprüchen aus dem Speditionsvertrag" die Rede).

[16] *Koller* § 439 Rn. 10b.

[17] Vgl. (zur frachtvertraglichen Vorschrift) § 439 Rn. 7; *Koller* § 439 Rn. 8, 10c.

spricht allerdings manches dafür, im Zweifel die allgemeinen (neuen) BGB-Regeln zur Anwendung zu bringen.

9    Bei den **speditionellen Sonderformen** (Selbsteintritt usw.) ist mehrfach zu differenzieren. Geht es um **Ersatzansprüche** des Versenders, greift bei Güter- und Verspätungsschäden Frachtrecht – und damit bei nationalen Beförderungen § 439 – ein; anders, wenn der Schaden bei Erbringung speditioneller Leistungen entstand (zu Beweislastfragen s. § 461 Rn. 6 und 22 sowie § 454 Rn. 63, 69). Bei anderen Schäden kommt es ebenfalls auf diese Unterscheidung an. Bei Selbsteintritt unterliegen **Vergütungs- und Aufwendungsersatzansprüche,** soweit sie nicht auf die Beförderung selbst bezogen sind (dazu gehört insbes. die „gewöhnliche Fracht" iS des § 458 S. 3), § 463. Entsprechendes gilt für die Sammelladungsspedition (§ 460). Bei der Spedition zu festen Spesen (§ 459) besteht hingegen bloß ein einheitlicher Vergütungsanspruch. Wegen des regelmäßig auf der Beförderungsleistung liegenden Schwergewichts richtet sich die Verjährung des Vergütungsanspruchs nach der in concreto anwendbaren Frachtrechtsnorm. Geschuldete Sondervergütungen und Aufwendungsersatzansprüche für speditionelle Nebenleistungen unterliegen hingegen wieder § 463.[18]

### III. Dauer und Beginn der Verjährung

10    **1. Grundsätzliches.** Die **Verjährungsregeln** erfassen die meisten der zwischen Spediteur und Versender denkbaren Ansprüche und jedenfalls alle Vertrags-Ansprüche (Rn. 4 ff.). Sie verdrängen als **leges speciales** sowohl die BGB-Regeln über die Verjährungsdauer (gemäß § 195 Abs. 1 BGB Regelverjährung innerhalb dreier Jahre) als auch jene über den Fristbeginn (s. insbes. § 199 BGB, der in seinem Abs. 1 die regelmäßige Verjährungsfrist nach wie vor erst am Jahresschluss beginnen lässt).

11    **2. Verjährungsfrist.** Grundsätzlich verjähren alle Ansprüche **nach einem Jahr;** bei Vorsatz oder einem nach § 435 gleichwertigen Verschulden (dazu dort Rn. 8 ff.) verlängert sich die Frist auf **drei Jahre** (§ 439 Abs. 1). Das Verschuldenskriterium passt mE von vornherein bloß für Schadensersatzansprüche;[19] auch der in § 439 ausdrücklich genannte § 435 erfasst nur diesen Bereich. Die Ansicht, dass auch Primärleistungsansprüche wie insbesondere der Vergütungsanspruch dann in drei Jahren verjähren, wenn der Schuldner im Bewusstsein seiner Verpflichtung („vorsätzlich") nicht bezahlt,[20] ist abzulehnen.[21] Derartiges geschieht häufig und wird im Verjährungsrecht selbstverständlich immer mitbedacht. Die Länge einer Verjährungsfrist muss schon bei Entstehung des Anspruchs feststehen; ein Verhalten des Schuldners nach Anspruchsentstehung ist nur in gesetzlich genauer umschriebenen Fällen (zB Einlassen auf Vergleichsverhandlungen, gerade nicht aber Bestreiten oder gar bloßes Nichtleisten, ob ohne oder mit Wissen um die Anspruchsberechtigung) verjährungsrechtlich relevant. Von einem Wertungswiderspruch bei enger Auslegung kann also keine Rede sein.[22]

12    **3. Verjährungsbeginn. a) Entscheidender Zeitpunkt: Ablieferung.** Der **Verjährungsbeginn** ist grundsätzlich wie nach altem Recht geregelt: Ausschlaggebend ist der **Zeitpunkt der – tatsächlichen oder geschuldeten – Ablieferung** (s. die gemäß § 463 „entsprechend" anzuwendenden § 439 Abs. 2 Sätze 1 und 2). Im neuen Speditionsrecht ungeregelt und durch den Pauschalverweis auf § 439 nicht geklärt ist allerdings die Frage, auf welche „Ablieferung" es ankommen soll: auf die **Übergabe des Gutes an den Frachtführer oder** auf die **Ablieferung beim Endempfänger.** Die Relevanz der Ablieferung

---

[18] *Knauth* TranspR 2002, 282, 283.
[19] Allerdings ist der Anwendungsbereich dieser längeren Verjährungsfrist auch bei Art. 32 CMR, der Vorbildbestimmung für § 439, nicht unumstritten: Art. 32 CMR Rn. 11 mwN.
[20] IdS zu § 439 jedoch *Koller* VersR 2006, 1581, 1585 und ihm folgend BGH 22.4.2010, TranspR 2010, 225; LG Wuppertal 12.12.2012, BeckRS 2013, 00408.
[21] Wie hier § 439 Rn. 12; OLG Frankfurt 15.4.2005, TranspR 2005, 405.
[22] So aber *Koller* VersR 2006, 1581, 1584; *ders.* § 439 Rn. 27.

an den Endempfänger (Person, an die der Spediteur das Gut zu versenden hatte) wird damit begründet, der Versender könne vielfach nicht erkennen, wann der Spediteur das Gut dem Frachtführer übergibt.[23] Bei dieser Argumentation wird allerdings bloß auf mögliche Versenderansprüche geblickt. Die neue Sonderverjährungsvorschrift erfasst aber ebenso Vergütungs- und Aufwendungsersatzansprüche des Spediteurs. Warum diese nicht bereits dann zu verjähren beginnen sollten, wenn der Spediteur alle Pflichten erfüllt hat und er diese Ansprüche daher durchsetzen kann (zur Fälligkeit vgl. § 456 Rn. 8 ff. und 90), ist nicht zu sehen. Erfüllt ist der Speditionsvertrag nun aber regelmäßig mit Übergabe des Gutes an den Transporteur. Überdies wüsste der Spediteur als Gläubiger – gerade anders als der Frachtführer beim Frachtvertrag[24] – typischerweise nicht, wann die Ablieferung an den Endempfänger erfolgt ist und damit die Verjährung seiner Ansprüche beginnt; eine für verjährungsrechtlich besonders bedeutsame Umstände zumindest sehr ungewöhnliche Situation. Umgekehrt ist richtig, dass – was auch die Vorläuferbestimmung (§ 414 aF) deutlich zeigt – Schadensersatzansprüche des Versenders durchaus im Vordergrund stehen und deren Bestehen für Versender bzw. (End-)Empfänger kaum einmal vor der Ablieferung des Gutes (einschließlich der Begleitpapiere) an den Empfänger erkennbar ist[25] (anders uU bei Verspätungsschäden; dazu Rn. 17). Deshalb und weil für andere Ansprüche – etwa auf Vergütung und Aufwendungsersatz – die Verjährung nach allgemeinen Regeln (wegen längerer Fristen und/oder späteren Beginns) später eintreten würde, erscheint die Anknüpfung der Pauschalverjährungsregel (erst) an den **Zeitpunkt der Ablieferung beim Endempfänger** (iS des § 439 Abs. 2 S. 1 und 2) als die relativ bessere Lösung.

**b) Bei Ablieferung noch nicht entstandene Ansprüche.** An Ansprüche, die bei **13** Ablieferung noch nicht bestanden, hat der Gesetzgeber offensichtlich nicht gedacht. Solche kann es aber ohne weiteres geben, zB Ersatzansprüche des Versenders wegen nachträglicher Verletzung von Verschwiegenheitspflichten[26] oder des Spediteurs wegen erst später gemachter Aufwendungen (weiteres Bsp. in Rn. 18). Für diese Ansprüche wäre eine bereits ab Ablieferung laufende Jahresfrist grob sachwidrig. Daher wird die Einjahresfrist in solchen Fällen in Einklang mit zentralen verjährungsrechtlichen Grundwertungen erst mit dem Entstehen des konkreten Anspruchs zu laufen beginnen,[27] wobei „Entstehen" im Bereich des Verjährungsrechts mit der Möglichkeit erstmaliger Geltendmachung gleichgesetzt wird.[28]

**c) Rückgriffsansprüche.** § 439 Abs. 2 Satz 3 (Vorbild: Art. 39 Abs. 4 CMR) enthält **14** eine Abweichung für **Rückgriffsansprüche;** insbes. eines Hauptspediteurs gegen seinen Unterspediteur. Für diese beginnt die Verjährung erst ab einem späteren Zeitpunkt zu laufen. Dadurch soll deren Geltendmachung erleichtert werden (Details § 439 Rn. 17 f.).

**d) Wichtige Schadensersatzansprüche des Versenders.** § 414 aF erfasste nur Ersatz- **15** ansprüche des Versenders wegen güterbezogener Schäden. Eine Anknüpfung an die Ablieferung des Gutes war daher jedenfalls für Minderung und Beschädigung überzeugend. Die starke Ausweitung des Anwendungsbereichs der Sonderverjährungsregel hingegen führt zu – nicht immer sachlich überzeugenden[29] – Abweichungen von Regelungen und Grundwertungen des allgemeinen Verjährungsrechts. Obwohl dieser Normenkomplex im Zuge

---

[23] *Koller* Rn. 15.

[24] Vgl. RegE BT-Drucks. 13/8445 S. 78, wo zu § 439 ausdrücklich betont wird, dass dieser Moment – die (hypothetische) Ablieferung – „für beide Vertragsparteien deutlich erkennbar ist".

[25] Vgl. 1. Aufl. § 414 Rn. 18.

[26] Für derartige Fälle ähnlich *Jesser* Art. 32 CMR Rn. 20; anders hingegen im Grundsatz für vorhersehbare künftige Ansprüche, sofern die Verjährungsfrist „an sich" bereits läuft. Dabei ist allerdings die Besonderheit zu beachten, dass die Verjährung nach Art. 32 CMR – anders als nach den §§ 439 und 463 – für die hier interessierenden Ansprüche pauschal drei Monate nach Abschluss des Beförderungsvertrages beginnt.

[27] Anders zur CMR etwa *Schmid/Kehl* TranspR 1995, 435. Siehe auch die vorige Fn.

[28] Statt vieler MüKoBGB/*Grothe* § 199 Rn. 4 ff. mwN.

[29] Siehe nur *Koller* § 439 Rn. 1.

der Schuldrechtsmodernisierung zum 1.1.2002 umfassend umgestaltet wurde, blieben die §§ 463, 439 insoweit unverändert; sie sind weiterhin als leges speciales vorrangig anwendbar.

**16**     Bei Nichtablieferung, also **Verlust,** kommt es nach § 439 Abs. 2 S. 2 für den Verjährungsbeginn auf den Tag an, an dem das Gut hätte abgeliefert werden müssen. Es bereitet einige Schwierigkeiten, diese Regelung „entsprechend" auf speditionelle Ansprüche anzuwenden. Die Ablieferungspflicht trifft ja bloß den Frachtführer. Stellt man nun aber auch beim Speditionsvertrag auf die – geplante – Ablieferung beim Endempfänger ab (so Rn. 12 mangels besserer Alternativen), muss es wohl wiederum darum gehen, ab wann der Versender mit einem Schaden rechnen konnte. Die Beförderungsfrist des § 423 (allein) kann nicht ausschlaggebend sein, weil diese ja nur das Rechtsverhältnis zwischen Spediteur und Frachtführer betrifft. Aus diesen Gründen hat der Vorschlag manches für sich, auf jenen Zeitpunkt abzustellen, an dem das Gut bei korrektem Verhalten von Spediteur und Frachtführer beim Empfänger gelandet wäre.[30] Der – wohl unvermeidbare, weil im Gesetz angelegte – Nachteil dieses Ansatzes liegt in der Unsicherheit, den Beginn mit hinreichender Sicherheit zu bestimmen; ein Umstand, der im Verjährungsrecht und speziell bei kurzen Fristen besonders unbefriedigend ist.

**17**     Seit dem TRG nicht mehr eigens angesprochen wird die **Verspätung,** die vorher parallel zum Verlust geregelt wurde.[31] § 439 Abs. 2 Satz 2 gilt für Konstellationen, in denen das Gut „nicht abgeliefert" wurde. Da eine Ablieferung bei bloßer Verspätung aber erfolgt ist, müsste nach dem Wortlaut Satz 1 leg. cit. eingreifen. Danach käme es auf den tatsächlichen (verspäteten) Ablieferungstermin an.[32] Der Entwurfsbegründung ist nicht zu entnehmen, ob die Rechtslage tatsächlich in diesem Sinn geändert werden sollte. Die Vorbildvorschrift des Art. 32 CMR spricht eher dafür: Nach dessen Abs. 1 lit. a beginnt die Verjährung auch bei Überschreitung der Lieferfrist mit dem tatsächlichen Ablieferungstag. Umgekehrt wird zu § 439 ausdrücklich darauf hingewiesen, dass auf Differenzierungen wie in Art. 32 lit. a bis c CMR bewusst verzichtet wurde.[33] Das Argument, erst bei Ablieferung könne der Schaden in seiner Tragweite ermessen werden,[34] trifft jedenfalls auf Beschädigungen und Fehlmengen zu. Aber auch Verspätungsschäden stehen in ihrem Ausmaß häufig erst mit dem Eintreffen des Gutes fest. Damit dürfte die Verjährung auch in den Verspätungsfällen gemäß § 463 iVm. § 439 Abs. 2 Satz 1 (erst) mit dem **Tag der tatsächlichen Ablieferung** zu laufen beginnen.[35]

**18**     Zu einer Verlegung des Verjährungsbeginns vor die Anspruchsentstehung (vgl. § 199 Abs. 1 Nr. 1) darf es dadurch aber nicht kommen. **Beispiel:** Die Ablieferung hätte am 10. erfolgen sollen, der Versender (und Verkäufer) hat dem Empfänger (und Käufer) Lieferung bis spätestens 20. zugesagt. Aufgrund eines Spediteurfehlers kommt es erst am 28. zur Ablieferung. Der Versender erleidet hier frühestens mit Ablauf des 20. einen Schaden, häufig jedoch erst deutlich später (etwa infolge Rücktritts des Käufers zum 30.). Daher darf auch die – ohnehin relativ kurze – Verjährungsfrist nicht vor Schadenseintritt zu laufen beginnen (vgl. Rn. 13).

### IV. Hemmung und Neubeginn der Verjährung

**19**     Während das alte Speditionsrecht keine eigenen Regelungen enthielt, regelt § 463 iVm. **§ 439 Abs. 3** die **Hemmung** der Verjährung nunmehr nach dem Vorbild einiger Sonderfrachtrechte. In entsprechender Anwendung dieser Vorschrift wird die Verjährung von Ansprüchen gegen den Spediteur durch die **Erhebung von Ersatzansprüchen** gehemmt; die Hemmungswirkungen **enden** mit Erfüllungsablehnung durch den Spediteur (Satz 2). Entscheidend ist jeweils der Tag des Zugangs der entsprechenden Erklärung (vgl. § 130

---

[30] *Koller* Rn. 16 (mit weiteren Details).
[31] Für die Abgrenzung hilfreich ist vor allem die Verlustvermutung des § 424.
[32] Dafür etwa *Koller* § 439 Rn. 14.
[33] RegE BT-Drucks. 13/8445 S. 78.
[34] *Koller* § 439 Rn. 14.
[35] Anders noch im ErgBd. 7a Rn. 12.

Abs. 1 Satz 1 BGB), für die jeweils Textform (§ 126b BGB) ausreicht (Satz 2). Für denselben Ersatzanspruch kommt eine nochmalige Hemmung nicht in Betracht (Satz 3).

§ 439 Abs. 3 normiert bloß einen **zusätzlichen Hemmungsgrund.** Insbesondere die　**20** Gründe der §§ 203 ff. BGB bleiben daher weiterhin beachtlich. Die **Hemmungswirkungen** sind überhaupt nur im BGB geregelt (vgl. vor allem § 209).

Wie der Gesetzestext deutlich macht, erfasst diese Sondervorschrift nur die – im Rahmen　**21** der Sonderverjährungsnormen auch sonst im Vordergrund stehenden (vgl. etwa Rn. 12) – **Schadensersatzansprüche des Versenders gegen den Spediteur.** Auf alle übrigen Ansprüche sind ausschließlich die §§ 203 ff. BGB anzuwenden. Der **Neubeginn** der Verjährung ist mangels Sonderregelungen allein nach § 212 BGB zu beurteilen.

### V. Rechtsgeschäftliche Abweichungen

Rechtsgeschäftlicher Disposition über die Verjährung wird auf den ersten Blick gleich　**22** durch zwei – zum Teil inhaltsgleiche – Sondervorschriften Grenzen gesetzt. Zum einen ist die speditionsrechtliche Norm des **§ 466** (Abs. 1 und 2) zu beachten, die § 463 ausdrücklich nennt; zum anderen könnte auf Grund des Verweises in § 463 auch die speziell auf Verjährungsabreden zugeschnittene Norm des **§ 439 Abs. 4** zur Anwendung kommen (die seit dem SRG auf die Verjährung von Schadensersatzansprüchen wegen Verlusts oder Beschädigung des Gutes oder wegen Überschreitung der Lieferfrist beschränkt ist). Die **gänzliche Indisponibilität** zu Lasten versendender **Verbraucher** ergibt sich allerdings nur aus § 466 Abs. 4; privaten Absendern kommt außer bei Beförderung von Umzugsgut (§ 451h)[36] keine vergleichbare Vorschrift zugute. Hinsichtlich versendender Verbraucher ist somit § 466 Abs. 4 lex specialis[37]. Versendet hingegen ein **Unternehmer,** spielt es keine Rolle, ob man eine Norm für vorrangig ansieht, da § 439 Abs. 4 für Verjährungsabreden ebenso wie § 466 Abs. 1 **Aushandeln im Einzelnen** verlangt.

Die genannten Normen lassen ganz bewusst auch **Erschwerungen der Verjährung**　**23** zu; im Anwendungsbereich des § 466 Abs. 4 allerdings bloß für die Ansprüche des Verbrauchers. Die zwingende Grenze für solche Vereinbarungen wird von § 202 Abs. 2 BGB gezogen (Verjährungsfrist maximal 30 Jahre). Fristverlängerungen gestattete bereits § 414 Abs. 1 Satz 2 aF. Die Dispositionsfreiheit wurde nunmehr auch auf andere Bereiche, zB den Fristbeginn, ausgeweitet.[38] Vom Gesetzesrecht abweichende Vereinbarungen über den Fristbeginn sind nur dann unzulässig, wenn sie zu einer Verjährung führen (könnten), die erst später als nach 30 Jahren, gerechnet vom gesetzlichen Fristbeginn, abläuft.[39]

Einige Einzelheiten zu § 466 wurden bereits bei der **Obhutshaftung** des § 461 Abs. 1　**24** (dort Rn. 35 ff.) erläutert.

### VI. Verjährung und Aufrechnung

§ 414 Abs. 3 aF enthielt für die von § 414 aF erfassten Ersatzansprüche des Versenders　**25** Sondervorschriften über deren **Aufrechenbarkeit nach Eintritt der Verjährung.** Diese Regeln führten gegenüber § 390 Satz 2 aF BGB (heute: § 215 BGB) zu einer Einschränkung der Aufrechnungsmöglichkeit. Das geltende Recht weist keine vergleichbare Vorschrift auf. Grund dafür ist wohl die massive Ausweitung der Sonderverjährung. Daher kann mit allen gemäß den §§ 463, 439 verjährten Ansprüchen unter den Voraussetzungen des § 215 BGB[40] aufgerechnet werden: Der Anspruch muss bloß im Zeitpunkt erstmaliger Aufrechnungsmöglichkeit noch unverjährt gewesen sein.

---

[36]　(Nur) Soweit es um von Abs. 1 dieser Vorschrift erfasste Ersatzansprüche geht, sind die für diese geltenden Verjährungsregeln des § 439 zugunsten des Verbrauchers zwingend.

[37]　Ebenso nunmehr *Koller* Rn. 31.

[38]　RegE BT-Drucks. 13/8445 S. 79.

[39]　Siehe nur MüKoBGB/*Grothe* § 202 Rn. 10.

[40]　Zu grundsätzlichen rechtspolitischen Bedenken gegen diese Vorschrift (bzw. deren Vorläuferbestimmung § 390 Satz 2 BGB) etwa *Bydlinski,* Die Aufrechnung mit verjährten Forderungen: Wirklich kein Änderungsbedarf? AcP 196 (1996), 276, 293 ff.

26    **Nr. 19 ADSp** schränkt die Aufrechnungsrechte der Vertragspartner generell auf fällige
      Gegenforderungen ein, „denen ein Einwand nicht entgegensteht". Ob darunter nunmehr
      auch im Zeitpunkt der Aufrechnungserklärung bereits verjährte Forderungen fallen,
      erscheint fraglich. ME spricht mehr dafür, in dieser Klausel – die auch schon vor dem
      TRG ähnlich formuliert war[41] – kein rechtsgeschäftliches Abweichen von § 215 BGB zu
      sehen.

## VII. Die Verjährung von Ersatzansprüchen Dritter

27    Erleiden andere Personen als der Versender – namentlich der vom Versender verschie-
      dene Eigentümer des Guts – durch Speditionsfehler Schäden und stehen ihnen gegen den
      Spediteur außervertragliche Ansprüche zu (§ 461 Rn. 29), ist jedenfalls bei Güterschäden
      auf Grund des in § 461 Abs. 1 enthaltenen Verweises § 434 Abs. 2 zu beachten, wonach
      unter dort näher bestimmten Voraussetzungen (§ 434 Rn. 20 ff.) den geschädigten Dritten
      vertragliche und gesetzliche Haftungsbeschränkungen belasten; etwa dann, wenn der vom
      Versender verschiedene Guteigentümer der Versendung zugestimmt hat.[42] Zu den „Haf-
      tungsbeschränkungen" gehört auch die kurze Verjährungsfrist der §§ 463, 439 (§ 434
      Rn. 15). Ansonsten (Details in § 434 Abs. 2 Nr. 2 und 3) sind (etwa über § 823 Abs. 1
      BGB begründete) Ersatzansprüche Dritter von der Fristverkürzung nicht betroffen.

## VIII. Beweislastfragen

28    Konnte der Gläubiger – Spediteur oder Versender – beweisen, dass ein bestimmter
      Anspruch entstanden ist, trägt der Schuldner die **Beweislast** für jene Umstände, aus denen
      sich die Verjährung ergibt; unter anderem also auch in Hinblick auf den Verjährungsbeginn.
      Gelingt ihm der Beweis, trifft die Beweislast für Hemmung oder Neubeginn hingegen
      wieder den Gläubiger.[43]

## IX. Rechtsfolgen des Fristablaufs

29    **1. Grundsätze.** Der Ablauf der Verjährungsfrist lässt den Anspruch nicht gänzlich
      wegfallen, sondern führt nach **§ 214 BGB** nur zum Entstehen einer **Einrede** des Schuld-
      ners gegen den Zahlungsanspruch: Er ist berechtigt, die Leistung zu verweigern (§ 214
      Abs. 1 BGB; zur Aufrechnung nach Verjährung Rn. 25 f.); **nach Verjährung Geleiste-
      tes** kann jedoch nicht wieder zurückverlangt werden (§ 214 Abs. 2 BGB). Ohne Berufung
      auf erfolgte Verjährung im Prozess wird der Schuldner bei Nachweis der eingeklagten
      Forderung durch den Gläubiger verurteilt. Weitere Verjährungsfolgen regeln die §§ 215 ff.
      BGB.

30    **2. Verzicht auf die Verjährungseinrede.** Vor der Reform des BGB-Verjährungs-
      rechts wurde der **Verzicht** auf eine Berufung auf Verjährung im Prozess nur dann als
      wirksam angesehen, wenn sie nach Fristablauf erfolgte;[44] vorher jedoch nicht.[45] Demgegen-
      über sind Verjährungsvereinbarungen heutzutage nur mehr ausnahmsweise unwirksam
      (s. § 202 BGB). Daher wird man auch vor Fristablauf getroffene Verzichtserklärungen
      akzeptieren können, soweit es dadurch nicht zu einer 30 Jahre übersteigenden Frist kommt
      (vgl. die Grenze des § 202 Abs. 2 BGB).[46] Bei der Annahme **stillschweigender Verzichts-
      erklärungen** ist besondere Vorsicht geboten. So wurde ein Verjährungsverzicht schon in

---

[41] Ausführlich dazu in der 1. Aufl. § 32 ADSp Rn. 16 ff.
[42] Ähnliche Differenzierungen wurden bereits zur Rechtslage vor dem TRG vertreten (s. in der 1. Aufl.
§ 414 Rn. 40 ff. mwN).
[43] Allgemein Palandt/*Ellenberger* BGB Vor § 194 Rn. 24 mwN.
[44] Nachw. dazu etwa bei MüKoBGB/*Grothe* § 202 Rn. 13 Fn. 55. – Zur Abgrenzung zwischen Verzicht
und bloßem Fallenlassen des Verteidigungsvorbringens BGH 29.11.1956, BGHZ 22, 268.
[45] BGH 6.12.1990, NJW 1991, 974, 975.
[46] MüKoBGB/*Grothe* § 202 Rn. 11, 13, § 214 Rn. 5 u. a.

der Anerkennung des Schadens – nicht der Ersatzpflicht! – durch den Spediteur gesehen,[47] was überaus fraglich erscheint.

**3. Einwand der Arglist.** Ausnahmsweise soll dem Gläubiger gegenüber der Verjährungs- **31** einrede über § 242 BGB der **Arglisteinwand** zustehen; so wenn der Schuldner durch sein Verhalten den Gläubiger von der rechtzeitigen Verfolgung seiner Ansprüche abgehalten hat.[48] Der Gläubiger muss also mit gutem Grund (= berechtigterweise) darauf vertraut haben, dass der Schuldner die Einrede nicht erheben werde.[49] Ohne Verzicht auf die Verjährungseinrede und unter Berücksichtigung des § 203 BGB, der für die Dauer von Vergleichsverhandlungen eine Hemmung vorsieht, werden solche Fälle allerdings extrem selten sein.

Der Gegeneinwand der Arglist fällt wieder weg, wenn der Gläubiger nach Wegfall **32** des Vertrauenstatbestandes seinen Anspruch nicht innerhalb angemessener Frist gerichtlich verfolgt; die Rechtsprechung hält in der Regel eine Monatsfrist für angemessen.[50]

## § 464 Pfandrecht des Spediteurs

[1]Der Spediteur hat für alle Forderungen aus dem Speditionsvertrag ein Pfandrecht an dem ihm zur Versendung übergebenen Gut des Versenders oder eines Dritten, der der Versendung des Gutes zugestimmt hat. [2]An dem Gut des Versenders hat der Spediteur auch ein Pfandrecht für alle unbestrittenen Forderungen aus anderen mit dem Versender abgeschlossenen Speditions-, Fracht-, Seefracht- und Lagerverträgen. [3]§ 440 Absatz 1 Satz 3 und Absatz 2 bis 4 ist entsprechend anzuwenden.

**Zum Norminhalt: Satz 1** legt fest, **an welchen Gütern** dem Spediteur für seine Forderungen aus dem Speditionsvertrag ein **(gesetzliches) Pfandrecht** zusteht. **Satz 2** erstreckt das Pfandrecht an Gütern des Versenders auf Forderungen des Spediteurs gegen den Versender **aus anderen zwischen ihnen bestehenden Verträgen. Satz 3** verweist für Einzelheiten auf die frachtrechtliche Regel des § 440.

**Schrifttum:** *Altmeppen,* Zur Rechtsnatur der handelsrechtlichen Pfandrechte, ZHR 157 (1993), 541; *Bechtloff,* Der Schuldnerschutz bei Verwertung unpfändbarer Sachen aufgrund vertraglicher und gesetzlicher Sicherungsrechte, ZIP 1996, 994; *ders., Gesetzliche Verwertungsrechte (2003); Büchner/Ketterl,* Das Pfandrecht des Spediteurs nach dem Handelsgesetzbuch (HGB) und den allgemeinen deutschen Spediteurbedingungen (ADSp), TranspR 1991, 125; *Senckpiehl,* Pfandrecht und Zurückbehaltungsrecht im Güterverkehr, 2. Aufl. 1952. Siehe ferner bei § 441.

**Übersicht**

| | Rn. | | Rn. |
|---|---|---|---|
| **I. Überblick** | 1 | a) Das Prinzip | 5 |
| **II. Das Pfandrecht** | 2–14 | b) Pfandrechte an fremdem Gut | 6, 7 |
| 1. Gegenstand des Pfandrechts | 2 | 4. Erlöschen des Pfandrechts | 8–11 |
| 2. Gesicherte Forderungen | 3, 4 | 5. Pfandverwertung und Pfandrechtsrang | 12–14 |
| 3. Entstehen des Pfandrechts | 5–7 | **III. Das Zurückbehaltungsrecht** | 15, 16 |

### I. Überblick

Auch die Regelung des **gesetzlichen Spediteurpfandrechts** folgt dem frachtrechtli- **1** chen Vorbild **(§ 440);** für Details ist daher auf die Kommentierung von § 440 zu verweisen. Die mit dem TRG in Kraft getretene Neufassung orientierte sich weitgehend am früheren HGB-Frachtrecht (§ 440 aF). Im Zuge des SRG wurden § 440 und § 464 weiter präzisiert, wobei hier vor allem die ausdrückliche Differenzierung zwischen dem Versender und einem

---

[47] OLG Düsseldorf 19.1.1995, TranspR 1995, 310 f.
[48] BGH 3.2.1953, BGHZ 9, 1, 5; vgl. ferner BGH 10.5.1984, TranspR 1984, 283, 286 *(Helm).*
[49] BGH 8.12.1992, NJW-RR 1993, 1059, 1061 befürwortet hierbei einen strengen Maßstab.
[50] BGH 6.12.1990, NJW 1991, 974, 975.

Dritten gehörendem Gut Erwähnung verdient.[1] Die **ADSp** regeln Pfand- und Zurückbehaltungsrechte des Spediteurs insbes. in **Nr. 20.**

## II. Das Pfandrecht

**2**    **1. Gegenstand des Pfandrechts.** Hinsichtlich des **Gegenstandes** des Spediteurpfandrechts hat sich mit dem TRG ein wenig geändert: Vom Pfandrecht erfasst ist wie auch vorher das **Speditionsgut** (dazu § 440 Rn. 26). § 464 iVm. § 440 Abs. 1 Satz 2 erstreckt die pfandrechtliche Sicherung nunmehr jedoch ausdrücklich auf die **Begleitpapiere,** da sie mit dem Gut eine wirtschaftliche Einheit bilden[2] (näher dazu § 440 Rn. 27). Ohne weiteres gilt das jedoch nur für **Speditionsgut** des Versenders; also für zur Versendung bestimmte Sachen, die **im Eigentum des Versenders** stehen. Zum (möglichen) Erwerb eines Pfandrechts an Sachen Dritter siehe Rn. 6 f.

**3**    **2. Gesicherte Forderungen.** Die **pfandrechtliche Sicherung** des Spediteurs wurde durch das TRG gegenüber der früheren Rechtslage **erweitert;** das SRG hat vor allem zusätzliche Präzisierungen mit sich gebracht. Gesichert können nunmehr nicht nur alle Forderungen aus dem konkreten Speditionsvertrag **(konnexe Ansprüche)** sein, sondern auch Ansprüche aus anderen mit dem Versender abgeschlossenen Speditions-, Fracht-, Seefracht- und Lagerverträgen.[3] Diese **inkonnexen** Forderungen müssen allerdings **unbestritten** sein. Vom Versender bestrittene Ansprüche aus anderen Verträgen sind also nicht gesichert. Die Beweislast für fehlendes Bestreiten trägt der Spediteur.[4] Zur Bedeutung des Begriffs „unbestritten" § 440 Rn. 14.

**4**    **Nr. 20.2 ADSp** verwendet ebenfalls den Begriff „unbestritten". Diese Klausel dehnt das Pfandrecht zugunsten inkonnexer Ansprüche aus anderen mit dem Auftraggeber geschlossenen Verkehrsverträgen auf bestrittene Forderungen aus, wenn die Vermögenslage des Schuldners die Forderung des Spediteurs **gefährdet.** Dogmatisch präziser gesagt soll mit Hilfe der Klausel auch für diese Fälle ein (vertragliches) Pfandrecht begründet werden. Zugleich wird formuliert, dass das Pfandrecht nur unter den genannten Umständen ausgeübt werden darf, was die Frage aufwirft, ob es bei Fehlen dieser Umstände überhaupt nicht besteht oder ob nur seine Ausübung verboten ist. Schon weil sich die Vermögensverhältnisse ändern können, spricht mehr für die wortlautnahe Auslegung iS eines **Ausübungsverbots** (näher dazu 1. Aufl. § 50 ADSp Rn. 37 ff.).

**5**    **3. Entstehen des Pfandrechts. a) Das Prinzip.** Die Entstehung des (gesetzlichen) Pfandrechts setzt einen wirksamen Speditionsvertrag und den Besitzerwerb am Gut mit Willen des Versenders voraus,[5] nicht hingegen eine entsprechende rechtsgeschäftliche Verpfändungsabrede. Keine weiteren Fragen stellen sich dann, wenn das Gut dem Versender selbst gehört. Näheres dazu bei § 440 Rn. 20, 23 ff.

**6**    **b) Pfandrechte an fremdem Gut.** Wird einem Spediteur hingegen **versenderfremdes Gut** zur Versendung übergeben, lässt § 464 Satz 1 idF des SRG dann das gesetzliche **Spediteurpfandrecht für konnexe** Ansprüche entstehen, wenn der dritte **Eigentümer der Versendung seines Gutes zugestimmt** hat. Von einer solchen **Zustimmung** ist im speditionsrechtlichen Zusammenhang dann auszugehen, wenn der Versender vom Eigentümer das Recht erhalten hat, über das betreffende (fremde) Gut im eigenen Namen einen Speditionsvertrag abzuschließen.[6] Das Entstehen eines Pfandrechts am Speditionsgut

---

[1] Dies erfolgte mit dem erklärten Zweck, Rechtsunsicherheiten zu beseitigen: RegE BT-Drucks. 17/10309 S. 60 (zu § 464), genauer 56 f. (zu § 441 HGB-Entwurf, jetzt § 440).

[2] RegE BT-Drucks. 13/8445 S. 81.

[3] Zur praktischen Bedeutung dieser Erweiterung etwa *Bräuer* TranspR 2006, 197, 198.

[4] Vgl. die Begründung des Rechtsausschusses BT-Drucks. 13/10014 S. 49 (der RegE sah noch eine Beschränkung auf anerkannte oder rechtskräftig festgestellte Forderungen vor).

[5] Zur Anfechtbarkeit des Pfandrechtserwerbs in der Insolvenz des Absenders/Versenders s. BGH 21.4.2005, TranspR 2005, 309 und dazu § 440 Rn. 31 f.

[6] So bereits früher OLG Stuttgart 5.5.1978, WM 1978, 1330, 1332; Fremuth/Thume/*Thume* § 464 Rn. 8 iVm. § 441 Rn. 12; Heymann/*Horn* § 366 Rn. 29 f.; *Koller* § 440 Rn. 7 f.

ist ja nur die automatische rechtliche Folge von Vertragsabschluss und Übergabe des Gutes. Ob sich der Eigentümer dieser Konsequenzen bewusst war, ist irrelevant; von der Interessenlage her besteht kein Unterschied zu dem Fall, in dem der Eigentümer selbst als Versender auftritt. Trotz Einverständnis des Eigentümers mit der Versendung sichert das Pfandrecht jedoch **nicht (inkonnexe) Ansprüche des Spediteurs aus anderen Verträgen** mit diesem Versender, da der Eigentümer mit diesen Schulden des Versenders nicht das Geringste zu tun hat.[7]

Hat der Eigentümer der Versendung seines Gutes nicht zugestimmt, kommt allenfalls **7** über den durch das SRG neu gefassten **§ 366 Abs. 3** ein **Gutglaubenserwerb** des gesetzlichen Pfandrechts in Betracht, sofern das Gut dem Eigentümer nicht iS des § 935 Abs. 1 BGB abhanden gekommen ist. Dabei können Pfandrechte für **konnexe** Forderungen bereits **im guten Glauben an die Verfügungsbefugnis,** also an eine entsprechende Zustimmung des Eigentümers zur Versendung (s. Rn. 6), erworben werden, während die Erstreckung auch auf **inkonnexe** Forderungen immer den **guten Glauben an das Eigentum des Versenders** voraussetzt (§ 366 Abs. 2 Satz 2). Das ist ausgesprochen konsequent, da ja der bloße gute Glaube an eine nicht vorhandene Verfügungsbefugnis (Zustimmung zur Versendung) keinesfalls stärker wirken kann als die tatsächlich gegebene Zustimmung, die eben gerade kein Pfandrecht auch für inkonnexe Forderungen zur Folge hat (vgl. auch § 440 Rn. 24 f.).

**4. Erlöschen des Pfandrechts.** Die Formulierung, das Pfandrecht bestehe, solange **8** der Spediteur bzw. Frachtführer das **Gut in seinem Besitz** hat (§ 440 Abs. 2), entspricht weitgehend dem früheren Recht. Auch in der Begründung zum Regierungsentwurf des TRG ist von der Ausgestaltung als **„Besitzpfandrecht"** die Rede.[8] Gedacht wird jedoch offensichtlich nach wie vor nur an die bewusste, regelmäßig vertraglich vorgesehene Weitergabe des Gutes durch den Frachtführer bzw. den Spediteur, vor allem an den Empfänger (zur Weitergabe in der Beförderungskette Rn. 9 f.); nicht hingegen an Fälle, in denen sich **Dritte eigenmächtig** in den Besitz des Speditionsgutes setzen. Daher gilt auch für das neue Recht, dass mit der einschränkenden Formulierung des Gesetzes eine Beschränkung der dinglichen Pfandrechtswirkungen nicht beabsichtigt ist: Das Pfandrecht bleibt in derartigen Konstellationen daher aufrecht;[9] und der Spediteur hat als Pfandgläubiger das Recht, vom unberechtigten Besitzer nach § 1227 BGB Herausgabe zu verlangen (näher § 440 Rn. 34 f., ausführlich zum Problem in der 1. Aufl. § 410 Rn. 95 ff., insbes. 103 ff.).

Nach allgemeinen Grundsätzen verliert ein Spediteur seine Sicherungsrechte (hier vor **9** allem: die Pfandrechte nach § 464 sowie nach Nr. 20 ADSp), wenn er freiwillig den Besitz am Gut aufgibt (§ 440 Rn. 33). Das würde dazu führen, dass ausschließlich der Letzte in der Kette von Frachtführern und Spediteuren mit seinen Ansprüchen gesichert wäre.[10] § 465 Abs. 1 iVm. § 441 Abs. 1 Satz 2 ordnet daher ausdrücklich an, dass auch die (Pfand-)Rechte der Vormänner aufrecht bleiben. Gibt der Spediteur das Gut an einen weiteren Transportunternehmer weiter, so **bleibt** sein **Pfandrecht** – wie bisher – solange **aufrecht,** wie das Pfandrecht des in der Kette letzten Unternehmers besteht (zur Rangfrage kurz Rn. 14; Details zu all dem bei § 441 Rn. 3, 7).

Der letzte (unmittelbare) Besitzer vermittelt damit auch den Vormännern den Besitz.[11] **10** Fraglich ist bloß, ob sich das **Besitzmittlungsverhältnis** bereits aus § 465 ergibt[12] oder

---

[7] Vgl. BT-Drucks. 17/10309 S. 56 f. (zu § 441 HGB-E, jetzt § 440). IdS bereits zuvor (zum Frachtführerpfandrecht) BGH 10.6.2010, TranspR 2010, 303 = NJW-RR 2010, 1546; dazu *Schmidt* TranspR 2011, 56.

[8] BT-Drucks. 13/8445 S. 80.

[9] Heute wohl hA: *Altmeppen* ZHR 157 (1993) 541 ff.; *Bechtloff,* Gesetzliche Verwertungsrechte, S. 63 ff. mwN; Baumbach/Hopt/*Merkt* § 441 Rn. 7 u. a.; undifferenziert für Erlöschen infolge Besitzverlusts etwa EBJS/*Rinkler* Rn. 8 (anders hingegen EBJS/*Schaffert* § 441 Rn. 15) und wohl auch Fremuth/Thume/*Thume* Rn. 4; im Ergebnis wie hier offenbar Fremuth/Thume/*Fremuth* § 441 Rn. 43 (dessen Aufzählung der Erlöschensgründe den unfreiwilligen Besitzverlust nicht enthält).

[10] Als Beispiel für eine längere Kette vgl. nur den der E des OLG Braunschweig 1.3.1951, VRS 3, 232 zugrunde liegenden Sachverhalt.

[11] Vgl. *Koller* Rn. 1 iVm. § 440 Rn. 19.

[12] So *Helm* § 410 Rn. 2.

ob es – wie sonst – einer entsprechenden Vereinbarung bedarf. ME berücksichtigt die Bestimmung von sich aus die typische Interessenlage, weshalb eine zusätzliche rechtsgeschäftliche Einigung nicht notwendig ist.

11      Für einen kleinen Teilbereich ist das **Besitzerfordernis** nach frachtrechtlichem Vorbild sogar **bei Ablieferung an den Empfänger** ausdrücklich zur Gänze **durchbrochen:** Trotz Ablieferung des Gutes besteht das Pfandrecht dann weiter, wenn es der Spediteur innerhalb von drei Tagen gerichtlich geltend macht und sich das Gut noch im Besitz des Empfängers befindet (idS für das Frachtrecht § 440 Abs. 3).

12      **5. Pfandverwertung und Pfandrechtsrang.** § 440 Abs. 4 enthält Sondervorschriften über die **Androhung des Pfandverkaufs** (vgl. § 1234 Abs. 1 BGB) und über die in der Verwertungsphase vorgesehenen **Benachrichtigungspflichten des Pfandgläubigers** (vgl. die §§ 1237, 1241 BGB). Aus der Anordnung des § 464 Satz 2, diese Vorschriften entsprechend anzuwenden, folgt: Die erfassten Erklärungen sind primär gegenüber dem **Empfänger** abzugeben;[13] nur wenn der Empfänger nicht zu ermitteln ist oder wenn dieser die Annahme des Gutes verweigert, sind die Mitteilungen an den **Versender** zu richten.

13      Einzelheiten zur Verwertung finden sich in Nr. **20.3 bis 20.5 ADSp.** Die Formulierung in Nr. 20.3 „in allen Fällen" bedeutet wohl, dass die Klausel auch den Anwendungsbereich des § 368 erfasst, die Wartefrist insoweit also auf das Doppelte der gesetzlichen Frist **verlängert** – nicht verkürzt – wird.

14      Bei gleichzeitigem Bestehen mehrerer gesetzlicher, durch Versendung oder Beförderung begründeter Pfandrechte geht gemäß **§ 442 Abs. 1** dasjenige im **Rang** vor, das **später** entstanden ist (dazu und zu weiteren Anordnungen des § 442 siehe dort; so etwa zum Verhältnis dieser Rechte zu Lagerhalterpfandrechten bzw. zu Pfandrechten für Vorschüsse dort Rn. 3 f.).

### III. Das Zurückbehaltungsrecht

15      Eine gesetzliche Sonderregelung für **Zurückbehaltungsrechte** existiert nach wie vor weder im Fracht- noch im Speditionsrecht. Vielmehr wurde auf die Regelung des Verhältnisses gesetzlicher Spediteur- und Frachtführerpfandrechte zu vertraglichen Pfandrechten und zu Zurückbehaltungsrechten bewusst verzichtet.[14] Derartige Zurückbehaltungsbefugnisse richten sich daher weiterhin nur nach § 369 HGB bzw. nach § 273 BGB (dazu § 440 Rn. 27, 38 und in der 1. Aufl. § 410 Rn. 121 ff.). Unter den dort vorgesehenen Voraussetzungen bestehen sie neben dem Pfandrecht nach § 464.

16      **Nr. 20 ADSp** regelt Pfand- und Zurückbehaltungsrechte des Spediteurs weitgehend parallel. Zur Zurückbehaltung (auch) durch den Auftraggeber siehe **Nr. 19 ADSp,** der sie – wie die Aufrechnung – gegenüber Ansprüchen aus dem Verkehrsvertrag und damit zusammenhängenden außervertraglichen Ansprüchen nur auf Grund solcher fälliger Gegenansprüche zulässt, denen ein Einwand nicht entgegensteht.

### § 465 Nachfolgender Spediteur

**(1) Wirkt an einer Beförderung neben dem Frachtführer auch ein Spediteur mit und hat dieser die Ablieferung zu bewirken, so ist auf den Spediteur § 441 Absatz 1 entsprechend anzuwenden.**

**(2) Wird ein vorhergehender Frachtführer oder Spediteur von einem nachfolgenden Spediteur befriedigt, so gehen Forderung und Pfandrecht des ersteren auf den letzteren über.**

---

[13] Der RegE (BT-Drucks. 13/8445 S. 115) begründet dies mit dem „wirtschaftlichen Eigentum" des Empfängers, von dem die Auslösung des Gutes am ehesten zu erwarten sei.
[14] RegE BT-Drucks. 13/8445 S. 80.

**Zum Norminhalt: Abs. 1** verweist für Beförderungen, an denen Spediteur und Frachtführer beteiligt sind, auf § 441 Abs. 1. Damit hat auch der **abliefernde Spediteur** bei der
Ablieferung auch die **Rechte der** in der Beförderungskette **früheren Transportunternehmer auszuüben. Abs. 2** knüpft an die **Befriedigung** vorangehender Unternehmer einen
(gesetzlichen) **Übergang der betreffenden Rechte.**

**Schrifttum:** *Ramming,* Die Einziehungspflicht des letzten Frachtführers, Verfrachters bzw. Spediteurs
(Unternehmers), TranspR 2006, 235. Siehe ferner bei § 442.

## I. Allgemeines

Auch die Regel des § 465 ist Ausdruck des vom Gesetzgeber angestrebten weitestgehen-   **1**
den Gleichklangs zwischen Fracht- und Speditionsrecht. Zum Teil lehnt sich § 465 an **§ 441**
an; zum Teil wird auf diese Vorschrift verwiesen. Im alten Speditionsrecht (vor dem TRG)
fand sich eine vergleichbare Regel bloß hinsichtlich der Rechtsstellung eines – vom Hauptspediteur eingeschalteten – Zwischenspediteurs (§ 411 aF; zum Begriff siehe § 453
Rn. 96 ff.).

Schon von den Tatbeständen her bestehen keine großen Unterschiede. Der verwiesene   **2**
§ 441 Abs. 1 erfasst die ausschließliche Mitwirkung von Frachtführern; Abs. 3 leg. cit. greift
(nur) dann ein, wenn ein Spediteur an der Beförderung beteiligt war, die Ablieferung
des Gutes beim Empfänger aber durch einen Frachtführer erfolgte. Mangels sachlicher
Rechtfertigung einer Differenzierung schließt § 465 die verbleibende **Lücke**[1] und sieht für
die **Ablieferung durch einen Spediteur** dieselben Rechtsfolgen vor.[2]

## II. Die Pflichten des abliefernden Spediteurs (Abs. 1)

**1. Berechtigte Vormänner des Spediteurs.** Nach § 465 Abs. 1 iVm. § 441 Abs. 1   **3**
Satz 1 trifft den **abliefernden Spediteur** unter bestimmten Voraussetzungen (dazu Rn. 5)
die **Pflicht,** alle **Forderungen** ihm in der Beförderungskette **vorangehender Transportunternehmer einzuziehen** sowie **deren Pfandrechte auszuüben.** Dass es um die Geltendmachung sowohl von Frachtführerrechten als auch von Rechten etwaiger vorangehender anderer Spediteure geht, folgt aus der bloß „entsprechenden" Anwendung des § 441
Abs. 1. Zu diesen Forderungsrechten gehören namentlich jene auf Vergütung sowie auf
Aufwendungsersatz, uU aber etwa auch Schadensersatzansprüche (näher § 441 Rn. 5, 6 f.).

Im Gegensatz zu anderen Bestimmungen, in denen von „Frachtführer oder Verfrachter"   **4**
die Rede ist (vgl. die §§ 456, 458, 459, 460), erwähnen die §§ 465, 441 den **Verfrachter**
nicht. Dennoch sind dessen Rechte nicht anders zu beachten. Dies zeigt bereits die Entstehung der Vorschrift über den Rang der Pfandrechte (§ 442), in die der Verfrachter ganz
bewusst mit dem Hinweis einbezogen wurde, diese Gleichstellung habe sich schon bisher
durch Auslegung ergeben.[3] Da der Verfrachter in vielen Vorschriften ausdrücklich genannt
ist, in den §§ 465 und 441 jedoch nicht, kann ein derartiges Ergebnis nur im Wege der
**Analogie** gewonnen werden.[4] Die Entwurfsbegründung zum TRG macht deutlich, dass
ein Umkehrschluss keinesfalls zulässig ist: Die Nichtnennung des Verfrachters in den hier
behandelten Vorschriften war offenbar ein Versehen. Überdies müsste man wohl zumindest
auch an die analoge Einbeziehung vorangehender **Lagerhalter** denken (vgl. wiederum
§ 442).

**2. Die Einziehungspflicht im Einzelnen.** Die **Einzugspflicht** – genauer: die Pflicht   **5**
zum **Versuch** der Einziehung[5] – **als Rechtsfolge** versteht sich nach dem gesetzlichen

---

[1] AA Fremuth/Thume/*Thume* Rn. 1, der zu Unrecht behauptet, dass § 442 Abs. 3 (nunmehr § 441 Abs. 3)
auch alle Fälle einer Spediteurbeteiligung erfasse und der Norm daher bloße Klarstellungsfunktion beimisst.
[2] Für den – am Ende einer Transportkette – selbst eingetretenen Spediteur (§ 458) gilt § 441 wohl unmittelbar. AA offenbar *Ramming* TranspR 2006, 235, 236.
[3] RegE BT-Drucks. 13/8445 S. 82.
[4] Zustimmend Heymann/*Joachim* Rn. 2.
[5] Vgl. *Ramming* TranspR 2006, 235, 239.

**Tatbestand** des § 441 Abs. 1 S. 1 HS 1 nahezu von selbst. Sie greift nämlich nur dann ein, wenn der abliefernde Unternehmer (nach § 441 ein Frachtführer, hier ein Spediteur) verpflichtet ist, bei Ablieferung die Forderung der vorangehenden Frachtführer (oder Spediteure; vgl. § 441 Abs. 3) einzuziehen. Damit liegt das entscheidende Gewicht auf dieser Vorfrage: Wann besteht eine entsprechende Einzugspflicht des für die Ablieferung vorgesehenen Transportunternehmers? Der Wortlaut legt nahe, dafür eine entsprechende vertragliche Abrede zu verlangen. Unter Beachtung des Regierungsentwurfs zum TRG[6] sowie des gesetzlichen Vorläufers des § 441 nF (§ 442 aF) spricht aber auch vieles dafür, der – dann sprachlich verunglückten – Norm des § 441 Abs. 1 selbst entsprechende (dispositivrechtliche) Einzugspflichten zu entnehmen.[7] Näher zu dieser Diskussion bei § 441 Rn. 4.

**6**   Die **Geltendmachung** der Rechte vorangehender Transportunternehmer[8] durch den Spediteur erfolgt nach hA **im eigenen Namen** (vgl. § 441 Rn. 4). Eine Begründung dafür ist allerdings nicht ohne weiteres zu sehen, da es sich ja nach wie vor um subjektive Rechte des Vormanns handelt, ein Rechtsübergang auf den abliefernden Spediteur also gerade nicht stattgefunden hat. Konstruktiv müsste bei dieser Sicht eine (gesetzliche) Einziehungsermächtigung angenommen werden. Bei fremden Rechten, die im fremden Interesse auszuüben sind, liegt aber mE mangels klarer Gesetzesanordnung Handeln in fremdem Namen näher. Dann wäre die dafür notwendige Vollmacht wohl den §§ 441 und 465 selbst zu entnehmen; sie wäre eine gesetzliche. Verlangte man hingegen von vornherein eine vertragliche Verpflichtungsübernahme (vgl. Rn. 5), könnte man von einer zumindest konkludent erteilten Vollmacht (bzw. Einziehungsermächtigung) ausgehen.

**7**   Zur **Reichweite der Einzugspflicht** und zur Existenz von **Nachfrage- bzw. Nachforschungspflichten** des Abliefernden gegenüber seinen Vormännern sowie zu den Folgen von Pflichtverletzungen § 441 Rn. 4; zum **Aufrechtbleiben der Pfandrechte vorangehender Unternehmer** nach § 465 Abs. 1 iVm. § 441 Abs. 1 Satz 1 und Abs. 3 bereits bei § 464 Rn. 9.

**8**   Die betreffenden Normen erfassen ausschließlich **Einzugsversuche gegenüber dem Empfänger** (§ 441 Rn. 4; zur Frage, wann der Empfänger zur Leistung verpflichtet ist, § 421 Rn. 37 ff.). Gerichtliches Vorgehen schuldet der abliefernde Transportunternehmer mangels entsprechender Vereinbarung nicht.[9] Ist der **Einzugsversuch erfolglos,** darf das Gut in der Regel nicht abgeliefert werden. Vielmehr besteht nunmehr eine **Pflicht** zur Ausübung der den vorangehenden Transportunternehmern zustehenden Zurückbehaltungs- und Pfandrechte, also insbes. **zur Pfandverwertung** (vgl. § 441 Rn. 6; zu den schadensersatzrechtlichen Konsequenzen der Verletzung all dieser Pflichten siehe dort Rn. 5).

### III. Die Rechtsfolgen der Befriedigung eines „Vormanns" (Abs. 2)

**9**   Wie schon nach altem Recht führt die Befriedigung der Ansprüche eines Vormanns zu einem **gesetzlichen Forderungsübergang** auf den zahlenden Spediteur (**§ 465 Abs. 2,** der inhaltlich § 441 Abs. 2 entspricht; zu Details daher dort Rn. 8). Abs. 2 spricht bloß von vorhergehenden Frachtführern oder Spediteuren, doch gilt auch hier Gleiches für einen Verfrachter-Vormann und wohl auch für in den Versendungs- und Transportvorgang eingeschaltete Lagerhalter (vgl. Rn. 4). Mit der Forderung gehen im Einklang mit allgemeinen

---

[6] BT-Drucks. 13/8445 S. 81.
[7] In diesem Sinn etwa *Ramming* TranspR 2006, 235, 236, 238 mwN. Der Einzug von Vormänner-Ansprüchen wird wegen des nunmehr auch (inkonnexe) Forderungen aus früheren Geschäften erfassenden Pfandrechts als heutzutage weniger bedeutsam angesehen; vielmehr werde üblicherweise nicht schon bei Ablieferung, sondern erst später – nach Rechnungserstellung – gezahlt: Andresen/Valder/*Andresen* § 442 Rn. 4.
[8] Selbstverständlich kommt dabei keine Kumulation in Betracht, die damit etwa über das Gesamtentgelt für Fracht- und Speditionsleistungen hinausführte. Insbesondere dürfen Ansprüche von Haupt- und Unterfrachtführer bzw. von Haupt- und Unterspediteur nicht zusammengerechnet werden: vgl. *Koller* TranspR 2009, 451, 453 f.
[9] *Ramming* TranspR 2006, 235, 239.

Regeln auch für sie bestehende **Sicherungsrechte** über (§ 412 iVm. § 401 Abs. 1 BGB). Dass die genannten HGB-Bestimmungen nur das Pfandrecht erwähnen, erklärt sich aus dem Sachzusammenhang, insbes. der Nähe zu § 464 (bzw. § 440). Eine Einschränkung von § 401 BGB ist damit jedoch nicht verbunden. Daher kommt es etwa auch hinsichtlich anderer (akzessorischer) Sicherheiten zum gesetzlichen Rechtsübergang.[10]

Den abliefernden Spediteur trifft allenfalls die Pflicht zum Einzug von Vormännerforde- **10** rungen (s. Rn. 5, 8); hingegen besteht mangels besonderer Abrede an sich **keine Pflicht zur Befriedigung eines Vormanns**. Bloß dann, wenn er für diesen Beträge eingezogen hat (zB die Fracht), muss er sie an den Berechtigten weitergeben (vgl. § 667 BGB).

## § 466 Abweichende Vereinbarungen über die Haftung

**(1) Soweit der Speditionsvertrag nicht die Versendung von Briefen oder briefähnlichen Sendungen zum Gegenstand hat, kann von den Haftungsvorschriften in § 455 Absatz 2 und 3, § 461 Absatz 1 sowie in den §§ 462 und 463 nur durch Vereinbarung abgewichen werden, die im Einzelnen ausgehandelt wird, auch wenn sie für eine Mehrzahl von gleichartigen Verträgen zwischen denselben Vertragsparteien getroffen wird.**

**(2) [1]Abweichend von Absatz 1 kann die vom Spediteur zu leistende Entschädigung wegen Verlust oder Beschädigung des Gutes auch durch vorformulierte Vertragsbedingungen auf einen anderen als den in § 431 Absatz 1 und 2 vorgesehenen Betrag begrenzt werden, wenn dieser Betrag**
**1. zwischen 2 und 40 Rechnungseinheiten liegt und der Verwender der vorformulierten Vertragsbedingungen seinen Vertragspartner in geeigneter Weise darauf hinweist, dass diese einen anderen als den gesetzlich vorgesehenen Betrag vorsehen, oder**
**2. für den Verwender der vorformulierten Vertragsbedingungen ungünstiger ist als der in § 431 Absatz 1 und 2 vorgesehene Betrag.**
**[2]Ferner kann durch vorformulierte Vertragsbedingungen die vom Versender nach § 455 Absatz 2 oder 3 zu leistende Entschädigung der Höhe nach beschränkt werden.**

**(3) Von § 458 Satz 2, § 459 Satz 1 und § 460 Absatz 2 Satz 1 kann nur insoweit durch vertragliche Vereinbarung abgewichen werden, als die darin in Bezug genommenen Vorschriften abweichende Vereinbarungen zulassen.**

**(4) Ist der Versender ein Verbraucher, so kann in keinem Fall zu seinem Nachteil von den in Absatz 1 genannten Vorschriften abgewichen werden, es sei denn, der Speditionsvertrag hat die Beförderung von Briefen oder briefähnlichen Sendungen zum Gegenstand.**

**(5) Unterliegt der Speditionsvertrag ausländischem Recht, so sind die Absätze 1 bis 4 gleichwohl anzuwenden, wenn nach dem Vertrag sowohl der Ort der Übernahme als auch der Ort der Ablieferung des Gutes im Inland liegen.**

**Zum Norminhalt:** § 466 regelt die Zulässigkeit von **Vereinbarungen, die vom Speditionsrecht des HGB abweichen. Abs. 1** stellt in Bezug auf die **Haftung** den Grundsatz auf, dass **nur im Einzelnen ausgehandelte Abweichungen wirksam** sind. Gemäß **Abs. 2** ist hinsichtlich der Haftungshöhe jedoch auch eine inhaltlich näher determinierte Änderung in AGB wirksam. Versendet ein **Unternehmer**, lässt **Abs. 2 Satz 1** vorformulierte Regelungen der **Spediteurhaftung** innerhalb eines bestimmten **Korridors** zu. Die gesetzliche **Versenderhaftung** kann nach **Abs. 2 Satz 2** generell mittels vorformulierter

---

[10] Schlegelberger/*Schröder* § 411 Rn. 4; vgl. ferner etwa Fremuth/Thume/*Thume* § 442 Rn. 22 (Rechtsübergang „einschließlich aller Pfand- und Zurückbehaltungsrechte").

Klauseln umfänglich **reduziert** werden. **Abs. 3** lässt Abweichungen von jenen Vorschriften, die Frachtrecht zur Anwendung bringen, nur insoweit zu, wie die im Einzelnen **anzuwendende Frachtrechtsordnung Abweichungen gestattet. Abs. 4** erklärt **Abweichungen** von den (Haftungs-)Bestimmungen der §§ 455 Abs. 2 und 3, 461 Abs. 1, 462, 463 **zu Lasten von privaten Versendern (= Verbrauchern) für gänzlich unzulässig.** Nach **Abs. 5** sind all diese **Beschränkungen der Vertragsfreiheit** unter bestimmten Umständen (Übernahme- und Ablieferungsort im Inland) auch bei grundsätzlicher **Anwendbarkeit ausländischen Rechts zu beachten.**

**Schrifttum:** *Basedow,* Die Tragweite des zwingenden Rechts im neuen deutschen Gütertransportrecht, TranspR 1998, 58; *Pfeiffer,* Das Aushandeln im Transportrecht (2004); *Ramming,* Die Erfordernisse der § 449 Abs. 1 und 2 HGB etc. und ihre Einordnung als formelle bzw. materielle Wirksamkeitsvoraussetzungen, TranspR 2009, 200 (zur Spedition 202 f.); *Staudinger,* Das Transportrechtsreformgesetz und seine Bedeutung für das Internationale Privatrecht, IPRax 2001, 183. Siehe ferner bei § 449.

### Übersicht

|  | Rn. |  | Rn. |
|---|---|---|---|
| I. Allgemeines | 1–5 | IV. Gesetzliche Verweisungen auf Frachtrecht (Abs. 4) | 11, 12 |
| II. Versendung durch Unternehmer (Abs. 1 und 2) | 6–8 | V. Die Rechtslage bei Geltung ausländischen Rechts (Abs. 5) | 13–15 |
| III. Versendung durch Verbraucher (Abs. 4) | 9, 10 | VI. Abdingbarkeit | 16 |

## I. Allgemeines

1   § 466 **schränkt die Vertragsfreiheit** (in Form der Inhaltsfreiheit) über die allgemeinen Grenzen (insbes. §§ 134, 138, 307 ff. BGB) hinaus **ein.** Damit soll nicht allein dem Schutz der Vertragsbeteiligten gedient werden. Vielmehr geht es auch um den Gleichlauf mit dem Frachtrecht, die Verhinderung fortgesetzter Rechtszersplitterung[1] sowie die Überschaubarkeit bestimmter Grundhaftungsbedingungen und die Möglichkeit, diese Schranken auf ausländische Beförderer anzuwenden, die nach der Freigabe der Kabotage in Deutschland tätig werden.[2]

2   Eingeschränkt wird durch § 466 **vor allem** die vertragliche Modifikation der **Spediteurhaftung,**[3] weshalb Wesentliches schon bei § 461 (Rn. 35 ff.) behandelt wurde. Von § 466 Abs. 1 erfasst sind aber etwa auch Schadensersatz- und Aufwendungsersatzansprüche des Spediteurs gegen den Versender gemäß § 455 Abs. 2. Die Norm enthält in ihrer Aufzählung schließlich auch die Verjährungsregel des § 463, die an sich für alle Ansprüche aus dem Speditionsvertrag gilt (zum weiten Anwendungsbereich des § 463 dort Rn. 2). Zwar sind sachliche Gründe für eine einschränkende Auslegung des Verweises auf die Verjährung nur von Schadensersatzansprüchen nicht recht zu sehen, weshalb in der Voraufl. (vor der Seehandelsrechtsreform) an dieser Stelle für ein den damaligen Formulierungen entsprechendes weites Verständnis plädiert wurde. Nunmehr sprechen jedoch sowohl die textlichen Ergänzungen („über die Haftung" in der Überschrift und „von den Haftungsvorschriften" in § 466 Abs. 1) als auch die Gesetzesbegründung[4] für eine engere Auslegung. Wie die Einbeziehung des § 455 (Abs. 2 und 3) zeigt, ist der Begriff der **„Haftungsvorschrift"** allerdings nicht im streng schadensersatzrechtlichen Sinn zu verstehen; vielmehr ist auch der (verschuldensunabhängige) Aufwendungs- und Schadensersatzanspruch nach Abs. 2 leg cit erfasst.

3   Die inhaltlichen Dispositionsschranken des § 466 kommen hingegen (sogar) im Bereich der Spediteurhaftung und auch bei Verbraucher-Versendern dann nicht zur Anwendung, wenn die Besorgung der **Versendung von Briefen oder briefähnlichen Sendungen**

---

[1] RegE BT-Drucks. 13/8445, S. 115.
[2] *Herber* TranspR 1997, 45, 46.
[3] Vgl. RegE BT-Drucks. 13/8445, S. 115 („namentlich im Haftungsrecht").
[4] Klarstellung, „dass sich die Vorschrift nur mit Vereinbarungen befasst, die eine Abweichung von den gesetzlichen Haftungsvorschriften zum Gegenstand hat" (richtig: haben): RegE BT-Drucks. 17/10309 S. 61.

geschuldet ist (§ 466 Abs. 1 sowie Abs. 4 aE); zur ratio dieser **Ausnahme** siehe § 449 Rn. 47. Insoweit sind die Gesetzesvorschriften somit dispositiv;[5] Individualabreden in diesem Bereich sind inhaltlich daher nur an den §§ 134 und 138 BGB zu messen, AGB-Klauseln an den §§ 307 ff. BGB. Gleiches gilt für alle in § 466 nicht erwähnten Vorschriften des HGB-Speditionsrechts.

§ 466 wurde weitestgehend **§ 449 nachgebildet** (zu vielen Details daher dort). Die 4 gewollte Parallelschaltung scheint aber erst im Zuge der Reform des Seehandelsrechts gelungen zu sein.[6]

So wurde erst im Jahre 2013 im Zuge des SRG in § 466 Abs. 1 auch der bisher nicht 5 erwähnte **§ 455** (dazu vgl. hier Rn. 2) aufgenommen, der bei der großen Transportrechtsreform im Jahre 1998 vermutlich schlicht vergessen (dazu und zu den daraus resultierenden Problemen siehe in der Voraufl. § 455 Rn. 23 ff.) und nunmehr ohne weitere Erläuterungen ergänzt wurde.

## II. Versendung durch Unternehmer (Abs. 1 und 2)

Durch das SRG wurde § 466 – ebenso wie § 449 – auch strukturell verändert; daher 6 wird nunmehr auch hier zunächst auf den Regelfall,[7] also die Versendung durch einen Unternehmer, eingegangen.

Inhaltlich ist § 466 Abs. 1 bewusst offen formuliert. Abgesehen von Vereinbarungen in 7 Verträgen, die die Versendung von Briefen oder briefähnlichen Sendungen zum Gegenstand haben (zu diesen Begriffen § 449 Rn. 47 ff.), erfasst er **alle denkbaren haftungsrelevanten Abweichungen** von den §§ 455 Abs. 2 (und 3), 461 Abs. 1, 462 oder 463; also nicht nur Vereinbarungen zu Gunsten des Spediteurs, sondern auch Abreden, die dessen Position im Vergleich zum Gesetzesrecht verschlechtern (dazu schon § 461 Rn. 35 f.).

Wirksam sind in diesem Bereich grundsätzlich bloß Abweichungen vom Gesetzesrecht 8 durch **im Einzelnen ausgehandelte Vereinbarungen;** und sei es auch für eine Mehrzahl gleichartiger, zwischen denselben Parteien abgeschlossener Verträge (**Abs. 1;** näher zu diesen Voraussetzungen § 449 Rn. 14 ff.). Abschlusserleichternde Ausnahmen durch vorformulierte Vertragsbedingungen, nämlich eine **„Korridorlösung",** sieht **Abs. 2** (nur) **hinsichtlich des Umfangs der Spediteurhaftung wegen Verlusts oder Beschädigung des Gutes** vor; ebenso erleichtert ist die **Vereinbarung einer** gegenüber dem Gesetz (§ 431 Abs. 1 und 2) **ungünstigeren Rechtsposition des Verwenders** sowie seit der Seehandelsrechtsreform 2013 (in Parallele zu § 449 Abs. 2 Satz 2) die **Beschränkung der** nach § 455 Abs. 2 eingreifenden **Versenderhaftung (Satz 2 leg cit).** Details zu den formellen und inhaltlichen Voraussetzungen der „Korridorlösung" bereits in § 461 Rn. 39 sowie in § 449 Rn. 18 ff.

## III. Versendung durch Verbraucher (Abs. 4)

Versendet ein **Verbraucher,** so kommt grundsätzlich **keinerlei haftungsrechtliche** 9 **Verschlechterung** seiner Position im Vergleich zum gesetzlich Vorgesehenen in Betracht; auch nicht durch Individualvereinbarung (zur Ausnahme für Briefsendungen bereits Rn. 3). **Abs. 4** formuliert in diesem Sinn, dass von den in Abs. 1 genannten Vorschriften (also den §§ 455 Abs. 2 und 3, § 461 Abs. 1, 462 und 463) zum Nachteil des Verbrauchers nicht abgewichen werden kann. Damit werden die Gesetzesregeln **halbzwingend** gestellt: Vertragliche Abweichungen zu Lasten des Verbrauchers sind also ohne weiteres unwirksam. Erfasst ist allerdings nur (mehr) der „Haftungsbereich" (dazu schon Rn. 2); nicht also etwa Klauseln, die den Spediteur hinsichtlich seiner Ansprüche auf Vergütung und Aufwendungs-

---

[5] RegE BT-Drucks. 13/8445 S. 85 f. (zu § 449).

[6] Im Zuge der Transportrechtsreform 1998 wurde der schließlich beschlossene Inhalt der Norm – nicht zuletzt durch Ergänzung gesonderter Verbraucherschutzregelungen – erst durch den Rechtsausschuss fixiert. Beachte daher auch BT-Drucks. 13/10014.

[7] Vgl. RegE BT-Drucks. 17/10309 S. 61.

ersatz (außerhalb des § 455) im Vergleich zu den §§ 463, 439 verjährungsrechtlich begünstigen.

10    Konflikte von ADSp-Klauseln mit diesen Vorgaben drohen schon deshalb nicht, weil die **ADSp** nur im Verkehr mit Unternehmern zur Anwendung kommen (Nr. 2.4).

## IV. Gesetzliche Verweisungen auf Frachtrecht (Abs. 4)

11    Bei Selbsteintritt sowie bei Fixkosten- und Sammelladungsspedition wird der Spediteur hinsichtlich der Beförderung nach Frachtrecht behandelt. Könnte von den entsprechenden Rechtsfolgenanordnungen der §§ 458 bis 460 – die § 466 Abs. 4 im Einzelnen aufzählt – ohne weiteres abgewichen werden, wäre nicht nur der Zweck der Verweisung durchkreuzt; auf diese Weise könnte womöglich im Bereich der speditionellen Sonderformen auch zwingendes Frachtrecht aufgeweicht werden. Das verhindert § 466 **Abs. 4.** Die Norm stellt sicher, dass derartige **gesetzliche Verweisungen auf zwingendes** (bzw. nur beschränkt dispositives) **Frachtrecht** nicht durch gegenteilige Abreden unterlaufen werden (vgl. schon § 452d Rn. 1 ff. und § 458 Rn. 48 ff.), also auch insoweit ein vollständiger Gleichlauf zwischen Speditions- und Frachtrecht besteht.[8]

12    Führt der gesetzliche Rechtsfolgenverweis etwa zur **CMR,** so kommt wegen deren umfassend (= beiderseitig) zwingenden Charakters (siehe Art. 41 CMR Rn. 1 ff.) eine rechtsgeschäftliche Abweichung überhaupt nicht in Betracht. Ist allerdings **HGB-Frachtrecht** anzuwenden, greifen die Dispositionsschranken des § 449 ein (§ 461 Rn. 40).

## V. Die Rechtslage bei Geltung ausländischen Rechts (Abs. 5)

13    Die in den Abs. 1 bis 4 angeordneten Grenzen der Privatautonomie gelten nach **Abs. 5** auch dann, wenn der Speditionsvertrag an sich **ausländischem Recht** unterliegt, tatsächlich aber eine **rein innerdeutsche Versendungsbesorgung** vorliegt. Ausländisches Recht könnte deshalb Anwendung finden, weil die anwendbaren Normen des IPR (dazu § 453 Rn. 200 ff.) darauf verweisen[9] oder weil die Parteien eine entsprechende Vereinbarung getroffen haben.[10] Die Anordnung des § 466 Abs. 5 ist eine **Eingriffsnorm iS des Art. 9 Rom I-VO,**[11] die ohne Rücksicht auf das auf den Vertrag (ansonsten) anwendbare Recht einen Sachverhalt zwingend regelt. Derartige Vorschriften akzeptiert Art. 9 Rom I-VO dann als vorrangig, wenn sie von einem Staat als für die Wahrung seines öffentlichen Interesses so entscheidend angesehen werden, dass sie unabhängig von dem an sich berufenen nationalen Recht Anwendung verlangen. Soweit es nicht um die von § 466 Abs. 1 bis 4 geregelten Fragen und die aus der Anwendung dieser Regeln resultierenden Rechtsfolgen geht, bleiben die einschlägigen Normen des ausländischen Rechts allerdings voll anwendbar;[12] ebenso ist die Wirksamkeit rechtsgeschäftlicher Abreden nach dieser Auslandsrechtsordnung zu bestimmen.

14    § 466 Abs. 5 entspricht in Wortlaut und ratio – ein besonders intensiver Inlandsbezug soll, auch aus Wettbewerbsgründen,[13] nicht ganz unbeachtlich bleiben – § 449 **Abs. 4** (daher dazu näher dort Rn. 50 f.). Allerdings ist zu beachten, dass die entscheidenden Kriterien – **vereinbarter Ort der Übernahme und vereinbarter Ort der Ablieferung des**

---

    [8]  RegE BT-Drucks. 13/8445 S. 116.
    [9]  Andresen/Valder/*Valder* Rn. 25 unter Verweis auf § 449 Rn. 50.
    [10]  Gelegentlich wird nur an die *Vereinbarung* des ausländischen Speditionsrechts gedacht: RegE BT-Drucks. 13/8445 S. 116 (anders noch S. 88 zu § 449 Abs. 3); EBJS/*Rinkler* Rn. 14.
    [11]  So schon zu Art. 34 EGBGB RegE BT-Drucks. 13/8445 S. 88 (zu § 449); ebenso etwa OLG Köln 18.5.2004, TranspR 2005, 263, 264; *Staudinger* IPRax 2001, 183, 184; *Koller* § 449 Rn. 77; vgl. nach dem TRG ebenso – den Meinungsstand bloß referierend – MüKoBGB/*Martiny* Art. 5 Rom I-VO Rn. 41 und 49; kritisch zur Einordnung als eingriffsrechtliche Sonderanknüpfung Reithmann/Martiny/*Mankowski* Rn. 4088, 2728.
    [12]  OLG Köln 18.5.2004, TranspR 2005, 263, 264; Reithmann/Martiny/*Mankowski* Rn. 4088; Heymann/ *Joachim* Rn. 11 u. a. AA EBJS/*Rinkler* Rn. 14, der die Norm der Kabotage zuordnet, obwohl es gerade nicht um Beförderung geht, und überdies viel zu weit gehend meint, der (gesamte) Speditionsvertrag unterliege dann deutschem Recht.
    [13]  Vgl. Reithmann/Martiny/*Mankowski* Rn. 4088; *Staudinger* IPRax 2001, 183, 184.

**Gutes liegen im Inland** – für Speditionsverträge nicht unbedingt passen bzw. zusätzliche Fragen aufwerfen. So ist einmal zu klären, ob es auf die Übernahme und Ablieferung durch den Spediteur ankommt oder ob insoweit die frachtvertraglichen Umstände (Übernahme und Ablieferung durch den einzuschaltenden Frachtführer)[14] entscheiden.[15] Speziell bei grenznahen Abwicklungen könnte diese Frage bedeutsam sein. **Beispiel:** Ein österreichischer Spediteur holt das Gut beim Versender in Kufstein ab und übergibt es in Kiefersfelden einem bayerischen Frachtführer, der es nach Hamburg transportiert und dort an den Endempfänger abliefert. Da die Regelung den Speditionsvertrag und damit nicht zuletzt die speditionelle Obhutshaftung im Auge hat, kann es nur auf **Übernahme und Ablieferung durch den Spediteur** ankommen. Die Wertungen des § 466 hängen überdies nicht davon ab, nach welcher Rechtsordnung der vom Spediteur abzuschließende Frachtvertrag zu behandeln wäre. Im Beispielsfall käme § 466 Abs. 5 daher von vornherein nicht zur Anwendung, weil der Ort der Übernahme nicht in Deutschland liegt.

Gelangt das Speditionsgut niemals in den Besitz des Spediteurs („Schreibtischspedition"; **15** vgl. § 453 Rn. 10, § 461 Rn. 3), ist § 466 Abs. 5 nach dem eben in Rn. 14 Ausgeführten von vornherein nicht erfüllt. Ausgehend vom Kernzweck des § 449 Abs. 4, in Fällen der Kabotage zu verhindern, dass sich ausländische Frachtführer für rein innerdeutsche Beförderungen dem zwingenden deutschen Frachtrecht entziehen,[16] besteht auch teleologisch kein Grund für eine (analoge) Anwendung dieser Norm, wenn der Spediteur seine Pflichten von seinem im Ausland befindlichen Schreibtisch aus erfüllt. Wird er hingegen ausschließlich oder doch überwiegend im Inland aktiv, verlangt der Schutz vor Umgehungen eine Heranziehung des Abs. 5.

## VI. Abdingbarkeit

Alle Anordnungen des § 466 sind selbstverständlich **unabdingbar.** **16**

---

[14] Dafür Fremuth/*Thume* Rn. 44, der auf die Vereinbarung der Besorgung eines rein innerdeutschen Transports abstellt.
[15] Unklar Heymann/*Joachim* Rn. 11.
[16] Zu den Gefahren der seit 1.7.1998 im Binnenmarkt geltenden Kabotagefreiheit anschaulich etwa *Staudinger* IPRax 2001, 183, 184.

# Sechster Abschnitt. Lagergeschäft

**Schrifttum:** *Abele,* Versicherungen im Logistikbereich, TranspR 2005, 383; *Andresen/Valder,* Speditions-, Fracht- und Lagerrecht (Loseblatt 2006); *Bahnsen,* AGB-Kontrolle bei den Allgemeinen Deutschen Spediteurbedingungen, TranspR 2010, 19; *Basedow,* Hundert Jahre Transportrecht: Vom Scheitern der Kodifikationsidee und ihrer Renaissance, ZHR 161 (1997), 186; *ders.,* Die Tragweite des zwingenden Rechts im neuen deutschen Gütertransportrecht, TranspR 1998, 58; Bericht der Sachverständigenkommission zur Reform des Transportrechts, herausgegeben vom BMJ, Bundesanzeiger Nr. 228a vom 5. Dezember 1996; Bundesverband Güterkraftverkehr Logistik und Entsorgung (BGL) e. V., Leitfaden zur Erstellung eines Logistikvertrages, 2006; *Brüggemann,* Auswirkungen des Transportrechtsreformgesetzes auf das Recht der Umschlagbetriebe, TranspR 2000, 53; *Bülow,* Zwei Aspekte zum neuen Handelsrecht: Unterscheidungskraft und Firmenunterscheidbarkeit – Lagerhalterpfandrecht, DB 1999, 269; *Czerwenka,* Das neue Transportrecht nach dem Regierungsentwurf eines Gesetzes zur Neuregelung des Fracht-, Speditions- und Lagerrechts; TranspR 1997, 353; *Drews,* Zum Umschlag von Waren in einem Seehafen, TranspR 2008, 18; *ders.,* Der Umschlag von Waren unter dem neuen Seehandelsrecht, TranspR 2013, 253; *Ehlers,* Die neuen DTV-Verkehrshaftungsversicherungsbedingungen für Frachtführer, Spedition und Lagerhalter 03 (DTV-VHV 03) und das grobe Organisationsverschulden im Deckungsverhältnis sowie Besonderheiten der Pflichtversicherung nach § 7a GüKG, VersR 2003, 1080; *Freise,* Der Güterumschlag im Eisenbahnverkehr, TranspR 2013, 260; *Frantzioch,* Die Vorschläge des Kommissionsentwurfs für das Lagerrecht; TranspR 1997, 129; *ders.,* Das neue Lagerrecht, TranspR 1998, *Fremuth,* Das Transportrechtsreformgesetz und sein Überleitungsrecht, TranspR 1999, 95; *Gass,* Die Bedeutung der Logistik für Speditionsunternehmen im Rahmen moderner Hersteller – Zuliefererbeziehungen, TranspR 2000, 203; *Gilke,* Probleme bei der Vertragsgestaltung aus der Sicht eines Logistikdienstleisters, TranspR 2008, 380; *Gran,* Einfluß von „Logistik-AGB" auf Konfliktvermeidung und Unternehmenswert, TranspR 2006, 91; *ders.,* Vertragsgestaltung im Logistikbereich, TranspR 2004, 1; *Harms,* Schuldrechtsreform und Transportrecht- Der Einfluss der neuen Regeln zur Verjährung auf das Transportrecht, TranspR 2001, 294; *Herber,* Der Entwurf der Sachverständigenkommission für die Reform des Transportrechts, TranspR 1997, 45; *ders.,* Die Neuregelung des deutschen Transportrechts, NJW 1998, 3297; *ders.,* Besondere Problembereiche des neuen Transportrechts: Anwendungsbereich ADSp, Einbeziehung und Multimodalvertrag, TranspR 1999, 89; *ders.,* Verjährung von Vergütungsansprüchen des Frachtführers und Spediteurs aus Altverträgen, TranspR 2000, 20; *Heuer,* Einige kritische Anmerkungen zu den ADSp 1998, TranspR 1998, 333; *ders.,* Brauchen wir Logistik-ATGB für die Spedition? TranspR 2006, 89; *ders.,* Die Haftung des Spediteurs und des Lagerhalters als „Großrisiko" iS des § 187 VVG, TranspR 2007,55; *Kirchhof,* Umschlag im Luftrecht, TranspR 2013, 265; *Koller,* Das neue Transportrecht, VersR 1996, 1441; *ders.,* ADSp 99 – Bedenken gegen Einbeziehung und Wirksamkeit nach AGBG, TranspR 2000, 1; *ders.,* Nochmals: Einbeziehung der ADSp in Transportverträge; TranspR 2001, 359; *ders.,* Die Tragweite von Vertragsabwehrklagen und der Einwand des Mitverschuldens im Gütertransportrecht, VersR 2004, 269; *ders.,* Die Leichtfertigkeit im deutschen Transportrecht, VersR 2004, 1346; *ders.,* Die Rechtsnatur des Umschlagvertrages und ihre Bedeutung für die Teilstrecke, TranspR 2008, 333; *ders.,* Verjährung im Rückgriffsverhältnis nach den §§ 439, 463, 475a HGB, TranspR 2012, 277; *Kraft,* Anwendbarkeit der Vorschriften zum Lagerrecht bei Spedition zu festen Kosten, VersR 2003, 837; *Ramming,* Probleme des § 449 Abs. 1 und 2 HGB- insbesondere Leistungsbeschreibungen, TranspR 2010, 397; *Schindler,* Neue Vertragsbedingungen für den Güterkraftverkehrs-, Speditions- und Logistikunternehmer (VBGL), TranspR 2003, 194; *Karsten Schmidt,* Sammellagerung nach § 469 HGB oder: Der HGB-Gesetzgeber als Sachenrechts-Gesetzgeber, Gedächtnisschrift Helm, 2001, S. 849; *Schriefers,* Der Logistikvertrag unter besonderer Berücksichtigung von Kennzahlen, TranspR 2009, 11; *Temme,* Rechtliche Handhabung typengemischter Verträge, TranspR 2008, 374; *Thume,* Das neue Transportrecht, BB 1998, 2117; *ders.,* Grobes Verschulden und Fortsetzung der Vertragsbeziehungen, TranspR 1999, 85; *ders.,* Transport- und Vertriebsrecht 2000, Festgabe Herber, 1999, S. 153; *ders.,* Die Rechte des Empfängers bei Vermischungsschäden in Tanks oder Silos als Folge verunreinigt angelieferter Güter, VersR 2002, 267; *ders.,* Neue Rechtsprechung zur Verjährung im Frachtrecht, TranspR 2009, 233; *Tunn,* Lagerrecht/Kontraktlogistik, 2005; *Valder,* Mehrwertdienstleistungen und ihre rechtliche Einordnung, TranspR 2008, 383; *ders.,* AGB-Kontrolle im Lagerrecht, TranspR 2010, 27; *Valder/Wieske,* Logistik AGB: Ein neues Klauselwerk, TranspR 2006, 221; *von Waldstein,* Umschlag in der Binnenschifffahrt, TranspR 2013, 269; *Wieske,* Rechtliche Probleme bei Logistikverträgen, TranspR 2002, 177; *ders.,* AGB für Logistik? VersR 2006, 336; *ders.,* Anmerkungen zur neueren Rechtsprechung zum Logistikrecht, TranspR 2008, 388; *ders.,* Haftung für Lieferfristprobleme im Fracht-, Speditions-, Lager- und Logistikrecht, TranspR 2013, 272.

Schrifttum zu §§ 416–424 aF vgl. 1. Auflage.

## Vorbemerkungen

### Übersicht

| | Rn. | | Rn. |
|---|---|---|---|
| I. Allgemeines | 1–1b | IV. Vertragliche Vereinbarungen, AGB | 18, 19 |
| II. Die gesetzliche Regelung und der Vorschlag der Sachverständigenkommission | 2–4 | V. Übergangsrecht | 20–22 |
| | | VI. Umschlagsrecht | 23–27 |
| III. Die jetzigen Bestimmungen im Einzelnen | 5–17 | VII. Gesetz zur Reform des Seehandelsrechts | 28 |

### I. Allgemeines

1      Auch wenn das Gesetz zur Neuregelung des Fracht-, Speditions- und Lagerrechts (Transportrechtsreformgesetz-TRG) vom 25. Juni 1998[1], das auch neue Bestimmungen für das Lagergeschäft geschaffen hat, jetzt schon längere Zeit zurückliegt, ist es gleichwohl angezeigt, die Vorgeschichte bis zur damaligen Gesetzesänderung weiterhin detailliert aufzuzeigen, da bis heute zu diesem Rechtsgebiet weiterhin nur wenige höchstrichterliche Entscheidungen ergangen sind und auch die Literatur nicht sehr zahlreich ist. Am Ende ist dann auf die erfolgten Änderungen durch das **Gesetz zur Reform des Seehandelsrechts** vom 20. April 2013 einzugehen.

1a      Die bisherigen §§ 416–424 sind durch §§ 467–475h ersetzt worden. Auch wenn diese Bestimmungen im Gesetzgebungsverfahren keinen Anlass zu Auseinandersetzungen gegeben hatten, so wäre doch an ihnen fast das Inkrafttreten des Transportrechtsreformgesetzes gescheitert. Der **Gesetzesentwurf der Bundesregierung**[2] sprach sich in Übereinstimmung mit dem Abschlussbericht der Sachverständigenkommission zur Reform des Transportrechtes dafür aus, es im Lagerrecht bei einer auf vermutetem Verschulden beruhenden Obhutshaftung des Lagerhalters zu belassen, wobei dann das Haftungsrecht selbst aber dispositiv ausgestaltet sein sollte. Auf Vorschlag des Rechtsausschusses des Deutschen Bundestages erfolgte aber sodann im Gesetzgebungsverfahren eine Angleichung an die Vorschriften im Fracht- und Speditionsrecht, dh. es wurde nunmehr eine verschuldensunabhängige Obhutshaftung des Lagerhalters eingeführt, die mit einer Haftungsbeschränkung versehen war, und das in grundsätzlich zwingender Ausgestaltung, Beschlussempfehlung und **Bericht des Rechtsausschusses** vom 4. März 1998, bei Einstimmigkeit im Ausschuss.[3] In dieser Fassung wurde der Entwurf einstimmig in zweiter und dritter Lesung am 5. März 1998 vom Bundestag verabschiedet. Auf Antrag des Bundeslandes Freie und Hansestadt Hamburg rief dann aber der Bundesrat den **Vermittlungsausschuss** an,[4] um hinsichtlich der Haftung des Lagerhalters für Verlust oder Beschädigung der Güter die Regelung in der Fassung des Regierungsentwurfes wieder herstellen zu lassen. In letzter Minute gelang eine Einigung im Vermittlungsausschuss. Der Vermittlungsausschuss verständigte sich auf das Begehren des Bundesrates in seiner Sitzung am 29. Mai 1998.[5] Am gleichen Tage stimmten auch Bundestag und Bundesrat der vorgesehenen Änderung der §§ 475 und 475h zu – neben einer weiteren zu § 427 –, und damit war der ursprüngliche Haftungsgrundsatz im Lagerrecht wieder hergestellt worden, und das Gesetz konnte wie geplant zum 1. Juli 1998 in Kraft treten.

1b      **Schwerpunkt von Rechtsprechung** und Literatur sind nicht die gesetzlichen Regelungen, früher §§ 416–424, jetzt §§ 467–457h. Das beruht in erster Linie darauf, dass die Vorschriften abdingbar sind und in der Praxis weitgehend durch Allgemeine Geschäftsbedingungen ersetzt werden. Demgemäß haben sich in Literatur und Rechtsprechung Streit-

---

[1]  Regierungsentwurf des TRG, BT-Drucks. 13/8445.
[2]  Regierungsentwurf des TRG, BT-Drucks. 13/8445.
[3]  BT-Drucks. 13/10014 S. 46, 53.
[4]  BR-Drucks. 200/98 (Beschluss).
[5]  Beschlussempfehlung des Vermittlungsausschusses zum TRG, BT-Drucks. 13/10873.

fragen auch weniger zu §§ 416–424 aF und jetzt §§ 467–475h ergeben, als vielmehr zu Fragen der **Wirksamkeit von Allgemeinen Geschäftsbedingungen** in bezug auf das Lagergeschäft und hier insbesondere die Problematik, ob darin vereinbarte Haftungsausschlüsse und -beschränkungen nichtig sind. Auch die Fülle der Entscheidungen des Bundesgerichtshofes zum Lagergeschäft ist vergleichsweise gering, im Verhältnis zu den anderen Bereichen des Transportrechts. Seit 1951 sind nur ca. 70 Höchstrichterliche Entscheidungen ergangen. Gleichwohl wäre es verfehlt, von einer „Tropfsteinhöhle" des Lagerrechts zu sprechen[6], sind doch mehrere grundlegende Entscheidungen des Bundesgerichtshofes zu allgemeinen Lagerbedingungen ergangen, deren Bedeutung über das Lagergeschäft hinaus geht. So die Kaltlagerentscheidung[7] und die Entscheidung zur Beweislast beim groben Organisationsverschulden.[8]

## II. Die gesetzliche Regelung und der Vorschlag der Sachverständigenkommission

Die jetzigen Bestimmungen zum Lagerrecht haben die **Vorschläge** der Sachverständi-  **2** genkommission zur Reform des Transportrechtes in diesem Bereich praktisch **unverändert** übernommen.[9] Dabei entsprechen die jetzigen Pflichten des Lagerhalters aber auch seine Rechte weitgehend dem bisher geltenden Recht. Es hat aber eine genauere Formulierung stattgefunden. Hinzukommt nunmehr, dass der Lagerhalter verpflichtet ist, den Einlagerer über Veränderungen des Gutes bereits dann zu unterrichten und um entsprechende Weisungen zu ersuchen, wenn Veränderungen am Gut zu befürchten sind; sie müssen nicht schon eingetreten sein. Aufgenommen worden sind weiter Hinweise und Unterrichtungspflichten des Lagerhalters gegenüber dem nicht kaufmännischen Einlagerer. Das Pfandrecht des Lagerhalters wird ausgedehnt. Der Lagerschein als Wertpapier bleibt erhalten.

Da Vorbildfunktion für das neu gestaltete Frachtrecht die CMR gewesen ist, finden sich  **3** entsprechende Regelungen auch im Lagergeschäft wieder.

Einzelne Bestimmungen aus der OLSchVO sind eingearbeitet worden, im Übrigen hat  **4** sich die Kommission dafür ausgesprochen, die OLSchVO aufzuheben. Dem ist der Gesetzgeber gefolgt, Art. 7 TRG.

## III. Die jetzigen Bestimmungen im Einzelnen

Das Lagergeschäft erfährt eine andere Definition. Es wird die subjektive Systematik des  **5** § 416 aF, dh. eine Begriffsbestimmung über die **Person des Lagerhalters,** aufgegeben. Stattdessen wird nunmehr der Lagervertrag selbst definiert, § 467 Abs. 1. Das entspricht  **-** dem Fracht- und dem Speditionsvertrag, § 407 Abs. 1, § 453 Abs. 1. Inhaltliche Abweichungen zu § 416 aF ergeben sich dadurch nicht. Die einzige Änderung gegenüber dem geltenden Recht ist im Begriff der Gewerbsmäßigkeit zu finden. Dieses Merkmal ist nicht ausdrücklich aufgenommen worden, ist aber § 467 Abs. 3 zu entnehmen. Dort wird in Übereinstimmung mit den Regelungen im Fracht- und Speditionsrecht, § 407 Abs. 3 Nr. 2, § 453 Abs. 3 Satz 1, die Geltung der Vorschriften über das Lagergeschäft auf solche Lagerverträge beschränkt, die im Rahmen des Betriebes eines gewerblichen Unternehmens abgeschlossen werden.

Neu gestaltet worden sind die **Pflichten des Einlagerers.** Insoweit hat ebenfalls eine  **6** Angleichung an die neuen Regelungen im Fracht- und im Speditionsrecht stattgefunden. Dabei wird zunächst nicht mehr der Begriff der Lagerkosten verwendet, sondern die vertragliche Gegenleistung des Einlagerers ist nunmehr die Vergütung, § 467 Abs. 2. Deren Fällig-

---

[6] Ein Begriff, der von *Kröger* zur Charakterisierung von einzelnen Fällen aus dem Lagerrecht verwendet worden ist: *Kröger,* Probleme der Anwendung des AGB Gesetzes auf das Lager- und Umschlagsrecht in Herber, Transportrecht und Gesetz über Allgemeine Geschäftsbedingungen, S. 205 ff., 211.

[7] BGH 19.1. 1984, BGHZ 89, 363, 367.

[8] BGH 3.11.1994, BGHZ 127, 275 = TranspR 1995, 235; vgl. hierzu *Starck* TranspR 1996, 1 ff.

[9] BAnz. Nr. 228a vom 5.12.1996.

keit richtet sich nach Vorschriften des allgemeinen Zivilrechtes. Weiter hat der Einlagerer nunmehr Pflichten gegenüber dem Lagerhalter, die in etwa denen entsprechen, die im Fracht- und Speditionsrecht neu aufgenommen worden sind, so Behandlungs-, Mitteilungs- und Auskunftspflichten, § 468. Dabei wird zwischen dem kaufmännischen und dem nicht kaufmännischen Einlagerer unterschieden, § 468 Abs. 2 und 4.

7   Für die Person des Lagerhalter ist aber darauf hinzuweisen, dass die Vorschriften der §§ 467 ff. nur Anwendung finden, wenn die Lagerung gewerblich geschieht. Ist das nicht der Fall, dh. erfolgt eine Einlagerung bei einer privaten Person, so gelten nicht die Vorschriften der §§ 467 ff., sondern die der Verwahrung gem. §§ 688 ff. BGB.

8   So wie nach dem bisherigen Recht eine **Sammellagerung** vorgesehen gewesen ist, § 419 aF, findet diese sich auch im neuen Lagerrecht wieder, § 469. Indes tritt nunmehr Miteigentum an vermischten Sachen bei einer Sammellagerung bereits vom Zeitpunkt der Einlagerung an ein und nicht erst vom Zeitpunkt der Vermischung an. Hier hat man die entsprechende Regelung aus der bis zum 30. Juni 1998 geltenden OLSchVO, § 30, übernommen.

9   Die Einlagerung der Güter bei einem Dritten muss der Einlagerer ausdrücklich gestatten.

10   Die **Dauer der Einlagerung** und die **Kündigungsrechte** beider Parteien sind den heutigen Gegebenheiten angepasst worden, § 473. Der bisherige § 422 aF ist insoweit nicht mehr als zeitgemäß angesehen worden, als nämlich der Anspruch auf Rücknahme des eingelagerten Gutes vom Lagerhalter erst nach drei Monaten verlangt werden kann. Die beiderseitigen Rechte von Lagerhalter und Einlagerer sind nunmehr gesetzlich genauer und klarer ausgestaltet worden. Beiden Parteien steht ein Recht zur ordentlichen Kündigung mit einer Frist von einem Monat zu. Es bleibt aber dabei, dass der Einlagerer das Gut, auch wenn eine Lagerzeit vereinbart worden ist, jederzeit zurückverlangen kann. Ist keine besondere Vereinbarung getroffen worden, gilt hinsichtlich der Vergütung § 699 Abs. 2 BGB. Das Lagergeld kann nur für die tatsächliche Zeit der Lagerung verlangt werden. Neu aufgenommen worden ist ein Kündigungsrecht beider Parteien aus wichtigem Grund.

11   Der **Haftungsgrundsatz** ist in diesem Bereich des Gesetzes anders geregelt als im Fracht- und Speditionsrecht. Für Güterschäden gilt keine verschuldensunabhängige Obhutshaftung, die mit einer Haftungsbeschränkung versehen ist, sondern es verbleibt bei der bisherigen Regelung, wie sie § 417 Abs. 1 aF iVm. § 390 Abs. 1 zu entnehmen gewesen ist, nämlich einer Haftung für vermutetes Verschulden, § 475.

12   Eine verschuldensunabhängige Haftung findet sich in anderem Zusammenhang. Sie trifft den Einlagerer, wenn es sich um einen kaufmännischen Einlagerer handelt, bei Verletzung bestimmter ihm obliegender Pflichten, § 468 Abs. 3. Hier ist dann wieder eine Parallele zu den entsprechenden Vorschriften im Fracht- und Speditionsrecht gegeben, § 414 Abs. 1, § 455 Abs. 2. Diese Haftung wird aber für nicht kaufmännische Einlagerer wiederum nur als Verschuldenshaftung ausgestaltet, § 468 Abs. 4.

13   Die **Verjährung** von Ansprüchen aus einer Lagerung wird vereinheitlicht und sie gilt umfassend. Die Frist beträgt ein bzw. drei Jahre, § 475a. Das Pfandrecht wird ausgeweitet, es kann auch für inkonnexe Forderungen gelten, § 475b.

14   Wie bis zum 1. Juli 1998 kennt auch das neue Recht den **Lagerschein.** Statt § 424 aF finden sich nun eingehende Vorschriften in den §§ 475c–475g. Soweit §§ 33–38 OLSchVO noch weitergehende Regelungen enthalten haben, sind diese aufgegeben worden.

15   Es verbleibt weiterhin dabei, dass die Vorschriften über das Lagergeschäft in vollem Umfang **dispositiv** sind. Werden vertraglich vom Gesetz abweichende Regelungen durch Allgemeine Geschäftsbedingungen getroffen, sind diese an den entsprechenden Vorschriften im BGB zu messen und hier insbesondere an § 307 BGB, wenn auch der Einlagerer ein Kaufmann ist.

16   Für die gesetzliche Regelung ist zu beachten, dass das neue Recht, ebenso wie das bisher geltende, nicht für eine **verkehrs-** (oder beförderungs-) **bedingte Lagerung** gilt. Darunter ist eine Lagerung im Rahmen eines Transportes zu verstehen. Die Güter werden zwischengelagert, sei es aus organisatorischen Gründen oder aber weil zB ein Umschlag auf einen

anderen Verkehrsträger oder ein anderes Verkehrsmittel erfolgen soll. Von einer verkehrsbedingten Lagerung kann indes nur gesprochen werden, wenn sie in enger Beziehung zu dem Transport selbst steht, mit der Art und Weise der Beförderung so zusammenhängt, dass die Beförderung als solche den Hauptgegenstand der Vertragspflichten bildet und die Lagerung hierzu nur als Annex erscheint.[10]

Die bisherige Rechtsprechung zur Abgrenzung der verkehrsbedingten Lagerung von der Lagerung nach den Bestimmungen über das Lagergeschäft ist damit weiterhin einschlägig. **17**

### IV. Vertragliche Vereinbarungen, AGB

Da die Bestimmungen über das Lagergeschäft weiterhin dispositiv sind, werden sich, **18** weil das Lagergeschäft vom Inhalt her nicht grundlegend neu geregelt worden ist, in erster Linie Probleme wiederum nur bei Fragen der **Wirksamkeit** von **Haftungsbeschränkungen und -ausschlüssen** hinsichtlich der Haftung des Lagerhalters durch Allgemeine Geschäftsbedingungen ergeben. Insoweit wird es sicherlich hilfreich sein, dass das Lagergeschäft nun umfassend gesetzlich definiert ist, was ein Messen von Allgemeinen Geschäftsbedingungen an § 307 BGB einfacher macht. Weiter wird bei Haftungsbeschränkungen und -ausschlüssen die Frage eines groben Organisationsverschuldens und in diesem Zusammenhang die Darlegungs- und Beweislast des Anspruchstellers und/oder des Lagerhalters eine ganz erhebliche Rolle spielen. Die Rechtsprechung des Bundesgerichtshofes zu diesem Bereich wird auch weiterhin gelten, dh. grundsätzlich liegt die Darlegungs- und Beweislast beim Anspruchsteller, der Lagerhalter ist aber nach Treu und Glauben gehalten, soweit möglich und zumutbar zu den näheren Umständen aus seinem Betriebsbereich eingehend vorzutragen.[11] Das Vorliegen von Merkmalen, die den Tatbestand der groben Fahrlässigkeit ergeben, ist eine die Haftung des Lagerhalters begründende Tatsache, die der Anspruchsteller, dh. der Einlagerer, zu beweisen hat.[12]

Es wird weiter darum gehen, ob eine Haftungsbeschränkung oder ein Haftungsausschluss **19** in Allgemeinen Geschäftsbedingungen auch bei **Vorsatz oder grober Fahrlässigkeit einfacher Erfüllungsgehilfen** möglich ist. Weiter kann fraglich sein, ob ein Lagerhalter, der das Gut bei einem Dritten einlagert (mit Einverständnis des Einlagerers), sich durch Allgemeine Geschäftsbedingungen von seiner Haftung dadurch befreien kann, dass er dem Einlagerer seine Ansprüche gegen diesen Dritten abtritt.

### V. Übergangsrecht

Das TRG ist am 1. Juli 1998 in Kraft getreten. Es enthält **keine Übergangsbestimmun- 20 gen.** Ihm kann indes für eine gewollte Rückwirkung nichts entnommen werden und der Zeitpunkt, in dem der jeweils anhängige Rechtsstreit stattfindet und entscheidungsreif wird, ist ebenso wenig wie der Schadenszeitpunkt allein ein hinreichendes intertemporales Anknüpfungsmoment.[13]

Es gilt vielmehr der in Art. 170 und Art. 232 § 1 EGBGB enthaltene allgemeine Grund- **21** satz, dass Schuldverhältnisse in Bezug auf Inhalt und Wirkung dem Recht unterstehen, dass zur Zeit der Verwirklichung ihres Entstehungstatbestandes galt, soweit kein Dauerschuldverhältnis betroffen ist.[14]

Demgemäß gilt das neue Transportrecht für alle Verträge, die ab dem 1. Juli 1998 **22** geschlossen worden sind. Bei **Dauerschuldverhältnissen** kommt es auf den jeweiligen

[10] BGH 10.3.1994, TranspR 1994, 279, 281; *Hartenstein/Reuschle/Köper* Kap. 8 Rn. 34–40.
[11] BGH 27.2.1997, TranspR 1997, 440; *Starck* TranspR 1996, 1 ff.
[12] BGH 14.12.1995, TranspR 1996, 121, 123; 28.3.1996 – I ZR 14/94, nicht veröffentlicht; OLG Köln 21.11.1997, VersR 1999, 212.
[13] BGH 16.7.1998, TranspR 1999, 19, 21 mwN = VersR 1999, 254; *Herber* TranspR 1999, 89; *Fremuth* TranspR 1999, 95; siehe auch OLG Bremen 13.5. 2004, OLGR Bremen 2004, 548; vgl. zu § 439 Abs. 4 auch AG Hamburg-Harburg 24.3.1999, TranspR 2000, 258 mit Anm. *Dißars.*
[14] BGH 16.7.1998, TranspR 1999, 19; OLG Karlsruhe 22.9.1998, VersR 1998, 1534; zur analogen Anwendung von Art. 169 Abs. 2 EGBGB siehe AG Bremen 14.4.2000, TranspR 2000, 308.

Vertrag im Einzelnen an. Ist der Einzelauftrag nach dem 1. Juli 1998 erteilt worden, kommt das neue Recht zur Anwendung.[15]

## VI. Umschlagsrecht

23    Nicht gesetzlich geregelt ist weiterhin das Umschlagsrecht. Zum **Güterumschlag** gehören all die Leistungen an Gütern, die von einem Umschlagsunternehmen zwischen zwei Transportphasen erbracht werden und dem Weitertransport derselben dienen. Dazu zählt sowohl das Ab- und Verladen, Stauen bei Stückgütern und Trimmen bei Schüttgütern, als auch das Zwischenlagern, Laschen und Garnieren der Güter.[16]

24    Der Güterumschlag ist ein Werkvertrag. Da die Güter bewegt werden, enthält der Vertrag auch frachtrechtliche Elemente, und da es sich bei dem Güterumschlag um die schadenintensivste Phase des gesamten Gütertransportes handelt, kommt einer **Haftungsregelung** besondere Bedeutung zu. Reine Umschlagbetriebe sind in der Bundesrepublik Deutschland in erster Linie die Seehafenumschlagbetriebe. Diese hatten bereits zum Übereinkommen über die Haftung der im internationalen Handelsverkehr tätigen Umschlagbetriebe geltend gemacht, dass Art und Form der Haftung für sie von entscheidender Bedeutung seien. Sie haben darauf hingewiesen, dass sie nur einen eingeschränkten Gewahrsam an den auf ihren Terminals befindlichen Gütern hätten und ihre Kunden die zum Teil nicht einmal besonders umzäunten oder befestigten Terminals jederzeit betreten könnten, um die Güter zu besichtigen, sie umzustapeln oder Proben zu ziehen. Demgemäß müsse es ihnen möglich sein, ihre Haftung weiterhin uneingeschränkt durch allgemeine Geschäftsbedingungen zu begrenzen.[17] Diese nach wie vor vorhandenen Schwierigkeiten haben dann auch bei den Beratungen der Kommission dazu geführt, dass dieses Rechtsgebiet weiterhin nicht spezialgesetzlich zu regeln sei.[18]

25    Die rechtliche Einordnung des Umschlages spielt auch bei einem multimodalen Transport eine große Rolle. Die Frage, ob der Warenumschlag in einem Seehafen-Terminal eine eigenständige Teilstrecke iS von § 452 Satz 1 darstellt, ist gesetzlich nicht geregelt.

26    Ihre Behandlung ist umstritten.[19] Der Bundesgerichtshof hat diese Frage verneint.[20] Bei einem multimodalen Transport unter Einschluss einer Seestrecke endet danach diese zumindest dann, wenn insoweit keine besonderen Umstände gegeben sind, nicht schon mit dem Löschen der Ladung, sondern erst mit der Verladung des Gutes auf das Transportmittel, mit dem es aus dem Hafen entfernt werden soll.

27    Diese Aussage hat der Bundesgerichtshof in einer weiteren Entscheidung präzisiert.[21] Vorgänge, denen das Transportgut im Anschluss an das Ausladen innerhalb des Hafengeländes unterzogen wird, sind der Seestrecke zuzuordnen. Das gilt nicht für den Vorgang des Beladens des nächsten Transportmittels. Dieser einheitliche Vorgang ist nicht mehr der Seestrecke, sondern vollständig der nachfolgenden Landstrecke zuzurechnen.

## VII. Gesetz zur Reform des Seehandelsrechts

28    Mit dem Gesetz zur Reform des Seehandelsrechts vom 20. April 2013[22] sind auch Regelungen im Vierten Buch des HGB geändert worden. Die Reform hat dem Gesetzgeber

---

[15] *Temme,* Festgabe Herber, S. 197, 206.

[16] BGH 10.6.2002, TranspR 2002, 358; *Koller* § 453 Rn. 30; *Fremuth/Thume* Vor §§ 453 ff. Rn. 34; *Herber/Harten* TranspR 1991, 401 ff.; *Drews* TranspR 2008, 18; *Koller* TranspR 2008, 333; *Hartenstein/Reuschle/Köper,* Kap. 8 Rn. 45.

[17] *Herber/Harten* TranspR 1991, 401 ff.

[18] Mit dem Umschlag von Waren hat sich im Mai 2013 das erste Hamburger Transportrechts Kolloquium befasst: Umschlag im Seeverkehr, *Drews* TranspR 2013, 253; Umschlag im Eisenbahnverkehr, *Freise* TranspR 2013, 260; Umschlag im Luftverkehr, TranspR 2013, 265; Umschlag in der Binnenschifffahrt, *von Waldstein* TranspR 2013, 269.

[19] *Thume/Fremuth* Anh. III § 452 Rn. 26 – 42; *Koller* § 452 Rn. 15; *Fremuth/Thume* § 452a Rn. 20; *Herber* TranspR 2004, 404; *ders.* TranspR 2005, 59; *Drews* TranspR 2004, 450; *Bartels* TranspR 2005, 203.

[20] BGH 3.11.2005, TranspR 2006, 35, 36.

[21] BGH 18.10.2007, TranspR 2007, 472, 474 mit Anm. *Herber* TranspR 2007, 475; vgl. auch OLG Hamburg 28.2.2008, TranspR 2008, 124.

[22] BGBl. I S. 831.

Gelegenheit gegeben, Korrekturen im allgemeinen Transportrecht vorzunehmen und diese Rechtsgebiete dem Seehandelsrecht stärker anzupassen. Dabei geht es in erster Linie um Regelungen über den Frachtbrief, den Ladeschein und den Lagerschein. Weiter wird eine Rechtsgrundlage für die Verwendung elektronischer Beförderungsdokumente eingeführt. Im Lagerrecht hat es insbesondere die nachfolgenden Änderungen gegeben:

Auch beim Lagerschein ist es nun möglich, das Dokument aus Papier durch eine elektronische Aufzeichnung zu ersetzen. Durch die Neufassungen in diesem Bereich im Übrigen sollen die Regelungen über den Lagerschein, wie auch der Ladeschein, stärker an die Regelungen zum Konnossement ausgerichtet werden. Durch klarere Formulierungen im Bereich des § 439, der über § 474a im Lagerrecht anwendbar ist, wird in den Absätzen 3 und 4 der entsprechenden Rechtsprechung Rechnung getragen.

## § 467 Lagervertrag

**(1) Durch den Lagervertrag wird der Lagerhalter verpflichtet, das Gut zu lagern und aufzubewahren.**

**(2) Der Einlagerer wird verpflichtet, die vereinbarte Vergütung zu zahlen.**

**(3) ¹Die Vorschriften dieses Abschnitts gelten nur, wenn die Lagerung und Aufbewahrung zum Betrieb eines gewerblichen Unternehmens gehören. ²Erfordert das Unternehmen nach Art oder Umfang einen in kaufmännischer Weise eingerichteten Geschäftsbetrieb nicht und ist die Firma des Unternehmens auch nicht nach § 2 in das Handelsregister eingetragen, so sind in Ansehung des Lagergeschäfts auch insoweit die Vorschriften des Ersten Abschnitts des Vierten Buches ergänzend anzuwenden; dies gilt jedoch nicht für die §§ 348 bis 350.**

### Übersicht

|  | Rn. |  | Rn. |
|---|---|---|---|
| I. Normzweck | 1–4 | VI. Abgrenzung zu anderen Vertragsarten | 31 |
| II. Die einzelnen Merkmale des Lagervertrags | 5–16 | VII. Beendigung des Lagervertrags | 32 |
| 1. Lagerung und Aufbewahrung | 5–11 | VIII. Dokumente des Lagergeschäfts | 33 |
| 2. Güter als Lagerungsobjekte | 12, 13 | IX. Ort der Lagerung | 34–38 |
| 3. Lagerhalter ist nur, wer das Lagern und das Aufbewahren von Gütern gewerbsmäßig übernimmt | 14–16 | X. Die auf den Lagervertrag anzuwendenden Vorschriften | 39–45 |
| III. Inhalt des Lagerhaltervertrags: Haupt- und Nebenpflichten, Nebentätigkeiten | 17–28 | 1. §§ 467–475h | 39 |
|  |  | 2. §§ 688–700 BGB | 40 |
| 1. Pflichten des Lagerhalters | 17–27 | 3. AGB | 41–45 |
| a) Art der Lagerung | 19–24 | a) ADSp | 42 |
| b) Kontroll- und Mitteilungspflichten | 25, 26 | b) Hamburger Lagerungsbedingungen (HLB) | 43 |
| c) Versicherung | 27 | c) Allgemeine Geschäftsbedingungen und Betriebsordnung der BLG (AGBO) | 44 |
| 2. Pflichten des Einlagerers | 28 |  |  |
| IV. Vertragsstörungen und Vertragsverletzungen | 29 | d) Allgemeine Lagerbedingungen des Deutschen Möbeltransport | 45 |
| V. Vorvertraglicher Bereich | 30 | XI. Logistikrecht | 46–50 |

### I. Normzweck

Die Definition in Abs. 1 entspricht den Regelungen im Fracht- und Speditionsgeschäft, **1** §§ 407 Abs. 1, 453 Abs. 1. Es wird die **subjektive Systematik** des § 416 aF, dh. eine Begriffsbestimmung über die Person des Lagerhalters, aufgegeben. Stattdessen wird nunmehr der **Lagervertrag selbst** definiert. Im Übrigen verbleibt es bei der bisherigen Rechtslage. Die einzige Änderung gegenüber dem bis zum 30. Juni 1998 geltenden Recht ist im

Begriff der Gewerbsmäßigkeit zu finden. Dieses Merkmal ist nicht ausdrücklich in § 467 aufgenommen worden, ergibt sich aber aus dessen Absatz 3. Dort wird in Übereinstimmung mit den Regelungen im Fracht- und Speditionsgeschäft, §§ 407 Abs. 3 Nr. 2, 453 Abs. 3 Satz 1 die Geltung der Vorschriften über das Lagergeschäft auf solche Lagerverträge beschränkt, die im Rahmen des Betriebes eines gewerblichen Unternehmens abgeschlossen werden.

2    Lagerhalter können natürliche Personen, Personenhandelsgesellschaften und Kapitalgesellschaften sein. Soweit Kommissionäre, Spediteure, Frachtführer Güter lagern, sind sie gleichfalls Lagerhalter iSv. §§ 467 ff. Das gilt indes nicht für eine verkehrsbedingte Lagerung. Sie erfolgt im Rahmen eines Transportes. Die Güter werden zwischengelagert, sei es aus organisatorischen Gründen oder aber weil zB ein Umschlag auf einen anderen Verkehrsträger oder ein anderes Verkehrsmittel erfolgen soll (der Lkw, mit dem die Güter bisher befördert worden sind, fällt durch einen Defekt aus, ein anderer Lkw muss bereit gestellt werden). Von einer verkehrsbedingten Lagerung kann nur gesprochen werden, wenn sie in enger Beziehung zu dem Transport selbst steht und mit der Art und Weise der Beförderung so zusammenhängt, dass die Beförderung als solche den Hauptgegenstand der Vertragspflichten bildet und die Lagerung hierzu nur als Annex erscheint.[1]

3    Beim Lagergeschäft handelt es sich um eine besondere Art der Verwahrung nach §§ 688 ff. BGB. Ebenso wie der Verwahrungsvertrag ist der Lagervertrag **Konsensualvertrag** und nicht Realvertrag.[2] Der Lagerhalter verpflichtet sich nämlich zur Lagerung und Aufbewahrung, ohne dass das Gesetz an die Entstehung dieser Pflicht die Voraussetzung knüpft, dass ihm das Gut bereits übergeben worden ist. Die dispositiven Vorschriften des Lagerrechts werden durch Allgemeine Geschäftsbedingungen ergänzt bzw. verdrängt, so für das Lagergeschäft des Spediteurs durch die ADSp, für die Lagerhalter in Hamburg durch die Hamburger Lagerungsbedingungen (HLB), für den Kaiumschlag durch die Kaibetriebsordnung (KBO), in Bremen durch die Allg. Geschäftsbedingungen und Betriebsordnung der Bremer Lagerhaus-Gesellschaft (AGBO), ferner durch die Allg. Bedingungen für die Kaltlagerung und die Allg. Lagerbedingungen des Deutschen Möbeltransportes ALB und ALBK), schließlich durch den Rahmenvertrag über Lagerbedingungen (BLE/BALM-Lagervertrag), der wegen seiner formularmäßigen Verwendung ebenfalls den §§ 305 ff. BGB unterliegt.

4    Im Bereich des internationalen Transports wurde im April 1991 in Wien zum Abschluss einer diplomatischen Konferenz der Vereinten Nationen (betreut von **UNCITRAL**) das **Übereinkommen** über die Haftung der im internationalen Handelsverkehr tätigen Umschlagbetriebe verabschiedet.[3] Geregelt wird die Haftung der Unternehmer beim Güterumschlag während eines internationalen Transportes. Mit dem Begriff „**Terminal Operator**" wird auch der Lagerhalter erfasst.[4] Da u. a. Großbritannien, die Niederlande und Belgien bereits damals bei der Verabschiedung des Übereinkommens Erklärungen abgaben, die keinen Zweifel daran ließen, dass diese Staaten das Übereinkommen in seiner vorliegenden Form nicht zu ratifizieren gedenken, hat auch die Bundesrepublik Deutschland dieses Abkommen bis heute nicht ratifiziert.[5]

## II. Die einzelnen Merkmale des Lagervertrags

5    **1. Lagerung und Aufbewahrung.** Lagerhalter ist nur, wer die Lagerung und Aufbewahrung von Gütern übernimmt. Eine Lagerung und Aufbewahrung liegt mithin dann vor, wenn der Lagerhalter selbst oder ein von ihm beauftragter Dritter die Lagerung und Aufbewahrung besorgt, nicht aber, wenn der Auftraggeber seinerseits in Räumen, die er von dem Beauftragten zur Verfügung gestellt erhalten hat, die Lagerung und Aufbewahrung

[1] BGH 10.3.1994, TranspR 1994, 279 = VersR 1994, 837; BGH 6.10.1994, TranspR 1995, 106.
[2] BGH 11.7.1966, BGHZ 46, 43, 48 = NJW 1966, 1966, 1968; *Canaris* § 32 I; *Andresen/Valder* Rn. 15.
[3] *Glöckner* TranspR 1980, 120; *Herber/Harten* TranspR 1991, 401 ff.
[4] *Harten* S. 36.
[5] *Herber/Harten* TranspR 1991, 401, 410.

durchführt, also selbst lagert und aufbewahrt. Damit hat er selbst für die nötige Gefahrensicherung zu sorgen. Es liegt ein Mietvertrag vor.[6]

Die Rechte und Pflichten eines Lagerhalters erlangt ein gewerbsmäßiger Lagerhalter dem   **6**
Einlagerer gegenüber mit dem Abschluss eines **Lagerhaltervertrages.** Das Gesetz definiert in § 467 nunmehr den Lagervertrag und beschreibt nicht wie bisher die Person des Lagerhalters, so wie auch im Fracht- und Speditionsvertrag, vgl. §§ 407 Abs. 1, 453 Abs. 1. Parteien des Vertrages sind der Lagerhalter und der Einlagerer. Inhalt des Vertrages ist die gewerbsmäßige Lagerung und Aufbewahrung von Gütern. Einen Gelegenheitslagerhalter kennt das HGB nicht. Der Lagervertrag ist Konsensual- und kein Realvertrag.[7] Er kommt zustande, wenn die für einen Vertragsschluss erforderlichen übereinstimmenden Willenserklärungen gegeben sind. Für einen Realvertrag wäre erforderlich, dass das Gut dem Lagerhalter übergeben wird. Der Vertrag kann bereits zeitlich vor der Übergabe des Gutes an den Lagerhalter zustande kommen. Zwar werden die eigentlichen Pflichten des Lagerhalters erst dann ausgelöst, wenn das Gut von ihm übernommen wird. Der Lagerhalter ist aber durch einen bereits vorher geschlossenen Vertrag verpflichtet, das ihm angelieferte Gut entgegenzunehmen.

Lagerhalter ist die Bezeichnung derjenigen Person oder Gesellschaft, deren Gewerbebe-   **7**
trieb in der Lagerhaltung besteht.[8] Als Lagerhalter können natürliche Personen, Handelsgesellschaften oder juristische Personen des privaten oder öffentlichen Rechts tätig werden.

**Einlagerer** ist diejenige Person, in deren Namen die Nachfrage nach der Lagerleistung   **8**
erfolgt. Zwischen ihr und dem Lagerhalter kommt der Lagervertrag zustande.[9] Nur der Lagerhalter einerseits und der Einlagerer andererseits sind aufgrund des Lagerhaltervertrages berechtigt und verpflichtet. Dies gilt auch dann, wenn der Einlagerer nicht oder nicht mehr personengleich mit dem Eigentümer des Gutes ist[10]. Anweisungen dritter Personen darf der Lagerhalter grundsätzlich nicht nachkommen. Anders ist es bei Weisungen solcher Personen, die der Einlagerer zur Erteilung solcher Weisungen legitimiert hat oder die ihre Rechte sonst aus dem Recht des Einlagerers ableiten. Dem Einlagerer gegenüber ist der Lagerhalter verpflichtet, die Sachbefugnis solcher dritter Personen zu überprüfen.[11] Die Sachbefugnis des die Herausgabe des Gutes Verlangenden muss der Spediteur oder Lagerhalter mit pflichtgemäßer Sorgfalt prüfen. Kann er sich darüber keine Gewissheit verschaffen, darf er das Gut nicht herausgeben.[12] Diese Verpflichtung gehört ebenso wie die zu sorgfältiger Lagerung und Aufbewahrung des Gutes zu den wesentlichen Vertragspflichten des Spediteurs. Gerade auch insoweit vertraut der Auftraggeber auf die Gewissenhaftigkeit und Zuverlässigkeit seines Vertragspartners.[13] Tritt der Einlagerer ihm zustehende Rechte an einen Dritten ab, namentlich seinen Rückgabeanspruch, so gelten für diese Abtretung die Vorschriften der §§ 398 ff. BGB. Demgemäß muss der Dritte eine Leistung des Lagerhalters an den Einlagerer gegen sich gelten lassen, es sei denn, dass der Lagerhalter bei dieser Leistung die Vornahme der Abtretung kannte, § 407 BGB.

Die Verpflichtung des Spediteurs, die Sachbefugnis dritter Personen mit der **Sorgfalt**   **9**
**eines ordentlichen Lagerhalters** zu prüfen, gilt auch, wenn auf den Lagervertrag die ADSp Anwendung finden.[14] Wohl bestimmt Ziff. 3.9 ADSp '03, dass der Lagerhalter zur Prüfung der Echtheit der Unterschriften der Abtretungserklärungen, der Echtheit der Unterschriften auf Lieferscheinen und dergleichen, der Befugnis der Unterzeichner der vorgenannten Erklärungen nicht verpflichtet ist, es sei denn, dass mit dem Auftraggeber etwas anderes vereinbart worden oder der Mangel der Echtheit oder Befugnis offensichtlich

---

[6]  Heymann/*Herrmann* Rn. 5; *Andresen/Valder* Rn. 10.
[7]  BGH 11.7.1966, BGHZ 46, 43 = NJW 1966, 1966 VersR 1966, 923.
[8]  *Sellschopp* S. 4; Fremuth/Thume/*Teutsch* Rn. 4.
[9]  *Sellschopp* S. 7; Fremuth/Thume/*Teutsch* Rn. 8; OLG Köln 8.8.1994, VersR 1995, 574.
[10]  *Hartenstein/Reuschle/Köper* Kap. 8 Rn. 3.
[11]  BGH 14.4.1988, NJW-RR 1988, 1437 = VersR 1988, 823; *Rabe* EWiR 1988, 729.
[12]  BGH 7.6.1984, VersR 1984, 846; BGH 14.4.1988, VersR 1988, 823.
[13]  BGH 14.4.1988, NJW-RR 1988, 1437 = VersR 1988, 823.
[14]  BGH 3.7.1961, MDR 1961, 832; BGH 7.6.1984, VersR 1984, 846; BGH 14.4.1988, NJW-RR 1988, 1437 = VersR 1988, 823.

erkennbar ist. Bei einer Auslegung des Lagerhaltervertrages nach Treu und Glauben wird jedoch in aller Regel davon auszugehen sein, dass eine Verpflichtung des Lagerhalters zu sorgfältiger **Prüfung der Echtheit von Unterschriften** und das Bestehen der Sachbefugnis der Unterzeichner als vereinbart anzusehen ist. In jedem Fall ist aber der Lagerhalter verpflichtet, bei der Vorlage der genannten Erklärungen mit der Sorgfalt eines ordentlichen Kaufmanns vorzugehen. Auch wenn der Mangel im Sinn der genannten Bestimmung nicht offensichtlich erkennbar war, so wird doch eine Haftung des Lagerhalters zu bejahen sein, wenn es bei der gebotenen Anwendung der Sorgfalt eines ordentlichen Kaufmanns für den Lagerhalter erkennbar gewesen wäre.[15] Der Gegenstand des Lagerhaltervertrages ist nach der Formulierung in § 467 die Lagerung und die Aufbewahrung von Gütern, die dem Einlagerer oder einem Dritten gehören.

10      Dem Begriff **„zu lagern"** in § 467 Abs. 1 ist keine überragende Rolle zuzubilligen.[16] Dieser Begriff besagt lediglich, dass der Lagerhalter das Gut in dazu bestimmten und eingerichteten Räumen für eine gewisse Dauer unterzubringen hat. Unter **„aufzubewahren"** ist die Gewährung von Raum in Verbindung mit der Übernahme von Obhut hinsichtlich der beweglichen Sachen zu verstehen.[17] Diese Obhutspflicht stellt eine Hauptpflicht des Lagerhalters dar. Er muss das Gut ordnungsmäßig unterbringen, regelmäßig kontrollieren und den Einlagerer von Veränderungen des Gutes unterrichten.[18] Der Lagerhalter muss das Gut gegen Gefahren schützen.[19] Das bedeutet aber nicht, dass er verpflichtet ist, das Gut auch vorbeugend vor irgendwelchen Schädigungen zu bewahren.[20]

11      Eine Lagerung und Aufbewahrung im Sinne des § 467 liegt mithin nur dann vor, wenn der Lagerhalter fremdes Gut in einer bestimmten Weise, eben durch Lagerung und Aufbewahrung, **in seine Obhut zu nehmen hat.** Die Begriffe „zu lagern" und „aufzubewahren" sind nur dann erfüllt, wenn dem Lagerhalter eine Einflussmöglichkeit auf das Gut selbst eingeräumt wird. Während sich die Miete in der bloßen Gebrauchsüberlassung eines Raumes oder Raumteiles erschöpft, tritt bei der Verwahrung (der Lagerung) die Übernahme einer besonderen Obhutspflicht seitens des Rauminhabers hinzu.[21]

12      **2. Güter als Lagerungsobjekte.** Güter im Sinne des § 467 sind nur bewegliche Sachen. Dabei müssen diese Güter nicht im Sinne des volkswirtschaftlichen Begriffes „Gut" von Wert oder Nutzen sein. Auch Güter, die sonst nicht Gegenstand des Handelsverkehrs sind, können lagerungsfähige Güter im Sinne des § 467 sein. Der physikalische Zustand der Güter ist nicht entscheidend, es kann sich um Gas, Flüssigkeiten oder feste Stoffe handeln. Ebenso fallen unter den Begriff „Güter" Müll oder sonstiger Abfall, wenn über diesen ein Lagervertrag im Sinne des § 467 geschlossen wird. Schließlich zählen auch Tiere zum Begriff „Güter", § 90a BGB ist zu berücksichtigen. Das gilt aber für **Tiere** – gleich welcher Art – nur dann, wenn sie sich in geschlossenen Behältnissen befinden.[22] In der Denkschrift zum Entwurf eines HGB[23] wird ausdrücklich festgehalten, dass „die Einstellung lebender Tiere" nicht als Lagergeschäft anzusehen sei. Der in das BGB eingefügte § 90a, der auf dem Gedanken beruht, dass das Tier als Mitgeschöpf nicht der Sache gleichgestellt werden dürfe, hat für diese Streitfrage keine Klärung gebracht. Sicherlich werden aber auch bei der Einlagerung von Tieren in geschlossenen Behältern (Fische) oder in Käfigen (Vögel) die Bestimmungen des Tierschutzgesetzes zu beachten sein.[24] Geld und **Wertpapiere** fallen nicht

---

[15] Staub/*Koller* § 416 Rn. 47; BGH 7.6.1984, VersR 1984, 846.
[16] *Sellschopp* S. 21; *Koller* Rn. 2.
[17] LG München I 22.12.2005, TranspR 2007, 82.
[18] BGH 3.7.1951, LM § 417 Nr. 1; *Andresen/Valder* Rn. 6.
[19] Staub/*Koller* § 416 Rn. 6; *Koller* Rn. 6.
[20] BGH 3.7.1951, LM § 417 Nr. 1.
[21] Heymann/*Herrmann* Rn. 2, 3.
[22] Baumbach/*Hopt* Rn. 1; *Karsten Schmidt* § 34 I 2; *Hartenstein/Reuschle/Köper* Kap. 8 Rn. 8; aA *Koller* § 467 Rn. 2.
[23] S. 250.
[24] *Karsten Schmidt* § 34 I 2.

unter den Begriff Güter im Sinne von § 467.[25] Für Wertpapiere gilt das DepotG. Der Kaufmann, der fremde Wertpapiere verwahrt, ist Verwahrer in dem für diese Bezeichnung nach § 1 Abs. 2 DepotG technischen Sinne, also nicht Lagerhalter im Sinne des § 467. Die Vorschriften des Depotgesetzes finden aber nur für das so genannte offene Depot Anwendung. Die Wertpapiere müssen unverschlossen zur Verwahrung gegeben werden.[26]

Die Vorschriften der §§ 467 ff. kommen nur zur Anwendung, wenn die Lagerung und   13 Aufbewahrung **fremder Güter** übernommen wird, nicht, wenn das Eigentum auf den Lagerhalter übergeht.[27] Vereinbart der Hinterleger mit dem „Lagerhalter", dass dieser Eigentümer der eingelieferten Güter werden soll und wird auch die dingliche Übereignung vollzogen, so untersteht das Geschäft nicht den handelsrechtlichen Vorschriften über das Lagergeschäft. Es liegt dann eine unregelmäßige Verwahrung im Sinne von § 700 BGB vor.[28]

**3. Lagerhalter ist nur, wer das Lagern und das Aufbewahren von Gütern   14 gewerbsmäßig übernimmt.** Das Merkmal der Gewerbsmäßigkeit, das sich aus Abs. 3 ergibt, bedeutet, dass der Lagerhalter den Willen hat, durch die fortgesetzte Übernahme von Gütern und deren Aufbewahrung sich dauernde Einnahmen zu verschaffen. Lagerhalter ist nicht, wer nur gelegentlich einmal aus der Übernahme der Lagerung und Aufbewahrung von Gütern wie ein Lagerhalter Einnahmen erzielen will. Es genügt dabei die Absicht, eine fortgesetzte Tätigkeit als Lagerhalter auszuüben. Nur der Kaufmann ist Lagerhalter, dessen Handelsgewerbe auf die Lagerung und Aufbewahrung der Güter gerichtet ist, der mithin gerade die Lagerung und Aufbewahrung von Gütern gewerbsmäßig übernimmt. Deshalb ist nicht Lagerhalter und hat auch nicht die Rechte und Pflichten eines Lagerhalters, wer ein sonstiges Handelsgewerbe betreibt und in diesem Rahmen einmal die Lagerung und Aufbewahrung von Gütern übernimmt.[29] Ein solcher Kaufmann kann zwar nach § 354 HGB für die Übernahme der Lagerung und Aufbewahrung Provision verlangen, ist aber nicht Lagerhalter im Sinne des § 467. Es liegt ein Verwahrgeschäft im Sinne von § 688 BGB vor.[30] Andererseits ist es aber nicht erforderlich, dass der Betrieb von Lagerhaltergeschäften der ausschließliche Gegenstand der gewerblichen Betätigung ist. Lagerhalter ist auch, wer zwar die Lagerung und Aufbewahrung von Gütern gewerbsmäßig übernimmt, daneben aber noch andere Geschäfte gewerbsmäßig betreibt. Hauptbeispiel ist der Spediteur. Daneben ist der Frachtführer zu nennen. Auch ein staatliches Lagerhaus betreibt ein Gewerbe.[31]

Ein gewerbsmäßiges Handeln als Lagerhalter liegt aber dann nicht vor, wenn die Lage-   15 rung und Aufbewahrung von Gütern nicht in Ausübung einer gewerblichen Tätigkeit, sondern in anderem Zusammenhang übernommen wird. Dies gilt namentlich für den Fall, dass die Lagerung und Aufbewahrung von Gütern in Ausübung von hoheitlicher Funktion vorgenommen wird. Demgemäß wird der **Gerichtsvollzieher** nicht zum Lagerhalter, der von ihm gepfändete Sachen in einer von ihm unterhaltenen Pfandkammer lagert und aufbewahrt. Gibt er dagegen diese Gegenstände in die Obhut eines Lagerhalters, so kommt ein Lagergeschäft zwischen ihm und dem Lagerhalter zustande.[32]

Der Lagerhalter hat Anspruch auf Zahlung der vereinbarten Vergütung, Abs. 2, sowie   16 auf Ersatz seiner für das Gut gemachten Aufwendungen, § 474. Ist kein Lagergeld vereinbart worden, kann der Lagerhalter gleichwohl über § 354 Abs. 1 eine Vergütung verlangen.[33] Das gilt auch dann, wenn kein Lagervertrag abgeschlossen worden ist.

[25] Baumbach/*Hopt* Rn. 1; *Andresen/Valder* Rn. 13; Fremuth/Thume/*Teutsch* Rn. 7; aA *Koller* Rn. 2.
[26] Staub/*Koller* § 416 Rn. 11.
[27] *Koller* Rn. 2; Fremuth/Thume/*Teutsch* Rn. 7.
[28] Baumbach/*Hopt* Rn. 1.
[29] BGH 5.10.1951, NJW 1951, 957; Staub/*Koller* § 416 Rn. 12.
[30] *Karsten Schmidt* § 34 I 1.
[31] Staub/*Koller* § 416 Rn. 12; Fremuth/Thume/*Teutsch* Rn. 4.
[32] OLG Frankfurt 6.10.1981, DGVZ 1982, 57; OLG Brandenburg 25.2.1997, DGVZ 1997, 122; Fremuth/Thume/*Teutsch* Rn. 8; OLG Stuttgart 17.11.2009, NJW-RR 2010, 883.
[33] Fremuth/Thume/*Teutsch* Rn. 9.

### III. Inhalt des Lagerhaltervertrags: Haupt- und Nebenpflichten, Nebentätigkeiten

**17**    **1. Pflichten des Lagerhalters.** Der Lagerhalter ist verpflichtet, das ihm von dem Einlagerer übergebene Gut zu lagern und aufzubewahren. Dazu gehört, dass er das Gut sachgemäß einlagert, es dabei vor drohenden schädigenden Einflüssen sichert, vor rechtswidrigem Zugriff Dritter bewahrt, die Lagerung und Aufbewahrung gehörig überwacht, mithin alle nötigen Vorkehrungen trifft, um das ihm übergebene Gut in seinem wirtschaftlichen Bestand gesichert zu lagern und aufzubewahren, so dass es nach Beendigung des Lagergeschäfts dem Einlagerer oder dem dann Berechtigten zurückgegeben werden kann.

**18**    Der Lagervertrag ist eine besondere Form des Verwahrungsvertrages, **§§ 688 ff. BGB** finden **ergänzend** Anwendung. Dieses gilt regelmäßig nicht für die geschäftsbesorgungsrechtlichen Elemente, sondern nur dann, wenn entsprechende Aufgaben vom Lagerhalter zusätzlich zur Lagerung übernommen werden.[34] In der Praxis werden, da die einschlägigen gesetzlichen Bedingungen abdingbar sind, fast stets **Allgemeine Geschäftsbedingungen** des Lagerhalters in den Vertrag einbezogen. In erster Linie gilt das für die ADSp seitens des Spediteurs, der als Lagerhalter tätig wird. Weiter sind zu nennen die Allgemeinen Lagerbedingungen des Deutschen Möbeltransports (ALB und ALBK), die Allgemeinen Bedingungen für die Kaltlagerung sowie der Rahmenvertrag über Lagerbedingungen (BLE/BALM-Rahmenvertrag), der wegen seiner formularmäßigen Verwendung ebenfalls den §§ 305 ff. BGB unterliegt. Von regionaler Bedeutung sind die Hamburger Lagerungsbedingungen (HLB), die Kaibetriebsordnung (KBO) und die Allgemeinen Geschäftsbedingungen und Betriebsordnung der Bremer Lagerhaus-Gesellschaft (AGBO).

**19**    **a) Art der Lagerung.** Die Art der Lagerung und Aufbewahrung des Gutes richtet sich zunächst nach der zwischen dem Lagerhalter und dem Einlagerer getroffenen Abrede. Nach dieser Absprache bestimmen sich insbesondere die Örtlichkeit, an der die Lagerung und Aufbewahrung durchzuführen ist, nämlich ob das Gut in geschlossenen Räumen oder unter freien Himmel aufzubewahren ist, weiterhin ob das Gut mit anderen Gütern vermischt werden darf, vgl. § 469, ob das Gut verpackt oder unverpackt zu lagern ist, und ähnliche für die Durchführung der Lagerung und Aufbewahrung sich ergebende Fragen.

**20**    Haben die Parteien keine ausdrückliche Bestimmung über die Art der Lagerung in dem Vertrag getroffen, so ist dieser nach **Treu und Glauben** auszulegen. Sind die ADSp vereinbart, kann der Lagerhalter entsprechend Ziff. 9.2 mangels ausreichender oder ausführbarer Weisung des Einlagerers unter Wahrung von dessen Interessen nach seinem eigenen Ermessen handeln. Das bedeutet nicht, dass der Lagerhalter nun nach eigenem Gutdünken schalten und walten darf. Er muss vielmehr auf die **Interessen des Einlagerers** abstellen und darf, wenn er keine oder keine ausführbaren Weisungen des Einlagerers hat, nur so handeln, wie es den Interessen des Einlagerers entspricht. Weicht der ihm bekannte oder von ihm zu mutmaßende Wille des Einlagerers von seinen, des Lagerhalters Ansichten und Plänen ab, so muss er nach dem Willen des Einlagerers handeln. Dies gilt auch dann, wenn es sachlich zweckmäßiger wäre, nach seinen eigenen Ansichten zu verfahren. In einem solchen Fall trifft aber den Lagerhalter aus seiner Stellung als sachkundiger Interessenwahrer des Einlagerers die Rechtspflicht, den Einlagerer auf das unzweckmäßige seiner Planung und Willensrichtung hinzuweisen. Bei nicht ausreichenden Weisungen hat der Lagerhalter zunächst den Versuch zu unternehmen, vom Einlagerer ergänzende Weisungen zu erhalten. Die vom Lagerhalter mit dem Einlagerer vereinbarte Art der Lagerung und Aufbewahrung hat der Lagerhalter durchzuführen, und zwar auch dann, wenn ihm dies nachher lästig fällt. Nur ausnahmsweise darf er die vereinbarte **Art der Lagerung ändern,** und zwar wenn er den Umständen nach annehmen darf, dass der Einlagerer bei Kenntnis der Sachlage die Änderung billigen würde. Ob der Einlagerer in einem solchen Fall dann tatsächlich die vorgenommene Änderung billigt, ist unerheblich. Maßgebend ist allein die Tatsache, ob

---

[34]  *Koller* Rn. 6.

der Lagerhalter zu der Zeit, als er die Änderung vornahm, davon ausgehen konnte, dass der Einlagerer die Änderung billigen würde. Der Lagerhalter muss sich vor der von ihm beabsichtigten Änderung der Lagerungsart in die Interessenlage des Einlagerers hineinversetzen und nach dieser Interessenlage, nicht nur nach seiner eigenen, beurteilen, ob die Änderung angezeigt erscheint und ob mit der Billigung des Einlagerers zu rechnen ist. Unter Umständen ist die Änderung der Lagerungsart nicht nur Befugnis des Lagerhalters, sondern darüber hinaus dessen Pflicht. Das gilt zum Beispiel immer dann, wenn für ihn erkennbar wird, dass die bisherige Lagerungsart Gefahren für das Gut mit sich bringt, rechtzeitige Weisungen des Einlagerers aber nicht eingeholt werden können. Diese Pflicht zur Änderung der vereinbarten Art der Lagerung ergibt sich daraus, dass der Lagerhalter dafür zu sorgen hat, dass das Gut durch die Lagerung und Aufbewahrung keine Schäden erleidet.

Vor einer von ihm beabsichtigten Änderung der Art von Lagerung und Aufbewahrung **21** hat der Lagerhalter **dem Einlagerer Anzeige** zu machen und dessen Entschließung abzuwarten. Ohne die Entschließung abzuwarten, darf der Lagerhalter die Lagerungsart einseitig nur dann ändern, wenn mit dem Aufschub der Änderung Gefahr verbunden ist. Anzeige ist dem Einlagerer aber in jedem Fall zu machen.

Ändert der Lagerhalter die Art der Aufbewahrung des Gutes unbefugt, **so haftet er 22 dem Einlagerer** für allen daraus entstehenden Schaden. Dies gilt auch dann, wenn er für die eigentliche Schadensursache nicht verantwortlich ist, sofern nur ohne die unbefugte Änderung der Schaden an dem Gut nicht eingetreten wäre. So haftet der Lagerhalter zum Beispiel, wenn das Gut durch höhere Gewalt (Feuer) im Lagerhaus eines anderen Lagerhalters untergeht, wenn das Verbringen des Gutes zu diesem anderen Lagerhalter eine unbefugte Änderung der vereinbarten Lagerungsart darstellte. Der Vorsatz des Lagerhalters braucht sich in einem solchen Fall nur auf die Änderung der Art der Aufbewahrung des Gutes, nicht auch auf den dadurch eingetretenen Schaden zu beziehen. Ob der Lagerhalter Ersatz der durch die Änderung der vereinbarten Art der Lagerung entstandenen Mehrkosten verlangen kann, ist nach den Umständen des Einzelfalles zu beurteilen. Die Tatsache, dass die Änderung nach § 692 BGB gestattet ist, begründet diesen Anspruch nicht ohne Weiteres. Entscheidend muss insoweit der Grundsatz des § 693 BGB sein, so dass eine Erstattung dann verlangt werden kann, wenn die Änderung als im Interesse des Einlagerers geboten erschien. Geht der Lagerhalter unbefugt zu einer billigeren Lagerungsart über, so kann er nur die Kosten der billigeren Lagerung verlangen, wenn der Einlagerer hinterher diese Änderung genehmigt.

Bei der Art der Lagerung hat der Lagerhalter zu beachten, dass die **Lagerräume** für die **23** Einlagerung der jeweiligen Warenbestände **baulich geeignet** sind.[35] Bei der Lagerung von Lebensmitteln ist darauf zu achten, dass das Lager gegen Rattenbefall geschützt wird.[36] Textilien sind so zu lagern, dass sie nicht durch ebenfalls eingelagerte Gewürze einen Geruchsschaden erleiden.[37] Das Lager muss gegen das Eindringen von Wasser gesichert werden. Ist es hochwassergefährdet, müssen entsprechende Vorkehrungen getroffen werden.[38] Ein in Wassernähe gelegenes Lager, das über keine eigene Ventilation verfügt, ist während des Sommers mangels ausreichender Luftzirkulation zur Lagerung feuchtigkeitsempfindlicher Textilien nicht geeignet.[39] Erklärt sich der Einlagerer mit dem **Überstapeln seines Gutes** einverstanden, so kann im Normalfall nicht davon ausgegangen werden, dass er damit den Lagerhalter von der Haftung für Schäden aufgrund des Überlagerns freistellen will.[40] Die Schadensverursachung bei Überstapelungen wird nämlich wesentlich dadurch bedingt, welche Güter übereinander gestapelt werden, ob dabei Abdeckungen verwendet werden, wie lange die Überstapelung dauert und welche Fremdeinflüsse auf das überstapelte

---

[35] *Bultmann* TranspR 1995, 42.
[36] OLG Hamburg 21.1.1993, TranspR 1993, 294.
[37] OLG Hamburg 14.1.1988, TranspR 89, 188.
[38] OLG Hamburg 18.8.1983, VersR 1984, 794.
[39] OLG Hamburg 25.4.2002, TranspR 2003, 259.
[40] OLG Hamburg 5.1.1984, VersR 1984, 1036.

Gut einwirken können. Besteht dabei die Gefahr von Verunreinigungen, so ist zur Abde-ckung des zu überstapelnden Gutes hinreichend festes Material geboten. Eine Tiefgarage ist regelmäßig wegen unvermeidlicher Feuchtigkeit zur Lagerung von Umzugsmöbeln nicht geeignet.[41] Ein Lagerhalter, der sich bei Unwetterwarnungen darauf beschränkt, zum Schutz von feuchtigkeitsempfindlichen Gut (auf dem Hallenboden gelagerte Papierrollen) vor den Lagertoren Katzenstreu aufzubringen, um anfallendes Oberflächenwasser vom Eindringen in die Halle abzuhalten, verstößt gegen vertragswesentliche Pflichten.[42] Dagegen ist der Betreiber eines Kühllagers nicht verpflichtet, in Stülpkartons befindliche Wurstware auf teilweise mit Stretchfolie umwickelten Paletten auf die Richtigkeit ihrer Verpackung hin zu überprüfen.[43]

24    Zu den Schutz- und Obhutspflichten des Lagerhalters gehört insbesondere die **Siche-rung der Lagerräume gegen Diebstahl** sowie das Treffen von Vorkehrungen, die ein Eindringen von Schädlingen verhindern.[44] Welche Diebstahlsvorrichtungen im Einzelnen zu treffen sind, hängt von der örtlichen Lage des Lagers ab sowie insbes. von der Art der eingelagerten Güter. Bei diebstahlsgefährdeten Gütern (wie zB Geräte der Unterhaltungs-elektronik) sind aufwendige Sicherungsmaßnahmen zu fordern. Festzuhalten ist aber, dass es einen absoluten Schutz nicht gibt und nicht geben kann. Der Lagerhalter ist verpflichtet, im Rahmen der ihm obliegenden Sorgfaltspflicht zu prüfen, welche Maßnahmen erforder-lich und geboten sind. Dabei muss er auch tätig werden, wenn ihm Umstände nahe legen, dass ein Diebstahl von eingelagertem Gut nur durch seine Bediensteten erfolgt sein kann. In diesem Fall muss er geeignete Maßnahmen ergreifen, die einen erneuten Diebstahl durch Bedienstete mittels Nachschlüsseln ausschließen.[45] Der Einlagerer von diebstahlsgefährde-tem Gut muss sich ein Mitverschulden über § 254 BGB anrechnen lassen, wenn er weiß, dass das Lager nicht hinreichend gegen Diebstahl geschützt ist und er gleichwohl seine Güter weiterhin dort einlagert.[46]

25    **b) Kontroll- und Mitteilungspflichten.** Der Lagerhalter hat die Güter in der Reihen-folge ihres Eintreffens anzunehmen (vgl. §§ 5, 6 HLB '06), er hat die ihm übergebenen Güter auf Vollzähligkeit und Identität, sowie äußerlich erkennbare Schäden und Unver-sehrtheit von Plomben und Verschlüssen zu überprüfen (vgl. Ziff. 7.1.1 ADSp '03), äußer-lich erkennbare Schäden sind von ihm festzuhalten. Zu den Pflichten eines ordentlichen Lagerhalters gehören ordnungsmäßige Unterbringung des Lagergutes, regelmäßige Kon-trolle und Benachrichtigung des Einlagerers von Veränderungen des Gutes.[47] Diese Über-wachung hat sich aber – von besonderen Vereinbarungen in diesem Punkt abgesehen – nicht darauf zu erstrecken, das Gut vorbeugend vor irgendwelchen möglichen Schädigungen zu bewahren. Bei der Übergabe der Güter an den Lagerhalter handelt es sich um eine Schnitt-stelle im Sinne von Ziff. 7.1 ADSp. Danach bedeutet **Schnittstelle** jeder Übergang der Packstücke von einer Rechtsperson auf eine andere oder aus einer zur Obhut verpflichteten Vertragsordnung in eine andere. Zu einer ordnungsmäßigen Lagerorganisation des Lagerhal-ters/Spediteurs gehören eine **Eingangs- und Ausgangskontrolle** sowie eine Güterkon-trolle mittels Speditionsübergabescheins und sogenannten EDV-Restelisten.[48] Diese Kon-trollmaßnahmen sind Teil einer ordnungsgemäßen Lagerorganisation des Lagerhalters/ Spediteurs, deren geordnetes, überschaubares und zuverlässiges Ineinandergreifen gewähr-leistet sein muss. Dabei reicht die bloße Kumulation mehrerer Sicherungsmittel als ord-nungsgemäße Organisation nicht aus, sondern mehrere Sicherungsmittel müssen so mitei-nander verknüpft werden, dass bei Ausfall eines dieser Mittel die Sicherung durch die

---

[41]  OLG Düsseldorf 2.4.1992, TranspR 1992, 426.
[42]  OLG Köln 13.9.2005, TranspR 2006, 401.
[43]  OLG Hamm 9.10.1997, TranspR 2000, 87.
[44]  *Bultmann* TranspR 1995, 42; *Koller* EWiR 1989, 697.
[45]  OLG Hamburg 3.2.1994 = TranspR 1995, 257.
[46]  OLG Hamburg 21.1.1993, TranspR 1994, 80.
[47]  BGH 3.7.1951, LM § 417 Nr. 1.
[48]  BGH 4.5.1995, TranspR 1996, 34, 36; *Starck* TranspR 1996, 1 ff.

anderen erfolgen kann. Das fehlende Ineinandergreifen von Sicherungsmitteln, wie Ein- und Ausgangskontrolle, Speditionsübergabescheinen und EDV-Restelisten kann gegen eine ordnungsgemäße Lagerorganisation sprechen.[49] Ist zwischen dem Lagerhalter und dem Einlagerer streitig, ob bestimmte Güter vom Einlagerer zurückgenommen wurden, oder ob die Güter am Lager abhandengekommen sind, muss der Lagerhalter die Rücknahme durch den Einlagerer nachweisen.[50] Der Lagerhalter ist verpflichtet, die eingelagerten Warenbestände laufend auf Beschädigungen, wie zB Stapelungsschäden, Fäulnis- und Schwammbefall oder Schädlingsfraß zu überprüfen.[51] Weiter hat er in regelmäßigen Abständen den Bestand der eingelagerten Güter zahlenmäßig zu überprüfen und den Einlagerer bei Fehlmengen (Diebstahl?) zu unterrichten. Diese Pflichten erstrecken sich jedoch nicht darauf, das Lagergut vor irgendwelchen Schäden zu bewahren.[52] Wie häufig die Kontrolle durchzuführen ist, hängt von dem Einzelfall ab. Bei wärmeempfindlichem Gut (Hier: schokolierte Ware) ist der Lagerhalter verpflichtet, geeignete Maßnahmen für eine hinreichende Kühlung zu treffen.[53] Das OLG Hamburg hat einen Lagerhalter für verpflichtet angesehen, täglich auf Mottenflug in seinen Lagern zu achten,[54] ihm dagegen nicht die Verpflichtung auferlegt, täglich die eingelagerten Säcke auf Raupen- bzw. Larvenbefall zu untersuchen. Es genüge, dass er die Kontrolle durch Inaugenscheinnahme der Warenbestände durchführt.

Zur Kontrollpflicht des Lagerhalters gehört auch, die **Sachbefugnis** solcher Personen  **26** **nachzuprüfen,** die die Auslieferung der Güter an sich begehren. Anweisungen dritter Personen darf der Lagerhalter grundsätzlich nicht nachkommen, wohl aber Weisungen solcher Personen, die der Einlagerer zur Erteilung solcher Weisungen gehörig legitimiert hat oder die ihre Rechte sonst aus dem Recht des Einlagerers ableiten. Ein Lagerhalter kann sich schadensersatzpflichtig machen, wenn er gepfändete und anschließend vom Gläubiger eingelagerte Sachen herausgibt, ohne Rücksprache mit diesem zu nehmen.[55] Tritt der Einlagerer Rechte an einen Dritten ab, namentlich seinen Rückgabeanspruch, so gelten für diese Abtretung die Vorschriften der §§ 398 ff. BGB. Insbesondere muss der Dritte daher eine Leistung des Lagerhalters an den Einlagerer gegen sich gelten lassen, es sei denn, dass der Lagerhalter bei dieser Leistung die Vornahme der Abtretung kannte, § 407 BGB. Von der Verpflichtung, die Sachbefugnis dritter Personen mit der Sorgfalt eines ordentlichen Lagerhalters zu prüfen, ist der Lagerhalter auch dann nicht befreit, wenn die ADSp anzuwenden sind. Nach Ziff. 3.9 ADSp ist der Lagerhalter zwar zur Prüfung „der Echtheit der Unterschriften auf irgendwelchen das Gut betreffenden Mitteilungen oder sonstigen Schriftstücken oder die Befugnis der Unterzeichner zu prüfen, es sei denn, dass an der Echtheit oder der Befugnis begründete Zweifel bestehen". Bei einer Auslegung des Lagervertrages nach Treu und Glauben wird in aller Regel bereits davon auszugehen sein, dass eine Verpflichtung des Lagerhalters zu sorgfältiger Prüfung der Echtheit von Unterschriften und des Bestehens der Sachbefugnis der Unterzeichner als vereinbart anzusehen ist. Jedenfalls aber hat der Lagerhalter auch insoweit die Sorgfalt eines ordentlichen Kaufmannes anzuwenden. Die Tatsache, dass der Mangel der Echtheit oder Befugnis nicht im Sinne der ADSp offensichtlich erkennbar war, schließt nicht aus, dass sie bei der gebotenen Anwendung der Sorgfalt eines ordentlichen Kaufmannes für den Lagerhalter doch erkennbar gewesen wäre. Ist dies der Fall, haftet der Lagerhalter gleichwohl.

**c) Versicherung.** Der Lagerhalter ist verpflichtet, das Lagergut zu versichern, wenn es  **27** der Einlagerer verlangt, § 472.

**2. Pflichten des Einlagerers.** Der Einlagerer ist nach Abs. 2 verpflichtet, die verein-  **28** barte Vergütung zu zahlen. Nach den subsidiär anzuwendenden Vorschriften über die

---

[49] BGH 4.5.1995, TranspR 1996, 34, 37.
[50] OLG Karlsruhe 18.10.2006, TranspR 2007, 209.
[51] *Bultmann* TranspR 1995, 42.
[52] BGH 7.3.1951, LM § 417 Nr. 1.
[53] OLG Frankfurt a. M. 11.10.2000, TranspR 2002, 84, 87.
[54] OLG Hamburg 9.7.1992, TranspR 1992, 427, 428.
[55] BGH 9.6.1999, TranspR 1999, 355.

Verwahrung (§§ 688 ff. BGB) gilt § 699 Abs. 1 BGB, was bedeutet, dass die Vergütung bei Beendigung der Aufbewahrung zu entrichten ist, wenn die Parteien nichts anderes vereinbart haben. Weiter obliegen dem Einlagerer Mitteilungs- und Auskunftspflichten gem. § 468.

### IV. Vertragsstörungen und Vertragsverletzungen

29    Das Lagerhalterrecht regelt die Nichterfüllung bzw. nicht korrekte Erfüllung der Vertragspflichten des Lagerhalters nicht sehr eingehend. Bei Verlust oder Beschädigung des Gutes greift § 475. Daneben gelten die allgemeinen Rechtsbehelfe des BGB für Vertragsverletzung und Gefahrtragung, insbes. für Unmöglichkeit, Verzug und Schlechterfüllung.[56] Die Unmöglichkeit der Rückgabe des Lagerguts fällt nicht unter § 326 BGB, da die Verpflichtung zur Rückgabe nicht im Synallagma steht.

### V. Vorvertraglicher Bereich

30    Bereits vor Abschluss des Lagervertrages treffen den gewerbsmäßigen Lagerhalter gem. § 311 Abs. 2 BGB Pflichten in Ansehung eines bereits in diesem Zeitpunkt in seinen Besitz gekommenen Gutes. Ein Lagerhalter ist kraft seines Gewerbes ohne Rücksicht auf die vertraglichen Beziehungen verpflichtet, fremdes Eigentum, das im Rahmen des Gewerbes in seine Obhut gelangt ist, mit der Sorgfalt eines ordentlichen Kaufmannes zu behandeln.[57] Die Verletzung der ihn bereits vorvertraglich treffenden Fürsorgepflichten macht ihn, wenn in diesem Zeitpunkt bereits Verhandlungen über den Abschluss eines Lagerhaltervertrages geführt werden, vertragsrechtlich schadensersatzpflichtig, jedenfalls haftet er, wenn durch sein Verschulden das bereits von ihm als Lagerhalter übernommene oder lagernde und in fremdem Eigentum stehende Gut Schaden leidet, auch nach den Vorschriften der §§ 823 ff. BGB. Unbeschadet des § 362 HGB ist zwar der Lagerhalter nicht gehalten, ein bei ihm angekommenes Gut, zu dessen Übernahme er sich nicht verpflichtet hatte, zur Lagerung anzunehmen; nimmt er es aber zur Lagerung an, so treffen ihn von da an die Lagerhalterpflichten, deren schuldhafte Verletzung ihn schadensersatzpflichtig macht.

### VI. Abgrenzung zu anderen Vertragsarten

31    Ein **Mietvertrag** und kein Lagervertrag liegt vor, wenn dem Vertragspartner nur ein Raum zur Verfügung gestellt wird, in dem dieser die Güter lagert. Ob die Parteien die Bezeichnung Lagervertrag oder Mietvertrag gebrauchen, ist nicht entscheidend.[58] Entscheidend ist, ob der Lagerhalter/Spediteur das Gut in seinen Besitz und seine Obhut genommen oder zu nehmen hat oder dem Kunden einen (Miet-) Raum zum Gebrauch überlässt.[59] Ob der Spediteur oder Lagerhalter das Gut in eigenen oder gemieteten Lagerräumen lagert oder durch Dritte lagern lässt, ist für die Feststellung, ob ein Lagervertrag vorliegt, nicht von Bedeutung.[60] Wenn im Rahmen eines **Transportes** eine Lagerung erfolgt, so wird von einer **verkehrsbedingten Lagerung** gesprochen. Verkehrsbedingt ist eine Zwischenlagerung nur dann, wenn sie in enger Beziehung zu dem Transport selbst steht, also mit der Art und Weise der Beförderung so zusammenhängt, dass die Beförderung als solche den Hauptgegenstand der Vertragspflichten bildet und die Lagerung nur als Annex hierzu erscheint.[61] Auf diese Fälle der verkehrsbedingten Lagerung finden nicht die Vorschriften der §§ 467 ff. Anwendung, sondern die für den vereinbarten bzw. durchgeführten Transport. Bei einem Umschlag von Waren in einem Seehafen im Rahmen eines internationalen

---

[56]  *Koller* Rn. 18; *Andresen/Valder* Rn. 20.
[57]  BGH 28.4.1953, BGHZ 9, 320, 321 f. = NJW 1953, 1180, 1182; Staub/*Koller* § 416 Rn. 16.
[58]  BGH 5.10.1951 = LM § 419 Nr. 1.
[59]  *Andresen/Valder* Rn. 10.
[60]  *Krien/Glöckner* Vor § 43 ADSp 3 b.
[61]  BGH 10.3.1994, TranspR 1994, 279, 281; BGH 6.10.1994, TranspR 1995, 106, 108.

Transportes können §§ 452–452d nach der Rechtsprechung des BGH zur Anwendung kommen.[62]

## VII. Beendigung des Lagervertrags

Im Rahmen der §§ 467 ff. regelt nunmehr § 473 ausführlich die Dauer der Lagerung und   32 damit auch die Beendigung des Lagervertrages. Nach § 473 Abs. 2 kann der Lagerhalter die Rücknahme des Gutes durch den Einlagerer nach Ablauf der vereinbarten Lagerzeit verlangen; wenn eine solche nicht besteht, nach Kündigung mit einer Frist von einem Monat. Aus wichtigem Grund kann er jederzeit ohne Einhaltung einer Kündigungsfrist verlangen, dass der Einlagerer das Gut zurücknimmt, § 473 Abs. 2. Der Einlagerer kann das Gut auch bei Vereinbarung einer Lagerzeit jederzeit zurückfordern. Das folgt unmittelbar aus § 473 Abs. 1 Satz 1. In diesem Fall hat der Lagerhalter Anspruch auf einen seinen bisherigen Leistungen entsprechenden Teil der Vergütung, § 699 Abs. 2 BGB, eine gegenüber § 649 BGB abweichende Regelung. Bei Insolvenz kommt § 103 InsO zur Anwendung, wenn es sich um die Insolvenz über das Vermögen des Lagerhalters handelt.

## VIII. Dokumente des Lagergeschäfts

Es gehört zu den Aufgaben des gewerblichen Lagerhalters, über die Einlagerung von   33 Gütern Lagerpapiere auszustellen, § 475c regelt den **Lagerschein generell,** vgl. hierzu die Erläuterungen zu § 475c. Neben dem Orderlagerschein ist die Ausstellung von Inhaberlagerscheinen möglich. Auf sie finden die §§ 793 ff. BGB ergänzend Anwendung. Weiter sind Namenslagerscheine möglich mit der Wirkung, dass die Ware nur gegen den Schein an den in ihm Bezeichneten oder seinen Zessionar ausgegeben werden darf. Schließlich gibt es den sog. **Lagerempfangsschein,** der eine bloße Quittung im Sinne von § 368 BGB darstellt. Im Geschäftsverkehr gibt es auch die Bezeichnung Lagerempfangsquittung und Lageraufnahmeschein.

## IX. Ort der Lagerung

Hierfür ist zunächst die vertragliche Absprache der Parteien maßgebend. So kann sich   34 der Lagerhalter vertraglich verpflichten, das Gut an einer ganz genau bestimmten Stelle unterzubringen. Ist das nicht der Fall, kann der Lagerhalter grundsätzlich den geographischen Ort der Lagerung frei wählen, wobei er dabei aber auch die Interessen des Einlagerers zu berücksichtigen hat.[63] So kann eine Lagerung im Freien, in einer Halle, in einem Zelt und auch schwimmend – dh. in einem Schiff (Seeschiff, Binnenschiff, Schute) – erfolgen, wenn dieses sich an einem festen Liegeplatz befindet. Ein Lagerhalter, der ein Lagergebäude anmietet, ist ohne besondere Anhaltspunkte nicht gehalten, dieses hinsichtlich seiner konstruktiven Sicherheit zu untersuchen bzw. untersuchen zu lassen.[64] Der Lagerhalter muss unmittelbarer Besitzer des Gutes werden und bleiben. Einem Dritten darf er im Zweifel die Lagerung und Aufbewahrung des ihm zur Lagerung und Aufbewahrung übergebenen Gutes nicht übertragen, vgl. § 472 Abs. 2. Dieser Grundsatz des § 691 BGB gilt auch für das Lagergeschäft nach den §§ 467 ff.[65] Auch beim handelsrechtlichen Lagergeschäft ist grundsätzlich davon auszugehen, dass die Auswahl des Lagerhalters als der Person, dem das Gut anvertraut wird, dem Einlagerer allein zusteht. Dem von ihm aufgrund seines Vertrauens hinzugezogenen Lagerhalter will der Einlagerer die Verantwortung für die sachgemäße und sorgfältige Durchführung der Lagerung auferlegen; der Lagerhalter andererseits muss aufgrund des Lagervertrages auch diese Verantwortung übernehmen. Er darf deshalb nicht einseitig die Verantwortung ohne Mitwirkung des Einlagerers auf einen von ihm hinzugezo-

---

[62] BGH 3.11.2005, TranspR 2006, 35; BGH 18.10.2007, TranspR 2007, 472 mit Anm. *Herber; Drews* TranspR 2008, 18.
[63] Staub/*Koller* § 416 Rn. 32.
[64] OLG Hamburg 20.12.2001, TranspR 2003, 403.
[65] So auch Staub/*Koller* § 416 Rn. 32a mit einer Darstellung des früher geführten Meinungsstreites.

genen Dritten übertragen. Der Lagerhalter kann sich daher wohl **eines Dritten bedienen** und durch Einlagerung bei diesem sich die Erfüllung seiner eigenen Lagerpflichten erleichtern, darf diesen Dritten aber dem Einlagerer gegenüber nicht an seine Stelle als den allein für die Durchführung der Lagerung Verantwortlichen treten lassen. Für diesen Dritten haftet der Lagerhalter gem. **§ 278 BGB.** Deshalb hat der Lagerhalter grundsätzlich auch dann, wenn er das ihm zur Lagerung und Aufbewahrung übergebene Gut in fremden Räumen oder bei einem anderen Lagerhalter einlagert, dem Einlagerer gegenüber die volle Verantwortung des selbst mit der Lagerung und Aufbewahrung beauftragten Lagerhalters.[66] Lagert demgemäß der Lagerhalter das Gut unbefugt bei einem anderen Lagerhalter ein, so haftet er für allen dem Einlagerer daraus entstehenden Schaden, weil er die ihn selbst treffende Lagerpflicht nicht erfüllt hat.

**35**    Die Regel, dass der Lagerhalter nicht berechtigt ist, das Gut bei einem Dritten lagern und aufbewahren zu lassen, gilt indes nur im Zweifel. Die Befugnis zur Lagerung und Aufbewahrung bei einem Dritten kann sich zunächst aus einer Individualabrede zwischen dem Einlagerer und dem Lagerhalter ergeben oder aber aus den vereinbarten Geschäftsbedingungen, vgl. Ziff. 15 ADSp '03, § 5 HLB. Sie kann sich weiterhin aus dem Inhalt des einzelnen Lagergeschäfts selbst ergeben, etwa daraus, dass es sich um Güter handelt, die dieser Lagerhalter in seinen gegebenen Räumlichkeiten nicht lagern kann, zB Öl, Chemikalien, für die geeignete Tanks benötigt werden.

**36**    Darf der Lagerhalter die Güter auf einem fremden Lager einlagern, so kann er sich, wenn die ADSp vereinbart sind, auf Ziff. 22.5 ADSp '03 berufen. Es liegt insoweit kein Verstoß gegen § 307 Abs. 2 BGB vor.[67] Ein Verstoß würde voraussetzen, dass Ziff. 22.5 den Vertragspartner des Spediteurs „entgegen den Geboten von Treu und Glauben unangemessen benachteiligt", wobei nach § 310 Abs. 1 Satz 2 BGB auf die im Handelsverkehr geltenden Gewohnheiten und Gebräuche angemessen Rücksicht zu nehmen" ist. Die Auslegung einer Klausel hat dabei unabhängig von den Gegebenheiten des Einzelfalles und vom konkreten Willen der Parteien zu erfolgen.[68] Für die Inhaltskontrolle der ADSp bedeutet dies somit, dass die Interessen der beteiligten Wirtschaftskreise, namentlich der Spediteure und kaufmännischer Verlader oder Einlagerer zu berücksichtigen sind. Nach Ziff. 22.5 soll der Schaden nach Abtretung der Forderung an den Auftraggeber unmittelbar beim eigentlichen Schädiger liquidiert und der Schädiger nicht erst in Regress vom Spediteur genommen werden. Diese Konstruktion, für die der Vorteil der Schadens- und Beweisnähe spricht, bürdet dem Vertragspartner des Lagerhalters namentlich das Insolvenzrisiko in Bezug auf den von ihm nicht selbst ausgewählten dritten Schuldner auf. In diesem Fall käme aber wiederum eine Haftung des Lagerhalters in Betracht, weil ihm ein Auswahlverschulden angelastet werden könnte. Durch einen Verstoß der Ziff. 22.5 gegen § 307 Abs. 2 BGB würde die Behandlung des Lagervertrages in anderen Vorschriften der ADSp ausgehöhlt. So besteht nach Ziff. 15.1 ADSp '03 ein Wahlrecht des Spediteurs/Lagerhalters, das Lagergut in eigenen oder fremden Lagerräumen einzulagern. Der Spediteur darf kraft Lager- oder Speditionsvertrag ohne besondere Erlaubnis des Auftraggebers bei einem dritten Lagerhalter einlagern und haftet insoweit nur für die sorgfältige Auswahl und Anweisung des Dritten. Diese Wertung der ADSp ist dadurch gerechtfertigt, dass das Lagergeschäft zwar ein Vertrauensgeschäft darstellt, das Vertrauen zum Lagerhalter aber typischerweise nicht so intensiv ist wie bei Geschäftsbesorgungsverträgen. Das besondere Vertrauen des Einlagerers richtet sich beim Lagervertrag danach grundsätzlich nicht auf die Selbstausführung der Lagerung, sondern vielmehr auf die ordnungsgemäße Besorgung der Einlagerung.[69]

**37**    Der Ort, an dem die Rückgabe des Gutes zu erfolgen hat, ist der Ort, an dem das Gut nach dem Inhalt des Lagervertrages aufzubewahren war. Die **Rückgabe ist Holschuld.**[70]

---

[66] So schon BGH 17.2.1953, BGHZ 9, 63, 64 = NJW 1953, 744.
[67] OLG Hamburg 5.8.1993, TranspR 1994, 74 ff.
[68] *Ulmer/Schäfer* in Ulmer/Brandner/Hensen, § 305c Rn. 69; Staudinger/*Roth* § 157 BGB Rn. 55.
[69] Staub/*Helm* § 52 ADSp Rn. 13; OLG Hamburg 5.8.1993, TranspR 1994, 74, 76; OLG Hamburg 7.5.1987, VersR 1987, 111.
[70] Staub/*Koller* § 416 Rn. 51; *Koller* § 473 Rn. 4.

Der Lagerhalter ist nicht verpflichtet, das Gut dem Einlagerer zu bringen, Rücknahmeort ist der Ort, an dem das Gut aufbewahrt wird. Vertraglich kann selbstverständlich etwas anderes vereinbart werden. Ändert der Lagerhalter ohne das Einverständnis des Einlagerers den vereinbarten Aufbewahrungsort, so hat er das Gut auf seine Kosten und auf seine Gefahr wieder an den ursprünglichen Aufbewahrungsort zu bringen, damit dort die Rückgabeverpflichtung erfüllt werden kann. Dem Einlagerer können diese Kosten der Rückbeförderung auferlegt werden (über § 474), wenn die Änderung des Aufbewahrungsortes zwingend gerechtfertigt war und die vorherige Entschließung des Einlagerers wegen einer in dem Aufschub liegenden Gefahr nicht abgewartet werden konnte. Voraussetzung ist aber, dass der Lagerhalter die Aufwendung der durch die Umlagerung entstehenden Kosten den Umständen nach für erforderlich halten durfte.

Im Übrigen bestimmt sich der **Erfüllungsort** für die Verbindlichkeiten des Lagerhalters **38** nach den Grundsätzen des § 269 BGB, dh. es ist der Ort, an dem der Lagerhalter seine gewerbliche Niederlassung hat.[71] Aus den Umständen kann sich ergeben, dass Erfüllungsort der Ort der Lagerung sein soll. Erfüllungsort für die Verbindlichkeiten des Einlagerers ist der Ort, an dem er seinen Wohnsitz bzw. seine gewerbliche Niederlassung zur Zeit der Entstehung des Schuldverhältnisses hatte.

### X. Die auf den Lagervertrag anzuwendenden Vorschriften

**1. §§ 467–475h.** Auf den Lagervertrag zwischen dem Lagerhalter und dem Einlagerer **39** finden zunächst die Vorschriften der §§ 467–475h Anwendung. Diese Regelungen sind dispositiv und enthalten keine ins Einzelne gehenden Bestimmungen des Lagergeschäftes.

**2. §§ 688–700 BGB.** Neben den Vorschriften der §§ 467–475h finden, soweit sich nicht **40** aus diesen Vorschriften oder aus dem Wesen des handelsrechtlichen Lagergeschäftes ein anderes ergibt, auf den Lagervertrag auch die gesetzlichen Regelungen über die Verwahrung, §§ 688–700 BGB, Anwendung.

**3. AGB.** Da die §§ 467 ff. dispositives Recht sind, finden kraft Vereinbarung häufig die **41** AGB des Lagerhalters Anwendung, von denen die nachstehenden die gebräuchlichsten sind:

**a) ADSp.** Nach noch geltender Rechtsprechung des BGH[72] finden die ADSp auch ohne **42** Kenntnis ihres Inhaltes und auch ohne besonderen Hinweis auf ihre Einbeziehung im Einzelfall kraft stillschweigender Unterwerfung Anwendung; sie werden Vertragsbestandteil, wenn der Vertragspartner des Spediteurs wusste oder wissen musste, dass der Spediteur ausschließlich nach den ADSp arbeitet. Da die ADSp nur im Verkehr mit Unternehmen, juristischen Personen des öffentlichen Rechts und öffentlichen Sondervermögen gelten, Ziff. 2.4 ADSp '03, bestehen keine grundsätzlichen Bedenken, dieser Rechtsprechung zu folgen. Die Ausgestaltung in Ziff. 15 ADSp '03 konkretisiert die Rechte und Pflichten des Lagerhalters und des Einlagerers nach §§ 467 ff. Von Bedeutung ist, dass der Lagerhalter sich auf die Geltung der ADSp nicht berufen kann wenn seine Lagerorganisation nicht so ausgerichtet ist, dass Vorkehrungen zur Vermeidung von Beschädigungen und insbes. Verlust getroffen worden sind, Ziff. 22.4 ADSp '03, vgl. oben Rn. 25 und Kommentierung zu § 475, Rn. 10 ff.

**b) Hamburger Lagerungsbedingungen (HLB).** (S. 1342). Die Hamburger Lage- **43** rungsbedingungen haben früher in der Rechtsprechung Anlass zu Kritik gegeben, soweit es ihre Vereinbarkeit mit dem AGBG betraf.[73] Nach „harscher gerichtlicher Mahnung"[74] sind sie seitdem mehrfach überarbeitet und neu gefasst worden. Die Vorschrift des § 13 HLB '06 trägt dieser Judikatur und ebenso der Kaltlagerentscheidung des BGH[75] Rech-

---

[71] *Andresen/Valder* Rn. 29.
[72] BGH 13.6.1985, VersR 1985, 1036; *Herzog* TranspR 2001, 244.
[73] OLG Hamburg 5.1.1984, VersR 1984, 1036 = TranspR 1984, 126.
[74] Ulmer/Brandner/Hensen/*Hensen*, 7. Aufl., Anh. §§ 9–11 Rn. 458.
[75] BGH 19.1.1984, BGHZ 89, 363 = NJW 1984, 1350; vgl. weiter BGH 11.11.1992, NJW 1993, 335; BGH 12.1.1994, BGHZ 124, 351 = NJW 1994, 1060; BGH 27.9.2000, BGHZ 145, 203 = NJW 2001, 292; BGH 20.7.2005, NJW-RR 2005, 1496.

nung, in der ein Haftungsausschluss auch für den Fall für unwirksam erklärt wurde, dass ein einfacher Erfüllungsgehilfe grob fahrlässig eine wesentliche Vertragspflicht verletzte[76]. Aber auch die aktuelle Fassung der HLB ist nicht in allen Punkten eindeutig. Das gilt zB für die Regelung in §§ 11, 13 HLB, soweit damit die Haftung auch bei Verletzung von Leben, Körper und Gesundheit des Einlagerers oder eines einbezogenen Dritten ausgeschlossen werden soll. Insoweit steht ein Verstoß gegen § 309 Nr. 7 Buchst. a) BGB bzw. § 307 Abs. 1, 2 BGB im Raum. Wohl ist nicht zu verkennen, dass sich §§ 11 und 13 in erster Linie auf Güterschäden und -verlust beziehen, es ist aber nicht auszuschließen, dass es im Rahmen des Lagervertrages auch zu Personenschäden kommen kann. Der Einlagerer oder von ihm beauftragte Personen werden beim Einlagern, Ausliefern oder Besichtigen der Güter durch den Lagerhalter oder seine Mitarbeiter verletzt.

Die Verweiskette §§ 11 Nr. 4, 5 Ziff. 5 Abs. 2, 6 Ziff. 8 Abs. 2 HLB lässt es an ausreichender Klarheit und Verständlichkeit, wie § 307 Abs. 1 Satz 2 BGB sie vorschreibt, mangeln.

**44**    **c) Allgemeine Geschäftsbedingungen und Betriebsordnung der BLG (AGBO).** Die Betriebsordnung der Bremer Lagerhaus-Gesellschaft (BLG) wurde durch die **Allgemeinen Geschäftsbedingungen und Betriebsordnung (AGBO) der BLG Cargo Logistics GmbH, dort Ziffer 3.13** abgelöst, die aktuelle Fassung gilt seit dem 1. Juli 2013. Grundsätzlich werden die gesetzlichen Vorschriften zu Haftung und Verjährung und Verjährung für anwendbar erklärt. Es gelten indes die Haftungsbeschränkungen und -ausschlüsse gemäß den Ziffer 6.3–6.8. Zu der vorher geltenden Betriebsordnung der BLG hat der Bundesgerichtshof entschieden, dass die in § 34a Nr. 1 verwendete Klausel, wonach die BLG für Schäden irgendwelcher Art, insbesondere für Verluste und Beschädigungen von Gütern, nur bei grobem Verschulden ihrer Organe, leitenden Angestellten oder sonstigen Erfüllungsgehilfen haftet, einer Inhaltskontrolle nach § 9 Abs. 2 Nr. 2 AGBG nicht standhält.[77]

**45**    **d) Allgemeine Lagerbedingungen des Deutschen Möbeltransport.** Bei der Lagerung von Möbeln werden die **Allgemeinen Lagerbedingungen des Deutschen Möbeltransport,** herausgegeben vom Bundesverband Möbelspedition und Logistik (AMÖ), für das einzelne Lagergeschäft angewendet.

## XI. Logistikrecht

**46**    In den letzten Jahren sind den Frachtführern, Spediteuren und Lagerhaltern immer mehr Aufgaben übertragen worden, die über ihr eigentliches Tätigkeitsfeld hinausgehen.[78] Werden diese logistischen Leistungen iwS in Kombination mit den legaldefinierten Vertragstypen erbracht, so handelt es sich um **typengemischte Verträge** und mangels ausreichender Typizität noch nicht um atypische Verträge sui generis.[79] Werden nicht beförderungs- bzw. lagerbezogene Pflichten übernommen, wie dies im Wege der Arbeitsteilung in Handel und Industrie zunehmend der Fall ist, so bedarf es einer besonderen Vereinbarung. Diese ist dann **werk- oder dienstvertraglicher Natur** (§§ 611, 631 BGB), gegebenenfalls mit geschäftsbesorgungsvertraglichen Zügen (§ 675 BGB).[80] Bei erfolgsabhängiger Entlohnung liegt ein werkvertragliches Element vor. Die §§ 407 ff., 453 ff., 467 ff. sind auf solche Pflichten nur nach den Regeln des gemischten Vertrags anzuwenden; regelmäßig sind die einzelnen Leistungsbereiche rechtlich isoliert zu betrachten.

**47**    Die zu erbringenden logistischen Leistungen können Tätigkeiten für den Auftraggeber oder von ihm benannte Dritte sein, wie zB Auftragsannahme, Warenprüfung, Warenbe-

---

[76] *Valder* TranspR 2010, 27, 28 sieht die Klausel nicht in Übereinstimmung mit § 309 Nr. 7b BGB.
[77] BGH 19.2.1998, TranspR 1998, 374.
[78] *Gran* TranspR 2004, 1 ff.; *Abele* TranspR 2005, 383 f.; *Müglich* 165 f.; Piper/Pokrant/*Gran* Rn. 472 ff.; *Gilke* TranspR 2008, 380; *Temme* TranspR 2008, 374; *Valder* TranspR 2008, 383; *Wieske* TranspR 2008, 435; *Schriefers* TranspR 2009, 11.
[79] *Koller* § 453 Rn. 25a.
[80] BGH 13.9.2007, TranspR 2007, 477.

handlung, länder- und kundenspezifische Warenanpassung, Vorratshaltung, Bestandsaufnahme, Umschlag, Ausfertigung von Waren- und Lieferpapieren, Verzollung und Exportabfertigung, Endmontage, Reparatur, Qualitätskontrolle, Kommissionierung, Konfektionierung, Umverpackung, Etikettierung („Belabelung")[81] Palettierung, Besorgung von Versicherungsleistungen, Preisauszeichnung, Beifügung von Gebrauchsanweisungen, Installation, Inbetriebnahme oder Sendungsverfolgung bis hin zu Retourenmanagement, Entsorgung, Buchhaltung und Inkasso. Auch Planung, Realisierung, Steuerung oder Kontrolle der Material- bzw. Waren- und der dazugehörigen Informationsströme können vereinbarte Logistikleistungen sein.

Bei Logistikverträgen handelt es sich typischerweise um Dauerschuldverhältnisse mit **48** dem Charakter einer **Rahmenvereinbarung.**[82] In ihnen können verschiedene Vertragstypen, die wiederum mit verschiedenen Haftungssystemen ausgestattet sind, kombiniert sein.[83] Die Vereinbarung einer Mindestmenge in einem Rahmenvertrag für Logistikdienstleistungen kann zu einem Schadensersatzanspruch gegen den Auftraggeber führen, wenn die Mindestmenge nicht erreicht wird (§ 280 Abs. 1 BGB).[84] In einem Logistikvertrag ist beispielsweise die Kombination der Haftung für vermutetes Verschulden im lagerrechtlichen Teil mit der Verschuldenshaftung im werkvertraglichen Teil möglich. Die Haftung des Logistikunternehmers ist abhängig von der jeweiligen Logistikleistung, die zum Schadenseintritt geführt hat.[85] Gleiches gilt für die unterschiedlichen Bedingungen über die Abdingbarkeit von Haftungsregelungen durch AGB. In der Praxis bedürfen Logistikleistungen jedoch regelmäßig umfangreicher Abstimmung und damit individueller Verhandlung.

Um die ADSp in einem einheitlichen Vertrag auch auf die weiteren logistischen Leistun- **49** gen zur Anwendung zu bringen, müssen jene in einem Zusammenhang mit der Beförderung/Lagerung stehen und **speditionsüblich** sein. Hier befindet sich die Entwicklung noch im Fluss. Leistungen, die heute als speditionsunüblich gelten, können morgen schon als branchen- und damit speditionsüblich gelten.[86] Die Üblichkeit wird in Hinblick auf eine Preisauszeichnung bejaht, in Hinblick auf eine Fakturierung, für die eine Spezialausbildung erforderlich ist, verneint.[87] Jedenfalls wird eine Anwendung der ADSp auf solche Verträge scheitern, die nicht eng verbunden sind mit dem Transport- und Lagereiwesen.[88]

Problematisch ist in solchen Fällen auch eine ausreichende Versicherungsdeckung der **50** vom Logistikunternehmer eingegangenen Risiken.[89]

## § 468 Behandlung des Gutes. Begleitpapiere. Mitteilungs- und Auskunftspflichten

**(1)** **[1]Der Einlagerer ist verpflichtet, dem Lagerhalter, wenn gefährliches Gut eingelagert werden soll, rechtzeitig in Textform die genaue Art der Gefahr und, soweit erforderlich, zu ergreifende Vorsichtsmaßnahmen mitzuteilen. [2]Er hat ferner das Gut, soweit erforderlich, zu verpacken und zu kennzeichnen und Urkunden zur Verfügung zu stellen sowie alle Auskünfte zu erteilen, die der Lagerhalter zur Erfüllung seiner Pflichten benötigt.**

**(2)** **[1]Ist der Einlagerer ein Verbraucher, so ist abweichend von Absatz 1**

---

[81] OLG Frankfurt a. M. 1.11.2006, TranspR 2007, 78, 81.
[82] *Gass* TranspR 2000, 206.
[83] Der Bundesverband Güterkraftverkehr Logistik und Entsorgung (BGL) e. V., Frankfurt a. M. hat einen Leitfaden zur Erstellung eines Logistikvertrages herausgegeben.
[84] OLG Karlsruhe 21.2.2007, TranspR 2007, 213.
[85] Vgl. zum Problem der Zuordnung eines Haftungsregimes bei unbekannter Schadensursache: *Wieske* TranspR 2002, 177, 178.
[86] *Knorre* G II Rn. 12; *Heuer* TranspR 2006, 89 f.
[87] *Fremuth/Thume/de la Motte* Ziff. 2 ADSp Rn. 1; vgl. Auch *Fremuth/Thume* Vor §§ 453 ff. Rn. 30.
[88] *Wieske* TranspR 2002, 177, 181; TranspR 2008, 388 f.
[89] *Herber* TranspR 2004, 229, 233; *Heuer* TranspR 2003, 1 (5–7); *Müglich* S. 159–163.

1. der Lagerhalter verpflichtet, das Gut, soweit erforderlich, zu verpacken und zu kennzeichnen,

2. der Einlagerer lediglich verpflichtet, den Lagerhalter über die von dem Gut ausgehende Gefahr allgemein zu unterrichten; die Unterrichtung bedarf keiner Form.

²Der Lagerhalter hat in diesem Falle den Einlagerer über dessen Pflicht nach Satz 1 Nr. 2 sowie über die von ihm zu beachtenden Verwaltungsvorschriften über eine amtliche Behandlung des Gutes zu unterrichten.

(3) ¹Der Einlagerer hat, auch wenn ihn kein Verschulden trifft, dem Lagerhalter Schäden und Aufwendungen zu ersetzen, die verursacht werden durch

1. ungenügende Verpackung oder Kennzeichnung,

2. Unterlassen der Mitteilung über die Gefährlichkeit des Gutes oder

3. Fehlen, Unvollständigkeit oder Unrichtigkeit der in § 413 Abs. 1 genannten Urkunden oder Auskünfte.

²§ 414 Absatz 2 ist entsprechend anzuwenden.

(4) Ist der Einlagerer ein Verbraucher, so hat er dem Lagerhalter Schäden und Aufwendungen nach Absatz 3 nur zu ersetzen, soweit ihn ein Verschulden trifft.

Übersicht

| | Rn. | | Rn. |
|---|---|---|---|
| I. Normzweck | 1–3 | IV. Der Einlagerer ist ein Verbraucher, Abs. 2 | 6–9 |
| II. Verpflichtungen des Einlagerers bei gefährlichem Gut, Abs. 1, Satz 1 | 4 | V. Haftung des Einlagerers, Abs. 3 | 10–16 |
| III. Nebenpflichten des Einlagerers, Abs. 1, Satz 2 | 5 | VI. Der Einlagerer ist ein Verbraucher, Abs. 4 | 17 |

## I. Normzweck

1   Die Vorschrift regelt **Pflichten des Einlagerers** bei der Lagerung gefährlicher Güter. Sie enthält ferner allgemein Nebenpflichten des Einlagerers, macht dort Unterschiede, wo es sich beim Einlagerer um einen Verbraucher handelt und normiert eine Haftung des Einlagerers bei Verletzung dieser Nebenpflichten. Hier liegt eine generelle Neuerung gegenüber dem bis zum 1.7.1998 geltenden Lagerrecht vor.

2   Andererseits folgt diese Bestimmung wiederum solchen im Fracht-, Umzugs- und Speditionsrecht. Nachgebildet ist sie in erster Linie § 455. Verwiesen werden kann aber auch auf §§ 410, 411, 413, 414 sowie § 451b. So wird in Abs. 1 Satz 1 das geregelt, was § 455 Abs. 1 Satz 2 für das Speditionsgeschäft vorsieht, nämlich dass für den Fall der Einlagerung gefährlicher Güter Mitteilungspflichten des Einlagerers bestehen und zwar über die genaue Art der Gefahr sowie über etwa zu ergreifende Vorsichtsmaßnahmen. Eine Einschränkung der Pflichten des Einlagerers enthält Abs. 2, für den Fall, dass es sich bei dem Einlagerer um einen Verbraucher im Sinne von § 414 Abs. 4 handelt.

3   Verletzt der Einlagerer die ihm auferlegten Pflichten, haftet er nach Abs. 3 dem Lagerhalter verschuldensunabhängig. Ein Verschulden muss ihn, den Einlagerer, dagegen treffen, wenn es sich bei ihm um einen Verbraucher handelt.

Durch das Gesetz zur Reform des Seehandelsrechts vom 20. April 2013 ist der Verweis in Absatz 3 Satz 2 auf § 414 geändert worden.

Da der dortige Absatz 1 Satz 2 aufgehoben worden ist, der eine summenmäßig beschränkte Haftung des Absenders vorsah, hatte auch hier der entsprechende Verweis zu entfallen.

## II. Verpflichtungen des Einlagerers bei gefährlichem Gut, Abs. 1, Satz 1

4   Die Bestimmung entspricht § 410 Abs. 1 für das Frachtgeschäft und § 455 Abs. 1 Satz 2 für das Speditionsgeschäft, vgl. demgemäß die dortigen Kommentierungen. Neben den sich

aus den Gefahrgutvorschriften ergebenden öffentlich-rechtlichen Verpflichtungen hat der Einlagerer für den Fall der **Einlagerung gefährlicher Güter** umfassende Mitteilungs- und Unterrichtungspflichten gegenüber dem Lagerhalter. Gefährliche Güter sind Stoffe und Zubereitungen, von denen bei unsachgemäßem Umgang oder bei Unfällen eine unmittelbare Gefahr für Personen, Sachen und die Umwelt ausgehen.[1]

Hierunter fallen zumindest die in den einschlägigen Gefahrgutgesetzen und -verordnungen genannten Güter.[2]

### III. Nebenpflichten des Einlagerers, Abs. 1, Satz 2

Der Einlagerer muss, soweit erforderlich, das **Gut verpacken, kennzeichnen** und die 5 **Urkunden zur Verfügung** stellen, die der Lagerhalter für die Erfüllung seiner Pflichten braucht, Abs. 1 Satz 2. Hier besteht ein Gleichklang mit § 455 Abs. 1 Satz 1 im Speditionsgeschäft, eine ähnliche Regelung für das Frachtgeschäft findet sich in § 411. Die Mitteilungspflicht richtet sich im Einzelnen nach den konkreten Informationsbedürfnissen des Lagerhalters, die nach einem verobjektivierten Absenderhorizont einzuschätzen sind. Neben der Schriftlichkeit kann auch eine Mitteilung in sonst lesbarer Form erfolgen. Damit ist eine Übermittlung durch EDV möglich, vgl. § 239 Abs. 4 HGB für Handelsbücher.

### IV. Der Einlagerer ist ein Verbraucher, Abs. 2

Handelt es sich bei dem **Einlagerer** um einen **Verbraucher,** § 13 BGB, die einschlägi- 6 gen Fälle sind das Einlagern von Möbeln oder von Umzugsgut durch Privatpersonen beim Lagerhalter, so werden die Pflichten eines solchen Einlagerers entsprechend der Vorschrift beim Umzugsgut, § 451b Abs. 2, eingeschränkt. Zunächst entfällt die Verpflichtung des Einlagerers zur Verpackung und zur Kennzeichnung. Die Unterrichtungspflicht des Einlagerers beschränkt sich auf allgemeine Angaben über die von dem Gut ausgehende Gefahr. Eine Spezifizierung im Einzelnen, zB anhand der sehr detaillierten Gefahrgutvorschriften, wird nicht verlangt. Der Lagerhalter soll in diesem Fall lediglich darüber informiert werden, dass sich unter dem eingelagerten Gut auch Bestandteile mit möglicherweise erhöhtem Gefahrenpotential befinden. Das ist deswegen gerechtfertigt, da er gegenüber dem Einlagerer, der Verbraucher ist, im Regelfall über ein überlegenes Sachwissen verfügt, so dass es für ihn einfacher möglich ist, die entsprechenden Folgerungen aus den Angaben des Einlagerers zu ziehen und entsprechende Maßnahmen zu ergreifen. Weiter wird darauf verzichtet, dass der Einlagerer diese Information schriftlich gibt.

Abs. 2 Satz 2 entspricht § 451b Abs. 2 Satz. Ist der Einlagerer ein Verbraucher besteht 7 eine besondere Unterrichtungspflicht des Lagerhalters. Er hat den Einlagerer darauf hinzuweisen, dass diesen eine allgemeine Unterrichtungspflicht über von dem Gut ausgehende Gefahren trifft. Auch diese Hinweispflicht erscheint angezeigt, weil vom Einlagerer als Verbraucher nicht in jedem Fall erwartet werden kann, dass dieser von sich aus derartige Umstände bedenkt und offenlegt. Diese Hinweispflicht des Lagerhalters betrifft Nr. 2 von Abs. 2, nicht jedoch Nr. 1.

Weiter hat der Lagerhalter von dem **Einlagerer Informationen** über etwa zu beach- 8 tende Verwaltungsvorschriften und über eine amtliche Behandlung des Gutes anzufordern. Genau wie in Bezug auf die von dem Gut ausgehenden Gefahren liegt auch hier der Gedanke zugrunde, dass der Einlagerer im Ausgangspunkt besser als der Lagerhalter abzuschätzen vermag, welche Art der amtlichen Behandlung des Gutes im Einzelfall zu erwarten ist. Auch diese Verpflichtung des Lagerhalters dient letztlich seiner eigenen Information und seinem eigenen Schutz. Der Einlagerer soll die wesentlichen Basisinformationen liefern, so dass sich der Lagerhalter auf die konkrete Situation einstellen kann.

---

[1] *Andresen/Valder* Vor § 467 Rn. 16; *Koller* § 410 Rn. 2; *Fremuth/Thume/Teutsch* Rn. 4; *Hartenstein/Reuschle/Köper* Kap. 8 Rn. 68.

[2] *Koller* § 410 Rn. 2; vgl. die Aufstellung bei *Andresen/Valder* Vor § 467 Rn. 17.

**9**    Mit der Regelung in Abs. 2 Satz 2 hat der Gesetzgeber einen Beitrag zum Verbraucherschutz geleistet.

### V. Haftung des Einlagerers, Abs. 3

**10**    Es wird angeknüpft an § 414 Abs. 1 und § 455 Abs. 2. Wie auch im Fracht- und Speditionsgeschäft wird eine **verschuldensunabhängige Haftung des Einlagerers** bei Verletzung der Pflichten nach Abs. 1 normiert. Es kann demgemäß ergänzend auf die Kommentierungen zu § 414 Abs. 1 und § 455 Abs. 2 verwiesen werden.

**11**    Die verschuldensunabhängige Haftung des Einlagerers ist nunmehr unbeschränkt, da der Verweis auf § 414 Abs. 1 Satz 2 entfallen ist.

Hier wie dort gibt es keine summenmäßig beschränkte Haftung des Absenders bzw. Lagerhalters mehr. Diese kann indes, da es sich um dispositives Recht handelt, so dass kein Heranziehen von § 449 Absatz 2 erforderlich ist, durch AGB beschränkt werden.

**12**    Abs. 3 Satz 1 Nr. 1 bestimmt, dass der Einlagerer verschuldensunabhängig für fehlende oder mangelhafte Verpackung oder Kennzeichnung haftet, soweit er diese Verpflichtung übernommen hat. Zu einer derartigen Verpackung und Kennzeichnung ist der Einlagerer aber nun nicht immer, sondern nur dann verpflichtet, wenn dies erforderlich ist, vgl. den Einschub in Abs. 1 Satz 3, was wiederum den entsprechenden Vorschriften im Fracht- und Speditionsgeschäft entspricht, §§ 411, 455 Abs. 1.

**13**    Da den Einlagerer, wenn er ein Verbraucher ist, keine Pflicht zur Verpackung und Kennzeichnung trifft, ist eine verschuldensunabhängige Haftung von ihm für diese Fälle zwar theoretisch denkbar, aber nur dann, wenn er die Verpackung und Kennzeichnung des Gutes ausdrücklich vertraglich übernommen hat.

**14**    Abs. 3 Satz 1 Nr. 2 legt fest, dass der Einlagerer beim Unterlassen einer von ihm geschuldeten Mitteilung über die Gefährlichkeit der Güter verschuldensunabhängig haftet. Auch insoweit besteht eine Parallele zum Speditions- und Frachtrecht (§§ 414 Abs. 1 Nr. 3 in Verbindung mit § 410 Abs. 1 sowie § 455 Abs. 2 Nr. 2). Abweichend von den genannten Vorschriften wird hier ausdrücklich auf die konkret geschuldete Mitteilung über die Gefährlichkeit abgehoben, weil diese anders als im Fracht- und Speditionsgeschäft in den Abs. 1 und 2 unterschiedlich ausgestaltet wird, je nachdem, ob es sich beim Einlagerer um einen Verbraucher handelt oder nicht.

**15**    Nach Abs. 3 Satz 1 Nr. 3 soll der Einlagerer im Rahmen des Lagervertrages nicht für alle fehlenden, unvollständigen oder unrichtigen Urkunden oder Auskünfte verschuldensunabhängig haften, sondern nur für solche, die für eine amtliche Behandlung des Gutes erforderlich sind.[3]

**16**    Durch den Verweis auf § 414 Abs. 2 in Abs. 3 Satz 2 wird festgehalten, dass bei einer **Mitverursachung** des Schadens durch den Lagerhalter eine Abwägung des beiderseitigen Verhaltens zu erfolgen hat. Der Lagerhalter muss sich einen von ihm zu verantwortenden schadensverursachenden Beitrag anrechnen lassen.[4]

### VI. Der Einlagerer ist ein Verbraucher, Abs. 4

**17**    Die verschuldensunabhängige Haftung des Einlagerers greift dann nicht, wenn es sich bei ihm um einen **Verbraucher** handelt, § 13 BGB. In diesem Fall haftet der Einlagerer dem Lagerhalter nur wenn ihm eine Pflichtverletzung und ein Verschulden vorgeworfen werden kann.[5] Zu ersetzen sind auch hier Schäden und Aufwendungen. Ersatzfähig sind damit Personen- und Sachschäden, die der Lagerhalter selbst erleidet. Aufwendungen sind Kosten des Lagerhalters für Maßnahmen, die er treffen muss, weil der Einlagerer seinen Verpflichtungen nicht nachgekommen ist, wie zB Neuverpacken des Gutes oder aber Einschalten von dritten Unternehmungen, um Gefahren zu beseitigen.

---

[3] Fremuth/Thume/*Teutsch* Rn. 15.
[4] *Koller* Rn. 3.
[5] *Koller* § 468 Rn. 5.

## § 469 Sammellagerung

**(1) Der Lagerhalter ist nur berechtigt, vertretbare Sachen mit anderen Sachen gleicher Art und Güte zu vermischen, wenn die beteiligten Einlagerer ausdrücklich einverstanden sind.**

**(2) Ist der Lagerhalter berechtigt, Gut zu vermischen, so steht vom Zeitpunkt der Einlagerung ab den Eigentümern der eingelagerten Sachen Miteigentum nach Bruchteilen zu.**

**(3) Der Lagerhalter kann jedem Einlagerer den ihm gebührenden Anteil ausliefern, ohne daß er hierzu der Genehmigung der übrigen Beteiligten bedarf.**

### Übersicht

| | Rn. | | | Rn. |
|---|---|---|---|---|
| I. Normzweck | 1–16 | | III. Folgen der Vermischung, Abs. 2 | 21–31 |
| II. Voraussetzungen der Sammellagerung, Vermischung, Abs. 1 | 17–20 | | IV. Anteilige Auslieferung, Abs. 3 | 32–37 |

### I. Normzweck

Die Vorschrift über die **Sammellagerung** ist nicht neu. Sie knüpft an das bis zum 1.7.1998 geltende Recht an. Ebenso haben weiterhin trotz ihrer sprachlichen Ähnlichkeit die Sammelladung seitens des Spediteurs, § 460 und die Sammellagerung durch den Lagerhalter vom Inhalt her nichts miteinander gemein. **1**

In § 469 finden sich Kernbestimmungen aus § 419 aF sowie aus § 23 und § 30 OLSchVO wieder, wobei die Orderlagerscheinverordnung noch zusätzlich unterschieden hat zwischen der Mischlagerung nach § 23 und der Sammellagerung nach §§ 28 ff. Die dort noch vorhandenen eingehenden gesetzlichen Regelungen sind nun für entbehrlich gehalten und wie die gesamte OLSchVO durch das TRG aufgehoben worden.[1] **2**

Es handelt sich auch nach neuem Recht um eine **besondere Art der Verwahrung,** die nach wie vor an bestimmte Voraussetzungen geknüpft ist. Es muss sich für eine Sammellagerung um vertretbare Sachen handeln, und die Einlagerer dieser Güter müssen die Sammellagerung ausdrücklich gestattet haben. **3**

Geregelt wird in § 469 eine besondere Art der Verwahrung. Grundsätzlich hat der Lagerhalter ihm übergebene Güter gesondert aufzubewahren, es handelt sich damit im Normalfall um eine **Einzel- oder Sonderlagerung.**[2] Für Speziessachen versteht es sich von selbst, das gilt aber auch für vertretbare Sachen.[3] Für sie sieht aber das Gesetz eine besondere Art vor, die **Sammellagerung,** § 469. Erforderlich ist dazu aber, dass eine ausdrückliche Gestattung des Einlagerers vorliegt. Eine ähnliche Regelung für die **Sammelverwahrung von Wertpapieren** findet sich in § 6 Abs. 1 S. 1 DepotG. **4**

Die Vorschriften über das Lagergeschäft gelten nicht für den **unregelmäßigen Verwahrungsvertrag** (pignum irregulare), auch als Hinterlegungsdarlehen oder Summenlagergeschäft bezeichnet, wenn nämlich der Lagerhalter Eigentümer der ihm übergebenen Güter wird. Einschlägig ist dann § 700 BGB.[4] **5**

Das Wesen der Sammellagerung besteht darin, dass der Lagerhalter das ihm anvertraute vertretbare Gut eines Einlagerers in einem einheitlichen Bestand mit gleichartigen Gütern anderer Einlagerer, auch mit gleichartigen eigenen Gütern aufbewahrt und es dabei mit diesen anderen Gütern vermischt. Nach §§ 948, 947 BGB werden die bisherigen Eigentü- **6**

---

[1] Vgl. hierzu: *Karsten Schmidt,* GS Helm, S. 850–852.
[2] Baumbach/Hopt/*Merkt* Rn. 1; *Alff* Rn. 1; *Karsten Schmidt* § 34 VI 1; Capelle/*Canaris* § 32 I; *Sellschopp* S. 45; vgl. auch BGH 19.2.1971, VersR 1971, 623.
[3] *Alff* Rn. 1.
[4] Staub/*Koller* § 419 Rn. 21; Baumbach/Hopt/*Merkt* § 416 Rn. 1; *Alff* Rn. 5; Capelle/*Canaris* § 32 I 3.

mer der einzelnen Güter Miteigentümer der Gesamtmenge und zwar im Verhältnis des Wertes des eingebüßten Eigentums.[5]

7    Sammellagerung liegt nur vor, wenn **vertretbare Sachen verschiedener Einlagerer** in einem einheitlichen Bestand aufbewahrt werden. Keine Sammellagerung ist die bloße Aufbewahrung gleichartiger Güter in demselben Lager, wenn die mehreren Güter nicht zu einem Bestand vereinigt, sondern gesondert gelagert werden. Nicht erforderlich ist, dass der Lagerhalter alle in seinem Besitz befindlichen Güter zu einem einzigen Sammelbestand zusammenfasst.

8    **Nicht gestattete Sammellagerung.** Vermischt der Lagerhalter das ihm anvertraute Gut mit Gütern anderer Einlagerer oder eigenen Sachen, obwohl die Voraussetzungen für die Einleitung und Durchführung der Sammellagerung nicht gegeben waren, so gilt in schuldrechtlicher Hinsicht folgendes:

9    **Nicht vertretbare Sachen.** Handelt es sich überhaupt nicht um vertretbare Sachen, so entsteht keine Sammellagerung im Sinne des § 469. Dabei mag theoretisch auch bei unvertretbaren Sachen eine Sammellagerung möglich sein, praktisch wird sie kaum werden.[6] Der Lagerhalter hat keine Befugnisse aus § 469 Abs. 2, er macht sich bei einer Vermischung schadensersatzpflichtig.

10   **Vertretbare Sachen.** Vermischt der Lagerhalter die vertretbaren Sachen eines Einlagerers mit gleichartigen und gleichwertigen Sachen anderer Einlagerer, ohne dass dieser Einlagerer ihn ausdrücklich ermächtigt oder sich doch wenigstens nachträglich einverstanden erklärt hat, so haftet der Lagerhalter ebenfalls für allen daraus diesem Einlagerer entstehenden Schaden.

11   **Gleichartige, schlechtere Sachen.** Vermischt der Lagerhalter die Sachen eines Einlagerers mit zwar gleichartigen, aber schlechteren Sachen anderer Einlagerer, so macht er sich auch in diesem Fall diesem Einlagerer gegenüber ersatzpflichtig für alle daraus entstehenden Schäden. Sind die Sachen dieses Einlagerers schlechter als die der anderen Einlagerer, so können die anderen Einlagerer Ersatz des ihnen dadurch entstandenen Schadens vom Lagerhalter verlangen. Verliert in den Fällen zu a) bis c) der Einlagerer sein Eigentum an den von ihm eingelieferten Sachen, so kann er den Lagerhalter insbesondere auch wegen Verlustes der Sachen nach § 475 in Anspruch nehmen.

12   Auch die **Folgen der Vermischung** haben sich nicht geändert. Die jeweiligen Einlagerer verlieren ihr bisheriges Eigentum und werden Miteigentümer nach Bruchteilen an dem durch die Vermischung entstandenen Bestand. Es gelten §§ 1008 ff., 741 ff. BGB. Jeder einzelne Einlagerer ist weiterhin **mittelbarer Besitzer** am durch die Vermischung neu entstandenen Gut, § 868 BGB. Der mittelbare Besitz kann demgemäß durch Abtretung des Herausgabeanspruchs übertragen werden, § 870 BGB. Untereinander sind die einzelnen Miteigentümer mittelbare Mitbesitzer, § 866 BGB.

13   Das **Anteilsrecht der einzelnen Miteigentümer** ist Sacheigentum am ganzen durch die Vermischung neu entstandenen Gut, nicht ein neben dem Eigentum stehendes und dieses belastendes Bruchteilsrecht. Auf dieses Sacheigentum finden grundsätzlich alle Vorschriften Anwendung, die für das Eigentum gelten. So kann jeder Miteigentümer bei einer Zwangsvollstreckung in die neue Gesamtmenge, die aus einem nicht gegen ihn gerichteten Titel betrieben wird, in Höhe seines Anteils Klage nach § 771 ZPO erheben, im Insolvenzverfahren über das Vermögen des Lagerhalters ist er insoweit zur Aussonderung berechtigt, § 47 InsO.

14   Dem Miteigentümer steht der **Herausgabeanspruch nach § 985 BGB** auf Einräumung des Mitbesitzes am Sammelbestand und Übertragung des unmittelbaren Besitzes an einer seinem Miteigentumsanteil entsprechenden Menge aus dem Sammelbestand zu. Herausgabe bestimmter Sachen zu unmittelbarem Besitz kann der Miteigentümer bei der Sammellagerung aufgrund des § 985 BGB allein nicht verlangen, da er ja nicht allein Eigentümer,

[5] Staub/*Koller* § 419 Rn. 1; Baumbach/Hopt/*Merkt* Rn. 2; *Alff* Rn. 2; *Karsten Schmidt* § 34 VI 2; Capelle/ *Canaris* § 32 I 2.
[6] Staub/*Koller* § 419 Rn. 5.

sondern Miteigentümer ist. Er kann namentlich von Dritten nicht Herausgabe des ganzen Bestandes an sich, sondern nur Herausgabe an alle Miteigentümer verlangen.

Dass die **unregelmäßige Verwahrung** weder Lagergeschäft noch Verwahrung ist, son-   **15** dern über § 700 BGB dem Darlehensrecht unterfällt und zwar den Vorschriften über den Sachdarlehensvertrag, gilt ebenfalls weiterhin, auch wenn Abs. 3 von § 419 aF nicht in das neue Recht übernommen worden ist.

Die unregelmäßige Lagerung unterscheidet sich von der Lagerung mit Aufbewahrung   **16** nach den §§ 467 ff. dadurch, dass bei ihr das Eigentum des Einlagerers weder in der Form des Sondereigentums noch in der Form des Miteigentums erhalten bleibt. Auf diese Lagerung finden die Vorschriften über das Lagergeschäft, §§ 467–475h, keine Anwendung. Es ist auch keine Verwahrung im Sinne der §§ 688 ff. BGB, wie § 700 BGB zu entnehmen ist. Bei der unregelmäßigen Verwahrung geht das Eigentum aufgrund einer zwischen dem Einlagerer und dem Lagerhalter vorgenommenen Einigung unter Übertragung des Besitzes auf den Lagerhalter über, der Einlagerer erhält aufgrund der Vereinbarung lediglich einen schuldrechtlichen Anspruch auf Rückgewähr von Sachen gleicher Art, Güte und Menge. Nach § 700 BGB gilt für ein solches Geschäft auch das bürgerliche Verwahrungsrecht grundsätzlich nicht, nur Zeit und Ort der Übergabe bestimmen sich im Zweifel nach Verwahrungsrecht. Im Übrigen aber kommt **Darlehensrecht** (Sachdarlehensvertrag, §§ 607–609 BGB) zur Anwendung. Die Vereinbarung einer unregelmäßigen Lagerung kann ausdrücklich oder stillschweigend erfolgen. Dass unregelmäßige Verwahrung vereinbart ist, muss der beweisen, der sich darauf beruft. Den Lagerhalter trifft die Beweislast, wenn er geltend macht, er habe, da es sich um unregelmäßige Lagerung handele, nicht die Pflichten eines Lagerhalters. Bei vertretbaren Sachen gilt Darlehensrecht in den Fällen, in denen der Lagerhalter mit dem Einlagerer vereinbart, dass er die eingelagerten Güter im eigenen Interesse verbrauchen kann, § 700 Abs. 1 Satz 2 BGB, von dem Augenblick an, in dem der Lagerhalter von dieser Ermächtigung Gebrauch macht. Auch diese Ermächtigung kann ausdrücklich oder stillschweigend erteilt werden.

## II. Voraussetzungen der Sammellagerung, Vermischung, Abs. 1

Abs. 1 regelt die **Vermischungsbefugnis** des Lagerhalters. Insoweit gibt es keine   **17** Abweichung zum bisherigen Recht, § 419 Abs. 1 aF, § 23 Abs. 1 OLSchVO. Der Lagerhalter ist danach nur berechtigt, vertretbare Sachen mit anderen Sachen gleicher Art und Güte zu vermischen, wenn die beteiligten Einlagerer ausdrücklich einverstanden sind. Von Bedeutung ist nach wie vor, dass die beteiligten Einlagerer ausdrücklich ihr Einverständnis erklären müssen, was nach Auffassung der Sachverständigenkommission zur Reform des Transportrechts deshalb für erforderlich angesehen worden ist, weil durch die Vermischung anstelle von Alleineigentum am eingelagerten Gut nunmehr Bruchteilseigentum am durch die Vermischung entstandenen Bestand entsteht, und zwar vom Zeitpunkt der Einlagerung an. Mit dem Wort „ausdrücklich" wird zudem zumindest die Fiktion des Einverständnisses der Einlagerer im Wege von Allgemeinen Geschäftsbedingungen erschwert.

**Vertretbare Sachen.** Es muss sich zunächst um vertretbare Sachen handeln, die eingela-   **18** gert werden. Was unter vertretbaren Sachen zu verstehen ist, sagt § 91 BGB. Das sind bewegliche Sachen, die im Verkehr nach Zahl, Maß oder Gewicht bestimmt zu werden pflegen Dies ist nach dem Wortlaut des Gesetzes aus der Anschauung des Verkehrs zu beurteilen. Die Auffassungen des Lagerhalters oder die des Einlagerers sind insoweit nicht allein maßgebend. Entscheidend ist, dass es sich um Sachen handelt, die im Verkehr nach Gattungsmerkmalen bestimmt werden. Der Begriff der vertretbaren Sache ist objektiv zu verstehen. Vertretbar ist eine Sache, wenn sie sich von anderen gleicher Art nicht durch ausgeprägte Individualisierungsmerkmale abhebt und daher ohne weiteres austauschbar ist.[7] Es können feste Stoffe sein, wie Kies, Sand, aber auch Getreide und Futtermittel, auch

---

[7] BGH NJW 1966, 2307; NJW 1971, 1794; Palandt/*Ellenberger* § 91 Rn. 1; Fremuth/Thume/*Teutsch* Rn. 3; *Hartenstein/Reuschle/Köper* Kap. 8 Rn. 23.

Flüssigkeiten, wie Kraftstoffe (bei Wein mag es Schwierigkeiten geben oder auch nicht) und auch Gase.

**19**   **Gestatten der Sammellagerung.** Der Einlagerer muss die Sammellagerung ausdrücklich gestattet haben. Bloßes Stillschweigen des Einlagerers reicht nicht aus, ebenso nicht eine durch schlüssiges Handeln erteilte Ermächtigung. Diese ausdrückliche Gestattung kann mündlich, sie muss nicht schriftlich erteilt werden, und sie kann für den Einzelfall oder ein für alle Mal hinsichtlich aller zukünftigen Einlagerungen erteilt werden.[8] Sie kann sich auch aus den Geschäftsbedingungen des Lagerhalters ergeben, wenn diese wirksam in den Vertrag einbezogen worden sind, § 305 BGB.[9] Ebenso ist eine nachträgliche Genehmigung möglich.[10] Die fehlende ausdrückliche Gestattung hat auf die dingliche Rechtslage keine Auswirkung.[11] Über §§ 948, 947 BGB werden die bisherigen Eigentümer Miteigentümer der neuen Sache; ihre Anteile bestimmen sich nach dem Verhältnis des Wertes, den die Sachen im Zeitpunkt der Verbindung hatten. § 469 Abs. 1 stellt nur auf die Ermächtigung des Einlagerers ab. Dies gilt auch dann, wenn der Einlagerer nicht der Eigentümer des Gutes ist. Ist aber der Eigentümer mit der Einlagerung als solcher nicht einverstanden, und ist dies dem Lagerhalter bekannt, so darf er sich mit der Ermächtigung des Einlagerers allein nicht begnügen, wenn er sich nicht schadensersatzpflichtig machen will. Liegt die erforderliche Gestattung des Einlagerers nicht vor, so macht sich der Lagerhalter, wenn er gleichwohl vermischt, ihm gegenüber schadensersatzpflichtig, wenn er nun das eingelagerte Gut nicht zurück geben kann.

**20**   **Umfang des Gestattens.** Die Ausübung der Ermächtigung zur Sammellagerung von vertretbaren Sachen ist durch § 469 Abs. 1 dahingehend begrenzt, dass der Lagerhalter die Vermischung des eingelagerten Gutes nur mit solchen Sachen anderer Einlagerer vornehmen darf, die von gleicher Art sind und die gleiche Güte haben. Was Sachen gleicher Art sind, bestimmt sich ebenfalls wiederum nach den Anschauungen des Verkehrs (§ 91 BGB) und damit nach objektiven Kriterien. Die Bildung von Sammelbeständen ist weiterhin durch das Erfordernis der Ermächtigung des Einlagerers dahin beschränkt, dass Sammelbestände nur dann gebildet werden dürfen, wenn alle Einlagerer, aus deren Gütern der Sammelbestand gebildet werden soll, ihre Ermächtigung erteilt haben. Güter von Einlagerern, die nicht oder noch nicht ihre Ermächtigung erteilt haben, dürfen nicht dem Sammelbestand zugefügt werden. Jedem einzelnen Einlagerer gegenüber, auch wenn dieser bereits die Ermächtigung erteilt hat, ist der Lagerhalter gehalten, dessen Gut nicht mit den Gütern anderer Einlagerer, die die Ermächtigung noch nicht erteilt haben, zu vermischen.

### III. Folgen der Vermischung, Abs. 2

**21**   Die **Rechtsfolgen** einer **rechtmäßig erfolgten Vermischung** werden in Abs. 2 ausgesprochen; nämlich dass vom Zeitpunkt der Einlagerung ab den Eigentümern der eingelagerten Sachen Miteigentum nach Bruchteilen zusteht. Insoweit geht diese Regelung über § 419 Abs. 2 aF hinaus. Nach bisherigem Recht, lässt man die Orderlagerscheinverordnung und dort § 30 Abs. 2 außer Betracht, trat Bruchteilseigentumserwerb erst kraft Vermischung gem. §§ 947, 948 BGB ein. Dieser Zeitpunkt für die Entstehung des Bruchteilseigentums wurde vom Gesetzgeber mit dem TRG, dem Kommissionsentwurf folgend, nach vorn verlagert, nämlich bereits auf den Zeitpunkt der Einlagerung der Güter. Damit wird die Gefahrengemeinschaft der einlagernden Miteigentümer ausgeweitet, und es tritt auch eine Erhöhung des Risikos der einzelnen Miteigentümer ein, was den Verlust des Eigentums betrifft. Das ist indes vom Gesetzgeber gesehen und bewusst in Kauf genommen worden.

---

[8] *Koller* Rn. 2; *Andresen/Valder* Rn. 3; Staub/*Koller* § 419 Rn. 3; *Sellschopp* S. 45; Heymann/*Herrmann* Rn. 1; Fremuth/Thume/*Teutsch* Rn. 5.

[9] Staub/*Koller* § 419 Rn. 3; Heymann/*Herrmann* Rn. 1.

[10] Heymann/*Herrmann* Rn. 1; aA Staub/*Koller* § 419 Rn. 3 – *Koller* verneint eine ex-tunc-Wirkung der Genehmigung, sieht in ihr aber in aller Regel einen Erlaß der Ersatzansprüche, die sich aus der unbefugten Sammellagerung ergeben können.

[11] Heymann/*Herrmann* Rn. 1; Baumbach/Hopt/*Merkt* Rn. 3.

Es wurde diese Regelung für sinnvoll erachtet, weil der Zeitpunkt der Einlagerung sich sehr viel leichter bestimmen lässt, als der Vorgang der tatsächlichen Vermischung.

Mit Abs. 2 wird zudem ein **originärer Erwerbstatbestand** geschaffen[12], den § 419 aF 22 nicht enthielt, vielmehr musste die Tathandlung Vermischung hinzukommen, anders schon § 30 Abs. 2 OLSchVO damals für eine besondere Art der Sammellagerung, vgl. § 28 Abs. 1 OLSchVO.

Hinzuweisen ist in diesem Zusammenhang auch auf § 6 Abs. 1 Satz 1 DepotG, der 23 ebenfalls auf diesen frühen Zeitpunkt für das Entstehen von Miteigentum abstellt und Anlass für die Sachverständigenkommission zur Reform des Transportrechts war, § 469 Abs. 2 entsprechend auszugestalten.

**Verlust des bisherigen Eigentums.** Mit der Entstehung des Miteigentums an dem 24 Sammelbestand verliert der bisherige Eigentümer der in Sammellagerung genommenen Sachen sein Eigentum an diesen. Das Miteigentum am gesamten Sammelbestand und damit auch an jeder einzelnen zu diesem Bestand gehörenden Sache löst das Alleineigentum an den einzelnen Sachen unmittelbar ab. Erteilt der Einlagerer, der nicht Eigentümer der Sachen ist, die Ermächtigung zur Sammellagerung unbefugt, so endet durch die Vermischung gleichwohl das Sondereigentum des bisherigen Eigentümers. Ob alsdann dem Eigentümer Schadensersatzansprüche aus §§ 985 f., 823 BGB gegen den Lagerhalter zustehen, hängt davon ab, ob diese Eigentumsbeendigung widerrechtlich und schuldhaft von dem Lagerhalter herbeigeführt worden ist. Ein widerrechtliches Handeln liegt regelmäßig dann nicht vor, wenn der Einlagerer die Ermächtigung zur Sammellagerung erteilt hatte, es sei denn, dass der Lagerhalter wusste oder doch wissen musste, dass der Einlagerer weder Eigentümer des Gutes noch zu dessen Einlagerung unter Abgabe einer Ermächtigung zur Sammellagerung befugt war. Mit dem Erlöschen des Eigentums an den vermischten Sachen erlöschen nach § 949 S. 1 BGB auch die an den einzelnen Sachen bestehenden Rechte Dritter. Da aber hier der Eigentümer der belasteten Sache Miteigentümer wird, so bestehen die Rechte Dritter an dem Anteil fort, der an die Stelle der Sache tritt, § 949 S. 2 BGB.

**Person des Miteigentümers.** Das Miteigentum entsteht kraft Gesetzes in der Person 25 des bisherigen Eigentümers der in Sammellagerung genommenen Sachen.

Die Regelung des unmittelbaren Anteilserwerbs hat für den Fall besondere Bedeutung, 26 dass der Einlagerer nicht Eigentümer der Sachen war. Der Eigentümer, nicht der Einlagerer, wird in einem solchen Fall Miteigentümer am Sammelbestand. Schließlich folgt aus der Regelung, dass für den Fall des beabsichtigten Anteilserwerbs in der Person eines anderen als des bisherigen Eigentümers eine besondere Übertragung des Miteigentumsanteils oder vorher der Sachen selbst erforderlich ist.

**Umfang des Miteigentums.** Mit dem Zeitpunkt der Einlagerung entsteht Miteigentum 27 der bisherigen Alleineigentümer. Dabei richten sich die Bruchteile nach den eingelagerten Teilmengen, §§ 469 Abs. 2. Da es sich bei der in § 469 Abs. 2 geregelten Sammellagerung um Sachen gleicher Art und Güte handeln muss, ist das Verhältnis der von jedem einzelnen Einlagerer eingelieferten Menge zur gesamten Menge maßgebend. Kommen zu einem bereits bestehenden Sammelbestand neue Güter hinzu, so erwirbt dieser neue Einlagerer einen Miteigentumsanteil, der dem Verhältnis seiner Einlieferung zum gesamten vorhandenen Bestand entspricht. Ausschlaggebend ist der tatsächliche Bestand, nicht der Sollbestand. Der Anteil verringert sich gegenüber der tatsächlich vom Einlagerer dem Lagerhalter übergebenen Menge, wenn später der Gesamtvorrat durch Verluste, sei es durch Untergang, durch Veruntreuung oder durch Aushändigung an Unbefugte, untergeht. Verluste haben die Einlagerer im Verhältnis ihrer Anteile zu tragen.[13]

**§§ 741 f. BGB sind anwendbar.** Auf die Sammellagerung finden die Vorschriften über 28 die Gemeinschaft Anwendung. Die Verwaltung des Miteigentums obliegt nach dem Recht der Bruchteilsgemeinschaft grundsätzlich unmittelbar den Miteigentümern.[14]

---

[12] *Koller* Rn. 3; *Karsten Schmidt*, Festgabe Herber, S. 856, 857.
[13] *Andresen/Valder* Rn. 10.
[14] Vgl. §§ 1008, 744 BGB.

**29**    **Früchte.** Jedem Miteigentümer steht ein seinem Anteil entsprechender Teil der Früchte des Bestandes zu, vgl. § 743 BGB.

**30**    **Verfügungsbefugnis.** Jeder Miteigentümer kann über seinen **Anteil** verfügen. Er kann danach zB seinen Anteil auf einen anderen übertragen, ohne dass hierzu eine Mitwirkung oder Zustimmung des Lagerhalters oder der übrigen Einlagerer geboten ist. Zur Übertragung des Anteils reicht die Einigung zwischen Veräußerer und Erwerber und die Übertragung des mittelbaren Besitzes durch Abtretung des Herausgabeanspruchs gegen den Lagerhalter aus.[15] Die Übertragung richtet sich nach §§ 929 ff. BGB. Eine Verpfändung ist dem Lagerhalter anzuzeigen, § 1205 BGB. *Koller*[16] weist berechtigt darauf hin, dass der **gutgläubige Erwerb des Miteigentumanteils** durch einen Dritten über §§ 932 ff. BGB, 366 problematisch ist, wenn der Einlagerer weder Miteigentümer noch verfügungsberechtigt geworden ist. Der Erwerber wird erst dann Eigentum erlangen, wenn der Lagerhalter gem. § 469 Abs. 3 vorgeht und ausliefert, weiter muss der Erwerber gutgläubig hinsichtlich seiner Miteigentumsstellung gewesen sein und auf die Ermächtigung des § 419 Abs. 2 ist § 366 entsprechend anzuwenden.

**31**    **Aufhebung.** Jeder Miteigentümer kann jederzeit die Aufhebung der Miteigentumsgemeinschaft nach § 749 BGB verlangen. Die Aufhebung erfolgt durch eine Teilung in Natur, § 752 BGB. Diese Form der Auseinandersetzung wird man hier als verdrängt durch § 469 Abs. 3 ansehen müssen.[17] § 985 BGB gibt vor der Aufhebung der Gemeinschaft dem einzelnen Miteigentümer keinen Anspruch auf Auslieferung bestimmter Stücke an sich selbst; denn er ist, solange die Gemeinschaft besteht, nicht allein Eigentümer dieser Stücke.

### IV. Anteilige Auslieferung, Abs. 3

Abs. 3 entspricht der Regelung in § 419 Abs. 2 2. Halbsatz aF.

**32**    **Inhalt.** Nach Abs. 3 kann der Lagerhalter jedem Einlagerer aus dem durch die Vermischung entstandenen Gesamtvorrat den ihm gebührenden Anteil ausliefern, ohne dass er hierzu die Genehmigung der übrigen Einlagerer bedarf. Der Inhalt der Verwaltungsbefugnis des Lagerhalters besteht insoweit darin, dass er den Miteigentumsanteil des Einlagerers am gesamten Sammelbestand in Sondereigentum an dem dem Einlagerer gebührenden und diesem ausgelieferten Teil des Sammelbestandes umwandeln kann und zwar ohne Mitwirken des Einlagerers selbst und der übrigen Einlagerer.

**33**    **Auslieferung.** Die Auslieferung, zu der der Lagerhalter nach § 469 Abs. 3 berechtigt ist, vollzieht sich durch Entnahme eines Teils des Bestandes in Höhe der dem Einlagerer gebührenden Menge und Herausgabe dieses Teils an den Einlagerer. Ist ein **Verlust an dem Bestand** eingetreten, etwa dadurch, dass ein Teil des Gesamtvorrates in Verlust geraten ist (wie zB durch Auslieferung an einen Nichtberechtigten), so darf der Lagerhalter dem einzelnen Einlagerer nur die Menge ausliefern, die der von dieser eingelieferten Menge nach Abzug eines seinem Anteil entsprechenden Teils der in Verlust geratenen Menge entspricht. Liefert er ihm zu viel aus, so hat der Einlagerer die zu viel erhaltene Menge wieder zurück zu geben.[18] Er haftet den späteren Empfängern anteilsmäßig aus ungerechtfertigter Bereicherung. Im Übrigen macht sich der Lagerhalter in einem solchen Fall den übrigen Einlagerern gegenüber ersatzpflichtig, wenn er durch ein schuldhaftes Zuvielausliefern diesen die ihnen gebührende Menge nicht mehr in vollem Umfange zurück geben kann. Auslieferung kann der Einlagerer unter denselben Voraussetzungen verlangen, wie

---

[15]    Heymann/*Herrmann* Rn. 3; anders liegt es bei einem Abtretungsausschluss durch einen Namenslagerschein, BGH 25.5.1979, NJW 1979, 2037. Wird eine bei einem Lagerhalter eingelagerte Ware durch Einigung und Abtretung des Herausgabeanspruchs übereignet, so schützt § 934 BGB nicht den guten Glauben daran, dass der abzutretende Herausgabeanspruch nicht in einem Namenslagerschein verbrieft und unter eine die Abtretung erschwerende Vereinbarung getroffen worden ist; vgl. hierzu auch OLG Hamburg 17.5.1990, VersR 1991, 361 = TranspR 1990, 445 und OLG Hamburg 26.7.1990, VersR 1991, 363 = TranspR 1990, 447.

[16]    Staub/*Koller* § 419 Rn. 10.

[17]    Staub/*Koller* § 419 Rn. 13; *Koller* Rn. 4; Fremuth/Thume/*Teutsch* Rn. 8.

[18]    *Koller* Rn. 4 und 5.

er Rückgabe des Gutes verlangen kann. Ebenso wie der Lagerhalter bei der Sammellagerung ohne Genehmigung der übrigen Einlagerer einem Einlagerer den ihm gebührenden Anteil ausliefern kann, kann er, wenn er selbst Miteigentümer am Gesamtvorrat ist, die ihm gebührende Menge entnehmen. Der Lagerhalter kann weiterhin den einem Einlagerer gebührenden Anteil einem Dritten, der dem Einlagerer gegenüber befugt ist, das Gut in unmittelbaren Besitz zu nehmen, ausliefern. Das gilt nicht nur für den Fall, dass der Einlagerer seinen Auslieferungsanspruch abgetreten hat, sondern auch für den Fall, dass einem Dritten ein kraft Rechtsgeschäftes oder kraft Gesetzes entstandenes Recht an dem Anteil zusteht, das ihn zur Entnahme des Gutes berechtigt.

**Folgen der Auslieferung.** Die Folge der Auslieferung ist, dass durch die Vermischung **34** entstandenes Miteigentum des Einlagerers am Gesamtvorrat sich wieder in **Sondereigentum** an der ausgelieferten Menge umwandelt. Die hM vertritt die Ansicht, dass der Lagerhalter, der dem Einlagerer den ihm gebührenden Anteil ausliefert, in rechtsgeschäftlicher Form dem Einlagerer Alleineigentum verschafft. Die Aushändigung wird als **rechtsgeschäftliche Verfügung** angesehen, zu der der Lagerhalter kraft des § 469 Abs. 3 ohne besondere Einwilligung ermächtigt ist.[19] *Koller* hält diesen Ansatz unter mehreren Aspekten für fragwürdig.[20] *Karsten Schmidt*[21] stellt eine andere theoretische Deutung des Erwerbsvorgangs zur Diskussion: Zu erwägen sei, den Erwerbstatbestand als einen gesetzlichen und die dem Lagerhalter gestattete Auslieferung nur als Tatbestandsmerkmal für den **kraft Gesetzes eintretenden Eigentumserwerb** anzusehen. Der hM ist zu folgen. Dabei mag es sein Bewenden haben mit den Worten von *Karsten Schmidt*[22] hierzu: die einleuchtende und unscheinbare Regelung der Ermächtigung in § 469 Abs. 3 enthält knifflige Rechtsprobleme, die in der kaufmännischen Praxis gottlob selten auftreten werden. Liefert der Lagerhalter irrtümlich an einen Falschen aus, dh. an jemanden, der weder Miteigentümer ist noch einen Auslieferungsanspruch hat, so kommt es für die Frage, ob dieser Eigentümer wird, darauf an, ob eine ordnungsmäßige Einigung und Übergabe zwischen dem Lagerhalter und dem Empfänger zustande gekommen ist. Ist dies der Fall, so erwirbt der Empfänger das Eigentum.[23]

**Sonstige Verwaltungsbefugnisse,** die zu einer Verringerung des Gesamtvorrats und **35** damit zu einer Verkürzung der Anteile der Miteigentümer führen, stehen dem Lagerhalter neben dem Auslieferungsrecht nicht zu. Er darf keinerlei Handlungen bei der Verwaltung des Gesamtvorrats ausführen oder dulden, die zu einer Verkürzung der Anteile führen. Nimmt er gleichwohl derartige Handlungen vor, so haftet er über § 475. Verwaltungsbefugnisse, die **nicht zu einer Verkürzung der Anteile** führen, stehen dem Lagerhalter hinsichtlich des Gesamtvorrates auch bei der Sammellagerung zu. So kann er von sich aus zur Sonderlagerung übergehen, den Gesamtvorrat aufteilen und für jeden Einlagerer die auf ihn entfallende Menge gesondert lagern. Ist Sammellagerung vereinbart, so darf er jedoch auch dann nur die geringeren Kosten der Sammellagerung berechnen, es sei denn, dass ein Fall der §§ 692, 693 BGB vorliegt und die Änderung der Verwahrungsart als im Interesse des Einlagerers liegend erscheint. Zu den Verwaltungsbefugnissen, die dem Lagerhalter auch bei der Sammellagerung zustehen, gehören im Einzelnen auch die technische Durchführung der Lagerung, die Bestimmung des Platzes in seinen Lagerräumen und ähnliche Maßnahmen.

**Verwaltungsbefugnis bei unzulässiger Sammellagerung.** Die Verwaltungsbefugnis **36** nach § 469 Abs. 3 steht dem Lagerhalter nur zu, wenn es sich um eine nach § 469 Abs. 1 zulässige Sammellagerung handelt. Werden nicht vertretbare Sachen vermischt, oder liegt die ausdrückliche Gestattung der Einlagerer nicht vor, ist aber durch Vermischung nach

---

[19] Baumbach/Hopt/*Merkt* Rn. 4; Heymann/*Herrmann* Rn. 1; vgl. hierzu auch *Karsten Schmidt* HandelsR § 34 VI 2 a.

[20] Staub/*Koller* § 419 Rn. 16 ff.; *Koller* Rn. 4.

[21] *Karsten Schmidt* HandelsR § 34 VI 2 b; *ders.*, GS Helm, S. 858–860.

[22] *Karsten Schmidt* HandelsR § 34 VI 2 c; *ders.*, GS Helm, S. 863, 864.

[23] AA Staub/*Koller* § 419 Rn. 16d; *Koller* Rn. 4.

§ 948 BGB Miteigentum der verschiedenen Einlagerer eingetreten, so gelten ausschließlich die §§ 741 ff. BGB; insbesondere gilt § 749 BGB: Jeder Miteigentümer kann jederzeit die Aufhebung der Gemeinschaft verlangen.

37    Auch mit dem TRG hat der Gesetzgeber die Streitfrage nicht entschieden, ob der Lagerhalter, der dem Einlagerer den ihm gebührenden Anteil vom Gesamtbestand der vermischten Güter ausliefert, dem Einlagerer in **rechtsgeschäftlicher Form Alleineigentum** verschafft oder ob darin ein **kraft Gesetzes eintretender Eigentumserwerb** an der ausgelieferten Sache liegt. Die Kommission und der Gesetzgeber hielten das nicht für erforderlich. Auch wenn Abs. 3 lediglich die Befugnis des Lagerhalters zur Auslieferung entsprechender Bruchteile ausspreche, so korrespondiere dieser Befugnis nach allgemeinem Miteigentumsrecht, § 1011 BGB, bei einem teilbaren Herausgabeanspruch ein entsprechendes Recht des Einlagerers auf Auslieferung dieses Anteils.

## § 470 Empfang des Gutes

**Befindet sich Gut, das dem Lagerhalter zugesandt ist, beim Empfang in einem beschädigten oder mangelhaften Zustand, der äußerlich erkennbar ist, so hat der Lagerhalter Schadensersatzansprüche des Einlagerers zu sichern und dem Einlagerer unverzüglich Nachricht zu geben.**

## I. Normzweck

1    Die Vorschrift regelt die besondere Pflicht des Lagerhalters, Schadensersatzansprüche des Einlagerers zu sichern, wenn ihm Gut angeliefert wird, dass sich äußerlich erkennbar in einem beschädigten oder mangelhaften Zustand befindet. Die Bestimmung entspricht im wesentlichen § 388 Abs. 1. Dabei umfasst der Begriff der Anspruchssicherung nicht nur die **Rechtswahrung,** sondern auch die **Beweissicherung.**[1] Aus allgemeinen Grundsätzen ergibt sich, dass der Lagerhalter dann schadensersatzpflichtig ist, wenn er dieser Pflicht nicht nachkommt.

2    Auch im vorvertraglichen Bereich kann sich diese besondere Pflicht des Lagerhalters ergeben, vgl. **§ 311 Abs. 2 BGB.** Bei Übersendung des Gutes vor Vertragsabschluss unterliegt der Lagerhalter dieser Vorschrift, sobald er das Gut entgegen nimmt. Im Verhältnis zum Eigentümer des Gutes bestehen derartige (quasi-)vertragliche Ansprüche nicht. Aus der Stellung des gewerblichen Lagerhalters folgt jedoch, dass er auch gegenüber dem mit dem Einlagerer nicht identischen Eigentümer des Gutes verantwortlich ist, sofern es in seine Obhut gelangt ist. Die dadurch begründete **Fürsorgepflicht** erlegt ihm auf, dieses Gut mit der Sorgfalt eines ordentlichen Kaufmannes aufzubewahren und zu behandeln und zwar auch dann, wenn mit dem Eigentümer des Gutes vertragliche Beziehungen nicht bestehen. Dabei kann es aber durchaus sein, dass sich der Eigentümer die zwischen dem Einlagerer und dem Lagerhalter vereinbarten Haftungsbeschränkungen entgegen halten lassen muss.[2] Im Schrifttum und in der Rechtsprechung besteht nämlich seit langem die übereinstimmende Meinung, dass sich der Eigentümer vertragliche Haftungsbeschränkungen entgegen halten lassen muss, wenn er weiß oder den Umständen nach damit rechnen muss, dass sein Eigentum zwecks Durchführung der von ihm gewollten Beförderung und/oder Lagerung einem Spediteur übergeben wird, der nach den ADSp arbeitet oder einem Frachtführer oder einem Lagerhalter, deren besondere Geschäftsbedingungen er kennt oder mit denen er rechnen muss.

3    Ist der Einlagerer bei der Empfangnahme des Gutes durch den Lagerhalter anwesend, muss er die äußerlich erkennbaren Mängel **selbst kennen** und die geeigneten Maßnahmen

---

[1]  *Koller* Rn. 2; *Andresen/Valder* Rn. 2, *Hartenstein/Reuschle/Köper* Kap. 8 Rn. 72.
[2]  BGH 6.7.1995, NJW 1995, 2991= TranspR 1996, 23; BGH 12.7.1974, NJW 1974, 2177, 2178; BGH 17.11.1980 = VersR 1981, 229; BGH 10.5.1984, TranspR 1984, 283 = VersR 1984, 932; BGH 21.12.1993 = ZIP 1994, 480 = DB 1994, 634.

treffen. § 470 ist dann nicht anzuwenden. Ebenso greift § 470 nicht ein, wenn der Einlagerer das Gut selbst anliefert.[3]

Die Vorschrift entspricht im Kern § 388 Abs. 1 und findet, was die Sicherung von Scha- 4 densersatzansprüchen des Versenders betrifft, eine Parallele im Speditionsrecht, § 454 Abs. 1 Nr. 3.

## II. Pflichten beim Empfang des Gutes

**1. Bei der Empfangnahme.** Durch die gewählte Formulierung: „das dem Lagerhalter 5 zugesandt wird" ist klargestellt, dass die Pflichten des Lagerhalters aus § 470 erst in dem Moment eingreifen, in dem ihm die Güter von einem Transportunternehmer tatsächlich angeliefert werden. Der Lagerhalter kann sich dieser Verpflichtung dadurch entziehen, dass er die Annahme des Gutes ablehnt. Wurde bereits ein Lagervertrag geschlossen, so hat der Lagerhalter die Pflicht, sich den vollen Gewahrsam an dem an ihn gelieferten und von ihm zu verwahrenden Gut zu verschaffen, dh. das Gut entgegen zu nehmen. Wird dem Lagerhalter Gut angeliefert, über dessen Einlagerung noch **kein Vertrag** geschlossen worden ist, so ist er **nicht verpflichtet,** dieses Gut anzunehmen. Er muss jedoch, wenn er mit dem Einlagerer in Geschäftsbeziehung steht oder wenn er sich ihm gegenüber zur Besorgung von Lagergeschäften erboten hat, unverzüglich den in der Zusendung des Gutes liegenden **Antrag ablehnen;** sein Schweigen kann als Annahme des Antrags gelten, § 362 Abs. 1. Nimmt er nun das bei ihm ankommende Gut an, so gilt § 362 Abs. 2. Er hat das Gut mit der Sorgfalt eines ordentlichen Lagerhalters einstweilen vor Schaden zu bewahren. Das folgt aus der ihm obliegenden Obhutpflicht hinsichtlich fremden Eigentums aufgrund seiner Stellung als gewerblicher Lagerhalter.[4]

**2. Pflichteninhalt.** Der Lagerhalter ist zunächst verpflichtet, das Gut mit zumutbarem 6 Aufwand auf äußerlich erkennbare Beschädigungen oder Mängel **zu prüfen.**[5] Anderenfalls kann er seinen nachgelagerten Pflichten nicht genügen. Als geschäftsüblich ist die Überprüfung der zur Einlagerung übernommenen Ware auf Verpackungsschäden anzusehen, da solche auf dem Transport zur Einlagerung auftreten können und der Kontrolle des Auftraggebers für die Einlagerung häufig entzogen sind, nicht aber eine Überprüfung hinsichtlich der Richtigkeit der Verpackung.[6] Neben Transportschäden kann es sich auch um erkennbare Qualitätsmängel handeln oder um ein echtes aliud im Verhältnis zum vertraglich vereinbarten Gut;[7] der Begriff Mängel und Beschädigungen ist in § 470 somit weiter als im Gewährleistungsrecht. Eine Verpflichtung, das Gut auf äußerlich nicht erkennbare Mängel zu untersuchen, besteht für den Lagerhalter nicht. Anders nur, wenn eine entsprechende Absprache mit dem Einlagerer getroffen worden ist, vgl. **Ziff. 4 ADSp '03.**

Stellt der Lagerhalter Mängel der in § 470 geschilderten Art fest, trifft ihn eine **Rechts-** 7 **wahrungspflicht.** Er hat die Rechte des Einlagerers gegen den Schädiger (idR der anliefernde Frachtführer) zu wahren. Die Pflicht umfasst zunächst die Feststellung der Schäden, ggf. durch ein selbständiges Beweissicherungsverfahren nach §§ 485 ff. ZPO oder durch einen beauftragten Havariekommissar. Weiter hat der Lagerhalter den Einlagerer unverzüglich (§ 121 BGB) vom Ergebnis seiner Feststellungen zu unterrichten, um eine Anspruchsverjährung zu vermeiden. Der Lagerhalter ist nur zu einstweiligen Maßnahmen verpflichtet, nämlich zu solchen rechtserhaltenden und beweissichernder Art. Seine Aufwendungen kann der Lagerhalter nach § 474 ersetzt verlangen. Zu rechtsverwirklichenden Maßnahmen ist er grundsätzlich nicht verpflichtet, dh. er muss den entstandenen Schaden nicht gegenüber dem Frachtführer oder dem sonst ihn Anliefernden verfolgen. Vertraglich kann etwas ande-

---

[3] *Koller* Rn. 2; Fremuth/Thume/*Teutsch* Rn. 2.
[4] BGH 28.4.1953, BGHZ 9, 301, 304.
[5] Staub/*Koller* § 417 Rn. 4.
[6] OLG Hamm 9.10.1997, TranspR 2000, 87.
[7] Staub/*Koller* § 417 Rn. 3; *Koller* Rn. 2.

res vereinbart werden. Kommt er diesen Verpflichtungen nicht nach, so ist er dem Einlagerer zum Ersatz des daraus entstehenden Schadens verpflichtet.

8 Die Pflichten aus § 470 werden durch **Ziff. 4 ADSp '03** nicht eingeschränkt. Die ADSp '03 sprechen zwar in Ziff. 1 eine generelle Verpflichtung des Spediteurs/Lagerhalters aus, das Interesse des Auftraggebers wahrzunehmen. Andererseits ist er nach Ziff. 4.1.2 zur Verwiegung, Untersuchung, Erhaltung oder Besserung des Gutes und seiner Verpackung nur im Rahmen des Geschäftsüblichen verpflichtet.[8] **Ziff. 4 ADSp '03** verstößt nicht gegen § 307 Abs. 1 BGB.[9]

9 Nach **§ 5 Ziffer 7 Abs. 1 HLB '06** vermerkt der Lagerhalter äußerlich erkennbare Schäden an den Gütern oder ihrer Verpackung auf der Einlagerungsanzeige und/oder dem Lagerschein.

## § 471 Erhaltung des Gutes

(1) [1]**Der Lagerhalter hat dem Einlagerer die Besichtigung des Gutes, die Entnahme von Proben und die zur Erhaltung des Gutes notwendigen Handlungen während der Geschäftsstunden zu gestatten. [2]Er ist jedoch berechtigt und im Falle der Sammellagerung auch verpflichtet, die zur Erhaltung des Gutes erforderlichen Arbeiten selbst vorzunehmen.**

(2) [1]**Sind nach dem Empfang Veränderungen an dem Gut entstanden oder zu befürchten, die den Verlust oder die Beschädigung des Gutes oder Schäden des Lagerhalters erwarten lassen, so hat der Lagerhalter dies dem Einlagerer oder, wenn ein Lagerschein ausgestellt ist, dem letzten ihm bekannt gewordenen legitimierten Besitzer des Scheins unverzüglich anzuzeigen und dessen Weisungen einzuholen. [2]Kann der Lagerhalter innerhalb angemessener Zeit Weisungen nicht erlangen, so hat er die angemessen erscheinenden Maßnahmen zu ergreifen. [3]Er kann insbesondere das Gut gemäß § 373 verkaufen lassen; macht er von dieser Befugnis Gebrauch, so hat der Lagerhalter, wenn ein Lagerschein ausgestellt ist, die in § 373 Abs. 3 vorgesehene Androhung des Verkaufs sowie die in Absatz 5 derselben Vorschriften vorgesehenen Benachrichtigungen an den letzten ihm bekannt gewordenen legitimierten Besitzer des Lagerscheins zu richten.**

### Übersicht

| | Rn. | | Rn. |
|---|---|---|---|
| I. Normzweck | 1–5 | V. Unverzügliche Anzeige und Einholung von Weisungen, Abs. 2 | 16–24 |
| II. Besichtigung des Gutes, Abs. 1 | 6–8 | VI. Haftung des Lagerhalters bei Verstoß gegen die Pflichten aus § 471 | 25 |
| III. Entnahme von Proben, Abs. 1 | 9–11 | VII. Regelung in den ADSp und anderen AGB | 26–31 |
| IV. Notwendige Handlungen zur Erhaltung des Gutes, Abs. 1 | 12–15 | | |

## I. Normzweck

1 Auch wenn sich das Gut in der Obhut des Lagerhalters befindet, hat der Einlagerer in mehrfacher Hinsicht ein **berechtigtes Interesse, Zugang** zum dort lagernden Gut zu erhalten. Dem Einlagerer muss die Möglichkeit gegeben sein, sich durch eine Besichtigung über das Gut im Allgemeinen zu informieren: Art der Lagerung, Zustand des Gutes, Besichtigung mit Interessenten für das Gut. Für das Überprüfen des Zustandes des Gutes oder für beabsichtigte Verkäufe kann das Ziehen von Proben notwendig sein und schließlich können Erhaltungsmaßnahmen geboten sein. Abs. 1 Satz 1 ist wörtlich übernommen aus § 418 aF.

---

[8] Bei selbständiger Abrede über die Verpackungsleistung findet auf diese Werkvertragsrecht Anwendung, BGH 13.9.2007, TranspR 2007, 477 = MDR 2008, 219 L.
[9] *Koller* Ziff. 4 ADSp Rn. 1.

Der Lagerhalter hat diese Tätigkeiten des Einlagerers nur zu **gestatten,** es besteht mithin **2** für ihn grundsätzlich **keine Mitwirkungspflicht.** Es handelt sich um eine Kardinalpflicht des Lagerhalters.[1] Sie kann wohl durch eine einzelvertragliche Abrede beschränkt und näher geregelt werden, der Lagerhalter kann diesen Anspruch jedoch nur in engen Grenzen völlig ausschließen.[2]

Der Anspruch gründet sich auf den Lagervertrag, steht aber dem Einlagernden auch dann **3** zu, wenn für ihn bereits vor Abschluss eines solchen Vertrages Gut bei dem Lagerhalter angekommen ist, das bei diesem weiter gelagert werden soll. Er steht dem Einlagerer auch dann zu, wenn es sich um ein **faktisches Lagerverhältnis** handelt, zB dann, wenn der Vertrag aus irgendwelchen Gründen nichtig oder schwebend unwirksam ist. In solchen Fällen kann aber dem Begehren des Einlagerers auf Besichtigung des Gutes ein Anspruch des Lagerhalters auf Rücknahme des Gutes entgegen gesetzt werden.[3]

Dem Eigentümer des Gutes als solchem steht, wenn er nicht personengleich mit dem **4** Einlagerer ist, der Anspruch auf Gestattung der genannten Maßnahmen nicht zu.

Der Einlagerer ist berechtigt, zur Besichtigung und Probeentnahme **einen anderen zu 5 ermächtigen,** der diese Rechte dann im Namen des Einlagerers geltend machen kann. Für ein Verschulden solcher Personen bei der Ausübung dieser Rechte haftet der Einlagerer in Anwendung des § 278 BGB.

## II. Besichtigung des Gutes, Abs. 1

Der Einlagerer kann von dem Lagerhalter verlangen, dass dieser ihm, seinen Begleitperso- **6** nen oder Beauftragten die Besichtigung des Gutes gestattet. Er muss das Gut in Augenschein nehmen können. Hierzu gehört, dass der Lagerhalter dem Einlagerer oder dem von diesem Beauftragten den Ort der Lagerung des Gutes angibt, den **Zutritt zu den Lagerräumen** gewährt, dort das Gut vorweist und die sonstigen Handlungen und Vorkehrungen trifft, die zur Ermöglichung einer ordnungsmäßigen Besichtigung erforderlich sind. Das Recht zur Besichtigung wird nicht schlechthin dadurch ausgeschlossen, dass der Lagerhalter aufgrund insoweit getroffener besonderer Vereinbarungen selbst für die Erhaltung des Gutes zu sorgen hat, so dass also eine Besichtigung durch den Einlagerer mit dem Ziel, festzustellen, ob Erhaltungsmaßnahmen erforderlich sind, nach Ansicht des Lagerhalters nicht geboten erscheint. Denn durch das Besichtigungsrecht soll dem Einlagerer nicht nur die Möglichkeit gegeben werden, sich über den derzeitigen Zustand des Gutes zu vergewissern, namentlich über die Art der Lagerung, und daraus die entsprechenden Folgerungen zu ziehen. Das Besichtigungsrecht soll vielmehr den Einlagerer auch in die Lage versetzen, das Gut Dritten vorweisen zu können, etwa einem anderen, mit dem er über den Verkauf des Gutes verhandelt. Der Einlagerer darf auch das Gut zusammen mit anderen Personen, die er hinzuzieht, besichtigen.

Der Anspruch auf Gestattung der Besichtigung kann von dem Einlagerer nur in einem **7** nach **Treu und Glauben** mit Rücksicht auf die Verkehrssitte zu bestimmenden Umfang geltend gemacht werden. Namentlich kann der Einlagerer ihn nicht so geltend machen, dass durch die Ausübung des Besichtigungsrechts der ordnungsmäßige Geschäftsbetrieb in den Räumen des Lagerhalters ungebührlich beeinträchtigt werden würde. Dies gilt sowohl für die Zeit der Besichtigung, das Gesetz beschränkt sie auf die Geschäftsstunden, wie für die Häufigkeit der Besichtigungen und ihre zeitliche Ausdehnung.[4]

**Vertraglich** kann das Besichtigungsrecht des Einlagerers weiter eingeschränkt werden, **8** etwa auf bestimmte Tagesstunden oder auf Besichtigungen nur in bestimmten Zeitabständen (vgl. **Ziff. 15.3 ADSp '03**). Ein gänzlicher Ausschluss oder eine nach Lage der Sache ungebührliche Beschränkung des Besichtigungsrechts muss aber als mit dem gedanklichen

---

[1] *Koller* Rn. 2; Staub/*Koller* § 418 Rn. 1, *Hartenstein/Reuschle/Köper* Kap. 8 Rn. 56.
[2] Staub/*Koller* § 418 Rn. 1; *Koller* Rn. 2; Heymann/*Herrmann* Rn. 5.
[3] Einschränkend: Staub/*Koller* § 418 Rn. 10.
[4] *Koller* Rn. 3; Heymann/*Herrmann* Rn. 1; Andresen/*Valder* Rn. 5; Baumbach/Hopt/*Merkt* Rn. 1; Staub/*Koller* § 418 Rn. 2.

Inhalt des Lagergeschäftes im Widerspruch stehend und deshalb als unwirksam angesehen werden, zumal es sich um eine Kardinalpflicht handelt.[5] Auch dem Lagerhalter obliegt aufgrund des Lagergeschäftes die ständige Überprüfung des Gutes daraufhin, dass das Gut nicht während der Lagerung Schäden erleidet.[6] Die Vornahme von gefahrvorbeugenden oder gefahrbeseitigenden Arbeiten an der Ware selbst obliegt ihm in der Regel jedoch nicht. Die Kontrollpflicht als Ausdruck der allgemeinen Obhutspflicht und die dadurch ausgelöste Benachrichtigungspflicht entfällt nicht durch die dem Einlagerer nach § 471 Abs. 1 eingeräumten Rechte zur Gütererhaltung.

### III. Entnahme von Proben, Abs. 1

9　　Eine **Probe** ist eine kleine Menge des Gutes, welche gegenüber der eingelagerten Gesamtmenge nicht ins Gewicht fällt.[7] Der Einlagerer kann von dem Lagerhalter verlangen, dass dieser ihn Proben aus dem Gut entnehmen lässt. Das Recht zur Probeentnahme wird in der Regel nur dann praktisch, wenn das Gut aus einer Menge gleichartiger vertretbarer Sachen besteht. Dann können Teile dieser Warenmenge von dem Einlagerer entnommen werden, sei es zu dem Zweck, aus der Probe die Beschaffenheit des Gutes durch den Einlagerer selbst prüfen zu lassen, sei es zu dem Zweck, die Probe Dritten vorzulegen. Der Entnahme von Proben kann der Lagerhalter auch nicht aufgrund seines **Pfandrechts** widersprechen.[8] Voraussetzung ist aber, dass es sich tatsächlich nur um die Entnahme von Proben handelt. Teile des Gutes, die wirtschaftlich gesehen nicht nur die Bedeutung einer Probe haben, darf der Einlagerer gegen den Widerspruch des Lagerhalters als Pfandgläubiger nicht entnehmen, es sei denn, dass er vorher die durch das Pfandrecht gesicherten Ansprüche des Lagerhalters befriedigt hat.

10　　Auch den Anspruch auf Probeentnahme kann der Einlagerer nur in einem nach **Treu und Glauben** zu bestimmenden Umfang und nur in den Geschäftsstunden geltend machen.

11　　Durch den Lagervertrag oder eine besonders geschlossene Vereinbarung zwischen dem Einlagerer und dem Lagerhalter kann auch bestimmt sein, dass der **Lagerhalter die Proben zu entnehmen** und sie dem Einlagerer oder einem von diesem bezeichneten Dritten auszuhändigen hat. Einen solchen Auftrag hat der Lagerhalter ebenfalls mit der Sorgfalt eines ordentlichen Lagerhalters auszuführen. Er haftet aufgrund des Vertrages dem Einlagerer, wenn er den Auftrag nicht, nicht rechtzeitig oder nicht gehörig ausführt.

### IV. Notwendige Handlungen zur Erhaltung des Gutes, Abs. 1

12　　Die Erhaltung des Gutes während der Lagerzeit ist grundsätzlich **Sache des Einlagerers**. Deshalb räumt § 471 Abs. 1 Satz 1 dem Einlagerer die Befugnis ein, von dem Lagerhalter die Gestattung der zur Erhaltung des Gutes notwendigen Handlungen zu verlangen.

13　　Hierzu kann der Einlagerer namentlich die **Lagerräume betreten** und auch Beauftragte in diese entsenden. Zu den zur Erhaltung des Gutes notwendigen Handlungen im Sinne des § 471 Abs. 1 Satz 1 gehören aber nicht Handlungen, die der Lagerhalter aufgrund des Vertrages vorzunehmen hat, namentlich die Lagerung des Gutes selbst.[9] § 471 Abs. 1 Satz 1 betrifft vielmehr nur solche Handlungen, die Sache des Einlagerers sind. Unter Berufung auf die Vorschrift kann daher der Einlagerer nicht die dem Lagerhalter als solchem zustehenden Handlungen selbst ausführen, zB nicht die Verlagerung des Gutes an einen anderen Platz in den Lagerräumen des Lagerhalters. Im Übrigen erschöpft sich der Anspruch des Einlagerers auf Gestattung der Handlungen. Der Lagerhalter ist namentlich nicht verpflichtet, Werkzeuge und Hilfskräfte für die Bewirkung dieser Handlungen dem Einlagerer zur Verfügung zu stellen. Im Übrigen sind zur Erhaltung notwendige Handlungen nur solche, die der

---

[5] Heymann/*Herrmann* Rn. 5; Fremuth/Thume/*Teutsch* Rn. 4; Staub/*Koller* § 418 Rn. 1.
[6] Vgl. § 467 Rn. 17; einschränkend: *Koller* Rn. 2, § 467 Rn. 8; Heymann/*Herrmann* Rn. 3.
[7] Staub/*Koller* § 418 Rn. 3; Fremuth/Thume/*Teutsch* Rn. 7.
[8] *Koller* Rn. 4; Andresen/*Valder* § 467 Rn. 8; einschränkend: Fremuth/Thume/*Teutsch* Rn. 8.
[9] *Koller* Rn. 5; Fremuth/Thume/*Teutsch* Rn. 8; Heymann/*Herrmann* Rn. 4.

Substanzerhaltung dienen. Maßnahmen der Be- oder Verarbeitung, Sortierung, besondere Kennzeichnung oder Umverpackung können nicht gefordert werden.

Auch der Anspruch auf Gestattung der zur Erhaltung des Gutes notwendigen Handlun- 14 gen kann nur nach **Treu und Glauben** geltend gemacht werden. Die Handlungen selbst braucht sich der Lagerhalter nur während der am Ort der Lagerung **üblichen Geschäfts- stunden** gefallen zu lassen, es sei denn, dass ausnahmsweise zur Abwendung unmittelbar drohender Gefahren eine Ausdehnung dieser Handlungen zeitlich auch über die gewöhnli- chen Geschäftsstunden hinaus geboten ist.[10]

Nach Abs. 1 Satz 2 ist der Lagerhalter berechtigt und im Falle der **Sammellagerung** 15 (§ 469) auch **verpflichtet,** die zur Erhaltung des Gutes erforderlichen Arbeiten selbst (bzw. durch seine Angestellten) vorzunehmen. Dabei liegt die Betonung auf dem Wort ‚berech- tigt‘, was gleichzeitig bedeutet, dass den Lagerhalter, liegt keine Sammellagerung vor, keine Pflicht zur Selbstausführung trifft. Die Verpflichtung im Fall der Sammellagerung erklärt sich dadurch, dass die Pflege des Gesamtbestandes nicht einem einzelnen Einlagerer überlas- sen werden kann, der nur Miteigentümer nach Bruchteilen ist. Führt der Lagerhalter die Arbeiten selbst aus, erübrigt sich seine Verpflichtung zur Gestattung der notwendigen Erhal- tungshandlungen des Einlagerers.

## V. Unverzügliche Anzeige und Einholung von Weisungen, Abs. 2

Den Lagerhalter trifft die Pflicht zur **unverzüglichen (§ 121 BGB) Anzeigenerstat-** 16 **tung,** wenn sich an dem Gut Schäden zeigen. Die Benachrichtigungspflicht ergänzt inso- weit die allgemeine Obhutspflicht, zu deren Inhalt auch die **regelmäßige Überprüfung** der Lagerbedingungen auf ihre Angemessenheit und des Gutes auf seinen Zustand gehören. Der Lagerhalter muss das Gut während der Lagerzeit auf den Eintritt von Veränderungen, die eine Entwertung befürchten lassen, überwachen. Die Anzeigepflicht greift nicht erst dann ein, wenn bereits Veränderungen an dem Gut eingetreten sind, sondern schon dann, wenn solche **zu befürchten** sind. Diese müssen keinesfalls dazu führen, dass die Ware völlig entwertet wird. Der Eintritt der Veränderungen muss bei einer mit der gehörigen Sorgfalt durchgeführten Überwachung erkennbar sein. Es genügt, dass eine Beschädigung des Gutes zu erwarten ist. Ist der Eintritt der Veränderung für den Lagerhalter bei Anwen- dung der gebotenen Sorgfalt erkennbar gewesen, so kann er sich auf ein Nichterkennen nicht berufen. Dabei ist auf den Einzelfall abzustellen.

Die **Form** der Anzeige ist **nicht vorgegeben.** Zweckmäßigerweise wird sich der Lager- 17 halter einer beweisbaren Form bedienen.

Gleichzeitig trifft den Lagerhalter bei einem zu erwartenden **Schadenseintritt** die wei- 18 tergehende Pflicht, **Weisungen einzuholen.** Dem liegt folgende Überlegung zu Grunde:[11] Da der Einlagerer im Normalfall besser als der Lagerhalter die Folgen von Veränderungen des eingelagerten Gutes beurteilen kann, wird mit dem Einholen der Weisung sichergestellt, dass im Einzelfall sachgerecht und den Interessen des Einlagerers gemäß auf die Veränderung am Gut reagiert werden kann. Da der Lagerhalter regelmäßig nicht über ausreichende Warenkenntnis verfügt, ist er grundsätzlich **nicht verpflichtet,** das Gut in irgendeiner Weise **zu behandeln,** zB zu trocknen, von Ungeziefer zu befreien uÄ.[12] Treffen aber die Parteien eines Lagervertrags besondere Abreden über bestimmte einzelne Pflichten des Lagerhalters (so das Heruntertrocknen von Getreide auf einen bestimmten Feuchtigkeitsge- halt), so bemisst sich der dem Lagerhalter obliegende Pflichtenkreis nach dieser vertraglichen Vereinbarung.[13]

Da es dem berechtigten Interesse des Lagerhalters entspricht, sich auch dann an den 19 Einlagerer zu wenden und von dort Weisungen einzuholen, wenn vom Gut ausgehende Schäden **ihn selbst treffen oder erkennbar treffen können,** umfasst Abs. 2 Satz 1 auch

---

[10] Staub/*Koller* § 418 Rn. 2, 4; *Koller* Rn. 3.
[11] Begründung zum Regierungsentwurf des TRG, BT-Drucks. 13/8445 S. 120.
[12] *Koller* Rn. 5; Staub/*Koller* § 418 Rn. 4.
[13] BGH 13.2.1992, TranspR 1994, 230 f. = NJW-RR 1992, 990, 991.

diesen Tatbestand. Unterlässt der Lagerhalter in einem solchen Fall gebotene Maßnahmen, verliert er seine Ansprüche an den Einlagerer wegen der durch das Gut verursachten Schäden.[14]

20      Bei Abs. 2 Satz 1 ist zu beachten, dass die bloße **Umlagerung** des Lagergutes eine Anzeigepflicht des Lagerhalters gegenüber dem Einlagerer nicht auslöst. Da eine Umlagerung, die mit keinerlei Veränderungen verbunden ist, innerhalb der Dispositionsbefugnis des Lagerhalters liegt, muss er sie dem Einlagerer nicht anzeigen. Das betrifft natürlich nicht die Einlagerung bei einem Dritten, da insoweit § 472 Abs. 2 eine ausdrückliche Regelung enthält.

21      Eine ähnliche Anordnung zum Einholen von Weisungen für den Frachtführer findet sich in § 419 Abs. 1 Satz 1, wenn ein Ablieferungshindernis auftritt.

22      Wenn es dem Lagerhalter nicht möglich ist, innerhalb einer angemessenen Zeit Weisungen vom Einlagerer oder vom Inhaber des Lagerscheins zu erhalten, so hat er nach Abs. 2 Satz 2 die Möglichkeit, die ihm **angemessen erscheinenden Maßnahmen** zu ergreifen. Damit findet sich hier wiederum eine Regelung wieder, die für den Frachtführer in § 419 Abs. 3 Satz 1 enthalten ist. Wie im Frachtrecht gilt der gleiche Maßstab. Es ist weder allein darauf abzustellen was dem Lagerhalter aus seiner Sicht angemessen erscheint, noch darauf, was der Einlagerer bzw. Inhaber des Lagerscheins mutmaßlich veranlasst hätte. Vielmehr ist im Wege einer objektiven ex-post-Kontrolle zu ermitteln, welche Maßnahme für das Gut selbst am Angebrachtesten gewesen wäre.[15]

23      Zu den vom Lagerhalter vorzunehmenden Maßnahmen gehört nach Abs. 2 Satz 3 auch das Recht, das eingelagerte Gut gem. **§ 373 im Wege des Selbsthilfeverkaufs** zu verwerten. Dabei muss sichergestellt sein, dass eine solche Verwertung angemessen ist. Denn im Zweifelsfall wird ein derartiger Verkauf für den Einlagerer/Eigentümer ein Verlustgeschäft mit enteignender Wirkung sein. Es muss davon ausgegangen werden, dass aller Wahrscheinlichkeit nach nur der Bruchteil des eigentlichen Marktwertes erzielt wird. Eine Angemessenheitskontrolle ist weiter deswegen geboten, weil mit dem Verkauf ein Eigentumsverlust verbunden ist, der schon aus verfassungsrechtlichen Gründen strengen Voraussetzungen unterliegen muss.

24      In Abs. 2 Satz 3 ist ausdrücklich aufgenommen worden, dass der Lagerhalter die in § 373 Abs. 3 vorgesehene Androhung und die nach Abs. 5 vorgeschriebene Benachrichtigung an den letzten ihm bekannten **Lagerscheininhaber** zu richten hat.

## VI. Haftung des Lagerhalters bei Verstoß gegen die Pflichten aus § 471

25      Verletzt der Lagerhalter die ihn nach § 471 treffenden Verpflichtungen, so ist er aufgrund des Lagervertrages dem Einlagerer für allen diesem daraus entstehenden Schaden verantwortlich.[16] Er ist zB ersatzpflichtig, wenn durch die Verhinderung der Probeentnahme sich ein von dem Einlagerer eingeleiteter Verkauf des Gutes zerschlägt oder wenn durch Nichtzulassung der Erhaltungshandlungen das Gut verdirbt. Handelt es sich um eine vorsätzliche Verletzung der Pflichten des Lagerhalters, so haftet er auch bei Anwendung der ADSp '03 auf dieses Lagergeschäft **unbeschränkt** für allen aus der Pflichtverletzung erwachsenen Schaden, kann sich also nicht auf die dem Grunde oder der Höhe nach in den ADSp enthaltenen Haftungsbeschränkungen berufen. Bei einfacher Fahrlässigkeit haftet der Lagerhalter in einem den ADSp unterstehenden Lagergeschäft nur nach Maßgabe der ADSp, insbesondere gilt Ziffer 24.

## VII. Regelung in den ADSp und anderen AGB

26      Das Besichtigungsrecht des Einlagerers wird nach **Ziff. 15.2 ADSp '03** praktisch zu einer **Obliegenheit des Einlagerers** gemacht; denn wenn der Einlagerer von dem Besich-

---

[14] Fremuth/Thume/*Teutsch* Rn. 11.
[15] Begründung zum Regierungsentwurf des TRG, BT-Drucks. 13/8445 S. 120.
[16] *Koller* Rn. 11; Staub/*Koller* § 418 Rn. 8; Heymann/*Herrmann* Rn. 2.

tigungsrecht keinen Gebrauch macht, so begibt er sich aller Einwände gegen die Art und Weise der Unterbringung oder gegen die Wahl des Lagerraumes.

Er kann also nicht nachträglich geltend machen, durch die Art der Unterbringung sei **27** ein Schaden an dem Gut eingetreten. Der Lagerhalter bleibt jedoch verantwortlich, wenn er bei der Wahl des Lagerraumes und bei der Unterbringung des Gutes die Sorgfalt eines ordentlichen Lagerhalters nicht angewendet hat. Weiter bleibt er dann verantwortlich, wenn ihm bekannt ist, dass der Einlagerer das Besichtigungsrecht nicht oder nur mit unverhältnismäßigen Schwierigkeiten ausüben kann. In einem solchen Fall ist davon auszugehen, dass die durch **Ziff. 15.2 ADSp** begründete Besichtigungspflicht des Einlagerers vertraglich abbedungen ist.

Nach **Ziff. 15.3 ADSp** darf der Einlagerer das Lager nur in **Begleitung des Lagerhal- 28 ters** oder eines vom Lagerhalter beauftragten Angestellten und auch nur zu den beim Lagerhalter eingeführten Geschäftsstunden betreten. Diese Klausel ist angemessen, schließlich ist der Lagerhalter für die Einhaltung aller Sicherheitsvorschriften verantwortlich.

Hat der Einlagerer irgendwelche Handlungen an dem Gut vorgenommen, so hat er dem **29** Lagerhalter das Gut noch einmal zu übergeben und erforderlichenfalls Anzahl, Gewicht und Beschaffenheit des Gutes gemeinsam mit dem Lagerhalter festzustellen. Geschieht dies nicht, so ist jede Haftung des Lagerhalters für später festgestellte Schäden ausgeschlossen, es sei denn, der Schaden ist nicht auf die vorgenommenen Handlungen mit dem Gut zurückzuführen, **Ziff. 15.4 ADSp.**

Nach **Ziff. 15.5 ADSp** haftet der Einlagerer für alle Schäden, die er, seine Angestellten **30** oder Beauftragten beim Betreten des Lagers oder beim Betreten oder Befahren des Lagergrundstücks dem Lagerhalter, anderen Einlagerern oder dem Hauswirt zufügen, es sei denn, dass den Einlagerer, seine Angestellten oder Beauftragten kein Verschulden trifft. Der Entlastungsbeweis obliegt dem Einlagerer.[17]

Nach **§ 6 Ziff. 6 Abs. 1 HLB '06** haben nur der Einlagerer oder von ihm legitimierte **31** Personen das Recht, Auskunft über die eingelagerten Güter zu verlangen. Nach Abs. 2 von Ziff. 6 HLB '06 können sie während der üblichen Geschäftsstunden in Begleitung des Lagerhalters oder seiner Mitarbeiter das Lager auf eigene Gefahr betreten. § 6 Ziff. 7 HLB '06 bestimmt, dass der Einlagerer oder seine Beauftragten die Güter dem Lagerhalter neu zu übergeben und Gewicht und Beschaffenheit der Güter mit ihm festzustellen haben, wenn sie Handlungen an oder mit den Lagergütern vorgenommen haben. Geschieht dies nicht, haftet der Lagerhalter nicht für die später festgestellte Minderung oder Beschädigung der Güter. Eine weitere Einschränkung des Besichtigungsrechtes enthält § 6 Ziff. 7 Abs. 2 HLB '06. Danach ist der Einlagerer verpflichtet, wenn es der Lagerhalter verlangt, die Handlung an den Lagergütern nur durch Mitarbeiter des Lagerhalters ausführen zu lassen. Das Besichtigungsrecht ist in § 6 Ziff. 8 HLB 06 geregelt. § 6 Ziff. 9 HLB '06 bestimmt aber ausdrücklich, dass aufgrund des dem Lagerhalter zustehenden Hausrechtes der Einlagerer und seine Beauftragten alle lagerbezogenen Weisungen des Lagerhalters oder seiner Mitarbeiter insbesondere hinsichtlich ihres Verhaltens im Lager, der Einlagerung der Güter und ähnlichem mehr zu befolgen haben.

## § 472 Versicherung. Einlagerung bei einem Dritten

(1) [1]**Der Lagerhalter ist verpflichtet, das Gut auf Verlangen des Einlagerers zu versichern. [2]Ist der Einlagerer ein Verbraucher, so hat ihn der Lagerhalter auf die Möglichkeit hinzuweisen, das Gut zu versichern.**

(2) **Der Lagerhalter ist nur berechtigt, das Gut bei einem Dritten einzulagern, wenn der Einlagerer ihm dies ausdrücklich gestattet hat.**

---

[17] *Koller* Ziff. 15 ADSp '03 Rn. 6; *Krien/Valder* § 46 ADSp Anm. 3.

## Übersicht

|  | Rn. |  | Rn. |
|---|---|---|---|
| I. Normzweck | 1–4 | III. Einlagerung des Gutes bei einem | |
| II. Versicherung des Gutes, Abs. 1 | 5–10 | Dritten, Abs. 2 | 11–17 |

### I. Normzweck

**1**  Diese Vorschrift regelt zwei völlig unterschiedliche Dinge, nämlich einmal die Versicherung des Gutes und zum anderen dessen Einlagerung bei einem Dritten.

**2**  Der Lagerhalter ist verpflichtet, das **Gut zu versichern,** wenn es der Einlagerer verlangt. Ein solcher Auftrag braucht nicht notwendig ausdrücklich oder schriftlich erteilt zu sein.[1] Ausreichend ist vielmehr die Kenntnis des Lagerhalters von dem Wunsch des Einlagerers, das Gut während der Lagerzeit versichern zu lassen. Der Lagerhalter hat den Einlagerer ggf. auf die Möglichkeit einer Versicherung hinzuweisen, wenn für ihn im Einzelfall ein Informationsdefizit des Einlagerers ersichtlich und das Schadensrisiko hoch ist oder wenn die Haftungshöchstsummen ersichtlich nicht den Wert des Gutes decken und davon auszugehen ist, dass dies dem Einlagerer unbekannt ist.[2] Die **bloße Wertangabe** allein stellt keinen Auftrag zur Versicherung des Gutes dar.[3] Im Übrigen braucht der Lagerhalter das Gut während der Lagerzeit nicht zu versichern; es handelt sich nicht um eine Obhutsmaßnahme. Denkbar ist, dass der Versicherungsabschluss einem **Handelsbrauch** entspricht (§ 346) oder **verkehrsüblich** (§ 157 BGB) ist.

**3**  Der auftraggebende Einlagerer kann den Versicherungsschutz begrenzen auf einen Schutz gegen Feuergefahr, Hochwasser bzw. Überschwemmung oder auch den Einsturz des Lagergebäudes. Wenn es sich bei dem Einlagerer um einen Verbraucher im Sinne von § 13 BGB handelt, ist der Lagerhalter dazu verpflichtet, den Einlagerer auf den Abschluss einer Versicherung hinzuweisen, Abs. 1 Satz 2. Verstößt der Lagerhalter gegen seine Aufklärungspflicht, so haftet er nach den allgemeinen Regeln (§ 280 BGB).

**4**  Mit Abs. 2 wurde der für die Verwahrung geltende § 691 BGB in das Lagergeschäft übernommen.[4] Der Einlagerer kann somit darauf vertrauen, dass sich die Güter in der Obhut des Lagerhalters befinden, mit dem er kontrahiert hat. Befinden sich die **Güter** gem. Abs. 2 **bei einem Dritten,** so hat der Lagerhalter für ihn gem. § 278 BGB einzustehen, vgl. § 475 Satz 2.

### II. Versicherung des Gutes, Abs. 1

**5**  Nach Abs. 1 Satz 1 ist der Lagerhalter verpflichtet, das Gut auf Verlangen des Einlagerers zu versichern. Der Lagerhalter muss in diesem Bereich nur dann tätig werden, wenn der Einlagerer mit einem entsprechenden Wunsch auf ihn zukommt. Die nähere Ausgestaltung bleibt der Absprache der Parteien überlassen. Ist der Einlagerer nicht Schuldner der **Versicherungsprämie,** wird der Lagerhalter diese als **Aufwendung** über § 474 ersetzt verlangen können.

**6**  Auch wenn der Lagerhalter das Gut versichert, so wird er dadurch nicht von seiner Haftung aus § 475 befreit. Andererseits kann die Versicherung für den Einlagerer von Bedeutung sein, wenn der Lagerhalter ihm nicht gem. § 475 haftet oder aber sich auf vereinbarte Haftungsausschlüsse oder –beschränkungen berufen kann.

**7**  Die Art der Versicherung ist von den Parteien zu wählen. Der Einlagerer muss erklären, welchen Versicherungsschutz er eingedeckt haben will. Neben dem Feuerrisiko zählen zu den versicherten Risiken in der klassischen Lagerversicherung: Einbruchdiebstahl, Leitungswasser und Sturm. Es können aber auch weitere Risiken versichert werden.[5]

---

[1]  BGH 18.1.1974, VersR 1974, 327, 328.
[2]  *Koller* Rn. 2.
[3]  *Koller* Rn. 2.
[4]  Begründung zum Regierungsentwurf des TRG, BT-Drucks. 13/8445 S. 120.
[5]  *Andresen/Valder* Rn. 5; *Hartenstein/Reuschle/Köper* Kap. 8 Rn. 75.

Schließt der Einlagerer den Lagervertrag weder zu gewerblichen noch zu sonstigen 8
selbständigen beruflichen Zwecken ab, dh. handelt es sich bei ihm um einen **Verbraucher**
iSv. § 13 BGB, so hat ihn der Lagerhalter auf die Möglichkeit einer Versicherung des Gutes
**hinzuweisen,** Abs. 1 Satz 2. Im Gegensatz zum Umzugsrecht, das ebenfalls einen Hinweis
des Frachtführers auf eine abzuschließende Versicherung vorsieht, § 451g Satz 1 Nr. 1, muss
der Hinweis **nicht notwendig schriftlich** oder gar drucktechnisch besonders hervorgehoben erfolgen (§ 451g Satz 2). Ebenfalls anders als im Umzugsrecht löst es keine Sanktionen
aus, wenn der Lagerhalter keinen Hinweis auf eine Versicherung gibt, seine Pflicht insoweit
also verletzt. Dagegen entfallen im Umzugsrecht dann bestimmte Haftungsbeschränkungen
und Haftungsbefreiungen, vgl. § 451g Satz 1. Der Grund ist darin zu sehen, dass eine vergleichbare gesetzliche Haftungsbeschränkung, wie sie sich im Frachtrecht findet, im Lagerrecht nicht enthalten ist. Bei einem Verstoß des Lagerhalters gegen seine Pflicht, den Einlagerer auf den Abschluss einer Versicherung hinzuweisen, kann er sich ihm gegenüber aber
nach allgemeinen bürgerlich-rechtlichen Grundsätzen ersatzpflichtig machen.[6]

Die Verpflichtung des Lagerhalters zur Versicherung des Gutes wird nach den **ADSp '03** 9
nur ausgelöst, wenn es der Einlagerer verlangt, Ziff. 21.1. Der Spediteur/Lagerhalter hat
nach pflichtgemäßem Ermessen (§ 347) über Art und Umfang der Versicherung zu entscheiden und darf sie auch zu marktüblichen Bedingungen abschließen, es sei denn, der Auftraggeber erteilt unter Angabe der Versicherungssumme und der zu deckenden Gefahren eine
andere Weisung, Ziff. 21.3. Er ist berechtigt, aber nicht verpflichtet, die Versicherung des
Gutes zu besorgen, wenn dies im Interesse des Auftraggebers liegt, Ziff. 21.2. Insbesondere
bei Angabe eines Warenwertes im Auftrag kann nach dieser Regelung ein entsprechendes
Interesse des Auftraggebers vermutet werden. Für die Versicherungsbesorgung, Einziehung
des Entschädigungsbetrages und sonstige Tätigkeiten bei Abwicklung von Versicherungsfällen steht dem Spediteur/Lagerhalter eine besondere Vergütung neben dem Ersatz seiner
Auslagen zu, Ziff. 21.5.

**§ 19 HLB '06** stimmt wörtlich mit der Fassung in den HLB '99 überein. 10
Der Lagerhalter ist nicht verpflichtet, die Güter für eigene oder fremde Rechnung zu
versichern, Ziff. 1. Der Auftrag zur Besorgung einer Versicherung muss schriftlich erfolgen
und alle Angaben enthalten, die für einen ordnungsgemäßen Abschluss der Versicherung
notwendig sind, Ziff. 2. Im Versicherungsfall ist der Anspruch auf die Entschädigungsleistung der Versicherung beschränkt, Ziff. 3.

### III. Einlagerung des Gutes bei einem Dritten, Abs. 2

Wenn der Lagerhalter das Gut nicht in seinen Lagerräumen einlagern will, muss er dies 11
mit dem Einlagerer abstimmen. Abs. 2 legt fest, dass der Lagerhalter nur dann berechtigt
ist, das **Gut bei einem Dritten einzulagern,** wenn der Einlagerer ihm dies ausdrücklich
gestattet hat. Angeknüpft wird hier an § 691 Satz 1 BGB.

Die Formulierung in Abs. 2 erfordert zweierlei: zum einen muss der Einlagerer es dem 12
Lagerhalter gestattet haben, das Gut bei einem Dritten einzulagern. Das setzt eine entsprechende **Willenserklärung** des Einlagerers voraus. Der Lagerhalter ist nicht berechtigt, eine
Fremdlagerung von sich aus vorzunehmen. Zum anderen bedeutet die Aufnahme des Wortes **„ausdrücklich"** in Abs. 2, dass diese Erklärung des Einlagerers in einer Form abgegeben
werden muss, die es dem Einlagerer ermöglicht, ohne weiteres und eindeutig zu erkennen,
dass der Lagerhalter sich eine eigentlich nicht zulässige Fremdlagerung ausbedingt, dass er
dazu das Einverständnis des Einlagerers benötigt[7], und dass der Einlagerer damit einverstanden ist. Daran ist insbesondere bei der Formulierung in Allgemeinen Geschäftsbedingungen
zu denken.

Abs. 2 beruht auf dem Gedanken, dass es sich bei dem Lagervertrag um einen Vertrag 13
„besonderen Vertrauens" handelt,[8] bei dem die Güterobhut im Vergleich zum Frachtver-

---

[6] *Andresen/Valder* Rn. 6; *Koller* Rn. 3; Fremuth/Thume/*Teutsch* Rn. 3.
[7] AA *Koller* Rn. 4; *Hartenstein/Reuschle/Köper* Kap. 8 Rn. 28.
[8] Begründung zum Regierungsentwurf des TRG, BT-Drucks. 13/8445 S. 121.

trag, der stärker vom Beförderungselement geprägt ist, im Vordergrund steht. Fraglich ist, ob hinreichend beachtet worden ist, dass der Lagerhalter regelmäßig in ein logistisches Gesamtkonzept eingebunden ist, dass es eine zunehmende Spezialisierung der Lagerhalter gibt (Kühlhäuser, Gefahrgutlager), die die Einschaltung eines Dritten erforderlich macht, und dass auch auftretende Kapazitätsprobleme des einzelnen Lagerhalters Anlass für eine Fremdlagerung sein können. Jedenfalls kann der Lagerhalter die Zulässigkeit einer Fremdlagerung nicht darauf stützen, dass es sich um wenig empfindliches Gut gehandelt habe, dass der Einlagerer gewusst habe, dass der Lagerhalter nicht über ausreichende Lagerräume verfüge, dass der Unter-Lagerhalter wesentlich sicherere Lagermöglichkeiten besessen habe oder dass die Einlagerung bei Dritten im Rahmen laufender Geschäftsverbindungen ohne Widerspruch seitens des Einlagerers praktiziert worden sei oder dass eine Notsituation vorgelegen habe, bei der eine vorherige Rückfrage nicht möglich gewesen sei.[9]

14    An dem Inhalt dieser Vorschrift sind **Allgemeine Geschäftsbedingungen** zu messen, die dem Lagerhalter die Möglichkeit einräumen, das Gut bei einem Dritten einzulagern und weiter regeln, dass keine weitergehende Verpflichtung oder Haftung des Lagerhalters beim Eintritt eines Schadens besteht als die, dass er seine Ansprüche gegen diesen Lagerhalter an den Einlagerer abtritt.[10] Finden sich derartige Freizeichnungen in AGB, dann dürften diese gegen § 307 Abs. 1 BGB verstoßen. Das Freizeichnen von einer Kardinalpflicht ist nicht möglich und ebenso wenig kann von § 278 BGB abgewichen werden, vgl. auch § 691 Satz 2, 3 BGB.

15    Die **Beweislast** für die Erlaubnis zur Fremdlagerung trägt der Lagerhalter. Bei **Vollzug der Drittlagerung** ist der Einlagerer **zu unterrichten,** da eine Änderung der Lagerungsart vorgenommen wird und der Einlagerer weiterhin die Möglichkeit haben muss, die Umstände der Lagerung zu kontrollieren.[11]

16    **Ziff. 15 ADSp '03,** die sich mit der Lagerung befasst, lässt dem Lagerhalter die Wahl, ob die Lagerung in eigenen oder in fremden Räumen erfolgt, Ziff. 15.1 Satz 1. Lagert er bei einem fremden Lagerhalter ein, hat er dessen Namen und den Lagerort dem Einlagerer unverzüglich schriftlich bekannt zu geben, Ziff. 15.1 Satz 2.

17    Die entsprechende Bestimmung in den **HLB '06,** § 5 Ziff. 4, ist unverändert geblieben: Die Einlagerung der Güter erfolgt nach Wahl des Lagerhalters in eigenen oder fremden Lägern.

### § 473 Dauer der Lagerung

(1) [1]**Der Einlagerer kann das Gut jederzeit herausverlangen.** [2]**Ist der Lagervertrag auf unbestimmte Zeit geschlossen, so kann er den Vertrag jedoch nur unter Einhaltung einer Kündigungsfrist von einem Monat kündigen, es sei denn, es liegt ein wichtiger Grund vor, der zur Kündigung des Vertrags ohne Einhaltung der Kündigungsfrist berechtigt.**

(2) [1]**Der Lagerhalter kann die Rücknahme des Gutes nach Ablauf der vereinbarten Lagerzeit oder bei Einlagerung auf unbestimmte Zeit nach Kündigung des Vertrags unter Einhaltung einer Kündigungsfrist von einem Monat verlangen.** [2]**Liegt ein wichtiger Grund vor, so kann der Lagerhalter auch vor Ablauf der Lagerzeit und ohne Einhaltung einer Kündigungsfrist die Rücknahme des Gutes verlangen.**

(3) **Ist ein Lagerschein ausgestellt, so sind die Kündigung und das Rücknahmeverlangen an den letzten dem Lagerhalter bekannt gewordenen legitimierten Besitzer des Lagerscheins zu richten.**

---

[9] *Koller* Rn. 4.
[10] *Frantzioch,* FG Herber S. 193, 194; *Andresen/Valder* Rn. 8.
[11] Fremuth/Thume/*Teutsch* Rn. 8.

**Übersicht**

|  | Rn. |  | Rn. |
|---|---|---|---|
| I. Normzweck | 1 | V. Recht des Lagerhalters bei Nichter-<br>füllung der Rücknahmepflicht | 18 |
| II. Herausverlangen des Einlagerers,<br>Abs. 1 | 2–4 | VI. Verzicht des Einlagerers auf das<br>Gut | 19 |
| III. Kündigung durch den Lagerhalter,<br>Abs. 2 | 5–15 | VII. Rücknahmeanspruch des Lager-<br>halters nach den ADSp und anderen | |
| IV. Lagerschein, Abs. 3 | 16, 17 | AGB | 20, 21 |

## I. Normzweck

Das bis zum 30.6.1998 geltende Lagerrecht sah keine ausführliche Bestimmung über die **1**
**Dauer der Lagerung** und über das Recht der Kündigung vor. § 422 aF regelte nur einen
Anspruch des Lagerhalters gegen den Einlagerer auf Rücknahme des Gutes. Jetzt enthält
§ 473 eine umfassende und einheitliche Regelung über die Dauer der Lagerung und die
beiderseitigen Kündigungsmöglichkeiten, wobei sich die Kündigungsfristen für Einlagerer
und Lagerhalter spiegelbildlich entsprechen.

## II. Herausverlangen des Einlagerers, Abs. 1

Nach Abs. 1 Satz 1 kann der **Einlagerer** das Gut jederzeit herausverlangen. Dies gilt **2**
also auch, wenn eine bestimmte Zeit für die Einlagerung vereinbart worden ist. Damit
wird der Lagerhalter nicht völlig rechtlos gestellt, er kann nämlich bei einer vorzeitigen
Herausgabe weiterhin über den entsprechend anwendbaren § 699 Abs. 2 BGB eine anteilige
Vergütung beanspruchen, und zwar für den Zeitraum, in dem die Güter bei ihm lagerten.
Nicht zu verkennen ist jedoch, dass ihm die Vergütung für den restlichen Zeitraum ab
Herausgabe entgeht. Das ist aber eine vom Gesetzgeber vorgesehene Folge, wie § 699 Abs. 2
BGB zeigt, es sei denn, die Parteien haben etwas anderes vereinbart. Abs. 1 Satz 2 regelt
das Kündigungsrecht des Einlagerers für den Fall, dass der Lagervertrag auf unbestimmte
Zeit geschlossen ist. Liegt kein wichtiger Grund vor, so ist mit einer Frist von einem Monat
zu kündigen. Das Kündigungsrecht in Abs. 1 Satz 2 entspricht spiegelbildlich dem des Lagerhalters nach Abs. 2. Hinsichtlich des Vergütungsanspruches liegt es so, dass dem Lagerhalter
nur der bis zum Ablauf der Kündigungsfrist entstandene Anspruch verbleibt. Wann ein
wichtiger Grund zur Kündigung vorliegt, bestimmt sich nach den allgemeinen zivilrechtlichen Regelungen.

Die **HLB '06** haben die beiderseitige Kündigungsfrist von einem Monat bei einem **3**
Lagervertrag auf unbestimmte Zeit übernommen, § 23 Ziff. 2.

Neben dem Rückgabeanspruch aus Vertrag kommt ein **dinglicher Herausgabean-** **4**
**spruch** des Eigentümers aus § 985 BGB in Betracht. Dem Anspruch können seitens des
Lagerhalters Einwendungen (§ 986 BGB) entgegen gehalten werden.[1]

## III. Kündigung durch den Lagerhalter, Abs. 2

Das **Kündigungsrecht des Lagerhalters** enthält Abs. 2. Nur bei Kündigung besteht **5**
ein Anspruch gegen den Einlagerer auf Rücknahme des Gutes. Normiert wird eine Selbstverständlichkeit des Vertragsrechts. Eine einseitige Auflösung ist nicht nach Belieben möglich, andererseits gibt es – wie auch sonst bei Dauerschuldverhältnissen – nach Satz 2 das
Recht der Kündigung aus wichtigem Grund, der wiederum anhand allgemein gültiger
Kriterien zu ermitteln ist.

Grundsätzlich muss der Lagerhalter das ihm aufgrund vertraglicher Vereinbarung überge- **6**
bene Gut aufbewahren und kann es **nicht ohne Grund vorzeitig zurückgeben**. Die
Vorschrift ist Ausdruck des Grundsatzes „pacta sunt servanda" und macht deutlich, dass

---

[1] Koller Rn. 3.

sich der Lagerhalter von der übernommenen Pflicht der Lagerung nicht einseitig lösen kann.

7    Die in **§ 696 BGB** enthaltene Vorschrift über den Rücknahmeanspruch des Verwahrers findet auf den Rücknahmeanspruch des Lagerhalters keine Anwendung, da insoweit die handelsrechtliche Sondervorschrift des § 473 als § 696 BGB gegenüber abschließende Regelung den Vorrang hat.[2] Das resultiert aus dem Umstand, dass der Lagerhalter gewerbsmäßig tätig wird.

8    Der Lagerhalter kann zunächst die Rücknahme des Gutes nach Ablauf der **vereinbarten Lagerzeit** verlangen. Ist eine Lagerzeit zwischen dem Einlagerer und dem Lagerhalter vereinbart, so kann der Lagerhalter grundsätzlich nicht verlangen, dass der Einlagerer das Gut vor dem Ablauf dieser Zeit zurücknimmt. Vereinbart ist eine Lagerzeit, wenn sich Lagerhalter und Einlagerer darüber einig sind, dass die Lagerung erst nach dem Ablauf einer bestimmten Zeit oder an einem bestimmten in der Zukunft liegenden Tag ihr Ende finden soll. Die Festsetzung einer bestimmten Lagerzeit braucht dabei nicht nach dem Kalender zu erfolgen. Bestimmbarkeit der Zeit aus dem Zweck der Lagerung reicht aus. Auch bei der Prüfung der Frage, ob eine Lagerzeit vereinbart worden ist, muss der Lagervertrag **nach Treu und Glauben** ausgelegt und notfalls, sofern ausdrückliche Vereinbarungen hierüber nicht getroffen sind, im Wege richterlicher Auslegung ergänzt werden. Das Gesetz sieht nicht vor, dass die Parteien über die Dauer der Lagerzeit eine ausdrückliche Vereinbarung zu treffen haben, eine stillschweigende Abrede genügt.

9    Den Rücknahmeanspruch, den der Lagerhalter vor **Ablauf der vereinbarten Lagerzeit** geltend macht, kann der Einlagerer grundsätzlich ablehnen. Der Einlagerer gerät durch die Ablehnung des Gutes nicht in Annahmeverzug. Andererseits macht sich der Lagerhalter schadensersatzpflichtig, wenn er vor Ablauf der vereinbarten Lagerzeit die weitere Lagerung des Gutes bis zum Ende der vereinbarten Lagerzeit ablehnt.

10    Im Falle der **Einlagerung auf unbestimmte Zeit** beträgt die Kündigungsfrist **einen Monat.** Wenn der Lagerhalter zum Ablauf des ersten Monats seit der Einlieferung die Rücknahme des Gutes nicht verlangen kann, so ist damit ein **Mindestlagerzeitraum** bestimmt. Die Frist ist angesichts der kurzen Dispositionsfristen in der heutigen Lagerpraxis auch ausreichend. Die Kündigung muss nicht zum Schluss eines Kalendermonats ausgesprochen werden, sondern kann auch zum Schluss des Tages erfolgen, dessen kalendermäßige Zahl der des Einlieferungstages entspricht. Die Kündigung muss so rechtzeitig dem Einlagerer zugehen, dass nach dem Zugang noch ein voller Monat bis zum Ende der Lagerzeit läuft.[3]

11    Dem Lagerhalter steht weiterhin eine **Kündigung aus wichtigem Grund** zu. Dann kann er auch vor Ablauf der vereinbarten Lagerzeit und ohne Einhaltung einer Kündigungsfrist die Rücknahme des Gutes verlangen. Dieses Rücknahmeverlangen führt zur Beendigung des Lagervertrages. Für die Definition des Begriffes „wichtiger Grund" ist auf die Grundsätze zurückzugreifen, die zur Kündigung von Dauerschuldverhältnissen entwickelt worden sind.[4]

12    Wichtiger Grund in diesem Sinne ist danach jedes Ereignis und jeder Umstand, der dem Lagerhalter die weitere Fortsetzung der Lagerung und Aufbewahrung des Gutes bis zu dem ursprünglich vorgesehenen Ende der Lagerzeit oder bis zum Ablauf der gesetzlichen Kündigungsfrist von einem Monat **unzumutbar** macht. Der Grund muss so erheblich sein, dass die weitere Lagerung dem Lagerhalter nach den Umständen des Einzelfalles unter Berücksichtigung der Interessenlage des Lagerhalters, aber auch des Einlagerers, nicht mehr zugemutet werden kann. Dass die weitere Lagerung und Aufbewahrung dem Lagerhalter nur unbequem wird, reicht nicht aus. Zu prüfen ist ferner, ob dem Lagerhalter nicht zugemutet werden kann, innerhalb einer kurzen Frist, die unter der gesetzlichen liegt, zu

---

[2] Staub/*Koller* § 422 Rn. 1; *Alff* Rn. 4; Begründung zum Regierungsentwurf des TRG, BT-Drucks. 13/8445 S. 121.
[3] *Koller* Rn. 9.
[4] *Koller* Rn. 10.

kündigen. Einen wichtigen Grund können nicht nur solche Umstände abgeben, die in der Person des Einlagerers liegen, sondern auch solche, die in der Person des Lagerhalters und solche, die weder in der Person des Einlagerers noch des Lagerhalters liegen.

Es muss dabei eine **Interessenabwägung** stattfinden.[5] Ein wichtiger Grund kann eine **13** bei der Einlagerung nicht erkennbare **Gefährlichkeit des Gutes** für andere Güter sein oder aber die dadurch erforderlich werdenden und unverhältnismäßig hohen Sicherungskosten. Ein Brand, der einen Teil der Lagerräume vernichtet, wird als wichtiger Grund nicht ausreichend sein. Ebenso wenig genügt der Umstand, dass der Lagerhalter sein Gewerbe gänzlich oder einen Teil der Lagerräume aufgibt, sofern es ihm ohne großen Aufwand möglich ist, Ersatzraum anzumieten oder die Güter bei einem anderen Lagerhalter einzulagern.[6]

§ 473 erfasst das **gesamte eingelagerte Gut,** wie der Wortlaut ausdrücklich besagt. **14** Entsprechend muss das Rücknahmeverlangen in Hinblick auf das gesamte Gut ausgeübt werden. Es gilt der Grundsatz, dass **Teilkündigungen unzulässig** sind.[7]

Die **HLB '06** geben dem Lagerhalter ebenfalls das Recht zur fristlosen Kündigung aus **15** wichtigem Grund, § 23 Ziffer 3. Nicht geändert worden ist dort der Beispielkatalog, wann ein wichtiger Grund vorliegt.

## IV. Lagerschein, Abs. 3

In Abs. 3 wird festgehalten, dass wenn ein **Lagerschein** ausgestellt worden ist, die Kündi- **16** gung und das Rücknahmeverlangen an den letzten dem Lagerhalter bekannt gewordenen legitimierten Besitzer des Lagerscheins zu richten sind.

Gleichlautende Regelungen für den Fall, dass ein Lagerschein ausgestellt worden ist, **17** finden sich in § 471 Abs. 3 Satz 1 und Satz 3 sowie in § 475a Satz 2.

## V. Recht des Lagerhalters bei Nichterfüllung der Rücknahmepflicht

Nimmt der Einlagerer das Gut nach Ablauf der Lagerzeit oder nach einer ordnungsgemäß **18** ausgesprochenen und wirksam gewordenen Kündigung nicht zurück, so hat er zunächst weiter **Lagergeld** nach § 354 zu zahlen. Darüber hinaus kann der Lagerhalter Ersatz des ihm aus der nicht rechtzeitigen Rücknahme entstehenden Schadens verlangen, da sich der Einlagerer im **Schuldnerverzug** befindet. Der Lagerhalter ist weiterhin nach §§ 467, 389 berechtigt, das Gut nach Maßgabe des § 373 zu hinterlegen. Er kann auch das Gut im Wege des Selbsthilfeverkaufs verwerten.[8]

## VI. Verzicht des Einlagerers auf das Gut

Verzichtet der Einlagerer dem Lagerhalter gegenüber auf die Rückgabe des Gutes, so **19** geht dadurch nur der Rückgabeanspruch des Einlagerers, nach Lage der Sache **nicht** auch sein **Eigentum** unter, der Rücknahmeanspruch des Lagerhalters wird aber durch einen solchen Verzicht nicht beeinträchtigt.[9] Der Einlagerer macht sich insbesondere auch in einem solchen Fall **ersatzpflichtig,** wenn er auf Verlangen des Lagerhalters das Gut nicht sofort zurücknimmt und dem Lagerhalter dadurch Schäden erwachsen. Auch ist der Einlagerer gehalten, trotz seines Verzichts weiterhin **Lagergeld** nach § 354 zu zahlen.

## VII. Rücknahmeanspruch des Lagerhalters nach den ADSp und anderen AGB

Im Hinblick darauf, dass § 473 dispositives Recht darstellt, können und werden in Allge- **20** meinen Geschäftsbedingungen abweichende Regelungen getroffen. Dabei wird in den

---

[5] *Koller* Rn. 10, *Andresen/Valder* Rn. 8; *Fremuth/Thume/Teutsch* Rn. 6.
[6] BGH 7.10.2004 = NJW 2005, 1360 = TranspR 2005, 161, 163 f.; *Hartenstein/Reuschle/Köper* Kap. 8 Rn. 18.
[7] Staub/*Koller* § 422 Rn. 3.
[8] *Koller* Rn. 3; OLG Düsseldorf 16.6.1992, TranspR 1993, 37.
[9] Fremuth/Thume/*Teutsch* Rn. 11.

Bedingungen nicht von einer Rücknahme des Gutes gesprochen, sondern es wird ein Kündigungsrecht des Lagerhalters geregelt. So bestimmt **Ziff. 15.7 ADSp '03,** dass der Lagerhalter, wenn er Zweifel hat, ob seine Ansprüche durch den Wert des Gutes sicherge-stellt sind, dem Einlagerer berechtigterweise eine angemessene Frist setzen darf, in der dieser entweder für die Sicherstellung der Ansprüche des Lagerhalters oder für eine anderweitige Unterbringung des Gutes Sorge zu tragen hat. Kommt der Einlagerer diesem Verlangen nicht nach, so ist der Lagerhalter zur Kündigung ohne Kündigungsfrist berechtigt.

21      Zu § 473 Abs. 1 Satz 2, Abs. 2 Satz 2 wird in § 23 Ziff. 3 **HLB '06** näher ausgeführt, wann ein wichtiger Grund vorliegt, der den Lagerhalter berechtigt, den Lagervertrag fristlos zu kündigen. So liegt ein wichtiger Grund insbesondere dann vor, wenn der Einlagerer mit der Zahlung des Lagerentgeltes für zwei Monate in Rückstand gerät, wenn der Wert der Lagergüter die Forderungen des Lagerhalters nicht mehr deckt oder wenn die Güter das Lager oder andere Güter gefährden.

## § 474 Aufwendungsersatz

**Der Lagerhalter hat Anspruch auf Ersatz seiner für das Gut gemachten Aufwen-dungen, soweit er sie den Umständen nach für erforderlich halten durfte.**

### I. Normzweck

1      Neben der in § 467 Abs. 2 geregelten Vergütung bestimmt § 474, dass der Lagerhalter Anspruch auf Ersatz seiner für das Gut gemachten **Aufwendungen** hat, soweit er sie den Umständen nach für erforderlich halten durfte. Statt einer Vielzahl von Begriffen, wie sie sich in § 420 aF fanden, lässt sich nun klar ermitteln, was der Lagerhalter vom Einlagerer verlangen kann: die Vergütung gem. § 467 Abs. 2 und Ersatz seiner Aufwendungen. Die Fälligkeit regelt § 271 Abs. 1 BGB, so dass der Anspruch auf Ersatz der erforderlichen Aufwendungen des Lagerhalters im Zweifel sofort fällig ist. Die Verjährung richtet sich nach § 475a.

### II. Begriff der Aufwendungen

2      Der Aufwendungsersatzanspruch ist § 693 BGB (Verwahrung) sowie § 670 BGB (Auf-trag) nachgebildet. Der **Aufwendungsbegriff** selbst wird weder im BGB noch im HGB definiert. Er folgt der Interpretation, die er in der Rechtsprechung zu vergleichbaren ande-ren bürgerlich-rechtlichen Normen, wie zB neben §§ 670, 693 zu §§ 256, 304, 347 Satz 2, 683 und 684 BGB gefunden hat. Aufwendung ist die freiwillige Aufopferung von Vermö-genswerten im Interesse eines anderen.[1] Typische Anwendungsfälle im Lagerrecht sind neben entrichteten Abgaben und Kosten für eine besondere amtliche Behandlung des Gutes etwa auch die Kosten für eine außergewöhnliche Bewegung des Gutes, sei es auf Veranlas-sung des Einlagerers oder aus klimabedingten Gründen[2].

3      Droht einem nässeempfindlichen Lagergut (zB Papierrollen) ein Wasserschaden und nimmt der Lagerhalter deswegen eine Umlagerung vor, so kann er die damit verbundenen Kosten grundsätzlich nicht über § 474 ersetzt verlangen. Diese Kosten sind nämlich aus der Erfüllung seiner Obhutspflicht entstanden. Der BGH hat in diesem Fall zutreffend differenziert, ob der Nässeschaden ausnahmsweise auf höherer Gewalt beruht oder nicht.[3] Beim Vorliegen höherer Gewalt hat der Lagerhalter einen Aufwendungsersatzanspruch über § 474.

4      Neben der Vergütung hat der Lagerhalter nur noch Anspruch auf Ersatz der von ihm gemachten Aufwendungen. Haben der Einlagerer und der Lagerhalter sich ausdrücklich oder konkludent darüber verständigt, dass vom Lagerhalter getätigte Auslagen für Fracht

---

[1] Palandt/*Grüneberg* § 256 Rn. 1.
[2] *Hartenstein/Reuschle/Köper* Kap. 8 Rn. 61.
[3] Zu § 420 aF: BGH 2.2.1995, NJW-RR 1995, 1117 = TranspR 1995, 402 mit krit. Anm. *Koller* NJW 1996, 300, der im Übrigen jetzt die Entscheidung im Licht der Schuldrechtsreform für überholt ansieht, *Koller* Rn. 2 Fn. 4; vgl. hierzu auch OLG Düsseldorf 5.11.1992, VersR 1994, 332.

und Zölle und der sonst auf das Gut gemachten Aufwendungen Teil seiner Vergütung sind, so stehen diese dem Lagerhalter zu, ohne dass es eines Rückgriffs auf § 474 bedarf.

Soweit eine ausdrückliche oder stillschweigende Vereinbarung mit dem Einlagerer nicht **5** gegeben ist, kommt es für die Frage, ob der Lagerhalter Erstattung der für das Gut gemachten Aufwendungen verlangen kann, darauf an, ob er die **Aufwendungen den Umständen nach für erforderlich halten** durfte.[4] Ersetzt werden also nicht alle, aber auch nicht nur die objektiv nutzbringenden Aufwendungen. Maßgebend ist ein objektiver Maßstab mit subjektivem Einschlag: Der Lagerhalter hat nach seinem verständigen Ermessen aufgrund pflichtgemäßer (mit der Sorgfalt eines ordentlichen Lagerhalters durchgeführter) Prüfung bei Berücksichtigung aller Umstände über die Notwendigkeit der Aufwendungen zu entscheiden. Dabei hat er sich am Interesse des Einlagerers und daran zu orientieren, ob und inwieweit die Aufwendungen angemessen sind und in einem vernünftigen Verhältnis zur Bedeutung des Lagergeschäfts und zum angestrebten Erfolg stehen. Die Beurteilung des Lagerhalters, seine Aufwendungen seien notwendig, ist bei objektiv fehlender Notwendigkeit nur dann gerechtfertigt, wenn er seine Entscheidung nach sorgfältiger, den Umständen nach angemessener Prüfung trifft. Im Zweifel hat der Lagerhalter, bevor er objektiv nicht erforderliche Aufwendungen tätigt, bei dem Einlagerer Rückfrage zu halten. Ein Anspruch auf Vorschuss besteht nicht, da der Lagerhalter durch das Lagerpfandrecht ausreichend geschützt ist.[5]

Abzustellen ist auf den Zeitpunkt, in dem der Lagerhalter seine Disposition trifft. Kein **6** Ersatz wird geleistet für Aufwendungen, die die Rechtsordnung missbilligt (§§ 134, 138 BGB). So zB für Bestechungsgelder, die zur Abwendung der Beschlagnahme des Lagergutes gezahlt wurden.

Nach Ziff. 17.1 **ADSp '03** hat der Spediteur/Lagerhalter Anspruch auf Ersatz der Auf- **7** wendungen, die er den Umständen nach für erforderlich halten durfte. Was unter dem Begriff zu verstehen ist, konkretisiert Ziff. 17.2.

Gem. § 20 Ziff. 5 **HLB '06** sind dem Lagerhalter Auslagen aller Art vom Einlagerer bzw. **8** Wareneigentümer zu erstatten.

## § 475 Haftung für Verlust oder Beschädigung

[1]**Der Lagerhalter haftet für den Schaden, der durch Verlust oder Beschädigung des Gutes in der Zeit von der Übernahme zur Lagerung bis zur Auslieferung entsteht, es sei denn, daß der Schaden durch die Sorgfalt eines ordentlichen Kaufmanns nicht abgewendet werden konnte.** [2]**Dies gilt auch dann, wenn der Lagerhalter gemäß § 472 Abs. 2 das Gut bei einem Dritten einlagert.**

### Übersicht

|                                                         | Rn.        |                                                      | Rn.     |
| ------------------------------------------------------- | ---------- | ---------------------------------------------------- | ------- |
| **I. Normzweck** .........................               | 1, 2       | **V. Verschulden und Beweislast** ........            | 10–16   |
| **II. Haftung des Lagerhalters, Satz 1** ...             | 3–5        | 1. Vermutetes Verschulden ...............              | 10–14   |
| 1. Verlust ..............................                | 4          | 2. Beweislast ..............................           | 15, 16  |
| 2. Beschädigung .........................                | 5          | **VI. Haftungsumfang** ....................            | 17–20   |
| **III. Einlagerung bei einem Dritten, Satz 2** ..........| 6          | **VII. Haftungsbeschränkungen durch AGB** ...........  | 21–29   |
| **IV. Obhutszeitraum** ...................               | 7–9a       |                                                      |         |

### I. Normzweck

Die Vorschrift enthält eine Kernbestimmung des Lagerrechts, nämlich die **Haftung des** **1** **Lagerhalters** für Verlust und Beschädigung der von ihm übernommenen Güter. Es wird – anders als für Frachtführer (§ 425) und Spediteur (§ 461) – eine auf vermutetem Verschulden

---

[4] Fremuth/Thume/*Teutsch* Rn. 3.
[5] *Koller* Rn. 2; aA *Andresen/Valder* Rn. 5.

beruhende **Obhutshaftung** statuiert. Daran ändert sich auch dann nichts, wenn der Lagerhalter das Lagergut gem. § 472 Abs. 2 bei einem Dritten einlagert, Satz 2. Im Unterschied zum Spediteur und Frachtführer ist die Haftung des Lagerhalters grundsätzlich höhenmäßig unbegrenzt. Dies ist konsequent, da eine gesetzliche Haftungsbeschränkung ein Korrelat zur strikteren verschuldensunabhängigen Haftung ist. Eine verschuldensunabhängige Haftung ist jedoch nur für die vergleichsweise behandlungsintensivere Beförderung des Gutes angemessen, nicht aber für die bloße Lagerung.

2    Satz 1 erfasst nach seinem **Wortlaut** nicht **nur reine Güterschäden.** Es fehlt nämlich eine Regelung, wie sie in § 429 getroffen worden ist. Sonstige Schadensarten neben Verlust und Beschädigung, wie Güterfolgeschäden, sowie solche Schäden, die außerhalb des Obhutszeitraumes vertragsbedingt entstanden sind, fallen auch unter Satz 1.[1] Das spielt in der Praxis aber keine große Rolle. Da der Lagerhalter im Gegensatz zum Frachtführer und Spediteur für die während seiner Obhut entstandenen Güterschäden nicht verschuldensunabhängig, sondern nur aufgrund vermuteten Verschuldens haftet, erschöpfen sich die Abweichungen zwischen einem Anspruch aus Satz 1 und einem Anspruch aus allgemeinem Leistungsstörungsrecht im Wesentlichen in beweisrechtlichen Unterschieden.

## II. Haftung des Lagerhalters, Satz 1

3    **Schaden.** Der Lagerhalter ist für den Verlust und die Beschädigung des von ihm gelagerten und aufbewahrten Gutes verantwortlich, es sei denn, dass der Verlust oder die Beschädigung auf Umständen beruht, die durch die Sorgfalt eines ordentlichen Kaufmanns (§ 347) nicht abgewendet werden konnten. Mithin gilt eine **Verschuldenshaftung des Lagerhalters.** Der Lagerhalter hat das Gut vor Beschädigungen von innen und von außen zu schützen.

4    **1. Verlust.** Verlust im Sinne von § 475 liegt dann vor, „wenn das Gut untergegangen, unauffindbar oder aus sonstigen tatsächlichen und/oder rechtlichen Gründen vom Frachtführer, Spediteur oder Lagerhalter auf absehbare Zeit an den berechtigten Empfänger **nicht ausgeliefert** werden kann."[2] Entscheidend ist das Unvermögen des Lagerhalters aufgrund Substanzverlusts, den primären Herausgabeanspruch des Berechtigten zu erfüllen. Unerheblich ist, ob der Lagerhalter freiwillig oder unfreiwillig den Besitz verloren hat.[3] Die Vorschrift differenziert nicht zwischen **Total- und Teilverlust.** Verlust in diesem Sinne ist nicht nur der körperliche Untergang des Gutes, sondern auch die Tatsache, dass das Gut dem Lagerhalter abhanden gekommen ist, zB aufgrund von **Diebstahl, Unterschlagung** oder rechtmäßiger **Beschlagnahme,** wenn die Rückgabe bzw. das Wiederauffinden des Gutes unwahrscheinlich ist.[4] Auch ist Verlust des Gutes die Aushändigung des Gutes an einen Unbefugten oder an jemanden, dem zwar ausgehändigt werden sollte, jedoch nur unter bestimmten Voraussetzungen (zB Zahlung des Kaufpreises), wenn diese Voraussetzungen bei der Aushändigung nicht erfüllt waren **(Falschauslieferung).**[5] Verloren ist das Gut auch dann, wenn es **pfandrechtswidrig versteigert** worden ist (ein Haftungsausschluss kann sich aber aus der Rechtmäßigkeit des Verhaltens ergeben).[6] Kann der Verbleib des Gutes nicht aufgeklärt werden, so kann schon dann von Verlust gesprochen werden, wenn der Lagerhalter die Suche nach dem Gut verweigert oder sie wegen der damit verbundenen Kosten für unzumutbar hält. Keinen Verlust stellen wirtschaftliche Totalschäden oder solche Fälle dar, in denen das Gut ohne Substanzbeeinträchtigung seinen wirtschaftlichen Wert verliert.[7] Ist zB der Erfüllungszeitraum aus einem Kaufvertrag wegen Vereinbarung einer

---

[1] *Koller* Rn. 2, 8; aA EBJS/*Heublein* Rn. 2, 11; Fremuth/Thume/*Teutsch* Rn. 8; Regierungsentwurf des TRG, BT-Drucks. 13/8445 S. 122; Heymann/*Hermann* Rn. 2.
[2] Fremuth/Thume/*Teutsch* Rn. 7.
[3] Vgl. zum Frachtrecht: BGH 10.7.1997, VersR 1998, 344.
[4] BGH 10.7.1997, VersR 1998, 344, 345 m. Anm. *Koller.*
[5] BGH 9.6.1999, TranspR 1999, 355 = NJW 1999, 3487.
[6] BGH 18.5.1995, NJW 1995, 2917.
[7] *Koller* § 425 Rn. 6.

absoluten Fixschuld überschritten, so liegt kein Verlust vor, denn das Gut kann und muss noch dem Berechtigten ausgeliefert werden.[8]

**2. Beschädigung.** Beschädigung des Gutes im Sinne des § 475 ist jede Veränderung der 5 Substanz des Gutes, die zur Minderung des objektiven Werts führt.[9] Keine Beschädigung ist danach die bloße Wertminderung, sofern sie nicht auf einer **Beeinträchtigung der Sachsubstanz** selbst beruht.[10] Grundsätzlich unerheblich ist der konkrete Verwendungszweck des Empfängers, denn der objektive Wert ist als Höchst- und Mindestschaden zu ersetzen.[11] Eine Beeinträchtigung der Sachsubstanz liegt auch dann vor, wenn diese als solche erhalten bleibt, ihr aber schädigende Eigenschaften zugefügt werden (Annahme von Feuchtigkeit, von Geruch oder aber das Antauen von Kühlgut). Irrelevant ist ferner, ob die Substanzveränderungen reversibel sind oder nicht; auf die Reparaturfähigkeit kommt es nicht an.[12]

### III. Einlagerung bei einem Dritten, Satz 2

Satz 2 stellt klar, dass der Lagerhalter auch im Falle der **Einlagerung** des Lagergutes **bei** 6 **einem Dritten** persönlich aus dem von ihm geschlossenen Lagervertrag verpflichtet bleibt und in diesem Fall für ein Verschulden des Dritten nach **§ 278 BGB** einzustehen hat. Mithin soll sich der Lagerhalter in diesem Falle nicht auf eine bloße Haftung wegen Auswahlverschuldens zurückziehen können. Außerhalb von § 475 scheidet der Lagerhalter aus der Haftung nach § 278 BGB aus, wenn eine Substitution durch Einlagerung bei Dritten im Sinne von § 472 Abs. 2 vorliegt.[13]

### IV. Obhutszeitraum

Der Lagerhalter haftet von der Übernahme des Gutes bis zur Auslieferung. **Übernahme** 7 bedeutet die **besitzbegründende Annahme des Gutes zur Lagerung.** Übernahme zu Besitz erfordert als tatsächlicher Vorgang einen rechtsgeschäftlichen **Besitzerwerbswillen.** Deshalb muss die Übernahme auf Seiten des Lagerhalters durch eine zumindest empfangsberechtigte Person erfolgen.[14] Mittelbarer Besitz reicht aus, wenn der Lagerhalter in die Lage versetzt worden ist, die tatsächliche Gewalt über das Gut auszuüben und Schäden am Gut oder Verluste zu verhindern. Die Übernahme kann dem Abschluss des Lagervertrags zeitlich vorausgehen. Mit Vertragsschluss wird die Obhutshaftung rückwirkend auf den Zeitpunkt der Übernahme begründet.[15]

**Auslieferung** bedeutet, dass der Lagerhalter den vollständigen Besitz und Gewahrsam 8 an dem Gut mit dem Einverständnis des Einlagerers aufgibt und den Berechtigten, dh. den Einlagerer, seinen Rechtsnachfolger oder den legitimierten Besitzer des Lagerscheins in die Lage versetzt, die tatsächliche Gewalt über das Gut auszuüben.[16] Die Auslieferung ist ein zweiseitiges Rechtsgeschäft, erfordert daher die Zustimmung des Verfügungsberechtigten und bedarf der Mitwirkung durch eine vertretungsberechtigte Person auf Seiten des Lagerhalters.[17] Obwohl die **Verschaffung unmittelbaren Besitzes** den **Regelfall** darstellt, muss der Berechtigte das Gut nicht unbedingt körperlich ergriffen haben; es muss jedoch unter Besitzaufgabe des Lagerhalters so für ihn bereit gestellt worden sein, dass er ohne weitere Hindernisse die Sachherrschaft erwerben kann.[18]

---

[8] *Koller* § 425 Rn. 7 ff.; vgl. zum Verhältnis von § 475 zum allgemeinen Leistungsstörungsrecht der §§ 280 ff. BGB bei unterbliebener Auslieferung: BGH 28.10.2004, NJW-RR 2005, 541 = TranspR 2005, 38, 39.
[9] *Fremuth*/Thume § 425 Rn. 14.
[10] *Koller* § 425 Rn. 13.
[11] *Andresen*/Valder § 425 Rn. 18.
[12] *Koller* § 425 Rn. 13.
[13] Heymann/*Herrmann* Rn. 8.
[14] Zum Frachtrecht: BGH 27.10.1978, NJW 1979, 493 = VersR 1979, 83.
[15] *Fremuth*/Thume § 425 Rn. 17.
[16] BGH 29.11.1984, TranspR 1985, 182 = VersR 1985, 258; BGH 19.1.1973, NJW 1973, 511, 512.
[17] *Koller* § 425 Rn. 31 ff.
[18] *Koller* § 425 Rn. 25.

**9**    Mit der Auslieferung des Gutes an den Berechtigten endet der Obhutszeitraum. Der Anspruch auf Auslieferung richtet sich auf die frachtvertraglich vorgesehene bzw. im Lagerschein verbriefte vollständige Herausgabe des unbeschädigten Gutes. **Soweit** dieser Auslieferungsanspruch wegen Verlust oder Beschädigung nicht erfüllt werden kann, tritt an seine Stelle bzw. daneben der sekundäre Schadensersatzanspruch nach § 475.

**9a**    Es ist ausreichend, dass die Schadensursache im Obhutszeitraum gesetzt worden ist, sie muss dann noch nicht erkennbar geworden sein[19]

### V. Verschulden und Beweislast

**10**    **1. Vermutetes Verschulden.** Der Lagerhalter haftet für Güterschäden durch Verlust oder Beschädigung nur bei Verschulden, wobei ein Verschulden vermutet wird, wie die statuierte **Beweislastumkehr** („es sei denn") deutlich macht. Eine Haftung des Lagerhalters für den Verlust oder die Beschädigung des Gutes während der Lagerzeit tritt – wie bei allen anderen Schadenspositionen auch – dann nicht ein, wenn der Verlust oder die Beschädigung auf Umständen beruhen, die durch die **Sorgfalt eines ordentlichen Kaufmanns (§ 347)** nicht abgewendet werden konnten. Der Lagerhalter haftet nicht dafür, dass die ihm obliegenden und von ihm ordnungsgemäß getroffenen Sicherungsmaßnahmen auch tatsächlich Erfolg haben. Ist der Verlust oder die Beschädigung eingetreten, obwohl der Lagerhalter mit der Sorgfalt eines ordentlichen Lagerhalters Sicherungsmaßnahmen getroffen hat, so trifft ihn keine Haftpflicht für den eingetretenen Schaden. Der Schaden muss infolge eines Pflichtverstoßes entstanden sein. Das Maß der vom Lagerhalter anzuwendenden Sorgfalt richtet sich nach den gesamten Umständen. Welche Sicherungsmaßnahmen im Einzelnen erforderlich sind, muss sich nach der Lage und Beschaffenheit der Lagerräume und natürlich unter Berücksichtigung der einzulagernden Güter beurteilen. Pistazien sind anders zu behandeln und zu sichern als Computer. Ein Lagerhalter, der sich bei Unwetterwarnungen darauf beschränkt, zum Schutz von feuchtigkeitsempfindlichen Gut (auf dem Hallenboden gelagerte Papierrollen) vor den Lagertoren Katzenstreu aufzubringen, um anfallendes Oberflächenwasser vom Eindringen in die Halle abzuhalten, verstößt gegen vertragswesentliche Pflichten.[20]

**11**    Aufgrund des Lagervertrags ist der Lagerhalter primär dazu verpflichtet, das ihm übergebene Gut so **sachgemäß aufzubewahren,** dass ein Verlust oder eine Beschädigung des Gutes nicht eintritt. Das bedeutet, er hat u. a. alle Schutzvorkehrungen zu treffen, die geeignet sind, das Eindringen von dritten Personen in das Lager zu verhindern. Er hat das Gut so zu lagern, dass es nicht schon durch die Art der Lagerung dem Verderb oder der Beschädigung ausgesetzt ist. Güter, die durch Witterungseinflüsse leiden können, dürfen nicht unter freiem Himmel gelagert werden. Feuchtigkeitsempfindliche Güter dürfen nicht so gelagert werden, dass sie schädliche Feuchtigkeit annehmen können. Geruchsempfindliche Güter dürfen nicht zusammen mit anderen Gütern, deren Geruch sie annehmen könnten, gelagert werden. Auch sonst darf der Lagerhalter das Gut nicht zusammen mit anderen Gütern, die das Gut gefährden könnten, einlagern. So hat der Lagerhalter sein Lager gegen das Eindringen von Ratten, auch über die Kanalisation, zu schützen.[21] Hemden dürfen nicht neben stark riechenden Gewürzen gelagert werden.[22] Nimmt der Lagerhalter aufgrund eines Einverständnisses des Einlagerers ein Überstapeln des Gutes vor, so muss er sicherstellen, dass durch dieses Überstapeln keine Beschädigungen eintreten können.[23] In einem Keller, der hochwassergefährdet ist, dürfen ohne besondere Vorkehrungen keine Lebensmittel gelagert werden.[24] Das Lager muss gegen das Eindringen von Wasser gesichert wer-

---

[19]  *Koller* § 475 Rn. 3; das sieht OLG Frankfurt 1.11.2006, TranspR 2007, 78, 81 anders, auch wenn es dort nicht entscheidungserheblich gewesen ist.
[20]  OLG Köln 13.9.2005, TranspR 2006, 401.
[21]  OLG Hamburg 21.1.1993, TranspR 1993, 394 = VersR 1994, 580 L.
[22]  OLG Hamburg 14.1.1988, TranspR 1989, 188 = VersR 1988, 1241.
[23]  OLG Hamburg 5.1.1984, TranspR 1984, 126 = VersR 1984, 1036.
[24]  BGH 1.8.1983, VersR 1984, 794.

den. Ist es hochwassergefährdet, müssen entsprechende Vorkehrungen getroffen werden.[25] Ein in Wassernähe gelegenes Lager, das über keine eigene Ventilation verfügt, ist während des Sommers mangels ausreichender Luftzirkulation zur Lagerung feuchtigkeitsempfindlicher Textilien nicht geeignet.[26] Der Lagerhalter ist weiterhin verpflichtet, ausreichende Vorkehrungen gegen einen **Diebstahl des Gutes** zu treffen. Welche Maßnahmen im Einzelnen zu treffen sind, hängt von der Art der Güter und der Örtlichkeit des Lagers ab. Diebstahlsgefährdete Güter bedürfen eines besonderen Schutzes. Türen, Fenster und Oberlichter müssen ausreichend gegen Einbrechen und Einsteigen gesichert sein. Ein Lagerhalter handelt nicht mit der Sorgfalt eines ordentlichen Kaufmannes, wenn er diebstahlsgefährdete Güter in einem Container im Freien lagert, auch wenn das Gelände eingezäunt ist.[27]

Vom Lagerhalter können aber **nur solche Sicherungsmaßnahmen** gefordert werden, **12** die auch **wirtschaftlich** möglich sind. Ungewöhnlich kostspielige Sicherungsmaßnahmen können nicht verlangt werden; dann schuldet der Lagerhalter dem Einlagerer insoweit ausreichende Beratung.[28] Werden in einer Halle des Lagerhalters hochwertige Elektrogeräte im Werte von mehreren 100.000,00 EUR gelagert, so muss der Lagerhalter einen Einbruchsschutz schaffen, der nur durch erhebliche Gewalteinwirkung überwunden werden kann, wenn hinzukommt, dass sich das Lager in einem Gebiet befindet, das nachts wenig belebt ist. Dann reicht es nicht aus, dass das Rolltor zum Lager nur durch sein Eigengewicht und den Widerstand der blockierten Elektromotoren gegen ein Aufschieben gesichert ist. Hier ist eine geeignete Arretierung vorzunehmen, um sicherzustellen, dass das Tor von außen nicht aufgeschoben werden kann.[29] Kommen Schlüssel für das Lager abhanden, müssen die entsprechenden Schlösser ausgewechselt werden.[30] Zu den Schutzvorkehrungen des Lagerhalters gehört auch, dass er Vorsorge trifft, dass Schädlinge, gleich welcher Art, nicht eindringen können. Nicht gehört es aber zum Pflichtenkreis des Lagerhalters, den Zuflug von Motten auf das Lager zu verhindern.[31]

Zum normalen Lagerbetrieb gehört das Ein- und Auslagern von Gütern. Hierzu müssen **13** zwangsläufig die Lagertore geöffnet werden. Durch geöffnete Tore von Hallen können Motten zufliegen. Der Zuflug kann ferner durch die kleinsten Öffnungen im Lagerhallenkomplex erfolgen. Ein absoluter Schutz gegen **Mottenbefall,** ist – wenn überhaupt – nur durch die Einlagerung in einer hermetisch abgeschlossenen Halle zu erreichen; eine derartige Einlagerung muss jedoch gesondert zwischen den Parteien vereinbart werden; ob sich dazu ein Lagerhalter bereit findet, da damit eine fast unmögliche Leistung von ihm verlangt wird, scheint fraglich. Dagegen ist der Lagerhalter hinsichtlich des Mottenfluges verpflichtet, hierauf in kurzen regelmäßigen Abständen zu achten. Er muss aber wiederum nicht täglich die Säcke auf Raupen- bzw. Larvenbefall untersuchen. Das würde eine Überspannung des ihm obliegenden Pflichtenkreises bedeuten.[32]

Weiter ist der Lagerhalter dem Einlagerer gegenüber verpflichtet, die **Sachbefugnis** der **14** Personen, die im Auftrag des Einlagerers oder aufgrund einer von diesem vorgenommenen Abtretung seiner Rechte die Auslieferung des Gutes verlangen, mit der Sorgfalt eines ordentlichen Kaufmanns zu prüfen. Diese Prüfung hat der Lagerhalter insbesondere deshalb vorzunehmen, weil das Ausliefern an einen Nichtberechtigten einen Verlust des Gutes darstellt.[33] Zu dieser Pflicht gehört, dass der Lagerhalter die Vorlage schriftlicher Unterlagen

[25] OLG Hamburg 18.8.1983, VersR 1984, 794.
[26] OLG Hamburg 25.4. 2002, TranspR 2003, 259.
[27] OLG Hamburg 23.2.1984, TranspR 1984, 122 = VersR 1984, 1035.
[28] OLG Köln 13.9.2005, TranspR 2006, 401 = VersR 2006, 1564.
[29] OLG Hamburg 23.11.1989, TranspR 1990, 443, 444; OLG Frankfurt 17.5.1989, TranspR 1989, 283, 284; vgl. auch BGH 15.7.1999, NJW-RR 2000, 330 = TranspR 2000, 27; OLG Stuttgart 15.8.2001, TranspR 2002, 37.
[30] OLG Hamburg 3.2.1994, TranspR 1995, 257.
[31] OLG Hamburg 9.7.1992, TranspR 1992, 427, 428.
[32] OLG Hamburg 1.11.1990, TranspR 1992, 285.
[33] BGH 3.7.1961, MDR 1961, 832; BGH 5.2.1962, BGHZ 36, 329 = NJW 1962, 861; BGH 7.6.1984, VersR 1984, 846; *Koller* TranspR 1985, 1.

verlangt und die ihm vorgelegten Unterlagen ordnungsmäßig prüft. Einschränkend ist § 475e zu beachten.

**15**    **2. Beweislast.** Im Rechtsstreit hat der Einlagerer nur zu beweisen, dass der Verlust oder die Beschädigung des Gutes während der Zeit eingetreten ist, in der sich das Gut in der Verwahrung des Lagerhalters befunden hat. Dazu gehört der Nachweis, dass das beschädigte oder verloren gegangene Gut tatsächlich (mit) eingelagert worden war.[34] Ist zwischen dem Lagerhalter und dem Einlagerer streitig, ob bestimmte Güter vom Einlagerer zurück genommen wurden, oder ob die Güter im Lager abhanden gekommen sind, muss der Lagerhalter die Rücknahme durch den Einlagerer nachweisen.[35] Anderenfalls muss der Lagerhalter beweisen, dass er die Sorgfalt eines ordentlichen Lagerhalters angewendet hat, der Verlust oder die Beschädigung aber gleichwohl unabwendbar gewesen sind. Er muss darlegen und beweisen, dass er für den Verlust oder die Beschädigung nicht verantwortlich ist.[36] Grundsätzlich muss der Lagerhalter auch dafür einstehen, dass die Tanks und sonstigen Einrichtungen seines Betriebes so beschaffen sind, dass Schäden und Verluste am Lagergut nach Möglichkeit vermieden werden. Im Streitfall muss er die Eignung seiner Anlagen und Einrichtungen für den besonderen Lagerzweck dartun und beweisen.[37] Der Einlagerer muss lediglich nachweisen, dass er das Gut dem Lagerhalter vollständig und unbeschädigt übergeben hat. Nunmehr ist es Sache des Lagerhalters, substantiiert darzulegen, welche Sorgfalt er im Einzelfall aufgewendet hat.[38] Kommt er dem nicht nach, kann daraus je nach den Einzelumständen der Schluss auf ein qualifiziertes Verschulden gerechtfertigt sein.[39] Es handelt sich im Grundsatz um eine **Verschuldenshaftung mit umgekehrter Beweislast,** dh. um eine Haftung für vermutetes Verschulden.[40]

**16**    Nach dem Gesetz haftet der Lagerhalter für eigenen Vorsatz und eigene Fahrlässigkeit sowie für Vorsatz und Fahrlässigkeit seiner Erfüllungsgehilfen (§ 278 BGB). Dabei ist er vertragsrechtlich für die an den eingelagerten Gütern entstandenen Schäden verantwortlich, wenn er die Verschuldensvermutung nicht durch den Entlastungsbeweis widerlegt, dh. darlegt und beweist, dass er nicht einmal leicht fahrlässig die im Lagergeschäft erforderliche Sorgfaltpflicht außer Acht gelassen hat.[41] Gelingt dem Lagerhalter der entlastende Beweis, dann ist wiederum der Einlagerer nach den allgemeinen Regeln beweispflichtig. Danach ergibt sich im Grundsatz folgende **Beweislastverteilung:** Der Einlagerer, der den Lagerhalter auf Schadensersatz in Anspruch nimmt, muss das Pflichtstatut sowie dessen Verletzung durch den Lagerhalter beweisen, während dieser die gesetzliche Vermutung eines Verschuldens bei Schadenseintritt durch den Gegenbeweis zu widerlegen hat. Gelingt dem Lagerhalter dieser Entlastungsbeweis nicht, so haftet er dem Einlagerer auf Ersatz des nachgewiesenen Schadens.[42]

### VI. Haftungsumfang

**17**    Hinsichtlich des Haftungsumfangs hält das Lagerrecht selbst keine Vorschriften bereit; vielmehr gelten grundsätzlich die allgemeinen Vorschriften der **§§ 249 ff. BGB.** So muss sich der Einlagerer ein Mitverschulden über § 254 BGB anrechnen lassen, wenn es durch

---

[34] *Koller,* Rn. 5 TranspR 2007, 209.
[35] OLG Karlsruhe 18.10.2006, – 15 U 48/05; vgl. dazu BGH 26.9.1991, NJW 1992, 367; *Hartenstein/Reuschle/Köper* Kap. 8 Rn. 83.
[36] BGH 26.9.1991, NJW 1992, 367 = VersR 1991, 1432; BGH 1.3.1974, BB 1975, 766; *Frantzioch* EWiR 1992, 169; *Koller* WuB IV D § 417 HGB 1. 92.
[37] BGH 1.3.1974, BB 1975, 766 = VersR 1974, 642 ff.
[38] BGH 3.11.1994, BGHZ 127, 275 = NJW 1995, 1490 = TranspR 1995, 253 = VersR 1995, 604 = LM ADSp § 51 Nr. 7 m. Anm. *Koller.*
[39] BGH 3.11.1994, BGHZ 127, 275 = NJW 1995, 1490 = TranspR 1995, 253 = VersR 1995, 604 = LM ADSp § 51 Nr. 7 m. Anm. *Koller;* beachte aber BGH 29.6.2006, NJW-RR 2007, 32 = TranspR 2006, 390 zum allgemeinen Frachtrecht.
[40] BGH 1.3.1974, = WM 1974, 436; BGH 26.9.1991 = TranspR 1992, 38.
[41] *Hinsen* VersR 1989, 384; *ders.* TranspR 1989, 115; *Bultmann* TranspR 1995, 41.
[42] *Bultmann* TranspR 1995, 41.

sein Verhalten zu einer Mitverursachung des Schadens gekommen ist; beispielsweise, wenn er die Art der Lagerung für ungeeignet hält, dagegen aber nichts unternimmt,[43] oder durch Unterlassen der Schwerpunktkennzeichnung bei selbst verpackter Ware.[44] Der Einlagerer kann nicht aus Kostengründen ein aus seiner Sicht nicht geeignetes Lager in Kauf nehmen und nach Eintritt des Schadensfalles vollen Ersatz erhalten. So auch, wenn dem Einlagerer bekannt ist, dass er Güter der Unterhaltungselektronik, die hoch diebstahlsgefährdet sind, in ein ungenügend gesichertes Lager gibt.[45]

Dem Auftraggeber eines Lagerhalters ist es in einem Schadensersatzprozess wegen Verlus- **18** tes von Gütern grundsätzlich nicht gem. § 242 BGB verwehrt, sich auf grobe Fahrlässigkeit des Lagerhalters/Spediteurs zu berufen, wenn die Geschäftsbeziehung zu demselben Lagerhalter nach Kenntnis des Schadensereignisses unverändert fortgesetzt wird.[46] Kommt es dann aber erneut zu Schäden, ist § 254 Abs. 1 BGB heranzuziehen.[47]

Bei Vereinbarung der ADSp werden durch **Ziff. 22.3 ADSp '03** die §§ 429, 430 HGB **19** für den Haftungsumfang hinsichtlich Wertersatz bei Verlust oder Beschädigung und die Tragung der Schadensfeststellungskosten für anwendbar erklärt. Daneben soll die Klausel die Haftung für aus Güterschäden resultierende Folgeschäden ausschließen.[48] Das Lagerrecht enthält zwar nicht wie das Speditionsrecht mit § 461 Abs. 1 einen gesetzlichen Verweis, doch aufgrund der Dispositivität von § 475 ist eine Bezugnahme möglich. Die Beschränkung auf §§ 429, 430 bedeutet keine unangemessene Benachteiligung.[49] Die Regelung des § 15 **Nr. 1 Abs. 1 HLB '06,** wonach der Lagerhalter berechtigt ist, für verloren gegangene eingelagerte Ware an Stelle von Geldersatz Güter gleicher Art und Güte zur Verfügung zu stellen, verstößt ebenfalls nicht gegen eine Inhaltskontrolle.[50]

Die Schadensersatzansprüche werden sofort mit Eintritt des Vermögensverlustes fällig **20** (§ 271 BGB).

### VII. Haftungsbeschränkungen durch AGB

Die **Haftung für vermutetes Verschulden** korreliert nicht lediglich mit einem Wegfall **21** der gesetzlichen Haftungsbeschränkung, sondern auch mit einer **dispositiven Ausgestaltung des Haftungsrechts** des Lagergeschäfts. Dadurch sind im Einzelfall – auch im Wege Allgemeiner Geschäftsbedingungen bis an die von der AGB-Kontrolle gezogenen Grenzen – vertragliche Vereinbarungen, wohl in erster Linie haftungsausschließender und haftungsbeschränkender Natur, möglich. Eine solche dispositive Ausgestaltung kommt den Bedürfnissen des Lagergeschäfts entgegen, wie auch der Gesetzgeber erkannt hat.[51] Die vom Transport abweichende Gefahren- und Risikosituation und die vergleichsweise erhöhten Einwirkungsmöglichkeiten des Einlagerers auf die einzelnen Umstände der Lagerung und der Schadensverhütung rechtfertigen eine solche Ausgestaltung.

Früher unterschied sich die Beurteilung der **ADSp** durch die Rechtsprechung des BGH **22** von der anderer AGB. Danach genossen die ADSp als kollektiv ausgehandeltes, dh. unter **Zustimmung aller beteiligten Verkehrskreise** unter Einschluss der Interessenverbände der Transportkunden erlassenes Klauselwerk eine besondere Stellung. Einmal sollte die Beteiligung der anderen Marktseite am Erlass der ADSp Indizwirkung im Rahmen der

---

[43] BGH 30.3.1989, NJW-RR 1989, 991; OLG Hamburg 5.1.1984, VersR 1984, 1036, 1037; kein Mitverschulden bei entsprechender Kenntnis des Lagerscheininhabers: LG Hamburg 24.11.1984, WM 1987, 205.
[44] *Koller,* Rn. 4.
[45] OLG Hamburg 21.1.1993, TranspR 1994, 80, 81; vgl. zur Frage des Mitverschuldens bei unterlassener Wertdeklaration im allgemeinen Frachtrecht: BGH 3.5.2007, NJW-RR 2008, 347 = TranspR 2007, 405; BGH 20.7.2006, NJW-RR 2007, 28 = TranspR 2006, 394; BGH 19.1.2006, NJW-RR 2006, 822 = TranspR 2006, 121 m. Anm. *Tomhave.*
[46] BGH 14.5.1998, TranspR 1998, 475.
[47] BGH 14.5.1998, TranspR 1998, 475; OLG Köln 3.7.1998, VersR 1999, 1039.
[48] *Koller* ADSp Ziff. 22 Rn. 7.
[49] *Wolf* § 9 A Rn. 73.
[50] LG Hamburg 13.9.2002, TranspR 2003, 32.
[51] Regierungsentwurf des TRG, BT-Drucks. 13/8445 S. 122.

Inhaltskontrolle entfalten. Zum anderen handelte es sich bei solch anerkannten Klauselwerken nach Auffassung der Verkehrskreise um einen bei Gesamtbetrachtung **ausgewogenen Interessenausgleich,** so dass solche Regelwerke nicht als einseitig aufgestellt angesehen und anderen AGB gleich gestellt werden könnten.[52] Mithin sollte eine Einbeziehung – auch der haftungsbeschränkenden Klauseln – stillschweigend möglich sein[53] und an die Unwirksamkeit einzelner Klauseln wurden höhere Anforderungen gestellt. Das Verbot geltungserhaltender Reduktion galt nicht, weil jede Klausel Teil der „fertig bereit liegenden Rechtsordnung" ADSp sei.[54] Es komme gerade nicht auf den Sachzusammenhang einzelner Vor- und Nachteile an, die Ausgewogenheit des gesamten Klauselwerks genüge.[55] Diese **übergreifende Kompensationswirkung** schied jedoch aus, wenn die ADSp nicht als Ganzes, sondern nur teilweise in Bezug genommen werden.[56]

23  Soweit dem Lagervertrag früher die **ADSp** zugrunde lagen, konnte sich der Lagerhalter auf die **Höchstgrenzen** in den ADSp berufen. Der Bundesgerichtshof hat die Interessenlage von Auftraggeber und Spediteur immer „im Gesamtgefüge der ADSp" gewertet, also „unter Berücksichtigung des gesamten Haftungs- und Versicherungssystems nach den ADSp und den Speditionsversicherungsbedingungen (SpV)". Haftungsfreizeichnungen und -beschränkungen der ADSp wurden nur unter der strengen Voraussetzung für zulässig erachtet, dass dem Auftraggeber mit der Speditionsversicherung voller bzw. „gleichwertiger" Schadensersatz zumindest (gegen Entgelterhöhung) angeboten werde.[57] Insoweit war in die Überlegung mit einzubeziehen, ob es dem Klauselverwender freisteht, anderweitig für eine Kompensation der Nachteile seines Vertragspartners zu sorgen; weiter, ob es dem Einlagerer zumutbar ist, sich gegen Schäden zu versichern.[58] Seit dem 1.1.2003 existiert die klassische Speditionsversicherung mit ihren Komponenten Haftungsversicherung und Schadensversicherung als Einheitsversicherung von Auftraggeber und Spediteur nicht mehr. Damit wurde das seit 1998 geltende System der Haftungsübernahme durch Versicherung abgeschafft.[59] Die Schadensversicherungskomponente ist nach dem Rückzug der Versicherer aus der Sp-Police nicht mehr in den ADSp enthalten und der Deckungsumfang der für Spediteure auf dem freien Markt erhältlichen Haftungsversicherungskomponente wurde durch das sog. GDV-Modell reduziert bzw. unterliegt nun nicht mehr durch die Mindestversicherungsbedingungen standardisierten Policen. Nach **Ziff. 29.1** ist der Spediteur nur noch verpflichtet, bei einem Versicherer seiner Wahl eine Haftungsversicherung zu marktüblichen Bedingungen abzuschließen und aufrechtzuerhalten, die seine verkehrsvertragliche Haftung nach den ADSp und nach dem Gesetz im Umfang der Regelhaftungssumme abdeckt. Nach **Ziff. 21.1** hat der Spediteur die Versicherung des Gutes bei einem Versicherer seiner Wahl zu besorgen, wenn ihn der Auftraggeber vor der Übergabe der Güter dazu beauftragt hat. Ohne einen solchen Auftrag berechtigt **Ziff. 21.2** den Spediteur zum Abschluss einer Versicherung zu Gunsten des Auftraggebers, ohne ihn dazu zu verpflichten.

24  Eine zukünftige höchstrichterliche Inhaltskontrolle der haftungsbeschränkenden ADSp-Klauseln wird von diesen veränderten Umständen auszugehen haben.[60] Bei gleich bleibenden Anforderungen der AGB-Inhaltskontrolle wird es sich zeigen, ob allein die Möglichkeit der Selbstversicherung des Auftraggebers – zB durch Zeichnung einer Spediteur-Generalpolice –, die bestehenden Haftungsbeschränkungen rechtfertigt. Während sich die ADSp 2003

---

[52] BGH 9.10.1981, NJW 1982, 1820; BGH 3.11.1994, BGHZ 127, 275 = TranspR 1995, 253 = VersR 1995, 604 = NJW 1995, 1490 = LM ADSp § 51 Nr. 7 m. Anm. *Koller;* BGH 4.5.1995, NJW 1995, 3117, 3118 = TranspR 1996, 34.

[53] Vgl. aber zur stillschweigenden Einbeziehung haftungsbegrenzender Klauseln im Frachtrecht: BGH 23.1.2003 = NJW 2003, 1397 = TranspR 2003, 119 m. Anm. *Herber.*

[54] BGH 4.5.1995, NJW 1995, 3117, 3118 = TranspR 1996, 34, 35 f.

[55] Palandt/*Grüneberg* § 307 BGB Rn. 11.

[56] Staudinger/*Coester* § 307 BGB Rn. 128.

[57] BGH 6.12.1990, TranspR 1991, 114, 117.

[58] BGH 11.11.1992, NJW 1993, 335 mwN.

[59] Vgl. OLG Naumburg 10.7.2003, NJOZ 2004, 1649 = VersR 2004, 889.

[60] Vgl. die ablehnende Haltung von *Heuer* TranspR 2003, 1; TranspR 2004, 114, 116 f.

im Hinblick auf das veränderte Versicherungsregime der Frage nach der prinzipiellen Gültigkeit ausgesetzt sehen, wird im Einzelfall auch zu klären sein, ob der Spediteur ausreichend versichert gewesen ist und sich deshalb nach **Ziff. 29.3** auf die gesamten ADSp berufen darf.

Bei einer Haftungsbeschränkung wird auch von Bedeutung sein, ob die in Allgemeinen **25** Geschäftsbedingungen vorgesehenen Haftungshöchstbeträge mit Blick auf den in § 309 Nr. 5 BGB zum Ausdruck kommenden Rechtsgedanken nach § 306 Abs. 1 BGB unwirksam sind.[61]

Zu einer **Durchbrechung der Höchstgrenzen** kommt es, wenn der Schaden durch **26** Vorsatz oder grobe Fahrlässigkeit des Lagerhalters oder seiner leitenden Angestellten verursacht worden ist, **Ziff. 27.1.** Dass einfache Erfüllungsgehilfen nicht erfasst sind, macht die Klausel bei Verletzung vertragswesentlicher Pflichten unwirksam.[62] **Grobe Fahrlässigkeit** liegt vor, wenn die im Verkehr erforderliche Sorgfalt in besonders schwerem Maße verletzt worden und unbeachtet geblieben ist, was im gegebenen Fall jedem einleuchten musste.[63] Grob fahrlässig handelt zB der Lagerhalter/Spediteur, der für ein Hallentor zu seinem Lager eine Vielzahl von Schlüsseln an alle oder nahezu alle Mitarbeiter seines Unternehmens ausgibt.[64] Verluste, die durch Diebstahl entstehen, beruhen auf **grob fahrlässigem Organisationsverschulden** des Spediteurs, wenn sich die Güter auf einem nicht gesicherten Fahrzeug befinden, das auf einem nicht verschlossenen und unbewachten Speditionsgelände abgestellt ist.[65] Auch wer als Lagerhalter Stapelarbeiten im Bereich ungeschützter Sprinklerdüsen zulässt, handelt grob fahrlässig, wenn er einer möglichen Beschädigung der Düsen, die zur Aktivierung der Sprinkleranlage führt, lediglich mit einer Arbeitsanweisung zur Stapelhöhe mit einem verbleibenden Sicherheitsabstand von nur 65 cm vorbeugt.[66] Diese Grundsätze, denen uneingeschränkt zuzustimmen ist, gelten in gleicher Weise für den Lagerhalter. Auch er kann sich in einem solchen Fall nicht auf Haftungsbeschränkungen oder –ausschlüsse aufgrund der vereinbarten AGB berufen. Wegen grober Fahrlässigkeit haftet der Lagerhalter auch dann unbeschränkt, wenn er bei der Einlagerung von Teilen der Ware in einem fremden Lagerraum sich nicht selbst von dessen Geeignetheit überzeugt, sondern sich auf Versprechungen und Angaben des Unterlagerhalters verlässt.[67] Die Frage, wer in diesen Fällen des so genannten groben Organisationsverschuldens die Darlegungs- und Beweislast trägt, war von den Oberlandesgerichten zu den ähnlich ausgestalteten ADSp '93 zunächst unterschiedlich beurteilt worden.[68] Der BGH geht im Anschluss an seine frühere Rechtsprechung zu § 51 Buchst. b Satz 2 ADSp '93 weiterhin davon aus, dass die **Beweislast wirksam zum Nachteil des Anspruchsstellers geregelt** wird.[69] Damit ist im Rahmen der Inhaltskontrolle nicht nur der Rechtsgedanke aus § 309 Nr. 7 Buchst. b BGB, sondern zugleich aus § 309 Nr. 12 Buchst. a BGB heranzuziehen.[70]

Trotz der an sich bestehenden Darlegungs- und Beweispflicht des Anspruchsstellers für **27** die Tatsachen, aus denen sich eine grobe Fahrlässigkeit ergibt, ist aber der Lagerhalter nach **Treu und Glauben** angesichts des **unterschiedlichen Informationsstandes** der

---

[61] BGH 6.7.1995, NJW 1995, 3120 = TranspR 1996, 70, 72.

[62] Zu den ADSp 1998: BGH 15.9.2005, NJW-RR 2006, 267 = TranspR 2006, 38; BGH 15.9.2005, TranspR 2006, 42.

[63] StRspr.; vgl. BGH 11.5.1953, BGHZ 10, 14, 16 = NJW 1953, 1139 = VersR 1953, 335; BGH 17.4.1997, NJW-RR 1998, 32 = TranspR 1998, 21, 24.

[64] OLG Düsseldorf 22.1.1999, VersR 1999, 471.

[65] BGH 16.11.1995, NJW 1996, 2305 L = TranspR 1996, 72 = EWiR 1996, 145 mit Anm. *Koller*.

[66] OLG Köln 27.5.2003, TranspR 2004, 372 = VersR 2003, 1464.

[67] OLG Frankfurt 11.10.2000, TranspR 2002, 84; bei eigenen Räumen des Lagerhalters: OLG Köln 13.9.2005, TranspR 2006, 401, 403 = VersR 2006, 1564; OLG Hamburg 20.12.2001, TranspR 2003, 403.

[68] Vgl. die Zusammenstellungen bei OLG Hamburg 9.7.1992, TranspR 1992, 333; *Piper* Rn. 171, 172.

[69] BGH 3.11.1994, BGHZ 127, 275 = NJW 1995, 1490 = TranspR 1995, 253 = LM ADSp § 51 Nr. 7 m. Anm. *Koller*; BGH 4.5.1995, NJW 1995, 3117 = TranspR 1996, 34; BGH 22.6.1995 = NJW 1995, 3119 = TranspR 1996, 37; BGH 6.7.1995, WM 1995, 1816; BGH 25.9.1997, NJW-RR 1998, 886= TranspR 1998, 262; vgl. auch *Starck* TranspR 1996, 1 ff.

[70] Staudinger/*Coester-Waltjen* BGB § 309 Nr. 12 Rn. 10.

Vertragsparteien gehalten, soweit möglich und zumutbar zu den näheren Umständen aus seinem eigenen Betriebsbereich eingehend vorzutragen.[71] Er muss vortragen, dass er ausreichende Vorsorgemaßnahmen gegen den Verlust von Gütern getroffen hat und dass Eingangs- und Ausgangskontrollen bestehen.[72] Nicht ausreichend ist, dass der Lagerhalter allgemein zur Organisation vorträgt. Er ist vielmehr gehalten, die konkret eingerichteten Kontrollen so detailliert darzulegen, dass für den Anspruchsteller und das Gericht erkennbar wird, wie die einzelnen Maßnahmen in der Praxis geordnet, überschaubar und zuverlässig ineinandergreifen und welche Maßnahmen getroffen worden sind, um sicherzustellen, dass die theoretisch vorgesehenen Organisationsmaßnahmen auch praktisch durchgeführt werden.[73]

**28**    Kann sich der Lagerhalter auf Haftungsbeschränkungen und -ausschlüsse aus **anderen AGB** als den ADSp berufen, dann gilt grundsätzlich wie im Falle einzeln ausgehandelter Vertragsbedingungen, dass der Lagerhalter darlegungs- und beweisbelastet ist. Denn die gesetzliche Regelung für die Vertragshaftung des Lagerhalters ist in § 475 enthalten.[74] Danach haftet der Lagerhalter unbeschränkt für den Verlust von und Beschädigungen am Lagergut, wenn er nicht darlegt und beweist, auf welchen Einzelumständen der Güterschaden beruht und dass insoweit kein Verschulden gegeben ist. Wer eine hiervon abweichende vertraglich vereinbarte Haftungsbeschränkung in Anspruch nehmen will, hat darzulegen und zu beweisen, dass ihre Voraussetzungen gegeben sind.[75] Die Haftung für Verschulden eines Erfüllungsgehilfen kommt auch bei vorsätzlichem Handeln in Betracht, da insoweit beim Verwahrungsvertrag nach BGB und beim Lagervertrag nach HGB nicht davon die Rede sein kann, dass der Erfüllungsgehilfe bloß bei Gelegenheit der vertraglichen Pflichtenwahrnehmung gehandelt hat. So hat es das Reichsgericht bereits für den Fall entschieden, dass ein Lagermeister das Gut außerhalb seiner Dienstzeit stiehlt.[76] Der BGH hat diese Rechtsprechung übernommen.[77]

**29**    Eine formularmäßige **Freizeichnung von der Haftung für einfache Fahrlässigkeit** ist zwar gem. § 309 Abs. 7 Buchst. b BGB grundsätzlich statthaft, darf jedoch nach der Rechtsprechung des Bundesgerichtshofes nicht zur Aushöhlung von vertragswesentlichen Rechtspositionen des Vertragspartners des Klauselverwenders führen, etwa weil sie ihm solche Rechte wegnimmt oder einschränkt, die ihm der Vertrag nach seinem Inhalt und Zweck gerade zu gewähren hat. Ferner darf die Haftungsbeschränkung nicht dazu führen, dass der Klauselverwender von Verpflichtungen befreit wird, deren Erfüllung die ordnungsgemäße Durchführung des Vertrags überhaupt erst ermöglicht und auf deren Einhaltung der Vertragspartner vertraut und vertrauen darf.[78] Im Lagerrecht gehören hierzu etwa die Obhut des Lagerhalters[79] und die Auswahl eines geeigneten Lagerplatzes.[80] Auch Nebenpflichten können vertragswesentlich sein.[81] Die formularmäßige Begrenzung der Haftung bei Verletzung so genannter **Kardinalpflichten** auf einen Höchstbetrag wird vom Bundes-

---

[71] BGH 7.11.1996, NJW-RR 1997, 928 = TranspR 1997, 291 m. Anm. *Herber*.
[72] OLG Karlsruhe 18.10.2006 – 15 U 48/05, TranspR 2007, 209; *Starck* TranspR 1996, 1 ff.; vgl. zum Abhandenkommen aus Spediteurslager: LG Hamburg 20.12.2004, TranspR 2005, 221.
[73] Zu Ziff. 24 ADSp 99 BGH 15.9.2005, NJW-RR 2006, 267 = TranspR 2006, 38; BGH 3.11.1994, VersR 1995, 604; BGH 27.2. 1997, NJW-RR 1997, 1390 = TranspR 1997, 440; BGH 16.1.1997, NJW 1997, 2385; BGH 26.6.1997, NJW-RR 1997, 1253 = TranspR 1997, 379 m. Anm. *Herber*.
[74] *Piper*, Ausgewählte Fragen zur Haftung und zur Darlegungs- und Beweislast im Prozeß des Frachtführers und Spediteurs unter Berücksichtigung des Transportrechtsreformgesetzes, Festgabe Herber, S. 135.
[75] OLG Hamburg 9.7.1992, TranspR 1992, 333, 335 unter Hinweis auf seine früheren Entscheidungen zu den HLB VersR 1984, 169, zur KBO TranspR 1988, 119; TranspR 1990, 443; TranspR 1990, 341; vgl. auch *Herber/Schmuck* VersR 1991, 1209, 1210.
[76] RG 19.2.1921, RGZ 101, 349; BGH 20.6.1984, BB 1984, 1449; Heymann/*Hermann* Rn. 5; *Koller* Rn. 3.
[77] BGH 10.5.1984, TranspR 1984, 283, 284 m. Anm. *Helm*; kritisch dazu Staub/*Koller* § 417 Rn. 11a.
[78] BGH 19.1.1984, NJW 1984, 1350; BGH 9.11.1995, NJW 1996, 1822 = TranspR 1996, 303.
[79] BGH 19.2.1998, NJW-RR 1998, 1426, 1428; BGH 15.9.2005, TranspR 2006, 42, 44.
[80] OLG Köln 13.9.2005, TranspR 2006, 401, 403 = VersR 2006, 1564; OLG Hamburg 25.4.2002, TranspR 2003, 259, 260 = VersR 2003, 1463.
[81] BGH 20.6.1984, NJW 1985, 914; BGH 19.2.1998, NJW-RR 1998, 1426, 1428.

gerichtshof grundsätzlich auch gegenüber Kaufleuten für unwirksam erachtet, wenn die Haftungshöchstsumme die vertragstypischen, vorhersehbaren Schäden nicht abdeckt.[82] Dies gilt auch dann, wenn der eingetretene Schaden durch einfache Fahrlässigkeit eines nicht leitenden Angestellten oder Arbeiters des Klauselverwenders entstanden ist.[83] Der Bundesgerichtshof hält Klauseln für unwirksam, nach denen in den Fällen einfacher Fahrlässigkeit eine vollständige Freistellung unabhängig von der Natur der verletzten Vertragspflicht, der Person des Verletzers, der Höhe des eingetretenen Schadens und der Art der verletzten Rechtsgüter beabsichtigt ist. Das gilt auch dann, wenn es um die Freizeichnung vom Versagen der nicht zu den Organen und leitenden Angestellten gehörenden einfachen Erfüllungsgehilfen geht. Eine Rückführung unwirksamer Klauseln auf ihren zulässigen Inhalt ist nach der Rechtsprechung des Bundesgerichtshofes auch im kaufmännischen Rechtsverkehr grundsätzlich ausgeschlossen.[84]

## § 475a Verjährung

[1]Auf die Verjährung von Ansprüchen aus einer Lagerung, die den Vorschriften dieses Abschnitts unterliegt, findet § 439 entsprechende Anwendung. [2]Im Falle des gänzlichen Verlusts beginnt die Verjährung mit Ablauf des Tages, an dem der Lagerhalter dem Einlagerer oder, wenn ein Lagerschein ausgestellt ist, dem letzten ihm bekannt gewordenen legitimierten Besitzer des Lagerscheins den Verlust anzeigt.

### Übersicht

|  | Rn. |  | Rn. |
|---|---|---|---|
| I. Normzweck | 1–3 | V. Vereinbarungen über die Verjährung | 23–27 |
| II. Ansprüche im Sinne von Satz 1 | 4, 5 | 1. Verträge mit Verbrauchern | 23 |
| III. Verjährungsfrist | 6–14 | 2. Verträge mit Unternehmern | 24, 25 |
| 1. Fristdauer | 6–8 | 3. § 439 Abs. 1 Satz 2 und Haftungsvereinbarungen durch AGB | 26, 27 |
| 2. Beginn der Frist | 9–14 |  |  |
| IV. Hemmung und Neubeginn der Verjährung | 15–22 | VI. Aufrechnung verjährter Ansprüche | 28, 29 |
| 1. Hemmung | 15–21 | VII. Überleitungsrecht | 30 |
| 2. Neubeginn | 22 |  |  |

### I. Normzweck

Auf die **Verjährung von Ansprüchen** aus einer den Vorschriften des sechsten 1 Abschnitts unterliegenden Lagerung findet § 439 entsprechende Anwendung, dh. es werden nicht lediglich die Ansprüche gegen den Lagerhalter wegen (Teil-)Verlustes, Beschädigung oder verspäteter Ablieferung, sondern vielmehr alle Ansprüche aus dem Lagervertrag und auch außervertragliche Ansprüche durch die Verweisung auf die frachtrechtliche Verjährungs-vorschrift einbezogen. Es kommt nicht darauf an, ob die betreffende Anspruchsgrundlage in „diesem Abschnitt", also in den §§ 467 bis 475h geregelt ist. Im Kern wird geregelt, dass alle Ansprüche unter Abweichung von § 195 BGB in einem Jahr verjähren. Damit trägt das Gesetz den Besonderheiten des gewerblichen Lagergeschäfts Rechnung: Es ist durch eine Vielzahl von jeweils in verhältnismäßig kurzer Zeit zu erledigender Lageraufträge geprägt. Der Lagerhalter hat ein anerkennenswertes Interesse daran, dass Lagergeschäfte

---

[82] OLG Hamburg 8.5.2003, TranspR 2003, 404; LG Hamburg 28.10.2002 = TranspR 2002, 467; *Bahnsen* TranspR 2010, 19, 26.

[83] BGH 19.2.1998, NJW-RR 1998, 1426 = TranspR 1998, 374; BGH 11.11.1992, NJW 1993, 335, 336.

[84] StRspr, vgl. nur BGH 19.2.1998, NJW-RR 1998, 1426; LG Hamburg 28.10.2002, TranspR 2002, 467.

zügig abgewickelt und Schadensfälle möglichst zeitnah aufgeklärt werden, sowie daran, dass sein Haftungsrisiko zeitlich überschaubar gehalten wird.[1] Die Frist verlängert sich auf 3 Jahre, wenn Vorsatz oder ein dem Vorsatz nach § 435 gleichstehendes Verschulden vorliegt, § 439 Abs. 1 Satz 2. Die Verjährung beginnt grundsätzlich mit der Auslieferung des Gutes. Der Lauf der Verjährung kann neben den allgemeinen Hemmungsgründen der §§ 203–211, 213 BGB durch eine schriftliche Erklärung, mit der Ersatzansprüche geltend gemacht werden, gehemmt werden, § 439 Abs. 3 Satz 1.

2    Auch beim Speditionsgeschäft im fünften Abschnitt wird hinsichtlich der Verjährung in § 463 ausgesprochen, dass § 439 entsprechend an zuwenden ist. Damit besteht ein Gleichklang der Verjährung im Fracht-, Speditions- und Lagergeschäft.

2a   Im Zuge des Gesetzes zur Reform des Seefrachtrechts vom 20. April 2013 sind in § 439 die Abs. 3 und 4 aus Gründen der Klarstellung geändert worden. So bedeutet die Änderung in Abs. 3 Satz 1, Einfügen des Wortes „auch", dass zweifelsfrei § 203 BGB, der die Hemmung der Verjährung regelt, nicht durch § 439 Abs. 3 verdrängt wird[2]. Weiter wird von dem Erfordernis abgesehen, dass die Erklärung „schriftlich" sein muss[3], was aber nicht bedeutet, dass auf jedes Formerfordernis verzichtet wird. Durch die Neufassung von Abs. 4 wird die Vertragsfreiheit im Frachtrecht nur eingeschränkt, soweit es um die Verjährung von Schadensersatzansprüchen wegen Verlust oder Beschädigung des Gutes oder wegen Überschreitung der Lieferfrist geht. Diese Neuregelung hat keine Auswirkung auf die Verjährung von Ansprüchen im Lagerrecht, da diese Bestimmungen insgesamt dispositiver Natur sind, sieht man von der Ausnahme gemäß § 475h ab.

3    Im Hinblick auf den umfassenden Verweis von § 475a auf § 439 kann ergänzend Bezug genommen werden auf die Erläuterungen zu § 439. §§ 475a, 439 stellen im Verhältnis zum Verjährungsrecht des BGB leges speciales dar (§ 2 EGHGB).[4] Es ist aber anerkannt, dass diese Vorschriften nicht abschließender Natur sind, sondern durch das Verjährungsrecht des BGB ergänzt werden. Die Modernisierung des Schuldrechts von 2002 hat aus der Perspektive des Lagerrechts insbesondere Auswirkungen auf die Verjährung gebracht. U. a. wurde der Begriff der Unterbrechung im Schuldrechtsmodernisierungsgesetz durch den „Neubeginn der Verjährung" ersetzt und spielt vergleichsweise seltener eine Rolle als früher. Denn viele aus dem BGB bekannte Unterbrechungstatbestände wurden in Hemmungstatbestände umgewandelt. Auf den vollkommen neu geschaffenen § 203 BGB wird im Zusammenhang mit dem Hemmungstatbestand in § 439 Abs. 3 eingegangen. Die Wirkung der Verjährung ergibt sich uneingeschränkt aus §§ 214 ff. BGB. § 215 BGB ordnet seit 2002 ausdrücklich an, dass nicht nur mit verjährten Ansprüchen aufgerechnet werden darf, sondern dass den verjährten Ansprüchen gegenüber auch etwaige Zurückbehaltungsrechte bestehen bleiben.

## II. Ansprüche im Sinne von Satz 1

4    Satz 1 erfasst damit nicht nur alle **vertraglichen Ansprüche** gegen den Lagerhalter und seine eigenen gegen den Einlagerer aufgrund Vertrages, sondern es werden auch alle **außervertraglichen Ansprüche** des Lagerhalters oder gegen diesen einbezogen.[5] Dieses gilt auch für Ansprüche aus der Verletzung von Nebenpflichten, sofern sie zur Lagerung gehören und nicht Teil einer selbständigen vertraglichen Nebenabrede sind.[6] Es wird nicht von Ansprüchen aus dem Lagervertrag, sondern von Ansprüchen aus einer Lagerung gesprochen. Gemeint ist damit eine umfassende Erstreckung der Verjährung auf alle mit der

---

[1] BGH 12.12.1991, BGHZ 116, 297, 299 = NJW 1992, 1679, 1680; *Ackermann* EWiR 1992, 459.
[2] Diese Klarstellung des Gesetzgebers erfolgt in Übereinstimmung mit der Rechtsprechung des BGH 13.3.2008, TranspR 2008, 467.
[3] Damit trägt der Gesetzgeber der in der Rechtsprechung geäußerten Kritik Rechnung: LG Hamburg 13.3.2009, TranspR 2009, 224; OLG München 23.7.2008, TranspR 2008, 321.
[4] Regierungsentwurf des TRG, BT-Drucks. 13/8445 S. 77 zu § 439.
[5] Regierungsentwurf des TRG, BT-Drucks. 13/8445 S. 77 zu § 439.
[6] BGH 21.9.2006, NJW-RR 2007, 182; Regierungsentwurf des TRG, BT-Drucks. 13/8445 S. 77 zu § 439.

Lagerung zusammenhängende Ansprüche[7]. Darunter fallen neben den Ansprüchen wegen Leistungsstörung auch solche wegen Verschuldens bei Vertragsschluss (c.i.c., § 311 Abs. 2, 3 BGB), unerlaubter Handlung sowie Bereicherungsansprüche und Herausgabeansprüche aus Eigentum. Bei den Ansprüchen gegen den Lagerhalter handelt es sich praktisch um Schadensersatzansprüche. Da das Gesetz den näheren Rechtsgrund solcher Ansprüche insgesamt offen lässt, gilt die Regelung nicht nur für die tatbestandlich sich aus §§ 467, 470, 471, 472, 473 und 475 ergebenden Ansprüche, sondern auch für sonstige von den Parteien an den Eintritt derartiger Ereignisse geknüpfte Ansprüche, zum Beispiel auf Zahlung einer Vertragsstrafe. § 439 ist auf einen Schadensersatzanspruch aus einem Rahmenvertrag wegen einer zu geringen Zahl von Lageraufträgen nicht anwendbar.[8]

Die Vorschrift ist § 439 Abs. 1 Satz 1 nachgebildet. § 439 HGB wiederum orientiert sich **5** als Folge der Transportrechtsreform von 1998 weitgehend an Art. 32 CMR. Zwar spielen die besonderen Anforderungen an die Auslegung von Einheitsprivatrecht bei § 439 keine Rolle, doch kann die CMR als Verständnishilfe herangezogen werden. Art. 32 Abs. 1 Satz 1 CMR spricht von Ansprüchen aus einer dem Übereinkommen unterliegenden Beförderung. Weiter erklärt Art. 28 Abs. 1 CMR Haftungsausschlüsse und -beschränkungen, zu denen auch die Verjährung gehört, auf konkurrierende außervertragliche Ansprüche für anwendbar, wenn man nicht die Auffassung vertritt, die Erstreckung der Verjährungsregelung des Art. 32 CMR folge schon aus dieser Vorschrift selbst.[9] Jedenfalls lässt sich Art. 28 Abs. 1 CMR entnehmen, dass sich die Verjährungsvorschriften nach Art. 32 CMR auf alle Ansprüche, auch außervertragliche, anlässlich der Beförderung erstrecken.

### III. Verjährungsfrist

**1. Fristdauer.** Mit der durch die Transportrechtsreform 1998 eingeführten gesetzlichen **6** Regelung ist die bisherige Rechtsprechung zum Transportrecht nicht mehr einschlägig, mit der der Bundesgerichtshof es abgelehnt hatte, die kürzere vertragliche Verjährungsfrist der §§ 414, 423, 439 aF auf konkurrierende außervertragliche Ansprüche zu erstrecken.[10] Die zusätzliche Anwendung der deliktsrechtlichen Verjährungsregeln würde den Zweck der besonderen Verjährungsfrist aus § 439 Abs. 1 Satz 1 vereiteln. Für einen Gleichlauf der Verjährungsfristen spricht auch, dass durch die Schuldrechtsreform von 2002 deliktische Ansprüche prinzipiell der Regelverjährung unterstellt wurden.[11]

Etwas anderes mag für Personenschäden gelten. Denn hier stellt sich die Frage, ob es im **7** Falle der lagerbedingten Verursachung eines Körperschadens wirklich gerechtfertigt ist, die Verjährungsfrist aus § 199 Abs. 2 BGB auf ein Jahr zu verkürzen, wenn der Verletzte eine Privatperson ist und keine Kenntnis von den anspruchsbegründenden Umständen und der Person des Schuldner genommen hat. Hier empfiehlt es sich, § 439 HGB verfassungskonform einschränkend auszulegen.[12]

Bei Vorsatz oder bei einem dem Vorsatz nach § 435 gleichstehenden Verschulden (leicht- **8** fertig und in dem Bewusstsein, dass ein Schaden mit Wahrscheinlichkeit eintreten werde) beträgt die Verjährungsfrist drei Jahre. Qualifiziertes Verschulden des Anspruchsgegners und ein solches von Hilfspersonen, deren Verhalten diesem zurechenbar ist, stehen gleich. Wiederum erscheint es problematisch, dass der Verjährungsbeginn bei Straftaten und Delikt grundsätzlich gem. § 199 Abs. 1 BGB Kenntnis von der Person des Ersatzpflichtigen voraussetzt. Es ist nicht anzunehmen, dass der Gesetzgeber die Rechtspositionen des Geschädigten

---

[7] *Hartenstein/Reuschle/Köper* Kap. 8 Rn. 131.

[8] OLG Karlsruhe 21.2.2007, TranspR 2007, 213 = MDR 2007, 1181.

[9] *Herber/Piper* Art. 28 CMR Rn. 6; Art. 32 CMR Rn. 5, 6; zur Art der verschiedenen Ansprüche vgl. *Koller* Art. 32 CMR Rn. 1; *Demuth,* FS Herber, S. 326, 333.

[10] BGH 15.12.2001, NVersZ 2002, 420, 423 f.; BGH 13.2.2003, NJW-RR 2003, 751; BGH 15.7.1999, NJW-RR 2000, 330; BGH 11.7.1996, NJW-RR 1997, 222; BGH 12.12.1991, BGHZ 116, 297, 299 ff. = NJW 1992, 1679, 1680.

[11] Zu berücksichtigen ist lediglich die Sonderverjährung in § 852 Satz 2 BGB für „deliktische Bereicherungsansprüche".

[12] Vgl. für das Frachtgeschäft: *Koller* § 439 Rn. 23.

bei vorsätzlicher sittenwidriger Schädigung oder vorsätzlichen Straftaten verkürzen wollen. Deshalb muss auch in solchen Fällen § 439 zurücktreten.

9 **2. Beginn der Frist.** Hinsichtlich vertraglicher Primär- und rechtsgeschäftsähnlicher Sekundäransprüche ist § 439 Abs. 2 lex specialis zu § 199 Abs. 1 BGB („Ultimoverjährung"), wie sich aus § 200 Satz 1 BGB ergibt. Auch im Falle von Sekundäransprüchen kann ein „anderer Verjährungsbeginn" iSv. § 200 Satz 1 BGB durch § 439 bestimmt sein. Für deliktische Ansprüche ist fraglich, ob § 199 BGB gilt oder § 439 HGB zur Anwendung kommt. Für die Anwendung von § 199 BGB spricht entscheidend, dass auch im Falle der Normalverjährung nach § 195 BGB in Abs. 2 bzw. Abs. 3 ein von Abs. 1 verschiedener Verjährungsbeginn zur Anwendung kommt. Es besteht also ein – wenn auch geringer – Unterschied zwischen der deliktsrechtlichen Verjährung und der Verjährung vertraglicher bzw. rechtsgeschäftsähnlicher Ansprüche.

10 Die Verjährung beginnt im Falle des teilweisen Verlustes oder bei Beschädigung mit Ablauf des Tages, an dem die Ablieferung stattgefunden hat, § 439 Abs. 2 Satz 1 iVm. § 187 Abs. 1 BGB. Bei Teilverlust – mag dieser einzelne Stücke des eingelagerten Gutes oder Teile einer Massenladung betreffen – beginnt die Verjährungsfrist erst mit der vollständigen Ablieferung des Gutes;[13] solange der Lagerhalter noch eingelagertes Gut verwahrt, die Vertragsbeziehungen zwischen den Parteien noch andauern und damit ständig beiderseitig neue Pflichten entstehen, erscheint es nicht erforderlich, den Vertrag teilweise, nämlich in Bezug auf die Schadensersatzansprüche, beschleunigt abzuwickeln. Im Fall der verspäteten Ablieferung beginnt die Verjährung mit Ablauf des Tages, an dem die Ablieferung hätte beendet sein müssen. Da der Primäranspruch bzgl. des beschädigten oder nur noch teilweise vorhandenen Gutes mit Auslieferung erfüllt ist, können nur Sekundäransprüche Gegenstand der Verjährungsregel in § 439 Abs. 2 Satz 1 sein; umfasst ist auch der Anspruch auf Schadensersatz statt der ganzen Leistung gem. §§ 280 Abs. 1, 3, 281–283 BGB.

§ 475a und nicht die allgemeinen Verjährungsvorschriften des BGB kommt auch dann zur Anwendung, wenn das Schadensgeschehen in einem hinreichenden sachlichen Zusammenhang mit einem Lagergeschäft steht. Wird das Gut in einem unmittelbaren räumlichen und zeitlichen Zusammenhang mit der Auslieferung beschädigt, so verjähren daraus resultierende Schadensersatzansprüche nach § 475a, auch wenn der Auslieferungsvorgang im Zeitpunkt der Schadenshandlung bereits abgeschlossen war.[14]

11 Für den Primäranspruch bei lediglich verspäteter Auslieferung gilt § 439 Abs. 2 Satz 2: Die Verjährung beginnt mit Fälligkeit. Ob der Zeitpunkt der hypothetischen Ablieferung hinreichend sicher bestimmbar ist, muss nach den Umständen des Einzelfalls entschieden werden. Fraglich ist, ob die Verjährung der Sekundäransprüche zeitgleich beginnt. Um einen Gleichlauf zu erzielen, könnte man ebenfalls auf den Zeitpunkt der Pflichtverletzung abstellen. Gleichwohl ist die Verzögerung der Auslieferung als Pflichtverletzung nur ein Tatbestandsmerkmal im System des allgemeinen Leistungsstörungsrechts (§§ 280 Abs. 1, 2, 286 BGB). Mithin müssen noch weitere Merkmale des anspruchsbegründenden Tatbestands erfüllt sein; üblicherweise tritt der Schaden oder die Mahnung als letztes Merkmal hinzu. Der Verzugsschadensersatzanspruch entsteht also nicht bereits im Zeitpunkt des Verzugseintritts, sondern erst im Moment des verzugsbedingten Schadenseintritts.[15] Dies kommt einer Anwendung von § 200 Satz 1 BGB gleich.

12 Entsprechend der subjektiven Komponente des allgemeinen Verjährungssystems lässt § 475a Satz 2 im Falle des gänzlichen Verlustes die Verjährung mit Ablauf des Tages beginnen, an dem der Verlust dem Berechtigten, Einlagerer oder dem letzten bekannten legitimierten Inhaber des Lagerscheines angezeigt wurde.[16] Diese Bestimmung ist notwendig, da der hypothetische Ablieferungszeitpunkt nach § 439 Abs. 2 Satz 2 als Anknüpfungszeit-

---

[13] Unveränderte stRspr. seit BGH 8.7.1955, BGHZ 18, 98, 100 = NJW 1955, 1513, 1514.
[14] BGH 10.1.2008, TranspR 2008, 84 – zu § 439.
[15] BGH RsprBau 2331 Bl. 67; LM § 286 aF Nr. 3; BGH 28.10.1968 = VersR 1969, 60, 61.
[16] Zum Begriff „gänzlicher Verlust" vgl. BGH 8.7.1955, BGHZ 18, 98, 101 = NJW 1955, 1513, 1515.

punkt für den Lagervertrag bei gänzlichem Verlust nicht passt. Maßgebend ist nicht der Tag, an dem die Anzeige abgesandt wird, sondern der, an dem sie dem Einlagerer zugeht (nichts anderes gilt gem. **Ziff. 28 ADSp '03** iVm. § 438). Die Schutzwirkung der Vorschrift für den Einlagerer bzw. seinen Rechtsnachfolger ginge verloren, wenn man auf den Tag der Absendung der Anzeige abstellte. Der Einlagerer oder sein Rechtsnachfolger haben somit den Tag des Zugangs der Anzeige zu beweisen, wenn der Lagerhalter Verjährung einwendet. Der Verlust muss total sein, so dass der Lagerhalter das Gut auch nicht einmal zu einem Teil herausgeben kann. Die Definition des Adressaten der Verlustanzeige des Lagerhalters folgt aus § 471 Abs. 2. Da der Primäranspruch wegen Unmöglichkeit gem. § 275 Abs. 1 BGB erloschen ist, kann nur der Anspruch auf Schadensersatz statt der Leistung iSv. §§ 280 Abs. 1, 3, 283 BGB gemeint sein.

Die Anknüpfungspunkte für den Fristbeginn sind den Vorschriften der §§ 467 ff. zu **13** entnehmen. Hinsichtlich der Begriffe Verlust, Beschädigung und Ablieferung kann auf die entsprechende Kommentierung in §§ 467 und 475 verwiesen werden. Verspätet ist die Ablieferung selbstverständlich dann nicht, wenn der Lagerhalter auf Grund seines Pfandrechts (§ 475b) den Anspruch auf Rückgabe des Gutes solange nicht erfüllt, wie er nicht wegen seiner durch das Pfandrecht gesicherten Forderung befriedigt ist. Denn solange das Pfandrecht an dem Gut besteht, ist der Lagerhalter als Pfandgläubiger zur Rückgabe des Gutes nicht verpflichtet.

Für **Regressansprüche** enthält § 439 Abs. 2 Satz 3 eine vom Grundsatz (§ 439 Abs. 2 **14** Satz 3) abweichende Verjährungsregelung: In bestimmten Fallgestaltungen wird der Verjährungsbeginn hinausgeschoben. Die Regelung erfasst das Verhältnis zwischen dem vertraglichen Lagerhalter und dem von ihm eingeschalteten ausführenden Lagerhalter. Sie gilt für Regresse nur in der Höhe, in welcher der andere Lagerhalter selbst schadensersatzpflichtig geworden ist. Dabei ist es nicht erforderlich, dass der Rückgriffsgläubiger seinerseits im Primärrechtsverhältnis seinem Gläubiger gegenüber als Frachtführer bzw. Lagerhalter gemäß §§ 425 ff. bzw. § 475 haftet[17]. Der Rückgriffsschuldner soll nicht zu lange im Unklaren gelassen werden, ob er in Anspruch genommen wird. Deshalb verlangt § 439 Abs. 2 Satz 3, dass der Rückgriffsgläubiger innerhalb von drei Monaten, nachdem er Kenntnis vom Schaden und der Person des Rückgriffsschuldners erlangt hat, den Rückgriffsschuldner über den Schaden unterrichtet. Erfolgt das nicht, so wird auch der Verjährungsbeginn nicht bis zur Zahlung durch den Rückgriffsgläubigers an den Geschädigten hinausgeschoben, sondern die Verjährung beginnt mit dem Ablauf des Tages, an dem das Gut abgeliefert wurde oder hätte abgeliefert werden müssen, nach den allgemeinen Bestimmungen zu laufen.[18] Im Lagergeschäft spielt diese Regelung keine große Rolle, da hier eine Kette von Vertragsparteien im Vergleich zum Frachtgeschäft eher selten ist.

## IV. Hemmung und Neubeginn der Verjährung

**1. Hemmung.** Durch den pauschalen Verweis in § 475a auf § 439 gilt auch dessen **15** Abs. 3, dh. die **Verjährung eines (vertraglichen oder außervertraglichen) Ersatzanspruchs** gegen den Lagerhalter wird durch eine schriftliche Erklärung des Einlagerers (§ 126 bzw. § 126a BGB), mit der dieser Ersatzansprüche erhebt, bis zu dem Zeitpunkt **gehemmt,** in dem der Lagerhalter die Erfüllung des Anspruchs schriftlich ablehnt. Weiter gilt (§ 439 Abs. 3 Satz 2), dass eine wiederholte Erklärung, die denselben Ersatzanspruch zum Gegenstand hat, die Verjährung nicht erneut hemmt. Eine Hemmung nach dieser Vorschrift kann also **nur einmal** eintreten. Dieses gilt auch, wenn sich neue Tatsachen ergeben haben. Es bietet sich insoweit an, in Parallele zur Bestimmung des Streitgegenstandes im Zivilprozess auf die Einheitlichkeit des Lebenssachverhalts abzustellen.[19] Die Reklamationsregelung in § 439 Abs. 3 ist praktisch **identisch mit Art. 32 Abs. 2 CMR.** Lediglich auf

---

[17] OLG Hamburg 12.7.2011, TranspR 2011, 366 ff.; zustimmend *Koller* TranspR 2012, 277.
[18] Vgl. Bericht des Rechtsausschusses zum TRG, BT-Drucks. 13/10014 S. 49.
[19] *Koller* § 439 Rn. 45.

die Rückgabe der Belege zur Beendigung der Hemmung ist mangels praktischer Bedeutung verzichtet worden.

**16**    **§ 203 BGB** mit seiner dreimonatigen Ablaufhemmung nach S. 2 setzt anders als § 439 Abs. 3 voraus, dass der Schuldner besonderes Vertrauen geschaffen hat. Indem das Schweben von **Verhandlungen** ein Minimum an Mitwirkung auf Seiten des Lagerhalters erfordert, geht der Tatbestand in § 203 BGB über § 439 Abs. 3 hinaus. § 439 Abs. 3 ist also nicht lex specialis zu § 203 BGB;[20] es besteht vielmehr ein Exklusivitätsverhältnis zwischen den Tatbeständen. In der Begründung zum Entwurf des Schuldrechtsmodernisierungsgesetzes hatte man sich ausdrücklich mit der Hemmung durch Reklamation gem. § 439 Abs. 3 HGB auseinandergesetzt.[21] Es sei erwogen worden, in Anlehnung an das Modell des § 439 HGB durch die Statuierung von Formerfordernissen größere Klarheit zu schaffen. Dieser Gedanke sei jedoch auf breite Kritik gestoßen;[22] denn die Verhandlungen ließen sich nicht in ein Schema von schriftlichen Erklärungen pressen. Daraus ergibt sich, dass § 203 BGB neben § 439 Abs. 3 anwendbar bleibt, also Verhandlungen nach formgerechter Zurückweisung der Reklamation erneut den Ablauf der Verjährungsfrist hemmen.[23] Dieses entspricht der Funktion des § 439 Abs. 3, die Hemmungstatbestände des BGB zu erweitern.[24] Zu einer Hemmung nach § 203 Satz 2 BGB kommt es also auch, wenn die Verjährung wegen einer Reklamation gem. § 439 Abs. 3 bereits gehemmt war und dann verhandelt worden ist; denn in diesem Fall ist ebenfalls ein besonderer Vertrauenstatbestand geschaffen worden. Denkbar ist auch, dass der Lagerhalter die Verhandlungen abbricht, aber den schriftlich erhobenen Ersatzanspruch nicht in der Form des § 439 Abs. 3 zurückweist. Dann läuft die Hemmung gem. § 439 Abs. 3 weiter, ungeachtet der Tatsache, dass die Hemmung auf Grund der Verhandlungen abgelaufen ist. In einem solchen Fall wirkt sich die Formalisierung des transportrechtlichen Hemmungstatbestandes zum Nachteil des Lagerhalters aus.

**17**    Die Hemmung greift dem Wortlaut nach nicht ein, soweit Ansprüche gegen den Lagerhalter erhoben werden. Um auch dem Lagerhalter einen Anreiz zu bieten, durch Hemmung der Verjährung eine gütliche Einigung zu erleichtern, käme insoweit eine analoge Anwendung in Betracht. Für eine Analogie zu § 439 Abs. 3 bei Ersatzansprüchen zu Gunsten des Lagerhalters besteht aber angesichts von § 203 BGB kein Bedürfnis.[25]

**18**    Die Hemmungswirkung gem. § 439 Abs. 3 wird nur dann ausgelöst, wenn der Einlagerer gegenüber dem Lagerhalter eine **schriftliche Erklärung** mit dem Inhalt abgibt, dass er gegen ihn Ersatzansprüche geltend macht, und diese Erklärung dem Lagerhalter auch zugeht (§ 130 BGB). Für das Auslösen der Hemmungswirkung ist in CMR-konformer Auslegung Voraussetzung, dass der Einlagerer in seiner schriftlichen Erklärung, in der er Ersatzansprüche geltend macht, diejenigen Informationen gibt, die der Lagerhalter benötigt, um darüber zu entscheiden, ob er den Anspruch anerkennt, zurückweist oder verhandelt.[26]

**19**    Nur die Reklamation des **materiell Berechtigten** ist wirksam. Mithin muss auch der reklamierende Empfänger aktivlegitimiert sein.[27] Wirksam handeln kann auch der Vertreter; dabei ist § 174 BGB zu beachten. Transportversicherungen sind regelmäßig konkludent bevollmächtigt. § 439 Abs. 3 Satz 1 ist auf den Zessionar analog anzuwenden, weil hier dasselbe Bedürfnis nach gütlicher Einigung gegeben ist, wie in den Fällen, in denen der Einlagerer oder Lagerscheinberechtigte (vgl. § 475d Abs. 1) Anspruchsinhaber geblieben ist. Der Forderungsübergang kann auf rechtsgeschäftlicher Abtretung oder zB bei Transportversicherungen auf Gesetz (§ 67 VVG) beruhen. Bei mehreren Reklamationen verschiedener Reklamationsberechtigter wirkt jede Reklamation bezogen auf ihren Inhalt eigenständig verjährungshemmend (arg. § 439 Abs. 1, 3 Satz 1). Demgemäß muss jede Reklamation vom

---

[20] Vgl. BGH 13.3.2008, TranspR 2008, 467.
[21] Gesetzentwurf des SMG, BT-Drucks. 14/6040 S. 111 f.
[22] *Mansel*, Zivilrechtswissenschaft und Schuldrechtsreform, 333, 398.
[23] So *Ramming* zu § 612 Abs. 2: TranspR 2002, 45, 53.
[24] *Koller* TranspR 2001, 425, 429.
[25] *Koller* § 439 Rn. 32.
[26] *Thume/Demuth* Art. 32 CMR Rn. 62.
[27] Fremuth/Thume/*Fremuth* § 439 Rn. 29.

Lagerhalter einzeln geprüft werden; die Anspruchserhebung kommt gem. §§ 429 Abs. 3, 425 Abs. 2 BGB also lediglich und jeweils derjenigen Person zu Gute, die die Forderung geltend gemacht hat.[28]

Der Anspruch muss nicht auf eine bestimmte Anspruchsgrundlage gestützt oder exakt **20** beziffert sein.[29] Im Zweifel sind alle aus einer vom Anmeldenden genannten Leistungsstörung entspringenden Schäden gemeint und diese Schäden angemeldet.[30] Nicht reklamiert sind mit der Anmeldung eines einzigen Schadensereignisses sämtliche bei der Lagerung entstandenen Schäden.

Die **Rechtswirkungen der Hemmung** ergeben sich aus § 205 BGB. Der Zeitraum, **21** währenddessen die Verjährung gehemmt ist, wird nicht in die Verjährungsfrist eingerechnet. Die Hemmung **beginnt** mit dem Zugang der Erklärung iSv. § 439 Abs. 3 beim Adressaten der Reklamation. Die Hemmung **endet** mit dem Zugang einer Erklärung, in der der Lagerhalter oder sein Vertreter dem Reklamierenden oder dessen Vertreter gegenüber die Existenz des Ersatzanspruchs abstreitet. Dies ist durch Auslegung gem. §§ 133, 157 BGB zu ermitteln. Die Ablehnung muss endgültig sein, dh. der Lagerhalter darf sich nicht mehr verhandlungsbereit zeigen oder signalisieren, dass er allenfalls subsidiär haftet. Hat der Lagerhalter nur einen Teil der Forderung zurückgewiesen, so bleibt die Verjährung in Hinblick auf den Rest gehemmt.[31]

**2. Neubeginn.** Im Falle eines Anerkenntnisses sowie bei Vornahme oder Beantragung **22** einer Vollstreckungshandlung kommt es zum Neubeginn der Verjährung gem. § 212 BGB. Der Neubeginn bewirkt, dass die Verjährungsfrist in voller Länge von neuem zu laufen beginnt. Nur eine Verjährung, die noch läuft, kann erneut beginnen. Die Berücksichtigung der CMR führt zu keinem anderen Ergebnis, da das Regime insoweit keine eigenen Rechtsfolgenregelungen bereit hält.

### V. Vereinbarungen über die Verjährung

**1. Verträge mit Verbrauchern.** Ist der Einlagerer Verbraucher, kann die Verjährung **23** nicht einmal durch einzeln ausgehandelte Vereinbarung zu seinem Nachteil abgeändert werden (§ 475h). Damit besteht bei Verbraucherverträgen die Flexibilität, Verbraucher unschwer durch AGB, dh. ohne besonderes Aushandeln, besser zu stellen.

**2. Verträge mit Unternehmern.** Außerhalb von § 475h sind die Vorschriften des **24** Lagerrechts dispositiv, so dass § 475a einschließlich seiner Verweisung auf § 439 Abs. 4, der für das Frachtrecht eine eingeschränkte Dispositivität der Verjährungsregeln normiert, abbedungen werden kann.[32] Es besteht also die Möglichkeit, zu jedem Zeitpunkt – ob vor oder nach dem Entstehen der Forderung – eine Vereinbarung über die Modifikation der Verjährung auch durch AGB zu schließen.[33] Natürlich sind die Grenzen der allgemeinen Vertragsfreiheit, dh. vor allem § 202 BGB, zu beachten. Danach kann die Verjährung bei Haftung wegen Vorsatzes nicht im Voraus durch Vereinbarung erleichtert werden. Abweichungen durch AGB unterliegen daneben der Inhaltskontrolle nach §§ 307 ff. BGB. Praxisrelevant sind vor allem Vereinbarungen über die Verkürzung der Verjährung durch AGB des Lagerhalters. Eine formularmäßige Verjährungsverkürzung, durch die viele Mängel zum Zeitpunkt ihrer Erkennbarkeit bereits verjährt wären, käme einem weit gehenden Haftungsausschluss gleich; dies wollen die Vorschriften zur AGB-Kontrolle verhindern. Für die Angemessenheit einer Verjährungsvereinbarung ist insbesondere von Bedeutung, ob die erfassten Ersatzansprüche die vertragstypischen vorhersehbaren Schäden erfassen oder

[28] Zu Art. 32 CMR: BGH 24.10.1991, VersR 1992, 640.
[29] StRspr. seit BGH 7.11.1985, VersR 1986, 287, 289 (KVO).
[30] Vgl. aber OLG Frankfurt 8.6.1982, VersR 1983, 141 (KVO).
[31] Amtliche Begründung zum Regierungsentwurf des TRG, BR-Drucks. 368/97 S. 78.
[32] *Koller* § 475a Rn. 4; Fremuth/Thume/*Teutsch* § 475a Rn. 9; AG Hamburg-Harburg 24.3.1999, TranspR 2000, 257 m. Anm. *Dißars*.
[33] AA Heidelberger Kommentar HGB/*Ruß* § 475a Rn. 4.

nicht. Der Begriff der „Vertragstypik" wird dabei vom BGH sehr weit ausgelegt.[34] Für die Vorhersehbarkeit von Lagerschäden ist insbesondere die zeitliche Überschaubarkeit der Lagerung von Bedeutung. Eine Verkürzung der Verjährung von Ansprüchen wegen Vorsatz und grober Fahrlässigkeit auf weniger als 12 Monate erscheint jedenfalls unangemessen. Darin ist eine unangemessene Benachteiligung des Vertragspartners des Verwenders zu sehen, weil der Lagerhalter dann zu weit einseitig von dem gesetzlichen Leitbild zu seinen Gunsten abweicht.

25    Die ADSp '03 enthalten keine Verjährungsklausel. Anders die HLB '06, wo der vereinbarte Verjährungsbeginn von der gesetzlichen Regel leicht abweicht (§ 25 HLB '06). Eine unangemessene Abweichung vom gesetzlichen Leitbild liegt aber noch nicht vor. Dies auch deshalb, weil nunmehr auch nach den HLB '06 die Verjährungsfrist ein Jahr beträgt und nicht mehr, wie bisher, 6 Monate, § 25 Ziff. 1 HLB '99.

26    **3. § 439 Abs. 1 Satz 2 und Haftungsvereinbarungen durch AGB.** § 449 einschließlich Abs. 2 entfaltet keine Wirkung für das Lagerrecht. Wird die Verjährung wirksam durch AGB des Lagerhalters verkürzt, kann sich jedoch der Fall ergeben, dass einerseits der Verschuldensmaßstab des groben Verschuldens zu ermitteln ist und andererseits der des qualifizierten Verschuldens aus § 435, wenn die Bedingungen nicht im Gleichklang mit § 435 formuliert sind. Die insbesondere im subjektiven Bereich liegenden Unterschiede sind zwar verhältnismäßig gering, da auch an den traditionellen Rechtsbegriff der groben Fahrlässigkeit strenge subjektive Anforderungen gestellt werden. Die unterschiedlichen Maßstäbe können sich jedoch im Einzelfall auswirken. Die Verjährungsfrist beträgt nur dann 3 Jahre nach §§ 475a Satz 2, 439 Abs. 1 Satz 2 iVm. § 435, wenn der Lagerhalter vorsätzlich oder leichtfertig und in dem Bewusstsein gehandelt hat, dass ein Schaden mit Wahrscheinlichkeit eintreten werde. Die Verschuldensform der sog. bewussten groben Fahrlässigkeit in § 435 weicht von den bisherigen Verschuldensbegriffen im deutschen Zivilrecht ab, um das deutsche Recht möglichst weitgehend in Einklang mit dem internationalen Recht zu bringen.[35] Der Verschuldensgrad liegt in einem Bereich zwischen bewusster Fahrlässigkeit und bedingtem Vorsatz.[36] Insbesondere bei Sachschäden muss nicht mit jedem leichtfertigen Verhalten das Bewusstsein einer Schadenswahrscheinlichkeit verbunden sein.[37] Auch im Fall des qualifizierten Verschuldens iSv. § 435 ist der Mitverschuldenseinwand zu berücksichtigen.[38] Schließlich ist auch § 276 Abs. 3 BGB zu beachten, der bestimmt, dass die Haftung wegen Vorsatzes dem Schuldner nicht im Voraus erlassen werden kann.

27    Im **nicht kaufmännischen Verkehr** kann die Haftung des Verwenders bei grobem Verschulden durch AGB nicht abbedungen werden, § 309 Nr. 7b BGB. Im **kaufmännischen Rechtsverkehr** sind Freizeichnungsklauseln nicht an § 309 Nr. 7b BGB, wohl aber an § 307 BGB zu messen (§ 310 BGB). Entsprechend § 309 Nr. 7a BGB ist wegen der überragenden Bedeutung der genannten Schutzgüter ein Ausschluss der Haftung wegen Verletzung des Lebens, des Körpers oder der Gesundheit auch im Verhältnis zwischen Unternehmen unwirksam. Ansonsten fehlen eindeutige Regeln zu einer an Verschuldensgraden orientierten Unwirksamkeit von Freizeichnungsklauseln. Da im Anwendungsbereich von § 307 Abs. 2 Nr. 2 alle Verschuldensgrade freizeichnungsfest sind,[39] wird diese Frage allerdings nur in den seltenen Fällen der Verletzung unwesentlicher Pflichten bzw.

---

[34] Ulmer/Brandner/Hensen/*Christensen* AGB-Recht § 309 Nr. 7 BGB Rn. 35.
[35] Amtliche Begründung zum Regierungsentwurf des TRG, BR-Drucks. 368/97 S. 71; vgl. zum Ursprung im internationalen Recht: Fremuth/Thume/*Fremuth* § 435 Rn. 5.
[36] *Starck,* FS Herber, S. 128, 131.
[37] Zum Warschauer Abkommen: BGH 21.9.2000, TranspR 2001, 28, 33.
[38] BGH 3.5.2007 = TranspR 2007, 412; 414; BGH 29.6.2006, NJW-RR 2006, 1694 = TranspR 2006, 466.
[39] BGH 19.1.1984, BGHZ 89, 363, 366 f. = NJW 1984, 1350, 1351; BGH 3.7.1985, NJW 1985, 2258, 2261; BGH 15.9.2005, NJW-RR 2006, 267, 269; anders wohl OLG Hamburg 20.12.2001, TranspR 2003, 404: Unwirksamkeit der Freizeichnung in Nr. 24.1. ADSp 1998, da diese auch den Fall einer grob fahrlässigen Kardinalpflichtverletzung durch einen einfachen Angestellten umfasse. So jetzt BGH 15.9.2005, TranspR 2006, 38.

bei Fehlen einer Vertragszweckgefährdung relevant. Ständiger Rechtsprechung entspricht es, dass der Verwender für eigenes grobes Verschulden und dasjenige seiner leitenden Angestellten sowie für schwerwiegendes Organisationsverschulden voll einzustehen hat. Die danach offen gebliebene Frage, ob bei Fehlen einer Vertragszweckgefährdung eine Freizeichnung für grobes Verschulden einfacher Erfüllungsgehilfen möglich bleibt, hat der BGH im Werftfall[40] unter Geltung alten AGB-Rechts dahin beantwortet, dass § 309 Nr. 7b grundsätzlich indizielle Bedeutung für die Annahme einer unangemessenen Benachteiligung auch des kaufmännischen Kunden zukomme. Die im Rahmen der Abwägung nach § 307 Abs. 2 Nr. 2 bedeutsamen Kriterien – insbesondere die Möglichkeit der Schadensverhütung und die Branchenüblichkeit einer Schadensversicherung des Kunden – könnten jedoch im Einzelfall auch eine Freistellung für grobe Fahrlässigkeit einfacher Erfüllungsgehilfen rechtfertigen. Dieses wird allerdings nur in seltenen Ausnahmefällen in Betracht kommen. Insbesondere ist der herangezogene Aspekt der Versicherbarkeit des Risikos in diesen Fällen problematisch, da in einem Haftungsausschluss für grobe Fahrlässigkeit eine analog § 67 Abs. 1 Satz 3 VVG (jetzt § 86 VVG 2007) zu Leistungsfreiheit der Versicherung führende Gefahrerhöhung liegen kann.[41] Demgemäß hat der BGH nunmehr entschieden, Dass die in Ziff. 24 ADSp (Fassung 1998) enthaltene Haftungsbegrenzung bei grob fahrlässiger oder vorsätzlicher Schadensverursachung durch einfache Erfüllungsgehilfen im Falle der Verletzung vertragswesentlicher Pflichten gem. § 9 Abs. 2 Nr. 2 AGBG aF unwirksam ist, weil sie unangemessen von der gesetzlichen Haftungsregelung in § 475, § 278 BGB abweicht.[42]

## VI. Aufrechnung verjährter Ansprüche

Nach § 390 BGB schließt die Verjährung einer Forderung die Aufrechnung mit ihr nicht **28** aus, wenn die verjährte Forderung zu der Zeit, zu welcher sie gegen die andere Forderung hätte aufgerechnet werden können, noch nicht verjährt war. § 390 BGB stellt insoweit nicht darauf ab, wann die Aufrechnung von dem zur Aufrechnung Berechtigten tatsächlich vorgenommen worden ist, sondern auf den Augenblick, in dem sich die beiden Forderungen aufrechenbar gegenüberstanden.

Ziffer **19 ADSp '03**[43] schränkt die Aufrechnung des Vertragspartners des Spediteurs auf **29** fällige Forderungen ein. **§ 21 HLB '06**[44] sieht ebenfalls vor, dass gegenüber Ansprüchen des Lagerhalters aus dem Lagergeschäft und den damit zusammenhängenden Ansprüchen eine Aufrechnung oder eine Zurückbehaltung nur mit unbestrittenen oder rechtskräftig festgestellten Gegenansprüchen zulässig ist.

## VII. Überleitungsrecht

Das **Schuldrechtsmodernisierungsgesetz** hat die verjährungsrechtlichen Vorschriften **30** des BGB geändert, welche die transportrechtlichen Normen ergänzen. Insoweit sind die Überleitungsvorschriften zum Verjährungsrecht nach dem Gesetz zur Modernisierung des Schuldrechts zu beachten. Gem. **Art. 229 § 6 Abs. 1 EGBGB** bestimmt sich die Hemmung und Unterbrechung für den Zeitraum vor dem 1. Januar 2002 nach dem alten Recht. Erfasst werden nicht nur die sich aus dem Bürgerlichen Gesetzbuch ergebenden, sondern auch die in anderen Gesetzen enthaltenen Ansprüche, deren Verjährung sich nach dem Bürgerlichen Gesetzbuch richtet.[45] Soweit das neue Verjährungsrecht die Unterbrechung durch die Hemmung ersetzt hat, endet eine vor dem 1. Januar 2002 erfolgte und fortdau-

---

[40] BGH 24.9.1985, BGHZ 96, 18, 25 f.; anders BGH 3.3.1988, BGHZ 103, 316 = NJW 1988, 1785; OLG Hamburg 17.5.1984, VersR 1985, 57 f.
[41] Ulmer/Brandner/Hensen/*Christensen* AGB-Recht § 309 Nr. 7 BGB Rn. 35 ff., 45; *Prölss*/Martin § 67 VVG Rn. 35.
[42] BGH 15.9.2005, TranspR 2006, 38.
[43] *Koller* ADSp Ziff. 19, Rn. 3.
[44] Siehe S. 1351.
[45] BT-Drucks. 14/6040 S. 273.

ernde Unterbrechung mit dem Ablauf des 31. Dezember 2001 und wirkt nur noch als Hemmung mit Beginn des 1. Januars 2002 fort. Nach dem 1. Januar 2002 begründete Umstände zeitigen nur noch nach Maßgabe des neuen Rechts Wirkung. Dieses sollte auch für den Fall gelten, dass Verhandlungen im Jahr 2001 begonnen und über den 31. Dezember 2001 hinaus fortgesetzt wurden.[46] Insoweit ist bei § 203 BGB zu fragen, ob zwischen den Parteien dann noch Verhandlungen „schwebten".

### § 475b Pfandrecht des Lagerhalters

(1) [1]**Der Lagerhalter hat für alle Forderungen aus dem Lagervertrag ein Pfandrecht an dem ihm zur Lagerung übergebenen Gut des Einlagerers oder eines Dritten, der der Lagerung zugestimmt hat.** [2]**An dem Gut des Einlagerers hat der Lagerhalter auch ein Pfandrecht für alle unbestrittenen Forderungen aus anderen mit dem Einlagerer abgeschlossenen Lager-, Fracht-, Seefracht- und Speditionsverträgen.** [3]**Das Pfandrecht erstreckt sich auch auf die Forderung aus einer Versicherung sowie auf die Begleitpapiere.**

(2) **Ist ein Orderlagerschein durch Indossament übertragen worden, so besteht das Pfandrecht dem legitimierten Besitzer des Lagerscheins gegenüber nur wegen der Vergütungen und Aufwendungen, die aus dem Lagerschein ersichtlich sind oder ihm bei Erwerb des Lagerscheins bekannt oder infolge grober Fahrlässigkeit unbekannt waren.**

(3) **Das Pfandrecht besteht, solange der Lagerhalter das Gut in seinem Besitz hat, insbesondere solange er mittels Konnossements, Ladescheins oder Lagerscheins darüber verfügen kann.**

### Übersicht

| | Rn. | | | Rn. |
|---|---|---|---|---|
| I. Normzweck | 1–3 | | a) Konnexe Forderungen aus dem Lagervertrag, § 475b Abs. 1 Satz 1 Var. 1 | 13–16 |
| | | | b) Inkonnexe Forderungen | 17–19 |
| II. Entstehen und Umfang des Pfandrechts | 4–19 | | III. Inhalt des Pfandrechts | 20–26 |
| 1. Allgemeine Voraussetzungen | 4–11 | | 1. Anzuwendende Vorschriften | 20–24 |
| a) Wirksamer Vertrag | 4 | | 2. Rang der Lagerhalterpfandrechte | 25, 26 |
| b) Lagerhalter | 5 | | IV. Pfandrecht und Orderlagerschein, Abs. 2 | 27, 28 |
| c) Besitz am Lagergut | 6–8 | | | |
| d) Pfandgegenstand | 9, 10 | | V. Bestand des Pfandrechts, Abs. 3 | 29–32 |
| e) Guter Glaube | 11 | | VI. ADSp '03, HLB | 33–35 |
| 2. Gesicherte Forderungen | 12–19 | | | |

### I. Normzweck

1    Die durch das Gesetz zur Reform des Seefrachtrechts vom 20. April 2013 geänderte Fassung von Absatz 1 Satz 1 dient der redaktionellen Anpassung der Vorschrift an die übliche Diktion im BGB. Darüber hinaus sollen Rechtsunsicherheiten darüber, ob und unter welchen Voraussetzungen ein Pfandrecht an dem Gut Dritter entstehen kann, beseitigt werden.[1]

1a    Ebenso wie der Frachtführer (§ 441 Abs. 1) und der Spediteur (§ 464) erlangt auch der Lagerhalter kraft Gesetzes ein Pfandrecht am Gut. Es wirkt wie ein vertragliches Pfandrecht (§ 1257 BGB). Dem Lagerhalter wird eine Sicherheit dafür gegeben, dass das Lagergeld (§ 467 Abs. 2) und andere Entgelte nicht im Voraus fällig werden und weiter, wenn er für Auslagen in Vorlage tritt. Er muss das Gut nur gegen Begleichen seiner Forderungen herausgeben, gestützt insoweit auf ein **Zurückbehaltungsrecht** (§ 273 BGB bzw. § 369 HGB) oder eben dieses Pfandrecht. Absolut, dh. auch gegenüber konkurrierenden Gläubi-

---

[46] *Koller* TranspR 2001, 425, 431.
[1] Vgl. hierzu: BGH 19.6.2010, TranspR 2010, 303, zur Neufassung: *K. Schmidt*, NSW 2014, 1 ff.

gern, wirkt nur eine dingliche Sicherheit. Sie erlaubt auch die **Verwertung.** Eine übermäßige Sicherung ist möglich, da das Pfandrecht sich auf das gesamte eingelagerte Gut erstreckt. Eine Begrenzung erfolgt nur durch den Kreis der gesicherten Forderungen, der jedoch weit gezogen ist. Neben den Lagerkosten sind auch alle anderen durch den Lagervertrag begründeten Forderungen durch das Pfandrecht gesichert. Das Erfordernis von **Konnexität,** dh. dass gesicherte Forderungen und Lagergut Gegenstand desselben Lagervertrags sein müssen, besteht jedoch nur teilweise. Abs. 1 bestimmt ausdrücklich, dass das Pfandrecht auch **Forderungen aus anderen mit dem Einlagerer abgeschlossenen Lager-, Fracht- und Speditionsverträgen** sichert, wenn diese unbestritten sind. Das gesetzliche Pfandrecht ist also in bestimmtem Umfang auch auf inkonnexe Forderungen des Lagerhalters erweitert.[2] Andere inkonnexe Forderungen als aus diesen Verkehrsverträgen sind nicht abgedeckt, zB wegen Bearbeitung des Gutes (hierfür besteht ein Werkunternehmerpfandrecht, § 647 BGB).[3]

Daneben ist natürlich die Vereinbarung eines **weitergehenden vertraglichen Pfand-** 2 **rechts** möglich. Für den Lagerhalter, der auf der Grundlage der ADSp '03 kontrahiert, gilt das Vertragspfandrecht nach Ziff. 20.1 ADSp '03. Zu den **HLB '06** vergleiche dessen § 22.

Das Pfandrecht besteht solange, wie der Lagerhalter das Gut in Besitz hat. 3

## II. Entstehen und Umfang des Pfandrechts

**1. Allgemeine Voraussetzungen. a) Wirksamer Vertrag.** Das Pfandrecht entsteht 4 nur im Rahmen eines wirksamen Lagervertrages.[4]

**b) Lagerhalter.** Das gesetzliche Pfandrecht nach § 475b steht nur dem Lagerhalter zu, 5 der als Kaufmann gewerbsmäßig im Betriebe seines auf den Abschluss von Lagergeschäften gerichteten Handelsgewerbes die Lagerung und Aufbewahrung von Gütern übernimmt. Ein Kaufmann, der im Betriebe seines sonst allein auf andere Geschäfte gerichteten Handelsgewerbes gelegentlich die Lagerung und Aufbewahrung von Gütern übernimmt, ist nicht Lagerhalter. Damit kommt ihm auch nicht das gesetzliche Lagerhalterpfandrecht nach § 475b zu Gute.

**c) Besitz am Lagergut.** Der Lagerhalter muss den Besitz am Gut erlangt haben. Besitz 6 an dem Gut ist Voraussetzung für das Entstehen, das Bestehen und das Fortbestehen des Pfandrechts. Der Lagerhalter erwirbt das Pfandrecht nur, wenn er den unmittelbaren oder mittelbaren Besitz an dem Gut erlangt, und behält das Pfandrecht nur solange, wie er in unmittelbarem oder mittelbarem Besitz des Gutes ist. Gibt er den Besitz an einem Teil des auf Grund eines einheitlichen Lagergeschäfts bei ihm angelieferten Gutes auf, so erlischt das Pfandrecht an diesem Teil des Gutes.

Das Pfandrecht dauert auch während der Zeit an, in der das Gut in Ausführung der 7 dem Lagerhalter übertragenen Lagerung und Aufbewahrung **von ihm bei einem Dritten gelagert** wird. Während dieser Zeit ist der Lagerhalter jedenfalls mittelbarer Besitzer des Gutes.

Dem Besitz am Gut selbst steht die Herrschaft über das Gut durch **Konnossement,** 8 **Ladeschein oder Lagerschein** dann gleich, wenn dem Lagerhalter diese Papiere ausgehändigt worden sind und er dadurch zur Disposition über das Gut berechtigt ist. Durch Konnossement, Ladeschein oder Lagerschein kann nach den §§ 475g, 448, 650 über das Gut verfügt werden, wenn das Gut vom Schiffer, Frachtführer, Lagerhalter übernommen, das Papier dem Lagerhalter übergeben worden ist und das Papier entweder auf den Namen des Lagerhalters lautet oder auf ihn oder blanko indossiert ist. Meist wird in diesen Fällen der Lagerhalter ohnehin schon mittelbarer oder unmittelbarer Besitzer des Gutes sein. Fehlen die

---

[2] Kritisch hierzu: Staub/*Canaris* § 366 Rn. 104 ff.
[3] BGH 30.6.1960, BB 1960, 837; Baumbach/Hopt/*Merkt* Rn. 1; *Andresen/Valder* Rn. 9; Koller Rn. 3; *Hartenstein/Reuschle/Köper* Kap. 8 Rn. 108.
[4] Fremuth/Thume/*Teutsch* Rn. 3; *Altmeppen* ZHR 157, 541 ff.

genannten Voraussetzungen, ist zB der Lagerhalter nicht legitimiert, so hat er auch kein Pfandrecht an dem Gut.

9     **d) Pfandgegenstand.** Objekt des gesetzlichen Pfandrechts sind zunächst als **Gut** alle Sachen, die der Lagerhalter für den Einlagerer einlagern oder aufbewahren soll. Das Pfandrecht ergreift grundsätzlich ohne Rücksicht auf die Höhe der Forderung des Lagerhalters **das ganze eingelagerte Gut,** dh. alle Stücke und nicht etwa nur einen zur Sicherung des Lagerhalters ausreichenden Teil des Gutes;[5] deshalb ist der Lagerhalter als Pfandgläubiger im Allgemeinen nicht verpflichtet, vor seiner vollen Befriedigung die Pfandsache teilweise freizugeben.[6] Bei der Einlagerung einer größeren Menge vertretbarer Sachen kann jedoch nach Lage des Einzelfalls eine Pflicht zu partieller Freigabe in Betracht kommen, wenn der Lagerhalter dem beschränkten Auslieferungsanspruch des Einlagerers sein Lagerhalterpfandrecht entgegensetzt, obwohl er durch den in seinem Besitz verbleibenden Teil der eingelagerten Mengen in einer jeden Zweifel für Gegenwart und Zukunft ausschließenden Weise gesichert ist.[7] Dann kann der Einlagerer den Einwand der Arglist gem. § 242 BGB erheben; er muss jedoch nachweisen, dass die bereits entstandenen und auch die zukünftig entstehenden, aber noch nicht bezifferbaren Lagerkosten durch den verbleibenden Teil des Gutes gedeckt sind.[8] Wenn eine wesentliche Minderung des Wertes des Pfandes zu besorgen ist, hat der Verpfänder gegen den Pfandgläubiger (Lagerhalter) einen Anspruch auf Rückgabe der Pfandsache Zug um Zug gegen Gewährung einer anderen ausreichenden Sicherheit[9]

10    Ist das Gut verpackt und soll es verpackt gelagert werden, so fällt auch die **Verpackung** unter das Pfandrecht. Vom Pfandrecht erfasst ist auch die **Forderung aus einer Versicherung** schlechthin, nicht nur aus einer Feuerversicherung. Die Sachverständigenkommission zur Reform des Transportrechts und der Gesetzgeber hielten 1998 die bis dahin geltende Regelung, die zwischen der Versicherung gegen Feuer und der gegen andere Gefahren für das Gut differenzierte, nicht mehr für sachgerecht. Weiter erstreckt sich das Pfandrecht auf die **Begleitpapiere** und entspricht damit einer Vorschrift im Frachtrecht, § 441 Abs. 1 Satz 2. Gleiches gilt für den Spediteur über § 464 Satz 2, der auf § 441 Abs. 1 Satz 2 verweist. Das Einbeziehen der Begleitpapiere ist sachgerecht, da die Begleitpapiere praktisch für die Verwertung des Gutes von Bedeutung sind.

11    **e) Guter Glaube.** Das Besitzpfandrecht kann gutgläubig erworben werden, §§ 1207, 1257, 932 ff. BGB, § 366 Abs. 3. Hält der Lagerhalter den Einlagerer für den Eigentümer, so kann er über §§ 1207, 1257, 1227, 932 ff. BGB das Pfandrecht erwerben.[10] Ist der Einlagerer nicht zugleich Eigentümer des Gutes, so genügt zur Entstehung des Pfandrechtes der gute Glaube des Lagerhalters daran, dass der Einlagerer verfügungsberechtigt ist (§ 366 Abs. 3). Dieses gilt jedoch nur hinsichtlich konnexer Forderungen; § 366 Abs. 3 schließt gleichzeitig aus, dass der Lagerhalter bei inkonnexen Forderungen das gesetzliche Pfandrecht bereits bei gutem Glauben an die Verfügungsbefugnis des Einlagerers erwerben kann. Dazu ist vielmehr der gute Glaube an die Berechtigung als Eigentümer erforderlich. Damit wird sicher gestellt, dass der mit dem Einlagerer nicht identische Eigentümer nicht unter allen Umständen aus seiner Position verdrängt wird. § 366 ist auch auf Kleingewerbetreibende anwendbar.[11] Gutgläubiger Pfandrechtserwerb ist weder über § 1207 BGB noch nach § 366 möglich, wenn das Gut dem Eigentümer oder, wenn dieser nur mittelbarer Besitzer war, dem unmittelbaren Besitzer gestohlen worden oder ihm verloren gegangen oder sonst abhanden gekommen ist, also in den Fällen des unfreiwilligen Besitzverlustes (§ 936 BGB).

---

[5] BGH 14.4.1958, BGHZ 27, 69, 71.
[6] Zu § 421 aF: *Alff* Rn. 2; *Andresen/Valder* Rn. 12.
[7] BGH 3.11.1965, BB 1966, 179; *Heymann/Herrmann* Rn. 1; *Andresen/Valder* Rn. 12.
[8] Vgl. zu vertraglichen Pfandrechten ohne Freigabeklausel: BGH 17.1.1995, BGHZ 128, 295, 300 = NJW 1995, 1085.
[9] BGH 20.6.2013, TranspR 2013, 353.
[10] *Koller* Rn. 2; *Kunig* JR 1976, 12.
[11] Staub/*Canaris* § 366 Rn. 112.

**2. Gesicherte Forderungen.** Der Lagerhalter hat wegen aller durch den Lagervertrag 12 begründeten Forderungen sowie wegen unbestrittener Forderungen aus anderen mit dem Einlagerer abgeschlossenen Lager-, Fracht und Speditionsverträgen ein Pfandrecht an dem in seinem Besitz befindlichen Gut.

**a) Konnexe Forderungen aus dem Lagervertrag, § 475b Abs. 1 Satz 1 Var. 1.** 13 Erfasst sind zunächst alle mit dem Lagergut und seiner vertragsgemäßen Lagerung zusammenhängenden (konnexen) Forderungen, also nicht nur der Anspruch auf die Lagerkosten. **Lagerkosten** sind, wie sich aus § 467 Abs. 2 ergibt, die vereinbarte Vergütung sowie Aufwendungsersatz gem. § 474. Wird eine Vergütungsvereinbarung nicht geschlossen, so ist § 354 einschlägig, vgl. § 467 Rn. 16. Der Lagerhalter hat kein gesetzliches Pfandrecht wegen der auf das Gut gegebenen **Vorschüsse.** Die Vorschusszahlung kann aber im Einzelfall eine für das Gut gemachte Aufwendung sein, die der Lagerhalter den Umständen nach für erforderlich halten durfte. In einem solchen Fall gehört auch der Anspruch auf Erstattung dieser Aufwendungen zu den Lagerkosten, ist mithin durch das Pfandrecht gesichert.

Nicht erforderlich ist es für die Geltendmachung des Pfandrechts, dass die gesicherten 14 Forderungen gegen den Einlagerer bereits fällig sind. Nach §§ 1204 Abs. 2, 1257 BGB kann das Pfandrecht auch der **Sicherung künftiger oder bedingter Forderungen** dienen. So kann das Pfandrecht auch geltend gemacht werden, wenn der Lagerhalter seinerseits Aufwendungen noch nicht gemacht hat, sofern er nur zur Leistung der Aufwendungen einem Dritten gegenüber bindend verpflichtet ist oder sich die Notwendigkeit zu diesen Aufwendungen aus der Sache ergibt.[12] In einem solchen Fall dient das Pfandrecht zur Sicherung der künftigen Forderung des Lagerhalters gegen den Einlagerer. Andererseits kann aber trotz bereits bestehender Forderungen die Geltendmachung des Pfandrechts durch den Lagerhalter dadurch ausgeschlossen sein, dass sich dieser durch ausdrückliche oder stillschweigende Vereinbarung verpflichtet hat, von der Geltendmachung des Pfandrechts Abstand zu nehmen.

Gemäß § 475b Abs. 1 Satz 1 sind zunächst nur die mit dem Lagergut und seiner vertrags- 15 gemäßen Lagerung zusammenhängenden Forderungen gesichert. Insoweit dient das Pfandrecht nicht zur Sicherung wegen Forderungen, die dem Lagerhalter noch aus früheren Lagergeschäften zustehen. Zu beachten ist jedoch, dass dann, wenn ein Teil eines auf Grund eines einzigen Vertrages eingelieferten Gutes bereits von dem Einlagerer zurückgenommen worden ist, das Pfandrecht wegen der ganzen Lagerkosten aus dem Geschäft an den im Besitz des Lagerhalters verbliebenen Rest des Gutes geltend gemacht werden kann.

Hat der Lagerhalter das Gut nur noch in seinem Besitz, weil er sich auf sein Pfandrecht 16 stützt, so handelt er im eigenen Interesse und ihm steht kein Lagergeld über § 467 Abs. 2 zu; er kann solches aber nach § 354 geltend machen.[13]

**b) Inkonnexe Forderungen.** Neben den durch Lagervertrag begründeten konnexen 17 Forderungen ist der Lagerhalter wegen unbestrittener Forderungen aus anderen mit dem Einlagerer abgeschlossenen Lager-, Fracht- und Speditionsverträgen (inkonnexe Forderungen) durch das Pfandrecht an dem in seinem Besitz befindlichen Gut gesichert. Insoweit kommt es also gegebenenfalls zu einer Sicherung auch wegen Ansprüchen aus früheren Lager-, Fracht- oder Speditionsgeschäften bzw. wegen Ansprüchen aus laufender Geschäftsverbindung.[14] Mit der Ausdehnung des Pfandrechts auf inkonnexe Forderungen gegenüber demselben Einlagerer hat der Gesetzgeber dem Umstand Rechnung getragen, dass insbesondere im Hinblick auf die wachsende Umlaufgeschwindigkeit der Güter eine Rechnungsstellung durch den Lagerhalter häufig erst dann erfolgt, wenn dieser bereits wieder den Besitz an dem Gut verloren hat. Durch die Neuregelung des TRG wollte der Gesetzgeber erreichen, dass der Lagerhalter bei andauernder Geschäftsbeziehung seine durch laufende Rech-

---

[12] Fremuth/Thume/*Teutsch* Rn. 3.
[13] Anders beim vertraglichen Pfandrecht nach ADSp '03, vgl. Rn. 33.
[14] Zu § 441: BGH 18.4.2002, BGHZ 150, 326, 328 = NJW-RR 2002, 1417, 1418; Baumbach/Hopt/ *Merkt* Rn. 3.

nung aufgelaufenen Forderungen im Falle der Zahlungsunfähigkeit des Absenders dinglich abgesichert weiß. Damit wurde dem berechtigten Sicherungsinteresse des Frachtführers Rechnung getragen.[15]

**18**     Die Formulierung **„unbestritten"** ermöglicht es dem Pfandgläubiger, sich aus dem Pfand zu befriedigen, ohne zuvor – anders als beim „Anerkenntnis" – eine Erklärung des Schuldners oder eine rechtskräftige gerichtliche Feststellung abwarten zu müssen.[16] Eine entsprechende Abänderung durch das TRG hat das Pfandrecht des Frachtführers (§ 441 Abs. 1) und auch das des Spediteurs (§ 464) erfahren. Unbestritten sind Forderungen auch dann, wenn der Schuldner sie nur pauschal in Abrede stellt.[17] Beweispflichtig für das Bestehen des Pfandrechts ist jedoch der Lagerhalter.

**19**     Nicht durch das gesetzliche Pfandrecht gesichert ist der Lagerhalter wegen der ihm zustehenden Forderungen aus solchen Leistungen, die außerhalb der genannten Vertragstypen erbracht wurden. Insbesondere sind Forderungen des Lagerhalters aus Werkverträgen, die eine Bearbeitung des Gutes zum Gegenstand haben, nicht schon deshalb als Ansprüche iSv. § 475b anzusehen, weil das bearbeitete Gut auch eingelagert war.[18]

### III. Inhalt des Pfandrechts

**20**     **1. Anzuwendende Vorschriften.** Nach § 1257 BGB gelten die Vorschriften über das durch Rechtsgeschäft bestellte Pfandrecht auf ein kraft Gesetzes entstandenes Pfandrecht entsprechend.

**21**     Bei Fälligkeit seiner Forderung durch den Einlagerer hat der Lagerhalter die Befugnis zum **Pfandverkauf.** Dabei ist § 368 einschlägig. Nach Abs. 1 ist die Frist des § 1234 BGB (Wartepflicht) zwischen Androhung des Pfandverkaufs und dem Pfandverkauf selbst von einem Monat auf eine Woche verkürzt. Dieses gilt beim gesetzlichen Lagerhalterpfandrecht jedoch dann nicht, wenn der Einlagerer kein Kaufmann ist (Abs. 2). Die **Androhung** des Pfandverkaufs ist an den Einlagerer zu richten, es sei denn, dass dem Lagerhalter bekannt ist, dass nunmehr ein anderer in die Rechtsstellung des Einlagerers eingetreten ist.[19] Bei der gesamten Pfandverwertung hat der Lagerhalter die Sorgfalt eines ordentlichen Kaufmanns anzuwenden. Er hat dabei auch die Interessen des Einlagerers zu wahren.[20]

**22**     Eine **pfandrechtswidrige Veräußerung** des Gutes führt zu einem Verlust im Sinne von § 475 und löst einen entsprechenden Ersatzanspruch aus.[21]

**23**     Bei einer **Zwangsvollstreckung in das Gut,** die ein Dritter betreibt, kann der Lagerhalter auf Grund seines Pfandrechts die Rechte aus § 771 ZPO geltend machen, wenn er sich im unmittelbaren Besitz des Gutes befindet. Hat er nur den mittelbaren Besitz, so kann er nach § 805 ZPO vorgehen.

**24**     In der **Insolvenz des Einlagerers** hat der Lagerhalter auf Grund seines Pfandrechts ein Absonderungsrecht nach § 50 InsO.

**25**     **2. Rang der Lagerhalterpfandrechte.** Der Rang des Pfandrechts ist nach §§ 1257, 1209 BGB zu bestimmen. Damit ist die Zeit der Bestellung maßgebend. Ist demgemäß das Gut mit anderen Pfandrechten nicht belastet, so erwirbt der Lagerhalter das Pfandrecht an erster Stelle. Ist hingegen das Gut bereits mit anderen Pfandrechten belastet, so gehen diese Pfandrechte seinem vor. Der Grundsatz, dass die **zeitliche Reihenfolge** über den Rang der Pfandrechte entscheidet, gilt dann nicht, wenn der Lagerhalter hinsichtlich des Nichtbestehens der vorhergehenden Pfandrechte zur Zeit der Einlagerung in gutem Glauben war oder wenn sein guter Glaube die Befugnis des Einlagerers betrifft, ohne Vorbehalt der früheren Pfandrechte über das Gut durch Unterwerfen unter das gesetzliche

[15]  Regierungsentwurf des TRG, BT-Drucks. 13/8445 S. 80 zu § 441.
[16]  Vgl. Bericht des Rechtsausschusses zum TRG, BT-Drucks. 13/10014 S. 49, 53.
[17]  OLG Karlsruhe 9.12.2004, NJW-RR 2005, 402.
[18]  Rn. 1; *Karsten Schmidt* § 34 IV 2 b; BGH 30.6.1960, BB 1960, 837; BGH 3.11.1965, BB 1966, 179.
[19]  *Koller* Rn. 4 mit Verweis auf § 441 Rn. 16.
[20]  Staub/*Koller* § 421 Rn. 10.
[21]  BGH 9.6.1999, NJW-RR 1999, 1410; BGH 10.7.1997, NJW-RR 1998, 543.

Pfandrecht des Lagerhalters zu verfügen, §§ 1257, 1208 BGB, 366 HGB. Mithin ist ein **gutgläubiger Rangerwerb** möglich. In einem solchen Fall geht das später entstandene Lagerhalterpfandrecht etwaigen früher entstandenen Pfandrechten vor.

Eine besondere Regelung gilt für mehrere **Pfandrechte verschiedener Verkehrsun-** 26 **ternehmer.** Eine Kumulation von Pfandrechten tritt ein angesichts der gem. § 441 bestandsgesicherten und allgemein bei mittelbarem Besitz bestehen bleibenden Pfandrechte. Nach § 443 geht dann, wenn auf dem Gut mehrere Kommissionär-, Spediteur, Lagerhalter- oder Frachtführerpfandrechte lasten, die aus **Dienstleistungen der Versendung oder Beförderung** des Gutes entstanden sind, das später entstandene Pfandrecht dem früher entstandenen vor. Alle diese Pfandrechte haben aber den Vorrang vor dem nicht aus der Versendung entstandenen Pfandrecht des Kommissionärs und des Lagerhalters sowie vor dem Pfandrecht des Spediteurs und des Frachtführers für Vorschüsse. Beim Lagerhalter bleibt sein Anspruch auf Lagergeld außer Betracht; berücksichtigungsfähig ist aber ein Anspruch aus einer das Gut zur Beförderung vorbereitenden Tätigkeit; vgl. hierzu im einzelnen die Kommentierung zu § 443.

### IV. Pfandrecht und Orderlagerschein, Abs. 2

Soweit ein Orderlagerschein ausgestellt ist, der durch Indossament übertragen worden 27 ist, bestimmt Abs. 2, dass das Pfandrecht dem legitimierten Besitzer des Lagerscheines gegen- über nur wegen der Vergütungen und Aufwendungen, die aus dem Lagerschein ersichtlich sind oder ihm bei Erwerb des Lagerscheines bekannt oder infolge grober Fahrlässigkeit unbekannt waren, besteht. Grobe Fahrlässigkeit zitiert § 932 Abs. 2 BGB. Es besteht Gleich- klang mit § 367 Abs. 2 HGB, Art. 16 Abs. 2 WG und Art. 21 ScheckG. Praktisch erfasst § 475b Abs. 2 nur konnexe Ansprüche des Lagerhalters aus dem Lagervertrag auf Vergütun- gen und Aufwendungen.

Im Kern regelt Abs. 2 den Schutz des guten Glaubens des Indossatars als legitimierter 28 Besitzer eines Orderlagerscheines in Form negativer Publizität. Da nur dem Orderlager- schein eine Traditionsfunktion zukommt (§ 475g), war eine entsprechende Regelung für den Namens- und den Inhaberlagerschein nicht geboten.[22]

### V. Bestand des Pfandrechts, Abs. 3

Das Pfandrecht besteht solange, wie der Lagerhalter das **Gut in seinem Besitz**[23] hat, 29 insbesondere solange er mittels Konnossements, Ladescheines oder Lagerscheines darüber verfügen kann. Eine gleichlautende Regelung findet sich für den Frachtführer in § 441 Abs. 2, die auch für den Spediteur über § 464 Satz 2 gilt. Für das Erlöschen gelten im Übrigen über § 1257 BGB die allgemeinen Regeln (Rn. 12).

Das Pfandrecht erlischt insbesondere dann, wenn die **gesicherte Forderung erlischt,** 30 § 1252 BGB. Worauf das Erlöschen zurückzuführen ist, ist unbeachtlich. Namentlich erlischt das Pfandrecht, wenn die Forderungen des Lagerhalters beglichen werden. Ob der Einlagerer selbst oder ein Dritter die Forderungen des Lagerhalters begleicht, ist unerheblich. Nach § 267 BGB kann der Lagerhalter jedoch die Leistungen eines Dritten ablehnen, wenn der Einlagerer dem widerspricht. Andererseits darf aber der Lagerhalter die Leistung eines Dritten dann nicht ablehnen, wenn der Einlagerer ihm ausdrücklich aufgibt, diese Leistun- gen entgegen zu nehmen, etwa dadurch, dass er das Gut mit einer **Nachnahme** belastet. Hat ein Dritter nach § 267 BGB geleistet, so erlischt das Schuldverhältnis. Ein gesetzlicher Forderungsübergang findet nicht statt. Damit geht auch nicht das Pfandrecht des Lagerhalters gem. §§ 401, 412 BGB auf den Dritten über. Die Frage, ob der Lagerhalter befugt ist, seine Forderungen an den Dritten abzutreten, hängt vom Ergebnis der Auslegung des Lagervertrags ab; im Regelfall wird ihm dies jedoch möglich sein. Überträgt der Lagerhalter

---

[22] *Andresen/Valder* Rn. 15.
[23] BGH 22.4.1999, NJW 1999, 3716 = TranspR 1999, 353; *Andresen/Valder* Rn. 16.

die Forderung auf den Dritten, geht auch das gesetzliche Pfandrecht des Lagerhalters gem. § 401 Abs. 1 BGB mit über.

31    Neben **Erfüllung** kommen insbesondere die Erlöschenstatbestände zulässiger Hinterlegung unter Rücknahmeverzicht nach §§ 372 ff. BGB, **Aufrechnung** mit Gegenansprüchen des Einlagerers als Schuldner des Lagerhalters (§§ 387 f. BGB) und Erlass nach § 397 BGB in Betracht. Eine Aufrechnungsvereinbarung kann in der Abrede zwischen dem Einlagerer und dem Lagerhalter gesehen werden, nach der sich der Lagerhalter durch Erheben der **Nachnahme** auf das Gut bei dessen Auslieferung an einen Dritten befriedigt. Löst der Dritte dann die Nachnahme ein, so erlischt damit auch die Forderung des Lagerhalters gegen den Einlagerer. Zieht der Lagerhalter weisungswidrig die Nachnahme nicht ein, so kann der Einlagerer mit seiner Ersatzforderung wegen Verletzung der Weisung gegen den Lagerhalter aufrechnen und damit dessen Forderung und gleichzeitig auch das Pfandrecht zum Erlöschen bringen.

32    Ein weiterer Erlöschensgrund ist die **Rückgabe des Pfandes,** der Vorbehalt der Fortdauer des Pfandes ist unwirksam (§ 1253 BGB). Das Pfandrecht erlischt auch bei einer Übertragung der Forderung, wenn der **Übergang des Pfandrechts ausgeschlossen** wird, § 1250 Abs. 2 BGB.

### VI. ADSp '03, HLB

33    **Ziff. 20.1 und Ziff. 20.2 ADSp '03**[24] entsprechen im Kern zunächst der gesetzlichen Regelung in § 475b. Statt durch den Lagervertrag begründeter Forderungen heißt es wegen aller fälligen und nicht fälligen Forderungen. Neben dem – durch die ADSp vereinbarten –Pfandrecht wird dem Spediteur ein Zurückbehaltungsrecht eingeräumt. Ziff. 20.2 ADSp '03 übernimmt zu den inkonnexen Forderungen den gesetzlichen Begriff „unbestritten" und gibt dem Spediteur bei inkonnexen Forderungen, die bestritten sind, auch dann ein Pfand- und Zurückbehaltungsrecht, wenn die Vermögenslage des Schuldners die Forderung des Spediteurs gefährdet.

34    Ziff. 20.3 bis 20.5 ADSp '03 befassen sich mit der Verwertung. Die Wartefrist von einem Monat nach § 1234 Abs. 2 BGB wird durch eine solche von zwei Wochen ersetzt. Ziff. 20.5 ADSp '03 räumt dem Spediteur die Möglichkeit ein, für den Pfand- oder Selbsthilfeverkauf eine Verkaufsprovision zu berechnen.

35    **§ 22 HLB** in der ab 1. Oktober 2006 gültigen Fassung (§ 475h Anh. 1) ist unverändert aus den bisherigen HLB übernommen worden. Der Lagerhalter hat wegen aller fälligen und nicht fälligen Ansprüche, die ihm aus irgendwelchem Grunde gegen den Einlagerer zustehen, ein Pfand- und Zurückbehaltungsrecht an dem Gute, solange es sich in seiner Verfügungsgewalt befindet, Ziff. 1.

### § 475c Lagerschein. Verordnungsermächtigung

**(1) Über die Verpflichtung zur Auslieferung des Gutes kann von dem Lagerhalter, nachdem er das Gut erhalten hat, ein Lagerschein ausgestellt werden, der die folgenden Angaben enthalten soll:**
1. **Ort und Tag der Ausstellung des Lagerscheins;**
2. **Name und Anschrift des Einlagerers;**
3. **Name und Anschrift des Lagerhalters;**
4. **Ort und Tag der Einlagerung;**
5. **die übliche Bezeichnung der Art des Gutes und die Art der Verpackung, bei gefährlichen Gütern ihre nach den Gefahrgutvorschriften vorgesehene, sonst ihre allgemein anerkannte Bezeichnung;**

---

[24] § 466 Anh. 1; *Canaris* ist der Auffassung, dass ein AGB-Pfandrecht gegen § 138 BGB verstößt, wenn es auf die Sicherung inkonnexer Forderungen ausgedehnt wird. In: Staub/*Canaris* § 366 Rn. 106, 110 f.: „Was der Gesetzgeber darf, darf der AGB-Verwender noch lange nicht!"

**6. Anzahl, Zeichen und Nummern der Packstücke;**

**7. Rohgewicht oder die anders angegebene Menge des Gutes;**

**8. im Falle der Sammellagerung einen Vermerk hierüber.**

(2) In den Lagerschein können weitere Angaben eingetragen werden, die der Lagerhalter für zweckmäßig hält.

(3) [1]Der Lagerschein ist vom Lagerhalter zu unterzeichnen. [2]Eine Nachbildung der eigenhändigen Unterschrift durch Druck oder Stempel genügt.

(4) [1]Dem Lagerschein gleichgestellt ist eine elektronische Aufzeichnung, die dieselben Funktionen erfüllt wie der Lagerschein, sofern sichergestellt ist, dass die Authentizität und die Integrität der Aufzeichnung gewahrt bleiben (elektronischer Lagerschein). [2]Das Bundesministerium der Justiz wird ermächtigt, im Einvernehmen mit dem Bundesministerium des Innern durch Rechtsverordnung, die nicht der Zustimmung des Bundesrates bedarf, die Einzelheiten der Ausstellung, Vorlage, Rückgabe und Übertragung eines elektronischen Lagerscheins sowie die Einzelheiten des Verfahrens über nachträgliche Eintragungen in einen elektronischen Lagerschein zu regeln.

### Übersicht

| | Rn. | | Rn. |
|---|---|---|---|
| **I. Normzweck** | 1–4 | 2. Lieferschein | 22–24 |
| **II. Arten von Lagerscheinen** | 5–17 | 3. FIATA Warehouse Receipt (FWR) | 25 |
| 1. Der Orderlagerschein | 5–8 | **IV. Inhalt des Lagerscheins** | 26–30 |
| 2. Der Namens-/Rektalagerschein | 9–13 | **V. Voraussetzungen und Grenzen** | |
| 3. Inhaberlagerschein | 14–17 | **dinglichen Rechtserwerbs** | 31–36 |
| **III. Andere Papiere des Lagerver-** | | 1. Orderlagerschein | 31, 32 |
| **trags** | 18–25 | 2. Namenslagerschein | 33, 34 |
| 1. Quittung | 19–21 | 3. Inhaberlagerschein | 35, 36 |

## I. Normzweck

Die §§ 475c–475g betreffen den **Lagerschein.** Inhaltlich übernommen wurden Rege- **1** lungen aus §§ 33, 38 OLSchVO, die gemäß Art. 7 TRG durch den neu angefügten § 45 Abs. 1 am 1. Juli 1998 außer Kraft getreten ist. Angelehnt wird sich an die Vorschriften über den Frachtbrief, § 408 Abs. 1, und den Ladeschein, § 444 Abs. 1 Satz 1, der wiederum auf § 408 Abs. 1 verweist.

Abs. 4 ist durch das Gesetz zur Reform des Seehandelsrechts vom 20. April 2013 einge- **1a** fügt worden, um, wie auch beim Frachtbrief, beim Ladeschein, beim Konnossement und beim Seefrachtbrief, die Möglichkeit zu geben, einen elektronischen Lagerschein zu schaffen. Die Änderung der Überschrift – der Zusatz des Wortes Verordnungsermächtigung – macht deutlich, dass in Absatz 4 eine Verordnungsermächtigung enthalten ist.

Der Lagerhalter kann den Lagerschein als Namens-, Inhaber- oder Orderlagerschein **2** ausstellen. In allen diesen Varianten ist der Lagerschein ein **Wertpapier,** da für die Geltendmachung des verbrieften Auslieferungsanspruchs die Innehabung des Lagerscheins erforderlich ist (§ 475e). Der Lagerhalter ist generell **nicht zur Ausstellung** eines Lagerscheins **verpflichtet;** aus abweichenden Abreden, die auch in Form von AGB getroffen werden können, kann sich etwas anderes ergeben.

Der Lagerschein stellt in jedem Fall eine Urkunde dar, in der der Lagerhalter erklärt, das **3** Gut zur Lagerung und Aufbewahrung empfangen zu haben und sich verpflichtet, das Gut gegen Rückgabe des Lagerscheins auszuhändigen. Es wird ein **vertraglicher Herausgabeanspruch** verbrieft; mithin handelt es sich um ein **deklaratorisches/ konfirmatorisches Wertpapier.** Der Lagerschein ist ein **kausales Wertpapier,** weil er nicht eine abstrakte Forderung neben dem Lagervertrag begründet.[1]

---

[1] *Koller* § 475d Rn. 2; Staub/*Canaris* § 363 Rn. 69.

**4**     Der Lagerhalter hat bei allen seinen Verrichtungen hinsichtlich der Ausstellung des Lagerscheins die **Sorgfalt eines ordentlichen Kaufmannes** anzuwenden. Er haftet dem legitimierten Besitzer des Lagerscheins für die Richtigkeit der in dem Lagerschein enthaltenen
Angaben in Bezug auf Menge, Gattung, Art und Beschaffenheit des Gutes, es sei denn,
dass er durch einen Vermerk im Lagerschein ersichtlich gemacht hat, dass diese Angaben
lediglich auf Mitteilungen des Einlagerers oder Dritten beruhen. Diese Haftung besteht
nicht nur für den Inhalt des ausgestellten Lagerscheins, sondern auch für den Fall, dass er
einen Lagerschein zu einem Zeitpunkt in den Verkehr gebracht hat, in dem er dies noch
nicht tun durfte. Der Lagerhalter muss das Gut erhalten haben. Diese Formulierung ist
im Sinne von § 424 HGB aF zu interpretieren: Der Lagerhalter muss das Gut **in Besitz
genommen** haben. Mittelbarer Besitz genügt aber, zB die Einlagerung bei einem Dritten.
Verletzt der Lagerhalter insoweit seine Pflichten, so macht er sich schadensersatzpflichtig.
Er muss den legitimierten Besitzer des Lagerscheins so stellen, wie dieser stände, wenn die
Angaben im Schein in Ordnung wären.

## II. Arten von Lagerscheinen

**5**     **1. Der Orderlagerschein.** Der Orderlagerschein ist ein **gekorenes Orderwertpapier,**
das also erst durch Parteivereinbarung zum Orderpapier gemacht wird, wenn es die **Orderklausel** enthält, wonach die aus dem Papier geschuldete Auslieferung an den bezeichneten
Berechtigten zu erbringen ist. Der Orderlagerschein kann wie alle kaufmännischen Orderpapiere durch Indossament übertragen werden (§ 363 Abs. 2). Ihm kommt gemäß § 475g
**Traditionsfunktion** zu. Die wirtschaftliche Bedeutung des Lagerscheins liegt gerade in der
dadurch geschaffenen hohen Umlauffähigkeit. Ist der Lagerschein nicht an Order gestellt,
so hat er die Bedeutung eines Rektapapiers. Er kann aber auch auf den Inhaber lauten,
wobei eine Inhaberklausel nicht ausdrücklich erforderlich ist.[2]

**6**     Der **Auslieferungsanspruch** wird bei Orderlagerscheinen gemäß §§ 364 f. oder unter
**Übergabe des Lagerscheins** gemäß den §§ 398 ff. BGB übertragen. Zweifelhaft und
umstritten ist, ob bei einer Abtretung gemäß § 398 BGB die schlichte Einigung genügt
oder ob es zusätzlich der Übergabe des Papiers (bzw. eines Übergabesurrogats, str.) bedarf.[3]
Der BGH hält im Anschluss an die Rechtsprechung des RG die Übergabe des Orderlagerscheins bei Abtretung jedenfalls für erforderlich.[4] Könnte der Einlagerer den im Orderlagerschein verbrieften Herausgabeanspruch ohne Übergabe des Papiers abtreten und die eingelagerte Ware nach § 931 BGB übereignen, so würde der spätere gutgläubige Erwerber der
Ware und des indossierten Lagerscheins den Herausgabeanspruch aus dem Papier und das
Eigentum an der Ware erwerben, der Ersterwerber hingegen seine Rechte verlieren. Derartige Ergebnisse werden dadurch vermieden, dass der Anspruch aus dem Papier nicht ohne
Übergabe des Papiers abgetreten werden kann. Dann können sachenrechtlicher und wertpa-
piermäßiger Rechtsschein nicht auseinander fallen. Wenn die Übereignung der Ware durch
Abtretung des Herausgabeanspruchs geschehen soll, geht im Zweifelsfall der Rechtsschein,
der durch den Orderlagerschein erzeugt wird, dem Rechtsschein, der durch den Besitz der
Veräußerers erweckt wird, vor.[5] Die herrschende Lehre verlangt deshalb zur Wirksamkeit
der Abtretung die Übergabe des Orderlagerscheins.[6]

**7**     Ist eine Übergabe wegen Vernichtung der Urkunde nicht möglich, kann das Recht
durch schlichte Einigung übertragen werden.[7]

---

   [2] Palandt/*Sprau* § 793 BGB Rn. 2.
   [3] Teilweise wird gar die Übereignung des Papiers gefordert, vgl. Staub/*Canaris* § 363 Rn. 103 f.
   [4] RG 8.12.1927 RGZ 119, 215, 217 für Konnossement und Ladeschein; BGH 11.4.1988, BGHZ 104,
145, 150 für den Wechsel.
   [5] Vgl. Beispielsfall bei *Tiedtke* WM 1979, 1142, 1146.
   [6] Staub/*Canaris* § 364 Rn. 18; *K. Schmidt* § 24 III 4; Baumbach/*Hopt* § 364 Rn. 2; Baumbach/*Hefermehl*/
*Casper* WPR Rn. 56; EBJS/*Hakenberg* § 364 Rn. 4; *Tiedtke* WM 1979, 1142, 1146 f.; aA *Zöllner* § 14 I 2;
*ders.*, FS Raiser, S. 277 ff.
   [7] Staub/*Canaris* § 364 Rn. 18.

Der wichtigste Unterschied der Abtretung gegenüber der Übertragung durch Indossa- **8** ment besteht darin, dass weder der **Einwendungsausschluss** gemäß § 364 Abs. 2 HGB noch die **Möglichkeit gutgläubigen Erwerbs** gemäß § 365 Abs. 1 HGB iVm. Art. 16 Abs. 2 WG zum Zuge kommen. Ein **blanko indossiertes Orderpapier,** das den Namen des Indossatars nicht nennt, fungiert als Inhaberpapier.

**2. Der Namens-/Rektalagerschein.** Der Namens-/Rektalagerschein verpflichtet den **9** Lagerhalter, das eingelagerte Gut **nur gegen Aushändigung des Namenslagerscheins** und nur an den durch eine zusammenhängende Kette von Abtretungserklärungen legiti- mierten Besitzer des Scheins zurückzugeben. Die Leistung an einen anderen als den auf diese Weise durch eine zusammen hängende Kette von Abtretungserklärungen legitimierten Vorzeiger des Namenslagerscheines befreit den Lagerhalter nicht, und zwar auch dann nicht, wenn dies der Einlagerer ist, der den Schein bei der Übernahme des Gutes nicht zurück gegeben hat. Gibt der Lagerhalter das Gut zurück, ohne sich den Namenslagerschein aushän- digen zu lassen, so ist er, wenn dadurch das Gut verloren geht, unter den Voraussetzungen von § 475 zum Ersatz verpflichtet, und zwar insbesondere auch solchen Personen gegenüber, die später den im Verkehr belassenen Lagerschein gutgläubig erwerben und beleihen. Zu beachten ist jedoch die Einschränkung der Sorgfaltspflichten des Lagerhalters in **§ 475f** bzw. **Ziff. 3.9 ADSp '03.** Danach ist der Lagerhalter nicht verpflichtet, die Echtheit von Unterschriften unter Abtretungserklärungen zu prüfen, es sei denn, dass mit dem Auftragge- ber etwas anderes vereinbart worden ist oder begründete Zweifel an der Echtheit bestehen. Zur Schadensersatzpflicht kommt es also, wenn der Mangel der Echtheit einer Unterschrift unter Abtretungserklärungen oder der Befugnis der Unterzeichner offensichtlich erkennbar gewesen ist.

Ein Namenslagerschein liegt auch dann vor, wenn sich der Name des Einlagerers zwar **10** nicht aus dem Lagerschein selbst ergibt, wohl aber aus den vom Lagerhalter unterzeichneten **Anlagen (Allongen).**[8] Hat der Lagerhalter einen Namenslagerschein ausgestellt, so findet § 405 BGB Anwendung: Der Lagerhalter kann sich, wenn der gegen ihn gerichtete Heraus- gabeanspruch an einen gutgläubigen Dritten abgetreten wird, nicht darauf berufen, die Eingehung oder die Anerkennung des Lagergeschäfts sei nur zum Schein erfolgt oder die Abtretung des Herausgabeanspruchs sei durch Vereinbarung zwischen ihm und dem Einla- gerer ausgeschlossen.

Für die Wirksamkeit der **Abtretung** des Auslieferungsanspruchs (§§ 398 ff. BGB) bedarf **11** es im Unterschied zum Orderlagerschein **keiner Übergabe** des Rektapapiers; die schlichte Einigung reicht aus.[9] Anders als beim Orderpapier hat der Besitz am Namenspapier keine Rechtsscheinwirkung für die Inhaberschaft des verbrieften Rechts. Aus der Tatsache, dass der Besitz der Urkunde für die Ausübung des verbrieften Rechts nötig ist, folgt nicht, dass die Übergabe auch ein Tatbestandselement der Rechtsübertragung ist. Natürlich ist es aber zweckmäßig und üblich, dass bei der Übertragung des Rechts das Papier übergeben wird, denn das Eigentum am Namenslagerschein geht gemäß § 952 BGB auf den Zessionar über.

Bei der **kaufmännischen Anweisung** ist allerdings eine Übergabe auch dann erforder- **12** lich, wenn sie als Rektapapier ausgestaltet ist. Denn sie stellt einen bloßen Unterfall der BGB-Anweisung dar, so dass § 792 Abs. 1 Satz 2 BGB für sie unmittelbar gilt.

Die **Übergabe des Namenslagerscheins** steht nicht, wie die Übergabe des Orderlager- **13** scheins, der Übergabe des Gutes gleich. Mithin handelt es sich **nicht** um ein **Traditionspa- pier.**

**3. Inhaberlagerschein.** Der Inhaberlagerschein verpflichtet den Lagerhalter, das Gut **14** an den Inhaber des Scheins herauszugeben. Den Inhaberlagerschein hat der Lagerhalter zu unterschreiben, § 475c Abs. 3 Satz 1. Im Übrigen finden die §§ 793 ff. BGB Anwendung. Der Lagerhalter **gibt das Gut nur gegen Aushändigung des Lagerscheins** heraus. Er ist dazu ohne besondere Prüfung der Legitimation der Inhaber berechtigt. Die Verpflichtung

---

[8]   BGH 13.12.1974, DB 1975, 831.
[9]   Baumbach/*Hefermehl*/*Casper* WPR Rn. 61; Hueck/*Canaris* § 2 III 1; *Tiedtke* WM 1979, 1142, 1146 f.

des Inhabers zur Ausstellung einer Empfangsquittung auf Verlangen des Lagerhalters bleibt unberührt (§ 368 BGB).

15    Grundsätzlich folgt bei Inhaberpapieren das Recht aus dem Papier bei der Übertragung dem Recht am Papier.[10] Dementsprechend werden die Inhaberpapiere wie bewegliche Sachen behandelt, die Übertragung geschieht nicht durch Zession der verbrieften Forderung, sondern sachenrechtlich, üblicherweise durch **Einigung und Übergabe** des Papiers. Über die Eigentumsvermutung aus § 1006 BGB wird zugleich auch die materielle Inhaberschaft des verbrieften Rechts vermutet.

16    Das Eigentum an Inhaberpapieren selbst kann auch dann gutgläubig erworben werden, wenn sie dem Eigentümer oder seinem Besitzmittler abhanden gekommen sind (§ 935 Abs. 2 BGB, § 367 HGB).

17    Dem Inhaberlagerschein kommt **keine Traditionsfunktion** zu; die Übergabe des Inhaberlagerscheins steht also nicht der Übergabe des Gutes selbst gleich.

### III. Andere Papiere des Lagervertrags

18    §§ 475c–475g regeln die verschiedenen Arten von Lagerscheinen, nämlich Orderlagerschein, Namenslagerschein und Inhaberlagerschein. Quittung, Empfangsbescheinigung,[11] Lieferschein und FIATA Warehouse Receipt sind nicht erfasst.

19    **1. Quittung.** Das bloße schriftliche Empfangsbekenntnis für den Erhalt des Gutes bei Übernahme ist eine Quittung iSv. § 368 BGB und kein kaufmännisches Wertpapier. Die Quittung stellt nur eine Beweisurkunde dar, ihre Ausstellung ist eine Wissenserklärung und kein Rechtsgeschäft. Der Vorleger der Quittung kann damit eine Auslieferung nicht verlangen. Im Zweifel gilt die vom Lagerhalter erteilte Bescheinigung als bloße Quittung.

20    Die **Empfangsbescheinigung iSv. Ziff. 8 ADSp '03** ist eine Variante der Quittung iSv. § 368 BGB. Ziff. 8.1 S. 2 ADSp 03 besagt zunächst, dass der Spediteur nur Zahl und Art der Packstücke zu bestätigen braucht. Die Klausel enthält zusammen mit S. 3 allerdings auch eine Auslegungsregel, der zufolge Empfangsbescheinigungen nur im Sinn einer Bestätigung der Übernahme einer bestimmten Art und Anzahl von Packstücken auszulegen sind.[12] Eine ausdrückliche Bestätigung des Inhalts der Packstücke bzw. anderer Angaben und die Verpflichtung des Spediteurs zur Nachprüfung der Angaben des Auftraggebers sind jedoch als vorrangige Individualvereinbarungen iSv. § 305b BGB zu qualifizieren.

21    Dritten gegenüber kann sich der Spediteur nicht ohne weiteres auf Ziff. 8.1 ADSp '03 berufen, es sei denn, der Dritte ist Zessionar (dann gilt § 404 BGB) oder musste den Umständen nach damit rechnen, dass das Gut einem Spediteur übergeben wurde und im Verhältnis zwischen Spediteur und Auftraggeber die ADSp zur Anwendung kommen.[13]

22    **2. Lieferschein.** Im Warenverkehr kommt es vor, dass der Einlagerer das Gut durch Übertragung von Lieferscheinen oder Freistellungserklärungen handelt. Der Käufer wird zB ermächtigt, die Ware unmittelbar vom Lagerhalter in Empfang zu nehmen. Diese Scheine sind je nach Ausgestaltung eine **Anweisung** iSv. §§ 783 ff. BGB **oder Namenspapier mit Inhaberklausel** iSv. § 808 BGB.

23    Kommt der Lagerhalter als Angewiesener der Aufforderung durch Auslieferung an einen Dritten nach, so handelt es sich um eine Simultanleistung im Verhältnis zum anweisenden Auftraggeber einerseits und zwischen dem Anweisenden und dem Dritten als Anweisungsempfänger andererseits. Die schriftliche Anweisung ist ein Wertpapier, weil der angewiesene Lagerhalter nur gegen Aushändigung der Urkunde auszuliefern braucht, § 785 BGB.

---

[10] Die Eigentumszuordnung beherrscht aber nicht vollständig die Zuständigkeit des verbrieften Rechts; das Recht am Papier und das Recht aus dem Papier können auch auseinander fallen; vgl. *Hueck/Canaris* § 2 III 3.

[11] Vgl. Ziff. 8 ADSp '03.

[12] *Koller* Ziff. 8 ADSp '03 Rn. 3.

[13] Vgl. zu diesem Grundsatz: OLG Düsseldorf 13.7.1995, TranspR 1996, 38, 39; KG 19.3.1998, TranspR 1998, 418, 420; krit. *Hübsch* VersR 1997, 799, 805 f.

Bei einem Namenspapier mit Inhaberklausel iSv. § 808 BGB handelt es sich um ein **24** **qualifiziertes Legitimationspapier** oder ein **sog. hinkendes Inhaberpapier.** Um ein qualifiziertes Legitimationspapier handelt es sich deshalb, weil der Aussteller sich durch Leistung an den Inhaber befreien kann (§ 808 Abs. 1 Satz 1 BGB) mit der Qualifizierung, dass der Berechtigte sie zur Ausübung seines Rechts vorlegen muss. Vom Inhaberpapier unterscheidet es sich dadurch, dass der ausstellende Lagerhalter nicht schon auf Grund der Vorlage der Urkunde **zur Leistung an den Inhaber** verpflichtet, sondern hierzu nur **berechtigt** ist (§ 808 Abs. 1 Satz 2 BGB). Die Herausgabe an den Vorzeiger des Scheins befreit den Lagerhalter auch dem Einlagerer gegenüber von seiner Rückgabepflicht. Dies kann jedoch dann nicht gelten, wenn der Lagerhalter weiß oder bei Anwendung der Sorgfalt eines ordentlichen Lagerhalters wissen musste, dass der Vorzeiger des Scheines nicht zur Verfügung über das Gut berechtigt ist. Der verbriefte Anspruch wird nicht nach sachen-rechtlichen Grundsätzen übertragen und verpfändet, sondern nach den für Forderungen geltenden Vorschriften (§§ 398 ff., 1280 BGB).

**3. FIATA Warehouse Receipt (FWR).** Dabei handelt es sich um ein speditionelles **25** Standarddokument, für den internationalen Verkehr bestimmt ist. Abtretung des Herausgabe-beanspruchs, Übertragung des Eigentums und Legitimation für den Empfang der Ware durch Vorlage des Papiers sind durch genaue Formulierungen festgelegt. Mit dem Vermerk „negotiable" ist es begebbar und erfüllt dann die wirtschaftliche Funktion eines Orderlager-scheins. Das FWR ist kein Warenwertpapier.

### IV. Inhalt des Lagerscheins

Der **Inhaltskatalog** der Angaben in Abs. 1 ist größtenteils § 408 Abs. 1 (Frachtbrief) **26** entlehnt, auf den § 444 Abs. 1 für den Ladeschein verweist, um eine einheitliche Ausgestal-tung der im Transportverkehr gebräuchlichen Dokumente zu erreichen.[14]

Nr. 1 entspricht § 408 Abs. 1 Nr. 1. **27**

Nr. 2 greift § 408 Abs. 1 Nr. 2 auf. Das Nennen von Name und Anschrift des Einlagerers **27a** ist für den Lagerhalter dann von Bedeutung, wenn er sich an den Einlagerer wenden will, weil er nach dem Empfang des Gutes Veränderungen an diesem festgestellt hat oder solche zu befürchten sind, die den Verlust oder die Beschädigung des Gutes oder sonstige Schäden des Lagerhalters erwarten lassen, § 471 Abs. 2.

Nr. 3 Bei einer Begebung des Lagerscheins bzw. einer Indossierung ist es von wesentli- **27b** cher Bedeutung, Name und Anschrift des Lagerhalters zu vermerken.

Nr. 4 Diese Angabe ist erforderlich, um zB Berechnungen hinsichtlich der vereinbarten **27c** Vergütung anzustellen, bzw. bei verderblichen Gütern den Ablauf der Haltbarkeit zu berechnen.

Nr. 5 Hier wird § 408 Abs. 1 Nr. 6 übernommen. In Übereinstimmung mit den Gefahr- **27d** gutvorschriften sind die dort vorgenommenen Bezeichnungen zu verwenden, vgl. auch § 410.

Nr. 6 Identisch mit § 408 Abs. 1 Nr. 7, der wiederum Art. 6 Abs. 1 Buchst. g CMR **27e** entspricht. Die Ausstellung von Teilscheinen (siehe dazu § 475d Rn. 3) ist möglich.

Nr. 7 Auch hier besteht eine Übereinstimmung mit § 408 Abs. 1 Nr. 8, der wiederum **27f** Art. 6 Abs. 1 Buchst. h CMR nachgebildet ist.

Nr. 8 Im Hinblick auf die Wirkungen der Sammellagerung, § 469, ist dieser Vermerk **27g** für den Inhaber des Lagerscheins von wesentlicher Bedeutung, weil diese Lagerart die Umlauffähigkeit des Gutes und seine rasche Verfügbarkeit beeinflussen kann.

Weitere verpflichtende Angaben, wie sie noch nach der OLSchVO vorgesehen waren, **28** sind entbehrlich geworden.[15] Abs. 1 enthält eine **„Sollvorschrift",** so dass der Mangel einzelner Angaben keine Sanktionen nach sich zieht. Der Lagerschein muss jedoch das Auslieferungsversprechen ausreichend konkretisieren, insbesondere also den Lagerort, das

---

[14] Regierungsentwurf des TRG, BT-Drucks. 13/8445 S. 82.
[15] Regierungsentwurf des TRG, BT-Drucks. 13/8445 S. 123.

Gut und den Lagerhalter bzw. die in Person hinreichend erkennen lassen, an deren Order der Schein ausgestellt worden ist. Ist nicht zu erkennen, wer aus dem Lagerschein berechtigt sein soll, so handelt es sich um einen Inhaberlagerschein (§ 793 BGB). Hat sich der Lagerhalter zur Ausstellung eines Lagerscheins verpflichtet, so haftet er dem Einlagerer und gemäß § 328 BGB dem Berechtigten im Zweifel gemäß § 280 BGB, wenn die in § 475c Abs. 1 vorgesehenen Angaben fehlen.

29    Die Regelung in Abs. 2 entspricht wiederum der gleichlautenden Bestimmung zum Ladeschein, wobei § 444 Abs. 1 dazu auf die entsprechende Regelung im Frachtbrief (§ 408 Abs. 1 Satz 2) verweist. **Zusätzliche Angaben** können dann eingetragen werden, wenn sie der Lagerhalter für **zweckmäßig** erachtet. Hier liegt eine Abweichung zu § 444 iVm. § 408 Abs. 1 Satz 2 vor. Während dort eine zusätzliche Eintragung möglich ist, wenn es beide Seiten für erforderlich halten, so ist diese Befugnis im Lagergeschäft nur dem Lagerhalter eingeräumt worden. Die Entscheidung, ob etwas als zweckmäßig zu erachten ist, trifft allein der Lagerhalter.

30    Die **Unterschrift des Lagerhalters** ist wesentlicher Bestandteil des Lagerscheins. Im Gleichklang mit § 408 Abs. 2 Satz 2 und mit § 444 Abs. 1 Satz 2 kann die Unterschrift auch gedruckt oder durch einen Stempel ersetzt werden. Hier findet sich eine Regelung wieder, die für Inhaberschuldverschreibungen gemäß § 793 Abs. 2 Satz 2 BGB gilt. Mit dem Wort „Nachbildung" soll ein höherer Grad an Fälschungssicherheit erreicht werden; es wird wenigstens ein **Faksimile** gefordert. Die elektronische Signatur (§ 126a BGB) reicht nicht aus, da Lagerscheine in elektronischer Form rechtsunwirksam sind.[16] Fehlt die Unterschrift, ist der Lagerschein formnichtig (§ 125 BGB).

## V. Voraussetzungen und Grenzen dinglichen Rechtserwerbs

31    **1. Orderlagerschein.** Wann die Übergabe des Orderlagerscheins für den Erwerb von Rechten an dem Gute der Übergabe des Gutes selbst gleichsteht und ob auch ohne Übergabe des Orderlagerscheins wirksam über die Ware verfügt werden kann, wird bei § 475g dargestellt.

32    Die Ausstellung eines Orderlagerscheins berührt im Übrigen den Rechtserwerb am Lagergut nicht. Übereignet der Einlagerer die Ware nach § 930 BGB, bleibt er also mittelbarer Besitzer erster Stufe, vermittelt er dem Erwerber aber seinerseits den mittelbaren Besitz zweiter Stufe, so hat der Erwerber das Eigentum erlangt, auch wenn ihm der Orderlagerschein nicht ausgehändigt worden ist. Er verliert es allerdings, wenn ein späterer Erwerber das Eigentum mit Hilfe des Orderlagerscheins erhält (Rn. 6). Denkbar ist auch eine Veräußerung der Ware nach § 929 Satz 1 BGB, bei der die Übergabe dadurch vollzogen wird, dass der Lagerhalter auf Weisung des Einlagerers mit dem Erwerber einen Lagervertrag schließt und diesem nunmehr den Oberbesitz vermittelt. Dass der Auslieferungsanspruch nicht ohne Übergabe des Lagerscheins abgetreten werden kann, würde die Rechtsstellung des Erwerbers dann also nicht berühren; die Abtretung des Anspruchs ist nicht Voraussetzung für seinen Rechtserwerb. Doch auch in diesem Fall muss der Inhaber des indossierten Orderlagerscheins darauf vertrauen dürfen, dass ihm nichts passieren kann, solange er den Lagerschein in Händen hält. Deshalb kann ein Erwerber nicht nach § 929 Satz 1 BGB unter Beibehaltung des unmittelbaren Besitzes des Lagerhalters Eigentum erlangen, wenn ihm nicht der Lagerschein übergeben wird.[17]

33    **2. Namenslagerschein.** Dem Rektapapier kommt keine Traditionsfunktion zu. Die Begründung von dinglichen Rechten an dem Gut muss vielmehr durch **Abtretung des Herausgabeanspruchs** erfolgen (§§ 398 ff. BGB); das Eigentum am Lagerschein geht gemäß § 952 BGB über. Eine Abtretung kann in der Übergabe des Namenslagerscheins bestehen. Entsprechend der allgemeinen Grundsätze zu Abtretung und Schuldnerschutz kann der Lagerhalter dem legitimierten Rechtsnachfolger alle **Einwendungen** entgegen

---

[16] Baumbach/*Hopt* § 363 Rn. 5; *Geis* TranspR 2002, 89, 92.
[17] *Tiedtke* WM 1979, 1142, 1147.

setzen, die er dem Einlagerer entgegen halten könnte, oder welche dem Lagerhalter unmittelbar gegen den Rechtsnachfolger zustehen.

Wird eingelagerte Ware durch Einigung und Abtretung des Herausgabeanspruchs vom **34** Nichtberechtigten übertragen, so schützt § 934 **BGB** nicht den guten Glauben daran, dass der abzutretende Herausgabeanspruch nicht in einem Namenslagerschein verbrieft oder nicht eine die Abtretung erschwerende Vereinbarung getroffen worden ist.[18] In einem vom BGH zu entscheidenden Fall war zwischen den Parteien vereinbart worden, dass bei Veräußerung des Gutes nach §§ 929, 931 BGB auch die Abtretung des Herausgabeanspruchs auf dem Papier erklärt werden müsse. Diese Vereinbarung wirke nach § 399 Var. 2 BGB auch gegen Dritte.[19] Ein Erwerber handelt in der Regel grobfahrlässig, wenn er nicht danach fragt, ob ein Lagerschein ausgestellt worden sei.

**3. Inhaberlagerschein.** Trotz fehlender Traditionsfunktion kann die Übergabe des **35** Inhaberlagerscheins, soweit eine entsprechende Einigung gegeben ist, eine Übereignung nach §§ 929, 931 BGB darstellen. Im Grundsatz folgt beim Inhaberpapier das Recht aus dem Papier dem Recht an dem Papier. Der Veräußerer überträgt den lagervertraglichen Herausgabeanspruch, indem er den Inhaberschein übereignet. Eine Mitteilung der Anspruchsübertragung an den unmittelbaren Besitzer ist – wie bei der Abtretung nach §§ 398 ff. BGB – nicht erforderlich. Die Verpfändung des Gutes kann ebenfalls in der Weise erfolgen, dass sich Verpfänder und Pfandgläubiger entsprechend einigen, der Verpfänder durch Übergabe des Inhaberlagerscheins den Herausgabeanspruch abtritt und dem Lagerhalter die Verpfändung mitteilt (§ 1205 Abs. 2 BGB). Verpfändet der Einlagerer den Inhaberlagerschein ohne den Lagerhalter gemäß § 1205 Abs. 2 BGB von der Verpfändung zu benachrichtigen, so liegt keine wirksame Verpfändung des Gutes selbst vor. Der Lagerhalter kann dem Inhaber des Lagerscheins nur solche **Einwendungen** entgegen setzen, welche die Gültigkeit der Ausstellung des Inhaberlagerscheins betreffen oder sich aus dem Inhaberlagerschein selbst ergeben oder dem Lagerhalter unmittelbar gegen den Inhaber des Lagerscheins zustehen, § 796 BGB. Das gesetzliche oder vertragliche Pfandrecht kann der Lagerhalter dem Inhaber des Lagerscheins gegenüber nur unter diesen Beschränkungen geltend machen. Daraus folgt, dass er dem Erwerber des Gutes gegenüber sein Pfandrecht nur insoweit geltend machen kann, als es sich aus dem Inhaberlagerschein ergibt oder gegen den Erwerber selbst entstanden ist oder als gegen den Erwerber die Einrede der unerlaubten Rechtsausübung begründet ist. Mit den **üblichen** auf diesem Gut lastenden **Lagerkosten** muss aber jeder Erwerber eines Inhaberlagerscheins rechnen, so dass der Lagerhalter insoweit dem Inhaber des Lagerscheins sein gesetzliches Pfandrecht nach § 475b auch dann entgegen setzen kann, wenn entsprechende Vermerke nicht in dem Schein enthalten sind. Ansonsten ist der Aussteller nicht berechtigt, einem gutgläubigen Erwerber unrichtige Angaben entgegen zu halten (vgl. näher § 475d Rn. 8).

Dem **redlichen Erwerber des Inhaberlagerscheines** kann der Lagerhalter auch nicht **36** entgegen setzen, dass er das Gut bereits an den Einlagerer oder einen Dritten herausgegeben habe, denn diese Einwendung ergibt sich nicht aus dem Inhaberlagerschein selbst und steht dem Lagerhalter auch nicht unmittelbar gegen den Erwerber zu. Ein an dem Inhaberlagerschein begründetes Pfandrecht räumt dem Pfandgläubiger nach §§ 1293 f. BGB bereits vor Pfandreife die Befugnis ein, Herausgabe von dem Lagerhalter zu verlangen; der Lagerhalter kann nur an ihn leisten. Mit der Herausgabe des Gutes an den Pfandgläubiger erwirbt dieser ein Pfandrecht an dem Gute, § 1287 BGB, wenn der Verpfänder des Scheines Eigentümer des Gutes war oder der Pfandgläubiger ihn für den Eigentümer oder für verfügungsberechtigt hielt und der Verpfänder als Kaufmann im Betriebe seines Handelsgewerbes handelte (§ 366).

---

[18] BGH 27.10.1967, BGHZ 49, 160, 163 = NJW 1968, 591; BGH 25.5.1979, NJW 1979, 2037, 2038. AA im Falle des § 934 2. Alternative BGB: *Hager* WM 1980, 666; *Tiedtke* WM 1979, 1142; Staub/*Koller* Rn. 28; vgl. auch BGH 22.6.1977 = DB 1977, 2277.
[19] BGH 25.5.1979 = NJW 1979, 2037, 2038.

## § 475d Wirkung des Lagerscheins. Legitimation

(1) [1]Der Lagerschein begründet die Vermutung, dass das Gut und seine Verpackung in Bezug auf den äußerlich erkennbaren Zustand sowie auf Anzahl, Zeichen und Nummern der Packstücke wie im Lagerschein beschrieben übernommen worden sind. [2]Ist das Rohgewicht oder die anders angegebene Menge des Gutes oder der Inhalt vom Lagerhalter überprüft und das Ergebnis der Überprüfung in den Lagerschein eingetragen worden, so begründet dieser auch die Vermutung, dass Gewicht, Menge oder Inhalt mit den Angaben im Lagerschein übereinstimmt.

(2) [1]Wird der Lagerschein an eine Person begeben, die darin als zum Empfang des Gutes berechtigt benannt ist, kann der Lagerhalter ihr gegenüber die Vermutung nach Absatz 1 nicht widerlegen, es sei denn, der Person war im Zeitpunkt der Begebung des Lagerscheins bekannt oder infolge grober Fahrlässigkeit unbekannt, dass die Angaben im Lagerschein unrichtig sind. [2]Gleiches gilt gegenüber einem Dritten, dem der Lagerschein übertragen wird.

(3) [1]Die im Lagerschein verbrieften lagervertraglichen Ansprüche können nur von dem aus dem Lagerschein Berechtigten geltend gemacht werden. [2]Zugunsten des legitimierten Besitzers des Lagerscheins wird vermutet, dass er der aus dem Lagerschein Berechtigte ist. [3]Legitimierter Besitzer des Lagerscheins ist, wer einen Lagerschein besitzt, der

1. auf den Inhaber lautet,
2. an Order lautet und den Besitzer als denjenigen, der zum Empfang des Gutes berechtigt ist, benennt oder durch eine ununterbrochene Reihe von Indossamenten ausweist oder
3. auf den Namen des Besitzers lautet.

### I. Normzweck

1    Die Vorschrift ist neugefasst worden durch das Gesetz zur Reform des Seefrachtrechts vom 20. April 2013. Inhaltlich stimmt sie überein mit § 444 nF für den Ladeschein. Demgemäß kann zunächst verwiesen werden auf die Erläuterungen zu § 444.

1a    Die Norm befasst sich auch weiterhin mit den **Rechtswirkungen des Lagerscheins,** und zwar im Verhältnis zwischen dem Lagerhalter und dem legitimierten Besitzer des Lagerscheins. Durch die Neufassung soll der Gleichgang mit der entsprechende Regelung für das Konnossement in §§ 517 ff. hergestellt werden.

2    Es gilt nach wie vor der Grundsatz, dass der Inhalt des Lagerscheins maßgeblich ist. Er begründet eine (widerlegliche) Vermutung, dass der Lagerhalter die Güter wie beschrieben übernommen hat. Ziel der gesetzlichen Vermutungsregel ist die Steigerung der Verkehrsfähigkeit des Lagerscheins.[1] Abs. 1 entspricht dem bisherigen Abs. 2 Satz 1, Abs. 2 ist an die Stelle von Abs. 2 Satz 3 getreten und Abs. 3 übernimmt Regelungen aus den alten Abs. 1 und 3 sowie aus § 475 Satz 1 aF.

### II. Beweisvermutung des Lagerscheins, Abs. 1

3    Die Angaben im Lagerschein über den Zustand des Gutes enthalten eine **Beweisvermutung,** die indes widerlegbar ist. Den Inhaber des Lagerscheins trifft demgemäß die Darlegungs- und Beweislast, wenn er behauptet, es sei mehr oder etwas anderes eingelagert worden, als im Lagerschein angegeben. Dabei bezieht sich die widerlegliche Tatsachenvermutung auch auf die Verpackung und den äußeren Zustand des Gutes. Damit entspricht § 475d Abs. 2 Satz 1 § 444 Abs. 3 Satz 2 iVm. § 409 Abs. 2 Satz 1. Wie bei allen gesetzlichen Vermutungen ist es dem Lagerhalter möglich, die Vermutungswirkung durch den **Beweis**

---

[1] Zum Ladeschein: Regierungsentwurf des TRG, BT-Drucks. 13/8445 S. 83 f. zu § 443 Abs. 3.

**des Gegenteils** zu widerlegen. Dieses wird praktisch kaum gelingen; jedenfalls nicht, ohne dass sich der Lagerhalter als Aussteller des Lagerscheins anderen Haftungsgefahren aussetzt. Da sich die Widerleglichkeit bereits aus § 292 ZPO ergibt, ist das Wort „widerleglich" in die jetzige Fassung von Absatz 1 nicht mehr aufgenommen worden.

Eine Regelung über Vorbehalte gegen den Inhalt des Wertpapiers wie in § 409 Abs. 2 **4** fehlt in § 475d. Der Lagerhalter ist auch nicht schutzwürdig, da er selbst den Lagerschein ausstellt. Gleichwohl ist es dem Lagerhalter möglich, im Lagerschein zu vermerken, dass die Angaben auf Mitteilungen des Einlagerers oder Dritter beruhen.[2] Mit diesem Vermerk wird der Lagerhalter aber nicht von der Haftung für falsche Angaben befreit, wenn er deren Unrichtigkeit kannte. Der Lagerhalter wird mit einem solchen Vermerk aber die Vermutung aus dem Lagerschein leichter widerlegen können.

Ein weiterer Gleichklang zum Ladeschein wird über Abs. 1 Satz 2 hergestellt, wenn das **5** Rohgewicht oder die anders angegebene Menge des Gutes oder dessen Inhalt vom Lagerhalter überprüft und das Ergebnis der Überprüfung in den Lagerschein eingetragen worden ist. Auch dann gilt eine widerlegliche Vermutung, § 444 Abs. 1 iVm. § 409 Abs. 2 und 3 Satz 1.

### III. Rechte des durch den Lagerschein Berechtigten, Abs. 2

Der **gutgläubige Dritte,** dem der Lagerschein übertragen worden ist, wird durch Abs. 2 **6** geschützt. Die Vermutung nach Abs. 2 ist in einem solchen Fall **unwiderleglich,** die Erbringung eines Gegenbeweises durch den Lagerhalter ist dann also nicht zulässig. Auch hier gilt die Vermutung nur zu Gunsten des durch den Lagerschein Berechtigten. Er hat nach wie vor die Möglichkeit, zu beweisen, dass die Angaben im Lagerschein unrichtig sind. Hat der Lagerhalter im Schein darauf hingewiesen, dass er die Angaben vom Einlagerer oder einem Dritten übernommen hat, wird auch der gute Glaube eines Erwerbers nach Abs. 2 nicht weiter gehen, als es der Vermerk zulässt. Mit der jetzigen Fassung wird durch die Unterscheidung zwischen der Begebung des Lagerscheins an die darin als zum Empfang berechtigt benannte Person und der Übertragung des Lagerscheins an Dritte durch Indossament oder durch Einigung und Übergabe unterschieden und hierdurch erreicht werden, dass auch der gutgläubige erste Nehmer eines Rekta- oder des Orderpapiers geschützt wird.

### IV. Maßgeblichkeit des Lagerscheins und die Rechtsbeziehungen zwischen Lagerhalter und Einlagerer, Abs. 3

Die formelle und die materielle Anspruchsberechtigung ist in Abs. 3 in Satz 1 und in **7** Satz 3 geregelt. Auch dies entspricht § 444 zum Ladeschein.

Abs. 3 stellt weiter klar, dass es im **Verhältnis** zwischen **Lagerhalter** und **Einlagerer 8** bei dem bleibt, was zwischen ihnen vertraglich hinsichtlich der Einlagerung vereinbart worden ist. Dazu gehören auch Bestimmungen in Allgemeinen Geschäftsbedingungen, die in den Vertrag einbezogen worden sind. Das Ausstellen des Lagerscheins ist damit für die Rechtsbeziehungen der Parteien des Lagervertrages grundsätzlich ohne Bedeutung. Allerdings kann eine Verbindung zwischen Lagerschein und –vertrag dadurch hergestellt werden, dass im Lagervertrag auf den Inhalt des Lagerscheins **Bezug** genommen wird. Wird zB im Rahmen einer Umlagerung des Gutes ins Lager eines anderen Lagerhalters mit Einverständnis von Einlagerer und beiden Lagerhaltern ein neuer Lagerschein von dem ausgestellt, bei dem das Gut nunmehr lagert, so kann darin eine Vertragsübernahme zu sehen sein.

Abs. 3 stimmt überein mit § 444 Abs. 3 für den Ladeschein und § 519 für das Konnosse- **9** ment.

---

2 Fremuth/Thume/*Teutsch* Rdnr. 4.

## § 475e Auslieferung gegen Rückgabe des Lagerscheins

(1) Der legitimierte Besitzer des Lagerscheins ist berechtigt, vom Lagerhalter die Auslieferung des Gutes zu verlangen.

(2) [1]Ist ein Lagerschein ausgestellt, so ist der Lagerhalter zur Auslieferung des Gutes nur gegen Rückgabe des Lagerscheins, auf dem die Auslieferung bescheinigt ist, verpflichtet. [2]Der Lagerhalter ist nicht verpflichtet, die Echtheit der Indossamente zu prüfen. [3]Er darf das Gut jedoch nicht dem legitimierten Besitzer des Lagerscheins ausliefern, wenn ihm bekannt oder infolge grober Fahrlässigkeit unbekannt ist, dass der legitimierte Besitzer des Lagerscheins nicht der aus dem Lagerschein Berechtigte ist.

(3) [1]Die Auslieferung eines Teils des Gutes erfolgt gegen Abschreibung auf dem Lagerschein. [2]Der Abschreibungsvermerk ist vom Lagerhalter zu unterschreiben.

(4) Der Lagerhalter haftet dem aus dem Lagerschein Berechtigten für den Schaden, der daraus entsteht, daß er das Gut ausgeliefert hat, ohne sich den Lagerschein zurückgeben zu lassen oder ohne einen Abschreibungsvermerk einzutragen.

### Übersicht

|  | Rn. |  | Rn. |
|---|---|---|---|
| I. Normzweck | 1–3 | IV. Teilweise Auslieferung, Abs. 3 | 10, 11 |
| II. Empfangsberechtigung, Abs. 1 | 4–6 |  |  |
| III. Auslieferung des Gutes gegen Rückgabe des Lagerscheins, Abs. 2 | 7–9 | V. Haftung bei Auslieferung ohne Rückgabe des Scheins, Abs. 4 | 12–14 |

### I. Normzweck

1    Neufassung durch das Gesetz zur Reform des Seefrachtrechts vom 20. April 2013. Es findet eine Angleichung an die jetzigen Regelungen zum Ladeschein (§ 445) und zum Konnossement (§ 521) statt. Weiter werden Regelungen aus dem bisherigen § 475f übernommen.

2    Neben der **formellen Anspruchsberechtigung,** die dem Lagerschein zu entnehmen ist, ergibt sich aus dieser Vorschrift auch die Befugnis des Lagerhalters, mit befreiender Wirkung an einen materiell nicht Berechtigten zu leisten.

3    Mit der **Rückgabe** des **Lagerscheins** vermeidet der Lagerhalter, dass er erneut auf Auslieferung des Gutes in Anspruch genommen wird. Gibt er nur einen Teil der eingelagerten Güter heraus, kann er sich durch eine Abschreibung schützen. Geht der Lagerhalter nicht so vor, sieht er sich Schadensersatzansprüchen des rechtmäßigen Besitzers des Lagerscheins ausgesetzt. Für eine Anwendung von § 407 BGB ist kein Raum.[1]

### II. Empfangsberechtigung, Abs. 1

4    Materiell zur Empfangnahme des Gutes berechtigt ist der Inhaber des Auslieferungsanspruchs. Die formelle **Legitimationswirkung des Lagerscheines** gilt zu Gunsten desjenigen, der im Lagerschein als derjenige genannt ist, an den das Gut ausgeliefert werden soll, bei einem Orderlagerschein zu Gunsten des Indossatars. Ihnen steht ein Auslieferungsanspruch zu, sofern sie den Lagerschein im Besitz haben. Für die Legitimation des Besitzers eines Orderlagerscheines verweist § 365 Abs. 1 auf **Art. 16 WG.** Danach gilt derjenige als rechtmäßiger, durch den Lagerschein zur Inempfangnahme des Gutes legitimierter Besitzer, der den Lagerschein in Händen hat, sofern er sein Recht durch eine **ununterbrochene Reihe von Indossamenten** nachweist. Die Reihe der Indossamente muss mit dem Namen des Einlagerers beginnen und bis auf den Inhaber des Lagerscheines herunter gehen.[2]

---

[1] Koller/Roth/*Morck* Rn. 1.
[2] Andresen/Valder Rn. 3; *Hartenstein/Reuschle/Köper* Kap. 8 Rn. 102.

§ 475f Satz 2 entspricht wörtlich und inhaltlich § 26 Abs. 1 Satz 2 OLSchVO. Der Lager- **5** halter braucht nur die **förmliche Legitimation** zu prüfen, nicht jedoch die Echtheit der Indossamente. Etwas anderes gilt, wenn mit dem Auftraggeber eine eingehende Prüfung vereinbart worden ist oder begründete Zweifel an der Echtheit bestehen: Der Lagerhalter kann sich nach § 475 schadensersatzpflichtig machen, wenn der Mangel der Echtheit einer Unterschrift unter Abtretungserklärungen oder der Befugnis der Unterzeichner offensichtlich erkennbar gewesen ist.[3]

Zur Legitimationswirkung im Übrigen wird verwiesen auf die entsprechenden Anmer- **6** kungen bei § 475c Rn. 5–12.

### III. Auslieferung des Gutes gegen Rückgabe des Lagerscheins, Abs. 2

Abs. 2 übernimmt die gleichlautende Regelung für den Ladeschein im Frachtgeschäft, **7** § 445 und für das Konnossement im Seehandelsrecht, § 522. Die empfangsberechtigte Person wird in Abs. 1 definiert. Auch wenn der Lagerhalter zur Herausgabe nur gegen Rückgabe des Lagerscheins verpflichtet ist, so hat er doch die Möglichkeit, das Gut auch an einen nicht legitimierten Inhaber herauszugeben. Im Hinblick auf seine Haftung nach Abs. 4 wird er aber nur bei einer entsprechenden **Freihalteerklärung** des Empfängers ausliefern. Nach Abs. 2 Satz 1 2. Halbsatz ist die Auslieferung auf dem Schein zu vermerken; die Regelung entspricht § 26 Abs. 1 Satz 3 OLSchVO.

Abs. 2 ist Ausdruck des **Grundsatzes** im Wertpapierrecht, dass die verbriefte Leistung **8** nur Zug-um-Zug gegen Rückgabe des Papiers verlangt werden kann; so § 364 Abs. 3 HGB für die kaufmännischen Orderpapiere und § 797 Satz 1 für Inhaberpapiere.[4]

Ist die Rückgabe des Lagerscheines wegen Verlustes nicht möglich, so unterliegt der **9** Schein gemäß § 365 Abs. 2 Satz 1 der **Kraftloserklärung** im Wege des Aufgebotsverfahrens nach §§ 433 – 484 FamFG.

### IV. Teilweise Auslieferung, Abs. 3

Die vorgesehene Regelung über die **Auslieferung** eines **Teils** des **Gutes** ist wörtlich **10** übernommen aus § 26 Abs. 2 OLSchVO. Dabei ist der Begriff „Teil des Gutes" als sprachlich nicht gelungen zu bezeichnen. Gemeint ist wie bisher, dass nicht alle eingelagerten Güter ausgeliefert werden. Mit dem Wort „Abschreibung" wird nicht wie sonst im kaufmännischen Verkehr eine Wertminderung dokumentiert, sondern festgehalten, in welchem Umfang eingelagerte Güter ausgeliefert worden sind. Der **Abschreibungsvermerk** ist vom Lagerhalter zu unterschreiben; die Erleichterungen des § 475c Abs. 3 finden keine Anwendung.[5]

Abs. 2 schließt nicht aus, dass statt eines Abschreibungsvermerks der Lagerschein dem **11** Lagerhalter zurück gegeben wird und dieser dem aktuell Berechtigten einen **neuen Lagerschein** auf seinen Namen mit der Angabe der noch vorhandenen Menge ohne Hinweis darauf ausstellt, dass die Menge ursprünglich größer war und von einem anderen Einlagerer stammte. Die Lage ist vergleichbar mit der Ausstellung von Teillagerscheinen.

### V. Haftung bei Auslieferung ohne Rückgabe des Scheins, Abs. 4

In Abs. 4 wird die frachtrechtliche Bestimmung des § 447 Satz 1 übernommen; vgl. **12** deshalb die Erläuterungen zu § 447. Eine Haftungsbegrenzung, wie sie § 447 Satz 2 vorsieht, ist nicht erforderlich, da § 475e nicht zwingend ist, es sei denn, es handelt sich bei dem Einlagerer um einen Verbraucher im Sinne von § 414 Abs. 4, § 475h.

Stellt der Lagerhalter Mängel der in § 470 geschilderten Art fest, trifft ihn eine **Rechts-** **13** **wahrungspflicht.** Er hat die Rechte des Einlagerers gegen den Schädiger (idR der anlie-

---

[3] *Koller* Rn. 2; Fremuth/Thume/*Teutsch* Rn. 4.
[4] BT-Drucks. 13/8445 S. 84; *Koller* § 445 Rn. 1.
[5] Fremuth/Thume/*Teutsch* Rn. 4.

fernde Frachtführer) zu wahren. Die Pflicht umfasst zunächst die Feststellung der Schäden, ggf. durch ein selbständiges Beweissicherungsverfahren nach §§ 485 ff. ZPO oder durch einen beauftragten Havariekommissar. Weiter hat der Lagerhalter den Einlagerer unverzüglich (§ 212 BGB) vom Ergebnis seiner Feststellungen zu unterrichten, um eine Anspruchsverjährung zu vermeiden. Der Lagerhalter ist nur zu einstweiligen Maßnahmen verpflichtet, nämlich zu solchen rechtserhaltender und beweissichernder Art. Seine Aufwendungen kann der Lagerhalter nach § 474 ersetzt verlangen. Zu rechtsverwirklichenden Maßnahmen ist er grundsätzlich nicht verpflichtet, dh. Er muss den entstandenen Schaden nicht gegenüber dem Frachtführer oder dem sonst Anliefernden verfolgen. Vertraglich kann etwas anderes vereinbart werden. Kommt er diesen Verpflichtungen nicht nach, so ist er dem Einlagerer zum Ersatz des daraus entstehenden Schadens verpflichtet.

**14**     Die Pflichten aus § 470 werden durch **Ziff. 4 ADSP '03** nicht eingeschränkt. Die ADSp '03 sprechen zwar in Ziff. 1 eine generelle Verpflichtung des Spediteurs/Lagerhalters aus, das Interesse des Auftraggebers wahrzunehmen. Andererseits ist er nach Ziff. 4.1.2 zur Verwiegung, Untersuchung, Erhaltung oder Besserung des Gutes und seiner Verpackung nur im Rahmen des Geschäftsüblichen verpflichtet[6]. **Ziff. 4 ADSP '03** verstößt nicht gegen § 307 Abs. 1 BGB[7]. Nach **§ 5 Ziffer 7 Abs. 1 HLB '06** vermerkt der Lagerhalter äußerlich erkennbare Schäden an den Gütern oder ihrer Verpackung auf der Einlagerungsanzeige und/oder dem Lagerschein.

## § 475f Einwendungen

**[1]Dem aus dem Lagerschein Berechtigten kann der Lagerhalter nur solche Einwendungen entgegensetzen, die die Gültigkeit der Erklärungen im Lagerschein betreffen oder sich aus dem Inhalt des Lagerscheins ergeben oder dem Lagerhalter unmittelbar gegenüber dem aus dem Lagerschein Berechtigten zustehen. [2]Eine Vereinbarung, auf die im Lagerschein lediglich verwiesen wird, ist nicht Inhalt des Lagerscheins.**

### I. Normzweck

**1**     Durch das Gesetz zur Reform des Seehandelsrechts vom 20. April 2013 wird im Lagerrecht diese Bestimmung neu aufgenommen. Übernommen wird eine ebenfalls neu eingefügte gleichlautende Vorschrift zum Ladeschein (§ 447 Abs. 1) und zum Konnossement (§ 522 Abs. 1). Der Gesetzgeber hat es für geboten erachtet, auch im Lagerrecht eine Bestimmung aufzunehmen, die klarstellt, welche Einwendungen der Lagerhalter dem aus dem Lagerschein Berechtigten entgegenhalten kann. Ausgangspunkt für alle drei Vorschriften ist die wertpapierrechtliche Vorschrift des § 364 Abs. 2.

### II. Einwendungen

**2**     Dem aus dem Lagerschein Berechtigten können nur in beschränktem Umfang Einwendungen entgegengehalten werden. Dabei ist der Begriff Einwendungen weit auszulegen. Unter ihn fallen auch Einreden.[1] Unter die Einwendungen, die die Gültigkeit der Erklärung im Lagerschein betreffen, fallen die, die das Zustandekommen und das Erlöschen des Begebungsvertrages betreffen[2] Einwendungen, die sich aus dem Inhalt der Urkunde ergeben können zB die Einrede der Stundung und die der Verjährung sein, wenn sie denn aus dem Lagerschein ersichtlich sind. Schließlich sind auch solche Einwendungen zulässig, die dem

---

[6] Bei selbständiger Abrede über die Verpackungsleistung findet auf diese Werkvertragsrecht Anwendung, BGH 13.9.2007, TranspR 2007, 477 = MDR 2008, 219L.
[7] *Koller* Ziff. 4 ADSp Rn. 1.
[1] *Koller* § 447 Rn. 3.
[2] *Koller* § 447 Rn. 4; Baumbach/Hopt § 364 Rn. 4.

Lagerhalter unmittelbar gegenüber dem aus dem Lagerschein Berechtigten zustehen, dh. sie müssen aus Vereinbarungen mit diesem herrühren.

Im Hinblick auf den Gleichklang mit § 447 Abs. 1 wird im Übrigen auf die dortigen 3 Erläuterungen verwiesen werden.

## § 475g Traditionswirkung des Lagerscheins

**¹Die Begebung des Lagerscheins an denjenigen, der darin als der zum Empfang des Gutes Berechtigte benannt ist, hat, sofern der Lagerhalter das Gut im Besitz hat, für den Erwerb von Rechten an dem Gut dieselben Wirkungen wie die Übergabe des Gutes. ²Gleiches gilt für die Übertragung des Lagerscheins an Dritte.**

### Übersicht

| | Rn. | | | Rn. |
|---|---|---|---|---|
| I. Normzweck | 1, 2 | 4. Übertragung des Papiers | | 11 |
| II. Inhalt der Traditionsfunktion | 3–5 | 5. Dingliche Einigung | | 12 |
| III. Voraussetzungen dinglichen | | 6. Lastenfreier Erwerb | | 13 |
| Rechtserwerbs | 6–13 | IV. Verfügungen über das Gut ohne | | |
| 1. Ausstellung eines Orderlagerscheines | 7 | Lagerscheinübergabe | | 14 |
| 2. Übernahme des Gutes | 8 | V. Ausstellen mehrerer Orderlager- | | |
| 3. Fortdauer des Besitzes | 9, 10 | scheine | | 15 |

## I. Normzweck

Die Vorschrift ist neu gefasst durch das Gesetz zur Reform des Seefrachtrechts vom 1 20. April 2013 und entspricht § 448 nF, der wiederum § 524 angepasst worden ist. Voraussetzung für die in Satz 1 angeordnete Traditionswirkung ist, dass der Lagerhalter das Gut im Besitz hat.

Der Lagerschein kann als Namens-, Inhaber- oder **Orderlagerschein** ausgestellt werden. Wird der Lagerschein mit der Orderklausel versehen, wird er privatautonom zum Orderpapier „gekoren".[1]

§ 475g macht den Orderlagerschein zum **Traditionspapier**, dh. die Übergabe an denje- 2 nigen, der durch das Papier zur Empfangnahme des eingelagerten Gutes legitimiert wird, wirkt wie die Übergabe des Gutes. Eine gleichlautende Bestimmung enthält § 448 für den Ladeschein im Frachtgeschäft. Für das Konnossement regelt § 524 dessen Traditionswirkung. Es handelt sich bei den §§ 448, 475g, 524 (§ 650 aF) um einen historisch bedingten **numerus clausus** der Traditionspapiere.

## II. Inhalt der Traditionsfunktion

Es ist seit langem streitig, wie sich die Traditionswirkung zu den sachenrechtlichen 3 Erwerbsweisen im Allgemeinen, insbesondere auch des Erwerbs vom Nichtberechtigten verhält,[2] ob durch das HGB dem spezifischen, über die §§ 931, 1205 Abs. 2 BGB hinausgehenden Verkehrsschutzbedürfnis des Handels mit Traditionspapieren in vollem Umfang Rechnung getragen wird.[3] Von den Anhängern der streng-relativen Theorie wird das verneint. Die **streng-relative Theorie** lehnt sich „streng" an die Vorschriften des Bürgerlichen Gesetzbuchs an, in dem sie die dingliche Wirkung der Traditionspapiere aus einer „analogen" Anwendung der Vindikationsgrundsätze erklärt, sie ihnen gleichsetzt. In konsequenter Durchführung dieser Ansicht bringt sie die dingliche Wirkung der Traditionspapiere zwar nicht von dem Bestehen eines Besitzmittlungsverhältnisses zwischen Veräußerer

---

[1] Baumbach/*Hopt* § 363 Rn. 1.
[2] Vgl. zum Theorienstreit: Staub/*Canaris* § 363 Rn. 95 f.; *Koller* § 448 Rn. 2.
[3] Heymann/*Herrmann* Rn. 5.

und Verfrachter in Abhängigkeit, aber sie bejaht die Anwendbarkeit der §§ 934, 936 Abs. 3, 986 Abs. 2 BGB. Die Verfügung mittels Traditionspapiers wäre danach nichts anderes als eine Verfügung unter Abtretung des Herausgabeanspruchs. Bei einer Verpfändung hält diese Ansicht eine Verpfändungsanzeige für erforderlich.[4] Nach der **absoluten Theorie** vollzieht sich die Übereignung (Verpfändung) gem. § 929 Satz 1 (§ 1205 Abs. 1) BGB iVm. § 475g (§§ 448, 524), ohne dass der Veräußerer noch mittelbarer Besitzer oder der Verfrachter noch Eigenbesitzer sein müsste. Sie gewährt dem Handel mit Traditionspapieren die verstärkten Verkehrsschutzgarantien einer Übereignung (Verpfändung) nach § 929 Satz 1 (§ 1205 Abs. 1) BGB (wie auch die Repräsentationstheorie) und belastet den Handel mit Traditions-papieren nicht mit allgemein bürgerlich-rechtlichen Unsicherheitsfaktoren besitzmäßiger Art.[5] Die Übertragung des Traditionspapiers soll die Übergabe des Gutes vollständig erset-zen; es handele sich um einen von der Besitzlage des Gutes unabhängigen Erwerbstatbestand. Einer Meldung iSv. § 1205 Abs. 2 BGB bedarf es zur wirksamen Pfandbestellung danach wohl nicht.

4    Überwiegend wird heute die **Repräsentationstheorie** vertreten, die der Ansicht ist, dass das Papier den mittelbaren Besitz an der Ware repräsentiert. In einer Übergabe sieht die Repräsentationstheorie eine Übereignung nach § 929 BGB bzw. eine Verpfändung nach § 1205 Abs. 1 BGB, denn der Sinn der §§ 448, 475g, 524 bestehe gerade darin, dass diese besondere Form der Verschaffung mittelbaren Besitzes der Übergabe des Guts gleichsteht. Dementsprechend ist eine Verpfändungsanzeige nach § 1205 Abs. 2 BGB überflüssig. Exis-tiert kein mittelbarer Besitz, so kann nicht mittels des Papiers übertragen werden. Auch ein gutgläubiger Erwerb abhanden gekommener Sachen mittels eines nicht abhanden gekom-menen Traditionspapiers bleibt außer Betracht.

5    *Herber*[6] ordnet diesen Theorienstreit zutreffend ein: Die rechtssystematische Bedeutung der gesetzlich angeordneten Traditionswirkung sei unklar, über die praktischen Folgen bestehe jedoch weitgehend Einverständnis.

### III. Voraussetzungen dinglichen Rechtserwerbs

6    Die Übergabe des Orderlagerscheines steht für den Erwerb von Rechten an dem Gute der Übergabe des Gutes nur unter folgenden Voraussetzungen gleich:

7    **1. Ausstellung eines Orderlagerscheines.** Der Schein muss an den durch die Urkunde selbst zur Empfangnahme des Gutes legitimierten Empfänger übergeben worden sein. Zum Inhalt des Lagerscheines selbst vgl. § 475c. Nicht notwendig ist, dass die im Orderlagerschein enthaltenen Angaben auch inhaltlich richtig sind.

8    **2. Übernahme des Gutes.** Das Gut muss vom Lagerhalter bereits übernommen worden sein. Übernommen im Sinne des § 475g ist das Gut dann, wenn es mit seinem Wissen und Willen in seinen **Besitz** gekommen ist. Eine Übernahme in dem Sinne, dass der Lagerhalter das Gut als einwandfrei bestätigt hat, braucht aber nicht vorzuliegen. Übernommen ist das Gut durch den Lagerhalter auch dann, wenn der Lagerhalter bisher nur den mittelbaren Besitz erlangt hat. Lagert der Auftragnehmer das Gut bei einem fremden Lagerhalter ein, so hat er gem. **Ziff. 15.1 ADSp '03** dessen Namen und den Lagerort auf dem Lagerschein zu vermerken. Hat der Lagerhalter das Gut zwar übernommen, lagert dieses aber noch nicht in seinem Lager, so ist der auf sein Lager lautende Lagerschein nicht deshalb ungültig. Für die dingliche Traditionswirkung der Übergabe des Lagerscheines kommt es darauf an, ob der Lagerhalter das Gut bereits in dem Augenblick übernommen hatte, in dem der Lagerschein dem zur Inempfangnahme des Gutes Legitimierten übergeben worden ist. Hat der Lagerhalter in diesem Augenblick das Gut übernommen, so treten die dinglichen Wirkungen der Übergabe des Lagerscheines auch dann ein, wenn der Lagerhalter bei der

---

[4]  *Karsten Schmidt* § 24 III 2 b.
[5]  Baumbach/*Hopt* § 448 Rn. 2.
[6]  § 448 Rn. 4; eingehend dazu *Herber* § 524 Rn. 5.

Ausstellung des Lagerscheines das Gut noch nicht übernommen hatte. Hatte der Lagerhalter in diesem Augenblick das Gut noch nicht übernommen, so erwirbt der Dritte an dem Gut durch die Übergabe des Scheines keine dinglichen Rechte. Es hängt von der Auslegung des Lagervertrags ab, ob der Lagerhalter dadurch seine Pflichten verletzt und sich schadensersatzpflichtig gemacht hat.

**3. Fortdauer des Besitzes.** Entsprechend dem Theorienstreit zum Inhalt der Traditi- **9** onsfunktion ist umstritten, ob der Scheininhaber mittelbaren Besitz erlangt haben muss, der bei Übertragung des Lagerscheines auf Grund Besitzmittlung durch den Lagerhalter fortbesteht. Nach der herrschenden Repräsentationstheorie wird dies jedenfalls bejaht und dementsprechend die Traditionswirkung selbst dann verneint, wenn der Lagerhalter erkennbar den Besitzmittlungswillen aufgegeben hat, ohne den unmittelbaren Besitz am Gut zu verlieren. Nach aA kommt es für die Traditionswirkung auf die Besitzposition des legitimierten Scheininhabers zum Lagergut nicht an. Innerhalb dieser Auffassung ist wiederum fraglich, wie die Besitzposition des Lagerhalters beschaffen sein muss. Einmal wird vertreten, dass auch die Besitzposition des Lagerhalters irrelevant ist, mithin die Traditionswirkung auch dann eintreten kann, wenn zB das Gut dem Lagerhalter gestohlen worden ist oder der Lagerhalter durch versehentliche Auslieferung an einen Dritten den Besitz an der Ware verloren hat. Nach einer differenzierenden Auffassung kann die Traditionswirkung nur dann nicht eintreten, wenn der Lagerhalter seine Besitzposition überhaupt verloren hat (zB durch Diebstahl oder bei Auslieferung an einen Dritten). Ausreichend soll aber sein, wenn der Lagerhalter im Zeitpunkt der Übertragung des Orderlagerscheines das Gut in Eigenbesitz hat.[7]

Der letztgenannten, differenzierenden Auffassung ist zuzustimmen. Unstreitig muss sich **10** das Gut auch zum Zeitpunkt der Übertragung des Orderlagerscheines im **Besitz des Lagerhalters** befinden. Aus dem Übernahmeerfordernis in § 475g kann jedoch nicht geschlossen werden, dass der Lagerscheininhaber den mittelbaren Besitz erlangt haben muss. Zudem spricht gegen das Erfordernis mittelbaren Besitzes des Scheininhabers, dass der nichtberechtigte Scheininhaber ohne Besitz (zB der Dieb oder Finder der Urkunde) Eigentum an einen gutgläubigen Erwerber übertragen kann. Richtigerweise kommt es auf die **Besitzposition des Scheininhabers** also nicht an. Vielmehr ist nur der Besitz des Lagerhalters im Zeitpunkt der Übergabe des Lagerscheines an den Einlagerer bzw. den berechtigten Dritten zu fordern. Denn entsprechend dem Wortlaut von § 475g kann die Übergabe des Papiers nicht eine Wirkung haben, welche die Übergabe der Güter nicht hätte.[8] Daraus folgt, dass bei einem Abhandenkommen der Güter iSv. § 935 BGB ein gutgläubiger Erwerb auch nicht durch Übertragung eines Orderlagerscheines möglich ist. Es kommt lediglich eine Übertragung des dinglichen Herausgabeanspruchs durch schlichte Einigung in Betracht, für die der Orderlagerschein ohne Bedeutung ist. Es zeigt sich, dass trotz Traditionswirkung das Eigentum an der Ware nicht notwendigerweise dem Eigentum am Orderlagerschein folgt. Für die Unerheblichkeit des Besitzmittlungswillens des Lagerhalters spricht, dass der Herausgabeanspruch des Einlagerers bzw. Berechtigten, welchen der Orderlagerschein verbrieft, auch bei Umwandlung von Fremd- in **Eigenbesitz** bestehen bleibt. Es entspricht gerade dem Normzweck, die Mobilisierung des Gutes durch Verbriefung des Auslieferungsanspruchs in einem Orderlagerschein im Vergleich zur besitzrechtlich vermittelten Publizität zu erhöhen, dass es nicht darauf ankommt, wie sich der Lagerhalter sachenrechtlich als Besitzer versteht.

**4. Übertragung des Papiers.** Der Orderlagerschein muss an den durch die Urkunde **11** selbst zur Inempfangnahme des Gutes **legitimierten Erwerber** übergeben worden sein. Nur die Übergabe des Scheines an den Legitimierten entfaltet die gleichen Wirkungen

---

[7] Staub/*Canaris* § 363 Rn. 110; so bereits Staub/*Koller* § 424 Rn. 11.
[8] Vgl. *Stengel*, Die Traditionsfunktion des Orderkonnossements: Wechselwirkungen zwischen Sachenrecht und Wertpapierrecht, S. 184 f.

für den Erwerb von Rechten wie die Übergabe des Gutes selbst.[9] Zur Legitimation des Berechtigten vgl. § 475e.

**12**     **5. Dingliche Einigung.** Hinsichtlich der Übereignung und Verpfändung des Gutes betrifft die Norm lediglich die Rechtswirkungen nach Art der Übergabe des Gutes, also der Besitzübertragung bzw. Verpfändungsanzeige (§ 1205 Abs. 2 BGB). Der Mangel einer dinglichen Einigung selbst wird nicht beseitigt. Ebenso wenig ermöglicht die Papierüber- gabe einen **gutgläubigen Erwerb** an abhanden gekommenen Sachen (allgM, vgl. Rn. 10). Der Papiererwerb in der legitimierten Art und Weise rechtfertigt aber als Publizitätsakt einen gutgläubigen Erwerb schon mit Papierübergabe. Ein **gefälschter Lagerschein** ermöglicht selbst bei Gutgläubigkeit des Erwerbers keinen Rechtserwerb. Wird mittels gestohlenem oder gefundenen Orderlagerschein verfügt, hat der Verfügende also weder Eigentum am Gut noch am abhanden gekommenen Papier, so kann gleichwohl ein gutgläu- biger **Erwerber** nach § 365 Abs. 1 iVm. Art. 16 Abs. 2 Wechselgesetz vom (formell legiti- mierten) Veräußerer das Eigentum am Papier und am Gut erlangen.

**13**     **6. Lastenfreier Erwerb.** Der Erwerber erwirbt das Eigentum auch bei einer Eigentums- übertragung durch Einigung und Übergabe des Lagerscheines grundsätzlich lastenfrei. An dem Gut bestehende Pfandrechte erlöschen, §§ 936 BGB, 366 Abs. 2. Das gilt nur dann nicht, wenn der Erwerber hinsichtlich des Bestehens solcher Rechte bzw. im Falle des § 366 Abs. 2 hinsichtlich der Befugnis des Einlagerers, ohne Vorbehalt über das Gut zu verfügen, nicht in gutem Glauben war. Das **gesetzliche Pfandrecht des Lagerhalters** an dem Gut besteht dem legitimierten Besitzer des durch Indossament übertragenen Lager- scheines gegenüber nur wegen der Lagerkosten, die aus dem Lagerschein ersichtlich sind oder ihm bei Erwerb des Lagerscheines bekannt oder in Folge grober Fahrlässigkeit unbe- kannt waren. § 936 Abs. 3 BGB kommt nicht zur Anwendung, weil hier die Übertragung nicht durch Abtretung des Herausgabeanspruchs gem. §§ 929, 931 BGB erfolgt.

### IV. Verfügungen über das Gut ohne Lagerscheinübergabe

**14**     Die Ausstellung eines Lagerscheines steht der Übereignung des Gutes nach allgemeinen Regeln nicht entgegen. Am Fall des Orderlagerscheines hat der BGH aber den Grundsatz bestätigt, dass bei Übereignung nach §§ 929, 931 BGB gleichzeitig das den Herausgabean- spruch **verbriefende Papier mit zu übergeben ist.**[10] Die **Sperrwirkung,** wonach das verbriefte Recht auf Herausgabe nicht vom Besitz am Papier zu trennen ist, ist im Interesse des Verkehrsvertrauens auf alle gesetzlich anerkannten Traditionspapiere zu beziehen.[11] Die Verbindung von Zession des Herausgabeanspruchs und Übergabe des Orderlagerscheines soll dazu führen, die Umlauffähigkeit der Orderlagerschein zu erhöhen. *Koller*[12] weist berechtigt darauf hin, dass durch diese Koppelung das Risiko für denjenigen Erwerber stark erhöht wird, der nichts von der Ausstellung eines Orderlagerscheines weiß. Er erwirbt nämlich auch dann kein Eigentum, wenn der Veräußerer, der ihm gem. § 398 BGB den Herausgabeanspruch abgetreten, aber den Orderlagerschein nicht übergeben hatte, Eigentü- mer des Gutes gewesen ist.

### V. Ausstellen mehrerer Orderlagerscheine

**15**     Sind über das gleiche Gut mehrere Lagerscheine ausgestellt worden, so kann zweifelhaft sein, wer das dingliche Recht an dem Gut durch Übergabe des Lagerscheines erwirbt, wenn die Lagerscheine mehreren Personen gegeben werden. Indossiert der Einlagerer zunächst einen Lagerschein und gibt ihn dem Indossatar A, so erwirbt dieser das Recht.

---

[9] *Koller* § 448 Rn. 3.
[10] BGH 27.10.1967, BGHZ 49, 160, 163 = NJW 1968, 591; vgl. auch BGH 17.5.1971, NJW 1971, 1608; *Sieg* BB 1992, 299.
[11] *Karsten Schmidt* § 23 III 4; *Hilger* ZIP 1989, 1246.
[12] Staub/*Koller* § 424 Rn. 18; *Koller* § 448 Rn. 4.

Indossiert dann später der Einlagerer den zweiten Schein und gibt ihn dem Indossatar B, so verliert, sofern B gutgläubig ist, A sein Recht an dem noch lagernden Gut und B erwirbt das Recht. Ist nicht feststellbar, an wen zeitlich zuletzt indossiert ist, so muss angenommen werden, dass das Recht A und B gemeinschaftlich zusteht. Man könnte an eine analoge Anwendung der Vorschriften über Konnossemente, §§ 648 ff., denken. Dagegen spricht jedoch, dass die Verhältnisse im Seefrachtgeschäft grundsätzlich anders liegen als beim Lagergeschäft. Dort ist das Verfahren nach §§ 649 ff. leichter durchführbar; beim Lagergeschäft wird sich in aller Regel die Auslieferung des lagernden Gutes über wesentlich längere Zeiträume erstrecken. Weiter müssen die Indossatare von Konnossementen mit der Existenz von Doppeln rechnen.[13] Mit *Koller* ist folgender Lösungsweg zu bejahen:[14] Vereinbarungswidrig ausgestellte **Doppel stellen keine gültigen Orderlagerscheine dar.** Ihre Übertragung kann nur in eine Abtretung des Herausgabeanspruchs gedeutet werden.

## § 475h Abweichende Vereinbarungen

**Ist der Einlagerer ein Verbraucher so kann nicht zu dessen Nachteil von den §§ 475a und 475e Absatz 4 abgewichen werden.**

### I. Normzweck

Im Gesetzgebungsverfahren des TRG wurde es für erforderlich gehalten, im Handels- **1** recht Bestimmungen zum Schutze des **Verbrauchers** aufzunehmen.[1] Das gilt nicht nur für das Fracht- und das Speditionsrecht (§§ 414 Abs. 3, 449 Abs. 1 Satz 1, 451b Abs. 2, 3, 451g, 451h, 455 Abs. 3, 466) sondern über § 475h auch für den Lagervertrag. Demgemäß ist es dem Lagerhalter gesetzlich verwehrt, eine abweichende Vereinbarung hinsichtlich der Verjährung des § 475a zu treffen. § 475h ist im Verhältnis zu § 439 Abs. 4, auf den § 475a verweist, lex specialis.[2] Weiter haftet der Lagerhalter dem Einlagerer, der ein Verbraucher ist, zwingend über § 475e Abs. 4 für den Schaden, der daraus entsteht, dass er das Gut ausgeliefert hat, ohne sich den Lagerschein zurückgeben zu lassen oder ohne einen Abschreibungsvermerk einzutragen, wenn es sich bei dem rechtmäßigen Besitzer des Lagerscheins um einen Verbraucher handelt.

Weitere Regelungen zum Schutz des Verbrauchers im Lagerrecht enthalten **2** §§ 468 Abs. 2, 468 Abs. 4, 472 Abs. 1 Satz 2.

In der Praxis wird der **Schutz des Verbrauchers** im Lagergeschäft nur dann eine Rolle **3** spielen, wenn Privatleute Umzugsgut einlagern, und es sich nicht um eine verkehrsbedingte Lagerung handelt[3].

### II. Begriff des Verbrauchers

Unter einem Verbraucher ist nach der gesetzlichen **Definition** des § 13 BGB jede natür- **4** liche Person zu verstehen, die ein Rechtsgeschäft (hier: den Lagervertrag) zu einem Zweck abschließt, der weder ihre gewerblichen, noch ihrer selbständigen beruflichen Tätigkeit zugerechnet werden kann.

Auf einen Lagervertrag mit einem Verbraucher finden die ADSp keine Anwendung **5** (Ziff. 2.4 ADSp '03). Eine derartige Einschränkung enthalten die HLB, auch in der ab 1.10.2006 geltenden Fassung, nicht.

---

[13] Staub/*Koller* § 424 Rn. 17.
[14] Staub/*Koller* § 424 Rn. 17.
[1] BT-Drucks. 13/10014 S. 46.
[2] *Koller* Rn. 1.
[3] *Koller* Rn. 1, aA *Ramming* TranspR 2010, 397, 400.

# Fünftes Buch. Seehandel

## Erster Abschnitt. Personen der Schifffahrt

## § 476 Reeder

**Reeder ist der Eigentümer eines von ihm zum Erwerb durch Seefahrt betriebenen Schiffes.**

### I. Normzweck

Der **Reeder** hat als Eigentümer des Schiffes eine **zentrale Bedeutung im Seehandel**. 1 Historisch ist der Reeder aus dem Warenkaufmann hervorgegangen. In den Anfängen des Warentransports beförderte der Warenkaufmann seine Güter selbst, zunächst auf eigenen Transportmitteln und erst viel später auf ihm nicht gehörenden Beförderungsmitteln. Mit dem Fortschritt, vor allem in der technischen Entwicklung des Schiffes als Beförderungsmittel sowie der Ausdehnung des Handels in weit entfernte Gebiete, änderte sich auch die wirtschaftliche Bedeutung des Seehandels und damit die Funktion des Reeders.

Der **rechtliche Begriff** des Reeders knüpft an die **Eigentumsstellung** bezüglich des 2 Schiffes an. Der herkömmliche Sprachgebrauch stellt dagegen nicht auf das Eigentum am Schiff ab, sondern eher auf die Unternehmerstellung des Reeders und damit denjenigen, der das Schiff wirtschaftlich nutzt. Der Gesetzgeber hat dennoch keinen Bedarf gesehen, den Anknüpfungspunkt zu erweitern, so dass rechtlich gesehen nur der Eigentümer eines Schiffes Reeder sein kann.[1] Dies ist bemerkenswert, als auch der tatsächliche Schiffsbetrieb zunehmend von den Nichteigentümern der Schiffe sichergestellt wird, sog. **Bereederern, Vertragsreedern** oder **Schiffsmanagern** und diese Personen quasi wie ein Reeder über das Schiff bestimmen. Das Eigentum ist auch Anknüpfungspunkt für das öffentliche **Recht zur Flaggenführungsbefugnis** und dem **Registerrecht** (vgl. § 1 FlaggenRG und §§ 9 ff. SchRO). Der Eigentümer kann eine natürliche oder juristische Person sein. Diese muss nicht Kaufmann sein, wird aber regelmäßig, schon aus Gründen des Haftungsrisikos, eine Personengesellschaft in Form der OHG oder KG (§§ 6, 105, 161) oder eine Kapitalgesellschaft in Form einer AG (§ 3 AktG) oder einer GmbH (§ 13 Abs. 3 GmbHG) sein. Der Zusammenschluss mehrere Miteigentümer eines Schiffes außerhalb dieser Rechtsformen wird Partenreederei genannt.[2] Diese Form des Zusammenschlusses wurde mit dem SRG aufgehoben.

Die Schiffe sind in der Regel Seeschiffe, dh. **Kauffahrteischiffe** und sonstige zur **See-** 3 **fahrt** bestimmte Schiffe die im **Seeschiffsregister** eingetragen sind (vgl. § 1 Abs. 1 FlRG, § 3 Abs. 2 SchRegO). Eigentümer von Binnenschiffen sind damit nicht erfasst, können aber im Einzelfall auch Reeder sein, wenn das Binnenschiff Küstenschifffahrt betreibt (vgl. § 1 KüSchV; BGBl. I S. 2868; 2010 I S. 380).

Eine Eintragung in das Schiffsregister ist jedoch keine Voraussetzung für die Eigenschaft 4 als Reeder,[3] denn in das Register werden nicht nur Schiffe eingetragen, die zum Erwerb durch die Seefahrt bestimmt sind, sondern auch andere zur Seefahrt bestimmte Schiffe (vgl. § 3 Abs. 2 SchRO).[4]

### II. Entstehungsgeschichte

Der Gesetzestext unterscheidet sich nur in einem Wort von § 484 aF. An die Stelle 5 „dienenden" tritt jetzt die Formulierung **„betriebenen"** Schiffes. Dies erfolgte lediglich

---

[1] RegBegr-SRG S. 62.
[2] §§ 489 ff. aF.
[3] Vgl. Schaps/*Abraham* § 484 Rn. 1.
[4] Vgl. Schaps/*Abraham* § 484 Rn. 10.

aus systematischen Gründen, da diese Formulierung auch in § 477 verwendet wird, ohne dass hiermit inhaltlich an der Legaldefinition des Reeders etwas geändert werden sollte. Daneben wird so der **wirtschaftliche Aspekt** des Schiffseinsatzes verdeutlicht und der Personenkreis erweitert (vgl. § 477 Rn. 4).

### III. Erwerb durch Seefahrt betriebenen Schiffes

6    Entscheidend ist, dass das Schiff **zum Erwerb durch Seefahrt bestimmt** ist. Damit ist gemeint, dass entgeltlich Personen oder Güter über See befördert werden. Dagegen kommt es nicht darauf an, ob das Schiff hierfür auch tatsächlich dauerhaft verwendet wird. So sind auch **Auflieger,** also Schiffe die für einen längeren und unbestimmten Zeitraum nicht eingesetzt werden obwohl technisch in der Lage dazu oder ein Schiff in einer **Werft** erfasst. Dagegen sind solche Schiffe nicht erfasst, die, die noch in Bau sind, selbst wenn das Eigentum schon von der Werft auf den Besteller übertragen wurde[5] oder solche, die zur privaten Nutzung eingesetzt werden. Es fehlt bei diesen am Merkmal des Erwerbs durch Schifffahrt. Der Eigentümer einer Privatyacht kann bei entgeltlicher Personenbeförderung als Reeder angesehen werden.[6]

7    Eine dauerhafte Erwerbsabsicht ist nicht erforderlich, doch muss die **Absicht zum Erwerb** durch Seefahrt erkennbar und durch Handlungen wie den Abschluss von Transport-, Heuerverträgen oder Ausrüstung des Schiffes nachvollziehbar sein.[7]

### IV. Abgrenzung

8    **Vermietet** der Eigentümer das Schiff, bleibt er Reeder, es sei denn der Mieter wird Ausrüster iSv. § 477. Allerdings trifft den Eigentümer hier eine Auskunftspflicht über die Identität des Reeders, § 477 Abs. 3. In allen anderen Fällen, also auch der **Schiffsüberlassung** unter einer Zeitcharter mit Employment-Klausel bleibt der Eigentümer Reeder. Hier betreiben sowohl der Eigentümer (Reeder) als auch der Zeitcharterer das Schiff. Der Reeder bleibt wirtschaftlicher Unternehmer, indem er sein Schiff mit von ihm angestellter Besatzung und von ihm beschaffter Ausrüstung zur Verfügung stellt und hierfür Chartermiete erhält. Hierin liegt sein Anteil an der Transportleistung.[8] Dient das Schiff nicht (mehr) der Seefahrt und wird im **Seeschiffsregister gelöscht,** ist der Eigentümer dieses Schiffes kein Reeder.

### V. Internationale Reederverbände

9    Die Reeder haben sich sowohl national als auch international in Vereinen und Verbänden zusammengeschlossen. Weltweit der bedeutendste Zusammenschluss ist die seit 1926 als „The Baltic and International Maritime Conference", kurz **„BIMCO"** bezeichnet. Ihren historischen Ursprung hatte sie bereits 1905 in Kopenhagen als „Baltic and White See Conference" für Reeder, die sich an der Ostsee- und Weißmeerfahrt beteiligten. Heute versteht die BIMCO sich als internationaler Reederverband, der weltweit vertreten ist und in der Praxis gerade durch die Empfehlung verschiedener Mustervertragsformulare für verschiedenste Arten von Rechtsgeschäften, vom An- und Verkauf von Seeschiffen über unterschiedlichste Charterverträge bis hin zu einzelnen Konnossementen Hilfestellung anbietet. Die Tätigkeit der BIMCO ist daher nicht nur für Reeder von Bedeutung, sondern auch für alle am Seehandel beteiligten Personen.[9]

10   Auf nationaler Ebene gibt es in Deutschland den **Verband Deutscher Reeder (VDR),** der die gemeinsamen wirtschafts- und sozialpolitischen Interessen der deutschen Reedereien

---

[5]  OLG Bremen Hansa 1956, 469.
[6]  *Rabe* § 484 Rn. 3; *Lindemann-Bemm* 1 Rn. 8.
[7]  Schaps/*Abraham* § 484 Rn. 3.
[8]  *Herber* S. 130.
[9]  www.bimco.org.

auf Bundes- und Landesebene vertritt.[10] Der VDR ist darüber hinaus auch auf europäischer und internationaler Ebene entweder direkt oder im Rahmen internationaler Verbände tätig. So sind die nationalen Reederverbände in der **International Chamber of Shipping (ICS)** mit Sitz in London zusammengeschlossen.

## § 477 Ausrüster

**(1) Ausrüster ist, wer ein ihm nicht gehörendes Schiff zum Erwerb durch Seefahrt betreibt.**

**(2) Der Ausrüster wird im Verhältnis zu Dritten als Reeder angesehen.**

**(3) Wird der Eigentümer eines Schiffes von einem Dritten als Reeder in Anspruch genommen, so kann er sich dem Dritten gegenüber nur dann darauf berufen, dass nicht er, sondern ein Ausrüster das Schiff zum Erwerb durch Seefahrt betreibt, wenn er dem Dritten unverzüglich nach Geltendmachung des Anspruchs den Namen und die Anschrift des Ausrüsters mitteilt.**

### I. Normzweck

Mit dem **Ausrüster** wird derjenige zum Adressat von Forderungen, die sonst typischer- 1 weise gegen den verantwortlichen Reeder zu richten sind. Dies ist gerechtfertigt, da der Ausrüster – auch „**Bareboat Charterer**" oder „**Charterer bei Demise**" genannt[1] – ein ihm nicht gehörendes Schiff zum Erwerb durch Seefahrt (vgl. § 476 Rn. 6 f.) betreibt, mithin alle typischen Reedereitätigkeiten ausführt, nur dass er **nicht Eigentümer** ist. Dritten gegenüber tritt er wie ein Reeder auf.[2] Teilweise wird er daher auch etwas irreführend als Schein-Reeder bzw. Schein-Ausrüster bezeichnet.[3] Den Geschädigten wird mit dieser Norm die Ermittlung der Identität des Schuldners erleichtert.[4]

Der Ausrüster wird regelmäßig aufgrund eines **Schiffsüberlassungsvertrages** in den 2 Besitz des Schiffes gelangen. Die Schiffsüberlassungsverträge sind erstmals gesondert im Gesetz im dritten Abschnitt geregelt (§§ 553 ff.). Eine besondere Form des Schiffsüberlassungsvertrages ist der **Bareboat-Chartervertrag**. Der Eigentümer des Schiffes verschafft dem Ausrüster (Charterer) die **vollständige Verfügungsgewalt** über das Schiff. Der Eigentümer ist Vermieter (vgl. § 553 Abs. 1). Für Schiffsüberlassungsverträge besteht Vertragsfreiheit, so dass in der Praxis durch dezidierte Regelungen im Chartervertrag von den allgemeinen Vorschriften des Mietrechts abgewichen wird (vgl. Vorbem. § 553 Rn. 1 f.).

Hinsichtlich der **Pflichten des Ausrüsters** gegenüber dem Eigentümer richten sich 3 diese nach den Vereinbarungen im Bareboat-Chartervertrag und erstrecken sich neben der Verpflichtung zur regelmäßigen **Zahlungen von Mietzins (Chartermiete),** insbesondere auf die Haftung für über den vertragsgemäßen Gebrauch hinausgehende Verschlechterungen und Veränderungen am Schiff.[5] Hierbei ist zu beachten, dass der Ausrüster für die **Wartung und Pflege des Schiffes** verantwortlich ist und den Eigentümer regelmäßig keine weiteren Pflichten treffen.

Anders als bisher, wird nicht mehr auf die Führung durch einen Kapitän oder die Ver- 4 wendung auf eigene Rechnung abgestellt. Inhaltlich hat dies jedoch keine Auswirkungen, da mit dem Begriff „**betreibt"** eine umfassendere Formulierung gewählt wurde, die den **wirtschaftlichen Einsatz des Schiffes** durch den Ausrüster besser beschreibt. So ist auch derjenige Ausrüster, der einem Dritten die Bereederung des Schiffes inklusive der Besetzung

[10] www.reederverband.de.
[1] Schaps/*Abraham* § 510 Rn. 14.
[2] OLG Hamburg 26.5.1977, VersR 1978, 560.
[3] *Rabe* § 510 Rn. 1.
[4] RegBegr-SRG S. 63.
[5] Schaps/*Abraham* § 510 Rn. 7.

in eigenem Namen anvertraut.[6] Eine Ausnahme wird beim sogenannten **„Quasi-Ausrüster"** gemacht, dh. ein Nichteigentümer verwendet ein Schiff nicht erwerblich, zB eine Werft überführt ein ihr nicht gehörendes und nicht zu erwerbszwecken dienendes Schiff.[7] Hier fehlt es am Merkmal des wirtschaftlichen Betreibens; im Übrigen sind alle Voraussetzungen erfüllt. Dies ist beispielsweise der Fall, wenn ein Schiff zu öffentlichen Aufgaben überlassen wird. Hier findet § 477 entsprechend Anwendung.[8]

5    **Abs. 3** ist neu und ohne Vorbild im HGB. Es handelt sich um eine Regelung zu Gunsten des Eigentümers eines Schiffes, mit dieser der sich **exkulpieren** kann, wenn er von einem Dritten in Anspruch genommen wird. Da der Eigentümer eines Schiffes immer in einem Schiffsregister eingetragen sein wird (in Deutschland s. §§ 9 ff. SchiffsRegO, 1 FlaggenRG), ein Ausrüster sich zwar eintragen lassen kann, aber keine Pflicht zur Eintragung besteht, ist es Dritten eher möglich, die Identität des Eigentümers zu ermitteln als die des Ausrüsters. Nur bei **unverzüglicher Auskunft über die Identität** des Ausrüsters nach Inanspruchnahme durch den Dritten kann der Eigentümer sich darauf berufen, dass nicht er sondern der Ausrüster Reeder im Sinne von § 476 ist und als solcher gegenüber dem Dritten haftet. Unter **„unverzüglich"** muss hier **ohne schuldhaftes Zögern** verstanden werden im Sinne von § 377 HGB und § 121 BGB. Legt man eine nach den Umständen des Einzelfalls zu bemessende Prüfungs- und Überlegungsfrist zugrunde, wie dies im Zusammenhang mit § 121 Abs. 1 Satz 1 BGB zu erfolgen hat,[9] dann muss hier sofort gehandelt werden. Die Legaldefinition des Begriffes „unverzüglich" gilt für das gesamte Privatrecht, also auch für das Seehandelsrecht. Die Obergrenze liegt bei zwei Wochen für eine Anfechtungsfrist. Allerdings dürfte sie hier deutlich kürzer sein, da die zu gewährende Auskunft lediglich darin besteht, dass der Reeder seinen **Vertragspartner offenlegt** und nicht, wie im Falle einer Anfechtung, Anfechtungsgründe zu prüfen sind. Deshalb dürfte eine Auskunft innerhalb von fünf Arbeitstagen am Sitz des Reeders noch als unverzüglich anzunehmen sein. Selbstredend muss die Auskunft inhaltlich richtig und vollständig sein, da sie andernfalls als nicht erteilt angesehen werden muss. Für den Zeitpunkt kommt es auf den der Absendung an.

## II. Entstehungsgeschichte

6    Die Regelungen des bisherigen § 510 aF sind im Kerngehalt übernommen worden.

## III. Abgrenzung

7    Der Ausrüster ist nicht zu verwechseln mit einem **Zeitcharterer** (vgl. §§ 557 ff.), der ebenfalls das Schiff wirtschaftlich einsetzt. Der Ausrüster übernimmt eine größere Verantwortung für den Schiffsbetrieb als der Zeitcharterer. Neben dem wirtschaftlichen Einsatz des Schiffes ist er auch für den **technischen Schiffsbetrieb** verantwortlich und stellt die **Besatzung des Schiffes.** Hierbei muss er nicht zwingend der Arbeitgeber des Kapitäns sein (dies ist häufig ein Vertragsreeder, der die Bemannung übernommen hat), bleibt aber gegenüber der Besatzung und dem Kapitän weisungsbefugt.

## § 478 Schiffsbesatzung

**Die Schiffsbesatzung besteht aus dem Kapitän, den Schiffsoffizieren, der Schiffsmannschaft sowie allen sonstigen im Rahmen des Schiffsbetriebs tätigen Personen, die vom Reeder oder Ausrüster des Schiffes angestellt sind oder dem Reeder oder Ausrüster von einem Dritten zur Arbeitsleistung im Rahmen des**

---

[6] RegBegr-SRG S. 63.
[7] BGH 26. 9 1957, BGHZ 25, 244.
[8] *Rabe* § 510 Rn. 17; *Herber* S. 132; s. auch § 553 Abs. 3.
[9] Palandt/*Ellenberger* BGB § 121 Rn. 3.

Schiffsbetriebs überlassen werden und die den Anordnungen des Kapitäns unterstellt sind.

## I. Normzweck

Die Norm beschreibt, was seit Jahrhunderten selbstverständlich ist, dass Kapitäne, Schiffs- 1
offiziere und auf dem Schiff für das Schiff tätige Personen zur Schiffsbesatzung gehören.
Sie ist aber insoweit auf den modernen Schiffsbetrieb zugeschnitten worden, als dass sie der
Diversifizierung der verschiedenen Arbeitsleistungen an Bord durch verschiedene Dienstleister gerecht wird und eine Abgrenzung von externen, nicht dem Schiffsbetrieb zugeordneten Personen vornimmt. Reeder und Ausrüster werden hier synonym verwendet, um
zu verdeutlichen, dass Personen, die beim Ausrüster angestellt sind nicht Dritte im Sinne
von § 478 sind.

## II. Entstehungsgeschichte

§ 478 beruht auf dem früheren § 481. 2

## III. Personenkreis

Der **Kapitän,** die **Schiffsoffiziere** und die **Schiffsmannschaft** sind wie bisher die 3
Schiffsbesatzung. Die herausragende Stellung des Kapitäns auch in rechtlicher Hinsicht wird
durch § 479 verdeutlicht. Er ist der **Repräsentant** des Reeders und als solcher mit besonderen Befugnissen ausgestattet.

Zu den **sonstigen im Rahmen des Schiffsbetriebs tätigen Personen** zählen alle 4
Personen die an Bord tätig sind und den Anordnungen des Kapitäns unterstellt sind. Hierbei
können diese Personen entweder beim Reeder (§ 476) oder Ausrüster (§ 477) angestellt
sein oder diesen von einem Dritten zur Arbeitsleistung an Bord überlassen worden sein.
Damit ist nun im Gegensatz zur alten Rechtslage sichergestellt, dass nicht alle an Bord
angestellten Personen zur Schiffsbesatzung zählen. Der **Lotse** ist auch weiterhin nicht Teil
der Schiffsbesatzung, obwohl dies in der früheren Rechtsprechung teilweise anders gesehen
wurde.[1] Seine Tätigkeit besteht in der **nautischen Beratung** der Schiffsführung.[2] Nicht
entscheidend ist, ob die Tätigkeiten auch physisch an Bord erfolgen. So können die Arbeiten
auch in Schubleichtern oder am Kai ausgeführt werden und sind dennoch im Rahmen des
Schiffsbetriebs erfolgt, führen also nicht zur Aufhebung der Zugehörigkeit zur Schiffsbesatzung.[3]

Die Schiffsbesatzung muss entweder beim Reeder oder Ausrüster **angestellt** oder ihre 5
Arbeitsleistung dem Reeder oder Ausrüster von Dritten überlassen worden sein. Hier zeigt
sich die Modernisierung, da heute die Schiffsbesatzung vornehmlich bei Dienstleistern angestellt ist, die nicht der Eigentümer oder Ausrüster des Schiffes sind, auf dem sie tätig sind.
Entscheidend ist also nicht ausschließlich das rein arbeitsrechtliche **Heuerverhältnis** (§ 3
SeemG) zur Besatzung sondern inwieweit diese in den **arbeitsteiligen Organismus der
Schiffsdienste** und der Bordgemeinschaft eingegliedert sind.[4] Dies kann sowohl aufgrund
eines unmittelbar mit dem Reeder geschlossenen Heuervertrages der Fall sein, als auch
aufgrund von mit sog. **Crewing-Agenturen** geschlossenen Arbeitsverträgen. Damit fallen
selbständig tätige Dritte, wie die Besatzung von Schlepperunternehmen,[5] Arbeitnehmer
von Kaianstalten und Stauereiunternehmen[6] oder Festmacherleute nicht hierunter, obwohl
diese durchaus im Rahmen des Schiffsbetriebes tätig sein können (vgl. § 480 Rn. 8).[7]

[1] RG 3.6.1897, RGZ 39, 312; RG 15.10.1929, RGZ 126, 82, mwN; zur früheren Rechtsprechung Schaps/*Abraham* § 481 Rn. 12.
[2] BGH 20.6.1968, BGHZ 50, 250–257; BGH 20.6.1968, VersR 1968, 962.
[3] RegBegr-SRG S. 63.
[4] RegBegr-SRG S. 63.
[5] BGH 10.5.1976, VersR 1976, 771.
[6] BGH 19.12.1977, VersR 1978, 245.
[7] Schaps/*Abraham* § 481 Rn. 10 ff. ausführlich zur früheren Rechtsprechung.

**6**    Für das Heuerverhältnis zwischen Besatzungsmitglied und Reeder ist eine Form nicht vorgeschrieben. Allerdings ist der wesentliche Inhalt des Heuervertrages vom Reeder in einem von ihm unterzeichneten **Heuerschein** festzuhalten. Hiervon wird nur dann eine Ausnahme gemacht, wenn ein sowohl vom Reeder als Arbeitgeber als auch vom Besatzungsmitglied als Arbeitnehmer unterzeichneter Arbeitsvertrag abgeschlossen wurde (§ 24 SeemG). Bei der **Rechtswahl für Heuerverhältnisse** sind die Parteien nicht frei. Nach § 1 SeemG gilt das **Recht der Flagge** des Schiffes. Diese bestimmt auch die Bemannung des Schiffes. Einzelheiten ergeben sich aus der Schiffsbesetzungsverordnung vom 18.7.2013.[8] Die **Bemannung** von Kauffahrteischiffen ist weder auf europarechtlicher noch völkerrechtlicher Ebene einheitlich geregelt. Gerade die Bemannung eines Schiffes ist ein erheblicher Kostenfaktor für den Reeder bei der Bemessung der Schiffsbetriebskosten (sog. Operational Expenses, kurz OPEX). Bestimmte Flaggenstaaten haben einen Wettbewerbsvorteil gegenüber anderen, da sie andere Anforderungen an die Anzahl der Besatzungsmitglieder und deren Nationalität stellen, als beispielsweise die deutsche Schiffsbesetzungsverordnung für deutsche Schiffe es vorsieht. Hierauf verzichten die begünstigten Staaten nur ungern.

**7**    In Deutschland unterliegt das Heuerverhältnis den allgemeinen **arbeitsrechtlichen Vorschriften** der §§ 611 ff. BGB sowie dem **Kündigungsschutzgesetz** und dem **Betriebsverfassungsgesetz,** die jedoch alle vom SeemG vom 26. Juli 1957[9] überlagert werden. Des Weiteren gibt es eine Vielzahl von Schutzvorschriften für die Besatzungsmitglieder sowohl nationaler als auch völkerrechtlicher Natur. So wurde zuletzt die Maritime Labour Convention der International Labour Organisation 2006 überarbeitet, die die Arbeitsbedingungen der Seeleute verbessert. Die **Maritime Labour Convention 2006 (MLC 2006)** ist am 20. August 2013 in Kraft getreten und regelt dezidiert die Mindestanforderung für die Arbeit von Seeleuten auf Schiffen, Beschäftigungsbedingungen, Unterkünfte, Freizeiteinrichtungen, Verpflegung, Gesundheitsschutz, medizinische Betreuung sowie soziale Betreuung. Für die Praxis von besonderer Bedeutung sind hier die einzuhaltenden Ruhezeiten für die seefahrende Besatzung.

**8**    Einer weiteren Einbeziehung von selbstständigen Dritten in die Schiffsbesatzung bedarf es nicht, da nicht alle Personen, die Leistungen für den Reeder oder Ausrüster erbringen, auch zur Schiffsbesatzung zählen müssen. Dennoch kann eine Verantwortlichkeit des Reeders oder Ausrüsters auch für solche Personen bestehen, denen sie sich zur Erfüllung ihrer Leistungspflichten bedienen, wie sie sich zB für die Beförderungspflicht aus § 501 ergibt.

### § 479 Rechte des Kapitäns. Tagebuch

**(1)** [1]**Der Kapitän ist befugt, für den Reeder alle Geschäfte und Rechtshandlungen vorzunehmen, die der Betrieb des Schiffes gewöhnlich mit sich bringt.** [2]**Diese Befugnis erstreckt sich auch auf den Abschluss von Frachtverträgen und die Ausstellung von Konnossementen.** [3]**Eine Beschränkung dieser Befugnis braucht ein Dritter nur dann gegen sich gelten zu lassen, wenn er sie kannte oder kennen musste.**

**(2)** [1]**Ist auf dem Schiff ein Tagebuch zu führen, so hat der Kapitän alle Unfälle einzutragen, die sich während der Reise ereignen und die das Schiff, Personen oder die Ladung betreffen oder sonst einen Vermögensnachteil zur Folge haben können.** [2]**Die Unfälle sind unter Angabe der Mittel zu beschreiben, die zur Abwendung oder Verringerung der Nachteile angewendet wurden.** [3]**Die durch den Unfall Betroffenen können eine Abschrift der Eintragungen zum Unfall sowie eine Beglaubigung dieser Abschrift verlangen.**

---

[8] BGBl. 2013 I S. 2575, zuletzt geändert durch § 30 der See-Berufsausbildungsverordnung v. 10.9.2013, BGBl. 2013 I S. 3565.

[9] BGBl. II S. 713, aufgehoben durch Gesetz vom 20.4.2013, BGBl. I S. 868, ersetzt durch das Seearbeitsgesetz vom 20.4.2013 (BGBl. I S. 868).

**Schrifttum:** *Pötschke,* Die Haftung des Reeders für Ansprüche aus Konnossementen unter einer Zeitcharter nach deutschem und englischem Recht, Schriften zum Seehandelsrecht Bd. 9, 1999.

### Übersicht

|  | Rn. |  | Rn. |
|---|---|---|---|
| I. Normzweck | 1–4 | IV. Einzelne Rechtsgeschäfte | 8–10 |
| II. Entstehungsgeschichte | 5 |  |  |
| III. Vollmachtsumfang | 6, 7 | V. Schiffstagebuch (Logbuch) | 11–13 |

## I. Normzweck

Der **Kapitän** ist gemäß § 2 Abs. 1 SeemG der vom Reeder bestellte Führer des Schiffes **1** und hat die **Schiffsgewalt.** Diese beinhaltet besondere Befugnisse, wie das Hausrecht auf dem Schiff und die **Kontrolle über das Schiffsvermögen.** Gerade die modernen Handelsschiffe, wie die größeren Tank- und Containerschiffe, oder Kreuzfahrtschiffe sind mehrere Millionen Euro wertvolle Vermögenswerte, die der Verantwortung des Kapitäns unterstehen.

Der Kapitän übt seine Befugnisse sowohl im **öffentlich-rechtlichen Bereich** wie die **2** nautische Führung des Schiffes aus, als auch in **privatrechtlichen Bereichen,** wie die **Vertretung von Reeder, Ausrüster, Verfrachter und Ladungsbeteiligten.** Er ist Vorgesetzter der Schiffsbesatzung[1] und ihn treffen besondere Befugnisse gegenüber Schiff und Ladung bei der Errettung aus einer gemeinsamen Gefahr.[2]

§ 479 betrifft die **gesetzliche Vertretungsmacht** des Kapitäns. Er ist der **Repräsentant 3** des Reeders und sein gesetzlich Bevollmächtigter.[3] Zur Begründung wird nicht mehr auf die Anstellung des Kapitäns beim Reeder abgestellt. Der Kapitän ist, unabhängig von einem wirksamen **Heuerverhältnis,** der gesetzliche Vertreter des Reeders oder Ausrüsters an Bord. Das Heuerverhältnis ist gegenüber Dritten auch nicht entscheidend gewesen, da diese nach den Grundsätzen der **Anscheins- und Duldungsvollmacht** regelmäßig darauf vertrauen durften, dass der Kapitän Rechtshandlungen für den Reeder vornahm, unabhängig davon, ob sein Heuerverhältnis mit dem Reeder wirksam war. Dritte können hierauf vertrauen, es sei denn sie haben Kenntnis von Beschränkungen seiner Vollmacht. Dies entspricht der internationalen Verkehrsauffassung.

Zudem wird die Bedeutung des **Schiffstagebuchs** (Logbuch) hervorgehoben, das trotz **4** vieler technischer Hilfsmittel wie GPS, Voice-Data-Recorder (VDR) und Automatic Identification System (AIS) bei der Aufklärung von Schiffsunfällen auch weiter von großer Bedeutung ist.

## II. Entstehungsgeschichte

§ 479 stützt sich auf die Regelungen des früheren § 527 bzw. Abs. 2 auf § 520 aF.[4]   **5**

## III. Vollmachtsumfang

Wie bisher ist der Kapitän befugt, für den Reeder alle Geschäfte und Rechtshandlungen **6** vorzunehmen, die der **Schiffsbetrieb gewöhnlich mit sich bringt.**[5] Die gesetzliche Vertretungsmacht erstreckt sich auf den **Abschluss von Frachtverträgen** und die **Ausstellung von Konnossementen.**[6] Inhaltlich hat sich damit gegenüber der früheren Rechtslage nichts geändert. Dies ist deshalb bedeutsam, weil auch im internationalen Vergleich der Kapitän die zentrale Autorität ist, die den Reeder repräsentiert und verpflichten kann.

---

[1] Befugnisse ergeben sich aus § 106 SeemG.
[2] Große Haverei, §§ 588 ff.
[3] *Wüstendörfer* S. 199, 200.
[4] RegBegr-SRG S. 63.
[5] RegBegr-SRG S. 63.
[6] *Pötschke* S. 28 ff.

Allerdings handelt der Kapitän bei der Ausstellung der Konnossemente und dem Abschluss von Frachtverträgen per se für den **Verfrachter.** Der Verfrachter kann hierbei entweder Reeder, Ausrüster oder Charterer sein. Sind Reeder und Verfrachter nicht identisch, handelt der Kapitän allein als gesetzlicher Vertreter des nicht mit dem Reeder identischen Verfrachters.[7]

7      Im Gegensatz zur früheren Rechtslage wird hinsichtlich des **Umfangs der Vollmacht** jetzt nicht mehr zwischen Heimathafen und Auslandsaufenthalt des Schiffes differenziert. Während die frühere Rechtslage davon ausging, dass eine Kommunikation zwischen Reeder und Kapitän bei Auslandsaufenthalten nur schwierig, bzw. teilweise gar nicht möglich war, stellt dies bei den heute an Bord vorhandenen Kommunikationseinrichtungen kein Problem mehr dar. Die Schiffsführung ist für einen Reeder heute nahezu ständig erreichbar. Es bestand mithin kein Bedarf mehr für diese Unterscheidung.[8] Allerdings streitet dieses Argument auch dafür, dass man die gesetzliche Vertretungsmacht ganz hätte abschaffen können, da gerade Frachtverträge und Konnossemente heute kaum noch vom Kapitän ausgestellt werden und dann auch häufig erst nach Rücksprache mit dem landseitigen Personal des Reeders. Dennoch kann in bestimmten Fällen ein sachliches Bedürfnis für eine gesetzliche Vertretungsmacht des Kapitäns bestehen, wenn beispielsweise bei der Übernahme von Ladung an Bord unverzüglich vor Ort ein **Konnossement als Empfangsbekenntnis** benötigt wird.

### IV. Einzelne Rechtsgeschäfte

8      Entscheidendes Kriterium für den Umfang der Vertretungsmacht ist der **Betrieb des Schiffes.** Hier zeigt sich dieselbe Formulierung wie in § 476 und § 477. Die Bedeutung ist identisch. Nicht entscheidend ist, ob die Handlungen auch zweckmäßig waren. Auch wird nicht mehr darauf abgestellt, dass die Tätigkeiten im Zusammenhang mit einer Reise erfolgten (§ 527 HGB aF). So fallen nun **alle Rechtsgeschäfte** hierunter, die die **Ausrüstung, Bemannung, Verproviantierung** und **Erhaltung eines Schiffes** betreffen. Dies können auch Reparaturaufträge, der Einkauf von Ausrüstungsgegenständen und von Bunkeröl, der Abschluss von Verträgen im Zusammenhang mit Bergung und Hilfeleistung sein.[9] Allerdings bleibt zu beachten, dass Dritte, zB ein Bunkeröllieferant, sich entgegenhalten lassen müssen, wenn der Kapitän ausdrücklich im Namen des Charterers handelte und nicht des Reeders. Des Weitern sind solche Rechtsgeschäfte von der Vollmacht erfasst, die der Kapitän gegenüber Behörden vornimmt, wie zB die Ein- und Ausklarierung eines Schiffes, auch wenn dies in der Praxis häufig durch vom Reeder beauftragte Schiffsagenten erfolgt.

9      Im **Innenverhältnis** kann die **Vertretungsmacht des Kapitäns beschränkt** sein. So kann diese Beschränkung entweder ausdrücklich im Heuervertrag geregelt sein, sie kann sich aber auch aus den Umständen der Praxis ergeben. Übernimmt der Reeder es ständig selbst, zB durch seine Inspektion an Land, Proviant und Ausrüstungsgegenstände zu besorgen, oder ist der Kapitän angewiesen, die Ein- und Ausklarierung des Schiffes über vom Reeder ernannte Schiffsagenten vorzunehmen, ist anzunehmen, dass der Kapitän für diese Rechtsgeschäfte keine Vertretungsmacht des Reeders besitzt.[10] Diese Beschränkung entfaltet aber nur Außenwirkung, wenn Dritte sie kannten oder kennen mussten.

10     Während § 527 Abs. 2 aF dem Kapitän auch eine prozessuale Vertretung des Reeders außerhalb des Heimathafens zubilligte, soweit sich die zuzustellenden Klagen auf seinen Wirkungskreis beziehen,[11] hat der Kapitän jetzt **keine Aktivlegitimation** mehr, für den Reeder Prozesse zu führen. Der Gesetzgeber sah lediglich eine Notwendigkeit darin, die

---

    [7] *Rabe* § 527 Rn. 14; *Pötschke* S. 28 ff.
    [8] RegBegr-SRG S. 64; aA *Rabe* § 527 Rn. 1.
    [9] RG 10.2.1909, RGZ 70, 274; RG 8.11.1940, RGZ 165, 166; OLG Bremen 20.12.1984, VersR 1986, 461; BGH 25.11.1976, VersR 1977, 277.
    [10] Schabs/*Abraham* § 531 Rn. 1.
    [11] Schabs/*Abraham* § 527 Rn. 10.

Zustellungsvollmacht in einem Prozess zu regeln. So regelt § 619 zwar nicht die Passivlegitimation des Kapitäns, enthält aber eine **gesetzliche Zustellungsvollmacht** des Kapitäns für Klagen auf Duldung der Zwangsvollstreckung in das vom Kapitän geführte Schiff sowie auf Urteile oder Beschlüsse, die im Rahmen eines Verfahrens über einen Arrest in Bezug auf das Schiff erlassen wurden. Mit dieser Änderung einher ging auch die **Abschaffung der Passivlegitimation** des Kapitäns für Klagen eines Schiffsgläubigers auf Duldung der Zwangsvollstreckung in ein Schiff nach § 760 Abs. 2 aF.[12]

### V. Schiffstagebuch (Logbuch)

**11**

Der Gesetzgeber sah keinen Anlass dafür, dass Führen eines Schiffstagebuchs, das herkömmlich auch **Logbuch** genannt wird, zu einer zivilrechtlichen Verpflichtung zu machen. Dies entspricht dem bisherigen Rechtszustand, wonach lediglich eine **öffentlich-rechtliche Pflicht** besteht (vgl. Anl. 1 zu § 5 SchiffssicherheitsVO vom 18. September 1998[13], sowie SeetagebuchVO vom 8. Februar 1985[14]). **Der Schutz öffentlich-rechtlicher Sicherheitsinteressen** ist damit gesetzlich verankert; zivilrechtlich bleibt es bei einer freiwilligen Verpflichtung.

**12**

Aufgrund der zivilrechtlichen Bedeutung des Schiffstagebuchs bei der Aufklärung von Unfällen, sieht das Gesetz in Abs. 3 die Möglichkeit vor, dass Betroffene eine **Abschrift** verlangen können, die bei Bedarf auch zu **beglaubigen** ist.

**13**

Neben dem Schiffstagebuch, zu dessen Führung der Kapitän verpflichtet ist, werden an Bord eine Vielzahl weiterer Tagebücher geführt. Das **Maschinentagebuch** wird vom Leiter des Maschinenbetriebs dem 1. Ingenieur (auch kurz „Chief" genannt) geführt und zeichnet alle relevanten Daten der Maschine auf. Weitere Tagebücher sind das **Öltagebuch, Funktagebuch, Krankenbuch, Gesundheitstagebuch, Betäubungsmittelbuch und das Unfalltagebuch,** um nur einige wesentliche zu nennen. Nur wenn die Angaben vollständig und richtig ohne nachträgliche Korrekturen erfolgen, entfalten die Tagebücher ihre volle **Beweiskraft** in einem seeamtlichen Untersuchungsverfahren.[15]

## § 480 Verantwortlichkeit des Reeders für Schiffsbesatzung und Lotsen

[1]**Hat sich ein Mitglied der Schiffsbesatzung oder ein an Bord tätiger Lotse in Ausübung seiner Tätigkeit einem Dritten gegenüber schadensersatzpflichtig gemacht, so haftet auch der Reeder für den Schaden.** [2]**Der Reeder haftet jedoch einem Ladungsbeteiligten für einen Schaden wegen Verlust oder Beschädigung von Gut, das mit dem Schiff befördert wird, nur so, als wäre er der Verfrachter; § 509 ist entsprechend anzuwenden.**

### Übersicht

|  | Rn. |  | Rn. |
|---|---|---|---|
| **I. Normzweck** | 1, 2 | 2. Lotsen | 10, 11 |
| **II. Entstehungsgeschichte** | 3, 4 | **IV. Die erfassten Ansprüche** | 12–14 |
| **III. Der erfasste Personenkreis** | 5–11 | **V. Gesamtschuldnerische Haftung.** | 15 |
| 1. Schiffsbesatzung | 5–9 |  |  |
| a) Schiffsmannschaft | 6 | **VI. Haftung gegenüber den Ladungs-** |  |
| b) Sonstige Personen | 7–9 | **beteiligten (Satz 2)** | 16, 17 |

### I. Normzweck

Die Vorschrift führt eine alte Tradition des Seerechts fort, die bisher in § 485 aF ihren **1** Ausdruck fand: Der Reeder haftet für Schadensersatzverpflichtungen der Schiffsbesatzung

---

[12] RegBegr-SRG S. 137.
[13] BGBl. 1998 I S. 3013, 3023.
[14] BGBl. 1985 I S. 306.
[15] Gesetz zur Verbesserung der Sicherheit der Seefahrt durch die Untersuchung von Seeunfällen und anderen Vorkommnissen (SUG) vom 16. Juni 2001, BGBl. I S. 1815.

ohne die Möglichkeit, sich durch mangelndes eigenes Verschulden bei deren Auswahl oder Beaufsichtigung entlasten zu können. Die Haftung des Reeders besteht nur ergänzend zu der des Besatzungsmitgliedes, das nicht nur rechtswidrig gehandelt haben muss, sondern selbst, in der Regel also mit eigenem Verschulden, schadensersatzpflichtig sein muss. Diese als **„adjektizische" Haftung** bezeichnete Pflicht, für fremde Verbindlichkeiten einzustehen, betrifft sowohl außervertragliche als auch vertragliche Ansprüche; im Vertragsbereich ging sie von der heute überholten Rechtskonstruktion aus, dass der Kapitän den Reiseinteressenten primär nicht nur aus Delikt,[1] sondern auch vertraglich aus den Frachtverträgen haftete.[2] Die Haftung des Reeders diente damit der Sicherung der Bonität der gegen die Besatzung und den Lotsen gerichteten Ansprüche.

2    Wirtschaftlich tritt die adjektizische Reederhaftung in der Regel **neben die Haftung aus § 831 BGB**, von der sich der Reeder jedoch durch den Nachweis mangelnden eigenen Verschuldens bei der Auswahl und Beaufsichtigung der Besatzungsmitglieder entlasten kann. Sie dient damit zugleich dem Ausgleich der besonderen Gefahren, welche der Betrieb eines Schiffes mit sich bringt.[3]

## II. Entstehungsgeschichte

3    Die Vorschrift entspricht im Grundsatz § 485 aF. Die Sachverständigengruppe hat (§ 480 BerSV) demgegenüber einige Änderungen vorgeschlagen:[4] Die Einstandspflicht des Reeders sollte danach, der ausdehnenden Rechtsprechung des RG[5] folgend, erweitert werden auf „sonstige im Rahmen des Schiffsbetriebs tätige Personen, die der Reeder auch nur vorübergehend einsetzt und die seiner Weisungsbefugnis unterstehen." Sodann sollte abweichend von § 485 aF nicht mehr darauf abgestellt werden, dass das primär haftende Besatzungsmitglied oder der Lotse dem Dritten einen Schaden „schuldhaft" zugefügt hat, um auch Ansprüche aus Gefährdungshaftung zu erfassen. Schließlich sollte auf den Vorbehalt des § 485 Satz 2 verzichtet werden, weil sich eine Begrenzung der Haftung des Reeders bei seinem Einstehen für Schäden an den beförderten Gütern künftig stets aus den Vorschriften über seine Haftung als ausführender Verfrachter ergebe.

4    Der RegE-SRG ist dem nur hinsichtlich der Erweiterung auf Ansprüche aus verschuldensunabhängiger Haftung gefolgt. Die Erstreckung auf Ansprüche gegen Personen, die nicht zur Schiffsbesatzung gehören, jedoch vorübergehend im Schiffsbetrieb eingesetzt werden und der Weisungsbefugnis des Reeders unterstehen, wurde mit ausführlicher, überzeugender Begründung[6] abgelehnt (dazu auch Rn. 8). Eine dem § 485 Satz 2 aF entsprechende Vorschrift über die Begrenzung der Haftung des Reeders für Verlust oder Beschädigung der mit dem Schiff beförderten Güter nach Maßgabe des § 509 wurde aufgenommen, weil der RegE-SRG dem Vorschlag des BerSV nicht folgte, als ausführenden Verfrachter nach § 509 stets (nur) den Reeder anzusehen (§ 509 Rn. 5) und deshalb damit gerechnet werden muss, dass der Reeder neben der adjektizischen Haftung aus § 480 nicht zugleich als ausführender Verfrachter haftet und deshalb dessen Vergünstigungen nach § 509 Abs. 3 nicht in Anspruch nehmen kann. Im Verlauf des Gesetzgebungsverfahrens sind keine weiteren Änderungen vorgenommen worden.

## III. Der erfasste Personenkreis

5    **1. Schiffsbesatzung.** Zur Schiffsbesatzung gehören kraft gesetzlicher Definition (§ 478) der Kapitän, die Schiffsoffiziere, die Schiffsmannschaft und alle „sonstigen im Rahmen des Schiffsbetriebs tätigen Personen, die vom Reeder oder Ausrüster des Schiffes angestellt sind

---

[1] § 511 aF.
[2] So noch nach § 512 aF, der jetzt durch das SRG aufgehoben wurde.
[3] RegBegr-SRG S. 64.
[4] BerSV S. 13, 91 f.
[5] Vgl. dazu im Einzelnen BerSV S. 91.
[6] RegBegr-SRG S. 64 f.

oder dem Reeder oder Ausrüster von einem Dritten zur Arbeitsleistung im Rahmen des Schiffsbetriebs überlassen werden und die den Anordnungen des Kapitäns unterstellt sind."

**a) Schiffsmannschaft.** Für die Besatzung im engeren Sinne – den **Kapitän, die** 6 **Schiffsoffiziere und die Mannschaft** – gilt ebenso wie für die sonstigen Personen (Rn. 7), dass sie nicht notwendig vom Reeder oder Ausrüster angestellt sein muss. Entscheidend ist allein, dass diese Personen in den Schiffsbetrieb eingegliedert sind und die genannten Funktionen für eine gewisse Dauer ausfüllen. Deshalb sind auch die von einer *crewing agency* angestellten und dem Reeder oder Ausrüster zur Dienstleistung auf dem Schiff überlassenen Personen Mitglieder der Besatzung.

**b) Sonstige Personen.** Die **sonstigen, der Schiffsbesatzung** im engeren Sinne 7 **gleichgestellten Personen** müssen entweder vom Reeder oder Ausrüster angestellt oder diesem von einem Dritten –einer crewing agency oder einem anderen Unternehmer – zur Arbeit im Rahmen des Schiffsbetriebs unter Anweisung des Kapitäns überlassen worden sein. Auch hier ist eine gewisse, wenn auch vorübergehende Eingliederung in den arbeitsteiligen Schiffsbetrieb vorausgesetzt,[7] doch muss die Arbeit nicht notwendig an Bord des Schiffes zu verrichten sein.[8]

Ausgeschlossen werden mit dieser Formulierung jedoch **selbständige Unternehmer,** 8 die nach bisherigem Recht von Rechtsprechung und Literatur[9] vielfach der Schiffsbesatzung im Haftungssinne zugeordnet wurden. So namentlich – nach der von der RegBegr-SRG[10] zitierten Rechtsprechung: die Besatzungsmitglieder eines Schleppers,[11] die Arbeitnehmer eines Stauereiunternehmens,[12] Wachleute[13] und Festmacher.[14] Die neuere Rechtsprechung[15] hat jedoch hier eine Einschränkung vorgenommen und verlangt, dass die Personen zumindest der Auswahl, Überwachung und Weisungsbefugnis des Reeders unterstehen.

**Satz 1** übernimmt die durch § 478 neu formulierte Umschreibung der Schiffsbesatzung, 9 insbesondere auch der nicht vom Reeder oder Ausrüster angestellten Personen, ohne eine Erweiterung. Die RegBegr-SRG[16] setzt sich ausführlich mit den Gründen auseinander, die dagegen sprechen, den Kreis der von der adjektizischen Haftung erfassten Personen auf selbständige Unternehmer und deren Bedienstete auszuweiten: Der Gesetzgeber hat sich bewusst gegen eine Gefährdungshaftung des Reeders entschieden, der deshalb **nur für Personen einstehen müssen sollte, deren Tätigkeit er beaufsichtigen kann;**[17] im übrigen gilt die Zurechnung nach § 501.[18] Diese Begründung schließt für die Zukunft jede analoge Anwendung auf selbständige Unternehmer aus.

**2. Lotsen.** Die adjektizische Reederhaftung besteht für **alle Arten von Lotsen,** seien 10 sie See- oder Hafenlotsen,[19] vom Reeder freiwillig beauftragte oder Zwangslotsen. Das Gesetz hat davon abgesehen, den Reeder nach dem Vorbild der CMNI[20] von der Haftung für den Zwangslotsen freizustellen, obgleich gute Gründe dafür sprächen, für diesen den

---

[7] RegBegr-SRG S. 61.
[8] Vgl. BGH 29.6.1951, BGHZ 3, 34, wonach Arbeiten im Leichter oder am Kai ausreichen; vgl. auch RegBegr-SRG S. 61.
[9] *Rabe* § 485 Rn. 11 ff.; BGHZ 70, 113, 115 f. mN; ablehnend *Knöfel,* Die Haftung des Güterbeförderers für Hilfspersonen, Diss. Hamburg 1995, S. 150 ff. Eingehend auch RegBegr-SRG S. 64 f.
[10] S. 61; dazu auch ausführlich *Rabe* § 485 Rn. 18 ff.; BGHZ 70, 113, 115.
[11] RG 21.12.1881, RGZ 20, 84.
[12] RG 19.10.1929, RGZ 126, 35; BGH 19.12.1977, BGHZ 70, 113.
[13] BGH 29.6.1951, BGHZ 3, 34.
[14] RG 17.12.1927, RGZ 119, 270.
[15] BGH 19.12.1977, BGHZ 70, 113; *Herber* S. 205 f.
[16] S. 64 f.
[17] BGH 19.12.1977, BGHZ 70, 113.
[18] RegBegr-SRG S. 61, 65.
[19] Schon seit dem 2. SÄG war in § 485 aF nicht mehr nur der Seelotse genannt 50, 250) gleichgestellt wurde.
[20] Art. 17 Abs. 4 CMNI nimmt den Lotsen, der von einer Behörde bestimmt wird und nicht frei ausgewählt werden kann, von der Eignerhaftung nach Art. 17 Abs. 1 aus.

Staat haften zu lassen. Die Reederhaftung für den Lotsen entspricht jedoch § 485 aF und der internationalen Tradition.

11     Der Lotse gehört nicht zur Schiffsbesatzung und musste deshalb besonders gleichgestellt werden. Er übt seine Tätigkeit als selbständigen freien Beruf aus (§ 21 Abs. 1 SeelotsG). Der Lotse haftet Dritten, auch der Ladung gegenüber, für Sachschäden nach §§ 823 ff. BGB. Seine Haftung ist jedoch abgemildert durch die Mithaftung des Reeders nach § 480, gegen den er **im Innenverhältnis** einen Regressanspruch hat, soweit er nicht vorsätzlich oder grob fahrlässig gehandelt hat (§ 21 Abs. 3 SeelotsG). Ferner kann der Lotse bei Großschäden die allgemeine Haftungsbeschränkung nach dem HBÜ in Anspruch nehmen; dabei wirkt nicht nur ein Haftungsbeschränkungsverfahren des (mithaftenden) Reeders auch zu seinen Gunsten, vielmehr kann der Lotse auch ein eigenes Verfahren mit einem besonders ermäßigten Haftungshöchstbetrag[21] einleiten (vgl. dazu § 614).

## IV. Die erfassten Ansprüche

12     Die Haftung des Reeders setzt voraus, dass gegen das Besatzungsmitglied oder die sonst von der Vorschrift erfasste Person **ein Schadensersatzanspruch auf Grund anderer Bestimmungen** besteht; § 480 ist keine selbständige Anspruchsgrundlage.[22] Es genügt also nicht, dass das Besatzungsmitglied nur rechtwidrig gehandelt hat, wenn die anwendbare Haftungsnorm ein Verschulden voraussetzt. Selbst die Rechtswidrigkeit kann ausnahmsweise fehlen, wenn das Gesetz einen Ersatzanspruch auch bei rechtmäßigem Handeln einräumt wie namentlich bei den Notstandshandlungen nach § 904 BGB.[23]

13     Wichtigster Anwendungsbereich sind die **deliktischen Ansprüche wegen schuldhafter Verletzung des Eigentums** an anderen Sachen, etwa beim Zusammenstoß mit anderen Schiffen[24] und insbesondere an der Ladung. Ist die Haftung ausgeschlossen, weil der Verfrachter im Frachtvertrag einen Haftungsausschluss vereinbart hat, der nach § 508 dem Besatzungsmitglied zugute kommt, entfällt auch die adjektizische Haftung des Reeders.[25]

14     Das Besatzungsmitglied muss **in Ausübung seiner Tätigkeit** gehandelt haben. Gegenüber der Formulierung „in Ausführung von Dienstverrichtungen" in § 485 aF kommt in der neuen Fassung deutlicher als bisher zum Ausdruck, dass es sich nicht um eine Verrichtung handeln muss, die dem Handelnden ausdrücklich übertragen wurde.[26] Das wurde allerdings auch bisher schon von der hM[27] angenommen. Es genügt, dass die Handlung des Besatzungsmitglieds in den Kreis der Tätigkeiten fällt, bei denen eine Gehorsamspflicht gegenüber dem Schiffer besteht und die § 23 BinSchG mit den Worten „in Ansehung des Schiffsdienstes" umschreibt.[28] Nach der neuen Formulierung wird man auch nicht einmal mehr verlangen können,[29] dass sich des Besatzungsmitglied im Dienst befand. Es genügt, dass das Verhalten in einem inneren Zusammenhang mit dem zu leistenden Schiffsdienst stand.[30] Hierzu gehört auch der Diebstahl an der Ladung durch ein Besatzungsmitglied, dem der Schiffsdienst dazu Gelegenheit gab.

## V. Gesamtschuldnerische Haftung.

15     Haftendes Besatzungsmitglied oder Lotse und Reeder haften als Gesamtschuldner. Im Innenverhältnis wird der in Anspruch genommene Reeder gegen ein Besatzungsmitglied

---

[21] Unter fiktiver Zugrundelegung eines Raumgehaltes von 2000 RZ, vgl. § 614 Abs. 1.
[22] *Rabe* Rn. 42.
[23] Vgl. *Rabe* § 485 Rn. 44 ff. die hiergegen geltend gemachten konstruktiven Bedenken sind angesichts des umfassenden Wortlauts der Vorschrift nicht begründet.
[24] BGH 10.6.1968, BGHZ 50, 238.
[25] BGH 28.2.1983, VersR 1983, 549.
[26] RegBegr–SRG S. 65.
[27] *Rabe* § 485 Rn. 26; Schlegelberger/*Liesecke* Anm. 4; aA Schaps/*Abraham* Rn. 7.
[28] So BGH 10.6.1968, BGHZ 50, 238 (Zusammenstoß bei Schwarzfahrt eines Matrosen).
[29] Wie noch BGH 10.6.1968, BGHZ 50, 238 nach altem Recht.
[30] *Rabe* § 485 Rn. 25.

nur dann **Regress** nehmen können, wenn dieses vorsätzlich oder grob fahrlässig gehandelt hat, da ein Arbeitnehmer nach der neueren Rechtsprechung für alle betrieblich veranlassten Arbeiten, selbst unabhängig von deren Gefahrgeneigtheit, gegenüber dem Arbeitgeber[31] nicht für leichte Fahrlässigkeit haftet.[32]

## VI. Haftung gegenüber den Ladungsbeteiligten (Satz 2)

Satz 2 stellt sicher, dass der Reeder in Fällen, in welchen das Schiff Ladung auf Grund   **16** eines fremden Frachtvertrages befördert, nicht an Stelle des Verfrachters ohne die frachtvertraglichen Haftungsbegrenzungen der §§ 498 ff. in Anspruch genommen werden kann. Seine adjektizische Haftung wird dann in gleicher Weise eingeschränkt wie die des ausführenden Verfrachters nach § 509.

Die Vorschrift hat praktische Bedeutung nur in den wenigen Fällen, in denen der Reeder   **17** nicht zugleich ausführender Verfrachter ist, sodass § 509 unmittelbar anzuwenden ist. Dies ist im Hinblick darauf, dass nach § 509 Abs. 1 auch ein anderer als der Reeder ausführender Verfrachter sein kann,[33] ausnahmsweise möglich. Die RegBegr-SRG[34] nennt als Beispiel den Fall, dass der Zeitcharterer während des Ladevorgangs ausführender Verfrachter ist, der Schaden jedoch von einem Besatzungsmitglied verursacht wird; in solchen Fällen wird allerdings selten der Zeitcharterer die Obhut innehaben und deshalb kaum als ausführender Verfrachter anzusehen sein.[35] Näher liegend ist der Fall, dass der Kaibetrieb die Obhut innehat und deshalb ausführender Verfrachter mit den Pflichten und Vergünstigungen des § 509 ist, ein Mitglied der Besatzung aber durch falsche Anweisungen an den Kaibetrieb einen Schaden verursacht;[36] in solchen Konstellationen stellt Satz 2 jedenfalls sicher, dass der Reeder nicht weitergehend als nach dem Frachtvertrag, an dessen Ausführung er mitwirkt, in Anspruch genommen werden kann.

---

[31] Er haftet jedoch im Außenverhältnis, sofern ihm nicht Haftungsfreizeichnungen oder gesetzliche Freistellungen wie nach § 508 zugute kommen, ohne Einschränkungen, BGH 21.12.1993, TranspR 1994, 162.
[32] BGH 21.9.1993, NJW 1994, 856.
[33] Anders als vom BerSV vorgeschlagen, vgl. Rn. 4 und § 509 Rn. 5.
[34] S. 65.
[35] Vgl. dazu kritisch auch § 509 Rn. 12.
[36] Ein plastisches Beispiel hierfür bildet der Fall der BGH 30.11.1992, TranspR 1993, 248 – Madeira-Wein.

# Zweiter Abschnitt. Beförderungsverträge

## Erster Unterabschnitt. Seefrachtverträge

### Erster Titel. Stückgutfrachtvertrag

#### Erster Untertitel. Allgemeine Vorschriften

## Vorbemerkung

**Schrifttum:** *Czerwenka*, Der Referentenentwurf zur Reform der Seehandelsrechts – Abweichungen vom Sachverständigenbericht, TranspR 2011, 249; *Drews*, Zum Umschlag von Waren in einem Seehafen, TranspR 2008, 18; *ders.*, Der Umschlag von Waren unter dem neuen Seehandelsrecht, TranspR 2013, 253; *Herber*, Seefrachtvertrag und Multimodalvertrag RWS Skript 2. Aufl. 2000; *ders.*, Die Haftung des Unterfrachtführers gegenüber den Lagunsbeteiligten des Hauptfrachtvertrages, TranspR 2013, 1; *Jessen*, § 522 I 2 HGB – Die Abwendung Deutschlands vom Charter-Konnossement, RdTW 2013, 293; *Johannsen*, Anforderungen an die Organisation von Gefahrgutcontainertransporten, TranspR 1994, 45; *Laudien*, Der Mengenvertrag im Deutschen Seefrachtrecht, Schriften zum Transportrecht, 1992 *Luther*, Die Haftung in der Frachtführerkette, TranspR 2013, 93; *Paschke/Ramming*, Reform des deutschen Seehandelsrechts, RdTW 2013, 1; *Pötschke*, Die Haftung des Reeders für Ansprüche aus Konnossementen unter einer Zeitcharter nach deutschem und englischem Recht, Schriften zum Seehandelsrecht Bd. 9, 1999; *Rabe*, Drittschadensliquidation im Güterbeförderungsrecht, TranspR 1993, 1; *ders.*, Ein Schiff ist kein Kraftfahrzeug, TranspR 2013, 278; *ders.*, Wegfall des Fautfrachtanspruchs der Ausbuchung der Ladekapazität des Schiffes vor Kündigung, EWiR 1998, 787; *Ramming*, Umschlag von Gut als Beförderung im Sinne des § 407 Abs. 1 HGB, TranspR 2004, 56; *ders.*, Die Verladung des Gutes an Deck, RdTW 2013, 253; *Speckmann*, Die Haftung des Unterfrachtführers gegenüber dem Empfänger und sonstigen Dritten, Schriften zum Transportrecht Bd 34, 2012; *Steingröber*, Die Mithaftung des ausführenden Verfrachters im Seerecht – de lege lata und de lege ferenda, Schriften zum Seehandelsrecht Bd. 19, 2006; *Zimdars*, Fautfracht nach deutschem Recht, die reedereiinterne Umbuchung einer Ladung und der Reisebegriff nach § 588 Abs. 2 HGB, TranspR 1997, 259.

Im zweiten Abschnitt, der mit **„Beförderungsverträge"** überschrieben ist, hat der Gesetzgeber die verschiedenen Vertragsarten geregelt. Es erfolgt eine grundsätzliche Unterscheidung zwischen **Seefrachtverträgen** im ersten Unterabschnitt und **Personenbeförderungsverträgen** im zweiten Unterabschnitt. Eine solche systematische Unterscheidung hat es bisher im Seefrachtrecht nicht gegeben. So kannte das Gesetz lediglich die Unterscheidung zwischen zwei Arten des Seefrachtvertrages (vgl. § 556 aF); zum einen Verträge, die auf das Schiff im Ganzen oder einen verhältnismäßigen Teil oder einen bestimmt bezeichneten Raum begrenz waren, den **„Raumfrachtvertrag"** und zum anderen solche, die auf einzelne Güter (Stückgüter) begrenzt waren, den **„Stückgutfrachtvertrag"**. An dieser generellen Unterscheidung hat der Gesetzgeber festgehalten und den Oberbegriff „Seefrachtvertrag" beibehalten, obwohl die Sachverständigengruppe den Begriff „Güterbeförderungsverträge" verwendete.[1] Dies ist vor dem Hintergrund zu begrüßen, dass es ausschließlich um Beförderungsverträge über See geht und nicht, wie der Begriff „Güterbeförderungsverträge" suggerieren mag, auch um den Transport von Gütern über Land. Neu ist die Übernahme der Personenbeförderungsverträge entsprechend den Regelungen des **Athener Übereinkommens von 2002** in den §§ 536–552. **1**

Die **Bedeutung** der Seefrachtverträge für das Seehandelsrecht zeigt sich auch daran, dass ihre Regelung gleich im ersten Unterabschnitt, noch vor den Regelungen im dritten Abschnitt zu Schiffsüberlassungsverträgen, die systematisch nicht zu den Seefrachtverträgen gehören, erfolgt. Gleich im Ersten Teil wird der **zentrale Vertragstyp** des Seefrachtrechts geregelt, der **Stückgutfrachtvertrag.** Zwar haben sich in der Praxis weitere Arten von Verträgen entwickelt, die alle im Zusammenhang mit der Beförderung von Gütern über See stehen, doch können diese nunmehr anhand der systematischen Regelung zugeordnet werden. **2**

Begrüßenswert ist auch, dass der Gesetzgeber deutlicher als im bisherigen Seefrachtrecht eine **klare Unterscheidung** vorgenommen hat zwischen **Stückgutfrachtvertrag** einer- **3**

---

[1] BerSV S. 13.

seits, der im ersten Titel in den §§ 481–526 geregelt ist und **Reisefrachtvertrag** andererseits, der im zweiten Titel in den §§ 527–535 HGB geregelt ist und letzterer, auch wenn er häufig als Reisechartervertrag bezeichnet wird, rechtlich **kein Chartervertrag** im Sinne eines Schiffsüberlassungsvertrages ist.

4    Unabhängig davon, ob „Stückgutfrachtvertrag" oder „Reisefrachtvertrag", schuldet der **Verfrachter** bei beiden Seefrachtvertragstypen die **Beförderung von Gütern über See zum Bestimmungsort** und diese dort **dem Empfänger abzuliefern.** Beim Reisefrachtvertrag kommt lediglich noch die Besonderheit hinzu, dass der Verfrachter die Beförderungsleistung mit einem **bestimmten Schiff,** oder mit einem verhältnismäßigen Teil eines bestimmten Schiffes oder in einem bestimmt bezeichneten Raum eines solchen Schiffes entweder auf einer oder mehreren bestimmten Reisen schuldet. Der **Befrachter** ist verpflichtet, das vereinbarte Beförderungsentgelt, die sogenannte „**Fracht**" (nicht zu verwechseln mit dem Begriff „Güter") dem Verfrachter zu bezahlen. Der Gesetzgeber hat somit, ähnlich wie bei der Neufassung des TRG für die übrigen Transportmittel, eine allgemeine Begriffsbestimmung des Seefrachtvertrages vorgenommen.

5    Der Beförderungsvertrag ist, wie alle Transportverträge, seinem Typus nach ein **Werkvertrag.**[2] Der Verfrachter schuldet einen **Beförderungserfolg.** Um diese Leistung zu erbringen, nimmt er die Güter in seine **Obhut.** Der Beförderungserfolg und die Obhut des Verfrachters sind die beiden wesentlichen Abgrenzungsmerkmale zu ähnlichen Vertragsarten. So fehlen diese Merkmale bei Schiffsüberlassungsverträgen. Des Weiteren erfolgt beim Seefrachtvertrag stets eine Beförderung über **See,** womit eine Abgrenzung zu anderen Transportarten, insbesondere dem Binnenschifffahrtsrecht, erfolgt. Entgegen der bisherigen Regelung in §§ 452 aF und 663b) aF, in denen die Formulierung „zur See" verwendet wurde, wird nun die Formulierung „**über See**" benutzt und damit begründet, dass dies in der Praxis sprachlich geläufiger sei.[3] Diese Begründung vermag nicht zu überzeugen, da es durchaus dem Sprachgebrauch entspricht, dass Seeleute „zur See" fahren und Güter auf Schiffen zur See befördert werden. Allerdings kann diese Abweichung dahingestellt bleiben, da aus ihr inhaltlich keine Änderungen folgen.

6    Auch wenn historisch gesehen der Raumfrachtvertrag, also die Überlassung von Schiffsraum, gegenüber dem Stückgutfrachtvertrag die ältere Form des Seefrachtvertrages ist, so entspricht die jetzige Regelung der Systematik, die bereits aus dem TRG bekannt ist. Nicht ausdrücklich geregelt hat der Gesetzgeber den **Mengenvertrag** sowie den **Schleppvertrag.** Hierbei handelt es sich um **Sonderformen des Seefrachtvertrages.** Beim Mengenvertrag verpflichtet sich der Verfrachter, eine bestimmte Menge von Gütern zu befördern, die über eine Schiffsladung hinausgehen kann. Je nach Vereinbarung kann er mehr dem Charter- oder dem Stückgutfrachtvertrag entsprechen.[4] Der Vertrag über das Schleppen eines Schiffes über See ist regelmäßig durch ein besonderes Bedingungswerk dezidiert geregelt. So sind die Schleppbedingungen für das Assistieren von Seeschiffen in Häfen in AGB festgelegt. Die nautische Leitung verbleibt beim Seeschiff, das deshalb auch für ein Verschulden des Schleppers einzustehen hat. Es gilt der Grundsatz: *„the tug is the servant of the tow".*[5]

7    In § 481 werden die **Hauptpflichten von Verfrachter und Befrachter** geregelt. Der Verfrachter verpflichtet sich, das Gut mit einem Schiff über See zum Bestimmungsort zu befördern und dort dem Empfänger abzuliefern. Im Gegenzug wird der Befrachter verpflichtet, die vereinbarte Fracht zu zahlen. Den Befrachter treffen **weitere Pflichten.** So hat der Befrachter dem Verfrachter vor Übergabe des Gutes die für die Durchführung der Beförderung erforderlichen **Angaben zum Gut** zu machen, insbesondere über Maß, Zahl oder Gewicht sowie über Merkzeichen und Art des Gutes (§ 482 Abs. 1). Nach § 484 ist der Befrachter verpflichtet, für eine **transportgerechte Verpackung** zu sorgen und Güter zu **kennzeichnen.** Bei gefährlichen Gütern treffen ihn nach § 483 weitere **Hinweispflichten.**

---

[2]  BGH 2.12.1991, TranspR 1992, 103, 104.
[3]  RegBegr-SRG S. 66.
[4]  Vgl. hierzu *Laudien* S. 39 ff.
[5]  *Herber* S. 241.

Anders als im allgemeinen Frachtrecht ist nicht der Befrachter, sondern grundsätzlich 8
der **Verfrachter verpflichtet, das Gut zu laden und zu löschen** (§ 486 Abs. 2). Der
Verfrachter ist nach § 486 Abs. 3 berechtigt, Güter umzuladen, wenn diese sich in einem
Container befinden. Wie bisher (§ 566 aF) darf der Verfrachter ohne Zustimmung des
Befrachters Güter **nicht an Deck verladen,** mit einer Ausnahme für den Fall, dass die
Güter sich in einem Container befinden (§ 486 Abs. 4).

Die **Haftung des Befrachters** ist unbeschränkt. Es handelt sich um eine Haftung für 9
**vermutetes Verschulden** (§ 488 Abs. 1). Hiervon wird eine Ausnahme gemacht für den
Fall, dass ein Konnossement ausgestellt wurde. Für die Richtigkeit und Vollständigkeit der
in einem Konnossement aufgenommenen Angaben über Maß, Zahl oder Gewicht sowie
über Merkzeichen des Gutes kommt es auf ein Verschulden nicht an (§ 488 Abs. 3).

In § 489 finden sich die **Kündigungsregelungen,** die entsprechend dem allgemeinen 10
Frachtrecht (vgl. § 415) konzipiert wurden. Im Falle einer Kündigung durch den Befrachter
steht dem Verfrachter entweder ein Anspruch auf die vereinbarte Fracht zu sowie zu ersetzende Aufwendungen unter Anrechnungen ersparter Aufwendungen bzw. anderweitiger
tatsächlich erlangter, oder böswillig unterlassenen Erwerbs, oder auf sogenannte „Fautfracht", dh. ein Drittel der vereinbarten Fracht (§ 489 Abs. 2 Nr. 2). Keine Fautfracht
kann der Verfrachter beanspruchen, wenn die Kündigung auf Gründen beruht, die seinem
Risikobereich zuzurechnen sind. Die **Zuordnung nach Risikobereichen** und nicht nach
Vertretenmüssen entspricht dem **Sphärengedanken** des Gesetzgebers, wonach derjenige,
in dessen Sphäre das Transporthindernis aufgetreten ist, nicht auch noch von den Folgen
profitieren darf. Der Gedanke findet sich in verschieden Vorschriften wieder (vgl. § 490
Abs. 5, § 492 Abs. 1 Satz 3 und Abs. 4, § 493 Abs. 3).

Ebenfalls in Anlehnung an das allgemeine Frachtrecht enthält das Gesetz Regelungen, 11
die die Rechte des Verfrachters bei **säumiger Abladung** betreffen (§ 490), das Recht des
Befrachters und des Empfängers zu **nachträglichen Weisungen** (§ 491) und die Rechtsfolgen bei **Beförderungs- und Ablieferungshindernissen** (§ 492). Auch die Regelungen
zur Fälligkeit des **Frachtzahlungsanspruchs,** die Frachtberechnung und die Auswirkung
von **Leistungsstörungen** bei Transporthindernissen auf den Frachtanspruch sind dem allgemeinen Frachtrecht angeglichen worden (§ 493).

Entsprechend dem bisherigen § 614 hat der Empfänger einen Anspruch gegenüber dem 12
Verfrachter auf **Ablieferung der Güter Zug um Zug gegen Erfüllung** der Verpflichtungen aus dem Stückgutfrachtvertrag (§ 494 Abs. 1). Dieser Anspruch entsteht zum selben Zeitpunkt, das Weisungsrecht des Befrachters auf den Empfänger übergeht (§ 491 Abs. 2
S. 1). Es handelt sich um den Moment, an dem das Schiff am Löschplatz eintrifft. Zur **Höhe
der Fracht** beschränkt sich das Gesetz auf den Hinweis, dass diese sich regelmäßig aus
Konnossement oder Seefrachtbrief ergibt und dort, wo dies nicht der Fall sei, die im Frachtvertrag vereinbarte Fracht zu zahlen ist, es sei denn, sie ist unangemessen (§ 494 Abs. 2). Hierbei
muss allerdings berücksichtigt werden, dass die Höhe der Fracht grundsätzlich der Vereinbarung der Parteien unterliegt und gegebenenfalls auch durch ergänzende Vertragsauslegung
und unter Zuhilfenahme der im Seefrachtverkehr veröffentlichten Beförderungstarife, beispielsweise bei Linienrädern, eine Fracht auch konkludent vereinbart sein kann.

Der erste Untertitel des Gesetzes, überschrieben mit „Allgemeine Vorschriften", endet 13
mit Regelungen zum **Pfandrecht des Verfrachters** (§ 495), des **nachfolgenden Verfrachters** (§ 496), der im bisherigen Seefrachtrecht gesetzlich nicht geregelt war und jetzt
in Übereinstimmung mit § 441 aufgenommen wurde sowie zur Bestimmung des **Ranges**
bei **Zusammentreffen mehrerer gesetzlicher Pfandrechte** (§ 497).

### § 481 Hauptpflichten. Anwendungsbereich

**(1) Durch den Stückgutfrachtvertrag wird der Verfrachter verpflichtet, das Gut
mit einem Schiff über See zum Bestimmungsort zu befördern und dort dem
Empfänger abzuliefern.**

**(2) Der Befrachter wird verpflichtet, die vereinbarte Fracht zu zahlen.**

**(3)** ¹**Die Vorschriften dieses Titels gelten, wenn die Beförderung zum Betrieb eines gewerblichen Unternehmens gehört.** ²**Erfordert das Unternehmen nach Art oder Umfang einen in kaufmännischer Weise eingerichteten Geschäftsbetrieb nicht und ist die Firma des Unternehmens auch nicht nach § 2 in das Handelsregister eingetragen, so sind in Ansehung des Stückgutfrachtvertrags auch insoweit die Vorschriften des Ersten Abschnitts des Vierten Buches ergänzend anzuwenden; dies gilt jedoch nicht für die §§ 348 bis 350.**

### Übersicht

| | Rn. | | Rn. |
|---|---|---|---|
| I. Normzweck | 1–3 | V. Abgrenzung zu anderen Transportverträgen | 20–23 |
| II. Entstehungsgeschichte | 4 | VI. Abschuss des Stückgutfrachtvertrages | 24, 25 |
| III. Beteiligte Personen | 5–13 | VII. Beendigung des Vertrages | 26 |
| IV. Wesentliche Merkmale des Stückgutfrachtvertrages | 14–19 | VIII. Rechtswahl und Vereinbarungen zur Zuständigkeit | 27, 28 |

## I. Normzweck

1 Die Überschrift dieser Norm verdeutlicht bereits deren grundsätzliche Regelung. Es werden für die beiden Vertragsparteien des Stückgutfrachtvertrages die **Hauptpflichten definiert.** Den Verfrachter trifft als Beförderungsunternehmer die Verpflichtung, das Gut für den ihn beauftragenden Befrachter mit einem Schiff **über See zum Bestimmungsort zu befördern,** während der Befrachter lediglich dazu verpflichtet ist, die **vereinbarte Fracht** zu zahlen. Der Stückgutfrachtvertrag ist der grundlegende Vertragstyp des Seefrachtgeschäfts, auf den aufbauend in den weiteren Titeln des Gesetzes die Abweichungen für andere Vertragstypen wie den Reisefrachtvertrag (§ 527) geregelt werden.[1]

2 Der Gesetzgeber hat mit der Regelung des Stückgutfrachtvertrages gleich zu Beginn des zweiten Abschnitts über die Beförderungsverträge eine grundsätzliche Definition vorgenommen, die sich weitgehend an den Vorschriften des **allgemeinen deutschen Frachtrechts orientiert,** und hier insbesondere an § 407.[2] Sobald die Beförderung von Gütern **mit einem Schiff über See** Gegenstand des Frachtvertrages ist, findet § 481 Anwendung.[3]

3 Wie sein **Vorbild nach § 407 Abs. 3,** gelten die Vorschriften über den Stückgutfrachtvertrag nur, wenn die Beförderung zum **Betrieb eines gewerblichen Unternehmens** gehört. Damit handelt es sich um ein **Sonderrecht für Kaufleute und Unternehmer,** auf die auch die allgemeinen Vorschriften über Handelsgeschäfte (§§ 343–372, mit Ausnahme der §§ 348–350) anzuwenden sind.[4] Die Regelungen zum Stückgutfrachtvertag sind Sondervorschriften, auf die bei Regelungslücken ergänzend die Vorschriften zum allgemeinen Frachtrecht und Zivilrecht anzuwenden sind (Art. 2 Abs. 1 EGHGB).[5]

## II. Entstehungsgeschichte

4 Mit der hier vorgenommenen Umschreibung des Stückgutfrachtvertrages **in Anlehnung an § 407** hat der Gesetzgeber eine seit langem geforderte Modernisierung und Klarstellung des deutschen Rechtssystems vorgenommen.[6] Gleichzeitig wird verdeutlicht, lediglich die Beförderung über See und nicht auch über andere Strecken zu regeln. Hierin besteht

---

[1] RegBegr-SRG S. 44.
[2] RegBegr-SRG S. 44.
[3] BerSV TranspR 2009, 438.
[4] Vor § 407 Rn. 2, § 407 Rn. 125 ff. zur Unternehmereigenschaft des Frachtführers.
[5] Vor § 407 Rn. 3 ff. mwN zum Verhältnis zum werkvertraglichen Mängelgewährleistungsrecht sowie Allgemeinem Leistungsstörungsrecht.
[6] *Herber* S. 239 mwN.

eine wesentliche **Abweichung von den Rotterdam-Regeln,** die auf Verträge über eine sogenannte „erweiterte Seebeförderung" Anwendung finden, die auch andere Strecken als die Seestrecke mit einbeziehen.[7] Es hätte andernfalls die Notwendigkeit bestanden, im allgemeinen Frachtrecht die Regelungen zum **Multimodalvertrag** (§§ 452 ff.) zu verändern. Da diese Vorschriften jedoch erst mit dem TRG am 1. Juni 1998 eingeführt wurden und Deutschland damit, anders als viele andere Länder, eine umfassende gesetzliche Regelung für Multimodaltransporte vorgenommen hat, sah der Gesetzgeber hierfür keine Veranlassung.[8] Sollte Deutschland die RR in Zukunft ratifizieren – was nach heutigem Kenntnisstand äußerst ungewiss ist – hätte dies zu Folge, dass Multimodalverträge, die eine Seebeförderung mit beinhalten, anders beurteilt würden als solche, die keine Seebeförderung mit einschließen. Es käme zu der unbefriedigenden Situation, dass auf Multimodalverträge mit Einschluss einer Seestrecke selbst dann Seefrachtrecht Anwendung fände, wenn der Schadensort sich an Land befände. Eine solche Situation ist nicht praxisgerecht, würde sie doch dazu führen, dass ein Spediteur bei bekanntem Schadensort an Land nach seefrachtrechtlichen Vorschriften seine Haftung deutlich unter die des allgemeinen Frachtrechts reduzieren könnte, ohne dass hierfür irgendein sachlicher Grund spräche. Die deutschen Regelungen zum Multimodalvertrag vermeiden solche Ergebnisse, orientieren sie sich doch am sog. **Network Prinzip.**[9]

### III. Beteiligte Personen

§ 481 nennt als Personen, die an der Durchführung eines Stückgutfrachtvertrages beteiligt **5** sind, den **Verfrachter,** den **Befrachter** und den **Empfänger.** Der Empfänger kann mit dem Befrachter identisch sein. Des Weiteren kennt das deutsche Recht weitere Personen, die in die Durchführung des Stückgutfrachtvertrages einbezogen sind. Erstmals wird der **„ausführende Verfrachter"** (§ 509), den das allgemeine Frachtrecht in Form des „ausführenden Frachtführers" (§ 437) bereits kennt, auch im Seerecht eingeführt.[10] Den **„Ablader"** (§ 513 Abs. 2, § 482 Abs. 2), womit diejenige Person bezeichnet wird, die aufgrund eines Stückgutfrachtvertrages dem Verfrachter das Gut zur Beförderung übergibt, ohne jedoch selbst Vertragspartei zu sein und vom Befrachter als Ablader im Konnossement benannt wird, hatte es dagegen auch schon früher gegeben. Diese Besonderheit des deutschen Rechts wurde beibehalten.

Die Hauptpflicht der eigentlichen Beförderung trifft den **Verfrachter** (engl.: *Carrier;* **6** § 481 Abs. 1). Seine Leistungspflicht besteht darin, das Gut über See zum Bestimmungsort zu befördern und dort dem Empfänger abzuliefern. Im allgemeinen Frachtrecht heißt diese Person „Frachtführer" (§ 407 Abs. 1). Ähnlich wie im allgemeinen Frachtrecht, wonach es unbeachtlich ist, ob der Frachtführer über ein eigenes Fahrzeug verfügt, mit dem er die Beförderung durchführt (§ 407 Rn. 4), muss der **Verfrachter nicht Reeder oder Ausrüster** des Schiffes sein, mit dem die Güter befördert werden. Der Verfrachter kann die Güter durch einen Reeder oder Ausrüster befördern lassen, indem er beispielsweise selbst einen Dritten mit der Durchführung der Beförderung beauftragt hat. Die **fehlende Identität** von Verfrachter und Reeder bzw. Ausrüster kommt in der Praxis häufig vor, zB wenn der Verfrachter lediglich **Zeitcharterer** des Schiffes ist. In diesen Fällen spricht man auch von einem **Non-Vessel Owning Carrier (NVOC).**[11] Nach dem weiterhin geltenden Grundsatz des **Verfrachterkonnossements**[12] (vgl. Vor § 513 Rn. 4 ff.) kann auch der Verfrachter, der nicht Reeder oder Ausrüster ist, ein Konnossement ausstellen (vgl. § 513

---

[7] Art. 6, 12 RR.
[8] RegBegr-SRG S. 66.
[9] Grundsatzentscheidung des BGH schon 24.6.1987, BGHZ 101, 172; TranspR 1987, 447 ff.
[10] Bereits die Hamburg-Regeln kannten den „actual carrier", vgl. Art. 1 Ziff. 2 HambR; die RR sprechen von „maritime performing party", vgl. Art. 1 Ziff. 7 RR.
[11] *Herber* S. 242 f.
[12] *Pötschke* S. 6; *Rabe* Vor § 642 Rn. 3.

Abs. 1). Der Kapitän hat eine gesetzliche Vertretungsmacht, für den Verfrachter Konnossemente auszustellen (vgl. § 513 Abs. 1 Satz 2; § 479 Abs. 1 Satz 2; § 513 Rn. 22 ff.).

7 **Spediteure** können auch Verfrachter sein. Hat der Spediteur für seinen Auftraggeber eine Beförderung über See zu besorgen (§ 453 Abs. 1) und den Stückgutfrachtvertrag zB mit dem Reeder oder Zeitcharterer des Schiffes im eigenen Namen abgeschlossen, hat er gegenüber dem Reeder oder Zeitcharterer die Stellung eines **Befrachters.** Bei Schäden am Gut während der Beförderung kann der Spediteur im Wege der Drittschadensliquidation für seine Auftraggeber, die den Schaden erlitten haben, diese geltend machen.[13] Hat der Spediteur jedoch nicht nur einen Speditionsvertrag mit seinem Auftraggeber abgeschlossen, sondern einen Frachtvertrag, hat er die **Stellung eines Verfrachters.** Dies ist in der Praxis der Fall bei der Ausstellung eines Durchfrachtkonnossements durch den Spediteur, wie etwa das **FIATA Multimodal Transport Bill of Lading (FBL).** Es ist ein reines Frachtpapier und macht den ausstellenden Spediteur auch im Hinblick auf eine eingeschlossene Seestrecke zum Verfrachter.[14] Des Weiteren ist anerkannt, dem Spediteur nach außen die Rechte und Pflichten eines Verfrachters aufzuerlegen, wenn er den Speditionsvertrag zu festen Kosten abschließt (§ 459, sog. „**Fixkostenspediteur**").[15] Voraussetzung ist jedoch, dass es sich um eine Seebeförderung handelt. In dem Fall, in dem der Spediteur einen Stückgutfrachtvertrag mit seinem Auftraggeber zu einem festen Vergütung (Fracht) abgeschlossen hat, ist er im Verhältnis zu diesem Verfrachter und im Verhältnis zu dem von ihm wiederum mit der Durchführung des Transports beauftragten Verfrachter als Befrachter anzusehen.

8 Das allgemeine Frachtrecht kennt den Begriff des „**Unterfrachtführers**". Dies ist derjenige, der vom Frachtführer zur Durchführung der vom Frachtführer geschuldeten Beförderung eingeschaltet wird (§ 407 Rn. 5). Im Seerecht wird der Begriff des „**Unterverfrachters**" in der Praxis kaum verwendet, obwohl es auch zu Beförderungsketten kommt. Dies ist darauf zurückzuführen, dass es im Seerecht selten zu derart ausgeprägten individuellen Beförderungsketten wie im Landfrachtrecht kommt, bei denen ein Spediteur die Beförderungsleistung bestimmter Güter an Dritte vergibt und diese wiederum Unterfrachtverträge mit zB dem tatsächlichen Lkw-Fahrer abschließen. Dasselbe Gut, zB eine Sendung von Papierrollen, wird durch mehrere Beförderungsunternehmen transportiert, auch wenn es in der Außenwahrnehmung vom ausführenden Frachtführer (dem Lkw-Fahrer) befördert wird. Wird im Seerecht von **Hauptfrachtverträgen** gesprochen, sind hiermit eher Charterverträge zwischen Reeder und Charterer gemeint, in deren Folge der Charterer dann weitere **Unterfrachtverträge,** zB als weitere Zeitcharter-, Reise- oder Stückgutfrachtverträge mit anderen Beförderungsdienstleistern für eine Vielzahl von Gütern abschließt. Es erfolgt sodann eine Betrachtung der individuellen Vertragsverhältnisse, die unterschiedlichen Rechtsordnungen unterworfen sein können, bei der Beurteilung der Rechte und Pflichten der jeweiligen Parteien. So wird auch das **Konnossement** vom Verfrachter über **die jeweilige Beförderungsstrecke** ausgestellt, für die der Verfrachter die Seebeförderung verspricht. Im Seerecht ist der Unterfrachtführer entweder Verfrachter des zu beurteilenden Vertragsverhältnisses (weil er das Schiff zB gechartert hat) oder er ist Befrachter (Charterer) bezüglich des mit dem Reeder geschlossenen Vertrages.[16] Sofern Reeder und Verfrachter nicht identisch sind, wird bei **mangelhaften Verfrachterangaben** im Konnossement der Reeder als Verfrachter berechtigt und verpflichtet (§ 518).[17]

9 In Abs. 2 wird der Vertragspartner des Verfrachters erwähnt. Der **Befrachter** (engl.: *Shipper*) entspricht dem **Absender** des allgemeinen Frachtrechts.[18] Die Hauptpflicht des Befrachters besteht in der **Zahlung der vereinbarten Fracht.** Fracht ist das **Entgelt,** das

---

[13] S. ausführlich *Rabe* TranspR 1993, 1 ff.; *Luther* TranspR 2013, 93, 96.
[14] § 452d Rn. 44–76; *Herber* S. 243, *Herber,* Seefrachtvertrag und Multimodalvertrag, Rn. 174–177.
[15] BGH 14.6.1982, BGHZ 84, 257, NJW 1982, 1943.
[16] Anschaulich bei *Herber* S. 245.
[17] Hierzu ausführlich *Ramming* RdTW 2013, 423, 432 f.
[18] § 407 Rn. 11; *Herber* S. 242.

der Befrachter dem Verfrachter für die Beförderung der Güter schuldet und nicht, wie häufig in der Verkehrssprache verwendet, die zu befördernden Ladungsgüter auf dem Schiff. Die Fracht ist bei **Ablieferung des Gutes** zu zahlen (§ 493). Der Befrachter ist **Ladungsbeteiligter** und seine Pflichten und Rechte werden in den §§ 482, 484, 486 Abs. 1, § 487 Abs. 1, §§ 488, 489 und 491 näher beschrieben. Der Gesetzgeber geht von der Grundregel aus, dass die Fracht vom Befrachter seinem Vertragspartner, dem Verfrachter, zu bezahlen ist. In der Praxis weichen die Parteien hiervon häufig ab. So ist es durchaus üblich, dass der **Verfrachter die Fracht beim Empfänger erheben** soll. Der Verfrachter ist dann verpflichtet, zunächst die Fracht vom Empfänger einzuziehen, bevor er das Gut abliefert. Der gesetzliche Regelfall sieht vor (vgl. § 494 Abs. 2 Satz 1), dass mit **Verlangen der Ablieferung** des Gutes durch den Empfänger dieser die **Frachtzahlung Zug um Zug** zu erfüllen hat. Anders als im bisherigen § 625 aF, wonach der Befrachter grundsätzlich von der Zahlungspflicht frei wurde, sobald der Verfrachter die Güter ausgeliefert hat und der Verfrachter wegen der gegen den Empfänger zustehenden Frachtforderung keinen Anspruch mehr gegenüber dem Befrachter hatte, besteht nun eine **Gesamtschuld von Befrachter und Empfänger zur Frachtzahlung** gegenüber dem Verfrachter (§ 494 Abs. 4). Diese Vorschrift ist **dispositiv** und kann von den Parteien des Stückgutfrachtvertrages abbedungen werden. Ist bspw. im Konnossement vermerkt, dass die Fracht bereits bezahlt ist (**„Freight Prepaid“**) so entsteht keine Zahlungspflicht des Empfängers selbst in dem Fall, in dem der Vermerk unrichtig ist.

**10** Nicht entscheidend ist, dass die Güter, die der Befrachter befördern lassen will, ihm auch gehören. Der Befrachter schließt in der Praxis regelmäßig Frachtverträge **über fremde Güter** ab. So ist ein **Spediteur** als Befrachter anzusehen, der sich gegenüber einem Ladungseigentümer verpflichtet, die Beförderung dessen Güter zu festen Kosten zu besorgen und, in Erfüllung dieses Speditionsvertrages, einen Stückgutfrachtvertrag im eigenen Namen mit einem Verfrachter abschließt. Im Verhältnis zum Ladungseigentümer handelt er als Spediteur im Sinne des § 453 und im Verhältnis zum Verfrachter als Befrachter.[19]

**11** Der **Empfänger** (engl.: *Consignee*) ist nach § 481 Abs. 1 derjenige, an den die Güter nach dem Stückgutfrachtvertrag am Bestimmungsort abzuliefern sind. Da der Stückgutfrachtvertrag ein **Vertrag zugunsten Dritter** im Sinne von § 328 BGB ist, stehen dem Empfänger die Rechte und Pflichten aus dem Vertrag Zug um Zug gegen die Erfüllung der Verpflichtungen aus dem Stückgutfrachtvertrag zu (§ 494). Die Zahlung der Fracht schulden **Befrachter und Empfänger gesamtschuldnerisch** (§ 494 Abs. 4). Die Identität des Empfängers bestimmt sich nach dem Stückgutfrachtvertrag bzw. dem Konnossement, das über diesen Stückgutfrachtvertrag ausgestellt wurde (vgl. § 513 Abs. 1 (sog. **Soll-Empfänger**[20])). Häufig fehlt es jedoch an der Angabe eines Empfängers im Konnossement, weil dieser beispielsweise noch nicht feststeht (sog. **Order-Konnossement**, vgl. § 513 Abs. 1). Entscheidend für den **Auslieferungsanspruch des Empfängers** im Bestimmungshafen ist, dass er **legitimierter Inhaber des Konnossements** ist. Auch der Konnossementsbegebungsvertrag zwischen dem Verfrachter und Ablader ist ein Vertrag zugunsten des jeweils berechtigten Konnossementsinhabers im Sinne von § 328 BGB.[21]

**12** Eine Besonderheit des deutschen Seerechts ist die Rechtsfigur des **„Abladers“** (§ 513 Abs. 2, § 482 Abs. 2). Hierbei handelt es sich um die Person, die dem Verfrachter das **Gut zur Beförderung tatsächlich übergibt**.[22] Bereits das Seerecht der früheren DDR hatte den Ablader ausführlich geregelt.[23] Befrachter und Ablader können identisch sein.[24] Zweck dieser Rechtsfigur ist es, zum **Schutz des Verfrachters** dem Ablader gesetzliche Pflichten aufzuerlegen, da der Ablader, anders als der Befrachter, mit der Übergabe des Gutes an den

---

[19] *Herber* S. 246 f.
[20] Vgl. *Wüstendorfer* S. 225.
[21] *Rabe* Vor § 556 Rn. 14, § 524 Rn. 8 ff.
[22] *Abraham* S. 143; *Herber* S. 247.
[23] Vgl. Richter/Hannes/*Richter*/*Trotz* S. 144 ff.
[24] S. auch § 513 Abs. 2 Satz 2 zur Fiktion, wenn kein Ablader bekannt ist.

Verfrachter eigene Interessen verfolgt, aber **keine vertraglichen Pflichten gegenüber dem Verfrachter** hat.[25] Aus Gründen des Verkehrsschutzes soll der Verfrachter sich darauf verlassen können, dass die Weisungen des Abladers, der ihm die Güter übergibt, befolgt werden dürfen und er kann vom Ablader die in § 482 Abs. 1 Satz 2 genannten Angaben verlangen (vgl. § 482 Abs. 2). Kritisiert wurde hier an der früheren Rechtslage eine bedauerliche Einseitigkeit des Verkehrsschutzes zugunsten des Verfrachters bei Zweifeln über die Identität des Befrachters, während umgekehrt der Befrachter bei Unklarheit über die Identität des Verfrachters keinen gleichwirksamen Schutz besaß.[26] Diese vermeintliche Ungleichheit ist mit der Einführung des **„ausführenden Verfrachters"** (§ 437) sowie der jetzt durch in §§ 482 Abs. 2, 513 Abs. 2 getroffenen Legaldefinition nicht mehr vorhanden. Auf der einen Seite kann der Verfrachter sich auf die Angaben des Abladers namens des Befrachters weiter verlassen, auf der anderen Seite hat der Befrachter mit dem ausführenden Verfrachter zusätzlich neben dem vertraglichen Verfrachter einen weiteren Anspruchsschuldner bekommen.

13    Nach § 513 Abs. 1 hat der Ablader kraft Gesetzes die Ausstellung des Konnossements zu verlangen. Ihm steht es zu, die Person des Empfängers zu bestimmen. Dogmatisch handelt der Ablader als **Erfüllungsgehilfe des Befrachters** (vgl. § 482 Rn. 10).

### IV. Wesentliche Merkmale des Stückgutfrachtvertrages

14    Der Stückgutfrachtvertrag ist wie alle Transportverträge ein **Vertrag zugunsten Dritter.** Der Dritte, der Empfänger, kann aber mit dem Befrachter identisch sein, wenn die Güter an den Befrachter versendet werden. Nach Abs. 1 verpflichtet sich der Verfrachter **in eigener Verantwortung,** das Gut zum Bestimmungsort zu befördern und es dort an den Empfänger abzuliefern. Er schuldet als **Erfolg** die Ankunft des unbeschädigten Gutes am **Bestimmungsort.** Seine Hauptleistungspflicht besteht in der Beförderung und der Ablieferung beim berechtigten Empfänger. Bestimmend ist hier, wie im allgemeinen Frachtrecht (§ 407), stets der **Gegenstand der Beförderung** und nicht das Beförderungsmittel „Schiff". Auch die Art der Güter ist nicht entscheidend für die Rechtsnatur des Vertrages. Stückgut bedeutet nicht einzelne Güter. So können auch Massengüter (engl.: *Bulk Cargo*), das ist eine mengenmäßig bestimmbare Schüttgut- oder Flüssigladung, der Gegenstand von Stückgutfrachtverträgen sein.[27] Der Begriff **„Stückgut"** ist umfassend zu verstehen und beinhaltet alle festen, flüssigen und gasförmigen Gegenstände, unabhängig davon, ob sie einen wirtschaftlichen Wert haben. Entscheidend ist das Interesse an ihrer Beförderung. So kann auch Müll oder Abfall hierunter fallen.[28] Auch lebende Tiere fallen unter den Begriff.[29] Nicht zu verkennen ist aber, dass ein Großteil der Seebeförderungen von Gütern mittels Containern erfolgt. **Der Container** ist zwar ebenfalls Gegenstand der Beförderung, aber grundsätzlich nicht das Stückgut, das zu befördern ist, sondern ein bereitgestelltes Verpackungs- oder Ladehilfsmittel.[30] Kein Gut, das Gegenstand der Beförderung eines Stückgutfrachtvertrages ist, sind **Personen.** Deren Beförderung über See ist im zweiten Unterabschnitt in den §§ 536–552 gesondert geregelt. Dies umfasst auch das **Reisegepäck,** das zusammen mit einer Person befördert wird.

15    Entscheidend ist die **Beförderung** des Gutes, worunter die **zielgerichtete Ortsveränderung** über See verstanden wird (§ 407 Rn. 24). Mit dem Zusatz „über See" erfolgt die Abgrenzung zum Frachtvertrag des allgemeinen Frachtrechts (§ 407) und der dortigen Diskussion, was alles eine Beförderung ausmachen kann. Problematisch bleibt der Bereich des **Umschlags im Seeverkehr.** Zum Umschlag zählt eine Reihe von Tätigkeiten, die durchaus auch eine zielgerichtete Ortsveränderung und damit das Wesensmerkmal einer Beförderung

---

[25] RegBegr-SRG S. 67; *Herber* S. 247.
[26] *Herber* S. 247.
[27] *Rabe* § 556 Rn. 14; *Herber* S. 239.
[28] BGH 1.2.1990, TranspR 1990, 232.
[29] § 407 Rn. 50.
[30] S. zur sog. „Container-Klausel" § 504 Rn. 16 ff., sowie § 407 Rn. 52.

zum Gegenstand haben. Zu denken ist an das Verladen und Entladen und die damit zusammenhängenden Tätigkeiten.[31] Die Diskussion, ob Umschlag eine Beförderung im frachtvertraglichen Sinne ist, steht in engem Zusammenhang mit der Frage der **eigenständigen Teilstrecke** bei einem Multimodalvertrag. Letztendlich geht es dabei immer wieder um die Frage der Haftung.[32] Mit der Einführung des ausführenden Verfrachters (§ 509) erfolgte zwar keine rechtliche Qualifikation des Warenumschlags, sondern es wird weiter davon auszugehen sein, dass dieser Teil der Beförderungsleistung ist, die der Verfrachter schuldet, doch aber entschärft, da jetzt auch **Umschlagsunternehmen** unmittelbar gegenüber den Ladungsbeteiligten als ausführende Verfrachter haften können, wenn der Schaden eingetreten ist, als sie den unmittelbaren Besitz am Gut hatten (vgl. § 509 Rn. 13, 57 ff.).[33]

Die Beförderung hat zum **Bestimmungsort** zu erfolgen. Der Gesetzgeber hat, entgegen **16** den Überlegungen der Sachverständigenkommission,[34] nicht den Begriff des **Bestimmungshafens** gewählt, sondern den des Bestimmungsorts. Dies ist kongruent mit den Regelungen im allgemeinen Frachtrecht (§ 407 Abs. 1). Im Übrigen wird mit dieser Bezeichnung sichergestellt, dass auch Beförderungen, die nicht in einem Hafen enden, sondern an einem anderen Ort, zB auf See bei einer Bohrinsel oder Umspannplattform eines Offshore-Windparks, ebenfalls erfasst sind.[35]

Zu den Hauptleistungspflichten des Verfrachters gehört die Verpflichtung zur **Ablieferung** **17** des Gutes an den Empfänger. Hierin liegt der geschuldete Erfolg, wie er aus dem Werkvertragsrecht bekannt ist. Der Verfrachter gibt bei der Ablieferung die **Obhut,** die er über das Gut hat, auf und versetzt den Empfänger in die Lage, die **tatsächliche Gewalt** über das Gut auszuüben (§ 407 Rn. 35). Die Ablieferung setzt die **Besitzaufgabe** seitens des Verfrachters voraus und führt zur Beendigung des Obhutsverhältnisses des Verfrachters an dem Gut. Damit endet auch das durch die Beförderung bedingte Besitzmittlungsverhältnis des Verfrachters. Behält der Verfrachter das Gut abredegemäß zur Verwahrung oder zum Zwecke der Ausführung eines weiteren Beförderungsvertrages, geschieht dies aufgrund eines anderen Rechtsgrundes als dem der ursprünglichen seefrachtrechtlichen Beförderung, so dass auch in diesem Fall eine Ablieferung im Sinne von § 481 besteht.[36]

**Beförderungsmittel** ist ein **Schiff.** Was unter einem Schiff zu verstehen ist, wird im **18** Gesetz nicht definiert. In Lexika wird der Begriff so erklärt, dass es sich um ein größeres Wasserfahrzeug handelt, das nach dem archimedischen Prinzip schwimmt und sich vom Floß darin unterscheidet, dass es einen eigenen Antrieb hat.[37] Unter einem **Schiff** im **Rechtssinne** versteht man jedes schwimmfähige, mit einem Hohlraum versehene Fahrzeug von nicht ganz unbedeutender Größe, dessen Zweckbestimmung es mit sich bringt, dass es auf dem Wasser bewegt wird.[38] Dass diese Definition wenig hilfreich ist bei der Abgrenzung von Zweifelsfällen, ist allgemein anerkannt.[39] Dagegen ist die bei Schaps/Abraham gewählte Definition wesentlich griffiger: *„Ein Schiff ist ein schwimmfähiger Hohlkörper von nicht ganz unbedeutender Größe, der fähig und bestimmt ist, auf oder auch unter dem Wasser fortbewegt zu werden und dabei Personen oder Sachen zu tragen."*[40] Legt man diese Voraussetzungen zugrunde, sind folgende Beförderungsmittel Schiffe: Frachtkähne und Schuten, Schwimmkräne, Schwimmbagger, Feuerschiffe, selbst wenn sie auf fester Position vor Anker liegen, weil sie **auch zur Fortbewegung** bestimmt sind, Motoryachten. **Keine Schiffe** sind dagegen solche, die dauernd und nicht zur Fortbewegung an einem Liegeplatz festgemacht sind. Hierzu zählen bspw. Schwimmdocks, Wohn- und Lagerschiffe, Wasserflugzeuge,

---

[31] *Ramming* TranspR 2004, 56; *Drews* TranspR 2008, 18.
[32] Sehr anschaulich bei *Drews* TranspR 2008, 18, 20 f.
[33] So auch § 407 Rn. 27; krit. *Rabe* TranspR 2013, 278, 280; *Drews* TranspR 2013, 253.
[34] BerSV S. 93.
[35] Ausführlich zum Bestimmungsort vgl. § 407 Rn. 33 mwN.
[36] Vgl. zur Besitzaufgabe des Frachtführers § 407 Rn. 38.
[37] Vgl. http://de.wikipedia.org/wiki/Schiff (1.7.2013).
[38] BGH 14.12.1951, NJW 1952, 1135.
[39] *Rabe* Einl. Rn. 2 ff.
[40] Schaps/*Abraham* Vor § 476 Rn. 1.

Luftkissenfahrzeuge, Bohrinseln, wenn sie nicht ausnahmsweise zur Fortbewegung bestimmt sind.[41] Ein **Wrack** ist dagegen kein Schiff mehr.[42]

**19**    Des Weiteren kann sich die Anwendung der seerechtlichen Bestimmungen aus der verwendeten **Schiffsart** ergeben. Eine grundsätzliche Unterscheidung erfolgt zwischen **Seeschiff und Binnenschiff**. Entscheidend ist hierbei, ob das Schiff regelmäßig zur Seefahrt oder zur Fahrt auf Binnengewässern eingesetzt wird. Werden die Fahrzeuge sowohl auf offener See als auch auf Binnengewässern eingesetzt, kommt es auf die einzelne Reise bzw. den Einsatz des Fahrzeugs an.[43] Nicht entscheidend für die Beurteilung ist, ob das Schiff im See- oder Binnenschiffsregister eingetragen ist.[44] Zwar ist dies ein Indiz, doch kein verbindliches Kriterium, da eine Eintragung im falschen Register nicht per se unwirksam ist (vgl. § 5 SchRegO).[45] Sofern das Schiff Güter über See zum Bestimmungsort zu befördern hat, finden die Vorschriften auf Seeschiffe Anwendung. Dies kann nach § 450 auch auf Binnenschiffe zutreffen. Entscheidend ist die **Beförderung zur See**.[46] Das vom Verfrachter eingesetzte Seeschiff muss **see- und ladungstüchtig** sein. Seetüchtig ist es dann, wenn es für die beabsichtigte Reise in **seetüchtigem Zustand** und **gehörig ausgerüstet** und **bemannt** ist. Ladungstüchtig ist es, wenn es die für die Aufnahme der konkreten Ladung notwendigen Einrichtungen hat.[47]

## V. Abgrenzung zu anderen Transportverträgen

**20**    Beim Stückgutfrachtvertrag handelt es sich um einen Vertrag, der ausschließlich die Beförderung von Gütern mit einem Schiff über See betrifft. Damit liegt ein vorgegebener Beförderungsweg vor (sog. „unimodale Beförderung" – § 407 Rn. 114) mit einem Beförderungsmittel, der sich von solchen Vereinbarungen über eine Beförderung unterscheidet, bei der **verschiedenartige Beförderungsmittel** zur Anwendung kommen sollen (sog. „**multimodale Beförderung**"). Auf diese Verträge sind die allgemeinen frachtrechtlichen Vorschriften zum Multimodalvertrag (§§ 452 ff.) anzuwenden, auch wenn ein Teil der Beförderung über See mit einem Schiff durchgeführt wird. Entscheidend für die Abgrenzung ist, dass die Vertragsparteien die Beförderung mit verschiedenartigen Beförderungsmitteln vereinbart haben, was auch dergestalt erfolgen kann, dass die Beförderungsstrecke den Einsatz verschiedenartiger Beförderungsmittel voraussetzt. Zu denken ist hier an typische **Containertransporte** aus dem Hinterland zu einem Seehafen, von dem sie dann über See mit einem Schiff zum Bestimmungshafen und von dort wieder über Land zum Bestimmungsort transportiert werden.[48]

**21**    Der **Reisefrachtvertrag** (§ 527) ist ebenso wie der Stückgutfrachtvertrag ein Güterbeförderungsvertrag und unterscheidet sich von letzterem darin, dass beim Reisefrachtvertrag der Befrachter die Beförderung für eine oder mehrere **bestimmte Reisen** vorgibt und hierbei auch das Beförderungsmittel Schiff, bzw. einen bestimmten Teil, bzw. bezeichneten Raum des Schiffes mit dem Verfrachter vereinbart. Beim Reisefrachtvertrag kommt es dem Befrachter also nicht nur darauf an, ein Gut von A nach B zu befördern, sondern auch, die **Details für die Reise und das Beförderungsmittel Schiff** näher zu bestimmen.

**22**    Der **Schleppvertrag** ist eine besondere Vertragsart, die im weitesten Sinne zu den Transportverträgen zählt. Zwar wird über das Schleppen *(Towage)* eines Schiffes regelmäßig ein Vertrag abgeschlossen, doch handelt es sich je nach Umfang und Verantwortlichkeit für die zu erbringenden Schleppleistungen um einen Dienst- oder Werkvertrag. Assistiert der Schlepper dem Seeschiff nur beim Ein-, Auslaufen oder beim Verholen, erbringt er

---

[41] *Rabe* Einf. Rn. 6 und 7 mit weiteren Beispielen und Fundstellen.
[42] *Wüstendörfer* S. 39.
[43] BGH 13.3.1980, BGHZ 76, 201, NJW 1980, 1747.
[44] Schaps/*Abraham* Vor § 476 Rn. 12; RG 2.4.1921, RGZ 102, 45.
[45] Zu Schiffarten s. auch *Herber* S. 85 ff.
[46] *Koller* § 450 Rn. 2.
[47] Zu Einzelheiten der See- und Ladungstüchtigkeit vgl. Kommentierung zu § 485.
[48] S. ausführlich hierzu *Herber,* Seefrachtvertrag und Multimodalvertrag, Rn. 155 ff.

lediglich eine **unterstützende Leistung** *("The Tug is the Servant of the Tow")*, so ist von einem Dienstvertrag auszugehen. Anders dagegen bei einem Schleppen eines manövrierunfähigen Schiffes an einen bestimmten Ort. Hierbei handelt es sich um einen Werkvertrag.[49] Lediglich in den Fällen, in denen das geschleppte Schiff wie ein Gut anzusehen ist, ähnelt der Schleppvertrag einem Frachtvertrag. Dies ist dann der Fall, wenn der Schlepperunternehmer das **geschleppte Schiff in seine Obhut** übernommen hat, was bspw. anzunehmen ist, wenn dieses unbemannt ist oder mit Leuten des Schlepperunternehmens bemannt wurde.[50]

Inwieweit ein **Umschlagsvertrag** von Waren, dessen primäre Leistung nicht der Transport von Gütern sondern die Umladung und Lagerung beinhaltet, ein Frachtvertrag ist, ist strittig, insbesondere im Zusammenhang mit der Beurteilung der Frage, inwieweit eine eigenständige Teilstrecke eines Multimodalvertrages vorliegt.[51] Es sprechen gute Gründe dafür, den Umschlagsvertrag als eigenständigen Vertrag zu betrachten, der eine beförderungsnahe Zusatzleistung beinhaltet.[52] Zur Abgrenzung des Stückgutfrachtvertrages zum Speditionsvertrag, Lagervertrag, Logistikvertrag und Dauer- und Rahmenvertrag wird auf die Ausführungen von *Thume* zu § 407 verwiesen (§ 407 Rn. 75–84). **23**

## VI. Abschuss des Stückgutfrachtvertrages

Die Parteien haben **Abschlussfreiheit** sowohl hinsichtlich des Ob als auch im Hinblick auf das Wie beim Stückgutfrachtvertrag. Es besteht **keine bestimmte Form,** die einzuhalten ist. Üblich ist, dass mit einer Buchung beim Verfrachter oder dessen Agentur der Vertrag zustande kommt, wobei der Verfrachter regelmäßig eine **Buchungsnote** (Booking Note) ausstellt.[53] Genau wie der Frachtvertrag ist auch der Stückgutfrachtvertrag ein **Konsensualvertrag.** Entscheidend ist demnach die übereinstimmende Willenserklärung, nicht jedoch die Übernahme des Gutes zum Transport (§ 407 Rn. 101). **24**

In der Praxis immer wieder genau zu prüfen ist die **Einbeziehung von Beförderungsbedingungen** in den Stückgutfrachtvertrag. Dies erfolgt regelmäßig durch die Bedingungen des für die Beförderung ausgestellten **Konnossements** des Verfrachters. Sie sind nicht nur für das Rechtsverhältnis zwischen Verfrachter und Empfänger maßgeblich, sondern auch für das zwischen dem Verfrachter und dem Befrachter (vgl. Vor § 513 Rn. 5). Das Konnossement ist weiterhin **Beweisurkunde über den Inhalt des Stückgutfrachtvertrages.** Dies ist umso bedeutender, als dass die Vertragsmodalitäten im Stückgutfrachtvertrag selbst häufig nicht zu finden sind, jedoch in den Konnossementsformularen und den dort auf der Rückseite befindlichen **Allgemeinen Geschäftsbedingungen.**[54] Problematisch können die Fälle sein, in denen in Konnossement auf andere Vereinbarungen lediglich verwiesen werden und damit zum Ausdruck gebracht werden soll, dass diese anderen Bedingungen Inhalt des Konnossements und damit auch des Stückgutfrachtvertrages werden sollen. Die Verwendung solcher auch **Inkorporationsklauseln** genannten Vereinbarungen wird zukünftig äußerst schwierig, da in § 522 Abs. 1 Satz 2 der Gesetzgeber nunmehr regelt, dass sie nicht Inhalt des Konnossements werden. Somit sind Formulierungen wie bspw. *„All terms and conditions of the Charterparty are herewith incorporated"* in einem Konnossement unerheblich, da sie nicht (mehr) Inhalt des Konnossements sind (vgl. § 522 Rn. 10 ff.).[55] **25**

## VII. Beendigung des Vertrages

Mit der **Ablieferung** des Gutes beim Empfänger endet die Beförderung und damit auch der Stückgutfrachtvertrag. Des Weiteren endet der Stückgutfrachtvertrag bei jederzeit **26**

---

[49] *Rabe* § 556 Anh. Rn. 4 und 5.
[50] BGH 13.3.1956, NJW 1956, 1065; *Rabe* § 556 Anh. Rn. 3.
[51] BGH 18.10.2007, TranspR 2007, 472 sog. „MAFI-Trailer" Entscheidung; BGH NJW-RR 1995, 415 zu Krantätigkeit; *Herber* TranspR 2007, 476.
[52] So *Drews* TranspR 2008, 18, 20, 23.
[53] *Rabe* Vor § 556 Rn. 60.
[54] Vgl. *Rabe* Vor § 556 Rn. 62 mwN; *Herber* S. 283 ff.
[55] Vgl. hierzu auch *Jessen* RdTW 2013, 293; *Paschke/Ramming* RdTW 2013, 1.

*Pötschke*                                                                          761

möglicher **Kündigung durch den Befrachter** (vgl. § 489 Abs. 1). Der Gesetzgeber sah das Hauptinteresse in der Zahlung der Fracht an ihn und nicht in der Durchführung der Beförderung, so dass eine jederzeit mögliche Kündigung möglich sein müsse. Die eventuell nachteiligen Folgen für den Verfrachter werden durch § 489 Abs. 2 kompensiert.[56] Auch der **Verfrachter** kann den Stückgutfrachtvertrag kündigen, jedoch nicht zu jeder Zeit wie der Befrachter, sondern erst nach **Eintritt des Verzugs** bei der Abladung des Gutes nach § 490. Darüber hinaus steht dem Verfrachter ein Kündigungsrecht auch **ohne Fristsetzung** zu, wenn der Befrachter oder der Ablader die Abladung ernsthaft und endgültig verweigert oder ihm die Fortsetzung des Vertragsverhältnisses unzumutbar ist (vgl. § 490 Abs. 4). Zur Frage der Nichtigkeit von Stückgutfrachtverträgen wird auf die Ausführungen von *Thume* (§ 407 Rn. 110) verwiesen.

## VIII. Rechtswahl und Vereinbarungen zur Zuständigkeit

27    Stückgutfrachtverträge bzw. die über ihren Inhalt ausgestellten Konnossemente beinhalten regelmäßig auch Klauseln zum **anwendbaren Recht**. Die Parteien haben **freie Rechtswahl** (vgl. Art. 3 Rom I-VO). Haben die Parteien jedoch keine Rechtswahl getroffen, so sieht Art. 5 Rom I-VO für Beförderungsverträge eine Sonderregelung vor. Danach ist das Recht des Staates anzuwenden, in dem der Beförderer zum Zeitpunkt des Vertragsschlusses seinen **gewöhnlichen Aufenthalt** hat, sofern sich in diesem Staat auch der **Übernahmeort oder der Ablieferungsort** oder der gewöhnliche Aufenthalt des Absenders befindet (sog. **Vertragsstatut**). Nur wenn diese kumulativen Voraussetzungen nicht erfüllt sind, ist das Recht des Staates des von den Parteien vereinbarten Ablieferungsortes anzuwenden. Zusätzlich verkompliziert wird diese Regelung dadurch, dass in den Fällen, wo die **Gesamtheit der Umstände eine offensichtlich engere Verbindung** zu einem anderen als dem zuvor genannten Staat aufweist, das Recht dieses anderen Staates anzuwenden ist (vgl. Art. 5 Abs. 3 Rom I-VO). Diese Überlagerung mit dem **Grundsatz der engsten Verbindung** zu einem Staat ist aus Art. 28 Abs. 1 EGBGB bekannt. Zu ermitteln ist die engste Verbindung zu einem Staat durch die für den jeweils in Frage stehenden Vertrag **charakteristische Leistung**. Wo liegt, mit anderen Worten, der Schwerpunkt des Vertrages? Bei Güterbeförderungsverträgen ist die Vermutung aufgestellt in Art. 3 Abs. 1 Rom I-VO, in dem Anknüpfungspunkt die Niederlassung des Verfrachters (Beförderers) ist. In der Praxis sind die Fälle für den Stückgutfrachtvertrag, der die Ablieferung des Gutes an den Empfänger an einem Bestimmungsort als eine Hauptpflicht vorsieht, kaum denkbar, in denen nicht entweder das Recht des Staates am Ablieferungsort oder das Recht des Verfrachters an seinem Sitz anzuwenden wäre.[57]

28    Des Weiteren finden sich in Konnossementen, und damit auch für Stückgutfrachtverträge, regelmäßig Abreden zur internationalen Zuständigkeit durch **Gerichtsstandsklauseln** *(Jurisdiction Clauses)*. Gerade im Seehandelsrecht ist die **Vereinbarung von Schiedsgerichten** äußerst beliebt. So finden sich Verweise auf Schiedsgerichtsinstitutionen, in der Regel sog. „Ad-hoc-Schiedsgerichte“, wie es die **German Maritime Arbitration Association (GMAA)** oder die **London Maritime Arbitration Association (LMAA)** sind, deren Verfahrensordnungen allerdings überhaupt nicht vergleichbar sind.[58] Die Wahl des Gerichtsstandes oder des Schiedsgerichtsortes darf nicht unterschätzt werden, da sie nicht nur entscheidend für die Kosten und die Dauer des Verfahrens ist – was gerade für die am Verfahren beteiligten Parteien bedeutsam ist – sondern insbesondere auch für die **Anerkennung und Vollstreckung** der Entscheidung am Sitz einer der Vertragsparteien im Falle eines zahlungsunwilligen Schuldners.

---

[56] RegBegr-SRG S. 72.
[57] S. auch Palandt/*Thorn* Rom I-VO Art. 5 Rn. 7.
[58] Vgl. *Rabe* Vor § 556 Rn. 133 ff., der ausführlich zu den Problemen der Zuständigkeitsvereinbarungen Stellung nimmt.

## § 482 Allgemeine Angaben zum Gut

(1) [1]Der Befrachter hat dem Verfrachter vor Übergabe des Gutes die für die Durchführung der Beförderung erforderlichen Angaben zum Gut zu machen. [2]Insbesondere hat der Befrachter in Textform Angaben über Maß, Zahl oder Gewicht sowie über Merkzeichen und die Art des Gutes zu machen.

(2) Übergibt ein vom Befrachter benannter Dritter dem Verfrachter das Gut zur Beförderung, so kann der Verfrachter auch von diesem die in Absatz 1 Satz 2 genannten Angaben verlangen.

### Übersicht

| | Rn. | | Rn. |
|---|---|---|---|
| I. Normzweck | 1–4 | III. Angaben zum Gut | 6–11 |
| II. Entstehungsgeschichte | 5 | IV. Benannter Dritter | 12–14 |

### I. Normzweck

Geregelt wird die Pflicht, bestimmte Angaben zum Gut zu machen. Es handelt sich um **1** eine **Leistungspflicht des Befrachters,** die auch den Ablader trifft und den Verfrachter schützen soll. Er ist in mehrfacher Hinsicht an den Angaben interessiert.

Zum einen muss er zur Durchführung des Transportes in die Lage versetzt werden, sich **2** ein Bild von den **Eigenschaften der Güter** zu machen die ihm für die Dauer der Beförderung anvertraut werden. Hierbei geht es nicht nur um die **Zulässigkeit der Verschiffungen** bestimmter Güter, sondern auch um **schiffssicherheitsrelevante Aspekte** wie richtige Stauung an Bord, das Zusammenstauen der Güter mit anderen Waren und ihre Verträglichkeit miteinander und nicht zuletzt die richtige **Behandlung** der Güter während der Seereise und beim Laden und Löschen.[1]

Zum anderen erfolgt die **Berechnung der Fracht** durch den Verfrachter nach Art und **3** Gewicht der Güter. Um bei den Frachttarifen zu sparen, sind die Angaben, insbesondere zum **Gewicht,** häufig nicht korrekt.[2]

Schließlich muss der Verfrachter die Angaben in die **Beförderungsdokumente** über- **4** nehmen (vgl. § 515 zum Konnossementsinhalt). Das Gesetz geht vom Grundsatz des **Verfrachterkonnossements** aus (§ 516), wonach der Verfrachter das Konnossement ausstellt. In diesem finden sich die Angaben zu den Gütern wieder, die der Befrachter dem Verfrachter übermittelt hat.

### II. Entstehungsgeschichte

Die Vorschrift geht auf die §§ 563 und 564 aF zurück, regelt aber anders als diese keine **5** Haftung, sondern eine **Leistungspflicht** des Befrachters und eines Dritten. Die korrespondierende Regelung zur Haftung des Befrachters findet sich jetzt in § 488 Abs. 1.[3] Seinen Ursprung hat die Vorschrift in **Art. 3 § 4 und Art. 4 § 6 HR,** die für den Befrachter und Ablader für unrichtige Angaben über Menge und Merkzeichen der Güter bzw. deren Beschaffenheit eine **Garantiehaftung** vorsehen.

### III. Angaben zum Gut

Der Befrachter hat die für die **Durchführung der Beförderung** erforderlichen Anga- **6** ben zum Gut zu machen. Was hierunter vom Gesetzgeber verstanden wird, ist in Abs. 1 Satz 2 näher beschrieben. Erstmalig findet sich der Begriff „**Textform**" im Seerecht, der in § 126b BGB definiert wird. Damit wird eine Form vorgegeben, die nach alter Rechtslage

---

[1] *Rabe* § 564 Rn. 2.
[2] BGH 28.9.1978, VersR 1978, 1113 zur Wirksamkeit von Straffrachtklauseln.
[3] RegBegr-SRG S. 67.

nicht bestand. Angesichts der modernen Kommunikationsmöglichkeiten ist die Übermittlung der Angaben zum Gut jetzt auch elektronisch per E-Mail zulässig.

**7**    Die Angaben zum Gut haben insbesondere Informationen über **Maß, Zahl oder Gewicht der Güter** zu beinhalten. Unter „Maß" versteht man hierbei das **Raummaß** des Gutes. Der Verfrachter benötigt diese Angaben nicht nur zur Berechnung der Fracht, sondern auch zur **Ermittlung des Stauplans** für das Schiff. Dabei hat der Befrachter auch seine Erfahrungen mit früheren Verschiffungen gleichartiger Güter weiterzugeben.[4] Selbstredend hat das Raummaß eines Gutes im **Containerverkehr** eine nachgeordnete Bedeutung, solange das Gut in die üblichen Containergrößen von 20- bzw. 40-Fuß-Containern verladen werden kann. Anders dagegen im Bereich von sog. **Projektladung, Schwergutverkehr** oder **Schüttgut,** wo die Mengenangaben einen deutlich höheren Stellenwert haben als im Containerverkehr.

**8**    Neben den Mengenangaben sind die **Merkzeichen** der Güter anzugeben. Hierunter versteht man die **Markierung der Güter** zB durch Buchstaben evtl. iVm. Zahlen oder sonstigen Zeichen zur Vermeidung von Verwechslungen.[5] Gerade bei Gütern besonderer Beschaffenheit oder erhöhter Gefahr spielt deren Markierung eine besondere Rolle. Es sind die einschlägigen **Hafensicherheitsgesetze und -verordnungen** des jeweiligen Hafens sowie die Geschäftsbedingungen der einzelnen Hafen- und Kaiverwaltungen zu berücksichtigen, die teilweise eine besondere Behandlung und Markierung der Güter vorsehen.[6]

**9**    Nicht zu unterschätzen sind Angaben zum **Gewicht der Güter.** Diese Angaben sind im Frachtvertrag und im Konnossement zu machen und nicht notwendigerweise auf den Gütern selbst. Allerdings bestehen Arbeitsvorschriften, die die Personen schützen sollen, die den Güterumschlag betreiben.[7] Werden die Gewichtsangaben überschritten, führt dies zu Problemen, die sich auf die **Schiffssicherheit** auswirken können. Problematisch sind die Fälle, in denen als leer deklarierte Container tatsächlich voll beladen waren und, ohne dass der Verfrachter das tatsächliche Gewicht kannte, im Vertrauen auf die Angaben im Konnossement auf weiterer Leercontainer an Deck gestaut wurden, so dass mit der Verlagerung des Schwerpunktes nach oben die gesamte Containerreihe bei Seegang in Schieflage geriet. Dabei ließe sich dieses Problem bereits dadurch entschärfen, wenn der Hafenterminalbetreiber die Gewichtsangaben, die er spätestens dann kennt, wenn seine Containerbrücken (sog. *Container Gantry Cranes*), die die Container von der Pier auf das Schiff heben, gegenüber dem Verfrachter offenlegt. Das Problem falsch deklarierter Gewichte ist bereits vor Containerisierung bekannt gewesen. Entstehen dem Verfrachter hieraus Schäden, so kann er den Befrachter hierfür haftbar machen.[8] **Schuldhaft unrichtigen Angaben** steht das **Unterlassen** jeglicher Angaben gleich, wenn der Befrachter den schädigenden oder gefährlichen Charakter des Frachtgutes kennt oder kennen muss.[9]

**10**    Wie nach bisherigem Recht (vgl. § 564 aF) sind Angaben über die **Art des Gutes** zu machen. Erfasst sind damit Angaben zur Natur des Gutes. Nicht mehr ausdrücklich geregelt sind Angaben zur **Beschaffenheit** des Gutes. Dies wurde als nicht erforderlich angesehen.[10] Vor dem Hintergrund, dass mit „Beschaffenheit" die Verfassung der Güter gemeint ist[11] und jetzt eine spezialgesetzliche Regelung für **gefährliche Güter** in § 483 besteht, ist dem zuzustimmen.

---

[4] BGH 11.3.1974, VersR 1974, 771 zur Pflicht der Befrachter zur korrekten Güterbezeichnung aufgrund seiner besonderen Kenntnisse.
[5] Schaps/*Abraham* § 563 Rn. 1.
[6] Vgl. zB Hafensicherheitsgesetz (HafenSG) Hamburg v. 6.10.2005, HmbGVBl. 2005 S. 425 geändert am 19.6.2013, HmbGVBl. 2013 S. 293; Kaibetriebsordnung Empfehlung Unternehmensverband Hafen Hamburg e. V. vom 1.5.2004; Allgemeine Umschlagsbedingungen (AUB) der Hamburger Hafen und Logistik AG (HHLA) Stand 1.1.2013.
[7] Gesetz über die Gewichtsbezeichnung an schweren, auf Schiffen beförderten Frachtstücken vom 28. Juni 1933, RGBl. I S. 412 idF vom 22.9.1958, BGBl. I S. 669, geändert durch Gesetz vom 2.3.1974, BGBl. I S. 469, 631; vgl. auch *Rabe* § 563 Rn. 5; Schaps/*Abraham* § 563 Rn. 5.
[8] OLG Hamburg 16.2.1965, MDR 1965, 491.
[9] BGH 5.5.1960, VersR 1960, 605 zum Binnenschifffahrtsrecht.
[10] RegBegr-SRG S. 67.
[11] Schaps/*Abraham* § 564.

Der Verfrachter hat mit den in Abs. 1 aufgeführten Angaben zum Gut alle Informationen, **11** die er benötigt, um die Beförderung durchzuführen. Im Übrigen steht es ihm frei, bei Bedenken weitere Informationen vom Befrachter einzuholen, wobei dies angesichts des Massengeschäfts im Containerverkehr wohl eher die Ausnahme sein und sich auf andere Verkehre (Schüttgut, Öle, Chemikalien) beschränken wird. Eine rechtliche Verpflichtung des Verfrachters zur **Überprüfung der Angaben** des Befrachters besteht nicht, auch nicht auf Verlangen des Befrachters (anders § 409 Abs. 3 Satz 2).[12]

### IV. Benannter Dritter

Abs. 2 regelt, dass der Verfrachter die Angaben zum Gut, die er vom Befrachter verlangen **12** kann, auch von demjenigen verlangen kann, der vom Befrachter dazu bestimmt wurde, die Güter dem Verfrachter zu übergeben. Es handelt sich um diejenige Person, die die **Abladung** (vgl. § 486) der Güter als eigene Leistung erbringt. Nicht erfasst ist dagegen, wer lediglich als Vertreter des Befrachters auftritt oder als dessen Mitarbeiter das Gut übergibt. Der benannte Dritte ist **Ablader**. Der Begriff ist jedoch bewusst nicht verwendet worden, da Abs. 2 auch Anwendung findet auf die Fälle, in denen kein Konnossement ausgestellt wurde.

Der Dritte verfolgt mit der Übergabe des Gutes an den Verfrachter eigene Interessen, **13** ohne zu diesen in einer Vertragsbeziehung zu stehen. Aus Gründen des **Verfrachterschutzes** sind dem Dritten die in Abs. 1 Satz 2 genannten Pflichten als gesetzliche Pflicht auferlegt worden. Der Dritte ist verantwortlich für die Richtigkeit seiner Angaben über Menge und Merkzeichen der Güter, wie es der Befrachter ist. Für den Fall **unrichtiger Angaben** haftet der Dritte nach Maßgabe von § 488 Abs. 2. Zu beachten ist, dass der Dritte dem Befrachter nicht vollkommen gleichgestellt ist, was darin begründet ist, dass der Befrachter im Gegensatz zum Dritten Partei des Seefrachtvertrages und damit weiteren Leistungspflichten unterworfen ist.

Bewusst hat der Gesetzgeber die aus den **Rotterdam-Regeln** bekannte Rechtsfigur des **14** „dokumentären Absenders" (Documentary Shipper) nicht eingeführt. Gemeint ist hiermit eine Person, die nicht mit dem Absender identisch ist, aber zugestimmt hat, in den Beförderungspapieren als Absender erwähnt zu werden.[13] Dem Gesetzgeber erschien diese Ausweitung als zu weit gehend und deshalb beschränkte er sich darauf, nur demjenigen bestimmte Pflichten aufzuerlegen, der dem Verfrachter die Güter auch übergeben hat.[14]

## § 483 Gefährliches Gut

(1) Soll gefährliches Gut befördert werden, so haben der Befrachter und der in § 482 Absatz 2 genannte Dritte dem Verfrachter rechtzeitig in Textform die genaue Art der Gefahr und, soweit erforderlich, zu ergreifende Vorsichtsmaßnahmen mitzuteilen.

(2) [1]Der Verfrachter kann, sofern ihm, dem Kapitän oder dem Schiffsagenten nicht bei Übernahme des Gutes die Art der Gefahr bekannt war oder jedenfalls mitgeteilt worden ist, gefährliches Gut ausladen, einlagern, zurückbefördern oder, soweit erforderlich, vernichten oder unschädlich machen, ohne dem Befrachter deshalb ersatzpflichtig zu werden. [2]War dem Verfrachter, dem Kapitän oder dem Schiffsagenten bei Übernahme des Gutes die Art der Gefahr bekannt oder war sie ihm jedenfalls mitgeteilt worden, so kann der Verfrachter nur dann die Maßnahmen nach Satz 1 ergreifen, ohne dem Befrachter deshalb ersatzpflichtig zu werden, wenn das gefährliche Gut Schiff oder Ladung gefährdet und die Gefahr nicht durch ein Verschulden des Verfrachters herbeigeführt worden ist.

---

[12] Schaps/*Abraham* § 563 Rn. 1.
[13] Art. 1 Ziff. 9 RR sowie Art. 33 RR zu den Pflichten des dokumentären Absenders.
[14] RegBegr-SRG S. 67.

(3) Der Verfrachter kann vom Befrachter und dem in § 482 Absatz 2 genannten Dritten, sofern dieser bei der Abladung unrichtige oder unvollständige Angaben gemacht hat, wegen der nach Absatz 2 Satz 1 ergriffenen Maßnahmen Ersatz der erforderlichen Aufwendungen verlangen.

**Übersicht**

|                                          | Rn.      |                                                  | Rn.    |
|------------------------------------------|----------|--------------------------------------------------|--------|
| I. Normzweck                             | 1        | IV. Mitteilungspflicht des Befrachters           | 7–11   |
| II. Entstehungsgeschichte                | 2        | V. Rechte des Verfrachters                       | 12–17  |
| III. Gefährliches Gut                    | 3–6      |                                                  |        |

## I. Normzweck

1    Die Norm bezweckt den **Schutz des Verfrachters,** dem gefährliches Gut zum Transport anvertraut wurde. Gerade auch im Hinblick auf die öffentlich-rechtlichen Vorschriften über die Beförderung gefährlicher Güter mit Seeschiffen,[1] in denen sich Angaben zur Zulässigkeit der Beförderung und dem Umgang beim Verladen, Stauen und Entladen gefährlicher Güter befinden, muss der Verfrachter auch **privatrechtlich einen Anspruch** auf diese Informationen haben.[2] So ist es Aufgabe des Verfrachters, die richtigen Vorkehrungen und Maßnahmen für den Eintritt von Gefahrsituationen zu ergreifen. Zu diesem Zweck muss er die notwendigen Informationen haben, welcher Art die von dem Gut ausgehende Gefahr sein könnte. Damit bezweckt die Norm neben dem Schutz des Verfrachters auch den Zweck, Gefahren für die **öffentliche Sicherheit** oder Ordnung für die Allgemeinheit zu vermeiden.

## II. Entstehungsgeschichte

2    Die Vorschrift beruht auf § 564b aF sowie Art. 4 § 6 HR und hat ihr **Vorbild in § 410.** Abweichend von der bisherigen Regelung normiert § 483 keine Haftung für gefährliche Güter, sondern nur die **Leistungspflicht des Befrachters** und eines Dritten. Die korrespondierende Haftungsregelung findet sich in § 488 Abs. 1.

## III. Gefährliches Gut

3    Während die Sachverständigenkommission eine Verwendung des Begriffs „**Gefährliches Gut**" als zu weit gehend ansah und deshalb den bereits aufgrund der einschlägigen öffentlich-rechtlichen Regelungen bekannten Begriff „**Gefahrgut**" präferierte,[3] hat der Gesetzgeber bewusst weiter den Begriff „Gefährliches Gut" verwendet, um an der bisherigen gesetzlichen Terminologie in § 410 und § 564b aF festzuhalten.[4] Dies stimmt auch mit Art. 22 CMR überein und stellt sicher, dass auch in solchen Fällen, in denen kein klassisches Gefahrgut im Sinne der öffentlich-rechtlichen Vorschriften vorliegt, dennoch Güter erfasst sind, die **im Hinblick auf die beabsichtigte Beförderung als gefährlich angesehen** werden müssen. Inwieweit jedoch angesichts der umfangreichen Kodifikation zu Gefahrgut noch Spielraum bleibt, Güter zu erfassen, die aufgrund des spezifischen Transports quasi gefährlich werden, ist im Einzelfall zu beurteilen und hängt von Erfahrungswerten ab. Ohne diese besteht keine Kenntnis, die jedoch bestehen muss, damit der Befrachter überhaupt entsprechende Informationen an den Verfrachter weitergeben kann.[5]

---

[1] Gefahrgutverordnung See idF der Bekanntmachung vom 16. Dezember 2011 (BGBl. I S. 2784, 2012 I S. 122) die durch Art. 4 der Verordnung vom 19. Dezember 2012 (BGBl. I S. 2715) geändert worden ist; Internationaler Code für die Beförderung gefährlicher Güter mit Seeschiffen (IMDG-Code), bekannt gegeben am 30. November 2010 (VKBl. 2010, 554).

[2] *Trappe* VersR 1986, 942 allgemein zur Haftung beim Transport gefährlicher Güter im Seeverkehr.

[3] BerSV zu § 483 S. 95.

[4] RegBegr-SRG S. 67.

[5] Zu den div. Gefahrgutkodifikationen s. Nachweise bei § 410 Rn. 2.

Die Vorschrift spricht lediglich von „**gefährlichem Gut**". § 564b aF hob „entzündliche **4**
und explosive Güter" explizit hervor.[6] Eine Definition, was „gefährliches Gut" bedeutet,
erfolgt nicht. Allerdings sind die gemäß **öffentlich-rechtlicher Qualifikationen erfolgten Einteilungen im Bereich des Gefahrgutrechts zu berücksichtigen** und darüber
hinaus die für die Seeschifffahrt beförderungsspezifischen Gesichtspunkte, die ein Gut –
auch wenn es sonst typischerweise nicht als gefährlich angesehen wird – untypischerweise
zu einem gefährlichen Gut machen können. Nach **§ 2 Abs. 2 GGVSee** sind gefährliche
Güter „Stoffe und Gegenstände, die unter die jeweiligen Begriffsbestimmungen für die
**Klassen 1–9 des IMDG-Codes** fallen (§ 2 Abs. 2 Ziff. 1 GGVSee), Stoffe, die bei der
Beförderung als gefährliches Schüttgut nach den Bestimmungen des IMSBC-Codes der
Gruppe B zuzuordnen sind (§ 2 Abs. 2 Ziff. 2 GGVSee), oder Stoffe, die in Tankschiffen
befördert werden sollen und entweder einen Flammpunkt von 60 °C oder niedriger haben
oder flüssige Güter nach Anlage I MARPOL sind, oder die unter die Begriffsbestimmung
„schädlicher flüssiger Stoff" in Kap. 1 Nr. 1, 3.23 des IBC-Codes fallen, oder die in Kap. 19
des IGC-Codes aufgeführt sind" (§ 2 Abs. 2 Ziff. 3 GGVSee).[7]

Ein Frachtvertrag, in dem die Beförderung gefährlicher Güter unter Verletzung der **5**
Vorschriften der GGVSee über gefährliche Güter vereinbart ist, ist wegen Verstoßes gegen
§ 134 BGB **nichtig**.[8] Bei der GVVSee handelt es sich um ein Schutzgesetz iSv. § 823 Abs. 2
BGB. Verstöße gegen die GVVSee werden als Ordnungswidrigkeit mit hohen Bußgeldern
geahndet (vgl. § 10 GGVSee).

Die GVVSee ist ein Anhaltspunkt für gefährliche Güter, aber nicht abschließend verbind- **6**
lich. So können auch Güter gefährlich sein, mit denen sich die GVVSee nicht befasst. Bei
der Beurteilung eines gefährlichen Gutes ist von seiner **physikalischen oder chemischen
Beschaffenheit** auszugehen und zu fragen, ob das Schiff oder andere Ladung zerstört oder
beschädigt werden kann.[9] Die Ladung muss aus sich selbst heraus geeignet sein, das Schiff zu
gefährden. Dabei kommt es nicht darauf an, ob die Güter im IMDG-Code erwähnt werden.
Nur so ist es gerechtfertigt, keine generell gefährlichen Güter ohne Vorabinformation des
Verfrachters zur Verschiffung gelangen zu lassen.[10] Güter, deren Eigenschaften sich im Verlauf
der teilweise langen Seereisen durch verschiedene Klimazonen verändern können, zB explosive Gase bei Erlangung eines bestimmten Feuchtigkeitsgrades oder einer bestimmten Temperatur entwickeln können, sind gefährliche Güter auf einer Seebeförderung. Hat der **Befrachter Detailkenntnisse** über mögliche chemische Reaktionen der Stoffe, muss er diese dem
Verfrachter mitteilen. Eine bloße Veröffentlichung auf seiner Internetseite reicht nicht, da
hiermit keine Information an den Verfrachter erfolgt, nur ein allgemeiner Hinweis und der
Verfrachter nicht per se verpflichtet ist, sich über die Gefährlichkeit der Güter zu erkundigen.
Des Weiteren können Güter **andere Ladungsgegenstände gefährden** und deshalb als
gefährliches Gut zu qualifizieren sein. So ist verdorbene oder mit Ungeziefer befallene Ladung
für sich genommen noch kein gefährliches Gut, da es nicht aufgrund seiner generellen Eignung
oder Beschaffenheit andere Ladung gefährdet.[11]

### IV. Mitteilungspflicht des Befrachters

Abs. 1 normiert die **Mitteilungspflicht des Befrachters sowie des Dritten,** der vom **7**
Befrachter benannt ist und dem Verfrachter im eigenen Namen das Gut zur Beförderung
übergibt. Hinsichtlich des verpflichteten Personenkreises weicht Abs. 1 insoweit von § 410
ab. Die **Einbeziehung des Abladers** entspricht der Systematik und korrespondiert mit § 482
Abs. 2. Eine Mitteilung ist jedoch dann nicht erforderlich, wenn dem Verfrachter, dem
Kapitän oder dem Schiffsagenten bei Übernahme des Gutes die **Art der Gefahr bekannt** war.

[6] Schaps/*Abraham* § 564b Rn. 1 f. zur Gefährlichkeit des Gutes.
[7] BHG 17.11.1980, VersR 1981, 331 zu Calciumhypochlorid als gefährliches Gut.
[8] Schaps/*Abraham* § 564b Rn. 2; *Rabe* § 564b Rn. 9.
[9] BGH 17.11.1980, BGHZ 78, 384–397; *Rabe* § 564b Rn. 3.
[10] BGH 11.3.1974, VersR 1974, 771.
[11] Einzelfälle für gefährliche Güter finden sich bei *Rabe* § 564b Rn. 4–7.

Dies ergibt sich zum einen aus § 483 Abs. 2 Satz 2 und ist zum anderen in der Rechtsprechung anerkannt.[12] **Adressat der Mitteilung ist der Verfrachter.** Aufgrund der Besonderheit im Seerecht, dass der Verfrachter nicht identisch mit dem Reeder sein muss, der Reeder jedoch die Schiffsführung – insbesondere den Kapitän – stellt und des Verweises in § 483 Abs. 2 Satz 2 auf den **Kapitän oder den Schiffsagenten,** muss eine Mitteilung des Befrachters oder des Dritten an den Kapitän oder den Schiffsagenten anstelle des Verfrachters ausreichend sein.[13] Insofern besitzen diese eine **Empfangsvertretung** (§ 166 BGB). Für das allgemeine Frachtrecht ist dies bspw. für den Fahrer, in der Binnenschifffahrt für den Schiffer, anerkannt (§ 410 Rn. 9). Auch die Regierungsbegründung geht davon aus, dass Mitteilungen an den Kapitän erfasst sind, wobei auf die gesetzliche Stellvertreterstellung des Kapitäns in § 479 abgestellt wird, die jedoch nur dann hilft, wenn Verfrachter und Reeder identisch sind.[14]

**8**     Die Pflicht, über gefährliches Gut zu informieren, ist **dispositiv,** kann mithin von den Stückgutfrachtvertragsparteien anders geregelt werden. Zu denken ist an Verfrachter, die auf bestimmte **Gefahrguttransporte spezialisiert** sind und deshalb auf Informationen über die genaue Art der Gefahr und zu ergreifende Vorsichtsmaßnahmen verzichten können.[15]

**9**     Zum **Inhalt** der Mitteilung verweist Abs. 1 auf die genaue **Art der Gefahr** und, soweit erforderlich, zu **ergreifende Vorsichtsmaßnahmen.** Deshalb reicht eine allgemein anerkannte Bezeichnung der Gefahr nicht aus. Ausreichend ist allerdings, wenn dem Verfrachter unter Verweis auf die GGVSee die Gefahrenklasse mitgeteilt wird. Für den Fall, dass das Gut kein Gefahrgut im Sinne öffentlich-rechtlicher Klassifikationen ist, müssen dem Verfrachter Angaben zur Natur und zu Eigenschaften der Güter gemacht werden, soweit Hinweise auf eine Gefahr bestehen. Nur soweit erforderlich, sind Hinweise auf zu ergreifende Vorsichtsmaßnahmen mitzuteilen. Dabei müssen die **Informationsbedürfnisse des Verfrachters berücksichtigt** werden. Dort, wo Gefahrgut im Sinne öffentlich-rechtlicher Klassifikation befördert werden soll, ist eine Mitteilung über zu ergreifende Vorsichtsmaßnahmen entbehrlich, wenn der Verfrachter Kenntnis von den öffentlich-rechtlichen Gefahrgutvorschriften hat.[16]

**10**     Zur **Form der Mitteilung** verweist Abs. 1 wie § 482 Abs. 1 auf die „**Textform**" (§ 126b BGB). Damit genügt eine Information per **E-Mail** oder Informationen auf einem Datenträger wie **CD-ROM** oder **USB-Speichermedium.** Eine mündliche Mitteilung ist dagegen nicht ausreichend, selbst wenn sie auf einem Anrufbeantworter aufgezeichnet wurde (s. auch § 410 Rn. 13).

**11**     Zum **Zeitpunkt** der Mitteilung stellt Abs. 1 auf den Moment vor **Übergabe des Gutes** ab. Vor dem Hintergrund, dass der Verfrachter aufgrund des Inhalts der Mitteilung Maßnahmen zum Schutze des Schiffes und der Ladung zu ergreifen hat, bspw. durch einen angepassten Stauplan des Schiffes, hat die Mitteilung **rechtzeitig** zu erfolgen. So gesehen kann die Mitteilung auch nach Abschluss des Stückgutfrachtvertrages erfolgen, wenn der Verfrachter noch die **tatsächliche Möglichkeit hat, die notwendigen Vorkehrungen für die Durchführung der Beförderung** an Bord des Schiffes vorzunehmen. So stellt die GGVSee darauf ab, dass dem Reeder als Beförderer bestimmte Unterlagen über die zu befördernden Gefahrgüter vorliegen müssen. Der Verfrachter hat jedoch keine Verpflichtung, sich wegen einer etwaigen Gefährlichkeit der Güter zu erkundigen. Es handelt sich um eine **Bringschuld des Befrachters.**

### V. Rechte des Verfrachters

**12**     Abs. 2 regelt die Rechte des Verfrachters, wenn er gefährliches Gut übernommen hat und sich dessen **entledigen** will. Ist ihm die **Gefahr bei Übernahme** des Gutes nicht bekannt

---

[12] OLG Köln Schifffahrtsobergericht 24.4.2007 in Hamburger Seerechts-Report 2007, 89 Nr. 62; zustimmend *Koller* § 410 Rn. 9.

[13] Zur Verantwortung des Agenten u. Kapitäns bei Verschiffung gefährlicher Güter BGH 9.12.1971, VersR 1972, 366 = MDR 1972, 304.

[14] S. dazu RegBegr-SRG S. 68.

[15] Vgl. auch *Koller* § 410 Rn. 22 zur Abdingbarkeit von § 410.

[16] S. auch *Johannsen* TranspR 1994, 45–53 zu den Anforderungen an die Organisation von Gefahrgutcontainertransporten.

oder nicht mitgeteilt worden, erhält er **selbsthilfeartige Befugnisse** (§ 410 Rn. 16). Auch dies ist dem Vorbild in § 410 Abs. 2 Nr. 1 nachgebildet und eine vergleichbare Regelung fand sich im bisherigen § 564b HGB aF sowie in Art. 4 § 6 Satz 1 der HR. Der Verfrachter darf in diesen Fällen das gefährliche Gut wieder **ausladen, einlagern, zurückbefördern** oder – soweit erforderlich – sogar **vernichten** oder **unschädlich machen.**

Voraussetzung für das Ergreifen bestimmter Maßnahmen durch den Verfrachter zum **13** **Schutz von Schiff und übriger Ladung** ist, dass ihm bei Übernahme des Gutes die Art der Gefahr nicht bekannt war oder nicht mitgeteilt worden ist. Hierbei wird ihm die **Kenntnis des Kapitäns und des Schiffsagenten** – anders als bei § 410 Abs. 2 Nr. 1 – zugerechnet. Nur wenn keiner dieses genannten Personenkreises Kenntnis von der Art der Gefahr hat, kann der Verfrachter das Gut risikofrei ausladen und ggf. sogar vernichten, ohne dass dem Befrachter ein Ersatzanspruch zusteht.

Abs. 2 Satz 2 regelt den Fall, in dem **bei Übernahme des Gutes die Art der Gefahr** **14** **bekannt war oder mitgeteilt worden** ist und sich dennoch das besondere Risiko des gefährlichen Gutes verwirklicht hat. Diese Regelung stimmt mit dem bisherigen Recht (§ 564b Abs. 2 aF) überein und gestattet es dem Verfrachter, auf die Gefahrenlage durch Ausladen, Einlagern, Zurückbefördern oder Beschädigen oder Vernichten des Gutes zu reagieren. Allerdings ist der Verfrachter nur insoweit vor Ersatzansprüchen des Befrachters geschützt, wie er die Gefahr nicht durch sein Verschulden herbeigeführt hat. Mit diesem Zusatz, der laut Reg.Begr. entbehrlich gewesen wäre,[17] wird lediglich klargestellt, dass eine **Schadensersatzpflicht des Verfrachters** fortbesteht, wenn er die **Gefahr schuldhaft** **herbeigeführt** hat. Dies entspricht insofern der Rechtslage zum **Notstand in § 228 BGB**, in dem bereits grundsätzlich geregelt ist, dass bei Vorliegen eines Notstands in der Beschädigung oder Zerstörung einer fremden Sache kein rechtswidriges Verhalten vorliegt.

Bei der **Auswahl der vom Verfrachter zu ergreifenden Maßnahmen** ist dieser an **15** den Grundsatz nach **Treu und Glauben** unter Berücksichtigung der **Verhältnismäßig** **keit** gebunden. Ausladen bedeutet, dass der Verfrachter das Gut aus dem Schiff entfernt, um eine Gefahr zu verringern. Das Ausladen erfolgt regelmäßig mit dem Zweck, das Gut umzulagern, einzulagern oder unschädlich zu machen. Auch der **Seewurf,** bei dem das Gut über Bord geworfen wird, ist eine Handlungsoption des Verfrachters. Wählt der Verfrachter die **Rückbeförderung,** bedeutet dies gleichzeitig, dass der Befrachter zur Rücknahme der Güter verpflichtet ist. Der Begriff impliziert allerdings, dass das gefährliche Gut an den Ort zurückbefördert wird, an dem es dem Verfrachter zur Beförderung übergeben wurde, was in der Praxis problematisch sein könnte. Weisungen des Befrachters hat der Verfrachter vor Ergreifen der Maßnahmen nicht einzuholen. Insoweit überlagert § 483 Abs. 2 das Weisungsrecht des Befrachters in § 491 und § 492.

In Abs. 3 ist die Rechtsfolge nach dem Vorbild des § 410 Abs. 2 Nr. 2 geregelt. Der **16** Verfrachter hat einen Anspruch auf Ersatz der erforderlichen Aufwendungen gegenüber dem Befrachter oder dem in § 482 Abs. 2 genannten Dritten (Ablader). Es handelt sich um einen **Aufwendungsersatzanspruch des Verfrachters** für die von ihm getroffenen Maßnahmen nach Abs. 2. Hierbei sind Aufwendungen im Sinne von § 670 BGB zu verstehen, so dass **alle Vermögensopfer,** die der Verfrachter wegen der ergriffenen Maßnahme gemacht hat, erfasst sind. Typischerweise zu erstattende Aufwendungen sind **Beförde** **rungsauslagen,** die **Kosten für das Löschen und Lagern** des gefährlichen Gutes, die **Kosten für die Vernichtung oder Unschädlichmachung** sowie die vom **Verfrachter** **selbst aufgewendete Zeit und Arbeitskraft** (§ 683 BGB).[18] Der Aufwendungsersatzanspruch des Verfrachters entfällt, wenn ihm, dem Kapitän oder dem Schiffsagenten die Art der Gefahr bekannt war oder jedenfalls mitgeteilt worden ist. Des Weiteren macht der Verfrachter sich schadensersatzpflichtig, wenn er **irrtümlich von der Gefährlichkeit des** **Gutes ausgegangen** ist und die in Abs. 2 genannten Maßnahmen ergriffen oder nach den

---

[17] RegBegr-SRG S. 68.
[18] Palandt/*Sprau* BGB § 683 Rn. 8.

Grundsätzen der Verhältnismäßigkeit überschritten hat. Er haftet dann nach §§ 498 ff. für den Schaden, der durch Verlust und Beschädigung des Gutes entstanden ist.

17      Im allgemeinen Frachtrecht ist in § 419 Abs. 3 Satz 5 ausdrücklich geregelt, dass mit dem Entladen des Gutes die Beförderung als beendet gilt. Diese Regelung wird analog auch auf die Entladung für den Fall gefährlicher Güter angewendet und ist auch auf den Stückgutfrachtvertrag entsprechend anzuwenden. Die **vertragliche Obhutspflicht endet** in dem Zeitpunkt, in dem der Verfrachter das Gut entlädt, es sei denn, er tut dies zum Zwecke der Rückbeförderung oder Einlagerung. In diesen beiden Fällen bleibt das Gut in seinem mittelbaren Besitz.

## § 484 Verpackung. Kennzeichnung

**¹Der Befrachter hat das Gut, soweit dessen Natur unter Berücksichtigung der vereinbarten Beförderung eine Verpackung erfordert, so zu verpacken, dass es vor Verlust und Beschädigung geschützt ist und dass auch dem Verfrachter keine Schäden entstehen. ²Soll das Gut in einem Container, auf einer Palette oder in oder auf einem sonstigen Lademittel zur Beförderung übergeben werden, das zur Zusammenfassung von Frachtstücken verwendet wird, hat der Befrachter das Gut auch in oder auf dem Lademittel beförderungssicher zu stauen und zu sichern. ³Der Befrachter hat das Gut ferner, soweit dessen vertragsgemäße Behandlung dies erfordert, zu kennzeichnen.**

### Übersicht

| | Rn. | | Rn. |
|---|---|---|---|
| I. Normzweck | 1 | IV. Kennzeichnungspflicht | 11 |
| II. Entstehungsgeschichte | 2, 3 | V. Rechtsfolgen ungenügender Verpackung oder Kennzeichnung | 12, 13 |
| III. Verpackungspflicht | 4–10 | | |

### I. Normzweck

1      § 484 verpflichtet den Befrachter, gegenüber dem Verfrachter, das Gut zu verpacken und, soweit erforderlich, auch zu kennzeichnen. Die ordnungsgemäße Verpackung und Kennzeichnung obliegt dem Befrachter nach der gesetzlichen Regelung, von der die Parteien des Stückgutfrachtvertrages allerdings abweichen können. Die Zuweisung der **Verpackungs- und Kennzeichnungspflicht beim Befrachter** ist sinnvoll, da vom Grundsatz her der **Befrachter eine engere Beziehung zu den verladenden Gütern** hat als der Verfrachter und über die **besseren Kenntnisse über die Eigenschaften der Güter** verfügt, die letztendlich entscheidend für die seetüchtige Verpackung sind. Systematisch fügt § 484 sich damit in die **Informationspflichten** des Befrachters nach § 482 und § 483 ein.

### II. Entstehungsgeschichte

2      Das bisherige Recht sagte nichts über den Zustand der Güter und die vom Befrachter oder Ablader zu machenden Angaben aus. So bestand auch keine ausdrückliche Regelung darüber, ob und wie die Güter zu verpacken oder besonders zu kennzeichnen sind. Bisher half man sich damit, dass es sich hierbei um **allgemeine Pflichten** zur Mitwirkung bei der Vertragsdurchführung handelte und bei deren Verletzung aufgetretene Güterschäden der Verfrachter nicht haftete.[1]

3      Der Wortlaut von § 484 ist nahezu identisch mit § 411. Auch im bisherigen Recht (vgl. § 608 Abs. 1 Nr. 5 aF) war die ordnungsgemäße Verpackung nicht die Pflicht des Verfrachters. Er konnte sich in den Fällen exkulpieren, in denen die Güter unzureichend verpackt

---

[1] Schaps/*Abraham* § 608 Rn. 18.

und markiert waren.[2] Bemerkenswert und neu ist § 484 Satz 2, der die Pflicht des Befrachters betrifft, Güter, die **in einem Container auf einer Palette oder auf einem sonstigen Lademittel** dem Verfrachter zur Beförderung übergeben werden, vom **Befrachter beförderungssicher gestaut und befestigt** sein müssen. Vorbild dieser Regelung ist laut RegBegr[3] Art. 27 Abs. 3 RR, wonach der Befrachter bei Stauung eines Containers oder Beladung eines Fahrzeugs den Inhalt in dem Container bzw. auf dem Fahrzeug vorsichtig zu stauen, zu befestigen (Laschen) und zu sichern hat in einer Art und Weise, dass der Inhalt keine Personen- oder Sachschäden verursacht.

### III. Verpackungspflicht

Die Verpackungspflicht betrifft den Befrachter. Der Begriff der „**Verpackung**" ist im **4** Hinblick auf das zu erzielende Ergebnis, Schäden an Personen oder anderen Sachen zu verhindern, weit auszulegen (vgl. § 411 Rn. 2). Die Grundsätze aus dem allgemeinen Frachtrecht zur Verpackungspflicht sind übertragbar auf den Seetransport mit einigen wenigen Besonderheiten.[4] Insoweit kann auf die Ausführungen zu § 411 verwiesen werden.

Für **Containertransporte** gilt, dass der Befrachter das Gut auch in dem Container **5** beförderungssicher zu stauen und zu befestigen hat. Wie die RegBegr[5] feststellt, ist diese Obliegenheit im Grunde genommen bereits nach Satz 1 gegeben, so dass die Ergänzung in Satz 2 lediglich klarstellende Funktion hat.[6] Der Container selbst ist auch Verpackung, zugleich aber auch ein **Hilfsmittel zur Beförderung,** da die Güter in ihm eingebracht, gestaut und befestigt werden. Häufig stellt der Verfrachter dem Befrachter oder Ablader einen Container für die zu verschiffenden Güter zur Verfügung. Es obliegt dem Befrachter bzw. Ablader, den **Container zu überprüfen** im Hinblick darauf, ob die Güter in diesem Container beförderungssicher gestaut werden können. Ist dies nach seiner Auffassung nicht der Fall, muss er den Container zurückweisen, andernfalls hat er sein **Einverständnis mit der Verwendung** dieses Containers zumindest konkludent erklärt und kann sich im Falle eines Ladungsschadens, der auf die fehlende Eignung des Containers zurückzuführen ist, hierauf nicht berufen.[7]

Sofern die Parteien vereinbart haben, dass die **Verpackung und Kennzeichnung vom 6 Verfrachter** geschuldet wird, mithin § 484 abbedungen wird, tritt diese Pflicht des Verfrachters neben seine Beförderungspflicht. Im Falle eine Verletzung dieser Nebenpflicht **haftet der Verfrachter** nach § 498 im Falle eines Verlusts oder Beschädigung des Gutes oder, bei sonstigen Schäden, nach §§ 280 ff. BGB für unsachgemäße Verpackung und Kennzeichnung.

Entscheidend für die Art der Verpackung sind neben der Beschaffenheit des Gutes auch **7** der **Beförderungsweg** und das **gewählte Beförderungsmittel.** § 484 betrifft im Gegensatz zu § 411 eine Beförderung mittels eines Schiffes über See.[8] Dass eine **Seebeförderung** anderen Beanspruchungen, insbesondere durch Wetter und Seebedingungen ausgesetzt ist als eine Beförderung auf der **Schiene, Straße** oder im **Luftverkehr,** dürfte allgemein anerkannt sein. Am ehesten – insbesondere wenn es um Probleme der Feuchtigkeit geht, zB Nässeschäden – ähnelt die Seebeförderung noch der Beförderung von Gütern mit **Binnenschiffen.**

Neben der Berücksichtigung des Beförderungswegs ist auch die **Wahl des Ortes an 8 Bord** des Schiffes während der Seebeförderung zu berücksichtigen.[9] So unterscheidet auch

---

[2] Vgl. *Rabe* § 608 Rn. 12; Schaps/*Abraham* § 608 Rn. 18 mit Einzelfällen.

[3] RegBegr-SRG S. 68.

[4] OLG München 6.5.1998, TranspR 1998, 407 zu Anforderungen an den Seetransport einer Maschine in Kisten.

[5] RegBegr-SRG S. 68; LG Hamburg 16.1.2008, TranspR 2008, 218–220 zu unsachgemäßer Containerstauung.

[6] OLG Hamburg 4.8.2000, TranspR 2001, 38.

[7] OLG Hamburg 26.11.1987, TranspR 1988, 238; *Thume* TranspR 1990, 42.

[8] OLG München 6.5.1998, TranspR 1998, 407–414.

[9] OLG Düsseldorf 26.4.1990, TranspR 1990, 431 zur Überprüfung der Lademöglichkeiten auf einem Schiff durch die Spedition.

der Gesetzgeber zwischen einer **Verladung an Deck** gegenüber einer **Verladung unter Deck** im Laderaum eines Schiffes. Decksverladung ist grundsätzlich nicht erlaubt (vgl. §§ 500, 507 Ziff. 2), wobei eine Ausnahme für den Containerverkehr gemacht wird (vgl. § 486 Abs. 4 Satz 2).

9    Die Pflicht des Befrachters, das Gut für den bevorstehenden Transport hinreichend zu verpacken, entbindet den Verfrachter nicht davon, dem Befrachter auf eine **ungenügende Verpackung** aufmerksam zu machen. Zwar hat der Befrachter aufgrund seiner Nähe zu der zu befördernden Ware die bessere Kenntnis der Eigenschaften des Gutes, aber nicht notwendigerweise auch die **Kenntnisse über die Gefährdungen, die bei einem Seetransport auftreten können.** Letzteres fällt in den Kenntnisbereich des Verfrachters. Stellt er eine ungenügende Verpackung oder Kennzeichnung fest, muss er den Befrachter hierauf hinweisen, da er andernfalls Gefahr läuft, seine **vertragliche Obhuts- und Sorgfaltspflicht zu verletzen.**[10] Hierbei kommt dem Verfrachter allerdings zu Gute, dass ihn keine allgemeine Überprüfungspflicht hinsichtlich der Verpackung und Kennzeichnung trifft.[11] Es muss sich also um **offensichtliche Verpackungsmängel** handeln.

10    Zu unterscheiden ist der Fall, in dem es der Verfrachter übernommen hat, dem Befrachter einen **Container** zur Verfügung zu stellen. Dieser Container muss sich in einem **für den vertragsgemäßen Gebrauch tauglichen Zustand** befinden. Dabei müssen die Ladungsbeteiligten im Containerverkehr davon ausgehen, dass der Container an Deck verladen werden könnte. Decksverladung ist als üblich anzusehen.[12] Sofern der Container Mängel aufweist, haftet der Verfrachter wegen einer Nebenpflichtverletzung aus dem Stückgutfrachtvertrag.[13] Ob der Container allerdings für die Beförderung der Ware geeignet ist, hat der Befrachter bzw. Ablader zu beurteilen. Die Bereitstellung des **richtigen Containertyps,** zB Flatrack, Open Top, Tankcontainer oder 20- oder 40-Fuß-Container für die zu befördernde Ware hat der Befrachter bzw. Ablader zu vertreten.[14]

## IV. Kennzeichnungspflicht

11    Satz 3 sieht vor, dass der Befrachter das Gut zu kennzeichnen hat, soweit dessen vertragsgemäße Behandlung dies erfordert. Damit ist der **Umfang der erforderlichen Kennzeichnung** bestimmt. Auf welche Art und Weise die Kennzeichnung erfolgt, bestimmt der Befrachter, zB durch Aufkleber, Markierungen, Beschriftungen etc. Die Kennzeichnung des Gutes dient zu seiner **Identifizierung** und damit der Vermeidung von Verwechslungen und Falschauslieferungen. Warnhinweise, die dem Schutz des Gutes dienen, wie zB „Vorsicht Glas" oder „Vor Nässe schützen" sind keine Kennzeichnungen zur Sicherung der vertragsgemäßen Behandlung, da sie nicht der Identifizierung des Gutes dienen (§ 411 Rn. 20).

## V. Rechtsfolgen ungenügender Verpackung oder Kennzeichnung

12    Hat der Befrachter die Güter unzureichend verpackt oder gekennzeichnet, haftet er dem Verfrachter für Schäden und Aufwendungen, die dadurch verursacht wurden nach § 488 Abs. 1 Nr. 3. Es handelt sich um eine **Verschuldenshaftung des Befrachters.**[15] Dem Verfrachter kann allerdings unter Umständen ein **Mitverschulden** angelastet werden, wenn er **offensichtliche Verpackungsmängel** übersehen oder den Befrachter nicht auf die Verpackungsmängel hingewiesen hat (vgl. Rn. 9).

---

[10] LG Hamburg 6.12.1995, TranspR 1997, 116, wo die Beförderung wegen Überstauung vom Verfrachter abgelehnt wurde; Fremuth/*Thume* § 411 Rn. 11, die auf § 242 BGB abstellen; LG Hamburg 30.6.1998, TranspR 1998, 366 zur Ladungssicherung bei sog. Flatracks.

[11] Anders Art. 8 CMR.

[12] OLG Hamburg 4.8.2000, VersR 2001, 481.

[13] *Rabe* § 606 Rn. 6.

[14] OLG Hamburg 26.11.1987, TranspR 1988, 238.

[15] Anders im allgemeinen Frachtrecht § 414 Abs. 1.

Erkennt der Verfrachter, dass die Güter unzureichend verpackt sind, vor Abfahrt des   13
Schiffes, kann er sich weigern, die Beförderung der Güter vorzunehmen und insoweit nach
§ 273 BGB ein **Zurückbehaltungsrecht** geltend machen.[16] Anders als im allgemeinen
Frachtrecht, und dort dem Landtransport, ist es einem Verfrachter bei einer Seebeförderung
kaum möglich, einen Transport nach Beginn der Seereise abzubrechen, sollten während
des Transportes Verpackungsmängel offensichtlich werden und der Verfrachter diese erkennen.[17] Ein Verfrachter ist angesichts des Schadensrisikos für das Schiff und die übrige Ladung
an Bord berechtigt, Güter, die zB durch Überstauen von Verpackungseinheiten dem Druck
der über ihnen lagernden Waren nicht gewachsen sind, abzulehnen, sofern er nicht in der
Lage ist, diese Güter in anderen Lagen, zB Top-Lage, zu stauen. Sobald **kein alternativer
Stauplatz für unzureichend verpackte Waren** für die geplante Reise an Bord vorhanden
ist, kann der Verfrachter die Beförderung ablehnen. Dem Verfrachter ist allerdings zu raten,
den Verpackungsmangel durch ausreichende Beweise zu dokumentieren. Nur in Ausnahmefällen wird ein Befrachter einen **Verpackungsmangel anerkennen.** Ein solches Anerkenntnis kann nicht als deklaratorisches Schuldanerkenntnis angesehen werden, da hier
regelmäßig lediglich eine Tatsache in Form eines Verpackungsmangels bestätigt, nicht
jedoch eine Haftung anerkannt wird.[18]

## § 485 See- und Ladungstüchtigkeit

**Der Verfrachter hat dafür zu sorgen, dass das Schiff in seetüchtigem Stand,
gehörig eingerichtet, ausgerüstet, bemannt und mit genügenden Vorräten versehen ist (Seetüchtigkeit) sowie dass sich die Laderäume einschließlich der Kühl-
und Gefrierräume sowie alle anderen Teile des Schiffs, in oder auf denen Güter
verladen werden, in dem für die Aufnahme, Beförderung und Erhaltung der Güter
erforderlichen Zustand befinden (Ladungstüchtigkeit).**

### Übersicht

|                              | Rn. |                                     | Rn.   |
|------------------------------|-----|-------------------------------------|-------|
| I. Normzweck                 | 1, 2 | IV. Ladungstüchtigkeit             | 8–10  |
| II. Entstehungsgeschichte    | 3   | V. Rechtsfolgen bei Seeuntüchtigkeit |      |
| III. Seetüchtigkeit          | 4–7 | und Ladungsuntüchtigkeit            | 11–13 |

## I. Normzweck

Die erste und vornehmste Pflicht eines Verfrachters ist die Bereitstellung eines seetüchti-   1
gen (engl. *seaworthy*) Schiffes. Die See- und Ladungstüchtigkeit eines Schiffes ist die **Grund-
voraussetzung** für eine schadensfreie und ordnungsgemäße Beförderung von Gütern. Die
Vorschrift bestimmt, dass diese Verpflichtung den **Verfrachter** trifft und es ihm obliegt,
dafür Sorge zu tragen, dass das Schiff für die übernommene Ladung die erforderlichen
Eigenschaften besitzt. Damit ist eindeutig geregelt, dass nicht der Reeder als solcher diese
Verpflichtung hat, sondern es sich um eine aus dem **Frachtvertrag** heraus begründete
**Kardinalpflicht des Verfrachters** handelt,[1] der dem Befrachter die Beförderung von
Gütern auf einem Schiff, nicht notwendigerweise seinem eigenen Schiff, zum Bestimmungs-
ort schuldet. Im englischen Recht hat die Verpflichtung den Charakter einer *„Warranty"*
(Garantie).[2]

**Seetüchtigkeit (engl. *Seaworthiness*)** und **Ladungstüchtigkeit (engl. *Cargo-worthi-*   2
*ness*)** sind gleichgestellte Verpflichtungen, die **bei Reiseantritt** vorliegen müssen. Die

---

[16] LG Hamburg 6.12.1995, TranspR 1997, 116, 117; *Koller* § 411 Rn. 10.
[17] *Fremuth/Thume* § 411 Rn. 13 für den Landtransport; *Koller* § 411 Rn. 14.
[18] S. auch *Koller* § 411 Rn. 12.
[1] *Schaps/Abraham* § 559 Einleitung.
[2] *Pötschke* S. 120 mwN.

Verpflichtung, ein ladungstüchtiges Schiff zu stellen, geht weiter als die, ein seetüchtiges Schiff bereit zu halten. Rechtlich hat die Unterscheidung allerdings keine Bedeutung, wenn es um die Frage der Haftung des Verfrachters bei einer Verletzung dieser Pflichten geht (vgl. § 498 Abs. 2 Satz 2 und § 499 Abs. 2 Satz 2).

## II. Entstehungsgeschichte

3    Die Norm entspricht dem § 559 Abs. 1 aF, der wiederum Art. 3 § 1 und Art. 4 § 1 der HR entsprach. Es handelt sich um eine traditionelle **Hauptpflicht** des Verfrachters, die in der Seeversicherung Auswirkungen auf den Versicherungsschutz hat. So haftet der **Seeversicherer** nicht für Schäden, die dadurch verursacht wurden, dass das Schiff nicht seetüchtig ist, wozu insbesondere die nicht gehörige Ausrüstung, Bemannung oder Beladung gehört, aber auch die fehlende Klasse einer Klassifikationsgesellschaft (vgl. 23 DTV-See-Kaskoklauseln 1978/04; § 58 ADS).[3]

## III. Seetüchtigkeit

4    **Seetüchtig** ist ein Schiff, wenn es nach möglicher Voraussicht im Stande ist, die **Gefahren der beabsichtigten Reise zu überstehen.** Unterschieden wird zwischen der Seetüchtigkeit im engeren Sinne, die auf die Tauglichkeit des Schiffskörpers abstellt, mit der konkreten Ladung für die vorgesehene Reise Gefahren der See zu bestehen[4], und der Seetüchtigkeit im weiteren Sinne, auch **Reisetüchtigkeit** genannt, die die gehörige Einrichtung, Ausrüstung, Bemannung und Verproviantierung des Schiffes umfasst.[5]

5    Seetüchtigkeit darf **nicht absolut** verstanden werden in dem Sinne, dass das Schiff für alle denkbaren Reisen seetüchtig sein muss. Vielmehr ist darauf abzustellen, in welchem Fahrtgebiet und zu welcher Jahreszeit es eingesetzt werden soll. Hieraus folgt, dass „**Seetüchtigkeit" immer relativ** bezogen auf die in Frage stehende Beförderung und den damit einhergehenden Haftungszeitraum zu verstehen ist.[6]

6    Hinsichtlich des **anzulegenden Maßstabs** für die Seeuntüchtigkeit ist auf den jeweiligen Stand von Wissenschaft und Praxis abzustellen. Gerade in der Seeschifffahrt gibt es ständig sich weiterentwickelnde Techniken beim Bau von Schiffen und der Verbesserung der Schiffssicherheit. Herangezogen werden können auch **Schiffssicherheitsvorschriften** bei der Beurteilung der Seetüchtigkeit. Das Fehlen eines nach dem ISM-Code notwendigen **Safety Management System (SMS)** kann ein Indiz für die fehlende Seetüchtigkeit sein.[7]

7    Die **Ursachen** für die Seeuntüchtigkeit können in **Mängeln am Schiff** selbst und seiner **Einrichtung** begründet sein, aber auch durch **fehlerhafte Stauung** von Gütern auftreten. Nicht jede fehlerhafte Stauung führt zur See- oder Ladungsuntüchtigkeit. Das fehlerhafte Beladen eines Containers mit verschiedenartigen Gütern führt zu einer Gefährdung eines Teils der Ladung und bedeutet nicht per se einen Mangel an der Einrichtung des Schiffes.[8] Typische Mängel am Schiffskörper sind Korrosionsschäden am Schiffsboden[9], fehlerhafte Schmierung der Hauptmaschine, die zu einem Maschinenschaden führt;[10] Offenlassen eines Seeventils,[11] undichte Lukendeckel, defekte Ruder-Anlage oder Ballastwasserpumpen, etc. Fehler bei der Stauung eines Schiffes können zu **mangelnder Stabilität** führen und so das Schiff seeuntüchtig werden lassen.[12]

---

[3] Thume/de la Motte/Ehlers/*Schwampe* 6 AVB-Seekasko Rn. 209–215.
[4] *Gramm* S. 91; *Pötschke* S. 12; BGH 11.3.1974, VersR 1974, 771 = MDR 1974, 912.
[5] *Gramm* S. 90; Schaps/*Abraham* § 559 Rn. 1; *Rabe* § 559 Rn. 5 und 6; *Herber* S. 313; *Pötschke* S. 12.
[6] BGH 20.2.1995, TranspR 1995, 306, *Wüstendörfer* S. 238 der von der Fähigkeit des Schiffes, mit der konkreten Ladung die vorgesehene Reise zur vereinbarten Jahreszeit zu bestehen, spricht; *Trappe* VersR 1985, 206 zur Seetüchtigkeit im Fall MS „Nordholm".
[7] *Looks/Kraft* TranspR 1998, 224.
[8] LG Hamburg 16.1.2008, TranspR 2008, 218–220, wo es um einen fehlerhaft gestauten Container ging.
[9] BGH 23.2.1978, NJW 1978, 1485; OLG Hamburg 2.3.1972, VersR 1972, 1064.
[10] OLG Hamburg 15.12.1977, VersR 1978, 958.
[11] OLG Hamburg 6.1.1972, VersR 1972, 636; BGH 10.5.1974, MDR 1974, 824–827.
[12] Vgl. *Rabe* § 559 Rn. 12 und 13 mwN zur Rechtsprechung.

## IV. Ladungstüchtigkeit

**Ladungstüchtig** ist ein Schiff, wenn es geeignet ist, die Ladung **unversehrt aufzuneh-** 8 **men und während der Reise vor Beschädigungen zu schützen** im Hinblick auf andere Transportgefahren als die Gefahren der See.[13] Entweder ist das Schiff so beschaffen, oder es muss Vorsorge getroffen werden, dass die Güter auf der Reise – abgesehen von den Gefahren zur See – ungefährdet befördert werden können. Erscheint dies beim Beginn der Reise unwahrscheinlich wegen des Zustands der Laderäume, liegt Ladungsuntüchtigkeit vor.[14]

Das Gesetz erwähnt explizit **Kühl- und Gefrierräume** als speziell für bestimmte Güter 9 vorgesehene Laderäume, die sich bei Beginn der Reise in einem Zustand befinden müssen, dass die zu kühlenden Güter übernommen werden können. Das Schiff muss generell geeignet sein zur Beförderung der spezifischen Güter entsprechend ihrer Eigenschaften, sei es Gefrier- oder zu kühlendes Gut, mit **Frischluft** zu belüftendes Gut[15] oder vor **Hitze und Feuchtigkeit**[16] zu schützendes Gut. Während sich im **Containerverkehr** die Ladungstüchtigkeit darauf beschränkt, dass die zu stauenden Container an Bord in die richtige Position unter Berücksichtigung der Stabilität des Schiffes gestaut werden können müssen, ist es im klassischen **Stückgutverkehr** entscheidend, dass die Laderäume tatsächlich für die Güter geeignet sind.[17] Diese müssen sich in einem für die Aufnahme, Beförderung, Erhaltung sowie das Löschen der Güter erforderlichen Zustand befinden.[18]

Wie bei der Seetüchtigkeit ist auch die Ladungstüchtigkeit ein **relativer Begriff**. Maßge- 10 bend sind die **Anforderungen, die die jeweilige Ladung an das Schiff** stellt.[19] Temperaturempfindliche oder geruchsempfindliche Ladung ist anders im Schiff zu stauen als feuchtigkeitsempfindliche Ladung. Die **Gefahrgut- und Unfallverhütungsvorschriften** geben hier hinreichend Anhaltspunkte (vgl. § 483, Rn. 1, 4).

## V. Rechtsfolgen bei Seeuntüchtigkeit und Ladungsuntüchtigkeit

Seeuntüchtigkeit oder Ladungsuntüchtigkeit des Schiffes, die der Verfrachter zu vertreten 11 hat, berechtigen den Geschädigten zum **Schadensersatz nach § 498**. Der Gesetzgeber hält am Prinzip einer **Sorgfaltshaftung des Verfrachters mit Entlastungsmöglichkeiten** fest, die, wie gelegentlich angenommen wurde, wie eine frachtrechtliche Gewährleistung erscheint.[20]

Nicht jeder zu Beginn der Reise vorhandene Mangel führt zu einer Haftung des Ver- 12 frachters nach § 498. So hat schon *Abraham* ausgeführt, dass ansonsten der Rechtsgedanke der anfänglichen Seetüchtigkeit überspannt werden würde.[21] Es ist daher zu prüfen, ob der fragliche Mangel bei **verständiger Würdigung der Verhältnisse** das Schiff auch tatsächlich see- und ladungsuntüchtig gemacht hat. Solche Mängel, die zwar bei Beginn der Reise vorhanden waren, aber im Verlauf des **normalen Bordbetriebs** alsbald entdeckt werden können und mit **Bordmitteln** leicht zu beheben sind, fallen nicht hierunter.[22]

---

[13] *Gramm* S. 91; *Rabe* § 559 Rn. 16; *Schaps/Abraham* § 513 Rn. 5.
[14] BGH 29.1.1968, BGHZ 49, 356; BGH 14.12.1972, BGHZ 60, 39; BGH 8.12.1975, BGHZ 65, 364; BGH 28.2.1983, VersR 1983, 549; *Wüstendörfer* S. 239. Im englischen Recht gleiche Rechtslage, s. ausführlich zu „cargo-worthiness" *Carver*, Carriage by Sea, Rn. 147 ff.; *Scrutton*, Charterparties, Art. 48 mit vielen Beispielen.
[15] BGH 9.4.1990, TranspR 1990, 333–335; BGH 14.1.1960, VersR 1960, 244.
[16] OLG Hamburg 7.1.1982, VersR 1982, 668–669; OLG Hamburg 27.11.1975, VersR 1976, 754–755.
[17] OLG Hamburg 13.9.1990, TranspR 1991, 151–152; OLG Hamburg 2.2.1989, TranspR 1989, 331–334.
[18] S. hierzu *Rabe* § 559 Rn. 19; *Schaps/Abraham* § 559 Rn. 2 mit ausführlichen Verweisen.
[19] OLG Hamburg 29.4.1971, VersR 1972, 347; BGH 14.1.1960, VersR 1960, 244.
[20] *Gramm* Seefrachtrecht S. 93; *Schaps/Abraham* § 559 Rn. 7.
[21] *Abraham* S. 181.
[22] BGH 14.12.1972, BGHZ 60, 39 gleich VersR 1973, 221 = NJW 1973, 329; BGH 17.1.1974, MDR 1974, 473–474.

13      Entscheidend für eine Verfrachterhaftung ist allerdings, dass es zu Schäden an den Gütern in der Zeit von der Übernahme zur Beförderung bis zur Ablieferung, dem **Obhutszeitraum** des Verfrachters, gekommen ist. Letztendlich geht es um Ladungsbehandlungsprobleme, aber nicht um solche Schäden, die im Vorfeld der Übernahme der Ladung entstanden sein können, zB durch nicht fristgerechte Zurverfügungstellung eines see- und ladungstüchtigen Schiffes. Für diese Schäden besteht eine Haftung des **Verfrachters wegen Schutzpflichtverletzungen nach § 280 BGB,** es sei denn, es handelt sich um aus der Verzögerung resultierende Güterschäden (zB verderbliche Ware), auf die dann wieder das Recht der tatsächlichen Beförderungsart, hier Seebeförderung, anzuwenden ist.[23]

## § 486 Abladen. Verladen. Umladen. Löschen

**(1) [1]Der Befrachter hat die Übergabe des Gutes an den Verfrachter zur Beförderung (Abladung) innerhalb der vertraglich vereinbarten Zeit zu bewirken. [2]Der Verfrachter hat demjenigen, der das Gut ablädt, auf dessen Verlangen ein schriftliches Empfangsbekenntnis zu erteilen. [3]Das Empfangsbekenntnis kann auch in einem Konnossement oder Seefrachtbrief erteilt werden.**

**(2) Soweit sich aus den Umständen oder der Verkehrssitte nichts anderes ergibt, hat der Verfrachter das Gut in das Schiff zu laden und dort zu stauen und zu sichern (verladen) sowie das Gut zu löschen.**

**(3) Befindet sich das Gut in einem Container, ist der Verfrachter befugt, den Container umzuladen.**

**(4) [1]Der Verfrachter darf das Gut ohne Zustimmung des Befrachter nicht auf Deck verladen. [2]Wird ein Konnossement ausgestellt, ist die Zustimmung des Abladers (§ 513 Absatz 2) erforderlich. [3]Das Gut darf jedoch ohne Zustimmung auf Deck verladen werden, wenn es sich in oder auf einem Lademittel befindet, das für die Beförderung auf Deck tauglich ist, und wenn das Deck für die Beförderung eines solchen Lademittels ausgerüstet ist.**

### Übersicht

| | Rn. | | Rn. |
|---|---|---|---|
| I. Normzweck | 1 | V. Verladen | 10, 11 |
| II. Entstehungsgeschichte | 2 | VI. Umladung | 12–16 |
| III. Abladung | 3–7 | | |
| IV. Empfangsbekenntnis | 8, 9 | VII. Deckverladung | 17–25 |

## I. Normzweck

1      Der Normzweck besteht darin, die **Verantwortlichkeit für das Verladen und Löschen** zu regeln. Anders als im allgemeinen Frachtrecht in § 412 Abs. 1, wo es Aufgabe des Absenders ist, das Gut beförderungssicher zu laden, zu stauen und zu befestigen (Verladen) sowie zu entladen, sieht das Seerecht den **Verfrachter** grundsätzlich in der Pflicht, diese Tätigkeiten vorzunehmen. Neben dieser Zuweisung von Tätigkeiten werden eine Reihe weiterer Punkte geregelt. So wird normiert, innerhalb **welcher Zeit das Gut abzuladen** ist, inwieweit der Verfrachter Güter **umladen** oder **an Deck** verladen darf. Die Vorschrift enthält ferner **zwei Legaldefinitionen,** einmal die der **Abladung** und zum anderen die des **Verladens.** Die Rechtsfolgen, die sich aus einer Verletzung der genannten Rechte und Pflichten ergeben, werden in den nachfolgenden Vorschriften geregelt.[1]

---

[23] Vgl. *Koller* § 407 Rn. 25 ff. zur vertragswidrigen Art der Beförderung im Landfrachtrecht; MüKoHGB/*Herber* Vor § 498 Rn. 31.
[1] RegBegr-SRG S. 69.

## II. Entstehungsgeschichte

Systematisch fügt sich die Vorschrift in das vom allgemeinen Frachtrecht bekannte Prinzip **2** der Pflichtenverteilung aus § 412 ein. In Anlehnung an § 412 sowie dem bisherigen § 588 Abs. 1 aF hat der Befrachter die Abladung zu bewirken.

## III. Abladung

Nach Abs. 1 hat der Befrachter die **Übergabe des Gutes** an den Verfrachter zur Beför- **3** derung **zu bewirken.** Mit dem Zusatz „Abladung" wird verdeutlicht, dass es sich hierbei um die **Legaldefinition** dieses Begriffs handelt. Der Befrachter hat das Erforderliche zu tun, dh. regelmäßig, dass er die Güter an den Kai oder längsseits des Schiffes zu liefern hat, damit sie von dort aus ins Schiff übernommen werden können. Sofern die Güter nicht an das Schiff gebracht werden können aufgrund von Hindernissen, die das Schiff veranlasst hat, muss der Verfrachter diese beseitigen.[2]

Mit der Beibehaltung der Formulierung „**bewirken**" ist laut RegBegr[3] klargestellt, dass **4** den Befrachter **keine Verpflichtung zur Abladung** der Güter trifft, der Verfrachter seine Leistung unter dem Stückgutfrachtvertrag aber nur in Abhängigkeit einer Handlung des Befrachters erbringen kann. Diese Grundregel ist **dispositiv** und kann von den Parteien des Stückgutfrachtvertrages abweichend vereinbart werden.

Die Abladung hat innerhalb der **vertraglich vereinbarten Zeit** zu erfolgen. Die Folgen **5** einer **säumigen Abladung** werden in § 490 geregelt. Das Gesetz geht davon aus, dass die Parteien im Stückgutfrachtvertrag eine Zeitspanne vereinbaren, innerhalb derer die Abladung zu erfolgen hat. Hierbei ist aber zu beachten, dass es bei der Stückgutbeförderung grundsätzlich **keine Wartezeiten** gibt, sondern der Befrachter die Abladung **unverzüglich** zu bewirken hat. Teil der Abladung ist auch die Übergabe der erforderlichen Begleitpapiere (vgl. § 487), die für eine amtliche Behandlung wie die Zollabfertigung benötigt werden. Während § 588 Abs. 1 aF noch ausdrücklich auf die **Aufforderung** des Kapitäns zur Abladung abstellt, die noch aus vergangenen Segelschiffzeiten resultiert, ist lange anerkannt, dass diese Aufforderung, sofern sie überhaupt noch explizit erfolgt, durch den Verfrachter oder seinen örtlichen Agenten vorgenommen wird.[4] Auch wenn im Gesetz jetzt nicht mehr explizit von „Aufforderung" die Rede ist, muss der Verfrachter derjenige sein, der entscheidet, wann er die Güter übernimmt. So werden gerade im **Linienverkehr** Güter laufend im Kaischuppen des Verfrachters angenommen und dann entsprechend des Fahr- und Stauplans des Schiffes an Bord verladen. Die Abfahrten der Schiffe sind durch Fahrpläne bekannt, auf die sich die Befrachter einstellen können. So hat bereits *Rabe*[5] zutreffend ausgeführt, dass dies auch ohne besondere Abrede als allgemein anerkannter Schifffahrtsbrauch im Linienverkehr gelten muss.

Der Befrachter hat den **vertraglich vereinbarten Abladetermin** einzuhalten. Anders **6** als im allgemeinen Frachtrecht in § 417 Abs. 1, muss der Befrachter das Gut nicht „innerhalb der Ladezeit" verladen oder dem Verfrachter zur Verfügung gestellt haben, sondern diesem zu einer vertraglich vereinbarten Zeit übergeben. Laut Regierungsbegründung[6] erfasst diese Formulierung nicht nur einen genauen Termin, sondern auch eine vertraglich vereinbarte **Zeitspanne,** innerhalb derer die Abladung bewirkt werden soll. So reicht es aus, dass die Abfahrt mit den bestimmten oder dem nächsten Schiff vereinbart wird. Dies stimmt mit den Gepflogenheiten in der Schifffahrt und hier insbesondere in der Linienschifffahrt überein.

Erfolgt die Abladung durch den Befrachter **nicht rechtzeitig,** kann der Verfrachter den **7** Vertrag **kündigen** oder lediglich einen **Teil der Ladung befördern.** Die Einzelheiten

---

[2] Schaps/*Abraham* § 588 Rn. 6.
[3] RegBegr-SRG S. 69.
[4] OLG Hamburg 5.5.1994, TranspR 1994, 398.
[5] *Rabe* § 588 Rn. 5.
[6] RegBegr-SRG S. 72 zu § 490.

sind in § 490 geregelt. Die Rechte des Verfrachters bei säumiger Abladung stehen ihm nicht zu, wenn die Gründe für die Verspätung dem Risikobereich des Verfrachters zuzurechnen sind (vgl. § 490 Abs. 5).[7]

### IV. Empfangsbekenntnis

8    Abs. 1 Satz 2 verpflichtet den Verfrachter, demjenigen, der das Gut ablädt, auf dessen Verlangen ein **schriftliches Empfangsbekenntnis** zu erteilen. Die Parteien können eine abweichende Vereinbarung im Stückgutfrachtvertrag treffen. Wurde auf die Ausstellung eines Konnossements verzichtet, kann der Ablader aber zumindest auf die Ausstellung des Empfangsbekenntnisses bestehen. Dies ergibt sich systematisch auch aus § 513 Abs. 1 Satz 1, wonach dem Ablader immer dann ein Konnossement auszustellen ist, wenn im Stückgutfrachtvertrag nichts anderes vereinbart wurde. Aus Abs. 1 Satz 3 ergibt sich, dass ein Konnossement oder ein Seefrachtbrief (§ 526) das Empfangsbekenntnis beinhalten kann.

9    Die Formulierung ist angelehnt worden an § 368 BGB,[8] in dem es um die Quittierung des Empfangs einer Leistung durch den Gläubiger geht. Es handelt sich um das Bekenntnis einer Tatsache, nicht um ein Rechtsgeschäft.[9]

### V. Verladen

10    Abs. 2 enthält die **zweite Legaldefinition** dieser Norm. Das **Laden, Stauen und Sichern der Güter** im Schiff wird als „verladen“ definiert. Die Verladung im Seerecht unterscheidet sich von der im allgemeinen Frachtrecht darin, dass dort in § 412 Abs. 1 von „befestigen“ der Güter gesprochen wird und nicht, wie im Seerecht, von „sichern“. Auch ist die **Lade- und Löschpflicht,** anders als im allgemeinen Frachtrecht, nicht Sache des Absenders bzw. Befrachters, sondern des **Verfrachters.** Damit wird berücksichtigt, dass in der Seeschifffahrt regelmäßig der Verfrachter das Gut zu verladen und zu löschen hat.[10] Allerdings ist auch diese Regelung **dispositiv,** so dass die Parteien etwas anderes vereinbaren können. Sofern keine andere Vereinbarung erfolgt, bleibt es Aufgabe des Befrachters, die Güter auf seine Kosten bis an das Schiff zu liefern und Aufgabe des Verfrachters, diese in das Schiff zu verladen.

11    Von dieser Grundregel in Abs. 2 kann sich bei Vorliegen von besonderen **Umständen** oder aufgrund der **Verkehrssitte** etwas anderes ergeben. Diese Formulierung stammt aus dem allgemeinen Frachtrecht § 412 Abs. 1, wo diese eine große Bedeutung hat (§ 412 Rn. 14 und 15). Im Seerecht regeln die Parteien durch Klauseln wie zB **FIO** *(Free In and Out);* **FIOS** *(Free In and Out Stowed)* oder **FIOST** (Free In and Out Stowed and Trimmed) die Pflichtenverteilung. Hierbei kann es sich jedoch auch lediglich um eine **Kostenverteilung** handeln, ohne die Lade- und Löschpflicht des Verfrachters abzubedingen.[11] Der Verfrachter soll dann die vom Befrachter oder Empfänger benannten Stauer auf eigene Kosten und eigenes Risiko beschäftigen. Zutreffend führt *Herber* aus, dass bei bloßer Benennung eines Stauers durch den Befrachter nicht angenommen werden darf, dass dieser damit das Verladen als eigene Leistung übernimmt und damit auch für Fehler des Stauers als seines Erfüllungsgehilfen haften wollte.[12]

### VI. Umladung

12    Nach Abs. 3 ist der Verfrachter berechtigt, Güter, die **in einem Container gestaut** sind, umzuladen. Es ist jedoch der **Container umzuladen** und nicht der Inhalt des Contai-

---

[7]  So schon OLG Hamburg HansGZ 1888, 227.
[8]  RegBegr-SRG S. 69.
[9]  Palandt/*Grüneberg* BGB § 368 Rn. 2.
[10]  RegBegr-SRG S. 69.
[11]  *Herber* S. 255.
[12]  *Herber* S. 256.

ners. Die Reg.Begr. führt aus,[13] dass Container ein weit zu verstehender Begriff ist. So zählen nicht nur geschlossenen Container dazu, sondern auch solche, bei denen einzelne Seiten offen sind, oder wo lediglich der Boden vorhanden ist, sog. Flatracks. Entscheidend ist, dass allen Containern gemein ist, den Umschlag, der sich in ihnen befindlichen Güter, zu erleichtern. Es würde daher dem Konzept einer Containerverschiffung widersprechen, wenn diese vom Verfrachter nicht grundsätzlich umgeladen werden dürften.

Dem Vorschlag der Sachverständigenkommission,[14] die auch vorgeschlagen hatte, die **13** Umladung dem Grunde nach für alle Güter zuzulassen, ist der Gesetzgeber nicht gefolgt. Laut Reg.Begr.[15] erscheint es geboten, das geltende **Umladeverbot** im bisherigen § 565 aF beizubehalten für solche Güter, die **nicht in einem Container verpackt** sind. Die Begründung hierzu überzeugt, denn es kann von einem Befrachter nicht erwartet werden, dass er sein Gut stets so verpackt, dass es während einer Seebeförderung auch umgeladen werden kann. Es müssten dann höhere Anforderungen an die Verpackung von Gütern zu stellen sein, um sie gegen Schäden durch Umladevorgänge zu schützen, was nicht der gesetzliche Regelfall sein sollte. Die Parteien können abweichende Vereinbarungen treffen. In der Praxis wird diese Beschränkung wenig Relevanz haben, da eine Vielzahl der Güter in Containern transportiert wird. Für Schwergut, Projektladung oder Schüttgut, das häufig nicht in Containern transportiert wird, treffen die Parteien regelmäßig besondere Vereinbarungen, inwieweit eine Umladung zulässig ist.

Durch sog. **Substitutionsklauseln in Konnossementen** wird die Berechtigung zum **14** Umladen vereinbart. Mit der jetzigen Regelung spielt diese Substitutionsbefugnis nur noch eine Rolle außerhalb des Containerverkehrs. Die Klausel lautet in einfacher Form „*Ship X or substitute at Owners option*" und erlaubt es dem Verfrachter, das Gut in ein anderes Schiff zu verladen, wobei es sich **nicht um eine Verpflichtung** des Verfrachters handelt („*at Owners' option*"; oder „*Owners are at liberty*").[16]

Schließlich hat der Verfrachter auch die Pflicht, das Gut **zu löschen.** Hierunter versteht **15** man das **Entladen des Gutes aus dem Schiff.** Der Verfrachter hat sich im Stückgutfrachtvertrag zur Ablieferung des Gutes an den Empfänger verpflichtet (§ 481). Eine Vorbereitungshandlung hierfür liegt im Löschen des Gutes. Auch hier können die Parteien abweichende Regelungen treffen. So kann der Empfänger zum Löschen verpflichtet sein, so dass die Ablieferung des Gutes an den Empfänger zeitlich vor dem Löschungsbeginn liegt. Im allgemeinen Frachtrecht wird anstelle des Begriffs „Löschen" der Begriff „Entladen" verwendet (§ 412 Rn. 22 und 23).

Im bisherigen Recht gab es in § 565 Abs. 2 aF eine Berechtigung zur **Umladung in 16 Notfällen.** Ein solcher Notfall bestand dann, wenn ein Ereignis das Schiff und/oder die Ladung betraf und die Umladung im Interesse der Durchführung des Frachtvertrages erforderlich war. Für den Fall, dass das den Notfall auslösende Ereignis **gefährliche Güter** sind, sieht § 483 Abs. 2 vor, dass der Verfrachter Maßnahmen ergreifen kann, um Gefahr für die übrige Ladung und das Schiff abzuwenden. Sollte jedoch das Ereignis, dass zu einem Notfall führt, nicht von einem gefährlichen Gut herrühren, fehlt es an einer gesonderten Norm, aus der sich die Erlaubnis zum Umladen ergibt. Allerdings bleibt die Berechtigung des Verfrachters zum Umladen nach den Voraussetzungen der großen Havarei (vgl. § 588) bestehen, so dass diese gegebenenfalls analog heranzuziehen ist.

## VII. Deckverladung

Eine **Deckverladung** von Gütern ist ohne **Zustimmung des Verfrachters** nach **17** Abs. 4 Satz 1 nicht zulässig. Dies entspricht dem bisherigen § 566 Abs. 1 aF Das grundsätzliche **Verbot der Verladung von Gütern auf Deck** (shipment on deck) ist althergebracht und dient der Vorbeugung gegen eine Beschädigung der Güter durch Seewasser und Verlust

---

[13] RegBegr-SRG S. 69.
[14] § 485 Abs. 3 BerSV, S. 15.
[15] RegBegr-SRG S. 69.
[16] *Rabe* § 565 Rn. 6; Schaps/*Abraham* § 565 Rn. 6.

durch Überbordspülen,[17] aber auch dem Schutz des Schiffes durch Überbelastung und mangelnde Stabilität.

18    Der gesetzliche Regelfall geht davon aus, dass **Güter unter Deck im Schiffsraum** zu befördern sind. Schiffsraum ist hierbei so zu verstehen, dass es sich um Bereiche **im Schiff** handelt, die oberhalb durch Lukendeckel oder andere Schutzdecks gegen überkommende See und Regen geschützt sind. Bei modernen Containerschiffen findet sich häufig kein festes Deck mehr[18] und eine Abgrenzung im klassischen Sinn zwischen im Schiffsraum und auf Deck nicht möglich.

19    Von der verbotenen Deckverladung macht Abs. 4 Satz 3 eine wichtige **Ausnahme.** So darf das Gut **ohne Zustimmung auf Deck** verladen werden, wenn es sich in oder auf einem **Lademittel** befindet, dass für die Beförderung auf Deck tauglich ist und wenn das Deck für die Beförderung eines solchen Lademittels ausgerüstet ist.[19] Da auch diese Vorschrift dispositiv ist, können Befrachter und Ablader der Deckverladung jedoch widersprechen, wenn sie nicht damit einverstanden sind.

20    Die Ausnahmeregelung in Abs. 4 Satz 3 zielt vor allem auf die Besonderheiten im **Containerverkehr** ab. Beim Einsatz von Containerschiffen kann kaum noch zwischen einer Verladung unter Deck und einer Verladung an Deck unterschieden werden. Die Reg.Begr.[20] führt zutreffend aus, dass es eine rasche technische Entwicklung bei der Beförderung von Gütern in oder auf für die Beförderung auf Deck tauglichen Lademitteln gibt und deshalb der Anwendungsbereich der Ausnahmeregelung in Satz 3 nicht nur auf Fälle beschränkt ist, in denen Container auf Containerschiffen befördert werden sollen. **Vorbild** dieser Ausnahmeregelung ist Art. 25 Abs. 2b) der RR. So verweist zB *Abraham* noch 1977 darauf, dass eine Deckverladung von Containern noch nicht allgemein üblich sei und es einer „Containerklausel" bei Deckverladung bedürfe.[21] Dies hat sich grundlegend geändert. Die Ladungsbeteiligten im Containerverkehr müssen stets damit rechnen, dass ihre Güter an Deck untergebracht werden.[22]

21    Weitere Ausnahmen vom Verbot der Deckverladung sind die, in denen eine Deckverladung von Gütern **gesetzlich vorgeschrieben** ist, wie zB für bestimmte gefährliche Güter nach der **GGVSee.**[23]

22    Deckverladung von Gütern befreit den Verfrachter nicht davon, **Schutzmaßnahmen** sowohl im Hinblick auf die **Schiffssicherheit** als auch **Ladungssicherheit** zu ergreifen. Er hat die Decklast zu beachten und die Luken unter der Deckladung zu sichern.[24] So kann es ebenfalls erforderlich sein, dass er die Deckladung abzudecken oder zusätzlich zu sichern hat.[25]

23    Die **Zustimmung zur Deckverladung** des Befrachters ist formfrei. Sie erfolgt zB durch Klauseln wie *„Goods on deck at shipper's risk"* („Deckverladung auf Befrachters Gefahr")[26], *„Carrier is entitled to stowe goods on deck"*, *„Option is reseved of shipping on deck at shipper's risk any cargo which …"*[27]. Klauseln dieser Art finden sich in den gängigen Konnossementsformularen, können aber auch gesondert vereinbart werden in Buchungsanzeigen (engl. *booking notes*) oder Charterverträgen. Die widerspruchslose Entgegennahme des Konnossements mit einer Deckverladungsklausel durch den Ablader reicht aus.[28] **Keine**

---

[17] OLG Hamburg 25.2.1971, VersR 1972, 761; OLG Hamburg 21.2.1991, TranspR 1991, 303; Schaps/*Abraham* § 566 Rn. 7.
[18] *Ramming* TranspR 2004, 201, 204 mwN zur Rechtsprechung.
[19] Krit. *Ramming* RdTW 2013, 253, 255.
[20] RegBegr-SRG S. 70.
[21] Schaps/*Abraham* § 566 Rn. 5.
[22] OLG Hamburg 4.8.2000, TranspR 2001, 38.
[23] *Rabe* § 566 Rn. 5.
[24] OLG Hamburg 14.12.1961, Hansa 1962, 840.
[25] BGH 20.5.1952, BGHZ 6, 127; OLG Düsseldorf 16.12.1982, VersR 1983, 750; OLG Hamburg 3.3.1977, VersR 1978, 617.
[26] BGH 20.5.1952, BGHZ 6, 127.
[27] S. Klauselbeispiele bei Schaps/*Abraham* § 566 Rn. 3.
[28] OLG Hamburg 4.8.2000, TranspR 2001, 38; BGH 20.5.1952, BGHZ 6, 127; *Rabe* § 566 Rn. 14; *Rabe* VersR 1994, 1029 zu AGB-Gesetz und Seefrachtrecht.

**Zustimmung zur Deckverladung** der im Konnossement genannten Güter sind Klauseln wie *„with liberty to carry deckload"* („mit Erlaubnis, Güter an Deck zu laden"). Sie erlauben dem Verfrachter nur, anderweitig Güter an Deck zu laden und befreien ihn von einer Haftung gegenüber anderen Ladungsbeteiligten, die aus der Übernahme einer sonstigen Deckladung entstehen kann.[29] Die Zustimmung ist gegenüber dem Empfänger nur verbindlich, wenn sie aus dem Konnossement hervorgeht (§ 522 Abs. 1).

**Verstößt der Verfrachter** gegen Abs. 4, weil er Güter auf Deck ohne die erforderliche   24
Zustimmung des Befrachters verladen hat, **haftet er nach § 500** selbst dann für den Schaden an den Gütern, die dadurch verloren gegangen oder beschädigt wurden, wenn ihn kein Verschulden trifft. Es handelt sich um eine **verschuldensunabhängige Haftung des Verfrachters,** bei der zugunsten des Geschädigten nach § 500 Satz 2 vermutet wird, dass der Schaden gerade auf diese nicht erlaubte Deckverladung zurückzuführen ist. Der Verfrachter kann diese Haftung nur abwenden, wenn er beweisen kann, dass der Schaden nicht auf einer unzulässigen Deckverladung beruht.[30]

Neben der unzulässigen Deckverladung sah § 566 Abs. 1 aF auch ein Verbot vor, Güter   25
an die Seiten des Schiffes zu hängen. Diese Regelung wurde abgeschafft. Völlig zutreffend führt die Reg.Begr.[31] hierzu aus, dass es für die Beibehaltung einer solchen Regelung kein sachliches Bedürfnis mehr gibt. Eine solche Beförderungsart von Gütern kommt in der Seeschifffahrt heute praktisch nicht mehr vor.

## § 487 Begleitpapiere

**(1) Der Befrachter hat dem Verfrachter alle Urkunden zur Verfügung zu stellen und Auskünfte zu erteilen, die für eine amtliche Behandlung, insbesondere eine Zollabfertigung, vor der Ablieferung erforderlich sind.**

**(2) [1]Der Verfrachter ist für den Schaden verantwortlich, der durch Verlust oder Beschädigung der ihm übergebenen Urkunden oder durch deren unrichtige Verwendung verursacht worden ist, es sei denn, der Schaden hätte durch die Sorgfalt eines ordentlichen Verfrachters nicht abgewendet werden können. [2]Die Haftung ist auf den Betrag begrenzt, der bei Verlust des Gutes zu zahlen wäre. [3]Eine Vereinbarung, durch die die Haftung erweitert oder weiter verringert wird, ist nur wirksam, wenn sie im Einzelnen ausgehandelt wird, auch wenn sie für eine Mehrzahl von gleichartigen Verträgen zwischen denselben Vertragsparteien getroffen wird. [4]Eine Bestimmung im Konnossement, durch die die Haftung weiter verringert wird, ist jedoch Dritten gegenüber unwirksam.**

### Übersicht

| | Rn. | | | Rn. |
|---|---|---|---|---|
| I. Normzweck | 1, 2 | 1. Grundlage | | 10, 11 |
| II. Entstehungsgeschichte | 3 | 2. Haftungsvoraussetzungen | | 12, 13 |
| III. Urkundsüberlassung und Auskunfterteilung | 4–9 | 3. Haftungsbegrenzung | | 14, 15 |
| | | 4. Abweichende Vereinbarungen | | 16, 17 |
| IV. Haftung des Verfrachters | 10–17 | V. Haftung des Befrachters | | 18 |

### I. Normzweck

Zweck dieser Vorschrift ist es, die **Verantwortungsbereiche** von Befrachter und Ver-   1
frachter für die Begleitpapiere zu regeln. Der Befrachter wird verpflichtet, insbesondere die für die amtliche Behandlung des Gutes, und hier insbesondere einer **Zollabfertigung,**

---

[29] Schaps/*Abraham* § 566 Rn. 4.
[30] OLG Hamburg 19.1.1989, VersR 1989, 1169 zur Haftung des Seespediteurs bei fehlender Weisung zur Deckverladung; *Ramming* RdTW 2013, 253, 258 ff.
[31] RegBegr-SRG S. 69.

erforderlichen Auskünfte zu erteilen und die nötigen Begleitpapiere zur Verfügung zu stellen. Dies ist Voraussetzung für einen **reibungslosen Seetransport** und verhindert Nachteile für beide Vertragsparteien, wie zB durch drohende Wartezeiten oder Beschlagnahme der Güter bei nicht vollständigen oder inkorrekten Dokumenten auftreten können.

2      Die **Haftung** des Befrachters für das Fehlen, die Unvollständigkeit oder Unrichtigkeit der nach Abs. 1 zu liefernden Urkunden und Auskünfte ist in § 488 Abs. 1 Nr. 4 geregelt. Abs. 2 regelt dagegen die Haftung des Verfrachters für die Schäden, die durch Verlust oder Beschädigung der übergebenen Urkunden oder durch deren unrichtige Verwendung verursacht worden sind.

## II. Entstehungsgeschichte

3      Die Vorschrift entspricht im Wesentlichen § 413. Die bisherige Regelung in § 591 aF war eher allgemeiner formuliert und nach Auffassung der Reg.Begr.[1] unzureichend.

## III. Urkundsüberlassung und Auskunftserteilung

4      Die Grundregel in Abs. 1 entspricht § 413 Abs. 1 und begründet eine vertragliche Nebenpflicht des Befrachters, alle **Urkunden zur Verfügung zu stellen** und **Auskünfte zu erteilen,** die für eine amtliche Behandlung, insbesondere eine Zollabfertigung der Güter, vor der Ablieferung erforderlich sind. Art und Eigenschaften der Güter, aber auch der Bestimmungsort sind für die Auswahl der Urkunden bedeutsam. Die **Mitwirkung des Befrachters** ist entscheidend für die Durchführung der Beförderung und damit die Erfüllung des Vertragszwecks. Eine Verletzung dieser Mitwirkungspflicht ist durch den Schadensersatzanspruch nach § 488 Abs. 1 Nr. 4 sanktioniert. Die Lieferung der Begleitpapiere ist Teil der Abladung und damit Sache des Befrachters.[2]

5      Welche Begleitpapiere zu übergeben sind, umschreibt das Gesetz. Es handelt sich um solche Urkunden, die **für eine amtliche Behandlung des Gutes** vor seiner Ablieferung erforderlich sind. Exemplarisch wird hier die Zollabfertigung benannt. Eine dezidierte Auflistung notwendiger Begleitpapiere erfolgte nicht, wäre auch schwer möglich gewesen angesichts der Vielzahl in Frage kommender Unterlagen. Entscheidend sind die Begleitpapiere, die einen **reibungslosen Transportablauf** mit dem Schiff ermöglichen. Von diesem Ziel ausgehend, erfasst Abs. 1 alle Papiere, auf die es während der Beförderung ankommt, so zB Gesundheitsbescheinigungen, Gefahrgutzeugnisse, Herstellernachweise, Ursprungsatteste, Ein-, Aus-, und Durchführungsbewilligungen, Zollfakturen usw.

6      Auch wenn ein **Zeitpunkt für die Übergabe** der Begleitpapiere im Gesetz nicht ausdrücklich geregelt ist, so versteht sich aus dem Schutzzweck des § 482 heraus, dass dieser so liegen muss, dass die Durchführung der Beförderung nicht verzögert oder anderweitig beeinträchtigt wird. Dies bedeutet nichts anderes, als dass die Urkunden und Auskünfte **vor Beginn der Beförderung** so rechtzeitig vorhanden sein müssen, dass der Verfrachter die Beförderung ordnungsgemäß vorbereiten kann (§ 482 Rn. 7 mwN).

7      Neben Begleitpapieren hat der Befrachter dem Verfrachter **Auskünfte zu erteilen.** Erfasst sind alle mündlich erteilten Informationen, aber auch schriftliche oder elektronische Mitteilungen, die für eine amtliche Behandlung des Gutes erforderlich sind. Die Eingrenzung der benötigten Auskünfte erfolgt durch deren Verwendung für eine amtliche Behandlung.

8      Der Verfrachter ist nicht verpflichtet, die Begleitpapiere und Auskünfte des Befrachters im Hinblick auf deren Vollständigkeit, Korrektheit und Eignung für eine amtliche Behandlung zu überprüfen. Lediglich aus **allgemein vertraglichen Schutzpflichten** kann der Verfrachter verpflichtet sein, **offenkundige Unstimmigkeiten** dem Befrachter vorsorglich mitzuteilen.

9      **Abs. 1 ist dispositiv.** Die Vertragsparteien können es zur Aufgabe des Verfrachters machen, die notwendigen Dokumente zu beschaffen. Hat der Verfrachter die Zollabferti-

---

[1] RegBegr-SRG S. 70.
[2] Schaps/*Abraham* § 591 Rn. 1.

gung des Gutes übernommen, so bedeutet dies nicht, dass damit der Auftraggeber, der Befrachter, von seiner in Abs. 1 geregelten Mitwirkungspflicht vollständig befreit ist.[3]

## IV. Haftung des Verfrachters

**1. Grundlage.** Die in Abs. 2 Satz 2 enthaltene Haftung des Verfrachters für den **Verlust** 10
**oder die Beschädigung der ihm übergebenen Urkunden oder deren unrichtige Verwendung** entstandenen Schaden entspricht der Haftung des Frachtführers im allgemeinen Frachtrecht in § 413 Abs. 2. Es handelt sich um eine Verfrachterhaftung für die **pflichtwidrige Behandlung** von Begleitpapieren, die *lex specialis* gegenüber der Haftung des Verfrachters nach § 498 ist.[4] Die Abweichung von Abs. 2 von § 413 Abs. 2 Satz 1 beim Verschuldensmaßstab trägt laut Reg.Begr.[5] dem Umstand Rechnung, dass ein solcher Maßstab auch in den Fällen der Haftung des Verfrachters für Güterschäden gilt (s. Rn. 13). Systematisch folgt das Gesetz hier der Regelung im allgemeinen Frachtrecht, deren Abs. 2 einen Haftungsmaßstab enthält, der in den §§ 425 ff. für die Frachtführerhaftung bei Güterschäden gilt.

Die **Beweislast** für die ordnungsgemäße vollständige Übergabe der Urkunden an den 11
Verfrachter oder deren nicht sachgerechte Verwendung trägt der Befrachter. Wie bei der Güterschadenshaftung trifft den Verfrachter jedoch die **sekundäre Darlegungslast** für den Umgang mit den Begleitpapieren. Es besteht **keine Haftung des Verfrachters** wenn der Schaden auch durch die Sorgfalt eines ordentlichen Verfrachters nicht hätte abgewendet werden können. Der Verfrachter hat zu beweisen, dass der Schaden trotz größter Sorgfalt nicht vermeidbar war und das bei Verlust des Gutes weniger Ersatz zu zahlen gewesen wäre.[6]

**2. Haftungsvoraussetzungen.** Abs. 2 begründet nur eine Haftung für den Verlust, die 12
Beschädigung oder die unrichtige Verwendung für die Begleitpapiere. Eine **Urkunde ist dann verloren,** wenn sie der Verfrachter zu dem Zeitpunkt nicht mehr besitzt, zu dem er sie für die amtliche Behandlung des Gutes benötigt. Von einer **Beschädigung der Urkunde** ist dann zu sprechen, wenn diese wegen Manipulationen wie zB Beschreiben, Durchstreichen oder physische Beschädigungen ihre **Funktion nicht mehr erfüllen** kann. Der dritte Tatbestand der **unrichtigen Verwendung** hängt von der Art der Urkunde ab und deren Zweck. Anerkannt ist, dass eine Urkunde dann unrichtig verwendet wurde, wenn sie bei einer falschen Stelle bzw. in falscher Art und Weise vom Verfrachter benutzt worden ist.[7] Auch der Fall, in dem die Urkunde trotz Übergabe gar nicht verwendet wurde, weil der Verfrachter dies zB vergisst, ist von Abs. 2 erfasst. Entscheidend ist, dass jeder **pflichtwidrige Umgang** mit den Begleitpapieren geschützt ist und der Befrachter so in umfangreicher Art geschützt wird.[8]

Der **Verschuldensmaßstab** in Abs. 2 orientiert sich an dem für die Haftung des Verfrachters für Güterschäden in § 498 Abs. 2 Satz 1. Es handelt sich um eine **Verschuldenshaftung des Verfrachters,**[9] von der dieser sich nach Abs. 2 Satz 1 mit dem Nachweis entlasten kann, der Schaden habe durch die Sorgfalt eines ordentlichen Verfrachters nicht abgewendet werden können. Für die maßgeblichen Regeln, die für den Entlastungsnachweis des Verfrachters zu beachten sind, wird auf § 498 Rn. 70 ff. verwiesen.

**3. Haftungsbegrenzung.** Nach Abs. 2 Satz 2 ist die Haftung auf den **Betrag begrenzt,** 14
der bei Verlust des Gutes zu zahlen wäre. Dies entspricht der Regelung im allgemeinen Frachtrecht in § 413 Abs. 2 Satz 2. Vom Grundsatz her ist jeder Schaden im Sinne von

---

[3] BGH 30.4.1997, TranspR 1998, 153, 155.
[4] Zum allg. Frachtrecht s. auch *Koller* § 413 Rn. 16.
[5] RegBegr-SRG S. 70.
[6] *Koller* § 413 Rn. 17; § 413 Rn. 11.
[7] OLG Düsseldorf 23.12.1996, TranspR 1997, 422, 423.
[8] BGH 26.6.1997, NJW 1998, 1075; *Koller* § 413 Rn. 15.
[9] Insoweit anders das allgemeine Frachtrecht § 413 Abs. 2.

§§ 249 ff. BGB zu ersetzen, doch die Schadenshöhe orientiert sich ausschließlich an dem Betrag, der für Verlust des Gutes, nicht dessen Beschädigung, zu zahlen wäre.

15　　Die **Begrenzung** der Summe auf den Betrag für den Verlust des Gutes bestimmt sich nach den **§§ 502, 504, 505.** Der Verfrachter haftet danach nur bis zur Grenze des Wertes des Gutes und dies auf einen **Höchstbetrag von 666,57 SZR für das Stück oder die Einheit** oder einen Betrag von **2 SZR für das Kilogramm des Rohgewichts** des Gutes, je nachdem, welcher Betrag höher ist (§ 504 Abs. 1 Satz 1). Die Haftungsbegrenzung **entfällt** unter den Voraussetzungen des § 507 Nr. 1 bei Vorsatz oder einem dem Vorsatz gleichgestellten leichtfertigen Verhalten des Verfrachters.

16　　**4. Abweichende Vereinbarungen.** Anders als im allgemeinen Frachtrecht in § 413, regelt Abs. 2 Satz 3 und 4, unter welchen Voraussetzungen die Parteien eine abweichende Haftungsregelung treffen können. Erstmalig wird im Seerecht geregelt (s. auch § 512 Abs. 1 und § 525), dass der Verfrachter seine Haftung nur im Rahmen einer **Individualvereinbarung** entweder verringern oder erweitern kann. Die Reg.Begr.[10] führt hierzu aus, dass dem Model der **„AGB-Festigkeit",** wie im allgemeinen Frachtrecht zu § 449 Abs. 1, der Vorzug gegeben wurde, um inhaltliche Wertungsfragen zu vermeiden. Zu beachten ist, dass unter einer Individualvereinbarung im Sinne von Abs. 2 S. 3 auch **solche Abreden erfasst sind, die für eine Mehrzahl gleichartiger Verträge zwischen denselben Vertragsparteien getroffen** wurden. Damit weicht die Vorschrift von § 305 Abs. 1 Satz 1 BGB ab und erfasst auch **Rahmenverträge. „Im Einzelnen ausgehandelt"** (diese Formulierung findet sich auch in § 512) ist eine Bedingung dann, wenn es jeder Partei ermöglicht wurde, den Inhalt der Klausel zu beeinflussen. Es muss eine **Verhandlungsbereitschaft** über den Inhalt der Klausel erkennbar gewesen sein. Die Regelung muss vom Verwender ernsthaft zur Disposition gestanden haben.[11] Systematisch fügt sich Abs. 2 Satz 3 in das jetzt ins Seerecht eingeführte Model der AGB-Festigkeit von Haftungsvorschriften ein (s. § 512 Abs. 1, § 525).

17　　Abs. 2 Satz 4 enthält wie § 525 eine **Sonderregelung für Konnossemente.** Eine Bestimmung im Konnossement, durch die die Haftung weiter verringert wird, ist Dritten gegenüber unwirksam. Damit wird die **Umlauffähigkeit** des Konnossements gewährleistet und sichergestellt, dass von der gesetzlichen Regelhaftung nicht zum Nachteil Dritter in Konnossementen abgewichen werden kann. So kann ein Dritter, der nicht Vertragspartei des Stückgutfrachtvertrages ist und damit nicht beteiligt war bei der Verhandlung der einzelnen Bedingungen, nicht beurteilen, welche Bestimmungen „im Einzelnen ausgehandelt" worden sind. Dies rechtfertigt, die Haftung des Verfrachters gegenüber Dritten nicht unter die in § 504 enthaltene gesetzliche Regelhaftung einzuschränken.

## V. Haftung des Befrachters

18　　Der Befrachter hat die Begleitpapiere ohne Verzug vor Beginn der Beförderung beizubringen. Liefert er die Begleitpapiere nicht, so kann er **nicht auf Leistung verklagt** werden, da er sie nicht schuldet.[12] Stattdessen hat der Verfrachter nach **§ 488 Abs. 1 Nr. 4** einen **Anspruch auf Schadensersatz und Aufwendungsersatz** für das Fehlen, die Unvollständigkeit oder die Unrichtigkeit der Begleitpapiere und Informationen. Der Verfrachter ist auch berechtigt, bereits verladene Güter wieder auszuladen und den Befrachter für die entstandenen Kosten verantwortlich zu machen. Dies ergibt sich aus § 490 Abs. 3, weil die Bereitstellung der für den Transport notwendigen Begleitpapiere Teil der Abladung ist. Fehlen diese, kann ein Fall der **Säumnis** vorliegen.

## § 488 Haftung des Befrachters und Dritter

**(1) [1]Der Befrachter hat dem Verfrachter Schäden und Aufwendungen zu ersetzen, die verursacht werden durch**

---

[10] RegBegr-SRG S. 70.
[11] Palandt/*Grüneberg* § 305 Rn. 18 ff.
[12] Schaps/*Abraham* § 592 Rn. 2.

1. Unrichtigkeit oder Unvollständigkeit der erforderlichen Angaben zum Gut,
2. Unterlassen der Mitteilung über die Gefährlichkeit des Gutes,
3. ungenügende Verpackung oder Kennzeichnung oder
4. Fehlen, Unvollständigkeit oder Unrichtigkeit der in § 487 Absatz 1 genannten Urkunden oder Auskünfte.

²Der Befrachter ist jedoch von seiner Haftung befreit, wenn er die Pflichtverletzung nicht zu vertreten hat.

(2) ¹Macht der in § 482 Absatz 2 genannte Dritte unrichtige oder unvollständige Angaben bei der Abladung oder unterlässt er es, den Verfrachter über die Gefährlichkeit des Gutes zu unterrichten, so kann der Verfrachter auch von diesem Ersatz der hierdurch verursachten Schäden und Aufwendungen verlangen. ²Dies gilt nicht, wenn der Dritte die Pflichtverletzung nicht zu vertreten hat.

(3) ¹Wird ein Konnossement ausgestellt, so haben der Befrachter und der Ablader (§ 513 Absatz 2), auch wenn sie kein Verschulden trifft, dem Verfrachter Schäden und Aufwendungen zu ersetzen, die verursacht werden durch

1. Unrichtigkeit oder Unvollständigkeit der in das Konnossement aufgenommenen Angaben nach § 515 Absatz 1 Nummer 8 über Maß, Zahl oder Gewicht sowie über Merkzeichen des Gutes oder
2. Unterlassen der Mitteilung über die Gefährlichkeit des Gutes.

²Jeder von ihnen haftet jedoch dem Verfrachter nur für die Schäden und Aufwendungen, die aus der Unrichtigkeit oder Unvollständigkeit seiner jeweiligen Angaben entstehen.

(4) Hat bei der Verursachung der Schäden oder Aufwendungen ein Verhalten des Verfrachters mitgewirkt, so hängen die Verpflichtung des Befrachters und des Abladers nach Absatz 3 zum Ersatz sowie der Umfang des zu leistenden Ersatzes davon ab, inwieweit dieses Verhalten zu den Schäden und Aufwendungen beigetragen hat.

(5) ¹Eine Vereinbarung, durch die die Haftung nach Absatz 1, 2 oder 3 ausgeschlossen wird, ist nur wirksam, wenn sie im Einzelnen ausgehandelt wird, auch wenn sie für eine Mehrzahl von gleichartigen Verträgen zwischen denselben Vertragsparteien getroffen wird. ²Abweichend von Satz 1 kann jedoch die vom Befrachter oder Ablader zu leistende Entschädigung der Höhe nach auch durch vorformulierte Vertragsbedingungen beschränkt werden.

### Übersicht

| | Rn. | | Rn. |
|---|---|---|---|
| I. Normzweck | 1–3 | 3. Verschärfte Haftung bei Konnossements- | |
| II. Entstehungsgeschichte | 4 | ausstellung | 14–16 |
| III. Verschuldensabhängige Haftung | 5–24 | 4. Mitwirkungspflicht des Verfrachters | 17–22 |
| 1. Grundsatz | 5–9 | 5. Abweichende Vereinbarungen | 23, 24 |
| 2. Haftungsauslösende Pflichtverletzungen | 10–13 | IV. Konkurrenzen | 25, 26 |

## I. Normzweck

Geregelt wird die Haftung des Befrachters und des Abladers für **bestimmte Pflichtver-** 1 **letzungen,** die in den **§§ 482, 483, 484 und 487** normiert sind. Hier findet sich die Sanktion für einen Verstoß gegen die Pflicht, die für die Durchführung der Beförderung erforderlichen Angaben zum Gut zu machen (§ 482), dem Verfrachter rechtzeitig zu ergreifende Vorsichtsmaßnahmen mitzuteilen beim Transport gefährlicher Güter (§ 483), für eine beförderungssichere Verpackung und ordnungsmäßige Kennzeichnung der Güter zu sorgen (§ 484) und schließlich dem Verfrachter alle Begleitpapiere zur Verfügung zu stellen und Auskünfte zu erteilen, die dieser für eine amtliche Behandlung der Güter benötigt (§ 487).

**2**    **Geschützt wird der Verfrachter.** Wird er durch Dritte in Anspruch genommen aufgrund der Unrichtigkeit oder Unvollständigkeit der erforderlichen Angaben zum Gut, des
Unterlassens der Mitteilung über die Gefährlichkeit des Gutes, einer ungenügenden Verpackung oder Kennzeichnung oder des Fehlens, der Unvollständigkeit oder Unrichtigkeit der
Begleitpapiere oder Auskünfte, steht ihm ein **Ersatzanspruch gegenüber dem Befrachter** und dem bei der Abladung eingeschalteten Dritten zu. Es handelt sich um eine **verschuldensabhängige Haftung.** Dies unterscheidet § 488 von § 414 (§ 414 Rn. 1). Hierzu
führt die Regierungsbegründung aus, dass es nicht sachgerecht sei, dem Verfrachter eine
verschuldensabhängige und zugleich der Höhe nach beschränkte Haftung aufzuerlegen,
dem Befrachter dagegen eine verschuldensunabhängige Haftung in unbeschränkter Höhe,
wie im allgemeinen Frachtrecht.[1]

**3**    Wird dagegen ein **Konnossement** ausgestellt, haftet der Befrachter verschuldensunabhängig (Abs. 3), was mit Art. 3 § 5 und Art. 4 § 6 der HR übereinstimmt.

## II. Entstehungsgeschichte

**4**    § 488 fasst die §§ 563, 564, 564a und 564b aF zusammen. Anders als in § 414 Abs. 1
erfolgt in Anlehnung an § 280 BGB eine **verschuldensabhängige Haftung,** bei der der
Befrachter dann von seiner Haftung befreit ist, wenn er die Pflichtverletzung nicht zu
vertreten hat (so auch § 280 Abs. 1 Satz 2 BGB). Auch **Art. 4 § 3 HR** geht von einer
grundsätzlich verschuldensabhängigen Haftung des Befrachters aus. Nur dort, wo der
Befrachter dem Verfrachter über die Art und Gefährlichkeit des Gutes nicht informiert hat
(Art. 4 § 6 HR) oder der Befrachter bestimmte Aufgaben über Merkzeichen, Zahl und
Gewicht im Konnossement gemacht hat (Art. 3 § 3 HR), sehen die HR eine verschuldensunabhängige Haftung vor.[2]

## III. Verschuldensabhängige Haftung

**5**    **1. Grundsatz.** Abs. 1 begründet eine verschuldensabhängige Haftung des Befrachters
für **alle Schäden und Aufwendungen des Verfrachters** wegen der Verletzung der in
Abs. 1 einzeln aufgeführten Tatbestände. Anders als im allgemeinen Frachtrecht in § 414
Abs. 1 sieht das Gesetz eine **Haftungsbefreiung** vor, wenn der Befrachter die Pflichtverletzung nicht zu vertreten hat (Abs. 1 Satz 2).

**6**    Die Haftung des Befrachters gegenüber dem Verfrachter für vermutetes Verschulden ist
**unbeschränkt.** Die verschuldensabhängige Haftung erstreckt sich auf den in § 482 Abs. 2
genannten Dritten. Erfasst ist der **Ablader,** aber auch jede **sonstige Person,** die vom
Befrachter benannt ist, unabhängig davon, ob sie in einem Konnossement eingetragen
wurde oder nicht. Die Haftung erstreckt sich jedoch nur für die **Unrichtigkeit oder
Unvollständigkeit der erforderlichen Angaben** zum Gut (Abs. 1 Satz 1 Nr. 1) und für
das **Unterlassen der gebotenen Mitteilung über die Gefährlichkeit des Gutes** (Abs. 1
Satz 1 Nr. 2) auf den Ablader bzw. sonstige Dritte, die dem Verfrachter das Gut zur Beförde-
rung übergeben haben. Die **ungenügende Verpackung oder Kennzeichnung** des Gutes
(Abs. 1 Satz 1 Nr. 3) oder das **Fehlen, die Unvollständigkeit oder Unrichtigkeit der
Begleitpapiere oder Auskünfte** (Abs. 1 Satz 1 Nr. 4) trifft **ausschließlich den Befrachter** und nicht die in § 482 Abs. 2 genannten Dritten.

**7**    Auch der Ablader oder die in § 482 Abs. 2 genannten Dritten können sich von ihrer
**Haftung befreien,** wenn sie die Pflichtverletzung nicht zu vertreten haben (Abs. 2 Satz 2).
Hierin besteht eine Abweichung vom bisherigen Recht (vgl. §§ 563, 564, 564a, 564b aF).

**8**    Systematisch sanktioniert Abs. 2 die Verletzungen der Pflichten, die in § 482 Abs. 2 und
§ 483 Abs. 1 normiert sind.

---

[1] RegBegr-SRG S. 71.
[2] RegBegr-SRG S. 71.

Befrachter und Dritter haften als **Gesamtschuldner** nebeneinander. Abs. 2 regelt, dass **9** der Verfrachter „auch" von dem Dritten Schadensersatz beanspruchen kann. Der Befrachter hat eine eigene Informationspflicht gegenüber dem Verfrachter und daneben muss er sich die Handlungen Dritter nach § 278 BGB als seine Erfüllungsgehilfen zurechnen lassen.[3]

**2. Haftungsauslösende Pflichtverletzungen.** In Absatz 1 sind **vier Tatbestände** auf- **10** gezählt, deren Verletzung eine Haftung auslöst. In **Abs. 1 Satz 1 Nr. 1** geht es um die **Angaben zum Gut** (§ 482 Abs. 1). Falsche oder unvollständige Angaben, die für die Durchführung der Beförderung des speziellen Gutes erforderlich sind, hat der Befrachter zu verantworten. Für Einzelheiten wird auf § 482 verwiesen.

In **Abs. 1 Satz 1 Nr. 2** wird die unterlassene **Mitteilung über die Gefährlichkeit** des **11** Gutes sanktioniert. Der Befrachter hat dem Verfrachter rechtzeitig die genaue Art der Gefahr und eventuell zu ergreifende Vorsichtsmaßnahmen mitzuteilen (§ 483 Abs. 1). Zum Umfang der Mitteilungspflichten wird auf § 483 verwiesen.

In **Abs. 1 Satz 1 Nr. 3** findet sich die Sanktion für **ungenügende Verpackung oder** **12** **Kennzeichnung**, die an die Pflicht des Befrachters anknüpft, das Gut, soweit dessen Natur unter Berücksichtigung der vereinbarten Beförderung eine Verpackung erfordert, so zu verpacken, dass es vor Verlust oder Beschädigung geschützt ist und dass auch dem Verfrachter keine Schäden entstehen (§ 484). Einzelheiten hierzu finden sich in § 484.

In **Abs. 1 Satz 1 Nr. 4** wird das **Fehlen, die Unvollständigkeit oder die Unrichtig-** **13** **keit der Begleitpapiere** nach § 487 sanktioniert. Alle Unterlagen und Informationen, die für eine amtliche Behandlung des Gutes, insbesondere seine Zollabfertigung, erforderlich sind, hat der Befrachter dem Verfrachter rechtzeitig vor Ablieferung zu übermitteln. Zu Einzelheiten wird auf § 487 verwiesen.

**3. Verschärfte Haftung bei Konnossementsausstellung.** Abs. 3 regelt eine ver- **14** schärfte Haftung des **Befrachters** und des **Abladers** (§ 513 Abs. 2). Sie haften bei **Unrich-** **tigkeit oder Unvollständigkeit der in das Konnossement aufgenommenen Anga-** **ben** über Maß, Zahl oder Gewicht sowie über Merkzeichen des Gutes (Abs. 3 Satz 1 Nr. 1) oder, bei **Unterlassen der Mitteilung über die Gefährlichkeit** des Gutes (Abs. 3 Satz 1 Nr. 2), auch in den Fällen, in denen sie kein Verschulden trifft. Diese **verschuldensunab-** **hängige** und der Höhe nach **unbeschränkte Haftung** für Schäden und Aufwendungen entspricht den Vorgaben von Art. 3 § 5 und Art. 4 § 6 HR. Aufgrund der besonderen Stellung des Konnossements als Wertpapier, das gutgläubig erworben werden kann, ist dies besonders schützenswert. So wurde bewusst der in der Praxis häufig wie ein Konnossement verwendete Seefrachtbrief nicht von dieser Regelung erfasst.[4]

Mit dem Verweis aus § 515 Abs. 1 Nr. 8 sind nur die **äußeren Kennzahlen** erfasst, **15** nicht die Angaben, die nach § 515 Abs. 1 Nr. 7 in das Konnossement aufzunehmen sind und die Art des Gutes und dessen äußerlich erkennbare Verfassung und Beschaffenheit betreffen. Auch diese Merkmale sind vom Verfrachter so in das Konnossement aufzunehmen, wie vom Ablader angegeben (§ 512 Abs. 2). Es bleibt angesichts des Abs. 3 Nr. 1 aber für die Angaben nach **§ 515 Abs. 1 Nr. 7 bei einer Verschuldenshaftung** nach Abs. 1 Nr. 1. Der Verfrachter kann sich durch einen Vorbehalt im Konnossement gegen die Haftung für diese Angaben aussprechen (§ 517 Abs. 2).

Befrachter und Ablader haften hier **nicht als Gesamtschuldner** (Abs. 3 Satz 2). Jeder **16** haftet nur, soweit er selbst die Pflichtverletzung begangen hat. Sofern nur der Ablader falsche Angaben gemacht hat, haftet er allein. Die Regelung entspricht § 563 Abs. 1 Satz 2 aF. Hat der Ablader die falschen Angaben vom Befrachter erhalten, betrifft dies nur das Innenverhältnis zwischen Befrachter und Ablader und der Ablader hat gegebenenfalls einen Rückgriffsanspruch gegen den Befrachter.[5]

---

[3] RegBegr-SRG S. 71.
[4] RegBegr-SRG S. 71.
[5] *Rabe* § 563 Rn. 7.

**17**    **4. Mitwirkungspflicht des Verfrachters.** Bei der Beurteilung des **Haftungsumfangs** ist entscheidend, in welchem Umfang ein Verhalten des Verfrachters bei der Verursachung der Schäden oder Aufwendungen mitgewirkt hat (Abs. 4). Die Verpflichtung des Befrachters und des Abladers nach Abs. 3 zum Ersatz sowie Umfang des zu leistenden Schadens hängt davon ab, inwieweit ein **Verhalten des Verfrachters mitursächlich** war. Die Regelung entspricht § 414 Abs. 2 und ist § 254 BGB nachgebildet. Der Rechtsgedanke des **Mitverschuldens** kann hier nicht unmittelbar herangezogen werden, da es sich bei der Haftung nach Abs. 3 um eine verschuldensunabhängige Haftung des Befrachters und Abladers handelt. Es kommt zu einer **Schadensteilung** oder sogar zu einem **Ausschluss der Haftung** des Befrachters und Abladers, wenn das Verhalten des Verfrachters entsprechend schadensursächlich war.

**18**    Abs. 4 gilt nur für die nach Abs. 3 **verschuldensunabhängigen Haftungstatbestände.** Im Übrigen ist **§ 254 auf die Verschuldenshaftung** in den Absätzen 1 und 2 unmittelbar anwendbar.[6] Ein **Verschulden der Leute,** für die der Verfrachter nach § 501 einzustehen hat, muss er sich nicht zurechnen lassen. Die bloße Nichtanfrage des Verfrachters im Falle einer unrichtigen Bezeichnung des Gutes reicht nicht für die Annahme von konkurrierendem Verschulden.[7]

**19**    Gerade die Fälle, in denen der Verfrachter eine Pflichtverletzung des Befrachters oder des Abladers aus den vier Sondertatbeständen nach Abs. 1 erkannt hat und diesen dann nicht unterrichtet oder weitere Weisungen eingeholt hat, führen zu einer **Mitverursachung** im Sinne von Abs. 4 und damit zu einer **Mithaftung des Verfrachters.** Zwar trifft den Verfrachter grundsätzlich keine Pflicht, die Richtigkeit und Vollständigkeit der Angaben zum Gut zu überprüfen, doch liegt dann ein Fall der Mitverursachung vor, wenn der Verfrachter es übernommen hat, die Frachtpapiere, insbesondere das Konnossement, selbst auszufüllen (§ 414 Rn. 26 mwN).

**20**    Sofern ein Fall nach Abs. 1 Satz 1 Nr. 3 vorliegt, kann die Mitwirkung des Verfrachters darin liegen, dass er erkannt hat, dass das Gut ungenügend verpackt oder gekennzeichnet war und den Absender hierüber nicht unterrichtet hat.[8] Den Verfrachter trifft **keine gesetzliche Prüfungspflicht.** Die Pflicht zur ordnungsgemäßen Verpackung oder Kennzeichnung trifft den Befrachter. Aus der vertraglichen Obhutspflicht des Verfrachters ergibt sich jedoch nach zutreffender Ansicht (§ 414 Rn. 23 mwN), dass der Verfrachter zumindest oberflächlich zu kontrollieren und den Befrachter oder Ablader auf deutlich erkennbare Verpackungsmängel hinzuweisen hat.

**21**    Im Fall des Abs. 1 Satz 1 Nr. 2 ist von einer Mitverursachung des Verfrachters nach Abs. 4 dann auszugehen, wenn der Verfrachter die Gefährlichkeit des Gutes bei dessen Übernahme kannte. Auf eine unterbliebene Information seitens des Befrachters oder Abladers kann er sich dann nicht berufen (§ 414 Rn. 14).

**22**    Das Fehlen, die Unvollständigkeit oder Unrichtigkeit der Begleitpapiere ist dann seitens des Verfrachters mitbewirkt, wenn er diese ungeachtet der ihm bekannten Mängel für die amtliche Behandlung verwendet.[9] Das Gesetz ordnet keine Prüfungspflicht des Verfrachters an, doch trifft ihn eine **allgemeine Obhutspflicht,** wonach er offensichtliche Mängel zu beachten und diese zumindest dem Befrachter oder Ablader mitzuteilen hat (§ 414 Rn. 28).

**23**    **5. Abweichende Vereinbarungen.** Unter welchen Voraussetzungen die Parteien eine abweichende Vereinbarung von den Absätzen 1–3 treffen können, ist in Abs. 5 geregelt. Die Haftung des Befrachters und Dritter ist eine **zwingende Haftung mit einer Öffnungsklausel.** Der im allgemeinen Frachtrecht in § 449 enthaltene Grundsatz wurde übernommen.[10] Vom Verbot, die Haftung des Befrachters oder Dritter (Ablader) auszuschließen,

---

[6] RegBegr-SRG S. 71.
[7] Schaps/*Abraham* § 564 Rn. 6.
[8] *Koller* § 414 Rn. 19; § 414 Rn. 23.
[9] BGH 22.1.1954, BGHZ 12, 136 = NJW 1954, 795.
[10] RegBegr-SRG S. 71.

wird eine Ausnahme gemacht, wenn die Vereinbarung, mit der die Haftung ausgeschlossen wird, **im Einzelnen ausgehandelt** wurde. Dies gilt auch dann, wenn dies für eine Mehrzahl von gleichartigen Verträgen zwischen denselben Vertragsparteien erfolgte. Der Ausschluss kann **nicht durch AGB** erfolgen.

In Abs. 5 Satz 1 ist die Voraussetzung für die Vereinbarung eines Haftungsausschlusses **24** geregelt. Die **Haftungsbeschränkung** ist hiervon nicht erfasst. Eine Beschränkung der Haftung des Befrachters und des Abladers kann durch **vorformulierte Vertragsbedingungen** erfolgen (Abs. 5 Satz 2). Eine Beschränkung der Haftung ist danach eher wirksam möglich als ein Haftungsausschluss, der eine höhere Anforderung an die Vereinbarung erfüllen muss. Laut Reg.Begr.[11] erfolgte diese Differenzierung bewusst, um ein Gleichgewicht zwischen der Haftung des Befrachters und des Abladers mit der des Verfrachters hinsichtlich der Höhe herzustellen. Während der Verfrachter einer gesetzlichen Höchsthaftung unterliegt, kann der Befrachter oder Ablader dies durch AGB herbeiführen.

### IV. Konkurrenzen

Bei § 488 handelt es sich um einen **Sondertatbestand,** der die vertragliche Haftung **25** des Befrachters regelt. Sie ist gegenüber den allgemein zivilrechtlichen Normen *lex specialis,* so dass zB ein Schadensersatzanspruch nach § 642 BGB wegen einer fehlenden Mitwirkung des Befrachters ausgeschlossen ist. Dies gilt auch für einen Rückgriff auf das allgemeine Leistungsstörungsrecht, nach den §§ 280 ff. BGB für Schadensersatz und nach den §§ 323 ff. BGB für Rücktritt.[12] Außervertragliche Schadensersatzansprüche aus Delikt bleiben hiervon unberührt und können kumulativ neben § 488 geltend gemacht werden.[13]

Unberührt bleibt weiter der Anspruch des Verfrachters unter einem Reisefrachtvertrag **26** auf Liegegeld in den Fällen, in denen die Ladezeit überschritten worden ist (vgl. § 530 Abs. 3).

### § 489 Kündigung durch den Befrachter

(1) **Der Befrachter kann den Stückgutfrachtvertrag jederzeit kündigen.**

(2) **[1]Kündigt der Befrachter, so kann der Verfrachter Folgendes verlangen:**
1. **die vereinbarte Fracht sowie zu ersetzende Aufwendungen unter Anrechnung dessen, was der Verfrachter infolge der Aufhebung des Vertrags an Aufwendungen erspart oder anderweitig erwirbt oder zu erwerben böswillig unterlässt, oder**
2. **ein Drittel der vereinbarten Fracht (Fautfracht).**
**[2]Beruht die Kündigung auf Gründen, die dem Risikobereich des Verfrachters zuzurechnen sind, so entfällt der Anspruch auf Fautfracht nach Satz 1 Nummer 2; in diesem Falle entfällt auch der Anspruch nach Satz 1 Nummer 1, soweit die Beförderung für den Befrachter nicht von Interesse ist.**

(3) **[1]Wurde vor der Kündigung bereits Gut verladen, so kann der Verfrachter auf Kosten des Befrachters Maßnahmen entsprechend § 492 Absatz 3 Satz 2 bis 4 ergreifen. [2]Beruht die Kündigung auf Gründen, die dem Risikobereich des Verfrachters zuzurechnen sind, so sind abweichend von Satz 1 die Kosten vom Verfrachter zu tragen.**

---

[11] RegBegr-SRG S. 71, 72.
[12] So auch § 414 Rn. 35 und *Koller* § 414 Rn. 20a zum allg. Frachtrecht.
[13] *Koller* § 414 Rn. 20.

**Übersicht**

| | Rn. | | Rn. |
|---|---|---|---|
| I. Normzweck | 1–3 | 2. Anspruch auf Fracht, Aufwendungsersatz (Abs. 2 Nr. 1) | 13–17 |
| II. Entstehungsgeschichte | 4 | 3. Anspruch auf Fautfracht (Abs. 2 Satz 1 Nr. 2) | 18–21 |
| III. Kündigung durch den Befrachter | 5–10 | | |
| IV. Zahlungsansprüche des Verfrachters nach Kündigung | 11–21 | V. Maßnahmen des Verfrachters bei Kündigung nach Verladung | 22–24 |
| 1. Grundsatz | 11, 12 | VI. Konkurrenzen | 25, 26 |

## I. Normzweck

**1**  Dem Befrachter wird ein Kündigungsrecht gewährt, das keinen Beschränkungen unterworfen ist. Dies entspricht der allgemeinen werkvertraglichen Regelung des § 649 BGB. Die Erklärung des Befrachters bezweckt die **Aufhebung** des Stückgutfrachtvertrages **für die Zukunft** und nicht mit rückwirkender Kraft, wie dies bei einem Rücktritt gegeben wäre.[1]

**2**  **Rechtsfolge** der Kündigung durch den Befrachter ist die Zahlung der vereinbarten Fracht unter Einhaltung der Voraussetzungen des Abs. 2. Dies entspricht dem Leistungsinteresse des Verfrachters und verschafft beiden Parteien des Stückgutfrachtvertrages eine weitgehende Dispositionsfreiheit. Die **Kompensationsregelungen** sind dem allgemeinen Leistungsstörungsrecht entnommen und schaffen einen Ausgleich zwischen Befrachter und Verfrachter.

**3**  Dem Verfrachter steht, wie dem werkvertraglichen Unternehmer, **kein ordentliches Kündigungsrecht** des Stückgutfrachtvertrages zu.

## II. Entstehungsgeschichte

**4**  Die Norm ist angelehnt an § 415 und ersetzt die bisherigen §§ 580–583 aF. Fautfracht war auch bisher bekannt im deutschen Recht, aber anders geregelt (vgl. §§ 580, 583 aF).

## III. Kündigung durch den Befrachter

**5**  Der Befrachter kann den Stückgutfrachtvertrag nach Abs. 1 jederzeit kündigen. Das Kündigungsrecht ist **keinen Beschränkungen** unterworfen. So kann die Kündigung sowohl vor als auch nach dem Zeitpunkt der Übernahme der Güter erfolgen. Für Dauerschuldverhältnisse, wie bei einem Mengenvertrag, gilt bei Fehlen einer vertraglichen Regelung § 621 BGB analog (§ 415 Rn. 2).

**6**  Die Kündigungserklärung bedarf **keiner besonderen Form.** Sie kann auch konkludent oder stillschweigend erfolgen. Ein Schreiben mit der Mitteilung, die Anlieferung der Ladung erfolge nicht,[2] oder die bloße Weigerung, die Ladung zu liefern, reicht aus.[3]

**7**  **Kündigungsberechtigt ist nur der Befrachter,** nicht die dritten Personen, denen er sich bei der Abladung des Gutes an den Verfrachter bedient. Entscheidend für die Kündigungsberechtigung ist, dass der Befrachter **weisungsberechtigt bleibt** (§ 491). Erlischt das Verfügungsrecht des Befrachters nach Ankunft des Gutes am Löschplatz (§ 491 Abs. 2) ist der Empfänger verfügungsberechtigt und der Befrachter nicht mehr kündigungsberechtigt. Sofern ein **Seefrachtbrief** ausgestellt wurde, kann der Befrachter sein Verfügungsrecht nur gegen Vorlage der für ihn bestimmten Ausfertigung des Seefrachtbriefes ausüben (§ 491 Abs. 3). Wird ein **Konnossement** ausgestellt, steht das Verfügungsrecht ausschließlich dem legitimierten Besitzer des Konnossements zu (§ 520 Abs. 1 Satz 1).

---

[1] RG 26.5.1937, RGZ 155, 180.
[2] RG 12.6.1942, RGZ 169, 203.
[3] Schaps/*Abraham* § 580 Rn. 2.

Die Kündigungserklärung bezieht sich auf den gesamten Stückgutfrachtvertrag. Inwie- 8 weit eine **Teilkündigung** zulässig ist, hängt davon ab, ob die Beförderung teilbar ist, dh. nur eine einzelne Beförderung herausgenommen werden kann. Dies ist anzunehmen, wenn nur eine Teilladung befördert werden soll.[4]

Die Kündigung ist **ohne Angabe von Gründen und Einhaltung einer Frist** wirksam. 9 Die Mitteilung des Befrachters, das Gut nicht mehr weiter zu befördern, reicht aus.[5]

Rechtsfolge der Kündigung ist die **Beendigung des Stückgutfrachtvertrages** mit 10 Wirkung für die Zukunft. Der Stückgutrechtsvertrag bleibt Rechtsgrund für die vor der Kündigung erbrachten Leistungen.[6]

## IV. Zahlungsansprüche des Verfrachters nach Kündigung

**1. Grundsatz.** Das Leistungsinteresse des Verfrachters zielt auf die Zahlung der Fracht 11 ab. Dies wird in Abs. 2 berücksichtigt, in dem nachteilige Folgen für den Verfrachter kompensiert werden. Wie im Werkvertragsrecht (§ 649 BGB) bleiben die **Frachtzahlungsansprüche des Verfrachters** bestehen. Der Verfrachter hat ein **Wahlrecht** zwischen zwei Möglichkeiten. Entweder besteht er auf **Zahlung der vereinbarten Fracht** und der ihm zu ersetzenden **Aufwendungen,** muss dann aber ersparte Aufwendungen oder anderweitig erworbene Vorteile dem Befrachter zugute bringen.[7] Dies verlangt vom Verfrachter einen detaillierten **Einzelnachweis,** den der Verfrachter bei der zweiten Möglichkeit nach Abs. 2 Satz 1 Nr. 2 vermeidet, indem er **pauschal ein Drittel der vereinbarten Fracht,** die sogenannte „Fautfracht" verlangt.

Nach überwiegender Auffassung ist der Frachtführer im allgemeinen Frachtrecht an seine 12 einmal getroffene Auswahl gebunden und kann die Entscheidung nicht wieder rückgängig machen (§ 415 Rn. 10 mwN). Dies muss auch für den Verfrachter gelten, da die Vorschrift dem § 415 nachgebildet ist.

**2. Anspruch auf Fracht, Aufwendungsersatz (Abs. 2 Nr. 1).** Abs. 2 Satz 1 Nr. 1 13 entspricht bis auf die Regelung zum Stand- bzw. Liegegeld dem § 415 Abs. 2 Satz 1 Nr. 1. Diese Unterscheidung erfolgte vor dem Hintergrund, dass **Liegegeld nur bei einem Reisefrachtvertrag,** nicht aber beim Stückgutfrachtvertrag anfallen kann.[8] Der Anspruch auf Liegegeld im Falle der Kündigung eines Reisefrachtvertrages beurteilt sich nach § 532 Abs. 2.

Die Regelung entspricht weitgehend § 649 Satz 2 BGB und gewährt dem Verfrachter im 14 Falle einer Kündigung des Befrachters grundsätzlich die **vereinbarte Fracht.** Bei einer Teilkündigung, weil nur eine Teilladung befördert wird, reduziert sich diese auf die anteilige Fracht für die Beförderung der Teilladung. Für den Fall, dass keine Vereinbarung über die Höhe der Fracht getroffen wurde, ist die **übliche Fracht nach § 632 Abs. 2 BGB** zu bestimmen.

Die **Höhe der zu ersetzenden Aufwendungen** bestimmt sich nach dem Stückgut- 15 frachtvertrag und nach dem Gesetz, hier § 493 Abs. 1 Satz 2 und § 491 Abs. 1 Satz 4.

Dem Gedanken der **Vorteilsanrechnung** aus § 649 Satz 2 wird dadurch Rechnung 16 getragen, dass der Verfrachter alles, was er in Folge der Aufhebung des Vertrages an Aufwendungen erspart oder anderweitig erwirbt oder zu erwerben böswillig unterlässt, bei der Berechnung der Fracht zu berücksichtigen hat. Dies erfolgt durch **Anrechnung der Beträge,** nicht durch Aufrechnung (§ 415 Rn. 14). Zu den ersparten Aufwendungen zählen solche, die der Verfrachter bei Durchführung der Beförderung gemacht hätte, die aber aufgrund der Kündigung des Stückgutfrachtvertrages entfallen sind. Hierzu zählen alle Kosten, die im regelmäßigen Verlauf der Beförderung angefallen sind, wie etwa Hafen, Schleusen-, Kanal- und Brückengelder, Lotsengebühren (§ 415 Rn. 15).

---

[4] *Koller* § 415 Rn. 2; *Rabe* § 580 Rn. 2.
[5] § 415 Rn. 6; *Koller* § 415 Rn. 5 und 10; *Rabe* § 580 Rn. 2.
[6] Palandt/*Sprau* § 649 Rn. 3.
[7] BGH 12.10.1987, TranspR 1988, 199.
[8] RegBegr-SRG S. 72.

**17**   Böswilliges Unterlassen setzt voraus, dass der Verfrachter die Absicht hat, einen ihm zumutbaren Ersatzauftrag nicht zu übernehmen und untätig bleibt.

**18**   **3. Anspruch auf Fautfracht (Abs. 2 Satz 1 Nr. 2).** Die zweite Alternative in Abs. 2 Satz 1 Nr. 2 gewährt dem Verfrachter das Recht, anstelle einer detaillierten Frachtabrechnung unter Vorteilsanrechnung und ersparter Aufwendungen pauschal eine **Fautfracht**[9] in Höhe von einem Drittel der vereinbarten Fracht zu verlangen. Wählt der Verfrachter diese Alternative, kann er darüber hinaus weitere Zahlungen nicht verlangen.[10] Der Verfrachter kann aber eine verdiente Ersatzfracht behalten und braucht sich diese nicht anrechnen zu lassen. Früher wurde Fautfracht auch als „Reuegeld" bezeichnet.[11] Fautfracht ist eine gesetzlich festgelegte, **pauschale Kündigungsentschädigung,** die weder Leistungsentgelt noch Schadensersatz ist. Es kommt nicht darauf an, ob der Verfrachter wirklich einen Schaden erlitten hat.[12] Das anglo-amerikanische Recht kennt die Fautfracht so nicht. Die dort bekannte „Deadfreight" ist eine Fracht bei teilweiser Nichtlieferung der Ladung, die als Vertragsverletzung nach Schadensersatzregeln ersetzt wird.[13] Die Kündigung ist nicht davon abhängig, dass der Kündigende dem Verfrachter gleichzeitig die Fautfracht zahlt. Die Fautfracht wird nach **Kündigung** und Ausübung des Wahlrechts des Verfrachters **fällig.**[14]

**19**   Maßgeblich ist die **Nettofracht,** dh. die vereinbarte Fracht abzgl. aller Vergünstigungen, wie zB Rabatte, Adresskommissionen oder andere Abzüge.[15] Ist die Höhe der Fracht nicht vereinbart, ist die **übliche Fracht** (§ 632 Abs. 2 BGB) anzusetzen.

**20**   Nach Abs. 2 Satz 2 entfällt der Anspruch des Verfrachters auf Fautfracht, wenn die Kündigung auf Gründen beruht, die seinem **Risikobereich** zuzurechnen sind. In diesem Fall entfällt auch der Anspruch nach Abs. 1 Nr. 1 auf die vereinbarte Fracht, soweit die Beförderung für den Befrachter nicht von Interesse ist. Zum Risikobereich des Verfrachters gehören alle Umstände, die im **Organisationsbereich des Verfrachters ihren Ursprung** haben und die für den **Verfrachter vorhersehbar und steuerbar** sind.[16] Auf ein Vertretenmüssen des Verfrachters kommt es dabei nicht an, so dass es nicht entscheidend ist, ob der Verfrachter die Umstände auch im konkreten Fall vorhersehen und beeinflussen konnte. So ist der Ausfall einer Ruderanlage des zur Beförderung verwendeten Schiffes ein Umstand, der in den Risikobereich des Verfrachters fällt, genauso wie ein Streik im Unternehmen des Verfrachters (s. ausführl. § 412 Rn. 39–45).

**21**   Nach Abs. 2 Satz 2 letzter Nebensatz, entfällt der Anspruch des Verfrachters auf Frachtzahlung nach Abs. 2 Satz 1 Nr. 1, wenn der **Befrachter kein Interesse** mehr an der Beförderung hat. Dies ist dann der Fall, wenn die Beförderungsleistung **keinen Wert** mehr für den Befrachter hat. Zu denken ist auch an den Fall, dass der Befrachter wegen des Kündigungsgrundes aus der Risikosphäre des Verfrachters diesem die ordnungsgemäße Beförderung nicht mehr zutraut. Die **Beweislast** hierfür obliegt dem Befrachter.[17]

### V. Maßnahmen des Verfrachters bei Kündigung nach Verladung

**22**   In Absatz 3 ist nach dem Vorbild von § 415 Abs. 3 der Fall geregelt, dass das Gut zum Zeitpunkt der Kündigung bereits verladen ist. In diesem Fall darf der Verfrachter Maßnah-

---

[9] Abgeleitet von „faute de fret" Schaps/*Abraham* § 580 Rn. 4.

[10] Zum allg. Frachtrecht s. *Koller* § 415 Rn. 17.

[11] Schaps/*Abraham* § 580 Rn. 4.

[12] Vgl. RegBegr-SRG S. 45 zu § 415; Schaps/*Abraham* § 580 Rn. 4; LG Hamburg 11.2.2004, Hamburger Seerechtsreport 2004, 40; BGH 22.6.1998, TranspR 1998, 365; BGH 4.12.1989, TranspR 1990, 288 zum Fautfrachtanspruch bei Kündigung vor Abladung des Gutes; BGH 4.12.1989, TranspR 1990, 159; *Zimdars* TranspR 1997, 259 zu Fautfracht und Umbuchung.

[13] Schaps/*Abraham* Vor § 580.

[14] *Rabe* EWiR 1998, 787 zum Wegfall des Fautfrachtanspruchs bei Ausbuchung der Ladekapazität des Schiffes vor Kündigung.

[15] *Rabe* § 481 Rn. 7.

[16] *Koller* § 412 Rn. 56.

[17] So auch *Koller* § 415 Rn. 16 zum allgemeinen Frachtrecht; OLG Hamburg 1.8.2003, Hamburger Seerechtsreport 2003; 149.

men nach § 492 Abs. 3 Satz 2 bis 4 ergreifen, wobei, anders als in § 415 Abs. 3 Satz 1 und 2 darauf verzichtet wurde, dem Verfrachter das Recht einzuräumen, vom Befrachter das unverzügliche Entladen des Gutes zu verlangen. Zur Begründung wird ausgeführt, dass damit die im Seefrachtrecht grundsätzlich geltende Aufgabenverteilung berücksichtigt wurde, wonach das **Löschen des Gutes Sache des Verfrachters** ist.[18] Die Kosten für das Löschen trägt der Verfrachter dennoch nicht.

Von diesem Grundsatz wird dann eine Ausnahme gemacht, wenn die Kündigung auf Gründen beruht, die dem **Risikobereich des Verfrachters** zuzurechnen sind (Abs. 3 Satz 2). Dies entspricht der Regelung im allgemeinen Frachtrecht. **23**

Der **Verfrachter hat ein Wahlrecht,** die Güter zu löschen und auf Kosten des verfügungsberechtigten Befrachters zu **verwahren,** oder das Gut gemäß § 373 Abs. 2–4 **verkaufen** zu lassen, wenn es sich um verderbliche Ware handelt, oder der Zustand des Gutes eine solche Maßnahme rechtfertigt, oder wenn die andernfalls entstehenden Kosten in keinem angemessenen Verhältnis zum Wert des Gutes stehen (§ 492 Abs. 3 Satz 2 und Satz 3). Als *ultima ratio* steht ihm beim Gut auch das Recht der **Vernichtung** zu (§ 492 Abs. 3 Satz 4). Eine Rangfolge gibt das Gesetz nicht vor. Die seitens des Verfrachters möglichen Maßnahmen kann dieser nach eigenem Ermessen auswählen. Zu den einzelnen Maßnahmen wird auf § 492 Rn. 19 ff. verwiesen. **24**

### VI. Konkurrenzen

§ 489 ist **dispositiv.** Die Parteien des Stückgutfrachtvertrages können abweichende Regelungen treffen. Zu denken ist an eine Kündigung des Stückgutfrachtvertrages oder ein Rücktritt vom Vertrag durch den Befrachter in den Fällen, in dem die Beförderung der Güter zu einem bestimmten Termin fest vereinbart wurde (**Fixgeschäft**) aber nicht erfolgte. **25**

§ 489 ist *lex specialis* gegenüber der werkvertraglichen Kündigungsregelung in § 649 BGB. Auf Mengenverträge ist das allgemeine Kündigungsrecht analog § 621 BGB und das Recht auf Kündigung aus wichtigem Grund nach § 314 BGB anzuwenden.[19] **26**

### § 490 Rechte des Verfrachters bei säumiger Abladung

**(1) Bewirkt der Befrachter die Abladung des Gutes nicht oder nicht vollständig innerhalb der vertraglich vereinbarten Zeit, so kann der Verfrachter dem Befrachter eine angemessene Frist setzen, innerhalb derer das Gut abgeladen werden soll.**

**(2) Wird das Gut bis zum Ablauf der nach Absatz 1 gesetzten Frist nicht abgeladen oder ist offensichtlich, dass die Abladung innerhalb dieser Frist nicht bewirkt werden wird, so kann der Verfrachter den Vertrag kündigen und die Ansprüche nach § 489 Absatz 2 geltend machen.**

**(3) ¹Wird das Gut bis zum Ablauf der nach Absatz 1 gesetzten Frist nur teilweise abgeladen, so kann der Verfrachter den bereits verladenen Teil des Gutes befördern und die volle Fracht sowie Ersatz der Aufwendungen verlangen, die ihm durch das Fehlen eines Teils des Gutes entstehen. ²Von der vollen Fracht ist jedoch die Fracht für die Beförderung desjenigen Gutes abzuziehen, welches der Verfrachter mit demselben Schiff anstelle des nicht verladenen Gutes befördert. ³Soweit dem Verfrachter durch das Fehlen eines Teils des Gutes die Sicherheit für die volle Fracht entgeht, kann er außerdem eine anderweitige Sicherheit verlangen.**

**(4) ¹Der Verfrachter kann die Rechte nach Absatz 2 oder 3 auch ohne Fristsetzung ausüben, wenn der Befrachter oder der in § 482 Absatz 2 genannte Dritte die Abladung ernsthaft und endgültig verweigert. ²Er kann ferner den Vertrag**

---

[18] Reg.Begr. S. 72.
[19] Zur Anwendung der zivilrechtlichen Regelung des allgemeinen Leistungsstörungsrechts neben § 489 s. § 415 Rn. 34 und 35.

nach Absatz 2 auch ohne Fristsetzung kündigen, wenn besondere Umstände vorliegen, die ihm unter Abwägung der beiderseitigen Interessen die Fortsetzung des Vertragsverhältnisses unzumutbar machen.

**(5) Dem Verfrachter stehen die Rechte nicht zu, soweit das Gut aus Gründen, die dem Risikobereich des Verfrachters zuzurechnen sind, nicht innerhalb der vertraglich vereinbarten Zeit abgeladen wird.**

## Übersicht

| | Rn. | | Rn. |
|---|---|---|---|
| I. Normzweck | 1, 2 | IV. Kündigung durch den Verfrachter | 13, 14 |
| II. Entstehungsgeschichte | 3 | V. Teilbeförderung | 15–19 |
| III. Säumige Abladung | 4–12 | VI. Endgültige Verweigerung der Abladung | 20–22 |
| 1. Abladetermin | 4–6 | | |
| 2. Keine oder nicht vollständige Abladung | 7, 8 | VII. Risikobereich des Verfrachters | 23 |
| 3. Nachfrist | 9–12 | VIII. Konkurrenz | 24 |

## I. Normzweck

1  Zweck der Norm ist die Regelung der Rechte des Verfrachters bei säumiger Abladung des Gutes durch den Befrachter bzw. seines Abladers. Zum **Schutz des Verfrachters** werden diesem in Anlehnung an § 417 sowie den allgemeinen zivilrechtlichen Regelungen des BGB Möglichkeiten eingeräumt, sich vom Stückgutfrachtvertrag zu lösen und die Beförderung der Güter ganz oder teilweise abzulehnen und dennoch eine Vergütung zu verlangen.

2  Anders als im allgemeinen Frachtrecht, wo der Absender auch die Beladung des Gutes schuldet, beschränkt sich das Seefrachtrecht ausschließlich auf den Fall der **säumigen Abladung.** Ausschlaggebend für diese Norm zugunsten des Verfrachters ist sein Interesse an der **Disposition über den Laderaum** im Schiff, das gegenüber dem Interesse an Fautfracht nach § 489 Abs. 2 überwiegen wird.

## II. Entstehungsgeschichte

3  Die Norm entspricht im Wesentlichen § 417 und den §§ 588 aF und 585 aF. Die den Befrachter schützende **Nachfristsetzung** ist eine im Schifffahrtsrecht, aber auch allgemeinem Leistungsstörungsrecht bekannte Regelung bei der Kündigung eines Vertrages oder Rücktritt vom Vertrag bei Wegfall der Gegenleistungspflicht. Vergleichbare Regelungen finden sich in § 323 BGB und § 643 BGB. Die Nachfristsetzung ohne Ablehnungsandrohung als Voraussetzung für das Kündigungsrecht ist bereits durch das Schuldrechtsmodernisierungsgesetz vom 26. November 2001 (BGBl. I S. 3138) im allgemeinen Zivilrecht eingeführt worden.

## III. Säumige Abladung

4  **1. Abladetermin.** Abs. 1 bestimmt, dass der Befrachter die Abladung des Gutes nicht oder nicht vollständig **innerhalb der vertraglich vereinbarten Zeit** bewirkt hat. Voraussetzung ist die Nichteinhaltung des Abladetermins, der im Stückgutfrachtvertrag vereinbart wurde. Der Befrachter hat das Gut nicht, wie im allgemeinen Frachtrecht (§ 412) zu verladen, sondern lediglich die Abladung zu bewirken (§ 486 Abs. 1 Satz 1). Für das Laden, Stauen und Sichern (Verladung, vgl. § 486 Abs. 2) ist der Verfrachter verantwortlich. Anders als in § 417 Abs. 1 kommt es daher nicht auf die Ladezeit (§ 412 Abs. 2) an, denn diese ist für den Befrachter nicht maßgeblich. Entscheidend ist der vertraglich vereinbarte Abladetermin, womit die **Zeitspanne gemeint ist, innerhalb derer die Abladung zu bewirken** ist.[1]

---

[1] RegBegr-SRG S. 72.

Entscheidend ist nicht ein konkreter Termin, sondern auch **die Beschreibung äußerer Umstände,** aus der sich der Zeitraum ergibt, ist erfasst.

Grundsätzlich gibt es im Stückgutfrachtvertrag **keine Wartezeit.** Vielmehr muss ein 5 Befrachter die Abladung **unverzüglich** bewirken, wenn nichts anderes vereinbart wurde.[2] Vereinbaren die Parteien die Verschiffung der Güter mit einem bestimmten Schiff für eine bestimmte Reise, so muss die Abladung rechtzeitig so erfolgen, dass es dem Verfrachter möglich ist, die Güter zu verladen. Welche Zeit angemessen ist, richtet sich nach der vorgesehenen **Abfahrtszeit des Schiffes.** Hierbei ist zu berücksichtigen, dass Güter anderer Befrachter ebenfalls verladen werden und hierfür ein **bestimmter Stauplan** einzuhalten ist.[3] Auch die Art, Anzahl und Menge der Güter bestimmen die Zeitspanne, in der spätestens die Abladung bewirkt sein muss.

Mit „**Bewirken**" der Abladung ist gemeint, dass die **Güter längsseits des Schiffes** 6 **zur Verfügung stehen.** Im modernen **Containerverkehr** ist es üblich, dass die vom Befrachter gestauten Container im Verschiffungshafen bei einer **Kaianstalt** abgeladen werden, die der Verfrachter bestimmt. Die Linienreeder (Verfrachter) haben mit den Kaianstalten (auch Terminal-Operator genannt) in den Häfen, die sie regelmäßig anlaufen, langfristige Verträge abgeschlossen, die es auf der einen Seite dem Verfrachter ermöglichen, zu festgelegten Konditionen das Laden und Löschen von Containern in Anspruch zu nehmen, auf der anderen Seite den Vertragspartnern des Verfrachters eine Adresse vorgeben, an deren Ort die Güter ständig abgeladen werden können. Die großen Linienreeder haben sogar eigene Terminals in den Häfen, die ihnen eine auf den Zeitplan der Schiffe abgestimmte Abfertigung ermöglichen. Sobald die Verschiffung für bestimmte Abfahrten erfolgen soll, sind diese Abfahrten dort regelmäßig bekannt und der Befrachter weiß, bis zu welchem Zeitpunkt er spätestens die Abladung zu bewirken hat. Dies erfolgt in der Praxis auch ohne besondere Abreden und ist allgemein anerkannter Schifffahrtsbrauch.[4]

**2. Keine oder nicht vollständige Abladung.** Abs. 1 erfasst sowohl den Fall, dass das 7 Gut **gar nicht** oder **nicht vollständig** abgeladen wurde. Die Gründe für eine teilweise säumige Abladung müssen beim Befrachter liegen.[5] Hierbei ist zu berücksichtigen, dass zur Abladung auch die **Zurverfügungstellung der erforderlichen Begleitpapiere** (§ 487) gehört. So muss der Zeitpunkt für die Übergabe der Begleitpapiere so rechtzeitig vor Beginn der Beförderung erfolgen, dass der Verfrachter die Beförderung ordnungsgemäß vorbereiten kann (§ 487 Rn. 6). Das Fehlen, die Unvollständigkeit oder die Unrichtigkeit der Begleitpapiere ist in § 488 Abs. 1 Ziff. 4 durch einen Schadensersatzanspruch des Verfrachters sanktioniert. Kann der Verfrachter die Güter aber mangels Vorliegen der Begleitpapiere nicht befördern, muss ihm neben dem Schadensersatzanspruch die Möglichkeit eingeräumt sein, den Stückgutfrachtvertrag unter den Voraussetzungen des § 490 zu kündigen. Nur so wird seinem Interesse an der freien Dispositionsmöglichkeit des Schiffes gerecht.

Diskutiert wird im Zusammenhang mit § 417, ob die Voraussetzungen des Abs. 1 auch 8 dann erfüllt sind, wenn ein Absender das Gut zwar zur Verfügung gestellt, dieses aber **nicht hinreichend** verpackt hat (§ 417 Rn. 5). Im Seefrachtrecht obliegt dem Befrachter, das Gut unter Berücksichtigung der vereinbarten Beförderung so zu verpacken, dass es vor Verlust und Beschädigung geschützt ist und dass auch dem Verfrachter keine Schäden entstehen (§ 484 Satz 1). Verletzt der Befrachter diese **Mitwirkungspflicht,** infolgedessen ein nicht ordnungsgemäß verpacktes Gut abgeliefert wurde, ist Abs. 1 weit auszulegen, wonach die Abladung nicht ordnungsgemäß verpackter Güter erfasst ist. Wie mit § 417 besteht mit § 490 eine **transportrechtliche Sonderregelung** gegenüber den §§ 323 und 643 BGB, deren Zweck es ist, dem Verfrachter die **Dispositionsmöglichkeiten über sein Schiff** einzuräumen. Der Fall, dass kein Gut oder nur ein Teil der Güter abgeladen

---

[2] *Rabe* § 588 Rn. 2.
[3] OLG Hamburg, HGZ 88, 225.
[4] S. auch *Rabe* § 588 Rn. 5.
[5] BGH 4.12.1989, BGHZ 109, 345 = TranspR 1990, 159.

wurde, ist dem Fall gleichzustellen, dass ein **unzureichend verpacktes Gut** im Hafen zur Verschiffung bereitgestellt wurde. Dem Verfrachter obliegt es auf der einen Seite, unter dem Gesichtspunkt einer allgemeinen Schutznebenpflicht aus dem Stückgutfrachtvertrag, die hinreichende Verpackung zu prüfen, so dass ihm auf der anderen Seite als Sanktionsoption auch die Kündigung mit den Konsequenzen des § 490 einzuräumen ist.

9    **3. Nachfrist.** Bewirkt der Befrachter die Abladung des Gutes nicht oder nicht vollständig innerhalb der vertraglich vereinbarten Zeit, so kann der Verfrachter den Stückgutfrachtvertrag kündigen (Abs. 2) und Fautfracht (§ 489 Abs. 2) beanspruchen, vorausgesetzt, der Verfrachter hat dem Befrachter eine **Nachfrist** gesetzt. Dies entspricht dem allgemeinen Zivilrecht (§ 323 Abs. 1 BGB). Unter einer Nachfrist ist die Frist zu verstehen, die der Verfrachter dem Befrachter gewährt, damit dieser **das Gut zur Verladung zur Verfügung stellt.** Dem Befrachter wird also eine letzte Möglichkeit eingeräumt, die Abladung zu bewirken. Die Nachfristsetzung kann erst dann erfolgen, wenn der Abladetermin verstrichen ist. Nach Abs. 4 bedarf es **keiner Nachfristsetzung,** wenn der Befrachter, der Ablader oder der in § 482 Abs. 2 genannte Dritte die Abladung **ernsthaft und endgültig verweigert** (vgl. Rn. 20 ff.). Dies entspricht § 323 Abs. 2 Nr. 1 BGB. Ausdrücklich verzichtet hat man auf eine Regelung entsprechend § 323 Abs. 2 Nr. 2 BGB, da man bei Seebeförderungen zwar Fixabreden für möglich erachtet, diese jedoch eher als eine Ausnahme betrachtet und es den Vertragsparteien überlässt, dementsprechende Vereinbarungen zu treffen.[6]

10   Ferner bedarf es nach Abs. 4 Satz 2 keiner Fristsetzung, wenn besondere Umstände vorliegen, die dem Verfrachter unter Abwägung der beiderseitigen Interessen die **Fortsetzung des Vertragsverhältnisses unzumutbar** machen. Diese Regelung entspricht dem Vorbild des § 323 Abs. 2 Nr. 3 BGB. Anders als von der Sachverständigenkommission vorgeschlagen,[7] beschränkt sich diese Vorschrift auf den Fall, dass der Verfrachter sich tatsächlich vom Vertrag loslösen will. Dem Gesetzgeber erschien es widersprüchlich, dem Verfrachter bei Vorliegen von Umständen, die eine sofortige Kündigung rechtfertigen, das Recht einzuräumen, am Vertrag festzuhalten und die Beförderung der bereits verladenen Teile des Gutes vorzunehmen.[8]

11   Die Nachfrist muss eine **bestimmte und eindeutige Aufforderung** enthalten, das Gut zur Verfügung zu stellen. Einer bestimmten Form **bedarf es hierbei nicht.** Die Frist muss nach Tagen, Wochen oder anderen Zeiteinheiten bemessen sein.[9] Sollte die Frist unangemessen kurz sein, tritt an ihre Stelle eine **angemessene Frist.**[10] Zu berücksichtigen ist dabei die Abfahrtzeit des Schiffes. Eine Ablieferung „in letzter Minute" ist daher problematisch.[11]

12   Der Verfrachter hat nach Ablauf der nach Abs. 1 zu setzenden Nachfrist das Recht, den Vertrag zu **kündigen** oder die **Rechte aus § 489 Abs. 2** geltend zu machen (Abs. 2). Ferner kann er nach Abs. 3 auch einen bereits verladenen Teil des Gutes befördern und die volle Fracht sowie Ersatz der Aufwendungen verlangen, die ihm durch das Fehlen eines Teils des Gutes entstehen. Aufgrund der Erweiterung in Abs. 2 stehen ihm diese Rechte nicht nur dann zu, wenn die nach Abs. 1 erfolgte Nachfrist verstrichen ist, sondern schon dann, wenn nach **Fristsetzung offensichtlich wird, dass die Abladung innerhalb dieser Frist nicht bewirkt werden wird.** Hier wird der Rechtsgedanke des § 323 Abs. 4 BGB aufgegriffen.[12] Danach kann ein Gläubiger bereits vor dem Eintritt der Fälligkeit der Leistung zurücktreten, wenn offensichtlich ist, dass die Voraussetzungen des Rücktritts eintreten werden. Diese Alternative besteht zusätzlich neben der der ernsthaften und endgültigen Verweigerung der Abladung, die in Abs. 4 Satz 1 ausdrücklich geregelt ist. Sie erfasst also andere Umstände, aus denen sich ergibt, dass der Befrachter bzw. der Ablader die Leistung bis zum Ende der Nachfrist nicht erbringen

---

[6] Vgl. RegBegr-SRG S. 73.
[7] BerSV S. 17, 104.
[8] RegBegr-SRG S. 73; *Czerwenka* TranspR 2011, 249, 251.
[9] Palandt/*Grüneberg* § 281 Rn. 9; MüKoBGB/*Ernst* § 323 Rn. 68; § 417 Rn. 8.
[10] *Koller* § 417 Rn. 6.
[11] OLG Hamburg, HGZ 1988, 225.
[12] RegBegr-SRG S. 72.

kann. Welche Anforderungen an diese Voraussetzung gestellt werden, bleibt offen. Für § 323 Abs. 4 BGB soll mit **an Sicherheit grenzender Wahrscheinlichkeit feststehen, dass die Leistung ausbleibt.**[13] Praktisch beschränkt sich die Anwendung von Abs. 2 zweite Alternative auf die Fälle, in denen der Befrachter oder der Ablader oder die in § 482 Abs. 2 genannten Dritten die Abladung nicht ausdrücklich ernsthaft und ausdrücklich endgültig verweigert haben, aber durch ihr Verhalten und die tatsächlichen Umstände davon auszugehen ist, dass die Abladung mit an Sicherheit grenzender Wahrscheinlichkeit nicht innerhalb der Nachfrist bewirkt werden kann.

## IV. Kündigung durch den Verfrachter

Liegen die Voraussetzungen des Abs. 1 vor, kann der Verfrachter nach Abs. 2 den Stück- **13** gutfrachtvertrag kündigen und die Ansprüche nach § 489 Abs. 2 geltend machen. Die Vorschrift ist nahezu identisch mit § 417 Abs. 2. Die Kündigung ist eine einseitige, empfangsbedürftige, unwiderrufliche und bedingungsfeindliche **Willenserklärung,** mit der der **Vertrag mit Wirkung für die Zukunft** beendet wird. Der Wille, den Vertrag zu beenden, muss hinreichend deutlich gemacht werden.[14] Eine Frist, innerhalb derer die Kündigung nach Ablauf der Nachfrist zu erklären ist, besteht nicht. Aus allgemeinen Erwägungen zu Treu und Glauben und mit Rücksicht auf die Verkehrssitte kann die Kündigung jedoch **verwirkt** sein, wenn sie längere Zeit hindurch nicht geltend gemacht wurde und der Befrachter sich darauf eingerichtet hat, dass der Verfrachter das Recht nicht mehr geltend machen wird (§ 242 BGB).[15]

**Rechtsfolge** der Kündigung ist **die Beendigung des Stückgutfrachtvertrages** mit **14** Wirkung für die Zukunft. Die Kündigung beendet die Beförderungspflicht des Verfrachters und der Verfrachter erwirbt die Ansprüche gemäß § 489 Abs. 2, dh. auf Fautfracht, Fracht sowie zu ersetzende Aufwendungen (vgl. § 489 Abs. 2 Nr. 1). Daneben kann der Verfrachter bereits entstandene Schadensersatzansprüche geltend machen.

## V. Teilbeförderung

Nach Abs. 3, der bis auf wenige Änderungen § 417 Abs. 3 und den dort in Bezug **15** genommenen Regelungen des § 416 Satz 2 und 3 entspricht,[16] kann der Verfrachter den **bis zum Ablauf der Nachfrist bereits verladenen Teil der Güter befördern** und die volle Fracht sowie Ersatz der Aufwendungen verlangen, die ihm durch das Fehlen eines Teils des Gutes entstehen. Allerdings muss er den Teil der Fracht von der vollen Fracht für die Beförderung des Gutes abziehen, die er mit der Beförderung von anderen Gütern anstelle des nicht verladenen Gutes erzielt. Die Beweislast für die Höhe der abzuziehenden Fracht, die der Verfrachter für die Ersatzbeförderung erzielte, hat der Befrachter.[17] Darüber hinaus kann er, soweit ihm durch das Fehlen eines Teils des Gutes **die Sicherheit** für die volle Fracht entgeht, eine anderweitige Sicherheit verlangen.

Mit der Formulierung „kann" wird deutlich, dass der Verfrachter ein **Wahlrecht zur** **16** **Teilbeförderung** hat. Dies entspricht der bisherigen Rechtslage nach § 479 aF, wonach der Verfrachter befugt ist, die teilweise Beförderung bei unvollständiger Abladung vorzunehmen. Er ist nicht verpflichtet, die Reise anzutreten.[18] Die Regelung des § 416 Satz 1, wonach der Absender die teilweise Beförderung verlangen kann, hat keinen Eingang in das Seefrachtrecht gefunden.[19]

---

[13] Palandt/*Grüneberg* BGB § 323 Rn. 23.
[14] *Koller* § 417 Rn. 9.
[15] BGH 25.3.1965, BGHZ 43, 292; BGH 16.6.1982, BGHZ 84, 280; BGH 20.10.1988, BGHZ 105, 290, 298.
[16] RegBegr-SRG S. 72.
[17] OLG Hamburg 30.7.1992, TranspR 1993, 25; Schaps/*Abraham* § 588 Rn. 10; aA *Rabe* § 588 Rn. 11.
[18] OLG Schleswig 4.6.1972, VersR 1974, 55.
[19] RegBegr-SRG S. 73.

**17**   Abs. 3 setzt systematisch voraus, dass der Stückgutfrachtvertrag **wirksam** bestehen bleibt. Ein Kündigungsrecht für den Verfrachter besteht nicht. Die Regelung schließt nicht aus, dass der **Befrachter von seinem Kündigungsrecht** nach § 409 Abs. 1 Gebrauch macht.

**18**   Eine **teilweise Abladung** (Minderlieferung) liegt vor, wenn der Befrachter weniger als vereinbart geliefert hat. Abgeschlossen ist diese Teilabladung dann, wenn auch die zugehörigen Begleitpapiere dem Verfrachter zur Verfügung gestellt wurden (§ 487 Abs. 1). Die Regelung zielt darauf ab, den Verfrachter dagegen zu schützen, dass der Laderaum seines Schiffes durch nicht zugesagte Güter nicht voll ausgenutzt wird.[20]

**19**   Die Rechtsfolgen der Teilabladung umfassen neben dem Anspruch auf Zahlung der vollen Fracht sowie Ersatz der Aufwendungen auch die **Gestellung einer Sicherheit** für die volle Fracht. Dem Verfrachter steht an seinen Frachtforderungen aus dem Stückgutfrachtvertrag ein **Pfandrecht** an den Gütern zu (§ 495). Bei einer Minderlieferung kann dieses Pfandrecht geschmälert sein, wenn der Wert der mitgenommenen Güter die Forderungen nicht mehr deckt.[21] Die Höhe der Sicherheit berechnet sich aus der Differenz zwischen dem Wert der Teilladung und dem der vollen Ladung. Eventuell vereinbarte und geleistete Vorauszahlungen auf die volle Fracht sind von dem Differenzbetrag abzuziehen. Zu den verschiedenen Arten von Sicherheiten, die der Verfrachter verlangen kann, wird auf § 232 BGB verwiesen.

### VI. Endgültige Verweigerung der Abladung

**20**   Nach Abs. 4 bedarf es **keiner Nachfrist** durch den Verfrachter, wenn der Befrachter oder der in § 482 Abs. 2 genannte Dritte die Abladung **ernsthaft und endgültig verweigert**. Dies entspricht dem Rechtsgedanken aus § 323 Abs. 2 Nr. 1 BGB, wobei Abs. 4 nicht nur den Fall erfasst, dass der Verfrachter sich vom Vertrag loslösen will (wie bei § 323 BGB durch Rücktritt), sondern auch den Fall, dass der Verfrachter ohne Weiteres Zuwarten mit der Beförderung des bereits verladenen Teils des Gutes beginnen will. Dies erschien laut RegBegr geboten, um den Verfrachter in seiner Dispositionsmöglichkeit bezüglich des Schiffes zu schützen.[22] Mit der Erfüllungsverweigerung sind auch die Mitwirkungshandlungen des Verfrachters entbehrlich.[23]

**21**   Des Weiteren kann der Verfrachter den Vertrag auch ohne Fristsetzung nach Abs. 2 kündigen, wenn besondere Umstände vorliegen, die ihm unter Abwägung der beiderseitigen Interessen die **Fortsetzung des Vertragsverhältnisses unzumutbar** machen (Abs. 4 Satz 2). Hier wird der Rechtsgedanke aus § 323 Abs. 2 Nr. 3 aufgegriffen, der, insoweit anders als der Vorschlag der Sachverständigengruppe, ausschließlich auf den Fall beschränkt wird, dass der Verfrachter den Stückgutfrachtvertrag kündigen will und nicht beispielsweise bei Teilabladung (Abs. 3) teilweise erfüllen will. Laut Reg.Begr. erscheint es widersprüchlich, dem Verfrachter bei Vorliegen von Umständen, die eine sofortige Kündigung rechtfertigen, zu gestatten, am Vertrag festzuhalten und mit der Beförderung jedenfalls eines bereits verladenen Teils des Gutes zu beginnen.[24] Geregelt ist mit Abs. 4 Satz 2 der Fall der **Kündigung aus wichtigem Grund**. Dies setzt voraus, dass der Befrachter oder Ablader die Abladung nicht bewirkt hat und **weitere Umstände** hinzugetreten sind, die es dem Verfrachter unzumutbar machen, am Stückgutfrachtvertrag festzuhalten. Die Voraussetzungen können erfüllt sein, wenn der Befrachter bei einem „Just-in-Time-Vertrag" nicht termingerecht abgeliefert hat. Zu denken ist an den Fall, dass Befrachter und Verfrachter die Verschiffung mit einem bestimmten Schiff zu einer bestimmten Abfahrtszeit vereinbart haben.

**22**   Eine Regelung entsprechend § 323 Abs. 2 Nr. 2 BGB für das Fixgeschäft wurde dagegen nicht aufgenommen. Entsprechende Fixabreden im Bereich von Seebeförderungen seien zwar möglich, aber doch eher die Ausnahme. Es solle den Parteien überlassen bleiben,

---

[20]   OLG Hamburg 5.1.1961, VersR 1961, 412.
[21]   *Rabe* § 578 Rn. 10.
[22]   RegBegr-SRG S. 73.
[23]   Palandt/*Grüneberg* § 323 Rn. 18.
[24]   RegBegr-SRG S. 73.

welche Rechtsfolgen sie an eine nicht zeitgerechte Abladung knüpfen wollen.[25] Dem ist beizupflichten.

## VII. Risikobereich des Verfrachters

Wie in § 489 Abs. 2 Satz 2 und in § 416 Satz 4 und § 417 Abs. 4 findet sich in Abs. 5 **23** eine Regelung, wonach der Verfrachter sich nicht auf die unvollständige oder teilweise Abladung der Güter berufen kann, wenn diese auf **Gründe zurückzuführen** ist, die dem **Risikobereich des Verfrachters** zuzurechnen sind (vgl. § 488 Rn. 20 zu „Risikobereich"). In diesen Fällen bleibt es dem Befrachter überlassen, ob er den Stückgutfrachtvertrag nach § 489 Abs. 1 kündigt. Den Befrachter trifft die **Beweislast** dafür, ob die Gründe für die säumige Abladung der Güter dem Risikobereich des Verfrachters zuzurechnen sind.[26]

## VIII. Konkurrenz

Eine Konkurrenz zwischen § 490 und § 492 für **Beförderungs- und Ablieferungshin-** **24** **dernisse** besteht nicht. § 417 findet Anwendung bereits **vor Übernahme** des Gutes zur Beförderung durch den Verfrachter und regelt die Probleme, die bis zu diesem Zeitpunkt auftreten können. § 492 dagegen findet erst **nach Übernahme** des Gutes zur Beförderung durch den Befrachter Anwendung. Dort erfolgt eine detaillierte Regelung über die Rechtsfolgen von Beförderungs- und Ablieferungshindernissen in Anlehnung an § 419. Hinsichtlich der Konkurrenzen zu anderen Vorschriften, insbesondere zu den werkvertraglichen Vorschriften der §§ 642, 643 BGB wird auf § 417 Rn. 17 verwiesen.

## § 491 Nachträgliche Weisungen

(1) ¹Soweit § 520 Absatz 1 nichts Abweichendes bestimmt, ist der Befrachter berechtigt, über das Gut zu verfügen. ²Er kann insbesondere verlangen, dass der Verfrachter das Gut nicht weiterbefördert, es zu einem anderen Bestimmungsort befördert oder es an einem anderen Löschplatz oder einem anderen Empfänger abliefert. ³Der Verfrachter ist nur insoweit zur Befolgung solcher Weisungen verpflichtet, als deren Ausführung weder Nachteile für den Betrieb seines Unternehmens noch Schäden für die Befrachter oder Empfänger anderer Sendungen mit sich zu bringen droht. ⁴Er kann vom Befrachter Ersatz seiner durch die Ausführung der Weisung entstehenden Aufwendungen sowie eine angemessene Vergütung verlangen; der Verfrachter kann die Befolgung der Weisung von einem Vorschuss abhängig machen.

(2) ¹Das Verfügungsrecht des Befrachters erlischt nach Ankunft des Gutes am Löschplatz. ²Von diesem Zeitpunkt an steht das Verfügungsrecht nach Absatz 1 dem Empfänger zu. ³Macht der Empfänger von diesem Recht Gebrauch, so hat er dem Verfrachter die dadurch entstehenden Aufwendungen zu ersetzen sowie eine angemessene Vergütung zu zahlen; der Verfrachter kann die Befolgung der Weisung von einem Vorschuss abhängig machen.

(3) Ist ein Seefrachtbrief ausgestellt worden, so kann der Befrachter sein Verfügungsrecht nur gegen Vorlage der für ihn bestimmten Ausfertigung des Seefrachtbriefs ausüben, sofern dies darin vorgeschrieben ist.

(4) Beabsichtigt der Verfrachter, eine ihm erteilte Weisung nicht zu befolgen, so hat er denjenigen, der die Weisung gegeben hat, unverzüglich zu benachrichtigen.

(5) ¹Ist die Ausübung des Verfügungsrechts von der Vorlage eines Seefrachtbriefs abhängig gemacht worden und führt der Verfrachter eine Weisung aus,

---

[25] RegBegr-SRG S. 73.
[26] So auch im allgemeinen Frachtrecht s. § 417 Rn. 16; *Koller* § 417 Rn. 8.

ohne sich die Ausfertigung des Seefrachtbriefs vorlegen zu lassen, so haftet er dem Berechtigten für den daraus entstehenden Schaden. ²Die Haftung ist auf den Betrag begrenzt, der bei Verlust des Gutes zu zahlen wäre. ³Eine Vereinbarung, durch die die Haftung erweitert oder weiter verringert wird, ist nur wirksam, wenn sie im Einzelnen ausgehandelt wird, auch wenn sie für eine Mehrzahl von gleichartigen Verträgen zwischen denselben Vertragsparteien getroffen wird.

## Übersicht

|  |  | Rn. |  |  | Rn. |
|---|---|---|---|---|---|
| I. | Normzweck | 1–3 | 1. | Allgemeines | 21–23 |
| II. | Entstehungsgeschichte | 4 | 2. | Nachteile für den Betrieb des Unternehmens | 24 |
| III. | Weisungs- oder Verfügungsrecht | 5–8 | 3. | Schäden des Befrachters oder Empfängers | 25 |
| IV. | Weisungsberechtigte Personen | 9–12 | 4. | Benachrichtigung des Weisungsberechtigten | 26, 27 |
| V. | Weisungsadressat | 13 | | | |
| VI. | Inhalt der Weisung | 14–20 | VIII. | **Aufwendungsersatz und Vergütungsanspruch des Verfrachters** | 28–33 |
| 1. | Allgemeines | 14, 15 | 1. | Aufwendungsersatz | 28, 29 |
| 2. | Keine Weiterbeförderung | 16 | 2. | Vergütungsanspruch | 30, 31 |
| 3. | Änderung des Bestimmungsortes | 17, 18 | 3. | Vorschuss | 32 |
| 4. | Anderer Löschplatz | 19 | 4. | Zahlungspflichtiger | 33 |
| 5. | Ablieferung an einen anderen Empfänger | 20 | | | |
| VII. | **Grenzen des Weisungsrechts** | 21–27 | IX. | **Haftung des Verfrachters** | 34–36 |

## I. Normzweck

**1**    Geregelt ist das **Recht des Befrachters und des Empfängers** zu nachträglichen Weisungen gegenüber dem Verfrachter. Der Stückgutfrachtvertrag kann so nachträglich einseitig geändert werden. Naturgemäß dauert eine Beförderung einen Zeitraum währenddessen dem Befrachter als Auftraggeber des Verfrachters das Recht zuzugestehen ist, mögliche Änderungen am Transportablauf, zB aufgrund von Änderungen des Bestimmungsortes oder Empfängers, gegenüber dem Verfrachter durchzusetzen. Das Recht des Befrachters und Empfängers wird als **Weisungs-** oder auch **Verfügungsrecht** bezeichnet und war bisher im Seefrachtrecht nicht ausdrücklich geregelt, aber aus dem allgemeinen Frachtrecht bekannt. Nach altem Recht leitete man ein Weisungsrecht aus dem allgemeinen Kündigungsrecht nach §§ 580, 582, 589 aF ab. Allgemeinverträgliche Überlegungen rechtfertigten eine Pflicht des Verfrachters anzunehmen, zumutbare Weisungen im Interesse des Befrachters zu befolgen.[1] Der Erkenntnis, dass auch im Seefrachtrecht dem Umstand Rechnung zu tragen ist, dass sich nach Abschluss des Stückgutfrachtvertrages Situationen ergeben können, die es erforderlich machen, in das **Transportgeschehen einzugreifen und Änderungen vorzunehmen,** wird so Rechnung getragen. Der Bedarf für eine nachträgliche Weisung an den Verfrachter kann beispielsweise in der Änderung des Ablieferungsortes liegen.

**2**    Anders als im allgemeinen Frachtrecht werden im Seefrachtrecht die Ausnahmetatbestände, dh. der Vorrang des Konnossementsrechts durch Verweis auf § 520 Abs. 1 und der Vorrang des Seefrachtbriefes nach Abs. 3, das grundsätzlich bestehende Weisungsrecht des Befrachters und Empfängers verdrängen.

**3**    Von den generellen Regelungen können die Parteien des Stückgutfrachtvertrages **abweichende Vereinbarungen** treffen. Die Norm gilt nicht nur für den Stückgutfrachtvertrag, sondern nach § 527 Abs. 2 auch für den Reisefrachtvertrag.

## II. Entstehungsgeschichte

**4**    Vorbild der Regelung ist § 418 des allgemeinen Frachtrechts, der in Anlehnung an Art. 12 CMR dem Absender und dem Empfänger das Recht einräumt, den Vertrag einseitig zu

---

[1] *Herber* S. 260.

ändern. Die RR enthalten ähnliche Vorschriften, wie zB Art. 50 RR. Hierin zeigt sich, dass auch ein Befrachter im Seefrachtrecht ein Interesse an einer nachträglichen einseitigen Änderung des Seefrachtvertrages haben kann.

### III. Weisungs- oder Verfügungsrecht

Die Norm spricht abwechselnd von der Möglichkeit des Befrachters „über das Gut    5
zu verfügen" (Verfügungsrecht) und von den Grenzen des Verfrachters, Weisungen des Befrachters zu befolgen. Der Begriff **„Verfügung"** ist nicht sachenrechtlich zu verstehen (§ 418 Rn. 2), sondern als ein Recht zu einer **einseitigen Vertragsänderung** durch eine Weisung des Befrachters. Es handelt sich um ein Direktionsrecht aus dem abgeschlossenen Beförderungsvertrag von ausschließlich schuldrechtlicher Natur. Das Weisungsrecht beschränkt sich „über das Gut" und damit auf den **Zeitraum der Beförderung,** in dem sich das Gut in der Obhut des Verfrachters befindet. Der **Umfang** des Weisungsrechts bestimmt sich nach dem Beförderungsvertrag und ist im Seefrachtrecht aufgrund des Vorrangs des Konnossementsrechts und weiterer Ausnahmetatbestände beschränkt. Das Weisungsrecht darf sich nicht störend auf den Ablauf der Beförderung auswirken. Insbesondere dann, wenn Güter mit einem **Containerschiff** zusammen mit einer Vielzahl anderer Güter von anderen Befrachtern befördert werden, stößt das Weisungsrecht an seine Grenzen, wenn dessen Ausführung Nachteile für den Betrieb des Verfrachters bedeutet.

Abs. 1 steht unter dem Vorbehalt des § 520 Abs. 1. Mit dem Vorrang des **Konnosse-**  6
**mentsrechts** wird sichergestellt, dass bei Ausstellung eines Konnossements ausschließlich der legitimierte Konnossementsinhaber weisungsbefugt ist.[2]

Das Weisungsrecht erfolgt durch Abgabe einer **Willenserklärung,** auf die auch die    7
allgemeinen zivilrechtlichen Regelungen über die Stellvertretung (§§ 164 ff. BGB) anzuwenden sind (§ 418 Rn. 4). Abs. 1 Satz 2 führt verschiedene **Weisungsinhalte** auf, ohne dass diese abschließend sind. Beispielhaft genannt werden die Weisung, das Gut **nicht weiterzubefördern,** es zu einem **anderen Bestimmungsort** zu befördern, oder an einem **anderen Löschplatz** oder einem **anderen Empfänger** abzuliefern. Der Umfang der Weisungen kann vertraglich eingeschränkt oder erweitert werden. Das Weisungsrecht ist **dispositiv.**

Der Begriff **„Löschplatz"** ist für das Seefrachtrecht gewählt worden und ersetzt den  8
Begriff der „Ablieferungsstelle" des § 418 Abs. 1. Sachgerechter erschien es, den Ort zu wählen, an dem das Schiff die Güter zum Zwecke der Löschung absetzt und damit gleichzeitig das **Verfügungsrecht des Befrachters nach Abs. 2 Satz 1 erlischt.**[3]

### IV. Weisungsberechtigte Personen

Der **Befrachter** als Vertragspartner des Verfrachters unter dem Stückgutfrachtvertrag 9
wird in Abs. 1 ausdrücklich erwähnt. Seine Berechtigung über das Gut zu verfügen, erlischt nach Ankunft des Gutes am Löschplatz (Abs. 2 Satz 1). Von diesem Zeitpunkt an steht das Verfügungsrecht nach Abs. 1 dem **Empfänger** zu. **Ankunft des Gutes** bedeutet, dass das Gut tatsächlich den **Löschplatz** erreicht hat. Dies ist die Stelle, an die das Schiff zum Zwecke der Löschung der Ladung hingelegt wird, also der **Liegeplatz.**[4] Nur teilweise am Löschplatz angekommene Güter lassen das Verfügungsrecht des Befrachters nur für diese Güter erlöschen, nicht jedoch für den verbliebenen Teil der Güter, der noch befördert wird. So besteht für den Verfrachter Klarheit darüber, wessen Weisungen er für den sich noch unterwegs befindlichen Teil der Güter zu befolgen hat (§ 418 Rn. 9).

**Dritte** sind grundsätzlich **nicht weisungsberechtigt** gegenüber dem Verfrachter. Eine 10
Ausnahme hiervon muss für den **Ablader** (§ 513 Abs. 2, § 482 Abs. 2) gemacht werden. Hierbei handelt es sich um die Person, die dem Verfrachter das Gut zur Beförderung

---

[2] RegBegr-SRG S. 73.
[3] RegBegr-SRG S. 74.
[4] RegBegr-SRG S. 74.

tatsächlich übergibt.[5] Befrachter und Ablader können identisch sein.[6] Aus Gründen des **Verkehrsschutzes** muss der Verfrachter sich darauf verlassen können, dass Weisungen des Abladers, der ihm die Güter zur Beförderung übergibt, befolgt werden dürfen. So kann er nach § 482 Abs. 2 die in § 482 Abs. 1 Satz 2 genannten Angaben vom Ablader verlangen.

11    Aufgrund des in Abs. 1 enthaltenen Vorbehalts, wonach § 520 Abs. 1 nichts Abweichendes bestimmt, hat bei Ausstellung eines **Konnossements** ausschließlich der **legitimierte Besitzer** des Konnossements das Verfügungsrecht und darf dem Verfrachter Weisungen erteilen. Die Legitimation des Konnossementsinhabers muss gegenüber dem Verfrachter durch **Vorlage sämtlicher Ausfertigungen** des Konnossements nachgewiesen sein (§ 520 Abs. 1 Satz 2). Befolgt der Verfrachter Weisungen, ohne sich über die Legitimation des Konnossementsberechtigten durch Vorlage sämtlicher Ausfertigungen vergewissert zu haben, besteht ein **Haftungsrisiko** für den Verfrachter (vgl. § 520 Abs. 2).

12    Abs. 3 setzt bei Ausstellung eines **Seefrachtbriefes** voraus, dass der Befrachter sein Verfügungsrecht nur gegen Vorlage der für ihn bestimmten Ausfertigung des Seefrachtbriefes ausüben kann. Dies ändert nichts an der Weisungsberechtigung des Befrachters, lediglich daran, dass eine nachträgliche Weisung nur bei Vorlage des Seefrachtbriefes befolgt werden muss. Der Seefrachtbrief hat dann den Charakter eines sogenannten „**Sperrpapiers**".[7]

### V. Weisungsadressat

13    Die Weisungen sind allein an den **Verfrachter** zu adressieren. Er ist derjenige, der sich gegenüber dem Befrachter verpflichtet hat, das Gut mit einem Schiff über See zum Bestimmungsort zu befördern und dort dem Empfänger abzuliefern (§ 481 Abs. 1).

### VI. Inhalt der Weisung

14    **1. Allgemeines.** Abs. 1 Satz 2 erwähnt **verschiedene Weisungsinhalte.** Es handelt sich nicht um eine abschließende Aufzählung, sondern lediglich um eine Verdeutlichung der **Vielzahl** möglicher Fallgestaltungen.[8] Verdeutlicht wird dies durch die Formulierung „**insbesondere** kann der Verfrachter verlangen, dass das Gut beispielsweise nicht weiter befördert wird".

15    Allgemein ist allen in Abs. 1 Satz 2 genannten Fällen, dass es sich um **Eingriffe in den Transportablauf** handelt. Damit wird hervorgehoben, dass Weisungen nur solche Willenserklärungen sind, die die **Durchführung der Beförderung** des nach dem Frachtvertrag zu befördernden Gutes betreffen. Mit einer Weisung wird der Beförderungsfrachtvertrag geändert. **Keine Weisungen** nach § 491 sind anderes Gut zu verladen als im Stückgutfrachtvertrag vereinbart;[9] ferner solche Handlungen, die im Zusammenhang mit Leistungen stehen, die der Verfrachter üblicherweise nicht zu erbringen hat[10] oder die der Vervollständigung des Frachtvertrages dienen.[11] Letztere können, zB bei einer Vereinbarung zur nachträglichen Benennung des Empfängers, ein Recht zur einseitigen Leistungsbestimmung nach § 263 BGB sein, auf das § 491 nicht unmittelbar analog anzuwenden ist.[12]

16    **2. Keine Weiterbeförderung.** Die erste Fallalternative in Abs. 1 Satz 2 betrifft das Verlangen des Verfrachters, das Gut **nicht weiter zu befördern.** Hierunter versteht man, dass das Gut nicht zum vereinbarten Bestimmungsort zu befördern ist. Die Formulierung „**weiterbefördert**" setzt voraus, dass die Beförderung bereits begonnen hat. Für den Fall, dass sich die Güter bereits an Bord eines Schiffes befinden, hängt die Befolgung dieser

---

[5]  *Herber* S. 247.
[6]  S. auch § 513 Abs. 2 Satz 2 zur Fiktion, wenn kein Ablader bekannt ist.
[7]  *Herber* S. 260; RegBegr-SRG S. 74.
[8]  RegBegr-SRG S. 73.
[9]  § 418 Rn. 18; *Koller* Rn. 5.
[10]  Vgl. hierzu im allgemeinen Frachtrecht § 418 Rn. 18.
[11]  *Koller* § 418 Rn. 4.
[12]  *Koller* § 418 Rn. 4.

Weisung davon ab, ob das Gut **ohne Nachteile für den Schiffsbetrieb** und die Beförderung von Sendungen anderer Befrachter wieder entladen werden kann. Ist dies möglich, hat der Verfrachter das Gut unverzüglich zu entladen und zu verwahren oder dem Befrachter zur Verwahrung zu übergeben.

**3. Änderung des Bestimmungsortes.** Die zweite Alternative von Abs. 1 Satz 2 regelt **17** das Recht zur Änderung des **Bestimmungsortes.** Erfasst sind alle Fälle, in denen das Gut an einen anderen als den ursprünglich vereinbarten Bestimmungsort befördert wird. Da Schiffe regelmäßig auf festgelegten **Fahrtrouten** verkehren, wird sich dies in der Praxis nur so realisieren lassen, dass das Gut in dem nächsten Hafen, den das Schiff anläuft, entladen wird, um dann von dort zB mit einem anderen Schiff zum neuen Bestimmungsort befördert zu werden. Es wird einem Verfrachter nur **ausnahmsweise zuzumuten** sein, das Gut auf demselben Schiff an einen anderen Bestimmungsort zu befördern, als ursprünglich vorgesehen. Denkbar sind solche Fälle, bei denen sich Projektladungen oder anderes Stückgut ohne erheblichen Aufwand löschen lassen und der neue Bestimmungsort auf der Fahrtroute des Schiffes liegt. Bei der Beförderung von **Containern** auf einem Containerschiff zusammen mit hunderten weiterer Container wird es dann problematisch, wenn der oder die fraglichen Container nicht ohne das Ausladen anderer Container von Bord genommen werden können. Dies führt nicht nur zu einer Störung des Transportablaufs, sondern auch zu einer Gefährdung der anderen Container beziehungsweise der in ihnen beförderten Güter.[13]

Der Befrachter kann auch die Weisung erteilen, das Gut in dem Hafen herauszugeben, **18** in dem sich das Schiff gerade befindet. Auch diese Weisung ist vom Verfrachter nur zu befolgen, soweit aufgrund des Stauplans des Schiffes ein Löschen der Ladung **ohne Nachteile für den Schiffsbetrieb** möglich ist.

**4. Anderer Löschplatz.** Die dritte Alternative in Abs. 1 Satz 2 sieht die Beförderung **19** der Güter zu einem anderen **Löschplatz** vor. Gemeint ist damit die Weisung, dass das Schiff einen **anderen Liegeplatz** entweder in demselben oder einen anderen Hafen anzulaufen hat. Diese Weisung kann dann insbesondere sinnvoll sein, wenn der ursprüngliche Löschplatz nicht verfügbar ist und an einem alternativen Löschplatz das Löschen der Güter genauso gut möglich ist.

**5. Ablieferung an einen anderen Empfänger.** Die vierte und letzte Alternative in **20** Abs. 1 Satz 2 sieht die Ablieferung des Gutes an einen anderen Empfänger vor. Dies bedeutet, dass das Gut an einen Dritten ausgeliefert werden soll. Zum einen erfasst ist der Fall, dass das Gut an den **Befrachter zurückbefördert** werden soll, aber auch der Fall, in denen Güter während der Beförderung verkauft wurden und nun an den **neuen Endabnehmer** abgeliefert werden sollen. Dies findet sich regelmäßig bei der Beförderung von Rohöl. Hier wird die Ladung Rohöl an Bord des Tankers während der Reise teilweise mehrfach weiterveräußert und muss dementsprechend an den neuen Käufer umgeleitet werden.

## VII. Grenzen des Weisungsrechts

**1. Allgemeines.** Die Grenzen des Weisungsrechts hängen vom Weisungsinhalt ab und **21** liegen allgemein darin, dass sich die Weisung **auf die Beförderung des Gutes** beziehen muss. Darüber hinaus ist das Weisungsrecht dadurch begrenzt, dass dem Verfrachter durch die Ausführung der Weisung **weder Nachteile** für den Betrieb seines Unternehmens, **noch Schäden** für die Befrachter oder Empfänger anderer Sendungen in Folge der Ausführung der Weisung drohen dürfen (Abs. 1 Satz 3). Vom Grundsatz hat der Verfrachter wegen seines eigenen Interesses sowie des anderer Ladungsbeteiligter die Berechtigung, die Ausführung von Weisungen zu verweigern. Es besteht mithin ein **Vorrang des Verfrachterinteresses** und das anderer Ladungsbeteiligter gegenüber dem konkreten Interesse des Weisungsgebers.

---

[13] *Rabe* TranspR 2013, 278, 279.

**22**    Weisungen dürfen weder **sittenwidrig** nach § 138 noch **verboten** iSv. § 134 BGB sein, da sie sonst nichtig wären. Eine Weisung verstößt dann gegen die guten Sitten, wenn der Verfrachter weiß, dass sie dazu dient, einen Betrug zu begehen. Sie ist verboten, wenn sie gegen ein Verbotsgesetz verstößt.

**23**    Schließlich darf die Ausführung der Weisung nicht **unmöglich** im Sinne von § 275 Abs. 1 BGB sein. Es wird nichts Unmögliches geschuldet.[14] Keine Unmöglichkeit liegt vor, wenn die Beförderung mit einem bestimmten Schiff vereinbart wurde und dann die Weisung erfolgt, das Gut mit einem anderen Schiff zu befördern. Dieser Fall beurteilt sich allein nach Abs. 1 Satz 3.

**24**    **2. Nachteile für den Betrieb des Unternehmens.** Abs. 1 Satz 3 erste Alternative verweist auf die **weitreichende Ablehnungsmöglichkeit** des Verfrachters, wenn die Weisung Nachteile für den Betrieb seines Unternehmens mit sich zu bringen droht. Entscheidend ist, dass die Nachteile „**für den Betrieb des Unternehmens**" zu befürchten sind.[15] Nicht hierunter fällt ein bloßer Mehraufwand in Form von Kosten oder erhöhtem Einsatz an Arbeitskraft, soweit der Verfrachter hierfür Aufwendungsersatz und Vergütung nach Abs. 1 Satz 4 fordern kann.[16] Die RegBegr zu § 491 schweigt zu den Anforderungen, die an die Beeinträchtigung zu stellen sind. Aus der RegBegr zu § 418 ist jedoch zu entnehmen, dass an die Intensität der Beeinträchtigung geringere Anforderungen gestellt werden als nach Art. 12 CMR.[17] Es kommt darauf an, ob Nachteile für den Betrieb des Verfrachters drohen die **typische Transportrisiken** betreffen oder ob es sich um atypische Risiken handelt. Für typische Transportrisiken wird der Verfrachter durch Frachtzahlungen vergütet, so dass diese nicht erfasst sind. Es muss sich um **atypische Risiken** handeln, die aus der Weisung resultieren, zB zu einem anderen Löschplatz zu fahren. Solche Weisungen, die dazu führen, dass bei ihrer Befolgung andere Beförderungsfrachtverträge nicht eingehalten werden können, Kunden des Verfrachters unzufrieden werden und abzuwandern drohen oder lukrativere Geschäftschancen verloren gehen, die durch die Vergütung nach Abs. 1 Satz 4 nicht kompensiert werden, fallen unter Abs. 1 Satz 3 erste Alternative.

**25**    **3. Schäden des Befrachters oder Empfängers.** Abs. 1 Satz 3 zweite Alternative befasst sich mit **Schäden**, die Befrachtern oder Empfängern anderer Sendungen bei Befolgung der Weisung **drohen**. Zu denken ist an solche Fälle, wo bei Befolgung der Weisung eine **verspätete Ablieferung**, der **Verderb** oder eine **Beschädigung** anderer Güter droht aufgrund der durch die Weisung erforderlich werdenden Umladung oder Umstauen der Güter im Schiff. Auch der Fall, dass sich durch die Weisung die Verladung weiterer Güter verzögert und dadurch dem Befrachter oder Empfänger dieses anderen Gutes ein Vermögensschaden entsteht, ist hier erfasst.[18]

**26**    **4. Benachrichtigung des Weisungsberechtigten.** Beabsichtigt der Verfrachter, eine ihm erteilte Weisung nicht zu befolgen, so muss er nach Abs. 4 denjenigen, der die Weisung erteilt hat, **unverzüglich benachrichtigen**. Unverzüglich bedeutet im Sinne von § 121 Abs. 1 BGB **ohne schuldhaftes Zögern**. So soll sichergestellt werden, dass der Befrachter Gelegenheit erhält, sich auf die Nichtbefolgung einer Weisung einzustellen.[19] Eine Angabe von Gründen für die Nichtbeachtung der Weisung ist nicht vorgesehen, was es dem Befrachter erschwert, eine andere, neue Weisung, die der Verfrachter nicht zurückweist, zu erteilen. Teilweise wird gefordert, dass der Verfrachter die Gründe dem Weisungsgeber mitzuteilen hat.[20] Die Benachrichtigung des Weisungsgebers ist nicht erforderlich, wenn die Weisung nichtig ist im Sinne von §§ 134, 138 BGB, oder ihre Befolgung unmöglich ist.

---

[14]  *Koller* § 418 Rn. 8.
[15]  Zum Containerverkehr s. Rn. 17; *Rabe* TranspR 2013, 278, 279.
[16]  § 418 Rn. 29; *Koller* § 418 Rn. 11.
[17]  RegBegr-SRG S. 49; § 418 Rn. 29.
[18]  § 418 Rn. 31; *Koller* § 418 Rn. 12.
[19]  RegBegr-SRG S. 74.
[20]  *Koller* § 418 Rn. 22.

Die Verletzung der Informationspflicht nach Abs. 4 kann **Schadensersatzansprüche** 27
auslösen.[21] Die Haftung des Verfrachters richtet sich nach § 280 BGB und setzt voraus, dass
er es schuldhaft unterlassen hat, den Weisungsgeber zu informieren (s. auch Rn. 36).

## VIII. Aufwendungsersatz und Vergütungsanspruch des Verfrachters

**1. Aufwendungsersatz.** Der Verfrachter kann nach Abs. 1 Satz 4 vom Befrachter die 28
ihm entstandenen Aufwendungen beanspruchen, die ihm **durch die Ausführung der
Weisung** entstanden sind.[22] Aufwendungen sind **Vermögensopfer** des Verfrachters, nicht
aber der Einsatz einer Betriebsorganisation oder eines Beförderungsmittels, für das eine
Vergütung gezahlt wird.[23] Schäden fallen unter den Begriff der Aufwendungen.

Die Aufwendungen müssen nach den Umständen **vom Verfrachter für erforderlich** 29
gehalten und dürfen von ihm nicht beliebig in die Höhe getrieben werden. Der Aufwendungsersatzanspruch entspricht der Rechtslage nach dem Recht der Geschäftsbesorgung im
Sinne von §§ 675, 670 BGB (§ 418 Rn. 34 mwN).

**2. Vergütungsanspruch.** Der Verfrachter kann nach Abs. 1 Satz 4 neben seinen Auf- 30
wendungen eine **angemessene Vergütung** verlangen. Zu vergüten ist nur die durch die
Befolgung der Weisung entstandene Tätigkeit des Verfrachters. Bei der Angemessenheit
der Vergütung ist die ursprünglich geschuldete Fracht ein Beurteilungskriterium. Angemessen ist die übliche Vergütung, wobei hier die vom Verfrachter geschuldete Leistung heranzuziehen ist.

Die ursprünglich vereinbarte Fracht wird durch die Weisung nur dann berührt, wenn 31
die Befolgung der Weisung zu einer Verkürzung der geschuldeten Beförderung führt. Der
Verfrachter muss sich entsprechend § 489 Abs. 2 Nr. 1 ersparte Aufwendungen anrechnen
lassen.[24]

**3. Vorschuss.** Dem Verfrachter steht nach Abs. 1 Satz 4 ein Vorschussanspruch zu. Eine 32
vergleichbare Regelung findet sich im Auftragsrecht (§§ 675, 669 BGB).[25] Der Vorschuss
kann sowohl die Aufwendungen als auch die Vergütung umfassen. Wird der angeforderte
Vorschuss nicht gezahlt, steht dem Verfrachter ein **Leistungsverweigerungsrecht** nach
Abs. 1 Satz 4 zweiter Halbsatz zu. Allerdings kann die Ausübung des Leistungsverweige-
rungsrechts unverhältnismäßig und rechtsmissbräuchlich nach § 242 BGB sein, wenn die
Weisung durch das Warten auf den Vorschuss sinnlos wird und falls der Verfrachter durch
sein Pfandrecht (§ 495) ausreichend gesichert ist.

**4. Zahlungspflichtiger.** Der **Befrachter** ist nach Abs. 1 Satz 4 verpflichtet, die Auf- 33
wendungen, die Vergütung und den Vorschuss zu zahlen, wenn er die kostenauslösende
Weisung erteilt hat. Nach Abs. 2 Satz 3 trifft die Zahlungspflicht für die Kosten, Vergütung
und den Vorschuss den **Empfänger** in gleicher Art und Weise, wenn der Empfänger sein
Verfügungsrecht ausgeübt hat. Eine Gesamtschuld von Befrachter und Empfänger für die
durch die Weisung ausgelösten Kosten nach § 494 Abs. 4 besteht nicht (§ 418 Rn. 39).

## IX. Haftung des Verfrachters

Der Verfrachter haftet **verschuldensunabhängig** nach Abs. 5 Satz 1 bei der Befolgung 34
einer Weisung, wenn er sich den Seefrachtbrief nicht vorlegen lässt. Er haftet dem Berechtigten für den daraus entstehenden Schaden. Die **Schutzwirkung des Seefrachtbriefes**
als Sperrpapier zeigt sich hier. Ein typischer Schaden besteht darin, dass der Berechtigte
den Kaufpreis für die Güter bezahlt hat, aber infolge des vertragswidrigen Verhaltens die
Güter nicht oder nur mit zusätzlichen Aufwendungen erhält. Die Höhe der **Haftung ist**

---

[21] RegBegr-SRG S. 74.
[22] BGH 22.4.2010, TranspR 2010, 429 zum allgemeinen Frachtrecht.
[23] *Koller* § 418 Rn. 25.
[24] § 418 Rn. 37; *Koller* § 418 Rn. 28.
[25] *Koller* § 418 Rn. 27.

**beschränkt** auf den Betrag, der bei **Verlust des Gutes** zu zahlen wäre (Abs. 5 Satz 2). Die Sachverständigenkommission hat dagegen ausdrücklich vorgeschlagen, dass die Vorschriften über die Beschränkung der Haftung in diesem Fall insgesamt keine Anwendung finden.[26] Eine andere Haftungsbeschränkung können die Parteien nach Maßgabe von Abs. 5 Satz 3 vereinbaren. Diese Formulierung findet sich auch in § 449, § 488 Abs. 5, § 512 Abs. 1 und ermöglicht es den Frachtvertragsparteien in begrenztem Rahmen, von der gesetzlichen Regelhaftung durch Individualvereinbarungen abzuweichen.

35      Für die **fehlerhafte Ausführung** zulässiger Weisungen haftet der Verfrachter für den daraus entstandenen Schaden nach § 280 BGB. Besteht der Schaden im Verlust oder der Beschädigung von Gütern, beurteilt sich die Haftung nach § 498 Abs. 1. Auch die **Nichtbefolgung** wirksamer Weisungen durch den Verfrachter führt zu einer Haftung des Verfrachters, die sich bei dadurch verursachten **Güterschäden** nach § 498 Abs. 1, beurteilt und bei **sonstigen Schäden** nach § 280 BGB.

36      Für die durch eine fehlerhafte Ausführung oder Nichtbefolgung von Weisungen entstandenen **sonstigen Schäden,** bei denen es sich regelmäßig um **Vermögensschäden** handelt (zB durch Betriebsstillstand von Produktionsstätten, entgangene Warenkäufe oder Verkäufe), gibt es bei strenger Auslegung des Abs. 5 keine **Haftungsbegrenzung.** Auch wenn Abs. 5 Satz 2 die Beschränkung auf den Wert des Gutes bei Verlust ausschließlich auf den Fall der fehlenden Vorlage eines Seefrachtbriefes nennt, erscheint diese enge Auslegung unbillig. Dem Gesetzgeber erschien es nicht sachgerecht, den Verfrachter bei Ausstellung eines Konnossements begrenzt haften zu lassen, nicht aber auch bei Ausstellung eines Seefrachtbriefes.[27] Es muss sich um ein Redaktionsversehen handeln, das vermutlich darauf zurückzuführen ist, dass der Vorschlag der Sachverständigenkommission entsprechend dem § 418 aF überhaupt keine Haftungsbegrenzung vorsah.[28] Sofern aber nun der gravierendere Verstoß einer Nichtvorlage eines Seefrachtbriefes zu einer begrenzten Haftung führt, so sollte ein lediglich fahrlässiges Fehlverhalten des Verfrachters, das die Haftung nach § 280 BGB bereits auslöst, nicht zu einer unbeschränkten Haftung führen *(a maiore ad minus).* So enthält das allgemeine Frachtrecht in § 418 Abs. 6 eine vergleichbare Regelung, die durch das SRG eingeführt wurde. Nach allgemeinem Frachtrecht kommt dem Frachtführer aber zumindest eine Haftungsbegrenzung nach § 433 auf das Dreifache des Wertes des Gutes bei Verlust zugute.[29] Teilweise wird auch eine entsprechende Anwendung von § 418 Abs. 5 Satz 2 befürwortet, dh. eine Beschränkung der Haftung auf den bei Verlust zu zahlenden Wert des Gutes (§ 418 Rn. 40). Entsprechend sollte auch der Verfrachter nur auf den Wert des Gutes haften müssen. Allerdings haben Befrachter und Verfrachter die Möglichkeit, vom **Dispositionsrecht** Gebrauch zu machen und die Haftung durch den Stückgutfrachtvertrag zu begrenzen oder zu erweitern.

## § 492 Beförderungs- und Ablieferungshindernisse

(1) [1]**Wird nach Übernahme des Gutes erkennbar, dass die Beförderung oder Ablieferung nicht vertragsgemäß durchgeführt werden kann, so hat der Verfrachter Weisungen des nach § 491 oder § 520 Verfügungsberechtigten einzuholen.** [2]**Ist der Empfänger verfügungsberechtigt und ist er nicht zu ermitteln oder verweigert er die Annahme des Gutes, so ist, wenn ein Konnossement nicht ausgestellt ist, Verfügungsberechtigter nach Satz 1 der Befrachter; ist die Ausübung des Verfügungsrechts von der Vorlage eines Seefrachtbriefs abhängig gemacht worden, so bedarf es der Vorlage des Seefrachtbriefs nicht.** [3]**Der Verfrachter ist, wenn ihm Weisungen erteilt worden sind und das Hindernis nicht seinem Risikobereich zuzurechnen ist, berechtigt, Ansprüche nach § 491 Absatz 1 Satz 4 geltend zu machen.**

---

[26] BerSV zu § 490 S. 18, 106.
[27] RegBegr-SRG S. 74.
[28] BerSV zu § 490 S. 18, 106.
[29] S. zum allgemeinen Frachtrecht *Koller* § 418 Rn. 31.

(2) Tritt das Beförderungs- oder Ablieferungshindernis ein, nachdem der Empfänger auf Grund seiner Verfügungsbefugnis nach § 491 die Weisung erteilt hat, das Gut einem Dritten abzuliefern, so nimmt bei der Anwendung des Absatzes 1 der Empfänger die Stelle des Befrachters und der Dritte die des Empfängers ein.

(3) [1]Kann der Verfrachter Weisungen, die er nach § 491 Absatz 1 Satz 3 befolgen müsste, innerhalb angemessener Zeit nicht erlangen, so hat er die Maßnahmen zu ergreifen, die im Interesse des Verfügungsberechtigten die besten zu sein scheinen. [2]Er kann etwa das Gut löschen und verwahren, für Rechnung des nach § 491 oder § 520 Verfügungsberechtigten einem Dritten zur Verwahrung anvertrauen oder zurückbefördern; vertraut der Verfrachter das Gut einem Dritten an, so haftet er nur für die sorgfältige Auswahl des Dritten. [3]Der Verfrachter kann das Gut auch gemäß § 373 Absatz 2 bis 4 verkaufen lassen, wenn es sich um verderbliche Ware handelt oder der Zustand des Gutes eine solche Maßnahme rechtfertigt oder wenn die andernfalls entstehenden Kosten in keinem angemessenen Verhältnis zum Wert des Gutes stehen. [4]Unverwertbares Gut darf der Verfrachter vernichten. [5]Nach dem Löschen des Gutes gilt die Beförderung als beendet.

(4) Der Verfrachter hat wegen der nach Absatz 3 ergriffenen Maßnahmen Anspruch auf Ersatz der erforderlichen Aufwendungen und auf angemessene Vergütung, es sei denn, dass das Hindernis seinem Risikobereich zuzurechnen ist.

## Übersicht

|  | Rn. |  | Rn. |
| --- | --- | --- | --- |
| I. Normzweck | 1, 2 | 1. Grundsätzliches | 14 |
| II. Entstehungsgeschichte | 3 | 2. Keine Weisung innerhalb angemessener Zeit | 15–18 |
| III. Beförderung- und Ablieferungshindernisse | 4–9 | 3. Maßnahmen des Verfrachters | 19–24 |
| IV. Weisungsgeber | 10, 11 | VII. Rechtsfolgen | 25–30 |
| V. Weisungspflicht | 12, 13 | VIII. Haftung des Verfrachters | 31 |
| VI. Maßnahmen des Verfrachters bei fehlender Weisung | 14–24 | IX. Konkurrenz | 32–34 |

## I. Normzweck

Die Norm regelt detailliert, welche **Folgen bei Beförderungs- und Ablieferungshindernissen** entstehen, die einer ordnungsgemäßen Erfüllung des Stückgutfrachtvertrages entgegenstehen. Durch die Reform des Seehandelsrechts wurde nicht nur im Seefrachtrecht, sondern auch im allgemeinen Frachtrecht verdeutlicht, dass die Hindernisse, die die Vertragserfüllung entweder unmöglich machen oder erschweren, erst **nach Übernahme** der Güter zur Beförderung eintreten müssen (vgl. § 419 Abs. 1 Satz 1).[1] Der Verfrachter hat in diesen Fällen bestimmte Ansprüche gegenüber demjenigen, der über die Güter zu verfügen berechtigt ist. Ziel der Ansprüche ist es, den Stückgutfrachtvertrag wegen der aufgetretenen Beförderungs- und Ablieferungshindernisse **abzuändern**, um den Transportaufwand zu optimieren und die **Erfüllung des Stückgutfrachtvertrages** zu erreichen. 1

Eine Unterscheidung zwischen Beförderungs- und Ablieferungshindernissen erfolgt nicht hinsichtlich der Rechtsfolgen, auch wenn die Gesetzesüberschrift diese Begriffe verwendet. Die Norm ist **dispositiv,** so dass die Vertragsparteien abweichende Vereinbarungen für den Fall eines Beförderungs- und Ablieferungshindernisses treffen können. 2

## II. Entstehungsgeschichte

Im Seefrachtrecht gab es bisher keine detaillierte Regelung für Beförderungs- und Ablieferungshindernisse. § 604 aF enthielt ansatzweise Regelungen, die es dem Kapitän ermög- 3

---

[1] *Koller* § 419 Rn. 1 und 7.

lichten, bei unbekanntem Empfänger Maßnahmen zu ergreifen. Diese Regelung erschien zu lückenhaft. Stattdessen wurde in Anlehnung an § 419, der sich wiederum an den Art. 14–16 CMR orientiert, eine umfassendere und befriedigendere Regelung getroffen.[2]

### III. Beförderung- und Ablieferungshindernisse

4    Voraussetzung ist, dass die Beförderung oder Ablieferung des Gutes nicht vertragsgemäß durchgeführt werden kann (Abs. 1 Satz 1). Hierin liegt das **„Hindernis"**, das den Verfrachter im Rahmen des § 491 zur Einholung von Weisungen verpflichtet.

5    Zu berücksichtigen ist **jeder Umstand,** der dazu führt, dass die Durchführung der Beförderung im Erfüllungszeitraum nicht mehr vertragsgemäß abgewickelt werden kann. Dabei wird unter einem **Beförderungshindernis** ein Hindernis verstanden, das **vor** Ankunft des Gutes an der für die Ablieferung vorgesehenen Stelle entsteht und unter einem **Ablieferungshindernis** ein Hindernis, das **nach** Ankunft des Gutes an der Ablieferungsstelle entsteht.[3] Ist beispielsweise ein bestimmter Ablieferungstermin vereinbart worden und kann dieser nach Übernahme der Güter nicht mehr eingehalten werden oder ist eine Umladung des Gutes von einem Schiff auf ein anderes Schiff erforderlich, ohne dass dies im Stückgutfrachtvertrag ausdrücklich vom Verfrachter vorbehalten wurde, liegt ein Ablieferungs- bzw. Beförderungshindernis vor. **Kein Hindernis** im Sinne von § 492 ist eine Beschädigung der Güter.

6    Die **Erschwerung** der Beförderung und Ablieferung kann bereits ausreichen, wenn, wie in den Fällen der Unmöglichkeit nach § 275 BGB die vertraglich vorgesehene Beförderung oder Ablieferung des Gutes einen solchen Aufwand erfordern würde, der in einem **groben Missverhältnis** zu dem Leistungsinteresse des Befrachters oder Empfängers als Gläubiger der Leistung steht (§ 419 Rn. 7). Der Beförderungsaufwand ist dann **unverhältnismäßig** zum Leistungsinteresse des Befrachters.[4] Kann niemand die Beförderung vertragsgemäß durchführen, liegt ein Fall von Unmöglichkeit im Sinne von § 275 Abs. 1 BGB vor, ist dieser Fall ebenfalls erfasst.

7    **Maßgeblicher Zeitpunkt,** an dem das Beförderungs- und Ablieferungshindernis aufgetreten sein muss, ist der Zeitraum **von der Übernahme** des Gutes zur Beförderung durch den Verfrachter **bis zum Löschen** des Gutes an der Ablieferungsstelle. Dementsprechend sind Hindernisse, die nach Abschluss des Stückgutfrachtvertrages entstehen, aber noch vor Übernahme des Gutes durch den Verfrachter, nicht erfasst. Ist das Hindernis für den Verfrachter bereits zum Zeitpunkt der Übernahme objektiv erkennbar und wurde das Gut dennoch übernommen, ist § 492 Abs. 1 Satz 1 entsprechend anzuwenden. Zuzustimmen ist, dass ein Verfrachter nicht das Recht hat abzuwarten, ob das Hindernis bis zur Unmöglichkeit der Transportleistung fortbesteht.[5] Entscheidend ist, dass das **Transporthindernis** für den Verfrachter **erkennbar** ist oder wird. Hierbei ist die Sorgfaltspflicht eines ordentlichen Verfrachters im Sinne von § 347 Abs. 1 zugrunde zu legen. Die Erkenntnismöglichkeiten des Verfrachters können hierbei umfangreicher sein als die seines Vertragspartners. Nicht erforderlich ist, dass sich das Hindernis in dem Zeitpunkt, in dem es erkennbar war, auch gleich realisiert hat. Es muss lediglich zu **erwarten** sein, dass die vertragsgemäße Durchführung der Beförderung oder Ablieferung erschwert bzw. verhindert wird.

8    Das Gut muss sich in der **Obhut des Verfrachters** befinden, da andernfalls eine Weisung, wie mit dem Gut zu verfahren ist, vom Verfrachter nicht ausgeführt werden kann.[6]

9    Besteht das Ablieferungs- und Beförderungshindernis nicht mehr, muss der Verfrachter keine Weisung einholen. Sofern er dies bereits getan hat, hat er den Weisungsgeber nach dem Grundsatz von Treu und Glauben hierüber zu unterrichten.[7]

---

[2] RegBegr-SRG S. 74; § 419 Rn. 2; *Koller* § 419 Rn. 1.
[3] RegBegr-SRG S. 74.
[4] *Koller* § 419 Rn. 5.
[5] *Koller* § 419 Rn. 7.
[6] Zu Einzelfällen im allgemeinen Frachtrecht vgl. § 419 Rn. 11–15.
[7] *Koller* § 419 Rn. 20.

## IV. Weisungsgeber

Weisungsgeber ist derjenige, der über das Gut **verfügungsberechtigt** ist. Mit der Ver- **10** weisung in Abs. 1 Satz 1 auf § 520 wird deutlich, dass zwischen den Fällen unterschieden wird, in denen ein Konnossement ausgestellt wurde und denen, in denen kein Wertpapier ausgestellt wurde. Die Weisungsberechtigung ergibt sich aus § 491 Abs. 1, so dass entweder der **Befrachter**, der **Ablader** oder der **Empfänger** und bei Ausstellung eines Konnossements, der **legitimierte Konnossementsinhaber** Weisungen an den Verfrachter erteilen kann (vgl. § 491 Rn. 11).

Abs. 2 regelt den Fall des sog. **Drittempfängers.** Tritt das Beförderungs- oder Abliefe- **11** rungshindernis ein, nachdem der verfügungsberechtigte Empfänger einen Dritten zum Empfänger bestimmt hat (Drittempfänger), so rückt der Empfänger an die Stelle des Befrachters und der Dritte an die des Empfängers für die Anwendung des Abs. 1.[8]

## V. Weisungspflicht

Bei Vorliegen eines Transporthindernisses ist der Verfrachter zunächst verpflichtet **Wei-** **12** **sungen** des Befrachters oder des verfügungsberechtigten Ladungsinteressenten (Empfänger, Konnossementsinhaber) **einzuholen.** Eine Auslegung des Stückgutfrachtvertrages kann ergeben, dass der Befrachter auf die Einholung von Weisungen verzichtet hat. Er hat die Weisung **unverzüglich,** dh. ohne schuldhaftes Zögern vorzunehmen. Dies beinhaltet, dass der Verfrachter den Weisungsgeber über den **Inhalt des Transporthindernisses informiert** und um eine Weisung ersucht. Dies hat so zu erfolgen, dass der verfügungsberechtigte Ladungsinteressent in der Lage ist, eine Weisung zu erteilen.[9]

Sofern das **Gut an der Ablieferungsstelle** angelangt ist und der Empfänger als Verfü- **13** gungsberechtigter entweder die Annahme verweigert oder aber nicht zu ermitteln ist, hat der Verfrachter nach Abs. 1 Satz 2 den **Befrachter** um eine Weisung zu ersuchen. Das Verfügungsrecht fällt vom Empfänger auf den Befrachter zurück.[10] Selbst wenn die Vorlage eines Seefrachtbriefes zur Erteilung einer Weisung vereinbart wurde (vgl. § 491 Rn. 12), so ist dies in diesem Fall nicht erforderlich.

## VI. Maßnahmen des Verfrachters bei fehlender Weisung

**1. Grundsätzliches.** Abs. 3 regelt den Fall, dass der Verfrachter bei Eintritt eines Beför- **14** derungs- oder Abliefrungshindernisses Weisungen des Verfügungsberechtigten **nicht erlangen** kann. Es erfolgt eine **Interessenabwägung** zwischen der Dispositionsfreiheit des Verfrachters auf der einen Seite und dem Schutz der Ladungsinteressen auf der anderen Seite.[11] Abs. 3 zählt wie § 419 Abs. 3 Satz 2 bis 4 **beispielhaft** Maßnahmen auf, die der Verfrachter ergreifen kann, wenn er innerhalb angemessener Zeit keine Weisungen erlangen kann. Die Liste der Maßnahmen ist nicht abschließend. Die aufgezählten Maßnahmen geben eine **Rangfolge** vor, beginnend mit der am wenigsten einschneidenden Maßnahme gegenüber dem Ladungsinteresse und endend mit dem Verkauf oder der Vernichtung des Gutes (Abs. 3 Satz 3 und Satz 4) als *ultima ratio*.

**2. Keine Weisung innerhalb angemessener Zeit.** Eine Weisung ist dann nicht **15** **innerhalb angemessener** Zeit zu erlangen, weil mangels Zeit entweder **gar keine Wei-** **sung vom Befrachter eingeholt** werden konnte oder der Verfrachter auf sein Weisungsersuchen innerhalb angemessener Frist **keine Weisung erhalten** hat. Beide Fälle beinhalten einen Zeitfaktor, wobei in der ersten Alternative der Verfrachter überhaupt keine Zeit hatte, um zunächst eine Weisung einzuholen, bevor er eine Maßnahme ergriffen hat.

---

[8] Die Reg.Begr. zu § 492 verwechselt den maßgeblichen Zeitpunkt, was vermutlich ein Redaktionsversehen ist; RegBegr-SRG S. 75.

[9] § 419 Rn. 16; *Koller* § 419 Rn. 20.

[10] § 419 Rn. 19; *Koller* § 419 Rn. 14.

[11] RegBegr-SRG S. 75.

**16**      Abhängig von den Umständen des Einzelfalls und des Ausmaßes des Hindernisses, muss der Verfrachter eine angemessene Zeit haben, eine Weisung vom Verfügungsberechtigten einzuholen. Bei der **Bemessung der Frist** sind sowohl die Interessen des Verfrachters an einer zügigen Durchführung des Transports, als auch die der Ladungsseite an einer unversehrten und fristgerechten Ablieferung zu beachten. So liegt **Säumigkeit** dann vor, wenn der Zeitraum, währenddessen der Verfrachter unter regelmäßigen Umständen mit dem Eingang einer Weisung rechnen durfte (vgl. § 147 Abs. 2 BGB), verstrichen und weiteres Zuwarten nicht mehr zumutbar ist. Auf ein Verschulden des Verfügungsberechtigten kommt es nicht an (§ 419 Rn. 25).

**17**      Hat der Verfrachter überhaupt **keine Zeit** um eine Weisung zu ersuchen und ist unverzügliches Handeln erforderlich, so ist auch dies ein Fall der nichterlangten Weisung nach Abs. 3. Hier liegt eine **außergewöhnliche Situation** vor, bei der eine angemessene Zeit zur Einholung einer Weisung nicht bestand und eine Weisung deshalb auch nicht einzuholen ist.[12]

**18**      Eine Weisung gilt auch dann als **nicht erlangt,** wenn der Verfrachter sie im Sinne von § 491 Abs. 1 Satz 3 nicht zu befolgen hat.

**19**      **3. Maßnahmen des Verfrachters.** Ausgehend vom Grundsatz, dass der Verfrachter die Maßnahmen zu ergreifen hat, die im **Interesse des Verfügungsberechtigten** die besten zu sein scheinen (vgl. Abs. 3 Satz 1), hat der Verfrachter aus seiner Sicht die Interessen des Verfügungsberechtigten zu ermitteln und zu berücksichtigen. Das Ergebnis dieser Interessenabwägung kann dazu führen, dass der Verfrachter das Gut entweder **löscht und verwahrt** (Abs. 3 Satz 2 erste Alternative), die **Verwahrung durch einen Dritten** wählt (Abs. 3 Satz 2 zweite Alternative), das Gut **zurückbefördert** (Abs. § Satz 2 dritte Alternative), das Gut im Wege der **Selbsthilfe verkauft** (Abs. 3 Satz 3) oder als *ultima ratio* das Gut **vernichtet** (Abs. 3 Satz 4). Daneben kann er weitere Maßnahmen ergreifen, zB umladen, verpacken, neu stauen usw. Das Gesetz nennt nur beispielhaft Maßnahmen, die nicht abschließend sind.

**20**      Der Verfrachter kann das Gut nach Abs. 3 Satz 2 **löschen und verwahren.** Hierbei hat er das Gut schonend zu behandeln. Eine Pflicht, das Gut einzulagern, besteht für den Verfrachter nicht. Verfügt er jedoch selbst über Lagerkapazitäten und lagert das Gut ein, so muss er es so einlagern, dass das Gut nicht beschädigt wird. Hierzu gehört bei zu kühlender Ware eine ordnungsgemäße Kühlung.

**21**      Die zweite Alternative in Abs. 3 Satz 2 sieht vor, dass der Verfrachter das Gut **einem Dritten zur Verwahrung anvertraut.** Dies beinhaltet auch die Hinterlegung des Gutes in einem öffentlichen Lagerhaus. Bei dieser Alternative **überträgt der Verfrachter die Obhut** über das Gut einem Dritten. Der Verfrachter bleibt jedoch insoweit in der Haftung, als er für die sorgfältige **Auswahl des Dritten verantwortlich** ist. Für ein Verschulden des Dritten haftet er nicht, denn dieser ist nicht Erfüllungsgehilfe des Frachtführers.[13]

**22**      Die dritte beispielhaft genannte Maßnahme ist die **Rückbeförderung** des Gutes. Bei der Rückbeförderung ist der Befrachter zur Annahme des Gutes verpflichtet. Er tritt insoweit an die Stelle des Empfängers. Ist ein Konnossement ausgestellt worden, so ist nach § 521 Abs. 1 eine Ablieferung nur noch an den legitimierten Besitzer des Konnossements zulässig. Dieser ist auch der Weisungsberechtigte. Zu beachten ist, dass die **Aufwendungen** und **Kosten** für die Rückbeförderung vom Verfrachter zu tragen sind, wenn das Beförderungs- oder Ablieferungshindernis seinem **Risikobereich** zuzurechnen ist (Abs. 4).

**23**      Ein **Selbsthilfeverkauf** des Verfrachters kommt nach Abs. 3 Satz 3 immer dann in Betracht, wenn es sich um **verderbliche Ware** handelt, oder der **Zustand des Gutes** eine solche Maßnahme rechtfertigt oder wenn die andernfalls, dh. durch Verwahrung oder Rückbeförderung entstehenden Kosten, in keinem angemessenen Verhältnis zum Wert des Gutes stehen. Auf § 373 Abs. 2 bis 4 wird explizit verwiesen und damit auch auf die Voraussetzungen unter denen der Verkauf entweder durch **freien Verkauf** oder durch

---

[12] *Koller* § 419 Rn. 40.
[13] RG 20.10.1920, RGZ 100, 162, 163; zum Vertrag mit Schutzwirkung zu Gunsten Dritter s. § 419 Rn. 31.

**öffentlich Versteigerung** bewirkt werden kann. Voraussetzung ist die **Androhung** des Verkaufs, der es aber bei verderblicher Ware oder Gefahr im Verzug nicht bedarf. Ein Verkauf durch den Verfrachter selbst scheidet aus. Dieser muss durch eine zuständige Person, zB einen Gerichtsvollzieher oder öffentlich-rechtlich bestellten Sachverständigen, erfolgen. Einem Verfrachter, der eine Auseinandersetzung mit dem Empfänger bei einem Verkauf der Güter befürchtet, ist zu raten, diesen durch eine öffentliche Versteigerung vornehmen zu lassen. Der Empfänger oder Befrachter hat so die Möglichkeit, selbst bei der Versteigerung **mitzubieten** (vgl. § 373 Abs. 4) und die Güter zu erwerben.

Abs. 3 Satz 4 sieht eine **Vernichtung** des Gutes vor. Der Verfrachter darf jedoch nur **24** **unverwertbares Gut** vernichten. Dies ist dann der Fall, wenn alle anderen denkbaren Maßnahmen nach objektiver Einschätzung des Verfrachters ausscheiden. Wegen der Interessenabwägung zwischen der Dispositionsfreiheit des Verfrachters und dem Interesse des Empfängers an der Ladung ist die Vernichtung die *ultima ratio*.

## VII. Rechtsfolgen

Die **Beförderung endet** nach dem **Löschen** des Gutes (Abs. 3 Satz 5). Zu diesem **25** Zeitpunkt ist die Obhutszeit des Verfrachters beendet und damit auch der **Haftungszeitraum** nach § 498 Abs. 1 für Verlust oder Beschädigung des Gutes. Hat der Verfrachter das Gut selbst verwahrt, bestimmt sich seine Haftung nach den Vorschriften der Verwahrung (§ 688 BGB) und bei Einlagerung nach denen des Lagervertrages (§ 475) (§ 419 Rn. 39).

Der Verfrachter hat nach Abs. 1 Satz 3 und Abs. 4 einen Anspruch auf Ersatz der **erfor-** **26** **derlichen Aufwendungen und Vergütung** sowie auf einen **Vorschuss.** Der Aufwendungsersatzanspruch umfasst nur die dem Verfrachter durch die Ausführung der Weisung entstandenen Aufwendungen. Für das Einholen der Weisung aufgewendete Kosten sind keine Aufwendungen im Sinne von Abs. 4, da sie nicht **„wegen der nach Abs. 3 ergriffenen Maßnahmen"** erforderlich waren (§ 419 Rn. 40).

Unberührt vom Zahlungsanspruch des Verfrachters nach Abs. 1 Satz 4 und Abs. 4 bleibt **27** der Anspruch auf **Frachtzahlung** (§ 493).[14] Ausnahmsweise kann jedoch eine Reduzierung der Fracht wegen ersparter Aufwendungen erfolgen, wenn die Weisung zu einer Verkürzung der beförderten Strecke führt.[15]

Aufwendungsersatz-, Vergütungs- und Vorschussansprüche des Verfrachters stehen unter **28** dem Vorbehalt, dass das Beförderungs- und Ablieferungshindernis nicht seinem **Risikobereich** zuzuordnen ist (§ 491 Abs. 1 Satz 4). In diesen Fällen bleibt die Pflicht des Verfrachters bestehen, Weisungen einzuholen oder bei nichterlangter Weisung Maßnahmen zu ergreifen, die den vermutlichen Interessen der Ladung gerecht werden. Zum Risikobereich des Verfrachters gehören alle **kausalen Mängel aus seinem Organisationsbereich,** insbesondere bezüglich des Beförderungsmittels Schiff, Fehlverhalten seines Personals ohne Rücksicht auf Verschulden einschließlich Streiks. Er hat mit äußerster Sorgfalt das Entstehen eines Transporthindernisses durch externe Störungsursachen zu vermeiden und trägt das Risiko, da er regelmäßig besser in der Lage ist als der Befrachter (Empfänger), das Problem vorherzusehen.[16] Die Sperrung einer Wasserstraße zählte hierzu.[17] Soweit jedoch das Beförderungs- und Ablieferungshindernis seinen Ursprung im **Organisationsbereich des Befrachters oder Empfängers** hat, wie zB durch falsche Begleitpapiere, mangelhafte Verpackung, unzureichende Kennzeichnung usw., fallen diese nicht in den Risikobereich des Verfrachters und ihm kann auch nur in Ausnahmefällen angelastet werden, dass er diese Ursachen nicht erkannt und ihnen entgegengewirkt hat.[18]

Die **Zahlungspflicht** für die Aufwendungs-, Vergütungs- und Vorschussforderung des **29** Verfrachters trifft den Weisungsgeber. Sofern er sich auf die Einrede beruft, das Transport-

---

[14] *Koller* § 419 Rn. 32.
[15] *Koller* § 419 Rn. 32 § 419 Rn. 41.
[16] *Koller* § 419 Rn. 27.
[17] OLG Karlsruhe 5.12.2001, TranspR 2002, 348, 350.
[18] Zum Risikobereich s. auch § 490 Rn. 24; § 488 Rn. 20.

hindernis sei dem Risikobereich des Verfrachters zuzurechnen, trifft ihn die **Beweislast.** So muss der Verfrachter den Beweis für das Beförderungs- und Ablieferungshindernis führen und der Weisungsgeber den Beweis dafür, dass das Hindernis dem Risikobereich des Verfrachters zuzuordnen ist.[19] Die Formulierung entspricht § 489 Abs. 3.

30    Hat der Verfrachter **Maßnahmen ohne Erlangung einer Weisung** nach Abs. 3 ergriffen, so steht ihm der Aufwendungsersatz-, Vergütungs- und Vorschussanspruch nach Abs. 4 zu, wobei hier **Kostenschuldner grundsätzlich der Befrachter** ist.[20] Dies erklärt sich so, dass der Empfänger nur dann in Anspruch genommen werden kann, wenn er eine Weisung nach § 491 Abs. 2 Satz 3 erteilt hat oder vom Verfrachter nach § 494 Abs. 1 Satz 1 verlangt, das Gut gegen Erfüllung der Verpflichtungen aus dem Stückgutfrachtvertrag abzuliefern, denn der Frachtvertrag ist kein Vertrag zu Lasten Dritter.[21] Eine Gesamtschuld von Empfänger und Befrachter besteht nur, wenn die Voraussetzungen des § 494 Abs. 1 vorliegen.

## VIII. Haftung des Verfrachters

31    Für die **fehlerhafte Ausführung zulässiger Weisungen** haftet der Verfrachter für den daraus entstehenden Schaden nach § 280 BGB (s. § 491 Rn. 36), es sei denn Folge der fehlerhaften Ausführung ist der Verlust oder die Beschädigung von Gütern, wo sich die Haftung zwingend nach § 498 Abs. 1 beurteilt. Die Haftung des Verfrachters für **sonstige Schäden** nach § 280 BGB ist nach entsprechender Anwendung von § 680 BGB auf **Vorsatz und grobe Fahrlässigkeit** beschränkt. Es handelt sich bei der Maßnahme, die der Verfrachter im Interesse der Ladung ergreift, um eine Form der **Geschäftsführung zur Gefahrenabwehr,** bei der eine Haftungsprivilegierung einsetzt.[22] Anders als im allgemeinen Frachtrecht, dass dem Frachtführer nach § 433 die **Begrenzung seiner Haftung** auf das Dreifache des Wertes des Gutes bei Verlust ermöglicht,[23] kennt das Seefrachtrecht eine solche Haftungsbegrenzung bei Vermögensschäden nicht. Dies ist darauf zurückzuführen, dass der ursprüngliche Vorschlag der Sachverständigengruppe eine Haftung wegen verspäteter Ablieferung des Gutes mit einer entsprechenden Haftungsbegrenzung wie im allgemeinen Frachtrecht vorsah,[24] dies aber nicht ins Gesetz übernommen wurde, sondern an der bisherigen Rechtslage festgehalten wurde.[25] Die Ungleichbehandlung des Verfrachters gegenüber dem Frachtführer für dasselbe Fehlverhalten erscheint nicht gerechtfertigt. Wie bei § 491 erörtert (vgl. dort Rn. 37), wird eine **Begrenzung der Haftung** des Verfrachters auf den **Wert des Gutes** bei Verlust befürwortet. So ist es nicht ersichtlich, warum die Haftung für eine **fehlerhafte Ausführung** einer erteilten Weisung im Falle eines nicht aus dem Risikobereich des Verfrachters stammenden Transporthindernisses haftungsrechtlich anders beurteilt werden soll, als der Fall, in dem der Verfrachter **Weisungen ohne Vorliegen eines Beförderungs- oder Ablieferungshindernisses,** entweder nicht befolgt oder fehlerhaft ausführt. Im Gegenteil, aufgrund des erhöhten Gefährdungspotentials für die Ladung bei einem Beförderungs- oder Ablieferungshindernis, sowie der ausdrücklichen Regelung, dass solche Hindernisse aus dem Risikobereich des Verfrachters bei der Vergütung oder Erstattung von Aufwendungen nicht zu berücksichtigen sind, erscheint eine Haftungsbegrenzung analog § 491 Abs. 5 auf den Wert des Gutes bei Verlust sachgerecht.

## IX. Konkurrenz

32    § 492 ist *lex specialis* gegenüber dem werkvertraglichen Rücktrittsrecht. Die Vorschriften zum Annahmeverzug (§ 293 ff. BGB) werden ebenfalls durch § 492 verdrängt, da dieser den Fall der Annahmeverweigerung durch den Empfänger regelt. Die allgemein zivilrechtlichen

---

[19] AA *Koller* § 419 Rn. 27, der aufgrund größerer Sachnähe den Frachtführer beweisbelastet sieht.
[20] BGH 22.4.2010, TranspR 2010, 429.
[21] *Koller* § 419 Rn. 49.
[22] Palandt/*Sprau* BGB § 680 Rn. 3.
[23] S. zum allgemeinen Frachtrecht *Koller* § 419 Rn. 60.
[24] S. BerSV S. 28 zu § 510 u. S. 31 zu § 515 Abs. 3, S. 133.
[25] S. zur weiteren Begründung RegBegr-SRG S. 78.

Regelungen über den Ausschluss der Leistungspflicht bei Unmöglichkeit der Leistung (§§ 275, 323 BGB) treten bei Anwendung von § 492 hinter diesen zurück.[26]

Unberührt von § 492 bleibt das **Recht des Befrachters auf Kündigung** nach § 489. **33** Auch die seefrachtrechtlichen Regelungen zum Schadensersatz nach § 488 bleiben unberührt, wenn das Beförderungs- oder Ablieferungshindernis auf eine **ungenügende Verpackung** oder **Kennzeichnung, Unvollständigkeit oder Unrichtigkeit** der erforderlichen **Angaben** zum Gut, einer **unterlassenen Mitteilung über die Gefährlichkeit** des Gutes oder dem **Fehlen,** der **Unvollständigkeit oder Unrichtigkeit der Begleitpapiere** zurückzuführen ist.

Schließlich hat auch der Verfrachter nach § 280 BGB einen Schadensersatzanspruch **34** gegenüber dem Befrachter, wenn das **Transporthindernis dem Organisationsbereich des Befrachters** zuzurechnen und von diesem zu vertreten ist. Dies stimmt mit dem sogenannten „**Sphärengedanken**" überein, dass derjenige, dessen Risikobereich das Hindernis zuzurechnen ist, hierfür auch die Konsequenzen zu tragen hat.[27]

## § 493 Zahlung. Frachtberechnung

(1) ¹**Die Fracht ist bei Ablieferung des Gutes zu zahlen.** ²**Der Verfrachter hat über die Fracht hinaus einen Anspruch auf Ersatz von Aufwendungen, soweit diese für das Gut gemacht wurden und er sie den Umständen nach für erforderlich halten durfte.**

(2) ¹**Der Anspruch auf die Fracht entfällt, soweit die Beförderung unmöglich ist.** ²**Wird die Beförderung infolge eines Beförderungs- oder Ablieferungshindernisses vorzeitig beendet, so gebührt dem Verfrachter die anteilige Fracht für den zurückgelegten Teil der Beförderung, wenn diese für den Befrachter von Interesse ist.**

(3) ¹**Abweichend von Absatz 2 behält der Verfrachter den Anspruch auf die Fracht, wenn die Beförderung aus Gründen unmöglich ist, die dem Risikobereich des Befrachters zuzurechnen sind oder die zu einer Zeit eintreten, zu welcher der Befrachter im Verzug der Annahme ist.** ²**Der Verfrachter muss sich jedoch das, was er an Aufwendungen erspart oder anderweitig erwirbt oder zu erwerben böswillig unterlässt, anrechnen lassen.**

(4) **Tritt nach Beginn der Beförderung und vor Ankunft am Löschplatz eine Verzögerung ein und beruht die Verzögerung auf Gründen, die dem Risikobereich des Befrachters zuzurechnen sind, so gebührt dem Verfrachter neben der Fracht eine angemessene Vergütung.**

(5) **Ist die Fracht nach Zahl, Gewicht oder anders angegebener Menge des Gutes vereinbart, so wird für die Berechnung der Fracht vermutet, dass Angaben hierzu im Seefrachtbrief oder Konnossement zutreffen; dies gilt auch dann, wenn zu diesen Angaben ein Vorbehalt eingetragen ist, der damit begründet ist, dass keine angemessenen Mittel zur Verfügung standen, die Richtigkeit der Angaben zu überprüfen.**

**Übersicht**

| | Rn. | | Rn. |
|---|---|---|---|
| I. Normzweck | 1 | 1. Allgemeines | 13–16 |
| II. Entstehungsgeschichte | 2 | 2. Vorzeitige Beendigung | 17 |
| III. Fracht | 3–8 | 3. Berechnung | 18 |
| IV. Aufwendungen für das Gut | 9–12 | 4. Beweislast | 19 |
| V. Distanzfracht | 13–19 | VI. Beförderungsrisiko des Befrachters | 20–22 |

---

[26] Vgl. zu § 419: § 419 Rn. 51.
[27] RegBegr-SRG S. 75.

Rn.                                                                                Rn.

VII. Angemessene Vergütung bei Ver-        VIII. Frachtberechnung ................. 26
zögerung .................................... 23–25

## I. Normzweck

**1**    Die Norm regelt Einzelheiten zur Fälligkeit von Frachtansprüchen und Aufwendungen für das Gut, zur anteiligen Vergütung bei Beförderungs- und Ablieferungshindernissen und verzögerter Beförderung sowie zur Berechnung der Fracht. Es geht um die **Gegenleistungs- oder Vergütungsgefahr.**[1] Das SRG hat gleichzeitig zu einer Neufassung von § 420 Abs. 2 u. 3 entsprechend Abs. 2 u. 3 geführt, um sowohl im allgemeinen Frachtrecht als auch im Seefrachtrecht die **Gedanken des Leistungsstörungsrechts,** hier § 326 BGB, einfließen zu lassen. Es gelten seefrachtrechtliche Ausnahmen und, im Gegensatz zum Leistungsstörungsrecht, das auf ein Vertreten müssen abstellt, hält das Seefrachtrecht am **Sphärengedanken** fest, wonach es darauf ankommt, wessen **Risikobereich** berührt ist.

## II. Entstehungsgeschichte

**2**    Die Vorschrift entspricht nahezu wörtlich § 420. Die Rechtsgedanken der bisherigen §§ 617, 633 aF werden in Abs. 2 und 3 berücksichtigt. § 420 Abs. 2 und Abs. 3 sind durch das SRG neugefasst worden, so dass hier von einem Einfluss des Seefrachtrechts auf das allgemeine Frachtrecht gesprochen werden kann, wobei Hintergrund dieser Änderung die bezweckte Anpassung an das Recht der Leistungsstörung in § 326 BGB ist.

## III. Fracht

**3**    Unter **Fracht** (engl. „*Freight*") versteht man die **vertragsgemäße Vergütung** des Verfrachters für seine Beförderungsleistung. Die **Höhe der Fracht** richtet sich grundsätzlich nach der Vereinbarung im Stückgutfrachtvertrag. Im Seefrachtverkehr wird die Fracht in der Regel genau vereinbart. Sie ist häufig das entscheidende Kriterium des Befrachters für die Auswahl von Vertragspartner und Beförderungsstrecke. Die Verfrachter haben regelmäßig feste **Tarife.** Fehlt es trotz konkludenter Auslegung an einer wirksamen Vereinbarung zur Frachthöhe ist, wie bisher in § 619 aF geregelt, die **übliche Fracht** am Ablieferungsort der Güter zur Abladezeit maßgeblich.[2] Hierunter ist im Sinne von § 632 BGB und § 354 das **marktübliche Entgelt** zu verstehen, das zu ermitteln ist. Dabei sind ständige Geschäftsbeziehungen zwischen den Vertragsparteien aber auch die in der Stückgut-Linienfahrt veröffentlichten Tarife der Verfrachter[3] zu berücksichtigen. In der Praxis dürfte eine fehlende Vereinbarung zur Höhe der Fracht die absolute Ausnahme sein, da dies regelmäßig das entscheidende Kriterium für die Beauftragung des Verfrachters ist.

**4**    Die **Fälligkeit** der Fracht folgt dem Prinzip der **Zug-um-Zug-Erfüllung.** Abs. 1 Satz 1 knüpft an § 481 Abs. 2 an, der Pflicht des Befrachters zur Zahlung der Fracht. Die vom Befrachter geschuldete Fracht ist **„bei Ablieferung"** des Gutes zu zahlen. Zu diesem Zeitpunkt hat der Verfrachter seine Beförderungsleistung erfüllt. Der Verfrachter muss seine Obhut über das Gut am Löschplatz aufgeben und den dann Verfügungsberechtigten in die Lage versetzen, über das Gut tatsächlich zu verfügen. Diese Formulierung verknüpft die Ortsveränderung des Gutes mit der Zahlung der Fracht.[4] Nur gegen Zahlung der Fracht hat der Verfrachter das Gut abzuliefern. Wegen der Zug-um-Zug-Leistung gegen Frachtzahlung entsteht der Frachtzahlungsanspruch systematisch eine logische Sekunde vor der Vollendung der Ablieferung.

**5**    Es besteht **keine gesetzliche Vorauszahlungspflicht** des Befrachters für die Fracht, zB bei Abschluss des Beförderungsvertrages oder dem Zeitpunkt des Antritts der Beförde-

---

[1]  RegBegr-SRG S. 75.
[2]  *Rabe* § 619 Rn. 2.
[3]  *Rabe* § 619 Rn. 5.
[4]  *Koller* § 420 Rn. 3.

rung. In der Praxis finden sich in den Beförderungsfrachtverträgen regelmäßig **Vorauszahlungsvereinbarungen,** wie zB „**freight to be prepaid**" oder „**freight prepaid**". Bei einer solchen Vorausfracht verpflichtet sich der Verfrachter die Fracht inklusive voraussichtlicher Aufwendungen bereits **bei Übernahme** des Gutes durch den Verfrachter zu bezahlen. Die Fälligkeit der Fracht wird vorverlagert in den Ausgangshafen.[5] Vereinbaren die Parteien das Gegenteil, also „**freight at destination**" oder „**freight to be collected**", erfolgt die Einziehung der Fracht im Bestimmungshafen.

Der Verfrachter ist hinsichtlich der Ablieferung des Gutes **nicht vorleistungspflichtig,**   6 sondern braucht nur Zug-um-Zug gegen Erfüllung seiner Ansprüche aus Abs. 1 auszuliefern. Er kann damit von dem ihm eingeräumten **Zurückbehaltungsrecht** nach § 273 BGB Gebrauch machen, wenn die Fracht nicht bezahlt wird. In den Konnossementen befinden sich regelmäßig sogenannte „**Lien-Klauseln**", die das Zurückbehaltungsrecht des Verfrachters teilweise auf weitere Forderungen erstrecken.[6]

Den **Beweis für eine Ablieferung** des Gutes kann der Verfrachter durch ein quittiertes   7 Konnossement führen. Regelmäßig werden Güter einer Kaianstalt zum Zweck der Auslieferung übergeben. Die Kaibetriebsordnungen verlangen für die Auslieferung an den Empfänger regelmäßig eine unterzeichnete Abstempelung des Konnossements durch den Verfrachter oder seines Vertreters bzw. einen Auslieferungsschein (§ 19 Hamburg KBO).

**Erfüllungsort** für die Frachtzahlungen ist gemäß §§ 269, 270 Abs. 4 BGB im Zweifel die   8 Niederlassung des Befrachters. Sofern der Verfrachter seine Forderung bei der Ablieferung gegenüber dem Empfänger geltend macht, ist Erfüllungsort der Löschplatz. Nach § 494 Abs. 4 bleibt der Befrachter zur Zahlung der nach dem Vertrag geschuldeten Beträge verpflichtet, so dass eine **Gesamtschuld** von Empfänger und Befrachter besteht. Wurde das Gut ausgeliefert, ohne Erhalt einer Frachtzahlung, so soll der Erfüllungsort (wieder) die Niederlassung des Befrachters sein.[7]

## IV. Aufwendungen für das Gut

Der Verfrachter hat nach Abs. 1 Satz 2 **zusätzlich** zu seinem Frachtanspruch nach Abs. 1   9 Satz 1 einen **Aufwendungsersatzanspruch,** soweit er Aufwendungen auf das Gut gemacht hat, die er für erforderlich halten durfte. Es muss sich um Aufwendungen handeln, die zusätzlich entstanden sind, dh. die über solche hinausgehen, die im regelmäßigen Verlauf einer Beförderung anfallen, also **nicht von der Fracht umfasst** sind. Reine Beförderungskosten sind mit der Fracht abgedeckt. Hierzu zählen Hafen-, Schleusen-, Kanal- und Lotsengebühren.[8] Daneben sind Kosten der Besichtigung der Güter, inklusive Sachverständigenkosten und Hilfspersonal solche, die zusätzlich für das Gut gemacht worden sind. § 614 aF verwies neben der Fracht auf Nebengebühren, so wie das etwaige Liegegeld, ausgelegte Zölle und übrige Auslagen, die dem Verfrachter zu erstatten sind. Auch wenn die Reg.Begr. hier nicht näher ausführt, was für Ausgaben des Verfrachters Aufwendungen sein ist der Begriff weit auszulegen. Mangels abweichender Vereinbarung kann der Verfrachter auch Anspruch auf die Zahlung von ausgelegten Zöllen für die Ladung, Kosten für die Anfertigung öffentlicher Urkunden und Standgelder für Container verlangen, sofern diese nicht mehr im Rahmen eines regelmäßigen Verlaufs einer Containerbeförderung liegen.

**Nicht erfasste Aufwendungen** im Sinne von Abs. 1 Satz 2 sind dagegen solche Auf-   10 wendungen für Maßnahmen, die der Verfrachter bei einem Beförderungs- oder Ablieferungshindernis ergriffen hat. Diese Maßnahmen sind nicht „für das Gut" gemacht, sondern beförderungsbezogen. Ihre Erstattungsfähigkeit richtet sich nach § 492 Abs. 1 Satz 3.[9]

---

[5] BGH 15.6.1987, TranspR 1987, 439, 441; ausführlich zu „freight prepaid"-Vermerken s. *Rabe* Vor § 614 Rn. 9, 10.

[6] Vgl. zu inkonnexen Forderungen BGH 18.5.1995, TranspR 1995, 383; ausführlich zu Zurückbehaltungsrecht *Rabe* § 614 Rn. 24.

[7] *Koller* § 420 Rn. 8 u. § 407 Rn. 116.

[8] So § 420 Rn. 6 in Bezug auf Binnenschifffahrtsrecht.

[9] So auch *Thume* zum allgemeinen Frachtrecht § 420 Rn. 7.

**11**     Der Aufwendungsersatzanspruch nach Abs. 1 Satz 2 steht unter dem **Vorbehalt,** dass der Verfrachter die Aufwendungen den Umständen nach **für erforderlich** halten durfte. Diese Formulierung entspricht § 670 BGB. Es sind also nicht alle Aufwendungen, aber auch nicht nur die nutzbringenden Aufwendungen erfasst. Maßgebend ist ein objektiver Maßstab mit einem subjektiven Einschlag.[10] Der Verfrachter hat nach **seinem Ermessen** bei sorgfältiger Prüfung und Berücksichtigung aller Umstände über die Notwendigkeit der Aufwendungen zu entscheiden. Er hat sich damit am Interesse des Befrachters zu orientieren, ob und inwieweit die Aufwendungen angemessen sind und in einem vernünftigen Verhältnis zur Beförderung und dem angestrebten Erfolg stehen.[11]

**12**     Der Aufwendungsersatzanspruch ist zeitgleich mit dem Frachtanspruch **fällig.** Dies ergibt sich aus der Verknüpfung des Aufwendungsersatzanspruches mit der Fracht in Abs. 1 Satz 2.

## V. Distanzfracht

**13**     **1. Allgemeines.** Zunächst stellt Abs. 2 Satz 1 klar, dass der Anspruch auf Fracht entfällt, soweit die Beförderung **unmöglich** ist. Dies stimmt mit den bisherigen Regelungen in § 633 aF überein, der bestimmte, das bei einem zufälligen Totalverlust der Ladung nach Reiseantritt der Frachtvertrag endet und in diesem Fall die Fracht weder ganz noch teilweise zu zahlen ist.[12] Auch § 617 aF sah vor, dass für Güter, die durch einen Unfall verlorengegangen sind, keine Fracht zu bezahlen und vorausbezahlte Fracht zu erstatten ist. Diese **seefrachtrechtlichen Sonderregelungen** für den Fall der Unmöglichkeit der Hauptleistung stimmen mit § 326 Abs. 1 BGB überein.

**14**     Mit der Formulierung „**soweit**" in Abs. 2 Satz 1 soll der Fall der **teilweisen Unmöglichkeit** der Beförderung erfasst werden.[13] Dies wird im nachfolgenden Abs. 2 Satz 2 deutlich, wo ein Beförderungs- oder Ablieferungshindernis kausal für die vorzeitige Beendigung des Beförderungsvertrages ist. In diesem Fall erhält der Verfrachter die **anteilige Fracht** für den zurückgelegten Teil der Beförderung, die sogenannte „**Distanzfracht**". Die Distanzfracht hat es auch im Seefrachtrecht zuvor in § 630 aF gegeben. Dort knüpfte die Regelung jedoch an gerettete Güter an, die trotz zufälligen Schiffsverlustes geborgen werden konnten. Mit der jetzigen Regelung wird der **Anwendungsbereich erweitert** auf jegliches Beförderungs- und Ablieferungshindernis, das eine Beendigung der Beförderung zur Folge hat.[14] Distanzfracht ist also eine **anteilige Fracht** für den zurückgelegten Teil der Beförderung, Mit Abs. 2 Satz 2 Halbsatz 2 wird der Anspruch auf Distanzfracht aber nur dann gewährt, wenn die Teilbeförderung für den **Befrachter von Interesse** ist. Damit wird deutlich, dass eine Pflicht zur Frachtzahlung erst dann entsteht, wenn der Befrachter aus der vorzeitig beendeten Beförderung Vorteile ziehen kann, zB Aufwendungen erspart.[15] Dieses Interesse dürfte in den Fällen fehlen, in denen das Gut wieder zurücktransportiert wird.

**15**     Der Gesetzgeber hat darauf verzichtet, für die Entstehung des Anspruchs auf Distanzfracht zu verlangen, dass das Hindernis dem **Risikobereich des Verfrachters** zuzurechnen ist. Es sei unschädlich, dass das Beförderungs- oder Ablieferungshindernis in einem Umstand begründet ist, der vom Verfrachter zu vertreten ist oder zumindest seinem Risikobereich zuzuordnen ist.[16] Aus dem Umkehrschluss in Abs. 3 Satz 1 ergibt sich jedoch, dass das Hindernis dem Risikobereich des Verfrachters zuzurechnen sein muss. Ist dies nicht der Fall, weil es dem **Risikobereich des Befrachters** entstammt, behält der Verfrachter den Anspruch auf die **volle Fracht.** Er muss sich nur ersparte Aufwendungen anrechnen lassen oder das, was er anderweitig erwirbt bzw. böswillig unterlässt zu erwerben (Abs. 3 Satz 2).

---

[10] Palandt/*Sprau* BGB § 670 Rn. 4.
[11] Palandt/*Sprau* BGB § 670 Rn. 4.
[12] Zu § 633 aF s. *Rabe* § 633 Rn. 1.
[13] RegBegr-SRG S. 75.
[14] RegBegr-SRG S. 75.
[15] *Koller* § 420 Rn. 22.
[16] RegBegr-SRG S. 76.

Distanzfracht ist **echte Fracht** und kein Schadensersatz.[17] Sie wird fällig, wenn der **16** Beförderungsvertrag endet entsprechend Abs. 1 Satz 1.

**2. Vorzeitige Beendigung.** Der Frachtanspruch **entfällt** nach Abs. 2 Satz 1 soweit die **17** Beförderung unmöglich ist. Diese Regelung ist im Zusammenhang mit § 492 Abs. 3 Satz 5 zu lesen, wonach mit dem Löschen des Gutes die Beförderung als beendet gilt. Bei Löschen des Gutes aufgrund eines Beförderung- oder Ablieferungshindernisses bevor dieses die vertraglich vereinbarte Ablieferungsstelle bzw. den Löschplatz erreicht hat, verkürzt sich die Beförderungsstrecke tatsächlich und der **Frachtanspruch reduziert sich auf die Distanzfracht.** Erhält der Verfrachter aufgrund des Beförderungs- und Ablieferungshindernisses Weisungen, das Gut an einen anderen Löschplatz zu verbringen, handelt es sich um einen Fall nach § 492 Abs. 1 und der Frachtanspruch bleibt grundsätzlich zunächst unberührt. Eine Reduzierung der Fracht kann sich jedoch nach dem Gesichtspunkt **ersparter Aufwendungen** gem. § 489 Abs. 2 Nr. 1 ergeben. Auch in dem Fall, in dem der Befrachter ohne Vorliegen eines Transporthindernisses eine Weisung nach § 491 Abs. 1 Satz 2 erteilt, das Gut an einem anderen Löschplatz abzuliefern, fällt nicht unter Abs. 2 und der Anspruch auf die ursprünglich vereinbarte Fracht bleibt unberührt.[18] **Keine vorzeitige Beendigung** in Folge eines Beförderungs- oder Ablieferungshindernisses ist der Verlust des Gutes während der Beförderung. Der Verlust des Gutes ist kein Transporthindernis im Sinne von § 492 und der Verfrachter trägt die Vergütungsgefahr entsprechend § 644 BGB unabhängig davon, ob er den Verlust zu vertreten hat oder es sich um einen zufälligen Verlust handelt (§ 420 Rn. 15 mwN).

**3. Berechnung.** Zur **Berechnung der Distanzfracht** enthält das Seefrachtrecht, **18** anders als bisher in § 631 aF, keine ausdrückliche Regelung. Abs. 2 Satz 2 verweist lediglich darauf, dass dem Verfrachter „**die anteilige Fracht für den zurückgelegten Teil der Beförderung**" gebührt. Entsprechend § 631 aF sollte die Berechnung jedoch nicht nur auf das Verhältnis der zurückgelegten Entfernung zur Länge der gesamten Reise reduziert werden, sondern auch das Verhältnis des **Aufwandes an Kosten und Zeit, der Gefahren und Mühen,** welche durchschnittlich mit dem vollendeten Teil der Reise verbunden sind, zu denen des nicht vollendeten Teiles. Andernfalls besteht keine Gewähr für einen angemessenen Ausgleich, da durchaus Fälle denkbar sind, in denen bestimmte Abschnitte der Beförderungsstrecke **kostenintensiver** sind als andere. Zu denken ist beispielsweise an zusätzliche Kosten durch den Einsatz von privaten Sicherheitsunternehmen an Bord von Schiffen in gefährlichen Seegebieten, Kosten für Kanalpassagen, Schleusungen, Lotsen etc.[19]

**4. Beweislast.** Der **Verfrachter** muss beweisen, dass ein Ablieferungs- und Beförde- **19** rungshindernis zur vorzeitigen Beendigung der Beförderung führte, während der **Befrachter** zu beweisen hat, dass die Beförderung für ihn nicht von Interesse war.[20]

## VI. Beförderungsrisiko des Befrachters

Abweichend von Abs. 2 regelt Abs. 3 **zwei Sonderfälle** der Unmöglichkeit der Beförde- **20** rung, die nach dem **Sphärengedanken** ihre Ursache in der Sphäre des Befrachters haben. Vorbild der Regelung ist § 326 Abs. 2 BGB.[21] Anders als dort wird nicht auf ein Vertreten müssen abgestellt, sondern darauf, wessen Risikobereich das Beförderungshindernis zuzuordnen ist.

Der Verfrachter behält den Anspruch auf die **volle Fracht** nach Abs. 3 Satz 1, wenn die **21** Beförderung aus Gründen unmöglich ist, die dem **Risikobereich des Befrachters**[22] zuzu-

---

[17] *Rabe* § 630 Rn. 3.
[18] Vgl. zum allgemeinem Frachtrecht § 420 Rn. 14.
[19] Vgl. auch *Rabe* § 632 Rn. 2–4.
[20] *Koller* § 420 Rn. 22; aA *Thume* § 420 Rn. 20, der dem Frachtführer die Beweislast für das Bestehen eines Interesses des Absenders an der Beförderungsleistung auferlegt. Praktisch kann dies der Frachtführer kaum leisten.
[21] RegBegr-SRG S. 76.
[22] Zum Begriff des Risikobereiches s. § 489 Rn. 20, § 490 Rn. 23 und § 492 Rn. 28.

rechnen sind (erster Fall) oder die zu einer Zeit eingetreten sind, zu welcher der **Befrachter in Annahmeverzug** ist (zweiter Fall). Dies gilt sowohl für den Fall, dass der Verfrachter mit der Beförderung noch nicht begonnen hat als auch für den Fall, dass die Beförderung nur teilweise erbracht wurde.[23] **Annahmeverzug** des Befrachters liegt vor, wenn der Befrachter seiner Mitwirkungspflicht bei der ihm vom Verfrachter angebotenen Beförderungsleistung nicht erbringt. Dies kann der Fall sein, wenn das Gut nicht zur Beförderung bereitgestellt wird, Angaben zum Gut fehlen, Verpackung und Kennzeichnung nicht ordnungsgemäß erfolgt, Begleitpapiere fehlen oder die Beförderung überhaupt abgelehnt wird.

22    Der Verfrachter muss sich gem. Abs. 3 Satz 2 auf die volle Fracht seine **ersparten Aufwendungen** anrechnen lassen oder einen **anderweitigen Erwerb.** Dies gilt auch für das böswillige Unterlassen eines anderweitigen Erwerbs. Diese Regelung entspricht § 489 Abs. 2 Satz 1 Nr. 1. **Böswilliges Unterlassen** setzt voraus, dass der Verfrachter die Absicht hat, einen ihm zumutbaren Ersatzauftrag nicht zu übernehmen und untätig bleibt. Der Verfrachter schlägt hier zumutbare Geschäftschancen aus.

### VII. Angemessene Vergütung bei Verzögerung

23    Abs. 4 regelt weitere Ansprüche des Verfrachters, wenn die Beförderung durch eine Ursache verzögert wird, die dem **Risikobereich des Befrachters** zuzurechnen ist. Hier steht dem Verfrachter zusätzlich zu seinem vertraglichen Frachtzahlungsanspruch ein Anspruch auf eine **angemessene Vergütung** zu. Voraussetzung ist, dass **nach Beginn der Beförderung und vor Ankunft am Löschplatz** eine Verzögerung eintritt, die dem Risikobereich des Befrachters zuzurechnen ist. **Verzögerung** ist, wenn die Beförderung behindert wird, so dass der Zeitrahmen für die ursprünglich geplante Beförderungsreise überschritten wird. Ob eine Verzögerung vorliegt, ist aus der Perspektive eines ordentlichen Verfrachters zu beurteilen.[24]

24    Die **Ursache** für die Verzögerung muss dem Risikobereich des Befrachters zuzuordnen sein. Hierzu zählen alle Verzögerungen, die der **Befrachter verschuldet** hat.[25] Des Weiteren zählen hierzu solche **Mängel,** die der **Sphäre des Befrachters** entspringen, wobei solche Störungsursachen nicht berücksichtigt werden sollen, die für den Befrachter unvorhersehbar und unbeherrschbar waren oder die der Verfrachter besser als der Befrachter zu beherrschen oder einzukalkulieren im Stande war.[26] **Nicht erfasst** sind deshalb die Sperrung von Wasserstraßen in Folge Hoch- oder Niedrigwassers[27] oder wegen Eisgangs; auch die Sperre eines Kanals wegen eines Schiffsunfalls.[28] **Verfügungen von hoher Hand,** die für den Befrachter nicht vorhersehbar waren, wie die vorübergehende Untersagung des Handels mit dem Bestimmungsort durch Behörden des Ablade- oder Bestimmungshafens, die Blockade des Ablade- oder Bestimmungshafens durch behördliche- oder Handelsblockade, wie auch Ausfuhr- oder Einfuhrverbote des Ablade- oder Bestimmungshafens von lediglich vorübergehender Dauer sind nicht erfasst. **Erfasst** sind dagegen Verzögerungen bei **falscher Auskunft** des Befrachters nach § 488 Abs. 1.

25    Die **Beweislast** für die dem Risikobereich des Befrachters zuzurechnenden Störungsursachen trägt der Verfrachter.[29]

### VIII. Frachtberechnung

26    Abs. 5 befasst sich mit der Berechnung der Fracht, nicht aber mit der **Frachthöhe.** Es bleibt den Parteien überlassen, die Frachthöhe zu vereinbaren. Haben die Parteien vereinbart, dass die **Höhe nach Zahl, Gewicht oder anders angegebener Menge** des Gutes

---

[23] RegBegr-SRG S. 76.
[24] *Koller* § 420 Rn. 33.
[25] BGH 22.6.2011, VersR 2012, 125.
[26] So *Koller* zum allgemeinen Frachtrecht: *Koller* § 420 Rn. 34.
[27] OLG Köln 2.2.2009, TranspR 2009, 171, 173.
[28] BGH 22.6.2011, VersR 2012, 125; OLG Köln 28.10.2008, TranspR 2009, 43, 44.
[29] BGH 22.6.2012, VersR 2012, 125; § 420 Rn. 30; *Koller* § 420 Rn. 35.

zu bestimmen ist, so wird für die Frachtberechnung vermutet, dass die Angaben im Seefrachtbrief oder Konnossement zutreffen. Es handelt sich um eine **widerlegliche Vermutung,** wobei die Vermutungswirkung auch dann greifen soll, wenn im Seefrachtbrief oder im Konnossement ein **Vorbehalt** zu den Mengenangaben eingetragen wurde, der damit begründet ist, dass keine angemessenen Mittel zur Verfügung standen, die Richtigkeit der Angaben zu überprüfen. Hiermit wird für Konnossemente berücksichtigt, was in § 517 Abs. 2 geregelt ist. Dem Verfrachter wird zugestanden, die **Beweiswirkung** bestimmter Angaben im Konnossement durch einen Vorbehalt einzuschränken. Gleichzeitig wird deutlich, dass der Vorbehalt einen bestimmten **Inhalt** haben muss, in dem präzisiert wird, worauf er sich bezieht. Vermerke ins Blaue hinein sind daher irrelevant.[30]

## § 494 Rechte des Empfängers. Zahlungspflicht

(1) [1]Nach Ankunft des Gutes am Löschplatz ist der Empfänger berechtigt, vom Verfrachter zu verlangen, ihm das Gut gegen Erfüllung der Verpflichtungen aus dem Stückgutfrachtvertrag abzuliefern. [2]Ist das Gut beschädigt oder verspätet abgeliefert worden oder verloren gegangen, so kann der Empfänger die Ansprüche aus dem Stückgutfrachtvertrag im eigenen Namen gegen den Verfrachter geltend machen; der Befrachter bleibt zur Geltendmachung dieser Ansprüche befugt. [3]Dabei macht es keinen Unterschied, ob der Empfänger oder der Befrachter im eigenen oder fremden Interesse handelt.

(2) [1]Der Empfänger, der sein Recht nach Absatz 1 Satz 1 geltend macht, hat die noch geschuldete Fracht bis zu dem Betrag zu zahlen, der aus dem Beförderungsdokument hervorgeht. [2]Ist ein Beförderungsdokument nicht ausgestellt oder dem Empfänger nicht vorgelegt worden oder ergibt sich aus dem Beförderungsdokument nicht die Höhe der zu zahlenden Fracht, so hat der Empfänger die mit dem Befrachter vereinbarte Fracht zu zahlen, soweit diese nicht unangemessen ist.

(3) Der Empfänger, der sein Recht nach Absatz 1 Satz 1 geltend macht, hat ferner eine Vergütung nach § 493 Absatz 4 zu zahlen, wenn ihm der geschuldete Betrag bei Ablieferung des Gutes mitgeteilt worden ist.

(4) Der Befrachter bleibt zur Zahlung der nach dem Vertrag geschuldeten Beträge verpflichtet.

### Übersicht

| | Rn. | | Rn. |
|---|---|---|---|
| I. Normzweck | 1, 2 | 2. Anspruchsentstehung und Geltendmachung | 15–18 |
| II. Entstehungsgeschichte | 3 | 3. Drittschadensliquidation | 19 |
| | | 4. Haftung des Verfrachters | 20 |
| III. Ablieferungsanspruch des Empfängers | 4–12 | V. Zahlungspflichten | 21–27 |
| | | 1. Allgemeines | 21, 22 |
| IV. Anspruch des Empfängers auf Schadensersatz | 13–20 | 2. Fracht | 23–26 |
| | | 3. Zusatzvergütung | 27 |
| 1. Allgemeines | 13, 14 | VI. Vertragsfreiheit | 28, 29 |

### I. Normzweck

Die Norm ist die **zentrale Vorschrift,** die die **Rechtsstellung des Empfängers** im 1 Rahmen des Stückgutfrachtvertrages (§ 481) gegenüber dem Verfrachter und dem Befrachter regelt. Hierbei zeigt sich, dass der Stückgutfrachtvertrag ein **Vertrag zugunsten Dritter** im Sinne von § 328 BGB ist, da dem Empfänger, wie bisher § 614 Abs. 2, ein Anspruch

---

[30] So auch *Koller* § 420 Rn. 38 zum allgemeinen Frachtrecht.

auf Ablieferung des Gutes **Zug-um-Zug** gegen Erfüllung der Verpflichtungen aus dem Stückgutfrachtvertrag eingeräumt wird. Darüber hinaus wird ein Anspruch des Empfängers neben dem Befrachter für Güterschäden oder Lieferverzögerungen begründet. Diese kann der Empfänger im eigenen Namen geltend machen (Abs. 1 Satz 2).

2    Die Erfüllung der Verpflichtungen aus dem Stückgutfrachtvertrag durch den Empfänger wird daran angeknüpft, dass das **Gut abgeliefert** wird. Dies betrifft insbesondere die **Zahlungspflicht** des Empfängers (Abs. 2 Satz 1). Diese Regelung ist erforderlich, da der Empfänger nicht Vertragspartei des Stückgutfrachtvertrages ist und deshalb in diesem Vertrag keine Verpflichtungen des Empfängers, zB zur Frachtzahlung, vereinbart werden können. Andernfalls läge ein unzulässiger Vertrag zu Lasten Dritter vor. Die Zahlungspflicht des Empfängers ist erst dann begründet, wenn er von seinem Recht Gebrauch macht, ihm das Gut nach Ankunft am Löschplatz abzuliefern. Neu im Seefrachtrecht ist, dass neben der Zahlungspflicht des Empfängers die Zahlungspflicht des Befrachters aus dem Stückgutfrachtvertrag bestehen bleibt und so eine **gesamtschuldnerische Haftung** von Befrachter und Empfänger besteht (Abs. 4).[1]

## II. Entstehungsgeschichte

3    Die Norm ist nahezu identisch mit § 421 und ersetzt die Regelungen des § 614 aF, wobei von dessen Abs. 1 teilweise grundlegend andere Regelungen getroffen wurden, während dessen Abs. 2 im Wesentlichen entsprochen wurde.

## III. Ablieferungsanspruch des Empfängers

4    Der Empfänger kann nach Abs. 1 Satz 1 nach Ankunft des Gutes am Löschplatz vom Verfrachter die Ablieferung des Gutes verlangen. Diesem **Ablieferungsverlangen des Empfängers** braucht der Verfrachter nur gegen Erfüllung ihm aus dem Stückgutfrachtvertrag noch zustehenden Ansprüche nachzukommen. Es handelt sich um ein **Recht** des Empfängers, die Ablieferung zu verlangen, **keine Pflicht,** so dass der Empfänger selbst entscheidet, ob er durch die Geltendmachung seines Ablieferungsrechts die damit verknüpfte Zahlungsverpflichtung auslöst. Der Empfänger kann vor Abnahme der Güter diese auf äußere Mängel hin überprüfen und beschädigtes Gut zurückweisen.

5    Das Ablieferungsverlangen ist eine **zugangsbedürftige Willenserklärung,** auf die die §§ 116 ff. BGB anzuwenden sind (§ 421 Rn. 10). Durch die bloße Übernahme des Gutes durch den Empfänger ist nicht automatisch das Ablieferungsverlangen erklärt worden. Hierin kann aber unter Umständen eine stillschweigende oder konkludente Geltendmachung des Herausgabeanspruchs des Empfängers gesehen werden.[2]

6    Es besteht **keine Zahlungspflicht** des Empfängers durch die Annahme des Gutes.[3] Begründet wird dies damit, dass die Zahlungspflicht des Empfängers im Seefrachtrecht und im allgemeinen Frachtrecht nicht unterschiedlich geregelt sein müsse und auch so sichergestellt sei, dass eine Frachtzahlungsverpflichtung des Empfängers erst entsteht, wenn er durch sein Auslieferungsverlangen dieses auch zum Ausdruck gebracht hat. Damit verlangt der Empfänger vom Verfrachter dessen Erfüllung des Stückgutfrachtvertrages durch Ablieferung des Gutes.[4]

7    Erfüllt der Empfänger seine Verpflichtung aus dem Stückgutfrachtvertrag nicht gegenüber dem Verfrachter, so steht diesem nach § 320 BGB ein **Zurückbehaltungsrecht** zu. Dies entspricht dem bisherigen § 614 Abs. 2 aF.[5] Anders als bisher in § 625 aF bleibt die **Zahlungsverpflichtung des Befrachters** bestehen nach Abs. 4. Diese wird allerdings häufig in der Praxis durch die Vereinbarung einer *„cesser-lien-clause"* ausgeschlossen, so

---

[1] Anders noch § 625 aF, der regelte, dass sich der Verfrachter für an den Empfänger ausgelieferte Güter für dessen Forderungen nicht beim Befrachter erholen konnte.

[2] BGH 11.1.2011, TranspR 2011, 307.

[3] Hier weicht das Seefrachtrecht von dem bisherigen § 614 ab, wonach die Zahlungspflicht des Empfängers „durch die Annahme" des Gutes entstand; siehe auch *Rabe* Vor § 614 Rn. 3.

[4] Vgl. RegBegr-SRG S. 77.

[5] RegBegr-SRG S. 76.

dass der Verfrachter gegen den Befrachter keinen Regress für die Fracht nehmen kann, sollte der Empfänger nicht bezahlt haben. Der Verzicht auf diesen Regress wird an die Ausübung des Pfandrechts gebunden.[6]

Dem Empfänger stehen nach Ausübung seines Ablieferungsrechts **weitere Ansprüche** **8** nach Abs. 1 Satz 2 aus dem Stückgutfrachtvertrag zu. Er kann im eigenen Namen Ansprüche für beschädigte oder verspätete oder verloren gegangene Güter gegen den Verfrachter geltend machen, wobei der Befrachter ebenfalls zur Geltendmachung dieser Ansprüche befugt bleibt (Abs. 1 Satz 2). Da bei Verlust des Gutes keine „Ankunft des Gutes am Löschplatz" vorliegt, damit eine Voraussetzung nach Abs. 1 Satz 1 fehlt, muss der Schadensersatzanspruch des Empfängers auch bestehen, wenn er die Ablieferung nicht verlangt, andernfalls Abs. 1 Satz 2 leerlaufen würde (so auch § 421 Rn. 4).

**Maßgeblicher Zeitpunkt** für das Entstehen der Rechte des Empfängers ist die Ankunft **9** des Gutes am Löschplatz (Abs. 1 Satz 1).[7] Dieser Zeitpunkt entspricht demjenigen, der nach § 491 Abs. 2 Satz 1 für den Übergang des Verfügungsrechts vom Befrachter auf den Empfänger maßgeblich ist.[8] **Löschplatz** ist die Stelle, an der das Schiff zum Zwecke der Löschung der Ladung liegt, also der **Liegeplatz.** Anders als durch die Sachverständigengruppe vorgeschlagen, die auf die „Ankunft des Schiffes" abstellt,[9] wurde aus Gründen der Einheitlichkeit auf die **„Ankunft des Gutes"** abgestellt, wobei sich aber inhaltlich kein Unterschied ergibt.[10] Der Ort des Löschplatzes wird im Stückgutfrachtvertrag vereinbart. Er ist das genaue Ziel der Beförderung und wird durch die Benennung des Bestimmungshafens (§ 515 Abs. 1 Nr. 5 zum Konnossementsinhalt) vorgegeben. Durch nachträgliche Weisungen gemäß § 491 kann sich der Löschplatz ändern. Kommt nur ein Teil der Güter am Löschplatz an, weil zB der andere Teil verlorengegangen ist oder vom Befrachter nicht rechtzeitig zur Verladung bereitgestellt wurde, kann der Empfänger nach § 494 Abs. 1 Satz 1 auch die Ablieferung der Teilladung verlangen.[11]

Das Recht auf Ablieferung steht dem Empfänger zu. **Empfänger** ist derjenige, der im **10** Seefrachtvertrag als Empfänger der Güter bestimmt wurde. Darüber hinaus ist auch jede **dritte Person** Empfänger, die der im Seefrachtvertrag genannte Empfänger bestimmt hat, die **Ablieferung der Güter zu verlangen.**[12] Diejenige Person, die die Güter im eigenen Namen Kraft ihrer Legitimation entgegennimmt, ist der sogenannte **„Ist-Empfänger".**[13] Kein Empfänger ist der sogenannte **„Zufallsempfänger",** der in den Besitz des Gutes bei einer Falschauslieferung gelangt oder versehentlich von dessen Ankunft verständigt worden ist.[14] Leichterschiffer, Kahnschiffer und Frachtführer aller Art sind keine Empfänger, es sei denn, ihnen wurde die Empfangslegitimation zum **Handeln im eigenen Namen** übertragen.[15] Dies wird nur ausnahmsweise der Fall sein, da diese Personen regelmäßig nur aufgrund einer **Vollmacht des Empfängers** und daher nicht im eigenen Namen handeln. **Spediteure** handeln dagegen regelmäßig im eigenen Namen und werden bei Vorlage eines auf sie selbst legitimierenden Konnossements (zB auch ein Blankoindossament) wie ein Empfänger berechtigt nach § 494. Bei **Konnossementsausstellung** ist Empfänger der legitimierte Besitzer des Konnossements (§ 521 Abs. 1). So kann auch ein **Schiffsagent** Empfänger sein, wenn er im Konnossement als Empfänger benannt wird.

Bei der Ablieferung des Gutes an den Empfänger oder an einen vom Empfänger bevoll- **11** mächtigten Vertreter, hat der Verfrachter die **Empfangslegitimation,** und bei einem

---

6 *Herber* S. 266; *Rabe* § 625 Rn. 8 mwN zum englischen Recht.
7 Im allgemeinen Frachtrecht tritt an die Stelle des Löschplatzes die „Ablieferungsstelle", § 421 Abs. 1 Satz 1.
8 RegBegr-SRG S. 76.
9 Vgl. BerSV S. 20, 110.
10 RegBegr-SRG S. 75.
11 BGH 2.12.1982, VersR 1983, 339.
12 RegBegr-SRG S. 76.
13 OLG Hamburg 27.8.1992, TranspR 1993, 65.
14 OLG Düsseldorf 22.2.1973, BB 1973, 819.
15 RG 2.7.1927, RGZ 117, 388; BGH 10.10.1957, BGHZ 25, 300.

Vertreter dessen Bevollmächtigung zu **prüfen,** da die Auslieferung des Gutes an einen anderen Nichtberechtigten als Verlust behandelt wird und eine Schadensersatzpflicht des Verfrachters auslöst (vgl. § 521 Abs. 4 bei Konnossementsausstellung).[16]

**12**    Der Empfänger muss das **Ablieferungsverlangen gegenüber dem Verfrachter** erklären. Entgegen früherer Rechtsprechung[17] hat der BGH zum allgemeinen Frachtrecht entschieden, dass dem Empfänger auch ein direkter Anspruch auf Auslieferung des Gutes gegen den vom Verfrachter eingeschalteten **Unterfrachtführer** zusteht.[18] Der BGH bejaht für das allgemeine Frachtrecht, dass der Empfänger als Drittbegünstigter aus dem Unterfrachtvertrag gegenüber dem Unterfrachtführer zumindest befugt ist, die Primärrechte auf Ablieferung des Gutes, Übergabe der Zweitausfertigung des Frachtbriefes und das Weisungsrecht auszuüben.[19] Problematisch hierbei ist, dass nach dem Wortlaut des Abs. 1 Satz 1 der Empfänger sich mit der Ausübung seines Ablieferungsrechts gleichzeitig verpflichtet, die Ansprüche des Verfrachters aus dem Stückgutfrachtvertrag zu erfüllen. Der Ablieferungsanspruch des Empfängers kommt also vom Vertragspartner des Verfrachters, dem Befrachter. Grundsätzlich müssen diese Überlegungen auch im **Seefrachtrecht** berücksichtigt werden. Im Seeverkehr wird, anders als im allgemeinen Frachtrecht, nur ausnahmsweise angenommen werden können, dass ein „**Unterverfrachter**" mit dem „**Hauptverfrachter**" einen Vertrag zugunsten des Empfängers abschließt. Dies wird allenfalls dort angenommen werden können, wo das Gut vom Unterverfrachter, zB dem Reeder eines kleinen Feederschiffes an den Empfänger abgeliefert wird oder dort, wo der von einem Fixkostenspediteur eingesetzten Verfrachter das Gut an den Empfänger abliefert.[20] Die Folge ist dann, dass Hauptverfrachter und Unterverfrachter **Gesamtschuldner** sind.[21]

Im Seefrachtverkehr bedarf es einer genauen Betrachtung des Einzelfalles, ob die zum allgemeinen Frachtrecht in dieser Frage ergangene Rechtsprechung des BGH auf das Seefrachtrecht übertragen werden kann.[22] Es wird dann problematisch mit der Annahme eines **Unterstückgutfrachtvertrages zugunsten des Empfängers,** wenn wie regelmäßig eine große Zahl von Stückgutbeförderungen auf einem Schiff erfolgt, dass der (Haupt-) Verfrachter gechartert hat unter einem **Zeitchartervertrag.** Hier wird nicht unterstellt werden können angesichts der Vielzahl der sich auf einem Schiff beförderten Güter unter eine Vielzahl von Stückgutfracht- oder Reisefrachtverträgen, dass der Reeder des Schiffes (Vercharterer unter dem Zeitchartervertrag) als Unterverfrachter das Gut an die jeweiligen Empfänger oder deren Beauftragten abliefert. Bei Zeitcharterverträgen fehlt es regelmäßig an einer Vereinbarung zwischen dem Hauptverfrachter (Zeitcharterer) und dem Unterverfrachter (Zeitvercharterer), wonach letzterer die Ablieferung an den Empfänger verspricht (§ 498 Rn. 93 f.).

### IV. Anspruch des Empfängers auf Schadensersatz

**13**    **1. Allgemeines.** Neben dem Anspruch, die Auslieferung der Güter zu verlangen, hat der Empfänger nach Abs. 1 Satz 2 **weitere Rechte** aus dem Stückgutfrachtvertrag. Bei **Verlust** oder **Beschädigung** des Gutes oder **verspäteter Ablieferung** kann er **im eigenen Namen** gegen den Verfrachter Schadensersatz geltend machen. Diese Ansprüche stehen ihm neben dem Befrachter zu. Mit dieser **Doppellegitimation** soll die Gefahr des Anspruchsverlusts bei einem Vorgehen der falschen Partei vermieden werden.[23] Vorbild in dieser Regelung ist Art. 13 CMR.

---

[16]  S. auch *Rabe* § 614 Rn. 4.
[17]  BGH 20.10.2005, TranspR 2006, 29, 30.
[18]  BGH 30.10.2008, TranspR 2009, 130; BGH 14.6.2007, TranspR 2007, 425; BGH 13.5.2012, TranspR 2012, 456.
[19]  S. zum allgemeinen Frachtrecht § 421 Rn. 15, 44; *Speckmann* S. 25 ff.
[20]  Vgl. dazu § 498 Rn. 93; *Herber* TranspR 2013, 1 ff.
[21]  Zum allgemeinen Frachtrecht § 421 Rn. 8; *Koller* § 421 Rn. 4.
[22]  Krit. *Steingröver* S. 75 ff. bereits vor Änderung der BGH-Rspr.
[23]  RegBegr-SRG S. 76.

In Abs. 1 Satz 3 wird klargestellt, dass Empfänger und Befrachter auch Ansprüche für 14
Schäden Dritter nach den Grundsätzen der **Drittschadensliquidation** geltend machen
können.

**2. Anspruchsentstehung und Geltendmachung.** Wie die Frachtzahlungspflicht des 15
Empfängers entsteht der Anspruch des Empfängers wegen Schadensersatz für Beschädigung
des Gutes grundsätzlich mit **Ablieferung** des Gutes an den Empfänger. Dagegen ist es
nicht erforderlich, dass der Empfänger die Ablieferung des Gutes zunächst verlangt hat. Die
bloße **Ankunft des Gutes am Löschplatz** kann nicht ausreichen, da andernfalls in dem
Fall, in dem der vertragliche Empfänger die Annahme verweigert oder Ablieferung des
Gutes auf Weisung des Befrachters an einen Dritten erfolgt (§ 492 Abs. 1 Satz 1), sowohl
der ursprünglich vorgesehene Empfänger als auch der Dritte berechtigt wäre, Schadensersatzansprüche geltend zu machen. Dies ist aber nicht die Intention bei § 494 (§ 421 Rn. 19).

Beim Anspruch des Empfängers wegen **Lieferverzögerung** gilt dasselbe wie bei Beschä- 16
digung; der Anspruch entsteht erst mit der (verspäteten) Ablieferung.[24] Da § 498 keine
spezielle seerechtliche Haftung des Befrachters für Schäden wegen Lieferfristüberschreitungen vorsieht, gelten hier die allgemeinen schuldrechtlichen Grundsätze. Es kommen daher
Ansprüche wegen **Verzug gemäß § 280 Abs. 2 iVm. § 286 BGB** in Betracht. Daneben
bleibt es den Parteien ebenfalls unbenommen, eine Haftung für Schäden aus Lieferfristüberschreitungen vertraglich zu vereinbaren. Der Anspruch im Falle des Verlustes entsteht dagegen sofort, sobald der Verlust festgestellt wurde. In diesem Fall kann das Gut niemals den
Löschplatz erreichen.

Der Empfänger, der die Ansprüche nach Abs. 1 Satz 2 geltend macht, tut dies gegenüber 17
dem Verfrachter **im eigenen Namen.** Dies ergibt sich daraus, dass der Stückgutfrachtvertrag ein Vertrag zugunsten Dritter ist. Neben dem Empfänger ist der Befrachter weiterhin
**aktivlegitimiert** (Abs. 1 Satz 2, 2. Halbsatz). Die **Doppellegitimation** von Befrachter
und Empfänger soll dazu führen, dass ein Ersatzanspruch nicht deshalb verloren geht, weil
die falsche Partei den Anspruch geltend macht.[25] Der Verfrachter hat folglich mit Ankunft
des Gutes am Löschplatz zwei Gläubiger. Es besteht keine Doppellegitimation, wenn ein
Konnossement oder ein Seefrachtbrief, mit einem Sperrvermerk gemäß § 491 Abs. 5 versehen, ausgestellt wurde. In diesen Fällen ist nur der Empfänger aktiv legitimiert, an den das
Konnossement bzw. der Seefrachtbrief gegeben wurde.

Befrachter und Empfänger sind gegenüber dem Verfrachter **Gesamtgläubiger** im Sinne 18
von § 428 BGB. Leistet der Verfrachter an einen der beiden, entfällt die Anspruchsberechtigung des anderen. Zu den prozessualen Folgen wird auf die Ausführungen von *Thume*
(§ 421 Rn. 24) verwiesen.

**3. Drittschadensliquidation.** Befrachter und Empfänger können den Schadensersatz- 19
anspruch auch im **fremden Interesse** geltend machen nach Abs. 1 Satz 3. Dies steht im
Einklang mit den Grundsätzen der sog. Drittschadensliquidation. Die Person, die formell
zur Geltendmachung vertraglicher Ansprüche berechtigt ist, muss also nicht identisch sein
mit derjenigen, die den wirklichen Schaden erlitten hat. Sie kann vielmehr den Schaden
des materiell geschädigten in eigenem Namen geltend machen (vgl. auch Rn. 29) (§ 421
Rn. 26 mwN).

**4. Haftung des Verfrachters. Anspruchsgegner** für die Beschädigung von Gütern 20
oder Lieferverzögerungen ist grundsätzlich der **Verfrachter** (§ 481 Abs. 1 und § 498). Daneben ist umstritten, inwieweit auch ein Unterverfrachter schadensersatzpflichtig gegenüber
einem Empfänger werden kann.[26] Zweifelhaft ist, ob die zum allgemeinen Frachtrecht vom
BGH entwickelten Grundsätze auf die Besonderheiten des Seefrachtverkehrs übertragen werden können.[27] In den Fällen, in denen der Unterverfrachter das Gut dem Empfänger abzulie-

---

[24] *Koller* § 421 Rn. 14.
[25] RegBegr-SRG S. 76.
[26] S. zum Streitstand im allgemeinen Frachtrecht § 421 Rn. 28.
[27] § 498 Rn. 93; *Herber* TranspR 2013, 1 ff.

fern hat, könnte dies angenommen werden, da hier der Beförderungsvertrag zwischen dem (Haupt-) Verfrachter und dem Unterverfrachter als ein Vertrag zugunsten des Empfängers angesehen werden kann. Sofern aber der Vertrag zwischen (Haupt-) Verfrachter und Unterverfrachter ein Zeitchartervertrag (§ 557) ist bei dem eine Vielzahl einzelner Güter vom Unterverfrachter (Zeitvercharterer/Reeder) für den (Haupt-) Verfrachter (Charterer) befördert werden, kann kaum angenommen werden, dass der **Zeitvercharterer** die Ablieferung des Gutes an den Empfänger verspricht. In diesen Fällen muss eine Inanspruchnahme des Unterverfrachters (Zeitvercharterers) durch den Empfänger und den Befrachter des Hauptstückgutfrachtvertrages mit dem (Haupt-)Verfrachter (Zeitcharterer) des Schiffes in seiner Eigenschaft als (Haupt-) Verfrachter verneint werden (vgl. Rn. 12).

### V. Zahlungspflichten

21   **1. Allgemeines.** Der Verfrachter hat nach Abs. 1 Satz 1 das Gut nur gegen Erfüllung der Verpflichtungen aus dem Stückgutfrachtvertrag abzuliefern. Es handelt sich um eine **„Zug-um-Zug"-Erfüllung.** Hieraus folgt, dass dem Verfrachter ein **Leistungsverweigerungsrecht** (§ 320 BGB) wegen aller aus dem Stückgutfrachtvertrag herleitbarer Ansprüche zusteht. Dies kann die Frachtzahlungsverpflichtung, aber auch der Anspruch auf Ersatz von Aufwendungen oder Ersatzansprüchen wegen der Beschädigung des Transportmittels aus Gründen, die der Befrachter zu vertreten hat, beinhalten.

22   Zusätzlich zu diesem Leistungsverweigerungsrecht erhält der Verfrachter neben seinem Vertragspartner, dem Befrachter, einen **weiteren Schuldner,** den Empfänger. Hierin liegt ein Fall des **gesetzlichen Schuldbeitritts** des Empfängers, der Befrachter und Empfänger gegenüber dem Verfrachter als **Gesamtschuldner** hinsichtlich der Zahlungsverpflichtungen aus dem Stückgutfrachtvertrag verpflichtet.[28]

23   **2. Fracht.** Nach Abs. 2 Satz 1 hat der Empfänger die noch geschuldete Fracht bis zu dem Betrag zu zahlen, der aus dem **Beförderungsdokument** hervorgeht. Inwieweit die Fracht noch geschuldet wird, ergibt sich aus dem Frachtvertrag bzw. dem Vermerk auf dem Konnossement oder Seefrachtbrief. Die Parteien des Stückgutfrachtvertrages können **Frachtzahlungsabreden** treffen, die dazu führen, dass eine Zahlungsverpflichtung des Empfängers gar nicht entstanden ist. Mit dem Vermerk *„freight prepaid"* wird die Fracht bereits bei Übernahme des Gutes durch den Verfrachter fällig, mithin regelmäßig vom Befrachter bezahlt, und der Verfrachter verliert sein Leistungsverweigerungsrecht, die Ablieferung des Gutes an den Empfänger zu verweigern.[29]

24   Der **gesetzliche Regelfall** zur Höhe der zu zahlenden Fracht geht davon aus, dass diese aus dem Beförderungsdokument, dh. Konnossement oder Seefrachtbrief, hervorgeht. (Abs. 2 S. 1). Der Empfänger schuldet also nur bis zu diesem Betrag die Fracht und ist so dagegen geschützt, dass er mit Frachtforderungen konfrontiert wird, die zwischen Verfrachter und Befrachter ohne sein Mitwirken in unangemessener Höhe vereinbart wurden. Hierzu ist anzumerken, dass in der Praxis selten im Konnossement oder im Seefrachtbrief Angaben zur Höhe der zu zahlenden Fracht enthalten sind. Der gesetzliche Regelfall geht an der Praxis vorbei. Für den praktisch häufigeren Fall sieht Abs. 2 Satz 2 vor, dass der Empfänger zur Zahlung der **im Seefrachtvertrag** vereinbarten Fracht verpflichtet ist, wobei dieser Grundsatz nur gilt, wenn der Schuldner nachweisen kann, dass die Fracht nicht **unangemessen** ist.[30]

25   Die **Beweislast** für die Unangemessenheit trägt damit der Empfänger. Die Regelung entspricht § 421 Abs. 2 Satz 2 und soll den Empfänger eines unter einem Stückgutfrachtvertrag beförderten Gutes in gleicher Weise schützen wie den Empfänger eines Gutes, das auf dem Landweg nach allgemeinem Frachtrecht befördert wurde.[31] **Angemessenheit** ist nach objek-

---

[28] BGH 20.10.2005, TranspR 2006, 29, 30.
[29] *Rabe* Vor § 614 Rn. 9, § 493 Rn. 5 f.
[30] RegBegr-SRG S. 77.
[31] RegBegr-SRG S. 77, wo auch verdeutlicht wird, dass dies eine Abkehr von § 614 HGB aF ist.

tiven Kriterien zu bestimmen.[32] Hierbei sind die Grundsätze der §§ 315 ff. BGB zu berücksichtigen. Maßgeblich ist die Höhe der **marktüblichen Fracht,** wobei besondere Umstände im Einzelfall eine Korrektur nach oben oder unten erforderlich machen können.[33]

Der Vorschlag, den unbestimmten und auslegungsbedürftigen Begriff „unangemessen" **26** zu vermeiden und stattdessen eine Regelung aufzunehmen, wonach der Empfänger nur die Fracht schuldet, die ihm bei Auslieferung des Gutes mitgeteilt worden ist oder deren Mitteilung er verlangt hat, erschien laut Reg.Begr. nicht sach- und auch nicht praxisgerecht.[34] Dem ist beizupflichten, auch wenn mit dieser Regelung aus Sicht des Verfrachters die Gefahr besteht, dass der Empfänger den Einwand der Unangemessenheit gegen den Frachtzahlungsanspruch erhebt.

**3. Zusatzvergütung.** Nach Abs. 3 schuldet der Empfänger auch eine **Vergütung für 27 Beförderungsverzögerungen** nach § 493 Abs. 4, wenn ihm der geschuldete Betrag bei Ablieferung des Gutes mitgeteilt worden ist. Im Unterschied zum allgemeinen Frachtrecht, in dem ausdrücklich auch Standgeld wegen Überschreitung der Entladezeit in § 421 Abs. 3 aufgenommen wurde, wird im Seefrachtrecht auf die Einbeziehung von dem Äquivalent in Form von **Liegegeld** ausdrücklich verzichtet. Eine Regelung zum Liegegeld erschien nur für den **Reisefrachtvertrag** erforderlich und findet sich daher in § 530 Abs. 3 Satz 2.[35] Der Empfänger, der die Auslieferung des Gutes vom Verfrachter verlangt, löst damit nicht nur seine Frachtzahlungsverpflichtung aus, sondern auch die zusätzliche Vergütungspflicht für Beförderungsverzögerungen, die dem **Risikobereich des Befrachters** zuzurechnen sind. Sein einziger Schutz besteht darin, dass die Vergütungspflicht nur besteht, wenn ihm der geschuldete Betrag bei Ablieferung des Gutes **mitgeteilt** worden ist. Bis zu diesem Zeitpunkt wird der Empfänger den Umfang der auf ihn zukommenden Ansprüche auf Erstattung von Aufwendungen kaum überblicken können. Allerdings besteht nach Abs. 4 zwischen Befrachter und Empfänger ein Gesamtschuldverhältnis, dessen Ausgleichverpflichtung sich nach dem Vertrag richtet, in dessen Erfüllung das Gut zum Empfänger transportiert worden ist.[36]

## VI. Vertragsfreiheit

Die Vorschrift ist, wie auch § 421, **dispositiv.** Die Vertragsparteien können uneinge- **28** schränkt abweichende Regelungen treffen.[37] Inwieweit dies aber auch für die Ansprüche des **Empfängers** gilt, die bereits entstanden sind, ist fraglich. Ein Befrachter kann mit dem Verfrachter **keinen Vertrag zu Lasten des Empfängers** abschließen, der dann vorliegen würde, wenn die dem Empfänger zustehenden Schadensersatzforderungen nach Abs. 1 Satz 2 erlassen werden.

So ist zu berücksichtigen, dass nach den Grundsätzen der **Drittschadensliquidation 29** der Befrachter als Vertragspartner des Verfrachters zur Geltendmachung von Schäden Dritter aus dem Verlust oder der Beschädigung von Transportgut berechtigt ist, gleichviel, ob die Schäden dem Vertragspartner des Befrachters oder dem Endempfänger erwachsen sind.[38] Auch der Gesetzgeber geht in Abs. 1 Satz 3, der § 421 Abs. 1 Satz 3 entspricht, ausdrücklich davon aus, dass Empfänger und Befrachter auch Ansprüche auf der Grundlage der Drittschadensliquidation geltend machen können.[39] Dies ist bereits in der Begründung des TRG ausdrücklich erwähnt worden.[40] Kann der Geschädigte seinen gesamten tatsächlich entstandenen Schaden nicht vom ausführenden Frachtführer

---

[32] BGH 4.4.2006, NJW-RR 2007, 56, 57: *Koller* § 421 Rn. 29.
[33] Im Seefrachtverkehr werden hierbei die von den Linienverfrachtern verwendeten Tarife Anhaltspunkte liefern können (vgl. § 493 Rn. 3).
[34] RegBegr-SRG S. 77.
[35] RegBegr-SRG S. 77.
[36] S. hierzu und zum Bereicherungsausgleich im Dreiecksverhältnis *Koller* § 421 Rn. 35.
[37] RegBegr-SRG S. 77.
[38] BGH 1.6.2006, TranspR 2006, 308, 309.
[39] RegBegr-SRG S. 76.
[40] Reg.Begr. S. 75.

verlangen, sondern nur in dem Umfang geltend machen, den er mit seinem Vertragspartner, dem Hauptfrachtführer, vereinbart hat, bliebe er auf dem darüber hinausgehenden **Restschaden** sitzen. Hier setzt der BGH an und verlangt vom Hauptfrachtführer im allgemeinen Frachtrecht, der einen weitergehenden Anspruch hinsichtlich dieses Rechtsschadens gegen den von ihm beauftragten ausführenden Unterfrachtführer hat, dass er im Wege der Drittschadensliquidation den **überschießenden Differenzbetrag** vom ausführenden Frachtführer zu beanspruchen hat.[41] Diese Rechtsprechung muss, nicht zuletzt aufgrund von Abs. 1 Satz 3, auch im **Seefrachtrecht** berücksichtigt werden.[42] Besteht somit ein eigenes Leistungsforderungsrecht eines Empfängers gegen einen Unterverfrachter, kann dieses, wenn es bereits entstanden ist, nicht im Belieben der Parteien des Unterstückgutfrachtvertrages stehen, in dem zu Lasten des Empfängers dieses Recht erlassen wird (vgl. § 397 BGB).[43]

## § 495 Pfandrecht des Verfrachters

**(1) [1]Der Verfrachter hat für alle Forderungen aus dem Stückgutfrachtvertrag ein Pfandrecht an dem ihm zur Beförderung übergebenen Gut des Befrachters, des Abladers oder eines Dritten, der der Beförderung des Gutes zugestimmt hat. [2]An dem Gut des Befrachters hat der Verfrachter auch ein Pfandrecht für alle unbestrittenen Forderungen aus anderen mit dem Befrachter abgeschlossenen Seefracht-, Fracht-, Speditions- und Lagerverträgen. [3]Das Pfandrecht erstreckt sich auf die Begleitpapiere.**

**(2) Das Pfandrecht besteht, solange der Verfrachter das Gut in seinem Besitz hat, insbesondere solange er mittels Konnossements, Ladescheins oder Lagerscheins darüber verfügen kann.**

**(3) Das Pfandrecht besteht auch nach der Ablieferung fort, wenn der Verfrachter es innerhalb von zehn Tagen nach der Ablieferung gerichtlich geltend macht und das Gut noch im Besitz des Empfängers ist.**

**(4) [1]Die in § 1234 Absatz 1 des Bürgerlichen Gesetzbuchs bezeichnete Androhung des Pfandverkaufs sowie die in den §§ 1237 und 1241 des Bürgerlichen Gesetzbuchs vorgesehenen Benachrichtigungen sind an den nach § 491 oder § 520 verfügungsberechtigten Empfänger zu richten. [2]Ist dieser nicht zu ermitteln oder verweigert er die Annahme des Gutes, so sind die Androhung und die Benachrichtigungen an den Befrachter zu richten.**

**Schrifttum:** *Brüning-Wildhagen*, Pfandrechte und Zurückbehaltungsrechte im Transportrecht, 2000; *Czerwenka*, Das neue Transportrecht nach dem Regierungsentwurf eines Gesetzes zur Neuregelung des Fracht-, Speditions- und Lagerrechts, TranspR 1997, 353; *Czerwenka*, Die geplante Reform des Seehandelsrechts, 2011; *Müglich*, Das neue Transportrecht, 1999; *P. Schmidt*, Das Pfandrecht der §§ 441, 464 HGB im internationalen Kontext, TranspR 2011, 56.

### Übersicht

|  | Rn. |  | Rn. |
|---|---|---|---|
| I. Normzweck | 1 | a) Konnexe Forderungen | 8, 9 |
|  |  | b) Inkonnexe Forderungen | 10 |
| II. Entstehungsgeschichte | 2–4 | 4. Eigentum, Zustimmung des Eigentü- |  |
| III. Entstehen des Pfandrechts | 5–14 | mers und gutgläubiger Erwerb | 11–14 |
|  |  | a) Eigentum | 11 |
| 1. Wirksamer Stückgutfrachtvertrag | 5 | b) Zustimmung des Eigentümers | 12 |
| 2. Besitz des Verfrachters | 6 | c) Gutgläubiger Erwerb | 13, 14 |
| 3. Gesicherte Forderungen | 7–10 | **IV. Umfang des Pfandrechts** | 15 |

[41] BGH 18.3.2010, TranspR 2010, 376 zum allgemeinen Frachtrecht.
[42] S.a. Rn. 12 zur Übertragung der BGH-Rspr. ins Seefrachtrecht.
[43] BGH 21.12.2011, TranspR 2012, 110 § 421 Rn. 3.

| | Rn. | | Rn. |
|---|---|---|---|
| **V. Inhalt des Pfandrechts** | 16 | 2. Sonstige Erlöschensgründe, Arglistein- | |
| **VI. Erlöschen des Pfandrechts, Arglist-** | | rede | 19 |
| **einrede** | 17–19 | | |
| 1. Erlöschen durch Besitzverlust | 17, 18 | **VII. Abdingbarkeit** | 20 |

## I. Normzweck

Zugunsten des Verfrachters entsteht **kraft Gesetzes**[1] ein Pfandrecht am Frachtgut, das **1** seine Forderungen aus dem Stückgutfrachtvertrag sichert. Der Normzweck deckt sich dabei mit dem des allgemeinen Frachtführerpfandrechts gemäß § 440: Der Verfrachter soll eine **dingliche Sicherheit** für seine Forderungen aus dem Stückgutfrachtvertrag erhalten, die ihm einerseits als **Druckmittel** zur Durchsetzung seiner Forderungen dient und ihm andererseits ein **Recht zur Verwertung** des Sicherungsgutes einräumt. Parallele Regelungen finden sich zugunsten des Spediteurs in § 464 und des Lagerhalters in § 475b.

## II. Entstehungsgeschichte

Die Vorschrift ist in ihrer gegenwärtigen Gestalt auf das **Gesetz zur Reform des See- 2 handelsrechts** (SRG) vom 20.4.2013 (BGBl. I S. 831) zurückzuführen. Sie war auch bereits – mit geringfügigen Abweichungen – im **BerSV** enthalten.[2] Inhaltlich orientiert sie sich im Wesentlichen an der im Landfrachtrecht geltenden Regelung des § 440. Zuvor war das gesetzliche Pfandrecht des Verfrachters in § 623 aF geregelt.

Neu ist, dass das gesetzliche Pfandrecht des Verfrachters nunmehr nach dem Vorbild des **3** § 440 auch **inkonnexe Forderungen** sichert.[3] Die Regierungsbegründung[4] führt insofern aus, dass die wachsende Umlaufgeschwindigkeit der Güter und die Tatsache, dass eine Rechnungsstellung durch den Verfrachter im Regelfall erst dann erfolge, wenn dieser bereits wieder den Besitz an dem Gut verloren habe, es auch im Seefrachtrecht erforderlich mache, ein derartiges Pfandrecht zu begründen. Durch die Regelung wird dem berechtigten Sicherungsinteresse des Verfrachters Rechnung getragen, da nunmehr bei ständigen Geschäftsbeziehungen mit dem Befrachter auch seine offenen Forderungen aus sonstigen mit dem Befrachter abgeschlossenen Transportverträgen im Falle der Zahlungsunfähigkeit des Befrachters dinglich abgesichert sind.

Eingeschränkt werden die Rechte des Verfrachters allerdings im Hinblick auf die zeitliche **4** **Fortgeltung des Pfandrechts nach Ablieferung:** Während hierfür in § 623 Abs. 2 aF noch ein Zeitraum von 30 Tagen vorgesehen war, wird dieser nunmehr in Abs. 3 auf **10 Tage** begrenzt. Gesetzgeberisches Ziel war hierbei, im Sinne einer möglichst weit reichenden Rechtseinheit einen sachgerechten Kompromiss zwischen dem ursprünglich im Seefrachtrecht geltenden Zeitraum von 30 Tagen und demjenigen des allgemeinen Frachtrechts von 3 Tagen (vgl. § 440 Abs. 3) zu finden.[5]

## III. Entstehen des Pfandrechts

**1. Wirksamer Stückgutfrachtvertrag.** Die Entstehung des Pfandrechts ist an den **5** Abschluss eines wirksamen Stückgutfrachtvertrags geknüpft. **Vertragsschwerpunkt** muss die Vereinbarung einer **Beförderungsleistung** sein.[6] Wird etwa ein Frachtschiff samt Besatzung einem Dritten zur Güterbeförderung überlassen und dessen freier Verfügungsgewalt überantwortet, so liegt regelmäßig ein Mietvertrag über ein Transportmittel verbunden mit einem Dienstverschaffungsvertrag vor, der ein Pfandrecht des Verfrachters nicht begrün-

---

[1] Zur Begründung rechtsgeschäftlicher Pfandrechte im Rahmen sog. Lien-Klauseln, vgl. *Rabe* § 623 Rn. 16 ff.
[2] *Czerwenka* Reform S. 300 f., 391.
[3] Vgl. zur alten Regelung *Rabe* § 623 Rn. 6.
[4] RegBegr-SRG S. 77.
[5] RegBegr-SRG S. 78.
[6] Schifffahrtsobergericht Köln 30.5.2008, TranspR 2009, 37, 40; *Koller* § 440 Rn. 2.

det. Verbleibt demgegenüber der Besitz an dem Schiff bei dem Schiffseigner und schuldet er die Beförderung der in seine Obhut gegebenen Güter, ist von einem Stückgutfrachtvertrag auszugehen.[7]

**6**    **2. Besitz des Verfrachters.** Das Pfandrecht des Verfrachters ist grundsätzlich Besitzpfandrecht und entsteht mit der Übernahme der Güter zur Beförderung.[8] Der Verfrachter muss mit dem Willen des Befrachters **unmittelbaren** (§§ 854 f. BGB) oder zumindest **mittelbaren Besitz** (§ 868 BGB) an dem zu befördernden Gut erlangt haben (vgl. § 440 Rn. 8). Der mittelbare Besitz kann auch durch die Übergabe von **Traditionspapieren** (Konnossement, Ladeschein, Lagerschein) an den Verfrachter übertragen werden, wenn diese auf ihn ausgestellt oder indossiert sind (Abs. 2). Das bereits entstandene Pfandrecht kann später als besitzloses Pfandrecht fortbestehen (hierzu nachfolgend Rn. 18).

**7**    **3. Gesicherte Forderungen.** Während § 623 aF nur die Forderungen aus § 614 Abs. 1 aF (einschließlich Nebenforderungen)[9] erfasst hat, ist der Kreis der durch das Pfandrecht des Verfrachters gesicherten Forderungen seit Inkrafttreten des SRG nunmehr erheblich ausgeweitet worden.

**8**    **a) Konnexe Forderungen.** Gesichert sind alle **Geldforderungen** aus dem Stückgutfrachtvertrag oder solche, die in Geldforderungen übergehen können,[10] soweit sie mit der Beförderung des dem jeweiligen Pfandrecht unterfallenden Gutes zusammenhängen.[11] Erfasst werden auch **vertragliche Schadens- und Aufwendungsersatzansprüche, künftige oder bedingte** Forderungen und die **Kosten der Pfandverwertung** selbst. Da ausdrücklich nur vertragliche Forderungen gesichert sind, werden Forderungen aus Delikt, Geschäftsführung ohne Auftrag oder ungerechtfertigter Bereicherung nicht erfasst.

**9**    Wird ein **einheitlicher Stückgutfrachtvertrag** geschlossen, so sichert das gesamte zu befördernde Frachtgut alle Forderungen aus dem Vertrag, auch wenn vereinbarungsgemäß mehrere **Teilbeförderungen** durchgeführt werden, die abschnittsweise zu vergüten sind.[12] Bei **Rahmen- und Dauerfrachtverträgen** ist Konnexität nur im Hinblick auf Forderungen anzunehmen, die sich auf das betreffende Ausführungsgeschäft beziehen.[13] Gleiches gilt bei einer **Zusammenfassung von Hin- und Rückreise** in einem einheitlichen Stückgutfrachtvertrag.[14]

**10**    **b) Inkonnexe Forderungen.** Nach Abs. 1 S. 2 sind nun auch Forderungen aus anderen mit dem Befrachter abgeschlossenen Seefracht-, Fracht-, Speditions- und Lagerverträgen durch das gesetzliche Pfandrecht des Verfrachters gesichert.[15] Ebenso wie in § 440 ist allerdings Voraussetzung, dass diese Forderungen **unbestritten** sind. Erfasst werden neben den Forderungen, die überhaupt nicht bestritten, ausdrücklich **anerkannt** oder **rechtskräftig**

---

[7] Vgl. BGH 16.9.1985, VersR 1986, 31; s. auch *Koller* § 440 Rn. 2; *Staub/Helm* § 440 Rn. 4.
[8] OLG Hamburg 30.8.1990, TranspR 1991, 109, 110 (zu § 623 aF); *Rabe* § 623 Rn. 9.
[9] *Rabe* § 623 Rn. 5 f.
[10] Zum Pfandrecht allgemein Staudinger/*Wiegand* (2009) § 1204 Rn. 12; MüKoBGB/*Eickmann* § 1204 Rn. 17. Nichts Näheres zur Möglichkeit des Übergangs in eine Geldforderung ausgeführt, aber im Ergebnis zutreffend: OLG Hamburg 23.5.2002, TranspR 2002, 359, 360 (Sicherung der vertraglichen Nebenpflicht auf Zurverfügungstellung der zur Zollabfertigung erforderlichen Urkunden).
[11] Zum Begriff der Konnexität vgl. § 440 Rn. 9.
[12] *Rabe* § 623 Rn. 3; s. aber OLG Nürnberg 23.2.1994, TranspR 1994, 289, 292: anders, wenn über die nach dem einheitlichen Frachtvertrag abgeladenen Güter mehrere Konnossemente über Teilpartien ausgestellt sind. Vgl. auch zu § 441 aF bzw. § 440 nF: RG 8.11.1910, RGZ 74, 398, 400; OLG Düsseldorf 25.11.1976, VersR 1977, 1047, 1048; EBJS/*Schaffert* § 441 Rn. 8; *Koller* § 440 Rn. 10; *Fremuth/Thume* § 441 Rn. 25; *Brüning-Wildhagen* S. 17; *P. Schmidt* TranspR 2011, 56, 65.
[13] Zu § 441 aF bzw. § 440 nF: Schifffahrtsobergericht Köln 30.5.2008, TranspR 2009, 37, 40 f.; *Brüning-Wildhagen* S. 17 f.; *Koller* § 440 Rn. 10; EBJS/*Schaffert* § 441 Rn. 8; *Staub/Helm* § 440 Rn. 11; *P. Schmidt* TranspR 2011, 56, 65; aA *Fremuth/Thume* § 441 Rn. 25.
[14] Zu § 441 aF bzw. § 440 nF: BGH 10.6.2010, TranspR 2010, 303, 307; *P. Schmidt* TranspR 2011, 56, 65; *Koller* § 440 Rn. 10.
[15] Vgl. zur alten Rechtslage Rn. 4.

**festgestellt** sind, auch solche, die der Schuldner nur **pauschal in Abrede** stellt.[16] Der Verfrachter trägt die Beweislast, dass die Forderung unbestritten ist.[17] Zum Zeitpunkt des Bestreitens vgl. § 440 Rn. 15 ff.

**4. Eigentum, Zustimmung des Eigentümers und gutgläubiger Erwerb. 11 a) Eigentum.** Das Pfandrecht entsteht nach Abs. 1 S. 1 im Hinblick auf **konnexe** Forderungen, wenn das Frachtgut im Eigentum des Befrachters oder des Abladers steht (vgl. zur Rechtsfigur des Abladers § 513 Abs. 2). Abs. 1 S. 2 lässt das Pfandrecht darüber hinaus auch an **unbestrittenen inkonnexen** Forderungen entstehen, wenn der Befrachter Eigentümer des Frachtguts ist.

**b) Zustimmung des Eigentümers.** Nach Abs. 1 S. 1 haftet das Gut außerdem für 12 **konnexe Forderungen,** wenn das Gut zwar nicht im Eigentum des Befrachters oder des Abladers steht, der Eigentümer, der dem Befrachter oder Ablader das Frachtgut übergeben hat, der **Beförderung aber (ausdrücklich oder konkludent)** (vgl. § 440 Rn. 20) **zuge-stimmt** hat.[18] Zur Rechtsnatur der Zustimmungserklärung s. § 440 Rn. 19; zum Zeitpunkt s. § 440 Rn. 21. Für **inkonnexe Forderungen** haftet demgegenüber nach Abs. 1 S. 2 nur Gut, das im **Eigentum des Befrachters** steht. Damit wird ein Pfandrecht für inkonnexe Forderungen selbst dann nicht begründet, wenn der Eigentümer, der nicht zugleich Befrachter ist, mit der Beförderung des Gutes einverstanden ist.[19] Die Regierungsbegrün-dung rechtfertigt die gleichlautende Regelung des § 440 Abs. 1 S. 2 damit, dass es Bedenken begegne, den Eigentümer von Drittgut stets auch für die Schulden des Absenders einstehen zu lassen, die mit der Beförderung dieses Gutes nichts zu tun haben.[20]

**c) Gutgläubiger Erwerb. aa) Konnexe Forderungen.** Ist der Befrachter oder der 13 Ablader nicht Eigentümer des Frachtgutes und liegt auch keine Zustimmung des Eigentü-mers zur Beförderung des Gutes vor, so entsteht ein Pfandrecht zur Sicherung konnexer Forderungen (s. Rn. 8 f.) nur, wenn der Verfrachter in gutem Glauben ist, dass der Befrach-ter oder Ablader der **Eigentümer** des Frachtgutes ist, oder dass der **Eigentümer** der Beförderung des Frachtgutes **zugestimmt** hat(§ 366 Abs. 3 S. 1, s. § 440 Rn. 19). Voraus-setzung ist ferner, dass das Gut nicht im Sinne des § 935 Abs. 1 BGB abhanden gekommen ist,[21] wobei eine Ausnahme für die in § 935 Abs. 2 BGB genannten Güter gilt.

**bb) Inkonnexe Forderungen.** Demgegenüber kann ein Pfandrecht zur Sicherung 14 inkonnexer Forderungen nur gutgläubig erworben werden, wenn der Verfrachter annimmt, der Befrachter oder Ablader sei **Eigentümer** des Frachtgutes (§ 366 Abs. 3 S. 2).[22] Ist der Befrachter oder Ablader selbst **Spediteur** oder **Verfrachter,** so kann regelmäßig nicht davon ausgegangen werden, dass er Eigentümer ist.[23] Sind **Eigentumsvorbehalte** und **Sicherungs-übereignungen** in der betreffenden Branche üblich, kommt gutgläubiger Erwerb nur bei zusätzlichen Erkundigungen des Verfrachters über die Eigentumsverhältnisse in Betracht.

### IV. Umfang des Pfandrechts

Das Pfandrecht erfasst alle Sachen, die **Gegenstand der Beförderung** sind,[24] sowie 15 nach Abs. 1 S. 3 die **Begleitpapiere.**[25] Ob das Gut im Sinne des § 811 ZPO pfändbar ist,

[16] Zu § 441 aF bzw. § 440 nF: BGH 10.6.2010, TranspR 2010, 303, 307; OLG Karlsruhe 9.12.2004, NJW-RR 2005, 402; Baumbach/Hopt/Merkt § 441 Rn. 3; Andresen/Valder § 441 Rn. 15; EBJS/Schaffert § 441 Rn. 10; Fremuth/Thume § 441 Rn. 26; Koller § 440 Rn. 15.
[17] Zu § 441 aF bzw. § 440 nF: Müglich § 441 Rn. 14; Koller § 440 Rn. 15.
[18] Vgl. zu § 623 aF: Rabe § 623 Rn. 4; weitere Einzelheiten bei § 440 Rn. 18.
[19] Dies war im allgemeinen Frachtrecht vor der Neuregelung umstritten, s. § 440 Fn. 49.
[20] RegBegr-SRG, BT-Drucks. 17/10309 S. 57. S. auch BGH 10.6.2010, TranspR 2010, 303, 307; weitere Einzelheiten bei § 440 Rn. 22.
[21] Rabe § 623 Rn. 4.
[22] Zur missverständlichen Regelung des § 366 Abs. 3 S. 2 vgl. § 440 Rn. 24.
[23] Zu § 441 aF bzw. § 440 nF: BGH 10.6.2010, TranspR 2010, 303, 308; Koller § 440 Rn. 16; Andresen/Valder § 441 Rn. 18; P. Schmidt TranspR 2011, 56, 60; EBJS/Schaffert § 441 Rn. 5.
[24] Rabe § 623 Rn. 3.
[25] Einzelheiten hierzu s. § 440 Rn. 27.

ist unerheblich. Maßgeblich ist lediglich, dass das Gut durch Pfandverkauf **verwertbar** ist.[26] Da dem Verfrachter nicht das Risiko der zutreffenden **Bewertung** des Frachtgutes auferlegt werden kann, haftet das gesamte Gut, auch wenn tatsächlich schon ein Teil davon wertmäßig die Forderung des Verfrachters deckt.[27]

### V. Inhalt des Pfandrechts

16  Das Pfandrecht des Verfrachters begründet ein **absolutes Besitzrecht** iSd. § 986 BGB, insbesondere auch gegenüber dem Eigentümer (§§ 1257, 1223 BGB).[28] Dem Verfrachter stehen die Ansprüche aus §§ 823, 859, 861 f., 869 BGB zu, sofern sein Besitzrecht **beeinträchtigt** wird. Nach §§ 1257, 1227 BGB kann er ferner die Eigentumsansprüche der §§ 985 ff. BGB analog geltend machen. Darüber hinaus ist der Verfrachter berechtigt, das Gut nach den Vorschriften über den Pfandverkauf zu **verwerten** (s. hierzu § 440 Rn. 42–44). Zur Rechtsstellung des Verfrachters in der **Zwangsvollstreckung** und in der **Insolvenz** vgl. § 440 Rn. 30–32.

### VI. Erlöschen des Pfandrechts, Arglisteinrede

17  **1. Erlöschen durch Besitzverlust.** Das Pfandrecht des Verfrachters besteht nach Abs. 2 grundsätzlich nur für die Dauer des Besitzes des Verfrachters am Gut. **Mittelbarer Besitz** genügt,[29] jedenfalls wenn der Besitz nicht durch den Schuldner der Forderung vermittelt wird.[30] Die **freiwillige Ablieferung** des Gutes führt grundsätzlich zum Erlöschen des Pfandrechts, während im Falle des unfreiwilligen Besitzverlusts das Pfandrecht bestehen bleibt (str.; s. Einzelheiten bei § 440 Rn. 33 ff.).

18  Eine Erweiterung erfahren diese Grundsätze einerseits durch § 496 Abs. 1 S. 2, wonach das Pfandrecht des vorhergehenden Verfrachters so lange wie das **Pfandrecht des letzten Verfrachters** bestehen bleibt. Andererseits bleibt das Pfandrecht nach Abs. 3 ungeachtet der Ablieferung des Gutes iS eines Folgerechts bestehen, sofern es der Verfrachter binnen **zehn Tagen**[31] nach der Ablieferung **gerichtlich geltend** macht und das Gut noch im Besitz des Empfängers ist. Zur Form der gerichtlichen Geltendmachung vgl. § 440 Rn. 38.

19  **2. Sonstige Erlöschensgründe, Arglisteinrede.** Das Pfandrecht erlischt außerdem durch **Erlöschen der gesicherten Forderung** (§§ 1257, 1252 BGB), durch Erklärung des Verfrachters gegenüber dem Befrachter oder dem Eigentümer, dass er das Pfandrecht **aufgibt** (§§ 1257, 1255 BGB) und durch **Konsolidation** (§§ 1257, 1256). Im Falle des **gutgläubigen lastenfreien Erwerbs** durch einen Dritten geht das Pfandrecht ebenfalls unter (§ 936 BGB). Die Geltendmachung des Pfandrechts ist außerdem nach **§ 242 BGB** ausgeschlossen, wenn einer solchen ausnahmsweise vertragliche Vereinbarungen entgegenstehen.[32]

### VII. Abdingbarkeit

20  Die Regelung des § 495 ist **dispositiv** (§ 449 Abs. 1 S. 1), so dass abweichende Vereinbarungen grundsätzlich selbst **in AGB** möglich sind. Wird das Pfandrecht allerdings formularmäßig ausgeschlossen, ohne dass dem Verfrachter eine andere, angemessene Sicherheit angeboten wird, liegt regelmäßig ein Verstoß gegen **§ 307 BGB** vor.[33]

---

[26] *Koller* § 440 Rn. 3; *Fremuth/Thume* § 441 Rn. 16.

[27] *Fremuth/Thume* § 441 Rn. 16.

[28] BGH 22.4.1999, NJW 1999, 3716, 3717; *Baumbach/Hopt/Merkt* § 441 Rn. 5; *Koller* § 440 Rn. 22; *Andresen/Valder* § 441 Rn. 21; *EBJS/Schaffert* § 441 Rn. 16.

[29] *Rabe* § 623 Rn. 12; *K. Schmidt* Handelsrecht § 32 II 8.

[30] RG 25.9.1934, JW 1934, 2971, 2972.

[31] Zur Bemessung des Zeitraums s. Rn. 4.

[32] *Koller* § 440 Rn. 20; *Fremuth/Thume* § 441 Rn. 30; *EBJS/Schaffert* § 441 Rn. 17.

[33] BGH 3.5.1984, BGHZ 91, 139, 144 ff. (zu § 648 BGB); *EBJS/Schaffert* § 441 Rn. 20; *Koller* § 440 Rn. 24.

## § 496 Nachfolgender Verfrachter

(1) [1]Hat im Falle der Beförderung durch mehrere Verfrachter der letzte bei der Ablieferung die Forderungen vorhergehender Verfrachter einzuziehen, so hat er die Rechte der vorhergehenden Verfrachter, insbesondere auch das Pfandrecht, auszuüben. [2]Das Pfandrecht jedes vorhergehenden Verfrachters bleibt so lange bestehen wie das Pfandrecht des letzten Verfrachters.

(2) Wird ein vorhergehender Verfrachter von einem nachfolgenden befriedigt, so gehen Forderung und Pfandrecht des ersteren auf den letzteren über.

(3) Die Absätze 1 und 2 gelten auch für die Forderungen und Rechte eines Spediteurs, der an der Beförderung mitgewirkt hat.

**Schrifttum:** *Brüning-Wildhagen,* Pfandrechte und Zurückbehaltungsrechte im Transportrecht, 2000; *Koller,* Der Unterfrachtführer als Schuldner und Gläubiger, TranspR 2009, 451; *Müglich,* Das neue Transportrecht, 1999; *Ramming,* Die Einziehungspflicht des letzten Frachtführers, Verfrachters bzw. Spediteurs (Unternehmers), TranspR 2006, 235.

### I. Normzweck und Entstehungsgeschichte

Inhaltlich entspricht die Regelung derjenigen des § 441, so dass hinsichtlich des Norm- **1** zwecks auf die Ausführungen zu § 441 Rn. 1 Bezug genommen werden kann. Sie ist erst durch das **Gesetz zur Reform des Seehandelsrechts** (SRG) vom 20.4.2013 (BGBl. I S. 831) zur Erreichung eines möglichst weit gehenden Gleichklangs mit dem allgemeinen Frachtrecht[1] in das Seefrachtrecht aufgenommen worden. Zuvor wurde allerdings bereits die Vorgängerregelung des § 441, der § 442 aF, im Seefrachtrecht analog angewendet.[2]

### II. Einziehung der Forderungen der vorhergehenden Verfrachter

**1. Rechtsbeziehungen in der Kette.** Im Hinblick auf die Qualität der Rechtsbezie- **2** hungen in der Kette setzt die Vorschrift lediglich voraus, dass ein und dasselbe Gut befördert worden ist. Daher reicht es für ihre Anwendung aus, wenn mehrere Verfrachter einen **einheitlichen Beförderungsvorgang tatsächlich ausführen** (str., s. Einzelheiten bei § 441 Rn. 3). Abs. 1 S. 1 begründet gesetzliche Schuldverhältnisse zwischen dem letzten und jedem vorgehenden Verfrachter.[3]

**2. Forderungen der vorhergehenden Verfrachter.** Abs. 1 S. 1 begründet eine Ver- **3** pflichtung des letzten Verfrachters, die Forderungen der vorhergehenden Verfrachter, bei der Ablieferung einzuziehen.[4] Die Einziehungspflicht umfasst alle Forderungen der vorhergehenden Verfrachter gegen deren jeweilige Empfänger, die nur Zug um Zug gegen die Ablieferung des Frachtgutes zu erfüllen waren.[5] Abs. 1 S. 1 enthält eine **gesetzliche Einziehungsermächtigung:** Der letzte Verfrachter ist hiernach berechtigt, die Forderungen der vorhergehenden Verfrachter in eigenem Namen[6] geltend zu machen. Die betreffenden Forderungen müssen dem letzten Verfrachter **bekannt oder jedenfalls erkennbar** sein; ihn trifft aber **keine Nachforschungspflicht.**[7] Die Geltendmachung der Forderungen

---

[1] RegBegr-SRG S. 78.

[2] *Ramming* TranspR 2006, 235, 237.

[3] *Ramming* TranspR 2006, 235, 242.

[4] Vgl. zum allgemeinen Frachtrecht: BR-Drucks. 368/97 S. 80. S. auch *Koller* § 441 Rn. 1, 3; EBJS/ *Schaffert* § 442 Rn. 1; Heymann/*Schlüter* § 442 Rn. 3; aA *Andresen/Valder* § 442 Rn. 4; *Brüning-Wildhagen* S. 121.

[5] Ausführlich hierzu *Koller* TranspR 2009, 451, 454 f.; vgl. auch *Ramming* TranspR 2006, 235, 240; EBJS/ *Schaffert* § 442 Rn. 4.

[6] *Koller* § 441 Rn. 3; EBJS/*Schaffert* § 442 Rn. 4; Staub/*Helm* § 441 Rn. 13; Heymann/*Schlüter* § 442 Rn. 3.

[7] *Koller* § 441 Rn. 3; *Fremuth/Thume* § 442 Rn. 15; Heymann/*Schlüter* § 442 Rn. 3; Staub/*Helm* § 441 Rn. 12, 18; EBJS/*Schaffert* § 442 Rn. 4; aA *Ramming* TranspR 2006, 235, 238: Unkenntnis entlaste lediglich von Pflichtverletzung.

innerhalb der Frist des § 495 Abs. 3 genügt.[8] Die vom letzten Verfrachter eingezogenen Beträge sind an den jeweiligen Forderungsinhaber auszukehren (§§ 675 Abs. 1, 667 BGB).[9] Zu den Rechtsfolgen eines Verstoßes gegen die Einziehungspflicht s. § 441 Rn. 5.

### III. Ausübung der Rechte der vorhergehenden Verfrachter

4   Der letzte Verfrachter hat überdies nach Abs. 1 S. 1 die Rechte der vorhergehenden Verfrachter auszuüben, insbesondere **Pfand- und Zurückbehaltungsrechte** am Frachtgut.[10] Der endgültige Empfänger kann diese durch Zahlung auf die Forderungen der vorhergehenden Verfrachter abwenden oder die Entgegennahme des Frachtgutes verweigern.[11]

5   Nach Abs. 1 S. 2 bestehen die Pfandrechte der vorhergehenden Verfrachter so lange wie der **letzte Verfrachter** ein **eigenes Pfandrecht** ausüben kann, wobei unerheblich ist, ob dieses tatsächlich besteht.[12] Die Pfandrechte der vorhergehenden Verfrachter bestehen danach bis zur Ablieferung des Frachtgutes an den endgültigen Empfänger und, bei Vorliegen der Voraussetzungen des § 495 Abs. 3 (s. hierzu § 495 Rn. 18), auch noch darüber hinaus. Auf diese Weise können **besitzlose Pfandrechte** der vorhergehenden Verfrachter begründet werden.[13]

### IV. Forderungsübergang bei Befriedigung der vorhergehenden Verfrachter

6   Befriedigt der nachfolgende Verfrachter den vorhergehenden Verfrachter, so ordnet Abs. 2 an, dass dessen Forderungen und Pfandrechte **kraft Gesetzes** auf den nachfolgenden Verfrachter übergehen. Unerheblich ist, ob die Forderungen Gegenstand des Frachtbriefs sind.[14] Vorteilhaft kann der Pfandrechtserwerb insbesondere sein, wenn das übergegangene Pfandrecht einen günstigeren Rang inne hat als etwaige eigene Sicherungsrechte.

### V. Mitwirkender Spediteur

7   Nach Abs. 3 gelten Abs. 1 und 2 auch für einen Spediteur, der an der Beförderung mitgewirkt hat. Eine Ausnahme gilt allerdings für den Empfangsspediteur, der Letzter in der Kette ist: Dieser wird von § 465 erfasst,[15] der allerdings den Verfrachter nicht erwähnt und lediglich auf § 441 Abs. 1, nicht aber auf § 496 Abs. 1 verweist. Der Empfangsspediteur hat jedoch auch die Pflicht, die Forderungen der vorhergehenden Verfrachter einzuziehen und deren Rechte auszuüben. Insofern wurde die Vorschrift auch schon bislang analog angewendet; durch das SRG sollte sich hieran nichts ändern (vgl. § 465 Rn. 4).

### VI. Abdingbarkeit

8   Die Regelung des § 496 ist **dispositiv**. Einzelheiten s. § 441 Rn. 10.

## § 497 Rang mehrerer Pfandrechte

**Bestehen an demselben Gut mehrere nach den §§ 397, 440, 464, 475b und 495 begründete Pfandrechte, so bestimmt sich der Rang dieser Pfandrechte untereinander nach § 442.**

---

[8] Staub/*Helm* § 441 Rn. 17; *Fremuth/Thume* § 442 Rn. 20; aA *Brüning-Wildhagen* S. 124.
[9] OLG München 3.11.1989, VersR 1990, 182, 183; *Ramming* TranspR 2006, 235, 242.
[10] *Koller* § 441 Rn. 4; EBJS/*Schaffert* § 442 Rn. 4.
[11] *Ramming* TranspR 2006, 235, 245.
[12] *Koller* § 441 Rn. 5; EBJS/*Schaffert* § 442 Rn. 5; Staub/*Helm* § 441 Rn. 1; *Müglich* § 442 Rn. 5; *Fremuth/Thume* § 442 Rn. 21.
[13] BGH 18.4.2002, TranspR 2002, 292, 294; Staub/*Helm* § 441 Rn. 19; s. auch § 441 Rn. 7.
[14] *Fremuth/Thume* § 442 Rn. 22.
[15] Vgl. BR-Drucks. 368/97 S. 80; s. auch *Koller* § 441 Rn. 3; Baumbach/Hopt/*Merkt* § 442 Rn. 2; EBJS/*Schaffert* § 442 Rn. 3.

Die Vorschrift ist – wie auch die anderen gesetzlichen Regelungen des Pfandrechts des Verfrachters in §§ 495, 496 – auf das **Gesetz zur Reform des Seehandelsrechts** (SRG) vom 20.4.2013 (BGBl. I S. 831) zurückzuführen. Inhaltlich hat sich hierdurch aber nichts geändert: Zwar hat die ursprüngliche gesetzliche Regelung des Pfandrechts des Verfrachters in § 623 aF keine entsprechende Regelung enthalten, die Vorgängervorschrift des § 442, der § 443 aF, war aber bereits zuvor nach allgM analog anzuwenden.[1]

Aus Gründen der Übersichtlichkeit erschien es dem Gesetzgeber geboten, für den Fall des Zusammentreffens mehrerer gesetzlicher Pfandrechte keine eigene inhaltliche Regelung im Rahmen des Verfrachterpfandrechts zu schaffen, sondern lediglich auf § 442 zu verweisen.[2] Damit gilt auch hier abweichend vom sog. Prioritätsprinzip (vgl. § 1209 BGB) für die genannten beförderungsbezogenen Pfandrechte, dass das **später entstandene** Pfandrecht Vorrang vor dem früher entstandenen Pfandrecht genießt (s. im Einzelnen § 442 Rn. 3 ff.).

## Zweiter Untertitel. Haftung wegen Verlust oder Beschädigung des Gutes

### Vorbemerkung

**Schrifttum:** *Bracker,* Erstreckung der Verfrachterhaftung auf den Spediteur, in: Lagoni/Paschke, 20 Jahre Seerechtswissenschaft, Hamburg 2005, S. 37 ff.; *Corra Solaguren,* Haftung im Seefrachtrecht und ihre gesetzliche Fortentwicklung in den skandinavischen Staaten, Diss. Hamburg 2003; *Eilenberger-Czwalina,* Haftung des Verfrachters nach dem Zweiten Seerechtsänderungsgesetz – Rechtshistorische und entstehungsgeschichtliche Hintergründe der Neuregelung, Diss. Hamburg 1996; *Figert,* MV Sea Joy, Art. 3 § 2 Haager Regeln und der deutsche Gesetzgeber, TranspR 2001, 108; 416; *Frantzioch,* Vorschläge der Sachverständigengruppe zur Reform des Seehandelsrechts zur Haftung für Güterschäden, TranspR 2010, 8; *Götz,* Das Seefrachtrecht der Haager Regeln nach der anglo-amerikanischen Praxis, 1960; *Gramm,* Das neue deutsche Seefrachtrecht nach den Haager Regeln, 1938; *Gustherov,* Der Revers im Seefrachtgeschäft, Diss. Hamburg 2010; *Herber,* Das neue Haftungsrecht der Schiffahrt, Kehl 1998; *ders.,* Haftung nach Haager Regeln, Haag/Visby-Regeln und Hamburg-Regeln, TranspR 1995, 261; *ders.,* Vorschläge der Sachverständigengruppe zur Reform des Seehandelsrechts – Einführung, Vorgeschichte und Grundzüge, TranspR 2009, 445; *ders.,* Wer ist ausführender Verfrachter?, TranspR 2011, 359; *Hoffmann,* Die Haftung des Verfrachters nach deutschem Seefrachtrecht, Diss. Frankfurt 1993; *Kienzle,* Die Haftung des Carrier und des Actual Carrier nach den Hamburg-Regeln, Schriften zum Transportrecht Bd. 8, 1993; *Looks/Kraft,* Die zivilrechtlichen Auswirkungen des ISM-Code, TranspR 1998, 221; *Markianos,* Die Übernahme der Haager Regeln in die nationalen Gesetze über die Verfrachterhaftung, Überseestudien Heft 26, 1960; *Meckel,* Der US Harter Act und die Haftung des Verfrachters für Ladungsschäden im internationalen Seetransportrecht der USA, Diss. Hamburg 1998; *de la Motte,* Die Auswirkungen des ISM-Codes auf das Seehaftungsrecht – Haftungsverschärfung durch Einführung eines gesetzlich vorgeschriebenen Qualitätsmanagementsystems für Seeschiffe?, Diss. Hamburg 1998; *Pötschke,* Die Haftung des Reeders für Ansprüche aus Konnossementen unter einem Zeitcharter nach deutschem und englischem Recht, Schriften zum Seehandelsrecht Bd. 9, 1999; *Rabe,* Die Auswirkungen der „Supervision-Regel" in der FIOS-Klausel, TranspR 1987, 267; *ders.,* Entwurf der Sachverständigengruppe und Referentenentwurf zur Reform des Seehandelsrechts – Anmerkungen zur Haftung des Reeders und zum Stückgutvertrag, TranspR 2011, 323; *Ramming,* Der schlafende Wachoffizier und die Haftung des Verfrachters für Ladungsschäden, TranspR 2004, 439; *ders.,* Der schlafende Wachoffizier vor dem BGH, TranspR 2007, 58; *Richartz,* Alte Gefahren in neuem Gewand – Die moderne Piraterie in rechtlicher Einordnung, ZfV 2009, 391; *Schwampe,* Rechtsfragen der Piraterie, TranspR 2009, 462; *Steingröver,* Die Mithaftung des ausführenden Verfrachters im Seerecht – de lege lata und de lege ferenda, Schriften zum Seehandelsrecht, Bd. 19, 2006; *Thume,* Probleme bei der Ablieferung des Frachtguts, TranspR 2012, 85; *ders.,* Zum Verlustbegriff, insbesondere bei weisungswidriger Ablieferung einer Sendung, TranspR 2001, 433; *ders.,* Die Rechte des Empfängers bei Vermischungsschäden in Tanks oder Silos als Folge verunreinigt angelieferter Güter, VersR 2002, 267; *ders.,* Haftungsprobleme bei CMR-Kühltransporten, TranspR 1992, 1; *ders.,* Probleme bei der Ablieferung des Frachtguts, TranspR 2012, 85; *ders.,* Verpackungsmängel und ihre Folgen im allgemeinen deutschen Frachtrecht und im grenzüberschreitenden Straßengüterverkehr, TranspR 2013, 8.

### Übersicht

| | Rn. | | Rn. |
|---|---|---|---|
| I. Allgemeines | 1–11 | 2. Haftungsbefreiung | 13–15 |
| II. Das System der Haftung für Güter- | | 3. Schadensteilung | 16 |
| schäden | 12–29 | 4. Umfang des zu leistenden Ersatzes | 17–19 |
| 1. Haftungsgrundlage | 12 | 5. Haftung für andere | 20, 21 |

| | Rn. | | Rn. |
|---|---|---|---|
| 6. Durchbrechung der Haftungsgrenzen .. | 22 | 11. Eingeschränkte Unabdingbarkeit der gesetzlichen Haftung | 28, 29 |
| 7. Mithaftung des ausführenden Verfrachters | 23 | **III. Haftung des Verfrachters für Schäden, die in §§ 498 ff. nicht geregelt** | |
| 8. Haftungsbeschränkung der Leute | 24 | **sind** | 30, 31 |
| 9. Schadensanzeige | 25 | 1. Haftung für Verspätungsschäden | 30 |
| 10. Verjährung | 26, 27 | 2. Haftung wegen anderer Vertragsverletzungen | 31 |

## I. Allgemeines

**1**    Die §§ 498 ff. enthalten die zentralen Bestimmungen über die **Schadensersatzansprüche** des Absenders oder Empfängers bei **Verlust oder Beschädigung des Gutes.** Sie sind im Gegensatz zum sonst im Wesentlichen dispositiven Seefrachtrecht der Änderung durch Allgemeine Geschäftsbedingungen weitgehend entzogen. Soweit durch eine Pflichtverletzung des Verfrachters ein Schaden anderer Art oder ein Güterschaden außerhalb des von §§ 498 ff. erfassten Zeitraums der Obhut des Verfrachters verursacht wird, gelten die allgemeinen Vorschriften des BGB (dazu Rn. 31). Gleiches gilt für den Verspätungsschaden, der in den §§ 498 ff. nicht spezialgesetzlich geregelt ist (dazu Rn. 30).

**2**    Die Haftungsregelung folgt sachlich weitgehend der **Haftungsregelung der VisbyR und des bisherigen deutschen Rechts,** ist jedoch in Anlehnung an §§ 425 ff. rechtssystematisch klarer als das frühere Recht gegliedert. Allerdings ist der der deutschen Rechtstradition und dem allgemeinen Frachtrecht (§§ 425, 426) entsprechende Aufbau der Grundvorschrift des § 498 in der Fassung des BerSV und des RefE-SRG durch die Konzessionen des RegE-SRG an die Berücksichtigung des hierzu nicht passenden Haftungssystems des englischen Rechts, welches die Struktur von Art. 4 HR beeinflusst hat, verwässert worden (vgl. dazu Rn. 4).

**3**    Abweichend vom allgemeinen Frachtrecht setzt die Güterschadenshaftung des Verfrachters ein von diesem **zu vertretendes Verschulden** voraus, das jedoch vermutet wird (§ 498 Abs. 2). Im Gegensatz zum früheren Recht (§ 607 Abs. 2 aF) ist dem Verfrachter ein Verschulden seiner Leute, der Schiffsbesatzung und eines Lotsen auch dann zuzurechnen, wenn es sich auf die Führung oder Bedienung des Schiffes oder auf Feuer bezieht; die Freistellung von der Haftung für solches sog. **nautisches Verschulden** kann jedoch auch durch AGB vereinbart werden (§ 512 Abs. 2 Nr. 1).

**4**    Neben der allgemeinen Einwendung mangelnden Verschuldens kommt dem Verfrachter, wie bisher, eine Reihe **besonderer Haftungsausschlussgründe** zugute (§ 499). Diese entsprechen zum Teil § 428, sind jedoch im Verlaufe des Gesetzgebungsverfahrens in Anlehnung an § 608 aF und Art. 4 HR auf sehr allgemein gefasste Tatbestände (namentlich „Gefahren und Unfälle der See und anderer schiffbarer Gewässer") erweitert worden. Diese Tatbestände brauchen im deutschen Recht zwar neben der Generalklausel des § 498 für die Obhutshaftung mit Verschuldensvermutung nicht die Funktion zu erfüllen, die ihnen in den HR und im englischen Recht zukommt, nämlich die Kennzeichnung enumerativ aufgeführter, den Verfrachter entlastender Schadenstatbestände. Die Tatbestände des § 499 haben jedoch im deutschen Recht primär eine andere Funktion, die ihnen wiederum nach den HR und im englischen Recht nicht zukommt: Sie begründen eine Vermutung für die Kausalität des Schadensverlaufes (§ 499 Abs. 2). Dieses Nebeneinander verschiedener Strukturen, das manche Auslegungsfragen aufwirft und die Klarheit der Regelung beeinträchtigt, war schon im SFrG 1937 angelegt und ist durch das SRG in seiner Endfassung leider nicht beseitigt, sondern eher verstärkt worden.

**5**    Die Haftung ist **wertmäßig** (§§ 501, 502) **und summenmäßig** (§ 504) beschränkt; auch hier weicht das Gesetz vom allgemeinen Frachtrecht (§ 431) ab und folgt den Vorbildern der internationalen Übereinkommen, vgl. dazu § 504 Rn. 1.

---

[1]    *Rabe* § 623 Rn. 8.
[2]    RegBegr-SRG S. 78.

Die Haftungsregelung ist für die darin geregelten Fälle der Schlechterfüllung **lex specialis**  6
gegenüber den allgemeinen vertragsrechtlichen Bestimmungen des BGB. Deshalb ist der
Rückgriff auf allgemeine Rechtsbehelfe des BGB, insbesondere des Werkvertragsrechts,
grundsätzlich ausgeschlossen, soweit es sich um Schäden wegen Verlusts oder Beschädigung
des beförderten Gutes handelt.[1] Wegen Güterschäden vor oder nach Begründung der Obhut
des Verfrachters vgl. § 498 Rn. 28. Wegen Verspätungsschäden Rn. 30 und § 498 Rn. 57 ff.

Die **Systematik der Haftungsvorschriften** ist weitgehend an das allgemeine Fracht-  7
recht angelehnt. Während das bisher geltende Recht, entsprechend den Vorgaben der HR,
für Ansprüche wegen Güterschäden unterschiedliche, an verschiedene Haftungstatbestände
anknüpfende Anspruchsgrundlagen für Schäden durch Stellung eines anfänglich see- oder
ladungsuntauglichen Schiffes (§ 559 aF) einerseits und für die Verletzung bestimmter, im
Einzelnen aufgeführter Sorgfaltsanforderungen bei der Ladungsbehandlung (§ 606 Abs. 1
aF) andererseits vorsah, knüpft § 498 allgemein an die bloße Tatsache des Verlusts oder der
Beschädigung während der Obhut des Verfrachters an und überlässt es diesem, sich durch
den Nachweis mangelnden Verschuldens zu befreien. Dieser Nachweis wird in der Regel
auch erfordern, die Schadensursache aufzuklären. Deshalb spielen nach neuem Recht die
herkömmlichen Begriffe der **Seetüchtigkeit** und der **Ladungstüchtigkeit** bei der Begründung des Ersatzanspruchs keine hervorgehobene Rolle mehr; allerdings nimmt die Beweislastregelung des § 498 Abs. 2 Satz 2 hierauf noch Bezug (vgl. § 498 Rn. 72 f., § 499. Rn. 7,
58).

Dem Verfrachter stehen neben der allgemeinen Entlastungsmöglichkeit des § 498 Abs. 2,  8
wie grundsätzlich auch im allgemeinen Frachtrecht (§ 427), besondere – sog. **bevorrechtigte – Haftungsbefreiungsgründe** zu Gebote.(§ 499 Abs. 1 Satz 1): Kann der Verfrachter
darlegen, dass der Schaden wahrscheinlich aus einem der dort genannten Umstände entstanden ist, so wird diese Kausalität vermutet mit der Folge, dass er haftungsfrei ist, sofern nicht
der Anspruchsteller diese Vermutung erschüttert oder dem Verfrachter ein Verschulden
nachweist (§ 499 Abs. 1 Satz 2). Diese bevorrechtigten Haftungsbefreiungsgründe sind allerdings durch den RegE-SRG in Anlehnung an das frühere Recht gegenüber dem allgemeinen Frachtrecht und dem BerSV sehr stark ausgeweitet worden.

Der Verfrachter haftet **grundsätzlich** nur für sein **Verschulden** und das seiner Leute,  9
der Schiffsbesatzung, des Lotsen und sonstiger Erfüllungsgehilfen. Nur in einem besonders
gravierenden Fall von Güterschäden durch unerlaubte **Verladung an Deck** sieht das Gesetz
eine **verschuldensunabhängige Haftung des Verfrachters** vor (§ 485 Abs. 5).

Außerhalb des vorliegenden Untertitels enthält das Gesetz eine Reihe **weiterer**  10
**Anspruchsgrundlagen** für Schadensersatzansprüche. So für **Vertragsverletzungen des
Befrachters** und des **Abladers** (§ 487), aber auch für **weitere Pflichtverletzungen des
Verfrachters,** namentlich im Zusammenhang mit Dokumenten (§ 523). Schließlich sehen
auch die Regeln über die **Schiffsüberlassungsverträge** spezielle Schadensersatzregeln vor
(§ 567).

Die §§ 498 ff. gelten unmittelbar nur für den **reinen Seetransport („port-to-port"),**  11
nicht für Frachtverträge, die außer der Seestrecke auch eine Strecke an Land, in der Luft
oder auf Binnengewässern einschließen. Diese unterfallen als sog. **Multimodaltransport-
verträge** den Sondervorschriften der §§ 452–452d, die allerdings bei bekanntem Schadensort auf See auf das Seefrachtrecht verweisen (§ 452a).

## II. Das System der Haftung für Güterschäden

**1. Haftungsgrundlage.** Nach § 498 trifft den Verfrachter eine **Obhutshaftung für**  12
**Verlust und Beschädigung** des ihm anvertrauten Gutes in der Zeit von der Übernahme
des Gutes zur Beförderung bis zu seiner Ablieferung. Er haftet nur auf Ersatz des Wertes

---

[1] OLG Stuttgart 22.1.2003, TranspR 2003, 104, 105; *Koller* § 425 Rn. 96; Fremuth/Thume/*Fremuth* § 425
Rn. 50. Eingehend dazu *Braun,* Das frachtrechtliche Leistungsstörungsrecht nach dem Transportrechtsreformgesetz, Diss Regensburg, 2002.

am Bestimmungsort und darüber hinaus begrenzt auf den Gegenwert von 2 SZR je kg oder 875 SZR je Stück oder Einheit.

13    **2. Haftungsbefreiung.** Der Verfrachter ist von der Haftung befreit, wenn er beweist, dass der Schaden auf Umständen beruht, die **durch die Sorgfalt eines ordentlichen Verfrachters nicht hätten abgewendet werden können.** Dabei hat er ein Verschulden seiner Leute und der Schiffsbesatzung sowie sonstiger Erfüllungsgehilfen zu vertreten (§ 501); dies gilt auch (abweichend von § 607 Abs. 2 aF) für ein Verschulden der Schiffsbesatzung bei der Führung und Bedienung des Schiffes und bei Feuer. Wegen der Erschwerung des Beweises in Fällen, in welchen die Umstände für eine anfängliche See- oder Ladungsuntüchtigkeit des Schiffes sprechen, vgl. § 498 Rn. 72 f.

14    Das Gesetz sieht daneben (in § 499) eine Reihe sog. **bevorrechtigter Haftungsbefreiungsgründe** vor, bei denen eine Wahrscheinlichkeit der Schadensverursachung durch die dort aufgeführten Umstände genügt, um die Haftung des Verfrachters auszuschließen.

15    Der Beweis des Verlusts wird durch die **Verlustvermutung** erleichtert (§ 511); danach kann der Berechtigte das Gut als verloren ansehen, wenn es nicht innerhalb der dort bestimmten Frist abgeliefert wird; wird es später wieder aufgefunden, kann er es gegen Erstattung der etwa schon erhaltenen Entschädigung herausverlangen.

16    **3. Schadensteilung.** Gegenüber Ansprüchen wegen Ladungsschäden kann sich ein vom Anspruchsberechtigten zu vertretendes Mitverschulden an der Entstehung oder der Höhe des Schadens anspruchsmindernd oder in krassen Fällen haftungsausschließend auswirken. Das ist in § 498 Abs. 3 ausdrücklich hervorgehoben, obgleich es sich bereits aus § 254 BGB ergeben würde.[2]

17    **4. Umfang des zu leistenden Ersatzes. Die bei Verlust oder Beschädigung** des Gutes zu leistende Entschädigung richtet sich nach dem hypothetischen **Wert des unbeschädigten Gutes am Bestimmungsort** (§ 502 Abs. 1, 2). Diese Berechnung weicht vom allgemeinen Frachtrecht ab, nach dem es auf den sog. Versandwert ankommt (§ 429 Abs. 1, 2). Das Abstellen auf den Ablieferungswert ist im Seeverkehr üblich und entspricht Art. 4 § 5 Buchst. b HR sowie dem bisherigen Recht (§§ 658, 659 aF); es ist im Seeverkehr durch meist längere Transportzeiten und größere Preisdifferenzen zwischen dem Wert an beiden Orten gerechtfertigt. Dementsprechend sind vom Befrachter ersparte Kosten für die Beförderung vom Wertersatz abzuziehen (§ 502 Abs. 4), während solche Kosten bei der Erstattung des Versandwertes im allgemeinen Frachtrecht hinzuzurechnen sind (§ 430.) Bei Beschädigung wird vermutet, dass Aufwendungen für die Reparatur beschädigten Gutes dem der Entschädigung zugrunde zu legenden Wertunterschied entsprechen (§ 502 Abs. 2 Satz 2). Ist unmittelbar vor der Beförderung ein Kaufpreis für das beförderte Gut vereinbart worden, so hat dieser die Vermutung für sich, er spiegle den Wert wider (§ 502 Abs. 3 Satz 2).

18    Neben dem **Wertersatz** hat der Verfrachter wie im allgemeinen Frachtrecht (§ 430) auch die etwaigen **Kosten der Schadensfeststellung** zu tragen (§ 503). Auch dieser Schadensposten unterfällt jedoch der summenmäßigen Haftungsbegrenzung (Rn. 19). Weiterer Schaden, insbesondere wirtschaftlicher Folgeschaden, ist nicht zu ersetzen. Das ist, anders als in § 432 Satz 2, im Gesetz als wegen der Aufzählung der Berechnungsposten in §§ 502, 503 überflüssig nicht besonders gesagt.

19    Über die Begrenzung auf den Wert des Gutes hinaus, die vor allem dem Ausschluss der Haftung für Folgeschäden dient, ist die Ersatzverpflichtung bei Güterschäden weiter **summenmäßig begrenzt,** und zwar auf den **Betrag von 2 SZR je** kg oder auf 875 SZR je Stück oder Einheit (§ 504). Für die Ermittlung des Haftungsbetrages bei Gütern in Containern oder in ähnlichen Lademitteln gilt eine Sonderregelung (§ 504 Abs. 1 Satz 2). Diese Begrenzung entspricht dem früheren Recht (§ 660 Abs. 1, 2 aF) und der internationalen

---

[2] BerSV und RefE-SRG hielten diese Wiederholung für entbehrlich. Anders als in § 425 Abs. 2, weil die Güterschadenshaftung dort verschuldensunabhängig ist.

Übung. Die in BerSV und RefE-SRG vorgesehene – leichte – Anhebung auf die Beträge der RR wurde vom RegE-SRG und vom Gesetz nicht übernommen.

**5. Haftung für andere.** Die Vorschrift über die Haftung für die Leute (§ 501 Satz 1) **20** entspricht im Grundsatz dem bisherigen Recht (§ 607 Abs. 1 aF); anders als nach § 607 Abs. 2 aF hat der Verfrachter das Verschulden der Leute jedoch auch zu vertreten, wenn es sich auf die Führung oder Bedienung des Schiffes oder auf Feuer bezieht (wegen der insoweit erleichterten Abdingbarkeit auch durch AGB vgl. u. Rn. 29). Der Verfrachter haftet außer für den Personenkreis des § 428 auch für die Schiffsbesatzung, selbst wenn er sie – wie der Zeitcharterer – nicht angestellt hat. Soweit § 501 Satz 1 nicht greift, weil es sich um selbständige Personen handelt (Schiffsmakler, Kaibetriebe, Lotsen), findet eine Zurechnung über § 501 Satz 2 statt, soweit dieser nicht eingreift auch nach § 278 BGB (dazu § 501 Rn. 17).

**Konkurrierende Deliktsansprüche** sind denselben gesetzlichen und vereinbarten Haf- **21** tungsbeschränkungen unterworfen wie die vertraglichen Schadensersatzansprüche (§ 506 Abs. 1); die Vorschrift stellt zugleich klar (Abs. 2), dass und unter welchen Voraussetzungen sich der Verfrachter auch gegenüber am Vertrage nicht beteiligten Eigentümern der Güter auf die vertraglichen Haftungsbeschränkungen berufen kann.

**6. Durchbrechung der Haftungsgrenzen.** Handelt der Verfrachter vorsätzlich oder **22** **„leichtfertig in dem Bewusstsein, dass ein Schaden mit Wahrscheinlichkeit eintreten werde",** so entfallen die Begrenzungen der Haftung (Rn. 17–19, 21). Die Verpflichtung zum Schadensersatz richtet sich dann allein nach den allgemeinen Regeln des BGB (§ 507). Ein leichtfertiges Handeln der Leute, dessen Verschulden der Verfrachter zu vertreten hat (Rn. 20) lässt – anders als im allgemeinen Frachtrecht – zwar die Beschränkungen bei persönlicher Inanspruchnahme der Leute (vgl. Rn. 24), nicht jedoch die für die Haftung des Verfrachters entfallen.

**7. Mithaftung des ausführenden Verfrachters.** Neben dem vertragsschließenden **23** Verfrachter, der primär verantwortlich bleibt, haftet auch der ausführende Verfrachter dem Geschädigten für die Güterschäden (§ 509). Der Inhalt der Haftung bestimmt sich nach dem Gesetz und, wenn der vertragsschließende Verfrachter haftungserleichternde Vereinbarungen mit dem Absender getroffen hat, nach diesen. Die Haftung setzt kein Unterfrachtverhältnis zwischen ausführendem und vertragsschließendem Verfrachter voraus, doch wird ein solches regelmäßig bestehen. Daraus ergibt sich häufig eine Konkurrenz des Anspruchs nach § 509 mit einem von der Rechtsprechung neuerdings akzeptierten Direktanspruch der Ladungsbeteiligten gegen den Unterverfrachter aus dem Unterfrachtvertrag (vgl. dazu § 498 Rn. 93).

**8. Haftungsbeschränkung der Leute.** Auch die Leute des Verfrachters können sich, **24** wenn sie (was praktisch nur noch unter dem Gesichtspunkt der deliktsrechtlichen Haftung möglich ist, nachdem die quasi-vertragliche Mithaftung des Kapitäns für Frachtverträge nach §§ 511, 512 aF vom SRG nicht übernommen wurde) persönlich haften, auf die gesetzlichen Haftungsbegrenzungen des Verfrachters sowie auf dessen haftungsmildernde vertragliche Vereinbarungen im Frachtvertrag berufen (§ 508). Diese Begünstigung kommt nur Beschäftigten des Verfrachters und der Schiffsbesatzung, nicht selbständigen Erfüllungsgehilfen zugute. Sie entfällt, wie beim Verfrachter selbst, bei qualifiziertem Verschulden der Leute.

**9. Schadensanzeige. Bei Teilverlust oder äußerlich erkennbarer Beschädigung** **25** muss der Empfänger oder Absender bei Ablieferung gegenüber dem Verfrachter oder gegenüber demjenigen, der das Gut abliefert, den Schaden anzeigen und hinreichend deutlich kennzeichnen (§ 510 Abs. 1). Äußerlich nicht erkennbare Beschädigungen müssen in Textform – es genügen also auch Fax oder E-Mail – innerhalb von drei Tagen angezeigt werden (§ 510 Abs. 2). Unterbleibt die Anzeige, so wird vermutet, dass das Gut in vertragsgemäßem Zustand ausgeliefert wurde.

26     **10. Verjährung.** Die Verjährungsfrist beträgt **ein Jahr,** eine Verlängerung bei **qualifiziertem Verschulden** iS des § 507, wie sie § 439 Abs. 1 Satz 2 – entsprechend der CMR – für das allgemeine Frachtrecht vorsieht, findet nicht statt. Die Verjährung beginnt mit dem Tage, an dem das Gut abgeliefert wurde oder hätte abgeliefert werden müssen. Bei Rückgriffsforderungen beginnt die Frist jedoch erst mit dem Tage der Zahlung durch den Erstschuldner oder mit dem Eintritt der Rechtskraft eines Urteils gegen diesen, sofern der Rückgriffsgläubiger den Rückgriffsschuldner spätestens drei Monate, nachdem er Kenntnis von dem Schaden und der Person des Rückgriffsschuldners erlangt hat, benachrichtigt.

27     Die Verjährungsregelung gilt **für alle Ansprüche aus dem Frachtvertrag,**[3] namentlich auch auf Zahlung der Fracht.

28     **11. Eingeschränkte Unabdingbarkeit der gesetzlichen Haftung.** Das neue deutsche Seefrachtrecht ist allgemein und auch hinsichtlich seiner Güterschadenshaftung **grundsätzlich dispositiv.** Hiervon gibt es jedoch **Ausnahmen im Bereich des Haftungsrechts (§ 512):**

29     Die Haftungsbestimmungen der §§ 498–511 sowie die der §§ 488 ff. (Befrachter- und Abladerhaftung) dürfen zwar ebenso wie alle anderen Bestimmungen durch individuell ausgehandelte Vereinbarungen verändert werden. Durch **vorformulierte Bedingungen (AGB)** dürfen sie jedoch nur in zweifacher Hinsicht verändert werden (§ 512 Abs. 2):
– Die Haftung darf auf höhere als die in § 504 genannte Beträge begrenzt werden.
– Es darf vereinbart werden, dass der Verfrachter ein Verschulden seiner Leute und der Schiffsbesatzung nicht zu vertreten hat, wenn der Schaden durch ein Verhalten bei der Führung oder der sonstigen Bedienung des Schiffes oder durch Feuer oder Explosion an Bord des Schiffes entstanden ist und die Maßnahmen nicht überwiegend im Interesse der Ladung getroffen wurden.

### III. Haftung des Verfrachters für Schäden, die in §§ 498 ff. nicht geregelt sind

30     **1. Haftung für Verspätungsschäden.** Anders als im BerSV und im RefE-SRG vorgeschlagen, haben RegE-SRG und Gesetz auf eine spezialgesetzliche Regelung der Haftung für Schäden durch Lieferfristüberschreitung (Verspätungsschäden) verzichtet. Insoweit bleibt es also bei den allgemeinen Regeln des BGB über den Verzug. Der Verfrachter haftet danach bei Verschulden unbegrenzt auch für alle Vermögensschäden, jedoch dispositiv. Dazu im einzelnen § 498 Rn. 57 ff.

31     **2. Haftung wegen anderer Vertragsverletzungen.** Nur im Anwendungsbereich der §§ 498 ff. ist der – auch ergänzende – **Rückgriff auf allgemeines Vertragsrecht ausgeschlossen.**[4] Soweit jedoch eine Vertragsverletzung im Rahmen des Beförderungsvertrages ohne Verlust oder Beschädigung des beförderten Gutes während der Obhutszeit zu Sach- oder Vermögensschäden führt, bleiben § 280 BGB (früher: die Grundsätze über die „positive Vertragsverletzung") und auch die konkurrierenden Vorschriften über die unerlaubte Handlung anwendbar.[5] Eine Begrenzung der Haftung für reine Vermögensschäden, die durch eine Pflichtverletzung im Zusammenhang mit der Beförderung entstehen, ist im Seerecht – anders als nach § 433 und nach dem RefE-SRG (§ 504) – nicht vorgesehen.

### § 498 Haftungsgrund

**(1) Der Verfrachter haftet für den Schaden, der durch Verlust oder Beschädigung des Gutes in der Zeit von der Übernahme zur Beförderung bis zur Ablieferung entsteht.**

---

[3] Der BGH (10.1.2008, TranspR 2008, 84) bezieht Schadensersatzansprüche wegen Beschädigung in unmittelbarem räumlichen und zeitlichen Zusammenhang mit der Ablieferung des Gutes in die Regelung ein.
[4] Fremuth/Thume/*Fremuth* § 425 Rn. 50; *Koller* § 425 Rn. 1, 96.
[5] Wegen Einzelheiten vgl. § 498 Rn. 28.

(2) ¹Der Verfrachter ist von seiner Haftung nach Absatz 1 befreit, soweit der Verlust oder die Beschädigung auf Umständen beruht, die durch die Sorgfalt eines ordentlichen Verfrachters nicht hätten abgewendet werden können. ²Wurde das Gut mit einem seeuntüchtigen oder ladungsuntüchtigen Schiff befördert und ist nach den Umständen des Falles wahrscheinlich, dass der Verlust oder die Beschädigung auf dem Mangel der See- oder Ladungstüchtigkeit beruht, so ist der Verfrachter jedoch nur dann nach Satz 1 von seiner Haftung befreit, wenn er auch beweist, dass der Mangel der See- oder Ladungstüchtigkeit bei Anwendung der Sorgfalt eines ordentlichen Verfrachters bis zum Antritt der Reise nicht zu entdecken war.

(3) Hat bei der Entstehung des Schadens ein Verschulden des Beschädigten mitgewirkt, so hängt die Verpflichtung zum Ersatz sowie der Umfang des zu leistenden Ersatzes von den Umständen, insbesondere davon ab, inwieweit der Schaden vorwiegend von dem einen oder dem anderen Teil verursacht worden ist.

### Übersicht

|  | Rn. |  | Rn. |
|---|---|---|---|
| I. Normzweck | 1–4 | X. Überschreitung der Lieferfrist (Verspätung) | 57–62 |
| II. Entstehungsgeschichte | 5 | XI. Beweislast | 63–73 |
| III. Schaden | 6–11 | 1. Beweislast des Ersatzberechtigten | 63–67 |
| IV. Haftungstatbestände (Abs. 1) | 12–27 | 2. Beweislast des Verfrachters | 68–71 |
| 1. Vorbemerkung | 12–14 | a) Ablieferung | 68, 69 |
| 2. Verlust | 15–22 | b) Mangelndes Verschulden | 70, 71 |
| 3. Beschädigung | 23–27 | 3. Besonderheit bei see- oder ladungsuntüchtigem Schiff | 72, 73 |
| V. Zeitpunkt der Entstehung des Schadens | 28–30 | XII. Schadensteilung (Abs. 3) | 74–78 |
| VI. Obhutszeitraum | 31–46 | XIII. Aktivlegitimation | 79, 80 |
| 1. Übernahme | 32–42 | XIV. Drittschadensliquidation | 81–85 |
| 2. Ablieferung | 43–45 | XV. Prozessstandschaft | 86–88 |
| 3. Landschadensklauseln | 46 | XVI. Anspruchsberechtigung des Transportversicherers | 89–91 |
| VII. Rechtswidrigkeit | 47 | XVII. Passivlegitimation | 92–96 |
| VIII. Verschulden (Abs. 2 Satz 1) | 48–55 | XVIII. Abdingbarkeit | 97 |
| IX. Haftung aus unerlaubter Handlung | 56 |  |  |

### I. Normzweck

Die Norm enthält die tragenden Grundsätze der **Haftung des Verfrachters für Güterschäden.** Den Frachtführer trifft danach für Verlust oder Beschädigung des Gutes eine Obhutshaftung **(Abs. 1).** Diese setzt anders als im allgemeinen Frachtrecht (§§ 425 ff.) ein **vom Verfrachter zu vertretendes Verschulden** voraus. Das Gesetz knüpft an den Schadenseintritt in der Obhutszeit jedoch die Vermutung, dass den Verfrachter ein ihm zurechenbares Verschulden trifft; diese Vermutung muss er durch einen Entlastungsbeweis ausräumen **(Abs. 2).** Nur in dem Sonderfall eines Güterschadens durch **unerlaubte Verladung an Deck** sieht das Gesetz ausnahmsweise eine verschuldensunabhängige Haftung des Verfrachters vor (§ 500).   **1**

Dem Verfrachter steht außer dem Nachweis mangelnden Verschuldens nach Abs. 2, der regelmäßig zunächst die Aufklärung der Schadensursache voraussetzt, eine andere Entlastungsmöglichkeit zur Verfügung: Kann er beweisen, dass der Schaden wahrscheinlich aus einem der in § 499 genannten haftungsbefreienden Umstände entstanden ist, wird eine solche Kausalität vermutet (§ 499 Abs. 2).   **2**

**3**    Die Regelung ist *lex specialis* für die darin geregelten **Fälle der Schlechterfüllung.** Der Rückgriff auf allgemeine Rechtsbehelfe des BGB, insbesondere des Werkvertragsrechts, ist deshalb grundsätzlich ausgeschlossen, soweit es sich um Schäden wegen Verlusts oder Beschädigung des beförderten Gutes handelt.[1] Wegen Güterschäden vor oder nach Begründung der Obhut des Verfrachters s. u. Rn. 28 ff.

**4**    Nicht besonders geregelt ist – anders als im allgemeinen Frachtrecht und nach den Vorentwürfen – die Haftung für **Verspätung (Lieferfristüberschreitung).** Zwar ist die Haftung für Verspätungsschäden bei „vereinbarter Lieferfrist" auch in Art. 17 RR zu finden, da diese jedoch nicht völkerrechtlich gelten, hat das SRG an der geltenden Rechtslage festgehalten. Der Vorschlag der Sachverständigengruppe, auch ohne vereinbarte Frist eine Haftung eintreten zu lassen, wenn eine Zeit überschritten wird, die einem sorgfältigen Verfrachter unter Berücksichtigung der Umstände vernünftigerweise zusteht, wurde als zu weitgehend verworfen[2] Die Verspätungshaftung richtet sich deshalb auch weiterhin nach allgemeinen Rechtsgrundsätzen, also den Regeln des BGB über den Verzug, und ist in vollem Umfang vertraglich, grundsätzlich auch durch AGB,[3] abdingbar.

## II. Entstehungsgeschichte

**5**    Die Regelung basiert sachlich auf §§ 606, 559 aF, die in Ausführung von Art. III § 2 HR durch das SFrG in das HGB eingestellt wurden. Gesetzestechnisch ist sie jedoch schon in § 510 BerSV, der insoweit übernommen wurde, in Anlehnung an § 425 durch eine **Generalklausel für alle Güterschäden im Obhutszeitraum** vereinfacht worden. Einzelne Verursachungstatbestände sollten danach nur noch bei den Haftungsausschlussgründen des § 499 eine Rolle spielen. Diese, noch vom RefE-SRG übernommene Konzeption wurde jedoch durch den RegE-SRG verändert: Einmal wurde die Haftung für Verspätungsschäden aus der Regelung herausgenommen. Sodann wurden die durch die Generalklausel des § 498 materiell entbehrlich gewordenen Haftungsbefreiungsgründe des § 608 Abs. 1 Nr. 1–5 aF wieder in die Haftungsregelung aufgenommen (vgl. § 499 Rn. 3). Schließlich wurde die Berücksichtigung der See- und Ladungsuntüchtigkeit, die nach den Vorentwürfen von der normalen Haftungsregel für vermutetes Verschulden ohne Besonderheiten erfasst werden sollte, in besonderer Weise wieder berücksichtigt (Abs. 2 Satz 2). Diese Änderungen wurden damit begründet,[4] dass sich die Neuregelung wieder enger an die HR anlehnen solle. Dabei sind zum Teil Prinzipien der HR übernommen worden, die durch das SFrG von 1937 bewusst so nicht umgesetzt wurden und die Vorschrift – insbesondere im Zusammenspiel der beiden Sätze des Abs. 2 – nicht leicht verständlich machen. (dazu Rn. 72 f.).

## III. Schaden

**6**    Der Verfrachter haftet für den **Schaden, der durch Verlust oder Beschädigung des Gutes entsteht.** Die **Höhe der Entschädigung** wird jedoch durch den **Wert des Gutes,** nicht durch den wirklich erlittenen wirtschaftlichen Verlust bestimmt (vgl. § 501).

**7**    Für die von Abs. 1 erfassten Schäden haftet der Verfrachter **nur nach Maßgabe der transportrechtlichen Sonderbestimmungen der §§ 498 ff.** Weitergehende Schäden, insbesondere wegen der wirtschaftlichen Folgen des Verlusts oder der Beschädigung des Gutes **(sog. Güterfolgeschäden)** hat er – außer im Falle des § 507 – **nicht zu ersetzen:**[5]

---

[1] OLG Stuttgart 22.1.2003, TranspR 2003, 104, 105; OLG Hamburg 28.2.2002, TranspR 2003, 21; *Koller* § 425 Rn. 96; Fremuth/Thume/*Fremuth* § 425 Rn. 50.

[2] RegBegr-SRG S. 140 f.

[3] Dabei ist jedoch die strenge Rechtsprechung zu beachten, die eine umfassende pauschale Abbedingung der Verspätungshaftung durch AGB ausschließt, vgl. OLG Hamburg 13.1.2011, TranspR 2012, 382.

[4] RegBegr-SRG S. 85.

[5] Dies ist anders in § 432 Satz 2 nicht ausdrücklich im Gesetz gesagt, ergibt sich aber aus dem Zusammenhang der Regelung, insbesondere der Formulierung des § 503. Für § 425 vgl. auch BGH 5.10.2006, BGHZ 169, 187, 190 f. = TranspR 2006, 454, 455.

Er haftet insoweit lediglich auf den Substanzwert (§ 502) und die Kosten der Schadensfeststellung (§ 503),[6] begrenzt durch die summenmäßige Beschränkung nach § 504. Auch **außervertragliche Ansprüche** gegen den Frachtführer sind insoweit ausgeschlossen (§ 506). Die vertraglichen Ersatzansprüche können neben diesen Begrenzungen weiteren Haftungsbeschränkungen unterworfen sein, insbesondere nach § 611 und dem HBÜ oder durch Belastung mit einer Beitragspflicht zu Großer Haverei.

Im Anwendungsbereich der Vorschrift ist der ergänzende **Rückgriff auf allgemeines** 8 **Vertragsrecht ausgeschlossen.**[7] Wegen konkurrierender außervertraglicher Ansprüche, insbesondere aus unerlaubter Handlung, vgl. Erl. zu § 506.

**Unberührt bleibt** jedoch die Anwendung des **§ 280 BGB,** soweit eine **Vertragsverlet-** 9 **zung** im Rahmen des Beförderungsvertrages, jedoch **ohne Verlust oder Beschädigung des beförderten Gutes** zu Sach- oder Vermögensschäden führt. So etwa, wenn beim Laden oder Löschen Anlagen oder andere Gegenstände des Befrachters oder Empfängers beschädigt oder Vermögensschaden durch Sperrung einer Hafenzufahrt infolge fehlerhafter Navigation verursacht werden. Gleiches gilt für Schäden durch Verspätung der Ablieferung, die im Gesetz nicht besonders geregelt sind. Eine Haftungsbeschränkung für solche Schäden ist im Gesetz nicht vorgesehen.[8]

Nach § 280 BGB richten sich auch Ansprüche wegen **Güterschäden,** die **vor oder** 10 **nach Begründung der Obhut** des Verfrachters eingetreten sind. Bei Güterschäden greift in diesen Fällen eine Beschränkung der Haftung nach §§ 502–504 nicht ein.[9]

Eine Sondergruppe bilden die sog. **Vermischungsschäden:**[10] Wird flüssiges Gut oder 11 Schüttgut, das in einen Tank oder in ein Lager des Empfängers zu liefern ist, in den falschen Behälter gefüllt und dadurch nicht nur die beförderte Ladung, sondern auch der bisherige Inhalt des Behälters wertlos, so haftet der Verfrachter für die Beschädigung des beförderten Gutes nach §§ 498 ff., jedoch für die Schäden am vorhandenen Inhalt nach § 280 BGB. Vgl. dazu § 425 Rn. 11 ff.

### IV. Haftungstatbestände (Abs. 1)

**1. Vorbemerkung.** § 498 knüpft, anders als das frühere Recht (§§ 606, 559 aF), nicht 12 mehr an die Verletzung bestimmter Vertragspflichten an, sondern an die bloße Tatsache des Verlusts oder der Beschädigung während der Zeit der Obhut des Verfrachters. Deshalb spielen die herkömmlichen Begriffe der Seetüchtigkeit und der Ladungstüchtigkeit (§ 559 aF) sowie die Frage, ob bestimmte, im Gesetz im Einzelnen aufgeführte Sorgfaltsanforderungen bei der Ladungsbehandlung (§ 606 Abs. 1 aF) verletzt worden sind, für die Begründung des Schadensersatzanspruchs grundsätzlich keine hervorgehobene Rolle mehr. Geht das Gut während der Obhutszeit verloren oder wird es in dieser Zeit beschädigt, so haftet der Verfrachter für den Schaden, sofern er nicht beweisen kann, dass ihn an dessen Entstehung kein von ihm zu vertretendes Verschulden trifft. Vgl. zur Entlastung u. Rn. 48 ff. Allerdings ist die **See- und Ladungstüchtigkeit** des Schiffes in Abs. 2 Satz 2 zu einem Merkmal erhoben worden, das dem Anspruchsteller den Beweis der Kausalität des Verfrachterverschuldens erleichtern soll; vgl. dazu Rn. 72 f.

Die aus den HR entlehnten einzelnen Haftungstatbestände sind – nicht zum Vorteil der 13 Klarheit und abweichend von dem Vorschlag des BerSV – allerdings zu einem Teil in der Form von Entlastungstatbeständen in § 499 erhalten geblieben; dort haben sie über die – angesichts der Generalklausel des § 498 an sich überflüssige – Klarstellung der Haftungsfrei-

---

[6] Eine dem § 432 entsprechende Regelung über die zusätzliche Erstattung von für die aus Anlass der Beförderung aufgewendeten Kosten fehlt im Seerecht, weil nach § 502 – anders als nach § 429 (und dort Rn. 14) – für den Wertersatz der (fiktive) Wert am Bestimmungsort maßgebend ist.

[7] Fremuth/Thume/*Fremuth* § 425 Rn. 50; *Koller* § 425 Rn. 1, 96; EBJS/*Schaffert* § 425 Rn. 5.

[8] Auch die noch im RefE-SRG vorgesehene, § 433 entsprechende Haftungsbeschränkung für reine Vermögensschäden ist im RegE-SRG entfallen.

[9] Vgl. § 504 Rn. 3; anders nach früherem Recht, vgl. OLG Hamburg 22.4.2010, TranspR 2011, 112 mit Anm. *Herber.*

[10] Dazu ausführlich *Thume* VersR 2002, 267.

heit des Verfrachters hinaus die zusätzliche Funktion einer Beweiserleichterung für diese Kausalität (§ 499 Abs. 2; vgl. dazu § 499 Rn. 1, 6).

**14**  Ungeachtet der Sonderregelungen in § 499 muss sich der Anspruchsberechtigte stets auch ein **Mitverschulden** an der Schadensentstehung entgegenhalten lassen; dabei hat er für die in § 501 genannten Personen einzustehen. Das ist– ebenso wie in § 425 Abs. 2, dort jedoch sachlich begründet, vgl. Rn. 74 – in **Abs. 3** ausdrücklich hervorgehoben, obgleich es sich von selbst verstanden hätte.

**15**  **2. Verlust.** Verlust liegt vor, wenn das Gut zerstört oder nicht auffindbar ist, sodass eine **Ablieferung an den Empfänger nicht mehr möglich** ist.[11] Nach § 511 kann sich der Berechtigte auf eine Verlustvermutung berufen, wenn die dort genannten Fristen abgelaufen sind.

**16**  Der **Grund für das Unvermögen** des Verfrachters, das Gut an den Empfänger auszuliefern, ist grundsätzlich **unerheblich**.[12] Das Gut kann etwa durch falsche Behandlung zerstört, durch Einsatz eines nicht seetüchtigen Schiffes untergegangen oder einfach außer Kontrolle des Verfrachters geraten sein.

**17**  **Auslieferung an einen Nichtberechtigten** kann Verlust begründen,[13] wenn die Falschauslieferung nicht ohne Weiteres rückgängig zu machen ist. Selbst Auslieferung an den Käufer ist Auslieferung an einen Nichtberechtigten, wenn er nicht nach dem Frachtvertrag zur Entgegennahme der Lieferung legitimiert ist.[14] Wird der Empfänger durch eine Weisung des Verfügungsberechtigten ausgewechselt, so bewirkt auch die Ablieferung an den ursprünglichen Empfänger einen Verlust. Die Auslieferung an einen Nichtberechtigten kann allerdings durch den Berechtigten nachträglich genehmigt werden;[15] dazu kann, je nach den Umständen, bereits genügen, dass er die Falschauslieferung trotz Kenntnis gegenüber dem Verfrachter nicht beanstandet hat.[16] Auch die Auslieferung an einen nicht Konnossementsberechtigten oder auf Grund eines gefälschten Konnossementes führt zum Verlust;[17] auf die Erkennbarkeit der Fälschung oder Nichtberechtigung kommt es nicht an,[18] diese spielt nur für die Exkulpation des Verfrachters eine Rolle. In den Fällen der Falschauslieferung wird häufig eine Mitverantwortung des Befrachters, des Abladers oder des Konnossementsinhabers mit den Folgen des Abs. 3 in Betracht zu ziehen sein.[19] Ebenso stellt die versehentliche Ausladung in einem Zwischenhafen einen Verlustfall dar, wenn die Güter danach nicht mehr auffindbar sind.[20]

**18**  Eine **Beschlagnahme des Gutes** kann ebenfalls einen Verlust darstellen, wenn nicht in absehbarer Zeit mit einer Freigabe zu rechnen ist. Ebenso eine **Versteigerung** oder eine **Pfandverwertung.** Schließlich ein **Verkauf** oder eine **Vernichtung** des Gutes, weil von ihm Gefahren ausgingen oder weil es zu verderben drohte.

**19**  Ist das Gut an den berechtigten Empfänger ausgeliefert worden, hat der Frachtführer jedoch eine **Weisung über die Modalitäten der Ablieferung nicht befolgt,** etwa eine Weisung zur vorläufigen Einlagerung des Gutes im Bestimmungshafen, zur Ablieferung an einer bestimmten Stelle oder zur Einziehung „überwiesener" Fracht oder Gebühren, so kann man nicht von Verlust sprechen.[21] Es handelt sich um eine **Ablieferung unter Verletzung einer Nebenpflicht,** deren Haftungsfolgen sich aus § 280 BGB ergeben.

---

[11] Fremuth/Thume/*Fremuth* § 425 Rn. 11; *Koller* § 425 Rn. 4; EBJS/*Schaffert* § 425 Rn. 6 f.

[12] *Rabe* § 606 Rn. 26.

[13] Auslieferung an den Empfänger ohne Ladeschein RG 4.11.1911, RGZ 75, 109, 113; Aushändigung ohne Konnossement an den Empfänger BGH 19.3.1959, VersR 1959, 331; BGH 5.2.1962, BGHZ 36, 329; BGH 16.3.1970, VersR 1970, 437; BGH 17.1.1974, VersR 1974, 590; OLG Hamburg 11.9.1986, TranspR 1987, 69.

[14] BGH 16.3.1970, VersR 1970, 437, 438; BGH 13.7.1979, VersR 1979, 1154, 1154; EBJS/*Schaffert* § 425 Rn. 27; Baumbach/Hopt/*Merkt* § 425 Rn. 3; *Koller* § 425 Rn. 28.

[15] LG Duisburg 23.11.1988, VersR 1990, 69.

[16] BGH 17.1.1974, VersR 1974, 590.

[17] LG Duisburg 23.11.1988, VersR 1990, 69.

[18] Anders offenbar *Rabe* § 606 Rn. 26 unter Berufung auf GroßkommHGB/*Canaris* § 364 Rn. 37.

[19] BGH 17.1.1974, VersR 1974, 590.

[20] HansOLG, HansGZ 1904, 88.

[21] *Thume* TranspR 2001, 433, 435; *Koller* § 425 Rn. 7; aA OLG Hamburg 18.5.1985, TranspR 1990, 188, 190; OLG Nürnberg 18.4.2001, TranspR 2001, 262, 263; Fremuth/Thume/*Müller-Rostin* Art. 18 WA Rn. 5.

Wird das Gut nicht innerhalb der Frist des § 511 abgeliefert, so wird der **Verlust unwi-** 20 **derleglich vermutet.** Der Berechtigte kann es nach dieser Bestimmung als verloren behandeln, braucht also den Beweis des Verlusts nicht zu führen. Dazu und zu der Rechtslage bei Wiederauffinden vgl. Erl. zu § 511.

Ist das Gut so stark beschädigt, dass es **wirtschaftlich wertlos** ist, sollte nicht von einem 21 **Totalverlust** ausgegangen werden, sondern von einer Beschädigung.[22] Denn das wertlose Gut kann immerhin noch abgeliefert werden; der Totalschaden stellt sich oft erst nach der Annahme durch den Empfänger heraus. Jedenfalls nach deutschem Recht ist die Abgrenzung weder für die Wertberechnung (§ 502) noch für die Verjährung (§ 605) erheblich.[23]

Das Gesetz unterscheidet nicht zwischen **gänzlichem und teilweisem Verlust.** Dieser 22 Unterschied spielt auch bei § 504 keine Rolle, kann jedoch für die Beweislast bedeutsam sein (dazu Rn. 67).

**3. Beschädigung.** Beschädigung ist die äußere oder innere Substanzverletzung, welche 23 eine Wertminderung zur Folge hat.[24] Als **äußere Substanzverschlechterung** umfasst die Beschädigung die typischen Beeinträchtigungen durch Bruch, Verbiegen, oder Nässeeinwirkung, die insbes. zu Rost führt.[25] Sie erstreckt sich auf die **Verunreinigung** und **Geruchsbeeinträchtigung,** welche durch verschmutzende Beimengung von Fremdstoffen, etwa infolge schlecht gereinigter Laderäume oder Hebezeuge entstehen kann.[26] Eine Beschädigung der Sendung kann auch in der Vermischung verschiedener Teile einer Sendung liegen, die nicht mehr zugeordnet werden können.[27] Kurzfristige, behebbare Durchnässung, Kontamination oder Vermischung genügt jedoch nicht.[28]

Eine **innere Substanzverschlechterung** liegt vor, wenn das Gut zwar äußerlich unver- 24 sehrt wirkt, aber durch einen äußeren Einfluss in seiner Natur – nicht bloß in seinem Wert – nachteilig verändert worden ist. Dies ist der Fall bei einem Frischeverlust von Röstkaffee auf Grund transportunfallbedingter Verzögerung des Verkaufs,[29] bei Früchten nach Ablauf der üblichen Vermarktungsdauer[30] oder durch Verkürzung der Vermarktungsdauer bei durch mangelnde Kühlung vollreif gewordenen Früchten,[31] vor allem aber beim **Antauen von Tiefkühlprodukten** wie Fisch.[32] War eine bestimmte Kühlung der Ware, zB von Fleisch, geboten, dann liegt eine Beschädigung schon darin, dass das Gut nicht so befördert wurde, wie es der Sollkühlung entspricht.[33]

Beschädigung ist auch die **Belastung des Gutes mit einem Pfandrecht** durch Große 25 Haverei oder Bergung.[34]

---

[22] So mit Recht *Thume* TranspR 2001, 433, 434; ebenso *Koller* § 425 Rn. 5; Fremuth/Thume/*Fremuth* § 425 Rn. 11; aA *Rabe* § 606 Rn. 26; EBJS/*Schaffert* § 425 Rn. 6.
[23] Anders nach der CMR (Art. 32), für die *Demuth* TranspR 1996, 257, 260 deshalb die Gleichstellung ablehnt.
[24] *Koller* § 425 Rn. 13; Fremuth/Thume/*Fremuth* § 425 Rn. 14; *Rabe* § 606 Rn. 27; OLG Hamburg 13.9.1990, TranspR 1991, 151.
[25] BGH 19.11.1959, BGHZ 31, 183, 185 = NJW 1960, 337, 338 (KVO); BGH 7.5.1969, VersR 1969, 703, 704 (KVO) (nasse Felle); LG Köln 11.11.1982, TranspR 1983, 54, 55 (CMR) (Korrosion von Aluminiumbändern); BGH 18.3.2010, TranspR 2010, 376, 377 (Korrosionsschäden an Fahrzeugen).
[26] OLG Köln 26.9.1985, TranspR 1986, 285, 257 m. Anm. *Knorre* (CMR); OLG Hamburg 19.12.1985, TranspR 1986, 146, 147 (CMR) (Rückstände aus Vorladung); OLG Hamburg 16.7.2009, TranspR 2010, 337, 338 (Kontamination von Garnen mit Divinylbenzol); OLG Hamburg 22.4.2010, TranspR 2011, 112, 113 (Textilverunreinigung wegen Ausdünstung eines frischen Containeranstrichs).
[27] Schaps/*Abraham* § 606 Rn. 12.
[28] OLG Hamburg 13.9.1990, TranspR 1991, 151; *Rabe* § 606 Rn. 28.
[29] BGH 10.2.1983, BGHZ 86, 387, 390 = NJW 1983, 1674, 1674 zu KVO.
[30] AG Düsseldorf 12.9.1985, VersR 1986, 500, 500.
[31] AG Düsseldorf 12.9.1985, VersR 1986, 500, 500.
[32] BGH 3.7.1974, NJW 1974, 1616 f. zur CMR. Bei angeordneter Vernichtung liegt Totalschaden vor, OLG Hamburg 13.7.1995, TranspR 1996, 110 f.
[33] OLG Hamm 11.6.1990, TranspR 1990, 375, 376 zur CMR; OLG Celle 13.1.1975, WM 1975, 189, 190; vgl. auch LG Bremen 10.9.1991, TranspR 1991, 445, 446; zur Haftung bei Kühltransport am Beispiel der CMR *Thume* TranspR 1992, 1 ff.
[34] *Rabe* § 606 Rn. 28; Schaps/*Abraham* § 606 Rn. 13; *Schlegelberger/Liesecke* § 606 Rn. 13; HansOLG HansGZ 1905, 153 = SeuffA 62, 161.

**26**    Der bloße, nicht ohne größeren Aufwand zu beseitigende **Verdacht einer Beschädigung,**[35] etwa einer Maschine nach einem Sturz, einer Flüssigkeit oder eines Schüttgutes durch die Möglichkeit einer Verunreinigung[36] oder von Gefriergut durch mögliches Antauen, kann bereits eine Beschädigung darstellen.

**27**    Der Anspruch auf Schadensersatz wegen Verlust oder Beschädigung ist **abtretbar;** die Abtretung an den Transportversicherer kann in AGB nicht ausgeschlossen werden.[37]

## V. Zeitpunkt der Entstehung des Schadens

**28**    Schaden wegen Verlusts oder Beschädigung fällt nur unter die Haftungsvorschriften des Frachtrechts, wenn der Verlust oder die **Beschädigung im Obhutszeitraum** eingetreten ist, also in der Zeit **von der Übernahme zur Beförderung durch den Verfrachter bis zur Ablieferung.**[38] Nur während dieser Obhutszeit besteht die ausschließliche Einwirkungsmöglichkeit des Verfrachters und dessen daraus abgeleitete allgemeine Rechtspflicht, das ihm anvertraute Gut vor Schaden zu bewahren.[39] Für **Schäden,** welche zwar nach Vertragsschluss, aber **vor Obhutserlangung oder nach Obhutsende** entstehen, haftet der Frachtführer nach Maßgabe der allgemeinen Vorschriften des BGB (§§ 280, 823 BGB).[40] Solche Schäden können etwa entstehen, wenn der Verfrachter dem Befrachter vor Übernahme des Gutes einen Container zum Verpacken zur Verfügung stellt, durch dessen Schadhaftigkeit das Gut beschädigt wird.[41] Für diese Ansprüche gilt die Beschränkung des § 504 nicht.[42] Der Verfrachter trägt jedoch **keine Verantwortung für die Eignung des dem Befrachter zur Verfügung gestellten Containertyps,** denn vom Befrachter oder Ablader wird die notwendige Warenkunde erwartet, um die Eignung des bereitgestellten Ladungsmittels zu beurteilen.[43] Weist der Befrachter oder Ablader einen ungeeigneten Container nicht zurück, greift in der Regel der Haftungsausschlusstatbestand des § 499 Abs. 1 Satz 1 Nr. 5.[44]

**29**    Der **Schaden muss im Obhutszeitraum entstanden** sein. Das bedeutet nicht notwendig, dass er in diesem Zeitraum bereits erkennbar gewesen sein muss; entscheidend ist, dass die chemisch/physikalische Veränderung im Obhutszeitraum eingetreten ist.[45] Ist etwa das Gut während der Beförderung durch Keime verunreinigt worden, die sich erst später auswirken, so ist dies ein Schaden während der Obhut.[46] Ähnlich, wenn Stahlrollen während der Beförderung durchnässt werden oder Verpackung oder Imprägnierung des Gutes beschädigt werden, der Schaden sich aber erst nach Ablieferung (durch Rost) manifestiert. Der nach der Ablieferung eintretende (weitere) Schaden ist dann Folgeschaden, für den nicht nach § 498, sondern allenfalls – wenn den Verfrachter auch daran ein eigenständiges Verschulden trifft (etwa infolge unterlassener Mitteilung an den Empfänger) – nach § 280 BGB.[47]

---

[35] BGH 24.5.2000, TranspR 2000, 456, 485 = NJW-RR 2001, 322, 323; OLG Hamburg 13.9.1990, TranspR 1991, 151, 153; Baumbach/Hopt/*Merkt* § 425 Rn. 2; *Koller* § 425 Rn. 13.

[36] OLG Karlsruhe 19.5.2011, TranspR 2011, 238.

[37] BGH 4.3.2004, TranspR 2004, 460, 463; *Koller* § 425 Rn. 82; Fremuth/Thume/*Fremuth* § 425 Rn. 81.

[38] OLG Stuttgart 22.1.2003, TranspR 2003, 104, 105; Fremuth/Thume/*Fremuth* § 425 Rn. 9; *Koller* § 425 Rn. 41.

[39] BGH 24.9.1987, TranspR 1988, 108, 109 = NJW-RR 1988, 479, 480.

[40] OLG Stuttgart 22.1.2003, TranspR 2003, 104, 105 mN; *Koller* § 425 Rn. 40; EBJS/*Schaffert* § 425 Rn. 17.

[41] Vgl. den Fall des OLG Hamburg 22.4.2010, TranspR 2011, 112.

[42] Was nach altem Recht wegen der Formulierung des § 660 Abs. 1 aF galt, vgl. OLG Hamburg 22.4.2010, TranspR 2011, 112 m. Anm. *Herber.*

[43] OLG Hamburg 26.11.1987, TranspR 1988, 238 = VersR 1988, 595; zust. *Thume* TranspR 1990, 41, 42.

[44] OLG Hamburg 26.11.1987, TranspR 1988, 238 = VersR 1988, 595 jedoch nach altem Recht, § 608 Abs. 1 Nr. 5 aF.

[45] *Koller* TranspR 2013, 173, 176.

[46] *Koller* TranspR 2013, 173, 176.

[47] *Koller* TranspR 2013, 173, 176; eingehend auch *Thume* TranspR 2013, 8, 11; aA EBJS/*Schaffert* § 425 Rn. 17.

Ist ein **Schaden, der sich erst nach der Ablieferung voll entwickelt hat, durch** 30
**eine Beschädigung während der Obhut verursacht worden (wie** etwa der Rost an
Stahlrollen, die während der Beförderung nass geworden sind), so ist bei der Ermittlung
des Wertes nach § 502 Abs. 2 nur der bei Ablieferung durch die erhöhte Schadensanfälligkeit
verminderte Wert des Gutes (hypothetisch) anzusetzen.[48]

### VI. Obhutszeitraum

Obhutszeit ist die Zeit von der **Übernahme des Gutes** zum Zwecke der Beförderung[49]  31
bis zu seiner **Ablieferung.**[50]

**1. Übernahme.** Übernahme ist die **Entgegennahme der Ladung zur Beförde-** 32
**rung.**[51] Der Begriff ist gleichbedeutend mit dem der Annahme in § 606 aF.[52] **Übernahme**
bedeutet in aller Regel Besitzerlangung, jedenfalls Begründung der Obhut des Verfrachters
an dem zu befördernden Gut. Da der unmittelbare Besitz häufig von einem Anderen, etwa
einem Hafenbetrieb oder einem Spediteur für den Reeder begründet wird, genügt dessen
mittelbarer Besitz.[53] Auch der Absender behält den – ggf. abgestuften – mittelbaren Besitz
am zu befördernden Gut (vgl. §§ 854, 868 BGB). Der Verfrachter muss die Kontrolle über
das Gut erlangen.[54]

Besteht eine **Ladung**[55] aus **mehreren Packstücken,** kommt es auf die Übernahme 33
jedes einzelnen Stückes an.[56]

Bei der Vielgestaltigkeit der Verladevorgänge im Seeverkehr ist es nicht immer leicht, 34
den **Zeitpunkt der Übernahme durch den Verfrachter** festzustellen. Wann der Verfrachter die Obhut übernimmt, hängt wesentlich von den Bedingungen des einzelnen
Frachtvertrages ab.

**Mangels besonderer Vereinbarung** hat beim Stückgutfrachtvertrag der **Verfrachter** 35
**das Gut zu verladen** (§ 486 Abs. 2). Der **Befrachter hat** die **Übergabe** des Gutes
an den Verfrachter zur Beförderung **zu bewirken** (Abladung; § 486 Abs. 1 Satz 1); der
Gesetzeswortlaut bringt zum Ausdruck, dass die Übergabe an den Verfrachter nicht notwendig durch den Befrachter, sondern oft durch einen Dritten, etwa einen Spediteur
erfolgt. Der gem. § 498 maßgebliche Haftungszeitraum beginnt dann in dem Augenblick,
in dem der Verfrachter das Gut zum Zwecke der **Verladung** im Rahmen des Frachtvertrages in seine Obhut nimmt. In diesem Fall geschieht also das Laden auf Risiko des
Verfrachters.[57]

Die **Übernahme** kann an einem Kaischuppen des Verfrachters erfolgen, aber auch 36
durch einen selbständigen **Kaiumschlagbetrieb,** sofern dieser für den Verfrachter handelt. Wird das Gut von einem Umschlagbetrieb zur Verladung angenommen, kommt es
für die Frage, ob der Umschlagbetrieb für den Verfrachter handelt und damit dessen
Obhut begründet, entscheidend auf die Bedingungen der üblicherweise zwischen
Umschlagbetrieb und Linienreeder getroffenen Vereinbarung an, die sich im Auftreten
des Umschlagbetriebs gegenüber den am Frachtvertrag Beteiligten widerspiegeln wird.
Nimmt ein selbständiger Umschlagbetrieb das Gut zur Verladung auf ein bestimmtes
Schiff entgegen, so wird dies häufig im Auftrag des Verfrachters geschehen: Die Kaibe-

---

[48] *Koller* TranspR 2013, 173, 176.
[49] EBJS/*Schaffert* § 425 Rn. 18; *Koller* § 425 Rn. 21; näher zum Besitzerwerb OLG Düsseldorf 23.12.1996,
TranspR 1998, 112, 113.
[50] OLG Dresden 16.12.2004, TranspR 2005, 72, 73; Heymann/*Joachim* Rn. 2; EBJS/*Schaffert* § 425
Rn. 21; *Koller* § 425 Rn. 16.
[51] *Rabe* § 606 Rn. 29; Schlegelberger/*Liesecke* § 606 Rn. 19; Schaps/*Abraham* § 606 Rn. 19.
[52] Er wurde zur Anpassung an das allgemeine Frachtrecht (§ 425) gewählt.
[53] *Rabe* § 606 Rn. 29.
[54] OLG Bremen 10.5.2007, OLGR Bremen 2007, 559–560.
[55] Dies ist der terminus technicus des § 504 Abs. 2; im allgemeinen Frachtrecht entspricht dem die Sendung
(§ 431 Abs. 2).
[56] *Rabe* § 606 Rn. 29; Schaps/*Abraham* § 606 Rn. 19; Schlegelberger/*Liesecke* § 606 Rn. 19.
[57] *Piper* TranspR 1990, 357, 360; *Herber/Piper* Art. 17 CMR Rn. 2.

triebsordnung und die AGB der Kaibetriebe sehen regelmäßig vor, dass das sog. „Ladegut" vom „Anlieferer" nur entgegengenommen wird, wenn es zuvor vom „Auftraggeber" (dem Reeder) angekündigt wurde.[58] Dem steht nicht entgegen, dass das Gut nach den Kaibedingungen erst beim Niedersetzen an Deck oder im Laderaum als „vom Schiff übernommen" anzusehen ist; diese Abgrenzung dient lediglich der Pflichtenverteilung zwischen Auftraggeber (Reeder) und Umschlagbetrieb. Der Verfrachter erwirbt gleichwohl die Obhut an dem Gut – ausgeübt für ihn durch den Umschlagsbetrieb – mit der Annahme durch den letzteren. In diesem Fall rechnet auch das Bewegen des Gutes auf einem Hafenumschlagplatz schon zur Seebeförderung; dies folgt wohl konsequent aus der Rechtsprechung zur Zuordnung der Umschlagsphase zum Seetransport im Rahmen des Multimodaltransports.[59]

**37**　　Handelt allerdings der Umschlagbetrieb im ausgehenden Verkehr auf Grund eines **Auftrages des Befrachters oder Abladers,** so stellt er das vom Befrachter erhaltene Gut für diesen zur Verladung bereit und führt dann die Verladung regelmäßig für den Reeder durch. Der Verfrachter erlangt damit die Obhut in dem Augenblick, in dem die Verladung auf das Schiff beginnt.

**38**　　Die Ausstellung eines **Kaiempfangsscheins** durch die Kaianstalt dient nur zum Beweis der Empfangnahme durch diese und sagt nichts über die Erlangung der Obhut des Verfrachters aus.[60] Selbst wenn in einem solchen Fall bereits ein Übernahmekonnossement ausgestellt wird, kann dies nicht die Begründung der tatsächlichen Obhut ersetzen.[61]

**39**　　Haben die Vertragsparteien in Abweichung von § 486 vereinbart, dass der **Befrachter das Gut zu verladen** hat („fio"), so beginnt der gem. § 498 maßgebliche Obhutszeitraum mit dem Absetzen des Gutes auf dem Schiff.[62] In diesem Fall geschieht also das Laden auf Risiko des Befrachters. Hat der Befrachter die Ladung auch zu stauen („fios") oder zu stauen und zu befestigen („fiost"), wird die Obhut des Frachtführers regelmäßig, doch abhängig vom Einzelfall, erst danach begründet werden.[63] Auch in diesen Fällen ist jedoch zu beachten, dass den Verfrachter eine Pflicht trifft, das Verladen im Interesse der Schiffssicherheit zu überwachen.

**40**　　Die Übernahme muss **zur Beförderung** geschehen. Grundsätzlich ist deshalb vorausgesetzt, dass zur Zeit der Obhutserlangung ein **Frachtvertrag bereits besteht** oder zugleich abgeschlossen wird. Liefert der Befrachter oder für diesen ein Dritter (§ 482 Abs. 2) Stückgut am **Kaischuppen des Verfrachters** an und begründet so dessen Obhut, stellt dies auch bei späterem Vertragsschluss die Übernahme dar,[64] sofern zumindest die Absicht einer bestimmten Beförderung besteht.[65] Die Haftung des Verfrachters gem. § 498 wird jedoch nicht begründet, solange das Gut ihm oder auch der Kaianstalt für ihn nur zur Lagerung oder Verwahrung übergeben worden ist, also noch kein bestimmter Frachtvertrag abgeschlossen oder in Aussicht gestellt wurde,[66] mag eine spätere Beförderung auch beabsichtigt sein.

**41**　　Ist bei Übernahme bereits ein Frachtvertrag abgeschlossen, so gilt die Haftungsregel des § 498 auch schon vor der eigentlichen Beförderung. Umfassen die Verpflichtungen des Frachtführers außer der Beförderung auch Nebenleistungen wie kurzfristige Vorlagerung, Verpacken oder Umpacken, liegt also ein gemischter, werkvertragliche Leistungen umfas-

---

[58] Vgl. etwa § 10 AGB von EUROGATE; ähnlich, jedoch nicht so deutlich, KaibetriebsO Hamburg § 21, wonach für die Annahme ein Schiffszettel vorausgesetzt wird.
[59] BGH 18.10.2007, TranspR 2007, 472; OLG Hamburg 10.4.2008, TranspR 2008, 213, 216.
[60] Schaps/*Abraham* § 606 Rn. 19.
[61] Schaps/*Abraham* § 606 Rn. 19.
[62] BGH 23.5.1990, NJW-RR 1990, 1314, 1315 = TranspR 1990, 328, 329 (zur KVO); OGH Wien 3.7.1985, TranspR 1987, 374, 376; *Koller* § 425 Rn. 20a.
[63] OLG Hamburg 16.8.1973, VersR 1973, 1138; *Rabe* § 606 Rn. 12.
[64] Schaps/*Abraham* § 606 Rn. 19; Schlegelberger/*Liesecke* § 606 Rn. 19.
[65] Zu weit *Rabe* § 606 Rn. 29.
[66] *Koller* § 425 Rn. 21; EBJS/*Schaffert* § 425 Rn. 20; Schlegelberger/*Geßler* Rn. 6; Heymann/*Honsell* Rn. 10; LG Berlin 21.9.1970, VersR 1971, 756, 757; Schaps/*Abraham* § 606 Rn. 19.

sender Vertrag vor, so beginnt der frachtvertragliche Haftungszeitraum schon mit der Übernahme zum Zwecke solcher Hilfsverrichtungen für die Beförderung.[67]

Die Übernahme hat insofern **rechtsgeschäftsähnlichen Charakter,** als sie den Willen des Übernehmenden voraussetzt, den Besitz zum Zweck der Beförderung zu übernehmen oder durch einen Besitzmittler entgegennehmen zu lassen.[68] Es bedarf hierfür aber keiner ausdrücklichen Erklärung; die Bereitschaft kann vielmehr auch konkludent zum Ausdruck gebracht werden.[69] Insofern bleibt für eine Willensbekundung allenfalls dahin Raum, dass die Sache gerade zur Abwicklung des fraglichen Frachtvertrages entgegengenommen wird.   **42**

**2. Ablieferung.** Die Obhutszeit endet regelmäßig mit der „Ablieferung", durch die der Frachtführer die zur Beförderung erlangte Obhut über das Gut mit ausdrücklicher oder stillschweigender Einwilligung des Verfügungsberechtigten wieder aufgibt und diesen in die Lage versetzt, die tatsächliche Gewalt über das Gut auszuüben.[70] Zum Begriff vgl. auch § 407 Rn. 34 ff. Hat, wie regelmäßig beim Stückgutvertrag (§ 486) der Verfrachter zu entladen, so endet die Obhut des Verfrachters erst mit der Übergabe an den Empfänger.[71] Hat in Abweichung von der gesetzlichen Regel (Klausel **„fio"**) der Befrachter und für diesen der Empfänger zu löschen, so endet die Obhut des Verfrachters regelmäßig mit dem Ansetzen des Hebezeugs am Gut.[72] Es kann jedoch genügen, dass der Verfrachter den Empfänger – etwa durch Öffnen der Lukendeckel am Kai – in die Lage versetzt, die Sachherrschaft auch ohne sofortige Erlangung des unmittelbaren Besitzes auszuüben, wenn der Empfänger die Sachherrschaft (etwa durch Anweisungen über das endgültige Entladen) tatsächlich übernimmt.[73]   **43**

Wird das Gut im Bestimmungshafen an eine **Zollbehörde** ausgeliefert, so liegt darin noch keine Ablieferung an den Empfänger.[74]   **44**

Die **Übergabe an einen Umschlagbetrieb** ist in der Regel – je nach Vereinbarung und Übung in dem Hafen – keine Ablieferung an den Empfänger. Der Umschlagbetrieb ist vielmehr regelmäßig Erfüllungsgehilfe des Verfrachters, welcher das Gut in dessen Namen an den Empfänger ausliefert; deshalb liegt die Übergabe an diesen erst in der endgültigen Auslieferung am Terminal. **Im einkommenden Verkehr** ist daher die Kaianstalt **„allonge des Schiffes"**[75] (anders als im ausgehenden Verkehr, bei dem der Kaiumschlagsbetrieb herkömmlich für den Befrachter tätig wird; das setzt allerdings voraus, dass dieser Auftraggeber des Umschlagsbetriebes ist, was in den großen Seehäfen bei Linienreedereien wohl die Ausnahme darstellt, vgl. Rn. 36).   **45**

**3. Landschadensklauseln.** Die nach früherem Recht allgemein zugelassene[76] (AGB-) Klausel, wonach der Verfrachter für Schäden während seiner Obhut vor dem Einladen in das Schiff und nach dem Ausladen (sog. **Landschäden**) nicht haftet, kann **durch AGB nicht mehr vereinbart** werden, § 512. Zulässig ist jedoch eine Individualvereinbarung, auch in Rahmenverträgen. Einer gleichzeitigen Freistellung des Umschlagbetriebes von   **46**

---

[67] BGH 12.1.2012, TranspR 2012, 107; Schlegelberger/*Geßler* Rn. 6; *Koller* § 425 Rn. 23; Schaps/*Abraham* § 606 Rn. 21; aA EBJS/*Schaffert* § 425 Rn. 20.

[68] Heymann/*Honsell* Rn. 9; Fremuth/Thume/*Fremuth* § 425 Rn. 17; aA *Koller* § 425 Rn. 18.

[69] BGH 27.10.1978, NJW 1979, 493, 494 = VersR 1979, 83.

[70] BGH 19.1.1973, NJW 1973, 511 = VersR 1973, 350; BGH 9.11.1979, NJW 1980, 833 = VersR 1980, 181, 182; OLG Nürnberg 21.12.1989, TranspR 1991, 99 = VersR 1991, 1156; GroßkommHGB/ *Helm* § 425 Rn. 52; Baumbach/Hopt/*Merkt* § 425 Rn. 3; Fremuth/Thume/*Fremuth* § 425 Rn. 18; *Piper* TranspR 1990, 357, 360.

[71] OLG Hamm 19.6.2008, TranspR 2008, 405.

[72] OLG Düsseldorf 9.11.1995, TranspR 1997, 70, 71; *Koller* § 425 Rn. 27; EBJS/*Schaffert* § 425 Rn. 24; GroßkommHGB/*Helm* § 425 Rn. 65.

[73] Sehr klar und eingehend zu dieser nicht ungewöhnlichen Fallgestaltung OLG Hamm 19.6.2008, TranspR 2008, 405 mit ausführlichen Nachweisen.

[74] OLG Bremen 10.5.2007, OLGR 2007, 559.

[75] OLG Hamburg 10.12.1964, VersR 1965, 374.

[76] Sie ist auch nach den HR, HVisbyR und RR zulässig, nicht jedoch nach den HambR.

seiner Haftung durch Individualvereinbarung stehen nicht dieselben Bedenken aus dem Gesichtspunkt der Unangemessenheit entgegen, die nach altem Recht gegen Freizeichnung durch AGB bestanden;[77] denn der Maßstab der Sittenwidrigkeit ist weniger streng als der der Unangemessenheit nach § 307 BGB. Sofern der Umschlagbetrieb ausführender Verfrachter (§ 509) ist (§ 509 Rn. 57 ff.), bedarf es seiner Freistellung nicht, soweit der Verfrachter die Haftung für sich wirksam ausgeschlossen hat, weil dann dieser Ausschluss auch dem ausführenden Verfrachter zu Gute kommt (§ 509 Abs. 3). Eine Freistellung des Umschlagsbetriebes über die Freizeichnung des Verfrachters hinaus oder allein zu dessen Gunsten ist wegen der AGB-Festigkeit der Haftung auch des ausführenden Verfrachters nur durch Individualvereinbarung möglich.

## VII. Rechtswidrigkeit

**47**    Die Schadenszufügung muss **rechtswidrig** sein. Rechtmäßig ist eine schädigende Handlung namentlich bei einer zulässigen Pfandverwertung oder bei einer Vernichtung von Gefahrgut im Falle des § 483.

## VIII. Verschulden (Abs. 2 Satz 1)

**48**    Der Verfrachter kann seine Haftung vermeiden, wenn er nachweist, dass ihn und die Personen, deren Fehlverhalten ihm zugerechnet wird, kein Verschulden trifft. Sofern einer der Haftungsausschlussgründe des § 499 vorliegt, kann er sich dabei auf die Beweiserleichterung durch die Kausalitätsvermutung des § 499 Abs. 2 stützen.

**49**    Der Verfrachter handelt schuldhaft, wenn er die **Sorgfalt eines ordentlichen Verfrachters** verletzt (Abs. 2 Satz 1). Die Anforderungen an die geschuldete Sorgfalt richten sich nach der Verkehrsanschauung und können in unterschiedlichen Situationen verschieden zu beurteilen sein. Dabei ist ein objektiver Maßstab anzulegen, es müssen die gleichen Anforderungen an die Großreederei wie auch den Einzelreeder gestellt werden. Eine gewisse, auch für die zivilrechtliche Haftung nutzbar zum machende Konkretisierung der im Detail zu beobachtenden Sorgfalt ergibt sich aus dem ISM Code, der seit dem 1.7.2002 für alle Schiffe mit mehr als 500 BRT gilt und Kontroll- und Überwachungspflichten enthält.[78]

**50**    Bei der Ausübung der Sorgfalt sind die besonderen Verhältnisses des Seetransports zu beachten. So muss etwa die Stauung an Deck nach gutem Seemannsbrauch erfolgen; es sind also die besonderen Verhältnisse des Schiffes und die Art der Ladung zu berücksichtigen. Im Containerverkehr müssen die Ladungsbeteiligten stets damit rechnen, dass ihre Container nicht unter Deck, sondern auch an Deck untergebracht werden.[79]

**51**    Bei der Verschiffung von **Gefahrgütern** sind an den Verfrachter hohe Anforderungen zu stellen. Hier sind die einschlägigen Vorschriften von der Schiffsführung zu beachten, insbesondere die VO über die Beförderung gefährlicher Güter mit Seeschiffen (GefahrgutVSee), die Zulässigkeit der Beförderung von Gefahrgütern regelt.[80]

**52**    Bei der Herstellung der **See- und Ladungstüchtigkeit des Schiffes** ist ein schärferer Maßstab an die Sorgfalt anzuwenden als bei deren Erhaltung während der Reise. Im Heimathafen stehen in der Regel andere Hilfsmittel für die Prüfung und Wartung zur Verfügung als in einem überseeischen Zwischenhafen oder gar auf hoher See. Gleichwohl muss auch auf See und bei Schlechtwetter das Mögliche und nach Seemannsbrauch Nötige unternommen werden, um Schaden für die Ladung zu vermeiden; hierzu kann auch die Annahme von Schlepperhilfe oder das Anlaufen eines Nothafens gehören.

**53**    Die **Beaufsichtigung eines erfahrenen Kapitäns oder Ladungsoffiziers durch den Reeder** wird sich regelmäßig auf Stichproben beschränken können. Bei den von einer

---

[77]  Vgl. dazu *Herber* SHR S. 343.
[78]  Vgl. hierzu *Looks/Kraft* TranspR 1998, 221; der ISM Code soll die Sicherheit auf See gewährleisten und Menschen und Vermögenswerte vor Schäden bewahren.
[79]  OLG Hamburg 4.8.2000, TranspR 2001, 38, 39 = VersR 2001, 481.
[80]  Vgl. hierzu *Rabe* § 564b Rn. 2 ff.

Crewing Agency angestellten Besatzungsmitgliedern wird sich der Verfrachter auf die Überprüfung durch eine angesehene Agentur in der Regel verlassen müssen und können, solange er – auch im Betrieb – keine Anhaltspunkte für Mängel hat. Der Verfrachter, der nicht zugleich Reeder ist, muss sich auf den Reeder verlassen, für dessen Verschulden er jedoch einzustehen hat.

Die **Ladungsfürsorge** durch die Besatzung umfasst alle Pflichten, die bisher in § 606 **54** aF im Einzelnen aufgeführt waren. Der Kapitän hat insbesondere das Laden und Löschen zu beaufsichtigen, auch wenn diese durch Befrachter oder Empfänger – oder auf deren Veranlassung und Kosten – von einer Kaianstalt durchgeführt werden. Denn der Verfrachter ist stets für die Betriebssicherheit der Ladung verantwortlich. Auf die Beförderungssicherheit, also das die Unversehrtheit des Gutes gewährleistende Verladen, braucht er nur zu achten, wenn der Frachtvertrag seine Überwachung vorsieht („under supervision of the master"). Fehler dabei machen den Verfrachter auch dann (mit-)verantwortlich, wenn die Klausel nicht (wie im englischen Recht erforderlich) den Zusatz „and under the responsibility" enthält.[81] Das Maß der aufzuwendenden Sorgfalt hängt auch von der Erfahrung und Ausstattung der Stauereibetriebe ab, ist also bei einem Kaibetrieb in Hamburg oder Rotterdam geringer als in einem kleinen überseeischen Hafen.

Der Verfrachter hat ein Verschulden der Schiffsbesatzung, namentlich des Kapitäns, **55** seiner eigenen Leute (§ 501 Satz 1) sowie anderer (selbständiger) Erfüllungsgehilfen (§ 501 Satz 2) zu vertreten.[82] Das gilt nach der Reform auch für ein **Verschulden der Besatzung bei der Führung und Bedienung des Schiffes** und bei **Feuer.** Die Besatzung muss alle Anforderungen guter Seemannschaft erfüllen. Wegen der Möglichkeit der **Freizeichnung von dieser Einstandspflicht auch durch AGB** vgl. § 512 Rn. 21 f.

### IX. Haftung aus unerlaubter Handlung

Soweit die Handlung des Verfrachters den Tatbestand einer unerlaubten Handlung **56** erfüllt, kann neben dem Anspruch aus dem Frachtvertrag auch der deliktische Anspruch geltend gemacht werden. Der Deliktsanspruch kann dabei vom Vertragsverhältnis beeinflusst werden. So gelten Haftungsbeschränkungen aus dem Vertrag auch bei der Geltendmachung des deliktischen Anspruchs (§ 506).

### X. Überschreitung der Lieferfrist (Verspätung)

Das Gesetz sieht – abweichend vom allgemeinen Frachtrecht und von den Vorentwürfen – keine besondere Regelung über Verspätungsschäden vor. Die Haftung für diese **57** bestimmt sich deshalb **nach allgemeinem Recht,** also dem des **Verzuges.**

Eine Haftung wegen Lieferfristüberschreitung kommt nur in Betracht, wenn Schadensursache allein die verspätete Lieferung ist,[83] also die Lieferfristüberschreitung **zu einem Vermögensschaden,** nicht jedoch zu einem Substanzschaden oder (Teil-)Verlust führt; im letzteren Fall liegt Güterschaden iSd. § 498 vor. **58**

Hat eine Lieferfristüberschreitung nicht nur zu einem Vermögensschaden, sondern auch **59** zu einer Beschädigung des Gutes geführt, so steht der Substanzschaden allerdings nicht unbedingt der Geltendmachung eines **zusätzlichen Schadens wegen Verletzung eines Interesses an fristgerechter Ablieferung** entgegen.[84] Voraussetzung ist jedoch, dass dadurch nicht Vermögensschäden ausgeglichen werden, die Folge der Substanzverletzung

---

[81] *Rabe* TranspR 1987, 267, 268.

[82] Hierzu rechnet wohl auch der Lotse. Dieser ist nicht Mitglied der Besatzung (arg. § 480), in § 501 aber wohl nur deshalb nicht aufgeführt, weil herkömmlich für nautisches Verschulden nicht gehaftet wird.

[83] GroßkommHGB/*Helm* § 425 Rn. 133 ff.; Fremuth/Thume/*Fremuth* § 425 Rn. 28; vgl. OLG Karlsruhe 4.2.1994, TranspR 1994, 237.

[84] *Koller* § 425 Rn. 13; Fremuth/Thume/*Fremuth* § 425 Rn. 33; Überschneidungen der Anwendungsbereiche anerkennt auch GroßkommHGB/*Helm* § 425 Rn. 139.

sind,[85] also von der Haftung ausgenommene Güterfolgeschäden. Die Verspätungshaftung soll die Einhaltung von Lieferfristen absichern. Der zu ersetzende Schaden muss deshalb neben dem Substanzschaden den Charakter eines reinen Verzögerungsschadens tragen, also sich etwa darin zeigen, dass der Empfänger das Gut nicht einmal im beschädigten Zustand rechtzeitig in die Hände bekommt.[86]

60    Der **Verzug** setzt entweder die Vereinbarung eines bestimmten Ablieferungsdatums im Vertrag voraus oder eine ungewöhnliche Verzögerung. In beiden Fällen haftet der Verfrachter nur, wenn er sich nicht exkulpieren kann. Zu ersetzen sind alle Vermögensschäden, so etwa Aufwendungen für bereitgestelltes Personal und Entladegerät, Preisverfall zwischen dem vertragsgemäßen Tag der Ablieferung und dem tatsächlichen Ablieferungstag, Kosten der Vorhaltung anderer Güter, die zum Zweck einer Projektdurchführung schon bereitstehen.[87] Die Haftung ist unbeschränkt,[88] jedoch vertraglich abdingbar und beschränkbar, auch durch AGB, soweit nach §§ 305 ff. BGB zulässig.[89]

61    Die Verspätung braucht nicht notwendig während der Obhutszeit eingetreten zu sein, da es sich um einen Fall des Verzuges handelt.[90] Es genügt etwa, dass der Verfrachter das Gut zu spät angenommen hat, wenn dies auch zu verspäteter Ankunft geführt hat.

62    Hat die **Verspätung zu Verlust oder Beschädigung des Gutes geführt** (etwa Verderb von Obst oder Fleisch), handelt es sich um Verlust oder Beschädigung. Die Verzögerung macht hier lediglich einen der möglichen schadenverursachenden Umstände aus.[91] Bei solchen Schäden kommt oft der Ausschlusstatbestand „natürliche Beschaffenheit" (§ 499 Abs. 1 Satz 1 Nr. 2) in Frage.

## XI. Beweislast

63    **1. Beweislast des Ersatzberechtigten.** Der Anspruchsteller (Empfänger oder Absender) hat den Beweis zu führen, dass das Gut **während der Obhut** des Verfrachters verloren gegangen ist oder beschädigt wurde. Dafür bedarf es zunächst des Beweises, dass das Gut dem Frachtführer übergeben wurde und im Zeitpunkt der Übernahme in einwandfreiem Zustand war.[92]

64    Der **Beweis der Übernahme des Gutes** durch den Verfrachter kann durch ein **Konnossement** oder einen **Seefrachtbrief** geführt werden. Beide Papiere begründen zugleich, sofern sie keinen wirksamen Vorbehalt (§ 517 Abs. 2, § 526 Abs. 2) enthalten, die Vermutung, dass das übernommene Gut in äußerlich gutem Zustand war (§ 517 Abs. 1 Satz 2, § 526 Abs. 2). Die Vermutung ist beim Konnossement unwiderleglich, es sei denn, der legitimierte Inhaber war bei dessen Erwerb bösgläubig (§ 522 Abs. 2). Beim Seefrachtbrief ist sie stets widerleglich.

65    Wurde kein Konnossement oder Seefrachtbrief ausgestellt, so kann der Beweis für Übernahme und Anzahl der übergebenen Frachtstücke und den Zustand des Gutes in anderer Weise geführt werden. Regelmäßig wird dann ein Bordempfangsschein **(Mate's receipt)** oder auch ein **Kaiempfangsschein** der Kaianstalt – der wenigstens den Empfang durch den Terminal belegt – zur Verfügung stehen. Die Beweiskraft einer solchen Empfangsbestä-

---

[85] *Heuer,* Die Haftung des Frachtführers nach der CMR, 1975, S. 138; Fremuth/Thume/*Fremuth* § 425 Rn. 33.

[86] *Koller* Art. 23 CMR Rn. 17.

[87] *Wöhrn,* Die Verantwortlichkeit des Beförderers, Hamburg, 1980, S. 18.

[88] Nachdem die im RefE-SRG (§ 504) vorgesehene Beschränkung der Haftung für Vermögensschäden wegen der Verletzung einer mit der Ausführung der Beförderung des Gutes zusammenhängenden vertraglichen Pflicht (die § 433 entsprach), im RegE-SRG mit dem Wegfall der gesetzlichen Haftung für Verspätungsschäden entfallen ist.

[89] Die Rechtsprechung setzt der Freizeichnung durch AGB enge Grenzen, vgl. etwa OLG Hamburg 13.1.2011, TranspR 2012, 382.

[90] EBJS/*Schaffert* § 425 Rn. 15.

[91] *Helm* S. 170; *Koller* § 425 Rn. 40; Fremuth/Thume/*Fremuth* § 425 Rn. 28.

[92] EBJS/*Schaffert* § 425 Rn. 34, 35; Fremuth/Thume/*Fremuth* § 425 Rn. 75; *Koller* § 425 Rn. 41; BGH 24.10.2002, TranspR 2003, 156, 158.

tigung kann durch jeden Gegenbeweis, durch den die Überzeugung des Gerichts von ihrer Richtigkeit erschüttert wird, entkräftet werden.[93]

Auch bei Konnossement und Seefrachtbrief erstreckt sich die Beweiswirkung – abgesehen von dem Sonderfall des § 517 Abs. 1 Satz 2 – nicht auf den **Inhalt von Frachtstücken** und das **Gewicht** sowie auf **äußerlich nicht erkennbare Mängel** (wie etwa Geruchsbeeinträchtigung von Kaffee oder Beimischungen bei Schüttgut). Insoweit ist der Anspruchsteller deshalb stets auf andere Beweismittel angewiesen. Der durch Zeugenbeweis zu führende Beweis wird im kaufmännischen Verkehr durch die Rechtsprechung erleichtert, die Lieferschein und korrespondierende Handelsrechnung als prima facie-Beweis dafür gelten lässt, dass das angegebene Gut versandt worden ist.[94]  **66**

Der Ersatzberechtigte muss beweisen, dass das Gut bei Übernahme in **einwandfreiem** **67** **Zustand** war, dass also der behauptete Schaden während der Obhutszeit des Verfrachters eingetreten sein muss. Einwandfrei kann natürlich nur bedeuten: In dem Zustand, in dem es ausgeliefert werden soll; natürlich können auch beschädigte Güter Gegenstand eines Frachtvertrages sein. Bei **Kühl- oder Gefriergut** gehört hierzu auch der Beweis, dass es ausreichend vorgekühlt war;[95] anders als nach § 425 (§ 425 Rn. 59a) wird bei Ansprüchen nach § 498 der Grundsatz, dass der Anspruchsteller die Mangelfreiheit des Gutes bei Übergabe an den Frachtführer beweisen muss,[96] nicht durch den besonderen Haftungsausschluss- bzw. -minderungsgrund der § 425 Abs. 2, Art. 17 Nr. 7 CMR überlagert.[97] Allerdings wird man nicht verlangen können, dass der Absender auch die Freiheit der beschädigten Güter von **verborgenen Mängeln** bei der Übernahme durch den Verfrachter beweist;[98] sind solche Mängel nicht ohne Weiteres erkennbar, so kommt dem Verfrachter bei seiner Entlastung in aller Regel der für schadensgeneigtes Gut geschaffene Haftungsbefreiungsgrund des § 499 Abs. 2 mit der Kausalitätsvermutung zugute.[99]

**2. Beweislast des Verfrachters. a) Ablieferung.** Der Verfrachter hat zunächst den **68** Beweis der Ablieferung an den berechtigten Empfänger zu führen. Dies geschieht in der Regel durch eine Empfangsquittung. Kann der Verfrachter diesen Beweis nicht führen, kann sich der Empfangsberechtigte auf die Verlustvermutung des § 511 berufen. Steht die Ablieferung fest, so hat der Anspruchsteller zu beweisen, dass sie nicht vollständig war.[100]

Macht der Anspruchsberechtigte einen **Schaden wegen Beschädigung des Gutes** **69** geltend, so hat er die Beschädigung zu beweisen. Zeigt er den Schaden entsprechend § 510 an, so streitet nicht noch die (zusätzliche, jedoch auch widerlegliche) Vermutung des § 510 Abs. 1 Satz 1 gegen ihn, dass das Gut in vertragsgemäßem Zustand abgeliefert worden ist, doch muss er Beschädigung und Schaden gleichwohl im Streitfall noch beweisen.[101]

**b) Mangelndes Verschulden.** Der **Verfrachter muss zu seiner Entlastung den** **70** **Beweis führen,** dass **ihn und die Personen, für die er nach § 500 einzustehen hat** (o. Rn. 53) an dem Verlust oder an der Beschädigung kein Verschulden trifft. Zu vertreten

[93] BGH 13.9.2012, TranspR 2013, 192, 193; BGH 29.10. 2009, TranspR 2010, 200; GroßkommHGB/Helm § 429 Rn. 106; Koller 4. Aufl. 2000, § 408 Rn. 27.
[94] BGH 24.10.2002, NJW-RR 2003, 754, 756 = TranspR 2003, 156, 158 f.; BGH 20.7.2006, NJW-RR 2007, 28, 29 = TranspR 2006, 394, 395; OLG Koblenz 30.11.2006, VersR 2007, 1009. Das gilt nach der Entscheidung vom 20.7.2006 auch dann, wenn ein Versender ständig eine Vielzahl von Paketen übergibt; Koller Rn. 41. Bei einem vom Versender gepackten Container hat der BGH (13.9.2012, TranspR 2013, 192, 193) diesen Grundsatz allerdings mit Einschränkungen („nicht ohne Weiteres") angewendet, doch sprachen im entschiedenen Fall wohl vor allem Unregelmäßigkeiten bei der Versendung anderer Container dagegen, die Überzeugung des Gerichts von der Verlässlichkeit der Angaben zu begründen.
[95] OLG Köln 15.12.2009, TranspR 2010, 147 Rn. 15.
[96] Darauf stützt sich das OLG Köln 15.12.2009, TranspR 2010, 147 Rn. 15.
[97] Vgl. dazu auch Koller TranspR 2000, 449 f.
[98] OLG Hamburg 2.10.1969, VersR 1970, 1125; Rabe § 606 Rn. 59; Schlegelberger/Liesecke § 606 Anm. 14; vgl. auch RG 8.7.1933, RGZ 141, 315.
[99] § 499 Abs. 1 Satz 1 Nr. 2, in welchem nicht mehr, wie in § 606 Abs. 1 Nr. 7 aF, verborgene Mängel allgemein aufgeführt sind.
[100] Dazu OLG Hamm 27.1.2011, TranspR 2011, 181 mit Anm. Pünder; Thume TranspR 2012, 85, 91.
[101] Piper, Festgabe Herber, S. 136; GroßkommHGB/Helm § 429 Rn. 105, 108, 110; Koller § 438 Rn. 17 f.

hat er **die im Verkehr erforderliche Sorgfalt.** Der Beweis mangelnden Verschuldens des Verfrachters setzt in der Regel voraus, dass er die Kausalität einer bestimmten Schadensursache und seine auf deren Abwendung bezogene Sorgfalt dartut oder, wenn die Schadensursache nicht aufklärbar ist, dartut und gegebenenfalls beweist, dass er alle ihm möglichen und zumutbaren Maßnahmen ergriffen hat, um Verluste oder Beschädigungen dieser Art zu vermeiden.[102] Der Beweis wird ihm in den Fällen des § 499 Abs. 1 Satz 1, Abs. 2 erleichtert: Liegen die Voraussetzungen dieser sog. bevorrechtigten Haftungsausschlussgründe vor (dazu Erl. zu § 499), so muss der Anspruchsberechtigte den Nachweis führen, dass ein Verschulden des Verfrachters oder seiner Erfüllungsgehilfen vorlag (§ 499 Abs. 1 Satz 2).

71      Es bedarf an dieser Stelle nicht der Heranziehung der umfangreichen **Rechtsprechung zur Darlegungslast des Verfrachters.** Zwar ist dieser auf Grund der prozessualen Wahrheitspflicht gehalten, im Prozess alles ihm Mögliche zur Aufklärung beizutragen, wenn sich der Verlust oder die Beschädigung ausschließlich in der Sphäre des Verfrachters ereignet hat, in welche der Befrachter oder Empfänger keinen Einblick hatte und wenn der Sachverhalt nach den Behauptungen des Anspruchstellers den Schluss auf ein Verschulden des Verfrachters nahelegt.[103] Dieses prozessualen Hilfsmittels bedarf es jedoch nur, soweit der Anspruchsteller Tatsachen vorzutragen und zu beweisen hat, die sich in der Sphäre des Verfrachters abgespielt haben (wie etwa die Wahrscheinlichkeit einer bestimmten Seegefahr als Schadensursache, § 499 Abs. 1 Satz 1 Nr. 1, Abs. 2). Bei der Entlastung nach Abs. 2 Satz 1 liegt es im eigenen Interesse des Verfrachters, die Schadensursache aufzuklären, weil er nur so die Anwendung der auf diesen Verlauf bezogenen Sorgfalt dartun und beweisen kann. Die dem Verfrachter nach § 498 obliegende Entlastung scheitert bereits dann, wenn dieser den ihm obliegenden Beweis, dass ihn oder die in § 501 genannten Personen kein ursächliches Verschulden an dem Schaden trifft, nicht führen kann. – Anders, wenn sich der Anspruchsteller auf die Durchbrechung der Haftungsgrenzen (§ 507) beruft, deren Voraussetzungen er zu beweisen hat (vgl. dazu § 507 Rn. 18 ff.).

72      **3. Besonderheit bei see- oder ladungsuntüchtigem Schiff.** Kann der Anspruchsberechtigte dartun und beweisen, dass das Schiff **nicht see- oder ladungstüchtig** war und dass der Verlust oder die Beschädigung **wahrscheinlich** hierauf zurückzuführen ist, so muss der Verfrachter zu seiner Entlastung auch den Beweis führen, dass der Mangel der See- oder Ladungstüchtigkeit bei Beginn der Reise bei Anwendung der Sorgfalt eines ordentlichen Verfrachters nicht zu entdecken war (Abs. 2 Satz 2).

73      Diese für das deutsche Recht neue Regel[104] wirft Auslegungsfragen auf: Was gilt, wenn der Verfrachter den Nachweis geführt hat, dass er und seine Leute die Seeuntüchtigkeit zu Beginn der Reise nicht entdecken konnten, weil sie – wenn überhaupt – erst später eingetreten sein müsse? Aus den Worten „nur dann" und „auch" muss wohl entnommen werden, dass es sich bei Satz 2 um eine zusätzliche Entlastungsobliegenheit des Verfrachters handeln soll. Deshalb erscheint folgende Auslegung geboten: Erfüllt der Verfrachter die Beweisanforderung des Satzes 2, so muss er gleichwohl noch den vollen Beweis zu seiner Entlastung nach Satz 1 erbringen. Er muss also dartun und beweisen, dass ihn auch abgesehen von einem Verschulden an anfänglicher See- oder Ladungsuntüchtigkeit des Schiffes kein Verschulden an dem Schadenseintritt trifft. Dies setzt in der Regel (s. Rn. 69) voraus, dass er die Schadensursache darlegt. Kann er dartun, dass die See- oder Ladungsuntüchtigkeit erst während der Reise aufgetreten ist, so muss er den Beweis führen, dass er oder seine Leute sie nicht hätten verhindern oder beseitigen können und müssen. Weist er nach, dass die – sich zunächst als wahrscheinlich darstel-

---

[102] Vgl. dazu eingehend, mit Beispielen Schaps/*Abraham*, § 606 Rn. 30.
[103] Eingehend *Pokrant* RdTW 2013, 10 ff.; diese Grundsätze gelten auch im Seerecht nach §§ 660 aF und § 507, vgl. BGH TranspR 2006, 35 = NJW-RR 2006, 616; OLG Hamburg 8.12.2011, TranspR 2013, 35.
[104] Sie wurde durch den RegE-SRG in den Entwurf eingefügt und aus Art. 4 § 1 HR entlehnt, der jedoch von den Vorentwürfen und dem SFrG mit Recht so nicht übernommen wurde.

lende – See- oder Ladungsuntüchtigkeit in Wahrheit doch nicht der wirkliche Grund für den Schaden war, so entfällt die Anwendbarkeit das Satzes 2 überhaupt; auch dann bleibt es bei dem vollen Entlastungsobliegenheit des Satzes 1. **Im Ergebnis bedeutet die zusätzliche Beweisobliegenheit des Satzes 2 keine wesentliche Erschwerung gegenüber Satz 1. Die Beweislage stellt sich deshalb im Ergebnis wie folgt dar:** Ist die See- oder Ladungsuntüchtigkeit, die der Anspruchsteller zu beweisen hat, wahrscheinliche Ursache (was der Anspruchsteller ebenfalls darzulegen hat), so kann der Verfrachter entweder die See- oder Ladungsuntüchtigkeit insgesamt oder sein Verschulden an deren Bestehen bei Antritt der Reise bestreiten, wobei er allerdings eine erhöhte Darlegungslast hat, weil nur er in der Regel die tatsächlichen Verhältnisse des Schiffes kennt. Er kann aber auch die Wahrscheinlichkeit der Ursächlichkeit des See- oder Ladungsuntüchtigkeit für den Schaden bestreiten, wofür es genügt, die nicht fern liegende Möglichkeit einer anderen Schadensursache darzulegen und notfalls zu beweisen; insofern ist die Beweislage kaum anders, als sie ohne die Vorschrift des Satzes 2 wäre, weil auch ohne diese die See- oder Ladungstüchtigkeit des Schiffes einen prima-facie-Beweis für die Verursachung des Schadens durch diese darstellen würde, der bereits durch Darlegung einer möglichen anderen Schadensursache entkräftet werden würde. In Verbindung mit Satz 1 ist danach wohl vereinfachend festzustellen, dass der Verfrachter stets den Beweis mangelnden Verschuldens führen muss und dass ihm bei (nachgewiesener und als wahrscheinliche Schadensursache bewiesener) See- oder Ladungsuntüchtigkeit des Schiffes die Vermutung entgegensteht, diese sei für den Schaden kausal gewesen. Jedenfalls darf das Erfordernis nach Satz 2, bei bewiesener See- oder Ladungsuntüchtigkeit (nur) den Vorwurf des Verschuldens zu Beginn der Reise zu entkräften, nicht zu der irrigen Auslegung führen, der Verfrachter hafte bei See- oder Ladungsuntüchtigkeit nur für deren Bestehen bei Beginn Reise, nicht für ein Verschulden an ihrer späteren Entstehung. Diese – durch die umfassende Exkulpationsobliegenheit des Satzes 1 ausgeschlossene – unzutreffende Auslegung liegt deshalb besonders nahe, weil sie der früheren Rechtslage (§ 559 aF) entsprechen würde

## XII. Schadensteilung (Abs. 3)

Abs. 3 greift den Rechtsgedanken des § 254 BGB auf. Der RegE-SRG hat die Vorschrift **74** entsprechend § 425 Abs. 2 in das Gesetz aufgenommen, obgleich hier nicht die gleiche Notwendigkeit zur Wiederholung des **Mitverschuldensprinzips** bestand. Denn § 498 statuiert im Gegensatz zu § 425 eine Verschuldenshaftung (zu den Gründen für § 425 Abs. 2 vgl. dort Rn. 53). Gleichwohl hat die Erwähnung den Vorteil der Klarstellung, weil das Prinzip international nicht durchweg anerkannt ist. Dass § 254 BGB auch ohne die Wiederholung hier anwendbar wäre, ist jedoch wichtig für die Feststellung, dass dies auch dann gilt, wenn § 498 Abs. 3 wegen § 507 nicht anwendbar ist (vgl. Rn. 78).

Bestimmte in § 499 Abs. 1 genannte Verhaltensweisen des Absenders (etwa ungenügende **75** Verpackung oder Kennzeichnung) führen bereits kraft Gesetzes zur Haftungsbefreiung. Dazu Erl. zu § 499. Unter Abs. 3 fällt jedes sonstige Verhalten des Absenders oder Empfängers, das zum Schaden ursächlich beigetragen hat; etwa eine unsachgemäße Weisung oder ein gebotener unterlassener Hinweis nach § 482.

Zu berücksichtigen ist ein **Mitverursachungsbeitrag des Geschädigten.** Das kann **76** der **Befrachter** oder der **Empfänger** sein. Entgegen dem Wortlaut wird man aber ein Verschulden des Befrachters dem Empfänger zurechnen müssen und umgekehrt. Gleiches gilt für ein Verschulden des **Abladers.** Im Falle der Drittschadensliquidation (vgl. hierzu Rn. 81 ff.) muss auch berücksichtigt werden, ob der materiell Geschädigte seiner Schadensminderungsobliegenheit nachgekommen ist.

Die **Abwägung** richtet sich primär nach dem Maß der Verursachung. Zusätzlich ist im **77** Rahmen der Umstände ein Verschulden mit zu berücksichtigen, und zwar auf beiden Seiten. Ein nicht schuldhaftes mitwirkendes Verhalten soll jedenfalls in der Regel nicht zu einem Anspruchswegfall führen. Die Formulierung entspricht § 254 BGB, sodass die umfangreiche Rechtsprechung hierzu zu berücksichtigen ist.

**78** Der Mitverursachungseinwand hat besondere Bedeutung in den Fällen des qualifizierten Verschuldens des Verfrachters, in denen nach § 507 die Haftungsbeschränkungen und -begrenzungen des Frachtrechts entfallen. Wenn die verhältnismäßig niedrige Haftungsobergrenze von §§ 502, 504 unanwendbar ist und der Schadensersatzanspruch praktisch in unbegrenzter Höhe besteht, erhält der Mitverschuldenseinwand naturgemäß zentrale Bedeutung, um die Entschädigungssummen je nach Abwägung des beiderseitigen Verhaltens im Einzelfall angemessen einzugrenzen (vgl. dazu § 507 Rn. 17).

### XIII. Aktivlegitimation

**79** **Schadensersatzansprüche wegen Beschädigung** stehen als Ansprüche aus dem Frachtvertrag grundsätzlich dem Befrachter als Vertragspartner des Verfrachters zu. Nach Ankunft des Gutes am Löschplatz ist auch der Empfänger berechtigt, die durch den Frachtvertrag begründeten Rechte, also auch die Ansprüche auf Schadensersatz, gegen Erfüllung der sich aus dem Frachtvertrag ergebenden Verpflichtungen im eigenen Namen gegen den Verfrachter geltend zu machen (§ 494 Abs. 1).

**80** Ist das Gut völlig in **Verlust** geraten, so ist § 494 nach seinem Tatbestand unanwendbar. Der Befrachter kann dann außer seinem eigenen Schaden im Wege der Drittschadensliquidation auch den Schaden des Empfängers geltend machen. Wegen der Einzelheiten vgl. § 494 Rn. 19, 29.

### XIV. Drittschadensliquidation

**81** Ausnahmsweise kann ein formell Ersatzberechtigter den Schaden eines anderen im Wege der Drittschadensliquidation geltend machen, wenn zwischen beiden ein Rechtsverhältnis besteht, das die Interessenverknüpfung legitimiert und der materiell Geschädigte selbst keinen eigenen vertraglichen Anspruch geltend machen kann.

**82** Das Gesetz hat die Drittschadensliquidation ausdrücklich anerkannt für den Fall, dass der Absender den Schaden des Empfängers oder der Empfänger den Schaden des Absenders geltend macht, § 494 Abs. 1 Satz 3.

**83** Die Rechtsprechung hat auch die Drittschadensliquidation des **Spediteurs** bejaht, der als Vertragspartner des Frachtführers (frachtbriefmäßiger Absender) den Schaden seines Vertragspartners, nämlich des Versenders, geltend gemacht hat. Bejaht wurde auch die Drittschadensliquidation des Spediteurs im Empfängerinteresse. Anerkannt wurde weiter die Drittschadensliquidation durch den Absender, der den Frachtvertrag im Interesse eines Dritten abgeschlossen hat.

**84** Der BGH[105] hat kürzlich ausgesprochen, dass der Hauptfrachtführer aus dem mit seinem Auftraggeber geschlossenen Vertrag verpflichtet ist, einen überschießenden Differenzbetrag, auf den ihm sein **Unterfrachtführer** haftet, im Wege der Drittschadensliquidation für den Absender geltend zu machen oder diesen Anspruch abzutreten. Dem stehe § 437 Abs. 2 nicht entgegen, der sich auf einen anderen Anspruch, nämlich den gesetzlichen Anspruch nach § 437 beziehe. Diese Entscheidung muss in gleicher Weise für seerechtliche Ansprüche gelten, bei denen ebenfalls auch die durch das SRG geschaffene unmittelbare gesetzliche Haftung des Unterverfrachters als ausführendem Verfrachter (§ 509) der Drittschadensliquidation nicht entgegensteht. Gegen diese Rechtsprechung bestehen allerdings dieselben Bedenken, die zu § 425 (Rn. 67) dargelegt wurden.[106]

**85** Die Drittschadensliquidation ist auch nicht dadurch ausgeschlossen, dass der dadurch begünstigte Vertragspartner des Frachtführers oder Empfängers einen eigenen Ersatzanspruch gegen den Schädiger aus unerlaubter Handlung erheben kann. Denn dabei ist ange-

---

[105] BGH 18.3.2010, TranspR 2010, 376; das OLG Hamburg 2.10.2008, TranspR 2009, 176 hatte in der Vorinstanz anders entschieden.
[106] Vgl. auch *Herber* TranspR 2013, 1 ff.

sichts der Eigenständigkeit vertraglicher und deliktischer Ansprüche keine prozessual unzulässige doppelte Inanspruchnahme des Schuldners zu befürchten. Ausgeschlossen ist dagegen eine Drittschadensliquidation, wenn der materiell Geschädigte nur deshalb keine Ansprüche geltend machen kann, weil er anderweitige Rechtswahrung versäumt. Kann allerdings der Geschädigte den Unterfrachtführer selbst unmittelbar aus dem Unterfrachtvertrag in Anspruch nehmen, scheidet der Weg über den Hauptfrachtführer wohl aus, weil dann für dessen Einschaltung kein Bedürfnis besteht.

## XV. Prozessstandschaft

In gewillkürter Prozessstandschaft kann der Kläger vom formell Ersatzberechtigten aus- **86** drücklich oder stillschweigend ermächtigt werden, dessen Anspruch in eigenem Namen gerichtlich geltend zu machen. Voraussetzung für die Prozessführungsbefugnis ist, dass der Kläger ein **eigenes schutzwürdiges Interesse** an der Rechtsverfolgung hat.[107] In der grundlegenden Entscheidung des BGH[108] ist dieses berechtigte Interesse darin gesehen worden, dass der formell „Rechtsfremde" Ausgleich eines ihn treffenden Transportschadens verlangte. An die Ermächtigung des materiell Geschädigten durch den formell Ersatzberechtigten stellt die Rechtsprechung zwar keine hohen Anforderungen; sie wird etwa in dem Umstand erblickt, dass der frachtbriefmäßige Empfänger das Gut an den (geschädigten) Endempfänger weitergeleitet und es ihm überlassen hat, das Gut zusammen mit dem Frachtführer zu überprüfen.[109] In einem anderen Fall hat der BGH in der Rückbelastung des Absenders seitens des Empfängers zugleich eine Ermächtigung gesehen, den Ersatzanspruch geltend zu machen; für das eigene Interesse des Absenders (Spediteurs) reichte es aus, dass dieser das Interesse des Auftraggebers (Versenders) wahrzunehmen hat.[110] Aus der Führungsklausel in einem Versicherungsvertrag kann sich die Ermächtigung des führenden Versicherers zur Geltendmachung der Rechte auch der anderen Versicherer ergeben.[111] Nicht zugelassen hat die Rechtsprechung dagegen die Annahme einer konkludenten Ermächtigung des Transportversicherers des Empfängers, Rechte des Absenders wahrzunehmen.[112]

Im Verhältnis von Absender und Empfänger lässt § 494 Abs. 1 Satz 3 auch die Geltend- **87** machung der Rechte des jeweils anderen – also fremder Rechte – im eigenen Namen zu, also auch im Wege der Prozessstandschaft. Die Auslegung dieser Bestimmung als Zulassung der Drittschadensliquidation schließt nicht aus, dass hierin auch eine (gesetzliche) Prozessstandschaft zu sehen sein kann, wenn der Kläger das Recht als fremdes gerichtlich geltend macht, was der Wortlaut und die Absicht des Gesetzgebers einschließen. Denn Aktivlegitimation und Prozessstandschaft haben entscheidende Bedeutung für die Unterbrechung der Verjährung. Nach § 209 Abs. 1 BGB wird die Verjährung durch Klageerhebung nur seitens des Berechtigten unterbrochen. Die Berechtigung kann auf eigener Aktivlegitimation, auch kraft Drittschadensliquidation, oder auf Prozessstandschaft beruhen.

Im Falle der gewillkürten Prozessstandschaft ist zu berücksichtigen, dass die verjährungs- **88** unterbrechende Wirkung erst in dem Augenblick eintritt, in dem sie prozessual offengelegt wird oder offensichtlich ist.

## XVI. Anspruchsberechtigung des Transportversicherers

Bei Schadensregulierung durch einen Transportversicherer geht gem. § 86 VVG der **89** Anspruch des Versicherungsnehmers gegen den Frachtführer auf den Versicherer über.

---

[107] BGH 19.1.1989, NJW-RR 1989, 690, 690; BGH 7.6.2001, TranspR 2001, 478, 481, stRspr.
[108] BGH 26.9.1957, BGHZ 25, 250, 260 = NJW 1957, 1838, 1839.
[109] BGH 6.5.1981, NJW 1981, 2640, 2640 zu CMR.
[110] BGH 10.4.1974, NJW 1974, 1614, 1617 zu CMR.
[111] BGH 7.6.2001, TranspR 2001, 478, 481.
[112] BGH 9.7.1979, VersR 1979, 906, 907; *Koller* § 425 Rn. 86.

Zweckmäßigerweise lässt sich ein Transportversicherer (gegen Zahlung der Versicherungsleistung) alle in Betracht kommenden Forderungen gegen Frachtführer abtreten; dies verbessert seine Regressmöglichkeiten.

90   Mangels gesetzlichen oder vertraglichen Forderungsüberganges kann auch zugunsten eines
Transportversicherers eine stillschweigende Ermächtigung iSd. Prozessstandschaft angenommen werden. Der BGH hat eine dem Endempfänger seitens des frachtbriefmäßigen Empfängers erteilte Ermächtigung dem Transportversicherer des Endempfängers mit zu Gute kommen lassen. Kein Sachgrund besteht dafür, dass der Absender in Prozessstandschaft für den
Transportversicherer einen auf diesen übergegangenen Ersatzanspruch gerichtlich verfolgt.

91   Ein Assekuradeur, der für einen Transportversicherer u. a. die Regulierung von Schäden
und Regressen besorgt, darf (jedenfalls an den norddeutschen Seeplätzen) im eigenen
Namen auf Leistung an sich klagen, wenn er die Ansprüche der hinter ihm stehenden
Versicherer geltend macht.

## XVII. Passivlegitimation

92   Anspruchsgegner ist der Verfrachter, mit dem der Seefrachtvertrag abgeschlossen wurde,
auf dem der Anspruch aus § 498 beruht. Ihm wird das schädigende Verhalten der Schiffsbesatzung und sonstiger Erfüllungsgehilfen nach § 501 zugerechnet; das schließt die Haftung
des Hauptfrachtführers für einen eingeschalteten Unterfrachtführer und dessen Leute ein.

93   Nachdem der BGH[113] sich kürzlich – entgegen seiner bisherigen Rechtsprechung[114] –
der Auffassung angeschlossen hat, wonach dem Empfänger nach Art. 13 CMR auch ein
direkter Anspruch auf Schadensersatz gegen den Unterfrachtführer zusteht und diesen
Grundsatz auch auf das deutsche Landfrachtrecht erstreckt hat,[115] muss dies grundsätzlich
auch für die **Haftung des Unterverfrachters gegenüber dem Empfänger** aus dem
Unterfrachtverhältnis gelten. Auch diesem Anspruch steht, wie im allgemeinen Frachtrecht
§ 437, der entsprechende seerechtliche Direktanspruch gegen den ausführenden Verfrachter
nach § 509 nicht entgegen; vgl. auch Rn. 84. Gegen diese Rechtsprechung bestehen allerdings nach wie vor sachliche Bedenken, die im Einzelnen zu § 425 (Rn. 78 ff.) dargelegt
sind und hier in gleicher Weise gelten; der Hauptfrachtführer wird im allgemeinen nicht
daran interessiert sein, dem Empfänger als Drittem einen direkten Anspruch gegen den
Unterfrachtführer – mit entsprechenden Folgen auch für die umgekehrten Ansprüche –
einzuräumen.

94   Unter den **Verhältnissen des Seeverkehrs** wird man noch weniger als im allgemeinen
Frachtrecht allgemein sagen können, dass der Vertrag zwischen dem Hauptverfrachter und
dem Unterverfrachter ein Vertrag zugunsten des Empfängers ist. Das ist vielleicht noch
anzunehmen – und nach der Rechtsprechung des BGH zu bejahen –, wenn der Verfrachter
eines Stückgutfrachtvertrages einen weiteren Stückgut(unter)verfrachter mit der Durchführung der von ihm selbst versprochenen Reise beauftragt, etwa den Reeder eines **Feederschiffes.** Oder wenn der **Fixkostenspediteur,** der einen Stückgutfrachtvertrag abgeschlossen hat, mit dessen Erfüllung einen Linienreeder beauftragt. Wird aber der
Hauptfrachtvertrag mit Hilfe eines **Chartervertrages** erfüllt, der eine große Zahl von
Stückgutbeförderungen abdeckt, dann wird in aller Regel der Vercharterer das Gut nicht
an den Empfänger oder dessen Beauftragten abliefern; die Situation ist dann eher der
Sammelladung beim Landtransport vergleichbar, die regelmäßig vor Ablieferung beim
Empfänger endet. Es kommt deshalb auf die Gestaltung des einzelnen Falles an, ob der
Unterfrachtvertrag als ein Vertrag zu Gunsten des Empfängers angesehen werden kann
mit der Folge einer unmittelbaren Haftung des Unterverfrachters gegenüber diesem. Jeden-
falls beim **Zeitvercharterer** wird dies in der Regel nicht anzunehmen sein, obgleich der
Zeitvercharterer regelmäßig ausführender Verfrachter iS des § 507 ist (dazu § 507 Rn. 12);

---

[113]   BGH 14.6.2007, TranspR 2007, 425.
[114]   BGH 24.10.1991, BGHZ 116, 15 = TranspR 1992, 177.
[115]   BGH 30.10.2008, TranspR 2009, 130.

denn hier fehlt es an einer Vereinbarung zwischen Hauptverfrachter und Zeitvercharterer, wonach letzterer die Ablieferung an den Empfänger verspricht.

Soweit der Unterverfrachter gegenüber dem Empfänger aus dem Unterfrachtvertrag **95** unmittelbar haftet, erwirbt er bei Ablieferung (im eigenen Namen) nach § 494 auch die Ansprüche gegen diesen. Insofern entsteht dieselbe Problematik aus dem Nebeneinanderbestehen der verschiedenen Vertragsverhältnisse wie zu § 421 (Rn. 84).

Ein **Direktanspruch des Geschädigten gegen den Haftpflichtversicherer** des **96** Frachtführers besteht in aller Regel nicht. Die P & I- Versicherung übernimmt in aller Regeln eine solche Verpflichtung nicht, sondern erstattet dem haftenden Verfrachter seine Aufwendungen (Prinzip des „pay to be paid", vgl. Thume/*Schwampe,* Transportversicherungsrecht, 2004, VerkehrshaftungsVers (5) Rn. 122)

### XVIII. Abdingbarkeit

Die Haftungsregelung ist insgesamt durch Individualvereinbarung abdingbar (§ 512 **97** Abs. 1). Durch AGB kann jedoch die Haftung auf höhere als die in § 504 genannten Beträge festgesetzt werden (§ 512 Abs. 2 Nr. 2) oder es kann vereinbart werden, dass der Verfrachter ein Verschulden seiner Leute und der Schiffsbesatzung nicht zu vertreten hat, wenn der Schaden durch ein Verhalten bei der Führung oder der sonstigen Bedienung des Schiffes oder durch Feuer oder Explosion an Bord des Schiffes entstanden ist (§ 512 Abs. 2 Nr. 1). Vgl. dazu die Erl. zu § 512.

## § 499 Besondere Schadensursachen

(1) ¹**Der Verfrachter haftet nicht, soweit der Verlust oder die Beschädigung auf einem der folgenden Umstände beruht:**
1. **Gefahren oder Unfällen der See und anderer schiffbarer Gewässer,**
2. **kriegerischen Ereignissen, Unruhen, Handlungen öffentlicher Feinde oder Verfügungen von hoher Hand sowie Quarantänebeschränkungen,**
3. **gerichtlicher Beschlagnahme,**
4. **Streik, Aussperrung oder sonstiger Arbeitsbehinderung,**
5. **Handlungen oder Unterlassungen des Befrachters oder Abladers, insbesondere ungenügender Verpackung oder ungenügender Kennzeichnung der Frachtstücke durch den Befrachter oder Ablader,**
6. **der natürlichen Art oder Beschaffenheit des Gutes, die besonders leicht zu Schäden, insbesondere durch Bruch, Rost, inneren Verderb, Austrocknen, Auslaufen, normalen Schwund an Raumgehalt oder Gewicht, führt,**
7. **der Beförderung lebender Tiere,**
8. **Maßnahmen zur Rettung von Menschen auf Seegewässern,**
9. **Bergungsmaßnahmen auf Seegewässern.**
²**Satz 1 gilt nicht, wenn der Schaden durch die Sorgfalt eines ordentlichen Verfrachters hätte abgewendet werden können.**

(2) ¹**Ist nach den Umständen des Falles wahrscheinlich, dass der Verlust oder die Beschädigung auf einem der in Absatz 1 Satz 1 aufgeführten Umstände beruht, so wird vermutet, dass der Schaden auf diesem Umstand beruht.** ²**Satz 1 gilt nicht, wenn das Gut mit einem seeuntüchtigen oder ladungsuntüchtigen Schiff befördert wurde.**

(3) **Ist der Verfrachter nach dem Stückgutfrachtvertrag verpflichtet, das Gut gegen die Einwirkung von Hitze, Kälte, Temperaturschwankungen, Luftfeuchtigkeit, Erschütterungen oder ähnlichen Einflüssen besonders zu schützen, so kann er sich auf Absatz 1 Satz 1 Nummer 6 nur berufen, wenn er alle ihm nach den Umständen obliegenden Maßnahmen, insbesondere hinsichtlich der Auswahl,**

**Instandhaltung und Verwendung besonderer Einrichtungen, getroffen und besondere Weisungen beachtet hat.**

(4) Der Verfrachter kann sich auf Absatz 1 Satz 1 Nummer 7 nur berufen, wenn er alle ihm nach den Umständen obliegenden Maßnahmen getroffen und besondere Weisungen beachtet hat.

**Schrifttum:** *Nintemann,* Zur Seegefahr im Sinne von § 608 Abs. 1 Nr. 1 HGB, TranspR 2004, 244; *Thume,* Haftungsprobleme bei CMR-Kühltransporten, TranspR 1992, 1.; *ders.,* Verpackungsmängel und ihre Folgen im allgemeinen deutschen Frachtrecht und im grenzüberschreitenden Straßengüterverkehr, TranspR 2013, 8.

**Übersicht**

| | Rn. | | | Rn. |
|---|---|---|---|---|
| I. Normzweck | 1, 2 | | c) Ungenügende Kennzeichnung der Frachtstücke durch den Befrachter oder Ablader | 36–39 |
| II. Entstehungsgeschichte | 3 | | d) Sonstige Handlungen oder Unterlassungen des Befrachters oder Abladers | 40–43 |
| III. Allgemeines. Beweislast | 4–9 | | 6. Natürliche Art oder Beschaffenheit des Gutes, die besonders leicht zu Schäden, insbesondere durch Bruch, Rost, inneren Verderb, Austrocknen, Auslaufen, normalen Schwund an Raumgehalt oder Gewicht führt (Nr. 6) | 44–48 |
| IV. Die besonderen Haftungsausschlussgründe im Einzelnen (Abs. 1 Satz 1) | 10–51 | | 7. Beförderung lebender Tiere (Nr. 7) | 49 |
| 1. Gefahren oder Unfälle der See und anderer schiffbarer Gewässer (Nr. 1) | 10, 11 | | 8. Maßnahmen zur Rettung von Menschen auf Seegewässern (Nr. 8) | 50 |
| 2. Kriegerische Ereignisse, Unruhen, Handlungen öffentlicher Feinde oder Verfügungen von hoher Hand sowie Quarantänebeschränkungen (Nr. 2) | 12–21 | | 9. Bergungsmaßnahmen auf Seegewässern (Nr. 9) | 51 |
| 3. Gerichtliche Beschlagnahme (Nr. 3) | 22, 23 | | V. Aus dem früheren Recht (§ 608 aF) nicht übernommene Haftungsausschlussgründe | 52, 53 |
| 4. Streik, Aussperrung oder sonstige Arbeitsbehinderung (Nr. 4) | 24, 25 | | VI. Verschulden des Verfrachters (Abs. 1 Satz 2) | 54 |
| 5. Handlungen oder Unterlassungen des Befrachters oder Abladers, insbesondere ungenügende Verpackung oder ungenügende Kennzeichnung der Frachtstücke durch den Befrachter oder Ablader (Nr. 5) | 26–43 | | VII. Kausalitätsvermutung (Abs. 2) | 55–58 |
| a) Allgemeines | 26 | | VIII. Besondere Schutzpflichten des Verfrachters (Abs. 3, 4) | 59–62 |
| b) Ungenügende Verpackung durch den Befrachter oder Ablader | 27–35 | | | |

## I. Normzweck

1 **Abs. 1 Satz 1** enthält einen Katalog von **Haftungsausschlussgründen,** die typische Gefährdungssituationen der Seefahrt betreffen,[1] welche nicht in den Verantwortungsbereich des Verfrachters fallen. Das Gesetz knüpft an diese Tatbestände, die deshalb auch als **bevorrechtigte Befreiungsgründe** bezeichnet werden, zugleich die (widerlegliche) Kausalitätsvermutung, dass ein Schaden, der aus der jeweils umschriebenen Ursache **wahrscheinlich** entstanden ist, tatsächlich daraus entstanden ist **(Abs. 2 Satz 1).** Der Anspruchsteller kann demgegenüber dartun und beweisen, dass der Schaden durch die Sorgfalt eines ordentlichen Verfrachters hätte abgewendet werden können **(Abs. 1 Satz 2)** oder dass das Schiff see- oder ladungsuntüchtig war **(Abs. 2 Satz 2). Abs. 3 und 4** enthalten Einschränkungen der Ausschluss- und Vermutungswirkung in Fällen, in denen besondere Umstände den Schluss auf eine Ursächlichkeit der Kataloggründe nicht als Regel rechtfertigen.

2 Die Beweiserleichterung hat Vorbilder in § 427 und § 608 aF. Vgl. auch Art. 18 Abs. 2 CMR. Die Liste der „excepted perils" entspricht Art. 4 § 2 HR, deren Katalog wiederum auf *exception clauses* der engl. Schifffahrtspraxis zurückgeht.[2] Die HR schreiben jedoch nur

---

[1] Schaps/*Abraham* § 608 Rn. 3; *Rabe* § 608 Rn. 2.
[2] Schaps/*Abraham* § 608 Einleitung und Rn. 3; *Rabe* § 608 Rn. 1.

die materielle Haftungsbefreiung in den genannten Fällen, in denen typischerweise kein Verschulden des Verfrachters vorliegt, vor, nicht dagegen die Beweiserleichterung des Abs. 2. Eine entsprechende Beweiserleichterung besteht auch nach den RR und in den meisten Auslandsrechten nicht.[3]

## II. Entstehungsgeschichte

Unmittelbares Vorbild der Regelung ist Art. 4 § 2 HR. Der BerSV hatte eine kürzere **3** Liste bevorrechtigter Befreiungsgründe vorgeschlagen, die nur die Tatbestände der Nrn. 5– 7 enthielt (§ 511 Abs. 1 BerSV); der RefE-SRG hatte diese Liste um bestimmte Bergungs- maßnahmen erweitert (§ 499 Abs. 1 Nr. 5–7 RefE-SRG). Der RegE-SRG fügte auf Ver- langen der Reeder die Nrn. 1–4, die schon in § 608 aF enthalten waren, wieder hinzu.

## III. Allgemeines. Beweislast

Ist ein Schaden aus einer der in Abs. 1 genannten Gefahren entstanden, so ist der Ver- **4** frachter von der Haftung befreit. Insofern enthält die Vorschrift **nicht nur eine Beweislast- regelung,** sondern eine **materielle Haftungsbefreiung;** dieser hätte es allerdings nicht bedurft, da es sich durchweg um Tatbestände handelt, in denen sich der Verfrachter nach § 498 Abs. 2 Satz 1 exkulpieren kann. § 499 begünstigt in den hier aufgeführten Fällen den Verfrachter gegenüber der Möglichkeit der Exkulpation nach § 498 Abs. 2 nur durch die Beweiserleichterung des Abs. 2 Satz 1.

Die Formulierung **„soweit"** soll zum Ausdruck bringen, dass die Befreiung eine vollstän- **5** dige oder eine teilweise sein kann;[4] auch in diesen Fällen sind andere Verursachungsbeiträge, namentlich ein Mitverschulden des Verfrachters, zu berücksichtigen (§ 498 Abs. 3; § 254 BGB). Die Formulierung „soweit" ist, genau genommen, allerdings missverständlich: Der Schaden ist in den Mitverursachungsfällen durch die genannte besondere Gefahr nicht nur teilweise, sondern im Ganzen, aber kumulativ mit anderen relevanten Ursachen herbeige- führt worden. Ist der verursachte Schaden dem Verschulden beider Parteien jeweils zum Teil zurechenbar, liegt kein Fall der Mitverursachung vor.

Liegt einer der Tatbestände des Abs. 1 Satz 1 vor **und ist es wahrscheinlich, dass der** **6** **Schaden hierauf beruht,** so wird die Kausalität (widerleglich) vermutet. Das Erfordernis der **Wahrscheinlichkeit** der Kausalität, welches der Verfrachter darzulegen und zu bewei- sen hat, ist neu gegenüber § 608 aF wonach es genügte, dass der Schaden aus einer der genannten Gefahren entstehen **konnte.**[5] Allerdings hat die Rechtsprechung schon bisher verlangt, dass der Verfrachter für die Anwendbarkeit der Beweisvermutung die nach der Lebenserfahrung nicht fernliegende Möglichkeit eines ursächlichen Zusammenhangs zwi- schen den in Abs. 1 Satz 2 bezeichneten besonderen Gefahren und dem Schaden konkret darlegt.[6]

Die **Vermutung tritt nicht ein, wenn das Schiff see- oder ladungsuntüchtig** war **7** (Abs. 2 Satz 2). Dies ist vom Anspruchsteller darzutun und zu beweisen, da es sich um eine Ausnahme von der gesetzlichen Vermutung des Abs. 2 Satz 1 handelt. Bewiesen zu werden braucht dabei jedoch nicht, dass der Mangel der See- oder Ladungstüchtigkeit für den Schaden kausal war. War das Schiff generell untauglich, so finden die besonderen Vergünsti- gungen des § 499 keine Anwendung und es bleibt bei der allgemeinen Haftungs- und Beweislastregelung des § 498.[7] Dabei kommt es nicht darauf an, ob die See- oder Ladungs- untüchtigkeit schon zu Beginn der Reise bestand oder erst während der Reise eingetreten ist und ob sie auf einem Verschulden des Verfrachters beruhte. Die Definition der See- und Ladungstüchtigkeit ist – nach der Einführung dieses Kriteriums in §§ 498, 499 durch den RegE SRG – in § 485 aufgenommen worden.

---

[3] Vgl. *Rabe* § 608 Rn. 23.
[4] RegBegr-SRG. S. 62.
[5] So auch § 427.
[6] BGH 15.6.2000, TranspR 2000, 459, 462.
[7] Dies entspricht dem englischen Recht, das bei der Konzeption des Art. 4 § 2 HR Pate gestanden hat.

**8**      Der **Anspruchsteller kann die Vermutung des Abs. 2 Satz 1 widerlegen,** indem er die Wahrscheinlichkeit bestreitet. Behauptet er trotz Wahrscheinlichkeit des vom Verfrachter dargelegten Schadensverlaufs, dass eine andere Schadensursache oder zumindest die Mitwirkung eines anderen Verursachungsbeitrages vorlag, so hat er dafür den vollen Gegenbeweis zu führen. Gelingt dem Anspruchsteller dieser Beweis, so ist es wiederum Sache des Verfrachters zu beweisen, dass er für diese andere Ursache nicht haftet (§ 498 Abs. 2 Satz 1).

**9**      Sind für Haftungsentlastung und Beweiserleichterung neben den Tatbestandsumschreibungen des Absatzes 1 **zusätzliche positive Erfordernisse aufgestellt (Abs. 3, 4),** so hat der Verfrachter deren Voraussetzungen zu beweisen, um sich auf die jeweilige Fallgruppe des Absatzes 1 berufen zu können. Die Beweislast für das Bestehen und den Inhalt von Weisungen (Abs. 4) allerdings trägt der Absender.[8]

## IV. Die besonderen Haftungsausschlussgründe im Einzelnen (Abs. 1 Satz 1)

**10**      **1. Gefahren oder Unfälle der See und anderer schiffbarer Gewässer (Nr. 1).** Die Aufnahme dieses unscharfen Tatbestandes, den schon das SFrG unreflektiert aus den HR übernommen hatte und den der BerSV nicht mehr aufnehmen wollte, macht eine restriktive Interpretation erforderlich. Zumindest jeder mit der Führung des Schiffes – die künftig nicht mehr kraft Gesetzes und pauschal aus der Haftung ausgenommen ist wie in Art 4 § 1 Nr. 1 HR und § 607 Abs. 2 aF – zusammenhängende Tatbestand ist ein „Unfall der See" und viele Schäden – wie etwa Verrutschen der Ladung infolge Seegangs – sind auf „Gefahren der See", nämlich die Schiffsbewegungen, zurückzuführen. Die Vorschrift ist deshalb dahin zu lesen, dass es sich um **außergewöhnliche, für einen sorgfältigen Schiffsführer nicht vorhersehbare Gefahren handeln muss.** Nur dann ist es gerechtfertigt, den Verfrachter nicht nur von der Haftung freizustellen (was er in diesen Fällen durch den Beweis mangelnden Verschuldens nach § 498 Abs. 2 Satz 1 ohnehin erreichen könnte), sondern darüber hinaus des Fehlen eines von ihm zu vertretenden Verschuldens auf Grund der bloßen Erfüllung des Tatbestandes zu vermuten.

**11**      Eine ähnliche Einschränkung ist schon zu der früheren Vorschrift des § 608 Abs. 1 Nr. 1 aF vertreten worden. Dabei ist vor allem auf das Merkmal der **Unvorhersehbarkeit des Ereignisses** abzustellen.[9] Der Sachverhalt muss jedenfalls die (gesetzliche!) Vermutung rechtfertigen, dass den Verfrachter kein Verschulden an dem Ereignis trifft. Eine Seegefahr in diesem Sinne liegt deshalb nur vor, wenn es sich nicht mehr um die mit der Seefahrt verbundenen alltäglichen Fälle handelt, die auf einer bestimmten Reise nach Route und Jahreszeit üblicherweise zu erwarten sind, denen ein seetüchtiges, gehörig ausgerüstetes Schiff gewachsen sein muss und für die auch durch sachgerechte und ordnungsgemäße Stauung der Ladung zur Erhaltung der Ladungsgüter Vorsorge getroffen werden muss.[10] Aus der Rechtsprechung sind folgende Fälle zu entnehmen: Der bloße Hinweis, der Verlust der Container beruhe auf „extrem schlechten Wetterverhältnissen" reicht für eine Entlastung nicht aus.[11] Windstärken von 8 bis 9 Beaufort mit hohen, auf das Deck brechenden Wellen auf einer Schiffsreise in der Biscaya im Oktober und November sind nicht so ungewöhnlich, dass eine den Verhältnissen und der Jahreszeit angepasste Laschung und Stauung diesen Umständen standhalten sollte.[12] Ebenso ist ein Sturm der Stärke 9–10 Beaufort im Atlantik im November nicht außergewöhnlich. War das Schiff den Wetterverhältnissen gewachsen und hat lediglich die Ladung Schaden genommen, ist auf mangelnde

---

[8] *Ramming* TranspR 2001, 53, 56; Koller/Roth/Morck/*Koller* § 427 Rn. 1; aA Fremuth/Thume/*Fremuth* § 427 Rn. 14, der damit einen unmöglichen Negativbeweis verlangen würde.

[9] Dazu eingehend *Rabe* § 608 Rn. 4–8.

[10] So zutreffend LG Hamburg 27.7.1972, VersR 1973, 153; LG Bremen 27.11.1998, TranspR 1999, 211; LG Hamburg 9.6.1994, TranspR 1995, 395 (Taifun); im Grundsatz allgM.

[11] LG Bremen 23.5.2005, Hamb. SeeRReport 2005, 94.

[12] LG Bremen 16.8.2004, Hamb. SeeRReport 2004, 205.

Ladungsfürsorge zu schließen.[13] Ein Taifun der Stärke 12 Beaufort gepaart mit ungewöhnlich heftigem Seegang, der sich auf ein wartendes Schiff in einer Bucht aufgrund der geringen Wassertiefe noch verstärkend auswirkt, stellt hingegen keine alltägliche, vorhersehbare oder typische Gefahr dar, die eine Haftung des Verfrachters rechtfertigt.[14] Ein Brecher, der die Außenhaut eines in höchster Klasse versicherten Schiffes auf einer Länge von 1,30 m aufreißen kann, ist keine typische und vorhersehbare Gefahr der See.[15] Sind hohe Windstärke und schwere See für die konkrete Reise vorhersehbar, ist die Haftung des Verfrachters für dadurch verursachte Schäden nicht ausgeschlossen, wenn das Schiff den Gefahren nicht gewachsen war.[16]

**2. Kriegerische Ereignisse, Unruhen, Handlungen öffentlicher Feinde oder** 12 **Verfügungen von hoher Hand sowie Quarantänebeschränkungen (Nr. 2).** Der Begriff *kriegerische Ereignisse* umfasst alle Arten bewaffneter Auseinandersetzung[17] und jede unmittelbare Folge einer bewaffneten Auseinandersetzung, insbesondere Aufbringung und Versenkung des Schiffes.[18] Krieg im völkerrechtlichen Sinne ist nicht erfordert;[19] auch Bürgerkriege fallen unter den Begriff, ließen sich aber jedenfalls als *Handlungen öffentlicher Feinde* ansehen[20] Der Schaden muss aus einer typischen Kriegsgefahr folgen, zB dem Nichtanlaufen eines blockierten Hafens, dem Abbruch einer Reise oder der Beschlagnahme neutraler Ware als Konterbande.[21] Die Folge eines kriegerischen Ereignisses liegt vor, wenn der Stückgutfrachtvertrag aufgrund von Kriegshandlungen durch den Verfrachter nicht wie geplant ausgeführt werden kann.[22] Anders allerdings, wenn der Verfrachter in Kenntnis eines bestimmten kriegerischen Risikos den Transport übernommen hat und sich dieses Risiko nicht wesentlich erhöht hat.[23]

Auf eine Einzelfallbetrachtung kommt es an, wenn sich eine **Kollision mit einem** 13 **Kriegsschiff** in Kriegszeiten ereignet. Dabei muss beurteilt werden, ob die Gesamtumstände des Zusammenstoßes als typischer Kriegsschaden einzuordnen sind.[24]

**Unruhen** liegen vor, wenn Teile eines Volkes Gewalttätigkeiten gegen Personen oder 14 Sachen verüben.[25] Dabei muss es sich um einen zahlenmäßig nicht unerheblichen Teil des Volkes handeln, der in einer Art und Weise in Bewegung gerät, dass die öffentliche Ruhe und Ordnung gestört wird.[26] In den HR ist neben dem Begriff der Unruhe der Begriff *Aufruhr* genannt (Art. 4 § 2 lit. k, im Original riots and civil commotions). Als Aufruhr könnte die gewaltsame Auflehnung gegen eine verfassungsmäßige Regierung angesehen werden,[27] doch liegt wohl in aller Regel einen Unterfall der Unruhe vor.

Bei **Handlungen öffentlicher Feinde** ist heutzutage insbesondere an Rebellen zu 15 denken. Ursprünglich war der Tatbestand auf Seeräuber zugeschnitten.[28] Die Piraterie gewinnt heute wieder an Bedeutung; auch die Überfälle durch moderne Piraten vornehmlich in Ostafrika und in Asien unterfallen der Vorschrift.[29] Ob die Seeräuberei durch an

---

[13] LG Hamburg 22.1.2001, Hamb. SeeRReport 2003, 213.

[14] LG Hamburg 9.6.1994, TranspR 1995, 395.

[15] LG Hamburg 27.3.1975, VersR 1975, 734.

[16] OLG Düsseldorf 14.1.1982, VersR 1983, 175. S. hierzu kritisch: *Rabe* VersR 1983, 633.

[17] *Rabe* § 608 Rn. 9.

[18] *Schaps/Abraham* § 608 Rn. 12.

[19] Vgl. *Schaps/Abraham* § 608 Rn. 12 mit Verweis auf The Wildwood, US Ct. Of Appeal, 1943, 133 Federal Reporter 765; Kawasaki Kisen Kabushiki Kaisha v. Bantham SS Co., brit. Ct. of Appeal, 1939, 2 The Law Reports, 3rd Series, King's Bench Division 544; *Rabe* § 608 Rn. 9, mit Verweis auf Queen's Bench Division Hansa 56, 1714.

[20] Vgl. *Götz* S. 112; zustimmend *Schaps/Abraham* § 608 Rn. 12.

[21] *Rabe* § 608 Rn. 9.

[22] *Götz* S. 112. *Schaps/Abraham* § 608 Rn. 12.

[23] *Schaps/Abraham* § 608 Rn. 12.

[24] *Schaps/Abraham* § 608 Rn. 12; ähnlich *Gramm* § 608 Anm. III Ziff. 2a.

[25] RG HGZ 1923, 225.

[26] *Schaps/Abraham* § 608 Rn. 13.

[27] So *Schaps/Abraham* § 608 Rn. 13.

[28] *Schaps/Abraham* § 608 Rn. 14; *Rabe* § 608 Rn. 9 mit Verweis auf *Markianos* S. 173.

[29] *Schwampe* TranspR 2009, 462, 466; *Richartz* ZfV 2009, 391–393.

Bord befindliche Personen oder andere Personen begangen wird, ist unerheblich.[30] Nach hM fallen bloße Diebstähle jedoch nicht unter den Begriff.[31]

**16**    Unter **Verfügungen von hoher Hand** (als Rücktrittsvoraussetzung nach altem Recht, § 629 aF) verstand man staatliche Maßnahmen hinsichtlich des Schiffes oder der Güter, die die Reise voraussichtlich nicht nur kurzeitig hindern.[32] Sind alle Schiffe, auch aufgrund eines mehrtägigen Verbots, gehindert, den Hafen zu verlassen, so ist dies als vorübergehendes Hindernis einzustufen.[33] Zu Verfügungen von hoher Hand zählte das Gesetz insbesondere Embargos (dh. völkerrechtliche Beschlagnahme zwecks Verhinderung des Auslaufens aus dem Hafen),[34] Beschlagnahme für den Dienst der Bundesrepublik oder für den einer fremden Macht, sofern Aussicht auf Rückgabe bestand (sonst lag Verlust gem. § 628 aF vor).[35] Eine freiwillige Übergabe des Schiffes zur Umwandlung in ein Kriegsschiff ist keine Beschlagnahme.[36]

**17**    Darüber hinaus fielen darunter **Handelsverbote** mit dem Bestimmungsort[37] und Blockaden des Abladungs- oder Bestimmungshafens, unabhängig von ihrem Charakter als Kriegsblockade oder sonstige Blockaden, etwa eine Handelsblockade.[38] Auch das Abschneiden des einzig möglichen Reisewegs zum Bestimmungshafen durch ein neu erklärtes Sperrgebiet auf dieser Strecke wurde als Blockade angesehen.[39]

**18**    Verfügungen von hoher Hand sind ferner **Ausfuhr- oder Einfuhrverbote,** sowie Durchlaufverbote, sofern das Anlaufen des Zwischenhafens zwingend notwendig ist.[40] Ferner Verfügungen von hoher Hand, die das Auslaufen des Schiffs, die Reise oder die Versendung der nach dem Frachtvertrag zu liefernden Güter verhindern. Beispiele hierfür sind Einlaufverbote für Schiffe bestimmter Nationalität im Bestimmungshafen; Sperrung des Abladehafens;[41] Erklärung des Bestimmungshafens zum Sperrgebiet durch eine feindliche Macht; Beschlagnahme iSv. Art. 2 Haager Abkommen v. 18.10.1907 über die Behandlung der feindlichen Kauffahrteischiffe beim Ausbruche der Feindseligkeiten; vom Schiff nicht verschuldetes Festhalten aus zollrechtlichen Gründen.[42]

**19**    **Keine Verfügung** dieser Art liegt vor bei **Warnung der Regierung,** wegen Devisenlage nicht abzuladen;[43] bei straf- oder zivilprozessualen Beschlagnahmen von Schiff oder Ladung, da es dabei an der hoheitlichen Maßnahme fehlt, die typische Verhältnisse der Schiffahrt betrifft. Hoheitliche Maßnahmen, die zu einem unrentablen Transport führen, ihn jedoch nicht verhindern, zählen ebenfalls nicht dazu.[44]

**20**    Die Verfügungen von hoher Hand umfassen nicht nur unmittelbare Folgen solcher Verfügungen, zB Beschlagnahme, Einfuhrverbote, Blockaden, sondern **auch mittelbare Auswirkungen,** zB Druck auf den Kapitän oder Verfrachter, die Ladung auszuliefern, unter Androhung von Zwangsmaßnahmen gegen Angestellte oder das Vermögen des Verfrachters.[45]

**21**    **Quarantänebeschränkungen** sind alle gesundheitspolitischen Maßnahmen, die gegen das Schiff oder die an Bord befindlichen Personen und Sachen vorgenommen werden.[46]

---

[30] Schaps/*Abraham* § 608 Rn. 14.

[31] *Rabe* § 608 Rn. 9.

[32] Schaps/*Abraham* § 629 Rn. 1.

[33] Schaps/*Abraham* § 629 Rn. 1 mit Verweis auf Prot. 2387; vgl. *Pappenheim*, HB 3 S. 575.

[34] Schaps/*Abraham* § 629 Rn. 1; *Rabe* § 629 Rn. 4.

[35] Schaps/*Abraham* § 629 Rn. 1; *Rabe* § 629 Rn. 5.

[36] Schaps/*Abraham* § 629 Rn. 1.

[37] Schaps/*Abraham* § 629 Rn. 1; *Rabe* § 629 Rn. 6.

[38] Schaps/*Abraham* § 629 Rn. 1; *Rabe* § 629 Rn. 7.

[39] Schaps/*Abraham* § 629 Rn. 1; *Rabe* § 629 Rn. 7; The „Eugenia" (1963) 2 Lloyd's Rep. 381 = Hansa 64.

[40] Zustimmend: *Rabe* § 629 Rn. 9; aA Schaps/*Abraham* § 629 Rn. 1, RGZ 25, 101.

[41] LG Hamburg HansGZ 1885 Nr. 108; anders HansOLG HansGZ 1886 Nr. 21.

[42] HansOLG HGZ 35 B 291.

[43] Vgl. hierzu Schaps/*Abraham* § 629 Rn. 1; *Rabe* § 629 Rn. 9.

[44] *Rabe* § 608 Rn. 9 mit Verweis auf RG 11.12. 1935, RGZ 149, 374; vgl. auch *Rabe* und Schaps/*Abraham* zu § 629 aF.

[45] *Rabe* § 608 Rn. 9.

**3. Gerichtliche Beschlagnahme (Nr. 3).** Der Begriff umfasst gerichtliche Maßnah- 22
men jeglicher Art gegen das Schiff oder die Ladung. Hierzu zählen etwa **Arrest, Pfändung
und Sequestrierung.** Beschlagnahmen durch **Verwaltungsbehörden** fallen nicht unter
diesen Begriff, sondern stellen Verfügungen von hoher Hand iSv. Nr. 2 dar.[47] Der Verfrachter haftet jedoch, sofern er die gerichtliche Maßnahme selbst verschuldet hat.[48]

Wird Ladung unter einer **Pfändung** herausgegeben, die **fehlerhaft** ist (etwa, weil der 23
Gerichtsvollzieher das Konnossement nicht nach § 831 ZPO in Besitz genommen hat),
handelt der Verfrachter dennoch nicht schuldhaft, wenn er der Herausgabeanordnung nach
§ 847 ZPO Folge leistet.[49]

**4. Streik, Aussperrung oder sonstige Arbeitsbehinderung (Nr. 4).** Dieser Haf- 24
tungsausschlusstatbestand erfasst mit dem Begriff **sonstige Arbeitsbehinderung** mehr als
die normale Freizeichnung durch Streikklauseln. So zählt auch der Mangel an Arbeitskräften
für das Ein- und Ausladen aufgrund von Entlassungen eines Stauereiunternehmens dazu.[50]
Ebenso die Arbeitsniederlegung aus Angst vor Ansteckung mit Krankheit.[51] Hat der Verfrachter die Arbeitsbehinderung selbst zu vertreten, so haftet er.[52] Daher kann der Verfrachter
sich nur dann auf seine **eigene Aussperrung** berufen, wenn es sich um eine reine
Abwehrmaßnahme handelt. Bei einem Streik kann ihm aber ein Nachgeben nicht ohne
Weiteres zugemutet werden.[53]

Auch der **Streik von Gehilfen des Verfrachters** wird von der Vorschrift erfasst.[54] 25
Wurde die Ladung durch den Verfrachter in einem Moment übernommen, zu dem ein
Streik drohte, aber noch nicht endgültig beschlossen war, wird man dem Verfrachter daraus
keinen Vorwurf machen können; denn hätten die schwebenden Verhandlungen mit den
Gewerkschaften zu einer Beendigung der Streikgefahr geführt, würde dem Verfrachter
Vertragsverletzung vorgeworfen. Ergibt sich hieraus eine Verspätung, so haftet der Verfrach-
ter nicht für den Verspätungsschaden.[55]

**5. Handlungen oder Unterlassungen des Befrachters oder Abladers, insbeson-** 26
**dere ungenügende Verpackung oder ungenügende Kennzeichnung der Frachtstü-
cke durch den Befrachter oder Ablader (Nr. 5). a) Allgemeines.** Diese Fallgruppe
fasst im Wesentlichen die Tatbestände zusammen, die sich in § 427 Abs. 1 unter den Nrn. 2,
3 und 5 finden; hinzugefügt ist die aus § 608 Abs. 1 Nr. 5 aF und Art. 4 § 2 Buchst. l)
HR entnommene allgemeinere Bezugnahme auf alle Handlungen und Unterlassungen des
Befrachters oder Abladers. Auch in Art. 17 Abs. 3 Buchstabe k der RR findet sich eine
vergleichbare Regelung.

**b) Ungenügende Verpackung durch den Befrachter oder Ablader.** Die HR sehen 27
für die ungenügende Verpackung einen eigenen Ausnahmetatbestand vor (*insufficiency of
packing,* Art. 4 § 2 Buchst. n HR).

Die Verpackung ist ungenügend, wenn sie **für den vorgesehenen Seetransport unge-** 28
**eignet** ist.[56] Dabei kommt es auf den Zeitpunkt der Verschiffung an. Entspricht die Verpackung zu diesem Zeitpunkt den üblichen Anforderungen, gelten die Güter als geeignet
verpackt.[57] Andererseits ist nicht auf die Handelsüblichkeit abzustellen.[58]

---

[47] Schaps/*Abraham* § 608 Rn. 16; *Rabe* § 608 Rn. 10.
[48] Schaps/*Abraham* § 608 Rn. 16.
[49] BGH 21.5.1980, MDR 1980, 1016 = TranspR 1981, 96; dazu ausführlich *Schulze* TranspR 1981, 85.
[50] Schaps/*Abraham* § 608 Rn. 17; *Rabe* § 608 Rn. 11; *Gramm* S. 130.
[51] Schaps/*Abraham* § 608 Rn. 17.
[52] Schaps/*Abraham* § 608 Rn. 17; *Rabe* § 608 Rn. 11.
[53] Schaps/*Abraham* § 608 Rn. 17.
[54] Schaps/*Abraham* § 608 Rn. 17.
[55] US District Court, Southern District of New York AMC 1955, S. 2139 = Hansa 1957 S. 540. Schaps/
*Abraham* § 608 Rn. 17.
[56] Vgl. hierzu auch *Rabe* § 608 Rn. 12.
[57] OLG Hamburg 24.5.1973, Hansa 1975, 258.
[58] BGH 12.6.1958, Hansa 1958, 1821 = VersR 1958, 478. S. hierzu auch OLG Bremen 7.1.1988, TranspR
1988, 236 = VersR 1988, 716 („Irmgard"); OLG Hamburg 24.5.1973, Hansa 1975, 258.

29    Der Haftungsausschluss für ungenügende Verpackung kann vom Verfrachter nur in Anspruch genommen werden, wenn **gerade der entstandene Schaden durch die Verpackung verhindert** werden sollte. Daher haftet der Verfrachter für den Diebstahl von Bier, das in Kartons verpackt war, sofern der Diebstahl nicht durch die Verpackung ermöglicht wurde.[59] Ungenügende Verpackung kann auch darin liegen, dass verpackungsbedürftige Güter **überhaupt nicht verpackt** sind.[60] Allerdings wird dann oft ein Mitverschulden des Verfrachters bestehen, wenn er die Notwendigkeit einer Verpackung erkennen konnte.

30    Der Verfrachter kann sich auch dann auf den Haftungsausschluss berufen, wenn er dem Ablader einen für dessen Güter ungeeigneten Container zum Beladen zur Verfügung gestellt hat, dessen mangelnde Eignung der Ablader hätte erkennen können und den er deshalb hätte zurückweisen müssen.[61]

31    Zur Verpackung gehört, dass der Ablader die Güter im Container in einer für den Seetransport geeigneten Weise packt, insbesondere befestigt und sichert. Zu Fragen der Beweislastverteilung bei Ansprüchen wegen Schäden an Gütern, die der Verfrachter für den Befrachter **im Container gestaut** hat, vgl. auch OLG Bremen 19.1.1989, TranspR 1990, 22.

32    Der **Verfrachter** kann sich auf die Haftungsbefreiung und die Kausalitätsvermutung nicht berufen, wenn er die **mangelhafte Verpackung erkennen konnte** und dies dem Betrachter mitteilen oder den Mangel in dessen Interesse beseitigen musste. Dabei wird man jedoch davon ausgehen müssen, dass die für den Seetransport geeignete Verpackung grundsätzlich in den Verantwortungsbereich des Befrachters fällt.[62] So trifft etwa den Verfrachter kein die Haftungsbefreiung ausschließendes oder einschränkendes Mitverschulden, wenn er einen Container mit Ventilationsöffnungen zur Verfügung stellt, der nach der fachlichen Einschätzung des Empfängers ungeeignet für den Transport von Knoblauch ist.[63]

33    Stellt der **Verfrachter** im Rahmen der ihm obliegenden Prüfung des Gutes auf äußerlich **erkennbare Mängel** – auch der Verpackung – (vgl. § 515 Abs. 1 Nr. 7) fest, dass die Verpackung offensichtlich ungeeignet ist, so ist er verpflichtet, den Ablader darauf **hinzuweisen** (vgl. § 484 Rn. 12). Kann er den Befrachter nicht erreichen, so hat er gegebenenfalls für Abhilfe zu sorgen (§ 491 Abs. 3), etwa durch Veranlassung der Reparatur eines schadhaften Containers für Rechnung des Befrachters.

34    Die Verpackung des Gutes muss ein **Überstauen mit anderem Gut** zulassen,[64] jedoch mangels besonderer Vereinbarung nur in einem normalen, handelsüblichen Rahmen.

35    Ein **Vermerk im Konnossement** über die Unzulänglichkeit der Verpackung ist **nicht Voraussetzung** für die Inanspruchnahme der Nr. 5 durch den Verfrachter.[65] Dessen Unterlassung kann jedoch zu einem Anspruch des Empfängers wegen unrichtiger Konnossementsausstellung (§§ 517, 523) führen.

36    **c) Ungenügende Kennzeichnung der Frachtstücke durch den Befrachter oder Ablader.** Dieser Ausschlussgrund entspricht Art. 4 § 2 Buchst. o der HR *(insufficiency or inadequacy of marks)*. Mit „**Kennzeichnung**" übernimmt die Norm den Begriff aus §§ 411, 427 Abs. 1 Nr. 5. Durch ungenügende Kennzeichnung wird die ordnungsgemäße Transportabwicklung erschwert oder vereitelt, ohne dass dies in den Risikobereich des Verfrachters fällt. Anders als in § 411, wo es um das „Gut" geht, ist hier von „Frachtstücken" die Rede, weil sich die Kennzeichnung auf den einzelnen Gütereinheiten befindet.[66]

---

[59] OLG Hamburg 28.6.1962, Hansa 1963, 528 = VersR 1962, 1172 = MDR 1962, 907.
[60] Anders Hof's Gravenhage 13.8.1960, Hansa 1963, 1520.
[61] OLG Hamburg 26.11.1987, TranspR 1988, 238 – Cédar Voyageur; zust. *Thume* TranspR 1990, 41 ff., 42.
[62] *Rabe* § 608 Rn. 13.
[63] OLG Hamburg 26.11.1987, TranspR 1988, 238 – Cédar Voyageur.
[64] LG Hamburg 6.12.1995, TranspR 1997, 116.
[65] Zustimmend Schaps/*Abraham* § 608 Rn. 18; OLG Hamburg 28.6.1962, Hansa 1963, 528 – Atlantik; kritisch jedoch *Rabe* § 608 Rn. 13.
[66] RegBegr-SRG S. 63.

**Ungenügend** ist die Kennzeichnung, wenn sie fehlt oder mangelhaft, insbesondere **37** falsch ist. Falsche Empfängerangabe, aber auch nur unrichtiger Empfangsort bringen ebenso wie unrichtige, mit den Dokumenten nicht übereinstimmende oder unleserliche Merkzeichen die Gefahr von Fehlleitungen mit Güterverlust mit sich. Mangelhaft ist die Kennzeichnung insbesondere auch dann, wenn auf wieder verwendeten Verpackungen alte Kennzeichen nicht hinreichend neutralisiert werden.[67]

Die mangelhafte Kennzeichnung muss **vom Befrachter oder seinen Erfüllungshilfen** **38** (namentlich dem Ablader) angebracht worden sein; wer dazu verpflichtet war (in der Regel: der Befrachter, § 484 Satz 1), spielt keine Rolle; auf die **Verpflichtung** kommt es nur dann an, wenn die Kennzeichnung völlig fehlt.

Aus dem vom Verfrachter zu behauptenden und zu beweisenden Fehler der Kennzeichnung muss sich nach der Lebenserfahrung die **Gefahr des Schadens** ergeben. Das ist **39** nicht der Fall, wenn sich unbedeutende Unrichtigkeiten beim Verfrachter leicht aufklären lassen.[68]

**d) Sonstige Handlungen oder Unterlassungen des Befrachters oder Abladers.** **40** Die Norm umfasst **alle Maßnahmen des Befrachters oder Abladers,** die **nicht in den Verantwortungsbereich des Verfrachters** fallen. Diese Handlungen oder Unterlassungen können verschiedene Stadien des Transportes betreffen. Im Vordergrund stehen das Verladen und Entladen der Güter, sofern sie dem Befrachter oder Ablader auf Grund Gesetzes oder vertraglicher Vereinbarung (fio-Klausel) obliegen.[69] Auch eine sonstige Behandlung der Güter und Weisungen oder Auskünfte über die Behandlung durch den Frachtführer oder irreführende Angaben über die Beschaffenheit des Gutes[70] kommen in Betracht.

Bei der Fallgruppe des **Verladens** und **Entladens** kommt es allein darauf an, wer tatsäch- **41** lich geladen oder entladen hat, nicht, wer dazu nach dem Vertrag verpflichtet war. Das „Verladen" umfasst nach der Legaldefinition des § 486 Abs. 2 auch das Stauen und Befestigen des Gutes.

Zu denken ist ferner an eine **besondere Vorbereitung des Gutes für die Beförde-** **42** **rung,**[71] etwa die Vorkühlung von Gefriergut oder das Einfetten empfindlicher Maschinenteile. Grundsätzlich muss auch ein Unterlassen genügen, wo eine Rechtspflicht zum Handeln besteht.[72] Jedoch muss dieser Begriff restriktiv ausgelegt werden,[73] weil mit der Einordnung unter Nr. 5 zugleich die Beweislastumkehr des Abs. 2 Satz 1 verbunden ist; dies setzt eine eigenständige, abgrenzbare Aktivität des Befrachters oder Abladers zur Unterstützung des Transports voraus. Allgemein ist ein schadenskausales Verhalten des Befrachters oder Abladers, insbesondere bei Unterlassung zweckdienlicher Informationen oder Weisungen, nur nach § 498 Abs. 3 – also unter der Beweislast des Verfrachters – relevant.

Die genannten Ladungsbeteiligten, (Befrachter, Ablader, Empfänger) müssen sich das **43** risikobegründende oder -erhöhende Verhalten für sie **handelnder Dritter** nach allgemeinen Grundsätzen zurechnen lassen.[74] Das **Verladen und Löschen durch einen** **Umschlagbetrieb** wird in aller Regel dem Verfrachter zuzurechnen sein, der normalerweise den Auftrag hierzu erteilt (vgl. § 498 Rn. 36), auch hier unabhängig von der Verpflichtung nach dem Frachtvertrag (vgl. Rn. 41). War der Verfrachter nach dem Frachtvertrag nicht zum Verladen verpflichtet, kann er sich gegebenenfalls wegen mangelnder Obhut (vgl. § 498 Rn. 36) oder Fehlens zurechenbaren Verschuldens entlasten, ihm steht jedoch nicht die Beweiserleichterung des § 499 Abs. 1 Satz 1 Nr. 5 zur Verfügung.

---

[67] LG Köln 6.9.2001, TranspR 2002, 155.
[68] OLG Bamberg 16.2.2005, OLGR Bamberg 2005, 720, 722.
[69] OLG Hamburg 20.1.1983, VersR 1983, 953; s. dazu *Rabe* VersR 1983, 1030.
[70] *Rabe* § 608 Rn. 14.
[71] *Ramming* TranspR 2001, 53, 59; insofern mit Recht zweifelnd *Koller* § 427 Rn. 45.
[72] *Ramming* TranspR 2001, 53, 60; aA Koller/Roth/Morck/*Koller* § 427 Rn. 3; Baumbach/Hopt/*Merkt* § 427 Rn. 2.
[73] So mit Recht *Koller* § 427 Rn. 45.
[74] RegBegr-SRG S. 63.

**44**    **6. Natürliche Art oder Beschaffenheit des Gutes, die besonders leicht zu Schä-den, insbesondere durch Bruch, Rost, inneren Verderb, Austrocknen, Auslaufen, normalen Schwund an Raumgehalt oder Gewicht führt (Nr. 6).** Die Vorschrift nennt mit Bruch, Rost, innerem Verderb, Austrocknen, Auslaufen, normalem Schwund exemplarisch („insbesondere") einige wichtige Transportrisiken, die von Eigenschaften der Ladung ausgehen. Weitergehend und präziser als das Vorbild, § 427 Abs. 1 Nr. 4, nennt die Vorschrift nicht nur die Beschaffenheit, sondern auch die Art[75] des Gutes als Eigenschaft, welche eine besondere Schadensanfälligkeit bestimmter Güter auch bei normaler ordnungs-gemäßer Beförderung[76] begründet; die RegBegr-SRG spricht von „schadensgeneigtem"[77] Gut. Auch die Formulierung „Schwund an Raumgehalt oder Gewicht" entstammt der Vorgängervorschrift. Art. 17 Abs. 3 Buchst. j RR kennt ebenfalls eine vergleichbare Vor-schrift; die dort zusätzlich genannten Beispiele der verborgenen und den Gütern innewoh-nenden Mängel wurden nicht übernommen.

**45**    Für die Entlastung und Beweiserleichterung genügt die Feststellung, dass das Gut auch bei normaler Verpackung[78] und normaler Beförderung[79] in der vereinbarten Beförderungs-art weit überdurchschnittlich Beschädigungen ausgesetzt ist. Werden – wie in aller Regel – bei bekannten Risiken dieser Art **Vereinbarungen über besondere Vorkehrungen zur Schadensverhütung** (Kühlung bei wärmeanfälligem Gut, Vermeidung von Selbstentzün-dung) getroffen, greift modifizierend Abs. 3 ein: Der Verfrachter hat zunächst zu beweisen, dass er diese Vereinbarungen eingehalten hat und kann sich erst dann auf Abs. 1 Satz 1 Nr. 6 und die Vermutung des Absatzes 2 Satz 1 berufen. Wichtige Fallgruppen von Spezial-transporten mit besonderen Vereinbarungen über die Behandlung schadensanfälliger Ladung stellen Kühltransporte und Autotransporte dar.

**46**    Die Schäden müssen auf der Natur des Gutes beruhen. Dessen natürliche Beschaffenheit kann Gefahren in Abhängigkeit von der Art des Transports – im normalen Laderaum, in einem Kühlraum oder auf Deck – in sich bergen.[80] Gefahr der Einwirkung von außen, etwa erhöhte Diebstahlsgefahr bei hochwertigen, leicht verwertbaren Gütern (Handys, Klei-dung), genügt jedoch nicht.[81] Es muss sich gerade die Gefahr verwirklichen, die sich aus der Beschaffenheit des Gutes ergibt.[82]

**47**    Der Verfrachter ist stets, auch ohne besondere Vereinbarung, verpflichtet, erkennbar notwendige und mögliche Maßnahmen zur Verhinderung bzw. Verminderung der Gefahr zu ergreifen, etwa durch Sicherstellung der Belüftung.[83]

**48**    Beispiele für Schwund an Raumgehalt oder Gewicht sind etwa Austrocknung oder Leckage, unvermeidbares Verstreuen von Ladung, etwa bei Getreide.[84] Bei der Beförderung von Massengut wird für den Schwund regelmäßig eine sog. *trade allowance* akzeptiert.[85] Zu Einzelfällen aus der reichhaltigen Rechtsprechung vgl. insbesondere *Rabe* § 608 Rn. 19 und *Schaps/Abraham* § 608 Rn. 20 Tetley, Marine Cargo Claims, 3. Aufl. 1988, S. 479 ff.

**49**    **7. Beförderung lebender Tiere (Nr. 7).** Die Bestimmung entspricht § 427 Abs. 1 Nr. 6, sodass auf die Erläuterungen hierzu (§ 427 Rn. 29 f.) verwiesen werden kann. Die Regelung entspricht Art. 5 Abs. 5 HambR. Sie hat jedoch kein Vorbild in § 608 aF; denn nach bisherigem Recht (§ 663 Abs. 2 Nr. 1 aF) war eine vollständige Haftungsfreizeichnung bei Tierbeförderungen zulässig und üblich, die jetzt nur noch in den Grenzen der §§ 512, 525 möglich ist.[86]

---

[75]  So auch § 608 Abs. 2 Nr. 7 aF.
[76]  *Ramming* TranspR 2001, 53, 61; *Koller* § 427 Rn. 67.
[77]  RegBegr-SRG S. 80.
[78]  *Koller* § 427 Rn. 77.
[79]  Missverständlich jedoch Koller/Roth/Morck/*Koller* § 427 Rn. 4: vertragskonformer; vgl. Abs. 4.
[80]  Schaps/*Abraham* § 608 Rn. 20; *Rabe* § 608 Rn. 19.
[81]  *Ramming* TranspR 2001, 53, 61.
[82]  Schaps/*Abraham* § 608 Rn. 20; *Rabe* § 608 Rn. 19.
[83]  OLG Hamburg 31.7.1980, VersR 1981, 648.
[84]  OLG Hamburg Hansa 1956, 2336.
[85]  *Rabe* § 608 Rn. 17.
[86]  RegBegr-SRG S. 80.

**8. Maßnahmen zur Rettung von Menschen auf Seegewässern (Nr. 8).** Die aus 50
§ 608 Abs. 1 Nr. 6 aF und Art. 4 § 2 lit. l HR übernommene[87] Regelung soll dem Verfrachter einen Anreiz geben, Maßnahmen zur Menschenrettung nicht im Hinblick auf die Gefahr
wirtschaftlicher Verluste zu unterlassen. Da es sich hier in erster Linie um Verspätungen
handeln wird, hat die Vorschrift jedoch – ebenso wie schon § 608 Abs. 1 Nr. 6 aF[88] – kaum
praktische Bedeutung; sie wurde abweichend vom BerSV in den RefE-SRG eingefügt, in
dem noch die Haftung für Lieferfristüberschreitung in §§ 498, 499 geregelt war. Da – nach
der von den Vorentwürfen abweichenden Fassung des Gesetzes – § 499 nur für Güterschäden gilt und für Verspätung nur nach § 280 BGB gehaftet wird, könnte man allenfalls an
eine analoge Anwendung der Vorschrift auf diese Ansprüche denken.

**9. Bergungsmaßnahmen auf Seegewässern (Nr. 9).** Auch diese Bestimmung ist in 51
Anlehnung an § 608 Abs. 1 Nr. 6 aF und abweichend vom BerSV, jedoch in Übereinstimmung mit Art. 4 § 2 lit. l HR sowie Art. 17 Abs. 3m RR und Art. 5 Abs. 6 HambR in das
Gesetz übernommen worden. Sie erfasst Bergungsmaßnahmen zur Rettung von Sachen
aus Seenot.[89] Auch aus diesen werden für die Ladung des bergenden Schiffes in aller Regel
nur Verzugsschäden entstehen, sodass dieselben Bedenken gegen die Bedeutung wie zu
Nr. 8 bestehen. Allerdings ist denkbar, dass auch Ladungsschäden eintreten; dann wird sich
jedoch oft die Frage stellen, ob eine Abwägung der Interessen des zu bergenden Schiffes
und der eigenen Ladung das Schiff nicht hätte von den Maßnahmen abhalten müssen mit
der Folge der Anwendung von Abs. 1 Satz 2.

## V. Aus dem früheren Recht (§ 608 aF) nicht übernommene Haftungsausschlussgründe

1. Nicht übernommen worden ist die diese Bestimmung erweiternd ergänzende Vor- 52
schrift des § 636a HGB aF über die sog. **„Deviation"**. Soweit die Abweichung vom
Reiseweg durch Rettung von Leben oder Eigentum auf See bedingt ist, wird sie im Wesentlichen von Nr. 8 und 9 abgedeckt.[90] Das darüber hinausgehende vage Kriterium der „sonst
gerechtfertigten" Abweichung vom Reiseweg – welches in § 636a aF nicht nur zur Beweislastumkehr, sondern zur Haftungsfreiheit ohne Rücksicht auf Verschulden führte – wurde
in der Auslegung sehr weit und wohl häufig missbräuchlich angewendet.[91]

2. Ferner ist die Haftungserleichterung bei **Deckverladung** vom SRG nicht aufgegriffen 53
worden. Für zulässig an Deck verladene Güter soll die normale Haftungsregelung gelten,[92]
die auch nicht mehr – wie nach § 663 Abs. 2 Nr. 1 aF – erleichtert abbedungen werden
kann, vielmehr nur gem. §§ 512, 525. Für unerlaubt an Deck verladene Güter sieht § 500
eine verschuldensunabhängige Haftung mit einer eigenen Kausalitätsvermutung vor.

## VI. Verschulden des Verfrachters (Abs. 1 Satz 2)

Wie schon das alte Recht (§ 608 Abs. 3 aF) stellt auch Abs. 1 Satz 2 klar, dass die Haf- 54
tungsbefreiung in den Fällen des Satzes 1 nicht eintritt, wenn dem Verfrachter ein von ihm
zu vertretendes Verschulden zur Last fällt. Wie nach § 498 Abs. 2 Satz ist Maßstab die
Sorgfalt eines ordentlichen Verfrachters; vgl. dazu § 498 Rn. 49 ff. Das Verschulden ist **vom
Anspruchsteller zu beweisen;** denn nach Satz 1 wird in den dort genannten Fällen nicht
nur die Kausalität, sondern auch das mangelnde Verschulden des Verfrachters vermutet.[93]

---

[87] Vgl. auch 17 Abs. 3 lit. l RR und Art. 5 Abs. 6 HambR.
[88] *Rabe* § 608 Rn. 16.
[89] Für die Rettung von Personen gilt die Bergungsregelung nicht; insoweit greift Nr. 8.
[90] Vgl. RegBegr-SRG S. 80.
[91] Vgl. *Rabe* § 636a Rn. 8 ff. mit vielen Beispielen auch aus der ausländischen Rechtsprechung.
[92] RegBegr-SRG S. 79 f.
[93] Vgl. auch *Rabe* § 608 Rn. 21.

## VII. Kausalitätsvermutung (Abs. 2)

**55**    Nach Abs. 2 Satz 1 wird die Ursächlichkeit der in Abs. 1 bezeichneten Gefahren für den eingetretenen Schaden vermutet, wenn nach den Umständen des Falles wahrscheinlich ist, dass dieser aus einer der aufgeführten Gefahren entstanden ist. Anders als nach § 427[94] und nach § 608 aF gewährt das Gesetz dem Frachtführer diese Beweiserleichterung nicht schon dann, wenn er darlegt und beweist, dass der eingetretene Schaden aus einer dieser besonderen Gefahren entstehen konnte. Vielmehr muss der Verfrachter nicht nur die Möglichkeit, sondern die **Wahrscheinlichkeit dieser Ursächlichkeit** dartun und beweisen.[95] Kann der Verfrachter diesen Beweis nicht führen oder wird er vom Anspruchsteller widerlegt, so gilt die normale Beweislastregelung des § 498, nach welcher der Verfrachter zu seiner Exkulpation in der Regel auch die Schadensursache dartun muss.[96]

**56**    Sind für Haftungsentlastung und Beweiserleichterung neben den Tatbestandsumschreibungen des Absatzes 1 **zusätzliche positive Erfordernisse aufgestellt (Abs. 3–5),** so hat der Verfrachter diese Voraussetzungen zu beweisen, um sich auf die jeweilige Fallgruppe des Absatzes 1 berufen zu können. Die Beweislast für das Bestehen und den Inhalt von Weisungen allerdings trägt der Absender.[97]

**57**    Steht die Kausalität der besonderen Schadensursache fest, so bleibt dem Geschädigten die Möglichkeit, eine mitwirkende Schadensursache darzutun und zu beweisen, für die der Frachtführer haftet, sich also nicht nach § 426 entlasten kann. Dies führt (Abs. 1: „soweit", s. Rn. 5) in der Regel zur Schadensteilung. Kann der Berechtigte dagegen die Kausalitätsvermutung widerlegen, so bleibt dem Verfrachter die Möglichkeit, einen anderen Haftungsausschlusstatbestand nach § 427 geltend zu machen oder sich auf den allgemeinen Haftungsbefreiungsgrund des § 426 zu berufen.[98]

**58**    Die Kausalitätsvermutung des Abs. 2 Satz 1 gilt nach Satz 2 nicht, wenn das Gut auf einem **see- oder ladungsuntüchtigen Schiff** (dazu § 485) befördert wurde. Dann gilt die normale Beweislastregelung des § 498. Dazu Rn. 7.

## VIII. Besondere Schutzpflichten des Verfrachters (Abs. 3, 4)

**59**    Die Abs. 3 und 4 enthalten ergänzende Bestimmungen zu den Haftungsbefreiungsgründen der Nr. 6 und 7. Sie gehen davon aus, dass zur Verminderung der dort aufgeführten Risiken besondere vertragliche Vereinbarungen getroffen oder Weisungen (§ 491) erteilt worden sind. In diesen Fällen muss der Verfrachter, um sich auf den Haftungsausschluss und die Kausalitätsvermutung berufen zu können, zunächst dartun und beweisen, dass er diese Verpflichtungen erfüllt hat.

**60**    **Abs. 3** enthält eine Sonderregelung für bestimmte **Spezialtransporte,** die der Beherrschung von Gefahren dienen sollen, welche von der besonderen natürlichen Schadensanfälligkeit des beförderten Gutes ausgehen. Sie entspricht § 427 Abs. 4. und betrifft alle Einrichtungen und Vorkehrungen – auch außerhalb des Schiffes, etwa durch Vorhalten funktionsfähiger Anschlüsse für Kühlcontainer – und führt zusätzliche Gefahren – „Erschütterungen oder ähnliche Einflüsse" – auf. Der praktisch wichtigste Fall ist die Beförderung von **Kühl- und Gefriergut** in Spezialfahrzeugen und -containern. Der Verfrachter kann sich, wenn der Schaden durch mangelnde Kühlung entstanden sein kann, auf Abs. 1 Nr. 6 nur berufen, wenn er im Einzelnen dartut und beweist, dass er

---

[94]  BGH 15.6.2000, TranspR 2000, 459, 462; OLG Hamburg 8.2.1996, TranspR 1996, 389, 391.

[95]  Diese Verschärfung begründet die RegBegr-SRG (S. 81) mit dem Hinweis darauf, dass die Kausalitätsvermutung des deutschen Rechts in den HR und deren meisten anderen Vertragsstaaten nicht vorgeschrieben ist; dazu im Einzelnen *Rabe* § 608 Rn. 23.

[96]  Dies folgt aus allgemeinen Beweisgrundsätzen und brauchte deshalb nicht – wie in Art. 18 Abs. 2 S. 2 CMR – ausdrücklich im Gesetz gesagt zu werden.

[97]  *Ramming* TranspR 2001, 53, 56; EBJS/*Schaffert* § 327 Rn. 62 bezgl. Abs. 4; Koller/Roth/Morck/*Koller* § 427 Rn. 1; unklar Fremuth/Thume/*Fremuth* § 427 Rn. 14, der damit aber einen unmöglichen Negativbeweis verlangen würde.

[98]  *Ramming* TranspR 2001, 53, 64.

die ihm nach den Umständen obliegenden Maßnahmen zur Auswahl, Instandhaltung und Verwendung der Kühleinrichtung getroffen und die ihm hierzu erteilten Weisungen eingehalten hat;[99] hierzu ist erforderlich, dass er substantiiert die Art der Kühleinrichtung, ihre Wartung und Bedienung, Methoden und Umfang der Kontrollen sowie die Kühlung und deren Überwachung während Fahrpausen oder Standzeiten darlegt und im Falle des Bestreitens beweist.[100]

Dafür, dass das Gut ordnungsgemäß **vorgekühlt** war, trägt jedoch der Geschädigte die   61 Beweislast.[101] Die zu § 425 und Art. 18 CMR vertretene gegenteilige Auffassung (vgl. § 425 Rn. 59a mN) kann bei § 498 nicht gelten, weil ein dem § 425 Abs. 2, Art. 17 Nr. 2 CMR nachgebildeter Sondertatbestand des „besonderen Mangels" hier fehlt. Soweit nicht einer der Fälle bevorrechtigten Haftungsausschlusses nach § 499 eingreift, bleibt es deshalb bei dem Grundsatz, dass der Landungsbeteiligte den Beweis führen muss, dass das Gut zur Zeit der Ablieferung einwandfrei – und das heißt: für die Reise geeignet, auch nach der Temperatur – war.[102]

**Abs. 4** hat ähnliche Weisungen und vertragliche Vereinbarungen im Auge, die im Ein-   62 zelfall das tierspezifische Risiko vermindern sollen. Dazu auch § 427 Abs. 5 und dort Rn. 36.

## § 500 Unerlaubte Verladung auf Deck

[1]**Hat der Verfrachter ohne die nach § 486 Absatz 4 erforderliche Zustimmung des Befrachters oder des Abladers Gut auf Deck verladen, haftet er, auch wenn ihn kein Verschulden trifft, für den Schaden, der dadurch entsteht, dass das Gut auf Grund der Verladung auf Deck verloren gegangen ist oder beschädigt wurde.** [2]**Im Falle von Satz 1 wird vermutet, dass der Verlust oder die Beschädigung des Gutes darauf zurückzuführen ist, dass das Gut auf Deck verladen wurde.**

**Schrifttum:** *Ramming,* Die Verladung des Gutes an Deck, RdTW 2013, 253.

### Übersicht

|                                        | Rn.      |                              | Rn.   |
|----------------------------------------|----------|------------------------------|-------|
| I. Normzweck ......................... | 1, 2     | III. Haftung ..............   | 4–14  |
| II. Entstehungsgeschichte ..........   | 3        |                              |       |

### I. Normzweck

Die Vorschrift sieht eine **verschuldensunabhängige Haftung** des Verfrachters für   1 Schäden an Gut vor, das ohne die erforderliche Zustimmung des Befrachters oder Abladers nach § 486 Abs. 4 auf Deck verladen wurde. Satz 2 enthält zugunsten des Ladungsberechtigten die **Vermutung,** dass der Verlust oder die Beschädigung des Gutes im Falle einer nicht autorisierten Deckverladung auf die Verladung auf Deck zurückzuführen ist. Der Verfrachter kann sich nur entlasten, wenn er beweist, dass der Schaden nicht durch die unerlaubte Deckverladung entstanden ist.

Der Verfrachter soll sich nicht auf Haftungsprivilegien berufen dürfen, wenn er selbst   2 den Haftungsgrund vertragswidrig gesetzt hat.[1] Hat er die Beförderung unter Deck ausdrücklich zugesagt, so haftet er unbeschränkt (§ 507 Abs. 2 Nr. 2); denn dieses Verhalten kommt in aller Regel einem qualifizierten Verschulden des Verfrachters gleich, das ihm

---

[99] OLG Hamm 21.6.1999, TranspR 2000, 445 (zu Art. 18 Abs. 4 CMR).
[100] OLG Hamm 21.6.1999, TranspR 2000, 445 (zu Art. 18 Abs. 4 CMR).
[101] OLG Köln 15.12.2009, TranspR 2010, 147 Rn. 15; OLG Hamm 2.11.1998, TranspR 2000, 361; Brandenburgisches OLG 29.3.2000, TranspR 2000, 449; *Thume* TranspR 2013, 8 f.; *Koller* TranspR 2000, 449 ff.; aA OLG Schleswig 30.8.1978, VersR 1979, 141.
[102] So mit Recht OLG Köln 15.12.2009, TranspR 2010, 147 Rn. 15, jedoch für den Fall des § 425, wo der Sondertatbestand eben diese Regel überlagert.
[1] Vgl. BerSV S. 414.

ebenfalls alle Haftungsprivilegien nehmen würde. Liegt lediglich die erforderliche Zustimmung des Befrachters oder Abladers zur Deckverladung nicht vor, so gelten zwar die §§ 502–507, doch kann im Einzelfall Leichtfertigkeit vorliegen (vgl. auch Rn. 13 und Erl. zu § 507).

## II. Entstehungsgeschichte

3    Nach früherem deutschem Seerecht wurde die unerlaubte Deckverladung als normaler Staufehler behandelt; nach § 606 aF haftete der Verfrachter (mit den allgemeinen Begrenzungen und Befreiungen) für (kommerzielles) Verschulden, also unter Zurechnung des Besatzungsverschuldens.[2] § 518 Nr. 2 BerSV hatte vorgeschlagen, dem Verfrachter die transportrechtlichen Haftungsbefreiungen und -begrenzungen zu entziehen (und den Fall damit der Leichtfertigkeit des Verfrachters, § 519 Nr. 1 BerSV gleichzustellen), sofern nicht der Verfrachter die mangelnde Kausalität der Deckverladung beweist. Der RegE-SRG ging einen Schritt weiter und ordnet eine verschuldensunabhängige Haftung an, die nur beim Nachweis mangelnder Kausalität entfällt. Das entspricht Art. 25 RR und Art. 9 HambR.

## III. Haftung

4    Erste **Voraussetzung** der Haftung ist, dass das Gut **ohne** eine nach § 486 Abs. 4 erforderliche **Zustimmung des Befrachters** oder Abladers an Deck befördert wurde.

5    **Bedarf es einer Zustimmung nicht,** weil das Gesetz eine Deckverladung auch ohne Zustimmung erlaubt (§ 486 Abs. 4 Satz 3) oder weil Schiffsicherheitsvorschriften eine Deckverladung vorschreiben, so fehlt es an der Voraussetzung der Haftung nach § 500. Der Verfrachter haftet dann für Schäden an dem Gut nach §§ 498, 499, kann sich also durch den Beweis mangelnden von ihm zu vertretenden Verschuldens exkulpieren. Gleiches gilt, wenn der Befrachter oder der Ablader der **Deckverladung zugestimmt** hat.

6    Die Zustimmung kann für den konkreten Frachtvertrag individuell, aber **auch durch eine allgemeine AGB-Klausel,** insbesondere in Konnossementsformularen herbeigeführt werden. Sie ist auch stillschweigend möglich.[3] Die Zustimmung ist formlos und kann deshalb auch in der widerspruchslosen Entgegennahme eines Konnossements mit Deckklausel durch den Ablader liegen.[4] Es genügt auch, dass die Klausel nur eine Option für den Verfrachter vorsieht, die Ladung an Deck zu stauen (etwa „option of shipping on deck" oder „on deck at shipper's risk").[5]

7    Das Gesetz nennt die **Zustimmung des Befrachters oder Abladers.** Grundsätzlich bedarf es der Zustimmung des Befrachters. Wird ein Konnossement ausgestellt, so ist die Zustimmung des Abladers erforderlich (§ 486 Abs. 4 Satz 2); dieser ist im Gesetz als derjenige definiert, der dem Verfrachter das Gut übergibt und vom Befrachter als Ablader benannt ist (§ 513 Abs. 2 Satz 1), doch kann auch der Befrachter als Ablader anzusehen sein (§ 513 Abs. 2 Satz 2). Die Zustimmung eines Dritten, der für den Befrachter das Gut aufliefert, jedoch mangels Konnossementsausstellung (etwa bei Ausstellung eines Seefrachtbriefes oder Verzicht auf ein Beförderungspapier) nicht Ablader im Sinne der gesetzlichen Definition ist, genügt nicht; doch wird in solchen Fällen oft eine zumindest stillschweigende Vertretungsmacht für den Befrachter anzunehmen sein.

8    Die Zustimmung gilt für die ganze Reise; der Verfrachter darf deshalb das zunächst unter Deck gestaute Gut auch **nachträglich** noch an Deck verladen,[6] auch im Rahmen einer

---

[2] Vgl. *Rabe* § 566 Rn. 20; Schaps/*Abraham,* § 566 Rn. 6; aA Schlegelberger/*Liesecke* Anm. 7.
[3] OLG München 6.5.1998, TranspR 1998, 407 für die – jetzt ausdrücklich nach § 486 Abs. 4 Satz 2 gesetzlich erlaubte – Verladung eines Flatracks an Bord eines Containerschiffes. Allgemein auch *Rabe* § 566 Rn. 7.
[4] BGH 20.5.1952, BGHZ 6, 127.
[5] BGH 20.5.1952, BGHZ 6, 127.
[6] BGH 20.5.1952, BGHZ 6, 127.

jetzt nach § 486 Abs. 3 für Container ausdrücklich zugelassenen **Umladung** auf ein anderes (etwa ein Feeder-) Schiff.

Die Zustimmung ist nicht erforderlich, wenn sich das Gut in oder auf einem **Lademittel**  9
**befindet, das für die Beförderung an Deck tauglich** ist, sofern das Deck des Schiffes für die Beförderung eines solchen Lademittels ausgerüstet ist (§ 486 Abs. 4 Satz 3). Lademittel dieser Art ist in erster Linie der Container. Ferner ähnliche Behälter, auch wenn sie nicht die Qualität von Standard-Containern haben, sofern sie an Deck seemannsgerecht gestaut werden können und das Gut vergleichbar gegen Spritzwasser schützen. Flatracks[7] und Lkw sowie Lkw-Anhänger und -Auflieger sind jedenfalls zur Beförderung auf dem Deck eines Ro/Ro-Schiffes geeignet.

Öffentlich-rechtliche Vorschriften erfordern die Beförderung an Deck bei Gefahrgut.   10

Die Kausalität der Deckverladung für den Eintritt des Schadens wird vermutet **(Satz 2).**   11
Deshalb entfällt die **Haftung nach Satz 1,** wenn der Verfrachter den Beweis erbringt, dass die Deckverladung für den konkreten Schaden **nicht kausal** ist. Es bleibt dann jedoch bei der Haftung nach § 498: Der Verfrachter muss sich also wegen anderer möglicher Schadensursachen nach § 498 Abs. 2, § 499 entlasten. Ist etwa das Gut in einem vom Verfrachter gestellten und gepackten Container durch Rückstände früherer Ladung geschädigt worden, so muss der Verfrachter den Beweis führen, dass ihn und seine Leute daran kein Verschulden trifft.

Ist die Deckverladung durch Zustimmung oder gem. § 486 Abs. 4 oder nach öffentlichem   12
Recht erlaubt, dann ist der Verfrachter gleichwohl verpflichtet, die Verladung an Deck mit der **Sorgfalt eines ordentlichen Verfrachters** vorzunehmen[8], also das Gut entsprechend den zu erwartenden Witterungs- und Wetterverhältnissen zu stauen und zu befestigen.[9] Er wird durch die Befugnis zur Deckverladung nur von der Haftung für die besonderen Gefahren dieser Art der Beförderung befreit.[10]

Die Haftung nach § 500 ist **unabhängig von einem Verschulden.** Sie ist jedoch   13
**begrenzt** nach Maßgabe der §§ 502–507. Nur wenn die Decksverladung besonders vereinbart wurde, entfallen diese Beschränkungen (§ 507 Nr. 2). Doch kann auch bei bloßem Mangel der Zustimmung (ohne ausdrückliche Vereinbarung) bei Leichtfertigkeit die unbeschränkte Haftung nach § 507 Nr. 1 eintreten (dazu § 507 Rn. 23).

Die Regelung ist in dem Sinne zwingend, dass sie nicht durch AGB abbedungen werden   14
kann (§ 512). Diese Beschränkung bezieht sich jedoch nur auf Regeln über die Haftung, nicht auf Modalitäten der Deckverladung, etwa die Festlegung der Arten von Gut, für welche die vom Befrachter erteilte Zustimmung zur Deckverladung gelten soll (§ 512 Rn. 14).

## § 501 Haftung für andere

[1]**Der Verfrachter hat ein Verschulden seiner Leute und der Schiffsbesatzung in gleichem Umfang zu vertreten wie eigenes Verschulden.** [2]**Gleiches gilt für das Verschulden anderer Personen, deren er sich bei Ausführung der Beförderung bedient.**

**Schrifttum:** *Bästlein,* Zur Haftung des Verfrachters bei nautischem Verschulden, Anm. zu HansOLG v. 18.12.2003, TranspR 2004, 131; *Heußer,* Subunternehmer beim Seetransport, Diss. Mannheim 2010; *Knöfel,* Die Haftung des Güterbeförderers für Hilfspersonen, Diss. Hamburg 1995; *Kronke,* Seevertragsrechtliche Gehilfenhaftung, TranspR 1988, 89; *von Wurmb,* Die Haftung des Verfrachters für das Verschulden seiner Helfer mit einem Überblick über die Lösungen im anglo-amerikanischen Recht, 1965 (Heft 34 der Überseestudien).

---

[7] OLG München 6.5.1998, TranspR 1998, 407.
[8] Anders wohl für die Niederlande Hoge Raad 27.9.2002, ETR 2005, 195.
[9] BGH 20.5.1952, BGHZ 6, 127; OLG Düsseldorf 16.12.1982, VersR 1983, 750.
[10] OLG Düsseldorf 16.12.1982, VersR 1983, 750.

**Übersicht**

| | Rn. | | Rn. |
|---|---|---|---|
| I. Normzweck | 1 | 2. Bei der Ausführung der Beförderung | 17 |
| II. Entstehungsgeschichte | 2–4 | VI. Organe. Gesetzliche Vertreter | 18 |
| III. Anwendungsbereich | 5, 6 | VII. Außervertragliche Ansprüche gegen den Verfrachter wegen Verschulden von Erfüllungsgehilfen | 19, 20 |
| IV. Einstehen für die Leute und die Schiffsbesatzung | 7–11 | | |
| 1. Leute | 7–10 | VIII. Eigene Haftung der Leute, der Schiffsbesatzung und anderer Personen | 21, 22 |
| 2. Schiffsbesatzung | 11 | | |
| V. Einstehen für andere Personen | 12–17 | IX. Abdingbarkeit | 23 |
| 1. Personenkreis | 12–16 | | |

## I. Normzweck

**1**  Die Vorschrift stellt keine eigenständige Haftungsregelung dar, sondern regelt die haftungsrechtliche Zurechnung des Verhaltens der Leute des Verfrachters und der Schiffsbesatzung **(Satz 1)** sowie nicht betriebszugehöriger Personen, deren sich der Verfrachter bei der Ausführung der Beförderung bedient **(Satz 2)**.

## II. Entstehungsgeschichte

**2**  Mit der Vorschrift wurde der Vorschlag des BerSV (§ 512) übernommen.
**Satz 1** entspricht § 607 Abs. 1 aF und ist orientiert an § 428 im allgemeinen Transportrecht. Abweichend von § 428 ist die Zurechnung jedoch nicht nur auf Leute beschränkt, die „in Ausübung ihrer Verrichtungen" handeln. Vergleichbare Regelungen enthalten Art. 4 § 2 Buchst. q HR und Art. 18 Buchst. b und c RR.

**3**  Entsprechend dem BerSV hat schon der RegE-SRG den im früheren Recht gesetzlich normierten Haftungsausschluss für Verschulden der Besatzung bei der Führung oder sonstigen Bedienung des Schiffs und bei Feuer oder Explosion an Bord des Schiffes (sog. nautisches Verschulden), den § 607 Abs. 2 aF vorsah, in Anlehnung an die neueren internationalen Übereinkommen (RR u. HambR) nicht übernommen.[1] Auf Verlangen der Reeder wurde jedoch die Möglichkeit geschaffen, diese Ausnahme, die international noch weithin üblich ist, durch AGB einzuführen (§ 512 Abs. 2 Satz 1).[2]

**4**  **Satz 2** entspricht § 428 S. 2 und war im früheren deutschen Seerecht nicht ausdrücklich geregelt. Eine materielle Änderung der Rechtslage ist mit seiner Einführung jedoch nicht verbunden, da schon bisher eine Zurechnung des Verschuldens von Erfüllungsgehilfen über die allgemeine Zurechnungsnorm des § 278 BGB vorgenommen wurde. Art. 18 Buchst. d RR enthält eine ähnliche Regelung.

## III. Anwendungsbereich

**5**  Die Zurechnungsnorm bezieht sich auf alle Tatbestände der Verfrachterhaftung im 5. Buch des HGB, insbesondere § 498. Für Güterschäden, die außerhalb des Obhutszeitraumes (dh. zwischen Übernahme und Ablieferung der Güter, vgl. § 498 Rn. 31 ff.) verursacht werden, findet die allgemeine zivilrechtliche Haftung und damit § 278 BGB Anwendung;[3] ebenso auf Nebenpflichtverletzungen, die nicht in §§ 498 ff. geregelt sind.[4] Während nach § 428 Satz 1 Handlungen und Unterlassungen der Leute dem Frachtführer zugerechnet werden, spricht § 501 von der **Zurechnung von Verschulden;** denn der Verfrachter haftet nicht – wie der Frachtführer nach § 425 – ohne ein Verschulden iS des § 276 BGB.

---

[1] RegBegr-SRG S. 81; zur Unzeitgemäßheit der Regelung vgl. auch den Fall BGH 26.10.2006, TranspR 2007, 36.
[2] Vgl. RegBegr-SRG S. 82.
[3] Hierzu bzgl. § 607 Abs. 1 aF ausführlich: *Kronke* TranspR 1988, 89.
[4] Vgl. RegBegr-SRG S. 82.

Anders als bei § 480 (vgl. § 480 Rn. 11) wird das Verschulden der Leute und der Schiffsbesatzung dem Verfrachter als eigenes zugerechnet, dieser haftet also ebenso, wie wenn er selbst schuldhaft gehandelt hätte.[5]

Die Zurechnung nach § 501 geht teils über die nach § 278 BGB hinaus und bleibt teils **6** hinter dieser zurück. § 278 umfasst einerseits gesetzliche Vertreter, erfasst andererseits jedoch nur das Verschulden von Personen, die dem Schuldner bei der Erfüllung seiner Verbindlichkeit dienen. § 501 regelt nicht die Zurechnung des Verschuldens gesetzlicher Vertreter; insoweit bleibt es bei §§ 31, 278 BGB. Andererseits kommt es bei dem Personenkreis des Satzes 1 nicht darauf an, ob die schadenverursachende Handlung bei Ausführung der Beförderung oder sonst in Ausübung von Dienstverrichtungen, sondern nur bei deren Gelegenheit stattfindet.[6]

### IV. Einstehen für die Leute und die Schiffsbesatzung

**1. Leute.** Zu den Leuten zählen **alle im Betrieb des Verfrachters beschäftigen 7 Personen.** Hierzu gehören auch Personen, die keinen Arbeitsvertrag mit dem Verfrachter geschlossen haben, etwa Aushilfskräfte, Leiharbeiter, Praktikanten o. ä., sofern sie in den Betrieb eingegliedert sind und den Weisungen des Verfrachters unterliegen.[7]

Eine **unmittelbare Beschäftigung mit der Beförderung ist nicht erfordert,** auch **8** Büropersonal wird umfasst. Der gegenüber § 428 weiteren Fassung kommt jedoch generell kaum praktische Bedeutung zu, weil auch bei der Zurechnung nach § 428 Satz 1 der Begriff „in Ausübung ihrer Verrichtungen" sehr weit ausgelegt wird: Es wird nicht gefordert, dass der Arbeitnehmer gerade mit dem bestimmten Beförderungsvertrag befasst war, vielmehr genügt ein Verstoß gegen die allgemeine Pflicht, Geschäftspartner des Unternehmens nicht zu schädigen (§ 428 Rn. 6). Deshalb fällt auch nach § 428 etwa ein Diebstahl auf dem Lager unter die Zurechnungsnorm.[8]

Die schadenbringende Handlung muss aber zumindest **mittelbar** mit der Beschäftigung **9** verbunden sein.[9] Auch ein **Diebstahl** außerhalb der Dienstzeit kann unter § 501 fallen, wenn die Kenntnis über das Diebesgut im Rahmen des Dienstverhältnisses erworben wurde.[10]

Der Begriff „Leute" umfasst nicht **selbständige Unternehmer** wie zB Agenten, Staue- **10** reiunternehmen, Kaianstalten, die für den Verfrachter tätig sind. Für diesen Personenkreis greifen, soweit sie an der Erfüllung eines bestimmten Frachtvertrages mitwirken, die Regelungen des Satzes 2 und des § 278 BGB; ihnen kommt nicht die Haftungsvergünstigung des § 508 Abs. 1 zugute.

**2. Schiffsbesatzung.** Die Schiffsbesatzung umfasst die in § 478 genannten Personen. **11** Wegen Einzelheiten vgl. die Erl. dort. Die Gruppe wird ausdrücklich neben den Leuten in § 501 genannt, da ein Verschulden von Mitgliedern der Besatzung nicht nur dem sie anstellenden Reeder, sondern auch einem Verfrachter zugerechnet werden soll, der sich durch einen Unterfracht- oder einen Zeitchartervertrag zur Erfüllung seiner frachtrechtlichen Verpflichtung eines fremden Schiffes bedient.[11] Die Formulierung des § 501 macht deutlich, dass das Verschulden von Besatzungsmitgliedern ebenso wie das der Leute dem Verfrachter unabhängig davon zugerechnet wird, ob es sich auf die Ausführung der konkreten Beförderung bezieht.

### V. Einstehen für andere Personen

**1. Personenkreis.** Zu den „anderen Personen" iSd. Satzes 2 zählen alle nicht betriebszu- **12** gehörigen Personen oder Unternehmen, die der Verfrachter zur Erfüllung seiner Pflichten

[5] Eine wichtige Differenzierung zwischen eigenem Verschulden des Verfrachters und dem der in § 501 genannten Personen besteht allerdings bei der Anwendung von § 507, vgl. § 507 Rn. 2.
[6] *Rabe* § 607 Rn. 1; *Schaps/Abraham* § 607 Rn. 1, OLG Hamburg 28.6.1962, Hansa 1963, 528.
[7] Zum Begriff der Leute im Sinne des WA vgl. eingehend OLG München 7.5.1999, TranspR 1999, 301 mN. Hier geht es allerdings primär um die Begründung der Obhut des Luftfrachtführers.
[8] OLG Köln 19.6.2007, TranspR 2007, 469.
[9] *Rabe* § 607 Rn. 4; *Schaps/Abraham* § 607 Rn. 1.
[10] OLG Hamburg 28.6.1962, Hansa 1963, 528; *Rabe* § 607 Rn. 4.
[11] *Rabe* § 607 Rn. 6; *Schaps/Abraham* § 607 Rn. 2.

aus dem Frachtvertrag einsetzt. Er hat nicht nur für deren Verschulden, sondern auch für das ihrer Leute und Erfüllungsgehilfen einzustehen.[12]

**13**    Erfüllungsgehilfen sind in erster Linie Personen, die bei der Beförderung selbst mitwirken, also **Unterverfrachter** und weitere von diesen eingeschaltete Erfüllungsgehilfen. Dies können Verfrachter eines Stückgutfrachtvertrages (etwa Reeder eines Feederschiffes), aber auch Zeitvercharterer sein. Ein wirksamer Unterfrachtvertrag ist jedoch nicht vorausgesetzt; es genügt, dass der Dritte die Erfüllung der frachtvertraglichen Aufgaben des Verfrachters wahrnimmt.

**14**    Die Aufgaben des Erfüllungsgehilfen brauchen jedoch nicht seefrachtvertraglicher Natur zu sein. Unter Satz 2 fallen nicht nur Landfrachtführer, die zur Erfüllung eines Seefrachtvertrages eingeschaltet werden (etwa der Lkw, der den Container vom Annahmeschuppen des Reeders im Hafen zum Schiff bringt), sondern vor allem **Hafen-** und **Umschlaganlagen,** soweit sie im Auftrag des Verfrachters – und nicht des Befrachters, Abladers oder Empfängers – tätig werden. Erfüllungsgehilfe in diesem Sinne ist auch der Reparaturbetrieb, der im Auftrag des Verfrachters einen schadhaften Container während einer Umladung im Zwischenhafen instand setzt.[13]

**15**    **Behörden und deren Mitarbeiter,** Zoll- oder Veterinärbeamte, die im öffentlichen Interesse Untersuchungen an dem Gut vornehmen und es dabei häufig auch einlagern, sind dagegen nicht Erfüllungsgehilfen des Verfrachters, da sie das Gut nicht im Interesse der Erfüllung seiner Obhutspflicht, sondern zur Erfüllung öffentlicher Aufgaben in Besitz nehmen.[14]

**16**    Zu den Erfüllungsgehilfen nach **Satz 2** muss auch der **Lotse** gerechnet werden. Er gehört nicht zur Schiffsbesatzung und ist dieser auch nicht – wie in § 480 – haftungsmäßig gleichgestellt. Er übt seine Tätigkeit als freien Beruf in eigener Verantwortung aus (§ 21 Abs. 1, 2 SeelotsG). Seine Beratung der Schiffsführung dient jedoch der Erfüllung des Frachtvertrages. Dass der Verfrachter ihn in der Regel nicht persönlich auswählen kann, hindert nicht die Zuordnung als sein Erfüllungsgehilfe; ein Kontrahierungszwang besteht in vielen Häfen auch für die Umschlag- und Lagerbetriebe, die auch dann als Erfüllungsgehilfen des Verfrachters anzusehen sind. Zur Eigenhaftung des Lotsen vgl. u. Rn. 22.

**17**    **2. Bei der Ausführung der Beförderung.** Anders als bei den Leuten braucht sich der Frachtführer ein Verhalten der **anderen Personen** nur zurechnen zu lassen, wenn er sich ihrer **bei der Beförderung** bedient. Sie müssen in die Ausführung des konkreten Frachtvertrages eingeschaltet sein; es genügt nicht – wie bei den Leuten –, dass sich ein schuldhaftes Verhalten bei der Erledigung eines anderen Auftrages auf den Frachtvertrag auswirkt. Der Begriff der „Beförderung" ist hier jedoch weit auszulegen: Es braucht sich nicht um die eigentliche Beförderung im engen Sinne der Ortsveränderung zu handeln; vielmehr rechnen auch die Vorbereitung – Umschlag, Laden – und die Abwicklung am Bestimmungsort – Entladen, Lagerung, Ablieferung – dazu, sofern sie unter die vertraglichen Pflichten des Verfrachters und in dessen Obhutszeitraum fallen.[15] Bedient sich der Frachtführer fremder Hilfe außerhalb seines beförderungsbezogenen Pflichtenkreises und seines Obhutszeitraumes – etwa zu den Vertragsverhandlungen oder zur Überprüfung einer Reklamation –, so kann nur eine Zurechnung über § 278 BGB in Betracht kommen.

## VI. Organe. Gesetzliche Vertreter

**18**    Die Haftung für Organe und gesetzliche Vertreter des Verfrachters fällt nicht in den Anwendungsbereich des § 501, sondern bestimmt sich nach §§ 31, 278 BGB.[16]

---

[12]  OLG Düsseldorf 11.5.1989, TranspR 1990, 63; OLG Hamm 14.11.1985, TranspR 1986, 77.
[13]  Vgl. den Fall des OLG Hamburg 19.6.2008, TranspR 2008, 261.
[14]  EBJS/*Schaffert* § 428 Rn. 8.
[15]  EBJS/*Schaffert* § 428 Rn. 9.
[16]  So auch *Rabe* § 607 Rn. 1; Schaps/*Abraham* § 607 Rn. 3.

## VII. Außervertragliche Ansprüche gegen den Verfrachter wegen Verschulden von Erfüllungsgehilfen

Der Verfrachter haftet für den Schaden, der Dritten durch widerrechtliches Handeln **19** seiner Leute und anderer Personen, deren er sich bei der Ausführung seiner Verrichtung bedient, nach § 831 BGB, sofern ihn ein Auswahlverschulden trifft. Auch für diese Ansprüche gelten, sofern sie mit frachtvertraglichen konkurrieren, die Haftungsbeschränkungen des Seefrachtrechts (§ 506 Abs. 1).

Neben die Haftung aus dem Vertrag kann ferner die adjektizische Haftung für die Leute **20** und die Schiffsbesatzung nach § 480 treten. Obwohl dies eine bloße (Mit-) Haftung für einen gegen ein Besatzungsmitglied oder sonstigen Bediensteten gerichteten Anspruch ist und obwohl sich dieser Anspruch nicht gegen den Verfrachter als solchen, sondern gegen diesen nur in seiner Eigenschaft als Reeder richtet, muss er den Beschränkungen des § 506 Abs. 1 unterfallen; das ergibt sich aus § 480 Satz 2.

## VIII. Eigene Haftung der Leute, der Schiffsbesatzung und anderer Personen

Die Leute und die Schiffsbesatzung haften bei Verschulden persönlich nach Maßgabe **21** der §§ 823 ff. BGB. Sie können sich jedoch auf die Haftungsbefreiungen und -begrenzungen berufen, die dem Verfrachter zu Gebote stehen (§ 508). Im Rahmen dieser Eigenhaftung wird bei gefahrgeneigter Tätigkeit häufig ein Freistellungs- oder Regressanspruch gegen den Arbeitgeber (Reeder oder Verfrachter) für leicht fahrlässig verursachte Schäden in Betracht kommen.

Die in Satz 2 genannten „anderen Personen" haben, soweit sie einem Dritten außerver- **22** traglich haften, nicht das Haftungsprivileg des § 508 (vgl. dort Rn. 7). Das gilt auch für den Lotsen,[17] der jedoch nach § 21 Abs. 3 SeelotsG eine eigene Haftungsbegrenzung in Anspruch nehmen kann.

## IX. Abdingbarkeit

Gemäß § 512 Abs. 1 kann von der Haftung nach § 501 **nur durch individuelle Partei-** **23** **vereinbarungen** abgewichen werden. § 512 Abs. 2 Nr. 1 enthält jedoch eine Ausnahme von diesem Grundsatz. Danach kann die **Haftung für ein Verschulden der Besatzung bei der Führung und Bedienung des Schiffes sowie bei Feuer** auch durch AGB abbedungen werden (vgl. Rn. 3).

## § 502 Wertersatz

(1) **Hat der Verfrachter nach den Bestimmungen dieses Untertitels für gänzlichen oder teilweisen Verlust des Gutes Schadensersatz zu leisten, so ist der Wert zu ersetzen, den das verlorene Gut bei fristgemäßer Ablieferung am vertraglich vereinbarten Bestimmungsort gehabt hätte.**

(2) **¹Hat der Verfrachter nach den Bestimmungen dieses Untertitels für die Beschädigung des Gutes Schadensersatz zu leisten, so ist der Unterschied zwischen dem Wert des beschädigten Gutes am Ort und zur Zeit der Ablieferung und dem Wert zu ersetzen, den das unbeschädigte Gut am Ort und zur Zeit der Ablieferung gehabt hätte. ²Es wird vermutet, dass die zur Schadensminderung und Schadensbehebung aufzuwendenden Kosten dem nach Satz 1 zu ermittelnden Unterschiedsbetrag entsprechen.**

(3) **¹Der Wert des Gutes bestimmt sich nach dem Marktpreis, sonst nach dem gemeinen Wert von Gütern gleicher Art und Beschaffenheit. ²Ist das Gut unmittel-**

---

[17] Der Lotse ist nicht Mitglied der Schiffsbesatzung und dieser nur hinsichtlich der adjektizischen Haftung des Reeders gleichgestellt. Er übt seine Tätigkeit als freien Beruf in eigner Verantwortung aus (§ 21 Abs. 1, 2 SeelotsG).

bar vor der Übernahme zur Beförderung verkauft worden, so wird vermutet, dass der in der Rechnung des Verkäufers ausgewiesene Kaufpreis einschließlich darin enthaltener Beförderungskosten der Marktpreis ist.

(4) Von dem nach den vorstehenden Absätzen zu ersetzenden Wert ist der Betrag abzuziehen, der infolge des Verlusts oder der Beschädigung an Zöllen und sonstigen Kosten sowie im Falle des Verlusts an Fracht erspart ist.

**Schrifttum:** *Butzer*, Die Ermittlung des Ersatzwertes für Unikate im Frachtrecht – Zugleich ein Beitrag zum Begriff des „gemeinen Wertes", VersR 1991, 854; *Hoffmann*, Die Haftung des Verfrachters nach deutschem Seefrachtrecht, Diss. Neuwied 1996; *de la Motte*, CMR: Schaden – Entschädigung – Versicherung, VersR 1988, 317; *Koller*, Der Wertersatz im Transportrecht, FG 50 Jahre BGH 2000, S. 181; *Skradde*, Die Erstattungsfähigkeit des entgangenen Gewinnes im Falle einer Ersatzlieferung, TranspR 2013, 224.

## Übersicht

| | Rn. | | Rn. |
|---|---|---|---|
| I. Normzweck | 1–5 | 3. Beweislast. Vermutung | 17, 18 |
| II. Entstehungsgeschichte | 6 | **IV. Wertersatz bei Beschädigung des Gutes (Abs. 2)** | 19–28 |
| **III. Wertersatz bei Verlust des Gutes (Abs. 1)** | 7–18 | 1. Beschädigung | 19 |
| 1. Gänzlicher oder teilweiser Verlust | 7–10 | 2. Wertvergleich | 20–26 |
| a) Gänzlicher Verlust | 8 | 3. Beweislast. Vermutungen | 27, 28 |
| b) Teilverlust | 9, 10 | **V. Abzug ersparten Kosten und Fracht (Abs. 4)** | 29–31 |
| 2. Wertersatz | 11–16 | | |

## I. Normzweck

1    Die Vorschrift enthält den das Transportrecht beherrschenden Grundsatz, dass bei Güterschäden, die unter die besonderen Haftungsregeln des Frachtrechts – also beim Seefrachtrecht unter die Obhutshaftung der §§ 498 ff.[1] – fallen, nicht Schadensersatz im Sinne einer Naturalrestitution (§ 249 BGB), sondern **Wertersatz** zu leisten ist. Damit wird die Berücksichtigung des individuellen Schadens des Geschädigten, insbesondere entgangenen Gewinns, ausgeschlossen. Eine **Ausnahme** gilt nur dann, wenn der Schaden durch **qualifiziertes Verschulden** des Verfrachters (selbst, nicht seiner Leute, der Schiffsbesatzung oder von Erfüllungsgehilfen) herbeigeführt worden ist (§ 507).

2    Maßgebender Wert ist der Wert, den das Gut bei störungsfreier Lieferung zur Zeit der vorgesehenen Ablieferung **am Bestimmungsort** gehabt hätte **(Ablieferungswert).** Damit unterscheidet sich die Regelung von der des allgemeinen Frachtrechts (§ 429) sowie der CMR (Art. 23 Abs. 1 und 2, Art. 24 CMR) und der CIM (Art. 30, 32 CIM), welche auf den Wert des Gutes am Abgangsort abstellen. Die Maßgeblichkeit des Bestimmungsortes für die Wertberechnung hat jedoch im Seefrachtrecht Tradition, findet sich auch in den RR (Art. 22 RR) und galt schon im früheren deutschen Recht (§§ 658, 659 aF). Für die Berechnung aufgrund des Ablieferungswertes spricht, dass eine Wertsteigerung der Güter durch die Beförderung berücksichtigt werden kann, die bei Seebeförderungen über größere Distanzen oft erheblich höher ist als normalerweise im innerstaatlichen Landverkehr.[2] Im Hinblick auf die verschiedene Wertbemessung unterscheidet sich das Korrektiv der Berücksichtigung der vom Befrachter aufgewendeten beförderungsbedingten Kosten von dem des allgemeinen Frachtrechts: Während der Frachtführer im Landfrachtrecht neben den Wertersatz auch die vergeblich aufgewendeten Beförderungskosen zu ersetzen hat (§ 432), sind die Kosten der Beförderung im Seetransportrecht, sofern sie nicht wegen des Verlustes des Gutes entfallen (vgl. Rn. 15), von der Wertersatzleistung abzuziehen (Abs. 4).

---

[1] Für Schäden, die außerhalb der Obhut verursacht wurden, haftet der Verfrachter nach allgemeinem Regeln des BGB, vgl. auch RegBegr-SRG S. 82 und § 498 Rn. 28.
[2] RegBegr-SRG S. 82.

Im Fall einer Beschädigung des Gutes ist der **Differenzbetrag zwischen dem Abliefe- 3
rungswert des beschädigten und dem des unbeschädigten Gutes** zu ersetzen
(Abs. 2 S. 1). Diese Regelung entspricht § 659 Satz 1 aF. und, mit der Abweichung des
maßgebenden Ortes, § 429 Abs. 2. Die Feststellung der Wertdifferenz wird erleichtert
durch eine (widerlegliche) Vermutung, dass die zur Schadensbehebung oder Schadensminderung aufzuwenden Kosten dem Differenzbetrag nach Satz 1 entsprechen **(Abs. 2
Satz 2)**.

Der Wert des Gutes bestimmt sich nach dem Marktwert, wenn ein solcher feststellbar 4
ist, sonst nach dem gemeinen Wert **(Abs. 3)**.

Die Formulierung des Abs. 1 verdeutlicht mit den Worten „nach den Bestimmungen 5
dieses Untertitels", dass die Begrenzung der Ersatzleistung auf den Wertersatz nur für Güterschäden gilt, die in dem in § 498 Abs. 1 umschriebenen Obhutszeitraum zwischen Übernahme und (vereinbarter) Ablieferung des Gutes eintreten.[3]

## II. Entstehungsgeschichte

Die Vorschrift ist aus § 513 BerSV übernommen worden. Sie ersetzt §§ 658 und 659 6
aF und ist an § 429 angelehnt. Art. 4 § 5 VisbyR und Art. 22 RR enthalten vergleichbare
Vorschriften. Die HR kennen eine solche Regelung nicht. Zwar bestimmt Art. 4 § 2
HR, dass der Verfrachter im Falle von Verlust oder Beschädigung des Gutes niemals
eine den Haftungshöchstbetrag des Übereinkommens überschreitende Summe zu zahlen
braucht; das schreibt jedoch die Berechnung des Ersatzbetrages innerhalb dieser Marge
nicht vor.[4]

## III. Wertersatz bei Verlust des Gutes (Abs. 1)

**1. Gänzlicher oder teilweiser Verlust.** Zum Begriff des Verlusts vgl. § 498 Rn. 15 7
und § 429 Rn. 7 Im Gegensatz zu § 498 unterscheidet § 502 zwischen gänzlichem und
teilweisem Verlust des Gutes.

**a) Gänzlicher Verlust.** Gänzlicher Verlust oder Totalverlust liegt vor, wenn ein einzeln 8
versandtes Stück oder alle Stücke einer Ladung (vgl. zum Begriff „Ladung" § 504 Abs. 2)[5]
verloren gehen. Dann ist der Wert des Stückes oder der gesamten Ladung der Wertermittlung zu Grunde zu legen.

**b) Teilverlust.** Teilverlust liegt vor, wenn aus einer **mehrere Stücke umfassenden** 9
**Ladung** nur einzelne verloren gehen. Grundsätzlich ist dann nur der Wert verloren gegan-
gener Stücke zu berücksichtigen.[6] Eine mögliche Wertminderung der gesamten Ladung
oder eines anderen ordnungsgemäß abgelieferten Teils durch den Verlust eines Teils ist zu
berücksichtigen, wenn sie mit den verlorenen Teilen eine wirtschaftliche Einheit bildeten.[7]
Vgl. dazu auch § 429 Rn. 9.

Eine **einheitliche Ladung** bilden mehrere Stücke, wenn sie gemeinsam zur Beförderung 10
übergeben worden sind. Der Begriff entspricht dem der einheitlichen Sendung in § 429; die
terminologische Abweichung ist durch den im Seeverkehr abweichenden Sprachgebrauch
begründet. Wegen des Begriffs vgl. auch § 504 Rn. 10 f. und § 429 Rn. 10.

**2. Wertersatz.** Bei Verlust des Gutes hat der Verfrachter nicht den vollen Schaden zu 11
ersetzen, sondern nur den **Substanzwert des beförderten Gutes (Abs. 1 Satz 1)**. Das
Gesetz schreibt hierfür eine abstrakte Wertberechnung vor (Abs. 3). Geschuldet wird pau-

---

[3] RegBegr-SRG S. 82.
[4] Deshalb wurde die Wertberechnung §§ 658, 659 auch bei Ausstellung eines Konnossements als dispositiv
angesehen, vgl. BGH 9.2.1978, NJW 1978, 1109 ff.
[5] Zu dem entsprechenden Begriff der Sendung im allgemeinen Frachtrecht vgl. § 429 Rn. 8.
[6] Schaps/*Abraham* § 658 Rn. 2; *Koller* § 429 Rn. 19.
[7] Vgl. BGH 6.2.1997, TranspR 1997, 335; *Rabe* § 658 Rn. 9; *de la Motte* VersR 1988, 317; aA Schaps/
*Abraham* § 658 Rn. 2.

schalierter Wertersatz. Jeder **weitere Schadensersatz** wegen der von §§ 498 ff. erfassten Güterschäden ist damit – außer in dem Ausnahmefall des § 503 – **ausgeschlossen;**[8] §§ 249 ff. BGB sind unanwendbar.[9] Ausgeschlossen ist insbesondere der Ersatz wirtschaftlicher Folgeschäden, namentlich entgangenen Gewinns (§ 498 Rn. 7). Vollen Schadensausgleich, der auch solche Schadensposten einschließt, kann der Geschädigte nur unter den Voraussetzungen des § 507 verlangen.[10]

12    Den Wertersatz kann der Geschädigte als eine **pauschalierte Entschädigung** auch verlangen, wenn sein wirtschaftlicher Schaden geringer ist,[11] da die Höhe des individuellen Schadens unerheblich ist. Deshalb bleiben auch konkrete Absatzmöglichkeiten oder die Möglichkeit eines günstigeren Deckungskaufes außer Betracht.[12] Durch die Unbeachtlichkeit der konkreten Schadensermittlung wird nicht nur die unangemessene Berücksichtigung eines dem Verfrachter nicht erkennbaren entgangenen Gewinns ausgeschlossen, sondern durch die Pauschalierung auch eine schnellere Schadensabwicklung erreicht.[13]

13    Der Wertersatz ist stets **in Geld** zu leisten, Naturalrestitution kann von keiner Seite verlangt werden;[14] Wiederbeschaffungskosten sind deshalb nicht zu erstatten.

14    Maßgeblicher Wert ist der **Marktpreis**, in Ermangelung eines Marktpreises der **gemeine Wert** vergleichbarer Güter **(Abs. 3 Satz 1)**. **Marktpreis** ist der Durchschnittspreis, der bei regelmäßigem Umsatz der Güter gleicher Art und Beschaffenheit im Handelsverkehr erzielt wird.[15] **Gemeiner Wert** ist der Wert, zu dem ein Gut gleicher Art und Güte ohne Berücksichtigung der besonderen Verhältnisse der Parteien am Ort und zur Zeit der Ablieferung hätte veräußert oder beschafft werden können.[16]

15    Der Wert des verloren gegangenen Gutes bestimmt sich nach dem **Zeitpunkt und** dem **Ort der vertragsgemäßen Ablieferung.** Wertsteigerungen des Gutes, die während oder auf Grund des Transports eingetreten sind, sind also – anders als nach § 429 im allgemeinen Frachtrecht[17] – zu berücksichtigen.[18] Diese Abweichung vom allgemeinen Frachtrecht hat ihren Grund in der schifffahrtsrechtlichen Tradition,[19] die wiederum darauf zurückzuführen ist, dass anders als im nationalen Gütertransport häufig erhebliche Abweichungen der Werte am Abgangs- und am Bestimmungsort bestehen. Da der Wert am Bestimmungsort die etwaige Wertsteigerung durch den Transport einschließt, sind – umgekehrt wie bei der zusätzlichen Berücksichtigung unnütz aufgewendeter Beförderungskosten nach § 430 – etwa **ersparte Beförderungskosten vom Wert abzuziehen (Abs. 4).** Die Fracht wird regelmäßig erst bei Ablieferung fällig (§ 493 Abs. 1 Satz 1) und ist deshalb bei Güterverlust nicht zu zahlen; der Empfänger wäre also durch die Zugrundelegung des Wertes am Ablieferungsort um die in diesem regelmäßig zum Ausdruck kommende Wertsteigerung infolge der Beförderung bereichert. **Voraussetzung** für den Abzug ist aber, dass die **Fracht erspart** ist; wurde in Abweichung von § 493 vereinbart, dass die Fracht schon bei Übernahme des Gutes durch den Verfrachter fällig ist („freight prepaid"), so findet ein Abzug nicht statt. Entsprechendes gilt bei Abgaben und Zöllen.

---

[8] Das ist in § 502 – anders als in § 432 Satz 2 – nicht ausdrücklich gesagt, folgt jedoch schon aus dem Gesamtzusammenhang.

[9] *Rabe* § 658 Rn. 8; Schaps/*Abraham* § 658 Rn. 2. Missverständlich BGH 24.11.2010, TranspR 2011, 161, 163, der im Anschluss an BGH 18.6.2009, BGHZ 181, 292 = TranspR 2009, 327 und *Rabe* § 606 Rn. 4 den Anspruch aus § 249 BGB nur durch die Regelung des § 660 Abs. 1 Satz 1 (aF) begrenzt ansah. Auch nach altem Recht schuldete der Verfrachter – außer bei Leichtfertigkeit nach § 660 Abs. 3 AF – nicht Schadensersatz, sondern Wertersatz.

[10] Dazu, wie weit er in den Fällen des § 507 ein Wahlrecht hat, vgl. § 507 Rn. 16.

[11] BGH 15.10.1992, TranspR 1993, 137, 138.

[12] BGH 15.10.1992, TranspR 1993, 137, 138; OLG Stuttgart 5.9.2001, TranspR 2002, 23; *Koller* § 429 Rn. 18

[13] *de la Motte* VersR 1988, 317.

[14] *Koller* § 429 Rn. 18.

[15] Dazu eingehend *Koller* § 429 Rn. 4 ff.

[16] RegBegr-SRG S. 82; BGH 29.7.2009, TranspR 2009, 408; BGH 15.10.1992, TranspR 1993, 137; *Koller* § 429 Rn. 11; eingehender zu § 429 Rn. 14 ff.

[17] *Koller* Rn. 5; aA Fremuth/Thume/*Fremuth* Rn. 19.

[18] RegBegr-SRG S. 82.

[19] Vgl. auch § 659 aF.

Ist das Gut unmittelbar vor der Beförderung Gegenstand eines Kaufvertrages gewesen, **16**
so stellt das Gesetz **(Abs. 3 Satz 2)** die (widerlegliche) Vermutung auf, dass der **Kaufpreis**
einschließlich darin enthaltener Beförderungskosten den Wert des Gutes am Ablieferungsort
widerspiegelt. Sind im Kaufpreis Beförderungskosten nicht enthalten (etwa, weil der Kaufvertrag *ex works* oder *fob* abgeschlossen wurde, sind die Beförderungskosten dem Kaufpreis
hinzuzurechnen. Basis dieser Berechnung muss nach dem Gesetz eine Handelsrechnung
sein: doch wird man im Rahmen der Wertermittlung auch einen anderen Beweis für
den Kaufvertrag gelten lassen müssen. Auch **Herstellungskosten** können deshalb einen
Anhaltspunkt für den Wert am Ablieferungsort bieten. Notfalls ist der Wert zu schätzen
(§ 287 ZPO).

**3. Beweislast. Vermutung.** Der Geschädigte hat den Wert des Gutes zu beweisen. Ist **17**
das Gut unmittelbar vor der Übernahme verkauft worden, kommt dem Geschädigten die
gesetzliche (widerlegliche) Vermutung des Abs. 3 Satz 2 zugute, dass ein in einer **Rechnung
ausgewiesener Kaufpreis** einschließlich darin enthaltener Beförderungskosten oder, wenn
das Gut ohne Übernahme der Beförderung durch den Verkäufer veräußert worden ist,
zuzüglich der Beförderungskosten dem Marktpreis am Ablieferungsort zum Zeitpunkt der
vereinbarten Ablieferung entspricht. Diese Vermutungsregel wurde aus § 429 Abs. 3 übernommen. Wenn ein Kaufvertrag nicht vorliegt, können auch die **Herstellungskosten** –
auch diese Vermehrt um das Beförderungsentgelt – einen Anhaltspunkt für den Wert am
Ablieferungsort bieten. Notfalls ist der Wert zu schätzen (§ 287 ZPO).

Eine **Vereinbarung,** dass der Wert der Waren dem gezahlten Kaufpreis entsprechen **18**
soll,[20] ist durch § 513 nicht ausgeschlossen, weil es sich bei der jeweiligen Kaufpreisangabe
um eine Individualvereinbarung handelt.

### IV. Wertersatz bei Beschädigung des Gutes (Abs. 2)

**1. Beschädigung.** Eine Beschädigung ist die Veränderung der inneren oder äußeren **19**
Substanz des Gutes und eine dadurch verursachte Wertminderung (vgl. § 498 Rn. 23 ff.).

**2. Wertvergleich.** Im Falle einer Beschädigung des Gutes ist gem. Satz 1 der **Differenz-** **20**
**betrag** zwischen dem Ablieferungswert des beschädigten Gutes (sog. **Restwert**) und dem
Ablieferungswert des unbeschädigten Gutes (sog. **Gesundwert**) zu ersetzen. Das entspricht
§ 659 aF.

Auch bei einer Beschädigung besteht **über den Differenzbetrag hinaus kein** **21**
**Anspruch** auf Ersatz des tatsächlichen Schadens. §§ 249 ff. BGB und § 280 BGB (Positive
Vertragsverletzung) kommen als Anspruchsgrundlagen nicht in Betracht.[21]

Der hypothetische **Gesundwert** am Ablieferungsort wird ebenso wie bei Verlust des **22**
Gutes ermittelt (s. Rn. 15).

**Restwert** ist der wirkliche Wert des Gutes zum Zeitpunkt der Ablieferung. Das Gesetz **23**
bestimmt damit den Zeitpunkt für die Wertermittlung zutreffender als § 659 aF, wo auf
das Löschen der Ladung abgestellt wurde, das vor der Ablieferung an den Empfänger liegen
kann. Die bisherige Rechtsprechung, wonach der Verkaufswert bei Beginn des Löschens
maßgebend war,[22] kann auf dem Boden des neuen Rechts nicht aufrechterhalten werden
Jedoch bleibt es dabei, dass **Preisschwankungen,** etwa durch Einführung eines höheren
Einfuhrzolls, **zwischen dem maßgebenden Bewertungszeitpunkt** – jetzt der Ablieferung, bisher dem Beginn des Löschens – und dem Verkauf des beschädigten Gutes **außer
Betracht** bleiben.[23]

Der **Marktwert des beschädigten Gutes** ist schwer festzustellen, weil idR kein Markt **24**
für beschädigte Güter besteht. Deshalb wird der Wert häufig geschätzt werden müssen. Das

---

[20] OLG Hamburg 27.11.1975, VersR 1976, 1059.
[21] OLG Hamburg 31.12.1992, TranspR 1993, 194.
[22] OLG Hamburg 31.12.1992, TranspR 1993, 194; *Rabe* § 659 Rn. 2.
[23] OLG Hamburg 13.9.1990, TranspR 1991, 151, VersR 1991, 1271. *Rabe* § 659 Rn. 2; zustimmend
*Hoffmann* S. 130.

Gesetz erleichtert die Ermittlung der Wertdifferenz, indem es die (widerlegliche) Vermutung aufstellt, dass die zur Schadensminderung und Schadensbehebung aufzuwendenden Kosten dem Differenzbetrag entsprechen (**Abs. 2 Satz 2**). Diese Kosten brauchen nicht schon tatsächlich aufgewendet worden zu sein, es genügt etwa ein Kostenvoranschlag für eine Reparatur.

25     Der sog. „**merkantile Minderwert**" der beschädigten Ware, also die schadensbedingte Minderung des Verkaufswertes über den objektiven Wertverlust hinaus ist zu berücksichtigen; nicht dagegen der Verlust, den der Geschädigte dadurch erleidet, dass er das beschädigte Gut im Interesse seines Ansehens auf dem Mart nicht anbieten will.[24] Der Empfänger kann den vollen Wert des Gutes verlangen, wenn dieses derart beschädigt ist, dass es keinen Verkaufswert mehr hat.[25] Wegen weiter Einzelheiten vgl. § 429 Rn. 26 ff.

26     Ist nur **ein Teil einer Gesamtladung beschädigt**, beschränkt sich die Ersatzberechtigung auf den Differenzbetrag dieses Teils. Eine andere Beurteilung ist denkbar, wenn die Ladung ein untrennbares Ganzes darstellt und somit eine Wertminderung insgesamt entstanden ist.[26]

27     **3. Beweislast. Vermutungen.** Grundsätzlich muss der Geschädigte die **Wertdifferenz** beweisen. Deshalb hat er sowohl Gesundwert als auch Restwert zu beweisen. Zur Erleichterung der Beweisführung begründet Satz 2 die widerlegliche **Vermutung,** dass Kosten, die zur Schadensminderung und Schadensbehebung aufgewendet werden, dem Differenzbetrag nach Satz 1 entsprechen.

28     Hinsichtlich der **Schadensminderungsmaßnahmen** ist eine differenzierte Betrachtung notwendig: Da bei der Schadensminderung schon begriffsnotwendig nicht der gesamte Schaden behoben wird, kann die Vermutung nur für den geheilten Teil gelten, der regelmäßig schwer abgrenzbar ist und deshalb geschätzt werden muss.

### V. Abzug ersparten Kosten und Fracht (Abs. 4)

29     Da für die Wertberechnung die Verhältnisse am Bestimmungsort maßgebend sind, die beförderungsbedingten Kosten, die – zumindest theoretisch – in den Wert am Bestimmungsort einfließen, nicht in vollem Umfang entstanden sein können, ist eine **Korrektur des nach Abs. 1 bis 3 ermittelten Wertes** notwendig.[27] Eine entsprechende Regelung fand sich auch in § 658 Abs. 1, § 659 aF.

30     Abzuziehen ist **bei Verlust** die Fracht, sofern sie nicht – abweichend von der gesetzlichen Fälligkeitsregelung des § 493 – voraus endgültig bezahlt wurde.[28] Erspart worden sind regelmäßig auch die Kosten des Löschens, sofern dieses dem Empfänger oblag. Ferner Zölle, wenn der Verlust vor deren Entstehung eintrat.

31     Bei **Beschädigung** ist die Fracht regelmäßig zu zahlen; deshalb nennt das Gesetz diese hier nicht als Abzugsposten. Zölle können erspart worden sein, wenn die Beschädigung vor der Verzollungspflicht, also regelmäßig dem Grenzübergang eingetreten ist. Kosten des Löschens werden regelmäßig nicht erspart, es sei denn, der Empfänger verweigert die Annahme des Gutes schon vor dem Entladen.

### § 503 Schadensfeststellungskosten

**Bei Verlust oder Beschädigung des Gutes hat der Verfrachter über den nach § 502 zu leistenden Ersatz hinaus die Kosten der Feststellung des Schadens zu tragen.**

---

[24] OLG Hamm 25.11.1993, TranspR 1994, 61.
[25] RG 4.4.1908, RGZ 68, 203.
[26] *Hoffmann* S. 130; *Rabe* § 659 Rn. 2; aA *Koller* § 429 Rn. 24.
[27] Vgl. RegBegr-SRG S. 82.
[28] *Rabe* § 458 Rn. 12.

**Schrifttum:** *Starosta,* Sind Ermittlungskosten als Schadensfeststellungskosten im Sinne des § 430 HGB anzusehen?, TranspR 2008, 466.

## I. Normzweck

Die Pflicht zum Ausgleich der Kosten der Schadensfeststellung ist gesondert angeordnet **1** worden, weil der Wertersatz nach § 502 solche Aufwendungen nicht umfasst. Deshalb ist die dem § 430 entsprechende Klarstellung zu begrüßen. Die mit der Schadensfeststellung verbundenen Kosten sind untrennbar mit dem Substanzschaden verknüpft, daher sollten sie gleich behandelt werden (so die RegBegr-SRG S. 82).

## II. Entstehungsgeschichte

Die Bestimmung ist aus dem Vorschlag der Sachverständigenkommission (§ 514 BerSV)[1] **2** und dem RegE-SRG[2] unverändert übernommen worden.

## III. Schadensfeststellungskosten

Der Begriff deckt alle Kosten, die zur **Feststellung der zu ersetzenden Werteinbuße 3** (§ 502) aufgewendet werden.[3] Also namentlich Kosten von Sachverständigen,[4] Telefonkosten, Reisekosten.[5] Auch Aufwendungen zur Feststellung des Reparaturaufwandes wie Kostenvoranschläge, Transportkosten.

Zu den Feststellungskosten gehören auch Aufwendungen zur Feststellung, **ob aus einem 4 Unfall überhaupt ein Schaden entstanden ist,** wenn der Unfall feststeht und seine Auswirkungen zweifelhaft sind. Ist eine empfindliche Maschine beim Laden oder Löschen einer Erschütterung ausgesetzt worden und kann nur durch Prüfung im Herstellerwerk festgestellt werden, ob sie dabei beschädigt worden ist, so sind die Kosten der Verbringung dorthin und der Untersuchung nach Auffassung des BGH[6] keine Schadensfeststellungskosten. Dem ist dann zuzustimmen, wenn man den bloßen Verdacht eines Schadens bereits als Wertminderung nach § 501 berücksichtigt.

Wohl auch dazu zu rechnen sind Kosten im Zusammenhang mit der Ermittlung des **5** bei Beschädigung für die Berechnung des Wertverlustes maßgebenden **hypothetischen Restwertes am Ablieferungsort.**[7] **Nicht dagegen** Kosten der Ermittlung der Schadensursache[8] oder des Schadensverlaufes; diese sind schon durch den Wortlaut eindeutig ausgeschlossen, ihre Verteilung bestimmt sich nach der Beweislast für den Ersatzanspruch.

Es versteht sich von selbst, dass nur die notwendigen Kosten erstattungsfähig sind; eines **6** Rückgriffs auf § 254 BGB bedarf es dafür nicht.[9]

## IV. Haftungsbeschränkung

Auch dieser Ersatzposten ist – gemeinsam mit dem nach § 502 zu leistenden Wertersatz – **7 Gegenstand der summenmäßigen Haftungsbegrenzung** nach § 504. Das ergibt sich aus dem Wortlaut des § 503, aber auch aus der Stellung im Gesetz.[10]

---

[1] BerSV S. 93.

[2] RegBegr-SRG S. 82.

[3] Hein/Eichhoff/Pukall/Krien/*Andresen* § 430 Rn. 4; Fremuth/Thume/*Fremuth* § 430 Rn. 4; EBJS/*Schaffert* § 430 Rn. 3.

[4] OLG Hamburg 29.11.1984, TranspR 1985, 130, 131; OLG Hamburg 2.5.1985, TranspR 1985, 398, 398 f.; OLG Hamburg 24.10.1991, TranspR 1992, 66, 67.

[5] *Koller* § 430 Rn. 3; Heymann/*Joachim* § 430 Rn. 3.

[6] BGH 24.5.2000, TranspR 2000, 456; *Koller* § 430 Rn. 3.

[7] *Koller* § 430 Rn. 3.

[8] *Starosta* TranspR 2008, 466; *Koller* § 430 Rn. 3; aA Fremuth/Thume/*Fremuth* Rn. 4.

[9] So aber *Koller* § 430 Rn. 3; EBJS/*Schaffert* Rn. 4; zutreffend Fremuth/Thume/*Fremuth* Rn. 8.

[10] RegBegr-SRG S. 82; Hein/Eichhoff/Pukall/Krien/*Andresen* § 430 Rn. 5; EBJS/*Schaffert* Rn. 4; Heymann/*Joachim* Rn. 3.

## V. Beweislast

**8**     Der Anspruchsteller hat die Notwendigkeit und Höhe der Aufwendungen nachzuweisen. Voraussetzung ist ferner, dass die Haftung des Verfrachters für den Unfall feststeht, für welche die normale Beweislast nach § 498 gilt (vgl. § 498 Rn. 63 ff.).

## § 504 Haftungshöchstbetrag bei Güterschäden

(1) ¹Die nach den §§ 502 und 503 zu leistende Entschädigung wegen Verlust oder Beschädigung ist auf einen Betrag von 666,67 Rechnungseinheiten für das Stück oder die Einheit oder einen Betrag von 2 Rechnungseinheiten für das Kilogramm des Rohgewichts des Gutes begrenzt, je nachdem, welcher Betrag höher ist. ²Wird ein Container, eine Palette oder ein sonstiges Lademittel verwendet, das zur Zusammenfassung von Frachtstücken verwendet wird, so gilt jedes Stück und jede Einheit, welche in einem Beförderungsdokument als in einem solchen Lademittel enthalten angegeben sind, als Stück oder Einheit im Sinne des Satzes 1. ³Soweit das Beförderungsdokument solche Angaben nicht enthält, gilt das Lademittel als Stück oder Einheit.

(2) Besteht das Gut aus mehreren Frachtstücken (Ladung) und sind nur einzelne Frachtstücke verloren oder beschädigt worden, so ist der Berechnung der Begrenzung nach Absatz 1

1. die gesamte Ladung zu Grunde zu legen, wenn die gesamte Ladung entwertet ist, oder
2. der entwertete Teil der Ladung zu Grunde zu legen, wenn nur ein Teil der Ladung entwertet ist.

**Schrifttum:** *Asariotis,* Haftungsbegrenzung und deren Durchbrechung im Seehandelsrecht: die englische Auffassung, TranspR 2004, 147; *Herber,* Haftungsbegrenzungen und deren Durchbrechung im deutschen und internationalen Transportrecht, TranspR 2004, 93; *Puttfarken,* Cap oder Kürzung? Rechtsgrund und Funktion der Haager Haftungsgrenzen, FS Herber, 1999, S. 187; *Rabe,* Haftungsbegrenzungen und Haftungsdurchbrechungen im Seerecht, TranspR 2004, 142; *Ramming,* Überlegungen zur Anwendung der Höchsthaftung nach § 660 Abs. 1 S. 1 HGB – Zugleich Anmerkung zu OLG Hamburg, Urteil vom 11. Januar 2007 – 6 U 66/06 – IRAN SHAHRYAR, TranspR 2008, 442.

### Übersicht

| | Rn. | | Rn. |
|---|---|---|---|
| **I. Normzweck** | 1–6 | a) Stück | 14 |
| | | b) Einheit | 15 |
| **II. Entstehungsgeschichte** | 7 | c) Die sog. „Containerklausel" | 16–20 |
| **III. Haftungshöchstbetrag bei Verlust oder Beschädigung der gesamten Ladung (Abs. 1)** | 8–20 | **IV. Haftungshöchstbetrag bei Teilverlust oder Teilbeschädigung (Abs. 2)** | 21–26 |
| | | **V. Beweislast** | 27–29 |
| 1. Verlust oder Beschädigung | 8, 9 | **VI. Keine Reduktion des Höchstbetrages bei Mitverschulden** | 30 |
| 2. Bezugseinheit: Ladung | 10, 11 | | |
| 3. Gewicht | 12 | **VII. Zusätzliche Beschränkung der Haftung durch das HBÜ** | 31 |
| 4. Stück oder Einheit | 13–20 | | |

## I. Normzweck

**1**     Die Haftung des Verfrachters für Güterschäden ist **summenmäßig auf 666,67 SZR je Stück oder Einheit** oder auf **2 SZR je kg des Rohgewichts** begrenzt (Abs. 1 Satz 1). Die Begrenzung entspricht dem Standard der HVisbyR und dem bisherigen deutschen Recht (§ 660 Abs. 1 aF). Eine Begrenzung der Haftung besteht in allen Transportrechten und ist erforderlich, schon um die Versicherbarkeit der Haftung für Risiken, die dem Verfrachter oft nicht bekannt sind und bekannt sein können, zu gewährleisten.; sie wird nur durch Leichtfertigkeit (§ 507) des Verfrachters selbst (vgl. dazu § 507 Rn. 11) aufgehoben ("durchbrochen"). Allerdings ist die Höhe der Beschränkung sowohl je nach Transportmittel als auch von Staat zu Staat mehr oder weniger verschieden.

Die grundsätzlichen, bis zum Vorwurf der Verfassungswidrigkeit gesteigerten Angriffe **2** von *Canaris*[1] gegen die gewichtsbezogene Haftungsbegrenzung sind haltlos. Es kann sich nicht darum handeln, den Eigenarten einzelner, verschieden wertvoller Ladungsarten Rechnung zu tragen, was *Canaris* offenbar für notwendig hält. Vielmehr geht es allein um die Grenze der Belastbarkeit des Verfrachters mit dem Ziel, die Haftung für überdurchschnittlich wertvolle, jedoch als solche nicht erkennbare Güter zu begrenzen. Der Befrachter hat stets die Möglichkeit, eine höhere Haftungsgrenze zu vereinbaren; daran wird er allerdings in der Regel nicht interessiert sein, weil der vom Verfrachter dafür angesetzte Frachtzuschlag höher sein wird als die Prämie für eine Güterversicherung.

Die **Haftungsbeschränkung gilt nur für Schäden** wegen Verlusts oder Beschädigung **3** des Gutes **in der Zeit zwischen Übernahme und Ablieferung** durch den Verfrachter. Das weicht von § 660 aF in zweifacher Hinsicht ab: Einmal erfasst sie nicht – anders als § 660 aF,[2] der insoweit auf Art. 4 § 5 der HVisbyR zurückging – Ansprüche gegen den Verfrachter aus Pflichtverletzungen vor oder nach der Obhutszeit.[3] Ferner findet sich keine Haftungsbegrenzung für Verspätungsschäden, weil diese – anders als im allgemeinen Frachtrecht (§§ 425, 431) – keiner besonderen frachtrechtlichen Regelung unterworfen worden sind.[4] Insoweit ist die Vereinbarung von Haftungsbeschränkungen, auch durch AGB, grundsätzlich zulässig, doch setzt die AGB-Rechtsprechung dem in Deutschland enge Grenzen.[5]

Abs. 1 **Satz 2** enthält die sog. **Containerklausel,** die aus Art. 2 VisbyR schon in § 660 **4** Abs. 2 aF übernommen worden war. Sie soll den Vertragsparteien die Möglichkeit geben, den Inhalt von Behältnissen auch in der – wegen des niedrigen Haftungssatzes je kg notwendigen – stückbezogenen Alternative angemessener Einheiten als das gesamte Behältnis der Berechnung zugrunde zu legen.[6] Die Nennung der Stücke im Container kann nach neuem Recht auch in einem anderen Beförderungsdokument erfolgen als dem – in § 660 Abs. 2 aF entsprechend den HVisbyR hierfür geforderten – Konnossement (vgl. dazu Rn. 19).

Die Haftungssumme **(Abs. 1)** ist durch **Bezugnahme auf das Sonderziehungsrecht 5** (SZR) des Internationalen Währungsfonds definiert **(§ 505).**[7] Mit dieser Bezugsgröße und der Angleichung an den heute noch überwiegenden Standard der HVisbyR wird eine weitgehende Übereinstimmung der Haftung im nationalen und im internationalen Seeverkehr erreicht, die schon nach altem Recht bestand. Allerdings entwickelt sich das Haftungsniveau auch international, wenn auch langsam, weiter (dazu Rn. 7). Die durch das SRG geschaffene Möglichkeit, die Haftungssumme durch Individualvereinbarung frei zu modifizieren (§ 512) gibt den Beteiligten weitgehende Freiheit, die Summe ihren jeweiligen Bedürfnissen anzupassen.

Im Übrigen regelt die Norm **Detailfragen bei Teilverlust bzw. Teilbeschädigung 6** der Ladung **(Abs. 2).**

## II. Entstehungsgeschichte

Die Vorschrift entspricht in der Struktur § 431 und wurde im Wesentlichen aus dem **7** BerSV (§ 515) übernommen. Jedoch hat schon der RegE-SRG **einige Änderungen**

---

[1] *Canaris,* Handelsrecht, 23. Aufl. 2000, § 33 Rn. 23, bezeichnet die Anknüpfung an das Gewicht als "geradezu anstößig", da das Gewicht keinen Indikator für den Wert bildet. Der Wert ist jedoch in der Regel nicht leicht festzustellen; ist dies möglich, steht einer Wertdeklaration nichts im Wege.

[2] Vgl. dazu instruktiv OLG Hamburg 22.4.2010, TranspR 2011, 112 ff.: Beschädigung des Gutes durch einen zur Beladung durch den Absender vor Übernahme durch den Befrachter zur Verfügung gestellten schadhaften Container und Begrenzung der Haftung hierfür nach § 280 BGB.

[3] RegBegr-SRG S. 83.

[4] RegBegr-SRG S. 83.

[5] Vgl. nur OLG Hamburg 13.1.2011, TranspR 2012, 382 ff.

[6] Zur Vorgeschichte dieser Klausel vgl. *Herber,* Haftungsrecht, S. 209 f.

[7] Vgl. dazu die Bem. zu § 505. Die Bezugsgröße entspricht § 660 Abs. 1 Satz 2–4 aF und § 431 Abs. 4, allerdings weicht der Zeitpunkt der Umrechnung in Euro (Ablieferung des Gutes) von den Vorbildern ab.

**gegenüber dem RefE-SRG und dem BerSV** vorgenommen: Entfallen ist die in den Vorentwürfen vorgesehene Begrenzung der Haftung für Verspätungsschäden, weil diese abweichend vom Vorschlag des BerSV und von § 431 auch hinsichtlich der Haftung nicht sondergesetzlich im Transportrecht geregelt sind (vgl. § 498 Rn. 56).[8] Ebenfalls in Abweichung vom Vorschlag des BerSV wurden die Haftungsbeträge des früheren Rechts (§ 660 aF) beibehalten; deren Anpassung an die höheren Sätze der RR (3 SZR je kg oder 875 SZR je Stück oder Einheit) oder wenigstens der HambR (2,5 SZR je kg oder 835 SZR je Stück oder Einheit) erschien schon dem Regierungsentwurf nicht angezeigt, weil der Betrag der HVisbyR immer noch dem allgemeinen Standard in der internationalen Seeschifffahrt entspreche.[9] Schließlich wurde die in § 431 und den Vorentwürfen verwendete Bezeichnung „Sendung" für ein aus mehreren Stücken bestehendes Transportgut der Übung in der Seeschifffahrt entsprechend in „Ladung" geändert.

### III. Haftungshöchstbetrag bei Verlust oder Beschädigung der gesamten Ladung (Abs. 1)

8   **1. Verlust oder Beschädigung.** Die Entschädigung für Güterschäden durch Verlust oder Beschädigung der gesamten Ladung ist auf 2 Rechnungseinheiten (= SZR, § 505) für jedes Kilogramm des Rohgewichts oder auf 666,67 Rechnungseinheiten für das Stück oder die Einheit begrenzt. Die alternative Bemessung der Haftungssumme entspricht den HVisbyR. Sie hat ihren Grund darin, dass der niedrige gewichtsbezogene Betrag für Güter mit geringem Gewicht durch Beibehaltung der in den ursprünglichen HR ausschließlich vorgesehenen Begrenzung je Stück oder Einheit korrigiert wird. Ergänzt wird diese die reine Gewichtsbegrenzung durch das Abstellen auf Stück oder Einheit ergänzende zusätzliche Sicherung durch die sog. Containerklausel (Abs. 1 Satz 2), welche bei Zusammenfassung von Stücken in einem Lademittel – das ohne diese Ergänzung nur ein einziges Stück im Sinne dieser Berechnung darstellt – die Berücksichtigung der Einzelstücke in einem Lademittel ermöglicht. Näher dazu Rn. 16 ff.

9   Die Grenze der Haftungsbeschränkung gilt für die **Summe der Ansprüche auf Wertersatz und Schadensfeststellungskosten (§§ 502, 503);** das ergibt sich klar aus Wortlaut und Stellung des § 504. Zu den Begriffen Verlust und Beschädigung vgl. § 498 Rn. 15 ff. und 23 ff.

10   **2. Bezugseinheit: Ladung.** Die Haftungsbegrenzung für Güterschäden ist bezogen auf die Ladung, nicht das einzelne Stück.[10] Das stellt Abs. 2 klar. Für die Berechnung der Haftungshöchstsumme ist die vom Frachtführer zu transportierende Ladung, also die Summe des Rohgewichts der zu einer bestimmten Ladung gehörenden entwerteten Frachtstücke oder – alternativ – deren Zahl maßgeblich. Mehrere (Pack-) Stücke bilden eine Ladung, wenn sie auf Grund eines einheitlichen Vertrages für einen Absender an einen Empfänger gesandt werden. Auch die von einem Spediteur aufgegebene Sammelladung ist deshalb eine einheitliche Ladung; auf die Verschiedenheit der Urversender kommt es nicht an. Wird ein Konnossement oder ein Seefrachtbrief ausgestellt, so bilden die darin zusammengefassten Stücke die Ladung. Werden für die auf Grund eines einheitlichen Frachtvertrages beförderten Stücke mehrere Konnossemente oder Seefrachtbriefe ausgestellt, so markiert jedes Dokument eine Ladung.

11   Der **Grundsatz gilt sowohl für die Berechnung nach Gewicht** (insoweit besteht die Parallele zu § 431), **als auch für die Berechnung nach Stück oder Einheit.** Besteht eine Ladung aus mehreren Frachtstücken, so sind der Wertersatzforderung bei Verlust das Gewicht aller Frachtstücke dieser Ladung und – alternativ – die Zahl dieser Frachtstücke zugrunde zu legen. Dies gilt allerdings nur mit der Maßgabe des Abs. 2, dass bei Verlust nur eines Teiles der Frachtstücke einer Ladung die gesamte Ladung (oder eine größere

[8] Vgl. RegBegr-SRG S. 83.
[9] RegBegr-SRG S. 83.
[10] OLG Stuttgart 21.4.2010, TranspR 2010, 343.

Anzahl von Frachtstücken als die verlorenen) nur dann der Berechnung zu Grunde zu legen ist, wenn diese durch den Verlust der abhanden gekommenen Stücke ebenfalls entwertet worden sind.

**3. Gewicht.** Maßgebend ist das Bruttogewicht der Ladung. Die vom Absender mit **12** übergebenen Verpackungen, auch Container und Paletten, rechnen dazu,[11] nicht jedoch vom Verfrachter etwa für die Beförderung gestellte und von ihm zur Erleichterung des Transports gepackte Container. Das Gewicht eines unbeschädigt gebliebenen Containers wird nicht in die Berechnung einbezogen;[12] er ist zwar mit der Ware Bestandteil der Sendung, doch liegt bei Verlust nur des Inhalts ein Teilverlust der Sendung vor.

**4. Stück oder Einheit.** Das Abstellen auf Stück oder Einheit der Ladung geht auf die **13** ursprüngliche Fassung der HR von 1924 (Art. IV § 5) zurück; diese Maßstäbe waren bis zu der Ergänzung durch die VisbyR, welche die Gewichtsbegrenzung einführte, die einzigen; sie wurden alternativ beibehalten. Diese Regelung wurde durch das 2. SÄG in § 660 aF übernommen. Bei der Auslegung der wenig präzisen Begriffe ist daher auf den Originaltext der HVisbyR zurückzugreifen; dieser lautet in der französischen Fassung „colis ou unité", in der englischen „package or unit".

**a) Stück.** Der Begriff „Stück" ist durch das 2. SÄG an Stelle des bis 1986 in § 660 aF **14** verwendeten deutschen Ausdrucks „Packung" gewählt worden, um der Rechtsprechung zu den HR Rechnung zu tragen, dass auch unverpackte Frachtstücke darunter zu fassen sind.[13] Sind mehrere Stücke für den Transport in einer Packung zusammengefasst, so ist diese das Stück iS der Vorschrift.[14] Entscheidend ist die Verpackung für den Transport, auch wenn die einzelnen Stücke in der Transportverpackung im späteren Handel gesondert verkauft werden.[15]

**b) Einheit.** Problematischer ist der Begriff der „Einheit". Er war ursprünglich dazu **15** bestimmt, die Haftungsbeschränkung bei Massengütern zu bestimmen. Deshalb stellte die Rechtsprechung hier auf die handelsübliche Mengenbezeichnung ab, etwa Kubikmeter oder Tonne.[16] Nach Einführung der alternativen Haftung je kg des Gewichts und Ersetzung des Begriffs „Packung" durch „Stück" ist diese Kategorie jedoch weitestgehend obsolet. Bei Bulkladungen wird regelmäßig die gewichtsbezogene Begrenzung für den Ladungsbeteiligten günstiger sein als ein Abstellen auf eine irgendwie definierte „Einheit".[17]

**c) Die sog. „Containerklausel".** Nach **Abs. 1 Satz 2** wird das Abstellen auf „Stück" **16** oder „Einheit" für den Fall der Zusammenfassung von Stücken oder Einheiten in einem Lademittel modifiziert. Anlass für die Regelung war der Umstand, dass – anders als noch 1924 bei Erlass der HR – heute Stücke zum Transport vielfach in Containern zusammengefasst werden. Das würde ohne diese Vorschrift bedeuten, dass stets der gesamte Container ein Stück iSd. Haftungsbeschränkung nach Satz 1 wäre. Die Gewichtsbegrenzungsalternative schafft nur ungenügend Ausgleich, weil die Begrenzung auf 2 SZR/kg hierfür zu niedrig ist. Um diese niedrige, von allen anderen Transportrechten abweichende Begrenzung aufrechterhalten zu können, wurde auf der Brüsseler Konferenz von 1968 in den VisbyR die Sonderregelung für Container eingeführt,[18] der Abs. 1 Satz 2 entspricht.

---

[11] Fremuth/Thume/*Fremuth* § 431 Rn. 6; EBJS/*Schaffert* § 431 Rn. 4.
[12] OLG Köln 27.2.1996, TranspR 1996, 287; aA *Koller* § 431 Rn. 4; EBJS/*Schaffert* § 431 Rn. 4; Heymann/ *Joachim* Rn. 4; OLG Düsseldorf 2.11.2005, TranspR 2005, 468, 471.
[13] *Herber* Haftungsrecht S. 329; vgl. auch BT-Drucks. 10/3852 S. 23. Die Rechtsprechung hatte unverpackte Stücke – zB Schweinehälften, OLG Hamburg 15.10.1992, TranspR 1992, 111 – zuvor unter den Begriff „Einheit" gefasst; so wohl auch, wenngleich unklar, OLG Hamburg 10.4.1986, TranspR 1986, 389 (Baumstämme), vgl. *Rabe* § 660 Rn. 11.
[14] Vgl. etwa OLG Hamburg 22.4.2010, TranspR 2011, 112 (Herrenhosen in sog. Trolleys); *Rabe* § 660 Rn. 9 mN.
[15] OLG Hamburg 22.4.2010, TranspR 2011, 112 (Herrenhosen in sog. Trolleys).
[16] *Rabe* § 660 Rn. 12.
[17] So auch *Rabe* § 660 Rn. 12; *Herber* SHR S. 330.
[18] Dazu eingehend *Herber* Haftungsrecht S. 209 ff.

**17**     Dem Container stehen andere, **gleichartige Lademittel** gleich, namentlich der Trailer oder eine Palette. Im Einzelnen kann hier nur die Verkehrsanschauung weiterführen. Die Aufführung der Palette unter dem Begriff des Lademittels zwingt zu der Auslegung, dass mehrere Stücke – etwa Kartons –, die zu Transportzwecken auf einer Palette zusammengefasst und so (zB durch Schrumpffolie) befestigt worden sind, dass sie nicht einzeln, sondern nur mit der Palette insgesamt bewegt und befördert werden können, als Frachtstücke iSd. Abs. 2 anzusehen sind. Gegen die natürlicher Betrachtung mehr entsprechende Auslegung, nur die ganze Palette als „Frachtstück" für die Haftungsbemessung anzusehen, weil nur sie üblicherweise einzeln verschifft wird,[19] spricht die Gleichstellung mit dem Container, in dem ebenfalls mehrere „Stücke" zum Zweck der gemeinsamen Handhabung beim Transport zu einem „Frachtstück" verbunden werden.

**18**     Fraglich ist vor allem, wie die **Stücke im Container** beschaffen sein müssen. Man kann nicht verlangen, dass sie so verpackt sind, dass sie einzeln verschifft werden könnten[20]. Doch muss der Begriff „Stück" wohl noch separierbar erfüllt werden. Deshalb erfüllen nach der neueren Rechtsprechung etwa Trolleys mit Herrenhosen im Container diese Anforderung.[21] Diese weite Auslegung ist allein praktikabel. Sie führt aber zu dem Ergebnis, dass etwa „300 Kartons mit Schuhen" eine Begrenzung auf 300 × 666,67 SZR erfahren, ihr Wert also praktisch unbeschränkt ersetzt wird.[22]

**19**     Voraussetzung und Korrektiv dieser Regelung ist allerdings, dass die Zahl der Stücke oder Einheiten im Lademittel **in einem Beförderungsdokument angegeben** sein muss. Beförderungsdokument ist das Konnossement oder der Seefrachtbrief, wohl auch ein Durchkonnossement (Ladeschein), wenn es für die Beurteilung einer Haftung nach § 660 Abs. 1 Satz 1 maßgebend ist (wie namentlich beim bekannten Schadensort auf einer Seestrecke nach § 452a); nicht dagegen ein Frachtbrief oder irgendein anderes Papier. Das Erfordernis der Nennung der Stücke stellt eine **rein formale Voraussetzung** dar. Fehlt die Angabe, so stellt das gesamte Lademittel für die Berechnung der Haftungssumme eine einzige Einheit dar, auch wenn sich die Zahl der Stücke feststellen und beweisen lässt. Andererseits kann der Verfrachter im Schadensfall den Nachweis verlangen, dass die im Konnossement angegebene Zahl von Stücken im Container tatsächlich gepackt war; für diese Tatsache spricht angesichts des § 517 Abs. 1 Satz 2 auch nicht eine Vermutung, dass der Verfrachter den Container mit diesem Inhalt übernommen hat. Vgl. dazu auch Rn. 27 und § 517 Rn. 9.

**20**     Die *ratio* dieser aus den HVisbyR übernommenen Regelung besteht darin, dass die Vertragsparteien **durch Gestaltung des Beförderungspapiers entscheiden** können, wie die Haftungssumme berechnet werden soll.[23] Diese Funktion wird in jüngster Zeit dadurch gefährdet, dass öffentlich-rechtliche Sicherheitsvorschriften vielfach die genaue Angabe des Inhalts verschlossener Container verlangen. Da es auf das Motiv für die Angabe nicht ankommt, sind die Angaben auch in solchen Fällen für die Haftungsbemessung maßgebend.

### IV. Haftungshöchstbetrag bei Teilverlust oder Teilbeschädigung (Abs. 2)

**21**     **Abs. 2** fasst – ebenso wie Abs. 1 die Fälle des vollständigen Verlusts oder der vollständigen Beschädigung – die Fälle des **Teilverlusts und der Teilbeschädigung in einer Vorschrift** zusammen.

---

[19]  Worauf OLG Hamburg 22.4.2010, TranspR 2011, 112, 115, mit Recht abstellt.

[20]  *Rabe* § 660 Rn. 19; so aber noch *Herber* Haftungsrecht S. 214 und S. 330 f. unter Hinweis auf die Entstehungsgeschichte.

[21]  OLG Hamburg 22.4.2010, TranspR 2011, 112; zustimmend jetzt auch *Herber* TranspR 2011, 115.

[22]  Zu diesem Ergebnis scheint auch OLG Hamburg aaO zu kommen, welches für den Schaden des Gutes in einem anderen Container die Angabe „279 Kartons" (welchen Inhalts, ist leider aus dem mitgeteilten Tatbestand nicht ersichtlich) auf dem Konnossement genügen ließ (aaO S. 115).

[23]  Die Brüssler Konferenz von 1968 hat die sog. Containerklausel ausdrücklich als eine Möglichkeit der Parteien des Vertrages verstanden, die Haftung durch Vereinbarung zu erweitern, vgl. die erläuternden Ausführungen von Lord Diplock auf der Konferenz, Conférence Diplomatique de Droit Maritime, XII. Session (2e phase) Bruxelles 1968, Protokolle, S. 115 ff.; *Herber* Haftungsrecht S. 191, 210.

Grundsatz ist auch hier, dass das **Gewicht nur der verlorenen oder beschädigten** 22
**Frachtstücke**[24] in Ansatz zu bringen ist. Frachtstück ist nicht jede einzelne Sache, wenn
mehrere Sachen zu einem Frachtstück zusammengefasst worden sind (Packstück); so ist
etwa bei Beschädigung eines Kartons auf einer Palette das Gewicht der gesamten Palette
zugrunde zu legen. *Koller*[25] will aus der Verwendung des Wortes „Teil" in Abs. 2 Nr. 2
entnehmen, dass nicht stets ein ganzes Packstück Bezugsgröße sein soll, sondern ein
„Anteil an der Sendung" (hier: „Ladung"); diese Auffassung führt jedoch zu Rechtsunsicherheit, denn der Anteil müsste unter Berücksichtigung aller Inhalte aller Packstücke
ermittelt werden und zudem durch eine anteilige Berücksichtigung der Verpackung
ergänzt werden.

Dem Rohgewicht der verlorenen oder beschädigten Frachtstücke soll das **Gewicht der** 23
**Verpackung** des verlorenen oder beschädigten Teils anteilig hinzuzurechnen sein.[26] Das
trifft jedoch nur dann zu, wenn das Gewicht der Verpackung nicht bereits, wie regelmäßig,
über die Berücksichtigung der Packstücke in die Berechnung eingeht. Die Hinzurechnung
des Verpackungsgewichts kann eine Rolle spielen, wenn Stücke einer Ladung beschädigt
worden sind, die einzeln nur eine nicht transportgerechte Verpackung haben und deshalb
einer Umverpackung etwa durch einen Container oder einen anderen Behälter bedürfen;
in solchen Fällen erscheint es gerechtfertigt, dem Gewicht der beschädigten Stücke anteilig
das Gewicht der (auch unbeschädigt gebliebenen) Umverpackung hinzuzurechnen.[27]

Ebenso wie bei der Beschädigung der ganzen Ladung ist auch bei der Teilbeschädigung 24
der **Grad der Beschädigung unerheblich.**[28] Auch bei leichter Beschädigung mit erheblichem Restwert dient als Bezugsgröße für die Höchstsumme das Gewicht des oder der
betroffenen Packstücke.

Werden durch den Verlust oder die Beschädigung einzelner Stücke einer Ladung alle 25
oder einzelne **andere Stücke mittelbar entwertet,** so ist deren Gewicht mit zu berücksichtigen. Auch hinsichtlich dieser kommt es nicht darauf an, wie stark deren Beeinträchtigung ist und ob die gewichtsbezogene Höchsthaftungssumme für diese Teile der Ladung
deren Wertverlust übersteigt: Das Gewicht dieser Stücke ist mit dem der verlorenen oder
beschädigten zu einer Summe zu addieren, welche die Begrenzung für den Gesamtschaden
angibt.

Werden einzelne Stücke **wiedergefunden** oder lassen sie sich **leicht ersetzen** oder 26
reparieren, so ist deren Wert beim Gesamtschaden abzuziehen;[29] die Haftungsbegrenzung
ist dann erst auf den bereinigten Wert anzuwenden.

### V. Beweislast

Der **Verfrachter** hat die **Voraussetzungen der Beschränkung seiner Haftung** zu 27
beweisen.[30] Dazu gehört auch das Gewicht der verlorenen oder beschädigten Frachtstücke.
Ist das Gewicht im Konnossement oder im Seefrachtbrief angegeben, so streitet die Vermutung für die Richtigkeit dieser Angabe, § 517 Abs. 1 Satz 1; die Angabe des Gewichts im
Konnossement ist allerdings nicht vorgeschrieben (vgl. § 515 Rn. 15) und auch nicht üblich.
Fehlt es an einer solchen Beweisgrundlage, so hat der Verfrachter den Beweis zu führen,
dass die Behauptungen des Anspruchstellers nicht zutreffen, denn ihm obliegt auch der
Beweis für den Umfang der Haftungsbegrenzung.[31] Ist das Gewicht in einem Konnossement
angegeben, welches der Anspruchsteller gutgläubig erworben hat (§ 522 Abs. 2), so kann
der Verfrachter die Unrichtigkeit dieser Angabe nicht bestreiten.

[24] So auch zu § 431 EBJS/*Schaffert* § 431 Rn. 14; Fremuth/Thume/*Fremuth* § 431 Rn. 10.
[25] § 431 Rn. 15.
[26] So zu § 431 EBJS/*Schaffert* § 431 Rn. 14; *Koller* § 431 Rn. 12, 15.
[27] *Koller* § 431 Rn. 12; EBJS/*Schaffert* § 431 Rn. 14.
[28] *Koller* § 431 Rn. 15, 16; Art. 25 CMR Rn. 5.
[29] BGH 6.2.1997, TranspR 1997, 335; Fremuth/Thume/*Fremuth* Art. 31 Rn. 11.
[30] Heymann/*Joachim* Rn. 10; *Koller* Rn. 13; EBJS/*Schaffert* Rn. 6, 11; Fremuth/Thume/*Fremuth* Rn. 19.
[31] Unklar *Rabe* § 660 Rn. 27; Schaps/*Abraham* § 660 Rn. 2.

28    Soweit es für die Anwendung des Abs. 1 Satz 2 auf die **Zahl der Stücke in einem Container** oder sonstigen Lademittel ankommt, nimmt deren Angabe im Konnossement an der Beweisvermutung des § 517 Abs. 1 Satz 1 nur unter der – wohl sehr selten erfüllten – Voraussetzung teil, dass die Zahl vom Verfrachter überprüft worden und das Ergebnis im Konnossement eingetragen worden ist (§ 517 Abs. 1 Satz 2). Die Zahl der Stücke im Container ist auch dann für den Verfrachter nicht bindend, wenn er die Angabe auf Antrag des Abladers im Konnossement nach Abs. 1 Satz 2 eingetragen hat.[32] Die abweichende Auffassung von *Rabe*,[33] wonach die Konnossementsvermutung die Zahl nur bei einer ausdrücklichen Unbekannt-Klausel nicht decke, ist durch die Änderung des § 656 Abs. 2 Nr. 2 aF durch § 517 überholt.

29    Dem Anspruchsteller obliegt stets der Beweis dafür, dass das Gut beschädigt wurde und dass bei Verlust oder Beschädigung einzelner Stücke einer Ladung andere Stücke beeinträchtigt wurden und deshalb in die Beschränkungsberechnung einzubeziehen sind.[34]

## VI. Keine Reduktion des Höchstbetrages bei Mitverschulden

30    Ist der Schadensersatzanspruch gegen den Frachtführer wegen Mitverschuldens des Absenders oder Empfängers reduziert (§ 498 Abs. 3), so ist die Höchstgrenze auf den reduzierten Betrag anzuwenden. Der Höchstbetrag ermäßigt sich also nicht dadurch, dass der Grundanspruch durch die Berücksichtigung des Mitverschuldens unter die Haftungsgrenze abgesenkt wird, es findet keine „Quotelung" des Haftungshöchstbetrages statt.[35] Diese für die CMR anerkannte Regel muss – trotz unterschiedlichen Gesetzeswortlautes – auch für §§ 431, 504 gelten.

## VII. Zusätzliche Beschränkung der Haftung durch das HBÜ

31    Zusätzlich zu der Haftungsbegrenzung nach § 504 gilt eine – in der Praxis oft sogenannte „globale" – Haftungsbeschränkung für Schäden, die durch Unfälle mit Großschäden verursacht wurden, auf einen etwa dem Wert des Schiffes entsprechenden Wert nach **§§ 611 ff. und dem HBÜ.**

## § 505 Rechnungseinheit

**[1]Die in diesem Untertitel genannte Rechnungseinheit ist das Sonderziehungsrecht des Internationalen Währungsfonds. [2]Der Betrag wird in Euro entsprechend dem Wert des Euro gegenüber dem Sonderziehungsrecht am Tag der Ablieferung des Gutes oder an dem von den Parteien vereinbarten Tag umgerechnet. [3]Der Wert des Euro gegenüber dem Sonderziehungsrecht wird nach der Berechnungsmethode ermittelt, die der Internationale Währungsfonds an dem betreffenden Tag für seine Operationen und Transaktionen anwendet.**

### I. Normzweck

1    Die Vorschrift definiert die für die Bemessung der Haftung maßgebende Rechnungseinheit und ihre Umrechnung in Euro. Wie schon in § 660 Abs. 1 aF und in § 431 Abs. 4 legt das Gesetz das Sonderziehungsrecht des Internationalen Währungsfonds zugrunde (**Satz 1;** zu Natur und Funktion des SZR vgl. Art. 23 CMR Rn. 20).

---

[32] Das konnte nach § 656 Abs. 2 aF zweifelhaft sein, weil dort in Satz 1 – nur für den Fall der noch nicht unwiderleglichen Vermutung – die Angaben nach § 660 in Bezug genommen waren; vgl. *Herber* Haftungsrecht S. 207 f.; auch *Czerwenka* TranspR 1988, 256, 259 f.

[33] § 660 Rn. 25; § 656 Rn. 25.

[34] *Koller* § 431 Rn. 13, Fremuth/Thume/*Fremuth* § 431 Rn. 18.

[35] Saarländisches OLG 16.7.2008, TranspR 2008, 409, 411; *Koller* Art. 23 CMR Rn. 8; *Thume* Art. 23 CMR Rn. 56.

## II. Entstehungsgeschichte

Die Vorschrift entspricht dem BerSV (§ 516). Abweichend von § 431 Abs. 4 stellt sie für **2** die Umrechnung in Euro jedoch nicht auf die Übernahme des Gutes durch den Frachtführer, sondern auf die Ablieferung ab, da auch die Wertermittlung des verlorenen oder beschädigten Gutes auf diesen Zeitpunkt abstellt (§ 502 Abs. 1,2).[1] Dieser Umrechnungszeitpunkt entspricht auch nicht dem des § 660 aF (dem Tag des Urteils), den der Gesetzgeber schon bei Einführung des § 431 als unpraktikabel verworfen hat (vgl. § 431 Rn. 6).

## III. Zeitpunkt der Umrechnung

Die Umrechnung des in SZR zu berechnenden Haftungsbetrages in Euro ist nach dem **3** Kurs des SZR im Zeitpunkt der Ablieferung oder zu einem anderen, von den Vertragsparteien vereinbarten Tag vorzunehmen (**Satz 2**). Ist das Gut verlorengegangen und haben die Parteien keinen Umrechnungszeitpunkt vereinbart, muss auf den Zeitpunkt abgestellt werden, den die Wertberechnung nach § 502 Abs. 1 für diesen Fall vorsieht: den Wert, den das Gut bei fristgemäßer Ablieferung am vertraglich vereinbarten Bestimmungsort gehabt hätte.

## IV. Umrechnung

Nach **Satz 3** ist für die Wertberechnung selbst die Berechnungsmethode des IWF maß- **4** gebend. Über den jeweiligen Gegenwert des SZR in Euro informiert der Internationale Währungsfonds auf seiner Homepage www.IMF.org; der Kurs wird in Deutschland vom Bundesanzeiger, der DVZ und den führender Tageszeitungen übernommen.

### § 506 Außervertragliche Ansprüche

**(1) Die in diesem Untertitel und im Stückgutfrachtvertrag vorgesehenen Haftungsbefreiungen und Haftungsbegrenzungen gelten auch für einen außervertraglichen Anspruch des Befrachters oder des Empfängers gegen den Verfrachter wegen Verlust oder Beschädigung des Gutes.**

**(2) [1]Der Verfrachter kann auch gegenüber außervertraglichen Ansprüchen Dritter wegen Verlust oder Beschädigung des Gutes die Einwendungen nach Absatz 1 geltend machen. [2]Die Einwendungen können jedoch nicht geltend gemacht werden, wenn**

**1. sie auf eine Vereinbarung gestützt werden, die von den Vorschriften dieses Untertitels zu Lasten des Befrachters abweicht,**

**2. der Dritte der Beförderung nicht zugestimmt hat und der Verfrachter die fehlende Befugnis des Befrachters, das Gut zu versenden, kannte oder infolge grober Fahrlässigkeit nicht kannte oder**

**3. das Gut dem Dritten oder einer Person, die von diesem ihr Recht zum Besitz ableitet, vor Übernahme zur Beförderung abhanden gekommen ist.**

**[3]Satz 2 Nummer 1 gilt jedoch nicht für eine nach § 512 Absatz 2 Nummer 1 zulässige Vereinbarung über die Haftung des Verfrachters für einen Schaden, der durch ein Verhalten bei der Führung oder der sonstigen Bedienung des Schiffes oder durch Feuer oder Explosion an Bord des Schiffes entstanden ist.**

**Schrifttum:** *Heuer,* Zur außervertraglichen Haftung des Frachtführers (und seines Kfz-Haftpflichtversicherers) für Güterfolgeschäden, TranspR 2002, 334; *ders.,* Zur Frage einer Anspruchskonkurrenz von vertraglicher und außervertraglicher Haftung des Frachtführers, TranspR 2006, 456; *ders.,* Zum Anwendungsbereich von § 434 HGB, TranspR 2005, 70; *Hübsch,* Vertragliche Wirkungen zu Lasten Dritter im Gütertransportrecht, VersR 1997, 799; *Ruhwedel,* Das störende Eigentum am Frachtgut, FG Herber, S. 163; *Thume,* Nochmals –

---

[1] RegBegr-SRG S. 83.

Zur außervertraglichen Haftung des Frachtführers und seines Kfz-Haftpflichtversicherers für Folgeschäden bei Kontaminierung des Frachtguts, TranspR 2004, Sonderbeilage zu Heft 3, S. XL ff.; *ders.*, Die Ansprüche des geschädigten Dritten im Frachtrecht, TranspR 2010, 45.

**Übersicht**

| | Rn. | | Rn. |
|---|---|---|---|
| **I. Normzweck** | 1 | b) Vertragliche Haftungsbefreiungen und -begrenzungen | 14 |
| **II. Entstehungsgeschichte** | 2, 3 | **IV. Außervertragliche Ansprüche Dritter (Abs. 2)** | 15–26 |
| **III. Außervertragliche Ansprüche des Befrachters oder Empfängers (Abs. 1)** | 4–14 | 1. Begriff | 15 |
| 1. Allgemeines | 4 | 2. Wirkung der Vorschrift | 16–26 |
| 2. Erfasste Ansprüche | 5–9 | a) Vertragliche Haftungserweiterung (Abs. 2 Satz 1 Nr. 1) | 18–20 |
| a) Rechtsgrund | 5–7 | b) Fehlende Zustimmung des Dritten zur Beförderung (Abs. 2 Nr. 2) | 21–24 |
| b) Ansprüche gegen den Verfrachter | 8, 9 | c) Abhandenkommen des Gutes | 25, 26 |
| 3. Rechtsfolgen | 10–14 | **V. Beweislast** | 27 |
| a) Gesetzliche Haftungsbefreiungen und -begrenzungen | 10–13 | | |

## I. Normzweck

**1**   Die Norm sichert den Vorrang des frachtvertraglichen Haftungssystems mit seinen Haftungsbefreiungen und -begrenzungen. Damit soll eine Umgehung oder Entwertung frachtrechtlicher Ansprüche durch die Geltendmachung außervertraglicher Ansprüche durch die am Frachtvertrag Beteiligten **(Abs. 1)** oder vertragsfremde Dritte **(Abs. 2)** verhindert und zugleich gewährleistet werden, dass die Frachtführerhaftung nicht durch außervertragliches Recht verschärft wird. Bei Verlust oder Beschädigung des Gutes können insbesondere deliktische Ansprüche wegen Eigentumsverletzung bestehen; diese werden zwar nicht ausgeschlossen, jedoch den frachtvertraglichen Haftungsbefreiungen und -begrenzungen unterworfen. Vgl. dazu und zum Ursprung der Regelung auch § 434 Rn. 1–3.

## II. Entstehungsgeschichte

**2**   Die Vorschrift geht auf den Vorschlag der Sachverständigengruppe (§ 517 BerSV) zurück und entspricht im Wesentlichen § 434, der jedoch durch das SRG zur Anpassung an den neuen § 506 ebenfalls geändert wurde (vgl. § 434 Rn. 4a). Der RefE übernahm den Vorschlag,[1] sah jedoch eine Änderung des in § 434 Abs. 2 Nr. 1 aF vorgesehenen Verschuldensmaßstabs der Fahrlässigkeit sowohl dort als in § 506 des RegE in den der groben Fahrlässigkeit vor. Der RegE fügte den Ausnahmen des Abs. 2 Satz 2 eine weitere hinzu (Nr. 1), wonach Dritten Vereinbarungen im Frachtvertrag nicht entgegengehalten werden können, die die gesetzliche Haftung vermindern; diese Ausnahme wurde auf Empfehlung des Rechtsausschusses des BT dahin abgemildert, dass der Verfrachter sich auf eine Vereinbarung über seine Freistellung von der Haftung für nautisches Verschulden (nach § 512 Abs. 1 oder Abs. 2 Nr. 1) berufen darf (Abs. 2 Satz 3), weil diese im internationalen Verkehr üblich sei.[2]

**3**   Das bisherige Seerecht enthielt eine dem Abs. 1 entsprechende Regelung in § 607a Abs. 1 aF, die Art. 4bis HR entsprach und sich nur auf die gesetzlichen Haftungsregeln, nicht die Bestimmungen des Frachtvertrages bezog. Eine Regelung der Einwendungen gegenüber vertragsfremden Dritten (Abs. 2) fehlte bisher.

## III. Außervertragliche Ansprüche des Befrachters oder Empfängers (Abs. 1)

**4**   **1. Allgemeines.** Die Vorschrift erfasst nur außervertragliche Ansprüche wegen Verlust oder Beschädigung des Gutes. Sie müssen sich gegen den Verfrachter richten. Ansprüche

---

[1] § 506 RefE.
[2] Beschlussempfehlung SRG S. 128.

der am Vertrag Beteiligten – Befrachter und Empfänger – sind nach Abs. 1 vollständig, Ansprüche Dritter nach Abs. 2 unter bestimmten Voraussetzungen hinsichtlich der transportrechtlichen Haftungsmodifizierung den frachtvertraglichen Ansprüchen gleichgestellt.

**2. Erfasste Ansprüche. a) Rechtsgrund.** Der Ausschluss weitergehender außerver- 5 traglicher Ansprüche trägt nur so weit, wie sie mit sondergesetzlich geregelten Ansprüchen aus dem Frachtvertrag konkurrieren. Erfasst sind danach alle außervertraglichen Ansprüche, die denselben Gegenstand wie die in §§ 498 ff. geregelten vertraglichen Ansprüche haben. Dies sind primär Ansprüche wegen Entziehung oder Beeinträchtigung des Eigentums oder Besitzes. Dabei sind ausgeschlossen vor allem Ansprüche auf Ersatz von Folgeschäden solcher Beeinträchtigungen, da sie von der Vertragshaftung erfasst, jedoch ausgeschlossen sind (vgl. § 498 Rn. 7). Wegen Einzelheiten vgl. auch § 434 Rn. 7, 10).

Der Ausschluss außervertraglicher Ansprüche greift nicht, wenn der konkurrierende ver- 6 tragliche Anspruch nicht auf §§ 498 ff., sondern auf § 280 BGB gestützt wird.

Eine entsprechende Anwendung der Vorschrift ist für Ansprüche wegen Schäden aus 7 dem **Verlust von Begleitpapieren** angebracht,[3] weil § 487 Abs. 2 sie in das transportvertragliche Haftungssystem einbezieht und unter Bezugnahme auf die Haftungsbegrenzung bei Verlust regelt.[4] Gleiches gilt für die Auslieferung an einen anderen als den nach dem Konnossement Berechtigten;[5] auch hier koppelt § 521 Abs. 4 die vertragliche Ersatzpflicht an die Verlustbegrenzung.

**b) Ansprüche gegen den Verfrachter.** Erfasst werden nur Ansprüche gegen den Ver- 8 frachter. Sie müssen in Konkurrenz zu einem von der Regelung der §§ 498 ff. betroffenen Anspruch aus einem **wirksamen Frachtvertrag** stehen, der vom **Befrachter oder Empfänger** geltend gemacht werden kann.

Ansprüche gegen den **ausführenden Verfrachter** (§ 509) stehen gleich;[6] auch dieser 9 soll – als Korrelat seiner durch § 509 gesteigerten Haftung – alle Einwendungen haben, die er als Verfrachter hätte.[7] Die Vorschrift schützt jedoch nicht jeden **Unterverfrachter;**[8] dieser kann nach der neueren Rechtsprechung des BGH[9] zwar vom Empfänger unmittelbar in Anspruch genommen werden, jedoch auf Grund eines anderen (des Unterfracht-) Vertrages, nach dessen Rechtsstatut die Frage der Konkurrenz deliktischer Ansprüche gesondert zu beurteilen ist. Wegen der Ansprüche Dritter, also anderer Personen als Befrachter und Empfänger, vgl. Abs. 2.

**3. Rechtsfolgen. a) Gesetzliche Haftungsbefreiungen und –begrenzungen.** 10 Gegen den im Übrigen weiterhin seinen speziellen Regeln folgenden außervertraglichen Anspruch kann der Verfrachter **alle Einwendungen** erheben, die ihm **nach §§ 481 ff., insbesondere §§ 498–505 §§ 509–511** gegen den vertraglichen Anspruch zustehen.

Der Verfrachter kann auch **Beweisvergünstigungen** des Frachtvertragsrecht für sich 11 in Anspruch nehmen, etwa die des § 499 Abs. 2[10] doch wird der außervertragliche Anspruch in der Regel ohnehin an den Anspruchsteller weitergehende Beweisanforderungen stellen als das Vertragsrecht.

Hat der Verfrachter qualifiziert schuldhaft iS des **§ 507** gehandelt, so entfällt auch für 12 den außervertraglichen Anspruch die Anwendung aller Privilegien; unanwendbar wird dann

---

[3] *Koller* § 434 Rn. 3; aA Fremuth/Thume/*Fremuth* § 434 Rn. 6.
[4] Vgl. zu der entsprechenden Problematik § 434 Rn. 9 und Art. 28 CMR Rn. 7.
[5] So auch *Koller* § 434 Rn. 3.
[6] OLG Düsseldorf 13.11.2000, TranspR 2002, 397; Oetker/*Paschke* § 434 Rn. 7; aA *Koller* § 434 Rn. 5. Vgl. auch § 437 Rn. 28.
[7] Das ist durch die an die Neufassung des § 437 (Haftung „als wäre er der Frachtführer") angepasste Formulierung auch in § 509 Abs. 1 deutlich.
[8] *Koller* § 434 Rn. 5.
[9] BGH 14.6.2007, TranspR 2007, 425.
[10] Fremuth/Thume/*Fremuth* § 434 Rn. 8.

jedoch nicht § 506 selbst,[11] denn es bleibt auch dann für den außervertraglichen Anspruch bei der Begrenzung der **Verjährung auf ein Jahr** nach § 605 Nr. 1.

13   Es bleibt bei dem **Gerichtsstand**[12] und den Regeln des IPR für den außervertraglichen Anspruch. Sofern ausländisches Recht anzuwenden ist, verlangt Art. 9 Rom-I-VO materiellrechtlich die Anwendung der deutschen frachtrechtlichen Beschränkungen und damit auch des § 506.

14   **b) Vertragliche Haftungsbefreiungen und -begrenzungen. Haftungsbefreiungen und -begrenzungen im Frachtvertrag** können auch gegenüber den außervertraglichen Ansprüchen geltend gemacht werden, soweit sie nach § 512 wirksam sind. Wird – als Individualvereinbarung oder durch AGB nach § 512 Abs. 2 Nr. 2 wirksam – eine über das Gesetz hinausgehende, jedoch begrenzte Haftung vereinbart, so gilt diese Begrenzung auch für den außervertraglichen Anspruch.[13]

### IV. Außervertragliche Ansprüche Dritter (Abs. 2)

15   **1. Begriff. Dritte** iS des Abs. 2 sind alle Personen, die **aus dem Frachtvertrag keine Rechte** wegen Verlusts oder Beschädigung des Gutes geltend machen können, **also alle Personen außer Befrachter und Empfänger.** Hierzu rechnen auch die Arbeitnehmer, die Mitglieder der Schiffsbesatzung und der ausführende Frachtführer, die zwar in §§ 508, 509 hinsichtlich der Einreden, auch aus § 506, dem Verfrachter haftungsrechtlich gleichgestellt sind, jedoch als Inhaber außervertraglicher Ansprüche gegen den Verfrachter – etwa aus Verletzung ihres Eigentums – nur unter § 506 Abs. 2 fallen. Gleiches gilt für den **Ablader;** dem kommt freilich nur Bedeutung für die systematische Einordnung zu, weil der Ablader notwendig mit der Beförderung einverstanden ist.

16   **2. Wirkung der Vorschrift.** Der Verfrachter kann die ihm gegenüber Befrachter und Empfänger nach dem Frachtvertrag zustehenden Einwendungen grundsätzlich auch außervertraglichen Ansprüchen Dritter entgegenhalten, die denselben Gegenstand haben wie die in §§ 498 ff. geregelten vertraglichen Ansprüche der Ladungsbeteiligten (vgl. Rn. 5). Dem **Dritten können also kraft Gesetzes Einwendungen aus einem fremden Vertrag entgegengesetzt werden;** es wird so angesehen, als konkurriere ihr Anspruch mit einem vertraglichen, ebenso wie bei Befrachter und Empfänger. Vorausgesetzt ist dabei eine Nähe des Dritten zum Vertrag. Diese wird dadurch begründet, dass der Dritte durch den Frachtvertrag in seinen Rechten an der beförderten Sache beeinträchtigt wird, in der Regel also Eigentümer der auf Grund eines von anderen geschlossenen Frachtvertrages beförderten Sache ist. Deshalb sind Eigentümer von Sachen, die durch den Verfrachter nicht befördert, sondern **nur mittelbar geschädigt** werden, nicht in ihren Rechten eingeschränkt; der Haftungsausschluss des § 506 Abs. 2 kann zu ihren Lasten nicht geltend gemacht werden. Vgl. dazu auch § 434 Rn. 21.

17   Von diesem Grundsatz sieht das Gesetz drei **Ausnahmen** vor:

18   **a) Vertragliche Haftungserweiterung (Abs. 2 Satz 1 Nr. 1). Frachtvertragliche Einwendungen** kann der Verfrachter einem Dritten nur entgegenhalten, wenn sie **auf dem Gesetz beruhen** oder auf Vereinbarungen, die für den Befrachter günstiger sind als die gesetzlichen Regeln **(Abs. 2 Satz 1 Nr. 1).** Er kann sich Dritten gegenüber – außer in dem Sonderfall des Satzes 3, vgl. Rn. 20 – nicht auf Vereinbarungen berufen, die seine Haftung auf ein geringeres als das gesetzliche Niveau absenken, auch wenn solche Vereinbarungen nach § 512 – als Individualvereinbarung – wirksam sind und dem Befrachter und Empfänger entgegengehalten werden können. Berufen darf sich der Verfrachter auch gegenüber Dritten jedoch auf die Vereinbarung höherer Haftungsgrenzen, die nach § 512 Abs. 1 als Individualvereinbarung oder nach § 512 Abs. 2 Nr. 2 auch durch AGB erlaubt ist.

---

[11]  So aber *Koller* § 434 Rn. 8; *EBJS/Schaffert* § 434 Rn. 17.
[12]  So wohl auch *Koller* § 434 Rn. 8.
[13]  *Basedow* TranspR 1998, 59; *Koller* § 434 Rn. 7.

Die Regelung des Abs. 2 Nr. 1 ist nicht von subjektiven Voraussetzungen abhängig: Sie **19** gilt grundsätzlich auch dann, wenn der Dritte die haftungsmindernde Vereinbarung gekannt hat, doch wird man dann häufig eine stillschweigende Zustimmung (Abs. 2 Nr. 2) annehmen können.

Nach **Abs. 2 Satz 3** erfährt die Ausnahme der Nr. 1 eine wichtige **Einschränkung:** **20** Eine **Haftungserleichterung** durch die vertragliche Vereinbarung, dass der Verfrachter ein Verschulden seiner Leute und der Schiffsbesatzung nicht zu vertreten hat, wenn der Schaden durch ein Verhalten bei der **Führung oder der sonstigen Bedienung des Schiffes** oder durch Feuer oder Explosion an Bord des Schiffes entstanden ist, kann auch Dritten entgegengehalten werden. Die Beschlussempfehlung des Rechtsausschusses des BT, auf Grund derer diese Unterausnahme eingefügt wurde, begründet dies damit, das diese Haftungsfreistellung in den HR gesetzlich vorgesehen ist und dass die Praxis deshalb damit rechnen müsse. Die Formulierung des Satzes 3, wonach eine „nach § 512 Absatz 2 Nummer 1 zulässige Vereinbarung" genannt wird, muss wohl als eine Verweisung auf die dort genannte Umschreibung dieser Vereinbarung verstanden werden; sie darf nicht zu dem Missverständnis führen, dass die Vereinbarung dieser Klausel durch **Individualvereinbarung** – also nach § 512 Abs. 1 und nicht unter Ausnutzung der Möglichkeit des § 512 Abs. 2 Satz 1 – nicht geltend gemacht werden dürfte.

**b) Fehlende Zustimmung des Dritten zur Beförderung (Abs. 2 Nr. 2).** Die **21** (belastende) Drittwirkung der – gesetzlichen und vertraglichen – Haftungsbefreiungen und -begrenzungen des Frachtvertrages hat im Interesse des Eigentumsschutzes eine **einschränkende Voraussetzung.** Sie setzt voraus, dass der **Dritte der Beförderung zugestimmt** hat oder dass der Frachtführer die fehlende Befugnis des Absenders, das Gut zu versenden, kannte oder grob fahrlässig nicht kannte **(Abs. 2 Nr. 2).**

Die **Zustimmung des Dritten zur Beförderung** kann ausdrücklich oder stillschwei- **22** gend (konkludent) erteilt werden. Allgemein wird man eine Zustimmung zur Beförderung anzunehmen haben, wenn der Berechtigte das Gut einem anderen – auf welcher Rechtsgrundlage auch immer (Miete, Kommission) – übergeben hat, der es im Rahmen der vertraglichen Verwendung befördern lassen muss oder voraussichtlich oder auch nur möglicherweise befördern lassen wird. So etwa bei Reparaturverträgen,[14] Leasingverträgen, allgemein bei längerfristiger Überlassung von Gegenständen, wenn mit der Veränderung des Verwendungsortes gerechnet werden muss. Die (mutmaßliche) Zustimmung deckt dann jedoch nur die vorhersehbare Art und Entfernung der Beförderung.[15]

Liegt eine Zustimmung des Dritten nicht vor, so wird der Verfrachter – außer bei **23** abhanden gekommenen Sachen, vgl. dazu Rn. 25 – dennoch gegen außervertragliche Ansprüche des am Vertrage nicht beteiligten Dritten geschützt, wenn er **die fehlende Befugnis des Absenders,** das Gut zu versenden, **ohne grobe Fahrlässigkeit nicht kannte.** Grobe Fahrlässigkeit liegt nicht schon dann vor, wenn der Verfrachter wusste oder wissen musste, dass der Befrachter nicht Eigentümer des versendeten Gutes war; deshalb können auch Anhaltspunkte bloß dafür, dass der Versender nicht der Eigentümer ist, nicht schon Anlass zu einer Nachforschungspflicht des Verfrachters geben.[16] Es ist im Wirtschaftsleben fast der Normalfall, dass fremde Sachen versandt werden, sei es durch den Spediteur oder einen Sicherungseigentümer oder von einem Reparaturbetrieb zur Vertragswerkstatt. Grobe Fahrlässigkeit liegt erst dann vor, wenn der Verfrachter konkrete Anhaltspunkte für die Annahme hat, dass der Eigentümer mit der Beförderung nicht (auch nicht mutmaßlich, vgl. Rn. 22) einverstanden war. So etwa, wenn erkennbar wertvolles Gut unter geringen Sicherheitsvorkehrungen versandt wird. Wird dem Verfrachter Gut von einem Spediteur übergeben – sei es, dass dieser den Frachtvertrag im eigenen Namen schließt oder in dem

---

[14] *Koller* § 434 Rn. 13.
[15] *Koller* § 434 Rn. 13.
[16] Weitergehend aber wohl *Ruhwedel*, FG Herber, S. 169; diese Auffassung dürfte aber jedenfalls nach der Änderung des Gesetzes durch des SRG (vgl. § 434 Rn. 4a) nicht mehr zu halten sein.

eines anderen –, so wird er nur sehr ausnahmsweise Anlass haben, sich über dessen Befugnis zur Versendung zu vergewissern.

24      Hält der Verfrachter den Befrachter oder Ablader – ohne grobe Fahrlässigkeit – für den Eigentümer, so ist er auch hinsichtlich der (aus dem Eigentum folgenden) Versendungsbefugnis ohne Weiteres gutgläubig.

25      **c) Abhandenkommen des Gutes.** Das Gut **darf dem Dritten nicht abhanden gekommen sein.** Der Begriff des Abhandenkommens entspricht § 935 Abs. 1 BGB: Der Berechtigte darf den Besitz nicht durch Diebstahl, Verlust oder sonst unfreiwillig verloren haben. Dem steht der Fall gleich,[17] dass der Berechtigte nur mittelbarer Besitzer war und der unmittelbare Besitzer den Besitz unfreiwillig verloren hat. In diesen Fällen geht, wie beim gutgläubigen Erwerb des Eigentums, das Interesse des wirklich Berechtigten dem des Verkehrsschutzes vor.

26      Der Besitzverlust muss vor Übernahme des Gutes zur Beförderung durch den Verfrachter stattgefunden haben. Kommt das Gut dem Verfrachter während der Beförderung abhanden, so kann er die Einwendungen aus dem Vertrag unbeschränkt geltend machen.[18]

## V. Beweislast

27      Der Verfrachter hat, wenn er einem Anspruch aus außervertraglicher Haftung die Einwendungen aus dem Vertrag entgegensetzen will, die Beweislast dafür, dass der Schaden in Ausführung eines wirksamen Frachtvertrages entstanden ist und durch diesen geregelt ist. Setzt er die Einwendungen einem am Frachtvertrag nicht beteiligten Dritten entgegen, so muss dieser dagegen beweisen, dass der Frachtführer den etwa behaupteten Mangel der Zustimmung nicht gekannt hat oder dass dessen Unkenntnis zumindest auf grober Fahrlässigkeit beruhte oder dass das Gut ihm abhanden gekommen war.[19]

## § 507 Wegfall der Haftungsbefreiungen und -begrenzungen

**Die in diesem Untertitel und im Stückgutfrachtvertrag vorgesehenen Haftungsbefreiungen und Haftungsbegrenzungen gelten nicht, wenn**
1. **der Schaden auf eine Handlung oder Unterlassung zurückzuführen ist, die der Verfrachter selbst vorsätzlich oder leichtfertig und in dem Bewusstsein begangen hat, dass ein Schaden mit Wahrscheinlichkeit eintreten werde, oder**
2. **der Verfrachter mit dem Befrachter oder dem Ablader vereinbart hat, dass das Gut unter Deck befördert wird, und der Schaden darauf zurückzuführen ist, dass das Gut auf Deck verladen wurde.**

**Schrifttum:** *Pokrant,* Die Rechtsprechung des Bundesgerichtshofs zur sekundären Darlegungslast des Frachtführers, RdTW 2013, 10; *Rabe,* Haftungsbegrenzungen und Haftungsdurchbrechungen im Seerecht, TranspR 2004, 142; *Zarth,* Zur Auslegung von § 660 Abs. 3 HGB, EWiR 2010, 59.
Vgl. ferner Schrifttum zu § 435.

## Übersicht

| | Rn. | | Rn. |
|---|---|---|---|
| I. Normzweck | 1, 2 | b) Kraft Vertrages | 9 |
| II. Entstehungsgeschichte | 3 | 2. Voraussetzungen des Wegfalls der Begrenzungen und Beschränkungen | 10–14 |
| III. Wegfall der Haftungsbefreiungen und Haftungsbegrenzungen | 4–14 | IV. Rechtfolgen des Wegfalls | 15, 16 |
| 1. Befreiungen und Begrenzungen | 4–9 | V. Mitverschulden der Ladungsbeteiligten | 17 |
| a) Kraft Gesetzes | 5–8 | | |

---

[17] Vgl. auch § 935 Abs. 1 Satz 2 BGB.
[18] EBJS/*Schaffert* § 434 Rn. 23; Oetker/*Paschke* § 434 Rn. 16.
[19] So auch *Koller* § 434 Rn. 18; EBJS/*Schaffert* § 434 Rn. 24.

| | Rn. | | | Rn. |
|---|---|---|---|---|
| VI. Darlegungs- und Beweislast | 18–22 | | 1. Vereinbarung | 23, 24 |
| VII. Sonderfall: Vereinbarungswidrige | | | | |
| Deckverladung (Nr. 2) | 23–25 | | 2. Deckverladung ohne Zustimmung | 25 |

## I. Normzweck

Es ist heute ein allgemeines Prinzip des Transportrechts, dass sich der Beförderer nicht **1** auf die Haftungsvergünstigungen des Sonderrechts berufen darf, wenn ihn ein besonders schweres Verschulden trifft.[1] Als Maßstab für dieses qualifizierte Verschulden hat sich die Formel durchgesetzt, die sich bereits § 435 und in § 660 Abs. 3 aF findet und auf Art. 4 § 5 Buchst. e VisbyR zurückgeht. Vgl. auch § 435 Rn. 1, 2.

Abweichend vom gesamten übrigen Transportrecht ist der Wegfall der Haftungsprivile- **2** gien im Seefrachtrecht jedoch an eine engere Voraussetzung geknüpft: Die üblicherweise kurz als „Leichtfertigkeit" gekennzeichnete Form des schweren Verschuldens, auch als qualifiziertes Verschulden bezeichnet, muss dem **Verfrachter persönlich** vorzuwerfen sein; ein qualifiziertes Verschulden seiner Leute und der Schiffsbesatzung sowie anderer Erfüllungshilfen ist ihm für die Rechtsfolge des § 507 nicht zuzurechnen. Das galt – entsprechend der Vorgabe der VisbyR – schon für § 660 Abs. 3 HGB[2] und ist in § 507 übernommen worden, um die deutsche Haftungsregelung im Rahmen des international Üblichen zu halten.[3] Der für eine Gesetzesformulierung ungewöhnliche Wortlaut („selbst") verdeutlicht diese Regelung.

## II. Entstehungsgeschichte

Die Bestimmung geht zurück auf den Vorschlag der Sachverständigengruppe (§ 518 **3** BerSV). Schon der RefE-SRG übernahm den Vorschlag jedoch nur mit einer Abweichung in Nr. 2: Der Wegfall der Haftungsbegrenzungen bei unerlaubter Deckverladung tritt nicht schon ein, wenn es an der nach § 486 Abs. 4 erforderlichen Zustimmung des Befrachters oder Abladers fehlt, vielmehr nur, wenn der Verfrachter die Verladung unter Deck zugesagt hat.

## III. Wegfall der Haftungsbefreiungen und Haftungsbegrenzungen

**1. Befreiungen und Begrenzungen.** Bei Leichtfertigkeit des Verfrachters entfallen die **4** Haftungsbefreiungen und Haftungsbegrenzungen, die das Gesetz in dem Zweiten Untertitel (§§ 498–512) oder der Frachtvertrag vorsieht.

**a) Kraft Gesetzes. Gesetzliche Haftungsbefreiungen** bestehen vor allem in der **5** Beschränkung der Haftung auf Wertersatz unter Ausschluss des Folgeschadens (§ 502) und dem Ausschluss weitergehender außervertraglicher Ansprüche (§ 506). Hierzu sind aber auch die Beweiserleichterungen der § 499 Abs. 2 § 510 Abs. 1 und 2 zu rechnen. Haftungsbeschränkungen sind in § 504 enthalten.

**Nicht berührt** werden Haftungsregelungen, die in diesem Unterabschnitt **zu Gunsten 6 der Ladungsbeteiligten** getroffen worden sind. Das gilt namentlich für die verschuldensunabhängige Haftung bei unerlaubter Deckverladung (§ 500 Satz 1) mit der dazu gehörigen Kausalitätsvermutung (Satz 2). Hinsichtlich dieser spezialgesetzlich verschärften Haftung sollte es allerdings auch bei Leichtfertigkeit des Verfrachters bei den Beschränkungen der §§ 502, 504, 506 bleiben; doch lässt § 507 dann weitergehende Ansprüche, namentlich auf Ersatz von Güterfolgeschäden zu, sofern das allgemeine Schadensersatzrecht (vgl. Rn. 15) diese einräumt. Anwendbar bleibt auch die die Ladungsbeteiligten begünstigende Regelung über die Verlustvermutung (§ 511).

---

[1] RegBegr-SRG S. 84.
[2] BGH 18.6.2009, BGHZ 181, 292 = TranspR 2009, 327; OLG Stuttgart 17.3.2010, TranspR 2011, 32.
[3] Die Beschränkung der Durchbrechung der Haftungsbegrenzungen auf qualifiziertes Verschulden des Verfrachters selbst ist auch in Art. 8 Abs. 1 HambR und Art. 61 Abs. 1 RR vorgesehen.

**7**     **Nicht berührt** werden auch Vorschriften außerhalb des Untertitels. So bleibt es bei der Verjährung von einem Jahr nach § 605 Nr. 1 sowie bei der Anwendbarkeit des § 254 BGB.

**8**     Nicht durch § 507, jedoch durch **Sondervorschriften im 7. Abschnitt (§ 611 Abs. 1)** iVm. dem HBÜ (Art. 4 HBÜ) wird die allgemeine Haftungsbeschränkung nach Maßgabe des HBÜ ausgeschlossen.

**9**     **b) Kraft Vertrages. Anders als § 660 aF lässt das neue Recht auch vertragliche Haftungsbeschränkungen** unter den Voraussetzungen entfallen, unter denen gesetzliche Begrenzungen und Beschränkungen wegfallen. Das gilt für jede Form einer über die schuldrechtliche Normalhaftung (vgl. Rn. 15) hinausgehenden Beschränkung. Unerheblich ist, ob die Vereinbarung für den Verfrachter günstiger oder ungünstiger als die gesetzliche ist. Sieht etwa der Vertrag (durch Individualvereinbarung, aber auch zulässig durch AGB nach § 512 Abs. 2 Nr. 2) eine Haftung von 8,33 SZR je kg vor, dann entfällt unter den Voraussetzungen des § 507 auch diese Begrenzung.

**10**    **2. Voraussetzungen des Wegfalls der Begrenzungen und Beschränkungen.** Die **Begrenzungen und Beschränkungen entfallen,** wenn den Verfrachter selbst der Vorwurf trifft, leichtfertig (dh. in den Worten des Gesetzes: „vorsätzlich oder leichtfertig und in dem Bewusstsein, dass ein Schaden mit Wahrscheinlichkeit eintreten werde") gehandelt zu haben. Zu dem Begriff vgl. § 435 Rn. 11 ff.

**11**    Anders als nach § 435 ist Voraussetzung ein qualifiziert schuldhaftes Handeln des **Verfrachters selbst;** ein leichtfertiges Handeln seiner Leute, der Schiffsbesatzung oder anderer Erfüllungsgehilfen wird ihm für die Wirkungen des § 507 nicht zugerechnet. Bei juristischen Personen müssen deren Organe leichtfertig gehandelt haben, bei Personenhandelsgesellschaften die Geschäftsführer.[4] Man wird erwägen können, umfassend Bevollmächtigte wie General-Bevollmächtigte oder Prokuristen der Geschäftsführung zuzurechnen, etwa den sog. Vertragsreeder. Das schwere Verschulden von Erfüllungsgehilfen ist dem Verfrachter aber selbst dann für § 507 nicht zuzurechnen, wenn diese beim Transport die beherrschende Rolle spielen.[5]

**12**    Die RegBegr-SRG[6] weist mit Recht darauf hin, dass die höchstrichterliche Rechtsprechung zu § 435 ein qualifiziertes Verschulden des Frachtführers vor allem in einem **groben Organisationsverschulden** gesehen habe (§ 435 Rn. 21 ff.), welches regelmäßig beim Verfrachter selbst liege, und dass deshalb die praktische Bedeutung der Abweichung vom allgemeinen Frachtrecht gering sei. Das trifft jedoch nur für die Fälle des Verlustes mit ungeklärter Ursache zu; auch bei diesen muss jedoch bei der Beurteilung nach § 507 geprüft werden, ob die bestimmten fehlenden oder mangelhaften Organisationsmaßnahmen Sache der Geschäftsführung oder nur die untergeordneter Beschäftigter gewesen wären. Vgl. dazu auch Rn. 20.

**13**    Für die Fälle des **ungeklärten Verlustes** wird sich die Auslegung an den zahlreichen Entscheidungen zu § 435 orientieren können (§ 435 Rn. 17, 18). Dabei muss aber stets im Auge behalten werden, dass bei § 507 abweichend von § 435 ein persönliches Verschulden des Verfrachters, also des Firmeninhabers oder des geschäftsführenden Organs, erfordert wird. Ein solches liegt bei den zu § 435 aufgeführten Einzelfällen nahe etwa bei mangelhafter Überwachung des Unterfrachtführers, bei Verwendung von schadensträchtiger EDV, bei fehlerhafter Organisation bei der Annahme von Gütern, bei fehlender Ein- und Ausgangskontrolle beim Umschlag von Transportgütern, beim Verzicht auf Schnittstellenkontrollen besonders dann, wenn rechtlich selbstständige Drittunternehmen in die Erbringung der Transportleistung eingebunden sind.

**14**    In den meisten Fällen schuldhaften Handelns im Einzelfall, das zu Verlust oder Beschädigung der Ladung geführt hat, wird man dagegen ein der Geschäftsführung zuzurechnendes

---

[4]  BGH 18.6.2009, BGHZ 181, 292 = TranspR 2009, 327, Rn. 39.
[5]  Wie etwa im Falle des BGH (aaO), der den Vertrag für den Fixkostenspediteur ausführende Reeder. Hierzu zustimmend *Zarth* EWiR 2010, 59.
[6]  S. 84.

Verschulden nicht feststellen können. So etwa bei einer Falschauslieferung,[7] falscher Stauung[8] oder diebstahlgefährdeter Lagerung.[9] Als Brücke zum Verschulden der Geschäftsführung kommt in diesen Fällen nur deren **Pflicht zum Erlass geeigneter Organisationsrichtlinien** und zur Aufsicht über deren Beachtung in Betracht.[10]

## IV. Rechtfolgen des Wegfalls

Wenn bei Vorliegen qualifizierten Verschuldens des Verfrachters die gesetzlichen und vertraglichen Haftungsbefreiungen und -begrenzungen entfallen, richtet sich die Verpflichtung des Verfrachters zum Schadensersatz für Güterschäden **allein nach den Bestimmungen des BGB,** insbesondere §§ 249 ff. und §§ 823 ff. BGB. Der Geschädigte kann insbesondere Ersatz seines gesamten wirtschaftlichen Folgeschadens verlangen. Der Verfrachter hat dann auch ein Verschulden seiner Leute einschließlich der Schiffsbesatzung zu vertreten. Eine in den AGB vorgesehene Beschränkung, wonach er ein Verschulden der Schiffsbesatzung bei der Führung und Bedienung des Schiffes nicht zu vertreten hat (§ 512 Abs. 2 Nr. 2 oder kraft Individualvereinbarung) ist dann – als Haftungsbeschränkung nach dem Frachtvertrag, vgl. Rn. 9 – nicht mehr zu beachten. **15**

Der Geschädigte hat allerdings ein **Wahlrecht (§ 435 Rn. 27),** ob er von diesem Privileg Gebrauch machen will: Erscheint ihm im Einzelfall etwa das Wertersatzprinzip des § 502 günstiger, weil er dafür einen konkreten Schaden nicht nachzuweisen braucht, kann er sich auch auf die frachtrechtliche Haftung berufen, muss dann aber auch alle anderen Beschränkungen des Zweiten Untertitels gegen sich gelten lassen.[11] **16**

## V. Mitverschulden der Ladungsbeteiligten

Auch im Seehandelsrecht muss die umfangreiche Rechtsprechung zum Mitverschulden der Ladungsbeteiligten angewendet werden, welche die unbegrenzte Haftung des Verfrachters in den Fällen des § 507 durch die Berücksichtigung des mitwirkenden Verschuldens von Absender und Empfänger angemessen begrenzt. Dazu eingehend § 435 Rn. 30 ff. **17**

## VI. Darlegungs- und Beweislast

Grundsätzlich liegt die Darlegungs- und Beweislast für die Voraussetzungen des § 507 beim Anspruchsteller,[12] da es sich um eine Ausnahmeregelung zu seinen Gunsten handelt. Denn gesetzlicher Regelfall ist die beschränkte Haftung bei (vermutetem) Verschulden des Verfrachters oder der ihm zuzurechnenden Gehilfen. **18**

Da sich die Vorgänge, aus denen ein qualifiziertes Verschulden des Verfrachters hergeleitet werden könnte, jedoch in der Sphäre des Verfrachters abspielen, genügt der Anspruchsteller seiner Darlegungspflicht bereits dann, wenn er Umstände vorträgt, die ein qualifiziertes Verschulden des Verfrachters (nicht nur seiner Leute, der Schiffsbesatzung oder anderer Erfüllungsgehilfen) mit einer gewissen Wahrscheinlichkeit nahe legen. Dann trifft den Verfrachter eine prozessuale Aufklärungspflicht und damit eine Einlassungsobliegenheit (sog. sekundäre Beweislast).[13] **19**

Diese in ständiger Rechtsprechung zu § 435 entwickelten Grundsätze sind auch auf § 507 anzuwenden.[14] Dabei muss der **Vortrag des Anspruchstellers** nicht nur allgemein **die Wahrscheinlichkeit** der Leichtfertigkeit im Bereich des Verfrachters – begangen durch irgendjemanden – begründen, sondern die **eines persönlichen qualifizierten Verschul-** **20**

---

[7] Vgl. den Fall des OLG Stuttgart 21.7.2000, TranspR 2001, 41.
[8] Vgl. den Fall des BGH 29.7.2009, TranspR 2009, 331, in welchem allerdings ein zusätzliches Versagen der Geschäftsführung dennoch zur Anwendung des § 660 Abs. 3 aF führte.
[9] Vgl. den Fall des BGH 24.11.2010, TranspR 2011, 161.
[10] Dazu *Zarth* EWiR 2010, 59.
[11] BGH 30.9.2010, TranspR 2010, 437 (zu Art. 29 CM); *Thume* TranspR 2008, 78 ff.
[12] BGH 10.12.2009, TranspR 2010, 78.
[13] Dazu eingehend § 435 Rn. 53; *Pokrant* RdTW 2013, 8.
[14] So OLG Hamburg 8.12.2011, TranspR 2013, 35 (zu § 660 Abs. 3 aF).

**dens der Geschäftsleitung.** Das konnte nach einem anfangs wohl nur etwas missverständlich formulierten Leitsatz des BGH[15] zweifelhaft sein; dieser Leitsatz konnte dahin verstanden werden, dass die mangelnde Einlassung des Verfrachters zu den Gründen einer Beschädigung durch unzureichende Sicherung bereits auf ein Organisationsverschulden und damit auf ein qualifiziert schuldhaftes Verhalten der Organe hindeute. Die Gründe zeigen jedoch, dass es auf diese Frage nicht ankam, weil das Gericht ein leichtfertiges Verhalten der Geschäftsführung als bewiesen ansah. Ähnlich unentschieden blieb die Frage des genauen Umfangs der Darlegungslast in der Entscheidung des BGH vom 24.11.2010,[16] wo ebenfalls nach dem Sachverhalt klar war, dass das vorgeworfene Verhalten nicht leichtsinnig erschien, gleich von wem es zu vertreten war. Klar formuliert[17] muss der Vortrag des Klägers oder der unstreitige Sachverhalt auf einen Schadenshergang hindeuten, der ein qualifiziertes Verschulden des Verfrachters selbst naheliegend erscheinen lässt. Liegt der Schadenshergang nur im Dunkeln und trägt der Verfrachter nichts zum Schadenshergang oder zu Sicherheitsvorkehrungen vor, kann auf ein qualifiziertes Verschulden des Verfrachters selbst nicht ohne weitere Anhaltspunkte geschlossen werden, da auch Schadensursachen in Betracht kommen, für die der Verfrachter nicht unbeschränkt einzustehen hat.

21      Ergibt der Vortrag des Anspruchstellers oder der unstreitige Sachverhalt Anhaltspunkte für ein qualifiziertes Verschulden des Verfrachters selbst, ist der **Verfrachter gehalten, durch detaillierten Sachvortrag zur Organisation seines Betriebes und zu den von ihm ergriffenen Sicherungsmaßnahmen Stellung zu nehmen.** Weigert er sich, dieser Einlassungsobliegenheit nachzukommen, oder ist ihm eine Darlegung der Details des Transports nicht möglich, so ist der Schluss auf ein qualifiziertes Verschulden sowohl in Bezug auf die Leichtfertigkeit als auch in Bezug auf dessen Bewusstsein zulässig. Dies hat der BGH[18] etwa angenommen, wenn der beklagte (Luft-) Frachtführer bei einem Verlust des Transportgutes nur den Ort des Sendungsverlusts benennt ohne Angaben zu den beteiligten Personen, zum Organisationsablauf des Transports, zu Schadensverhütungsmaßnahmen und zu etwaigen Nachforschungen zum Verbleib der Sendung zu machen. Denn in einem solchen Fall ist nach der allgemeinen Lebenserfahrung regelmäßig nicht nur von einer Organisation des Betriebsablaufs auszugehen, die keinen hinreichenden Schutz der zu befördernden Güter gegen ein Abhandenkommen gewährleistet und sich in krasser Weise über die Sicherheitsinteressen des Vertragspartners hinwegsetzt, sondern auch von einer sich dem Handelnden aus seinem leichtfertigen Verhalten aufdrängenden Erkenntnis, es werde mit Wahrscheinlichkeit ein Schaden entstehen. Der Schluss auf das Bewusstsein ist im Rahmen des Indizienbeweises möglich. Allerdings darf nicht direkt aus der Leichtfertigkeit auf ein Bewusstsein geschlossen werden.

22      Der BGH[19] hat im Zusammenhang mit der sekundären Darlegungslast ausdrücklich klargestellt, dass seine weitreichenden Anforderungen an die Darlegungslast des Frachtführers nicht dazu führen dürfen, die Beweislast umzukehren: Hat der Frachtführer seiner Einlassungsobliegenheit genügt, so muss der Anspruchsteller die Voraussetzungen für die unbeschränkte Haftung des Frachtführers nicht nur darlegen, sondern gegebenenfalls auch beweisen. Das gilt auch dann, wenn dem Anspruchsteller eine nähere Darlegung wegen der Zugehörigkeit des Geschehens zum Wahrnehmungsbereich des Frachtführers – trotz der in einem solchen Fall erhöhten Anforderungen an dessen (sekundäre) Darlegungslast – nicht möglich ist.

## VII. Sonderfall: Vereinbarungswidrige Deckverladung (Nr. 2)

23      **1. Vereinbarung.** Wird Gut **entgegen einer besonderen Vereinbarung** (also nicht nur: ohne Zustimmung) an Deck verladen, so haftet der Verfrachter stets ohne die Begrenzungen der §§ 502–506. Das Gesetz verlangt bewusst – anders als Art. 9 Abs. 4 HambR und Art. 25 Abs. 5 RR – nicht eine „ausdrückliche" Vereinbarung, weil keine Formbedürf-

---

15   Zu BGH 29.7.2009, TranspR 2009, 331.
16   TranspR 2011, 161 Rn. 23.
17   Wie etwa im Leitsatz des OLG Stuttgart 17.3.2010, TranspR 2011, 32.
18   BGH 3.3.2011, TranspR 2011, 220.
19   BGH 10.12.2009, TranspR 2010, 78; LG Krefeld 9.11.2011, TranspR 2013, 27.

tigkeit angeordnet werden sollte.[20] In Abgrenzung zum bloßen Mangel der Zustimmung wird man aber doch eine deutliche, wenn auch nur mündliche Zusicherung verlangen müssen.

Ist bei vereinbarungswidriger Deckverladung ein Schaden entstanden, so wird **vermutet,** 24 dass er durch diese Art der Verladung entstanden ist; das folgt aus § 500 Satz 2.[21]

**2. Deckverladung ohne Zustimmung.** Fehlt es an der für die Deckverladung not- 25 wendigen Zustimmung, liegt jedoch **keine ausdrückliche Vereinbarung über eine Beförderung unter Deck** vor, so haftet der Verfrachter für die dadurch entstandenen Schäden zwar auch ohne Verschulden, doch nach allgemeinen Regeln begrenzt. Doch können die Haftungsprivilegien der §§ 502–506 auch in solchen Fällen nach Nr. 1 entfallen, etwa weil die Deckverlandung angesichts der besonderen Natur des Gutes leichtfertig war oder weil die Zustimmung leichtfertig angenommen (etwa ein vom Ablader erklärtes Verbot leichtfertig übersehen) wurde.

## § 508 Haftung der Leute und der Schiffsbesatzung

(1) ¹Werden Ansprüche aus außervertraglicher Haftung wegen Verlust oder Beschädigung des Gutes gegen einen der Leute des Verfrachters geltend gemacht, so kann sich auch jener auf die in diesem Untertitel und im Stückgutfrachtvertrag vorgesehenen Haftungsbefreiungen und Haftungsbegrenzungen berufen. ²Gleiches gilt, wenn die Ansprüche gegen ein Mitglied der Schiffsbesatzung geltend gemacht werden.

(2) Eine Berufung auf die Haftungsbefreiungen und Haftungsbegrenzungen nach Absatz 1 ist ausgeschlossen, wenn der Schuldner vorsätzlich oder leichtfertig und in dem Bewusstsein gehandelt hat, dass ein Schaden mit Wahrscheinlichkeit eintreten werde.

(3) Sind für den Verlust oder die Beschädigung des Gutes sowohl der Verfrachter als auch eine der in Absatz 1 genannten Personen verantwortlich, so haften sie als Gesamtschuldner.

Schrifttum: *Knöfel,* Die Haftung des Güterbeförderers für Hilfspersonen, Diss. Hamburg 1995.

### Übersicht

|  | Rn. |  | Rn. |
|---|---|---|---|
| I. Normzweck | 1 | IV. Außervertragliche Ansprüche gegen Erfüllungsgehilfen | 7–10 |
| II. Entstehungsgeschichte | 2 | 1. Selbständige Erfüllungsgehilfen | 7 |
| III. Außervertragliche Ansprüche gegen die Leute | 3–6 | 2. Unterverfrachter | 8, 9 |
| 1. Erfasste Ansprüche | 3, 4 | 3. Vertraglich Begünstigte | 10 |
| 2. Anspruchsteller | 5 | V. Rechtsfolge | 11, 12 |
| 3. Geschützte Personen | 6 |  |  |

### I. Normzweck

Die Vorschrift gewährt den Leuten des Verfrachters und den Mitgliedern der Schiffsbesat- 1 zung das Recht, bei außervertraglicher Inanspruchnahme auf Schadensersatz die gesetzlichen und frachtvertraglichen Haftungsbefreiungen und -begrenzungen geltend zu machen, die dem Frachtführer zu Gebote stehen. Damit übernimmt die Norm einen Drittschutz, wie er in Übernahme von Art. 4bis Abs. 2 VisbyR schon in § 607a Abs. 2 aF vorgesehen war und mit dem TRG auch in das allgemeine Frachtrecht eingeführt wurde (§ 436). Dies

---

[20] RegBegr-SRG S. 85.
[21] RegBegr-SRG S. 85.

entspricht einerseits dem arbeitsrechtlichen Grundgedanken der Fürsorge und sichert anderseits, ebenso wie § 434, das frachtvertragliche Haftungssystem gegen Umgehungen: Könnten die Leute des Verfrachters oder die Schiffsbesatzung wegen der Ansprüche, für die der Verfrachter nur begrenzt haftet, aus Delikt in unbegrenzter Höhe in Anspruch genommen werden, so träfen diesen in vielen Fällen arbeitsrechtliche Freistellungsverpflichtungen wegen gefahrgeneigter Tätigkeit.

## II. Entstehungsgeschichte

2    Die Bestimmung entspricht dem Vorschlag der Sachverständigengruppe (§ 519) und ist unverändert in den RegE-SRG übernommen worden. Schon die Sachverständigengruppe hat sich dafür ausgesprochen, den Schutz auf die Leute, also die **abhängig im Betrieb des Verfrachters Beschäftigten,** und die **Schiffsbesatzung** zu beschränken und nicht – wie in Art. 28 CMR, Art. 41 § 2 CIM, Art. 17 Abs. 3 CMNI und Art. 7 Abs. 2 HambR – auf selbständige Erfüllungsgehilfen zu erweitern. Diese sind nicht in gleicher Weise schutzbedürftig und können bei ihrer Inanspruchnahme in der Regel auch nicht Regress beim Frachtführer nehmen;[1] deshalb sind sie auch in § 436 ebenso wie in Art. 4bis Abs. 2 VisbyR und Art. 4 Abs. 1 Buchst. a RR nicht einbezogen.

## III. Außervertragliche Ansprüche gegen die Leute

3    **1. Erfasste Ansprüche.** Die Vorschrift erfasst alle Ansprüche wegen Verlust oder Beschädigung des Gutes, für die der Verfrachter nach §§ 498 ff. haftet und hinsichtlich derer er den Einwand der Haftungsbegrenzung auch gegenüber außervertraglichen Ansprüchen geltend machen kann (§ 506). Bei den Leuten und der Schiffsbesatzung kommen in erster Linie Ansprüche aus unerlaubter Handlung (§ 823 BGB) in Betracht.

4    Ebenso wie der Verfrachter (§ 506 Rn. 7) sollten auch seine Leute bei Schäden wegen Verlust oder Beschädigung von **Begleitpapieren** (§ 487 Abs. 2 Satz 2) und wegen Schäden durch **Auslieferung an einen nicht** durch ein Konnossement **Legitimierten** (§ 521 Abs. 4) nur begrenzt haften, wenn sie hierfür in Anspruch genommen werden können;[2] auf andere Fälle sollte die Vergünstigung jedoch nicht erstreckt werden.[3]

5    **2. Anspruchsteller.** Der Einwand kann gegenüber jedem erhoben werden, seien es Beteiligte am Vertrag (Befrachter und Empfänger) oder Dritte (insbesondere Ablader), die als Eigentümer des beförderten Gutes geschädigt sind. Der Schutz gegenüber Dritten ergibt sich aus der entsprechenden Anwendung von § 506 Abs. 2, dessen Einschränkungen nach § 506 Abs. 2 Satz 2 jedoch auch hier zu beachten sind.[4]

6    **3. Geschützte Personen. Leute und Schiffsbesatzung** können die Haftungsbefreiungen und -begrenzungen des Verfrachters geltend machen. Zum Begriff der Leute vgl. § 501 Rn. 7 ff. Die Mitglieder der Schiffsbesatzung brauchen – im Gegensatz zu den Leuten – nicht in den Betrieb des Verfrachters eingegliedert zu sein. Der Verfrachter hat für sie auch dann einzustehen, wenn sie in fremdem Dienst – etwa des Vercharterers – stehen; das rechtfertigt ihre Gleichbehandlung mit den Leuten des Verfrachters gegenüber Dritten. Der **Lotse** ist diesem Kreis nicht zuzurechnen; er ist durch eigene Haftungsbeschränkungsregeln geschützt.[5]

---

[1] Vgl. BerSV S. 104.

[2] Vgl. § 506 Rn. 7; *Koller* § 436 Rn. 3.

[3] Zu § 436 weitergehend *Koller* § 436 Rn. 3; EBJS/*Schaffert* § 436 Rn. 5; es erscheint jedoch bedenklich, die Haftung für allgemeine Vermögensschäden nach § 823 Abs. 2 in die ausdehnende Interpretation der Vergünstigung einzubeziehen.

[4] So zu § 436 *Koller* § 436 Rn. 5; EBJS/*Schaffert* § 436 Rn. 4; Fremuth/Thume/*Fremuth* § 436 Rn. 8, 9; Oetker/*Paschke* Rn. 5.

[5] § 21 Abs. 3 SeelotsG: Gegenüber dem Reeder Haftung nur für Vorsatz und grobe Fahrlässigkeit; allgemein: Einbeziehung in die allgemeine Haftungsbeschränkung nach §§ 611, 615.

## IV. Außervertragliche Ansprüche gegen Erfüllungsgehilfen

**1. Selbständige Erfüllungsgehilfen.** Selbständige Erfüllungsgehilfen[6] können die Ein- **7** wendungen als solche nicht geltend machen. Das gilt deshalb auch für **deren Leute.** Soweit diese Erfüllungsgehilfen jedoch zugleich **die Stellung eines ausführenden Verfrachters** haben (§ 509), können sie sich kraft dieser auf die Haftungsbefreiungen und -begrenzungen nach dem Hauptfrachtvertrag berufen (§ 509 Abs. 3), auch gegenüber außervertraglichen Ansprüchen (§ 506); diese Einwendungen können auch die **Leute des ausführenden Verfrachters** erheben (§ 509 Abs. 5).

**2. Unterverfrachter.** Nach der neueren Rechtsprechung des BGH[7] haftet der Unter- **8** verfrachter **aus dem Unterfrachtvertrag** vertraglich gegenüber dem Empfänger des Hauptfrachtvertrages.[8] Gegenüber diesem Anspruch kann er alle Haftungsbefreiungen und -begrenzungen der §§ 498 ff. aus eigenem Recht geltend machen, auch gegenüber deliktischen Ansprüchen (§ 506). Die Einwendungen aus dem Unterfrachtvertrag können jedoch von den nach § 506 aus dem Hauptvertrag abgeleiteten (die ihm, sofern er selbständiger Erfüllungsgehilfe ist, nicht zustehen, s. Rn. 7) verschieden sein, weil die Bedingungen des Unterfrachtvertrages mit denen aus dem Hauptfrachtvertrag nicht identisch zu sein brauchen.

Unterverfrachter kann auch ein Erfüllungsgehilfe sein, der selbst keinen Seefrachtvertrag **9** mit dem (Haupt-) Verfrachter geschlossen hat, sondern einen Vertrag anderer Art. So namentlich ein **Umschlagbetrieb,** der mit dem Verfrachter einen Landfrachtvertrag oder einen Werkvertrag schließt, diesen jedoch bei der Ausführung seiner seefrachtrechtlichen Verpflichtung unterstützt. Vgl. zur Stellung des Umschlagbetriebes als ausführender Verfrachter § 509 Rn. 57 ff. Soweit die Umschlagtätigkeit als (Land-) Frachtvertrag einzustufen ist und der Umschlagbetrieb das Gut an den Empfänger ausliefert, dürfte die BGH-Rechtsprechung zu dessen Haftung aus §§ 425 ff. führen; diesem Anspruch gegenüber richten sich seine Einwendungen nach Landfrachtrecht. Soweit die Tätigkeit reinen Werkvertragscharakter (insbesondere auch, weil der Betrieb keine Obhut am Gut erlangt, vgl. § 509 Rn. 59) hat, scheidet eine Direktanspruch des Empfängers aus. In beiden Fällen allerdings kann der Umschlagbetrieb dem Empfänger und Befrachter im Wege der Drittschadensliquidation haften und hat dann die Einreden aus seinem jeweiligen Vertrag mit dem Verfrachter, vgl. dazu § 498 Rn. 93.

**3. Vertraglich Begünstigte.** Durch **haftungsbefreiende Vertragsklauseln zuguns- 10 ten Dritter** (sog. Himalaya-Klauseln[9]) kann der Verfrachter die gesetzlichen und vertraglichen Haftungsbefreiungen und -begrenzungen seines Frachtvertrages mit dem Befrachter auch einem selbständigen Erfüllungsgehilfen zugutekommen lassen; diese Begünstigung kann allerdings nur gegenüber den Vertragspartnern des Verfrachters vereinbart werden, nicht gegenüber außenstehenden Eigentümern des Gutes (§ 506 Abs. 2), wo sie eines gesetzlichen Fundamentes bedürfte. Die Rechtsprechung lässt solche haftungsbefreienden Klauseln zugunsten auch selbständiger Erfüllungsgehilfen jedenfalls dann zu, wenn der Erfüllungsgehilfe „in eine besondere Nähe zum Hauptvertrag gerückt" wird.[10] Dies ist bei einem Unterfrachtführer wohl generell der Fall.[11]

---

[6] Vgl. dazu auch *Rabe* § 607a Rn. 8.
[7] Vgl. § 498 Rn. 91 ff.; BGH 14.6.2007, TranspR 2007, 425; BGH 30.10.2008, TranspR 2009, 130; vgl. dazu § 425 Rn. 77 ff. Ob diese Haftung auch gegenüber dem Absender besteht, erscheint fraglich.
[8] Zu den Bedenken und Einschränkungen dieser Auffassung unter den besonderen Verhältnissen des Seeverkehrs vgl. § 498 Rn. 92.
[9] Der Name ist abgeleitet von einem seerechtlichen Fall (House of Lords, 2 LLRep. 1954, 267), in dem der Kapitän eines Schiffes dieses Namens an Stelle des vertraglich freigezeichneten Reeders in Anspruch genommen wurde; vgl. dazu *Herber* Seehandelsrecht S. 206 f.; *Rabe,* § 607a Rn. 10.
[10] BGH 6.7.1995, BGHZ 130, 223 = TranspR 1996, 23.
[11] Vgl. auch *Rabe,* § 607a Rn. 14.

## V. Rechtsfolge

11　　Leute und Besatzungsmitglieder können sich auf die gesetzlichen und vertraglichen Haftungsbefreiungen und -begrenzungen berufen. Das entsprach schon vor dem SRG der Rechtsprechung.[12] – Hat der Verfrachter im Frachtvertrag eine Haftungsgrenze vereinbart, die ungünstiger ist als die gesetzliche – etwa eine Haftung auf 8,33 SZR je kg –, so können die Leute die ihnen günstigere des Gesetzes geltend machen.[13] Vgl. dazu § 436 Rn. 10.

12　　Die Vergünstigungen der Leute entfallen ebenso wie die des Verfrachters selbst, wenn ihnen **qualifiziertes Verschulden iS des § 507** zur Last fällt. Dabei kommt es allein auf den Schuldvorwurf gegen den in Anspruch Genommenen an;[14] haftet der Verfrachter selbst wegen eigenen qualifizierten Verschuldens nach § 507 unbeschränkt, so kann sich ein Bediensteter, dem ein qualifiziertes Verschulden nicht zur Last fällt, gleichwohl auf die Haftungsbefreiungen und -begrenzungen berufen.

## § 509 Ausführender Verfrachter

**(1) Wird die Beförderung ganz oder teilweise durch einen Dritten ausgeführt, der nicht der Verfrachter ist, so haftet der Dritte (ausführender Verfrachter) für den Schaden, der durch Verlust oder Beschädigung des Gutes während der durch ihn ausgeführten Beförderung entsteht, so, als wäre er der Verfrachter.**

**(2) Vertragliche Vereinbarungen mit dem Befrachter oder Empfänger, durch die der Verfrachter seine Haftung erweitert, wirken gegen den ausführenden Verfrachter nur, soweit er ihnen schriftlich zugestimmt hat.**

**(3) Der ausführende Verfrachter kann alle Einwendungen und Einreden geltend machen, die dem Verfrachter aus dem Stückgutfrachtvertrag zustehen.**

**(4) Verfrachter und ausführender Verfrachter haften als Gesamtschuldner.**

**(5) Wird einer der Leute des ausführenden Verfrachters oder ein Mitglied der Schiffsbesatzung in Anspruch genommen, so ist § 508 entsprechend anzuwenden.**

**Schrifttum:** *Czerwenka,* Passagierschaden im Binnenschiffsverkehr, NJW 2006, 1250; *dies.,* Die Anwendung des § 437 bei grenzüberschreitenden Transporten, TranspR 2012, 408; *Demuth,* Abgetretener höherer Ersatzanspruch des vertraglichen Frachtführers gegen den ausführenden Frachtführer in der Hand des Absenders, TranspR 2004, Sonderbeilage XII; *Drews,* Zum Umschlag von Waren in einem Seehafen, TranspR 2008, 18; *ders.,* Der Umschlag von Waren unter dem neuen Seehandelsrecht, TranspR 2013, 253; *Heußer,* Subunternehmer beim Seetransport", Diss. Mannheim 2006; *Herber,* Anspruch des Empfängers gegen den Unterfrachtführer aus dem Unterfrachtvertrag?, TranspR 2008, 239; *ders.,* Wer ist ausführender Verfrachter?, TranspR 2011, 359; *ders.,* Die Haftung des Unterfrachtführers gegenüber den Ladungsbeteiligten des Hauptfrachtvertrages, TranspR 2013, 1; *Hesse,* Der „ausführende Verfrachter" im neuen Seehandelsrecht, Hansa 2012, 88; *Kienzle,* Die Haftung des Carrier und des Actual Carrier nach den Hamburg-Regeln, Schriften zum Transportrecht Bd. 8, 1993; *Knöfel,* Der ausführende Frachtführer – eine Rechtsfigur im Schnittpunkt von Transportrecht und allgemeinem Schuldrecht, FG Herber, S. 96; *Koller,* Die Haftung des HGB-Unterfrachtführers gegenüber den Empfänger, TranspR 2009, 229; *ders.,* Der Unterfrachtführer als Schuldner und Gläubiger, TranspR 2009, 451; *ders.,* Erlassvertrag zwischen Hauptfrachtführer und Unterfrachtführer, TranspR 2012, 326; *ders.,* Wer ist Frachtführer im Sinn des § 437 HGB nF?, TranspR 2013,103; *Ramming,* Die Haftung des ausführenden Frachtführers nach § 437 HGB, TranspR 2000, 277; *ders.,* Neues vom ausführenden Frachtführer, VersR 2007, 1190; *ders.,* Die neuen Vorschriften über den ausführenden Verfrachter, RdTW 2013, 81; *Seyffert,* Die Haftung des ausführenden Frachtführers im neuen deutschen Frachtrecht, Diss. Hamburg 2000; *Speckmann,* Die Haftung des Unterfrachtführers gegenüber dem Empfänger und sonstigen Dritten, Diss. Hamburg 2012; *Steingröver,* Die Mithaftung des ausführenden Verfrachters im Seerecht – de lege lata und de lege ferenda, Diss Hamburg 2006; *Thume,* Die Haftung des ausführenden Frachtführers nach § 437 HGB, VersR 2000, 1071; *Wagner,* Die Haftung des ausführenden Frachtführers nach dem Transportrechtsreformgesetz, ZHR 163 (1999), 679; *Zapp,* Ansprüche gegen den ausführenden Frachtführer bei internationalen Lufttransporten, TranspR 2000, 239. Vgl. ferner Schrifttum zu § 437.

---

[12] Vgl. BGH 28.2.1983, VersR 1983, 549.
[13] Zu § 436 *Koller* Rn. 8; EBJS/*Schaffert* Rn. 6; Fremuth/Thume/*Fremuth* Rn. 5; Baumbach/Hopt/*Merkt* Rn. 1.
[14] Zu § 436 *Koller* Rn. 7; EBJS/*Schaffert* Rn. 6; Fremuth/Thume/*Fremuth* Rn. 11; Oetker/*Paschke* Rn. 8.

## Übersicht

Rn.

I. Normzweck .......................... 1–3

II. Entstehungsgeschichte .............. 4–6

III. Ausführender Verfrachter .......... 7–19
1. Begriff ............................. 7–15
2. Abgrenzung ......................... 16
3. Voraussetzung: Wirksamer Hauptfracht-vertrag nach §§ 481 ff. ............. 17–19

IV. Haftung des ausführenden Ver-frachters ............................ 20–44
1. Grundlage .......................... 20
2. Ausgestaltung der Haftung im Einzel-nen ................................. 21–33
   a) Haftung während der eigenen Obhut .............................. 24, 25
   b) Haftung für Verschulden ......... 26–30
   c) Haftungsbeschränkungen für außer-vertragliche Ansprüche und gegen-über Ansprüchen Dritter ........... 31
   d) Wegfall der Haftungsbeschränkungen bei Leichtfertigkeit ............... 32
   e) Haftung aus Konnossementen des ver-tragschließenden Verfrachters ..... 33
3. Auswirkung von Vereinbarungen ...... 34–41
   a) Vereinbarungen des vertragschließen-den Verfrachters .................. 34–37
   b) Vereinbarungen des ausführenden Verfrachters ...................... 38

Rn.

c) Vereinbarungen zwischen vertrag-schließendem und ausführendem Ver-frachter ............................. 39
d) Auswirkung der Sonderrechtsbezie-hung zwischen Unterverfrachter und Empfänger nach der neueren BGH-Rechtsprechung ...................... 40, 41
4. Verantwortlichkeit für Leute und andere Erfüllungsgehilfen .............. 42, 43
5. Anspruch nach § 509 und Drittschadens-liquidation ........................... 44

V. Verhältnis zur Haftung des vertrag-schließenden Verfrachters ............. 45–48
1. Gesamtschuldnerschaft ................ 45–47
2. Ausgleich ............................ 48

VI. Reklamation. Verjährung ......... 49–52
1. Schadensanzeige ...................... 49
2. Verjährung ........................... 50–52

VII. Haftung der Leute des ausführen-den Verfrachters ..................... 53–55

VIII. Ausführrender Verfrachter beim Multimodalvertrag ................... 56

IX. Sonderfall: Güterumschlag ........ 57–63

X. Anwendbares Recht (IPR) ......... 64, 65

XI. Gerichtsstand ..................... 66, 67

## I. Normzweck

Die Bestimmung gewährt dem geschädigten Ladungsbeteiligten einen direkten Schadens-ersatzspruch gegen den tatsächlichen Schädiger in den Fällen, in denen der vom Absender vertraglich beauftragte Verfrachter das Gut nicht selbst oder durch eigene Leute befördert, sondern die Beförderung selbständigen Dritten überträgt. Da es dem Verfrachter grundsätz-lich frei steht, die vertraglich übernommene Beförderungspflicht durch Dritte erfüllen zu lassen, sollen Absender und Empfänger bei Güterschäden **neben dem Anspruch gegen den vertraglichen Verfrachter** kraft Gesetzes einen **Direktanspruch** gegen den „die Beförderung ausführenden" Dritten geltend machen können. Mit der Regelung wird zugleich erreicht, dass auch dem in die Beförderung eingeschalteten Dritten die Haftungsbe-grenzungsregelungen des Frachtvertragsrechts zugute kommen. **1**

Modell für die im Seefrachtrecht neue Regelung ist vor allem § 437, mit dem das Konzept bereits durch das TRG Eingang in das deutsche allgemeine Frachtrecht gefunden hat. Das Rechtsinstitut hat sein Vorbild zunächst in Art. II ZAG, ist aber bereits durch Art. 2 Satz 2 des Athener Übereinkommens vom 13.12.1974 über die Beförderung von Reisenden und ihrem Gepäck auf See[1] in das Seerecht und durch Art. 10 HambR und Art. 1 Nr. 7, Art. 19 RR in des internationale Seefrachtrecht übernommen worden. Im Seehandelsrecht stellt das Rechtsinstitut zugleich einen gewissen Ersatz für das 1972 durch das 1. SÄG beseitigte Schiffsgläubigerrecht wegen Ansprüchen aus Ladungsschäden dar, denn es gibt dem Geschä-digten einen direkten – wenn auch nur schuldrechtlichen – Ersatzanspruch gegen den Reeder des befördernden Schiffes, der selbständig neben den Anspruch gegen den Verfrach-ter tritt und die Ladungsbeteiligten bei Insolvenz des non-vessel-owning-carriers schützt. **2**

---

[1] Von dort ist es in Art. 3 der Anlage zu § 664 aF eingegangen.

3    Die Vorschrift statuiert eine gesetzliche Mithaftung des ausführenden Frachtführers nach den Bedingungen des Hauptfrachtvertrages. Dadurch unterscheidet sich dieser Anspruch von der neuerdings vom BGH[2] anerkannten Direkthaftung des Unterfrachtführers gegenüber dem Empfänger aus dem Unterfrachtvertrag, der von der Ausgestaltung des Unterfrachtvertrages abhängt.

## II. Entstehungsgeschichte

4    Die **Vorschrift** ist im Grundsatz aus dem Kommissionsentwurf[3] in den RegE-SRG[4] übernommen, allerdings **in zweifacher Hinsicht verändert** worden: Während der BerSV nur den die Beförderung ausführenden Reeder als ausführenden Verfrachter im Sinn der Vorschrift ansehen wollte, hat der RegE-SRG den Anwendungsbereich – entsprechend § 437 – auf jeden „Dritten" (vgl. dazu Rn. 5) erweitert. Sodann wurde der – aus dem Luftrecht (Art. 41 Abs. 2 Satz 1 MÜ) entlehnte – Vorschlag der Kommission nicht übernommen, den ausführenden Verfrachter auch für ein Verschulden des vertragschließenden Verfrachters und seiner Leute einstehen zu lassen (vgl. dazu Rn. 6). Im weiteren Gesetzgebungsverfahren wurde der RegE-SRG nicht verändert.

5    Die Erweiterung des Kreises der als ausführende Verfrachter in Betracht kommenden Personen auf jeden „**Dritten**" wird von der RegBegr-SRG (S. 86) vor allem mit einem praktischen Bedürfnis begründet, eine Regelungslücke in Bezug auf Schäden zu vermeiden, die beim Verladen oder Löschen des Gutes entstehen. Es reiche nicht aus, nur den Reeder eines mit der Ausführung der Beförderung betrauten Seeschiffes zu erfassen, vielmehr solle auch die Mithaftung aller beim Ein- und Ausladen in das Schiff mitwirkenden Personen sichergestellt werden. Diese besonders schadensgefährdeten Phasen würden häufig von **Hafenumschlagsbetrieben** vorgenommen. Die Regelung des RegE-SRG halte zudem auch in den Fällen Lösungen bereit, in denen Unterverfrachter nicht der Reeder eines Schiffes, sondern dessen Zeitcharterer sei, dem dann das Verladen und Löschen obliege. Durch das Bestreben, die im Seefrachtrecht neue und rechtspolitisch nicht unumstrittene Haftung des ausführenden Verfrachters möglichst ohne Lücken einzuführen (die jedoch auch in den wenigen Beispielen in der ausländischen Gesetzgebung in Kauf genommen wurden), hat das Gesetz jedoch insbesondere im Bereich des Hafenumschlags Abgrenzungsprobleme aufgeworfen, auf die schon im Gesetzgebungsverfahren hingewiesen wurde.[5] Vgl. dazu Rn. 13, 59. Für die Lade- und Löschtätigkeit des Zeitcharterers dürfte die von der Reg.Begr. angeführte Begründung nicht zutreffen, weil dieser kaum die Obhut über das Gut innehaben wird (vgl. Rn. 12, 14).

6    Sachgerecht erscheint dagegen der Verzicht des RegE-SRG auf die von dem BerSV vorgeschlagene Haftung des ausführenden Verfrachters für Handlungen und Unterlassungen des vertragschließenden Verfrachters und seiner Leute. Die RegBegr-SRG (S. 86 f.) weist mit Recht darauf hin, dass sich der ausführende Verfrachter zwar ohne diese Zurechnung häufig durch den Nachweis entlasten könne, eine Handlung oder Unterlassung des vertragschließenden Verfrachters – insbesondere bei fehlerhafter Weitergabe von Instruktionen des Befrachters – habe den Schaden herbeigeführt, dass jedoch dieser praktische Gesichtspunkt es nicht rechtfertige, den ausführenden Verfrachter mit einer von seinem Verschulden unabhängigen Haftung für Handlungen und Unterlassungen des ausführenden Verfrachters und seiner Leute, die er nicht auswählen und beaufsichtigen könne, zu belasten, während er für eigene Handlungen und Unterlassungen – anders als im Luftrecht – nur bei Verschulden hafte.

---

[2] BGH 14.6.2007, TranspR 2007, 425; zu den Bedenken gegen diese Rechtskonstruktion vgl. § 425 Rn. 76 ff.
[3] BerSV S. 20, 104 ff.
[4] RegBegr-SRG S. 10, 73 ff.
[5] Vgl. etwa *Herber* TranspR 2011, 359.

### III. Ausführender Verfrachter

**1. Begriff.** Ausführender Verfrachter ist nach der Definition des Gesetzes ein **Dritter,** 7 **der die Beförderung ganz oder teilweise ausführt.** Er ist „Dritter", wenn er am ursprünglichen Vertrag, der ein Frachtvertrag oder ein jedenfalls teilweise dem Frachtrecht unterworfener Speditionsvertrag mit der Haftung nach §§ 498 ff. sein muss, nicht beteiligt ist. Zur Frage, ob § 509 auch bei einem anderen Rechtsvorschriften, insbesondere ausländischem Recht unterliegenden Hauptfrachtvertrag anwendbar ist, vgl. Rn. 19.

Der Dritte muss eine **Beförderung** ausführen. Dieses Merkmal kann insbesondere bei 8 der Ausführung von Hilfsfunktionen zweifelhaft sein, vor allem beim Laden und Entladen eines Beförderungsmittels. Bedient sich der Verfrachter zum Ein- und Ausladen des Gutes eines Dritten, namentlich etwa eines Umschlagsunternehmens, so ist dieses ausführender Verfrachter, obgleich sein Vertrag mit dem Verfrachter in der Regel ein Werkvertrag sein wird; denn für den Hauptfrachtvertrag – auf dessen Beurteilung es für § 509 allein ankommt – ist das Be- und Entladen Teil der Beförderung. Fraglich ist indessen, wie weit Tätigkeiten des Umschlagunternehmens, die über das eigentliche Be- und Entladen des Seeschiffes hinausgehen, Beförderungsleistungen iS des § 509 darstellen. Dazu Rn. 57 ff.

Es kommt nicht darauf an, **weshalb** der ausführende Verfrachter die Beförderung über- 9 nommen hat. In aller Regel wird er auf Grund eines mit dem Hauptverfrachter – unmittelbar oder über einen weiteren Unterverfrachter – geschlossenen Unterfrachtvertrages tätig werden. Das braucht jedoch nicht der Fall zu sein. Das Gesetz verlangt – anders als viele Vorbilder – bewusst[6] nicht, dass der vertragsschließende Verfrachter dem ausführenden die Beförderung „übertragen" hat,[7] dass er ihn dazu „ermächtigt" hat[8] oder dass er wenigstens „einverstanden" ist.[9] Genügen soll allein die Ausführung, dh. die **tatsächliche Durchführung des Transports.**[10] Man wird bei dem klaren Wortlaut des Gesetzes und der Motive auch **nicht verlangen** können, dass der Dritte die Beförderung mit **Billigung des Hauptverfrachters** ausführt.[11] Diese wäre für den Dritten oft schwer feststellbar; bei mehrstufigen Unterfrachtverhältnissen kennt der vertragschließende Verfrachter auch meist nicht den letztlich ausführenden, man müsste also mit mutmaßlicher Billigung arbeiten.

Auch auf der Seite des ausführenden Verfrachters kann man nicht generell die Kenntnis 10 verlangen, dass er einen **bestimmten fremden Hauptfrachtvertrag** ausführt. Er wird zwar mit der Haftung aus dem Hauptfrachtvertrag überzogen, dessen Existenz und Regeln er oft nicht kennen wird, doch ist seine gesetzliche Haftung – sofern er nicht Erweiterungen ausdrücklich zugestimmt hat (Abs. 2) – stets auf den Standard des allgemeinen deutschen Seefrachtrechts begrenzt. Mit einer solchen Haftung muss ein Verfrachter bei einer deutschem Recht unterliegenden Beförderung stets rechnen. Problematisch ist die Auferlegung der Haftung allerdings, wenn eine Teilstrecke eines deutschem Recht unterliegenden Multimodalvertrages im Ausland liegt und der ausländische ausführende Verfrachter nach § 509 haften soll; hier hilft jedoch eine restriktive Interpretation des Kollisionsrechts (dazu Rn. 64).

Allerdings bleibt das Erfordernis, dass es sich um die **nach dem Hauptvertrag** geschul- 11 dete Beförderung oder einen Teil davon handelt. Es kann nicht genügen, dass ein Dritter die Güter aus eigenem Antrieb, etwa im Wege der Geschäftsführung ohne Auftrag, im Interesse des Befrachters befördert (zB weil er sieht, dass der Hauptverfrachter damit im Verzug ist), oder dass er sie irrtümlich, etwa auf Grund einer Verwechslung, transportiert; es wäre auch nicht gerechtfertigt, ihm in diesem Falle auch die Vergünstigungen des Frachtrechts zugute kommen zu lassen. Deshalb muss verlangt werden, dass der ausführende

---

[6] Vgl. Reg.Begr.-SRG S. 74.
[7] Wie Art. 3 der Anlage zu § 664 aF und Art. 1 Abs. 3, Art. 4 Abs. 2 Satz 1 CMNI.
[8] Wie Art. I Buchst. c ZAG.
[9] Wie § 48b Abs. 1 Satz 1 LuftVG.
[10] Reg.Begr.-SRG S. 74; auch *Knöfel,* FG Herber, S. 96, 98 ff.
[11] So aber *Seyffert* S. 60 ff., die allerdings eine Vermutung hierfür sprechen lassen will; dagegen *Steingröver* S. 171 ff.; Hopt/Merkt Rn. 1.

Verfrachter zumindest **weiß,** dass er die Beförderung für einen anderen Verfrachter durchführt.[12]

**12**     Praktisch wichtigste Fälle sind die Durchführung der von einem vertragschließenden Verfrachter – der oft ein Fixkostenspediteur ohne eigenes Schiff ist – versprochenen Beförderung durch einen Reeder (oder auch einen Zeitcharterer, welcher sich erneut eines Reeders als Zeitvercharterer bedient) oder die Durchführung eines Teiles der von einem Reeder vereinbarten Beförderung durch einen anderen Reeder **(Feeder-Reeder).**[13] In solchen (oft Ketten-) Verhältnissen ist ausführender Verfrachter immer der letzte, tatsächlich die Obhut bei der Beförderung innehabende Unternehmer (vgl. auch Rn. 14). Im Beispiel der Durchführung der vom Fixkostenspediteur vereinbarten Beförderung durch einen **Zeitcharterer** ist deshalb in aller Regel nicht dieser, sondern der **Zeitvercharterer ausführender Beförderer,** denn er hat während der Beförderung durch die ihm unterstehende Besatzung das Gut in Besitz. Der **Zeitcharterer** wird in aller Regel **auch während des Lade- und Löschvorgangs nicht Inhaber der Obhut sein** – wie die Reg.Begr.[14] wohl zu Unrecht annimmt. Auch soweit der Zeitcharterer – nach dem Chartervertrag, auf den es hierfür jedoch nicht ankommt! – zu laden und zu löschen hat, wird er selten den ausschließlichen unmittelbaren Besitz an dem Gut haben, weil dieser in großen Häfen beim Umschlagbetrieb liegt, in kleinen Verladeeinrichtungen zumindest durch die Aufsicht der Schiffsbesatzung durch den Mitbesitz des Zeitvercharterers abgemildert ist.

**13**     Zweifelhaft kann das **Erfordernis der nach dem Hauptfrachtvertrag geschuldeten Beförderung** vor allem bei Ladevorgängen im **Seehafen** sein. Regelmäßig wird der **Umschlagbetrieb** vom Reeder durch einen Rahmenvertrag mit der Abfertigung seiner Schiffe beauftragt. Wird auf Grund eines solchen Vertrages Gut verladen, welches in Erfüllung eines von einem anderen, etwa einem Zeitcharterer oder einem Raumbefrachter, geschlossenen Frachtvertrages befördert wird, so kann die Haftung des Umschlagbetriebes nach § 509 diesem Vertrag zugeordnet werden; denn es kommt nicht darauf an, dass gerade der Hauptverfrachter dem ausführenden Verfrachter den Auftrag erteilt hat. Anders jedoch, wenn der Terminalvertrag vom Befrachter abgeschlossen wird, was namentlich bei Spezialtransporten wie etwa Öl oder Chemikalien vorkommt: Selbst wenn in solchen Fällen die Kosten des Be- und Entladens nach dem Frachtvertrag vom Verfrachter zu tragen sind, wird man dem Empfänger wegen Schäden aus dem Ladevorgang einen Anspruch nach § 509 gegen den Terminalbetrieb nur dann zubilligen können, wenn auch der (Haupt-) Verfrachter nach dem Hauptfrachtvertrag für diese Schäden einzustehen hat.

**14**     Der ausführende Verfrachter muss die Beförderung **tatsächlich ausführen.** Er muss sie faktisch selbst oder durch seine Leute bewirken. Das bedeutet praktisch, dass in einer Kette von Unterfrachtverträgen, die in der Transportwirtschaft heute sehr häufig vorkommt, stets nur der letzte Unterverfrachter die Position des ausführenden Verfrachters einnimmt.[15]

**15**     Da es nur auf die tatsächliche Ausführung der Beförderung ankommt, ist es **unerheblich, welchen Rechtsvorschriften ein Unterfrachtvertrag** zwischen vertragschließendem und ausführendem Verfrachter unterliegt: Dies kann auch ausländisches Recht oder sogar allgemeines Frachtrecht sein wie etwa bei der Ausführung einer durch ein Binnenschiff ausgeführten Teilstrecke eines insgesamt Seerecht unterliegenden Beförderung.[16] Die Unbeachtlichkeit des etwaigen Unterfrachtvertrages zwischen Haupt- und Unterverfrachter ist zu unterscheiden von dem Erfordernis, dass der ausgeführte Hauptfrachtvertrag dem Recht der §§ 481 ff. unterliegt[17] (vgl. dazu Rn. 17).

---

[12] *Koller* § 437 Rn. 7; aA *Ramming* TranspR 2000, 277, Vgl. auch § 423 Rn. 8.

[13] Zu den Fallgestaltungen vgl. auch § 498 Rn. 93.

[14] RegBegr-SRG S. 86.

[15] Das ist bei den anderen Gestaltungen, namentlich der recht missglückten Formulierung der CMNI, oft sehr problematisch; vgl. dazu etwa *Ramming* TranspR 2008, 107, 109 ff. mwN.

[16] *Ramming* TranspR 2000, 277, 279.

[17] Diese Fragen werden in der Darstellung bei *Koller* § 437 Rn. 7 und EBJS/*Schaffert* § 437 Rn. 6 wohl nicht deutlich genug getrennt, doch scheint mir dort in der Sache keine abweichende Meinung vertreten zu sein.

**2. Abgrenzung.** Der Anspruch aus § 509 ist scharf zu trennen von Ansprüchen aus dem **16** Unterfrachtvertrag. Nimmt der Geschädigte den ausführenden Frachtführer aus abgetretenem oder auf ihn übergegangenem Recht des Hauptfrachtführers in Anspruch, so kann dieser selbstverständlich alle Einwendungen aus dem Unterfrachtvertrag, nicht aber solche aus dem Hauptfrachtvertrag erheben.[18] Gleiches gilt – folgt man dem BGH – für die unmittelbare Haftung des Unterfrachtführers aus seinem Unterfrachtvertrag. Dagegen kann sich der ausführende Frachtführer gegenüber dem Anspruch aus § 509 nicht auf Bedingungen seines Frachtvertrages mit dem vertragschließenden Frachtführer, in der Regel also eines Unterfrachtvertrages, berufen.[19]

**3. Voraussetzung: Wirksamer Hauptfrachtvertrag nach §§ 481 ff.** Die gesetzliche **17** Haftung des ausführenden Verfrachters greift nur ein, wenn er (ganz oder teilweise) eine Beförderungsleistung erbringt, die Gegenstand eines **wirksamen**[20] **(Haupt-)Frachtvertrages** ist. Der **Frachtvertrag muss den Bestimmungen der §§ 481 ff., 498 ff. unterliegen.**[21] Gilt für den Hauptvertrag anderes Recht, so scheidet die Anwendung des § 509 aus. Ob das den Hauptvertrag regelnde Recht eine Mithaftung des ausführenden Frachtführers vorsieht und wie diese ausgestaltet ist, bestimmt sich allein nach diesem. So sieht etwa das MÜ[22] eine solche Mithaftung vor, die CMR dagegen nicht. Bei Anwendung ausländischen Rechts auf den Hauptfrachtvertrag entscheidet dieses über die Mithaftung,[23] wobei dann die Frage der IPR-Anknüpfung besondere Probleme bereiten kann (vgl. Rn. 64 f.).

Es muss sich um einen Frachtvertrag handeln, der **sowohl ein Stückgut- als auch ein** **18** **Reisefrachtvertrag**[24] sein kann; ein Zeitchartervertrag löst dagegen die Mithaftung eines diesen ausführenden Verfrachters oder weiterer Zeitcharterers nicht aus.

*Czerwenka*[25] will auch einen ausländischen Frachtvertrag als Grundlage für einen **19** Anspruch nach §§ 509, 437 genügen lassen. Diese ausführlich begründete abweichende Ansicht geht davon aus, dass §§ 509, 437 wegen ihres allgemein anerkannten Charakters als außervertragliche Haftungsnormen kollisionsrechtlich nicht dem Recht des Hauptfrachtvertrages zu unterstellen, sondern eigenständig nach Art. 4 Rom II-VO anzuknüpfen sind. Die kollisionsrechtliche Sonderanknüpfung der §§ 509, 437 kann jedoch nicht die sachrechtliche Voraussetzung entbehrlich machen, dass auch der Hauptfrachtvertrag deutschem Recht und nach diesem den §§ 481, 407 ff unterliegen muss. Denn § 509 ist Bestandteil des vom deutschen Gesetzgeber abgewogenen Systems von gegenseitigen Rechten der Beteiligten im gesamten Rahmen des Frachtvertrages. Eine Anwendung des § 509 auf einen völlig anderen Grundsätzen folgenden Hauptfrachtvertrag wäre auch schon wegen der Schwierigkeiten bei der Anwendung von Abs. 2 kaum praktikabel. *Czerwenka* selbst schlägt zudem vor, dass der für einen fremden Verfrachter nach ausländischem Recht mithaftende deutsche ausführende Verfrachter dadurch geschützt werden müsse, dass er stets nur bis zu den Grenzen des deutschen Seefrachtrechts (also nach §§ 498 ff.) einzustehen hätte; eine solche Begrenzung lässt sich aus dem Gesetz jedoch kaum entnehmen, doch zeigt ihre Notwendigkeit, dass die extensive, durch den Wortlaut des Gesetzes nicht gebotene Auslegung des § 509 rechtspolitisch unhaltbar ist. Vgl. dazu auch § 437 Rn. 12a und u. Rn. 51.

---

[18] Dazu, ob und in welchem Umfang im Rahmen des Unterfrachtvertrages nach Einführung des Direktanspruches gegen den ausführenden Frachtführer noch Ansprüche aus Drittschadensliquidation geltend gemacht werden können, vgl. Rn. 44.

[19] BGH 30.10.2008, TranspR 2009, 130 Rn. 24.

[20] *Koller* § 437 Rn. 10; EBJS/*Schaffert* § 437 Rn. 7; Oetker/*Paschke* § 437 Rn. 5.

[21] BGH 30.10.2008, TranspR 2009, 130 = NJW 2009, 1205; *Demuth* TranspR 1999, 100; *Ramming* TranspR 2000, 277, 280; *ders.* VersR 2007, 1190; *Koller* § 437 Rn. 6; EBJS/*Schaffert* § 437 Rn. 7; Fremuth/Thume/*Fremuth* Rn. 8; aA *Czerwenka* TranspR 2012, 408; dagegen *Herber* TranspR 2013, 1; mit Einschränkung *Zapp* TranspR 2000, 239.

[22] Art. 40; in Fortführung der Regelung des ZAG.

[23] Das haben OLG Köln 16.1.2007, VersR 2007, 1149 und OLG Düsseldorf 1.7.2007, TranspR 2007, 239 übersehen; vgl. auch die Kritik bei *Ramming* VersR 2007, 1190.

[24] § 509 ist in § 527 Abs. 2 in Bezug genommen.

[25] TranspR 2012, 408.

## IV. Haftung des ausführenden Verfrachters

**20**    **1. Grundlage.** Der ausführende Verfrachter haftet „so, als wäre er der Verfrachter". Er haftet also nach den gleichen gesetzlichen Regeln wie der vertragschließende Verfrachter.[26] Der Anspruch wird ferner geprägt von den vertraglichen Vereinbarungen des (Haupt-)Frachtvertrages, soweit nicht Abs. 2 entgegensteht. Der ausführende Verfrachter wird also kraft Gesetzes so angesehen, als habe er einen gleichen Frachtvertrag mit dem Befrachter geschlossen wie der vertragliche Verfrachter. Danach haftet er für Schäden, die in seinem Obhutsbereich eingetreten sind, und zwar nach den Regeln der §§ 498 ff., abgemildert durch etwa den Verfrachter begünstigende Abmachungen zwischen diesem und dem Befrachter. Da diese vertragsähnliche Haftung gesetzlich angeordnet ist, kann man sie als quasi-vertraglich bezeichnen. Zu Meinungsverschiedenheiten über die Rechtsnatur vgl. auch § 437 Rn. 14 ff.

**21**    **2. Ausgestaltung der Haftung im Einzelnen.** Der ausführende Verfrachter haftet für Schäden durch **Verlust oder Beschädigung des Gutes,** die während seiner Obhut eingetreten sind, nach §§ 498 ff. Eine Ausdehnung der Haftung auf andere Haftungsnormen des Frachtvertrages ist wegen des Ausnahmecharakters der Vorschrift abzulehnen.[27] Für den ausführenden Verfrachter gelten in diesem Rahmen auch die gesetzlichen Begrenzungen der Haftung nach §§ 502 ff. Die allgemeine Beschränkung der Haftung nach § 611 findet dagegen nur Anwendung, soweit deren besondere persönliche Voraussetzungen vorliegen, der ausführende Verfrachter also Reeder oder diesem nach Art. 1 HBÜ gleichstehende Person ist, vgl. dazu § 611 Rn. 6.

**22**    Anders als § 437 und nach dem Vorschlag des BerSV regelt § 509 nicht eine Haftung des ausführenden Verfrachters für **Schäden infolge Überschreitung der Lieferfrist,** da auch die Haftung des vertragschließenden Verfrachters hierfür nicht besonders gesetzlich geregelt ist. Nach der Rechtsprechung des BGH besteht jedoch wohl eine Haftung des ausführenden Verfrachters aus dem Unterfrachtvertrag auch gegenüber dem Empfänger aus Verzug, die allerdings dispositiv ist und häufig abbedungen werden wird.

**23**    **Im Einzelnen** gelten für den Ersatzanspruch gegen den ausführenden Verfrachter folgende Regeln:

**24**    **a) Haftung während der eigenen Obhut.** Der Schaden muss sich in der **Zeit der Obhut** des ausführenden Verfrachters ereignet haben. Für den Zeitraum gilt Entsprechendes wie beim Hauptanspruch (vgl. § 498 Rn. 28 ff.). Dabei ist als Obhutszeitraum nur derjenige anzusehen, während dessen der ausführende Verfrachter das Gut in seinem Gewahrsam hat; führt dieser nur einen Teil der Beförderung aus, so haftet er von der Übernahme von einem vorhergehenden Verfrachter bis zur Ablieferung an einen nachfolgenden oder an den Empfänger. Beim ausführenden Verfrachter bedeutet das Erfordernis der Obhut jedoch, dass er – anders als der vertragschließende, bei dem mittelbarer Besitz genügt – **unmittelbaren Besitz** an den Gütern haben muss.[28]

**25**    Die **Erlangung des Gewahrsams** durch den ausführenden Verfrachter hat der Anspruchsteller zu **beweisen.** Das kann bei der Einschaltung mehrerer aufeinanderfolgender Unterfrachtführer schwierig sein. Dem Anspruchsteller kann dabei jedoch ein Auskunftsanspruch gegen den Hauptverfrachter zugutekommen, dem man auch, wenn er das ihm zur einheitlichen Beförderung anvertraute Gut an mehrere Unterfrachtführer übergibt, eine Dokumentation der Schnittstellen abverlangen kann.[29]

**26**    **b) Haftung für Verschulden.** Der ausführende Verfrachter kann sich ebenso wie der vertragschließende von der Haftung entlasten, wenn er den Verlust oder die Beschädigung nicht zu vertreten hat. Dabei gelten die Kautelen des § 498 Abs. 2 und die Beweiserleichterungen des § 499 ebenso wie für den vertragschließenden Verfrachter.

---

[26] *Koller* § 437 Rn. 26; EBJS/*Schaffert* § 437 Rn. 10; allgM.
[27] So aber *Koller* zu § 437 Rn. 5, 12.
[28] Vgl. – für den ausführenden Frachtführer nach § 437 – *Seyffert* S. 182.
[29] Ähnlich wie bei Multimodalvertrag, vgl. § 452a Rn. 11.

Auch der ausführende Verfrachter hat für ein **Verschulden seiner Leute und der** – 27 nicht notwendig von ihm eingestellten – **Schiffsbesatzung** einzustehen. Nicht dagegen für ein Verschulden des Hauptverfrachters, von dessen Leuten und den etwa vertraglich von dem Hauptverfrachter eingeschalteten weiteren Verfrachtern sowie von deren Leuten.[30] Ferner hat er, wenn er nur einen Teil der Gesamtbeförderung ausführt, nicht einzustehen für das Verhalten anderer ausführender Verfrachter. Diese sind nicht seine Erfüllungshilfen, und das Gesetz ordnet – in Abweichung von dem Vorbild des Luftrechts[31] und ebenso wie nach § 437, der Anlage zu § 664 aF[32] und den HambR[33] – die Haftung des ausführenden Verfrachters für diese nicht an. Im Ergebnis bedeutet dies, dass sich der in Anspruch genommene ausführende Verfrachter von der Haftung **für einen in seinem Obhutsbereich entstandenen Schaden** mit der Begründung **entlasten** kann, ihn treffe wegen für ihn nicht erkennbarer Fehler bei der Behandlung (etwa: Verpackung, Kennzeichnung) oder infolge unterbliebener Information über mit dem Befrachter vereinbarte oder sonst notwendige Vorsichtsmaßnahmen an dem Schaden kein Verschulden. Dabei wird man ihm bei begründetem Verdacht gegebenenfalls eine Erkundigungspflicht auferlegen müssen.

Andererseits ist der ausführende Verfrachter, wenn er von einem Hauptverfrachter in 28 die Beförderung eingeschaltet worden ist, dessen **Erfüllungsgehilfe** (§ 278 BGB).

Auch für die **Entlastung nach § 498 Abs. 2** gelten keine Besonderheiten. Der ausführ- 29 rende Verfrachter kann in gleicher Weise wie der vertragschließende die Beweiserleichterungen des § 499 in Anspruch nehmen. Wegen der Einzelheiten ist auf die Bem. zu § 498 Abs. 2, § 499 zu verweisen.

Problematisch kann die Entlastungsmöglichkeit sein, wenn der vertragschließende Ver- 30 frachter bestimmte **Modalitäten der Beförderung vertraglich zugesagt** hat. Soweit man hierin eine Erweiterung der Haftung sehen kann (dazu Rn. 36), wirken solche Vereinbarungen nach Abs. 1 Satz 2 nicht gegen den ausführenden Verfrachter, wenn er ihnen nicht ausdrücklich (schriftlich) zugestimmt hat. Die Grenze zur Leistungsbeschreibung, welche die vom ausführenden Verfrachter übernommene Beförderungsleistung erst individualisiert, ist jedoch fließend und schwer zu ziehen.[34] Auch wenn man dem ausführenden Verfrachter bei einer Bindung an vom vertragschließenden vereinbarte Modalitäten der Beförderung die Vorschrift des Abs. 2 nicht zugutekommen lassen will,[35] kann dieser sich in aller Regel jedenfalls nach § 498 Abs. 2 entlasten, wenn ihm Abweichungen vom gesetzlichen Regelfall der Vertragspflichten bei Übernahme der Beförderung nicht mitgeteilt wurden. Dabei ist allerdings vorausgesetzt, dass ihn nicht nach den Umständen des Falles eine Pflicht zur Erkundigung über etwa vereinbarte Besonderheiten traf.

**c) Haftungsbeschränkungen für außervertragliche Ansprüche und gegenüber** 31 **Ansprüchen Dritter. Anwendbar ist auch § 506,**[36] sowohl Abs. 1 als auch Abs. 2. Zwar wird auch hier die Beschränkung zugunsten des vertragschließenden Verfrachters oft auch dem ausführenden zugutekommen (Abs. 2), doch können die subjektiven Voraussetzungen bei beiden unterschiedlich sein; hat der vertragschließende Verfrachter die fehlende Versendungsbefugnis des Befrachters gekannt oder grob fahrlässig nicht gekannt (§ 506 Abs. 2 Nr. 2), so kann sich gleichwohl der gutgläubige ausführende Verfrachter auf § 506 berufen. Es ist nicht zu sehen, weshalb der ausführende Verfrachter, der demselben Haftungsregime wie der vertragsschließende unterliegt, weniger gegen Umgehungen durch deliktische Ansprüche geschützt werden sollte als jener.[37]

---

[30] *Koller* § 437 Rn. 17; EBJS/*Schaffert* § 437 Rn. 22.

[31] Art. III Abs. 2 ZAG; § 48b Abs. 3 Satz 2 LuftVG.

[32] Die in Art. 3 Abs. 2 nur die – schon aus § 428 folgende – Einstandspflicht des vertragschließenden Verfrachters für den ausführenden und dessen seine Leute nennt.

[33] Art. 10 Abs. 1 Satz 2, der der Anlage zum HGB (= Athener Übereinkommen über die Passagierhaftung) entspricht.

[34] Dazu im Einzelnen *Koller* § 437 Rn. 20 ff.

[35] So *Koller*, 7. Aufl. 2010, § 437 Rn. 20 ff., weil sich Abs. 2 nur auf sekundäre Vertragsansprüche beziehe.

[36] Zu § 434 *Koller* Rn. 5; OLG Düsseldorf 13.11.2000, TranspR 2002, 397; aA *Ramming* VersR 2007, 1090.

[37] So aber *Ramming* VersR 2007, 1090.

32      **d) Wegfall der Haftungsbeschränkungen bei Leichtfertigkeit.** Im Rahmen der
übrigen Haftungsbegrenzungsbestimmungen **gilt auch § 507.**[38] Dagegen ist – zu § 437 –
*Ramming*[39] der Auffassung, für § 435 sei deshalb kein Raum, weil der ausführende Frachtführer stets Erfüllungsgehilfe des vertragschließenden sei und deshalb bei seinem qualifizierten
Verschulden die Haftungsprivilegien des vertragschließenden entfielen (§§ 437, 328), was
dann wiederum auch für den ausführenden gelte. Das ist vom praktischen Ergebnis her in
der Regel zutreffend, doch sollten beide Ansprüche theoretisch auseinandergehalten werden. Die Selbständigkeit beider Haftungsnormen kann sich etwa zeigen, wenn (durch Individualvereinbarung oder gem. § 512 Abs. 2 Nr. 2) für den vertragschließenden Verfrachter
geringere Anforderungen an die Durchbrechung vereinbart sind.

33      **e) Haftung aus Konnossementen des vertragschließenden Verfrachters.** Der ausführende Verfrachter haftet auch (wertpapierrechtlich!) aus Konnossementen, die der ausführende Verfrachter für die Beförderung ausgestellt hat. Das Gesetz hebt diese Verpflichtung nicht ausdrücklich hervor, setzt sie aber in § 522 Abs. 3 Satz 1 voraus, indem er dem
ausführenden Verfrachter gegenüber dem Konnossementsanspruch auch die Einwendungen
des wertpapierrechtlich Verpflichteten (§ 522 Abs. 2) zugesteht. Ist das Konnossement nicht
vom ausführenden Verfrachter selbst oder durch einen für ihn zur Zeichnung Befugten
ausgestellt worden, so kann er sich jedoch – anders als der Aussteller des Konnossements,
in der Regel also der vertragschließende Verfrachter – auch gegenüber einem gutgläubigen
Berechtigten auf die Unrichtigkeit von Konnossementsangaben berufen, § 522 Abs. 3 Satz 2.
Vgl. dazu auch § 522 Rn. 27 ff.

34      **3. Auswirkung von Vereinbarungen. a) Vereinbarungen des vertragschließenden Verfrachters.** Vereinbarungen des vertragschließenden Verfrachters mit dem Absender oder Empfänger kommen dem ausführenden grundsätzlich zugute, und zwar unabhängig davon, ob sie nur die Haftung für Güterschäden betreffen (wie etwa die Vereinbarung
einer niedrigeren Haftungssumme als 8,33 SZR oder einer verkürzten Verjährungsfrist). In
jedem dieser Fälle kann sich der vertragschließende Verfrachter gegenüber einem Ersatzanspruch entlastend auf die Vereinbarung berufen, sodass diese Einwendung nach Abs. 3 auch
dem ausführenden zur Verfügung steht.

35      Die Bindung der Haftung des ausführenden Verfrachters an die Vereinbarungen des
Vertrages erfährt jedoch eine Ausnahme insofern, als Vereinbarungen, welche die **gesetzliche Haftung erweitern,** eine entsprechende Haftung des ausführenden Verfrachters nur
begründen, wenn er ihnen schriftlich zugestimmt hat (Abs. 2). Die Zustimmung kann
sowohl gegenüber dem vertragschließenden Verfrachter (etwa im Rahmen eines Unterfrachtvertrages) als auch gegenüber Befrachter oder Empfänger erklärt werden.[40]

36      **Haftungserweiternde Vereinbarungen** sind grundsätzlich nur solche, die sich auf
die sekundären Schadensersatzansprüche beziehen.[41] Vertragliche Vereinbarungen über die
Modalitäten der Beförderung – Einsatz bestimmter Fahrzeuge, Wegevorschriften – sind
auch ohne Zustimmung für die Haftung des ausführenden Verfrachters maßgebend.[42] Er
haftet für die Schäden, die sich aus der Verletzung der im Vertrag festgelegten Verfrachterpflichten während der Zeit seiner Obhut ergeben. Vorausgesetzt ist dabei natürlich ein
Verschulden des ausführenden Verfrachters, der die Vereinbarungen gekannt oder fahrlässig
nicht gekannt haben muss. Es ist allerdings auch Sache des ausführenden Verfrachters, sich
über die **Modalitäten einer von ihm übernommenen Beförderung** zu unterrichten.
Weichen diese vom Normalfall ab und hatte er keinen Anlass, solche Vereinbarungen zu
vermuten, so kann dies zu seiner Entlastung führen.[43]

---

[38]  EBJS/*Schaffert* § 437 Rn. 23.
[39]  VersR 2007, 1190, zu §§ 435, 437
[40]  *Seyffert* S. 169 ff.; *Koller* § 437 Rn. 29.
[41]  *Koller* § 437 Rn. 28 f.
[42]  *Koller* § 437 Rn. 28; *Seyffert* S. 175 ff.
[43]  So zutreffend *Seyffert* S. 176 sogar zur verschuldensunabhängigen Haftung nach § 437.

Als eine haftungserweiternde Vereinbarung muss auch die **Angabe von in einem Con-** 37
**tainer oder einem anderen Lademittel enthaltenen Stücken oder Einheiten** angesehen werden, die sich nach § 504 Abs. 1 Satz 2 haftungserhöhend auswirkt. Diese Angabe
ist eine vereinbarungsgleiche Zusage des Konnossementsausstellers an den Berechtigten,
sich auf die Konsolidierung der mehreren Stücke oder Einheiten in einem Lademittel für
die Berechnung Haftungsbeschränkung nach der § 504 Abs. 1 Satz 1 nicht zu berufen.[44]

**b) Vereinbarungen des ausführenden Verfrachters.** Auch der ausführende Ver- 38
frachter kann **Vereinbarungen mit Befrachter und Empfänger** treffen, die allerdings
nur in dem Rahmen des § 512 zulässig sind. Dazu wird jedoch selten Gelegenheit sein,
da er mit den Ladungsbeteiligten normalerweise keine unmittelbaren rechtsgeschäftlichen
Kontakte hat. Zu denken wäre an eine Freistellungserklärung des Befrachters auch gegenüber dem ausführenden Verfrachter bei besonders gefahrgeneigter Beförderung. Eine solche
Haftungserleichterung zu seinen Gunsten kann auch durch den vertragschließenden Verfrachter (als sog. Himalaya-Klausel) vereinbart werden.

**c) Vereinbarungen zwischen vertragschließendem und ausführendem Ver-** 39
**frachter.** Vereinbarungen zwischen vertragschließendem und ausführendem Verfrachter
sind (als sog. Unterfrachtverträge) – direkt oder indirekt über weitere Unterverfrachter –
die Regel. Sie haben auf die Haftung des ausführenden Verfrachters gegenüber dem Empfänger und dem Befrachter oder Ablader des Hauptvertrages keinen Einfluss. Ist die Haftung
des Unterverfrachters gegenüber dem vertragschließenden Verfrachter danach weitergehend
als dessen Haftung nach dem Hauptvertrag, so kommt dies dem Empfänger oder Befrachter
im Rahmen des § 509 nicht zugute; diese können jedoch die weitergehende Haftung des
Unterverfrachters im Wege der Drittschadensliquidation durch den Hauptverfrachter für
sich nutzbar machen (vgl. Rn. 44), der Empfänger kann ggf. auch den Unterverfrachter
direkt aus dem Unterfrachtvertrag in Anspruch nehmen (vgl. dazu Rn. 40 f.). Ist die Haftung
des ausführenden Verfrachters nach dem Unterfrachtvertrag dagegen schwächer als nach
dem Hauptfrachtvertrag, so haftet der ausführende Verfrachter den Ladungsbeteiligten des
Hauptfrachtervertrags gleichwohl aus § 509 nach Maßgabe des Hauptvertrags, weil der
vertragschließende Verfrachter ihm seine Haftung gegenüber diesen nicht erlassen kann.[45]
Allerdings kann der ausführende Verfrachter, wenn er weitergehend in Anspruch genommen wird, als er dem vertragschließenden aus dem Unterfrachtvertrag verpflichtet ist, vom
vertragschließenden Verfrachter Freistellung oder Ersatz verlangen.[46]

**d) Auswirkung der Sonderrechtsbeziehung zwischen Unterverfrachter und** 40
**Empfänger nach der neueren BGH-Rechtsprechung.** Folgt man der neueren BGH-
Rechtsprechung[47] und sieht den Unterfrachtvertrag – jedenfalls, wenn er die Ablieferung
an den Empfänger einschließt – als Vertrag zu dessen Gunsten an, so besteht stets auch eine
direkte vertragliche Beziehung zwischen ausführendem Verfrachter und Empfänger, die
sich allerdings erst realisiert, wenn der Empfänger den Anspruch auf Auslieferung des Gutes
unter Bezugnahme auf den Unterfrachtvertrag geltend macht oder vom Unterverfrachter
bei Verlust Schadensersatz verlangt. Die Parteien des Unterfrachtvertrages können bei entsprechender Ausgestaltung des Unterfrachtvertrages und im Rahmen des § 512 die Ansprüche des Empfängers aus dem Unterfrachtvertrag reduzieren. Über den Anspruch des Empfängers nach § 509 können sie dagegen ohne Zustimmung des Empfängers nicht verfügen;[48]

---

[44] Vgl. § 504 Rn. 20; *Herber* Haftungsrecht S. 210.
[45] BGH 21.12.2011, TranspR 2012, 110.
[46] So zu § 437 *Koller* Rn. 31.
[47] Urteil vom 14.6.2007, TranspR 2007, 425 in Abkehrung von der früheren Rechtsprechung, vgl. BGH
24.10.1991, BGHZ 116, 15 = TranspR 1992, 177; jetzt auch bestätigt für den Fall der Konkurrenz mit § 437,
BGH 30.10.2008 TranspR 2009, 130 Rn. 29; BGH 13.6.2012, TranspR 2012, 456; ebenso die überwiegende
Lehre, vgl. *Koller* VersR 1988, 673; *Thume* TranspR 1991, 85, 88 f. und TranspR 2007, 427; *Koller* Art. 13
CMR Rn. 5; *Basedow* in der 1. Aufl. Art. 13 CMR Rn. 17 ff.; *Helm,* Frachtrecht II, 2. Aufl. 2002, Art. 13
CMR Rn. 2; dagegen EBJ/*Huther*, 1. Aufl. 2001, Art. 13 CMR Rn. 8; *Herber/Piper* CMR Art. 13 Rn. 19.
[48] BGH 21.12.2011, TranspR 2012, 110.

Möglich wäre allerdings eine die Rechte des Empfängers aus § 509 ausschließende Vereinbarung des Hauptverfrachters mit dem Befrachter, soweit sie den Anforderungen des § 512 genügt.

41 Beide Ansprüche des Empfängers gegen den Unterverfrachter – der aus § 509 nach Maßgabe des Hauptfrachtvertrages und der aus dem Unterfrachtvertrag nach Maßgabe des Unterfrachtvertrages – stehen kumulativ nebeneinander. Der ausführende Verfrachter im Sinne von § 509 haftet nach Maßgabe des (Haupt-)Frachtvertrags zwischen dem Befrachter und dem vertraglichen (Haupt-) Verfrachter. Die Haftung des Unterverfrachters gegenüber dem Empfänger gemäß § 494 Abs. 1 Satz 2 richtet sich demgegenüber allein nach dem den Empfänger begünstigenden Unterfrachtvertrag.[49] Dieses Nebeneinander, welches der Intention des Gesetzes bei der Schaffung des Direktanspruches nach § 437 nicht entspricht, ist ein Grund, die BGH-Rechtsprechung über den Direktanspruch des Empfängers gegen den Unterfrachtführer jedenfalls in den Fällen, in denen ein solcher Anspruch besteht, abzulehnen.[50]

42 **4. Verantwortlichkeit für Leute und andere Erfüllungsgehilfen.** Der ausführende Verfrachter hat für seine Leute ebenso einzustehen wie der vertragschließende (§§ 509, 501). Gleiches gilt für andere Personen, die er zur Erfüllung der von ihm wahrgenommenen Erfüllung von Pflichten aus dem Hauptvertrag einschaltet. Einzustehen hat der ausführende Verfrachter nicht für Handlungen des vertragsschließenden Verfrachters und dessen Leuten. Er haftet deshalb für **(weitere) Unterfrachtführer nur dann, wenn diese von ihm** – nicht schon vom vertragschließenden Verfrachter – eingesetzt werden, was aber in der Regel dazu führt, dass der nächste Unterverfrachter als einziger Obhut hat und deshalb in die Position des ausführenden Verfrachters einrückt. Das schließt natürlich eine Haftung des „Zwischenfrachtführers" aus einem (weiteren) Unterfrachtvertrag nicht aus, die uU auch dem Absender und Empfänger im Wege der Drittschadensliquidation zugutekommen kann.

43 Der ausführende Verfrachter haftet auch für die **Schiffsbesatzung,** die er – ebenso wenig wie häufig der vertragsschließende Verfrachter – nicht eingestellt hat und der gegenüber er nicht weisungsberechtigt ist.

44 **5. Anspruch nach § 509 und Drittschadensliquidation.** Denkbar ist eine Vertragsgestaltung, bei welcher der vertragschließende Verfrachter die Haftung durch Individualvereinbarung begrenzt, im Unterfrachtvertrag jedoch die Regelbegrenzung des § 504 bestehen lässt. Er ist dann nach der Rechtsprechung des BGH[51] verpflichtet, den Schaden, soweit er seine eigene Haftungsgrenze überschreitet, im Wege der Drittschadensliquidation für Befrachter oder Empfänger beim Unterfrachtführer geltend zu machen. Wegen der Bedenken, die dagegen sprechen, dieser vor Einführung des Direktanspruches nach §§ 437, 509 als Notbehelf zur Korrektur unbefriedigender Ausnahmefälle konzipierten Rechtskonstruktion nunmehr die Anerkennung zu versagen,[52] vgl. auch § 437 Rn. 38.

### V. Verhältnis zur Haftung des vertragschließenden Verfrachters

45 **1. Gesamtschuldnerschaft.** Ausführender und vertragschließender Verfrachter haften den Ladungsbeteiligten als Gesamtschuldner (Abs. 3), soweit ihre Verpflichtungen deckungsgleich sind. Insoweit finden §§ 421 ff. BGB Anwendung.

46 Unterschiedliche **Haftungsbeträge** der beiden Verfrachter können sich aus verschiedenen Gründen ergeben. Etwa, wenn der vertragsschließende Verfrachter seine Haftung vertraglich gegenüber der gesetzlichen Regelhaftung erhöht hat und dies nicht zu Lasten

---

[49] BGH 13.6.2012, TranspR 2012, 456 Rn. 27.
[50] *Koller* TranspR 2009, 451, 455; *Herber* TranspR 2008, 239; TranspR 2013, 1; vgl. auch § 425 Rn. 78.
[51] BGH 18.3.2010, TranspR 2010, 376 entgegen der Vorinstanz, OLG Hamburg 2.10.2008, TranspR 2009, 176; vgl. auch BGH 28.5.2009, TranspR 2010, 34.
[52] So mit Recht *Knöfel*, FG Herber, S. 96, 103; *Seyffert* S. 202; *Zapp* TranspR 2000, 106; *Herber* TranspR 2000, 142; *Koller* TranspR 2011, 389, 390, 398; *Luther* TranspR 2013, 93.

des ausführenden wirkt, weil dieser der Erhöhung nicht zugestimmt hat. Oder wenn der vertragschließende Verfrachter sich wegen eigenen qualifizierten Verschuldens nicht auf die Begrenzungen berufen kann (§ 507).

Eine **höhere Haftung** des ausführenden Verfrachters ist wegen dessen Möglichkeit, alle 47 Einreden des vertragschließenden aus dem Hauptfrachtvertrag geltend zu machen (Abs. 2), nur bei vertraglichen Veränderungen vorstellbar (vgl. Rn. 34, 38). Haftet der Unterverfrachter aus dem Unterfrachtvertrag weitergehend als nach dem Hauptvertrag und folgt man hM und BGH, so ist er gegenüber Befrachter und Empfänger auch insoweit mit dem vertragschließenden Verfrachter Gesamtschuldner, als sich die Ansprüche decken. Aus der Selbständigkeit beider Ansprüche folgt, dass der Hauptverfrachter nicht berechtigt ist, dem Unterverfrachter mit Wirkung zu Lasten des Empfängers eine Schadensersatzforderung zu erlassen.[53]

**2. Ausgleich.** Soweit die beiden Verfrachter als Gesamtschuldner haften, findet der 48 Ausgleich nach § 426 BGB statt. Danach ist der Ausgleich zu gleichen Teilen vorzunehmen, „sofern nicht etwas anderes bestimmt ist"; die Abweichung kann sich aus dem Unterfrachtvertrag ergeben, der einer von seinen beiden Parteien das Schadensrisiko aufbürdet und vielleicht auch besondere Abreden über die Haftung trifft. Auch der Unterfrachtvertrag ist jedoch, da er echter Frachtvertrag ist, an die gesetzlichen Haftungsregeln der §§ 498 ff. gebunden, sodass Abweichungen nur in dem engen Rahmen des § 512 möglich sind.

### VI. Reklamation. Verjährung

**1. Schadensanzeige.** Die Schadensanzeige folgt denselben Regeln wie bei Ansprüchen 49 gegen den vertragschließenden Verfrachter. Wird die Reklamation bei Ablieferung gegenüber dem ausführenden Verfrachter (oder dessen Kapitän) erklärt, so wirkt sie für die Ansprüche gegen beide Verfrachter,[54] denn für den Anspruch gegen den vertragschließenden Verfrachter kann die Reklamation nach § 510 Abs. 4 auch gegenüber dem abliefernden ausführenden erklärt werden. Zweifelhaft ist jedoch, ob die Reklamation, die gegenüber dem abliefernden Verfrachter erklärt worden ist, auch für einen Anspruch gegen einen ausführenden Verfrachter wirkt, der in einer Vorphase tätig geworden ist und nicht an den Endempfänger abgeliefert hat. *Koller*[55] bezweifelt das; es wird aber wohl überwiegend bejaht[56] und es entspricht jedenfalls dem Zweck des § 510 Abs. 4, dass die Erklärung gegenüber dem, der tatsächlich abliefert, jedem gegenüber wirksam sein soll, der sich später als passiv legitimiert herausstellt. Es wäre auch, folgte man *Koller*, für den Empfänger kaum möglich, eine Reklamation gegenüber einem vorhergehenden ausführenden Frachtführer (bei Übergabe des Gutes durch einen anderen!) zu erklären, den er nicht kennt.

**2. Verjährung.** Die Verjährung des Anspruchs gegen den ausführenden Verfrachter 50 vollzieht sich unabhängig von der des Anspruchs gegen den vertragschließenden.[57] Das Gesamtschuldverhältnis bezieht sich nur auf die Entstehung der Ansprüche und begründet keine Akzessorietät des Anspruchs.[58] Kraft Verweisung in Abs. 1 gilt § 605 Nr. 1. Danach beträgt die Verjährungsfrist ein Jahr.

Problematisch ist der **Beginn der Verjährungsfrist** in den Fällen, in denen der ausfüh- 51 rende Verfrachter eine Teilstrecke ausführt, die nicht mit der Ablieferung an den Endempfänger endet. Dann stellt sich die Frage, ob die Ablieferung an einen anderen ausführenden Verfrachter als Ablieferung im Sinne der Verjährung der Ansprüche für Schäden wegen des von ihm betreuten Abschnittes anzusehen ist. Die überwiegende Meinung nimmt dies

---

[53] BGH 21.12.2011, TranspR 2012, 110 Rn. 20; *Koller* TranspR 2012, 326.
[54] *Koller* § 437 Rn. 25.
[55] § 437 Rn. 25; so jetzt auch, anders als die Voraufl., EBJS/*Schaffert* § 437 Rn. 25.
[56] *Seyffert* S. 260 f.
[57] *Knöfel*, FG Herber, S. 102; *Seyffert* S. 263 f.; *Ramming* TranspR 2000, 277, 286; *Koller* § 437 Rn. 33.
[58] *Koller* § 437 Rn. 33.

an.[59] *Ramming*[60] befürwortet dagegen eine entsprechende Anwendung des § 452b Abs. 2, nach welchem beim Multimodalvertrag die Verjährung nach einem Teilstreckenrecht erst mit der Ablieferung an den Endempfänger beginnt. Die Analogie erscheint jedoch nicht angängig:[61] Vgl. dazu § 437 Rn. 45.

**52**   Eine Hemmung der Verjährung durch die Reklamationserklärung nach § 608 wirkt nur gegenüber dem Reklamationsgegner;[62] dieser muss die Reklamation zurückweisen, um die Beendigung der Hemmung herbeizuführen. Auch insoweit haben beide Ansprüche ein selbständiges Schicksal.

## VII. Haftung der Leute des ausführenden Verfrachters

**53**   Die Leute des ausführenden Verfrachters und die Mitglieder der Schiffsbesatzung werden in gleicher Weise gegen eine unbegrenzte (außervertragliche) Haftung geschützt wie die des vertragschließenden (§ 508). Wie in § 508 erstreckt sich der Schutz auch hier **nicht auf andere Erfüllungsgehilfen** (vgl. dazu § 508 Rn. 7).

**54**   Die in Anspruch genommenen Leute können sich auf die gesetzlichen Haftungsbefreiungen und -begrenzungen berufen, die der ausführende Verfrachter in Anspruch nehmen kann. Ebenso auf vertraglich vereinbarte; hat der ausführende Verfrachter vertraglichen Haftungsverschärfungen durch den vertragschließenden Verfrachter zugestimmt (Abs. 2), so können sich auch die Leute nur auf die veränderten Haftungsbedingungen berufen.

**55**   Befreiungen und Begrenzungen, die im Verhältnis zwischen ausführendem und vertragschließendem Verfrachter **(Unterfrachtvertrag)** vereinbart sind, können die Leute ebenso wenig wie der ausführende Verfrachter selbst dem (Ur-)Befrachter und dem Empfänger entgegenhalten.[63]

## VIII. Ausführender Verfrachter beim Multimodalvertrag

**56**   Beim Multimodalvertrag, der deutschem Recht unterliegt, haftet der ausführende Verfrachter nach §§ 452, 425 ff., wenn er den gesamten Multimodaltransport ausführt. Führt er die Beförderung nur auf einer See-Teilstrecke durch, so entscheidet das – hypothetisch – anwendbare Teilstreckenrecht (§ 452a) darüber, ob insoweit eine Mithaftung des ausführenden Verfrachters besteht. Vgl. im Einzelnen § 452 Rn. 50, § 452a Rn. 37, 38.

## IX. Sonderfall: Güterumschlag

**57**   Infolge der – von dem BerSV abweichenden – weiten Fassung des Gesetzes, das jeden Dritten der Haftung als ausführenden Frachtführer unterwirft, der „die Beförderung ganz oder teilweise ausführt", ist bei **Hilfstätigkeiten des Seetransports** oft zweifelhaft, ob die Voraussetzungen vorliegen. Nach der Begründung des RegE-SRG (S. 86) sollen insbesondere **Umschlaganlagen** erfasst werden, die bei dem besonders schadensträchtigen Verladen und Löschen der Ladung mitwirken.

**58**   Der Wortlaut der Vorschrift setzt voraus, dass der Schaden „während der durch ihn (den ausführenden Verfrachter) ausgeführten Beförderung" entsteht. Nicht jede Hilfstätigkeit kann jedoch für sich genommen als Beförderung qualifiziert werden: Regelmäßig – wie bei dem bloßen Laschen der Ladung durch einen selbständigen Stauereibetrieb, aber auch beim Verladen und Löschen insgesamt – wird die Hilfstätigkeit, für sich genommen, eine Werkleistung sein; will man sie wegen der mit dem Laden und Löschen verbundenen Ortsveränderung als eigenständige Beförderung ansehen, dann ist sie allenfalls eine Landbeförderung, während § 509 in seinem Normenzusammenhang sinnvoll nur eine Seebeförderung meinen kann. Deshalb muss die Bestimmung im Lichte der Begründung so verstanden

---

[59]   *Seyffert* S. 264 ff.; *Knöfel*, FG Herber, S. 102; *Koller* § 437 Rn. 33; EBJS/*Schaffert* § 437 Rn. 26.
[60]   TranspR 2000, 277, 286.
[61]   Dazu eingehend *Seyffert* S. 265; *Koller* § 437 Rn. 33; EBJS/*Schaffert* § 437 Rn. 26. entgegen der Voraufl.
[62]   *Seyffert* S. 267; *Koller* Rn. 33.
[63]   *Seyffert* S. 241; *Koller* Rn. 42.

werden, dass unter der erforderten durch den Dritten ausgeführten Beförderung jede Handlung fallen soll, die aus dem Blickwinkel des als Ausgangspunkt allein maßgebenden Seefrachtvertrages einen Teil der Beförderung darstellt: Schuldet der (vertragschließende) Verfrachter nach dem Seefrachtvertrag das Verladen und das Löschen – aber auch nur dann –, soll offenbar jede dieser Beförderung dienende Hilfstätigkeit im Sinne des § 509 als Beförderung angesehen werden, auch wenn sie für sich genommen einen anderen rechtlichen Charakter hat.

Die Vorschrift erfordert weiter, dass der ausführende Verfrachter **die Obhut an dem** 59 **Gut** innehat. Beim ausführenden Verfrachter bedeutet dies, dass er **unmittelbaren Besitz** an den Gütern haben muss (vgl. Rn. 24). Damit **scheiden alle Hilfstätigkeiten aus,** die dem Mitwirkenden nicht die volle Sachherrschaft über das Gut einräumen, also insbesondere Stau- und Befestigungsarbeiten, aber – von der Gestaltung im Einzelfall abhängig – auch das Mitwirken beim Laden und Löschen, sofern es unter der Aufsicht und Weisungsbefugnis des Verfrachters stattfindet. Es erscheint deshalb sehr fraglich, ob ein **Zeitcharterer,** der einen fremden Vertrag mit dem gecharterten Schiff ausführt und zum Laden und Löschen verpflichtet ist, für diese Phasen als ausführender Verfrachter angesehen werden kann;[64] in einem Seehafen wird er sich zudem in aller Regel eines Umschlagbetriebes bedienen, der dann eher unmittelbarer Besitzer des Gutes ist, soweit man nicht – je nach den Umständen – die Obhut bei beiden verneinen muss.

Danach kommen aus dem Kreis der Hilfstätigkeiten **praktisch nur größere Umschlag-** 60 **betriebe** in Betracht, welche das Gut in unmittelbaren Besitz nehmen und in eigener Regie selbständig betreuen und in Seeschiffe einladen oder aus diesen ausladen. Für deren Haftung als ausführende Verfrachter gilt Folgendes:

Soweit der Umschlagbetrieb **für den Seebeförderer eine Tätigkeit ausführt,** die für 61 diesen **nach seinem Frachtvertrag Gegenstand der Pflichten unter einem Stückgut-frachtvertrag oder Raumfrachtvertrag** ist, haftet er den Ladungsbeteiligten als ausführender Verfrachter ebenso wie der vertragschließende. Nach der Rechtsprechung des BGH ist dies der Fall beim Einladen in das Seeschiff und beim Ausladen aus dem Seeschiff, aber darüber hinaus auch während der gesamten Obhutszeit auf dem Terminal[65] seit der Übernahme vom Befrachter oder seit dem Ende des Ausladens aus einem Landfahrzeug oder Binnenschiff und bis zur Auslieferung an den Empfänger oder bis zum Beginn des Einladens in ein Landfahrzeug oder Binnenschiff.

Belädt oder entlädt der Umschlagbetrieb ein **Landfahrzeug oder ein Binnenschiff,** 62 so haftet er insoweit als ausführender Frachtführer nach §§ 437, 425 sofern diese Beladung in Ausführung eines den §§ 407 ff. unterliegenden (Land-) Frachtvertrages geschieht. Diese Haftung besteht gegenüber den Ladungsbeteiligten des Landfrachtvertrages, der sowohl Teil eines –vom Seebeförderer abgeschlossenen – Multimodalfrachtvertrages als auch ein selbständiger Frachtvertrag eines anderen Frachtführers sein kann.

Neben die Haftung des Umschlagbetriebes nach § 509 oder § 437 tritt die **Haftung aus** 63 **dem** – in der Regel mit dem Seebeförderer geschlossenen – **Terminalvertrag.** Dieser kann ein (Land-) Frachtvertrag mit der Haftungsfolge der §§ 425 ff.[66] oder ein Werkvertrag mit unbegrenzter, aber vertraglich beschränkbarer Haftung sein. Die Haftung des Umschlagbetriebes aus dem Terminalvertrag kommt den Ladungsbeteiligten des Seefrachtvertrags (ebenso wie denen des etwa ebenfalls ausgeführten Landfrachtvertrags, vgl. Rn. 62) nach der Rechtsprechung des BGH[67] im Wege der Drittschadensliquidation durch den in Anspruch genommenen Verfrachter zugute: Gegen diesen Anspruch kann der Umschlagbetrieb alle

---

[64] Wie die RegBegr-SRG, S. 86, annimmt und als einen der Gründe für die Ausweitung der Vorschrift auf jeden Dritten anführt.

[65] BGH 18.10.2007, TranspR 2007, 472 (Rn. 21) ordnet alle „Vorgänge noch der Seestrecke zu, denen das Transportgut im Anschluss an das Ausladen innerhalb des Hafengeländes unterzogen wird", nicht jedoch „den Vorgang des Beladens des nächsten Transportmittels".

[66] So die hM für den Umschlagvertrag, vgl. OLG Hamburg 12.7.2011, TranspR 2011, 366, 367; *Koller* § 407 Rn. 10a; *Herber* TranspR 2005, 59; *Brüggemann* TranspR 2000, 53 f.; vgl. dazu auch § 407 Rn. 27 ff.

[67] BGH 18.3.2010, TranspR 2010, 376.

Einwendungen aus dem Terminalvertrag geltend machen, der jedoch – soweit er Frachtvertrag ist – § 449 unterliegt. Sofern der Umschlagbetrieb das Gut an den Empfänger ausliefert, kann dieser nach der Rechtsprechung des BGH Ersatzansprüche aus dem Terminalvertrag (als Drittbegünstigter) unmittelbar gegen den Umschlagbetrieb geltend machen.

## X. Anwendbares Recht (IPR)

**64**    Obgleich es sich um einen quasi-vertraglichen Anspruch handelt, ist das anwendbare Recht nicht nach Art. 3–5 Rom I-VO, sondern nach den Grundsätzen über außervertragliche Ansprüche zu bestimmen.[68] Danach kommt es auf den Ort des Schadenseintritts an.[69] Soweit danach deutsches Recht anzuwenden ist, muss jedoch sachrechtlich beachtet werden, dass eine Voraussetzung für die Anwendbarkeit des § 509 die Anwendung der §§ 498 ff. auf den Hauptfrachtvertrag ist (vgl. dazu Rn. 17); deshalb muss praktisch auch dieser dem deutschen Recht unterliegen, was nach Art. 3–5 Rom I-VO zu beurteilen ist.

**65**    Schwierig wird die Beurteilung, wenn man der neueren Rechtsprechung des BGH über den unmittelbaren Anspruch des Empfängers gegen den Unterfrachtführer folgt.[70] Dieser Anspruch – der von dem aus § 509 zu trennen ist (vgl. Rn. 40), – ist unabhängig von dem quasi-vertraglichen nach § 509 nach schuldrechtlichen Grundsätzen anzuknüpfen. Das kann aber nicht dazu führen, dass der rechtlich davon verschiedene, auf denselben Schadensersatz gerichtete Anspruch aus §§ 437, 509 ebenfalls dem Vertragsstatut folgt.[71]

## XI. Gerichtsstand

**66**    Der ausführende Verfrachter kann – außer an den allgemeinen Gerichtsständen, insbesondere also an seinem Sitz – an den Gerichtsständen des § 30 Abs. 1 ZPO verklagt werden. Bezogen auf den ausführenden Verfrachter sind dies der Gerichtsstand am Ort der Übernahme des Gutes durch ihn und am Ort der Ablieferung an den Empfänger oder einen anderen ausführenden Verfrachter.[72] Das ist allerdings streitig (vgl. Voraufl., § 440 Rn. 6–8). Der BGH[73] hat zu Art. 31 CMR die Auffassung vertreten, dass auch für einen Unterfrachtführer, der nur eine Beförderung übernommen hat und aus Delikt in Anspruch genommen wird, Übernahme- und Ablieferungsort der Gesamtbeförderung maßgebend seien; unter der CMR besteht jedoch kein dem § 437 entsprechender Anspruch gegen den ausführenden Frachtführer, sodass im Falle des § 509 eine eigenständige Beurteilung des Anspruchs gerechtfertigt erscheint.[74]

**67**    Daneben stehen den Ladungsbeteiligten auch die Gerichtsstände zur Verfügung, in denen der vertragschließende Verfrachter verklagt werden kann, also einmal dessen allgemeiner Gerichtsstand (Sitz), aber auch Übernahme- und Ablieferungsort der Gesamtbeförderung, wenn der ausführende Verfrachter das Gut nur über einen Teil der Gesamtstrecke befördert und deshalb diese Orte für beide nicht identisch sind. Diese Regelung gibt den Anspruchsberechtigten eine große Wahlmöglichkeit. Denn der vertragschließende Verfrachter kann auch an den Gerichtsständen der Übernahme und Ablieferung durch einen ausführenden Verfrachter verklagt werden, auf dessen Strecke der Schaden eingetreten ist und der deshalb aus § 509 mit haftet. Eine großzügige Auslegung der Wahlmöglichkeit ist jedoch gewollt[75] und sinnvoll. Eine Einschränkung der Zuständigkeit für Klagen gegen den vertragschließen-

---

[68] *Czerwenka* TranspR 2012, 408 mwN; *dies.* NJW 2006, 1250, 1251 f.; *Ramming* TranspR 2000, 277, 294 ff.; *ders.* VersR 2007, 1190 ff.

[69] Art. 4 Abs. 1 Rom II-VO; *Koller* Rn. 48 schlägt eine analoge Anwendung von Art. 12 Abs. 2 Rom II-VO (culpa in contrahendo) vor.

[70] Dazu eingehend *Ramming* VersR 2007, 1190, 1198.

[71] So aber wohl *Ramming* VersR 2007, 1190, 1198 unter Hinweis auf Art. 41 Abs. 1 und Abs. 2 Nr. 1 EGBGB, Art. 4 Abs. 3 Satz 1 und 2 Rom II-VO.

[72] *Ramming* TranspR 2001, 159; *Koller* § 30 ZPO Rn. 3, 4.

[73] BGH 31.5.2001, NJW-RR 2002, 31 = TranspR 2001, 452.

[74] Zum Unterschied zwischen Art. 31 CMR und § 437 vgl. auch *Koller* TranspR 2002, 132 ff.

[75] Vgl. Beschlussempfehlung S. 49.

den Verfrachter im Gerichtsstand des ausführenden auf Fälle, in denen der Anspruch tatsächlich auch gegen den Letzteren gerichtlich geltend gemacht wird, wie sie *Ramming*[76] vorschlägt, ist schon nach dem Gesetzeswortlaut nicht möglich.

## § 510 Schadensanzeige

(1) [1]**Ist ein Verlust oder eine Beschädigung des Gutes äußerlich erkennbar und zeigt der Empfänger oder der Befrachter dem Verfrachter Verlust oder Beschädigung nicht spätestens bei Ablieferung des Gutes an, so wird vermutet, dass das Gut vollständig und unbeschädigt abgeliefert worden ist.** [2]**Die Anzeige muss den Verlust oder die Beschädigung hinreichend deutlich kennzeichnen.**

(2) **Die Vermutung nach Absatz 1 gilt auch, wenn der Verlust oder die Beschädigung äußerlich nicht erkennbar war und nicht innerhalb von drei Tagen nach Ablieferung angezeigt worden ist.**

(3) [1]**Die Schadensanzeige ist in Textform zu erstatten.** [2]**Zur Wahrung der Frist genügt die rechtzeitige Absendung.**

(4) **Wird Verlust oder Beschädigung bei Ablieferung angezeigt, so genügt die Anzeige gegenüber demjenigen, der das Gut abliefert.**

Übersicht

| | Rn. | | Rn. |
|---|---|---|---|
| I. Normzweck | 1 | 7. Rechtsfolge einer fehlenden oder unzureichenden Reklamation | 25 |
| II. Entstehungsgeschichte | 2–4 | | |
| III. Schadensanzeige bei äußerlich erkennbarem Verlust oder Beschädigung des Gutes (Abs. 1) | 5–25 | IV. Schadensanzeige bei äußerlich nicht erkennbarem Verlust oder äußerlich nicht erkennbarer Beschädigung des Gutes (Abs. 2) | 26–29 |
| 1. Ablieferung | 5–10 | | |
| 2. Erkennbarkeit | 11–16 | V. Form der Schadensanzeige (§ 510 Abs. 3) | 30 |
| 3. Inhalt | 17–19 | | |
| 4. Person des Reklamierenden | 20, 21 | VI. Anzeige gegenüber dem letzten Verfrachter (§ 510 Abs. 4) | 31 |
| 5. Adressat der Reklamation | 22, 23 | | |
| 6. Wirkung der ordnungsmäßigen Reklamation | 24 | VII. Beweislast | 32, 33 |

## I. Normzweck

Die Vorschrift dient dazu, den Verfrachter frühzeitig über den Schadensfall zu informieren und es ihm so zu ermöglichen, Beweise zu sichern[1] und gegebenenfalls seine sonstigen Vertragspartner in Kenntnis über den Schaden zu setzen, um so eine zügige Abwicklung des Schadensfalles zu erleichtern.[2]   **1**

## II. Entstehungsgeschichte

Die zuvor in § 611 HGB aF angelegte Norm geht auf Art. III § 6 HR zurück. Bei der   **2** Schaffung des § 611 Abs. 1 HGB aF sollte, so der Wille des Gesetzgebers, wörtlich die Regel des Art. III § 6 Abs. 1 HR umgesetzt werden.[3] Andererseits stellte die in § 611 Abs. 3 2. HS HGB aF enthaltene Vermutung, dass der Schaden auf Umständen beruht, die der

---

[76] TranspR 2001, 159, 163.

[1] OLG Bremen 30.6.1966, VersR 1967, 576; OLG Düsseldorf 13.6.1966, TranspR 1997, 153; *Rabe* § 611 Rn. 7; Zur Parallelvorschrift in § 438: Saarl. OLG 29.6.2005, TranspR 2007, 66, 68; OLG München 16.3.2011, TranspR 2011, 199, 200.

[2] Zur Parallelvorschrift in § 438: Reg.Begr. S. 74, vgl. CMR Art. 30 Rn. 2.

[3] Vgl. BGH 15.11.1965, BGHZ 44, 303.

Verfrachter nicht zu vertreten hat, eine Abweichung von Art. III § 6 HR dar. Eine solche Beweislastumkehr ist auch dem Recht der übrigen HR-Staaten unbekannt.[4]

3    Die Sachverständigenkommission schlug eine Regelung vor, die sich mit den notwendigen sprachlichen Änderungen eng an § 438 orientierte. Der neue § 510 orientiert sich „im Aufbau" an § 438, „inhaltlich" jedoch an § 611 HGB aF[5] und stellt damit eine Mischung der beiden Vorschriften dar.

4    Inhaltliche Abweichungen zu § 611 HGB aF ergeben sich aus dem Wegfall des Abs. 2 und der Vermutung nach § 611 Abs. 3 2. HS HGB aF (vgl. Rn. 2). In Anlehnung an § 611 HGB aF und in Abweichung zu § 438 beträgt die Anzeigefrist nach § 510 Abs. 2 nur **drei statt sieben Tage**. Die Schadensanzeige bedarf in jedem Falle zumindest der **Textform;** damit wurde die Formvorschrift des § 611 Abs. 1 S. 1 HGB aF, die Schriftlichkeit vorsah,[6] entschärft.

### III. Schadensanzeige bei äußerlich erkennbarem Verlust oder Beschädigung des Gutes (Abs. 1)

5    **1. Ablieferung.** Falls Verlust oder Beschädigung „**äußerlich erkennbar**" sind, ist der Empfänger oder Befrachter gehalten, dies dem Verfrachter **spätestens bei Ablieferung**[7] des Gutes anzuzeigen. Die Ablieferung liegt in der Aufgabe des Gewahrsams an dem Transportgut bei gleichzeitigem Einverständnis des berechtigten Empfängers, der durch die Gewahrsamsaufgabe in die Lage versetzt wird, die tatsächliche Gewalt über das Gut auszuüben.[8] So sind die Güter beispielsweise mit dem Absetzen auf einem von der Empfängerseite gestellten Leichter abgeliefert.[9] Die der Vorschrift zugrunde liegenden HR sprechen hierzu eine deutliche Sprache, wenn sie darauf verweisen, dass die Güter „into the custody of the person entitled to delivery" oder „sous la garde de la personne ayant droit à la déliverance"; Art. III § 6 Abs. 1 HR übergeben werden müssen.[10] Die Formulierung „bei" – und nicht bspw. „zum Zeitpunkt der" – Ablieferung spricht dafür, nicht auf die Erkennbarkeit während des Ablieferungsaktes per se abzustellen, sondern auf den **einheitlichen Lebensvorgang der Ablieferung.**[11] Sonst würde zum einen der einheitliche Lebensvorgang zerstückelt und zum anderen könnte der Empfänger in vielen Fällen die Ware nicht „bei Ablieferung" kontrollieren, weil Anzahl der Packstücke, Gewicht und Temperatur etc. nicht schon beim Öffnen der Luke oder Übergabe des Containers erkennbar sind. Die Ablieferung ist also als Gesamtvorgang zu verstehen, der erst bei Beendigung der Auslieferung[12] bzw. dem Ende des Löschvorgangs[13] abgeschlossen ist.

6    Teilweise wird in weiter Auslegung auch ein enger, unmittelbarer zeitlicher Zusammenhang mit der Auslieferung als hinreichend angesehen.[14] Nicht ausreichend ist eine nur unverzügliche Anzeige.[15]

7    Bei **Containertransporten ist zu unterscheiden,** ob der Container samt Inhalt dem Empfänger zum Verbleib zu übergeben ist, oder ob nur die im Container gestaute Ladung beim Empfänger verbleibt und der Container umgehend an den Verfrachter zurückzugeben ist. Im letzteren Falle ist auf die Ablieferung des Containers als solchen abzustellen; hinsichtlich der Erkennbarkeit der Schäden kommt es hier auf die Erkennbarkeit von Beschädigungen des Containers als solchem an. Im ersteren Fall liegt die Ablieferung in der Zugänglich-

---

[4] Vgl. LG Bremen 17.3.1981, VersR 1982, 237 m. Anm. *Borgwardt.*

[5] RegBegr-SRG S. 87.

[6] Vgl. OLG Hamburg 3.3.1977, VersR 1978, 713.

[7] Zur Parallelvorschrift in § 438: Zur Rechtsnatur von Ablieferung bzw. Annahme BGH 11.7.1996, TranspR 1997, 67, 69; eingehend auch OLG Hamm 19.6.2008, TranspR 2008, 405.

[8] OLG Hamburg 10.12.1964, VersR 1965, 232; OLG Bremen 11.2.1971, VersR 1972, 248; *Rabe* § 611 Rn. 8; zur Parallelvorschrift in § 438: *Tunn* VersR 2005, 1646.

[9] OLG Hamburg 9.1.1975, VersR 1975, 826.

[10] Vgl. OLG Hamburg 10.12.1964, VersR 1965, 232.

[11] Zur Parallelvorschrift in § 438: *Koller* § 438 Rn. 3.

[12] Vgl. OLG Hamburg 10.12.1964, VersR 1965, 232.

[13] Vgl. BGH 15.11.1965, BGHZ 44, 303.

[14] OLG Hamburg 30.11.1972, VersR 1973, 344; OLG Hamburg 3.3.1977, VersR 1978, 713.

[15] OLG Hamburg 10.12.1964, VersR 1965, 232; OLG Bremen 11.2.1971, VersR 1972, 248.

machung der im Container transportierten Ware. Die Erkennbarkeit einer etwaigen Beschädigung oder des Verlustes bemisst sich in diesem Falle nach den im Container transportierten Gütern.[16]

Wird **mehr als ein Stück** unter einem Frachtvertrag transportiert, stellt sich die Frage, **8** ob bei nicht vollständiger Ablieferung ein Teilverlust (hinsichtlich der gesamten Ladung) oder ein Totalverlust (hinsichtlich der nicht abgelieferten Gegenstände) vorliegt. Mit dem LG Bremen[17] ist der im Frachtvertrag und den Beförderungsdokumenten zum Ausdruck kommende Wille des Befrachters bzw. Abladers unter Berücksichtigung der Verkehrsanschauung entscheidend. Mangels entgegenstehender Anhaltspunkte wird man die unter einem Frachtvertrag verschifften Güter als einheitliche Partie anzusehen haben, während unter verschiedenen Frachtverträgen transportierte Güter auch hinsichtlich ihres Verlustes eigenständig zu behandeln sind.[18]

Da auf die Ablieferung des Gutes abgestellt wird, greift die Vorschrift nicht, wenn der **9** Empfänger die Annahme des Gutes verweigert, da es in einem solchen Fall an einer Ablieferung mangelt. Ebenso, wenn das Gut **in toto in Verlust geraten** ist,[19] oder es aus anderen Gründen allenfalls zu einem Versuch der Ablieferung kommt.

Die **vollständige wirtschaftliche Entwertung** entspricht im kommerziellen Sinn zwar **10** dem Totalverlust, die Obliegenheit aus § 510 entfällt jedoch nur dann, wenn gleichzeitig auch die Ablieferung unmöglich ist.[20] Zum einen stellt § 510 auf die Ablieferung als auslösendes Moment der Obliegenheit ab. Zum anderen lässt sich die vollständige wirtschaftliche Entwertung in den meisten Fällen nur durch eine Inaugenscheinnahme durch den Empfänger oder einen Sachverständigen (und eben nicht durch den Verfrachter) von einer Beschädigung abgrenzen. Daher ist die Schadensanzeige in diesen Fällen notwendig.

**2. Erkennbarkeit.** Die Vorschrift impliziert, dass die **tatsächlichen Gegebenheiten** **11** der Ablieferung die **Erkennbarkeit** des Schadens erlauben. Wird also die Ware unter Umständen abgeliefert, die es nicht erlauben, den unter anderen Umständen äußerlich erkennbaren Schaden festzustellen, ist dieser nicht „äußerlich erkennbar" im Sinne des § 510.[21] Der Empfänger, der für die entsprechenden Umstände, die eine Erkennbarkeit behinderten, beweispflichtig ist, muss jedoch auf eine möglichst schnelle Überprüfung der Ware hinwirken. Im Zusammenhang mit der Erkennbarkeit des Güterschadens ist eine Obliegenheit des Verfrachters dahingehend anzunehmen, dass dieser ggf. Hilfestellung leisten muss, um dem Empfänger die Untersuchung der Ware zu ermöglichen.[22] Hierzu zählt etwa, die Güter an einer ausreichend beleuchteten Lokalität abzuladen, sofern die Abladung vom Transportauftrag umfasst ist.

Die äußerliche Erkennbarkeit stellt nicht allein darauf ab, dass die Schäden sichtbar sind. **12** In Betracht kommen vielmehr **sämtliche sensorischen Eindrücke,** die die angelieferten Güter vermitteln.[23] Temperatur, Feuchtigkeit, Gewicht, Anzahl der Packstücke[24] oder ungewöhnliche Geräusche können zu einer Erkennbarkeit des Schadens führen.[25] Der

---

[16] *Rabe* § 611 Rn. 12, 13.

[17] LG Bremen 20.5.1980, VersR 1980, 1044; zust. *Rabe* § 611 Rn. 2.

[18] LG Bremen 20.5.1980, VersR 1980, 1044.

[19] BGH 17.1.1974, VersR 1974, 590, m. Anm. *Trappe*; vgl. LG Bremen 20.5.1980, VersR 1980, 1044; *Rabe* § 611 Rn. 7; zur Parallelvorschrift in § 438: *Koller* § 438 Rn. 2; CMR Art. 30 Rn. 3; *Thume/Demuth* Art. 30 CMR Rn. 6; *Fremuth/Thume* Rn. 4.

[20] Zur Parallelvorschrift in § 438: *Koller* § 438 Rn. 2.

[21] Zur Parallelvorschrift in § 438: Vgl. Saarl. OLG 29.6.2005, TranspR 2007, 66, 68; OLG Düsseldorf 7.3.1985, TranspR 1985, 190 zur Erkennbarkeit bei Umzügen; *Koller* § 438 Rn. 4; *EBJ/Schaffert* § 438 Rn. 8; *de la Motte* VersR 1982, 1038; *Thume/Demuth* Art. 30 CMR Rn. 19.

[22] Zur Parallelvorschrift in § 438: *Koller* § 438 Rn. 13.

[23] LG Duisburg 19.10.1988, VersR 1989, 531.

[24] Zu Art 30 CMR: OLG Linz 27.11.1989, TranspR 1990, 154, 155; *Tunn* VersR 2005, 1646, 1648; CMR Art. 30 Rn. 7. Zwingend ist dies jedoch nicht; bspw. ein Teilverlust von 1 % bei 5000 Schrauben ist nicht ohne Weiteres ersichtlich.

[25] Zur Parallelvorschrift in § 438: *EBJ/Schaffert* § 438 Rn. 8; *Koller* § 438 Rn. 4; *Tunn* VersR 2005, 1646, 1647.

Maßstab, gegen welchen die Erkennbarkeit für die Person des Empfängers zu messen ist, ist der des in der betreffenden Branche Üblichen.[26] Soweit also besondere Kontrollen oder **Kontrollinstrumente** üblich sind, wie beispielsweise Temperaturkontrollen bei Kühltransporten, kann vom Empfänger erwartet werden, dass er solcherlei Kontrollen vornimmt, weshalb eine (Temperatur-)Abweichung auch dann für ihn erkennbar ist, wenn er entgegen der Übung solche Kontrollgeräte nicht vorhält oder nutzt.[27] Ob der tatsächliche Umfang des Schadens größer ist, als der zunächst erkennbare, ist bezüglich der Frage, ob der Schaden äußerlich erkennbar war oder nicht, irrelevant.[28]

13    Im Rahmen von **Sukzessivlieferverträgen** kann eine Beschädigung von Teillieferungen auch schon vor Ablieferung der Gesamtmenge erkannt und gerügt werden.[29] Etwas anderes gilt hinsichtlich einer Mengendifferenz, welche sich erst abschließend nach Anlieferung der letzten Teillieferung feststellen lässt.[30]

14    Das Merkmal der äußerlichen Erkennbarkeit führt dazu, dass der Empfänger **nicht** gehalten ist, die Ware zu **entpacken,** oder diese zu öffnen, um den Zustand der Ware festzustellen.[31] Etwas anderes kann dann gelten, wenn der **Zustand der Verpackung** darauf schließen lässt, dass die Ware im Inneren der Verpackung beschädigt wurde.[32] Nach der Ansicht des LG Duisburg[33] ist eine leichte aber äußerlich erkennbare Beschädigung des Seecontainers (Löcher im Dach) nicht gleichzusetzen mit einer äußerlich erkennbaren Beschädigung (nässebedingter Rost) der darin transportierten Ware. Da die Reklamation hinreichend spezifisch sein muss, ist der Empfänger gehalten, nachzuforschen, ob der Schaden nur an der Ladeeinheit bzw. der Verpackung oder auch an den Waren selbst besteht,[34] insbesondere da die Rüge einer beschädigten Verpackung bzw. Containers nicht zur Reklamation eines Güterschadens ausreicht; s. Rn. 18.

15    **Nicht erforderlich** ist eine Anzeige, wenn der **Güterschaden,** sein Umfang und Entstehungszeitpunkt **eindeutig und unstreitig** zwischen den Parteien feststehen; sollte sich der Verfrachter später auf das Fehlen der Anzeige berufen, wäre dies rechtsmissbräuchlich.[35] Der Verfrachter, muss sich hierbei das Wissen seiner Erfüllungsgehilfen zurechnen lassen,[36] dabei ist auf denselben Personenkreis abzustellen, der als Empfänger der Reklamation in Betracht kommt. Es kann keinen Unterschied machen, ob diese Personen durch den Empfänger auf den Schaden aufmerksam gemacht werden, oder ob sie diese Kenntnis auch ohne einen entsprechenden Hinweis haben.[37]

16    Entsprechendes gilt, wenn der Verfrachter bereits aus eigenem Antrieb einen Sachverständigen zur Begutachtung des Schadens bestellt hat.[38] Unter welchen Umständen unterhalb dieser Schwelle ebenfalls von einem Rechtsmissbrauch seitens des Verfrachters auszugehen ist, ist Frage des Einzelfalls. Sind die Parteien sich nicht über den Umfang des Schadens einig, so steht dem Verfrachter die Berufung auf die Vermutung des § 510 Abs. 1 offen.[39] Ebenfalls nicht ausreichend ist es, wenn der Verfrachter nicht bestreitet oder selbst festgestellt hat, dass der Schaden an der transportierten Ware auf dem Schiff eingetreten ist. Vielmehr

---

[26] *Rabe* § 611 Rn. 9; zur Parallelvorschrift in § 438: OLG Düsseldorf 18.3.1993, TranspR 1993, 287, 288.

[27] Zur Parallelvorschrift in § 438: *Koller* § 438 Rn. 4; *Thume/Demuth* CMR Art. 30 Rn. 22.

[28] OLG Hamburg 22.5.1969, VersR 1970, 79.

[29] *Rabe* § 611 Rn. 8.

[30] Zur Parallelvorschrift in § 438: *Koller* § 438 Rn. 3; EBJS/*Schaffert* § 438 Rn. 8.

[31] *Rabe* § 611 Rn. 9; zur Parallelvorschrift in § 438: OLG Düsseldorf 18.3.1993, TranspR 1993, 287, 288; EBJS/*Schaffert* § 438 Rn. 8.

[32] Zur Parallelvorschrift in § 438: OLG Düsseldorf 18.3.1993, TranspR 1993, 287, 288; OLG Köln 7.11.2000, TranspR 2001, 93, 94; *Koller* § 438 Rn. 4; EBJS/*Schaffert* § 438 Rn. 8; *Thume/Demuth* CMR Art. 30 Rn. 21.

[33] LG Duisburg 19.10.1988, VersR 1989, 531.

[34] Zur Parallelvorschrift in § 438: Baumbach/Hopt/*Merkt* § 438 Rn. 1; *Tunn* VersR 2005, 1646, 1648.

[35] OLG Bremen 30.6.1966, VersR 1967, 576; OLG Hamburg 22.5.1969, VersR 1970, 79; OLG Bremen 15.1.1970, VersR 1970, 829; OLG Bremen 11.2.1971, VersR 1972, 248; *Rabe* § 611 Rn. 21.

[36] Zur Parallelvorschrift in § 438: OLG München 16.3.2011, TranspR 2011, 199, 200; *Koller* § 438 Rn. 14.

[37] Zur Parallelvorschrift in § 438: Einschränkend *Koller* § 438 Rn. 14.

[38] OLG Bremen 30.6.1966, VersR 1967, 576.

[39] Vgl. LG Kiel 6.12.1967, VersR 1968, 469.

ist erforderlich, dass dem Empfänger durch das Verhalten des Verfrachters bestätigt wird, dass der Verfrachter sich nicht auf den Einwand des § 510 berufen werde.[40] Ist erkennbar, dass der Verfrachter den Schaden nicht freiwillig regulieren wird, kann von einem Verzicht auf die Schadensanzeige nicht ausgegangen werden.[41]

**3. Inhalt.** Die Anzeige muss den Verlust bzw. die Beschädigung – und eben nicht **17** den daraus resultierenden (finanziellen) Schaden[42] – **hinreichend deutlich** kennzeichnen. Wirkungslos bleibt also eine bloß allgemeine Angabe ohne jede Umschreibung; andererseits soll mit „hinreichend deutlich" auch gesagt sein, dass der Verlust bzw. die Beschädigung **nicht** konkret **bis in alle Einzelheiten** spezifiziert werden muss.[43] Verlust oder Beschädigung sollen der Art und dem Umfange nach so genau angezeigt werden, dass der Verfrachter weiß, wofür er voraussichtlich in Anspruch genommen werden wird. Dem Zweck der Vorschrift entsprechend muss er in die Lage versetzt werden, zu erkennen, für welche Art Beschädigung er in welchem Umfange haftbar gehalten werden soll[44] sowie die für seine Zwecke erforderlichen Beweise zu sichern.[45] Hinreichend kann daher ein Verweis auf eine wahrscheinliche Schädigung der Ware sein, sofern er sich nicht in Pauschalitäten erschöpft.[46]

**Inhaltlich** handelt es sich um eine Anzeige der **Schadenstatsache** ohne die explizite **18** juristische Bewertung. Entsprechend muss dem Verfrachter diese Tatsachengrundlage hinreichend deutlich gemacht werden. Notwendig ist, dass deutlich wird, ob eine Beschädigung oder ein Verlust angezeigt werden soll,[47] was beispielsweise bei einer Formulierung wie „unter Vorbehalt, da Palette nicht gut gewickelt", „Container beschädigt" oder „Sendung beschädigt (offen)" nicht der Fall ist.[48] Innerhalb dieser Kategorien sind **pauschale Schadensbeschreibungen** wie „Ware beschädigt" oder deren Annahme „unter Vorbehalt" nicht ausreichend, da hiermit die Tatsachengrundlage, auf welcher der Vorbehalt basiert, nicht hinreichend erkenntlich wird.[49] Der jeweils erforderliche Umfang ist am Einzelfall zu messen. Unnötig ist jedenfalls eine genaue Beschreibung der Schadens**ursache**; es geht um das „Ob" und nicht das „Wie" des Schadens.

Aus der Notwendigkeit, den Verfrachter über den Verlust oder die Beschädigung hinrei- **19** chend zu informieren, folgt gleichzeitig, dass diese **Information** auch für den Verfrachter **verständlich** sein muss. Dies gilt nicht nur hinsichtlich des Inhalts der Anzeige, sondern auch für weitere Aspekte wie bspw. Lesbarkeit oder zur Anzeige verwandte Sprache.

**4. Person des Reklamierenden.** Die Reklamation kann neben dem **Empfänger** auch **20** vom **Befrachter** und deren jeweils **bevollmächtigten Personen** abgegeben werden; gleichfalls ist eine nachträgliche Genehmigung möglich.[50] Grundsätzlich kann davon ausgegangen werden, dass die Person, die zur Entgegennahme der Ware bevollmächtigt ist, auch zur Reklamation befugt ist. In Deutschland werden Kaianstalten üblicherweise nicht als Vertreter des Empfängers hinsichtlich der Kontrolle der Güter tätig.[51]

---

[40] OLG Hamburg 22.5.1969, VersR 1970, 79.
[41] OLG Hamburg 22.5.1969, VersR 1970, 79.
[42] *Rabe* § 611 Rn. 7; zur Parallelvorschrift in § 438: RegBegr-SRG S. 56.
[43] *Rabe* § 611 Rn. 7; zur Parallelvorschrift in § 438: Reg.Begr. S. 76.
[44] Zur Parallelvorschrift in § 438: *Koller* § 438 Rn. 12; *Tunn* VersR 2005, 1646, 1647; vgl. Art. 30 CMR Rn. 10.
[45] Zur Parallelvorschrift in § 438: HansOLG Hamburg 27.1.2004, TranspR 2004, 215, 216 f.
[46] Zur Parallelvorschrift in § 438: EBJS/*Schaffert* § 438 Rn. 7.
[47] Zur Parallelvorschrift in § 438: HansOLG Hamburg 27.1.2004, TranspR 2004, 215, 216.
[48] Zur Parallelvorschrift in § 438: OLG Köln 7.11.2000, TranspR 2001, 93, 94; LG Memmingen 1.8.2001, NJW-RR 2002, 458 = VersR 2002, 1533; Ensthaler/*Bracker* § 438 Rn. 3; *Thume/Demuth* CMR Art. 30 Rn. 10.
[49] OLG Düsseldorf 13.6.1996, TranspR 1997, 153; zustimmend *Bracker* TranspR 1998, 187, 189; zur Parallelvorschrift in § 438: Saarl. OLG 29.6.2005, TranspR 2007, 66, 68; OLG München 16.3.2011, TranspR 2011, 199, 200; *Koller* § 438 Rn. 12, Art. 30 CMR Rn. 9.
[50] OLG Hamburg 1.3.1979, VersR 1979, 814; OLG Düsseldorf 13.6.1996, TranspR 1997, 153; zustimmend *Bracker* TranspR 1998, 187, 189; zur Parallelvorschrift in § 438: *Koller* § 438 Rn. 5; *Fremuth/Thume* § 438 Rn. 20; Art. 30 CMR Rn. 11; *Thume/Demuth* CMR Art. 30 Rn. 15; OLG Hamburg 1.3.1979, VersR 1979, 814.
[51] vgl. BGH 15.11.1965, BGHZ 44, 303; *Rabe* § 611 Rn. 5.

**21**    Die Schadensanzeige muss nicht vom Empfänger ausgehen, sie kann auch von dem erstattet werden, den der Empfänger mit der Inempfangnahme der Ware beauftragt hat.[52]

**22**    **5. Adressat der Reklamation. Adressat** der Anzeige kann entweder nach Abs. 1 der vertragliche Verfrachter, oder, nach Abs. 4 der Abliefernde sein, bei einer Ablieferung durch eine Kaianstalt diese, da sie als „Allonge des Schiffes" anzusehen ist.[53] Dies trägt dem Umstand Rechnung, dass der Empfänger mit den anderen an der Ausführung des Transports beteiligten Personen nicht in Kontakt kommt.[54] Nach den allgemeinen Vorschriften kann der Vorbehalt auch gegenüber **Bevollmächtigten oder Empfangsboten** – zu denken ist hier insbesondere an den Kapitän[55] oder den örtlichen Agenten des Verfrachters[56]– erklärt werden.[57] Es ist davon auszugehen, dass derjenige, der seitens des ausliefernden Verfrachters bevollmächtigt wurde, die Güter an den Empfänger abzuliefern, gleichzeitig bevollmächtigt wurde, von diesem die Schadensanzeige nach § 510 entgegen zu nehmen.[58]

**23**    Aus dem Zweck der Vorschrift folgt darüber hinaus, dass in den Fällen, in denen der Transport durch eine **Kette** von (Unter-) Verfrachtern durchgeführt wird, diese verpflichtet sind, in entsprechender Anwendung des § 510, die ihnen zugegangene Anzeige an ihren jeweiligen Vertragspartner **weiterzureichen,** um diesen ebenfalls die Möglichkeit zu eröffnen, den Schaden zu inspizieren bzw. Beweise zu sichern.[59]

**24**    **6. Wirkung der ordnungsmäßigen Reklamation.** Wird der Schaden wirksam angezeigt, so tritt die **Vermutung** der Ablieferung in vollständigem und unbeschädigtem Zustand nicht ein. Es entsteht dadurch aber nicht die entgegengesetzte Vermutung für die fehlerhafte Ablieferung; der Anspruchsteller hat auch bei wirksamer Rüge den Beweis dafür zu führen, dass der behauptete Verlust bzw. die behauptete Beschädigung während der Obhutzeit des Verfrachters eingetreten ist.[60]

**25**    **7. Rechtsfolge einer fehlenden oder unzureichenden Reklamation. Unterbleibt** die Anzeige oder genügt sie nicht den Anforderungen hinreichender Deutlichkeit, so wird **widerleglich vermutet,** dass das Gut in vollständigem und unbeschädigtem Zustand abgeliefert worden ist.[61] Diese Folge tritt natürlich auch dann ein, wenn der Empfänger bei Ablieferung den ordnungsgemäßen Empfang der Ware, beispielsweise durch eine reine Empfangsquittung bestätigt, hat; diese Erklärung muss er gegen sich gelten lassen.[62] Dem Geschädigten bleibt also der Beweis, dass der Verlust bzw. die Beschädigung während der Zeit der Obhut des Verfrachters eingetreten ist, möglich. Dabei muss er allerdings nicht nur die Hürde der allgemeinen Beweislast, sondern auch die der gegen seinen Anspruch gerichteten Vermutung der Ablieferung im ordnungsgemäßen Zustand überwinden. Nach § 292 ZPO ist damit verbunden, dass vom Anspruchsteller der **volle Gegenbeweis** gegen die Vermutung geführt wird; ein bloßes Erschüttern der Vermutung ist unzureichend.[63] Hieraus folgt auch, dass den Verfrachter keine sekundäre Darlegungs- und Beweislast trifft, zum Ablauf des Transportes vorzutragen, solange nicht seitens des Anspruchsstellers bewie-

---

[52] OLG Hamburg 1.3.1979, VersR 1979, 814.
[53] OLG Bremen 11.2.1971, VersR 1972, 248; OLG Hamburg 3.3.1977, VersR 1978, 713.
[54] Zur Parallelvorschrift in § 438: Reg.Begr. S. 77.
[55] OLG Hamburg 1.3.1979, VersR 1979, 814.
[56] *Rabe* § 611 Rn. 4.
[57] Zur Parallelvorschrift in § 438: EBJS/*Schaffert* § 438 Rn. 18; *Koller* § 438 Rn. 8; *Thume/Demuth* CMR Art. 30 Rn. 18.
[58] Zur Parallelvorschrift in § 438: *Bästlein/Bästlein* TranspR 2003, 413, 419; vgl. Art. 30 CMR Rn. 11.
[59] Zur Parallelvorschrift in § 438: LG Hamburg 15.8.2000, TranspR 2000, 414, 415; *Koller* § 438 Rn. 9.
[60] Zur Parallelvorschrift in § 438: *Koller* § 438 Rn. 26; *Tunn* VersR 2005, 1646, 1648.
[61] Zur Parallelvorschrift in § 438: OLG Braunschweig 3.2.2005, NJW-RR 2005, 834, 845 f.
[62] Zur Parallelvorschrift in § 438: Vgl. Saarl. OLG 29.6.2005, TranspR 2007, 66, 70, EBJS/*Schaffert* § 438 Rn. 14.
[63] *Rabe* § 611 Rn. 15; Zur Parallelvorschrift in § 438: Reg.Begr. S. 76; *Koller* § 438 Rn. 16; *Bästlein/Bästlein* TranspR 2003, 413, 414; *Tunn* VersR 2005, 1646, 1647.

sen ist, dass das Gut unvollständig oder beschädigt abgeliefert wurde.[64] Weiter muss der Anspruchsteller dartun, dass der Verlust bzw. die Beschädigung nicht in der Zeit nach Ablieferung entstanden ist.

## IV. Schadensanzeige bei äußerlich nicht erkennbarem Verlust oder äußerlich nicht erkennbarer Beschädigung des Gutes (Abs. 2)

Falls nicht äußerlich erkennbar (s. zur Erkennbarkeit Rn. 11 ff.), muss der sog. **verdeckte** 26 **Mangel** innerhalb von drei Kalendertagen angezeigt werden, andernfalls gilt auch hier die Vermutung wie nach Abs. 1 (vgl. Rn. 24).

Der **Inhalt** der Anzeige entspricht dem oben ausgeführten (s. Rn. 17 ff.). Die Anzeige 27 kann durch den Empfänger oder Absender des Gutes und deren Bevollmächtigte erfolgen (vgl. Rn. 20).

Die Frist von drei Tagen beginnt mit dem Tag der Ablieferung, berechnet sich nach 28 den allgemeinen zivilrechtlichen Grundsätzen (§§ 187 ff. BGB) und ist nach Abs. 3 S. 2 gewahrt, wenn die Anzeige **rechtzeitig abgesandt** wurde. Das Verzögerungsrisiko trägt demnach der Verfrachter.[65] Ob damit auch das **Übermittlungsrisiko** auf diesen abgewälzt wird, ergibt sich nicht eindeutig aus den Gesetzesmaterialien. Zieht man jedoch die in der Reg.Begr. zu § 438 mehrfach aufgezeigte Parallele zu den §§ 377 HGB, 611 HGB aF, so trifft den Absender das Risiko des Verlusts der Reklamation.[66]

Ist der Verlust bzw. die Beschädigung innerhalb der 3-Tage-Frist angezeigt worden, so 29 kann der Verfrachter Anhaltspunkte dafür vortragen, dass der Verlust bzw. die Beschädigung nach der Ablieferung entstanden sein kann; der Anspruchsteller ist in diesem Fall zur Darlegung des Geschehensablaufs nach Ablieferung im Rahmen seiner prozessualen Mitwirkungspflicht verpflichtet.[67]

## V. Form der Schadensanzeige (§ 510 Abs. 3)

Die Vorgaben zur Form der Anzeige haben sich dem Wandel der Kommunikation 30 angepasst. Wurde zunächst die strenge Schriftform des § 126 BGB gefordert,[68] genügt in der neuen Fassung die **Textform** (§ 126b BGB) für die Anzeige. Es genügt also die Anzeige durch nicht qualifiziert signierte E-Mail.[69] Fristwahrend wirkt rechtzeitige Absendung (Abs. 3. S. 2). **Nicht** ausreichend ist eine **mündliche** Reklamation,[70] ebenso ist zu beachten, dass auch die Textform nicht von der Einhaltung gewisser Mindestbedingungen entbindet.[71] Die Vereinbarung der Schriftform per AGB ist Verbrauchern gegenüber als Verstoß gegen einen wesentlichen Grundgedanken der Regelung nach § 307 Abs. 1 Nr. 1 BGB für unwirksam erachtet worden.[72]

## VI. Anzeige gegenüber dem letzten Verfrachter (§ 510 Abs. 4)

Es genügt die Anzeige **bei Ablieferung** gegenüber demjenigen, der das Gut abliefert. 31 Diese neuartige Regelung trifft den häufigen Fall, dass es der Empfänger nach dem Transport durch eine Mehrheit von Verfrachtern tatsächlich nur mit dem letzten in der Kette zu tun hat. Es ist sachgerecht, dass der Empfänger, der in einem solchen Fall den vertraglichen Verfrachter oft nicht kennt, wirksam auch gegenüber dem **abliefernden Verfrachter**

---

[64] *Rabe* § 611 Rn. 18; zur Parallelvorschrift in § 438: OLG Celle 21.5.2004, TranspR 2005, 214, 216; aA wohl *Koller* § 438 Rn. 25.
[65] Zur Parallelvorschrift in § 438: Reg.Begr. S. 77.
[66] Zur Parallelvorschrift in § 438: BGH 13.5.1987, BGHZ 101, 49 = NJW 1987, 2235; EBJS/*Schaffert* § 438 Rn. 12.
[67] Vgl. zur Beweislast Rn. 32.
[68] Vgl. OLG Hamburg 3.3.1977, VersR 1978, 713; *Rabe* § 611 Rn. 6.
[69] Zur Parallelvorschrift in § 438: Schon zur alten Fassung *Herber* NJW 1998, 3297, 3304.
[70] Zur Parallelvorschrift in § 438: OLG Celle 21.5.2004, TranspR 2005, 214, 216.
[71] Vgl. BGH 3.11.2011, MDR 2011, 1460.
[72] Zur Parallelvorschrift in § 438: OLG Köln 27.4.2010, MMR 2010, 619, 620.

reklamieren kann.[73] Es bleibt danach Sache von Vereinbarungen innerhalb der Kette, wie die Reklamation an die anderen und insbes. an den vertraglichen Verfrachter übermittelt wird. Eine Anzeige **nach Ablieferung** hat, wie sich im Umkehrschluss ergibt, ausschließlich gegenüber dem vertraglichen Verfrachter zu erfolgen.

### VII. Beweislast

32     Den **Verfrachter** trifft die **Beweislast** für die **Ablieferung** als solche an den Empfänger.[74] Die Beweislast für Verlust, Beschädigung der Güter und ggf. deren Nichterkennbarkeit sowie den Zeitpunkt, Inhalt und Zugang der entsprechenden Reklamation trägt der Ersatzberechtigte.[75]

33     Den **Verfrachter** trifft ggf. eine **sekundäre Darlegungslast** hinsichtlich der Stauung der Güter an Bord und der Ursachen der Beschädigung oder des Verlusts der Ware.[76] Der Verfrachter ist verpflichtet, den Ladungsberechtigten durch hinreichende Einlassung die Möglichkeit zu geben, die Vermutung des § 510 Abs. 1 zu widerlegen.[77]

## § 511 Verlustvermutung

**(1) ¹Der Anspruchsberechtigte kann das Gut als verloren betrachten, wenn es nicht innerhalb eines Zeitraums abgeliefert wird, der dem Zweifachen der vereinbarten Lieferfrist entspricht, mindestens aber 30 Tage, bei einer grenzüberschreitenden Beförderung 60 Tage beträgt. ²Satz 1 gilt nicht, wenn der Verfrachter das Gut wegen eines Zurückbehaltungsrechts oder eines Pfandrechts nicht abzuliefern braucht oder wenn an dem Gut ein Pfandrecht für eine Forderung auf einen Beitrag zur Großen Haverei besteht und das Gut daher nicht ausgeliefert werden darf.**

**(2) Erhält der Anspruchsberechtigte eine Entschädigung für den Verlust des Gutes, so kann er bei deren Empfang verlangen, dass er unverzüglich benachrichtigt wird, wenn das Gut wieder aufgefunden wird.**

**(3) ¹Der Anspruchsberechtigte kann innerhalb eines Monats nach Empfang der Benachrichtigung von dem Wiederauffinden des Gutes verlangen, dass ihm das Gut Zug um Zug gegen Erstattung der Entschädigung, gegebenenfalls abzüglich der in der Entschädigung enthaltenen Kosten, abgeliefert wird. ²Eine etwaige Pflicht zur Zahlung der Fracht sowie Ansprüche auf Schadensersatz bleiben unberührt.**

**(4) Wird das Gut nach Zahlung einer Entschädigung wieder aufgefunden und hat der Anspruchsberechtigte eine Benachrichtigung nicht verlangt oder macht er nach Benachrichtigung seinen Anspruch auf Ablieferung nicht geltend, so kann der Verfrachter über das Gut frei verfügen.**

### Übersicht

| | Rn. | | Rn. |
|---|---|---|---|
| I. Normzweck | 1, 2 | a) Vereinbarte Lieferfrist | 4, 5 |
| II. Entstehungsgeschichte | 3 | b) Zusatzfrist | 6, 7 |
| | | c) Kein Zurückbehaltungs- oder Pfandrecht des Verfrachters | 8 |
| III. Vermutung des Verlusts | 4–10 | | |
| 1. Voraussetzungen | 4–8 | 2. Rechtsfolge (Abs. 1 Satz 1) | 9, 10 |

---

[73] Zur Parallelvorschrift in § 438: Reg.Begr. S. 77.

[74] Zur Parallelvorschrift in § 438: *Koller* § 438 Rn. 15; EBJS/*Schaffert* § 438 Rn. 12; *Bästlein/Bästlein* TranspR 2003, 413, 419.

[75] Zur Parallelvorschrift in § 438: Vgl. Saarl. OLG 29.6.2005, TranspR 2007, 66, 71; EBJS/*Schaffert* § 438 Rn. 12 ff.; *Thume/Demuth* CMR Art. 30 Rn. 56 ff.

[76] So schon OLG Hamburg 3.3.1977, VersR 1978, 713.

[77] OLG Hamburg 10.2.1993, VersR 1993, 1079.

Rn.     Rn.

IV. Benachrichtigungsverlangen
(Abs. 2) .................................. 11, 12
V. Wahlrecht des Anspruchsberechtig-
ten nach Wiederauffinden des Gutes .. 13

VI. Verfügung des Verfrachters über
wiederaufgefundenes, nicht abgerufe-
nes Gut .................................. 14, 15

## I. Normzweck

Die Vorschrift soll demjenigen, der aus dem Verlust des Gutes Rechte herleitet – also **1** Befrachter oder Empfänger – den ihm obliegenden **Beweis des Verlustes erleichtern.**[1] Zugleich wird er davon befreit, das Gut noch nach seinem Auffinden abnehmen zu müssen.[2] Ferner regelt die Vorschrift die Fragen, die sich ergeben, wenn das Gut später wieder aufgefunden wird. Entsprechende Regelungen finden sich in § 424 sowie in dessen Vorbild, Art. 20 CMR. Auch im Versicherungsrecht wird mit ähnlichen Regeln über die Verschollenheit gearbeitet, etwa nach Nr. 17.2 DTV-Güter 2000 oder nach § 72 Klausel 31 ADS.

Die **praktische Bedeutung** der von der Sachverständigengruppe (§ 522 BerSV) vorge- **2** schlagenen Vorschrift wird jedoch **gering** sein, nachdem die im Zusammenhang mit der Haftung für Lieferfristüberschreitung ebenfalls vorgeschlagene Definition der Lieferfrist (§ 494 BerSV) nicht in den RegE-SRG übernommen wurde. Denn die Verlustvermutung greift nun – anders als bei §§ 424, 423 und bei Art. 20 CMR und nach dem Vorschlag des BerSV – nur noch bei vertraglich vereinbarter Lieferfrist ein,[3] die selten sein wird (dazu u. Rn. 4).

## II. Entstehungsgeschichte

Die Bestimmung geht auf den Vorschlag des BerSV (§ 522) zurück, wurde jedoch auf **3** den Fall der **Überschreitung einer vereinbarten Lieferfrist** beschränkt. **Abs. 1 Satz 2** wurde durch den RegE-SRG hinzugefügt weil der Anspruchsberechtigte keine Ansprüche daraus herleiten können solle, dass er seinen eigenen Verpflichtungen nicht nachkommt, und weil bei Beitragsforderungen zu Großer Haverei ein Wertungswiderspruch zu § 594 bestehen würde.[4]

Schließlich hat der RegE-SRG den Vorschlag des BerSV nicht übernommen, die Vermutung klarstellend ausdrücklich als „unwiderleglich" zu bezeichnen.

## III. Vermutung des Verlusts

**1. Voraussetzungen. a) Vereinbarte Lieferfrist.** Im Seefrachtvertrag muss eine **Lie-** **4** **ferfrist vereinbart** worden sein. Dies braucht nicht ausdrücklich zu geschehen, sondern ist auch stillschweigend möglich. Jedoch muss zum Ausdruck kommen, dass die vereinbarte Zeit für die Vertragsparteien ein wesentliches Merkmal der Verfrachterpflichten ist. Die Sachverständigengruppe[5] hat die im Fahrplan einer Linienreederei angegebenen Zeiten regelmäßig nicht als vereinbarte Lieferfristen anerkannt, vielmehr die individuelle Festlegung einer Frist zwischen den Parteien als Voraussetzung der Vereinbarung angesehen. Der Vereinbarung einer Frist steht die eines **festen Lieferzeitpunkts** gleich.

Eine analoge Erstreckung der Regelung auf Fälle – auch ungewöhnlich langer – Über- **5** schreitung der einem sorgfältigen Verfrachter normalerweise zuzubilligen Lieferfrist, wie sie in § 423 und Art. 20 CMR gleichstehen und nach dem Vorschlag des BerSV gleichgestellt werden sollten, scheidet angesichts der Entstehungsgeschichte aus.

---

[1] RegBegr-SRG S. 88.
[2] BGH 25.10.2001, TranspR 2002, 198, 199; *Herber/Piper* Art. 20 Rn. 3.
[3] Was von der RegBegr-SRG, S. 88, durchaus gesehen wurde und natürlich die Berechnung vereinfacht.
[4] RegBegr-SRG S. 88.
[5] BerSV S. 122.

6   **b) Zusatzfrist.** Nach Ablauf der Lieferfrist oder nach dem Lieferzeitpunkt muss eine weitere Zeit von 30 Tagen bei inländischer Beförderung oder von 60 Tagen bei grenzüberschreitender Beförderung verstrichen sein; zur Berechnung vgl. § 424 Rn. 3–6.

7   Anders als die Parallelregelung in §§ 424, 423[6] ist die Regelung des § 511 nicht voll dispositiv, sondern **nur unter den Voraussetzungen des § 512 vertraglich veränderbar.**

8   **c) Kein Zurückbehaltungs- oder Pfandrecht des Verfrachters.** Der – abweichend von § 424 durch den RegE-SRG als **Abs. 1 Satz 2** – eingefügte Vorbehalt für Zurückbehaltungs- und Pfandrechte war notwendig, weil die Verlustvermutung an den Zeitpunkt der geplanten Ablieferung anknüpft, die in diesen Fällen nicht erfolgt. Folge der Regelung ist, dass in diesen Fällen eine Verlustvermutung überhaupt nicht eintreten kann. Allerdings wird es sich auch kaum um einen Verlust handeln, da der Verfrachter den Besitz des Gutes behaupten muss, um sein Recht geltend zu machen. Stellt sich später heraus, dass das Gut nicht oder nicht mehr vorhanden ist, wird diese Behauptung eine tatsächliche Vermutung dafür begründen können, dass das Gut jedenfalls in dem Zeitpunkt noch vorhanden war; eine weitere Frist zur Auslösung der Verlustvermutung des Satzes 1 kann jedoch nicht in Gang gesetzt werden.

9   **2. Rechtsfolge (Abs. 1 Satz 1).** Sind die Voraussetzungen des Abs. 1 erfüllt, kann der Anspruchsberechtigte das Gut als verloren betrachten. Der Verlust wird also vermutet. Diese **Vermutung ist unwiderleglich;** der Verfrachter kann also nicht den Gegenbeweis führen, dass das Gut nicht (endgültig) verloren sei.[7] Der Vorschlag des BerSV (§ 522, Begr. S. 140), die Unwiderleglichkeit hier – und in § 424 – im Gesetz zum Ausdruck zu bringen, wurde vom RegE-SRG[8] mit der Begründung abgelehnt, der Anspruchsberechtigte solle ein **Wahlrecht** haben, ob er sich auf die Vermutung berufe oder nicht.[9] Dieses Wahlrecht hat jedoch mit der Unwiderleglichkeit durch den Anspruchsgegner nichts zu tun, ergibt sich vielmehr aus dem Wort „kann."

10  Der Anspruchsberechtigte hat ein **Wahlrecht:** Er **kann** das Gut als verloren betrachten, braucht dies aber nicht. Gibt er eine entsprechende **Gestaltungserklärung** ab,[10] braucht er das Gut später nicht mehr anzunehmen,[11] kann aber diese Entscheidung bis zur Entgegennahme der Entschädigung widerrufen.[12]

### IV. Benachrichtigungsverlangen (Abs. 2)

11  Der Anspruchsberechtigte kann – spätestens bei Empfang der Entschädigung für den Verlust des Gutes – formlos gegenüber dem Verfrachter erklären, dass er benachrichtigt werden will, wenn das Gut wieder aufgefunden wird. **Wegen der Einzelheiten vgl. § 424 Rn. 16–19.**

12  Verletzt der Verfrachter diese Benachrichtigungspflicht, macht er sich schadensersatzpflichtig (§ 424 Rn. 20, 21).

### V. Wahlrecht des Anspruchsberechtigten nach Wiederauffinden des Gutes

13  Der Anspruchsberechtigte kann innerhalb einer **Ausschlussfrist von einem Monat** nach Zugang der Benachrichtigung über das Wiederauffinden des Gutes **erklären, ob er**

---

[6]  Die in § 449 Abs. 1 nicht in Bezug genommen sind. Vgl. auch § 424 Rn. 7.
[7]  BGH 25.10.2001, TranspR 2002, 198, 199; OLG Düsseldorf 23.11.1989, TranspR 1990, 63, 66 (das ungenau von einer Verlustfiktion spricht); OLG Frankfurt a. M. 5.11.1985, TranspR 1986, 282, 284; *Herber/ Piper* Art. 20 CMR Rn. 3 mN; aA *Koller* § 424 Rn. 10 (Fn. 11), der jedoch – ebenso wie die RegBegr-SRG – Widerleglichkeit aus der Sicht des Frachtführers (so mit Recht *Herber/Piper* aaO) und das Wahlrecht des Anspruchsberechtigten vermischt.
[8]  S. 88.
[9]  Diese Argumentation folgt *Koller* § 424 Rn. 10 (Fn. 11).
[10]  *Koller* § 424 Rn. 10.
[11]  BGH 25.10.2001, TranspR 2002, 198 (zu Art. 20 CMR).
[12]  BGH 25.10.2001, TranspR 2002, 198 (zu Art. 20 CMR); *Koller* § 424 Rn. 12.

es noch annehmen will oder nicht. Mit der Erklärung, dass er es annehmen will, lebt die frachtvertragliche Ablieferungspflicht wieder auf.[13] Der Anspruchsberechtigte hat die erhaltene Entschädigung Zug-um-Zug gegen die Ablieferung zurückzuzahlen. **Wegen der Einzelheiten vgl. § 424 Rn. 22–26.**

## VI. Verfügung des Verfrachters über wiederaufgefundenes, nicht abgerufenes Gut

Wird das Gut nach Zahlung einer Entschädigung wieder aufgefunden und hat der Anspruchsberechtigte eine Benachrichtigung nicht verlangt oder macht er nach Benachrichtigung seinen Anspruch auf Ablieferung nicht geltend, so kann der **Verfrachter über das Gut frei verfügen.** Das schließt das Recht ein, das Gut zu vernichten.[14] **Wegen der Einzelheiten vgl. § 424 Rn. 27, 28.** 14

Diese Verfügungsbefugnis schließt auch weitergehende **Rechte eines vom Anspruchsberechtigten verschiedenen Eigentümers** des Gutes aus. Das Gut und ein Erlös aus seinem Verkauf steht allein dem Verfrachter zu,[15] soweit im Verhältnis zu dem Eigentümer die Voraussetzungen des § 506 Abs. 2 vorliegen. Das schließt nicht aus, dass bei großer Differenz zwischen gezahlter Entschädigung und Wert des wiederaufgefundenen Gutes (die selten sein wird, wenn der Anspruchsberechtigte die Herausgabe nicht verlangt) die Berufung des Verfrachters auf diese Rechtslage ausnahmsweise ein Missbrauch sein kann; er hat dann aber jedenfalls Anspruch auf Erstattung der an den Anspruchsberechtigten gezahlten Entschädigung Zug um Zug gegen Herausgabe des Gutes an den dritten Eigentümer. Dazu § 424 Rn. 28. 15

## § 512 Abweichende Vereinbarungen

**(1) Von den Vorschriften dieses Untertitels kann nur durch Vereinbarung abgewichen werden, die im Einzelnen ausgehandelt wird, auch wenn sie für eine Mehrzahl von gleichartigen Verträgen zwischen denselben Vertragsparteien getroffen wird.**

**(2) Abweichend von Absatz 1 kann jedoch auch durch vorformulierte Vertragsbedingungen bestimmt werden, dass**
**1. der Verfrachter ein Verschulden seiner Leute und der Schiffsbesatzung nicht zu vertreten hat, wenn der Schaden durch ein Verhalten bei der Führung oder der sonstigen Bedienung des Schiffes, jedoch nicht bei der Durchführung von Maßnahmen, die überwiegend im Interesse der Ladung getroffen wurden, oder durch Feuer oder Explosion an Bord des Schiffes entstanden ist,**
**2. die Haftung des Verfrachters wegen Verlust oder Beschädigung auf höhere als die in § 504 vorgesehenen Beträge begrenzt ist.**

**Schrifttum:** *Bracker,* Zur Haftung des Verfrachters für Landschäden, TranspR 2000, 110; *Koller,* Abreden über die Qualität von Beförderungen im Licht des § 449 Abs. 2 HGB, TranspR 2006, 265; *Ramming,* Probleme des § 449 Abs. 1 und 2 HGB –insbesondere Leistungsbeschreibungen, TranspR 2010, 397.

### Übersicht

| | Rn. | | Rn. |
|---|---|---|---|
| I. Normzweck | 1–4 | 2. Grenzen des § 138 BGB | 10 |
| II. Entstehungsgeschichte | 5 | **IV. Abweichende Haftungsvereinbarungen durch AGB** | 11–27 |
| III. Grundsatz: Vertragsfreiheit für Individualvereinbarungen (Abs. 1) | 6–10 | 1. Grundsätzliches Verbot | 11 |
| 1. Aushandeln | 7–9 | 2. Tragweite der Einschränkung | 12–18 |

[13] Vgl. *Andresen/Valder* Rn. 16; *Koller* § 424 Rn. 25.
[14] *Koller* § 424 Rn. 29.
[15] OLG Düsseldorf 20.3.1997, TranspR 1998, 32; aA Koller, § 424 Rn. 29.

Rn.                                                                          Rn.

3. Einbeziehung der AGB in den Seefracht-          b) Nr. 2 – Höhere Haftungsbeträge .... 26, 27
vertrag ...................................   19
4. Ausnahmen von dem Verbot haftungs-              V. Ausnahme: Zwingende Haftung
verändernder AGB .....................   20–27     für Konnossemente, die in Vertrags-
a) Nr. 1 – nautisches Verschulden ......   21–25   staaten der HR ausgestellt wurden ....   28

## I. Normzweck

**1**    Die Bestimmung schließt an § 449 an und erstreckt den seit dem TRG im allgemeinen Frachtrecht geltenden Grundsatz einer **halbzwingenden Haftung** auf das Seerecht: Die Haftungsregeln können – wie alle anderen Regelungen des Seehandelsrechts – durch Vertrag abweichend geregelt werden; die Haftungsbestimmungen für den Stückgutfrachtervertrag sind jedoch gegen abweichende Regelungen durch AGB in bestimmtem Umfang geschützt. Damit soll die Vertragsautonomie gewährleistet, jedoch ein Kernbestand an Haftungsregeln durch eine formularmäßige Abbedingung gesichert werden.[1]

**2**    Der Bereich des in dieser Form der AGB-Festigkeit gesicherten Haftungsrechts geht weiter als nach früherem Recht und den HR: Voraussetzung ist nicht mehr (wie nach § 662 aF) die Ausstellung eines Konnossements, und der Anwendungsbereich ist auf die gesamte Obhutsphase des Verfrachters erstreckt worden, also auch auf die Vorgänge des Einladens und Ausladens (sofern dieses nach Übernahme des Gutes und vor dessen Ablieferung durch den Verfrachter geschieht); **eine – nach bisherigem Recht formularmäßig übliche – Freizeichnung des Verfrachters durch AGB für sog. Landschäden** (also Schäden während der Zeit der Obhut des Verfrachters vor dem Einladen in das Schiff und nach dem Ausladen) **ist also nicht mehr zulässig.** Diese Verschärfung entspricht dem internationalen Trend, so etwa den HambR und den RR. Andererseits hat die größere Vertragsfreiheit des neuen deutschen Rechts durch völlige Freigabe der Regelung durch Individualvereinbarung kein Vorbild in den internationalen Übereinkommen.[2]

**3**    Wie bisher gilt die **Haftungsregelung für Güterschäden bei Stückgutverträgen** zwar auch für Schadensersatzansprüche aus Reisefrachtverträgen, jedoch insoweit nicht (auch nicht in der Form der AGB-Festigkeit) zwingend (§ 527), soweit nicht ein Konnossement ausgestellt worden ist.

**4**    Eine wichtige Ausnahme von dem Freizeichnungsverbot durch AGB sieht **Abs. 2 Nr. 1** vor, der es zulässt, auch durch vorformulierte Bedingungen vorzusehen, dass der Verfrachter nicht für das sog. **nautische Verschulden der Besatzung und für Feuer** haftet. Diese Erleichterung wurde den Vertretern der Reeder als Kompromiss zugestanden, um die vollständige gesetzliche Freistellung in diesen Fällen, deren Beseitigung der BerSV – zugleich mit der Kündigung der HR und im Einklang mit den HambR und den RR – vorgeschlagen hatte, nicht aufrechterhalten zu müssen, die unter den heutigen Verhältnissen nicht mehr vertretbar erscheint.

## II. Entstehungsgeschichte

**5**    Die Vorschrift entspricht im Kern dem Vorschlag des BerSV (§ 523). Abweichungen bestehen vor allem insofern, als die Erleichterung für die – nach dem BerSV nur durch Individualvereinbarung zu vereinbarende – Freistellung des Verfrachters von der Haftung für nautisches Verschulden der Besatzung und für Feuer eingefügt wurde (vgl. Rn. 4). Ferner wurde der Vorschlag des BerSV (§ 523 Abs. 2 Nr. 2), durch AGB eine Haftungsregelung nach dem Vorbild des MontrealÜ vereinbaren zu können, nicht aufgegriffen. Dieser als ein Angebot an die Schifffahrtspraxis gedachte Vorschlag, die Haftung durch Vereinbarung einer hohen, aber undurchbrechbaren Haftungsbeschränkung kalkulierbarer zu

---

[1] RegBegr-SRG S. 91.
[2] Die RR versuchen einen größeren Freiraum durch Freistellung der sog. Mengenverträge von der zwingenden Haftung zu schaffen, doch erscheint diese Ausnahme mangels klarer Definition wenig praktikabel.

machen, wurde in den Vorbesprechungen nicht für realistisch gehalten, weil der Betrag des Luftrechts (17 SZR je kg) für die Schifffahrt zu hoch sei.

### III. Grundsatz: Vertragsfreiheit für Individualvereinbarungen (Abs. 1)

Durch Individualvereinbarung können alle Vorschriften des Fünften Buches, auch die **6** Haftungsbestimmungen, von den Vertragsparteien frei abweichend geregelt werden. Eine Einschränkung gilt lediglich für die Wirkung haftungsabmildernder Vereinbarungen gegenüber Ansprüchen Dritter aus Konnossementen (§ 525 Satz 2).

**1. Aushandeln.** Individualvereinbarungen sind solche, die von den Vertragsparteien **7** „ausgehandelt" wurden. Das ist der Fall, wenn jede Partei in Vertragsverhandlungen die Möglichkeit hatte, auf den konkreten Regelungsinhalt der Vereinbarung Einfluss zu nehmen. Dabei ist es nicht erforderlich, dass beide Parteien die Bestimmungen des Vertrages gemeinsam formulieren; vielmehr genügt es, dass der von einer Partei vorgeschlagene Vertragstext von dieser ernsthaft zur Disposition gestellt wird;[3] vgl. auch § 449 Rn. 16.

Die Terminologie ist – schon bei dem Vorbild der Regelung, § 449 – bewusst an die des § 305 Abs. 1 Satz 2 BGB angelehnt worden,[4] wo zu dem Begriff eine reichhaltige Rechtsprechung besteht.

Durch Individualvereinbarung können auch **Rahmenverträge** unter Abweichung von **8** den gesetzlichen Haftungsbestimmungen geschlossen werden. Diese sind in der Linienschifffahrt – oft bezeichnet als Service-Contracts – häufig.

Der **Beweis für das Aushandeln** obliegt demjenigen, der sich auf die Wirksamkeit der **9** vom Gesetz abweichenden Regelung beruft, also in der Regel dem Verfrachter. Er wird, soweit nicht – wie häufig bei Rahmenverträgen – ein Protokoll über die Verhandlungen geführt worden ist, durch Notizen in Vertragsunterlagen oder notfalls durch Zeugenbeweis geliefert werden müssen (§ 449 Rn. 17).

**2. Grenzen des § 138 BGB.** Die Zulässigkeit der Individualvereinbarungen nach § 512 **10** schließt nicht aus, dass die Vereinbarung – ausnahmsweise – wegen Verstoßes gegen die guten Sitten unwirksam ist. So, wenn die Haftung für grobe Fahrlässigkeit auch leitender Angestellter für die Verletzung von Kardinalpflichten vertraglich ausgeschlossen wird.[5] Der Ausschluss der Haftung für die Ladungstüchtigkeit des Schiffes dürfte durch Individualvereinbarung möglich sein,[6] nicht der für die Seetüchtigkeit.

### IV. Abweichende Haftungsvereinbarungen durch AGB

**1. Grundsätzliches Verbot.** Unausgesprochen enthalten Abs. 1 mit der Beschränkung **11** abweichender Vereinbarungen auf Individualvereinbarungen und Abs. 2 mit der Enumeration von Ausnahmen ein **grundsätzliches Verbot haftungsverändernder Vereinbarungen durch vorformulierte Bedingungen (AGB).**

**2. Tragweite der Einschränkung.** Anders als § 449 führt die Bestimmung nicht aus- **12** drücklich die Vorschriften auf, die von dem Abänderungsverbot durch AGB betroffen sind; Abs. 1 verweist allgemein auf die „Vorschriften dieses Untertitels." Dies sind ohne Einschränkung die Bestimmungen der §§ 498–511 über die **Güterschadenshaftung beim Stückgutfrachtvertrag,** wie auch der Vergleich mit § 525 bestätigt.

Da der **Verzugsschaden** nicht im Zweiten Untertitel geregelt, sondern dem allgemei- **13** nen Leistungsstörungsrecht des BGB vorbehalten ist (Vor § 498 Rn. 30), kann er durch AGB frei geregelt werden, doch ist hier die Grenze des § 307 BGB zu beachten; danach

---

[3] BGH 1.12.2005, TranspR 2006, 169, 171; BGH 1.12.2005, TranspR 2006, 171, 173; OLG Köln 22.6.2004, TranspR 2005, 156, 158.

[4] Vgl. Reg.Begr. S. 87 und § 449 Rn. 16.

[5] Etwa die Pflicht zur Stellung eines seetüchtigen Schiffes, OLG Köln 3.7.1998, TranspR 2000, 130.

[6] BGH 28.2.1983, VersR 1983, 549, hat die Freizeichnung durch AGB, die nicht vom Verfrachter eingebracht wurde, für zulässig gehalten.

ist ein umfassender formularmäßiger Ausschluss der Haftung des Verfrachters für Verzugsschäden, der insbesondere auch grobe Fahrlässigkeit der Organe des Verfrachters selbst
einschließt, unwirksam.[7]

**14**     Der Begriff der **Abweichung von den Haftungsvorschriften** ist hier in gleicher Weise
zweifelhaft wie bei § 449 (s. § 449 Rn. 34). Schwierig und umstritten[8] ist die Abgrenzung
von Haftungserleichterungen und Leistungsbeschreibungen. Wird etwa vereinbart, Gefriergut, das im Bestimmungshafen aufgetaut werden soll, auf dem letzten kurzen Teilstück der
Reise in einem Trockenfrachter oder in einem normalen Container zu befördern und
verdirbt das Gut infolge einer nicht vorhergesehenen Verzögerung der Fahrt, so liegt hierin
keine Vereinbarung über eine Befreiung von dem Gebot der sorgfältigen Behandlung,
sondern eine zulässige Vereinbarung über das zu verwendende Transportmittel. Hierbei
wird es sich allerdings in der Schifffahrt zumeist um Individual- (Rahmen-) Vereinbarungen
handeln, die jedoch die Grenze der Kardinalpflicht zu berücksichtigen haben (vgl. Rn. 10).

**15**     Die Abweichung von den danach durch die Bestimmung des Abs. 2 nicht betroffenen
**Vorschriften über die Verfrachterhaftung in anderen Teilen des Gesetzes** ist dort
sondergesetzlich geregelt. Nach **§ 491 Abs. 5 Satz 2** kann die gesetzliche Haftung des
Verfrachters für die Ausführung einer **Weisung ohne Vorlage des Seefrachtbriefes**
durch AGB weder erweitert noch verringert werden; gleiches gilt für die Haftung des
Verfrachters für den **Verlust oder die Beschädigung von Begleitpapieren (§ 487
Abs. 2 Satz 3).**

**16**     Für die **Haftung aus dem Konnossement** gelten die besonderen Bestimmungen des
§ 525, vgl. die Erl. dazu.

**17**     Hier nicht geregelt sind auch Vereinbarungen über die **Haftung des Befrachters und
Dritter nach § 488.** Diese Haftung kann nach § 488 Abs. 5 Satz 1 durch AGB nicht
ausgeschlossen, wohl aber der Höhe nach vermindert (Satz 2) werden – eine schwer ver-
ständliche Abgrenzung, die wohl nur der Richter im Rahmen der AGB-Kontrolle im
Einzelfall angemessen lösen kann.[9]

**18**     **Nicht betroffen** von dem Verbot sind die Regeln über die Güterschadenshaftung beim
**Reisefrachtvertrag.** § 527 Abs. 2 erklärt zwar die Haftungsbestimmungen für den Stückgutfrachtvertrag (§§ 498–511) für auf den Reisevertrag anwendbar, ausdrücklich aber nicht
§ 512. Insoweit besteht also volle Vertragsfreiheit, soweit nicht ein Konnossement ausgestellt
ist (§§ 525, 527 Abs. 2). Für den Reisefrachtvertrag gelten aber infolge der Verweisung in
§ 525 Abs. 2 die Einschränkungen für AGB-Regelungen in § 487 Abs. 2 Satz 3, § 488 Abs. 5
Satz 1 und § 491 Abs. 5 Satz 2.

**19**     **3. Einbeziehung der AGB in den Seefrachtvertrag.** Für die Einbeziehung der AGB
in den Frachtvertrag gelten die **allgemeinen Regeln.** Die Besonderheiten, die der BGH
für die Einbeziehung haftungsverändernder AGB auf der Grundlage des § 449 entwickelt
hat,[10] können hier keine Anwendung finden, weil im Seerecht die besonderen Kautelen
des § 449 – bis zum SRG „drucktechnische Hervorhebung", seit dem SRG „Hinweis in
besonderer Weise" – nicht vorgeschrieben sind.

**20**     **4. Ausnahmen von dem Verbot haftungsverändernder AGB. Abs. 2** sieht zwei
Ausnahmen vor, in denen die von dem Verbot des Abs. 1 erfasste Güterschadenshaftung
des Verfrachters **auch durch AGB verändert** werden kann.

**21**     **a) Nr. 1 – nautisches Verschulden.** Ein praktisch besonders wichtiger Fall ist – eingefügt noch im RegE-SRG im Zusammenhang mit dem Verlangen der Reeder, einen Ausgleich für den Wegfall der gesetzlichen Haftungsfreistellung zu schaffen[11] – in **Nr. 1** geregelt: Die Parteien können auch durch AGB vorschreiben, dass der Verfrachter ein

---

[7]  Vgl. OLG Hamburg 13.1.2011, TranspR 2012, 382.
[8]  Vgl. dazu etwa *Koller* TranspR 2006, 265; *Ramming* TranspR 2010, 397.
[9]  Worauf auch die RegBegr-SRG S. 72 hinweist.
[10]  Vgl. dazu BGH 23.1.2003, TranspR 2003, 119 sowie § 449 Rn. 22 mN.
[11]  Vgl. § 501 Rn. 3; RegBegr-SRG S. 82.

Verschulden seiner Leute und der Schiffsbesatzung bei der Führung oder der sonstigen Bedienung des Schiffes sowie bei Schäden durch Feuer oder Explosion an Bord des Schiffes nicht zu vertreten hat. Auf Anregung des Rechtsausschusses des BT[12] ist dem noch die Klarstellung hinzugefügt worden, dass es sich bei den von der Haftung freigestellten nautischen Maßnahmen der Leute und der Besatzung nicht um solche handeln darf, die überwiegend im Interesse der Ladung getroffen wurden.

Die erweiterte Formulierung der vorbehaltenen AGB-Klausel in Nr. 1 legt die Frage **22** nahe, ob die Klausel die vom BT eingefügte klarstellende Ergänzung enthalten muss, um wirksam zu sein. Die aus § 607 Abs. 2 Satz 2 aF entnommene Klarstellung kann aber wohl als ein Bestandteil der Definition der Führung oder sonstigen Bedienung des Schiffes verstanden werden, sodass es übermäßiger Formalismus wäre, deren ausdrückliche Erwähnung in den AGB zu verlangen. **In der AGB-Vereinbarung muss auch eine Kurzform anerkannt werden,** etwa „keine Haftung für nautisches Verschulden der Besatzung und für Feuer." Auszulegen ist diese Freizeichnung dann unter Zugrundelegung der genauen Formulierung des Gesetzes. Das bedeutet im Einzelnen:

Als Maßnahmen der Führung und Bedienung des Schiffes sind nur solche anzusehen, **23** die **nicht zugleich der Ladungsfürsorge** gedient haben. Das gilt etwa für besondere Navigationsmaßnahmen der Schiffsführung bei Unwetter zur Vermeidung eines Container-verlustes oder für unterlassenes Schließen der Luken, das sowohl im Schiffs-, als auch im Ladungsinteresse geboten gewesen wäre.

Die **Ausnahme für Feuerschäden,** deren Tragweite angesichts von Verschiedenheiten **24** der Auslegung der HR und des § 607 Abs. 2 aF sowie unterschiedlicher Umsetzung in den Vertragsstaaten der HR nach altem Recht nicht unzweifelhaft war,[13] ist streng **nach dem Wortlaut der Nr. 1 auszulegen.** Danach hat der Verfrachter trotz der Vereinbarung sein eigenes Verschulden und das anderer Erfüllungsgehilfen als seiner Leute und der Schiffsbe-satzung (einschließlich des Kapitäns, § 478) bei Nautik und Feuer zu vertreten. Bei Feuer greift die Haftungsfreistellung nur, soweit dieses an Bord entstanden ist, also nicht für Feuer während der Landphase der Verfrachterobhut.[14]

Schwierigkeiten bei der Auslegung der Freistellungsvereinbarung können sich – ange- **25** sichts der Besonderheit dieser Formel im deutschen Recht – vor allem auch dann ergeben, wenn die **Freistellung internationalen AGB entnommen** werden soll. So findet sich in Konnossementsformularen häufig die (sog. Paramount-) Klausel: **„Hague/Visby-Rules as incorporated in the country of shipment".** Wenn Deutschland Verladeort ist, konnte bisher schon zweifelhaft sein, ob die VisbyR als in das HGB „inkorporiert" angesehen werden können; das HGB hatte sie zwar vollständig übernommen, doch sind sie völker-rechtlich nicht für Deutschland verbindlich. Konnte man dazu noch der Auffassung sein, dass – folgt man der einschränkenden Auslegung – jedenfalls die HR inkorporiert sind und dies in der Fassung der VisbyR (sodass auch die Gewichtsbegrenzung der VisbyR anzuwen-den ist), so ist die Auslegung der erwähnten B/L-Klausel hinsichtlich der Freistellung für nautisches Verschulden künftig noch problematischer: Man könnte argumentieren, dass Deutschland die HR in der Form „inkorporiert" hat, dass die Freistellung ausdrücklich vereinbart werden kann und muss. Dagegen spricht, dass Art. 6 EGHGB gerade in den Fällen, in denen die HR unverändert durch die VisbyR in Deutschland völkerrechtlich anwendbar sind, die Anwendung der kg-Regel der VisbyR ausschließt, also offenbar nicht einem so weiten Verständnis der Inkorporation folgt. Bei interessengerechter Auslegung des Parteiwillens und im Interesse einer international einheitlichen Anwendung der erwähn-ten B/L-Klausel sollte jedoch die Bezugnahme auf die HR idF der VisbyR gleichwohl als eine Bezugnahme auf diese Regeln mit gleichzeitig möglichster Annäherung an den Rechtszustand nach den VisbyR verstanden werden. Ob diese Auslegung allerdings auch

---

[12] Beschlussempfehlung SRG, S. 48, 129.
[13] Hierzu *Rabe* § 607 Rn. 19.
[14] Anders noch zu § 607 Abs. 2 aF OLG Hamburg 19.6.2008, TranspR 2008, 261 (Brand durch Schweißar-beiten auf dem Terminal).

in anderen – namentlich den durch das formalere englische Recht geprägten – Jurisdiktionen geteilt werden wird,[15] erscheint fraglich. Den Vertragsparteien ist deshalb eine Klarstellung im Vertrag dringend anzuraten, besser noch – soweit durchsetzbar – die Vereinbarung deutschen Rechts. Zumal die Auslegung in anderen Jurisdiktionen schwer vorherzusehen ist.

26     **b) Nr. 2 – Höhere Haftungsbeträge.** Sodann können die **AGB höhere als die in § 504 vorgesehenen Haftungsbeträge für die Schadensbegrenzung** vorsehen **(Nr. 2).** Dabei ist weder, wie in § 449, eine bestimmte Obergrenze festgelegt, noch vorausgesetzt, dass der Verfrachter als der Benachteiligte die AGB einbringt; auch der Befrachter kann seinem Vertragsangebot AGB mit dem höheren Haftungsbetrag zu Grunde legen.

27     Die Vorschrift gibt nur die Bemessung der in § 504 festgelegten Beträge der Haftungsbegrenzung frei; es kann also **ein höherer Betrag als 666,67 SZR je Stück oder Einheit und von 2 SZR je kg** vereinbart werden. Alle anderen Modalitäten der Haftungsbegrenzung, also sowohl die (alternative) Begrenzung nach Gewicht oder Stückzahl als auch irgendein anderes Haftungsbegrenzungselement wie namentlich die Durchbrechung der Haftungsbegrenzung (§ 507) sind der abweichenden Regelung durch AGB nicht zugänglich. Ebenso wie bei § 449[16] ist auch hier davon auszugehen, dass nur der Betrag ausgedrückt in SZR verändert werden darf, nicht der monetäre Maßstab, also nicht etwa: Euro oder US-$ an die Stelle des SZR gesetzt werden dürfen.

## V. Ausnahme: Zwingende Haftung für Konnossemente, die in Vertragsstaaten der HR ausgestellt wurden

28     **Abweichend von § 512 schreibt Art. 6 EGHGB für Ansprüche aus Konnossementen, die in einem Vertragsstaat der alten HR von 1924 ausgestellt** worden sind, die Haftung nach § 498 mit den dort aufgeführten Modifikationen zwingend vor: Für diese kann die Haftung weder durch Individualvereinbarung noch durch AGB zu Gunsten des Verfrachters vertraglich verändert werden. Nach der bisherigen Rechtsprechung zu § 662 aF, dessen Rechtszustand durch Art. 6 EGHGB im Verhältnis zu Vertragsstaaten des HR aufrechterhalten werden soll,[17] gilt dies allerdings nur für die Ansprüche aus dem Konnossement, nicht für die aus dem zu Grunde liegenden Frachtvertrag.[18]

## Dritter Untertitel. Beförderungsdokumente

## Vorbemerkung

**Schrifttum:** *Bästlein,* Skripturhaftung – ein in die Irre führendes Schlagwort?, TranspR 1997, 404; *Becker,* Die Beweiskraft des Konnossements insbesondere nach Übernahme der sog. Visby-Regeln in das HGB durch das Zweite Seerechtsänderungsgesetz v. 25.7.1986, Schriften zum Transportrecht Bd. 3, 1991; *Czerwenka,* Die Bedeutung der Wiedereinführung der „Skripturhaftung" im Seefrachtrecht und das Zweite Seerechtsänderungsgesetz von 1986, TranspR 1988, 256; *Döser,* Inkorporationsklauseln in Konnossementen, Diss. Hamburg, 2004; *Dumke,* Das Konnossement als Wertpapier, Diss. Hamburg, 1970; *Giermann,* The Evidentiary Value of Bills of Lading and Estoppel, 2004; *ders.,* Die Haftung des Verfrachters für Konnossementsangaben, TranspR 2001, 7; *ders.,* § 656 Abs. 2 HGB und das überkommene Rechtsinstitut der Skripturhaftung, TranspR 2005, 189; *Gram,* on Chartering Documents, 2. Aufl. durch *Bonnick,* London 1988; *Grönfors,* Cargo Key Receipt and Transport Document Replacement, Göteborg 1982; *ders.,* The Paperless Transfer of Transport Information and Legal Functions, Cambridge 1988; *ders.,* Towards See Waybills and Electronic Documents, Göteborg 1991; *Gustherov,* Der Revers im Seefrachtgeschäft, Diss Hamburg 2010; *Herber,* Konnossement und Frachtvertrag – Bemerkungen zu wertpapierrechtlichen Entwicklungen auf einem Sonderrechtsgebiet, FS Raisch, 1995, S. 67; *ders.,* Die IoC-Klausel: Ein Ärgernis der Kautelarpraxis, TranspR 1990, 147; *ders.,* Die CMI-Regeln über Seefrachtbriefe, TranspR 1991, 361; *Jessen,* Die Auslieferung von Gütern ohne Vorlage eines Konnossements – Neuere Empfehlungen für die Praxis bei der Verwendung des „letter of indemnity", TranspR 2011, 405; *ders.,* § 522 I 2 HGB –

---

[15] In denen schon bisher die Anwendung der Kg-Haftungsbegrenzung unter der erwähnten Klausel nicht gesichert war.
[16] Vgl. dazu § 449 Rn. 19, str.
[17] Vgl. Art. 6 EGHGB Rn. 1; RegBegr-SRG S. 137.
[18] BGH 19.12.1991, NJW-RR 1992, 482 = TranspR 1992, 106.

Die Abwendung Deutschlands vom Charter-Konnossement, RdTW 2013, 293; *Julga/Stumm,* Das englische Konnossementsrecht unter Berücksichtigung der Leitentscheidungen, TranspR 2005, 269; *Klemme,* Das fehlende Konnossement in der Massengutfracht des Seehandels und die Haftungsgefahren für den Reeder, TranspR 2002, 182; *Koller,* Rechtsnatur und Rechtswirkungen frachtvertraglicher Sperrpapiere, TranspR 1994, 181; *Mankowski,* Neue internationalprivatrechtliche Probleme des Konnossements, TranspR 1988, 410; *Nielsen,* Schadensersatzpflicht von Seefrachtführern bei Falschausstellung von An-Bord-Konnossementen zwecks missbräuchlicher Inanspruchnahme von Bankakkreditiven, TranspR 2005, 145; *ders.,* Schadensersatzpflicht von Seefrachtführern bei Falschausstellung von An-Bord-Konnossementen zwecks missbräuchlicher Inanspruchnahme von Bankakkreditiven, TranspR 2005, 145; *Kopper,* Der multimodale Ladeschein im internationalen Transportrecht, Schriften zum Transportrecht, Bd. 31, 2007; *Paschke,* Das internationale Konnossementsrecht, TranspR 2010, 268; *Pötschke,* Die Haftung des Reeders für Ansprüche aus Konnossementen unter einer Zeitcharter nach deutschem und englischem Recht, Diss. Hamburg 1999; *Rabe,* Die IoC-Klausel – Lösung oder Diskussion ohne Ende?, TranspR 1989, 81; *ders.,* Der Spediteur „as agents of the shipper", TranspR 1988, 69; *ders.,* Wiedereinführung der Skripturhaftung – ein in die Irre führendes Schlagwort, TranspR 1997, 89; *Ramberg,* The Vanishing Bill of Lading & the „Hamburg Rules Carrier", 1979; *Ramming,* Die Ausstellung des Konnossements unter Umgehung des Drittabladers, TranspR 1993, 370; *ders.,* Verwendung gescannter Unterschriften auf Konnossementen, TranspR 2002, 193; *ders.,* Der Seefrachtbrief, RdTW 2013, 373; *ders.,* Die Haftung des Beförderers für die Ausstellung unrichtiger Konnossemente bzw. Ladescheine, RdTW 2013, 423; *Richter-Hannes/Trotz,* Seefrachtvertrag und Konnossement, Berlin (Ost) 1971; *Rugullis,* Die objektive Anknüpfung von Konnossementen, TranspR 2008, 102; *Schinzing,* Der Seefrachtbrief und andere Ansätze zu neuen Formen der Dokumentation im Seefrachtrecht, Diss. Hamburg 1991; *Schnauder,* Sachenrechtliche und wertpapierrechtliche Wirkungen der kaufmännischen Traditionspapiere, NJW 1991, 1642; *Scrutton,* on Charterparties and Bills of Lading, 20. Aufl.; *K. Schmidt,* Verfrachterkonnossement, Reederkonnossement und Identity-of-Carrier-Klausel, Hamburger Beiträge zum Handels-, Schiffahrts- und Wirtschaftsrecht Bd. 2, 1980; *ders.,* Identity of the Carrier, TranspR 1989, 41; *ders.,* Geklärte und offene Fragen der IoC-Klausel, TranspR 1991, 217; *Schuback,* Die Entwicklung der elektronisch übermittelten Bill of Lading, TranspR 1999, 41; *Stumm,* Der Ablader im Seehandelsrecht, Diss. Hamburg 2010; *Treitel,* Bills of Lading and Implied Contracts, LMCLQ 1989, 162; *von Werder,* Zur Wirksamkeit von Gerichtsstandsklauseln in Seefrachtbriefen gegenüber dem Empfänger, TranspR 2005, 112.

**Übersicht**

| | Rn. | | | Rn. |
|---|---|---|---|---|
| I. Allgemeines | 1–3 | b) Übertragung des verbrieften Anspruchs und deren Wirkungen | | 26–30 |
| II. Das Konnossement | 4–32 | 6. Verhältnis zum Frachtvertrag | | 31 |
| 1. Arten von Konnossementen | 8–10 | 7. Haftung für unrichtige Konnossementsangaben | | 32 |
| 2. Verpflichtung zur Konnossementsausstellung | 11–14 | III. Der Seefrachtbrief | | 33 |
| 3. Inhalt und Form des Konnossements | 15–20 | IV. Elektronische Dokumente | | 34 |
| 4. Beweiswirkung des Konnossements | 21, 22 | V. Internationales Privatrecht | | 35–42 |
| 5. Die konnossementsmäßige Verpflichtung (Konnossementsrechtsverhältnis) | 23–30 | 1. Objektive Anknüpfung | | 36–40 |
| a) Entstehung der Verpflichtung | 23–25 | 2. Rechtswahl | | 41, 42 |

## I. Allgemeines

Das SRG hat die Vorschriften über die Beförderungsdokumente übersichtlich neu geordnet und in einem Untertitel zusammengefasst. Neben dem **Konnossement** (§§ 513–525) ist jetzt auch der **Seefrachtbrief** (§ 526) geregelt. Damit wurde der modernen Praxis der Schifffahrt, Seebeförderungen auch ohne Ausstellung eines Konnossements vorzunehmen, Rechnung getragen.[1] Dem Ziel, moderne Techniken der Dokumentation zu unterstützen, dient auch die in § 516 Abs. 2 und 3, § 526 Abs. 4 enthaltene zunächst noch rudimentäre Erwähnung eines **elektronischen Beförderungspapiers.** **1**

**Zentrales Wertpapier** des Seehandels ist nach wie vor das **Konnossement.** Zwar tritt **2** seine Verwendung heute zugunsten des nicht begebbaren Seefrachtbriefs und vor allem des papierlosen, durch Austausch von elektronischen Erklärungen vereinbarten Seefrachtvertrages zurück. Doch ist auch heute noch das traditionelle Wertpapier erforderlich und üblich, wenn während der Reise über die Ladung verfügt werden oder die Auslieferung des Gutes an den Empfänger von einer Zahlung gegen Akkreditiv abhängig gemacht werden soll. Denn das begebbare Wertpapier verschafft dem daraus Berechtigten die Möglichkeit, **wäh-**

[1] RegBegr-SRG S. 87.

rend der Reise über das Gut zu verfügen und stellt sicher, dass es nur gegen Vorlage des Dokumentes ausgeliefert wird. Zugleich bietet das Konnossement dem gutgläubigen Erwerber die wertpapierrechtliche Garantie, dass der Anspruch gegen den Verfrachter auf Herausgabe des Gutes am Bestimmungsort so besteht, wie er sich nach der Beschreibung im Konnossement darstellt.

3    Nach Funktion und Rechtsnatur bestehen wesentliche Unterschiede zwischen Konnossement und Seefrachtbrief. Wie der Frachtbrief des allgemeinen Frachtrechts (§ 408) dient er als Beweisurkunde für den Inhalt des Frachtvertrags sowie für die Übernahme des Gutes (§ 526 Abs. 2). Im Gegensatz zum Frachtbrief, der gem. § 408 Abs. 1 auf Verlangen des Frachtführers auszustellen ist, wird der Seefrachtbrief regelmäßig nicht vom Befrachter, sondern vom Verfrachter ausgestellt. Er ist meist wie ein Konnossement aufgebaut, doch fehlt ihm die Klausel, dass das Gut nur gegen Vorlage des Papiers ausgeliefert werden darf. Wie das Konnossement begründet er insbesondere auch die Vermutung, dass die Güter wie darin beschrieben übernommen sind. Da der Seefrachtbrief wie der Frachtbrief des allgemeinen Frachtrechts keine wertpapierrechtliche Verpflichtungserklärung des Verfrachters enthält, kann er nicht in wertpapierrechtlicher Form übertragen werden; deshalb kann die in ihm enthaltene Vermutung nicht in der Hand eines gutgläubigen Erwerbers zu einer unwiderleglichen erstarken, sie bleibt widerleglich. (vgl. Rn. 9, 33).

## II. Das Konnossement

4    Das SRG hat die Vorschriften über das Konnossement modernisiert und an das allgemeine deutsche Wertpapierrecht angeglichen. Dabei sind die einzelnen Merkmale systematisch übersichtlicher herausgestellt und gegliedert worden. Zugleich wurde inhaltlich der Schutz des Rechtsverkehrs präzisiert und erweitert; diesem Ziel dienen vor allem die Einbeziehung des ersten Nehmers eines Orderkonnossements und des Empfängers eines Rektakonnossements in den Gutglaubensschutz sowie die Verschärfung der Dokumentenstrenge durch Beschränkung der Verweisungen auf andere Vereinbarungen.

5    Im Konnossement wird die Verpflichtung des Verfrachters zur Auslieferung des Gutes an den Empfänger am Bestimmungsort gegenüber dem sich aus dem Frachtvertrag ergebenden Anspruch des Befrachters verselbständigt und wertpapierrechtlich verbrieft. Das Konnossement enthält eine Art Schuldversprechen iSd. § 780 BGB. Durch seine Begebung wird ein selbständiger Anspruch begründet, der neben den Anspruch aus dem Frachtvertrag tritt und von diesem grundsätzlich unabhängig ist. Er ist allerdings nicht abstrakt im strengen Sinne, weil es sich um einen frachtrechtlicher Anspruch handelt, dem stets Einwendungen entgegengehalten werden können, die sich aus dem Typus des Frachtvertrages ergeben (das Konnossement wird deshalb auch als „halb-kausales Wertpapier" bezeichnet).[2]

6    Entscheidend für den Wertpapiercharakter ist, dass die Verpflichtung zur Auslieferung des Gutes sowie die Möglichkeit der Erteilung nachträglicher Weisungen an die Vorlage und Rückgabe des Konnossements gebunden ist (§ 521 Abs. 2, § 520). Dadurch wird der legitimierte Inhaber des Konnossements in die Lage versetzt, über den Anspruch und damit über das Gut (§ 524) unter Ausschluss Dritter, insbesondere des Absenders, zu verfügen.

7    Die Ansprüche aus dem Frachtvertrag bleiben grundsätzlich unberührt. Sie können jedoch, solange die Verbriefung andauert, nicht selbständig geltend gemacht werden (vgl. § 519 Satz 1).

8    1. Arten von Konnossementen. Das Konnossement kann an Order lauten (sog. Orderkonnossement; § 363 Abs. 2; § 513 Abs. 1) oder (nur) auf den Namen des Empfängers (sog. Rektakonnossement). Im ersteren Fall ist es durch Einigung über den Eigentumsübergang und Indossament übertragbar. Fehlt die – nach § 363 Abs. 2 zur Schaffung

---

[2] GroßkommHGB/*Canaris* § 363 Rn. 66; *Herber* Seehandelsrecht S. 283.

eines Orderpapiers nötige – Orderklausel, so handelt es sich um ein Namens- (Rekta-) Konnossement, das nicht wertpapierrechtlich übertragbar ist (dazu Rn. 25, 28). Möglich ist auch ein **auf den Inhaber** gestelltes Konnossement, das durch Einigung und bloße Übergabe übertragen werden kann; es ist jedoch wegen der Gefahr des Abhandenkommens und der damit verbundenen Missbrauchsmöglichkeit nicht üblich.[3]

**Wesentlich** für alle Konnossementsarten ist die Angabe, dass das **Gut nur gegen Vor- 9 lage des Konnossements ausgeliefert** werden soll und darf. Fehlt diese Angabe, so handelt es sich um einen bloßen Seefrachtbrief, der keinen Wertpapiercharakter hat (Rn. 33). Bei eindeutiger Kennzeichnung als Konnossement, namentlich bei einer Orderklausel, ergibt sich diese Folge bereits aus § 521 Abs. 2; Zweifel können insofern vor allem beim Rektakonnossement, also dem auf den Namen lautenden Konnossement ohne Oder- oder Inhaberklausel, bestehen; fehlt die Angabe, dass das Papier vorzulegen ist, so handelt es sich um einen Seefrachtbrief, der keinen Wertpapiercharakter hat (Rn. 33).

Das Konnossement kann ausgestellt werden, wenn das Gut vom Verfrachter übernom- 10 men wurde, dieser also – selbst oder durch Vermittlung eines Erfüllungsgehilfen, namentlich eines Umschlagbetriebes – die Obhut erlangt hat. Es wird dann als **Übernahmekonnossement** bezeichnet, das (zunächst widerleglich) den Empfang des Gutes beweist und die Verpflichtung des Verfrachters zur Beförderung des Gutes und zu seiner Auslieferung an den Berechtigten am Bestimmungsort verbrieft (§ 514 Abs. 1). Die Praxis des Dokumentenverkehrs verlangt jedoch in aller Regel die Bestätigung im Konnossement, dass das Gut bereits an Bord eines bestimmten Schiffes verladen wurde; dies geschieht durch ein **Bordkonnossement,** welches zusätzlich zur Bestätigung der Übernahme den Beweis dafür erbringt, dass das Gut zu der angegebenen Zeit an Bord eines bestimmten Schiffes genommen wurde (§ 514 Abs. 2 Satz 1). Ein Übernahmekonnossement kann nachträglich, nach Verladung des Gutes, durch einen **Bordvermerk** dem Bordkonnossement gleichgestellt werden (§ 514 Abs. 2) Satz 2.

**2. Verpflichtung zur Konnossementsausstellung.** Anders als beim Ladeschein 11 (§ 443) besteht eine **Verpflichtung des Verfrachters,** dem Ablader auf dessen Verlangen ein Konnossement auszustellen (§ 513 Abs. 1): Diese Verpflichtung kann allerdings vertraglich abbedungen werden. Ohne besondere Vereinbarung richtet sie sich auf Ausstellung eines Orderkonnossements, der gebräuchlichsten Konnossementsform. Das Konnossement ist in so vielen Exemplaren auszustellen, wie der Ablader verlangt (§ 514 Abs. 3). In der Praxis sind dies regelmäßig drei (ein „Satz" Konnossemente); die Auslieferung bei Vorlage eines unvollständigen Satzes bestimmt sich nach § 521 Abs. 3.

Das Konnossement ist nicht dem Vertragspartner des Verfrachters, dem Befrachter, auszu- 12 stellen, sondern dem **Ablader** (§ 513 Abs. 1). Nur so wird der wirtschaftliche Zweck des Rechtsinstituts erreicht: Dem Ablader, der im Wirtschaftsleben oft der Verkäufer einer an den Befrachter zu liefernden Ware ist, eine eigene wertpapierrechtliche Position zu verschaffen, die ihm die Verfügung über die Ware ermöglicht.[4]

Der **Ablader ist gesetzlich definiert** als derjenige, der das Gut dem Verfrachter zur 13 Beförderung übergibt und vom Befrachter zur Eintragung in das Konnossement benannt ist (§ 513 Abs. 2). Danach ist der Begriff enger, als er nach früherem Recht[5] – jedoch ohne gesetzliche Definition – verstanden wurde: Übergibt ein vom Befrachter Benannter das Gut dem Verfrachter, so ist dieser (bisher: sog. „Drittablader") nicht Ablader, kann jedoch als „**Dritter**" ebenfalls gewisse Schutzpflichten haben (§ 482 Abs. 2, § 488 Abs. 2). Ist – im Frachtvertrag oder gesondert – ein Ablader nicht benannt oder hat der Benannte kein Konnossement verlangt oder übergibt ein anderer als der benannte Ablader das Gut, so gilt der **Befrachter als Ablader** (§ 513 Abs. 2 Satz 2), kann also ohne Weiteres die Ausstellung eines Konnossementes verlangen.

---

[3] Und deshalb im Gesetz nicht besonders erwähnt, vgl. RegBegr-SRG S. 90.
[4] So einprägsam die Reg.Begr. S. 90.
[5] Zum Abladerbegriff eingehend und mit Reformvorschlägen, denen die Neuregelung im Wesentlichen entspricht, *Stumm,* Der Ablader im Seehandelsrecht, Diss. Hamburg 2010, insbes. S. 204.

14    Der **Ablader ist nicht Partei** des Vertrages, sondern bloßer Erfüllungsgehilfe des Befrachters. Er hat allerdings bestimmte **Informationspflichten** (§ 482 Abs. 2, § 483 Abs. 3), deren Verletzung eine Haftung auslösen kann (§ 488). Diese Pflichten treffen auch einen vom Befrachter für die Übergabe des Gutes an den Verfrachter benannten Dritten, der nicht Ablader ist, etwa weil ein Konnossement nicht ausgestellt werden soll.

15    **3. Inhalt und Form des Konnossements.** Das SRG hat die Bestimmungen über den Inhalt und die Form des Konnossements **in §§ 515 und 516 zusammengestellt.**

16    Zum **Inhalt** gehören außer den Angaben über die Parteien und das Schiff vor allem Angaben über die **Art des Gutes** und dessen **äußerlich erkennbare Verfassung und Beschaffenheit** (§ 515 Abs. 1 Nr. 7) sowie Maß, Zahl oder Gewicht und Merkzeichen (§ 515 Abs. 1 Nr. 8). Der Verfrachter, der das Konnossement ausstellt, hat diese Angaben so aufzunehmen, wie der Ablader sie vorschreibt (§ 515 Abs. 2), kann – und muss bei ernsthaften Zweifeln im Interesse des Empfängers – jedoch einen Vorbehalt hinzufügen (§ 517 Abs. 2).

17    Zum Inhalt gehören ferner **Angaben über die Frachtzahlung** gem. § 515 Abs. 1 Nr. 9, die für die Pflicht des Empfängers zur Zahlung ausstehender Fracht von Bedeutung sein können (§ 521 Abs. 2, § 494 Abs. 2).

18    Auch das SRG hat die Frage nicht geklärt, welche der in § 515 aufgeführten **Angaben zwingend** geboten sind. Der Wortlaut („soll") macht deutlich, dass dies jedenfalls nicht für alle gilt. Vgl. dazu § 515 Rn. 1.

19    Zur **Form** sagt das Gesetz, dass das Konnossement vom Verfrachter auszustellen ist. Eine eigenhändige Unterschrift ist nicht erfordert, Unterschrift durch Druck oder Stempel genügt (§ 516 Abs. 1).

20    Wie nach § 642 Abs. 2 aF hat der Kapitän und jeder andere zur Zeichnung für den Reeder Befugte eine **gesetzliche Vertretungsmacht,** das Konnossement für den Verfrachter zu unterschreiben (§ 513 Abs. 1 Satz 2).

21    **4. Beweiswirkung des Konnossements.** Das Konnossement begründet die Vermutung, dass der Verfrachter die **Güter wie im Konnossement beschrieben übernommen** hat (§ 517 Abs. 1 Satz 1). Dies schließt die Vermutung ein (§ 517 Abs. 1 Satz 3), dass der Verfrachter das Gut in äußerlich erkennbar guter Verfassung und Beschaffenheit übernommen hat. Der Inhalt geschlossener Lademittel nimmt an der Vermutung nicht teil, sofern er nicht ganz ausnahmsweise vom Verfrachter überprüft worden ist; das ergibt sich nach neuem Recht aus dem Gesetz (§ 517 Abs. 1 Satz 2) und bedarf deshalb nicht mehr, wie bisher, eines Vermerks („Inhalt unbekannt") im Konnossement.

22    Diese – zunächst widerlegliche – Vermutung erstarkt zu einer **unwiderleglichen Vermutung,** wenn das Konnossement an einen gutgläubigen – also weder in Kenntnis der Unrichtigkeit der Ladescheinangabe noch in grob fahrlässiger Unkenntnis handelnden – Erwerber übertragen wird (§ 522 Abs. 2 Satz 2). Weitergehend als im früheren Recht wird in dieser Weise auch **der im Konnossement benannte Empfänger** geschützt, an den das Konnossement begeben wurde (§ 522 Abs. 2 Satz 1); dieser Schutz kommt sowohl dem ersten Nehmer eines Order-(oder Inhaber-) Konnossements zugute wie in einem Rektapapier genannten Empfänger.

23    **5. Die konnossementsmäßige Verpflichtung (Konnossementsrechtsverhältnis). a) Entstehung der Verpflichtung.** Nach allgM bedarf es für die Entstehung des Konnossementsanspruchs eines **Begebungsvertrages** zwischen dem Aussteller des Papiers und dem ersten Nehmer. Dies ist beim Rektakonnossement, das nicht in wertpapierrechtlicher Form übertragen werden kann, der (endgültige) Empfänger, beim Order- und Inhaberkonnossement der erste legitimierte Inhaber, welcher das Papier weiter übertragen kann, beim Orderkonnossement durch Indossament, beim Inhaberkonnossement durch bloße Übergabe.

Das **Orderkonnossement** wird regelmäßig zunächst an die Order des Abladers gestellt.  24
Dann erwirbt es der (gutgläubige) Empfänger durch Übertragung mit Indossament unter
Ausschluss von Einwendungen gegen die Tatsachenvermutungen. Wird es unmittelbar auf
den Empfänger als ersten Nehmer gestellt, so war nach früherem Recht streitig,[6] ob auch
dieser geschützt ist. Nach dem SRG wird auch der erste Nehmer in gleicher Weise
geschützt. Deshalb spielt die Frage, wer Partner des Begebungsvertrages ist,[7] beim Orderkonnossement praktisch keine Rolle mehr.

Beim **Rektakonnossement** wird stets der Empfänger in das Konnossement eingetragen,  25
weil er es vom Ablader nicht rechtsgeschäftlich erwerben und deshalb keinen Einredeaus-
schluss genießen könnte. Als erster Nehmer wird auch er nach neuem Recht wertpapierrechtlich geschützt. Um dieses Ziel zu erreichen, muss man annehmen, dass der Ablader,
nimmt dieser zunächst das Papier entgegen, den Begebungsvertrag zugunsten des Empfängers (oder als dessen Bote) abschließt.

**b) Übertragung des verbrieften Anspruchs und deren Wirkungen.** Das **Order-**  26
**konnossement** wird **durch Einigung und Übergabe des indossierten Papiers** übertragen (§ 364 Abs. 1). Dem auf diese Weise legitimierten Inhaber kann der Verfrachter Einwendungen gegen den Anspruch auf Auslieferung oder Schadensersatz nur entgegenhalten,
soweit sie die Gültigkeit seiner Erklärung in der Urkunde betreffen, (etwa Fälschung der
Unterschrift, mangelnde Vertretungsmacht des unterzeichnenden Vertreters) oder sich aus
der Urkunde ergeben (§ 522 Abs. 1). Das SRG hat die Anforderungen an die Ersichtlichkeit
aus der Urkunde verschärft, indem es eine bloße Verweisung auf eine Vereinbarung nicht
mehr genügen lässt (§ 522 Abs. 1 Satz 2). Vgl. dazu § 522 Rn. 10 ff..

Die **Vermutung,** dass der Verfrachter das Gut wie im Konnossement beschrieben über-  27
nommen hat (§ 517 Abs. 1 Satz 1) und das Gut und seine Verpackung in äußerlich gutem
Zustand war (§ 517 Abs. 1 Satz 2), ist zunächst widerleglich, wird jedoch in der Hand eines
gutgläubigen Berechtigten unwiderleglich (§ 522 Abs. 2). In dieser Weise geschützt ist nach
neuem Recht nicht mehr nur der Indossatar, sondern auch der erste Berechtigte, also der
Partner des Begebungsvertrages mit dem ausstellenden Verfrachter.

Das **Rektakonnossement** kann **nicht in wertpapierrechtlicher Form übertragen**  28
werden. Möglich ist jedoch die Abtretung des Auslieferungsanspruchs (§ 398 BGB); das
Eigentum am Papier folgt dem Anspruch (§ 952 BGB). Ein Einwendungsausschluss kraft
guten Glaubens findet nicht statt, der Frachtführer kann dem „Erwerber" des Rektakonnossements alle Einwendungen, auch gegen die Beweisvermutung des § 517 Abs. 1 entgegenhalten (§ 404 BGB). Allerdings wird der Inhalt des Papiers in der Regel auch die tatsächliche
Vermutung der Richtigkeit hinsichtlich der Vertragsdetails für sich haben.

Die **Vermutung,** dass die Güter wie beschrieben in äußerlich gutem Zustand übernom-  29
men worden sind (§ 517 Abs. 1), gilt auch beim Rektakonnossement. Da eine wertpapierrechtliche Übertragung nicht möglich ist, kann jedoch der für diese Angaben bei gutgläubigem Erwerb eintretende Einwendungsschluss (§ 522 Abs. 2) nur zugunsten des ersten
Nehmers (vgl. Rn. 25 eintreten. Wegen der Stellung weiterer Indossatare vgl. § 522 Rn. 22.

Sollte ein **Konnossement auf den Inhaber gestellt** werden (was zulässig, aber unge-  30
wöhnlich wäre), gilt, abgesehen von der Übertragung durch Einigung und bloße Papierübergabe, für Einwendungen (§ 796 BGB) und den Schutz des guten Glaubens (§ 522
Abs. 2) dasselbe **wie beim Orderkonnossement.**

**6. Verhältnis zum Frachtvertrag.** Das SRG hat eine **Klarstellung** gebracht (§ 519  31
Abs. 1 Satz 1), dass die Ansprüche aus dem Frachtvertrag insoweit und solange, wie sie
Gegenstand der Verbriefung im Konnossement sind, nicht von einem anderen als dem aus
dem Konnossement Berechtigten geltend gemacht werden können.

---

[6] GroßkommHGB/*Canaris* § 363 Rn. 67.; *Wüstendörfer* S. 316; *Rabe* § 647 Rn. 8 ff.; Schaps/*Abraham* § 647
Rn. 4; vgl. Voraufl. § 444 aF Rn. 36.
[7] Vgl. dazu nach früherem (Ladeschein-) Recht die Voraufl. § 444 aF Rn. 32 ff.

**32**    **7. Haftung für unrichtige Konnossementsangaben.** Der Verfrachter haftet dem aus dem Konnossement Berechtigten für Schäden, die dieser aus bestimmten unrichtigen Angaben im Konnossement erleidet (§ 523). Hierzu gehören schuldhaft unrichtige Angaben über Art und Zustand des Gutes (Abs. 1), Ausstellung eines Bordkonnossementes vor Verladung an Bord (Abs. 2) und unrichtige Angabe des Verfrachters (Abs. 3).

### III. Der Seefrachtbrief

**33**    Das SRG hat erstmals den Seefrachtbrief normiert (§ 526). Er dient zum Beweis für Abschluss und Inhalt des Frachtvertrages sowie für die Übernahme des Gutes. Da er nicht wertpapierrechtlich übertragen werden kann, bleiben die Vermutungen widerleglich.

### IV. Elektronische Dokumente

**34**    Sowohl das Konnossement als auch der Seefrachtbrief kann in elektronischer Form errichtet werden, wenn diese dieselben Funktionen erfüllt und sichergestellt ist, dass die Authentizität und Integrität der Aufzeichnung gewahrt wird. (§ 516 Abs. 2, § 526 Abs. 4). Solche „Papiere" sind bisher nicht üblich. Das Bundesministerium der Justiz kann sie durch Verordnung näher regeln, wenn sich in der Praxis Konturen abzeichnen sollten (§ 516 Abs. 3, § 526 Abs. 4).

### V. Internationales Privatrecht

**Spezielles Schrifttum:** *Häußer,* Das IPR des Stückgutfrachtvertrages, TranspR 2010, 246; *Mankowski,* Konnossemente und die Rom I-VO, TranspR 2008, 417; *ders.,* Neues aus Europa zum Internationalen Privatrecht für Transportverträge: Art. 5 Rom I-VO, TranspR 2008, 339; *Paschke,* Das internationale Konnossementsrecht, TranspR 2010, 268; *Rugullis,* Die objektive Anknüpfung von Konnossementen TranspR 2008, 102; *Wagner,* Die EG-Verordnungen Brüssel I, Rom I und Rom II aus der Sicht des Transportrechts, TranspR 2009, 281.

**35**    Für die Ansprüche aus Konnossementen gelten **kollisionsrechtlich Besonderheiten:**

**36**    **1. Objektive Anknüpfung.** Fraglich ist, **nach welchen Rechtsvorschriften** die Ansprüche aus dem Konnossement zu beurteilen sind. Nach Art. 1 Abs. 2 (d) Rom I-VO ist die Rom I-VO nicht auf Verpflichtungen aus handelbaren Wertpapieren anzuwenden, soweit diese Verpflichtungen aus der Handelbarkeit des Papiers entstehen. Diese sog. **Bereichsausnahme** entspricht Art. 1 Abs. 2 Buchst. c EVÜ (der in Art. 37 Satz 1 Nr. 1 EGHGB übernommen worden war). Soweit die Ausnahme reicht, gilt also nicht die Rom I-VO, sondern nationales Recht. Der deutsche Gesetzgeber hat – wie schon nach der früheren Rechtslage, unter der in Art. 37 Satz 1 Nr. 1 EGBGB aF nur die Ausnahme wiederholt wurde – diese Lücke nicht gefüllt.

**37**    Problematisch ist bereits, wie weit die Bereichsausnahme reicht. Zwar erwähnt der Erwägungsgrund (9) zur Rom I-VO[8] Konnossemente, nennt jedoch einschränkend nur **Ansprüche aus dem Konnossement, die aus dessen Handelbarkeit entstehen.** Damit ist zwar geklärt, dass Konnossemente unter die Regel fallen (was in Ländern des common law gelegentlich verneint wurde, weil sie keine „negotiable instruments" seien). Es bleibt aber einerseits unklar, ob darunter auch Rektakonnossemente zu verstehen sind, die nicht wertpapierrechtlich übertragen werden können: Vor allem aber ist völlig offen, welche Ansprüche aus dem Konnossement nun gerade aus der Handelbarkeit entstehen sollen.[9] BGH und

---

[8] Er lautet: „Unter Schuldverhältnisse aus Wechseln, Schecks, Eigenwechseln und anderen handelbaren Wertpapieren sollten auch Konnossemente fallen, soweit die Schuldverhältnisse aus dem Konnossement aus dessen Handelbarkeit entstehen".

[9] Nicht verständlich ist die enthusiastische Feststellung *Mankowskis* TranspR 2008, 417, 418, mit dem Erwägungsgrund sei die Frage des Umfangs der Ausnahme geklärt. Im Gegenteil, der Erwägungsgrund wiederholt nur den ebenso unklaren Wortlaut der EuGVO, ohne ihn weiter zu präzisieren. *Mankowski* selbst bezeichnet diesen Wortlaut als eine „missglückte Begrifflichkeit", aaO S. 428. Wie hier *Häußer* TranspR 2010, 246.

hM[10] haben alle Ansprüche auf Leistung und Schadensersatz darunter verstanden, auch wenn sie nicht erst in der Hand eines Indossatars entstanden oder zumindest von diesem geltend gemacht werden. Diese Auffassung wird vielfach auch auf das neue Recht übertragen, wofür die Übereinstimmung des Wortlauts spricht.

Folgt man der hM, so ist zu entscheiden, **welches Recht angesichts des Schweigens** **38** **des deutschen Gesetzgebers** auf die Ansprüche aus Konnossementen anzuwenden ist. Auch zum neuen (EU-)Recht wird wohl überwiegend die Meinung vertreten, dass im Bereich der Ausnahme kraft Gewohnheitsrechts (das auf die Zeit vor dem EuGVÜ zurückgeführt wird!)[11] das **Recht des Bestimmungsortes**[12] anwendbar sei. Zwar spricht nach wie vor[13] vieles dafür, wegen des Sachzusammenhangs[14] das auf den Frachtvertrag anwendbare Recht (Art. 5 Abs. 1 und 2 Rom I-VO) auch auf die Konnossementsansprüche anzuwenden, doch wird diese Meinung nur vereinzelt geteilt.

Schließt man sich der hM an, muss die Anknüpfung für alle Konnossemente gelten, **39** **Order-, Inhaber- und auch Rektakonnossemente.** Das Bedenken, dass Rektakonnossemente nicht wertpapierrechtlich übertragen werden können, ist nach dem SRG etwas abgeschwächt worden, weil auch der erste Nehmer eines Rektakonnossements auf Grund des Begebungsvertrages Gutglaubensschutz genießt (§ 522 Abs. 2 Satz 1; Rn. 22, 29).

Nicht dagegen fallen **Seefrachtbriefe** unter die Sonderanknüpfung, denn sie sind keine **40** Wertpapiere. Für den durch sie dokumentierten frachtrechtlichen Anspruch[15] gilt Art. 5 Rom I-VO. Anzuwenden ist also das Recht des Staates, in dem der Beförderer[16] seinen gewöhnlichen Aufenthaltsort hat,[17] sofern sich in diesem Staat auch der Übernahmeort, der Ablieferungsort oder der gewöhnliche Aufenthaltsort des Absenders[18] befindet (Art. 5 Abs. 1 Satz 1 Rom I-VO). Liegen die Voraussetzungen für diese kumulative Anknüpfung nicht vor, unterliegt der Vertrag dem Recht des Staates, in dem der von den Parteien vereinbarte Ablieferungsort liegt (Art. 5 Abs. 1 Satz 2 Rom I-VO).

**2. Rechtswahl.** Innerhalb der Bereichsausnahme gilt auch für die Rechtswahl der Vertragsparteien nicht die Rom-I-VO (Art. 3), doch ist der Grundsatz der Rechtswahlfreiheit **41** im Handelsrecht seit jeher anerkannt.[19] Rechtwahl ist auch in Konnossementen üblich. Nach neuem Recht ist allerdings zu bedenken, dass die bloße Bezugnahme auf einen Frachtvertrag, der seinerseits die Klausel enthält, wegen § 522 Abs. 1 Satz 2 nicht mehr wirksam ist.[20]

Die Rechtswahl ist nach deutschem Recht formlos möglich und in der Regel mit einer **42** Wahl des Gerichtsstands verbunden, für die strengere Vorschriften gelten. Die Wirksamkeit bestimmt sich primär nach dem gewählten Recht. Das deutsche Recht sieht eine zwingende Anknüpfung bestimmter Haftungsvorschriften für Ansprüche aus Konnossementen, die den HR unterliegen gem. Art. 6 EGHGB vor, vgl. dazu Art. 6 EGHGB Rn. 6. Die Rechtswahl kann insbesondere auch durch bewusstes Prozessverhalten erfolgen.[21]

---

[10] BGH 15.12.1986 BGHZ 99, 207; Ramming, TranspR 2007, 297.
[11] So vor allem *Mankowski* TranspR 2008, 417, 424 mN.
[12] Entscheidend ist der vertraglich vereinbarte Bestimmungsort; zu den möglichen Variationen *Mankowski* TranspR 2008, 417, 424.
[13] Vgl. zum früheren Recht MüKoHGB 2. Aufl. § 444 Rn. 47, 48.
[14] Den allerdings leugnet *Mankowski* TranspR 2008, 417.
[15] Frachtverträge in diesem Sinne sind Stückgutfrachtverträge und Raumfrachtverträge, nicht Charterverträge, EuGH 6.10.2009, TranspR 2009, 491, m. Anm. *Mankowski;* danach können allerdings auch Charterverträge ausnahmsweise darunter fallen, „wenn Hauptgegenstand des Vertrags nicht die bloße Zurverfügungstellung eines Beförderungsmittels ist, sondern die Beförderung der Güter" (sog. Trip charter, *Mankowski,* aaO S. 498).
[16] Nach Erwägungsgrund Nr. 22 S. 3 Rom I-VO bezeichnet der Begriff „Beförderer" in der Rom I-VO die Vertragspartei, die sich zur Beförderung der Güter verpflichtet, und zwar unabhängig davon, ob sie die Beförderung selbst durchführt.
[17] Maßgeblich ist der Zeitpunkt des Vertragsschlusses. Hierzu R. *Wagner* TranspR 2008, 221, 223.
[18] Nach Erwägungsgrund Nr. 22 S. 3 Rom I-VO bezeichnet der Begriff „Absender" eine Person, die mit dem Beförderer einen Beförderungsvertrag abschließt; im Seerecht ist dies der Befrachter.
[19] *Mankowski* TranspR 2008, 417, 423.
[20] Anders noch BGH 18.12.1958, BGHZ 29, 120. Dazu § 522 Rn. 9 ff.
[21] *Mankowski* TranspR 2009, 417, 423.

### § 513 Anspruch auf Ausstellung eines Konnossements

(1) ¹Der Verfrachter hat, sofern im Stückgutfrachtvertrag nicht etwas Abweichendes vereinbart ist, dem Ablader auf dessen Verlangen ein Orderkonnossement auszustellen, das nach Wahl des Abladers an dessen Order, an die Order des Empfängers oder lediglich an Order zu stellen ist; im letzteren Fall ist unter der Order die Order des Abladers zu verstehen. ²Der Kapitän und jeder andere zur Zeichnung von Konnossementen für den Reeder Befugte sind berechtigt, das Konnossement für den Verfrachter auszustellen.

(2) ¹Ablader ist, wer das Gut dem Verfrachter zur Beförderung übergibt und vom Befrachter als Ablader zur Eintragung in das Konnossement benannt ist. ²Übergibt ein anderer als der Ablader das Gut oder ist ein Ablader nicht benannt, gilt der Befrachter als Ablader.

**Schrifttum:** *Stumm,* Der Ablader im Seehandelsrecht, Diss. Hamburg 2010.

#### Übersicht

|  | Rn. |  | Rn. |
|---|---|---|---|
| I. Normzweck | 1 | V. Konnossementsarten | 13, 14 |
| II. Entstehungsgeschichte | 2–4 | VI. Verpflichtung zur Ausstellung eines Konnossements | 15–20 |
| III. Gegenstand und Natur des Konnossements | 5–9 |  |  |
| IV. Inhalt und Form des Konnossements | 10–12 | VII. Die Konnossementsverpflichtung. Vertretungsmacht | 21–29 |

## I. Normzweck

1    Obwohl das Konnossement an Bedeutung verliert, ist es immer noch das wichtigste Dokument des Seehandels. Deshalb hat das SRG die Vorschriften über das Konnossement modernisiert und an das allgemeine deutsche Wertpapierrecht angeglichen. Sein Wert ist dadurch gesteigert worden, dass der Schutz des Rechtsverkehrs durch die Einbeziehung des Empfängers eines Rektakonnossements und des ersten Nehmers eines Orderkonnossements in den Gutglaubensschutz sowie durch die Verschärfung der Dokumentenstrenge durch Beschränkung der Verweisungen auf andere Vereinbarungen verstärkt wurde.

## II. Entstehungsgeschichte

2    **Abs. 1 Satz 1** orientiert sich am Vorbild des § 642 aF sowie an Art. 3 § 3 HR. Während der BerSV (§ 498) vorgeschlagen hatte, eine **Verpflichtung zur Ausstellung eines Konnossements** nur bei ausdrücklicher Vereinbarung im Frachtvertrag vorzusehen, statuiert das Gesetz eine Pflicht des Verfrachters, hebt jedoch klarstellend ausdrücklich deren Abdingbarkeit hervor. Die Pflicht richtet sich auf die Ausstellung eines Orderkonnossements, wohingegen die Sachverständigengruppe als Regelfall nur einen Anspruch auf ein Rektakonnossement gewähren wollte (§ 498 Abs. 2 BerSV).[1]

3    Das Konnossement ist, wie nach bisherigem Recht (§ 642 Abs. 1 aF) **dem Ablader auszustellen.** Als Ablader wird jedoch, wenn das Gut dem Verfrachter von einem anderen als dem Befrachter übergeben wird, entsprechend dem Vorschlag der Sachverständigengruppe (§ 498 Abs. 2 BerSV) nur angesehen, wer vom Befrachter zur Eintragung in das Konnossement als Ablader benannt ist **(Absatz 2).** Andererseits ist die Rechtsfigur des „dokumentären Absenders" („documentary shipper") nach dem Vorbild der RR bewusst

---

[1] Die RegBegr-SRG (S. 90) begründet die Änderung zutreffend mit der praktischen Relevanz des Orderkonnossements.

nicht aufgenommen worden, weil deren Einbindung in die vertraglichen Verpflichtungen zu weitgehend erscheint.[2]

Die gesetzliche Vertretungsmacht des Kapitäns zur Zeichnung von Konnossementen 4 für den Verfrachter **(Abs. 1 Satz 2)** entspricht § 642 Abs. 4 aF und dem Vorschlag der Sachverständigengruppe (§ 500 Abs. 1 Satz 2 BerSV).

### III. Gegenstand und Natur des Konnossements

Durch das Konnossement bestätigt der Verfrachter den Empfang des Gutes und verpflich- 5 tet sich, es zum Bestimmungsort zu befördern und dort an den aus dem Konnossement Berechtigten gegen Rückgabe des Konnossements abzuliefern (§ 514 Abs. 1 Satz 2). Mit dem **Empfangsbekenntnis,** das derjenige verlangen kann, welcher das Gut dem Verfrachter abliefert (§ 486 Abs. 1 Satz 2), begründet das Konnossement zugleich die **Vermutung,** dass das Gut so, wie es im Konnossement beschrieben ist (§ 515 Abs. 1 Nr. 7,8), in die Obhut des Verfrachters gelangt ist (§ 517). Sodann **verbrieft es die Verpflichtung,** das Gut zum Bestimmungsort zu befördern und dort an den aus dem Konnossement Berechtigten abzuliefern.

Die **Verpflichtung des Verfrachters zur Beförderung und Auslieferung des** 6 **Gutes** an den Empfänger am Bestimmungsort wird durch das Konnossement **wertpa-pierrechtlich verbrieft** und dadurch gegenüber dem sich aus dem Frachtvertrag erge-benden Anspruch des Befrachters **verselbstständigt.** Das Konnossement enthält eine Art Schuldversprechen iSd. § 780 BGB, das die Verpflichtung selbständig, unter Loslösung von ihren wirtschaftlichen und rechtlichen Zusammenhängen begründen soll.[3] Durch seine Begebung wird ein selbständiger Anspruch begründet, der neben den Anspruch aus dem Frachtvertrag tritt und von diesem grundsätzlich unabhängig ist. Er ist allerdings nicht abstrakt im strengen Sinne, weil es sich um einen frachtrechtlichen Anspruch handelt, dem stets Einwendungen entgegengehalten werden können, die sich aus dem Typus des Frachtvertrages ergeben (das Konnossement wird deshalb auch als „halb-kausales Wertpapier" bezeichnet).[4]

Die Auslieferungsverpflichtung braucht nicht wörtlich, formelhaft erklärt zu werden. 7 Aus dem Inhalt der Urkunde muss sich jedoch ergeben, dass der Aussteller die **Pflicht zur Beförderung als eigene Leistung** übernimmt; deshalb ist ein „Spediteurkonnossement", das nur speditionelle Verpflichtungen beinhaltet (Forwarder's Certificate of Transport – FCT), kein Konnossement.[5] **Wesentlich** ist jedoch stets die Angabe, dass das **Gut nur gegen Vorlage des Papiers ausgeliefert werden soll und darf.** Bei eindeutiger Kenn-zeichnung als Konnossement, namentlich bei einer Orderklausel (§ 363 Abs. 2), ergibt sich diese Folge bereits aus § 521 Abs. 2; Zweifel können jedoch beim Rektakonnossement, also dem auf den Namen lautenden Konnossement ohne Order- oder Inhaberklausel, beste-hen, das ohne diese Bestimmung bloßer Seefrachtbrief ist (vgl. dazu § 526).

Der Wertpapiercharakter verlangt, dass nicht nur die Verpflichtung des Verfrachters 8 zur Auslieferung des Gutes, sondern auch die Möglichkeit der Erteilung nachträglicher Weisungen an die **Vorlage und Rückgabe des Papiers** gebunden ist (§ 520 Abs. 1, 2). Dadurch wird der legitimierte Inhaber des Konnossements in die Lage versetzt, über den Anspruch und damit über das Gut (§ 524) unter Ausschluss Dritter, insbesondere des Abla-ders, zu verfügen.

Die **Ansprüche aus dem Frachtvertrag** bleiben grundsätzlich unberührt. Sie können 9 jedoch, solange die Verbriefung andauert, nicht selbständig geltend gemacht werden (§ 519 Satz 1). Sie stehen weiterhin dem Befrachter zu, sofern sie nicht mit der Begebung des Konnossements abgetreten werden (vgl. § 519 Rn. 16).

---

[2] RegBegr-SRG S. 91.
[3] Schaps/*Abraham* Vor § 642 Rn. 20.
[4] GroßkommHGB/*Canaris* § 363 Rn. 66; *Herber* Seehandelsrecht S. 283.
[5] AG Bremen 19.6.1992, TranspR 1992, 418; Schaps/*Abraham* Vor § 642 Rn. 22.

## IV. Inhalt und Form des Konnossements

10    Das SRG hat die Bestimmungen über den **Inhalt in § 515** zusammengestellt. Nicht alle danach vorgesehenen Angaben sind notwendig. Bestimmte Angaben des Abladers müssen aber jedenfalls so angegeben werden, wie dieser es verlangt. Vgl. im Einzelnen § 515 Rn. 13 ff.

11    Das Konnossement ist in so vielen Exemplaren auszustellen, wie der Ablader verlangt. In der Praxis sind dies regelmäßig drei (ein „Satz" Konnossemente); die Auslieferung bei Vorlage eines unvollständigen Satzes bestimmt sich dann nach § 522 Abs. 3.

12    Zur Form des Konnossements enthält **§ 516** Abs. 1 eine Erleichterung der **Unterschriftsform** gegenüber § 126 BGB: Es genügt die Nachbildung der eigenhändigen Unterschrift durch Druck oder Stempel.

## V. Konnossementsarten

13    Das Gesetz unterscheidet nach der Art der Übertragbarkeit **Order- und Inhaberkonnossemente** (beides sog. Wertpapiere im engeren Sinne, die in besonderer Form – beim Orderkonnossement durch Übergabe und Indossament, beim Inhaberkonnossement durch bloße Übergabe – übertragen werden können) einerseits **und Rekta- (Namens-) Konnossemente** (Wertpapiere im weiteren Sinne, die nicht wertpapierrechtlich übertragbar sind, jedoch immerhin zur Geltendmachung des Auslieferungsanspruchs vorgelegt werden müssen) andererseits. Vgl. dazu auch Vor § 513 Rn. 8.

14    Alle Konnossementsformen können als **Bord- oder Übernahmekonnossement** ausgestellt werden. Das Bordkonnossement enthält die – über die Bestätigung der bloßen Übernahme des Gutes in die Obhut des Verfrachters hinausgehende Bestätigung, dass das Gut bereits auf ein bestimmtes Schiff verladen worden ist. Für den Dokumentenverkehr wird in aller Regel ein Bordkonnossement verlangt. Dazu näher § 514 Rn. 10 ff.

## VI. Verpflichtung zur Ausstellung eines Konnossements

15    Der Verfrachter ist verpflichtet, dem **Ablader** auf dessen Verlangen **ein Orderkonnossement** auszustellen. Diese Verpflichtung bedarf keiner besonderen Vereinbarung im Frachtvertrag[6] kann jedoch vertraglich abbedungen werden.[7] Ohne besondere Vereinbarung richtet sich die Verpflichtung auf die Ausstellung eines Orderkonnossements, der gebräuchlichsten Konnossementsform. Das Konnossement ist entweder an die Order des Empfängers oder des Abladers zu stellen; ist es bloß an Order ohne Benennung eines Berechtigten gestellt, so gilt der – aus dem Konnossement ersichtliche (§ 515 Abs. 1 Nr. 2) – Ablader als Legitimierter.

16    **Ablader ist** abweichend vom früheren Recht nicht mehr jeder, der das Gut dem Verfrachter übergibt. Er muss vielmehr vom Befrachter als Ablader benannt sein; **Abs. 2 Satz 1** enthält nun erstmals eine Legaldefinition. Danach muss der Befrachter den Dritten, der das Gut an den Verfrachter übergeben soll, zur Eintragung in das Konnossement bezeichnen. Das kann im Frachtvertrag, aber auch nachträglich formlos geschehen. Der Dritte wird dann mit Übergabe des Gutes Ablader und hat damit insbesondere die Möglichkeit, die Angaben über das Gut zu bestimmen (§ 515 Abs. 2).

17    Der **Ablader** ist als solcher **nicht Partei** des Frachtvertrages. Er ist Erfüllungsgehilfe des Befrachters. Das Konnossement ist ihm auszustellen; insofern ist er Begünstigter, ohne

---

[6] Wie es die Sachverständigengruppe vorgeschlagen hatte; der Grund lag auch darin, dass in den Beratungen zunächst erwogen worden war, die Haftung bei Ausstellung eines Konnossements strikt an die HR anzupassen.

[7] Das ist jetzt ausdrücklich im Text klargestellt. Einer Zustimmung des Abladers, die *Rabe* (§ 642 Rn. 4, für das alte Recht) verlangte, bedarf es jedenfalls jetzt nicht mehr. Eine Vertragsverletzung kann allerdings vorliegen, wenn der Befrachter eine Benennung des Abladers, die er diesem mitgeteilt hat und auf die dieser sich eingestellt hat, vor der Abladung widerruft.

jedoch einen eigenen Anspruch auf Ausstellung zu haben, der allein dem Befrachter zusteht.[8] Sobald der Ablader das Konnossement verlangt und die dafür erforderlichen Angaben (§ 482) macht, ist er für deren Richtigkeit verantwortlich und kann dem Verfrachter schadensersatzpflichtig werden (§ 482). Das deutsche Recht geht bewusst[9] nicht so weit wie die RR,[10] die dem „documentary shipper" schon kraft seiner Eintragung in das Konnossement Pflichten auferlegen. Der Ablader haftet nach deutschem Recht für die ausstehende Fracht nur, wenn er sich hierzu besonders verpflichtet. In der Anforderung oder Annahme des Konnossements liegt keine konkludente Verpflichtung zur Schuldübernahme;[11] eine Konnossementsklausel, die eine solche vorsieht, ist in aller Regel nicht angemessen und deshalb unwirksam.[12]

Der Ablader hat als solcher auch **keinen Anspruch auf die Beförderung des Gutes.**[13]   **18** Diesen Anspruch kann er nur auf Grund des Konnossements erst nach dessen Begebung erheben. Dann können ihm auch keine Einreden aus dem Frachtvertrag – etwa, dass der Befrachter die vorzuleistende Fracht nicht bezahlt habe – entgegengesetzt werden, sofern das Konnossement „freight prepaid" ausweist.

Übergibt ein **vom Befrachter als Ablader benannter Dritter** das Gut an den Ver-   **19** frachter, so fällt er nicht unter die Bestimmungen über den Ablader, sofern kein Konnossement angestellt wird. Das neue Recht beschränkt die Abladerfunktion auf die Fälle, in denen ein Konnossement ausgestellt werden soll und tatsächlich ausgestellt wird. Denn nur dann bedarf es der besonderen Rechtsfigur, weil Ablader und Befrachter für den Erwerb und die Übertragung von Rechten aus dem Papier auf diese Weise voneinander getrennt werden können. Wird ein Konnossement nicht ausgestellt, kann allerdings ein das Gut für den Befrachter an den Verfrachter übergebender **Dritter** (der nach altem Recht als Ablader angesehen wurde), ebenfalls durch Fehlverhalten eine Haftung auslösen (§ 482 Abs. 2, § 488 Abs. 2).

Hat der **Befrachter** einen Ablader nicht benannt, so gilt er selbst **als Ablader (Abs. 2   20 Satz 2),** kann also die Ausstellung eines Konnossementes auf sich verlangen. Gleiches soll gelten (Abs. 2 Satz 2), wenn ein anderer als der Benannte das Gut übergibt; in diesen Fällen wird aber häufig zu bedenken sein, dass der benannte Ablader sich sehr häufig bei der Übergabe vertreten lässt, namentlich durch einen Spediteur, der dann die Ausstellung des Konnossements auf den benannten Ablader, seinen Auftraggeber, verlangen kann. – Der Befrachter muss, entsprechend Abs. 2 Satz 2, ein Konnossement auch verlangen können, wenn der benannte Ablader darauf verzichtet.

### VII. Die Konnossementsverpflichtung. Vertretungsmacht

**Konnossementsschuldner** (Aussteller des Wertpapiers) ist regelmäßig der **Verfrach-   21 ter.** Das Gesetz verzichtet auf eine eigene Bezeichnung[14] für den Verfrachter als Schuldner des wertpapierrechtlichen Anspruchs, der nicht notwendig identisch ist mit dem aus dem Frachtvertrag verpflichteten Verfrachter.

Das Gesetz (Abs. 1 Satz 2) gewährt dem Kapitän und jedem zur Unterzeichnung von   **22** Konnossementen für den Reeder Befugten eine **gesetzliche Vertretungsmacht,** für den – auch vom Reeder verschiedenen – Verfrachter Konnossemente auszustellen.

Der **Kapitän** (des Schiffs, welches das Gut übernimmt) ist kraft Gesetzes befugt, Konnos-   **23** semente für den Reeder zu zeichnen (§ 479 Abs. 1 Satz 2). Diese Befugnis kann zwar im

---

[8] Vgl. *Stumm,* Der Ablader im Seehandelsrecht, insbes. S. 58 ff., die allerdings (S. 65) aus dem Wortlaut (des insoweit inhaltsgleichen § 642 aF) nicht stichhaltige Zweifel herleitet; dort ist nicht gesagt, dass der Ablader einen eigenen Anspruch haben soll, vielmehr nur, dass das Konnossement auf ihn zu stellen ist.
[9] Reg.Begr. S. 90.
[10] Nach Art. 33 RR haftet der „documentary shipper" für die Ansprüche des Verfrachters gegen den Befrachter.
[11] OLG Rostock 27.11.1996, TranspR 1997, 113.
[12] Vgl. OLG Rostock 27.11.1996, TranspR 1997, 113.
[13] So aber – für den Drittablader des alten Rechts, den das neue Recht nicht mehr kennt – OLG Hamburg 16.4.1987, TranspR 1987, 391.
[14] Wie etwa für den „Aussteller" oder „Bezogenen" beim Wechsel.

Innenverhältnis beschränkt werden, doch kann die Beschränkung einem gutgläubigen Dritten nicht entgegengehalten werden (§ 479 Abs. 1 Satz 3).[15] Hat der Reeder die Befugnis beschränkt und ist dies dem Ablader bekannt, so kann dieser sich wohl auch nicht auf die gesetzliche Vertretungsmacht für den Verfrachter stützen, obgleich das Gesetz eine solche Einschränkung nur bei den sonstigen Bevollmächtigten des Reeders vorsieht.

24    Die gesetzliche Vertretungsmacht für den Verfrachter haben ferner alle **Personen, denen der Reeder (rechtsgeschäftlich) Vollmacht erteilt hat,** für ihn Konnossemente zu zeichnen. Die Zeichnungsvollmacht erstreckt sich also kraft Gesetzes auch auf die Vertretung des Verfrachters. In der Praxis wird eine solche Vollmacht Schiffsmaklern und Angestellten im Reedereibüro[16] erteilt; Prokuristen des Reeders steht sie als Regel zu (§ 49). Angesichts der Schwierigkeit für Außenstehende, die Vertretungsverhältnisse bei einem Reeder oder Schiffsmakler zu durchschauen und des Risikos, dass der Verfrachter durch die Erklärung nicht verpflichtet wird (beim Mangel der Vertretungsmacht können in Ausnahmefällen allenfalls die Grundsätze über die Duldungsvollmacht helfen, ein Schutz guten Glaubens besteht hier im Übrigen nicht), sehen Akkreditivbedingungen des Käufers oft vor, dass das Konnossement vom Kapitän unterzeichnet werden muss.[17] Der Ablader kann dies jedoch nur verlangen, wenn der Frachtvertrag es vorschreibt.

25    Die gesetzliche Vertretungsmacht deckt nur die **Zeichnung für den wirklichen Verfrachter.** Liegt der Konnossementsausstellung kein (wirksamer) Frachtvertrag mit dem Reeder zu Grunde, geht die Vertretung ins Leere,[18] der unterzeichnende Kapitän oder der sonst Bevollmächtigte hat das Konnossement für den als Verfrachter Angegebenen als vollmachtloser Vertreter unterzeichnet; in diesem Fall tritt der Reeder an die Stelle des Verfrachters, vgl. § 518; die Rechtsfolge des § 179 BGB – Eigenhaftung der Vertreters – dürfte dadurch verdrängt werden.

26    Häufig ist in der Praxis die Unterzeichnung durch einen **vom Kapitän beauftragten Unterbevollmächtigten,** etwa den Ladungsoffizier des Schiffes. Dann lautet die Unterschrift oft „for the master …". Fehlt es in diesen Fällen an einer Vollmacht (was sich oft schon deshalb nicht feststellen lässt, weil die Identität des Unterzeichnenden im Dunkeln bleibt), trägt der Berechtigte das Risiko, die Vollmacht beweisen zu müssen.[19]

27    Der Kapitän oder der sonst Bevollmächtigte kann das **Konnossement auch im Namen des Reeders unterzeichnen,** weil der Kapitän kraft Gesetzes (§ 479 Abs. 1 Satz 2) dazu berechtigt ist. Dann ist es eine Frage der Auslegung, wer Aussteller des Konnossements ist. Nach altem Recht war dies oft für die Bonität und die Passivlegitimation entscheidend. Nach dem SRG tritt die Frage an Bedeutung zurück, weil der Reeder in aller Regel neben dem Verfrachter als ausführender Verfrachter haftet (§ 509), also im Zweifel jedenfalls in Anspruch genommen werden kann, und zwar auch konnossementsmäßig (arg. § 522 Abs. 3). Wegen der Schwierigkeiten, die sich bei **unrichtiger oder unklarer Bezeichnung des Verfrachters** ergeben können, sowie wegen der **identity-of-carrier-Klausel** vgl. die Erl. zu § 518.

28    Der Ablader kann in jedem Fall ein **Konnossement, das nicht eindeutig den Verfrachter als Aussteller („carrier") angibt,** als nicht vertragsgemäß zurückweisen. Durchsetzen kann er den Anspruch auf Ausstellung des zutreffenden Konnossements allerdings nur mit Hilfe des Befrachters, denn der Ablader hat kein eigenes Recht auf Ausstellung des Konnossements(vgl. Rn. 17). Ihm steht nach Ansicht des AG Hamburg[20] auch nicht der Rechtsbehelf der Einstweiligen Verfügung zu Gebote; in Betracht kommt allenfalls ein dinglicher Arrest in das Schiff, weil die einstweilige Verfügung nicht nur einen einstweiligen Zustand sichern, sondern Erfüllung des zu sichernden Anspruchs bedeuten würde.[21]

---

[15]   So schon zum alten Recht *Rabe* § 642 Rn. 19 mN.
[16]   *Rabe* § 642 Rn. 19; *Schaps/Abraham* § 642 Rn. 5.
[17]   Vgl. OLG Düsseldorf 26.5.1983, TranspR 1985, 142.
[18]   BGH 10.10.1957, BGHZ 25, 300; *Rabe* § 642 Rn. 19.
[19]   So auch *Rabe* § 642 Rn. 20.
[20]   LG Hamburg 5.4.2002, Hamburger Seerechts-Report 2002, 109.
[21]   Vgl. dazu auch OLG Hamburg 19.10.1972, VersR 1973, 561; *Rabe* § 642 Rn. 2: *Schaps/Abraham* § 642 Rn. 2.

Die gesetzliche Vertreungsmacht des Kapitäns oder des sonstigen vom Reeder Bevoll- 29
mächtigten zur Zeichnung von Konnossementen für den Verfrachter deckt – ebenso, wie
die gesetzliche Vertetungsmacht für den Reeder (§ 479 Abs. 1 Satz 2) – **grundsätzlich
nur die Eingehung von Verpflichtungen für diesen im Rahmen der gesetzlichen
Regelung.** Für weitergehende Haftungszugeständnisse bedarf der Kapitän oder sonstige
Vertreter einer besonderen Vollmacht, soweit sie nicht verkehrsüblich sind. Zweifelhaft
kann das insbesondere für die Aufnahme einer praktisch haftungserhöhenden Angabe über
die Zahl der Stücke in einem Container (vgl. § 504 Rn. 20) sein; insoweit ist die Problematik
vergleichbar mit deren Auswirkung auf die Haftung des ausführenden Verfrachters (vgl.
§ 507 Rn. 37).

## § 514 Bord- und Übernahmekonnossement

**(1) ¹Das Konnossement ist auszustellen, sobald der Verfrachter das Gut über-
nommen hat. ²Durch das Konnossement bestätigt der Verfrachter den Empfang
des Gutes und verpflichtet sich, es zum Bestimmungsort zu befördern und dem
aus dem Konnossement Berechtigten gegen Rückgabe des Konnossements abzuliefern.**

**(2) ¹Ist das Gut an Bord genommen worden, so hat der Verfrachter das Konnos-
sement mit der Angabe auszustellen, wann und in welches Schiff das Gut an Bord
genommen wurde (Bordkonnossement). ²Ist bereits vor dem Zeitpunkt, in dem
das Gut an Bord genommen wurde, ein Konnossement ausgestellt worden (Übernahmekonnossement), so hat der Verfrachter auf Verlangen des Abladers im Konnossement zu vermerken, wann und in welches Schiff das Gut an Bord genommen
wurde, sobald dies geschehen ist (Bordvermerk).**

**(3) Das Konnossement ist in der vom Ablader geforderten Anzahl von Original-
ausfertigungen auszustellen.**

### Übersicht

| | Rn. | | Rn. |
|---|---|---|---|
| I. Normzweck | 1–3 | 2. Konnossementsschuldner | 8, 9 |
| | | **IV. Zeitpunkt der zulässigen Ausstel-** | |
| II. Entstehungsgeschichte | 4, 5 | **lung** | 10–13 |
| | | 1. Übernahmekonnossement | 10–12 |
| **III. Im Konnossement verbriefte** | | 2. Bordkonnossement | 13 |
| **Ansprüche** | 6–9 | **V. Mehrere Originale** | 14, 15 |
| 1. Gegenstand | 7 | | |

### I. Normzweck

Die Vorschrift legt fest, wann das Konnossement ausgestellt werden muss und ausgestellt 1
werden darf. Es bestimmt zugleich, **welche Verpflichtungen** des Verfrachters im Konnossement **verbrieft werden;** das ist im Hinblick auf § 519 Abs. 1 Satz 2 bedeutsam.

Die praktisch wichtige Unterscheidung zwischen **Bord- und Übernahmekonnosse-** 2
**ment** ist auch im neuen Recht beibehalten worden. Obwohl das Übernahmekonnossement schon deshalb in seiner Bedeutung zurücktritt, weil die Linienreeder selten noch
eigene Terminals unterhalten[1] und seine Akkreditivfähigkeit eingeschränkt ist, soll den
Parteien doch die Möglichkeit nicht genommen werden, bereits nach Begründung der
Obhut des Verfrachters wie im allgemeinen Frachtrecht (§ 443) ein begebbares Papier
auszustellen.

Das neue Recht hält auch daran fest, dass das Konnossement regelmäßig in **mehreren** 3
**Originalausfertigungen** ausgestellt werden kann, wenn der Ablader dies verlangt.

---

[1] Das Übernahmekonnossement wurde eingeführt, um im Linienverkehr die Ausstellung des Konnossements bereits nach der Annahme im Kaischuppen zu ermöglichen, *Rabe* § 642 Rn. 25.

Obwohl diese Möglichkeit heute kaum noch notwendig erscheint (und beim Multimodal-Konnossement jedenfalls im Gesetz nicht mehr vorgesehen ist, vgl. § 443 Rn. 9), ist die Ausstellung mehrerer Konnossemente (eines „Satzes") international üblich. Schon deshalb musste auch im deutschen Recht die für diesen Fall notwendige Regelung des Vorrangs bei der Ablieferung (§ 521 Abs. 3) beibehalten werden.

## II. Entstehungsgeschichte

4     Die Bestimmung ist mit einer geringen Änderung hinsichtlich der Umschreibung des Anspruchsberechtigten in Abs. 1 unverändert aus dem BerSV (§ 499) übernommen worden und entspricht in der Sache § 642 Abs. 1 und 4 aF. Eine ähnliche, noch eingehendere Regelung fand sich auch in § 28 des SHSG der DDR.[2]

5     Das Abstellen auf die materielle Berechtigung („ aus dem Konnossement Berechtigter") in **Abs. 1** weicht vom BerSV (§ 499 Abs. 1) ab und entspricht der durch den RefE (§ 519) eingeführten, wertpapierrechtlich korrekteren Differenzierung von materieller Berechtigung und Legitimation.

## III. Im Konnossement verbriefte Ansprüche

6     Übernahmekonnossement und Bordkonnossement haben denselben Gegenstand und dieselben Rechtswirkungen. Sie unterscheiden sich nur dadurch, dass das Bordkonnossement zusätzlich zur Übernahme des Gutes in die Obhut des Verfrachters bestätigt, dass das Gut bereits auf ein bestimmtes Schiff verladen wurde.

7     **1. Gegenstand. Verbrieft** im Konnossement wird der (Primär-) **Anspruch des Berechtigten auf Beförderung zum Bestimmungsort und Ablieferung** dort an den aus dem Konnossement Berechtigten. Zugleich verbrieft sind damit mögliche **Sekundäransprüche,** namentlich auf Schadensersatz bei Verlust oder Beschädigung des Gutes. Der Begriff „Bestimmungsort" entspricht § 481 Abs. 1 (vgl. dort Rn. 16).

8     **2. Konnossementsschuldner.** Konnossementsschuldner ist der Verfrachter, der aus dem Konnossement ersichtlich ist (§ 515 Abs. 1 Nr. 4). Ferner haftet der **ausführende Verfrachter** aus dem Konnossement, obgleich er in der Regel nicht aus dem Konnossement ersichtlich ist (§ 522 Rn. 27). Zu der Rechtslage bei **fehlender oder unrichtiger Angabe** des Verfrachters vgl. § 518.

9     Ein Sonderfall ist die Aufnahme der sog. **„identity of carrier"-Klausel** in das Konnossement. Sie besagt, dass nicht der – zutreffend als „carrier" eingetragene Verfrachter Konnossementsschuldner sein soll, sondern der (jeweilige) Eigentümer des Schiffes. Diese Klausel, die auf Konnossementsgebräuche der US-Verwaltung im Zweiten Weltkrieg zurückgeht und dazu dienen sollte, der US-Marine bei gecharterten Schiffen das Privileg der Haftungsbeschränkung zu verschaffen,[3] hat sich in die zivile Schifffahrt eingeschlichen, obgleich der rechtliche Grund wegen zwischenzeitlicher Änderung des internationalen Haftungsbeschränkungssystems entfallen ist. Die Klausel wird von den deutschen Gerichten nicht anerkannt.[4] Da sie jedoch in manchen Ländern gültig ist, kann ihre Verwendung zur Verunsicherung der Ladungsbeteiligten führen; dazu und zu möglichen Ersatzansprüchen vgl. § 523 Rn. 14.

## IV. Zeitpunkt der zulässigen Ausstellung

10    **1. Übernahmekonnossement.** Das Übernahmekonnossement „ist auszustellen", sobald der Verfrachter das Gut übernommen hat.[5] Das ist der Fall, wenn er den zumindest

---

[2]  Darauf weist die RegBegr-SRG. S. 91 hin.
[3]  Vgl. *Herber* Seehandelsrecht S. 293 f.
[4]  BGH 22.1.1990, TranspR 1990, 163 ff.; BGH 4.2.1991, TranspR 1991, 243 ff.
[5]  Die Übernahme für die Verladung auf ein bestimmtes Schiff braucht nicht angegeben zu werden; anders Schaps/*Abraham* § 642 Rn. 13.

mittelbaren Besitz erlangt hat. Das geschieht in Seehäfen oft durch Vermittlung des Umschlagbetriebs.[6] Vgl. dazu § 498 Rn. 32.

Die Formulierung ist insofern missverständlich, als das Konnossement nur dann ausgestellt **11** werden muss, wenn der Ablader dies verlangt (§ 513 Abs. 1 Satz 1). Sie bedeutet lediglich, dass es **nicht vorher ausgestellt werden darf.** Dann gäbe es den Sachverhalt (Bestätigung des Empfangs, Abs. 1 Satz 2) unzutreffend wieder und könnte zur Schädigung von Erwerbern des Papiers führen, für die der Aussteller einzustehen hat (§ 523, vgl. § 523 Rn. 14). Ein vor Übernahme ausgestelltes Konnossement ist jedoch nicht ungültig.[7]

In der Praxis wird die Ausstellung eines **Übernahmekonnossements häufig nicht** **12** **verlangt,** weil der Ablader ein Bordkonnossement benötigt und der Mehraufwand für die zusätzliche Ausstellung eines Übernahmekonnossements und einen späteren Bordvermerk vermieden wird. Andererseits wäre es nicht unzulässig, auch nach Verladung des Gutes an Bord ein bloßes Übernahmekonnossement auszustellen, da dieses ein Minus der Verbriefung darstellt;[8] diese Situation kann bei der heutigen Übung, die Konnossemente im Reedereibüro oder durch einen Makler auszustellen, durch Versehen vorkommen und führt nicht zur Unwirksamkeit des Konnossements.

**2. Bordkonnossement.** Das Bordkonnossement enthält außer der Bestätigung der **13** Inbesitznahme des Gutes durch den Verfrachter auch die Bestätigung, dass und wann es bereits auf ein bestimmtes, im Konnossement zu bezeichnende Schiff verladen worden ist. Seine Ausstellung vor der Verladung macht den Verfrachter für Schäden des Konnossementsinhabers auch ohne Verschulden schadensersatzpflichtig (§ 523 Abs. 2). Die Akkreditivbedingungen schreiben als Regelfall ein Bordkonnossement vor (ERA Art. 23)

### V. Mehrere Originale

Nach Abs. 3 kann der Ablader die **Anzahl der auszustellenden Originalausfertigun-** **14** **gen** des Konnossements bestimmen. Üblich, aber nicht notwendig und oft nicht sinnvoll, ist die Ausstellung eines „**Satzes**" von drei Originalen.[9] Die Originale müssen vollständig gleichlautend sein; für Abweichungen haftet der Verfrachter.[10] Die Zahl der Originale („Ausfertigungen") ist zwingend im Konnossement anzugeben (§ 515 Abs. 1 Nr. 10); deshalb kann nach Begebung eines Konnossements keine weitere, diese Zahl überschreitende Ausfertigung ausgestellt werden.[11]

Sind mehrere Originale ausgestellt, wird aber dem Verfrachter am Bestimmungsort nur **15** ein Exemplar präsentiert, so ist dem legitimierten Besitzer das Gut abzuliefern (§ 521 Abs. 3 Satz 1); melden sich mehrere legitimierte Besitzer von Konnossementen, gilt das Verfahren nach § 521 Abs. 3 Satz 2 und 3. Weisungen vor Erreichen des vereinbarten Bestimmungsortes, etwa dahin, den Bestimmungsort zu ändern oder das Gut vorzeitig oder an einen anderen Empfänger auszuliefern, darf der Verfrachter nur gegen Vorlage des ganzen Satzes der Konnossemente ausführen (§ 520 Abs. 1 Satz 2); andernfalls macht er sich dem Berechtigten schadensersatzpflichtig (§ 520 Abs. 2).

### § 515 Inhalt des Konnossements

**(1) Das Konnossement soll folgende Angaben enthalten:**
1.  **Ort und Tag der Ausstellung,**
2.  **Name und Anschrift des Abladers,**
3.  **Name des Schiffes,**

---

[6] *Rabe* § 642 Rn. 25.
[7] *Rabe* § 642 Rn. 13; *Wüstendörfer* S. 225.
[8] AA die RegBegr-SRG S. 91.
[9] Die Mehrzahl sollte sichern, dass wenigstens ein Exemplar rechtzeitig am Bestimmungsort verfügbar ist.
[10] *Schaps/Abraham* § 642 Rn. 16; *Rabe* § 642 Rn. 31.
[11] *Rabe* § 614 Rn. 15.

4.   **Name und Anschrift des Verfrachters,**
5.   **Abladungshafen und Bestimmungsort,**
6.   **Name und Anschrift des Empfängers und eine etwaige Meldeadresse,**
7.   **Art des Gutes und dessen äußerlich erkennbare Verfassung und Beschaffenheit,**
8.   **Maß, Zahl oder Gewicht des Gutes und dauerhafte und lesbare Merkzeichen,**
9.   **die bei Ablieferung geschuldete Fracht, bis zur Ablieferung anfallende Kosten sowie einen Vermerk über die Frachtzahlung,**
10.  **Zahl der Ausfertigungen.**

(2) **Die Angaben nach Absatz 1 Nummer 7 und 8 sind auf Verlangen des Abladers so aufzunehmen, wie er sie dem Verfrachter vor der Übernahme des Gutes in Textform mitgeteilt hat.**

## Übersicht

|                                                             | Rn.   |                                                       | Rn.    |
|-------------------------------------------------------------|-------|-------------------------------------------------------|--------|
| I. Normzweck                                                | 1     | 6. Nr. 6                                              | 11, 12 |
| II. Entstehungsgeschichte                                   | 2     | 7. Nr. 7                                              | 13, 14 |
| III. Zu den vom Gesetz vorgesehenen                         |       | 8. Nr. 8                                              | 15     |
| Angaben                                                     | 3–17  | 9. Nr. 9                                              | 16     |
| 1. Nr. 1                                                    | 3     | 10. Nr. 10                                            | 17     |
| 2. Nr. 2                                                    | 4     | **IV. Weitere Angaben**                               | 18, 19 |
| 3. Nr. 3                                                    | 5–7   | **V. Verpflichtung zur Aufnahme der**                 |        |
| 4. Nr. 4                                                    | 8     | **Abladerangaben zu Abs. 1 Nr. 7 und**               |        |
| 5. Nr. 5                                                    | 9, 10 | **8**                                                 | 20–22  |

## I. Normzweck

1    **Abs. 1** nennt die in das Konnossement einzutragenden Angaben und schließt damit an § 408 für Frachtbrief und Ladeschein und an § 643 aF an. Die an die Stelle des Wortes „enthält" in § 643 aF getretenen Worte „soll enthalten" machen deutlich, dass die Aufzählung nicht nur notwendige Angaben enthält, sondern auch fakultative, deren Fehlen das Konnossement nicht unwirksam macht.[1] **Abs. 2** schreibt für die Angaben über das Gut vor, dass allein der Ablader deren Inhalt bestimmt. Der Aussteller des Konnossements ist bei Bedenken gegen die Richtigkeit auf die Beifügung eines Vorbehalts (§ 517 Abs. 2) angewiesen.

## II. Entstehungsgeschichte

2    Die Vorschrift ist unverändert aus dem Vorschlag des BerSV (§ 501) übernommen worden. Sie entspricht im Wesentlichen § 643 aF.

## III. Zu den vom Gesetz vorgesehenen Angaben

3    **1. Nr. 1.** Der **Ausstellungsort** ist keine wesentliche Angabe[2], da es für die Rechtsverhältnisse, wie namentlich das anwendbare Recht, regelmäßig eher auf den Abladungshafen ankommt (Nr. 5). Weniger für das Seefrachtgeschäft als vielmehr für einen der Beförderung zugrundeliegenden Kaufvertrag ist jedoch der **Tag der Ausstellung** von Bedeutung, der im Hinblick auf § 514 Abs. 2, § 523 Abs. 2 bei einem Bordkonnossement jedenfalls nach der Verladung an Bord liegen muss und deshalb die Abladung spätestens an diesem Tag beweist.[3]

---

[1]   Reg.Begr. S. 91.
[2]   So auch *Rabe* § 643 Rn. 12; aA Schaps/*Abraham* § 643 Rn. 18.
[3]   *Rabe* § 643 Rn. 12.

**2. Nr. 2.** Nr. 2 nennt neben dem nach § 643 Nr. 4 aF allein anzugebenden[4] **Namen** 4 **des Abladers** auch dessen **Anschrift.** Die Angabe kann von Bedeutung sein, wenn etwa eine Zustimmung zur Verladung auf Deck eingeholt werden soll (§ 486 Abs. 4) oder Ersatzansprüche geltend gemacht werden sollen (§ 488 Abs. 3). Die Angabe des Abladers ist jedenfalls in den Fällen unverzichtbar, in denen ein Orderkonnossement, wie regelmäßig, an die Order des Abladers ausgestellt wird (§ 513 Abs. 1 Satz 1); nur so kann die Legitimation des Besitzers nach § 519 Nr. 2 festgestellt werden.[5] Wird der Ablader mit dem Zusatz „as agents only" angegeben, so heben *Rabe*[6] und *Trappe*[7] darauf ab, ob es sich um einen Spediteur handelt oder nicht, weil dieser auch bei Wahrnehmung von Kundeninteressen im eigenen Namen handele. Der Zusatz sollte jedoch wertpapierrechtlich rein formal gesehen und die Angabe damit als nicht dem Gesetz entsprechend gewertet werden; der wirkliche Ablader ist dann nicht angegeben, bei Orderstellung auf den Ablader fehlt dem Indossatar die Legitimation.

**3. Nr. 3.** Nr. 3 verlangt den **Namen des Schiffes,** der für ein Bordkonnossement 5 wesentlich ist (§ 514 Abs. 2). Die nach § 643 Nr. 3 aF daneben anzugebende Nationalität des Schiffes wird nach neuem Recht nicht mehr vorgeschrieben, da sie für das Konnossementsrechtsverhältnis nicht von Bedeutung ist und in politischen Spannungsgebieten von wirtschaftlichem Nachteil sein kann. Ist die Angabe dennoch aus politischen Gründen gewünscht, kann sie ohne Weiteres zusätzlich aufgenommen werden.[8]

Bei **Umladung** des Gutes in ein anderes Schiff wirkt das Konnossement nicht für das 6 andere Schiff, wobei man für den Linienverkehr für die Umladung in ein anderes Schiff derselben Linie eine Ausnahme zulassen muss.[9]

Bei einem **Übernahmekonnossement** kann der Schiffsname nicht angegeben wer- 7 den.[10] Wird angegeben, auf welches Schiff das Gut verladen werden soll, so ist dies wertpapiermäßig unerheblich; ist diese Angabe falsch oder wird das Gut später auf ein anderes Schiff verladen, kann die falsche Information für den Konnossementsberechtigten nach allgemeinen Regeln einen Schadensersatzanspruch begründen.[11]

**4. Nr. 4.** Nr. 4 verlangt bei der Angabe des **Verfrachters** auch dessen **Anschrift.** Das 8 geht über § 643 Nr. 1 aF hinaus und ist schon wegen der insbesondere durch die Fixkostenspedition zahlreicher gewordenen Verfrachtereigenschaft kleinerer Firmen außerhalb der Hafenstädte nützlich. Die Angabe des Namens des Verfrachters als den des (Haupt-) Schuldners aus dem Konnossement ist jedenfalls eine praktisch wesentliche Angabe (§ 408 Rn. 26), fehlt sie, ist allerdings das Konnossement nicht unwirksam, wie § 518 zeigt.

**5. Nr. 5.** Nr. 5 verlangt in Übereinstimmung mit § 643 Nr. 6 und 7 aF die Angabe des 9 **Abladungshafens** und des **Bestimmungsortes.**[12] Die in § 643 Nr. 7 aF vorgesehene Angabe des Ortes, an dem Weisung über den Löschungshafen einzuholen ist, wurde als überflüssig nicht mehr beibehalten;[13] die Angabe kann bei Bedarf gemacht werden. Stattdessen ist bei der Empfängerangabe (Nr. 6) die **Meldeadresse** als fakultative Angabe erwähnt.

Wird das zu befördernde Gut am Bestimmungshafen nicht gelöscht, sondern vereinba- 10 rungsgemäß weiterbefördert, so steht der Geltung des Konnossements für die weitere Beför-

---

[4] Schaps/*Abraham* § 643 Rn. 7.
[5] Schaps/*Abraham* § 643 Rn. 7; *Rabe* § 643 Rn. 6. Das OLG Rostock 3.5.2001, TranspR 2001, 264 hat ein an Order gestelltes Konnossement, das nur den Aussteller erkennen ließ und weder den Namen des Empfängers noch des Abladers beinhaltet, auch nicht als Inhaberkonnossement aufrechterhalten.
[6] § 643 Rn. 6.
[7] TranspR 1995, 321, 323; vgl. dazu auch *Rabe* TranspR 1988, 51 ff.
[8] RegBegr-SRG S. 92.
[9] So *Rabe* § 643 Rn. 5.
[10] AA *Rabe* § 643 Rn. 5.
[11] Ähnlich *Rabe* § 643 Rn. 5; Schaps/*Abraham* § 643 Rn. 6.
[12] Die Bezeichnung entspricht § 481 Abs. 1.
[13] Reg.Begr. S. 92.

derungsstrecke nicht entgegen, dass der neue Bestimmungshafen in das Konnossement nicht aufgenommen ist.[14]

11    **6. Nr. 6.** Nr. 6 sieht entsprechend § 643 Nr. 5 aF die Angabe des **Empfängers** vor und darüber hinaus, wie § 408 Abs. 1 Satz 1 Nr. 5, die Möglichkeit der Angabe einer in der Schifffahrt häufigen **Meldeadresse** („notify address") bei der im Bestimmungshafen weitere Weisungen eingeholt werden können und die Löschbereitschaftsanzeige abgegeben werden kann.[15] Bei einem Orderkonnossement ist die Angabe des Empfängers nur wesentlich, wenn das Konnossement auf seine Order gestellt ist.[16]

12    Ist weder der Name des Empfängers noch eine Orderklausel ins Konnossement eingetragen, handelt es sich um ein, in der Praxis sehr seltenes, Inhaberkonnossement. Ist der Name des Empfängers ohne Orderklausel eingetragen, liegt ein Rektakonnossement vor (vgl. § 513 Rn. 13).

13    **7. Nr. 7.** Nr. 7 schreibt entsprechend § 643 Nr. 8 aF Angaben über die **Art des Gutes** und über seine **äußerlich erkennbare Verfassung und Beschaffenheit** vor. Die von dem Ablader dem Verfrachter mitgeteilten Angaben hierzu müssen so aufgenommen werden **(Abs. 2).**[17] Anders als nach § 645 Abs. 2 Nr. 2 aF kann der Verfrachter bei erkannter Unrichtigkeit oder begründeten Zweifeln an der Richtigkeit nur einen (begründeten) Vorbehalt nach § 517 Abs. 2 anbringen. Ohne den Vorbehalt begründet die Angabe die Vermutung, dass das Gut bei Übernahme in guter Verfassung und Beschaffenheit übernommen wurde (§ 517 Abs. 1 Satz 1); dies gilt auch dann, wenn eine Angabe über Verfassung und Beschaffenheit ganz fehlt (§ 517 Abs. 1 Satz 3). Abweichend vom alten Recht (§ 656 Abs. 3 Nr. 3 aF) bedarf es auch nicht mehr des Vermerks „Inhalt unbekannt", um die Vermutung hinsichtlich der Angaben über den Inhalt geschlossener Lademittel, insbes. Container, auszuschließen (§ 517 Abs. 1 Satz 2): diese Angabe bleibt gleichwohl für die Berechnung des Haftungsbeschränkungsbetrages nach § 504 Abs. 1 Satz 2 von Bedeutung (vgl. § 517 Rn. 9 f.).

14    Das Gut ist seiner Art nach anzugeben. Das ist in der Regel **die gattungsmäßige Bezeichnung**[18] wie etwa „Kaffee" oder „Getreide" oder auch „Maschinenteile". Gibt der Ablader genauere Angaben vor (wie etwa „Gabelstapler Typ xy mit folgenden Merkmalen" oder „Walzstahl der Klasse xy"), weil er die Angabe für das beabsichtigte Akkreditiv benötigt, so kann sich für den Verfrachter die Frage ergeben, ob und wie weit diese genaueren Angaben noch den Gattungsbegriff kennzeichnen; auf speziellere Angaben bezieht sich die auf § 515 Nr. 7 aufbauende Vermutung des § 517 ohnehin nicht. Hat der Verfrachter hinsichtlich der Gattungszugehörigkeit Zweifel, so schützt ihn die Möglichkeit, einen Vorbehalt einzutragen (§ 517 Abs. 2 und § 517 Rn. 11 ff.) und – bei leichten Zweifeln – sich durch einen Abladerrevers zu sichern.

15    **8. Nr. 8.** Nr. 8 verlangt entsprechend § 643 Nr. 8 aF Angaben über **Maß, Zahl oder Gewicht** des Gutes sowie über dauerhafte und lesbare **Merkzeichen.** Die Verpflichtung des Befrachters zur Kennzeichnung des Gutes und zur Mitteilung dieser Merkzeichen an den Verfrachter ergibt sich aus § 484 Satz 3, § 482 Abs. 1. Befrachter und Ablader haften für Schäden des Verfrachters infolge Unrichtigkeit der Merkzeichen, auch wenn sie kein Verschulden trifft (§ 488 Abs. 3 Satz 1 Nr. 1). Maß, Zahl oder Gewicht sind **alternative Anforderungen.**[19] Gibt der Ablader im Konnossementsentwurf mehrere Angaben **kumulativ vor, so braucht der Verfrachter nur eine aufzunehmen;**[20] nimmt er

---

[14]    BGH 26.9.1957, BGHZ 25, 250; zustimmend auch *Rabe* § 643 Rn. 9.
[15]    *Rabe* § 643 Rn. 7; Schaps/*Abraham* § 643 Rn. 8.
[16]    *Rabe* § 643 Rn. 7.
[17]    Praktisch geschieht dies meist in der Form, dass der Ablader ein ausgefülltes Konnossementsformular zur Unterzeichnung vorbereitet; vgl. auch *Rabe* § 643 Rn. 10.
[18]    *Rabe* § 645 Rn. 3; Schaps/*Abraham* § 643 Rn. 12.
[19]    Art. III § 3b HR spricht allgemein nur von „Menge" des Gutes.
[20]    Schaps/*Abraham* § 643 Rn. 13.

dennoch mehrere auf, so bezieht sich die Vermutung des § 517 Abs. 1 auf alle. Je nach Handelsübung wird oft ein Raummaß (cbm), eine Stückzahl oder ein Gewicht angegeben. Das Gewicht wird meist nicht überprüft[21]; geschieht dies nicht und hat der Verfrachter keine angemessene Möglichkeit, das Gewicht zu prüfen, so kann er einen Vorbehalt anbringen (§ 517 Abs. 2). Obgleich § 657 Abs. 1 aF nicht in das neue Recht übernommen wurde, wird man einen Vorbehalt hinsichtlich des Gewichts für die Berechnung einer etwa nach Gewicht bedungenen Fracht für unerheblich halten können. Auch die Merkzeichen müssen vom Verfrachter so aufgenommen werden, wie sie vom Ablader angegeben sind (Abs. 2); diese Verpflichtung ist jedoch beschränkt auf Merkzeichen, die deutlich lesbar und so dauerhaft angebracht sind, dass sie voraussichtlich die Reise überstehen.

**9. Nr. 9.** Nr. 9 verlangt die Angabe der **bei Ablieferung noch geschuldeten Fracht** 16 und der bis zur Ablieferung anfallenden Kosten sowie einen **Vermerk über die Frachtzahlung.** Die Angabe der noch geschuldeten Fracht und der voraussichtlichen Nebenkosten, die über § 643 Nr. 9 aF hinausgeht, dient als Basis für die Zahlungspflicht des Empfängers bei Annahme des Gutes nach § 494 Abs. 2 Satz 1. Sie entspricht § 408 Abs. 1 Nr. 9 in der durch Art. 1 Nr. 4 Buchst. b SRG geänderten Fassung. Der Vermerk soll, wie schon bisher,[22] erkennen lassen, ob bei Ablieferung noch Fracht aussteht, die vom Empfänger eingezogen werden soll und kann; hier finden sich Vermerke wie „freight to collect" oder „freight prepaid"; die letztere Bezeichnung schließt eine Zahlungspflicht des Empfängers auch dann aus, wenn der Befrachter die Fracht tatsächlich noch nicht bezahlt hat. Fehlt die Angabe der Fracht, so hat der Empfänger, wenn er die Ablieferung verlangt, die im Frachtvertrag vereinbarte Fracht zu zahlen, sofern sie nicht unangemessen ist (§ 494 Abs. 2 Satz 2); die Angabe der Fracht liegt also im Interesse des Abladers, wenn er dem Empfänger das Zahlungsrisiko bei Entgegennahme der Ablieferung deutlich machen will.

**10. Nr. 10.** Die nach **Nr. 10** anzugebende **Zahl der ausgestellten Originale** ist not- 17 wendig, um den Beteiligten die Beurteilung zu erlauben, ob jeweils der ganze Satz (vgl. etwa § 520: „Vorlage sämtlicher Ausfertigungen des Konnossements") vorgelegt wird.

### IV. Weitere Angaben

Das Konnossement kann außer den im Gesetz vorgeschriebenen Angaben weitere enthal- 18 ten. Dass ist nicht ausdrücklich – wie in § 443 Abs. 1, § 408 Abs. 1 Satz 2 für den Ladeschein – gesagt, folgt aber bereits aus den Eingangsworten („soll").

Es empfiehlt sich, eine Vereinbarung über die **Beförderung an Deck** aufzunehmen, 19 um deren Beweis gegenüber dem gutgläubigen Konnossementsberechtigten im Hinblick auf die Haftung nach § 500 zu ermöglichen (entsprechend § 443 Abs. 1, § 408 Nr. 12 für den Ladeschein), vgl. § 443 Rn. 26.

### V. Verpflichtung zur Aufnahme der Abladerangaben zu Abs. 1 Nr. 7 und 8

Die **Verpflichtung der Verfrachters,** die **Angaben nach Abs. 1 Nr. 7 und 8** so 20 aufzunehmen, wie der Ablader sie wünscht (vgl. dazu Rn. 13), ist nach **Abs. 2** daran gebunden, dass sie dem Verfrachter (vom Befrachter oder vom Ablader) vor Übernahme des Gutes **in Textform** mitgeteilt werden. Textform bedeutet nach **§ 126b BGB,** dass „die Erklärung in einer Urkunde oder auf andere zur dauerhaften Wiedergabe in Schriftzeichen geeignete(n) Weise abgegeben, die Person des Erklärenden genannt und der Abschluss der Erklärung durch Nachbildung der Namensunterschrift oder anders erkennbar gemacht werden". Es genügen also Fax, aber auch Emails ohne eigenhändige Unterschrift.

Dem Verfrachter bleibt, wenn er die Angaben des Abladers über Art oder Beschaffenheit 21 des Gutes nicht für richtig hält, nur die Möglichkeit, einen **Vorbehalt** zu diesen Angaben

---

[21] Gelegentlich wird ein gesondertes Gewichtszertifikat ausgestellt, das den Verfrachter haftungsmäßig bindet; vgl. BGH 2.2.1961, BGHZ 34, 216.
[22] Vgl. *Rabe* § 643 Rn. 11.

nach § 517 Abs. 2 aufzunehmen. Merkzeichen, die nicht lesbar oder nicht dauerhaft angebracht sind, braucht er dagegen nicht in das Konnossement aufzunehmen.

**22**      Die Verpflichtung des Verfrachters, die Angaben über das Gut so anzugeben, wie der Ablader es wünscht, kann nicht für die **Angabe der Zahl der Stücke oder Einheiten** gelten, die sich in einem geschlossenen Lademittel (Container) befinden. Denn diese Zahl erhöht die Haftungsbeschränkungssumme (§ 504 Abs. 1 Satz 2), obwohl sie nicht an der Beweiswirkung des Konnossements teilnimmt, weil sie äußerlich nicht erkennbar ist. Auch ein Vorbehalt nützt dem Verfrachter hinsichtlich der Haftungssumme nichts. Die Aufnahme der Zahl muss, nach ihrer Entstehung und Zweckrichtung (vgl. § 504 Rn. 20) – wie auch in anderer Hinsicht, etwa bei der Haftung des ausführenden Verfrachters, vgl. § 509 Rn. 37 – wie eine Vereinbarung gewertet werden. Deshalb ist Abs. 2 entsprechend restriktiv auszulegen.

### § 516 Form des Konnossements. Verordnungsermächtigung

**(1) Das Konnossement ist vom Verfrachter zu unterzeichnen; eine Nachbildung der eigenhändigen Unterschrift durch Druck oder Stempel genügt.**

**(2) Dem Konnossement gleichgestellt ist eine elektronische Aufzeichnung, die dieselben Funktionen erfüllt wie das Konnossement, sofern sichergestellt ist, dass die Authentizität und die Integrität der Aufzeichnung gewahrt bleiben (elektronisches Konnossement).**

**(3) Das Bundesministerium der Justiz wird ermächtigt, im Einvernehmen mit dem Bundesministerium des Innern durch Rechtsverordnung, die nicht der Zustimmung des Bundesrates bedarf, die Einzelheiten der Ausstellung, Vorlage, Rückgabe und Übertragung eines elektronischen Konnossements sowie die Einzelheiten des Verfahrens einer nachträglichen Eintragung in ein elektronisches Konnossement zu regeln.**

### I. Normzweck

**1**      **Abs. 1** enthält die den § 408 Abs. 2 Satz 3 für den Frachtbrief und § 443 Abs. 1 Satz 2 für den Ladeschein entsprechende Bestimmung über die **vereinfachte Form der Unterzeichnung** des Konnossements. **Abs. 2** schafft, ebenfalls entsprechend dem Vorschlag des BerSV eine rechtliche Basis für die Verwendung sog. **„elektronischer Konnossemente"**. Da hiermit bisher keine praktischen Erfahrungen vorliegen, sieht das Gesetz von einer Regelung im Einzelnen ab und beschränkt sich auf Grundsätze: Sobald ein Bedürfnis dafür erkennbar werden sollte, kann das Bundesministerium der Justiz auf Grund der Ermächtigung in **Abs. 3** durch Rechtsverordnung nähere Einzelheiten regeln.

### II. Entstehungsgeschichte

**2**      Die **Formvorschrift** des Abs. 1 entspricht dem Vorschlag des BerSV (§ 500 Abs. 1 Satz 1). Die dort zusammenfassend ferner vorgeschlagene Bestimmung über die Vertretungsbefugnis des Kapitäns (§ 500 Abs. 1 Satz 2 BerSV) hat ihren Platz in § 513 Abs. 1 Satz 2 gefunden (vgl. dort Rn. 22 ff.).

**3**      Die Regelung eines **elektronischen Konnossements (Abs. 2 und 3)** findet ein gewisses Vorbild in den Rotterdam-Regeln;[1] dort ist allerdings zurückhaltender unter der Bezeichnung „Electronic transport record"[2] die Rede von „information in one or more messages issued by electronic communication under a contract of carriage by a carrier", also nicht notwendig einem einheitlichen Dokument. Der RegE hat sich dem Vorschlag

---

[1] Reg.Begr-SRG S. 92 f.
[2] Art. 1 Nr. 18 RR.

des BerSV nicht angeschlossen, da eine gem. § 126a BGB qualifizierte elektronische Signatur nach dem Signaturgesetz zu aufwendig sei.[3]

### III. Form der Unterschrift

Abs. 1 stellt gegenüber der normalen Schriftform (§ 126), die eigenhändige Unterschrift 4 erfordert, eine **Erleichterung** dar. Die Reg.Begr-SRG weist mit Recht darauf hin, dass auch die Einheitlichen Richtlinien und Gebräuche für Dokumenten-Akkreditive (ERA 600, Art. 17) diese Unterschriftsform ausreichen lassen.[4] Vorausgesetzt ist jedoch eine einheitliche Urkunde.

### IV. Das sog. Elektronische Konnossement

Die Regelung des Abs. 2 soll, wie die Reg.Begr-SRG hervorhebt, das Hindernis beseiti- 5 gen, welches der *numerus clausus* der Orderpapiere in Deutschland der Ausstellung wertpapierrechtlich übertragbarer Konnossemente entgegensetzt. Da es praktische Erfahrungen mit elektronischen Konnossementen nicht gibt und da die Wirtschaft bisher ein brauchbares Modell nicht entwickelt hat, beschränkt sich das Gesetz auf einige Grundsätze, die für den Begriff erfüllt sein müssen: Gefordert wird, dass die „elektronische Aufzeichnung…dieselben Funktionen erfüllt wie das Konnossement" und dass sichergestellt ist, dass „die Authentizität und die Integrität der Aufzeichnung gewahrt bleiben".

Was das im Einzelnen bedeuten könnte, ist in der Reg.Begr-SRG[5] ausgeführt. Hervorge- 6 hoben werden als das Konnossement kennzeichnende Merkmale unter anderem die Beweisfunktion, die Sperrfunktion, die Traditionsfunktion und die Legitimationsfunktion.

Die RegBegr-SRG[6] stellt auch bereits Überlegungen darüber an, welche Einzelheiten 7 durch die vorbehaltene Rechtsverordnung (Abs. 3) geregelt werden könnten. Sie nennt Regeln, die sicherstellen, dass die elektronische Aufzeichnung nur einer Person oder, bei Ausstellung mehrerer Ausfertigungen, nur bestimmten Personen zugeordnet werden kann und dass die nach § 520 Abs. 1 für die Erteilung von Weisungen erforderliche Vorlage des Konnossements, die nach § 521 für die Ablieferung des Gutes erforderliche Rückgabe des Konnossements sowie die nach § 363 Abs. 3, § 364 für die Übertragung eines Orderkonnossements erforderliche Indossierung und Übergabe durch ein elektronisches Verfahren abgebildet werden kann. Mit dieser beispielhaften Liste zeigt die Reg.Begr. zugleich die kritischen Punkte auf, die ein elektronisches Konnossement, das nach Abs. 2 schon vor Erlass der Verordnung als dem papiergebundenen gleichwertig angesehen werden könnte, zufriedenstellend lösen müsste. Voraussichtlich wird der Weg dahin noch weit sein und es erscheint sehr fraglich, ob die Praxis nicht andere Wege finden und wählen wird als die Simulation eines Dokumentes, das seinen Ursprung im Zeitalter des auf Wertpapiere gestützten Handels hat. Darauf deutet schon die flexiblere Formulierung in Art. 1 Nr. 18 der Rotterdam-Regeln hin.

### § 517 Beweiskraft des Konnossements

(1) **[1]Das Konnossement begründet die Vermutung, dass der Verfrachter das Gut so übernommen hat, wie es nach § 515 Absatz 1 Nummer 7 und 8 beschrieben ist. [2]Bezieht sich die Beschreibung auf den Inhalt eines geschlossenen Lademittels, so begründet das Konnossement jedoch nur dann die Vermutung nach Satz 1, wenn der Inhalt vom Verfrachter überprüft und das Ergebnis der Überprüfung im Konnossement eingetragen worden ist. [3]Enthält das Konnossement keine Angabe über die äußerlich erkennbare Verfassung oder Beschaffenheit des Gutes,**

---

[3] RegBegr-SRG S. 93.
[4] S. 92.
[5] S. 93.
[6] AaO.

so begründet das Konnossement die Vermutung, dass der Verfrachter das Gut in äußerlich erkennbar guter Verfassung und Beschaffenheit übernommen hat.

(2) [1]Das Konnossement begründet die Vermutung nach Absatz 1 nicht, soweit der Verfrachter einen Vorbehalt in das Konnossement eingetragen hat. [2]Aus dem Vorbehalt muss sich ergeben,

1. in welcher Verfassung das Gut bei seiner Übernahme durch den Verfrachter war oder wie das Gut bei seiner Übernahme beschaffen war,
2. welche Angabe im Konnossement unrichtig ist und wie die richtige Angabe lautet,
3. welchen Grund der Verfrachter zu der Annahme hatte, dass die Angabe unrichtig ist, oder
4. weshalb der Verfrachter keine ausreichende Gelegenheit hatte, die Angabe nachzuprüfen.

### Übersicht

|  | Rn. |  | Rn. |
|---|---|---|---|
| I. Normzweck | 1 | 4. Maß, Zahl oder Gewicht des Gutes .... | 8 |
| II. Entstehungsgeschichte | 2 | 5. Gut in einem Lademittel | 9 |
| III. Gegenstand der Vermutung | 3–10 | 6. Keine Notwendigkeit mehr für Klausel „Inhalt unbekannt" | 10 |
| 1. Übernahme des Gutes | 4 | IV. Einschränkung der Vermutung durch Vorbehalte | 11–18 |
| 2. Art des Gutes | 5 | V. Haftung für unrichtige Konnossementsausstellung und Abladerrevers .. | 19–21 |
| 3. Äußerlich erkennbare Verfassung und Beschaffenheit | 6, 7 |  |  |

## I. Normzweck

1    Die Vorschrift stellt die **zentrale Bestimmung über die Beweiswirkung des Konnossements** deutlicher und in den Details klarer als das frühere Recht heraus: Die Eintragungen nach § 515 Abs. 1 Nr. 7, 8 erbringen den Beweis dafür, dass der Verfrachter das Gut so, wie es dort beschrieben ist, tatsächlich übernommen hat **(Abs. 1 Satz 1)**. Dieser Grundsatz wird ergänzt durch nähere Umschreibungen des Gegenstandes und Umfangs der von der Eintragung ausgehenden Vermutung **(Abs. 1 Sätze 2, 3, Abs. 2)**. Die Beweiswirkung bildet, in Verbindung mit der Unwiderleglichkeit der Vermutung in der Hand eines gutgläubigen Erwerbers des Konnossements (§ 522 Abs. 2), die Basis für die Handelbarkeit des Papiers.

## II. Entstehungsgeschichte

2    Die Regelung ist fast unverändert aus dem BerSV (§ 503) übernommen worden; der RefE hat in Abs. 1 lediglich die Klarstellung eingefügt, dass die Vermutung sich auch auf Gut in geschlossenen Lademitteln erstreckt, wenn deren Inhalt vom Verfrachter überprüft worden ist und das Ergebnis in das Konnossement eingetragen worden ist. Die Regelung ist sachlich, mit leichten Veränderungen, aus § 656 Abs. 2, 3, § 645 Abs. 2 aF übernommen worden und entspricht Art. 3 § 4 VisbyR.

## III. Gegenstand der Vermutung

3    Gegenstand der Vermutung sind die sog. **„Abladetatsachen".** Nicht bewiesen wird der sonstige Inhalt des Frachtvertrages, auch wenn er im Konnossement seinen Niederschlag findet. Das Konnossement ist eine Urkunde des Frachtvertrages, nicht eine Urkunde über den Frachtvertrag.[1] Das schließt allerdings nicht aus, dass die Angaben im Konnossement auch für den Inhalt des – oft vor Ausstellung des Konnossements nur

---

[1]  So anschaulich Schaps/*Abraham* Vor § 642 Rn. 10.

mündlich und ohne Festlegung aller Details geschlossenen – Frachtvertrages *prima-facie-Beweis* sein können.

**1. Übernahme des Gutes.** Das Konnossement begründet die Vermutung, dass der Ver-   4
frachter das Gut in seine Obhut **übernommen hat.** Handelt es sich um ein Bordkonnossement, schließt diese Vermutung die Verladung auf das im Konnossement genannte Schiff ein.

**2. Art des Gutes.** Die **Empfangsvermutung** bezieht sich auf die nach § 515 Abs. 1   5
Nr. 7 angegebene **Art des Gutes.**[2] Also etwa „Brechkoks Größe 3" oder „Walzstahl".
Diese Angabe kann bereits auf Einschränkungen der Qualität hinweisen, etwa „gebrauchte
Küchenmaschinen" oder gar „Unfall-Pkw". Dann bedarf es wegen dieser Qualitätsminde-
rung keiner weiteren Einschränkungen bei Angabe der Beschaffenheit oder eines Vorbehalts
nach Abs. 2. Die Vermutung bezieht sich ebenfalls nicht auf Eigenschaften, die über die
Kennzeichnung der Art hinausgehen (etwa „Walzstahl, Typ xy, rostgeschützt", vgl. § 515
Rn. 14).

**3. Äußerlich erkennbare Verfassung und Beschaffenheit.** Die **äußerlich erkenn-**   6
**bare Verfassung und Beschaffenheit** braucht nicht mehr, wie nach altem Recht (§ 643
Nr. 8 aF) in jedem Fall angegeben zu werden. Sagt das Konnossement nichts hierüber aus,
so gilt dies als Bestätigung dafür, dass sich das Gut bei Übernahme in äußerlich erkennbar
guter Verfassung und Beschaffenheit („in apparent good order and condition") befand
(Abs. 1 Satz 3);[3] dieser Regelfall braucht jetzt nicht mehr angegeben zu werden, weil dies
überflüssiger Formalismus wäre.[4]

Die Vermutung bezieht sich auf den Erhalt von Gut, das **frei von äußerlich und ohne**   7
**spezielle Warenkenntnis erkennbaren Mängeln**[5] war. Bei unverpacktem Gut wird etwa
die Freiheit von offensichtlichen Artabweichungen (Gerste statt Weizen) oder Qualitäts-
mängeln (Rost, Ungeziefer, Beschädigungen) bestätigt. Bei verpacktem Gut kann sich die
Vermutung nur darauf beziehen, dass es ohne erkennbare Beschädigung der Verpackung
und ohne Spuren entgegengenommen wurde, die auf Schäden des Gutes selbst hindeuten
(Auslaufen von Flüssigkeit, nasse Stellen).

**4. Maß, Zahl oder Gewicht des Gutes.** Obwohl die Angaben zu Maß, Zahl oder   8
Gewicht nur alternativ vorgeschrieben sind (vgl. § 515 Rn. 15), erstreckt sich die Beweisver-
mutung auch auf mehrere Angaben, wenn der Verfrachter sie aufnimmt. Sofern er einzelne
Angaben – wie meist das Gewicht – nicht überprüfen kann, steht ihm die Möglichkeit des
Vorbehalts nach Abs. 2 zur Verfügung

**5. Gut in einem Lademittel.** Das Gesetz schränkt die Beweiswirkung ausdrücklich   9
ein für den **Inhalt eines geschlossenen Lademittels (Abs. 1 Satz 2).** Diese Klarstellung
ist einerseits überflüssig, da der Inhalt offenbar nicht „äußerlich erkennbar" ist; sie ist andererseits zu eng: Als Lademittel wird nach § 484 Satz 2[6] ein Gerät verstanden, das – wie ein
Container oder eine Palette – zur Zusammenfassung von Frachtstücken verwendet wird
(so auch in § 504 Abs. 1 Satz 2). Gleiches muss aber für jedes verpackte Gut gelten, auch
in Kisten oder Säcken.[7] Es gilt aber naturgemäß nicht, wenn der Verfrachter das Gut zur
besseren Handhabung beim Transport in ein – eigenes oder fremde – Lademittel (zB eigenen
Container) packt.

---

[2] Die Vorschrift geht über Art. III § 4 HR hinaus, der lediglich eine Vermutung für die Richtigkeit von
Merkzeichen, Menge und äußerlich erkennbarer Verfassung und Beschaffenheit des Gutes vorsieht, vgl. *Rabe*
(zu § 656 aF Rn. 20).
[3] Das entsprach schon bisher der hM, vgl. *Rabe* § 656 Rn. 23.
[4] Reg.Begr-SRG S. 93; so schon bisher für den Ladeschein, vgl. MüKoHGB, 2. Aufl., § 444 Rn. 39.
[5] OLG Hamburg 9.5.1985, TranspR 1986, 294; ähnlich Schaps/*Abraham* § 656 Rn. 9.
[6] Auf den die Reg.Begr-SRG S. 93 ausdrücklich verweist.
[7] Daher war die Ausnahme im BerSV („Inhalt eines Packstücks oder geschlossenen Behälters") zutreffender,
wenngleich ebenfalls entbehrlich.

10    **6. Keine Notwendigkeit mehr für Klausel „Inhalt unbekannt".** Die Regelung des Abs. 1 macht jedenfalls künftig den − früher nach § 656 Abs. 3 Nr. 2 aF zum Ausschluss der Vermutung hinsichtlich des Inhalts verpackter oder in geschlossenen Gefäßen übergebenen Gutes vorgeschriebenen − **Vermerk „Inhalt unbekannt" („contents unknown")** **überflüssig.** Mit Rücksicht auf die Übung und ausländische Rechtsordnungen wird die Klausel dennoch für einige Zeit weiter angewendet werden.

## IV. Einschränkung der Vermutung durch Vorbehalte

11    Nach **Abs. 2** kann der Verfrachter die Beweiswirkung der Angaben nach § 515 Abs. 1 Nr. 7, 8, die er nach neuem Recht in jedem Fall auf Verlangen des Abladers unverändert aufnehmen muss (§ 515 Abs. 2)[8], durch einen Vorbehalt einschränken. Dieser **Vorbehalt** ist nur wirksam, wenn er mit einem der enumerativ in Abs. 2 genannten Gründe **begründet** ist. Die Begründung eines Vorbehalts (bisher: „Zusatz", § 646 aF; in der Praxis auch „Abschreibung") war nach altem Recht nicht ausdrücklich vorgeschrieben, wurde aber von der Rechtsprechung aus dem Wortlaut des § 646 aF („entsprechender Zusatz") hergeleitet.[9] Jedoch waren nach altem Recht die Gründe nicht so präzise umschrieben wie nach Abs. 2.[10]

12    Werden mehrere Ausfertigungen des Konnossements ausgestellt, muss der Vorbehalt in alle eingetragen werden, denn diese müssen gleichlautend sein (§ 514 Rn. 14). Wird dem Verfrachter am Bestimmungsort ein Exemplar ohne Vorbehalt vorgelegt, kann er sich auf die Einschränkung nicht berufen.[11]

13    Nunmehr ist klargestellt, dass sich aus dem Vorbehalt **einer der folgenden Gründe**[12] ergeben muss:

14    1. Beurteilt der Verfrachter die **äußerlich erkennbare Verfassung oder Beschaffenheit** des Gutes anders, als sie der Ablader zur Eintragung in das Konnossement angegeben hat, so gibt er an, in welcher Verfassung das Gut bei Übernahme nach seiner Einschätzung wirklich war oder wie es bei Übernahme beschaffen war. Etwa: „Ungewöhnlich stark verrostet", „Säcke nass". Auch: „Unzureichende Vorkühlung", die aus der Aufzeichnung der Temperaturscheibe eines Kühlcontainers bei Übernahme ersichtlich war.[13] Hier bedarf es keiner weiteren Begründung, die Feststellung spricht für sich selbst.

15    2. Ist eine **andere Angabe im Konnossement** − etwa ein Merkzeichen oder die Zahl, das Gewicht oder das Maß des Gutes − **unrichtig,** so gibt er das richtige Merkzeichen oder die richtige Zahl an. Auch hier ist eine weitere Begründung nicht erforderlich.

16    3. Hat der Verfrachter **lediglich Grund zu der Annahme, dass eine Angabe falsch ist,** kann er die richtige Angabe aber nicht ohne Weiteres feststellen − etwa, weil sich erst beim Verladen gezeigt hat, dass das Gewicht offenbar als zu gering angegeben ist −, so vermerkt er nur diese Feststellung, ohne sie durch eine richtige Angabe ersetzen zu können. Dafür muss er den Grund angeben. Etwa: „Gewicht unzutreffend − Keine Wiegemöglichkeit". Während die Annahme des Verfrachters, dass eine Angabe unrichtig ist, nur subjektiv begründet zu sein braucht, muss der Mangel der Nachprüfbarkeit objektiv gegeben sein.[14]

17    4. Hat der Verfrachter **keinen besonderen Anhalt für die Annahme, dass eine Angabe unrichtig ist, kann er aber die Angabe nicht nachprüfen,**[15] so kann er dies

---

[8] Was nach § 645 Abs. 2 Nr. 2 aF nicht stets geboten war; doch konnte auch nach altem Recht die als unrichtig erkannte Angabe aufgenommen und durch einen „Zusatz" nach § 646 aF entkräftet werden.
[9] BGH 26.9.1957, BGHZ 25, 250, 261; BGH 19.4.1982, VersR 1982, 696; *Rabe* § 646 Rn. 4.
[10] Vgl. auch Reg.Begr-SRG S. 95. § 645 Abs. 2 Nr. 2 aF verlangte für den Vorbehalt lediglich, „dass die Angaben des Abladers ungenau (=unrichtig) sind" oder dass „er keine ausreichende Gelegenheit hat, diese Angaben nachzuprüfen".
[11] *Rabe* § 646 aF Rn. 2.
[12] Die Auffassung, dass eine Begründung nicht erforderlich ist, wenn der Verfrachter für die Beförderung nicht unter die zwingende Haftung fällt (vgl. *Rabe* § 646 Rn. 7 mN), lässt sich jedenfalls nach neuem Recht des SRG nicht halten.
[13] Vgl. den Fall OLG Hamburg 3.8.1995, TranspR 1996, 29.
[14] Schaps/*Abraham* § 645 Rn. 7; *Rabe* § 646 Rn. 6.
[15] Diese Unmöglichkeit muss objektiv im Einzelfall bestehen, es genügen keine allgemeinen Hinweise auf das „Massengeschäft". vgl. auch *Rabe* § 645 Rn. 12.

auf dem Konnossement vermerken. Das gilt in besonderem Maße für das Gewicht, das meist aus praktischen Gründen nicht überprüft werden kann, sodass sich häufig die Klausel **„Gewicht unbekannt"** findet. Es wäre übertriebener Formalismus, hier noch den Zusatz zu verlangen: „da keine Wiegemöglichkeit"[16], weil dies international nicht üblich und der Grund offenbar ist. Anders aber, wenn ausnahmsweise der äußere Zustand des Gutes nicht überprüft werden kann: Etwa: „Zustand nicht nachprüfbar wegen Dunkelheit, starken Regens und Eile."

Der wirksame **Vorbehalt schränkt die Beweiswirkung der Angabe ein.** Es wird also **18** nicht nach § 517 Abs. 1, § 522 vermutet, dass der Verfrachter das Gut in guter äußerlicher Verfassung so erhalten hat, wie es entsprechend der Abladerangabe im Konnossement eingetragen ist, vielmehr nur mit den im Vorbehalt angegebenen Einschränkungen. Der Empfänger oder Befrachter muss deshalb, wenn er einen Anspruch auf Schadensersatz wegen Verlust oder Beschädigung erhebt, den behaupteten besseren Zustand beweisen. Der Vorbehalt dient also primär dem Schutz des Verfrachters gegen eine ungerechtfertigte Tatsachenvermutung zu seinen Lasten.

### V. Haftung für unrichtige Konnossementsausstellung und Abladerrevers

Mit der Vermutung nach § 517 Abs. 1, die in der Hand eines gutgläubigen Besitzers des **19** Konnossements sogar zu einer unwiderleglichen wird (§ 522 Abs. 1), **dient das Konnossement zugleich als Basis für den Anspruch des (jeweiligen) Konnossementsberechtigten gegen den Verfrachter.** Dieser trägt den Vorbehalt deshalb nicht nur im eigenen Beweisinteresse ein, sondern auch zum Schutz des Empfängers. Zwar hat dieser bei unrichtigen Angaben über Art oder Zustand einen Ersatzanspruch gegen den Verfrachter, der sich so behandeln lassen muss, als habe er das Gut in ordnungsgemäßem Zustand erhalten. Doch kann dieser Anspruch allein seinen Schaden regelmäßig nicht ausgleichen. Deshalb muss der Verfrachter offenbare Fehler der Angaben durch einen Vorbehalt auch im Interesse des Konnossementsberechtigten korrigieren. Andernfalls ist er diesem zum Schadensersatz verpflichtet (§ 523 Abs. 2), vgl. die Erl. dort.

Da ein Konnossement, welches einen Vorbehalt enthält, der auf einen mangelhaften **20** Zustand der Ware oder der Verpackung hinweist, als sog. „unreines" Konnossement nicht akkreditivfähig[17] ist, ist der Ablader regelmäßig daran interessiert, Vorbehalte zu vermeiden. Hat der Verfrachter erhebliche Zweifel an der Richtigkeit der Angabe des Abladers, beruft sich dieser aber auf die angebliche Handelsüblichkeit des minderen Zustandes des Gutes, etwa eines moderaten Rostbefalls von Eisenteilen, so kommt es in der Praxis häufig zu einer Vereinbarung zwischen Verfrachter und Ablader, wonach der Verfrachter auf einen Vorbehalt verzichtet, der Ablader sich aber verpflichtet, den Verfrachter von etwaigen Schadensersatzansprüchen des Konnossementsinhabers freizustellen (sog. **Abladerrevers**).

Diese Reversverpflichtungen sind sinnvoll, wo der Verfrachter sich mangels eigener **21** Fachkunde auf die Angaben des Abladers verlassen muss, etwa beim handelsüblichen Grad des Rostansatzes von Stahl oder der Randbeschädigung von Papierrollen. Ist der Verfrachter im Zweifel, ob ein Mangel vorliegt und erscheint ihm dieser jedenfalls geringfügig, so kann er sein Haftungsrisiko in dieser Weise absichern. Erkennt er jedoch, dass **bei völlig zweifelsfreien Mängeln ein reines Konnossement gegen die Erteilung eines Reverses** ausgestellt werden soll und muss sich ihm aufdrängen, dass das reine Konnossement zum Zweck der Täuschung des Empfängers ausgestellt werden soll, dann wird die Reversverpflichtung von der Rechtsprechung als sittenwidrig und nach § 138 BGB unwirksam angesehen.[18] Denn unterlässt der Verfrachter den Vorbehalt, so ist das Konnossement geeig-

---

[16] Zweifelnd aber Schaps/*Abraham* § 646 Rn. 1.

[17] Vgl. ERA 27; eine bloße Unbekannt-Klausel macht das Konnossement dagegen nicht „unrein", vgl. auch *Rabe* § 656 Rn. 32.

[18] OLG Hamburg 2.3.2000, TranspR 2000, 315, 316; OLG Hamburg, 6.9.1984, VersR 1986, 385 ff.; BGH 25.1.1973, BGHZ 60,102 ff.; zu den Voraussetzungen für eine wirksame Abladergarantie wegen leichter Zweifel oder geringfügiger Qualitätsabweichungen vgl. eingehend *Rabe* § 656 Rn. 32 ff.

net, den Empfänger über die Menge oder Qualität der Güter zu täuschen und ihm dadurch Schaden zuzufügen, indem er etwa gegen Übergabe des Konnossements den Kaufpreis zahlt, ohne seine kaufvertraglichen Rechte geltend zu machen. Der Maßstab für die subjektiven Anforderungen an die Sittenwidrigkeit des Reverses ist jedoch strenger anzusetzen als der für die Haftung nach § 523 Abs. 1, für die bereits die Außerachtlassung der Sorgfalt eines ordentlichen Verfrachters bei der Feststellung des Mangels ausreicht (§ 523 Abs. 1 Satz 3).

## § 518 Stellung des Reeders bei mangelhafter Verfrachterangabe

**Ist in einem Konnossement, das vom Kapitän oder von einem anderen zur Zeichnung von Konnossementen für den Reeder Befugten ausgestellt wurde, der Verfrachter nicht angegeben oder ist in diesem Konnossement als Verfrachter eine Person angegeben, die nicht der Verfrachter ist, so ist aus dem Konnossement anstelle des Verfrachters der Reeder berechtigt und verpflichtet.**

**Schrifttum:** *Rabe,* Die IOC-Klausel – Lösung oder Diskussion ohne Ende?, TranspR 1989, 81; *Karsten Schmidt,* Identity of the Carrier, Bemerkungen zum Urteil des Hans OLG Hamburg vom 15.12.1988, TranspR 1989, 41; *Detlef Zschoche,* Zur Reichweite des § 644 HGB, Zugleich eine Anmerkung zu dem Urteil des Landgerichtes Hamburg vom 7. Februar 1984, TranspR 1985, 170.

### I. Normzweck

1    Die Vorschrift, die sich an § 644 aF anlehnt, regelt den Fall, dass ein Konnossement den Verfrachter nicht angibt oder dass eine Person als Verfrachter angegeben ist, die in Wirklichkeit nicht der Verfrachter ist. Wird ein solches Konnossement vom Kapitän oder einem anderen für den Reeder Zeichnungsberechtigten ausgestellt, so soll der Reeder als der Verfrachter im Sinne des Konnossementsrechts angesehen werden. Damit hat die Regelung vor allem eine Schutzfunktion zugunsten des Empfängers,[1] indem sie die Wirksamkeit des Konnossements auch beim Ausfall des vorgesehenen Verpflichteten gewährleistet.

2    Die Bestimmung trennt klarer als § 644 aF die Fälle, in denen der Reeder als aus dem Konnossement Verpflichteter anzusehen ist von Fällen, in denen er wegen unrichtiger Angaben im Konnossement dem Berechtigten zum Schadensersatz verpflichtet ist; letztere sind in § 523 Abs. 3 geregelt.[2] Die Regelung hat vor allem praktische Bedeutung, wenn der als Verfrachter im Konnossement Angegebene nicht Partner des Frachtvertrages ist oder der Vertrag unwirksam ist; denn dann konnte der Kapitän oder sonstige Vertreter des Reeders ihn nicht wirksam vertreten (§ 513 Rn. 25).

### II. Entstehungsgeschichte

3    Die Vorschrift entspricht dem Vorschlag der Sachverständigengruppe (§ 502 BerSV). Sie erklärt eindeutiger als § 644 aF den Reeder auch dann zum Konnossementsschuldner, wenn ein anderer als Verfrachter angegeben ist, dieser jedoch nicht tatsächlich Vertragspartei des Frachtvertrages ist. Die Formulierung vermeidet ferner die Gefahr einer nicht gewollten Auslegung, dass der Reeder in den genannten Fällen nicht nur aus dem Konnossement haftet, sondern auch aus dem Frachtvertrag.[3]

### III. Voraussetzung

4    **1. Erste Alternative.** In der ersten Alternative, die nach altem Recht nicht ausdrücklich genannt war, ist ein Verfrachter – als der aus dem Konnossement Verpflichtete – überhaupt

---

[1] *Rabe* § 644 Rn. 1.
[2] Beide Tatbestände können sich allerdings in Randbereichen überschneiden, wenn die unrichtige Angabe des Verfrachters zu dessen Ersetzung durch den Reeder nach § 518 führt, dieser Wechsel für den Konnossementsberechtigten aber außerdem zu einem Schaden führt, vgl. dazu § 523 Rn. 15.
[3] So Schaps/*Abraham* § 644 Rn. 3; aA *Rabe* § 644 Rn. 13: Wegen dieser Auslegung hat die Formulierung „so gilt der Reeder als Verfrachter" keinen Einzug mehr in die Neuregelung gefunden.

nicht genannt. Dem muss gleichstehen, dass die Angabe unverständlich oder so unvollständig ist, dass der Verpflichtete nicht aus dem Konnossement ermittelt werden kann.[4] Die nach früheren Recht zweifelhafte Auslegung der Angabe, dass der Kapitän „for and on behalf of the charterers" zeichnet,[5] ist nach neuem Recht dahin zu beantworten, dass der Verfrachter nicht angegeben ist:[6] Sein Name und, wenn für die Identifikation erforderlich, seine Adresse muss sich aus dem Dokument selbst ergeben. Fehlt die Angabe des Verfrachters als Hauptverpflichteten aus dem Konnossement, so fingiert das Gesetz den Reeder als aus dem Konnossement Verpflichteten.

**2. Zweite Alternative.** In der zweiten Alternative ist jemand angegeben, der jedoch   5 nicht Partner des Frachtvertrages ist. Dabei ist unerheblich, ob die Eintragung auf einem bloßen Irrtum über die Person beruht oder etwa der Frachtvertrag unwirksam ist. Kapitän und anderer Vertreter des Reeders haben kraft Gesetzes (§ 513 Abs. 1 Satz 2) eine Vertretungsmacht nur für den wirklichen Verfrachter.[7]

**3. Gemeinsame Voraussetzung.** Vorausgesetzt ist in beiden Alternativen, dass der   6 Kapitän oder ein vom Reeder zur Zeichnung von Konnossementen Bevollmächtigter das Konnossement unterzeichnet hat. Nur dieser hätte die gesetzliche Vertretungsmacht für den Verfrachter gehabt und nur dieser kann mit seiner Unterschrift den Reeder – für den er gesetzliche (§ 479 Abs. 1) oder vertragliche Vertretungsmacht hat – verpflichten. Die Vorschrift gilt deshalb nicht, wenn ein Vertreter des Verfrachters das Konnossement unterzeichnet.[8] Bei der in der Praxis häufigen Unterzeichnung des Konnossements durch einen anderen als den Kapitän in dessen Untervollmacht („for the master") treten die Wirkungen zu Lasten des Reeders nur dann ein, wenn der Unterzeichnende (etwa ein Agent des Zeitcharterers, vgl. Schaps/*Abraham* § 644 Rn. 1) wirklich vom Kapitän bevollmächtigt war.

### IV. Rechtsfolgen

Der Reeder tritt **an die Stelle des Verfrachters** als Konnossementsschuldner. Er hat   7 die **Verpflichtungen** aus dem Konnossement, aber natürlich auch die Einwendungen, die ihm gegen den Konnossementsanspruch zustehen.[9] Das Gesetz nennt neben den Verpflichtungen auch die **Rechte des Konnossementsschuldners.** Zwar verbrieft das Konnossement grundsätzlich nur Ansprüche gegen den Konnossementsschuldner, doch sind Gegenansprüche, die sich aus der Ablieferung beim Empfänger ergeben können, mit von der wertpapierrechtlichen Verbriefung erfasst.[10] So namentlich der Anspruch auf noch ausstehende Fracht, der bei einem Konnossement, welches vom Kapitän unwirksam für den Verfrachter unterzeichnet ist, dem deshalb aus dem Konnossement haftenden Reeder zusteht.[11] Zu denken ist ferner an das Recht der Hinterlegung und des Verkaufs des Gutes im Falle des § 521 Abs. 3.

Der an die Stelle des Verfrachters tretende Reeder ist der **alleinige Konnossements-**   8 **schuldner.** Es erscheint terminologisch verfehlt, sein Eintreten als „privative Haftung aus dem Konnossement" zu bezeichnen.[12] Er ist von Anfang an der einzige Verpflichtete. Zwar haftet der wirkliche Verfrachter – wenn ein wirksamer Frachtvertrag mit einer anderen

---

[4] Eine Überschneidung mit der Ersatzpflicht aus § 523 Abs. 3 ist dabei in Kauf zu nehmen; vgl. dazu § 523 Rn. 14.
[5] Vgl. die Fälle bei *Rabe* § 644 Rn. 10–12.
[6] So schon nach altem Recht Schaps/*Abraham* § 644 Rn. 2.
[7] § 513 Rn. 25; BGH 10.10.1957, BGHZ 25, 300.
[8] *Rabe* § 644 Rn. 3; Schaps/*Abraham* § 644 Rn. 1.
[9] RegBegr-SRG S. 94.
[10] Weitergehende Ansprüche gegen den Empfänger als die verbrieften – etwa auf Ersatz von Liegegeld – können nur auf Grund das Frachtvertrages geltend gemacht werden, wenn dieser eine entsprechenden Anspruch begründet (§ 494 Abs. 2, 3). Zu dieser Problematik nach altem Recht vgl. *Rabe* § 644 Rn. 14.
[11] BGH 10.10.1957, BGHZ 25, 300 ff.
[12] So *Rabe* § 644 Rn. 4 mN.

Person besteht – weiterhin aus dem Frachtvertrag, der dem Konnossement zu Grunde liegt, doch ist diese Haftung von der aus dem Konnossement konstruktiv streng zu trennen und kann auch von dem Gläubiger während der Dauer der Verbriefung durch das Konnossement nicht geltend gemacht werden (§ 519 Abs. 1).

9    Wird die Beförderung von einem **ausführenden Verfrachter** ausgeführt (§ 509), so haftet dieser nicht aus dem Konnossement. Die wertpapierrechtliche Haftung des ausführenden Verfrachters (vgl. dazu § 522 Rn. 28) kann nur dann eintreten, wenn der Konnossementsschuldner zugleich wirklicher Verfrachter ist. Dieser kann zwar mit dem Reeder identisch sein. Ist jedoch der Verfrachter nicht zugleich Konnossementsschuldner – wie in den Fällen des § 518 –, dann bleibt auch die Haftung nach § 509 außerhalb des Wertpapiers, ist also eine nur schuldrechtlich-quasivertragliche Haftung, die gesamtschuldnerisch mit der des vertragschließenden Verfrachters besteht und während der Verbriefung nicht geltend gemacht werden kann (§ 519 Abs. 1).

## § 519 Berechtigung aus dem Konnossement. Legitimation

**[1]Die im Konnossement verbrieften seefrachtvertraglichen Ansprüche können nur von dem aus dem Konnossement Berechtigten geltend gemacht werden. [2]Zugunsten des legitimierten Besitzers des Konnossements wird vermutet, dass er der aus dem Konnossement Berechtigte ist. [3]Legitimierter Besitzer des Konnossements ist, wer ein Konnossement besitzt, das**
1. **auf den Inhaber lautet,**
2. **an Order lautet und den Besitzer als Empfänger benennt oder durch eine ununterbrochene Reihe von Indossamenten ausweist oder**
3. **auf den Namen des Besitzers lautet.**

**Schrifttum:** *Döser,* Inkorporationsklauseln in Konnossementen, Diss. Hamburg 2004.

### Übersicht

| | Rn. | | Rn. |
|---|---|---|---|
| I. Normzweck | 1 | IV. Sperre für Ansprüche aus dem Frachtvertrag | 10–17 |
| II. Entstehungsgeschichte | 2 | 1. Verbriefte Ansprüche | 11–15 |
| | | 2. Nicht verbriefte Ansprüche | 16 |
| III. Berechtigung und Legitimation | 3–9 | 3. Ende der Sperre | 17 |

### I. Normzweck

1    Die Vorschrift führt die **wertpapierrechtlichen Grundbegriffe** in das Konnossementsrecht ein. Zugleich klärt sie das **Verhältnis des Konnossementsanspruchs zum Frachtvertrag.** Sie schließt damit an § 656 Abs. 1 aF an, der im Zusammenspiel mit § 656 Abs. 4 aF zumindest die beiden Anspruchsebenen zu trennen versuchte.[1]

### II. Entstehungsgeschichte

2    Die Einführung des wertpapierrechtlichen Begriffs **„legitimierter Besitzer"** geht auf den Vorschlag der Sachverständigengruppe (§ 507 Abs. 1 BerSV) zurück. Der RefE-SRG hat darüber hinaus den Terminus des **„aus dem Konnossement Berechtigten"** eingeführt und durchgängig an Stelle des Begriffes „Empfänger" verwendet. Damit schließt die Terminologie an § 364 an[2] und vermeidet die Verwendung des Begriffs „Empfänger" im Konnossementsrecht, da sie leicht zur Verwechslung mit dem aus dem Frachtvertrag Berechtigten führen kann. Der RegE-SRG hat die Legitimation für die verschiedenen

---

[1] Zum alten Recht vgl. Schaps/*Abraham* § 656 Rn. 2; *Rabe* § 656 Rn. 2, 27.
[2] RegBegr-SRG S. 95.

Konnossementsarten näher umschrieben. Ferner hat er den wichtigen Grundsatz klar in Satz 1 ausgedrückt, dass der **Konnossementsanspruch den frachtrechtlichen überlagert**[3] und dessen Geltendmachung ausschließt.

## III. Berechtigung und Legitimation

Aus dem Konnossement berechtigt ist der Eigentümer des Papiers. Die **Berechtigung** 3 **wird vermutet,** wenn er das Papier, das ihn **formell legitimiert, in Besitz hat;** er wird dann als „legitimierter Besitzer" bezeichnet **(Satz 2),** der auf Grund der bloßen Legitimation die Rechte aus dem Konnossement geltend machen kann und an den der Konnossementsschuldner befreiend leisten kann. Der Konnossementsschuldner braucht jedoch an den legitimierten Besitzer nicht zu leisten[4] und kann an ihn nicht mit schuldbefreiender Wirkung leisten (§ 521 Abs. 2 Satz 2), wenn ihm bekannt oder infolge grober Fahrlässigkeit unbekannt ist, dass der legitimierte Besitzer nicht der wirklich Berechtigte aus dem Papier (also dessen Eigentümer) ist (dazu § 522 Rn. 24).

Die **Legitimation** ist bei den verschiedenen Konnossementsarten unterschiedlich ausge- 4 staltet:

Beim **Inhaberkonnossement,** das durch bloße Einigung und Übergabe übertragen 5 wird und in der Praxis deshalb wegen seiner besonderen Gefahren für die Beteiligten nicht verwendet wird, ist jeder Besitzer ohne Erwähnung in dem Papier legitimiert. Es genügt die Inhaberklausel.

Beim **Orderkonnossement,** das durch Einigung und Übergabe des indossierten Papiers 6 übertragen wird, ist der Besitzer legitimiert, der als Empfänger benannt ist oder auf dessen Name eine **ununterbrochene Reihe von Indossamenten** hinführt. Die Indossamente können den Indossatar bezeichnen, der dann der Indossant eines etwa noch folgenden Indossaments sein muss. Sie können aber auch **Blankoindossamente** sein, die jeden Besitzer legitimieren und nach denen ein bisher in der Indossamentenkette nicht auftauchender Name Indossant des nächsten Indossaments sein kann. Ist das letzte Indossament ein Blankoindossament, kann das Konnossement praktisch wie ein Inhaberkonnossement übertragen werden.

Die Wendung **„als Empfänger benannt"** darf beim Orderkonnossement nicht zu 7 wörtlich genommen werden. Das Gesetz hätte hier folgerichtig von dem „aus dem Konnossement Berechtigten" sprechen müssen, um eine Verwechselung mit dem aus dem Frachtvertrag berechtigten Empfänger zu vermeiden.[5] Dies hätte jedoch nicht der Praxis entsprochen, die – insbesondere im anglo-amerikanischen Bereich – die Rechtsverhältnisse aus Konnossement und Frachtvertrag systematisch und terminologisch nicht scharf trennt und den Berechtigten stets als Empfänger (consignee) bezeichnet. Deshalb muss jede Bezeichnung des Berechtigten genügen, so namentlich auch durch die bloße Orderklausel („an die Order des Abladers" oder „an Order", die das Gesetz auf den Ablader bezieht, § 513 Abs. 1 Satz 1).

Beim **Rekta-(Namens-) Konnossement** ist nur der Besitzer legitimiert, dessen Name 8 als Empfänger auf dem Papier steht. Eine Übertragung in wertpapierrechtlicher Form ist nicht möglich. Wird der verbriefte Anspruch durch Abtretung weiter übertragen, so folgt zwar das Eigentum am Papier dem Anspruch (§ 950 BGB), doch ist der Zessionar nicht wertpapierrechtlich legitimiert. Macht er den Anspruch aus dem Konnossement geltend, so muss er deshalb seine Berechtigung (etwa durch Vorlegung einer Abtretungsurkunde) nachweisen. Da der Anspruch nach wie vor verbrieft ist, bedarf es auch der Vorlage des Papiers.

Die Legitimation setzt **nicht die Echtheit der Unterschriften** voraus. Vielmehr hat 9 der Verfrachter, wenn er sich zur Erbringung seiner Leistung auf die Legitimation stützt,

---

[3] Vgl. auch RegBegr-SRG S. 94.
[4] § 521 Abs. 2 Satz 2; auch § 520 Abs. 1 Satz 3.
[5] Diese Gleichstellung nimmt etwa *Ramming* TranspR 2006, 95, 100 vor.

nur die äußere Erscheinung zu prüfen, sofern er nicht Anzeichen für eine Fälschung hat (vgl. § 522 Rn. 5, 7).

### IV. Sperre für Ansprüche aus dem Frachtvertrag

10  **Satz 1** spricht erstmals den Grundsatz aus, dass neben den im Konnossement verbrieften Ansprüchen nicht parallel Ansprüche aus dem Frachtvertrag geltend gemacht werden können: Das **Konnossement überlagert den Frachtvertrag,** der nicht notwendig mit den Rechtsverhältnissen aus dem Konnossement identisch ist. Welche Ansprüche im Konnossement verbrieft sind, ergibt sich allein aus der Urkunde in Verbindung mit dem Gesetz.

11  **1. Verbriefte Ansprüche.** Verbrieft im Konnossement sind die **Ansprüche gegen den Verfrachter auf Beförderung** zum Bestimmungsort **und auf Auslieferung** an den Konnossementsberechtigten. Neben diesen Primäransprüchen verbrieft das Konnossement auch die eventuellen **Ansprüche auf Schadensersatz** wegen Verlust oder Beschädigung des Gutes.[6] Die verbrieften Ansprüche sind in ihrem Bestehen unabhängig von Inhalt und Wirksamkeit des Frachtvertrages und insofern streng einseitig,[7] als ihnen Gegenansprüche aus dem Vertrag nur entgegengehalten werden können, wenn sie sich aus dem Konnossement ergeben.

12  Das Konnossement verbrieft ferner die Schadensersatzansprüche **gegen den ausführenden Verfrachter.** Das wird im Gesetz nicht ausdrücklich gesagt, folgt jedoch aus § 522 (vgl. § 522 Rn. 27).

13  **Nicht Gegenstand** des Konnossementsanspruchs sind in der Regel – sofern nicht, was zulässig ist, eine bestimmte Ankunftszeit im Konnossement zugesichert ist – Ansprüche auf Schadensersatz wegen **Verzugs.** Ebenso nicht Ansprüche wegen Verletzung der Vertragspflichten aus dem Frachtvertrag **(§ 280 BGB)** – früher: positiver Vertragsverletzung.

14  Im Konnossementsanspruch **enthalten** sind nur ausnahmsweise auch Ansprüche des Verfrachters gegen den Empfänger, insbesondere der bei Entgegennahme der Sendung entstehende Anspruch gegen den Empfänger auf **Zahlung ausstehender Fracht**[8] (soweit sie sich aus dem Konnossement ergibt, nicht (nur) aus dem Frachtvertrag) (§ 518 Rn. 6).

15  Sind im Konnossement versehentlich **weniger oder andere Güter** angegeben, als Gegenstand des Frachtvertrages waren, so bleiben für die nicht aufgeführten Güter alle Rechte aus dem Frachtvertrag erhalten. Gleiches gilt für die nicht im Konnossement verbrieften Ansprüche wegen Verzugs oder wegen sonstiger Vertragsverletzungen (vgl. Rn. 13).

16  **2. Nicht verbriefte Ansprüche. Soweit frachtvertragliche Rechte nicht im Konnossement verbrieft sind,** können sie aus dem Frachtvertrag geltend gemacht werden. Fraglich ist dann jedoch oft, wem die Ansprüche in diesen Fällen zustehen. In der Regel wird man annehmen können, dass der Auslieferungs- und Ersatzanspruch auf den Konnossementsinhaber mit der Übertragung des Konnossements zugleich stillschweigend abgetreten wird, dass aber alle anderen Ansprüche aus dem Frachtvertrag auch nach Begebung eines Konnossements beim Befrachter verbleiben.[9]

17  **3. Ende der Sperre.** Die Ansprüche aus dem Frachtvertrag werden **nur so lange** blockiert, wie sie durch das Konnossement verbrieft sind. Die Blockade endet etwa, wenn der Berechtigte die Annahme der Güter ablehnt; dann darf der Befrachter die Rechte aus dem Frachtvertrag wieder geltend machen.[10] Ist das Konnossement verloren gegangen, bleiben die Ansprüche jedoch verbrieft, sofern der Berechtigte seine Ansprüche geltend macht und ein Aufgebotsverfahren einleitet; er kann dann Ablieferung gegen Sicherheit nach § 365 Abs. 2 Satz 2 verlangen.

---

[6]  BGH 26.9.1957, BGHZ 25, 250 ff.; RegBegr-SRG S. 94.
[7]  Schaps/*Abraham* § 656 Rn. 1.
[8]  § 521 Abs. 1 Satz 2; Schaps/*Abraham* § 656 Rn. 1.
[9]  So auch Schaps/*Abraham* § 656 Rn. 31.
[10]  OLG Hamburg 12.9.2002, TranspR 2003, 400 ff.; *Rabe* § 656 Rn. 30.

## § 520 Befolgung von Weisungen

(1) [1]Ist ein Konnossement ausgestellt, so steht das Verfügungsrecht nach den §§ 491 und 492 ausschließlich dem legitimierten Besitzer des Konnossements zu. [2]Der Verfrachter darf Weisungen nur gegen Vorlage sämtlicher Ausfertigungen des Konnossements ausführen. [3]Weisungen eines legitimierten Besitzers des Konnossements darf der Verfrachter jedoch nicht ausführen, wenn ihm bekannt oder infolge grober Fahrlässigkeit unbekannt ist, dass der legitimierte Besitzer des Konnossements nicht der aus dem Konnossement Berechtigte ist.

(2) [1]Befolgt der Verfrachter Weisungen, ohne sich sämtliche Ausfertigungen des Konnossements vorlegen zu lassen, haftet er dem aus dem Konnossement Berechtigten für den Schaden, der diesem daraus entsteht. [2]Die Haftung ist auf den Betrag begrenzt, der bei Verlust des Gutes zu zahlen wäre.

### Übersicht

|  | Rn. |  | Rn. |
|---|---|---|---|
| I. Normzweck | 1 | IV. Haftung bei Verletzung der Vorschrift | 8–10 |
| II. Entstehungsgeschichte | 2 | V. Regelung für Seefrachtbriefe mit Sperrvermerk | 11 |
| III. Weisungen (Verfügungsrecht) | 3–7 |  |  |

### I. Normzweck

Die Vorschrift stellt sicher, dass nach Ausstellung des Konnossements nur noch dessen **1** legitimierter Besitzer durch Weisungen in den Gang der Beförderung eingreifen kann. Sind mehrere Exemplare des Konnossements ausgestellt worden, so kann auch der Ablader keine Weisungen mehr erteilen, wenn er auch nur ein Exemplar aus der Hand gegeben hat.[1]

### II. Entstehungsgeschichte

Die Bestimmung geht auf den Vorschlag des BerSV (§ 507 Abs. 2) zurück, weicht jedoch **2** hinsichtlich der Begrenzung der Haftung auf den bei Verlust des Gutes zu zahlenden Ersatzbetrag ab. Eine ähnliche Regelung fand sich auch in § 654 aF, jedoch beschränkt auf Weisungen zur Rückgabe oder Auslieferung des Gutes und ohne die Verschärfung der Haftung auf eine vom Verschulden unabhängige. Zudem sieht § 520, anders als das frühere Recht, keine unterschiedlichen Regelungen mehr für Orderkonnossemente (§ 654 Abs. 1 aF), denen als gleichgestellt angesehene Inhaberkonnossemente und Rektakonnossemente (§ 654 Abs. 4 aF) vor,[2] sondern erfasst mit dem Begriff des *legitimierten Besitzers des Konnossements* iSv. § 519 Satz 3 alle drei Konnossementsarten.

### III. Weisungen (Verfügungsrecht)

Das im Transportrecht allgemein (missverständlich) als „Verfügungsrecht" bezeichnete **3** Recht des Befrachters, durch nachträgliche Weisungen **den Vertrag** in für den Verfrachter zumutbaren, in § 491 näher umschriebenen Grenzen durch Weisungen **abzuändern,** gibt diesem die Möglichkeit, den Gang der Beförderung zu beeinflussen. Deshalb darf das Weisungsrecht nach Ausstellung eines Konnossementes nicht mehr einem anderen, insbesondere dem Ablader, zustehen als dem jeweiligen legitimierten Besitzer aller Exemplare des Konnossements.[3] Das hat für Weisungen auf Rückgabe und Auslieferung des Gutes bereits das frühere Seehandelsrecht (§ 654 aF) und, dem folgend, § 446 Abs. 2 aF für den Ladeschein vorgesehen. Das neue Recht erstreckt diese Absicherung des Anspruchs des Konnossements-

---

[1] Vgl. RegBegr-SRG S. 95.
[2] Vgl. Schaps/*Abraham* § 654 Rn. 1, 4; *Rabe* § 654 Rn. 1, 5.
[3] Vgl. RegBegr-SRG S. 95.

berechtigten auf alle nach §§ 491, 492 möglichen Weisungen, also auch auf die nach Einlagerung, Änderung des Löschplatzes oder gar des Empfängers.[4]

4    Der Verfrachter darf Weisungen nur von dem legitimierten Besitzer gegen Vorlage aller
Ausfertigungen des Konnossements ausführen. Dabei hat er die Legitimation (vgl. § 519)
zu prüfen. Das hat zur Folge, dass **körperliche Vorlage des Konnossements** (oder aller
Exemplare) beim Verfrachter oder einem von diesem hierfür bevollmächtigten Vertreter
erfordert ist; Telefax oder gescannte Übermittlung durch Email genügt nicht.[5]

5    Anders als §§ 654 aF, 446 Abs. 2 aF schreibt das neue Recht **nicht mehr** ausdrücklich
vor, dass bei Weisungen auf Rückgabe oder Ablieferung des Gutes der vorzulegende volle
Satz der Konnossemente **an den Verfrachter zurückzugeben** ist. Es ergibt sich aber aus
§ 521 Abs. 2, dass der Verfrachter zur Ablieferung nur gegen Rückgabe zumindest eines
Konnossements verpflichtet ist. Das muss für jede Form der Ablieferung, auch für die
planwidrige Rückgewähr an den Ablader und für die Ablieferung an einen nachträglich
benannten anderen Empfänger gelten; die Ablieferung kann dann – nachdem die Weisung
zur Ablieferung nur unter Vorlage des ganzen Satzes von Konnossementen möglich war –
wiederum gegen Vorlage nur eines Exemplars mit den Folgen des § 521 Abs. 3 verlangt
werden.

6    Verlangt der Konnossementsinhaber die **Ablieferung an einen nicht durch den Besitz
des Konnossements Legitimierten,** so muss er selbst das Konnossement Zug um Zug
zurückgeben. Dies wird der Verfrachter im eigenen Interesse verlangen, um nicht dem aus
dem Konnossement Berechtigten verpflichtet zu bleiben.

7    Der Verfrachter darf – und muss, soweit zumutbar (§ 491) – Weisungen des legitimierten
Besitzers befolgen (Abs. 1 Satz 1); er hat die **Legitimation lediglich formell zu prüfen.**
Die Echtheit der Unterschriften braucht er nicht zu prüfen. Lediglich bei grob fahrlässiger
Unkenntnis des Mangels der materiellen Berechtigung wird er von seiner Verpflichtung
nicht befreit (Abs. 1 Satz 3)[6]. Allerdings steht es ihm frei, die materielle Berechtigung zu
überprüfen und die Befolgung der Weisung zu verweigern; dies geschieht dann jedoch auf
sein eigenes Risiko der Vertragsverletzung.

### IV. Haftung bei Verletzung der Vorschrift

8    Befolgt der Verfrachter die Weisung eines nicht Legitimierten oder eines obwohl formell
Legitimierten offenbar nicht Berechtigten und führt dies zu einem Verlust des Gutes, so
haftet der Verfrachter hierfür auch **ohne ein Verschulden.** Die Verschärfung, die mit der
besonderen Schadensträchtigkeit des Verhaltens gerechtfertigt wird,[7] dürfte nur in seltenen
Fällen zum Tragen kommen, weil die Verletzung des Prüfungsgebotes in aller Regel schuldhaft sein wird.

9    Wichtiger ist die **Beschränkung der Ersatzpflicht auf den Schaden, der bei Verlust
des Gutes zu zahlen wäre.** Dabei ist jedoch zu berücksichtigen, dass bei einer auf Leichtfertigkeit iS des § 507 beruhenden Missachtung der Legitimation oder – wenn diese offenbar
zu Unrecht besteht – der Berechtigung alle Haftungsbeschränkungen entfallen, also eine
unbeschränkte Haftung eintritt; das wird bei den gebotenen hohen Sorgfaltsanforderungen
wegen der großen wirtschaftlichen Bedeutung des Dokumentenverkehrs ebenso wie bei
§ 523 Abs. 4 (dazu § 523 Rn. 20 f.) nicht selten sein.

10   Die Haftungsbestimmung ist gegen **Erleichterung durch AGB** geschützt (§ 525 Satz 1);
einen gutgläubigen Konnossementsberechtigten kann darüber hinaus eine Haftungserleichterung durch Individualvereinbarung nicht entgegengehalten werden (§ 525 Satz 2).

---

[4] § 446 Abs. 1 enthält eine entsprechende Erweiterung der Sperre beim Ladeschein.
[5] So auch *Koller* § 418 Rn. 39 für den vergleichbaren Fall der Vorlage eines als Sperrpapier qualifizierten
Frachtbriefes.
[6] Dieser Verschuldensmaßstab ist an Art. 40 Abs. 3 WG orientiert, RegBegr-SRG S. 95.
[7] RegBegr-SRG S. 95.

## V. Regelung für Seefrachtbriefe mit Sperrvermerk

Da auch ein Seefrachtbrief mit der dem Konnossement von Natur aus eigenen Sperrwir- **11** kung zur Verhinderung von Weisungen Unbefugter **durch besondere Vereinbarung** ausgestattet werden kann (§ 491 Abs. 3), gelten kraft der besonderen Haftungsnorm des § 491 Abs. 5 für die Missachtung der Vorlagepflicht dieselben Haftungssanktionen. Diese sind auch beim Seefrachtbrief – wie beim Konnossement – gegen Abänderung durch AGB geschützt (§ 491 Abs. 5 Satz 3, § 525 Satz 1).

## § 521 Ablieferung gegen Rückgabe des Konnossements

(1) ¹Nach Ankunft des Gutes am Löschplatz ist der legitimierte Besitzer des Konnossements berechtigt, vom Verfrachter die Ablieferung des Gutes zu verlangen. ²Macht der legitimierte Besitzer des Konnossements von diesem Recht Gebrauch, ist er entsprechend § 494 Absatz 2 und 3 zur Zahlung der Fracht und einer sonstigen Vergütung verpflichtet.

(2) ¹Der Verfrachter ist zur Ablieferung des Gutes nur gegen Rückgabe des Konnossements, auf dem die Ablieferung bescheinigt ist, und gegen Leistung der noch ausstehenden, nach § 494 Absatz 2 und 3 geschuldeten Zahlungen verpflichtet. ²Er darf das Gut jedoch nicht dem legitimierten Besitzer des Konnossements abliefern, wenn ihm bekannt oder infolge grober Fahrlässigkeit unbekannt ist, dass der legitimierte Besitzer des Konnossements nicht der aus dem Konnossement Berechtigte ist.

(3) ¹Sind mehrere Ausfertigungen des Konnossements ausgestellt, so ist das Gut dem legitimierten Besitzer auch nur einer Ausfertigung des Konnossements abzuliefern. ²Melden sich mehrere legitimierte Besitzer, so hat der Verfrachter das Gut in einem öffentlichen Lagerhaus oder in sonst sicherer Weise zu hinterlegen und die Besitzer, die sich gemeldet haben, unter Angabe der Gründe seines Verfahrens hiervon zu benachrichtigen. ³Der Verfrachter kann in diesem Fall das Gut gemäß § 373 Absatz 2 bis 4 verkaufen lassen, wenn es sich um verderbliche Ware handelt oder der Zustand des Gutes eine solche Maßnahme rechtfertigt oder wenn die andernfalls zu erwartenden Kosten in keinem angemessenen Verhältnis zum Wert des Gutes stehen.

(4) ¹Liefert der Verfrachter das Gut einem anderen als dem legitimierten Besitzer des Konnossements oder, im Falle des Absatzes 2 Satz 2, einem anderen als dem aus dem Konnossement Berechtigten ab, haftet er für den Schaden, der dem aus dem Konnossement Berechtigten daraus entsteht. ²Die Haftung ist auf den Betrag begrenzt, der bei Verlust des Gutes zu zahlen wäre.

### Übersicht

|  | Rn. |  | Rn. |
|---|---|---|---|
| **I. Normzweck** | 1 | 4. Verlust des Konnossements | 15 |
| **II. Entstehungsgeschichte** | 2 | **IV. Pflichten des Empfängers** | 16–23 |
| **III. Legitimation und Ablieferung** | 3–15 |  |  |
| 1. Ablieferungsverlangen | 3–6 | **V. Haftung des Verfrachters bei Falschablieferung** | 24–27 |
| 2. Mehrere konkurrierende Konnossementsinhaber | 7–10 |  |  |
| 3. Ablieferung Zug-um-Zug | 11–14 | **VI. Ablieferung durch den ausführenden Verfrachter** | 28, 29 |

### I. Normzweck

Die Bestimmung regelt die **Rechte und Pflichten des Empfängers bei der Ablieferung** des Gutes im Löschhafen. Der Fragenkomplex war im früheren Recht in § 648 aF **1**

(Legitimation, Abs. 1 Satz 1), § 614 aF (Zahlungspflicht des Empfängers, Abs. 1 Satz 2), § 653 aF (Rückgabe des Konnossements, Abs. 2) sowie § 648 Abs. 2 aF, § 649 Abs. 1 aF (mehrere Anspruchsteller, Abs. 3) geregelt. Das SRG hat diese Aspekte der Ablieferung zusammengefasst und die Rechte und Pflichten des Empfängers in Anlehnung an § 494 geregelt. Die Rechtsstellung des Verfrachters bei Unklarheit über die Berechtigung eines von mehreren Konnossementsinhabern wurde unter Anlehnung an § 492 Abs. 3 durch die Möglichkeit verbessert, das Gut zu verkaufen.

## II. Entstehungsgeschichte

2      Abs. 2 bis 4 entsprechen im Wesentlichen dem BerSV (§ 508). Abs. 1 wurde vom RefE-SRG hinzugefügt, um deutlich zu machen, dass die Regelung des § 494 Abs. 1 Satz 1, Abs. 2 auch für das Konnossementsrechtsverhältnis gilt.

## III. Legitimation und Ablieferung

3      **1. Ablieferungsverlangen.** Der legitimierte Besitzer (§ 519) des Konnossements kann die Ablieferung des Gutes verlangen, **wenn das Gut am Löschplatz angekommen** ist (Abs. 1 Satz 1). Auch wenn mehrere Exemplare ausgestellt sind, genügt für die Legitimation die Vorlage eines Exemplars.

4      Am Löschplatz angekommen ist das Gut nicht schon bei Ankunft des Schiffes am Bestimmungsort, also im Löschhafen,[1] sondern beim Stückguttransport erst dann, wenn das **Schiff am Kai angelegt** hat. Dies gilt auch dann, wenn der Empfänger, wie beim Reisefrachtvertrag häufig, dem Schiff im Löschhafen einen bestimmten Löschplatz anweisen muss; diese Weisung des Empfängers ist nur die Vorbereitung, noch nicht bereits die Geltendmachung des Ablieferungsanspruchs. Denn der Empfänger hat vor dem Ablieferungsverlangen das Recht, das Gut zu besichtigen.[2]

5      Das **Ablieferungsverlangen ist eine Willenserklärung** des Empfängers,[3] die bei noch ausstehender Fracht insbesondere auch seine Zahlungsverpflichtung auslöst (Abs. 1 Satz 2; dazu Rn. 14 ff.). Sie richtet sich an den Verfrachter, für diesen regelmäßig an den Kapitän (kraft seiner gesetzlichen Vertretungsbefugnis, § 479 Abs. 1) oder einen anderen von ihm Bevollmächtigten, etwa einen Schiffsmakler.

6      Die sich im Frachtvertragsrecht stellende Frage, ob sich das **Verlangen an den vertraglichen Verfrachter** oder an einen Unterverfrachter richtet, der nach der neueren Rechtsprechung des BGH aus dem Unterfrachtvertrag zur Ablieferung an den Empfänger verpflichtet sein könnte (dazu § 494 Rn. 12, 20; § 421 Rn. 14 f.), spielt im Konnossementsrecht keine Rolle. Der Anspruch aus dem Konnossement richtet sich immer primär gegen den Aussteller des Konnossements, also den – wertpapierrechtlich missverständlich so bezeichneten – Verfrachter (auch wenn dies im Einzelfall kraft gesetzlicher Gleichstellung, § 518, der Reeder ist). Allerdings haftet auch der ausführende Verfrachter aus dem Konnossement (vgl. Rn. 28 f.), doch nur nach Maßgabe des § 509, nicht als Unterverfrachter aus dem Unterfrachtvertrag.

7      **2. Mehrere konkurrierende Konnossementsinhaber.** Da mehrere Exemplare eines Konnossements verschiedene Wege gehen können und auch von verschiedenen Indossataren erworben werden können, besteht die Möglichkeit, dass bei Ankunft des Schiffes am Löschplatz **mehrere Empfänger** dem Verfrachter ein sie legitimierendes Exemplar vorlegen.

8      Geschieht dies mit zeitlicher Verzögerung und hat der Verfrachter das Gut bereits abgeliefert, ist er frei geworden. Dem steht auch nicht etwa Abs. 2 Satz 2 entgegen. Der Umstand, dass ihm nicht der ganze Satz von Konnossementen vorgelegt worden ist, muss ihn hinsicht-

---

[1] Der im Konnossement angegeben wird (§ 515 Abs. 1 Nr. 5), weil der genauere Löschplatz im Haffen meist bei Ausstellung des Konnossements noch nicht bekannt ist.
[2] Vgl. § 494 Rn. 4, 12, 15; *Koller* § 421 Rn. 5.
[3] BGH 11.1.2007, TranspR 2007, 311 m. Anm. *Herber.*

lich der (gesetzlich vermuteten) Berechtigung des Vorlegenden nicht bösgläubig machen, weil das Gesetz den Auslieferungsanspruch ausdrücklich an die Vorlage nur eines von mehreren Exemplaren knüpft. Entscheidend ist allein, ob das Gut bereits abgeliefert ist. Meldet sich ein weiterer legitimierter Konnossementsinhaber, nachdem ein Teil der Ladung gelöscht und der Besitz insoweit auf den ersten das Konnossement vorlegenden Empfänger übergegangen ist, muss die Entladung beendet und für den nicht gelöschten Teil das Verfahren nach Abs. 3 (vgl. Rn. 10) durchgeführt werden.[4]

Der Verfrachter kann die Ablieferung an einen legitimierten Berechtigten nicht schon **9** deshalb verweigern, weil er weiß, dass noch andere Exemplare des Satzes in der Hand anderer Legitimierter sind,[5] solange diese sich nicht melden. Abs. 2 Satz 2 gibt ihm das Recht (und die Pflicht) hierzu nur dann, wenn er an der Berechtigung des vorlegenden Legitimierten begründete Zweifel hat.

Das Verfahren, das der Verfrachter bei Vorlage mehrerer Konnossemente nach Abs. 3 **10** einzuhalten hat, entspricht dem nach § 492 Abs. 3. Der Verfrachter hat jedoch zunächst zu prüfen, ob alle Anspruchsteller legitimiert iS des § 519 sind.[6] Ist dies bei Einzelnen nicht der Fall, so haftet er dem legitimierten Berechtigten oder auch mehreren legitimierten Berechtigten auf Ersatz des durch die unberechtigte Nichtauslieferung oder Hinterlegung entstandenen Schadens (Abs. 4).

**3. Ablieferung Zug-um-Zug.** Der Verfrachter ist zur Ablieferung des Gutes nur **11** **gegen Rückgabe des quittierten Konnossements** und Zug-um-Zug gegen **Leistung der noch ausstehenden Zahlungen** verpflichtet.

Der **Quittungsvermerk** kann vom Verfrachter **bei jeder Art von Konnossement** **12** und auch bei Rückgabe aller Exemplare verlangt werden. Bei Ablieferung an den legitimierten Besitzer nur eines Exemplars dient er dem Verfrachter zum Nachweis gegenüber Inhabern anderer Exemplare, dass er durch die Leistung frei geworden ist. Aber auch, wenn es dieses Nachweises nicht bedarf, weil alle Exemplare zurückgegeben worden sind, kann der Verfrachter mit dem Quittungsvermerk die Ordnungsgemäßheit seiner Leistung beweisen. Anderseits kann der Empfänger, der nur ein Exemplar des Konnossements in Händen hält und vorweisen kann, daran interessiert sein, dieses zur späteren Auseinandersetzung mit anderen Konnossementsinhabern zu behalten; dann kann er die Quittung in anderer Weise, etwa auf einer Kopie des Konnossements[7] erteilen.

Bei Ablieferung durch einen **Umschlagbetrieb** nimmt dieser die Ablieferung in der **13** Regel gegen Entgegennahme des vom Verfrachter oder seinem Vertreter „freigestempelten" Konnossements vor; vgl. etwa § 18 Abs. 2 HambKBO. Die Ablieferung geschieht dann durch den Umschlagbetrieb im Auftrag des Verfrachters, der bis zur Ablieferung den mittelbaren Besitz behält. Wird der Umschlagbetrieb für den Empfänger tätig, muss er in dessen Auftrag dem Verfrachter das Konnossement vorweisen.

Der Verfrachter hat ein **Zurückbehaltungsrecht** an dem Gut, bis der Empfänger die **14** ihm obliegenden Zahlungen geleistet hat. Dazu im Einzelnen u. Rn. 17.

**4. Verlust des Konnossements.** Kann das Konnossement nicht vorgelegt werden, weil **15** es verloren gegangen ist, muss bei einem **Order- oder Inhaberkonnossement** ein Aufgebotsverfahren zu seiner Kraftloserklärung durchgeführt werden, § 365 Abs. 2 iVm. §§ 466 ff. FamFG. Der in diesem Verfahren ergehende Ausschließungsbeschluss ersetzt das für kraftlos erklärte Konnossement (§ 479 FamFG). Bei einem **Rektakonnossement** dürfte es vertretbar sein, das in § 654 Abs. 4 aF vorgesehene Verfahren anzuwenden: Das Gut darf ohne Vorlage des Konnossements an den darin bezeichneten Empfänger ausgeliefert werden, wenn der Ablader damit einverstanden ist.[8] Eine verbreitete Meinung[9] verlangt allerdings analog § 808

[4] So auch Schaps/*Abraham* § 649 Rn. 1.
[5] So auch Schaps/*Abraham* § 648 Rn. 7.
[6] *Rabe* § 649 Rn. 2.
[7] So Schaps/*Abraham* § 653 Rn. 1.
[8] Zum Verfahren *Rabe* § 654 Rn. 5.
[9] *Koller* § 445 aF Rn. 4 mN; aA EBJS/*Schaffert* § 445 aF Rn. 3. 4.

Abs. 2 Satz 2 BGB, § 365 Abs. 2 HGB ein Aufgebot auch beim Namensladeschein, um den Inhaber entsprechend zu schützen; das würde auch für das Rektakonnossement gelten. Praktische Überlegungen sprechen jedenfalls dafür, die Kraftloserklärung durch ein Aufgebotsverfahren zumindest zuzulassen, weil der Gläubiger auch beim Rektakonnossement sonst bei fehlender Zustimmung des Abladers vom Verfrachter nicht Leistung verlangen kann.[10]

### IV. Pflichten des Empfängers

**16**     Der **Empfänger wird durch das Verlangen der Ablieferung verpflichtet,** noch ausstehende Fracht und sonstige Vergütungen nach Maßgabe des § 494 Abs. 2, 3 zu zahlen.

**17**     Der Empfänger schuldet nicht nur, wie der BerSV (§ 508 Abs. 1) vorgeschlagen hatte, die aus dem Konnossement ersichtliche, sondern – sofern sich der Betrag nicht aus dem Konnossement ergibt, § 494 Abs. 2 Satz 2 – die **nach dem Frachtvertrag geschuldete Fracht.**[11] Die RegBegr-SRG begründet dies damit, dass der Verfrachter auch dann ein Zurückbehaltungsrecht haben solle, wenn die noch ausstehende, aber nicht aus dem Konnossement ersichtliche Fracht nicht gezahlt wurde. Das ist wenig überzeugend. Einmal regelt Abs. 1 Satz 2 nicht nur ein Zurückbehaltungsrecht des Verfrachters, sondern eine Zahlungspflicht des Empfängers, die also nicht nur als Einrede geltend gemacht werden kann. Vor allem aber ist die Verpflichtung des Empfängers zu Zahlungen, die er aus dem Konnossement nicht ersehen kann und die auch durch gutgläubigen Erwerb nicht ausgeschlossen wird, mit dem Grundsatz der Dokumentenstrenge nicht vereinbar, den das Gesetz an anderer Stelle gerade durch den Ausschluss des Rückgriffs auf den Frachtvertrag ohne Erwähnung im Konnossement stärken will.[12] Die Regelung weicht vom früheren Recht (§ 614 aF) insofern ab, als danach zwar eine Haftung des Empfängers für weitergehende Ansprüche aus dem Frachtvertrag – bis hin zu Schadensersatzverpflichtungen des Verfrachters – eintreten konnte, die Übernahme solcher Verpflichtungen sich aber immer – wenngleich nicht beziffert – aus dem Konnossement ergeben musste.[13]

**18**     Die Verweisung auf § 494 Abs. 2 macht den Empfänger zum **Schuldner der nach dem Frachtvertrag noch geschuldeten Fracht,** sofern sich aus dem Konnossement nicht die Höhe der noch zu zahlenden Fracht ergibt. Er schuldet die Fracht aus dem Konnossementsrechtsverhältnis: Das kann jedoch nicht bedeuten, dass die Verpflichtung unabhängig davon besteht, ob ein wirksamer Frachtvertrag zustande gekommen ist.[14] Sofern nicht ein bestimmter Pauschalbetrag angegeben ist (was sehr selten vorkommen dürfte), kann der Betrag nur durch Bezug auf den Frachtvertrag festgelegt oder ermittelt werden, der deshalb bestehen muss.

**19**     Die **Frachtschuld des Empfängers ist also (nur) dann begrenzt** und für ihn vorhersehbar, wenn ihre **Höhe aus dem Konnossement ersichtlich** ist. Bei Fehlen jeder Angabe oder bei der bloßen „Frachtüberweisung" („freight to be collected") hat er keine Möglichkeit, die Höhe der noch zu zahlenden Fracht zu ersehen. Darin liegt eine besondere Gefahr für den Empfänger, wenn sich das Konnossement überhaupt nicht über noch zu zahlende Fracht verhält.[15] Zwar darf die Fracht, wenn sich ihre Höhe nicht aus dem Konnossement ergibt, nicht „unangemessen" sein, doch kann der Empfänger die Angemessenheit der Fracht, selbst wenn ihm der Betrag vom Verfrachter mitgeteilt wird, vor dem Ablieferungsverlangen oft nicht beurteilen, schon weil er die genauen Umstände der Beförderung nicht kennt. Es ist dem Empfänger deshalb anzuraten, nur ein Konnossement anzunehmen, das den Vermerk „freight prepaid" enthält oder vor dem Ablieferungsverlangen den Betrag zu erfragen, den er bei Annahme noch zu zahlen hat. Wenn dies nicht geschieht,

---

[10]  Vgl. auch § 445 Rn. 20.
[11]  RegBegr-SRG S. 96.
[12]  Vgl. die Verschärfung der Inkorporationsklauseln § 522 Abs. 1 Satz 2.
[13]  Zur früheren Rechtslage vgl. Schaps/*Abraham* § 614 Rn. 18; *Rabe* § 614 Rn. 12.
[14]  So aber *Rabe* § 614 Rn. 12 und Schaps/*Abraham* § 614 Rn. 18 unter Hinweis auf BGH 10.10.1957, BGHZ 25, 300.
[15]  Was zwar in § 515 Abs. 1 Nr. 9 vorgesehen, jedoch nicht notwendiger Inhalt des Konnossements ist.

wird Streit über die „Angemessenheit" der vereinbarten Fracht – die nicht aus der Sicht des Empfängers, sondern aus der der Parteien des Frachtvertrages zu beurteilen ist – nicht selten sein.

Die in § 493 Abs. 4 geschuldete **Vergütung bei einer Verzögerung der Reise,** die **20** kraft der Verweisung auf § 494 Abs. 3. auch vom Empfänger unter einem Konnossement zu zahlen ist, kann jedoch schon nach § 494 Abs. 3 nur dann verlangt werden, denn der zu zahlende Betrag dem Empfänger bei Ablieferung mitgeteilt worden ist.

Über die noch offenstehende Fracht und die Vergütung für Verzögerungen hinaus haftet **21** der Empfänger **nicht für weitere Ansprüche des Verfrachters** gegen den Befrachter. Insbesondere haftet er **nicht für Liegegeld, Fautfracht oder gar Schadensersatzansprüche des Verfrachters.** Abweichend von § 614 aF[16] haftet der Empfänger für solche Ansprüche auch dann nicht, wenn sie im Konnossement aufgeführt sind; der Empfänger soll durch das Konnossement, auf dessen Ausstellung er in der Regel keinen Einfluss hat, nicht unabsehbaren Risiken ausgesetzt werden können.[17]

Ist die im Inland zahlbare Fracht in **ausländischer Währung** ausgedrückt, kann der **22** Empfänger die Zahlung gem. § 244 BGB in inländischer Währung vornehmen, sofern die Zahlung in ausländischer Währung nicht ausdrücklich vereinbart ist.

Ist die Berechnung der Fracht nach Menge des Gutes vereinbart, kann wohl – wie bisher **23** kraft gesetzlicher Auslegungsregel des § 657 aF – die im Konnossement angegebene Menge zugrunde gelegt werden, auch wenn der Verfrachter dazu einen Vorbehalt erklärt hat (vgl. § 517 Rn. 8).

### V. Haftung des Verfrachters bei Falschablieferung

Liefert der Verfrachter das Gut an einen Nicht-Legitimierten oder – im Falle des Abs. 2 **24** Satz 2, in dem er die mangelnde Berechtigung des Legitimierten kennt oder kennen müsste – an einen anderen als den wirklich Berechtigten ab,[18] so haftet er dem Berechtigten auf Schadensersatz. Der Ersatzanspruch steht auch im ersteren Fall **dem Berechtigten,** nicht dem nur Legitimierten zu. Ist also das Gut unrichtig ausgeliefert und dadurch dem Berechtigten entzogen worden, so genügt es für die Aktivlegitimation nicht, dass dieser durch das Konnossement formell legitimiert ist; er muss vielmehr materiell berechtigt sein. Bei dem Anspruch kommt ihm allerdings auch hier die Vermutung des § 519 Abs. 1 Satz 2 zugute, sodass er lediglich seine formelle Legitimation dartun und beweisen muss, während es dem Verfrachter obliegt, diese Vermutung zu widerlegen.

Der Schadensersatzanspruch ist nach der RegBegr-SRG (S. 96) unabhängig von einem **25** Verschulden. Das könnte nach dem Wortlaut der Vorschrift zweifelhaft sein, weil die Ausnahme verschuldensunabhängiger Haftung im Zusammenhang mit der Dokumentenbehandlung an anderen Stellen des Gesetzes ausdrücklich hervorgehoben worden ist (vgl. zB § 523 Abs. 2), entspricht jedoch der hM zu § 491 Abs. 4 und dessen Vorbild, § 418 Abs. 6.[19] Angesichts der Möglichkeit, befreiend auch an den legitimierten Nichtberechtigten zu leisten, kommt ein Ersatzanspruch ohne Verschulden allerdings im Falle der Verletzung des Abs. 2 Satz 2 praktisch nicht in Betracht. Ohne Verschulden denkbar, wenngleich selten könnte jedoch die Ablieferung an einen nicht Legitimierten geschehen. So etwa bei Fehlinterpretation der Indossamentenreihe, bei der jedoch die Echtheit der Unterschriften wiederum nicht zu prüfen ist.

Etwaige Unbilligkeiten durch die verschuldensunabhängige Haftung sind dadurch abge- **26** mildert worden, dass das Gesetz – nachdem der RegE-SRG abweichend vom BerSV (§ 508 Abs. 3) – eine **Begrenzung des Ersatzanspruchs** auf den **Betrag** vorsieht, der **bei Ver-**

---

[16] Vgl. Schaps/*Abraham* § 614 Rn. 18.

[17] RegBegr-SRG S. 95.

[18] Dass die Falschauslieferung vom Berechtigten auch nachträglich noch genehmigt werden kann, ergibt sich aus § 185 Abs. 2 BGB. Eine stillschweigende Genehmigung kann auch in einem Verhalten des Berechtigten gesehen werden, BGH 25.4.1974, VersR 1974, 800.

[19] Vgl. dazu *Koller* § 418 Rn. 44.

**lust zu zahlen** wäre (Abs. 4 Satz 2). Die Bezugnahme auf §§ 498 ff. schließt jedoch ein, dass bei Leichtfertigkeit der Ablieferung an einen Nicht-Legitimierten oder Nichtberechtigten jede Beschränkung entfällt (§ 507), also voller Schadensersatz nach § 280, 249 BGB zu leisten ist. Bei nicht befreiender Leistung an einen durch das Konnossement Legitimierten, aber in Wirklichkeit nicht Berechtigten ist dies wegen Abs. 2 der Normalfall.

27      Liefert der Verfrachter das Gut ab, **ohne sich das Konnossement zurückgeben zu lassen,** so kann einem künftigen Erwerber des wertlos gewordenen Konnossements ein Vertrauensschaden entstehen. Dieser wird jedoch nach dem klaren Wortlaut des Abs. 4 nicht von diesem gedeckt.[20] Es käme allenfalls eine analoge Anwendung des § 523 in Betracht, die jedoch angesichts der dortigen Enumeration der Fälle, in denen Gefahren für den Rechtsverkehr durch Fehler bei der Konnossementsbehandlung sanktioniert sind, abzulehnen ist. Der Verfrachter schädigt sich allerdings durch die Nicht-Rücknahme selbst, weil er einem künftigen Berechtigten gegenüber zur Vermeidung eines Schadensersatzanspruchs den Beweis führen muss, dass er das Gut ein einen legitimierten Konnossementsbesitzer abgeliefert hat.

### VI. Ablieferung durch den ausführenden Verfrachter

28      Da auch der ausführende Verfrachter aus dem Konnossement in Anspruch genommen werden kann (vgl. § 519 Rn. 12; § 522 Rn. 27), treffen ihn auch die **konnossementsmäßigen Pflichten des vertragschließenden Verfrachters** aus dem von diesem ausgestellten Konnossement. Der legitimierte Besitzer kann auch von ihm gem. § 521 Ablieferung verlangen; Verfahren und Haftung richten sich nach Abs. 2 bis 4. Auch aus dem Konnossement haften der (vertragschließende) Verfrachter als primär Konnossementsverpflichteter und der ausführende Verfrachter als Gesamtschuldner (§ 509 Abs. 4). Wegen der dem ausführenden Verfrachter zu Gebote stehenden Einwendungen vgl. § 522 Rn. 27 ff.

29      Auch das an den ausführenden Verfrachter gerichtete **Ablieferungsverlangen des Empfängers** löst dessen Zahlungspflicht nach Abs. 1 Satz 2 aus. Anders als bei der Ablieferung auf Grund des Frachtvertrages stellt sich hier jedoch auch nach der Rechtsprechung des BGH nicht die Frage, ob der ausführende Verfrachter auf Grund des Unterfrachtvertrages abliefert und deshalb der Empfänger die Verpflichtungen aus dem Unterfrachtvertrag übernimmt (vgl. dazu § 509 Rn. 40). Im Konnossement verbrieft ist nicht ein Anspruch des Empfängers gegen den Unterverfrachter, sondern allein der quasi-vertragliche gesetzliche Anspruch aus § 509. Deshalb kann nur auf dessen Grundlage abgeliefert werden. Die Ansprüche gegen den Empfänger bestehen daher bei Ablieferung durch den Unterverfrachter immer nur nach Maßgabe des Hauptfrachtvertrages und stehen ausschließlich dem Verfrachter als primär Konnossementsverpflichtetem zu.

### § 522 Einwendungen

(1) ¹**Dem aus dem Konnossement Berechtigten kann der Verfrachter nur solche Einwendungen entgegensetzen, die die Gültigkeit der Erklärungen im Konnossement betreffen oder sich aus dem Inhalt des Konnossements ergeben oder dem Verfrachter unmittelbar gegenüber dem aus dem Konnossement Berechtigten zustehen. ²Eine Vereinbarung, auf die im Konnossement lediglich verwiesen wird, ist nicht Inhalt des Konnossements.**

(2) ¹**Gegenüber einem im Konnossement benannten Empfänger, an den das Konnossement begeben wurde, kann der Verfrachter die Vermutungen nach § 517 nicht widerlegen, es sei denn, dem Empfänger war im Zeitpunkt der Begebung des Konnossements bekannt oder infolge grober Fahrlässigkeit unbekannt, dass die Angaben im Konnossement unrichtig sind. ²Gleiches gilt gegenüber einem Dritten, dem das Konnossement übertragen wurde.**

---

[20]  Anders wohl die RegBegr-SRG S. 96.

(3) ¹Wird ein ausführender Verfrachter nach § 509 von dem aus dem Konnossement Berechtigten in Anspruch genommen, kann auch der ausführende Verfrachter die Einwendungen nach Absatz 1 geltend machen. ²Abweichend von Absatz 2 kann der ausführende Verfrachter darüber hinaus die Vermutungen nach § 517 widerlegen, wenn das Konnossement weder von ihm noch von einem für ihn zur Zeichnung von Konnossementen Befugten ausgestellt wurde.

**Schrifttum:** *Döser,* Inkorporationsklauseln in Konnossementen, Diss. Hamburg, 2004; *Jessen,* § 522 I 2 – Die Abwendung Deutschlands vom Charter.-Konnossement, RdTW 2013, 293.

### Übersicht

| | Rn. | | | Rn. |
|---|---|---|---|---|
| **I. Normzweck** .......................... | 1, 2 | | a) Gesetzliche Einwendungen .......... | 8 |
| **II. Entstehungsgeschichte** .............. | 3 | | b) Urkundliche Einwendungen ......... | 9–16 |
| | | | 4. Persönliche Einwendungen ............. | 17, 18 |
| **III. Einwendungen des Verfrachters (Abs. 1)** ...................................... | 4–18 | | **IV. Gutglaubensschutz für die Abladetatsachen (Abs. 2)** ...................... | 19–26 |
| 1. Den Einwand mangelnder materieller Berechtigung .......................... | 5 | | 1. Unwiderleglichkeit .................... | 19–23 |
| 2. Ungültigkeit der Konnossementserklärungen ................................. | 6, 7 | | 2. Bösgläubigkeit ........................ | 24 |
| 3. Einwendungen, die sich aus dem Inhalt des Konnossements ergeben ........... | 8–16 | | 3. Beweiswirkung ........................ | 25, 26 |
| | | | **V. Besonderheiten bei Inanspruchnahme des ausführenden Verfrachters** ....................................... | 27–31 |

## I. Normzweck

Die Vorschrift legt den Umfang der Bindung des Verfrachters an den Inhalt der Urkunde **1** fest. Der Verfrachter kann dem aus dem Konnossement Berechtigten nur bestimmte Einwendungen entgegenhalten (**Abs. 1**). Dabei gilt eine Sonderregel für die Angaben über das Gut (die sog. „Abladetatschen"); für deren Richtigkeit spricht zunächst (§ 517) nur eine widerlegliche Vermutung, die jedoch nach **Abs. 2** in der Hand eines gutgläubigen Empfängers unwiderleglich wird.

**Abs. 3** enthält Bestimmungen über die Einwendungen, die dem **ausführenden Verfrachter** **2** zur Verteidigung zu Gebote stehen, wenn er aus dem (von dem vertragschließenden Verfrachter ausgestellten) Konnossement in Anspruch genommen wird.

## II. Entstehungsgeschichte

Die Vorschrift folgt weitgehend dem Vorschlag der Sachverständigengruppe (§ 504, 519 **3** Abs. 2 BerSV). Abs. 1 Satz 1 entspricht § 364 Abs. 2 sowie § 784 Abs. 1 2. HS BGB. Abs. 2 entspricht § 656 Abs. 2 Satz 2 aF, der Art. 3 § 4 der VisbyR umgesetzt hat.

## III. Einwendungen des Verfrachters (Abs. 1)

Der von dem legitimierten Besitzer des Konnossements als dessen Aussteller auf Leistung **4** oder Schadensersatz in Anspruch genommene Verfrachter kann dem Anspruch **nur folgende Einwendungen** entgegensetzen:[1]

**1. Den Einwand mangelnder materieller Berechtigung.** Dieser Einwand ist nicht **5** ausdrücklich im Gesetz erwähnt, ergibt sich jedoch mittelbar daraus, dass die Vorschrift – anders als § 364 Abs. 2 – nur Einwendungen gegenüber dem Berechtigten nennt, die **materielle Berechtigung** des das Konnossement präsentierenden legitimierten Besitzers also **voraussetzt.** Diese wird beim legitimierten Besitzer zwar vermutet (§ 519 Abs. 1 Satz 2), doch kann die Vermutung vom Verfrachter widerlegt werden. So zB wenn das Konnosse-

---

[1] Dazu eingehend auch Schaps/*Abraham* § 656 Rn. 24.

ment dem wirklichen Berechtigten abhanden gekommen ist oder wenn der Erwerb durch den Legitimierten wegen Geschäftsunfähigkeit des Veräußerers unwirksam war.

**6**     **2. Ungültigkeit der Konnossementserklärungen.** Hierzu rechnen vor allem **Fälschungen der Unterschrift** des Verfrachters oder seines Vertreters, aber auch **mangelnde Vertretungsmacht** eines Vertreters, Nichtbestehen der Kapitänsanstellung oder der in § 513 Abs. 1 Satz 2 vorausgesetzten Befugnis eines anderen Vertreters des Reeders, Nichtbestehen eines Frachtvertrages bei Unterzeichnung des Konnossements durch den Kapitän für den Verfrachter unter Ausnutzung der gesetzlichen Vertretungsmacht des § 513 Abs. 1 Satz 2. Die Ungültigkeit eines Indossaments kann jedoch durch späteren gutgläubigen Erwerb geheilt sein.

**7**     Ist die **Ungültigkeit von Erklärungen erkennbar** oder führt sie gar in Ausnahmefällen zur Unwirksamkeit des Konnossements,[2] so fehlt es bereits an einer Legitimation des Anspruchstellers.

**8**     **3. Einwendungen, die sich aus dem Inhalt des Konnossements ergeben. a) Gesetzliche Einwendungen.** Hierzu rechnen zunächst alle Einwendungen, die sich aus dem **gesetzlichen Seefrachtrecht** ergeben. Da das Konnossement ein sog. kausales Wertpapier ist, ist die im Übrigen abstrakte – dh. vom konkreten Frachtvertrag unabhängige – Verpflichtung eine typgebundene, die den gesetzlichen Regeln über den Seefrachtvertrag unterliegt. Der Verfrachter kann deshalb etwa einwenden, der geltend gemachte Schadensersatzanspruch bestehe mangels Verschuldens nicht oder er sei nach den gesetzlichen Bestimmungen beschränkt. Auch Einwendungen aus allgemeinen anwendbaren Rechtsvorschriften, etwa Sittenwidrigkeit, Unwirksamkeit von (AGB-) Klauseln des Konnossements, oder die Einrede der Verjährung stehen dem Verfrachter zu Gebote.

**9**     **b) Urkundliche Einwendungen.** Sodann kann sich der Aussteller auf die Einwendungen berufen, die sich **aus dem Inhalt der Urkunde** ergeben. So etwa eine im Konnossement enthaltene Klausel, wonach ein bestimmter Gerichtsstand, die Anwendung einer bestimmten Rechtsordnung oder die Zuständigkeit eines Schiedsgerichts vereinbart ist.

**10**    Der Inhalt der Urkunde kann unter bestimmten Voraussetzungen auch durch **Bezugnahme auf andere Dokumente (sog. Inkorporationsklauseln)** erweitert werden. Zu der nach bisherigem Recht sehr großzügigen Praxis der Einbeziehung von Klauseln anderer Verträge[3] hat das SRG durch **Abs. 1 Satz 2** eine wichtige Einschränkung gebracht: Vereinbarungen, welche die gesetzlichen Regeln ändern oder ergänzen, können nicht mehr durch – zwar ausdrückliche, aber pauschale – Bezugnahme auf einen Vertrag außerhalb des Konnossements, also den Stückgutfrachtvertrag oder vornehmlich eine Charterparty, in das Konnossement einbezogen werden. Es bedarf künftig vielmehr eines **ausdrücklichen Hinweises auf jede einzelne in einem in Bezug genommenen Vertrag enthaltene Klausel.**

**11**    Abs. 1 Satz 2 hat diese Änderung allerdings nur sehr verhalten ausgedrückt. Die lediglich negative Formulierung, wonach „Vereinbarungen, auf die im Konnossement lediglich verwiesen wird, nicht Inhalt des Konnossements" sind, ist der Auslegung bedürftig. Für die Beurteilung, wie genau die Erwähnung im Konnossement denn nun sein muss, ist ein Blick auf die Vorgeschichte erforderlich, die zu der großzügigen Rechtsprechung seit der Entscheidung des BGH vom 18.12.1958[4] geführt hat.

**12**    Der BGH hat auf der Basis des SFrG 1937 und des dadurch nach allgM nicht geänderten früheren Rechts angenommen, dass durch die eindeutige Bezugnahme auf die Bestimmungen einer Charterparty („All the terms, exceptions and conditions contained in Charter Party ... are herein incorporated"), in der eine Schiedsklausel enthalten ist, diese auch ohne deren besondere Erwähnung Bestandteil des Konnossements geworden sei. Es sei Sache

---

[2] Vgl. den Fall des OLG Rostock 3.5.2001, TranspR 2001, 264.
[3] BGH 18.12.1958, BGHZ 29, 120 = VersR 1959, 286; BGH 5.12.1966, VersR 1967, 156; LG Hamburg 20.2.1974, VersR 1975, 1121; Schaps/*Abraham* § 656 Rn. 2; *Rabe* § 656 Rn. 3; *Döser* S. 77 ff.
[4] BGHZ 29, 120 ff.; zitiert auch in der RegBegr-SRG S. 97.

des Empfängers, sich die Charterparty zu beschaffen, wenn er Näheres über deren Inhalt wissen wolle. Immerhin sagt das Gericht etwas einschränkend, dass der Empfänger „jedenfalls ... alle die Bestimmungen des Frachtvertrages gegen sich gelten lassen müsse, die nicht aus dem üblichen Rahmen der in Frachtverträgen vereinbarten Bedingungen herausfallen und die vernünftiger Weise auf das Rechtsverhältnis zwischen Verfrachter und Empfänger angewendet werden können", was es für die Schiedsklausel bejaht.[5]

Diese Einschränkung der Anerkennung der Inkorporationsklauseln bringt auch die Literatur vor dem SFrG 1937 zum Ausdruck. So sagte etwa *Schaps*[6] zur Inkorporation, dass es im Einzelfall zu prüfen gelte, ob die Bestimmungen nach Gegenstand und Inhalt auch Anwendung für den Empfänger finden könnten; er bejahte dies für die Klausel „as far as she safely may get", verneinte es jedoch für eine zwischen Befrachter und Verfrachter vereinbarte Schiedsgerichtsklausel (HansOLG Hbl. 1914, 188) (!) und für eine im Frachtvertrag festgesetzte Klausel über das Rücktrittsrecht. **13**

Noch enger beurteilte *Pappenheim*[7] die Wirksamkeit. Nach dessen Ansicht sind Verweisungen im Konnossement nur maßgeblich, wenn sie sich auf objektiv feststehende und öffentlich zugängliche Quellen beziehen (zB öffentlich bekanntgegebene Beförderungsbedingungen). Sei dies nicht der Fall, müsse eine in Bezug genommene Aufzeichnung mit dem Konnossement verbunden und angehängt werden. Er beurteilte etwa die Verweisung „Fracht laut Charterpartie", nach § 651 Abs. 2 S. 2 HGB idF vor 1937 in dem Sinne, dass die Bestimmungen über Löschzeit, Überliegezeit und Liegegeld nicht einbegriffen seien. Ähnlich restriktiv beurteilt *Liesecke*[8] die Wirkungen der Inkorporation von Charterverträgen und weist darauf hin, dass der Rechtsverkehr bei der Klausel „Kasse gegen Dokumente" neben dem Konnossement in diesen Fällen eine beglaubigte Abschrift der C/P verlange. **14**

Diese Unsicherheit hat dazu geführt, dass das Schiedsgerichtsreformgesetz von 1997 in § 1031 Abs. 4 ZPO eine Sonderbestimmung für den praktisch wichtigsten Fall geschaffen hat, wonach „eine Schiedsvereinbarung auch durch die Begebung eines Konnossements begründet (wird), in dem ausdrücklich auf die in einem Chartervertrag enthaltene Schiedsklausel Bezug genommen wird." § 1031 Abs. 4 ZPO wurde durch das SRG aufgehoben, weil die für Schiedsklauseln vorgeschriebene schärfere Einbeziehungsregel nun nach § 522 Abs. 1 Satz 2 allgemein für jede Klausel gilt.[9] Daraus folgt, dass **Abs. 1 Satz 2** in dem Sinne auszulegen ist, in dem bisher § 1031 Abs. 4 ZPO verstanden wurde, nämlich im Sinne des Erfordernisses eines ausdrücklichen Hinweises auf einzelne in einem in Bezug genommenen Vertrag enthaltene Klauseln:[10] Eine allgemeine (pauschale) Verweisung auf den Chartervertrag mit Schiedsklausel genügt jetzt nicht mehr; andererseits brauchen nicht alle Essentialia der Klausel selbst in das Konnossement aufgenommen zu werden.[11] **15**

Damit ist keineswegs eine einschränkungslose Anerkennung des sog. „Charterkonnossements" im deutschen Recht „im nationalen Alleingang" beseitigt worden, wie *Paschke/Ramming*[12] beklagen; sie hat in dieser Form nie bestanden. Die Anerkennung der nur pauschalen Verweisung ist in vielen Staaten unsicher, wie allein der Blick auf die wechselhafte englische Rechtsprechung zeigt,[13] die die Anwendbarkeit einzelner Vertragsklauseln sehr differenziert und auf den Einzelfall bezogen prüft. Zwar hat sich in der Praxis der – wertpapierrechtlich durchaus als minderwertig erkannte[14] – Typus des „Charterkonnosse- **16**

---

[5] Die das Gericht im Ergebnis übrigens für nichtig hält, sodass wir es schon in dieser frühen Entscheidung in der wichtigen Inkorporationsfrage mit einem obiter dictum zu tun haben, zu dem der BGH ja auch heute noch neigt (vgl. nur die Multimodalentscheidung BGH 18.10.2007 TranspR 2007, 472).

[6] Das Deutsche Seerecht, Bd. 1., 2. Aufl. 1921, S. 543 f.

[7] Handbuch des Seerechts, 1918, S. 292 f.

[8] Der ehemalige Berichterstatter im II. ZS des BGH; vgl. Schlegelberger/*Liesecke* § 656 Rn. 3.

[9] RegBegr-SRG S. 143.

[10] Dazu auch MüKoZPO/*Münch*, 2. Aufl. 2001, § 1031 Rn. 20.

[11] So auch *Thomas/Putzo* § 1031 ZPO Rn. 7; *Herber* S. 298.

[12] RdTW 2013, 1, 5 f.

[13] Vgl. etwa *Karsten Schmidt*, FS Herber, S. 281 ff., 302; *Rabe* Vor § 556 Rn. 181; eingehend *Döser*, Inkorporationsklauseln in Konnossementen, S. 200 ff.; eingehend zum neuen Recht jetzt *Jessen* RdTW 2013, 293.

[14] Der deshalb von den ERA (20a vi) nicht als akkreditivfähig anerkannt wird.

ments" entwickelt, der die Abstraktion des Konnossements vom Grundgeschäft systemwidrig zu beseitigen versucht.[15] Das Charterkonnossement ist jedoch schon bisher für den
Umlauf nicht geeignet. Das neue Recht gibt ihm einen sichereren Rahmen,[16] hätte auch
der Wortlaut des Gesetzes klarer ausfallen können. *Jessen*.[17] der trotz Bedenken gegen die
Praktikabilität die Folgerichtigkeit der Bestimmung im System des deutschen Wertpapierrechts anerkennt, weist in einer abgewogenen Untersuchung zutreffend darauf hin, dass die
Bezugnahme auf Charterverträge zumeist im Kreise bestimmter Handelskreise verwendet
wird, welche die Essentialia der in Bezug genommenen Charterverträge kennen. Hier liegt
der Schlüssel für eine sinnvolle Interpretation der Regelung: Es darf nicht „lediglich" (also
pauschal) auf ein dem Empfänger nicht bekanntes Dokument verwiesen werden, ohne
es dem Konnossement als Anhang beizufügen (was stets zulässig ist). Es muss vielmehr
gekennzeichnet werden, welche wichtigen Elemente es in Abweichung oder Ergänzung
der frachtrechtstypischen gesetzlichen Reglung enthält. So, wie für die Schiedsgerichtsabrede der Hinweis „Schiedsgericht London" genügt, ohne dass nähere Einzelheiten über das
Verfahren angegeben werden, kann etwa gesagt werden: „Liegegeld trägt Empfänger",
ohne dieses zu spezifizieren.[18] Im Kreise bestimmter spezieller Märkte mag es auch durchaus
zulässig sein, auf einen standardisierten, allgemein verwendeten Vertragstypus zu verweisen.
Ausgeschlossen ist allein, etwa auf einen Chartervertrag zu verweisen, der und dessen Inhalt
für den Empfänger nicht feststellbar ist. Vgl. zu den möglichen Einreden als persönliche
auch Rn. 18.

17    **4. Persönliche Einwendungen.** Zulässig sind schließlich Einwendungen, die sich aus
**Rechtsverhältnissen zwischen dem Legitimierten Besitzer und dem Verfrachter**
ergeben, etwa Stundung, Aufrechnung.

18    Hierzu können auch Einwendungen aus Schuldverträgen rechnen. So zB aus einem
Kaufvertrag, dessen Erfüllung die Konnossementsbegebung diente und der mangels Zahlung
durch den Käufer rückgängig gemacht werden soll.[19] Denkbar wäre auch, die Einreden
aus einem Chartervertrag, die aus dem Inhalt der Urkunde nicht hervorgehen (vgl. Rn. 15),
als persönliche zuzulassen, wenn mit dem Konnossement auch der Frachtvertrag übertragen
(oder der Anspruch aus dem Frachtvertrag abgetreten) wird. Ist das nicht der Fall, so könnte
in den Charterfällen allenfalls in groben Missbrauchsfällen die Einrede der Arglist helfen.[20]

## IV. Gutglaubensschutz für die Abladetatsachen (Abs. 2)

19    **1. Unwiderleglichkeit.** Im Interesse des Verkehrsschutzes erklärt **Abs. 2 die Vermutungen des § 517 für unwiderleglich** gegenüber einem legitimierten Besitzer des Konnossements, der bei dessen Erwerb gutgläubig war.

20    **Abs. 2 Satz 2** schützt den Besitzer eines Order- oder Inhaberkonnossements, das er
**durch wertpapierrechtliche Übertragung** – also durch Übereignung mit Indossament
oder bloßer Besitzübergabe – erworben hat. Die Vorschrift entspricht § 656 Abs. 2 Satz 2
aF.

21    **Abs. 2 Satz 1** erweitert diesen Schutz auf den **ersten Nehmer eines Konnossements.**
Nach altem Recht wurde überwiegend[21] angenommen, dass der erste Nehmer, der das

---

[15] Dazu Staub/*Canaris* § 363 Rn. 64.

[16] Dies war auch die Absicht der Sachverständigengruppe, vgl. BerSV S. 121, die feststellte, dass international ein sehr uneinheitliches Bild der wirksamen Einbeziehung derartiger Klauseln besteht und dass größere
Rechtsklarheit geschaffen werden müsse.

[17] RdTW 2013, 293.

[18] Gerade im wichtigen Fall des Liegegeldes und der ausstehenden Fracht geben zudem § 521 Abs. 1 Satz 2,
§ 494 Abs. 2 und 2 dem Konnossementsverpflichteten weitgehende Rechte, auch im Konnossement nicht
genannte oder bezifferte Zahlungen vom Empfänger zu verlangen.

[19] Der Verfrachter/Verkäufer kann dem Anspruch hier die Einrede der Bereicherung entgegenhalten,
Staub/*Canaris* § 364 Rn. 56.

[20] Vgl. dazu Schaps/*Abraham* § 656 Rn. 25.

[21] *Czerwenka* TranspR 1988, 256, 258; *Herber* S. 290, 300, 302; Staub/*Canaris* § 364 Rn. 62; vgl. auch
RegBegr-SRG S. 97; anders unter Berufung auf die HR *Rabe* § 656 Rn. 16.

Papier durch den Begebungsvertrag unmittelbar vom Verfrachter erhalten hat, noch nicht in seinem guten Glauben geschützt sei, dass dieser Schutz vielmehr eine rechtsgeschäftliche wertpapiermäßige Übertragung voraussetze. Die Sachverständigengruppe hat sich dafür ausgesprochen,[22] den Zweifel an der Richtigkeit dieser Auslegung, der vor allem auch rechtspolitisch berechtigte Gründe hat, zum Anlass zu nehmen, auch den ersten Nehmer gleichermaßen zu schützen. Nach neuem Recht kann sich jeder in einem Konnossement als Empfänger Benannte, auch wenn er das Papier unmittelbar vom Verfrachter erhalten hat, auf die Unwiderleglichkeit der Vermutungen des § 517 berufen, sofern er beim Erhalt gutgläubig war. Dem Wortlaut nach erfasst die Bestimmung auch den Ablader, bei dem der Schutz jedoch mangels guten Glaubens entfällt.[23]

Praktische Bedeutung hat die Erweiterung des Gutglaubensschutzes auf den ersten Emp-  **22** fänger vor allem beim **Rektakonnossement,** das nicht in wertpapierrechtlicher Form übertragen werden kann und bei dem deshalb bisher ein Gutglaubensschutz nicht in Betracht kam. Jetzt wird der erste Empfänger geschützt, der das Konnossement – etwa auf Grund eines CIF-Vertrages – unmittelbar vom Verfrachter erhalten hat. Voraussetzung ist dabei allerdings, dass der Ablader das Konnossement sogleich auf den Empfänger ausstellen lässt. Wird zunächst der Ablader als Berechtigter eingetragen, kann er das Rektakonnossement nicht wertpapierrechtlich übertragen und deshalb dem Erwerber keinen Gutglaubensschutz vermitteln.

Entsprechend geschützt wird nunmehr auch der erste Nehmer eines Order- oder Inha-  **23** berkonnossements, bei dem dies bisher zweifelhaft war.

**2. Bösgläubigkeit.** Kannte der Empfänger die Unrichtigkeit der Angaben im Konnosse-  **24** ment oder war sie ihm infolge grober Fahrlässigkeit[24] nicht bekannt, so steht dem Verfrachter ihm gegenüber der Beweis offen, dass die Vermutungen nach § 517 nicht zutreffen **(Abs. 2 Satz 1).** Das gilt in gleicher Weise für den derivativen Erwerb eines Order- oder Inhaberkonnossements und für den Ersterwerb durch den Begebungsvertrag bei allen Arten von Konnossementen.

**3. Beweiswirkung.** Die Unwiderleglichkeit der Vermutung hat zur Folge, dass sich der  **25** Verfrachter nicht darauf berufen kann, er habe das Gut nicht oder nicht in der angegebenen Menge oder Qualität erhalten. Hierin liegt **keine Skripturhaftung,**[25] wie sie vor dem SFrG 1937 galt und den Verfrachter verpflichtete, das Gut wie angegeben auszuliefern. Vielmehr nur eine **Vermutung für die ordnungsmäßige Übernahme,** die jedoch nicht ausschließt, dass der Verfrachter sich auf nicht von ihm zu vertretende Verschlechterungen während der Reise, etwa durch unverschuldeten Wassereinbruch in das Schiff, beruft.

Ein vieldiskutierter[26] Grenzfall, der die Bedeutung der Vermutung exemplarisch zeigt,  **26** war Gegenstand der Entscheidung des OLG Hamburg vom 3.8.1995.[27] In dem Konnossement war die durch die Kühlscheibe offenbare mangelhafte Vorkühlung von Gefriergut nicht angegeben, der Verfrachter konnte jedoch durch die weiteren Aufzeichnungen der Kühlscheibe des Containers beweisen, dass er während der Reise die vorgeschriebene Temperatur eingehalten hatte. Das OLG versagte ihm die Berufung auf die Exkulpation wegen sachgemäßer Behandlung während des Transports, da er unstreitig verdorbenes Gut abgeliefert habe und sich behandeln lassen müsse, als habe er ordnungsgemäßes Gut übernommen. Nach meiner Meinung handelt es sich um einen Fall der Haftung für unrichtige Konnossementsausstellung, nicht um einen Transportschaden.[28]

---

[22] BerSV S. 121.
[23] Vgl. RegBegr-SRG S. 97.
[24] Grobe Fahrlässigkeit liegt nach der Rechtsprechung des BGH (vgl. etwa BGH 19.12.1979, NJW 1980, 888) vor, wenn die im Verkehr erforderlich Sorgfalt in ungewöhnlich grobem Maße verletzt worden ist und dasjenige unbeachtet geblieben ist, was jedem hätte einleuchten müssen.
[25] *Rabe* TranspR 1997, 89; *ders.* § 656 Rn. 8 ff.; *Herber* S. 299.
[26] Dazu vor allem *Rabe* TranspR 1997, 89 ff.; *Bästlein* TranspR 1997, 404 ff.
[27] TranspR 1996, 29.
[28] Vgl. *Herber* S. 299 f.

## V. Besonderheiten bei Inanspruchnahme des ausführenden Verfrachters

27      Der ausführende Verfrachter kann ebenso wie der vertragschließende **aus dem Konnossement in Anspruch genommen** werden. Dem steht nicht entgegen, dass sich sein Name und die auf seine Haftung bezüglichen Angaben – etwa die Zeit seiner Übernahme und der Ablieferung durch ihn, der Zustand des Gutes bei der Übernahme durch ihn – nicht aus dem Dokument ergeben. Daraus folgt nur, dass der Anspruch zwar materiell auf das Dokument gestützt werden, jedoch nicht im Urkundenprozess geltend gemacht werden kann, weil die haftungsbegründenden Tatsachen nicht vollständig durch Urkunden bewiesen werden können.

28      Die Erwähnung von § 509 in Abs. 3 gibt jedoch einen Hinweis darauf, dass nur derjenige als ausführender Verfrachter aus dem Konnossement in Anspruch genommen werden kann, der die **Kriterien hierfür nach dem Recht des Frachtvertrages** erfüllt. Ist etwa der (Haupt-) Frachtvertrag unwirksam, ist aber der vertragschließende Verfrachter dennoch an das von ihm ausgestellte Konnossement gebunden, so gilt dies nicht in gleicher Weise für den ausführenden Verfrachter. Dieser kann auch gegenüber dem Konnossementsanspruch alle Einwendungen geltend machen, die ihm nach § 509 zur Verfügung stehen. Also etwa, dass der Hauptfrachtvertrag unwirksam ist oder vertragliche Haftungseinschränkungen (soweit zulässig, etwa durch Individualvereinbarung, § 512) vorsieht, dass der Schaden nicht in der Zeit seiner Obhut entstanden ist.

29      Ist der (vertragschließende) Verfrachter nicht aus dem Konnossement verpflichtet, weil sein Name nicht oder unrichtig angegeben ist, und **haftet nach § 518 der Reeder als Konnossementsverpflichteter,** so ist fraglich, ob auch in diesem Fall eine Konnossementshaftung des ausführenden Verfrachters besteht. Selbst wenn man dies formal annimmt, kann der ausführende Verfrachter dem Konnossementsberechtigten aber jedenfalls die Einwendung entgegensetzen (§ 509 Abs. 3), dass der vertragschließende Verfrachter aus dem Konnossement nicht haftet; dessen Haftung aber ist nach § 509 Abs. 1 allein Maßstab für die Haftung des ausführenden Verfrachters. Natürlich bleibt die Haftung des ausführenden Verfrachters aus dem Frachtvertrag unberührt.

30      In Rahmen der Haftung des ausführenden Verfrachters aus dem Konnossement wirkt die Vermutung des § 517 auch gegen ihn. Die Angaben im Konnossement nach § 515 Abs. 1 Nr. 7, 8 begründen **auch ihm gegenüber** die Vermutung, dass das Gut **zur Zeit der Übernahme durch den das Konnossement ausstellenden (Haupt-)Verfrachter** diese Eigenschaften hatte. Hat er das Gut sogleich nach der Übernahme vom Befrachter oder Ablader als erster ausführender Verfrachter übernommen, so erleichtert die Vermutung dem Geschädigten den – ihm obliegenden (§ 509 Rn. 25) – Beweis, dass das Gut bei Übernahme durch den ausführenden Verfrachter die später in Erscheinung getretenen Schäden nicht aufwies. Hat der in Anspruch genommene ausführende Verfrachter das Gut erst im weiteren Verlauf der Beförderung übernommen, mag noch ein gewisser Anschein dafür sprechen, dass es bei seiner Übernahme noch in dem in Konnossement angegebenen Zustand war. **In jedem Fall aber kann der ausführende Verfrachter die Angaben im Konnossement widerlegen,** auch gegenüber einem gutgläubigen Konnossementsberechtigten **(Abs. 3).**

31      Hat, wie in der Praxis häufig, der einen fremden – etwa von einem Spediteur zu festen Kosten abgeschlossenen – Seefrachtvertrag **ausführende Verfrachter selbst ein Konnossement ausgestellt** und an den Ablader begeben, so ist er selbst Aussteller und muss sich hinsichtlich des Anspruchs aus dem Konnossement als (Haupt-) Verfrachter behandeln lassen. Dann gelten keine Besonderheiten, insbesondere nicht die des Abs. 3.

## § 523 Haftung für unrichtige Konnossementsangaben

**(1) [1]Der Verfrachter haftet für den Schaden, der dem aus dem Konnossement Berechtigten dadurch entsteht, dass die in das Konnossement nach den §§ 515 und**

517 Absatz 2 aufzunehmenden Angaben und Vorbehalte fehlen oder die in das Konnossement aufgenommenen Angaben oder Vorbehalte unrichtig sind. ²Dies gilt insbesondere dann, wenn das Gut bei Übernahme durch den Verfrachter nicht in äußerlich erkennbar guter Verfassung war und das Konnossement hierüber weder eine Angabe nach § 515 Absatz 1 Nummer 7 noch einen Vorbehalt nach § 517 Absatz 2 enthält. ³Die Haftung nach den Sätzen 1 und 2 entfällt, wenn der Verfrachter weder gewusst hat noch bei Anwendung der Sorgfalt eines ordentlichen Verfrachters hätte wissen müssen, dass die Angaben fehlen oder unrichtig oder unvollständig sind.

(2) Wird ein Bordkonnossement ausgestellt, bevor der Verfrachter das Gut übernommen hat, oder wird in das Übernahmekonnossement ein Bordvermerk aufgenommen, bevor das Gut an Bord genommen wurde, so haftet der Verfrachter, auch wenn ihn kein Verschulden trifft, für den Schaden, der dem aus dem Konnossement Berechtigten daraus entsteht.

(3) ¹Ist in einem Konnossement, das vom Kapitän oder von einem anderen zur Zeichnung von Konnossementen für den Reeder Befugten ausgestellt wurde, der Name des Verfrachters unrichtig angegeben, so haftet auch der Reeder für den Schaden, der dem aus dem Konnossement Berechtigten aus der Unrichtigkeit der Angabe entsteht. ²Die Haftung nach Satz 1 entfällt, wenn der Aussteller des Konnossements weder gewusst hat noch bei Anwendung der Sorgfalt eines ordentlichen Verfrachters hätte wissen müssen, dass der Name des Verfrachters nicht oder unrichtig angegeben ist.

(4) Die Haftung nach den Absätzen 1 bis 3 ist auf den Betrag begrenzt, der bei Verlust des Gutes zu zahlen wäre.

**Schrifttum:** *Ramming,* Die Haftung des Beförderers für die Ausstellung unrichtiger Konnossemente und Ladescheine, RdTW 2013, 423.

**Übersicht**

| | Rn. | | Rn. |
|---|---|---|---|
| I. Normzweck | 1 | IV. Ausstellung eines Bordkonnossements vor dem Einladen (Abs. 2) | 11, 12 |
| II. Entstehungsgeschichte | 2 | V. Unrichtige Verfrachterangabe (Abs. 3) | 13–19 |
| III. Fehlende oder unrichtige Angaben (Abs. 1) | 3–10 | 1. Unrichtige Verfrachterangabe | 14 |
| 1. Allgemein (Satz 1) | 3–5 | 2. Angabe einer falschen Person | 15, 16 |
| 2. Hinsichtlich der Angaben über das Gut (Satz 2) | 6, 7 | 3. Fehlende Verfrachterangabe | 17, 18 |
| 3. Verschulden (Satz 3) | 8–10 | 4. Keine Haftung Ausstellenden bei mangelndem Verschulden | 19 |
| | | VI. Haftungsbeschränkung | 20, 21 |

## I. Normzweck

Die Vorschrift fasst die Bestimmungen über die Haftung des Verfrachters und des Reeders **1** für Schäden durch die Ausstellung eins unrichtigen Konnossements zusammen. Nach bisherigem Recht war nur ein einzelner Aspekt im Seefrachtrecht spezialgesetzlich geregelt: die Angabe eines unrichtigen Namens des Verfrachters (§ 644 Satz 2 aF). Im Übrigen mussten die Ansprüche den allgemeinen Rechtsvorschriften entnommen werden.

## II. Entstehungsgeschichte

Die Bestimmung entspricht mit einigen redaktionellen Änderungen dem Vorschlag der **2** Sachverständigengruppe (BerSV § 505). Die stellt anders, als noch der BerSV, auf den

Konnossementsberechtigten statt auf den Empfänger ab und folgt damit der klaren Terminologie des SRG.[1]

### III. Fehlende oder unrichtige Angaben (Abs. 1)

**3**    **1. Allgemein (Satz 1).** Abs. 1 Satz 1 bezieht sich auf **sämtliche Angaben** nach § 515 und § 517 Abs. 2 unabhängig davon, ob wegen deren Fehlens das Konnossement formungültig ist. Der praktisch wichtigste Fall, die Unrichtigkeit der Angaben über das Gut, ist in **Satz 2** besonders genannt. Ein weiterer Fall, die unrichtige Angabe, das Gut sei bereits an Bord genommen worden, ist in **Abs. 2** besonders – haftungsverschärfend – geregelt.

**4**    Zu den Fällen unrichtiger Ausstellung, die unter Abs. 1 Satz 1 fallen, gehören etwa das Unterlassen der **Angabe „freight prepaid"**, wodurch der Empfänger bei Annahme des Gutes abredewidrig zur Zahlung ausstehender Fracht verpflichtet werden kann; oder die Angabe einer falschen Flagge des Schiffes, die zu einem Embargo führen kann.

**5**    Auch Schäden, die dem Konnossementsberechtigten durch unrichtige Angaben über das Gut entstehen (Satz 2), können ausnahmsweise unter Satz 1 fallen. So, wenn durch unrichtige Angaben – durch Beschreibung oder Vorbehalt – nicht vorhandene Mängel des Gutes vermittelt werden, die das Konnossement im Akkreditivverkehr unverwendbar machen. Oder das Unterlassen der vom Ablader gewünschten und mit dem Verfrachter vereinbarten[2] Angabe der Zahl der Packungen im Container, die dem Empfänger die Geltendmachung des Anspruchs unter Berücksichtigung der Haftungsbeschränkungsregel des § 504 Abs. 1 Satz 2 eröffnen würde.

**6**    **2. Hinsichtlich der Angaben über das Gut (Satz 2).** Fehlende oder unrichtige Angaben über das Gut, welche das Gesetz zur Vermeidung ungewollter Lücken[3] in den **unterschiedlichen Konstellationen** sehr differenziert aufführt, können dem Konnossementsberechtigten ein falsches Bild von der Art, dem äußeren Zustand, der Zahl oder dem Gewicht des Gutes vermitteln. Dieser kann sich zwar bei gutgläubigem Erwerb auf die unrichtige Angabe verlassen, den Verfrachter also auf Ablieferung der im Konnossement bezeichneten Qualität des Gutes oder Schadensersatz wegen deren Nichterfüllung verlangen (§ 517 Rn. 17), doch deckt dieser Anspruch nicht alle möglichen Schäden.

**7**    Zwar entfällt ein wichtiger Grund, der nach bisherigem Recht dem Anspruch aus unrichtiger Konnossementsausstellung neben der Fiktion des § 656 Abs. 1 Satz 2 aF und des § 519 Abs. 2 Bedeutung verlieh: Die Haftung aus § 523 Abs. 1 Satz 2 ist nunmehr, anders als bisher der entsprechende Anspruch aus allgemeiner schuldrechtlicher Vertragsverletzung (§ 280 BGB, früher sog. positive Vertragsverletzung), auf den Wert des Gutes beschränkt **(Abs. 4),** auf den regelmäßig auch bei einem vermuteten Verlust nach § 519 Abs. 2 gehaftet wird. Doch kann der Schadensersatzanspruch dennoch im Einzelfall über den auf der Basis des § 519 zu beanspruchenden Ersatz hinausgehen. So etwa, wenn ein verhältnismäßig geringer Mangel des Gutes im Konnossement nicht genannt wird und der Empfänger infolge der Fiktion des § 519 Satz 2 nur Ersatz wegen einer (fingierten) Beschädigung während der Beförderung verlangen kann, ihm Abs. 1 Satz 2 jedoch erlaubt, bei einem höheren Vermögensschaden, zB infolge mangelnder Verwendbarkeit des Gutes zum Weiterverkauf, zumindest den Gegenwert des Gutes zu verlangen. Es kommt hinzu, dass die Haftungsbegrenzung des Abs. 4 nicht undurchbrechbar ist (vgl. Rn. 21).

**8**    **3. Verschulden (Satz 3).** Nach **Satz 3** entfällt die Haftung in den beiden genannten Fällen unrichtiger Angaben, wenn der Verfrachter die **Unrichtigkeit** nicht gekannt hat und **auch bei Anwendung der Sorgfalt eines ordentlichen Verfrachters nicht erkennen**

---

[1] Vgl. § 519 Rn. 2; auch RegBegr-SRG S. 98.
[2] Dieser Angabe muss der Verfrachter zustimmen, der Ablader kann sie nicht einseitig verlangen, vgl. § 515 Rn. 15.
[3] RegBegr-SRG S. 98.

**konnte.** Die Beweislast hierfür liegt, wie sich aus der Formulierung ergibt[4] beim Verfrachter.

Der Kapitän oder sonstige Vertreter des Reeders, der für den Verfrachter das Konnossement ausstellt, wird in der Regel keine spezielle Sach- und Materialkunde haben, kann jedoch äußerliche Mängel der Verpackung oder des **allgemein,** auch einem Laien **bekannten Zustandes** abschätzen und muss sie bei der Ausstellung des Konnossements berücksichtigen, eventuell auch durch Rückfrage beim Ablader. 9

Ein Verschulden des Abladers oder Befrachters an der Unrichtigkeit der Angaben ist dem Verfrachter nicht zuzurechnen, da diese nicht seine Erfüllungsgehilfen sind. Gehen aber die falschen Angaben auf den Ablader oder Befrachter zurück, was insbesondere bei Angaben nach Satz 2 über das Gut regelmäßig der Fall ist (§ 515 Abs. 2), so haften Ablader und Befrachter dem Verfrachter im **Regress** für den Schaden, den dieser durch Inanspruchnahme durch den Empfänger nach Abs. 1 oder durch Schadensersatzleistung wegen der fingierten Eigenschaften des Gutes hat (§ 488 Abs. 1); diese Haftung ist in den Fällen des § 488 Abs. 3 sogar **unabhängig von einem Verschulden** und trifft deshalb auch den Spediteur, der als Ablader gutgläubig die falschen Angaben seines Auftraggebers zur Eintragung in das Konnossement nach § 515 Abs. 2 weitergegeben hat. Der Regressanspruch des Verfrachters gegen Ablader und Befrachters ist wegen Mitverschuldens vermindert oder sogar ausgeschlossen, wenn der das Konnossement für den Verfrachter Ausstellende die Unrichtigkeit hätte erkennen müssen (§ 488 Abs. 4). 10

#### IV. Ausstellung eines Bordkonnossements vor dem Einladen (Abs. 2)

**Abs. 2** sanktioniert eine **besondere Form der Ausstellung eines unrichtigen Konnossements** durch eine vom Verschulden unabhängige Haftung: Die Ausstellung eines Konnossements, welches die Übernahme des Gutes an Bord eines bestimmten Schiffes bestätigt, sei es von vornherein oder durch einen Bordvermerk in einem Übernahmekonnossement (§ 514 Abs. 2). Hier erschien dem Gesetzgeber eine scharfe Haftung angemessen, weil Bordkonnossemente im Handelsverkehr eine wichtige Rolle spielen und daher ein besonderer Anreiz besteht, den Verfrachter zu ihrer vorzeitigen Ausstellung zu veranlassen; andererseits ist dieser Fehler vom Verfrachter ohne Weiteres vermeidbar. Deshalb werden Fälle, in denen den Verfrachter und seine Erfüllungsgehilfen an der Ausstellung kein Verschulden trifft, außerordentlich selten sein. 11

Die verschärfte Haftung nach Abs. 2 gilt nicht für die vorzeitige Ausstellung eines Übernahmekonnossements (§ 514 Abs. 1), da dieses im Rechtsverkehr eine wesentlich geringere Bedeutung hat.[5] Hier greift jedoch Abs. 1 Satz 1 ein. 12

#### V. Unrichtige Verfrachterangabe (Abs. 3)

Die Bestimmung greift einen bisher (in § 644 Satz 2 aF) im Zusammenhang nur mit der Regelung der völlig fehlenden Verfrachterangabe geregelten Tatbestand auf. Ist die Angabe des Verfrachters in einem durch einen zur Zeichnung von Konnossementen für den Reeder Befugten ausgestellten Konnossement (§ 513 Abs. 1 Satz 2) unrichtig angegeben, so **haftet auch der Reeder** für Schäden, die dem Konnossementsberechtigten durch diesen Fehler seiner Erfüllungsgehilfen – des Kapitäns oder eines sonst Bevollmächtigten, insbesondere Agenten – bei der Ausstellung des Konnossements entstehen. 13

**1. Unrichtige Verfrachterangabe.** Unrichtig ist die Angabe des Verfrachters einmal dann, wenn sie falsch oder so ungenau ist, dass der Verfrachter zwar identifizierbar und deshalb auch als Aussteller aus dem Konnossement verpflichtet, jedoch für den Berechtigten **nur mit Mühe und nach erheblichen Aufwendungen feststellbar** ist. Dadurch können 14

---

[4] Anders als nach dem Vorschlag der BerSV, jedoch entsprechend der bei Vertragsverletzungen üblichen Beweislast für die Exkulpation; vgl. auch RegBegr-SRG S. 98.

[5] RegBegr-SRG S. 98.

Mehrkosten entstehen, es kann zu falscher Schadensanzeige[6] bis zu Klagen gegen einen nicht Verpflichteten[7] oder gar zur Verjährung des Anspruchs kommen. Hierzu kann auch die Verwendung einer sog. „identity of carrier"-Klausel in einem deutschem Recht unterliegenden Vertrag führen, die von den deutschen Gerichten nicht als wirksam angesehen wird (vgl. § 514 Rn. 9); trotz der verbreiteten Verwendung solcher Klauseln kann jedoch im Einzelfall ein Mitverschulden des Geschädigten angenommen werden, wenn er sich durch die unwirksame Klausel beeinflussen lässt.

15    **2. Angabe einer falschen Person.** Unrichtig ist die Angabe des Verfrachters auch, wenn der als **Verfrachter Angegebene nicht der wirkliche Verfrachter** ist.[8] Dann ist zwar der Reeder aus dem Konnossement verpflichtet (§ 518), doch können dem Berechtigten dadurch gleichwohl Schäden entstehen.[9] Einmal wegen der Fehlleitung seiner Ansprüche (wie Rn. 14), vor allem aber auch im Hinblick auf die Vermögenslage oder Erreichbarkeit des Reeders, die für ihn ungünstiger sein kann als die des angegeben Verfrachters.[10]

16    Die Vorschrift geht davon aus, dass der Kapitän oder ein sonst vom Reeder Bevollmächtigter in Ausübung seiner gesetzlichen Vertretungsmacht nach § 513 Abs. 1 Satz 2 gehandelt hat, die ihm nicht gestattet, ein Konnossement für einen als Verfrachter Angegebenen zu unterzeichnen, der nicht der wirkliche Verfrachter ist. Hat der im Konnossement als Verfrachter Angegebene aber dem Kapitän oder einem Agenten des Reeders seine eigene Vollmacht erteilt, so ist das Konnossement gültig und § 523 nicht anwendbar, auch wenn ein (wirksamer) Frachtvertrag ihm nicht zugrunde liegt.

17    **3. Fehlende Verfrachterangabe.** Ist der Verfrachter im Konnossement überhaupt nicht angegeben und ist deshalb der Reeder aus dem Konnossement verpflichtet, sofern es vom Kapitän oder einem sonst vom Reeder Bevollmächtigten ausgestellt worden ist (§ 518), so liegt der Fall ähnlich wie bei Angabe eines anderen als des Verfrachters. Deshalb sind beide Gestaltungen in § 518 gemeinsam geregelt worden. Es erscheint deshalb vertretbar, auch in den Fällen, in denen ein Verfrachter überhaupt nicht angegeben ist, neben der Rechtsfolge des § 518 in analoger Anwendung des Abs. 3 Schadensersatz zu gewähren, weil in gleicher Weise Schäden trotz der Reederhaftung eintreten können wie nach Rn. 14. Allerdings werden Fälle sehr selten sein, in denen den aus dem Konnossement Berechtigten kein Mitverschulden trifft, wenn er ein offenbar fehlerhaftes Konnossement entgegengenommen hat.

18    Geht die unrichtige Angabe auf eine solche des Befrachters zurück, so haftet dieser im Regress (§ 488 Abs. 3, 4), es sei denn, dass er den Fehler nicht zu vertreten hat, ferner etwa vermindert durch ein Mitverschulden des das Konnossement ausstellenden Kapitäns oder anderen Bevollmächtigten des Reeders.

19    **4. Keine Haftung Ausstellenden bei mangelndem Verschulden.** Auch die Haftung nach Abs. 3 Satz 1 entfällt, wenn der das Konnossement Ausstellende[11] die Unrichtigkeit nicht erkannt hat und bei Anwendung der Sorgfalt eines ordentlichen Verfrachters nicht erkennen konnte. Wie bei Abs. 1 muss er den Entlastungsbeweis führen.

### VI. Haftungsbeschränkung

20    In den Fällen des Abs. 1, 3 ist die Haftung des Verfrachters, im Fall des Abs. 3 die Haftung des Reeders auf den Betrag begrenzt, **der bei Verlust des Gutes zu zahlen wäre.** Der Betrag ist nach §§ 498–505 zu ermitteln.

---

[6] *Rabe* § 644 Rn. 17.
[7] RegBegr-SRG S. 98.
[8] RegBegr-SRG S. 98.
[9] Die nach altem Recht (§ 644 aF und dazu Schaps/*Abraham* Rn. 6) nicht zu ersetzen waren.
[10] RegBegr-SRG S. 98.
[11] Der Ausdruck ist unglücklich, weil er mit dem Aussteller des Konnossements iS des Konnossementsverpflichteten verwechselt werden könnte; gemeint ist hier der (das Konnossement als Vertreter) Ausstellende nach Satz 1.

**Anwendbar** ist damit auch § 507.[12] Denn auch bei Verlust des Gutes würde die dort 21 definierte Leichtfertigkeit zu einem Verlust der Begrenzungen führen. Für die Begrenzung der Haftung für Vermögensschäden nach Maßgabe der Güterschadenshaftung bedeutet dies praktisch, dass die in Abs. 4 angeordnete Beschränkung der Haftung in vielen Fällen nicht greifen wird. Den Beweis für die Leichtfertigkeit hat jedoch der Anspruchsteller zu führen.

## § 524 Traditionswirkung des Konnossements

**[1]Die Begebung des Konnossements an den darin benannten Empfänger hat, sofern der Verfrachter das Gut im Besitz hat, für den Erwerb von Rechten an dem Gut dieselben Wirkungen wie die Übergabe des Gutes. [2]Gleiches gilt für die Übertragung des Konnossements an Dritte.**

**Schrifttum:** *Schnauder,* Sachenrechtliche und wertpapierrechtliche Wirkungen der kaufmännischen Traditionspapiere, NJW 1991, 1642.

### Übersicht

| | Rn. | | Rn. |
|---|---|---|---|
| I. Normzweck | 1, 2 | 2. Begebung des Konnossements (Satz 1) | 8–12 |
| II. Entstehungsgeschichte | 3, 4 | 3. Übertragung des Konnossements | |
| III. Begriff der Traditionswirkung | 5, 6 | (Satz 2) | 13–15 |
| IV. Voraussetzungen und Grenzen der | | 4. Dingliche Einigung | 16–19 |
| Traditionswirkung | 7–19 | V. Verfügungen über das Gut ohne | |
| 1. Besitz des Verfrachters | 7 | Konnossementsübergabe | 20 |

## I. Normzweck

Das Konnossement ist ein sog. **Traditionspapier.** Das Gesetz stellt für die Übertragung 1 von Rechten an dem beförderten Gut, insbesondere für dessen Übereignung und Verpfändung, die Begebung (Satz 1) und die Übertragung (Satz 2) des Konnossements der Übergabe des Gutes gleich. Damit soll die Verfügung über das Gut während der Beförderung erleichtert werden.

Die Traditionswirkung kommt nach der Änderung der Vorschrift (bisher § 650 aF) nicht 2 nur, wie bisher, der Übertragung eines Order- oder Inhaberkonnossements zu, sondern auch deren Begebung, sowie der Begebung eines Rektakonnossements an den darin benannten Empfänger. Diese Funktion haben die Konnossemente anderen Beförderungsdokumenten, die nicht begebbar sind, wie namentlich dem Seefrachtbrief und den verschiedenen Formen von Spediteurpapieren (zB FCT)[1] voraus. Gleiche Wirkung haben jedoch der Ladeschein (§ 448) und der Lagerschein (§ 475g); der Ladeschein spielt im Seerecht besonders in seiner Ausgestaltung als Multimodalkonnossement („Durchkonnossement") eine wichtige Rolle (vgl. dazu § 443 Rn. 35 ff.). Die rechtskonstruktive Begründung der Traditionswirkung ist theoretisch umstritten,[2] doch besteht über die praktischen Folgen weitgehend Einverständnis.

## II. Entstehungsgeschichte

Die Vorschrift entspricht im Grundsatz § 650 aF sowie den – durch das SRG zur Anglei- 3 chung an § 524 geänderten – §§ 448, 475g. Die Traditionswirkung des Konnossements war

---

[12] Der Vorschlag der Sachverständigengruppe sah die Anwendung des dem § 507 entsprechenden § 518 BerSV nicht vor; die RegBegr-SRG (S. 98) bezeichnet die Änderung jedoch als eine „Präzisierung", sodass man dem Gesetzestext durchaus die weitere Tragweite unterstellen darf.

[1] Dazu *Koller* § 454 Rn. 25; Baumbach/Hopt/*Merkt* Rn. 1 und § 452 Rn. 9; auch BGH 15.12.1976, BGHZ 68, 18 = NJW 1977, 499 (zum Forwarders Receipt).

[2] Zu den „Theorien" vgl. insbesondere GroßkommHGB/*Canaris* § 363 Rn. 95 ff.; *Koller* Rn. 2; *Schnauder* NJW 1991, 1642, 1645 ff.; *Kopper* S. 34 ff.

nach bisherigem Recht auf den – jetzt in **Satz 2** geregelten – Normalfall der Übertragung eines Konnossements in wertpapierrechtlicher Form beschränkt, welche nur bei Order- und Inhaberkonnossementen zulässig ist. Sie wurde – ebenso wie die Möglichkeit gutgläubigen Erwerbs (§ 522 Abs. 2) – durch das SRG erstreckt auf die Begebung des Papiers an den darin benannten Empfänger **(Satz 1),** die bei allen Arten von Konnossementen (Order-, Inhaber- und Rektakonnossement) stattfindet; in die Variante des Satzes 1 ist auch das Rektakonnossement einbezogen,[3] das jedoch nicht in wertpapierrechtlicher Form übertragen werden kann.

4    Der Vorschlag der Sachverständigengruppe (BerSV § 506) wurde im Wesentlichen übernommen. Die Formulierung, wonach „der Verfrachter das Gut in Besitz" haben muss, macht deutlicher als die Fassung des § 650 aF, dass der Besitz im Zeitpunkt der Übertragung noch andauern muss (BerSV S. 123). Während die BerSV vorgeschlagen hatte, in beiden Sätzen den Begriff „Übertragung" – anstelle des von der Literatur[4] mit Recht beanstandeten Begriffes „Übergabe" in § 650 aF – zu verwenden, hat der RegE-SRG eine Differenzierung („Begebung" in Satz 1 und „Übertragung" in Satz 2) vorgenommen, die den Unterschied zwischen dem ersten Begebungsakt, der das Wertpapier als solches erst entstehen lässt und dessen Schutz durch das SRG neu geschaffen wurde und der normalen Übertragung des Papiers im späteren Verkehr deutlicher hervortreten lassen soll.

### III. Begriff der Traditionswirkung

5    Die rechtssystematische Bedeutung der gesetzlich angeordneten Traditionswirkung ist unklar und umstritten. Der grundlegende Theorienstreit[5] spielt heute nicht mehr grundsätzlich, sondern nur noch in wenigen Folgerungen eine Rolle;[6] so etwa für die Möglichkeit, an abhandengekommenen Sachen gutgläubig Eigentum zu erwerben. Die eingehende Erläuterung bei Schaps/*Abraham*[7] zeigt deutlich das Dilemma der Theorie: Der Verfrachter ist unmittelbarer Besitzer des Gutes, der Konnossementsberechtigte als Inhaber des Herausgabeanspruchs gegen den Verfrachter mittelbarer Besitzer. Wird das Konnossement und damit der Herausgabeanspruch an einen Dritten übertragen, geht der mittelbare Besitz auf diesen über. Es bedürfte also keiner besonderen Regelung, wenn diese nur die Begründung mittelbaren Besitzes beim Konnossementserwerber anordnete. Auch die Möglichkeit, auf der Grundlage des Übergangs des Herausgabeanspruchs Eigentum zu übertragen, wäre bereits durch § 931 BGB gegeben.[8] Kann deshalb die gesetzliche Bestimmung sinnvoll nicht die Begründung mittelbaren Besitzes beim Erwerber im Auge haben, so scheidet andererseits aber auch die Begründung unmittelbaren Besitzes aus – denn den hat ja der Verfrachter inne.

6    Die Erklärung des Zwecks der Vorschrift kann also nicht bei der konstruierten Übertragung von (unmittelbarem oder mittelbarem) Besitz am Gut liegen. Beabsichtigt ist vielmehr allein die Sicherstellung des gewünschten wirtschaftlichen Ergebnisses: Die **Übergabe des Papiers soll für die Zwecke der Übertragung des Eigentums so angesehen werden, als sei der unmittelbare Besitz am Gut übergeben worden.** Mit anderen Worten: Die Traditionsfunktion fingiert die Übertragung des unmittelbaren Güterbesitzes für die Zwecke der Rechtsübertragung.[9] Diese Fiktion ermöglicht die Übertragung des Eigentums nach § 929 BGB. Um darin einen Sinn zu sehen, muss man allerdings außer Betracht lassen, dass nach heutiger Auslegung des § 929 BGB hierfür ohnehin allgemein

---

[3]  RegBegr-SRG S. 99.

[4]  GroßkommHGB/*Canaris* § 363 Rn. 103.

[5]  Vgl. eingehend dazu Schaps/*Abraham* § 650 Rn. 8 ff.; GroßkommHGB/*Canaris* § 363 Rn. 97 ff.; *Rabe* § 650 Rn. 2 ff.; *Schnauder* NJW 1991, 1642.

[6]  So zutreffend MükoHGB/*Langenbucher,* 2. Aufl. 2007, § 363 Rn. 60; GroßkommHGB/*Canaris* § 363 Rn. 98.

[7]  § 650 Rn. 8.

[8]  Deshalb hat die („streng-relative") Theorie, welche der Regelung keine weitergehende Bedeutung als die der Übertragung des mittelbaren Besitzes zubilligen wollte, kaum Anhänger gefunden, vgl. Schaps/*Abraham* § 650 Rn. 10.

[9]  *Herber* S. 300; ähnlich Schaps/*Abraham* § 650 Rn. 12; *Rabe* § 650 Rn. 5.

die Übertragung des mittelbaren Besitzes genügt[10] – was noch vor nicht allzu langer Zeit im Hinblick auf die Sondervorschrift des § 931 BGB allgemein abgelehnt wurde. Aber selbst die Möglichkeit, Eigentum durch Abtretung des Herausgabeanspruchs nach § 931 BGB zu übertragen, war zur Zeit der Konzeption des Instituts durch § 649 ADHGB noch nicht bekannt.[11]

### IV. Voraussetzungen und Grenzen der Traditionswirkung

**1. Besitz des Verfrachters.** Das Gut muss im Besitz des Verfrachters sein. In der Regel 7 ist dies unmittelbarer Besitz, der durch den Kapitän oder auch Hilfspersonen an Land als Besitzdiener des Verfrachters vermittelt wird; nach hM soll aber auch mittelbarer Besitz genügen,[12] so dass auch der Besitz des Umschlagbetriebes oder Agenten genügt, sofern dieser die Güter für den Verfrachter übernommen hat.[13] Der Besitz muss im Zeitpunkt einer Verfügung durch den Konnossementsberechtigten andauern; es genügt nicht[14] wie es nach der Fassung von § 650 aF den Anschein haben konnte, dass er den Besitz übernommen, jedoch später verloren hat. Streitig ist, was gilt, wenn der Verfrachter noch unmittelbaren Besitz hat, jedoch den Besitzmittlungswillen aufgibt und sich als Eigenbesitzer geriert, etwa bei Unterschlagung. Gelegentlich wird angenommen,[15] dass die Traditionswirkung dann versagt; dagegen wird mit Recht eingewendet,[16] dass der Herausgabeanspruch bestehen bleibe und der Erwerber in seinem Vertrauen auf ein dem Konnossement zugrundeliegendes Besitzmittlungsverhältnis geschützt werde.[17] Für die zweite Meinung spricht, dass der Herausgabeanspruch unabhängig vom Besitzmittlungswillen des Verfrachters besteht und dass es bei der Traditionswirkung, wenn diese überhaupt einen selbständigen Sinn hat, auf mittelbaren Besitz des Veräußerers nicht ankommt; allerdings dürfte das Abstellen auf den Verkehrsschutz oder auf das Vertrauen nicht weiterhelfen, da es sich hier nicht um den Schutz guten Glaubens hinsichtlich des Herausgabeanspruchs, sondern allein um die rein tatsächlichen Besitzverhältnisse handelt.[18]

**2. Begebung des Konnossements (Satz 1).** In der Alternative des Satzes 1 knüpft die 8 Bestimmung die Traditionswirkung an die **Begebung des Konnossements an den darin benannten Empfänger.** Damit wird – anders als nach § 650 aF, der für die Traditionswirkung stets eine nur bei Order- und Inhaberpapieren mögliche wertpapierrechtliche Übertragung des Konnossements voraussetzte – auch die Begebung an den Empfänger eines Rektakonnossements erfasst; denn auch bei diesem ist zur Entstehung der konnossementsmäßigen Verpflichtung eine Begebung erforderlich[19].

RegBegr-SRG[20] und schon der BerSV[21] gehen davon aus, dass der im Konnossement 9 benannte Empfänger stets auch der erste Nehmer des Papiers ist, es sich also bei der in Satz 1 genannten Begebung an den benannten Empfänger stets um die „erste Begebung" handeln muss. Würde man die Vorschrift so eng auslegen, hätte sie große Lücken: Der erste Begebungsvertrag bei einem auf den Empfänger gestellten Konnossement wird regel-

---

[10] Palandt/*Bassenge* BGB § 929 Rn. 12.
[11] Darauf weist GroßkommHGB/*Canaris* § 363 Rn. 97 mit Recht hin.
[12] GroßkommHGB/*Canaris* § 363 Rn. 106; *Rabe* § 650 Rn. 7.
[13] *Rabe* § 650 Rn. 7; Schaps/*Abraham* § 650 Rn. 2, der allerdings den Agenten als Besitzdiener ansieht.
[14] Diese Auslegung entsprach allerdings schon bisher der hM, vgl. *Koller* Rn. 3; MüKoHGB/*Herber*, 2. Aufl. 2009, § 448 Rn. 3; aA bisher – aber durch die Gesetzesänderung überholt – GroßkommHGB/*Canaris* § 363 Rn. 108. Eine Übernahme des Gutes nach der Verfügungen kann diese jedoch gem. § 185 Abs. 2 BGB heilen, *Rabe* § 650 Rn. 7.
[15] Fremuth/Thume/*Fremuth* Rn. 2, die sich aber wohl zu Unrecht auf BGH 27.10.1967, BGHZ 49, 160 berufen.
[16] *Schnauder* S. 1646; *Koller* § 448 Rn. 4; Großkomm/*Canaris* § 363 Rn. 120.
[17] *K. Schmidt* HandelsR § 24 III 2; *Koller* Rn. 4; so wohl auch („Verbriefung des Herausgabeanspruchs in einem Papier mit Verkehrsschutz") Baumbach/Hopt/*Merkt* Rn. 2.
[18] So schon MüKoHGB/*Herber*, 2. Aufl. 2009, § 448 Rn. 3 (Ladeschein).
[19] Vgl. auch RegBegr-SRG S. 99.
[20] S. 99.
[21] S. 123.

mäßig nicht mit diesem, sondern zwischen Verfrachter und Ablader geschlossen. Das ist zwar nicht unzweifelhaft. Erwogen wird auch die Konstruktion eines Begebungsvertrages zwischen Verfrachter und Empfänger, wobei der Ablader als Bote entweder für den Empfänger[22] oder für den Verfrachter[23] agiert. Gegen beide „Boten"-Theorien spricht, dass der Ablader – zumindest beim Order- und Inhaberkonnossement, für welches die Vorschrift auch gilt, aber nicht nur bei diesem – an dem Konnossement durchaus auch eine eigene Rechtsposition als legitimierter Besitzer erwirbt und erwerben will, die er dann nach Erfüllung dessen etwaiger kaufrechtlicher Verpflichtungen an den Empfänger weitergibt. Letzterer erhält also das Konnossement oft erst auf Grund einer zweiten Begebung.

10      Der genannte Fall dürfte gleichwohl von der Vorschrift erfasst sein. Es mag hier dahinstehen, ob man den wertpapierrechtlichen Begriff der „Begebung" nur für den ersten (Kreations-) Akt verwenden will[24] oder ob man jede künftige Übertragung (auch?) als eine Begebung des Papiers ansieht.[25] Der Wortlaut von Satz 1 verlangt nur, dass das Konnossement durch Begebung – sei es eine, seien es mehrere – an den benannten Empfänger gelangt ist. Hier endet dann allerdings die in Satz 1 angeordnete Traditionsfunktion, die sich beim Order- und Inhaberkonnossement (und nur bei diesen) nach Satz 2 fortsetzt.

11      Allerdings folgt in dem genannten Beispiel die Traditionswirkung – etwa zur Übertragung von Eigentum – nicht der ersten Begebung zwischen Verfrachter und Ablader (denn der Verfrachter ist nicht Eigentümer), sondern vielmehr der zweiten zwischen Ablader und Empfänger (denn hier soll das Eigentum übertragen werden). Selbst wenn man die zweite Übergabe aber nicht als „Begebung" qualifizieren wollte, wäre doch nach dem Zweck der Vorschrift die Tradition auch in diesem Verhältnis gedeckt. Das ist rechtssystematisch umso leichter zu begründen, als die Traditionswirkung insgesamt nur eine Fiktion des Besitzes für den Erwerber darstellt (vgl. Rn. 6), deren genaue Herkunft in jedem Fall im Dunkeln bleibt.

12      Satz 1 hat auch für die echten Wertpapiere (Order- und Inhaberkonnossement) insofern klarstellende Bedeutung, als für die Rechte des Empfängers (wie auch nach § 522) nicht mehr verlangt zu werden braucht, dass dieser das Papier derivativ – also durch einen Erwerbsakt nach dem ersten Begebungsvorgang – erworben hat.

13      **3. Übertragung des Konnossements (Satz 2).** Die wertpapierrechtliche Übertragung mit den Wirkungen der §§ 522, 524 ist nur bei Order- und Inhaberkonnossement möglich. Nur bei diesen Konnossementsarten kann sie die Übergabe des Gutes ersetzen, nicht beim Rektakonnossement und schon gar nicht beim Seefrachtbrief.

14      Die Übertragung setzt außer der Übergabe – beim Orderkonnossement zudem einem Indossament – eine **Einigung über den Übergang des Eigentums am Papier** voraus. Das war nach der früheren Fassung des § 650 aF fraglich, weil dort nur von „Übergabe" des Konnossements gesprochen wurde. Daraus konnte man herleiten, dass in Fällen, in denen – etwa zur Begründung eines Pfandrechts oder eines Zurückbehaltungsrechts – nur der Besitz, nicht das Eigentum an dem Gut übertragen werden soll, auch die bloße Übergabe des Papiers genügt.[26] Die neue Gesetzesfassung schließt dies bewusst aus: Es bedarf stets der Übertragung des Eigentums am Papier. Der Unterschied dürfte freilich ein rein konstruktiv-theoretischer sein. Die Traditionswirkung setzt aber künftig nicht mehr nur die Begründung einer neuen formellen Legitimation, sondern den Erwerb des

---

[22] GroßkommHGB/*Canaris* § 363 Rn. 58.
[23] GroßkommHGB/*Canaris* § 363 Rn. 59.
[24] Wie wohl die RegBegr-SRG S. 99; so wohl auch GroßkommHGB/*Canaris*§ 363 Rn. 57. Dieses Verständnis kommt auch in BGH 1.10.1991, BGHZ 115, 247, zum Ausdruck.
[25] Diese Vorstellung liegt § 663a aF zu Grunde.
[26] So noch MüKoHGB/*Herber*, 2. Aufl. 2009, § 448 Rn. 4; anders bereits – jedoch entgegen dem Wortlaut der früheren Fassung – zur früheren Gesetzeslage GroßkommHGB/*Canaris* § 363 Rn. 103, 163.

Eigentums am Konnossement voraus, der freilich bei Erwerb der Legitimation vermutet wird (§ 519 Abs. 1 Satz 2).

Die neue Regelung darf nicht zu der Folgerung führen, das durch die Übertragung des **15** Papiers in Verbindung mit der entsprechenden sachenrechtlichen Einigung übertragene Recht am Gut folge den wertpapierrechtlichen Eigentumsverhältnissen am Papier. Das Recht am Gut folgt seinen eigenen Regeln, die Traditionsfunktion hilft diesen nur durch die Fiktion des unmittelbaren Besitzes beim Erwerber, soweit es dessen für das Sachenrecht bedarf.[27] Praktisch bedeutet dies, dass auch über die Traditionswirkung des Konnossements, Eigentum nicht auch an abhanden gekommenem Gut erworben werden kann, obgleich die Schranke des § 935 BGB beim Wertpapier nicht gilt.[28] § 524 befasst sich, was die Auswirkungen auf das Gut anbetrifft, nur mit der Besitzebene,[29] nicht mit der Begründung dinglicher Rechte; deren Erwerb richtet sich ausschließlich nach dem anwendbaren materiellen (Sachen-)Recht.

**4. Dingliche Einigung.** Da die Traditionswirkung des § 524 nur bedeutet, dass mit **16** Übergabe des Dokuments die Übertragung des (unmittelbaren) Besitzes am Gut selbst fingiert wird, ist zur Übertragung oder Begründung dinglicher Rechte am beförderten Gut daneben eine Einigung erforderlich. Richtet sie sich nach deutschem Recht, gilt hierfür Folgendes:

Für die Übertragung des Eigentums bedarf es der Einigung über den Eigentumsübergang **17** (§ 929 Satz 1 BGB). Gutgläubiger Erwerb vom Nichtberechtigten bestimmt sich nach § 932, es kommt also auf den guten Glauben des Erwerbers zur Zeit der Übergabe des Konnossements und der Einigung an.[30] Mit §§ 929, 932 BGB ist auch § 935 BGB anwendbar: Ist das Gut dem wirklichen Eigentümer abhanden gekommen, ist ein gutgläubiger Erwerb des Eigentums nicht möglich.[31] Daran ändert sich auch im Lichte des Traditionsprinzips nichts. Zwar ist ein gutgläubiger Erwerb eines abhanden gekommenen Konnossements nach § 365 Abs. 1 iVm. Art. 16 Abs. 2 WG möglich;[32] es kann aber nur der Anspruch auf Herausgabe des Gutes einredefrei erworben werden, nicht ein dingliches Recht am Gut. Die Übergabe des indossierten Orderkonnossements hat zwar dieselben Rechtswirkungen wie die Übergabe der Ware, doch hat der Eigentumserwerb am Papier nicht stets den Eigentumserwerb an der Ware zur Folge.[33]

Für die **Begründung eines Pfandrechts** bedarf es der Einigung gemäß § 1205 Abs. 1 **18** Satz 1 BGB. Eine Verpfändungsanzeige (§ 1205 Abs. 2 BGB) ist nicht erforderlich.[34] Für den gutgläubigen Erwerb des vertraglichen Pfandrechts gilt nach §§ 1207, 1208 BGB dasselbe wie beim Eigentumserwerb.

Der Erwerber des Eigentums oder des Pfandrechts an der Sache erwirbt dieses **frei von** **19** **vorrangigen Rechten,** wenn er im Zeitpunkt des Erwerbs des Konnossements gutgläubig ist (§ 936 Abs. 1 Satz 1 – denn der Erwerb des Eigentums am Gut vollzieht sich nach § 929 BGB).[35] Nach wohl hM soll das nicht für gesetzliche Verfrachterpfandrechte wegen rückständiger Fracht oder das Pfandrecht wegen Verpflichtung zu Beiträgen in großer Haverei gelten, weil sie gerade Ansprüche gegen den Empfänger sichern sollen.[36] Das erscheint nicht unbedenklich, wenn nicht konkrete, den guten Glauben beeinträchtigende

---

[27] Schaps/*Abraham* § 650 Rn. 19.

[28] Anders aber GroßkommHGB/*Canaris*, aaO, der die Eigentumsübertragung am Konnossement wohl gerade wegen dieser Folgerung schon nach altem Recht – contra legem – verlangte.

[29] Baumbach/Hopt/*Merkt* Rn. 3.

[30] Nicht erst im Zeitpunkt des § 934 BGB.

[31] Baumbach/Hopt/*Merkt* Rn. 3; für das Konnossement Schaps/*Abraham* § 650 Rn. 19; *Rabe* § 650 Rn. 13; aA GroßkommHGB/*Canaris* § 363 Rn. 166.

[32] Worauf *Canaris* § 363 Rn. 166 abstellt.

[33] So für den Orderlagerschein BGH 19.6.1958, NJW 1958, 1485.

[34] *Koller* Rn. 3.

[35] *Rabe* § 650 Rn. 13.

[36] *Rabe* § 650 Rn. 13; Schaps/*Abraham* § 650 Rn. 18 mwN.

Anhaltspunkte für das Bestehen gesicherter Ansprüche vorliegen.[37] Da die Traditionswirkung schon bei Übergabe eines Exemplars von mehreren Konnossementen eintritt, soll der gute Glaube auch durch Hinweise auf Drittrechte in anderen Exemplaren beeinträchtigt werden;[38] dem ist zuzustimmen, weil der Erwerber dieses Risiko eingeht, wenn er sich mit der Übernahme nur eines Exemplars begnügt.

## V. Verfügungen über das Gut ohne Konnossementsübergabe

20    Die Ausstellung eines Konnossements steht grundsätzlich einer Übereignung des Gutes nach allgemeinen Regeln nicht entgegen. Ist ein Order- oder Inhaberkonnossement ausgestellt worden, so ist der Herausgabeanspruch des Inhabers jedoch untrennbar mit der Urkunde verbunden (§ 519 Abs. 1 Satz 1). Deshalb kann eine Eigentumsübertragung nach § 931 BGB nicht vorgenommen werden, wenn nicht das Konnossement zurückgegeben worden ist[39] oder zugleich übertragen wird.[40] Dies gilt auch dann, wenn der Veräußerer nicht Eigentümer ist und das Vorhandensein des Konnossements bei der Abtretungserklärung verschweigt; § 934 BGB schützt nicht den guten Glauben daran, dass der Herausgabeanspruch nicht in einem Konnossement verbrieft ist.[41] Die Sperrwirkung, wonach das verbriefte Recht auf Herausgabe nicht vom Besitz am Papier zu trennen ist, ist im Interesse des Verkehrsvertrauens auf alle gesetzlich anerkannten Traditionspapiere zu beziehen.[42]

## § 525 Abweichende Bestimmung im Konnossement

**[1]Eine Bestimmung im Konnossement, die von den Haftungsvorschriften in den §§ 498 bis 511 oder in § 520 Absatz 2, § 521 Absatz 4 oder § 523 abweicht, ist nur wirksam, wenn die Voraussetzungen des § 512 erfüllt sind. [2]Der Verfrachter kann sich jedoch auf eine Bestimmung im Konnossement, die von den in Satz 1 genannten Haftungsvorschriften zu Lasten des aus dem Konnossement Berechtigten abweicht, nicht gegenüber einem im Konnossement benannten Empfänger, an den das Konnossement begeben wurde, sowie gegenüber einem Dritten, dem das Konnossement übertragen wurde, berufen. [3]Satz 2 gilt nicht für eine Bestimmung nach § 512 Absatz 2 Nummer 1.**

### Übersicht

|  | Rn. |  | Rn. |
|---|---|---|---|
| I. Normzweck .......................... | 1 | b) Durch AGB ......................... | 7 |
| II. Entstehungsgeschichte .............. | 2 | IV. Einschränkung der Wirkung haftungsvermindernder Vereinbarungen gegenüber Konnossementsberechtigten (Satz 2) ............................. | 8–12 |
| III. Anwendung des § 512 auf die Haftungsbestimmungen (Satz 1) .......... | 3–7 | | |
| 1. Haftungsverschärfende Vereinbarungen | 4, 5 | | |
| 2. Haftungsvermindernde Vereinbarungen ..................................... | 6, 7 | V. Vereinbarung der Haftungsfreistellung für nautisches Verschulden und Feuer ..................................... | 13, 14 |
| a) Durch Individualvereinbarung ....... | 6 | | |

## I. Normzweck

1    Die Vorschrift legt den Umfang der **zwingenden Haftung aus dem Konnossement** fest. Sie überträgt die Regelung des § 512 für den Stückgutvertrag auf den Anspruch aus dem Konnossement, schützt den Konnossementsberechtigten jedoch weitergehend im Hinblick

---

[37] So wohl *Koller* § 448 Rn. 3 zum Ladeschein.
[38] *Rabe* § 650 Rn. 13.
[39] BGH 15.12.1976, BGHZ 68, 18 = NJW 1977, 499.
[40] BGH 27.10.1967, BGHZ 49, 160, 163 = NJW 1968, 591, 592 für einen Lagerschein; vgl. auch *Rabe* § 650 Rn. 16.
[41] BGH 27.10.1967, BGHZ 49, 160.
[42] *K. Schmidt* HandelsR § 23 III 4.

darauf, dass dieser aus der Urkunde nicht ersehen kann, ob eine Haftungserleichterung auf einer Individualvereinbarung beruht und deshalb zwischen den ursprünglichen Vertragsparteien nach § 512 wirksam ist.[1]

## II. Entstehungsgeschichte

Die Bestimmung beruht auf § 525 RegE-SRG, wurde jedoch im BT-Rechtsausschuss 2 in Satz 2 klarer formuliert.[2] Im alten Recht war gem. § 662 aF, auf der Basis von Art. 3 § 8 und Art. 5 HR, eine Abweichung zum Vorteil des Verfrachters generell unzulässig.

## III. Anwendung des § 512 auf die Haftungsbestimmungen (Satz 1)

Die in § 512 für die Abdingbarkeit der Haftung des Verfrachters aus dem Stückgutvertrag 3 niedergelegten Regeln gelten grundsätzlich **auch für die Haftung aus dem Konnossement**. Gleiches gilt für die besonderen konnossementsrechtlichen Haftungstatbestände der § 520 Abs. 2 (Befolgung von Weisungen ohne Konnossementsvorlage), § 521 Abs. 4 (Auslieferung ohne Konnossementsvorlage) und § 523 (Unrichtige Konnossementsausstellung).

**1. Haftungsverschärfende Vereinbarungen.** Nach **Satz 1** kann auch für den in 4 einem Konnossement verbrieften Anspruch gegen den Verfrachter die Haftung für Verlust und Beschädigung des Gutes sowie die in § 520 Abs. 2, § 521 Abs. 4 und § 523 angeordnete **Haftung durch Individualvereinbarung verschärft werden** (§ 512 Abs. 1).

Die Haftung kann ferner **auch durch AGB** durch **eine Erhöhung der in § 504** für 5 den Fall des Verlusts und der Beschädigung des Gutes **vorgesehenen Beträge** verschärft werden (§ 512 Abs. 2 Nr. 2); diese wirkt sich auf die Haftung nach § 520 Abs. 2, § 521 Abs. 4 und § 523 Abs. 4 aus, weil zu deren Beschränkung dort auf § 504 Bezug genommen wird. Anders als nach früherem Recht (§ 662 Abs. 3 aF) und entsprechend § 512 Abs. 2 Nr. 2 sind – auch bei Aufnahme in das Konnossement – andere haftungserweiternde Vereinbarungen nicht zulässig.

**2. Haftungsvermindernde Vereinbarungen. a) Durch Individualvereinbarung.** 6 Vereinbarungen über eine **Abmilderung der Haftung des Verfrachters** sind zwar durch Individualvereinbarung möglich (§ 512 Abs. 1), doch ist deren Wirkung gegenüber dem Anspruch aus dem Konnossement durch **Satz 2 wesentlich eingeschränkt;** dazu Rn. 8, 11. **Weitergehende Einschränkungen finden sich in Art. 6 EGHGB** zur Wahrung der Verpflichtungen Deutschlands gegenüber den Vertragsstaaten der HR (vgl. dazu die Erl. zu Art. 6 EGHGB).

**b) Durch AGB.** Die nach § 512 Abs. 2 Nr. 1 auch durch AGB zugelassene Vereinba- 7 rung, dass der Verfrachter für ein Verschulden seiner Leute und der Schiffsbesatzung bei der Führung und Bedienung des Schiffes sowie bei Feuer nicht einzustehen hat, ist – durch Individualvereinbarung (§ 512 Abs. 1) und durch AGB (§ 512 Abs. 2 Nr. 1) auch gegenüber dem Konnossementsanspruch wirksam **(Satz 3);** dazu Rn. 13.

## IV. Einschränkung der Wirkung haftungsvermindernder Vereinbarungen gegenüber Konnossementsberechtigten (Satz 2)

Die durch Satz 1 iVm. § 512 grundsätzlich eingeräumte Dispositionsmöglichkeit für den 8 Anspruch aus dem Konnossement hat nur geringe praktische Bedeutung, weil die **Wirkung haftungsvermindernder Vereinbarungen ("zu Lasten des aus dem Konnossement Berechtigten") gegenüber dem aus dem Konnossement Berechtigten** durch Satz 2 **stark eingeschränkt** ist. Hierbei handelt es sich nicht nur um einen Verkehrsschutz zugunsten des redlichen Geschäftsverkehrs, sondern um ein **absolutes Verbot,** dem

---

[1] RegBegr-SRG S. 99.
[2] Vgl. Beschlussempfehlung SRG S. 57, 129; Satz 2 lautete idF des RegE-SRG: „Eine Abweichung zu Lasten des Befrachters oder Abladers ist jedoch Dritten gegenüber unwirksam."

Berechtigten – nach Satz 1 wirksam – zu seinen Ungunsten getroffene Haftungsvereinbarungen entgegenzuhalten.

9      **Satz 2 setzt die Wirksamkeit einer Vereinbarung nach Satz 1 voraus.** Deshalb kann die Bestimmung nicht so gelesen werden, dass sie nur Vereinbarungen zu Lasten des Berechtigten verbietet, jedoch alle **Vereinbarungen zugunsten des Berechtigten** zulässt. Berufen darf sich der Verfrachter danach auch auf den Berechtigten begünstigende Vereinbarungen nur dann, wenn diese durch Individualvereinbarung getroffen sind oder, sofern sie auf AGB beruhen, den Tatbestand des § 512 Abs. 2 Nr. 2 erfüllen. So kann etwa eine durch AGB vorgesehene Verschärfung der Haftung, die andere Elemente der Haftungsregelung als den Haftungsbetrag nach § 504 (etwa die Anspruchsgrundlage, die Beschränkung auf Wertersatz oder die Verjährung) betrifft, **dem Verfrachter nicht entgegengehalten werden;** das ist zwar nach dem Wortlaut des Satzes 2 („der Verfrachter kann sich nicht … berufen") nicht unzweifelhaft, folgt aber aus der Verbindung mit Satz 1 (in Satz 2 heißt es eingangs: „jedoch") und der RegBegr-SRG.[3] Wenn die Vereinbarung nach Satz 1 unwirksam ist, kann sich auch der Berechtigte nicht auf sie berufen.

10     **Geschützt durch Satz 2** werden der im Konnossement **benannte Empfänger,** an den das Konnossement begeben wurde, sowie jeder **Dritte, dem das Konnossement übertragen wurde.** Das ist derselbe Personenkreis, der in § 522 Abs. 2 als durch den Gutglaubensschutz für die Abladetatsachen geschützt umschrieben ist (§ 522 Rn. 19 ff.). Erster benannter Empfänger kann auch hier der **Ablader** sein, wenn dieser selbst die Empfängerrechte zunächst erwerben soll (um das Papier anschließend weiter zu begeben). Das wird praktisch jedoch nur beim Order- oder Inhaberkonnossement vorkommen, weil beim Rektapapier die weitere Übertragung dann nicht mehr möglich ist. Wird bei einem Rektapapier der Ablader dennoch als Empfänger eingetragen – etwa, weil er das Gut selbst (oder durch eine Niederlassung) in Empfang nehmen will – fällt er in den geschützten Personenkreis.

11     Das Verbot des Satzes 2, sich auf die haftungserleichternde Vereinbarung zu berufen, **trifft vor allem Individualvereinbarungen,** die nach Satz 1 unbegrenzt zulässig sind und insbesondere durch Rahmenvereinbarungen („Service-Contracts") in Frachtverträge und Konnossemente eingehen können. Es gilt **unabhängig von einem guten Glauben des Berechtigten.** Das Gesetz schließt damit an die zwingende Mindesthaftung nach Art. 3 § 8 und Art. 5 HR an[4] und bleibt für den praktisch wichtigen Fall der Konnossementsausstellung (für den allein die HR zwingend gelten) im Rahmen des international Üblichen.

12     Der Zweck der Vorschrift erfordert, sie – über den einseitig-subjektiv („kann sich nicht … berufen") gefassten Wortlaut hinaus – als ein **absolutes Verbot solcher Vereinbarungen** in Konnossementen zu verstehen. Die betroffenen Klauseln gelten deshalb auch dann nicht, wenn sie in die Urkunde aufgenommen sind. Allerdings wird man einer schuldrechtlichen Vereinbarung zwischen Verfrachter und Berechtigtem für deren Rechtsbeziehungen die Wirkung kaum versagen können. In diesem Verhältnis muss man wohl auch ein Verbot des *venire contra factum proprium* anerkennen, etwa wenn der Verfrachter sich auf eine Haftungserleichterung beruft, die er mit dem Berechtigten selbst oder unter dessen Mitwirkung im Frachtvertrag vereinbart hat.

## V. Vereinbarung der Haftungsfreistellung für nautisches Verschulden und Feuer

13     Für die nach **§ 512 Abs. 2 Nr. 1** auch durch AGB zugelassene Vereinbarung, dass der Verfrachter ein Verschulden seiner Leute und der Schiffsbesatzung nicht zu vertreten hat, wenn der Schaden durch ein Verhalten bei der Führung oder der sonstigen Bedienung des Schiffes oder durch Feuer oder Explosion an Bord des Schiffes entstanden ist, gilt eine Ausnahme von Satz 2: Sie kann auch dem aus dem Konnossement Berechtigten entgegengesetzt werden. Diese Erleichterung soll es dem Verfrachter erlauben, sich durch seine Bedingungen der im internationalen Verkehr üblichen und nach den HR sogar vorgeschriebenen

---

[3] S. 99; ob sich dies allerdings aus dem Wort „nur" in Satz ergibt, erscheint fraglich.
[4] RegBegr-SRG S. 99.

Freizeichnung anzupassen.[5] Zu der Problematik der Freizeichnung bei Verwendung international üblicher Konnossementsformulare vgl. § 512 Rn. 25.

Voraussetzung ist die wirksame Vereinbarung der Klausel im Frachtvertrag, entweder **14** **durch Individualvereinbarung**[6] oder durch AGB. Ferner die **Aufnahme in die Konnossementsurkunde;** denn die Vorschrift ändert nicht die Voraussetzungen des § 522 Abs. 1 Satz 1, sondern schränkt lediglich die möglichen Einwendungen des Verfrachters gegenüber dem Konnossementsanspruch ein.

## § 526 Seefrachtbrief. Verordnungsermächtigung

(1) [1]**Der Verfrachter kann, sofern er nicht ein Konnossement ausgestellt hat, einen Seefrachtbrief ausstellen.** [2]**Auf den Inhalt des Seefrachtbriefs ist § 515 entsprechend anzuwenden mit der Maßgabe, dass an die Stelle des Abladers der Befrachter tritt.**

(2) [1]**Der Seefrachtbrief dient bis zum Beweis des Gegenteils als Nachweis für Abschluss und Inhalt des Stückgutfrachtvertrages sowie für die Übernahme des Gutes durch den Verfrachter.** [2]**§ 517 ist entsprechend anzuwenden.**

(3) **Der Seefrachtbrief ist vom Verfrachter zu unterzeichnen; eine Nachbildung der eigenhändigen Unterschrift durch Druck oder Stempel genügt.**

(4) [1]**Dem Seefrachtbrief gleichgestellt ist eine elektronische Aufzeichnung, die dieselben Funktionen erfüllt wie der Seefrachtbrief, sofern sichergestellt ist, dass die Authentizität und die Integrität der Aufzeichnung gewahrt bleiben (elektronischer Seefrachtbrief).** [2]**Das Bundesministerium der Justiz wird ermächtigt, im Einvernehmen mit dem Bundesministerium des Innern durch Rechtsverordnung, die nicht der Zustimmung des Bundesrates bedarf, die Einzelheiten der Ausstellung und der Vorlage eines elektronischen Seefrachtbriefs sowie die Einzelheiten des Verfahrens über nachträgliche Eintragungen in einen elektronischen Seefrachtbrief zu regeln.**

**Schrifttum:** *Herber,* Die CMI-Regeln über Seefrachtbriefe, TranspR 1991, 361; *ders.,* Zur Vereinbarung einer Gerichtsstandsklausel im Seetransport, TranspR 2004, 410; *Ramming,* Der Seefrachtbrief, RdTW 2013, 373; *von Werder,* Zur Wirksamkeit von Gerichtsstandsklauseln in Seefrachtbriefen gegenüber dem Empfänger, TranspR 2005, 112.

### Übersicht

| | Rn. | | Rn. |
|---|---|---|---|
| I. Normzweck | 1, 2 | IV. Wirkungen des Seefrachtbriefes | 9–11 |
| II. Entstehungsgeschichte | 3 | V. Erweiterung der Wirkungen durch Vertrag | 12, 13 |
| III. Begriff des Seefrachtbriefes | 4–8 | VI. Elektronischer Seefrachtbrief | 14, 15 |

### I. Normzweck

Die Vorschrift soll einen rechtlichen Rahmen für die in der Praxis **in verschiedenen 1 Ausgestaltungen und unter verschiedenen Bezeichnungen (Sea-waybill, Express B/L)** verwendeten Form des Seefrachtbriefes geben. Die Erwähnung des Seefrachtbriefes im Gesetz soll die Wirtschaft nicht in der Verwendung der heute üblichen Vielzahl von Mustern behindern;[1] **Abs. 2** gibt jedoch einen Anhalt für die Funktionen, die der Seefrachtbrief erfüllen soll. Gemeinsam ist den in der Praxis verwendeten Papieren dieser Art jedoch,

---

[5] RegBegr-SRG S. 99.

[6] Entgegen dem insofern zu engen Wortlaut des Satzes 3 muss der Vorbehalt des Satzes 3 für die Vereinbarung durch AGB erst recht für die Freistellung durch Individualvereinbarung gelten.

[1] RegBegr-SRG S. 99.

dass sie nicht den rechtlichen Charakter eines Wertpapiers haben und deshalb weder in wertpapierrechtlicher Form übertragen werden können, noch einen Schutz des guten Glaubens an ihren Inhalt oder eine Garantie auf Ablieferung des Gutes an den Besitzer bieten können. Sie haben vielmehr nur die Wirkungen eines Frachtbriefes (§§ 408 ff.), von dem sie sich aber durch den Aussteller unterscheiden.

2    **Abs. 4** schafft zugleich – wie § 516 Abs. 4 für das Konnossement – eine rechtliche Basis für die Verwendung sog. **„elektronischer Seefrachtbriefe".** Wie beim Konnossement sieht das Gesetz von einer Regelung im Einzelnen ab und beschränkt sich auf Grundsätze. Das Bundesministerium der Justiz wird ermächtigt, durch Rechtsverordnung nähere Einzelheiten zu regeln, wenn sich in der Praxis dafür ein Bedürfnis zeigt und sich Grundsätze herausgebildet haben, die klarere Konturen aufweisen als die in den **Abs. 1–3** skizzierten Eigenschaften.

## II. Entstehungsgeschichte

3    Die Vorschrift entspricht dem Vorschlag der Sachverständigengruppe (§ 509 BerSV). Sie wurde im Gesetzgebungsverfahren nicht verändert.

## III. Begriff des Seefrachtbriefes

4    Der Seefrachtbrief **entspricht in seinen Rechtswirkungen im Wesentlichen dem Frachtbrief** des allgemeinen Transportrechts. Deshalb verweist **Abs. 1 Satz 2** für den Inhalt auf § 515, der sich seinerseits, wie auch § 443 Abs. 1 Satz 1 für den Ladeschein, an § 408 anlehnt:[2] § 515 enthält gegenüber § 408 spezifischere auf die Verhältnisse des Seeverkehrs abgestellte Angaben.

5    Der wesentliche Unterschied **zum Konnossement** besteht darin, dass die Verfügung über den Herausgabeanspruch, insbesondere das Verlangen der Ablieferung des Gutes, nicht an die Vorlage des Dokumentes gebunden ist. Die bloße Bezeichnung als „waybill", oder „non negotiable B/L" reicht dafür nicht aus;[3] entscheidend ist vielmehr allein, ob das Papier eine Klausel enthält, wonach die Auslieferung des Gutes nur gegen Vorlage des den Empfänger legitimierenden Dokumentes verlangt werden kann.[4] Besteht dieses Bindung an das Papier nicht, handelt es sich um einen Seefrachtbrief, dessen Ausstellung den Empfänger nicht daran hindert, auch ohne Vorlage des Papiers nach frachtrechtlichen Grundsätzen Ablieferung des Gutes zu verlangen.[5]

6    Bei Ausstellung lediglich eines Seefrachtbriefes gibt es **keinen Ablader,** der wegen der besonderen Erfordernisse bei der Schaffung eines Wertpapiers (vgl. dazu Vor § 513 Rn. 12 ff.) dem Konnossement vorbehalten ist. An die Stelle des Abladers tritt beim Seefrachtbrief der Befrachter (Abs. 1 Satz 2) – wie beim Frachtbrief und Ladeschein, die ebenfalls keinen Ablader kennen, der Absender diese Stelle einnimmt.

7    Sodann wird der Seefrachtbrief nicht – was jedoch zulässig wäre – wie der Frachtbrief des § 408 vom Absender (in der Terminologie des Seerechts: Befrachter) **ausgestellt,** sondern **vom Verfrachter (Abs. 3).** Ihm kommt damit unmittelbar die **Beweiswirkung (gegen den Verfrachter)** zu, die beim Frachtbrief nur durch die etwas umständliche Institution des sog. „Frachtbriefdoppels" (s. § 408 Rn. 16 f.) oder des gemeinsam von den beiden Vertragsparteien unterzeichneten Frachtbriefes (§ 409 Abs. 1, 2) beigemessen werden kann. Der Unterschied hat vor allem historische Ursachen; der Frachtbrief diente ursprünglich nicht als Empfangsbestätigung des Frachtführers, sondern als Mitteilung des Absenders an den Empfänger über die Ablieferung an den Frachtführer und zugleich seiner Weisungen über die Beförderung.

---

[2] Vgl. § 515 Rn. 1.
[3] So – vielleicht missverständlich ausgedrückt – offenbar OLG Stuttgart 23.12.2003, TranspR 2004, 406 mit Anm. *Herber* S. 410, 411.
[4] Vgl. Vor § 513 Rn. 6.
[5] Vgl. etwa Rechtbank van Koophandel Antwerpen, 26.10.2004, Europäisches Transportrecht 2005, 385.

Es besteht mangels einer Vereinbarung im Seefrachtvertrag **keine Verpflichtung des** 8 **Verfrachters zur Ausstellung eines Seefrachtbriefes.** Stellt er einen Seefrachtbrief aus, darf über dieselbe Beförderung nicht auch ein Konnossement ausgestellt werden **(Abs. 1 Satz 1);** ist ein solches bereits ausgestellt, so müssen alle Exemplare des Konnossements zuvor zurückgegeben werden.

### IV. Wirkungen des Seefrachtbriefes

Die Angaben im Seefrachtbrief begründen **dieselben Vermutungen wie die entspre-** 9 **chenden Angaben im Konnossement (Abs. 2).** Das gilt insbesondere für die Angaben über das vom Verfrachter übernommene Gut (§ 517). Hinzu kommt die – auch dem Frachtbrief, jedoch nicht dem Konnossement[6] eigene – **Vermutung für den Abschluss und angegebenen Inhalt des Frachtvertrages.** Diese Vermutungen sind und bleiben auch in der Hand eines Dritten widerleglich, denn eine wertpapierrechtliche Übertragung mit Schutz des guten Glaubens an den Inhalt des Papiers ist beim Seefrachtbrief nicht möglich.

Deshalb kommt dem Seefrachtbrief auch **keine Traditionsfunktion** wie dem Konnos- 10 sement (§ 524) zu. Der Anspruch aus dem Stückgutfrachtvertrag, der durch den Seefrachtbrief wiedergegeben (nicht: verbrieft oder verkörpert!) wird, kann normal abgetreten werden; der Zessionar erwirbt dann jedoch nur den wirklich bestehenden Anspruch ohne jeden Schutz gegen Einwendungen (außer dem normalen Zessionarsschutz des § 405 BGB) des Verfrachters. Das Eigentum am Papier geht auf den Zessionar nach § 950 BGB über. Die **Güterschadenshaftung kann im Rahmen des § 512** vertraglich verändert werden, ohne Anwendung der Grenzen des § 525 Satz 2.

Kraft Gesetzes steht die **Angabe der Stücke im Container oder in einem anderen** 11 **Lademittel für die Bemessung der Haftungssumme** (§ 504 Abs. 1 Satz 2) der Eintragung in einem Konnossement gleich; die Vorschrift spricht allgemein von einem „Beförderungsdokument" (vgl. auch § 504 Rn. 19).

### V. Erweiterung der Wirkungen durch Vertrag

Der Seefrachtbrief kann jedoch in mancher Hinsicht **vertraglich dem Konnossement** 12 **angenähert** werden. So etwa durch die Vereinbarung, dass **Weisungen nur gegen Vorlage des Seefrachtbriefes** ausgeführt werden dürfen (sog. „Sperrpapier", § 491 Abs. 3). Ist eine solche Vereinbarung getroffen und in den Seefrachtbrief eingetragen, dann haftet der Verfrachter ebenso wie bei der entsprechenden Vertragsverletzung beim Konnossement (§ 520 Abs. 2, § 491 Abs. 5).

**Nicht an die Vorlage des Seefrachtbriefes gebunden** werden kann jedoch die Abliefe- 13 rung (wie dies beim Konnossement in § 521 zwingend vorgeschrieben ist): Wird eine dahingehende Vereinbarung getroffen und in den Seefrachtbrief eingetragen, dann handelt es sich nicht mehr um einen Seefrachtbrief, sondern um ein (Rekta-) Konnossement (vgl. Rn. 5).

### VI. Elektronischer Seefrachtbrief

Die Vorschrift über den elektronischen Seefrachtbrief ist § 516 Abs. 2 nachgebildet und 14 ebenso wie dort (§ 516 Abs. 3) durch eine Verordnungsermächtigung an das Bundesministerium der Justiz ergänzt. Die Funktionen, die das elektronische „Dokument" erfüllen muss, sind andere als beim Konnossement, denn dem Seefrachtbrief fehlen gerade die wichtigen Konnossementsfunktionen: Sperrfunktion, Traditionsfunktion, Legitimationsfunktion (vgl. § 516 Rn. 6). Die **Funktionen des Seefrachtbriefes** sind zu einem großen Teil die eines Frachtbriefes nach § 408, der durch das SRG ebenfalls eine entsprechende Ergänzung durch eine Bestimmung über elektronische Frachtbriefe erfahren hat (§ 408 Abs. 3). Hierzu führt

---

[6] Das Konnossement erbringt diese Vermutung allenfalls rein tatsächlich, weil die Parteien meist neben der – rechtlich jedoch dieser gegenüber selbständigen – Verpflichtung aus dem Konnossement keinen eigenständigen Stückgutfrachtvertrag schließen.

die RegBegr-SRG (S. 52) die als wesentlich anzusehenden Funktionen an, welche auch für den Seefrachtbrief gelten müssen: Darunter fallen vor allem die **Beweisfunktion** (Rn. 7) und die Instruktionsfunktion des Frachtbriefs. Hinzu kommen kann eine **Sperrfunktion** (Rn. 10). Einige andere Funktionen des allgemeinen Frachtbriefs nach § 408 hat der Seefrachtbrief allerdings nicht; so ist nicht vorgesehen, dass er in mehreren Exemplaren ausgestellt wird und dass ein Exemplar das Gut begleitet (§ 408 Abs. 2 Satz 3).

15    Angesichts dessen, dass die Definition des Begriffes ohnehin unscharf ist, kann dieser Umschreibung nur der Charakter einer Orientierungshilfe zukommen. Praktische Bedeutung hat allerdings die Frage, ob es sich bei dem – schriftlichen oder elektronischen – Seefrachtbrief noch um ein „Dokument" handelt, das als Beförderungsdokument iS der **Haftungsregel des § 504 Abs. 1 Satz 2** (dazu Rn. 9) anzuerkennen ist. Schon wegen dieser Auswirkung – die beim allgemeinen Frachtbrief fehlt – ist bei der Verwendung elektronischer Dokumente Vorsicht geboten.

## Zweiter Titel. Reisefrachtvertrag

## Vorbemerkung vor §§ 527 ff. Reisefrachtvertrag

**Schrifttum:** *Atamer,* Liegezeit und Liegegeld im Seerecht, Diss. Hamburg 1999; *Capelle,* Die Frachtcharter in rechtsvergleichender Darstellung, Überseestudien Heft 17 1940; *Döser,* Inkorporationsklauseln in Konnossementen, Diss. Hamburg 2004; *Herber,* Das GENWAYBILL der BIMCO, TranspR 1987, 214; *Jessen,* § 522 I 2 HGB – Die Abwendung Deutschlands vom Charter-Konnossement, RdTW 2013, 293; *ders.,* Rechtsfragen des „safe port"/„safe berth" in Charterverträgen, TranspR 2012, 357; *Koller,* Der „Risikobereich" im HGB-Frachtrecht, VersR 2012, 949; *Lebuhn,* Bemerkungen zur Ladebereitschaftsnotiz, Hansa 1953, 425; *Paschke/Ramming,* Reform des deutschen Seehandelsrechts, RdTW 2013, 1; *Rabe,* Die Sphärentheorie im Seehandelsrecht, Zugleich eine Anmerkung zu BGH TranspR 2011, 263, TranspR 2012, 56; *Ramming,* Die Nicht-Zurverfügungstellung des Beförderungsmittels zur vorgesehenen Zeit, TranspR 2003, 419; *Riehmer,* Probleme bei Eisklauseln in Reisefrachtverträgen, TranspR 1995, 52; *Schmid,* Schiedsklauseln in Konnossementen unter einer Charterparty, Gedanken zu § 1031 Abs. 4 ZPO, in FS Herber zum 70. Geburtstag, S. 281; *Schwampe,* Rechtsfragen der Piraterie, TranspR 2009, 462; *Trappe,* Zur Zählung der Liegezeit in der Seeschifffahrt nach deutschem und englischem Recht, TranspR 2007, 437; *ders.,* Weather Working Days, Hansa 1957, 2140; *Volze,* Die willkürliche Kündigung des Seefrachtvertrages im deutschen und englischen Recht, TranspR 1996, 15–21; *ders.,* Vertragsklauseln in Seecharterverträgen – Eisklausel und Kriegsklausel, TranspR 1983, 94.

1    Im zweiten Titel des ersten Unterabschnitts finden sich die Regelungen zum Reisefrachtvertrag. Der Reisefrachtvertrag gehört wie der Stückgutfrachtvertrag (§ 481) zu den **Seefrachtverträgen** die im zweiten Abschnitt **Teil der Beförderungsverträge** sind. Die klare Unterscheidung zwischen Stückgutfrachtvertrag einerseits und Reisefrachtvertrag andererseits hat es im bisherigen Seefrachtrecht in dieser Form nicht gegeben (vgl. Vor § 481). Es wird deutlich, auch aus der **Systematik des Gesetzes,** dass der Reisefrachtvertrag (Reisechartervertrag), anders als der Zeit- oder Bareboatchartervertrag, ein Seefrachtvertrag ist, auf den grundsätzlich auch die Regelungen des Stückgutfrachtvertrages anwendbar sind (§ 527 Abs. 2).

2    Der Reisefrachtvertrag ist seinem Typus nach **Werkvertrag,** bei dem der Verfrachter den Beförderungserfolg schuldet (vgl. Vor § 481 Rn. 5) und, im Unterschied zum Stückgutfrachtvertrag, die Beförderungsleistung mit einem **bestimmten Schiff** oder einem **verhältnismäßigen Teil eines bestimmten Schiffes** oder in einem **bestimmt bezeichneten Raum eines solchen Schiffes,** verspricht.

3    Systematisch folgen die Regelungen zum Reisefrachtvertrag denen zum Stückgutfrachtvertrag. Reisefrachtverträge werden in der Praxis durchgängig mit **Formularverträgen** abgeschlossen, die detaillierte Regelungen enthalten. Die gesetzlichen Regelungen lassen dies zu und gewähren den Vertragsparteien weiterhin volle **Vertragsfreiheit.**[1] Der Sachverständigenkommission ging es darum, lediglich einige Grundsatzregelungen zum Reisefrachtvertrag zu treffen. Die bisherigen Bestimmungen im HGB über den Reisefrachtvertrag sollten zusammengefasst, neu systematisiert und inhaltlich an die sachlichen und rechtlichen

---

[1] *Czerwenka* TranspR 2011, 255.

Entwicklungen angepasst werden.[2] Um die umfassende Disposition zu gewährleisten, erstreckt sich der **Verweis auf die Vorschriften des Stückgutfrachtvertrages** in § 527 Abs. 2 ausdrücklich nicht auf § 512, in dem Einschränkungen zur Befugnis der Vertragsparteien geregelt sind, von der gesetzlichen Haftung abzuweichen. In diesem Punkt besteht ein wesentlicher Unterschied zwischen den Vorschriften des Stückgutfrachtvertrages und denen des Reisefrachtvertrages.

Der Reisefrachtvertrag ist in **§ 527 definiert.** Danach verpflichtet sich der Verfrachter, **4** das Gut mit einem bestimmten Schiff im Ganzen, mit einem verhältnismäßigen Teil eines bestimmten Schiffes oder in einem bestimmt bezeichneten Raum eines solchen Schiffes auf einer oder mehreren bestimmten Reisen über See zum Bestimmungsort zu befördern und dort dem Empfänger abzuliefern (Abs. 1 Satz 1). Im Unterschied zum Stückgutfrachtvertrag verpflichtet sich der Verfrachter hier zusätzlich, bei der Beförderung ein **konkretes Schiff bzw. Schiffsraum** (Slot) zu verwenden.

Die Sachverständigengruppe hatte sich in Anlehnung an § 556 Nr. 1 aF bei der **Legaldefi- 5 nition** des Reisefrachtvertrages darauf beschränkt, den Verfrachter zur Beförderung mit einem bestimmten **Schiff im Ganzen** auf einer oder mehreren bestimmten Reisen zu verpflichten. Explizit sollte die Vorschrift nicht mehr solche Verträge erfassen, die sich auf einen verhältnismäßigen Teil oder einen bestimmt bezeichneten Raum des Schiffes beziehen. Dies wurde mit der gängigen Praxis begründet, wonach ausnahmslos Reisefrachtverträge über ein Schiff im Ganzen geschlossen werden und deshalb nur für diese ein Regelungsbedürfnis bestünde. Auch könne eine **tragfähige Abgrenzung** zwischen Stückgutfrachtvertrag und Reisefrachtvertrag nur erfolgen, wenn unter letzteren allein die Beförderung mit einem Schiff im Ganzen falle, da die Grenzen zwischen Stückgutfrachtvertrag und Teilraumfrachtvertrag fließend seien. Abgrenzungskriterium könne auch nicht allein sein, wen die **Pflicht zum Laden und Löschen** des Gutes treffe, da dies in der Praxis häufig sowohl beim Stückgutfrachtvertrag als auch beim Reisefrachtvertrag abweichend geregelt werden könne.[3] Der Gesetzgeber sah dies anders und hat explizit die Legaldefinition des Reisefrachtvertrages gegenüber dem Vorschlag der Sachverständigenkommission erweitert, wobei in der RegBegr die Abgrenzungsprobleme erkannt werden.[4] So findet sich in der RegBegr teilweise wörtlich die Begründung der Sachverständigenkommission zur Begrenzung der Reisefrachtverträge auf ein Schiff im Ganzen, doch erschienen die Abgrenzungsprobleme hinnehmbar, weil nur in seltenen Ausnahmefällen Reisefrachtverträge abgeschlossen würden, die die Beförderung mit einem verhältnismäßigen Teil oder einem bestimmt bezeichneten Raum eines bestimmten Schiffes zum Gegenstand hätten.[5] Hierin liegt ein wunderbares Beispiel dafür, wie mit derselben Begründung unterschiedliche Ergebnisse gerechtfertigt werden.

Abweichend von den geltenden Grundsatz im Stückgutfrachtvertrag, dass der Verfrach- **6** ter grundsätzlich das Gut zu verladen und zu löschen hat (vgl. § 485 Abs. 2), trifft im Reisefrachtvertrag die **Pflicht zum Verladen und Löschen grundsätzlich den Befrachter** (§ 531 Abs. 1 Satz 1, § 535 Abs. 1 Satz 1). In § 531 Abs. 1 Satz 2 wird klargestellt, dass diese Verschiebung der Verantwortung für das Laden und Löschen vom Verfrachter auf den Befrachter nichts daran ändert, dass der Verfrachter für die Seetüchtigkeit des Schiffes verantwortlich bleibt.

In § 532 ist das **Kündigungsrecht des Befrachters** geregelt. Der Befrachter kann den **7** Reisefrachtvertrag **jederzeit** kündigen, auch zu einem Zeitpunkt, zu dem bereits ein Anspruch auf Liegegeld nach § 530 Abs. 3 des Verfrachters besteht. In § 532 Abs. 2 ist deshalb in Anlehnung an § 415 Abs. 2 geregelt, dass der Verfrachter in solchen Fällen auch das ihm zustehende Liegegeld verlangen kann, sofern er nicht einen Anspruch auf Fautfracht geltend macht.

In § 533 ist geregelt, unter welchen Voraussetzungen der Befrachter vom Verfrachter **8** die **Beförderung nur eines Teils des Gutes** verlangen kann. Hier weicht das Gesetz

---

[2] BerSV S. 143.
[3] BerSV S. 144.
[4] RegBegr-SRG S. 100.
[5] RegBegr-SRG S. 100.

vom Vorschlag der Sachverständigenkommission ab, die eine Teilbeförderung auf den Fall beschränkte, dass tatsächlich nur ein Teil der vereinbarten Ladung bereits verladen war.[6] Die Regelungen zur **Kündigung durch den Verfrachter** finden sich in § 534 und verweisen im Wesentlichen auf die Rechte des Verfrachters bei säumiger Abladung zum Stückgutfrachtvertrag (§ 490).

## § 527 Reisefrachtvertrag

**(1) ¹Durch den Reisefrachtvertrag wird der Verfrachter verpflichtet, das Gut mit einem bestimmten Schiff im Ganzen, mit einem verhältnismäßigen Teil eines bestimmten Schiffes oder in einem bestimmt bezeichneten Raum eines solchen Schiffes auf einer oder mehreren bestimmten Reisen über See zum Bestimmungsort zu befördern und dort dem Empfänger abzuliefern. ²Jede Partei kann die schriftliche Beurkundung des Reisefrachtvertrags verlangen.**

**(2) Auf den Reisefrachtvertrag sind die §§ 481 bis 511 und 513 bis 525 entsprechend anzuwenden, soweit die §§ 528 bis 535 nichts anderes bestimmen.**

Übersicht

| | Rn. | | Rn. |
|---|---|---|---|
| I. Normzweck | 1, 2 | VII. Abgrenzung zu anderen Transportverträgen | 14–18 |
| II. Entstehungsgeschichte | 3, 4 | 1. Abgrenzung zum Stückgutfrachtvertrag | 14–17 |
| III. Beteiligte Personen | 5 | 2. Abgrenzung zu Charterverträgen | 18 |
| IV. Arten des Reisefrachtvertrages | 6–8 | VIII. Beendigung des Vertrages | 19 |
| V. Wesentliche Merkmale des Reisefrachtvertrages | 9, 10 | IX. Standardvertragsformulare | 20–22 |
| VI. Abschluss des Vertrages | 11–13 | X. Übertragung der Rechte aus dem Reisefrachtvertrag | 23, 24 |

## I. Normzweck

1 Die Überschrift dieser Norm verdeutlicht bereits deren **grundsätzliche Regelung.** Es werden für die beiden Vertragsparteien des Reisefrachtvertrages die Hauptpflichten definiert. Den Verfrachter trifft als **Beförderungsunternehmer** die Verpflichtung, das Gut für den ihn beauftragenden Befrachter mit einem **bestimmten Schiff im Ganzen,** mit einem **verhältnismäßigen Teil eines bestimmten Schiffes** oder in einem **bestimmt bezeichneten Raum** eines solchen Schiffes auf einer oder mehreren bestimmten Reisen zum Bestimmungsort zu befördern und dort dem Empfänger abzuliefern. Der Befrachter dagegen ist lediglich dazu verpflichtet, die **vereinbarte Fracht** zu zahlen (§ 527 Abs. 2, § 481 Abs. 2). Aufbauend auf die Regelungen zum Stückgutfrachtvertrag, auf die in Abs. 2 umfassend verwiesen wird, erfolgen nur wenige abweichende **Sonderregelungen für den Reisefrachtvertrag.**

2 § 527 ist die **Legaldefinition** des Reisefrachtvertrages und regelt abschließend, welche Vorschriften auf den Reisefrachtvertrag anzuwenden sind. Hierbei wird auf die Regelungen zum Stückgutfrachtvertrag verwiesen, die sich wiederum weitgehend an den Vorschriften des allgemeinen deutschen Frachtrechts orientieren. Die Abgrenzung zum allgemeinen Frachtrecht geschieht dadurch, dass, im Unterschied dazu, beim Stückgutfrachtvertrag die Beförderung von Gütern **mit einem Schiff über See** Gegenstand des Frachtvertrages ist (vgl. § 481 Rn. 2). Die Abgrenzung vom Reisefrachtvertrag zum Stückgutfrachtvertrag kann in der Praxis Probleme bereiten (Vor § 527 Rn. 5). In der Theorie erfolgt die Unterscheidung dadurch, dass, im Gegensatz zum Stückgutfrachtvertrag, der Verfrachter beim Reisefrachtvertrag den Beförderungserfolg mit einem **ganz bestimmten Schiff im Gan-**

---

[6] BerSV S. 149.

zen oder mit einem **verhältnismäßigen Teil dieses Schiffes** bzw. eines **bestimmt bezeichneten Raumes** darin, auf **einer oder mehreren** Reisen, schuldet. Die Grenzen können hier fließend sein, wobei in der Praxis Reisefrachtverträge über ein Schiff im Ganzen die Regel sind. Entscheidend für die Bestimmung des **Leistungsinhalts** beim Reisefrachtvertrag, auch „**Raumfrachtvertrag**" genannt, sind nicht in erster Linie die zu befördernden Güter wie beim Stückgutfrachtvertrag, sondern die **Zurverfügungstellung eines bestimmten Schiffes** (oder eines Teiles davon) für die Beförderung. Die Beförderungsleistung bei Reisefrachtverträgen wird mehr nach dem **Beförderungsmittel** als nach dem Beförderungsgegenstand individualisiert.[1] Dies geschieht regelmäßig für eine oder mehrere einzelne Reisen.[2]

## II. Entstehungsgeschichte

Die Norm orientiert sich am bisherigen § 556 Nr. 1 und § 557 und ersetzt diese. Durch   3
die Systematik, den Reisefrachtvertrag im ersten Unterabschnitt als zweiten Titel nach den Vorschriften des Stückgutfrachtvertrages zu regeln, ist zum einen verdeutlicht worden, dass es sich auch beim Reisefrachtvertrag um einen **Güterbeförderungsvertrag** (Seefrachtvertrag) handelt, und nicht um einen Schiffsüberlassungsvertrag (Charterparty) nach §§ 553 ff. und zum anderen, dass der Grundtyp des Seefrachtvertrages der Stückgutfrachtvertrag ist, der lediglich um einige Besonderheiten aus der regelmäßig wiederkehrenden Beförderung mit demselben Schiff, dem Reisefrachtrecht, ergänzt wird.

Auch wenn die Systematik den Stückgutfrachtvertrag nun voranstellt, ist der Reisefracht-   4
vertrag die **ältere Form** des Seefrachtvertrages. Er wurde auch „Raumfrachtvertrag" genannt, weil es in der Urform der Beförderung von Gütern mit Schiffen darum ging, dass der gesamte Schiffsraum, oder jedenfalls ein Teil davon, zur Beförderung der Ladung dem Befrachter überlassen wurde.[3]

## III. Beteiligte Personen

Beteiligte Personen des Reisefrachtvertrages sind der **Verfrachter,** der **Befrachter** und   5
der **Empfänger.** Dies stimmt mit den Regelungen zum Stückgutfrachtvertrag überein (vgl. § 481 Rn. 5). Auch der **Ablader,** dh. derjenige, der aufgrund eines Frachtvertrages dem Verfrachter das Gut zur Beförderung übergibt, ohne jedoch selbst Vertragspartei zu sein, und vom Befrachter als Ablader im Konnossement benannt wird, ist im Reisefrachtvertragsrecht bekannt. Dies ergibt sich aus dem ausdrücklichen Verweis in § 527 Abs. 2 auf § 513 Abs. 2. Für weitere Einzelheiten wird auf § 481 Rn. 5 ff. verwiesen.

## IV. Arten des Reisefrachtvertrages

Der Reisefrachtvertrag (*„Afreightment by Charterparty"*), der auch als Raumfrachtvertrag,   6
und in der Praxis häufig als **Chartervertrag** oder **Frachtcharter** bezeichnet wird, ist ein Seefrachtvertrag, bei dem der Leistungsinhalt neben der Beförderung von Gütern gerade auch die Zurverfügungstellung eines bestimmten Schiffes oder eines Teiles davon ist.[4] Unterschieden werden die **Voll-** oder **Ganzcharter,** bei der ein Schiff im Ganzen überlassen wird, die **Teilcharter,** bei der ein verhältnismäßiger Teil des Schiffes zur Verfügung gestellt wird, die **Raumcharter,** bei der lediglich ein bestimmter Schiffsraum überlassen wird, oder die **Slotcharter,** die im Grunde genommen nichts anderes als eine Raumcharter ist, bei der einem Befrachter lediglich Stellplätze für Container auf einem Schiff für eine oder mehrere Reisen zur Verfügung gestellt werden. Letzteres findet sich häufig bei sogenannten **Non-Vessel-Operating-Carrier (NVOC),** die Schiffsraum für die Beförderung durch sie als Verfrachter beim Reeder oder Zeitcharterer buchen.

---

[1] Schaps/*Abraham* § 556 Rn. 1.
[2] *Herber* S. 238.
[3] *Rabe* Vor § 556 Rn. 1, 2; *Herber* S. 237.
[4] *Herber* S. 238; *Rabe* § 556 Rn. 2.

7    Der Reisefrachtvertrag (oder die Reisecharter) ist der typische Frachtvertrag der **Tramp-schifffahrt für Massengüter.** Massengüter sind hierbei große Mengen an Ladung die über See befördert werden um Einheitskosten zu verringern und dabei üblicherweise nach dem Prinzip *„one ship, one cargo"* befördert werden.[5] Saisonbedingt und abhängig vom Bedarf werden die Güter befördert, wie zB nach einer großen Dürre gewaltige Mengen Getreide von Südamerika nach Indien verschifft wurden oder der Bedarf nach Eisenerz aufgrund der rapide zunehmenden Produktion in der Volksrepublik China seit einigen Jahren kontinuierlich ansteigt. Hierfür werden einsatzbereite Schiffe benötigt, die nicht im Rahmen von Linienverkehren fest eingebunden sind. Trampschiffe sind auch frei umherstreifende Schiffe, die sich aufgrund ihrer Ungebundenheit den Konjunkturen der Weltwirtschaft anpassen können, sowohl im positiven als auch im negativen Sinne.[6]

8    Der Reisefrachtvertrag kann sich auf eine **einfache Reise** beziehen, bei der es um den Transport einer Ladung von einem Hafen zu einem anderen geht. Er kann auch eine zusammengesetzte, **kombinierte Reise** erfassen, bei der es um Hin- und Rückladungen zwischen zwei Häfen geht, oder sich auf eine Reihe von solchen Reisen erstrecken.[7]

## V. Wesentliche Merkmale des Reisefrachtvertrages

9    Der Reisefrachtvertrag ist, wie alle Transportverträge, **ein Vertrag zugunsten Dritter** (vgl. § 481 Rn. 14). Nach Abs. 1 Satz 1 verpflichtet sich der Verfrachter in eigener Verantwortung, das Gut zum Bestimmungsort zu befördern und es dort an den Empfänger abzuliefern. Die unbeschädigte Ankunft des Gutes am Bestimmungsort ist der geschuldete Erfolg.

10   Anders als beim Stückgutfrachtvertrag ist hier nicht der Gegenstand der Beförderung allein bestimmend, sondern zusätzlich auch das **Beförderungsmittel.** Als Beförderungsmittel kommt das Schiff im Ganzen, ein verhältnismäßiger Teil eines bestimmten Schiffes oder ein bestimmt bezeichneter Raum eines solchen Schiffes in Betracht. Dies entspricht § 556 Nr. 1 aF. Verhältnismäßiger Teil des Schiffes können **ein oder mehrere Laderäume** des Schiffes sein. Ein bestimmt bezeichneter Raum kann **innerhalb eines oder mehrerer Laderäume** liegen, ohne den gesamten Laderaum erfassen zu müssen. In der Praxis werden Reisefrachtverträge fast ausnahmslos über ein Schiff im Ganzen geschlossen.[8] Daneben ist in der Praxis die **Slotcharter** bedeutsam, bei der bestimmte Stellplätze für Container in einem bestimmten Schiff zur Verfügung gestellt werden. Erfolgt dies für eine oder **mehrere Reisen,** liegt ein Reisefrachtvertrag vor. Sieht die Vereinbarung die Überlassung für einen **bestimmten Zeitraum** vor, ändert dies nichts am Charakter eines Reisefrachtvertrages und macht den Vertrag nicht zu einem Zeitchartervertrag im Sinne von § 557. Zur Frage, was unter einem **Schiff** zu verstehen ist, wird auf § 481 Rn. 18 verwiesen. Nur ausnahmsweise sieht der Verfrachter davon ab ein bestimmtes Schiff im Chartervertrag zu bezeichnen oder er behält sich vor ein anderes als das benannte Schiff zu stellen, zB durch eine Klausel wie *„or substitute at owners option".*[9] In diesen Fällen machen die Parteien von ihrer **Dispositionsfreiheit** Gebrauch und weichen vom gesetzlichen Regelfall ab. Eine Verpflichtung zur Beförderung mit einen anderen Schiff wird nicht begründet.[10]

## VI. Abschluss des Vertrages

11   Der Reisefrachtvertrag ist wie der Stückgutfrachtvertrag **formfrei** und kommt, wie jeder Vertrag, durch Angebot und Annahme zustande. Ebenso formfrei kann er geändert werden.[11]

---

[5] *Atamer* S. 14.
[6] *Atamer* S. 15.
[7] *Rabe* § 556 Rn. 4; Schaps/*Abraham* § 556 Rn. 2; BGH 2.12.1991, TranspR 1992, 103 zur Abgrenzung Transportrahmenvertrag und Konsekutiv-Raumfrachtvertrag.
[8] RegBegr-SRG S. 100; BerSV S. 144.
[9] Schaps/*Abraham* § 556 Rn. 4.
[10] *Capelle* S. 125; zur Unzulässigkeit einseitiger Frachterhöhung bei Substitutsschiff OLG Hamburg 6.6.1952, Hansa 1952, 1312.
[11] *Herber* S. 251.

In der Praxis verwenden die Parteien regelmäßig **Formularbedingungen.** Wichtigstes Standardformular für eine Reisecharter ist die von der BIMCO empfohlene **GENCON-Charterparty.**[12] Nach Abs. 1 Satz 2 kann jede Partei die schriftliche Beurkundung des Reisefrachtvertrages verlangen. Wer die anfallenden Kosten hierfür zu tragen hat, wird im Gesetz nicht geregelt. In der Praxis sind sie in der Maklerprovision enthalten, die regelmäßig der Verfrachter trägt. Diese Regelung entspricht § 557 aF. Allerdings wurde der Begriff „Chartepartie" nicht wieder verwendet. Die Beurkundung des Reisefrachtvertrages kann zwar beansprucht werden, ist allerdings, anders als in § 154 Abs. 2 BGB **keine rechtsbegründende Urkunde.** Nur wenn die Parteien ausdrücklich eine Beurkundung vereinbaren, ist bei fehlender Beurkundung nach § 154 Abs. 2 BGB im Zweifel anzunehmen, dass der Vertrag bis zur Beurkundung nicht geschlossen ist.[13] Damit ist der beurkundete Reisefrachtvertrag eine **Beweisurkunde** und nicht per se eine rechtsbegründende Urkunde.[14]

Grundsätzlich erfordert die Beurkundung die **Unterschriften beider Parteien** auf der **12** Urkunde. Werden mehrere gleichlautende Urkunden erstellt, was bei Charterverträgen durchaus üblich ist, reicht die Unterzeichnung der jeweils für die Gegenpartei bestimmten Urkunde (vgl. § 126 Abs. 2 BGB). In der Praxis werden die Unterschriften häufig durch eingeschaltete **Schiffsmakler (Broker)** geleistet, die vom Verfrachter bzw. Befrachter hierfür bevollmächtigt wurden.[15]

Der Inhalt des Reisefrachtvertrages kann von den Vertragsparteien frei bestimmt werden. **13** Wie beim Stückgutfrachtvertrag kommt der Vertrag häufig durch eine **Buchungsnote** (Booking Note) (vgl. § 481 Rn. 24) oder durch einen sogenannten „**Fixing Letter**" zustande. Es handelt sich um eine unverbindliche Beweisurkunde, die die wichtigsten Bedingungen in **Stichworten** festhält.[16] Dies sind der Codename des zu verwendenden Charterpartyformulars (zB Gencon), Name des Schiffes, Reiseroute, Zeit der Ladebereitschaft, Cancelling Date, Liegegeld, Namen der Vertragspartner, Angaben zum Lade- und Löschhafen und über die zu befördernden Güter und Berechnung der Fracht. Eine unverbindliche Teilvereinbarung, sog. **Punktation** iSv. § 154 Abs. 1 Satz 2 BGB liegt hierin nicht vor,[17] auch wenn weitere Details dann im vereinbarten **Vertragsformular** geregelt werden, das wiederum in der Praxis häufig durch Streichungen von Standardtext oder Ergänzung von neuen speziellen Klauseln modifiziert wird. In der Praxis kommt es so gut wie nie vor, dass ein Standardformular unverändert verwendet wird. So gesehen, sind diese Verträge nahezu immer zwischen den Parteien **ausgehandelt.** Das Chartervertragsformular wird regelmäßig nach Vertragsschluss angefertigt. Wie bei jeder Vertragsurkunde gilt die Vermutung, dass das Chartervertragsformular die Vertragsabreden vollständig und richtig wiedergibt.[18] Nach den Grundsätzen zum **kaufmännischen Bestätigungsschreiben** gilt mit der widerspruchslosen Entgegennahme einer Charterparty das Einverständnis mit ihrem Inhalt als erklärt. Abweichungen vom ursprünglichen Vertragsinhalt müssen daher unverzüglich geltend gemacht werden.[19]

## VII. Abgrenzung zu anderen Transportverträgen

**1. Abgrenzung zum Stückgutfrachtvertrag.** Der Reisefrachtvertrag ist wie der **14** Stückgutfrachtvertrag ein **Seefrachtvertrag.** Eine Unterscheidung erfolgt nach dem **Leistungsinhalt** des Seefrachtvertrages. In Abgrenzung zum **Stückgutfrachtvertrag,** bei dem es ausschließlich um die Beförderung von Gütern mit einem Schiff über See geht,[20] schuldet der Verfrachter beim Reisefrachtvertrag die Beförderung nicht mit irgendeinem Schiff, sondern mit einem **bestimmten Schiff** im Ganzen, mit einem verhältnismäßigen Teil oder

---

[12] Ein Muster der GENCON findet sich im Anhang B III 5 (S. 1413).
[13] RegBegr-SRG S. 100.
[14] OLG Hamburg 22.5.1975, VersR 1976, 165; ebenso Schaps/*Abraham* § 557 Rn. 1.
[15] OLG Hamburg 21.1.1982, VersR 1982, 846; *Rabe* § 557 Rn. 6.
[16] Schaps/*Abraham* § 557 Rn. 1.
[17] Schaps/*Abraham* § 557 Rn. 1; Schlegelberger/*Liesecke* § 557 Anm. 2.
[18] OLG Hamburg 22.5.1975, VersR 1976, 165.
[19] BGH 31.1.1994, VersR 1994, 869; OLG Hamburg 21.1.1982, VersR 1982, 846.
[20] OLG Hamburg 5.5.1994, TranspR 1994, 398 zur Abgrenzung Stückgut- und Raumfrachtvertrag.

einem bestimmt bezeichneten Raum dieses Schiffes. Ein weiteres Unterscheidungskriterium besteht darin, dass beim Stückgutfrachtvertrag der gesetzliche Regelfall ist, dass der Verfrachter die Güter in das Schiff zu laden und dort zu stauen und zu sichern (verladen) und am Bestimmungsort zu löschen hat (vgl. § 486 Abs. 2). Beim Reisefrachtvertrag bestimmt § 531 als gesetzlichen Regelfall, dass **der Befrachter das Gut zu verladen hat** (§ 531 Abs. 1 Satz 1). Allerdings werden in der Praxis häufig abweichende Vereinbarungen getroffen, so dass ein Abstellen auf die **Lade- und Löschpflicht** allein kein taugliches Abgrenzungskriterium ist.[21] Ausgangspunkt für die Abgrenzung kann damit nur die grundsätzliche Erwägung sein, ob es dem Befrachter darauf ankommt, dass die Beförderung der Ladung mit einem bestimmten, vertraglich festgelegten Schiff im Ganzen,[22] bzw. in der Zurverfügungstellung bestimmten Schiffsraums zu erfolgen hat, dann Reisefrachtvertrag, oder ob für ihn allein die Güterbeförderung als solche entscheidend ist, dann Stückgutfrachtvertrag (vgl. Rn. 2).

**15**    Die systematische Nähe von Reisefrachtvertrag zum Stückgutfrachtvertrag ist aufgrund der Verweise in Abs. 2 auf die **Vorschriften des Stückgutfrachtvertrages** zu den §§ 481–511 evident. Klargestellt wurde auch, einer Anregung des Deutschen Vereins für Internationales Seerecht folgend,[23] dass auch die **Bestimmungen zum Konnossement** in den §§ 513–525 entsprechend anzuwenden sind. Bei einem Reisefrachtvertrag können also auch weiterhin, wie bei einem Stückgutfrachtvertrag, Konnossemente ausgestellt werden. Durch § 522 Abs. 1 Satz 2, wonach eine Vereinbarung, auf die in einem Konnossement lediglich verwiesen wird, nicht (mehr) Inhalt des Konnossements wird, können sog. „**Charter-Konnossemente**" den Inhalt des Reisefrachtvertrages (zB einer GENCON-Charter) nicht durch eine pauschale **Inkorporationsklauseln** mit einbeziehen. Konnossemente, die im Rahmen der Durchführung eines Reisefrachtvertrages ausgestellt werden, müssen nicht zwingend Charter-Konnossemente sein.[24] Damit dürfte das von der BIMCO herausgegebene Standardformular „**CONGENBILL**"[25] für die Beförderung von Gütern unter einer GENCON-Reisecharter, in dem auf *„all terms and conditions, liberties and exceptions of the charter-party"* Bezug genommen wird, als pauschale Verweisung gemäß § 522 Abs. 1 S. 2 mangels Rechtswirksamkeit ins Leere laufen. Eine international viele Jahre geübte Praxis wird dadurch beendet.[26] Allerdings soll hiermit die Anerkennung von Charterkonnossementen nicht generell ausgeschlossen sein. Vielmehr muss bei Verweisungen jetzt darauf geachtet werden, dass ein **ausdrücklicher und möglichst spezieller Hinweis** auf einzelne Klauseln erfolgt und nicht lediglich eine pauschale Verweisung (§ 522 Rn. 10 ff.). Dies betrifft auch die Inkorporation von Schiedsgerichtsklauseln in Konnossementen, die seit Jahrzehnten von der Rechtsprechung (§ 522 Rn. 10 ff.)[27] anerkannt und in § 1034 Abs. 4 ZPO normiert war.[28] Die Norm wurde durch Art. 7 Ziff. 9 SHR-ReformG aufgehoben (§ 522 Rn. 10 ff.).

**16**    Mangels Verweis auf § 522 in § 526 zum **Seefrachtbrief** bleibt eine Verweisung in einem Seefrachtbrief auf die Bedingungen des Seefrachtvertrages, zB eines Standard Reisefrachtvertrages, im Gegensatz zu einem Konnossement wirksam. Dies könnte die Attraktivität des Seefrachtbriefes für die Praxis stärken.[29]

**17**    Bewusst wurde in Abs. 2 darauf verzichtet, auf den **Seefrachtbrief** (§ 526) zu verweisen.[30] Dies erschien nicht notwendig, denn die über den Reisefrachtvertrag nach Abs. 1 Satz 2 errichtete Urkunde ist kein Seefrachtbrief und der Seefrachtbrief selbst ist kein Wertpapier, lediglich **Beweisurkunde** für den Seefrachtvertrag (vgl. § 526 Abs. 2).

---

[21] RegBegr-SRG S. 100.
[22] So BerSV S. 144.
[23] Stellungnahme des DVIS S. 37 Rn. 128.
[24] *Jessen* RdTW 2013, 293 ff.; *Rabe* § 643 Rn. 14; s. auch *Herber* TranspR 1987, 214 zur GENWAYBILL der BIMCO.
[25] Neue CONGENBILL abgedruckt als Anhang B IV 1 (S. 1417).
[26] Zu Pro u. Contra s. *Jessen* RdTW 2013, 293, 295 ff.; *Paschke/Ramming* RdTW 2013, 1, 5 f.
[27] BGH 18.12.1958, BGHZ 29, 120.
[28] S. hierzu ausführlich *Schmidt*, FS Herber, S. 281 ff. auch mit Bespr. englischer Urteile.
[29] S. a. *Jessen* RdTW 2013, 293, 296.
[30] RegBegr-SRG S. 100.

**2. Abgrenzung zu Charterverträgen.** Auch wenn der Reisefrachtvertrag häufig als **18** „Reisecharter" oder „Frachtcharter" bezeichnet wird, und der beurkundete Vertrag einer „Chartepartie" nach bisherigem Recht (vgl. § 557 aF) gleichkommt, muss er streng von einem **Chartervertrag** im rechtlichen Sinne unterschieden werden. Das SRG hat im dritten Abschnitt in den §§ 553 ff. die **Schiffsüberlassungsverträge** geregelt, zu denen die **Bareboat-Charterparty** (§ 553 Abs. 1) und die **Zeitcharterparty** (§ 557 Abs. 1) gehören. Gerade mit der erstmalig im Gesetz erfolgten Definition der Zeitcharter ist die Zuordnung der Zeitcharterparty als eine besondere Form von Schiffüberlassungsvertrag erfolgt. Als solche sind weder die Zeitcharterparty noch die Bareboat-Charterparty Seefrachtverträge. Beide unterliegen Sonderregelungen. Für Einzelheiten wird auf die Kommentierung zu den §§ 553 ff. verwiesen.

### VIII. Beendigung des Vertrages

Mit der **Ablieferung** des Gutes beim Empfänger am Bestimmungsort **endet die Reise** **19** und damit auch der Reisefrachtvertrag, es sei denn, er ist für mehrere bestimmte Reisen abgeschlossen worden, so dass die Beendigung des Reisefrachtvertrages erst nach Ablieferung der Güter unter der letzten vereinbarten Reise erfolgt. Des Weiteren endet der Reisefrachtvertrag durch eine **jederzeit mögliche Kündigung des Befrachters** (vgl. § 532 Abs. 1). Diese Regelung entspricht § 489 Abs. 1 zum Stückgutfrachtvertrag. Die eventuell nachteiligen Folgen für den Verfrachter werden durch § 532 Abs. 2 kompensiert. Auch hier entspricht die Regelung denen zum Stückgutfrachtvertrag in § 489 Abs. 2, geht jedoch darüber hinaus, indem der Verfrachter auch ein etwaiges **Liegegeld** (s. § 530 Abs. 3 Satz 1) verlangen kann. Auch der **Verfrachter** kann den Reisefrachtvertrag kündigen, jedoch nicht zu jeder Zeit wie der Befrachter, sondern erst nach Eintritt des **Verzugs** bei der Abladung des Gutes nach §§ 534, 490. Ferner steht dem Verfrachter ein Kündigungsrecht auch **ohne eine Fristsetzung** zu, wenn bereits vor Ablauf der Ladezeit oder einer vereinbarten Überliegezeit offensichtlich ist, dass das Gut nicht verladen oder abgeladen wird (vgl. § 534 Abs. 2).

### IX. Standardvertragsformulare

Die gesetzlichen Bestimmungen zum Reisefrachtvertrag sind wie bisher in vollem **20** Umfang **dispositiv.** Die Dispositivität entspricht auch internationaler Gesetzgebungspraxis. In der Seeverkehrspraxis hat sich die Verwendung von **Formularverträgen** durchgesetzt. Hier werden insbesondere **BIMCO-Standardverträge** verwendet,[31] wie die von der BIMCO empfohlene **GENCON-Charterparty** (vgl. Rn. 10), in der sich dezidierte Regelungen unter anderem zum **anwendbaren Recht** und zur **Zuständigkeit** von Gerichten oder Schiedsgerichten finden. So verweist die GENCON-Charter in Klausel 19 alternativ auf die Anwendung englischen oder US-amerikanischen Rechts und zur Streitbeilegung auf ein Schiedsgericht in der jeweiligen Jurisdiktion. Die Verwender des Formulars müssen eine Auswahl treffen und können – was in der Praxis allerdings selten vorkommt – auch eine dritte Alternative wählen, indem sie eine andere Jurisdiktion und ein anderes Schiedsgericht oder ordentliches Gericht vereinbaren. Für Vertragsparteien, die beide aus Deutschland stammen, bietet sich an, deutsches Recht zu vereinbaren und entweder den ordentlichen Gerichtsweg für eine Streitbeilegung vorzusehen, oder ein Schiedsgericht, wie zB die **German Maritime Arbitration Association (GMAA).**[32]

Es gibt eine **Vielzahl von Standard-Reisefrachtverträgen.** Allein die BIMCO hat **21** vierzig **Voyage-Charter Parties** herausgegeben.[33] Sie unterscheiden sich hauptsächlich

---

[31]  65–80 % der international über See beförderten Waren werden mit BIMCO-Standardverträgen abgewickelt, s. www.bimco.org.

[32]  Seeschiedsgericht, www.gmaa.de; vgl. auch *Rabe* Vor § 556 Rn. 133 ff. ausführlich zu Zuständigkeitsvereinbarungen.

[33]  S. www.bimco.org.

durch die eingesetzten **Schiffstypen** und die zu befördernden **Güter** voneinander. Anhand der Vertragsbezeichnung lässt sich bereits darauf schließen, für welche Art von Gütern oder Typ von Schiff das Vertragsformular vorgesehen ist. Die **GENCON 94** ist eine Voyage-Charter Party, die häufig verwendet wird und auf eine Vielzahl von Beförderungsarten zugeschnitten ist. Ihr Name steht für „General Cargo". Die **„BIM-CHEMVOY 2008"** zielt auf die Beförderung von chemischen Produkten durch Tankschiffe ab, die **„CEMENTVOY"** dagegen berücksichtigt die Besonderheiten des Seetransports von Zement als Schüttgut; die **„COAL-OREVOY"** ist ein Reisefrachtvertrag, für die Beförderung von Kohle und Erzprodukten; bei der **„GRAINCON"** handelt es sich um einen speziellen Reisefrachtvertrag für den Getreidehandel; die **„HEAVYLIFT-VOY"** behandelt Schwerguttransporte und enthält spezielle Klauseln zur Ladungssicherung unter oder an Deck des Schiffes; die **„HEAVYCON 2007"** ist ebenfalls ein Reisefrachtvertrag mit speziellen Regelungen bei der Beförderung von Ladung vornehmlich an Deck mit Spezialschiffen, die Ladung durch Absenken ins Wasser bzw. Aufstellen auf den Meeresgrund übernehmen können. Bei der **„RUSWOOD-Charterparty"** geht es speziell um die Beförderung von Holzprodukten in besonders sensiblen Fahrtgebieten. Die **„TANKERVOY 87"** betrifft die Beförderung flüssiger Ladung durch Tanker. Aufgrund des verwendeten Vertragsformulars erkennen die höchst spezialisierten Kaufleute im Seehandel bereits, welche Art von Ladung und welcher Schiffstyp für die Beförderung zum Einsatz kommt. Diese Standardverträge werden typischerweise durch weitere Vertragsbedingungen, sog. **„Rider Clauses"**, auf die vom jeweiligen Verfrachter bzw. Befrachter in ihrem Handelssektor erforderlichen Bedingungen ergänzt. Zu den verschiedenen Vertragsformularen hat sich gerade im englischen Recht eine **umfassende Kasuistik** über die Jahrzehnte entwickelt, die bei der Auslegung von Vertragsklauseln herangezogen werden kann.

**22**    **Kennzeichnend** für die Reisefrachtverträge ist eine Beschreibung der **Eigenschaften und Leistungsfähigkeit des Schiffes.** Üblicherweise macht der Verfrachter Zusagen zur Nationalität des Schiffes, Reisegeschwindigkeit und Treibstoffverbrauch, Tiefgang des Schiffes, Schiffstyp, Alter oder Baujahr, Klassifikation, Größe und Tragfähigkeit des Schiffes. Hierin liegen rechtlich **Zusicherungen,** die in der Praxis durch Vorbehalte wie *„these particulars are believed to be correct, but not guaranteed"* eingeschränkt werden, um eine **Haftung des Verfrachters** für nicht korrekte Angaben zu vermeiden. Dort, wo der Befrachter auf bestimmte Eigenschaften des Schiffes Wert legt, zB den Raumgehalt des Schiffes und seine Tragfähigkeit im Hinblick auf die zu befördernde Gütermenge, wird der Befrachter eine rechtsverbindliche Zusicherung des Verfrachters erwarten. Kann der Befrachter wegen fehlerhafter Angaben zum Schiff nicht die Anzahl oder Menge der Güter befördern, wirkt sich dies in den Fällen unmittelbar auf die **Höhe der Fracht** aus, wenn sich diese nach Maß oder Gewicht der Güter bestimmt.[34] Des Weiteren kann sich der Verfrachter schadensersatzpflichtig machen, wenn die **Falschangaben** gewisse Grenzen und Handelsbräuche überschreiten. Nur dort, wo der Verfrachter ausdrücklich die Richtigkeit seiner Angaben garantiert, reicht für eine Haftung des Verfrachters eine objektive Abweichung von den garantierten Angaben aus, ohne dass es auf ein Verschulden ankommt.[35]

## X. Übertragung der Rechte aus dem Reisefrachtvertrag

**23**    Die Übertragung der Rechte aus dem Reisefrachtvertrag richtet sich nach **allgemeinen Vorschriften (§§ 398 ff. BGB).** Sie ist grundsätzlich zulässig, es sei denn, Verfrachter und Befrachter haben die Übertragung ausgeschlossen. Die Chartepartie folgt als **Beweisurkunde** der Forderung nach § 952 BGB.[36]

---

[34]   OLG Hamburg 11.1.1979, VersR 1979, 834; Schaps/*Abraham* § 557 Rn. 16.
[35]   Schaps/*Abraham* § 557 Rn. 16, 17.
[36]   Ebenso Schaps/*Abraham* § 557 Rn. 27.

Anders als das Konnossement kann eine Chartepartie **nicht durch Indossament** über- 24
tragen werden, da sie weder geborenes noch gekorenes Orderpapier ist. Die **Weitervercharterung** des Schiffes durch den Befrachter (Charterer) ist keine Übertragung der Rechte
aus der Chartepartie und grundsätzlich zulässig.[37] **Veräußert** der Verfrachter das Schiff,
während dieses Güter des Befrachters unter einem Reisefrachtvertrag befördert, erfolgt für
den Befrachter dadurch **kein Gläubiger- noch Schuldnerwechsel.** Die Übertragung von
Ansprüchen und Verbindlichkeiten bestimmt sich nach den allgemeinen Vorschriften über
die Abtretung von Forderungen und die Schuldübernahme. Besonderheiten können sich
ergeben, wenn die Voraussetzungen des § 25 vorliegen.[38]

## § 528 Ladehafen. Ladeplatz

**(1) Der Verfrachter hat das Schiff zur Einnahme des Gutes an den im Reise-
frachtvertrag benannten oder an den vom Befrachter nach Abschluss des Reisefrachtvertrags zu benennenden Ladeplatz hinzulegen.**

**(2) Ist ein Ladehafen oder ein Ladeplatz im Reisefrachtvertrag nicht benannt
und hat der Befrachter den Ladehafen oder Ladeplatz nach Abschluss des Reisefrachtvertrags zu benennen, so muss er mit der gebotenen Sorgfalt einen sicheren
Ladehafen oder Ladeplatz auswählen.**

### Übersicht

|                                          | Rn.   |                                              | Rn.    |
|------------------------------------------|-------|----------------------------------------------|--------|
| **I. Normzweck**                         | 1     | 4. Geeigneter Ladeplatz                      | 10–12  |
| **II. Entstehungsgeschichte**            | 2     | **IV. Mitwirkungspflicht des Befrach-**      |        |
| **III. Wahl des Ladeplatzes**            | 3–12  | **ters**                                     | 13–16  |
| 1. Wahlrecht des Befrachters             | 3     | **V. Einzelne Klauseln**                     | 17–22  |
| 2. Ladebereitschaft des Schiffes         | 4     | 1. Near-Klausel                              | 17–20  |
| 3. Sicherheit des Ladehafens             | 5–9   | 2. Eisklauseln                               | 21, 22 |

### I. Normzweck

Die Norm regelt, an welchem Platz das Schiff sein muss, damit es als **ladebereit** angese- 1
hen werden kann.[1] Der Verfrachter verpflichtet sich, das Schiff zur Einnahme des Gutes
an den vom Befrachter vorgegebenen Ladeplatz hinzulegen. Der Befrachter dagegen muss
bei der **Wahl des Ladehafens oder Ladeplatzes** mit der Sorgfalt eines ordentlichen
Befrachters handeln, da er andernfalls einer Haftung für Schadensersatz gegenüber dem
Verfrachter ausgesetzt sein kann.

### II. Entstehungsgeschichte

Die vorgeschlagene Vorschrift orientiert sich an § 560 aF, erfährt diesem gegenüber 2
aber einige Veränderungen. Diese sind auf die gewandelte Rechtsstellung des Kapitäns
zurückzuführen aber auch darauf, dass nunmehr eine **Pflicht aus dem Reisefrachtvertrag**
zwischen Befrachter und Verfrachter normiert wird, bei der der Kapitän keine Bedeutung
hat. Verzichtet wurde ferner gegenüber § 560 Abs. 2 aF darauf, den Fall der nicht rechtzeitigen Benennung eines Ladeplatzes zu regeln.[2] Hier folgt das Gesetz dem Vorschlag der
Sachverständigenkommission, die eine solche Regelung nur dann als sinnvoll erachtete,
wenn gleichzeitig eine Frist für die Benennung normiert wird, was aber angesichts der
großen Anzahl unterschiedlicher Fallkonstellationen abgelehnt wurde.[3]

---

[37] OLG Hamburg 21.12.1954, Hansa 1955, 602; *Capelle* Frachtcharter S. 26.
[38] Schaps/*Abraham* § 557 Rn. 28.
[1] RegBegr-SRG S. 101.
[2] RegBegr-SRG S. 101.
[3] BerSV S. 145.

### III. Wahl des Ladeplatzes

**3**    **1. Wahlrecht des Befrachters.** Die Wahl des Ladeplatzes bestimmt sich nach dem Reisefrachtvertrag. Sofern im Reisefrachtvertrag ein **bestimmter Ladeplatz** nicht benannt ist, weil zB lediglich ein Verladehafen im Reisefrachtvertrag vereinbart wurde, sog. „**Port-Charter**"[4], hat der Verfrachter das Schiff an den Ladeplatz hinzulegen, den der **Befrachter** nach Abschluss des Reisefrachtvertrages benannt hat. Abs. 1 unterscheidet zwei Alternativen, zum einen den **vertraglich vereinbarten Ladeplatz** und zum anderen die vertragliche Vereinbarung, dass der Befrachter den Ladeplatz erst **im Rahmen der Vertragsdurchführung benennt.** Unter welchen Voraussetzungen der Befrachter berechtigt und verpflichtet ist, nachträglich den Ladeplatz zu bestimmen, bleibt offen. Dies ist der Auslegung des Vertrages überlassen bleiben, wobei im Zweifel das **Wahlrecht** dem Befrachter zusteht.

**4**    **2. Ladebereitschaft des Schiffes.** Das Schiff ist als **ladebereit** anzusehen, wenn es zur Einnahme des Gutes an den vereinbarten oder vom Befrachter bestimmten Ladeplatz im Ladehafen vom Verfrachter hingelegt wurde. Zur **Einnahme des Gutes** ist das Schiff bereit, wenn es **ladungstüchtig** ist, dh. wenn sich seine Laderäume einschließlich der Kühl- und Gefrierräume in dem erforderlichen Zustand befinden, um die Güter wohlbehalten aufzunehmen und auch während der Reise vor Beeinträchtigungen zu schützen.[5]

**5**    **3. Sicherheit des Ladehafens.** Der Ladeplatz setzt einen **Ladehafen** voraus, in welchem das Schiff die zu befördernden Güter aufnehmen soll.[6] Der Ladehafen muss **sicher** sein *(„safe port")*, wobei es einer ausdrücklichen Vereinbarung hierfür nicht bedarf, da es sich hierbei um eine Selbstverständlichkeit handelt.[7] Befrachter und Empfänger haben dafür Sorge zu tragen, dass der für die Einnahme und Löschung der Ladung ausgewählte Liegeplatz nach Wassertiefe und Einrichtung die **Sicherheit des Schiffes** nicht gefährdet.[8] Regelmäßig finden sich jedoch in den Charterverträgen ausdrückliche Regelungen, die die Nominierung eines sicheren Hafens vorsehen. Klausel 1 der GENCON beschreibt dies mit *„The said vessel shall [...] proceed to the loading port(s) or place(s) stated in Box 10 or so near thereto as she may safely get and lie always afloat ... "*

**6**    Die **Sicherheit** eines Hafens für das Schiff hängt sowohl von **nautischen Gegebenheiten**, wie zB Wassertiefe, Strömungsverhältnisse, Eisgefahr etc., der **Lage, Beschaffenheit und Ausrüstung** des Hafens als auch von **politischen Risiken** ab. Der Grundsatz lautet, dass ein Hafen dann *„safe"* ist, wenn das Schiff bei normalem Wasserstand (Flut) ohne Gefahr in ihn gelangen, dort sicher liegen und diesen auch wieder sicher verlassen kann. **Zeitweilige Erschwernisse** vorübergehender Art, zB tidenabhängige Wassertiefe, bleiben dabei außer Betracht.[9] Teilweise wird ein Trockenfallen des Schiffes bewusst in Kauf genommen und im Frachtvertrag vereinbart, wie mit der Klausel *„not always afloat but safe aground"*, sog. „**NAABSA-Klausel**".[10] Einige Seeverkehre, gerade Schüttgutbeförderungen in tideabhängigen Flusshäfen, benötigen diese Flexibilität. Der Begriff des *„safe port"* umfasst den Zugang zum Hafen, dh. auch eine Revierfahrt von der Flussmündung bis zum landeinwärts gelegenen Hafen, zB die Fahrt auf der Elbe nach Hamburg.[11] Aufgrund der geographischen Lage und der Anlage des Hafens dürfen sich für das Schiff keine Gefahren ergeben, die über das Maß hinausgehen, dem das Schiff überall ausgesetzt sein kann. Naviga-

---

[4] Anders die „Berth-Charter", bei der ein bestimmter Ladeplatz vereinbart ist, vgl. *Herber* S. 258; *Rabe* § 567 Rn. 2–5.

[5] *Herber* S. 254.

[6] *Pappenheim* HB 3 S. 150; *Schaps/Abraham* § 560 Rn. 1.

[7] *Pappenheim* HB 3 S. 151; *Capelle* S. 117; *Schaps/Abraham* § 560 Rn. 2; kritisch *Herber* S. 256; *Jessen*, TranspR 2012, 357.

[8] BGH 21.10.1965, VersR 1965, 1169.

[9] *Schaps/Abraham* § 560 Rn. 2.

[10] „Nicht immer flott schwimmend aber stets auf sicherem Grund liegend."

[11] *Rabe* § 560 Rn. 6.

torische Hilfen durch Wettervorhersagen, Lotsen, Schlepper etc. müssen einem Schiff zur Verfügung stehen.[12] Politische Risiken können einen Hafen unsicher machen.[13]

Inwieweit ein Hafen unsicher ist, der in einem Gebiet von bekannten **Piratenangriffen** 7 liegt, wird vom Einzelfall abhängen, insbesondere auch davon, welchen Schutz das Schiff für die Passage zum Hafen bekommt.[14] Schließlich muss der Hafen auch für das **bestimmte Schiff sicher** sein, welches der Verfrachter beabsichtigt dem Befrachter dort hinzulegen. Der Hafen muss über hinreichend Wassertiefe für den Tiefgang des Schiffes im vertragsgemäß beladenen Zustand und über die technische Ausrüstung verfügen, das Schiff sicher festzumachen, zB durch Schlepperassistenz.

**Vorübergehende zeitweilige Hindernisse** machen einen Hafen nicht unsicher, wenn 8 sie überwunden werden können. Dies ist im Einzelfall zu prüfen, wobei für die Anforderungen an die Beseitigung eines Hindernisses keine unverhältnismäßig hohen Maßstäbe angelegt werden dürfen. So kann eine auf Eisgang beruhende Verzögerung von nur wenigen Tagen unbeachtlich sein.[15]

Letztendlich ist es Sache der **Schiffsführung** zu entscheiden, ob ein Hafen sicher ist 9 oder nicht. Die Angabe eines unsicheren Hafens kann zu einer **Schadensersatzpflicht des Befrachters** gegenüber dem Verfrachter führen, wenn er die Benennung des unsicheren Ladehafens oder Ladeplatzes zu vertreten hat (Abs. 2). Mit der Formulierung in Abs. 2 „**mit der gebotenen Sorgfalt**" ist klargestellt, dass das englische Konzept der verschuldensunabhängigen Einstandspflicht des Befrachters in Form einer Garantie *(„warranty")* für die Sicherheit des Ladehafens oder Ladeplatzes nicht übernommen wurde.[16]

**4. Geeigneter Ladeplatz.** Ausgehend vom Grundsatz, dass der Befrachter den Lade- 10 platz *(loading berth)* bestimmt, hat er den Ladeplatz **rechtzeitig** dem Verfrachter mitzuteilen, sofern dieser nicht bereits im Reisefrachtvertrag vereinbart wurde (dann sog. „**Berth-Charter**"). Die Wahl des Ladeplatzes kann auch der vom Befrachter benannte Ablader (§ 513 Abs. 2) als Vertreter des Befrachters vornehmen. Die Anweisung ist dann rechtzeitig, wenn das Schiff bis zum Beginn der Ladezeit (§ 530 Abs. 1) den angewiesenen Platz erreichen kann.

Ein geeigneter Ladeplatz *(safe berth)* beurteilt sich nach den gleichen Grundsätzen wie 11 die Sicherheit des Hafens (vgl. Rn. 5–9). Der Ladeplatz darf die **Sicherheit des Schiffes** nicht gefährden. § 560 Abs. 2 aF hat ausdrücklich beschrieben, wann ein Ladeplatz unsicher ist. Gestattet die Wassertiefe, die Sicherheit des Schiffes oder die örtlichen Verordnungen oder Einrichtungen die Befolgung der Anweisung nicht, so durfte der Kapitän anstelle des benannten Ladeplatzes den **ortsüblichen Ladeplatz** für die Ladung anlaufen. Auch wenn eine solche ausdrückliche Beschreibung jetzt nicht mehr der Norm zu entnehmen ist, sind diese Grundsätze auch weiterhin heranzuziehen. In der Praxis wird sich die genaue Stelle im Ladehafen, an der die Güter in das Schiff verladen werden sollen, schon durch die für die vereinbarte Ladung **vorgesehenen Einrichtungen** oder auch aus einer **Anweisung der Hafenverwaltung** ergeben.[17] So werden Teile einer Offshore Windanlage aufgrund ihrer Größe und ihres Gewichts nur in ganz bestimmten Bereichen des Ladehafens übernommen werden können.

Sofern der vereinbarte oder angewiesene **Ladeplatz besetzt** ist, muss das Schiff auf das 12 Freiwerden nach den Grundsätzen von Treu und Glauben warten. Der Befrachter bzw. Ablader hat an der Übernahme der Güter am bezeichneten Ladeplatz ein besonderes Interesse.[18] Allerdings hat der Verfrachter dann gegebenenfalls einen Anspruch auf **Liegegeld** (vgl. § 530 Abs. 3) für die Wartezeit.

---

[12] *Rabe* § 560 Rn. 7.
[13] S. Beispiele bei *Rabe* § 560 Rn. 8.
[14] *Jessen* TranspR 2012, 357; *Schwampe* TranspR 2009, 462.
[15] Weitere Fallbeispiele bei *Rabe* § 560 Rn. 10 u. 11; *Schaps/Abraham* § 560 Rn. 2 und 3.
[16] RegBegr-SRG S. 101; BerSV S. 145.
[17] *Herber* S. 257.
[18] S. *Rabe* § 560 Rn. 38 mit anderen Meinungen.

## IV. Mitwirkungspflicht des Befrachters

**13**    Die Wahl des Ladeplatzes obliegt, sofern eine Vereinbarung im Reisefrachtvertrag nicht vorliegt, dem **Befrachter** (Abs. 1 zweite Alternative), bzw. dem ihn **vertretenden Ablader.** Der Kapitän hat das Schiff an den vom Befrachter bestimmten Ladeplatz zur Einnahme der Ladung hinzulegen. Eine Ausnahme besteht nur in den Fällen, in denen der Verfrachter nach § 491 Abs. 1 Satz 2 die Möglichkeit hat, von der Befolgung der **Weisung des Befrachters** abzusehen, wenn diese Nachteile für den Betrieb des Verfrachters oder Schäden für die Befrachter oder Empfänger anderer Sendungen mit sich zu bringen droht. Im Unterschied zum § 560 Abs. 1 aF wird nicht der Kapitän, sondern der **Verfrachter verpflichtet,** das Schiff am Ladeplatz hinzulegen. Diese Änderung trägt der gewandelten Rechtsstellung des Kapitäns Rechnung und berücksichtigt, dass es sich hier um eine Pflicht aus dem Reisefrachtvertrag zwischen dem Befrachter und dem Verfrachter handelt, und nicht um eine nautische Reiseanweisung an den Kapitän.[19]

**14**    In Abs. 2, der von § 560 aF abweicht, ist ein **Schadensersatzanspruch des Verfrachters** gegenüber dem Befrachter geregelt, wenn der Befrachter im Rahmen seiner Verpflichtung zur Benennung eines Ladehafens oder Ladeplatzes einen unsicheren Ladehafen oder Ladeplatz benennt und dem Verfrachter hierdurch ein Schaden entsteht. Bei der Pflicht des Befrachters zur Benennung eines Ladehafens oder Ladeplatzes handelt es sich um eine **Nebenleistungspflicht.**[20] Diese geht allerdings nicht soweit, für die Sicherheit des Ladehafens oder Ladeplatzes zu sorgen. Das englische Konzept einer verschuldensunabhängigen Einstandspflicht des Befrachters (*„warranty"*) für die Sicherheit des Ladehafens oder Ladeplatzes wurde nicht übernommen.[21] Der Befrachter haftet nur dann für Schäden, die durch die Benennung eines unsicheren Ladehafens oder Ladeplatzes entstanden sind, wenn er die **gebotene Sorgfalt außer Acht** gelassen hat. Der **Verschuldensmaßstab** bestimmt sich nach § 347. Der Befrachter hat danach mit der Sorgfalt eines ordentlichen Befrachters (Kaufmanns) einzustehen.

**15**    Ist im Reisefrachtvertrag ein Ladehafen oder Ladeplatz benannt und macht der Befrachter von einem **vereinbarten Weisungsrecht** Gebrauch, einen anderen Ladeplatz oder Ladehafen zu benennen, ist Abs. 2 entsprechend anzuwenden. Es handelt sich auch hier um einen Fall der nachträglichen Weisung, bei der der Verfrachter genauso schutzbedürftig ist wie beim Regelfall in Abs. 2, der voraussetzt, dass der Ladehafen oder Ladeplatz im Reisefrachtvertrag noch nicht benannt ist.[22]

**16**    Bewusst wurde darauf verzichtet, den Fall zu regeln, dass der Reisefrachtvertrag **mehrere Ladehäfen oder Ladeplätze** zur Auswahl stellt, weil Verfrachter und Befrachter sich hier bereits auf bestimmte Ladehäfen und Ladeplätze geeinigt haben und insoweit kein Regelungsbedarf besteht. Auch sah man es als nicht erforderlich an, den Fall der **nicht rechtzeitigen Benennung** eines Ladeplatzes zu regeln.[23] Bereits die Sachverständigenkommission hatte hierzu ausgeführt, dass eine solche Regelung nur dann sachgerecht ist, wenn die Bestimmung einer Frist normiert würde, was aber angesichts der großen Anzahl unterschiedlicher Fallkonstellationen abzulehnen sei.[24] Die Nominierung eines sicheren Ladeplatzes durch den Befrachter ist eine Nebenleistungspflicht des Befrachters, die als unterlassen im Sinne von § 642 BGB gewertet werden kann und einen Schadensersatzanspruch des Verfrachters begründet.[25] Einer besonderen gesetzlichen Regelung bedurfte es nach Auffassung der Reg.Begr. daher nicht.[26]

---

[19] RegBegr-SRG S. 101; BerSV S. 145.
[20] BerSV S. 145.
[21] RegBegr-SRG S. 101.
[22] Stellungnahme DVIS S. 38 Rn. 134.
[23] RegBegr-SRG S. 101.
[24] BerSV S. 145.
[25] BGH 13.11.1952, BGHZ 11, 80; s. auch Verweis RegBegr-SRG S. 101.
[26] RegBegr-SRG S. 101; s. auch *Rabe* § 560 Rn. 15 und 16.

## V. Einzelne Klauseln

**1. Near-Klausel.** Die sogenannte „Near-Klausel" findet sich in vielen Standardchar- **17** terverträgen, so auch in Klausel 1 der GENCON mit folgendem Wortlaut *„or so near thereto as she may safely get and lie always afloat".* Es geht nicht darum, den angewiesenen Lade- oder Löschplatz im Hafen zu erreichen, sondern um das **Erreichen des Hafens** selbst. Bestimmt der Chartervertrag lediglich einen bestimmten Bereich *(„range"),* in das das Schiff einen *„safe port"* anzulaufen hat, wird mit dem Zusatz *„or so near to"* deutlich, dass der Verfrachter den Hafen nicht anzulaufen hat, wenn dieser nicht sicher ist. Er darf dann das Schiff zu einer anderen Stelle bringen, an der es sicher liegen kann.[27] Im Interesse des Befrachters muss dieser Platz so nahe wie möglich an dem von ihm aufgegebenen Hafen liegen.[28] Die Near-Klausel setzt voraus, dass der dem Verfrachter **ursprünglich zugewiesene Hafen unsicher** ist und der Verfrachter einen anderen Hafen in der Nähe des unsicheren Hafens ansteuern muss.

Die Near-Klausel sagt nichts über die **Art des Hindernisses,** für das der Verfrachter **18** entschuldigt ist, den Hafen anzulaufen. Auch wird nichts über die **Anstrengungen** ausge- führt, die der Verfrachter aufzuwenden hat, um das Hindernis zu überwinden.[29] Anerkannt ist, dass die Art des Hindernisses sowohl physischer Art sein, als auch in Anordnungen der Hafenbehörden bestehen kann. So ist der Fall denkbar, dass der Hafen angelaufen werden kann, wenn durch Leichtern der Tiefgang des Schiffes verringert wird. Die **Kosten** des Leichterns hat der Befrachter zu tragen, ebenso die Kosten des Transports vom angelaufenen Ersatzhafen zum Bestimmungshafen sowie die durch das Löschen im Ersatzhafen eventuell entstehenden Mehrkosten.[30]

Kann ein Schiff den **Ladehafen nicht sicher** erreichen, muss der Verfrachter das Schiff **19** an einen **alternativen sicheren Platz** bringen. Dies kann auch die Außenreede sein. Der Verfrachter hat dann seine Vertragspflicht erfüllt und der Befrachter muss die Güter dorthin zur Übernahme an Bord liefern. Sollte dies nicht möglich sein, so ist auch die Beförderungs- leistung des Verfrachters **unmöglich** geworden. Es gelten die allgemeinen zivilrechtlichen Vorschriften zur Unmöglichkeit.[31]

Die Situation beim Anlaufen des **Bestimmungshafens** ist entsprechend der beim Lade- **20** hafen zu beurteilen (§ 535). Die Reise endet am äußersten erreichbaren sicheren Punkt eines Löschhafens, sofern dort ein Löschen der Ladung möglich ist. Ist dies nicht möglich, hat der Verfrachter das Schiff zum nächstgelegenen sicheren Hafen zu verholen, wo die Ladung gelöscht werden kann.[32]

**2. Eisklauseln.** Die Eisklausel ist eine spezielle Klausel, die Sicherheit des Hafens betref- **21** fend. Sie geht als **Spezialfall** einer Klausel zum **„safe port"** vor. Ein Lade- oder Löschha- fen, der durch **Eis blockiert** wird, ist **nicht sicher** *(„unsafe port").* In Charterverträgen finden sich Eisklauseln, deren Zweck es ist, das Eisrisiko auf den Befrachter abzuwälzen.[33] In der GENCON-Charterparty findet sich eine **„General Ice Clause".**[34] Für den Ladeha- fen wird geregelt, dass bei Blockade durch Eis ein Recht zur Auflösung des Reisefrachtver- trages besteht. Anders verhält es sich beim Löschhafen. Hier ist ein Ersatzhafen anzulaufen, der als neuer Löschhafen gilt.[35] Eisklauseln werden in bestimmten Fahrtgebieten, wie zB der Ostsee, durch **Eisbrecherklauseln** ergänzt. Der Befrachter ist dann zur Stellung von Eisbrechern auf seine Kosten verpflichtet.[36]

---

[27] OLG Hamburg HGZ 00, 205.
[28] OLG Hamburg 28.7.1960, MDR 1960, 1016 = Hansa 1961, 1865.
[29] Schaps/*Abraham* § 560 Rn. 3.
[30] OLG Hamburg 28.7.1960, MDR 1960, 1016 = Hansa 1961, 1865; *Rabe* § 560 Rn. 25.
[31] *Rabe* § 560 Rn. 23.
[32] Schaps/*Abraham* § 560 Rn. 3.
[33] OLG Hamburg 2.12.1971, VersR 1972, 295; *Volze* TranspR 1983, 94; *Trappe* Hansa 1985, 416; *Riehmer* TranspR 1995, 52 zu einzelnen Eisklauseln.
[34] Vgl. Klausel 18 GENCON-Charterparty (Anh. B III 5, S. 1416).
[35] *Capelle* § 308 Fn. 132; LG Hamburg 8.12.1965, MDR 1966, 681.
[36] *Rabe* § 560 Rn. 30 mwN.

22    Dem Befrachter wird teilweise auch ein **Wahlrecht** eingeräumt, entweder einen **Ersatzhafen** zu bestimmen, oder das **Schiff warten** zu lassen. Im letztgenannten Fall muss er **Liegegeld** bezahlen.[37] Trifft er keine Wahl und wartet das Schiff aus diesem Grund, so steht dem Verfrachter auch in diesem Fall **Liegegeld** zu.[38] Allerdings hat der Verfrachter den Befrachter unter Fristsetzung zur Wahl aufzufordern. Sollte der Befrachter die ihm gesetzte Frist zur Ausübung seines Wahlrechts verstreichen lassen, geht das Wahlrecht auf den Verfrachter über (§ 264 Abs. 2 BGB).

## § 529 Anzeige der Ladebereitschaft

(1) ¹**Der Verfrachter hat, sobald das Schiff am Ladeplatz zur Einnahme des Gutes bereit ist, dem Befrachter die Ladebereitschaft anzuzeigen.** ²**Hat der Befrachter den Ladeplatz noch zu benennen, kann der Verfrachter die Ladebereitschaft bereits anzeigen, wenn das Schiff den Ladehafen erreicht hat.**

(2) ¹**Die Ladebereitschaft muss während der am Ladeplatz üblichen Geschäftsstunden angezeigt werden.** ²**Wird die Ladebereitschaft außerhalb der ortsüblichen Geschäftsstunden angezeigt, so gilt die Anzeige mit Beginn der auf sie folgenden ortsüblichen Geschäftsstunde als zugegangen.**

### Übersicht

|  | Rn. |  | Rn. |
|---|---|---|---|
| I. Normzweck | 1 | 3. Ladefertigkeit | 6, 7 |
| II. Entstehungsgeschichte | 2 | **IV. Anzeige der Ladebereitschaft** | 8–13 |
| III. Ladebereitschaft | 3–7 | **V. Zeitpunkt der Ladebereitschaft** | 14 |
| 1. Gesetzliche Regelung | 3 |  |  |
| 2. Port-/Berth-Charter | 4, 5 | **VI. Einzelne Klauseln** | 15–19 |

## I. Normzweck

1    Die Norm regelt, unter welchen Voraussetzungen der Verfrachter die Ladebereitschaft anzuzeigen hat. Für den Reisefrachtvertrag ist die Anzeige der Ladebereitschaft von **wirtschaftlich großer Bedeutung.** Anders als bei Zeitchartverträgen, bei denen die Charter Hire (Schiffsmiete) nach Zeit vereinbart wird, berechnet sich die **Fracht beim Reisefrachtvertrag** vornehmlich nach der **Dauer der Beförderung.** So weiß der Verfrachter heute verhältnismäßig genau, wie lange das Schiff für die Seereise benötigen wird. Auch die benötigte Zeit für das Laden und Löschen lässt sich bestimmen. Kommt es jedoch zu Störungen oder Verzögerungen aus Gründen, die nicht dem Risikobereich des Verfrachters zuzurechnen sind, wird dieser für die **Verzögerung eine angemessene Vergütung (Liegegeld)** beanspruchen (§ 530 Abs. 3). Für den **Beginn der Berechnung** ist die Anzeige der Ladebereitschaft Voraussetzung. Sie setzt den Zeitpunkt fest, ab dem das benötigte Schiff bereitstehen muss. Der Befrachter erhält die Möglichkeit, mit der Abladung der Güter zu beginnen.[1]

## II. Entstehungsgeschichte

2    Die Norm hat ihr Vorbild im § 567 aF, der inhaltlich nahezu übernommen wurde. Sie basiert auf einem Vorschlag der Sachverständigenkommission.[2]

## III. Ladebereitschaft

3    **1. Gesetzliche Regelung.** Nach Abs. 1 Satz 1 ist der Verfrachter verpflichtet, dem Befrachter die Ladebereitschaft anzuzeigen. **Ladebereit** ist das Schiff, sobald es am Ladeplatz

---

[37] OLG Hamburg 3.9.1987, VersR 1988, 401.
[38] OLG Hamburg 2.12.1971, VersR 1972, 296; *Capelle* § 310; *Puchta* S. 156.
[1] OLG Düsseldorf 22.3.1979, VersR 1997, 1001.
[2] BerSV S. 145, 146.

zur Einnahme des Gutes bereit ist. Das Schiff muss an seinem Ladeplatz angelegt haben und zur **Entgegennahme der Ladung** fertig sein. Der **Regelfall** geht davon aus, dass das Schiff am Ladeplatz angelegt hat, um beladen zu werden. Der Verfrachter hat dafür Sorge zu tragen, dass einer Beladung des Schiffes am Ladeplatz schiffsseitig nichts mehr im Wege steht.[3]

**2. Port-/Berth-Charter.** Bei einer **Port-Charter** kommt es entscheidend darauf an, **4** ob das Schiff im Ladehafen **angekommen** ist *(arrived ship)*, während bei einer **Berth-Charter** entscheidend ist, dass das Schiff den **Liegeplatz** erreicht hat, um Ladung zu übernehmen.[4] Sofern der Verfrachter im Rahmen einer **Port-Charter** zunächst nur den Ladehafen anlaufen muss, er den Ladeplatz dort aber noch nicht kennt, weil dieser ihm vom Befrachter noch nachträglich anzugeben ist, gehen eventuelle Verzögerungen bei der Bestimmung des Ladeplatzes zu Lasten des Befrachters. Dieser **Sonderfall** ist in Abs. 1 Satz 2 geregelt. Danach kann der Verfrachter die Ladebereitschaft bereits anzeigen, wenn das Schiff den Ladehafen erreicht hat. Physisch ist das Schiff zu diesem Zeitpunkt noch nicht am Ladeplatz und kann nicht beladen werden. Dennoch beginnt die Ladezeit (§ 530 Abs. 1) zu laufen. Es wäre nicht sachgerecht, die fehlende Mitteilung des Ladeplatzes dem Verfrachter anzulasten.[5]

Ein Schiff gilt als **angekommen,** wenn von Seiten des Schiffes nichts entgegensteht, **5** sich unverzüglich zum Lade- oder Löschplatz zu begeben.[6] So wurde die Frage, ob ein Schiff als im Hafen von Bremen angekommen anzusehen ist, wenn es in Höhe des Feuerschiffs Weser vor Anker geht, verneint. Das Schiff muss jedenfalls den Hafen erreicht haben.[7]

**3. Ladefertigkeit.** Teil der Ladebereitschaft eines Schiffes ist es, dass das Schiff die **6** **Ladung aufnehmen** kann. Teilweise wird hier auch von „**Ladefertigkeit**" gesprochen.[8] Je nach Art der zu übernehmenden Güter muss der Schiffsraum zur Einnahme des Gutes bereit sein. Dies kann beinhalten, dass die Laderäume des Schiffes zunächst gereinigt werden müssen, bevor das Schiff ladefertig ist.[9] Gerade bei Massengütern, wie zB Getreide, Eisenerz oder Ölprodukten in besonderen Tanks, kann es erheblichem Reinigungsaufwand erfordern den Laderaum für die Aufnahme neuer Güter vorzubereiten und damit den Beginn der Ladezeit verzögern. Sofern vorhanden, müssen die **Luken** der Laderäume von der Besatzung zum Öffnen bereit sein[10] bzw. die Pumpen an Bord eines Tankschiffes einsatzbereit sein, damit das Schiff ladebereit ist.

Die **Ladebereitschaftsanzeige** *(Notice of Readiness)* ist *eo ipso* **unwirksam,** wenn sie **7** **verfrüht** abgegeben wurde. Allerdings kann sie dann dennoch wirksam werden, wenn der Befrachter die Anzeige akzeptiert.[11] Eine **vorzeitige** Ladebereitschaftsanzeige wird nicht etwa nachträglich wirksam, wenn das Schiff wirklich ladebereit ist, sondern es ist alsdann eine neue Anzeige erforderlich.[12] Teilweise wird die Ladebereitschaftsanzeige schon als wirksam angesehen, wenn der Verfrachter nach den Umständen annehmen darf, dass er zum angezeigten Termin bereit sein wird.[13] Dagegen spricht der Wortlaut und die Rechtsprechung,[14] wonach tatsächliche Ladebereitschaft verlangt wird.

---

[3] *Rabe* § 567 Rn. 7.

[4] S. ausführlich *Trappe* TranspR 2007, 437, 442.

[5] S. auch RegBegr-SRG S. 102; *Rabe* § 567 Rn. 7.

[6] ROHG 15, 232, 19, 282; OLG Hamburg HGZ 89, 144, HGZ 98, 128; BGH 12.1.1951, BGHZ 1, 47.

[7] OLG Bremen 18.6.1964, Hansa 1964, 2374; s. auch *Rabe* § 567 Rn. 9 mwN; Bremer Schiedsspruch zu MS „A" vom 4.5.1987, TranspR 1987, 310, 312; s. ausführlich wem Hindernisse anzulasten sind bei Schaps/*Abraham* § 567 Rn. 2–5.

[8] Vgl. *Rabe* § 567 Rn. 16–18; ablehnend zu dieser Unterscheidung Schaps/*Abraham* § 567 Rn. 1.

[9] Schaps/*Abraham* § 567 Rn. 1 mwN.

[10] *Atamer* S. 280 mwN.

[11] *Rabe* § 567 Rn. 45; *Trappe* TranspR 2007, 437, 448 m. Bsp. aus engl. Rspr.; aA *Atamer* S. 259, der eine reine Empfangsquittung annimmt.

[12] Schaps/*Abraham* § 567 Rn. 7.

[13] *Lebuhn* Hansa 1953, 425.

[14] S. zum Streitstand *Atamer* S. 187 ff.

## IV. Anzeige der Ladebereitschaft

**8**    Die Anzeige der Ladebereitschaft, die sog. *„Notice of Readiness"* (NOR) bedarf **keiner Form.** Sie ist ein einseitiges, empfangsbedürftiges Rechtsgeschäft und wird gemäß § 130 BGB nach Zugang wirksam.[15] Sie kann auch mündlich erfolgen. Die Reg.Begr. verweist hier explizit auf die internationalen Gepflogenheiten, und hier beispielhaft auf Klausel 6 (c) Part II der GENCON-Charter.[16] Dort findet sich auch ein Hinweis, an wen die Anzeige zu adressieren ist, an die *„Charterer or their agents named in Box 18".*

**9**    Die Vorschrift ist **dispositiv,** so dass die Parteien eine abweichende Regelung für die Bereitschaftsnotiz vereinbaren können. Detaillierte Regelungen finden sich in den Standardformularverträgen.

**10**    Die Ladebereitschaftsanzeige ist während der am Ladeplatz üblichen **Geschäftsstunden** anzuzeigen (Abs. 2 Satz 1). Mit dieser Regelung will man Unsicherheiten beseitigen, ob und wann die Ladebereitschaftsanzeige zugegangen ist.[17] Auch hierzu sehen die Standardformularverträge detaillierte Regelungen vor.[18] Abs. 2 Satz 2 enthält eine **gesetzliche Fiktion.** Die Ladebereitschaftsanzeige gilt außerhalb der ortsüblichen Geschäftsstunden als angezeigt mit Beginn der auf sie folgenden ortsüblichen Geschäftsstunde. Dies dient der Rechtsklarheit.[19]

**11**    Die **Beweislast** über den Zugang der Ladebereitschaftsanzeige sowie dem Vorliegen ihrer Voraussetzungen zum Zeitpunkt der Abgabe trägt der Verfrachter. Der Befrachter hat dagegen die Beweislast für eine eventuelle Versäumung.[20]

**12**    Häufig finden sich auch Regelungen über eine **Voranzeige** in den Reisefrachtverträgen. Diese sog. **ETA-Meldungen (Expected or Estimated Time of Arrival)**[21] geben die voraussichtliche Ankunft des Schiffes bekannt, ersetzen die Ladebereitschaftsanzeige aber nicht. Sie dienen der Vorbereitung des Befrachters bzw. des Abladers und können im Falle einer schuldhaften Unterlassung den Verfrachter schadensersatzpflichtig werden lassen.[22]

**13**    Die Ladebereitschaftsanzeige ist **in jedem Hafen neu** abzugeben, auch wenn sie immer gegenüber demselben Befrachter jedes Frachtvertrages erfolgen sollte.[23] Sie ist zudem gegenüber jedem Befrachter jedes Frachtvertrages einzeln anzuzeigen, wenn das Schiff an mehrere Befrachter gemeinsam verfrachtet ist.[24] Gleiches gilt auch für ein **Verholen** des Schiffes innerhalb des Hafens zu einem anderen Liegeplatz, es sei denn, besondere Umstände, zB eine Vereinbarung, machen die Anzeige entbehrlich.[25]

## V. Zeitpunkt der Ladebereitschaft

**14**    Zu welchem Zeitpunkt das Schiff am Ladeplatz zur Einnahme des Gutes bereit sein soll, ergibt sich nicht aus dem Gesetz, sondern nur aus dem Reisefrachtvertrag. Verfrachter und Befrachter werden hierbei regelmäßig einen **bestimmten Zeitraum für die Bereitstellung von Schiff und Ladung** vereinbaren, können aber auch ein festes Datum vorsehen. Die Regelung wird in der Praxis in sog. **„Cancelling Clauses"**[26] (Kündigungs- oder Annulierungsklauseln) vereinbart, wie sie bspw. **Klausel 9 Part II der GENCON-Charter** vorsieht *„Should the Vessel not be ready to load (whether in berth or not) on the cancelling date indicated in Box 21, the Charterers shall have the option of cancelling this Charter Party."* Geregelt wird einmal, ab wann der Befrachter vom **Vertrag zurücktreten** kann und zum anderen,

---

[15]  Schaps/*Abraham* § 567 Rn. 7.
[16]  RegBegr-SRG S. 102.
[17]  RegBegr-SRG S. 102, so auch schon OLG Düsseldorf 22.3.1979, VersR 1979, 1001–1002.
[18]  Vgl. zB GENCON-Charterparty Klausel 6 (c).
[19]  RegBegr-SRG S. 102; *Rabe* § 567 Rn. 42 u. 43 mit Rechtsprechungsnachweisen.
[20]  *Rabe* § 567 Rn. 47.
[21]  Oder ETD für „Expected or Estimated Time of Departure" für den Fall der Abreise.
[22]  Hamburger Schiedsspruch 12.2.1991, TranspR 1991, 206, 208.
[23]  Schaps/*Abraham* § 567 Rn. 9; *Rabe* § 567 Rn. 41.
[24]  Schaps/*Abraham* § 567 Rn. 7.
[25]  *Rabe* § 567 Rn. 41 mwN.
[26]  Dazu auch Schaps/*Abraham* § 567 Einleitung.

dass die **Ladezeit** nicht vor einem bestimmten Zeitpunkt zu laufen beginnt. Dem Verfrachter wird regelmäßig die Möglichkeit eröffnet, den **Termin zu verschieben,** wenn er dies vor dem vereinbarten Zeitpunkt dem Befrachter anzeigt und dieser entweder ausdrücklich oder stillschweigend zustimmt. Zu beachten ist, dass der Zustand der Ladebereitschaft nicht nur anfänglich zu bestehen hat, sondern fortdauern muss.[27]

### VI. Einzelne Klauseln

Der Verfrachter hat ein Interesse daran, durch Abgabe der Ladebereitschaftsanzeige die **15** **Ladezeit** (§ 530 Abs. 1) möglichst **frühzeitig beginnen** zu lassen. Verschiedenste Klauseln in den Frachtverträgen berücksichtigen gerade die Fälle, in denen der Verfrachter bei einer fehlenden Regelung dieses Risiko einer Verzögerung selbst tragen müsste.

„*Whether in port or not*" **(WIPON)** besagt, dass das Schiff unabhängig davon, ob es **16** den Hafen erreicht hat, als angekommen gilt. Für die Beurteilung kommt es darauf an, in welcher **Nähe zum Hafen** sich das Schiff befinden muss, um als angekommen zu gelten. Ein sehr außergewöhnlicher Fall, der die Auslegungsmöglichkeiten dieser Klausel aufzeigt, war der, bei dem das Schiff MS „ADOLF LEONHARDT" am Schnittpunkt der Flüsse Uruguay und Parana ca. 200 sm vor dem Hafen von Rosario warten musste und dennoch als angekommen angesehen wurde.[28]

Mit der Klausel „*Whether in berth or not*" **(WIBON)** beabsichtigt der Verfrachter **17** die Ladebereitschaftsanzeige unabhängig davon abzugeben, ob das Schiff am vorgesehenen **Ladeplatz angelangt** ist oder nicht.[29] Bei einer **Port-Charter,** bei der der Lade- oder Löschplatz noch nicht genannt ist, ist diese Klausel überflüssig. Der Verfrachter hat in diesem Fall nach Abs. 1 Satz 2 bereits die Möglichkeit, die Ladebereitschaftsanzeige vorzuziehen auf den Zeitpunkt, zu dem das Schiff den Ladehafen erreicht hat. Welche Bedeutung die WIBON-Klausel bei einer **Berth-Charter** hat, beschäftigte die englischen und deutschen Gerichte mehrfach.[30] Mit der WIBON-Klausel wird ein Reisefrachtvertrag **unklar,** bei dem der Ladeplatz im Reisefrachtvertrag vereinbart oder vom Befrachter bereits angezeigt wurde. Dieser Widerspruch wird teilweise dahingehend aufgelöst, dass der Zusatz „*whether in berth or not*" eine Berth-Charter in eine Port-Charter verwandelt. **Zweck** der Klausel ist es, den Verfrachter dagegen zu schützen, dass der **Lade- oder Löschplatz** belegt ist und deshalb nicht von seinem Schiff angelaufen werden kann.[31] In diesem Fall eröffnet die WIBON-Klausel dem Verfrachter die Möglichkeit, den Lauf der Ladezeit beginnen zu lassen, obwohl das Schiff noch nicht am Ladeplatz angelangt ist. Die Belegung kann auf ein anderes Schiff zurückzuführen sein oder technische Ursachen an der Ausrüstung des Ladeplatzes haben oder auf einem Streik der Hafenarbeiter beruhen.

Die „*Time-Loss-in-Waiting*"-Klausel *(time-lost)* betrifft den Fall, bei dem das Schiff **18** durch das Warten auf das Freiwerden eines Liegeplatzes Zeit verliert. Es handelt sich um eine **Warteklausel,** wie sie zB in **Klausel 6c) der GENCON** enthalten ist. „*If the loading/discharging berth is not available on the Vessel's arrival at or off the port of loading/discharging, the Vessel shall be entitled to give notice of readiness within ordinary office hours on arrival there, […]. Laytime or time on demurrage shall then count as if she were in berth and in all respects ready for loading/discharging, provided that the master warrants that she is in fact ready in all respects. Time used in moving from the place of waiting to the loading/discharging berth shall not count as laytime.*" **Zweck der Klausel** ist es, die Zeit, die das Schiff beim Warten auf den Liegeplatz verliert, bereits als Lade- oder Löschzeit zu zählen, ohne dass das Schiff im Hafen angekommen sein muss.[32] Die „Time-Loss"-Klausel fingiert die **Wartezeit als effektive Lade-, Lösch-, Liegezeit** und bestimmt bei Klausel 6 der GENCON gleichzeitig, wie die Liegezeit zu

---

[27] Schaps/*Abraham* § 567 Rn. 7.
[28] The „ADOLF LEONHARDT" (1986) II Lloyd's Rep 395; *Rabe* § 567 Rn. 25.
[29] *Trappe,* TranspR 2007, 437, 445.
[30] S. *Rabe* § 567 Rn. 26–29 mwN.
[31] So OLG Bremen 18.6.1964, Hansa 1964, 2374.
[32] Bremer Schiedsspruch 4.5.1987, TranspR 1987, 310, 313.

berechnen ist. Der Verfrachter wälzt das Risiko auf den Befrachter ab, dass die Liegezeit noch nicht zu laufen beginnt, weil kein Liegeplatz frei ist und der Kapitän ohne diese Klausel keiner Bereitschaftsanzeige absetzen könnte. Angesichts des Abs. 1 Satz 2 wird sie kaum Bedeutung haben, da der Verfrachter bei einer **Port-Charter** die Ladebereitschaftsanzeige bereits absetzen darf, wenn das Schiff den Ladehafen erreicht hat. Anders dürfte der Fall zu beurteilen sein, wenn es sich um eine **Berth-Charter** handelt und das Schiff wegen Belegung des Liegeplatzes einen Warteplatz auf Reede eingenommen hat.[33]

19     Die Klauseln *„reachable on arrival"* oder *„always accessible"* haben dieselbe Bedeutung. Die Klausel *„reachable on arrival"* ist bei Tankercharterparties verbreitet.[34] Die *„always accessible"*-Klausel, die regelmäßig zusammen mit der *„always afloat"*-Klausel mit der Bezeichnung **„AAAA"** abgekürzt wird, ist ein regelmäßiger Zusatz bei der Bestimmung der anzulaufenden Häfen in Massengutfrachtverträgen. Die Klauseln sollen dem Verfrachter bei Ankunft des Schiffes einen **Liegeplatz garantieren.** Mit diesen Klauseln lässt sich der Verfrachter einen Anspruch einräumen für die Zeit, in der das Schiff auf einen Liegeplatz warten muss, ohne zwingend auch tatsächlich bereits im Ladehafen angekommen zu sein *(arrived ship)*.[35] Damit wird der Zeitpunkt in Abs. 1 Satz 2, wonach das Schiff zumindest den Ladehafen erreicht haben muss, weiter vorverlegt, wobei das Schiff allerdings eine Position erreicht haben muss, von wo es ohne Anweisung eines Liegeplatzes nicht mehr weiter in den Hafen verholen kann. Bei einer rein geographischen Betrachtungsweise des Ladehafens, zB inklusive einer Außenreede mehrere Seemeilen vom Hafen entfernt, käme man nach deutschem Rechtsverständnis in den Anwendungsbereich von Abs. 1 Satz 2, da das Schiff den Ladehafen (die Außenreede) erreicht hat und bräuchte diese Klauseln nicht unbedingt.

### § 530 Ladezeit. Überliegezeit

(1) Mit dem auf die Anzeige folgenden Tag beginnt die Ladezeit.

(2) Für die Ladezeit kann, sofern nichts Abweichendes vereinbart ist, keine besondere Vergütung verlangt werden.

(3) [1]Wartet der Verfrachter auf Grund vertraglicher Vereinbarung oder aus Gründen, die nicht seinem Risikobereich zuzurechnen sind, über die Ladezeit hinaus (Überliegezeit), so hat er Anspruch auf eine angemessene Vergütung (Liegegeld). [2]Macht der Empfänger nach Ankunft des Schiffes am Löschplatz sein Recht entsprechend § 494 Absatz 1 Satz 1 geltend, so schuldet auch er das Liegegeld, wenn ihm der geschuldete Betrag bei Ablieferung des Gutes mitgeteilt worden ist.

(4) [1]Die Ladezeit und die Überliegezeit bemessen sich mangels abweichender Vereinbarung nach einer den Umständen des Falles angemessenen Frist. [2]Bei der Berechnung der Lade- und Überliegezeit werden die Tage in ununterbrochen fortlaufender Reihenfolge unter Einschluss der Sonntage und der Feiertage gezählt. [3]Nicht in Ansatz kommt die Zeit, in der das Verladen des Gutes aus Gründen, die dem Risikobereich des Verfrachters zuzurechnen sind, unmöglich ist.

#### Übersicht

| | Rn. | | Rn. |
|---|---|---|---|
| I. Normzweck | 1, 2 | 1. Bedeutung | 4–6 |
| II. Entstehungsgeschichte | 3 | 2. Fristbemessung | 7–10 |
| III. Ladezeit | 4–10 | **IV. Liegegeld** | 11–19 |

[33] S. ausführlich *Rabe* § 567 Rn. 33–36; *Trappe* TranspR 2007, 437, 447 f.
[34] Vgl. Klausel 9 ASBATANKVOY.
[35] S. *Atamer* S. 255 ff.

|                                             | Rn.        |                                                  | Rn.    |
|---------------------------------------------|------------|--------------------------------------------------|--------|
| 1. Allgemeines                              | 11, 12     | VI. Charterklauseln                              | 27–32  |
| 2. Rechtliche Bedeutung                     | 13–15      | 1. Allgemeines                                   | 27     |
| 3. Überliegezeit                            | 16–19      | 2. Working Days                                  | 28     |
|                                             |            | 3. Weather Working Days                          | 29     |
| V. Berechnung der Lade- und Überlie-        |            | 4. Weather Permitting                            | 30, 31 |
| gezeit                                      | 20–26      | 5. Once on Demurrage, always on Demur-           |        |
| 1. Grundsatz                                | 20, 21     | rage                                             | 32     |
| 2. Ausgeschlossene Zeiträume                | 22–26      | VII. Exkurs Binnenschifffahrt                    | 33     |

### I. Normzweck

Die Norm regelt, unter welchen Voraussetzungen der Verfrachter nach Anzeige der **1** Ladebereitschaft (*Notice of Readiness*, § 529) warten muss, bis das Gut verladen worden ist, ohne dass hierfür neben der Fracht ein zusätzliches Entgelt an den Verfrachter zu zahlen ist. Diese **Wartezeit** kann identisch sein mit der **Ladezeit** *(loading-days, lay-days, laytime)*. Sofern diese Wartezeit überschritten wird, die **Überliegezeit**, hat der Verfrachter einen Anspruch auf eine angemessene Vergütung, das **Liegegeld** *(demurrage)*. Die Norm ist im Zusammenhang mit § 528 und § 529 zu sehen, in denen die Voraussetzungen hinsichtlich Ort und dem in Gang setzen des Laufs der Ladezeit geregelt werden.

Lade- und Überliegezeit ist eine Eigentümlichkeit des **Reisefrachtvertrages** (Fracht- **2** charter),[1] bei der die Höhe der Fracht von der zu befördernden Ladung und der **bestimmten Reise** abhängt. Bei der **Zeitcharter** (§ 557) spielt sie keine Rolle, da hier die Vergütung des Verfrachters **nach Zeit** für die gesamte Vertragsdauer berechnet wird, die sog. Charter Hire. Beim **Stückgutfrachtvertrag** spielt die Lade- und Überliegezeit regelmäßig auch keine Rolle, da der Verfrachter hier die Beförderung der Güter schuldet ohne sich auf eine bestimmte Wartezeit für die Verladung einzulassen. Im Zweifel hat der Befrachter eines Stückgutfrachtvertrages die Güter unverzüglich bereitzustellen.[2]

### II. Entstehungsgeschichte

Die Vorschrift geht auf einen Vorschlag der Sachverständigenkommission in § 527 **3** zurück.[3] Sie ersetzt den bisherigen § 567, wobei eine Reihe von Regelungen übernommen wird, teilweise in Anlehnung an das allgemeine Frachtrecht in § 412. Die **Berechnungsmodalitäten** in den bisherigen §§ 573–576 werden zum Teil in modifizierter Form übernommen.

### III. Ladezeit

**1. Bedeutung. Ladezeit** *(Laydays, Loading Days)* – auch Liegezeit genannt[4] – ist die **4** **Wartezeit,** während der das Schiff auf die Ladung zu warten hat. Für die Ladezeit erhält der Verfrachter grundsätzlich **keine besondere Vergütung.** Dies stellt Abs. 2 klar, der dem bisherigen § 567 Abs. 4 Satz 1 wörtlich entspricht und die **Legaldefinition** der Ladezeit ist. Eine vergleichbare Vorschrift findet sich im allgemeinen Frachtrecht in § 412 Abs. 2.[5] Die Ladezeit gilt demnach grundsätzlich als mit der Fracht vergütet. Aus der Formulierung **„sofern nichts Abweichendes vereinbart ist"** in Abs. 2 wird deutlich, dass die Vorschrift **dispositiv** ist. Nur bei einer vertraglichen Vereinbarung kann der Verfrachter eine besondere Vergütung auch für die Ladezeit verlangen.

Aus Sicht beider Vertragsparteien ist die **Dauer der Ladezeit** von großer Bedeutung. **5** Falls sie zu kurz bemessen ist, besteht für den Befrachter die Gefahr, dass er eine zusätzliche Vergütung zur Fracht zu zahlen hat; ist die Ladezeit dagegen sehr großzügig bemessen,

---

[1] Schaps/*Abraham* § 567 Rn. 10.
[2] So § 588 Abs. 1 aF; *Rabe* § 588 Rn. 2.
[3] BerSV S. 146 ff.
[4] Zu Begriffen s. auch *Trappe* TranspR 2007, 437.
[5] RegBegr-SRG S. 102.

können dem Verfrachter weitere Verdienstmöglichkeiten in dieser Zeit entgehen. Betriebsstoffe und Besatzungskosten für das Schiff laufen während der Ladezeit unverändert weiter, so dass der Verfrachter, der auch Reeder ist, die laufenden Kosten hat, die mit der Fracht abgedeckt werden, die mit dem Befrachter im Reisefrachtvertrag vereinbart wurde.

**6**     Für den Fall, dass die **Ladezeit überschritten** wird, hat der Verfrachter nach Abs. 3 einen Anspruch auf eine angemessene Vergütung, das **Liegegeld.** Um die Belastung für den Befrachter gering zu halten, kann dieser von seinem Gestaltungsrecht nach § 532 Abs. 1 Gebrauch machen und den Reisefrachtvertrag **kündigen.** Der Befrachter kann bei Verladen nur eines Teils der Ladung alternativ vom Verfrachter verlangen, dass dieser nur den teilweise verladenen Teil befördert (§ 533 Abs. 2). Auch der Verfrachter kann den Reisefrachtvertrag kündigen, wenn der Befrachter kein Gut innerhalb der Ladezeit und einer **vereinbarten Überliegezeit** abgeladen hat (§ 534). Nach § 489 Abs. 2 kann er die volle Fracht sowie zu ersetzende Aufwendungen unter Anrechnung dessen, was er sich infolge der Aufhebung des Vertrages an Aufwendungen erspart oder anderweitig erwirbt, oder ein Drittel der vereinbarten Fracht, die **Fautfracht,** verlangen. Bei nur teilweiser Verladung der Güter kann der Verfrachter die **teilweise Beförderung** nach Maßgabe von § 533 Abs. 2 durchführen.

**7**     **2. Fristbemessung.** Die Ladezeit ist eine Frist die für das Verladen der Güter benötigt wird. Der **Lauf der Ladezeit** beginnt nach Abs. 1 mit dem Tag, der auf die Anzeige der Ladebereitschaft nach § 529 folgt. Dies entspricht dem § 567 Abs. 1 aF. Abs. 1 ist **dispositiv** und die Parteien können eine abweichende Vereinbarung treffen, die den **Beginn der Ladezeit** betrifft. So kann der Beginn der Ladezeit vom Eintreffen der Ware abhängen oder auch von der Ankunft eines anderen Schiffes, aus dem die Ladung übernommen werden soll.[6] Bei einer fehlenden Vereinbarung bemisst sich die Dauer der Ladezeit nach den Umständen des Falles und eine **angemessene Frist** ist zu bestimmen (Abs. 4 Satz 1). Maßstab muss hierbei sein, innerhalb welcher Frist ein ordentlicher Befrachter die Verladung des fraglichen Gutes vornehmen kann.

**8**     Das Schiff ist zum vereinbarten Zeitpunkt dem Befrachter zum Verladen vorzulegen. Ist das Schiff ladebereit aber das Verladen der Güter verzögert sich über die Ladezeit hinaus, so kann der Verfrachter nach Abs. 3 für diese Zeit, die die **Ladezeit überschritten** wird und dies nicht dem Risikobereich des Verfrachters zuzurechnen ist, **Liegegeld** *(demurrage)* verlangen.

**9**     Der Verfrachter ist verpflichtet, während der Ladezeit die **Ladung zu übernehmen,** wobei der Befrachter regelmäßig die Verladung des Gutes schuldet (§ 531 Abs. 1). Die Ladezeit kann vom Befrachter voll ausgenutzt werden. Wie der Befrachter die Ladezeit ausnutzt bleibt ihm überlassen.[7] Der Verfrachter kann nicht verlangen, dass die Verladung der Güter schneller erfolgt und so die Ladezeit verkürzt wird.[8] Der Verfrachter kann dagegen den Reisefrachtvertrag kündigen, wenn der Befrachter kein Gut innerhalb der Ladezeit oder einer vereinbarten Überliegezeit verlädt (§ 534).

**10**    Ist die Verladung vor Ablauf der Ladezeit beendet worden, darf der Befrachter die Abfahrt des Schiffes nicht behindern, zB durch verzögerte Vorlage des Konnossements oder Angabe des Bestimmungshafens.[9] Häufig finden sich im Reisefrachtvertrag Klauseln, die die Verladung beschleunigen sollen. Der Verfrachter vereinbart mit dem Befrachter ein **Eilgeld** *(despatch money),* eine Art **Beschleunigungsgebühr,** die der Befrachter erhält, wenn er die Ladezeit (oder Löschzeit) für die Verladung (oder das Löschen) nicht voll ausnutzt. Der Verfrachter vergütet dem Befrachter die ersparte Zeit. Vom Grundsatz her werden Liege- und Eilgeld übereinstimmend berechnet.[10] Häufig beträgt die Höhe des Eilgelds die Hälfte des Liegegelds *(despatch half demurrage).*[11] Die Eilgeldabrede wird gelegentlich auch als verdeckter Frachtrabatt bezeichnet.[12]

---

[6] *Rabe* § 567 Rn. 49 mit weiteren Beispielen und Nachweisen.
[7] Schaps/*Abraham* § 567 Rn. 10; *Capelle* S. 209.
[8] *Rabe* § 567 Rn. 51.
[9] Schaps/*Abraham* § 567 Rn. 10.
[10] Schaps/*Abraham* § 567 Rn. 15.
[11] *Rabe* § 567 Rn. 52.
[12] *Capelle* S. 433.

## IV. Liegegeld

**1. Allgemeines.** Die Ladezeit ist die **Wartezeit,** die der Verfrachter dem Befrachter  **11**
zum Verladen der Güter auf das Schiff ohne zusätzliches Entgelt zur Verfügung stellt.
Die **Ladezeit ist mit der vereinbarten Fracht vergütet.** Sofern die Ladezeit aufgrund
vertraglicher Vereinbarung oder aus Gründen, die nicht dem Risikobereich des Verfrachters
zuzurechnen sind, **überschritten** wird, hat der Verfrachter nach Abs. 3 einen Anspruch
auf eine angemessene Vergütung, genannt „**Liegegeld**" *(demurrage).* Die Zeit, die das
Schiff über die Ladezeit hinaus am Ladeplatz liegt, ist die „**Überliegezeit**", für die das
Liegegeld beansprucht werden kann. Abs. 3 S. 1 enthält die **Legaldefinition** für Überliegezeit und Liegegeld.

**Schuldner** des Liegegeldes ist der **Befrachter.** Der **Empfänger** tritt als weiterer Schuld-  **12**
ner hinzu, sobald er nach Ankunft des Schiffes am Löschplatz seinen Ablieferungsanspruch
nach § 494 Abs. 1 Satz 1 geltend macht, vorausgesetzt, ihm wurde der geschuldete Betrag
bei Ablieferung des Gutes mitgeteilt (Abs. 3 Satz 2).

**2. Rechtliche Bedeutung.** Abs. 3 Satz 1 hat sein Vorbild in § 412 Abs. 3 und im bishe-  **13**
rigen § 567 Abs. 3 u. 4.[13] Es handelt sich bei dem Liegegeld weder um einen Schadensersatz
des Verfrachters[14] noch um eine Konventionalstrafe, sondern um eine **angemessene Ver-**
**gütung,** die für die Überliegezeit, dh. die verlängerte Bereitstellung des Transportmittels
beansprucht werden kann.[15] Im allgemeinen Frachtrecht wird das Liegegeld als „Standgeld"
bezeichnet (§ 412 Abs. 3). Im Seerecht wollte man den traditionellen Begriff „Liegegeld"
in Übereinstimmung mit § 567 Abs. 4 Satz 2 beibehalten.[16]

Der **Beginn der Liegezeit** ist, anders als bisher (vgl. § 569 aF), nicht normiert. Entspre-  **14**
chend der Regelungstechnik des § 412 Abs. 3 wurde lediglich das **Ende der Ladezeit**
festgelegt und für die Zeit danach der Anspruch auf Liegegeld.

Abs. 3 ist **dispositiv** und die Parteien können in allgemeinen Geschäftsbedingungen  **15**
Vereinbarungen treffen. Eine Vertragsklausel, die den Anspruch eines Frachtführers auf
Standgeld im allgemeinen Frachtrecht uneingeschränkt ausschließt, ist laut BGH unwirksam.[17] Der BGH sah hierin eine unangemessene Benachteiligung des Frachtführers, da
durch die Klausel eine vom Gesetzgeber im Grundsatz für vergütungspflichtig erachtete
Leistung selbst für die Fälle vollständig vergütungsfrei gestellt wird, in denen ein Absender
oder Empfänger die Verzögerung grob fahrlässig herbeigeführt hat. Inwieweit eine entsprechende Anwendung auf den Reisefrachtvertrag geboten ist, wird vom Einzelfall abhängen.
Eine solche Einschränkung der Disposition der Vertragsparteien im Seeverkehr erscheint
angesichts der ausführlichen Standardvertragsformulare nicht geboten.

**3. Überliegezeit.** Überliegezeit ist nach Abs. 3 Satz 1 der Zeitraum, dem der Verfrachter  **16**
aufgrund vertraglicher Vereinbarung oder aus Gründen, die nicht seinem Risikobereich
zuzurechnen sind, auf das Verladen des Gutes **im Anschluss an die Ladezeit wartet.**
Anders als der bisherige § 567 Abs. 3 fällt nicht nur die vertraglich vereinbarte Zeit, sondern
auch die Zeit darunter, in der der Verfrachter aus Gründen, die nicht seinem Risikobereich
zuzurechnen sind, auf das Verladen des Gutes wartet.[18] Dies ist sachgerecht, da der Verfrachter nicht nur in dem Fall, in dem eine im Reisefrachtvertrag ausdrücklich vereinbarte
Überliegezeit vorliegt, sondern auch im Fall einer vom Verfrachter nicht zu verantwortenden Verzögerung ein Liegegeldanspruch des Verfrachters gerechtfertigt ist.

**Warten** bedeutet, dass der Verfrachter mit dem Schiff direkt an dem Ladeplatz ist und  **17**
zur Verladung bereit ist. Verzögerungen vor Erreichen des Ladeplatzes fallen nicht unter

---

[13] RegBegr-SRG S. 102.
[14] Anders im englischen Recht, wo es sich um pauschalisierten Schadensersatz handelt, s. *Trappe* TranspR
2007, 437, 438 f. ausführlich mwN.
[15] *Trappe* TranspR 2007, 437, 438; BGH 12.1.1951, BGHZ 1, 47, 49 f.
[16] RegBegr-SRG S. 102.
[17] BGH 12.5.2010, TranspR 2010, 432.
[18] RegBegr-SRG S. 102.

§ 530. Zu berücksichtigen ist, dass Voraussetzung eine **wirksame Ladebereitschaftsan-zeige** ist, die Wirksamkeit aber fehlt, wenn das Schiff tatsächlich nicht ladebereit, also nicht am vereinbarten oder angewiesenen Liegeplatz liegt und bereit ist, die Ladung aufzunehmen.[19]

18    Der **Ablauf der Überliegezeit** bemisst sich mangels abweichender Vereinbarung nach den Umständen des Falles (Abs. 4 Satz 1). Letztendlich hat es aber der Verfrachter in der Hand, den Ablauf der Überliegezeit unter Berücksichtigung einer angemessenen Frist zu bestimmen. Dies ergibt sich aus § 533 Abs. 2 iVm. Abs. 4 Satz 1, wonach der Verfrachter dem Befrachter eine angemessene Frist setzten darf, innerhalb derer das Gut verladen oder abgeladen werden soll. Maßstab für die Angemessenheit der Frist muss sein, innerhalb welcher Zeit ein ordentlicher Befrachter während der gewöhnlichen Geschäftszeiten die Verladung der fraglichen Güter vornehmen kann.

19    Für die Überliegezeit ist ein **Liegegeld** *(demurrage)* zu zahlen, das, wenn es nicht zuvor im Reisefrachtvertrag vereinbart wurde, **angemessen** sein muss sein (Abs. 3 Satz 1). Die Vergütung für die verlängerte Bereitstellung des Schiffes durch den Verfrachter ist dann **angemessen,** wenn sie einer Vergütung entspricht, die üblicherweise im Seeverkehr zur Zeit des Reisefrachtvertragsabschlusses als Liegegeld für ein Schiff der konkreten Art gezahlt wird. § 572 aF stellte auf die **näheren Umstände** des Falles ab, insbesondere auf die Heuerbeträge und die Unterhaltskosten der Schiffsbesatzung sowie auf den dem Verfrachter entgehenden Frachtverdienst. Ein einseitiges Leistungsbestimmungsrecht nach den §§ 315, 316 BGB des Verfrachters scheidet aus, da nun, anders als bisher, die Liegegeldhöhe nicht nach billigem Ermessen bestimmt wird, sondern eine **objektiv angemessene Vergütung** geschuldet wird, die sich innerhalb der Spanne der **üblichen Vergütung** zu bewegen hat.[20] In der Praxis wird dies kaum Bedeutung haben, da der Reisefrachtvertrag regelmäßig Angaben zur Höhe des Liegegeldes enthalten wird.[21] Daneben wird häufig auch für die Unterschreitung der Ladezeit eine Vergütung vereinbart. In diesem Fall erhält der Befrachter ein sog. „**Eilgeld**" *(despach money)* dafür, dass er die Ladezeit nicht voll ausgeschöpft hat (vgl. Rn. 10).

## V. Berechnung der Lade- und Überliegezeit

20    **1. Grundsatz.** Nach Abs. 4 Satz 1 werden bei der Berechnung der Lade- und Überliegezeit die **Tage** in **ununterbrochen fortlaufender Reihenfolge** unter Einschluss der Sonn- und Feiertage gezählt. Diese Regelung erfolgt in Anlehnung an § 573 Abs. 1 aF. Da die Fracht eine Vergütung für die voraussichtliche Dauer der Reise, einschließlich der Ladezeit, darstellt, bestand keine Veranlassung, die Sonn- und Feiertage bei der Berechnung nicht zu berücksichtigen.[22]

21    Die **Zählung** der Tage hat in ununterbrochener und fortlaufender Reihenfolge *(running days/consecutive days)* zu erfolgen. Der Befrachter muss sich jeden angefangenen Tag, auch wenn dies ein Sonn- und Feiertag ist, voll anrechnen lassen und nur ausnahmsweise kann sich nach Treu und Glauben (§ 242 BGB) etwas anderes ergeben.

22    **2. Ausgeschlossene Zeiträume.** Nach Abs. 4 Satz 3 kommen bei der Berechnung der Lade- und Überliegezeit die Zeiten nicht in Ansatz, in der das Verladen des Gutes aus Gründen, die dem **Risikobereich des Verfrachters** zuzurechnen sind, **unmöglich** ist. Diese Regelung ersetzt und modifiziert teilweise die bisherigen §§ 573–576.[23] Der **Sphärengedanke,** nach dem jede Vertragspartei die in ihrer Sphäre eintretenden zufälligen Abladeverhinderungen zu tragen hat[24] und der im deutschen Transportrecht verkehrsträger-

---

[19] *Herber* S. 257.
[20] Vgl. BGH 13.3.1985, BGHZ 94, 98, 104 zum allgemeinen Frachtrecht.
[21] Vgl. GENCON Part I Box 20 u. Part II Klausel 7 (s. Anh. B III 5, S. 1413 f.).
[22] RegBegr-SRG S. 103.
[23] RegBegr-SRG S. 103.
[24] OLG Hamburg 14.7.1988, TranspR 1990, 105; VersR 1990, 289.

übergreifend enthalten ist, kommt auch hier zum Tragen.[25] Entscheidend für die sachgerechte Beurteilung ist, ob die Ursache der Unmöglichkeit des Verladens des Gutes dem Risikobereich des Verfrachters oder dem des Befrachters zuzuordnen ist.[26]

In wessen **Sphäre ein Ereignis** fällt, beurteilt sich nach dem Reisefrachtvertrag. Da der **23** Befrachter grundsätzlich das Verladen, das Stauen und das Löschen der Güter schuldet (§ 531 Abs. 1, § 535), fallen Störungen aus diesem Bereich in die Sphäre des Befrachters. Eine Ausnahme besteht lediglich dann, wenn das Hindernis auf schiffstechnischen Ursachen basiert oder auf einem Eingreifen des Verfrachters. Dies entspricht der häufig anzutreffenden **„FIO-Klausel"** *(free in and out, stowed and trimmed),* teilweise auch **„FIOS"** genannt, nach der der Befrachter verpflichtet ist, die Güter einzuladen, zu stauen, zu trimmen und auf seine Kosten auch zu löschen.[27] Stauerarbeiter und Kranführer sind Erfüllungs- und Verrichtungsgehilfen des Befrachters beim Beladen der Güter, so dass Hindernisse aus ihrer Tätigkeit dem Risikobereich des Befrachters zuzuordnen sind,[28] es sei denn, der Verfrachter hat sich im Reisefrachtvertrag zum Verladen der Güter verpflichtet. Der gesetzliche Regelfall in § 531 geht davon aus, dass der Befrachter das Gut zu verladen hat. Der Verfrachter übernimmt die Güter dann erst im Schiff nach dem Lösen vom Ladegeschirr bzw. beim Löschen der Ladung dann, wenn das Ladegeschirr im Schiffsraum angeschlagen wird.[29] Aus den örtlichen Verordnungen im Ladehafen kann sich ein abweichender Ortsgebrauch für das Verladen und Löschen der Ladung ergeben, mithin der Risikobereich des Verfrachters verlagern,[30] wenn diese Regelungen vor Ort nicht den Bedingungen des Reisefrachtvertrages widersprechen.

Auf ein **„Vertretenmüssen"** kommt es beim Sphärengedanken nicht an. So sind auch **24** Umstände, die weder vom Verfrachter noch vom Befrachter zu vertreten sind, nach dem Willen des Gesetzgebers jeweils dem Risikobereich eines Vertragspartners zuzuordnen. Damit sind auch solche **Hindernisse** erfasst, die **unvorhersehbar** von außen wirken und von keinem der beiden Vertragspartner beherrscht oder beeinflusst werden können, sog. Störungsursachen aus der **„neutralen Sphäre"**. Aufgrund des eindeutigen Wortlauts von Abs. 4 Satz 3 entsteht der Liegegeldanspruch für **alle Verzögerungsgründe,** solange sie nicht dem Risikobereich des Verfrachters zuzurechnen sind. Es kommt mithin nicht darauf an, ob der Befrachter das Hindernis vorhersehen oder beherrschen konnte, sondern lediglich darauf, dass der Umstand **nicht dem Risikobereich** des Verfrachters zuzuordnen ist.[31] Wird die Beladung eines Schiffes durch **zufällige Ereignisse** wie Wind und Wetter verhindert, war die Ladezeit nach § 573 Abs. 2 aF bisher unterbrochen. Die Ereignisse entstammen einer „neutralen Sphäre" und waren bisher bei der Berechnung der Überliegezeit nicht zu berücksichtigen. Nach Abs. 4 Satz 3 ist dies jetzt anders und der Befrachter trägt dieses Risiko, indem für die hierdurch erfolgte Verzögerung Liegegeld zu bezahlen ist.[32] Hiergegen kann er sich durch Klauseln im Reisefrachtvertrag, wie zB *„weather-working-days"* schützen.[33]

Dem Risikobereich des Verfrachters ist es anzulasten, wenn das Laden aus **schiffstechni-** **25** **schen Gründen** unmöglich ist, zB bei mangelhaftem oder fehlendem Ladegeschirr.[34] Auch Boykottmaßnahmen von Stauereiarbeitern, die sich gegen Beschäftigungsbedingungen auf dem Schiff richten, fallen in die Sphäre des Verfrachters.[35] Allgemein kann festgehalten werden, dass Umstände dem Risikobereich des Verfrachters zuzuordnen sind, wenn sie

---

[25] RegBegr-SRG S. 103; *Koller* VersR 2012, 949; *Rabe* TranspR 2012, 56.
[26] S. zum allg. Frachtrecht § 412 Rn. 38–46.
[27] OLG Hamburg 7.10.1955, VersR 1957, 356; OLG Köln 15.8.1985, TranspR 1986, 194; OLG Düsseldorf 15.11.1979, VersR 1980, 548.
[28] OLG Hamburg 27.8.1957, Hansa 1958, 419.
[29] S. auch *Rabe* § 561 Rn. 9.
[30] *Rabe* § 561 Rn. 12, 13.
[31] Umkehrschluss aus BGH 22.6.2011, TranspR 2011, 362 Rn. 19, *Koller* VersR 2012, 949.
[32] So wohl auch Oetker/*Paschke* § 530 Rn. 2.
[33] *Rabe* § 573 Rn. 9, 23, 24.
[34] OLG Hamburg, HGZ 89, 268, 93, 125.
[35] OLG Hamburg 14.7.1988, TranspR 1990, 105; *Rabe* § 573 Rn. 29 zu Streikklauseln; *Trappe* TranspR 2007, 437, 452 f. zur GENCON-Charterparty Streikklausel.

unmittelbare **Auswirkungen auf die Nutzung des Schiffes** und des **Fahrtgebietes** haben, zB Auslaufverbote, Eisgang oder Sperrung eines Schifffahrtsweges.[36] Umstände, die dagegen die Nutzung der Ladestelle betreffen, zB Ausfall von Krahn, keine Hafenarbeiter wg. Streik, sind dem Risikobereich des Befrachters zuzurechnen. Hierzu zählt, dass eine Zufahrt zum Ladeplatz wegen Hoch- oder Niedrigwasser oder Unwetters unmöglich war.[37]

26      Die **Beweislast,** ob Liegegeld verlangt werden kann, hat der Verfrachter. Er muss die anspruchsbegründeten Tatsachen beweisen. Dies umfasst, wie lange er über die Ladezeit hinaus gewartet hat und dass dies entweder aufgrund vertraglicher Vereinbarung geschah oder aufgrund eines Umstandes, der nicht seinem Risikobereich zuzurechnen ist. Bei dem letztgenannten Umstand muss der Verfrachter eine **negative Tatsache** beweisen und kann sich hier auf die **Grundsätze des Anscheinsbeweises** berufen. Ausreichend ist es, wenn Tatumstände, die unstreitig sind, den Schluss nahelegen, dass es sich um einen Umstand handelt, der dem Risikobereich des Befrachters oder jedenfalls nicht dem Verfrachter zuzurechnen ist.[38]

## VI. Charterklauseln

27      **1. Allgemeines.** In Reisefrachtverträgen finden sich spezielle Regelungen über Beginn und Berechnung von Lade- und Löschzeit, wobei es üblich ist, hierbei bestimmte **Kurzbezeichnungen** zu verwenden, die von mehreren internationalen Organisationen in einem Katalog veröffentlicht sind. Die sogenannten *„Charterparty Laytime Definitions 1980"*[39] enthalten Definitionen bzw. Auslegungsregeln auf dem Gebiet des Liegegeldrechts. Sie geben die **Verkehrssitte** wieder,[40] wobei zu beachten ist, dass sie dem englischen Recht entstammen und bei Anwendung deutschen Rechts unterschiedliche Ergebnisse bei der Auslegung möglich sind. Nach englischem Recht werden Umstände, die zu einer Unterbrechung der Ladezeit geführt hätten (etwa schlechtes Wetter) bei der Berechnung der Überliegezeit nicht berücksichtigt (*„Once on demurrage, always on demurrage"*, **„einmal auf Liegegeld, immer auf Liegegeld").**[41] Das deutsche Recht folgt dieser Auffassung jetzt durch Abs. 4 Satz 3.[42]

28      **2. Working Days.** Unter „working days" werden in Deutschland **Werktage** verstanden. Die englische Definition versteht hierunter *„days or part(s) thereof which are not expressly excluded from laytime by the charterparty and which are not holidays. "*[43] Nach deutscher Auffassung fällt hierunter auch der Samstag, auch wenn an diesem Tag weniger als an anderen Werktagen gearbeitet wird.[44]

29      **3. Weather Working Days.** Diese Klausel bedeutet entsprechend § 573 aF, dass bei **schlechten Wetterverhältnissen** die Lade- oder Löscharbeiten tatsächlich unterbrochen werden.[45] Legt man die Klausel konkret aus, bewirkt sie, dass die Liegezeit dann nicht zählt, wenn wegen des Wetters nur die **konkrete** und nicht jede **Art von Ladung** nicht geladen oder gelöscht werden kann. Voraussetzung ist, dass das Schiff auf seinen Liegeplatz wartet. Die Verhältnisse am Liegeplatz entscheiden, ob die Witterungsverhältnisse die Verladung (bzw. das Löschen) der Güter zulassen.[46]

30      **4. Weather Permitting.** Die **Charterparty Laytime Definitions** verstehen unter *„weather permitting"*, dass die Zeit, während derer das Wetter Arbeiten nicht zulässt, nicht

---

[36] BGH 22.6.2011, TranspR 2011, 362.
[37] Zum Streitstand über Zuordnung der Risikobereiche s. § 412 Rn. 42–45.
[38] BGH 12.5.2012, TranspR 2010, 432; zum allg. Frachtrecht vgl. § 412 Rn. 46.
[39] Abgedruckt bei *Rabe* Anh. § 604.
[40] OLG Düsseldorf 3.12.1981, VersR 1982, 1139.
[41] *Herber* S. 258.
[42] S. zum englischen Recht u. früherer deutscher Rechtslage *Rabe* § 573 Rn. 27, 28.
[43] Charterparty Laytime Definitions 1980, Voylayrules 1993 Nr. 14.
[44] *Trappe* TranspR 2007, 437, 449 mwN.
[45] *Trappe* Hansa 1957, 2141; *Trappe* TranspR 2007, 437, 449.
[46] *Rabe* § 573 Rn. 24.

als Liegezeit zählt *("Weather Permitting" means that time, during which weather prevents working, shall not count as laytime").* Liegt das Schiff am Liegeplatz, so ist nach deutschem Verständnis die Auslegung dieser Klausel dieselbe wie bei *"weather working days"*, dh. dass die Liegezeit nicht zählt, wenn wegen des Wetters die Ladung nicht verladen oder gelöscht werden kann. Bei der Berechnung kann es auf Stunden ankommen, in denen es zB nicht geregnet hat und die Verladung fortgesetzt werden kann.[47]

Ein Sonderfall einer Wetterklausel sind die sog. **"Eis-Klauseln".**[48] Die GENCON **31** 1994 enthält in Klausel 18 eine ausführliche Eisklausel. Sie beschreiben, unter welchen Bedingungen der Kapitän einen Hafen nicht mehr anlaufen muss beziehungsweise das Verladen der Güter stoppen darf, um den Hafen rechtzeitig zu verlassen.

**5. Once on Demurrage, always on Demurrage.** Der Grundsatz *"once on demurrage,* **32** *always on demurrage"* (einmal auf Liegegeld, immer auf Liegegeld) besagt, dass während der Überliegezeit **Unterbrechungen in keinem Fall zu berücksichtigen** sind, die für die Lade- und Löschzeit bei der Zeitzählung gelten. Im englischen Recht ergibt sich das bereits daraus, dass die Inanspruchnahme von Überliegezeit einen *"breach of contract"* darstellt und der Verfrachter in Form des Liegegeldes Schadensersatz hierfür erhält.[49] Das deutsche Recht geht bei der Inanspruchnahme von Überliegezeit jedoch nicht von einem Vertragsbruch aus, sondern von einer **vertraglichen Vergütung,** die der Verfrachter für die **verlängerte Bereitstellung** des Schiffes erhält.[50] Nach bisheriger Rechtslage musste daher die Folge, die nach englischem Recht eintritt, ausdrücklich im Reisefrachtvertrag durch die Klausel *"once on demurrage, always on demurrage"* ausdrücklich vereinbart sein, da sonst Hindernisse auch die Überliegezeit unterbrechen konnten.[51] Mit der Erweiterung des **Sphärengedankens** in Abs. 4 Satz 3, nach dem jede Vertragspartei[52] die in ihrer Sphäre eintretenden zufälligen Störungshindernisse zu tragen hat, muss der Verfrachter nicht (mehr) für Zufälle einstehen, die sich in der Sphäre des Befrachters ereignen. Ausdrücklich wird die Regelung des bisherigen § 573 Abs. 2 Nr. 1 aufgegeben, so dass es der Klausel *"once on demurrage, always on demurrage"* nach deutschem Recht nicht mehr bedarf, da ihr Regelungsinhalt bereits durch Abs. 4 Satz 3 abgedeckt ist.

### VII. Exkurs Binnenschifffahrt

§ 412 Abs. 4 enthält eine **Verordnungsermächtigung** für den Bereich der Binnen- **33** schifffahrt. Zweck ist es, den dortigen Besonderheiten über Lade- und Löschzeiten sowie zum Liegegeld Rechnung zu tragen. Die Bundesregierung hat entsprechende Sonderregelungen in der **Lade- und Löschzeitverordnung Binnenschifffahrt (BinSchLV) vom 23. November 1999** getroffen, die im Anhang zur Kommentierung von § 412 abgedruckt ist.

### § 531 Verladen

**(1)** [1]**Soweit sich aus den Umständen oder der Verkehrssitte nicht etwas anderes ergibt, hat der Befrachter das Gut zu verladen.** [2]**Die Verantwortung des Verfrachters für die Seetüchtigkeit des beladenen Schiffes bleibt unberührt.**

**(2) Der Verfrachter ist nicht befugt, das Gut umzuladen.**

---

[47] *Trappe* TranspR 2007, 437, 449.
[48] *Trappe* Hansa 1985, 416; s. a. § 528 Rn. 21.
[49] *Rabe* § 573 Rn. 27.
[50] BGH 12.1.1951, BGHZ 1, 47; *Rabe* § 567 Rn. 55.
[51] *Rabe* § 573 Rn. 28; aA *Trappe* TranspR 2007, 437, 454.
[52] RegBegr-SRG S. 103.

**Übersicht**

|  | Rn. |  | Rn. |
|---|---|---|---|
| I. Normzweck | 1 | IV. Seetüchtigkeit des Schiffes | 6–10 |
| II. Entstehungsgeschichte | 2 |  |  |
| III. Verladepflicht | 3–5 | V. Umladung | 11, 12 |

## I. Normzweck

1    Die Norm regelt die **Pflicht des Befrachters,** das Gut zu verladen. Der Reisefrachtvertrag weicht in diesem wichtigen Punkt vom Stückgutfrachtvertrag ab, bei dem die **Verladepflicht** grundsätzlich den Verfrachter trifft (§ 486 Abs. 2).[1] Daneben wird klargestellt, dass es Aufgabe des Verfrachters bleibt, für die **Seetüchtigkeit** des beladenen Schiffes zu sorgen. Aufgrund der Definition, dass der Reisefrachtvertrag die Beförderung des Gutes mit einem bestimmten Schiff vorsieht (§ 527 Abs. 1), ist es dem Verfrachter nach Abs. 2 untersagt, das Gut umzuladen.

## II. Entstehungsgeschichte

2    Die Norm geht auf einen Vorschlag der Sachverständigenkommission zu § 528 zurück.[2] Aufgrund der international verwendeten Reisefrachtvertragsformulare, die auf vertraglicher Ebene die Verladung durch den Befrachter vorsehen, erfolgte diese im Reisefrachtvertrag typische Leistungsbeschreibung des Befrachters in § 531.

## III. Verladepflicht

3    Der gesetzliche Regelfall geht von einer **Verladepflicht des Befrachters** aus. Abs. 1 Satz 1 weicht damit vom Stückgutfrachtvertrag ab, bei dem der Verfrachter für das Verladen des Gutes verantwortlich ist (§ 486 Abs. 2) sowie von den bisherigen §§ 561 und 606 Satz 1, die die Pflicht zum **Einladen, Stauen** und **Löschen** beim Verfrachter regelten. Abs. 1 Satz 1 stimmt mit der Pflichtenverteilung in den regelmäßig verwendeten Chartervertragsformularen nun überein. „*The cargo shall be brought into the holds, loaded, stowed and/or trimmed, tallied, lashed and/or secured and taken from the holds and discharged by the Charterers, free of any risk, liability and expense whatsoever to the Owners.*"[3]

4    Die **Legaldefinition für „Verladen"** findet sich in § 486 Abs. 2. Danach umfasst „Verladen" das Laden, Stauen und Sichern der Güter im Schiff. Den Befrachter trifft neben der **Ladepflicht** auch die **Löschpflicht** (§ 535).

5    Die Vorschrift ist **dispositiv.** Auch wenn § 531 mit den auf nationaler und internationaler Ebene verwendeten Reisefrachtvertragsformularen übereinstimmt[4], können die Parteien eine abweichende Regelung treffen, wonach der Verfrachter verpflichtet wird, die Güter in das Schiff zu verladen. Dies ergibt sich aus der Formulierung „soweit sich aus den Umständen oder der Verkehrssitte nicht etwas anderes ergibt". Diese Formulierung stammt aus dem allgemeinen Frachtrecht § 412 Abs. 1 (vgl. § 486 Rn. 11 mwN). In der Praxis finden sich in den Standardvertragsformularen spezielle Regelungen zur Bereitstellung von **Schiffsbesatzung** beim Verladen und Löschen oder von **Gerätschaften,** die zum stauen und sichern der Ladung zur Verfügung zu stellen sind (zB Löschmaterial, Stauholz).[5]

## IV. Seetüchtigkeit des Schiffes

6    Die Pflicht des Befrachters zum Verladen des Gutes führt nach Abs. 1 Satz 2 nicht dazu, dass der Verfrachter seine **Verantwortung für die Seetüchtigkeit** des Schiffes (§ 485)

¹ RegBegr-SRG S. 103.
² BerSV S. 36, 148.
³ Klausel 5 (a) GENCON Charterparty (s. Anh. B III 5, S. 1414).
⁴ *Rabe* § 606 Rn. 11.
⁵ Vgl. Klausel 5 (a) GENCON Charterparty (s. Anh. B III 5, S. 1414).

verliert. Eine vergleichbare Regelung findet sich im allgemeinen Frachtrecht in § 412 Abs. 1 Satz 2 zur betriebssicheren Verladung sowie in § 563 Abs. 2. Zu See- und Ladungstüchtigkeit wird auf die Kommentierung zu § 485 verwiesen.

Angesichts unzähliger Streitigkeiten über das Verhältnis zwischen der Obliegenheit des **7** Befrachters zum Laden, Stauen und Sichern des Gutes auf der einen Seite und zur Pflicht des Verfrachters zu Sorge für die Seetüchtigkeit des Schiffes auf der anderen Seite, ist die Regelung in Abs. 1 Satz 2 dahingehend zu präzisieren, dass der Verfrachter dafür zu sorgen hat, dass die **Verladung die Seetüchtigkeit des Schiffes nicht beeinträchtigt.** Diese Formulierung stimmt mit § 563 Abs. 2 zur Zeitcharter überein. Deutlich wird dabei, dass der Befrachter sich dann nicht auf die Seeuntüchtigkeit des Schiffes berufen kann, wenn er diese durch die Stauung herbeigeführt hat und dies für ihn offensichtlich war.[6]

Für **Schäden,** die während des Ladens, Stauens und Löschens der Güter entstehen, ist **8** der Befrachter verantwortlich, da ihm die Pflicht zum Verladen obliegt. Wird das Schiff beim Verladen beschädigt, haftet der Befrachter. Hat der Befrachter ein Stauereiunternehmen mit der Verladung beauftragt, liegt hierin ein Vertrag mit Schutzwirkung zugunsten des Verfrachters, so dass dieser das **Stauereiunternehmen** direkt in Anspruch nehmen kann.[7] Sofern die Ladung beim Laden und Stauen oder später beim Löschen beschädigt wird, fällt dies ebenfalls in die Verantwortlichkeit des Befrachters.

Ausgehend von dem Grundsatz, dass der Befrachter für die **ordnungsgemäße Stauung 9 der Güter im Schiff** verantwortlich ist, die ultimative Verantwortlichkeit für die Seetüchtigkeit des Schiffes aber beim Verfrachter verbleibt, ist die **Abgrenzung** in der Praxis regelmäßig vom Einzelfall abhängig, in welchem Umfang der Verfrachter selbst zur Überwachung und Eingreifen in das Verladen verpflichtet ist. Auf der einen Seite schuldet der Befrachter dem Verfrachter die Ladung so zu stauen, dass sie im Schiff sicher befördert werden kann und weder das Schiff noch die Güter sowohl des Befrachters als auch anderer Befrachter nicht beschädigt werden. Auf der anderen Seite kann der Verfrachter seiner Verpflichtung, die Güter bis zur Ablieferung im Bestimmungshafen ordnungsgemäß zu befördern, nur nachkommen, wenn die Güter sachgemäß gestaut und gesichert sind. Regelmäßig wirkt sich unsachgemäßes Laden oder Stauen erst aus, wenn sich die Ladung in der **Obhut des Verfrachters** befindet. So ist das Verrutschen von Ladung wegen unsachgemäßer Stauung bei starkem Seegang ein bekanntes Problem.[8] Es ist anerkannt, dass der **Kapitän** auf die Stauung Einfluss zu nehmen hat, wenn diese die See- und Ladungstüchtigkeit des Schiffes beeinträchtigt.[9] Schreitet der Kapitän nicht ein, trifft den Verfrachter zumindest ein **Mitverschulden nach § 254 BGB** für den entstandenen Schaden.[10]

Die Ratio dieser Rechtsprechung ist, dass der **Verfrachter** trotz Obliegenheit des **10** Befrachters zum Laden, Stauen und Sichern der Güter im Schiff, dennoch sicherstellen muss, dass er **seine Verpflichtungen aus dem Reisefrachtvertrag erfüllen** kann. Nach Abs. 1 bleibt, trotz Verladepflicht des Befrachters, der Verfrachter letztendlich für die Seetüchtigkeit des vom Befrachter beladenen Schiffes verantwortlich. Im Einzelfall wird zu beurteilen sein, ob der Verfrachter sich auf die Stauung des Befrachters verlassen durfte. Hierbei streitet zu seinen Gunsten, wenn der Befrachter einen **Supercargo** damit beauftragt hat, die Stauung mittels eines Stauplans vorzubereiten und diese zu überwachen. Der Verfrachter bzw. die Schiffsbesatzung wird sich hierauf verlassen können dürfen. **Eigenarten der Güter,** die bei der Stauung zu beachten sind, gehen ebenfalls zu Lasten des Befrachters. Anders verhält es sich, wenn **Stabilitätsberechnungen** mit Rücksicht auf die Seetüchtigkeit des Schiffes erforderlich sind und diese vom Verfrachter erfolgten.[11]

---

[6] Stellungnahme DVIS S. 39 f.
[7] *Rabe* § 606 Rn. 13.
[8] *Rabe* § 606 Rn. 13.
[9] BGH 20.3.1956, VersR 1956, 380; BGH 28.4.1953, BGHZ 9, 301; BGH 24.9.1987, TranspR 1988, 108.
[10] BGH 24.9.1987, TranspR 1988, 108.
[11] *Rabe* § 606 Rn. 19.

## V. Umladung

**11**    Abs. 2 bestimmt, dass der Verfrachter nicht befugt ist, das Gut umzuladen. Hierbei differenziert die Norm nicht zwischen in Container gestauten Gütern oder Massengut. Generell ist die **Umladung verboten** im Reisefrachtvertrag, anders als im Stückgutfrachtvertrag (vgl. § 486 Abs. 3). Das Umladeverbot berücksichtigt die Besonderheit beim Reisefrachtvertrag, dass es hier gerade auf die Beförderung mit einem **bestimmten Schiff,** mit einem verhältnismäßigen Teil eines bestimmten Schiffes oder in einem bestimmt bezeichneten Raum eines solchen Schiffes ankommt (§ 527 Abs. 1 Satz 1). Gerade hierin unterscheidet sich der Reisefrachtvertrag vom Stückgutfrachtvertrag (vgl. § 527 Rn. 2).

**12**    Die Vorschrift ist **dispositiv.** Die Parteien können vom Umladeverbot abweichen und bestimmte Regelungen treffen, die eine Umladung zulassen.

## § 532 Kündigung durch den Befrachter

**(1) Der Befrachter kann den Reisefrachtvertrag jederzeit kündigen.**

**(2) Kündigt der Befrachter, so kann der Verfrachter, wenn er einen Anspruch nach § 489 Absatz 2 Satz 1 Nummer 1 geltend macht, auch ein etwaiges Liegegeld verlangen.**

### I. Normzweck

**1**    Die Norm regelt, dass der Befrachter ein allgemeines Kündigungsrecht hat, das weder an zeitliche noch an sachliche Voraussetzungen gebunden ist, sogenanntes „**Willkürliches Kündigungsrecht**". Dem Befrachter des Reisefrachtvertrages steht, genauso wie dem Befrachter eines Stückgutfrachtvertrages, die Möglichkeit zu, den Reisefrachtvertrag für die Zukunft durch eine Kündigung aufzuheben. Aufgrund des Verweises in § 527 Abs. 2 auf § 489 ist die Regelung in Abs. 1 entbehrlich[1] und dient lediglich der Klarstellung.

**2**    Die **Rechtsfolgen** der Kündigung beurteilen sich nach § 489 Abs. 2 und Abs. 3, die durch Abs. 2 hinsichtlich eines Anspruchs auf Liegegeld ergänzt werden.

### II. Entstehungsgeschichte

**3**    Die Norm ist von der Sachverständigenkommission nicht vorgeschlagen worden, sondern erstmals im Referentenentwurf enthalten.[2] Sie ersetzt die bisherigen §§ 580–583.

### III. Kündigung durch den Befrachter

**4**    Nach Abs. 1 kann der Befrachter den Reisefrachtvertrag wie beim Stückgutfrachtvertrag **jederzeit** kündigen. Dieses willkürliche Kündigungsrecht des Befrachters ergibt sich schon aus § 527 Abs. 2, § 489 Abs. 1, so dass die Regelung in Abs. 1 lediglich klarstellende Funktion hat.[3] Für Einzelheiten zum Kündigungsrecht wird auf die Kommentierung zu § 489 verwiesen.[4]

### IV. Rechtsfolgen der Kündigung

**5**    Die Rechtsfolgen der Kündigung beurteilen sich nach Abs. 2 in Verbindung mit § 489 Abs. 2 und 3. Trotz Kündigung bleiben die **Frachtzahlungsansprüche** des Verfrachters bestehen und dieser hat ein Wahlrecht entweder zwischen Zahlung der **vereinbarten Fracht** zuzüglich der ihm zu ersetzenden Aufwendungen abzüglich ersparter Aufwendun-

---

[1] So auch Stellungnahme DVIS S. 40 Rn. 136.
[2] RefE S. 34.
[3] RegBegr-SRG S. 103.
[4] Generell zur willkürlichen Kündigung nach deutschem und englischem Recht *Volze* TranspR 1996, 15–21.

gen oder anderweitig erworbener Vorteile, oder einer **pauschalen Vergütung** in Höhe eines Drittels der vereinbarten Fracht, der sogenannten „Fautfracht".[5]

Abs. 2 enthält darüber hinaus eine **Sonderregelung,** wonach der Verfrachter zusätzlich **6** einen Anspruch auf ein etwaiges **Liegegeld** verlangen kann, vorausgesetzt, er macht einen Anspruch nach § 489 Abs. 2 Satz 1 Nr. 1 geltend und nicht auf Zahlung von Fautfracht nach § 489 Abs. 2 Satz 2 Nr. 2. Der Verfrachter hat Anspruch auf Zahlung der vereinbarten Fracht **zuzüglich** eines etwaigen **Liegegeldes,** wenn die Anspruchsvoraussetzungen auf Liegegeld nach § 530 Abs. 3 zum Zeitpunkt der Kündigung vorliegen. Damit entspricht die Regelung dem allgemeinen Frachtrecht (§ 415 Abs. 2 Nr. 1), dass dem Frachtführer neben der vereinbarten Fracht einen Anspruch auf das etwaige Standgeld einräumt.[6] Die Erweiterung von § 489 Abs. 2 durch Abs. 2 war notwendig, da bei der Kündigung eines Stückgutfrachtvertrag durch den Befrachter kein Anspruch auf Liegegeld besteht (vgl. § 489 Rn. 13).

Kritisiert wurde, dass der Verfrachter den Anspruch auf Liegegeld dann nicht hat, wenn **7** er die pauschalierte Entschädigung nach § 489 Abs. 2 Nr. 2 über die Fautfracht verlangt.[7] So erkenne man keine sachgerechten Gründe, dem Verfrachter das Liegegeld zu verwehren, obwohl dieses entstanden sei, relativ einfach darzulegen sei und, wie die Fautfracht, eine pauschalierte Abrechnung darstelle. Dem ist entgegenzuhalten, dass die **Fautfracht eine gesetzlich festgelegte pauschalierte Entschädigung** für die Kündigung des Reisefrachtvertrages ist. Sie ist weder Entgelt für die nicht erbrachte Beförderungsleistung noch Schadensersatz,[8] sondern eine gesetzliche Abfindung für die einseitige Vertragsaufhebung durch den Befrachter[9] und wird mit der Ausübung der Kündigung fällig.[10] Diesem **pauschalen Entschädigungsgedanken** würde es widersprechen, wenn dem Verfrachter neben der Fautfracht eine weitere „Pauschale" in Form des Liegegeldes gewährt werden würde. Der Verfrachter ist zum einen durch die gesetzliche Regelung nicht gebunden, hat er doch ein **Wahlrecht** zwischen der Zahlung der vereinbarten Fracht zuzüglich Aufwendungen und eines etwaigen Liegegeldes (Abs. 2 iVm. § 527 Abs. 2; § 489 Abs. 2 Nr. 1). Nicht zu vergessen ist hierbei auch, dass **§ 532 dispositiv** ist und der Verfrachter eine abweichende Regelung mit dem Befrachter für seine Zahlungsansprüche im Falle einer Kündigung des Befrachters treffen kann.

Zu den weiteren Voraussetzungen der Zahlungsansprüche des Verfrachters sowie deren **8** Wegfall, sollte die Kündigung auf Gründen beruhen, die dem **Risikobereich des Verfrachters** zuzurechnen sind, als auch zu den Maßnahmen des Verfrachters bei Kündigung nach Verladung, wird auf die Kommentierung zu § 489 verwiesen.

## § 533 Teilbeförderung

(1) ¹**Der Befrachter kann jederzeit verlangen, dass der Verfrachter nur einen Teil des Gutes befördert.** ²**Macht der Befrachter von diesem Recht Gebrauch, gebühren dem Verfrachter die volle Fracht, das etwaige Liegegeld sowie Ersatz der Aufwendungen, die ihm durch das Fehlen eines Teils des Gutes entstehen.** ³**Ist der Verfrachter nach dem Reisefrachtvertrag berechtigt, mit demselben Schiff anstelle der nicht verladenen Frachtstücke anderes Gut zu befördern, und macht er von diesem Recht Gebrauch, so ist von der vollen Fracht die Fracht für die Beförderung dieses anderen Gutes abzuziehen.** ⁴**Soweit dem Verfrachter durch das Fehlen eines Teils des Gutes die Sicherheit für die volle Fracht entgeht, kann er außerdem eine anderweitige Sicherheit verlangen.** ⁵**Unterbleibt die Beförde-**

---

⁵ Zu Einzelheiten wird auf § 489 Rn. 1 ff. verwiesen sowie BGH 22.6.1998, TranspR 1998, 365–366.
⁶ § 415 Rn. 11 ff.
⁷ So DVIS S. 40 Rn. 137.
⁸ BGH 4.12.1989, TranspR 1990, 159.
⁹ BGH 12.12.1960, VersR 1961, 170.
¹⁰ *Rabe* § 580 Rn. 6.

rung der vollständigen Ladung aus Gründen, die dem Risikobereich des Verfrachters zuzurechnen sind, steht dem Verfrachter der Anspruch nach den Sätzen 2 bis 4 nur insoweit zu, als tatsächlich Gut befördert wird.

(2) ¹Verlädt der Befrachter das Gut nicht oder nicht vollständig innerhalb der Ladezeit und einer vereinbarten Überliegezeit oder wird das Gut, wenn dem Befrachter die Verladung nicht obliegt, nicht oder nicht vollständig innerhalb dieser Zeit abgeladen, so kann der Verfrachter dem Befrachter eine angemessene Frist setzen, innerhalb derer das Gut verladen oder abgeladen werden soll. ²Wird das Gut bis zum Ablauf der Frist nur teilweise verladen oder abgeladen, kann der Verfrachter die bereits verladenen oder abgeladenen Frachtstücke befördern und die Ansprüche nach Absatz 1 Satz 2 bis 4 geltend machen. ³§ 490 Absatz 4 ist entsprechend anzuwenden.

## Übersicht

|  | Rn. |  | Rn. |
|---|---|---|---|
| I. Normzweck | 1, 2 | 2. Sicherheitsleistung | 14 |
| II. Entstehungsgeschichte | 3 | 3. Risikobereich des Verfrachters | 15, 16 |
| III. Anspruch des Befrachters auf Teilbeförderung | 4–7 | V. Nichteinhaltung der Lade- und Überliegezeit (Abs. 2) | 17–24 |
|  |  | 1. Allgemein | 17 |
| IV. Ansprüche des Verfrachters (Abs. 1 Satz 2 bis 5) | 8–16 | 2. Gründe für die Nichteinhaltung der Lade- und Überliegezeit | 18, 19 |
| 1. Fracht, Liegegeld, Aufwendungsersatz | 8–13 | 3. Nachfrist | 20–24 |

## I. Normzweck

1      Die Norm regelt die Rechte und Pflichten des Befrachters und Verfrachters, wenn nur ein **Teil der Güter befördert** wird. Anders als im Stückgutfrachtvertrag, der von einer Verladepflicht des Verfrachters ausgeht und wo der Befrachter lediglich die Abladung zu bewirken hat (§ 486 Abs. 1 u. 2), erfolgt hier eine Regelung, die dem Grundgedanken Rechnung trägt, dass der Befrachter die Güter zu verladen hat. § 533 ersetzt die für den Stückgutfrachtvertrag konzipierten Regelungen in § 490 Abs. 1, 3–5.[1]

2      Anders als im Stückgutfrachtvertrag kann der Befrachter jederzeit verlangen, dass der Verfrachter nur einen Teil des Gutes befördert. Auf die **Säumnis des Befrachters** kommt es nicht an. Die säumige Abladung und Verladung spielt eine Rolle für die Maßnahmen, die der Verfrachter ergreifen darf (vgl. Abs. 2).

## II. Entstehungsgeschichte

3      Die Norm basiert auf einem Vorschlag der Sachverständigenkommission.[2] In Anlehnung an die Vorschriften im allgemeinen Frachtrecht § 416, 417 wird für den Reisefrachtvertrag geregelt, welche Rechte und Pflichten der Befrachter bei einer Teilbeförderung bzw. der Verfrachter bei Nichteinhaltung der Ladezeit und einer vereinbarten Überliegezeit hat.

## III. Anspruch des Befrachters auf Teilbeförderung

4      Nach Abs. 1 Satz 1 kann der Befrachter jederzeit verlangen, dass der Verfrachter nur einen **Teil des Gutes befördert.** Diese Regelung entspricht § 416 Satz 1, wobei dort, anders als im Reisefrachtvertragsrecht, das Gut bereits vollständig verladen, also auch gestaut und gesichert sein muss. Eine **Verladung der Güter** setzt Abs. 1 Satz 1 nicht voraus, sondern der Befrachter kann bereits vor diesem Zeitpunkt die Teilbeförderung verlangen.[3]

---

[1] RegBegr-SRG S. 103, 104.
[2] BerSV S. 36 zu § 529 u. S. 149.
[3] Anders der Vorschlag der Sachverständigenkommission, vgl. BerSV § 529 S. 36.

Macht der Befrachter von seinem Recht auf Teilbeförderung Gebrauch, **verzichtet** er  5
gleichzeitig auf die Beförderung der anderen Teile der Güter. Es liegt in der Erklärung
konkludent eine **teilweise Kündigung** des Reisefrachtvertrages im Hinblick auf die nicht
zu befördernden Güter.[4]

Die Ausübung des Anspruchs auf Teilbeförderung kann **jederzeit** nach Abschluss des  6
Reisefrachtvertrages vom Befrachter verlangt werden. Es kommt nicht darauf an, ob die
Güter teilweise bereits im Schiff gestaut und gesichert wurden. Der Befrachter muss auch
nicht auf das Ende der Ladezeit oder einer vereinbarten Überliegezeit warten, um die
Erklärung gegenüber dem Verfrachter auf Teilbeförderung auszuüben.

Der **Verfrachter** kann nach Abs. 2 dem Befrachter die Ausübung des Rechts auf Teilbe-  7
förderung nach Abs. 1 Satz 1 abnehmen, indem er dem Befrachter eine **angemessene
Nachfrist** setzt, innerhalb derer das Gut verladen oder abgeladen werden soll. Mit Ablauf
der Frist kann der Verfrachter die bereits verladenen oder abgeladenen Frachtstücke befördern. Im Ergebnis kann der Verfrachter so den Zeitpunkt für eine Teilbeförderung bestimmen. Dies ist sachgerecht, da der Verfrachter wissen muss, wann sein Schiff bzw. der von
ihm zu Verfügung gestellte Laderaum wieder zu seiner **uneingeschränkten Disposition**
steht.

### IV. Ansprüche des Verfrachters (Abs. 1 Satz 2 bis 5)

**1. Fracht, Liegegeld, Aufwendungsersatz.** Der Verfrachter behält den Anspruch auf  8
die **volle Fracht,** selbst wenn der Befrachter nur die Beförderung eines Teils des Gutes
verlangt (Abs. 1 Satz 2). Der Anspruch erstreckt sich darüber hinaus auf **etwaiges Liegegeld** sowie den Ersatz der **Aufwendungen,** die dem Verfrachter wegen der Teilbeförderung entstehen. Dieser Grundsatz entspricht der Regelung in § 416 Satz 2.

Der Verfrachter behält den Anspruch auf die volle Fracht, obwohl er nur einen Teil des  9
Gutes befördert. Dieser Anteil der Fracht wird auch als „**Fehlfracht**" *(dead freight)* oder
„**Leerfracht**" bezeichnet. Im anglo-amerikanischen Recht handelt es sich bei der „dead
freight" um einen Schadensersatz, den der Verfrachter für die nicht vollständige Lieferung
der Ladung erhält. Er muss sich dasjenige anrechnen lassen, was er erspart oder anderweitig
erworben hat bzw. hätte erwerben können. Im deutschen Recht führt dies zur Anwendung
der Grundsätze über die Vorteilsausgleichung, wenn „dead freight" ausdrücklich vereinbart
wurde.[5]

Inwieweit dem Verfrachter neben der Fracht etwaiges **Liegegeld** zusteht, beurteilt sich  10
nach § 530 Abs. 3. Bei der **Berechnung der Überliegezeit** ist auch die Zeit zu berücksichtigen, die der Verfrachter aufwenden muss, um die nur teilweise vom Befrachter überlassene
Ladung so zu stauen, dass die Seetüchtigkeit des Schiffes nicht beeinträchtigt wird. So kann
ein Umstauen der Ladung notwendig sein, um den erforderlichen Trimm des Schiffes zu
erhalten.[6]

Der **Aufwendungsersatzanspruch** des Verfrachters beschränkt sich auf solche Vermö-  11
gensopfer, die der Verfrachter **infolge der Unvollständigkeit der Ladung** machen
musste, bzw. die er den Umständen nach für erforderlich halten durfte. Dies folgt aus
einer entsprechenden Anwendung von § 670 BGB. Kosten für Umstauen der Ladung oder
sonstige Sicherheitsmaßnahmen fallen hierunter. Allerdings liegen diese Mehrkosten nur
vor, wenn sie die durch die Minderlieferung ersparten gleichartigen Kosten übersteigen. Der
Verfrachter soll mit dem Aufwendungsersatzanspruch lediglich **gegen Verlust** geschützt
werden.[7]

Der Verfrachter muss sich nach Abs. 1 Satz 3 **die Fracht** auf seine Zahlungsansprüche  12
**anrechnen** lassen, die er dadurch erzielt, dass er mit demselben Schiff anstelle der nicht
verladenen Frachtstücke **anderes Gut befördert.** Voraussetzung für die Anwendung von

---

[4] So auch im allgemeinen Frachtrecht, vgl. § 416 Rn. 3.
[5] BGH 12.10.1987, TranspR 1988, 199; *Rabe* § 578 Rn. 3 u. 8.
[6] *Rabe* § 578 Rn. 9.
[7] *Rabe* § 578 Rn. 11.

Abs. 1 Satz 3 ist allerdings, dass der Verfrachter nach dem Reisefrachtvertrag überhaupt berechtigt ist, mit demselben Schiff anstelle der nicht verladenen Frachtstücke anderes Gut zu befördern.[8] Dies ist dann nicht der Fall, wenn der Reisefrachtvertrag die Beförderung mit einem bestimmten Schiff **im Ganzen** zum Gegenstand hat. Der Verfrachter hat dann nicht die Möglichkeit, durch die Beförderung anderer Güter weitere Fracht zu generieren, die dann von der geschuldeten Fracht des Befrachters, der nur teilweise Güter abgeladen hat, abzuziehen wäre.

**13**     Die Verwendung des Begriffs „**Frachtstücke**" in Abs. 1 Satz 3 entspricht der Definition in § 504 Abs. 2. Danach können Güter, die aus mehreren Frachtstücken bestehen, die Ladung bilden.

**14**     **2. Sicherheitsleistung.** Nach Abs. 1 Satz 4 kann der Verfrachter im Fall der Teilbeförderung die Bestellung einer **zusätzlichen Sicherheit** fordern, wenn ihm durch das Fehlen eines Teils des Gutes keine Sicherheit für die volle Fracht zur Verfügung steht.[9] Die Regelung entspricht § 490 Abs. 3 Satz 3. Nach §§ 527 Abs. 2, 495 hat der Verfrachter für alle Forderungen aus dem Reisefrachtvertrag ein **Pfandrecht** an dem ihm zur Beförderung übergebenen Gut des Befrachters. Mit der Teilbeförderung und dem Anspruch des Verfrachters auf die volle Fracht soll dieses Pfandrecht nicht geschmälert werden (vgl. auch § 490 Rn. 19).

**15**     **3. Risikobereich des Verfrachters.** In Anlehnung an § 490 Abs. 5 beschränkt Abs. 1 Satz 5 die Ansprüche des Verfrachters in den Fällen, in denen die Beförderung der vollständigen Ladung aus Gründen unterbleibt, die dem Risikobereich des Verfrachters zuzurechnen sind. Die **Unvollständigkeit der Verladung** muss durch Umstände aus dem Risikobereich des Verfrachters verursacht worden sein. Umstände, die unmittelbare Auswirkungen auf die Nutzung des Schiffes haben, fallen in den Risikobereich des Verfrachters. So sind **schiffstechnische Gründe,** wie zB mangelhaftes oder fehlendes Ladegeschirr, dem Risikobereich des Verfrachters zuzurechnen und können eine unvollständige Verladung der Güter verursachen.[10]

**16**     Der Anspruch des Verfrachters bei einer teilweisen Beförderung der Ladung aus Gründen, die seinem Risikobereich zugerechnet werden, **beschränkt** sich auf die **Fracht** und die Stellung einer **zusätzlichen Sicherheit, soweit tatsächlich Ladung** vom Verfrachter befördert wurde (Abs. 1 Satz 5).[11] Ein Anspruch auf Ersatz der Aufwendungen, die ihm wegen der Unvollständigkeit des verladenen Gutes entstanden sind, entfällt, wie auch der Anspruch auf Liegegeld, da die Zeitverzögerung dem Risikobereich des Verfrachters zuzurechnen ist (§ 530 Abs. 4 Satz 3).

## V. Nichteinhaltung der Lade- und Überliegezeit (Abs. 2)

**17**     **1. Allgemein.** In Abs. 2 werden die **Rechte des Verfrachters** geregelt, wenn nur ein Teil der Ladung befördert wird. Eine nahezu gleich lautende Vorschrift findet sich im allgemeinen Frachtrecht in § 417 Abs. 1–4. Erfasst wird zum einen der Fall, in dem dem **Befrachter die Verladung des Gutes** obliegt, er jedoch das Gut nicht rechtzeitig verlädt, als auch der Fall, dass der **Befrachter nur die Abladung des Gutes** zu bewirken hat.[12] Insoweit ist vom Vorschlag der Sachverständigenkommission abgewichen worden, der lediglich den gesetzlichen Regelfall der Verladung des Gutes durch den Befrachter erfasste.[13] Es ist sachgerecht, dem Verfrachter auch die Möglichkeit einzuräumen, mit der Beförderung einer unvollständigen Ladung zu beginnen, wenn dem Befrachter lediglich das Abladen obliegt und der Verfrachter die Güter zu verladen hat.

---

[8]  RegBegr-SRG S. 104.
[9]  RegBegr-SRG S. 104.
[10] Zum Risikobereich s. iE § 530 Rn. 22–26.
[11] RegBegr-SRG S. 104; BerSV S. 149.
[12] RegBegr-SRG S. 104.
[13] Vgl. BerSV § 529 Abs. 2, S. 37.

**2. Gründe für die Nichteinhaltung der Lade- und Überliegezeit.** Die Gründe für  18
die Nichteinhaltung der Lade- und Überliegezeit müssen beim **Befrachter** liegen. Dies zu
beurteilen hängt davon ab, ob der Befrachter die Verladung der Güter schuldet (§ 531 Abs. 1
Satz 1) oder lediglich die Abladung. Werden **überhaupt keine Güter** vom Befrachter zur
Verfügung gestellt, ist der Fall eindeutig und beide Alternativen sind erfüllt.[14] Wird nur
ein Teil der Ladung innerhalb der Ladezeit und einer vereinbarten Überliegezeit vom
Befrachter verladen oder zur Verfügung gestellt, liegt **Minderlieferung** vor, die von Abs. 2
erfasst ist. Kein Fall der Minderlieferung ist es, wenn aufgrund der Tragfähigkeit des Schiffes
trotz Ausfüllung der Laderäume mit Rücksicht auf die Art der Güter die Laderäume nicht
voll ausgenutzt werden können. In diesem Fall ist die **Transportkapazität** des Schiffes
voll ausgenutzt und es entsteht kein Anspruch auf „Leerfracht".[15]

Inwieweit Güter, die vom Befrachter mit **ungenügender Verpackung oder Kenn-**  19
**zeichnung** zur Verfügung gestellt oder verladen werden als nicht oder nicht vollständig
verladen bzw. abgeladen innerhalb der Ladezeit oder vereinbarten Überliegezeit angesehen
werden, ist dem Wortlaut nicht eindeutig zu entnehmen. Im allgemeinen Frachtrecht wird
dies unterschiedlich beurteilt (vgl. § 417 Rn. 5). Im Reisefrachtrecht ist zu unterstellen, dass
Abs. 2 eng auszulegen ist und nur die **tatsächliche Minderlieferung** von Gütern erfasst
ist. Die Fälle, in denen der Befrachter gegen seine Pflichten aus den §§ 482, 483, 484
verstößt, die nach § 527 Abs. 2 auf den Reisefrachtvertrag entsprechend anzuwenden sind,
werden von § 488 erfasst, der ebenfalls nach § 527 Abs. 2 Anwendung findet. Der Verfrachter hat in diesen Fällen einen **Anspruch auf Schadensersatz.**

**3. Nachfrist.** Der Verfrachter hat nach Abs. 2 Satz 1 dem Befrachter eine Nachfrist zu  20
setzen, innerhalb derer das Gut verladen oder abgeladen werden soll. Diese Regelung
entspricht § 490 Abs. 3 und § 417 Abs. 1 sowie der allgemeinen zivilrechtlichen Vorschrift
in § 323 Abs. 1 BGB. Dem Befrachter wird mit der Nachfrist eine **letzte Möglichkeit**
gewährt, das Gut zu verladen oder abzuladen. Die Nachfrist kann der Verfrachter dem
Befrachter erst setzen, wenn die **Lade- und vereinbarte Überliegezeit abgelaufen** ist.
Durch die in Satz 2 enthaltene Verweisung auf § 490 Abs. 4 ergibt sich, dass die **Fristset-**
**zung dann entbehrlich** ist, wenn die Abladung oder Verladung ernsthaft und endgültig
verweigert wird oder dem Verfrachter unter Abwägung der beiderseitigen Interessen die
Fortsetzung des Vertragsverhältnisses unzumutbar ist.

Die Nachfrist muss **angemessen** sein. Hierbei sind alle beteiligten Interessen und  21
Umstände des Einzelfalles zu berücksichtigen. Sie muss so bemessen sein, dass der Befrachter
in der Lage ist, eine bereits in Angriff genommene Leistung zu beenden. Nicht erforderlich
ist, dass dem Befrachter noch hinreichend Zeit zur Verfügung gestellt wird, um die Ladung
überhaupt erst zu beschaffen. Ist die gesetzte Frist unangemessen, tritt an ihre Stelle eine
angemessene Frist (§ 417 Rn. 8).

**Verstreicht die Nachfrist** und ist der Befrachter der Aufforderung nicht nachgekom-  22
men, so kann der Verfrachter nach Abs. 2 Satz 2 die bereits verladenen oder abgeladenen
Frachtstücke befördern und die Ansprüche nach Abs. 1 Satz 2 bis 4 geltend machen. Er
muss nicht länger warten und **kann** mit der Beförderung der unvollständigen Ladung
beginnen. Es besteht keine Verpflichtung des Verfrachters, die Beförderung der unvollständigen Ladung vorzunehmen. Dies ergibt sich aus der Verwendung des Begriffs „kann", die
dem Verfrachter ein **Wahlrecht** einräumt. Ein Kündigungsrecht steht dem Verfrachter bei
unvollständiger Ladung nicht zu, jedoch bei vollständig fehlender Ladung (vgl. § 534
Abs. 1). Der **Befrachter** hat daneben weiterhin die Möglichkeit, von seinem **willkürlichen**
**Kündigungsrecht** nach § 532 Abs. 1 Gebrauch zu machen oder nach Abs. 1 vom Verfrachter die Beförderung der unvollständigen Ladung zu verlangen.

Die **Rechtsfolgen,** dass der Verfrachter lediglich einen Teil der Ladung befördert, sind  23
identisch mit denen bei der Beförderung eines Teils der Ladung aufgrund eines Verlangens

---

[14] S. § 534 zur Kündigung.
[15] OLG Hamburg 5.1.1961, VersR 1961, 412; *Rabe* § 578 Rn. 5.

des Befrachters nach Abs. 1. Der Verfrachter kann nach Abs. 1 Satz 2 die **volle Fracht,** das **etwaige Liegegeld** und **Aufwendungsersatz** verlangen. Nach Abs. 1 Satz 4 hat der Verfrachter daneben einen Anspruch auf **Stellung einer Sicherheit.**

24    Im Falle einer **endgültigen Verweigerung** der Abladung oder des Verladens nach Abs. 2 Satz 3 iVm. § 490 Abs. 4 hat der **Verfrachter** die Möglichkeit, den Reisefrachtvertrag auch **ohne Fristsetzung zu kündigen.** Voraussetzung ist das Vorliegen **besonderer Umstände,** die unter Abwägung der beiderseitigen Interessen die Fortsetzung des Vertragsvertragsverhältnisses **unzumutbar** machen. Eine vergleichbare Regelung findet sich im allgemeinen Zivilrecht in § 323 Abs. 2 Nr. 3 BGB (vgl. auch § 490 Rn. 20 ff.). Nur in diesem **Sonderfall** kann der Verfrachter nach Ablauf der Ladezeit und einer vereinbarten Überliegezeit den Reisefrachtvertrag bei Minderlieferung von Gütern ohne Fristsetzung mit **sofortiger Wirkung** kündigen. Die Rspr. hat eine solche Befugnis bei Werkverträgen dem Besteller zugesprochen, wenn ein Verhalten des Unternehmers zur Beendigung des Vertrages führt. So ist es anerkannt, dass der Anspruch des Unternehmers aus § 649 BGB auf die vereinbarte Vergütung für den noch ausstehenden Teil seiner Leistung – unter Abzug ersparter Aufwendungen – entfällt, wenn der Besteller wegen eines den Vertragszweck gefährdenden Verhaltens des Unternehmers gekündigt hat.[16] Die **vorzeitige außerordentliche Kündigung** wegen Unzumutbarkeit des weiteren Festhaltens am Vertrag ist nunmehr im Reisefrachtvertrag gesetzlich geregelt.[17] Die Anforderungen an die Umstände, aufgrund derer ein weiteres Festhalten am Reisefrachtvertrag unzumutbar ist, sind hoch und liegen nur ausnahmsweise vor. Störungen bei der Verladung von Gütern, die zu einer Beschädigung des Schiffes führen, können so gravierend sein, dass eine Fortsetzung des Reisefrachtvertrages unzumutbar ist. In der Praxis werden die Parteien des Reisefrachtvertrages sog. **„Cancelling-Klauseln"** vereinbart haben, die bestimmen, innerhalb welchen Zeitraums das Schiff frühestens vom Verfrachter angedient werden darf. Das Gegenstück hierzu ist die **„Laycan-Klausel",** die den Zeitraum bestimmt, in dem der Verfrachter bereit ist, auf das Verladen der Güter zu warten.

## § 534 Kündigung durch den Verfrachter

(1) Verlädt der Befrachter kein Gut innerhalb der Ladezeit und einer vereinbarten Überliegezeit oder wird, wenn dem Befrachter die Verladung nicht obliegt, kein Gut innerhalb dieser Zeit abgeladen, so kann der Verfrachter den Vertrag nach Maßgabe des § 490 kündigen und die Ansprüche nach § 489 Absatz 2 in Verbindung mit § 532 Absatz 2 geltend machen.

(2) Der Verfrachter kann den Vertrag bereits vor Ablauf der Ladezeit und einer vereinbarten Überliegezeit nach Maßgabe des § 490 kündigen, wenn offensichtlich ist, dass das Gut nicht verladen oder abgeladen wird.

### I. Normzweck

1    Geregelt ist das Kündigungsrecht des Verfrachters. Die Norm beschreibt die **Voraussetzungen,** unter denen der Verfrachter sich vom **Reisefrachtvertrag lösen** und die Beförderung der Güter ablehnen und dennoch eine Vergütung verlangen kann. Der Verfrachter wird in der **Disposition über sein Schiff** bzw. den Laderaum seines Schiffes geschützt für den Fall, dass der Befrachter keine Güter zur Verfügung stellt. In Anlehnung an das Landfrachtrecht, §§ 417 Abs. 2, 415 Abs. 2 Nr. 2 wird dem Verfrachter entweder eine Vergütung in Höhe der vereinbarten Fracht, etwaigem Liegegeld und zu ersetzende Aufwendungen gewährt oder eine pauschale Vergütung, die Fautfracht.

---

[16] BGH 26.11.1959, BGHZ, 31, 224, 229; BGH 20.6.1966, BGHZ 45, 372, 375.
[17] Vgl. *Ramming* TranspR 2003, 419, 425 zum allgemeinen Frachtrecht.

## II. Entstehungsgeschichte

Die Norm geht auf einen Vorschlag der Sachverständigenkommission zurück.[1] Sie ver- **2** drängt die entsprechende Regelung in § 490 zum Stückgutfrachtvertrag und ersetzt die bisherigen §§ 570, 585 und 580.

## III. Kündigung durch den Verfrachter

Der Verfrachter kann nach Abs. 1 den Reisefrachtvertrag nach Maßgabe des § 490 wie **3** bei säumiger Abladung unter einem Stückgutfrachtvertrag kündigen. Erfasst sind **zwei Fallgruppen,** einmal die **fehlende Verladung** von Gütern und zum anderen die **fehlende Abladung** der Güter durch den Befrachter. Die Kündigung ist im ersten Fall zulässig, in dem der Befrachter trotz Pflicht, das Gut zu verladen (§ 531 Abs. 1) **kein Gut** innerhalb der Ladezeit und einer eventuell vereinbarten Überliegezeit **verladen** hat. Die zweite Konstellation betrifft den Fall, in dem der Befrachter das Gut nicht zu verladen hat, sondern diese Pflicht dem Verfrachter obliegt. In diesem Fall kann der Verfrachter den Reisefrachtvertrag kündigen, wenn der Befrachter **kein Gut** innerhalb der Ladezeit und einer eventuell vereinbarten Überliegezeit **abgeladen** hat.

Der Verweis auf § 490 in Abs. 1 stellt klar, dass die Kündigung des Verfrachters von der **4** dort **normierten Fristsetzung** abhängt.[2] Der Verfrachter hat dem Befrachter eine **Nachfrist** zu setzen, worunter die Frist verstanden wird, die der Verfrachter dem Befrachter gewährt, damit dieser das Gut verlädt (dort, wo der Befrachter die Verladung schuldet) oder das Gut zur Verladung durch den Verfrachter zur Verfügung stellt. Der Befrachter erhält eine letzte Möglichkeit, seiner **Mitwirkungspflicht** nachzukommen. Die Nachfristsetzung entspricht dem allgemeinen Zivilrecht (§ 323 Abs. 1 BGB).[3] Die Nachfrist kann erst dann gesetzt werden, wenn **Ladezeit und eine vereinbarte Überliegezeit verstrichen** sind. In den üblichen Chartervertragsformularen findet sich keine Regelung zu einer Befristung der Überliegezeit, so dass es keine **vereinbarte** Überliegezeit gibt. In diesen Fällen kann die Nachfrist gleich nach Verstreichen der Ladezeit gesetzt werden.[4]

Die Nachfrist muss eine **bestimmte und eindeutige Aufforderung** enthalten, das Gut **5** innerhalb einer **angemessenen Frist** zu verladen bzw. zur Verfügung zu stellen. Einer bestimmten Form bedarf es hierbei nicht. Die **Frist** muss nach Tagen, Wochen oder anderen Zeiteinheiten bemessen sein.[5] Sollte die Frist unangemessen kurz sein, tritt an ihre Stelle eine angemessene Frist. Zu berücksichtigen ist dabei die Abfahrtszeit des Schiffes. Eine Ablieferung „in letzter Minute" ist daher problematisch. Zur **fehlenden Abladung** wird auf § 490 Rn. 7 verwiesen. Entsprechendes gilt auch für die **fehlende Verladung** der Güter. Schuldet der Befrachter das Verladen der Güter, dh. das Laden, Stauen und Sichern der Güter im Schiffsraum, liefert das Gut aber nur bis zum Schiff an und kein Fall der Abladung vor, da diese die Übergabe des Gutes an den Verfrachter voraussetzt (§ 486 Abs. 1 Satz 1). Der Verfrachter kann dem Befrachter eine **Nachfrist** setzten und diesen auffordern, die Güter in den Schiffsraum zu laden, zu stauen und zu sichern und bei erfolglosem Verstreichen der Frist den Reisefrachtvertrag kündigen. Übernimmt der Verfrachter jetzt das Verladen, an Stelle des Befrachters, ändert er einseitig den Reisefrachtvertrag und kann diesen nicht (mehr) kündigen.

## IV. Rechtsfolgen der Kündigung

Mit der Kündigung ist der **Reisefrachtvertrag beendet** und der Vertrag wird mit **6** Wirkung für die Zukunft aufgehoben. Der Verfrachter ist mit **sofortiger Wirkung** nicht

---

[1] BerSV zu § 530 S. 137, 150.
[2] RegBegr-SRG S. 104.
[3] BerSV S. 150.
[4] GENCON-Charterparty Box 16, die lediglich „Laytime" regelt, aber nicht die „Time for demurrage".
[5] Palandt/*Grüneberg* BGB § 281 Rn. 9; MüKoBGB/*Ernst* § 323 Rn. 68.

mehr zur Beförderung des Gutes verpflichtet und kann das Schiff abziehen und anderweitig verwenden.

7 Hinsichtlich der weiteren Ansprüche des Verfrachters verweist Abs. 1 auf § 489 Abs. 2 iVm. § 532 Abs. 2. Der Verfrachter hat entweder einen Anspruch auf die **vereinbarte Fracht,** ein **etwaiges Liegegeld** sowie auf zu ersetzende **Aufwendungen abzüglich ersparter Aufwendungen** oder kann alternativ **Fautfracht** in Höhe eines Drittels der vereinbarten Fracht verlangen. Im Gegensatz zu den bisherigen §§ 570, 585 iVm. § 580 Abs. 1, ist der Fautfrachtanspruch der Höhe nach von der Hälfte der vereinbarten Fracht auf **ein Drittel herabgesetzt** worden. Dies erfolgte zum einen zur Angleichung an das Landfrachtrecht (§ 417 Abs. 2 iVm. § 415 Abs. 2 Nr. 2) und zum anderen wurde dies damit begründet, dass den Interessen des Verfrachters durch die Wahlmöglichkeit, eine im Einzelfall höhere Fracht nach § 489 Abs. 2 Nr. 1 zu beanspruchen, in ausreichender Weise Rechnung getragen wird.[6] Zu Einzelheiten der Zahlungsansprüche des Verfrachters nach Kündigung wird auf die Kommentierung zu § 489 verwiesen.

### V. Endgültige Verweigerung der Verladung oder Abladung (Abs. 2)

8 In Übereinstimmung mit § 490 Abs. 2 wird in Abs. 2 geregelt, dass es **keiner Nachfrist** durch den Verfrachter bedarf, wenn bereits **vor Ablauf** der Ladezeit und einer eventuell vereinbarten Überliegezeit **offensichtlich** ist, dass die vom Befrachter zu bewirkende **Verladung oder Abladung nicht erfolgen** wird. Die Regelung entspricht dem Rechtsgedanken aus § 323 Abs. 4 BGB und soll dem Verfrachter ein Abwarten auf den Ablauf der Ladezeit bzw. Überliegezeit in den Fällen ersparen, in denen von Beginn an feststeht, dass eine Verladung bzw. Abladung innerhalb dieser Zeit nicht stattfinden wird.[7] Erfasst werden vor allem die Fälle, in denen der Befrachter bereits vor Ablauf der Ladezeit oder einer vereinbarten Überliegezeit die Verladung bzw. Abladung der Güter **ernsthaft und endgültig verweigert.** Der Verfrachter ist aber auch dann zur vorzeitigen Kündigung berechtigt, wenn er aus den Umständen erkennen kann, dass der Befrachter die Güter innerhalb der Ladezeit und vereinbarten Überliegezeit nicht mehr verladen bzw. abladen kann. Bloße Zweifel des Verfrachters an der Leistungsfähigkeit des Befrachters rechtfertigen eine vorzeitige Kündigung nicht.[8] Dies ergibt sich aus der Verwendung des Wortes „offensichtlich", die impliziert, dass mit an Sicherheit grenzender Wahrscheinlichkeit feststehen muss, dass die Voraussetzungen der Kündigung vorliegen.

### § 535 Löschen

(1) [1]**Die §§ 528 bis 531 über Ladehafen und Ladeplatz, Anzeige der Ladebereitschaft, Ladezeit und Verladen sind entsprechend auf Löschhafen und Löschplatz, Anzeige der Löschbereitschaft, Löschzeit und Löschen anzuwenden.** [2]**Abweichend von § 530 Absatz 3 Satz 2 schuldet der Empfänger jedoch auch dann Liegegeld wegen Überschreitung der Löschzeit, wenn ihm der geschuldete Betrag bei Ablieferung des Gutes nicht mitgeteilt worden ist.**

(2) **Ist der Empfänger dem Verfrachter unbekannt, so ist die Anzeige der Löschbereitschaft durch öffentliche Bekanntmachung in ortsüblicher Weise zu bewirken.**

Übersicht

|  | Rn. |  | Rn. |
|---|---|---|---|
| I. Normzweck | 1, 2 | IV. Löschhafen und Löschplatz | 8 |
| II. Entstehungsgeschichte | 3 | V. Löschzeit und Überliegezeit | 9–13 |
| III. Löschbereitschaft | 4–7 |  |  |

---

[6] Vgl. RegBegr-SRG S. 104; BerSV S. 150.
[7] BerSV S. 150.
[8] Palandt/*Grüneberg* BGB § 323 Rn. 23.

## I. Normzweck

Die Norm bezweckt die entsprechende Anwendung der Regelungen über den Ladeha- 1
fen, den Ladeplatz, die Anzeige der Ladebereitschaft, die Ladezeit und das Verladen auf das
**Löschen des Schiffes**. Durch diese Regelungstechnik sollen **Doppelregelungen** vermieden werden.[1]

Die Norm geht wie bei § 529 davon aus, dass das Schiff an dem vom Befrachter oder 2
Empfänger angewiesenen **Löschplatz** anlegt, um dann anzuzeigen, dass man zum Löschen
der Ladung bereit ist. In Reisefrachtverträgen werden regelmäßig nur der Löschhafen
genannt,[2] so dass sich für die **Löschbereitschaftsanzeige** und **Löschfertigkeit** des Schiffes
dieselben Probleme ergeben, wie bei der Anzeige der Ladebereitschaft nach § 529. Im
Folgenden wird daher auf die Kommentierung zu den §§ 529 u. 530 mehrfach verwiesen.

## II. Entstehungsgeschichte

Die Vorschrift geht auf einen Vorschlag der Sachverständigenkommission zurück.[3] Die 3
Norm soll die bisher für die Löschzeit vorgesehenen Regelungen der §§ 594 ff. aF zusammenfassend behandeln.

## III. Löschbereitschaft

Nach Abs. 1 Satz 1 werden die in den §§ 528–531 enthaltenen Regelungen über den 4
**Ladehafen**, den **Ladeplatz**, die **Anzeige der Ladebereitschaft**, die **Ladezeit** und das
**Verladen** entsprechend angewendet, soweit es um das **Löschen des Schiffes** geht. Die
Löschbereitschaft des Schiffes beurteilt sich demnach nach Abs. 1 Satz 1 und § 530 mit dem
Unterschied, dass die **Notiz zur Löschbereitschaft** dem Empfänger anzuzeigen ist. Die
Anzeige der Löschbereitschaft, die sogenannte *„Notice of Readiness"* (NOR) gegenüber
dem Empfänger, hat **nach Ankunft** des Schiffes im Löschhafen zu erfolgen. Es handelt
sich um ein empfangsbedürftiges Rechtsgeschäft, das gem. § 130 BGB nur mit Zugang
beim Empfänger wirksam wird.[4]

Hinsichtlich **Form, Zeit der Anzeige, Beweislast und Voranzeige** wird auf § 530 5
Rn. 7 ff. verwiesen. Die vereinbarte Voranzeige, sogenannte *„ETA-Meldungen" (expected or estimated time of arrival),* die lediglich die voraussichtliche Ankunft des Schiffes im
Löschhafen bekannt geben, ersetzt die Löschbereitschaftsanzeige nicht.

Entsprechend der bisherigen Regelung in § 594 Abs. 2 aF regelt Abs. 2, dass bei **unbe-** 6
**kanntem Empfänger** der Verfrachter die Löschbereitschaftsanzeige durch **öffentliche
Bekanntmachung in ortsüblicher Weise** bewirken kann. Es ist Sache des Empfängers,
sich rechtzeitig gegenüber dem Verfrachter zur Entgegennahme der Ladung zu legitimieren,
zB durch Vorlage des Konnossements. Sofern im Konnossement oder im Reisefrachtvertrag
eine **Meldeadresse** *(notify address)* angegeben ist,[5] kommt Abs. 2 nicht zur Anwendung,
sondern die Anzeige ist an diese Adresse zu richten.[6]

Bei **mehreren Empfängern** hat die Löschbereitschaftsanzeige gegenüber jedem von 7
ihnen zu erfolgen. Sie kann gegenüber allen Empfängern gleichzeitig erfolgen, wenn auch
gleichzeitig mit dem Löschen der Ladung begonnen werden kann. Ist dies nicht der Fall,
so hat die Löschbereitschaftsanzeige in der Chronologie gegenüber den Empfängern zu
erfolgen, wie die für die Empfänger bestimmten Güter gelöscht werden können. Dies ist
wichtig für die Berechnung der Löschzeit, während derer das Schiff ohne besondere Vergütung auf die Abnahme der Ladung durch den Empfänger zu warten hat.

---

[1] RegBegr-SRG S. 105.
[2] Vgl. Box 11 u. Klausel 1 GENCON-Charterparty (s. Anh. B III 5, S. 1413 f.).
[3] BerSV zu § 531 S. 37, 151.
[4] *Rabe* § 594 Rn. 6.
[5] S. Box 19 und Klausel 6 GENCON-Charterparty (s. Anh. B III 5, S. 1413 f.).
[6] *Rabe* § 594 Rn. 13.

## IV. Löschhafen und Löschplatz

**8**     Angaben zum Löschhafen finden sich regelmäßig in den Standardreisefrachtverträgen.[7] Zur Frage, wann ein Schiff im Löschhafen oder am Löschplatz angekommen ist, wird auf die Kommentierung zu § 528 Rn. 4 ff. verwiesen.

## V. Löschzeit und Überliegezeit

**9**     Abs. 1 Satz 1 verweist auf § 530 zur Berechnung der Löschzeit und Überliegezeit. **Löschzeit** (*„lay days"* oder *„days for discharging"*) ist die **Wartezeit,** während der das Schiff auf die **Abnahme der Güter** durch den Empfänger zu warten hat und für die der Verfrachter grundsätzlich **keine besondere Vergütung** erhält.[8] Die Löschzeit ist, wie die Ladezeit, grundsätzlich als mit der Fracht vergütet anzusehen. Zu Einzelheiten wird auf die Kommentierung zu § 530 Rn. 4 ff. verwiesen.

**10**     Wie bei der Ladezeit (§ 530 Abs. 3) kann sich an die Löschzeit eine **Überliegezeit** *(demurrage)* anschließen. Dies ist der Zeitraum, in dem der Verfrachter im Anschluss an die Löschzeit auf die Abnahme des Gutes warten muss. Die Überliegezeit kann auf eine Vereinbarung im Reisefrachtvertrag basieren oder aus Gründen bestehen, die nicht dem Risikobereich des Verfrachters zuzurechnen sind. Die Überliegezeit beim Löschen besteht **zugunsten des Empfängers,** der die Güter abzunehmen hat.

**11**     Für die Überliegezeit ist ein **Liegegeld** zu zahlen. Abs. 1 Satz 2 bestimmt, dass beim Löschen der Empfänger das Liegegeld wegen Überschreitung der Löschzeit schuldet, auch wenn ihm der geschuldete Betrag bei Ablieferung des Gutes nicht mitgeteilt worden ist. Der **Empfänger schuldet** danach zusätzlich zur **Fracht** stets ein **Liegegeld** wegen Überschreitung der Löschzeit. Die Regelung entspricht § 421 Abs. 3 im allgemeinen Frachtrecht. Eine Mitteilungspflicht der Höhe des Liegegeldes wegen Überschreitung der Löschzeit wurde für nicht notwendig erachtet, weil die Einhaltung der Löschzeit im Risikobereich des Empfängers liege und dieser daher mit Mehrkosten zu rechnen habe.[9]

**12**     Die **Überliegezeit endet nach Löschen des Gutes.**[10] Für den Fall, dass sich das Löschen der Ladung über eine vereinbarte Überliegezeit hinaus verzögert, kann der Verfrachter, sofern die **Verzögerung nicht seinem Risikobereich** zuzurechnen ist, für diesen Zeitraum ebenfalls **Liegegeld** beanspruchen. Nach bisherigem Recht (vgl. § 601 aF) konnte der Verfrachter die Güter in einem öffentlichen Lagerhaus oder in sonstiger sicherer Weise hinterlegen. Eine entsprechende ausdrückliche Regelung findet sich jetzt nicht mehr im Gesetz. Dennoch muss es dem Verfrachter nach Ablauf einer angemessenen Wartezeit möglich sein, sich der Güter durch **Hinterlegung** zu entledigen, damit er über den Schiffsraum weiter disponieren kann. Dies ergibt sich bereits aus dem Gedanken der Schadensminderung, da die Hinterlegung der Ladung regelmäßig kostengünstiger sein wird als ein Liegegeld für das Schiff.

**13**     **Eilgeld** *(dispatch money)* wird oft auch für die Löschzeit vereinbart, um einen Anreiz für schnelleres Löschen zu geben.[11] Das **Löscheilgeld** kommt je nach Vereinbarung im Reisefrachtvertrag dem Befrachter oder dem Empfänger zugute. Zur Berechnung der Lösch- und Überliegezeit wird auf die Kommentierung zu § 530 Rn. 20 ff. verwiesen.

---

[7] Vgl. Box 11 u. Klausel 1 GENCON-Charterparty (s. Anh. B III 5, S. 1413).
[8] Zur Berechnung OLG Düsseldorf 3.12.1981, VersR 1982, 1139.
[9] RegBegr-SRG S. 105; BerSV S. 151.
[10] OLG Hamburg 25.11.1982, VersR 1983, 365.
[11] *Rabe* § 594 Rn. 21.

## Zweiter Unterabschnitt. Personenbeförderungsverträge

### § 536 Anwendungsbereich

(1) [1]Für Schäden, die bei der Beförderung von Fahrgästen und ihrem Gepäck über See durch den Tod oder die Körperverletzung eines Fahrgasts oder durch den Verlust, die Beschädigung oder verspätete Aushändigung von Gepäck entstehen, haften der Beförderer und der ausführende Beförderer nach den Vorschriften dieses Unterabschnitts. [2]Das Recht, eine Beschränkung der Haftung nach den §§ 611 bis 617 oder den §§ 4 bis 5m des Binnenschifffahrtsgesetzes geltend zu machen, bleibt unberührt.

(2) [1]Die Vorschriften dieses Unterabschnitts gelten nicht, soweit die folgenden Regelungen maßgeblich sind:
1. unmittelbar anwendbare Regelungen der Europäischen Union in ihrer jeweils geltenden Fassung, insbesondere die Verordnung (EG) Nr. 392/2009 des Europäischen Parlaments und des Rates vom 23. April 2009 über die Unfallhaftung von Beförderern von Reisenden auf See (ABl. L 131 vom 28.5.2009, S. 24), oder
2. unmittelbar anwendbare Regelungen in völkerrechtlichen Übereinkünften.
[2]Die Haftungsvorschriften dieses Unterabschnitts gelten ferner nicht, wenn der Schaden auf einem von einer Kernanlage ausgehenden nuklearen Ereignis beruht und der Inhaber der Kernanlage nach den Vorschriften des Übereinkommens vom 29. Juli 1960 über die Haftung gegenüber Dritten auf dem Gebiet der Kernenergie in der Fassung der Bekanntmachung vom 5. Februar 1976 (BGBl. 1976 II S. 310, 311) und des Protokolls vom 16. November 1982 (BGBl. 1985 II S. 690) oder des Atomgesetzes haftet.

### § 537 Begriffsbestimmungen

Im Sinne dieses Unterabschnitts ist
1. ein Beförderer eine Person, die einen Vertrag über die Beförderung eines Fahrgasts über See (Personenbeförderungsvertrag) schließt;
2. ein Fahrgast eine Person, die
   a) auf Grund eines Personenbeförderungsvertrags befördert wird oder
   b) mit Zustimmung des Beförderers ein Fahrzeug oder lebende Tiere, die auf Grund eines Seefrachtvertrags befördert werden, begleitet;
3. Gepäck jeder Gegenstand, der auf Grund eines Personenbeförderungsvertrags befördert wird, ausgenommen lebende Tiere;
4. Kabinengepäck das Gepäck, das ein Fahrgast in seiner Kabine oder sonst in seinem Besitz hat, einschließlich des Gepäcks, das ein Fahrgast in oder auf seinem Fahrzeug hat;
5. ein Schifffahrtsereignis ein Schiffbruch, ein Kentern, ein Zusammenstoß oder eine Strandung des Schiffes, eine Explosion oder ein Feuer im Schiff oder ein Mangel des Schiffes;
6. ein Mangel des Schiffes eine Funktionsstörung, ein Versagen oder eine Nichteinhaltung von anwendbaren Sicherheitsvorschriften in Bezug auf einen Teil des Schiffes oder seiner Ausrüstung, wenn dieser Teil oder diese Ausrüstung verwendet wird
   a) für das Verlassen des Schiffes, die Evakuierung oder die Ein- und Ausschiffung der Fahrgäste,
   b) für den Schiffsantrieb, die Ruderanlage, die sichere Schiffsführung, das Festmachen, das Ankern, das Anlaufen oder Verlassen des Liege- oder Ankerplatzes oder die Lecksicherung nach Wassereinbruch oder
   c) für das Aussetzen von Rettungsmitteln.

## § 538 Haftung des Beförderers für Personenschäden

(1) [1]Der Beförderer haftet für den Schaden, der durch den Tod oder die Körperverletzung eines Fahrgasts entsteht, wenn das den Schaden verursachende Ereignis während der Beförderung eingetreten ist und auf einem Verschulden des Beförderers beruht. [2]Ist das den Schaden verursachende Ereignis ein Schifffahrtsereignis, wird das Verschulden vermutet.

(2) [1]Abweichend von Absatz 1 haftet der Beförderer ohne Verschulden für den Schaden, der durch den Tod oder die Körperverletzung eines Fahrgasts auf Grund eines Schifffahrtsereignisses während der Beförderung entsteht, soweit der Schaden den Betrag von 250 000 Rechnungseinheiten nicht übersteigt. [2]Der Beförderer ist jedoch von dieser Haftung befreit, wenn das Ereignis

1. infolge von Feindseligkeiten, einer Kriegshandlung, eines Bürgerkriegs, eines Aufstands oder eines außergewöhnlichen, unvermeidlichen und unabwendbaren Naturereignisses eingetreten ist oder
2. ausschließlich durch eine Handlung oder Unterlassung verursacht wurde, die von einem Dritten in der Absicht, das Ereignis zu verursachen, begangen wurde.

(3) [1]Die Beförderung im Sinne der Absätze 1 und 2 umfasst

1. den Zeitraum, in dem sich der Fahrgast an Bord des Schiffes befindet, einschließlich des Zeitraums, in dem er ein- und ausgeschifft wird, sowie
2. den Zeitraum, in dem der Fahrgast auf dem Wasserweg vom Land auf das Schiff oder umgekehrt befördert wird, wenn die Kosten dieser Beförderung im Beförderungsentgelt inbegriffen sind oder wenn das für diese zusätzliche Beförderung benutzte Wasserfahrzeug dem Fahrgast vom Beförderer zur Verfügung gestellt worden ist.

[2]Nicht erfasst ist der Zeitraum, in dem sich der Fahrgast in einer Hafenstation, auf einem Kai oder in oder auf einer anderen Hafenanlage befindet.

## § 539 Haftung des Beförderers für Gepäck- und Verspätungsschäden

(1) [1]Der Beförderer haftet für den Schaden, der durch Verlust oder Beschädigung von Kabinengepäck oder von anderem Gepäck entsteht, wenn das den Schaden verursachende Ereignis während der Beförderung eingetreten ist und auf einem Verschulden des Beförderers beruht. [2]Bei Verlust oder Beschädigung von Kabinengepäck auf Grund eines Schifffahrtsereignisses und bei Verlust oder Beschädigung anderen Gepäcks wird das Verschulden vermutet.

(2) [1]Der Beförderer haftet entsprechend Absatz 1 auch für den Schaden, der daraus entsteht, dass das Gepäck dem Fahrgast nicht innerhalb einer angemessenen Frist nach Ankunft des Schiffes, auf dem das Gepäck befördert worden ist oder hätte befördert werden sollen, wieder ausgehändigt worden ist. [2]Die Haftung ist jedoch ausgeschlossen, wenn die verspätete Aushändigung auf Arbeitsstreitigkeiten zurückzuführen ist.

(3) Abweichend von den Absätzen 1 und 2 haftet der Beförderer nicht für den Schaden, der durch Verlust, Beschädigung oder verspätete Aushändigung von Geld, begebbaren Wertpapieren, Gold, Silber, Juwelen, Schmuck, Kunstgegenständen oder sonstigen Wertsachen entsteht, es sei denn, dass solche Wertsachen bei dem Beförderer zur sicheren Aufbewahrung hinterlegt worden sind.

(4) Die Beförderung im Sinne des Absatzes 1 umfasst folgende Zeiträume:

1. hinsichtlich des Kabinengepäcks mit Ausnahme des Gepäcks, das der Fahrgast in oder auf seinem Fahrzeug hat,

a) den Zeitraum, in dem sich das Kabinengepäck an Bord des Schiffes befindet, einschließlich des Zeitraums, in dem das Kabinengepäck ein- und ausgeschifft wird,

b) den Zeitraum, in dem das Kabinengepäck auf dem Wasserweg vom Land auf das Schiff oder umgekehrt befördert wird, wenn die Kosten dieser Beförderung im Beförderungspreis inbegriffen sind oder wenn das für diese zusätzliche Beförderung benutzte Wasserfahrzeug dem Fahrgast vom Beförderer zur Verfügung gestellt worden ist, sowie

c) den Zeitraum, in dem sich der Fahrgast in einer Hafenstation, auf einem Kai oder in oder auf einer anderen Hafenanlage befindet, wenn das Kabinengepäck von dem Beförderer oder seinen Bediensteten oder Beauftragten übernommen und dem Fahrgast nicht wieder ausgehändigt worden ist;

2. hinsichtlich anderen Gepäcks als des in Nummer 1 genannten Kabinengepäcks den Zeitraum von der Übernahme durch den Beförderer an Land oder an Bord bis zur Wiederaushändigung.

## § 540 Haftung für andere

[1]Der Beförderer hat ein Verschulden seiner Leute und der Schiffsbesatzung in gleichem Umfang zu vertreten wie eigenes Verschulden, wenn die Leute und die Schiffsbesatzung in Ausübung ihrer Verrichtungen handeln. [2]Gleiches gilt für ein Verschulden anderer Personen, deren er sich bei der Ausführung der Beförderung bedient.

## § 541 Haftungshöchstbetrag bei Personenschäden

(1) [1]Die Haftung des Beförderers wegen Tod oder Körperverletzung eines Fahrgasts ist in jedem Fall auf einen Betrag von 400 000 Rechnungseinheiten je Fahrgast und Schadensereignis beschränkt. [2]Dies gilt auch für den Kapitalwert einer als Entschädigung zu leistenden Rente.

(2) Abweichend von Absatz 1 ist die Haftung des Beförderers auf einen Betrag von 250 000 Rechnungseinheiten je Fahrgast und Schadensereignis beschränkt, wenn der Tod oder die Körperverletzung auf einem der folgenden Umstände beruht:

1. Krieg, Bürgerkrieg, Revolution, Aufruhr, Aufständen oder dadurch veranlassten inneren Unruhen oder feindlichen Handlungen durch oder gegen eine Krieg führende Macht,

2. Beschlagnahme, Pfändung, Arrest, Verfügungsbeschränkung oder Festhalten sowie deren Folgen oder dahingehenden Versuchen,

3. zurückgelassenen Minen, Torpedos, Bomben oder sonstigen zurückgelassenen Kriegswaffen,

4. Anschlägen von Terroristen oder Personen, die die Anschläge böswillig oder aus politischen Beweggründen begehen, und Maßnahmen, die zur Verhinderung oder Bekämpfung solcher Anschläge ergriffen werden,

5. Einziehung und Enteignung.

(3) Bei Tod oder Körperverletzung mehrerer Fahrgäste tritt bei Anwendung des Absatzes 2 an die Stelle des darin genannten Betrages von 250 000 Rechnungseinheiten je Fahrgast und Schadensereignis der Betrag von 340 Millionen Rechnungseinheiten je Schiff und Schadensereignis, wenn dieser Betrag niedriger ist und unter den Geschädigten im Verhältnis der Höhe ihrer Ansprüche und in Form einer einmaligen Zahlung oder in Form von Teilzahlungen aufgeteilt werden kann.

## § 542 Haftungshöchstbetrag bei Gepäck- und Verspätungsschäden

(1) Die Haftung des Beförderers wegen Verlust, Beschädigung oder verspäteter Aushändigung von Kabinengepäck ist, soweit Absatz 2 nichts Abweichendes bestimmt, auf einen Betrag von 2 250 Rechnungseinheiten je Fahrgast und Beförderung beschränkt.

(2) Die Haftung des Beförderers wegen Verlust, Beschädigung oder verspäteter Aushändigung von Fahrzeugen, einschließlich des in oder auf dem Fahrzeug beförderten Gepäcks, ist auf einen Betrag von 12 700 Rechnungseinheiten je Fahrzeug und je Beförderung beschränkt.

(3) Die Haftung des Beförderers wegen Verlust, Beschädigung oder verspäteter Aushändigung allen anderen als des in den Absätzen 1 und 2 erwähnten Gepäcks ist auf einen Betrag von 3 375 Rechnungseinheiten je Fahrgast und je Beförderung beschränkt.

(4) [1]Soweit nicht Wertsachen betroffen sind, die beim Beförderer zur sicheren Aufbewahrung hinterlegt sind, können der Beförderer und der Fahrgast vereinbaren, dass der Beförderer einen Teil des Schadens nicht zu erstatten hat. [2]Dieser Teil darf jedoch bei Beschädigung eines Fahrzeugs den Betrag von 330 Rechnungseinheiten und bei Verlust, Beschädigung oder verspäteter Aushändigung anderer Gepäcks den Betrag von 149 Rechnungseinheiten nicht übersteigen.

(5) Abweichend von den Absätzen 1 bis 4 hat der Beförderer bei Verlust oder Beschädigung von Mobilitätshilfen oder anderer Spezialausrüstung, die von einem Fahrgast mit eingeschränkter Mobilität verwendet wird, den Wiederbeschaffungswert der betreffenden Ausrüstungen oder gegebenenfalls die Reparaturkosten zu ersetzen.

## § 543 Zinsen und Verfahrenskosten

Zinsen und Verfahrenskosten sind über die in den §§ 538, 541 und 542 genannten Haftungshöchstbeträge hinaus zu erstatten.

## § 544 Rechnungseinheit

[1]Die in den §§ 538, 541 und 542 genannte Rechnungseinheit ist das Sonderziehungsrecht des Internationalen Währungsfonds. [2]Der Betrag wird in Euro entsprechend dem Wert des Euro gegenüber dem Sonderziehungsrecht am Tag des Urteils oder an dem von den Parteien vereinbarten Tag umgerechnet. [3]Der Wert des Euro gegenüber dem Sonderziehungsrecht wird nach der Berechnungsmethode ermittelt, die der Internationale Währungsfonds an dem betreffenden Tag für seine Operationen und Transaktionen anwendet.

## § 545 Wegfall der Haftungsbeschränkung

Die in den §§ 541 und 542 sowie im Personenbeförderungsvertrag vorgesehenen Haftungshöchstbeträge gelten nicht, wenn der Schaden auf eine Handlung oder Unterlassung zurückzuführen ist, die vom Beförderer selbst entweder in der Absicht, einen solchen Schaden herbeizuführen, oder leichtfertig und in dem Bewusstsein begangen wurde, dass ein solcher Schaden mit Wahrscheinlichkeit eintreten werde.

## § 546 Ausführender Beförderer

(1) $^1$Wird die Beförderung ganz oder teilweise durch einen Dritten ausgeführt, der nicht der Beförderer ist, so haftet der Dritte (ausführender Beförderer) für den Schaden, der durch den Tod oder die Körperverletzung eines Fahrgasts oder durch Verlust, Beschädigung oder verspätete Aushändigung von Gepäck eines Fahrgasts während der vom ausführenden Beförderer durchgeführten Beförderung entsteht, so, als wäre er der Beförderer. $^2$Vertragliche Vereinbarungen, durch die der Beförderer seine Haftung erweitert, wirken gegen den ausführenden Beförderer nur, soweit er ihnen schriftlich zugestimmt hat.

(2) Der ausführende Beförderer kann alle Einwendungen und Einreden geltend machen, die dem Beförderer aus dem Personenbeförderungsvertrag zustehen.

(3) Der Beförderer und der ausführende Beförderer haften als Gesamtschuldner.

## § 547 Haftung der Leute und der Schiffsbesatzung

(1) $^1$Wird einer der Leute des Beförderers oder des ausführenden Beförderers wegen Tod oder Körperverletzung eines Fahrgasts oder wegen Verlust, Beschädigung oder verspäteter Aushändigung von Gepäck eines Fahrgasts in Anspruch genommen, so kann auch er sich auf die für den Beförderer oder den ausführenden Beförderer geltenden Einreden und Haftungsbeschränkungen berufen, wenn er in Ausübung seiner Verrichtungen gehandelt hat. $^2$Gleiches gilt, wenn ein Mitglied der Schiffsbesatzung in Anspruch genommen wird.

(2) Eine Berufung auf die Haftungsbeschränkungen nach Absatz 1 ist ausgeschlossen, wenn der Schuldner selbst vorsätzlich oder leichtfertig und in dem Bewusstsein gehandelt hat, dass ein solcher Schaden mit Wahrscheinlichkeit eintreten werde.

(3) Sind für den Schaden sowohl der Beförderer oder der ausführende Beförderer als auch eine der in Absatz 1 genannten Personen verantwortlich, haften sie als Gesamtschuldner.

## § 548 Konkurrierende Ansprüche

Ansprüche wegen Tod oder Körperverletzung eines Fahrgasts oder wegen Verlust, Beschädigung oder verspäteter Aushändigung von Gepäck können gegen den Beförderer oder den ausführenden Beförderer nur auf der Grundlage der Vorschriften dieses Unterabschnitts geltend gemacht werden.

## § 549 Schadensanzeige

(1) $^1$Zeigt der Fahrgast dem Beförderer eine Beschädigung oder einen Verlust seines Gepäcks nicht rechtzeitig an, so wird vermutet, dass er das Gepäck unbeschädigt erhalten hat. $^2$Einer Anzeige bedarf es jedoch nicht, wenn der Zustand des Gepäcks im Zeitpunkt seines Empfangs von den Parteien gemeinsam festgestellt oder geprüft worden ist.

(2) Die Anzeige ist rechtzeitig, wenn sie spätestens in folgendem Zeitpunkt erstattet wird:
1. bei äußerlich erkennbarer Beschädigung von Kabinengepäck im Zeitpunkt der Ausschiffung des Fahrgasts,
2. bei äußerlich erkennbarer Beschädigung von anderem Gepäck als Kabinengepäck im Zeitpunkt seiner Aushändigung und

3. bei äußerlich nicht erkennbarer Beschädigung von Gepäck oder bei dessen Verlust 15 Tage nach der Ausschiffung oder Aushändigung oder nach dem Zeitpunkt, in dem die Aushändigung hätte erfolgen sollen.

(3) ¹Die Schadensanzeige bedarf der Textform. ²Zur Wahrung der Frist genügt die rechtzeitige Absendung.

## § 550 Erlöschen von Schadensersatzansprüchen

Ein Schadensersatzanspruch wegen Tod oder Körperverletzung eines Fahrgasts oder wegen Verlust, Beschädigung oder verspäteter Aushändigung von Gepäck erlischt, wenn er nicht innerhalb einer der folgenden Fristen gerichtlich geltend gemacht wird:
1. drei Jahre, gerechnet von dem Tag, an dem der Gläubiger von dem Tod oder der Körperverletzung oder von dem Verlust, der Beschädigung oder der verspäteten Aushändigung Kenntnis erlangt hat oder normalerweise hätte erlangen müssen, oder
2. fünf Jahre, gerechnet von dem Tag, an dem die Ausschiffung des Fahrgasts erfolgt ist oder hätte erfolgen sollen, je nachdem, welches der spätere Zeitpunkt ist.

## § 551 Abweichende Vereinbarungen

Soweit in § 542 Absatz 4 nichts Abweichendes bestimmt ist, ist jede Vereinbarung unwirksam, die vor Eintritt des Ereignisses getroffen wird, das den Tod oder die Körperverletzung des Fahrgasts oder den Verlust, die Beschädigung oder die verspätete Aushändigung seines Gepäcks verursacht hat, und durch die die Haftung wegen Tod oder Körperverletzung des Fahrgasts oder wegen Verlust, Beschädigung oder verspäteter Aushändigung seines Gepäcks ausgeschlossen oder eingeschränkt wird.

## § 552 Pfandrecht des Beförderers

(1) Der Beförderer hat für seine Forderung auf das Beförderungsentgelt ein Pfandrecht an dem Gepäck des Fahrgasts.

(2) Das Pfandrecht besteht nur, solange das Gepäck zurückbehalten oder hinterlegt ist.

Schrifttum: *Androulidakis-Dimitriadis*, Der Passagiervertrag auf See, Eine rechtsvergleichende Darstellung, Berlin 1967; *Basedow*, Passagierschifffahrt, Zur Novellierung des See- und Binnenschifffahrtsrechts, ZHR 148 (1984), 238; *Basedow*, Kollisionsrechtliche Aspekte der Seerechtsreform von 1986, IPRax 1987, 333; *Czerwenka*, Die geplante Reform des Seehandelsrechts, 2011; *Czerwenka*, Passagierschaden im Binnenschiffsverkehr, NJW 2006, 1250; *Czerwenka*, Der Referentenentwurf zur Reform des Seehandelsrechts, Abweichungen vom Sachverständigenbericht, TranspR 2011, 249; *Freise*, Das Transportrecht – Stand und Entwicklungslinien, RdTW 2013, 41; *Haak*, Haftung bei der Personenbeförderung, Rechtliche Entwicklungen im Bereich der internationalen Personenbeförderung, TranspR 2009, 162; *Herber,* Das Athener Übereinkommen von 1974, ZEV 1976, 150; ZEV 1977, 2; *Herber,* Das Zweite Seerechtsänderungsgesetz, Neues Haftungsrecht für See- und Binnenschifffahrt, TranspR 1986, 249; TranspR 1986, 326; *Herber,* Das neue Haftungsrecht der Schifffahrt, 1989; *Herber,* Vorschläge der Sachverständigengruppe zur Reform des Seehandelsrechts – Einführung, Vorgeschichte und Grundzüge, TranspR 2009, 445; *Herber,* Die Reform des deutschen Seehandelsrechts – Balance zwischen Rechtsfortbildung und Schifffahrtstradition, TranspR 2012, 269; *Kröger,* Die Passagierbeförderung auf See – Eine rechtsvergleichende Darstellung der internationalen Haftungsregeln in der Luft- und Seefahrt, Diss. Hamburg 2009; *Lagoni,* Die Haftung des Beförderers von Reisenden auf See und im Binnenschiffsverkehr und das Gemeinschaftsrecht – Die EG auf Konfrontationskurs mit dem Völkerrecht, ZEuP 2007, 1079; *Puttfarken,* Seehandelsrecht, 1997; *Schreiber,* Die Auswirkungen des Seetransportrechts auf das Reiserecht, TranspR 2012, 369; *Schubert*, Die Haftung für Reisende und ihr Gepäck auf Schiffen, 1981.

## Übersicht

Rn.

**I. Entstehungsgeschichte** .............. 1–24
1. Die internationale Rechtsentwicklung . 2–16
   a) Das Brüsseler Übereinkommen von 1961 ............................... 3–5
   b) Das Athener Übereinkommen 1974 6–10
   c) Das Athener Übereinkommen 2002 . 11–14
   d) Die VO Athen ..................... 15, 16
2. Die nationale Rechtsentwicklung ...... 17–24
   a) Die Anlage zu § 664 HGB .......... 18
   b) Das Gesetz zur Reform des Seehandelsrechts vom 20.4.2013 ........... 19–24

**II. Regelungssystematik** ................ 25–28
1. Eigenständige Regelung ............... 25
2. Inhalt und Aufbau ................... 26, 27
3. Abweichungen vom Athener Übereinkommen 2002 und der VO Athen ..... 28

**III. Anwendungsbereich** .............. 29–37
1. Sachlicher Anwendungsbereich ......... 29–33
   a) Vertragliche Beförderung .......... 30
   b) Entgeltliche Beförderung? .......... 31
   c) Beförderung über See .............. 32
   d) Beförderung auf Binnengewässern ... 33
2. Vorrang anderer Regelungen .......... 34–37
   a) Vorrang europäischer Regelungen .. 34, 35
   b) Vorrang völkerrechtlicher Übereinkünfte ............................. 36
   c) Vorrang spezieller Haftungsregeln bei nuklearem Ereignis ................. 37

**IV. Haftung des Beförderers für Personenschäden** ........................... 38–55
1. Personenschaden während der Beförderung ............................... 39, 40
2. Verschulden des Beförderers .......... 41–45
   a) Haftung für Schifffahrtsereignis ...... 42–44

Rn.

b) Haftung in sonstigen Fällen .......... 45
3. Art und Umfang des Schadensersatzes .. 46, 47
4. Haftungsbeschränkung ................. 48–55
   a) Haftungshöchstbeträge bei Personenschäden ......................... 49–52
   b) Globale Haftungsbeschränkung ...... 53–55

**V. Haftung des Beförderers für Gepäck- und Verspätungsschäden** .... 56–66
1. Haftung für Gepäckschäden ........... 57–63
   a) Haftung für Kabinengepäck .......... 58–61
   b) Haftung für anderes Gepäck ......... 62, 63
2. Haftung für Verspätungsschäden ........ 64
3. Gemeinsame Regeln .................. 65, 66
   a) Wegfall der Haftungsbeschränkung .. 65
   b) Globale Haftungsbeschränkung ...... 66

**VI. Haftung für andere und Haftung von anderen** ........................... 67–70
1. Haftung für andere .................... 67, 68
2. Haftung von anderen ................. 69, 70
   a) Haftung des ausführenden Beförderers ............................... 69
   b) Haftung der Leute und der Schiffsbesatzung .......................... 70

**VII. Konkurrierende Ansprüche** ....... 71

**VIII. Schadensanzeige, Erlöschen von Schadensersatzansprüchen und Verjährung** ............................. 72–76
1. Schadensanzeige ...................... 72–74
2. Erlöschen von Schadensersatzansprüchen .................................. 75
3. Verjährung .......................... 76

**IX. Abweichende Vereinbarungen** .... 77

## I. Entstehungsgeschichte

Das HGB enthielt zum Zeitpunkt seines Inkrafttretens im Jahr 1897 im Bereich des **1** Personenbeförderungsrechts in der Seeschifffahrt lediglich die Regelungen der §§ 664–678 aF, die im Wesentlichen unverändert aus dem ADHGB von 1861 übernommen worden waren.[1] Die Haftung des Beförderers war dort nur insofern geregelt, als für die **Haftung für das in Verwahrung genommene Gepäck** auf Seefrachtrecht verwiesen wurde. Im Übrigen richtete sich die Haftung des Beförderers nach den **allgemeinen Vorschriften des Vertrags- und Deliktsrechts;**[2] sie wurde allerdings in den **Passagebedingungen** regelmäßig weitgehend eingeschränkt.[3] Im Jahr 1986 und ein weiteres Mal im Jahr 2013 ist das Haftungsrecht für die Passagierschifffahrt jedoch umfassend neu gestaltet worden. Auslöser hierfür waren jeweils neben einem offensichtlichen Modernisierungsbedürfnis wegen der technischen Weiterentwicklung der Seeschifffahrt[4] auch die Bestrebungen auf internationaler Ebene, einheitliche und fahrgastfreundliche Regelungen zu schaffen.

---

[1] *Basedow* ZHR 148 (1984), 238, 243; *Rabe* Vor § 664 Rn. 1.
[2] *Basedow* IPRax 1987, 333, 335.
[3] *Basedow* ZHR 148 (1984), 238, 243; *Herber* TranspR 1986, 249, 255; *Rabe* Vor § 664 Rn. 1.
[4] Vgl. *Herber* TranspR 2012, 269, 270.

**2**    **1. Die internationale Rechtsentwicklung.** Das Comité Maritime International (CMI) veranstaltete erstmals im **Jahr 1909** eine **Konferenz in Bremen,** auf der eine völkerrechtliche Regelung der Haftung wegen Personenschäden in der Seeschifffahrt diskutiert wurde.[5] Politischer Anlass der Diskussion war insbesondere die rasch wachsende Zahl der Auswanderer, die der Personenschifffahrt eine stetig ansteigende Bedeutung verschafften.[6] Dieser und weitere Ansätze einer Rechtsvereinheitlichung[7] gerieten jedoch durch die beiden Weltkriege zunächst ins Stocken. Nach dem Zweiten Weltkrieg nahm zwar die Zahl der Auswanderer deutlich ab, nun stieg aber die Zahl der Vergnügungsreisen an,[8] was für das CMI einen Anlass bot, sich erneut mit dem Thema zu beschäftigen. Auf einer **Konferenz in Neapel im Jahr 1951** wurde eine Arbeitsgruppe eingesetzt, die 1955 in Madrid einen ersten Regelungsentwurf vorlegte, der sich überwiegend an den Haager Regeln von 1924 über den Gütertransport auf See orientierte.[9] Insbesondere wegen des – unterschiedlich motivierten – Widerstandes der USA und Englands[10] blieb dem Entwurf jedoch der Erfolg versagt.

**3**    **a) Das Brüsseler Übereinkommen von 1961.** Ein erneuter Vorstoß für eine Rechtsvereinheitlichung wurde auf einer **Konferenz in Brüssel im Jahr 1957** unternommen, der schließlich in das auf der Diplomatischen Konferenz in Brüssel im Jahr 1961 vorgelegte Internationale Übereinkommen für die Vereinheitlichung bestimmter Regeln über den Transport von Passagieren auf See vom 29. April 1961 mündete.

**4**    Das vom Warschauer Abkommen von 1929[11] beeinflusste Übereinkommen sah eine **Verschuldenshaftung des Beförderers** vor, die auf einen **Betrag von 250.000 Goldfranken**[12] **beschränkt** war. Das Verschulden des Beförderers wurde allerdings vermutet, soweit ein Passagier durch Strandung, Schiffbruch, Schiffszusammenstoß, Explosion oder Feuer auf einem Schiff einen Schaden erlitt. Darüber hinaus galt die Haftungsbeschränkung nicht, wenn dem Geschädigten der Nachweis gelang, dass der Beförderer den Schaden durch eigenes vorsätzliches Verhalten oder leichtfertig in dem Bewusstsein, einen Schaden herbeizuführen, herbeigeführt hatte.

**5**    Eine **Haftung für Gepäckschäden** war nicht vorgesehen, was von zahlreichen Staaten, darunter den großen Schifffahrtsnationen USA, England und Niederlande, als Anlass genommen wurde, das Übereinkommen nicht zu zeichnen.[13] Das Übereinkommen trat am 4.7.1954 in Kraft,[14] führte aber wegen der geringen Anzahl an Ratifikationen nicht zu der erhofften Rechtsvereinheitlichung. Die Haftung für Gepäckschäden sollte Gegenstand eines eigenen Übereinkommens, nämlich des auf der Diplomatischen Konferenz in Brüssel im Jahr 1967 vorgelegten **Übereinkommens über die Vereinheitlichung von Regeln über die Beförderung von Reisegepäck auf See vom 27. Mai 1967** werden, das allerdings mangels einer ausreichenden Anzahl von Ratifikationen nie in Kraft trat.

**6**    **b) Das Athener Übereinkommen 1974.** Vor dem Hintergrund des bisherigen Scheiterns der Bemühungen um eine internationale Rechtsvereinheitlichung beschloss das CMI auf der Vollversammlung in Tokio im Jahr 1969 einen neuen Entwurf, in dem einerseits die Haftungsregeln der Brüsseler Übereinkommen von 1961 und von 1967 für Personen-

---

[5] *Herber* ZEV 1976, 150, 151.
[6] Zwischen 1820 und 1920 wanderten ca. 72 Millionen Menschen von Europa nach Amerika aus (*Androulidakis-Dimitriadis*, Der Passagiervertrag auf See, S. 199).
[7] S. hierzu *Kröger,* Die Passagierbeförderung auf See, S. 54 ff.
[8] *Kröger,* Die Passagierbeförderung auf See, S. 56.
[9] *Herber* ZEV 1976, 150, 152.
[10] Vgl. hierzu *Kröger,* Die Passagierbeförderung auf See, S. 56 f.
[11] Das im Bereich des Luftverkehrs geltende Warschauer Abkommen wurde am 12.10.1929 in Warschau beschlossen und trat am 29.2.1929 in Kraft. Es regelt insbesondere die Haftung des Luftfrachtführers für Personen-, Reisegepäck- und Güterschäden.
[12] Das entspricht etwa einem Betrag von 16.666 SZR, derzeit rund 19.126 EUR.
[13] *Kröger,* Die Passagierbeförderung auf See, S. 58.
[14] Das Übereinkommen wurde von Algerien, Frankreich, Haiti, Iran, Kuba, Marokko, Peru, Schweiz, Tunesien, Vereinigte Arabische Emirate und Zaire ratifiziert.

und Gepäckschäden zusammengefasst und andererseits die Haftungshöchstsummen mehr als verdoppelt wurden. Auf der Grundlage dieses Entwurfs erarbeitete der Rechtsausschuss der IMO einen eigenen Entwurf, der auf der Athener Seerechtskonferenz im Jahr 1974 vorgelegt wurde.

Die Regelungen über die Haftung für Personenschäden des Athener Übereinkommens 7 1974 entsprechen weitgehend denen des Brüsseler Übereinkommens von 1961. Insbesondere gilt auch hier eine **Verschuldenshaftung des Beförderers,** wobei das Verschulden vermutet wird, wenn der Schaden auf Schiffbruch, Schiffszusammenstoß, Strandung, Explosion, Feuer oder einem Mangel des Schiffes beruht (Art. 3 Abs. 3 S. 1 Athener Übereinkommen 1974). Gleiches gilt auch für **Gepäckschäden,** soweit Kabinengepäck betroffen ist; für das übrige Gepäck wird das Verschulden des Beförderers unabhängig von der Schadensursache vermutet (Art. 3 Abs. 3 S. 2 Athener Übereinkommen 1974).

Die **Haftungshöchstsumme für Personenschäden** wird mit **700.000 Goldfranken**[15] 8 allerdings deutlich höher angesetzt, wobei etwa die USA bei den Beratungen des Entwurfs diese Summe immer noch als zu niedrig empfanden.[16] Die Haftung für Gepäckschäden wird in Art. 8 Athener Übereinkommen 1974 für Kabinengepäck auf 12.500 Goldfranken,[17] für Fahrzeuge auf 50.000 Goldfranken[18] und für das übrige Gepäck auf 18.000 Goldfranken[19] begrenzt. Die Haftungsbeschränkungen entfallen gemäß Art. 13 Athener Übereinkommen 1974, wenn die schadensursächliche Handlung vorsätzlich oder leichtfertig und in dem Bewusstsein begangen wurde, dass ein Schaden mit Wahrscheinlichkeit eintreten werde. Außerdem ist eine Haftung des ausführenden Beförderers in Art. 4 Athener Übereinkommen 1974 vorgesehen.

Das Athener Übereinkommen 1974 trat am 28.4.1987 in Kraft.[20] Es wurde zwar von 9 verschiedenen wichtigen Schifffahrtsnationen, etwa England, Griechenland, Russland und Spanien ratifiziert, insgesamt blieb die Zahl der Ratifikationen aber hinter den Erwartungen zurück. Auch Deutschland hat das Athener Übereinkommen 1974 nicht ratifiziert, seine Bestimmungen dienten jedoch als Vorbild für eine eigene nationale Regelung (s. hierzu nachfolgend Rn. 18).[21] Grund für die zurückhaltende Ratifikationspraxis waren insbesondere die Haftungshöchstsummen, die teils als zu hoch, teils – so auch von Deutschland[22] – als zu niedrig empfunden wurden.[23]

Zu dem Athener Übereinkommen 1974 wurden **zwei ergänzende Protokolle** 10 beschlossen: In einem am 19.11.1976 beschlossenen, am 30.4.1989 in Kraft getretenen Protokoll wurde zunächst die Währungseinheit des Athener Übereinkommens 1974 auf

---

[15] Etwa 46.666 SZR, derzeit rund 53.553 EUR. Am 1.4.1978 trat die Neufassung des Übereinkommens über den Internationalen Währungsfonds in Kraft, wonach die bis dahin geltende Definition des Sonderziehungsrechts des Internationalen Währungsfonds in Gold endgültig entfiel. Obwohl diese Entwicklung im Jahr 1974 bereits abzusehen war, entschied sich die Konferenz, den Goldfranken zunächst als Werteinheit beizubehalten, jedoch in einem Zusatzprotokoll die Möglichkeit zu schaffen, das Übereinkommen in einem vereinfachten Revisionsverfahren zu ändern, was in der Folgezeit bereits durch das am 19.11.1976 beschlossene Protokoll geschah.

[16] Die USA forderte in den Beratungen des Entwurfs eine Haftungshöchststumme von 5 Millionen Goldfranken (etwa 333.333 SZR, derzeit rund 382.526 EUR); vgl. *Kröger*, Die Passagierbeförderung auf See, S. 61 mit weiteren Einzelheiten zu den verschiedenen in den Beratungen vertretenen Positionen.

[17] Etwa 833 SZR, derzeit rund 956 EUR.

[18] Etwa 3.333 SZR, derzeit rund 3.825 EUR.

[19] Etwa 1.200 SZR, derzeit rund 1.377 EUR.

[20] Das Athener Übereinkommen 1974 wurde von folgenden Staaten ratifiziert: Argentinien, Ägypten, Äquatorialguinea, Bahamas, Barbados, Belgien, China, Dominikanische Republik, Georgien, Griechenland, Guyana, Hong Kong/China, Irland, Jordanien, Kroatien, Lettland, Liberia, Luxemburg, Malawi, Marshallinseln, Polen, Russland, Spanien, Schweiz, Tonga, Ukraine, Vereinigtes Königreich, Vanuatu und Jemen.

[21] Ähnlich sind Frankreich, die vier skandinavischen Länder, Niederlande und Vietnam verfahren, die die Bestimmungen des Athener Übereinkommens 1974 ebenfalls mit Modifikationen, insbesondere bei den Haftungssummen, in ihr nationales Recht übernommen haben (*Kröger*, Die Passagierbeförderung auf See, Fn. 9).

[22] Vgl. Regierungsbegründung zum Entwurf eines Zweiten Seerechtsänderungsgesetzes, BT-Drucks. 10/3852 S. 14; s. auch *Basedow* ZHR 148 (1984), 238, 250 f.

[23] *Herber* ZEV 1977, 2, 13.

die nunmehr in internationalen Übereinkommen üblichen Sonderziehungsrechte umgestellt. Ein erster Versuch, die Haftungshöchstsummen des Athener Übereinkommens 1974 anzuheben, scheiterte jedoch.[24] Das am 29.3.1990 beschlossene zweite Protokoll trat nie in Kraft, da es nicht von einer ausreichenden Anzahl von Staaten ratifiziert wurde.

11    **c) Das Athener Übereinkommen 2002.** Im Oktober 1997 beschloss der Rechtsausschuss der IMO, eine umfassende Revision des Athener Übereinkommens 1974 zu erarbeiten. Eines der Ziele war, das **Schutzniveau** der Reisenden im Seeverkehr an das für den Luftverkehr geltende **Montrealer Übereinkommen**[25] anzugleichen. Der hieraus hervorgegangene Entwurf eines Protokolls zur Änderung des Athener Übereinkommens 1974 wurde am 1.11.2002 auf der Diplomatischen Konferenz einstimmig angenommen. Das Protokoll sieht vor, dass Art. 1–22 des Übereinkommens in der Fassung des Protokolls zusammen mit Art. 17–25 des Protokolls und dem dazu gehörigen Anhang das Athener Übereinkommen 2002 bilden. Das Protokoll ist mittlerweile von 14 Staaten ratifiziert worden und wird am 23.4.2014 in Kraft treten.[26]

12    Kernstück der Revision ist die Ersetzung der im Athener Übereinkommen 1974 vorgesehenen Verschuldenshaftung des Beförderers für **Personenschäden** infolge eines **Schifffahrtsereignisses** durch eine auf **250.000 SZR**[27] je Reisenden und Vorfall **begrenzte Gefährdungshaftung** (Art. 3 Abs. 1 S. 1 Athener Übereinkommen 2002). Die Haftung entfällt, wenn das den Schaden verursachende Ereignis durch Krieg, kriegsähnliche Handlungen oder ein außergewöhnliches, unvermeidliches und unabwendbares Naturereignis entstanden ist oder ausschließlich von einem Dritten in Schädigungsabsicht herbeigeführt wurde. Soweit Personenschäden die Summe von 250.000 SZR übersteigen, greift eine auf **400.000 SZR**[28] **begrenzte Verschuldenshaftung** ein, wobei es dem Beförderer obliegt, mangelndes Verschulden zu beweisen (Art. 3 Abs. 1 S. 2 iVm. Art. 7 Abs. 1 Athener Übereinkommen 2002).[29] Ist ein Personenschaden **nicht durch ein Schifffahrtsereignis** verursacht worden, haftet der Beförderer demgegenüber nur bei **nachgewiesenem Verschulden** (Art. 3 Abs. 2 Athener Übereinkommen 2002).

13    Auch bezogen auf die Haftung für **Verlust oder Beschädigung von Gepäck oder Kraftfahrzeuge** wurden die Haftungshöchstsummen des Athener Übereinkommens 1974 angehoben: Für den Verlust von Kabinengepäck beläuft sich der Haftungshöchstbetrag auf 2.250 SZR,[30] für den Verlust oder die Beschädigung von Fahrzeugen, einschließlich des in oder auf dem Fahrzeug beförderten Gepäcks, auf 12.700 SZR[31] und für den Verlust oder die Beschädigung von sonstigem Gepäck auf 3.375 SZR.[32]

14    Neu ist darüber hinaus, dass das Athener Übereinkommen 2002 nunmehr nach dem Vorbild des MÜ eine **Versicherungspflicht des Beförderers** enthält. Die Regelung des Art. 4a Athener Übereinkommen 2002 sieht insofern vor, dass der Beförderer verpflichtet ist, die Haftung für Personenschäden bis zu einem Betrag von 250.000 SZR durch eine Versicherung mit Direktanspruch des Geschädigten gegen den Versicherer abzudecken.

---

[24] Die Haftungshöchstsummen sollten für Personenschäden auf 175.000 SZR, für Kabinengepäck auf 1.800 SZR, für Kraftfahrzeuge auf 10.000 SZR und für sonstiges Gepäck auf 2.700 SZR erhöht werden.

[25] Übereinkommen vom 28. Mai 1999 zur Vereinheitlichung bestimmter Vorschriften über die Beförderung im internationalen Luftverkehr, BGBl. 2004 II S. 458.

[26] Folgende Staaten haben das Protokoll ratifiziert: Albanien, Belgien, Belize, Bulgarien, Dänemark, Kroatien, Lettland, Malta, Niederlande, Norwegen, Palau, St. Kitts und Nevis, Serbien und Syrien; außerdem die Europäische Union (s. http://www.imo.org/About/Conventions/StatusOfConventions/Pages/Default.aspx; Stand: 9.1.2014).

[27] Derzeit rund 286.895 EUR.

[28] Derzeit rund 459.031 EUR.

[29] Art. 7 Abs. 2 Athener Übereinkommen 2002 gestattet den Vertragsstaaten darüber hinaus, eine über 400.000 Sonderziehungsrechten liegende Haftungshöchstsumme festzulegen oder eine unbeschränkte Haftung einzuführen (sog. opt-out-Klausel).

[30] Derzeit rund 2.582 EUR.

[31] Derzeit rund 14.574 EUR.

[32] Derzeit rund 3.873 EUR.

**d) Die VO Athen.** Im Jahr 2003 legte die Europäische Kommission einen Beschlussvor- **15** schlag[33] vor, wonach zur Schaffung eines angemessenen Schutzes für Seereisende sowohl die **EU** als auch ihre einzelnen **Mitgliedstaaten** dem **Athener Übereinkommen 2002 als Vertragsparteien beitreten** sollten. Hintergrund dieser Doppelstrategie war, dass es sich bei dem Athener Übereinkommen 2002 nach Ansicht der Europäischen Kommission um ein sog. gemischtes Abkommen handelt, dessen Bestandteile teilweise in die ausschließliche Zuständigkeit der EU und teilweise in die der Mitgliedstaaten fallen. Die Verhandlungen über den Vorschlag blieben im Rat jedoch zunächst erfolglos.[34]

Deswegen legte die Europäische Kommission dem Rat im Jahr 2006 im Rahmen des **16** **Dritten Seesicherheitspakets**[35] den Vorschlag für eine Verordnung[36] vor, durch die die wesentlichen Bestimmungen des Athener Übereinkommens 2002, die in einen Anhang zu der Verordnung aufgenommen wurden, in europäisches Recht überführt werden sollten.[37] Verwiesen wird in der Verordnung außerdem auf die vom Rechtsausschuss der IMO am 19.10.2006 angenommenen sog. IMO-Richtlinien, die in einem weiteren Anhang zur Verordnung enthalten sind. Ergänzt wurden die Bestimmungen des Athener Übereinkommens 2002 insbesondere um Regelungen über Entschädigungen für Mobilitätshilfen oder sonstige spezielle Ausrüstung (Art. 4 VO Athen), die Vorschusszahlung bei Personenschäden (Art. 6 VO Athen) und Pflichten zur Information des Reisenden (Art. 7 VO Athen). Nach langen Verhandlungen erzielten das Europäische Parlament und der Rat im **Jahr 2009** eine **Einigung über die VO Athen.**[38] Nach Art. 12 VO Athen gilt diese, da das Athener Übereinkommen 2002 für die Gemeinschaft nicht bereits zuvor in Kraft getreten ist, ab dem 31.12.2012. Darüber hinaus trat die EU aufgrund eines geänderten Beschlussvorschlags der Europäischen Kommission vom 30.11.2010 mit Zustimmung des Europäischen Parlaments vom 15.11.2011[39] durch Ratsbeschluss vom 12.12.2011[40] dem Athener Übereinkommen 2002 bei.

**2. Die nationale Rechtsentwicklung.** Die aufgezeigte internationale Rechtsverein- **17** heitlichung hatte auch prägenden Einfluss auf das nationale Recht, das zunehmend als dringend modernisierungsbedürftig empfunden wurde.[41]

**a) Die Anlage zu § 664 HGB.** Durch das **Zweite Seerechtsänderungsgesetz** vom **18** 25.7.1986[42] fanden im Rahmen einer **grundlegenden Neugestaltung** des seerechtlichen Haftungsrechts für Personen- und Gepäckschäden die Regelungen des Athener Übereinkommens 1974 – abgesehen von den als zu niedrig empfundenen Haftungshöchstbeträgen[43] und einigen anderen Abweichungen – Eingang in das HGB. Damit wurde im deutschen Recht **zum ersten Mal** ein **besonderes gesetzliches Haftungsrecht** für die Passagier-

[33] Vorschlag für einen Beschluss des Rates über den Abschluss durch die Europäische Gemeinschaft des Protokolls von 2002 zum Athener Übereinkommen von 1974 über die Beförderung von Reisenden und ihrem Gepäck auf See, KOM (2003) 375 endg. v. 24.6.2003, Ratsdokument 10979/03 vom 27.6.2003.
[34] Weitere Einzelheiten bei *Lagoni* ZEuP 2007, 1079, 1083.
[35] Drittes Paket Legislativer Maßnahmen zur Förderung der Seeverkehrssicherheit in der EU.
[36] Vorschlag für eine Verordnung des Europäischen Parlaments und des Rates über die Haftung von Beförderern von Reisenden auf See und im Binnenschiffsverkehr bei Unfällen, Ratsdokument 6827/06 vom 27.2.2006.
[37] *Czerwenka* NJW 2006, 1250, 1252.
[38] Verordnung (EG) Nr. 392/2009 des Europäischen Parlaments und des Rates vom 23.4.2009 über die Unfallhaftung von Beförderern von Reisenden auf See, ABl. L 131 v. 28.5.2009, S. 24.
[39] Legislative Entschließung des Europäischen Parlaments vom 15.11.2011 zu dem Entwurf eines Beschlusses des Rates über den Beitritt der Europäischen Union zum Protokoll von 2002 zum Athener Übereinkommen von 1974 über die Beförderung von Reisenden und ihrem Gepäck auf See, mit Ausnahme der Artikel 10 und 11 (08663/2011 – C7-0142/2011 – 2003/0132A(NLE)), ABl. C 153 E v. 31.5.2013 S. 167.
[40] Beschluss des Rates vom 12.12.2011 über den Beitritt der Europäischen Union zum Protokoll von 2002 zum Athener Übereinkommen von 1974 über die Beförderung von Reisenden und ihrem Gepäck auf See in Bezug auf Artikel 10 und 11 (2012/23/EU), ABl. EU Nr. L 8 v. 12.1.2012 S. 13.
[41] Vgl. Regierungsbegründung zum Zweiten Seerechtsänderungsgesetz, BT-Drucks. 10/3852 S. 14.
[42] BGBl. 1986 I S. 1120.
[43] *Basedow* IPRax 1987, 333, 335.

schifffahrt geschaffen.[44] Rechtstechnisch wurden die Bestimmungen als Anlage zu § 664 HGB in das HGB eingefügt, um einer späteren Ratifizierung des Athener Übereinkommens nach Anhebung der Haftungsbeträge durch ein Änderungsprotokoll nicht entgegenzustehen.[45] Der **Haftungshöchstbetrag** für Personenschäden wurde nach dem Vorbild des § 46 LuftVG auf **320.000 DM** je Reisenden und Beförderung festgesetzt (Art. 5 der Anlage zu § 664 HGB).[46] Abweichend von Art. 13 Athener Übereinkommen 1974 verlor der Beförderer nach Art. 10 der Anlage zu § 664 HGB das Recht auf Haftungsbeschränkung nicht nur bei eigenem grobem Verschulden des Beförderers, sondern auch bei einem solchen seiner Bediensteten oder Beauftragten.

19 **b) Das Gesetz zur Reform des Seehandelsrechts vom 20.4.2013.** Im Jahr 2004 setzte das Bundesministerium der Justiz eine **Sachverständigengruppe** ein, um das (immer noch) als veraltet und rückständig angesehene deutsche Seehandelsrecht zu modernisieren.[47] Dabei sollte auch der internationalen Rechtsentwicklung Rechnung getragen werden. Da in Form der VO Athen bereits konkrete europäische Vorgaben vorhanden waren, sah die Sachverständigengruppe in ihrem **Abschlussbericht** im Bereich der seerechtlichen Haftung für Personen- und Gepäckschäden allerdings von einem eigenen Regelungsvorschlag ab.[48]

20 **aa) RefE–SRG.** Der RefE–SRG wählte demgegenüber zur Erleichterung der Handhabung der Vorschriften über Personenbeförderungsverträge den Ansatz, die Regelungen der VO Athen und damit des Athener Übereinkommens 2002 mit Ausnahme der Vorschriften über die Versicherungspflicht des Beförderers sowie über Vorschusszahlungen und Informationspflichten in das **Handelsgesetzbuch** zu übernehmen und auf diese Weise ein in sich geschlossenes Regelwerk zu schaffen.[49] Dabei sollten die Vorschriften der Systematik des HGB angepasst werden, was auch dazu führt, dass einzelne Regelungen nicht übernommen werden sollten, weil sich ihr Regelungsgehalt bereits aus anderen Vorschriften des HGB oder BGB ergibt.[50] Darüber hinaus schlug der RefE–SRG zur besseren Abgrenzung zum Reisevertragsrecht vor, anstelle des dem Athener Übereinkommen 2002 und der VO Athen zugrunde gelegten Begriffs des „Reisenden" denjenigen des „Fahrgasts" zu verwenden.[51]

21 Der **Anwendungsbereich** der Vorschriften sollte allerdings weiter sein als derjenige der VO Athen. Diese gilt nach ihrem Art. 2 nur für Seebeförderungen mit einem Seeschiff, das die Flagge eines EU-Mitgliedstaats führt oder in einem EU-Mitgliedstaat registriert ist, für eine Seebeförderung auf Grund eines Beförderungsvertrags, der in einem EU-Mitgliedstaat geschlossen wurde, oder für eine Seebeförderung, die in einem EU-Mitgliedstaat beginnt oder endet. Bei innerstaatlichen Beförderungen müssen diese außerdem mit einem Schiff der Klasse A oder B iSd. Art. 4 der Richtlinie 98/18/EG vom 17.3.1998 über Sicherheitsvorschriften und –normen für Fahrgastschiffe durchgeführt werden.[52] Die neuen Regelungen sollten demgegenüber auch für Seebeförderungen außerhalb der EU mit einem nicht die Flagge eines EU-Mitgliedstaats führenden Seeschiffs auf Grund eines nicht in der EU abgeschlossenen Beförderungsvertrags sowie für innerstaatliche Seebeförderungen mit Seeschiffen der Klasse C oder D der Richtlinie 98/18/EG, für Beförderungen mit Seeschif-

---

[44] Vgl. hierzu auch *Basedow* IPRax 1987, 333, 335.
[45] Regierungsbegründung zum Zweiten Seerechtsänderungsgesetz, BT-Drucks. 10/3852 S. 14.
[46] *Herber* TranspR 1986, 249, 257.
[47] *Czerwenka* Reform S. 287.
[48] Vgl. BerSV, abgedruckt in *Czerwenka* Reform S. 431; *Herber* TranspR 2009, 445, 450; *Czerwenka* TranspR 2011, 249, 255.
[49] *Czerwenka* Reform S. 19; *Czerwenka* TranspR 2011, 249, 255.
[50] Grundsätzlich kritisch hierzu hat sich der Deutsche Verein für Internationales Seerecht in seiner Stellungnahme zum RefE–SRG geäußert: Jede Veränderung des Wortlauts des Athener Übereinkommens 2002, sei es im Hinblick auf Begrifflichkeiten, auf die Systematik des Gesetzes oder auf Umstellungen beim Satzbau begründe die Gefahr, dass sich im Ergebnis inhaltliche Abweichungen ergäben (vgl. Stellungnahme DVIS vom 31.8.2011 Rn. 146, http://www.transportrecht.org/html/DVIS_Stellungnahme_SHR_RefE_02.pdf.).
[51] RefE–SRG, abgedruckt in *Czerwenka* Reform S. 213.
[52] ABl. L 144 v. 15.5.1998 S. 1.

fen auf Binnengewässern und für Seebeförderungen mit Binnenschiffen gelten, soweit deutsches Recht Anwendung findet.[53]

Im Hinblick auf die in der VO Athen vorgesehenen **Informationspflichten** und **Vor-** 22 **schusszahlungen** sollte zunächst abgewartet werden, welche Erfahrungen mit diesen Regelungen gewonnen werden.[54] Die **Versicherungspflicht des Beförderers** sollte demgegenüber in einem eigenständigen Gesetz über bestimmte Versicherungsnachweise in der Seeschifffahrt (Seeversicherungsnachweisgesetz) geregelt werden.[55]

Unberührt von den neuen Haftungsregeln des HGB sollten die Regelungen der **VO** 23 **Athen** bleiben, deren **vorrangige Geltung** durch § 536 Abs. 2 Satz 1 Nr. 1 RefE sicher gestellt werden sollte, da auch die Einarbeitung von Regelungen einer EU-Verordnung in ein innerstaatliches Gesetz einen Verstoß gegen Gemeinschaftsrecht darstellt, wenn nicht die Verordnung selbst den Mitgliedstaaten einen Gestaltungsspielraum einräumt.[56]

**bb) Gang des Gesetzgebungsverfahrens.** Die im RefE-SRG vorgeschlagenen Rege- 24 lungen zum Personenbeförderungsrecht haben im anschließenden Gesetzgebungsverfahren **kaum Änderungen** erfahren. Der RegE-SRG[57] beschränkt sich – neben zahlreichen redaktionellen Änderungen – als einzige inhaltliche Änderung darauf, der im RefE-SRG vorgeschlagenen Vorschrift des § 547 einen Abs. 3 hinzuzufügen, wonach für Schäden, für die sowohl der Beförderer oder der ausführende Beförderer als auch einer der Leute des Beförderers oder des ausführenden Beförderers oder ein Mitglied der Schiffsbesatzung verantwortlich sind, diese als Gesamtschuldner haften.[58] Der **RegE-SRG** ist im Hinblick auf die Vorschriften zum Personenbeförderungsrecht sodann **unverändert Gesetz** geworden.

## II. Regelungssystematik

**1. Eigenständige Regelung.** Die neuen Regelungen der §§ 536–552 sind in dem Fünf- 25 ten Buch des Handelsgesetzbuchs „Seehandel" enthalten, und zwar ist ihnen im Zweiten Abschnitt „Beförderungsverträge" ein eigener Unterabschnitt „Personenbeförderungsverträge" gewidmet. Der Gesetzgeber hat damit **ausdrücklich davon abgesehen,** auf die **VO Athen zu verweisen** oder deren Bestimmungen wörtlich zu übernehmen. Vielmehr war Ziel der Neuregelung im Rahmen des Gesetzes zur Reform des Seehandelsrechts, zwar inhaltlich mit der VO Athen übereinstimmende Regelungen zu schaffen, diese aber an die allgemeine Systematik des HGB anzupassen.[59]

**2. Inhalt und Aufbau.** Inhaltlich enthält der Zweite Unterabschnitt – anders als die 26 Überschrift vermuten lässt – lediglich Regelungen über die **vertragliche Haftung des Beförderers,** mit Ausnahme der Regelung über das **vertragliche Pfandrecht des Beförderers** in § 552. Der Personenbeförderungsvertrag richtet sich damit im Übrigen nach den

---

[53] Vgl. *Czerwenka* TranspR 2011, 249, 256.
[54] RefE-SRG, abgedruckt in *Czerwenka* Reform S. 121.
[55] RefE-SRG, abgedruckt in *Czerwenka* Reform S. 122.
[56] Vgl. *Czerwenka* TranspR 2011, 249, 256 unter Verweis auf EuGH Urt. v. 10.10.1973 – Rs. 34/73, Slg. 1973, 981, Rn. 10 und 11 – Variola.
[57] BT-Drucks. 17/10309.
[58] Auch diese Regelung dient im Ergebnis der Klarstellung: Sie entspricht im Güterbeförderungsrecht § 508 Abs. 3, der seinerseits sein Vorbild im bisherigen § 607a Abs. 3 aF hat. In der Begründung zu § 508 RefE-SRG und zu § 547 RefE-SRG war noch darauf hingewiesen worden, dass es einer solchen Regelung nicht bedürfe. Denn es folge bereits aus § 421 BGB, dass bei einer gesamtschuldnerischen Haftung des Verfrachters, seiner Leute und der Personen der Schiffsbesatzung bzw. des Beförderers und seiner Leute insgesamt nicht mehr als der Betrag zu leisten sei, dem Haftungshöchstbetrag entspreche (*Czerwenka* Reform S. 180). Diese Auffassung war jedoch vom DVIS mit der Begründung kritisiert worden, die Schifffahrt habe mit internationalen Sachverhalten zu tun und es sei keinesfalls sichergestellt, dass Gerichte von einer Gesamtschuldnerschaft von Verfrachter und Leuten etc. ausgehen und dass das Gesamtschuldverhältnis gerade dem deutschen Recht unterliege (vgl. Stellungnahme DVIS vom 31.8.2011 Rn. 79, http://www.transportrecht.org/html/DVIS_Stellungnahme_SHR_RefE_02.pdf.). Daher wurde die Regelung sowohl im Güter- und dementsprechend auch im Personenbeförderungsrecht wieder aufgenommen.
[59] RegBegr-SRG S. 41.

allgemeinen Vorschriften, insbesondere nach § 631 ff. BGB, da er vom Vertragstyp her regelmäßig als **Werkvertrag** einzuordnen ist.[60]

27   Im **Aufbau** weicht der Zweite Unterabschnitt von demjenigen des im Anhang I der VO Athen enthaltenen Athener Übereinkommens 2002 ab. Vorangestellt ist in § 536 die Regelung des Anwendungsbereichs der nachfolgenden Vorschriften. Sodann folgen nach den in § 537 geregelten Begriffsbestimmungen die zentralen Haftungsnormen für Personen- und Gepäckschäden in § 538 bzw. § 539. Die Haftung des Beförderers für ein Verschulden seiner Leute und der Schiffsbesatzung ist in § 540 enthalten. Die §§ 541–544 regeln die Haftungshöchstbeträge für Personen- und Gepäckschäden, ergänzt durch eine Regelung zu Zinsen und Verfahrenskosten sowie zur Umrechnung der in Rechnungseinheiten ausgedrückten Haftungshöchstbeträge. Es schließen sich Regelungen zum Wegfall der Haftungsbeschränkung (§ 545), zur Haftung des ausführenden Beförderers (§ 546) sowie der Leute und der Schiffsbesatzung (§ 547) an. Die Regelung des § 548 schließt konkurrierende Ansprüche aus; § 549 regelt die Schadensanzeige und § 550 das Erlöschen der Schadensersatzansprüche durch Zeitablauf. Die Regelung des § 551 befasst sich mit der Frage der Abdingbarkeit der Vorschriften des Zweiten Unterabschnitts. § 552 räumt schließlich dem Beförderer ein gesetzliches Pfandrecht für seine Forderung auf Beförderungsentgelt an dem Gepäck des Fahrgastes ein und befasst sich damit als einzige Regelung dieses Unterabschnitts nicht mit der Haftung für Personen- und Gepäckschäden.

28   **3. Abweichungen vom Athener Übereinkommen 2002 und der VO Athen.** Verschiedene Regelungen des Athener Übereinkommens 2002 sind nicht in den Zweiten Unterabschnitt „Personenbeförderungsverträge" übernommen worden, weil sich ihre Geltung bereits aus **allgemeinen zivilrechtlichen Grundsätzen** ergibt. Hierunter fallen die Art. 3 Abs. 5 Buchstabe d Athener Übereinkommen 2002 (§ 249 BGB), Art. 4 Abs. 5 Athener Übereinkommen 2002 (§ 426 BGB), Art. 6 Athener Übereinkommen 2002 (§ 254 BGB), Art. 12 Abs. 2 und 3 Athener Übereinkommen 2002 (§ 421 BGB) und Art. 21 Athener Übereinkommen 2002.[61] Die Regelung des Art. 4 bis Athener Übereinkommen 2002 über die Pflichtversicherung findet sich dort ebenfalls nicht, sie hat vielmehr Eingang in das **Gesetz über bestimmte Versicherungsnachweise in der Seeschifffahrt** (Seeversicherungsnachweisgesetz) vom 4.6.2013 (BGBl. I S. 1471) gefunden. Schließlich fehlen die Regelungen der Art. 6 und 7 VO Athen über **Vorschusszahlungen** und **Informationspflichten**. Dem Gesetzgeber erschien es insofern zweckmäßig, zunächst abzuwarten, welche Erfahrungen mit den in der VO Athen enthaltenen Regelungen gewonnen werden.[62]

### III. Anwendungsbereich

29   **1. Sachlicher Anwendungsbereich.** In § 536 Abs. 1 S. 1 wird der sachliche Anwendungsbereich der Haftungsregeln des Zweiten Unterabschnitts festgelegt. Neben verschiedenen terminologischen[63] und redaktionellen[64] Änderungen im Vergleich zu dem zuvor geltenden § 664 Abs. 1 aF ist insbesondere hervorzuheben, dass die Haftungsregeln nunmehr für **jede Beförderung über See** eingreifen, unabhängig davon, ob sie mit einem See- oder mit einem Binnenschiff durchgeführt wird.

---

[60] BGH 16.12.1996, TranspR 1997, 158; *Freise* RdTW 2013, 41, 45; *Rabe* Vor § 664 Rn. 23; *Puttfarken* Seehandelsrecht Rn. 486.

[61] Vgl. RegBegr-SRG S. 105.

[62] RegBegr-SRG S. 105.

[63] So wurde der Begriff „Reisender" durch den Begriff „Fahrgast" ersetzt, um eine klarere Abgrenzung zum Reisevertragsrecht zu schaffen (RegBegr-SRG S. 106) und – wie auch in § 481 – anstelle der bisherigen Formulierung „auf See" die Formulierung „über See" verwendet, da diese in der Praxis sprachlich geläufiger ist (RegBegr-SRG S. 66). Inhaltliche Änderungen waren hiermit nicht verbunden.

[64] Eingefügt wurden die Wörter „oder verspätete Aushändigung von Gepäck" um klarzustellen, dass auch diese – wie schon bisher, von den Haftungsregeln erfasst ist (RegBegr-SRG S. 106).

**a) Vertragliche Beförderung.** Wie § 664 Abs. 1 aF ordnet § 536 Abs. 1 die Geltung **30** der Haftungsregeln für Schäden an, die bei der Beförderung von Fahrgästen und ihrem Gepäck entstehen. Dass es sich hierbei nur um eine vertragliche Beförderung handelt, ergibt sich erst aus § 537 Nr. 1, der den (haftenden) Beförderer als eine Person definiert, die einen Vertrag über die Beförderung eines Fahrgasts über See schließt, und § 537 Nr. 2, wonach ein Fahrgast eine Person ist, die auf Grund eines Personenbeförderungsvertrags befördert wird. Die gleiche Regelungstechnik wurde zuvor bereits im Zusammenspiel von § 664 Abs. 1 aF und Art. 1 Nr. 1 Buchstabe a und Nr. 4 Buchstabe a der Anlage zu § 664 verwandt. Damit finden die nachfolgenden Haftungsregeln nur Anwendung, wenn der Fahrgast aufgrund eines **wirksamen Beförderungsvertrags** befördert wird. Dieser kann mangels gesetzlich geregelten Formerfordernisses **formfrei** abgeschlossen werden (§ 125 S. 1 BGB).[65]

**b) Entgeltliche Beförderung?** Anders als etwa in Art. 1 Abs. 1 MÜ und Art. 1 WA **31** 1955 ist im Zweiten Unterabschnitt nicht ausdrücklich geregelt, ob es sich um eine entgeltliche Beförderung handeln muss bzw. in welchem Umfang unentgeltliche Beförderungen unter die Regelungen fallen. Auch die Regierungsbegründung gibt hierüber keinen Aufschluss. Unter dem alten – auf dem Athener Übereinkommen 1974 basierenden – Recht, das hierzu ebenfalls keine ausdrückliche Regelung enthielt, bestand allerdings die einhellige Ansicht, dass auch eine **unentgeltliche Beförderung** unter die Vorschriften der Anlage zu § 664 fällt, vorausgesetzt, es handelt sich um eine vertragliche Beförderung.[66] Keine Ansprüche aufgrund der Haftungsregeln der Anlage zu § 664 konnte damit etwa der „blinde" Passagier geltend machen, da es insofern an dem erforderlichen Personenbeförderungsvertrag fehlte. Dies muss auch für das neue, nach dem Vorbild des Athener Übereinkommens 2002 geschaffene Recht gelten, da sich insofern keine Abweichungen zwischen Athener Übereinkommen 2002 und Athener Übereinkommen 1974 ergeben.

**c) Beförderung über See.** Während Art. 1 Nr. 3 der Anlage zu § 664 bestimmte, dass **32** „Schiff" im Sinne der Haftungsregeln ausschließlich ein Seeschiff ist, wählt § 536 Abs. 1 einen anderen Ansatz, der im Übrigen auch von Art. 1 Nr. 3 VO Athen[67] abweicht: Maßgeblich ist nunmehr, dass eine Beförderung **über See** versprochen worden ist. Damit ist auch eine Seebeförderung erfasst, die durch ein Binnenschiff ausgeführt wird. Außerdem finden die Haftungsregeln des Zweiten Unterabschnitts Anwendung, wenn die Beförderung sowohl auf See- als auch auf Binnengewässern durchgeführt wird.[68]

**d) Beförderung auf Binnengewässern.** Dass auch eine reine Beförderung auf Binnen- **33** gewässern unter die Haftungsregeln des Zweiten Unterabschnitts fällt, ergibt sich zwar nicht aus § 536 Abs. 1, wohl aber aus § 77 BinSchG, wonach auf die Beförderung von Fahrgästen und ihrem Gepäck auf Flüssen und sonstigen Binnengewässern die §§ 536–552 HGB entsprechend anzuwenden sind.

**2. Vorrang anderer Regelungen. a) Vorrang europäischer Regelungen.** Nach **34** § 536 Abs. 2 Nr. 1 gelten die Haftungsregeln des Zweiten Unterabschnitts nicht, soweit unmittelbar anwendbare Regelungen der Europäischen Union, insbesondere die **VO Athen,** Anwendung finden. Dies ergibt sich bereits aus dem Recht der Europäischen Union, so dass § 536 Abs. 2 Nr. 1 insoweit nur deklaratorischen Charakter hat. Denn nach Art. 288 Abs. 2 AEUV gilt eine Verordnung unmittelbar in jedem EU-Mitgliedstaat, ohne dass noch weitere Maßnahmen zur Umwandlung in innerstaatliches Recht erforderlich oder auch nur zulässig sind.[69] Zum Anwendungsbereich der VO Athen s. Rn. 21.

---

[65] Vgl. allg. zur Formfreiheit von Rechtsgeschäften: Palandt/*Ellenberger* BGB § 125 Rn. 1.

[66] BGH 16.12.1996, TranspR 1997, 158; *Schubert,* Die Haftung für Reisende und ihr Gepäck auf Schiffen, S. 56; *Herber,* Das neue Haftungsrecht der Schifffahrt, S. 160; *Rabe* Vor § 664 Rn. 23.

[67] Hiernach sind Schiffe ebenfalls ausschließlich als Seeschiffe mit Ausnahme von Luftkissenfahrzeugen definiert.

[68] RegBegr-SRG S. 106.

[69] Vgl. *Czerwenka* Reform S. 19 mwN.

**35**    Aus dem Vorrang der VO Athen folgt, dass die §§ 536 ff. **unmittelbar** nur für eine Beförderung über See innerhalb Deutschlands auf kleineren Seeschiffen (Schiffe der Klassen C und D gemäß Art. 4 der Richtlinie 98/18/EG), für eine internationale Beförderung über See mit Seeschiffen, wenn kein Bezug zu einem EU-Mitgliedstaat iSd. Art. 2 VO Athen besteht, aber in dem Personenbeförderungsvertrag die Anwendung deutschen Rechts vereinbart wurde, und für eine Beförderung über See mit Binnenschiffen gelten.[70]

**36**    **b) Vorrang völkerrechtlicher Übereinkünfte.** Die Vorschrift des § 536 Abs. 2 Nr. 2 stellt klar, dass die Regelungen aus völkerrechtlichen Übereinkünften Vorrang haben, soweit sie unmittelbar anwendbares innerstaatliches Recht geworden sind. Vorbild dieser Vorschrift war Art. 3 Abs. 2 EGBGB.[71] Hiernach haben etwa die Regelungen in den Einheitlichen Rechtsvorschriften für den Vertrag über die internationale Eisenbahnbeförderung von Personen (CIV – Anhang A zum Übereinkommen vom 9.5.1980 über den internationalen Eisenbahnverkehr (COTIF) in der Fassung des Protokolls vom 3.6.1999 betreffend die Änderung des Übereinkommens vom 9.5.1980) bei gemischten Eisenbahn-Seebeförderungen auf Seeschiffen Vorrang, wenn deren Anwendungsbereich nach Art. 31 § 2 CIV eröffnet ist.[72]

**37**    **c) Vorrang spezieller Haftungsregeln bei nuklearem Ereignis.** Nach § 536 Abs. 2 S. 2 gelten die Haftungsvorschriften des Zweiten Unterabschnitts nicht, wenn der Schaden auf einem von einer Kernanlage ausgehenden nuklearen Ereignis beruht und der Inhaber der Kernanlage nach den Vorschriften des Übereinkommens vom 29.7.1960 über die Haftung gegenüber Dritten auf dem Gebiet der Kernenergie in der Fassung der Bekanntmachung vom 5.2.1976 (BGBl. II S. 310, 311) und des Protokolls vom 16.11.1982 (BGBl. II S. 690) oder des Atomgesetzes haftet. Dies entspricht der Regelung des Art. 20 Athener Übereinkommen 2002. Damit wird der die vorgenannten Spezialregelungen prägende Grundsatz umgesetzt, dass der **Inhaber der Kernanlage ausschließlich für nukleare Schäden haftet,** die im Zusammenhang mit dem Betrieb einer Kernanlage oder während der Beförderung von Kernmaterialien von oder zu einer solchen Anlage verursacht werden.

### IV. Haftung des Beförderers für Personenschäden

**38**    Anspruchsgrundlage für die Haftung des Beförderers im Falle des Todes oder der Körperverletzung eines Fahrgasts ist § 538. Voraussetzung der Haftung ist zunächst, dass der Personenschaden während der Beförderung eingetreten ist. Ob die Haftung ein (nachgewiesenes) Verschulden des Beförderers voraussetzt, hängt einerseits von der Haftungshöhe und andererseits davon ab, ob das den Schaden verursachende Ereignis ein Schifffahrtsereignis iSd. § 537 Nr. 5 ist. Inhaltlich entspricht die Regelung Art. 3 Athener Übereinkommen 2002, auch wenn sie anders aufgebaut ist. Demgegenüber weicht sie von dem zuvor geltenden Art. 2 der Anlage zu § 664 ab, der eine Verschuldenshaftung des Beförderers vorsah, auch wenn das Verschulden bei Vorliegen eines Schifffahrtsereignisses vermutet wurde.

**39**    **1. Personenschaden während der Beförderung.** Der Haftungszeitraum des Beförderers bestimmt sich nach § 538 Abs. 3 S. 1. Hiernach haftet der Beförderer in dem Zeitraum, in dem sich der Fahrgast an **Bord des Schiffes** befindet, einschließlich der **Ein- und Ausschiffung,** sowie in dem Zeitraum, in dem der Fahrgast **auf dem Wasserweg vom Land auf das Schiff** oder umgekehrt befördert wird, wenn die Kosten dieser Beförderung im Beförderungsentgelt inbegriffen sind oder wenn das für diese Beförderung benutzte Wasserfahrzeug vom Beförderer zur Verfügung gestellt wurde. Nach § 538 Abs. 3 S. 2 ist

---

[70] RegBegr-SRG S. 106.
[71] RegBegr-SRG S. 106.
[72] Vgl. Art. 31 § 2 CIV: Werden jedoch Eisenbahnwagen auf einem Fährschiff befördert, so sind die Bestimmungen über die Haftung bei Tötung und Verletzung von Reisenden auf die durch Artikel 26 § 1 und Artikel 33 § 1 erfassten Schäden anzuwenden, die der Reisende durch Unfall im Zusammenhang mit dem Eisenbahnbetrieb während seines Aufenthaltes in diesen Wagen, beim Einsteigen in die Wagen oder beim Aussteigen aus den Wagen erleidet.

hiervon nicht erfasst der Zeitraum, in dem sich der Fahrgast in einer Hafenstation, auf einem Kai oder auf einer anderen Hafenanlage befindet. Die Regelung entspricht dem bisherigen Art. 1 Nr. 8 Buchstabe a der Anlage zu § 664 und Art. 1 Nr. 8 Buchstabe a Athener Übereinkommen 2002.

Die **Einschiffung** beginnt in dem Zeitpunkt, in dem sich der Fahrgast unmittelbar vor **40** Antritt der Fahrt der **Obhut des Beförderers anvertraut.**[73] Dies kann, je nach den Umständen des Einzelfalls, etwa der Zeitpunkt des Betretens der Gangway des Schiffs oder auch bereits des reedereieigenen Kais sein. Soweit nämlich § 538 Abs. 3 S. 2 den Zeitraum, in dem sich der Fahrgast in einer Hafenstation, auf einem Kai oder einer anderen Hafenanlage befindet, ausnimmt, fallen hierunter nur solche Anlagen, die jedermann zugänglich sind.[74] Spiegelbildlich endet der Haftungszeitraum, wenn der Fahrgast im Rahmen der **Ausschiffung** die **Obhut des Beförderers verlässt.**

**2. Verschulden des Beförderers.** Hinsichtlich des Verschuldens des Beförderers diffe- **41** renziert die Regelung des § 538 in zweifacher Hinsicht, und zwar danach, ob ein Schiff-fahrtsereignis vorliegt oder nicht, und danach, ob der Schaden 250.000 SZR[75] überschreitet oder unter diesem Betrag liegt.

**a) Haftung für Schifffahrtsereignis.** Der Begriff des **Schifffahrtsereignisses** ist in **42** § 537 Nr. 5 als Schiffbruch, Kentern, Zusammenstoß oder Strandung des Schiffes, Explosion oder Feuer im Schiff oder Mangel des Schiffes definiert. Diese Definition entspricht derjenigen des Schifffahrtsereignisses in Art. 3 Abs. 5 Buchstabe a Athener Übereinkommen 2002 und im Wesentlichen auch derjenigen des Art. 2 Abs. 3 S. 1 der Anlage zu § 664, letztere allerdings ergänzt um den Begriff des „Kenterns". Darüber hinaus wird der in dem Begriff des Schifffahrtsereignisses enthaltene Begriff **„Mangel des Schiffes"** erstmals in § 537 Nr. 6 legal definiert. Die Definition stimmt mit derjenigen in Art. 3 Abs. 5 Buchstabe c Athener Übereinkommen 2002 überein, wurde jedoch der besseren Verständlichkeit halber unter-gliedert.[76] Hierunter fällt neben der See- oder Fahruntüchtigkeit des Schiffs auch die Funktionsstörung, das Versagen oder die Nichteinhaltung von anwendbaren Sicherheitsvorschriften in Bezug auf einen Teil des Schiffes oder seiner Ausrüstung, wenn hierdurch die Ein- und Ausschiffung oder Evakuierung der Fahrgäste oder das Aussetzen von Rettungsmitteln beeinträchtigt wird.

**aa) Verschuldensunabhängige Haftung.** Ist der Schaden infolge eines Schifffahrtser- **43** eignisses entstanden, haftet der Beförderer gemäß § 538 Abs. 2 S. 1 für Personenschäden bis zu einem Betrag von **250.000 SZR** verschuldensunabhängig. Von dieser Haftung ist der Beförderer allerdings nach § 538 Abs. 2 S. 2 befreit, wenn das Schifffahrtsereignis infolge von Feindseligkeiten, einer Kriegshandlung, eines Bürgerkriegs, eines Aufstands oder eines außergewöhnlichen, unvermeidlichen und unabwendbaren Naturereignisses eingetreten ist oder ausschließlich durch eine Handlung oder Unterlassung verursacht wurde, die von einem Dritten in der Absicht, das Ereignis zu verursachen, begangen wurde.[77] Für die vorgenannten Ursachen des Schifffahrtsereignisses trägt der Beförderer die Darlegungs- und Beweislast.[78] Dass in diesen Fällen eine Haftungsbefreiung eintritt, beruht auf der Erwägung, dass dem Beförderer eine Haftung für diese Risiken nicht zumutbar ist.[79] Dies gilt freilich nur für die verschuldensunabhängige Haftung: Weist der geschädigte Fahrgast nach, dass der Beförderer einen Kurs des Schiffes durch Gewässer angeordnet hat, in denen bekannter-

---

[73] *Rabe* Anl. § 664 Art. 1 Rn. 11.
[74] BGH 16.4.1959, NJW 1959, 1366.
[75] Gemäß § 544 handelt es sich bei den im Zweiten Unterabschnitt genannten Rechnungseinheiten um das Sonderziehungsrecht des Internationalen Währungsfonds.
[76] RegBegr-SRG S. 108.
[77] Die Regelung hat ihr Vorbild in Art. III Abs. 2 Buchstaben a und b des Internationalen Übereinkommens von 1992 über die zivilrechtliche Haftung für Ölverschmutzungsschäden (BGBl. 1996 II S. 671), vgl. RegBegr-SRG S. 108.
[78] RegBegr-SRG S. 108.
[79] RegBegr-SRG S. 108.

maßen Kriegshandlungen stattfinden, so trifft den Beförderer die Verschuldenshaftung nach § 538 Abs. 1 S. 1.[80]

**44**  **bb) Haftung für vermutetes Verschulden.** Übersteigt der Schaden den Betrag von 250.000 SZR haftet der Beförderer nach § 538 Abs. 1 S. 2, wenn das den Schaden verursachende Ereignis ein Schifffahrtsereignis ist, für vermutetes Verschulden. Der Beförderer kann sich damit von der Haftung nach § 538 Abs. 1 S. 2 entlasten, wenn er nachweist, dass ihn kein Verschulden trifft. Die Haftungshöhe wird durch § 541 (vgl. Rn. 49 f.) und die Möglichkeit der globalen Haftungsbeschränkung nach §§ 611 ff. begrenzt (s. hierzu Rn. 53 f.).

**45**  **b) Haftung in sonstigen Fällen.** Liegt kein Schifffahrtsereignis vor, haftet der Beförderer nach § 538 Abs. 1 S. 1 – ebenfalls innerhalb der Haftungshöchstbeträge des § 541 (vgl. nachfolgend Rn. 49 f.) bzw. mit der Möglichkeit der globalen Haftungsbeschränkung (s. Rn. 53 f.) – lediglich für einen schuldhaft verursachten Personenschaden, wobei das Verschulden des Beförderers nach den allgemeinen Beweislastregeln vom geschädigten Fahrgast nachzuweisen ist.

**46**  **3. Art und Umfang des Schadensersatzes.** Dieser bestimmt sich – insofern ergeben sich keine Unterschiede zur bisher geltenden Rechtslage – nach den allgemeinen Regeln der §§ 249 ff. BGB.[81] Im Fall der Körperverletzung kommt daher insbesondere Geldersatz (§ 249 Abs. 2 S. 1 BGB) für den entstandenen **materiellen Schaden** in Form von Heilbehandlungskosten in Betracht. Zu ersetzen sind ferner etwa Fahrtkosten naher Angehöriger für Krankenhausbesuche, Kur- und Pflegekosten, Betreuungsaufwand sowie Aufwendungen für eine berufliche Rehabilitation.[82] Der Fahrgast hat außerdem gemäß § 253 Abs. 2 BGB einen Anspruch auf **Schmerzensgeld** zum Ausgleich des erlittenen immateriellen Schadens.[83]

**47**  Nach ganz überwiegender Auffassung fanden darüber hinaus unter der alten Rechtslage, die ebenfalls den Haftungsumfang den allgemeinen Regeln überließ, die **§§ 843 ff. BGB** Anwendung.[84] Insbesondere waren im Fall des Todes eines Fahrgasts nach § 844 BGB den Angehörigen die **Beerdigungskosten** zu ersetzen.[85] Dies muss auch für das neue Haftungsrecht der §§ 536 ff. gelten. Wie unter dem alten Recht erscheint allerdings problematisch, dass die §§ 843 ff. BGB nicht allgemein, sondern nur für Ansprüche aus unerlaubter Handlung gelten. Die Haftungsregeln der §§ 536 ff. sind jedoch nicht nur unzweifelhaft Vertragsrecht, sondern nach § 548 sind darüber hinaus auch konkurrierende außervertragliche Ansprüche ausgeschlossen. Die insofern entstehende Haftungslücke ist jedoch auch künftig durch eine analoge Anwendung der §§ 843 ff. BGB im Rahmen der Haftung nach § 538 zu schließen. Wie sich aus § 541 Abs. 1 S. 2 ergibt, wonach der gesetzliche Haftungshöchstbetrag auch für den Kapitalwert einer als Entschädigung zu leistenden Rente gilt, ging auch der Gesetzgeber grundsätzlich davon aus, dass der Beförderer zur **Schadensersatzleistung in Form einer Geldrente** iSd. § 843 BGB verpflichtet sein kann. Im Hinblick auf die Beerdigungskosten ergibt sich aus § 538 jedenfalls, dass der Beförderer dem Grunde nach für den Tod des Fahrgasts haftet, was im deutschen Recht regelmäßig den Ersatz der Beerdigungskosten einschließt. Insofern sind keinerlei sachliche Gründe ersichtlich, warum im Seerecht anderes gelten sollte.[86] Im Übrigen ist nicht erkennbar, dass der Gesetzgeber mit der Neuregelung des Personenbeförderungsrechts in diesem Punkt hinter der alten Rechtslage zurückbleiben wollte. Ziel der Neuregelung war vielmehr grundsätzlich, die

[80] RegBegr-SRG S. 108.
[81] BGH 16.12.1996, TranspR 1997, 154, 156; OLG Rostock 11.2.2011, TranspR 2011, 189, 191; *Rabe* Anl. § 664 Art. 2 Rn. 10.
[82] Einzelheiten s. MüKoBGB/*Oetker* § 249 Rn. 336 ff.
[83] OLG Rostock 11.2.2011, TranspR 2011, 189, 191.
[84] BGH 12.7.2005, TranspR 2006, 478; BGH 16.12.1996, TranspR 1997, 158, 159; *Rabe* Anl. § 664 Art. 2 Rn. 10; *Puttfarken* Seehandelsrecht Rn. 494.
[85] BGH 16.12.1996, TranspR 1997, 158,159; *Puttfarken* Seehandelsrecht Rn. 494.
[86] Vgl. auch BGH 16.12.1996, TranspR 1997, 158, 159.

Rechtsstellung des Fahrgasts zu verbessern, soweit das Athener Übereinkommen 2002 und die VO Athen dies zulassen.

**4. Haftungsbeschränkung.** Die Haftung des Beförderers für Personenschäden ist der **48** Höhe nach einerseits durch § 541 und andererseits durch die in § 536 Abs. 1 S. 2 eröffnete Möglichkeit der globalen Haftungsbeschränkung begrenzt.

**a) Haftungshöchstbeträge bei Personenschäden. aa) Grundsatz.** Nach § 541 **49** Abs. 1 ist die verschuldensabhängige[87] Haftung des Beförderers wegen eines Personenschadens auf einen Betrag von **400.000 SZR** (derzeit rund 464.145 EUR) **je Fahrgast und Schadensereignis** beschränkt. Damit wurde der zuvor nach Art. 5 S. 1 der Anlage zu § 664 geltende Haftungshöchstbetrag von 320.000 DM (rund 163.613,40 EUR) durch das Gesetz zur Reform des Seehandelsrechts deutlich angehoben. Die Rechtsstellung des Fahrgastes wurde zusätzlich dadurch verbessert, dass sich der Haftungshöchstbetrag – anders als bislang – nicht mehr auf die Gesamtheit der dem Fahrgast während der Reise entstandenen Schäden, sondern nur auf ein einzelnes Schadensereignis bezieht.

**bb) Verringerter Haftungshöchstbetrag.** Nach § 541 Abs. 2 wird der Haftungs- **50** höchstbetrag allerdings auf einen Betrag von **250.000 SZR je Fahrgast und Schadensereignis** abgesenkt, wenn der Personenschaden aufgrund von bestimmten Umständen – etwa Krieg, Terroranschlägen, Enteignung – eingetreten ist, die regelmäßig **von einer Kriegsversicherung gedeckt sind.** Die Regelung beruht auf Abschnitt 1.2 des IMO-Vorbehalts und Abschnitt 2.2.2 der IMO-Richtlinien zur Durchführung des Athener Übereinkommens 2002, die im Geltungsbereich der VO Athen unmittelbar anzuwenden sind. Dem Gesetzgeber erschien es daher zweckmäßig, den Regelungen auch außerhalb des Anwendungsbereichs der VO Athen Geltung zu verschaffen.[88] Nach § 541 Abs. 3, der ebenfalls aus den vorgenannten IMO-Regeln hervorgegangen ist, tritt an die Stelle des gemäß Abs. 2 geschuldeten Betrags ein Gesamtbetrag von **340 Millionen SZR je Schiff und Schadensereignis,** wenn dieser Betrag niedriger ist und unter den Geschädigten im Verhältnis der Höhe ihrer Ansprüche und in Form einer einmaligen Zahlung oder von Teilzahlungen aufgeteilt werden kann.

**cc) Zinsen und Verfahrenskosten.** Diese fallen gemäß § 543 nicht unter die vorge- **51** nannten Haftungshöchstbeträge, sondern sind vom Beförderer zusätzlich zu erstatten. Die Vorschrift entspricht dem bisherigen Art. 7 Abs. 2 der Anlage zu § 664 sowie Art. 10 Abs. 2 Athener Übereinkommen 2002.

**dd) Wegfall der Haftungsbeschränkung.** Gemäß § 545 gelten die vorstehenden Haf- **52** tungshöchstbeträge nicht, wenn der Schaden auf eine Handlung oder Unterlassung zurückzuführen ist, die vom **Beförderer selbst** entweder in der **Absicht,** einen solchen Schaden herbeizuführen, oder **leichtfertig** und in dem Bewusstsein begangen wurde, dass ein solcher Schaden mit Wahrscheinlichkeit eintreten wird. Die Regelung entspricht Art. 13 Abs. 1 Athener Übereinkommen 2002.[89] Anders als die Regelungen der § 435 oder § 507 setzt die erste Verschuldensalternative allerdings Absicht voraus. Bedingter Vorsatz, der nicht unter die absichtliche Schadenszufügung fällt, wird man jedoch als durch die zweite Verschuldensalternative des leichtfertigen Handelns erfasst ansehen müssen.[90] Zum Begriff der Leichtfertigkeit s. § 435 Rn. 12 f. Abweichend von der bisher geltenden Regelung des Art. 10 Abs. 1 der Anlage zu § 664 entfällt die Haftungsbeschränkung nur noch dann, wenn die haftungsbegründende Handlung oder Unterlassung vom Beförderer selbst mit qualifiziertem Verschulden begangen wurde. Ist ein solches demgegenüber den Leuten

---

[87] Die verschuldensunabhängige Haftung wird bereits gemäß § 538 Abs. 2 S. 1 auf einen Betrag von 250.000 SZR begrenzt.
[88] RegBegr-SRG S. 110.
[89] Ein entsprechender Verschuldensmaßstab findet sich etwa auch in Art. 25 WA 1955, Art. 30 Abs. 3 MÜ.
[90] Vgl. BGH 16.2.1979, NJW 1979, 2474; *Rabe* § 607a Rn. 20.

oder sonstigen Erfüllungsgehilfen des Beförderers anzulasten, bleibt es bei der beschränkten Haftung des Beförderers, es sei denn, dieses geht mit einem eigenen qualifizierten Verschulden des Beförderers einher.[91] Die Regelung des § 545 sieht darüber hinaus vor, dass unter den vorgenannten Voraussetzungen auch **vertragliche Haftungsbeschränkungen** entfallen. Eine entsprechende Regelung findet sich in § 507 Nr. 1. Weitere Einzelheiten s. § 507 Rn. 10 f.

53    **b) Globale Haftungsbeschränkung.** § 536 Abs. 1 Satz 2 bestimmt, dass der Beförderer auch bei einer Haftung auf der Grundlage eines Personenbeförderungsvertrags die Möglichkeit hat, eine Beschränkung der Haftung nach den **§§ 611 ff.** geltend zu machen, die ihrerseits auf das **Haftungsbeschränkungsübereinkommen**[92] Bezug nehmen. Dies entspricht der Regelung des § 664 Abs. 1 S. 2 aF sowie Art. 5 Abs. 1 VO Athen bzw. Art. 19 Athener Übereinkommen 2002. Da die Haftungsregeln des Zweiten Unterabschnitts auch für die Beförderung mit Binnenschiffen zur Anwendung kommen können (s. hierzu vorstehend Rn. 33), wurde die Verweisung auf die §§ 4–5m BinSchG ausgedehnt, die eine den §§ 611 ff. HGB entsprechende Regelung für das Binnenschifffahrtsrecht bereithalten.

54    An der alten Rechtslage wurde bemängelt, dass die Voraussetzungen, unter denen der Beförderer sein Recht auf Haftungsbeschränkung verliert, für die besonderen Haftungsbeschränkungen nach Art. 5 und 6 der Anlage zu § 664 HGB einerseits und für die globale Haftungsbeschränkung andererseits unterschiedlich ausgestaltet waren, ohne dass hierfür ein sachlicher Grund erkennbar sei.[93] Denn Art. 10 der Anlage zu § 664 HGB sah vor, dass der Beförderer sein Recht auf Haftungsbeschränkung (schon) verliert, wenn der Schaden von ihm oder einem seiner Bediensteten und Beauftragten vorsätzlich oder grob fahrlässig herbeigeführt worden ist, während nach Art. 4 des Haftungsbeschränkungsübereinkommens das Recht zur Haftungsbeschränkung (erst) dann ausscheidet, wenn der Beförderer in der Absicht einen solchen Schaden herbeizuführen, oder leichtfertig und in dem Bewusstsein gehandelt hat, dass ein solcher Schaden mit Wahrscheinlichkeit eintreten werde. Dieser Kritikpunkt ist jetzt entfallen: § 545 sieht nunmehr – in Anlehnung an Art. 13 Abs. 1 Athener Übereinkommen 2002 – vor, dass die Haftungsbeschränkung nur noch dann ausgeschlossen sein soll, wenn der Schaden auf eine Handlung oder Unterlassung zurückzuführen ist, die **vom Beförderer selbst** entweder in der Absicht, einen solchen Schaden herbeizuführen, oder leichtfertig und in dem Bewusstsein begangen wurde, dass ein solcher Schaden mit Wahrscheinlichkeit eintreten werde (s. vorstehend Rn. 52). Damit ist zugleich ein sachlich **sinnvoller Gleichlauf mit den Regelungen des Haftungsbeschränkungsübereinkommens** erzielt worden.

55    Zur inhaltlichen Ausgestaltung der Regeln über die globale Haftungsbeschränkung vgl. die Kommentierung zu §§ 611 ff.

### V. Haftung des Beförderers für Gepäck- und Verspätungsschäden

56    Die Haftung des Beförderers für Gepäck- und Verspätungsschäden hat nunmehr – anders als bisher in Art. 2 der Anlage zu § 664 bzw. in Art. 3 Abs. 3 und 4 Athener Übereinkommen 2002 – in § 539 BGB eine eigenständige Regelung erfahren.

57    **1. Haftung für Gepäckschäden.** Das Haftungsregime für Gepäckschäden unterscheidet sich grundsätzlich danach, ob für Kabinengepäck oder für anderes Gepäck gehaftet wird. Gemäß § 537 Nr. 3 ist **Gepäck** jeder Gegenstand, der auf Grund eines Personenbeförderungsvertrags befördert wird, mit Ausnahme von lebenden Tieren. Demgegenüber fällt unter **Kabinengepäck** das Gepäck, das ein Fahrgast in seiner Kabine oder sonst in seinem Besitz hat, einschließlich des Gepäcks, das sich in oder auf dem Fahrzeug des Fahrgasts

---

[91] RegBegr-SRG S. 111.
[92] Übereinkommen vom 19. November 1976 über die Beschränkung der Haftung für Seeforderungen (BGBl. 1986 II S. 78), geändert durch das Protokoll vom 2. Mai 1996 (BGBl. 2000 II S. 790).
[93] *Rabe* § 664 Rn. 2.

befindet (§ 537 Nr. 4). Besonderheiten gelten außerdem für **Geld und Wertsachen.**[94] Insofern haftet der Beförderer – innerhalb des Haftungshöchstbetrags des § 542 Abs. 3[95] – nur, wenn diese beim Beförderer zur sicheren Aufbewahrung hinterlegt worden sind (§ 539 Abs. 3).

**a) Haftung für Kabinengepäck. aa) Haftungsgrund.** Die Haftung des Beförderers **58** für den Verlust oder die Beschädigung von Kabinengepäck ist in § 539 Abs. 1 S. 1 als **Verschuldenshaftung** ausgestaltet. Das Verschulden des Beförderers wird allerdings nach § 539 Abs. 1 S. 2 (nur) **vermutet,** wenn das Kabinengepäck durch ein **Schifffahrtsereignis** iSd. § 537 Nr. 5 verloren gegangen oder beschädigt worden ist. Im Übrigen muss der Fahrgast das Verschulden des Beförderers nachweisen. Hierdurch soll dem Umstand Rechnung getragen werden, dass der Fahrgast für das Gepäck, das er in seinem Besitz hat, grundsätzlich selbst verantwortlich ist.[96] Die Haftung des Beförderers ist auf den **Zeitraum der Beförderung** begrenzt. Dieser entspricht nach § 539 Abs. 4 Nr. 1 Buchstabe a und b dem Haftungszeitraum für Personenschäden – übertragen auf das Kabinengepäck – ergänzt um den Zeitraum, in dem sich der Fahrgast in einer Hafenstation, auf einem Kai oder in oder auf einer anderen Hafenanlage befindet, wenn das Kabinengepäck von dem Beförderer oder seinen Bediensteten oder Beauftragten übernommen worden ist. Abweichend von der allgemeinen Definition in § 537 Nr. 4 gilt das **Gepäck,** das der Fahrgast **in oder auf seinem Fahrzeug** hat, im Hinblick auf die Bestimmung des Haftungszeitraums nicht als Kabinengepäck (§ 539 Abs. 4 Nr. 1), sondern als anderes Gepäck iSd. § 539 Abs. 4 Nr. 2.

**bb) Haftungshöhe.** Nach § 542 Abs. 1 ist die Haftung des Beförderers wegen Verlust **59** oder Beschädigung von Kabinengepäck auf einen Betrag von **2.250 SZR**[97] je Fahrgast und Beförderung beschränkt. Hiervon erfasst ist allerdings nicht das Gepäck, das sich **in oder auf dem Fahrzeug des Fahrgasts** befindet. Dieses fällt vielmehr unter § 542 Abs. 2, wonach der Beförderer für den Verlust oder die Beschädigung von Fahrzeugen einschließlich des in oder auf dem Fahrzeug beförderten Gepäcks bis zu einem Betrag von **12.700 SZR**[98] je Fahrzeug und Beförderung haftet. Die Haftungshöchstbeträge entsprechen denjenigen in Art. 8 Athener Übereinkommen 2002.

Nach dem Vorbild des Art. 4 VO Athen gilt eine abweichende Regelung für den Verlust **60** und die Beschädigung von **Mobilitätshilfen oder anderer Spezialausrüstung,** die von einem Fahrgast mit eingeschränkter Mobilität verwendet wird, und bei denen es sich in der Regel um Kabinengepäck handelt. Nach § 542 Abs. 5 hat der Beförderer insofern den **Wiederbeschaffungswert** der betreffenden Ausrüstungen oder ggf. die **Reparaturkosten** zu ersetzen. Die Regelung wurde **zugunsten der Fahrgäste mit eingeschränkter Mobilität** geschaffen, da der Wert der Mobilitätshilfen bzw. der Spezialausrüstung häufig die allgemein geltenden Haftungshöchstbeträge übersteigt. Als Mobilitätshilfen sind sämtliche mechanischen Hilfsmittel anzusehen, die dem Fahrgast dazu dienen, die durch Krankheit, Alter oder Behinderung bedingte Einschränkung seiner Mobilität ganz oder teilweise zu überwinden, zB Gehstöcke, Krücken, Gehwagen, Rollstühle oder Prothesen. Unter die genannte Spezialausrüstung fallen etwa medizintechnische Geräte, die zur Behandlung der die Mobilität des Fahrgasts einschränkenden Krankheit oder Behinderung mitgeführt werden.[99]

**Zinsen und Verfahrenskosten** sind zusätzlich zu den genannten Haftungshöchstbeträ- **61** gen zu erstatten (§ 543).

---

[94] Die Vorschrift des § 539 Abs. 3 zählt nach dem Vorbild des Art. 5 Athener Übereinkommen 2002 als Wertsachen beispielhaft begebbare Wertpapiere, Gold, Silber, Juwelen, Schmuck und Kunstgegenstände auf. Kritisch zu dem Wertsachenbegriff *Puttfarken* Seehandelsrecht Rn. 502.
[95] RegBegr-SRG S. 111.
[96] RegBegr-SRG S. 109; s. auch *Rabe* Anl. § 664 Art. 1 Rn. 7.
[97] Derzeit rund 2.582 EUR.
[98] Derzeit rund 14.574 EUR.
[99] RegBegr-SRG S. 111.

**62**   **b) Haftung für anderes Gepäck. aa) Haftungsgrund.** Für anderes Gepäck haftet der Beförderer durchgehend für **vermutetes Verschulden** (§ 539 Abs. 1), unabhängig von der Ursache des Verlusts oder der Beschädigung. Der Haftungszeitraum erstreckt sich von der Übernahme des Gepäcks an Land oder an Bord bis zur Wiederaushändigung (§ 539 Abs. 4 Nr. 2).

**63**   **bb) Haftungshöhe.** Die Haftung des Beförderers ist durch § 542 Abs. 3 auf einen Haftungshöchstbetrag von **3.375 SZR**[100] je Fahrgast und Beförderung beschränkt. Dies gilt allerdings nicht für **Fahrzeuge,** für die der Beförderer gemäß § 542 Abs. 2 bis zu einem Betrag von **12.700 SZR**[101] je Fahrzeug und Beförderung haftet, wobei dieser das in oder auf dem Fahrzeug beförderte Gepäck einschließt. **Zinsen und Verfahrenskosten** sind wiederum zusätzlich zu den genannten Haftungshöchstbeträgen zu erstatten (§ 543).

**64**   **2. Haftung für Verspätungsschäden.** Nach § 539 Abs. 2 haftet der Beförderer schließlich – wie auch schon bisher nach Art. 1 Nr. 7 der Anlage zu § 664 – für den Schaden, der daraus entsteht, dass das Gepäck dem Fahrgast **nicht innerhalb einer angemessenen Frist** nach Ankunft des Schiffes, auf dem das Gepäck befördert worden ist oder hätte befördert werden sollen, **wieder ausgehändigt worden ist.** Die Haftungsvoraussetzungen entsprechen denen für Gepäckschäden. Die Haftung greift allerdings nicht ein, wenn die verspätete Aushändigung auf **Arbeitsstreitigkeiten,** etwa Streik oder Aussperrung, zurückzuführen ist. Für Verspätungsschäden gelten gemäß § 542 die gleichen **Haftungshöchstbeträge** wie für Gepäckschäden.

**65**   **3. Gemeinsame Regeln. a) Wegfall der Haftungsbeschränkung.** Ebenso wie bei Personenschäden gelten die in § 542 für Gepäck- und Verspätungsschäden vorgesehenen Haftungshöchstbeträge nicht, wenn der Schaden auf eine Handlung oder Unterlassung zurückzuführen ist, die vom **Beförderer selbst** entweder in der **Absicht,** einen solchen Schaden herbeizuführen, oder **leichtfertig** und in dem Bewusstsein begangen wurde, dass ein solcher Schaden mit Wahrscheinlichkeit eintreten wird. S. hierzu vorstehende Rn. 52.

**66**   **b) Globale Haftungsbeschränkung.** Die Möglichkeit der globalen Haftungsbeschränkung nach den §§ 611 ff. erfasst grundsätzlich auch Gepäck- und Verspätungsschäden (vgl. Art. 2 Abs. 1 Buchstabe a und b des Haftungsbeschränkungsübereinkommens[102]). Für weitere Einzelheiten s. die Kommentierung zu §§ 611 ff.

### VI. Haftung für andere und Haftung von anderen

**67**   **1. Haftung für andere.** Nach § 540 S. 1 hat der Beförderer ein Verschulden seiner **Leute** und der **Schiffsbesatzung** in gleichem Umfang zu vertreten wie eigenes Verschulden, wenn die Leute und die Schiffsbesatzung in **Ausübung ihrer Verrichtungen** handeln. Die Regelung entspricht Art. 3 Nr. 5 Buchstabe b Athener Übereinkommen 2002, der allerdings anstelle des Begriffs „Leute" den Begriff „Bedienstete" verwendet, ohne dass sich hieraus inhaltliche Abweichungen ergeben. Maßgeblich ist jeweils die **Weisungsabhängigkeit** der Hilfsperson.[103] Der Begriff „Leute" wird im HGB an zahlreichen Stellen verwendet, etwa in §§ 428, 436, 501, 508. Er ist durch das Merkmal der Betriebszugehörigkeit geprägt, mit der erhöhte Beherrschungs- und Einwirkungsmöglichkeiten des Beförderers gegenüber dieser Personengruppe einhergehen.[104] Weitere Einzelheiten s. § 501 Rn. 7 ff. Wer unter die Schiffsbesatzung fällt, ergibt sich aus § 478.

**68**   Der Beförderer hat darüber hinaus nach § 540 S. 2 für ein Verschulden **anderer Personen,** deren er sich bei der **Ausführung der Beförderung bedient,** einzustehen. Hiermit

---

[100] Derzeit rund 3.873 EUR.
[101] Derzeit rund 14.574 EUR.
[102] Übereinkommen vom 19. November 1976 über die Beschränkung der Haftung für Seeforderungen (BGBl. 1986 II S. 78), geändert durch das Protokoll vom 2. Mai 1996 (BGBl. 2000 II S. 790).
[103] RegBegr-SRG S. 109; vgl. auch BGH 16.12.1996, TranspR 1997, 154, 155.
[104] *Koller* § 428 Rn. 4.

wird eine Regelungslücke in Art. 3 Nr. 5 Buchstabe b Athener Übereinkommen 2002 geschlossen,[105] der offen lässt, unter welchen Voraussetzungen der Beförderer für **weisungsunabhängige Personen** haftet, die er zur Erfüllung seiner Pflichten aus dem Personenbeförderungsvertrag einsetzt. Dass der Beförderer auch für nicht betriebszugehörige Hilfspersonen einstehen muss, die er zur Erfüllung seiner Pflichten aus dem Beförderungsvertrag einschaltet, entspricht allgemeinen zivilrechtlichen Grundsätzen (§ 278 BGB) und ist auch im Handelsgesetzbuch entsprechend geregelt (vgl. §§ 428, 501). Auf der Grundlage dieser Regelung haftet der Beförderer auch hinsichtlich der vom ausführenden Beförderer durchgeführten Beförderung für die Handlungen des ausführenden Beförderers sowie dessen Bediensteten und Beauftragten.[106]

**2. Haftung von anderen. a) Haftung des ausführenden Beförderers.** Die Haftung   **69**
des ausführenden Beförderers ist in § 546 geregelt. Ausführender Beförderer ist hiernach ein Dritter, der die Beförderung ganz oder teilweise **tatsächlich ausführt** und nicht Beförderer iSd. § 537 Nr. 1 ist.[107] Der ausführende Beförderer haftet für Personen-, Gepäck- und Verspätungsschäden, die während der von ihm durchgeführten Beförderung entstehen, so, **als wäre er der Beförderer.** Er haftet damit nach den gleichen gesetzlichen Regeln wie der vertragschließende Beförderer. Außerdem sind grundsätzlich die vertraglichen Vereinbarungen zwischen dem Beförderer und dem Fahrgast für ihn maßgeblich. § 546 Abs. 2 bestimmt, dass der ausführende Beförderer alle **Einwendungen und Einreden** geltend machen kann, die dem Beförderer aus dem Personenbeförderungsvertrag zustehen. Nach § 546 Abs. 1 S. 2 wirken vertragliche Vereinbarungen, durch die der Beförderer seine Haftung erweitert, allerdings gegenüber dem ausführenden Beförderer nur, soweit er ihnen **schriftlich zugestimmt** hat. Nach § 546 Abs. 3 haften der Beförderer und der ausführende Beförderer als **Gesamtschuldner.** Die Regelung des ausführenden Beförderers entspricht inhaltlich derjenigen des ausführenden Frachtführers in § 437 sowie des ausführenden Verfrachters in § 509, so dass auf die diesbezüglichen Kommentierungen verwiesen werden kann.

**b) Haftung der Leute und der Schiffsbesatzung.** Die Vorschrift des § 547 Abs. 1   **70**
enthält – im Einklang mit Art. 11, 12 Abs. 3 und 13 Abs. 2 Athener Übereinkommen 2002 sowie Art. 8 und 10 Abs. 2 der Anlage zu § 664[108] – eine **Haftungsprivilegierung** der Leute und der Schiffsbesatzung, wenn diese wegen Personen-, Gepäck- oder Verspätungsschäden direkt vom Fahrgast in Anspruch genommen werden. Da zwischen ihnen und dem Fahrgast keine vertragliche Beziehung besteht, erfolgt eine solche Inanspruchnahme auf **außervertraglicher Grundlage,** in Betracht kommen insbesondere die Vorschriften des Deliktsrechts (§§ 823 ff. BGB). Nach § 547 Abs. 1 können sich die Leute und die Schiffsbesatzung in diesem Fall auf die für den Beförderer und den ausführenden Beförderer geltenden **Einreden und Haftungsbeschränkungen** berufen, wenn sie in Ausübung ihrer Verrichtungen gehandelt haben.[109] Nach § 547 Abs. 2 scheidet eine Berufung auf die Haftungsbeschränkungen nach Abs. 1 allerdings aus, wenn dem Schuldner selbst **qualifiziertes Verschulden** vorzuwerfen ist. **Selbständige Erfüllungsgehilfen** fallen nicht unter die Vorschrift. Sie können sich daher nur dann auf die Haftungsbeschränkungen berufen, wenn sie ausführende Beförderer sind (§ 546). Die Vorschrift des § 547 Abs. 3 bestimmt

---

[105] Vgl. RegBegr-SRG S. 109.

[106] Einer Umsetzung der Regelung des Art. 4 Abs. 2 Athener Übereinkommen 2002 bei der Regelung des ausführenden Beförderers bedurfte es daher nicht mehr (vgl. Reg.Begr. SRG S. 112).

[107] Der Gesetzgeber hat davon abgesehen, das in Art. 4 Abs. 1 S. 1 Athener Übereinkommen 2002 sowie Art. 3 Abs. 1 S. 1 der Anlage zu § 664 HGB vorgesehene Erfordernis, dass die Beförderung dem ausführenden Beförderer übertragen worden sein muss, zu übernehmen, da diesem keine eigenständige Bedeutung zukomme (RegBegr-SRG S. 112). S. hierzu auch § 509 Rn. 9.

[108] Dass § 547 Abs. 1 anstelle des in Art. 11 Athener Übereinkommen 2002 sowie in Art. 8 der Anlage zu § 664 verwendeten Formulierung „Bedienstete oder Beauftragte des Beförderers" den Begriff „Leute" verwendet, bedeutet keine inhaltliche Abweichung, RegBegr-SRG S. 112.

[109] Sog. „Himalaya-Klausel", vgl. Einzelheiten bei *Rabe* § 607a Rn. 10 ff.

schließlich, dass im Falle der Haftung des Beförderers bzw. des ausführenden Beförderers und der Leute oder der Schiffsbesatzung diese als **Gesamtschuldner** haften.[110]

### VII. Konkurrierende Ansprüche

71    Ansprüche wegen Tod oder Körperverletzung eines Fahrgasts oder wegen Verlust, Beschädigung oder verspäteter Aushändigung von Gepäck können gemäß § 548 nach dem Vorbild des Art. 14 Athener Übereinkommen 2002 sowie des Art. 11 der Anlage zu § 664 **nur unter den Voraussetzungen und Beschränkungen des Zweiten Unterabschnitts** geltend gemacht werden.[111] Ist der Fahrgast zugleich Reisender iSd. §§ 651a ff. BGB, so haben die Vorschriften des Zweiten Unterabschnitts Vorrang, wenn Verletzungen der dort geregelten Rechtsgüter geltend gemacht werden.[112]

### VIII. Schadensanzeige, Erlöschen von Schadensersatzansprüchen und Verjährung

72    **1. Schadensanzeige.** Nach § 549 Abs. 1 S. 1 trifft den Fahrgast die **Obliegenheit**[113], dem Beförderer eine Beschädigung oder einen Verlust seines Gepäcks **rechtzeitig anzuzeigen.** Sieht er hiervon ab, wird **vermutet**, dass er das Gepäck unbeschädigt erhalten hat. Dass es sich hierbei um eine widerlegliche Vermutung handelt, ergibt sich aus § 292 S. 1 ZPO. Eine Ausnahme gilt lediglich dann, wenn der Zustand des Gepäcks im Zeitpunkt des Empfangs von den Parteien gemeinsam festgestellt oder geprüft worden ist (§ 549 Abs. 1 S. 2). Dies entspricht inhaltlich Art. 15 Athener Übereinkommen 2002 sowie Art. 12 der Anlage zu § 664, sprachlich orientiert sich die Vorschrift an §§ 438 und 510.

73    Bis zu **welchem Zeitpunkt** die Schadensanzeige erstattet werden muss, hängt nach § 549 Abs. 2 von der **Art des Gepäcks** sowie davon ab, ob ein **Verlust** oder eine **Beschädigung** von Gepäck geltend gemacht wird und ob die Beschädigung **äußerlich erkennbar** ist oder nicht. Ist die Beschädigung äußerlich erkennbar, ist die Schadensanzeige hinsichtlich Kabinengepäcks (§ 537 Nr. 4) spätestens bei Ausschiffung zu erstatten (§ 549 Abs. 2 Nr. 1), hinsichtlich anderen Gepäcks im Zeitpunkt seiner Aushändigung (§ 549 Abs. 2 Nr. 2). Demgegenüber ist bei äußerlich nicht erkennbarer Beschädigung jeglichen Gepäcks sowie im Falle des Verlusts von Gepäck die Schadensanzeige spätestens 15 Tage nach der Ausschiffung oder Aushändigung oder nach dem Zeitpunkt, in dem die Aushändigung hätte erfolgen sollen, zu erstatten (§ 549 Abs. 2 Nr. 3). Zur Fristwahrung genügt nach § 549 Abs. 3 S. 2 die rechtzeitige Absendung. Dies entspricht § 438 Abs. 4 S. 2 und § 510 Abs. 3 S. 2.

74    In Abweichung zu Art. 15 Abs. 1 Athener Übereinkommen 2002 und zu dem bisherigen Art. 12 Abs. 1 der Anlage zu § 664 muss die Schadensanzeige allerdings nach § 549 Abs. 3 S. 1 nicht schriftlich, sondern lediglich in **Textform** (§ 126b BGB) erfolgen. Damit genügt auch eine Schadensanzeige in Form eines Telefax-Schreibens oder einer E-Mail.[114] Eine entsprechendes Formerfordernis findet sich in § 438 Abs. 4 S. 1 und § 510 Abs. 3 S. 1.

75    **2. Erlöschen von Schadensersatzansprüchen.** Nach § 550 erlöschen die Schadensersatzansprüche des Zweiten Unterabschnitts wenn entweder **drei Jahre** seit dem Tag, an dem der Gläubiger von dem Personen-, dem Gepäck oder dem Verspätungsschaden Kenntnis erlangt hat oder hätte erlangen müssen, oder **fünf Jahre** seit dem Tag, an dem die

---

[110] Von einer wörtlichen Übernahme des Art. 12 Abs. 3 Athener Übereinkommen 2002 wurde abgesehen, um das Missverständnis zu vermeiden, dass selbst bei schwerem Verschulden eines Schuldners der Gläubiger keinen vollen Schadensersatz erhält, s. RegBegr-SRG S. 113.
[111] Vgl. *Herber* TranspR 1986, 249, 258; *Rabe,* Anl. § 664 Rn 1; s. auch OLG Rostock 11.2.2011, TranspR 2011, 189, 191, 193; LG Darmstadt 11.5.2006, RRa 2006, 232; LG Frankfurt 19.8.1999, RRa 2000, 8; AG Flensburg 12.9.2000, NJW-RR 2001, 1180, 1181 f.; einschränkend *Schreiber* TranspR 2012, 369, 373, wonach Art. 11 teleologisch dahingehend zu reduzieren ist, dass weitergehende Ansprüche nur dann ausgeschlossen sind, wenn sich seetypische Gefahren realisieren.
[112] RegBegr-SRG S. 106, 113; *Rabe* Anl. zu § 664 Rn. 1; *Puttfarken* Seehandelsrecht Rn. 513 ff.
[113] Vgl. RegBegr-SRG S. 113.
[114] OLG Köln 27.4.2010, MMR 2010, 619; s. auch § 438 Rn. 30.

Ausschiffung des Fahrgasts erfolgt ist oder hätte erfolgen sollen, vergangen sind und der Schadensersatzanspruch nicht gerichtlich geltend gemacht worden ist. Sobald **eine dieser Fristen abgelaufen ist, ist der Schadensersatzanspruch erloschen.**[115] Dies entspricht Art. 16 Abs. 3 Athener Übereinkommen 2002, auf dem § 550 beruht. Anders als die Verjährung ist das Erlöschen des Schadensersatzanspruchs gemäß § 550 von Amts wegen zu beachten.

**3. Verjährung.** Die Schadensersatzansprüche des Zweiten Unterabschnitts verjähren **76** nach § 606 Nr. 1 in **zwei Jahren.** Die Verjährungsfrist beginnt für Ansprüche wegen Körperverletzung mit der Ausschiffung des Fahrgasts (§ 607 Nr. 1), für Ansprüche wegen des Todes eines Fahrgasts, mit dem Tag, an dem der Fahrgast hätte ausgeschifft werden sollen, oder, wenn der Tod nach der Ausschiffung eingetreten ist, mit dem Tag des Todes, spätestens jedoch ein Jahr nach Ausschiffung des Fahrgasts (§ 607 Nr. 2) und für Ansprüche wegen Gepäck- und Verspätungsschäden mit dem Tag der Ausschiffung oder mit dem Tag, an dem die Ausschiffung hätte erfolgen sollen, je nachdem, welches der spätere Zeitpunkt ist (§ 607 Nr. 3). Weitere Einzelheiten s. die Kommentierung zu §§ 606 ff.

### IX. Abweichende Vereinbarungen

Nach § 551, der Art. 10 Abs. 1 und Art. 18 Athener Übereinkommen 2002 sowie Art. 7   **77** Abs. 1 und Art. 15 der Anlage zu § 664 zum Vorbild hat, ist grundsätzlich jede Vereinbarung **unwirksam, die vor Eintritt des Schadensereignisses** getroffen wird, und durch die die Haftung des Beförderers wegen Personen-, Gepäck- oder Verspätungsschäden **ausgeschlossen oder beschränkt** wird. Ausdrücklich ausgenommen hiervon ist die Regelung des § 542 Abs. 4, wonach in Übereinstimmung mit dem bisherigen Art. 6 Abs. 4 der Anlage zu § 664 sowie Art. 8 Abs. 4 Athener Übereinkommen 2002 die Vereinbarung eines **Selbstbehalts** in den dort genannten Grenzen[116] zulässig ist, soweit nicht Wertsachen betroffen sind, die der Fahrgast beim Beförderer zur sicheren Aufbewahrung hinterlegt hat. Vereinbarungen zugunsten des Fahrgasts sind schließlich grundsätzlich zulässig.[117]

---

[115] RegBegr-SRG S. 114.
[116] Bei Beschädigung eines Fahrzeugs bis zu 330 SZR und bei Verlust, Beschädigung oder verspäteter Auslieferung anderen Gepäcks bis zu 149 SZR.
[117] RegBegr-SRG S. 114.

# Dritter Abschnitt. Schiffsüberlassungsverträge

**Schrifttum:** *Athanassopoulou,* Schiffsunternehmen und Schiffsüberlassungsverträge, Tübingen 2005; *Basedow/Wurmnest,* Klassifikationsverträge als Verträge mit Schutzwirkung zugunsten Dritter, VersR 2005, 328; *Bes,* Chartering and Shipping Terms, 10. Aufl. New York 1977; *Breitzke,* Die Rechtsnatur der Zeitcharter – Dargestellt am Standardformular der Boxtime-Charter, Dissertation Hamburg, 2005; *Fischer-Zernin,* Der Chartervertrag – Formularvertrag iS von § 1 Abs. 1 AGBG oder zwingend Individualvertrag?, VersR 1986, 418; *Frommelt,* Die Rechtsnatur der Zeitcharter, Dissertation, Frankfurt/Main 1979; *Gewiß,* Charterbedingungen als Allgemeine Geschäftsbedingungen? TranspR 1986, 420; *Janssen,* Die Zeitcharter, Dissertation, Bremen 1923; *Jessen,* Rechtsfragen des „safe port"/„safe berth" in Charterverträgen; TranspR 2012, 357; *Lindemann/Bemm,* Seemannsgesetz und Manteltarifvertrag für die deutsche Seeschifffahrt, Uelzen 2007; *Looks/Kraft,* Die zivilrechtlichen Auswirkungen des ISM Code, TranspR 1998, 221; *Rabe,* Inhaltskontrolle von Charterverträgen; VersR 1985, 1010; *ders.,* Vorformulierte Bedingungen einer (See-)Charterparty als Allgemeine Geschäftsbedingungen, TranspR 1986, 85; *ders.,* Ein Schiff ist kein Kraftfahrzeug, TranspR 2013, 278, 281; *ders.,* Der Zeitchartervertrag nach dem Entwurf der Sachverständigengruppe zur Reform des Seehandelsrechts, TranspR 2010, S. 1, 4; *ders.,* Nochmals: Der Zeitchartervertrag nach dem Entwurf der Sachverständigengruppe zur Reform des Seehandelsrechts, TranspR 2010, 62; *Ramming,* Die Employment-Klausel, TranspR 1993, 267; *ders.,* Ausgewählte Fragen zum neuen Recht der Zeitcharter, RdTW 2013, 333; *Richter-Hannes/Richter/Trotz,* Seehandelsrecht – Grundriss, Berlin 1987; Richter-Hannes/Trotz, Kommentar zum Seehandelsschiffahrtsgesetz der Deutschen Demokratischen Republik – SHSG –, Berlin 1979; *Stahl,* Die Zeitcharter nach englischem Recht, Kehl am Rhein, 1989; *Trappe,* Der Fall „MS Nordholm", VersR 1985, 206; *ders.,* Problem Zeitcharter, TranspR 2011, 332; *Wilford,* Time Charters, London 2003; *Zschoche,* Die Rechtsnatur der Zeitcharter – Eine Diskussion ohne Ende?, VersR 1994, 389.

## Erster Unterabschnitt. Schiffsmiete

## Vorbemerkung

### Übersicht

| | Rn. | | Rn. |
|---|---|---|---|
| I. Einführung | 1, 2 | IV. Rechtsnatur nach neuem Recht | 5–9 |
| II. Unterscheidung Schiffsmiete / Zeitcharter | 3 | | |
| III. Rechtsnatur nach bisherigem Recht | 4 | V. „Kauf bricht nicht Miete" | 10, 11 |

## I. Einführung

Mit den Vorschriften des dritten Abschnittes des fünften Buches des HGB werden erst- **1** mals[1] im deutschen Recht **Schiffsüberlassungsverträge** als besondere Vertragsform definiert und deren Inhalte geregelt. Dabei unterscheidet das Gesetz zwischen der **Schiffsmiete** (§§ 553–556) und der **Zeitcharter** (§§ 557–569). Schon die Anzahl von lediglich 17 Paragraphen zeigt, dass der Gesetzgeber sich darauf beschränkt hat, nur die ihm am wichtigsten erscheinenden Regelungen zu treffen. Soweit im Handelsgesetzbuch bestimmte Fragen nicht geregelt werden, bleiben gemäß Art. 2 Abs. 1 EGHGB die Vorschriften des BGB anwendbar.[2] Gleichermaßen bleibt nach der **Übergangsvorschrift** des Art. 71 Abs. 2 EGHGB auf diejenigen im fünften Buch des HGB geregelten Schuldverhältnisse, die vor dem Inkrafttreten des neuen Rechts (am 25. April 2013) entstanden sind, das bis zu diesem Tage geltende Recht anzuwenden. Dies gilt auch für die **Verjährung** der aus einem solchen Schuldverhältnis vor dem 25. April 2013 entstandenen Ansprüche.[3] Für ab dem 25. April 2013 abgeschlossene Schiffsüberlassungsverträge ist die Verjährung im sechsten Abschnitt des HGB, beginnend mit § 605, neu geregelt.

Selbst die wenigen Regelungen zu Schiffsüberlassungsverträgen sind nicht als zwingendes **2** Recht sondern als **dispositives Recht** ausgestaltet, so dass die Parteien bei der Gestaltung

---

[1] *Athanassopoulou* S. 105 u. 151.
[2] RegBegr-SRG S. 115.
[3] Siehe Gesetz zur Reform des Seehandelsrechts vom 20.4.2013, BGBl. I S. 864, Art. 71.

ihrer Vertragsbeziehung größtmögliche Freiheit genießen. Für die Praxis bedeutet dies, dass die vielfach verwendeten, international üblichen **Chartervertragsformularverträge**[4], die sich für die unterschiedlichen Gelegenheiten der Überlassung eines Schiffes entwickelt haben, weiterhin ohne Einschränkungen verwendet werden können. Wenn die Parteien eines solchen Formularvertrages[5] diesen deutschem Recht unterstellen, finden die Bestimmungen der §§ 553 ff. in Zukunft nur für diejenigen Details ergänzende Anwendung, die die Parteien individualvertraglich nicht geregelt haben.

## II. Unterscheidung Schiffsmiete / Zeitcharter

3    Der erste Unterabschnitt trägt die Überschrift „Schiffsmiete" und stellt in § 553 Abs. 1 durch eine Klammerdefinition klar, dass dieser Begriff identisch ist mit dem international üblichen der **Bareboat Charter**. Der zweite Unterabschnitt trägt die Überschrift „Zeitcharter" und beginnt in § 557 mit der Definition des **Zeitchartervertrages**.

## III. Rechtsnatur nach bisherigem Recht

4    Das alte Recht enthielt keine Vorschriften über die Schiffsüberlassungsverträge, insbesondere über die Zeitcharter. In den §§ 556 ff. aF fanden sich lediglich Bestimmungen zum Frachtgeschäft und zur Beförderung von Gütern. Diese schlossen nur den Raumfrachtvertrag ein. § 557 aF bezeichnete als Charterpartie diejenige schriftliche Urkunde, deren Errichtung jede Partei eines Frachtvertrages über ein Schiff im Ganzen, einen verhältnismäßigen Teil oder einen bestimmt bezeichneten Raum desselben verlangen konnte. Bestimmungen über den Inhalt der Charterpartie kannte das deutsche Recht aber ebenso wenig, wie fast alle Auslandsrechte.[6] Dadurch bestand Unklarheit über den Inhalt des Zeitchartervertrages und seine Rechtsnatur[7] und, in deren Folge, über die Anwendbarkeit verschiedener Vorschriften des deutschen Rechts. Je nach Ausgestaltung des Vertrages als sog. Ganz- oder Vollcharter, Teilcharter oder Raumcharter, mit oder ohne Employment-Klausel[8] konnten sowohl werk-, dienst- als auch mietvertragliche Vorschriften einschlägig sein. Diese Variabilität hatte durchaus praktische Konsequenzen. In dem vom BGH[9] entschiedenen Fall zur MS „Roelof", der einen als „Chartervertrag" bezeichneten Vertrag über ein Binnenschiff betraf, stritten die Parteien um ein vom Eigner des Schiffes geltend gemachtes Pfandrecht. Da einige Bestimmungen des Frachtvertrages auf ein Mietverhältnis hindeuteten, sei, so der BGH, die Entstehung eines Pfandrechtes fraglich, da die Vorschriften im BGB über das Vermieterpfandrecht nicht auf die Schiffsmiete anwendbar seien. Letztlich hat der BGH die Sache zur neuerlichen tatrichterlichen Würdigung an die Vorinstanz zurückverwiesen und mit dem Hinweis versehen: „Es könnte angezeigt sein, unter sachkundiger Beratung zu prüfen, ob sich in den einschlägigen Schifffahrtskreisen eine bestimmte allgemeine Auffassung darüber gebildet hat, welche Partei bei einem Vertrag der vorliegenden Art die freie Verfügungsgewalt über das Schiff ausübt oder wem die Beförderungspflicht und die Obhut für die Güter obliegt".[10]

## IV. Rechtsnatur nach neuem Recht

5    Trotz der Zusammenfassung der Schiffsmiete und der Zeitcharter in einem gemeinsamen Abschnitt des Gesetzes haben die geregelten Vertragstypen einen sehr verschiedenen Cha-

---

[4] Die umfassendste Sammlung üblicher Formularverträge findet sich auf der BIMCO Homepage unter www.BIMCO.org.
[5] Zur Frage, ob es sich dabei um AGB handelt, siehe unten Vor § 557 Rn. 4 f.
[6] Vgl. *Rabe* § 557 Rn. 8; § 622 Rn. 2.
[7] BGH 26.11.1956, BGHZ 22, 197 ff.; *Zschoche*, Die Rechtsnatur der Zeitcharter – Eine Diskussion ohne Ende?, VersR 1994, 389, vgl. zur Abgrenzung Miet- und Frachtvertrag auch OLG Hamburg 28.2.1963, Hansa 1963, 1506.
[8] Vgl. Ziff. 8, S. 3 NYPE ʼ93 (s. Anh. B III 3, S. 1399) und Ziff. 9, S. 2 Baltime ʼ39 (s. Anh. B III 2, S. 1393); siehe hierzu *Ramming* TranspR 1993, 267.
[9] BGH 16.9.1985, TranspR 1986, 29 – MS „Roelof".
[10] Zum Pfandrecht des Vermieters nach neuem Recht vgl. § 566 Rn. 3.

rakter. Bei der Schiffsmiete bedient sich der Mieter des fremden Schiffes zu einem vollständig selbstbestimmten Betrieb, das Schiff ist nur sein technisches Hilfsmittel. Bei der Zeitcharter behält der Vercharterer den Besitz und die nautisch-technische Leitung des Schiffes; er befördert das Gut auf Weisung des Zeitcharterers, der die Leistung des Zeitvercharterers zu seinen wirtschaftlichen Zwecken einsetzt.

Der Unterschied wird schon anhand der unterschiedlichen Regelungstechnik in beiden **6** Vertragsformen deutlich. Die Überlassung eines Schiffes ohne Besatzung bezeichnet der Gesetzgeber ausdrücklich als **Schiffsmietvertrag** und ergänzt den für diese Form der Schiffsüberlassung international üblichen Begriff Bareboat Charter als Legaldefinition im Klammerzusatz. Für die Überlassung eines Schiffes mit Besatzung verwendet der Gesetzgeber demgegenüber den international gängigen Begriff „Charter" und bezeichnet diesen Schiffsüberlassungsvertrag als **Zeitchartervertrag**.

In den Vorschriften über den **Schiffsmietvertrag**, §§ 553–556, bezeichnet das Gesetz **7** die Parteien als **Mieter** und **Vermieter** und verpflichtet den Vermieter dem Mieter das Schiff während der **Mietzeit** zur Verfügung zu stellen, während der Mieter als Gegenleistung die vereinbarte **Miete** zu zahlen hat. Das Gesetz geht somit von einem Mietverhältnis aus, bei dem in Ergänzung zu den nur vier Paragraphen zur Regelung eines Schiffsmietvertrages die mietrechtlichen Vorschriften des BGB Anwendung finden.

Demgegenüber vermeidet der Gesetzgeber in den 13 Paragraphen zur Regelung der **8** Zeitcharter, §§ 557–569, konsequent die Verwendung des Wortes Miete. Diese deutliche Unterscheidung zeigt, dass der Gesetzgeber bei einem Zeitchartervertrag nicht von einer ergänzenden Anwendung der mietrechtlichen Vorschriften des BGB ausgeht. Das wird auch in § 567 deutlich, der im Falle von Pflichtverletzungen in einem Zeitchartervertrag ausdrücklich auf die **allgemeinen Vorschriften des BGB** verweist, während eine solche eindeutige Verweisung für Pflichtverletzungen im Rahmen eines Schiffsmietvertrages nicht existiert. Damit hat der Gesetzgeber klar gemacht, dass er den Schiffsmietvertrag nicht als bloße Sonderform eines Zeitchartervertrages ansieht, sondern als eigenen Vertragstypus, der anderen Regeln folgt. Das ist auch konsequent, zumal zwischen beiden Vertragstypen in ihren sachenrechtlichen Folgen auch ein wesentlicher Unterschied besteht.

Der **Bareboat Charterer**, also der Schiffsmieter, ist während der Mietzeit **unmittelba- 9 rer Besitzer**, da die von ihm angestellte und seinen Weisungen unterworfene Besatzung das Schiff im Besitz hat.[11] Im Falle der Einstellung der Besatzung durch eine **Crewing Agentur**[12] bleibt der Bareboat Charterer gegenüber der Crew weisungsberechtigt, und sei es auch nur mittelbar über den von ihm beauftragten Crewmanager. Im Gegensatz dazu ist die Besatzung bei der Zeitcharter vom Vercharterer angestellt und auch den Weisungen des Vercharterers unterworfen. Der **Zeitcharterer** erwirbt also **keinen Besitz** an dem von ihm eingecharterten Schiff.

### V. „Kauf bricht nicht Miete"

Das Sachenrecht war es auch, das bei der Schaffung des § 578a BGB im Jahre 1940 durch **10** die Durchführungsverordnung zum Gesetz über Rechte an eingetragenen Schiffen und Schiffsbauwerken vom 21. Dezember 1940 (RGBl. I S. 1609) als Rechtfertigung dafür herangezogen wurde, den im Wohnungsmietrecht verankerten Grundsatz **„Kauf bricht nicht Miete"** ausdrücklich auf eingetragene Binnen- und Seeschiffe zu erweitern. Mit der Einführung des SchRG[13] ist für den Eigentumsübergang an einem im Seeschiffsregister eingetragenen Schiff[14] nur die Einigung über den Eigentumsübergang, nicht dagegen eine Besitzverschaffung erforderlich.[15] Für nicht eingetragene Seeschiffe findet sich die inhaltlich

---

[11] Vgl. hierzu BGH 26.11.1956, BGHZ 22, 197.
[12] Zur Rechtsstellung einer Crewing Agentur, *Lindemann-Bemm* § 3 Rn. 14 f. mwN.
[13] Gesetz über Rechte an eingetragenen Schiffen und Schiffsbauwerken vom 15.11.1940.
[14] Vgl. § 2 Abs. 1 SchRG.
[15] Für Seeschiffe, egal ob eingetragen oder nicht, galt dieser Grundsatz auch schon vorher. Vgl. den bis zum Inkrafttreten der Durchführungsverordnung von 1940 geltenden § 474 HGB iVm. Art. 6 EGHGB.

gleiche Regelung in § 929a BGB; für deren Eigentumsübergang ist ebenfalls die bloße Einigung ausreichend. Für eingetragene Binnenschiffe ist dagegen die Eintragung im Binnenschiffsregister konstitutiv (§ 3 Abs. 1 SchRG), für nicht eingetragene Binnenschiffe gilt § 929 BGB, wonach neben der Einigung auch eine Übergabe erforderlich ist. Der Gesetzgeber ging bisher davon aus, dass Mieter nicht eingetragener Seeschiffe durch § 986 Abs. 2 BGB bereits ausreichend gegen einen Rechtsverlust durch Veräußerung des Schiffes geschützt seien, da sie ihr Besitzrecht jedem Erwerber entgegenhalten konnten. Dieser Gedanke ist aber fehlerhaft, denn auch § 986 Abs. 2 BGB setzt neben der Einigung ein Besitzkonstitut, nämlich die Abtretung des Herausgabeanspruches nach § 931 BGB voraus. Bei einem nicht eingetragenen Seeschiff ist gem. § 929a BGB aber lediglich die Einigung erforderlich. Dem Mieter eines nicht eingetragenen Schiffes gewährt das deutsche Recht also keinen Schutz nach § 986 Abs. 2 BGB. Darüber hinaus kann sich § 578a BGB auch nicht auf im Ausland eingetragene Schiffe erstrecken, da nach herrschender Meinung nicht das auf den Mietvertrag anwendbare Sachenrecht, sondern das auf sachenrechtliche Rechtsvorgänge anwendbare Recht, also nach Art. 45 EGBGB das Recht des Staates, in dem das Schiff registriert ist, darüber entscheidet, ob einer Mieterschutzbestimmung die mit ihr bezweckte quasidingliche Wirkung beigemessen werden kann.[16]

11      Angesichts Komplexität der verschiedenen, auch international verwobenen Fragen hat der Gesetzgeber davon abgesehen, dem Vorschlag der Sachverständigenkommission[17] zu folgen und § 578a BGB mit seinen Verweisen ebenfalls in das HGB einzuarbeiten. Stattdessen sollen diese Fragen zunächst offen gelassen und zu einem späteren Zeitpunkt geregelt werden.[18] Nach der jetzigen Gesetzeslage ist daher der Grundsatz Kauf bricht nicht Miete für Schiffsmietverträge gemäß § 553 über ein in einem deutschen Schiffsregister eingetragenes Seeschiff ergänzend anwendbar, während er für nicht eingetragene sowie für nur in einem ausländischen Register eingetragene Seeschiffe ebenso wenig anzuwenden ist, wie für Zeitchartervertäge gemäß § 557 (§ 557 Rn. 2). Binnenschiffsmieter dagegen sind über § 929, 931 iVm. § 986 BGB geschützt.

## § 553 Schiffsmietvertrag

**(1) Durch den Schiffsmietvertrag (Bareboat Charter) wird der Vermieter verpflichtet, dem Mieter ein bestimmtes Seeschiff ohne Besatzung zu überlassen und ihm den Gebrauch dieses Schiffes während der Mietzeit zu gewähren.**

**(2) [1]Der Mieter wird verpflichtet, die vereinbarte Miete zu zahlen. [2]Die Miete ist mangels anderer Vereinbarung halbmonatlich im Voraus zu entrichten.**

**(3) [1]Die Vorschriften dieses Unterabschnitts gelten, wenn der Mieter den Vertrag abschließt, um das Schiff zum Erwerb durch Seefahrt zu betreiben. [2]Betreibt der Mieter kein Handelsgewerbe im Sinne von § 1 Absatz 2 und ist seine Firma auch nicht nach § 2 in das Handelsregister eingetragen, so sind in Ansehung des Schiffsmietvertrags auch insoweit die Vorschriften des Ersten Abschnitts des Vierten Buches ergänzend anzuwenden; dies gilt jedoch nicht für die §§ 348 bis 350.**

### Übersicht

| | Rn. | | Rn. |
|---|---|---|---|
| I. Normzweck und Entstehungsgeschichte | 1, 2 | III. Einzelerläuterung | 6–18 |
| | | 1. Wesentliche Vertragsbestandteile | 6 |
| II. Anwendungsbereich – Schiff, Abgrenzung Seeschiff / Binnenschiff | 3–5 | 2. Pflichten des Vermieters | 7–9 |
| | | 3. Pflichten des Mieters | 10 |

---

[16] RegBegr-SRG S. 116.
[17] BerSV S. 152.
[18] RegBegr-SRG S. 116.

| Rn. | | Rn. |
| --- | --- | --- |
| 4. Vertragsverletzungen .................. 11 | 7. Verwendungsabsicht und Eigenschaften | |
| 5. Rücktritt vom Vertrag / Kündigung ... 12 | des Mieters ........................... 15, 16 | |
| 6. Schadensersatz ........................ 13, 14 | 8. Recht zur Untervermietung ........... 17, 18 | |

## I. Normzweck und Entstehungsgeschichte

In § 553 findet sich zunächst die **Legaldefinition,** dass es sich bei einem im international **1** üblichen Sprachgebrauch als **Bareboat Charter** bezeichneten Vertrag um einen **Schiffsmietvertrag** handelt. Dabei ist zu beachten, dass der Gesetzgeber mit den Regelungen der Schiffsmiete in den §§ 553–556 nur die wichtigsten Regelungen getroffen hat, die als **lex specialis** den Mietrechtsvorschriften des BGB vorgehen sollen. Deutlich zu erkennen ist diese Intention des Gesetzgebers an der Einschränkung der §§ 579 und 580a BGB, die seit Inkrafttreten der Gesetzesänderung keine Geltung mehr für „im Schiffsregister eingetragene Schiffe" haben.[1] Stattdessen finden sich neue Vorschriften über die **Fälligkeit** der Schiffsmiete in Abs. 2 sowie über die **Kündigung** eines Schiffsmietvertrages in § 556.

Dies ist insbesondere im Hinblick auf § 578a BGB von Bedeutung. Die darin enthaltene **2** Verweisung auf §§ 566, 566a und 566e–567b BGB über die Wohnraummiete wird nicht verändert (Vor § 553 Rn. 10). Das bedeutet, dass der Grundsatz **„Kauf bricht nicht Miete"** nach wie vor für Mietverträge über **Schiffe,**[2] die in einem deutschen Schiffsregister eingetragen sind, gilt, nicht dagegen für nicht eingetragene und solche, die nur im Ausland eingetragen sind. Für einen Bareboat-Charterer, der das Schiff gemäß § 7 FlaggRG in seinem Namen in einem ausländischen Bareboat-Register eintragen lässt, bleibt der Schutz des § 578a BGB allerdings erhalten, weil die Eintragung im deutschen Register für die Zeit der (zusätzlichen) Bareboat Registrierung lediglich ruht,[3] das Schiff aber nicht gelöscht wird.

## II. Anwendungsbereich – Schiff, Abgrenzung Seeschiff / Binnenschiff

Nach der alten, aber höchstrichterlich noch nicht revidierten Definition eines **Schiffes 3** durch den BGH[4] ist ein Schiff ein schwimmender Hohlkörper von nicht unbedeutender Größe, der fähig und dazu bestimmt ist, auf oder unter Wasser fortbewegt zu werden. Mittels dieser Definition hat der BGH in dieser Entscheidung einem Schwimmkran die Eigenschaft als Schiff zugesprochen. Diese Definition führt vielfach zu Abgrenzungsschwierigkeiten, weshalb *Abraham*[5] als weiteres bestimmendes Merkmal hinzugefügt hat, dass ein Schiff dabei Personen oder Sachen zu tragen bestimmt sein muss. Auch schwimmende Bohrinseln oder Forschungsplattformen sind solange als Schiff zu qualifizieren, wie sie nicht auf Dauer fest mit dem Meeresboden verbunden werden und aufhören zu schwimmen.[6] Sog. Hubinseln oder Errichterschiffe, die sich mittels hydraulischer Stelzen auf den Meeresboden stellen und dann aus dem Wasser heben, sind ebenfalls Schiffe im Sinne des Gesetzes, da ihre Verbindung mit dem Meeresboden weder fest, noch auf Dauer angelegt ist.[7] Der BFH[8] schließlich verwendet eine recht weitgehende Definition. Danach ist jedes auf dem Wasser schwimmende Fahrzeug ohne Rücksicht auf den Verwendungszweck als Schiff anzusehen, unabhängig davon, ob es dem Transport von Personen oder Sachen diene.

In Abs. 1 wird ausdrücklich darauf hingewiesen, dass die Vorschriften über die Schiffs- **4** miete nur auf **Seeschiffe** Anwendung finden. Schließen die Parteien einen Mietvertrag über ein **Binnenschiff,** finden die Vorschriften des BinSchG Anwendung. Zur Abgrenzung zwischen Seeschiffen und Binnenschiffen ist entscheidend, ob das Schiff regelmäßig zur

---

[1] Siehe SRG BGBl. 2013 I S. 864 Art. 3.
[2] Zum Begriff des Schiffes siehe Rn. 3, ferner *Rabe* Einf. Rn. 2 ff.
[3] Vgl. § 7 FlaggRG.
[4] BGH 14.12.1951, NJW 1952, 1135.
[5] *Schaps/Abraham* Vor § 476 Rn. 1.
[6] Nicht ganz eindeutig *Ramming* RdTW 2013, 333, 335.
[7] So LG Kiel 18.12.1968, VersR 1969, 236.
[8] BFH 21.9.1955, BStBl. III S. 358 = Hansa 1956, 1052.

Seefahrt oder zur Fahrt auf Binnengewässern verwendet wird,[9] nicht dagegen seine ursprüngliche Bestimmung oder die Registrierung im See- oder Binnenschiffsregister (vgl. § 5 SchRegO). Lässt sich nicht bestimmen, welcher überwiegenden Verwendung ein Schiff dient, ist die jeweilige Reise entscheidend.[10] Über die Verweisung in § 27 Abs. 1 BinSchG sind allerdings die Vorschriften der §§ 553–556 auf Mietverträge über ein Binnenschiff entsprechend anzuwenden, so dass die Einschränkung des Anwendungsbereiches auf Seeschiffe praktisch ohne wesentliche Konsequenzen bleiben wird.

5    Gemäß Abs. 3 ist Anwendungsvoraussetzung ferner, dass der Mieter die **Absicht** hat, das Schiff zum Zwecke des Erwerbs durch Seefahrt zu betreiben. Auf die tatsächliche spätere Verwendung kommt es nicht an. Ebenfalls ist nicht erforderlich, dass der Mieter ein Handelsgewerbe betreibt.

### III. Einzelerläuterung

6    **1. Wesentliche Vertragsbestandteile.** Gegenstand eines Schiffsmietvertrages ist nach **Abs. 1** zunächst ein **bestimmtes Seeschiff.**[11] Damit geht das Gesetz grundsätzlich von einer **Speziesschuld** aus. Geschuldet ist nicht ein Schiff von mittlerer Art und Güte, oder ein Schiff aus einer Serie gleichartiger Schiffe, sondern ein von den Parteien im Vertrag **konkret bestimmtes Schiff.** Davon können die Parteien aber abweichen. In der Praxis kommt es auch häufig vor, dass Schiffsmietverträge schon vor oder während der Bauzeit eines Schiffes abgeschlossen werden, beispielsweise um die Finanzierung des Schiffsneubaus abzusichern.[12] Dann obliegt es den Parteien, entweder den noch zu erstellenden Schiffsneubau ausreichend zu individualisieren,[13] oder sie legen im Mietvertrag nur die Parameter fest, die das Schiff später erfüllen muss, um als vertragsgerecht zu gelten. Üblich ist zB die Vereinbarung: „MS „Ataraxia" or substitue", womit die Parteien ein bestimmtes, ihnen beiden bekanntes Schiff benannt haben, dem Vermieter aber eine Ersetzungsbefugnis mit einem **gleichartigen Schiff** eingeräumt wird.

7    **2. Pflichten des Vermieters.** Hauptpflicht des Vermieters in einem Schiffsmietvertrag ist nach **Abs. 1, 1. HS** die Überlassung eines bestimmten Seeschiffes **ohne Besatzung** an den Mieter. Ein Mieter im Sinne des § 553, der nicht nur bei Vertragsabschluss die Absicht verfolgt, das Schiff zum Erwerb in der Seefahrt zu betreiben, sondern diese Absicht auch umsetzt, ist somit immer **Ausrüster** im Sinne des § 477.

8    Durch die Regelung in § 554, wonach der Vermieter verpflichtet ist, dem Mieter das Schiff bei Vertragsbeginn in einem zum **vertragsgemäßen Gebrauch** geeigneten Zustand zu übergeben, obliegt es letztlich den Parteien festzulegen, was sie unter vertragsgemäßem Gebrauch des Schiffes verstehen. Damit bestimmen sie indirekt auch die ggf. zusätzlich zum normalen Zubehör erforderliche und vom Vermieter zu stellende Ausrüstung, zB zusätzliche Powerpacks[14] zum Anschluss einer größeren Zahl von Kühlcontainern oder besonderes Laschmaterial.

9    Die in **Abs. 1, 2. HS** geregelte Verpflichtung des Vermieters dem Mieter den Gebrauch des Schiffes während der **Mietzeit** zu gewähren, ist nicht im Sinne einer von den Parteien festzulegenden bestimmten Mietzeit zu verstehen. Bei der Schaffung der §§ 553–556 hat sich der Gesetzgeber im Gegenteil von den Mietrechtsvorschriften des BGB leiten lassen.[15] Eine von den Parteien fest vereinbarte Zeitspanne ist für einen Schiffsmietvertrag nicht

---

[9] RG 2.4.1921, RGZ 102, 45; OLG Celle 12.5.1976, MDR 1976, 936; Schaps/*Abraham* Vor § 476 Rn. 12.

[10] *Herber* S. 86.

[11] Zur Abgrenzung See-, Binnenschiff, vgl. Rn. 4.

[12] Die finanzierende Bank lässt sich dann die Ansprüche des Reeders gegen den Charterer aus dem Bareboat Chartervertrag zur Absicherung des Schiffsfinanzierungskredits abtreten.

[13] Hier bietet sich – sofern schon vergeben – die IMO Nr. des Schiffes an, die ein Schiff sein gesamtes Leben lang unverändert begleitet.

[14] Bewegliche Generatoren zur Stromerzeugung.

[15] RegBegr-SRG S. 116 zu § 553.

erforderlich. Es ist also denkbar, wenn auch in der Praxis bisher unüblich, einen Bareboat-Chartervertrag auf unbestimmte Zeit abzuschließen.[16]

**3. Pflichten des Mieters. Abs. 2** bestimmt eine der **Hauptleistungspflichten** des **10** Mieters, nämlich die **Zahlung** der vereinbarten **Miete.** Für den Fall, dass die Parteien keine Fälligkeitsregelung für die Mietzahlung getroffen haben sollten, hat der Gesetzgeber in **Abs. 2 S. 2** den international üblichen Charterzahlungsmodus,[17] nämlich halbmonatlich im Voraus, gesetzlich festgeschrieben. Gemäß § 189 Abs. 1 BGB ist unter halbmonatlich eine Frist von 15 Tagen zu verstehen.[18] Die Vorschrift tritt an die Stelle des § 579 BGB, der nach seinem Wortlaut nur für eingetragene Schiffe eine Fälligkeitsregelung hinsichtlich der Mietzahlungspflicht traf. Die gesetzliche Fälligkeitsregelung an die erfolgte Registereintragung eines Schiffes anzuknüpfen, erschien dem Gesetzgeber nicht mehr zeitgemäß.[19] Vielmehr kommt es nach seiner Überzeugung auf die jetzt nach § 553 Abs. 3 beim Abschluss des Vertrages erforderliche Absicht des Mieters an, das Schiff zum Zwecke des Erwerbs durch Seefahrt zu betreiben.

**4. Vertragsverletzungen.** Für den Fall der **Nichtzahlung** der vereinbarten Miete, wie **11** auch für alle anderen Fälle von Vertragsverletzungen, hat der Gesetzgeber keine Sonderregelungen, wie es sie zB in § 543 BGB für Miet- bzw. § 569 BGB für Wohnraummietverhältnisse gibt, geschaffen. Stattdessen gilt hinsichtlich Rücktritt und Schadensersatz das in den §§ 280 und 323 ff. BGB geregelte Recht der **Leistungsstörungen** in gegenseitigen Verträgen, auch wenn bei den Vorschriften über die Schiffsmiete eine ausdrückliche Verweisung auf die allg. Vorschriften des BGB über Leistungsstörungen, wie sie für Pflichtverletzungen in Zeitchartverträgen in § 567 zu finden ist, fehlt.

**5. Rücktritt vom Vertrag / Kündigung.** Nach § 323 Abs. 1 BGB ist für einen **Rück-** **12** **tritt** grundsätzlich eine Nachfristsetzung erforderlich. Sie ist gemäß § 323 Abs. 2 Nr. 2 BGB allerdings dann entbehrlich, wenn die Parteien **vertraglich** eine **Leistungszeit bestimmt** haben, **und** der Gläubiger den **Fortbestand** seines **Leistungsinteresses an die Rechtzeitigkeit der Leistung** gebunden hat. In Ermangelung dieser gesetzlichen Voraussetzungen ist der Vermieter bei Zahlungsverzug des Mieters daher nicht berechtigt, ohne Nachfristsetzung von dem Vertrag zurückzutreten. Liegen die Voraussetzungen aber vor, ist der (Schiffs-) Vermieter – anders als im allgemeinen Mietrecht nach § 543 Abs. 2 Nr. 3 BGB – nicht verpflichtet, die zweimalige Nichtzahlung der vereinbarten Miete abzuwarten, bevor er den Vertrag kündigen kann. Hätte der Gesetzgeber auch dem Vermieter eines Seeschiffes eine entsprechende Kündigungserschwernis auferlegen wollen, hätte er dies in dem für die Kündigung eines Schiffsmietvertrages neu eingefügten § 556 speziell geregelt. Eine Regelungslücke, die eine analoge Anwendung der §§ 543 und 569 BGB erlaubten, ist nicht vorhanden.

**6. Schadensersatz.** Hinsichtlich **Schadensersatzes** ist ebenfalls auf die allgemeinen Vor- **13** schriften der §§ 280, 286, ggf. iVm. 325 BGB zu verweisen. Angesichts Abs. 2 Satz 2 ist gemäß § 286 Abs. 2 Nr. 1 BGB eine Mahnung auch dann nicht erforderlich, wenn die Parteien die Fälligkeit der Miete im Vertrag nicht ausdrücklich geregelt haben, so dass bereits die einmalige Nichtzahlung oder verspätete Zahlung der vereinbarten Miete den Vermieter zum Schadensersatz berechtigt. Nach § 325 BGB kann dieser Schadensersatz auch neben dem Rücktritt vom Vertrag verlangt werden.[20] Die Berechnung des Schadensersatzanspruches in

---

[16] Zur Beendigung eines unbefristeten Schiffsmietvertrages siehe die Kündigungsvorschrift des § 556.
[17] Charter hire is to be paid semi-monthly in advance, zB Klausel 5 der NYPE Time Charterparty, vgl. Anh. B III 3.
[18] Palandt/*Ellenberger* § 189 Rn. 1.
[19] RegBegr-SRG S. 116 zu § 553.
[20] Vgl. zum englischen Recht die Entscheidung Kuwait Rocks Co vs. AMN Bulkcarriers Inc (2013) (The Astra) EWHC 865 (Comm) die eine wesentliche Änderung der bisherigen Rechtslage in England bedeutet. Seit dieser Entscheidung ist die Nichtzahlung der vereinbarten Charterhire als repudiatory breach of contract anzusehen, die den Owner zum Schadensersatz berechtigt, ohne dass er dem Charterer zusätzlich nachweisen muss, dass dieser sich nicht länger an den Vertrag gebunden fühlt.

Verbindung mit einer Kündigung des Vertrages führt bei langfristigen Bareboat-Charterverträgen regelmäßig zu langjährigen Auseinandersetzungen, da der Schaden des Vermieters im Wesentlichen in der **Differenz** zwischen der ursprünglich **vereinbarten Miete** und der in der Restlaufzeit des Mietvertrages tatsächlich **erzielten Miete** liegt.

**14**    Die aus § 254 BGB[21] abgeleitete **Schadenminderungspflicht**[22] des Geschädigten führt regelmäßig dazu, dass der Vermieter bei der Berechnung seines Schadens darlegen und ggf. beweisen muss, dass die mit seinem Schiff in der restlichen Vertragslaufzeit tatsächlich **erzielte Miete** marktüblich war. Behauptet der Mieter, der Vermieter hätte eine **höhere Miete** erzielen können, trifft ihn dafür die **Beweislast**.

**15**    **7. Verwendungsabsicht und Eigenschaften des Mieters.** Nach **Abs. 3** ist weitere Voraussetzung die Anwendbarkeit der §§ 553–556 die **Absicht** des Mieters bei Vertragsabschluss, das Schiff zum **Erwerb durch die Seefahrt** zu betreiben. Damit hat der Gesetzgeber klar zum Ausdruck gebracht, dass die Spezialvorschriften der §§ 553–556 in allen anderen Fällen der Anmietung eines Schiffes, etwa der Anmietung einer Motor- oder Segelyacht auf der Ostsee zu Urlaubszwecken, keine Anwendung finden sollen. Auf solche Verträge bleiben die allgemeinen Mietrechtsvorschriften anwendbar.[23] Dass die Absicht allein ausreichen soll und es auf die spätere Verwendung nicht mehr ankommt, dient nach Auffassung des Gesetzgebers der Rechtssicherheit und entspricht den Rechtsgedanken der §§ 13 und 14 BGB.

**16**    Für die Anwendbarkeit der §§ 553–556 soll es – ähnlich wie in § 481 – ferner **nicht** darauf ankommen, ob der Mieter **Kaufmann oder Kleingewerbetreibender** ist. Allein die Absicht des Betriebes des Schiffes zum Erwerb durch die Seefahrt ist ausschlaggebend, unabhängig davon, ob es sich in der Person des Mieters um einen Kaufmann oder einen Kleingewerbetreibenden handelt. Da die Vorschriften des vierten Buches allerdings auf Kleingewerbetreibende nicht anwendbar sind, es sich bei einem Schiffsmietvertrag im Sinne des § 553 aber zweifellos um ein Handelsgeschäft handelt, bedurfte es der Sonderregelung in Abs. 3 Satz 2, wonach die Vorschriften des vierten Buches ergänzend anwendbar sind. Soweit bestimmte Vorschriften (§§ 348–350) hinsichtlich Vertragsstrafen und Bürgschaften für Kaufleute schärfere Regelungen enthalten, sollen **Kleingewerbetreibende** allerdings auch in Ansehung eines Schiffsmietvertrages von diesen **Schutzvorschriften** profitieren. Für sie gelten diese besonderen Vorschriften des vierten Buches daher ausnahmsweise nicht. Damit entspricht Abs. 3 Satz 2 den Wertungen des § 481 Abs. 2 S. 2 und des ihm als Vorbild dienenden § 407 Satz 2.

**17**    **8. Recht zur Untervermietung.** Ein Recht des Bareboat-Charterers, das von ihm gemietete Schiff **unterzuvermieten,** ist im Gesetz, im Gegensatz zu § 561 Abs. 3 für die Zeitcharter, nicht ausdrücklich geregelt. Sofern die Parteien im Vertrag keine Regelung getroffen haben, gilt ergänzend § 540 BGB. Danach bedarf eine Gebrauchsüberlassung an Dritte nach § 540 BGB grds. der **Zustimmung** des Vermieters. Verweigert der Vermieter die Zustimmung, kann der Bareboat Charterer den Schiffsmietvertrag in entsprechender Anwendung des § 540 Abs. 1 Satz 2 BGB außerordentlich mit der in § 556 geregelten Frist kündigen, sofern nicht in der Person des Dritten ein wichtiger Grund vorliegt. Das Vorliegen eines wichtigen Grundes muss der Vermieter beweisen.[24] Ein Anspruch des Bareboatcharterers gegen den Vermieter auf Erteilung der Untermieterlaubnis, wie er dem Mieter von Wohnraum nach § 553 BGB gegenüber dem Vermieter zusteht, besteht nicht, da § 553 BGB ausdrücklich nur auf die Vermietung von Wohnraum anwendbar ist.

**18**    Eine in der Praxis sehr häufige Verwendung eines Schiffes durch einen Bareboat-Charterer liegt in der Weiterverchartierung des Schiffes auf Basis einer Zeitcharter. Erteilt der Vermieter dem Bareboat-Charterer die nach § 540 BGB erforderliche Erlaubnis zur Unterverchartierung auf Basis einer Zeitcharter nach den Vorschriften der §§ 557 ff., ist die anschließende Weiterverchartierung des Schiffes gemäß § 561 Abs. 3 ohne erneute Erlaubnis

---

[21]  Zu Einzelheiten, siehe Palandt/*Grüneberg* § 254 Rn. 36 ff.
[22]  Im englischen Recht als „obligation to mitigate damages" bekannt.
[23]  RegBegr-SRG S. 116 zu § 553.
[24]  Vgl. Palandt/*Weidenkaff* § 540 Rn. 12.

des Vermieters zulässig. Entscheidend ist, dass der Bareboat-Charterer gegenüber dem Vermieter nach § 540 Abs. 2 BGB voll verantwortlich bleibt, unabhängig davon, wie viele Vertragsverhältnisse sich nach ihm auch immer anschließen mögen.

## § 554 Übergabe und Rückgabe des Schiffes. Instandhaltung

**(1) Der Vermieter hat dem Mieter das Schiff zur vereinbarten Zeit am vereinbarten Ort in einem zum vertragsgemäßen Gebrauch geeigneten Zustand zu übergeben.**

**(2) [1]Der Mieter hat das Schiff während der Mietzeit in einem zum vertragsgemäßen Gebrauch geeigneten Zustand zu erhalten. [2]Nach Beendigung des Mietverhältnisses ist er verpflichtet, das Schiff in demselben Zustand unter Berücksichtigung der Abnutzung infolge vertragsgemäßen Gebrauchs zurückzugeben.**

### Übersicht

| | Rn. | | Rn. |
|---|---|---|---|
| I. Normzweck und Entstehungsgeschichte | 1 | 4. Anlieferungszustand | 9 |
| | | 5. See- und Ladetüchtigkeit | 10 |
| II. Anwendungsbereich | 2–4 | 6. Reisetüchtigkeit | 11 |
| III. Einzelerläuterungen | 5–18 | 7. Organisatorische Seetüchtigkeit | 12 |
| 1. Anlieferungszeit | 5 | 8. Unterhaltung während der Mietzeit | 13 |
| 2. Wahlrecht zwischen Rücktritt und Erfüllung | 6, 7 | 9. Rückgabezustand/Rückgabeort | 14, 15 |
| 3. Anlieferungsort | 8 | 10. Fälligkeit der Rückgabepflicht/Schadensersatz | 16–18 |

## I. Normzweck und Entstehungsgeschichte

Die Vorschrift regelt die Pflichten des Vermieters bei Übergabe des Schiffes. Daneben **1** legt sie in Abs. 2 dem Mieter, anders als dem Charterer eines Zeitchartervertrages, die Pflicht zur Instandhaltung des Schiffes in Übereinstimmung mit den international üblichen Gepflogenheiten in Bareboat-Charterverträgen[1] auf. Damit hat der Gesetzgeber den Rechtsgedanken des § 85 Abs. 3 SHSG übernommen, wonach der Mieter ebenfalls verpflichtet war, das Schiff und die Ausrüstung während der Mietzeit instand zu halten (vgl. § 85 Abs. 3 SHSG).

## II. Anwendungsbereich

Nach **Abs. 1** ist der Vermieter verpflichtet, dem Mieter das Schiff zur vereinbarten **Zeit, 2** am vereinbarten **Ort** in einem zum vertragsgemäßen Gebrauch geeigneten **Zustand** zur Verfügung zu stellen. Damit werden die Mindestvoraussetzungen für die sog. **Anlieferung** in die Bareboat-Charter beschrieben.

Zeit und Ort werden in jedem Schiffsmietvertrag von den Parteien sorgfältig ausgehandelt. **3** Stellen sie doch für den Vermieter regelmäßig eine der wichtigsten Kalkulationsgrundlagen dar, weil er einerseits die Kosten für die Verbringung des Schiffes bis zum Anlieferungsort selber tragen muss, und andererseits die erfolgte Anlieferung regelmäßig den Beginn seiner Mietzinsberechtigung bestimmt. Für den Mieter beginnt mit der Anlieferung spiegelbildlich die Mietzahlungsverpflichtung. Den Ort wird er regelmäßig so wählen, dass er dort bereits die erste Ladung zum Transport aufnehmen kann, damit er seinerseits möglichst schnell damit beginnt, Fracht einzunehmen.

**Abs. 2** enthält einen weiteren wesentlichen Unterschied des Schiffsmietvertrages zum **4** Zeitchartervertrag, nämlich dass der Mieter während der vereinbarten Mietzeit für den Zustand des Schiffes verantwortlich ist und in welchem Zustand er das Schiff zurückzugeben hat. Bei einem Zeitchartervertrag hat nach § 560 der Zeitvercharterer dafür zu sorgen, dass

---

[1] Siehe *Barecon*, Standard Bareboat Charter Formularvertrag (Anh. B III 1, S. 1383), Klausel 10.

das Schiff während der Dauer der Zeitcharter im vertragsgemäßen Zustand erhalten bleibt. Zum Zustand des Schiffes bei Rückgabe aus einem Zeitchartervertrag findet sich dort folgerichtig keine gesonderte Regelung.

### III. Einzelerläuterungen

5 **1. Anlieferungszeit.** Nur äußerst selten ist in Bareboat-Charterverträgen ein bestimmter Tag für die Anlieferung vereinbart. International üblich sind sog. **Anlieferungsfenster,** also ein bestimmter Zeitraum, innerhalb dessen die Anlieferung des Schiffes zu erfolgen hat. Diese Übung ist dem Wesen der Schifffahrt geschuldet, weil äußere Umstände (zB Wind und Wetter) den Reiseplan eines Schiffes erheblich beeinflussen können und es naturgemäß nicht immer möglich ist, eine geplante Reise auf den Tag genau einzuhalten. Je näher das Schiff am Anlieferungshafen angekommen ist, desto präziser kann der Vermieter die Ankunftszeit bestimmen. Daher hat sich die weitere Übung etabliert, den konkreten Anlieferungszeitpunkt innerhalb des Anlieferungsfensters durch entsprechende Benachrichtigungen (notices) einzugrenzen, bis der Mieter schließlich einen Tag vorher genau weiß, dass das von ihm gemietete Schiff am nächsten Tag am vereinbarten Ort eintreffen wird.[2]

6 **2. Wahlrecht zwischen Rücktritt und Erfüllung.** Im Gegensatz zur Zeitcharter (§ 559 Abs. 2) hat der Gesetzgeber die Folgen der **ausgebliebenen oder verspäteten Anlieferung** des Schiffes bei der Schiffsmiete nicht geregelt. Das bedeutet, dass in solchen Fällen die gleichen Regelungen greifen, wie sie für die verspätete Überlassung einer Mietsache durch den Vermieter (§ 553 Rn. 10, 11) gelten. Nach § 323 Abs. 1 BGB muss der Mieter dem Vermieter grds. eine **Nachfrist** setzen, bevor er von dem Vertrag zurücktreten kann. Diese ist nach § 323 Abs. 2 Nr. 2 BGB nur dann entbehrlich, wenn der Mieter den Fortbestand seines Leistungsinteresses erkennbar an die Rechtzeitigkeit der Anlieferung gebunden hat. In Ermangelung dieser Voraussetzung ist der Mieter bei einer verspäteten Anlieferung des Schiffes zum vereinbarten Zeitpunkt daher ohne Nachfristsetzung nicht berechtigt, von dem Schiffsmietvertrag zurückzutreten. Auch hier kann der Mieter nach § 325 BGB Schadensersatz nach §§ 280 ff. BGB neben dem Rücktritt verlangen.

7 Im Gegensatz dazu bleibt der Vermieter solange zur Leistungserbringung verpflichtet, bis der Mieter von seinen Rechten Gebrauch gemacht hat. Die Möglichkeit des Vermieters, dem Mieter nach § 350 BGB eine Frist für die Ausübung seines Kündigungsrechtes zu setzen, ist seit der Schuldrechtsreform auf vertragliche Rücktrittsrechte begrenzt. In entsprechender Anwendung des § 264 Abs. 2 BGB hat der Vermieter allerdings das Recht, den Mieter unter Fristsetzung aufzufordern, mitzuteilen, ob er von dem Vertrag zurücktreten will oder nicht.[3] Nach Fristablauf besteht das Rücktrittsrecht zwar fort, das Wahlrecht zwischen Rücktritt und Erfüllung geht aber auf den Vermieter über.[4]

8 **3. Anlieferungsort.** Der **Anlieferungsort** wird üblicherweise nicht nur mit der vereinbarten Hafenstadt angegeben, sondern auch innerhalb dessen noch präziser bestimmt. Hintergrund dafür sind diverse, uU nicht zu vernachlässigende Kosten, die beim Einlaufen in einen Hafen entstehen. Haben die Parteien zum Beispiel die Anlieferung in Hamburg an der Übernahmestation des Seelotsen vereinbart, trägt der Mieter ab diesem Zeitpunkt alle Lotsen- und Einklarierungskosten, die bis zum Festmachen des Schiffes an der beabsichtigten Ladepier entstehen.

9 **4. Anlieferungszustand.** Die Verpflichtung zur Übergabe des Schiffes in einem zum **vertragsgemäßen Gebrauch** geeigneten **Zustand** setzt voraus, dass die Parteien diesen in ihrem Vertrag zumindest ansatzweise vereinbart haben. Allerdings muss es sich um einen Gebrauch zum Erwerb durch die Seefahrt handeln, da die Vorschriften des ersten Unterab-

---

[2] Eine übliche Formulierung lautet: Owners to give Charterers minimum 15, 10, 7 and 5 days notice of vessels' expected and 3, 2, 1 days notice of vessels' definite date of arrival.
[3] Vgl. Palandt/*Grüneberg* § 262 BGB Rn. 5.
[4] Vgl. Palandt/*Grüneberg* § 350 BGB Rn. 1.

schnitts gemäß § 553, Abs. 3 ansonsten nicht gelten. Viel wichtiger als die Anwendbarkeit der §§ 553 ff. ist in diesem Zusammenhang allerdings, dass der vertragsgemäße Gebrauch die Beschaffenheit des Schiffes bestimmt, die dieses bei Anlieferung in die Schiffsmiete haben muss. Die vom Gesetzgeber für den Schiffsmietvertrag verwendete Legaldefinition als Bareboat[5]-Chartervertrag stellt klar, dass der Zustand zum vertragsgemäßen Gebrauch nicht mit der See- und Ladungstüchtigkeit des Schiffes[6] gleichzusetzen ist, zu dessen Herstellung der Verfrachter eines Frachtvertrages nach § 485 verpflichtet ist, bzw. zu deren Erhaltung das Gesetz den Zeitvercharterer in § 560 S. 2 verpflichtet.

**5. See- und Ladetüchtigkeit.** Selbstverständlich ist zunächst, dass das Schiff die **See-** **10** **und Ladungstüchtigkeit** im engeren Sinne aufweisen muss. Unter Seetüchtigkeit im engeren Sinne wird die Tauglichkeit des Schiffskörpers verstanden, mit der konkreten Ladung auf der vorgesehenen Reise die Gefahren der See zu bestehen.[7] Unter Ladungstüchtigkeit versteht man die Eignung des Schiffes, die konkrete Ladung, abgesehen von den Gefahren der See, ungefährdet zu befördern. Einem Schiff fehlt daher die Ladungstüchtigkeit, wenn beispielsweise seine Laderäume ungeeignet sind, die zum Transport beabsichtigte Ladung unversehrt zu seinem Bestimmungsort zu bringen.[8]

**6. Reisetüchtigkeit.** Problematischer wird es bei der sog. **Reisetüchtigkeit**[9] des Schif- **11** fes, also die Ausrüstung, Bemannung und Verproviantierung des Schiffes. Da die **Ausrüstung** des Schiffes – anders noch als in § 85 SHSG – bei den Übergabepflichten des Vermieters nicht ausdrücklich erwähnt wird (§ 553 Rn. 7), liegt in der Vereinbarung des bestimmungsgemäßen Gebrauches zugleich auch eine Vereinbarung darüber, womit das vom Vermieter zu übergebende Schiff ausgerüstet sein muss, um als vertragsgemäß zu gelten. Handelt es sich bei dem gemieteten Schiff beispielsweise um ein Seeschiff zum Transport von Containern und ergibt sich aus dem Vertrag auch kein anderer, vom Mieter beabsichtigter Gebrauch, so gehört zum vertragsgemäßen Zustand auch die Ausrüstung des Schiffes mit ausreichendem Containerlaschmaterial.[10] Beabsichtigt der Mieter dagegen den Transport von Kühlcontainern, die für ihre Kühlung einen Stromanschluss benötigen, so gehören die entsprechenden Kühlcontaineranschlüsse nur dann zum vertragsgemäßen Zustand, wenn die Parteien den Transport von Kühlcontainern vereinbart haben, oder das Schiff ausweislich seiner Beschreibung grundsätzlich zum Transport einer bestimmten Anzahl von Kühlcontainern geeignet ist. Nicht mehr zum geeigneten Zustand für den vertragsgemäßen Gebrauch gehört dagegen die Bemannung und Verproviantierung des Schiffes, da dies bei einer Bareboat-Charter in den Verantwortungsbereich des Mieters fällt.

**7. Organisatorische Seetüchtigkeit.** Schließlich hat sich in jüngerer Zeit auch der **12** Begriff der **organisatorischen Seetüchtigkeit** etabliert. Mit Einführung verschiedener teils national, teils international geltender Verwaltungsvorschriften wie zB **ISM**[11] oder **ISPS**[12] haben sich die auch schon vorher bestehenden organisatorischen und dokumentarischen Anforderungen, die ein Schiff erfüllen muss,[13] wie zB **Klasse- und Registrierungszertifikate** erheblich ausgeweitet. Heutzutage führt ein Seeschiff regelmäßig eine erhebliche Anzahl von Zertifikaten und anderen Dokumenten mit sich, die unterschiedliche Gültigkeitslaufzei-

---

[5] Bare Boat im Wortsinn bedeutet das bloße (nackte) Schiff.
[6] Zur Bedeutung der Begriffe im Einzelnen vgl. § 485 Rn. 1 ff. u. § 560 Rn. 4 ff.
[7] BGH 17.1.1974, VersR 1974, 483; OLG Hamburg HGZ 2005, 295; 2006, 226; *Wüstendörfer* S. 238; *Schaps/Abraham* § 513 Rn. 2; *Rabe* § 559 Rn. 5.
[8] BGH 29.1.1968, BGHZ 49, 356; BGH 8.12.1973, BGHZ 65, 364; OLG Hamburg 13.9.1990, TranspR 1991, 151; *Rabe* § 559 Rn. 16.
[9] Vgl. *Rabe* § 559 Rn. 6.
[10] Zum Containerlaschmaterial gehören oft Ketten, Eisenstangen, Twistlocks und Bridgefittings.
[11] International Safety Management System, eingeführt im Jahre 1998/2002 als Kapitel IX des SOLAS Übereinkommens von 1974; siehe hierzu *Looks/Kraft* TranspR 1998, 221.
[12] International Ship and Port Facility Security, eingeführt 2004 als Kapitel XI des SOLAS-Übereinkommens zur Erhöhung der Gefahrenabwehr auf Schiffen und in Hafenanlagen.
[13] Vgl. *Rabe* § 513 Rn. 9 ff.

ten haben. Zur Erhaltung der Gültigkeit dieser vorgeschriebenen Zertifikate und anderer Dokumente ist ein Seeschiff in regelmäßigen und unregelmäßigen Abständen zahlreichen Überprüfungen durch Klassifikationsgesellschaften,[14] Flaggenstaatsadministration, Hafenbehörden u. a. ausgesetzt. Nur wenn sie alle an Bord **vorhanden und gültig** sind, ist ein Seeschiff organisatorisch seetüchtig.

13 **8. Unterhaltung während der Mietzeit.** Da der Mieter nach **Abs. 2** verpflichtet ist, das Schiff während der Mietzeit in einem zum vertragsgemäßen Gebrauch geeigneten Zustand zu erhalten, umfasst diese Erhaltungspflicht selbstverständlich alle Anforderungen, die der Vermieter bei Anlieferung des Schiffes erfüllen muss. Der Mieter ist daher für den strukturellen Erhalt des Schiffskörpers ebenso verantwortlich, wie für die Organisation und Durchführung der anstehenden Untersuchungen und Überprüfungen zum Erhalt der organisatorischen Seetüchtigkeit. Dies umfasst sowohl Schiff als auch die mitvermietete Ausrüstung. Geht also beispielsweise während der Mietzeit Containerlaschmaterial verloren, so hat der Mieter dieses auf eigene Kosten zu ersetzen.

14 **9. Rückgabezustand/Rückgabeort.** In § 554 Abs. 2 Satz 2 findet sich die logische Konsequenz der in Satz 1 geregelten Erhaltungspflicht **des Mieters**, nämlich die **Pflicht**, das Schiff nach Beendigung der Mietzeit **ordnungsgemäß zurückzugeben.** Dabei hat der Gesetzgeber sich erneut am Mietrecht orientiert (vgl. § 538 BGB) und die **Abnutzung** des Schiffes **infolge vertragsgemäßen Gebrauches** dem Vermieter zur Last gelegt. Der Mieter muss das Schiff in dem Zustand zurückgeben, in dem es sich zum Zeitpunkt der Anlieferung in die Bareboat-Charter befand, allerdings nur unter Berücksichtigung der normalen Abnutzung infolge bestimmungsgemäßen Gebrauches[15] während der Mietzeit. Der Mieter haftet also nicht für Veränderungen oder Verschlechterungen des Schiffes, die infolge bestimmungsgemäßen Gebrauches eingetreten sind.[16]

15 Im Gegensatz zur Zeitcharter in § 569 hat der Gesetzgeber es nicht für erforderlich gehalten, den **Rückgabeort** in einer Schiffsmiete näher zu spezifizieren. Haben die Parteien diesen nicht näher vereinbart, steht es dem Mieter folglich frei, nach seinen Bedürfnissen zu entscheiden, wo er dem Vermieter das Schiff zurückgibt.

16 **10. Fälligkeit der Rückgabepflicht/Schadensersatz.** In Anlehnung an das Mietrecht in § 546 BGB, spricht das Gesetz in § 554 Abs. 2 Satz 2 ebenfalls davon, dass der Mieter das Schiff **nach Beendigung des Mietverhältnisses** zurückzugeben hat. In der Vergangenheit sind anlässlich der Rückgabe eines Schiffes aus einer Bareboat-Charter häufig Streitigkeiten zwischen den Parteien über die Frage aufgetreten, ob das Schiff den vertraglich vereinbarten bzw. gesetzlich vorgeschriebenen Rücklieferungszustand aufweist; oder, anders ausgedrückt, ob die anlässlich der Rückgabe festgestellten Mängel am Schiff infolge bestimmungsgemäßen Gebrauches oder womöglich infolge **übergebührlicher Abnutzung** oder gar **bestimmungswidriger Verwendung** entstanden sind. Rein sachlich sind solche Auseinandersetzungen entweder durch einvernehmlich vereinbarte Schiedsgutachten (etwa durch Sachverständige oder Klassifikationsgesellschaften), im Rahmen von Beweissicherungs- oder gar von Gerichts- oder Schiedsgerichtsverfahren zu klären. Dabei handelt es sich regelmäßig um technische Fragen, die juristisch wenig Substanz aufweisen. Juristisch problematisch ist aber die **Frage, ob der Mietvertrag** bis zur Entscheidung, ob gewöhnliche oder außergewöhnliche Abnutzung vorliegt und – im letzteren Falle – bis zur Herstellung des ordnungsgemäßen Zustandes des Schiffes, **noch fortdauert.** Dabei geht es um die Frage, ob die Parteien während dieser Zeit auch weiterhin verpflichtet sind, einander die vertraglich vereinbarten Leistungen zu gewähren, insbesondere die vereinbarte Schiffsmiete weiter zu bezahlen?

17 Durch die Verwendung der Formulierung **nach Beendigung des Mietverhältnisses** ist diese Frage im Interesse der Rechtssicherheit nun klar geregelt. Die Rückgabeverpflich-

---

[14] Zu näheren Einzelheiten siehe *Rabe* § 513 Rn. 24 ff.; *Basedow/Wurmnest* VersR 2005, 328.
[15] OLG Hamburg 10.5.2012, VRS 124, 93 ff.
[16] RegBegr-SRG S. 117 zu § 554.

tung des Mieters ist zwar eine Verpflichtung aus dem Schiffsmietvertrag, sie wird aber erst nach Beendigung der gegenseitigen Rechte und Pflichten, **quasi als letzte nachwirkende Vertragspflicht** des Mieters fällig. Nach § 271 BGB sind vertragliche Leistungspflichten im Zweifel sofort fällig, die Rückgabe des Schiffes hat demnach unverzüglich also ohne schuldhaftes Zögern nach Ende der vereinbarten Mietzeit zu erfolgen. Erfüllt der Mieter diese letzte Pflicht aus dem Bareboat-Chartervertrag nicht oder nicht rechtzeitig, so macht er sich gegenüber dem Vermieter nach §§ 280, 281, 286 BGB schadensersatzpflichtig.[17] Um dieser möglichen Schadensersatzpflicht zu entgehen, muss sich der Mieter also bereits vor Ende des Schiffsmietvertrages vergewissern, dass sich das von ihm zurückzugebende Schiff am Ende der Mietzeit auch wirklich in dem geschuldeten Rückgabezustand befindet, oder ob er womöglich noch Reparaturen am Schiff vornehmen muss. Tut er dies nicht und stellt sich später heraus, dass das Schiff Mängel infolge nicht-bestimmungsgemäßen Gebrauches aufweist, sind alle dem Vermieter aufgrund der verspäteten Rückgabe entstehenden Schäden schuldhaft vom Mieter verursacht und hat er diese dem Vermieter zu ersetzen. Dieser **Schadensersatz** umfasst nicht nur die **Reparaturkosten** sondern auch den **entgangenen Gewinn,** den der Vermieter dadurch erleidet, dass er das Schiff erst nach der erfolgten Reparatur, oder ohne Reparatur zu einem geringeren Entgelt, erneut vermieten kann.

Je nach **Marktentwicklung** kann sich die vom Gesetzgeber in der vorstehend beschrie-    **18** benen Art und Weise getroffene Entscheidung zum Vor- oder Nachteil einer der beiden Vertragsparteien auswirken. Ist der Markt während der Dauer des Bareboat-Chartervertrages gestiegen, stellt sich also die Schiffsmiete am Ende der Mietzeit für den Mieter günstig dar, könnte er versucht sein, durch die Verwendung des Schiffes noch möglichst lange an der zu seinen Gunsten entstandenen Differenz zwischen niedrigem Mietzins und erzielbarer Marktrate zu verdienen. Als Schadensersatz für eine verspätete Rückgabe des Schiffes schuldet er dem Vermieter dann allerdings dessen entgangenen Gewinn aus der erst später erfolgten Neuvermietung auf höherem Marktniveau, sofern der Vermieter nachweisen kann, dass er diesen Gewinn hätte erzielen können. Hat sich der Markt dagegen anders herum entwickelt, hat der Mieter kein Interesse an einer möglichst langen Nutzung des „teuren" Schiffes, so dass er eventuell erforderliche Reparaturen möglichst noch in die Laufzeit des Schiffsmietvertrages legen wird, um das Schiff unmittelbar danach ordnungsgemäß zurückgeben zu können. Um sich diesen Schwierigkeiten infolge unvorhersehbarer Marktentwicklungen nicht auszusetzen, ist es in der Praxis üblich, die Rückgabemodalitäten inklusive des Rückgabeortes für das Schiff vertraglich sehr genau zu vereinbaren.[18]

## § 555 Sicherung der Rechte des Vermieters

**Der Mieter hat die Rechte des Vermieters gegenüber Dritten für den Vermieter zu sichern.**

### Übersicht

| | Rn. | | Rn. |
|---|---|---|---|
| I. Normzweck und Entstehungsgeschichte | 1 | III. Einzelerläuterungen | 8–19 |
| | | 1. Informationspflicht | 9 |
| II. Anwendungsbereich | 2–7 | 2. Sicherung des Anspruches auf Schadenbeseitigung | 10, 11 |
| 1. Schäden durch den Mieter | 3 | 3. Umfang der Sicherungspflicht | 12–18 |
| 2. Schäden durch Dritte | 4, 5 | 4. Grenzen der Sicherungspflicht | 19 |
| 3. Unklare Schadensursache | 6, 7 | | |

---

[17] Vgl. für das Mietrecht BGH 11.5.1988, BGHZ 104, 285.

[18] In einem Bareboatchartervertrag ist es üblich, den Zustand des Schiffes sowohl bei Anlieferung als auch bei Rücklieferung durch einen sog. On- bzw. Offhire Survey durch ein einvernehmlich bestelltes Sachverständigenbüro feststellen zu lassen und festzulegen, ob diese Untersuchungen innerhalb oder außerhalb der Mietzeit stattfinden sollen.

## I. Normzweck und Entstehungsgeschichte

1    Die Vorschrift übernimmt den Wortlaut des § 86 Abs. 3 SHSG, wonach der Mieter die
Rechte des Vermieters gegenüber Dritten zu sichern hat. Bei der Übernahme dieser Vorschrift hatte der Gesetzgeber insbesondere **Schadensersatzansprüche** vor Augen, die dem
Vermieter als Eigentümer des Schiffes **gegen Dritte** aus der Verwendung des Schiffes durch
den Mieter entstehen können.[1]

## II. Anwendungsbereich

2    Da nach § 553 ein Schiffsmietvertrag nur dann vorliegt, wenn der Vermieter dem Mieter
das Schiff ohne Besatzung überlässt, hat der Vermieter regelmäßig nur sehr begrenzte Möglichkeiten, **Kenntnis von** eventuellen **Schäden** zu erlangen, die der Mieter oder ein Dritter
dem Schiff möglicherweise zufügen.

3    **1. Schäden durch den Mieter.** Sofern es um **Schäden** geht, die der **Mieter** selbst
dem Schiff **zugefügt** hat, ist dies unproblematisch. Nach § 554 Abs. 2 kann der Mieter
seiner Rückgabepflicht nur dann ordnungsgemäß nachkommen, wenn er Schäden, die
aufgrund nicht bestimmungsmäßen Gebrauches entstanden sind, vor Rückgabe beseitigt.
Dadurch ist gewährleistet, dass der Mieter zum Ersatz aller von ihm verursachter Schäden
verpflichtet ist, die nicht als normale Abnutzung anzusehen sind (§ 554 Rn. 14).

4    **2. Schäden durch Dritte.** Der Vermieter kann aber nicht darauf vertrauen, dass der
Mieter ihm gegenüber auch zum Ersatz des Schadens verpflichtet ist, den Dritte dem Schiff
zugefügt haben. Eine entsprechende Schadensersatzverpflichtung des Mieters gegenüber
dem Vermieter setzt ein **Verschulden des Mieters** voraus, was bei einer **Beschädigung**
des Schiffes **durch einen Dritten** nicht zwingend gegeben sein muss.

5    Gibt der Mieter dem Vermieter das Schiff nach Ablauf der Mietzeit in beschädigtem
Zustand zurück, ist die Rückgabe nach § 554 Abs. 2 uU trotzdem vertragsgemäß, wenn
den Mieter kein Verschulden trifft, und somit kein bestimmungswidriger Gebrauch des
Schiffes seinerseits vorliegt. In diesem Fall ist der Vermieter darauf angewiesen, seine **Schadensersatzansprüche gegen den Dritten** gelten machen zu können.

6    **3. Unklare Schadensursache.** Möglicherweise erfolgt die Rückgabe erst zu einem
Zeitpunkt, in dem sich der Schadenshergang nicht mehr rekonstruieren lässt, Schadensersatzansprüche gegen den Dritten bereits verjährt sind, oder der Dritte nicht mehr auffindbar
ist. Lässt sich der Schadenshergang nicht mehr rekonstruieren, ist der Vermieter ausreichend
durch § 554 Abs. 2 geschützt, denn der Mieter ist dafür beweispflichtig, dass der Schaden
am Schiff infolge bestimmungsgemäßen Gebrauches entstanden ist (§ 554, Rn. 14). Ist der
Schadenshergang nicht mehr rekonstruierbar, kann er seiner Beweispflicht regelmäßig nicht
mehr genügen, und daher auch seiner Rückgabepflicht nicht mehr ordnungsgemäß nachkommen.

7    Um den Vermieter aber auch in allen anderen Fällen ausreichend zu schützen, hat der
Gesetzgeber die Pflicht des Mieters gesetzlich festgeschrieben, die Rechte des Vermieters
gegenüber Dritten für den Vermieter zu sichern. Tut er dies nicht oder nicht in ausreichendem Maße, läuft er Gefahr, dem Vermieter für den Schaden wegen schuldhafter Verletzung
seiner Sicherungsverpflichtung aus § 555 zu haften.

## III. Einzelerläuterungen

8    Dadurch, dass der Gesetzgeber nur § 86 Abs. 3 SHSG übernommen hat, ist er erkennbar
vom Grundkonzept des § 86 SHSG abgerückt. Danach traf den Mieter eine wesentlich
weitergehende Schadenbeseitigungspflicht. Nach § 86 Abs. 1 SHSG hatte der Mieter den
Vermieter über Schäden zu informieren und deren Beseitigung zu veranlassen. In Abs. 2

---

[1] RegBegr-SRG S. 117 zu § 555.

war eine Regelung zur Verteilung der Kosten enthalten; Abs. 3 entsprach wörtlich dem jetzigen § 555. In Abs. 4 fand sich schließlich noch eine Regelung, wonach der Mieter von der Entrichtung des Mietzinses befreit war, wenn er das Schiff auf Grund von Mängeln, für die der Mieter nicht verantwortlich war, für mehr als 48 Std. nicht verwenden konnte (vgl. § 86 SHSG). Die selektive Übernahme nur des § 86 Abs. 3 SHSG bedeutet aber nicht zwangsläufig, dass der Vermieter nach dem heutigen HGB schlechter geschützt ist, als er es nach dem SHSG war.

**1. Informationspflicht.** Die **Informationspflicht** aus § 86 Abs. 1 SHSG gesondert zu    **9**
erwähnen war angesichts der aus § 86 Abs. 3 SHSG übernommenen Sicherungspflicht nicht erforderlich, denn die Pflicht, die Rechte des Vermieters gegenüber Dritten zu sichern, enthält zwangsläufig auch eine Pflicht, den Vermieter über alle relevanten Tatsachen zu informieren, aufgrund derer seine Rechte beeinträchtigt sein könnten.

**2. Sicherung des Anspruches auf Schadenbeseitigung.** Hinsichtlich der **Schaden-**    **10**
**beseitigungspflicht** aus § 86 Abs. 1 SHSG unterscheidet das neue Recht über die Schiffsmiete zwischen verschiedenen Schadensverursachern. Soweit es um vom Mieter zu verant-
wortende Schäden geht, ist angesichts der in § 554 postulierten Pflicht zur **Rückgabe** des Schiffes in ordnungsgemäßem Zustand (also **nach Schadenbeseitigung**), eine nochmals gesondert geregelte Schadenbeseitigungspflicht in § 555 nicht erforderlich. Soweit es sich dagegen um **von Dritten verursachte Schäden** handelt, hat der Gesetzgeber sich dazu entschlossen, dem Mieter keine gesetzliche Schadenbeseitigungspflicht aufzuerlegen, sondern es bei der **Sicherungspflicht** zu belassen. Es steht den Parteien eines Schiffsmietvertra-
ges allerdings frei, eine entsprechende Schuldübernahme im Sinne der §§ 414–418 BGB vertraglich zu vereinbaren.

Mangels Übernahme der Schadenbeseitigungspflicht für von Dritten verursachte Schä-    **11**
den, entfällt auch die Notwendigkeit, die in § 86 Abs. 2 SHSG geregelten **Kosten für die Schadenbeseitigung** gesondert zu regeln. Dagegen bestand an der Notwendigkeit einer gesetzlich zu regelnden Pflicht des Mieters, die Ansprüche des Vermieters gegenüber Dritten zu sichern, kein Zweifel. Allerdings hat der Gesetzgeber den **Umfang** dieser **Sicherungs-**
**pflicht** vollkommen offen gelassen.

**3. Umfang der Sicherungspflicht.** Zur ordnungsgemäßen Erfüllung dieser Siche-    **12**
rungspflicht ist es **nicht ausreichend,** wenn der Mieter den Vermieter nach einer erfolgten Beschädigung des Schiffes durch einen Dritten innerhalb ausreichender Frist über den Vorfall und die Identität des Dritten **informiert** und den Vermieter damit in die Lage versetzt, seine Ansprüche gegen den Schädiger selber zu verfolgen.

Hätte der Gesetzgeber die bloße **Information** des Vermieters für ausreichend erachtet,    **13**
hätte es nahe gelegen, nur die Informationspflicht aus § 86 Abs. 1 SHSG zu übernehmen. Stattdessen hat der Gesetzgeber aber die Notwendigkeit gesehen, die in § 86 Abs. 3 SHSG geregelte **Pflicht zur Sicherung der Rechte** zu übernehmen, in der die Informationspflicht bereits zwangsläufig enthalten ist (siehe Rn. 8). Damit ist aber auch klar, dass die Verpflichtung des Mieters über eine bloße Informationspflicht hinausgeht. Es stellt sich folglich die Frage, welche **weitergehenden Pflichten** § 555 dem Mieter auferlegt?

Die Beantwortung dieser Frage und damit auch die Antwort auf die in jedem Einzelfall    **14**
auftretende Frage, ob der **Mieter** seiner **Pflicht in ausreichendem Maße nachgekom-**
**men** ist, ergibt sich aus dem rechtlichen Kontext, in den der Gesetzgeber den Bareboat-
Charterer gestellt hat. Durch die Einführung der Vorschriften über die Schiffsmiete hat der Gesetzgeber keine neue Rechtsfigur geschaffen. Vielmehr hatte der Gesetzgeber bei der Schaffung der Vorschriften über die Schiffsmiete die Person des Ausrüsters vor Augen, die es in § 510 aF seit vielen Jahren gab und die in § 477 nahezu unverändert weiterlebt (siehe § 477 Rn. 3).

Der in § 553 erstmals im HGB erwähnte **Bareboat-Charterer** ist qua definitionem der    **15**
in § 477 beschriebene **Ausrüster,** da er beabsichtigen muss, ein ihm nicht gehörendes

Seeschiff zum Erwerb durch Seefahrt zu betreiben, um Mieter iSd. § 553 zu sein. Nach § 477 Abs. 2 wird der Mieter (Ausrüster) im Verhältnis zu Dritten als Reeder angesehen. Im Zusammenspiel mit § 555 bedeutet das nicht nur, dass der Mieter gegenüber Dritten nicht nur die Rechtsposition des Eigentümers des Schiffes bekleidet,[2] sondern lässt sich darüber hinaus auch ein Rückschluss auf den Sorgfaltsmaßstab ziehen, den der Mieter bei seinen Handlungen anzulegen hat.

**16** Aus dem Kontext, in dem der Mieter steht, ergibt sich, dass er sich hinsichtlich der Sicherung der Rechte des Vermieters gegenüber Dritten so zu verhalten hat, als sichere er seine eigenen Rechte.

**17** Kommt es demnach zu einer Situation, in der die Rechte des Vermieters durch den Mieter gesichert werden müssen, erfüllt der Mieter die ihm nach § 555 auferlegte Pflicht grundsätzlich dann, wenn er alles unternimmt, was ein **gewissenhafter Reeder** im Sinne des § 476 für sein eigenes Schiff tun würde. Dabei geht die Pflicht des Mieters sogar noch darüber hinaus, denn eine Haftungserleichterung gemäß § 277 BGB (diligentia quam in suis) ist in § 555 nicht vorgesehen.

**18** Der offenkundigste Fall, in dem ein Aktivwerden des Mieters zwingend erforderlich ist, ist die erfolgte oder bevorstehende Beschädigung des Schiffes durch einen Dritten, sei es im Falle einer **Kollision,** sei es im Falle von Beschädigungen anlässlich von **Lade- und Löschoperationen,** oder schließlich im Falle des **Transportes falsch deklarierter gefährlicher Ladung.** Zur ordnungsgemäßen Erfüllung der Verpflichtung, die Rechte des Vermieters zu sichern, gehört ggf. die Erstellung eines **Seeprotestes,**[3] ohne Zweifel die **Beweissicherung,** sofern erforderlich durch **Einschaltung von Sachverständigen** oder **Einleitung eines Beweissicherungsverfahrens,** die unverzügliche **Information** der für das Schiff zuständigen **Versicherer** und die weitere Kooperation mit diesen, sowie schließlich die ordnungsgemäße Erfüllung aller **öffentlich-rechtlichen Vorschriften** am Ort des Geschehens.

**19** **4. Grenzen der Sicherungspflicht.** Allerdings haben die Pflichten des Mieters gegenüber dem Vermieter natürlich auch ihre **Grenzen.** Diese hat der Gesetzgeber dadurch deutlich gemacht, dass er die Pflicht zur Schadensbeseitigung aus § 86 Abs. 1 SHSG gerade nicht übernommen hat. Um diese muss sich der Vermieter bzw. Reeder des Schiffes selber kümmern; der Mieter muss nur alles im Rahmen seiner Möglichkeiten sowie des ihm Zumutbaren unternehmen, um den Vermieter zur Verfolgung seiner Rechte in die Lage zu versetzen.

### § 556 Kündigung

**[1]Ein auf unbestimmte Zeit eingegangenes Mietverhältnis kann spätestens am ersten Werktag einer Woche zum Ablauf des folgenden Sonnabends gekündigt werden. [2]Ist die Miete nach Monaten oder längeren Zeitabschnitten bemessen, ist die ordentliche Kündigung zum Ablauf eines Kalendervierteljahrs zulässig.**

Übersicht

| | Rn. | | Rn. |
|---|---|---|---|
| I. Normzweck und Entstehungsgeschichte, Unterschied zum Mietvertrag nach BGB | 1–5 | 1. Kündigung zum folgenden Sonnabend | 8, 9 |
| | | 2. Kündigung zum Quartal | 10–12 |
| II. Anwendungsbereich | 6, 7 | 3. Frist für die Erklärung der Kündigung zum Quartal | 13, 14 |
| III. Einzelerläuterung | 8–17 | 4. Sonnabend = Werktag? | 15–17 |

[2] Zum Ausnahmefall des § 477 Abs. 3, vgl. § 477 Rn. 3.
[3] Durch die Abschaffung der Verklarung ist ein Seeprotest im deutschen Recht nicht mehr vorgesehen, möglicherweise aber nach ausländischen Rechtsordnungen nach wie vor möglich und erforderlich.

# I. Normzweck und Entstehungsgeschichte, Unterschied zum Mietvertrag nach BGB

Die Vorschrift regelt die **ordentlichen Kündigungsmöglichkeiten** eines Schiffsmiet- 1
vertrages. Sie ist logische Konsequenz der Tatsache, dass der Gesetzgeber die mietrechtlichen
Regelungen des BGB, sofern sie sich auf Schiffe beziehen, so weit wie möglich in das
HGB integrieren wollte.[1] Aus § 580a Abs. 1 und Nr. 3 BGB wurde der Hinweis auf „im
Schiffsregister eingetragene Schiffe" gestrichen und mit § 556 ein eigener Paragraph für die
Kündigung eines **Schiffsmietvertrages** geschaffen.

Allerdings gibt es einen **wesentlichen Unterschied** zwischen der Schiffsmiete und 2
Mietverträgen iSd. § 580a BGB. Der Normalfall eines Mietverhältnisses iSd. § 580a BGB,
nämlich über Grundstücke und Räume, die keine Geschäftsräume sind, ist ein **unbefriste-
tes Mietverhältnis.** Es leuchtet ohne weiteres ein, dass der Gesetzgeber für solche unbefristeten Mietverhältnisse gesetzlich geregelte Kündigungsmöglichkeiten geschaffen hat. Dagegen kommen **unbefristete Bareboat Charterverträge** in der Praxis so gut wie nicht vor.
Der **Normalfall** eines Schiffsmietvertrages iSd. § 556 ist der eines von den Parteien **zeitlich**
genau **bestimmten** Mietverhältnisses, das nach Ablauf der Mietzeit automatisch endet,
ohne dass es einer Kündigung bedarf. Diese Praxis begegnet auch keinen rechtspolitischen
Bedenken.

Der Mieter eines Schiffes bedarf nicht des Schutzes der §§ 573 ff. BGB, insbesondere 3
nicht des § 575 BGB, wonach **Mietverträge über Wohnraum** nur in ganz bestimmten
**Ausnahmefällen befristet** werden dürfen. Die Anmietung einer Wohnung erfolgt in
der Regel zum Zwecke der Begründung des **Lebensmittepunktes** des in der Wohnung
wohnenden Mieters. Das schützenswerte Interesse des Mieters rechtfertigt es sogar, die
verfassungsrechtlich garantierte Freiheit des Eigentums dahingehend einzuschränken,[2] dass
dem Eigentümer die von ihm beabsichtigte Vermietung seines Eigentums zu Wohnzwecken
nur in den Grenzen der Sozialbindung des Eigentums gestattet ist. Ausfluss dieser Interessenabwägung ist, dass ein befristeter Wohnraummietvertrag gemäß § 575 BGB nur im Falle
besonders schützenswerter Interessen des Vermieters überhaupt zulässig ist.

Demgegenüber erfolgt die Anmietung eines Schiffes in der Regel zum Zwecke des 4
**Erwerbes in der Seefahrt.** Gemäß § 553 Abs. 3 ist dies sogar die Voraussetzung für die
Anwendung der Vorschriften über die Schiffsmiete. Ein schützenswertes Interesse des Bareboat Charterers, den Gebrauch des von ihm gemieteten Schiffes grundsätzlich unbefristet
eingeräumt zu bekommen, ist nicht erkennbar.

Wenn folglich der **befristete Schiffsmietvertrag** der **Normalfall** ist und eine solche 5
Befristung auch keinerlei rechtspolitischen Bedenken begegnet, dürfte § 556 weitgehend
bedeutungslos bleiben.

## II. Anwendungsbereich

§ 556 ist nur anwendbar auf **unbefristete Schiffsmietverträge.** Haben die Parteien 6
den Bareboat Chartervertrag dagegen für eine bestimmte Mietzeit abgeschlossen, kann er
während dieser Mietzeit nicht ordentlich gekündigt werden.[3] Davon nicht betroffen ist
selbstverständlich eine **außerordentliche Kündigung aus wichtigem Grund,** die nach
den **Voraussetzungen** des **§ 543 BGB** zulässig ist.

Anders als noch im § 580a BGB aF macht das Gesetz jetzt keinen Unterschied mehr 7
zwischen im Schiffsregister eingetragenen Schiffen und solchen, die nicht eingetragen sind.
§ 556 ist also auf eingetragene wie nicht eingetragene Schiffe gleichermaßen anwendbar.
Allerdings muss das Schiff zum Zwecke des Erwerbes durch die Seefahrt gemietet worden
sein, denn andernfalls sind die Vorschriften über die Schiffsmiete gemäß § 553 Abs. 3 gar
nicht anwendbar.

---

[1] RegBegr-SRG S. 117 zu § 556.
[2] Vgl. BVerfG 8.1.1985, NJW 1985, 2633.
[3] Vgl. für sonstige Mietverträge BGH 18.4.2007, NJW 2007, 2177.

## III. Einzelerläuterung

**8**  **1. Kündigung zum folgenden Sonnabend.** Nach **Satz 1** ist die ordentliche Kündigung spätestens am **ersten Werktag einer Woche zum Ablauf des folgenden Sonnabends** zulässig. Damit hat der Gesetzgeber die kurze Kündigungsfrist des § 556 derjenigen des § 580a Abs. 1 Nr. 2. BGB aF (Wochenfrist) nachgebildet und nicht die nach Nr. 1 täglich mögliche Kündigung zum Ablauf des Folgetages gewählt. Zur Begründung wird darauf hingewiesen, dass die zu zahlende Miete gemäß § 553 Abs. 2 halbmonatlich im Voraus zu entrichten ist. Daher sei für eine ordentliche Kündigung binnen kürzerer Frist, wie sie in § 580a Abs. 1 Nr. 1 BGB aF zu finden ist, keine Veranlassung gegeben.[4]

**9**  Dabei hat der Gesetzgeber allerdings übersehen, dass die Miete in einem Bareboat-Chartervertrag üblicherweise nach Tagen bemessen ist, und § 553 Abs. 2 lediglich das Zahlungsintervall bestimmt, falls die Parteien keine davon abweichende Vereinbarung getroffen haben. Als Begründung für die Wahl der kurzen Kündigungsfrist in Satz 1 ist der Hinweis auf die Bemessung der Miete daher ungeeignet.

**10**  **2. Kündigung zum Quartal.** Nach **Satz 2** ist die ordentliche Kündigung zum **Ablauf eines Kalendervierteljahres** zulässig, wenn die Miete nach Monaten oder längeren Zeitabschnitten bemessen ist. In der Gesetzesbegründung findet sich der Hinweis, dass dieser Satz § 580a Abs. 1 Nr. 3 BGB aF nachgebildet ist. Damit solle berücksichtigt werden, dass nach dem Vertrag die Miete auch nach längeren Zeitabschnitten bemessen sein kann.[5]

**11**  Üblicherweise vereinbaren die Parteien eine nach Tagen bemessene **Chartermiete.** Die Abkürzung dafür lautet pdpr und bedeutet **per day pro rata.** Dies hat sich in der Praxis schon deshalb durchgesetzt, weil es verschiedenste Gelegenheiten gibt, in denen der Mieter eines Schiffes von der Verpflichtung zur Zahlung der Miete befreit sein kann. Für diese sog. off-hire-Perioden, die unter Umständen auch nur einige Stunden andauern, ist keine Miete geschuldet. Ist die Miete – wie üblich – nach Tagen bemessen, können diese off-hire-Perioden auf Basis von 24 h pro Tag leicht errechnet und von der nächsten fälligen Mietzahlung entsprechend abgezogen werden.

**12**  Angesichts der Begründung des Gesetzgebers für die beiden unterschiedlichen Kündigungsfristen ist davon auszugehen, dass mit dem in § 556 Abs. 2 verwendeten Begriff **„Bemessung der Miete"** nicht die im Vertrag vereinbarte Vergütung pro Zeiteinheit, sondern das **Zahlungsintervall** gemeint ist, welches die Parteien frei wählen. Nur wenn sie keine Wahl getroffen haben, bestimmt das Gesetz ein halbmonatliches Zahlungsintervall.

**13**  **3. Frist für die Erklärung der Kündigung zum Quartal.** Auch die Formulierung hinsichtlich der **Frist zur Erklärung** der Kündigung zum Quartal ist **unpräzise.** Offen bleibt nämlich, wie lange vor Ablauf des Kalendervierteljahres die Kündigung ausgesprochen werden muss, um noch rechtzeitig zu sein. Der Wortlaut der Vorschrift ist für die Auslegung ungeeignet, denn selbst wenn man Satz 1 heranziehen wollte, lässt sich nicht bestimmen, in welcher Woche der Kündigende „spätestens am ersten Werktag" die Kündigung aussprechen muss, damit sie zum Ende des Kalendervierteljahres Wirkung entfaltet.

**14**  Die Gesetzesbegründung schweigt zu dieser Frage. Klar ist nur, dass diese Vorschrift dem § 580a Abs. 1 Nr. 3 BGB nachgebildet wurde. Danach ist die Kündigung spätestens am 3. Werktag eines Kalendermonats zum Ablauf des übernächsten Monats auszusprechen. Soll also ein Bareboat-Chartervertrag nach Satz 2 nur zum Ende eines Kalendervierteljahres gekündigt werden können, ist nach der Entstehungsgeschichte davon auszugehen, dass eine ordentliche **Kündigung** spätestens am **3. Werktag** der Monate **Januar, April, Juli** und **Oktober,** jeweils zum Ablauf des darauf folgenden Kalendervierteljahres ausgesprochen werden muss.

**15**  **4. Sonnabend = Werktag?** Unklar ist schließlich, ob **Sonnabend** ein Werktag ist, oder nicht. Unproblematisch ist dies bei einer Kündigung gemäß Satz 1, da diese sogar

---

[4] RegBegr-SRG S. 117 zu § 556.
[5] RegBegr-SRG S. 117 zu § 556.

ausdrücklich nur auf den kommenden Sonnabend ausgesprochen werden kann. Das deckt sich auch mit der Rechtsprechung, wonach § 193 BGB auf Kündigungsfristen weder direkt noch analog anwendbar ist.[6]

Problematisch wird es aber im Falle einer Kündigung nach Satz 2, wenn der dritte Tag **16** eines Monats der Monate Januar, April, Juli oder Oktober auf einen Sonnabend fällt. Kann dann auch noch am darauffolgenden Montag zum Ende des darauf folgenden Kalendervierteljahres gekündigt werden? Laut BGH ist ein Sonnabend (Samstag) ein Werktag.[7] Somit wäre eine erst am darauf folgenden Montag ausgesprochene Kündigung zum Ablauf des nächsten Quartalsendes also verfristet und könnte nur nach § 140 BGB in eine Kündigung zum Ablauf des übernächsten Quartalsendes umgedeutet werden.

Im Zusammenhang mit der Kündigung eines Wohnungsmietvertrages nach § 573c BGB **17** ist diese Frage äußerst umstritten und wird eine Kündigung am darauf folgenden Montag noch als rechtzeitig angesehen.[8] Der BGH hatte dies in der zitierten Entscheidung ausdrücklich offen gelassen. Angesichts des vermutlich sehr eingeschränkten Anwendungsbereiches des § 556 insgesamt, dürfte diese Frage rein akademischer Natur bleiben.

---

[6] BGH 18.9.1972, NJW 1972, 2083; 17.2.2005, NJW 2005, 1354; Palandt/*Ellenberger* § 193 BGB Rn. 3.
[7] BGH 27.4.2005, NJW 2005, 2154.
[8] Vgl. Palandt/*Weidenkaff* § 573c Rn. 10.

## Zweiter Unterabschnitt. Zeitcharter

## Vorbemerkung

### I. Natur des Zeitchartervertrages

1    Nach den Regelungen über die Schiffsmiete in den § 553–556 finden sich in den §§ 557–569 ebenfalls nur einige grundsätzliche Bestimmungen über den Zeitchartervertrag. § 557 Abs. 1 umschreibt die charakteristische Verpflichtung des Vercharterers. Dieser verpflichtet sich, dem Zeitcharterer ein bestimmtes Seeschiff mit Besatzung auf Zeit zur Verfügung zu stellen und entsprechend den Vorgaben des Zeitcharterers mit diesem Schiff Güter oder Personen zu befördern oder andere Leistungen zu erbringen. Entscheidend ist hier die Leistungserbringung und nicht der Erfolg der Leistung.[1] Durch die Formulierung „zu dessen Verwendung" hat die Weisungsbefugnis des Zeitcharterers als das wesentliche Charakteristikum der Zeitcharter in die Definition Eingang gefunden, die in § 561 näher geregelt ist.

2    Wie bei der Schiffsmiete finden sich auch bei der Zeitcharter spezielle Regelungen über die **Fälligkeit der Zeitfracht** (§ 565), die **Pflicht zur Instandhaltung** des Schiffes (§ 560), die **Bereitstellung** (§ 559) und die **Rückgabe** nach vertragsgemäßem Ende des Vertrages bzw. nach **außerordentlicher Kündigung** (§ 569). Da die Vorschriften des BGB über Mietverträge auf Zeitcharterverträge nicht ergänzend anwendbar sind (vgl. Vor § 553 Rn. 8), und weil der Pflichtenkreis des Zeitvercharterers in einem Zeitchartervertrag umfangreicher ist, als in einem Schiffsmietvertrag, finden sich bei den Vorschriften über die Zeitcharter noch weitere Regelungen. So wird u. a. die Befugnis des Zeitcharterers über die **Verwendung des Schiffes** zu bestimmen (§ 561), ebenso geregelt, wie die Pflichten beim **Laden und Löschen** (§ 563), die Verteilung der **Kosten des Schiffsbetriebes** (§ 564) sowie **Pfandrechte** (§ 566) und **Zurückbehaltungsrechte** (§ 568). Der deutlichste Unterschied zu den Regelungen der Schiffsmiete findet sich in § 567, wonach sich die Rechtsfolgen für **Pflichtverletzungen** in einem Zeitchartervertrag nach dem allgemeinen Recht der **Leistungsstörungen** des **BGB** richten und nicht nach mietrechtlichen Vorschriften.[2]

### II. Formularverträge

3    Wie die Vorschriften über die Schiffsmiete sind auch die Regelungen der Zeitcharter **dispositiv,** so dass die Parteien in der konkreten Gestaltung ihrer Verträge frei sind. In der Praxis basiert fast jeder Zeitchartervertrag auf einem der vorformulierten, in der Schifffahrt weltweit verbreiteten Standard-Formularverträge. Dabei einigen sich die Parteien zu Beginn ihrer Verhandlungen, die oft über spezialisierte Schiffsmakler[3] geführt werden, regelmäßig auf eines dieser Vertragsformulare, wie etwa die erstmals am 6. November 1913 von der New Yorker Warenbörse, der New York Produce Exchange herausgegebene Timecharterparty, die seitdem auch ihren Namen, **New York Produce Exchange,** kurz **NYPE** trägt. Die NYPE ist im Laufe der Zeit mehrfach überarbeitet worden. Die am häufigsten verwendeten Versionen der NYPE sind die von 1946 und 1993.[4] Auch die BIMCO[5] hat eine ganze Reihe von Zeitcharterformularverträgen entwickelt. Die bekannteste ist wohl die **Uniform Time-Charter,** die ursprünglich aus dem Jahr 1909 stammt und unter dem Code-Namen **BALTIME** Verwendung findet. Auch sie ist mehrfach überarbeitet worden. Die am häufigsten verwendeten Versionen der BALTIME sind die von 1939 und 2001.[6]

---

[1] Vgl. RegBegr-SRG S. 118.
[2] RegBegr-SRG, Allgemeiner Teil, S. 90.
[3] Die Frage, ob ein Schiffsmakler als Handelsmakler iSd. §§ 93 ff. HGB oder Handelsvertreter iSd. §§ 84 ff. HGB anzusehen ist, ist oft nicht einfach zu entscheiden und hängt sehr stark von den Umständen des Einzelfalles ab.
[4] Beide Versionen sind abgedruckt im Anh. B III 3 (S. 1397 ff.) und B III 4 (S. 1410 ff.).
[5] Baltic and International Maritime Conference, vgl. Vor § 553 Rn. 4.
[6] Beide Versionen sind abgedruckt im Anh. B III 2 (S. 1392 ff.).

Eine hervorragende Darstellung sowohl der NYPE 1946 als auch der BALTIME 2001 findet sich bei Wilford, Time Charters, S. 49–603 und 605–642.

### III. Allgemeine Geschäftsbedingungen, Rechtsprechung / Diskussion

Bei der Verwendung vorformulierter Verträge stellt sich die Frage, ob es sich dabei um **AGB** im Sinne von §§ 305 ff. BGB handelt, die gemäß § 310 BGB bekanntlich auch bei Verwendung zwischen Kaufleuten einer weitgehenden Inhaltskontrolle unterliegen. Im Fall der **MS „Saar"** hatte der BGH[7] noch ohne besondere Begründung ausgeführt, dass vorformulierte Klauseln einer Charterpartie allgemeine Geschäftsbedingungen darstellten, obwohl beide Vorinstanzen, sowohl das LG Hbg, als auch das OLG Hbg übereinstimmend davon ausgegangen waren, dass es sich bei der Charterpartie um einen individuell ausgehandelten Vertrag gehandelt habe.[8] In der Entscheidung betreffend die **MS „Nordholm"** wiederholte der BGH seine Auffassung, jedoch wieder mit recht knapper Begründung.[9] In der Literatur ist diese Auffassung auf heftige Kritik gestoßen.[10] **4**

Aufgrund der Einigung zwischen den Parteien, welches der vielen Chartervertragsformulare sie für die weiteren Verhandlungen verwenden wollen, ist bereits fraglich, ob man von einer Vertragspartei als **„Verwenderin"** sprechen kann, wie es § 305, Abs. 1 BGB vorsieht. Ferner handelt es sich bei allen üblichen Chartervertragsformularen um solche, die in zum Teil jahrzehntelanger Praxis sowohl aus dem Blickwinkel des Vercharterers, als auch des Charterers immer wieder den aktuellen Gegebenheiten angepasst wurden und mittlerweile allgemein als ausbalancierte Vertragsgrundlagen gelten dürfen.[11] Schließlich verlaufen die – heutzutage meistens zwischen Schiffsmaklern (Rn. 3) per E-Mail geführten – Vertragsverhandlungen in der Weise, dass grundsätzlich alle Klauseln des verwendeten Vertragsformulars zur Disposition der Parteien stehen, aber nur über diejenigen Klauseln länger verhandelt wird, die die eine oder andere Partei streichen, abändern oder ergänzen möchte. Ferner finden sich in den meisten Zeitcharterverträgen nach den vorformulierten Klauseln eine unterschiedlich große Anzahl sog. „Rider Clauses", in denen die Parteien spezielle Regelungen treffen, die sich im vorformulierten Text nicht finden. **5**

Angesichts der üblichen Praxis bei Chartervertragsverhandlungen muss – von besonderen Einzelfällen abgesehen – davon ausgegangen werden, dass es sich bei einem Chartervertrag, der unter Verwendung von vorformulierten Chartervertragsformularen zustande gekommen ist, um eine **individuell ausgehandelte Vertragsabrede** im Sinne des § 305b BGB handelt, die einer Inhaltskontrolle im Sinne einer AGB Kontrolle entzogen ist. **6**

### § 557 Zeitchartervertrag

**(1) Durch den Zeitchartervertrag wird der Zeitvercharterer verpflichtet, dem Zeitcharterer zu dessen Verwendung ein bestimmtes Seeschiff mit Besatzung auf Zeit zu überlassen und mit diesem Schiff Güter oder Personen zu befördern oder andere vereinbarte Leistungen zu erbringen.**

**(2) Der Zeitcharterer wird verpflichtet, die vereinbarte Zeitfracht zu zahlen.**

**(3) [1]Die Vorschriften dieses Unterabschnitts gelten, wenn der Zeitcharterer den Vertrag abschließt, um das Schiff zum Erwerb durch Seefahrt zu betreiben. [2]Betreibt der Zeitcharterer kein Handelsgewerbe im Sinne von § 1 Absatz 2 und ist seine Firma auch nicht nach § 2 in das Handelsregister eingetragen, so sind in Ansehung des Zeitchartervertrags auch insoweit die Vorschriften des Ersten**

---

[7] BGH 17.1.1974, VersR 1974, 590 (MS „Saar").
[8] Vgl. *Trappe* TranspR 1986, 420.
[9] BGH 28.2.1983, VersR 1983, 549 = Hansa 1983, 2280.
[10] *Trappe* VersR 1985, 206; *Rabe* VersR 1985, 1010; *ders.* TranspR 1986, 85, *Fischer-Zernin* VersR 1986, 418; aA *Gewiß* TranspR 1986, 420.
[11] Vgl. OLG Düsseldorf 29.4.1993, TranspR 1994, 396 für die GENCON C/P.

**Abschnitts des Vierten Buches ergänzend anzuwenden; dies gilt jedoch nicht für die §§ 348 bis 350.**

### Übersicht

|  | Rn. |  | Rn. |
|---|---|---|---|
| I. Normzweck und Entstehungsge- |  | 1. Wesentliche Vertragsbestandteile ....... | 7 |
| schichte ..................................... | 1, 2 | 2. Pflichten des Vercharterers .............. | 8 |
| II. Anwendungsbereich ................. | 3–6 | 3. Kein Beförderungsvertrag ............... | 9 |
| 1. Abgrenzung zu anderen Verträgen ..... | 3–5 | 4. Pflichten des Charterers ................. | 10 |
| 2. Anwendbares Recht, Verjährung ....... | 6 | 5. Verwendungsabsicht und Eigenschaften |  |
| III. Einzelerläuterung ................. | 7–12 | des Charterers .......................... | 11, 12 |

## I. Normzweck und Entstehungsgeschichte

1    Im Gegensatz zum Schiffsmietvertrag in § 553, den der Gesetzgeber als Sonderform eines Mietvertrages ansieht, und auf den die Mietrechtsvorschriften des BGB ergänzende Anwendung finden (§ 553 Rn. 1), ist der Zeitchartervertrag ein echter **Vertrag sui generis,** der weder als Seefrachtvertrag noch als Schiffsmietvertrag eingeordnet werden kann.[1]

2    Da die Mietrechtsvorschriften keine Anwendung finden, ist der Grundsatz **Kauf bricht nicht Miete,** der über die Verweisungskette der §§ 578a, 566, 566a sowie 566e–567b BGB auf Schiffsmietverträge Anwendung findet, auf Zeitcharterverträge über ein in einem deutschen Register eingetragenes Schiff **nicht anwendbar.**[2]

## II. Anwendungsbereich

3    **1. Abgrenzung zu anderen Verträgen.** Der wesentliche Unterschied zur Schiffsmiete liegt in der **Überlassung** des Schiffes **mit Besatzung** und in der **Verpflichtung** des **Zeitvercharterers,** dauerhaft **Güter** oder **Personen** für den Zeitcharterer zu befördern oder andere **Dienstleistungen** zu erbringen. **Entscheidend ist die Leistungserbringung, nicht der Erfolg der Leistung.**[3] Die Besatzungsmitglieder bleiben dabei Erfüllungsgehilfen des Zeitvercharterers. Es kommt nicht darauf an, dass das Schiff für eine bestimmte Zeit zur Verfügung gestellt wird, die Worte „auf Zeit" erlauben auch einen unbefristeten Zeitchartervertrag, allein die Dauerhaftigkeit der Zurverfügungstellung des Schiffes ist entscheidend.[4] Auch brauchen keine Lade- und Löschhäfen in der Zeitcharter vereinbart zu werden. Neben der Bemessung der Vergütung (§ 565) sind es auch diese Kriterien, mittels derer sich der Zeitchartervertrag auch von einem **Reisefrachtvertrag**[5] abgrenzen lässt, der in den §§ 527 ff. geregelt ist.[6]

4    Ein „Schiff"[7] im Sinne von § 557 ist, wie schon bei der Schiffsmiete in § 553, nur ein **Seeschiff.**[8] Stellt der Vercharterer ein Binnenschiff mit Besatzung zur Verfügung, finden gemäß § 27, Abs. 2 BinSchG die Vorschriften über die Zeitcharter allerdings entsprechende Anwendung.

5    Gemäß § 557, Abs. 3 ist Anwendungsvoraussetzung ferner, dass der Zeitcharterer die **Absicht** hat, das Schiff zum Zwecke des **Erwerbs durch Seefahrt** zu betreiben. Auf die tatsächliche spätere Verwendung kommt es nicht an. Ebenfalls ist nicht erforderlich, dass der Zeitcharterer ein Handelsgewerbe betreibt.[9]

---

[1] RegBegr-SRG S. 118 zu § 557.
[2] Zu Einzelheiten vgl. Vor § 557 Rn. 10 f.
[3] RegBegr-SRG S. 118 zu § 557; *Athanassopoulou* S. 151; aA *Ramming* RdTW 2013, 333, 340.
[4] RegBegr-SRG S. 118 zu § 557.
[5] Zum Reisechartervertrag siehe die Erl. zu § 527 Rn. 10.
[6] Insoweit zu eng *Ramming* RdTW 2013, 333, 342.
[7] Zur Definition eines Schiffes im Rechtssinne, vgl. § 553 Rn. 3.
[8] Zur Abgrenzung eines Seeschiffes zu einem Binnenschiff, vgl. § 553 Rn. 4.
[9] Zu näheren Einzelheiten vgl. § 553 Rn. 15 f.

**2. Anwendbares Recht, Verjährung.** Nach der Überleitungsvorschrift des Art. 71 **6** Abs. 2 Satz 1 EGHGB finden die neuen Vorschriften über die Zeitcharter auf alle Verträge Anwendung, die am oder nach dem Tag des Inkrafttretens des Gesetzes (also am oder nach dem 25. April 2013) geschlossen wurden. Daher gilt für ältere Zeitcharterverträge, auch wenn sie noch weit über den 25. April 2013 hinaus laufen, das alte Recht, in dem Zeitcharterverträge nicht geregelt waren. Hinsichtlich der **Verjährung** von Ansprüchen aus Zeitcharterverträgen kommt es nach den §§ 605 ff. nicht darauf an, welchem Recht der Vertrag unterliegt, sondern darauf, ob der Anspruch vor oder nach dem 25. April 2013 entstanden ist.[10]

### III. Einzelerläuterung

**1. Wesentliche Vertragsbestandteile.** Wie schon beim Schiffsmietvertrag ist der **7** Gegenstand eines Zeitchartervertrages nach **Abs. 1** zunächst ein **bestimmtes Seeschiff.** Damit geht der Gesetzgeber auch hier grundsätzlich von einer **Speziesschuld** aus. Geschuldet ist nicht ein Schiff von mittlerer Art und Güte, oder ein Schiff aus einer Serie gleichartiger Schiffe, sondern ein von den Parteien im Vertrag konkret bestimmtes Schiff. Davon können die Parteien aber abweichen, da die Bestimmungen über Schiffsüberlassungsverträge insgesamt dispositiv sind. Rechtlich zulässig wäre daher auch die Vereinbarung eines noch zu benennenden[11] Schiffes, ohne weitere Beschreibung. Da sich aber zB die Höhe der Zeitfracht u. a. auch nach der Größe des Schiffes richtet, legen die Parteien regelmäßig wenigstens die Parameter fest, die das Schiff erfüllen muss, um als vertragsgerecht zu gelten. Auch die beabsichtigte Verwendung, zB zwischen bestimmten Häfen mit Tiefgangsbeschränkungen, verlangt regelmäßig eine Einigung der Parteien über die Spezifikation des Schiffes. Üblich ist zB die Vereinbarung: „MS „Ataraxia" or substitue", womit die Parteien ein bestimmtes, ihnen beiden bekanntes Schiff benannt haben, dem Zeitvercharterer aber eine **Ersetzungsbefugnis** mit einem anderen, gleichartigen Schiff eingeräumt wird.

**2. Pflichten des Vercharterers.** Die **Hauptpflichten** des Zeitvercharterers bestehen **8** darin, dem Zeitcharterer das bestimmte **Schiff** nebst Besatzung zur **Verfügung** zu stellen, mittels seiner Erfüllungsgehilfen an Bord (der Besatzung) den Weisungen des Zeitcharterers nachzukommen und **Güter** oder **Personen** zu befördern oder andere **Dienstleistungen** zu erbringen. Durch die Erweiterung auf andere Dienstleistungen, sind Zeitcharterverträge nicht auf Güter- oder Personenbeförderung beschränkt, vielmehr kann der Zeitcharterer sich das Schiff auch für andere Zwecke einchartern; erforderlich ist nach § 557 Abs. 3 lediglich die Absicht, das Schiff zum Erwerb durch die Seefahrt zu nutzen. Aus § 568 ergibt sich, dass zu den vom Zeitvercharterer geschuldeten Leistungen auch die **Einnahme** von **Ladung** und die **Ausstellung** von **Konnossementen** gehört,[12] sofern die Parteien nicht vertraglich abweichende Regelungen getroffen haben.

**3. Kein Beförderungsvertrag.** Aus dem Wortlaut des Gesetzes ergibt sich, dass der **9** Zeitvercharterer keinen Beförderungsvertrag mit dem Zeitcharterer abschließt.[13] Vielmehr verpflichtet sich der Zeitvercharterer lediglich gegenüber dem Zeitcharterer, Güter oder Personen **für den Zeitcharterer** zu befördern. Dieser (der Zeitcharterer) schließt die Beförderungsverträge in Form von Reise- oder Stückgutfrachtverträgen (oder Personenbeförderungsverträgen) mit den Befrachtern ab.

**4. Pflichten des Charterers. Abs. 2** bestimmt die Zahlung der vereinbarten **Zeit-** **10** **fracht** als eine der Hauptleistungspflichten des Zeitcharterers. Der Begriff Zeitfracht wird dabei neu in das Seehandelsrecht eingeführt, unter anderem um den Unterschied zwischen einer Zeitcharter und einer Schiffsmiete in § 553 Abs. 2 zu verdeutlichen. Eine Fälligkeitsre-

---

[10] *Ramming* RdTW 2013, 303, 306.
[11] So zB die in manchen Verträgen zu findende Abkürzung „tbn" (to be nominated).
[12] RegBegr-SRG S. 121 zu § 568.
[13] So auch *Rabe* TranspR 2013, 278, 281.

gelung, für den Fall, dass die Parteien selbst keine Fälligkeitsreglung getroffen haben, findet sich, ähnlich wie bei der Schiffsmiete, in § 565.

**11**    **5. Verwendungsabsicht und Eigenschaften des Charterers.** Nach **Abs. 3** ist Voraussetzung für die Anwendbarkeit der §§ 557–569 schließlich die **Absicht** des Zeitcharterers bei Vertragsabschluss, das Schiff zum **Erwerb durch die Seefahrt** zu betreiben. Die Verwendung des Begriffes „betreiben" ist an dieser Stelle unglücklich, da der Zeitcharterer – anders als der Mieter eines Schiffes (vgl. § 553) – es nicht selbst „betreibt", sondern es von dem Zeitvercharterer betreiben lässt und es selbst lediglich verwendet. Mit der Formulierung stellt das Gesetz lediglich klar, dass die Spezialvorschriften der §§ 557–569 in allen anderen Fällen der Eincharterung eines Seeschiffes, keine Anwendung finden sollen. Die Vorschriften sind also nicht anwendbar, wenn sich der Zeitcharterer das Schiff lediglich einchartert, um die Aussicht aus seinem Wohnzimmerfenster auf das in der davor liegenden Bucht ankernde Schiff zu verschönern. Auf solche Verträge bleiben, je nach Ausgestaltung des Vertrages, entweder Werk- Dienst- oder Mietrechtsvorschriften anwendbar. Dass die **Absicht** allein ausreichen soll und es auf die spätere Verwendung nicht mehr ankommt, dient nach Auffassung des Gesetzgebers der Rechtssicherheit und entspricht den Rechtsgedanken der §§ 13 und 14 BGB.[14]

**12**    Für die Anwendbarkeit der §§ 556–569 soll es – ähnlich wie in § 481 – schließlich nicht darauf ankommen, ob der Zeitcharterer **Kaufmann** oder **Kleingewerbetreibender** ist. Allein die Absicht des Betriebes des Schiffes zum Erwerb durch die Seefahrt soll ausschlaggebend sein, unabhängig davon, ob es sich in der Person des Zeitcharterers um einen Kaufmann oder einen Kleingewerbetreibenden handelt. Da die Vorschriften des vierten Buches des HGB allerdings auf Kleingewerbetreibende nicht anwendbar sind, es sich bei einem Zeitchartervertrag im Sinne des § 557 aber zweifellos um ein **Handelsgeschäft** handelt, bedurfte es der Sonderregelung in § 557 Abs. 3 Satz 2, wonach die Vorschriften des vierten Buches des HGB ergänzend anwendbar sind. Soweit bestimmte Vorschriften (§§ 348–350) hinsichtlich Vertragsstrafen und Bürgschaften für Kaufleute schärfere Regelungen enthalten, sollen Kleingewerbetreibende allerdings auch in Ansehung eines Zeitchartervertrages von diesen Schutzvorschriften profitieren. Für sie gelten diese besonderen Vorschriften des vierten Buches des HGB daher ausnahmsweise nicht. Damit entspricht § 557 Abs. 3 Satz 2 den Wertungen des § 481 Abs. 2 Satz 2 und des ihm als Vorbild dienenden § 407 Satz 2.

## § 558 Beurkundung

**Jede Partei des Zeitchartervertrags kann die schriftliche Beurkundung dieses Vertrags verlangen.**

### Übersicht

|                                              | Rn.   |                                          | Rn.   |
| -------------------------------------------- | ----- | ---------------------------------------- | ----- |
| I. Normzweck und Entstehungsge-              |       | 1. Nur Beweisurkunde ................... | 4, 5  |
| schichte .................................  | 1, 2  | 2. Zurückbehaltungsrecht ...............  | 6     |
| II. Anwendungsbereich ..............          | 3     | 3. Kaufmännisches Bestätigungsschreiben . | 7, 8  |
| III. Einzelerläuterungen ...............      | 4–11  | 4. Vollmacht ............................ | 9–11  |

### I. Normzweck und Entstehungsgeschichte

**1**    Die Vorschrift ist im Wesentlichen dem bisherigen § 557 nachgebildet. Durch sie wird klargestellt, dass es zur Wirksamkeit eines Zeitchartervertrages der Schriftform nicht bedarf. Vielmehr steht es jeder Partei frei, die schriftliche **Beurkundung** des Vertrages zu verlangen. Der Begriff Beurkundung verweist auf die Vorschriften der **§§ 126 ff. BGB,** wonach eine Urkunde schriftlich abgefasst sein muss, es aber keine Rolle spielt, wie sie hergestellt

---

[14] RegBegr-SRG S. 118 zu § 557 iVm. S. 116 zu § 553.

wurde.[1] Auch ist nicht erforderlich, dass sie in deutscher Sprache abgefasst sein muss, so dass die weltweit üblichen, englischsprachigen Zeitcharterformularverträge[2] ohne Einschränkungen verwendet werden können.

Da § 557 den Parteien eines Zeitchartervertrages ein Recht einräumt, muss der Vertrag **2** folgerichtig bereits zuvor durch übereinstimmende Willenserklärungen zustande gekommen sein. Der schriftliche **Zeitchartervertrag** ist damit lediglich **Beweisurkunde,** nicht dagegen konstitutiv. Davon abweichend können sich die Parteien natürlich auch schon vor Vertragsschluss auf die schriftliche Beurkundung ihres Vertrages einigen. Solange diese von den Parteien vereinbarte Form nicht eingehalten wird, ist der Vertrag dann gemäß § 125 Satz 2, bzw. § 154 Abs. 2 BGB im Zweifel nichtig. Um Auslegungsschwierigkeiten infolge dieser gesetzlichen Zweifelsregelungen zu vermeiden ist es empfehlenswert, die Beurkundung eindeutig als Wirksamkeitsvoraussetzung zu vereinbaren. Ansonsten könnte die Weigerung der dazu ersuchten Partei, den Vertrag zu beurkunden, auch als bloße Verletzung eines ansonsten verbindlich zustande gekommenen Vertrages angesehen werden.

## II. Anwendungsbereich

Entstehungsgeschichtlich ist interessant, dass das Seehandelsschifffahrtsgesetz der DDR **3** für die Wirksamkeit eines Schiffsmietvertrages in § 85 Abs. 3 SHSG die Schriftform verlangte, Zeitcharterverträge dagegen formlos abgeschlossen werden konnten. Bei der Reform des Seehandelsrechts im HGB hat der Gesetzgeber sich ersichtlich dazu entschlossen, den Rechtsgedanken des bisherigen HGB zu übernehmen und weder für den Schiffsmietvertrag, noch für den Zeitchartervertrag gesetzlich eine bestimmte Form vorzuschreiben. Nicht nur der **Inhalt,** auch die **Form** eines Schiffsüberlassungsvertrages ist daher in die **Disposition** der Vertragsparteien gestellt. Dies entspricht auch der überwiegenden internationalen Rechtslage.[3]

## III. Einzelerläuterungen

**1. Nur Beweisurkunde.** Wie eingangs erwähnt, dient die Vertragsurkunde **Beweis-** **4** **zwecken** ist aber für einen Zeitchartervertrag **nicht konstitutiv.** Eine schriftliche Fixierung des Vertragsinhaltes ist angesichts des auf Zeit angelegten Dauerschuldcharakters eines Zeitchartervertrages sowie der praktischen Vielzahl der zu regelnden Punkte allerdings dringend zu empfehlen. Ist der Inhalt des Vertrages nicht schriftlich beurkundet, kann sich auch nach Bereitstellung des Schiffes an den Zeitcharterer nach § 559 keine Partei sicher sein, dass nicht während der Vertragslaufzeit ein Dissens über einzelne, als vereinbart geglaubte Punkte auftreten kann. Je nachdem, ob es sich dabei um einen **offenen oder versteckten Einigungsmangel** handelt, ist der Vertrag entweder nach § 154 BGB im Zweifel als nicht geschlossen anzusehen, mit der Folge, dass er sich in ein Rückgewährschuldverhältnis verwandelt, oder ein Streit über die Erheblichkeit des versteckten Einigungsmangels kann gemäß § 155 BGB zu langwierigen Auseinandersetzungen führen.

Wird nur eine Vertragsurkunde ausgestellt, erfordert die Beurkundung die Unterzeich- **5** nung der Vertragsurkunde durch beide Parteien. Werden mehrere gleichlautende Urkunden ausgestellt, genügt es, wenn jede Partei die für die andere Partei bestimmte Urkunde unterzeichnet, § 126 Abs. 2 BGB.

**2. Zurückbehaltungsrecht.** Zur Durchsetzung des Rechtes steht jeder Partei über die **6** Verweisungsnorm des § 567 ein **Zurückbehaltungsrecht** nach §§ 273 f. BGB zu. Das Recht, die Beurkundung des Vertrages zu verlangen unterliegt keinen zeitlichen Beschränkungen. Ramming[4] ist sogar der Auffassung, dass dieses Recht auch nach Beendigung des

---

[1] Zum Begriff der Urkunde, siehe Palandt/*Ellenberger* § 126 Rn. 2 ff.
[2] Siehe Anh. B III (S. 1380 ff.).
[3] *Athanassopoulou* S. 153.
[4] *Ramming* RdTW 2013, 333.

Zeitchartervertrages, dann wohl in Gestalt eines nachvertraglichen Fürsorgeanspruches iSd. § 241 Abs. 2 BGB, noch geltend gemacht werden kann.

7    **3. Kaufmännisches Bestätigungsschreiben.** Im Zeitalter der Internet-Kommunikation ist es weltweit üblich, dass die Vertragsverhandlungen zwischen den Parteien, bzw. den häufig von ihnen eingeschalteten **Befrachtungsmaklern**[5], per E-Mail geführt werden. Nicht unüblich ist auch der Fall, dass sich beide Parteien auf einen gemeinsamen Makler einigen, der die Interessen beider Parteien wahrnimmt. Am Beginn solcher Verhandlungen steht oftmals der Vorschlag einer Partei, welches der vielen verschiedenen vorformulierten Vertragsformulare[6] verwendet werden soll. Danach werden die wesentlichen Vertragsbestandteile per E-Mail solange hin- und hergeschickt, bis eine Einigung zustande gekommen ist. Eine der beiden Vertragsparteien schickt zum Abschluss der Verhandlungen ein sog. **recap**[7] an die andere Partei, in dem stichwortartig die wesentlichen Vertragsbestandteile, wie Name des Formularvertrages, Identität der Vertragsparteien, Name des Schiffes, Beginn und Dauer des Zeitchartervertrages, Höhe der vereinbarten Zeitfracht, etc. zusammengefasst werden.

8    Dieses recap kann die Funktion einer Schlussnote im Sinne des § 94 HGB, bzw. eines **kaufmännischen Bestätigungsschreibens** im Sinne des § 362 HGB haben. Ein widerspruchsloses Schweigen darauf kann folglich zu einem Zeitchartervertrag mit dem Inhalt führen, wie er im recap enthalten ist.[8] Um diese Rechtsfolge zu vermeiden und dem recap lediglich den Charakter einer Zusammenfassung über den bisher erreichten Verhandlungsstand zu geben, werden am Ende eines recaps oft die noch offenen Punkte als Vorbehalte, sog. „subjects" oder „subs." formuliert.[9] Darunter finden sich häufig auch Zustimmungsvorbehalte für verschiedene Gremien der jeweiligen Vertragspartei oder andere Wirksamkeitsvoraussetzungen.[10]

9    **4. Vollmacht.** Unterzeichnen nur die oder der Makler die Vertragsurkunde, so hängt die Wirksamkeit des Vertrages – sofern die Parteien die Beurkundung zur Wirksamkeitsvoraussetzung erklärt haben (siehe Rn. 2) – von der Bevollmächtigung der bzw. des Maklers ab. Sind sie von ihren jeweiligen Prinzipalen auch zur Unterzeichnung der Vertragsurkunde ermächtigt und ist der Makler ggf. von dem Verbot des Selbstkontrahierens nach § 181 BGB befreit oder gemäß § 346 kraft Handelsbrauches am Ort seines Geschäftssitzes dazu ermächtigt, genügt die Unterschrift der/des Makler/s.

10    Finden die Vertragsverhandlungen nur zwischen Maklern statt, steht das einem wirksamen Vertragsabschluss nicht im Wege. In diesem Falle gelten die allgemeinen Grundsätze der §§ 164 ff. BGB über die Vertretung. Danach braucht der Vertreter den Namen seines Vollmachtgebers nicht zu nennen,[11] er muss nur deutlich zu erkennen geben, dass er als Vertreter auftritt, zB *as agents to Charterers* oder *as agents to owners*. Handelt der Makler ohne Vertretungsmacht, haftet er nach § 179 BGB persönlich. Das gleiche gilt, wenn der Vertragspartner den Vertreter auffordert, ihm den Namen des Vertretenen zu nennen, weil er ihn zur Verfolgung seiner Rechte aus dem Zeitchartervertrag benötigt, der Vertreter den Namen des Vertretenen aber nicht nennt.[12]

---

[5] Je nach Ausgestaltung des Maklervertrages kann es sich dabei um einen Handelsvertreter im Sinne der §§ 83 ff. oder um einen Handelsmakler iSd. §§ 93 ff. handeln.

[6] Im Anhang sind exemplarisch einige dieser Formularverträge abgedruckt.

[7] Der Begriff recap steht für das englische recapitulation und bezeichnet das Schreiben, in dem alle essentialia negotii rekapituliert werden.

[8] Diese Rechtsfolge ist auch im internationalen Handelsverkehr bekannt: „Qui tacet consentire videtur".

[9] Baumbach/*Hopt* § 94 Rn. 2.

[10] Bsp. sub BoD (Board of Directors) steht für einen Zustimmungsvorbehalt zugunsten des Entscheidungsgremiums einer Vertragspartei, sub. Financing bedeutet, dass sich eine Partei vorbehält, die nötigen finanziellen Mittel zur Durchführung des Vertrages noch besorgen zu müssen, den Vertrag also vorher nicht verbindlich abschließen kann.

[11] Vgl. Palandt/*Ellenberger* BGB § 164 Rn. 1.

[12] Palandt/*Ellenberger* BGB § 177 Rn. 2.

In den Fällen, in denen der Makler **ohne Vertretungsmacht** gehandelt hat, bzw. den 11
Namen des Vertretenen trotz Aufforderung nicht nennt, haftet der Makler dem Vertragspartner nach dessen Wahl auf **Erfüllung** oder **Schadensersatz.** In keinem Fall wird der
Makler selbst zum Vertragspartner des Zeitchartervertrages, selbst dann nicht, wenn die
andere Partei die Erfüllung wählt.[13]

## § 559 Bereitstellung des Schiffes

**(1) Das Schiff ist dem Zeitcharterer zur vereinbarten Zeit am vereinbarten Ort
in einem zum vertragsgemäßen Gebrauch geeigneten Zustand bereitzustellen.**

**(2) Ist vereinbart, dass das Schiff zu einem bestimmten Termin oder innerhalb
einer bestimmten Frist bereitgestellt werden soll, so kann der Zeitcharterer ohne
Fristsetzung vom Vertrag zurücktreten, wenn die Vereinbarung nicht erfüllt wird
oder offensichtlich ist, dass sie nicht erfüllt werden wird.**

### Übersicht

| | Rn. | | Rn. |
|---|---|---|---|
| I. Normzweck und Entstehungsge- | | 3. Bereitstellungsort | 6 |
| schichte | 1 | 4. Bereitstellungszustand | 7 |
| II. Anwendungsbereich | 2 | 5. Rechtsfolgen fehlerhafter Bereitstel- | |
| III. Einzelerläuterungen | 3–11 | lung | 8, 9 |
| 1. Pflichten des Vercharterers | 3, 4 | 6. Wahlrecht zwischen Rücktritt oder | |
| 2. Bereitstellungszeit | 5 | Erfüllung | 10, 11 |

### I. Normzweck und Entstehungsgeschichte

Die Vorschrift präzisiert die bereits in § 557 normierte Pflicht des Zeitvercharterers, dem 1
Zeitcharterer ein bestimmtes Schiff zu dessen Verwendung bereit zu stellen. Der Begriff
„Bereitstellung" macht erneut deutlich, dass es keine Übergabe des Schiffes vom Zeitvercharterer an den Zeitcharterer gibt, der **Besitz** verbleibt während der Dauer des Vertrages
beim **Zeitvercharterer,** denn seine Besatzung bleibt während der Vertragslaufzeit für Schiff
und Ladung verantwortlich.

### II. Anwendungsbereich

Anders als § 554 bei der Schiffsmiete, regelt § 559 lediglich die **Pflichten** des **Zeitver-** 2
**charterers** zu **Beginn der Zeitcharter.** Die wechselseitigen Pflichten während der Vertragslaufzeit sowie diejenigen bei der Beendigung desselben sind in den §§ 560–569 gesondert geregelt. In Abs. 2 räumt das Gesetz dem Zeitcharterer das Recht zum Rücktritt ein,
wenn der Zeitvercharterer seiner Bereitstellungspflicht nicht, nicht rechtzeitig, nicht im
vereinbarten Zustand oder nicht am vereinbarten Ort nachkommt.

### III. Einzelerläuterungen

**1. Pflichten des Vercharterers.** Nach **Abs. 1** ist der Zeitvercharterer verpflichtet, dem 3
Zeitcharterer das Schiff zur vereinbarten **Zeit,** am vereinbarten **Ort**[1] in einem **zum ver-**
**tragsgemäßen Gebrauch geeigneten Zustand** bereit zu stellen.

Zeit und Ort werden in jedem Zeitchartervertrag von den Parteien sorgfältig ausgehan- 4
delt. Der Zeitvercharterer wird versuchen, **Zeit und Ort** so zu wählen, dass der Beginn
der neuen Zeitcharter möglichst nahtlos mit dem Ende einer vorausgehenden Zeitcharter
zusammenfällt, um nach Möglichkeit durchgehend Einnahmen mit dem Schiff zu generieren. Der Zeitcharterer dagegen wird den Ort regelmäßig dort wählen wollen, wo sich die

---

[13] Palandt/*Ellenberger* BGB § 179 Rn. 5.
[1] Zur Frage des „sicheren Ortes" siehe § 561 Rn. 6 ff.

Ladung befindet, die er mit dem Schiff transportieren lassen will, damit er seinerseits möglichst schnell damit beginnt, Fracht einzunehmen.

5      **2. Bereitstellungszeit.** Wie bei Schiffsmietverträgen (vgl. § 554 Rn. 5 ff.) ist auch in Zeitchartervertägen selten ein bestimmter Tag für die Anlieferung vereinbart. International üblich sind sog. **Zeitfenster,** also ein bestimmter Zeitraum, innerhalb dessen die Bereitstellung des Schiffes zu erfolgen hat. Je dichter das Schiff am Bereitstellungshafen angekommen ist, desto präziser kann der Zeitverharterer die **Ankunftszeit** bestimmen. Daher hat sich die weitere Übung etabliert, den konkreten Bereitstellungszeitpunkt innerhalb des Bereitstellungsfensters durch entsprechende Benachrichtigungen (notices) einzugrenzen, bis der Zeitcharterer schließlich einen Tag vorher genau weiß, dass das von ihm gecharterte Schiff am nächsten Tag am vereinbarten Ort eintreffen wird.[2]

6      **3. Bereitstellungsort.** Auch hinsichtlich des **Bereitstellungsortes** kann auf die Erläuterungen zur Schiffsmiete in § 554 Rn. 8 verwiesen werden. Je nachdem, wie nahtlos der Übergang von einer Zeitcharter in die nächste vom Zeitverharterer organisiert werden kann, können sich auch Kosteneinsparungen für den Zeitverharterer ergeben. Wird ihm das Schiff zB in demselben Hafen bereitgestellt, in dem das Schiff die vorangegangene Ladung für den früheren Charterer gelöscht hat, spart er die Kosten des sog. Einklarierens, die er gemäß § 564 Abs. 2 HGB ansonsten zu zahlen hätte.

7      **4. Bereitstellungszustand.** Die Verpflichtung zur Bereitstellung des Schiffes in einem zum **vertragsgemäßen Gebrauch** geeigneten **Zustand** korreliert ebenfalls mit der entsprechenden Verpflichtung des Vermieters nach § 554 bei der Schiffsmiete. Insofern kann auch hier auf die Ausführungen zu § 554 Rn. 9 ff. verwiesen werden. Im Unterschied zur Schiffsmiete gehört zum bestimmungsgemäßen Gebrauchszustand bei einer Zeitcharter allerdings auch die ordnungsgemäße **Bemannung** des Schiffes.

8      **5. Rechtsfolgen fehlerhafter Bereitstellung.** Im Gegensatz zur Schiffsmiete regelt **Abs. 2** die **Folgen** der **ausgebliebenen** oder **verspäteten Bereitstellung** des Schiffes. Abs. 2 ist dem Fixhandelskauf in § 376, bzw. dem relativen Fixgeschäft des § 323 Abs. 2 Nr. 2 BGB nachgebildet. Allerdings sind die Voraussetzungen für den Zeitcharterer noch günstiger. Zum einen besteht das **Rücktrittsrecht** auch dann, wenn das Schiff zwar rechtzeitig, aber nicht im vertragsgemäßen Zustand angeliefert wird.[3] Zum anderen verlangt Abs. 2 für den Rücktritt von einer Zeitcharter – anders als in § 323 Abs. 1 BGB – keine Nachfristsetzung des Zeitcharterers, räumt ihm also das Rücktrittsrecht ohne den Nachweis ein, dass der Vertrag mit der rechtzeitigen Leistungserbringung stehen und fallen soll.[4]

9      Nach Abs. 2 kann der Zeitcharterer **ohne Fristsetzung** vom Vertrag **zurücktreten,** wenn der Zeitverharterer das vertragsgemäße Schiff nicht zum vereinbarten Termin bzw. innerhalb einer bestimmten Frist (Zeitfenster) bereitstellt, oder wenn offensichtlich ist, dass die rechtzeitige Bereitstellung nicht erfolgen wird. Damit soll dem Zeitcharterer ein **unnötiges Zuwarten** erspart bleiben, wenn bereits zu einem früheren Zeitpunkt feststeht, dass der vereinbarte Bereitstellungszeitpunkt vom Verharterer nicht eingehalten werden wird. Auch hier kann der Zeitcharterer nach § 325 BGB **Schadensersatz** nach §§ 280 ff. BGB **neben** dem **Rücktritt** verlangen, da nach § 567 bei **Pflichtverletzungen** einer Vertragspartei das **Leistungsstörungsrecht** des BGB Anwendung findet.

10      **6. Wahlrecht zwischen Rücktritt oder Erfüllung.** Im Gegensatz zum Wahlrecht des Zeitcharterers bleibt der **Verharterer** solange zur **Leistungserbringung** verpflichtet, bis der Charterer von seinen Rechten Gebrauch gemacht hat. Das kann dazu führen, dass der Zeitverharterer auch noch nach Verstreichen des Anlieferungsfensters die Reise zum vereinbarten Bereitstellungshafen antreten muss, obwohl er weiß, dass der Zeitchar-

---

[2] Eine übliche Formulierung lautet: Owners to give Charterers minimum 15, 10, 7 and 5 days notice of vessels' expected and 3, 2, 1 days notice of vessels' definite date of arrival.
[3] Siehe *Rabe* TranspR 2010, S. 1, 4.
[4] BGH 17.1.1990, BGHZ 110, 96.

terer jederzeit von seinem Rücktrittsrecht Gebrauch machen kann. Für diese, für den Zeitvercharterer aus wirtschaftlicher Sicht sehr nachteilige Rechtslage, hat die Praxis Lösungswege entwickelt, die sich beispielsweise in Klausel 21, Satz 2 der Baltime-Charterparty bzw. Klausel 16 der NYPE finden.[5] Allerdings bleibt auch bei Verwendung des Baltime Zeitchartervertragsformulars unter Einschluss der Klausel 21 offen, welche **Rechtsfolge** eintreten soll, wenn der Zeitcharterer trotz entsprechender Aufforderung sein Wahlrecht nicht ausübt.[6] Dieses Problem löst die etwas längere, aber dafür klarere Klausel 16 der NYPE.[7]

Über die Verweisung auf das allgemeine **Leistungsstörungsrecht** des BGB in § 567, **11** findet bei der Zeitcharter § 350 BGB direkt Anwendung.[8] Bei einem **vertraglich** eingeräumten **Rücktrittrecht** (etwa über Klausel 22 der Baltime) erlischt nach § 350 S. 2 BGB das Recht des Zeitcharterers zum Rücktritt, wenn er vom Zeitvercharterer zur Ausübung seines **Wahlrechts** aufgefordert wird, und dies vor Ablauf der ihm dafür gesetzten Frist nicht tut. Haben die Parteien diese Frage vertraglich nicht geregelt, hat – in entsprechender Anwendung des § 264 Abs. 2 BGB – der Vercharterer das Recht, den Charterer unter Fristsetzung zur Ausübung seines Wahlrechts aufzufordern.[9] Nach Fristablauf besteht das Rücktrittsrecht zwar fort, das Wahlrecht zwischen Rücktritt und Erfüllung geht aber auf den Vercharterer über.[10]

## § 560 Erhaltung des vertragsgemäßen Zustands des Schiffes

[1]Der Zeitvercharterer hat das Schiff während der Dauer des Zeitchartervertrags in einem zum vertragsgemäßen Gebrauch geeigneten Zustand zu erhalten. [2]Er hat insbesondere dafür zu sorgen, dass das Schiff seetüchtig und, wenn das Schiff zur Beförderung von Gütern verwendet wird, ladungstüchtig ist.

### I. Normzweck und Entstehungsgeschichte

In § 560 hat der Gesetzgeber geregelt, wer während der Dauer des Zeitchartervertrages **1** zur **Erhaltung** des Schiffes in einem zum **vertragsgemäßen Gebrauch** geeigneten **Zustand** verantwortlich ist. Die gewählte Formulierung lehnt sich an die Reglung in § 80 SHSG an,[1] geht aber in § 560 Satz 2 noch darüber hinaus, indem sie klarstellt, dass dazu auch die **Pflicht** zum **Erhalt** von **See-** und **Ladungstüchtigkeit**[2] des Schiffes **während** der gesamten **Vertragslaufzeit** gehört. Durch § 560 ist die bisher bestehende Unsicherheit, ob § 559 aF auch auf Zeitcharterverträge anwendbar war,[3] beendet.

### II. Anwendungsbereich

Die Regelung ist nur auf **Zeitcharterverträge,** nicht dagegen auf Schiffsmietverträge **2** anwendbar, da das Gesetz die Frage der Verantwortung für die Instandhaltung bei einer Schiffsmiete in § 554 Abs. 2 separat geregelt und dem Mieter auferlegt hat. Sie wird ergänzt durch § 564 Abs. 1, wonach der Zeitvercharterer auch die Kosten u. a. für die Besatzung, Ausrüstung und Unterhaltung des Schiffes zu tragen hat.

---

[5] Siehe Anh. B III 3 (S. 1401).
[6] *Wilford* Chapter 24, 24.29–24.33, S. 400 f.
[7] *Wilford* Chapter 24, 24.33, S. 401.
[8] Vgl. zur Schiffsmiete § 554 Rn. 7.
[9] Vgl. Palandt/*Grüneberg* § 262 BGB Rn. 5.
[10] Vgl. Palandt/*Grüneberg* § 350 BGB Rn. 1.
[1] Vgl. § 80 Abs. 1 SHSG, wonach die See- und Ladungstüchtigkeit zu Beginn eines jeden Reiseabschnittes zu gewährleisten war.
[2] Vgl. § 485.
[3] Vgl. *Rabe* § 559 Rn. 4.

### III. Einzelerläuterungen

3    Der Wortlaut des § 560 Satz 1 ist mit Ausnahme der Tatsache, dass hier der Zeitcharterer und nicht der Mieter zum Erhalt des Schiffes in einem zum vertragsgemäßen Gebrauch geeigneten Zustand verpflichtet ist, mit dem Wortlaut in § 554 Abs. 2 Satz 1 identisch.

4    **1. See- und Ladungstüchtigkeit während der gesamten Vertragslaufzeit.** In § 560 Satz 2 erweitert das Gesetz die Verpflichtung des Zeitcharterers und stellt klar, dass der Zeitcharterer dafür zu sorgen hat, dass das Schiff während der **gesamten Dauer** des **Zeitchartervertrages seetüchtig** und **ladungstüchtig** bleibt. Damit geht das Gesetz über die in Art. 3 Ziffer 1 der Haager Regeln[4] und § 559 aF hinaus, indem es den Zeitcharterer verpflichtet, für die See- und Ladungstüchtigkeit des Schiffes nicht nur zu Beginn der Reise, bzw. zu Beginn des Zeitchartervertrages, sondern während der gesamten Dauer desselben zu sorgen.

5    Die Begriffe **Seetüchtigkeit** und **Ladungstüchtigkeit** definiert das Gesetz in § 485. Danach muss sich das Schiff in **seetüchtigem** Stand befinden, gehörig eingerichtet, ausgerüstet, bemannt und mit genügend Vorräten versehen sein, um als seetüchtig angesehen zu werden. Als **ladungstüchtig** bezeichnet das Gesetz ein Schiff, bei dem sich die Laderäume einschließlich der Kühl- und Gefrierräume in einem für die Aufnahme, Beförderung und Erhaltung der Güter erforderlichen Zustand befinden. Diese Definitionen von See- und Ladungstüchtigkeit sind Art. 4 Ziffer 1 der Haager Regeln entlehnt und gehen – wie dort auch – über eine abstrakte Beschreibung der Begriffe nicht hinaus. Das ist auch nicht möglich, da es keinen festen Maßstab für die See- und Ladungstüchtigkeit geben kann, da die Umstände am Ort des Geschehens ebenso zu beachten sind, wie die technischen und administrative Anforderungen, denen das Schiff im konkreten Einzelfall entsprechen muss.

6    **2. See- und Ladungstüchtigkeit im engeren Sinne.** Selbstverständlich ist zunächst, dass das Schiff die **See- und Ladungstüchtigkeit im engeren Sinne** aufweisen muss. Unter Seetüchtigkeit im engeren Sinne wird die Tauglichkeit des Schiffskörpers verstanden, mit der konkreten Ladung auf der vorgesehenen Reise die **Gefahren der See** zu bestehen.[5] Beispielsweise ist ein Schiff ohne Eisverstärkung nicht in der Lage, die Gefahren einer Polarreise zu überstehen und daher für diese konkrete Verwendung seeuntüchtig.[6] Unter Ladungstüchtigkeit im engeren Sinne versteht man die Eignung des Schiffes, die konkrete Ladung, abgesehen von den Gefahren der See, ungefährdet zu befördern. Einem Schiff fehlt daher die Ladungstüchtigkeit, wenn beispielsweise seine Laderäume ungeeignet sind, die zum Transport beabsichtigte Ladung unversehrt zu seinem Bestimmungsort zu bringen.[7]

7    **3. See- und Ladungstüchtigkeit im weiteren Sinne.** Neben der See- und Ladungstüchtigkeit im engeren Sinne ist der Zeitcharterer auch für die sog **Reisetüchtigkeit** (vgl. § 554 Rn. 11) des Schiffes, also die ordnungsgemäße Ausrüstung, Bemannung und Verproviantierung des Schiffes sowie für die **organisatorische Seetüchtigkeit** (§ 554 Rn. 12) verantwortlich. Zusammengenommen spricht man von der **See- und Ladungstüchtigkeit** im **weiteren Sinne,** zu deren Einhaltung der Zeitcharterer nach § 560 HGB zu Beginn und während der gesamten Dauer des Zeitchartervertrages verpflichtet ist.

8    **4. Relative / absolute See- und Ladungstüchtigkeit.** Davon zu unterscheiden ist das Begriffspaar **relative** und **absolute See-** und **Ladungstüchtigkeit.** Während es sich bei der relativen See- und Ladungstüchtigkeit um alle Umstände handelt, die auf der bevorstehenden konkreten Reise erwartet werden können, wird unter absoluter See- und Ladungstüchtig-

---

[4] Internationales Abkommen zur Vereinheitlichung von Regeln über Konnossemente (IÜK) vom 25.8.1924.
[5] BGH 17.1.1974, VersR 1974, 483; *Wüstendörfer* S. 238; *Schaps/Abraham* § 513 Rn. 2; *Rabe* § 559 aF Rn. 5.
[6] *Schaps/Abraham* § 513 Rn. 2.
[7] BGH 29.1.1968, BGHZ 49, 356; BGH 8.12.1975, BGHZ 65, 364; OLG Hamburg 13.9.1990, TranspR 1991, 151; *Rabe* § 559 Rn. 16.

keit die Eignung des Schiffes verstanden, für alle denkbaren Reisen, in welchem Fahrtgebiet und zu welcher Jahreszeit auch immer, geeignet und sicher zu sein.[8] Nach altem Recht bestand Einigkeit dahingehend, dass absolute See- und Ladungstüchtigkeit nicht verlangt werden könne, es vielmehr immer auf die konkrete, bevorstehende Reise ankomme. Diese Auffassung stand im Einklang mit Art. 3 Ziffer 1 der Haager Regeln bzw. § 559 aF, wonach der Verfrachter die See- und Ladungstüchtigkeit des Schiffes zu Beginn der jeweiligen Reise schuldete. Diese Auffassung war auch der Grund dafür, weshalb § 559 aF auf Zeitchartervertäge nicht direkt anwendbar war, vielmehr das Schiff in entsprechender Anwendung des § 559 aF bei Anlieferung in die Zeitcharter see- und ladungstüchtig sein musste.[9]

Diese Rechtsauffassung lässt sich nach Inkrafttreten des SRG nicht mehr aufrechterhalten. **9** Durch die klare Bestimmung in § 560, dass der Zeitvercharterer während der Dauer des gesamten Zeitchartervertrages für die See- und Ladungstüchtigkeit zu sorgen hat, hat der Gesetzgeber die Verpflichtung des Zeitvercharterers in Richtung einer absoluten See- und Ladungstüchtigkeit, nämlich für die gesamte Dauer des Zeitchartervertrages, verlagert. Die in der Vergangenheit schwierig zu entscheidenden Fälle, in denen es darauf ankam, ob ein Mangel, der auf einer Reise zu einem Schaden geführt hat, bei Beginn der Reise „im Keim" schon vorhanden war,[10] werden in Zukunft keine Rolle mehr spielen. Vor diesem Hintergrund werden die Vereinbarungen im Zeitchartervertrag hinsichtlich der sog. trading areas, also derjenigen Seegebiete, in denen der Zeitcharterer das eingecharterte Schiff zu nutzen gedenkt sowie die Beschreibung der zum Transport beabsichtigten Güter, cargo description bzw. cargo exclusions, von großer Bedeutung. Je nachdem, wie allgemein und umfassend sie gefasst sind, vergrößert sich der **Umfang** der **Verpflichtungen** des **Zeitvercharterers** hinsichtlich See- und Ladungstüchtigkeit.

## § 561 Verwendung des Schiffes

(1) [1]Der Zeitcharterer bestimmt über die Verwendung des Schiffes. [2]Er ist verpflichtet, mit der gebotenen Sorgfalt einen sicheren Hafen oder Liegeplatz auszuwählen, wenn er den Zeitvercharterer anweist, einen bestimmten Hafen oder Liegeplatz anzulaufen.

(2) Der Zeitvercharterer ist für die Führung und die sonstige Bedienung des Schiffes verantwortlich.

(3) Der Zeitcharterer ist berechtigt, das Schiff an einen Dritten zu verchartern.

### Übersicht

| | Rn. | | Rn. |
|---|---|---|---|
| I. Normzweck und Entstehungsgeschichte | 1 | 2. Sorgfaltsmaßstab bei der Anweisung des Hafens/Liegeplatzes | 4, 5 |
| II. Anwendungsbereich | 2 | 3. Sicherer Hafen/Liegeplatz | 6 |
| III. Einzelerläuterungen | 3–12 | 4. Relative Sicherheit | 7, 8 |
| 1. Verwendungsbefugnis des Zeitvercharterers | 3 | 5. Rechtsfolgen bei Bestimmung eines unsicheren Hafens/Liegeplatzes | 9–12 |

### I. Normzweck und Entstehungsgeschichte

Abs. 1 stellt klar, dass der **Zeitcharterer** das **Recht** hat, über die **Verwendung** des **1** Schiffes während der Dauer des Zeitchartervertrages zu bestimmen und konkretisiert damit die Definition des Zeitchartervertrages in § 557 Abs. 1 Satz 1, wonach der Zeitvercharterer dem Zeitcharterer zu dessen Verwendung ein Schiff zur Verfügung stellen muss. Satz 2 verpflichtet den Zeitcharterer mit der **gebotenen Sorgfalt** darauf zu achten, dass die von

---

[8] Vgl. *Rabe* § 559 Rn. 5.
[9] Vgl. *Rabe* § 559 Rn. 4.
[10] BGH 20.2.1995, TranspR 1995, 306.

ihm im Rahmen seiner Verwendung angewiesenen Häfen und Liegeplätze sicher[1] sind. Abs. 2 setzt der Verwendungsbefugnis des Zeitcharterers allerdings Grenzen, indem er die **Führung und sonstige Bedienung des Schiffes** im Verantwortungsbereich des Vercharterers belässt. Abs. 3 schließlich enthält das Recht des Zeitcharterers zur **Unterverchaterung** des Schiffes an einen Dritten. Im Gegensatz zur Schiffsmiete (vgl. § 553 Rn. 17 f.) ist dieses Recht nicht an die vorherige Zustimmung des Vercharterers gebunden.

## II. Anwendungsbereich

2      § 561 ist, im Zusammenspiel mit § 563, die **zentrale Norm** für die Verteilung der **Verantwortungsbereiche** zwischen Zeitvercharterer und Zeitcharterer. Insbesondere an ihm wird deutlich, dass das Gesetz unter der Verwendungsbefugnis des Zeitcharterers die **wirtschaftliche Verwendungsbefugnis** (employment) meint, während die **navigatorische Verantwortung** (navigation) zwingend beim Vercharterer verbleibt.

## III. Einzelerläuterungen

3      **1. Verwendungsbefugnis des Zeitvercharterers.** Die dem Zeitcharterer in Abs. 1 Satz 1 eingeräumte **wirtschaftliche Verwendungsbefugnis** ist zunächst umfassend und wird nur durch die vertraglichen Vereinbarungen der Parteien im Zeitchartervertrag begrenzt. Der Zeitcharterer macht von diesem Verwendungsrecht entweder selbst oder durch die von ihm regelmäßig eingeschalteten Agenten[2] Gebrauch. Wie auch alle anderen Personen, denen sich der Zeitcharterer zur Ausübung seiner Rechte und Erfüllung seiner Verpflichtungen bedient, sind diese Agenten dann Erfüllungsgehilfen des Zeitcharterers, für die er nach § 567 iVm. § 278 BGB einzustehen hat.

4      **2. Sorgfaltsmaßstab bei der Anweisung des Hafens/Liegeplatzes.** Konsequenz der umfassenden Verwendungsbefugnis des Zeitcharterers ist die ihm nach § 562 Abs. 1 Satz 2 auferlegte Verpflichtung, die von ihm angewiesenen **Häfen und Liegeplätze** mit der **gebotenen Sorgfalt** daraufhin auszuwählen, dass diese **sicher** sind. Durch den Hinweis auf die gebotene Sorgfalt ist klar, dass der Zeitcharterer **keine verschuldensunabhängige Garantie** für die Sicherheit der von ihm angewiesenen Häfen und Liegeplätze übernimmt. Demgegenüber versteht zB das englische Recht die Verpflichtung zur Nominierung eines safe port/safe berth als sog. warranty, also als eine verschuldensunabhängige Verpflichtung des Berechtigten, für die Sicherheit des von ihm ausgewählten Hafens/Liegeplatzes einzustehen.[3] Der Sorgfaltsmaßstab in Abs. 1 Satz 2 bestimmt sich genauso, wie in der ähnlich lautenden Vorschrift des § 528 Abs. 2 nach § 347, wobei hier auf die Sorgfalt eines ordentlichen Zeitcharterers abzustellen ist.[4]

5      Das Wort **Anweisung** verwendet das Gesetz, ohne dass eine bestimmte Form einer Anweisung erforderlich ist. Jede Mitteilung des Zeitcharterers oder seiner Erfüllungsgehilfen an die Besatzung des Schiffes oder an den Zeitvercharterer, wonach das Schiff in einen bestimmten Hafen ein- bzw. einen bestimmten Liegeplatz anlaufen soll, ist als Anweisung iSd. § 561 zu verstehen.

6      **3. Sicherer Hafen/Liegeplatz.** Die Kriterien dafür, ob ein Hafen bzw. Liegeplatz **sicher** iSd. § 562 ist, sind in der Vergangenheit insbesondere von der englischen Rechtsprechung herausgearbeitet worden. Daraus hat sich im Laufe der Zeit eine klassische **Definition** herausgearbeitet, die beschreibt, wann ein Hafen als sicher anzusehen ist. *A port is considered to be safe, if in the relevant period of time the particular ship can reach it, use and return from it without, in the absence of abnormal occurrences, being exposed to danger which cannot be avoided by good navigation and*

---

[1] Das in diesem Zusammenhang häufig verwendete englische Begriffspaar lautet: safe port/safe berth.
[2] In den üblichen Zeitchartervertragsformularen finden sich regelmäßig Vereinbarungen zu den Agenten, die im Lade- und Löschhafen bestimmte Aufgaben zu übernehmen haben und als „charterers agents" bezeichnet werden.
[3] *Stahl* S. 16 ff., 30 ff. und 67 ff.; *Rabe* § 560 Rn. 13.
[4] RegBegr-SRG zu § 561 S. 119.

*seamanship.*[5] Die Rechtsprechung in Deutschland und insbesondere die deutsche Schiedsgerichtsrechtsprechung hat sich dieser Definition angeschlossen.[6]

**4. Relative Sicherheit.** Klar ist, dass die Sicherheit des Hafens/Liegeplatzes immer nur in  7
Bezug auf das **konkrete Schiff** zu beurteilen ist, welches der Zeitcharterer anweist, in ihn
einzulaufen. Absolute Sicherheit für alle Schiffe, gleich welcher Art und Größe, ist nicht
gemeint. Basierend auf dieser Definition ist ein Hafen/Liegeplatz dann als sicher anzusehen,
wenn das in ihn beorderte Schiff den Hafen/Liegeplatz zur angegebenen Zeit anlaufen, in ihm
liegen und ihn wieder verlassen kann, ohne Gefahren ausgesetzt zu sein, die durch gute Navigation und Seemannschaft nicht vermieden werden können, wobei außergewöhnliche
Umstände unberücksichtigt bleiben.[7]

**Geographisch** umfasst die Definition nicht nur den Hafen/Liegeplatz selbst, sondern auch  8
der **Zugang** und die **Ausfahrt** müssen im Sinne dieser Definition **sicher** sein. Inwieweit lange
**Revierfahrten,** wie zB auf der Elbe zum Hamburger Hafen, dem Bereich des sicheren Hafen
zuzurechnen sind, ist eine Frage des Einzelfalles.[8] Innerhalb des maßgeblichen Bereiches muss
der Hafen/Liegeplatz hinsichtlich seiner Lage, Beschaffenheit und Ausrüstung sicher sein. Das
bedeutet, dass sich aus der **geographischen Lage** und der **Anlage** des Hafens/Liegeplatzes
keine Gefahren ergeben dürfen, denen ein Schiff nicht überall sonst auch ausgesetzt ist. Damit
ist insbesondere der Tiefgang des Hafens erfasst, der für das konkrete Schiff ausreichend sein
muss. Dem Schiff müssen hinsichtlich des Hafens alle üblichen externen navigatorischen Mittel, wie zB Lotsen, Schlepper, Verkehrsleitzentralen und Wettervorhersagedienste genauso zur
Verfügung stehen, wie beispielsweise Festmacher und Fender, bezogen auf den konkreten Liegeplatz. Auch **politische Risiken** können einen Hafen unsicher machen, wenn zB kriegerische Auseinandersetzungen oder Piraterie zu befürchten sind.

**5. Rechtsfolgen bei Bestimmung eines unsicheren Hafens/Liegeplatzes. Ver-**  9
**letzt** der Zeitcharterer seine **Pflichten** bei der Anweisung eines sicheren Hafens/Liegeplatzes,
richten sich die **Rechtsfolgen** gemäß § 567 nach den allgemeinen, für Schuldverhältnisse
geltenden Vorschriften des BGB. Im Gegensatz zur verschuldensunabhängigen absolut warranty nach englischem Recht (vgl. Rn. 4), bleibt das Gesetz dem im deutschen Recht verankerten Grundsatz der **Verschuldenshaftung** treu. Erleidet das Schiff in dem vom Zeitcharterer angewiesenen Hafen oder Liegeplatz einen Schaden, der auf eine Unsicherheit von Hafen
oder Liegeplatz zurückzuführen ist, spricht dies **prima facie** für ein Verschulden des Zeitcharterers. Er muss folglich den Entlastungsbeweis führen, dass er die ihm gebotene Sorgfalt bei
der Auswahl des Hafens/Liegeplatzes angewendet hat. Kann er diesen Entlastungsbeweis nicht
führen, ist er dem Zeitvercharterer zum Schadensersatz nach Maßgabe der §§ 280 ff. BGB
verpflichtet. Hätte der Zeitvercharterer oder der Kapitän des Schiffes allerdings erkennen
können, dass der Hafen/Liegeplatz nicht sicher ist, ist nach Abs. 2 iVm. § 254 BGB sein
**Mitverschulden** haftungsmildernd ggf. bis zu einem völligen Haftungsausschluss zu berücksichtigen. Zwar hat der Kapitän die Weisungen des Zeitcharterers grundsätzlich zu befolgen,
im Hinblick auf Abs. 2 bleibt er aber, was die Führung und sonstige Bedienung des Schiffes
angeht als Erfüllungsgehilfe des Zeitvercharterers für die Sicherheit des Schiffes verantwortlich.

Nach **§ 561 Abs. 2** belässt das Gesetz die Verantwortung für die Führung und sonstige  10
Bedienung des Schiffes trotz der nach dem Zeitcharterer in Abs. 1 eingeräumten umfassenden
Verwendungsbefugnis abschließend beim Zeitvercharterer. Er bleibt also für die Navigation
und technische Handhabung des Schiffes auch dann letztendlich verantwortlich, wenn der
Zeitcharterer zum Beispiel Reiseanweisungen erteilt, zu denen er im Rahmen seiner Verwendungsbefugnis berechtigt ist.[9] Das ist die logische Konsequenz der Tatsache, dass der

---

[5] *Wilford* S. 193 f.
[6] Vgl. die umfangreiche Kasuistik, dargestellt bei *Rabe* § 560 Rn. 5 ff.
[7] Siehe zur Frage des sicheren Hafens auch *Jessen* TranspR 2012, 357 ff. sowie *Rabe* TranspR 2010, 62 ff.
[8] Lloyds Law Report 1979, 212 („Hermine"); Hamburger Schiedsspruch vom 26.8.1974, VersR 1975, 272 („Babette Jacob").
[9] Zum möglicherweise entstehenden Spannungsverhältnis siehe oben Rn. 9.

Zeitcharterer das Schiff inklusive der vom Zeitvercharterer eingestellten Besatzung chartert, er also auf Qualität, Ausbildungsstand und sonstige Befähigungen der Schiffsbesatzung keinen Einfluss hat. Da die Formulierung „Führung und sonstige Bedienung des Schiffes" dem § 607 Abs. 2 Satz 1 aF entnommen ist, wird auf die bisherige Kommentierung verwiesen.[10]

**11**    **Abs. 3** enthält das ausdrückliche Recht des Zeitcharterers, das Schiff ohne vorher einzuholende Zustimmung des Zeitvercharterers an einen Dritten (unter) zu verchartern. Die Regierungsbegründung führt hierzu nur knapp aus, dass dies der allgemeinen Übung entspräche.[11] Dies trifft zwar zu, erklärt jedoch nicht, weshalb das Gesetz dem Bareboat Charterer die erlaubnisfreie Untermietbefugnis nicht einräumt. Ebenso wie in Zeitcharterverhältnissen liegt eine in der Praxis sehr häufige Verwendung eines Schiffes durch einen Bareboat Charterer in der Weitervercharterung des Schiffes auf Basis eines Zeitchartervertrages. Holt der Bareboat Charterer dafür die nach § 540 BGB erforderliche Erlaubnis des Vermieters ein, ist die anschließende Weitervercharterung des Schiffes gemäß § 561 Abs. 3 ohne erneute Erlaubnis des Vermieters zulässig (siehe § 553 Rn. 17 ff.).

**12**    Im Gegensatz zu § 540 Abs. 2 BGB, der ausdrücklich bestimmt, dass der Mieter einer Sache gegenüber dem Vermieter letztendlich verantwortlich bleibt, wenn er die Sache berechtigt oder nichtberechtigt an einen Dritten weitervermietet, fehlt eine entsprechende Vorschrift bei den Regeln über die Zeitcharter. Dies ist unbeachtlich, da auch eine nach Abs. 3 HGB erlaubnisfreie Weitervercharterung nichts an den Verpflichtungen des Zeitcharterers gegenüber dem Zeitvercharterer ändert, er dem Zeitvercharterer gegenüber also gleichermaßen verantwortlich bleibt.

## § 562 Unterrichtungspflichten

**Zeitvercharterer und Zeitcharterer sind verpflichtet, sich gegenseitig über alle das Schiff und die Reisen betreffenden Umstände von Bedeutung zu unterrichten.**

### I. Normzweck und Entstehungsgeschichte

**1**    Die Vorschrift ist Ausfluss des § 242 BGB. Dem Gesetzgeber erschien es aber sinnvoll, die gegenseitige Unterrichtungspflicht von Zeitvercharterer und Zeitcharterer, über alle das Schiff und die Reisen bedeutsamen Umstände, ausdrücklich zu regeln.[1]

**2**    Entstehungsgeschichtlich interessant ist, dass § 86 Abs. 1 SHSG eine entsprechende Informationspflicht für einen Schiffsmietvertrag enthielt, deren Übernahme in die Vorschriften über die Schiffsmiete der Gesetzgeber für überflüssig hielt. Für die Zeitcharter wurde dies offenbar anders entschieden, weil eine dem § 555 entsprechende **Rechtssicherungspflicht** bei der Zeitcharter fehlt.

### II. Anwendungsbereich

**3**    § 562 ist nur auf Zeitcharterverträge im Sinne des § 557 anwendbar. Für Schiffsmietverträge ergibt sich eine entsprechende Informationspflicht aus § 555 (vgl. § 555 Rn. 9).

### III. Einzelerläuterungen

**4**    Ihre wesentliche Bedeutung erlangt die in § 562 geregelte **Unterrichtungspflicht** im Rahmen der für das Weisungsrecht maßgeblichen **Verantwortungsbereiche** des Zeitvercharterers und des Zeitcharterers. Nach § 561 Abs. 1 bestimmt der **Zeitcharterer** über die **Verwendung** des Schiffes (matter of emloyment), während der **Zeitvercharterer** nach § 561 Abs. 2 für die **Führung** und **sonstige Bedienung** des Schiffes verantwortlich ist (matter of navigation). Dabei resultieren Unterrichtungspflichten des Zeitcharterers gegenüber dem Zeitver-

---

[10] Siehe zB *Rabe* § 607 Rn. 10 ff.
[11] RegBegr-SRG zu § 561 S. 119.
[1] RegBegr-SRG S. 119.

charterer insbesondere aus § 561 und § 563, während die Verpflichtung des Zeitvercharterers gegenüber dem Zeitcharterer insbesondere im Zusammenhang mit der Verpflichtung des Zeitcharterers zur Zahlung der vereinbarten Zeitfracht nach § 565 von Bedeutung ist.

**1. Unterrichtungspflichten des Zeitcharterers.** Im Rahmen dieser Verantwortungs- 5 bereiche ist der Zeitcharterer nicht nur dafür verantwortlich, mit der gebotenen Sorgfalt einen **sicheren Hafen** oder **Liegeplatz** auszusuchen (§ 561 Abs. 1 Satz 2), sondern gemäß § 562 auch verpflichtet, dem Zeitvercharterer alle Details seiner Wahl, wenn zB der Tiefgang für die Sicherheit des Schiffes von Bedeutung sein könnte, mitzuteilen.

**2. Unterrichtungspflichten des Zeitvercharterers.** Da der Zeitcharterer nach § 565 6 Abs. 2 von der Verpflichtung zur Zahlung der vereinbarten **Zeitfracht** für die Zeit frei ist, in der das Schiff dem Zeitcharterer, infolge von Mängeln oder sonstiger Umstände im Risikobereich des Zeitvercharterers, zur vertragsgemäßen Verwendung nicht oder nicht vollständig zur Verfügung steht, hat der Zeitcharterer gemäß § 562 einen Anspruch darauf, vom Zeitvercharterer über derartige Umstände informiert zu werden, die seine Zahlungspflicht ganz oder teilweise entfallen lässt.

## § 563 Verladen und Löschen

**(1) Der Zeitcharterer hat, wenn das Schiff zur Beförderung von Gütern verwendet wird, diese zu verladen und zu löschen.**

**(2) Der Zeitvercharterer hat dafür zu sorgen, dass die Verladung die Seetüchtigkeit des Schiffes nicht beeinträchtigt.**

### Übersicht

|  | Rn. |  | Rn. |
|---|---|---|---|
| I. Normzweck und Entstehungsgeschichte | 1 | 3. Gefährliche Ladungsoperationen/Feuer | 6, 7 |
| II. Anwendungsbereich | 2 | 4. Pflichten und Verantwortlichkeit des Zeitvercharterers | 8 |
| III. Einzelerläuterungen | 3–13 | 5. Abgrenzungsfragen | 9 |
| 1. Pflicht des Zeitcharterers zum Laden und Löschen | 3, 4 | 6. „Under the supervision and responsibility" | 10 |
| 2. Pflichten und Verantwortlichkeit des Zeitcharterers | 5 | 7. Das Inter-Club Agreement | 11–13 |

## I. Normzweck und Entstehungsgeschichte

§ 563 konkretisiert die in § 561 grundsätzlich normierte **Verteilung der Verantwor-** 1 **tung** zwischen dem Zeitvercharterer, der für die Führung und Bedienung des Schiffes verantwortlich ist, und dem Zeitcharterer, der die Verantwortung für die wirtschaftliche Verwendung trägt. Nach Abs. 1 ist der Zeitcharterer verpflichtet, die Güter zu **verladen** und wieder zu **löschen,** während der Zeitvercharterer nach Abs. 2 verpflichtet bleibt dafür zu sorgen, dass durch die Verladung die Seetüchtigkeit des Schiffes nicht beeinträchtigt wird. Eine gleichgelagerte **Pflichtenverteilung** findet sich im allgemeinen Frachtrecht in § 412, Abs. 1. § 563 entspricht damit der schon früher zwischen den Parteien eines Chartervertrages üblichen Aufgabenverteilung, wenn diese eine sog. *fio-* oder *fios-Klausel – free in and out, stowed and trimmed –* vereinbart haben.[1]

## II. Anwendungsbereich

§ 563 ist nur anwendbar, wenn das Schiff zur **Beförderung von Gütern** verwendet wird, 2 wobei Zeitchartervertäge in den meisten Fällen zu diesem Zweck abgeschlossen werden.

---

[1] OLG Hamburg 7.10.1955, VersR 1957, 356; OLG Düsseldorf 15.11.1979, VersR 1980, 548.

## III. Einzelerläuterungen

**3**    **1. Pflicht des Zeitcharterers zum Laden und Löschen. Abs. 1** bestimmt, dass der **Zeitcharterer** verpflichtet ist, die zu transportierenden Güter zu verladen und zu löschen. „**Verladen**" im Sinne der Vorschrift umfasst nicht nur die Verbringung der Güter in das Schiff sondern, wie im § 412 Abs. 1 definiert, auch deren beförderungssichere Stauung und Befestigung.[2] Die Verladung ist danach erst dann abgeschlossen, wenn der Zeitcharterer die Güter an Bord verbracht und die notwendigen Maßnahmen für eine beförderungssichere Befestigung abgeschlossen hat. Folgerichtig bedeutet „**Löschen**" auch nicht nur die Verbringung der Güter von Bord sondern umfasst ggf. auch die Lösung und Entfernung der zum Zwecke der Befestigung der Güter angebrachten Ladungssicherungen. Die Entlöschung ist damit erst dann vollständig abgeschlossen, wenn alle Ladungssicherungen entfernt und sämtliche Güter von Bord gebracht wurden.

**4**    Im Sinne des Abs. 1 bedeutet **beförderungssicher,** dass die Güter gegen Beschädigungen durch die vorhersehbaren Gefahren des Seetransportes geschützt sind.[3]

**5**    **2. Pflichten und Verantwortlichkeit des Zeitcharterers.** Durch Abs. 1 ist zunächst klargestellt, dass der Zeitcharterer für alle **Schäden an Schiff und Ladung** verantwortlich ist, die während und durch die Lade- und Löschoperationen verursacht werden. Beauftragt der Zeitcharterer mit diesen Arbeiten die Schiffsbesatzung oder ein externes Stauereiunternehmen, werden diese als **Erfüllungsgehilfen des Zeitcharterers** tätig und der Zeitcharterer muss sich deren Verschulden über § 278 BGB zurechnen lassen. Das gleiche gilt, wenn der Zeitcharterer das Schiff gemäß § 561 Abs. 3 berechtigt unterverchartert hat, für ein Verschulden seines Vertragspartners und dasjenige der ggf. von diesem beauftragten Unternehmen. Im Umkehrschluss aus Abs. 1 ergibt sich, dass der Zeitvercharterer für Beschädigungen der Ladung während des Verladens und Löschens derselben grds. keine Verantwortung trägt.

**6**    **3. Gefährliche Ladungsoperationen/Feuer.** Die Lade- und Löschpflicht des Zeitcharterers erlangt besondere Bedeutung beim Transport von Schwergut und sonstiger sperriger Ladung, zu deren Befestigung häufig sog. Stopper an den Schiffskörper angeschweißt werden, mittels derer die Ladung gegen Verrutschen gesichert wird. Nicht selten kommt es beim Anschweißen oder Abbrennen dieser Stopper mittels Schweißbrennern zu Ladungsbränden, die erhebliche Schäden verursachen können. Abs. 1 stellt klar, dass diese Arbeiten, in Ermangelung anderweitiger Vereinbarungen der Parteien in der Zeitcharter, grds. in den Verantwortungsbereich des Zeitcharterers fallen. Bei der Frage, ob der Zeitcharterer für den dadurch eventuell verursachten Schaden an Schiff und Ladung auch haftet, ist allerdings auch § 561 Abs. 2 von Bedeutung, wonach der Zeitvercharterer für die Führung und sonstige Bedienung des Schiffes verantwortlich ist. Das wiederrum bedeutet, dass der Zeitvercharterer dafür zu sorgen hat, dass der Zeitcharterer, bzw. dessen Erfüllungsgehilfen, potenziell gefährliche Ladungsoperationen nur unter Einhaltung der vom Zeitvercharterer vorgegebenen Sicherheitsmaßnahmen[4] vornehmen.

**7**    Hinsichtlich des zur Verladung der Güter erforderlichen Laschmaterials, ist der Zeitcharterer nur verpflichtet, dafür eventuell erforderliches **besonderes Laschmaterial**[5] zur Verfügung zu stellen, dass nicht zur ordnungsgemäßen Ausrüstung des Schiffes gehört. Für Letzteres hat der Zeitvercharterer im Rahmen des § 559 Abs. 1 zu sorgen. Danach ist er verpflichtet, dem Zeitcharterer ein bestimmtes Seeschiff in einem zum vertragsgemäßen Gebrauch geeigneten Zustand bereitzustellen. In der Vereinbarung des beabsichtigten Gebrauches liegt zugleich auch eine Vereinbarung darüber, womit das vom Vercharterer

---

[2] RegBegr-SRG zu § 563 S. 119.
[3] Vgl. zur Beförderungssicherheit im allgemeinen Frachtrecht Baumbach/Hopt/*Merkt* § 412 Rn. 1.
[4] ZB im Rahmen des ISM Codes vorgeschriebene Brandbekämpfungsmaßnahmen bei der Vornahme von sog. „critical shipboard operations".
[5] Beispiele für besonderes Laschmaterial sind zB speziell angefertigte Gestelle (cradles) für Yachten, die auf diesen Gestellen gesichert und mitsamt des Gestells auf Frachtschiffen befördert werden.

bereitzustellende Schiff ausgerüstet sein muss, um als vertragsgemäß zu gelten. Handelt es sich bei dem gecharterten Schiff beispielsweise um ein Seeschiff zum Transport von Containern und ergibt sich aus dem Vertrag auch kein anderer, vom Charterer beabsichtigter Gebrauch, so gehört zum vertragsgemäßen Zustand auch die **Ausrüstung** des Schiffes mit ausreichendem Containerlaschmaterial.[6] Dies deckt sich auch mit der Verpflichtung des Zeitverancharterers aus § 564 Abs. 1, wonach er u. a. die Kosten für die Ausrüstung des Schiffes zu tragen hat.

**4. Pflichten und Verantwortlichkeit des Zeitverancharterers.** Nach Abs. 2 hat der **8** Zeitvercharterer dafür zu sorgen, dass die Verladung die **Seetüchtigkeit**[7] des Schiffes nicht beeinträchtigt. Dieser Absatz ist Ausdruck der den Zeitvercharterer gemäß § 560 treffenden Verpflichtung, das Schiff während der **gesamten Dauer** des **Zeitchartervertrages** in einem see- und ladungstüchtigen Zustand zu erhalten sowie seiner Verantwortung für die Führung und sonstige Bedienung des Schiffes nach § 561 Abs. 2. Zwar ist der Zeitcharterer nach Abs. 1 für die Verladung zuständig, der Zeitvercharterer bleibt jedoch in der Pflicht dafür zu sorgen, dass die Verladung die Seetüchtigkeit des Schiffes nicht beeinträchtigt.[8] In diesem Zusammenhang entspricht der verwendete Begriff Seetüchtigkeit dem der **Betriebssicherheit** in § 412 Abs. 1 S. 2. Das bedeutet, dass der Zeitvercharterer letztlich dafür verantwortlich bleibt, dass die vom Zeitcharterer vorgenommene Stauung und Befestigung der Ladung ausreicht, damit das mit ihr beladene Schiff allen vorhersehbaren Gefahren der bevorstehenden Seereise gewachsen ist.

**5. Abgrenzungsfragen.** In der Vergangenheit hat die im Einzelnen oft schwierige **9 Abgrenzung** zwischen **beförderungssicherer** bzw. **betriebssicherer** Verladung immer wieder zu Schwierigkeiten bei der Bestimmung geführt, wer für einen eingetretenen Schaden an Schiff und Ladung verantwortlich zu machen ist. Dabei drehte es sich häufig um die Frage, ob der Verfrachter (auf das Zeitcharterverhältnis übertragen, der Zeitvercharterer) erkennen konnte, dass die vom Befrachter (bzw. Zeitcharterer) vorgenommene Ladungssicherung unzureichend war. Werden die Güter **erkennbar** unsachgemäß gestaut und gesichert, so dass die Gefahr eines Schadenseintritts auf der bevorstehenden Seereise ohne weiteres auf der Hand liegt, so muss der Kapitän einschreiten und den Befrachter (bzw. Zeitcharterer) zum ordnungsgemäßen Handeln anhalten, notfalls die Reise ablehnen. Unterbleibt dies, ist der Verfrachter (bzw. Zeitvercharterer) nach dem Grundsatz des § 254 BGB für den eingetretenen Schaden **mitverantwortlich**.[9]

**6. „Under the supervision and responsibility".** Die wohl berühmteste Klausel in **10** Zeitcharterverträgen, die sich mit den in § 563 geregelten Fragen beschäftigt, ist in Klausel 8 der NYPE[10] '93 zu finden.[11] Dort ist vertraglich vereinbart, dass die Beladung, Stauung und Sicherung *„under the supervision of the master"* stattzufinden hat. Nach dem auf die NYPE häufig anwendbaren englischen Recht entspricht diese vertragliche Vereinbarung der jetzt von § 563 geschaffenen Gesetzeslage in Deutschland. Der Kapitän des Schiffes übernimmt zwar nicht die Verantwortung für die Beladung desselben, ist aber verpflichtet darauf zu achten, dass die Beladung keine **erkennbaren Mängel** aufweist, die die Seetüchtigkeit des Schiffes beeinträchtigen können.[12] Nur wenn solche Mängel erkennbar sind, ist der Kapitän zum Einschreiten verpflichtet. Wird die Klausel durch den Zusatz: *„and responsibility"* ergänzt, wechselt die Verantwortlichkeit nach englischem Recht vom Charterer auf den Vercharterer.[13] Da dieser Mechanismus den meisten, am

---

[6] Siehe auch § 554 Rn. 11.
[7] Vgl. § 560 Rn. 5 ff. sowie § 485 Rn. 1 f.
[8] Siehe RegBegr-SRG zu § 563 S. 119.
[9] BGH 24.9.1987, TranspR 1988, 108 = VersR 1988, 244.
[10] New York Produce Exchange Charterparty.
[11] Vgl. Anh. B III 3 (S. 1399).
[12] Court Line vs. Canadian Transport, Lloyds Law Report 1940 S. 161, 166; *Wilford* Chapter 20, 20.22–24, S. 334 ff.
[13] Lloyds Law Report 1985, S. 568 (MV „Shinjitsu Maru"); *Wilford* Chapter 20, 20.26–33, S. 337 ff.

Seefrachtverkehr beteiligten Personen bekannt ist, führt die Ergänzung der Klausel 8 der NYPE auch nach neuem deutschen Seehandelsrecht dazu, dass die in § 563 vorgenommene gesetzliche Verteilung der Verantwortung dann auch vertraglich zu Lasten des Zeitvercharterers verändert wird.

11 **7. Das Inter-Club Agreement.** Zur Vermeidung langwieriger gerichtlicher Auseinandersetzungen, haben die am Seeverkehr beteiligten, und in der **International Group of P&I Clubs**[14] zusammengeschlossenen Haftpflichtversicherer das sog. **Inter-Club Agreement**[15] vereinbart. Dieses regelt die **Haftungsverteilung zwischen Reeder und Charterer** (genauer gesagt zwischen den beteiligten Versicherern beider Parteien) bei Ladungsschäden, wenn für die entsprechende Reise Konnossemente ausgestellt wurden.

12 Nach dem Inter-Club Agreement ergibt sich bei Abschluss einer NYPE ohne *„Ergänzung"* bzw. einer vergleichbaren Klausel in einem anderen Zeitchartervertrag im Wesentlichen folgende Haftungsverteilung:

Ladungsschäden aufgrund fehlender See- oder Ladungstüchtigkeit werden zu 100 % vom Verfrachter getragen. Basiert der Ladungsschaden auf fehlerhafter Verladung bzw. Stauung, trägt der Befrachter den Schaden zu 100 %. Ansprüche wegen Nichtauslieferung, einschließlich Diebstahls werden im Verhältnis 50 % zu 50 % aufgeteilt. Das gleiche gilt für Kondensationsschäden, es sei denn sie beruhen eindeutig auf entweder schlechter Stauung (dann Befrachter 100 %) oder auf unzureichender Ventilation (dann Verfrachter 100 %).

Haben die Parteien die Klausel durch *„and responsibility"* ergänzt, trägt der Verfrachter neben den Schäden aus fehlender See- und Ladungstüchtigkeit auch Kondensationsschäden uneingeschränkt zu 100 %. Alle anderen Schäden werden im Verhältnis 50 % zu 50 % aufgeteilt, unabhängig davon, wie eindeutig die Beweislage ist.

13 Hatten die Parteien eines Chartervertrages die Geltung des Inter-Club Agreement auch untereinander vereinbart, gingen nach bisherigem Recht die Parteivereinbarungen den gesetzlichen Regelungen vor. § 563 gleicht das neue deutsche Gesetzesrecht in dieser Frage den international üblichen Gepflogenheiten an und erleichtert damit die Rechtsfindung im Spannungsverhältnis zwischen Individualvereinbarungen, Zeitcharterverträgen und Frachtverträgen mit oder ohne Ausstellung von Konnossementen.

## § 564 Kosten für den Betrieb des Schiffes

**(1) Der Zeitvercharterer hat die fixen Kosten des Schiffsbetriebs zu tragen, insbesondere die Kosten der Besatzung, Ausrüstung, Unterhaltung und Versicherung des Schiffes.**

**(2) [1]Der Zeitcharterer hat die variablen Kosten des Schiffsbetriebs zu tragen, insbesondere Hafengebühren, Lotsengelder, Schlepperhilfen und Prämien für eine weiter gehende Versicherung des Schiffes. [2]Der Zeitcharterer hat ferner den für den Betrieb des Schiffes erforderlichen Treibstoff in handelsüblicher Qualität zu beschaffen.**

### Übersicht

| | Rn. | | Rn. |
|---|---|---|---|
| I. Normzweck und Entstehungsgeschichte | 1 | 3. Kosten für Ausrüstung und Unterhaltung des Schiffes | 5 |
| II. Anwendungsbereich | 2 | 4. Kosten der Versicherung | 6 |
| | | 5. Variable Kosten des Schiffsbetriebes | 7, 8 |
| III. Einzelerläuterungen | 3–14 | 6. Weitere verwendungsbezogene Kosten | 9 |
| 1. Fixe Kosten des Schiffsbetriebes | 3 | 7. Verwendungsbezogene Kosten der Versicherung | 10 |
| 2. Kosten der Besatzung | 4 | | |

---

[14] Derzeit gehören der International Group of P&I Clubs 13 Versicherer an. Zu näheren Einzelheiten, siehe www.igpandi.org.
[15] Der Wortlaut des ICA ist abgedruckt im Anh. B II 3 (S. 1377).

                                        Rn.                                                  Rn.
8. Spezifikation und Kosten des Schiffs-       9. Verschuldenshaftung .................... 13
   treibstoffes ............................ 11, 12   10. Emission Control Areas ............... 14

## I. Normzweck und Entstehungsgeschichte

Die Vorschrift regelt, welche Partei des Zeitchartervertrages welche beim Betrieb des **1**
Schiffes entstehenden Kosten zu tragen hat und welche sonstigen Pflichten hierbei entstehen. Auch sie konkretisiert die grundsätzliche Verteilung der Verantwortungsbereiche zwischen Vercharterer (Betrieb und sonstige Führung des Schiffes) und Zeitcharterer (Verwendung des Schiffes). Durch die unterschiedliche Formulierung von „**fixen Kosten**" in Abs. 1 und „**variablen Kosten**" in Abs. 2 stellt das Gesetz klar, dass in Abs. 1 nur diejenigen Kosten gemeint sind, die beim Betrieb des Schiffes unabhängig von der konkreten Verwendung durch den Zeitcharterer in jedem Fall entstehen, während von Abs. 2 alle diejenigen Kosten erfasst sind, die auf die konkrete Verwendung zurückzuführen sind.

## II. Anwendungsbereich

Die Aufzählung einiger typischerweise entstehender Kosten sowohl in Abs. 1, als auch **2**
in Abs. 2 ist nicht im Sinne einer abschließenden Auflistung zu verstehen, sondern dient lediglich dem besseren Verständnis und der leichteren Handhabung der Vorschrift.[1]

## III. Einzelerläuterungen

**1. Fixe Kosten des Schiffsbetriebes.** Unter den **fixen Kosten** des Schiffsbetriebes **3**
sind alle Kosten zu verstehen, die erforderlich sind, damit der Zeitvercharterer seiner vertraglichen Verpflichtung nach § 557 Abs. 1 nachkommen und dem Zeitcharterer das Schiff mit Besatzung zu dessen Verwendung bereitstellen kann. Ferner sind die Kosten gemeint, die er benötigt, um das Schiff gemäß § 560 während der Dauer des Zeitchartervertrages in diesem Zustand zu erhalten. In Abs. 1 listet das Gesetz unter Voranstellung des Wortes „*insbesondere*" einige Kostenarten auf, womit das Gesetz deutlich macht, was unter „*fixen Kosten*" zu verstehen ist. Darunter fallen sämtliche **Kosten, die mit der Besatzung,** der **Ausrüstung** und **Unterhaltung des Schiffes** zusammenhängen, **sowie** schließlich auch die Kosten der **Versicherung des Schiffes.**

**2. Kosten der Besatzung.** Der Begriff **Besatzung** in Abs. 1 ist zunächst deckungs- **4**
gleich mit dem Begriff der Schiffsbesatzung, wie er in § 478 definiert ist. Folgerichtig sind die Kosten der Lotsen, die nicht zur Schiffsbesatzung gehören (vgl. § 778 Rn. 4) in Abs. 2 als variable Kosten genannt, die vom Zeitcharterer zu tragen sind. Diese Zuordnung ist aber nicht zwingend, vielmehr kommt es im Einzelfall auf den jeweiligen Verantwortungsbereich an (vgl. Rn. 9). Als Besatzung im Sinne des § 564 Abs. 1 sind daher nur diejenigen Personen zu verstehen, die sich auf **Weisung des Vercharterers** oder seiner Erfüllungsgehilfen an Bord des Schiffes befinden und die im Rahmen der Führung und sonstigen Bedienung des Schiffes tätig sind, ohne dass diese Tätigkeit aufgrund der besonderen Verwendung des Schiffes erforderlich ist. Unter Kosten der Besatzung fallen alle **Heuerkosten**[2] sowie die mit der ordnungsgemäßen Bemannung des Schiffes ansonsten zusammenhängenden Kosten. Darunter fallen u. a. auch die Kosten des Proviants, Reisekosten für einen eventuellen Besatzungswechsel, Strafzahlungen gegenüber Behörden für eventuelles Fehlverhalten der Besatzung etc.

**3. Kosten für Ausrüstung und Unterhaltung des Schiffes.** Kosten der **Ausrüstung 5**
**und Unterhaltung** richten sich danach, welche Vereinbarungen die Parteien im Zeitchartervertrag getroffen haben. Gemäß § 557 ist Gegenstand eines Zeitchartervertrages immer

---

[1] RegBegr-SRG zu § 564 S. 119.
[2] Darunter sind sämtliche Lohn- und Lohnnebenkosten zu verstehen, die nach dem dem Heuerverhältnis zugrundeliegenden Recht anfallen.

ein bestimmtes Seeschiff. Das wird ergänzt durch die aus § 559 Abs. 1 resultierende Verpflichtung des Zeitvercharterers, dem Zeitcharterer das Schiff in einem zum vertragsgemäßen Gebrauch geeigneten Zustand bereitzustellen. Das bedeutet, dass Zustand und Ausrüstung des Schiffes regelmäßig im Vertrag festgehalten sind. Danach bemisst auch die in Abs. 1 geregelte Pflicht des Zeitvercharterers, die Kosten zu tragen, die für die Herstellung des vereinbarten Zustandes sowie dessen Erhalt erforderlich sind (vgl. § 554 Rn. 10 ff.). Hierher gehören auch die regelmäßig anfallenden Kosten der Klasseuntersuchungen[3] des Schiffes durch die entsprechende Klassifikationsgesellschaft[4] und die damit uU einhergehenden Reparaturkosten, die für die Aufrechterhaltung oder Wiederherstellung der Klasse erforderlich sind.

**6**    **4. Kosten der Versicherung.** Schließlich hat der Zeitvercharterer die Kosten der von ihm für sein Schiff abgeschlossenen **Versicherungen** zu tragen. Dabei steht es jedem Reeder frei, welche Versicherungen er für sein Schiff abschließt.[5, 6] Üblich sind aber auf jeden Fall der Abschluss einer Kasko-Versicherung und einer sog P&I-Versicherung, die die wesentlichen Haftpflichtrisiken abdeckt und ohne die kein vernünftiger Reeder sein Schiff betreibt.

**7**    **5. Variable Kosten des Schiffsbetriebes.** Den in Abs. 1 beschriebenen fixen Kosten stellt Abs. 2 die als **variabel** bezeichneten Kosten gegenüber, die durch die Verwendung des Schiffes entstehen und vom Zeitcharterer zu tragen sind. Als Beispiele „*variabler Kosten*" benennt das Gesetz anfallende **Hafengebühren, Lotsengelder** und **Schlepperhilfen** sowie **weitergehende Versicherungsprämien.** Auch hier folgt die Auflistung einiger Kostenarten dem Wort „insbesondere", so dass auch diese Liste nicht abschießend ist. Die Kosten für den benötigten **Treibstoff** regelt das Gesetz darüber hinaus gesondert in § 564 Abs. 2 Satz 2.

**8**    Unter den Begriff **Hafengebühren** fallen daher nicht nur die **Liegegebühren,** sondern auch alle weiteren Kosten die beim **Ein- und Ausklarieren**[7] des Schiffes anfallen, also auch die Kosten der **Agenturen,** die diese Arbeiten regelmäßig übernehmen.

**9**    **6. Weitere verwendungsbezogene Kosten.** Durch die Aufzählung von **Lotsengeldern** und **Schlepperhilfen** in der Liste der variablen Kosten, macht das Gesetz deutlich, dass es die Entstehung dieser Kosten grundsätzlich als **verwendungsbezogen,** also als vom Zeitcharterer zu tragen ansieht. Damit ist auch klar, dass es für die Verteilung der Kosten solcher Personen nicht zwingend darauf ankommt, ob sie zu Personen der Schiffsbesatzung iSd. § 478 zu zählen sind. So ist nicht ausgeschlossen, dass derartige Kosten im Einzelfall zu den Schiffsbetriebskosten im Sinne von Abs. 1 gehören. Das kann zB dann der Fall sein, wenn der Zeitcharterer bei Abschluss des Zeitchartervertrages darauf bestanden hat, dass das Schiff mit einem bestimmten Kapitän zu besetzen ist, der über ein sog. Lotsenbefreiungszertifikat für diejenigen Gebiete verfügt, in denen der Zeitcharter das Schiff einsetzen möchte. Ist dieser Kapitän nicht verfügbar oder verlangt er trotz seines Zertifikates trotzdem nach der Assistenz eines Lotsen und fallen deswegen Lotsengelder an, kann es sich dabei – je nach Entstehungsgrund – um Kosten handeln, die betriebsbezogen im Sinne des Abs. 1 vom Zeitvercharterer zu tragen sind. Gleiches gilt sinngemäß für die Kosten der Schlepperassistenz.

**10**    **7. Verwendungsbezogene Kosten der Versicherung.** Auch bei den Kosten für die **Versicherung** des Schiffes macht das Gesetz klar, dass im Einzelfall zu prüfen ist, ob die

---

[3] Jedes Seeschiff ist in regelmäßigen Abständen einer eingehenden technischen Untersuchung zu unterziehen, die als Klasseuntersuchung bezeichnet wird.

[4] Klassifikationsgesellschaften fungieren quasi als Schiffs-TÜV und zertifizieren aufgrund eines privatrechtlichen Vertrages mit der Reederei den technischen Zustand eines Schiffes. Im Rahmen dieser Aufgaben verlangen und beaufsichtigen sie die regelmäßigen Untersuchungen.

[5] Pflichtversicherungen, wie zB nach § 3 PflVersG für ein Kfz gibt es in der Schifffahrt nicht.

[6] Die einzige Verpflichtung zum Abschluss einer besonderen Haftpflichtversicherung für Ölverschmutzungsschäden findet sich in Art. 7 Abs. 1 Haftungsübereinkommen von 1992.

[7] *Bes* S. 3.

zu zahlenden Versicherungsprämien zu denjenigen gehören, die bei dem Betrieb eines Schiffes ohnehin anfallen, oder ob sie durch die konkrete **Verwendung** des Schiffes verursacht werden. Dabei spricht das Gesetz ausdrücklich von **weiter gehenden Versicherungen** des Schiffes und stellt nicht etwa darauf ab, ob der Zeitvercharterer zum Abschluss der entsprechenden Versicherung verpflichtet ist, oder nicht. Damit ist klar gestellt, dass die üblicherweise für ein Schiff abgeschlossenen Versicherungen, wie zB die Kasko-Versicherung und die Haftpflicht-Versicherung (P&I) (siehe Rn. 6), zu den fixen (Versicherungs-)Kosten iSd. des Abs. 1 gehören, die vom Zeitvercharterer zu tragen sind. Dagegen fallen unter Abs. 2 zB die Kosten einer Versicherung gegen Schäden durch **Piraterie,** wenn der Zeitcharterer das Schiff in besonders piratengefährdeten Gebieten verwenden will, für die der grundsätzlich bestehende Versicherungsschutz entsprechend erweitert werden muss. Gleiches gilt für eine zusätzliche **Kriegsrisikoversicherungsdeckung,** falls der Zeitcharterer das Schiff in Gebiete beordert, für die eine ergänzende Kriegsdeckung erforderlich ist.

**8. Spezifikation und Kosten des Schiffstreibstoffes.** Der Wortlaut des Gesetzes stellt **11** zunächst klar, dass der Zeitcharterer verpflichtet ist, denjenigen Treibstoff zu beschaffen, der nach der **Schiffsspezifikation,** die üblicherweise Teil des Chartervertrages ist, von den Maschinen des Schiffes verwendet werden kann. Dabei beschränkt das Gesetz die **Beschaffungspflicht** des Zeitcharterers auf die **handelsübliche Qualität.** Der Zeitcharterer hat also dafür zu sorgen, dass er ausschließlich Treibstoff innerhalb der vereinbarten Spezifikation bestellt und dass die von ihm beauftragten Lieferanten auch nur den bestellten Treibstoff liefern und zwar in handelsüblicher Qualität.

Da das Gesetz für die Verpflichtung des Zeitcharterers den Begriff „beschaffen" ver- **12** wendet hat, erschöpft sich die Verpflichtung des Zeitcharterers nicht in der **Bestellung** des erforderlichen Treibstoffes, er ist darüber hinaus verpflichtet, den gelieferten Treibstoff im Rahmen der üblichen Gepflogenheiten auf seine Geeignetheit **überprüfen** zu lassen.[8] Die **Kosten** dieser **Überprüfung** fallen gleichfalls dem Zeitcharterers zur Last, da es sich dabei um variable Schiffsbetriebskosten iSd. Abs. 2 handelt. Stellt sich beim Test des Treibstoffes heraus, dass er ungeeignet ist (sog. off spec), ist der Zeitvercharterer nicht verpflichtet, den ungeeigneten Treibstoff zu verwenden sondern berechtigt, das Schiff im Extremfall solange liegen zu lassen, bis der Zeitcharterer den ungeeigneten Treibstoff durch geeigneten ersetzt hat. Der Zeitcharterer ist in diesem Fall nicht berechtigt, die Zahlung der vereinbarten Zeitfracht nach § 565 Abs. 2 auszusetzen.

**9. Verschuldenshaftung.** Durch Abs. 2 Satz 2 wird allerdings **keine verschuldensun- 13 abhängige Haftung** des **Zeitcharterers** begründet. Kommt es durch die Verwendung nicht geeigneten Treibstoffes zu einem Schaden, ist der Zeitcharterer nach § 567 iVm. §§ 280 ff. BGB zum Ersatz des Schadens verpflichtet, wenn **ihn** oder den **Treibstofflieferanten** als seinen **Erfüllungsgehilfen** ein **Verschulden** trifft. Dabei ist allerdings zu beachten, dass es „guter Seemannschaft" entspricht, neu gelieferten Treibstoff nur in separate Tanks zu pumpen und ihn nicht mit noch vorhandenen Restmengen zu vermischen. Darüber hinaus sollte der neu gelieferte Treibstoff erst dann verwendet werden, wenn die Testergebnisse bestätigen, dass er der erforderlichen Spezifikation entspricht. Die Einhaltung dieser üblichen Vorgehensweise ist Aufgabe des Kapitäns, der dabei im Rahmen der nach § 561 Abs. 2 dem Zeitvercharterer obliegenden Verpflichtung zur Führung und sonstigen Bedienung des Schiffes tätig wird. Verletzt der Kapitän diese Sorgfaltspflichten und kommt es durch ungeeigneten Treibstoff zu einem Schaden, trifft den Zeitvercharterer möglicherweise ein **Mitverschulden** gemäß § 254 BGB.

**10. Emission Control Areas.** Abs. 2 Satz 2 trägt darüber hinaus den zunehmenden **14** Anforderungen an nationale und internationale **Umweltschutzvorschriften**[9] Rechnung.

---

[8] Dafür werden üblicherweise mehrere Proben genommen und zur Untersuchung an in der Zeitcharter vereinbarte unabhängige Labors geschickt. Die Testergebnisse sind in der Regel innerhalb weniger Tage verfügbar.

[9] Vgl. MARPOL Annex IV.

In zunehmendem Maße sind Schiffe verpflichtet, beim Befahren bestimmter Gebiete[10] festgelegte Emissionswerte einzuhalten (sog. **Emission Control Areas, ECA**), die nur durch die Verwendung besonderer Treibstoffe eingehalten werden können. Aus der in Abs. 2 Satz 2 geregelten Verpflichtung des Zeitcharterers, den zum Betrieb erforderlichen Treibstoff zu beschaffen, ergibt sich zwangsläufig auch die Verpflichtung darauf zu achten, dass das Schiff immer diejenigen Treibstoffe in ausreichender Menge an Bord hat, um diese Emission Control Areas befahren zu können. Darauf zu achten, dass in diesen Gebieten auch nur der dafür erforderliche Treibstoff verbrannt wird, das Schiff also die vorgeschriebenen Emissionswerte einhält, ist allerdings wieder die Verpflichtung des Zeitvercharterers im Rahmen seiner Pflicht zur Führung und sonstigen Bedienung des Schiffes nach § 561 Abs. 2.

## § 565 Zeitfracht

**(1) Die Zeitfracht ist mangels anderer Vereinbarung halbmonatlich im Voraus zu zahlen.**

**(2) ¹Die Pflicht zur Zahlung der Zeitfracht entfällt für die Zeit, in der das Schiff infolge von Mängeln oder sonstigen Umständen, die dem Risikobereich des Zeitvercharterers zuzurechnen sind, dem Zeitcharterer nicht zur vertragsgemäßen Verwendung zur Verfügung steht. ²Ist die vertragsgemäße Verwendung des Schiffes gemindert, ist eine angemessen herabgesetzte Zeitfracht zu zahlen.**

### I. Normzweck und Entstehungsgeschichte

1    In **Abs. 1** hat der Gesetzgeber den international üblichen Charterzahlungsmodus,[1] nämlich halbmonatlich[2] im Voraus, gesetzlich festgeschrieben, sofern die Parteien keine abweichende Regelung getroffen haben. Eine vergleichbare Regelung findet sich für die Schiffsmiete in § 553 Abs. 2 Satz 2.

### II. Anwendungsbereich

2    § 565 gilt wegen § 557 Abs. 1 direkt nur für die Vercharterung eines Seeschiffes, ist aber gemäß § 27 Abs. 2 BinSchG auf einen Zeitchartervertrag über ein Binnenschiff entsprechend anwendbar.

### III. Einzelerläuterungen

3    **1. Rechtsfolgen der Nichtzahlung.** Für den Fall der **Nichtzahlung** der vereinbarten Zeitfracht, hat der Gesetzgeber keine Sonderregelungen, wie es sie zB in § 543 BGB für Miet- bzw. § 569 BGB für Wohnraummietverhältnisse gibt, geschaffen. Stattdessen gilt gemäß § 567 das in den §§ 280 und 323 ff. BGB geregelte allgemeine Recht der **Leistungsstörungen** in gegenseitigen Verträgen.

4    **2. Rücktritt.** Nach § 323 Abs. 1 BGB ist für einen **Rücktritt** grds. eine **Nachfristsetzung** erforderlich, die gemäß § 323 Abs. 2 Nr. 2 BGB allerdings dann entbehrlich ist, wenn die Parteien vertraglich eine Leistungszeit bestimmt haben und der Gläubiger den Fortbestand seines Leistungsinteresses an die Rechtzeitigkeit der Leistung gebunden hat. Haben die Parteien dies in der Zeitcharter nicht geregelt, ist der Zeitvercharterer bei Zahlungsverzug des Zeitcharterers **ohne Nachfristsetzung nicht berechtigt,** von dem Vertrag **zurückzutreten.**

---

[10] Liste zu finden unter: www.imo.org
[1] Charter hire is to be paid semi-monthly in advance, zB Klausel 5 der NYPE Time Charterparty, Anh. B III 3 (S. 1393).
[2] Gemäß § 189 Abs. 1 BGB ist unter halbmonatlich eine Frist von 15 Tagen zu verstehen.

**3. Schadensersatz.** Hinsichtlich des **Schadensersatzes** ist ebenfalls auf die allgemeinen 5
Vorschriften der §§ 280, 286, ggf. iVm. 325 BGB zu verweisen. Angesichts Abs. 1 ist gemäß
§ 286 Abs. 2 Nr. 1 BGB eine Mahnung auch dann nicht erforderlich, wenn die Parteien
die Fälligkeit der Zeitfracht im Vertrag nicht ausdrücklich geregelt haben, so dass bereits
die einmalige Nichtzahlung oder verspätete Zahlung der vereinbarten Zeitfracht den Zeitvercharterer zum Schadensersatz berechtigt. Nach § 325 BGB kann dieser Schadensersatz
auch neben dem Rücktritt vom Vertrag verlangt werden.[3] Zu den Schwierigkeiten bei der
Berechnung des Schadensersatzanspruches, vgl. § 569 Rn. 8.

**4. Totalausfall des Schiffes.** Ähnlich wie nach § 286 Abs. 4 BGB kein Verzug eintritt, 6
wenn der Schuldner seine Nichtleistung nicht zu vertreten hat, entfällt nach Abs. 2 Satz 1
die Verpflichtung des Zeitcharterers zur Zahlung der vereinbarten Zeitfracht für die Zeit,
in der das Schiff dem Zeitcharterer aus Gründen, die in den Verantwortungsbereich des
Zeitvercharterers fallen, zur vertragsgemäßen Verwendung nicht zur Verfügung steht, sog.
off-hire-Periode.

**5. Teilweiser Ausfall des Schiffes.** In Abs. 2, Satz 2 regelt das Gesetz den Fall, dass 7
die vertragsgemäße Verwendung des Schiffes für den Zeitcharterer gemindert ist, ihm das
Schiff also nur eingeschränkt zur Verfügung steht. Das ist beispielsweise dann der Fall, wenn
einzelne Geräte nicht funktionsfähig sind. Fallen zB die Kräne eines mit bordeigenem
Geschirr vercharterten Containerschiffes aus, ist die Verwendung des Schiffes zunächst
einmal grundsätzlich gemindert.

Ob auch die **vertragsgemäße Verwendung** gemindert ist, ist im Einzelfall zu entschei- 8
den. Fallen die Kräne beispielsweise während der Seereise aus, während derer sie weder
für Lade- noch Löschoperationen benötigt werden, ist die vertragsgemäße Verwendung
des Schiffes nicht eingeschränkt, der Zeitcharterer hat also kein Recht, seine Zeitcharterzah-
lung ganz oder teilweise zurückzuhalten. Gleiches gilt, wenn die Kräne in einem Lade-
oder Löschhafen ausfallen, in dem mit Landgeschirr geladen und gelöscht wird. Führt der
Ausfall in diesem Beispiel allerdings zu einer Behinderung der Lade- oder Löschoperationen,
etwa weil die schiffseigenen Kräne nicht bewegt werden können und sie den landseitigen
Kränen im Weg stehen, ist die vertragsgemäße Verwendung des Schiffes teilweise gemindert, weshalb der Zeitcharterer berechtigt ist, die Zeitfracht angemessen herabzusetzen.

## § 566 Pfandrecht des Zeitvercharterers

(1) [1]**Der Zeitvercharterer hat für seine Forderungen aus dem Zeitchartervertrag
ein Pfandrecht an den an Bord des Schiffes befindlichen Sachen einschließlich des
Treibstoffs, soweit diese Sachen im Eigentum des Zeitcharterers stehen.** [2]**Die für
den gutgläubigen Erwerb des Eigentums geltenden §§ 932, 934 und 935 des Bürgerlichen Gesetzbuchs sind nicht anzuwenden.**

(2) [1]**Der Zeitvercharterer hat ferner für seine Forderungen aus dem Zeitchartervertrag ein Pfandrecht an den Forderungen des Zeitcharterers aus von diesem
abgeschlossenen Fracht- und Unterzeitcharterverträgen, die mit dem Schiff erfüllt
werden.** [2]**Der Schuldner der Forderung kann, sobald er Kenntnis von dem Pfandrecht hat, nur an den Zeitvercharterer leisten.** [3]**Er ist jedoch zur Hinterlegung
berechtigt, solange ihm der Zeitcharterer das Pfandrecht nicht anzeigt.**

(3) **Abweichend von den Absätzen 1 und 2 hat der Zeitvercharterer kein Pfandrecht für künftige Entschädigungsforderungen sowie für nicht fällige Ansprüche
auf Zeitfracht.**

---

[3] Vgl. zum englischen Recht die Entscheidung Kuwait Rocks Co. Vs. AMN Bulkcarriers Inc (The Astra)
2013 EWHC 865, die eine wesentliche Änderung der Rechtslage in England bedeutet. Seit dieser Entscheidung ist die Nichtzahlung der vereinbarten Charterhire als repudiatory breach of contract anzusehen, die den
Owner nicht nur zur Kündigung sondern zusätzlich zum Schadensersatz für entgangenen Gewinn berechtigt.

## Übersicht

|  | Rn. |  | Rn. |
|---|---|---|---|
| I. Normzweck und Entstehungsge-schichte | 1, 2 | 4. Kein gutgläubiger Erwerb des Pfandrech-tes | 10 |
| II. Anwendungsbereich | 3, 4 | 5. Reichweite des Pfandrechtes | 11 |
| III. Einzelerläuterungen | 5–18 | 6. Kenntnis des Schuldners der verpfände-ten Forderung | 12, 13 |
| 1. Forderungen aus dem Zeitcharterver-trag | 5 | 7. Gefahr der doppelten Inanspruch-nahme | 14 |
| 2. Abgrenzung zu gesetzlichen Pfandrech-ten anderer Transportbeteiligter | 6, 7 | 8. Kein Pfandrecht für künftige Entschädi-gungs- bzw. nicht fällige Zeitfrachtforde-rungen | 15 |
| 3. Kein Pfandrecht als ausführender Ver-frachter | 8, 9 | 9. Schiffsgläubigerpfandrechte | 16–18 |

## I. Normzweck und Entstehungsgeschichte

**1**    In § 566 räumt das Gesetz dem Zeitvercharterer zur Sicherheit für seine Forderungen aus dem Zeitchartervertrag ein **gesetzliches Pfandrecht** an **Sachen** und Forderungen **des Zeitcharterers** ein. Durch die ausdrückliche Regelung des Pfandrechtes im Gesetz ist einmal mehr klargestellt, dass Mietrechtsvorschriften, wie zB §§ 562 ff. BGB, auf Zeitchar-terverträge keine Anwendung finden. Ferner stellt das Gesetz klar, dass das Pfandrecht nur an solchen Sachen entstehen kann, die im **Eigentum des Zeitcharterers** stehen. Auch hierin zeigt sich ein Unterschied zum Mietrecht, da es nach § 562 BGB nur darauf ankommt, dass der Mieter die Sachen eingebracht hat.

**2**    Die Verwendung des Begriffes „Sachen" zeigt, dass der Gesetzgeber das Pfandrecht nicht nur auf die Güter erstrecken wollte, die Gegenstand des Zeitchartervertrages sind, sondern auch auf alle anderen Sachen, die auf Weisung des Zeitcharterers an Bord des Schiffes gebracht werden. Damit erstreckt sich das Pfandrecht insbesondere auf den vom Zeitcharterer gemäß § 564 Abs. 2 S. 2 georderten (und bezahlten) **Treibstoff,** aber auch zB auch auf besondere Lade- und Löschutensilien, die der Zeitcharterer in Erfüllung seiner Verpflichtungen aus § 563 Abs. 1 an Bord gebracht hat.

## II. Anwendungsbereich

**3**    Schon der Hinweis unter Rn. 1 macht deutlich, dass § 566 **nur** auf **Zeitcharterver-träge, nicht** dagegen auf **Schiffsmietverträge** gemäß §§ 553 ff. anwendbar ist. Bevor die Schiffsmiete in den §§ 553–556 erstmals geregelt wurde war die Rechtslage auch nach der Entscheidung des BGH in Sachen MS „Roelof"[1] strittig. Die Entstehung eines Pfandrechtes an Sachen des Schiffsmieters richtete sich nach den Gegebenheiten des Ein-zelfalles und jeder Schiffsmietvertrag musste daraufhin genau geprüft werden, ob die frachtvertraglichen, oder die mietvertraglichen Elemente überwogen (Vor § 553 Rn. 4). Da sich das gesetzliche **Pfandrecht** nach **neuem Recht ausschließlich** in den Regelun-gen zur **Zeitcharter** findet, ist davon auszugehen, dass der Gesetzgeber die Rechtslage in einem Schiffsmietvertrag nicht ändern wollte. Dem Schiffsvermieter steht folglich kein Pfandrecht an den im Eigentum des Schiffsmieters stehenden Sachen zu, da der BGH in der o. g. Entscheidung die Anwendung der BGB-Pfandrechtsvorschriften für Schiffe abgelehnt hat.

**4**    Ob der Zeitchartervertrag mit der Absicht abgeschlossen wurde, Güter oder Personen mit dem gecharterten Schiff zu befördern, ist unerheblich. „Sachen" im Sinne des § 566 sind grds. auch die Gepäckstücke der Reisenden, wenn der Zeitchartervertrag eine Perso-nenbeförderung zum Gegenstand hat. Allerdings dürften diese regelmäßig nicht im Eigen-

---

[1] BGH 16.9.1985, TranspR 1986, 29, 30.

tum des Zeitcharterers stehen, so dass normalerweise kein Pfandrecht des Zeitcharterers am Gepäck der Reisenden entstehen wird.[2]

### III. Einzelerläuterungen

**1. Forderungen aus dem Zeitchartervertrag.** Abs. 1 Satz 1 beschränkt die das **5** Pfandrecht begründenden Forderungen nicht auf Zeitfrachtforderungen des Zeitvercharterers. Vielmehr sichert das **Pfandrecht alle Forderungen** des Zeitvercharterers aus dem Zeitchartervertrag gegen den Zeitcharterer. Dazu gehören also zB auch Forderungen aus § 564 Abs. 2. Die wichtigste dieser weiteren Forderungen ist in der Praxis die **Freihaltung** von **Forderungen** eines **Lieferanten** von Schiffsstreibstoff **(Bunker),** den der Zeitcharterer gemäß § 564 Abs. 2 Satz 2 in handelsüblicher Qualität zu beschaffen, also auch zu bezahlen hat. Aber auch andere Lieferantenforderungen Hafengebühren, Lotsen- und Schlepperkosten sowie Versicherungsprämien für besondere Versicherungen, um nur einige zu nennen, können im Falle ihrer fehlenden Begleichung durch den Zeitcharterer, **Freihalteforderungen** des **Zeitvercharterers** begründen. Dies liegt darin begründet, dass derartige Gebühren nach den Gesetzen vieler Länder Schiffsgläubigerrechte[3] begründen, für die das Schiff, und damit der Zeitvercharterer (entweder als Eigentümer oder seinerseits als Charterer auf Grund eines Vertrages) haftet. Der Zeitvercharterer muss allerdings nicht erst darauf warten, bis er selbst in Anspruch genommen wird, um diese Forderungen dann im Wege des Regresses gegen seinen Zeitcharterer geltend zu machen. Aus § 564 Abs. 2 iVm. § 241 BGB steht dem Zeitvercharterer vielmehr schon vorher ein fälliger Freihalteanspruch gegen den Zeitcharterer zu, zu dessen Sicherheit das Gesetz dem Zeitvercharterer ein Pfandrecht an den an Bord befindlichen Sachen des Zeitcharterers zubilligt.

**2. Abgrenzung zu gesetzlichen Pfandrechten anderer Transportbeteiligter.** **6** Durch die im Gesetz erfolgte Klarstellung, dass das **Pfandrecht** des Zeitvercharterers **nur an** solchen **Sachen** entstehen kann, die **im Eigentum des Zeitcharterers** stehen, ist das gesetzliche Pfandrecht des Zeitvercharterers klar von den Pfandrechten des Frachtführers (§ 440 Abs. 1 S. 1), des Spediteurs (§ 464), des Lagerhalters (§ 475b Abs. 1 S. 1) sowie des Verfrachters (§ 495 Abs. 1 S. 1) abzugrenzen. Für alle Vorgenannten lässt das Gesetz ein Pfandrecht schon dann entstehen, wenn sie mit Zustimmung des Eigentümers an Bord gelangt sind. Allein für die Entstehung eines Pfandrechtes zugunsten des Zeitvercharterers verlangt das Gesetz, dass die mit dem Pfandrecht belasteten Sachen im Eigentum des Zeitcharterers stehen müssen.

Diese „**Benachteiligung**" des Zeitvercharterers begründet der Gesetzgeber damit, **7** dass der Zeitvercharterer, anders als die anderen o. g. Personen, Anspruch auf Vorauszahlung der vereinbarten Zeitfracht habe und daher weniger schutzwürdig sei.[4] Richtig daran ist, dass die meisten Zeitchartervertragsformulare eine 15-tägig im Voraus zu erfüllende Zahlungspflicht des Zeitcharterers vorsehen. Dieser üblichen Regelung hat sich auch das Gesetz angeschlossen und für den Fall, dass die Parteien die Zahlungsintervalle nicht selbst geregelt haben, in § 565 Abs. 1 die halbmonatlich im Voraus zu erfüllende Pflicht zur Zahlung der Zeitfracht postuliert. Die Begründung des Gesetzgebers, den Zeitvercharterer gegenüber den andern o. g. Personen zu benachteiligen, übersieht allerdings, dass gerade in Zeitcharterverträgen der Beginn einer Reise nur äußerst selten mit den maßgeblichen Zahlungsterminen zusammenfällt. Häufig hat die Reise schon begonnen, bevor der Zeitvercharterer feststellt, dass der Zeitcharterer die fällige Zeitfrachtrate nicht zahlt, oder mit anderen Leistungen (zB Bezahlung der Treibstoffkosten, § 564 Abs. 2 S. 2) säumig bleibt. In diesen Fällen kann der Zeitvercharterer seiner Forde-

---

[2] Anders als § 552, der ein Pfandrecht des Beförderers an Gepäckstücken der Reisenden für dessen Anspruch auf Beförderungsentgelt vorsieht.
[3] Vgl. für das deutsche Recht §§ 596 ff., siehe auch Art. 45 Abs. 2 EGBGB.
[4] RegBegr-SRG zu § 566 S. 120.

rung durch die Ausübung eines Pfandrechtes an der Ladung oder am Treibstoff nur noch dann Nachdruck verleihen, wenn er beweisen kann, dass die Ladung oder der Treibstoff im Eigentum des Zeitcharterers steht. Gelingt ihm das nicht, hat er **praktisch kein Sicherungsmittel.**

8       **3. Kein Pfandrecht als ausführender Verfrachter.** Auch als **ausführender Verfrachter** bzw. **ausführender Beförderer** kann sich der Zeitvercharterer nicht darauf berufen, dass die Güter mit Zustimmung des Eigentümers an Bord gelangt und ein Pfandrecht zu seinen Gunsten entstanden ist. Das Pfandrecht des Verfrachters nach § 495 bzw. das des Beförderers nach § 552 entsteht jeweils nur zur Sicherheit für Forderungen aus dem Frachtvertrag bzw. aus dem Beförderungsvertrag. An diesen Verträgen ist der Zeitvercharterer aber regelmäßig nicht beteiligt und kann sich in Ermangelung eines vertraglichen Anspruches nicht auf die Entstehung eines gesetzlichen Pfandrechts zur Besicherung desselben berufen. Er unterhält nur Vertragsbeziehungen zum Zeitcharterer und die Zeitcharter ist gerade kein Fracht- oder Beförderungsvertrag (vgl. § 557 Rn. 9).

9       Abgesehen von der vorstehenden Kritik an der Entscheidung des Gesetzgebers ist zu begrüßen, dass die erstmalige Regelung der Zeitcharter Rechtssicherheit darüber geschaffen hat, ob dem Zeitvercharterer ein Pfandrecht an der Ladung zusteht oder nicht. Im Sinne strenger Konnexität[5] hat sich der Gesetzgeber dafür entschieden, ein Pfandrecht nur dann entstehen zu lassen, wenn die Forderung einem Vertrag mit dem Eigentümer des Sicherungsgutes entspringt.[6]

10      **4. Kein gutgläubiger Erwerb des Pfandrechtes.** Abs. 1 Satz 2 stellt klar, dass ein **gutgläubiger Erwerb** eines gesetzlichen Pfandrechtes nach den für den gutgläubigen Erwerb des Eigentums geltenden Vorschriften der §§ 932, 934 und 935 BGB **nicht möglich** ist.[7]

11      **5. Reichweite des Pfandrechtes.** Das Pfandrecht des Zeitvercharterers für seine Forderungen aus dem Zeitchartervertrag erstreckt sich nach Abs. 2 Satz 1 auch auf **Forderungen des Zeitcharterers.** Von den Sonderregelungen in Abs. 3 abgesehen, ist das Pfandrecht des Zeitvercharterers an Forderungen des Zeitcharterers gegen dessen Vertragspartner nicht davon abhängig, dass diese Forderungen auch fällig sind. Allerdings beschränkt das Gesetz das Pfandrecht auf solche Forderungen des Zeitcharterers, die aus von diesem abgeschlossenen Fracht- und Unterzeitcharterverträgen, **die mit dem Schiff erfüllt werden,** resultieren. Der Zeitchartervertrag und die vom Zeitcharterer abgeschlossenen Fracht- und Unterzeitcharterverträge müssen also durch das Schiff miteinander verbunden sein, um das Pfandrecht des Zeitvercharterers an den Forderungen des Zeitcharterers zur Entstehung gelangen zu lassen.

12      **6. Kenntnis des Schuldners der verpfändeten Forderung.** Die **Wirksamkeit des Pfandrechtes** ist, entgegen der gesetzlichen Regelung in § 1280 BGB, **nicht davon abhängig,** dass der Zeitvercharterer (oder jemand anderes) dem Schuldner der Forderung die Verpfändung derselben **anzeigt.** Allerdings kann der Schuldner – trotz Wirksamkeit der Verpfändung – solange mit schuldbefreiender Wirkung an den Zeitcharterer leisten, bis er von dem Pfandrecht Kenntnis erlangt (§§ 1280, 1281, 1275, 407 BGB). Sobald er diese Kenntnis erlangt hat, kann der Schuldner gemäß Abs. 2 Satz 2 (mit schulbefreiender Wirkung) nur noch an den Zeitvercharterer leisten.

13      **Formell** bedeutet das passivisch formulierte Tatbestandsmerkmal **„Kenntnis erlangt",** dass es nicht darauf ankommt, wie oder durch wen der Schuldner der verpfändeten Forderung Kenntnis von der Verpfändung erlangt. **Inhaltlich** bedeutet **„Kenntnis erlangt",** dass der Schuldner der Forderung **Zweierlei** erfahren muss. Zum einen, dass der Zeitchartervertrag zwischen seinem Gläubiger (Zeitcharterer) und dessen Vertragspartner (Zeitver-

---

[5] Vgl. hierzu *Koller* § 440 Rn. 4 ff. und 14.
[6] Im Ergebnis zustimmend *Rabe* TranspR 2010, 1, 6, ohne sich allerdings der Kritik zu verschließen (S. 5).
[7] RegBegr-SRG § 556 S. 120.

charterer des Schiffes, mit dem die Güter des Schuldners transportiert werden) **deutschem Recht** unterliegt.[8] Zum anderen muss der Schuldner Kenntnis darüber erlangen, dass sein Gläubiger mit einer oder mehreren von diesem geschuldeten Leistungen[9] aus dem Zeitchartervertrag gegenüber dem Zeitvercharterer **säumig** ist.

**7. Gefahr der doppelten Inanspruchnahme.** Zur **Sicherung des Schuldners** der **14** verpfändeten Forderung vor der Gefahr der **doppelten Inanspruchnahme** wegen irrtümlich geleisteter Zahlung an die falsche Partei, hat das Gesetz ihm in Abs. 2 Satz 3 ausdrücklich eine **Hinterlegungsbefugnis** eingeräumt, solange nicht sein Vertragspartner, der Zeitcharterer, ihm das Pfandrecht anzeigt. Die Anzeige des Zeitvercharterers alleine lässt die Hinterlegungsbefugnis des Schuldners nicht entfallen. Damit ist auch klar gestellt, dass eine Leistung an den Zeitvercharterer, ohne Zustimmung des Zeitcharterers, den Schuldner nicht von dem **Risiko** befreit, möglicherweise erneut vom Zeitcharterer in Anspruch genommen zu werden.

**8. Kein Pfandrecht für künftige Entschädigungs- bzw. nicht fällige Zeitfracht-** **15** **forderungen.** Nach der Gesetzesbegründung ist Abs. 3 dem in § 562 BGB geregelten Vermieterpfandrecht nachgebildet.[10] Anders als in § 562 BGB, bei dem ein Pfandrecht an künftigen Entschädigungsforderungen zwar besteht, aber nicht geltend gemacht werden kann,[11] besteht nach Abs. 3 schon kein Pfandrecht für **künftige Entschädigungsforderungen** sowie für **nicht fällige Ansprüche** auf Zeitfracht.

**9. Schiffsgläubigerpfandrechte.** Aus Sicht des Zeitvercharterers ist die fehlende Erstre- **16** ckung des Pfandrechtes auf **künftige Entschädigungsforderungen** problematisch. Nach § 564 Abs. 2 hat der Zeitcharterer für die variablen Kosten des Schiffsbetriebes aufzukommen. Der Zeitcharterer begründet regelmäßig selbst mit Treibstofflieferanten, Hafenbehörden oder Lotsenbrüderschaften eigene Vertragsbeziehungen, verhandelt Preise und Zahlungsziele und begleicht die offenen Rechnungen (im Idealfall) ohne dass der Zeitvercharterer davon etwas mitbekommt. Wie oben (Rn. 5) erläutert, lassen viele dieser vom Zeitcharterer begründeten Forderungen Schiffsgläubigerrechte an dem Schiff entstehen, ohne dass deren Entstehung auf missbräuchlichem Verhalten des Zeitcharterers beruhen muss, zB wenn er sich für die Treibstofflieferung ein Zahlungsziel von 30 Tagen hat gewähren lassen. Das am Schiff begründete Schiffsgläubigerrecht alleine führt aber noch nicht zu einer fälligen Entschädigungsforderung des Zeitvercharterers, für die er ggf. ein Pfandrecht an den Sachen des Zeitcharterers geltend machen könnte.

Ein gesetzlicher Anspruch des Zeitvercharterers gegen den Zeitcharterer, die Entste- **17** hung von Schiffsgläubigerrechten an dem Schiff zu verhindern oder die durch seine Verwendung eventuell gesetzlich entstandenen Schiffsgläubigerrechte abzulösen, ist nicht vorgesehen. In einem solchen Fall hilft dem Zeitvercharterer nur ein aus § 564 Abs. 2 iVm. § 241 BGB abzuleitender **Freihalteanspruch,** für den er ein Pfandrecht geltend machen kann. Dagegen ist er hinsichtlich künftiger Schäden, die er in Verbindung mit einem Schiffsgläubigerrecht erleiden kann, ungesichert. Da dieser Freihalteanspruch aber nicht explizit im Gesetz genannt ist, wird schon jetzt in den meisten Zeitcharterverträgen individualvertraglich vereinbart, dass dem Zeitcharterer die Begründung von Schiffsgläubigerrechten an dem Schiff untersagt ist, bzw. er diese nach ihrer Entstehung unverzüglich zu beseitigen hat. Gestützt auf diese vertraglich vereinbarte Forderung kann der Zeitvercharterer dann unproblematisch sein gesetzliches Pfandrecht nach § 566 geltend machen, ohne auf den abgeleiteten Freihalteanspruch angewiesen zu sein.

Die in Abs. 3 ferner genannte Einschränkung, dem Zeitvercharterer auf noch nicht fällige **18** Zeitfrachtforderungen ebenfalls kein Pfandrecht einzuräumen, ist dagegen ohne weiteres

---

[8] Nur dann gilt § 566 und entsteht ein Pfandrecht an der Forderung gegen den Dritten.
[9] S. Rn. 5, nicht nur Zeitfrachtforderungen, sondern auch andere Leistungspflichten lassen ein Pfandrecht entstehen.
[10] RegBegr-SRG § 566, S. 121.
[11] Vgl. Palandt/*Weidenkaff* BGB § 562 Rn. 12 f.

einleuchtend. Ein Zeitchartervertrag wird üblicherweise für einen längeren Zeitraum abge-schlossen. Beträgt dieser Zeitraum zB drei Jahre, ist nicht zu begründen, weshalb der Zeit-vercharterer bereits an den anlässlich der ersten Reise an Bord gebrachten Sachen des Zeitcharterers ein Pfandrecht für Zeitfrachtforderungen erwerben soll, die erst in drei Jahren fällig werden.

## § 567 Pflichtverletzung

**Verletzt eine Partei des Zeitchartervertrags eine Pflicht aus diesem Vertrag, so bestimmen sich die Rechtsfolgen nach den allgemeinen für Schuldverhältnisse geltenden Vorschriften des Bürgerlichen Gesetzbuchs, soweit nicht in diesem Unterabschnitt etwas anderes bestimmt ist.**

### Übersicht

| | Rn. | | Rn. |
|---|---|---|---|
| I. Normzweck und Entstehungsge-schichte | 1, 2 | 3. Haftung des Zeitverchärterers für außer-vertragliche Ansprüche und Ansprüche Dritter | 6 |
| II. Anwendungsbereich | 3 | 4. Haftung als ausführender Verfrachter | 7, 8 |
| III. Einzelerläuterungen | 4–12 | 5. Haftung als ausführender Beförderer | 9, 10 |
| 1. Wechselseitige Sorgfaltspflichten | 4 | 6. Besondere Bestimmungen im zweiten Unterabschnitt | 11 |
| 2. Haftung des Zeitverchärterers; Haftungs-erleichterungen | 5 | 7. Haftung des Zeitcharterers | 12 |

## I. Normzweck und Entstehungsgeschichte

1     Mit § 567 stellt das Gesetz klar, dass sich die **Rechtsfolgen für Pflichtverletzungen** aus Zeitcharterverträgen, soweit nicht im zweiten Unterabschnitt (§§ 557–569) etwas anderes geregelt ist, nach den **allgemeinen Vorschriften** der §§ 280 ff. BGB bestimmen. Vorder-gründig erscheint eine ausdrückliche Verweisung angesichts von Art. 2 EGHGB, wonach in Ermangelung besonderer Vorschriften im HGB ohnehin BGB zur Anwendung kommt, entbehrlich. Ohne eine solche Verweisung bestünde aber die Gefahr, dass nicht das allge-meine Schadensersatzrecht, sondern dasjenige besonderer Schuldverhältnisse, etwa die des Mietrechts, angewendet werden würden.[1] Zweck des § 567 ist folglich der Ausschluss der Anwendung der Vorschriften des besonderen Schuldrechts des BGB über einzelne Schuld-verhältnisse auf Zeitcharterverträge.[2]

2     Mit dieser Regelung ist ebenfalls festgelegt, dass die in den §§ 498 ff. geregelten **Haf-tungserleichterungs- und -begrenzungsvorschriften** für Pflichtverletzungen bei der Ausführung der Beförderung **nicht gelten**, da sie sich nicht im zweiten Unterabschnitt finden.[3] Allerdings sind die Vorschriften über die Schiffsüberlassungsverträge als dispositives Recht ausgestaltet, so dass die Parteien eines Zeitchartervertrages selbstverständlich eine **Haftungsbegrenzung, auch durch AGB,** vereinbaren können. Eine solche Regelung unterliegt der Kontrolle durch die Gerichte, die insbesondere einer Haftungsbegrenzung durch AGB enge Grenzen gesetzt hat.[4]

## II. Anwendungsbereich

3     Gerade weil diese Vorschrift einen Unterschied zwischen der Zeitcharter und einem Schiffsmietvertrag verdeutlicht (Vor. § 553 Rn. 8), ist klar, dass sie **ausschließlich** auf **Zeitcharterverträge** Anwendung findet und **nicht** auf **Schiffsmietverträge** übertragen

---

[1] RegBegr-SRG S. 121 zu § 567.
[2] *Rabe* TranspR 2010, 1, 3; aA *Ramming* RdTW 2013, 333, 341, 342.
[3] *Trappe* TranspR 2011, 332, 333.
[4] Vgl. OLG Hamburg 13.1.2011, TranspR 2012, 382 ff. (betr. Verspätungsschäden).

werden kann. Allerdings sind die Folgen von Pflichtverletzungen in Schiffsmietverträgen ebenfalls nach den §§ 280 ff. BGB zu beurteilen, obwohl eine Regelung wie die in § 567 bei den Vorschriften über die Schiffsmiete nicht vorhanden ist (§ 553 Rn. 11).

### III. Einzelerläuterungen

**1. Wechselseitige Sorgfaltspflichten.** Durch die generelle Verweisung auf die allgemeinen, für Schuldverhältnisse geltenden Regeln des BGB, sind die Parteien eines Zeitchartervertrages nach § 241 Abs. 2 BGB verpflichtet, **Rücksicht** auf die Rechte, Rechtsgüter und Interessen des anderen Teils zu nehmen. In Ermangelung besonderer Vereinbarungen hat der Zeitvercharterer also dafür zu sorgen, dass die ihm vom Zeitcharterer anvertrauten Güter oder Personen auf die gewünschte Art und Weise unversehrt befördert bzw. andere geforderte Dienstleistungen sorgfältig erbracht werden. Der Zeitcharterer hat seinerseits dafür zu sorgen, dass das von ihm eingecharterte Schiff durch die von ihm bestimmte Verwendung nicht beschädigt wird. Eine wechselseitige **Haftung setzt** nach § 280 Abs. 1 S. 2 BGB in jedem Fall ein **Verschulden voraus.**

**2. Haftung des Zeitvercharterers; Haftungserleichterungen.** Kommt es zu Schäden an dem Beförderungsgut oder tritt gar ein Verlust desselben ein, stellt § 567 klar, dass der Zeitvercharterer für Verlust oder Beschädigung des von ihm beförderten (vgl. § 557 Abs. 1) Gutes nicht nach Maßgabe der §§ 498 ff., sondern ausschließlich nach § 567 iVm. §§ 280 ff. BGB haftet. Damit ist eindeutig geregelt, dass der Zeitvercharterer insbesondere weder in den Genuss der für den Verfrachter geltenden **Haftungsbefreiungen** in § 499 kommt, noch gilt zB die in § 500 geregelte verschuldensunabhängige Haftung **für unerlaubte Decksverladung.** Auch die in § 504 geregelten **Haftungsbeschränkungen** gelten für ihn nicht. Andererseits trifft den Zeitvercharterer, anders als den Verfrachter eines Frachtvertrages (vgl. § 498 Rn. 8), aber auch keine **Obhutshaftung** mit Verschuldensvermutung. Es gelten vielmehr die allgemeinen Verschuldensregeln des BGB.

**3. Haftung des Zeitvercharterers für außervertragliche Ansprüche und Ansprüche Dritter.** Ausdrücklich bestimmt § 567, dass sich die Rechtsfolgen für Pflichtverletzungen aus einem Zeitchartervertrag nach den allg. Vorschriften für Pflichtverletzungen im BGB richten. Damit bleibt die Frage offen, nach welchen Vorschriften sich die **Rechtsfolgen für außervertragliche Pflichtverletzungen** richten. In diesem Fall käme eine Anwendung der Haftungserleichterungen der §§ 498 ff. über die Verweisung in § 506 in Betracht. Allerdings hat der Gesetzgeber den Zeitchartervertrag ausdrücklich und bewusst nicht als besondere Form eines Frachtvertrages im zweiten Abschnitt des HGB unter dem Titel Beförderungsverträge geregelt, sondern einen separaten dritten Abschnitt unter der Überschrift Schiffsüberlassungsverträge geschaffen und in der Gesetzesbegründung ausdrücklich darauf hingewiesen, dass die Schiffsmiete und die Zeitcharter nicht als Seefrachtverträge einzuordnen sind, sondern als eigenständige Vertragstypen.[5] Daher macht auch die Tatsache, dass eine der wesentlichen vertraglichen Leistungspflichten des Zeitvercharterers die weisungsgemäße Beförderung von Gütern oder Personen ist, und damit die Verfrachterfunktion des Zeitvercharterers hervorhebt, den Zeitchartervertrag nicht zu einem Frachtvertrag mit der Folge der Anwendung frachtvertraglicher Vorschriften. § 506 ist damit auf Zeitcharterverträge ebenfalls nicht anwendbar, so dass der Zeitvercharterer auch für außervertragliche Ansprüche des Zeitcharterers nicht in den Genuss der Haftungserleichterungen der §§ 498 ff. kommt.[6]

**4. Haftung als ausführender Verfrachter.** Problematisch ist die Frage der Anwendbarkeit des § 509 auf den Zeitchartervertrag. § 509 steht im zweiten Abschnitt bei den Beförderungsverträgen und regelt die Haftungsfragen, wenn ein Dritter, der nicht Verfrachter ist (ausführender Verfrachter), bei der Beförderung Schäden verursacht. Eine mögliche

---

[5] RegBegr-SRG S. 41.
[6] So auch *Trappe* TranspR 2011, 332, 333.

Haftung als ausführender Verfrachter kommt demnach nur im Verhältnis zu Dritten in Betracht. Im Verhältnis zwischen Zeitvercharterer und Zeitcharterer gilt der Zeitchartervertrag (siehe auch § 557 Rn. 8) mithin sind die Regelungen des dritten Abschnitts, die §§ 557–569 abschließend.

8     Im Verhältnis zu Dritten ist der **Zeitvercharterer** jedoch derjenige, der die Beförderung durchführt und damit **ausführender Verfrachter.**[7] Dies ergibt sich bereits aus § 557, wonach die **Güterbeförderung** eine der Hauptleistungspflichten des Zeitvercharterers ist. Folglich können Dritte den Zeitvercharterer als ausführenden Verfrachter für Verlust oder Beschädigung des Gutes in Anspruch nehmen. Allerdings unterliegt seine Haftung in diesem Fall den gleichen **Beschränkungen,** auf die sich auch der Verfrachter in einem Stückgutfrachtvertrag berufen kann.

9     **5. Haftung als ausführender Beförderer.** Gleiches gilt für einen Zeitchartervertrag, bei dem sich der Zeitcharterer das Schiff zum Zwecke der **Personenbeförderung** einchartert und der Zeitvercharterer weisungsgemäß Personen statt Güter befördert. Die dem § 509 für die Güterbeförderung entsprechende Regelung findet sich für die Personenbeförderung in § 546 und definiert den **ausführenden Beförderer.** Auch hier gelten für den Zeitvercharterer als ausführenden Beförderer sämtliche **Haftungsbeschränkungen** und **-erleichterungen,** auf die das Gesetz in den §§ 538 ff hinweist und auf die sich auch der Zeitcharterer als vertraglicher Beförderer berufen kann.[8]

10    Der **Zeitcharterer** hingegen **ist weder ausführender Verfrachter, noch ausführender Beförderer.** Im Verhältnis zu seinen Vertragspartnern ist er zwar der Verfrachter bzw. Beförderer, steht mit diesen aber in einem direkten Vertragsverhältnis, kann also nicht Dritter im Sinne der §§ 509 bzw. 546 sein. Dritten gegenüber führt er keine Transport- bzw. Beförderungsleistungen aus, denn diese Funktion übt gemäß § 557 der Zeitvercharterer aus.

11    **6. Besondere Bestimmungen im zweiten Unterabschnitt.** Wegen der Verweisung in § 567 letzter Halbsatz sind einige Besonderheiten zu beachten. Haben der Verlust oder die Beschädigung ihre Ursache in **mangelnder See- oder Ladungstüchtigkeit** des Schiffes, ergibt sich die Haftung des Zeitvercharterers gemäß § 567 iVm. § 280 Abs. 1 BGB aus einer Verletzung der den Zeitvercharterer nach § 560 treffenden Pflicht zur Erhaltung des Schiffes in eben diesem Zustand. Gleiches gilt, wenn der Schaden infolge fehlerhafter Führung oder sonstiger Bedienung des Schiffes entsteht, wofür der Zeitvercharterer nach § 561 Abs. 2 die Verantwortung trägt. Eines Rückgriffes auf eine Verletzung der allgemeinen Sorgfaltspflicht gemäß § 241 Abs. 2 BGB bedarf es in diesen Fällen daher nicht.

12    **7. Haftung des Zeitcharterers.** Ist der Schaden dagegen während der Be- oder Entladung des Schiffes entstanden, trifft den Zeitvercharterer keine Haftung, da diese Handlungen nach § 563 Abs. 1 in den Verantwortungsbereich des Zeitcharterers fallen. Erleidet das Schiff bei einer solchen Operation einen Schaden, hat der Zeitcharterer den Schaden gemäß § 567 und § 563 Abs. 1 iVm. § 280 BGB zu ersetzen, es sei denn, er kann nachweisen, dass ihn kein **Verschulden** trifft. Gleiches gilt für die sorgfaltswidrige Auswahl eines unsicheren Hafens oder Liegeplatzes für das Schiff, vgl. § 561 Abs. 1 und für sonstige Schadensursachen, die in den Verantwortungsbereich des Zeitcharterers fallen, zB aus einer Weiterverchatterung gemäß § 561 Abs. 3.

### § 568 Zurückbehaltungsrecht

**Der Zeitvercharterer kann die von ihm geschuldeten Leistungen, einschließlich der Einnahme von Gut und der Ausstellung von Konnossementen, verweigern, solange der Zeitcharterer einen fälligen Anspruch auf Zeitfracht nicht erfüllt.**

---

[7] So auch *Rabe* TranspR 2013, 278, 281.
[8] Vgl. im Einzelnen die Kommentierung zu §§ 538 ff.

## I. Normzweck und Entstehungsgeschichte

§ 568 räumt dem Zeitvercharterer für den Fall, dass der Zeitcharterer seiner Hauptleis- **1** tungspflicht, der Zahlung der vereinbarten und fälligen Zeitfracht nicht nachkommt, ein ausdrückliches **Zurückbehaltungsrecht** an dem vom ihm geschuldeten Leistungen ein.

Zweck dieser Vorschrift, die nach dem Vorbild von Art. 391 Abs. 2 des norwegischen **2** Seehandelsrechtes formuliert wurde, ist es, dem Zeitvercharterer eine flexible Reaktionsmöglichkeit unterhalb der Schwelle einer Kündigung bereit zu stellen.[1]

## II. Anwendungsbereich

Aufgrund der ergänzenden Anwendbarkeit der Vorschriften des BGB gemäß Art. 2 **3** Abs. 1 EGHGB, hätte es der ausdrücklichen Erwähnung des Zurückbehaltungsrechtes eigentlich nicht bedurft, denn die §§ 278 und 320 BGB gewähren dem Zeitvercharterer dieses Recht ohnehin.[2] Daraus ergibt sich gleichermaßen, dass das in § 568 geregelte Zurückbehaltungsrecht keine abschließende Regelung zugunsten des Zeitvercharterers darstellt, sondern beiden Vertragsparteien wechselseitige Zurückbehaltungsrechte nach den allg. Vorschriften des BGB zustehen, sofern die Voraussetzungen dafür vorliegen.[3]

## III. Einzelerläuterungen

Mit § 568 stellt das Gesetz klar, dass unter die vom Zeitvercharterer geschuldeten Leistun- **4** gen auch die **Einnahme von Ladung** und die **Ausstellung von Konnossementen** fallen (§ 557 Rn. 8). Eine abschließende Aufzählung derjenigen Leistungspflichten des Zeitvercharterers, deren Erfüllung er zurückhalten kann, ist damit nicht gemeint.[4]

Einen Verzug des Zeitcharterers setzt das Gesetz nicht voraus. Aufgrund der in § 565 **5** geregelten Vorauszahlungspflicht des Zeitcharterers, tritt die Fälligkeit des Anspruches auf Zahlung der Zeitfracht nach dem Gesetz bereits einen halben Monat vor der frühesten Leistungspflicht des Zeitvercharterers ein.

## § 569 Rückgabe des Schiffes

**(1) Nach Beendigung des Vertragsverhältnisses hat der Zeitcharterer das Schiff am vereinbarten Ort zurückzugeben.**

**(2) [1]Wird das Vertragsverhältnis durch eine außerordentliche Kündigung beendet, so hat der Zeitcharterer abweichend von Absatz 1 das Schiff dort zurückzugeben, wo es sich in dem Zeitpunkt befindet, in dem die Kündigung wirksam wird. [2]Die Partei, die den Grund für die außerordentliche Kündigung zu vertreten hat, hat jedoch der anderen Partei den durch die vorzeitige Beendigung des Vertragsverhältnisses entstandenen Schaden zu ersetzen.**

## I. Normzweck und Entstehungsgeschichte

§ 569 regelt die Pflicht des Zeitcharterers zur **Rückgabe des Schiffes**. Der Begriff **1** „Rückgabe" ist dabei nicht im Wortsinne, sondern lediglich als Pendant zu dem in § 559 verwendeten Begriff der „Bereitstellung" zu verstehen.[1] Dies ist nur konsequent, da eine Übergabe bei einer Zeitcharter mangels Besitzübergangs zu keinem Zeitpunkt stattfindet. Abs. 2 regelt den Sonderfall, dass der Vertrag durch eine außerordentliche Kündigung beendet wird.

---

[1] RegBegr-SRG S. 121.
[2] So auch *Ramming* RdTW 2013, 333, 334.
[3] *Ramming* RdTW 2013, 333, 334.
[4] Vgl. *Rabe* TranspR 2010, 1, 8.
[1] RegBegr-SRG § 569 S. 121.

## II. Anwendungsbereich – Rückgabe als Vertragspflicht

2    § 569 Abs. 1 erweckt nach seinem Wortlaut den Eindruck, als handele es sich bei der Rückgabeverpflichtung um eine **nachvertragliche Pflicht** des Zeitcharterers, da er das Schiff erst „nach Beendigung des Vertragsverhältnisses" zurückgeben muss. Bei der Schiffsmiete hat derselbe Wortlaut in § 554 Abs. 2 durchaus seine Bedeutung, da der Schiffsmieter neben der bloßen Rückgabe des Schiffes auch die Herstellung des vertragsgemäßen Zustandes bei Rückgabe schuldet (vgl. § 554 Rn. 14). Bei der Zeitcharter trifft den Zeitcharterer keine solche Verpflichtung, weshalb es sich bei der Formulierung „nach Beendigung des Vertragsverhältnisses" lediglich um eine sprachliche Ungenauigkeit handelt. Die Rückgabe des Schiffes hat nicht irgendwann nach Beendigung des Vertragsverhältnisses zu erfolgen, sie ist vielmehr die **letzte Vertragshandlung** des Zeitcharterers **anlässlich der Beendigung des Zeitchartervertrages**.

3    § 569 Abs. 2 regelt die Rückgabepflicht im Falle einer außerordentlichen Kündigung. Da § 569, Abs. 2 ausdrücklich von außerordentlicher Kündigung spricht, ist der Fall des Rücktritts vom Vertrag durch den Zeitcharterer wegen nicht ordnungsgemäßer Bereitstellung des Schiffes nach § 559, Abs. 2 von dieser Vorschrift nicht erfasst.[2]

## III. Einzelerläuterungen

4    **1. Vertraglich vereinbarter Rückgabeort.** Im Gegensatz zum Schiffsmietvertrag (§ 554 Abs. 2) geht § 569 Abs. 1 davon aus, dass die Parteien eines Zeitchartervertrages den **Ort der Rückgabe vertraglich vereinbart** haben. Fehlt eine solche Vereinbarung im Zeitchartervertrag, sind die Parteien durch Abs. 1 gehalten, einen Rückgabeort nachträglich zu vereinbaren. Ein einseitiges Bestimmungsrecht des Rückgabeortes, welches sich für den Bareboat Charterer im Falle einer fehlenden Vereinbarung der Parteien aus § 554 Abs. 2 ergibt (vgl. § 554 Rn. 15), steht dem Zeitcharterer nicht zu.

5    **2. Außerordentliche Kündigung.** Abs. 2 erwähnt zunächst eine Selbstverständlichkeit, nämlich dass auch ein Zeitchartervertrag außerordentlich gekündigt werden kann. Einen ausdrücklichen außerordentlichen Kündigungsgrund hat das Gesetz in den Regelungen über die Zeitcharter (§§ 557–569) nicht vorgesehen. Über die Verweisung in § 567 auf die allgemeinen für Schuldverhältnisse geltenden Vorschriften des BGB, ist **§ 314 BGB** die **Hauptnorm** für eine **außerordentliche Kündigung** eines Zeitchartervertrages, der nach seiner Definition in § 557 ein **Dauerschuldverhältnis** ist.[3] Nach § 314 BGB kann ein Dauerschuldverhältnis von jedem Vertragsteil dann aus wichtigem Grund ohne Einhaltung einer Kündigungsfrist gekündigt werden, wenn dem kündigenden Teil unter Berücksichtigung aller Umstände des Einzelfalles und unter Abwägung der beiderseitigen Interessen die Fortsetzung des Vertragsverhältnisses bis zur vereinbarten Beendigung oder bis zum Ablauf einer Kündigungsfrist nicht zugemutet werden kann.

6    **3. Rückgabeort bei einer außerordentlichen Kündigung.** Liegt ein solcher Fall vor, bestimmt Abs. 2 Satz 1 dass der Rückgabeort im Falle einer außerordentlichen Kündigung derjenige **Ort** ist, an dem sich das Schiff **zum Zeitpunkt** der Wirksamkeit der **außerordentlichen Kündigung** befindet. Diese Regelung gilt unabhängig davon, wer den Grund für die außerordentliche Kündigung zu vertreten hat.[4] In einem solchen Fall erschien es dem Gesetzgeber daher auch nicht sachgerecht, den Zeitcharterer zu verpflichten, das Schiff am vertraglich vereinbarten Ort zurückgeben, vielmehr werden die mit dem Rückgabeort im Falle einer außerordentlichen Kündigung entstehenden Kostenfragen in Abs. 2 Satz 2 darüber geregelt, welche Partei die Verantwortung für die außerordentliche Kündigung trägt.

---

[2] Zu den Rechtsfolgen des Rücktritts siehe § 559 Rn. 8 f.
[3] Zum Begriff des Dauerschuldverhältnisses vgl. Palandt/*Grüneberg* BGB § 314 Rn. 4 ff.
[4] RegBegr- SRG S. 121.

**4. Schadensersatzpflicht.** Da die außerordentliche Kündigung eine erhebliche Pflicht- **7** verletzung einer der Vertragsparteien voraussetzt, richten sich die **Rechtsfolgen** aufgrund der Verweisung in § 567 grds. nach den **allgemeinen Vorschriften des BGB.** Für den Fall, dass der Zeitcharterer die außerordentliche Kündigung zu vertreten hat, regelt Abs. 2 Satz 2 ausdrücklich eine **umfassende Schadensersatzpflicht** des Zeitcharterers gegenüber dem Zeitvercharterer. Diese Regelung war erforderlich um klarzustellen, dass der vertraglich vereinbarte Rückgabeort im Falle einer außerordentlichen Kündigung zwar wegfällt, der Zeitcharterer dem Zeitvercharterer in diesem Falle aber trotzdem verpflichtet ist, dem Zeitvercharterer auch die Kosten zu ersetzen, die diesem durch die **Verbringung des Schiffes an den ursprünglich vereinbarten Rückgabeort** entstehen.[5] Hierunter ist auch jeder andere Ort zu fassen, den der Zeitvercharterer unter Beachtung seiner Schadenminderungspflicht (s. Rn. 9) erwählt, soweit die Kosten für die Verbringung des Schiffes zu diesem alternativen Ort denjenigen für die Verbringung zum ursprünglich vereinbarten Ort entsprechen.[6]

Zu den vom Zeitcharterer im Falle einer berechtigen außerordentlichen Kündigung **8** durch den Zeitvercharterer diesem zu ersetzenden Schäden gehört auch eine mögliche **Differenz der Zeitfracht** in der Zeit bis zum regulären Ende der ursprünglich vereinbarten Zeitcharterperiode. Die konkrete Berechnung des Schadensersatzanspruches in Verbindung mit einer Kündigung des Vertrages führt bei langfristigen Zeitchartervertägen regelmäßig zu Berechnungsschwierigkeiten, da der Schaden des Zeitvercharterers u. a. in der Differenz zwischen der ursprünglich vereinbarten Zeitfracht und der **in der Restlaufzeit** des Zeitchartervertrages tatsächlich erzielten[7] Zeitfracht liegt.

**5. Beweislast.** Die aus § 254 BGB[8] abgeleitete **Schadenminderungspflicht**[9] des **9** Geschädigten führt in diesen Fällen regelmäßig dazu, dass der Zeitvercharterer bei der Berechnung seines Schadens darlegen und beweisen muss, dass die mit seinem Schiff in der restlichen Vertragslaufzeit tatsächlich erzielte Zeitfracht marktüblich war. Behauptet der Zeitcharterer, der Zeitvercharterer hätte eine höhere Zeitfracht erzielen können, wodurch die von ihm als Schadensersatz zu begleichende Differenz geringer ausgefallen wäre, trifft ihn dafür die Beweislast.

---

[5] RegBegr-SRG S. 121.
[6] Sog. „equidistant position".
[7] Aus § 254 BGB leitet sich die Pflicht zur Neuvermietung ab, um den Schaden zu mindern, siehe Rn. 6.
[8] Zu Einzelheiten, siehe Palandt/*Grüneberg* BGB § 254 Rn. 36 ff.
[9] Im englischen Recht als „obligation to mitigate damages" bekannt.

# Vierter Abschnitt. Schiffsnotlagen

## Erster Unterabschnitt. Schiffszusammenstoß

**Schrifttum:** *Adelmann*, Schmerzensgeld wegen des Miterlebens der schweren Körperverletzung oder Tötung eines anderen im Straßenverkehr, VersR 2009, 449; *Beitzke*, Deliktsort und anwendbares Recht beim Schiffszusammenstoß, NJW 1961, 1993; *Budde/Koch*, Die Seestraßenordnung, Hamburg 1973; *Celik*, Die Schadenstragung der Reeder beim Zusammenstoß von Schiffen durch gemeinsames Verschulden der Besatzungen im deutschen und türkischen Recht historisch entwickelt; Diss. Hamburg 1960; *Diederichsen*, Ansprüche naher Angehöriger von Unfallopfern NJW 2013, 671; *Ehlers*, Transportversicherung – Güterversicherung – Versicherung politischer Gefahren, TranspR 2006, 7; *von Gerlach*, Die Seesicherheitsuntersuchung, Diss. Hamburg 2005; *Graf/Steinicke*, Seeschiffahrtsstraßenordnung – kommentierte Textausgabe, mit den Internationalen Kollisionsverhütungsregeln und sonstigen Verkehrsvorschriften, Herford 2001; *Healy/Sweeney*, The Law of Marine Collision, Centreville, Maryland, 1998; *Heinrich/Steinicke*, Seelotswesen, Hamburg 2011; *Herber*, Gefährdungshaftung in der Schiffahrt? VersR 1982, 405; *ders.*, „Vorschläge der Sachverständigengruppe zur Reform des Seehandelsrechts, TranspR 2009, 445; *Jasper*, Die Fernschädigung in der Rechtsprechung des Hanseatischen Oberlandesgerichts, MDR 1984, 898; *John*, Seesicherheitsuntersuchungsgesetz, Hamburg 2012; *Klein, Joachim*, Haftungsrechtliche Aspekte bei Sportbootunfällen, VersR 1978,197; *Lampe/Marienfeld*, Seeschiffahrtsstraßenordnung – Handkommentar, Köln 1962; *Marsden* (Hrsg. Gault, Simon), Marsden on Collisions at Sea, London 2013; *Menzel*, Die Immunität der Staatsschiffe, in DVIS, Heft A7, 1961; *Paschke/Ramming*, Reform des deutschen Seehandelsrechts, RdTW 2013, 1; *Prien*, Der Zusammenstoß von Schiffen – aus den Gesichtspunkten der Schiffsbewegung, des Straßenrechts und der Haftpflicht aus Schiffskollisionen nach den Gesetzgebungen des Erdballs, Berlin 1896; *Ramming*, Hamburger Handbuch zum Binnenschiffahrtsfrachtrecht, München 2009; *Roth/Plett*, Schiffszusammenstöße im deutschen internationalen Privatrecht – Bestandsaufnahme und Reformüberlegungen in RabelsZ 1978, 662; *Ullmann*, Eike, Gefährdungshaftung in der Schiffahrt?, VersR 1982, 1020; *von Unruh*, Seeunfalluntersuchung heute – erfüllt das neue Verfahren den Gesetzeszweck?, in HANSA 2005, S. 16; *Vortisch/Bemm*, Binnenschiffahrtsrecht – Kommentar, Berlin, New-York 1991; *Warot*, A Comment on The Lisbon Rules on Compensation for Damages in Collision Cases, Journal of Maritime Law and Commerce (JMLC) 1987, 583; *Wassermeyer*, Der Kollisionsprozeß in der Binnenschiffahrt, Köln 1971; *Weber*, Neuerungen im Seeverkehrsrecht in Hansa 1990, 259; *Zschoche*, Das Haftungsprivileg des § 21 Abs. 3 SeeLG und die Bedienung von Manöverelementen durch den Lotsen, in VersR 2012, 1088; *ders.*, Das Bedienen von Manöverelementen durch den Lotsen, HANSA 2009, 83; *ders.*, Zur Verwertbarkeit AIS-gestützter Geschwindigkeitsinformationen in Bußgeldverfahren, HANSA 2010, 78.

## Vorbemerkung zu §§ 570–573

### Übersicht

|  | Rn. |  | Rn. |
|---|---|---|---|
| I. Seerechtsreformgesetz | 1–5 | b) Kollision von Schiffen aus Vertrags-<br>staaten des IÜZ | 18, 19 |
| II. Historische Grundlagen | 6, 7 | c) Kollision von Schiffen verschiedener<br>Flagge | 20–28 |
| III. Veränderte nautisch-technische<br>Grundlagen | 8–10 | V. Gerichtszuständigkeit | 29–34 |
| IV. Anwendungsbereich | 11–28 | 1. Zivilgerichtsbarkeit | 29–33 |
| 1. Kollisionen in deutschen Hoheitsgewäs-<br>sern | 11–13 | 2. Strafgerichtsbarkeit | 34 |
| 2. Kollisionen auf der Hohen See | 14–28 | VI. Seeunfalluntersuchung | 35–41 |
| a) Kollision von Schiffen gleicher<br>Flagge | 15–17 | VII. Seeamtsverfahren | 42–44 |

## I. Seerechtsreformgesetz

Die Vorschriften zum „Schiffszusammenstoß" in den §§ 570–573 HGB bilden den ersten **1** Unterabschnitt des Abschnittes „Schiffsnotlagen". Die Sachverständigengruppe zur Reform des Seehandelsrechts hatte den Bereich der Regelungen der sogenannten Schiffsnotlagen als einen der wenigen Teilbereiche des Seerechts identifiziert, in dem „wirkliche internationale Standards bestehen" und deshalb von einer grundsätzlichen Änderung des bisherigen Rechts abgeraten.[1] In der RegBegr-SRG[2] hat die Bundesregierung dementsprechend klargestellt,

---

[1] *Herber* TranspR 2009, 445, 448.
[2] RegBegr-SRG S. 121.

dass die im SRG enthaltenen Regelungen zu Schiffszusammenstößen weiterhin mit denen des Internationalen Übereinkommens zur einheitlichen Feststellung von Regeln über den Zusammenstoß von Schiffen vom 23.9.1910 (IÜZ)[3] übereinstimmen sollen. Das Ziel „Übereinstimmung" soll aber weiterhin nicht durch eine wörtliche Übernahme des Textes des IÜZ, sondern dadurch erreicht werden, dass die Regelungen in die Systematik des HGB „eingepasst" werden.

2 Obgleich von 9 auf 4 Vorschriften reduziert, hat das SRG in diesem Abschnitt mehr den Charakter einer Flurbereinigung als einer Reform. Die Bundesregierung sah ihre Aufgabe in diesem Bereich des HGB darin, die bisherigen Regelungen zu Schiffszusammenstößen redaktionell zu überarbeiten und der Systematik des geltenden Rechts weiter anzupassen.[4]

3 Verzichtet wurde beispielsweise auf die Regelung zu Zusammenstößen durch Zufall, höhere Gewalt oder ungewisse Ursachen im bisherigen § 734 aF, der zwar dem IÜZ entstammte, jedoch im deutschen Recht seit jeher funktionslos war, da es dem allgemeinen deliktischen Haftungsgrundsatz entspricht, nicht ohne weiteres eine Haftung für das Betriebsrisiko zu begründen.[5]

4 Dieser Überarbeitung zum Opfer gefallen ist auch die Regelung des § 737 aF, dessen Klarstellung hinsichtlich der Fortgeltung der Vorschriften zur Haftungsbeschränkung des Reeders, seiner Haftung aus Verträgen sowie zur Haftung der zur Schiffsbesatzung gehörenden Personen, überflüssig war.[6]

5 Verzichtet wurde auch auf die Regelung des Gerichtsstandes im § 738 aF. Die internationale Gerichtszuständigkeit ergebe sich bei Beklagten mit einem Wohnsitz in einem Mitgliedstaat aus der EuGVVO, weshalb sich eine gesonderte Regelung im HGB verbiete. Darüber hinaus gälten die allgemeinen Vorschriften der ZPO und außerhalb des Anwendungsbereiches des HGB gelangte das Internationale Übereinkommen über die zivilrechtliche Zuständigkeit bei Schiffszusammenstößen (IÜZZ) zur Geltung.[7]

## II. Historische Grundlagen[8]

6 Beurteilte das Römische Recht die Haftung aus Schiffszusammenstößen schon nach dem Verschuldensprinzip, wurde in späteren Rechten abweichend beispielsweise der entstandene Schaden auf die beteiligten Schiffe nach gleichen Teilen aufgeteilt.[9] Das Preußische Allgemeine Landrecht sah wieder eine Verteilung der Haftung entsprechend dem Grad des Verschuldens der beteiligten Schiffe vor.[10]

7 Eine tatsächliche internationale Vereinheitlichung der Haftung für Schiffszusammenstöße wurde vom CMI in den Jahren 1905 bis 1910 auf verschiedenen internationalen Konferenzen vorangetrieben, deren Bemühungen im IÜZ mündeten.[11] Das IÜZ wurde 1913 in das deutsche Recht eingearbeitet[12] und ist weiterhin Grundlage der Regelungen des HGB zu Schiffszusammenstößen.[13] Die Regelungen des IÜZ gelangen damit im Regelungsbereich des deutschen Rechts nicht unmittelbar, sondern in ihrer im HGB erfolgten Umsetzung zur Anwendung.

---

[3] RGBl. 1913, 49 sowie abgedruckt im Anh. A IV (S. 1230).
[4] RegBegr-SRG S. 122.
[5] Vergl. MüKoBGB/*Wagner* Vor § 823 Rn. 16 ff. mwN, sowie Abschlussbericht der Sachverständigengruppe zur Reform des Seehandelsrechts in *Czerwenka* S. 443.
[6] Vgl. *Rabe* § 737 Rn. 1.
[7] Vgl. RegBegr-SRG S. 122.
[8] Zur weltweiten historischen Entwicklung der Schifffahrtsregeln und der Haftung aus Schiffszusammenstoß eingehend: *Prien* S. 133 ff., 946 ff.; sowie *Healy/Sweeney* S. 3 ff.
[9] Vgl. *Prien* S. 1015 ff.; *Celik* S. 18 mwN; sowie zu den Rechtsquellen *Prien* S. 946 ff.
[10] Vgl. *Celik* S. 23; sowie Preußisches ALR I. Teil VI. Titel § 22: „*Haben zwey oder mehrere einander wechselseitig beschädigt, so haftet jeder dem Andern für den verursachten Schaden nach Maßgabe der ihm zur Last fallenden Verschuldung.*"
[11] Das IÜZ ist am 1. März 1913 in Kraft getreten.
[12] Durch das Gesetz über den Zusammenstoß von Schiffen sowie die Bergung und Hilfeleistung in Seenot vom 7. Januar 1913.
[13] Zum Transformationsprozess ausführlich: *Rabe*, FS Herber, S. 215, 227 ff.

### III. Veränderte nautisch-technische Grundlagen

Die Grundlagen der auch im neuen Seehandelsrecht fortbestehenden Regelungen des **8** IÜZ 1910 liegen in der Segelschiffzeit. Die Risiken des Schiffsverkehrs haben sich seitdem im gleichen Maße verändert wie seine technischen Möglichkeiten. Zählte einst noch die Windstille zu den „Gefahren der See", verlor mit der Verbreitung der Dampfschifffahrt beispielsweise der für Segelschiffe „von Kollisionsgefahren freie Raum" luvseitig der Am-Wind-Linie seine Bedeutung.[14]

Haben zwar Radar, landseitige Verkehrsüberwachung und -lenkung, satellitengestützte **9** Navigation und Wetterberatung die Verkehrssicherheit erheblich erhöht, stellen die rasant gewachsenen Schiffsdimensionen und gestiegenen Reisegeschwindigkeiten die Schiffsführungen zunehmend vor große Herausforderungen. Insbesondere in engen Wasserstraßen, die mit der schiffstechnischen Entwicklung kaum Schritt halten können, führen die Verkehrsdichte und die Dimensionen der Schiffe zum Beispiel aufgrund hydrodynamischer Interaktion zwischen Schiffen sowie zwischen Schiffen und den Ufern zu Kollisionsrisiken. So geht aus der Statistik der Bundesstelle für Seeunfalluntersuchung hervor, dass von den ihr im Jahre 2011 gemeldeten Seeunfällen 36 auf Schiffszusammenstöße zurückzuführen waren.[15]

Dennoch stellen die vereinheitlichten Regelungen zu Schiffszusammenstößen auch in der **10** jetzigen Form ihrer deutschen Anwendung eine sachgerechte Lösung dar, da für die Bewertung des Verschuldens die Vorschriften der Kollisionsverhütungsregeln (vgl. § 570 Rn. 23 ff.) und der Seeschifffahrtsstraßenordnung (vgl. § 570 Rn. 27 ff.) maßgeblich sind, die den durch technische Entwicklungen veränderten Risiken weitestgehend Rechnung tragen.

### IV. Anwendungsbereich

**1. Kollisionen in deutschen Hoheitsgewässern.** Die §§ 570 ff. sind deliktische **11** Anspruchsnormen, so dass deren Anwendbarkeit gem. Art. 40 EGBGB[16] im Rahmen dessen Anwendbarkeit für Altfälle vor Inkrafttreten, bzw. außerhalb des Anwendungsbereichs der Rom II-VO[17] und Art. 4 Rom-II VO zunächst dem Grundsatz lex loci delicti folgt.[18] Damit ist bei Schiffszusammenstößen in den Hoheitsgewässern eines Staates dessen Recht anwendbar.[19]

Nach Art. 12 IÜZ findet jedoch das Abkommen auf alle Beteiligten einer Kollision **12** direkt Anwendung, wenn sämtliche Schiffe den Vertragsstaaten des IÜZ angehören,[20] oder soweit das IÜZ aufgrund nationaler Vorschriften zur Geltung gelangt.

Stoßen jedoch Schiffe desselben Flaggenstaates oder „Heimatrechtes" in fremden **13** Hoheitsgewässern zusammen, gilt für die Abwicklung der Ansprüche der Schiffe untereinander deren Heimatrecht, da zu diesem eine nähere Beziehung besteht als zum Recht des Küstenstaates. Diese Abweichung vom Grundsatz lex loci delicti scheint vor dem Gedanken des Art. 40 Abs. 2 EGBGB gerechtfertigt und ist praxisgerecht. Selbstverständlich bleibt es ungeachtet des auf die Abwicklung der Ersatzansprüche anzuwendenden Rechts bei der Geltung der Verkehrsvorschriften des Küstenstaates, in dessen Gewässern sich die Kollision ereignet hat.

**2. Kollisionen auf der Hohen See.** Bei Kollisionen auf der Hohen See, also außerhalb **14** territorialer Hoheitsrechte, hilft der Grundsatz lex loci delicti nicht weiter.

---

[14] Vgl. *Prien* S. 483 f., dessen statistische Auswertung der „Seeunfälle durch Kollisionen" [S. 534] ausdrücklich um kritische Distanz *„zur geschwätzigen Fama von der Wasserkante"* bemüht ist.
[15] Vgl. BSU-Jahresbericht 2011 vom 2. Mai 2012 S. 23.
[16] Mit der Einschränkung durch Art. 40 Abs. 2 EGBGB „Recht des gewöhnlichen Aufenthalts".
[17] Am 11. Januar 2009.
[18] Vgl. *Herber* S. 409; *Roth/Plett* RabelsZ 1978, 662, 670.
[19] Vgl. mit umfangreichen Nachweisen Staudinger/*v. Hoffmann* Art. 40 EGBGB Rn. 221; zur Entwicklung der Rechtsprechung in diesem Bereich: *Beitzke* NJW 1961, 1993 ff.
[20] Vgl. *Roth/Platt* RabelsZ 1978, 662, 666.

**15**    **a) Kollision von Schiffen gleicher Flagge.** Wenn alle beteiligten Schiffe die gleiche Flagge führen, drängt sich die Anknüpfung an das Flaggenrecht auf.[21]

**16**    Da die Wahl der Flagge heute weniger den tatsächlichen nationalen Bezug des Schiffes als vielmehr dessen steuerlich und sozialversicherungsrechtlich optimierten Betrieb widerspiegelt, ist fraglich, ob die Flagge überhaupt noch taugliches Anknüpfungskriterium ist. *Rabe*[22] möchte das Kriterium der Flagge durch den gewöhnlichen Aufenthaltsort des Reeders ersetzen. Auch *von Hoffmann* glaubt, die Anknüpfung an das Flaggenrecht sei *„ihrer Legitimation weitgehend beraubt"*[23] und möchte daher an den Heimathafen der Schiffe – in der Regel den Hafen, in dem sich die gewerbliche Niederlassung des Reeders befindet –, hilfsweise an den Ort der Schiffsregistereintragung anknüpfen.

**17**    Diese Abweichung vom Prinzip der Anwendung des Flaggenrechts ist nachvollziehbar, um zur Anwendung eines Rechts zu gelangen, dass dem Rechtskreis, aus dem der Einsatz des Schiffes wirtschaftlich gesteuert wird, nahe kommt. Andererseits verwässert dieses Bemühen angesichts der heute mitunter weit diversifizierten Gestaltung des Schiffsbetriebes und des Bedeutungsverlusts der klassischen Figur des Reeders zugunsten der Aufspaltung seiner Funktionen auf verschiedene Beteiligte (Eigentümer, Schiffsmanager, Befrachter, (technischer) Bereederer etc.) die zuvor eindeutige und unkomplizierte Ermittlung des anzuwendenden Rechts über die Flagge. Auch die gegenüber der Anknüpfung an die Flagge geäußerten Bedenken, durch Ausflaggen von Schiffen in Staaten mir geringeren Sicherheitsstandards würden „Haftungsoasen" entstehen, können angesichts der tatsächlichen Entwicklung der sogenannten „Billigflaggen" in der Praxis nicht bestätigt werden. Die Flaggenstaatsverwaltungen der betroffenen Staaten setzen in der Regel die internationalen Sicherheitsstandards um, da mit dem Ausflaggen in der Regel nicht Einsparungen an der Schiffssicherheit, sondern vielmehr unkomplizierte Verwaltungsverfahren und steuerliche und sozialversicherungsrechtliche Vorteile gesucht werden.

**18**    **b) Kollision von Schiffen aus Vertragsstaaten des IÜZ.** Gehören alle beteiligten Schiffe Vertragsstaaten des Abkommens an, finden die Vorschriften des IÜZ Anwendung.[24]

**19**    Auch in den Fällen, in denen die Reedereien der beteiligten Schiffe ihren Sitz im selben Land haben und deshalb gem. Art. 40 Abs. 2 EGBGB und Art. 4 Abs. 2 Rom II-VO das Recht dieses Staates anzuwenden ist, bleibt die Lage unproblematisch.

**20**    **c) Kollision von Schiffen verschiedener Flagge.** Sind indes Schiffe unterschiedlicher Flaggen oder Heimatrechte an der Kollision beteiligt, deren Flaggenstaaten nicht sämtlich Vertragsstaaten des IÜZ sind, und deren Reeder in verschiedenen Ländern sitzen, sind verschiedene Anknüpfungsgesichtspunkte denkbar, weil das deutsche IPR keine allgemeine Regelung zu Kollisionen außerhalb der Hoheitsgewässer getroffen hat.[25]

**21**    Auf der Hand liegen hier die lex fori, die Anwendung des Rechts der Flagge bzw. des Heimatrechtes des „schuldigen"[26] Schiffes oder des Rechts des „unschuldigen", des beschädigten[27] Schiffes[28] oder des für den Kläger günstigeren Rechts.[29]

**22**    Für die Anwendung des Flaggenrechts oder Heimatrechtes des Schiffes, das die Kollision verschuldet hat, spricht zunächst, dass der Schädiger sich hinsichtlich der Risiken seines

---

[21] So auch MüKoBGB/*Junker* Art. 4 Rom II-VO Rn. 141.

[22] *Rabe* Vor § 734 Rn. 35 f.

[23] Staudinger/*v. Hoffmann* Art. 40 EGBGB Rn. 226.

[24] Nicht aber, wenn sie demselben Flaggenstaat angehören. Daher bedarf es in solchen Fällen nur hinsichtlich solcher Probleme, die im IÜZ nicht geregelt sind, der Klärung der im Weiteren beschriebenen Anknüpfung.

[25] Was *Rabe* Vor § 734 Rn. 31 als „Kapitulation des Gesetzgebers vor einer Fallkonstellation" ansieht, „die gerade mit Rücksicht auf den Streitstand zu dieser Frage der gesetzlichen Regelung harrte".

[26] RG 6.7.1910, RGZ 74, 46.

[27] So beispielsweise MüKoBGB/*Junker* Art. 40 EGBGB Rn. 43.

[28] Einen Überblick über die Entwicklung der Diskussion in Deutschland gewähren *Roth/Plett* RabelsZ 1978, 662, 672 f.

[29] Vgl. OLG Hamburg 14.11.1974, VersR 1975,761.

Verhaltens an ihm bekannten Grundsätzen orientieren kann und er sich nicht mehr oder weniger zufällig einer fremden Haftungsordnung gegenübersieht.

Da aber die Anknüpfungsmethoden „schuldiges" und „unschuldiges" Schiff entweder **23** den Schädiger oder den Geschädigten benachteiligen können, sind vermittelnde Ansätze entwickelt worden. So soll nach einer Auffassung zwar das Recht des Schädigers für die Entschädigung maßgeblich sein, jedoch sollen diese Ansprüche in der Höhe durch das Flaggenrecht/Heimatrecht des geschädigten Schiffes begrenzt werden.[30] Auch eine Bestimmung des anzuwendenden Rechts nach dem Kriterium der Meistbegünstigung des Schädigers oder des Geschädigten ist denkbar.[31]

*Rabe* wendet – soweit allein die Schiffsführung eines der beteiligten Schiffe ein Verschul- **24** den trifft – das Recht des Sitzes der Reederei des „schuldigen" Schiffes an, erlaubt aber dem Geschädigten, das für dessen Schiff maßgebliche Recht anzuwenden. Sind beide Schiffe „schuldig" solle jeder hinsichtlich seines Schadens das für ihn günstigere Recht wählen.[32]

Den vorgenannten am Recht der Flagge, oder des Reedereisitzes orientierten Methoden **25** ist gemein, dass sie hinsichtlich der Praktikabilität an Grenzen stoßen, wenn mehrere Schiffe an einer Kollision beteiligt sind, oder Verschuldensbeiträge auf Seiten aller Beteiligten vorliegen.

Die Anwendung der lex fori dagegen bietet eine eindeutige und simple Zuordnung und **26** vermeidet, dass sich Gerichte mit der Anwendung und Bewertung fremden Rechts befassen müssen. Andererseits wird durch Anwendung dieses Grundsatzes ein erheblicher Anreiz für den Wettlauf der Beteiligten um das jeweils günstigste Recht gefördert, was die praktischen Vorteile aufwiegt.

Den sinnvollen Mittelweg zwischen Praktikabilität, Vorhersehbarkeit und Schutz der **27** betroffenen Interessen bietet die Anknüpfung an das jeweilige Flaggenrecht der beteiligten Schiffe hinsichtlich ihres eigenen Verschuldens, da die lex fori aus rechtspolitischer Sicht schwer vertretbar ist, und es die Beurteilung der Folgen des eigenen Verhaltens und die Abwicklung einer Kollision über Gebühr erschweren würde, wenn man dem jeweils Geschädigten ein Wahlrecht hinsichtlich der Anwendung des eigenen oder des fremden Rechts einräumen würde.

Angesichts der vorstehend beschriebenen Schwierigkeiten bei der Ermittlung des **28** anwendbaren Rechts empfiehlt es sich, Rechts-[33] und/oder Gerichtsstandsvereinbarungen zu schließen, um Rechtssicherheit für die Abwicklung der aus einer Kollision entstehenden Ansprüche zu gewährleisten. Die Möglichkeit bietet sich in der Praxis regelmäßig, wenn die Parteien über den Austausch von Sicherheiten verhandeln, um die Arrestgefahr von ihren Schiffen abzuwenden.

### V. Gerichtszuständigkeit

**1. Zivilgerichtsbarkeit.** Eine internationale Verständigung hinsichtlich der für **29** Rechtsstreitigkeiten aus Schiffskollisionen zuständigen Gerichte hat es in Form des Internationalen Übereinkommens über die zivilrechtliche Zuständigkeit bei Schiffszusammenstößen vom 10.5.1952 (IÜZZ)[34] gegeben. Daher sind hinsichtlich des Gerichtsstandes die Regeln des IÜZZ anzuwenden, soweit die an einer Kollision beteiligten Schiffe Vertragsstaaten des Abkommens angehören.[35] Der Text dieses Übereinkommens ist im Anhang abgedruckt.

---

[30] Vgl. *Lorenz*, FS Duden, S. 229, 267 f.
[31] Vgl. RabelsZ 1978, 662, 687 mwN.
[32] *Rabe* Vor § 734 Rn. 36; vgl. auch Staudinger/*v. Hoffmann* Art. 40 EGBGB Rn. 225: „*Die beiden Zwecke des Deliktsrechts – Verhaltenssteuerung und Rechtsgüterschutz"* erforderten sowohl der Berücksichtigung der Rechtsordnung des schuldigen, wie der des unschuldigen Schiffes.
[33] ZB auf Basis des Art. 14 Rom II-VO oder des Art. 42 EGBGB.
[34] BGBl. 1972 II S. 663, sowie abgedruckt in DVIS B, Heft 2, 1956, dort auch zu den Hintergründen ab S. 15, Anh. A V S. 1233.
[35] Einen entsprechenden Vorbehalt zugunsten solcher Übereinkommen formuliert Art. 71 EuGVVO, der auch das IÜZZ umfasst, vgl. Stein/Jonas/*Oberhammer* Art. 71 EuGVVO Rn. 3.

30   Die Grundsätze des IÜZZ sind in die §§ 738–738c aF eingearbeitet worden. Sämtliche dieser Vorschriften haben die jüngste Reform des Seehandelsrechts nicht überstanden.[36] Die Vorschriften seien verzichtbar, soweit das Übereinkommen unmittelbar zur Anwendung gelangte. Außerhalb des Bereichs der unmittelbaren Anwendung des IÜZ verböte sich eine gesonderte Regelung im HGB im Hinblick auf die Bestimmungen der EuGVVO.

31   Im Bereich der Geltung der EuGVVO ist für Schiffszusammenstöße deren Art. 5 Abs. 3 maßgeblich und damit das Gericht des Ortes zuständig, *„an dem das schädigende Ereignis eingetreten ist oder einzutreten droht".*

32   Auch soweit das IÜZZ Regelungen für die örtliche Zuständigkeiten enthalte, sei eine gesonderte Regelung für Streitsachen, die nicht in den Anwendungsbereich des Übereinkommens fielen, entbehrlich. Hier sollten die allgemeinen Vorschriften der ZPO zur Anwendung gelangen.[37] § 32 ZPO weist im Deliktsrecht dem Gericht die Zuständigkeit zu, in dessen Bezirk die Handlung begangen worden ist, wobei der Kläger allerdings nach § 35 ZPO die Wahl hat, den Schädiger alternativ an dessen allgemeinem Gerichtsstand zu verklagen. Die auf den Schadens- bzw. Deliktsort bezogenen Gerichtsstände der EuGVVO und der ZPO helfen weiter, solange die Handlung bzw. der Schaden in Hoheitsgewässern erfolgt/eingetreten ist. Andernfalls ist auf den allgemeinen Gerichtsstand des Reeders abzustellen.

33   Eine Möglichkeit für die Beteiligten, sich den Vorteil eines ihnen günstigen Gerichtsstandes zu verschaffen, besteht weiterhin darin, in der erstrebten Rechtsordnung einen Arrest gegen das gegnerische Schiff zu erwirken.[38] Empfehlenswert ist in der Regel der Abschluss einer Gerichtsstandsvereinbarung in dem oben unter Rn. 28 beschriebenen Rahmen.

34   **2. Strafgerichtsbarkeit.** Im Gefolge des IÜZZ wurde ebenfalls im Jahr 1952 das Übereinkommen über die strafgerichtliche Zuständigkeit bei Schiffszusammenstößen[39] verabschiedet, das zwar 1972 von der Bundesrepublik Deutschland ratifiziert, nicht aber in deutsches Recht übernommen worden ist.[40] Das StGB begrenzt den Anwendungsbereich des deutschen Strafrechts für auf Schiffen begangene Handlungen auf solche, die auf Schiffen begangen werden, die berechtigt sind, die Bundesflagge zu führen (§ 4 StGB). Dabei spielt weder eine Rolle, an welchem Ort sich das Schiff zur Tatzeit befindet, noch welche Staatsangehörigkeit die Täter hat.[41]

## VI. Seeunfalluntersuchung

35   Eine wichtige Rolle auch bei der rechtlichen Aufarbeitung von Schiffszusammenstößen spielen die Untersuchungen durch die Bundesstelle für Seeunfalluntersuchung in Hamburg (BSU). Obgleich die von der BSU veröffentlichten Untersuchungsberichte gemäß Seesicherheitsuntersuchungsgesetz (SUG) der Erhöhung der Sicherheit im Seeverkehr und ausdrücklich nicht der *„Feststellung von Verschulden, Haftung oder Ansprüchen"* dienen (vgl. § 9 Abs. 2 Nr. 3 SUG), stellen die veröffentlichten Untersuchungsergebnisse eine wichtige Informationsquelle auch bei der zivilrechtlichen Abwicklung von Schiffszusammenstößen dar.

36   Die öffentliche Verpflichtung zur objektiven und unparteiischen Untersuchung von Seeunfällen wurde in Deutschland bereits durch das Seeunfalluntersuchungsgesetz von 1878 (RGBl. 1877, 549) festgelegt.[42] Im Rahmen der internationalen Rechtsvereinheitlichung wurde die Seeunfalluntersuchung, die zuvor von den Seeämtern durchgeführt wurde, die auch über einen möglichen Patententzug gegenüber den Beteiligten eines Seeunfalls zu entscheiden hatten, im Jahr 2002 der neu geschaffenen BSU (die als Bundesoberbehörde

---

[36] Hierzu auch *Paschke/Ramming* RdTW 2013, 1, 3.
[37] Vgl. RegBegr-SRG S. 122.
[38] Vgl. *Herber* S. 387.
[39] Abgedruckt in DVIS Heft B3 1956, dort zur Entstehungsgeschichte ab S. 13.
[40] *Herber* S. 387.
[41] Vgl. Leipziger Kommentar StGB/*Werle/Jeßberger* § 4 Rn. 1.
[42] Zur historischen Entwicklung der Seeunfalluntersuchung ausführlich *von Gerlach* S. 13 ff.

im Geschäftsbereich des Bundesministeriums für Verkehr, Bau und Stadtentwicklung angesiedelt ist) überantwortet, damit die personenbezogenen von den sicherheitsbezogenen
Ermittlungen getrennt und das Untersuchungsverfahren an die Grundzüge der Flugunfall-
untersuchung angepasst.

Da durch die Richtlinie 2009/18/EG[43] erneut Anpassungen der deutschen Rechtslage   **37**
erforderlich waren, beruht die Seeunfalluntersuchung seit dem 1. Dezember 2011 auf dem,
durch das Gesetz zur Änderung des Seesicherheits-Untersuchungs-Gesetzes und zur Änderung sonstiger schifffahrtsrechtlicher Vorschriften vom 22. November 2011 (BGBl. 2001 I
S. 2279) geänderten, Seesicherheitsuntersuchungsgesetz.

Vom Seesicherheitsuntersuchungsgesetz mit weitreichenden Untersuchungsbefugnissen   **38**
ausgestattet (vgl. § 22 SUG), führt die BSU eine Sicherheitsuntersuchung durch, soweit ein
Seeunfall gem. § 1a Nr. 2 SUG als „sehr schwer" anzusehen ist[44] und dieser sich gem.
§ 11 Abs. 2 SUG unter Beteiligung eines Schiffes unter deutscher Flagge, in deutschen
Hoheitsgewässern oder der deutschen ausschließlichen Wirtschaftszone ereignet hat, oder
unabhängig vom Ort des Unfalls und von den Flaggen der Schiffe *„ein begründetes Interesse
der Bundesrepublik Deutschland gegeben ist"* (§ 11 Abs. 2 Nr. 3 SUG). Bei „schweren" und
„allen sonstigen Seeunfällen" wägt die BSU nach Schwere des Seeunfalls, Art des beteiligten
Schiffes und der Ladung, sowie möglicher Erkenntnisse zur Verhütung künftiger Seeunfälle
ab, ob eine Untersuchung erfolgt. Im Jahr 2011 sind der BSU 557 Unfälle gemeldet worden,
von denen 11 als sehr schwere, 24 als schwere und 95 als weniger schwere Seeunfälle
eingestuft worden sind.[45]

Am Ende der Sicherheitsuntersuchung soll die BSU in der Regel spätestens zwölf Monate   **39**
nach dem Seeunfall (§ 28 Abs. 1 SUG) einen Untersuchungsbericht zu dessen Hergang und
Ursachen und mögliche Sicherheitsempfehlungen veröffentlichen.

Da den Untersuchungsberichten der BSU mangels unmittelbar nach außen gerichteter   **40**
Rechtswirkung der Verwaltungsaktcharakter fehlt, und die Rechtsschutzmöglichkeiten der
durch die Berichte möglicherweise in ihren Rechten betroffenen Beteiligten daher begrenzt
sind,[46] ist die in § 27 Abs. 4 SUG einem kleinen Kreis von Beteiligten (zB dem Betreiber
des Schiffes, dem Schiffshersteller, dem Kapitän und den betroffenen Besatzungsmitgliedern)
gewährte Möglichkeit der Anhörung zum Berichtsentwurf vor Veröffentlichung sorgfältig
abzuwägen. Leider ist die hierfür zur Verfügung stehende Frist durch die am 1. Dezember
2011 in Kraft getretenen Änderungen auf 30 Tage nach der Versendung (!) des Berichtsent-
wurfes verkürzt worden, offenbar ohne dass dieser Schritt im Rahmen der vorzunehmenden
internationalen Vereinheitlichung notwendig gewesen wäre.[47]

Die BSU befindet sich bei ihren Untersuchungen ständig im Spannungsfeld zwischen   **41**
ihrem Auftrag, die Ursache für Seeunfälle aufzudecken und in ihrem Bericht zu benennen
und der Maßgabe, keine Feststellungen zum Verschulden zu treffen. Dieser „No-blame-
Ansatz", der eine vertrauensvolle Zusammenarbeit mit den Beteiligten an einem Seeunfall
gewährleisten soll und im übrigen Grundlage für die weitreichenden Untersuchungsbefug-
nisse ist, zieht notwendigerweise Probleme in der Praxis nach sich, da die Mehrzahl der
Seeunfälle auch heute noch auf menschliche Ursachen zurückzuführen ist. Augenfällig wird
dieser Konflikt insbesondere, wenn aufgrund der begrenzten Personalstärke der BSU, die
Hilfe von Beamten der Wasserschutzpolizei in Anspruch genommen wird, um so schnell
wie möglich an Bord der beteiligten Schiffe die Beweissicherung durchzuführen. Dieser
Konflikt spiegelt sich auch im SUG wider. Verpflichtet § 34 SUG die BSU einerseits,

---

[43] Des Europäischen Parlaments und des Rates vom 23. April 2009 zur Festlegung der Grundsätze für die
Untersuchung von Unfällen im Seeverkehr und zur Änderung der Richtlinie 1999/35/EG des Rates und
der Richtlinie 2002/59/des Europäischen Parlaments und des Rates.

[44] Bei einem Seeunfall eines Schiffes mit einer der folgenden Konsequenzen: Totalverlust des Schiffes,
Tod eines Menschen oder erheblicher Verschmutzung.

[45] BSU-Jahresbericht 2011 vom 2. Mai 2012, S. 10, 15, womit ein erfreulich niedriges Niveau erreicht
worden sei.

[46] Vgl. hierzu ausführlich *von Gerlach* S. 128 ff.

[47] Vgl. hierzu mwN *John*, Seesicherheitsuntersuchungsgesetz, S. 15 f.

personenbezogene Informationen, wie Zeugenaussagen, nur zu Zwecken der Sicherheitsuntersuchung freizugeben, öffnet § 35 SUG diese Schranke, wenn eine Übermittlung solcher Daten im öffentlichen Interesse (zB für die Durchführung eines Strafverfahrens) ist.

## VII. Seeamtsverfahren

**42**    Die personenbezogenen Aspekte von Schiffszusammenstößen werden seit der Trennung
von der sicherheitsbezogenen Untersuchung durch das Seesicherheits-Untersuchungsgesetz
im Jahr 2002 durch Untersuchungsausschüsse der Wasser- und Schifffahrtsverwaltung – die
sogenannten Seeämter – untersucht. Das Verfahren ist in den §§ 39 ff. des SUG geregelt.

**43**    Im Gegensatz zum Untersuchungsziel der BSU, einzelfallbezogen mögliche Risiken
beim Betrieb von Seeschiffen aufzudecken, ist es Aufgabe der Seeämter, die Sicherheit des
Seeverkehrs einzelfallbezogen dadurch zu erhöhen, dass Patente solcher Personen entzogen
oder beschränkt werden, deren mangelnde Eignung für ihre nautische Funktion am Ende
der Untersuchung festgestellt wird (vgl. §§ 41 und 50 SUG).

**44**    Die Voraussetzungen für die Einleitung eines seeamtlichen Untersuchungsverfahrens sind
in §§ 41 f. SUG beschrieben.[48] Da es sich bei dem Seeamtsverfahren um ein förmliches
Verwaltungsverfahren und bei seinen Entscheidungen – den Seeamtssprüchen – um Verwal-
tungsakte handelt, haben die Beteiligten, anders als im Untersuchungsverfahren der BSU,
die üblichen Verfahrensrechte des VwVfG. Gegen einen Seeamtsspruch kann daher auch
Widerspruch eingelegt werden (§ 52 SUG). Widerspruchsbehörde ist die Generaldirektion
Wasserstraßen und Schifffahrt – Außenstelle Nord.

## § 570 Schadensersatzpflicht

**¹Im Falle eines Zusammenstoßes von Seeschiffen haftet der Reeder des Schiffes,
das den Zusammenstoß verursacht hat, für den Schaden, der durch den Zusammenstoß an dem anderen Schiff und den an Bord der Schiffe befindlichen Personen und Sachen verursacht wurde. ²Die Ersatzpflicht tritt jedoch nur ein, wenn
den Reeder jenes Schiffes oder eine in § 480 genannte Person ein Verschulden
trifft.**

### Übersicht

| | Rn. | | Rn. |
|---|---|---|---|
| I. Normzweck | 1 | 1. Personenkreis | 42 |
| II. Zusammenstoß | 2–4 | 2. Verschulden des Lotsen „in Ausübung seiner Tätigkeit" | 43–47 |
| III. Seeschiffe | 5–10 | VI. Schadensbegriff | 48–70 |
| IV. Verschuldensgrundsatz | 11–41 | 1. Ersatzberechtigte | 52–54 |
| 1. Begriff der „Verursachung" | 11–21 | 2. Wertermittlung bei Verlust eines Schif- | |
| 2. Verhaltensmaßstab | 22–30 | fes | 55 |
| a) Kollisionsverhütungsregelungen | 22–26 | 3. Berechnung Nutzungsausfallschaden | 56–59 |
| b) Seeschifffahrtsstraßenordnung | 27–30 | 4. Ersatz für Schäden Dritter | 60, 61 |
| 3. Sonderproblem Schleppverband | 31–41 | 5. Vorteilsausgleichung | 62–64 |
| V. Verschulden des Reeders oder einer in § 480 HGB genannten Per- | | 6. Weitere Sachschäden | 65 |
| son | 42–47 | 7. Personenschäden | 66–70 |

## I. Normzweck

**1**    § 570 begründet in außervertraglichen Verhältnissen[1] eine Verschuldenshaftung des Reeders desjenigen Schiffes, das den Zusammenstoß verursacht hat. Er beruht auf Art. 3 IÜZ

---

[48] Zu Entwicklung und Ablauf des Untersuchungsverfahrens eingehend: *von Gerlach,* S. 149 ff.
[1] Also in der Regel nicht zwischen Reeder und eigener Ladung und Passagieren.

und entspricht im wesentlichen § 735 HGB aF. In seinem Anwendungsbereich ist § 570 lex specialis zu den §§ 823 ff. BGB. Wie § 480 S. 1 deutlich macht, steht dem Reeder auch nicht die Exculpationsmöglichkeit des § 831 BGB zur Verfügung (§ 480 Rn. 2).

## II. Zusammenstoß

Der Wortlaut der Vorschrift setzt einen physischen Kontakt der Schiffe voraus. Für **2** sogenannte Fernschädigungen ist in § 572 nach wie vor eine eigene Regelung getroffen worden. Ausreichend ist eine Berührung auch mit beweglichen Aufbauten, Bestandteilen und Zubehör des Schiffes, wie zum Beispiel dem Anker, Ladebäumen, Lotsenleitern etc.,[2] nicht aber mit Installationen an Land, wie zum Beispiel Anlegebrücken, Containerbrücken etc.

Den Eigenheiten des Seeverkehrs geschuldet, wird weiterhin ein gewisses Maß an leich- **3** teren Berührungen zwischen Schiffen entschädigungsfrei hinzunehmen sein. Es heißt basierend auf älterer Rechtsprechung noch bei Schaps/Abraham,[3] mit leichten Berührungen „(Anschlagen, Schrammen)" sei stets zu rechnen, weshalb die Schuldhaftigkeit zu verneinen sei. Schiffe seien vielmehr stark genug zu konstruieren, um solche Berührungen auszuhalten.[4] Mathematische Genauigkeit der Navigation könne nicht verlangt werden.[5] Jedoch wird der dahinter stehende Gedanke, dass auch bei Beachtung der erforderlichen Sorgfalt solche Berührungen kaum vermieden werden können, angesichts der heutigen navigatorischen Standards vom Bugstrahlruder zum „Dynamic Positioning" und darüber hinausgehender Techniken wie der um 360 Grad schwenkbaren Propellergondeln (POD–Antriebe) wohl von Fall zu Fall einzuschränken sein.

§ 570 ist nicht anwendbar, wenn Schiffe desselben Schleppzuges miteinander kollidieren, **4** da zwischen diesen in der Regel ein Vertragsverhältnis (zB ein Schleppvertrag) maßgeblich ist.[6] Zum Sonderproblem der Verantwortlichkeit bei Kollision eines Dritten Schiffes mit Schiffen eines Schleppzuges vgl. Rn. 31 ff.

## III. Seeschiffe

§ 570 regelt den Zusammenstoß von „Seeschiffen".[7] Zur Eingrenzung dieses Begriffes **5** kann weder auf eine einheitliche nationale Definition des Schiffes, geschweige denn auf eine international als allgemeingültig anerkannte Interpretation zurückgegriffen werden. Zu verschieden sind die Regelungszwecke (Registrierung, Zertifizierung, Bemannung, Gewässerschutz etc.) der mit der Schifffahrt befassten Normen. Abgestellt wird auf die Hohlkörpereigenschaft, die Schwimmfähigkeit, und teilweise auf eine gewisse Mindestgröße, sowie auf die Fähigkeit zur (selbständigen oder auch unselbständigen) Fortbewegung auf dem Wasser (§ 481 Rn. 18).[8]

Unschärfen lassen sich bei der Vielfalt denkbarer Schwimmkörper wie zB Schiffs- und **6** Schwimmdocksektionen, Wracks, Öllager- und -verarbeitungsstätten, Pontons, Off-Shore-Plattformen usw. nicht vollständig vermeiden. Einen Überblick über die verschiedenen Definitionsansätze in der anglo-amerikanischen Rechtspraxis gibt Marsden (S. 3), der die Erforderlichkeit einer allgemeingültigen Definition des Schiffes verneint und empfiehlt, die Schiffseigenschaft einzelfallbezogen zu betrachten. Im Hinblick auf den Schutzzweck der Norm sind wegen des gleichartigen Gefährdungspotentials von § 570 wohl auch Schwimm-

---

[2] Vgl. OLG Hamburg 22.12.1986, VersR 1989, 721; sowie *Rabe* § 735 Rn. 1 und Schaps/*Abraham* Vor § 734 Anm. 9 mwN.
[3] Schaps/*Abraham* Vor § 734 Anm. 10.
[4] Vgl. auch BGH 30.4.1984, VersR 1959, 504.
[5] Schaps/*Abraham* § 735 Anm. 4.
[6] Schaps/*Abraham* Vor § 724 Anm. 7, § 735 Anm. 2 mwN; sowie unten zu § 570 Rn. 32 ff.
[7] Und wird hier im Interesse der Präzision – vgl. *Czenvenka* § 570 Rn. 3 – deutlicher als § 735 aF.
[8] Der BGH hat in seiner Entscheidung vom 14.12.1951 (in NJW 1952, 1135 f.) die genannten Merkmale kombiniert und als Schiff definiert: *„(...) jedes schwimmfähige, mit einem Hohlraum versehene Fahrzeug von nicht ganz unbedeutender Größe (...) dessen Zweckbestimmung es mit sich bringt, daß es auf dem Wasser bewegt wird".*

körper wie Docks, Bohrinseln oder andere schwimmfähige Offshore-Konstruktionen erfasst.[9] Als taugliches Abgrenzungsmerkmal bietet sich die Eignung und Bestimmung zur (nicht notwendigerweise selbständigen) Ortsveränderung auf See an.

7   Allein diese schutzzweckorientierte Abgrenzung gewährleistet bei dem stetigen Wandel der Meerestechnik und neu entstehenden Industrien, wie der Offshore-Windenergiegewinnung und der Ausbeutung von Meeresbodenschätzen, praktikable Ergebnisse. Auf dieser Grundlage entscheidet beispielsweise bei Hubschiffen, die insbesondere durch den Ausbau der Offshore-Windkraft als sogenannte Errichterschiffe vermehrt zum Einsatz kommen, nicht der Betriebszustand (schwimmend oder aus dem Wasser gehoben) mehr oder weniger zufällig über die anzuwendenden Vorschriften im Falle eines Zusammenstoßes mit einem anderen Schiff.[10]

8   Im Hinblick auf die Abgrenzung zu den Vorschriften der Binnenschifffahrt begrenzt § 570 seine Anwendung im Gegensatz zur Vorgängervorschrift ausdrücklich auf **See**schiffe.

9   § 573 stellt indes klar, dass bei Beteiligung eines Binnenschiffes die Vorschriften dieses Unterabschnitts entsprechend anzuwenden sind. Die Vorschriften gelten also für Zusammenstöße von Seeschiffen und von Seeschiffen mit Binnenschiffen, nicht aber für Zusammenstöße ausschließlich zwischen Binnenschiffen (s. § 573).

10   Wegen des in § 476 auf den Betrieb von „Erwerbsschiffen" beschränkten Reederbegriffs ist für den Anwendungsbereich der Regeln zum Schiffszusammenstoß in Art. 7 Abs. 1 Nr. 2 EGHGB[11] klargestellt, dass er sich auch auf Schiffe erstreckt, die nicht „*zum Erwerb durch Seefahrt betrieben*" werden (wie zum Beispiel Privatjachten,[12] Forschungsschiffe, Ausbildungsschiffe). Mit Rücksicht auf ihre völkerrechtliche Immunität nimmt das IÜZ durch seinen Art. 11 Kriegsschiffe und Staatsschiffe, die ausschließlich für einen öffentlichen Dienst bestimmt sind, von seiner Anwendung aus. Deren rechtliche Sonderstellung bestimmt Art. 3 des Internationalen Übereinkommens zur einheitlichen Feststellung von Regeln über die Immunität der Staatsschiffe vom 10. April 1926. Für deutsche Schiffe, die allein hoheitlichen Aufgaben dienen, gelten die §§ 570–573.[13]

## IV. Verschuldensgrundsatz

11   **1. Begriff der „Verursachung".** Inwiefern ein Schiff den Zusammenstoß „verursacht" hat, ist auf der Basis der allgemeinen zivilrechtlichen Kausalitäts- und Zurechnungslehren zu beurteilen.

12   Über die bloße physikalische Notwendigkeit des maßgeblichen Verhaltens für den Schadenserfolg im Sinne einer conditio sine qua non hinaus besteht nach heute hM Einigkeit, dass der zuzurechnende Verhaltenserfolg eingeschränkt werden muss.[14] Den Maßstab der normativen Einschränkung des rein naturwissenschaftlichen Zusammenhangs zwischen Verhalten und rechtlichem Erfolg bildet für die Rechtsprechung weiterhin die Adäquanztheorie, mit der Schadensfolgen, die außerhalb jeder Wahrscheinlichkeit liegen, von der zivilrechtlichen Zurechnung ausgenommen werden sollen. Die Adäquanzformel taucht in verschiedener Gestalt auf. Es scheint ihre Form sachgerecht, nach der „das Ereignis im Allgemeinen und nicht nur unter besonders eigenartigen, unwahrscheinlichen und nach dem gewöhnlichen Lauf der Dinge außer Betracht zu lassenden Umständen geeignet ist, einen Erfolg der eingetretenen Art herbeizuführen".[15] Diese Formel wird mitunter vereinfacht auf das Merkmal, der eingetretene Erfolg dürfe nicht „außerhalb aller Wahrscheinlich-

[9] Vgl. *Rabe* Vor § 734 Rn. 10; sowie mit umfangreicher Kasuistik Schaps/*Abraham* Vor § 734 Anm. 3.

[10] Eine umfangreiche Diskussion einer am Betriebszustand orientierten Einordnung solcher Schiffe – wenn auch aus dem Blickwinkel der Anwendbarkeit des SUG – bietet der BSU Untersuchungsbericht 215/10 vom 1. Juni 2011 zu einem Unfall am Errichterschiff „WINDLIFT I", S. 32 f.

[11] Zu dessen Neufassung: RegBegr-SRG S. 138 f.

[12] Vgl. hierzu *Klein* VersR 1978, 197.

[13] BGH 6.11.1951, BGHZ 3, 321; zur rechtlichen Sonderstellung von Staatsschiffen eingehend: *Menzel* DVIS, Heft A7 S. 11 ff.

[14] Vgl. Staudinger/*Schiemann* BGB § 249 Rn. 12.

[15] Vgl. Palandt/*Grüneberg* BGB Vorb. v. § 249 Rn. 26 unter Bezugnahme auf BGH 9.10.1997, NJW 1998, 140; 2005, 1420.

keit liegen".[16] Grundlage dieser wertenden Einschränkung ist die objektiv nachträgliche Prognose auf Basis aller dem optimalen Betrachter zum Zeitpunkt des Eintrittes des Schadens erkennbaren Umstände.[17]

**13** Darüber hinaus wird die Zurechnung als Grundlage eines Schadensersatzanspruches noch durch die Lehre vom Schutzzweck der Norm eingegrenzt,[18] die nur dann einen Ersatzanspruch zulässt, „wenn die Schadensfolgen aus dem Bereich der Gefahren stammen, zu deren Abwendung die verletzte Norm erlassen oder die verletzte Vertragspflicht übernommen wurde".[19]

**14** Der bei einem Schiffszusammenstoß Geschädigte muss im Rahmen der vorgenannten Voraussetzungen das angerufene Gericht davon überzeugen, dass der ihm zugefügte Schaden durch ein schuldhaftes Verhalten des Reeders des gegnerischen Schiffes (bzw. einer der in § 480 genannten Personen, für die dieser einstehen muss) verursacht worden ist.

**15** Die Ermittlung und Nachvollziehbarkeit der Kausalität ist durch technische Einrichtungen wie landgestützte Radarüberwachung, AIS (Automatic Identification System, das automatisiert in regelmäßigen Abständen über Funk relevante Schiffs- und Navigationsdaten wie Kurs, Geschwindigkeit etc. sendet)[20], und VDR (Voyage Data Recorder[21] – dieser zeichnet nicht nur die wichtigsten navigatorischen Daten, sondern auch die Kommunikation auf der Brücke auf –) erheblich vereinfacht worden. Aufgrund der Verbreitung von Videokameras in Mobiltelefonen sind mittlerweile gelegentlich sogar Videoaufzeichnungen von Kollisionen verfügbar.

**16** War man bei der Rekonstruktion eines Schiffszusammenstoßes regelmäßig auf die Auswertung der naturgemäß oft entgegengesetzten Schilderungen der Besatzungen der beteiligten Schiffe und der Schiffstagebücher angewiesen, kann nun in der Regel der Kollisionshergang anhand der aufgezeichneten Navigationsdaten und der Gespräche auf der Brücke rekonstruiert werden.[22]

**17** Allerdings ist der Beweiswert dieser Aufzeichnungen grundsätzlich zu hinterfragen, da sich sowohl die Montage der Geräte, als auch die Eingabe der Einstellungsdaten regelmäßig als erhebliche Fehlerquellen erweisen. Auch können gerade in engen Gewässern Abschattungen und Überlagerungen zu Fehlern führen.[23]

**18** Bei Schiffszusammenstößen haben sich Fallgruppen gebildet, bei denen die Beweislast für Kausalität im Sinne des prima facie Grundsatzes verteilt wird. Steht ein bestimmter Erfolg fest, wird dann auf einen bestimmten „typischen" vorgelagerten Geschehensablauf geschlossen. In diesen Fällen muss der durch den Anscheinsbeweis Belastete diesen entkräften, indem er Tatsachen darlegt und beweist, aus denen sich die die ernsthafte Möglichkeit eines anderen Geschehensablaufs ergibt.[24]

**19** Gerät beispielsweise ein in Bewegung befindliches Schiff gegen ein stillliegendes, wird zuungunsten des sich bewegenden Schiffes angenommen, dass dieses sich von dem Vorwurf des Verschuldens befreien muss.[25]

---

[16] Vgl. Staudinger/*Schiemann* BGB § 249 Rn. 16 mwN.
[17] Vgl. Palandt/*Grüneberg* Vorb. v. § 249 Rn. 27 mwN.
[18] Zur Rechtfertigung dieser Einschränkung ausführlich Staudinger/*Schiemann* BGB § 249 Rn. 29 ff.
[19] BGH 22.5.2012, NJW 2012, 2024, 2025 mit Hinweisen auf vorausgehende Rechtsprechung.
[20] Seit dem 1. Juli 2002 herrscht eine Ausrüstungspflicht auf Schiffen mit einer Bruttoraumzahl von mindestens 300.
[21] Auch hier besteht seit dem 1. Juli 2002 eine Ausrüstungspflicht für Schiffe ab einer Bruttoraumzahl von 300.
[22] Einen praktischen Leitfaden bietet hierzu das Handbuch „The Mariner's Role in Collecting Evidence", herausgegeben vom Nautical Institute, London 2010.
[23] Zu diesen Problemen ausführlich das Positionspapier des Deutschen Nautischen Vereins von 1868 e. V. „Einsatzerfahrungen mit AIS an Bord vom 17. April 2005; sowie zur Verwertbarkeit der Daten auch AG Kiel 22.7.2010, HANSA 2010, 112, 113 mit der Anm. *Zschoche* HANSA 2010, 78, 79.
[24] Dieser Grundsatz entspricht stRspr.; vgl. mit ausführlichen Nachweisen Staudinger/*Schiemann* BGB Vorb. v. §§ 249 ff. Rn. 100; sowie Palandt/*Grüneberg* BGB Vorb. v. § 249 Rn. 130 ff.
[25] OLG Karlsruhe 27.11.2006, HZfS 2009, 77,78; sowie *Rabe* § 735 Rn. 33 mwN; dagegen hat das OLG Oldenburg 7.2.2006, VersR 2006, 1566, einen Anscheinsbeweis für eine Kollision bei Überholen im Wattenfahrwasser verneint.

20    Darüber hinaus kann der Anscheinsbeweis beispielsweise zur Anwendung gelangen, wenn feststeht, dass gegen das Gebot eines bestimmten nautischen Verhaltens verstoßen,[26] also beispielsweise einer Fahrregel der SeeSchStrO oder der KVR zuwidergehandelt worden ist.

21    Wenn bei einer Kollision entgegenkommender Schiffe bei zunächst sicheren Kursen eines seinen Kurs in den Kurs des anderen Schiffes ändert, greift zuungunsten des seinen Kurs ändernden Schiffes der Beweis des ersten Anscheins.[27] Beruft sich der Anspruchsgegner in einem solchen Fall auf ein Versagen der Ruderanlage, muss er, um den Anscheinsbeweis erfolgreich zu entkräften, darlegen und beweisen, dass die Ruderanlage nach Konstruktion und Einbau tauglich war, sie sich auch vor der Havarie in einem betriebssicheren Zustand befand, bei ihrer Bedienung keine Fehler gemacht wurden, die zu ihrem Ausfall führten, und dass nach ihrem Ausfall das Ruder so schnell wie möglich auf Handbedienung umgestellt und in geeigneter Weise versucht worden ist, die Havarie mit Hilfe des handbedienten Ruders abzuwenden.[28] Die Grundsätze dieser Rechtsprechung wird man ebenso auf andere technische Komponenten der Steuerung des Schiffes anwenden können.

22    **2. Verhaltensmaßstab. a) Kollisionsverhütungsregelungen.** Der Maßstab für die Beurteilung des Verhaltens der an einem Zusammenstoß beteiligten Schiffe ist durch die internationalen Regeln von 1972 zur Verhütung von Zusammenstößen auf See[29] bzw. kurz: Kollisionsverhütungsregeln[30] (KVR) der IMO weltweit vereinheitlicht. Dieses Übereinkommen hat Deutschland ratifiziert[31] und durch die Verordnung vom 13. Juni 1977[32] umgesetzt.

23    Die KVR gelten nach ihrer Regel 1a) für alle Fahrzeuge auf Hoher See und auf den mit dieser zusammenhängenden, von Seeschiffen befahrbaren Gewässern. Zwar können die Küstenstaaten für ihre Reeden, Häfen, Flüsse, Seen oder Binnengewässer, die mit der Hohen See zusammenhängen und von Seeschiffen befahren werden können, Sonderregelungen erlassen. Diese müssen jedoch, wie Regel 1b) Satz 2 KVR feststellt, mit den KVR soweit wie möglich übereinstimmen.

24    Mit 156 Vertragsstaaten, die nahezu 99 % der weltweiten Tonnage[33] – entscheidender noch den größten Teil der weltweiten Küstengewässer – umfassen, stellen diese Regeln einen weltweiten Verhaltensstandard dar.

25    Neben umfangreichen Regelungen zur Lichterführung und zu Signalen bestimmen die KVR Ausweich- und Fahrregeln, wobei danach neben generellen Vorschriften bei allen Sichtverhältnissen danach unterschieden wird, ob sich die Fahrzeuge in Sicht haben, oder die Sichtverhältnisse vermindert sind. Eine wesentliche Rolle spielen bei der Beurteilung des Verhaltens im Vorfeld eines Schiffszusammenstoßes in der Praxis vor allem die folgenden Regelungen:

26    **Abschnitt I Verhalten von Fahrzeugen bei allen Sichtverhältnissen**

(…)

**Regel 5 Ausguck**

Jedes Fahrzeug muß jederzeit durch Sehen und Hören sowie durch jedes andere verfügbare Mittel, das den gegebenen Umständen und Bedingungen entspricht, gehörigen Ausguck halten,

---

[26] Vgl. *Rabe* § 735 Rn. 30 mwN; eine Übersicht zu prima-facie-Konstellationen bei Binnenschiffskollisionen mit Rechtsprechungsnachweisen bietet *Wassermeyer* S. 97 ff., 207 ff.

[27] Vgl. BGH 14.5.1964, VersR 1964, 713; Schifffahrtsgericht am AG Duisburg-Ruhrort HZfS 2009, 92, 93.

[28] Vgl. OLG Karlsruhe HZfS 2009, 77,78, das in diesem Urteil klarstellt, dass schon die ernsthafte Möglichkeit des atypischen Geschehensablaufes ausreicht, um die Beweislastumkehr zu beseitigen; zu den Grundsätzen des Entlastungsbeweises bei einem behaupteten Ruderversagen auch OLG Hamburg 2.3.1978, VersR 1978, 959, sowie *Ullmann* VersR 1982, 1020, 1021 und *Herber* VersR 1982, 405, 405.

[29] „Convention on the International Regulations for Preventing Collisions at Sea" (Colregs).

[30] Abgedruckt in BGBl. 1976 II S. 1023.

[31] Gesetz vom 29.6.1976, BGBl. II S. 1017; zur Änderungshistorie *Weber* Hansa 1990, 259.

[32] Abgedruckt in BGBl. 1977 I S. 813.

[33] Vgl. „Summary of Status of conventions" (Stand 30.9.2013) auf www.imo.org.

der einen vollständigen Überblick über die Lage und die Möglichkeit der Gefahr eines Zusammenstoßes gibt.

**Regel 6 Sichere Geschwindigkeit**

Jedes Fahrzeug muß jederzeit mit einer sicheren Geschwindigkeit fahren, so daß es geeignete und wirksame Maßnahmen treffen kann, um einen Zusammenstoß zu vermeiden, und innerhalb einer Entfernung zum Stehen gebracht werden kann, die den gegebenen Umständen und Bedingungen entspricht.

Zur Bestimmung der sicheren Geschwindigkeit müssen unter anderem folgende Umstände berücksichtigt werden:
a) Von allen Fahrzeugen:
   i)   die Sichtverhältnisse;
   ii)  die Verkehrsdichte einschließlich Ansammlungen von Fischerei- oder sonstigen Fahrzeugen;
   iii) die Manövrierfähigkeit des Fahrzeugs unter besonderer Berücksichtigung der Stoppstrecke und der Dreheigenschaften unter den gegebenen Bedingungen;
   iv)  bei Nacht eine Hintergrundhelligkeit, z.B. durch Lichter an Land oder eine Rückstrahlung der eigenen Lichter;
   v)   die Wind-, Seegangs- und Strömungsverhältnisse sowie die Nähe von Schiffahrtsgefahren;
   vi)  der Tiefgang im Verhältnis zur vorhandenen Wassertiefe.
b) Zusätzlich von Fahrzeugen mit betriebsfähigem Radar:
   i)   die Eigenschaften, die Wirksamkeit und die Leistungsgrenzen der Radaranlagen;
   ii)  jede Einschränkung, die sich aus dem eingeschalteten Entfernungsbereich des Radars ergibt;
   iii) der Einfluß von Seegang, Wetter und anderen Störquellen auf die Radaranzeige;
   iv)  die Möglichkeit, daß kleine Fahrzeuge, Eis und andere schwimmende Gegenstände durch Radar nicht innerhalb einer ausreichenden Entfernung geortet werden;
   v)   die Anzahl, die Lage und die Bewegung der vom Radar georteten Fahrzeuge;
   vi)  die genauere Feststellung der Sichtweite, die der Gebrauch des Radars durch Entfernungsmessung in der Nähe von Fahrzeugen oder anderen Gegenständen ermöglicht.

**Regel 7 Möglichkeit der Gefahr eines Zusammenstoßes**

a) Jedes Fahrzeug muß mit allen verfügbaren Mitteln entsprechend den gegebenen Umständen und Bedingungen feststellen, ob die Möglichkeit der Gefahr eines Zusammenstoßes besteht. Im Zweifelsfall ist diese Möglichkeit anzunehmen.
b) Um eine frühzeitige Warnung vor der Möglichkeit der Gefahr eines Zusammenstoßes zu erhalten, muß eine vorhandene und betriebsfähige Radaranlage gehörig gebraucht werden, und zwar einschließlich der Anwendung der großen Entfernungsbereiche, des Plottens oder eines gleichwertig systematischen Verfahrens zur Überwachung georteter Objekte.
c) Folgerungen aus unzulänglichen Informationen, insbesondere aus unzulänglichen Radarinformationen, müssen unterbleiben.
d) Bei der Feststellung, ob die Möglichkeit der Gefahr eines Zusammenstoßes besteht, muß unter anderem folgendes berücksichtigt werden:
   i)   Eine solche Möglichkeit ist anzunehmen, wenn die Kompaßpeilung eines sich nähernden Fahrzeugs sich nicht merklich ändert;
   ii)  eine solche Möglichkeit kann manchmal auch bestehen, wenn die Peilung sich merklich ändert, insbesondere bei der Annäherung an ein sehr großes Fahrzeug, an einen Schleppzug oder an ein Fahrzeug nahebei.

**Regel 8 Manöver zur Vermeidung von Zusammenstößen**

a) Jedes Manöver zur Vermeidung eines Zusammenstoßes muss in Übereinstimmung mit den Regeln dieses Teiles erfolgen und, wenn es die Umstände zulassen, entschlossen, rechtzeitig und so ausgeführt werden, wie gute Seemannschaft es erfordert.
b) Jede Änderung des Kurses und/oder der Geschwindigkeit zur Vermeidung eines Zusammenstoßes muß, wenn es die Umstände zulassen, so groß sein, daß ein anderes Fahrzeug optisch oder durch Radar sie schnell erkennen kann; aufeinanderfolgende kleine Änderungen des Kurses und/oder der Geschwindigkeit sollen vermieden werden.
c) Ist genügend Seeraum vorhanden, so kann eine Kursänderung allein die wirksamste Maßnahme zum Meiden des Nahbereichs sein, vorausgesetzt, daß sie rechtzeitig vorgenommen wird, durchgreifend ist und nicht in einen anderen Nahbereich führt.
d) Ein Manöver zur Vermeidung eines Zusammenstoßes mit einem anderen Fahrzeug muß zu einem sicheren Passierabstand führen. Die Wirksamkeit des Manövers muß sorgfältig überprüft werden, bis das andere Fahrzeug endgültig vorbei und klar ist.

e) Um einen Zusammenstoß zu vermeiden oder mehr Zeit zur Beurteilung der Lage zu gewinnen, muß ein Fahrzeug erforderlichenfalls seine Fahrt mindern oder durch Stoppen oder Rückwärtsgehen jegliche Fahrt wegnehmen.

f) i) Ein Fahrzeug, das auf Grund einer dieser Regeln verpflichtet ist, die Durchfahrt oder die sichere Durchfahrt eines anderen Fahrzeugs nicht zu behindern, muß, wenn es die Umstände erfordern, frühzeitig Maßnahmen ergreifen, um genügend Raum für die sichere Durchfahrt des anderen Fahrzeugs zu lassen.

ii) Ein Fahrzeug, das verpflichtet ist, die Durchfahrt oder die sichere Durchfahrt eines anderen Fahrzeugs nicht zu behindern, ist von dieser Verpflichtung nicht befreit, wenn es sich dem anderen Fahrzeug so nähert, daß die Möglichkeit der Gefahr eines Zusammenstoßes besteht, und muß, wenn es Maßnahmen ergreift, in vollem Umfang die Maßnahmen berücksichtigen, die nach den Regeln dieses Teiles vorgeschrieben sind.

iii) Ein Fahrzeug, dessen Durchfahrt nicht behindert werden darf, bleibt in vollem Umfang verpflichtet, die Regeln dieses Teiles einzuhalten, wenn die beiden Fahrzeuge sich einander so nähern, daß die Möglichkeit der Gefahr eines Zusammenstoßes besteht.

**Regel 9 Enge Fahrwasser**

a) Ein Fahrzeug, das der Richtung eines engen Fahrwassers oder einer Fahrrinne folgt, muß sich so nahe am äußeren Rand des Fahrwassers oder der Fahrrinne an seiner Steuerbordseite halten, wie dies ohne Gefahr möglich ist.

b) Ein Fahrzeug von weniger als 20 Meter Länge oder ein Segelfahrzeug darf nicht die Durchfahrt eines Fahrzeugs behindern, das nur innerhalb eines engen Fahrwassers oder einer Fahrrinne sicher fahren kann.

c) Ein fischendes Fahrzeug darf nicht die Durchfahrt eines anderen Fahrzeugs behindern, das innerhalb eines engen Fahrwassers oder einer Fahrrinne fährt.

d) Ein Fahrzeug darf ein enges Fahrwasser oder eine Fahrrinne nicht queren, wenn dadurch die Durchfahrt eines Fahrzeugs behindert wird, das nur innerhalb eines solchen Fahrwassers oder einer solchen Fahrrinne sicher fahren kann. Das letztere Fahrzeug darf das in Regel 34 Buchstabe d vorgeschriebene Schallsignal geben, wenn es über die Absichten des querenden Fahrzeugs im Zweifel ist.

e) i) Kann in einem engen Fahrwasser oder in einer Fahrrinne nur dann sicher überholt werden, wenn das zu überholende Fahrzeug mitwirkt, so muß das überholende Fahrzeug seine Absicht durch das entsprechende Signal nach Regel 34 Buchstabe c Ziffer i anzeigen. Ist das zu überholende Fahrzeug einverstanden, so muß es das entsprechende Signal nach Regel 34 Buchstabe c Ziffer ii geben und Maßnahmen für ein sicheres Passieren treffen. Im Zweifelsfall darf es die in Regel 34 Buchstabe d vorgeschriebenen Signale geben.

ii) Diese Regel befreit das überholende Fahrzeug nicht von seiner Verpflichtung nach Regel 13.

f) Ein Fahrzeug, das sich einer Krümmung oder einem Abschnitt eines engen Fahrwassers oder einer Fahrrinne nähert, wo andere Fahrzeuge durch ein dazwischen liegendes Sichthindernis verdeckt sein können, muß mit besonderer Aufmerksamkeit und Vorsicht fahren und das entsprechende Signal nach Regel 34 Buchstabe e geben.

g) Jedes Fahrzeug muß, wenn es die Umstände zulassen, das Ankern in einem engen Fahrwasser vermeiden.
(...)

**Abschnitt II Verhalten von Fahrzeugen, die einander in Sicht haben**

(...)

**Regel 13 Überholen**

a) Ungeachtet der Regeln des Teiles B Abschnitte I und II muß jedes Fahrzeug beim Überholen dem anderen ausweichen.

b) Ein Fahrzeug gilt als überholendes Fahrzeug, wenn es sich einem anderen aus einer Richtung von mehr als 22,5 Grad achterlicher als querab nähert und daher gegenüber dem zu überholenden Fahrzeug so steht, daß es bei Nacht nur dessen Hecklicht, aber keines der Seitenlichter sehen könnte.

c) Kann ein Fahrzeug nicht sicher erkennen, ob es ein anderes überholt, so muß es dies annehmen und entsprechend handeln.

d) Durch eine spätere Änderung der Peilung wird das überholende Fahrzeug weder zu einem kreuzenden im Sinne dieser Regeln noch wird es von der Verpflichtung entbunden, dem anderen Fahrzeug auszuweichen, bis es dieses klar passiert hat.

**Regel 14 Entgegengesetzte Kurse**

a) Wenn zwei Maschinenfahrzeuge auf entgegengesetzten oder fast entgegengesetzten Kursen sich einander so nähern, daß die Möglichkeit der Gefahr eines Zusammenstoßes besteht, muß jedes seinen Kurs nach Steuerbord so ändern, daß sie einander an Backbordseite passieren.

b) Eine solche Lage muß angenommen werden, wenn ein Fahrzeug das andere recht voraus oder fast recht voraus sieht, bei Nacht die Topplichter des anderen in Linie oder fast in Linie und/oder beide Seitenlichter sieht und am Tage das andere Fahrzeug dementsprechend ausmacht.

c) Kann ein Fahrzeug nicht sicher erkennen, ob eine solche Lage besteht, so muß es von dieser ausgehen und entsprechend handeln.

**Regel 15 Kreuzende Kurse**

Wenn die Kurse zweier Maschinenfahrzeuge einander so kreuzen, daß die Möglichkeit der Gefahr eines Zusammenstoßes besteht, muß dasjenige ausweichen, welches das andere an seiner Steuerbordseite hat; wenn die Umstände es zulassen, muß es vermeiden, den Bug des anderen Fahrzeugs zu kreuzen.

**Regel 16 Maßnahmen des Ausweichpflichtigen**

Jedes ausweichpflichtige Fahrzeug muß möglichst frühzeitig und durchgreifend handeln, um sich gut klar zu halten.

**Regel 17 Maßnahmen des Kurshalters**

a) i) Muß von zwei Fahrzeugen eines ausweichen, so muß das andere Kurs und Geschwindigkeit beibehalten (Kurshalter).
   ii) Der Kurshalter darf jedoch zur Abwendung eines Zusammenstoßes selbst manövrieren, sobald klar wird, daß der Ausweichpflichtige nicht angemessen nach diesen Regeln handelt.

b) Ist der Kurshalter dem Ausweichpflichtigen aus irgendeinem Grund so nahe gekommen, daß ein Zusammenstoß durch Manöver des letzteren allein nicht vermieden werden kann, so muß der Kurshalter so manövrieren, wie es zur Vermeidung eines Zusammenstoßes am dienlichsten ist.

c) Ein Maschinenfahrzeug, das bei kreuzenden Kursen nach Buchstabe a Ziffer ii manövriert, um einen Zusammenstoß mit einem anderen Maschinenfahrzeug zu vermeiden, darf seinen Kurs, sofern die Umstände es zulassen, gegenüber einem Fahrzeug an seiner Backbordseite nicht nach Backbord ändern.

d) Diese Regel befreit das ausweichpflichtige Fahrzeug nicht von seiner Ausweichpflicht.

**Regel 18 Verantwortlichkeiten der Fahrzeuge untereinander**

Sofern in den Regeln 9, 10 und 13 nicht etwas anderes bestimmt ist, gilt folgendes:

a) Ein Maschinenfahrzeug in Fahrt muß ausweichen
   i) einen manövrierunfähigen Fahrzeug;
   ii) einem manövrierbehinderten Fahrzeug;
   iii) einem fischenden Fahrzeug;
   iv) einem Segelfahrzeug.

b) Ein Segelfahrzeug in Fahrt muß ausweichen
   i) einen manövrierunfähigen Fahrzeug;
   ii) einem manövrierbehinderten Fahrzeug;
   iii) einem fischenden Fahrzeug.

c) Ein fischendes Fahrzeug in Fahrt muß, soweit möglich, ausweichen
   i) einem manövrierunfähigen Fahrzeug;
   ii) einem manövrierbehinderten Fahrzeug.

d) i) Jedes Fahrzeug mit Ausnahme eines manövrierunfähigen oder manövrierbehinderten muß, sofern die Umstände es zulassen, vermeiden, die sichere Durchfahrt eines tiefgangbehinderten Fahrzeugs zu behindern, das Signale nach Regel 28 zeigt.
   ii) Ein tiefgangbehindertes Fahrzeug muß unter Berücksichtigung seines besonderen Zustands mit besonderer Vorsicht navigieren.

e) Ein Wasserflugzeug auf dem Wasser muß sich in der Regel von allen Fahrzeugen gut klar halten und vermeiden, deren Manöver zu behindern. Sobald jedoch die Möglichkeit der Gefahr eines Zusammenstoßes besteht, muß es die Regeln dieses Teiles befolgen.

f) i) Ein Bodeneffektfahrzeug muss sich bei Start, Landung und oberflächennahem Flug von allen Fahrzeugen gut klar halten und vermeiden, deren Manöver zu behindern;
   ii) ein Bodeneffektfahrzeug, das auf der Wasseroberfläche betrieben wird, muss die Regeln dieses Teiles für Maschinenfahrzeuge erfüllen.

### Abschnitt III Verhalten von Fahrzeugen bei verminderter Sicht

#### Regel 19 Verhalten von Fahrzeugen bei verminderter Sicht

a) Diese Regel gilt für Fahrzeuge, die einander nicht in Sicht haben, wenn sie innerhalb oder in der Nähe eines Gebiets mit verminderter Sicht fahren.

b) Jedes Fahrzeug muß mit sicherer Geschwindigkeit fahren, die den gegebenen Umständen und Bedingungen der verminderten Sicht angepaßt ist. Ein Maschinenfahrzeug muß seine Maschinen für ein sofortiges Manöver bereithalten.

c) Jedes Fahrzeug muß bei der Befolgung der Regeln des Abschnitts I die gegebenen Umstände und Bedingungen der verminderten Sicht gehörig berücksichtigen.

d) Ein Fahrzeug, das ein anderes Fahrzeug lediglich mit Radar ortet, muß ermitteln, ob sich eine Nahbereichslage entwickelt und/oder die Möglichkeit der Gefahr eines Zusammenstoßes besteht. Ist dies der Fall, so muß es frühzeitig Gegenmaßnahmen treffen; ändert es deshalb seinen Kurs, so muß es nach Möglichkeit folgendes vermeiden:
   i)  eine Kursänderung nach Backbord gegenüber einem Fahrzeug vorlicher als querab, außer beim Überholen;
   ii) eine Kursänderung auf ein Fahrzeug zu, das querab oder achterlicher als querab ist.

e) Außer nach einer Feststellung, daß keine Möglichkeit der Gefahr eines Zusammenstoßes besteht, muß jedes Fahrzeug, das anscheinend vorlicher als querab das Nebelsignal eines anderen Fahrzeugs hört oder das eine Nahbereichslage mit einem anderen Fahrzeug vorlicher als querab nicht vermeiden kann, seine Fahrt auf das für die Erhaltung der Steuerfähigkeit geringstmögliche Maß verringern. Erforderlichenfalls muß es jegliche Fahrt wegnehmen und in jedem Fall mit äußerster Vorsicht manövrieren, bis die Gefahr eines Zusammenstoßes vorüber ist.

27    **b) Seeschifffahrtsstraßenordnung.** Vorrangig (§ 1 Abs. 4 SeeSchStrO) gelten in ihrem deutschen Anwendungsbereich, der nur einen Teil der deutschen Hoheitsgewässer mit der seewärtigen Grenze von drei Seemeilen von der Basislinie erfasst,[34] die Regeln der Seeschifffahrtsstraßenordnung vom 3. Mai 1971 (SeeSchStrO),[35] die wiederum Sondervorschriften für bestimmte Fahrtgebiete, wie den Nord-Ostsee-Kanal vorsehen.

28    Die wichtigste Regelung der SeeSchStrO ist der generalklauselartige **§ 3 Abs. 1 Satz 1 und 2:**

„¹Jeder Verkehrsteilnehmer hat sich so zu verhalten, daß die Sicherheit und Leichtigkeit des Verkehrs gewährleistet und daß kein anderer geschädigt, gefährdet oder mehr, als nach den Umständen unvermeidbar, behindert oder belästigt wird. ²Er hat insbesondere die Vorsichtsmaßregeln zu beachten, die Seemannsbrauch oder besondere Umstände des Falles erfordern."

29    Die Fahrregeln der SeeSchStrO gelten unabhängig von den Sichtverhältnissen und präzisieren die Fahr- und Ausweichregelungen der KVR vor allem mit folgenden Regelungen:[36]

#### § 23 Überholen

(1) ¹Grundsätzlich muß links überholt werden. ²Soweit die Umstände des Falles es erfordern, darf rechts überholt werden.

(2) ¹Das überholende Fahrzeug muß unter Beachtung von Regel 9 Buchstabe e und Regel 13 der Kollisionsverhütungsregeln die Fahrt so weit herabsetzen oder einen solchen seitlichen Abstand vom vorausfahrenden Fahrzeug einhalten, daß kein gefährlicher Sog entstehen kann und während des ganzen Überholmanövers jede Gefährdung des Gegenverkehrs ausgeschlossen ist. ²Das vorausfahrende Fahrzeug muß das Überholen soweit wie möglich erleichtern.

(3) Das Überholen ist verboten
1. in der Nähe von in Fahrt befindlichen, nicht freifahrenden Fähren,
2. an engen Stellen und in unübersichtlichen Krümmungen,
3. vor und innerhalb von Schleusen sowie innerhalb der Schleusenvorhäfen und Zufahrten des Nord-Ostsee-Kanals mit Ausnahme von schwimmenden Geräten im Einsatz,
4. innerhalb von Strecken und zwischen Fahrzeugen, die nach § 60 Abs. 1 bekanntgemacht sind.

---

[34] Der exakte Anwendungsbereich ist in § 1 der Seeschifffahrtsstraßenordnung detailliert beschrieben.

[35] Abgedruckt in BGBl. 1971 I S. 6; zu den Hintergründen und der historischen Entwicklung: *Lampe/Marienfeld* S. 17 ff.

[36] Eine kurze Kommentierung der Vorschriften bietet die kommentierte Textausgabe von *Graf/Steinicke;* eine umfangreichere, wenn auch ältere Kommentierung mit Rechtsprechungshinweisen bieten Budde/*Koch*.

(4) [1]Kann in einem Fahrwasser nur unter Mitwirkung des zu überholenden Fahrzeugs sicher überholt werden, so ist das Überholen nur erlaubt, wenn das zu überholende Fahrzeug auf eine entsprechende Anfrage oder Anzeige des überholenden Fahrzeugs hin eindeutig zugestimmt hat. [2]Das überholende Fahrzeug kann abweichend von Regel 9 Buchstabe e Ziffer i der Kollisionsverhütungsregeln seine Absicht über UKW-Sprechfunk dem zu überholenden Fahrzeug mitteilen, wenn
1. eine eindeutige Identifikation der Kommunikationsteilnehmer erfolgt,
2. eine eindeutige Absprache über UKW-Sprechfunk möglich ist,
3. durch die Wahl des UKW-Kanals sichergestellt wird, daß möglichst alle betroffenen Verkehrsteilnehmer die UKW-Absprache mithören können, und
4. die Verkehrslage es erlaubt.
[3]Ist das zu überholende Fahrzeug einverstanden, so kann es seine Zustimmung abweichend von Regel 34 Buchstabe c Ziffer ii der Kollisionsverhütungsregeln über UKW-Sprechfunk geben und Maßnahmen für ein sicheres Passieren treffen. [4]Liegen die Voraussetzungen für die Absprache über UKW-Sprechfunk nicht vor, gilt ausschließlich Regel 9 Buchstabe e der Kollisionsverhütungsregeln.

(5) Außerhalb der Weichengebiete im Nord-Ostsee-Kanal ist das Überholen nur gestattet, wenn die Summe der Verkehrsgruppenzahlen der sich überholenden Fahrzeuge nicht die nach § 60 Abs. 1 bekanntgemachte Zahl überschreitet.

### § 24 Begegnen

(1) Beim Begegnen auf entgegengesetzten oder fast entgegengesetzten Kursen im Fahrwasser ist nach Steuerbord auszuweichen.

(2) Das Begegnen ist verboten an Stellen, innerhalb von Strecken und zwischen bestimmten Fahrzeugen, die nach § 60 Abs. 1 bekanntgemacht sind.

(3) [1]Abweichend von Regel 14 der Kollisionsverhütungsregeln dürfen Fahrzeuge innerhalb von Fahrwasserabschnitten im Sinne des § 22 Abs. 1 einem Gegenkommer ausnahmsweise nach Backbord ausweichen. [2]Die Absicht ist dem Gegenkommer anzuzeigen. [3]Dem Gegenkommer kann das Fahrzeug seine Absicht über UKW-Sprechfunk mitteilen, wenn
1. eine eindeutige Identifikation der Kommunikationsteilnehmer erfolgt,
2. eine eindeutige Absprache über UKW-Sprechfunk möglich ist,
3. durch die Wahl des UKW-Kanals sichergestellt wird, daß möglichst alle betroffenen Verkehrsteilnehmer die UKW-Absprache mithören können, und
4. die Verkehrslage es erlaubt.
[4]Liegen die Voraussetzungen für die Absprache über UKW-Sprechfunk nicht vor, so ist dem Gegenkommer die Absicht durch das Schallsignal nach Nummer 5 der Anlage II.2 anzuzeigen. [5]Auf dem Nord-Ostsee-Kanal hat der Gegenkommer zur Bestätigung mit diesem Schallsignal zu antworten.

(4) [1]Außerhalb der Weichengebiete im Nord-Ostsee-Kanal ist das Begegnen nur gestattet, wenn die Summe der Verkehrsgruppenzahlen der sich begegnenden Fahrzeuge nicht die nach § 60 Abs. 1 bekanntgemachte Zahl überschreitet. [2]Einem Fahrzeug der Verkehrsgruppen 4 bis 6 ist auszuweichen.

### § 25 Vorfahrt der Schiffahrt im Fahrwasser

(1) Die in den nachfolgenden Absätzen enthaltenen Regelungen gelten für Fahrzeuge im Fahrwasser abweichend von der Regel 9 Buchstabe b bis d und den Regeln 15 und 18 Buchstabe a bis c der Kollisionsverhütungsregeln.

(2) Im Fahrwasser haben dem Fahrwasserverlauf folgende Fahrzeuge unabhängig davon, ob sie nur innerhalb des Fahrwassers sicher fahren können, Vorfahrt gegenüber Fahrzeugen, die
1. in das Fahrwasser einlaufen,
2. das Fahrwasser queren,
3. im Fahrwasser drehen,
4. ihre Anker- oder Liegeplätze verlassen.

(3) Sofern Segelfahrzeuge nicht deutlich der Richtung eines Fahrwassers folgen, haben sie sich untereinander nach den Kollisionsverhütungsregeln zu verhalten, wenn sie dadurch vorfahrtberechtigte Fahrzeuge nicht gefährden oder behindern.

(4) Fahrzeuge im Fahrwasser haben unabhängig davon, ob sie dem Fahrwasserverlauf folgen, Vorfahrt vor Fahrzeugen, die in dieses Fahrwasser aus einem abzweigenden oder einmündenden Fahrwasser einlaufen.

(5) [1]Nähern sich Fahrzeuge einer Engstelle, die nicht mit Sicherheit hinreichenden Raum für die gleichzeitige Durchfahrt gewährt, oder einer durch das Sichtzeichen A.2 der Anlage I gekennzeichneten Stelle des Fahrwassers von beiden Seiten, so hat Vorfahrt

1. in Tidegewässern und in tidefreien Gewässern mit Strömung das mit dem Strom fahrende Fahrzeug, bei Stromstillstand das Fahrzeug, das vorher gegen den Strom gefahren ist,
2. in tidefreien Gewässern ohne Strömung das Fahrzeug, das grundsätzlich die Steuerbordseite des Fahrwassers zu benutzen hat. ²Das wartepflichtige Fahrzeug muß außerhalb der Engstelle so lange warten, bis das andere Fahrzeug vorbeigefahren ist.

(6) ¹Ein Fahrzeug, das die Vorfahrt zu gewähren hat, muß rechtzeitig durch sein Fahrverhalten erkennen lassen, daß es warten wird. ²Es darf nur weiterfahren, wenn es übersehen kann, daß die Schiffahrt nicht beeinträchtigt wird.

### § 26 Fahrgeschwindigkeit

(1) ¹Jedes Fahrzeug, Wassermotorrad und Segelsurfbrett muß unter Beachtung von Regel 6 der Kollisionsverhütungsregeln mit einer sicheren Geschwindigkeit fahren. ²Fahrzeuge und Wassermotorräder haben ihre Geschwindigkeit rechtzeitig so weit zu vermindern, wie es erforderlich ist, um Gefährdungen durch Sog oder Wellenschlag zu vermeiden, insbesondere beim Vorbeifahren an
1. Häfen, Schleusen und Sperrwerken,
2. festliegende Fähren,
3. manövrierunfähigen und festgekommenen Fahrzeugen sowie an manövrierbehinderten Fahrzeugen nach Regel 3 Buchstabe g der Kollisionsverhütungsregeln,
4. schwimmenden Geräten und schwimmenden Anlagen,
5. außergewöhnlichen Schwimmkörpern, die geschleppt werden, sowie
6. an Stellen, die durch die Sichtzeichen über Geschwindigkeitsbeschränkung oder durch die Flagge „A" des Internationalen Signalbuches gekennzeichnet sind.
(2) ¹Wird der Verkehr durch Sichtzeichen und bei verminderter Sicht zusätzlich durch Schallsignale geregelt, so ist die Geschwindigkeit so einzurichten, daß bei einer kurzfristigen Änderung des gezeigten Sichtzeichens oder des gegebenen Schallsignals das Fahrzeug sofort aufgestoppt werden kann. ²Wird an einer Anlage zur Regelung des Verkehrs durch Lichter kein Sichtzeichen gezeigt, so ist aufzustoppen, bis weitere Anweisung erfolgt.

(3) Innerhalb von Strecken, deren Grenzen nach § 60 Abs. 1 bekanntgemacht sind, darf die bekanntgemachte Höchstgeschwindigkeit durch das Wasser, auf dem Nord-Ostsee-Kanal über Grund, nicht überschritten werden.

(4) (...)

(5) (...)

30    Eine sehr umfangreiche Rechtsprechungsübersicht zu Fällen schuldhaften Verhaltens im Widerspruch zu navigatorischen Vorschriften und seemännischen Sorgfaltsmaßstäben bieten Schaps/*Abraham*,[37] die angesichts der Tatsache, dass nur wenige zivilrechtliche Abwicklungen von Schiffszusammenstößen vor deutschen Gerichten verhandelt und insbesondere durch Urteil entschieden werden, auch heute noch gute Dienste leistet. Eine jüngere Rechtsprechungsübersicht im Zusammenhang mit den jeweiligen Vorschriften der KVR bietet *Rabe*.[38]

31    **3. Sonderproblem Schleppverband.** Ist an einer Kollision ein Schleppverband beteiligt, stellt sich die Frage, ob dieser als Gesamtheit oder aber das geschleppte, bzw. das schleppende Schiff haftet.[39]

32    Auch wenn Schleppverbände im Verkehr eine Einheit darstellen,[40] können sie wegen der verschuldensbasierten Haftung bei Schiffszusammenstößen grundsätzlich nicht als Haftungseinheit behandelt werden.[41] Bei einer Kollision eines Schiffes mit Schiffen eines Schleppverbandes ist vielmehr zu untersuchen, inwiefern überhaupt auf Seiten des Schlep-

---

[37] § 725 Rn. 17.

[38] § 725 Rn. 15–22.

[39] Wie oben unter Rn. 4 dargestellt haften die Schiffe eines Schleppzuges untereinander nach Maßgabe des zwischen ihnen bestehenden Vertragsverhältnisses – idR des Schleppvertrages.

[40] Vgl. § 4 Abs. 3 SeeSchStrO: „*Bei Schub- und Schleppverbänden ist unbeschadet der Vorschrift des Absatzes 1 der Führer des Verbandes für dessen sichere Führung verantwortlich. Führer des Verbandes ist der Führer des Schleppers oder des Schubschiffes; die Führer der beteiligten Fahrzeuge können vor Antritt der Fahrt auch einen anderen Fahrzeugführer als Führer des Verbandes bestimmen.*".

[41] Schaps/*Abraham*, Anhang zu § 735 Rn. 1: „*Verschulden des Schleppzuges als solchen gibt es nicht.*"; vgl. auch; BGH 29.6.1959, VersR 1959, 608.

pers oder des geschleppten Schiffes ein selbständiges Verhalten stattfinden konnte.[42] Auf Basis dieser Beurteilung wird dann die Haftung nach den §§ 570, 571 und 572 verteilt.

Die Möglichkeit zu eigenem haftungsrelevanten Verhalten ist je nach technischem und **33** organisatorischem Konzept des Schleppverbandes unterschiedlich. Für die Teilhabe an der nautischen Verantwortlichkeit kann entscheidend sein, ob der Anhang bemannt ist, ob er über einen eigenen Antrieb verfügt, und ob der Anhang beispielsweise durch Rudermanöver den Schlepper unterstützen muss. Erheblich ist aber auch die tatsächliche Regelung der nautischen Verantwortlichkeit im Schleppverband zum Beispiel im Schleppvertrag und dessen Bedingungen.

Wird man bei der gewöhnlichen Hafenassistenz in der Regel noch von der grundsätzli- **34** chen nautischen Verantwortlichkeit des Seeschiffes ausgehen können, ist bei einer Schleppreise eines havarierten, manövrierunfähigen Schiffes zunächst zu vermuten, dass die nautische Führung beim Schlepper liegt.

Die einfachste Konstellation ist die eines manövrierunfähigen und unbemannten Anhan- **35** ges, bei dem selbstverständlich nur auf das Verhalten des Schleppers abzustellen ist.

Eine übergeordnete Verantwortlichkeit kann aber schon bei einem manövrierunfähigen **36** Anhang entstehen, soweit die Besatzung des Anhangs die nautische Führung des Verbandes übernimmt.

Liegt die Führung des Schleppverbandes allein beim Schlepper, und kommt es zu einer **37** Kollision allein des geschleppten Schiffes mit einem dritten, schuldlosen Schiff, regelt sich das Haftungsverhältnis des Schleppers und des dritten Schiffes nach den Regeln der Fernschädigung – also nach § 572.[43]

Abweichend von der rein am individuellen Verschulden orientierten Haftung der Teil- **38** nehmer eines Schleppverbandes nimmt die noch von *Rabe*[44] als herrschend identifizierte Meinung eine Fremdhaftung des Seeschiffes gegenüber einem Kollisionsgegner auch für das Verschulden des Schleppers an, da die Schlepperbesatzung der Schiffsbesatzung haftungsrechtlich gleichstehe. Demnach könnte der in Anspruch genommene Reeder des geschleppten Seeschiffes dem Kollisionsgegner nicht den Verschuldensanteil des Schleppers nach § 571 entgegenhalten.

Die Motivation, in solchen Fällen von den Grundsätzen der §§ 570 ff. bzw. der §§ 735 ff. **39** aF abzuweichen, besteht offensichtlich darin, dem Geschädigten den Zugriff auf den in der Regel höheren Wert bzw. die höhere Haftungsbeschränkungssumme des Seeschiffes zu gewähren.[45] Dagegen wenden Schaps/*Abraham* zu Recht ein, diese wirtschaftliche Billigkeit werde wiederum mit einer gleich großen Unbilligkeit zugunsten des Seeschiffes erkauft.[46]

Für die Fremdhaftung des Seeschiffes für ein Verschulden des Schleppers wurden weitere **40** Argumente[47] vertreten, deren nachvollziehbarstes noch ist, in analoger Anwendung der §§ 485, 735 aF die Besatzung des Schleppers dem Seeschiff zuzurechnen, soweit das Kommando beim geschleppten Schiff liege.[48]

Es ist jedoch nicht erkennbar, warum man im Bereich der Schiffszusammenstöße not- **41** wendigerweise vom Grundsatz der nach Sach- und Personenschäden getrennten Einzel- und Gesamtschuld abweichen sollte, zumal der Gesetzgeber auch bei der Neufassung des Seehandelsrechts in § 480 davon abgesehen hat, den Kreis der Personen, für die der Reeder einzustehen hat, über die eigene Schiffsbesatzung und den Lotsen hinaus auszudehnen. Auch wenn zumindest im Bereich der Hafenassistenz von Schleppern gegenüber voll manövrierfähigen Schiffen in der Regel die nautische Führung beim Seeschiff liegen wird,

---

[42] Eine umfangreiche Untersuchung unterschiedlichste Konstellationen mit entsprechender Rechtsprechung stellen Schaps/*Abraham* an Anh. § 725 Rn. 5–8.
[43] Vgl. *Rabe* Anh. § 736 Rn. 4.
[44] *Rabe* Anh. § 736 Rn. 14.
[45] So zum Beispiel RG 23.3.1907, RGZ 65, 385.
[46] Schaps/*Abraham* Anh. § 735 Rn. 25.
[47] ZB: Der Schlepper sei lediglich der Gehilfe des Seeschiffes oder lediglich seine nach außen verlegte Maschine, vgl. die Darstellung bei Schaps/*Abraham* Anh. § 735 Rn. 26 f.
[48] So zB *Rabe* Anh. 736 Rn. 14, sowie Schaps/*Abraham* Anh. § 735 Rn. 28 f.

ist bei nachgewiesenem Verschulden des Schleppers eine Fremdhaftung des Seeschiffes für dessen Verhalten gegenüber Dritten nicht sachgerecht. Der Schlepper bleibt trotz vom Seeschiff empfangener Weisungen eine räumlich wie organisatorisch von diesem getrennte Einheit, von deren Verhalten selbständige Verschuldensbeiträge ausgehen können. Dementsprechend ist es auch im Interesse der Schadensvermeidung, anstelle einer Fremdhaftung eine rein verschuldensbasierte Risikotragung zu gewährleisten.

## V. Verschulden des Reeders oder einer in § 480 HGB genannten Person

**42**  **1. Personenkreis.** Die Haftung nach § 570 wird ausschließlich durch ein Verschulden des Reeders oder einer der in § 480 genannten Personen ausgelöst. Neben dem Reeder[49] kommt damit ein schuldhaftes Verhalten eines Mitglieds der Schiffsbesatzung sowie eines an Bord des Schiffes tätigen Lotsen in Betracht, wobei die Geltendmachung der Haftung nicht erfordert, das Verschulden einer konkreten Person der Besatzung zuzuordnen.[50] Die Bestimmung und Abgrenzung dieses Personenkreises ist in der Kommentierung zu § 480 erfolgt (§ 480 Rn. 5 ff.).

**43**  **2. Verschulden des Lotsen „in Ausübung seiner Tätigkeit".** Wegen des großen Anteils von Revieren mit Lotsenannahmepflicht im Anwendungsbereich dieses Gesetzes ist bei vielen der sich in deutschen Hoheitsgewässern zutragenden Schiffszusammenstöße auch die Rolle der an Bord der beteiligten Schiffe befindlichen Lotsen für die zivilrechtliche Abwicklung von Schiffszusammenstößen von Belang.[51]

**44**  Wurde über die weggefallene Regelung des § 737 Abs. 2 aF das Verschulden eines an Bord tätigen Lotsen einem Verschulden eines Mitglieds der Schiffsbesatzung für die Haftung Dritter gegenüber ausdrücklich gleichgestellt, wird dies nun durch die Verweisung auf § 480 HGB gewährleistet. Da § 480 den Reeder nur für ein Verhalten des Lotsen *„in Ausübung seiner Tätigkeit"* gegenüber Dritten haften lässt, ist ein Blick auf die aktuelle Diskussion zu den gesetzlichen Grenzen und der praktischen Reichweite der Lotstätigkeit angezeigt.

**45**  Das gesetzgeberisch beschriebene Tätigkeitsbild des Lotsen in Deutschland ist das eines „Beratungslotsen".[52] Die Reichweite der „Beratung" ist relativ weit abgesteckt, da § 23 Abs. 2 SeeLG feststellt, dass der Kapitän auch dann für die Führung des Schiffes verantwortlich bleibt, wenn er selbständige Anordnungen des Seelotsen hinsichtlich der Führung des Schiffes zulässt. Übernimmt der Lotse jedoch selbst die Bedienung der Manöverelemente, wie es in der Praxis häufig vorkommt,[53] kann dies Auswirkungen auf seine Haftung hinsichtlich der Schäden am Schiff des ihn beauftragenden Reeders,[54] aber auch auf seine Verantwortlichkeit im Außenverhältnis – also zum Beispiel gegenüber dem Reedern des fremden an einer Kollision beteiligten Schiffes haben. *Heinrich/Steinicke* meinen, wenn der Seelotse die Manövereinrichtungen selbst bediene, tue er dies regelmäßig aufgrund eines neuen Rechtsgrundes, der neben die Beratung nach dem SeeLG trete.[55] *Zschoche* hält diese Auffassung für „praxisfremd und rechtsdogmatisch zweifelhaft"[56], sieht die Bedienung der Manö-

---

[49]  Bei der Durchsetzung von Ansprüchen aus Schiffszusammenstößen ergeben sich Besonderheiten, wenn eines der beteiligten Schiffe bareboat verchartert ist. Zur Rolle des Bareboat-Charterers vgl. § 477 Rn. 1.
[50]  Vgl. Schaps/*Abraham* § 735 Rn. 5 mwN.
[51]  Hervorzuheben ist allerdings die im internationalen Vergleich hohe Qualität der Lotsungen in deutschen Gewässern mit statistisch lediglich einem Unfall auf 140.000 Lotsungen [Erhebung des Pilotage Sub-Committee der International Group of P&I – Clubs, verfügbar unter www.steamshipmutual.com.
[52]  Vgl. § 23 SeelotsG: „(1) Der Seelotse hat den Kapitän bei der Führung des Schiffes zu beraten. (...) (2) Für die Führung des Schiffes bleibt der Kapitän auch dann verantwortlich, wenn er selbständige Anordnungen des Seelotsen hinsichtlich der Führung des Schiffes zulässt.".
[53]  Vgl. *Zschoche* Hansa 2009, 83; *Heinrich/Steinicke* Teil A § 24 SeelotsG S. 48.
[54]  § 21 Abs. 3 S. 1 begrenzt die Haftung des Losten für „in Ausübung seiner Lotstätigkeit" verursachte Schäden auf solche, die auf sein vorsätzliches oder grob fahrlässiges Verhalten zurückzuführen sind.
[55]  *Heinrich/Steinicke* Teil A § 23 zu Abs. 2, S. 48, die in solchen Fällen ein uU konkludent vereinbartes Auftragsverhältnis zwischen dem Kapitän als Reedervertreter und dem Lotsen annehmen.
[56]  VersR 2012, 1088, 1091.

verelemente durch den Lotsen in Übereinstimmung mit seinem gesetzlichen Tätigkeitsbild[57] und bezieht sich dabei im Wesentlichen auf die Erweiterung in § 23 Abs. 2 SeeLG.[58]
§ 23 Abs. 2 SeeLG setze die Führung des Schiffes durch den Lotsen voraus.[59]

Diese Interpretation des § 23 Abs. 2 SeeLG geht wohl über das Regelungsziel hinaus. **46**
Der Seelotse nach deutschem Gepräge ist weiterhin Beratungslotse,[60] dessen übergeordnete
Sicherungsfunktion nicht durch das Bedienen des Schiffes beeinträchtigt werden sollte. Ein
weites Verständnis dieses Begriffs erlaubt es sicherlich, direkte Anordnungen zB an den
Rudergänger in das gesetzliche Tätigkeitsbild einzubeziehen. Von Beratung kann spätestens
dann nicht mehr die Rede sein, wenn die Besatzung nicht mehr in die Entscheidungspro-
zesse und Handlungen des Lotsen einbezogen wird.[61]

Ist erkennbar, dass die unmittelbare Übernahme der Manöverelemente durch den Lotsen **47**
im Einzelfall sinnvoll sein kann,[62] zeigt die obige Diskussion, dass der Rechtsrahmen angepasst werden sollte, um den Lotsen dadurch die notwendige Rechtssicherheit zu gewährleisten.

## VI. Schadensbegriff

Der aufgrund des § 570 zu ersetzende Schaden ist im Seehandelsrecht des HGB nicht **48**
speziell geregelt. Das Comite Maritime International hat den Versuch unternommen, eine
vereinheitlichte Regelung der Schadensersatzansprüche durch Schiffszusammenstöße zu
schaffen. Diese Bemühungen mündeten jedoch nicht in einem Übereinkommen, sondern
in einem Regelwerk, das als Richtlinie gelten und nach Möglichkeit im Einzelfall vereinbart
werden sollte.[63] Diese sogenannten Lisbon Rules (1987)[64] stellen zwar eine unter Umständen sinnvolle Vereinfachung zur Abwicklung einer Kollision dar, spielen aber in der Praxis
keine große Rolle.[65]

Wegen der geringen praktischen Bedeutung dieser Regeln und mangels seerechtlicher **49**
Spezialregeln wird der ersatzfähige Schaden in der Regel nach Maßgabe des allgemeinen
Zivilrechts ermittelt. Grundsätzlich hat der Verursacher also nach einem Schiffszusammen-
stoß gem. § 249 Abs. 1 BGB den Zustand wieder herzustellen, der bestehen würde, wäre
der zum Ersatz verpflichtende Umstand nicht eingetreten. Die Ermittlung des entgangenen
Gewinns erfolgt gemäß § 252 BGB.

Typischerweise ersatzfähig sind im Rahmen der Abwicklung einer Schiffskollision Kosten **50**
beispielsweise für Bergung/Hebung, Schleppkosten, Reparatur und deren Nebenkosten (wie
zB Kosten des Verholens zur Reparaturwerft, Sachverständigenkosten zur Schadensermittlung, Kosten für Ballast-, Trimm- und Löscharbeiten etc., Nutzungsausfall, Schadensermittlungskosten und die Kosten der anwaltlichen Vertretung im Seeamtsverfahren.[66]

Wegen der Anwendung allgemeinen Zivilrechts soll nur auf folgende Besonderheiten **51**
eingegangen werden:

---

[57] Hansa 2009, 83, 87, 89.
[58] Es mache im Sinne von „selbständigen Anordnungen hinsichtlich der Schiffsführung" keinen Unterschied, ob die Manöverelemente über Befehle „ferngesteuert" oder von Hand bedient würden, *Zschoche*
Hansa 2009, 89, vgl. auch *ders.* VersR 2012, 1088, 1091.
[59] VersR 2012, 1088, 1090.
[60] Vgl. auch § 4 Abs. 2 SeeSchStrO: „*Verantwortlich ist auch der Seelotse; er hat den Fahrzeugführer oder dessen
Vertreter so zu beraten, dass sie die Vorschriften dieser Verordnung befolgen können.* "
[61] Weil beispielsweise seine Kommunikation mit der Revierzentrale und den Lotsen anderer Schiffe lediglich auf Deutsch erfolgt und er entweder selbst die Manöverelemente bedient oder Kanalsteuerer direkt
auf Deutsch anweist. Dass die übrige Brückenbesatzung im Idealfall weiterhin die ausgeführten Fahrt- und
Kursänderungen verfolgt, verleiht dem Handeln des Lotsen nicht den Charakter einer Beratung.
[62] Zum Beispiel, weil durch höhere Verkehrsdichte und Schiffsdimensionen in engen Fahrtgebieten die
Reaktionszeiträume verkürzt werden müssen – nicht aber um sprachliche oder nautische Defizite einzelner
Besatzungen auszugleichen.
[63] *Warot* JMLC 1987, 583, 585.
[64] Abgedruckt in JMLC 1987, 577–582.
[65] Vgl. *Rabe* § 735 Rn. 46.
[66] Eine ausführliche Übersicht zu möglichen Schadenspositionen bieten mit Hinweisen zur Rechtsprechung: Schaps/*Abraham* § 735 Rn. 129 ff.

**52**     **1. Ersatzberechtigte.** Zum Ersatz unter § 571 berechtigt sind bei Personenschäden die Betroffenen selbst und in dem durch die §§ 844, 845 BGB begrenzten Bereich auch mittelbar Geschädigte wie Hinterbliebene. Den Ersatzanspruch bei der Beschädigung von Sachen hat der Eigentümer inne. Bei einer Beschädigung eines Schiffes ist also in der Regel der Reeder Gläubiger des Schadensersatzanspruches. Liegt aber ein Ausrüsterverhältnis vor, ist der Ausrüster wegen § 477 Abs. 2 ersatzberechtigt (§ 477 Rn. 5).

**53**     Hinsichtlich der Beeinträchtigung der Nutzung des Schiffes als geschütztem Recht ist dinglich Berechtigter in der Regel nicht der Charterer,[67] soweit aufgrund der üblichen Gestaltung eines Charterverhältnisses[68] die nautische Verfügungsgewalt beim Reeder oder Ausrüster verbleibt. Das von der deliktischen Haftung umfasste „sonstige Recht" bleibt in den Händen des Eigners oder Ausrüsters.

**54**     Als dinglich Berechtigte kommen auch die Inhaber von Pfandrechten am Schiff in Betracht.[69]

**55**     **2. Wertermittlung bei Verlust eines Schiffes.** Ein allgemeingültiger „Verkehrswert" steht als Berechnungsgrundlage des Schadensersatzes für den Verlust eines Schiffes in der Regel nicht zur Verfügung. Gelegentlich ist es kaum möglich, Daten einer ausreichend großen Vergleichsmenge anderer Schiffe heranzuziehen, da das Potential eines Schiffes als Erwerbsmittel je nach Marktsituation zum Beispiel wegen spezieller Fähigkeiten und Ausrüstung, wie beispielsweiser einer hohen Eisklasse, geringen Tiefgangs oder eines schwergutfähigen eigenen Ladegeschirrs erheblich vom „Durchschnitt" abweichen kann. Vor diesem Hintergrund ist es sachgerecht, den konkreten Gebrauchswert in den Händen des Reeders zur Grundlage der Schadensersatzberechnung zu machen.[70] Die besten Anhaltspunkte zur Wertermittlung sind daher Höhe der Charter und die Dauer des geschlossenen Chartervertrages.

**56**     **3. Berechnung Nutzungsausfallschaden.** Grundsätzlich richtet sich der Ersatz des Nutzungsausfallschadens nach den Grundsätzen der Schadensberechnung des § 252 BGB. Der Nutzungsausfallschaden in Form des entgangenen Gewinns kann also wie dort beschrieben nach den konkreten „besonderen Umständen" oder abstrakt „nach dem gewöhnlichen Lauf der Dinge" berechnet werden.

**57**     Verliert der Reeder aufgrund eines Zusammenstoßes sein Schiff, ist für die Berechnung des Ausfallschadens der Zeitpunkt des Erwerbs eines neuen Schiffes, bzw. der Bereitstellung eines Ersatzschiffes maßgeblich.[71] Kann das Schiff repariert werden, ist die Dauer der durch die Reparatur bedingten Unterbrechung der Reise entscheidend.

**58**     Als Berechnungsgrundlage eines solchen Schadens bietet sich bei Schiffen, die aufgrund eines Zeitchartervertrages verchartert sind, die in der Regel nach Tagessätzen vereinbarte Tagescharterrate an, die der Zeitcharterer regelmäßig nicht zahlen wird, wenn das Schiff aus einem durch ihn nicht zu vertretendem Grund nicht zur Verfügung steht und er dieses deshalb „off hire" setzt (vgl. § 565 Abs. 2).

**59**     Erwirtschaftet das Schiff seine Umsätze im Rahmen eines Reisecharterverhältnisses, hat sich die Praxis herausgebildet, die Ausfallkosten nicht etwa anhand des vertraglich vereinbarten Liegegeldes zu berechnen,[72] sondern die durchschnittliche Fracht aus drei Reisen vor und nach dem Schadensereignis zugrunde zu legen und die ersparten Aufwendungen (Bunker, Lotsgelder, Heuern etc.) abzuziehen.[73]

**60**     **4. Ersatz für Schäden Dritter.** Kommt es in Folge eines Schiffszusammenstoßes in engen Gewässern zu einer Sperrung des Schifffahrtsweges, stellt sich die Frage, inwiefern der eine Kollision verursachende Reeder auch für Nutzungsausfallschäden Dritter haftet.

---

[67] Vgl. hierzu mwN Schaps/*Abraham* § 735 Rn. 110.
[68] Vgl. *Herber* S. 348.
[69] Vgl. Schaps/*Abraham* § 735 Rn. 109.
[70] BGH 21.1.1965, VersR 1965, 351.
[71] Vgl. *Rabe* § 735 Rn. 60.
[72] Was das OLG Hamburg 8.12.1962, Hansa 1963, 625, 626, als unzulässig angesehen hat.
[73] Vgl. *Wriede* DVIS Heft A24, 1976, 3,15.

Eine Grundsatzentscheidung hat der BGH im sogenannten „Fleetfall"[74] getroffen. Führt eine solche Sperrung zur Gebrauchsunfähigkeit des Schiffes, weil es in einem Teil des Gewässers eingeschlossen ist und dadurch jede Bewegungsmöglichkeit verliert, ist eine Haftung nach § 823 Abs. 1 BGB wegen Eigentumsverletzung denkbar. Eine solche wurde aber ausdrücklich verneint, wenn das von der Sperrung betroffene Schiff lediglich eine nicht mehr zugängliche Verladestelle nicht mehr erreichen kann.

Für den Fall einer durch ein Schiff verursachten Sperrung einer Schifffahrtsstraße hat die 61 Rechtsprechung[75] jüngst Abgrenzungskriterien für Nutzungsstörungen Dritter herausgearbeitet, bei deren Vorliegen eine Rechtsgutverletzung iSd. § 823 Abs. 1 BGB angenommen werden kann. Vorübergehende Sperrungen einer Schifffahrtsstraße seien sozial üblich; weshalb eine ersatzfähige Nutzungsbeeinträchtigung erst ab einer Dauer von 14 Tagen angenommen werden könne.[76] Im Übrigen mangelt es selbst bei einer Sperrung aufgrund einer grob fahrlässig verursachten Havarie an einem unmittelbaren und betriebsbezogenen Eingriff in den Gewerbebetrieb des betroffenen Schiffseigners.

**5. Vorteilsausgleichung.** Nimmt der Eigner während des durch die Kollision veranlass- 62 ten Werftaufenthaltes auch damit nicht zusammenhängende Wartungsarbeiten vor, muss er sich die ersparten Kosten, beispielsweise der Dockung, anteilig im Wege der Vorteilsausgleichung anrechnen lassen. Auch bei der Berechnung des Nutzungsausfalls ist der zeitliche Anteil solcher Eignerarbeiten zu berücksichtigen.[77]

Seine Pflicht zur Schadensminderung verpflichtet ihn überdies im Rahmen der techni- 63 schen Möglichkeit und Zumutbarkeit dazu, Schäden aus einem Schiffszusammenstoß im Rahmen einer ohnehin erforderlichen periodischen Dockung zu erledigen.

Auch bei umfangreichen Reparaturen typischer Kollisionsschäden ist dagegen eine Vor- 64 teilsanrechnung im Sinne eines Abzuges „neu für alt" in der Regel schwer zu begründen, da selbst bei großflächigem Austausch der Schiffsaußenhaut und darunter liegender Spanten keine Verlängerung der Lebensdauer des Schiffes bewirkt und damit auch der Gebrauchswert nicht erhöht wird. Dagegen kann ein aufgrund eines Zusammenstoßes vorgenommener Austausch von Teilen der Antriebsanlage, die einem Verschleiß unterliegen, einen Abzug rechtfertigen.

**6. Weitere Sachschäden.** Hinsichtlich durch einen Schiffszusammenstoß entstehender 65 Sachschäden spricht § 570 von „an Bord befindlichen Sachen", unterscheidet also nicht zwischen Ladung und sonstigen Gegenständen. Die Haftungsbeschränkung des § 504 findet – wie schon im alten Recht[78] – keine Anwendung. Für die Höhe des zu leistenden Ersatzes ist der zu erzielende Wert der Güter am Empfangsort maßgeblich.[79] Zu ersetzen sind auch die Nebenkosten, die aufgrund der Beschädigung der Ladung angefallen sind, zum Beispiel für Umladung,[80] neue Verpackung, Bergung, etc.[81] Den Nettoerlös aus dem erzielten Restwert der beschädigten Ladung unter Berücksichtigung der Kosten eines solchen Verkaufs muss sich der Ladungseigentümer auf den Ersatz anrechnen lassen.

**7. Personenschäden.** Auch der den an Bord befindlichen Personen entstandene Scha- 66 den wird mangels seerechtlicher Sonderregelungen auf Basis der Vorschriften des BGB ersetzt.

[74] BGH 21.12.1970, BGHZ 55, 153.
[75] Rheinschiffahrtsgericht St. Goar 6.10.2011, BinSchiff 2012, 72, sowie nachfolgend Zentralkommission für die Rheinschiffahrt Berufungskammer, vom 18.3.2013, BinSchiff 2013, 74 = RdTW 2013, 227.
[76] So das Rheinschiffahrtsgericht 6.10.2011, BinSchiff 2012, 72, das auf die übliche Dauer der Beseitigung solcher Beeinträchtigungen im mitteleuropäischen Raum abstellt; verneinend für einen Zeitraum von nur fünf Tagen Rheinschiffahrtsgericht Duisburg-Ruhrort 7.4.2008, BinSchiff Heft 7/2008, 86, 87.
[77] Vgl. *Wriede* DVIS A Heft 24, 1976, 3, 14.
[78] Vgl. Schaps/*Abraham* § 735 Rn. 164.
[79] Vgl. Schaps/*Abraham* § 735 Rn. 164 mwN.
[80] Abweichend für den Fall des Umladens einer bei einer Kollision unbeschädigt gebliebenen Ladung ausschließlich für den Zweck des Weitertransports: BGH 7.6.1979, VersR 1979, 905 f., das hierin einen von § 23 Abs. 1 BGB nicht erfassten reinen Vermögensschaden sieht.
[81] Vgl. Schaps/*Abraham* § 735 Rn. 165.

67    Bei Gesundheitsschäden wird dem Geschädigten nach den §§ 842, 843 BGB sein Erwerbsschaden ersetzt, sowie eine Minderung oder sogar Aufhebung seiner Erwerbsfähigkeit durch eine Geldrente oder Abfindung kompensiert. Die Kosten seiner Heilbehandlung sind durch den Schädiger ebenfalls zu erstatten. Ein Schmerzensgeld kann auf Basis des § 253 Abs. 2 BGB gefordert werden.[82]

68    Kommt der Geschädigte bei dem Schiffszusammenstoß ums Leben, sind die Ansprüche der Angehörigen auf den in den §§ 844, 845 BGB beschriebenen Umfang beschränkt.[83]

69    So dürfen die Angehörigen (in der Regel der gem. § 1968 BGB zur Beerdigung verpflichtete Erbe) die Kosten der Beerdigung fordern. Diejenigen, denen der Getötete kraft Gesetzes Unterhalt (§ 844 Abs. 2 BGB) oder Dienste (§ 845 BGB) schuldete, dürfen Ersatz für die entgangenen Leistungen fordern.[84] Bemessungsgrundlage für den Unterhalt ist der Betrag, den der Getötete dem Unterhaltsberechtigten während der mutmaßlichen Dauer seines Lebens hätte leisten müssen,[85] unter Einbeziehung einer Prognose sowohl hinsichtlich der Leistungsfähigkeit des Unterhaltsverpflichteten und der Bedürftigkeit des Berechtigten.[86]

70    Obgleich das deutsche Recht wegen des Unmittelbarkeitsgrundsatzes der deliktischen Haftung im Gegensatz zu anderen Rechtsordnungen keine Entschädigung für den immateriellen Verlust bei Tod oder schwerer Verletzung von Angehörigen kennt,[87] gewährt ihnen die Rechtsprechung zumindest im abgegrenzten Bereich sogenannter „Schockschäden" Ersatz, wenn sich der Verlust eines nahen Angehörigen in einer Art und Weise gesundheitlich manifestiert, der über die zu erwartenden Folgen der Todesnachricht eines nahen Angehörigen hinausgeht.[88]

## § 571 Mitverschulden

(1) [1]Sind die Reeder mehrerer am Zusammenstoß beteiligter Schiffe zum Schadensersatz verpflichtet, so bestimmt sich der Umfang des von einem Reeder zu leistenden Ersatzes nach dem Verhältnis der Schwere seines Verschuldens zu dem der anderen Reeder. [2]Kann ein solches Verhältnis nicht festgesetzt werden, so haften die Reeder zu gleichen Teilen.

(2) [1]Abweichend von Absatz 1 haften die Reeder mehrerer am Zusammenstoß beteiligter Schiffe für den Schaden, der durch den Tod oder die Körperverletzung einer an Bord befindlichen Person entsteht, als Gesamtschuldner. [2]Im Verhältnis zueinander sind die Reeder nach Maßgabe des Absatzes 1 verpflichtet.

### Übersicht

| | Rn. | | Rn. |
|---|---|---|---|
| I. Normzweck | 1–3 | IV. Haftung bei Personenschäden | 11–16 |
| II. Sachschäden | 4–9 | 1. Haftung im Außenverhältnis | 11, 12 |
| III. Kein konkretes Verschuldensverhältnis feststellbar | 10 | 2. Ausgleich im Innenverhältnis | 13–15 |
| | | 3. Sonderproblem Schleppverband | 16 |

## I. Normzweck

1    § 571 ist nahezu unverändert aus § 736 aF hervorgegangen und entspricht im wesentlichen Art. 4 IÜZ. Die Vorschrift bestimmt weiterhin, dass – zumindest bei Sachschäden –

---

[82] Bei der Abwicklung solcher Schäden im Bereich der Berufsschifffahrt spielen regelmäßig sozialversicherungsrechtliche Aspekte wie die Haftungsprivilegierung des Unternehmers aus § 104 SGB II und der Anspruchsübergang gem. §§ 116 ff. SGB X eine Rolle.
[83] Eingehend zur Thematik: *Diederichsen* NJW 2013, 641.
[84] Unter Anrechnung des Mitverschuldens des Verletzten gem. § 846 BGB.
[85] BGH 25.4.2006, NJW 2006, 2327.
[86] Vgl. BGH 25.4.2006, NJW 2006, 2327.
[87] Vgl. *Diederichsen* NJW 2013, 641, 647 mwN; sowie *Adelmann* VersR 2009, 449, 450 f.
[88] Vgl. BGH 11.5.1971, BGHZ 56, 163.

aus *einem* Kollisionsereignis unter Beteiligung mehrerer Schiffe, die Reeder untereinander nur entsprechend ihrer jeweiligen Verschuldensquoten Ersatz zu leisten haben. Im Gegensatz zum zunächst naheliegenden Gedanken der deliktischen Gesamtschuld[1] iSd. § 840 Abs. 1 BGB kann der Reeder eines beschädigten Schiffes, den kein Verschuldensvorwurf trifft, die Reeder mehrerer für die Kollision verantwortlicher Schiffe nicht als Gesamtschuldner je in voller Höhe, sondern lediglich im Verhältnis ihrer schuldhaften Beiträge in Anspruch nehmen.

Bei Zusammenstößen von Schiffen findet man in der Praxis – zumindest, wenn sich **2** beide bzw. alle Schiffe in Bewegung befunden haben – selten Konstellationen, in denen eines der Schiffe nicht zumindest auch ein untergeordneter Mitverschuldensvorwurf trifft. Auch wenn eines der Schiffe die Gefahrenlage allein hervorgerufen hat, wird das Verhalten des anderen Schiffes darauf geprüft, ob beispielsweise der Verpflichtung zur Durchführung eines Manövers des letzten Augenblicks (gem. Regel 17a)ii) und b) KVR) auch ordnungsgemäß nachgekommen worden ist. Daher hat diese Vorschrift ein weites Anwendungsfeld.

Innerhalb seines Anwendungsbereiches verdrängt der speziellere § 571 den § 254 BGB,[2] **3** so dass beispielsweise die bei Anwendung des § 254 BGB vorhandene Möglichkeit, ein untergeordnetes Mitverschulden einer Partei zu Ungunsten der anderen Partei unberücksichtigt zu lassen, wegfällt.[3] Bei Mitverschulden anderer Personen als der in § 480 genannten – und damit außerhalb des Anwendungsbereichs des § 571 – gelangt § 254 BGB im Verhältnis zu diesen Personen zur Anwendung.[4] Wie schon § 736 aF berücksichtigt § 571 allein das mit dem Zusammenstoß verknüpfte Verschulden, nicht aber anderweitige Beiträge zur Schwere der Kollisionsfolge (wie zum Beispiel eine Reduzierung der Schäden durch Änderung des Anprallwinkels, oder eine Vergrößerung der Schäden aufgrund sicherheitsrelevanter Mängel). Daher können derartige Beiträge über § 254 BGB berücksichtigt werden.

## II. Sachschäden

Die Höhe der Quoten ist einzelfallgebunden unter Berücksichtigung der individuellen **4** Vorhersehbarkeit zum Zeitpunkt des für die Kollision maßgeblichen Verhaltens zu beurteilen.[5] Bei einer gerichtlichen Auseinandersetzung werden die Quoten nach freier richterlicher Würdigung gem. § 287 ZPO ermittelt.

Der Maßstab für die Bildung der Haftungsquoten entspricht dem oben zu § 570 beschrie- **5** benen. Den besten Anhaltspunkt zu dieser Beurteilung bieten die oben unter § 570, Rn. 23 ff. und 28 ff. zitierten Fahrregeln. Eine umfangreiche Rechtsprechungsauswertung bieten auch hierzu Schaps/*Abraham* § 736 Rn. 15 ff.

Ein überwiegendes Verschulden dürfte in der Regel zunächst bei demjenigen zu finden **6** sein, der die Kollisionsgefahr überhaupt geschaffen hat,[6] da in solchen Fällen zu berücksichtigen ist, dass der Kollisionsgegner, sollte er auch schuldhaft zum Erfolg beigetragen haben, doch zunächst in die Gefahrensituation und damit zur Reaktion in einer möglicherweise noch unübersichtlichen Lage gezwungen worden ist.

Eine Besonderheit in der Abwicklung kollisionsbedingter Ladungsschäden kann sich aus **7** der Verwendung der sogenannten „Both to blame collision clause" in Charterverträgen ergeben. Diese Klausel ist auf eine Besonderheit US-amerikanischen Rechts zurückzuführen. Da die USA nicht Vertragsstaat des IÜZ sind, wird die Haftung für Sachschäden dort nicht pro rata nach dem jeweiligen Verschulden verteilt, sondern der Reeder kann wegen Schäden an der Ladung auf seinem eigenen Schiff über den Anteil seines eigenen Verschuldens hinaus in Anspruch genommen werden. Zudem können die Ladungsinteressen den

---

[1] Der vor der Umsetzung des IÜZ auch für Sachschäden gegolten hat.
[2] Wobei die Spezialität des § 571 gegenüber § 254 BGB selbstverständlich nicht dazu führt, dass die in § 254 Abs. 2 BGB statuierte Schadensminderungspflicht keine Anwendung findet.
[3] Vgl. Schaps/*Abraham* § 736 Rn. 6 mwN.
[4] Vgl. *Rabe* § 736 Rn. 5.
[5] Vgl. *Rabe* § 736 Rn. 12.
[6] *Rabe* § 726 Rn. 13 mwN.

Reeder des anderen Schiffes für den gesamten Schaden in Anspruch nehmen – und damit eventuell im Innenverhältnis zum eigenen Reeder bestehende Haftungsausschlüsse und -beschränkungen umgehen –, der dann wiederum den Reeder des die Ladung befördernden Schiffes in Regress nehmen kann.

8 Diesen Problemen wirkt die „Both to blame collision clause" entgegen, indem sie die Ladungsbeteiligten verpflichtet, den Verfrachter von Regressansprüchen des Kollisionsgegners frei zu halten.[7]

9 Die Wirksamkeit solcher „veralteter" und „schwer verständlicher" Haftungsfreistellungen des Verfrachters selbst für schweres Verschulden seiner Leute stellt Herber[8] zu Recht in Frage.

### III. Kein konkretes Verschuldensverhältnis feststellbar

10 § 571 Abs. 1 Satz 2 hat den Grundsatz der Vorgängerregelung übernommen, dass die verantwortlichen Reeder zu gleichen Teilen haften, wenn sich die Verschuldensquote nicht feststellen lässt. Zwar erleichtert der richterliche Wertungsspielraum bei der Feststellung der Verschuldensquoten eine Festlegung. Liegt aber hierfür tatsächlich keine ausreichende Entscheidungsgrundlage vor, vermeidet § 571 Abs. 1 Satz 2, dass jede Partei die eigenen Schäden tragen muss. Da das Verhältnis der jeweiligen Schadenshöhen der beteiligten Schiffe durch mehr oder weniger zufällige Ereignisse bestimmt werden kann – wenn beispielsweise bei einem Schiff der Maschinenraum unter der Wasserlinie getroffen wird, und das andere Schiff lediglich mit dem stabilen Wulstbug auftrifft – stellt diese Regelung eine sinnvolle „Schicksalsgemeinschaft" her.

### IV. Haftung bei Personenschäden

11 **1. Haftung im Außenverhältnis.** § 571 Abs. 2 geht auf Art. 4 Abs. 3 IÜZ zurück, der wiederum auf dem Gedanken gründete, den Opfern von Personenschäden größtmögliche Sicherheit bei der Durchsetzung ihrer Ansprüche zu gewährleisten, weshalb man schon damals vereinbarte, die Reeder der an einem Zusammenstoß beteiligten Schiffe gesamtschuldnerisch haften zu lassen.[9]

12 Der Geschädigte kann also sowohl den Reeder des eigenen als auch den des anderen Schiffes in voller Höhe in Anspruch nehmen.

13 **2. Ausgleich im Innenverhältnis.** § 571 Abs. 2 Satz 2 eröffnet den nach außen gesamtschuldnerisch haftenden Reedern den Innenausgleich auf Basis der nach Abs. 1 festzulegenden Verschuldensquote.

14 Ein in diesem Bereich relevanter Fall der sogenannten gestörten Gesamtschuld kommt dann in Betracht, wenn ein Besatzungsmitglied verletzt worden ist, demgegenüber sich dessen Reeder auf sein sozialversicherungsrechtliches Haftungsprivileg aus den §§ 104 ff. SGB VII berufen kann.

15 Das gesetzliche Haftungsprivileg stört in einem solchen Fall das Ausgleichsverhältnis nach § 426 BGB. Die Rechtsprechung löst dieses Problem zu Lasten des Geschädigten, dh. dessen Ersatzanspruch gegen den Mitschädiger – den Reeder des fremden Schiffes – wird um den Haftungsanteil des privilegierten Schädigers gekürzt.[10]

16 **3. Sonderproblem Schlepperverband.** Die Besonderheiten für die Bestimmung des Verschuldens und insbesondere dessen Anknüpfung bei der Beteiligung von Schleppverbänden ist oben zu § 570 (Rn. 32 ff.) behandelt worden.

---

[7] Vgl. *Herber* S. 385 f.; *Ehlers* TranspR 2006, 7, 13.
[8] *Herber* S. 386; zustimmend zumindest bei der Verwendung in Konnossementens *Puttfarken* S. 305.
[9] Eingehend zur Entwicklung dieser Regelung: *Celik* S. 35 ff.
[10] Vgl. *Palandt/Grüneberg* § 426 Rn. 18 ff. mwN; BGH 22.1.2008, NJW 2008, 2116.

## § 572 Fernschädigung

**Fügt ein Schiff durch Ausführung oder Unterlassung eines Manövers oder durch Nichtbeachtung einer Schifffahrtsregel einem anderen Schiff oder den an Bord der Schiffe befindlichen Personen oder Sachen einen Schaden zu, ohne dass ein Zusammenstoß stattfindet, so sind die §§ 570 und 571 entsprechend anzuwenden.**

### I. Schaden ohne Zusammenstoß

Diese Vorschrift geht auf Art. 13 IÜZ zurück und entspricht fast wörtlich dem § 738c **1** aF.[1] Als beispielhaft für den Anwendungsbereich verweist die RegBegr-SRG[2] auf den Fall, dass eines von zwei sich in engem Fahrwasser begegnenden Schiffen nicht regelgerecht ausweicht und dadurch das andere Schiff im Bemühen, einen Zusammenstoß zu vermeiden, auf Grund läuft oder mit einem anderen Schiff kollidiert. Damit ist die Fallgruppe erfasst, bei der das sich regelwidrig verhaltende Schiff eine **willkürliche** Reaktion des dadurch zu Schaden kommenden anderen Schiffes veranlasst. Daneben gelangt § 572 aber auch in Fällen zur Anwendung, in denen die Fernschädigung nicht durch eine Reaktion des geschädigten Schiffes vermittelt wird, sondern ohne willensgeleiteten Beitrag unmittelbar, beispielsweise durch Sog, Wellenschlag oder hydrodynamische Interaktion[3] bei der Passage geschädigt wird. Angesichts der hohen Verkehrsdichte, der wachsenden Schiffsdimensionen und der zur Verfügung stehenden Wassertiefe und Sohlbreite deutscher Gewässer, wie insbesondere des Nord-Ostsee-Kanals, ist momentan nicht erkennbar, dass solche Vorkommnisse seltener werden.

§ 572 setzt im Gegensatz zu § 570 voraus, dass **keine** Berührung zwischen dem verursa- **2** chenden Schiff und dem geschädigten Schiff stattfindet.

### II. Ausführung oder Unterlassung eines Manövers oder Nichtbeachtung einer Schifffahrtsregel

Sprach die Vorgängerregelung hier noch von „Nichtbeachtung einer Verordnung", prä- **3** zisiert § 572 HGB hinsichtlich der „Schifffahrtsregel". Hierunter werden im Wesentlichen die jeweils anwendbaren Fahrtregeln der SStrO und der KVR, sowie lokale Sonderregelungen zu verstehen sein. Praxisrelevant dürften insbesondere Verstöße gegen lokale Geschwindigkeitsbeschränkungen oder allgemeiner gegen die generalklauselartigen Vorschriften §§ 3 und 26 SStrO und Regel 6 KVR sein, wenn durch zu schnelles oder dichtes Passieren festgemachter Schiffe beispielsweise deren Leinen brechen. Durch die zunehmende Relevanz hydrodynamischer Interaktion zwischen Schiffen in engen Fahrwassern wie dem Nord-Ostsee-Kanal kommt dieser Vorschrift eine große Bedeutung zu.

Schwieriger noch als bei unmittelbaren Schiffszusammenstößen wird es, bei Schäden durch Fernschädigung den Nachweis der Kausalität des regelwidrigen Verhaltens des schädigenden Schiffes zu erbringen.[4]

### III. Schwellschäden an Landanlagen

Wegen der ausdrücklichen Begrenzung der Schutzgüter fallen Schäden durch Sog und **4** Schwell an landseitigen Bauten wie zB Hafen- und Steganlagen nicht in den Geltungsbereich dieser Vorschrift. Wer Schadensersatz anlässlich solcher Schäden geltend macht, kann sich idR nur auf die allgemeine deliktische Haftung berufen.

---

[1] Eine Rechtsprechungsübersicht und Beschreibung der Ursprünge der Haftung für Fernschädigungen bietet *Jasper* MDR 1984, 898 ff.

[2] S. 123.

[3] Vgl. zur Relevanz derartiger Effekte die Ausführungen der BSU im Untersuchungsbericht 41/09 (MT VASI/MT BIRTHE THERESA), S. 21–31, sowie sehr umfangreich im Untersuchungsbericht 45/04 (CMS COSCO HAMBURG/CMS NEDLLOYD FINLAND, S. 49 ff.

[4] Vgl. hierzu beispielsweise *Wriede* DVIS 1976, Heft A24, S. 10 f.

## § 573 Beteiligung eines Binnenschiffs

**Die Vorschriften dieses Unterabschnitts sind entsprechend anzuwenden, wenn an dem Unfall ein Binnenschiff beteiligt ist.**

1    In Übereinstimmung mit Art. I IÜZ und § 739 aF erstreckt § 573 die Wirkung der Vorschriften der §§ 570–572 auf Zusammenstöße mit oder unter Beteiligung von Binnenschiffen. Er weicht aber insofern von der Vorgängerregelung ab, als er lediglich eine analoge Anwendung der Vorschriften zu Schiffszusammenstößen anordnet. Eine direkte Anwendung der Vorschriften scheide aus, weil diese Vorschriften auf **See**schiffe zugeschnitten seien.[1]

2    Eine auch nur analoge Anwendung der §§ 570–573 findet bei Schiffszusammenstößen und Fernschädigungen, an denen ausschließlich Binnenschiffe beteiligt sind, nicht statt.[2] Maßgeblich sind dann die §§ 92 ff. BinSchG, sowie die Vorschriften des Übereinkommens vom 15. März 1960 zur Vereinheitlichung einzelner Regeln über den Zusammenstoß von Binnenschiffen.[3]

---

[1] RegBegr-SRG S. 123.
[2] RegBegr-SRG S. 123; abweichend *Vortisch/Bemm* § 92 Rn. 1 mit Verweis auf OLG Hamburg HANSA 1967, 442; *Ramming* (S. 162) dagegen stellt fest, es komme für die Anwendbarkeit der §§ 92–92f BinSchG nicht darauf an, ob sich die Binnenschiffskollision auf Binnen- oder Seegewässern ereignet hat, da sich den Vorschriften keine Beschränkungen in örtlicher Hinsicht entnehmen ließen.
[3] Abgedruckt im BGBl. 1972 II S. 1008.

## Zweiter Unterabschnitt. Bergung

## Vorbemerkungen zu §§ 574–587

**Schrifttum:** *Bahnsen,* Internationales Übereinkommen von 1989 über Bergung, Schriften zum Seehandelsrecht Bd. 5, 1997; *ders.,* Das internationale Bergungsrecht, TranspR 2010, 317; *Darling/Smith,* LOF 90 and the New Salvage Convention, London 1991; *Douay,* Le régime juridique de l'assistance en mer selon la Convention de Londres du 28 avril 1989, DMF 1990, 211; *de Ros/Lubach,* Bergung und Hilfsleistung im spanischen Recht, TranspR 2002, 231; *Gaskell,* The 1989 Salvage Convention and the LLOYD'S Open Form (LOF) Salvage Agreement 1990, TMLJ 16 (1991), 1; *Kastenbauer,* Bergung und Hilfeleistung in Seenot von Sportschiffen, VersR 1980, 305; *Lau,* Die Gefahrengemeinschaft auf See, Hilfeleistung und Umweltschutz, TranspR 1993, 173; *Schimming,* Bergung und Hilfeleistung im Seerecht und im Seeversicherungsrecht, Diss. Hamburg 1970; *Schrock,* Das internationale Übereinkommen über Bergung v. 28.4.1989, TranspR 1989, 301; *Schwampe,* Die Bergung in der Transportversicherung, VersR 2007, 1177; *Vincenzini,* International Salvage Law, London 1992.

Die Vorschriften über die Bergung aus Seenot sind vom SRG im Wesentlichen unverän-   1
dert aus den §§ 740–753 aF übernommen worden. Diese beruhten seit der Novellierung des Bergungsrechts durch das Gesetz vom 16.5.2001[1] auf dem Internationalen Übereinkommen vom 29.4.1989 über Bergung (IÜB).[2] Das IÜB wird in Deutschland nicht unmittelbar angewendet, sondern stets nur in der Form der Einarbeitung in das HGB.

Die Vorschriften sind dispositiv und werden in der Praxis in aller Regel durch internatio-   2
nale allgemeine Bedingungen, die sog. **Lloyds Open Form (LOF),** ersetzt.[3] Deshalb werden die deutschen Vorschriften in dieser Auflage des Kommentars nicht im Einzelnen erläutert; auf die o. a. Literatur ist ergänzend hinzuweisen.

Sowohl die gesetzliche Regelung als auch die LOF gehen von dem Grundsatz aus, dass   3
der Berger Anspruch auf einen Bergelohn erhält, sofern und soweit er Vermögenswerte aus einer Seegefahr gerettet hat. Die bis zum Gesetz von 2001 im deutschen Recht bestehende Unterscheidung zwischen Bergung und Hilfsleistung spielt dabei heute keine Rolle mehr.

Gegenstand der Bergung können das Schiff und die Ladung, aber auch im Wasser trei-   4
bende Gegenstände sein. Der Berger hat einen Bergelohnanspruch gegen die Eigentümer der geretteten Gegenstände, begrenzt auf deren Wert und gesichert durch ein Pfandrecht an diesen. Ist die Bergung nicht erfolgreich, erhält der Berger keinen Lohn und auch – sofern nicht ausdrücklich vereinbart – keinen Ersatz seiner Aufwendungen (salopp: „no cure – no pay").

Der letztgenannte Grundsatz ist seit dem IÜB durch eine praktisch wichtige Ausnahme   5
durchbrochen worden: Der Berger erhält auch bei erfolglosem Bergungsversuch einen speziellen Aufwendungsersatzanspruch (Special remuneration, Art. 14 IÜB – Sondervergütung, § 578 HGB), wenn er Bergungsmaßnahmen für ein Schiff durchgeführt hat, das selbst oder durch seine Ladung eine Gefahr für die Umwelt darstellte. Die Bedingungen LOF sind diesem Konzept gefolgt, indem sie eine Zusatzklausel für solche Entschädigungen („special compensation") vorsehen (sog. „scopic"-Klausel[4]); diese Klausel hat gegenüber der gesetzlichen Regelung den Vorteil, dass sie die Bemessung der Entschädigung näher umschreibt.

Der Bergelohn wird im Übrigen – wenn er nicht vereinbart wird – vom, Gericht (häufig   6
einem Schiedsgericht) unter Berücksichtigung der in § 577 genannten Faktoren festgesetzt.

Seit dem 3. Seerechtsänderungsgesetz von 2001 besteht im deutschen Recht eine aus-   7
drückliche Reglung über das auf die Rechtsverhältnisse bei der Bergung anzuwendende Recht in Art. 8 EGHGB. Insoweit wird auf die Erläuterungen zu dieser Vorschrift sowie auf die Ausführungen von *Bahnsen*[5] zu § 8 EGHGB aF verwiesen, der durch das SRG nur

---

[1] BGBl. 2001 I S. 898, (sog. Drittes Seerechtsänderungsgesetz).
[2] BGBl. 2001 II S. 511.
[3] Vgl. Anh. B II 2 (S. 1375).
[4] Vgl. Anh. B II 2 (S. 1375).
[5] TranspR 2010, 317.

formal zur Anpassung an die neue Nummerierung der Bergungsvorschriften geändert worden ist.

### § 574 Pflichten des Bergers und sonstiger Personen

(1) Berger ist, wer folgenden Schiffen oder Vermögensgegenständen Hilfe leistet:
1. einem in Seegewässern in Gefahr befindlichen See- oder Binnenschiff oder sonstigen Vermögensgegenstand,
2. einem in Binnengewässern in Gefahr befindlichen Seeschiff oder
3. einem in Binnengewässern in Gefahr befindlichen Binnenschiff oder sonstigen Vermögensgegenstand, wenn ihm von einem Seeschiff aus Hilfe geleistet wird.

(2) [1]Als Schiff im Sinne von Absatz 1 ist auch ein schwimmendes Gerät oder schwimmfähiges Bauwerk anzusehen. [2]Vermögensgegenstand im Sinne von Absatz 1 ist auch ein gefährdeter Anspruch auf Fracht. [3]Nicht als Schiff oder Vermögensgegenstand im Sinne von Absatz 1 gelten dagegen
1. eine auf Dauer und absichtlich an der Küste oder am Ufer befestigte Sache sowie
2. eine feste oder schwimmende Plattform oder eine der Küste vorgelagerte bewegliche Bohreinrichtung, die sich zur Erforschung, Ausbeutung oder Gewinnung mineralischer Ressourcen des Meeresbodens vor Ort im Einsatz befindet.

(3) Der Berger ist gegenüber den Eigentümern des Schiffes sowie der sonstigen Vermögensgegenstände, denen er Hilfe leistet, verpflichtet, die Leistung mit der gebotenen Sorgfalt durchzuführen, andere Berger um Unterstützung zu bitten, wenn die Umstände dies bei vernünftiger Betrachtungsweise erfordern, und das Eingreifen anderer Berger hinzunehmen, wenn von dem Schiffer oder Kapitän oder dem Eigentümer des in Gefahr befindlichen Schiffes oder dem Eigentümer des sonstigen in Gefahr befindlichen Vermögensgegenstands vernünftigerweise darum ersucht wird.

(4) [1]Der Eigentümer und der Schiffer oder Kapitän eines in Gefahr befindlichen Schiffes sowie der Eigentümer eines sonstigen in Gefahr befindlichen Vermögensgegenstands sind gegenüber dem Berger verpflichtet, mit diesem während der Bergungsmaßnahmen in jeder Hinsicht zusammenzuarbeiten. [2]Wurde das Schiff oder ein sonstiger Vermögensgegenstand in Sicherheit gebracht, so sind die in Satz 1 genannten Personen auf vernünftiges Ersuchen des Bergers auch verpflichtet, das Schiff oder den sonstigen Vermögensgegenstand zurückzunehmen.

### § 575 Verhütung oder Begrenzung von Umweltschäden

(1) [1]Der Berger ist gegenüber dem Eigentümer des in Gefahr befindlichen Schiffes sowie gegenüber dem Eigentümer eines sonstigen in Gefahr befindlichen Vermögensgegenstands verpflichtet, während der Bergungsmaßnahmen die gebotene Sorgfalt anzuwenden, um Umweltschäden zu verhüten oder zu begrenzen. [2]Die gleiche Pflicht trifft den Eigentümer und den Schiffer oder Kapitän des in Gefahr befindlichen Schiffes sowie den Eigentümer eines sonstigen in Gefahr befindlichen Vermögensgegenstands gegenüber dem Berger. [3]Eine abweichende Vereinbarung ist nichtig.

(2) Ein Umweltschaden ist eine erhebliche physische Schädigung der menschlichen Gesundheit oder der Tier- und Pflanzenwelt des Meeres oder der Meeresressourcen in Küsten- und Binnengewässern oder angrenzenden Gebieten, die durch

Verschmutzung, Verseuchung, Feuer, Explosion oder ähnliche schwerwiegende Ereignisse verursacht wird.

## § 576 Bergelohnanspruch

(1) ¹Sind die Bergungsmaßnahmen erfolgreich, hat der Berger einen Anspruch auf Zahlung eines Bergelohns. ²Der Anspruch besteht auch dann, wenn sowohl das geborgene Schiff als auch das Schiff, von dem aus die Bergungsmaßnahmen durchgeführt wurden, demselben Eigentümer gehören.

(2) ¹Der Bergelohn umfasst zugleich den Ersatz der Aufwendungen, die zum Zweck des Bergens gemacht wurden. ²Nicht im Bergelohn enthalten sind Kosten und Gebühren der Behörden, zu entrichtende Zölle und sonstige Abgaben, Kosten der Aufbewahrung, Erhaltung, Abschätzung und Veräußerung der geborgenen Gegenstände (Bergungskosten).

(3) Zur Zahlung des Bergelohns und der Bergungskosten sind der Schiffseigentümer sowie die Eigentümer der sonstigen geborgenen Vermögensgegenstände im Verhältnis des Wertes des Schiffes und der Vermögensgegenstände zueinander anteilig verpflichtet.

## § 577 Höhe des Bergelohns

(1) ¹Bergelohn ist, wenn die Parteien seine Höhe nicht vereinbart haben, so festzusetzen, dass er einen Anreiz für Bergungsmaßnahmen schafft. ²Bei der Festsetzung sind zugleich die folgenden Kriterien ohne Rücksicht auf die nachstehend aufgeführte Reihenfolge zu berücksichtigen:
1.  der Wert des geborgenen Schiffes und der sonstigen geborgenen Vermögensgegenstände;
2.  die Sachkunde und die Anstrengungen des Bergers in Bezug auf die Verhütung oder Begrenzung von Umweltschäden (§ 575 Absatz 2);
3.  das Ausmaß des vom Berger erzielten Erfolgs;
4.  Art und Erheblichkeit der Gefahr;
5.  die Sachkunde und die Anstrengungen des Bergers in Bezug auf die Bergung des Schiffes und der sonstigen Vermögensgegenstände sowie auf die Rettung von Menschenleben;
6.  die vom Berger aufgewendete Zeit sowie die ihm entstandenen Unkosten und Verluste;
7.  die Haftungs- oder sonstige Gefahr, der der Berger oder seine Ausrüstung ausgesetzt war;
8.  die Unverzüglichkeit, mit der die Leistungen erbracht wurden;
9.  die Verfügbarkeit und der Einsatz von Schiffen oder anderen Ausrüstungsgegenständen, die für Bergungsmaßnahmen bestimmt waren;
10. die Einsatzbereitschaft und Tauglichkeit der Ausrüstung des Bergers sowie deren Wert.

(2) Der Bergelohn ohne Zinsen, Bergungskosten und erstattungsfähige Verfahrenskosten darf den Wert des geborgenen Schiffes und der sonstigen geborgenen Vermögensgegenstände nicht übersteigen.

## § 578 Sondervergütung

(1) ¹Hat der Berger Bergungsmaßnahmen für ein Schiff durchgeführt, das als solches oder durch seine Ladung eine Gefahr für die Umwelt darstellte, so kann er

von dem Eigentümer des Schiffes die Zahlung einer Sondervergütung verlangen, soweit diese den Bergelohn übersteigt, der dem Berger zusteht. ²Der Anspruch auf Sondervergütung besteht auch dann, wenn das geborgene Schiff und das Schiff, von dem aus die Bergungsmaßnahmen durchgeführt wurden, demselben Eigentümer gehören.

(2) ¹Die Sondervergütung entspricht den dem Berger entstandenen Unkosten. ²Unkosten im Sinne von Satz 1 sind die im Rahmen der Bergungsmaßnahmen vernünftigerweise aufgewendeten Auslagen sowie ein angemessener Betrag für Ausrüstung und Personal, die tatsächlich und vernünftigerweise für die Bergungsmaßnahme eingesetzt worden sind. ³Bei der Bestimmung der Angemessenheit des für Ausrüstung und Personal anzusetzenden Betrages sind die in § 577 Absatz 1 Satz 2 Nummer 8 bis 10 genannten Kriterien zu berücksichtigen.

(3) ¹Hat der Berger durch seine Bergungsmaßnahmen einen Umweltschaden (§ 575 Absatz 2) verhütet oder begrenzt, so kann die nach Absatz 2 festzusetzende Sondervergütung um bis zu 30 Prozent erhöht werden. ²Abweichend von Satz 1 kann die Sondervergütung unter Berücksichtigung der in § 577 Absatz 1 Satz 2 genannten Kriterien um bis zu 100 Prozent erhöht werden, wenn dies billig und gerecht erscheint.

### § 579 Ausschluss des Vergütungsanspruchs

(1) Der Berger kann für durchgeführte Bergungsmaßnahmen keine Vergütung nach den Vorschriften dieses Unterabschnitts verlangen, soweit die Maßnahmen nicht über das hinausgehen, was bei vernünftiger Betrachtung als ordnungsgemäße Erfüllung eines vor Eintritt der Gefahr eingegangenen Vertrags angesehen werden kann.

(2) Der Berger kann ferner dann keine Vergütung nach den Vorschriften dieses Unterabschnitts verlangen, wenn er entgegen dem ausdrücklichen und vernünftigen Verbot des Eigentümers, Schiffers oder Kapitäns des Schiffes oder des Eigentümers eines sonstigen in Gefahr befindlichen Vermögensgegenstands, der sich nicht an Bord des Schiffes befindet oder befunden hat, Bergungsmaßnahmen durchführt.

### § 580 Fehlverhalten des Bergers

(1) Der Bergelohn kann herabgesetzt oder gänzlich versagt werden, wenn Bergungsmaßnahmen durch Verschulden des Bergers notwendig oder schwieriger geworden sind oder wenn sich der Berger des Betrugs oder eines anderen unredlichen Verhaltens schuldig gemacht hat.

(2) Die Sondervergütung kann ganz oder teilweise versagt werden, wenn einer der in Absatz 1 genannten Gründe vorliegt oder wenn der Berger nachlässig gehandelt und es dadurch versäumt hat, Umweltschäden (§ 575 Absatz 2) zu verhüten oder zu begrenzen.

### § 581 Ausgleichsanspruch

(1) Wird ein Schiff oder dessen Ladung ganz oder teilweise von einem anderen Schiff geborgen, so wird der Bergelohn oder die Sondervergütung zwischen dem Schiffseigner oder Reeder, dem Schiffer oder Kapitän und der übrigen Besatzung des anderen Schiffes in der Weise verteilt, dass zunächst dem Schiffseigner oder Reeder die Schäden am Schiff und die Unkosten ersetzt werden und dass von dem

Rest der Schiffseigner oder Reeder zwei Drittel, der Schiffer oder Kapitän und die übrige Besatzung je ein Sechstel erhalten.

(2) [1]Der auf die Schiffsbesatzung mit Ausnahme des Schiffers oder Kapitäns entfallende Betrag wird unter besonderer Berücksichtigung der sachlichen und persönlichen Leistungen eines jeden Mitglieds der Schiffsbesatzung verteilt. [2]Die Verteilung erfolgt durch den Schiffer oder Kapitän mittels eines Verteilungsplans. [3]Darin wird der Bruchteil festgesetzt, der jedem Beteiligten zukommt. [4]Der Verteilungsplan ist vor Beendigung der Reise der Besatzung bekannt zu geben.

(3) Von den Absätzen 1 und 2 abweichende Vereinbarungen zu Lasten des Schiffers oder Kapitäns oder der übrigen Schiffsbesatzung sind nichtig.

(4) Die Absätze 1 bis 3 sind nicht anzuwenden, wenn die Bergungsmaßnahmen von einem Bergungs- oder Schleppschiff aus durchgeführt werden.

## § 582 Mehrheit von Bergern

(1) [1]Wirken mehrere Berger an der Bergung mit, so kann jeder Berger nur einen Anteil am Bergelohn verlangen. [2]Auf die Bestimmung des Verhältnisses der Anteile der Berger am Bergelohn zueinander ist § 577 Absatz 1 entsprechend anzuwenden; § 581 bleibt unberührt.

(2) Abweichend von Absatz 1 kann jedoch ein Berger Bergelohn in voller Höhe verlangen, wenn er das Eingreifen der anderen Berger auf Ersuchen des Eigentümers des in Gefahr befindlichen Schiffes oder eines sonstigen in Gefahr befindlichen Vermögensgegenstands hingenommen hat und sich das Ersuchen als nicht vernünftig erweist.

## § 583 Rettung von Menschen

(1) Menschen, denen das Leben gerettet worden ist, haben weder einen Bergelohn noch eine Sondervergütung zu entrichten.

(2) [1]Abweichend von Absatz 1 kann derjenige, der bei Bergungsmaßnahmen Handlungen zur Rettung von Menschenleben unternimmt, von dem Berger, dem für die Bergung des Schiffes oder eines sonstigen Vermögensgegenstands oder für die Verhütung oder Begrenzung von Umweltschäden (§ 575 Absatz 2) nach den Vorschriften dieses Unterabschnitts eine Vergütung zusteht, einen angemessenen Anteil an der Vergütung verlangen. [2]Steht dem Berger aus den in § 580 genannten Gründen keine oder nur eine verminderte Vergütung zu, kann der Anspruch auf einen angemessenen Anteil an der Vergütung in Höhe des Betrags, um den sich der Anteil mindert, unmittelbar gegen die Eigentümer des geborgenen Schiffes und der sonstigen geborgenen Vermögensgegenstände geltend gemacht werden; § 576 Absatz 3 ist entsprechend anzuwenden.

## § 584 Abschluss und Inhaltskontrolle eines Bergungsvertrags

(1) [1]Sowohl der Eigentümer als auch der Schiffer oder Kapitän des in Gefahr befindlichen Schiffes sind berechtigt, im Namen der Eigentümer der an Bord des Schiffes befindlichen Vermögensgegenstände Verträge über Bergungsmaßnahmen abzuschließen. [2]Der Schiffer oder Kapitän dieses Schiffes ist darüber hinaus berechtigt, auch im Namen des Schiffseigentümers Verträge über Bergungsmaßnahmen abzuschließen.

(2) Der Bergungsvertrag oder einzelne seiner Bestimmungen können auf Antrag durch Urteil für nichtig erklärt oder abgeändert werden, wenn

1. der Vertrag infolge unzulässiger Beeinflussung oder unter dem Einfluss der Gefahr eingegangen worden ist und seine Bestimmungen unbillig sind oder
2. die vertraglich vereinbarte Vergütung im Verhältnis zu den tatsächlich erbrachten Leistungen übermäßig hoch oder übermäßig gering ist.

### § 585 Pfandrecht. Zurückbehaltungsrecht

(1) Der Gläubiger einer Forderung auf Bergelohn, auf Sondervergütung oder auf Bergungskosten hat nach § 596 Absatz 1 Nummer 4 für seine Forderung die Rechte eines Schiffsgläubigers an dem geborgenen Schiff.

(2) An den übrigen geborgenen Sachen steht dem Gläubiger für seine Forderung auf Bergelohn oder Bergungskosten ein Pfandrecht zu und, soweit der Gläubiger Alleinbesitzer der Sache ist, auch ein Zurückbehaltungsrecht.

(3) Der Gläubiger darf das nach Absatz 1 oder 2 gewährte Pfandrecht und Zurückbehaltungsrecht nicht geltend machen oder ausüben,

1. wenn ihm für seine Forderung einschließlich Zinsen und Kosten ausreichende Sicherheit in gehöriger Weise angeboten oder geleistet worden ist,
2. soweit das geborgene Schiff oder die sonstige geborgene Sache einem Staat gehört oder, im Falle eines Schiffes, von einem Staat betrieben wird, und das Schiff oder die sonstige Sache nichtgewerblichen Zwecken dient und im Zeitpunkt der Bergungsmaßnahmen nach den allgemein anerkannten Grundsätzen des Völkerrechts Staatenimmunität genießt,
3. soweit es sich um geborgene Ladung handelt, die von einem Staat für humanitäre Zwecke gespendet wurde, vorausgesetzt, der Staat hat sich bereit erklärt, die im Hinblick auf diese Ladung erbrachten Bergungsleistungen zu bezahlen.

### § 586 Rangfolge der Pfandrechte

(1) Pfandrechte an den geborgenen Sachen nach § 585 Absatz 2 haben den Vorrang vor allen anderen an den Sachen begründeten Pfandrechten, auch wenn diese früher entstanden sind.

(2) ¹Bestehen an einer Sache mehrere Pfandrechte nach § 585 Absatz 2, so geht das Pfandrecht für die später entstandene Forderung dem für die früher entstandene Forderung vor; Pfandrechte für gleichzeitig entstandene Forderungen sind gleichberechtigt; § 603 Absatz 3 gilt entsprechend. ²Das Gleiche gilt im Verhältnis eines Pfandrechts nach § 585 Absatz 2 zu einem wegen desselben Ereignisses begründeten Pfandrechts für eine Forderung auf einen Beitrag zur Großen Haverei nach § 594 Absatz 1.

(3) Pfandrechte an den geborgenen Sachen nach § 585 Absatz 2 erlöschen ein Jahr nach Entstehung der Forderung; § 600 Absatz 2 gilt entsprechend.

(4) ¹Die Befriedigung des Gläubigers aus den geborgenen Sachen wegen des Pfandrechts nach § 585 Absatz 2 erfolgt nach den für die Zwangsvollstreckung geltenden Vorschriften. ²Die Klage ist bei Sachen, die noch nicht ausgeliefert sind, gegen den Schiffer oder Kapitän zu richten; das gegen den Schiffer oder Kapitän ergangene Urteil ist auch gegenüber dem Eigentümer wirksam.

### § 587 Sicherheitsleistung

(1) ¹Der Berger kann für seine Forderung auf Bergelohn oder Sondervergütung einschließlich Zinsen und Kosten von dem Schuldner die Leistung einer ausrei-

chenden Sicherheit verlangen. [2]Satz 1 gilt jedoch nicht, wenn die Bergungsmaßnahmen für ein Schiff durchgeführt wurden, das einem Staat gehört oder von
ihm betrieben wird, nichtgewerblichen Zwecken dient und im Zeitpunkt der
Bergungsmaßnahmen nach den allgemein anerkannten Grundsätzen des Völkerrechts Staatenimmunität genießt.

(2) Der Eigentümer des geborgenen Schiffes hat unbeschadet des Absatzes 1
nach besten Kräften sicherzustellen, dass die Eigentümer der Ladung eine ausreichende Sicherheit für die gegen sie gerichteten Forderungen einschließlich Zinsen
und Kosten leisten, bevor die Ladung freigegeben wird.

(3) Das geborgene Schiff und die sonstigen geborgenen Sachen dürfen vor
Befriedigung oder Sicherstellung der Forderungen des Bergers nicht ohne dessen
Zustimmung von dem Hafen oder Ort entfernt werden, den sie nach Beendigung
der Bergungsmaßnahmen zuerst erreicht haben.

(4) [1]Liefert der Schiffer oder Kapitän entgegen Absatz 3 geborgene Ladung aus,
so haftet er für den Schaden, der durch sein Verschulden dem Berger entsteht.
[2]Dies gilt auch dann, wenn der Schiffer auf Anweisung des Schiffseigners oder
der Kapitän auf Anweisung des Reeders gehandelt hat.

## Dritter Unterabschnitt. Große Haverei

## Vorbemerkung zu §§ 588–595

**Schrifttum:** *Bemm,* Rechtsprobleme der großen Haverei und des Dispacheverfahrens, Schriften zum Seehandelsrecht Bd. 3, 1997; *Grau,* Havarie-Grosse nach YAR und die Neuerungen durch Sydney 1994, TranspR 1998, 279; *Hebditch/Macdonald,* York Antwerp Rules, An Analysis, London 1994; *Holzer,* Das Dispacheverfahren nach dem FamFG, TranspR 2013, 357; *Hudson,* The York Antwerp Rules – The Principles and Practice of General Average Adjustment in Accordance with the York Antwerp Rules 1994, 2. Aufl. 1996; *Lowndes/Rudolf,* The Law of General Average and the York Antwerp Rules, 11. Aufl. 1990; *Plön/ Kreutziger,* Das Recht der großen Haverei, 2 Bd. 1965/68; *Siccardi,* The York Antwerp Rules 1994, DirMar. 1995, 103; *Wüst,* Havereiausgleich und Beteiligtenverschulden, TranspR 1987, 365.

1    Das SRG hat die Vorschriften der §§ 700–733 HGB aF über die Große Haverei nicht unverändert, sondern **stark vereinfacht** übernommen. Der Grund für die Vereinfachung war, dass die Bestimmungen des deutschen Rechts in der Praxis nur eine sehr geringe Rolle spielen, weil die Vereinbarung internationaler Regeln, der sog. **York-Antwerp-Rules** des Comité Maritime International (YAR)[1], in den Frachtverträgen absolut üblich ist.[2]

2    Gleichwohl hat das SRG in den §§ 588–595 eine Minimalregelung beibehalten. Denn für den Fall, dass die YAR in Ausnahmefällen nicht vereinbart werden, muss eine Rechtsgrundlage für dieses wichtige und seit der Römerzeit in seiner Grundidee generell akzeptierte Rechtsinstitut zur Ermöglichung der **Schadensteilung** bei unverschuldeten Seenotlagen zur Verfügung stehen. Eine Verweisung auf die YAR kam in Deutschland schon aus verfassungsrechtlichen Gründen nicht in Betracht.[3]

3    Angesichts ihrer voraussichtlich geringen Bedeutung werden die deutschen Vorschriften in dieser Auflage des Kommentars nicht im Einzelnen erläutert; ergänzend ist auf die o. a. Literatur, namentlich den ausführlichen Aufsatz von *Holzer*[4] zum Dispacheverfahren und seinen materiellen Voraussetzungen nach neuem Recht hinzuweisen.

4    Die Große Haverei setzt voraus, dass sich Schiff und Ladung (einschließlich des Treibstoffs) in einer **gemeinsamen Gefahr** befunden haben und dass ein Teil von ihnen zur Rettung der übrigen **auf Anordnung des Kapitäns vorsätzlich beschädigt oder aufgeopfert wird** (§ 588 Abs. 1). Daran knüpft das Gesetz eine Regelung an, wonach die Eigentümer der geretteten Sachen denjenigen, deren Vermögensgegenstände beschädigt oder aufgeopfert wurden, ihre Schäden und Aufwendungen anteilig zu vergüten haben.

5    Der Eigentümer des Schiffes, der Eigentümer des Treibstoffs und diejenigen, welche die Gefahr des Untergangs der Ladung tragen, haben zur Zahlung der Vergütung einen **Beitrag** entsprechend dem Wert ihrer Gegenstände zu leisten (§ 591 Abs. 1).

6    Die **Vergütung** für die Aufopferung des Schiffes, dessen Zubehörs, des Treibstoffs und der Ladung bemisst sich nach dem Verkehrswert, den die Gegenstände am Ort und zur Zeit der Beendigung der Reise in unbeschädigtem Zustand gehabt hätten (§ 590); dies kann der im Frachtvertrag festgelegte Bestimmungsort sein oder, wenn die vereinbarte Beförderung nicht beendet wurde, der Ort, an den das Schiff oder die Ladung in Sicherheit gebracht wurde.[5]

7    Die **Höhe der Vergütung,** die ein Beteiligter wegen der Aufopferung oder Beschädigung eines ihm zuzurechnenden Gegenstands beanspruchen kann, sowie die **Höhe des Beitrags,** den ein Beteiligter zu zahlen hat, werden regelmäßig in einer **Dispache** ermittelt. Diese wird durch einen öffentlich bestellten Sachverständigen oder eine vom Gericht besonders ernannte sachverständige Person **(Dispacheur)** aufgemacht (§ 595 Abs. 2). Die Dispache ist ein gutachtlicher Vorschlag zur Bemessung der Vergütungen und Beiträge der Beteiligten. Jeder Beteiligte kann eine mündliche Verhandlung beim Amtsgericht (im Verfahren

---

[1]   Vgl. Anh. B II 1 (S. 1365).
[2]   RegBegr-SRG S. 124 f.
[3]   RegBegr-SRG S. 125.
[4]   TranspR 2013, 357.
[5]   RegBegr-SRG S. 127; diese Fälle waren früher in §§ 711, 714 aF deutlicher auseinandergehalten.

der freiwilligen Gerichtsbarkeit) über die Dispache beantragen. Wird eine Verhandlung nicht beantragt oder wird ein Widerspruch nicht erhoben, wird die Dispache für das gegenseitige Verhältnis der am Verfahren Beteiligten rechtskräftig und stellt einen vollstreckbaren Titel dar (§ 509 FamFG). Soweit Widerspruch erhoben wird, ist darüber im ordentlichen Gerichtsverfahren zu entscheiden. Das Verfahren über die Bestätigung der Dispache vor dem Amtsgericht ist kürzlich in §§ 403–409 FamFG[6] neu geregelt worden.

Die Aufmachung einer Dispache kann jeder Beteiligte veranlassen. Ist Ladung aufgeopfert **8** oder beschädigt worden, trifft den Reeder eine **Verpflichtung** gegenüber den Ladungsbeteiligten, eine Dispache aufmachen zu lassen (§ 595).

Die Beitragspflichtigen haften für ihren Beitrag **persönlich, jedoch beschränkt** bis zur **9** Höhe des Wertes des ihnen zuzurechnenden Gegenstands (§ 595 Abs. 2).

Die Vergütungsberechtigten haben wegen ihrer Ansprüche gegen den Reeder ein **10** **Schiffsgläubigerrecht** (§§ 593, 596 Abs. 1 Nr. 4), wegen ihrer Ansprüche gegen den Eigentümer des Treibstoffs oder denjenigen, der die Gefahr des Ladungsuntergangs trägt, ein besonders ausgestaltetes **Pfandrecht** an den geretteten Sachen (§ 594 Abs. 1). Der Kapitän darf die Sachen, an denen ein Pfandrecht besteht, nicht ohne Sicherheitsleistung (sog. **Havereibonds**) ausliefern (§ 594 Abs. 4).

## § 588 Errettung aus gemeinsamer Gefahr

**(1) Werden das Schiff, der Treibstoff, die Ladung oder mehrere dieser Sachen zur Errettung aus einer gemeinsamen Gefahr auf Anordnung des Kapitäns vorsätzlich beschädigt oder aufgeopfert oder werden zu diesem Zweck auf Anordnung des Kapitäns Aufwendungen gemacht (Große Haverei), so werden die hierdurch entstandenen Schäden und Aufwendungen von den Beteiligten gemeinschaftlich getragen.**

**(2) Beteiligter ist derjenige, der im Zeitpunkt des Havereifalls Eigentümer des Schiffes oder Eigentümer des Treibstoffs ist oder der die Gefahr trägt, dass ein zur Ladung gehörendes Frachtstück oder eine Frachtforderung untergeht.**

## § 589 Verschulden eines Beteiligten oder eines Dritten

**(1) [1]Die Anwendung der Vorschriften über die Große Haverei wird nicht dadurch ausgeschlossen, dass die Gefahr durch Verschulden eines Beteiligten oder eines Dritten herbeigeführt ist. [2]Der Beteiligte, dem ein solches Verschulden zur Last fällt, kann jedoch wegen eines ihm entstandenen Schadens keine Vergütung verlangen.**

**(2) Ist die Gefahr durch ein Verschulden eines Beteiligten herbeigeführt worden, so ist dieser den Beitragspflichtigen zum Ersatz des Schadens verpflichtet, den sie dadurch erleiden, dass sie die Schäden und Aufwendungen, die zur Errettung aus der Gefahr entstanden sind, gemeinschaftlich tragen müssen.**

## § 590 Bemessung der Vergütung

**(1) Die Vergütung für die Aufopferung des Schiffes, dessen Zubehörs, des Treibstoffs und der zur Ladung gehörenden Frachtstücke bemisst sich nach dem Verkehrswert, den die Sachen am Ort und zur Zeit der Beendigung der Reise gehabt hätten.**

**(2) [1]Die Vergütung für die Beschädigung der in Absatz 1 genannten Sachen bemisst sich nach dem Unterschied zwischen dem Verkehrswert der beschädigten**

---

[6] Vgl. Anh. A II (S. 1218).

Sachen am Ort und zur Zeit der Beendigung der Reise und dem Verkehrswert, den die Sachen in unbeschädigtem Zustand an diesem Ort und zu dieser Zeit gehabt hätten. [2]Sind Sachen nach dem Havereifall repariert worden, so wird vermutet, dass die für eine Reparatur der Sachen aufgewendeten Kosten dem Wertverlust entsprechen.

(3) Die Vergütung für den Untergang einer Frachtforderung bemisst sich nach dem Betrag, der dem Verfrachter infolge der Großen Haverei nicht geschuldet ist.

(4) War die aufgeopferte oder beschädigte Sache unmittelbar vor Beginn der Reise Gegenstand eines Kaufvertrags, so wird vermutet, dass der in der Rechnung des Verkäufers ausgewiesene Kaufpreis der Verkehrswert dieser Sache ist.

## § 591 Beitrag

(1) Die Beteiligten, mit Ausnahme der Schiffsbesatzung und der Fahrgäste, haben zur Zahlung der Vergütung einen Beitrag zu leisten.

(2) [1]Die Beiträge zur Großen Haverei bemessen sich nach dem Wert der Gegenstände, die sich in gemeinsamer Gefahr befanden. [2]Maßgebend für den Wert des Schiffes, des Treibstoffs und der zur Ladung gehörenden Frachtstücke ist der Verkehrswert am Ende der Reise zuzüglich einer etwaigen Vergütung für eine Beschädigung oder Aufopferung der betreffenden Sache in Großer Haverei. [3]Maßgebend für den Wert einer Frachtforderung ist der Bruttobetrag der am Ende der Reise geschuldeten Fracht zuzüglich einer etwaigen Vergütung für einen Untergang der Frachtforderung wegen Havereimaßnahmen.

## § 592 Verteilung

(1) [1]Die Höhe der Vergütung, die ein Beteiligter wegen der Aufopferung oder Beschädigung eines ihm nach § 588 Absatz 2 zuzurechnenden Gegenstands beanspruchen kann, sowie die Höhe des Beitrags, den ein Beteiligter zu zahlen hat, bestimmen sich nach dem Verhältnis der gesamten, allen Beteiligten zustehenden Vergütung zu der Summe der von allen Beteiligten zu leistenden Beiträge. [2]Liegt ein nach § 590 ermittelter anteiliger Wertverlust über dem nach Satz 1 errechneten Anteil, so hat der von dem Wertverlust betroffene Beteiligte in Höhe der Differenz Anspruch auf eine Vergütung. [3]Liegt ein nach § 590 ermittelter anteiliger Wertverlust unter dem nach Satz 1 errechneten Anteil, muss der von dem Wertverlust betroffene Beteiligte in Höhe der Differenz einen Beitrag zahlen.

(2) Jeder Beitragspflichtige haftet jedoch nur bis zur Höhe des Wertes des geretteten Gegenstands, der ihm nach § 588 Absatz 2 zuzurechnen ist.

## § 593 Schiffsgläubigerrecht

Die Vergütungsberechtigten haben nach § 596 Absatz 1 Nummer 4 für ihre Beitragsforderungen gegen den Eigentümer des Schiffes sowie den Gläubiger der Fracht die Rechte eines Schiffsgläubigers an dem Schiff.

## § 594 Pfandrecht der Vergütungsberechtigten. Nichtauslieferung

(1) Die Vergütungsberechtigten haben für ihre Beitragsforderungen ein Pfandrecht an dem Treibstoff und der Ladung der Beitragspflichtigen.

(2) ¹Das Pfandrecht hat Vorrang vor allen anderen an diesen Sachen begründeten Pfandrechten, auch wenn diese früher entstanden sind. ²Bestehen an einer Sache mehrere Pfandrechte nach Absatz 1 oder besteht an einer Sache auch ein Pfandrecht nach § 585 Absatz 2, so geht das Pfandrecht für die später entstandene Forderung dem für die früher entstandene Forderung vor. ³Pfandrechte für gleichzeitig entstandene Forderungen sind gleichberechtigt. ⁴§ 603 Absatz 3 ist entsprechend anzuwenden.

(3) ¹Pfandrechte nach Absatz 1 erlöschen ein Jahr nach Entstehung der Forderung. ²§ 600 Absatz 2 ist entsprechend anzuwenden.

(4) ¹Das Pfandrecht wird für die Vergütungsberechtigten durch den Reeder ausgeübt. ²Auf die Geltendmachung des Pfandrechts an der Ladung sind die §§ 368 und 495 Absatz 4 entsprechend anzuwenden.

(5) ¹Der Kapitän darf die Sachen, an denen Pfandrechte nach Absatz 1 bestehen, vor der Berichtigung oder Sicherstellung der Beiträge nicht ausliefern. ²Liefert der Kapitän die Sachen entgegen Satz 1 aus, so haftet er für den Schaden, der den Vergütungsberechtigten durch sein Verschulden entsteht. ³Dies gilt auch dann, wenn der Kapitän auf Anweisung des Reeders gehandelt hat.

## § 595 Aufmachung der Dispache

(1) ¹Jeder Beteiligte ist berechtigt, die Aufmachung der Dispache am Bestimmungsort oder, wenn dieser nicht erreicht wird, in dem Hafen, in dem die Reise endet, zu veranlassen. ²Wurde Treibstoff oder Ladung vorsätzlich beschädigt oder aufgeopfert, ist der Reeder verpflichtet, die Aufmachung der Dispache an dem in Satz 1 genannten Ort unverzüglich zu veranlassen; unterlässt er dies, so ist er den Beteiligten für den daraus entstehenden Schaden verantwortlich.

(2) Die Dispache wird durch einen öffentlich bestellten Sachverständigen oder eine vom Gericht besonders ernannte sachverständige Person (Dispacheur) aufgemacht.

(3) Jeder Beteiligte hat die in seinen Händen befindlichen Urkunden, die zur Aufmachung der Dispache erforderlich sind, dem Dispacheur zur Verfügung zu stellen.

# Fünfter Abschnitt. Schiffsgläubiger

## Vorbemerkungen § 596

**Schrifttum:** *Czerwenka*, Internationales Übereinkommen von 1993 über Schiffsgläubigerrechte und Schiffshypotheken, TranspR 1994, 213; *Herber*, Die wundersame Wiederauferstehung der Schiffsgläubigerrechte für Ladungsschäden und Kapitänsgeschäfte; TranspR 1999, 249; *Mankowski*, Statut der Schiffsgläubigerrechte, TranspR 1990, 213; *Michaels*, Schiffsgläubigerrecht und Auslandsveräußerung, TranspR 1997, 330; *Richter*, Zum Entwurf des Comité Maritime International für die Revision des Übereinkommens von 1967 zur Vereinheitlichung von Regeln über Schiffsgläubigerrecht und Schiffshypotheken, TranspR 1985, 324; *Schmidt-Vollmer*, Schiffsgläubigerrechte und ihre Geltendmachung, Diss., Münster 2003; *Wersel*, Das Übereinkommen über Schiffsgläubigerrechte und Schiffshypotheken vom 6. Mai 1993, Diss., Hamburg 1996; *Zweigert/Drobing*, Das Statut der Schiffsgläubigerrechte, VersR 1971, 581.

## I. Allgemeines

Das Gesetz spricht **Gläubigern bestimmter Forderungen** die Rechte eines „**Schiffs-** **1** gläubigers" zu. § 596 Abs. 1 Nr. 1 bis 5 verschaffen also keine Ansprüche, sondern setzen diese voraus.[1] Die Liste der Forderungen ist abschließend,[2] weshalb durch Parteivereinbarung keine Schiffsgläubigerstellung erlangt werden kann. Ihre besondere Durchschlagskraft erhalten Schiffsgläubigerrechte dadurch, dass sie ein **besitzloses**[3] **Pfandrecht** am Schiff und seinem Zubehör gewähren. Dieses Pfandrecht geht den registrierten **Schiffshypotheken** vor, sodass eine Befriedigung der Schiffsgläubiger noch vor den schiffsfinanzierenden Banken ermöglicht wird.[4] Ein Schiffsgläubigerrecht kann **nur** an solchen Schiffen entstehen, die zum Erwerb durch Seeschifffahrt betrieben werden; Art. 7 Abs. 1 EGHGB.

**Bei der Entstehung** des Schiffsgläubigerrechts müssen **Schuldner** und **Reeder** (bzw. **2** Ausrüster) **identisch** sein; die gesicherte Forderung muss sich also gegen sie richten.[5] Hiervon können **per Gesetz** Ausnahmen vorgesehen werden, wie zum Beispiel hinsichtlich der Heuerforderung, der über eine Crewing Agentur angestellten Mitglieder der Schiffsbesatzung (siehe auch unter § 596 Rn. 4) oder bei der dem Eigner auferlegten Haftung für durch den Charterer ausgelöste Abgaben (siehe unter § 596 Rn. 8). **Nach Entstehung** des Schiffsgläubigerrechts können Schuld und Haftung **auseinanderfallen.** Wie § 597 Abs. 1 S. 2 zeigt, „wandert" die **Haftung** ggf. später mit dem Schiff, während der **Schuldner** der mit dem Schiffsgläubigerrecht akzessorisch verbundenen Forderung nicht wechselt, wodurch die Ausschlussfrist des § 600 jedoch nicht beeinflusst wird.[6] Der Reeder erwirbt mithin ein **Schiffsgläubigerrecht am eigenen Schiff,** wenn die gesicherte Forderung aufgrund der Befriedigung des ursprünglichen Schiffsgläubigers auf ihn übergeht,[7] denn der Reeder hat regelmäßig ein Interesse daran, ein den Schiffshypotheken vorgehendes Pfandrecht zu erwerben; vgl. § 1256 Abs. 2 BGB.[8]

Die gesetzliche **Reihenfolge** der Schiffsgläubigerrechte gibt auch deren Rangfolge vor,[9] **3** wobei die Forderungen nach Abs. 1 Nr. 4 privilegiert sind; § 603. Die Rangordnung der Forderungen unter derselben Nummer bestimmt sich nach § 604. Zur gesicherten Forderung zählen auch Zins und Rechtsverfolgungskosten (§ 597 Abs. 2); sie stehen auf der Rangstufe der Forderung.

---

[1] OLG München 7.5.1996, OLGR 1997, 44.
[2] BGH 9.12.1985, BGHZ 96, 332 = TranspR 1986, 247 zu § 102 BinSchG; OLG Koblenz 29.3.1985, VersR 1987, 1088; RegBegr-SHR S. 131; *Rabe* § 754 Rn. 1; *Schmidt-Vollmer* S. 39; *Schaps/Abraham* § 754 Rn. 3 ff.
[3] *Herber* S. 113; *Schaps/Abraham* Vor § 754 Rn. 6; *Rabe* Vor § 754 Rn. 1.
[4] *Herber* S. 110.
[5] *Rabe* Vor § 754 Rn. 4; vgl. *Schaps/Abraham* Vor § 754 Rn. 7.
[6] *Rabe* Vor § 754 Rn. 4; *Schaps/Abraham* Vor § 754 Rn. 7.
[7] BT-Drucks. 6/2225 S. 37 zu § 758 HGB aF; *Schmidt-Vollmer* S. 92; *Rabe* § 754 Rn. 5.
[8] BT-Drucks. 6/2225 S. 37 zu § 758; *Rabe* Vor § 754 Rn. 5; *Schaps/Abraham* Vor § 754 Rn. 13.
[9] Vgl. BGH 24.11.1975, VersR 1976, 484.

**4**    Das Schiffsgläubigerrecht **erlischt** nach Auslaufen der **Ausschlussfrist** des § 600 oder auch durch Zwangsversteigerung des Schiffes im Inland, § 601 Abs. 1, §§ 162, 91 ZVG. **Erlischt ein Schiffsgläubigerrecht im Ausland,** beispielsweise durch Zwangsversteigerung des Haftungsobjekts, so ist dies auch im Inland anzuerkennen.[10] Bei einer Versteigerung deutscher Schiffe im Ausland ist deutsches Recht für Bereicherungsansprüche maßgeblich, die darauf gestützt werden, dass bei der Verteilung des Versteigerungserlöses nicht die deutsche Rangfolge eingehalten wurde.[11]

## II. Behandlung ausländischer Schiffsgläubigerrechte

**5**    **1. Internationale Übereinkommen.** Eine Vereinheitlichung der Schiffsgläubigerrechte wurde durch verschiedene **Übereinkommen** versucht. Zum einen die *International Convention for the unification of certain rules of law relating to maritime Liens and Mortgages,* Brüssel 10.4.1926[12] bzw. 27.5.1967. Die Brüsseler Konvention von 1926 ist zwar am 2.6.1931 in Kraft getreten, Deutschland ist jedoch kein Mitgliedsstaat. Die Brüsseler Konvention von 1967 ist bisher nicht in Kraft getreten. Deutschland ist zwar nicht Mitgliedsstaat, hat die Regelungen jedoch in das nationale Recht übernommen.[13] Schließlich wurde die *International Convention on maritime Liens and Mortgages,* Genf 6.5.1993[14] von Deutschland am 11.7.1994 gezeichnet jedoch bisher nicht ratifiziert. Sie ist seit dem 5.9.2004 in Kraft.

**6**    **2. Entstehung und Inhalt.** Umstritten war längere Zeit, ob Entstehung und Inhalt des Schiffsgläubigerrechts nach der lex causae oder nach der lex rei sitae zu beurteilen ist.[15] Es kristallisierte sich heraus, dass die lex causae entscheidend ist.[16] Seit 1999 bestimmt **Art. 45 Abs. 2 EGBGB,** dass die Entstehung gesetzlicher Sicherungsrechte, und damit der Schiffsgläubigerrechte, dem Recht unterliegt, welches auf die zu sichernde Forderung Anwendung findet. Dieses wiederum bestimmt sich aus deutscher Sicht nach der Rom I-VO. Eine Rechtswahl nach Art. 3 Rom I-VO kann nur dann zur Entstehung eines Schiffsgläubigerrechts führen, wenn der Eigner des Schiffes ihr zugestimmt hat. Wählen also bspw. Zeitcharterer und Bunkerverkäufer im Kaufvertrag ein Recht, welches dem Bunkerverkäufer ein Schiffsgläubigerrecht einräumt, muss sich der Eigner die Rechtswahl und damit das Schiffsgläubigerrecht nicht entgegenhalten lassen. Zum einen bindet eine Rechtswahl nur die an dieser beteiligten Parteien,[17] zum anderen ist die Rechtswahl zulasten Dritter ausgeschlossen.[18] Im Ergebnis kann Art. 45 Abs. 2 EGBGB dazu führen, dass deutsche Gerichte auch Schiffsgläubigerrechten Geltung verschaffen, die in Deutschland unbekannt sind.[19] Der Anerkennung des ausländischen Schiffsgläubigerrechts steht dabei weder entgegen, dass dieses nicht in einem Register eingetragen ist, noch, dass das ausländische Recht dem Schiffsgläubigerrecht keinen bestimmten Rang zuordnet.[20]

**7**    **3. Rangfolge.** Für die Rangfolge mehrerer Sicherungsrechte gilt nach **Art. 43 Abs. 1 EGBGB** die lex rei sitae, welche bei der Verwertung des Schiffsgläubigerrechts praktisch

---

[10]  BGH 6.7.1961, BGHZ 35, 267; vgl. BGH 16.12.1996, TranspR 1997, 156.

[11]  BGH 6.7.1961, BGHZ 35, 267; *Rabe* § 760 Rn. 15; Schaps/*Abraham* Vor § 754 Rn. 34.

[12]  League of Nations, Treaty Series, Band 120, S. 189, Nr. 2765.

[13]  *Herber* TranspR 1999, 29 ff.; *Rabe* Vor § 754 Rn. 8; *Steingröver,* Die Mithaftung des ausführenden Verfrachters im Seerecht: de lege lata und de lege ferenda, S. 35.

[14]  UN, Doc. A/CONF 162/7.

[15]  OLG Hamburg 11.5.1976, VersR 1976, 1173 (hier offengelassen).

[16]  LG Hamburg 7.11.1967, VersR 1969, 442; OLG Hamburg 9.1.1975, VersR 1975, 826; OLG Koblenz 29.3.1985, VersR 1987, 1088; OLG Bremen 6.10.1994, TranspR 1995, 302; OLG München 7.5.1996, OLGR 1997, 44.

[17]  Vgl. EuGH 7.2.2013, NJW 2013, 3086 zur Gerichtsstandswahl nach Art. 23 EuGVVO.

[18]  *Tiedemann,* Die Haftung aus Vermögensübernahme im internationalen Recht, S. 60; *Heinz,* Das Vollmachtstatut: Eine einheitliche Kollisionsnorm für Europa, S. 75; *Bernd von Hoffmann,* FS Glossener, 1994, S. 152; *Arndt,* Das Interbankverhältnis im Überweisungsrecht, S. 318.

[19]  Kritisch hierzu: *Herber* TranspR 1999, 249; *Schmidt-Vollmer* S. 97 ff.

[20]  BGH 21.1.1991, TranspR 1991, 198.

immer der lex fori entsprechen dürfte.[21] Sollten die auf die Schiffsgläubigerrechte anzuwendenden leges causae übereinstimmend eine vom deutschen Recht abweichende Rangfolge festlegen, so kann dies als wesentlich engere Verbindung im Sinne von Art. 46 EGBGB die Vorschrift des Art. 43 Abs. 1 EGBGB verdrängen.[22] Ein in Deutschland begründetes Pfändungspfandrecht geht den ausländischen Schiffsgläubigerrechten grundsätzlich nach, $\S$ 602.[23]

Bei **Verwertung** in Deutschland ist das ausländische Schiffsgläubigerrecht der Klasse **8** der deutschen Schiffsgläubigerrechte zuzuordnen, der es inhaltlich und nach Grund bzw. Charakter im Wesentlichen entspricht.[24] Nach Ansicht des OLG Oldenburg[25] kann eine mangelnde Verortbarkeit in die dem deutschen Recht bekannten Klassen dazu führen, dass ein ausländisches Schiffsgläubigerrecht im Rang hinter einer im Schiffsregister eingetragenen Schiffshypothek steht.[26]

**4. Erlöschen.** Nicht geregelt ist, ob das Erlöschen des ausländischen Schiffsgläubigerrechts sich nach der lex causae oder der lex fori richtet.[27] Die Rechtssicherheit, die der **9** Gesetzgeber dem ausländischen Schiffsgläubiger dadurch verschafft, dass sich dessen dingliche Sicherungsrechte nach dem Vertragsstatut bestimmen, wäre wesentlich geschmälert, wenn nicht auch die zugehörigen Erlöschensregelungen zur Anwendung kämen. Auch erscheint es systemwidrig, die Entstehung eines Sicherungsrechts der lex causae, das spiegelbildliche Erlöschen jedoch der **lex fori** zu unterwerfen[28] – dies umso mehr, als es sich bei der Frage des Erlöschens aus deutscher Sicht nicht um eine Frage des Prozessrechts, sondern des materiellen Rechts handelt. Andererseits bestimmt sich das Schicksal dinglicher Rechte nach der lex rei sitae, so dass $\S$ 600 auch auf ausländische Schiffsgläubigerrechte anzuwenden ist.[29] Dies entspricht spiegelbildlich der Handhabung beim Erlöschen deutscher Schiffsgläubigerrechte im Ausland.[30]

## $\S$ 596 Gesicherte Forderungen

**(1) Die Gläubiger folgender Forderungen haben die Rechte eines Schiffsgläubigers:**

1. **Heuerforderungen des Kapitäns und der übrigen Personen der Schiffsbesatzung;**
2. **öffentliche Schiffs-, Schifffahrts- und Hafenabgaben sowie Lotsgelder;**
3. **Schadensersatzforderungen wegen der Tötung oder Verletzung von Menschen sowie wegen des Verlusts oder der Beschädigung von Sachen, sofern diese Forderungen aus der Verwendung des Schiffes entstanden sind; ausgenommen sind jedoch Forderungen wegen des Verlusts oder der Beschädigung von Sachen, wenn die Forderungen aus einem Vertrag hergeleitet werden oder auch aus einem Vertrag hergeleitet werden können;**
4. **Forderungen auf Bergelohn, auf Sondervergütung und auf Bergungskosten; Forderungen gegen den Eigentümer des Schiffes und gegen den Gläubiger der Fracht auf einen Beitrag zur Großen Haverei; Forderungen wegen der Beseitigung des Wracks;**

---

[21] Vgl. auch BGH 21.1.1991, TranspR 1991, 198; OLG Oldenburg 7.6.1974, VersR 1975, 271.
[22] BT-Drucks. 14/343 S. 18.
[23] BGH 21.1.1991, TranspR 1991, 198.
[24] OLG Oldenburg 7.6.1974, VersR 1975, 271; *Schaps/Abraham* Vor $\S$ 754 Rn. 34.
[25] OLG Oldenburg 7.6.1974, VersR 1975, 271.
[26] So auch BT-Drucks. 14/343 S. 18; *Rabe* $\S$ 761 Rn. 4; *Schmidt-Vollmer* S. 98.
[27] Vgl. *Schmidt-Vollmer* S. 105.
[28] *Herber* TranspR 1999, 249 führt gerade diesen Aspekt als ein Argument für die Reformbedürftigkeit der geltenden Regeln auf.
[29] Vgl. *Schaps/Abraham* Vor $\S$ 754 Rn. 33.
[30] Vgl. BGH 6.7.1961, BGHZ 35, 267; BGH 16.12.1996, TranspR 1997, 156.

5. Forderungen der Träger der Sozialversicherung einschließlich der Arbeitslosenversicherung gegen den Reeder.

(2) Absatz 1 Nummer 3 ist nicht auf Ansprüche anzuwenden, die auf die radioaktiven Eigenschaften oder eine Verbindung der radioaktiven Eigenschaften mit giftigen, explosiven oder sonstigen gefährlichen Eigenschaften von Kernbrennstoffen oder radioaktiven Erzeugnissen oder Abfällen zurückzuführen sind.

## Übersicht

| | Rn. | | Rn. |
|---|---|---|---|
| I. Einleitung | 1 | V. Bergung, Große Haverei und Wrackbeseitigung (§ 596 Abs. 1 Nr. 4) | 13–15 |
| II. Heuerforderungen (§ 596 Abs. 1 Nr. 1) | 2–5 | | |
| III. Abgaben und Lotsgelder (§ 596 Abs. 1 Nr. 2) | 6–9 | VI. Sozialversicherungen (§ 596 Abs. 1 Nr. 5) | 16, 17 |
| IV. Schadensersatzansprüche (§ 596 Abs. 1 Nr. 3) | 10–12 | VII. Atomrechtliche Ansprüche (§ 596 Abs. 2) | 18 |

## I. Einleitung

1      Die Vorschrift ist weitgehend wortgleich mit § 754 HGB aF, klarstellende redaktionelle Änderungen finden sich insbesondere in Abs. 1 Nr. 4.[1] Inhaltlich orientiert sich die **abschließende und eng auszulegende Liste**[2] der Schiffsgläubigerrechte an der Brüsseler *International Convention for the unification of certain rules of law relating to maritime Liens and Mortgages* vom 27.5.1967.[3] Die Bundesrepublik hat dieses Übereinkommen jedoch nicht ratifiziert.[4]

## II. Heuerforderungen (§ 596 Abs. 1 Nr. 1)

2      Der Begriff der Heuer ist in § 30 SeemannsG definiert und umfasst alle aufgrund des Heuerverhältnisses gewährten Vergütungen einschließlich der arbeitsrechtlichen **Nebenansprüche,**[5] des Anteils an Fracht, Gewinn oder Erlös. Nicht von Abs. 1 Nr. 1 erfasst sind folglich andere vermögensrechtliche Ansprüche aus dem Heuervertrag[6] oder Lohn- und Kirchensteueransprüche eines Landes, die sich aus dem öffentlichen Recht herleiten.[7]

3      Diese Regelung ist enger als § 102 Nr. 2 BinSchG, der für die aus Dienstverträgen herrührenden Forderungen der Schiffsbesatzung, beispielsweise den arbeitsrechtlichen Freistellungsanspruch,[8] ein Schiffsgläubigerrecht gewährt.

4      Heuerforderungen führen auch dann zu einem Schiffsgläubigerrecht, wenn sich diese nicht gegen den Reeder, sondern den Ausrüster oder eine Crewingagentur richten.[9] Letzteres ergibt sich daraus, dass auch Personen, die dem Reeder oder Ausrüster zur Arbeitsleistung im Rahmen des Schiffsbetriebs überlassen wurden, nach dem Willen des Gesetzgebers zur Schiffsbesatzung zählen.[10] Es handelt sich dabei um eine **Ausnahme** von dem Grundsatz, dass bei Entstehung des schiffsgläubigerrechts Schuldner und Reeder/Ausrüster identisch sein müssen.

---

[1] RegBegr-SRG S. 131.

[2] BGH 9.12.1985, BGHZ 96, 332 = TranspR 1986, 247 zu § 102 BinSchG; OLG Koblenz 29.3.1985, VersR 1987, 1088; RegBegr-SHR S. 131; *Rabe* § 754 Rn. 1; *Schmidt-Vollmer* S. 39; *Schaps/Abraham* § 754 Rn. 3 ff.

[3] BT-Drucks. 4/2225 S. 33; *Herber,* S. 110; *Czerwenka* TranspR 1994, 213.

[4] Vgl. BT-Drucks. 4/2225 S. 34.

[5] BT-Drucks. 4/2225 S. 35.

[6] BT-Drucks. 4/2225 S. 35; *Schaps/Abraham* § 754 Rn. 7.

[7] LG Stade 5.5.1987, EWiR 1987, 1117, mit Anm. *Büchmann.*

[8] BGH 24.11.1975, BGHZ 66, 1.

[9] LG Bremen 23.1.1992, AiB 1992, 362, mit Anm. *Rudolph; Schmidt-Vollmer* S. 39.

[10] RegBegr-SRG S. 63.

Zu den Personen der Schiffsbesatzung im Sinne des § 596 Abs. 1 zählen nicht die Stauer **5**
eines selbständigen Stauereiunternehmens.[11] Zum Begriff der Schiffsbesatzung siehe § 478
und vgl. auch § 7 SeemG.

### III. Abgaben und Lotsgelder (§ 596 Abs. 1 Nr. 2)

Unter den Begriff der Abgaben fallen neben den **Steuern** (vgl. § 1, 3 Abs. 1 AO), **6**
**Beiträge, Gebühren, Sonderabgaben, Geldbußen und sonstige Ungehorsamsfol-**
**gen.** Voraussetzung für die Entstehung des Schiffsgläubigerrechts ist, dass die Abgaben von
öffentlicher Seite und bezogen auf das Schiff, die Schifffahrt als solche bzw. einen Hafen
und dessen Benutzung erhoben werden. Ob diese Voraussetzung erfüllt ist, muss auf Basis
der der Abgabe zugrunde liegenden Vorschriften im Einzelfall geprüft werden.[12] Häufigster
Anwendungsfall sind die Gebühren.

Gebühren sind öffentlich rechtliche Geldleistungen, die in Abgrenzung zur Steuer aus **7**
Anlass individuell zurechenbarer öffentlicher Leistungen den Gebührenschuldner durch eine
öffentlich rechtliche Norm oder sonstige hoheitliche Maßnahme auferlegt werden und dazu
bestimmt sind, in Anknüpfung an die Leistungen, deren Kosten ganz oder teilweise zu
decken. Die Gebühr setzt also eine ihr gegenüberstehende Leistung voraus und soll finanziel-
ler Ausgleich für diese sein.[13]

Ein Schiffsgläubigerrecht nach Abs. 1 Nr. 2 entsteht ohne anderslautende gesetzliche **8**
Bestimmung dann, wenn der Reeder, und nicht etwa ein Zeitcharterer, Schuldner dieser
Abgaben ist,[14] da der Reeder nicht für die Schulden eines Dritten haften soll. Es begegnet
jedoch keinen verfassungsmäßigen Bedenken, per Landesgesetz zu regeln, nicht nur dem
Charterer sondern auch dem Eigner eines Schiffes für durch die Nutzung des Hafens anfal-
lende Gebühren haften zu lassen.[15] Dabei handelt es sich um eine **Ausnahme** von dem
Grundsatz, dass bei Entstehung des Schiffsgläubigerrechts Reeder bzw. Ausrüster und
Schuldner identisch sein müssen.

Unter den Begriff der **Lotsgelder** fallen alle von Lotsbrüderschaften erhobenen Entgelte, **9**
unabhängig davon, ob sie auf privatrechtlicher oder öffentlich-rechtlicher Grundlage geltend
gemacht werden.[16]

### IV. Schadensersatzansprüche (§ 596 Abs. 1 Nr. 3)

Ein unter Abs. 1 Nr. 3 fallendes Schiffsgläubigerrecht setzt einerseits voraus, dass die **10**
Forderung aus der Verwendung des Schiffes entstanden ist und dass im Falle des Verlusts
oder der Sachbeschädigung kein konkurrierender vertraglicher Anspruch besteht oder bestehen könnte. Die erste Voraussetzung ist erfüllt, wenn die Forderung **unmittelbar aus dem**
**Schiffsbetrieb** in wirtschaftlicher Hinsicht hervorgeht.[17] Ein rechtswidriges Verhalten[18]
oder ein Verschulden des Reeders oder der ihm insoweit zuzurechnenden Schiffsbesatzung
ist nicht erforderlich.[19] § 596 Abs. 1 Ziffer 3 setzt auch nicht voraus, dass der Schaden an
einem anderen Schiff eingetreten ist; er kann grundsätzlich **an jedem Gegenstand**, so
beispielsweise auch an auf der Hafensole liegenden Versorgungsleistungen oder an Hafenanlagen, eintreten.[20] Ein Schiffsgläubigerrecht nach Absatz 3 entsteht seit dem Seerechtsänderungsgesetz vom 21.6.1972 für den Reeder **nicht** mehr, wenn die **Ladung** des eigenen
Fahrzeugs beschädigt wird.[21]

---

[11] BGH 12.12.1957, BGHZ 26, 152; Schaps/*Abraham* § 754 Rn. 7.
[12] *Rabe* § 754 Rn. 3; Schaps/*Abraham* § 754 Rn. 8; *Schmidt-Vollmer* S. 41 ff.
[13] BVerfG 12.11.1994, TranspR 1995, 204.
[14] OLG Hamburg 6.4.1978, VersR 1978, 1067.
[15] BVerfG 12.11.1994, TranspR 1995, 204.
[16] *Schmidt-Vollmer* S. 42; *Rabe* § 754 Rn. 3; Schaps/*Abraham* § 754 Rn. 11.
[17] *Schmidt-Vollmer* S. 44.
[18] BGH 13.5.1952, BGHZ 6, 102.
[19] *Schmidt-Vollmer* S. 45; *Rabe* § 754 Rn. 4; Schaps/*Abraham* § 754 Rn. 13.
[20] OLG Oldenburg 5.6.1973, VersR 1973, 914, vgl. *Ramming* VersR 2007, 306.
[21] BT-Drucks. 4/2225 S. 35; BGH 28.1.1980, VersR 1980, 376.

**11**    Das Schiffsgläubigerrecht nach Abs. 1 Nr. 3 ist **ausgeschlossen, wenn** der Anspruchssteller **vertragliche Beziehungen** zum Reeder hat, die eine Geltendmachung des Anspruches ermöglichen, weshalb Ladungsschäden grundsätzlich kein Schiffsgläubigerrecht nach
Nr. 3 verschaffen.[22] Durch den letzten Halbsatz der Ziffer wird ein Schiffsgläubigerrecht
auch für Fälle der Konkurrenz zwischen vertraglichen und sonstigen Ansprüchen ausgeschlossen.[23] Da es für den Ausschluss des Schiffsgläubigerrechts ausreicht, dass der Anspruch
aus einem Vertrag hergeleitet werden **kann,** greift der Ausschluss auch in Konstellationen,
in denen zwar ein Dritter einen vertraglichen Anspruch auf Ersatz des Schadens gegen den
Schädiger hat, der Geschädigte selbst jedoch nicht, was beispielsweise in **Transportketten**
häufig der Fall ist.[24] Hier kann nämlich der Schaden durch den Hauptverfrachter gegen
den Unterverfrachter auf vertraglicher Grundlage geltend gemacht werden.

**12**    Bei Schäden aufgrund **radioaktiver Eigenschaften** des Schiffes oder der Ladung ist die
Einschränkung des Abs. 2 zu beachten.

### V. Bergung, Große Haverei und Wrackbeseitigung (§ 596 Abs. 1 Nr. 4)

**13**    Die nun gewählte Formulierung weicht vom bisherigen Text insoweit ab, als von „Forderungen gegen den Eigentümer des Schiffes und gegen den Gläubiger der Fracht auf einen
Beitrag zur Großen Haverei" die Rede ist und nicht mehr von den Beiträgen „des Schiffes
und der Fracht zur großen Haverei". Deutlicher herausgearbeitet wird hierdurch, dass die
Genannten **persönlich und nicht dinglich** beschränkt auf Schiff und Fracht **haften.**[25]

**14**    Irrelevant ist, ob die Forderung auf Gesetz oder Vertrag beruht.[26] Beruht sie auf Gesetz,
so ist neben den Vorschriften ggf. anwendbarer Übereinkommen auch die Rom II-VO zu
beachten.[27] Da auch Forderungen aus der Beseitigung des Wracks ein Schiffsgläubigerrecht
begründen, ist das **Wrack ein Schiff im Sinne der §§ 596 ff.**

**15**    Gemäß § 576 Abs. 1 S. 2 entsteht ein Bergelohnanspruch auch dann, wenn bergendes
und geborgenes Schiff demselben Eigner gehören. Folgerichtig erwirbt der Eigner in dieser
Konstellation ein **Schiffsgläubigerrecht am eigenen Schiff.**[28]

### VI. Sozialversicherungen (§ 596 Abs. 1 Nr. 5)

**16**    Ergänzend zu Nr. 1 wird den Versicherungsträgern für ihre Forderungen gegen den
Reeder ein Schiffsgläubigerrecht eingeräumt. Da das Gesetz nicht nach Art oder Rechtsgrund der Forderung unterscheidet, werden auch Geldstrafen erfasst.[29]

**17**    Es steht dem Sozialversicherungsträger offen, einen Leistungsbescheid so auszugestalten,
dass dieser als Titel zur Durchsetzung des Schiffsgläubigerpfandrechts im Wege der Zwangsvollstreckung geeignet ist.[30] Damit wird verhindert, dass der Sozialversicherungsträger
gerichtliche Hilfe in Anspruch nehmen muss, um Sozialversicherungsansprüche durch
Zwangsvollstreckung zu verfolgen.[31]

### VII. Atomrechtliche Ansprüche (§ 596 Abs. 2)

**18**    Abs. 2 gilt sowohl für den Fall, dass das Schiff atombetrieben ist, als auch für den Transport
radioaktiver Güter. Ersatzansprüche sind den spezialgesetzlichen Normen zu entnehmen.

---

[22]  OLG München 7.5.1996, OLGR 1997, 44; *Rabe* § 754 Rn. 4.
[23]  *Rabe* § 754 Rn. 4, *Steingröver,* Die Mithaftung des ausführenden Verfrachters im Seerecht: de lege lata
und de lege ferenda, S. 36; *Schmidt-Vollmer* S. 45.
[24]  *Schmidt-Vollmer* S. 45.
[25]  RegBegr-SRG S. 131.
[26]  *Rabe* § 754 Rn. 5; Schaps/*Abraham* § 754 Rn. 17.
[27]  Vgl. *Bahnsen* TranspR 2010, 317.
[28]  BT-Drucks. 6/2225 S. 37 zu § 758 HGB aF: *Herber* S. 112; Schaps/*Abraham* Vor § 754 Rn. 14.
[29]  *Rabe* § 754 Rn. 6; *Schmidt-Vollmer* S. 53; Schaps/*Abraham* § 754 Rn. 20.
[30]  OLG Hamburg 8.12.2000, OLGR 2001, 167.
[31]  OLG Hamburg 8.12.2000, OLGR 2001, 167.

# § 597 Pfandrecht der Schiffsgläubiger

(1) [1]Die Schiffsgläubiger haben für ihre Forderungen ein gesetzliches Pfandrecht an dem Schiff. [2]Das Pfandrecht kann gegen jeden Besitzer des Schiffes verfolgt werden.

(2) Das Schiff haftet auch für die gesetzlichen Zinsen der Forderungen sowie für die Kosten der die Befriedigung aus dem Schiff bezweckenden Rechtsverfolgung.

## I. Einleitung

Die Vorschriften des BGB über das Pfandrecht an beweglichen Sachen werden nach § 1257 BGB angewandt, soweit sie passen.[1] **1**

Schiff im Sinne der Vorschrift ist **auch das Wrack,** an dem gemäß § 596 Abs. 1 Nr. 4 **2** ein Schiffsgläubigerrecht neu entstehen kann.[2] Da gemäß § 603 Abs. 2 auch das Schiffsgläubigerrecht aus der Wrackbeseitigung den anderen Schiffsgläubigerrechten vorgeht, führt der Verlust der Schiffseigenschaft nach dem Willen des Gesetzgebers nicht zum Untergang der bis dahin entstandenen Schiffsgläubigerrechte.[3]

## II. Gegenstand des Pfandrechts (§ 597 Abs. 1 S. 1)

Der Begriff des Schiffs umfasst auch dessen **Bestandteile im Sinne der §§ 93–96 BGB 3** sowie, im eigenschränkten Umfang, auch das **Zubehör;** § 598. Die Abgrenzung zwischen Bestandteilen, wesentlichen Bestandteilen und Zubehör ist mithin nicht schärfer als im allgemeinen Zivilrecht. Nimmt man die Definition des Schiffes als schwimmfähiges, mit einem Hohlraum versehenes Fahrzeug von nicht ganz unerheblicher Größe, dessen Zweckbestimmung es mit sich bringt, dass es auf dem Wasser bewegt wird[4], hinzu, zeigt sich, dass eine abstrakte Abgrenzung von Schiff, (wesentlichem) Bestandteil und Zubehör nachgerade unmöglich ist. Mit Schaps/*Abraham*[5] sind wesentliche Bestandteile eines Schiffes jedenfalls die Gegenstände, ohne welche das Schiff nicht Schiff oder zumindest nicht Schiff der betreffenden Art zu nennen ist. Damit gehören zu den wesentlichen Bestandteilen Rumpf, Aufbauten, Maschine und Ruderanlage.[6]

## III. Verfolgung gegen Besitzer (§ 597 Abs. 1 S. 2)

Abs. 1 S. 2 stellt sicher, dass die Realisierung des Pfandrechts nicht dadurch behindert **4** wird, dass das Schiff sich nicht (mehr) im Besitz des Eigentümers, sondern eines Dritten, also insbesondere eines Charterers, befindet.[7] Durch die Formulierung, dass das Pfandrecht gegen jeden Besitzer verfolgt werden kann, ist klargestellt, dass es irrelevant ist, ob der Besitzer gut- oder bösgläubig ist und aufgrund welcher rechtlichen oder tatsächlichen Basis er im Besitz des Schiffes ist.[8] Daher führt der Verkauf des Schiffes ggf. zu einer Trennung von Schuld und Haftung,[9] hindert jedoch nicht die Verfolgung des dinglichen Schiffsgläubigerrechts gegen den neuen Eigentümer.[10] Eine **Passivlegitimation** des Besitzers ergibt sich aus Abs. 1 S. 2 nicht; **§ 601 Abs. 2 ist insoweit abschließend.**[11]

[1] BT-Drucks. 6/2225 S. 37; vgl. OLG Hamburg 6.12.2012, TranspR 2013, 242; *Rabe* Vor § 754 Rn. 1.
[2] AA *Rabe* § 755 Rn. 3.
[3] So auch *Rabe* § 755 Rn. 3; vgl. BGH 14.12.1951, NJW 1952, 1135.
[4] BGH 14.12.1951, NJW 1952, 1135; BGH 13.3.1980, BGHZ 76, 201.
[5] Schaps/*Abraham* § 478 Rn. 2.
[6] Vgl. Schaps/*Abraham* § 478 Rn. 2 ff.; *Rabe* § 478 Rn. 4 ff.
[7] BT-Drucks. 6/2225 S. 37.
[8] *Rabe* § 755 Rn. 4; Schaps/*Abraham* § 755 Rn. 8.
[9] Vgl. Schaps/*Abraham* Vor § 754 Rn. 7.
[10] BGH 16.12.1996, TranspR 1997, 156 zu § 103 BinSchG mit Anm. *Michaels* TranspR 1997, 330; OLG Hamburg 30.9.1993, TranspR 1994, 69; Schaps/*Abraham* Vor § 754 Rn. 7; *Herber* S. 113; vgl. *ders.* TranspR 1999, 249.
[11] Schaps/*Abraham* § 755 Rn. 9.

## IV. Zinsen und Rechtsverfolgungskosten (§ 597 Abs. 2)

5      Ob und in welcher Höhe gesetzliche Zinsen[12] anfallen, bestimmt sich nach dem **Forderungsstatut**. Was unter den Begriff der Rechtsverfolgungskosten fällt, bestimmt sich nach dem Recht des Staates, in dem diese Kosten anfallen. Sowohl Rechtsverfolgungskosten als auch Zinsen müssen bezogen auf die Forderung gemäß § 596 Abs. 1 anfallen.[13]

## § 598 Gegenstand des Pfandrechts der Schiffsgläubiger

**(1) Das Pfandrecht der Schiffsgläubiger erstreckt sich auf das Zubehör des Schiffes mit Ausnahme der Zubehörstücke, die nicht in das Eigentum des Schiffseigentümers gelangt sind.**

**(2) ¹Das Pfandrecht erstreckt sich auch auf einen Ersatzanspruch, der dem Reeder wegen des Verlusts oder der Beschädigung des Schiffes gegen einen Dritten zusteht. ²Das Gleiche gilt hinsichtlich der Vergütung für Schäden am Schiff in Fällen der Großen Haverei.**

**(3) Das Pfandrecht erstreckt sich nicht auf eine Forderung aus einer Versicherung, die der Reeder für das Schiff genommen hat.**

### I. Schiffszubehör (§ 598 Abs. 1)

1      Seit dem Wegfall des § 478 HGB aF bestimmt sich der Begriff des Schiffszubehörs nach **§ 97 BGB**. Wesentliche Bestandteile des Schiffs (vgl. §§ 93–96 BGB) fallen schon unter § 597 Abs. 1 S. 1 (§ 597 Rn. 3). Unter § 598 fallen damit bewegliche Sachen, die, ohne Bestandteile des Schiffes zu sein, seinem wirtschaftlichen Zweck zu dienen bestimmt sind und zu ihm in einem dieser Bestimmung entsprechenden räumlichen Verhältnis stehen. Der Begriff entzieht sich der genauen Definition sowie einer klaren Abgrenzung zu den wesentlichen Bestandteilen des Schiffes.

2      Entscheidend für die Bestimmung der Zubehöreigenschaft ist die **Verkehrsanschauung**; § 97 Abs. 1 S. 2 BGB.

3      Sachen sind bestimmt, dem wirtschaftlichen Zweck des Schiffes zu dienen, wenn sie zum Gebrauch des Schiffes in der Seefahrt beitragen, worunter allerdings auch nicht mit Ortsveränderung verbundene Ladungsoperationen und Liegezeiten fallen.[1] Beispiele für Schiffszubehör sind die bis zur Reform in § 478 Abs. 1 HGB aF genannten Schiffsbote, loses Navigationsgerät, Laschmaterialien, Einrichtungsgegenstände der Kajüten, Reserveteile, Anker und Schiffspapiere. Hinzu kommen solche Gegenstände, die für die spezielle Zweckbestimmung des jeweiligen Schiffes (beispielsweise Schlepper, Fischereischiff, Kabelleger) erforderlich sind.[2] Die **Ladung ist kein Zubehör** des Schiffes.[3]

4      Die vorübergehende Trennung vom Schiff, beispielsweise wegen einer Reparatur, hebt die Zubehöreigenschaft nicht auf; § 97 Abs. 2 S. 2 BGB.[4] Umgekehrt führt die nur vorübergehende Benutzung einer Sache für den wirtschaftlichen Zweck des Schiffes nicht zu deren Zubehöreigenschaft; § 97 Abs. 2 S. 1 BGB. Daher ist die **Zubehöreigenschaft** von Gegenständen, die zum Verbrauch bestimmt sind, wie **Treibstoff und Proviant**, umstritten.[5] Es wurde argumentiert, dass, weil bei der Bemessung der Vergütung im Falle der Bergung gemäß §§ 709 und 710 HGB aF der Treibstoff nicht eigenständig neben dem Zubehör erwähnt wird, er als Zubehör zu werten ist.[6] § 590 Abs. 1 zählt jedoch sowohl Treibstoff

---

[12] Schaps/*Abraham* § 755 Rn. 16.
[13] Schaps/*Abraham* § 755 Rn. 17.
[1] Schaps/*Abraham* § 478 Rn. 4.
[2] Schaps/*Abraham* § 478 Rn. 4.
[3] Schaps/*Abraham* § 478 Rn. 4, *Rabe* § 478 Rn. 13.
[4] Schaps/*Abraham* § 478 Rn. 5, *Rabe* § 478 Rn. 14.
[5] Vgl. Schaps/*Abraham* § 478 Rn. 6, *Rabe* § 478 Rn. 15; *Schmidt-Vollmer* S. 55, mwN.
[6] *Rabe* § 478 Rn. 15.

als auch Zubehör auf, so dass sich mit diesem Argument die Zubehöreigenschaft nicht mehr begründen lässt. Für die Stellung als Zubehör spricht jedoch entscheidend, dass der Treibstoff und Proviant nicht benutzt, sondern verbraucht werden. Zweckbestimmung von Treibstoff und Proviant sind nicht die (mehrmalige oder vorübergebende) Nutzung, sondern der (bestimmungsgemäß einmalige) Verbrauch für den wirtschaftlichen Zweck des Schiffes.

Das Pfandrecht erstreckt sich zunächst auf das Zubehör des Schiffes im Zeitpunkt seiner **5** Entstehung. Im Zeitraum zwischen Entstehung des Pfandrechts und der Verwertung kann daher die Zubehöreigenschaft **begründet oder aufgehoben** werden;[7] ebenso die Eigentumsstellung. Soweit beispielsweise ein Leasinggeber aufgrund seines Eigentums oder vertraglicher Ansprüche aus dem Leasingverhältnis solche Gegenstände entfernt, erlischt das Pfandrecht der Schiffsgläubiger an diesen.[8] Der Schiffseigentümer setzt sich ggf. der **Schadensersatzpflicht** nach den allgemeinen Vorschriften aus, wenn er die Durchsetzung des Pfandrechts erschwert oder vereitelt.[9] Die die Verwertung sichernde Beschlagnahme erstreckt sich (nur) auf die **zu diesem Zeitpunkt** im Eigentum des Schiffseigners stehenden Zubehörstücke.[10]

### II. Erstreckung auf Ersatzansprüche (§ 598 Abs. 2)

Entsprechendes gilt auch für die in Abs. 2 dem Pfandrecht unterworfenen Rechte. Abs. 2 **6** unterwirft die **Ansprüche**, die sich **aus der Wertminderung des Schiffes** ergeben, dem Pfandrecht der Schiffgläubiger. Ansprüche aus rechtmäßigem Handeln (§ 904 BGB) und Gefährdungshaftung sind hiervon umfasst.[11]

### III. Ausnahme Kaskoversicherung (§ 598 Abs. 3)

**Dritter** im Sinne des Abs. 2 ist, wie sich aus Abs. 3 ergibt, **nicht** der Kaskoversicherer **7** mit dem der Reeder einen Versicherungsvertrag geschlossen hat. Die Leistung der Versicherung ist nicht Gegenstand des Schiffgläubigerpfandrechts und kann damit den sonstigen Gläubigern zugutekommen.

### § 599 Erlöschen der Forderung

**Erlischt die durch das Pfandrecht eines Schiffsgläubigers gesicherte Forderung, so erlischt auch das Pfandrecht.**

Das akzessorische Pfandrecht erlischt gleichzeitig mit der ihm zugrunde liegenden Forde- **1** rung. Eine Verjährung der Forderung führt nicht zum Erlöschen des Pfandrechts. Zum Erlöschen des Pfandrechts durch Zeitablauf siehe § 600; zum Erlöschen deutschem Recht unterliegender Schiffsgläubigerpfandrechte im Ausland siehe Vor § 596 Rn. 4 und zur Behandlung ausländischer Schiffsgläubigerrechte in Deutschland siehe Vor § 596 Rn. 5.

### § 600 Zeitablauf

**(1) Das Pfandrecht eines Schiffsgläubigers erlischt ein Jahr nach Entstehung der Forderung.**

**(2) [1]Das Pfandrecht erlischt nicht, wenn der Gläubiger innerhalb der Frist des Absatzes 1 die Beschlagnahme des Schiffes wegen des Pfandrechts erwirkt, sofern**

---

[7] Vgl. Schaps/*Abraham* § 478 Rn. 10 und § 755 Rn. 5.
[8] BGH 29.4.1985, BGHZ 94, 240 = TranspR 1985, 402.
[9] Vgl. BGH 21.3.1973, BGHZ 60, 267; Schaps/*Abraham* § 756 Rn. 5.
[10] Schaps/*Abraham* § 756 Rn. 1; so wohl auch *Rabe* § 756 Rn. 2.
[11] BT-Drucks. 6/2225 S. 37; Schaps/*Abraham* § 756 Rn. 2.

das Schiff später im Wege der Zwangsvollstreckung veräußert wird, ohne dass das Schiff in der Zwischenzeit von einer Beschlagnahme zugunsten dieses Gläubigers frei geworden ist. [2]Das Gleiche gilt für das Pfandrecht eines Gläubigers, der wegen seines Pfandrechts dem Zwangsvollstreckungsverfahren innerhalb dieser Frist beitritt.

(3) [1]Ein Zeitraum, währenddessen ein Gläubiger rechtlich daran gehindert ist, sich aus dem Schiff zu befriedigen, wird in die Frist nicht eingerechnet. [2]Eine Hemmung, eine Ablaufhemmung oder ein Neubeginn der Frist aus anderen Gründen ist ausgeschlossen.

1    Die Vorschrift des § 600 ist **nicht abschließend.** Das Schiffsgläubigerrecht erlischt auch beim Zuschlag im Zwangsversteigerungsverfahren, es sei denn, dass es bei inländischen Schiffen in das geringste Gebot aufgenommen wurde.[1] Ebenso erlischt es, wenn das Haftungsobjekt verlustig geht;[2] steht allerdings noch das Wrack zur Verfügung, so haftet dieses, da es für die Zwecke der Schiffsgläubigerrechte als Schiff gilt.[3]

2    Abs. 1 statuiert eine **Ausschlussfrist,** auf welche die allgemeinen zivilrechtlichen Regeln über Hemmung oder Unterbrechung der Verjährung nicht anwendbar sind, Abs. 3 S. 2.[4] Werden ausländische Schiffsgläubigerpfandrechte in Deutschland geltend gemacht, so ist die Ausschlussfrist auf sie anwendbar (Vor § 596 Rn. 9). Die Beschlagnahme im Wege des **einstweiligen Rechtsschutzes** ist ausreichend, um das Erlöschen des Pfandrechts zu verhindern.[5] Notwendig ist jedoch, dass die Beschlagnahme durchgeführt wird, um die Ausschlussfrist zu unterbrechen. Nicht ausreichend ist es, innerhalb der Jahresfrist lediglich das Verfahren, welches zu Beschlagnahme führen soll, zu beginnen.

3    Zweifelhaft erscheint vor diesem Hintergrund eine Entscheidung des Hans. OLG Hamburg nach welcher das Schiffsgläubigerpfandrecht nicht dadurch beeinträchtigt werden soll, dass sich Gläubiger und Schuldner darauf einigen, das Schiff freihändig zu verkaufen, um so einen besseren Preis als bei einer Zwangsversteigerung zu erzielen.[6]

4    Das Pfandrecht, als dingliche Sicherung des Anspruchs, kann vor dessen Verjährung erlöschen.[7] Das Erlöschen des Pfandrechts berührt die Existenz des Anspruches nicht.

## § 601 Befriedigung des Schiffsgläubigers

(1) Die Befriedigung des Schiffsgläubigers aus dem Schiff erfolgt nach den Vorschriften über die Zwangsvollstreckung.

(2) [1]Die Klage auf Duldung der Zwangsvollstreckung kann außer gegen den Eigentümer des Schiffes auch gegen den Ausrüster gerichtet werden. [2]Das gegen den Ausrüster gerichtete Urteil ist auch gegenüber dem Eigentümer wirksam.

(3) [1]Zugunsten des Schiffsgläubigers gilt als Eigentümer, wer im Schiffsregister als Eigentümer eingetragen ist. [2]Das Recht des nicht eingetragenen Eigentümers, die ihm gegen das Pfandrecht zustehenden Einwendungen geltend zu machen, bleibt unberührt.

1    Zur Befriedigung des Schiffsgläubigers ist nach den allgemeinen Vorschriften (insbesondere § 870a ZPO und §§ 162–171 ZVG) ein zur **Duldung der Zwangsvollstreckung** verpflichtender Titel erforderlich.

---

[1] BT-Drucks. 6/2225 S. 38; Schaps/*Abraham* § 759 Rn. 6.
[2] Schaps/*Abraham* § 759 Rn. 4.
[3] Vgl. § 597 Rn. 2; aA Schaps/*Abraham* § 759 Rn. 4.
[4] BT-Drucks. 6/2225 S. 37 ff.
[5] BT-Drucks. 6/2225 S. 38; OLG Hamburg 30.9.1993, TranspR 1994, 69; vgl. *Schmidt-Vollmer* S. 94; *Rabe* § 759 Rn. 2.
[6] OLG Hamburg 8.12.2000, OLGR 2001, 167.
[7] BT-Drucks. 6/2225 S. 38; *Schmidt-Vollmer* S. 93.

Seit der Seerechtsreform kann die Klage auf Duldung der Zwangsvollstreckung nicht 2 mehr gegen den Kapitän gerichtet werden; aufgrund §§ 479, 619 ist jedoch die Zustellung dieser Klage an den Kapitän möglich.

Die Klage ist gegen denjenigen zu richten, der im **Zeitpunkt der Klageerhebung** 3 Eigentümer oder Ausrüster des Schiffes ist. Auf die Eigentümerstellung oder Ausrüstereigenschaft bei Entstehung des Anspruchs kommt es nicht an.[1] Dem Schiffsgläubiger kommt die Fiktion des § 601 Abs. 3 S. 1 zugute. Wie die **Eigentumsfiktion** des § 1148 BGB ermöglicht es § 601 Abs. 3 S. 1 dem Schiffsgläubiger, ohne Aufklärung der tatsächlichen Eigentumsverhältnisse gegen den in dem jeweiligen Schiffsregister eingetragenen Eigentümer vorzugehen.[2] Die Fiktion ist unwiderleglich und auch unabhängig vom Wissen des Schiffsgläubigers.[3]

## § 602 Vorrang der Pfandrechte der Schiffsgläubiger

**[1]Die Pfandrechte der Schiffsgläubiger haben Vorrang vor allen anderen Pfandrechten am Schiff. [2]Sie haben Vorrang auch insoweit, als zoll- und steuerpflichtige Sachen nach gesetzlichen Vorschriften als Sicherheit für öffentliche Abgaben dienen.**

Die Norm wurde unverändert aus § 761 HGB aF übernommen und sichert den Schiffs- 1 gläubigerpfandrechten bevorrechtigte Befriedigung.

§ 602 Satz 1 gilt absolut; das Schiffsgläubigerrecht ist **in jedem Fall** vorrangig zu befriedi- 2 gen.[1*] Damit beeinträchtigen sie den Wert der üblicherweise zu Finanzierungszwecken gewährten vertraglichen Schiffshypotheken, ggf. bis zur Wertlosigkeit.[2*] Der Vorrang gilt auch für ausländischem Recht unterliegende Schiffsgläubigerrechte, sofern sie in Deutschland anzuerkennen sind;[3*] vgl. Vor § 596 Rn. 5 ff. Der Schiffshypothekengläubiger ist jedoch nicht gehindert, im Verteilungsverfahren gegen den Schiffsgläubiger bspw. mit der Behauptung vorzugehen, das Schiffsgläubigerrecht sei (nach § 600) erloschen.[4]

Für die in Satz 2 genannten Gegenstände sieht § 51 Nr. 4 InsO ein Aussonderungsrecht 3 zugunsten von Bund, Ländern, Gemeinden und Gemeindeverbänden vor, welches keine Beschlagnahme voraussetzt. Auch sieht die in § 76 Abs. 1 AO statuierte Sachhaftung vor, dass die Sache ohne Rücksicht auf die Rechte Dritter für die auf ihr ruhenden Steuern haftet. § 602 Satz 2 bewirkt auch in diesen Konstellationen, dass das Schiffsgläubigerpfandrecht absoluten Vorrang genießt.

## § 603 Allgemeine Rangordnung der Pfandrechte der Schiffsgläubiger

**(1) Die Rangordnung der Pfandrechte der Schiffsgläubiger bestimmt sich nach der Reihenfolge der Nummern, unter denen die Forderungen in § 596 aufgeführt sind.**

**(2) Die Pfandrechte für die in § 596 Absatz 1 Nummer 4 aufgeführten Forderungen haben jedoch den Vorrang vor den Pfandrechten aller anderen Schiffsgläubiger, deren Forderungen früher entstanden sind.**

**(3) Beitragsforderungen zur Großen Haverei gelten als im Zeitpunkt des Havereifalls, Forderungen auf Bergelohn, auf Sondervergütung und auf Bergungskos-**

---

[1] OLG Hamburg 30.9.1993, TranspR 1994, 69; Schaps/*Abraham* § 760 Rn. 11 und 21; *Rabe* § 760 Rn. 7.
[2] Vgl. *Rabe* § 760 Rn. 13 und Schaps/*Abraham* § 760 Rn. 9, die auf § 48 SchRG Bezug nehmen.
[3] *Rabe* § 760 Rn. 13; Schaps/*Abraham* § 760 Rn. 9.
[1*] BT-Drucks. 6/2225 S. 39; BGH 21.1.1991, TranspR 1991, 198; Schaps/*Abraham* § 761 Rn. 1.
[2*] BGH 21.1.1991, TranspR 1991, 198.
[3*] Schaps/*Abraham* § 761 Rn. 2.
[4] BGH 11.7.1974, BGHZ 63, 61.

ten als im Zeitpunkt der Beendigung der Bergungsmaßnahmen und Forderungen wegen der Beseitigung des Wracks als im Zeitpunkt der Beendigung der Wrackbeseitigung entstanden.

**1**    Die Regelung wurde mit nur redaktionellen Änderungen aus § 762 HGB aF übernommen, der wiederrum auf die Bestimmungen des Art. 5 Abs. 2 und 4 der Brüsseler Konvention von 1967 zurückgeht.

**2**    Abs. 2 bevorteilt aus rechtspolitischen Erwägungen diejenigen, die direkt oder indirekt zur Rettung oder dem Schutz der zuvor entstandenen Schiffsgläubigerrechte tätig werden.[1]

## § 604 Rangordnung der Pfandrechte unter derselben Nummer

**(1) Von den Pfandrechten für die in § 596 Absatz 1 Nummer 1 bis 3 und 5 aufgeführten Forderungen haben die Pfandrechte für die unter derselben Nummer genannten Forderungen ohne Rücksicht auf den Zeitpunkt ihrer Entstehung den gleichen Rang.**

**(2) Pfandrechte für die in § 596 Absatz 1 Nummer 3 aufgeführten Forderungen wegen Personenschäden gehen Pfandrechten für die unter derselben Nummer aufgeführten Forderungen wegen Sachschäden vor.**

**(3) [1]Von den Pfandrechten für die in § 596 Absatz 1 Nummer 4 aufgeführten Forderungen geht das für die später entstandene Forderung dem für die früher entstandene Forderung vor. [2]Pfandrechte wegen gleichzeitig entstandener Forderungen sind gleichberechtigt.**

**1**    § 604 entstand aus der Zusammenführung von §§ 763, 764 HGB aF, so dass nun die Regelungen zur Rangordnung der der gleichen Nummer des § 596 Abs. 1 unterfallenden Pfandrechte in einer Vorschrift vereint sind. Inhaltliche Änderungen zur früheren Rechtslage ergeben sich nicht.

**2**    Vor dem Grundsatz der Gleichrangigkeit in Abs. 1 weicht Abs. 2 hinsichtlich des **Anspruchsgrundes** und Abs. 3 hinsichtlich des **Entstehungszeitpunktes** ab. Dies entspricht den Bestimmungen des Art. 5 Abs. 2–4 der Brüsseler Konvention von 1967.

**3**    Reichen die zur Befriedigung der Schiffsgläubigerrechte einer Rangstufe zur Verfügung stehenden Mittel nicht aus, um die Gläubiger zu befriedigen, so sind die Gelder **anteilig** bezogen auf die Höhe der Forderungen zu verteilen.

---

[1] *Rabe* § 762 Rn. 2.

# Sechster Abschnitt. Verjährung

## Vorbemerkung

### Übersicht

| | Rn. | | | Rn. |
|---|---|---|---|---|
| 1. Einleitung | 1, 2 | | 3. Überblick | 5, 6 |
| 2. Anwendbarkeit | 3, 4 | | 4. Anwendung der §§ 194 ff. BGB | 7–18 |

**1. Einleitung.** Die Verjährungsvorschriften wurden bereits im Rahmen des Art. 9 **1** Nr. 4–6 des Verjährungsanpassungsgesetzes vom 9.12.2004 auf Basis des zum 1.1.2002 in Kraft getretenen Schuldrechtsmodernisierungsgesetzes überarbeitet. Auf eine umfassende Reform der Verjährungsvorschriften wurde damals jedoch im Hinblick auf die anstehende **Gesamtreform** des Seehandelsrechts verzichtet.[1]

Aufbauend auf dem Vorschlag der Sachverständigengruppe wurden die Verjährungsvor- **2** schriften der §§ 612, 901 ff. HGB aF konsolidiert und in den jetzigen Vorschriften §§ 605– 610 zusammengefasst.

**2. Anwendbarkeit.** Die Anwendbarkeit der Verjährungsvorschriften des HGB setzt **3** voraus, dass das Schuldverhältnis deutschem Recht untersteht.[2] Zusätzlich bestimmt sich nach Art. 10 Abs. 2 IÜS bzw. Art. 7 Abs. 3 IÜZ die Hemmung und Unterbrechung der Verjährung nach der lex fori.

Auf Ansprüche aus einem im fünften Buch des HGB geregelten Schuldverhältnis sind **4** die **neuen Verjährungsvorschriften** anzuwenden, wenn die Ansprüche **am oder nach dem 25.4.2013** entstanden sind; Art. 70 Abs. 2 EGHGB. Vor dem 25.4.2013 bereits bestehende Ansprüche verjähren **nach bisherigem Recht,** worin eine Abweichung von Art. 169 und 229 § 6 EGBGB liegt.[3]

**3. Überblick.** Die Verjährung beginnt für die Ansprüche aus § 606 mit dem Schluss des **5** Jahres, in dem der Anspruch entstanden ist; § 608 Abs. 1. Für die Ansprüche aus § 607 gelten differenzierte Regelungen; § 608 Abs. 2–7. Die Verjährungsregelungen sind – in den Grenzen des § 609 – dispositiv. Die Verjährungsvorschriften des sechsten Abschnitts gelten auch für etwaige konkurrierende außervertragliche Schadensersatzansprüche; § 610.[4]

Für Schadensersatzansprüche wegen Tod oder Körperverletzung eines Fahrgasts oder **6** wegen Verlust, Beschädigung oder verspäteter Aushändigung von Gepäck sieht § 550 Abs. 3 eine § 606 Nr. 1 ergänzende[5] Ausschlussfrist vor.

**4. Anwendung der §§ 194 ff. BGB. Grundsätzlich gelten die §§ 194 ff. BGB,** **7** sofern nicht in diesem Abschnitt Abweichendes geregelt ist.[6] Diese Regelung hat zur Folge, dass die Verjährung auch durch Verhandlungen gehemmt wird (§ 203 BGB), dies gilt unabhängig von der Länge der Verjährungsfrist.[7]

Klargestellt ist nunmehr, dass beispielsweise auch die Erhebung einer Klage die im sechs- **8** ten Unterabschnitt festgeschriebenen Verjährungsfristen hemmt. Die Erhebung einer Klage in Prozessstandschaft kann zur Verjährungsunterbrechung ausreichen;[8] Voraussetzung ist jedoch nach den allgemeinen Regeln, dass die Prozessstandschaft vor Verjährung des Anspruchs offengelegt wird.[9]

---

[1] Zu den Auswirkungen des Verjährungsanpassungsgesetzes siehe *Ramming* TranspR 2005, 45.
[2] Vgl. *Schaps/Abraham* Vor § 901 Rn. 10.
[3] RegBegr-SRG S. 139.
[4] Vgl. RegBegr-SRG S. 49.
[5] RegBegr-SRG S. 114.
[6] Vgl. RegBegr-SRG S. 132 ff.; *Ramming* HZS 2009, 377.
[7] Vgl. auch schon HansOLG Hamburg 6.7.1972, VersR 1973, 153 = MDR 1972, 956; RegBegr-SRG S. 134.
[8] Vgl. BGH 26.9.1957, NJW 1957, 1838.
[9] Vgl. LG Hamburg 5.6.1985, Hamburger Seerechts-Report 2008, 29.

9    Es stellt sich jedoch – wie auch im allgemeinen Transportrecht sowie im allgemeinen Zivilrecht – die Frage, welche Anforderungen eine „**Klage**" erfüllen muss, um verjährungshemmende Wirkung zu haben. Die wohl herrschende Meinung geht davon aus, dass Klagen vor ausländischen Gerichten die Verjährungsfrist hemmen, wenn die Voraussetzungen für die Anerkennung eines späteren Urteils nach § 328 ZPO gegeben sind – was im Geltungsbereich der EuGVVO problemlos der Fall ist.[10] Teilweise wird darüber hinausgehend als hinreichend erachtet, dass der eingeleitete Verfahrensakt einer Klagerhebung funktionell gleichwertig sei und das rechtliche Gehör gewahrt werde, indem die verjährungshemmende Prozesshandlung dem Schuldner zugestellt wird.[11] Als Begründung wird darauf verwiesen, dass § 204 Abs. 2 BGB klar zum Ausdruck brächte, dass „auch solche Verfahren zur Verjährungshemmung geeignet sind, die nicht zu einem (anerkennungsfähigen) Sachurteil führen".[12]

10    Wie der BGH[13] ausführlich dargelegt hat, stellen die in § 204 zusammengefassten Fallgruppen darauf ab, dass der Gläubiger „ernsthaft zu erkennen gibt, seinen behaupteten Anspruch durchsetzen zu wollen".[14] Nicht entscheidend sei, ob der vom Gläubiger gewählte Weg schlussendlich erfolgreich ist, weshalb auch eine **unzulässige Klage** die Verjährung hemme. Zum Schutz der Schuldnerinteressen genüge es, dass der Gläubiger bei unzulässiger Klage und auch unter unbegründeten Anträgen die Kosten zu tragen habe; eine weitere Schlechterstellung des Gläubigers sei schon im Gesetzgebungsverfahren zum alten Verjährungsrecht weder für erforderlich noch für sachgerecht gehalten worden.[15] Einer missbräuchlichen Hemmung der Verjährung könne im Einzelfall durch Anwendung von § 242 BGB begegnet werden.[16] Damit ist nicht nur das Erfordernis der Klagerhebung vor einem **international zuständigen Gericht** über Bord geworfen, sondern auch das wesentlich laxere Erfordernis der Rechtsverfolgung in einem Forum, welches die Voraussetzungen für die Anerkennung des Urteils nach § 328 ZPO erfüllt. Da der reine Irrtum über die Zuständigkeit eines Gerichtes nicht als rechtsmissbräuchlicher Versuch der Hemmung der Verjährung gewertet werden kann, ist dem Kläger praktisch freie Hand in der Wahl eines Forums zur Verjährungsunterbrechung gegeben – insbesondere, da der Beklagte die Rechtsmissbräuchlichkeit beweisen müsste.

11    Die Erhebung einer Klage vor einem zwar international aber nicht örtlich zuständigen Gericht führt zur Verjährungsunterbrechung, soweit eine die Rechtshängigkeit nicht berührende **Verweisung** möglich ist. Soweit bzw. solange dies innerhalb der Europäischen Union nicht möglich ist, führt auch die Erhebung einer Klage vor einem international unzuständigen Gericht der Europäischen Union nicht zu einer wirksamen Verjährungshemmung.[17] Entsprechendes muss gelten, wenn zwischen den Parteien eine Schiedsvereinbarung besteht und ein deutsches Gericht angerufen wird. Mangels der Möglichkeit einer bindenden Verweisung durch ein deutsches Gericht an ein bestimmtes Schiedsrichtergremium kann auch die Klage vor einem staatlichen Gericht bei Bestehen einer Schiedsvereinbarung **keine Verjährungshemmung** herbeiführen.[18]

12    In den Zeiten, in denen § 612 HGB aF eine Ausschlussfrist statuierte, war umstritten, inwieweit der damalige § 212 BGB aF (in analoger Anwendung) eine Unterbrechung der Verjährungsfrist durch Erhebung einer Klage vor einem unzuständigen ausländischen Gericht oder einem unzuständigen Schiedsgericht erlaubt.[19] In Bezug auf die Ausschlussfrist

[10] Vgl. nur Palandt/*Ellenberger* 73. Aufl., § 204 Rn. 3; MüKoBGB/*Grothe* § 204 Rn. 9.
[11] Vgl. MüKoBGB/*Grothe* § 204 Rn. 9.
[12] Vgl. MüKoBGB/*Grothe* § 204 Rn. 9 unter Verweis auf BT-Drucks. 11/6040 S. 117.
[13] BGH 28.9.2004, BGHZ 160, 259 = NJW 2004, 3772.
[14] BGH 28.9.2004, BGHZ 160, 259 = NJW 2004, 3772.
[15] BGH 28.9.2004, BGHZ 160, 259 = NJW 2004, 3772.
[16] BGH 28.9.2004, BGHZ 160, 259 = NJW 2004, 3772.
[17] *Rabe* § 612 Rn. 9.
[18] *Rabe* § 612 Rn. 9 aE.
[19] Vgl. LG Hamburg 28.4.1989, Hamburger Seerechts-Report 2008, 30; *Lau/Lau* TranspR 1993, 278; *Herber* TranspR 1995, 94; *Rabe* TranspR 1996, 361.

hatte sich jedenfalls in der Rechtsprechung die Meinung durchgesetzt, dass die Erhebung einer Klage vor einem international unzuständigen Gericht die Frist nur dann unterbricht, wenn das unzuständige Gericht an das zuständige Gericht verweisen kann, da nur in solchen Fällen der Fortbestand der Rechtshängigkeit nach Anrufung des unzuständigen Gerichts gegeben ist.[20] Das Fehlen einer (europarechtlichen) Regelung zur Verweisung einer Rechtssache zwischen zwei Staaten kann insbesondere auch nicht durch die Auslegung von Vorschriften des nationalen Rechts in einer Weise ausgeglichen werden, dass durch die Anrufung eines unzuständigen ausländischen Gerichts eine Unterbrechungs- oder Hemmungswirkung für den Lauf einer Ausschluss- oder Verjährungsfrist eintritt.[21]

Entsprechend wird die **Ausschlussfrist** nicht berührt, wenn trotz Schiedsabrede ein **13** staatliches Gericht angerufen wird oder ein Schiedsgericht angerufen wird, obwohl dies nicht vereinbart wurde. Die Ausschlussfrist des § 612 HGB aF wurde auch durch Einbringung eines Güteantrags bei einer Güterstelle nicht unterbrochen, da Übergang in das streitige Verfahren bei Scheitern des Güteversuchs möglich ist.[22]

Sinn und Zweck der Ausschlussfrist nach § 612 HGB aF bestand darin, den Verfrachter **14** vor einer **Beweisnot** zu schützen, indem er nur zeitlich begrenzt in Anspruch genommen werden konnte.[23] Die Änderung der Ausschluss- in eine Verjährungsfrist hat keine Änderung der Beweislastregeln mit sich gebracht, so dass dem Verfrachter, dem nach § 606 Satz 2 aF der Entlastungsbeweis oblag, dieser heute nach § 498 Abs. 2 weiterhin obliegt. Die Beweissituation des Verfrachters hat sich dadurch deutlich verschlechtert.

Die Ausschlussfrist schützte den Verfrachter auch faktisch vor (mutwilliger) Inanspruch- **15** nahme vor einem unzuständigen ausländischen Gericht, indem die Ausschlussfrist hierdurch nicht berührt wurde. Wenn nun Klagen vor ausländischen Gerichten die Verjährungsfrist hemmen, wenn die Voraussetzungen für die Anerkennung eines späteren Urteils nach § 328 ZPO gegeben sind, dann kann sich der Verfrachter nicht mehr darauf verlassen, dass der gegen ihn gerichtete Anspruch undurchsetzbar ist, wenn er nicht innerhalb der Jahresfrist vor einem international zuständigen Gericht geltend gemacht wird.[24]

Die herrschende Meinung führt also zu dem Ergebnis, dass für den Kläger die Anrufung **16** eines international unzuständigen Gerichts hinsichtlich der Verjährung keine negativen Folgen hat. Hält man sich vor Augen, dass dem Beklagten nicht in jedem Forum eine vollständige Erstattung seiner Kosten ermöglicht wird und sich ein Gericht auch fälschlich für zuständig halten könnte, zeigt sich, dass nicht der Kläger, sondern der Beklagte hinsichtlich der Verjährung die Folgen der Anrufung eines international unzuständigen Gerichts trägt. Dieses Ergebnis ist systemwidrig, da es Aufgabe und Risiko des Klägers ist, die von ihm behaupteten Ansprüche durchzusetzen und die hiermit verbundenen (Kosten-)Risiken zu tragen. Zu diesen Risiken gehört neben dem Kostenfaktor auch das Risiko, eine Maßnahme zu ergreifen, die nicht zu einer wirksamen Unterbrechung der Verjährungsfristen führt.

Soweit die Möglichkeit einer bindenden Verweisung an ein zuständiges Gericht besteht, **17** mag es hinnehmbar sein, dem Kläger einen „Fehlgriff" nachzusehen, da unter Aufrechterhaltung der Rechtshängigkeit das Verfahren fortgeführt werden kann. Sonst jedoch nicht.

Abschließend stellt sich die Frage, ob diese Rechtsprechung sich auf solche Ansprüche **18** übertragen lässt, die unter Art. 3 § 6 Abs. 4 der Haager Regeln fallen. Schon bei der Reform des § 612 HGB aF hat *Ramming*[25] zutreffend herausgearbeitet, dass völkerrechtswidrig die Ausschlussfrist durch eine Verjährungsfrist ersetzt wurde, sich angesichts des klaren Wortlautes der nationalen Regelung eine völkerrechtskonforme Auslegung, wie sie das Bundesver-

---

[20] Vgl. Hans. OLG Bremen 9.10.2003, OLGR Bremen 2004, 65; ausführlich *Rabe* § 612 Rn. 9 ff. vgl. *Schaps/Abraham* § 612 Rn. 6; LG Hamburg 1.11.1984, Hamburger Seerechts-Report 2008, 29.

[21] So ausdrücklich Hans. OLG Bremen 9.10.2003, OLGR Bremen 2004, 65.

[22] Hans OLG Hamburg 3.9.1992, TranspR 1993, 66.

[23] Vgl. BGH 9.7.1973, MDR 1973, 1003; BGH 9.7.1990, TranspR 1990, 335; OLG Rostock 3.5.2001, TranspR 2001, 264.

[24] Hans. OLG Bremen 9.10.2003, OLGR Bremen 2004, 65.

[25] TranspR 2002, 45, 56.

fassungsgericht fordert, jedoch verbietet. Infolgedessen wird man die zur Ausschlussfrist des § 612 HGB aF ergangene Rechtsprechung auch in den Art. 3 § 6 Abs. 4 HR unterfallenden Ansprüchen nicht mehr heranziehen können. Es kommt mithin auch nicht mehr darauf an, ob das angerufene Gericht international zuständig oder seine eventuelle Entscheidung nach § 328 ZPO anerkennungsfähig wäre. Die Wahl deutschen Rechts dürfte damit in besonderem Interesse der Ladungsbeteiligten sein.

## § 605 Einjährige Verjährungsfrist

**Folgende Ansprüche verjähren in einem Jahr:**
1. **Ansprüche aus einem Seefrachtvertrag und aus einem Konnossement;**
2. **Ansprüche aus Schiffsüberlassungsverträgen;**
3. **Ansprüche auf Beiträge zur Großen Haverei;**
4. **Ansprüche, die den Reedern untereinander nach § 571 Absatz 2 zustehen.**

### Übersicht

| | Rn. | | Rn. |
|---|---|---|---|
| I. Normzweck | 1 | 1. § 605 Nr. 1 | 6, 7 |
| II. Entstehungsgeschichte | 2–4 | 2. § 605 Nr. 2 | 8–10 |
| III. Allgemeines | 5 | 3. § 605 Nr. 3 | 11 |
| IV. Im Einzelnen | 6–12 | 4. § 605 Nr. 4 | 12 |

## I. Normzweck

1    Die Vorschrift regelt, welche Ansprüche abweichend von § 195 BGB einer **einjährigen Verjährungsfrist** unterliegen.

## II. Entstehungsgeschichte

2    Die Ziffern 3 und 4 entsprechen dem bisherigen § 901 Nr. 3 und 4 HGB aF. Der bisherige Begriff „Forderungen" wurde durch „Ansprüche" ersetzt, wodurch ein sprachlicher Gleichlauf mit § 194 BGB erreicht wurde. Sachliche Änderungen ergeben sich hierdurch nicht.[1]

3    Der Vorschlag der Sachverständigengruppe, die Verjährung von öffentlichen Schiffs-, Schifffahrts- und Hafenabgaben sowie auf Lotsengelder aus dem Regelungsbereich des HGB zu entfernen, wurde aufgegriffen. Für diese, dem öffentlichen Recht entstammenden Forderungen gilt daher nicht mehr das HGB, sondern die diesbezüglichen öffentlich-rechtlichen **Sonderregelungen**.[2]

4    Entsprechend dem Vorschlag der Sachverständigengruppe – jedoch abweichend vom RefE –, wurden die Ansprüche aus einem Seefrachtvertrag, aus Konnossementen und aus Schiffsüberlassungsverträgen der einjährigen Verjährungsfrist unterworfen.

## III. Allgemeines

5    Die Bestimmungen des § 605 stellen eine Abweichung von **§§ 194 ff. BGB** dar, die **subsidiär anwendbar** sind (vgl. Vor § 605 Rn. 7).

## IV. Im Einzelnen

6    **1. § 605 Nr. 1.** Die Vorschrift entspricht § 612 Abs. 1 HGB aF und geht auf Art. 3 § 6 Abs. 4 der Haager Regeln zurück. Die strikte Trennung zwischen Ansprüchen aus

---

[1] RegBegr-SRG S. 132.
[2] Vgl. § 22 des Hamburger Gebührengesetzes (HmbGVBl. 1986, 37), der beispielsweise eine 4-jährige Verjährungsfrist vorsieht; ebenso § 27 Abs. 1 des Bremischen Gebühren- und Beitragsgesetzes vom 16.7.1979 (BremGBl. 279).

Seefrachtverträgen und den im Konnossement verbrieften Ansprüchen (§ 656 Abs. 4 HGB aF bzw. §§ 481, 519, 527) spiegelt sich in der Formulierung wieder. Durch die ausdrückliche Erwähnung des Konnossements neben dem Begriff des Seefrachtvertrages, unter welchen sowohl der Stückgut- als auch der Reisefrachtvertrag fällt, wird – wie im bisherigen Recht – ein Gleichlauf der Verjährungsfristen bei sich zum Teil überlappenden Ansprüchen[3] erreicht.

Erfasst werden nicht nur die Ansprüche gegen den Verfrachter, sondern auch die Ansprü- **7** che des Verfrachters auf **Fracht** (§§ 481 Abs. 1, 493), **Fautfracht** (§ 489), **Liegegeld** (§ 530 Abs. 3), da diese aus dem Seefrachtvertrag (bzw. dessen Schlechterfüllung) erwachsen, und **Standgeld** (demurrage) aus der Gestellung von Containern, jedenfalls wenn die Gestellung als Nebenpflicht des Frachtvertrages und nicht als eigenständiger Mietvertrag verstanden wird. Auch die **adjektizische Haftung** des Reeders ist durch § 605 Abs. 1 begrenzt, da er so haftet, als ob er Verfrachter wäre, § 480 S. 2.

**2. § 605 Nr. 2.** Der Begriff des Schiffsüberlassungsvertrages erfasst sowohl die **Schiffs-** **8** **mietverträge** im Sinne des § 553 als auch die **Zeitcharterverträge** im Sinne des § 557. Es gelten damit die gleichen Verjährungsfristen wie für Ansprüche aus Seefrachtverträgen.

Hiermit ist der Streit, ob Ersatzansprüche des Vercharterers gegen den Bareboatcharterer **9** bspw. wegen Beschädigung des Schiffes in analoger Anwendung der mietrechtlichen Vorschriften verjähren,[4] erledigt.

Die Vorschriften über die Schiffsmiete bzw. die Zeitcharter gelten nach §§ 553 Abs. 3 **10** bzw. 557 Abs. 3 nur soweit das Schiff zum **Erwerb durch Seefahrt** betrieben werden soll. Ausgeschlossen ist damit die Anmietung bzw. Charter eines Schiffes zB zu Urlaubszwecken. Nicht eindeutig geregelt ist jedoch, ob die mietvertragliche bzw. die dem allgemeinen Zivilrecht entspringende Verjährungsfrist, oder die in § 605 niedergelegte Frist für solche Verträge gelten soll. Nach §§ 553 Abs. 3 bzw. 557 Abs. 3 werden nur die Vorschriften des **dritten** Abschnitts für unanwendbar erklärt, wenn das Schiff nicht zum Erwerb durch Seefahrt betrieben wird, so dass die Verjährungsvorschriften des sechsten Abschnitts auf solche Misch- bzw. Charterverträge anwendbar sein können.

**3. § 605 Nr. 3.** Die Regelung entspricht dem bisherigen § 901 Nr. 3 HGB aF. Der Kreis **11** der Beitragspflichtigen ergibt sich aus § 588 Abs. 1 iVm. § 591 Abs. 1. Zu beachten ist, dass das durch §§ 596 Abs. 1 Nr. 4, 597 gewährte Schiffsgläubigerpfandrecht der einjährigen Ausschlussfrist des § 600 Abs. 1 unterfällt und diese nur im Fall des § 600 Abs. 3 S. 1 ausgedehnt werden kann. Der Lauf der Ausschlussfrist wird durch Klagerhebung vor einem international unzuständigen Gericht oder einem unzuständigen Schiedsgericht nicht gehemmt; siehe Vor § 605 Rn. 13 ff. Das Erlöschen des Schiffsgläubigerrechts berührt jedoch den Bestand der gesicherten Forderung nicht; vgl. § 599.

**4. § 605 Nr. 4.** Die Vorschrift entspricht dem bisherigen § 901 Nr. 4 HGB aF und **12** Art. 7 Abs. 2 IÜZ. Der Beginn der Verjährungsfrist nach § 607 Abs. 4 allerdings weicht völkerrechtswidrig[5] von Art. 7 Abs. 2 IÜZ ab. Nach der Ersetzung des Begriffs „Rückgriffs-forderungen" durch „Ansprüche" ist klargestellt, dass auch der Freihalteanspruch und **nicht nur der Rückgriffsanspruch** von § 605 erfasst ist.[6]

## § 606 Zweijährige Verjährungsfrist

**Folgende Ansprüche verjähren in zwei Jahren:**
**1. Schadensersatzansprüche wegen Tod oder Körperverletzung eines Fahrgasts**
**oder wegen Verlust, Beschädigung oder verspäteter Aushändigung von**

---

[3] Vgl. RegBegr-SRG S. 94.
[4] Vgl. einerseits *Rabe* Vor § 901 Rn. 4 und TranspR 2010, 1, 6; andererseits *Zschoche* VersR 1994, 389; GMAA Schiedsspruch vom 18.1.2000, TranspR 2000, 416.
[5] *Ramming* TranspR 2005, 45, 46.
[6] Anders noch *Ramming* TranspR 2005, 45, 46, der den Freihalteanspruch den §§ 194 ff. BGB unterstellt; vgl. auch *Rabe* § 901 Rn. 7; *Herber* S. 341.

**Gepäck, soweit die Ansprüche den Vorschriften dieses Buches unterworfen sind;**

2. **Schadensersatzansprüche aus dem Zusammenstoß von Schiffen oder aus einem unter § 572 fallenden Ereignis;**
3. **Ansprüche auf Bergelohn, auf Sondervergütung und auf Bergungskosten;**
4. **Ansprüche wegen der Beseitigung eines Wracks.**

### Übersicht

|  | Rn. |  | Rn. |
|---|---|---|---|
| I. Normzweck | 1 | 2. § 606 Nr. 2 | 7 |
|  |  | 3. § 606 Nr. 3 | 8, 9 |
| II. Entstehungsgeschichte | 2, 3 | 4. § 606 Nr. 4 | 10 |
| III. Im Einzelnen | 4–10 | IV. Erlöschen der Schiffsgläubiger- |  |
| 1. § 606 Nr. 1 | 4–6 | rechte | 11 |

## I. Normzweck

1  Die Vorschrift regelt, welche Ansprüche abweichend von § 195 BGB einer **zweijährigen** Verjährungsfrist unterworfen sind.

## II. Entstehungsgeschichte

2  Bis zum 2. Seerechtsänderungsgesetz enthielt Nr. 1 eine Regelung zur Verjährung von Forderungen gegen den Verfrachter aus Verträgen über die Beförderung von Reisenden. Diese Regelung entfiel zugunsten des Art. 13 des Anhangs zu § 664 HGB aF. Sie wird in Nummer 3 des RefE wieder aufgenommen, soweit die Ansprüche den Vorschriften dieses Buches unterworfen sind.

3  Die Verjährung für Ansprüche aus Frachtverträgen, Konnossementen und Schiffsüberlassungsverträgen wurde, entgegen dem RefE, nicht auf zwei Jahre verlängert. Hierdurch wurde eine Angleichung sowohl an Art. 62 der Rotterdam Regeln als auch an § 439 Abs. 1 erreicht.

## III. Im Einzelnen

4  **1. § 606 Nr. 1.** Nr. 1 greift die Formulierung des § 536 auf, so dass auf die dortigen Erläuterungen verwiesen werden kann. Eingeschränkt wird der Anwendungsbereich der Norm durch den Verweis auf die Vorschriften des Fünften Buches des HGB. § 606 Nr. 1 gilt also **nicht,** soweit unmittelbar anwendbare Regelungen der EU (insbesondere VO (EG) Nr. 392/2009), oder aus völkerrechtlichen Übereinkünften greifen; § 536 Abs. 2 HGB.[1]

5  Auf **sonstige Ansprüche,** etwa wegen der Verletzung von Nebenpflichten durch den Beförderer, findet die regelmäßige Verjährungsfrist des § 195 BGB Anwendung.[2]

6  Die zweijährige Verjährungsfrist wird durch die in § 550 normierten und von Amts wegen zu beachtenden Ausschlussfristen ergänzt.

7  **2. § 606 Nr. 2.** Nr. 2 entspricht § 902 Abs. 1 Nr. 2 HGB aF und geht auf Art. 7 Abs. 1 IÜZ zurück. Die Anwendung der Vorschrift setzt nicht voraus, dass die beteiligten Schiffe unter deutscher Flagge fahren.[3] Aufgrund der weiten Formulierung werden auch Schadensersatzansprüche wegen Tod oder Körperverletzung, die durch Schiffszusammenstoß oder Fernschädigung hervorgerufen werden, von der Vorschrift erfasst.

8  **3. § 606 Nr. 3.** Nr. 3 steht in Übereinstimmung mit § 902 Abs. 1 Nr. 3 HGB aF bzw. Art. 23 Abs. 1 S. 1 IÜB, die ebenfalls eine zweijährige Verjährungsfrist vorsehen. Allerdings beinhaltet das IÜB in Art. 23 Abs. 2 eine Spezialvorschrift, nach der durch einseitige Erklä-

---

[1] RegBegr-SRG S. 133.
[2] RegBegr-SRG, S. 133; vgl. Vor § 605 Rn. 7.
[3] BGH 14.7.1980, VersR 1980, 968.

rung des Schuldners die Verjährungsfrist (wiederholt) verlängert werden kann. Die zu § 606 Nr. 3 subsidiäre Anwendbarkeit der Hemmungs- und Unterbrechungstatbestände des BGB führt jedoch dazu, dass die Möglichkeiten des Gläubigers, Einfluss auf die Verjährungsfrist zu nehmen, deutlich weitergehender sind, als nach dem IÜB; ein Zustand, den *Ramming* als völkerrechtswidrige Abweichung einstuft.[4] Alle nicht unter die Begriffe „Bergelohn" (§ 576), „Bergungskosten" (§ 576 Abs. 2) oder „Sondervergütung" (§ 578) zu subsumierenden Ansprüche aus und im Zusammenhang mit der Bergung verjähren nach den allgemeinen Vorschriften.[5]

Diese Regelung ist, ohne Rücksicht auf das nach internationalem Privatrecht anzuwendende Recht, anzuwenden, soweit sich nicht aus **Art. 8 Abs. 1 Satz 3 oder Abs. 3 EGHGB** etwas anderes ergibt.

Das **Pfandrecht an den geborgenen Sachen** nach § 585 Abs. 2 erlischt nach einem 9 Jahr gerechnet ab Entstehung der Forderung; §§ 586 Abs. 3, 600 Abs. 1.

**4. § 606 Nr. 4. Nr. 4** entspricht § 902 Abs. 1 Nr. 4 HGB aF. Alle nicht aus der Beseiti- 10 gung des Wracks als solcher stammenden Ansprüche verjähren nach den allgemeinen Vorschriften (Vor § 605 Rn. 7).

### IV. Erlöschen der Schiffsgläubigerrechte

Die Ansprüche gemäß Nr. 1, 3 und 4 sind durch Schiffsgläubigerrechte nach §§ 596 11 Abs. 1 Nr. 3 und 4 abgesichert. Das **Schiffsgläubigerpfandrecht** erlischt gemäß § 600 Abs. 1 nach einem Jahr, es sei denn, diese Frist wäre gemäß § 600 Abs. 3 ausgedehnt worden. Der Lauf dieser Ausschlussfrist wird – anders als nach hM bei einer bloßen Verjährungsfrist – nicht durch Klagerhebung vor einem international unzuständigen Gericht oder einem unzuständigen Schiedsgericht beeinflusst; s. Vor § 605 Rn. 13. Das Erlöschen des Schiffsgläubigerrechts beeinträchtigt jedoch nicht die gesicherte Forderung.

### § 607 Beginn der Verjährungsfristen

**(1)** [1]**Die Verjährungsfrist für die in § 605 Nummer 1 genannten Ansprüche beginnt mit dem Tag, an dem das Gut abgeliefert wurde, oder, wenn das Gut nicht abgeliefert wurde, mit dem Tag, an dem das Gut hätte abgeliefert werden müssen.** [2]**Handelt es sich um Ansprüche aus einem Reisefrachtvertrag, ist auf das Gut abzustellen, das am Ende der letzten Reise abgeliefert wurde oder hätte abgeliefert werden müssen.**

**(2)** [1]**Abweichend von Absatz 1 beginnt die Verjährungsfrist für Rückgriffsansprüche des Schuldners eines in § 605 Nummer 1 genannten Anspruchs mit dem Tag des Eintritts der Rechtskraft des Urteils gegen den Rückgriffsgläubiger oder, wenn kein rechtskräftiges Urteil vorliegt, mit dem Tag, an dem der Rückgriffsgläubiger den Anspruch befriedigt hat.** [2]**Satz 1 gilt nicht, wenn der Rückgriffsschuldner innerhalb von drei Monaten, nachdem der Rückgriffsgläubiger Kenntnis von dem Schaden und der Person des Rückgriffsschuldners erlangt hat, nicht über diesen Schaden unterrichtet wurde.**

**(3)** [1]**Die Verjährungsfrist für die in § 605 Nummer 2 genannten Ansprüche aus Schiffsüberlassungsverträgen beginnt mit dem Schluss des Jahres, in dem der Anspruch entstanden ist.** [2]**Auf die Verjährung von Rückgriffsansprüchen des Schuldners eines Anspruchs aus einem Zeitchartervertrag ist Absatz 2 entsprechend anzuwenden.**

**(4) Die Verjährungsfrist für die in § 605 Nummer 3 und 4 genannten Ansprüche beginnt mit dem Schluss des Jahres, in dem der Anspruch entstanden ist.**

---

[4] *Ramming* TranspR 2005, S. 45, 48.
[5] Vgl. *Ramming* TranspR 2005, 45, 48 zu § 902 Abs. 1 Nr. 3 HGB aF; vgl. Vor § 605 Rn. 7.

(5) Die Verjährungsfrist für die in § 606 Nummer 1 genannten Schadensersatzansprüche beginnt wie folgt:

1. für Ansprüche wegen Körperverletzung eines Fahrgasts mit dem Tag der Ausschiffung des Fahrgasts;
2. für Ansprüche wegen des Todes eines Fahrgasts mit dem Tag, an dem der Fahrgast hätte ausgeschifft werden sollen, oder, wenn der Tod nach der Ausschiffung eingetreten ist, mit dem Tag des Todes, spätestens jedoch ein Jahr nach der Ausschiffung des Fahrgasts;
3. für Ansprüche wegen Verlust, Beschädigung oder verspäteter Auslieferung von Gepäck mit dem Tag der Ausschiffung oder mit dem Tag, an dem die Ausschiffung hätte erfolgen sollen, je nachdem, welches der spätere Zeitpunkt ist.

(6) Die Verjährungsfrist für die in § 606 Nummer 2 genannten Schadensersatzansprüche aus einem Zusammenstoß von Schiffen oder aus einem unter § 572 fallenden Ereignis beginnt mit dem den Schaden auslösenden Ereignis.

(7) [1]Die Verjährungsfrist für die in § 606 Nummer 3 und 4 genannten Ansprüche beginnt mit Beendigung der Bergungs- oder Wrackbeseitigungsmaßnahmen. [2]Auf die Verjährung von Rückgriffsansprüchen des Schuldners dieser Ansprüche ist Absatz 2 entsprechend anzuwenden.

## Übersicht

| | Rn. | | Rn. |
|---|---|---|---|
| I. Normzweck | 1 | 3. § 607 Abs. 3 | 13, 14 |
| | | 4. § 607 Abs. 4 | 15, 16 |
| II. Im Einzelnen | 2–24 | 5. § 607 Abs. 5 | 17, 18 |
| 1. § 607 Abs. 1 | 2–6 | 6. § 607 Abs. 6 | 19, 20 |
| 2. § 607 Abs. 2 | 7–12 | 7. § 607 Abs. 7 | 21–24 |

## I. Normzweck

1 Die Vorschrift ergänzt die Sonderregelungen der §§ 605 und 606 um Vorgaben zum Beginn der Verjährung und entspricht damit grundsätzlich § 903 HGB aF.

## II. Im Einzelnen

2 **1. § 607 Abs. 1. Abs. 1 S. 1** greift die Formulierung des § 439 Abs. 2 Satz 1 und 2 und § 612 Abs. 1 HGB aF auf.

3 Im Falle der **Nichtablieferung** bestimmt sich der Zeitpunkt, zu dem das Gut hätte abgeliefert werden müssen, in Ermangelung einer Vereinbarung zwischen den Parteien, nach dem gewöhnlichen oder zu erwartenden Lauf des geplanten Transportes.

4 Wird ein Teil der Güter nicht und ein anderer **Teil verspätet** ausgeliefert, so beginnt die Verjährungsfrist für den jeweiligen Teil gesondert zu laufen.[1] Gehen die Güter erst nach dem Zeitpunkt verloren, zu dem sie eigentlich hätten abgeliefert werden müssen, läuft die Verjährungsfrist erst ab dem Zeitpunkt des Verlusts. Würde man nämlich die Frist mit dem fiktiven Auslieferungszeitpunkt beginnen lassen, so wäre, insbesondere, wenn der Verlust sehr spät nach diesem Zeitpunkt erfolgt, die Verjährungsfrist unvertretbar verkürzt.[2]

5 Der **Tag der Ablieferung** ist bei der Fristberechnung nicht einzubeziehen, so dass die Frist am Tag nach der Ablieferung zu laufen beginnt; § 187 Abs. 1 BGB.

6 Für Reisefrachtverträge im Sinne des § 527 wurde in **Abs. 1 S. 2** eine klarstellende Formulierung gewählt, da ein Reisefrachtvertrag für mehrere Reisen gelten kann.[3]

---

[1] Vgl. BGH 20.12.1982, BGHZ 86, 172.
[2] BGH 20.12.1982, BGHZ 86, 172.
[3] RegBegr-SRG S. 133.

**2. § 607 Abs. 2.** Abs. 2 entspricht § 439 Abs. 2 Satz 3 und normiert den Beginn der 7 **Verjährungsfrist für Rückgriffsansprüche.**[4] Abs. 2 ermöglicht es dem (Haupt-)Verfrachter, zu verhindern, dass seine Rückgriffsforderung bereits zu dem Zeitpunkt verjährt ist, zu dem er in Anspruch genommen wird.

Im Gegensatz zu § 612 HGB aF ist die Erhebung einer **Klage nicht** zur Sicherung des 8 Regresses **erforderlich.** Ziel dieser Änderung war die Vermeidung unnötiger Klagen und die vereinfachte Schadensabwicklung.[5] Die Gesetzesbegründung verweist bezüglich dieser Änderung zutreffend darauf, dass gemäß Art. III § 6 bis HVR dem Rückgriffsgläubiger eine Frist von zumindest drei Monaten nachdem der Anspruch seinerseits befriedigt wurde zur Einleitung gerichtlicher Schritte zur Verfügung stehen muss; die Klagerhebung ist dort nicht vorgesehen.

Es versteht sich, dass der Rückgriffsschuldner **durch den Rückgriffsgläubiger**[6] über 9 einen möglichen Regress zu informieren ist, da zum einen der Rückgriffsschuldner zur Sicherung seiner Beweismittel gewarnt werden muss, dass ihm eine Inanspruchnahme droht. Gleichzeitig muss der Rückgriffsgläubiger nach außen hin zu erkennen geben, dass er eventuelle Regressansprüche verfolgen möchte, wenn er sich auf die zu seinen Gunsten existierende Regelung später berufen möchte.[7]

§ 439 Abs. 2 S. 3 erfordert keinen **Gleichlauf zwischen den Haftungsgrundlagen im** 10 **Primärhaftungs- und im Rückgriffsverhältnis,** denn diese Vorschrift legt nicht fest, nach welchen Bestimmungen der Rückgriffsgläubiger haften muss, damit die Sonderregelung zur Anwendung kommen kann.[8] Im Gegensatz hierzu muss der Rückgriffsgläubiger im Seetransportrecht selbst Schuldner „eines in § 605 Nummer 1 genannten Anspruchs" sein, um sich auf § 607 Abs. 2 berufen zu können. Allerdings sind damit nicht nur dem deutschen Recht unterliegende Seefrachtverträge bzw. Konnossemente gemeint; der Anspruch, wegen dem Regress genommen wird, kann auch ausländischem Recht unterliegen.[9] Jedoch muss dieser Anspruch den in § 605 Nr. 1 genannten entsprechen.

Entsprechend § 439 Abs. 2 erfasst § 607 Abs. 2 nur Regressansprüche die § 605 Nr. 1 11 unterfallen; üblicherweise also gegen Unterverfrachter. **Nicht** erfasst sind Ansprüche gegen sonstige **Hilfspersonen.**[10]

Die Information kann **formlos** erfolgen.[11] Ohne eine Unterrichtung greift die Sonderre 12 gelung des Abs. 2 Satz 1 nicht, sodass die Rückgriffsansprüche dann entsprechend § 606 Abs. 1 verjähren.

**3. § 607 Abs. 3.** Die Formulierung entspricht dem Wortlaut des § 199 Abs. 1 Nr. 1 13 BGB und erfasst sowohl die Schiffsmietverträge im Sinne des § 553 als auch die Zeitcharterverträge im Sinne des § 557.

Der Rückgriffsgläubiger selbst muss Schuldners eines Anspruchs aus einem Zeitcharter 14 vertrag sein, um sich auf § 607 Abs. 2 berufen zu können. Auch hier ist das mögliche Primärhaftungsverhältnis stärker eingegrenzt als bei § 439 Abs. 2 S. 3 (vgl. Rn. 10).

**4. § 607 Abs. 4.** Der Beginn der Verjährungsfrist für Ansprüche auf Beiträge zur Großen 15 Haverei und Ansprüche der Reeder untereinander bei einem Schiffszusammenstoß wurde, **ohne** eine **inhaltliche Änderung** gegenüber § 902 Abs. 1 HGB aF, auf den Schluss des Jahres gelegt, in welchem der Anspruch entstand. Die Veränderung in der Formulierung ist einer Angleichung an § 199 Abs. 1 Nr. 1 BGB geschuldet.

---

[4] RegBegr–SRG S. 133.
[5] RegBegr–SRG S. 133.
[6] Vgl. zu § 439: OLG Frankfurt 10.9.2009, TranspR 2010, 36.
[7] So im Ergebnis zu § 439: OLG Frankfurt 10.9.2009, TranspR 2010, 36.
[8] Hans OLG Hamburg 12.7.2011, TranspR 2011, 366 und nachgehend BGH 2.10.2012, TranspR 2013, 194; BGH 7.3.2013, TranspR 2013, 339.
[9] Vgl. zu § 439: BGH 7.3.2013, TranspR 2013, 339.
[10] Hans OLG Hamburg 12.7.2011, TranspR 2011, 366 und nachgehend BGH 2.10.2012, TranspR 2013, 194.
[11] Vgl. zu § 439 HGB: OLG Frankfurt 10.9.2009 = TranspR 2010, 36.

**16**    Der Beginn der Verjährungsfrist nach § 607 Abs. 4 iVm. § 605 Nr. 4 weicht völkerrechts-widrig[12] von Art. 7 Abs. 2 IÜZ ab, der den Fristbeginn auf den Tag der Zahlung legt. Die völkerrechtskonforme Auslegung des § 607 Abs. 4 scheitert an dem eindeutigen Wortlaut der Vorschrift.[13] Für den Rechtsanwender ist daher die Regelung des HGB maßgeblich.

**17**    **5. § 607 Abs. 5.** Abs. 5 regelt den Beginn der Verjährungsfristen für Ansprüche, die sich im Zusammenhang mit der Beförderung von Reisenden und ihrem Gepäck ergeben.

**18**    Da Nr. 1 im Gegensatz zu Nr. 2 und 3 **nicht** alternativ auf den Tag abstellt, an dem die Ausschiffung hätte erfolgen sollen, ist klargestellt, dass es auf das Datum ankommt, an dem der Reisende das Schiff tatsächlich verlässt, was in den Fällen des Reiseabbruchs relevant wird. Inhaltlich entspricht die Regelung Art. 16 Abs. 2 lit. a) des Athener Übereinkommens bzw. Art. 3 Abs. 2 lit. a) der Anlage zu § 664 HGB aF. Ebenso wie bei § 606 Nr. 1 sind Ansprüche aus unmittelbar geltendem EU- oder Völkerrecht vom Regelungsbereich ausge-nommen.[14] Art. 16 Abs. 2 lit. b) des Athener Übereinkommens 2002 sieht eine Höchst-dauer der Verjährung von drei Jahren für Ansprüche wegen einer den Tod herbeiführenden Körperverletzung des Fahrgastes vor, gerechnet ab Ausschiffung. Dieses Ergebnis erreicht § 607 Abs. 5 Nr. 2 iVm. § 606 Nr. 1 ebenfalls. Hier jedoch dadurch, dass die zweijährige Verjährungsfrist spätestens nach Ablauf eines Jahres nach Ausschiffung zu laufen beginnt. Die so geschaffene Höchstverjährungsdauer weicht von Art. 13 Abs. 2 lit. b) der Anlage zu § 664 HGB aF ab, der einen Beginn der Verjährungsfrist mit dem Tag des Todes vorsah und eine zeitliche Begrenzung dadurch herbeiführte, dass die Verjährungsfrist einen Zeit-raum von 30 Jahren vom Tag der Ausschiffung an nicht überschreiten dürfe.[15]

**19**    **6. § 607 Abs. 6.** Wie schon § 903 Abs. 2 HGB aF bzw. Art. 7 Abs. 1 IZÜ regelt Abs. 6 die Verjährung von Schadensersatzansprüchen aus einem Zusammenstoß von Schiffen und der Fernschädigung im Sinne des § 572.

**20**    Während es in § 903 Abs. 2 aF noch hieß, die Verjährung beginne „mit dem Ablauf des Tages, an welchem das Ereignis stattgefunden hat", nimmt die jetzige Formulierung „mit dem den Schaden auslösenden Ereignis" Bezug auf die allgemeine zivilrechtliche Vorschrift des § 187 Abs. 1 BGB, nach welcher der Tag **nicht mitgerechnet** wird, in welchen das Ereignis fällt. Es ergeben sich daher keine inhaltlichen Abweichungen zur bisherigen Regelung.

**21**    **7. § 607 Abs. 7.** Im Vergleich zur bisherigen Regelung des § 903 Abs. 3 HGB aF erge-ben sich nur sprachliche Abweichungen, die jedoch keine inhaltliche Änderung mit sich bringen.[16] Die Regelung geht auf Art. 10 Abs. 1 IÜS zurück. Ohne eine Abweichung von diesem völkerrechtlich verpflichtenden Wortlaut wird man die Tatsache hinnehmen müs-sen, dass damit der Beginn der Verjährungsfrist zum einen weder in jedem Falle exakt feststellbar ist, noch durch das Vorgehen des Bergers bzw. Wrackbeseitigers selbst beeinflusst werden kann.

**22**    Nach der allgemeinen Regel des § 187 Abs. 1 BGB beginnt die Verjährungsfrist mit dem auf die Beendigung folgenden Tage.

**23**    Zur Verjährung der Rückgriffsansprüche s. Rn. 7 ff.

**24**    Diese Regelung ist ohne Rücksicht auf das nach internationalem Privatrecht anzuwen-dende Recht anzuwenden, soweit sich nicht aus **Art. 8 Abs. 1 Satz 3 oder Abs. 3 EGHGB** etwas anderes ergibt.

---

[12] *Ramming* TranspR 2005, 45, 46.
[13] Vgl. BVerfG 74, 358, 370: „Auch Gesetze (...) sind im Einklang mit den völkerrechtlichen Verpflichtun-gen der Bundesrepublik Deutschland auszulegen und anzuwenden, selbst wenn sie zeitlich später erlassen worden sind als ein geltender völkerrechtlicher Vertrag; denn es ist nicht anzunehmen, dass der Gesetzgeber, sofern er dies nicht klar bekundet hat, von völkerrechtlichen Verpflichtungen der Bundesrepublik Deutschland abweichen oder die Verletzung solcher Verpflichtungen ermöglichen will."
[14] BT-Drucks. 17/10309 S. 134.
[15] RegBegr-SRG S. 134.
[16] RegBegr-SRG S. 134.

## § 608 Hemmung der Verjährung

[1]Die Verjährung der in den §§ 605 und 606 genannten Ansprüche wird auch durch eine Erklärung des Gläubigers, mit der dieser Ersatzansprüche erhebt, bis zu dem Zeitpunkt gehemmt, in dem der Schuldner die Erfüllung des Anspruchs ablehnt. [2]Die Erhebung der Ansprüche sowie die Ablehnung bedürfen der Textform. [3]Eine weitere Erklärung, die denselben Ersatzanspruch zum Gegenstand hat, hemmt die Verjährung nicht erneut.

### Übersicht

| | Rn. | | | Rn. |
|---|---|---|---|---|
| 1. Einleitung | 1, 2 | | 6. Adressat der Reklamation | 9 |
| 2. Grundsatz | 3 | | 7. Hemmung | 10, 11 |
| 3. Form der Anspruchsstellung | 4 | | 8. Beendigung der Hemmung | 12–14 |
| 4. Person des Anspruchsstellers | 5, 6 | | 9. Wiederholte Reklamation | 15 |
| 5. Inhalt der Reklamation | 7, 8 | | | |

**1. Einleitung.** Die Vorschrift orientiert sich an § 439 Abs. 3 HGB; wie dort ist durch **1** die Verwendung des Wortes „auch" in Satz 1 klargestellt, dass neben der Regel des § 608 HGB die Verjährungshemmung nach den Vorschriften des BGB möglich ist. Die Möglichkeit der **Verjährungshemmung** läuft den Haag-Visby-Regeln zuwider, soweit diese eine einjährige **Ausschlussfrist** für Ansprüche aus Warentransport vorsehen.

In Abweichung von § 612 Abs. 2 HGB aF ist es **nicht** mehr **erforderlich, Klage** gegen **2** den Rückgriffsschuldner zu erheben – ausreichend ist, dass gegen den Rückgriffsschuldner Ansprüche geltend gemacht werden. Das hiermit angestrebte Ziel, unnötige Prozesse zu vermeiden und die Abwicklung von Schäden zu vereinfachen, wird durch diese Neuregelung sicherlich gefördert. Dass allerdings hiermit auch eine gesteigerte Rechtssicherheit einhergeht, darf bezweifelt werden. Während sich der Zeitpunkt der Klagerhebung einfach für sämtliche Beteiligte nachvollziehen lässt, gilt dies nicht – jedenfalls nicht unbedingt – für die Erhebung von Ansprüchen.

**2. Grundsatz.** Bei einem Ersatzanspruch **ruht die Verjährung** von dem Zeitpunkt an, **3** zu dem durch den Berechtigten Ersatzansprüche erhoben werden, bis zu dem Zeitpunkt, in dem die Erfüllung des Anspruchs abgelehnt wird.

**3. Form der Anspruchsstellung.** Ausdrücklich klargestellt ist, dass Textform (§ 126b **4** BGB) genügt, womit im Seetransportrecht die zur Parallelvorschrift des § 439 Abs. 3 HGB aF geführte Diskussion vermieden wird.[1]

**4. Person des Anspruchsstellers.** Die gesetzliche Regelung geht von einer Reklama- **5** tion durch den berechtigten **Gläubiger** aus. Nach den allgemeinen zivilrechtlichen Regeln kann sie damit auch durch entsprechend, ggf. konkludent,[2] bevollmächtigte **Dritte** erfolgen.[3] Folgerichtig kann auch ein **Zessionar** oder ein **Prozessstandschafter,** der den Anspruch in eigenen Namen und fremde Rechnung geltend machen kann, diese Erklärung abgeben.[4] Reklamationsberechtigt ist also jeder, der einen Anspruch gegen den Frachtführer geltend machen kann.[5] Im Gegenschluss sind diejenigen nicht in der Lage, wirksam zu reklamieren, die den Anspruch (noch) nicht geltend machen können.[6]

---

[1] Vgl. 2. Aufl.: MüKoHGB § 439 Rn. 21 ff.
[2] Zur Parallelvorschrift in § 439 Abs. 3: OLG Köln 19.8.2003, TranspR 2004, 120, 122; *Koller* § 439 Rn. 37.
[3] Zur Parallelvorschrift in § 439 Abs. 3: OLG Köln 19.8.2003, TranspR 2004, 120 ff.; *Koller* § 439 Rn. 37; *Thume/Demuth* CMR Art. 32 Rn. 67.
[4] Zur Parallelvorschrift in § 439 Abs. 3: BGH 7.6.2001, TranspR 2001, 479, 481; *Koller* § 439 Rn. 39; vgl. Art. 32 CMR Rn. 30; *Thume/Demuth* CMR Art. 32 Rn. 68.
[5] Zur Parallelvorschrift in § 439 Abs. 3: BGH 8.7.2004, TranspR 2004, 357, 358.
[6] Zur Parallelvorschrift in § 439 Abs. 3: *Koller* Rn. 38; *Thume/Demuth* CMR Art. 32 Rn. 72.

**6** Die Geltendmachung durch einen Berechtigten wirkt sich nicht zugunsten eines anderen Berechtigten aus.[7]

**7** **5. Inhalt der Reklamation.** Notwendig ist, dass dem Schuldner **eindeutig** mitgeteilt wird, von wem und für welches Schadensereignis Ersatz verlangt wird.[8] Nicht ausreichend ist daher das Stellen eines Nachforschungsauftrages,[9] da mit diesem kein Ersatz für ein Schadensereignis verlangt wird. Der Schuldner muss in die Lage versetzt werden, darüber entscheiden zu können, ob er mit dem Anspruchsteller in Verhandlungen über die Regulierung eintritt oder die Haftbarhaltung zurückweist, um so die Hemmung der Verjährung zu beenden.[10]

**8** Einerseits ergibt sich damit, dass sich die Hemmung **nur auf das** in der Haftbarhaltung **spezifizierte Ereignis** bzw. den darauf basierenden Anspruch bezieht.[11] Andererseits folgt hieraus, dass es nicht notwendig ist, dem Schuldner mit der Haftbarhaltung sämtliche Schadensunterlagen zu übersenden. Nach erfolgter Haftbarhaltung ist es eine Entscheidung des Schuldners, ob er sich beim Reklamanten um weitere Einzelheiten zum Schadensereignis bemüht, oder sich diese selbst verschafft.[12] Damit wird der Reklamant weitgehend von der Gefahr entlastet, dass die Verjährung wegen Fehlens einzelner Unterlagen nicht gehemmt wird, was wiederum dem erklärten Ziel der Förderung von Verhandlungen ohne Zeitdruck dient; vgl. Rn. 2, 10.

**9** **6. Adressat der Reklamation.** Die Erklärung kann sowohl dem Schuldner direkt, als auch einer entsprechend (konkludent) **bevollmächtigten Person** gegenüber abgegeben werden. In Frage kommen hier insbesondere der Kapitän, ein Schadensbearbeiter bzw. die Versicherung des Schuldners.[13] Entsprechend den Ausführungen zur Person des Reklamierenden muss die Reklamation gegenüber **dem Anspruchsgegner,** und nicht beispielsweise gegenüber dessen Unterverfrachter,[14] erklärt werden.

**10** **7. Hemmung.** Mit der Verjährungshemmung soll die **gütliche Einigung** gefördert werden. Verhandlungen zwischen den Parteien sollen ohne den Druck laufender Verjährungsfristen geführt werden können.[15] Aus dieser Zielsetzung folgt, dass **Hemmungsgründe des BGB** neben § 608 zur Anwendung kommen.[16] Besondere Relevanz kommt dabei der **Hemmung** der Verjährung durch Verhandlungen zwischen den Parteien **nach § 203 BGB** zu;[17] jedenfalls soweit nach der Zurückweisung des Ersatzanspruchs noch verhandelt wird.[18] Klargestellt ist durch die Verwendung der Formulierung „wird auch … gehemmt", dass § 203 BGB neben § 608 anwendbar ist,[19] sodass die Auslegungsschwierigkeiten, die sich zu § 439 HGB aF ergaben,[20] nicht auftreten können.

**11** Anwendbar ist auch der zu § 852 Abs. 2 aF BGB entwickelte Grundsatz[21] zur Beendigung der Hemmung der Verjährung bei **„Einschlafenlassen"** der Verhandlungen.[22] Ein

---

[7] Zur Parallelvorschrift in § 439 Abs. 3: OLG Köln 19.8.2003, TranspR 2004, 120, 121.

[8] Zu Art. 32 CMR s. Art. 32 CMR Rn. 28 sowie BGH 9.2.1984, TranspR 1984, 146, 148; OLG Karlsruhe 28.9.2001, TranspR 2004, 33, 35; *Herber/Piper* Art. 32 CMR Rn. 30; GroßkommHGB/*Helm* Art. 32 CMR Rn. 106; *Koller* § 459 Rn. 33; *Thume/Demuth* CMR Art. 32 Rn. 61.

[9] BGH 13.3.2008, VersR 2008, 1669, 1670.

[10] *Thume/Demuth* CMR Art. 32 Rn. 62.

[11] Zur Parallelvorschrift in § 439 Abs. 3: *Koller* Rn. 33.

[12] Zur Parallelvorschrift in § 439 Abs. 3: EBJS/*Schaffert* § 439 Rn. 22; *Koller* § 439 Rn. 33.

[13] Zur Parallelvorschrift in § 439 Abs. 3: EBJS/*Schaffert* § 439 Rn. 24; *Herber/Piper* Art. 32 CMR Rn. 40; vgl. *Thume/Demuth* CMR Art. 32 Rn. 73.

[14] Zur Parallelvorschrift in § 439 Abs. 3: *Koller* § 439 Rn. 41.

[15] RegBegr S. 79.

[16] BT-Drucks. 17/10309 S. 134.

[17] Zur Parallelvorschrift in § 439 Abs. 3: HansOLG Bremen 16.8.2007, TranspR 2008, 167, 170; LG Düsseldorf 27.4.2007, Hamburger Seerechts-Report 2007, 106; *Koller* TranspR 2001, 425, 429; EBJS/*Schaffert* § 459 Rn. 19.

[18] Zur Parallelvorschrift in § 439 Abs. 3: BGH 13.3.2008, VersR 2008, 1669, 1670 ff.; BGH 17.2.2004, TranspR 2004, 225, 226; *Ramming* TranspR 2002, 45, 53; siehe auch Art. 32 CMR Rn. 44.

[19] BT-Drucks. 17/10309 S. 134.

[20] Vgl. MüKoHGB, 2. Aufl. § 439 Rn. 27.

[21] Vgl. RegBegr S. 79; für den Bereich des Binnenschifffahrtsrechts: *v. Waldstein/Holland* TranspR 2003, 387, 394 ff.

[22] Zur Parallelvorschrift in § 439 Abs. 3: HansOLG Bremen 16.8.2007, TranspR 2008, 167, 170.

Abbruch von Verhandlungen durch ein solches Einschlafenlassen ist dann anzunehmen, wenn der Berechtigte den Zeitpunkt versäumt, zu dem eine Antwort auf die letzte Anfrage des Ersatzpflichtigen spätestens zu erwarten gewesen wäre, wenn die Verhandlungen mit verjährungshemmender Wirkung hätten fortgesetzt werden sollen.[23]

**8. Beendigung der Hemmung.** Die hemmungsbeendende Zurückweisung der **12** Ansprüche muss hinreichend deutlich – auch bezüglich des Umfanges – zum Ausdruck kommen.[24] Die Zurückweisung gegenüber einem Berechtigten hat keine Auswirkungen auf evtl. geltend gemachte Ansprüche eines weiteren Anspruchsinhabers.[25] Auch für die Zurückweisung ist die Textform ausreichend.[26]

Die Verjährung läuft nach allgemeinen Regeln für den Teil des angemeldeten Anspruchs **13** weiter, für welchen der Schuldner die Haftung ablehnt.

Nicht ausgeschlossen ist, dass schon **vor Beginn der Verjährungsfrist** die Haftung **14** zurückgewiesen wird.[27] Beginnt die Frist beispielsweise im Rahmen eines Reisefrachtvertrages mit der letzten Ablieferung, so kann seitens des Verfrachters die Haftung für die Beschädigung eines schon transportierten Stücks zurückgewiesen werden. Ebenso, wenn bereits während des Transportes absehbar ist, dass die Ablieferung nicht wird rechtzeitig erfolgen können. Auch kann die Haftung für einen Verlust schon mit der Wirkung des § 608 abgelehnt werden, wenn der Schadensersatzanspruch noch nicht erhoben wurde.[28] Der BGH stellt in der zitierten Entscheidung allerdings wenig überzeugend auf die Überlegung ab, dass sich der Vertragsgegner nicht mehr zu Verhandlungen bereit finden werde. Die Bereitschaft zu Verhandlungen ist jedoch kein Element der Hemmung nach § 608, sondern lediglich im Rahmen des § 203 BGB zu beachten; siehe Rn. 10. Zutreffend ist vielmehr darauf abzustellen, dass eine endgültige Verweigerung eines Schadensausgleiches seitens des Anspruchsstellers nicht dadurch negiert werden kann, dass dieser seinen Anspruch formell und inhaltlich gemäß § 608 wiederholt. Sollten sich auf eine solche Wiederholung dennoch weitere Gespräche zwischen den Parteien anschließen, greift § 203 BGB, sodass auch unter dem Blickwinkel der von Zeitdruck befreiten Verhandlungen keine Notwendigkeit besteht, eine Hemmung nach § 608 anzunehmen. Allerdings muss zum Zeitpunkt der Zurückweisung dem Verfrachter die Grundlage der Haftung erkennbar sein und sich die Zurückweisung auf einen **hinreichend konkretisierten Schaden** beziehen. Eine pauschale Zurückweisung ist ebenso abzulehnen, wie eine pauschale Haftbarhaltung.

**9. Wiederholte Reklamation.** Klarstellend ist in S. 3 gesagt, dass eine weitere Erklä- **15** rung, die **denselben Ersatzanspruch** zum Gegenstand hat, **nicht erneut** die Verjährung **hemmt.** Unbeachtlich ist somit, dass neue Tatsachen zur Begründung desselben Anspruchs vorgebracht werden. Nicht von S. 3 erfasst sind Situationen, in denen der Anspruch auf einen anderen Lebenssachverhalt gestützt wird. Insoweit kann auf den im Zivilprozessrecht entwickelten Begriff des Streitgegenstandes zurückgegriffen werden.[29]

## § 609 Vereinbarungen über die Verjährung

**(1) ¹Die Verjährung von Schadensersatzansprüchen aus einem Stückgutfrachtvertrag oder aus einem Konnossement wegen Verlust oder Beschädigung von Gut kann nur durch Vereinbarung, die im Einzelnen ausgehandelt ist, auch wenn sie für eine Mehrzahl von gleichartigen Verträgen zwischen denselben Vertragsparteien getroffen ist, erleichtert oder erschwert werden. ²Eine Bestimmung im Kon-**

---

[23] Zur Parallelvorschrift in § 439 Abs. 3: BGH 5.11.2002, NJW 2003, 895, 897.
[24] *Thume/Demuth* CMR Art. 32 Rn. 76.
[25] Zur Parallelvorschrift in § 439 Abs. 3: OLG Köln 19.8.2003, TranspR 2004, 120, 121.
[26] Vgl. *Koller* § 439 Rn. 44.
[27] Vgl. *Koller* § 439 Rn. 42.
[28] BGH 13.3.2008, VersR 2008, 1669, 1670.
[29] Vgl. *Koller* § 439 Rn. 45.

nossement, die die Verjährung der Schadensersatzansprüche erleichtert, ist jedoch Dritten gegenüber unwirksam.

(2) ¹Die Verjährung der in § 606 Nummer 1 genannten Ansprüche wegen Personen-, Gepäck- oder Verspätungsschäden kann nur durch Erklärung des Beförderers oder durch Vereinbarung der Parteien nach der Entstehung des Anspruchsgrunds verlängert werden. ²Erklärung und Vereinbarung bedürfen der Schriftform. ³Eine Erleichterung der Verjährung, insbesondere eine Verkürzung der Verjährungsfrist, ist unzulässig.

### Übersicht

| | Rn. | | Rn. |
|---|---|---|---|
| I. Normzweck | 1, 2 | 2. § 609 Abs. 1 S. 2 | 7, 8 |
| II. Entstehungsgeschichte | 3–13 | 3. § 609 Abs. 2 | 9–13 |
| 1. § 609 Abs. 1 S. 1 | 4–6 | | |

## I. Normzweck

1    Schon in § 512 kommt bezüglich der Haftung wegen Verlust oder Beschädigung des Gutes zum Ausdruck, dass die Parteien des Frachtvertrages **nur in gewissen Grenzen** die gesetzlich vorgegebenen Haftungsvorschriften **abändern** können. Dieser Rechtsgedanke wird mit § 609 auf Vereinbarungen über die Verjährung ausgedehnt.[1]

2    Notwendig ist, dass die Vereinbarung zwischen den Parteien, dh. zwischen dem jeweiligen Ersatzberechtigten und dem Verfrachter abgeschlossen wird.[2] Lässt sich der spätere Anspruchsteller beispielsweise durch einen Agenten vertreten, ist durch Auslegung zu ermitteln, wem gegenüber bzw. mit welcher Reichweite die Vereinbarung getroffen wurde.[3]

## II. Entstehungsgeschichte

3    Abs. 1 orientiert sich an der für das allgemeine Frachtrecht geltenden Regelung des § 439 Abs. 4 mit der durch die Reform eingeführten Beschränkung auf Ansprüche wegen Verlust oder Beschädigung des transportierten Guts. Auf die bisher zu § 439 Abs. 4 ergangene Rechtsprechung kann im Rahmen des § 609 Abs. 1 zurückgegriffen werden.

4    **1. § 609 Abs. 1 S. 1.** Die Verjährung kann **im Voraus** erleichtert oder erschwert werden. Erfasst werden auch qualitativ weitergehende Vereinbarungen wie zB Ausschlussfristen. Die Obergrenze des § 202 BGB ist zu beachten. Abs. 1 erfasst zum einen Ansprüche wegen Verlust oder Beschädigung von Gütern, welche aufgrund eines **Stückfrachtvertrages** befördert werden. Zum anderen und unabhängig von der Art des zugrundeliegenden Frachtvertrages gilt § 609 Abs. 1, wenn ein **Konnossement** ausgestellt wurde. Die Vereinbarung muss in jedem Fall im Einzelnen ausgehandelt werden, also eine sogenannte **Individualvereinbarung** sein; zum Begriff des Aushandelns siehe auch § 449 Rn. 15. Die zu den allgemeinen Geschäftsbedingungen entwickelten Kriterien zur Individualvereinbarung sind zur Abgrenzung anwendbar. Eine im Voraus getroffene Vereinbarung ist auch dann möglich, wenn diese für eine Mehrzahl von gleichartigen Verträgen, beispielsweise als **Rahmenvereinbarung,** zwischen denselben Vertragsparteien getroffen ist. Ausgeschlossen sind jedoch Verjährungsregeln in Musterbedingungen oder Klauselwerken von Vereinigungen der beteiligten Wirtschaftskreise.[4]

5    Dass auch die Erschwerung der Verjährung durch Verlängerung der Verjährungsfrist, Verschiebung des Verjährungsbeginns oder Erweiterung der Hemmungs- oder Unterbrechungsgründe an diese besonderen Voraussetzungen geknüpft ist, rechtfertigt sich durch

---

[1] RegBegr-SRG S. 135.
[2] Vgl. LG Duisburg 21.12.1989, VersR 1989, 1167.
[3] Vgl. OLG Hamburg 30.7.1987, VersR 1987, 1190.
[4] RegBegr-SRG S. 135.

die im Frachtrecht häufige Komplexität der Schadensfälle.[5] **Formerfordernisse** stellt § 609 nicht auf.

Nicht erfasst sind von § 609 Abs. 1 Verjährungsvereinbarungen, die **nach Schadensein-** **6** **tritt** im Zuge der Schadenssachbearbeitung vereinbart werden. Deren Zulässigkeit bestimmt sich nach den allgemeinen zivilrechtlichen Regeln und war schon vor der Reform anerkannt.[6]

**2. § 609 Abs. 1 S. 2.** Entsprechend der Intention des § 525 Satz 2 ist auch hinsichtlich **7** der Verjährungsfrist eine **Abweichung im Konnossement** zulasten des Dritten **unwirksam.**[7] Die Akzeptanz des Konnossements als Wertpapier soll nicht durch eine Abweichung von den gesetzlichen bzw. internationalen Regeln untergraben werden. Bereits zuvor wurde die Möglichkeit der Verjährungsabkürzung für im Konnossement verbriefte Ansprüche verneint.[8]

Es stellt sich jedoch die Frage, wie der aus dem **Konnossement Berechtigte** zu behan- **8** deln ist, der **gleichzeitig Befrachter** ist. Nach § 656 Abs. 4 HGB aF galt, dass im Verhältnis zum Verfrachter der Frachtvertrag den Bestimmungen des Konnossements vorging. Daher entschied der BGH, dass sich ein Befrachter, und sei er auch aus dem Konnossement legitimiert, nicht darauf berufen könne, dass eine so ausgehandelte Verjährungserleichterung in seinem Verhältnis zum Verfrachter unwirksam sei.[9] Bei der Neugestaltung des Seehandelsrechts hat jedoch bereits die Sachverständigenkommission in ihrem Abschlussbericht darauf hingewiesen, dass *„der Anspruch aus dem Konnossement und der Anspruch aus dem Frachtvertrag nebeneinander bestehen und inhaltlich auseinanderfallen können"*.[10] Entsprechend wurde in der Umsetzung des neuen Seehandelsrechts auf die Regelungen des § 656 Abs. 1 und 4 HGB aF verzichtet und in § 519 klargestellt, dass die verbrieften Ansprüche denen des Frachtvertrages vorgehen (vgl. § 519 Rn. 10 ff.). Da nach § 609 Abs. 1 S. 2 die **im Konnossement niedergelegte Verjährungserleichterung** (nur) Dritten gegenüber unwirksam ist, verbleibt es dabei, dass sie im Verhältnis zwischen Be- und Verfrachter auch dann wirksam ist, wenn der Befrachter aus dem Konnossement berechtigt ist. Für den Fall jedoch, dass das Konnossement – im Gegensatz zum Frachtvertrag – **keine** wirksame **Verkürzung** der Verjährungsfrist enthält, muss sich der Verfrachter die Klauseln des Konnossements entgegenhalten lassen.

**3. § 609 Abs. 2.** Abs. 2 entspricht Art. 16 Abs. 4 des Athener Übereinkommens 2002 **9** und dem bisherigen Art. 13 Abs. 3 der Anlage zu § 664 HGB aF. Die hier aufgestellten Restriktionen reichen weiter als die des Abs. 1. Eine wie auch immer geartete **Erleichterung** der Verjährung ist gemäß Abs. 2 **unzulässig.**[11] Abweichend vom allgemeinen Zivilrecht, jedoch entsprechend dem Athener Übereinkommen 2002, ist auch die Verlängerung der Verjährung **nur nach Eintritt des Schadensereignisses** und bei Einhaltung der **Schriftform** möglich.[12] Das Gesetz unterscheidet die einseitige Erklärung des Beförderers und die zweiseitige Vereinbarung zwischen Beförderer und Reisenden.

Die in Abs. 2 geforderte **Schriftform** bedingt gem. § 126 Abs. 1 BGB die eigenhändige **10** Namensunterschrift, ein notariell beglaubigtes Handzeichen, oder iVm. § 126a BGB, eine qualifizierte elektronische Signatur. **Nicht ausreichend** ist damit insbesondere die Textform, sodass eine Vereinbarung zwischen den Parteien oder eine einseitige Erklärung des Beförderers per Fax oder nicht elektronisch signierter E-Mail unzureichend ist.[13]

---

[5] Vgl. die Regierungsbegründung BT-Drucks. 13/8445 S. 79.
[6] HansOLG Hamburg 7.4.1977, VersR 1978, 559; LG Hamburg 18.4.1978, VersR 1978, 714.
[7] RegBegr-SRG S. 135.
[8] Vgl. BGH 20.12.1982, BGHZ 86, 172; BGH 25.2.1960, MDR 1960, 472; BGH 18.12.1958, BGHZ 29, 120.
[9] Vgl. BGH 9.12.1991, TranspR 1992, 106.
[10] Abschlussbericht S. 113.
[11] RegBegr-SRG S. 135.
[12] RegBegr-SRG S. 135.
[13] Vgl. OLG München 23.7.2008, TranspR 2008, 321; LG Hamburg 12.2.2009, TranspR 2009, 224 – jeweils zu § 439 Abs. 3 Satz 1 aF.

**11**    Je nach den Umständen des Einzelfalles wird man einen als Vereinbarung formulierten Text, der jedoch durch den Reisenden nicht gegengezeichnet wird, als einseitige schriftliche Erklärung des Beförderers, die Verjährungsfrist zu verlängern, verstehen können.[14] Ist allerdings die Erklärung des Beförderers bedingt, so verbietet sich dieses Verständnis und es bedarf zur Vereinbarung der Verjährungsverlängerung der schriftlichen Gegenzeichnung des Reisenden.

**12**    Die vom Beförderer erklärte oder zwischen ihm und dem Reisenden vereinbarte Verlängerung der Verjährung bindet ohne deren Zustimmung weder die Leute des Beförderers, die Schiffsbesatzung oder den ausführenden Beförderer, da sie diesen gegenüber einen Vertrag zulasten Dritter darstellen würde.

**13**    Eine **analoge Anwendung** des § 6 Abs. 2 Nr. 8 BGB-InfoV auf die kurze Verjährungsfrist des Art. 13 der Anlage zu § 664 HGB aF bzw. Art. 16 Abs. 1 des Athener Übereinkommens 2002 ist **nicht möglich**.[15]

## § 610 Konkurrierende Ansprüche

**Treffen vertragliche Schadensersatzansprüche, die den Vorschriften dieses Abschnitts unterworfen sind, mit konkurrierenden außervertraglichen Schadensersatzansprüchen zusammen, so gelten auch für die außervertraglichen Ansprüche die Vorschriften dieses Abschnitts.**

**1**    In Übereinstimmung mit dem im BGB verankerten Gedanken, dass Schadensersatzansprüche unabhängig von ihrem Rechtsgrund derselben Verjährungsregelung unterliegen, soll mit dieser Vorschrift das im 6. Abschnitt niedergelegte Verjährungskonzept **einheitlich** für alle vertraglichen und konkurrierenden außervertraglichen Ansprüche gelten.[1]

**2**    Ähnliche Regelungen fanden sich bisher in § 607a Abs. 1 HGB aF sowie Art. 11 der Anlage zu § 664 HGB aF.[2] Die Norm geht auf den Vorschlag der Sachverständigenkommission (damals § 593) zurück und orientiert sich im Wortlaut an § 200 BGB in der Fassung des 1992 vorgelegten Abschlussberichts der Kommission zur Überarbeitung des Schuldrechts.[3]

**3**    Dass die kurze Verjährungsfrist des fünften Buches auch deliktische Ansprüche erfasst, entspricht der bisherigen Rechtsprechung.[4] Die Vorschrift führt **nicht** dazu, dass konkurrierende Ansprüche per se ausgeschlossen sind. Diese unterliegen vielmehr lediglich der im 6. Abschnitt niedergelegten Verjährung.[5]

---

[14]  Weitergehend *Rabe* Anlage zu § 664 Art. 13 Rn. 5, der in unabhängig von den Umständen des Einzelfalles eine einseitige Erklärung mit der Wirkung der Verjährungsverlängerung annimmt.

[15]  Vgl. OLG Rostock 11.2.2011, TranspR 2001, 189.

[1]  RegBegr-SRG S. 135 ff.

[2]  RegBegr-SRG S. 135.

[3]  RegBegr-SRG S. 135.

[4]  Vgl. BGH 14.7.1980, VersR 1980, 968; AG Flensburg 12.9.2000, NJW-RR 2001, 1180.

[5]  Vgl. *Rabe* Anlage zu § 664 Art. 11 Rn. 1.

# Siebter Abschnitt. Allgemeine Haftungsbeschränkung

## § 611 Übereinkommen über die Haftungsbeschränkung

(1) [1]Die Haftung für Seeforderungen kann nach den Bestimmungen des Übereinkommens vom 19. November 1976 über die Beschränkung der Haftung für Seeforderungen (BGBl. 1986 II S. 786), geändert durch das Protokoll vom 2. Mai 1996 (BGBl. 2000 II S. 790), in seiner jeweiligen für die Bundesrepublik Deutschland geltenden Fassung (Haftungsbeschränkungsübereinkommen) beschränkt werden. [2]Dies gilt auch für die Haftung für Bunkerölverschmutzungsschäden nach dem Internationalen Übereinkommen von 2001 über die zivilrechtliche Haftung für Bunkerölverschmutzungsschäden (BGBl. 2006 II S. 578) (Bunkeröl-Übereinkommen).

(2) Die Haftung nach dem Internationalen Übereinkommen von 1992 über die zivilrechtliche Haftung für Ölverschmutzungsschäden (BGBl. 1994 II S. 1150, 1152) (Haftungsübereinkommen von 1992) kann nach den Bestimmungen dieses Übereinkommens beschränkt werden.

(3) [1]Werden Ansprüche wegen Verschmutzungsschäden im Sinne des Artikels I Nummer 6 des Haftungsübereinkommens von 1992 geltend gemacht und ist das Haftungsübereinkommen von 1992 nicht anzuwenden, so können die in Artikel 1 des Haftungsbeschränkungsübereinkommens bezeichneten Personen ihre Haftung für diese Ansprüche in entsprechender Anwendung der Bestimmungen des Haftungsbeschränkungsübereinkommens beschränken. [2]Sind aus demselben Ereignis sowohl Ansprüche der in Satz 1 bezeichneten Art als auch Ansprüche entstanden, für welche die Haftung nach Absatz 1 beschränkt werden kann, so gelten die im Haftungsbeschränkungsübereinkommen bestimmten Haftungshöchstbeträge jeweils gesondert für die Gesamtheit der in Satz 1 bezeichneten Ansprüche und für die Gesamtheit derjenigen Ansprüche, für welche die Haftung nach Absatz 1 beschränkt werden kann.

(4) Die Haftung kann nicht beschränkt werden für
1. die in Artikel 3 Buchstabe e des Haftungsbeschränkungsübereinkommens bezeichneten Ansprüche, sofern der Dienstvertrag inländischem Recht unterliegt;
2. Ansprüche auf Ersatz der Kosten der Rechtsverfolgung.

(5) Ergänzend zu den Bestimmungen des Haftungsbeschränkungsübereinkommens und des Haftungsübereinkommens von 1992 gelten die §§ 612 bis 617.

**Schrifttum:** *Altfuldisch,* Haftung und Entschädigung nach Tankerunfällen auf See, 2007; *von Borries,* The International Convention on Civil Liability for Oil Pollution Damage and Recklessness, Diss. Hamburg 2009; *Czempiel,* Das IPR der seerechtlichen Haftungsbeschränkung und das Zweite Seerechtsänderungsgesetz, VersR 1987, 1069; *Dörfelt,* Das internationale Privatrecht und internationale Zivilverfahrensrecht der beschränkbaren Haftung auf See, VersR 2010, 1547; *ders.,* Das Internationale Privatrecht der beschränkten Haftung, DVIS A 105, 61; *Herber,* Zur Neuregelung der Reederhaftung, insbesondere zur Seerechtlichen Verteilungsordnung, VersR 1973, 981; *Horbach,* Der Verlust des Rechts zur Beschränkung der Haftung, Artikel 4 HBÜ, DVIS A 105, 85; *Looks/Kraft,* Sind Schiedsgerichtsverfahren „legal proceedings" im Sinne des Artikels 11 des Haftungsbeschränkungsübereinkommens von 1976?, TranspR 1997, 266; *Looks/Sinkus,* Die Kosten für Ölbekämpfungsmaßnahmen und die Haftungsbeschränkung unter der Londoner Konvention von 1976, TranspR 1994, 263; *Jessen,* Die beschränkte Haftung im Seerecht nach §§ 486 ff. HGB; HBÜ 1996, DVIS A 105, 1; *Ramming,* Das Recht der Haftungsbeschränkung im Verhältnis der Berechtigten untereinander, DVIS A 105, 99; *Wietoska,* Die beschränkbare Haftung nach dem ÖlHÜ 1992 und dem HNS-Ü 1996, DVIS A 105, 20; *Zarth,* Die Mesquer-Entscheidung des EuGH – Hebt europäisches Abfallrecht das System der Haftungsbeschränkung aus den Angeln? DVIS A 105, 151.

**Übersicht**

|  | Rn. |  | Rn. |
|---|---|---|---|
| I. Entstehungsgeschichte | 1–16 | IV. § 611 Abs. 4 | 21, 22 |
| II. § 611 Abs. 2 | 17 |  |  |
| III. § 611 Abs. 3 | 18–20 | V. § 611 Abs. 5 | 23 |

## I. Entstehungsgeschichte

1      Die §§ 611–617 entsprechen mit geringen redaktionellen Änderungen den bisherigen §§ 486–487e HGB aF, die wiederum im Rahmen des 2. SeeRÄG überarbeitet wurden.

2      § 611 Abs. 1 S. 1 erklärt die Bestimmungen des Übereinkommens über die Beschränkung der Haftung für **Seeforderungen** vom 19.11.1976 in der Fassung des Protokolls vom 2.5.1996[1] für **direkt**[2] **anwendbar**. Der Begriff der „Seeforderung" ist **weder im HGB noch im HBÜ definiert**. Zwar findet sich eine Definition in Art. 1 Abs. 1 ArrestÜ, jedoch ergibt sich aus dem Kontext des § 611 Abs. 1, dass nicht die dort, sondern die in Art. 2 HBÜ genannten Ansprüche gemeint sind. Damit wird erreicht, dass die in Art. 2 HBÜ genannten Ansprüche einer Haftungsbeschränkung unterliegen, soweit sie nicht gemäß Art. 3 HBÜ ausgeschlossen sind oder gemäß Art. 4 HBÜ aufgrund des absichtlichen oder leichtfertigen Verhaltens die Haftungsbeschränkung ausgeschlossen ist.

3      Das HBÜ trat für die Bundesrepublik Deutschland am 13.5.2004 in Kraft; zum 1.8.2013 hat es 47 Vertragsstaaten. Gemäß Art. 9 Abs. 2 des HBÜ-Protokolls von 1996 ist Deutschland damit gegenüber Staaten, die Vertragsparteien nur des HBÜ 1976 sind, nicht gebunden.

4      Das HBÜ wurde von der Bundesrepublik Deutschland nicht ohne **Änderungen** ratifiziert. Vielmehr wurde ein Vorbehalt nach Art. 18 Abs. 1 bezüglich der Anwendung des Art. 2 Abs. 1 lit. d und e (Wrack- und Ladungsbeseitigung) erklärt. Damit stand für die Bundesrepublik der Weg offen, in dem bisherigen § 487 HGB aF eine Sonderregelung für die Haftungsbeschränkung für diese Ansprüche zu schaffen. Diese Regelung ist nun in § 612 verankert.

5      Das HBÜ erfordert, wie jede internationale Konvention, eine **autonome Auslegung**. Folglich ist die Reichweite des Begriffs „seagoing" (Art. 1 Abs. 2 HBÜ) ebenso zu ermitteln. Falsch ist insofern die Entscheidung des OLG Celle,[3] welches die Haftungsbeschränkung für einen Schlepper deshalb verneinte, weil es sich „nicht um ein ‚Seeschiff' im Sinne des Seehandelsrechts" handelte. Die autonome Auslegung muss sich am Text des Übereinkommens orientieren – eine Aufgabe, die im Falle des HBÜ dadurch erschwert wird, dass nach dessen Art. 23 vier verschiedene Sprachfassungen (Englisch, Französisch, Spanisch und Russisch) gleichberechtigt gegenüberstehen. Die im Bundesgesetzblatt abgedruckte deutsche **Übersetzung** ist weder verbindlich, noch durchweg gelungen.[4]

6      Für die Anwendbarkeit des HBÜ stellt Art. 15 HBÜ die relevanten Parameter auf, nämlich dass eine **Person** (vgl. Art. 1 Abs. 1 HBÜ) vor dem Gericht eines Vertragsstaates die **Haftungsbeschränkung geltend macht** oder im Hoheitsbereich eines Vertragsstaates die **Freigabe eines Vermögensgegenstands** (insbesondere eines Schiffes) oder einer Sicherheit verlangt. Zu beachten sind die (möglichen) Einschränkungen des sachlichen Anwendungsbereichs nach nationalem Recht gemäß Art. 15 Abs. 2, 3 und 3bis HBÜ sowie die konventionsinternen Einschränkungen nach Art. 3 (Ausgenommene Ansprüche), 4 (Haftungsbeschränkung ausschließendes Verhalten) sowie Art. 15 Abs. 4 (Bohrschiffe) und Abs. 5 (Luftkissenfahrzeuge und schwimmende Plattformen zur Erforschung oder Ausbeutung der Naturschätze des Meeresbodens oder -untergrundes).[5] Mangels eigenständiger

---

[1] Der englische Text ist auszugsweise im Anhang I zu § 617 abgedruckt.

[2] BT-Drucks. 10/3852 S. 15; RegBegr-SRG S. 42.

[3] OLG Celle 12.4.1990, VersR 1990, 1297.

[4] Zur Kritik an der Übersetzung siehe *Rabe* vor London HBÜ 1976 Rn. 2, *ders.* VersR 1987, 429 ff.; *Rittmeister* S. 10.

[5] Grundlegend zum HBÜ: *Jessen* Rn. 13 ff.

Regelung, die nach Art. 15 Abs. 3 HBÜ möglich gewesen wäre, findet das HBÜ **auch** auf rein **innerdeutsche Sachverhalte** Anwendung.[6]

Ist das HBÜ anwendbar, so stellt sich ggf. angesichts nationaler Vorbehalte und vom HBÜ  **7** abweichender Sonderregeln[7] die Frage, welches **nationale Recht** neben den einheitlichen Vorschriften des HBÜ anzuwenden ist. Wie sich die Antwort auf diese Frage bestimmt, ist **umstritten.**[8] Vertreten werden die Anwendung der lex causae,[9] der lex fori[10] und des Rechts des Staates, in dem der Haftungsfonds errichtet wurde („lex Haftungsfonds").[11]

Die Währungseinheit des HBÜ ist das **SZR;** Art. 8 Abs. 1 HBÜ. Hinsichtlich der **Haf-**  **8** **tungshöchstbeträge** unterscheidet das HBÜ zwischen Ansprüchen wegen des Todes oder der Körperverletzung von **Reisenden** (Art. 7 HBÜ) und **anderer Personen** (Art. 6 Abs. 1 lit. a HBÜ) sowie **sonstigen Ansprüchen** (Art. 6 Abs. 1 lit. b HBÜ). Im Rahmen des Art. 6 HBÜ bestimmt sich der Haftungshöchstbetrag nach dem Raumgehalt des Schiffes. Da jedoch die nach Art. 6 Abs. 5 HBÜ zugrunde zulegende **BRZ** dimensionslos ist, führt der Konventionstext in die Irre, wenn er von „Tonnen" spricht. Da für die Zwecke des HBÜ eine BRZ von 1 dem Raumgehalt von 1 t entsprechen[12] soll, Art. 6 Abs. 5 HBÜ, ergeben sich keine Schwierigkeiten in der Umrechnung. Der Haftungshöchstbetrag gemäß HBÜ für jedes schadensstiftende Ereignis
- beträgt nach Art. 6 Abs. 1 lit. a HBÜ 2.000.000 SZR
  - zzgl. 800 SZR/BRZ je BRZ von 2.001 bis 30.000,
  - zzgl. 600 SZR/BRZ je BRZ von 30.001 bis 70.000,
  - zzgl. 400 SZR/BRZ je BRZ über 70.000;
- beträgt nach Art. 6 Abs. 1 lit. b HBÜ 1.000.000 SZR
  - zzgl. 400 SZR/BRZ je BRZ von 2.001 bis 30.000,
  - zzgl. 300 SZR/BRZ je BRZ von 30.001 bis 70.000,
  - zzgl. 200 SZR/BRZ je BRZ über 70.000;
- errechnet sich nach Art. 7 HBÜ als Produkt aus 175.000 SZR und der Anzahl der Reisenden, die das Schiff nach dem Schiffszeugnis befördern darf.

Zu beachten ist, dass nach Art. 15 Abs. 2 lit. b HBÜ iVm. **§ 613** für **kleine Schiffe** bis zu  **9** einer BRZ von 250 die Haftungshöchstgrenze bei Ansprüchen aus Art. 6 Abs. 1 lit. b HBÜ nur **500.000 SZR** beträgt.

Die Haftungshöchstbeträge wurden bereits durch das Protokoll vom 2.5.1996 angepasst.  **10** Eine weitere Erhöhung der Beträge in **Art. 6 HBÜ** um 51 % wurde am 19.4.2012 im Rechtsausschuss der IMO auf Betreiben Australiens beschlossen.[13] Diese Änderung wird drei Jahre nach Bekanntgabe an die Vertragsstaaten in Kraft treten, es sei denn, dass sie binnen 18 Monaten nach Notifikation von mindestens einem Viertel der Vertragsstaaten abgelehnt wird; Art. 8 Abs. 7 des Änderungsprotokolls von 1996. Ab dem **8. Juni 2015** belaufen sich dann die Haftungshöchstbeträge gemäß HBÜ
- nach Art. 6 Abs. 1 lit. a HBÜ auf 3.020.000 SZR
  - zzgl. 1.208 SZR/BRZ je BRZ von 2.001 bis 30.000,
  - zzgl. 906 SZR/BRZ je BRZ von 30.001 bis 70.000,
  - zzgl. 604 SZR/BRZ je BRZ über 70.000;
- nach Art. 6 Abs. 1 lit. b HBÜ auf 1.510.000 SZR
  - zzgl. 604 SZR/BRZ je BRZ von 2.001 bis 30.000,
  - zzgl. 453 SZR/BRZ je BRZ von 30.001 bis 70.000,
  - zzgl. 302 SZR/BRZ je BRZ über 70.000.

---

[6] Vgl. BT-Drucks. 10/3852 S. 15; *Rabe* § 486 Rn. 1.
[7] Bspw. § 8 SVertO im Verhältnis zu Art. 13 HBÜ, siehe *Rittmeister* S. 120 f.
[8] Ausführlich hierzu *Dörfelt* Rn. 8 ff.
[9] *Hartenstein* TranspR 2008, 143; vgl. BGH 29.1.1959, BGHZ 29, 237.
[10] *Rabe* LondonHBÜ 1976 Art. 15 Rn. 2 mwN.
[11] *Dörfelt* Rn. 13 ff.
[12] Vgl. auch Art. 5 des Gesetzes zu dem Internationalen Schiffsvermessungs-Übereinkommen vom 23.6.1969, BGBl. 1975 II S. 65, zum Verhältnis von BRZ zu BRT.
[13] Resolution Leg. 5 (99).

**11** Die Haftung kann durch **Errichtung eines Haftungsfonds** (Art. 11 HBÜ) oder der **Erhebung der Einrede** (Art. 10 HBÜ) nach § 617 Abs. 2 beschränkt werden. In der Beschränkung der Haftung liegt **keine Anerkennung der Haftung;** Art. 1 Abs. 7 HBÜ. Notwendig zur Errichtung des Haftungsfonds ist, dass ein gerichtliches Verfahren angestrengt wurde (Art. 11 Abs. 1 HBÜ). Hierzu zählen sowohl ein Schiedsverfahren als auch ein Arrestverfahren.[14]

**12** Art. 13 HBÜ unterscheidet die Geltendmachung von Ansprüchen gegen solche Personen, die einen Fonds hätten errichten können bzw. zu dessen Gunsten vermutet wird, dass der Fonds errichtet wurde; die **Drittwirkung** ergibt sich aus Art. 11 Abs. 3 HBÜ. Hieraus folgt, dass gegen den Fonds auch solche Ansprüche angemeldet werden können, die nicht gegen diejenige Person gerichtet sind, die den Fonds tatsächlich errichtet hat. Es ist ausreichend, dass der Anspruchsgegner den Fonds hätte errichten können.[15]

**13** **Errichtung und Verteilung** des Haftungsfonds und das damit in Zusammenhang stehende Verfahren richtet sich nach dem Recht des Staates, in dem der Fonds errichtet wird, Art. 14 HBÜ. Diese Vorschriften sind für Deutschland gemäß § 617 in der schifffahrtsrechtlichen Verteilungsordnung niedergelegt. Die **SVertO**[16] ist vorranging gegenüber Art. 11–13 HBÜ,[17] auch wenn sie in Teilen nicht mit diesem vereinbar ist.[18]

**14** Das **Haftungsbeschränkungsverfahrens** fällt in den Anwendungsbereich der **EuGVVO,** führt jedoch nicht zu einer lis pendens–Situation nach Art. 27 EuGVVO. Die Errichtung des Fonds ist als „Entscheidung" im Sinne des Art. 32 EuGVVO in allen Mitgliedsstaaten der EuGVVO ohne weiteres anzuerkennen; Art. 33 EuGVVO.[19]

**15** Gegen den Beschluss über die **Eröffnung des Verteilungsverfahrens** können nur Gläubiger **Erinnerung** einlegen, die einen Anspruch im Verteilungsverfahren angemeldet haben. Zulässig ist zur Sicherstellung der Gewährung eines effektiven Rechtsschutzes, dass ein Anspruch nur deshalb angemeldet wird, um die Möglichkeit der Erinnerung zu wahren.[20] Ein solches, nur zur Einlegung der Erinnerung dienendes Verfahren, ist jedoch keine Geltendmachung von Ansprüchen im Sinne des Art. 11 HBÜ bzw. § 1 Abs. 3 SVertO.[21] Auf diesem Wege ist es einem Gläubiger einer grundsätzlich beschränkbaren Forderung möglich, gegen ein Verteilungsverfahren vorzugehen, das unter Verstoß gegen die Vorschriften zur internationalen Zuständigkeit in Deutschland begonnen wurde.

**16** Die Erwähnung des am 21.11.2008 in Kraft getretenen **Bunkeröl-Übereinkommens** in § 611 Abs. 1 S. 2 ist aus Sicht des Gesetzgebers lediglich klarstellender Natur, da die Ansprüche aus diesem Übereinkommen ohnehin **Seeforderungen** im Sinne des HBÜ darstellen und somit unter S. 1 fallen.[22] Auf die vorgehenden Ausführungen kann daher verwiesen werden.

## II. § 611 Abs. 2

**17** Abs. 2 dient lediglich der **Klarstellung**[23]. Das Haftungsübereinkommen von 1992 wird ergänzt durch das internationale Übereinkommen über die Errichtung eines internationalen Fonds zur Entschädigung von Ölverschmutzungsschäden vom 18.12.1971 in der Fassung des Protokolls von 1992 (ÖlFÜ); BGBl. II S. 685. Aufgrund dieses Übereinkommens wurde der International Oil Pollution Compensation Fund (**IOPC-Fonds**) als **eigenständige juristische Person** installiert. Dieser übernimmt die Entschädigung von Ölschäden, für

---

[14] Hoge Raad der Niederlande, 20.12.1996, Schip en Schade 1997, 117; *Rabe* LondonHBÜ 1976 Art. 11 Rn. 3; *Looks/Kraft* TranspR 1997, 267.
[15] LG Hamburg 12.5.2005, TranspR 2005, 259, 260.
[16] Der Text ist im Anhang II zu § 617 abgedruckt.
[17] *Rabe* Art. II Rn. 2; *Rittmeister* S. 90.
[18] So *Rittmeister* S. 123 f.
[19] EuGH 14.10.2004, Slg 2004, I-9657; siehe *Rittmeister* DVIS Rn. 34 ff.
[20] AG Hamburg 12.6.1997, TranspR 1997, 438.
[21] AG Hamburg 12.6.1997, TranspR 1997, 438.
[22] RegBegr-SRG S. 135.
[23] Grundlegend zum Haftungsübereinkommen von 1992: *Wietoska* Rn. 8 ff.

welche eine Entschädigung nach dem Haftungsübereinkommen von 1992 nicht oder nicht ausreichend erlangt werden kann.[24]

### III. § 611 Abs. 3

Abs. 3 entspricht mit einer redaktionellen Klarstellung dem bisherigen § 486 Abs. 3 HGB **18** aF. Die Auffangregelung des S. 1 betrifft die Fälle, die weder vom Haftungsübereinkommen von 1992, noch vom HBÜ erfasst werden. Der Hauptanwendungsfall des § 611 Abs. 3 liegt also in Verschmutzungsschäden, die sich **nicht im territorialen Anwendungsbereich** des Haftungsübereinkommens von 1992 (dort Art. 2) ereignen.[25] Die Regelung ist erforderlich, da Art. 3 lit. b HBÜ Ölverschmutzungsschäden im Sinne des Haftungsübereinkommens von 1992 von seinem Anwendungsbereich **ausnimmt.**[26]

**Verschmutzungsschäden** im Sinne des Art. 1 Nr. 6 des Haftungsübereinkommens von **19** 1992 sind Verluste oder Schäden, die durch eine auf das **Ausfließen oder Ablassen von Öl** aus dem Schiff zurückzuführende Verunreinigung hervorgerufen werden. Art. 1 Nr. 6 des Haftungsübereinkommens von 1992 beschränkt den für eine Beeinträchtigung der Umwelt zu leistenden Schadensersatz auf die Kosten tatsächlich ergriffener oder zu ergreifender angemessener Wiederherstellungsmaßnahmen. Hinzu kommen jedoch, neben dem aufgrund dieser Beeinträchtigung entgangenen Gewinn, die Kosten von Schutzmaßnahmen und weitere durch diese Schutzmaßnahmen verursachte Verluste oder Schäden.

Die mit S. 1 erreichte Ausdehnung des Anwendungsbereichs des HBÜ könnte dazu **20** führen, dass die Gläubiger von Ansprüchen, die ohnehin dem HBÜ unterfallen, die begrenzten Mittel des Haftungsfonds mit solchen Gläubigern teilen müssten, die lediglich aufgrund der Bestimmungen des innerstaatlichen deutschen Rechts auf den Haftungsfonds zugreifen können. Um diese Benachteiligung zu verhindern, statuiert S. 2, dass die Haftungshöchstbeträge jeweils gesondert für die jeweilige Gesamtheit der Ansprüche gelten, mithin der Haftungshöchstbetrag zweimal aufzubringen ist.[27]

### IV. § 611 Abs. 4

Die Regelung des Abs. 4 ist wortgleich mit dem bisherigen § 468 Abs. 4 HGB aF und **21** begrenzt die Möglichkeit der Haftungsbeschränkung zweifach. Art. 3 lit. e HBÜ verweist zur Möglichkeit der Haftungsbeschränkung hinsichtlich der Ansprüche der Bediensteten (oder deren Rechtsnachfolgern) des Schiffseigentümers, des Bergers oder Retters, deren Aufgaben mit dem Betrieb des Schiffes, den Bergungs- oder Hilfeleistungsarbeiten zusammenhängen, auf die Vorgaben des auf den Vertrag anzuwendenden **nationalen Rechts.** **§ 611 Abs. 4 Nr. 1** beantwortet diese Frage nach der Möglichkeit zur Haftungsbeschränkung so, dass diese Ansprüche **nicht** der Haftungsbeschränkung unterliegen, wenn auf den Dienstvertrag deutsches Recht anzuwenden ist. Ist das Recht eines anderen Staates auf den Vertrag anzuwenden, entscheidet dieses, ob eine Haftungsbeschränkung nach dem HBÜ möglich ist. Da das HBÜ auch für **Inlandssachverhalte** gilt, ist auch bei diesen **keine Haftungsbeschränkung** möglich.[28]

**§ 611 Abs. 4 Nr. 2** nimmt die Kosten der Rechtsverfolgung von der Haftungsbeschrän- **22** kung aus. Hierunter fallen auch die aus der Teilnahme am schifffahrtsrechtlichen Verteilungsverfahren Entstehenden, da sonst in der Verteilung die noch nicht abschließend feststehenden Kosten berücksichtigt werden müssten.[29]

---

[24] Ausführlich hierzu: *Herber* S. 196 ff.
[25] RegBegr-SRG S. 136.
[26] BT-Drucks. 10/3852 S. 16.
[27] BT-Drucks. 10/3852 S. 16; *Rabe* § 486 Rn. 5.
[28] Vgl. BT-Drucks. 10/3852 S. 16.
[29] BT-Drucks. 10/3852 S. 17.

## V. § 611 Abs. 5

23    Abs. 5 entspricht dem bisherigen § 486 Abs. 5 HGB, und erklärt klarstellend Bestimmungen für anwendbar, deren Gegenstand im HBÜ nicht geregelt ist oder dem nationalen Gesetzgeber zur Disposition gestellt wurde.

## § 612 Haftungsbeschränkung für Ansprüche aus Wrackbeseitigung

**(1) ¹Das Haftungsbeschränkungsübereinkommen (§ 611 Absatz 1 Satz 1) ist auf folgende Ansprüche mit der Maßgabe anzuwenden, dass für sie unabhängig davon, auf welcher Rechtsgrundlage sie beruhen, ein gesonderter Haftungshöchstbetrag gilt:**

**1. Ansprüche auf Erstattung der Kosten für die Hebung, Beseitigung, Vernichtung oder Unschädlichmachung eines gesunkenen, havarierten, gestrandeten oder verlassenen Schiffes, samt allem, was sich an Bord eines solchen Schiffes befindet oder befunden hat, und**

**2. Ansprüche auf Erstattung der Kosten für die Beseitigung, Vernichtung oder Unschädlichmachung der Ladung des Schiffes.**

**²Die in Satz 1 angeführten Ansprüche unterliegen jedoch nicht der Haftungsbeschränkung, soweit sie ein mit dem Haftpflichtigen vertraglich vereinbartes Entgelt betreffen.**

**(2) ¹Der Haftungshöchstbetrag nach Absatz 1 errechnet sich nach Artikel 6 Absatz 1 Buchstabe b des Haftungsbeschränkungsübereinkommens. ²Der Haftungshöchstbetrag gilt für die Gesamtheit der in Absatz 1 bezeichneten Ansprüche, die aus demselben Ereignis gegen Personen entstanden sind, die dem gleichen Personenkreis im Sinne des Artikels 9 Absatz 1 Buchstabe a, b oder c des Haftungsbeschränkungsübereinkommens angehören. ³Er steht ausschließlich zur Befriedigung der in Absatz 1 bezeichneten Ansprüche zur Verfügung; Artikel 6 Absatz 2 und 3 des Haftungsbeschränkungsübereinkommens ist nicht anzuwenden.**

### I. Entstehungsgeschichte

1    Die Vorschrift geht auf das zweite Seerechtsänderungsgesetz zurück und war in § 487 HGB aF enthalten. Die Vorschrift basiert auf Art. 18 Abs. 1 HBÜ, nach welchem die Vertragsstaaten die in Art. 2 Abs. 1 lit. d und e HBÜ genannten Ansprüche vom Anwendungsbereich des Übereinkommens ausschließen können. Die entsprechende Erklärung wurde bei Hinterlegung der Ratifikationsurkunde abgegeben.[1] Durch das SRG von 2013 wurden nur sprachliche Änderungen eingepflegt, inhaltliche Änderungen ergaben sich nicht.[2]

### II. Normzweck

2    Die Vorschrift bezweckt, dass die genannten Ansprüche nicht als „sonstige Ansprüche" im Sinne des Art. 6 Abs. 1 lit. d HBÜ behandelt werden. Damit wird dem Gläubiger der Erstattungsansprüche ein **gesonderter Haftungshöchstbetrag** zugewiesen. Der Schritt wurde damit begründet, dass eine quotale Befriedigung der Erstattungsansprüche im Rahmen des Art. 6 Abs. 1 lit. b HBÜ regelmäßig zu gering ausfallen würde, um einen angemessenen Ausgleich der regelmäßig von der öffentlichen Hand aufgewandten Kosten zu ermöglichen.[3] Gleichzeitig sorgt die Sonderregelung dafür, dass der den anderen Gläubigern zur Verfügung stehende Haftungshöchstbetrag nicht durch die Wrackbeseitigungskosten

---

[1] Vgl. BGBl. 1987 II S. 407.
[2] RegBegr-SRG S. 136.
[3] BT-Drucks. 10/3852 S. 17.

geschmälert wird.[4] Die Regelung führt damit zu einer **Erhöhung** der möglichen **Gesamthaftung** des Schuldners.

### III. § 612 Abs. 1

Die in Umschreibung der in Nr. 1 und 2 genannten Erstattungsansprüche entstammt Art. 2 **3** Abs. 1 lit. d und e HBÜ und bezieht sich damit im Wortlaut nicht auf bestimmte Vorschriften des HGB. § 612 erfasst **keine** Schadensersatzansprüche, die sich im Zusammenhang mit Wrackbeseitigungsmaßnahmen ergeben (diese sind ausdrücklich durch Art. 2 Abs. 1 lit. a HBÜ abgedeckt), sondern lediglich die Ansprüche auf Erstattung der in § 612 Abs. 1 Nr. 1 und 2 genannten Kosten.[5] Dies gilt auch dann, wenn man die entstandenen Kosten als Schadensposition verstehen möchte.[6] Aus § 612 Abs. 1 iVm. Art. 7 Abs. 2 EGHGB ergibt sich, dass auch **öffentlich-rechtliche Ansprüche** unter die Haftungsbeschränkung fallen.[7]

### IV. § 612 Abs. 2

Abs. 2 regelt die Höhe des für die Wrack- und Ladungsbeseitigungskosten zur Verfügung **4** stehenden Betrages und bestimmt, dass der **Haftungshöchstbetrag** für die in Abs. 1 genannten Erstattungsansprüche nach den Vorgaben des Art. 6 Abs. 1 lit. b HBÜ errechnet[8] wird. Obwohl nicht ausdrücklich erwähnt, sind bei dessen Berechnung nicht nur Art. 6 Abs. 1 lit. b HBÜ, sondern auch die §§ 613, 614 und 616 zu berücksichtigen.[9] Die Haftungsbeschränkung im Rahmen des § 612 steht eigenständig neben den Regelungen des HBÜ, so dass gegebenenfalls zwei Haftungsfonds zu errichten sind.

Zweifelhaft ist, ob aus der Formulierung „unabhängig davon, auf welcher Rechtsgrundlage **5** sie beruhen" auch geschlossen werden kann, dass **vertragliche Ansprüche** nur im Rahmen des Haftungshöchstbetrages geltend gemacht werden können. In Art. 2 Abs. 2 S. 2 HBÜ ist ausdrücklich festgehalten, dass vertragliche Ansprüche nicht unter die Beschränkung fallen. Diese Klarstellung fehlte bereits zuvor im HGB und ist auch nicht durch das SRG eingefügt worden. Jedoch lässt sich mit Bezug auf die Entstehungsgeschichte und die Begründung zur Einführung des § 487 HGB aF argumentieren, dass es sich bei der Formulierung um ein Redaktionsversehen handelt.[10] Auch wird man mit *Herber*[11] in dem Abschluss eines Vertrages über eine Wrackbeseitigung, welche regelmäßig eine Vereinbarung über die Vergütung enthalten wird, eine Abbedingung der Haftungsbeschränkung sehen können.

### V. Verhältnis zum ÖlHÜ 1992

Im Anwendungsbereich des **ÖlHÜ 1992** gehen dessen Regelungen denen des § 612 **6** vor.[12]

## § 613 Haftungsbeschränkung für kleine Schiffe

**Für ein Schiff mit einem Raumgehalt bis zu 250 Tonnen wird der nach Artikel 6 Absatz 1 Buchstabe b des Haftungsbeschränkungsübereinkommens (§ 611 Absatz 1 Satz 1) zu errechnende Haftungshöchstbetrag auf die Hälfte des für ein Schiff mit einem Raumgehalt von 2 000 Tonnen geltenden Haftungshöchstbetrags festgesetzt.**

---

[4] BT-Drucks. 10/3852 S. 17; *Rabe* § 487 Rn. 4.

[5] BT-Drucks. 10/3852 S. 17.

[6] LG Hamburg 12.5.2005, TranspR 2005, 259.

[7] BT-Drucks. 10/3852 S. 17 f.

[8] Zur Ermittlung des Haftungshöchstbetrages siehe § 611 Rn. 9 ff.

[9] Vgl. *Herber* HaftungsR S. 113; *Rabe* § 487 Rn. 7 ff.

[10] *Rabe* § 487 Rn. 6; vgl. BT-Drucks. 10/3852 S. 17 f.

[11] *Herber* HaftungsR S. 112.

[12] *Herber* HaftungsR S. 113 ff.; *Rabe* § 487 Rn. 11; *Ramming* VersR 2007, 306, 307; vgl. BT-Drucks. 16/737 S. 11 f.

**1**    Die Regelung wurde durch die Reform des Seehandelsgesetzes bis auf eine Anpassung der Verweise unverändert aus § 487a HGB aF übernommen. Nicht berichtigt wurde dabei der irreführende Verweis auf einen Raumgehalt in „**Tonnen**". Die nach Art. 6 Abs. 5 HBÜ bzw. dem Schiffsvermessungsübereinkommen von 1969 zugrunde zulegende **BRZ** ist dimensionslos. Für die Zwecke des HBÜ entspricht eine BRZ von 1 dem Raumgehalt von 1 t, Art. 6 Abs. 5 HBÜ, so dass richtigerweise von einem Schiff mit einer BRZ von bis zu 250 bzw. von 2.000 zu sprechen ist.[1]

**2**    Ziel der Regelung ist es, einen **Mittelweg** zwischen der erheblichen wirtschaftlichen Belastung des Schiffseigentümers durch die Haftung in Höhe des vollen Sockelbetrages einerseits und dem – im Vergleich zum Raumgehalt relativ hohen – Schadenspotential andererseits zu finden.[2] Die Vorschrift geht auf das in Art. 15 Abs. 2 lit. b HBÜ vorgesehene Recht zurück, dass die Vertragsstaaten die Haftungsbeschränkung für Schiffe mit einer BRZ von weniger als 300 eigenständig regeln können. Der Haftungshöchstbetrag wurde in Art. 3 des HBÜ-Protokolls von 1996 auf die Hälfte des für eine BRZ vom 2.000 geltenden angehoben (zuvor: Hälfte des für ein Schiff mit einer BRZ von 500 geltenden Haftungshöchstbetrages). Die nationale Vorschrift folgte entsprechend.

**3**    Der Haftungshöchstbetrag gemäß § 613 HGB beträgt somit **500.000 SZR.** Gemäß der im April 2012 von der IMO verabschiedeten Erhöhung der Haftungsbegrenzung,[3] die voraussichtlich 36 Monate nach ihrer Bekanntgabe,[4] also am **8. Juni 2015,** in Kraft treten wird, erhöht sich die Haftung auf **755.000 SZR.**

**4**    § 613 erfasst **nicht** die Haftung für Ansprüche wegen **Personenschäden;** hier wird der Haftungshöchstbetrag nicht eingeschränkt.[5] Soweit der nach Art. 6 Abs. 1 lit. a HBÜ zu zahlende Betrag jedoch nicht zur Deckung der Personenschäden ausreicht und gemäß Art. 6 Abs. 2 HBÜ der überschießende Anspruch gleichrangig mitsamt den Ansprüchen aus dem nach Art. 6 Abs. 1 lit. b. HBÜ errechneten Betrag zu befriedigen ist, fallen die überschießenden Ansprüche unter die Begrenzung des § 613.[6]

## § 614 Haftungsbeschränkung für Schäden an Häfen und Wasserstraßen

**Unbeschadet des Rechts nach Artikel 6 Absatz 2 des Haftungsbeschränkungsübereinkommens (§ 611 Absatz 1 Satz 1) in Bezug auf Ansprüche wegen Tod oder Körperverletzung haben Ansprüche wegen Beschädigung von Hafenanlagen, Hafenbecken, Wasserstraßen und Navigationshilfen Vorrang vor sonstigen Ansprüchen nach Artikel 6 Absatz 1 Buchstabe b des Haftungsbeschränkungsübereinkommens.**

**1**    Mit dieser Regelung wurde von der in Art. 6 Abs. 3 HBÜ vorgesehenen Möglichkeit Gebrauch gemacht, diese Art Ansprüche zu privilegieren. Die in das Jahr 1985 zurückreichende Regelung bezweckt die **Bevorzugung der öffentlichen Hand,** welche in der Regel Gläubiger der von dieser Vorschrift erfassten Ansprüche ist.[1*]

**2**    Begründet wurde dies damit, dass die Bereitstellung funktionstüchtiger Hafenanlagen, Wasserstraßen und Navigationshilfen der gesamten Seeschifffahrt und der verladenden Wirtschaft zugute komme. Die Vorschrift ist **weit auszulegen,** sodass auch Schifffahrtsanlagen wie Schleusen und Dalben, Schleusenkanäle und Schiffshebewerke von ihr erfasst werden.[2*]

---

[1]  Zum Verhältnis von BRZ zu BRT siehe auch Art. 5 des Gesetzes zu dem Internationalen Schiffsvermessungs-Übereinkommen vom 23.6.1969, BGBl. 1975 II S. 65.
[2]  BT-Drucks. 10/3852 S. 18.
[3]  Resolution Leg. 5 (99) vom 19.4.2012.
[4]  Vgl. Art. 8 des Protokolls von 1996 zur Änderung des HBÜ.
[5]  BT-Drucks. 10/3852 S. 18.
[6]  BT-Drucks. 10/3852 S. 18.
[1*]  BT-Drucks. 10/3852 S. 18.
[2*]  BT-Drucks. 10/3852 S. 19; vgl. *Rabe* § 487b Rn. 1.

Die in §614 vorgesehene Privilegierung greift jedoch **nicht** gegenüber Ansprüchen **3** wegen **Personenschäden,** die nicht durch den Haftungsfonds nach Art. 6 Abs. 1 lit. a HBÜ vollständig erfüllt werden konnten und daher gemäß Art. 6 Abs. 2 HBÜ durch die in Art. 6 Abs. 1 lit. b genannten Beträge abzudecken sind.[3] Die Ansprüche aus den unbefriedigten Personenschäden und den unter §614 fallenden Sachschäden sind **gleichberechtigt,** zwischen ihnen besteht kein Rangverhältnis.[4]

**Umstritten** ist, ob die Privilegierung des §614 auch für Ansprüche im Rahmen des §612 **4** zu beachten ist.[5] Da es dem Willen des Gesetzgebers entspricht, die unter §614 fallenden Ansprüche „vorrangig von sonstigen Ansprüchen" zu befriedigen,[6] genießen diese Ansprüche auch dann **Vorrang,** wenn der Haftungshöchstbetrag im Rahmen des §612 bestimmt wird.

## § 615 Beschränkung der Haftung des Lotsen

(1) Die in Artikel 6 Absatz 1 Buchstabe a und b des Haftungsbeschränkungsübereinkommens (§ 611 Absatz 1 Satz 1) bestimmten Haftungshöchstbeträge gelten für Ansprüche gegen einen an Bord tätigen Lotsen mit der Maßgabe, dass der Lotse, falls der Raumgehalt des gelotsten Schiffes 2 000 Tonnen übersteigt, seine Haftung auf die Beträge beschränken kann, die sich unter Zugrundelegung eines Raumgehalts von 2 000 Tonnen errechnen.

(2) Der in Artikel 7 Absatz 1 des Haftungsbeschränkungsübereinkommens bestimmte Haftungshöchstbetrag gilt für Ansprüche gegen einen an Bord tätigen Lotsen mit der Maßgabe, dass der Lotse, falls das Schiff nach dem Schiffszeugnis mehr als zwölf Fahrgäste befördern darf, seine Haftung auf den Betrag beschränken kann, der sich unter Zugrundelegung einer Anzahl von zwölf Fahrgästen errechnet.

(3) [1]Die Errichtung und Verteilung eines Fonds in Höhe der nach Absatz 1 oder 2 zu errechnenden Beträge sowie die Wirkungen der Errichtung eines solchen Fonds bestimmen sich nach den Vorschriften über die Errichtung, die Verteilung und die Wirkungen der Errichtung eines Fonds im Sinne des Artikels 11 des Haftungsbeschränkungsübereinkommens. [2]Jedoch ist Artikel 11 Absatz 3 des Haftungsbeschränkungsübereinkommens nicht anzuwenden, wenn im Falle des Absatzes 1 der Raumgehalt des gelotsten Schiffes 2 000 Tonnen übersteigt oder im Falle des Absatzes 2 das Schiff nach dem Schiffszeugnis mehr als zwölf Fahrgäste befördern darf.

(4) Ein Lotse, der nicht an Bord des gelotsten Schiffes tätig ist, kann seine Haftung für die in Artikel 2 des Haftungsbeschränkungsübereinkommens angeführten Ansprüche in entsprechender Anwendung des § 611 Absatz 1, 3 und 4 sowie der §§ 612 bis 614 und 617 mit der Maßgabe beschränken, dass für diese Ansprüche ein gesonderter Haftungshöchstbetrag gilt, der sich nach Absatz 1 oder 2 errechnet und der ausschließlich zur Befriedigung der Ansprüche gegen den Lotsen zur Verfügung steht.

### Übersicht

| | Rn. | | Rn. |
|---|---|---|---|
| I. Normzweck | 1 | IV. Haftungsbegrenzung gegenüber Reisenden (§ 615 Abs. 2) | 6 |
| II. Entstehungsgeschichte | 2, 3 | V. Haftungsfonds (§ 615 Abs. 3) | 7–10 |
| III. Haftungsbegrenzung (§ 615 Abs. 1) | 4, 5 | VI. Nicht an Bord tätiger Lotse (§ 615 Abs. 4) | 11 |

---

[3] BT-Drucks. 10/3852 S. 19; vgl. *Rittmeister* S. 158 ff.
[4] *Rittmeister* S. 159; *Herber* HaftungsR S. 115.
[5] Einerseits *Rabe* § 487 Rn. 8, andererseits *Herber* HaftungsR S. 113 ff.
[6] BT-Drucks. 10/3852 S. 18.

## I. Normzweck

1    Nach dem HBÜ kann der Schiffseigentümer seine Haftung für Handlungen des Lotsen beschränken; Art. 1 Abs. 4 HBÜ. Parallel hierzu wird durch § 615 die **persönliche Haftung des Lotsen** weitergehend beschränkt, da dieser regelmäßig nicht in der Lage sein wird, die über den Haftungsbeschränkungsbetrag hinausgehende Summe aufzubringen.

## II. Entstehungsgeschichte

2    Die Vorschrift wurde unter Einarbeitung redaktioneller Änderungen aus § 487c HGB aF übernommen.[1] Die Regelung über die Höchsthaftung der Lotsen geht – soweit sie die Tätigkeit des Lotsen an Bord des gelotsten Schiffes betrifft – auf das HBÜ zurück. Soweit sie den nicht an Bord tätigen Lotsen betrifft (Abs. 4), geht die Regelung auf § 9 Nr. 2 ÖlSG zurück.

3    Zum 13.5.2004 wurde die ursprüngliche Berechnungsgrundlage (BRZ von 1.000) gemäß den Vorgaben des Protokolls vom 2.5.1996 auf eine BRZ von 2.000 erhöht. Nicht berichtigt wurde dabei der irreführende Verweis auf einen Raumgehalt in „Tonnen". Die nach Art. 6 Abs. 5 HBÜ bzw. dem Schiffsvermessungsübereinkommen von 1969 zugrunde zulegende **BRZ** ist dimensionslos. Für die Zwecke des HBÜ entspricht eine BRZ von 1 dem Raumgehalt von 1 t, Art. 6 Abs. 5 HBÜ.[2]

## III. Haftungsbegrenzung (§ 615 Abs. 1)

4    Die Haftung für Ansprüche wegen Tod oder Körperverletzung (Art. 6 Abs. 1 lit. a (i) HBÜ) ist auf 2 Millionen SZR begrenzt. Für sonstige Ansprüche beträgt der Haftungshöchstbetrag 1 Millionen SZR (Art. 6 Abs. 1 lit. b (i) HBÜ). Diese Haftungshöchstbeträge gelten **unabhängig vom tatsächlichen Raumgehalt** des Schiffes.

5    Gemäß der im April 2012 von der IMO verabschiedeten Erhöhung der Haftungsbegrenzung,[3] die voraussichtlich[4] 36 Monate nach ihrer Bekanntgabe, also im **8. Juni 2015,** in Kraft treten wird, erhöht sich die Haftung auf 3,02 Millionen SZR bzw. 1,53 Millionen SZR.

## IV. Haftungsbegrenzung gegenüber Reisenden (§ 615 Abs. 2)

6    Abs. 2 regelt die Haftung für Ansprüche wegen des Todes oder der Verletzung des Körpers von **Reisenden.** Die Haftung des Lotsen ist begrenzt auf den Haftungshöchstbetrag, der sich für ein Schiff ergibt, welches 12 Fahrgäste befördern darf. Die Höhe des Betrages bestimmt sich nach Art. 7 Abs. 1 HBÜ als das Produkt aus der Anzahl der Reisenden, die das Schiff nach dem Schiffszeugnis befördern darf und 175.000 SZR. Da die fiktive Höchstzahl der Reisenden auf 12 festgeschrieben ist, ist die Haftung des Lotsen auf maximal **2.100.000 SZR** beschränkt. Da die voraussichtliche Erhöhung der Haftungshöchstbeträge im Jahre 2015 (siehe vorgehende Rn.) nur Art. 6 HBÜ und nicht auch Art. 7 HBÜ berührt, verbleibt es auf absehbare Zeit bei dieser Summe.

## V. Haftungsfonds (§ 615 Abs. 3)

7    Abs. 3 Satz 1 stellt zunächst klar, dass auf einen von einem Lotsen zu errichtenden Haftungsfonds die **allgemeine Regel des Art. 11 HBÜ** zur Anwendung kommt. Wird der Fonds in Deutschland errichtet, sind mithin die Vorschriften der SVertO (s. § 617 Anh. II) anwendbar.

---

[1] Zur Genese des § 487c HGB aF siehe *Rittmeister* S. 19 ff.
[2] Zum Verhältnis von BRZ zu BRT siehe auch Art. 5 des Gesetzes zu dem Internationalen Schiffsvermessungs-Übereinkommen vom 23.6.1969, BGBl. 1975 II S. 65.
[3] Resolution Leg. 5 (99) verabschiedet am 19.4.2012.
[4] Vgl. Art. 8 des Protokolls von 1996 zur Änderung des HBÜ.

Gemäß Art. 11 Abs. 3 HBÜ gilt ein von einer der in Art. 9 HBÜ genannten Personen **8** oder durch ihre Versicherung errichteter Fonds als **von allen** diesen **Personen** errichtet; s. auch § 1 Abs. 2 Satz 1 SVertO. Dies würde im Zusammenspiel mit § 615 dazu führen, dass der von einem Lotsen gemäß § 615 Abs. 1 und Abs. 2 etablierte Fonds auch zugunsten bspw. des Schiffseigentümers gölte. Das ist in dem Fall unproblematisch, in dem die Summe der Ansprüche aller Schuldner nicht die Haftungsobergrenze des Lotsen erreicht. Für den Fall, dass die Haftung anderer Schuldner die des Lotsen übersteigt, stellt **§ 615 Abs. 3 Satz 2** klar, dass die Regelung des Art. 11 Abs. 3 HBÜ nicht anwendbar ist. So wird verhindert, dass die übrigen Schuldner aufgrund des vom Lotsen errichteten Fonds ihre Haftung weiter beschränken, als nach dem HBÜ zugelassen.

Geht der Schaden über die für den Lotsen genannten Haftungsobergrenzen hinaus, sind **9** verschiedene Fallkonstellationen zu unterscheiden. Errichtet der Lotse **vor** einer der in Art. 9 HBÜ genannten Personen einen Fonds, so ist diese nicht davon befreit, selbst einen Haftungsfonds zu etablieren. Der vom Lotsen errichtete Fonds und das daran anschließende Verteilungsverfahren deckt nur die Ansprüche gegen Lotsen ab; § 1 Abs. 2 Satz 2, 1. HS SVertO. In dieser Konstellation stellt sich dann jedoch die Frage, ob eine in Art. 9 HBÜ genannte Person einen eigenständigen Fonds über ihre volle Haftungshöhe errichten muss[5] oder ob man es in analoger Anwendung des § 30 SVertO erlaubt, die Festsetzung des Mehrbetrages der Haftungssumme zu verlangen und den durch den Lotsen errichteten Fonds dadurch aufzustocken.[6] Für die letztere Ansicht spricht sowohl die Formulierung der SVertO als auch deren Begründung: in beiden ist die Rede davon, **ein Verteilungsverfahren** für die aus demselben Ereignis entstandenen und derselben Anspruchsklasse bzw. demselben Personenkreis angehörenden Ansprüche bzw. Personen durchzuführen.

Möchte der Lotse **nach** einer der in Art. 9 HBÜ genannten Personen einen Fonds **10** errichten, so ist dies nach § 1 Abs. 2 Satz 2, 2. HS SVertO nicht möglich. Der bereits errichtete Fonds deckt auch die gegen den Lotsen gerichteten Ansprüche ab.[7]

## VI. Nicht an Bord tätiger Lotse (§ 615 Abs. 4)

Da ein Lotse, der nicht an Bord des gelotsten Schiffes tätig ist, vom Anwendungsbereich **11** des HBÜ ausgeschlossen ist, wird ihm mit § 615 Abs. 4 und § 1 Abs. 3 Nr. 3a SVertO eine eigenständige Möglichkeit der Haftungsbeschränkung eingeräumt.

## § 616 Wegfall der Haftungsbeschränkung

(1) [1]Ist der Schuldner eine juristische Person oder eine Personenhandelsgesellschaft, so kann er seine Haftung nicht beschränken, wenn
1. der Schaden auf eine Handlung oder Unterlassung eines Mitglieds des zur Vertretung berechtigten Organs oder eines zur Vertretung berechtigten Gesellschafters zurückzuführen ist und
2. durch eine solche Handlung oder Unterlassung die Beschränkung der Haftung nach Artikel 4 des Haftungsbeschränkungsübereinkommens (§ 611 Absatz 1 Satz 1) oder nach Artikel V Absatz 2 des Haftungsübereinkommens von 1992 (§ 611 Absatz 2) ausgeschlossen ist.
[2]Gleiches gilt, wenn der Schuldner ein Mitreeder ist und der Schaden auf eine Handlung oder Unterlassung des Korrespondentreeders zurückzuführen ist.

(2) Ist der Schuldner eine Personenhandelsgesellschaft, so kann jeder Gesellschafter seine persönliche Haftung für Ansprüche beschränken, für welche auch die Gesellschaft ihre Haftung beschränken kann.

---

[5] *Rittmeister* S. 176.
[6] *Herber* Haftungsrecht S. 126; *Rabe* § 487c Rn. 6.
[7] *Rabe* § 487c Rn. 7.

**1**   Die Vorschrift entspricht – mit redaktionellen Änderungen – § 487d HGB aF. Die dort noch enthaltene sprachliche Unterscheidung zwischen Schaden und Verschmutzungsschaden entfällt. Satz 2 bleibt trotz Streichung der Vorschriften zur Partenreederei bestehen, da sich eine Haftung bereits existierender Partenreedereien ergeben kann, die gesetzlich geregelt werden soll.[1]

**2**   Legislativer Hintergrund der Regelung ist Art. 4 HBÜ und Art. V Abs. 2 des Haftungsübereinkommens von 1992, nach denen eine **natürliche Person** ihre Haftung nicht beschränken kann, wenn sie mit der Absicht, den Schaden herbeizuführen oder leichtfertig und in dem Bewusstsein, dass ein solcher Schaden wahrscheinlich eintreten werde, handelte. § 616 Abs. 1 bestimmt für **juristische Personen und Personenhandelsgesellschaften,** wann sich diese nicht auf die Haftungsbeschränkung berufen können. Dies ist, wie bisher, der Fall, wenn die Schädigung auf eine Handlung oder Unterlassung eines Mitglieds des zur Vertretung berechtigten Organs oder eines zur Vertretung berechtigten Gesellschafters zurückzuführen ist und in dieser natürlichen Person die Voraussetzung des Art. 4 HBÜ oder Art. V Abs. 2 des Haftungsübereinkommens von 1992 erfüllt sind. Die Berechtigung zur Vertretung bestimmt sich nach dem Gesellschaftsstatut.

**3**   Die umstrittene Frage, ob die Vorschrift auch (analog) auf **Handlungsbevollmächtigte** auszudehnen ist,[2] wurde durch die Reform nicht entschärft. Gegen die analoge Anwendung spricht das HBÜ, der von „his personal act or omission"/„des son faire ou des son omission personell" spricht. Insoweit kann eine Parallele zur Rechtsprechung des BGH zu § 660 Abs. 3 HGB aF gezogen werden, in der der BGH nur ein Organverschulden ausreichen ließ.[3]

## § 617 Verfahren der Haftungsbeschränkung

**(1) Die Errichtung und Verteilung eines Fonds im Sinne des Artikels 11 des Haftungsbeschränkungsübereinkommens (§ 611 Absatz 1 Satz 1) oder im Sinne des Artikels V Absatz 3 des Haftungsübereinkommens von 1992 (§ 611 Absatz 2) bestimmt sich nach den Vorschriften der Schifffahrtsrechtlichen Verteilungsordnung.**

**(2) ¹Die Beschränkung der Haftung nach dem Haftungsbeschränkungsübereinkommen kann auch dann geltend gemacht werden, wenn ein Fonds im Sinne des Artikels 11 des Haftungsbeschränkungsübereinkommens nicht errichtet worden ist. ²§ 305a der Zivilprozessordnung bleibt unberührt.**

**Schrifttum:** *Reimer/Schoppe,* Die schifffahrtsrechtliche Verteilungsordnung, DVIS A 105, 55; *Rittmeister,* Die internationale Wirkung der Fondserrichtung, DVIS A 105, 73; *Stahl,* Seerechtliche Haftungsbeschränkung ohne Haftungsfonds – Probleme des neuen § 487e Abs. 2 HGB, TranspR 1987, 205.

**1**   Die Vorschrift entspricht fast wortgleich § 487e HGB aF; die vorgenommenen Änderungen sind rein redaktioneller Art. Als solches geht die Vorschrift auf Art. 14 HBÜ zurück.

**2**   Die in Abs. 2 S. 1 niedergelegte Möglichkeit, die Haftungsbeschränkung auch ohne Errichtung eines Fonds geltend zu machen, spiegelt den Text des Art. 10 HBÜ wider. Die im Wege der **Einrede** geltend gemachte Haftungsbeschränkung ist jedoch gemäß § 305a

---

[1] RegBegr-SRG S. 136.
[2] Für die enge Auslegung: *Rittmeister* Haftungsbeschränkungsverfahren S. 48 ff.; andererseits: *Rabe* § 487d Rn. 2.
[3] BGH 18.6.2009, TranspR 2009, 327; BGH 24.11.2010, TranspR 2011, 161; vgl. auch BGH 3.11.2005, TranspR 2006, 35, welches lediglich die Zurechnung qualifizierten Verschuldens eines Geschäftsführers erwägt; BGH 29.7.2009, TranspR 2009, 331, auch in dieser Entscheidung wird im Rahmen der Prüfung des § 660 Abs. 3 HGB aF analog § 487d HGB aF und lediglich die Person des Geschäftsführers abgestellt; vgl. auch *Ramming* VersR 2007, 306; der im Rahmen des Bunkerölübereinkommens nicht nur eine Zurechnung des Verhaltens der Organe erreichen, sondern (über §§ 254 Abs. 2 Satz 2, 278 BGB) das Verhalten der Erfüllungsgehilfen zurechnen möchte.

ZPO nicht zu berücksichtigen, wenn die Erledigung des Rechtsstreits wegen Ungewissheit über Grund oder Betrag der weiteren Ansprüche nach der freien Überzeugung des Gerichts nicht unwesentlich erschwert wäre. Die durch die Seerechtsreform herbeigeführte Änderung des § 305a ZPO hat hieran nichts geändert.[1]

---

[1] Vgl. RegBegr-SRG S. 142.

Zum einen erscheint es auch ganz unwahrscheinlich, daß ein in deutscher Sprache verfaßter Text und die Bearbeitung wurden durch die Übernahme durch einen neuen Autor nach deren der Übernahme. Die durch die systematischen Beziehungen auf eine genaue APG die Anforderungen erfüllen.

# Achter Abschnitt. Verfahrensvorschriften

## § 618 Einstweilige Verfügung eines Bergers

[1]Auf Antrag eines Bergers (§ 574 Absatz 1) kann das für die Hauptsache zuständige Gericht unter Berücksichtigung der Umstände des Falles nach billigem Ermessen durch einstweilige Verfügung regeln, dass der Schuldner des Anspruchs auf Bergelohn oder Sondervergütung dem Berger einen als billig und gerecht zu erachtenden Betrag als Abschlagszahlung zu leisten hat und zu welchen Bedingungen die Leistung zu erbringen ist. [2]Die einstweilige Verfügung kann erlassen werden, auch wenn die in den §§ 935 und 940 der Zivilprozessordnung bezeichneten Voraussetzungen nicht zutreffen.

Der Text übernimmt – bis auf den irreführenden Zusatz „eines Bergers" in der Überschrift und den Verweis auf die Legaldefinition des Bergers – den Wortlaut des bisherigen § 753a HGB aF der wiederum auf Art. 22 IÜB zurückgeht. Da § 618 jedoch eine Verfahrensvorschrift ist, wurde sie von ihrem angestammten Platz in den Achten Abschnitt verschoben.[1*] **1**

Die Regelung **ergänzt § 587,** der dem Berger das Recht auf eine Sicherheit einräumt. Andere Ansprüche des Bergers als die auf Bergelohn oder Sondervergütung werden von der Regelung nicht erfasst; sie ist insoweit **abschließend.** **2**

Da die in §§ 935 und 940 ZPO bezeichneten Voraussetzungen nicht erfüllt sein müssen, ist es **ausschließlich** in das **Ermessen des Gerichts** gestellt, ob und nach welchen Kriterien es dem Berger eine Abschlagszahlung im Wege der einstweiligen Verfügung zubilligt.[2*] **3**

## § 619 Zustellungen an den Kapitän oder Schiffer

Eine Klage eines Schiffsgläubigers auf Duldung der Zwangsvollstreckung in ein Schiff sowie ein Urteil oder ein Beschluss in einem Verfahren über einen Arrest in ein Schiff können dem Kapitän dieses Schiffes oder, soweit ein Binnenschiff betroffen ist, dem Schiffer zugestellt werden.

Die Norm geht auf § 760 Abs. 2 HGB aF zurück. Die Norm ergänzt § 479 Abs. 1, der die gesetzliche Vertretungsmacht des Kapitäns für den Reeder regelt. Aufgrund der geänderten Rechtsstellung des **Kapitäns** ist dieser **nicht** mehr per Gesetz **befugt, aktiv Prozesse** für den Reeder **zu führen;** gleichzeitig entfällt auch seine **Passivlegitimation** hinsichtlich einer Klage auf Duldung der Zwangsvollstreckung. Erhalten bleibt jedoch die Möglichkeit, Klagen dem Kapitän zuzustellen. Dies beseitigt die Gefahr, dass das Verfahren durch eine langwierige Auslandszustellung verzögert wird. Die Zustellung an den Kapitän bewirkt jedoch nicht, dass dieser Partei des Prozesses wird.[1] **1**

Es bleibt allerdings dabei, dass der Kapitän hinsichtlich Klagen, die zur **Befriedigung eines Pfandgläubigers** aus geborgenen, aber nicht ausgelieferten, Gütern angestrengt werden, passivlegitimiert ist; § 586 Abs. 4 Satz 2. Damit wird es dem Pfandgläubiger erspart, den Eigentümer des Pfandobjektes identifizieren zu müssen.[2] **2**

**Kapitän** im Sinne der Vorschrift ist nur der zum **Zeitpunkt der Zustellungshandlung** tätige und nicht derjenige zum Zeitpunkt der Entstehung des Anspruches oder des Erlasses des Urteils, aus dem die Zwangsvollstreckung betrieben wird.[3] **3**

---

[1*] RegBegr-SRG S. 136.
[2*] Vgl. die Begründung zum Entwurf des Dritten Seerechtsänderungsgesetzes, BT-Drucks. 14/4672 S. 23.
[1] RegBegr-SRG S. 137.
[2] RegBegr-SRG S. 137.
[3] Vgl. OLG Hamburg 30.9.1993, TranspR 1994, 69; vgl. *Rabe* § 760 Rn. 7; vgl. *Schmidt-Vollmer* S. 78.

4    Im Vergleich zu § 760 Abs. 2 HGB aF ist klargestellt, dass es sich um eine Klage auf Duldung der Zwangsvollstreckung **in ein Schiff** handeln muss. Dieses Erfordernis wurde von der Rechtsprechung bereits zur Vorgängerregelung angenommen.[4] Damit ist nicht ausreichend, dass der Antrag allgemein auf Duldung der Zwangsvollstreckung gerichtet ist, vielmehr muss er auf die Duldung der Zwangsvollstreckung in ein **genau identifiziertes Schiff** gerichtet sein.

---

[4] OLG Hamburg 8.12.2000, OLGR Hamburg 2001, 167.

# Anhang zum 1. Teil

## A. Gesetze und Übereinkommen

## I. Gesetz über das Verfahren bei der Errichtung und Verteilung eines Fonds zur Beschränkung der Haftung in der See- und Binnenschiffahrt (Schiffahrtsrechtliche Verteilungsordnung – SVertO)

vom 25. Juli 1986 (BGBl. I S. 1130) idF. der Bek. vom 23. März 1999
(BGBl. I S. 530; 2000 I S. 149)
zuletzt geändert durch Gesetz vom 10. Oktober 2013 (BGBl. I S. 3786)

### Erster Teil. Seerechtliches Verteilungsverfahren

### Erster Abschnitt. Allgemeine Bestimmungen. Zuständigkeit

### § 1 Einleitung des Verteilungsverfahrens

(1) Zur Errichtung und Verteilung eines Fonds im Sinne des Artikels 11 des Übereinkommens von 1976 über die Beschränkung der Haftung für Seeforderungen (BGBl. 1986 II S. 786, geändert durch das Protokoll vom 2. Mai 1996 (BGBl. 2000 II S. 790), in der jeweils für die Bundesrepublik Deutschland geltenden Fassung (Haftungsbeschränkungsübereinkommen) oder im Sinne des Artikels V Abs. 3 des Haftungsübereinkommens von 1992 (BGBl. 1994 II S. 1152) kann ein gerichtliches Verfahren (Verteilungsverfahren) eingeleitet werden.

(2) Ein Verteilungsverfahren erfaßt jeweils ausschließlich die aus demselben Ereignis entstandenen und zu derselben Anspruchsklasse im Sinne des Absatzes 4 Satz 1 gehörenden Ansprüche gegen alle Personen, die demselben Personenkreis im Sinne des Absatzes 3 Satz 1 angehören. Wird jedoch auf Antrag eines an Bord tätigen Lotsen ein Verteilungsverfahren für Ansprüche der Anspruchsklasse A, B oder C im Sinne des Absatzes 4 Satz 1 eingeleitet, so erfaßt das Verfahren nur die Ansprüche gegen den Antragsteller; ein solches Verteilungsverfahren darf nur eröffnet werden, solange nicht für die aus demselben Ereignis entstandenen und zu derselben Anspruchsklasse gehörenden Ansprüche ein Verteilungsverfahren auf Antrag eines anderen, demselben Personenkreis im Sinne des Absatzes 3 Satz 1 angehörenden Schuldners eröffnet worden ist.

(3) Die Eröffnung eines Verteilungsverfahrens können beantragen:
1. der Eigentümer, Charterer, Reeder oder Ausrüster eines Seeschiffs sowie jede Person, für deren Handeln, Unterlassen oder Verschulden sie haften,
2. der Eigentümer, Charterer, Reeder oder Ausrüster eines Seeschiffs, der von diesem Schiff aus Bergungsmaßnahmen durchführt, oder ein von dem Seeschiff aus arbeitender Berger sowie jede Person, für deren Handeln, Unterlassen oder Verschulden der Eigentümer, der Charterer, der Reeder, der Ausrüster oder der Berger haftet,
3. ein Berger, der weder von einem Seeschiff noch von einem Binnenschiff aus Bergungsmaßnahmen für ein Seeschiff durchführt, oder der ausschließlich auf dem Seeschiff arbeitet, für das Bergungsmaßnahmen durchgeführt werden, sowie jede Person, für deren Handeln, Unterlassen oder Verschulden der Berger haftet, sofern diese Personen

ihre Haftung für die aus einem bestimmten Ereignis entstandenen Ansprüche nach § 611 Absatz 1 oder 3, §§ 612 bis 616 des Handelsgesetzbuchs beschränken können und wegen eines solchen Anspruchs ein gerichtliches Verfahren im Geltungsbereich dieses Gesetzes eingeleitet wird;

3a. ein nicht an Bord des gelotsten Schiffes tätiger Lotse, sofern er seine Haftung für die aus einem bestimmten Ereignis entstandenen Ansprüche nach § 615 des Handelsgesetzbuchs beschränken kann und wegen eines solchen Anspruchs ein gerichtliches Verfahren im Geltungsbereich dieses Gesetzes eingeleitet wird;

4. der Eigentümer eines Schiffes im Sinne des Artikels I Nr. 3 des Haftungsübereinkommens von 1992, sofern er seine Haftung für die aus einem bestimmten Ereignis entstandenen Ansprüche nach § 611 Absatz 2, § 616 des Handelsgesetzbuchs beschränken kann.

Der Antrag kann auch von einem Versicherer, der die Haftung in bezug auf Ansprüche versichert, für welche die in Satz 1 genannten Personen ihre Haftung beschränken können, sowie von einem sonstigen finanziellen Sicherheitsgeber im Sinne des Artikels V Abs. 11 des Haftungsübereinkommens von 1992 gestellt werden.

(4) Ein Verteilungsverfahren findet statt für

1. Ansprüche wegen Tod oder Körperverletzung im Sinne des Artikels 6 Abs. 1 Buchstabe a des Haftungsbeschränkungsübereinkommens (Ansprüche wegen Personenschäden) und sonstige Ansprüche im Sinne des Artikels 6 Abs. 1 Buchstabe b des Haftungsbeschränkungsübereinkommens (Ansprüche wegen Sachschäden)
   – Anspruchsklasse A –,

2. Ansprüche von Reisenden im Sinne des Artikels 7 des Haftungsbeschränkungsübereinkommens
   – Anspruchsklasse B –,

3. Ansprüche nach § 487 des Handelsgesetzbuchs
   – Anspruchsklasse C –,

4. Ansprüche nach dem Haftungsübereinkommen von 1992
   – Anspruchsklasse D –.

Sind aus demselben Ereignis sowohl Ansprüche, für welche die Haftung nach § 486 Abs. 1 des Handelsgesetzbuchs beschränkt werden kann, als auch Ansprüche, für welche die Haftung nach § 486 Abs. 3 Satz 1 des Handelsgesetzbuchs beschränkt werden kann, entstanden, so findet jeweils ein gesondertes Verteilungsverfahren für diese Ansprüche statt.

(5) Für ein Verteilungsverfahren für Ansprüche der Anspruchsklasse A gelten die folgenden besonderen Vorschriften:

1. Sind aus dem Ereignis Ansprüche wegen Personenschäden, für welche die Haftung beschränkt werden kann, nicht entstanden oder können solche Ansprüche nicht mehr geltend gemacht werden oder übersteigt die Summe der Ansprüche wegen Personenschäden voraussichtlich nicht den in Artikel 6 Abs. 1 Buchstabe a des Haftungsbeschränkungsübereinkommens bestimmten Haftungshöchstbetrag, so findet das Verteilungsverfahren nur mit Wirkung für Ansprüche wegen Sachschäden statt, sofern die Summe dieser Ansprüche den in Artikel 6 Abs. 1 Buchstabe b des Haftungsbeschränkungsübereinkommens bestimmten Haftungshöchstbetrag voraussichtlich übersteigt.

2. Können aus dem Ereignis Ansprüche wegen Personenschäden, für welche die Haftung beschränkt werden kann, zwar gegen andere Schuldner, die demselben Personenkreis angehören, jedoch nicht gegen den Antragsteller geltend gemacht werden, so findet das Verteilungsverfahren nur mit Wirkung für Ansprüche wegen Sachschäden statt, sofern der Antragsteller dies in seinem Antrag auf Eröffnung des Verteilungsverfahrens beantragt und die Summe der Ansprüche wegen Sachschäden den in Artikel 6 Abs. 1 Buchstabe b des Haftungsbeschränkungsübereinkommens bestimmten Haftungshöchstbetrag voraussichtlich übersteigt.

## § 2 Zuständigkeit

(1) Betrifft das Verteilungsverfahren ein Schiff, das in einem Schiffsregister im Geltungsbereich dieses Gesetzes eingetragen ist, so ist das Amtsgericht ausschließlich zuständig, bei dem das Schiffsregister geführt wird.

(2) Betrifft das Verteilungsverfahren
1. ein Schiff, das nicht in einem Schiffsregister im Geltungsbereich dieses Gesetzes eingetragen ist, oder
2. Ansprüche gegen die in § 1 Abs. 3 Satz 1 Nr. 3, 3a bezeichneten Personen,

so ist das Amtsgericht ausschließlich zuständig, in dessen Bezirk der Antragsteller seine gewerbliche Niederlassung oder in Ermangelung einer solchen seinen gewöhnlichen Aufenthalt hat. Hat der Antragsteller weder eine gewerbliche Niederlassung noch einen gewöhnlichen Aufenthalt im Geltungsbereich dieses Gesetzes, so ist das Amtsgericht ausschließlich zuständig, in dessen Bezirk ein Gericht seinen Sitz hat, das im ersten Rechtszug für eine Klage gegen den Antragsteller wegen eines Anspruchs, für den dieser seine Haftung beschränken kann, zuständig ist, oder in dessen Bezirk die Zwangsvollstreckung gegen den Antragsteller wegen eines solchen Anspruchs betrieben wird. Sind mehrere Gerichte zuständig, so schließt das Gericht, bei welchem zuerst die Eröffnung des Verfahrens beantragt worden ist, die übrigen aus.

(3) Die Landesregierungen werden ermächtigt, durch Rechtsverordnung die Verteilungsverfahren für die Bezirke mehrerer Amtsgerichte einem von ihnen zuzuweisen, sofern die Zusammenfassung für eine sachdienliche Förderung oder schnellere Erledigung der Verfahren zweckmäßig ist. Die Landesregierungen können die Ermächtigung auf die Landesjustizverwaltungen übertragen.

(4) Die Länder können vereinbaren, daß die Verteilungsverfahren eines Landes den Gerichten eines anderen Landes zugewiesen werden.

## § 3 Anwendung der Zivilprozeßordnung

(1) Auf das Verteilungsverfahren finden, soweit dieses Gesetz nichts anderes bestimmt, die Vorschriften der Zivilprozeßordnung entsprechende Anwendung. Die Entscheidungen können ohne mündliche Verhandlung ergehen. Die Zustellungen erfolgen von Amts wegen.

(2) Gegen die Entscheidungen im Verteilungsverfahren findet die sofortige Beschwerde statt, soweit nicht in §§ 12, 33 etwas anderes bestimmt ist. Die Frist zur Einlegung der sofortigen Beschwerde beträgt einen Monat. Gegen Entscheidungen des Beschwerdegerichts findet die Rechtsbeschwerde statt.

## Zweiter Abschnitt. Eröffnungsverfahren und öffentliche Aufforderung

## § 4 Antrag

(1) Der Antrag auf Eröffnung des Verteilungsverfahrens muß enthalten:
1. die genaue Bezeichnung des Ereignisses, aus dem die Ansprüche entstanden sind, für welche die Haftung durch das Verteilungsverfahren beschränkt werden soll;
2. die Angabe, für welchen Personenkreis im Sinne des § 1 Abs. 3 Satz 1 das Verfahren eröffnet werden soll, oder, im Falle des § 1 Abs. 2 Satz 2, die Angabe, daß das Verfahren nur für den Antragsteller eröffnet werden soll;
3. die Angabe, für welche Anspruchsklasse im Sinne des § 1 Abs. 4 das Verfahren eröffnet werden soll, im Falle des § 1 Abs. 5 auch die Angabe, daß das Verfahren nur mit Wirkung für Ansprüche wegen Sachschäden eröffnet werden soll;

4. Angaben über Namen, ständigen Aufenthalt und gewerbliche Niederlassung des Antragstellers sowie der übrigen dem Antragsteller bekannten Schuldner von Ansprüchen, für
   welche die Haftung durch das Verteilungsverfahren beschränkt werden soll;
5. Angaben über Namen, Flagge und Registerort des Schiffes;
6. die zur Berechnung der Haftungssumme notwendigen Angaben über den Raumgehalt
   des Schiffes oder, falls die Haftung für Ansprüche der Anspruchsklasse B beschränkt
   werden soll, über die Anzahl der Reisenden, die das Schiff nach dem Schiffszeugnis
   befördern darf;
7. die Angabe des Betrags und des Grundes der dem Antragsteller bekannten Ansprüche,
   für welche die Haftung durch das Verteilungsverfahren beschränkt werden soll.

(2) Dem Antrag sind eine beglaubigte Abschrift der Eintragung im Schiffsregister sowie
eine beglaubigte Abschrift der das Ereignis betreffenden Eintragungen im Schiffstagebuch
beizufügen.

(3) Der Antragsteller hat glaubhaft zu machen, daß die Voraussetzungen des § 1 Abs. 5
vorliegen.

(4) Der Antrag kann bis zum Beginn des allgemeinen Prüfungstermins zurückgenommen
werden.

## § 5 Festsetzung der Haftungssumme. Zulassung von Sicherheiten

(1) Das Gericht setzt durch Beschluß die Summe fest, die zur Errichtung des Fonds
einzuzahlen ist (Haftungssumme).

(2) Das Gericht kann zulassen, daß die Einzahlung der festgesetzten Haftungssumme ganz
oder teilweise durch Sicherheitsleistung ersetzt wird. Das Gericht bestimmt nach freiem
Ermessen, in welcher Art die Sicherheit zu leisten ist. Bei der Zulassung einer Sicherheit
ist festzusetzen, welchen Betrag der Haftungssumme die Sicherheit ersetzen soll.

(3) Das Gericht kann Zwangsvollstreckungen gegen einen Schuldner wegen eines
Anspruchs, mit dem der Gläubiger an dem beantragten Verfahren teilnimmt, bis zur Eröffnung
des Verteilungsverfahrens, längstens jedoch auf die Dauer von drei Monaten, einstellen, wenn
zu erwarten ist, daß die Haftungssumme demnächst eingezahlt wird. Die Einstellung der
Zwangsvollstreckung kann von einer Sicherheitsleistung abhängig gemacht werden.

(4) Wird auf eine Erinnerung eine höhere Haftungssumme festgesetzt und ist das Verfahren
auf Grund der Einzahlung der ursprünglich festgesetzten Haftungssumme bereits eröffnet
worden, so bestimmt das Gericht eine Frist, innerhalb deren der Mehrbetrag einzuzahlen ist.

## § 6 Einzahlung der Haftungssumme

(1) Die Einzahlung der Haftungssumme erfolgt bei der für das Verteilungsgericht zuständigen Gerichtskasse. Gesetzliche und gesetzlich zugelassene Zahlungsmittel gehen in das
Eigentum des Fiskus des Landes über, in dessen Gebiet das Verteilungsgericht liegt. Geld,
das in das Eigentum des Fiskus übergegangen ist, wird nach folgenden Bestimmungen
verzinst:
1. Die Verzinsung beginnt drei Monate nach Ablauf des Monats, in dem der Betrag eingezahlt worden ist; sie endigt mit dem Ablauf des Monats, der dem Tag der Auszahlungs-
   verfügung vorhergeht.
2. Der Zinssatz beträgt eins vom Tausend monatlich.
3. Die Zinsen werden jeweils mit dem Ablauf des Kalenderjahres oder, wenn das Geld
   vorher herausgegeben wird, mit der Herausgabe fällig.
4. Beträge unter 50 Euro und Zinsen werden nicht verzinst. Beträge, die 50 Euro übersteigen, werden bei der Zinsberechnung auf volle 50 Euro nach unten abgerundet.

(2) Die Leistung einer vom Gericht nach § 5 Abs. 2 zugelassenen Sicherheit geschieht in der Weise, daß der Schuldner einen Anspruch der Staatskasse gegen ihn auf Zahlung desjenigen Betrags der Haftungssumme, den die Sicherheit ersetzen soll, nebst Zinsen in Höhe von eins vom Tausend für den Monat begründet und die Sicherheit für diesen Anspruch bestellt. Die Verzinsung beginnt drei Monate nach Ablauf des Monats, in dem der Anspruch begründet worden ist; sie endet mit dem Ablauf des Monats, der dem Tag vorhergeht, an dem

1. der Einstellungsbeschluß unanfechtbar geworden ist oder
2. der Betrag der Haftungssumme, den die Sicherheit ersetzt, an die Gerichtskasse eingezahlt worden ist; dies gilt auch im Falle der Verwertung von Sicherheiten.

(3) Besteht bereits eine Sicherheit für einen Anspruch, für den die Haftung des Schuldners durch das Verteilungsverfahren beschränkt werden soll, so ist der Gläubiger dieses Anspruchs verpflichtet, auf Kosten des Schuldners die zur Bestellung der Sicherheit nach Absatz 2 seinerseits erforderlichen Erklärungen abzugeben und Handlungen vorzunehmen, wenn das Verteilungsgericht nach § 5 Abs. 2 zugelassen hat, daß die Sicherheit für die festgesetzte Haftungssumme oder für einen Teil derselben geleistet wird. Soll nach § 1 Abs. 2 Satz 2 das Verfahren nur für den Antragsteller eröffnet werden, so gilt Satz 1 nur, soweit die Sicherheit ausschließlich für einen Anspruch gegen den Antragsteller besteht.

(4) Die Leistung der zugelassenen Sicherheit steht der Einzahlung des dafür festgesetzten Betrags der Haftungssumme gleich.

(5) Wird die geleistete Sicherheit im Verlauf des Verfahrens unzureichend, so ordnet das Gericht an, daß und in welcher Weise sie zu ergänzen oder anderweitige Sicherheit zu leisten ist. Vor der Entscheidung ist der Antragsteller zu hören. Das Gericht bestimmt eine Frist für die Ergänzung oder Leistung der Sicherheit.

(6) Wird auf die Erinnerung eines Schuldners eine niedrigere Haftungssumme festgesetzt und ist das Verfahren auf Grund der Einzahlung der ursprünglich festgesetzten Haftungssumme bereits eröffnet, so ordnet das Gericht an, daß der Mehrbetrag an den Einzahler zurückgezahlt wird. Die Anordnung darf erst nach Rechtskraft vollzogen werden.

## § 7 Eröffnung des Verfahrens

(1) Das Gericht beschließt über die Eröffnung des Verteilungsverfahrens, sobald die festgesetzte Haftungssumme eingezahlt worden ist.

(2) Der Eröffnungsbeschluß enthält insbesondere:

1. die genaue Bezeichnung des Ereignisses, aus dem die Ansprüche entstanden sind, für welche die Haftung durch das Verteilungsverfahren beschränkt werden soll;
2. die Feststellung, für welchen Personenkreis im Sinne des § 1 Abs. 3 Satz 1 das Verfahren eröffnet wird, oder, im Falle des § 1 Abs. 2 Satz 2, die Feststellung, daß das Verfahren nur für den Antragsteller eröffnet wird;
3. die Feststellung, für welche Anspruchsklasse im Sinne des § 1 Abs. 4 das Verfahren eröffnet wird, im Falle des § 1 Abs. 5 auch die Feststellung, daß das Verfahren nur mit Wirkung für Ansprüche wegen Sachschäden eröffnet wird;
4. Angaben über Namen, ständigen Aufenthalt und gewerbliche Niederlassung des Antragstellers sowie der übrigen dem Gericht bekannten Schuldner von Ansprüchen, für welche die Haftung durch das Verteilungsverfahren beschränkt werden soll;
5. Angaben über Namen, Flagge und Registerort des Schiffes;
6. die Feststellung, daß die Haftungssumme eingezahlt worden ist, oder Angaben über Art und Höhe von etwa anstelle der Einzahlung der Haftungssumme geleisteten Sicherheiten einschließlich der Angabe, welchen Betrag der Haftungssumme die Sicherheitsleistung ersetzt; ist über eine Beschwerde nach § 12 Abs. 1 noch nicht entschieden, so enthält

der Eröffnungsbeschluß auch den Hinweis, daß der Antragsteller gegen den Beschluß über die Festsetzung der Haftungssumme Beschwerde eingelegt hat;

7. die Stunde der Eröffnung; § 27 Abs. 3 der Insolvenzordnung gilt entsprechend.

(3) Der Beschluß über die Eröffnung des Verteilungsverfahrens soll mit dem Beschluß über die Festsetzung der Haftungssumme verbunden werden, wenn die festzusetzende Haftungssumme bereits eingezahlt worden ist.

(4) Eine Ausfertigung des Eröffnungsbeschlusses erhält auf Antrag jeder, der glaubhaft macht, daß gegen ihn wegen eines Anspruchs, mit dem der Gläubiger an dem Verfahren teilnimmt, eine Klage anhängig ist oder die Zwangsvollstreckung betrieben wird.

## § 8 Wirkungen der Eröffnung

(1) Mit der Eröffnung des Verteilungsverfahrens gilt der Fonds als errichtet. Unbeschadet des Absatzes 2 Satz 2 beschränkt sich die Haftung der Personen, die zu dem im Eröffnungsbeschluß bezeichneten Personenkreis gehören, für alle Ansprüche, die

1. aus dem im Eröffnungsbeschluß bezeichneten Ereignis entstanden sind,
2. der Haftungsbeschränkung nach den §§ 611 bis 616 des Handelsgesetzbuchs unterliegen und
3. zu der Anspruchsklasse, im Falle des § 1 Abs. 5 zu den Ansprüchen wegen Sachschäden gehören, für die das Verfahren eröffnet worden ist,

auf die Haftungssumme. An dem Verteilungsverfahren nehmen alle Gläubiger von Ansprüchen teil, für welche die Haftung nach Satz 2 beschränkt worden ist.

(2) Ansprüche, für welche die Haftung durch das Verteilungsverfahren beschränkt worden ist, können nur nach den Vorschriften dieses Gesetzes verfolgt werden. Jedoch stehen die Vorschriften dieses Gesetzes der Verfolgung eines Anspruchs, für den der Schuldner seine Haftung beschränken kann, nach Aufhebung des Verteilungsverfahrens nicht entgegen, soweit der Anspruch aus der Haftungssumme nicht berichtigt worden ist und der Schuldner vor Eröffnung des Verfahrens zur Zahlung eines höheren Betrags als des bei der Verteilung der Haftungssumme auf diesen Anspruch entfallenen Anteils rechtskräftig verurteilt worden ist; § 20 Abs. 1 Satz 1, §§ 21, 22 und 24 finden keine Anwendung.

(3) Rechtsstreitigkeiten wegen der in Absatz 1 genannten Ansprüche, die bei der Eröffnung des Verteilungsverfahrens anhängig sind, werden mit dem Erlaß des Eröffnungsbeschlusses unterbrochen, bis sie nach § 19 aufgenommen werden oder bis das Verteilungsverfahren aufgehoben oder eingestellt wird.

(4) Nach der Eröffnung des Verteilungsverfahrens ist die Zwangsvollstreckung wegen der in Absatz 1 genannten Ansprüche unzulässig, bis das Verfahren aufgehoben oder eingestellt wird. Die Unzulässigkeit ist im Wege der Klage bei dem Prozeßgericht des ersten Rechtszugs geltend zu machen. Das Gericht kann auf Antrag durch Beschluss anordnen, daß die Zwangsvollstreckung einstweilen gegen oder ohne Sicherheitsleistung eingestellt oder nur gegen Sicherheitsleistung fortgesetzt wird; die tatsächlichen Behauptungen, die den Antrag begründen, sind glaubhaft zu machen. In dringenden Fällen kann das Vollstreckungsgericht eine solche Anordnung erlassen; es bestimmt in diesem Fall eine Frist, innerhalb deren die Entscheidung des Prozeßgerichts beizubringen ist und nach deren fruchtlosem Ablauf die Zwangsvollstreckung fortgesetzt wird.

(5) Ist die Zwangsvollstreckung eingestellt, so kann das Vollstreckungsgericht auf Antrag des Schuldners anordnen, daß Vollstreckungsmaßregeln gegen Sicherheitsleistung aufgehoben werden. Solange eine Klage nach Absatz 4 Satz 2 anhängig ist, ist das Prozeßgericht für diese Anordnung zuständig.

(6) Wird nach der Eröffnung des Verfahrens über das Vermögen eines Schuldners das Insolvenzverfahren eröffnet, so wird der Fortgang des Verteilungsverfahrens dadurch nicht berührt.

(7) Ein Gläubiger, der an dem Verfahren teilnimmt, kann seinen Anspruch gegen einen Anspruch des Schuldners nach Eröffnung des Verteilungsverfahrens nicht mehr aufrechnen. Er ist verpflichtet, für den Anspruch bestehende Sicherungsrechte nicht mehr zu verwerten. Artikel 5 des Haftungsbeschränkungsübereinkommens bleibt unberührt.

## § 9 Sachwalter

(1) Bei der Eröffnung des Verteilungsverfahrens bestellt das Gericht einen Sachwalter. § 56 Abs. 2 der Insolvenzordnung gilt entsprechend.

(2) Der Sachwalter hat folgende Aufgaben und Befugnisse:
1. Er kann gegen angemeldete Ansprüche Widerspruch erheben und Rechtsstreitigkeiten über die Ansprüche und das Recht ihrer Gläubiger auf Teilnahme an dem Verteilungsverfahren führen;
2. er verwertet etwa geleistete Sicherheiten auf Anordnung des Gerichts;
3. er treibt vom Antragsteller nach § 31 Abs. 1 zu tragende Kosten zur Haftungssumme bei, wenn deren Zahlung vom Gericht angeordnet worden ist.
Das Gericht kann den Sachwalter auch mit der Verwaltung von Sicherheiten beauftragen.

(3) Verbindlichkeiten, die der Sachwalter im Rahmen seiner Befugnisse begründet, sind auf Anordnung des Verteilungsgerichts aus der Haftungssumme zu begleichen.

(4) Der Sachwalter ist für die Erfüllung der ihm obliegenden Pflichten allen Beteiligten verantwortlich.

(5) Der Sachwalter steht unter der Aufsicht des Gerichts. Das Gericht kann gegen ihn Zwangsgeld festsetzen und ihn von Amts wegen entlassen. Vor der Entscheidung ist der Sachwalter zu hören.

(6) Der Sachwalter kann aus der Haftungssumme eine angemessene Vergütung für seine Geschäftsführung und die Erstattung angemessener barer Auslagen verlangen. Er hat Anspruch auf einen Vorschuß auf die Auslagen, soweit dies zur Erfüllung seiner Aufgaben notwendig ist. Die Höhe der Vergütung, der Auslagen und des Vorschusses setzt das Gericht fest.

(7) Der Sachwalter hat bei der Beendigung seines Amtes dem Verteilungsgericht Schlußrechnung zu legen. Die Rechnung muß mit den Belegen spätestens eine Woche nach der Beendigung auf der Geschäftsstelle zur Einsicht der Beteiligten niedergelegt werden. Der Schuldner, jeder an dem Verfahren teilnehmende Gläubiger und ein etwa nachfolgender Sachwalter sind berechtigt, Einwendungen gegen die Rechnung zu erheben. Soweit binnen einer Woche nach der Niederlegung Einwendungen nicht erhoben werden, gilt die Rechnung als anerkannt.

## § 10 Öffentliche Aufforderung

(1) Zugleich mit dem Eröffnungsbeschluß erläßt das Gericht zur Ermittlung der am Verfahren teilnehmenden Gläubiger eine öffentliche Aufforderung und bestimmt einen Termin zur Prüfung der angemeldeten Ansprüche (allgemeiner Prüfungstermin). Die in der öffentlichen Aufforderung zu bestimmende Frist zur Anmeldung der Ansprüche soll mindestens zwei Monate betragen; sie soll nicht weniger als sechs Monate betragen, wenn damit zu rechnen ist, daß an dem Verfahren Gläubiger teilnehmen, die ihre gewerbliche Niederlassung oder ihren gewöhnlichen Aufenthalt im Ausland haben. Der Zeitraum zwischen dem Ablauf der Anmeldefrist und dem allgemeinen Prüfungstermin soll mindestens eine Woche und höchstens zwei Monate betragen.

(2) Die öffentliche Aufforderung enthält:
1. die Aufforderung, alle Ansprüche, die aus dem in dem Eröffnungsbeschluß bezeichneten Ereignis entstanden sind und für welche die Haftung des Schuldners durch das Vertei-

lungsverfahren beschränkt worden ist, innerhalb der in der öffentlichen Aufforderung bestimmten Frist bei dem Gericht anzumelden, auch soweit sie dem Gericht bereits auf andere Weise als durch Anmeldung des Gläubigers bekannt sind;

2. den Hinweis, daß
   a) Ansprüche, für welche die Haftung des Antragstellers durch das Verteilungsverfahren beschränkt worden ist, sowie
   b) Ansprüche gegen andere Schuldner, die außer dem Antragsteller für einen Anspruch aus dem Ereignis haften und deren Haftung durch die Eröffnung des Verfahrens durch das Verteilungsverfahren beschränkt worden ist,
   nur nach Maßgabe der Vorschriften der Schiffahrtsrechtlichen Verteilungsordnung verfolgt werden können und daß die Gläubiger nicht angemeldeter Ansprüche nach diesen Vorschriften an der Verteilung der Haftungssumme nicht teilnehmen;

3. die Aufforderung an alle Schuldner, die außer dem Antragsteller für einen Anspruch aus dem Ereignis haften und deren Haftung durch die Eröffnung des Verfahrens durch das Verteilungsverfahren beschränkt worden ist, innerhalb der in der öffentlichen Aufforderung bestimmten Frist dem Gericht ihre ladungsfähige Anschrift mitzuteilen, wenn sie von dem Fortgang des Verfahrens unterrichtet werden wollen;

4. den Hinweis, daß auch die Schuldner, welche dieser Aufforderung nicht nachkommen, das Verfahren gegen sich gelten lassen müssen.

(3) Ist das Verfahren nach § 1 Abs. 5 nur mit Wirkung für Ansprüche wegen Sachschäden eröffnet worden, so enthält die öffentliche Aufforderung außerdem die Aufforderung, nach Maßgabe des Absatzes 2 Nr. 1 alle Ansprüche wegen Personenschäden anzumelden, die aus dem im Eröffnungsbeschluß bezeichneten Ereignis entstanden sind und für welche die Haftung des Schuldners beschränkt worden wäre, wenn das Verfahren auch mit Wirkung für Ansprüche wegen Personenschäden eröffnet worden wäre.

## § 11 Bekanntmachung

(1) Nach der Eröffnung des Verteilungsverfahrens hat das Gericht den wesentlichen Inhalt des Beschlusses über die Festsetzung der Haftungssumme und des Beschlusses über die Eröffnung des Verteilungsverfahrens, die öffentliche Aufforderung und den allgemeinen Prüfungstermin öffentlich bekanntzumachen; in der Bekanntmachung sind Name und Anschrift des Sachwalters anzugeben. Das Gericht hat auch besondere Prüfungstermine öffentlich bekanntzumachen.

(2) Die öffentliche Bekanntmachung erfolgt durch mindestens einmalige Einrückung in den Bundesanzeiger sowie in wenigstens ein weiteres vom Gericht zu bestimmendes Blatt. Die Bekanntmachung gilt als bewirkt mit dem Ablauf des zweiten Tages nach der Ausgabe der die erste Einrückung enthaltenden Nummer des Bundesanzeigers. Ist nach den Umständen anzunehmen, daß in erheblichem Umfang Gläubiger an dem Verfahren teilnehmen, die ihren gewöhnlichen Aufenthalt in einem Gebiet außerhalb des Geltungsbereichs dieses Gesetzes haben, so soll die Bekanntmachung auch in wenigstens ein Blatt eingerückt werden, das in diesem Gebiet erscheint.

(3) Die öffentliche Bekanntmachung gilt als Zustellung an alle Beteiligten.

(4) Den ihrer Anschrift nach bekannten Gläubigern und Schuldnern hat das Gericht den Inhalt der öffentlichen Bekanntmachung besonders mitzuteilen. Der Mitteilung ist der volle Wortlaut des Beschlusses über die Festsetzung der Haftungssumme und des Beschlusses über die Eröffnung des Verteilungsverfahrens beizufügen.

## § 12 Rechtsmittel

(1) Gegen den Beschluß über die Festsetzung der Haftungssumme kann nur der Antragsteller Beschwerde einlegen. Nach der Eröffnung des Verteilungsverfahrens kann

Beschwerde nicht mehr eingelegt werden. Über eine vor Eröffnung des Verfahrens einge-legte Beschwerde, über die bei Eröffnung des Verfahrens noch nicht entschieden worden ist, darf nicht vor Ablauf der in Absatz 3 Satz 1 für die Einlegung einer Erinnerung bestimm-ten Frist entschieden werden; die Gläubiger angemeldeter Ansprüche sowie die Schuldner, die sich nach § 10 Abs. 2 Nr. 3 gemeldet haben, sind zu hören.

(2) Nach der Eröffnung des Verteilungsverfahrens können alle Gläubiger angemeldeter Ansprüche und alle Schuldner, die sich nach § 10 Abs. 2 Nr. 3 gemeldet haben, gegen den Beschluß über die Festsetzung der Haftungssumme Erinnerung einlegen. Dem Antragsteller steht die Erinnerung jedoch nur zu, wenn die Frist zur Einlegung der Beschwerde gegen den Beschluß bei der Eröffnung des Verteilungsverfahrens noch nicht abgelaufen war. Wird von einem anderen Schuldner oder von einem Gläubiger Erinnerung nach Satz 1 eingelegt, so ist eine vom Antragsteller vor der Eröffnung des Verfahrens eingelegte Beschwerde, über die noch nicht entschieden worden ist, nach der Eröffnung des Verfahrens als Erinnerung zu behandeln.

(3) Die Erinnerung nach Absatz 2 kann innerhalb eines Monats nach Ablauf der in der öffentlichen Aufforderung bestimmten Frist zur Anmeldung der Ansprüche eingelegt wer-den. Über sämtliche Erinnerungen ist in einem einheitlichen Verfahren gleichzeitig zu entscheiden. Im Verfahren über die Erinnerung eines Schuldners sind alle Gläubiger ange-meldeter Ansprüche, im Verfahren über die Erinnerung eines Gläubigers sind alle Schuldner, die sich nach § 10 Abs. 2 Nr. 3 gemeldet haben, zu hören.

(4) Gegen den Beschluß über die Eröffnung des Verteilungsverfahrens können alle Gläu-biger angemeldeter Ansprüche und alle Schuldner, die sich nach § 10 Abs. 2 Nr. 3 gemeldet haben, Erinnerung einlegen. Absatz 3 gilt entsprechend.

(5) Eine Erinnerung kann nicht darauf gestützt werden, daß der Antragsteller nicht antragsberechtigt ist, weil die Summe der Ansprüche, für welche die Haftung durch das Verteilungsverfahren beschränkt worden ist, den für diese Ansprüche bestimmten Haftungs-höchstbetrag nicht übersteigt.

(6) Solange das Gericht nach Absatz 3 Satz 2 oder nach Absatz 4 Satz 2 gehindert ist, der Erinnerung eines Gläubigers alsbald stattzugeben, kann es zur Abwendung eines schwer zu ersetzenden Nachteils zulassen, daß die Zwangsvollstreckung wegen eines Anspruchs, mit dem der Gläubiger an dem Verteilungsverfahren teilnimmt, bis zur Entscheidung über die Erinnerung insoweit betrieben wird, wie dies zur Vollziehung eines Arrests statthaft ist.

### Dritter Abschnitt. Feststellung der Ansprüche. Erlöschen von Sicherungsrechten

### § 13 Anmeldung von Ansprüchen

(1) Die Anmeldung eines Anspruchs muß die Angabe seines Betrags und Grundes enthal-ten. Ist vor Eröffnung des Verfahrens über den Anspruch unter Berücksichtigung der Beschränkung der Haftung des Schuldners rechtskräftig entschieden worden, so steht eine solche Entscheidung der Anmeldung des vollen Betrags des Anspruchs nicht entgegen.

(2) Die Anmeldung kann bei dem Gericht schriftlich eingereicht oder zu Protokoll der Geschäftsstelle erklärt werden; urkundliche Beweismittel oder eine Abschrift derselben sol-len beigefügt werden.

(3) Der Urkundsbeamte der Geschäftsstelle trägt die angemeldeten Ansprüche in eine Tabelle ein; Ansprüche wegen Personenschäden und Ansprüche wegen Sachschäden sind getrennt einzutragen, wenn das Verteilungsverfahren im Rahmen der Anspruchsklasse A für beide Arten von Ansprüchen eröffnet worden ist. Ansprüche, für die mehrere Schuldner als Gesamtschuldner haften, sind kenntlich zu machen. Die Tabelle kann auch in elektroni-

scher Form hergestellt und bearbeitet werden. Sie ist zusammen mit den Anmeldungen auf der Geschäftsstelle des Gerichts zur Einsicht der Beteiligten niederzulegen. Von einer Tabelle in elektronischer Form ist ein Ausdruck zur Einsicht niederzulegen, der den Anforderungen des § 298 Abs. 2 der Zivilprozessordnung entspricht.

(4) Die Anmeldung kann zurückgenommen werden, solange nicht der Anspruch und das Recht seines Gläubigers auf Teilnahme an dem Verfahren festgestellt worden sind. Die Rücknahme kann schriftlich oder zu Protokoll der Geschäftsstelle erklärt werden.

### § 14 Gegenstand der Anmeldung

(1) Die Ansprüche sind mit dem Wert in Euro geltend zu machen, der ihnen am Tag der Eröffnung des Verteilungsverfahrens zukommt. Ansprüche, die nicht auf einen Geldbetrag gerichtet sind oder deren Geldbetrag unbestimmt oder ungewiß ist oder nicht in Euro feststeht, sind nach ihrem Schätzungswert in Euro geltend zu machen.

(2) Zinsen können im Verteilungsverfahren nur insoweit geltend gemacht werden, als sie bis zur Eröffnung des Verfahrens aufgelaufen sind.

(3) Kosten, die den Gläubigern durch die Teilnahme an dem Verfahren erwachsen, können im Verteilungsverfahren nicht geltend gemacht werden.

(4) Betagte Ansprüche gelten als fällig.

(5) Soweit für einen Anspruch nach Absatz 1 Satz 2 ein Schätzungswert wegen außergewöhnlicher Umstände des Einzelfalls noch nicht ermittelt werden kann, ist der Anspruch ohne Angabe eines Betrags anzumelden. Bei der Anmeldung ist jedoch der Höchstbetrag anzugeben, mit dem der Anspruch in dem Verfahren geltend gemacht wird. Der Höchstbetrag darf den Wert nicht übersteigen, der dem Anspruch nach den Umständen voraussichtlich zukommen wird.

(6) Haften für einen Anspruch mehrere Personen als Gesamtschuldner, deren Haftung nicht durch dasselbe Verteilungsverfahren beschränkt werden kann, und ist die Haftung einer oder mehrerer von ihnen durch das Verteilungsverfahren beschränkt worden, so kann der Gläubiger bis zu seiner vollen Befriedigung in jedem Verteilungsverfahren den Betrag in voller Höhe geltend machen, den er zur Zeit der Eröffnung des Verfahrens zu fordern hatte.

### § 15 Anmeldung von Ansprüchen durch Schuldner

Der Schuldner eines Anspruchs, mit dem der Gläubiger an dem Verteilungsverfahren hätte teilnehmen können, kann den Anspruch in dem Verfahren geltend machen, soweit er ihn erfüllt hat. Hatte der Gläubiger den Anspruch bereits im Verteilungsverfahren geltend gemacht, so tritt der Schuldner in die Stellung des Gläubigers ein.

### § 16 Erweiterung des Verfahrens auf Ansprüche wegen Personenschäden

(1) Ist das Verfahren nach § 1 Abs. 5 nur mit Wirkung für Ansprüche wegen Sachschäden eröffnet worden, so ändert das Gericht die Festsetzung der Haftungssumme ab, wenn gegen den Antragsteller Ansprüche wegen eines aus demselben Ereignis entstandenen Personenschadens angemeldet werden, für die die Haftung beschränkt werden kann und deren Summe den in Artikel 6 Abs. 1 Buchstabe a des Haftungsbeschränkungsübereinkommens bestimmten Haftungshöchstbetrag übersteigt. Nach dem Beginn des allgemeinen Prüfungstermins ist die Erweiterung des Verfahrens ausgeschlossen.

(2) Das Gericht bestimmt eine Frist für die Einzahlung des Mehrbetrags.

(3) Für den Beschluß über die Erhöhung der Haftungssumme gilt § 5 Abs. 2 bis 4 entsprechend.

(4) Sobald der Betrag eingezahlt worden ist, um den die Haftungssumme nach Absatz 1 erhöht worden ist, beschließt das Gericht, daß das Verteilungsverfahren auch mit Wirkung für Ansprüche wegen Personenschäden eröffnet wird.

## § 17 Einstellung des Verfahrens

(1) Das Verteilungsgericht stellt das Verteilungsverfahren durch Beschluß ein, wenn nach der Eröffnung des Verfahrens
1. die Haftungssumme rechtskräftig auf einen höheren Betrag festgesetzt, der Mehrbetrag jedoch nicht innerhalb der bestimmten Frist eingezahlt wird,
2. im Falle des § 6 Abs. 5 die Sicherheit nicht in der bestimmten Frist ergänzt oder geleistet wird oder
3. der Antrag auf Eröffnung des Verfahrens zurückgenommen wird.

(2) Die Einstellung des Verfahrens ist öffentlich bekanntzumachen. § 11 Abs. 2 bis 4 gilt entsprechend. Erfolgt die Einstellung, nachdem in dem Verfahren bereits Ansprüche und das Recht ihrer Gläubiger auf Teilnahme an dem Verfahren festgestellt worden sind, so ist in der Bekanntmachung auf die Rechte der Gläubiger dieser Ansprüche nach § 20 Abs. 3 und 4 hinzuweisen.

(3) Soweit nicht Rechte Dritter nach Absatz 5 und § 20 Abs. 3 und 4 zu berücksichtigen sind, werden nach Ablauf von einem Monat seit dem Zeitpunkt, in dem der Einstellungsbeschluß unanfechtbar geworden ist, die eingezahlte Haftungssumme an den Einzahler zurückgezahlt und geleistete Sicherheiten freigegeben. Mit der Freigabe erlöschen die nach § 6 Abs. 2 begründeten Ansprüche der Staatskasse.

(4) Das Gericht kann bereits vor der Einstellung des Verfahrens nach Absatz 1 die Zwangsvollstreckung wegen eines Anspruchs, mit dem der Gläubiger an dem Verfahren teilnimmt, insoweit zulassen, wie dies zur Vollziehung eines Arrestes statthaft ist, wenn begründeter Anlaß für die Annahme besteht, daß der Schuldner nicht innerhalb der bestimmten Frist den Mehrbetrag der Haftungssumme einzahlen oder die Sicherheit ergänzen oder leisten wird. Auf Grund einer solchen Anordnung kann nicht mehr vollstreckt werden, wenn der Mehrbetrag der Haftungssumme eingezahlt oder die Sicherheit ergänzt oder geleistet worden ist.

(5) Wird der Anspruch auf Rückzahlung oder auf Freigabe von Sicherheiten, der dem Antragsteller oder einem anderen an dem Verfahren teilnehmenden Schuldner nach Absatz 3 zusteht, in der Zeit bis zum Ablauf von einem Monat seit dem Zeitpunkt, in dem der Einstellungsbeschluß unanfechtbar geworden ist, von mehreren Gläubigern gepfändet, so sind die Gläubiger nach dem Verhältnis ihrer Ansprüche zu befriedigen.

## § 18 Prüfungsverfahren

Die angemeldeten Ansprüche werden hinsichtlich ihres Betrags und hinsichtlich des Rechts ihrer Gläubiger auf Teilnahme an dem Verteilungsverfahren in einem allgemeinen Prüfungstermin einzeln erörtert. In diesem Termin hat sich der Schuldner zu den Ansprüchen zu erklären. § 177 der Insolvenzordnung gilt entsprechend.

## § 19 Feststellung der Ansprüche

(1) Ein Anspruch und das Recht seines Gläubigers auf Teilnahme an dem Verteilungsverfahren gelten als festgestellt, soweit im Prüfungstermin ein Widerspruch weder von dem

Gläubiger eines angemeldeten Anspruchs noch von dem Schuldner eines solchen Anspruchs noch von dem Sachwalter erhoben wird oder soweit ein erhobener Widerspruch beseitigt ist.

(2) Das Gericht hat nach der Erörterung eines jeden Anspruchs das Ergebnis in die Tabelle einzutragen. Die Eintragung gilt für das Verfahren hinsichtlich des Betrags der festgestellten Ansprüche und, wenn das Verfahren für Ansprüche der Anspruchsklasse A eröffnet worden ist, hinsichtlich ihrer Zugehörigkeit zu den Ansprüchen wegen Personenschäden oder zu den Ansprüchen wegen Sachschäden sowie hinsichtlich des Rechts ihrer Gläubiger auf Teilnahme an dem Verfahren wie ein rechtskräftiges Urteil gegen alle Gläubiger und Schuldner von Ansprüchen, die an dem Verfahren teilnehmen, sowie gegen den Sachwalter.

(3) Den Gläubigern streitig gebliebener Ansprüche bleibt es überlassen, die Feststellung derselben gegen den Bestreitenden zu betreiben. Die Vorschriften des § 179 Abs. 2, 3, der §§ 180 bis 183 und des § 185 der Insolvenzordnung gelten sinngemäß.

(4) Für Ansprüche, die nach § 14 Abs. 5 ohne Angabe eines Betrags angemeldet worden sind und für die auch bei der Verhandlung im Prüfungstermin ein Schätzungswert noch nicht ermittelt werden kann, gelten diese Vorschriften mit der Maßgabe, daß zunächst nur das Recht der Gläubiger auf Teilnahme an dem Verfahren bis zu dem bei der Anmeldung angegebenen Höchstbetrag für den Fall festgestellt wird, daß ein Anspruch bis zu dieser Höhe später feststellbar wird.

(5) In dem Verfahren über einen nicht vom Schuldner erhobenen Widerspruch gegen einen Anspruch, für welchen ein mit der Vollstreckungsklausel versehener Schuldtitel, ein Endurteil oder ein Vollstreckungsbescheid vorliegt, braucht der Widersprechende den Titel nicht gegen sich gelten zu lassen,
1. wenn der Schuldner mit dem Gläubiger oder mit dessen Rechtsvorgänger arglistig zusammengewirkt hat, um dem Gläubiger im Verteilungsverfahren einen ungerechtfertigten Vorteil zu verschaffen, oder
2. wenn der Schuldner den Rechtsstreit nachlässig geführt hat.
Die Verfolgung des Widerspruchs bleibt auch dann dem Widersprechenden überlassen, wenn er den Titel nach Satz 1 nicht gegen sich gelten zu lassen braucht.

(6) Ist die Feststellung eines Anspruchs durch die Aufnahme eines bereits anhängigen Rechtsstreits zu verfolgen, so kann der Widersprechende die Einlassung auf den Rechtsstreit verweigern, wenn die Voraussetzungen des Absatzes 5 Nr. 1 oder des Absatzes 5 Nr. 2 vorliegen. Wird die Weigerung vom Prozeßgericht für begründet erklärt, so hat der Gläubiger seinen Anspruch gegen den Widersprechenden im Wege einer neuen Klage zu verfolgen.

## § 20 Erlöschen von Sicherungsrechten

(1) Werden ein Anspruch und das Recht seines Gläubigers auf Teilnahme an dem Verteilungsverfahren festgestellt, so treten hinsichtlich aller für diesen Anspruch bestehenden Schiffshypotheken, Schiffsgläubigerrechte und sonstigen Sicherungsrechte die Rechtsfolgen ein, die das Erlöschen des gesicherten Anspruchs haben würde. Ist die Sicherheit nach ihrer Bestellung an einen Dritten übertragen worden, so gilt Satz 1 nicht, soweit die Beschränkbarkeit der Haftung dem Dritten nach den Vorschriften zugunsten derjenigen, welche Rechte von einem Nichtberechtigten herleiten, nicht entgegengehalten werden kann.

(2) Das Gericht hat dem Schuldner zum Nachweis der Feststellung einen Auszug aus der Tabelle in beglaubigter Form zu erteilen.

(3) Wird das Verteilungsverfahren später eingestellt und hat für einen Anspruch ein Sicherungsrecht bestanden, das der Gläubiger auf Grund der Regelung des Absatzes 1 oder

des § 6 Abs. 3 verloren hat, so hat der Gläubiger wegen seines Anspruchs ein Pfandrecht an dem Anspruch des Einzahlers auf Rückzahlung der Haftungssumme. Soweit die Einzahlung der Haftungssumme durch Sicherheitsleistung ersetzt worden ist, haben die in Satz 1 genannten Gläubiger ein Recht auf bevorzugte Befriedigung aus der Sicherheit; diese ist auf Anordnung des Gerichts in dem erforderlichen Umfang zu verwerten, der Erlös gilt als vom Sicherungsgeber eingezahlte Haftungssumme. Mehrere Pfandrechte an demselben Anspruch haben gleichen Rang; die Pfandrechte gehen den in § 17 Abs. 5 genannten Pfändungspfandrechten im Rang vor.

(4) Das Recht nach Absatz 3 erlischt, wenn es nicht bis zum Ablauf eines Monats seit dem Zeitpunkt, in dem der Einstellungsbeschluß unanfechtbar geworden ist, beim Verteilungsgericht geltend gemacht worden ist. Nach Ablauf dieser Frist befriedigt das Verteilungsgericht den Gläubiger; § 26 Abs. 4 Nr. 2 gilt entsprechend. Werden mehrere Pfandrechte geltend gemacht, so gelten §§ 873 bis 882 der Zivilprozeßordnung entsprechend. Bestreitet der Schuldner, der Einzahler, der Sicherungsgeber oder ein Pfändungspfandgläubiger, der innerhalb der Frist des § 17 Abs. 5 gepfändet hat, das Bestehen des Pfandrechts, so hat der Gläubiger innerhalb einer von dem Verteilungsgericht zu setzenden Frist nachzuweisen, daß er Klage auf Feststellung des Pfandrechts erhoben hat; erbringt der Gläubiger diesen Nachweis nicht, so wird das geltend gemachte Pfandrecht nicht berücksichtigt. Die Klage nach Satz 4 ist bei dem Amtsgericht des Verteilungsverfahrens oder, wenn der Streitgegenstand zur Zuständigkeit der Amtsgerichte nicht gehört, bei dem Landgericht zu erheben, in dessen Bezirk das Verteilungsgericht seinen Sitz hat.

(5) Erfaßt das Verteilungsverfahren nach § 1 Abs. 2 Satz 2 nur Ansprüche gegen den Antragsteller, so gelten die Absätze 1 bis 4 nur, soweit das Sicherungsrecht ausschließlich für einen Anspruch gegen den Antragsteller besteht oder bestanden hat.

## § 21 Endgültige Einstellung der Zwangsvollstreckung

Werden ein Anspruch und das Recht seines Gläubigers auf Teilnahme an dem Verteilungsverfahren festgestellt, so ordnet das Vollstreckungsgericht auf Antrag des Schuldners die endgültige Einstellung der Zwangsvollstreckung und die Aufhebung von Zwangsvollstreckungsmaßnahmen wegen des Anspruchs an. Die Anordnung darf erst nach Rechtskraft vollzogen werden.

## § 22 Erlöschen von Sicherungsrechten und endgültige Einstellung der Zwangsvollstreckung bei nicht angemeldeten Ansprüchen

(1) Hat der Gläubiger einen Anspruch, für welchen die Haftung durch die Eröffnung des Verteilungsverfahrens durch das Verteilungsverfahren beschränkt worden ist, nicht angemeldet, so treten hinsichtlich der für den Anspruch bestehenden Sicherungsrechte die in § 20 Abs. 1 für den Fall der Feststellung eines angemeldeten Anspruchs bestimmten Rechtsfolgen mit der Beendigung des allgemeinen Prüfungstermins ein. Erfaßt das Verteilungsverfahren nach § 1 Abs. 2 Satz 2 nur Ansprüche gegen den Antragsteller, so gilt Satz 1 nur, soweit das Sicherungsrecht ausschließlich für einen Anspruch gegen den Antragsteller besteht.

(2) Die Zwangsvollstreckung wegen eines solchen Anspruchs ist nach der Beendigung des allgemeinen Prüfungstermins endgültig einzustellen; Zwangsvollstreckungsmaßnahmen sind aufzuheben. §§ 767, 769, 770 der Zivilprozeßordnung sind anzuwenden.

(3) Das Verteilungsgericht hat dem Schuldner eine Bescheinigung über die Beendigung des allgemeinen Prüfungstermins zu erteilen.

## Vierter Abschnitt. Verteilung

### § 23 Verteilungsgrundsätze

(1) An der Verteilung der Haftungssumme nehmen die Gläubiger der festgestellten Ansprüche nach dem Verhältnis der Beträge ihrer Ansprüche teil.

(2) In einem Verteilungsverfahren für Ansprüche der Anspruchsklasse A haben jedoch Ansprüche wegen Beschädigung von Hafenanlagen, Hafenbecken, Wasserstraßen und Navigationshilfen Vorrang vor sonstigen Ansprüchen wegen Sachschäden.

(3) Hat ein Verteilungsverfahren für Ansprüche der Anspruchsklasse A Wirkung sowohl für Ansprüche wegen Personenschäden als auch für Ansprüche wegen Sachschäden, so sind aus der Haftungssumme zum Zwecke der Verteilung zwei Teilsummen zu bilden. Die erste Teilsumme entspricht dem in Artikel 6 Abs. 1 Buchstabe a des Haftungsbeschränkungsübereinkommens bestimmten Haftungshöchstbetrag, die zweite Teilsumme dem in Artikel 6 Abs. 1 Buchstabe b des Haftungsbeschränkungsübereinkommens bestimmten Haftungshöchstbetrag. Aus der ersten Teilsumme werden nur die festgestellten Ansprüche wegen Personenschäden nach dem Verhältnis ihrer Beträge berichtigt. An der Verteilung der zweiten Teilsumme nehmen die Gläubiger der festgestellten Ansprüche wegen Sachschäden mit deren vollem Betrag sowie die Gläubiger der Ansprüche wegen Personenschäden mit dem Betrag, mit dem diese bei der Verteilung der ersten Teilsumme ausgefallen sind, nach dem Verhältnis dieser Beträge teil.

(4) Die nach § 31 Abs. 2 der Haftungssumme zur Last fallenden Kosten werden mit Vorrang vor den festgestellten Ansprüchen berichtigt. Wird die Verteilung nach Absatz 3 vorgenommen, so werden Kosten, die aus einem Rechtsstreit über Ansprüche wegen Personenschäden entstanden sind, aus der für diese Ansprüche bestimmten Teilsumme und Kosten, die aus einem Rechtsstreit über Ansprüche wegen Sachschäden entstanden sind, aus der für diese Ansprüche bestimmten Teilsumme berichtigt.

(5) Ein nach der Verteilung einer der beiden Teilsummen oder der gesamten Haftungssumme verbleibender Überschuß wird an den Einzahler zurückgezahlt, an mehrere Einzahler im Verhältnis der Beträge ihrer Einzahlungen.

### § 24 Erlöschen der persönlichen Haftung

Einem Gläubiger, der bei der Verteilung der Haftungssumme den auf seinen Anspruch entfallenden Anteil ganz oder teilweise entgegennimmt, haftet der Schuldner außerhalb des Verteilungsverfahrens nicht mehr. Das gleiche gilt, wenn der Gläubiger nicht innerhalb eines Monats nach Feststellung seines Anspruchs im Verteilungsverfahren dem Verteilungsgericht nachweist, daß er den Anspruch gegen den Schuldner gerichtlich geltend gemacht und sein Begehren darauf gestützt hat, daß der Schuldner für den Anspruch außerhalb des Verteilungsverfahrens haftet.

### § 25 Rechtskräftige Feststellung der persönlichen Haftung

Steht zwischen dem Gläubiger und dem Schuldner eines Anspruchs rechtskräftig fest, daß der Schuldner die Haftung für den Anspruch nicht beschränken kann, so kann in dem Verteilungsverfahren nicht geltend gemacht werden, daß der Gläubiger mit dem Anspruch an dem Verfahren teilnimmt. Tritt die Rechtskraft erst ein, nachdem der Anspruch in dem Verteilungsverfahren festgestellt worden ist, so ist der Anspruch trotz seiner Feststellung bei der Verteilung nicht zu berücksichtigen. § 24 Satz 1 bleibt unberührt.

## § 26 Verfahren bei der Verteilung

(1) Nach der Abhaltung des allgemeinen Prüfungstermins soll eine Verteilung an die Gläubiger der festgestellten Ansprüche erfolgen. Die Zahlungen auf die festgestellten Ansprüche werden von der Gerichtskasse auf Anordnung des Verteilungsgerichts vorgenommen. Das Gericht ordnet die Verwertung von Sicherheiten an, soweit die Verteilung dies erfordert.

(2) Vor der Vornahme einer Verteilung legt der Urkundsbeamte der Geschäftsstelle ein Verzeichnis der bei der Verteilung zu berücksichtigenden Ansprüche, bei Ansprüchen der Anspruchsklasse A gegliedert nach Ansprüchen wegen Personenschäden und Ansprüchen wegen Sachschäden, auf der Geschäftsstelle zur Einsicht der Beteiligten nieder und macht die Summe der Ansprüche öffentlich bekannt; § 11 Abs. 2 bis 4 gilt entsprechend. Das Verzeichnis kann auch in elektronischer Form hergestellt und bearbeitet werden. Von einem Verzeichnis in elektronischer Form ist ein Ausdruck zur Einsicht niederzulegen, der den Anforderungen des § 298 Abs. 2 der Zivilprozessordnung entspricht. Für Einwendungen gegen das Verzeichnis gilt § 194 der Insolvenzordnung entsprechend.

(3) Gläubiger, deren Ansprüche nicht festgestellt sind und für deren Ansprüche ein mit der Vollstreckungsklausel versehener Schuldtitel, ein Endurteil oder ein Vollstreckungsbescheid nicht vorliegt, haben bis zum Ablauf einer Ausschlußfrist von zwei Wochen nach der öffentlichen Bekanntmachung den Nachweis zu führen, daß und für welchen Betrag die Feststellungsklage erhoben oder das Verfahren in dem früher anhängigen Prozeß aufgenommen ist. Wird der Nachweis nicht rechtzeitig geführt, so werden die Ansprüche bei der vorzunehmenden Verteilung nicht berücksichtigt.

(4) Bei der Verteilung werden die Anteile zurückbehalten, die auf
1. Ansprüche, die infolge eines bei der Prüfung erhobenen Widerspruchs im Prozeß befangen sind,
2. Ansprüche, bei denen nur das Recht ihres Gläubigers auf Teilnahme an dem Verfahren, jedoch nicht der Betrag festgestellt ist (§ 19 Abs. 4),
3. Ansprüche, die in dem Verfahren festgestellt sind, die der Gläubiger jedoch nach § 24 Satz 2 gerichtlich geltend gemacht hat,
entfallen.

(5) Macht der Schuldner eines Anspruchs, für den die Haftung durch das Verteilungsverfahren beschränkt worden ist, glaubhaft, daß wegen dieses Anspruchs die Zwangsvollstreckung im Ausland droht, so kann das Gericht den auf den Anspruch entfallenden Anteil zurückbehalten. Das Gericht kann die Entscheidung wegen veränderter Umstände abändern.

(6) Gläubiger, die bei einer Verteilung nicht berücksichtigt worden sind, können nachträglich, sobald sie die Vorschriften des Absatzes 3 erfüllt haben, die bisher festgesetzten Anteile aus dem verbliebenen Betrag der Haftungssumme verlangen, soweit dieser reicht und nicht infolge des Ablaufs einer Ausschlußfrist für eine neue Verteilung zu verwenden ist.

## § 27 Verfahren in besonderen Fällen

Soweit ein Anspruch, für den nach § 19 Abs. 4 zunächst nur das Recht des Gläubigers auf Teilnahme an dem Verfahren bis zu dem bei der Anmeldung angegebenen Höchstbetrag festgestellt worden ist, auch der Höhe nach feststellbar wird, kann der Gläubiger einen besonderen Prüfungstermin zur Erörterung dieses Anspruchs beantragen. Soweit feststeht, daß der Anspruch den festgestellten Höchstbetrag nicht erreichen wird, kann jeder an dem Verfahren teilnehmende Gläubiger und Schuldner sowie der Sachwalter auf Feststellung klagen, daß der Anspruch insoweit bei der Verteilung nicht zu berücksichtigen ist.

## § 28 Weitere Verteilung

Sobald nach einer ersten Verteilung ein weiterer hinreichender Betrag der Haftungssumme verfügbar wird, soll eine weitere Verteilung erfolgen.

## § 29 Aufhebung des Verfahrens. Nachtragsverteilung

(1) Das Gericht beschließt die Aufhebung des Verteilungsverfahrens, wenn die Haftungssumme verteilt ist oder wenn nur noch Anteile nach § 26 Abs. 4 Nr. 1 und Nr. 3, § 33 zurückzuhalten sind. Auf Verlangen hat das Gericht jedem, der ein berechtigtes Interesse nachweist, eine Bescheinigung über die Aufhebung zu erteilen.

(2) Wird nach der Aufhebung des Verteilungsverfahrens für den Gläubiger eines Anspruchs, für den ein Anteil nach § 26 Abs. 4 Nr. 1 oder Nr. 3 zurückbehalten worden ist, das Recht auf Teilnahme an dem Verfahren festgestellt oder ergibt sich, daß ein solcher Anspruch oder eine Zurückbehaltung wegen der Kosten nach § 33 nicht mehr zu berücksichtigen ist, so findet eine Nachtragsverteilung statt.

## Fünfter Abschnitt. Nachträgliche Erweiterung des Verfahrens bei Ansprüchen der Anspruchsklasse A auf Antrag eines Schuldners

## § 30

(1) Ist das Verfahren nach § 1 Abs. 5 nur mit Wirkung für Ansprüche wegen Sachschäden eröffnet worden, so kann, falls aus demselben Ereignis auch Ansprüche wegen Personenschäden entstanden sind, für welche die Haftung beschränkt werden kann und deren Summe den in Artikel 6 Abs. 1 Buchstabe a des Haftungsbeschränkungsübereinkommens bestimmten Haftungshöchstbetrag übersteigt, jeder Schuldner eines solchen Anspruchs, der demselben Personenkreis im Sinne des § 1 Abs. 3 Satz 1 angehört, wegen der Personenschäden die Festsetzung des Mehrbetrags der Haftungssumme beantragen.

(2) Für den Beschluß über die Erhöhung der Haftungssumme gilt § 5 Abs. 2 bis 4 entsprechend.

(3) Auch nach der Erhöhung der Haftungssumme wird das Verfahren nur unter Beschränkung auf Ansprüche wegen Sachschäden durchgeführt, wenn die Haftungssumme nur insoweit eingezahlt worden ist.

(4) Wird der nach den Absätzen 1 und 2 festgesetzte Mehrbetrag der Haftungssumme eingezahlt, nachdem das Verfahren mit Wirkung für Ansprüche wegen Sachschäden bereits eröffnet worden ist, so beschließt das Gericht, daß das Verfahren auch mit Wirkung für Ansprüche wegen Personenschäden eröffnet wird. Nach dem Beginn des allgemeinen Prüfungstermins ist die Erweiterung des Verfahrens ausgeschlossen.

(5) Hinsichtlich des Verfahrens wegen des Mehrbetrags der Haftungssumme gilt derjenige, der die Erweiterung des Verfahrens nach Absatz 1 beantragt, als Antragsteller im Sinne dieses Gesetzes.

## Sechster Abschnitt. Kosten aus der Bestellung eines Sachwalters und aus Rechtsstreitigkeiten über angemeldete Ansprüche

## § 31 Kostentragung

(1) Der Antragsteller trägt folgende Kosten:
1. die Vergütung und die Auslagen des Sachwalters;

2. die von dem Sachwalter aufgewandten Kosten der Verwaltung und Verwertung von Sicherheiten.

(2) Der Haftungssumme fallen folgende Kosten zur Last:
1. die Kosten von Rechtsstreitigkeiten über im Verteilungsverfahren angemeldete Ansprüche und über das Recht ihrer Gläubiger auf Teilnahme an dem Verfahren, welche aus der Prozeßführung des Sachwalters entstehen;
2. die Kosten von Rechtsstreitigkeiten, welche nach § 19 Abs. 3 dieses Gesetzes in Verbindung mit § 183 Abs. 3 der Insolvenzordnung der Haftungssumme zur Last fallen.

## § 32 Zahlung der vom Antragsteller zu tragenden Kosten

(1) Das Gericht ordnet von Amts wegen die Zahlung der vom Antragsteller nach § 31 Abs. 1 zu tragenden Kosten zur Haftungssumme an.

(2) Das Gericht soll die Eröffnung des Verteilungsverfahrens von der Einzahlung eines angemessenen Vorschusses auf die von dem Antragsteller nach § 31 Abs. 1 zu tragenden Kosten abhängig machen.

(3) Kosten, die der Antragsteller nach § 31 Abs. 1 zu tragen hat, fallen der Haftungssumme endgültig zur Last, wenn die Zwangsvollstreckung gegen den Antragsteller wegen der Kosten ohne Erfolg versucht worden ist. In diesem Fall ist § 23 Abs. 1 bis 4 nur auf den Betrag anzuwenden, der nach Abzug dieser Kosten von der festgesetzten Haftungssumme verbleibt.

## § 33 Zurückbehaltung bei der Verteilung

Ist bei dem Beginn der Verteilung ungewiß, ob im Verlauf des Verfahrens noch Kosten entstehen werden, welche der Haftungssumme nach § 31 Abs. 2 oder nach § 32 Abs. 3 zur Last fallen, so soll das Gericht bei der Verteilung einen angemessenen Anteil für diese Kosten zurückbehalten. Die Entscheidung ist unanfechtbar; das Gericht kann sie jedoch wegen veränderter Umstände abändern.

## Zweiter Teil. Binnenschiffahrtsrechtliches Verteilungsverfahren

## § 34 Einleitung des Verteilungsverfahrens. Anwendbare Vorschriften

(1) Zur Errichtung und Verteilung eines Fonds im Sinne des § 5d Abs. 2 des Binnenschiffahrtsgesetzes kann ein Binnenschiffahrtsrechtliches Verteilungsverfahren eingeleitet werden.

(2) Auf das Verteilungsverfahren nach Absatz 1 sind die für das Seerechtliche Verteilungsverfahren geltenden Vorschriften des Ersten Teils dieses Gesetzes anzuwenden, soweit in den Vorschriften des Zweiten Teils nichts anderes bestimmt ist. § 1 Abs. 1 bis 4, §§ 2, 4 Abs. 1 bis 3, § 7 Abs. 2 Nr. 2, 3 und 5 sowie § 23 Abs. 2 und 3 Satz 2, Abs. 4 Satz 2 sind nicht anzuwenden.

## § 35 Antragsberechtigung

Die Eröffnung eines Binnenschiffahrtsrechtlichen Verteilungsverfahrens können beantragen:
1. der Schiffseigner, Eigentümer, Charterer oder Ausrüster eines Binnenschiffs sowie jede Person, für deren Handeln, Unterlassen oder Verschulden sie haften,
2. der Schiffseigner, Eigentümer, Charterer oder Ausrüster eines Binnenschiffs, der von diesem aus Bergungsmaßnahmen durchführt, oder ein von dem Binnenschiff aus arbei-

tender Berger sowie jede Person, für deren Handeln, Unterlassen oder Verschulden der Schiffseigner, der Eigentümer, der Charterer, der Ausrüster oder der Berger haftet,

3. ein Berger im Sinne von § 5c Abs. 1 Nr. 2 des Binnenschiffahrtsgesetzes sowie jede Person, für deren Handeln, Unterlassen oder Verschulden der Berger haftet,

sofern diese Person ihre Haftung für die aus einem bestimmten Ereignis entstandenen Ansprüche nach den §§ 4 bis 5m des Binnenschiffahrtsgesetzes beschränken können und wegen eines solchen Anspruchs ein gerichtliches Verfahren im Geltungsbereich dieses Gesetzes eingeleitet wird oder eingeleitet werden kann. Der Antrag kann auch von einem Versicherer gestellt werden, der die Haftung in bezug auf Ansprüche versichert, für welche die in Satz 1 genannten Personen ihre Haftung beschränken können.

## § 36 Anspruchsklassen

(1) Abweichend von § 1 Abs. 4 zählen zu den im Binnenschiffahrtsrechtlichen Verteilungsverfahren zu bildenden Anspruchsklassen folgende Ansprüche:

1. Anspruchsklasse A: Ansprüche wegen Personen- und Sachschäden nach § 4 Abs. 1, 2 und 3 des Binnenschiffahrtsgesetzes, soweit diese nicht zur Anspruchsklasse D zählen,
2. Anspruchsklasse B: Ansprüche wegen Tötung oder Verletzung von Reisenden im Sinne von § 5k des Binnenschiffahrtsgesetzes,
3. Anspruchsklasse C: Ansprüche aus Wrackbeseitigung nach § 4 Abs. 1, 4 des Binnenschiffahrtsgesetzes,
4. Anspruchsklasse D: Ansprüche wegen Gefahrgutschäden nach § 5h Abs. 1 des Binnenschiffahrtsgesetzes.

(2) Auf ein Binnenschiffahrtsrechtliches Verteilungsverfahren für Ansprüche der Anspruchsklasse A und der Anspruchsklasse D ist § 1 Abs. 5 mit folgenden Abweichungen anzuwenden:

1. In allen Fällen muß die Summe der Ansprüche wegen Sachschäden, wenn es sich um Ansprüche der Anpruchsklasse A handelt, den in § 5f des Binnenschiffahrtsgesetzes oder, wenn es sich um Ansprüche der Anspruchsklasse D handelt, den in § 5h Abs. 2 Nr. 2 des Binnenschiffahrtsgesetzes bestimmten Haftungshöchstbetrag voraussichtlich übersteigen.
2. Im Falle des § 1 Abs. 5 Nr. 1 darf, wenn Ansprüche wegen Personenschäden geltend gemacht werden können, die Summe dieser Ansprüche, wenn es sich um solche der Anspruchsklasse A handelt, den in § 5e des Binnenschiffahrtsgesetzes oder, wenn es sich um solche der Anspruchsklasse D handelt, den in § 5h Abs. 2 Nr. 1 des Binnenschiffahrtsgesetzes bestimmten Haftungshöchstbetrag voraussichtlich nicht übersteigen.

(3) Ein Verteilungsverfahren erfaßt jeweils ausschließlich die aus demselben Ereignis entstandenen und zu derselben Anspruchsklasse im Sinne des Absatzes 1 gehörenden Ansprüche gegen alle Personen, die demselben Personenkreis im Sinne des § 35 Satz 1 angehören. Wird jedoch auf Antrag eines an Bord tätigen Lotsen ein Verteilungsverfahren eingeleitet, so erfaßt das Verfahren nur die Ansprüche gegen den Antragsteller; ein solches Verteilungsverfahren darf nur eröffnet werden, solange nicht für die aus demselben Ereignis entstandenen und zu derselben Anspruchsklasse gehörenden Ansprüche ein Verteilungsverfahren auf Antrag eines anderen, demselben Personenkreis im Sinne des § 35 Satz 1 angehörenden Schuldners eröffnet worden ist.

## § 37 Zuständigkeit

(1) Betrifft das Binnenschiffahrtsrechtliche Verteilungsverfahren ein Schiff, das in einem inländischen Schiffsregister eingetragen ist, so ist das Amtsgericht ausschließlich zuständig, bei dem das Schiffsregister geführt wird.

(2) Betrifft das Binnenschifffahrtsrechtliche Verteilungsverfahren

1. ein Schiff, das nicht in einem inländischen Schiffsregister eingetragen ist, oder
2. Ansprüche gegen die in § 35 Satz 1 Nr. 3 bezeichneten Personen,

so ist das Amtsgericht ausschließlich zuständig, in dessen Bezirk der Antragsteller seine gewerbliche Niederlassung oder in Ermangelung einer solchen seinen gewöhnlichen Aufenthalt hat. Hat der Antragsteller weder eine gewerbliche Niederlassung noch einen gewöhnlichen Aufenthalt im Inland, so ist das Amtsgericht ausschließlich zuständig, in dessen Bezirk das Gericht seinen Sitz hat, das im ersten Rechtszug für eine Klage gegen den Antragsteller wegen eines Anspruchs, für den dieser seine Haftung beschränken kann, zuständig ist, oder in dessen Bezirk die Zwangsvollstreckung gegen den Antragsteller wegen eines solchen Anspruchs betrieben wird. Sind mehrere Gerichte zuständig, so schließt das Gericht, bei welchem zuerst die Eröffnung des Verfahrens beantragt worden ist, die übrigen aus.

(3) Die Landesregierungen werden ermächtigt, durch Rechtsverordnung die Binnenschiffahrtsrechtlichen Verteilungsverfahren für die Bezirke mehrerer Amtsgerichte einem von ihnen zuzuweisen, sofern die Zusammenfassung für eine sachdienliche Förderung oder schnellere Erledigung der Verfahren zweckmäßig ist. Die Landesregierungen können die Ermächtigung auf die Landesjustizverwaltungen übertragen.

(4) Die Länder können vereinbaren, daß die Binnenschiffahrtsrechtlichen Verteilungsverfahren eines Landes den Gerichten eines anderen Landes zugewiesen werden.

## § 38 Antrag

(1) Der Antrag auf Eröffnung des Binnenschiffahrtsrechtlichen Verteilungsverfahrens muß enthalten:
1. die genaue Bezeichnung des Ereignisses, aus dem die Ansprüche entstanden sind, für welche die Haftung durch das Verteilungsverfahren beschränkt werden soll;
2. die Angabe, für welchen Personenkreis im Sinne des § 35 Satz 1 das Verfahren eröffnet werden soll, oder, im Falle des § 36 Abs. 3 Satz 2, die Angabe, daß das Verfahren nur für den Antragsteller eröffnet werden soll;
3. die Angabe, für welche Anspruchsklasse im Sinne des § 36 Abs. 1 das Verfahren eröffnet werden soll, im Falle des § 1 Abs. 5 in Verbindung mit § 36 Abs. 2 auch die Angabe, daß das Verfahren nur mit Wirkung für Ansprüche wegen Sachschäden eröffnet werden soll;
4. Angaben über Namen, ständigen Aufenthalt und gewerbliche Niederlassung des Antragstellers sowie der übrigen dem Antragsteller bekannten Schuldner von Ansprüchen, für welche die Haftung durch das Verteilungsverfahren beschränkt werden soll;
5. Angaben über den Namen, die Nummer oder das sonstige Merkzeichen sowie den Registerort oder, wenn das Binnenschiff nicht in einem Schiffsregister eingetragen ist, über den Heimatort des Binnenschiffes;
6. im Falle der Geltendmachung der Haftungsbeschränkung für Ansprüche der Anspruchsklasse A, C oder D die zur Berechnung der Haftungssumme notwendigen Angaben über die Bauart einschließlich Wasserverdrängung, Tragfähigkeit und Leistungsfähigkeit vorhandener Antriebsmaschinen, bei Anlagen und Geräten im Sinne des § 5e Abs. 1 Nr. 4 des Binnenschiffahrtsgesetzes über deren Wert;
7. im Falle der Geltendmachung der Haftungsbeschränkung für Ansprüche der Anspruchsklasse B die zur Berechnung der Haftungssumme notwendigen Angaben über die Anzahl der Reisenden, die das Binnenschiff nach dem Schiffszeugnis befördern darf oder, wenn eine zulässige Höchstzahl nicht vorgeschrieben ist, zum Zeitpunkt des haftungsbegründenden Ereignisses tatsächlich befördert hat;
8. die Angabe des Betrags und des Grundes der dem Antragsteller bekannten Ansprüche, für welche die Haftung durch das Verteilungsverfahren beschränkt werden soll.

(2) Betrifft das Verteilungsverfahren ein Binnenschiff, das in einem Schiffsregister eingetragen ist, so ist dem Antrag eine beglaubigte Abschrift der Eintragung in diesem Register beizufügen.

(3) Der Antragsteller hat glaubhaft zu machen, daß die Voraussetzungen des § 1 Abs. 5 in Verbindung mit § 36 Abs. 2 vorliegen.

## § 39 Festsetzung der Haftungssumme

Die vom Gericht festzusetzende Haftungssumme ist vom Zeitpunkt des zur Haftung führenden Ereignisses bis zum Zeitpunkt der Errichtung des Fonds mit vier vom Hundert für das Jahr zu verzinsen.

## § 40 Inhalt des Eröffnungsbeschlusses

Der Beschluß über die Eröffnung des Binnenschiffahrtsrechtlichen Verteilungsverfahrens enthält außer den nach § 7 Abs. 2 Nr. 1, 4, 6 und 7 erforderlichen Feststellungen und Angaben insbesondere:
1. die Feststellung, für welchen Personenkreis im Sinne des § 35 Satz 1 das Verfahren eröffnet wird, oder, im Falle des § 36 Abs. 3 Satz 2, die Feststellung, daß das Verfahren nur für den Antragsteller eröffnet wird;
2. die Feststellung, für welche Anspruchsklasse im Sinne des § 36 Abs. 1 das Verfahren eröffnet wird, im Falle des § 1 Abs. 5 in Verbindung mit § 36 Abs. 2 auch die Feststellung, daß das Verfahren nur mit Wirkung für Ansprüche wegen Sachschäden eröffnet wird;
3. Angaben über den Namen und Registerort oder, wenn das Binnenschiff nicht in einem Schiffsregister eingetragen ist, über den Heimatort des Binnenschiffes.

## § 41 Wirkungen der Eröffnung

Auf die Eröffnung des Binnenschiffahrtsrechtlichen Verteilungsverfahrens ist § 8 mit der Maßgabe anzuwenden, daß an die Stelle
1. der Ansprüche, die der Haftungsbeschränkung nach den §§ 611 bis 616 des Handelsgesetzbuchs unterliegen, die Ansprüche treten, die der Haftungsbeschränkung nach den §§ 4 bis 5m des Binnenschiffahrtsgesetzes unterliegen, und
2. der Ansprüche, die im Falle des § 1 Abs. 5 zu den Ansprüchen wegen Sachschäden gehören, die Ansprüche treten, die im Falle des § 1 Abs. 5 in Verbindung mit § 36 Abs. 2 zu den Ansprüchen wegen Sachschäden gehören.

## § 42 Öffentliche Aufforderung bei Verfahren nur mit Wirkung für Ansprüche wegen Sachschäden

Die öffentliche Aufforderung hat, sofern das Verfahren nach § 1 Abs. 5 in Verbindung mit § 36 Abs. 2 nur mit Wirkung für Ansprüche wegen Sachschäden eröffnet worden ist, auch den in § 10 Abs. 3 genannten Inhalt.

## § 43 Eintragung von angemeldeten Ansprüchen

Der Urkundsbeamte der Geschäftsstelle trägt angemeldete Ansprüche wegen Personenschäden und Ansprüche wegen Sachschäden entsprechend § 13 Abs. 3 getrennt ein, wenn das Verteilungsverfahren im Rahmen der Anspruchsklasse A oder D für beide Arten von Ansprüchen eröffnet worden ist.

## § 44 Erweiterung des Verfahrens auf Ansprüche wegen Personenschäden

§ 16 Abs. 1 Satz 1 ist auf ein Binnenschiffahrtsrechtliches Verteilungsverfahren für Ansprüche der Anspruchsklasse A oder der Anspruchsklasse D nach § 1 Abs. 5 in Verbindung mit § 36 Abs. 2 mit der Maßgabe anzuwenden, daß an die Stelle des in Artikel 6 Abs. 1 Buchstabe a des Haftungsbeschränkungsübereinkommens bestimmten Haftungshöchstbetrages folgender Betrag tritt:
1. wenn es sich um Ansprüche der Anspruchsklasse A handelt, der in § 5e des Binnenschiffahrtsgesetzes bestimmte Haftungshöchstbetrag,
2. wenn es sich um Ansprüche der Anspruchsklasse D handelt, der in § 5h Abs. 2 Nr. 1 des Binnenschiffahrtsgesetzes bestimmte Haftungshöchstbetrag.

## § 45 Feststellung der Ansprüche

Die Eintragung festgestellter Ansprüche nach § 19 Abs. 2 gilt, wenn das Verfahren für Ansprüche der Anspruchsklasse A oder der Anspruchsklasse D eröffnet worden ist, auch hinsichtlich ihrer Zugehörigkeit zu den Ansprüchen wegen Personenschäden oder zu den Ansprüchen wegen Sachschäden sowie hinsichtlich des Rechts ihrer Gläubiger auf Teilnahme an dem Verfahren wie ein rechtskräftiges Urteil gegen alle Gläubiger und Schuldner von Ansprüchen, die an dem Verfahren teilnehmen, sowie gegen den Sachwalter.

## § 46 Verteilung

(1) In einem Binnenschiffahrtsrechtlichen Verteilungsverfahren für Ansprüche der Anspruchsklasse A oder D haben Ansprüche wegen Beschädigung von Hafenanlagen, Hafenbecken, Wasserstraßen, Schleusen, Brücken und Navigationshilfen Vorrang vor sonstigen Ansprüchen wegen Sachschäden.

(2) Hat ein Binnenschiffahrtsrechtliches Verteilungsverfahren für Ansprüche der Anspruchsklasse A oder D Wirkung sowohl für Ansprüche wegen Personenschäden als auch für Ansprüche wegen Sachschäden, so sind gemäß § 23 Abs. 3 aus der Haftungssumme zum Zwecke der Verteilung zwei Teilsummen zu bilden. Die Höhe der Teilsummen berechnet sich abweichend von § 23 Abs. 3 Satz 2 wie folgt:
1. Handelt es sich um Ansprüche der Anspruchsklasse A, so bestimmt sich die Höhe der ersten Teilsumme nach § 5e des Binnenschiffahrtsgesetzes und die Höhe der zweiten Teilsumme nach § 5f des Binnenschiffahrtsgesetzes.
2. Handelt es sich um Ansprüche der Anspruchsklasse D, so bestimmt sich die Höhe der ersten Teilsumme nach § 5h Abs. 2 Nr. 1 des Binnenschiffahrtsgesetzes und die Höhe der zweiten Teilsumme nach § 5h Abs. 2 Nr. 2 des Binnenschiffahrtsgesetzes.
Wird die Verteilung aus diesen Teilsummen vorgenommen, so werden Kosten, die aus einem Rechtsstreit über Ansprüche wegen Personenschäden entstanden sind, aus der für diese Ansprüche bestimmten Teilsumme und Kosten, die aus einem Rechtsstreit über Ansprüche wegen Sachschäden entstanden sind, aus der für diese Ansprüche bestimmten Teilsumme berichtigt.

## § 47 Verzeichnis der Ansprüche

Das vom Urkundsbeamten vor der Vornahme einer Verteilung nach § 26 Abs. 2 vorzulegende Verzeichnis ist sowohl bei Ansprüchen der Anspruchsklasse A als auch bei Ansprüchen der Anspruchsklasse D gegliedert nach Ansprüchen wegen Personenschäden und Ansprüchen wegen Sachschäden.

## § 48 Nachträgliche Erweiterung des Verfahrens bei Ansprüchen der Anspruchs-klasse A oder D

Auf ein Binnenschiffahrtsrechtliches Verteilungsverfahren für Ansprüche der Anspruchs-klasse A und D ist, wenn das Verfahren nach § 1 Abs. 5 in Verbindung mit § 36 Abs. 2 nur mit Wirkung für Ansprüche wegen Sachschäden eröffnet worden ist, § 30 mit der Maßgabe anzuwenden, daß an die Stelle des in Artikel 6 Abs. 1 Buchstabe a des Haftungsbeschrän-kungsübereinkommens bestimmten Haftungshöchstbetrages folgender Betrag tritt:
1. wenn es sich um Ansprüche der Anspruchsklasse A handelt, der in § 5e des Binnenschiff-fahrtsgesetzes bestimmte Haftungshöchstbetrag;
2. wenn es sich um Ansprüche der Anspruchsklasse D handelt, der in § 5h Abs. 2 Nr. 1 des Binnenschiffahrtsgesetzes bestimmte Haftungshöchstbetrag.

Antragsberechtigt im Sinne des § 30 ist jedoch nur der Schuldner, der demselben Personen-kreis im Sinne des § 35 Satz 1 angehört.

## § 49 Kosten

Die nach § 32 Abs. 3 der Haftungssumme endgültig zur Last fallenden Kosten sind auch dann mit Vorrang vor den festgestellten Ansprüchen zu berichtigen, wenn aus der Haftungs-summe Teilsummen nach § 46 Abs. 2 gebildet werden.

## Dritter Teil. Wirkungen der Errichtung eines Fonds in einem anderen Vertragsstaat

## § 50 Errichtung eines Fonds nach dem Haftungsbeschränkungsübereinkommen

(1) Hat ein Gläubiger einen Anspruch gegen einen Fonds geltend gemacht, der entspre-chend den Vorschriften des Haftungsbeschränkungsübereinkommens in einem anderen Vertragsstaat errichtet worden ist, so gilt für Zwangsvollstreckungen wegen eines solchen Anspruchs in das Vermögen eines Schuldners, von dem oder für den der Fonds errichtet worden ist, § 8 Abs. 4 und 5 entsprechend. Für eine Klage wegen eines solchen Anspruchs gegen einen Schuldner, von dem oder für den der Fonds errichtet worden ist, gilt § 8 Abs. 2 und 3 entsprechend, sofern das für die Errichtung und Verteilung des Fonds maßgebende Recht der Errichtung des Fonds diese Rechtsfolgen beilegt.

(2) Absatz 1 ist nur anzuwenden, wenn der Gläubiger einen Anspruch gegen den Fonds vor dem Gericht geltend machen kann, das den Fonds verwaltet, und wenn der Fonds für den Anspruch tatsächlich zur Verfügung steht und frei transferierbar ist.

## § 51 Errichtung eines Fonds nach dem Haftungsübereinkommen von 1992

(1) Ist der Eigentümer eines Schiffes berechtigt, seine Haftung für die aus einem bestimm-ten Ereignis entstandenen Ansprüche wegen Ölverschmutzungsschäden nach den Vorschrif-ten des Haftungsübereinkommens von 1992 zu beschränken, und hat er nach diesen Vor-schriften für den Gesamtbetrag seiner Haftung einen Fonds in einem anderen Vertragsstaat des Haftungsübereinkommens von 1992 errichtet, so gilt für Zwangsvollstreckungen wegen eines solchen Anspruchs in das Vermögen des Schiffseigentümers § 8 Abs. 4 und 5 entspre-chend. Für eine Klage wegen eines solchen Anspruchs gegen den Schiffseigentümer gilt § 8 Abs. 2 und 3 entsprechend, sofern das für die Errichtung und Verteilung des Fonds maßgebende Recht der Errichtung des Fonds diese Rechtsfolgen beilegt.

(2) Absatz 1 ist nur anzuwenden, wenn der Gläubiger Zugang zu dem Gericht hat, das den Fonds verwaltet, und wenn der Fonds tatsächlich zur Befriedigung seines Anspruchs verwendet werden kann.

## § 52 Errichtung eines Fonds nach dem Straßburger Übereinkommen[1]

(1) Hat ein Gläubiger einen Anspruch gegen einen Fonds geltend gemacht, der entsprechend den Vorschriften des Straßburger Übereinkommens über die Beschränkung der Haftung in der Binnenschiffahrt – CLNI (BGBl. 1998 II S. 1643) in einem anderen Vertragsstaat des Übereinkommens errichtet worden ist, so ist für Zwangsvollstreckungen wegen eines solchen Anspruchs in das Vermögen des Schuldners, von dem oder für den der Fonds errichtet worden ist, § 41 in Verbindung mit § 8 Abs. 4 und 5 entsprechend anzuwenden. Für eine Klage wegen eines solchen Anspruchs gegen einen Schuldner, von dem oder für den der Fonds errichtet worden ist, gilt § 41 in Verbindung mit § 8 Abs. 2 und 3 entsprechend, sofern das für die Errichtung und Verteilung des Fonds maßgebende Recht der Errichtung des Fonds diese Rechtsfolgen beilegt.

(2) Ist in einem Vertragsstaat des Straßburger Übereinkommens ein Fonds errichtet worden, so ist die Vollziehung eines Arrests in das Vermögen einer Person, für die der Fonds errichtet worden ist, wegen eines gegen den Fonds verfolgbaren Anspruchs aufzuheben. Zur Abwendung eines solchen Anspruchs geleistete Sicherheiten sind freizugeben.

(3) Die Absätze 1 und 2 sind nur anzuwenden, wenn der Gläubiger einen Anspruch gegen den Fonds vor dem Gericht geltend machen kann, das den Fonds verwaltet, und wenn der Fonds für den Anspruch tatsächlich zur Verfügung steht und frei transferierbar ist.

---

[1] *Vom Abdruck des Anhangs zum Einigungsvertrag wird abgesehen.*

## II. Gesetz über das Verfahren in Familensachen und in den Angelegenheiten der freiwilligen Gerichtsbarkeit

Vom 17. Dezember 2008 (BGBl. I S. 2586), zuletzt geändert durch Gesetz vom 10. Oktober 2013 (BGBl. I S. 3786)

– Auszug –

## Abschnitt 4. Unternehmensrechtliche Verfahren

### § 402 Anfechtbarkeit

(1) Der Beschluss des Gerichts, durch den über Anträge nach § 375 entschieden wird, ist mit der Beschwerde anfechtbar.

(2) Eine Anfechtung des Beschlusses, durch den einem Antrag nach § 11 des Binnenschifffahrtsgesetzes oder § 595 Absatz 2 des Handelsgesetzbuchs, auch in Verbindung mit § 78 des Binnenschifffahrtsgesetzes, stattgegeben wird, ist ausgeschlossen.

(3) Die Vorschriften des Handelsgesetzbuchs, des Aktiengesetzes und des Publizitätsgesetzes über die Beschwerde bleiben unberührt.

### § 403 Weigerung des Dispacheurs

(1) Lehnt der Dispacheur den Auftrag eines Beteiligten zur Aufmachung der Dispache aus dem Grund ab, weil ein Fall der großen Haverei nicht vorliege, entscheidet über die Verpflichtung des Dispacheurs auf Antrag des Beteiligten das Gericht.

(2) Der Beschluss ist mit der Beschwerde anfechtbar.

### § 404 Aushändigung von Schriftstücken; Einsichtsrecht

(1) Auf Antrag des Dispacheurs kann das Gericht einen Beteiligten verpflichten, dem Dispacheur die in seinem Besitz befindlichen Schriftstücke, zu deren Mitteilung er gesetzlich verpflichtet ist, auszuhändigen.

(2) Der Dispacheur ist verpflichtet, jedem Beteiligten Einsicht in die Dispache zu gewähren und ihm auf Verlangen eine Abschrift gegen Erstattung der Kosten zu erteilen.

### § 405 Termin; Ladung

(1) ¹Jeder Beteiligte ist befugt, bei dem Gericht eine mündliche Verhandlung über die von dem Dispacheur aufgemachte Dispache zu beantragen. ²In dem Antrag sind diejenigen Beteiligten zu bezeichnen, welche zu dem Verfahren hinzugezogen werden sollen.

(2) Wird ein Antrag auf mündliche Verhandlung gestellt, hat das Gericht die Dispache und deren Unterlagen von dem Dispacheur einzuziehen und, wenn nicht offensichtlich die Voraussetzungen der großen Haverei fehlen, den Antragsteller sowie die von ihm bezeichneten Beteiligten zu einem Termin zu laden.

(3) ¹Die Ladung muss den Hinweis darauf enthalten, dass, wenn der Geladene weder in dem Termin erscheint noch vorher Widerspruch gegen die Dispache bei dem Gericht anmeldet, sein Einverständnis mit der Dispache angenommen wird. ²In der Ladung ist zu bemerken, dass die Dispache und deren Unterlagen auf der Geschäftsstelle eingesehen werden können.

(4) Die Frist zwischen der Ladung und dem Termin muss mindestens zwei Wochen betragen.

(5) ¹Erachtet das Gericht eine Vervollständigung der Unterlagen der Dispache für notwendig, hat es die Beibringung der erforderlichen Belege anzuordnen. ²§ 404 Abs. 1 gilt entsprechend.

## § 406 Verfahren im Termin

(1) Wird im Termin ein Widerspruch gegen die Dispache nicht erhoben und ist ein solcher auch vorher nicht angemeldet, hat das Gericht die Dispache gegenüber den an dem Verfahren Beteiligten zu bestätigen.

(2) ¹Liegt ein Widerspruch vor, haben sich die Beteiligten, deren Rechte durch ihn betroffen werden, zu erklären. ²Wird der Widerspruch als begründet anerkannt oder kommt anderweitig eine Einigung zustande, ist die Dispache entsprechend zu berichtigen. ³Erledigt sich der Widerspruch nicht, so ist die Dispache insoweit zu bestätigen, als sie durch den Widerspruch nicht berührt wird.

(3) Werden durch den Widerspruch die Rechte eines in dem Termin nicht erschienenen Beteiligten betroffen, wird angenommen, dass dieser den Widerspruch nicht als begründet anerkennt.

## § 407 Verfolgung des Widerspruchs

(1) ¹Soweit ein Widerspruch nicht nach § 406 Abs. 2 erledigt wird, hat ihn der Widersprechende durch Erhebung der Klage gegen diejenigen an dem Verfahren Beteiligten, deren Rechte durch den Widerspruch betroffen werden, zu verfolgen. ²Die §§ 878 und 879 der Zivilprozessordnung sind mit der Maßgabe entsprechend anzuwenden, dass das Gericht einem Beteiligten auf seinen Antrag, wenn erhebliche Gründe glaubhaft gemacht werden, die Frist zur Erhebung der Klage verlängern kann und dass an die Stelle der Ausführung des Verteilungsplans die Bestätigung der Dispache tritt.

(2) Ist der Widerspruch durch rechtskräftiges Urteil oder in anderer Weise erledigt, so wird die Dispache bestätigt, nachdem sie erforderlichenfalls von dem Amtsgericht nach Maßgabe der Erledigung der Einwendungen berichtigt ist.

## § 408 Beschwerde

(1) Der Beschluss, durch den ein nach § 405 gestellter Antrag auf gerichtliche Verhandlung zurückgewiesen, über die Bestätigung der Dispache entschieden oder ein Beteiligter nach § 404 zur Herausgabe von Schriftstücken verpflichtet wird, ist mit der Beschwerde anfechtbar.

(2) Einwendungen gegen die Dispache, die mittels Widerspruchs geltend zu machen sind, können nicht mit der Beschwerde geltend gemacht werden.

## § 409 Wirksamkeit; Vollstreckung

(1) Die Bestätigung der Dispache ist nur für das gegenseitige Verhältnis der an dem Verfahren Beteiligten wirksam.

(2) Der Bestätigungsbeschluss wird erst mit Rechtskraft wirksam.

(3) ¹Für Klagen auf Erteilung der Vollstreckungsklausel sowie für Klagen, durch welche Einwendungen gegen die in der Dispache festgestellten Ansprüche geltend gemacht werden oder die bei der Erteilung der Vollstreckungsklausel als eingetreten angenommene Rechtsnachfolge bestritten wird, ist das Gericht zuständig, das die Dispache bestätigt hat. ²Gehört der Anspruch nicht vor die Amtsgerichte, sind die Klagen bei dem zuständigen Landgericht zu erheben.

# III. Übereinkommen vom 19. November 1976 über die Beschränkung der Haftung für Seeforderungen

vom 19. November 1976 (BGBl. 1986 II S. 786)
in der Fassung des Protokolls vom 2. Mai 1996 (BGBl. 2000 II 791)

*(Deutsche Übersetzung)*

Die Vertragsstaaten dieses Übereinkommens –
in Erkenntnis der Zweckmäßigkeit einer vertraglichen Festlegung einheitlicher Regeln über die Beschränkung der Haftung für Seeforderungen –
haben beschlossen, zu diesem Zweck ein Übereinkommen zu schließen, und haben demgemäß folgendes vereinbart:

## Kapitel I. Recht auf Haftungsbeschränkung

### Art. 1 Zur Beschränkung der Haftung berechtigte Personen

(1) Schiffseigentümer und Berger oder Retter im Sinn der nachstehenden Begriffsbestimmungen können ihre Haftung für die in Artikel 2 angeführten Ansprüche nach den Bestimmungen dieses Übereinkommens beschränken.

(2) Der Ausdruck Schiffseigentümer umfaßt den Eigentümer, Charterer, Reeder und Ausrüster eines Seeschiffs.

(3) Berger oder Retter bedeutet jede Person, die in unmittelbarem Zusammenhang mit einer Bergung oder Hilfeleistung Dienste leistet. Zu einer Bergung oder Hilfeleistung gehören auch die in Artikel 2 Absatz 1 Buchstaben d, e und f erwähnten Arbeiten.

(4) Wird einer der in Artikel 2 angeführten Ansprüche gegen eine Person geltend gemacht, für deren Handeln, Unterlassen oder Verschulden der Schiffseigentümer oder der Berger oder Retter haftet, so ist diese Person berechtigt, sich auf die in diesem Übereinkommen vorgesehene Haftungsbeschränkung zu berufen.

(5) In diesem Übereinkommen schließt die Haftung des Schiffseigentümers die Haftung für Ansprüche ein, die gegen das Schiff selbst geltend gemacht werden.

(6) Ein Versicherer, der die Haftung in bezug auf Ansprüche versichert, die der Beschränkung nach diesem Übereinkommen unterliegen, kann sich im gleichen Umfang wie der Versicherte auf die Bestimmungen dieses Übereinkommens berufen.

(7) Die Geltendmachung der Haftungsbeschränkung bedeutet keine Anerkennung der Haftung.

### Art. 2 Der Beschränkung unterliegende Ansprüche

(1) Vorbehaltlich der Artikel 3 und 4 unterliegen folgende Ansprüche, ungeachtet des Grundes der Haftung, der Haftungsbeschränkung:
a) Ansprüche wegen Tod oder Körperverletzung oder wegen Verlust oder Beschädigung von Sachen (einschließlich Beschädigung von Hafenanlagen, Hafenbecken, Wasserstraßen und Navigationshilfen), die an Bord oder in unmittelbarem Zusammenhang mit dem Betrieb des Schiffes oder mit Bergungs- oder Hilfeleistungsarbeiten eintreten, sowie wegen daraus entstehender weiterer Schäden;
b) Ansprüche wegen Schäden infolge Verspätung bei der Beförderung von Gütern, Reisenden oder deren Gepäck auf See;

c) Ansprüche wegen sonstiger Schäden, die sich aus der Verletzung nichtvertraglicher Rechte ergeben und in unmittelbarem Zusammenhang mit dem Betrieb des Schiffes oder mit Bergungs- oder Hilfeleistungsarbeiten stehen;

d) Ansprüche aus der Hebung, Beseitigung, Vernichtung oder Unschädlichmachung eines gesunkenen, havarierten, gestrandeten oder verlassenen Schiffes, samt allem, was sich an Bord eines solchen Schiffes befindet oder befunden hat;

e) Ansprüche aus der Beseitigung, Vernichtung oder Unschädlichmachung der Ladung des Schiffes;

f) Ansprüche einer anderen Person als des Haftpflichtigen wegen Maßnahmen, die ergriffen wurden, um Schäden, für die der Haftpflichtige seine Haftung nach diesem Übereinkommen beschränken kann, abzuwenden oder zu verringern, sowie wegen weiterer durch solche Maßnahmen entstandener Schäden.

(2) Die in Absatz 1 angeführten Ansprüche unterliegen auch dann der Haftungsbeschränkung, wenn sie auf Grund eines Vertrags oder sonstwie als Rückgriffs- oder Entschädigungsansprüche geltend gemacht werden. Die in Absatz 1 Buchstaben d, e und f angeführten Ansprüche unterliegen jedoch nicht der Haftungsbeschränkung, soweit sie ein mit dem Haftpflichtigen vertraglich vereinbartes Entgelt betreffen.

## Art. 3 Von der Beschränkung ausgenommene Ansprüche

Dieses Übereinkommen ist nicht anzuwenden auf

a) Ansprüche aus Bergung oder Hilfeleistung, einschließlich gegebenenfalls Ansprüche auf Sondervergütung nach Artikel 14 des Internationalen Übereinkommens von 1989 über Bergung in der jeweils geltenden Fassung, oder Ansprüche aus Beitragsleistung zur großen Havarei;

b) Ansprüche wegen Ölverschmutzungsschäden im Sinn das Internationalen Übereinkommens vom 29. November 1969 über die zivilrechtliche Haftung für Ölverschmutzungsschäden oder einer Änderung oder eines Protokolls, die das Übereinkommen betreffen und in Kraft getreten sind;

c) Ansprüche, die unter ein internationales Übereinkommen oder innerstaatliche Rechtsvorschriften fallen, welche die Haftungsbeschränkung bei nuklearen Schäden regeln oder verbieten;

d) Ansprüche gegen den Schiffseigentümer eines Reaktorschiffs wegen nuklearer Schäden;

e) Ansprüche von Bediensteten das Schiffseigentümers oder des Bergers oder Retters, deren Aufgaben mit dem Betrieb des Schiffes oder mit Bergungs- oder Hilfeleistungsarbeiten zusammenhängen, sowie Ansprüche ihrer Erben, Angehörigen oder sonstiger zur Geltendmachung solcher Ansprüche berechtigter Personen, wenn der Schiffseigentümer oder der Berger oder Retter nach dem Recht, das für den Dienstvertrag zwischen ihm und diesen Bediensteten gilt, seine Haftung für diese Ansprüche nicht beschränken oder nur auf einen Betrag beschränken kann, der den in Artikel 6 vorgesehenen übersteigt.

## Art. 4 Die Beschränkung ausschließendes Verhalten

Ein Haftpflichtiger darf seine Haftung nicht beschränken, wenn nachgewiesen wird, daß der Schaden auf eine Handlung oder Unterlassung zurückzuführen ist, die von ihm selbst in der Absicht, einen solchen Schaden herbeizuführen, oder leichtfertig und in dem Bewußtsein begangen wurde, daß ein solcher Schaden mit Wahrscheinlichkeit eintreten werde.

## Art. 5 Gegenansprüche

Hat eine Person, die zur Beschränkung der Haftung nach den Bestimmungen dieses Übereinkommens berechtigt ist, gegen den Gläubiger einen Anspruch, der aus dem gleichen

Ereignis entstanden ist, so sind die beiderseitigen Ansprüche gegeneinander aufzurechnen und die Bestimmungen dieses Übereinkommens nur auf den etwa verbleibenden Anspruch anzuwenden.

## Kapitel II. Haftungshöchstbeträge

### Art. 6 Allgemeine Höchstbeträge

(1) Die Haftungshöchstbeträge für andere als die in Artikel 7 angeführten Ansprüche, die aus demselben Ereignis entstanden sind, errechnen sich wie folgt:
a) für Ansprüche wegen Tod oder Körperverletzung;
   i) für ein Schiff mit einem Raumgehalt bis zu 2.000 Tonnen 2 Millionen Rechnungseinheiten;
   ii) für ein Schiff mit einem darüber hinausgehenden Raumgehalt erhöht sich der unter Ziffer i genannt Betrag wie folgt:
     800 Rechnungseinheiten je Tonne von 2.001 bis 30.000 Tonnen;
     600 Rechnungseinheiten je Tonne von 30.001 bis 70.000 Tonnen;
     400 Rechnungseinheiten je Tonne über 70.000 Tonnen;
b) für sonstige Ansprüche:
   i) für ein Schiff mit einem Raumgehalt bis zu 2.000 Tonnen 1 Million Rechnungseinheiten;
   ii) für ein Schiff mit einem darüber hinausgehenden Raumgehalt erhöht sich der unter Ziffer i genannte Betrag wie folgt:
     400 Rechnungseinheiten je Tonne von 2.001 bis 30.000 Tonnen;
     300 Rechnungseinheiten je Tonne von 30.001 bis 70.000 Tonnen;
     200 Rechnungseinheiten je Tonne über 70.000 Tonnen;

(2) Reicht der nach Absatz 1 Buchstabe a errechnete Betrag zur vollen Befriedigung der darin genannten Ansprüche nicht aus, so steht der nach Absatz 1 Buchstabe b errechnete Betrag zur Befriedigung der nicht befriedigten Restansprüche nach Absatz 1 Buchstabe a zur Verfügung, wobei diese Restansprüche den gleichen Rang wie die in Absatz 1 Buchstabe b genannten Ansprüche haben.

(3) Unbeschadet der Rechte nach Absatz 2 in bezug auf Ansprüche wegen Tod oder Körperverletzung kann ein Vertragsstaat in seinen innerstaatlichen Rechtsvorschriften jedoch bestimmen, daß Ansprüche wegen Beschädigung von Hafenanlagen, Hafenbecken, Wasserstraßen und Navigationshilfen den ihnen in diesen Rechtsvorschriften eingeräumten Vorrang vor sonstigen Ansprüchen nach Absatz 1 Buchstabe b haben.

(4) Die Haftungshöchstbeträge für einen Berger oder Retter, der nicht von einem Schiff aus arbeitet, oder für einen Berger oder Retter, der ausschließlich auf dem Schiff arbeitet, für das er Bergungs- oder Hilfeleistungsdienste leistet, errechnen sich unter Zugrundelegung eines Raumgehalts von 1.500 Tonnen.

(5) Raumgehalt des Schiffes im Sinn dieses Artikels ist die Bruttoraumzahl, errechnet nach den in Anlage 1 des Internationalen Schiffsvermessungs-Übereinkommens von 1969 enthaltenen Bestimmungen über die Vermessung das Raumgehalts.

### Art. 7 Höchstbetrag für Ansprüche von Reisenden

(1) Bei aus demselben Ereignis entstandenen Ansprüchen wegen des Todes oder der Körperverletzung von Reisenden eines Schiffes haftet der Schiffseigentümer bis zu einem Betrag von 175.000 Rechnungseinheiten multipliziert mit der Anzahl der Reisenden, die das Schiff nach dem Schiffszeugnis befördern darf.

(2) „Ansprüche wegen des Todes oder der Körperverletzung von Reisenden eines Schiffes" im Sinn dieses Artikels bedeutet diejenigen Ansprüche, die durch oder für eine auf diesem Schiff beförderte Person geltend gemacht werden,
a) die auf Grund eines Beförderungsvertrags für Reisende befördert wird oder
b) die mit Zustimmung des Beförderers ein Fahrzeug oder lebende Tiere begleitet, die Gegenstand eines Vertrags über die Beförderung von Gütern sind.

## Art. 8 Rechnungseinheit

(1) Die in den Artikeln 6 und 7 genannte Rechnungseinheit ist das Sonderziehungsrecht des internationalen Währungsfonds. Die in den Artikeln 6 und 7 genannten Beträge werden in die Landeswährung des Staates umgerechnet, in dem die Beschränkung der Haftung geltend gemacht wird; die Umrechnung erfolgt entsprechend dem Wert der betreffenden Währung im Zeitpunkt der Errichtung des Haftungsfonds, der Zahlung oder der Leistung einer nach dem Recht dieses Staates gleichwertigen Sicherheit. Der in Sonderziehungsrechten ausgedrückte Wert der Landeswährung eines Vertragsstaats, der Mitglied des Internationalen Währungsfonds ist, wird nach der vom Internationalen Währungsfonds angewendeten Bewertungsmethode errechnet, die an dem betreffenden Tag für seine Operationen und Transaktionen gilt. Der in Sonderziehungsrechten ausgedrückte Wert der Landeswährung eines Vertragsstaats, der nicht Mitglied des Internationalen Währungsfonds ist, wird auf eine von diesem Vertragsstaat bestimmte Weise errechnet.

(2) Dessen ungeachtet können die Staaten, die nicht Mitglieder des Internationalen Währungsfonds sind und deren Recht die Anwendung des Absatzes 1 nicht zuläßt, bei der Unterzeichnung ohne Vorbehalt der Ratifikation, Annahme oder Genehmigung oder bei der Ratifikation, der Annahme, der Genehmigung oder dem Beitritt oder jederzeit danach erklären, daß die in ihren Hoheitsgebieten geltenden Haftungshöchstbeträge dieses Übereinkommens wie folgt festgesetzt werden:
a) bezüglich Artikel 6 Absatz 1 Buchstabe a auf folgende Beträge:
   i) für ein Schiff mit einem Raumgehalt bis zu 2 000 Tonnen 30 Millionen Werteinheiten;
   ii) für ein Schiff mit einem darüber hin ausgehenden Raumgehalt erhöht sich der unter Ziffer i genannte Betrag wie folgt:
   12 000 Werteinheiten je Tonne von 2.001 bis 30 000 Tonnen;
   9 000 Werteinheiten je Tonne von 30.001 bis 70 000 Tonnen und
   6 000 Werteinheiten je Tonne über 70.000 Tonnen und
b) bezüglich Artikel 6 Absatz 1 Buchstabe b auf folgende Beträge:
   i) für ein Schiff bis zu 2.000 Tonnen 15 Millionen Werteinheiten;
   ii) für ein Schiff mit einem darüber hin ausgehenden Raumgehalt erhöht sich der unter Ziffer i genannte Betrag wie folgt:
   6.000 Werteinheiten je Tonne von 2.001 bis 30.000 Tonnen;
   4.500 Werteinheiten je Tonne von 30.001 bis 70.000 Tonnen und
   3.000 Werteinheiten je Tonne über 70.000 Tonnen und
c) bezüglich Artikel 7 Absatz 1 auf einen Betrag von 2.625.000 Werteinheiten multipliziert mit der Anzahl der Reisenden, die das Schiff nach seinem Schiffszeugnis befördern darf.
Art. 6 Absätze 2 und 3 findet auf die Buchstaben a und b dieses Absatzes entsprechende Anwendung.

(3) Die in Absatz 2 genannte Werteinheit entspricht 65½ Milligramm Gold von 900/ 1000 Feingehalt. Die Umrechnung der Beträge nach Absatz 2 in die Landeswährung erfolgt nach dem Recht des betreffenden Staates.

(4) Die in Absatz 1 letzter genannte Berechnung und die in Absatz 3 genannte Umrechnung erfolgen in der Weise, daß die Beträge nach den Artikeln 6 und 7, in der Landeswährung des Vertragsstaats ausgedrückt, soweit wie möglich dem dort in Rechnungseinheiten

ausgedrückten tatsächlichen Wert entsprechen. Die Vertragsstaaten teilen dem Verwahrer die Art der Berechnung nach Absatz 1 oder das Ergebnis der Umrechnung nach Absatz 3 bei der Unterzeichnung ohne Vorbehalt der Ratifikation, Annahme oder Genehmigung oder bei der Hinterlegung einer der in Artikel 16 genannten Urkunden sowie immer dann mit, wenn sich die Berechnungsart oder das Umrechnungsergebnis ändert.

### Art. 9 Mehrere Ansprüche

(1) Die nach Artikel 6 bestimmten Haftungshöchstbeträge gelten für die Gesamtheit der aus demselben Ereignis entstandenen Ansprüche

a) gegen eine oder mehrere der in Artikel 1 Absatz 2 bezeichneten Personen sowie gegen jeden, für dessen Handeln, Unterlassen oder Verschulden sie haften,

b) gegen den Eigentümer eines Schiffes, der von diesem aus Bergungs- oder Hilfeleistungsdienste leistet, und gegen von dem Schiff aus arbeitende Berger oder Retter sowie gegen jeden, für dessen Handeln, Unterlassen oder Verschulden Eigentümer, Berger oder Retter haften, oder

c) gegen Berger oder Retter, die nicht von einem Schiff aus arbeiten oder die ausschließlich auf dem Schiff arbeiten, für das Bergungs- oder Hilfeleistungsdienste geleistet werden, sowie gegen jeden, für dessen Handeln, Unterlassen oder Verschulden Berger oder Retter haften.

(2) Die nach Artikel 7 bestimmten Haftungshöchstbeträge gelten für die Gesamtheit der Ansprüche, die sich aus demselben Ereignis gegen eine oder mehrere der in Artikel 1 Absatz 2 bezeichneten Personen hinsichtlich des in Artikel 7 genannten Schiffes sowie gegen jeden ergeben, für dessen Handeln, Unterlassen oder Verschulden sie haften.

### Art. 10 Haftungsbeschränkung ohne Errichtung eines Haftungsfonds

(1) Eine Beschränkung der Haftung kann auch dann geltend gemacht werden, wenn ein Haftungsfonds im Sinn des Artikels 11 nicht errichtet worden ist. Ein Vertragsstaat kann jedoch in seinem innerstaatlichen Recht für den Fall, daß vor seinen Gerichten eine Klage zwecks Durchsetzung eines der Beschränkung unterliegenden Anspruchs erhoben wird, bestimmen, daß ein Haftpflichtiger das Recht auf Beschränkung der Haftung nur geltend machen darf, wenn ein Haftungsfonds nach diesem Übereinkommen errichtet worden ist oder bei Geltendmachung des Rechts auf Beschränkung der Haftung errichtet wird.

(2) Wird Haftungsbeschränkung ohne Errichtung eines Haftungsfonds geltend gemacht, so ist Artikel 12 entsprechend anzuwenden.

(3) Das Verfahren für die Anwendung dieses Artikels richtet sich nach dem innerstaatlichen Recht des Vertragsstaats, in dem die Klage erhoben wird.

## Kapitel III. Haftungsfonds

### Art. 11 Errichtung des Fonds

(1) Derjenige, der haftbar gemacht wird, kann bei dem Gericht oder einer sonst zuständigen Behörde eines Vertragsstaats, in dem ein gerichtliches Verfahren wegen der Beschränkung unterliegender Ansprüche eingeleitet wird, einen Fonds errichten. Er hat den Fonds in Höhe derjenigen in den Artikeln 6 und 7 angeführten Beträge zu errichten, die für Ansprüche gelten, bezüglich deren seine Haftung in Betracht kommt, zuzüglich Zinsen vom Zeitpunkt des zur Haftung führenden Ereignisses bis zum Zeitpunkt dar Errichtung des Fonds. Dieser Fonds steht zur Befriedigung nur der Ansprüche zur Verfügung, für die eine Beschränkung der Haftung geltend gemacht werden kann.

(2) Ein Fonds kann entweder durch Hinterlegung des Betrags oder durch Leistung einer Sicherheit errichtet werden, die nach dem Recht des Vertragsstaats, in dem der Fonds errichtet wird, annehmbar ist und die vom Gericht oder der sonst zuständigen Behörde als angemessen erachtet wird.

(3) Ein Fonds, der von einer der in Artikel 9 Absatz 1 Buchstabe a, b oder c oder Absatz 2 angeführten Personen oder ihrem Versicherer errichtet worden ist, gilt als von allen in Artikel 9 Absatz 1 Buchstabe a, b oder c oder Absatz 2 angeführten Personen errichtet.

## Art. 12 Verteilung des Fonds

(1) Vorbehaltlich des Artikels 6 Absätze 1, 2 und 3 und des Artikels 7 wird der Fonds unter die Gläubiger im Verhältnis der Höhe ihrer festgestellten Ansprüche gegen den Fonds verteilt.

(2) Hat der Haftpflichtige oder sein Versicherer vor der Verteilung das Fonds einen Anspruch gegen den Fonds befriedigt, so tritt er bis zur Höhe des gezahlten Betrags in die Rechte ein, die dem so Entschädigten auf Grund dieses Übereinkommens zugestanden hätten.

(3) Das in Absatz 2 vorgesehene Eintrittsrecht kann auch von anderen als den darin genannten Personen für von ihnen gezahlte Entschädigungsbeträge ausgeübt werden, jedoch nur, soweit ein derartiger Eintritt nach dem anzuwendenden innerstaatlichen Recht zulässig ist.

(4) Weist der Haftpflichtige oder ein anderer nach, daß er gezwungen sein könnte, einen solchen Entschädigungsbetrag, für den ihm ein Eintrittsrecht nach den Absätzen 2 und 3 zugestanden hätte, wenn die Entschädigung vor Verteilung des Fonds gezahlt worden wäre, zu einem späteren Zeitpunkt ganz oder teilweise zu zahlen, so kann das Gericht oder die sonst zuständige Behörde des Staates, in dem der Fonds errichtet worden ist, anordnen, daß ein ausreichender Betrag vorläufig zurückbehalten wird, um es dem Betreffenden zu ermöglichen, zu dem späteren Zeitpunkt seinen Anspruch gegen den Fonds geltend zu machen.

## Art. 13 Ausschluß anderer Klagen

(1) Ist ein Haftungsfonds nach Artikel 11 errichtet worden, so kann derjenige, der einen Anspruch gegen den Fonds geltend gemacht hat, für diesen Anspruch kein Recht mehr gegen das sonstige Vermögen einer Person geltend machen, durch oder für die der Fonds errichtet worden ist.

(2) Nach der Errichtung eines Haftungsfonds nach Artikel 11 kann ein Schiff oder sonstiges Vermögen, das einer Person gehört, für die der Fonds errichtet worden ist, und das im Hoheitsbereich eines Vertragsstaats wegen eines möglichen Anspruchs gegen den Fonds mit Arrest belegt worden ist, oder eine geleistete Sicherheit auf Anordnung des Gerichts oder der sonst zuständigen Behörde dieses Staates freigegeben werden. Eine solche Freigabe muß angeordnet werden, wenn der Haftungsfonds errichtet worden ist
a) in dem Hafen, in dem das Ereignis eingetreten ist, oder, falls es außerhalb eines Hafens eingetreten ist, in dem ersten danach angelaufenen Hafen,
b) bei Ansprüchen wegen Tod oder Körperverletzung im Ausschiffungshafen,
c) bei an der Ladung entstandenen Schäden im Löschhafen oder
d) in dem Staat, in dem der Arrest ergangen ist.

(3) Die Absätze 1 und 2 gelten nur dann, wenn der Gläubiger einen Anspruch gegen den Fonds vor dem Gericht geltend machen kann, das den Fonds verwaltet, und wenn der Fonds für den Anspruch tatsächlich zur Verfügung steht und frei transferierbar ist.

**Art. 14 Anzuwendendes Recht**

Vorbehaltlich dieses Kapitels richten sich die Errichtung und die Verteilung eines Haftungsfonds sowie das gesamte damit zusammenhängende Verfahren nach dem Recht des Vertragsstaats, in dem der Fonds errichtet wird.

## Kapitel IV. Anwendungsbereich

**Art. 15**

(1) Dieses Übereinkommen findet in jedem Fall Anwendung, in dem eine in Artikel bezeichnete Person vor dem Gericht eines Vertragsstaats eine Beschränkung ihrer Haftung geltend macht oder im Hoheitsbereich eines Vertragsstaats die Freigabe eines Schiffes oder sonstigen Vermögensgegenstands oder einer geleisteten Sicherheit betreibt. Dessen ungeachtet kann jeder Vertragsstaat jede in Artikel 1 bezeichnete Person, die zur Zeit der Berufung auf die Bestimmungen dieses Übereinkommens vor den Gerichten dieses Staates ihren gewöhnlichen Aufenthalt oder ihre Hauptniederlassung nicht in einem Vertragsstaat hat, oder jedes Schiff, für das eine Beschränkung der Haftung geltend gemacht oder dessen Freigabe betrieben wird und das zu der oben angegebenen Zeit nicht die Flagge eines Vertragsstaats führt, von der Anwendung dieses Übereinkommens ganz oder teilweise ausschließen.

(2) Ein Vertragsstaat kann durch besondere Vorschriften des innerstaatlichen Rechts die Haftungsbeschränkung für Schiffe regeln,
a) die nach dem Recht dieses Staates zur Schiffahrt auf Binnenwasserstraßen bestimmt sind,
b) die weniger als 300 Tonnen haben.
Ein Vertragsstaat, der von der in diesem Absatz vorgesehenen Möglichkeit Gebrauch macht, hat dem Verwahrer die in seinen innerstaatlichen Rechtsvorschriften bestimmten Haftungshöchstbeträge mitzuteilen oder ihn zu unterrichten, daß es solche Höchstbeträge nicht gibt.

(3) Ein Vertragsstaat kann durch besondere Vorschriften des innerstaatlichen Rechts die Haftungsbeschränkung für Ansprüche regeln, die in Fällen entstehen, in denen die Interessen von Staatsangehörigen anderer Vertragsstaaten in keiner Weise berührt werden.

(3bis) Ungeachtet des in Artikel 7 Absatz 1 vorgeschriebenen Haftungshöchstbetrags kann ein Vertragsstaat durch besondere Vorschriften des innerstaatlichen Rechts die Haftung für Ansprüche wegen des Todes oder der Körperverletzung von Reisenden eines Schiffes regeln, sofern der Haftungshöchstbetrag nicht unter dem in Artikel 7 Absatz 1 vorgeschriebenen Betrag liegt. Ein Vertragsstaat, der von der in diesem Absatz vorgesehenen Möglichkeit Gebrauch macht, hat dem Generalsekretär die beschlossenen Haftungshöchstbeträge mitzuteilen oder ihn zu unterrichten, daß es solche Höchstbeträge nicht gibt.

(4) Dieses Übereinkommen ist von den Gerichten eines Vertragsstaats nicht auf Schiffe anzuwenden, die für Bohrarbeiten gebaut oder hergerichtet und für solche Arbeiten eingesetzt sind,
a) wenn der Staat in seinem innerstaatlichen Recht die Haftungshöchstbeträge höher angesetzt hat, als sie in Artikel 6 bestimmt sind, oder
b) wenn der Staat Vertragspartei eines internationalen Übereinkommens geworden ist, das die Haftung für solche Schiffe regelt.
Im Fall des Buchstabens a hat der Vertragsstaat den Verwahrer entsprechend zu unterrichten.

(5) Dieses Übereinkommen gilt nicht für
a) Luftkissenfahrzeuge,
b) schwimmende Plattformen zur Erforschung oder Ausbeutung der Naturschätze des Meeresbodens oder des Meeresuntergrunds.

## Kapitel V. Schlußbestimmungen
### Art. 16 Unterzeichnung, Ratifikation und Beitritt

(1) Dieses Übereinkommen liegt vom 1. Februar 1977 bis zum 31. Dezember 1977 am Sitz der Zwischenstaatlichen Beratenden Seeschiffahrts-Organisation (im folgenden als „Organisation" bezeichnet) für alle Staaten zur Unterzeichnung und danach zum Beitritt auf.

(2) Alle Staaten können Vertragsparteien dieses Übereinkommens werden,
a) indem sie es ohne Vorbehalt der Ratifikation, Annahme oder Genehmigung unterzeichnen,
b) indem sie es vorbehaltlich der Ratifikation, Annahme oder Genehmigung unterzeichnen und danach ratifizieren, annehmen oder genehmigen oder
c) indem sie ihm beitreten.

(3) Ratifikation, Annahme, Genehmigung oder Beitritt erfolgt durch Hinterlegung einer förmlichen Urkunde beim Generalsekretär der Organisation (im folgenden als „Generalsekretär" bezeichnet).

### Art. 17 Inkrafttreten

(1) Dieses Übereinkommen tritt am ersten Tag des Monats in Kraft, der auf den Ablauf eines Jahres nach dem Zeitpunkt folgt, zu dem zwölf Staaten das Übereinkommen entweder ohne Vorbehalt der Ratifikation, Annahme oder Genehmigung unterzeichnet oder die erforderlichen Ratifikations-, Annahme-, Genehmigungs- oder Beitrittsurkunden hinterlegt haben.

(2) Für einen Staat, der nach Erfüllung der Voraussetzungen für das Inkrafttreten, aber vor dem Zeitpunkt des Inkrafttretens dieses Übereinkommens eine Ratifikations-, Annahme-, Genehmigungs- oder Beitrittsurkunde dazu hinterlegt oder es ohne Vorbehalt der Ratifikation, Annahme oder Genehmigung unterzeichnet, wird die Ratifikation, die Annahme, die Genehmigung oder der Beitritt oder die Unterzeichnung ohne Vorbehalt der Ratifikation, Annahme oder Genehmigung am Tag des Inkrafttretens des Übereinkommens oder am ersten Tag des Monats wirksam, dar auf den Ablauf von neunzig Tagen nach dem Zeitpunkt der Unterzeichnung oder der Hinterlegung der Urkunde folgt, je nachdem, welches der spätere Zeitpunkt ist.

(3) Für einen Staat, der danach Vertragspartei dieses Übereinkommens wird, tritt es am ersten Tag des Monats in Kraft, der auf den Ablauf von neunzig Tagen nach dem Zeitpunkt folgt, zu dem der Staat seine Urkunde hinterlegt.

(4) Im Verhältnis zwischen den Staaten, die dieses Übereinkommen ratifizieren, annehmen oder genehmigen oder ihm beitreten, tritt es an die Stelle des am 10. Oktober 1957 in Brüssel beschlossenen Internationalen Übereinkommens über die Beschränkung der Haftung der Eigentümer von Seeschiffen und des am 25. August 1924 in Brüssel unterzeichneten Internationalen Übereinkommens zur Vereinheitlichung einzelner Regeln über die Beschränkung der Haftung der Eigentümer von Seeschiffen und setzt dieses Übereinkommen außer Kraft.

### Art. 18 Vorbehalte

(1) Jeder Staat kann sich im Zeitpunkt der Unterzeichnung, der Ratifikation, der Annahme, der Genehmigung oder des Beitritts oder jederzeit danach das Recht vorbehalten,
a) die Anwendung des Artikels 2 Absatz Buchstaben d und e auszuschließen;
b) die Ansprüche wegen Schäden im Sinne des Internationalen Übereinkommens von 1996 über Haftung und Entschädigung für Schäden bei der Beförderung gefährlicher und

schädlicher Stoffe auf See oder einer Änderung des Übereinkommens oder eines Protokolls zu dem Übereinkommen auszuschließen.
Andere Vorbehalte zu den materiellen Bestimmungen dieses Übereinkommes sind nicht zulässig.

(2) Vorbehalte, die im Zeitpunkt dar Unterzeichnung erfolgen, bedürfen der Bestätigung bei der Ratifikation, Annahme oder Genehmigung.

(3) Jeder Staat, der einen Vorbehalt zu diesem Übereinkommen gemacht hat, kann ihn jederzeit durch eine an den Generalsekretär gerichtete Notifikation zurücknehmen. Die Zurücknahme wird im Zeitpunkt des Eingangs der Notifikation wirksam. Wird in der Notifikation erklärt, daß die Zurücknahme eines Vorbehalts zu einem darin genannten Zeitpunkt wirksam werden soll, und ist dies ein späterer Zeitpunkt als der Zeitpunkt des Eingangs der Notifikation beim Generalsekretär, so wird die Zurücknahme zu diesem späteren Zeitpunkt wirksam.

## Art. 19 Kündigung

(1) Dieses Übereinkommen kann von einem Vertragsstaat jederzeit nach Ablauf eines Jahres nach dem Zeitpunkt gekündigt werden, zu dem es für den betreffenden Staat in Kraft getreten ist.

(2) Die Kündigung erfolgt durch Hinterlegung einer Urkunde beim Generalsekretär.

(3) Die Kündigung wird am ersten Tag des Monats, der auf den Ablauf eines Jahres nach dem Zeitpunkt dar Hinterlegung der Urkunde folgt, oder nach einem längeren darin genannten Zeitabschnitt wirksam.

## Art. 20 Revision und Änderung

(1) Die Organisation kann eine Konferenz zur Revision oder Änderung dieses Übereinkommens einberufen.

(2) Die Organisation hat eine Konferenz der Vertragsstaaten zur Revision oder Änderung dieses Übereinkommens einzuberufen, wenn mindestens ein Drittel der Vertragsstaaten dies verlangt.

(3) Jede nach Inkrafttreten einer Änderung dieses Übereinkommens hinterlegte Ratifikations-, Annahme-, Genehmigungs-oder Beitrittsurkunde bezieht sich auf das Übereinkommen in der geänderten Fassung, es sei denn, daß die Urkunde eine gegenteilige Absicht zum Ausdruck bringt.

## Art. 21 Revision der Beschränkungsbeträge und der Rechnungs- oder Werteinheit

(1) Ungeachtet des Artikels 20 hat die Organisation nach den Absätzen 2 und 3 eine Konferenz einzuberufen, die sich darauf beschränkt, die in den Artikeln 6 und 7 und in Artikel 8 Absatz 2 genannten Beträge zu ändern oder eine der in Artikel 8 Absätze 1 und 2 definierten Einheiten oder beide durch andere zu ersetzen. Die Beträge dürfen nur wegen einer wesentlichen Änderung ihres tatsächlichen Wertes geändert werden.

(2) Die Organisation hat eine solche Konferenz einzuberufen, wenn mindestens ein Viertel der Vertragsstaaten dies verlangt.

(3) Eine Entscheidung, die Beträge zu ändern oder die Einheiten durch andere Rechnungseinheiten zu ersetzen, wird mit Zweidrittelmehrheit der Vertragsstaaten getroffen, die auf dieser Konferenz anwesend sind und abstimmen.

(4) Jeder Staat, der seine Ratifikations-, Annahme-, Genehmigungs- oder Beitrittsurkunde nach Inkrafttreten einer Änderung hinterlegt, hat das Übereinkommen in der geänderten Fassung anzuwenden.

## Art. 22 Verwahrer

(1) Dieses Übereinkommen wird beim Generalsekretär hinterlegt.

(2) Der Generalsekretär

a) übermittelt allen Staaten, die zur Teilnahme an der Konferenz über die Beschränkung der Haftung für Seeforderungen eingeladen waren, sowie allen anderen Staaten, die diesem Übereinkommen beitreten, beglaubigte Abschriften des Übereinkommens;

b) unterrichtet alle Staaten, die dieses Übereinkommen unterzeichnet haben oder ihm beigetreten sind,

    i) von jeder weiteren Unterzeichnung und von jeder Hinterlegung einer Urkunde und von jedem dabei gemachten Vorbehalt unter Angabe des Zeitpunkts,

    ii) vom Zeitpunkt des Inkrafttretens dieses Übereinkommens oder einer Änderung desselben,

    iii) von jeder Kündigung dieses Übereinkommens unter Angabe des Zeitpunkts, zu dem sie wirksam wird,

    iv) von jeder nach Artikel 20 oder 21 angenommenen Änderung,

    v) von jeder auf Grund eines Artikels dieses Übereinkommens erforderlichen Mitteilung.

(3) Nach Inkrafttreten dieses Übereinkommens übermittelt der Generalsekretär dem Sekretariat der Vereinten Nationen eine beglaubigte Abschrift des Übereinkommens zur Registrierung und Veröffentlichung nach Artikel 102 der Charta der Vereinten Nationen.

## Art. 23 Sprachen

Dieses Übereinkommen ist in einer Urschrift in englischer, französischer, russischer und spanischer Sprache abgefaßt, wobei jeder Wortlaut gleichermaßen verbindlich ist.

# IV. Internationales Übereinkommen zur einheitlichen Feststellung von Regeln über den Zusammenstoß von Schiffen (IÜZ)

Abgeschlossen in Brüssel am 23. September 1910
Von der Bundesversammlung genehmigt am 17. März 1954
Schweizerische Ratifikationsurkunde hinterlegt am 28. Mai 1954
In Kraft getreten für die Schweiz am 15. August 1954

*(Deutsche Übersetzung)*

**Art. 1.** Im Falle eines Zusammenstosses von Seeschiffen oder von Seeschiffen und Binnenschiffen bestimmt sich die Ersatzpflicht wegen des den Schiffen oder den an Bord befindlichen Sachen oder Personen zugefügten Schadens nach den folgenden Vorschriften, ohne Rücksicht darauf, in welchen Gewässern der Zusammenstoss stattgefunden hat.

**Art. 2.** Ist der Zusammenstoss durch Zufall oder höhere Gewalt herbeigeführt oder besteht Ungewissheit über seine Ursache, so wird der Schaden von denen getragen, die ihn erlitten haben. Dies gilt auch dann, wenn die Schiffe oder eines von ihnen zur Zeit des Unfalls vor Anker gelegen haben.

**Art. 3.** Ist der Zusammenstoss durch Verschuldung eines der Schiffe herbeigeführt, so liegt der Ersatz des Schadens dem Schiffe ob, dem das Verschulden zur Last fällt.

**Art. 4.** Bei gemeinsamem Verschulden sind die Schiffe nach Verhältnis der Schwere des ihnen zur Last fallenden Verschuldens zum Ersatz des Schadens verpflichtet; kann jedoch nach den Umständen ein solches Verhältnis nicht festgesetzt werden oder erscheint das beiderseitige Verschulden als gleich schwer, so sind die Schiffe zu gleichen Teilen ersatzpflichtig. Den Schaden, der den Schiffen oder ihrer Ladung oder dem Reisegut oder sonstigen Eigentum der Besatzung, der Reisenden oder anderer an Bord befindlicher Personen zugefügt ist, tragen die schuldigen Schiffe nach dem bezeichneten Verhältnis, ohne den Beschädigten als Gesamtschuldner zu haften. Die schuldigen Schiffe haften Dritten gegenüber für den durch Tötung oder Körperverletzung entstandenen Schaden als Gesamtschuldner, vorbehaltlich des Rückgriffsrechts desjenigen Schiffes, das mehr bezahlt hat, als ihm nach Absatz 1 endgültig zur Last fällt. Der Landesgesetzgebung bleibt überlassen, zu bestimmen, welche Tragweite und Wirkung in bezug auf dieses Rückgriffsrecht die vertraglichen oder gesetzlichen Bestimmungen haben, durch welche die Haftung der Schiffseigentümer gegenüber den an Bord befindlichen Personen beschränkt wird.

**Art. 5.** Die in den vorhergehenden Artikeln vorgesehene Haftung tritt auch ein, falls der Zusammenstoss durch das Verschulden eines Lotsen verursacht wird, selbst wenn dieser ein Zwangslotse ist.

**Art. 6.** Der Anspruch auf Ersatz eines infolge eines Zusammenstosses entstandenen Schadens ist weder von der Erhebung eines Protestes noch von der Beobachtung einer anderen besonderen Förmlichkeit abhängig. In bezug auf die Haftung für den Zusammenstoss bestehen keine gesetzlichen Schuldvermutungen.

**Art. 7.** Die Ansprüche auf Schadenersatz verjähren in zwei Jahren von dem Ereignis ab. Die Frist für die Verjährung des im Artikel 4 Absatz 3 zugelassenen Rückgriffsanspruchs beträgt ein Jahr. Diese Frist läuft erst vom Tage der Zahlung ab. Die Gründe für die Hemmung und Unterbrechung dieser Verjährungen bestimmen sich nach dem Rechte des Gerichts, das mit dem Anspruch befasst ist. Die Hohen vertragschließenden Teile behalten sich das Recht vor, in ihrer Gesetzgebung eine Verlängerung der vorstehend festgesetzten Fristen auf Grund des Umstandes zuzulassen, dass das in Anspruch genommene Schiff in den Hoheitsgewässern des Staates, in dem der Kläger seinen Wohnsitz oder seine Hauptniederlassung hat, nicht hat in Beschlag genommen werden können.

**Art. 8.** Nach einem Zusammenstosse von Schiffen ist der Kapitän jedes der Schiffe verpflichtet, dem anderen Schiffe und dessen Besatzung und Reisenden Beistand zu leisten, soweit er dazu ohne ernste Gefahr für sein Schiff und für dessen Besatzung und Reisende imstande ist. Ebenso ist er verpflichtet, dem anderen Schiffe, soweit möglich, den Namen und den Heimathafen seines Schiffes sowie den Ort, von dem es kommt, und den Ort, nach dem es geht, anzugeben. Eine Zuwiderhandlung gegen die vorstehenden Bestimmungen begründet für sich allein keine Haftung des Schiffseigentümers.

**Art. 9.** Die Hohen vertragschließenden Teile, deren Gesetzgebung keine Vorschriften zur Bekämpfung von Zuwiderhandlungen gegen den vorstehenden Artikel enthält, verpflichten sich, die zur Bekämpfung dieser Zuwiderhandlungen erforderlichen Maßnahmen zu treffen oder ihren gesetzgebenden Körperschaften vorzuschlagen. Die Hohen vertragschließenden Teile werden sich sobald wie möglich die Gesetze und Verordnungen mitteilen, die zur Ausführung der vorstehenden Bestimmungen in ihren Staatsgebieten schon erlassen worden sind oder künftig noch erlassen werden.

**Art. 10.** Vorbehaltlich späterer Vereinbarungen werden die in den einzelnen Ländern bestehenden Vorschriften über die Beschränkung der Haftung der Schiffseigentümer sowie die Rechtsverhältnisse aus Beförderungsverträgen und anderen Verträgen durch die gegenwärtigen Bestimmungen nicht berührt.

**Art. 11.** Dieses Übereinkommen findet auf Kriegsschiffe sowie auf Staatsschiffe, die ausschließlich für einen öffentlichen Dienst bestimmt sind, keine Anwendung.

**Art. 12.** Die Bestimmungen dieses Übereinkommens finden auf alle Beteiligten Anwendung, wenn die sämtlichen beteiligten Schiffe den Staaten der Hohen vertragschließenden Teile angehören; sie kommen ferner in den durch die Landesgesetze bestimmten Fällen zur Anwendung.
Jedoch besteht Einverständnis darüber:
1. dass jeder Vertragsstaat die Anwendung der bezeichneten Bestimmungen auf Beteiligte, die einem Staate angehören, der dem Übereinkommen nicht beigetreten ist, von der Voraussetzung der Gegenseitigkeit abhängig machen kann;
2. dass die Landesgesetzgebung und nicht das Übereinkommen Anwendung findet, wenn alle Beteiligten demselben Staate angehören wie das mit der Sache befasste Gericht.

**Art. 13.** Dieses Übereinkommen findet auf den Ersatz des Schadens, den ein Schiff durch Ausführung oder Unterlassung eines Manövers oder durch Nichtbeobachtung einer Verordnung einem anderen Schiffe oder den an Bord der Schiffe befindlichen Personen oder Sachen zugefügt hat, auch dann Anwendung, wenn ein Zusammenstoss nicht stattgefunden hat.

**Art. 14.** Jeder der Hohen vertragschließenden Teile ist befugt, drei Jahre nach dem Inkrafttreten dieses Übereinkommens den Zusammentritt einer neuen Konferenz zu veranlassen, um etwaige Verbesserungen des Übereinkommens herbeizuführen und insbesondere sein Anwendungsgebiet, wenn möglich, zu erweitern. Will eine Macht von dieser Befugnis Gebrauch machen, so hat sie ihre Absicht den anderen Mächten durch Vermittlung der belgischen Regierung anzuzeigen, die es übernehmen wird, eine neue Konferenz binnen sechs Monaten einzuberufen.

**Art. 15.** Die Staaten, welche dieses Übereinkommen nicht gezeichnet haben, werden auf ihren Antrag zum Beitritt zugelassen. Der Beitritt wird auf diplomatischem Wege der belgischen Regierung und von dieser den Regierungen der anderen vertragschließenden Teile angezeigt; er wird wirksam mit dem Ablauf eines Monats, nachdem die belgische Regierung die Anzeige abgesendet hat.

**Art. 16.** Dieses Übereinkommen soll ratifiziert werden.

Spätestens ein Jahr nach dem Tage der Zeichnung des Übereinkommens tritt die belgische Regierung mit den Hohen vertragschließenden Teilen, die sich zur Ratifikation bereit erklärt haben, im Verbindung, um zu entscheiden, ob das Übereinkommen in Kraft gesetzt werden soll. Die Ratifikationsurkunden werden gegebenenfalls unverzüglich in Brüssel hinterlegt werden; das Übereinkommen tritt einen Monat nach dieser Hinterlegung in Wirksamkeit. Das Protokoll bleibt während eines weiteren Jahres für die auf der Konferenz in Brüssel vertretenen Staaten offen. Nach Ablauf dieser Frist können sie nur in Gemäßheit der Bestimmungen des Artikels 15 beitreten.

**Art. 17.** Falls der eine oder der andere der Hohen vertragschließenden Teile dieses Übereinkommen kündigt, wird die Kündigung erst ein Jahr nach dem Tage, an dem sie der belgischen Regierung angezeigt worden ist, wirksam; das Übereinkommen bleibt zwischen den anderen vertragschließenden Teilen in Geltung.

**Zusatzartikel.** In Abänderung des vorstehenden Artikels 16 wird vereinbart, dass die Bestimmung des Artikels 5 über die Haftung für einen Zusammenstoss, der durch Verschulden eines Zwangslotsen herbeigeführt ist, erst dann in Kraft tritt, wenn die Hohen vertragschließenden Teile eine Übereinkunft über die Beschränkung der Haftung der Schiffseigentümer geschlossen haben.

*Zu Urkund dessen* haben die Bevollmächtigten der Hohen vertragschließenden Teile dieses Übereinkommen unterzeichnet und mit ihren Siegeln versehen.

*Geschehen in Brüssel, in einer einzigen Ausfertigung, am 23. September 1910.*

# V. Internationales Übereinkommen zur Vereinheitlichung von Regeln über die zivilgerichtliche Zuständigkeit bei Schiffszusammenstößen

vom 10. Mai 1952 (BGBl. II 1972, 653, 663)

*(Unverbindliche) deutsche Übersetzung*

Die Hohen Vertragsparteien –
in Erkenntnis der Zweckmäßigkeit einer vertraglichen Festlegung einheitlicher Regeln über die zivilgerichtliche Zuständigkeit bei Schiffszusammenstößen – haben beschlossen, zu diesem Zweck ein Übereinkommen zu treffen, und haben demgemäß folgendes vereinbart:

**Art. 1.** (1) Eine Klage wegen eines Anspruchs aus dem Zusammenstoß zwischen See-schiffen oder zwischen Seeschiffen und Binnenschiffen kann nur erhoben werden
a) entweder bei dem Gericht, in dessen Bezirk der Beklagte seinen gewöhnlichen Aufent-halt oder eine gewerbliche Niederlassung hat;
b) oder bei dem Gericht des Ortes, wo ein Arrest in das beschuldigte Schiff oder in ein anderes dem Beklagten gehörendes Schiff, das rechtmäßig mit Arrest belegt werden kann, vollzogen ist, oder wo ein Arrest hätte vollzogen werden können und der Beklagte eine Bürgschaft oder eine andere Sicherheit gestellt hat;
c) oder bei dem Gericht des Ortes des Zusammenstoßes, sofern sich der Zusammenstoß im Gebiet eines Hafens oder in inneren Gewässern ereignet hat.
(2) Es bleibt dem Kläger überlassen zu entscheiden, vor welchem der in Absatz 1 bezeich-neten Gerichte er die Klage erheben will.
(3) Der Kläger darf auf Grund derselben Tatsachen keine weitere Klage gegen denselben Beklagten bei einem anderen Gericht erheben, ohne auf seine Rechte aus dem früheren Verfahren zu verzichten.

**Art. 2.** Artikel 1 läßt das Recht der Parteien unberührt, eine Klage auf Grund eines Schiffszusammenstoßes bei dem Gericht zu erheben, dessen Zuständigkeit sie vereinbart haben, oder die Rechtsstreitigkeit einem Schiedsverfahren zu unterwerfen.

**Art. 3.** (1) Widerklagen aus demselben Schiffszusammenstoß können bei dem Gericht erhoben werden, das für die Klage gemäß Artikel 1 zuständig ist.
(2) Sind mehrere Kläger vorhanden, so kann jeder Kläger seine Klage bei dem Gericht anhängig machen, welches bereits mit einer Klage gegen dieselbe Partei auf Grund desselben Schiffszusammenstoßes befaßt worden ist.
(3) Sind an einem Schiffszusammenstoß mehrere Schiffe beteiligt, so schließt dieses Über-einkommen nicht aus, daß ein auf Grund dieses Übereinkommens mit einer Klage befaßtes Gericht sich nach den Bestimmungen seines innerstaatlichen Rechts für die Entscheidung über weitere Klagen aus demselben Vorfall für zuständig erklärt.

**Art. 4.** Dieses Übereinkommen findet auf eine Klage auf Ersatz des Schadens, den ein Schiff durch Ausführung oder Unterlassung eines Manövers oder durch Nichtbeachtung einer Vorschrift einem anderen Schiff oder den an Bord des Schiffes befindlichen Personen oder Sachen zugefügt hat, – auch dann Anwendung, wenn ein Zusammenstoß nicht stattge-funden hat.

**Art. 5.** Dieses Übereinkommen läßt die in den einzelnen Vertragsstaaten geltenden Vorschriften über Zusammenstöße unberührt, an welchen Kriegsschiffe oder Schiffe betei-ligt sind, welche dem Staat gehören oder in seinen Diensten stehen.

**Art. 6.** Dieses Übereinkommen berührt nicht Ansprüche, die aus Beförderungsverträgen oder aus anderen Verträgen entstehen.

**Art. 7.** Dieses Übereinkommen gilt nicht für Fälle, die durch die Revidierte Rheinschiff-fahrts-Akte vom 17. Oktober 1868 erfaßt sind.

**Art. 8.** Dieses Übereinkommen gilt für alle beteiligten Personen, wenn alle beteiligten Schiffe Staaten der Hohen Vertragsparteien angehören.

Jedoch besteht Einverständnis darüber,

1. daß jeder Vertragsstaat die Anwendung des Übereinkommens auf beteiligte Personen, die einem Nichtvertragsstaat angehören, von der Voraussetzung der Gegenseitigkeit abhängig machen kann;
2. daß das innerstaatliche Recht und nicht dieses Übereinkommen Anwendung findet, wenn alle beteiligten Personen demselben Staat wie das mit der Sache befaßte Gericht angehören.

**Art. 9.** Die Hohen Vertragsparteien verpflichten sich, alle zwischenstaatlichen Streitig-keiten, die sich aus der Auslegung oder Anwendung dieses Übereinkommens ergeben, einem Schiedsverfahren zu unterwerfen; jedoch bleiben die Verpflichtungen derjenigen Hohen Vertragsparteien unberührt, die übereingekommen sind ihre Streitigkeiten dem Internationalen Gerichtshof zu unterbreiten.

**Art. 10.** Dieses Übereinkommen liegt für die auf der Neunten Diplomatischen See-rechtskonferenz vertretenen Staaten zur Unterzeichnung auf. Für die Aufsetzung des Unter-zeichnungsprotokolls trägt das belgische Ministerium für Auswärtige Angelegenheiten Sorge.

**Art. 11.** Dieses Übereinkommen bedarf der Ratifikation. Die Ratifikationsurkunden werden beim belgischen Ministerium für Auswärtige Angelegenheiten hinterlegt; dieses notifiziert jede Hinterlegung allen Staaten, die das Übereinkommen unterzeichnet haben oder ihm beigetreten sind.

**Art. 12.**

a) Dieses Übereinkommen tritt zwischen den beiden zuerst ratifizierenden Staaten sechs Monate nach Hinterlegung der zweiten Ratifikationsurkunde in Kraft.
b) Das Übereinkommen tritt für jeden Unterzeichnerstaat, der es nach Hinterlegung der zweiten Ratifikationsurkunde ratifiziert, sechs Monate nach Hinterlegung seiner eigenen Ratifikationsurkunde in Kraft.

**Art. 13.** Jeder auf der Neunten Diplomatischen Seerechtskonferenz nicht vertretene Staat kann diesem Übereinkommen beitreten.

Der Beitritt wird dem belgischen Ministerium für Auswärtige Angelegenheiten notifi-ziert; dieses setzt alle Staaten, die das Übereinkommen unterzeichnet haben oder ihm beigetreten sind, auf diplomatischem Wege davon in Kenntnis.

Das Übereinkommen tritt für den beitretenden Staat sechs Monate nach Eingang seiner Notifikation in Kraft, jedoch nicht vor dem Inkrafttreten des Übereinkommens nach Arti-kel 12 Buchstabe a.

**Art. 14.** Jede Hohe Vertragspartei kann jederzeit nach Ablauf von drei Jahren, nachdem dieses Übereinkommen für sie in Kraft getreten ist, die Einberufung einer Konferenz zur Behandlung von Änderungsvorschlägen zu diesem Übereinkommen verlangen.

Jede Hohe Vertragspartei, die von dieser Möglichkeit Gebrauch zu machen wünscht, notifiziert dies der belgischen Regierung; diese beruft die Konferenz binnen sechs Monaten ein.

**Art. 15.** Jede Hohe Vertragspartei ist berechtigt, dieses Übereinkommen, nachdem es für sie in Kraft getreten ist, jederzeit zu kündigen. Die Kündigung wird ein Jahr nach Eingang der entsprechenden Notifikation bei der belgischen Regierung wirksam; diese setzt alle anderen Hohen Vertragsparteien auf diplomatischem Wege von der Notifikation in Kenntnis.

**Art. 16.**

a) Jede Hohe Vertragspartei kann bei der Ratifikation, dem Beitritt oder jederzeit danach dem belgischen Ministerium für Auswärtige Angelegenheiten schriftlich notifizieren, daß dieses Übereinkommen auch für alle oder einzelne Hoheitsgebiete gilt, deren internationale Beziehungen sie wahrnimmt. Das Übereinkommen findet sechs Monate nach Eingang der Notifikation beim belgischen Ministerium für Auswärtige Angelegenheiten auf die darin genannten Hoheitsgebiete Anwendung, jedoch nicht vor seinem Inkrafttreten für die betreffende Hohe Vertragspartei.

b) Jede Hohe Vertragspartei, die eine Erklärung nach Buchstabe a abgegeben hat, welche dieses Übereinkommen auf ein Hoheitsgebiet erstreckt, dessen internationale Beziehungen die Hohe Vertragspartei wahrnimmt, kann jederzeit dem belgischen Ministerium für Auswärtige Angelegenheiten notifizieren, daß das Übereinkommen für das betreffende Hoheitsgebiet nicht mehr gilt. Diese Kündigung wird ein Jahr nach Eingang der Notifikation beim belgischen Ministerium für Auswärtige Angelegenheiten wirksam.

c) Das belgische Ministerium für Auswärtige Angelegenheiten setzt alle Staaten, die das Übereinkommen unterzeichnet haben oder ihm beigetreten sind, auf diplomatischem Wege von jeder auf Grund dieses Artikels bei ihm eingegangenen Notifikation in Kenntnis.

GESCHEHEN zu Brüssel am 10. Mai 1952 in einer Urschrift in französischer und englischer Sprache, wobei jeder Wortlaut gleichermaßen verbindlich ist.

# B. Allgemeine Bedingungen

## I. National

### 1. Allgemeine Deutsche Spediteurbedingungen (ADSp)

#### Vorbemerkungen

**Schrifttum:** *Bahnsen,* AGB-Kontrolle bei den Allgemeinen Deutschen Spediteurbedingungen, TranspR 2010, 19; *Basedow,* 100 Jahre Transportrecht: Das Scheitern der Kodifikationsidee und ihrer Renaissance, ZHR 161 (1997), 186; *Bästlein/Bästlein,* Einbeziehung von Haftungsbeschränkungsklauseln in Transportverträge – Anmerkung zu OLG Hamburg 19.12.2002 – 6 U 222/01, TranspR 2003, 61; *Boettge,* Haftungserweiterung nach Art. 25 MÜ durch Ziff. 27 ADSp?, TranspR 2007, 306; *Gass,* Speditionsvertrag im internationalen Handelsverkehr unter besonderer Berücksichtigung der Deutschen Spediteurbedingungen (ADSp) der englischen Standard Trading Conditions (STC) und der französischen Conditions Générales, Diss Tübingen 1991; *ders.,* Die Bedeutung der Logistik für Speditionsunternehmen im Rahmen moderner Hersteller-Zulieferbeziehungen, TranspR 2000, 203; *Gran,* Einfluss von „Logistik-AGB" auf Konfliktvermeidung und Unternehmenswert, TranspR 2006, 91; *Häusser/Abele,* Aktuelle Probleme der Speditionsversicherung, TranspR 2003, 8; *Haverkamp,* Konditionen, Empfehlungen und Kartellrecht: Die Allgemeinen Deutschen Spediteurbedingungen, TranspR 1999, 217; *Heil/Bayer,* Der Anwendungsbereich der Allgemeinen Deutschen Spediteurbedingungen (ADSp), TranspR 1987, 1; *Herber,* TranspRReformgesetz und AGB-Kontrolle, TranspR 1998, 344; *ders.,* Besondere Problembereiche des neuen Transportrechts: Anwendungsbereich ADSp – Einbeziehung und Multimodalvertrag, TranspR 1999, 89; *ders.,* Anmerkung zu BGH 23.1.2003 – I ZR 174/00, TranspR 2003, 120; *ders.,* Pflichtversicherungen für den Spediteur – mit vielen Fragezeichen, TranspR 2004, 229; *Herzog,* Die Einbeziehung der ADSp in den Verkehrsvertrag, TranspR 2001, 244; *Heuer,* Einige kritische Anmerkungen zu den ADSp 1998, TranspR 1998, 333; *ders.,* Die Allgemeinen Deutschen Spediteurbedingungen nach dem Ableben der Speditionsversicherung gemäß Ziff. 29 ADSp, TranspR 2003, 1; *ders.,* Haftungsbegrenzungen und deren Durchbrechung nach den ADSp 2003, TranspR 2004, 114; *ders.,* Brauchen wir Logistik-AGB für die Spedition?, TranspR 2006, 89; *Köper,* Der Einwand der Mitverursachung nach § 425 Abs. 2 HGB bei Beauftragung eines Frachtführers in Kenntnis fehlender Schnittstellenkontrollen, TranspR 2007, 94; *Kollatz,* Auch in der Speditionsversicherung gehen die Uhren jetzt anders, VW 2002, 1695; *Koller,* ADSp '99 – Bedenken gegen Einbeziehung und Wirksamkeit, TranspR 2000, 1; *ders.,* Nochmals – Einbeziehung der ADSp in Transportverträge, TranspR 2001, 359; *Krins,* Haftung und Versicherung in der Kontraktlogistik: Ein Überblick, TranspR 2007, 269; *Lorenz,* Der Güterverkehr nach neuem Recht, (Hrsg. W. Korf), Kap. 6.2: *de la Motte,* Allgemeine Deutsche Spediteurbedingungen, 1998; *Müller,* Logistik-AGB: Opus Magnum oder Makulatur?, TranspR 2006, 227; *Philippi,* Zur Frage der Fortgeltung des Grundsatzes der stillschweigenden Einbeziehung der ADSp, TranspR 1999, 375; *Piper,* Höchstrichterliche Rechtsprechung zum Speditions- und Frachtrecht, 7. Aufl. 1994, Rn. 89 bis 192; *Ramming,* Zur Abdingbarkeit des Höchstbetrages der Haftung des Frachtführers nach neuem Frachtrecht – unter besonderer Berücksichtigung multimodaler Beförderungen, die eine Seeteilstrecke umfassen, VersR 1999, 1177; *Schindler,* Neue Vertragsbedingungen für den Güterkraftverkehrs-, Speditions- und Logistikunternehmer, TranspR 2003, 194; *Schinkels,* Verhältnis von Art. 31 CMR und EuGVÜ sowie Einbeziehungen der ADSp gegenüber einer italienischen AG, IPRax 2003, 517; *Schmid,* Die Ansprüche des geschädigten Dritten gegen den Fahrer als Arbeitnehmer im Bereich des Verkehrshaftungsrecht, TranspR 1986, 49; *Thorn,* Termingeschäfte an Auslandsbörsen und internationale Schiedsgerichtsbarkeit, IPRax 1997, 98; *Valder,* ADSp '93: Einführung schadenverhütender Verhaltenspflichten, TranspR 1993, 81; *ders.,* Zur Definition des Speditionsgeschäfts in Transport- und Vertriebsrecht 2000, Festgabe für Herber, S. 179; *ders.,* Stillschweigende Einbeziehung der ADSp, Sonderbeilage TranspR 2004, XLII; *Valder/Wieske,* Logistik AGB: Ein neues Klauselwerk, TranspR 2006, 221; *Widmann,* Kommentar zur ADSp '99, 6. Aufl. 1999; *Wieske,* Zukunft der ADSp – wie lange ist ein Bedingungswerk noch zeitgemäß? VersR 2002, 1489; *ders.,* AGB für die Logistik?, VersR 2006, 336.

#### Übersicht

| | Rn. | | Rn. |
|---|---|---|---|
| A. Anwendungsfragen | 1–40 | 2. Geeigneter Hinweis auf abweichende Haftungssummen | 10, 11 |
| I. Rechtsnatur der ADSp | 2–4 | 3. Stillschweigende Unterwerfung | 12 |
| II. Kartellrecht | 5 | 4. Gegenüber Ausländern | 13, 14 |
| III. Einbeziehung | 6–14 | IV. Wirksamkeit der ADSp | 15–19 |
| 1. Überblick | 6–9 | | |

Rn.

1. Unvereinbarkeit mit zwingendem
   Recht .......................................... 15–17
2. Klauselkontrolle ........................... 18, 19
   a) Allgemeines ............................. 18
   b) Eingeschränkte Geltung des Ver-
      bots geltungserhaltender Reduk-
      tion ........................................... 19

**V. Anwendungsbereich, Ziff. 2** .... 20–40
1. Persönlicher Anwendungsbereich .. 21–27
   a) Spediteur ................................. 21, 22
   b) Auftraggeber ........................... 23
   c) Empfänger ................................ 24
   d) Verbraucher ............................. 25, 26
   e) Dritte ...................................... 27
2. Sachlicher Anwendungsbereich .... 28–40
   a) Verkehrsvertrag – speditionsübli-
      ches Geschäft ............................ 29–36
   b) Anwendungsausschlüsse,
      Ziff. 2.3 .................................... 37–40

**B. Vertragspflichten der Parteien** . 41–109

**I. Interessenwahrungspflicht des
Spediteurs** ..................................... 41–44

**II. Allgemeine Leistungspflichten
des Spediteurs** ............................... 45–72
1. Geschäftsbesorgung, Ziff. 2.2 ....... 46
2. Verpackung, Verwiegung, Untersuchung, Ladehilfsmittel, Ziff. 4 ...... 47
3. Zollamtliche Abwicklung, Ziff. 5 .. 48–51
4. Schnittstellenkontrolle, Ziff. 7 ...... 52–58
   a) Allgemeines ............................. 52
   b) Begriff der Schnittstelle .......... 53–56
   c) Kontrollpflichten des Spediteurs . 57
   d) Rechtsfolgen bei Verletzung von
      Kontrollpflichten ..................... 58
5. Quittierungspflichten ................... 59–61
6. Befolgung von Weisungen, Ziff. 9 . 62, 63
7. Ablieferung, Ziff. 13 ................... 64–66
8. Versicherung des Gutes ............... 67–72
   a) Auftrag zur Versicherung,
      Ziff. 21.1, 21.2 ......................... 67, 68
   b) Wahl der Versicherung,
      Ziff. 21.3 .................................. 69
   c) Versicherungsrechtliche Stellung
      des Spediteurs ........................... 70
   d) Rechnungslegung, Ziff. 21.4 .... 71
   e) Vergütung, Ziff. 21.5 ............... 72

**III. Leistungspflichten des Spedi-
teurs bei Lagerung** ........................ 73–77
1. Allgemeines ................................. 73
2. Wahlrecht des Spediteurs ............. 74, 75
3. Besichtigungsrecht des Auftragge-
   bers .............................................. 76, 77

**IV. Mitwirkungspflichten des Auf-
traggebers** ..................................... 78–95
1. Instruktionspflichten ................... 78–87
   a) Allgemeines ............................. 78
   b) Einzelne Mitteilungspflichten ... 79–83
   c) Rechtsfolgen, Ziff. 3.7 ............. 84–86

Rn.

d) Hinweispflicht bei öffentlich-
   rechtlichen Verpflichtungen oder
   absoluten Rechten ..................... 87
2. Verpackung und Kennzeichnung,
   Ziff. 6 ........................................... 88–95
   a) Allgemeines ............................. 88
   b) Verpackungspflichten ............. 89–92
   c) Kennzeichnungspflichten ........ 93
   d) Rechtsfolgen ........................... 94, 95

**V. Entgeltansprüche des Spedi-
teurs** .............................................. 96–109
1. Rechnungen, Fremdwährungen ... 97–100
   a) Fälligkeit ................................. 97, 98
   b) Ansprüche in Fremdwährung,
      Ziff. 18.2, 18.3 ......................... 99, 100
2. Kalkulation des Spediteurs .......... 101–109
   a) Angebot des Spediteurs,
      Ziff. 16.1 .................................. 102–104
   b) Annahme von Angeboten,
      Ziff. 16.2 .................................. 105
   c) Entziehung des Auftrags,
      Ziff. 16.3 .................................. 106, 107
   d) Nachnahmeprovision, Ziff. 16.4 108
   e) Rollgeld bei Annahmeverweige-
      rung, Ziff. 16.5 ......................... 109

**C. Leistungshindernisse** ............... 110–119

**I. Überblick** ................................. 110

**II. Nicht zu vertretende Unmög-
lichkeit** .......................................... 111–115

**III. Gesetzliche oder behördliche
Hindernisse, Ziff. 12.2** ................... 116

**IV. Öffentlich-rechtliche Akte,
Ziff. 12.3** ....................................... 117–119

**D. Herausgabepflicht und Aufwen-
dungsersatz** .................................... 120–133

**I. Auskunfts- und Herausgabe-
pflicht** ............................................ 120–126
1. Allgemeines ................................. 120
2. Umfang der Auskunftspflicht,
   Ziff. 14.1 ...................................... 121
3. Umfang der Herausgabepflicht,
   Ziff. 14.3 ...................................... 122
4. Abtretung von Ansprüchen des Spe-
   diteurs gegen Dritte, Ziff. 22.5 ..... 123–126
   a) Abtretungsanspruch bei Nichthaf-
      tung, Ziff. 22.5 Satz 1 .............. 124
   b) Abtretungsanspruch bei Eigenhaf-
      tung, Ziff. 22.5 Satz 2 .............. 125, 126

**II. Aufwendungsersatzanspruch** ... 127–133
1. Allgemeines ................................. 127
2. Aufwendungsersatz, Ziff. 17.1 ...... 128, 129
3. Empfangnahme, Auftrag, Ziff. 17.2 130
4. Freistellungsanspruch, Ziff. 17.3 .... 131–133

**E. Verbot der Aufrechnung und
Zurückbehaltung** ........................... 134–146

**I. Allgemeines** .............................. 134, 135

Rn.

II. Erfasste Ansprüche .............. 136–138

III. Ausschluss des Aufrechnungs- und Zurückbehaltungsverbots ..... 139–143

1. Unstreitige Gegenforderung ........ 139, 140

2. Schweres Verschulden des Spediteurs, Treu und Glauben ........... 141, 142

3. Fehlender Versicherungsschutz ..... 143

IV. Wirksamkeit und Rechtsfolgen ...................................... 144–146

F. Pfand- und Zurückbehaltungsrecht ................................. 147–160

I. Gegenstand des Pfandrechts .... 148, 149

II. Gesicherte Forderungen ........ 150–153

1. Ansprüche gegen den Auftraggeber 150

2. Vertragliche und gesetzliche Ansprüche ................................... 151

3. Inkonnexe Ansprüche .............. 152, 153

III. Zurückbehaltungsrecht ........ 154

IV. Verwertung und Insolvenz .... 155–160

1. Wartefristen nach Verkaufsandrohung ................................... 155

2. Verkaufsprovision .................. 156

3. Recht zum freihändigen Verkauf .. 157

4. Insolvenz .......................... 158–160

G. Haftung des Spediteurs ......... 161–281

I. Überblick ......................... 161, 162

II. Haftungstatbestände ............. 163–170

1. Speditionsrecht ..................... 164

2. Frachtrecht ......................... 165–168

3. Lagerrecht .......................... 169

4. Werk- und Dienstvertragsrecht .... 170

III. Sachliche Haftungsbeschränkungen ................................. 171–188

1. Haftung bei der Geschäftsbesorgungsspedition, Ziff. 22.2 .......... 171–173

2. Haftungsbeschränkung auf Wertersatz, Ziff. 22.3 ..................... 174–177

3. Verschuldensbeweislast bei besonderen Schadensursachen, Ziff. 22.4 ... 178–188
a) Ungenügende Verpackung oder Kennzeichnung, Ziff. 22.4.1 ..... 181
b) Aufbewahrung im Freien, Ziff. 22.4.2 ..................... 182
c) Schwerer Diebstahl oder Raub, Ziff. 22.4.3 ................. 183, 184
d) Weitere Schadensursachen, Ziff. 22.4.4 ..................... 185–187
e) AGB-Kontrolle ................. 188

IV. Summenmäßige Haftungsbegrenzungen .......................... 189–216

1. Allgemeines ........................ 189–191

2. Formerfordernis „geeigneter Hinweis" ............................... 192, 193

Rn.

3. Beschränkung der Haftung für Güterschäden, Ziff. 23.1, 23.2 ...... 194–201
a) Regelhaftung, Ziff. 23.1.1, 23.2 . 194, 195
b) Haftungsgrenze bei Transportschäden, Ziff. 23.1.2 ............. 196–198
c) Haftungsgrenze bei See-Multimodalbeförderung, Ziff. 23.1.3 ...... 199, 200
d) Großschäden, Ziff. 23.1.4 ....... 201

4. Sonstige Vermögensschäden, Ziff. 23.3 .......................... 202–211
a) Anwendungsbereich ............. 202–205
b) Erfasste Schäden ................ 206–209
c) Haftungsbeschränkung .......... 210, 211

5. Kumulschäden, Ziff. 23.4 ........... 212

6. Klauselkontrolle ..................... 213–216
a) Ziff. 23.1 ........................ 214
b) Ziff. 23.3 ........................ 215
c) Ziff. 23.4 ........................ 216

V. Haftungsbeschränkungen bei verfügter Lagerung, Ziff. 24 ....... 217–229

1. Allgemeines ........................ 217

2. Verfügte Lagerung ................. 218

3. Haftungsbegrenzung bei Güterschäden, Ziff. 24.1, 24.2 .............. 219–224
a) Verlust oder Beschädigung des Gutes ............................ 219
b) Haftungsbegrenzungen .......... 220–224

4. Haftungsbegrenzung für sonstige Schäden, Ziff. 24.3 ................. 225

5. Haftungsgrenze je Schadensereignis 226

6. Klauselkontrolle ..................... 227–229
a) Ziff. 24.1 ........................ 227, 228
b) Ziff. 24.3 und 24.4 .............. 229

VI. Beweislast ........................ 230–237

1. Schadenseintritt in der Obhut des Spediteurs .......................... 230–233

2. Schadensort ........................ 234–237

VII. Wegfall der ADSp-Haftungsbeschränkungen bei grobem Verschulden ............................. 238–271

1. Allgemeines ........................ 238, 239

2. Grobes Verschulden oder Verletzung von Kardinalpflichten, Ziff. 27.1 .............................. 240–267
a) Anwendungsbereich ............. 240, 241
b) Grobes Verschulden leitenden Personals, Ziff. 27.1 1. Alt. ...... 242–260
c) Verletzung vertragswesentlicher Pflichten, Ziff. 27.1 2. Alt. ...... 261–264
d) Mitverschulden .................. 265, 266
e) Klauselkontrolle ................. 267

3. Vorsätzliche oder leichtfertige Schadensverursachung, Ziff. 27.2 ...... 268–271
a) Anwendungsbereich ............. 268
b) Regelungsgehalt ................. 269–271

VIII. Verkehrshaftungsversicherung ............................. 272–281

1. Allgemeines ........................ 272, 273

Rn.

2. Art und Umfang der Versicherungspflicht ............................... 274–279
a) Marktübliche Bedingungen ...... 276
b) Höchstersatzleistung, Selbstbeteiligung ........................... 277–279
3. Rechtsfolge ......................... 280
4. Versicherungsbestätigung ........... 281

**H. Rechtswahl, Gerichtsstand,
Erfüllungsort** ....................... 282–290

Rn.

**I. Rechtswahl** ......................... 282
**II. Gerichtsstand** .................... 283–288
1. Gerichtsstandswahl ................. 283–284
2. Wirksamkeit ......................... 285–288
a) EuGVVO, EuGVÜ, Lugano-
Übereinkommen ................ 285
b) CMR ........................... 286, 287
c) MÜ/WA und CIM ............. 288
**III. Erfüllungsort** ................... 289, 290

# A. Anwendungsfragen

Die ADSp werfen zahlreiche Anwendungsprobleme auf. Denn zum einen treffen die **1** ADSp, die als Musterbedingungen nur auf vertraglicher Grundlage Geltung beanspruchen können, in der Regel auf eine gesetzlich durchgeregelte Rechtsstruktur, die in erheblichem Umfang zwingend oder AGB-fest ausgestaltet ist. Zum anderen beanspruchen die ADSp Anwendung nicht nur auf den Speditionsvertrag im Sinne des § 453 HGB, sondern auch auf andere Vertragsverhältnisse, die für den berufsständischen Begriff des Spediteurs typisch sind. Weitere Probleme ergeben sich daraus, dass die ADSp in der hier besprochenen Fassung von 2003 nicht mehr dem Stand der Rechtsprechung und Gesetzgebung entsprechen und daher **dringend überarbeitungsbedürftig** sind. Aus der Sicht des Spediteurs sind die ADSp allenfalls mit ergänzenden und klarstellenden Zusätzen zu empfehlen, wie sie der DSLV seinen Mitgliedern anrät.

## I. Rechtsnatur der ADSp

Bei den ADSp handelt es sich um **Musterbedingungen,** die die Parteien eines Spediti- **2** ons- oder verwandten Vertrages in ihr Vertragsverhältnis einbeziehen können. Eine gegenüber anderen Bedingungswerken erhöhte Autorität schöpfen sie aus dem Umstand, dass sie, wie die Präambel klarstellt, Gegenstand einer Übereinkunft der beteiligten Wirtschaftsinteressen sind, nämlich des Speditionsgewerbes, des Handels und der Industrie. Die ADSp erheben daher den Anspruch der Ausgewogenheit. Diesem Umstand wird von der Rechtsprechung auch Rechnung getragen, was sich etwa bei der Einbeziehung der ADSp sowie bei der Klauselkontrolle auswirkt. Allerdings ist dieser Anspruch gegenwärtig deshalb gefährdet, weil der DSLV die Verwendung der ADSp einseitig nur noch unter Ergänzungen und klarstellenden Zusätzen, insbesondere zum Anwendungsbereich von Ziff. 27 sowie zur Haftung nach Seefrachtrecht empfiehlt, um Änderungen der Rechtsprechung und Gesetzeslage Rechnung zu tragen.

Die ADSp sind „für eine Vielzahl von Verträgen vorformulierte Vertragsbedingungen" **3** und damit **allgemeine Geschäftsbedingungen** im Sinne des § 305 Abs. 1 BGB, wenn sie von einer Partei der anderen **„gestellt"** werden. Dies ist nicht der Fall, wenn die Einbeziehung dem Willen beider Seiten entspricht,[1] was gerade für die ADSp durchaus praktische Bedeutung hat.[2] Eine Klauselkontrolle findet in diesem Fall nicht statt.[3]

Nach zutreffender Ansicht stellen die ADSp **keinen Handelsbrauch** dar, also gemäß **4** § 346 HGB kraft allgemeiner freiwilliger Übung der beteiligten Handelskreise zu befolgende Regeln.[4] Zwar haben die ADSp weiterhin eine überragende praktische Bedeutung, jedoch lässt sich nicht feststellen, dass die für einen Handelsbrauch notwendige allseitige und freiwil-

---

[1] Ulmer/Brandner/Hensen/*Ulmer/Habersack* § 305 BGB Rn. 29.
[2] MüKoBGB/*Basedow* § 305 Rn. 26.
[3] Ebenso Palandt/*Grüneberg* BGB § 305 Rn. 13.
[4] OLG Dresden 24.11.1998, TranspR 1999, 62, 63; *Koller* Vor Ziff. 1 ADSp Rn. 1; Baumbach/Hopt/
*Merkt* ADSp Anm. 2; Heymann/*Joachim* § 466 Anh. Rn. 6; aA offenbar OLG Hamm 27.5.1993, VersR 1994,
1374; ferner *Valder* Sonderbeilage TranspR 2004, XLII, XLIV.

lige Übung der ADSp besteht. Im Gegenteil zeigt die Praxis, dass von den ADSp häufig abgewichen wird, und zwar insbesondere bei wirtschaftlich bedeutenderen Geschäften. Der Annahme eines Handelsbrauches steht im Übrigen auch die mangelnde inhaltliche Konstanz entgegen, die die ADSp auf Grund tief greifender Änderungen in den Jahren 1998/99 und 2003 aufweisen.

## II. Kartellrecht

5    Verbandsempfehlungen von Muster-AGB (Konditionenempfehlungen) sind **kartellrecht-lich** nicht unproblematisch, weil sie als wettbewerbsbeschränkende Beschlüsse von Unternehmensvereinigungen sowie als abgestimmte Verhaltensweisen aufgefasst werden können. Die kartellrechtliche Zulässigkeit der ADSp ist an Art. 81 Abs. 1 EGV sowie nachrangig (§ 22 GWB) an § 1 GWB zu messen. Die ADSp 2003 begegnen danach keinen durchgreifenden Bedenken. Sie sind rechtlich und auch de facto unverbindlich und enthalten keine Kernbeschränkungen wie Preisabsprachen, Gebiets- oder Kundenaufteilungen oder Absatzbeschränkungen. Eine spürbare Beeinträchtigung des Wettbewerbs ist von ihnen nicht zu erwarten.

## III. Einbeziehung

6    **1. Überblick.** Als allgemeine Geschäftsbedingungen werden die ADSp nur dann Gegenstand eines Vertrages, wenn sie nach den allgemeinen Grundsätzen rechtsgeschäftlich in das Vertragsverhältnis **einbezogen** werden. Dieses Erfordernis hat die Rechtsprechung trotz der jahrzehntelang benutzten Formel von der stillschweigenden Unterwerfung unter die ADSp stets betont.[5] Die weite Verbreitung der ADSp und ihre leichte Zugänglichkeit im Internet kann es allerdings im Einzelfall erleichtern, eine stillschweigende rechtsgeschäftliche Einbeziehung anzunehmen.[6]

7    Über die Anwendbarkeit der ADSp entscheidet demgemäß in erster Linie der Parteiwille. Soweit die Parteien die ADSp nicht einvernehmlich zum Gegenstand ihres Vertragsverhältnisses machen, gelten dabei die von der Rechtsprechung für die **Einbeziehung** von AGB gegenüber Unternehmern herausgebildeten Grundsätze.

8    Allerdings definieren die ADSp ihren **Anwendungsbereich** selbst (Ziff. 2 ADSp). Daher ist stets zu prüfen, ob sie Anwendung auf den in Rede stehenden Vertragsschluss beanspruchen. Wenn dies nicht der Fall ist, kann allerdings auf Grund des Vorrangs der Individualabrede (§ 305b BGB) gleichwohl die Anwendbarkeit der ADSp anzunehmen sein.

9    Schließlich bleibt zu überprüfen, ob die ADSp mit zwingendem Recht kollidieren und dem anzuwendenden Klauselkontrollrecht standhalten. Als allgemeine Geschäftsbedingungen unterliegen die ADSp nach Maßgabe des § 310 BGB der **Wirksamkeitskontrolle** nach den §§ 305 ff. BGB.

10    **2. Geeigneter Hinweis auf abweichende Haftungssummen.** Das frühere Formerfordernis qualifizierter Information durch drucktechnische Hervorhebung nach § 449 Abs. 2 S. 2 HGB aF hat der Gesetzgeber wegen der Auslegung, die es in der Rechtsprechung erfahren hat,[7] mit dem Seehandelsrechtsreformgesetz[8] gestrichen. Abweichende Höchsthaftungssummen sind (in den Grenzen des durch § 449 Abs. 2 S. 1 Nr. 1 HGB gezogenen „Korridors")

---

[5] StRspr., BGH 3.2.1953, BGHZ 9, 1; zuletzt BGH 16.3.2006, NJW-RR 2006, 1350 = TranspR 2006, 359; Ulmer/Brandner/Hensen/*Ulmer/Habersack* § 305 BGB Rn. 170 mwN.

[6] LG Bremen Urt. v. 15.7.2009, TranspR 2010, 347; Ulmer/Brandner/Hensen/*Ulmer/Habersack* § 305 BGB Rn. 173.

[7] BGH 23.1.2003, NJW 2003, 1397 = TranspR 2003, 119; krit. dazu *Herber* TranspR 2003, 120; zust. *Heuer* TranspR 2004, 114. Die Entscheidung betrifft einen Fall, bei dem eine stillschweigende Einbeziehung der ADSp in Rede stand. Zuvor war streitig, ob es ausreicht, wenn die drucktechnische Hervorhebung nur in den von den Trägerverbänden veröffentlichten oder vom Verwender bereitgehaltenen Exemplaren der ADSp erfolgt, so *Philippi* TranspR 1999, 375, 377; *Herzog* TranspR 2001, 244, 246; *Ramming* VersR 1999, 1177, 1182; im Sinne des BGH dagegen bereits LG Memmingen 16.1.2002, TranspR 2002, 82, 83 und OLG Hamburg 19.12.2002, TranspR 2003, 72, dazu *Bästlein/Bästlein* TranspR 2003, 61, ferner *Koller* TranspR 2000, 1, 3 f.

[8] Vom 20.4.2013, BGBl. I S. 831.

zulasten des Vertragsgegners des Verwenders der AGB nunmehr dann formwirksam, wenn der Verwender auf die abweichenden Höchsthaftungsbeträge in **geeigneter Weise hinweist.** Zumindest bei erstmaliger Verwendung der ADSp gegenüber einem Absender können die von den § 431 Abs. 1 und 2 HGB abweichenden Bestimmungen (Ziff. 23.1, 23.3 und 23.4 ADSp) weiterhin nicht stillschweigend, sondern nur durch einen ausdrücklichen Hinweis auf vom Gesetz abweichende Höchsthaftungssummen einbezogen werden. Wie dieser Hinweis genau gestaltet werden muss, hängt von dem Informationsbedürfnis des Auftraggebers ab.[9] Ein ausdrücklicher, individuell formulierter **Hinweis** zum Beispiel in einem Anschreiben reicht stets. Dasselbe gilt für einen mündlichen Hinweis. Sicher ausreichen dürfte es auch, einen formularmäßigen Hinweis auf die abweichenden Haftungssummen drucktechnisch hervorzuheben, denn der Gesetzgeber wollte das Formerfordernis jedenfalls abmildern. Für den kaufmännischen Normalfall, dh. bei Vertragsschlüssen unter Praktikern des Transport- und Speditionsgeschäfts und kaufmännisch organisierten Versandabteilungen, dürfte es genügen, dem Einbeziehungshinweis einen zweiten Satz mit dem Hinweis auf die abweichenden Haftungssummen folgen zu lassen. Ob darauf bei Folgeaufträgen verzichtet werden kann, wenn der Auftraggeber die fraglichen Bestimmungen der ADSp positiv kennt[10], erscheint fraglich, zumal sich der Nachweis positiver Kenntnis im Streitfall in aller Regel nicht führen lassen wird.[11] Der Praxis ist deshalb anzuraten, jeden Hinweis auf die ADSp durch einen **ausdrücklichen, drucktechnisch hervorgehobenen Hinweis** auf die Tatsache zu ergänzen, dass die ADSp vom Gesetz abweichende Höchsthaftungssummen vorsehen. Es erscheint jedoch überzogen, eine wörtliche Wiedergabe der Bestimmungen zu fordern, die von den gesetzlichen Höchsthaftungssummen abweichen,[12] denn das liefe – entgegen der gesetzgeberischen Absicht – auf eine weitgehende Beibehaltung des früheren Druckertinte zehrenden Rechtszustandes hinaus. Der geforderte Hinweis soll dem Geschäftspartner nur Veranlassung geben, die AGB auf die darin enthaltenen Haftungsbestimmungen zu prüfen.

Auch die **Rechtswahl- und Gerichtsstandsregeln** in Ziff. 30 ADSp bedürfen gesonderter Wirksamkeitsprüfung unter dem Gesichtspunkt der Art der Einbeziehung der ADSp.  **11**

**3. Stillschweigende Unterwerfung.** Nach früherer Rechtsprechung wurden die  **12** ADSp im kaufmännischen Verkehr auch ohne einen besonderen Hinweis des Verwenders auf ihre Einbeziehung im Einzelfall kraft stillschweigender Unterwerfung Bestandteil des Vertrags, wenn der Vertragspartner des Spediteurs wusste oder wissen musste, dass der Spediteur ausschließlich nach den ADSp arbeitet.[13] Von Ausnahmen abgesehen,[14] wurde diese Kenntnis unterstellt.[15] An diese Rechtsprechung hat der BGH seit Inkrafttreten des Transportrechtsreformgesetzes bis Herbst 2008 nicht mehr angeknüpft, jedoch wird sie von einigen Instanzgerichten ausdrücklich aufrecht erhalten.[16] Im Schrifttum ist die Frage streitig.[17] Außer Frage steht allerdings, dass jedenfalls das Erfordernis des **geeigneten**

---

[9]  *Koller* § 449 Rn. 57.

[10]  Vgl. zu § 449 Abs. 2 HGB aF OLG Hamburg 19.12.2002, TranspR 2002, 72, 73.

[11]  *Herber* TranspR 2003, 120, 121.

[12]  So aber *Koller* Vor Ziff. 1 ADSp Rn. 16.

[13]  BGH 3.2.1953, NJW 1953, 541 = BGHZ 9, 1; 22.1.1954, NJW 1954, 795 = BGHZ 12, 136, 141; 8.3.1955, NJW 1955, 1145 = BGHZ 17, 1, 3; 8.7.1955, NJW 1955, 1513; 29.6.1959, NJW 1959, 1679; 7.7.1976, NJW 1976, 2075; 13.6.1985, NJW 1985, 2411, 2412 = VersR 1985, 1036; 14.12.1988, NJW-RR 1989, 481 = TranspR 1989, 141; BGH 20.6.1996, NJW-RR 1996, 1313 = TranspR 1997, 159.

[14]  BGH 7.7.1976, NJW 1976, 2075: keine stillschweigende Einbeziehung der ADSp gegenüber einem nicht als Spediteur tätigen Ausländer.

[15]  BGH 7.7.1976, NJW 1976, 2075.

[16]  OLG Karlsruhe 18.10.2006, TranspR 2007, 209, 212; OLG Brandenburg 15.8.2001, TranspR 2001, 474, 475 ff.; LG Hamburg 2.5.2005, IPRspr. 2005 Nr. 107, 263; LG Hildesheim 13.11.2001, TranspR 2002, 38, 39; LG Passau 5.4.2001, TranspR 2001, 269; AG Hamburg 15.5.2001, TranspR 2001, 411, 412; OLG Hamburg 11.1.2001, TranspR 2001, 300, 301; offengelassen in OLG Stuttgart 20.9.2006, VersR 2007, 859, sowie OLG Karlsruhe 27.6.2002, NJW-RR 2002, 1722 = TranspR 2002, 344.

[17]  Für die Aufrechterhaltung des Prinzips der stillschweigenden Unterwerfung *Valder* Sonderbeilage TranspR 2004, XLII; *Philippi* TranspR 1999, 375, 376; *Herzog* TranspR 2001, 244; Fremuth/Thume/*de la Motte* Vorbem. ADSp Rn. 8 ff.; Baumbach/Hopt/*Merkt* ADSp Anm. 2; wohl auch *Herber* TranspR 2003, 120; zweifelnd *Koller* TranspR 2001, 359, 360; *ders.* Vor Ziff. 1 ADSp Rn. 11; ferner *Boettge* TranspR 2007, 306, 7 f.; dagegen *Heuer* TranspR 1998, 333, 334; *ders.* TranspR 2004, 114, 115; *Herber* TranspR 1999, 89, 91.

**Hinweises** gemäß §§ 449 Abs. 2 Satz 1 Nr. 1 und 466 Abs. 2 Satz 1 Nr. 1 HGB nicht im Wege der stillschweigenden Einbeziehung der ADSp erfüllt werden kann.[18] Damit ist zwar noch nicht entschieden, dass die ADSp insgesamt nicht mehr stillschweigend einbezogen werden können,[19] denn die §§ 449 Abs. 2 S. 1 Nr. 1 und 466 Abs. 2 S. 1 Nr. 1 HGB errichten lediglich ein Formerfordernis für die Abweichung von § 431 Abs. 1 und 2 HGB. Indessen ist gegenüber der Annahme stillschweigender Einbeziehung der ADSp erhebliche **Zurückhaltung** geboten. Da eine rechtsgeschäftliche – zumindest stillschweigende – Einigung erforderlich ist,[20] darf die erforderliche Willensübereinstimmung nicht fingiert werden. Vielmehr bedarf die Einbeziehung stets konkreter Begründung anhand des zu entscheidenden Sachverhalts. Die Branchenüblichkeit von allgemeinen Geschäftsbedingungen ist ein wichtiges Indiz, das bei der Auslegung der von den Parteien ausgetauschten Willenserklärungen zu berücksichtigen ist, reicht aber für sich genommen noch nicht aus, um eine stillschweigende Unterwerfung zu begründen.[21] Zusätzliche Anhaltspunkte für die Einbeziehung der ADSp sind neben entsprechenden Hinweisen in den vertragsbestimmenden Erklärungen,[22] in der vorvertraglichen Korrespondenz oder anlässlich früherer Kontakte zwischen den Parteien[23] beispielsweise Bezugnahmen auf ADSp-Bestimmungen oder einen auf die ADSp abgestimmten Versicherungsschutz während der Vertragsverhandlungen.

**13**    **4. Gegenüber Ausländern.** Bei bestehendem Auslandsbezug ist die Frage des wirksamen Zustandekommens einer Einbeziehungsvereinbarung nach deutschem Recht zu beurteilen,[24] weil der Vertrag, seine Wirksamkeit einschließlich der Geltung der ADSp unterstellt, gemäß Ziff. 30.3 deutschem Recht unterläge, Art. 10 Abs. 1, 3 Abs. 1 Rom I-VO.[25] Hat der Vertragspartner seinen Sitz im Ausland und war die **Vertragssprache** nicht Deutsch, so muss ein Hinweis auf die ADSp in der Vertragssprache abgefasst sein.[26]

**14**    Die Annahme einer **stillschweigenden Unterwerfung** ist bei Vertragsschlüssen mit Ausländern besonders problematisch.[27] Die frühere Rechtsprechung hat zwar die Wissen-Müssen-Formel auch gegenüber Unternehmen und Personen mit Sitz im Ausland angewandt,[28] jedoch ist dabei in der Regel das Wissen-Müssen konkret begründet worden, etwa anhand des grenznahen Sitzes, der Deutschland umfassenden speditionellen Betätigung des Auftraggebers,[29] einer ständigen wechselseitigen Geschäftsbeziehung zwischen Spediteuren[30] oder mehrfachen Hinweisen auf die ADSp gegenüber einem die deutsche Sprache beherrschenden Auftraggeber.[31] Im Verkehr mit branchenfremden Ausländern hat die Rechtsprechung dagegen **besondere Einbeziehungshinweise** verlangt.[32]

---

[18] Zum alten Recht BGH 23.1.2003, NJW 2003, 1397 = TranspR 2003, 119; krit. dazu *Herber* TranspR 2003, 120; zust. *Heuer* TranspR 2004, 114; vgl. auch BGH 18.10.2007, ferner LG Memmingen 16.1.2002, TranspR 2002, 82, 83 und OLG Hamburg 19.12.2002, TranspR 2003, 72, dazu *Bästlein/Bästlein* TranspR 2003, 61.

[19] AM Ulmer/Brandner/Hensen Teil 2 (14) Rn. 3; *Heuer* TranspR 2004, 114, 115.

[20] MüKoBGB/*Basedow* § 305 Rn. 91.

[21] BGH 20.3.1985, NJW 1985, 1838; 4.2.1992, NJW-RR 1992, 626.

[22] OLG Stuttgart 20.9.2006, VersR 2007, 859.

[23] OLG Karlsruhe 27.6.2002, NJW-RR 2002, 1722 = TranspR 2002, 344.

[24] Vgl. BGH 26.10.1993, BGHZ 123, 380.

[25] *Reithmann/Martiny* Rn. 211; MüKoBGB/*Martiny* Art. 3 Rom I-VO Rn. 104 ff.

[26] OLG Frankfurt 5.6.1986, EWIR 1987, 631; vgl. auch OLG Karlsruhe 27.6.2002, NJW-RR 2002, 1722 = TranspR 2002, 344, 345.

[27] Vgl. *Schinkels* IPRax 2003, 517.

[28] BGH 13.7.1973, NJW 1973, 2154; OLG Frankfurt 23.4.1980, VersR 1981, 27, 29; OLG Schleswig 25.5.1987, NJW-RR 1988, 283.

[29] BGH 5.6.1981, VersR 1981, 975.

[30] OLG Frankfurt 16.12.1986, VersR 1988, 33; OLG Hamburg 23.2.1995, TranspR 1996, 40.

[31] OLG Karlsruhe 27.6.2002, NJW-RR 2002, 1722 = TranspR 2002, 344, 345.

[32] BGH 7.7.1976, NJW 1976, 2075; 16.1.1981, NJW 1981, 1905, 1906; OLG Dresden 24.11.1998, TranspR 1999, 62, 64; OLG Köln 19.3.2002, TranspR 2003, 125, 126.

## IV. Wirksamkeit der ADSp

**1. Unvereinbarkeit mit zwingendem Recht.** Klauseln der ADSp, die zwingendem **15** Recht widersprechen, sind **unwirksam.**[33] Praktische Bedeutung hat dies insbesondere bei den Haftungsbestimmungen, die in weitem Umfang zwingend oder AGB-fest gesetzlich geregelt sind (so insbesondere in den §§ 425 ff. HGB, der CMR, der CIM, dem MÜ sowie der CMNI).

Die ADSp erkennen diesen Vorrang ausdrücklich an und enthalten deshalb in verschiede- **16** nen Klauseln **salvatorische Subsidiaritätsvorbehalte,** vgl. Ziff. 2.2, 2.4 und 22.1 ADSp. Solche Bestimmungen sind AGB-rechtlich wegen des Transparenzgebots bedenklich, weil sie ihre Anwendbarkeit nicht selbst klarstellen, sondern sie von Vorfragen abhängig machen.[34] Jedoch erscheint es auf Grund der Besonderheiten der ADSp überzogen, die Vorbehalte und die von ihnen betroffenen Klauseln insgesamt für unwirksam zu halten.[35] Die ADSp regeln Sachverhalte, die je nach konkreter Fallgestaltung einer erheblichen Anzahl von unterschiedlichen Rechtsvorschriften unterliegen können, darunter neben dem deutschen Speditions-, Fracht- oder Lagerrecht auch einer Reihe internationaler transportrechtlicher Übereinkommen. Selbst ausländisches Recht kann eine Rolle spielen, zB über die §§ 458, 452a HGB. Klauseln, die für jeden denkbaren Fall sämtliche in Betracht kommenden zwingenden Vorschriften berücksichtigen, wären kaum möglich und jedenfalls wesentlich weniger transparent als eine Vorschrift, die den Anwender dazu nötigt, sich vor dem Hintergrund eines konkreten Sachverhalts über vorrangiges zwingendes Recht Gedanken zu machen.[36]

Eine Kollision mit zwingendem Recht führt nicht zur Unwirksamkeit der ADSp insge- **17** samt. Von der **Nichtigkeit** erfasst sind nur die dem zwingendem Recht zuwider laufenden Einzelklauseln (§ 306 Abs. 1 BGB).

**2. Klauselkontrolle. a) Allgemeines.** Sofern die ADSp in den konkreten Vertrag als **18** allgemeine Geschäftsbedingungen einbezogen, also von einer Seite „gestellt" worden sind, unterliegen sie der Klauselkontrolle der §§ 305 ff. BGB. Wirksamkeitsmaßstab ist dabei, falls die ADSp nicht trotz Ziff. 2.4 ausnahmsweise gegenüber Verbrauchern verwendet worden sind, neben § 305c BGB (überraschende Klauseln) § 307 BGB. Keine Anwendung finden gemäß § 310 Abs. 1 BGB die speziellen Klauselverbote der §§ 308, 309 BGB.

**b) Eingeschränkte Geltung des Verbots geltungserhaltender Reduktion.** Grund- **19** sätzlich wird eine geltungserhaltende Reduktion oder Auslegung auch im unternehmerischen Verkehr abgelehnt, weil der Verwender es nicht den Gerichten überlassen darf, seine unzulässigen AGB auf das mit den Klauselkontrollvorschriften gerade noch vereinbare Maß zu reduzieren.[37] Allerdings hat die Rechtsprechung diesen Grundsatz für die ADSp durchbrochen,[38] weil die ADSp nicht einseitig aufgestellt sondern unter Mitwirkung der beteiligten Verkehrskreise zustande gekommen sind und daher der Schutzzweck des Verbots geltungserhaltender Reduktion nicht in gleicher Weise greife.[39] Diese Rechtsprechung bezieht sich auf die ADSp in der vor der Transportrechtsreform von 1998 geltenden Fassung, jedoch besteht keine Veranlassung, von dieser großzügigeren Betrachtungsweise abzugehen.

## V. Anwendungsbereich, Ziff. 2

Ähnlich einem Gesetz regeln die ADSp selbst ihren Anwendungsbereich. Diese Rege- **20** lung ist allerdings nur in zweiter Linie maßgeblich, denn es richtet sich zunächst nach

---

[33] OLG Hamburg 16.7.2009, TranspR 2010, 337 Rn. 47.
[34] Ulmer/Brandner/Hensen/*Fuchs* Vor § 307 BGB Rn. 101.
[35] So aber Ulmer/Brandner/Hensen Teil 2 (14) Rn. 4.
[36] Vgl. BGH 20.7.2005, ZIP 2004, 1785, 1797: Pflicht zu klarer und verständlicher Formulierung nur im Rahmen des Möglichen.
[37] BGH 19.9.1983, NJW 1984, 48, 49; Ulmer/Brandner/Hensen/*Schmidt* § 306 BGB Rn. 14 ff.
[38] BGH 28.6.2001, NJW-RR 2002, 536 = TranspR 2001, 471; 4.5.1995, NJW 1995, 3117 = TranspR 1996, 34.
[39] BGH 4.5.1995, NJW 1995, 3117 = TranspR 1996, 34.

der Einbeziehungsabrede, ob die ADSp unbedingt oder nur im Rahmen ihres definierten Anwendungsanspruchs gelten sollen (Vorrang der **Individualabrede,** § 305b BGB).[40] Auch eine Auslegung des Einbeziehungshinweises des Verwenders kann ergeben, dass er die ADSp ungeachtet ihrer inhärenten Anwendungsschranken zum Gegenstand des Vertrages machen will. Fehlt es daran, gelten die ADSp nur im Rahmen der Regelungen über ihren Anwendungsbereich.

**21**  **1. Persönlicher Anwendungsbereich. a) Spediteur.** Die ADSp sind auf solche Geschäfte zugeschnitten, bei denen ein dem **Speditionsgewerbe** zuzurechnender Unternehmer die vertragstypische Leistung zu erbringen hat.[41] Der Leistungserbringer wird in den ADSp als **Spediteur** bezeichnet und gilt, wie sich aus Ziff. 2.7 schließen lässt, im Zweifel als Verwender der ADSp. Der Verwender muss aber weder Spediteur sein noch als solcher auftreten. Die ADSp können auch von Lagerhaltern, Frachtführern, Logistikdienstleistern und selbst von Unternehmen ganz anderer Branchenzugehörigkeit verwendet werden. Allerdings ist im Hinblick auf das Transparenzgebot zu fordern, dass der Vertrag Leistungen vorsieht, auf die die ADSp sinnvoll angewendet werden können.[42]

**22**  Dies ist nicht immer der Fall. Das Speditionsgewerbe erlebt eine seit vielen Jahren anhaltende Tendenz zur Ausweitung des branchentypischen Tätigkeitsfeldes von Spediteuren. Unter dem schillernden Schlagwort **Logistik** erbringen Spediteure, Lagerhalter oder Frachtführer zunehmend Dienstleistungen, die mit der Beförderung oder Lagerung von Gütern allenfalls noch mittelbar zu tun haben. Diese Entwicklung bringt die Gefahr einer Verwässerung des Berufsbildes mit sich, die dem Anwendungsbereich der ADSp die klaren Konturen zu nehmen droht. Zugleich erhöhen sich die Haftungsrisiken für Spediteure, weil ihre Integration in vitale betriebliche Abläufe des Kunden dazu führt, dass jeder Fehler immense Schäden nach sich ziehen kann.

**23**  **b) Auftraggeber.** Den Vertragspartner des Spediteurs bezeichnen die ADSp als **Auftraggeber.** Auftraggeber kann jeder Kaufmann oder sonstige Unternehmer sein. Nur im Verhältnis zu **Verbrauchern** beanspruchen die ADSp gemäß Ziff. 2.4 keine Anwendung (unten d, Rn. 25 f.). Auftraggeber kann auch ein **Spediteur** sein. Er bleibt in diesem Falle aber Auftraggeber im Sinne der ADSp, kann sich also nicht der dem Spediteur in den ADSp eingeräumten Rechte bedienen.[43] Dies stellt Ziff. 2.7 ADSp klar.

**24**  **c) Empfänger.** Der Empfänger ist in der Regel begünstigter Dritter eines Vertrages zugunsten Dritter im Sinne des § 328 BGB (vgl. § 421 HGB). Er kann allerdings auch mit dem Auftraggeber identisch sein. Ist er Dritter, unterwirft der Empfänger sich nicht allein durch die **Annahme des Guts** den ADSp.[44] Auch Hinweise auf die ADSp in einer **Empfangsbescheinigung** genügen nicht, um die ADSp im Verhältnis zum Empfänger verbindlich zu machen.[45] Allerdings ist der Empfänger insoweit an die ADSp gebunden, als er seine Rechte aus einem den ADSp unterliegenden Vertrag des Auftraggebers mit dem Spediteur herleitet, sei es kraft seiner Rechtsposition als begünstigter Dritter oder als Rechtsnachfolger des Auftraggebers.[46]

**25**  **d) Verbraucher.** Nach **Ziff. 2.4** gelten die ADSp nicht für Verkehrsverträge mit Verbrauchern. Den Begriff des Verbrauchers definiert Ziff. 2.4 in Anlehnung an die gesetzliche Begriffsbestimmung in § 13 BGB.

---

[40] BGH 16.3.2006, NJW-RR 2006, 1350, 1351 = TranspR 2006, 359, 360; OLG München 31.7.1992, VersR 1993, 1382.
[41] Vgl. *Heil/Bayer* TranspR 1987, 1, 2 mwN und *Koller* Vor § 1 ADSp Rn. 3.
[42] BGH 3.7.1981, ZIP 1981, 1220; Ulmer/Brandner/Hensen/*Ulmer/Habersack* § 305 BGB Rn. 152.
[43] OLG Frankfurt 4.12.1979, NJW 1980, 2649; LG Hamburg 25.3.1991, VersR 1992, 1373.
[44] Vgl. BGH 28.4.1959, NJW 1959, 1779; OLG München 9.10.1992, NJW-RR 1993, 743; OLG Düsseldorf 20.6.1985, TranspR 1985, 254.
[45] OLG München 9.10.1992, NJW-RR 1993, 743; OLG Düsseldorf 20.6.1985, TranspR 1985, 254, 255.
[46] *Koller* ADSp Vor Ziff. 1 Rn. 8.

Ziff. 2.4 ist nachrangig gegenüber der Einbeziehungsabrede (§ 305b BGB). Die ADSp **26** finden daher auch gegenüber Verbrauchern Anwendung, wenn sie ausdrücklich und einvernehmlich vereinbart sind[47] oder wenn sich dies aus dem Einbeziehungshinweis ergibt,[48] dann aber nur bei Beachtung der gegenüber Verbrauchern geltenden zusätzlichen Anforderungen des § 305 Abs. 2 BGB (Möglichkeit zumutbarer Kenntnisnahme) sowie unter der strengen Wirksamkeitskontrolle nach den §§ 308, 309 BGB.

**e) Dritte.** Die ADSp können auch zu Gunsten oder zu Lasten **Dritter** Wirkung entfal- **27** ten. So muss sich der kaufmännische Eigentümer von Gütern, welche der Auftraggeber in Obhut des Spediteurs gegeben hat, gem. § 242 BGB die ADSp entgegenhalten lassen, wenn er wusste oder den Umständen nach damit rechnen musste, dass sein Gut einem nach den ADSp arbeitenden Spediteur übergeben wird.[49] Die ADSp gelten nach den Grundsätzen des Vertrags zugunsten Dritter auch zugunsten deliktisch in Anspruch genommener **Subunternehmer**[50] oder **Arbeitnehmer des Spediteurs,**[51] Ziff. 26 ADSp in Verbindung mit §§ 434, 436 HGB. Kein Dritter ist der durch eine handelnde Person rechtsgeschäftlich Vertretene: Er ist Auftraggeber.

**2. Sachlicher Anwendungsbereich.** Der sachliche Anwendungsbereich der ADSp **28** wird in **Ziff. 2.1.** beschrieben. Die ADSp finden danach Anwendung auf **Verkehrsverträge** über alle Tätigkeiten, die üblicherweise zum Speditionsgewerbe gehörende Geschäfte betreffen, insbesondere **Speditionsverträge, Frachtverträge, Lagerverträge** oder Verträge über **speditionsübliche logistische Leistungen,** wenn diese mit der Beförderung oder Lagerung von Gütern im Zusammenhang stehen.

**a) Verkehrsvertrag – speditionsübliches Geschäft.** Ziff. 2.1 umschreibt den Anwen- **29** dungsbereich der ADSp anhand des Begriffs des Speditionsgewerbes. Die Vorschrift knüpft nicht an den gesetzlichen Tatbestand des Speditionsvertrages (§ 453 HGB) an, sondern an den Begriff des **Spediteurs im berufsständischen Sinne.**[52] Dabei wird von dem ursprünglich versicherungsrechtlichen Begriff[53] des **Verkehrsvertrages** ausgegangen, der dadurch charakterisiert wird, dass sein Gegenstand ein üblicherweise zum Speditionsgewerbe gehörendes Geschäft ist. Der Begriff des speditionsüblichen Geschäfts wird seinerseits nur insofern erläutert, als dazu jedenfalls **Speditions-, Fracht- und Lagergeschäfte**[54] sowie die mit der Beförderung oder Lagerung zusammenhängenden **speditionsüblichen logistischen Leistungen** gehören. Diesen begriffsprägend hervorgehobenen Geschäften ist zu entnehmen, dass Verkehrsverträge neben dem Umstand der Speditionsüblichkeit stets ein Tätigwerden des Leistungserbringers im Rahmen eines **gewerblichen Geschäftsbetriebs** voraussetzen (vgl. §§ 453 Abs. 3 S. 1, 407 Abs. 3 Satz 1 Nr. 2, 467 Abs. 3 Satz 1 HGB).[55] Außer den besonders benannten Geschäften können, wie sich aus der Wendung „oder sonstige" ergibt, noch weitere Geschäfte speditionstypisch sein.

---

[47] Vgl. *Piper,* Höchstrichterliche Rspr., Rn. 101 und Fremuth/Thume/*de la Motte* Nr. 2 ADSp Rn. 13; aM *Widmann* Ziff. 2 Rn. 10.

[48] LG Bremen 23.11.1989, TranspR 1990, 166, 167 f.

[49] StRspr. BGH 12.7.1974, NJW 1974, 2177; 18.6.1976, VersR 1976, 1129; 17.11.1980, VersR 1981, 229, 230; 21.12.1993, BB 1994, 381, 385; 6.7.1995, NJW 1995, 2991; *Heil/Bayer* TranspR 1987, 1, 5; *Koller* Vor Ziff. 1 ADSp Rn. 5.

[50] BGH 28.4.1977, VersR 1977, 717.

[51] OLG Celle 23.12.1982, VersR 1983, 683; LG Darmstadt 26.7.1990, TranspR 1991, 380, 383, LG Stuttgart 12.12.1990, TranspR 1991, 316, 317 und *Schmid* TranspR 1986, 49.

[52] Vgl. *Valder,* Festgabe Herber, S. 177.

[53] Der Begriff stammt ursprünglich aus dem SVS/RVS und wurde abgewandelt in die den ADSp bis 1998 anhängenden „Mindestbedingungen für die Speditionsversicherung" (SpV) übernommen. Nach der dortigen Definition (Ziff. 1.1 SpV) bezog er sich auf „Verkehrsverträge des Spediteurs als Auftragnehmer über alle Arten von Verrichtungen des Spediteurs, gleichgültig, ob sie Speditions-, Fracht-, Lager und sonstige üblicherweise zum Speditionsgewerbe gehörende Geschäfte betreffen. Hierzu zählen auch speditionsübliche logistische Leistungen, wenn diese mit der Beförderung oder Lagerung von Gütern im Zusammenhang stehen."

[54] Vgl. auch OLG Hamburg 9.7.1992, TranspR 1992, 333, 334.

[55] *Koller* Ziff. 2 ADSp Rn. 1.

30    **aa) Speditionsverträge.** Ein Verkehrsvertrag ist jedenfalls jeder Speditionsvertrag im Sinne des § 453 HGB, also jeder Vertrag, durch den sich ein Unternehmen im Rahmen seines gewerblich eingerichteten Betriebs dazu verpflichtet, die **Versendung eines Gutes zu besorgen.** Es kommt nicht darauf an, ob der Vertrag sich auf eine Beförderung per Straße, Bahn, Binnenschiff oder Luft[56] richtet. Ebenso wenig ist von Bedeutung, ob der Spediteur kraft Selbsteintritts oder als Sammelladungs- oder Fixkostenspediteur nach Frachtrecht haftet.[57]

31    **bb) Frachtverträge.** Wenn der Leistungserbringer sich im Rahmen seines gewerblichen Unternehmens dazu verpflichtet, ein Gut zu befördern und am Bestimmungsort abzuliefern, also den **Leistungserfolg** herbeizuführen, liegt ebenfalls ein Verkehrsvertrag vor. Obgleich Ziff. 2.1 ADSp den Begriff des Frachtvertrags verwendet und dieser nach § 407 Abs. 3 Satz 1 Nr. 1 HGB die Beförderung auf See nicht umfasst, gilt als Frachtvertrag auch der Seefrachtvertrag. Dies lässt sich Ziff. 2.5 ADSp entnehmen.[58]

32    **cc) Lagerverträge.** Auch der Lagervertrag, durch den sich der Leistungserbringer (Spediteur im Sinne der ADSp) verpflichtet, im Rahmen gewerblicher Tätigkeit ein Gut zu lagern und aufzubewahren (§ 467 HGB), ist ein Verkehrsvertrag. Ihn regeln die ADSp gesondert in Ziff. 15 sowie hinsichtlich der Haftung in Ziff. 24.

33    **dd) Speditionsübliche logistische Leistungen.** Umfasst sind auch Verträge, durch die der Spediteur sich dazu verpflichtet, speditionsübliche logistische Leistungen zu erbringen, soweit diese zu einer Güterbeförderung oder -lagerung in Zusammenhang stehen.

34    Der Begriff der **logistischen Leistung** ist schillernd; er wird ausufernd benutzt[59] und lässt sich daher kaum sinnvoll definieren.[60] Ähnlich schwierig ist die Feststellung der **Speditionsüblichkeit** einer Dienstleistung. Es liegt gerade im Wesen des Logistikgeschäfts, dass der Spediteur sich in sehr weit gehendem Maß auf individuelle Anforderungen seiner Kunden einstellt. Zu berücksichtigen ist ferner, dass der Markt sich dynamisch entwickelt und daher keine dauerhaft verlässlichen Aussagen möglich sind. Im Streitfall ist die Speditionsüblichkeit der in Rede stehenden Dienstleistung sachverständig zu ermitteln.[61]

35    Schließlich muss ein **Zusammenhang zu einer Güterbeförderung oder -lagerung** bestehen. Danach ist jedenfalls zu fordern, dass die logistische Leistung nicht isoliert erbracht wird, sondern sich als eine Zusatzleistung zu einem klassischen Speditionsgeschäft darstellt.[62]

36    **ee) Sonstige speditionsübliche Geschäfte.** Neben den besonders benannten Geschäften erfassen die ADSp auch sonstige Geschäfte, soweit sie speditionsüblich sind und sich noch unter den Begriff des Verkehrsvertrages fassen lassen. Im Gegensatz zu den logistischen Dienstleistungen müssen sie allerdings nicht mit einer Güterlagerung oder -beförderung im Zusammenhang stehen,[63] sondern können auch isoliert beauftragt sein.

37    **b) Anwendungsausschlüsse, Ziff. 2.3.** Die ADSp finden – vorbehaltlich anderweitiger Vereinbarung der Parteien – keine Anwendung, wenn Gegenstand des Vertrags ausschließlich[64] **Verpackungsarbeiten** sind (Ziff. 2.3 1. Anstrich). Der Regelungszweck des überkommenen Ausschlusses für Verpackungsarbeiten hat sich jedoch überholt. Die Ausführung von Verpackungsarbeiten ist heute eine typische speditionsübliche Tätigkeit.

---

[56] AM offenbar *Boettge* TranspR 2007, 306, 308 f.
[57] Vgl. BGB 9.12.1991, NJW-RR 1992, 482 = VersR 1992, 857 (Seespedition).
[58] BGH 15.10.2001, VersR 2003, 225 = TranspR 2002, 36.
[59] Nach den „Logistik-AGB" soll sogar der Betrieb eines Call-Centers für einen Auftraggeber eine logistische Leistung sein.
[60] *Wieske* TranspR 2002, 177; *ders.* VersR 2006, 336; vgl. auch *Krins* TranspR 2007, 269 f.
[61] *Koller* Ziff. 2 ADSp Rn. 5.
[62] *Koller* Ziff. 2 ADSp Rn. 6; *Wolf* ADSp 2002 Rn. 10; Fremuth/Thume/*de la Motte* Nr. 2 ADSp Rn. 1.
[63] *Koller* Ziff. 2. ADSp Rn. 5.
[64] Vgl. OLG Hamburg 8.6.1989, VersR 1990, 545.

Soweit nichts anderes vereinbart ist, finden die ADSp auch keine Anwendung auf **38** Geschäfte, die ausschließlich die Beförderung[65] oder Lagerung von **Umzugsgut** zum Gegenstand haben (Ziff. 2.3. 2. Anstrich). Diese Leistungen sind traditionell Gegenstand besonderer Regelungen.[66]

Ebenfalls keine Anwendung beanspruchen die ADSp auf Geschäfte, die ausschließlich **39** **Kranarbeiten, Montagearbeiten, Schwer- oder Großraumtransporte** zum Gegenstand haben. Dies gilt aber nur, wenn solche Arbeiten gesondert und ausschließlich beauftragt sind, nicht dagegen, wenn sie im Rahmen der Umschlagtätigkeit des Spediteurs anfallen.

Neu aufgenommen wurde in die Fassung 2003 der Ausschluss für die Beförderung und **40** Lagerung von **abzuschleppenden oder zu bergenden Gütern.**

## B. Vertragspflichten der Parteien

### I. Interessenwahrungspflicht des Spediteurs

Gemäß Ziff. 1 hat der Spediteur das Interesse des Auftraggebers wahrzunehmen und **41** seine Tätigkeiten mit der Sorgfalt eines ordentlichen Kaufmannes auszuführen. Die Regelung lehnt sich an den Wortlaut der §§ 454 Abs. 4 und 347 Abs. 1 HGB an und betont die **Interessenwahrungspflicht** des Spediteurs sowie den handelsrechtlichen **Sorgfaltsmaßstab.**

Wenn der Erbringer der vertragstypischen Leistung ein **Spediteur** im Sinne des § 453 **42** Abs. 1 BGB ist, hat diese Regelung nur deklaratorische Bedeutung. Dagegen erlegt die Bestimmung in allen anderen Fällen dem die ADSp verwendenden Leistungserbringer die Interessenwahrungspflicht des Speditionsrechts auf, auch wenn er nach dem Vertrag als **Lagerhalter, Frachtführer oder Logistikunternehmer** oder in sonstiger Weise tätig wird und daher gesetzlich nicht gleichermaßen zur Wahrung der Interessen des Auftraggebers verpflichtet wäre.[67]

Die Pflicht zur Interessenwahrung fordert von dem Spediteur, sein Verhalten an den **43** Interessen des Auftraggebers auszurichten, die er, soweit sie nicht erkennbar sind, durch Rückfrage zu ermitteln hat.[68] Daraus können sich nicht nur Verhaltens-, sondern auch Leistungspflichten jenseits der in den gesetzlichen Vorschriften sowie den ADSp geregelten typischen Pflichten ergeben.[69]

Die Interessenwahrungspflicht dient zugleich als Auslegungsleitlinie, die für alle Bestim- **44** mungen der ADSp Geltung beansprucht.[70]

### II. Allgemeine Leistungspflichten des Spediteurs

Im Hinblick auf die Vielgestaltigkeit des Begriffs des Verkehrsvertrages verzichten die **45** ADSp darauf, die Leistungspflichten der Parteien näher zu bestimmen. Eine Ausnahme bilden die Regelungen der Ziff. 15 über Lagerverträge (dazu unter Abschnitt III, Rn. 73 ff.). Im Übrigen beschränken sie sich auf die Regelung von Nebenpflichten und Leistungsmodalitäten, die wegen des Vorrangs der Individualabrede jedoch durchgängig nur den Charakter von Auslegungs- oder Zweifelsregelungen haben.

---

[65] Nach Ansicht *Kollers* Ziff. 2 ADSp Rn. 9, gilt der Ausschluss nicht, wenn der Spediteur es nur übernimmt, die Versendung von Umzugsgut zu besorgen, ohne kraft Selbsteintritts, Fixkostenspedition oder Sammelladung die Erfolgshaftung für die Beförderung zu übernehmen. Dies erscheint nach dem Wortlaut zweifelhaft, ist aber von nur geringer praktischer Bedeutung.

[66] Fremuth/Thume/*de la Motte* Nr. 2 ADSp Rn. 10.

[67] Vgl. *Koller* Vor Ziff. 1 ADSp Rn. 1.

[68] OLG Hamburg 29.9.1983, VersR 1984, 773 = TranspR 1985, 20, 25; Fremuth/Thume/*de la Motte* Nr. 1 ADSp Rn. 1.

[69] Vgl. etwa OLG München 26.2.1993, TranspR 1993, 255, 256.

[70] Vgl. *Schiller/Sips-Schiller* BB 1985, 888 f.; *Koller* Ziff. 1 Rn. 1; *Valder* in *Andresen/Valder,* Speditions-, Fracht- und Lagerrecht, § 454 HGB Rn. 31.

**46**   **1. Geschäftsbesorgung, Ziff. 2.2.** Der ADSp-Spediteur tritt im Zweifel als Geschäftsbesorger auf, sucht also die Erfolgshaftung für die ihm übertragenen verkehrsvertraglichen Leistungen auszuschließen (vgl. **Ziff. 22.2**). Dies entspricht der gesetzlichen Konzeption des Speditionsrechts (§ 453 Abs. 1 HGB), der zufolge der Spediteur, sofern kein Fall des Selbsteintritts, der Fixkosten- oder der Sammelladungsspedition vorliegt, lediglich verpflichtet ist, die Versendung des Guts zu **besorgen,** dh. die dazu erforderlichen Verträge mit sorgfältig ausgewählten Dritten abzuschließen. Ziff. 2.2 nutzt den durch § 454 Abs. 2 HGB eröffneten Spielraum und erstreckt diese Regelung auch auf sonstige von dem Spediteur übernommene beförderungsbezogene Leistungen wie die Versicherung und Verpackung des Gutes, seine Kennzeichnung und die Zollbehandlung. Dasselbe gilt für nicht beförderungsbezogene speditionelle Leistungen.[71] **Ziff. 2.6** stellt klar, dass der Spediteur dabei auch übliche Bedingungen der dritten Leistungsanbieter mit Wirkung gegenüber dem Auftraggeber akzeptieren darf.

**47**   **2. Verpackung, Verwiegung, Untersuchung, Ladehilfsmittel, Ziff. 4.** Die ADSp grenzen in Ziff. 4 den vertraglichen Verantwortungsbereich des Spediteurs im Hinblick auf die Verpackung, Gestellung von Ladehilfs- und Packmitteln sowie die Verwiegung und Untersuchung des Guts ab. Die Regelung, die sich an die §§ 409 Abs. 3 Satz 2, 411 und 454 Abs. 2 HGB anlehnt, stellt klar, dass die dort genannten Nebenaufgaben nur auf Grund individueller Abrede vom Spediteur zu erbringen sind.

**48**   **3. Zollamtliche Abwicklung, Ziff. 5.** Nach § 454 Abs. 2 HGB schuldet der Spediteur die Zollbehandlung nur, wenn dies besonders vereinbart ist.

**49**   Soweit keine vorrangige Individualvereinbarung festgestellt werden kann, gilt nach Ziff. 5.1 bei **Ausfuhrsendungen** die zollamtliche Abfertigung durch den Spediteur als vereinbart, wenn ohne sie die Beförderung zum Bestimmungsort nicht ausführbar ist. Im Rahmen des Ausfuhrverfahrens sind die Güter in der Regel[72] an der Zollausgangszollstelle, also an der europäischen Zollgrenze, zu **gestellen.**[73] Dies kann nur durch den Frachtführer geschehen und ist daher Ausführbarkeitsvoraussetzung im Sinne von Ziff. 5.1.

**50**   Ist der Spediteur beauftragt, unter Zollverschluss **eingehende Sendungen** zuzuführen oder frei Haus zu liefern, gilt er als ermächtigt, über die Art der Erledigung der Zollförmlichkeiten und darüber zu entscheiden, ob er zollamtlich festgesetzte Abgaben verauslagt. Damit unterstellt Ziff. 5.3, dass der Spediteur im Rahmen eines solchen Auftrags mit der Erledigung der zollrechtlichen Belange beauftragt ist. Der Spediteur hat die Güter zu gestellen und das für die Zwecke des Auftraggebers **geeignete zollrechtliche Verfahren** einzuleiten.[74]

**51**   Nach Ziff. 5.2 soll der Spediteur neben seinem Aufwendungsersatzanspruch eine besondere Vergütung verlangen können. Die Bestimmung kann nur dann angewendet werden, wenn die Parteien keine einheitliche Vergütung für die Leistungen des Spediteurs unter Einschluss der Verzollung vereinbart haben (§ 305b BGB).

**52**   **4. Schnittstellenkontrolle, Ziff. 7. a) Allgemeines.** Die Schnittstellenkontrolle bei der Beförderung und dem Umschlag von Gütern ist eine **zentrale Pflicht** des Spediteurs. Von besonderer Bedeutung ist sie bei dem Betrieb von Umschlagslagern („Hubs"), weil solche Lager in hohem Maß schadensträchtig sind. Das Unterlassen ordnungsgemäßer Schnittstellenkontrollen begründet nach der Rechtsprechung des BGH[75] den Vorwurf der Leichtfertigkeit im Sinne des § 435 HGB und nimmt dem Spediteur damit die gesetzlichen Haftungsbeschränkungen. Auch die weitergehenden Haftungserleichterungen nach den

---

[71] *Koller* § 459 HGB Rn. 17 f.
[72] Zu Erleichterungen und Befreiungen, insbesondere im Rahmen des Anschreibeverfahrens vgl. *Witte,* Zollkodex, Art. 161 Rn. 33 ff.
[73] Art. 793 Abs. 2 Zollkodex-Durchführungsverordnung.
[74] *Widmann* Ziff. 5 Rn. 3.
[75] Vgl. BGH 25.3.2004, NJW 2004, 2445 = TranspR 2004, 309, stRspr., zuletzt BGH 29.6.2006, NJW-RR 2006, 1694 = TranspR 2006, 466; 14.6.2006, NJW 2006, 2976 = TranspR 2006, 345, 347; 1.12.2005, TranspR 2006, 171.

ADSp entfallen (Ziff. 27). Die Verpflichtung zur Durchführung von Schnittstellenkontrollen kann nur individualvertraglich ausgeschlossen werden.[76] Daher kann Ziff. 7 ADSp die Pflichtenstellung des Spediteurs in Bezug auf Schnittstellenkontrollen allenfalls inhaltlich ausgestalten, aber nicht einschränken.

**b) Begriff der Schnittstelle.** Als Schnittstelle gilt nach **Ziff. 7.2** jeder Übergang der **53** Packstücke auf eine andere Rechtsperson sowie jede Ablieferung am Ende einer Beförderungsstrecke. Erfasst sind dabei nur solche Schnittstellen, die sich im Rahmen der vom Spediteur erbrachten oder besorgten Leistungen ergeben, nicht vor- oder nachgelagerte Übergabevorgänge.[77]

Der Begriff **andere Rechtsperson** bezieht sich auf das Unternehmen, für das die han- **54** delnde natürliche Person tätig ist. Ein Übergang der Packstücke liegt also in jeder Übergabe zwischen natürlichen Personen, die für unterschiedliche Unternehmen tätig sind, insbesondere also die Übergabe an bzw. von einem selbständigen Frachtführer.

Am **Ende einer Beförderungsstrecke** steht typischerweise entweder die Ablieferung **55** beim Empfänger oder die Übernahme durch ein Umschlagslager („Hub"). Selbständige Bedeutung hat dieses Kriterium nur dann, wenn die Beförderung und die anschließende Übernahme zur Lagerung oder zum Umschlag durch dasselbe Unternehmen ausgeführt werden.

Für die Übergabe an einen Fahrer zur **Weiterbeförderung** der Güter von einem **56** Umschlagslager zu einem weiteren oder direkt zum Empfänger ist nur dann eine Schnittstellenkontrolle vorgesehen, wenn der weiterbefördernde Fahrer nicht bei dem Betreiber des Umschlagslagers angestellt ist.[78] Damit bleibt Ziff. 7.2 hinter den gesetzlichen Anforderungen zurück, an die der BGH den **Leichtfertigungsvorwurf** knüpft. Er verlangt bei jedem Umschlag neben Eingangs- auch Ausgangskontrollen, und zwar auch dann, wenn die dem Ausgang folgende Beförderung durch eigenes Personal des Spediteurs durchgeführt wird. Daher ist Ziff. 7.2 insoweit **unwirksam.**

**c) Kontrollpflichten des Spediteurs.** Nach **Ziff. 7.1.1** hat der Spediteur die Vollzäh- **57** ligkeit und Identität sowie den äußeren Zustand aller zu der Sendung gehörender Packstü-cke[79] zu prüfen. Der Begriff **„Packstück"** ist in Ziff. 6.3 definiert. Im Einzelnen hat der Spediteur die Packstücke anhand ihrer Kennzeichnung durch Abgleich mit dem papier- oder EDV-mäßig erfassten Sollbestand[80] zu **identifizieren** und sie auf **Vollständigkeit** und auf etwaige **Schäden** zu überprüfen. Schäden in diesem Sinne sind auch Schäden an der Verpackung und ihrer Kennzeichnung.[81] Ferner hat der Spediteur nach **Ziff. 7.1.2** festgestellte Unregelmäßigkeiten zu **dokumentieren.**

**d) Rechtsfolgen bei Verletzung von Kontrollpflichten.** Bleibt die betriebliche **58** Organisation des Spediteurs in Bezug auf Schnittstellenkontrollen hinter den Anforderungen zurück, ist ihm in der Regel ein **grobes Organisationsverschulden** vorzuwerfen, das – außer bei der Luftspedition nach dem MÜ – zum Wegfall der gesetzlichen Haftungsbeschränkungen führt (§§ 461 Abs. 1, 435, 507 Nr. 1 HGB, Art. 29 CMR, Art. 21 CMNI, Art. 36 CIM). Allerdings kann den Auftraggeber ein Mitverschulden treffen.[82]

**5. Quittierungspflichten.** Der Spediteur hat die Übernahme der Güter zu quittieren. **59** Nach Ziff. 8.1 S. 2 sind **Anzahl und Art** der Packstücke (Ziff. 6.3) zu bestätigen. Anzugeben sind auch äußerlich erkennbare **Auffälligkeiten.** Der Spediteur ist nicht verpflichtet,

---

[76] BGH 1.12.2005, TranspR 2006, 171, 173; OLG Düsseldorf 23.6.2004 (unveröffentlicht); 31.5.2006, TranspR 2006, 349, 350; 28.6.2006, TranspR 2006, 353, 354; aM *Koller* TranspR 2006, 265, 267; vgl. auch *ders.* TranspR 2007, 221, 224 f.
[77] ZB bei Beladepflicht des Absenders, OLG Zweibrücken 4.2.2008, HmbSeeRRep. 2008, 38.
[78] Unklar *Koller* Ziff. 7 ADSp Rn. 7.
[79] BGH 13.9.2007, TranspR 2007, 466, 468.
[80] BGH 15.11.2001, TranspR 2002, 452, 455.
[81] *Koller* Ziff. 7 ADSp Rn. 2.
[82] Vgl. BGH 30.3.2006, TranspR 2006, 250, 252; dazu *Köper* TranspR 2007, 94.

auch den Inhalt,[83] den Wert oder das Gewicht der Packstücke zum Gegenstand seiner
Bescheinigung zu machen.[84]

60    Ferner ist der Spediteur seinem Auftraggeber verpflichtet, gegen Auslieferung der Packstücke vom Empfänger eine **Empfangsbescheinigung** zu verlangen. Der Empfänger hat
als Inhaber des Forderungsrechts aus dem Verkehrsvertrag die Gläubigerpflicht aus § 368
BGB.[85] Der Spediteur darf, wie sich aus Ziff. 8.2 Satz 3 ergibt, die Quittungsverweigerung
als ein **Ablieferungshindernis** im Sinne von § 419 Abs. 1 Satz 1 HGB behandeln. Jedenfalls
hat er zunächst die Ablieferung abzubrechen und Weisungen des Auftraggebers einzuholen;
im Zweifel hat er die Güter gemäß Ziff. 8.2 S. 3 wieder an sich zu nehmen.

61    Verweigert der Empfänger lediglich eine **reine** Quittung, weil er die Sendung für beschädigt hält, darf der Spediteur die Abschreibung hinnehmen, wegen Ziff. 1 ADSp aber in der
Regel nicht seinerseits bestätigen.

62    **6. Befolgung von Weisungen, Ziff. 9.** Ziff. 9.1. stellt klar, dass der Spediteur nach
Maßgabe der Weisung des Auftraggebers zu verfahren hat, solange sie nicht widerrufen ist.
Dies bedeutet aber **nicht,** dass der Spediteur der Weisung **blind und ohne Rücksicht**
auf eine sich aufdrängende, vom Auftraggeber möglicherweise nicht erkannte Interessenwidrigkeit folgen darf.[86] Nach Ziff. 9.2 darf der Spediteur nach seinem pflichtgemäßen
Ermessen handeln, wenn ihm keine **ausreichenden** und keine **ausführbaren** Weisungen
vorliegen. Das pflichtgemäße Ermessen wird es in diesen Fällen aber regelmäßig erfordern,
dass der Spediteur sich zunächst um **ergänzende Weisungen** des Auftraggebers bemüht.

63    Eine Weisung an den Spediteur kann auch darin bestehen, das Gut zur Verfügung eines
Dritten zu halten. Damit wird der Spediteur angewiesen, Verfügungen des Dritten über
das Gut – etwa zur Auslieferung an sich selbst, an eine vierte Partei oder zur Einlagerung –
zu befolgen. Der Dritte erwirbt in einem solchen Fall in der Regel kein eigenes Forderungsrecht, ist aber **ermächtigt,** das Verfügungsrecht des Auftraggebers über die Ware auszuüben.[87] Davon geht auch Ziff. 9.3 aus, denn die Anweisung kann erst dann **nicht mehr**
**widerrufen** werden, wenn der Dritte von der Ermächtigung Gebrauch gemacht und
dadurch das Verfügungsrecht ausgeübt hat.

64    **7. Ablieferung, Ziff. 13.** Die Bestimmung regelt den **Tatbestand der Ablieferung**
an den Empfänger. Dies ist durch Klauselrecht möglich, da die Parteien hinsichtlich der
Frage, an wen und wie abzuliefern ist, volle Vertragsfreiheit haben.[88] Die Regelung gilt
auch zulasten des Empfängers, da der Auftraggeber ihm als begünstigtem Dritten nur die
Rechte verschafft, die er gegenüber dem Spediteur begründet.

65    Die Klausel lässt es genügen, dass die **Empfangsperson** im Geschäft oder Haushalt des
Empfängers anwesend ist und dass keine begründeten Zweifel an ihrer Empfangsberechtigung bestehen. Mit dieser Formulierung ist die Klausel **bedenklich unklar,** entspricht
aber der gesetzlichen Wertung in den §§ 56 HGB[89] und 178 ZPO. Nachbarn sind nicht
empfangsberechtigt.[90]

66    Mit der Übergabe des Guts an eine Person im Sinne von Ziff. 13 hat der Spediteur die
Ablieferung **vertragsgemäß bewirkt** (§ 362 BGB). Seine Obhutspflicht erlischt und die
Vergütung ist verdient. Allerdings trägt er die Beweislast dafür, dass die Empfangsperson

---

[83] Jedoch kann der Inhalt von Packstücken im Wege des Anscheinsbeweise bewiesen werden, falls das
Packstück durch eine kaufmännisch organisierte Versandabteilung gepackt und verschlossen übergeben worden ist, BGH 24.10.2002, TranspR 2003, 156, 159; 20.7.2006, TranspR 2006, 394; vgl. jedoch auch BGH
26.4.2007, NJW-RR 2008, 119 = TranspR 2007, 418.
[84] Fremuth/Thume/*de la Motte* Nr. 8 ADSp Rn. 1.
[85] Fremuth/Thume/*de la Motte* Nr. 8 ADSp Rn. 3; abweichend *Widmann* Ziff. 8 Rn. 8.
[86] So aber das Verständnis von *Koller* Ziff. 9 ADSp Rn. 3, der die Klausel deshalb für unwirksam nach
§ 307 BGB hält.
[87] Vgl. OLG Hamburg 17.5.1990, TranspR 1990, 445, 446.
[88] Vgl. *Koller* Ziff. 13 ADSp Rn. 2.
[89] *Drescher* TranspR 2007, 303, 304.
[90] Vgl. OLG Düsseldorf 2.1.2012, RdTW 2013, 276 Rn. 13.

im Geschäft oder Haushalt des Empfängers angetroffen wurde. Gründe für Zweifel sind vom Auftraggeber darzulegen und zu beweisen.

**8. Versicherung des Gutes. a) Auftrag zur Versicherung, Ziff. 21.1, 21.2.** Die **67** Besorgung von Versicherungsschutz für die Güter ist nach dem Gesetz zwar ein typischer Gegenstand des Speditionsvertrages, bedarf aber einer entsprechenden Vereinbarung,[91] Ziff. 21.1. Verletzt der Spediteur schuldhaft die Verpflichtung zur Versicherung der Güter, so haftet er auf **Schadensersatz** (§§ 280 BGB, 433 HGB).[92]

Liegen keine individuellen Absprachen vor, ist der Spediteur nach Ziff. 21.2 Satz 1 **68** berechtigt, aber nicht verpflichtet, für Rechnung des Auftraggebers Versicherungsschutz einzudecken, sofern dies im **Interesse des Auftraggebers** liegt. Auch wenn dies der Fall ist, ist der Spediteur jedoch **nicht verpflichtet,** für Deckung zu sorgen. Ohne ausdrücklichen Auftrag haftet er daher nicht für das Fehlen von Versicherungsschutz.

**b) Wahl der Versicherung, Ziff. 21.3.** Bei der Wahl des Versicherers, der gedeckten **69** Risiken und des Umfangs der Versicherung hat der Spediteur sich zunächst nach dem ausdrücklichen Auftrag oder den **Weisungen des Auftraggebers** zu richten.[93] Soweit keine Weisungen vorliegen, darf der Spediteur nach **Ermessen** vorgehen.

**c) Versicherungsrechtliche Stellung des Spediteurs.** Der Spediteur wird die Versi- **70** cherung in der Regel im eigenen Namen für Rechnung des Auftraggebers abschließen (§§ 43 ff. VVG). Die versicherungsvertraglichen Obliegenheiten treffen ihn dann ebenso wie den Auftraggeber (§ 47 VVG). Anspruchsberechtigt ist der Auftraggeber als Versicherter, jedoch kann er die Rechte aus der Versicherung nur dann geltend machen und über sie verfügen, wenn er im Besitz eines Versicherungsscheins ist. Anderenfalls ist die Mitwirkung des Spediteurs erforderlich, der die erworbenen Rechte gegen den Versicherer jedoch auf Grund des Geschäftsbesorgungsverhältnisses nach Ziff. 14.2 sowie den §§ 667, 675 BGB an den Auftraggeber herauszugeben hat.

**d) Rechnungslegung, Ziff. 21.4.** Der Spediteur hat nach Ziff. 17.1 Anspruch auf **71** Ersatz der gezahlten Prämie sowie sonstiger Aufwendungen im Zusammenhang mit dem Versicherungsverhältnis. In der Praxis werden die Versicherungen häufig im Rahmen einer laufenden Versicherung eingedeckt, bei der die Prämie meist periodisch nachträglich anhand der Summe der zur laufenden Versicherung angemeldeten Risiken in Rechnung gestellt wird, so dass die für die Güter des Auftraggebers konkret angefallene Prämie ermittelt werden muss. Ziff. 21.4 soll die rechnerische **Transparenz der Prämienabrechnung** des Spediteurs sicherstellen.

**e) Vergütung, Ziff. 21.5.** Ziff. 21.5 sieht für die Versicherungsbesorgung eine **Son-** **72** **derprovision** des Spediteurs vor, die er neben den ihm tatsächlich entstandenen Aufwendungen verlangen kann. Dies gilt jedoch nur, wenn keine Individualvereinbarungen bestehen und der Spediteur sich bei Auftragserteilung gemäß Ziff. 16.1 Satz 2 die Berechnung von Sondervergütungen vorbehalten hat.

### III. Leistungspflichten des Spediteurs bei Lagerung

**1. Allgemeines.** Die Pflichtenstellung des Spediteurs bei der Lagerung von Gütern **73** regelt Ziff. 15. Die **verfügte Lagerung** unterscheidet sich von sonstigen Lagerungen der Güter (insbesondere von transportbedingten Zwischenlagerungen) dadurch, dass sie auf einem Lagervertrag mit dem Auftraggeber oder auf dessen Weisung beruht.[94] Da die verfügte Lagerung nicht transportbezogen im Sinne des § 454 Abs. 2 HGB ist, handelt es sich nicht um Geschäftsbesorgung. Der Spediteur ist selbst **Lagerhalter** im Sinne des § 467

---

[91] Missverständlich *Koller* Ziff. 21 ADSp Rn. 2.
[92] OLG Frankfurt 10.7.1979, MDR 1980, 58.
[93] Fremuth/Thume/*de la Motte* Nr. 21 ADSp Rn. 6.
[94] *Koller* Ziff. 15 ADSp Rn. 1.

HGB, auch wenn er die Lagerleistung durch einen Dritten erbringen lässt. Der Dritte ist daher Erfüllungsgehilfe des Spediteurs.

**74**    **2. Wahlrecht des Spediteurs. Ziff. 15.1** stellt klar, dass der Spediteur die Lagerleistung nicht selbst erbringen muss, sondern das Gut auch bei einem dritten Lagerhalter unterbringen darf. In diesem Fall hat der Spediteur dem Auftraggeber den **tatsächlichen Lagerort** unverzüglich (§ 121 Abs. 1 Satz 1 BGB) schriftlich (Ziff. 3.2) bekannt zu geben, um ihn in die Lage zu versetzen, das Besichtigungsrecht nach Ziff. 15.2 auszuüben.

**75**    Die Klausel stellt eine ausdrückliche **Gestattung** im Sinne des § 472 Abs. 2 HGB dar, die auch durch allgemeine Geschäftsbedingungen erfolgen kann.[95] Sie hat jedoch nicht zur Folge, dass der Spediteur nur die sorgfältige Auswahl des dritten Lagerhalters schuldet und daher nur gemäß Ziff. 22.2 haftet.[96] § 691 Satz 1 BGB ist auf den Lagervertrag nicht analog anzuwenden, wie § 475 Satz 2 HGB klarstellt. Der tatsächliche Lagerhalter ist daher Erfüllungsgehilfe des Spediteurs.[97]

**76**    **3. Besichtigungsrecht des Auftraggebers.** Der Auftraggeber ist gemäß Ziff. 15.2, 15.3 berechtigt, die Lagerräume zu besichtigen oder besichtigen zu lassen. Die Regelung entspricht § 471 Abs. 1 HGB, jedoch wird das Zugangsrecht dahin beschränkt, dass es nur während der Geschäftszeiten des Spediteurs und nur in dessen Begleitung ausgeübt werden darf. Besichtigt der Auftraggeber das Lager nicht oder unterlässt er es, seine **Einwände oder Beanstandungen** unverzüglich vorzubringen, schneidet Ziff. 15.2 ihm das Recht ab, von dem Spediteur noch andere Lagerräume oder eine Änderung der Unterbringung zu verlangen, sofern der Spediteur bei der Wahl der Lagerräume und bei der Unterbringung des Guts mit der Sorgfalt eines ordentlichen Spediteurs verfahren ist.

**77**    Die Regelung berührt keine Schadensersatzansprüche des Auftraggebers wegen eines vom Spediteur zu vertretenden Verlustes oder einer Beschädigung des Guts.[98] Allerdings kann das Unterlassen der Besichtigung den Mitverschuldenseinwand begründen, wenn die Ware besonderer Behandlung bedurfte und der Auftraggeber auf Grund seiner besonderen Warenkenntnis durch sachgerechte Einwände den Schaden hätte verhüten oder mindern können (Ziff. 3.4).

### IV. Mitwirkungspflichten des Auftraggebers

**78**    **1. Instruktionspflichten. a) Allgemeines.** Die §§ 410, 455 Abs. 1 und 468 Abs. 1 HGB ordnen an, dass der Absender (Auftraggeber) dem Spediteur, Frachtführer oder Lagerhalter alle erforderlichen Auskünfte zu erteilen und insbesondere auf gefährliches Gut hinzuweisen hat. Die **Ziff. 3.3 bis 3.6** gestalten diese Instruktionspflichten näher aus, wobei Ziff. 3.3 1. Anstrich (gefährliche Güter) zusammen mit Ziff. 3.5 und Ziff. 3.3 4. Anstrich (wertvolle und diebstahlsgefährdete Güter) zusammen mit Ziff. 3.6 zu lesen ist.

**79**    **b) Einzelne Mitteilungspflichten. aa) Gefährliche Güter, Ziff. 3.3, 1. Anstrich, Ziff. 3.5.** Die Verpflichtung des Auftraggebers, den Spediteur über gefährliches Gut in Kenntnis zu setzen, ist von besonderer Wichtigkeit für Leben und Gesundheit aller in der Transportkette Beschäftigten und wird daher besonders hervorgehoben. **Gefährliche Güter** sind jedenfalls alle Stoffe, die als Gefahrgut im Sinne des Gefahrgutverzeichnisses der deutschen Gefahrgutvorschriften ausgewiesen sind.[99] Für § 410 HGB ist anerkannt, dass darüber hinaus auch sonstige Stoffe als gefährliche Güter gelten, wenn sie im Rahmen einer normalen Beförderung eine unmittelbare Gefahr für Transportmittel, Personen oder andere

---

[95]  OLG Hamburg 5.8.1993, TranspR 1994, 74, 75; *Koller* § 472 Rn. 4; *Andresen/Valder* § 472 Rn. 9.

[96]  *Koller* Ziff. 15 ADSp Rn. 2; *Andresen/Valder* § 472 Rn. 8; Baumbach/*Hopt* HGB § 475 Rn. 2; Fremuth/Thume/*de la Motte* Nr. 15 ADSp Rn. 1.

[97]  AM offenbar *Widmann* Ziff. 15 Rn. 11.

[98]  OLG Köln 13.9.2005, TranspR 2006, 401, 403; *Andresen/Valder* § 471 Rn. 17.

[99]  Teil 3 der Anlagen zum Europäischen Übereinkommen über die internationale Beförderung gefährlicher Güter auf der Straße (ADR), abgedruckt bei *Busch,* Gefahrgut für die Praxis, Handausgabe, 13. Aufl. 2005.

Rechtsgüter darstellen, mit der ein ordentlicher Frachtführer üblicherweise nicht zu rechnen braucht.[100] Dies gilt auch für die ADSp.[101]

**bb) Lebende Tiere und Pflanzen, leicht verderbliche Güter, Ziff. 3.3, 2 und   80 3. Anstrich.** Die Mitteilung über lebende Tiere und Pflanzen sowie leicht verderbliche Güter braucht nicht schriftlich oder in Textform zu erfolgen, sondern kann auch mündlich gemacht werden. Sie ist entbehrlich, wenn der Spediteur bereits informiert oder die Art des Gutes evident ist.[102] Der Begriff des leicht verderblichen Gutes entspricht dem in § 427 Abs. 1 Nr. 4 HGB verwendeten Begriff des Gutes, das eine besonders leicht zu Schäden durch inneren Verderb führende natürliche Beschaffenheit aufweist.[103]

**cc) Besonders wertvolle und diebstahlsgefährdete Güter, Ziff. 3.3, 4. Anstrich,   81 Ziff. 3.6.** Ziff. 3.6 sowie die Worte „und diebstahlsgefährdete" in Ziff. 3.3 wurden in die ADSp 2003 neu eingefügt. Die sprachlich nicht ganz klare Regelung erlegt dem Auftraggeber eine Verpflichtung zur Mitteilung an den Spediteur auf, wenn Gegenstand des Verkehrsvertrages besonders wertvolle Güter, diebstahlsgefährdete Güter oder Güter mit einem tatsächlichen Wert von mindestens EUR 50,00 pro Kilogramm sind. Jedes dieser drei Kriterien löst die Mitteilungspflicht für sich aus. Dies gilt auch für die Kriterien „wertvoll" und „diebstahlsgefährdet" („oder"). Trotzdem werden diese beiden Begriffe gemeinsam durch veranschaulichende, nicht abschließende Beispiele erläutert. **Besonders wertvoll** sind Güter, deren Wert erheblich das Maß dessen übersteigt, was nach der Verkehrsanschauung als Wert eines Frachtstücks des in Rede stehenden Gewichts und Umfangs zu vermuten ist.[104] Maßgeblich ist nicht der Wert im Sinne des § 429 HGB, sondern das Interesse des Auftraggebers,[105] also der bei unbeschränkter Haftung ersatzfähige Betrag. **Diebstahlsgefährdet** sind Güter, an denen entweder ein hohes Affektionsinteresse besteht (zB Kunstwerke) oder die sich besonders leicht versilbern lassen, wie die zum Ende der Beispielsliste genannten Spirituosen, Tabakwaren sowie Unterhaltungs- und Telekommunikationselektronik. Als Auffangkriterium gilt ein **Sachwert der Sendung von mindestens 50,00 EUR** pro Kilogramm, also dem Zehnfachen der Haftungsgrenze nach Ziff. 23.1.1. Wie dieser Wert zu ermitteln ist, lässt die Regelung offen. Es liegt nahe, sich an § 429 HGB zu orientieren und den Wert am Ort und zur Zeit der Übernahme durch den Spediteur maßgeblich sein zu lassen.

Die Mitteilung muss **schriftlich** oder in Textform (Ziff. 3.2) erfolgen. Sie soll dem   82 Spediteur so **rechtzeitig** zugehen, dass er vor der Übernahme der Güter noch über deren Annahme (Ziff. 3.7) entscheiden und Maßnahmen für eine sichere und schadenfreie Abwicklung des Auftrags treffen kann. Der Begriff der Rechtzeitigkeit ist aus der Sicht eines verständigen Auftraggebers zu bestimmen.[106]

**dd) Auftragsdaten, Ziff. 3.4.** Nach Ziff. 3.4 hat der Auftraggeber dem Spediteur die   83 zur Ausführung des Auftrags erforderlichen Adressangaben, Einzelheiten über Anzahl, Art, Inhalt und Kennzeichnung der Packstücke (Ziff. 6.3) sowie alle sonstigen erkennbar für die ordnungsgemäße Auftragsausführung erheblichen Umstände anzugeben.

**c) Rechtsfolgen, Ziff. 3.7.** Kommt der Auftraggeber seinen Mitteilungspflichten nicht   84 nach, steht dies der **Wirksamkeit des Vertragsschlusses** nicht entgegen. Ziff. 3.7 räumt dem Spediteur aber das Recht ein, entweder die Annahme des Gutes zu verweigern, bereits übernommenes Gut zurückzugeben oder zur Abholung bereitzuhalten, oder stattdessen den Auftrag zu erledigen und dafür eine Zusatzvergütung zu verlangen.

---

[100] *Trappe* VersR 1986, 942 und *Lorenz/de la Motte* S. 172; *Koller* § 410 HGB Rn. 2 unter Hinweis auf die Regierungsbegründung zum Transportrechtsreformgesetz, BR-Drucks. 368/97 S. 38.
[101] Fremuth/Thume/*de la Motte* Nr. 3 ADSp Rn. 12.
[102] *Koller* Ziff. 3 ADSp Rn. 10 f.
[103] *Koller* Ziff. 3 ADSp Rn. 11.
[104] *Koller* Ziff. 3 ADSp. Rn. 12.
[105] Fremuth/Thume/*de la Motte* Nr. 3 ADSp Rn. 6; aM *Koller* Ziff. 3 ADSp. Rn. 12.
[106] *Koller* Ziff. 3 ADSp Rn. 14a.

**85**    Die Mitteilungspflichten des Auftraggebers bilden ferner den rechtlichen Ansatzpunkt für die Verteidigung des Spediteurs, sofern die Güter infolge unterlassener, unvollständiger oder ungenauer Angaben des Auftraggebers zu Schaden kommen. Der Frachtführer genießt eine **Haftungsbefreiung,** wenn er alle ihm obliegenden Maßnahmen getroffen und die ihm erteilten Weisungen beachtet hat (§ 427 Abs. 4, 5 HGB, Art. 18 Abs. 4d, 5 CMR). Im Übrigen kann der **Mitverschuldenseinwand** nach § 425 Abs. 2 HGB, Art. 17 Abs. 2 CMR zum Tragen kommen. Dies gilt insbesondere für die Mitteilungspflicht nach Ziff. 3.6.[107] Der BGH vertritt in inzwischen gefestigter Rechtsprechung die Auffassung, dass dem Absender ein Mitverschuldenseinwand entgegengehalten werden kann, wenn er trotz der Kenntnis, dass der Spediteur die Sendung bei richtiger Wertangabe mit größerer Sorgfalt behandelt, von einer Wertdeklaration absieht und bei Verlust gleichwohl vollen Schadensersatz verlangt.[108]

**86**    Schließlich können die Mitteilungspflichten – ebenso wie die Mitwirkungspflichten nach Ziff. 4 und 6 – Ansatzpunkt für eine **Schadensersatzhaftung des Auftraggebers** sein. Das gilt aber nur, soweit dem nicht zwingendes oder AGB-festes Recht entgegensteht. Im Landfrachtrecht haftet der Absender für falsche oder unvollständige Angaben nur, soweit sie die Gefährlichkeit des Guts betreffen, in den Frachtbrief aufgenommen oder zur Verzollung oder sonstigen amtlichen Behandlung erforderlich sind (§ 414 Abs. 1 HGB, Art. 7 CMR). Auch im Luftfrachtrecht ist die Haftung des Auftraggebers zwingend geregelt (Art. 10 MÜ). Soweit keine zwingenden Vorschriften eingreifen, gilt § 280 BGB.[109]

**87**    **d) Hinweispflicht bei öffentlich-rechtlichen Verpflichtungen oder absoluten Rechten.** Die Instruktionspflichten nach Ziff. 3 ADSp sowie die §§ 455, 414 HGB werden durch **Ziff. 17.4** ergänzt. Der Auftraggeber ist danach verpflichtet, den Spediteur auf mit dem Besitz des Gutes verbundene Verpflichtungen aufmerksam zu machen, soweit diese öffentlich-rechtlicher Art sind oder auf absolut geschützten Rechten Dritter beruhen. Die in Ziff. 17 systematisch nicht richtig angesiedelte Regelung soll den Spediteur davor schützen, infolge von Rechtsverstößen in öffentlich- oder privatrechtliche Haftungsverhältnisse zu geraten.

**88**    **2. Verpackung und Kennzeichnung, Ziff. 6. a) Allgemeines.** Ziff. 6 erlegt dem Auftraggeber güterbezogene Pflichten auf, die Verwechslungen, falsche Behandlung der Güter, Schäden und Diebstähle verhüten und dem Spediteur die Transportabwicklung erleichtern sollen. Die Regelung entspricht im Grundsatz der gesetzlichen Zuordnung der Verantwortlichkeiten (§§ 455 Abs. 1 Satz 1, 411 HGB). Es handelt sich um echte Vertragspflichten des Auftraggebers, also nicht um bloße Obliegenheiten.

**89**    **b) Verpackungspflichten.** Die ADSp setzen voraus, dass in der Regel der Auftraggeber dafür zuständig ist, die Güter in Packstücke einzuteilen und sie so zu verpacken, dass sie den zu erwartenden Beanspruchungen der vorgesehenen Beförderung oder Lagerung standhalten (Ziff. 4.1.1). Ziff. 6 beschränkt sich darauf, einzelne Vorgaben für die Bildung der Packstücke zu machen.

**90**    Packstücke sind die vom Auftraggeber[110] zur Auftragsabwicklung gebildeten Handhabungs-Einheiten (Ziff. 6.3). Nach **Ziff. 6.2.2** sind die Packstücke so herzurichten, dass kein Zugriff darauf ohne das Hinterlassen äußerlich sichtbarer Spuren möglich ist. Sinn der Regelung ist es, Diebstähle durch das bei der Beförderung oder Lagerung der Güter eingesetzte Personal zu erschweren.[111]

---

[107] OLG Stuttgart 20.9.2006, VersR 2007, 216.
[108] BGH 15.11.2001, NJW 2002, 3106, 3109 = TranspR 2002, 295, 301; 1.12.2005, TranspR 2006, 205, 209 f.
[109] *Koller* Ziff. 3 ADSp Rn. 15d.
[110] Vom Spediteur selbst zusammengestellte Sammelladungen sind demzufolge keine Packstücke, BGH 15.11.2001, TranspR 2002, 306, 309; 15.11.2001, TranspR 2002, 452, 456.
[111] *Valder* TranspR 1993, 81, 82 (zu ADSp 1993).

Erfahrungsgemäß besteht bei kleineren Paketen im Speditionssammelgutverkehr ein **91**
erhöhtes Verlustrisiko.[112] Daher soll der Auftraggeber, wenn er mehrere kleine Pakete
versenden will, diese gemäß **Ziff. 6.2.3** zu größeren Packstücken zusammenfassen.

Der in **Ziff. 6.2.4** angesprochene Hängeversand ist insbesondere für die Textilwirtschaft **92**
von Bedeutung.[113] Die Regelung ist Ziff. 6.2.3 nachgebildet und bezweckt ebenfalls eine
Verminderung des Verlustrisikos, hier durch das Herabfallen einzelner Güter.[114]

**c) Kennzeichnungspflichten.** Nach **Ziff. 6.1** müssen die Packstücke mit allen Kenn- **93**
zeichen versehen sein, die für die auftragsgemäße Handhabung erforderlich sind. Die Kennzeichnung dient der **Information** der die Güter tatsächlich handhabenden Personen über
die Identität und die relevanten Eigenschaften der Packstücke. Sie soll falscher Behandlung
der Güter, Verwechslungen und Fehlverladungen vorbeugen sowie verloren gegangene
Packstücke wieder auffindbar machen.[115] Ferner dient sie dazu, dem Spediteur die nach
Ziff. 7 erforderlichen **Schnittstellenkontrollen** zu ermöglichen.[116] Um dem Risiko vorzubeugen, dass einzelne Teile einer Sendung vergessen oder fehlverladen werden, müssen
nach **Ziff. 6.2.1** mehrere Packstücke, die zu einer Sendung zusammengefasst sind, so
gekennzeichnet werden, dass sie leicht als zusammengehörig identifizierbar sind. Ferner
muss auf Packstücken von **mindestens 1000 kg** Rohgewicht die durch das Gesetz über die
Gewichtsbezeichnung an schweren, auf Schiffen beförderten Frachtstücken v. 28.7.1933[117]
vorgeschriebene Gewichtsbezeichnung angebracht werden. Nach § 1 Abs. 1 des Gesetzes
muss das Frachtstück an sichtbarer Stelle mit einer dauerhaften, deutlichen Angabe ihres
Rohgewichtes in Kilogramm versehen sein. Auf Container ist diese Bestimmung nach
richtiger Ansicht nicht anzuwenden.

**d) Rechtsfolgen.** Der Spediteur darf sich **nicht blindlings** darauf verlassen, dass der **94**
Auftraggeber seine Verpackungs- und Kennzeichnungspflichten ordnungsgemäß erfüllt hat.
Aufgrund seiner Interessenwahrungspflichten ist er gehalten, ersichtlichen Unzulänglichkeiten der Verpackung oder Unstimmigkeiten der Kennzeichnung oder sonstigen Auffälligkeiten durch Rücksprache mit dem Auftraggeber nachzugehen.[118] Erkennt er die Mangelhaftigkeit der Verpackung oder Kennzeichnung, stehen ihm nach der in die ADSp 2003 neu
eingefügten Ziff. 6.4 die **Rechte aus Ziff. 3.7** zu. Darüber hinaus kann eine Verletzung
der Pflichten aus Ziff. 6 zur Befreiung des Spediteurs von der Haftung für Güter- oder
Verspätungsschäden führen,[119] zB nach §§ 427 Abs. 1 Nr. 2 oder 5 HGB.

Im Übrigen haftet der Auftraggeber, der gegen die Pflichten aus Ziff. 6 verstößt, für alle **95**
Folgen mangelhafter Verpackung oder Kennzeichnung nach Maßgabe der §§ 455 Abs. 2,
414 Abs. 1 HGB. Dem Spediteur kann der Mitverschuldenseinwand entgegen gehalten
werden, wenn er die Mangelhaftigkeit erkannt hat oder hätte erkennen können, gleichwohl
aber keine Warnung an den Auftraggeber ausgesprochen hat.[120]

### V. Entgeltansprüche des Spediteurs

Die ADSp regeln die Entgeltansprüche des Spediteurs nur punktuell. Neben den Rege- **96**
lungen in **Ziff. 18** sind insbesondere die Bestimmungen der **Ziff. 16** zu beachten, die die
**kalkulatorische Basis** der Angebote des Spediteurs regeln und auf diese Weise mittelbar
auf seine Vergütungsansprüche einwirken.

---

[112] *Valder* TranspR 1993, 81, 83 (zu ADSp 1993).
[113] *Widmann* Ziff. 6 Rn. 12.
[114] *Valder* TranspR 1993, 81, 83 (zu ADSp 1993).
[115] *Valder* TranspR 1993, 81, 82 (zu ADSp 1993).
[116] *Koller* Ziff. 6 ADSp Rn. 2.
[117] Vgl. Gesetz über die Gewichtsbezeichnung an schweren, auf Schiffen beförderten Frachtstücken v.
28.7.1933, RGBl. I S. 412, zuletzt geändert durch Einführungsgesetz zum Strafgesetzbuch, BGBl. 1974 I
S. 469.
[118] *Koller* Ziff. 6 ADSp Rn. 14; vgl. auch OLG Stuttgart 18.3.1975, VersR 1975, 729, 730.
[119] LG Köln 6.9.2001, TranspR 2002, 155, 156.
[120] *Koller* Ziff. 6 ADSp Rn. 13.

**97**   **1. Rechnungen, Fremdwährungen. a) Fälligkeit.** Nach **Ziff. 18.1** sollen Rechnungen des Spediteurs sofort zu begleichen sein. Die Regelung kann nicht so verstanden werden, dass der Spediteur allein durch Rechnungsstellung die Fälligkeit nach Belieben vorverlegen kann.[121] Nach der gesetzlichen Regelung hat der Spediteur vorzuleisten; bei der Geschäftsbesorgungsspedition tritt die Fälligkeit der Vergütung erst ein, wenn das Gut an den vom Spediteur beauftragten Frachtführer übergeben ist, § 456 HGB, beim Frachtgeschäft muss das Gut abgeliefert sein, § 420 Abs. 1 Satz 1 HGB, und auch beim Lagervertrag zahlt der Auftraggeber nachträglich (§ 699 Abs. 1 BGB). Sofern nichts anderes vereinbart ist, bleibt es dabei. Ziff. 18.1 stellt daher nur klar, dass auf durch Rechnung geltend gemachte, fällige und durchsetzbare Forderungen **kein Zahlungsziel** eingeräumt wird. Das steht im Einklang mit § 271 BGB.

**98**   Zum **Verzug** (Ziff. 18.2 und 18.3 ADSp 1999) enthalten die ADSp 2003 im Hinblick auf die Schuldrechtsreform von 2001 keine Regelungen mehr.

**99**   **b) Ansprüche in Fremdwährung, Ziff. 18.2, 18.3.** Ziff. 18.2 begründet zugunsten des Spediteurs gegenüber ausländischen[122] Zahlungspflichtigen ein Wahlrecht bezüglich der Zahlungswährung und verkehrt damit die gesetzliche Regelung in § 244 Abs. 1 BGB in ihr Gegenteil. Dies ist rechtlich zulässig,[123] auch durch allgemeine Geschäftsbedingungen,[124] da der ausländische Auftraggeber oder Empfänger durch eine Zahlung in seiner Landeswährung nicht belastet wird. Die Umrechnung erfolgt, da sich Ziff. 18.2 nichts anderes entnehmen lässt, analog § 244 Abs. 2 HGB nach dem Kurs am Tag der Zahlung. Die Regelung wirkt auch gegenüber dem Empfänger, soweit er gemäß §§ 421 Abs. 2, 494 Abs. 2 HGB haftet.

**100**   Die missverständlich formulierte Klausel **Ziff. 18.3** regelt die Währung des Aufwendungsersatzanspruchs des Spediteurs, der **Aufwendungen** (eingegangene Verbindlichkeiten oder Zahlungen) **in ausländischer Währung** gemacht hat. Sie räumt dem Spediteur das Wahlrecht ein, von seinem (auch inländischen) Auftraggeber entweder Zahlung in der Auslandswährung der Aufwendung oder in deutscher Währung zu verlangen.

**101**   **2. Kalkulation des Spediteurs.** Ziff. 16 befasst sich mit der Geschäftsgrundlage der Angebote des Spediteurs sowie mit seinen Vergütungsansprüchen. In ihrem Regelungsbereich treffen die Parteien in aller Regel Individualabreden, die gemäß § 305b BGB vorgehen. Nur wenn den Vereinbarungen keine, auch keine konkludente Regelung einer Frage zu entnehmen ist, kann auf Ziff. 16 zurückgegriffen werden.

**102**   **a) Angebot des Spediteurs, Ziff. 16.1.** Angebote und Vereinbarungen des Spediteurs über Preise und Leistungen umfassen nach der Auslegungsregel in Halbsatz 1 des Satzes 1 nur diejenigen (eigenen und fremden) Leistungen, die in dem Angebot oder der Vereinbarung ausdrücklich aufgeführt sind. Ferner beruhen die Erklärungen des Spediteurs auf der Annahme, dass das Gut **nicht außergewöhnlichen** Umfangs, außergewöhnlichen Gewichts oder sonst außergewöhnlicher Beschaffenheit ist. Was „normal" und was außergewöhnlich ist, entscheidet die Verkehrsauffassung.[125]

**103**   Schließlich basieren die vertragsbegründenden Erklärungen des Spediteurs darauf, dass die **Beförderungsverhältnisse** sich gegenüber dem Zeitpunkt der Erklärung nicht verändern, dass die **Verbindungswege ungehindert** bleiben und die **Frachten, Fremdwährungskurse und Tarife** weiter gelten, es sei denn, Änderungen waren unter Berücksichtigung der Umstände voraussehbar. Der Spediteur muss also mit der gebotenen Sorgfalt[126] **alle nicht außergewöhnlichen Behinderungen,** etwa in Bezug auf winterliche Verhält-

---

[121] *Vogt* in Graf v. Westphalen, Vertragsrecht und AGB-Klauselwerke, Transportrecht, Rn. 238; widersprüchlich *Koller* Ziff. 18 ADSp Rn. 2.

[122] Gemeint sind Ausländer mit Sitz außerhalb des Euro-Raums.

[123] Vgl. bereits RG 15.10.1942, RGZ 168, 240, 247.

[124] *Vogt* in Graf v. Westphalen, Vertragsrecht und AGB-Klauselwerke, Transportrecht, Rn. 242.

[125] *Koller* Ziff. 16 ADSp Rn. 3; zu undifferenziert Ulmer/Brandner/Hensen/*Schäfer* Teil 2 (14) Rn. 6.

[126] OLG Hamm 24.2.1997, TranspR 1998, 160, 162.

nisse auf Straßen und Wasserwegen, ebenso einkalkulieren wie erfahrungsgemäß mögliche **Schwankungsbreiten bei Kosten und Währungskursen.**

Nach **Satz 2** soll der Spediteur Anspruch auf Sondergebühren und auf die Erstattung **104** von Sonderauslagen haben, wenn er in seiner Erklärung einen entsprechenden Vermerk angebracht hat. Der Vermerk wird, soweit der Auftraggeber nicht widerspricht, Vertragsinhalt; zur Bestimmung seiner konkreten Bedeutung kann Ziff. 16.1 Satz 2 mit herangezogen werden. Die Klausel lässt allerdings offen, wann und in welchen Fällen Sondergebühren oder Auslagen anfallen und wie sie zu berechnen sind.[127] Daher können im Ergebnis nur vereinbarte Zusatzvergütungen (vgl. Ziff. 4.2, 5.2 und 21.5) sowie solche Vergütungen berechnet werden, die der Verkehrssitte entsprechen.

**b) Annahme von Angeboten, Ziff. 16.2.** Die Angebote des Spediteurs basieren auf **105** der Annahme unverzüglicher Auftragserteilung zur sofortigen Ausführung, sofern sich aus dem Angebot nichts anderes ergibt. Die Angebotskalkulation des Spediteurs, die auf den augenblicklichen Markt- und Verkehrsverhältnissen beruht, soll nicht durch Verzögerungen entwertet werden.

**c) Entziehung des Auftrags, Ziff. 16.3.** Sofern der Verkehrsvertrag eine dem Land- **106** frachtrecht des HGB unterliegende Beförderung[128] vorsieht und der Spediteur kraft Selbsteintritts, Fixkostenabrede oder Sammelladungsspedition die Rechte und Pflichten eines Frachtführers hat, sind die §§ 415, 417 HGB unmittelbar anwendbar, so dass die Rechtsfolgenverweisung in Ziff. 16.3 ohne Bedeutung ist. Handelt der Spediteur als Seeverfrachter, führt sie zur Abbedingung des § 489 HGB zugunsten von § 415 HGB und ist auch insoweit unbedenklich.[129]

Handelt der Spediteur dagegen als **Geschäftsbesorgungsspediteur,** schuldet er also **107** nur den Abschluss der für die Beförderungsleistung erforderlichen Verträge, führt der Verweis auf §§ 415, 417 HGB nicht zu angemessenen Ergebnissen und ist daher **unwirksam,** insbesondere wenn der Spediteur die Verträge mit den Leistungserbringern noch nicht abgeschlossen hat. Da der Spediteur in einem solchen Fall für Rechnung des Auftraggebers handelt, hat er keinen Anspruch auf Zahlung nicht entstehender Fracht oder sonstiger Fremdkosten; vielmehr hat er sich mit seiner eigenen Vergütung abzüglich ersparter selbst zu tragender Aufwendungen und anderweitigen Erwerbs zu begnügen (§ 649 BGB), soweit er nicht infolge der Kündigung seinerseits Zahlungen nach § 415 HGB oder vergleichbaren Regelungen zu leisten hat.

**d) Nachnahmeprovision, Ziff. 16.4.** Nach Ziff. 16.4 soll der Spediteur eine Provision **108** für einen Nachnahme- oder sonstigen Einziehungsauftrag auch dann berechnen dürfen, wenn der Auftrag nachträglich zurückgezogen wird oder der einzuziehende Betrag nicht eingeht. Die Regelung hat einen berechtigten Kern insofern, als der Spediteur seinen Aufwand mit der Nachnahmeweisung an den ausführenden Frachtführer bereits zum Teil gehabt hat und ihm durch den Widerruf oder den Bericht über die ausgebliebene Zahlung des Empfängers weiterer Aufwand entsteht. Die Klausel differenziert aber nicht hinreichend bezüglich des Zeitpunkts des Widerrufs und des Grundes des Scheiterns der Einziehung und ist deshalb unwirksam.[130]

**e) Rollgeld bei Annahmeverweigerung, Ziff. 16.5.** Unter „Rollgeld" wird gemein- **109** hin die Vergütung für die Beförderung von einem Terminal, einem Umschlagplatz oder Bahnhof zum Empfänger verstanden, also bei einem gegliederten Transportablauf der Letzte, auf der Straße zurückgelegte Streckenabschnitt. Daher darf die Klausel im Licht der Interes-

---

[127] Krit. daher Ulmer/Brandner/Hensen/*Schäfer* Teil 2 (14) Rn. 6 Anh. § 310 BGB Rn. 390.
[128] Dies ist auch der Fall, soweit ein Transport nach der CMR, dem MÜ oder der CMNI in Rede steht und deutsches Recht ergänzend Anwendung findet, weil die Übereinkommen die Frachtansprüche des Spediteurs nicht regeln.
[129] BGH 15.10.2001, TranspR 2002, 36.
[130] *Koller* Ziff. 16 ADSp Rn. 10; Ulmer/Brandner/Hensen/*Schäfer* Teil 2 (14) Rn. 6.

senwahrungspflicht (Ziff. 1) nicht so ausgelegt werden, als sei der Spediteur im Falle einer Annahmeverweigerung des Empfängers oder bei einem sonstigen vom Spediteur nicht zu vertretenden Ablieferungshindernis stets berechtigt, die Güter zu gleichen Kosten ohne weiteres wieder zum Ausgangspunkt zurückzubefördern. Es hängt von den Umständen, insbesondere der wirtschaftlichen Bedeutung des Beförderungsvorgangs, ab, ob dies zulässig ist oder ob der Spediteur zunächst Weisungen des Auftraggebers einzuholen hat, der möglicherweise das Ablieferungshindernis beseitigen oder eine Ersatzablieferung oder Zwischenlagerung veranlassen möchte.[131]

## C. Leistungshindernisse

### I. Überblick

110    **Ziff. 12.1** trifft Einzelregelungen in Bezug auf Leistungshindernisse und schafft dabei eine unklare Nebenregelung zu den gesetzlichen Rechtsfolgen der Unmöglichkeit. **Ziff. 12.2** regelt Sorgfaltspflichten des Spediteurs in Bezug auf gesetzliche oder behördliche Versendungshindernisse und **Ziff. 12.3** befasst sich mit dem Einfluss behördlicher Akte auf die Rechte des Spediteurs.

### II. Nicht zu vertretende Unmöglichkeit

111    Nach **Ziff. 12.1** wird der Spediteur von seinen Verpflichtungen **frei,** soweit und solange deren Erfüllung aus einem Grund **unmöglich** geworden ist, der nicht seinem Risikobereich zuzuordnen ist. Nach dem Wortlaut der Klausel scheint dies entgegen § 275 BGB nicht bei anfänglicher und bei zu vertretender Unmöglichkeit zu gelten, jedoch ist nicht anzunehmen, dass der Spediteur in diesen Fällen an seinen Primärleistungspflichten festgehalten werden soll. Ob der Spediteur seine Leistung im Fall des § 275 Abs. 2 BGB (wirtschaftliche Unmöglichkeit) verweigern darf, ist unklar.[132] Jedenfalls zeigt Ziff. 16, dass Leistungserschwerungen nicht ausreichen. Die Befreiung von der Leistungspflicht erlischt, wenn die Unmöglichkeit beseitigt wird, und sie erfasst nur die unmöglich gewordene Pflicht, lässt also die **Interessenwahrungspflicht** unberührt.[133] Dies wirkt sich insbesondere dann aus, wenn der Spediteur gemäß §§ 458, 459 oder 460 HGB die Rechte und Pflichten eines Frachtführers hat und deren Erfüllung infolge eines Beförderungs- oder Ablieferungshindernisses zeitweise oder dauerhaft unmöglich wird.

112    Die Regelung erfasst keine Sekundärleistungsansprüche. Soweit das Leistungshindernis nicht dem Risikobereich des Spediteurs zuzurechnen ist, haftet er zwar in der Regel ohnehin nicht. Jedoch kann sich eine Haftung wegen Kenntnis oder Kennenmüssen des Leistungshindernisses nach § 311a Abs. 2 BGB oder wegen unterlassener Hinweise oder Warnungen (Ziff. 1, Ziff. 12.2) ergeben.

113    Neben der Befreiung des Spediteurs von unmöglich gewordenen Pflichten räumt Ziff. 12.1 beiden Parteien des Vertrags ein **Rücktrittsrecht** ein, selbst wenn die Unmöglichkeit nur zeitweise besteht oder nur einzelne von mehreren Leistungspflichten betrifft (vgl. § 323 Abs. 5 BGB). Da das Klauselkontrollrecht Rücktritts- und Leistungsverweigerungsrechte nur bei sachlich gerechtfertigtem Grund zulässt, ist die Klausel **AGB-rechtlich problematisch,**[134] zumal die Rechtsfolgen des Rücktritts noch zugunsten des Spediteurs abgeändert werden. Zumindest ist die Ausübung des Rücktrittsrechts treuwidrig,[135] wenn das Leistungshindernis nur einen geringen Teil des vertraglichen Leistungsumfangs betrifft.

---

[131] Anders *Koller* Ziff. 16 ADSp Rn. 11: immer Weisung des Auftraggebers erforderlich. Das erscheint aber zB bei Paketdiensten nicht angemessen.

[132] Bejahend *Koller* Ziff. 12 ADSp Rn. 3.

[133] *Koller* Ziff. 12 ADSp Rn. 4.

[134] § 306 Nr. 3 BGB; vgl. auch BGH 26.11.1984, NJW 1985, 1220.

[135] Vgl. BGH 26.1.1983, NJW 1983, 1320; Wolf/Horn/Lindacher/*Dammann* § 308 Nr. 3 Rn. 40 und *Koller* Rn. 5.

Das Gleiche gilt, wenn es bereits behoben oder absehbar ist, dass es nur von kurzer Dauer sein wird.[136]

Der Rücktritt lässt die Pflichten des Spediteurs nicht ersatzlos entfallen, sondern überführt **114** das Schuldverhältnis in ein **Rückgewährverhältnis** nach den §§ 346 ff. BGB. In diesem Rahmen behält der Spediteur seine Schutzpflichten, muss also, soweit im Einzelfall geboten, dafür sorgen, dass ein Dritter wenigstens vorübergehend die Interessen des Auftraggebers wahrnimmt oder die Ware übernimmt, bis der Auftraggeber anderweitige Weisungen erteilt.[137]

Abweichend von den allgemeinen Rückgewährregeln gewährt Ziff. 12.1 dem Spediteur **115** einen Anspruch auf Ersatz der Kosten, soweit er diese für erforderlich halten durfte (vgl. § 670 BGB) oder sie für den Auftraggeber „von Interesse", also trotz fehlender Erforderlichkeit nützlich sind. Diese Ausgestaltung des Rücktrittsrechts verstärkt die oben ausgeführten **AGB-rechtlichen Bedenken,** denn der Spediteur kann sich danach ohne wesentlichen eigenen Schaden vom Vertrag lösen.

### III. Gesetzliche oder behördliche Hindernisse, Ziff. 12.2

Die Prüfung der Frage, ob die vorgesehene Versendung auf gesetzliche oder behördliche **116** Hindernisse trifft, gehört zu den zentralen Leistungspflichten des Spediteurs. Dies gilt aber nur im Rahmen derjenigen Fragen, die seinem Verantwortungsbereich zuzurechnen sind, also insbesondere bezüglich aller transporttechnischen Fragen.[138] Es gilt nicht für **güterbezogene Hindernisse** wie die im erläuternden Klammerzusatz angesprochenen Ein- und Ausfuhrbeschränkungen. Die außenwirtschaftsrechtliche Zulässigkeit des Transports seiner Güter liegt in der Verantwortlichkeit des Auftraggebers. Den Spediteur trifft daher keine Pflicht, sich davon zu überzeugen, dass die Versendung auf keine derartigen Hindernisse trifft. Vielmehr darf er sich darauf beschränken, mit der gebotenen Sorgfalt die ihm vorliegenden Erfahrungen und betrieblichen Erkenntnismöglichkeiten zu nutzen.

### IV. Öffentlich-rechtliche Akte, Ziff. 12.3

Die Rechte des Spediteurs gegenüber dem Auftraggeber, insbesondere also die Vergü- **117** tungsansprüche, sollen unberührt bleiben, wenn die Leistungserbringung durch öffentlich-rechtliche Akte beeinträchtigt wird, die der Spediteur nicht zu vertreten hat. In Betracht kommen neben güterbezogenen Maßnahmen (zB Grenzbeschlagnahme nach Markenrecht) auch beförderungsbezogene Eingriffe (zB Sicherstellung des Lkw nach Unfall). Es kommt nicht darauf an, ob solche Maßnahmen vom Auftraggeber zu vertreten sind. Damit verlässt die Klausel den wesentlichen Grundsatz der Abhängigkeit von Leistung und Gegenleistung (§ 326 Abs. 1 BGB) und ist daher nach § 307 Abs. 2 Nr. 1 BGB **unwirksam.**

Darüber hinaus soll der Auftraggeber dem Spediteur für alle Folgen solcher Ereignisse **118** haften. Auch hier kommt es nicht darauf an, ob der Auftraggeber seinerseits die Maßnahme zu vertreten hat. Im Kern ist eine verschuldensabhängige Haftung des Auftraggebers zwar zulässig, wie sich § 414 HGB entnehmen lässt. Sie muss sich aber auf solche Umstände beschränken, die dem Risikobereich des Auftraggebers zuzurechnen sind. Eine generelle **verschuldensunabhängige Haftung** des Auftraggebers für die Folgen öffentlich-rechtlicher Maßnahmen weicht von gesetzlichen Grundgedanken ab und ist daher klauselrechtlich auch im unternehmerischen Verkehr nicht zulässig.[139]

Die Regelung ist im Übrigen deshalb unwirksam, weil sie die Haftung des Auftraggebers **119** entgegen den §§ 460 Abs. 1, 449 Abs. 1 HGB erweitert.

---

[136] BGH 6.12.1984, NJW 1985, 855, 857.
[137] *Koller* Ziff. 12 ADSp Rn. 5; Fremuth/Thume/*de la Motte* Nr. 12 ADSp Rn. 3.
[138] Vgl. *Koller* § 419 HGB Rn. 27.
[139] BGH 25.6.1991, NJW 1991, 2414; 9.7.1992, NJW 1992, 3158; BGH 18.3.1997, NJW 1997, 1700; *Koller* Rn. 14; *ders.* TranspR 2000, 1, 11; Ulmer/Brandner/Hensen/*Fuchs* § 307 Rn. 15; Ulmer/Brandner/Hensen/*Schäfer* Teil 2 (14) Rn. 5; Wolf/Horn/Lindacher/*Pfeiffer* § 307 Rn. 121.

## D. Herausgabepflicht und Aufwendungsersatz

### I. Auskunfts- und Herausgabepflicht

**120**   **1. Allgemeines.** Der Speditionsvertrag im Rechtssinne ist ein Geschäftsbesorgungsvertrag im Sinne des § 675 BGB. Der Spediteur im Rechtssinne (§ 453 Abs. 1 HGB) schuldet deshalb dem Auftraggeber gesetzlich Auskunft, Rechenschaft und Herausgabe dessen, was er durch die Geschäftsbesorgung erlangt hat (§§ 660, 667, 670, 675 BGB). **Ziff. 14** erstreckt diese Pflichten teilweise auch auf den auf eigene Rechnung tätigen Spediteur im Sinne der ADSp.

**121**   **2. Umfang der Auskunftspflicht, Ziff. 14.1.** Der Spediteur hat von sich aus alle Mitteilungen zu machen, die zur ordnungsgemäßen Information des Auftraggebers oder Empfängers erforderlich sind. Dazu gehören auch Warnungen und Hinweise im Falle ersichtlicher Komplikationen. Auf Verlangen des Auftraggebers hat er Auskunft über den Stand der Abwicklung zu erteilen und nach Abschluss des Geschäfts Rechenschaft über die Erledigung abzulegen. Dies gilt auch dann, wenn der Spediteur als Frachtführer zu behandeln ist (§§ 458, 459 oder 460 HGB). Die Kosten braucht er jedoch nur dann offen zu legen, wenn er als Geschäftsbesorgungsspediteur tätig war (§ 454 Abs. 1 und Abs. 2 Satz 2 HGB).

**122**   **3. Umfang der Herausgabepflicht, Ziff. 14.3.** Nach Ziff. 14.2 hat der Spediteur dem Auftraggeber alles herauszugeben, was er zur Ausführung des Geschäfts erhalten und was er aus der Geschäftsführung erlangt hat. Dies entspricht, soweit eine Geschäftsbesorgungsspedition vorliegt, dem Gesetz, §§ 675 Abs. 1, 667 BGB. Gemeint sind neben den in Ziff. 22.5 gesondert geregelten Ansprüchen gegen Dritte insbesondere Dokumente, vereinnahmte Nachnahme, Behältnisse oder Beförderungsmittel, Warenretouren. Erfasst sind ferner von ersatzpflichtigen Dritten gezahlte Geldbeträge. Nicht gemeint sind die eigenen Ansprüche des Spediteurs, insbesondere sein Vergütungsanspruch sowie das Recht zum Besitz bei Ausübung des Pfandrechts.

**123**   **4. Abtretung von Ansprüchen des Spediteurs gegen Dritte, Ziff. 22.5.** Dritten gegenüber handelt der Spediteur, auch soweit er für Rechnung des Auftraggebers tätig ist, in der Regel in eigenem Namen. Daher erwirbt er in Schadenfällen, die von ihm eingeschaltete Leistungserbringer verursacht haben, Schadensersatz- oder Freistellungsansprüche gegen diese Dritten. Ziff. 22.5 unterscheidet zwei Fälle:

**124**   **a) Abtretungsanspruch bei Nichthaftung, Ziff. 22.5 Satz 1.** Hat der Spediteur für das Verschulden des Dritten nicht einzustehen (Geschäftsbesorgungsspedition) oder haftet er dem Auftraggeber nur in geringerem Umfang als der Dritte ihm, so hat er dem Auftraggeber den Anspruch gegen den Dritten bzw. den die Eigenhaftung überschießenden Teil des Anspruch gegen den Dritten abzutreten (Ziff. 22.5 Satz 1).

**125**   **b) Abtretungsanspruch bei Eigenhaftung, Ziff. 22.5 Satz 2.** Soweit der Spediteur seinem Auftraggeber haftet, hat er im Grundsatz ein Interesse daran, seine Regressansprüche gegen den Dritten zu wahren. Ziff. 22.5 Satz 2 verpflichtet ihn gleichwohl, auch in diesem Fall auf Verlangen seine Ansprüche abzutreten, dies jedoch **erfüllungshalber** (§ 364 Abs. 2 BGB), also mit der Maßgabe, dass der Auftraggeber seine Befriedigung zunächst mit pflichtgemäßer Sorgfalt aus dem abgetretenen Anspruch zu suchen hat, während der Anspruch gegen den Spediteur zunächst mit verjährungshemmender Wirkung (§ 205 BGB) gestundet oder unklagbar gestellt wird.[140] Der Auftraggeber rückt dadurch seinerseits gegenüber dem Spediteur in eine geschäftsbesorgungsähnliche Funktion.

---

[140] Vgl. BGH 30.10.1985, NJW 1986, 424 = BGHZ 96, 182, 193; Palandt/*Grüneberg* § 364 Rn. 8 ff.; anders (Tilgung) Fremuth/Thume/*de la Motte* Nr. 22 ADSp Rn. 5.

Eine Abtretung der Ansprüche des Spediteurs berührt, wie Ziff. 22.5 Satz 3 klarstellt, **126**
nicht den Ersatzanspruch des Auftraggebers gegen den ausführenden Frachtführer nach
§ 437 HGB.

## II. Aufwendungsersatzanspruch

**1. Allgemeines.** Aufwendungen und Aufwendungsersatzansprüche des Spediteurs **127**
regeln die ADSp in Ziff. 17. **Aufwendungen** sind freiwillige Vermögensopfer im Interesse
eines anderen.[141] Dazu gehören auch eingegangene Verbindlichkeiten sowie nach herrschender Meinung auch Schäden, die tätigkeitstypischen Risiken entspringen.[142] Nicht zu
den Aufwendungen zählen die Eigenkosten des Spediteurs, durch die er die von ihm
geschuldete Leistung erbringt und die mit seiner Vergütung abgegolten sind.

**2. Aufwendungsersatz, Ziff. 17.1.** Im Falle der **Geschäftsbesorgungsspedition 128**
deckt die Vergütung des Spediteurs nur das „Besorgen" der Geschäfte, also die Organisationsleistung des Spediteurs, nicht aber deren Ausführung durch Dritte ab. Die an Dritte zu
zahlenden Beträge sind Aufwendungen, die der Spediteur nach §§ 675, 670 BGB zusätzlich
erstattet verlangen kann, soweit er sie für erforderlich halten durfte. Ein Aufwendungsersatzanspruch besteht auch dann, wenn der Spediteur auf Grund nachträglicher Weisungen oder
ohne Weisung, aber vertragsgemäß auf Grund eigenen Ermessens, Aufwendungen macht.

Soweit der Spediteur auf **eigene Rechnung** tätig ist, zB bei der Fixkostenspedition, als **129**
Lagerhalter oder bei logistischen Zusatzleistungen, bedarf ein Aufwendungsersatzanspruch
besonderer Begründung. Sie kann darin bestehen, dass die Aufwendung dem Gut zugute
kommt und nicht mit dem Vergütungsanspruch des Spediteurs abgegolten ist (zB Bezahlung
von Einfuhrabgaben), vgl. §§ 420 Abs. 1 Satz 2, 474 HGB. Sonstige Aufwendungen kann
der Spediteur nur erstattet verlangen, wenn dies üblich ist (§ 459 Satz 2 HGB).

**3. Empfangnahme, Auftrag, Ziff. 17.2.** Der Spediteur darf stets diejenigen Aufwen- **130**
dungen für Rechnung des Auftraggebers machen, die die Erledigung des Auftrags notwendig und üblicherweise mit sich bringt, etwa die Begleichung von Umschlagskosten am
Seehafen. Dabei kann er gemäß § 669 BGB Vorschuss fordern.

**4. Freistellungsanspruch, Ziff. 17.3.** Sofern die Aufwendung in einer eingegangenen **131**
Verbindlichkeit besteht, richtet der Aufwendungsersatzanspruch sich auf **Freistellung**,
§ 257 BGB. Aufgrund seiner Interessenwahrungspflicht kann der Spediteur jedoch keine
Rechtsverteidigung durch den Auftraggeber verlangen, sondern hat eine zu Unrecht geltend
gemachte Verbindlichkeit selbst zu bekämpfen.[143]

Kein Aufwendungsersatzanspruch besteht, soweit der Spediteur die Verbindlichkeit **zu 132**
**vertreten** hat. „Zu vertreten" hat der Spediteur solche Verbindlichkeiten, deren vertragliche Begründung er nicht für erforderlich halten durfte oder, falls es sich um Verbindlichkeiten aus gesetzlichen Schuldverhältnissen handelt, die er bei ordnungsgemäßer Ausführung
seiner Vertragspflichten hätte vermeiden können. Dies kommt in Betracht bei Schadensersatzansprüchen Dritter sowie Haftungsverhältnissen mit Sanktionscharakter (zB Geldstrafen
oder -bußen sowie wegen Verstoßes gegen Zollbestimmungen entstehende Einfuhrabgaben).

Nach der **unklaren und zu pauschalen** Regelung in **Ziff. 17.3 Satz 2** soll der Spedi- **133**
teur Befreiungs- oder Sicherungsmaßnahmen treffen dürfen. Gemeint sind Maßnahmen
wie die Einholung von Expertenrat, die Hinterlegung von Sicherheiten, das Einlegen von
Rechtsmitteln, die Zustimmung zu Sicherstellungs- oder Untersuchungsmaßnahmen, das
Anerkenntnis oder ein Vergleich über den Anspruch, ferner der Verkauf, die Rücksendung

---

[141] BGH 30.5.1960, NJW 1960, 1568; 12.10.1972, NJW 1973, 46; 26.4.1989, NJW 1989, 2816.
[142] Vgl. Palandt/*Sprau* BGB § 670 Rn. 9, 10 ff.
[143] *Koller* Ziff. 17 ADSp Rn. 6.

oder sogar die Vernichtung des Gutes.[144] Vor solchen Maßnahmen hat der Spediteur jedoch, wenn nicht sofortiges Handeln notwendig ist, Weisungen einzuholen.

## E. Verbot der Aufrechnung und Zurückbehaltung

### I. Allgemeines

134     Das Aufrechnungsverbot in Ziff. 19 gehört zu den für die Praxis bedeutsamsten Bestimmungen der ADSp. Die Regelung verbietet die Aufrechnung sowie die Ausübung eines Zurückbehaltungsrechts gegenüber Ansprüchen aus einem Verkehrsvertrag im Sinne von Ziff. 2.1, es sei denn, dem in das Feld geführten Gegenanspruch steht kein Einwand entgegen. Die Regelung gilt **nicht nur zugunsten des Spediteurs,** sondern schützt auch Auftraggeber und Empfänger sowie jeden sonstigen Inhaber eines Anspruchs aus einem Verkehrsvertrag vor der Aufrechnung mit bzw. der Zurückhaltung wegen streitiger Forderungen.

135     Die Klausel soll verhüten, dass die Anspruchsdurchsetzung durch Gegenforderungen verzögert wird, die streitig sind und der Aufklärung bedürfen.[145] Außerdem soll dem Umstand Rechnung getragen werden, dass die gegen einen Spediteur gerichteten Ansprüche häufig durch einen Versicherer bearbeitet werden, dessen Schadensabwicklung nicht die Frachtforderung des Spediteurs blockieren soll. Verstöße gegen das Aufrechnungsverbot können qualifiziert Verschulden im Sinne von § 439 Abs. 1 S. 2 HGB begründen.[146]

### II. Erfasste Ansprüche

136     Das Verbot gilt für Ansprüche aus **Verkehrsverträgen** gemäß Ziff. 2.1. Es kommt nicht darauf an, ob es sich um einen Speditionsvertrag, einen Lagervertrag oder einen Frachtvertrag handelt. Verkehrsvertrag ist auch ein Frachtvertrag, der der CMR,[147] (beachte jedoch Art. 32 Abs. 4 CMR), dem MÜ,[148] dem Seefrachtrecht[149] oder einem anderen transportrechtlichen Übereinkommen[150] unterliegt.

137     Daneben erfasst Ziff. 19 auch Ansprüche aus **gesetzlichen Schuldverhältnissen,** zB aus Geschäftsführung ohne Auftrag, Bereicherungsrecht oder Delikt,[151] soweit sie mit dem Verkehrsvertrag zusammenhängen, auf Grund dessen die ADSp anzuwenden sind. Ein Zusammenhang zum Verkehrsvertrag besteht stets bei gesetzlichen Parallelansprüchen, also solchen Ansprüchen, die sich auf das gleiche Interesse richten wie der Anspruch aus dem Verkehrsvertrag (vgl. zB § 434 HGB).

138     Auf das Verbot kann sich auch ein **Dritter** berufen, der Begünstigter (Empfänger) eines Verkehrsvertrags ist oder dem der Anspruch aus einem Verkehrsvertrag abgetreten worden ist.[152]

### III. Ausschluss des Aufrechnungs- und Zurückbehaltungsverbots

139     **1. Unstreitige Gegenforderung.** Zulässig sind Aufrechnung und Zurückbehaltung, wenn dem fälligen (vgl. §§ 387, 273 BGB, 369 HGB) Gegenanspruch, auf den der Schuldner

---

[144] Vgl. *Koller* Ziff. 17 ADSp Rn. 8.

[145] BGH 15.2.2007, TranspR 2007, 374, 375; 6.5.1999, TranspR 1999, 347, 348; OLG Düsseldorf 20.3.2013, TranspR 2013, 196 Rn. 19; *Bayer* TranspR 1985, 417 f.

[146] OLG-Düsseldorf 20.3.2013, TranspR 2013, 200, 196.

[147] BGH 7.3.1985, TranspR 1986, 68; 14.12.1988, NJW-RR 1989, 481, 482; LG Cottbus 8.7.2008, TranspR 2008, 368 Rn. 23; OLG Nürnberg 27.10.1993, TranspR 1994, 154; OLG Hamm 12.11.1992, OLGR Hamm 1993, 79; *Bayer* TranspR 1985, 417, 418.

[148] *Koller* Ziff. 19 ADSp Rn. 2; aM OLG München 4.12.1979, NJW 1980, 2649, jedoch durch die KVO beeinflusst und daher überholt.

[149] OLG Köln 15.8.1985, TranspR 1986, 74, 76.

[150] Auch das CMNI und die CIM regeln die Aufrechnung nicht.

[151] *Koller* Ziff. 19 ADSp Rn. 2.

[152] BGH 20.12.1979, ZIP 1980, 110.

sich beruft, „**ein Einwand nicht entgegensteht**". Nach Sinn und Zweck von Ziff. 19 ist für das Vorliegen eines Einwandes maßgeblich, ob die Berufung auf eine Gegenforderung zu einer Verzögerung führt. Dafür reicht es nicht aus, dass der Gläubiger den Gegenanspruch pauschal bestreitet; vielmehr muss er sich, um dem Verbot zur Geltung zu verhelfen, substantiiert zu dem Gegenanspruch erklären[153] und konkrete Einwände vortragen, die nicht – im weitesten Sinne – ohne weiteres unbegründet sind und daher keine sofortige Entscheidung darüber zulassen.[154] Das ist der Fall, wenn die Einwendungen erheblich sind und demzufolge eine Beweisaufnahme erforderlich machen,[155] die nicht sofort durchgeführt werden kann.

Dem Gegenanspruch steht auch dann kein Einwand entgegen, wenn die vom Gläubiger    **140** erhobenen Einwendungen zwar zunächst erheblich waren, sich aber als unberechtigt erwiesen haben und daher **entscheidungsreif** sind.[156] Das gilt erst recht, wenn die Gegenforderung rechtskräftig festgestellt ist.

**2. Schweres Verschulden des Spediteurs, Treu und Glauben.** Die Rechtsprechung    **141** qualifiziert das Aufrechnungsverbot teilweise als Haftungsbefreiung oder -begrenzung im Sinne von Ziff. 27 und wendet es daher nicht an, wenn dem Spediteur grobes Verschulden vorzuwerfen ist.[157] Dem ist nicht zu folgen, weil Ziff. 27 ersichtlich auf die Regelungen der Ziff. 22 ff. zielt. Ein Aufrechnungsverbot ist keine Haftungsbeschränkung.[158] Auch privilegiert Ziff. 19 nicht einseitig den Spediteur, sondern wirkt zugunsten beider Parteien. Außerdem beeinflusst das Aufrechnungsverbot die Haftung des Spediteurs materiell-rechtlich nicht, sondern hat nur mittelbare Konsequenzen für die materielle Rechtslage, zB nach § 215 BGB. Es kommt hinzu, dass der Beschleunigungszweck des Verbots der Aufrechnung und Zurückbehaltung vereitelt würde, wenn seine Geltung unter dem Vorbehalt des normativen und häufig aufklärungsbedürftigen Tatbestandsmerkmals der groben Fahrlässigkeit bzw. Leichtfertigkeit stünde.

Nach Treu und Glauben ausgeschlossen sein kann das Aufrechnungsverbot und Zurück-    **142** behaltungsverbot jedoch bei **vorsätzlichen Vertragsverletzungen**.[159] Dasselbe kommt in Betracht, wenn die zur Aufrechnung gestellte Forderung **verjährt** und eine Befriedigung des Schuldners daher nur noch durch Aufrechnung möglich ist.[160] Auch in der **Insolvenz des Schuldners** hindert Ziff. 19 eine Aufrechnung nicht. Das Aufrechnungsverbot darf nach Treu und Glauben nicht wie ein Forderungsverzicht wirken. Daher tritt das Beschleunigungsinteresse des insolventen Gläubigers zurück.[161] Dagegen hat die Vereinbarung eines **Kontokorrentverhältnisses** (§ 355 HGB) zwischen den Parteien keinen Einfluss auf das Aufrechnungsverbot.[162]

---

[153] BGH 22.1.1954, BGHZ 12, 136, 142.

[154] BGH 6.5.1999, TranspR 1999, 347, 348; 15.2.2007, TranspR 2007, 374, 375; OLG Düsseldorf 20.3.2013, TranspR 2013, 196 Rn. 22.

[155] BGH 22.1.1954, BGHZ 12, 136; 7.3.1991, TranspR 1991, 308, 310; 15.2.2007, TranspR 2007, 374, 375; OLG Düsseldorf 20.3.2013, TranspR 2013, 196 Rn. 22.

[156] BGH 15.2.1978, VersR 1978, 522; 7.3.1991, NJW-RR 1991, 995, 996; 6.5.1999, NJW 1999, 3629, 3630; OLG Frankfurt 22.11.2010 – 13 U 33/09, Rn. 33 juris; OLG Naumburg 10.7.2003, VersR 2004, 889; OLG Karlsruhe 27.6.2002, TranspR 2002, 344; OLG Düsseldorf 26.7.1984, TranspR 1985, 128; OLG Schleswig 25.5.1987, NJW-RR 1988, 283, 284; OLG Sachsen-Anhalt 10.7.2003, VersR 2004, 889.

[157] Bejahend OLG Karlsruhe 18.10.2006, OLGR Karlsruhe 2007, 480; vgl. auch BGH 12.12.1996, TranspR 1998, 75, 76; offengelassen vom BGH 15.2.2007, TranspR 2007, 374, 376; *Koller* Ziff. 19 ADSp Rn. 3 aE; aM *Vogt* in Graf v. Westphalen, Vertragsrecht und AGB-Klauselwerke, Transportrecht, Rn. 243.

[158] Vgl. zu § 276 Abs. 3 BGB: BGH 9.5.1966, WM 1966, 734.

[159] BGH 9.5.1966, NJW 1966, 1452: Umstände des Einzelfalls maßgebend; vgl. auch BGH 9.1.2005, NJW-RR 2005, 762; 15.2.2007, TranspR 2007, 374, 376 f.

[160] OLG Hamm 17.5.1993, NJW-RR 1993, 1082; aM („nicht schlechthin") BGH 15.2.2007, TranspR 2007, 374, 377.

[161] BGH 26.2.1987, TranspR 1987, 287, 289; 12.12.1990, NJW-RR 1991, 971; OLG Celle 7.2.2002, (unveröff.); OLG Hamburg 12.10.1989, TranspR 1990, 31; vgl. auch BGH 6.7.1978, NJW 1978, 2244 (AGB Banken); *Rabe* EWiR 1987, 417, 418.

[162] BGH 7.3.1991, TranspR 1991, 308, 310; OLG Düsseldorf 20.3.2013, TranspR 2013, 196 Rn. 19; offenbar aM *Koller* Ziff. 19 ADSp Rn. 2.

**143**    **3. Fehlender Versicherungsschutz.** Der Spediteur darf sich nicht auf Ziff. 19 berufen, wenn er keinen **Versicherungsschutz** eingedeckt hat, Ziff. 29.3 ADSp.

### IV. Wirksamkeit und Rechtsfolgen

**144**    Das Aufrechnungsverbot nach Ziff. 19 begegnet auch unter dem Gesichtspunkt der §§ 305 ff BGB **keinen Wirksamkeitsbedenken.**[163] Dasselbe gilt für den Ausschluss des Zurückbehaltungsrechts, zumal die Klausel die Vorleistungspflicht des Spediteurs nicht aufhebt.[164]

**145**    Eine dem Verbot zuwider erklärte Aufrechnung bleibt ohne Wirkung. Im **Prozess** ist das Aufrechnungsverbot von Amts wegen zu beachten[165] und die Aufrechnung als unzulässig zurückzuweisen.[166] Die Gegenforderung ist mit der Widerklage (bei Streit über das Aufrechnungsverbot mit der Hilfswiderklage) geltend zu machen, da sie andernfalls nicht rechtshängig wird und daher Verjährung droht. Das Aufrechnungsverbot hindert nur die Aufrechnung **gegen** einen Anspruch aus dem Verkehrsvertrag, nicht dagegen die Aufrechnung **mit** einem solchen Anspruch, es sei denn, der aufgerechnete Anspruch entstammt ebenfalls einem Verkehrsvertrag.[167]

**146**    Der Ausschluss des Zurückbehaltungsrechts erfasst sowohl die Einrede aus § 273 BGB als auch das kaufmännische Zurückbehaltungsrecht aus § 369 HGB.[168] § 320 BGB berührt es in der Regel nicht, weil der Spediteur grundsätzlich vorzuleisten hat (§§ 456, 420 Abs. 1 HGB, 699 Abs. 1 BGB).

### F. Pfand- und Zurückbehaltungsrecht

**147**    Ziff. 20 stellt dem **gesetzlichen Pfandrecht,** das der ADSp-Spediteur als Spediteur im Rechtssinne (§ 464 HGB), Frachtführer (§§ 440 bzw. 495 HGB), Lagerhalter (§ 475b HGB) oder Werkunternehmer (§ 647 BGB) erwirbt, ein **Vertragspfandrecht** an die Seite, das nach Ziff. 20.1 Satz 2 indessen nicht über das gesetzliche Pfandrecht hinausgeht. Auch das gesetzliche Zurückbehaltungsrecht (§ 369 HGB) wird um ein vertragliches, entsprechend dem Gesetz begrenztes **Zurückbehaltungsrecht** ergänzt. Ziff. 20.2 bis 20.4 gestalten das Pfand- und Zurückbehaltungsrecht in Bezug auf Einzelfragen aus. Das gesetzliche Pfand- und Zurückbehaltungsrecht bleibt daneben unberührt.

### I. Gegenstand des Pfandrechts

**148**    Mit dem Pfandrecht belastet werden nach Ziff. 20.1 Satz 1 die in der Verfügungsgewalt des Spediteurs „befindlichen Güter oder sonstigen Werte". Es muss sich um Güter oder Rechte handeln, deren Eigentümer bzw. Inhaber der Auftraggeber ist oder über die er auf Grund entsprechender – tatsächlicher oder vermeintlicher (§ 366 Abs. 1, 3 HGB) – Ermächtigung des Eigentümers oder Verfügungsberechtigten[169] wirksam verfügen kann und die in den Besitz des Spediteurs gelangt sind. In erster Linie erfasst das Pfandrecht demgemäß das dem Spediteur zur Ausführung des Verkehrsvertrages **anvertraute Gut** nebst Verpackung und Ladehilfsmitteln[170] sowie die ihm übergebenen Warenbegleitpapiere (§ 413 Abs. 1 HGB).

---

[163] BGH 16.3.2006, NJW-RR 2006, 1350 = TranspR 2006, 359, 361; 15.2.2007, TranspR 2007, 374, 375; 6.5.1999, NJW 1999, 3629 = TranspR 1999, 347, 348 mwN zu § 32 ADSp aF; OLG Nürnberg 29.1.2003, TranspR 2003, 349; *Rabe* EWiR 1987, 417 f.; *Koller* Ziff. 19 ADSp Rn. 5.

[164] Ulmer/Brandner/Hensen/*Schäfer* § 309 Nr. 2 Rn. 21; *Vogt* in Graf v. Westphalen, Vertragsrecht und AGB-Klauselwerke, Transportrecht, Rn. 243; *Koller* Ziff. 19 ADSp Rn. 7; einschränkend BGH 24.9.2002, NJW-RR 2003, 834, 836 (nur bei sachlichem Grund).

[165] Vgl. BGH 12.10.1983, NJW 1984, 357.

[166] BGH 17.2.1986, NJW 1986, 1757.

[167] BGH 6.5.1999, NJW 1999, 3629.

[168] *Koller* Ziff. 19 ADSp Rn. 7.

[169] BGH 10.6.2010, TranspR 2010, 303 Rn. 26.

[170] *Koller* § 407 HGB Rn. 14.

Soweit Ziff. 20.1 Satz 1 daneben „**sonstige Werte**" nennt, könnte dieser Begriff bei- **149** spielsweise auf durch Nachnahme oder in sonstiger Weise für den Auftraggeber verein- nahmte Gelder, Entschädigungsforderungen gegen Dritte oder sonstige Güter des Auftrag- gebers bezogen werden. Allerdings hindert Ziff. 20.1 Satz 2 eine solche Deutung, da das Pfandrecht danach nicht über das gesetzliche Pfandrecht hinausgeht. Denn das gesetzliche Pfandrecht erfasst nur die Güter sowie Begleitpapiere (§§ 440, 464, 475b HGB).

## II. Gesicherte Forderungen

**1. Ansprüche gegen den Auftraggeber.** Das Pfandrecht sichert dem Wortlaut nach **150** alle fälligen und nicht fälligen, auch bedingten[171] Forderungen, die dem Spediteur aus verkehrsvertraglichen (Ziff. 2.1) Tätigkeiten **gegen den Auftraggeber** zustehen. Nicht gesichert sind Forderungen Dritter gegen den Auftraggeber, die der Spediteur erst nach Entstehung des Pfandrechts erworben hat.[172] Das Vertragspfandrecht sichert auch keine Ansprüche des Spediteurs gegen Dritte, insbesondere den **Empfänger,** zB § 421 Abs. 2 HGB, § 494 HGB oder aus Schutzpflichtverletzungen, soweit nicht der Auftraggeber gemäß § 421 Abs. 4 HGB oder § 494 Abs. 4 HGB neben dem Empfänger weiter haftet.

**2. Vertragliche und gesetzliche Ansprüche.** Der Anspruch muss dem Spediteur auf **151** Grund von Tätigkeiten im Sinne von Ziff. 2.1 zustehen. Soweit das Pfandrecht auf Grund eines wirksamen, die ADSp einbeziehenden Verkehrsvertrages zustande gekommen ist, sichert es daher **auch gesetzliche Ansprüche** des Spediteurs, soweit er diese auf Grund von Tätigkeiten nach Ziff. 2.1 erworben hat. Mangels wirksamer Bestellung erwirbt der Spediteur dagegen kein Pfandrecht, wenn er auf vertragloser Grundlage tätig war und ausschließlich Ansprüche aus Bereicherungsrecht oder Geschäftsführung ohne Auftrag gel- tend machen kann.

**3. Inkonnexe Ansprüche.** Der Wortlaut von Ziff. 20.2 geht davon aus, dass der Spedi- **152** teur das Pfandrecht ohne weiteres auch wegen Forderungen aus anderen Verkehrsverträgen mit dem Auftraggeber erwirbt. Ihm wird lediglich die Ausübung verboten, es sei denn, die inkonnexe Forderung ist unstreitig oder wegen der Vermögenslage des Schuldners gefähr- det. Unstreitig sind neben rechtskräftig festgestellten Ansprüchen auch solche, denen der Auftraggeber nur unsubstantiierte oder ersichtlich unzutreffende Einwände entgegen- stellt.[173] Wegen inkonnexer Forderungen erwirbt der Spediteur gesetzlich aber nur dann ein Pfandrecht, wenn der Auftraggeber Eigentümer des Guts ist oder von dem Spediteur gutgläubig dafür gehalten wird.[174] Da das Pfandrecht nach Ziff. 20.1 S. 2 nicht über das gesetzliche Pfandrecht hinausgeht, kann Ziff. 20.2 nur dann zur Anwendung kommen, wenn der Spediteur das Pfandrecht an Gut geltend macht, das tatsächlich oder vermeintlich im Eigentum des Auftraggebers steht.

Im Ergebnis wirkt sich Ziff. 20.2 daher als **Einschränkung** des gesetzlichen Pfandrechts **153** aus. Während der Spediteur das (tatsächlich oder vermeintlich) im Eigentum seines Auftrag- gebers stehende Gut auch wegen inkonnexer Ansprüche uneingeschränkt verwerten darf, beschränkt Ziff. 20.2 ihm dieses Recht auf Fälle, in denen die inkonnexen Ansprüche entweder unstreitig sind oder die Vermögenslage des Auftraggebers gefährdet ist.

## III. Zurückbehaltungsrecht

Nach Ziff. 20.1 besteht unter den Voraussetzungen des Vertragspfandrechts auch ein **154** Zurückbehaltungsrecht. Es hat **eigenständige Bedeutung,** soweit es sich um Sachen oder Rechte handelt, an denen kein Pfandrecht des Spediteurs entstehen kann, etwa bei Sachen

---

[171] Arg.: „aller", vgl. § 1204 Abs. 2 BGB; *Koller* Ziff. 20 ADSp Rn. 5.
[172] BGH 23.3.1956, BGHZ 20, 231, 233.
[173] OLG Karlsruhe 9.12.2004, NJW-RR 2005, 402; *Koller* Ziff. 20 ADSp Rn. 7; *Büchner/Ketterl* TranspR 1991, 125, 126; aM OLG Köln 9.3.1984, TranspR 1985, 26, 28.
[174] Vgl. § 366 Abs. 3 S. 2 HGB; BGH 10.6.2010, TranspR 2010, 303 Rn. 49.

oder Rechten, die der Spediteur im Zuge der Geschäftsführung von Dritten erworben und an den Auftraggeber herauszugeben hat.[175]

### IV. Verwertung und Insolvenz

155    **1. Wartefristen nach Verkaufsandrohung. Ziff. 20.3** verkürzt die Androhungsfrist des § 1234 Abs. 2 BGB, die zwischen Androhung und Pfandverkauf verstreichen muss, von vier auf zwei Wochen.

156    **2. Verkaufsprovision.** Nach **Ziff. 20.5** soll dem Spediteur für die Vornahme des Pfand- oder Selbsthilfeverkaufs eine Verkaufsprovision in Höhe der ortsüblichen Sätze zustehen. Diese Regelung ist unangemessen und daher **unwirksam.**

157    **3. Recht zum freihändigen Verkauf.** Nach Ziff. 20.4 soll abweichend von §§ 1235, 1221 BGB nach Verzugseintritt ein freihändiger Verkauf zulässig sein, ohne dass es darauf ankommt, ob das Gut einen Börsen- oder Marktpreis hat. Diese Regelung ist wegen Verstoßes gegen zwingendes Recht nach § 1245 Abs. 2 BGB **unwirksam.**[176]

158    **4. Insolvenz.** Das dem Spediteur zustehende vertragliche Pfandrecht berechtigt ihn, in der Insolvenz des Auftraggebers die **abgesonderte Befriedigung** aus dem Pfand zu verlangen. Nach Verfahrenseröffnung kann wegen § 91 InsO jedoch kein Pfandrecht mehr an massezugehörigen Gegenständen entstehen. Im Übrigen bestehen gegebenenfalls Anfechtungsmöglichkeiten wegen **inkongruenter Deckung.** Jedoch ist der Pfandrechtserwerb innerhalb der Frist des § 131 Abs. 1 Nr. 1 InsO (ein Monat vor Antragstellung) nicht inkongruent, auch nicht in Bezug auf die dadurch erlangte Sicherung für inkonnexe Forderungen.[177]

159    Soweit der Spediteur den Pfandgegenstand im Besitz hat, erfolgt die **Verwertung** nach den allgemeinen Regeln durch ihn selbst (§ 173 Abs. 1 InsO). Jedoch kann ihm auf Antrag des Verwalters eine Frist zur Verwertung gesetzt werden, nach deren Ablauf das Verwertungsrecht auf den Verwalter übergeht. Im Fall des besitzlosen Pfandrechts nach §§ 464 Satz 2, 440 Abs. 3, 495 Abs. 3 HGB erfolgt in der Insolvenz des Empfängers die Verwertung durch den Verwalter, § 166 Abs. 1 InsO.

160    Das kaufmännische Zurückbehaltungsrecht berechtigt gemäß §§ 50 Abs. 1, 51 Nr. 3 InsO ebenfalls zur Absonderung.

### G. Haftung des Spediteurs

### I. Überblick

161    Die Haftung des Spediteurs als Geschäftsbesorgungsspediteur, als nach Frachtrecht haftender Spediteur (§§ 458 ff. HGB) sowie als Frachtführer ist weitgehend zwingend oder AGB-fest gesetzlich geregelt. Jedoch lassen die Vorschriften einige Spielräume, die die ADSp zum Teil nur begrenzt ausschöpfen, teils aber auch überschreiten.

162    Die wesentlichen haftungsrechtlichen Bestimmungen der ADSp sind die Ziff. 22, 23, 24 und 27. **Ziff. 22** regelt sachliche Haftungsbeschränkungen, insbesondere durch die Beschränkung auf **Wertersatz** bei Güterschäden (Ziff. 22.3) und die Umkehr der Verschuldensbeweislast bei besonderen Schadensursachen (Ziff. 22.4). Die **Ziff. 23 und 24** sehen Höchsthaftungssummen vor. **Ziff. 28** erweitert den Anwendungsbereich des § 438 HGB (Anzeigeobliegenheit) auf alle verkehrsvertraglichen Ablieferungen. **Ziff. 26** gewährt dem Spediteur auch gegenüber parallelen außervertraglichen Ansprüchen die Haftungsbegrenzungen der Ziff. 22. ff., **Ziff. 27** lässt sie jedoch bei grobem Verschulden des Spediteurs

---

[175] *Koller* Ziff. 20 ADSp Rn. 14.
[176] Vgl. auch OLG Hamm 29.10.1997, VuR 1998, 264.
[177] BGH 18.4.2002, NJW–RR 2002, 1417 = TranspR 2002, 292.

entfallen. Der Spediteur darf sich auf die Begrenzungen nicht berufen, wenn er seine Haftung nicht versichert hat (**Ziff. 29.3**).

## II. Haftungstatbestände

Die ADSp regeln zwar Primärpflichten des Spediteurs, enthalten aber keine Anspruchs- **163** grundlagen für seine Haftung. Sie verweisen in Ziff. 22.1 Satz 1 auf die **gesetzlichen Vorschriften.** Die gesetzlichen Haftungstatbestände sind deshalb für die Haftung des Spediteurs auch dann maßgeblich, wenn sie nicht zwingend oder AGB-fest sind. Zu den gesetzlichen Vorschriften zählen nicht nur die gesetzlichen Haftungstatbestände, sondern auch die gesetzlichen Haftungsbeschränkungen, -befreiungen und Einwände, insbesondere der in der Rechtsprechung zugelassene Einwand des Mitverschuldens wegen unterlassener Wertangaben.[178] Danach kann der ADSp-Spediteur nach folgenden Bestimmungen haften:

**1. Speditionsrecht.** Der Spediteur im Rechtssinne haftet gemäß § 461 Abs. 1 HGB für **164** Güterschäden nach den Grundsätzen der Obhutshaftung. Speditionsrecht findet auch insoweit Anwendung, als der Spediteur beförderungsbezogene speditionelle Nebenleistungen (zB Verpackung) im Rahmen eines Speditionsvertrages erbringt; dagegen sind solche Leistungen im Falle eines gesonderten oder von dem Speditionsvertrag unabhängigen Auftrages nach Werkvertragsrecht zu beurteilen.[179] Die Haftung beschränkt sich auf Wertersatz in den Grenzen der Haftungshöchstbeträge des § 431 HGB. Für sonstige Schäden haftet er nach den Grundsätzen der vermuteten Verschuldenshaftung, § 461 Abs. 2 HGB. In den Fällen der §§ 458 bis 460 HGB (Selbsteintritt, Fixkosten und Sammelladung) haftet er nach Frachtrecht.

**2. Frachtrecht.** Frachtrecht ist anzuwenden, wenn der Verkehrsvertrag eine Beförde- **165** rung vorsieht, die der Spediteur nicht lediglich besorgen, sondern auch verantworten soll.[180] Die Haftung des Spediteurs unterliegt Frachtrecht auch dann, wenn – wie in der Praxis die Regel – ein Fall der Fixkostenspedition (§ 459 HGB) vorliegt oder der Spediteur von seinem Selbsteintrittsrecht Gebrauch macht (§ 458 HGB) oder die Partie im Sammelladungsverkehr (§ 460 HGB) befördert.

Soweit der Beförderungsvertrag den Bestimmungen der CMR (Art. 1 f. CMR), des MÜ **166** (Art. 1 f. MÜ), des CMNI (Art. 2 CMNI) oder des CIM (Art. 1 CMI) unterliegt, gelten die Haftungsbestimmungen dieser Übereinkommen (insbesondere also Art. 17 CMR, Art. 18 f. MÜ, Art. 16 CMNI und Art. 23 f. CIM), die eine zwingende, weitestgehend selbst durch Individualvereinbarungen nicht abdingbare (Art. 41 CMR, Art. 26 MÜ, Art. 25 CMNI, Art. 5 CIM) Obhutshaftung des Frachtführers vorsehen. Die Haftung beschränkt sich in der Regel auf Wertersatz[181] und Höchsthaftungssummen, die (außer nach dem MÜ) bei absichtlicher oder leichtfertiger Schadensverursachung entfallen.

Für Seefrachtverträge gelten die Anspruchsgrundlagen der §§ 459, 498 ff. HGB und die **167** Haftungsbeschränkungsregeln der §§ 504 ff. (AGB-fest nach § 512 HGB) und der §§ 611 ff. HGB.

Auf sonstige Frachtverträge finden die durch AGB nur im Rahmen des § 449 HGB **168** abdingbaren Vorschriften der §§ 425 ff. HGB bzw. – bei Multimodalfrachtverträgen – die §§ 452 ff. HGB Anwendung.

**3. Lagerrecht.** Ist Gegenstand des Verkehrsvertrages eine Lagerung, so haftet der Spedi- **169** teur nach § 475 HGB für Güterschäden nach den Grundsätzen der vermuteten Verschuldenshaftung der Höhe nach unbeschränkt.

---

[178] Dazu im Einzelnen *Koller* § 435 HGB Rn. 19a ff.
[179] BGH 13.9.2007, TranspR 2007, 477, 478 f.
[180] Zur Abgrenzung *Koller* § 453 Rn. 16 ff.
[181] Str. bei internationaler Luftbeförderung vgl. *Koller* WA 1955 Art. 18 Rn. 22.

170    **4. Werk- und Dienstvertragsrecht.** Für nicht beförderungsbezogene Tätigkeiten wie zB logistische Zusatzleistungen haftet der Spediteur nach den §§ 611, 634, 280 BGB der Höhe nach unbeschränkt für verschuldete Schäden.[182]

### III. Sachliche Haftungsbeschränkungen

171    **1. Haftung bei der Geschäftsbesorgungsspedition, Ziff. 22.2.** Ziff. 22.2 knüpft an Ziff. 2.2 an. Danach schuldet der Spediteur bei speditionsvertraglichen Tätigkeiten im Sinne der §§ 453–466 HGB nur den Abschluss der zur Leistungserbringung erforderlichen Verträge, soweit das Gesetz dem nicht entgegensteht. Das entspricht der Grundkonzeption des Speditionsrechts, nach der der Spediteur die Beförderung lediglich „**besorgt**" (§ 453 Abs. 1 HGB), nicht aber selbst schuldet. Soweit gemäß Ziff. 2.2 oder anderweitig vereinbart, gilt dasselbe für beförderungsbezogene Nebenleistungen (454 Abs. 2 Satz 2 HGB). Da der Erfolg der Beförderung oder Nebenleistung vom Leistungsumfang des Spediteurs nicht umfasst ist, steht er dafür auch nicht ein. Sofern der Spediteur seine eigene Leistung mit der gebotenen Sorgfalt (§ 347 Abs. 1 HGB) erbracht hat, insbesondere den Leistungserbringer sorgfältig ausgewählt, instruiert und ihm das Gut zur Beförderung übergeben hat, haftet er deshalb nicht für dessen Pflichtverletzungen.[183]

172    Ziffer 22.2 hat daher nur **deklaratorische Funktion.**[184] Die Regelung ist allerdings missverständlich formuliert, soweit der Eindruck erweckt wird, der Spediteur hafte nur unter dem Gesichtspunkt fehlerhafter Auswahl. Die Klausel ist im Hinblick auf den Umfang der Haftung des Spediteurs für das Verschulden Dritter formuliert. Sie soll nicht die eigenen Organisationspflichten des Spediteurs bei der Geschäftsbesorgungsspedition beschneiden,[185] etwa die Pflicht, den Vertrag mit dem Dritten weisungs- und interessengerecht zu gestalten. Sie berührt auch nicht die Haftung des Spediteurs für die bei seinen eigenen Leistungen eingeschalteten Erfüllungsgehilfen, zB Arbeitnehmer.

173    Die Regelung ist nicht anwendbar, wenn sich aus der Individualabrede der Parteien ergibt, dass der Spediteur entgegen Ziff. 2.2 den **Leistungserfolg** schuldet (§ 305b BGB). Dasselbe gilt, wenn der Spediteur gemäß den §§ 458 ff. HGB die Rechte und Pflichten eines Frachtführers hat.

174    **2. Haftungsbeschränkung auf Wertersatz, Ziff. 22.3.** Ziffer 22.3 beschränkt die Haftung des Spediteurs für **Güterschäden** auf Wertersatz zuzüglich der Schadensfeststellungskosten nach Maßgabe der §§ 429, 430 HGB. Damit sind Vermögensschäden wie entgangener Gewinn oder Folgeschäden nicht ersatzfähig. Die Regelung erfasst nicht Ansprüche wegen Überschreitung der Lieferfrist sowie wegen sonstiger Pflichtverletzungen.

175    Unterliegt der Verkehrsvertrag der CMR, der CMNI, der CIM oder dem MÜ bzw. WA oder den §§ 498 ff. HGB, ist eine Anwendung von **Ziff. 22.3 ausgeschlossen,** weil die genannten Regime die Haftung des Frachtführers zwingend oder AGB-fest regeln. Dies hat nur beschränkte praktische Auswirkungen, weil die genannten Vorschriften in der Regel ebenfalls eine Beschränkung der Haftung für Güterschäden auf Wertersatz vorsehen. Nach – bestrittener – Auffassung des BGH[186] gilt dies jedoch nicht für das internationale **Luftfrachtrecht,** das in den zwingenden Haftungsgrenzen des Art. 22 MÜ bzw. Art. 22 WA vollen Schadensersatz vorsieht.

176    **Praktische Auswirkungen** hat Ziff. 22.3, soweit das Gesetz bei der Haftung für Güterschäden im Rahmen von Verkehrsverträgen im Sinne von Ziff. 2.1 keine Beschränkung auf Wertersatz vorsieht. Dies gilt für den **Lagervertrag** sowie für sonstige speditionsübliche Tätigkeiten, die in der Regel nach allgemeinem **Geschäftsbesorgungs-, Werk- oder**

---

[182] BGH 13.9.2007, TranspR 2007, 477, 478; OLG Frankfurt 1.11.2006, TranspR 2007, 78, 81 f.; vgl. ferner den Überblick bei *Krins* TranspR 2007, 269, 271 ff.

[183] OLG Köln 10.7.2001, TranspR 2001, 464, 469.

[184] Vgl. auch BGH 24.6.1987, TranspR 1987, 447, 450.

[185] Vgl. Fremuth/Thume/*de la Motte* Nr. 22 ADSp Rn. 2.

[186] BGH 9.6.2004, TranspR 2004, 369, 372: ergänzend anwendbares nationales Recht sind die §§ 249 ff. BGB; aM *Koller* WA 1955 Art. 18 Rn. 22.

**Dienstvertragsrecht** zu beurteilen sind. Soweit der Spediteur auf Grund solcher Tätigkeiten für die Zerstörung oder Beschädigung von Gütern haftet, beschränkt Ziff. 22.3 seine Haftung auf den Ersatz des Wertes sowie der Schadensfeststellungskosten. Ein Ersatz sonstiger Kosten im Sinne von § 432 HGB ist nicht vorgesehen.

**AGB-rechtlich** ist Ziff. 22.3 vertretbar. Sie folgt einem im Transportrecht international **177** allgemein akzeptierten Rechtsprinzip und trägt dem Umstand Rechnung, dass für den Spediteur die Betriebsrisiken der Ladungsbeteiligten in der Regel nicht vorhersehbar und deshalb auch schwer versicherbar sind. Eine Beschränkung der Haftung auf den vorhersehbaren Schaden wird auch bei Kardinalpflichten akzeptiert.[187] Die Klausel gilt nicht bei schwerem Verschulden im Sinne von Ziffer 27.

### 3. Verschuldensbeweislast bei besonderen Schadensursachen, Ziff. 22.4. Ziff. 22.4 **178**
entlastet den Spediteur in prozessualer Hinsicht durch eine **Kausalitätsvermutung** (Ziff. 22.4 Satz 2) sowie durch eine Umkehr der **Verschuldensbeweislast,** soweit typischerweise vom Spediteur nicht zu vertretende Schadensursachen nahe liegen (Ziff. 22.4 Satz 1).

Die Regelung gilt nicht nur für Güter- sondern auch für Verspätungs- und jede andere **179** Art von Schäden. Sie gilt ihrem Wortlaut nach jedoch nicht, soweit den Spediteur die zwingende Obhutshaftung wegen Güter- und Verzögerungsschäden nach den §§ 461 Abs. 1 und 425 ff. HGB trifft. Insoweit kann der Spediteur sich also nur auf die besonderen Ausschlussgründe nach § 427 HGB berufen. Ziff. 22.4 gilt aber gemäß Ziff. 22.1 Satz 2 auch nicht, soweit der Spediteur nach den **zwingenden oder AGB-festen Bestimmungen** der CMR, des MÜ bzw. des WA, der CMNI, der CIM oder der §§ 498 ff. HGB haftet. Diese Haftungsregime enthalten allerdings teilweise ähnliche Regelungen wie Ziff. 22.4 (Art. 17 Abs. 4, 5 in Verbindung mit Art. 18 CMR, Art. 18 CMNI, Art. 23 § 3 in Verbindung mit Art. 25 CIM, § 499 HGB). Zur Anwendung kommt sie demgemäß vorwiegend bei Lager-, Werk- und Dienstleistungen des Spediteurs.

Nach Ziff. 22.4 hat der Spediteur zunächst darzulegen und zu beweisen, dass einer der **180** in Ziff. 22.4.1 bis 22.4.4 genannten Umstände vorlag. Auch wenn das feststeht, genügt für die Kausalitätsvermutung noch nicht die abstrakte Möglichkeit, dass der nachgewiesene Umstand schadensursächlich war. Vielmehr hat der Frachtführer konkret aufzuzeigen, dass ein ursächlicher Zusammenhang zwischen dem Schaden und einer der besonderen Gefahren entweder konkret möglich ist oder der Lebenserfahrung entspricht.[188] Diese Voraussetzungen sind jedenfalls dann gegeben, wenn die Kausalität nach dem **Beweis des ersten Anscheins** dargetan ist. Ist danach die Kausalität einer der besonderen Gefahren zu vermuten, hat der Anspruchsteller den vollen Beweis zu führen, dass der Spediteur den Schaden gleichwohl schuldhaft verursacht hat. Er muss also nachweisen, dass der Schaden entweder entgegen dem Beweis des ersten Anscheins doch nicht auf dem vom Spediteur geltend gemachten Umstand beruht, dass dieser Umstand selbst vom Spediteur verschuldet wurde oder dass anderweitige vom Spediteur zu vertretende Handlungen oder Unterlassungen ursächlich oder mitursächlich waren.

### a) Ungenügende Verpackung oder Kennzeichnung, Ziff. 22.4.1. Die beförde- **181**
rungssichere Verpackung und Kennzeichnung des Gutes sind Aufgaben des Auftraggebers (vgl. Ziff. 3.4, 4.1.1 ADSp, § 411 HGB). Diese Wertung lässt sich auch dem Gesetz entnehmen (§ 427 Abs. 1 Nr. 2, 5 HGB). Den Spediteur trifft aber unter dem Gesichtspunkt der Interessenwahrungspflicht (Ziff. 1) ein Verschuldensvorwurf, wenn die Unzulänglichkeit erkennbar war und er gleichwohl nicht auf das Erfordernis einer Nachbesserung hingewiesen hat. Dies gilt erst recht, wenn er eine Beschädigung der Verpackung oder Kennzeichnung zu vertreten oder bei der Transportorganisation keine Rücksicht auf die Beschaffenheit der Verpackung genommen hat, obgleich dies zumutbar gewesen wäre.

---

[187] Palandt/*Grüneberg* BGB § 309 Rn. 51; Ulmer/Brandner/Hensen/*Fuchs* § 307 BGB Rn. 301.
[188] BGH 15.6.2008, TranspR 2000, 459, 462.

**182**    **b) Aufbewahrung im Freien, Ziff. 22.4.2.** Ist die Lagerung des Gutes im Freien vereinbart oder musste der Auftraggeber auf Grund der Üblichkeit dieser Lagerung damit rechnen, kann der Spediteur in der Regel davon ausgehen, dass das Gut den zu erwartenden Witterungseinflüssen standhält. Dies gilt jedoch nicht, wenn das Gegenteil ersichtlich war, zum Beispiel auf Grund erkennbarer Beschädigungen der Verpackung, oder wenn der Spediteur übliche Schutzmaßnahmen oder Weisungen des Auftraggebers missachtet hat. Der Spediteur hat das Gut auch vor außergewöhnlichen Wetterlagen zu schützen, weil das Einverständnis des Auftraggebers sich nur auf übliche Wettereinflüsse erstreckt. Ziff. 22.4.2 ist **AGB-rechtlich** nur mit der Maßgabe vertretbar, dass der Spediteur neben der Vereinbarung oder Üblichkeit der Lagerung im Freien auch beweisen muss, dass er die zu erwartenden Schutzmaßnahmen veranlasst hat.

**183**    **c) Schwerer Diebstahl oder Raub, Ziff. 22.4.3.** Die Regelung geht davon aus, dass der Spediteur den Schaden in der Regel nicht zu vertreten hat, wenn er auf einem mit **erhöhter krimineller Energie** begangenen Eigentumsdelikt beruht. Liegen die strafrechtlichen Tatbestände des qualifizierten Diebstahls (§§ 243, 244 StGB) oder des Raubs (§ 249 StGB) vor, ist der Schaden häufig unter gewalttätiger Überwindung von Sicherheitsvorkehrungen des Spediteurs oder sogar durch Gewalt gegen Personen eingetreten.

**184**    Allerdings ist dies nicht notwendig der Fall, denn die strafrechtliche Qualifikation kann auch auf anderen Umständen beruhen (vgl. § 243 Abs. 1 Nr. 3 bis 7 StGB). Jedenfalls kann den Spediteur auch in den Fällen der Ziff. 22.4.3 ohne Weiteres ein Verschuldensvorwurf treffen, da die Obhutspflicht es gerade auch umfasst, die Einwirkung kriminell vorgehender Dritter auf das Gut zu verhüten. Zu berücksichtigen ist dabei auch, dass die Regelung vorwiegend bei Lagerdienstleistungen des Spediteurs zur Anwendung kommt und der Diebstahl aus einem Lager typischerweise ein schwerer Diebstahl ist. Die Regelung geht deshalb **AGB-rechtlich** zu weit.[189]

**185**    **d) Weitere Schadensursachen, Ziff. 22.4.4.** Ziff. 22.4.4 fasst weitere Schadensquellen zusammen, die es rechtfertigen sollen, den Spediteur von der Pflicht zur Widerlegung der Verschuldensvermutung zu entlasten.

**186**    Unter **höherer Gewalt** ist ein Umstand zu verstehen, den der Spediteur nicht vermeiden und dessen Folgen er nicht abwenden konnte.[190] Daher hat der Spediteur, der sich auf höhere Gewalt beruft, entgegen der mit der Regelung verfolgten Absicht stets selbst den Nachweis fehlenden Verschuldens zu führen.[191]

**187**    **Witterungseinflüsse** hat der Spediteur im Rahmen seiner Organisations- und Obhutspflichten in der Regel einzuplanen und zu beherrschen. Nur überraschend auftretende, für die Jahreszeit ganz ungewöhnliche Wetterlagen können ihn im Einzelfall entlasten. **Technische Ausfälle** können unvermeidbar sein. Jedoch gilt dies nur dann, wenn die Geräte oder Leitungen entsprechend den Herstellerangaben und den technischen Erfordernissen benutzt, gewartet und am Ende ihrer Lebensdauer ersetzt werden. **Einwirkungen anderer Güter** muss der Spediteur unterbinden, soweit sie vorhersehbar sind. Unvorhersehbar ist die Einwirkung des anderen Guts nur unter besonderen Umständen, etwa wenn das andere Gut infolge einer nicht erkennbar mangelhaften Verpackung oder durch ein nicht zu vertretendes Unfallereignis frei wird und das Gut beeinträchtigt. **Beschädigungen durch Tiere** wie zB Mäusefraß oder Insektenbefall hat der Spediteur in der Regel zu verhüten. Auch bei einer **natürlichen Veränderung des Gutes** ist, wie die Wertung des § 427 Abs. 1 Nr. 4, Abs. 4 HGB zeigt, eine Entlastung des Spediteurs nicht ohne weiteres, sondern nur dann angebracht, wenn er alle nach dem Vertrag geschuldeten und nach den Umständen erforderlichen Maßnahmen getroffen und dies bewiesen hat. Vertraglich geschuldet sind auch solche Schutzmaßnahmen, deren Erforderlichkeit angesichts der Art oder des Zustandes des Gutes offensichtlich war.

---

[189] *Koller* Ziff. 25 ADSp Rn. 9.
[190] *Ehmen* TranspR 2007, 354, 357.
[191] AM Fremuth/Thume/*de la Motte* Nr. 22 ADSp Rn. 4.

**e) AGB-Kontrolle.** Die Umkehr der Verschuldensbeweislast weicht von dem Grund- **188** gedanken des gesetzlichen Speditions-, Fracht- und Lagerrechts ab, dass der Leistungserbringer eine vermutete Verschuldenshaftung zu widerlegen hat. Diese Abweichung ist insoweit vertretbar, als Umstände nachgewiesen werden, die der Spediteur nicht zu vertreten hat und die nach den Grundsätzen des Anscheinsbeweises den Schaden verursacht haben. Diese Regelungstechnik gibt der Gesetzgeber in § 427 HGB selbst vor. Die Umkehr der Beweislast ist jedoch nach § 309 Nr. 12a) BGB, der auch im unternehmerischen Verkehr gilt, AGB-rechtlich unzulässig, soweit die Schadensursache im alleinigen Verantwortungsbereich des Spediteurs liegt.[192] Denn es ist eine wesentliche Ausprägung des Gerechtigkeitsgebots, der anderen Partei nicht die Beweislast für Umstände aufzuerlegen, die sie nicht wahrnehmen und ermitteln kann. Deshalb sind die Regelungen in Ziff. 22.4.3 und 22.4.4 außer dem nur deklaratorischen Hinweis auf höhere Gewalt **unwirksam.**[193]

## IV. Summenmäßige Haftungsbegrenzungen

**1. Allgemeines.** Ziff. 23 unterwirft die Haftung des Spediteurs bei allen verkehrsver- **189** traglichen Tätigkeiten – außer der gesondert geregelten verfügten Lagerung (Ziff. 24) – betragsmäßigen Haftungsbegrenzungen. Sie gelten für Güterschäden (Ziff. 23.1, 23.2) sowie für sonstige Schäden außer Personen- und Sachschäden an Drittgut (Ziff. 23.3) und finden zusätzlich zu den Haftungsbegrenzungen nach Ziff. 22 Anwendung. Gemäß Ziff. 26 gelten sie auch für parallele außervertragliche Ansprüche.

Die Regelung tritt hinter die **zwingenden bzw. AGB-festen Haftungsvorschriften** **190** des HGB-Frachtrechts, der CMR, des MÜ bzw. WA, der CIM sowie der §§ 498 ff. HGB zurück, auch soweit diese über § 452a HGB zur Anwendung kommen. Im Rahmen des CMNI sowie bei Anwendung von Seefrachtrecht ist Ziff. 23.1 aber anzuwenden, sofern der Höchsthaftungsbetrag von 5 Euro pro Kilogramm Rohgewicht den sich im konkreten Fall nach Art. 20 CMNI bzw. § 504 HGB ergebenden Haftungsbeschränkungsbetrag übersteigt.

Ebenso wie die Haftungsbegrenzungen der Ziff. 22 entfallen die summenmäßigen **191** Begrenzungen in Ziff. 23 bei **grobem Verschulden** des Frachtführers, Ziff. 27. Prozessual gilt die von der Rechtsprechung herausgearbeitete erweiterte Einlassungsobliegenheit des Spediteurs.[194]

**2. Formerfordernis „geeigneter Hinweis".** Die Haftungsbegrenzungen in Ziff. 23 **192** weichen (außer im Anwendungsbereich von Ziff. 23.1.2) von den gesetzlichen Haftungssummen ab. Während das Lagerrecht des HGB ebenso wie das Werk- und Dienstvertragsrecht summenmäßige Haftungsbeschränkungen auch in der Form allgemeiner Geschäftsbedingungen grundsätzlich zulässt, stellt das Speditions- und das Frachtrecht des HGB solche Regelungen unter den Vorbehalt, dass der Verwender seinen Vertragspartner darauf **in geeigneter Weise hinweist.** Mit dieser Maßgabe kann nach §§ 449 Abs. 2 S. 1 Nr. 1 und 466 Abs. 2 S. 1 Nr. 1 HGB die Haftung des Spediteurs bzw. Frachtführers für Güterschäden weiterhin im Rahmen des „Korridors" zulässiger Haftungsbegrenzungsbeträge zwar auch durch vorformulierte Vertragsbedingungen auf einen anderen als den in § 431 HGB vorgesehenen Betrag begrenzt werden.

Wie dieser Hinweis genau gestaltet werden muss, hängt von dem Informationsbedürfnis **193** des Auftraggebers ab.[195] Ein ausdrücklicher, individuell formulierter Hinweis zum Beispiel in einem Anschreiben reicht stets. Dasselbe gilt für einen mündlichen Hinweis. Sicher ausreichen dürfte es auch, den Hinweis auf die abweichenden Haftungssummen drucktechnisch hervorzuheben, denn der Gesetzgeber wollte das Formerfordernis jedenfalls abmildern. Für den Nor-

---

[192] BGH 28.3.1973, NJW 1973, 1192; 23.2.1984, NJW 1985, 3016, 3017; 24.6.1987, NJW 1988, 640 = TranspR 1987, 447, 451; Ulmer/Brandner/Hensen/*Habersack* § 309 Nr. 12 BGB Rn. 15 f.
[193] So auch *Koller* Ziff. 25 ADSp Rn. 9 ff.
[194] BGH 22.7.2010, TranspR 2011, 690 Rn. 35; OLG Stuttgart 24.2.2010 – 3 U 140/09, Rn. 31, juris; OLG Bremen 17.4.2003, OLGR Bremen 2003, 315; zu den Grundsätzen im Einzelnen vgl. *Koller* § 435 HGB Rn. 21b ff.
[195] *Koller* § 449 HGB Rn. 57.

malfall dürfte es genügen, dem Einbeziehungshinweis einen zweiten Satz mit dem Hinweis auf die abweichenden Haftungssummen folgen zu lassen. Ob darauf bei Folgeaufträgen verzichtet werden, wenn der Auftraggeber die fraglichen Bestimmungen der ADSp positiv kennt,[196] erscheint fraglich, zumal sich der Nachweis positiver Kenntnis im Streitfall in aller Regel nicht führen lassen wird.[197] Der Praxis ist deshalb anzuraten, jeden Hinweis auf die ADSp durch einen **ausdrücklichen, drucktechnisch hervorgehobenen Hinweis** auf die Tatsache zu ergänzen, dass die ADSp vom Gesetz abweichende Höchsthaftungssummen vorsehen. Es erscheint jedoch überzogen, eine wörtliche Wiedergabe der Bestimmungen zu fordern, die von den gesetzlichen Höchsthaftungssummen abweichen,[198] denn das liefe – entgegen der gesetzgeberischen Absicht – auf eine weitgehende Beibehaltung des früheren Druckertinte zehrenden Rechtszustandes hinaus. Der geforderte „Hinweis" soll dem Geschäftspartner nur Veranlassung geben, die AGB auf die darin enthaltenen Haftungsbestimmungen zu prüfen.

**194**    **3. Beschränkung der Haftung für Güterschäden, Ziff. 23.1, 23.2. a) Regelhaftung, Ziff. 23.1.1, 23.2.** Besteht das Schadensereignis in einem Güterschaden, also dem Verlust oder einer Beschädigung des Gutes,[199] und liegt weder Lagerung nach Ziff. 24 noch einer der Sonderfälle nach Ziff. 23.1.2 (Beförderung) oder 23.1.3 (See-Multimodaltransport) vor, ist die Haftung des Spediteurs gemäß Ziff. 23.1.1 grundsätzlich auf **5 Euro für jedes Kilogramm** des Rohgewichts der Sendung beschränkt. Aufgrund der Anwendungsausschlüsse gilt die Regelung im Wesentlichen für Umschlagsschäden. Der Begriff des Rohgewichts stammt aus § 431 HGB und bezeichnet wie dort das Gewicht der dem Spediteur übergebenen Packstücke unter Einschluss der Verpackung.[200] Zur Beweislast für Menge und Zustand der übergebenen Güter vgl. Ziff. 25.

**195**    Der Höchsthaftungsbetrag errechnet sich nach dem Rohgewicht der gesamten Sendung, wenn die Sendung vollständig verloren oder beschädigt worden ist. Dasselbe gilt, wenn von dem Verlust oder der Beschädigung zwar nur ein Teil der Sendung betroffen ist, dieser Teilschaden aber die Sendung insgesamt entwertet. Anderenfalls ist für die Berechnung der Höchsthaftung lediglich das Rohgewicht des vom Verlust oder der Beschädigung **betroffenen Teils** der Sendung zugrunde zu legen. Die Begriffe sind genau so auszulegen wie in der gesetzlichen Vorschrift des § 431 HGB, der Ziff. 23.2 nachgebildet ist.

**196**    **b) Haftungsgrenze bei Transportschäden, Ziff. 23.1.2.** Die Regelhaftung gilt nicht für Schäden, die an dem Gut während des **Transports mit einem Beförderungsmittel** eingetreten sind. Für diesen Fall verweist Ziff. 23.1.2 auf den für diese Beförderung gesetzlich festgelegten Haftungshöchstbetrag.

**197**    Für die Frage, ob der Schaden dem Transport zuzuordnen ist, kommt es darauf an, zu welchem Zeitpunkt die Schadensursache gesetzt worden ist.[201] Der Begriff des Transports mit einem Beförderungsmittel ist transporttechnisch zu verstehen. Es reicht nicht aus, dass das Gut sich in der Obhut eines Frachtführers (oder des nach §§ 458 ff. HGB als Frachtführer haftenden Spediteurs) befindet. Vielmehr erfasst Ziff. 23.1.2 nur den Zeitraum, zu dem das Gut sich auf einem Beförderungsmittel befindet und tatsächlich transportiert wird.[202] Zwischenlagerungen und Umschlagsvorgänge sind ebenso wenig erfasst wie das Be- und Entladen des Gutes.[203] Auf den **tatsächlichen Beförderungsvorgang** wird deshalb abgestellt, weil dem Spediteur insoweit regelmäßig ein Frachtführer als gleichfalls gesetzlich haftender Regressschuldner zur Verfügung steht. Dies ist bei Umschlags- und Ladevorgängen zumeist nicht der Fall. Allerdings gilt Ziff. 23.1.2 auch für Beförderungsvorgänge in einem Lager, während des Umschlags oder bei der Be- oder Entladung, soweit dabei

---

[196] Vgl. zu § 449 Abs. 2 HGB aF OLG Hamburg 19.12.2002, TranspR 2002, 72, 73.
[197] *Herber* TranspR 2003, 120, 121.
[198] So aber *Koller* Vor Ziff. 1 ADSp Rn. 16.
[199] Fremuth/Thume/*de la Motte* Nr. 23 ADSp Rn. 3.
[200] *Koller* § 431 HGB Rn. 4.
[201] Vgl. (zu § 452a HGB) BGH 13.9.2007, TranspR 2007, 477, 479; *Koller* § 452a HGB Rn. 3.
[202] Fremuth/Thume/*de la Motte* Nr. 23 ADSp Rn. 5.
[203] *Koller* Ziff. 23 ADSp Rn. 5.

ein Beförderungsmittel zum Einsatz kommt, zB ein Gabelstapler,[204] Mafi-Trailer[205] oder Kran.[206] Verkehrstechnisch begründete Zwischenaufenthalte des Beförderungsmittels (zB Ruhezeiten des Fahrers, Wechsel der Zugmaschine) unterbrechen die Beförderung dagegen nicht.[207] Zur Beweislast vgl. Ziff. 25.2.

Der gesetzlich festgelegte Haftungshöchstbetrag ist dem gesetzlichen Haftungsregime des **198** vertragsgemäß eingesetzten Beförderungsmittels zu entnehmen. Da die transportrechtlichen Übereinkommen im Rahmen ihrer zwingenden Bestimmungen die Anwendung von Ziff. 23.1.2 ausschließen und die gesamte Obhutszeit des Frachtführers abdecken, verweist Ziff. 23.1.2 regelmäßig nur auf § 431 oder § 660 HGB.[208]

**c) Haftungsgrenze bei See-Multimodalbeförderung, Ziff. 23.1.3.** Abweichend **199** von Ziff. 21.1 und 21.2 beschränkt die Sonderregelung[209] Ziff. 23.1.3 die Haftung des Spediteurs für Güterschäden im Rahmen von Multimodalfrachtverträgen im Sinne von § 452 HGB auf die im Schifffahrtsrecht geltende Haftungshöchstsumme von **2 Sonderziehungsrechten** (Ziff. 23.5), wenn eine Seestrecke eingeschlossen ist. Da jedoch die stückzahlbezogene Haftungsschranke nach § 504 Abs. 1 HGB gemäß § 512 Abs. 1 HGB[210] nF nur individualvertraglich abbedungen werden kann, ist die Regelung nach neuem Seefrachtrecht unwirksam – anders nach dem vor Inkrafttreten des Seehandelsrechtsreformgesetzes geltenden § 660 Abs. 1 Satz HGB, sofern der Spediteur kein Konnossement ausgestellt hat.[211] Es kommt nicht darauf an, ob der Schadensort bekannt ist, ob er sich auf der Seestrecke zugetragen hat und ob die Seestrecke den Schwerpunkt der Beförderung bildet.[212] Die Regelung soll dem Umstand Rechnung tragen, dass bei Multimodaltransport über See die anderen Teilstrecken häufig ausländischen Rechtsvorschriften unterliegen und der Spediteur daher keine gesicherte Regresssposition hat.

Ziff. 23.1.3 wählt den niedrigsten zulässigen Haftungsbetrag des Korridors der §§ 449 **200** Abs. 2 Satz 2, 466 Abs. 2 Satz 2 HGB. Die Regelung bedarf zu ihrer wirksamen Einbeziehung **eines Hinweises in geeigneter Form** auf die Abweichung vom Gesetz. Sie ist stets **unwirksam,** wenn der Schaden sich auf einer internationalen Teilstrecke zugetragen hat, die einem transportrechtlichen Übereinkommen mit zwingenden höheren Haftungssummen unterliegt (zB CMR, CIM), § 452d Abs. 3 HGB.

**d) Großschäden, Ziff. 23.1.4.** Erreicht die so ermittelte Höchsthaftung für Güterschä- **201** den in einem Schadenfall den Betrag von 1 Mio. Euro, kommt mit Ziff. 23.1.4 noch eine **zusätzliche Haftungsgrenze** zum Zuge. Danach ist die Haftung des Spediteurs in jedem Schadensfall auf 1 Mio. Euro beschränkt; nur wenn der Betrag von 2 Sonderziehungsrechten je Kilogramm Rohgewicht eine höhere Haftungshöchstsumme ergibt, ist diese maßgeblich. Schadenfall ist jeder in sich abgeschlossene Lebenssachverhalt, der Schadensersatzansprüche eines Auftraggebers bzw. Empfängers auslöst. Sind mehrere Auftraggeber durch dasselbe Ereignis betroffen, liegen entsprechend mehrere Schadenfälle vor.[213]

[204] OLG Nürnberg 5.7.2000, TranspR 2000, 428; aM Fremuth/Thume/*de la Motte* Nr. 23 ADSp Rn. 5.
[205] OLG Hamburg 19.8.2004, TranspR 2004, 402.
[206] BGH 15.12.1994, NJW-RR 1995, 415; OLG Hamburg 14.4.1994, VersR 1996, 352.
[207] OLG Stuttgart 15.8.2001, TranspR 2002, 37: aM *Koller* Ziff. 23 ADSp Rn. 5.
[208] OLG Hamburg 10.4.2008, TranspR 2008, 213, 218; OLG Düsseldorf 12.3.2008 sowie AG Hamburg 4.4.2007, TranspR 2007, 328, 329, die die zwingende Haftungsbeschränkung des MÜ über Ziff. 23.1.2 anwenden und nach Ziff. 27.2 ausschließen.
[209] BGH 11.4.2013, TranspR 2013, 437.
[210] In der Fassung des Seehandelsrechtsreformgesetzes vom 20.4.2013 (BGBl. I S. 831).
[211] OLG Hamburg 16.7.2009, TranspR 2010, 337 Rn. 45. Allerdings ist Ziff. 21.3 bei qualifiziertem Verschulden von Erfüllungsgehilfen auch nach altem Seefrachtrecht die Anwendung zu versagen, entweder über Ziff. 27.2 (BGH Urt. v. 22.7.2010 – I ZR 194/08 TranspR 2011, 80) oder – nach richtiger Ansicht – weil Ziff. 21.3 keine Ausnahme für den Fall qualifizierten Verschuldens – nicht einmal Eigenverschuldens des Spediteurs nach § 660 HGB aF – vorsieht, OLG Hamburg 16.7.2009, TranspR 2010, 337 Rn. 47.
[212] BGH 11.4.2013, TranspR 2013, 437 Rn. 50; *Koller* Ziff. 23 ADSp Rn. 6; Fremuth/Thume/*de la Motte* Nr. 23 ADSp Rn. 6.
[213] Fremuth/Thume/*de la Motte* Nr. 23 ADSp Rn. 7.

**202**  **4. Sonstige Vermögensschäden, Ziff. 23.3. a) Anwendungsbereich.** Ziff. 23.3 wurde 2003 geändert. Die Regelung folgt weitgehend dem Modell des § 433 HGB und erstreckt dessen Haftungsbeschränkungskonzept in modifizierter Form auf alle verkehrsvertraglichen Vermögensschadenhaftungsfälle (außer der gesondert geregelten Haftung für Lagerung, Ziff. 24), die nicht von § 433 HGB oder den gesetzlichen Sonderregelungen der Vermögensschadenhaftung erfasst sind.

**203**  Ziff. 23.3 räumt ausdrücklich den §§ 433 und 431 Abs. 1 HGB den **Vorrang** ein. Jedoch wird Ziff. 23.3 nicht nur durch § 433 HGB, also die allgemeine frachtrechtliche Haftungsbegrenzungsvorschrift für Vermögensschäden, und durch die Haftungsbegrenzungsregel für Lieferfristüberschreitungen verdrängt, sondern gleichermaßen durch die **Sondervorschriften** für Nachnahmeschäden (§ 422 Abs. 3 HGB), fehlerhaften Umgang mit Begleitpapieren (§ 413 Abs. 2 HGB), Missachtung des Sperrpapiers (§ 418 Abs. 6 HGB) und unterlassene Rückforderung des Ladescheins (§ 447 HGB).[214] Dasselbe gilt für Sonderregelungen der Vermögensschadenhaftung des Frachtführers in den internationalen transportrechtlichen Übereinkommen.[215]

**204**  Die allgemeine Regel des § 433 HGB gilt nur für die Pflichten des Frachtführers und – im Rahmen seiner Beförderungspflicht[216] – auch des als Frachtführer haftenden Spediteurs (§§ 458 ff. HGB). Sie gilt auch im Rahmen von Beförderungen, die den internationalen transportrechtlichen Übereinkommen (CMR, CIM, MÜ bzw. WA, CMNI) unterliegen, soweit diese die Haftung des Frachtführers für nicht auf Güterschäden oder Lieferfristüberschreitungen beruhende Vermögensschäden nicht selbst regeln, so dass im Übrigen auf ergänzendes nationales – gemäß Ziff. 30.3 deutsches – Recht zurückzugreifen ist.[217]

**205**  Der Anwendungsbereich von Ziff. 23.3 beschränkt sich demzufolge auf Pflichtverletzungen des Spediteurs nach § 461 Abs. 2 HGB sowie die Verletzung nicht beförderungsbezogener Pflichten des Spediteurs oder Frachtführers, etwa im Rahmen logistischer Zusatzleistungen oder sonstiger speditionsüblicher Geschäfte.

**206**  **b) Erfasste Schäden.** Ziff. 23.3 erfasst alle ersatzfähigen Schäden im Sinne der §§ 249 BGB außer Güter- und Güterfolgeschäden, Personenschäden und Schäden an Drittgut.

**207**  **Güterschäden** sind nach der Definition in Ziff. 23.1 der Verlust oder die Beschädigung des Gutes, das Gegenstand des Verkehrsvertrags ist. Anders als § 433 HGB nimmt Ziff. 23.3 dem Wortlaut nach nur Güterschäden selbst aus, nicht auch Folgeschäden von Güterschäden. Insoweit greift allerdings die Haftungsbeschränkung nach Ziff. 22.3, nach der der Spediteur bei Güterschäden nur auf Wertersatz haftet.

**208**  **Personenschäden** sind deshalb ausgenommen, weil nach § 309 Nr. 7a BGB, der sinngemäß über § 307 BGB auch im unternehmerischen Verkehr gilt,[218] keine Haftungsfreizeichnung oder -beschränkung für fahrlässig verursachte Schäden aus der Verletzung des Lebens, des Körpers oder der Gesundheit möglich ist.

**209**  Der Begriff des **Drittgutes** ist nicht definiert. Gemeint sind Schäden an solchen Sachen, die nicht Güter im Sinne der ADSp, also nicht Gegenstand des Verkehrsvertrages sind.

**210**  **c) Haftungsbeschränkung.** Ziff. 23.3 beschränkt die Haftung des Spediteurs auf die dreifache Haftungssumme bei Güterverlust, höchstens jedoch 100 000 Euro je Schadenfall.

**211**  Die Regelung stellt nicht klar, wie der bei Verlust des Gutes zu zahlende Betrag zu **berechnen** ist. Der Verlustfall kann nur hypothetisch betrachtet werden, weil es in Ziff. 23.3 um andere als Güterschäden geht. Auch wenn der Fall groben Verschuldens nach

---

[214] *Starosta* TranspR 2003, 55, 56.
[215] ZB Art. 11 Abs. 3, 12 Abs. 7, 21 CMR.
[216] Zur streitigen Abgrenzung der Pflichten „hinsichtlich der Beförderung" von den sonstigen speditionellen Pflichten des Fixkostenspediteurs vgl. *Koller* § 459 HGB Rn. 4a; ihm folgend *Starosta* TranspR 2003, 55, 56; vgl. ferner *Andresen/Valder* § 459 HGB Rn. 12 ff. und *Thonfeld* TranspR 2003, 237.
[217] Vgl. jedoch BGH 9.6.2004, TranspR 2004, 369, 372: ergänzend anwendbares nationales Recht sind die §§ 249 ff. BGB.
[218] OLG Düsseldorf 2.4.2004, ZGS 2004, 271; Ulmer/Brandner/Hensen/*Christensen* § 309 Nr. 7 BGB Rn. 43.

Ziff. 27 als Ausnahmefall außer Betracht gelassen wird, bleiben mit Ziff. 23.1.1 und 23.1.2 in der Regel zwei verschiedene Berechnungsmöglichkeiten.[219] Diese Unklarheit geht nach § 305c Abs. 2 BGB zulasten des Verwenders der ADSp, so dass die für den Auftraggeber günstigere Berechnungsmöglichkeit zugrunde zu legen ist.

**5. Kumulschäden, Ziff. 23.4.** Die Bestimmung begrenzt die Haftung des Spediteurs **212** noch weiter, wenn durch ein Schadenereignis Ansprüche mehrerer Anspruchsteller ausgelöst werden und die Ansprüche insgesamt den Betrag von 2 Mio. Euro übersteigen. In diesem Fall bleiben die Ansprüche insgesamt auf den Betrag von 2 Mio. Euro begrenzt. Darüber hinaus wird nur gehaftet, wenn Güterschäden eingetreten sind, und zwar soweit der Betrag von 2 Mio. Euro durch die Summe von 2 Sonderziehungsrechten pro Kilogramm der verlorenen oder beschädigten Güter überschritten wird. Die so errechnete Haftungssumme ist unter mehreren Geschädigten anteilig nach dem Verhältnis ihrer Ansprüche aufzuteilen.

**6. Klauselkontrolle.** Bei der AGB-rechtlichen Wirksamkeitskontrolle ist zu berücksich- **213** tigen, dass die Haftungsbeschränkungen der Ziff. 23 außer in den gesetzlich geregelten Fällen (Ziff. 27.2) auch dann entfallen, wenn der Schaden durch **Vorsatz oder grobe Fahrlässigkeit** des Spediteurs oder seiner leitenden Angestellten verursacht worden ist, und dass die Haftungsbeschränkung sich auf den Ausschluss des nicht vorhersehbaren Schadens beschränkt, wenn **vertragswesentliche Pflichten** verletzt worden sind, Ziff. 27.1.

**a) Ziff. 23.1.** Die Bestimmung hält sich mit der Haftungsgrenze von 5 Euro pro Kilo- **214** gramm Rohgewicht der vom Schaden betroffenen Güter (nach derzeitigem Stand des Sonderziehungsrechts) in dem Rahmen, den die §§ 449, 466 HGB ausdrücklich für Klauselrecht eröffnen. Diese gesetzliche Wertung ist auch bei der Klauselkontrolle zu beachten.[220] Das selbe gilt für die **Ziff. 23.1.3** und **Ziff. 23.1.4.** Die Beschränkungen entfallen im Bereich der Frachtführerhaftung sowie der Haftung des Spediteurs für Güterschäden bei leichtfertiger Schadensverursachung (Ziff. 27.2),[221] im Übrigen bei grobem Verschulden sowie bei Verletzung vertragswesentlicher Pflichten. Den Ausschluss der Haftung für grobe Fahrlässigkeit einfacher Angestellter (in § 54 ADSp aF) hat der BGH auf Grund der Sonderstellung der ADSp als eines von den beteiligten Verkehrskreisen ausgehandelten Vertragswerks bislang nicht beanstandet.[222] Die Beschränkungen gelten schließlich auch dann nicht, wenn der Spediteur seine Haftung nicht versichert hat, Ziff. 29.3. Deshalb sind die Bestimmungen in Ziff. 23.1 jedenfalls insoweit wirksam, wie sie in Bezug auf speditions- und frachtrechtliche Pflichten zur Anwendung kommen.[223] Soweit sie darüber hinaus auch auf werk- oder dienstvertragliche Leistungen angewendet werden, stoßen sie gleichfalls nicht auf durchgreifende Bedenken, weil die Leistung gemäß Ziff. 2.1 stets speditionsüblich ist und daher mit den Haftungsgrenzen des Spedition- und Frachtrechts zu rechnen ist. Die sich am Gesetz orientierenden Regelungen **Ziff. 23.1.2 und 23.2** sind ohnehin unproblematisch.

**b) Ziff. 23.3.** Die Regelung folgt bei Vermögensschäden dem gesetzlichen Haftungsbe- **215** schränkungskonzept des § 433 HGB und kann daher insoweit nicht beanstandet werden, obgleich es wenig sachgerecht erscheint, die Haftungsgrenze für Vermögensschäden am Gewicht der Güter zu orientieren. Nicht zu beanstanden ist auch, dass Ziff. 23.3 die Begrenzung auf Leistungen ausdehnt, für die der Spediteur nach dem Gesetz unbeschränkt haften würde, denn der Gesetzgeber hat insoweit bewusst Vertragsfreiheit auch für Klauselrecht gelassen (§ 466 Abs. 1 HGB). Auch die starre Haftungsgrenze bei 100 000 Euro ist noch angemessen. Zwar sind nach der Rechtsprechung summenmäßige Beschränkungen in AGB

---

[219] AM *Thonfeld* TranspR 2003, 237, der Ziff. 23.2 für eine Ausnahmeregelung und allein Ziff. 23.1 für maßgeblich hält. Ihm offenbar folgend *Koller* Ziff. 23 ADSp Rn. 14. Dafür gibt der Wortlaut aber nichts her, zumal Ziff. 23.3 dann schlicht auf Ziff. 23.1.1 hätte verweisen können.

[220] AG Neu-Ulm 3.4.2001, NJW-RR 2002, 680; aM *Herber* TranspR 1998, 344, 345.

[221] LG Hamburg 6.11.2000, TranspR 2001, 303, 305.

[222] Vgl. BGH 4.7.1980, VersR 1981, 30; BGH 9.10.1981, NJW 1982, 1820.

[223] *Heuer* TranspR 2003, 1, 2.

nur dann wirksam, wenn sie sich in einem angemessenen Verhältnis zu dem vertragstypischen Schadensrisiko halten.[224] Jedoch sind bei der Beurteilung der Angemessenheit auch wertende Gesichtspunkte wie der Aspekt der Preisrelevanz der übermäßigen Überbürdung von Betriebsrisiken des Vertragspartners auf den Leistungserbringer zu berücksichtigen.[225] Der Betrag von 100 000 Euro deckt bei üblichen Speditionsgeschäften die zu erwartenden Vermögensschäden in der Regel ab und trägt dem unabdingbaren Erfordernis der Versicherbarkeit der Haftungsrisiken des Spediteurs Rechnung. Aufgrund von Ziff. 27 verstößt die Klausel auch nicht gegen das Verbot[226] der Haftungsbegrenzung bei grober Fahrlässigkeit des Spediteurs oder seiner leitenden Angestellten sowie bei der fahrlässigen Verletzung von Kardinalpflichten. Zudem ist die Haftung auf Grund von Ziff. 29 sichergestellt. Die Regelung ist daher **wirksam.**[227]

**216**    **c) Ziff. 23.4.** Die Regelung ist AGB-rechtlich **unwirksam.** Sie führt eine unzulässige[228] Beschränkung der Haftung für Körperschäden herbei. Außerdem beschränkt sie entgegen §§ 449, 466 HGB die Haftung für Güterschäden auf unter 2 Sonderziehungsrechte, weil Anspruchssteller, die Güterschäden geltend machen, sich die mit 2 Sonderziehungsrechten pro Kilogramm schadenbetroffener Güter berechnete Haftungshöchstsumme mit Anspruchsstellern wegen Körper- oder Vermögensschäden teilen müssen.

## V. Haftungsbeschränkungen bei verfügter Lagerung, Ziff. 24

**217**    **1. Allgemeines.** Die Haftung des Lagerhalters ist gesetzlich als vermutete Verschuldenshaftung geregelt, § 475 HGB. Eine Haftungsbegrenzung ist gesetzlich nicht vorgesehen, auch nicht durch eine Beschränkung auf Wertersatz. Ziff. 24 sieht demgegenüber **summenmäßige Haftungsbegrenzungen** bei Schadensersatzansprüchen aus Lagerleistungen des Spediteurs vor. Vorrangig vor Ziff. 24 sind die Haftungsbegrenzungen in Ziff. 22 zu berücksichtigen, insbesondere bei Güterschäden die Beschränkung auf Wertersatz (Ziff. 22.3). Die Begrenzungen aus Ziff. 24 entfallen unter den Voraussetzungen der Ziff. 27 sowie bei fehlendem Versicherungsschutz, Ziff. 29.3.

**218**    **2. Verfügte Lagerung.** Ziff. 24 gilt für Lagerleistungen des Spediteurs nur dann, wenn die Lagerung **„verfügt"** war. Verfügt ist die Lagerung, wenn sie entweder mit dem Auftraggeber vereinbart wurde (Lagervertrag oder gemischter Vertrag mit lagerrechtlichen Pflichten) oder auf Grund einer Weisung des Auftraggebers erfolgt ist,[229] zum Beispiel auf Grund von vorübergehend nicht behebbaren Ablieferungshindernissen bei einem Frachtvertrag, wenn sie also vom Auftraggeber als Hauptleistungspflicht des Spediteurs gewollt ist. Im Frachtrecht ist der Gegenbegriff zur verfügten Lagerung die **verkehrsbedingte Zwischenlagerung,** also die rechtlich zur Beförderung zu rechnende, aus verkehrstechnischen oder organisatorischen Gründen notwendige und daher der Beförderung dienende Lagerung, bevor, während oder nachdem sich das Gut auf einem Beförderungsmittel befindet.[230] Bei anderen Verkehrsverträgen liegt eine verfügte Lagerung ebenfalls nicht vor, wenn die Lagerung der Güter nur notwendige Nebenpflicht zu der anderweitigen vertraglichen Hauptpflicht des Spediteurs ist, zB einer Verzollung[231] oder einer logistischen Warenbearbeitung.

[224] BGH 11.11.1992, NJW 1993, 335; 29.9.2000, NJW 2001, 292, 295; Palandt/ *Grüneberg* BGB § 309 Rn. 51; Ulmer/Brandner/Hensen/*Fuchs* § 307 BGB Rn. 302.
[225] Vgl. BGH 25.2.1998, NJW 1998, 1640.
[226] BGH 15.9.2005, TranspR 2006, 38, 41; 15.9.2005, TranspR 2006, 42, 44.
[227] So auch *Koller* Ziff. 23 ADSp Rn. 21; Ulmer/Brandner/Hensen/*Schäfer* Teil 2 (14) Rn. 7, jedoch krit. wegen des Zusammenhang zu Ziff. 27 und dem dort verwendeten Begriff der „vertragswesentlichen Pflicht"; vgl. auch OLG Brandenburg 15.8.2001, TranspR 2001, 474, 477; aM *Heuer* TranspR 2003, 1, 7; *ders.* TranspR 2004, 114, 117.
[228] OLG Düsseldorf 2.4.2004, ZGS 2004, 271; *Vogt* in Graf v. Westphalen, Vertragsrecht und AGB-Klauselwerke, Transportrecht, Rn. 256.
[229] BGH 15.9.2005, TranspR 2006, 39, 40.
[230] Vgl. BGH 10.3.1994, TranspR 1994, 279, 281; 6.10.1994, TranspR 1995, 106, 108.
[231] OLG Düsseldorf 1.4.1993, TranspR 1995, 356, 357.

**3. Haftungsbegrenzung bei Güterschäden, Ziff. 24.1, 24.2. a) Verlust oder** **219**
**Beschädigung des Gutes.** Ziff. 24.1 beschränkt die Haftung des Spediteurs für Güterschä-
den auf gewichtsbezogene und zusätzlich auf betragsmäßig feste Höchsthaftungssummen.
Das **Gut** sind die dem Spediteur zur Lagerung übergebenen Packstücke (Ziff. 6.2, 6.3) unter
Einschluss der Verpackung sowie etwaiger Ladehilfsmittel.[232] Zur Beweislast für Menge
und Zustand bei Übergabe an den Spediteur vgl. Ziff. 25.1. Die Begriffe des Verlustes und
der Beschädigung des Gutes sind so auszulegen wie in § 475 HGB. § 424 HGB gilt nicht.
Der Güterschaden fällt nur dann unter Ziff. 24.1, wenn er während der Lagerung entstanden
ist.

**b) Haftungsbegrenzungen. aa) Gewichtsbezogene Höchsthaftungssumme,** **220**
**Ziff. 24.1.1.** Grundsätzlich beschränkt sich die Wertersatzhaftung (Ziff. 22.3) des Spedi-
teurs auf **5 Euro pro Kilogramm** Rohgewicht der Sendung. Gemeint ist das Gewicht
der Gesamtheit der im Rahmen eines Lagervertrages oder einer verfügten Lagerung an den
Spediteur übergebenen Packstücke unter Einschluss der Verpackung.
Sofern von dem Schadenfall nur ein **Teil der Packstücke** betroffen ist, berechnet sich die **221**
Höchsthaftungssumme sich nach dem Rohgewicht des betroffenen Teils, wenn nur dieser
Teil entwertet ist, sonst nach dem Gewicht der gesamten Packstücke. Die Regelung ist
entsprechend ihrem gesetzlichen Vorbild (§ 431 Abs. 2 HGB) auszulegen.

**bb) Regelhöchsthaftungssumme.** Die gewichtsbezogene Haftungsbegrenzung wird **222**
weiter durch eine feste Höchsthaftungssumme von grundsätzlich 5000 Euro pro Schadenfall
begrenzt. Schadenfall ist jeder in sich abgeschlossene Lebenssachverhalt, der zu Ersatzansprüchen des Auftraggebers führt.

**cc) Höchsthaftungssumme bei Inventurdifferenzen.** Bei Inventurdifferenzen gilt **223**
eine Höchsthaftungssumme von 25 000 Euro. Die Inventurdifferenz ist gemäß Ziff. 15.6
unter wertmäßiger Saldierung von Mehr- und Minderbeständen zu ermitteln.
Die Höchsthaftungssumme ist unabhängig von der Anzahl der Schadenfälle, die die **224**
Bestandsdifferenzen verursacht haben. In der Regel handelt es sich um unbemerkt gebliebene Eingangsdifferenzen, Fehlkommissionierungen, Zählfehler oder Verwechslungen bei
der Auslieferung, Bruchschäden und Diebstähle. Da diese Schadenfälle meist nicht bemerkt
oder jedenfalls nicht dokumentiert werden, kann die Höchsthaftungssumme nicht sinnvoll
auf Schadenfälle bezogen werden. Sie ist deshalb auf jede tatsächlich durchgeführte Lagerbe-
standsermittlung zu beziehen, bei der eine Inventurdifferenz festgestellt wird.

**4. Haftungsbegrenzung für sonstige Schäden, Ziff. 24.3.** Ziff. 24.3 entspricht **225**
Ziff. 23.3, stellt jedoch eine erheblich niedrigere Höchsthaftungsgrenze für sonstige Schäden, insbesondere also Vermögensschäden, auf. Unbeschränkt haftet der Spediteur danach –
abgesehen von den Fällen der Ziff. 27 und 29 Abs. 3 – nur bei Körperschäden und Schäden
an Gütern, die nicht Gegenstand des Verkehrsvertrages sind.[233]

**5. Haftungsgrenze je Schadensereignis.** Ziff. 24.4 ergänzt die Haftungsschranken **226**
nach dem Vorbild von Ziff. 23.3 um eine absolute Haftungsgrenze von 2 Mio. Euro je
Schadenereignis, einerlei wie viele Ansprüche auf Grund des Ereignisses erhoben werden.
Eine Ausnahme für Körperschäden ist nicht vorgesehen.

**6. Klauselkontrolle. a) Ziff. 24.1.** Während die Haftungsgrenze von 5 Euro je Kilo- **227**
gramm Rohgewicht auf Grund der in den §§ 449, 466 HGB zum Ausdruck kommenden
gesetzgeberischen Wertung ausreicht, weckt die starre Begrenzung auf 5000 Euro je Schadenfall bzw. 25 000 Euro je Inventurdifferenz Bedenken. Summenmäßige Haftungsbegrenzungen müssen sich in einem angemessenen Verhältnis zu dem vertragstypischen Schadens-

[232] *Koller* Ziff. 24 ADSp Rn. 2.
[233] *Koller* Ziff. 24 ADSp Rn. 9.

risiko halten.[234] Der Betrag von 5000 Euro[235] wird häufig hinter dem Wert der verlorenen oder beschädigten Lagergüter zurückbleiben, zumal die Haftungsgrenze auch dann gelten soll, wenn der Auftraggeber gemäß Ziff. 3.3, 3.6 einen hohen Sachwert angezeigt hat. Wie der gesonderten Beschränkung auf den vorhersehbaren, typischen Schaden in Ziff. 27.1 zu entnehmen ist, gehen die ADSp selbst davon aus, dass Ziff. 24.1 den typischen Schaden nicht abdeckt. Auch der Vergleich mit der in Ziff. 23.1.4 gewählten Summe von 1 Mio. Euro legt nahe, dass der Betrag von 5000 Euro deutlich **zu niedrig** gewählt ist.[236]

228    Die Frage hat in der Praxis nur geringe Bedeutung, weil die Beschränkung nach Ziff. 27.1 im Falle von Kardinalpflichtverletzungen nicht anwendbar ist und Güterschäden bei Lagerung in aller Regel auf der Verletzung von Kardinalpflichten beruhen.[237] Ziff. 27.1 verzichtet allerdings darauf, den Begriff der vertragswesentlichen Pflicht näher zu erläutern, wie dies der BGH[238] bezüglich des Begriffs der „Kardinalpflicht" verlangt hat. Sofern der BGH diese Rechtsprechung auf die ADSp überträgt, bei denen sie wegen der Vielgestaltigkeit von Verkehrsverträgen im Sinne von Ziff. 2.1 besonders schwer erfüllbar ist, müsste Ziff. 24.1 auch unter diesem Gesichtspunkt für unwirksam erklärt werden.

229    **b) Ziff. 24.3 und 24.4.** Ziff. 24.3 trifft auf die gleichen Bedenken wie Ziff. 24.1, weil der Betrag von 5000 Euro den typischerweise zu erwartenden Vermögensschaden nicht abdeckt.[239] Ziff. 24.4 ist unwirksam, weil sie eine unzulässige Haftungsbeschränkung für Körperschäden aufstellt.

## VI. Beweislast

230    **1. Schadenseintritt in der Obhut des Spediteurs. Ziff. 25.1** bestätigt die gesetzliche Beweislastverteilung. Die anspruchsbegründenden Tatsachen hat danach der Anspruchsteller zu beweisen, während rechtsvernichtende, -hindernde oder -hemmende Umstände durch den Anspruchsgegner zu beweisen sind.[240] Dementsprechend obliegt dem Auftraggeber der Beweis, dass und in welchem Zustand der Spediteur die Güter in seine Obhut und damit Verantwortung übernommen hat.[241] Soweit dieser Beweis gelingt, hat der Spediteur seine Entlastung zu beweisen. Sie kann entweder in einer ordnungsgemäßen Ablieferung liegen oder in einem vom Spediteur nicht zu vertretenden Schadensereignis, wobei neben den gesetzlichen Haftungsfreistellungen die Ziff. 22.4 zu beachten ist.

231    Die Menge, Beschaffenheit und äußerliche Schadensfreiheit des übernommenen Guts beweist der Auftraggeber in der Regel anhand der von dem Spediteur nach Ziff. 8.1 auszustellenden **Empfangsbescheinigung.** Die unterschriebene[242] Empfangsbescheinigung liefert formell zwar nur den Beweis, dass der Spediteur die Bescheinigung erteilt hat (§ 416 ZPO), in der Regel aber auf Grund freier Beweiswürdigung auch den Beweis dafür, dass die in der Bescheinigung aufgeführten Packstücke tatsächlich vom Spediteur übernommen

---

[234] BGH 11.11.1992, NJW 1993, 335; 29.9.2000, NJW 2001, 292, 295; Palandt/*Grüneberg* BGB § 309 Rn. 51; Ulmer/Brandner/Hensen/*Fuchs* § 307 BGB Rn. 302.

[235] Der BGH hat eine Beschränkung der Haftung auf DM 5000 in Elektrizitätsversorgungsbedingungen für Sonderabnehmer nur unter Berücksichtigung der Besonderheiten der Stromversorgung und der Leitbildfunktion der die Tarifkundenversorgung regelnden Verordnungen ausreichen lassen 25.2.1998, NJW 1998, 1640.

[236] AM *Koller* Ziff. 24 ADSp Rn. 10; *Vogt* in Graf v. Westphalen, Vertragsrecht und AGB-Klauselwerke, Transportrecht, Rn. 256.

[237] Vgl. *Koller* Ziff. 24 ADSp Rn. 10.

[238] BGH 20.7.2005, NJW-RR 2005, 1496, 1505.

[239] AM *Koller* Ziff. 24 ADSp Rn. 11; *Vogt* in Graf v. Westphalen, Vertragsrecht und AGB-Klauselwerke, Transportrecht, Rn. 257.

[240] BGH 14.1.1991, NJW 1991, 1052.

[241] BGH 24.10.2002, TranspR 2003, 156, 158; 4.5.2005, TranspR 2005, 403, 404; 26.4.2007, NJW-RR 2008, 119 = TranspR 2007, 417.

[242] Zu den Anforderungen an die Unterschrift vgl. BGH 15.11.2006, NJW-RR 2007, 351; zu elektronischen Quittungen *Tunn* VersR 2005, 1646, 1649.

worden sind.[243] Der Beweiswert der Empfangsquittung des Spediteurs erstreckt sich nicht auf den Inhalt verschlossener Behältnisse wie Kartons, mit Folie ummantelte Paletten oder versiegelte Container.[244] Jedoch kann der Inhalt von Packstücken im Wege des Anscheinsbeweises bewiesen werden, falls das Packstück durch eine kaufmännisch organisierte Versandabteilung gepackt und verschlossen übergeben worden ist.[245] Als weiteres Beweismittel kommt insbesondere der Frachtbrief des Frachtführers in Betracht (§ 409 HGB).

Neben der Menge und Beschaffenheit muss der Auftraggeber auch beweisen, dass die **232** Ware bei Übergabe an den Spediteur **ohne Schäden** war. Ziff. 25.1 spricht zwar nur von äußerlich erkennbaren Schäden. Daraus ist aber nicht der Schluss zu ziehen, dass es Sache des Spediteurs sei, im Fall später festgestellter verdeckter Schäden den Nachweis zu führen, dass er die Ware nicht anders empfangen habe, als er sie abliefere, also mit den verdeckten Schäden.[246] Der Spediteur muss sich auf Grund des logischen Rangverhältnisses zwischen den beiden Sätzen in Ziff. 25.1 nur insoweit entlasten, wie er durch die Beweisführung des Auftraggebers belastet wird. Tritt während der Obhut des Spediteurs oder bei Ablieferung des Gutes ein verdeckter Mangel auf, muss daher der Auftraggeber beweisen, dass dieser Mangel bei Übernahme der Ware durch den Spediteur noch nicht vorhanden war. Der Hinweis in Ziff. 25.1 auf § 438 HGB soll den Auftraggeber nur von der Verpflichtung entlasten, bei Verlust oder sonstiger Beschädigung des Gutes den Nachweis zu führen, dass das Gut nicht infolge verdeckter Schäden bereits entwertet war, bevor es dem Spediteur übergeben wurde. Hier liegt es ohnehin nahe, ebenso wie in Bezug auf den Inhalt verschlossener Packstücke die Grundsätze des Anscheinsbeweises anzuwenden, zumindest wenn das Packstück von einer kaufmännisch organisierten Versandabteilung gepackt und kontrolliert wurde.

Den **Nachweis der schadensfreien Ablieferung** führt der Spediteur in der Regel **233** anhand der Quittung des Empfängers. Die Beweislast für Verluste oder Schäden verlagert sich jedoch auf den Auftraggeber bzw. den Empfänger, falls eine Schadensanzeige nach § 438 HGB unterbleibt (Ziff. 28).[247]

**2. Schadensort.** Ziff. 25.2 regelt die Beweislast dafür, dass der Spediteur für einen **234** Güterschaden nicht in Höhe der ADSp-Regelhaftung gemäß Ziff. 23.1.1 (5 Euro je Kilogramm), sondern gemäß Ziff. 23.1.2 in Höhe der gesetzlich festgelegten frachtrechtlichen Höchsthaftungsbeträge haftet. **Ziff. 25.2 Satz 1** orientiert sich sprachlich an § 452a Satz 3 HGB, wirkt sich aber in der Regel zulasten des Auftraggebers aus, weil die frachtrechtlichen Höchsthaftungsbeträge – ausgenommen die gewichtsbezogene Höchsthaftung im Schifffahrtsrecht gemäß § 660 HGB, Art. 20 Abs. 1 CMNI – höher sind als 5 Euro je Kilogramm.

Die Beweisführung wird dem Auftraggeber nach **Ziff. 25.2 Satz 2** insofern erleichtert, **235** als der Spediteur seine Schnittstellendokumentation vorzulegen hat. Nach der Definition der Schnittstelle in Ziff. 7.2 reicht diese Dokumentation allerdings nicht, um den Schadensort zuverlässig zu bestimmen, weil die Übergabe des Gutes von einem Lager des Spediteurs an einen eigenen Fahrer danach nicht dokumentiert werden muss. Weitere Aufklärungspflichten durch die Einholung von Auskünften und Beweismitteln hat der Spediteur nach **Ziff. 25.3.**

Sofern das Gut über mehrere Beförderungsstrecken befördert worden ist, wird nach **236** **Ziff. 25.2 Satz 3** vermutet, dass das Gut auf derjenigen Strecke zu Schaden gekommen ist, für die der Spediteur keine vorbehaltlose Quittung vorlegt. Gemeint ist die Empfangs-

---

[243] BGH 20.7.2006, NJW-RR 2007, 28 = TranspR 2006, 394, 395; 4.5.2005, TranspR 2005, 403, 404; 25.11.2004, BGHReport 2005, 711; 24.10.2002, TranspR 2003, 156, 158; OLG Hamm 28.9.1995, TranspR 1996, 156, 157.

[244] BGH 24.10.2002, TranspR 2003, 156, 158; 4.5.2005, TranspR 2005, 403, 404.

[245] BGH 24.10.2002, TranspR 2003, 156, 159; 20.7.2006, TranspR 2006, 394; vgl. jedoch auch BGH 26.4.2007, I ZR 31/05, TranspR 2007, 418.

[246] So aber *Koller* Ziff. 25 ADSp Rn. 1.

[247] *Koller* Ziff. 25 ADSp Rn. 1; im Einzelnen dazu *Tunn* VersR 2005, 1646.

quittung am Ende der Strecke.[248] Nach dem Wortlaut der Bestimmung kommt es nur darauf an, welche Ablieferquittungen der Spediteur tatsächlich vorlegt. Bei völlig fehlenden Quittungen kann der Auftraggeber sich auf den Standpunkt stellen, dass der Schaden auf derjenigen Strecke eingetreten ist, für die der Spediteur am höchsten haftet. Allerdings wird in diesem Fall in der Regel ohnehin unbeschränkt gehaftet, weil das Unterlassen von Schnittstellenkontrollen nach der Rechtsprechung leichtfertig ist und eine tatsächliche Vermutung für grobes Verschulden spricht, wenn der Spediteur es unterlässt, im Prozess seiner erweiterten Einlassungsobliegenheit zu genügen.[249]

237     Ziff. 25.2 ist **AGB-rechtlich bedenklich.** Die Beweislast für die Voraussetzungen vertraglicher Haftungsbeschränkungen trägt nach den allgemeinen Beweislastgrundsätzen der Schuldner, hier also der Spediteur, und die Frage, wo der Schaden sich ereignet hat, liegt in seinem eigenen vertraglichen Verantwortungsbereich. Allgemeine Geschäftsbedingungen dürfen die Beweislast für solche Umstände nach der auch im unternehmerischen Verkehr geltenden Bestimmung des § 309 Nr. 12a) BGB nicht dem Vertragspartner auferlegen.[250] Zwar wird der Spediteur verpflichtet, Aufklärung zu leisten, jedoch lässt sich die Behauptung der Unaufklärbarkeit des Schadensortes in der Praxis selten widerlegen. Die Einflussmöglichkeiten für den Spediteur werden durch die Vermutung des Satzes 3 noch erweitert, weil danach nur maßgeblich ist, was der Spediteur tatsächlich vorlegt, nicht was er vorlegen könnte.[251] Auch das gesetzgeberische Vorbild der Regelung in § 452a Satz 3 HGB rechtfertigt keine andere Beurteilung, weil der Auftraggeber im Multimodalrecht bei Unaufklärbarkeit des Schadensortes die gesetzliche Regelhaftung erhält.

### VII. Wegfall der ADSp-Haftungsbeschränkungen bei grobem Verschulden

238     **1. Allgemeines.** Der Unzulässigkeit vorformulierter Haftungsausschlüsse oder Haftungsbeschränkungen bei grobem Verschulden tragen die ADSp mit **Ziff. 27.1** Rechnung. Mit der Neufassung der ADSp 2003 wurde auch die Rechtsprechung zur Unwirksamkeit formularmäßiger Freizeichnungen bei Kardinalpflichten[252] berücksichtigt.

239     **Ziff. 27.2** erstreckt die Wirkungen des § 435 HGB im Bereich der Frachtführer- und Spediteurhaftung auch auf die zusätzlichen Haftungserleichterungen der ADSp.

240     **2. Grobes Verschulden oder Verletzung von Kardinalpflichten, Ziff. 27.1.
a) Anwendungsbereich.** Ziff. 27.1 **gilt nicht** für Pflichtverletzungen des Spediteurs, die nach den zwingenden bzw. AGB-festen Haftungsvorschriften des Seefrachtrechts (§§ 498, 512 HGB), der CMR, des MÜ bzw. WA, der CMNI oder der CIM zu beurteilen sind. Ziff. 27.1 findet auch keine Anwendung auf Pflichtverletzungen des Spediteurs, die den Bestimmungen der §§ 425 ff. HGB oder der für Güterschäden geltenden speditionsrechtlichen Vorschrift des § 461 Abs. 1 HGB unterliegen, denn der Wegfall der Haftungsfreizeichnungen in diesen Fällen richtet sich nach Ziff. 27.2, die als speziellere Vorschrift in ihrem Anwendungsbereich die allgemeine Regelung in Ziff. 27.1 verdrängt.[253]

241     Ziff. 27.1 ist daher **anzuwenden,** soweit der Spediteur als Spediteur im Rechtssinne wegen anderer als Güterschäden haftet (§ 461 Abs. 2 HGB), ferner soweit ihm nach Lagerrecht (§ 475 HGB) oder nach allgemeinem Werk- oder Dienstvertragsrecht (§ 280 BGB) zu beurteilende Pflichtverletzungen vorgeworfen werden, etwa bei sonstigen speditionsübli-

---

[248] Anders offenbar *Koller* Ziff. 25 Rn. 2.
[249] Vgl. OLG Köln 10.7.2001, TranspR 2001, 464.
[250] BGH 24.6.1987, VersR 1987, 1212, 1215; 13.3.1996, NJW 1996, 1537, 1538 f.; 5.10.2005, ZIP 2006, 235 (21 f.); *Heuer* TranspR 1998, 333, 335 f.
[251] *Heuer* TranspR 1998, 333, 335.
[252] Ziff. 27.1 ADSp 1998/99 war von der Rechtsprechung einhellig für unwirksam erklärt worden, vgl. BGH 15.9.2005, NJW-RR 2006, 267; 15.9.2005, TranspR 2006, 42; OLG Hamburg 8.5.2003, TranspR 2003, 405; LG Hamburg 28.10.2002, TranspR 2002, 467.
[253] BGH 15.2.2007, TranspR 2007, 374, 376; *Koller* Rn. 8; aM AG Neu-Ulm 3.4.2001, NJW-RR 2002, 680.

chen oder logistischen Zusatzleistungen im Sinne von Ziff. 2.1. Insoweit gilt Ziff. 27.1 auch für parallel laufende gesetzliche Ansprüche (Ziff. 26).

**b) Grobes Verschulden leitenden Personals, Ziff. 27.1 1. Alt. aa) Vorsatz oder** 242 **grobe Fahrlässigkeit.** Der Schaden muss auf grober Fahrlässigkeit beruhen, also auf einer besonders schweren Verletzung der verkehrsüblichen Sorgfalt dergestalt, dass schon einfachste, ganz nahe liegende Überlegungen nicht angestellt werden und das nicht beachtet wird, was im gegebenen Fall jedem einleuchten musste.[254] Maßgeblich sind stets die Umstände des Einzelfalles. Das grobe Verschulden muss sich auf den **Schaden** beziehen, weshalb die Verletzung vertraglich vereinbarter Sicherheitsmaßnahmen nicht ohne weiteres den Vorwurf grober Fahrlässigkeit rechtfertigt, selbst wenn der Spediteur die vertraglichen Vereinbarungen vorsätzlich verletzt hat.[255] Auch eine Häufung von Schadenfällen trägt für sich genommen noch nicht die Annahme groben Verschuldens.[256]

Die Rechtsprechung tendiert jedoch dazu, die Sicherheitsvorkehrungen des Spediteur 243 an einem **strengen Sorgfaltsmaßstab** zu messen:

**(1) Schnittstellenkontrollen.** Vom Spediteur wird verlangt, dass er die ihm anvertrau- 244 ten Güter kontrolliert transportiert, lagert und umschlägt. Er darf nicht lediglich einen Verkehrsstrom organisieren, bei dem Verluste erst infolge von Kundenreklamationen auffallen, sondern hat die Packstücke individualisiert zu erfassen und sie auf ihrem Transportweg zumindest an allen Schnittstellen (Ziff. 7.2) zu überwachen, um Verluste und Beschädigungen räumlich und zeitlich eingrenzen und auf ihre Ursache zurückführen zu können.[257] Dabei darf keine – selbst geringe – Schadensquote als hinzunehmendes Restrisiko einkalkuliert werden.

Der Betrieb von **Umschlagslagern** ist besonders schadensanfällig und muss daher nach 245 der Rechtsprechung des BGH so organisiert werden, dass in der Regel Ein- und Ausgang der Güter kontrolliert werden, damit Fehlbestände frühzeitig festgehalten werden können.[258] Denn ohne ausreichende Ein- und Ausgangskontrollen, die im Regelfall einen körperlichen Abgleich der papier- bzw. EDV-mäßig erfassten Waren erfordern, kann ein verlässlicher Überblick über Lauf und Verbleib der in den einzelnen Umschlagsstationen ein- und abgehenden Güter nicht gewonnen werden. Dies gilt noch verstärkt, wenn rechtlich selbstständige Drittunternehmen in die Erbringung der Transportleistung eingebunden sind.

Es ist daher stets grob fahrlässig, auf **Schnittstellenkontrollen** zu verzichten, die ein- 246 oder ausgehenden Packstücke also nicht individualisiert zu erfassen und zu kontrollieren.[259]

Gleichermaßen ist es grob fahrlässig, die Schnittstellenkontrolle **unzureichend zu orga-** 247 **nisieren,**[260] zum Beispiel dadurch, dass keine vollständige Erfassung der eingehenden Packstücke sichergestellt ist,[261] dass die zur Auslieferung kommenden Packstücke durch die

---

[254] BGH 15.11.2001, TranspR 2002, 452, 453; 15.11.2001, TranspR 2002, 296, 297; 13.12.2004, NJW 2005, 981.

[255] BGH 12.12.1996, TranspR 1998, 75, 77.

[256] BGH 27.2.1997, TranspR 1997, 441.

[257] BGH 25.9.1997, TranspR 1998, 262, 264.

[258] Vgl. BGH 15.11.2001, TranspR 2002, 452, 454 f.

[259] BGH 9.11.1995, TranspR 1996, 303, 304; 12.12.1996, TranspR 1998, 75, 77; 8.12.1999, TranspR 2000, 318, 320; 15.11.2001, TranspR 2002, 452, 455 f.; 15.11.2001, TranspR 2002, 296, 298; 13.2.2002, TranspR 2003, 255, 257; 13.2.2003, BGHReport 2003, 732; 25.3.2004, TranspR 2004, 309; 11.11.2004, TranspR 2006, 161; OLG Düsseldorf 23.10.1997, TranspR 1999, 252, 254 f.; 17.6.2005; OLG München 4.2.1994, NJW-RR 1994, 812, 813 f.; OLG Hamm 22.6.1995, TranspR 1996, 430, 431; OLG Hamburg 25.11.1995, TranspR 1996, 304, 305; OLG Nürnberg 25.1.1995, TranspR 1995, 455, 457; OLG Nürnberg 15.10.1993, TranspR 1993, 31, 33; OLG Köln 3.7.1998, TranspR 2000, 321, 324; OLG Karlsruhe 16.12.1998, TranspR 2000, 266, 267; OLG Frankfurt 28.5.1997, TranspR 2000, 45, 47 f.; AG Frankfurt/Main 28.10.1994, TranspR 1995, 83 f.

[260] BGH 7.11.1996, TranspR 1997, 291, 293; 27.2.1997, TranspR 1997, 440, 442; OLG Düsseldorf 23.10.1997, TranspR 1999, 252, 254.

[261] BGH 6.7.1995, VersR 1996, 217, 218; 13.6.1996, TranspR 1997, 61, 63; 6.2.1997, TranspR 1998, 78, 79; 8.12.1999, TranspR 2000, 318, 320 f.

Fahrer von Nahverkehrsunternehmen selbst verladen und kontrolliert werden,[262] dass kein Abgleich zwischen dem Soll- und dem Ist-Eingangsbestand erfolgt,[263] eine nur EDV-mäßige Kontrolle ohne körperliche Erfassung durchgeführt wird[264] oder der Spediteur Sammelpackstücke bildet und nur noch diese, nicht aber die einzelnen Packstücke an den Schnittstellen kontrolliert.[265]

**248**   An den Schnittstellen muss nicht unbedingt lückenlos kontrolliert werden; eine **stichprobenartige Kontrolle** des Ein- und Ausgangs von Transportgut kann aber im Einzelfall nur dann den gebotenen Sorgfaltsanforderungen genügen, wenn auf diese Weise eine hinreichende Kontrolldichte gewährleistet ist, um der Gefahr des Abhandenkommens von Sendungen wirksam entgegenzuwirken. Das setzt voraus, dass die Umstände der Stichprobenkontrolle, ihr genauer Ablauf, ihre Häufigkeit und Intensität vom Spediteur/Frachtführer nachvollziehbar dargelegt werden.[266] Eine Kontrolldichte von 15 Prozent reicht ebenso wenig[267] wie Kontrollen im Einzelfall nach dem Losverfahren.[268]

**249**   **(2) Diebstahlsschutz.** Der Spediteur hat zuverlässige Maßnahmen zur Verhinderung von Diebstählen zu treffen. Dabei hängen die im Einzelfall zu fordernden Sorgfaltsvorkehrungen davon ab, in welchem Maß das Gut wertvoll und leicht absetzbar und daher diebstahlsgefährdet ist.

**250**   Dritten – auch Selbstabholern oder -anlieferern – darf der Spediteur grundsätzlich **keinen unbeaufsichtigten Zugang** zu den gelagerten Gütern gewähren,[269] selbst wenn es sich um ihm bekannte Fahrer handelt.[270] Die für Dritte zugänglichen Bereiche müssen von den Lagerräumlichkeiten abgetrennt sein.

**251**   Ferner hat der Spediteur auch Diebstähle und Unterschlagungen durch sein **eigenes Personal** in Betracht ziehen. Es ist daher grob fahrlässig, einem angestellten Fahrer in den Nachtstunden oder sonst ohne Aufsicht durch Dritte das Verladen von Paketen zu überlassen,[271] keine Maßnahmen gegen den Diebstahl durch Fahrer oder Lagerpersonal zu ergreifen,[272] oder dem Personal im Bereich von Laderampen und Hallenzugängen freie Bewegungsmöglichkeit einzuräumen,[273] insbesondere wenn sich eigene Pkw der Mitarbeiter in der Nähe befinden. Grob fahrlässig ist auch, einer Vielzahl von Mitarbeitern Schlüssel zu Lagerräumen auszuhändigen,[274] keine klaren Regeln über die Verwahrung der Schlüssel vorzugeben,[275] den Code zum Ausschalten einer Alarmanlage für einen langen Zeitraum unverändert zu lassen[276] oder angesichts eines Falles von Nachschlüsseldiebstahl keine zuverlässigen Maßnahmen zur Verhütung gleichartiger Einbrüche zu treffen.[277]

---

[262] BGH 22.6.1995, TranspR 1996, 37, 38; 4.5.1995, TranspR 1996, 34, 36; 9.11.1995, TranspR 1996, 303, 304; 13.6.1996, TranspR 1997, 61, 63; 29.6.1996, TranspR 1997, 377, 378; OLG Düsseldorf 23.10.1997, TranspR 1999, 252, 254.

[263] BGH 6.7.1997, VersR 1996, 217, 218; 25.11.2004, BGHReport 2005, 711.

[264] BGH 29.6.1996, TranspR 1997, 377, 378; OLG Düsseldorf 23.10.1997, TranspR 1999, 252, 254.

[265] OLG Hamburg 23.5.2002, TranspR 2003, 65, 70.

[266] BGH 22.6.1995, TranspR 1996, 37, 38; 9.11.1995, TranspR 1996, 303, 304; 20.6.1996, TranspR 1997, 159, 161; 15.11.2001, TranspR 1002, 296, 298; 15.11.2001, TranspR 2002, 452, 455; 13.2.2002, TranspR 2003, 255, 257.

[267] BGH 20.6.1996, TranspR 1997, 159, 161.

[268] OLG Düsseldorf 23.10.1997, TranspR 1999, 252, 254.

[269] BGH 12.12.1996, TranspR 1998, 75, 77; 8.12.1999, TranspR 2000, 318, 320; OLG Düsseldorf 3.7.1998, TranspR 2000, 322, 323.

[270] LG Düsseldorf 29.3.1996, TranspR 1997, 73, 76.

[271] BGH 15.11.2001, TranspR 2002, 448, 451 f.; OLG Nürnberg 19.12.1986, TranspR 1987, 149, 150; OLG Düsseldorf 21.7.1994, TranspR 1994, 458, 459 f.

[272] BGH 25.11.2004, BGHReport 2005, 711.

[273] OLG Düsseldorf 23.10.1997, TranspR 1999, 252, 253 f.

[274] OLG Düsseldorf 22.1.1998, VersR 1999, 471 f.; OLG Bremen 24.10.2002, TranspR 2003, 318, 319; OLG München 17.1.1996, VersR 1996, 1568, 1569.

[275] KG Berlin 14.11.2002, TranspR 2003, 172, 173 f.

[276] OLG München 17.1.1996, VersR 1996, 1568, 1569.

[277] OLG Hamburg 3.2.1994, VersR 1996, 216.

In der Regel darf nur Personal mit einwandfreiem polizeilichen **Führungszeugnis** 252
beschäftigt werden.[278] Etwas anderes gilt, wenn infolge eines personellen Engpasses eine
kurzfristige Einstellung erforderlich wird,[279] jedoch nur für den Zeitraum bis zum Vorliegen
des Führungszeugnisses.

Die Lagerräumlichkeiten müssen in angemessener Weise gegen **Einbruch** gesichert wer- 253
den. Vom Spediteur ist zu erwarten, dass er nahe liegende Schutzmaßnahmen ergreift.[280]
Sofern wertvolles, diebstahlsgefährdetes Gut gelagert wird, muss ein Einbruchsschutz
geschaffen werden, der nur durch erhebliche Gewalteinwirkung überwunden werden
kann.[281] Türen müssen verschlossen werden können,[282] Sicherheitsschlösser können erforderlich sein.[283] Rolltore müssen durch Arretierung gegen gewaltsames Hochdrücken gesichert sein.[284] Haben sich in jüngerer Vergangenheit unaufgeklärte Diebstähle ereignet,
besteht Veranlassung zu erhöhten Sicherheitsmaßnahmen.[285] Jedoch ist es nicht erforderlich,
Fenster in schwer zugänglicher Höhe zu vergittern.[286]

Stellt der Spediteur beladene **Trailer, Wechselbrücken oder Container** verkehrsbe- 254
dingt außerhalb geschlossener Lager ab, darf dies grundsätzlich nur auf einem Gelände
geschehen, das bewacht oder gegen das Betreten durch Unbefugte gesichert ist.[287] Es reicht
nicht aus, Container zu stapeln oder mit den Öffnungsseiten gegeneinander zu stellen, wenn
die Türen gleichwohl noch teilweise geöffnet werden können.[288] Auch eine Umzäunung
bietet keinen hinreichenden Schutz, wenn Angehörige mehrerer Firmen Zugang zu dem
Gelände haben.[289] Auch hier hängt das Ausmaß der Sicherheitsvorkehrungen jedoch stets
von der Diebstahlsgefährdung des Gutes ab. Unzureichende Schutzmaßnahmen sind dem
Spediteur nur dann vorzuwerfen, wenn er die Diebstahlsgefahr gekannt hat oder hätte
kennen müssen.[290]

**(3) Maßnahmen bei Verlustfällen.** Der Spediteur muss organisatorisch sicherstellen, 255
dass bei Güterverlusten unverzügliche und durchgreifende Maßnahmen ergriffen werden,
um das außer Kontrolle geratene Gut entweder wieder aufzufinden oder die Schadensursache räumlich und zeitlich einzugrenzen und nach Möglichkeit aufzuklären. Er darf sich
nicht darauf beschränken, routinemäßig Suchmeldungen zu erstellen, ohne damit konkrete
und zeitnahe[291] Nachforschungen zu verbinden.[292] Vielmehr müssen personelle Zuständigkeiten geschaffen und ein organisiertes Vorgehen vorgeschrieben werden.[293] Dazu gehört
neben der Sachaufklärung auch die zügige Sicherung von Regressansprüchen.[294]

**(4) Weitere technische oder organisatorische Fehler.** Der Spediteur darf keine 256
Lagerräume auswählen, die technisch ungeeignet oder unzureichend sind.[295] Das Personal

---

[278] OLG München 4.8.1993, TranspR 1993, 436; aM OLG Frankfurt 4.12.1996, TranspR 1998, 210,
212, wenn keine Anhaltspunkte für Unzuverlässigkeit des Personals vorliegen.
[279] OLG Düsseldorf 7.7.1994, VersR 1995, 115, 116; OLG Düsseldorf 13.10.1994, TranspR 1995, 169,
170.
[280] Vgl. BGH 12.12.1996, TranspR 1998, 75, 77; 13.4.1989, TranspR 1989, 327, 328; LG Berlin
18.3.1994, TranspR 1995, 82, 83.
[281] OLG Hamburg 23.11.1989, TranspR 1990, 443, 444.
[282] KG 14.6.1995, TranspR 1996, 214, 215.
[283] BGH 16.1.1997, TranspR 1997, 294, 296 f.
[284] OLG Hamburg 23.11.1989, TranspR 1990, 443, 444; LG Berlin 18.3.1994, TranspR 1995, 82, 83.
[285] OLG München 9.12.1988, VersR 1989, 1108, 1109.
[286] OLG Hamm 5.1.1995, TranspR 1995, 398.
[287] BGH 16.11.1995, TranspR 1996, 72, 74; 15.9.2005, TranspR 2006, 42, 44; AG Hamburg 1.8.1989,
TranspR 1990, 202, 203.
[288] BGH 24.10.1996, TranspR 1997, 161, 163.
[289] OLG Bremen 24.10.2002, TranspR 2003, 318, 319; OLG Hamburg 23.2.1984, VersR 1984, 1035,
1036.
[290] Vgl. BGH 6.6.2007, TranspR 2007, 423 (zu Art. 29 CMR).
[291] OLG Nürnberg 15.10.1993, TranspR 1993, 31, 33.
[292] AG Nürnberg 14.3.1996, TranspR 1996, 359, 360.
[293] OLG Köln 16.9.1993, TranspR 1994, 122, 123, LG Göttingen 30.8.1994, TranspR 1995, 39, 40.
[294] OLG Nürnberg 15.10.1993, TranspR 1993, 31, 33.
[295] OLG Frankfurt 11.10.2000, TranspR 2002, 84; OLG Köln 3.7.1998, TranspR 2000, 321, 324.

ist ausreichend zu schulen.[296] Die Einhaltung von Arbeitsanweisungen muss durchgesetzt und kontrolliert werden.[297] Es ist grob fahrlässig, Arbeitsanweisungen zu erteilen, die leicht zu Schäden durch einfache Unachtsamkeiten führen können.[298] Gleiches gilt, wenn ältere Wasserleitungen bei starkem Dauerfrost nicht entwässert werden.[299] Grob fahrlässig ist es auch, keine zuverlässigen organisatorischen Regelungen für angehaltene oder zurück laufende Sendungen vorzuhalten, so dass diese unkontrolliert abgestellt oder befördert werden.[300]

**257**    **bb) Spediteur und leitende Angestellte.** Der Vorwurf groben Verschuldens muss den Spediteur oder einen seiner leitenden Angestellten treffen. **Spediteur** ist der Unternehmensinhaber selbst, soweit es sich um eine natürliche Person handelt, sonst die juristische Person, der das Handeln ihrer Organe zugerechnet wird.[301]

**258**    Der arbeitsrechtliche Begriff des **leitenden Angestellten** ist in § 5 Abs. 3 BetrVG definiert. Die engeren Voraussetzungen der Begriffsbestimmung in § 14 Abs. 2 KSchG brauchen nicht erfüllt zu sein (§ 305c Abs. 2 BGB).[302] Das Verschulden einfacher Erfüllungsgehilfen wie Büroangestellter, Fahrer, Lagerarbeiter,[303] auch Vorarbeiter sowie in der Regel auch Lagermeister[304] reicht nicht, es sei denn, es liegt eine Verletzung vertragswesentlicher Pflichten vor.

**259**    **cc) Rechtsfolgen.** Rechtsfolge von Ziff. 27.1 1. Alt. ist das ersatzlose[305] Entfallen aller durch die ADSp angeordneten („vorstehenden") Haftungsbefreiungen und -beschränkungen. Die **Ziff. 22 bis 24 und 26** sind daher nicht anzuwenden. Nicht anzuwenden sind auch Klauseln, die die Haftung des Spediteurs sonst erleichtern wie die ihn begünstigen Beweislastbestimmungen in **Ziff. 25.** Sie gilt dagegen nicht für Bestimmungen, die die Primärpflichten der Parteien regeln. Das Aufrechnungsverbot in **Ziff. 19** ist deshalb keine Haftungsbeschränkung,[306] ebenso wenig die Gerichtsstands- und Rechtswahlbestimmungen in **Ziff. 30.**

**260**    Nach der Rechtsprechung des BGH[307] entfallen nach Ziff. 27.1 nicht nur diejenigen Haftungserleichterungen, die auf den ADSp beruhen. Vielmehr verzichte der Spediteur durch die Verwendung der ADSp auch auf **gesetzliche Haftungsschranken,** die ihm sonst auch unter den Voraussetzungen von Ziff. 27 ADSp zugute kämen, also zum Beispiel auch auf die verschuldensunabhängige Höchsthaftung nach 22 Abs. 3 Satz 1 MÜ. Diese Rechtsprechung muss konsequenterweise auch auf andere gesetzliche Haftungsschranken angewendet werden, in deren Genuss der Spediteur ohne die Rechtsfolgen von Ziff. 27 käme, etwa die Nichtzurechnung des Verschuldens von Erfüllungsgehilfen im Seefrachtrecht (im Rahmen der Durchbrechung der Höchsthaftung bei grobem Verschulden). Sie ist jedoch **abzulehnen.** Soweit die ADSp auf gesetzliche Bestimmungen verweisen, die die Haftung des Spediteurs ausschließen oder beschränken (Ziff. 23.1.2), entfällt nach Ziff. 27.1 lediglich diese vertragsrechtliche Verweisung, nicht dagegen die gesetzliche Bestimmung selbst. Sofern daher die fragliche gesetzliche Bestimmung ihren Geltungsgrund nicht aus den ADSp schöpft, sondern – ohne Rücksicht auf die ADSp – kraft eigenen Geltungsanspruchs und trotz des groben Verschuldens zur Anwendung kommt, bleibt es dabei. Das

---

[296]  AG Düsseldorf 9.11.1988, VersR 1989, 414.
[297]  OLG Karlsruhe 7.11.1991, TranspR 1992, 67, 69 f.
[298]  OLG Köln 27.5.2003, VersR 2003, 1464, 1465.
[299]  LG Duisburg 8.12.1987, TranspR 1989, 111.
[300]  BGH 20.6.1996, TranspR 1997, 159, 161; 29.6.1996, TranspR 1997, 377, 378.
[301]  Palandt/*Ellenberger* BGB § 31 Rn. 2.
[302]  AM *Widmann* Ziff. 27 Rn. 4; noch weitergehend *Koller* Ziff. 27 ADSp Rn. 4.
[303]  BGH 8.5.2002, TranspR 2002, 408, 410.
[304]  OLG Düsseldorf 21.11.1996, TranspR 1998, 37, 38.
[305]  Eine Beschränkung auf den vorhersehbaren, typischen Schaden ist im Gegensatz zu Ziff. 27.1 2. Alternative nicht vorgesehen.
[306]  AM OLG Karlsruhe 18.10.2006, TranspR 2007, 209, 212.
[307]  22.7.2010, TranspR 2011, 80 Rn. 37; so auch AG Hamburg 4.4.2007, TranspR 2007, 328, 329; OLG Düsseldorf 12.3.2008, BeckRS 2008, 09758; OLG Stuttgart 24.2.2010 – 3 U 140/09, (unveröff.).

gilt insbesondere für zwingende gesetzliche Bestimmungen (Ziff. 2.5). Deshalb stellt Ziff. 27 keinen Verzicht des Spediteurs auf die vom Grad des Verschuldens unabhängige Haftungsbeschränkung nach dem MÜ dar.[308]

**c) Verletzung vertragswesentlicher Pflichten, Ziff. 27.1 2. Alt. aa) Allgemeines.** 261
Sofern vertragswesentliche Pflichten verletzt sind, kommt es nicht darauf an, ob einfache oder leitende Personen gehandelt haben und ob einfaches oder grobes Verschulden vorliegt. Die 2003 eingeführte Regelung trägt der ständigen Rechtsprechung des BGH[309] Rechnung, der zufolge die Haftung für den Vertragszweck gefährdende Pflichtverletzungen nicht ausgeschlossen werden kann.

**bb) Vertragswesentliche Pflichten.** Die Regelung gibt keine Definition des Begriffs 262
der **vertragswesentlichen Pflicht** vor. Nach der in der Rechtsprechung gebräuchlichen Formel ist vertragswesentlich eine Pflicht, deren Erfüllung die ordnungsgemäße Durchführung des Vertrags überhaupt erst ermöglicht und auf deren Einhaltung der Vertragspartner regelmäßig vertrauen darf.[310] Dies ist angenommen worden für die Güterhandhabung durch Kaiumschlagsunternehmen,[311] die Obhut des Lagerhalters,[312] die Obhut des Spediteurs bei einer nicht verkehrsbedingten Zwischenlagerung,[313] die Auslieferung an den richtigen Berechtigten[314] sowie die Obhut bei Werttransporten.[315] Die Annahme, dass die Pflicht zur Obhut über das Gut vertragswesentlich ist, ist generell gerechtfertigt. Vertragswesentlich sind außerdem die Organisationspflichten des Spediteurs.[316]

**cc) Rechtsfolgen.** Bei der Verletzung vertragswesentlicher Pflichten entfallen die auf 263
den ADSp beruhenden Haftungsbefreiungen und -begrenzungen gleichermaßen wie bei grobem Verschulden leitenden Personals, jedoch nicht ersatzlos. Die Haftung des Spediteurs beschränkt sich in diesem Fall ersatzweise auf den **vorhersehbaren, typischen Schaden.**

Die Frage der Vorhersehbarkeit beurteilt sich aus der Sicht eines mit verkehrsüblicher 264
Sorgfalt vorgehenden Spediteurs. Nicht geregelt ist, ob die Beschränkung auf den vorhersehbaren Schaden auch dann gilt, wenn die **Voraussetzungen beider Alternativen** von Ziff. 27.1 vorliegen, also eine vertragswesentliche Pflicht grob schuldhaft durch leitendes Personal verletzt wird; gemäß § 305c Abs. 2 BGB gilt die Beschränkung auf den vorhersehbaren Schaden nur dann, wenn die Kardinalpflichtverletzung einfach fahrlässig oder durch einfache Erfüllungsgehilfen begangen ist.

**d) Mitverschulden.** Ziff. 27 lässt Verteidigungsmittel unberührt, die dem Spediteur 265
nach den allgemeinen Regeln zustehen.[317] Dies gilt auch für den Einwand des Mitverschuldens, der nach der neueren Rechtsprechung des BGH[318] auch bei grobem Verschulden des Spediteurs – in casu bislang regelmäßig des auf Schnittstellenkontrollen verzichtenden Paketdienstes[319] – begründet sein kann. Ein Mitverschulden ist insbesondere anzunehmen, wenn der Spediteur für Güter mit hohem Sachwert eine wertangemessene, sicherere Beförderungsinfrastruktur vorhält als für Normalgüter und der Auftraggeber es in Kenntnis dieser

---

[308] Wie hier auch OLG Hamburg 10.4.2008, TranspR 2008, 213; 16.7.2009, TranspR 2010, 337 Rn. 47; LG Bremen 15.7.2009, TranspR 2010, 347 Rn. 16 ff.; *Boettge* TranspR 2007, 306 ff.

[309] Vgl. die Übersicht bei Palandt/*Grüneberg* BGB § 309 Rn. 48.

[310] BGH 15.11.2001, TranspR 2002, 448, 450; 24.10.2001, NJW 2002, 673; 29.9.2000, NJW 2001, 292; 20.7.2005, NJW-RR 2005, 1496, 1505.

[311] BGH 19.2.1998, TranspR 1998, 374, 376; OLG Köln 18.12.1998 BSch, VersR 1999, 914.

[312] BGH 15.9.2005, TranspR 2006, 38, 41; 1.6.1979, VersR 1979, 902; OLG Düsseldorf 5.9.2007, TranspR 2008, 43, 44; OLG Köln 13.9.2005, TranspR 2006, 401, 403; OLG Hamburg 25.4.2002, TranspR 2003, 259, 260; 8.5.2003, TranspR 2003, 404, 405; OLG Karlsruhe 18.10.2006, TranspR 2007, 209, 212.

[313] BGH 15.9.2005, TranspR 2006, 42, 44.

[314] BGH 17.1.1974, VersR 1974, 590.

[315] OLG München 2.3.1994, NJW-RR 1994, 742.

[316] *Koller* Ziff. 27 ADSp Rn. 6a.

[317] Vgl. BGH 15.11.2001, TranspR 2002, 452, 457 (zu Paketdienstbedingungen).

[318] BGH 15.11.2001, TranspR 2002, 452, 456 f.; 1.12.2005, TranspR 2006, 212, 214; 1.12.2005, TranspR 2006, 205, 206; 15.12.2005, TranspR 2006, 214, 216.

[319] Für eine Ausweitung dieser Rechtsprechung auf andere Frachtführer *Knorre* TranspR 2007, 393, 394.

Tatsache[320] unterlässt, dem Spediteur den **Wert des Gutes anzugeben.**[321] Setzt der Auftraggeber sich vorsätzlich über den geäußerten Willen des Spediteurs, bestimmte Güter
nicht zu befördern, hinweg, kann das Mitverschulden auch bei grobem Organisationsverschulden des Spediteurs[322] zu einem vollständigen Anspruchsausschluss führen.[323] Auch das
Unterlassen, den Spediteur auf die Gefahr eines **besonders hohen Schadens** hinzuweisen,
kann den Mitverschuldenseinwand begründen.[324] Ungewöhnlich hoch kann der zehnfache
Betrag dessen sein, was der Spediteur in seinen Beförderungsbedingungen als Höchsthaftung
bezeichnet.[325] Ziff. 3.6 in Verbindung mit Ziff. 23.1.1 trägt dem Rechnung.[326]

266    Dagegen begründet allein der Umstand, dass der Auftraggeber die Geschäftsbeziehung
mit dem Spediteur auch in Kenntnis bereits leichtfertig verursachter Sendungsverluste fortgesetzt hat, kein Mitverschulden; nur wenn der Auftraggeber weiß, dass es im Unternehmen
des Spediteurs auf Grund schwerwiegender Organisationsmängel immer wieder zu Verlusten kommt, ist ein Mitverschulden in Betracht zu ziehen.[327]

267    **e) Klauselkontrolle.** Ziff. 27.1 begründet im Zusammenwirken mit den Ziff. 22 ff. eine
Haftungsfreizeichnung bzw. -begrenzung bei **grobem Verschulden einfacher Erfüllungsgehilfen,** soweit nicht die Verletzung von Kardinalpflichten in Rede steht. Die Regelung steht damit im Gegensatz zu § 309 Nr. 7b BGB, der aber im unternehmerischen Verkehr nur eingeschränkt anwendbar ist.[328] Der BGH hat die Regelung bislang nicht[329] bzw.
nur in ihrer früheren Fassung von 1998/99 beanstandet, nach der sie auch bei Kardinalpflichtverletzungen Geltung beanspruchte.[330] Als branchentypische Freizeichnung kann die
Regelung daher wohl[331] weiter Bestand haben.[332]

268    **3. Vorsätzliche oder leichtfertige Schadensverursachung, Ziff. 27.2. a) Anwendungsbereich.** Ziff. 27.2 ist Spezialvorschrift gegenüber Ziff. 27.1.[333] Sie gilt für Haftungsfälle, die nach den §§ 425 ff. oder nach § 461 Abs. 1 HGB zu beurteilen sind, also für die
Haftung des Frachtführers sowie für die Haftung des Spediteurs für Güterschäden. Dies gilt
auch dann, wenn die Anspruchsgrundlage sich zwar nicht in den genannten Vorschriften,
sondern zB in § 280 BGB findet, der Anspruch aber durch die §§ 425 ff. HGB inhaltlich
näher ausgestaltet wird, etwa durch § 433 HGB.[334] Unterliegt die Haftung einem der transportrechtlichen Übereinkommen, ist Ziff. 27.2 nicht anwendbar.

269    **b) Regelungsgehalt.** Ziff. 27.2 orientiert sich sprachlich eng an § 435 HGB. Die Regelung stellt klar, dass die Haftungsbefreiungen und -begrenzungen, die die ADSp zusätzlich
zu den in den §§ 425 ff. HGB vorgesehenen Haftungserleichterungen in dem rechtlich

---

[320] OLG Hamburg 16.11.2006, TranspR 2007, 240, 244.
[321] BGH 15.11.2001, TranspR 2002, 452, 457; 15.11.2001, TranspR 2002, 458, 460; 15.11.2001,
TranspR 2002, 296, 300 f.; 8.5.2002, TranspR 2003, 317, 318; dazu: *Ettrich* TranspR 2003, 443; BGH
25.11.2004, BGHReport 2005, 711; 16.11.2006, TranspR 2007, 161, 164; 3.7.2008, TranspR 2008, 394;
30.1.2008, TranspR 2008, 117; vgl. auch *Köper* TranspR 2007, 94.
[322] BGH 3.5.2007, TranspR 2007, 412, 413 f.; 3.5.2007, TranspR 2007, 414, 415 f.; 3.5.2007, TranspR
2007, 419, 420 f.
[323] BGH 15.2.2007, TranspR 2007, 164, 167; 1.3.2007, TranspR 2007, 405, 407 f.
[324] BGH 15.12.2005, TranspR 2006, 214, 215 f.
[325] BGH 1.12.2005, TranspR 2006, 212, 214; 15.12.2005, TranspR 2006, 214, 216.
[326] Vgl. OLG Düsseldorf 21.11.2007, TranspR 2008, 33, 35.
[327] BGH 14.5.1998, TranspR 1998, 475, 477 f.; 15.11.2001, TranspR 2002, 452, 457; 15.11.2001,
TranspR 2002, 296, 301; 25.11.2004, BGHReport 2005, 711; krit. zu dieser Rechtsprechung *Thume* TranspR
1999, 85; zust. *Werner* TranspR 2003, 231, 234 f.
[328] Vgl. *Ulmer/Brandner/Hensen* § 307 BGB Rn. 280 f., § 309 Nr. 7 BGB Rn. 43 ff.
[329] Vgl. BGH 10.10.1985, VersR 1986, 285; 8.5.2002, TranspR 2002, 408, 410.
[330] Vgl. BGH 15.9.2005, TranspR 2006, 38, 41; 15.9.2005, TranspR 2006, 42, 43; vgl. auch OLG
Hamburg 8.5.2003, TranspR 2006, 404.
[331] Die Tendenz der Rechtsprechung, Haftungsausschlüsse für grobes Verschulden generell als unwirksam
anzusehen, ist unverkennbar, vgl. BGH 19.9.2007, NJW 2007, 3774.
[332] So auch *Koller* Ziff. 27 ADSp Rn. 7a.
[333] BGH 15.2.2007, TranspR 2007, 374, 376; verkannt von AG Neu-Ulm 3.4.2001, NJW-RR 2002,
680.
[334] BGH 15.2.2007, TranspR 2007, 374, 376.

zulässigen Rahmen anordnen, bei vorsätzlicher oder leichtfertiger Schadensverursachung im Bewusstsein der Schadenswahrscheinlichkeit entfallen.

Diese Klarstellung hat **nur deklaratorischen Charakter,**[335] weil dieselbe Rechtsfolge **270** bereits zwingend durch das Gesetz vorgegeben wird. Denn sofern die Voraussetzungen des § 435 HGB vorliegen, entfallen nicht nur die gesetzlichen Haftungsbegrenzungen der §§ 429 ff., 422 Abs. 3, 313 Abs. 2, 447 Satz 2 HGB, sondern auch abweichende vertragliche, im Rahmen der §§ 449 Abs. 2, 466 Abs. 2 HGB vereinbarte Haftungshöchstbeträge.[336]

Da Ziff. 27.2 sich nur mit den **Haftungserleichterungen der ADSp** befasst, darf die **271** Regelung ebenso wie Ziff. 27.1 nicht dahin missverstanden werden, dass der Spediteur auf gesetzliche Haftungsbeschränkungen (zB aus dem MÜ) verzichtet.

### VIII. Verkehrshaftungsversicherung

**1. Allgemeines.** Die **Haftpflichtversicherung des Spediteurs** regelt Ziff. 29. Er ist **272** danach verpflichtet, seine Haftung nach den ADSp und dem Gesetz zu marktüblichen Konditionen zu versichern und dem Auftraggeber damit im Gegenzug gegen die Hinnahme der in den ADSp vorgesehenen zusätzlichen Haftungserleichterungen wenigstens eine Bonitätssicherung zu verschaffen. Unterlässt er dies, darf er sich auf die ADSp insgesamt nicht berufen (Ziff. 29.3).

Damit ist die Versicherungspflicht nach den ADSp schärfer sanktioniert als die unabhän- **273** gig davon bestehende Pflichtversicherung des Kraftfahrtunternehmers nach § 7a GüKG.[337] Anders als § 7a GüKG ist die Verkehrshaftungsversicherung des Spediteurs jedoch keine Pflichtversicherung. Daher besteht auch kein Direktanspruch des Geschädigten gegen den Versicherer nach § 117 VVG. In der Insolvenz des Spediteurs ist der Auftraggeber jedoch gemäß § 110 VVG absonderungsberechtigt.

**2. Art und Umfang der Versicherungspflicht.** Der Umfang der einzudeckenden **274** Versicherung richtet sich grundsätzlich nach der **Regelhöchsthaftung** des Spediteurs „nach den ADSp und nach dem Gesetz", gemeint ist die Höchsthaftung aus dem Verkehrsvertrag, wie sie sich nach dem Gesetz unter Berücksichtigung der durch die ADSp bewirkten vertraglichen Änderungen und Ergänzungen ergibt, wobei ein Wegfall der Haftungserleichterungen nach Ziff. 27 ADSp sowie den entsprechenden gesetzlichen Bestimmungen außer Betracht bleibt.[338] Gesetz sind stets nicht nur die von Ziff. 23.1.2 in Bezug genommenen gesetzlichen Vorschriften, sondern auch die den ADSp vorgehenden Bestimmungen der transportrechtlichen Einheitsrechtsübereinkommen CMR, MÜ bzw. WA, CMNI und CIM.[339]

Der Grundsatz, dass die Versicherung die Regelhaftungssummen abzudecken hat, erleidet **275** mehrere Einschränkungen, über deren Reichweite die Klausel keine volle Klarheit herstellt.

**a) Marktübliche Bedingungen.** Erforderlich, aber auch ausreichend ist gemäß **276** Ziff. 29.1 eine Versicherung zu marktüblichen Bedingungen. Damit sind zwar ungewöhnliche, behindernde Regeln unzulässig, aber Risikoausschlüsse für bestimmte Schäden oder Güterarten sowie Obliegenheiten möglich, sofern sie marktüblich sind. **Marktüblichkeit** ist anzunehmen, wenn die Bedingungen sich nach allgemeiner Auffassung der Verkehrskreise im Rahmen vernünftiger kaufmännischer Gepflogenheiten halten und bei wertender Betrachtung auch nicht missbräuchlich erscheinen.[340]

**b) Höchstersatzleistung, Selbstbeteiligung.** Ziff. 29.2 stellt klar, dass zu den zulässi- **277** gen Einschränkungen der Deckung auch eine auf den einzelnen Schadenfall, das Schadenser-

---

[335] So offenbar auch *Koller* Ziff. 27 ADSp Rn. 9 ff.; ferner *Vogt* in Graf v. Westphalen, Vertragsrecht und AGB-Klauselwerke, Transportrecht, Rn. 261.
[336] Begründung zum Regierungsentwurf des Transportrechtsreformgesetzes, BT-Drucks. 13/8445 S. 72.
[337] Vgl. dazu *Herber* TranspR 2004, 229, 230 ff.; *Koller* § 7a GüKG Rn. 1 ff.
[338] *Koller* Ziff. 29 ADSp Rn. 2.
[339] *Herber* TranspR 2004, 229, 233.
[340] Vgl. BGH 11.3.1987, NJW 1987, 1186, 1187 zum Begriff „handelsüblich".

eignis oder das Jahr bezogene Höchstersatzleistung sowie die Vereinbarung einer Eigenbeteiligung des Spediteurs zählen.

278    Die Bestimmung lässt offen, wie die Höchstersatzleistung zu bemessen ist. Nicht gemeint sind offensichtlich die festen Haftungshöchstsummen in Ziff. 23 und 24,[341] denn dort finden sich keine auf das Jahr bezogenen Höchstbeträge. Daher dürfen Höchstersatzleistungen die Haftungshöchstsummen der ADSp auch unterschreiten.[342] Sie sind außer an dem Prüfstein der Marktüblichkeit nur an dem allgemeinen Gebot von **Treu und Glauben** zu messen. Danach darf die Höchstersatzleistung nicht so bemessen werden, dass die Erwartung des Auftraggebers, seine Ansprüche gegen den Spediteur versichert zu finden, im Wesentlichen enttäuscht wird.[343]

279    Dasselbe gilt für die Vereinbarung einer Schadensbeteiligung. Eine Beteiligung des Spediteurs ist im Grundsatz marktüblich. Sie wird häufig mit 10 Prozent des Schadens sowie einem festen Mindest-, teils auch Höchstbetrag bemessen. Bei grobem Verschulden wird eine erhöhte Beteiligung verlangt. Solche Bedingungen sind daher unter dem Gesichtspunkt von Ziff. 29 nicht zu beanstanden. Eine auch im Außenverhältnis zum Geschädigten wirksame Selbstbeteiligung in Höhe von US$ 10.000 ist jedoch zu hoch, weil sie den Versicherungsschutz bei kleinen und mittleren Schäden weitgehend ausschließt.[344]

280    **3. Rechtsfolge.** Hat der Spediteur keinen Haftpflichtversicherungsschutz eingedeckt oder entspricht dieser nicht den Anforderungen der Ziff. 29.1 und 29.2, verliert er das Recht, sich auf die ADSp zu berufen. Der Begriff des „ausreichenden" Versicherungsschutzes in Ziff. 29.3 bezieht sich nur auf die Voraussetzungen der Ziff. 29.1 und 29.2 und ist daher nicht als selbstständiges Tatbestandsmerkmal zu lesen.[345]

281    **4. Versicherungsbestätigung.** Auf Verlangen des Auftraggebers hat der Spediteur ihm den Versicherungsschutz in Form einer Versicherungsbestätigung des Versicherers nachzuweisen. Eine solche Versicherungsbestätigung ist rechtlich als Auskunftsvertrag zu qualifizieren, der entweder direkt zwischen dem Versicherer[346] und dem vom Spediteur vertretenen Auftraggeber zustande kommt[347] oder jedenfalls den Auftraggeber als geschützten Dritten einbezieht.[348] Für eine inhaltlich unzutreffende Bestätigung haftet der Versicherer demzufolge auf das negative Interesse.

## H. Rechtswahl, Gerichtsstand, Erfüllungsort

### I. Rechtswahl

282    Die ADSp unterstellen den Verkehrsvertrag deutschem Recht. Ziff. 30.3 enthält eine – **wirksame**[349] – Rechtswahl im Sinne des Art. 3 Abs. 1 Rom I-VO. Auch in Fällen, in denen der Spediteur sich auf Grund fehlenden Versicherungsschutzes nach Ziff. 29.4 nicht auf die ADSp berufen darf, kann wegen der Einbeziehung eines deutschen Bedingungswerks eine stillschweigende Rechtswahl zugunsten deutschen Rechts angenommen werden.[350]

---

[341] So auch *Koller* Ziff. 29 ADSp Rn. 3.

[342] *Abele* TranspR 2006, 62, 64.

[343] Für die Berücksichtigung der individuellen Haftungsexposition des Spediteurs auch *Abele* TranspR 2006, 62, 65.

[344] OLG Nürnberg 15.4.2010, TranspR 2010, 346.

[345] *Koller* Ziff. 29 ADSp Rn. 2 am Ende; aM *Herber* TranspR 2004, 229, 234.

[346] Zur Maklervollmacht vgl. BGH 6.11.1967, NJW 1968, 299.

[347] Vgl. BGH 22.9.1982, NJW 1983, 276.

[348] Palandt/*Sprau* BGB § 675 Rn. 31, 46.

[349] OLG Köln 18.5.2004, TranspR 2005, 263; OLG Hamburg 30.3.1989, TranspR 1989, 321; LG Hamburg 2.5.2005, IPRspr. 2005 Nr. 107, 263; *Mankowski* in Reithmann/Martiny Rn. 1367.

[350] Vgl. OLG Hamburg 28.9.1989, TranspR 1990, 117.

## II. Gerichtsstand

**1. Gerichtsstandswahl.** Ziff. 30.2 regelt eine **Prorogation** zugunsten des Gerichts des **283** Ortes der vertragsschließenden Niederlassung des Spediteurs. Für Passivprozesse des Spediteurs ist die Gerichtsstandswahl **ausschließlich,** so dass alle sonstigen nicht zwingenden Gerichtsstände ausgeschlossen werden.

Ziff. 30a steht einer **Schiedsgerichtsabrede** auch dann nicht entgegen, wenn diese in **283a** nachrangigen Bedingungen vorgesehen ist.[351]

Die Gerichtsstandswahl gilt nicht nur für vertragliche Ansprüche aus dem Verkehrsver- **284** trag, sondern auch für sonstige Ansprüche, soweit diese mit ihm **im Zusammenhang** stehen. Das gilt für Ansprüche aus Neben- oder Zusatzabreden ebenso wie für gesetzliche Ansprüche, soweit der Anspruchstatbestand ganz oder im Wesentlichen auf Grund des Verkehrsvertrages oder seiner Erfüllung gesetzt worden ist. Stets muss aber ein wirksamer Verkehrsvertrag vorliegen, weil es sonst am Geltungsgrund von Ziff. 30.2 fehlt.

**2. Wirksamkeit. a) EuGVVO, EuGVÜ, Lugano-Übereinkommen.** Im Anwen- **285** dungsbereich der EuGVVO, des EuGVÜ und des Lugano-Übereinkommens ist die Gerichtsstandswahl nur dann wirksam, wenn neben den AGB-rechtlichen Einbeziehungsvoraussetzungen auch die besonderen **Formerfordernisse** des Art. 23 EuGVVO bzw. Art. 17 EuGVÜ/LugÜ erfüllt sind.[352] Ist das nicht der Fall, kann jedoch der Gerichtsstand des Erfüllungsorts gemäß Ziff. 30.1 begründet sein.

**b) CMR.** Soweit der Verkehrsvertrag den Bestimmungen der CMR unterliegt, gilt **286** für die **internationale Zuständigkeit** nur Art. 31 CMR (bzw. Art. 39 CMR). Dessen Bestimmungen verdrängen insoweit die Vorschriften der EuGVVO sowie des EuGVÜ und des LugÜ.[353] Entgegen der hM[354] gilt dies auch dann, wenn ein Fall der §§ 458–460 HGB vorliegt, denn auch der Fixkosten- und der Sammelladungsspediteur sowie der selbst eintretende Spediteur sind Frachtführer im Sinne der CMR.[355] Dagegen werden die allgemeinen international-zivilprozessrechtlichen Vorschriften nicht verdrängt, wenn die CMR lediglich über die Verweisung des § 452a HGB, und damit kraft autonomen deutschen Rechts, zur Anwendung kommt.

Die CMR lässt eine Prorogation zu,[356] nicht aber die Vereinbarung eines ausschließli- **287** chen Gerichtsstandes. Ziff. 30.2 2. Halbsatz ist daher im Anwendungsbereich der CMR **unwirksam.**[357] Das gilt sowohl für die internationale als auch für die örtliche Zuständigkeit.

**c) MÜ/WA und CIM.** Die zwingenden Gerichtsstandsbestimmungen der Art. 33 MÜ, **288** 28 WA und 46 § 1 CIM lassen für Ziff. 30.2 insgesamt keinen Raum. Die **CMNI** hindert die Anwendung von Ziff. 30.2 nicht.

## III. Erfüllungsort

Erfüllungsort ist der Ort der geschuldeten **Leistungshandlung** im Sinne des § 269 BGB, **289** nicht der Erfolgsort.[358] Er kann auch durch allgemeine Geschäftsbedingungen wirksam vereinbart werden.[359] Soweit sich aus den Abreden oder der Natur der Sache nichts anderes

---

[351] BGH 25.1.2007, TranspR 2007, 173 Rn. 18 ff.; OLG Hamburg 15.6.2009 – 6 Sch 2/09, (unveröff.).
[352] Vgl. dazu BGH 15.2.2007, NJW 2007, 2036 = TranspR 2007, 119 (handelsbräuchliche Konnossementsklausel); *Geimer/Schütze* EuZVR A1 – Art. 23, Rn. 75 ff.; *Zöller/Geimer* Art. 23 EuGVVO Rn. 21 ff.
[353] EuGH 20.10.2004, NJW 2005, 44; BGH 20.11.2003, NJW-RR 2004, 497 = TranspR 2004, 74.
[354] Vgl. *Koller* Ziff. 30 ADSp Rn. 5 mwN.
[355] BGH 14.2.2008, TranspR 2008, 323; OLG Köln 2.8.2005, TranspR 2005, 472, 473; OLG Hamm 14.6.1999, VersR 2000, 519; OLG Karlsruhe 27.6.2002, TranspR 2002, 344, 345; OLG München 23.7.1996, TranspR 1997, 33, 34; vgl. auch *Koller* Art. 1 CMR Rn. 3, ferner *Rugullis* TranspR 2006, 380, 382 f. (zu Art. 28 Abs. 4 EGBGB), krit. dazu *Fischer* TranspR 2007, 145 sowie *Schinkels* IPRax 2003, 517.
[356] OLG Hamburg 11.1.2001, TranspR 2001, 300; OLG Karlsruhe 6.10.2004, TranspR 2005, 362, 363.
[357] BGH 18.12.2003, TranspR 2004, 169, 170.
[358] Zur Terminologie Palandt/*Grüneberg* BGB § 269 Rn. 1; vgl. auch *Widmann* Ziff. 30 Rn. 2.
[359] BGH 1.6.2005, NJW-RR 2005, 1518.

ergibt, haben die Parteien nach Ziff. 30.1 ihre Leistungen am Ort der vertragschließenden Niederlassung des Spediteurs zu erbringen.

**290**    Neben der Bestimmung des Leistungsorts eröffnet die Klausel einen **Gerichtsstand** nach § 29 Abs. 2 ZPO, soweit die Zuständigkeitsvorschriften der ZPO anwendbar sind und kein zwingendes Recht (zB Art. 31 Abs. 1 CMR) entgegensteht. Auch im Anwendungsbereich der EuGVVO begründet die Erfüllungsortvereinbarung eine gerichtliche Zuständigkeit gemäß Art. 5 Nr. 1a EuGVVO;[360] die für Gerichtsstandsvereinbarungen geltenden Bestimmungen des Art. 23 EuGVVO brauchen nicht gewahrt zu sein, da Ziff. 30.1 keine abstrakte, nur dem Zweck der Gerichtsstandsbegründung dienende Erfüllungsortklausel darstellt.[361]

## Allgemeine Deutsche Spediteurbedingungen – ADSp –

Vom 6. Juli 1998 (BAnz. S. 9891)
Zuletzt geändert durch ÄndBek Nr. 250/2002 vom 17.12.2002 (BAnz. 2003 S. 130)

### Präambel

Diese Bedingungen werden zur Anwendung ab dem 1. Januar 2003 empfohlen vom Bundesverband der Deutschen Industrie, Bundesverband des Deutschen Groß- und Außenhandels, Bundesverband Spedition und Logistik, Deutschen Industrie- und Handelskammertag, Hauptverband des Deutschen Einzelhandels. Diese Empfehlung ist unverbindlich. Es bleibt den Vertragsparteien unbenommen, vom Inhalt dieser Empfehlung abweichende Vereinbarungen zu treffen.

### 1. Interessenwahrungs- und Sorgfaltspflicht

Der Spediteur hat das Interesse des Auftraggebers wahrzunehmen und seine Tätigkeiten mit der Sorgfalt eines ordentlichen Kaufmannes auszuführen.

### 2. Anwendungsbereich

**2.1.** [1]Die ADSp gelten für Verkehrsverträge über alle Arten von Tätigkeiten, gleichgültig, ob sie Speditions-, Fracht-, Lager- oder sonstige üblicherweise zum Speditionsgewerbe gehörende Geschäfte betreffen. [2]Hierzu zählen auch speditionsübliche logistische Leistungen, wenn diese mit der Beförderung oder Lagerung von Gütern in Zusammenhang stehen.

**2.2.** Bei speditionsvertraglichen Tätigkeiten im Sinne der §§ 453 bis 466 HGB schuldet der Spediteur nur den Abschluß der zur Erbringung dieser Leistungen erforderlichen Verträge, soweit zwingende oder AGB-feste Rechtsvorschriften nichts anderes bestimmen.

**2.3.** Die ADSp gelten nicht für Geschäfte, die ausschließlich zum Gegenstand haben
– Verpackungsarbeiten,
– die Beförderung von Umzugsgut oder dessen Lagerung,
– Kran- oder Montagearbeiten sowie Schwer- oder Großraumtransporte mit Ausnahme der Umschlagstätigkeit des Spediteurs,
– die Beförderung und Lagerung von abzuschleppenden oder zu bergenden Gütern.

**2.4.** [1]Die ADSp finden keine Anwendung auf Verkehrsverträge mit Verbrauchern. [2]Verbraucher ist eine natürliche Person, die den Vertrag zu einem Zweck abschließt, der weder ihrer gewerblichen noch ihrer selbständigen beruflichen Tätigkeit zugerechnet werden kann.

**2.5.** [1]Weichen Handelsbräuche oder gesetzliche Bestimmungen von den ADSp ab, so gehen die ADSp vor, es sei denn, daß die gesetzlichen Bestimmungen zwingend oder

---

[360] Vgl. EuGH 29.6.1994, NJW 1995, 183, 183 f.; OLG Karlsruhe 6.10.2004, TranspR 2005, 362, 363; LG Hamburg 2.5.2005, IPRspr. 2005 Nr. 107, 263.
[361] Vgl. EuGH 20.2.1997, NJW 1997, 1431; BGH 16.6.1997, NJW-RR 1998, 755; Zöller/*Vollkommer* § 29 Rn. 3 und Anh I Art. 5 EuGVVO Rn. 17.

AGB-fest sind. [2]Bei Verkehrsverträgen über Luft-, See-, Binnenschiffs- oder multimodale Transporte können abweichende Vereinbarungen nach den dafür etwa aufgestellten besonderen Beförderungsbedingungen getroffen werden.

**2.6.** Der Spediteur ist zur Vereinbarung der üblichen Geschäftsbedingungen Dritter befugt.

**2.7.** Im Verhältnis zwischen Erst- und Zwischenspediteur gelten die ADSp als Allgemeine Geschäftsbedingungen des Zwischenspediteurs.

### 3. Auftrag, Übermittlungsfehler, Inhalt, besondere Güterarten

**3.1.** [1]Aufträge, Weisungen, Erklärungen und Mitteilungen sind formlos gültig. [2]Nachträgliche Änderungen sind als solche deutlich kenntlich zu machen. [3]Die Beweislast für den Inhalt sowie die richtige und vollständige Übermittlung trägt, wer sich darauf beruft.

**3.2.** Soweit für Erklärungen die Schriftform verlangt wird, steht ihr die Datenfernübertragung und jede sonst lesbare Form gleich, sofern sie den Aussteller erkennbar macht.

**3.3.** Der Auftraggeber hat dem Spediteur bei Auftragserteilung mitzuteilen, daß Gegenstand des Verkehrsvertrages sind:
– Gefährliche Güter
– Lebende Tiere und Pflanzen
– Leicht verderbliche Güter
– Besonders wertvolle und diebstahlsgefährdete Güter

**3.4.** Der Auftraggeber hat im Auftrag Adressen, Zeichen, Nummern, Anzahl, Art und Inhalt der Packstücke, Eigenschaften des Gutes im Sinne von Nummer 3.3, den Warenwert für eine Versicherung des Gutes und alle sonstigen erkennbar für die ordnungsgemäße Ausführung des Auftrags erheblichen Umstände anzugeben.

**3.5.** [1]Bei gefährlichem Gut hat der Auftraggeber bei Auftragserteilung dem Spediteur schriftlich die genaue Art der Gefahr und – soweit erforderlich – die zu ergreifenden Vorsichtsmaßnahmen mitzuteilen. [2]Handelt es sich um Gefahrgut im Sinne des Gesetzes über die Beförderung gefährlicher Güter oder um sonstige Güter, für deren Beförderung oder Lagerung besondere gefahrgut-, umgangs- oder abfallrechtliche Vorschriften bestehen, so hat der Auftraggeber alle für die ordnungsgemäße Durchführung des Auftrags erforderlichen Angaben, insbesondere die Klassifizierung nach dem einschlägigen Gefahrgutrecht, mitzuteilen.

**3.6.** Der Auftraggeber hat den Spediteur bei besonders wertvollen oder diebstahlsgefährdeten Gütern (zB Geld, Edelmetalle, Schmuck, Uhren, Edelsteine, Kunstgegenstände, Antiquitäten, Scheck-, Kreditkarten, gültige Telefonkarten oder andere Zahlungsmittel, Wertpapiere, Valoren, Dokumente, Spirituosen, Tabakwaren, Unterhaltungselektronik, Telekommunikationsgeräte, EDV-Geräte und -Zubehör) sowie bei Gütern mit einem tatsächlichen Wert von 50 Euro/kg und mehr so rechtzeitig vor Übernahme durch den Spediteur schriftlich zu informieren, daß der Spediteur die Möglichkeit hat, über die Annahme des Gutes zu entscheiden und Maßnahmen für eine sichere und schadenfreie Abwicklung des Auftrags zu treffen.

**3.7.** Entspricht ein dem Spediteur erteilter Auftrag nicht den in Ziffern 3.3–3.6 genannten Bedingungen, so steht es dem Spediteur frei,
– die Annahme des Gutes zu verweigern,
– bereits übernommenes Gut zurückzugeben bzw. zur Abholung bereitzuhalten,
– dieses ohne Benachrichtigung des Auftraggebers zu versenden, zu befördern oder einzulagern und eine zusätzliche, angemessene Vergütung zu verlangen, wenn eine sichere und schadenfreie Ausführung des Auftrags mit erhöhten Kosten verbunden ist.

**3.8.** Der Spediteur ist nicht verpflichtet, die nach Nummern 3.3 bis 3.6 gemachten Angaben nachzuprüfen oder zu ergänzen.

**3.9.** Der Spediteur ist nicht verpflichtet, die Echtheit der Unterschriften auf irgendwelchen das Gut betreffenden Mitteilungen oder sonstigen Schriftstücken oder die Befugnis der Unterzeichner zu prüfen, es sei denn, daß an der Echtheit oder der Befugnis begründete Zweifel bestehen.

**4. Verpackung, Gestellung von Ladehilfs- und Packmitteln, Verwiegung und Untersuchung des Gutes**

**4.1.** [1]Der dem Spediteur erteilte Auftrag umfaßt mangels Vereinbarung nicht

**4.1.1.** die Verpackung des Gutes,

**4.1.2.** die Verwiegung, Untersuchung, Maßnahmen zur Erhaltung oder Besserung des Gutes und seiner Verpackung, es sei denn, dies ist geschäftsüblich,

**4.1.3.** [1]die Gestellung und den Tausch von Paletten oder sonstigen Ladehilfs- und Packmitteln. [2]Werden diese nicht Zug um Zug getauscht, erfolgt eine Abholung nur, wenn ein neuer Auftrag erteilt wird. [3]Dies gilt nicht, wenn der Tausch auf Veranlassung des Spediteurs unterbleibt.

**4.2.** Die Tätigkeiten nach Nummer 4.1 sind gesondert zu vergüten.

**5. Zollamtliche Abwicklung**

**5.1.** Der Auftrag zur Versendung nach einem Bestimmungsort im Ausland schließt den Auftrag zur zollamtlichen Abfertigung ein, wenn ohne sie die Beförderung bis zum Bestimmungsort nicht ausführbar ist.

**5.2.** Für die zollamtliche Abfertigung kann der Spediteur neben den tatsächlich auflaufenden Kosten eine besondere Vergütung berechnen.

**5.3.** Der Auftrag, unter Zollverschluß eingehende Sendungen zuzuführen oder frei Haus zu liefern, schließt die Ermächtigung für den Spediteur ein, über die Erledigung der erforderlichen Zollförmlichkeiten und die Auslegung der zollamtlich festgesetzten Abgaben zu entscheiden.

**6. Verpackungs- und Kennzeichnungspflichten des Auftraggebers**

**6.1.** Die Packstücke sind vom Auftraggeber deutlich und haltbar mit den für ihre auftragsgemäße Behandlung erforderlichen Kennzeichen zu versehen, wie Adressen, Zeichen, Nummern, Symbolen für Handhabung und Eigenschaften; alte Kennzeichen müssen entfernt oder unkenntlich gemacht sein.

**6.2.** Darüber hinaus ist der Auftraggeber verpflichtet,

**6.2.1.** zu einer Sendung gehörende Packstücke als zusammengehörig leicht erkennbar zu kennzeichnen;

**6.2.2.** Packstücke so herzurichten, daß ein Zugriff auf den Inhalt ohne Hinterlassen äußerlich sichtbarer Spuren nicht möglich ist (Klebeband, Umreifungen oder ähnliches sind nur ausreichend, wenn sie individuell gestaltet oder sonst schwer nachahmbar sind; eine Umwickelung mit Folie nur, wenn diese verschweißt ist);

**6.2.3.** bei einer im Spediteursammelgutverkehr abzufertigenden Sendung, die aus mehreren Stücken oder Einheiten mit einem Gurtmaß (größter Umfang zuzüglich längste Kante) von weniger als 1 m besteht, diese zu größeren Packstücken zusammenzufassen;

**6.2.4.** bei einer im Hängeversand abzufertigenden Sendung, die aus mehreren Stücken besteht, diese zu Griffeinheiten in geschlossenen Hüllen zusammenzufassen;

**6.2.5.** auf Packstücken von mindestens 1000 kg Rohgewicht die durch das Gesetz über die Gewichtsbezeichnung an schweren, auf Schiffen beförderten Frachtstücken vorgeschriebene Gewichtsbezeichnung anzubringen.

**6.3.** Packstücke sind Einzelstücke oder vom Auftraggeber zur Abwicklung des Auftrags gebildete Einheiten, zB Kisten, Gitterboxen, Paletten, Griffeinheiten, geschlossene Ladegefäße, wie gedeckt gebaute oder mit Planen versehene Waggons, Auflieger oder Wechselbrücken, Container, Iglus.

**6.4.** Entsprechen die Packstücke nicht den in Nummern 6.1 und 6.2 genannten Bedingungen, findet Nummer 3.7 entsprechende Anwendung.

## 7. Kontrollpflichten des Spediteurs

**7.1.** Der Spediteur ist verpflichtet, an Schnittstellen

**7.1.1.** die Packstücke auf Vollzähligkeit und Identität sowie äußerlich erkennbare Schäden und Unversehrtheit von Plomben und Verschlüssen zu überprüfen und

**7.1.2.** Unregelmäßigkeiten zu dokumentieren (zB in den Begleitpapieren oder durch besondere Benachrichtigung).

**7.2.** Schnittstelle ist jeder Übergang der Packstücke von einer Rechtsperson auf eine andere sowie die Ablieferung am Ende jeder Beförderungsstrecke.

## 8. Quittung

**8.1.** [1]Auf Verlangen des Auftraggebers erteilt der Spediteur eine Empfangsbescheinigung. [2]In der Empfangsbescheinigung bestätigt der Spediteur nur die Anzahl und Art der Packstücke, nicht jedoch deren Inhalt, Wert oder Gewicht. [3]Bei Massengütern, Wagenladungen und dergleichen enthält die Empfangsbescheinigung im Zweifel keine Bestätigung des Rohgewichts oder der anders angegebenen Menge des Gutes.

**8.2.** [1]Als Ablieferungsnachweis hat der Spediteur vom Empfänger eine Empfangsbescheinigung über die im Auftrag oder in sonstigen Begleitpapieren genannten Packstücke zu verlangen. [2]Weigert sich der Empfänger, die Empfangsbescheinigung zu erteilen, so hat der Spediteur Weisung einzuholen. [3]Ist das Gut beim Empfänger bereits ausgeladen, so ist der Spediteur berechtigt, es wieder an sich zu nehmen.

## 9. Weisungen

**9.1.** Eine über das Gut erteilte Weisung bleibt für den Spediteur bis zu einem Widerruf des Auftraggebers maßgebend.

**9.2.** Mangels ausreichender oder ausführbarer Weisung darf der Spediteur nach seinem pflichtgemäßen Ermessen handeln.

**9.3.** Ein Auftrag, das Gut zur Verfügung eines Dritten zu halten, kann nicht mehr widerrufen werden, sobald die Verfügung des Dritten beim Spediteur eingegangen ist.

## 10. Frachtüberweisung, Nachnahme

**10.1.** Die Mitteilung des Auftraggebers, der Auftrag sei unfrei abzufertigen oder der Auftrag sei für Rechnung des Empfängers oder eines Dritten auszuführen, berührt nicht die Verpflichtung des Auftraggebers gegenüber dem Spediteur, die Vergütung sowie die sonstigen Aufwendungen zu tragen.

**10.2.** Die Mitteilung nach Nummer 10.1 enthält keine Nachnahmeweisung.

## 11. Fristen

**11.1.** Mangels Vereinbarung werden Verlade- und Lieferfristen nicht gewährleistet, ebensowenig eine bestimmte Reihenfolge in der Abfertigung von Gütern gleicher Beförderungsart.

**11.2.** Unberührt bleibt die gesetzliche Haftung des Spediteurs für eine Überschreitung der Lieferfrist.

## 12. Hindernisse

**12.1.** [1]Leistungshindernisse, die nicht dem Risikobereich des Spediteurs zuzurechnen sind, befreien ihn für die Zeit ihrer Dauer von den Verpflichtungen, deren Erfüllung unmöglich geworden ist. [2]Im Falle der Befreiung nach Satz 1 sind der Spediteur und der

Auftraggeber berechtigt, vom Vertrage zurückzutreten, auch wenn der Auftrag schon teilweise ausgeführt worden ist. ³Tritt der Spediteur oder Auftraggeber zurück, so sind dem Spediteur die Kosten zu erstatten, die er für erforderlich halten durfte oder die für den Auftraggeber von Interesse sind.

**12.2.** ¹Der Spediteur hat nur im Rahmen seiner Sorgfaltspflicht zu prüfen und den Auftraggeber darauf hinzuweisen, ob gesetzliche oder behördliche Hindernisse für die Versendung (zB Ein- und Ausfuhrbeschränkungen) vorliegen. ²Soweit der Spediteur jedoch durch öffentliche Bekanntmachungen oder in den Vertragsverhandlungen den Eindruck erweckt hat, über besondere Kenntnisse für bestimmte Arten von Geschäften zu verfügen, hat er vorstehende Prüfungs- und Hinweispflichten entsprechend zu erfüllen.

**12.3.** ¹Vom Spediteur nicht zu vertretende öffentlich-rechtliche Akte berühren die Rechte des Spediteurs gegenüber dem Auftraggeber nicht; der Auftraggeber haftet dem Spediteur für alle aus solchen Ereignissen entstehenden Folgen. ²Etwaige Ansprüche des Spediteurs gegenüber dem Staat oder einem sonstigen Dritten werden hierdurch nicht berührt.

### 13. Ablieferung

Die Ablieferung erfolgt mit befreiender Wirkung an jede im Geschäft oder Haushalt des Empfängers anwesende Person; es sei denn, es bestehen begründete Zweifel an deren Empfangsberechtigung.

### 14. Auskunfts- und Herausgabepflicht des Spediteurs

**14.1.** Der Spediteur ist verpflichtet, dem Auftraggeber die erforderlichen Nachrichten zu geben, auf Verlangen über den Stand des Geschäftes Auskunft zu geben und nach dessen Ausführung Rechenschaft abzulegen; zur Offenlegung der Kosten ist er jedoch nur verpflichtet, wenn er für Rechnung des Auftraggebers tätig wird.

**14.2.** Der Spediteur ist verpflichtet, dem Auftraggeber alles, was er zur Ausführung des Geschäfts erhält und was er aus der Geschäftsführung erlangt, herauszugeben.

### 15. Lagerung

**15.1.** ¹Die Lagerung erfolgt nach Wahl des Spediteurs in dessen eigenen oder fremden Lagerräumen. ²Lagert der Spediteur bei einem fremden Lagerhalter ein, so hat er dessen Namen und den Lagerort dem Auftraggeber unverzüglich schriftlich bekanntzugeben oder, falls ein Lagerschein ausgestellt ist, auf diesem zu vermerken.

**15.2.** ¹Dem Auftraggeber steht es frei, die Lagerräume zu besichtigen oder besichtigen zu lassen. Einwände oder Beanstandungen gegen die Unterbringung des Gutes oder gegen die Wahl des Lagerraumes muß er unverzüglich vorbringen. ²Macht er von dem Besichtigungsrecht keinen Gebrauch, so begibt er sich aller Einwände gegen die Art und Weise der Unterbringung, soweit die Wahl des Lagerraumes und die Unterbringung unter Wahrung der Sorgfalt eines ordentlichen Spediteurs erfolgt ist.

**15.3.** Das Betreten des Lagers ist dem Auftraggeber nur in Begleitung des Spediteurs zu dessen Geschäftsstunden erlaubt.

**15.4.** ¹Nimmt der Auftraggeber Handlungen mit dem Gut vor (zB Probeentnahme), so kann der Spediteur verlangen, daß Anzahl, Gewicht und Beschaffenheit des Gutes gemeinsam mit dem Auftraggeber festgestellt wird. ²Kommt der Auftraggeber diesem Verlangen nicht nach, ist die Haftung des Spediteurs für später festgestellte Schäden ausgeschlossen, es sei denn, der Schaden ist nicht auf die vorgenommenen Handlungen mit dem Gut zurückzuführen.

**15.5.** Der Auftraggeber haftet für alle Schäden, die er, seine Angestellten oder Beauftragten beim Betreten des Lagers oder beim Betreten oder Befahren des Lagergrundstückes dem Spediteur, anderen Einlagerern oder sonstigen Dritten zufügen, es sei denn, daß den Auftraggeber, seine Angestellten oder Beauftragten kein Verschulden trifft.

**15.6.** Bei Inventurdifferenzen kann der Spediteur bei gleichzeitigen Fehl- und Mehrbeständen desselben Auftraggebers eine wertmäßige Saldierung des Lagerbestandes vornehmen.

**15.7.** [1]Entstehen dem Spediteur begründete Zweifel, ob seine Ansprüche durch den Wert des Gutes sichergestellt sind, so ist er berechtigt, dem Auftraggeber eine angemessene Frist zu setzen, in der dieser entweder für Sicherstellung der Ansprüche des Spediteurs oder für anderweitige Unterbringung des Gutes Sorge tragen kann. [2]Kommt der Auftraggeber diesem Verlangen nicht nach, so ist der Spediteur zur Kündigung ohne Kündigungsfrist berechtigt.

### 16. Angebote und Vergütung

**16.1.** [1]Angebote des Spediteurs und Vereinbarungen mit ihm über Preise und Leistungen beziehen sich stets nur auf die namentlich aufgeführten eigenen Leistungen oder Leistungen Dritter und nur auf Gut normalen Umfangs, normalen Gewichts und normaler Beschaffenheit; sie setzen normale unveränderte Beförderungsverhältnisse, ungehinderte Verbindungswege, Möglichkeit unmittelbarer sofortiger Weiterversendung sowie Weitergeltung der bisherigen Frachten, Valutaverhältnisse und Tarife, welche der Vereinbarung zugrunde lagen, voraus; es sei denn, die Veränderungen sind unter Berücksichtigung der Umstände vorhersehbar gewesen. [2]Ein Vermerk, wie etwa „zuzüglich der üblichen Nebenspesen", berechtigt den Spediteur, Sondergebühren und Sonderauslagen zusätzlich zu berechnen.

**16.2.** Alle Angebote des Spediteurs gelten nur bei unverzüglicher Annahme sofortiger Ausführung des betreffenden Auftrages, sofern sich nichts Gegenteiliges aus dem Angebot ergibt, und nur, wenn bei Erteilung des Auftrages auf das Angebot Bezug genommen wird.

**16.3.** Wird ein Auftrag gekündigt oder entzogen, so stehen dem Spediteur die Ansprüche nach §§ 415, 417 HGB zu.

**16.4.** Wird ein Nachnahme- oder sonstiger Einziehungsauftrag nachträglich zurückgezogen oder geht der Betrag nicht ein, kann der Spediteur dennoch Provision erheben.

**16.5.** Lehnt der Empfänger die Annahme einer ihm zugerollten Sendung ab oder ist die Ablieferung aus Gründen, die der Spediteur nicht zu vertreten hat, nicht möglich, so steht dem Spediteur für die Rückbeförderung Rollgeld in gleicher Höhe wie für die Hinbeförderung zu.

### 17. Aufwendungen des Spediteurs, Freistellungsanspruch

**17.1.** Der Spediteur hat Anspruch auf Ersatz der Aufwendungen, die er den Umständen nach für erforderlich halten durfte.

**17.2.** Der Auftrag, ankommendes Gut in Empfang zu nehmen, ermächtigt den Spediteur, verpflichtet ihn aber nicht, auf dem Gut ruhende Frachten, Wertnachnahmen, Zölle, Steuern und sonstige Abgaben sowie Spesen auszulegen.

**17.3.** [1]Von Frachtforderungen, Havarieeinschüssen oder -beiträgen, Zöllen, Steuern und sonstigen Abgaben, die an den Spediteur, insbesondere als Verfügungsberechtigten oder als Besitzer fremden Gutes gestellt werden, hat der Auftraggeber den Spediteur auf Aufforderung sofort zu befreien, wenn sie der Spediteur nicht zu vertreten hat. [2]Der Spediteur ist berechtigt, nach pflichtgemäßem Ermessen die zu seiner Sicherung oder Befreiung geeigneten Maßnahmen zu ergreifen. Sofern nicht die Notwendigkeit sofortigen Handelns geboten ist, hat der Spediteur Weisung einzuholen.

**17.4.** Der Auftraggeber hat den Spediteur in geschäftsüblicher Weise rechtzeitig auf alle öffentlich-rechtlichen, zB zollrechtlichen oder Dritten gegenüber bestehenden, zB markenrechtlichen Verpflichtungen aufmerksam zu machen, die mit dem Besitz des Gutes verbunden sind, soweit nicht aufgrund des Angebots des Spediteurs davon auszugehen ist, daß diese Verpflichtungen ihm bekannt sind.

### 18. Rechnungen, fremde Währungen

**18.1.** Rechnungen des Spediteurs sind sofort zu begleichen.

**18.2.** Der Spediteur ist berechtigt, von ausländischen Auftraggebern oder Empfängern nach seiner Wahl Zahlung in ihrer Landeswährung oder in deutscher Währung zu verlangen.

**18.3.** [1]Schuldet der Spediteur fremde Währung oder legt er fremde Währung aus, so ist er berechtigt, entweder Zahlung in der fremden oder in deutscher Währung zu verlangen. [2]Verlangt er deutsche Währung, so erfolgt die Umrechnung zu dem am Tage der Zahlung amtlich festgesetzten Kurs; es sei denn, daß nachweisbar ein anderer Kurs zu zahlen oder gezahlt worden ist.

### 19. Aufrechnung, Zurückbehaltung.

Gegenüber Ansprüchen aus dem Verkehrsvertrag und damit zusammenhängenden außervertraglichen Ansprüchen ist eine Aufrechnung oder Zurückbehaltung nur mit fälligen Gegenansprüchen zulässig, denen ein Einwand nicht entgegensteht.

### 20. Pfand- und Zurückbehaltungsrecht

**20.1.** [1]Der Spediteur hat wegen aller fälligen und nicht fälligen Forderungen, die ihm aus den in Nummer 2.1 genannten Tätigkeiten an den Auftraggeber zustehen, ein Pfandrecht und ein Zurückbehaltungsrecht an den in seiner Verfügungsgewalt befindlichen Gütern oder sonstigen Werten. [2]Das Pfand- und Zurückbehaltungsrecht geht nicht über das gesetzliche Pfand- und Zurückbehaltungsrecht hinaus.

**20.2.** Der Spediteur darf ein Pfand- oder Zurückbehaltungsrecht wegen Forderungen aus anderen mit dem Auftraggeber abgeschlossenen Verkehrsverträgen nur ausüben, soweit sie unbestritten sind oder wenn die Vermögenslage des Schuldners die Forderung des Spediteurs gefährdet.

**20.3.** An die Stelle der in § 1234 BGB bestimmten Frist von einem Monat tritt in allen Fällen eine solche von zwei Wochen.

**20.4.** Ist der Auftraggeber im Verzug, so kann der Spediteur nach erfolgter Verkaufsandrohung von den in seinem Besitz befindlichen Gütern und Werten eine solche Menge, wie nach seinem pflichtgemäßen Ermessen zur Befriedigung erforderlich ist, freihändig verkaufen.

**20.5.** Für den Pfand- oder Selbsthilfeverkauf kann der Spediteur in allen Fällen eine Verkaufsprovision vom Nettoerlös in Höhe von ortsüblichen Sätzen berechnen.

### 21. Versicherung des Gutes

**21.1.** [1]Der Spediteur besorgt die Versicherung des Gutes (zB Transport- oder Lagerversicherung) bei einem Versicherer seiner Wahl, wenn der Auftraggeber ihn vor Übergabe der Güter beauftragt. [2]Kann der Spediteur wegen der Art der zu versichernden Güter oder aus einem anderen Grund keinen Versicherungsschutz eindecken, hat der Spediteur dies dem Auftraggeber unverzüglich mitzuteilen.

**21.2.** [1]Der Spediteur ist berechtigt, aber nicht verpflichtet, die Versicherung des Gutes zu besorgen, wenn dies im Interesse des Auftraggebers liegt. [2]Der Spediteur darf vermuten, dass die Eindeckung einer Versicherung im Interesse des Auftraggebers liegt, insbesondere wenn
– der Spediteur bei einem früheren Verkehrsvertrag eine Versicherung besorgt hat,
– der Auftraggeber im Auftrag einen Warenwert (Nummer 3.4) angegeben hat.
[3]Die Vermutung des Interesses an der Eindeckung einer Versicherung besteht insbesondere nicht, wenn
– der Auftraggeber die Eindeckung schriftlich untersagt,
– der Auftraggeber ein Spediteur, Frachtführer oder Lagerhalter ist.

**21.3.** Der Spediteur hat nach pflichtgemäßem Ermessen über Art und Umfang der Versicherung zu entscheiden und sie zu marktüblichen Bedingungen abzuschließen, es sei denn, der Auftraggeber erteilt dem Spediteur unter Angabe der Versicherungssumme und der zu deckenden Gefahren schriftlich eine andere Weisung.

**21.4.** [1]Ist der Spediteur Versicherungsnehmer und hat er für Rechnung des Auftraggebers gehandelt, ist der Spediteur verpflichtet, auf Verlangen gemäß Ziffer 14.1 Rechnung zu legen. [2]In diesem Fall hat der Spediteur die Prämie für jeden einzelnen Verkehrsvertrag auftragsbezogen zu erheben, zu dokumentieren und in voller Höhe ausschließlich für diese Versicherungsdeckung an den Versicherer abzuführen.

**21.5.** Für die Versicherungsbesorgung, Einziehung des Entschädigungsbetrages und sonstige Tätigkeiten bei Abwicklung von Versicherungsfällen und Havarien steht dem Spediteur eine besondere Vergütung neben dem Ersatz seiner Auslagen zu.

### 22. Haftung des Spediteurs, Abtretung von Ersatzansprüchen

**22.1.** [1]Der Spediteur haftet bei all seinen Tätigkeiten (Nummer 2.1) nach den gesetzlichen Vorschriften. [2]Es gelten jedoch die folgenden Regelungen, soweit zwingende oder AGB-feste Rechtsvorschriften nichts anderes bestimmen.

**22.2.** Soweit der Spediteur nur den Abschluß der zur Erbringung der vertraglichen Leistungen erforderlichen Verträge schuldet, haftet er nur für die sorgfältige Auswahl der von ihm beauftragten Dritten.

**22.3.** In allen Fällen, in denen der Spediteur für Verlust oder Beschädigung des Gutes zu haften hat, hat er Wert- und Kostenersatz entsprechend §§ 429, 430 HGB zu leisten.

**22.4.** [1]Soweit die §§ 425 ff. und 461 Abs. 1 HGB nicht gelten, haftet der Spediteur für Schäden, die entstanden sind aus

**22.4.1.**
– ungenügender Verpackung oder Kennzeichnung des Gutes durch den Auftraggeber oder Dritte,
**22.4.2.**
– vereinbarter oder der Übung entsprechender Aufbewahrung im Freien,
**22.4.3.**
– schwerem Diebstahl oder Raub (§§ 243, 244, 249 StGB),
**22.4.4.**
– höherer Gewalt, Witterungseinflüssen, Schadhaftwerden von Geräten oder Leitungen, Einwirkung anderer Güter, Beschädigung durch Tiere, natürlicher Veränderung des Gutes

nur insoweit, als ihm eine schuldhafte Verursachung des Schadens nachgewiesen wird. [2]Konnte ein Schaden aus einem der vorstehend aufgeführten Umständen entstehen, so wird vermutet, daß er aus diesem entstanden ist.

**22.5.** [1]Hat der Spediteur aus einem Schadenfall Ansprüche gegen einen Dritten, für den er nicht haftet, oder hat der Spediteur gegen einen Dritten seine eigene Haftung übersteigende Ersatzansprüche, so hat er diese Ansprüche dem Auftraggeber auf dessen Verlangen abzutreten; es sei denn, daß der Spediteur aufgrund besonderer Abmachung die Verfolgung der Ansprüche für Rechnung und Gefahr des Auftraggebers übernimmt. [2]Der Auftraggeber kann auch verlangen, daß der Spediteur ihm die gesamten Ansprüche gegen den Dritten erfüllungshalber abtritt. [3]§ 437 HGB bleibt unberührt. [4]Soweit die Ansprüche des Auftraggebers vom Spediteur oder aus der Speditionsversicherung befriedigt worden sind, erstreckt sich der Abtretungsanspruch nur auf den die Leistung des Spediteurs bzw. der Versicherung übersteigenden Teil des Anspruchs gegen den Dritten.

### 23. Haftungsbegrenzungen

**23.1.** Die Haftung des Spediteurs bei Verlust oder Beschädigung des Gutes (Güterschaden) ist mit Ausnahme der verfügten Lagerung der Höhe nach begrenzt

**23.1.1.** auf € 5 für jedes Kilogramm des Rohgewichts der Sendung;

**23.1.2.** bei einem Schaden, der an dem Gut während des Transports mit einem Beförderungsmittel eingetreten ist, abweichend von Nummer 23.1.1 auf den für diese Beförderung gesetzlich festgelegten Haftungshöchstbetrag;

**23.1.3.** bei einem Verkehrsvertrag über eine Beförderung mit verschiedenartigen Beförderungsmitteln unter Einschluß einer Seebeförderung, abweichend von Nummer 23.1.1 auf 2 SZR für jedes Kilogramm;

**23.1.4.** in jedem Schadenfall höchstens auf einen Betrag von € 1 Mio. oder 2 SZR für jedes Kilogramm, je nachdem, welcher Betrag höher ist.

**23.2.** Sind nur einzelne Packstücke oder Teile der Sendung verloren oder beschädigt worden, berechnet sich die Haftungshöchstsumme nach dem Rohgewicht
– der gesamten Sendung, wenn die gesamte Sendung entwertet ist,
– des entwerteten Teils der Sendung, wenn nur ein Teil der Sendung entwertet ist.

**23.3.** [1]Die Haftung des Spediteurs für andere als Güterschäden mit Ausnahme von Personenschäden und Sachschäden an Drittgut ist der Höhe nach begrenzt auf das Dreifache des Betrages, der bei Verlust des Gutes zu zahlen wäre, höchstens auf einen Betrag von 100 000 Euro je Schadensfall. [2]Die §§ 431 Abs. 3, 433 HGB bleiben unberührt.

**23.4.** Die Haftung des Spediteurs ist in jedem Fall, unabhängig davon, wie viele Ansprüche aus einem Schadenereignis erhoben werden, begrenzt auf € 2 Mio. je Schadenereignis oder 2 SZR für jedes Kilogramm der verlorenen und beschädigten Güter, je nachdem, welcher Betrag höher ist, bei mehreren Geschädigten haftet der Spediteur anteilig im Verhältnis ihrer Ansprüche.

**23.5.** Für die Berechnung des SZR gilt § 431 Abs. 4 HGB.

### 24. Haftungsbegrenzungen bei verfügter Lagerung

**24.1.** [1]Die Haftung des Spediteurs bei Verlust oder Beschädigung des Gutes (Güterschaden) ist bei einer verfügten Lagerung begrenzt.

**24.1.1.** auf € 5 für jedes Kilogramm des Rohgewichts der Sendung,

**24.1.2.** höchstens € 5000 je Schadenfall; besteht der Schaden eines Auftraggebers in einer Differenz zwischen Soll- und Ist-Bestand des Lagerbestandes (Nummer 15.6), so ist die Haftungshöhe auf € 25 000 begrenzt, unabhängig von der Zahl der für die Inventurdifferenz ursächlichen Schadenfälle. [2]In beiden Fällen bleibt Nummer 24.1.1 unberührt.

**24.2.** Nummer 23.2 gilt entsprechend.

**24.3.** Die Haftung des Spediteurs für andere als Güterschäden mit Ausnahme von Personenschäden und Sachschäden an Drittgut ist bei einer verfügten Lagerung begrenzt auf € 5000 je Schadenfall.

**24.4.** Die Haftung des Spediteurs ist in jedem Fall, unabhängig davon, wie viele Ansprüche aus einem Schadenereignis erhoben werden, auf € 2 Mio. je Schadenereignis begrenzt; bei mehreren Geschädigten haftet der Spediteur anteilig im Verhältnis ihrer Ansprüche.

### 25. Beweislast

**25.1.** [1]Der Auftraggeber hat im Schadenfall zu beweisen, daß dem Spediteur ein Gut bestimmter Menge und Beschaffenheit ohne äußerlich erkennbare Schäden (§ 438 HGB) übergeben worden ist. [2]Der Spediteur hat zu beweisen, daß er das Gut, wie er es erhalten hat, abgeliefert hat.

**25.2.** [1]Der Beweis dafür, daß ein Güterschaden während des Transports mit einem Beförderungsmittel (Nummer 23.1.2) eingetreten ist, obliegt demjenigen, der dies behauptet. [2]Bei unbekanntem Schadenort hat der Spediteur auf Verlangen des Auftraggebers oder Empfängers den Ablauf der Beförderung anhand einer Schnittstellendokumentation (Nummer 7) darzulegen. [3]Es wird vermutet, daß der Schaden auf derjenigen Beförderungsstrecke eingetreten ist, für die der Spediteur eine vorbehaltslose Quittung nicht vorlegt.

**25.3.** Der Spediteur ist verpflichtet, durch Einholung von Auskünften und Beweismitteln für die Feststellung zu sorgen, wo der geltend gemachte Schaden eingetreten ist.

## 26. Außervertragliche Ansprüche

Die vorstehenden Haftungsbefreiungen und -beschränkungen gelten entsprechend §§ 434, 436 HGB auch für außervertragliche Ansprüche.

## 27. Qualifiziertes Verschulden

Die vorstehenden Haftungsbefreiungen und -begrenzungen gelten nicht, wenn der Schaden verursacht worden ist.

**27.1.** durch Vorsatz oder grobe Fahrlässigkeit des Spediteurs oder seiner leitenden Angestellten oder durch Verletzung vertragswesentlicher Pflichten, wobei Ersatzansprüche in letzterem Fall begrenzt sind auf den vorhersehbaren, typischen Schaden;

**27.2.** in den Fällen der §§ 425 ff., 461 Abs. 1 HGB durch den Spediteur oder die in §§ 428, 462 HGB genannten Personen vorsätzlich oder leichtfertig und in dem Bewußtsein, daß ein Schaden mit Wahrscheinlichkeit eintreten werde.

## 28. Schadenanzeige

Für die Anzeige eines Schadens findet § 438 HGB Anwendung.

## 29. Haftungsversicherung des Spediteurs

**29.1.** Der Spediteur ist verpflichtet, bei einem Versicherer seiner Wahl eine Haftungsversicherung zu marktüblichen Bedingungen abzuschließen und aufrechtzuerhalten, die seine verkehrsvertragliche Haftung nach den ADSp und nach dem Gesetz im Umfang der Regelhaftungssummen abdeckt.

**29.2.** Die Vereinbarung einer Höchstersatzleistung je Schadenfall, Schadenereignis und Jahr ist zulässig; ebenso die Vereinbarung einer Schadenbeteiligung des Spediteurs.

**29.3.** Der Spediteur darf sich gegenüber dem Auftraggeber auf die ADSp nur berufen, wenn er bei Auftragserteilung einen ausreichenden Haftungsversicherungsschutz vorhält.

**29.4.** Auf Verlangen des Auftraggebers hat der Spediteur diesen Haftungsversicherungsschutz durch eine Bestätigung des Versicherers nachzuweisen.

## 30. Erfüllungsort, Gerichtsstand, anzuwendendes Recht

**30.1.** Der Erfüllungsort ist für alle Beteiligten der Ort derjenigen Niederlassung des Spediteurs, an die der Auftrag gerichtet ist.

**30.2.** Der Gerichtsstand für alle Rechtsstreitigkeiten, die aus dem Auftragsverhältnis oder im Zusammenhang damit entstehen, ist für alle Beteiligten, soweit sie Kaufleute sind, der Ort derjenigen Niederlassung des Spediteurs, an die der Auftrag gerichtet ist; für Ansprüche gegen den Spediteur ist dieser Gerichtsstand ausschließlich.

**30.3.** Für die Rechtsbeziehungen des Spediteurs zum Auftraggeber oder zu seinen Rechtsnachfolgern gilt deutsches Recht.

## 2. Vertragsbedingungen für den Güterkraftverkehrs-, Speditions- und Logistikunternehmer (VBGL)

in der Fassung vom 13. Juni 2013

### Vorbemerkungen

**Übersicht**

| | Rn. | | Rn. |
|---|---|---|---|
| 1. Einleitung | 1–3 | 4. Speditionsgeschäft | 12–15 |
| 2. Geltungsbereich | 4 | a) Speditionsvertrag | 13, 14 |
| 3. Frachtgeschäft | 5–11 | b) Lagerung | 15 |
| a) Absenderpflichten | 6 | 5. Haftung | 16–22 |
| b) Verladen und Entladen | 7–9 | | |
| c) Lohnfuhrvertrag | 10 | 6. Versicherung | 23 |
| d) Abfall- und Entsorgungstransporte | 11 | 7. Sonstige Bestimmungen | 24 |

**1**     **1. Einleitung.** Die VBGL sind die Allgemeinen Geschäftsbedingungen der Transportunternehmer, die im Bundesverband Güterkraftverkehr und Logistik (BGL) organisiert sind. Sie werden vom BGL den Güterkraftverkehrs- und Logistikunternehmern unverbindlich zur Verwendung im Geschäftsverkehr empfohlen. Sie haben nicht den Verbreitungsgrad der ADSp, dienen in der Praxis jedoch häufig dazu, Streitigkeiten außergerichtlich zu regeln. Durch die differenziertere Ausgestaltung der frachtrechtlichen Vorschriften regeln sie das Miteinander von Auftraggeber und Frachtführer. Die VBGL in der Fassung vom 13.6.2013 berücksichtigen die Gesetzesänderungen durch das Gesetz zur Reform des Seehandelsrechts, die Änderungen bei den Bedingungen der Verkehrshaftungsversicherung, die Kritik an der bisherigen Fassung und die Rechtsprechung zu den AGB.[1]

**2**     Die VBGL gliedern sich in Geltungsbereich (§ 1), Frachtgeschäft (§§ 2–10), Speditions-, Logistik- und Lagergeschäft (§§ 11–26) in Anlehnung an die ADSp, Haftung (§§ 27–32a), Versicherung (§§ 33–34) sowie Sonstige Bestimmungen (§§ 35–41). Sie umfassen damit alle Geschäftsfelder eines Transportlogistikunternehmens einschließlich der „nicht speditionsüblichen" logistischen Dienstleistungen.

**3**     Als Allgemeine Geschäftsbedingungen des Güterkraftverkehrsunternehmers werden sie nur dann Gegenstand eines Vertrages, wenn sie in das Vertragsverhältnis einbezogen werden. Da die VBGL nur gelten, wenn der Auftraggeber kein Verbraucher ist, kann die Einbeziehung durch Bezugnahme in den vertragsbestimmenden Papieren, auf Briefbögen, in der vorvertraglichen Korrespondenz oder aufgrund bestehender Kontakte und durchgeführter Leistungen auf der Basis der VBGL erfolgen. Die Kenntnis über den Inhalt kann sich der Auftraggeber in der Regel auf der Homepage des BGL oder des Transportunternehmers verschaffen. Wie bei allen AGB gehen Individualvereinbarungen vor. Werden also in dem Vertrag abweichend von den VBGL bei einer Bezugnahme im Übrigen andere Vereinbarungen getroffen, so finden diese Anwendung.

**4**     **2. Geltungsbereich.** Die VBGL betreffen nicht nur das reine Frachtgeschäft, sondern beziehen sich auch auf die Betätigungen eines Güterkraftverkehrsunternehmers als Spediteur und als Erbringer von Dienstleistungen im Rahmen der Logistik. Die VBGL regeln auch den Lohnfuhrvertrag und den Entsorgungsverkehr und unterwerfen insoweit den Lohnfuhrvertrag dem Frachtrecht. Ausgenommen von den VBGL werden – wie bisher – Verpackungsarbeiten sowie die Beförderung von Umzugsgut und dessen Lagerung. Neu ausgenommen wurden Kran- und Montagearbeiten sowie die Durchführung von Großraum- oder Schwertransporten. Für diese Leistungen sollen die Allgemeinen Geschäftsbedingungen der Bundesfachgruppe Schwertransporte und Kranarbeiten (BSK)[2] gelten. Von dieser

---

[1] S. hierzu *Schindler* TranspR 2014, 57.
[2] Abgedruckt Anh. B I 3 (S. 1315).

Ausnahme ausgenommen sind jedoch wieder Transporte, die mit Dauerausnahmegenehmigungen oder Dauererlaubnissen durchgeführt werden. Hierbei wird speziell an die Beförderung von Geräten im Baustellenverkehr gedacht. Abschließend wird im § 1 klargestellt, dass die VBGL nicht für Verträge mit Verbrauchern gelten. Dies ist besonders wichtig für die Frage der Einbeziehung der VBGL und der Klauselverbote in AGB.

**3. Frachtgeschäft.** Zur Erleichterung bei der Formulierung in den AGB wird der  **5** Unternehmer im Frachtgeschäft sowie im Beförderungsgeschäft bei der Spedition im Selbsteintritt als Frachtführer bezeichnet. Die VBGL regeln deshalb das Frachtgeschäft der §§ 407 ff. HGB ergänzend.

**a) Absenderpflichten.** So werden vom Absender spezielle Pflichten in Bezug auf die  **6** Information über das Beförderungsgut gefordert (§ 2), bei wertvollen oder diebstahlsgefährdeten Gütern hat diese Information schriftlich oder in Textform bei Auftragserteilung und nicht erst bei Übergabe des Gutes zu erfolgen. Dabei wird auf eine marktübliche Versicherungsdeckung verwiesen, damit sind die vom Gesamtverband der Versicherungswirtschaft herausgegebenen Bedingungen für die Verkehrshaftungsversicherung gemeint. Hinsichtlich der Übergabe des Gutes wird im Wesentlichen auf die gesetzlichen Bestimmungen Bezug genommen, konkretisiert wird die Pflicht des Frachtführers zur Überprüfung der ihm übergebenen Güter. An dieser Schnittstelle muss der Zustand der Güter ggf. festgehalten werden (§ 3).

**b) Verladen und Entladen.** Wie in § 412 HGB vorgesehen, hat der Absender beförde-  **7** rungssicher zu verladen, der Empfänger entsprechend zu entladen, wenn er die Auslieferung an sich verlangt hat. Die VBGL treffen hier (§ 5 Abs. 2) eine Regelung, welche Zeit für das Beladen und das Entladen als angemessen anzusehen ist. Darin ist eine Orientierung über die angemessene Zeit auch über den direkten Anwendungsbereich der VBGL hinaus zu sehen und wird auch in der Praxis von den Unternehmern zur gütlichen Einigung herangezogen. Schwieriger ist die Höhe des Standgelds zu berechnen. Im Übrigen wird auf die Standgeldregelung des § 412 Bezug genommen. Auch werden die Rechte des Frachtführers bei Nichteinhaltung der Be- und Entladezeit entsprechend § 417 HGB geregelt, im Wesentlichen handelt es sich jedoch um eine Wiedergabe des Gesetzestextes. Wird jedoch nicht mit der Entladung begonnen, so sind Weisungen des Absenders einzuholen. Hierfür wird dann auch eine Vergütungsregelung entsprechend § 419 geschaffen.

Im neuen § 6a wird die Gestellung des Fahrzeugs geregelt. Da die Gestellung des Fahr-  **8** zeugs eine Hauptleistungspflicht des Frachtführers ist, haftet er bei Verspätung dem Absender schon bei Fahrlässigkeit, allerdings begrenzt auf den typischerweise zu erwartenden Schaden. Da die verspätete Gestellung ähnlich wie eine Lieferfristüberschreitung ist, begrenzen die VBGL die Haftung auf den dreifachen Betrag der Fracht (§ 6a Abs. 3).

§ 7 VBGL übernimmt die Regelung des § 410 HGB, verlangt jedoch, dass bei jedem  **9** einzelnen Vertragsschluss und nicht nur in einem Rahmenvertrag die genaue Art der Gefahr sowie die ggf. zu ergreifenden Vorsichtsmaßnahmen mitzuteilen sind. Soweit Gefahrgut iS der ADR/GGVSEB befördert wird, sind die vom Gesetz geforderten Angaben vom Absender ebenfalls mindestens in Textform zu machen.

**c) Lohnfuhrvertrag.** Der Lohnfuhrvertrag wird entsprechend den früher geltenden  **10** Allgemeinen Geschäftsbedingungen für den Güternahverkehr (AGNB) auch in § 9 VBGL als Frachtvertrag geregelt, obwohl er Elemente des Mietvertrages, der Arbeitnehmerüberlassung, mit oder ohne Eingliederung in den Betrieb des Auftraggebers hat. Lohnfuhr ist die Überlassung eines bemannten Fahrzeugs durch den Auftragnehmer zur Übergabe und zur Fahrt von Ladung nach Weisung des Auftraggebers gegen Entgelt.[3] Will der Güterkraftverkehrsunternehmer den Lohnfuhrvertrag als Vermietung eines bemannten Fahrzeugs in Form von Miete und zulässiger Arbeitnehmerüberlassung regeln, so muss er bei sonstiger Einbe-

---

[3] S. hierzu *Temme* TranspR 2012, 419; *Koller* TranspR 2013, 140.

ziehung der VBGL ausdrücklich hierzu eine Regelung treffen. Durch die Vereinbarung, dass der Lohnfuhrvertrag den frachtrechtlichen Vorschriften unterfällt, haftet der Transportunternehmer für Obhut ohne Verschulden bei Verlust oder Beschädigung des Gutes, allerdings dann auch der Höhe nach begrenzt. Bei Vereinbarung einer Vermietung eines bemannten Fahrzeugs haftet der Vermieter unbegrenzt, allerdings nur in Bezug auf Fahrzeugmängel und bei Verschulden. Da der Fahrer dann in das Unternehmen des Entleihers eingegliedert wird, haftet der Unternehmer nur für die sorgfältige Auswahl des Fahrers. Eine Haftung für Obhut besteht dann nicht.

11    **d) Abfall- und Entsorgungtransporte.** Da die Transportunternehmer auch die Güterbeförderungen im Entsorgungsverkehr durchführen, hierfür aber besondere öffentlich-rechtliche Vorschriften Anwendung finden, wird auf die Beachtung dieser Vorschriften noch einmal besonders hingewiesen (§ 10 VBGL). Danach werden dem Auftraggeber bestimmte Pflichten entsprechend dem Kreislaufwirtschaftsgesetz in der Form übertragen, dass diese Informationen und die Deklaration des Beförderungsgutes als Abfall spätestens bei Abschluss des Beförderungsvertrages in Textform mitzuteilen sind und die entsprechenden Nachweise zur Verfügung zu stellen sind.

12    **4. Speditionsgeschäft.** Der Unternehmer im Speditions-, Logistik- und Lagergeschäft im Sinne von § 1 wird in den VBGL als Spediteur bezeichnet. Geregelt wird das Speditionsgeschäft in Anlehnung an die ADSp. Das Gleiche gilt für das Lagergeschäft. Logistische Tätigkeiten werden in dem Abschnitt nur eingeschränkt geregelt. Regelungen über die Haftung und Haftungsbeschränkungen sind dann im § 31 zu finden.

13    **a) Speditionsvertrag.** Wird der Güterkraftverkehrsunternehmer als Spediteur tätig, so hat er das Interesse des Auftraggebers wahrzunehmen und seine Tätigkeiten mit der Sorgfalt eines ordentlichen Kaufmannes auszuführen. Im § 12 wird klargestellt, dass der Spediteur nicht verpflichtet ist, die von ihm angebotenen Leistungen selbst zu erbringen. Das gilt auch für speditionsübliche und darüber hinausgehende logistische Leistungen. Der Spediteur kann sich im Regelfall des Einsatzes von Unternehmern bedienen.

14    In den weiteren Regelungen ist – ähnlich wie in den ADSp – festgehalten, dass der Auftraggeber des Spediteurs (Versender) verpflichtet ist, den Spediteur auf besondere Gefahren hinzuweisen, und zwar in der Regel in Textform. Das betrifft gefährliche Güter, leicht verderbliche Güter und besonders wertvolle Güter. Auch die Packstücke sind vom Auftraggeber deutlich zu kennzeichnen und entsprechend zu verpacken. Eine Verpflichtung des Spediteurs, die Angaben des Versenders zu prüfen, besteht nicht. Allerdings wird er bei für ihn erkennbaren Mängeln den Auftraggeber informieren müssen, das ergibt sich bereits aus der Pflicht, die Interessen des Auftraggebers wahrzunehmen. Von Bedeutung ist die Schnittstellenregelung im § 17. Der Spediteur ist verpflichtet, an Schnittstellen die Packstücke auf Vollzähligkeit und Identität sowie auf Schäden zu prüfen und Unregelmäßigkeiten zu dokumentieren. Als Schnittstelle ist jeder Übergang der Packstücke von einer Rechtsperson auf eine andere sowie die Ablieferung am Ende jeder Beförderungsstrecke definiert.

15    **b) Lagerung.** Das Lagergeschäft ist eine häufige Betätigung eines Spediteurs. Hier wird in den VBGL im Wesentlichen die gesetzliche Regelung übernommen. Hinsichtlich der Mitteilungspflicht des Spediteurs bei Einlagerung in einem fremden Lagerhaus hat er den Auftraggeber in Textform unverzüglich zu informieren. Abschließend werden noch Inventurdifferenzen geregelt, wonach bei gleichzeitigen Fehl- und Mehrbeständen desselben Auftraggebers eine wertmäßige Saldierung des Lagerbestandes vorgenommen wird (§ 24 Abs. 6).

16    **5. Haftung.** Die Haftung des Güterkraftverkehrsunternehmers bei Vereinbarung der VBGL wird in den §§ 27 bis 32a geregelt. Beim Frachtvertrag wird im Wesentlichen die gesetzliche Regelung wiedergegeben. Abweichend von den ADSp wird bei Vorliegen eines durchgängigen Frachtvertrages die Entschädigung auch während der transportbedingten

Zwischenlagerung mit 8,33 SZR geregelt. Beim Frachtvertrag wird in § 27 Abs. 2 angenommen, dass bei Einsatz eines ausführenden Frachtführers dieser nur gemäß § 437 HGB haftet.

Bei Speditionsverträgen wird auch in den VBGL im Wesentlichen entsprechend der **17** gesetzlichen Regelung gehaftet. Darüber hinaus wird eine Verpflichtung festgehalten, dass der Spediteur im Schadenfall Ansprüche gegen Dritte, für die er nicht haftet, auf Verlangen abzutreten hat (§ 28 Abs. 5).

Neu aufgenommen wurde § 28a, da § 414 HGB jetzt eine verschuldensunabhängige **18** unbeschränkte Haftung des Absenders gegenüber dem Frachtführer für Schäden und Aufwendungen enthält. Die vorherige Haftungsbeschränkung ist entfallen, die gesetzliche Absenderhaftung damit der Höhe nach unbeschränkt. Da diese jedoch durch AGB beschränkt werden kann, soll hier von vornherein eine Regelung geschaffen werden und eine Haftungshöchstgrenze festgelegt werden. Die Haftungshöchstsumme des Absenders soll 1 Mio. EUR nicht unterschreiten dürfen, wenn dieser die Höchstsumme in seinen Vertragsbedingungen festlegt.

Nach dem neuen § 512 Abs. 1 Nr. 1 HGB haftet der Frachtführer (Seefrachtführer) **19** künftig auch für sogenanntes nautisches Verschulden sowie für Schäden durch Feuer und Explosionen an Bord. Diese Regelung ist aber durch AGB abdingbar, wovon Reeder und Verfrachter in der Regel Gebrauch machen werden. Um sicherzustellen, dass der Spediteur im Außenverhältnis zu seinem Auftraggeber für nautisches Verschulden und Feuer an Bord auch nicht haftet, wurde im § 29 Abs. 1 eine entsprechende Regelung aufgenommen. Im Übrigen werden Haftungshöchstsummen angegeben, wonach für andere als Güterschäden die Haftung des Spediteurs der Höhe nach begrenzt ist auf das Dreifache des Betrages, der bei Verlust des Gutes zu zahlen wäre, höchstens auf einen Betrag von EUR 100.000 je Schadensfall. Die Begrenzung auf 2,5 Mio. je Schadensereignis oder zwei SZR für jedes Kilogramm der verlorenen oder beschädigten Güter, je nachdem, welcher Betrag höher ist, entspricht üblicher Versicherungsdeckung.

Die Haftung bei verfügter Lagerung wird entsprechend den ADSp bei Güterschäden auf **20** 5 EUR je Kilo Rohgewicht der Sendung, höchstens auf 100.000 EUR je Schadensfall, und bei Schäden eines Auftraggebers in einer Differenz zwischen Soll- und Ist-Bestand des Lagerbestandes auf 25.000 EUR, unabhängig von der Zahl der für die Inventurdifferenz ursächlichen Schadensfälle begrenzt. Hier werden höhere Summen als in den ADSp bei der Begrenzung auf 25.000 EUR je Schadensfall und auf 1 Mio. EUR je Schadensereignis vereinbart (§ 30). Da dies die häufigsten Schadensfälle abdeckt, dürfte die Haftungsbegrenzung zulässig sein.

Für logistische Dienstleistungen, die mit der Beförderung oder Lagerung von Gütern im **21** Zusammenhang stehen, aber nicht speditionsüblich sind, wird auf die gesetzlichen Bestimmungen des BGB verwiesen mit einer Begrenzung auf 1 Mio. EUR für Güterschäden je Schadensfall, für sonstige Schäden wird ein Betrag von 20.000 EUR je Schadensfall festgelegt.

Abschließend wird geregelt, dass bei einem qualifizierten Verschulden (§ 435 HGB) die **22** Haftungsbefreiungen und Haftungsbegrenzungen nicht gelten. Eine Begrenzung erfolgt jedoch bei Verletzung vertragswesentlicher Pflichten auf den vorhersehbaren, typischen Schaden. Die gesetzliche Haftung soll (§ 32a) durch die VBGL nicht zugunsten des Auftraggebers erweitert werden. Das gilt für das Montrealer Übereinkommen, die CIM, CMNI oder § 507 HGB.

**6. Versicherung.** In den VBGL wird die Verpflichtung übernommen, dass der Fracht- **23** führer und Spediteur sich gegen alle Schäden, für die er nach den VBGL oder nach dem 4. Abschnitt des HGB im Rahmen der Regelhaftungssummen haftet, in marktüblichem Umfang zu versichern hat (§ 33). Eine Versicherung des Gutes zugunsten des Auftraggebers muss der Spediteur nur dann besorgen, wenn er hierzu einen schriftlichen oder in Textform gefassten Auftrag erhält und diesen Auftrag auch annimmt. Wenn der Spediteur den Versicherungsschutz nicht eindecken kann oder will, hat er dies dem Auftraggeber unverzüglich mitzuteilen.

24 **7. Sonstige Bestimmungen.** Die sonstigen Bestimmungen beziehen sich auf die Fracht-, Speditions- und Logistikgeschäfte des Unternehmers. Sie enthalten Regelungen bezüglich der Nachnahme. Beim Pfand- und Zurückbehaltungsrecht wird auf die gesetzliche Regelung Bezug genommen, nur die Verkaufsandrohung wird auf eine Frist von zwei Wochen verkürzt. Für den Palettentausch (§ 38) wird eine gesonderte Vereinbarung gefordert. Im Übrigen wird hinsichtlich der Rechtswahl das Recht der Bundesrepublik Deutschland vereinbart und als zusätzlicher Gerichtsstand der Sitz des Unternehmers (§§ 41, 42).

## Vertragsbedingungen für den Güterkraftverkehrs-, Speditions- und Logistikunternehmer – (VBGL) –

in der Fassung vom 13. Juni 2013

### Präambel

Der Bundesverband Güterkraftverkehr Logistik und Entsorgung (BGL) e. V. empfiehlt den seinen Mitgliedsorganisationen angeschlossenen Güterkraftverkehrs- und Logistikunternehmern die nachstehenden Vertragsbedingungen unverbindlich zur Verwendung im Geschäftsverkehr mit ihren Auftraggebern/Auftragnehmern. Den Adressaten steht es frei, der Empfehlung zu folgen oder andere Allgemeine Geschäftsbedingungen zu verwenden.

### § 1 Geltungsbereich

(1) Diese Bedingungen gelten für Unternehmer, die
– als Frachtführer im gewerblichen Straßengüterverkehr Frachtverträge schließen,
– als Spediteure Speditionsverträge mit Selbsteintritt (§ 458 HGB), zu festen Beförderungskosten (§ 459 HGB) und über Sammelladung (§ 460 HGB) sowie Lagerverträge schließen,
– als Logistikunternehmer Dienstleistungen erbringen, die mit der Beförderung oder Lagerung von Gütern in Zusammenhang stehen, auch insoweit, als sie nicht speditionsüblich sind (zB Aufbügeln von Konfektion, Montage von Teilen, Veränderungen des Gutes).

(2) Die Bedingungen finden Anwendung auf Beförderungen im Binnenverkehr und im grenzüberschreitenden Verkehr, soweit ihnen die Regeln der CMR nicht entgegen stehen, sowie im Kabotageverkehr in anderen Mitgliedstaaten der Europäischen Union und des EWR, sofern nicht zwingende Regeln des Aufnahmemitgliedstaats diesen Bedingungen entgegen stehen. Sie finden weiterhin Anwendung im nationalen kombinierten Ladungsverkehr und im multimodalen Verkehr (§§ 452–452d HGB), sofern mindestens eine Teilstrecke im Straßengüterverkehr durchgeführt wird.

(3) Die Bedingungen gelten auch für den Lohnfuhrvertrag nach Maßgabe von § 9 sowie für den Entsorgungsverkehr, dessen Besonderheiten in § 10 geregelt sind. Sie gelten auch für gewerbliche Beförderungen mit Fahrzeugen, die nicht dem Regelungsbereich des GüKG unterliegen.

(4) Diese Bedingungen gelten nicht für Geschäfte, die ausschließlich
1. Verpackungsarbeiten
2. die Beförderung von Umzugsgut oder dessen Lagerung
3. Kran- oder Montagearbeiten sowie die Durchführung von Großraum- oder Schwertransporten, mit Ausnahme solcher Beförderungsleistungen, die mit Dauerausnahmegenehmigungen nach § 46 Abs. 1. Nr. 3 StVO, § 70 Abs. 1 StVZO, oder Dauererlaubnis nach § 29 Abs. 3 StVO durchgeführt werden
betreffen.
Sie gelten weiterhin nicht für Verträge mit Verbrauchern.

## I. Frachtgeschäft einschließlich Spedition im Selbsteintritt

Der Unternehmer im Frachtgeschäft sowie im Beförderungsgeschäft bei der Spedition im Selbsteintritt wird nachfolgend in diesem Abschnitt als Frachtführer bezeichnet.

### § 2 Informationspflichten des Auftraggebers und Fahrzeuggestellung

(1) Der Absender unterrichtet den Frachtführer rechtzeitig vor Durchführung der Beförderung über alle wesentlichen, die Durchführung des Vertrages beeinflussenden Faktoren. Hierzu zählen neben Art und Beschaffenheit, Gewicht, Menge sowie einzuhaltenden Terminen auch besondere technische Anforderungen an das Fahrzeug und eventuell erforderliches Zubehör. Angaben zum Wert des Gutes hat der Absender dann zu machen, wenn dies für den Ablauf der Beförderung oder für das zu stellende Fahrzeug/Zubehör von Bedeutung ist. Dasselbe gilt, wenn ein erweiterter Deckungsschutz der Haftpflichtversicherung des Frachtführers erforderlich ist.

(2) Handelt es sich um Güter, die regelmäßig von der marktüblichen Versicherungsdeckung ausgeschlossen sind, wie Edelmetalle, Juwelen, Zahlungsmittel, Valoren, Wertpapiere und Urkunden, so ist dies vom Absender bei der Auftragserteilung schriftlich oder in Textform mitzuteilen. Das Gleiche gilt für diebstahlgefährdete oder hochwertige Güter, insbesondere Kunstgegenstände und Antiquitäten, Tabakwaren, Spirituosen, technische Geräte aus dem Bereich EDV/Telekommunikation/Medien. Die Verpflichtung des Absenders nach §§ 5, 7 und 16 bleibt hiervon unberührt.

(3) Der Frachtführer verpflichtet sich, entsprechend geeignete Fahrzeuge zu stellen.

### § 3 Übergabe des Gutes

(1) Der Absender hat dem Frachtführer das Beförderungsgut in beförderungssicherem Zustand gemäß § 411 HGB zu übergeben. Die erforderlichen und ordnungsgemäß ausgefüllten Begleitpapiere (§§ 410, 413 HGB) sind ebenfalls zu übergeben.

(2) Führt der Frachtführer die Beförderung trotz Nichtvorliegens der Voraussetzungen des Abs. 1 durch, nachdem er den Absender auf die Mängel hingewiesen hat, so trägt der Frachtführer einen entsprechenden Vorbehalt in den Frachtbrief oder das andere Begleitpapier ein. Der Absender ist in einem solchen Fall zum Ersatz aller Schäden verpflichtet, die dem Frachtführer durch diese Mängel entstanden sind. § 254 BGB bleibt unberührt.

(3) Eine Überprüfung des äußerlichen Zustandes der Frachtstücke sowie deren Zeichen und Nummern erfolgt durch den Frachtführer, sofern ihm dies möglich und zumutbar ist.

(4) Der Frachtführer ist zur Überprüfung von Stückzahl, Menge oder Gewicht des Beförderungsgutes nur verpflichtet, wenn dies zumutbar, möglich und vereinbart ist. Der Absender hat, außer bei geringfügigem Umfang der Überprüfung, für die entstandenen Aufwendungen Ersatz zu leisten.

(5) Wird vom Frachtführer eine schriftliche Bestätigung dieser Angaben gemäß Abs. 3 verlangt, kann dieser eine Überprüfung aber nicht vornehmen, erfolgt die Bestätigung durch den Frachtführer unter Vorbehalt.

(6) Nimmt der Frachtführer ein Gut zur Beförderung an, das äußerlich erkennbare Beschädigungen aufweist, so kann er verlangen, dass der Absender den Zustand des Gutes im Frachtbrief oder in einem anderen Begleitpapier besonders bescheinigt.

### § 4 Frachtbrief/Begleitpapier

(1) Der Frachtvertrag wird in einem Frachtbrief festgehalten, der beidseitig unterzeichnet ist. Der Frachtbrief soll die Angaben des § 408 HGB enthalten und kann darüber hinaus weitere Regelungen enthalten. Ist aus Gründen der Transportabwicklung die Ausstellung eines Frachtbriefes nicht angezeigt, so kann ein anderes Begleitpapier (wie zB Lieferschein, Rollkarte etc.) verwendet werden.

(2) Füllt der Frachtführer auf Verlangen des Absenders den Frachtbrief aus, so haftet der Absender für alle Schäden, die aus den unrichtigen oder unvollständigen Angaben des Absenders entstehen.

(3) Als Frachtbrief nach Abs. 1 gilt auch ein elektronischer Frachtbrief gemäß § 408 Abs. 3 HGB.

### § 5 Verladen und Entladen

(1) Der Absender hat beförderungssicher nach den einschlägigen Rechtsvorschriften und dem Stand der Technik zu verladen, der Empfänger entsprechend zu entladen, nachdem er die Auslieferung an sich verlangt hat. Handlungen oder Unterlassungen der Personen, die für den Absender oder Empfänger tätig werden, werden diesen zugerechnet. Der Frachtführer ist grundsätzlich verpflichtet, die Betriebssicherheit der Verladung sicherzustellen. Eine beförderungssichere Verladung durch den Frachtführer erfolgt nur gegen angemessene Vergütung. Die Entladung durch den Frachtführer ist ebenfalls vergütungspflichtig.

(2) Für das Beladen und das Entladen steht eine dem jeweiligen Vorgang angemessene Zeit (Ladezeit, Entladezeit) zur Verfügung. Für Komplettladungen (nicht jedoch bei schüttbaren Massengütern) eines Auftraggebers mit Fahrzeugen/Fahrzeugeinheiten mit 40 t zulässigem Gesamtgewicht beträgt die Be- und Entladezeit (höchstens 1 Beladestelle, höchstens 1 Entladestelle), vorbehaltlich anderweitiger vertraglicher Absprachen, pauschal jeweils maximal 2 Stunden für die Beladung und maximal 2 Stunden für die Entladung. Bei Fahrzeugen/Fahrzeugeinheiten mit niedrigerem Gesamtgewicht reduzieren sich diese Zeiten. Für diese Zeit kann keine besondere Vergütung verlangt werden.

(3) Die Beladezeit beginnt mit dem Zeitpunkt der vereinbarten Bereitstellung des Fahrzeugs. Erfolgt die Bereitstellung des Fahrzeugs später als zum vereinbarten Zeitpunkt und ist der Auftraggeber mit der verspäteten Bereitstellung einverstanden, so beginnt die Beladezeit ab dem Zeitpunkt der Bereitstellung.

(4) Die Entladezeit beginnt in dem Moment, in dem der Empfänger die Verfügungsgewalt über das Gut erhält. Im Zweifel ist dies der Zeitpunkt, zu dem eine Person, die zur Verfügung über das Gut befugt ist, die für sie bestimmte Ausfertigung des Frachtbriefs oder eines anderen Begleitpapiers erhält.

(5) Wartet der Frachtführer aufgrund vertraglicher Vereinbarung oder aus Gründen, die nicht seinem Risikobereich zuzurechnen sind, über die Belade- oder Entladezeit hinaus, so hat er Anspruch auf eine angemessene Vergütung (Standgeld).

### § 6 Rechte des Frachtführers bei Nichteinhaltung der Be- oder Entladezeit

(1) Ist mit der Beladung nicht begonnen worden, obwohl die Beladezeit bereits abgelaufen ist, oder wird das Gut nicht innerhalb der Ladezeit zur Verfügung gestellt, wenn die Verladung dem Frachtführer obliegt, kann der Frachtführer dem Absender eine angemessene Frist für die Erfüllung setzen. Nach erfolglosem Ablauf kann der Frachtführer seine Rechte nach § 417 HGB geltend machen, insbesondere den Vertrag kündigen.

(2) Weigert sich der Absender ernsthaft und endgültig, das Gut zu verladen oder zur Verladung bereitzustellen oder liegen besondere Umstände vor, die es dem Frachtführer unter Abwägung der beiderseitigen Interessen unzumutbar machen das Vertragsverhältnis fortzusetzen, kann der Frachtführer auch gemäß § 417 Abs. 4 HGB fristlos kündigen.

(3) Ist nach Ablauf der Ladezeit die Hälfte oder mehr des Ladegewichts verladen, so wird nach Ablauf der gesetzten Nachfrist die Teilbeförderung gemäß § 416 HGB durchgeführt. Ansonsten hat der Frachtführer das Recht zur fristlosen Kündigung wegen Unzumutbarkeit gemäß § 417 Abs. 4 HGB.

(4) Ist mit der Entladung nicht begonnen worden, obwohl die Entladezeit bereits abgelaufen ist, so kann der Frachtführer dies als Verweigerung der Annahme des Gutes betrachten. In diesem Fall hat er die Weisung des Absenders einzuholen und zu befolgen. § 419 Absatz 3 und 4 HGB finden entsprechende Anwendung.

### § 6a Gestellung des Fahrzeugs

(1) Falls der Frachtführer das Fahrzeug nicht oder nicht rechtzeitig zu dem vereinbarten Zeitpunkt bereitstellen kann, so setzt er darüber den Absender unverzüglich in Kenntnis.

Der Absender teilt dem Frachtführer daraufhin unverzüglich mit, ob er mit einer späteren Gestellung einverstanden ist oder ob er den Frachtvertrag kündigen will.

(2) Ist die nicht oder nicht rechtzeitig erfolgte Bereitstellung des Fahrzeugs durch Fahrlässigkeit des Frachtführers verursacht, hat er dem Absender Ersatz in Höhe des typischerweise zu erwartenden Schadens zu leisten.

(3) Die Haftung wird auf den dreifachen Betrag der Fracht begrenzt.

### § 7 Gefährliches Gut

Der Absender hat bei jedem einzelnen Vertragsschluss schriftlich oder in Textform alle Angaben über die Gefährlichkeit des Gutes und, soweit erforderlich, zu ergreifende Vorsichtsmaßnahmen zu übermitteln. Handelt es sich um Gefahrgut im Sinne des ADR/GGVSEB, so sind UN-Nummer, Klasse und Verpackungsgruppe des Gefahrgutes nach dem ADR/GGVSEB in der jeweils gültigen Fassung und die dafür erforderliche Schutzausrüstung anzugeben.

### § 8 Ablieferungsquittung

Nach Ankunft des Gutes an der Ablieferungsstelle ist der Empfänger berechtigt, vom Frachtführer die Ablieferung des Gutes gegen die Erteilung eines schriftlichen oder in Textform gehaltenen Empfangsbekenntnisses (Quittung) sowie gegen die Erfüllung der sonstigen Verpflichtungen aus dem Frachtvertrag zu verlangen.

### § 9 Lohnfuhrvertrag

(1) Der Lohnfuhrvertrag ist abgeschlossen, wenn sich Unternehmer und Auftraggeber darüber einig sind, dass der Unternehmer ein bemanntes Fahrzeug zur Verwendung nach Weisung des Auftraggebers stellt.

(2) Auf den Lohnfuhrvertrag finden die frachtrechtlichen Regelungen dieser Vertragsbedingungen entsprechende Anwendung mit der Maßgabe, dass der Unternehmer nicht für Schäden haftet, die durch den Auftraggeber verursacht worden sind. Statt des Frachtbriefes wird beim Lohnfuhrvertrag ein anderer Nachweis verwendet, der insbesondere die Einsatzzeit beinhaltet.

(3) Entsteht dem Unternehmer durch den Auftraggeber ein Schaden, so haftet dieser nach den Bestimmungen des BGB.

### § 10 Abfall- und Entsorgungstransporte

Diese Bedingungen finden auch für Güterbeförderungen im Entsorgungsverkehr (Beförderungen von Abfällen zur Beseitigung oder Verwertung) Anwendung. Auftraggeber und Frachtführer verpflichten sich, alle jeweils gültigen öffentlich-rechtlichen Verpflichtungen des Entsorgungsverkehrs zu beachten. Der Auftraggeber ist insbesondere verpflichtet, die Abfälle ordnungsgemäß nach den Bestimmungen des Kreislaufwirtschaftsgesetzes sowie den entsprechenden Rechtsverordnungen zu deklarieren und dies dem Frachtführer – spätestens bei Abschluss des Beförderungsvertrages – in Textform mitzuteilen und die abfallrechtlichen Begleitpapiere (zB Entsorgungs-/Verwertungsnachweis, Abfallbegleitscheine) zur Verfügung zu stellen. Der Frachtführer hat die erforderlichen abfallrechtlichen Genehmigungen vorzuhalten. Werden gefährliche Abfälle transportiert, so ist § 7 dieser Bedingungen zu beachten.

## II. Speditions-, Logistik- und Lagergeschäft

Der Unternehmer im Speditions-, Logistik- und Lagergeschäft im Sinne von § 1 wird nachfolgend als Spediteur bezeichnet.

### § 11 Interessenwahrungs- und Sorgfaltspflicht

Der Spediteur hat das Interesse des Auftraggebers wahrzunehmen und seine Tätigkeiten mit der Sorgfalt eines ordentlichen Kaufmannes auszuführen.

## § 12 Leistungsumfang

Bei speditionsvertraglichen Tätigkeiten im Sinne der §§ 453–466 HGB schuldet der Spediteur nur den Abschluss der zur Erbringung dieser Leistungen erforderlichen Verträge, soweit zwingende oder AGB-feste Rechtsvorschriften nichts anderes bestimmen.

Dies gilt auch für speditionsübliche und darüber hinausgehende logistische Leistungen.

## § 13 Vereinbarung besonderer Bedingungen

Der Spediteur ist zur Vereinbarung der üblichen Geschäftsbedingungen Dritter befugt.

Im Verhältnis zwischen Erst- und Zwischenspediteur gelten die VBGL als Allgemeine Geschäftsbedingungen des Zwischenspediteurs.

## § 14 Auftrag, Übermittlungsfehler, Inhalt, besonders wertvolles oder gefährliches Gut

(1) Aufträge, Weisungen, Erklärungen und Mitteilungen sind formlos gültig. Nachträgliche Änderungen sind als solche deutlich kenntlich zu machen. Die Beweislast für den Inhalt sowie die richtige und vollständige Übermittlung trägt, wer sich darauf beruft.

(2) Der Auftraggeber hat dem Spediteur bei jedem einzelnen Auftrag mitzuteilen, dass Gegenstand des Vertrages
1. Gefährliche Güter
2. Lebende Tiere und Pflanzen
3. Leicht verderbliche Güter
4. Besonders wertvolle Güter
sind.

(3) Der Auftraggeber hat im Auftrag Adressen, Zeichen, Nummern, Anzahl, Art und Inhalt der Packstücke, Eigenschaften des Gutes im Sinne von Absatz 2, den Wert des Gutes und alle sonstigen erkennbar für die ordnungsgemäße Ausführung des Auftrags erheblichen Umstände anzugeben.

(4) Unter besonders wertvollen Gütern werden die in § 2 Abs. 2 genannten Güter verstanden. Wenn diese Güter Gegenstand des Vertrages sind, hat der Auftraggeber die Mitteilung gemäß § 14 Abs. 3 schriftlich oder in Textform an den Spediteur zu richten.

(5) Bei gefährlichem Gut hat der Auftraggeber bei jedem einzelnen Auftrag dem Spediteur schriftlich oder in Textform die genaue Art der Gefahr und – soweit erforderlich – die zu ergreifenden Vorsichtsmaßnahmen mitzuteilen. Handelt es sich um Gefahrgut im Sinne des ADR/GGVSEB über die Beförderung gefährlicher Güter oder um sonstige Güter, für deren Beförderung oder Lagerung besondere gefahrgut-, umgangs- oder abfallrechtliche Vorschriften bestehen, so hat der Auftraggeber alle für die ordnungsgemäße Durchführung des Auftrags erforderlichen Angaben, insbesondere UN-Nummer, Klasse und Verpackungsgruppe nach dem einschlägigen Gefahrgutrecht, mitzuteilen.

(6) Der Spediteur ist nicht verpflichtet, die nach den Absätzen 2 bis 5 gemachten Angaben nachzuprüfen oder zu ergänzen.

(7) Der Spediteur ist nicht verpflichtet, die Echtheit der Unterschriften auf irgendwelchen das Gut betreffenden Mitteilungen oder sonstigen Schriftstücken oder die Befugnis der Unterzeichner zu prüfen, es sei denn, dass an der Echtheit oder der Befugnis begründete Zweifel bestehen.

## § 15 Zollamtliche Abwicklung

(1) Der Auftrag zur Versendung nach einem Bestimmungsort im Ausland schließt den Auftrag zur zollamtlichen Abfertigung ein, wenn ohne sie die Beförderung bis zum Bestimmungsort nicht ausführbar ist.

(2) Für die zollamtliche Abfertigung kann der Spediteur neben den tatsächlich auflaufenden Kosten eine besondere Vergütung berechnen.

(3) Der Auftrag, unter Zollverschluss eingehende Sendungen zuzuführen oder frei Haus zu liefern, schließt die Ermächtigung für den Spediteur ein, über die Erledigung der erfor-

derlichen Zollförmlichkeiten und die Auslage der zollamtlich festgesetzten Abgaben zu entscheiden.

## § 16 Verpackungs- und Kennzeichnungspflichten des Auftraggebers

(1) Die Packstücke sind vom Auftraggeber deutlich und haltbar mit den für ihre auftragsgemäße Behandlung erforderlichen Kennzeichen zu versehen, wie Adressen, Zeichen, Nummern, Symbolen für Handhabung und Eigenschaften; alte Kennzeichen müssen entfernt oder unkenntlich gemacht sein.

(2) Darüber hinaus ist der Auftraggeber verpflichtet,

1. zu e i n e r Sendung gehörende Packstücke als zusammengehörig leicht erkennbar zu kennzeichnen;
2. Packstücke so herzurichten, dass ein Zugriff auf den Inhalt ohne Hinterlassen äußerlich sichtbarer Spuren nicht möglich ist (Klebeband, Umreifungen oder ähnliches sind nur ausreichend, wenn sie individuell gestaltet oder sonst schwer nachahmbar sind; eine Umwicklung mit Folie nur, wenn diese verschweißt ist);
3. bei einer im Speditionssammelgutverkehr abzufertigenden Sendung, die aus mehreren Stücken oder Einheiten mit einem Gurtmaß (größter Umfang zuzüglich längste Kante) von weniger als 1 m besteht, diese zu größeren Packstücken zusammenzufassen;
4. bei einer im Hängeversand abzufertigenden Sendung, die aus mehreren Stücken besteht, diese zu Griffeinheiten in geschlossenen Hüllen zusammenzufassen;
5. auf Packstücken von mindestens 1 000 kg Rohgewicht die durch das Gesetz über die Gewichtsbezeichnung an schweren, auf Schiffen beförderten Frachtstücken vorgeschriebene Gewichtsbezeichnung anzubringen.

(3) Packstücke sind Einzelstücke oder vom Auftraggeber zur Abwicklung des Auftrags gebildete Einheiten, zB Kisten, Gitterboxen, Paletten, Griffeinheiten, geschlossene Ladegefäße, wie gedeckt gebaute oder mit Planen versehene Waggons, Auflieger oder Wechselbrücken, Container, Iglus.

## § 17 Kontrollpflichten des Spediteurs

(1) Der Spediteur ist verpflichtet, an Schnittstellen

1. die Packstücke auf Vollzähligkeit und Identität sowie äußerlich erkennbare Schäden und Unversehrtheit von Plomben und Verschlüssen zu überprüfen und
2. Unregelmäßigkeiten zu dokumentieren (zB in den Begleitpapieren oder durch besondere Benachrichtigung).

(2) Schnittstelle ist jeder Übergang der Packstücke von einer Rechtsperson auf eine andere sowie die Ablieferung am Ende jeder Beförderungsstrecke.

## § 18 Quittung

(1) Auf Verlangen des Auftraggebers erteilt der Spediteur eine Empfangsbescheinigung. In der Empfangsbescheinigung bestätigt der Spediteur nur die Anzahl und Art der Packstücke, nicht jedoch deren Inhalt, Wert oder Gewicht. Bei Massengütern, Wagenladungen und dergleichen enthält die Empfangsbescheinigung im Zweifel keine Bestätigung des Rohgewichts oder der anders angegebenen Menge des Gutes.

(2) Als Ablieferungsnachweis hat der Spediteur vom Empfänger eine Empfangsbescheinigung über die im Auftrag oder in sonstigen Begleitpapieren genannten Packstücke zu verlangen. Weigert sich der Empfänger, die Empfangsbescheinigung zu erteilen, so hat der Spediteur Weisung einzuholen. Ist das Gut beim Empfänger bereits ausgeladen, so ist der Spediteur berechtigt, es wieder an sich zu nehmen.

## § 19 Weisungen

(1) Eine über das Gut erteilte Weisung bleibt für den Spediteur bis zu einem Widerruf des Auftraggebers maßgebend, sofern dies nicht dem mutmaßlichen Interesse des Auftraggebers widerspricht.

(2) Mangels ausreichender oder ausführbarer Weisung darf der Spediteur nach seinem pflichtgemäßen Ermessen handeln.

(3) Ein Auftrag, das Gut zur Verfügung eines Dritten zu halten, kann nicht mehr widerrufen werden, sobald die Verfügung des Dritten beim Spediteur eingegangen ist.

## § 20 Frachtüberweisung, Nachnahme

(1) Die Mitteilung des Auftraggebers, der Auftrag sei unfrei abzufertigen oder der Auftrag sei für Rechnung des Empfängers oder eines Dritten auszuführen, berührt nicht die Verpflichtung des Auftraggebers gegenüber dem Spediteur, die Vergütung sowie die sonstigen Aufwendungen zu tragen.

(2) Die Mitteilung nach Abs. 1 enthält keine Nachnahmeweisung.

## § 21 Fristen

Mangels Vereinbarung werden Verlade- und Lieferfristen nicht gewährleistet, ebenso wenig eine bestimmte Reihenfolge in der Abfertigung von Gütern gleicher Beförderungsart.

## § 22 Hindernisse

(1) Leistungshindernisse, die nicht dem Risikobereich des Spediteurs zuzurechnen sind, befreien ihn für die Zeit ihrer Dauer von den Verpflichtungen, deren Erfüllung unmöglich geworden ist.

Im Falle der Befreiung nach Satz 1 sind der Spediteur und der Auftraggeber berechtigt, vom Vertrag zurückzutreten, auch wenn der Auftrag schon teilweise ausgeführt worden ist.

Tritt der Spediteur oder Auftraggeber zurück, so sind dem Spediteur die Kosten zu erstatten, die er für erforderlich halten durfte oder die für den Auftraggeber von Interesse sind.

(2) Der Spediteur hat nur im Rahmen seiner Sorgfaltspflicht zu prüfen und den Auftraggeber darauf hinzuweisen, ob gesetzliche oder behördliche Hindernisse für die Versendung (zB Ein- und Ausfuhrbeschränkungen) vorliegen. Soweit der Spediteur jedoch durch öffentliche Bekanntmachungen oder in den Vertragsverhandlungen den Eindruck erweckt hat, über besondere Kenntnisse für bestimmte Arten von Geschäften zu verfügen, hat er vorstehende Prüfungs- und Hinweispflichten entsprechend zu erfüllen.

(3) Vom Spediteur nicht zu vertretende öffentlich-rechtliche Akte berühren die Rechte des Spediteurs gegenüber dem Auftraggeber nicht; der Auftraggeber haftet dem Spediteur für alle Folgen aus solchen Ereignissen, die dem Risikobereich des Auftraggebers zuzurechnen sind. Etwaige Ansprüche des Spediteurs gegenüber dem Staat oder einem sonstigen Dritten werden hierdurch nicht berührt.

## § 23 Ablieferung

Die Ablieferung erfolgt mit befreiender Wirkung an jede im Geschäft oder Haushalt des Empfängers anwesende Person, es sei denn, es bestehen begründete Zweifel an deren Empfangsberechtigung.

## § 24 Lagerung

(1) Die Lagerung erfolgt nach Wahl des Spediteurs in dessen eigenen oder fremden Lagerräumen. Lagert der Spediteur bei einem fremden Lagerhalter ein, so hat er dessen Namen und den Lagerort dem Auftraggeber unverzüglich schriftlich oder in Textform bekannt zu geben oder, falls ein Lagerschein ausgestellt ist, sind diese Angaben dort zu vermerken.

(2) Dem Auftraggeber steht es frei, die Lagerräume zu besichtigen oder besichtigen zu lassen. Einwände oder Beanstandungen gegen die Unterbringung des Gutes oder gegen die Wahl des Lagerraumes muss er unverzüglich vorbringen. Macht er von dem Besichtigungsrecht keinen Gebrauch, so begibt er sich aller Einwände gegen die Art und Weise der Unterbringung, soweit die Wahl des Lagerraumes und die Unterbringung unter Wahrung der Sorgfalt eines ordentlichen Spediteurs erfolgt ist.

(3) Das Betreten des Lagers ist dem Auftraggeber nur in Begleitung des Spediteurs zu dessen Geschäftsstunden erlaubt.

(4) Nimmt der Auftraggeber Handlungen mit dem Gut vor (zB Probeentnahme), so kann der Spediteur verlangen, dass Anzahl, Gewicht und Beschaffenheit des Gutes gemeinsam mit dem Auftraggeber festgestellt werden. Kommt der Auftraggeber diesem Verlangen nicht nach, ist die Haftung des Spediteurs für später festgestellte Schäden ausgeschlossen, es sei denn, der Schaden ist nicht auf die vorgenommenen Handlungen mit dem Gut zurückzuführen.

(5) Der Auftraggeber haftet für alle Schäden, die er, seine Angestellten oder Beauftragten beim Betreten des Lagers oder beim Betreten oder Befahren des Lagergrundstückes dem Spediteur, anderen Einlagerern oder sonstigen Dritten zufügen, es sei denn, dass den Auftraggeber, seine Angestellten oder Beauftragten kein Verschulden trifft.

(6) Bei Inventurdifferenzen kann der Spediteur bei gleichzeitigen Fehl- und Mehrbeständen desselben Auftraggebers eine wertmäßige Saldierung des Lagerbestandes vornehmen.

(7) Entstehen dem Spediteur begründete Zweifel, ob seine Ansprüche durch den Wert des Gutes sichergestellt sind, so ist er berechtigt, dem Auftraggeber eine angemessene Frist zu setzen, in der dieser entweder für Sicherstellung der Ansprüche des Spediteurs oder für anderweitige Unterbringung des Gutes Sorge tragen kann. Kommt der Auftraggeber diesem Verlangen nicht nach, so ist der Spediteur zur Kündigung ohne Kündigungsfrist berechtigt.

## § 25 Auskunfts- und Herausgabepflicht des Spediteurs

(1) Der Spediteur ist verpflichtet, dem Auftraggeber die erforderlichen Nachrichten zu geben, auf Verlangen über den Stand des Geschäftes Auskunft zu geben und nach dessen Ausführung Rechenschaft abzulegen; zur Offenlegung der Kosten ist er jedoch nur verpflichtet, wenn er für Rechnung des Auftraggebers tätig wird.

(2) Der Spediteur ist verpflichtet, dem Auftraggeber alles, was er zur Ausführung des Geschäfts erhält und was er aus der Geschäftsführung erlangt, herauszugeben.

## § 26 Aufwendungen des Spediteurs, Freistellungsanspruch

(1) Der Spediteur hat Anspruch auf Ersatz der Aufwendungen, die er den Umständen nach für erforderlich halten durfte.

(2) Der Auftrag, ankommendes Gut in Empfang zu nehmen, ermächtigt den Spediteur, verpflichtet ihn aber nicht, auf dem Gut ruhende Frachten, Wertnachnahmen, Zölle, Steuern und sonstige Abgaben sowie Spesen auszulegen.

(3) Von Frachtforderungen, Havarieeinschüssen oder -beiträgen, Zöllen, Steuern und sonstigen Abgaben, die an den Spediteur insbesondere als Verfügungsberechtigten oder als Besitzer fremden Gutes gestellt werden, hat der Auftraggeber den Spediteur auf Aufforderung sofort zu befreien, wenn sie der Spediteur nicht zu vertreten hat. Der Spediteur ist berechtigt, nach pflichtgemäßem Ermessen die zu seiner Sicherung oder Befreiung geeigneten Maßnahmen zu ergreifen. Sofern nicht die Notwendigkeit sofortigen Handelns geboten ist, hat der Spediteur Weisung einzuholen.

(4) Der Auftraggeber hat den Unternehmer in geschäftsüblicher Weise rechtzeitig auf alle öffentlich-rechtlichen, zB zollrechtlichen oder Dritten gegenüber bestehenden, zB markenrechtlichen Verpflichtungen aufmerksam zu machen, die mit dem Besitz des Gutes verbunden sind, soweit nicht aufgrund des Angebots des Unternehmers davon auszugehen ist, dass diese Verpflichtungen ihm bekannt sind.

## III. Haftung

## § 27 Haftung aus Frachtverträgen

(1) Der Frachtführer haftet für den Schaden, der durch Verlust oder Beschädigung des Gutes in der Zeit von der Übernahme zur Beförderung bis zur Ablieferung entsteht. Die Entschädigung ist auf einen Betrag von 8,33 Sonderziehungsrechten für jedes Kilogramm

des Rohgewichts begrenzt. Dies gilt bei Vorliegen eines durchgängigen Frachtvertrages auch für den Schaden, der während einer transportbedingten Zwischenlagerung entsteht.

(2) Wird der Frachtführer vom Ersatzberechtigten als ausführender Frachtführer in Anspruch genommen, so haftet er nach Maßgabe von § 437 HGB. Eine weitergehende Haftung, gleich aus welchem Rechtsgrund, ist ausgeschlossen.

### § 28 Grundsätze der Haftung aus Speditionsverträgen

(1) Der Spediteur haftet bei all seinen Tätigkeiten nach den gesetzlichen Vorschriften. Es gelten jedoch die folgenden Regelungen, soweit zwingende oder AGB-feste Rechtsvorschriften nichts anderes bestimmen.

(2) Soweit der Spediteur nur den Abschluss der zur Erbringung der vertraglichen Leistungen erforderlichen Verträge schuldet, haftet er nur für die sorgfältige Auswahl der von ihm beauftragten Dritten.

(3) In allen Fällen, in denen der Spediteur für Verlust oder Beschädigung des Gutes zu haften hat, hat er Wert- und Kostenersatz entsprechend §§ 429, 430 HGB zu leisten.

(4) Soweit die §§ 425 ff und 461 Abs. 1 HGB nicht gelten, haftet der Spediteur für Schäden, die entstanden sind aus
1. ungenügender Verpackung oder Kennzeichnung des Gutes durch den Auftraggeber oder Dritte,
2. vereinbarter oder der Übung entsprechender Aufbewahrung im Freien,
3. schwerem Diebstahl oder Raub (§§ 243, 244, 249 StGB),
4. höherer Gewalt, Witterungseinflüssen, Schadhaftwerden von Geräten oder Leitungen, Einwirkung anderer Güter, Beschädigung durch Tiere, natürlicher Veränderung des Gutes,

nur insoweit, als ihm eine schuldhafte Verursachung des Schadens nachgewiesen wird. Konnte ein Schaden aus einem der vorstehend aufgeführten Umstände entstehen, so wird vermutet, dass er aus diesem entstanden ist.

(5) Hat der Spediteur aus einem Schadenfall Ansprüche gegen einen Dritten, für den er nicht haftet, so hat er diese Ansprüche dem Auftraggeber auf dessen Verlangen abzutreten, es sei denn, dass der Spediteur aufgrund besonderer Abmachung die Verfolgung der Ansprüche für Rechnung und Gefahr des Auftraggebers übernimmt.

### § 28a Haftung des Auftraggebers

Die Haftung des Auftraggebers im Rahmen des § 414 HGB darf eine Haftungssumme von EUR 1 Mio. nicht unterschreiten.

### § 29 Beschränkung der Haftung aus Speditionsverträgen

(1) Die Haftung des Spediteurs bei Verlust oder Beschädigung des Gutes (Güterschaden) ist mit Ausnahme der verfügten Lagerung der Höhe nach begrenzt
1. bei einem Speditionsvertrag nach diesen Bedingungen, der die Beförderung mit Kraftfahrzeugen einschließt, durchgängig auf 8,33 SZR für jedes Kilogramm;
2. bei einem Vertrag über eine Beförderung mit verschiedenartigen Beförderungsmitteln unter Einschluss einer Seebeförderung, abweichend von Nr. 1 auf 2 SZR für jedes Kilogramm;

in jedem Schadenfall höchstens auf einen Betrag von EUR 1 Mio.

Ungeachtet des vorstehenden Absatzes 1 Nr. 2 haftet der Spediteur bei einer Beförderung mit verschiedenartigen Beförderungsmitteln unter Einschluss einer Seebeförderung nicht, wenn der Schaden durch ein Verhalten bei der Führung oder sonstigen Bedienung des Schiffes oder durch Feuer oder Explosionen an Bord des Schiffes entstanden ist, und die Maßnahme nicht überwiegend im Interesse der Ladung getroffen wurde (§ 512 Abs. 2 Nr. 1 HGB).

(2) Sind nur einzelne Packstücke oder Teile der Sendung verloren oder beschädigt worden, berechnet sich die Haftungshöchstsumme nach dem Rohgewicht
– der gesamten Sendung, wenn die gesamte Sendung entwertet ist,

– des entwerteten Teils der Sendung, wenn nur ein Teil der Sendung entwertet ist.

(3) Die Haftung des Spediteurs für Verspätungsschäden ist der Höhe nach begrenzt auf den dreifachen Betrag des Spediteurentgeltes je Schadenfall. § 431 Abs. 3 HGB bleibt unberührt. Für andere als Güterschäden mit Ausnahme von Personenschäden und Sachschäden an Drittgut haftet der Spediteur der Höhe nach begrenzt auf das Dreifache des Betrages, der bei Verlust des Gutes zu zahlen wäre, höchstens auf einen Betrag von EUR 100.000 je Schadenfall.

(4) Die Haftung des Spediteurs ist, unabhängig davon, wie viele Ansprüche aus einem Schadenereignis erhoben werden, begrenzt auf EUR 2,5 Mio. je Schadenereignis oder 2 SZR für jedes Kilogramm der verlorenen und beschädigten Güter, je nachdem, welcher Betrag höher ist; bei mehreren Geschädigten haftet der Spediteur anteilig im Verhältnis ihrer Ansprüche.

## § 30 Haftung bei verfügter Lagerung

(1) Die Haftung des Spediteurs bei Verlust oder Beschädigung des Gutes (Güterschaden) ist bei einer verfügten Lagerung begrenzt
1. bei Güterschäden auf EUR 5 je kg Rohgewicht der Sendung, höchstens EUR 100.000 je Schadensfall,
2. bei Schäden eines Auftraggebers in einer Differenz zwischen Soll- und Ist-Bestand des Lagerbestandes (§ 24 Abs. 6) auf EUR 25.000, unabhängig von der Zahl der für die Inventurdifferenz ursächlichen Schadenfälle.

(2) Die Haftung des Spediteurs für andere als Güterschäden mit Ausnahme von Personenschäden und Sachschäden an Drittgut ist bei einer verfügten Lagerung begrenzt auf EUR 25.000 je Schadenfall.

(3) Die Haftung des Spediteurs ist, unabhängig davon, wie viele Ansprüche aus einem Schadenereignis erhoben werden, auf EUR 1 Mio. je Schadenereignis begrenzt; bei mehreren Geschädigten haftet der Spediteur anteilig im Verhältnis ihrer Ansprüche.

## § 31 Haftung bei logistischen Dienstleistungen

(1) Für logistische Dienstleistungen, die mit der Beförderung oder Lagerung von Gütern im Zusammenhang stehen, aber nicht speditionsüblich sind (zB Aufbügeln von Konfektion, Montage von Teilen, Veränderungen des Gutes), gelten die gesetzlichen Bestimmungen des BGB mit der Maßgabe, dass Schadensersatzansprüche nur geltend gemacht werden können, wenn der Schadensfall vom Auftragnehmer oder seinen Leuten mindestens fahrlässig herbeigeführt worden ist.

(2) Der Auftragnehmer haftet für Güterschäden bis zu einer Höhe von EUR 1 Mio. je Schadensfall.

(3) Für sonstige Schäden haftet der Auftragnehmer mit einem Betrag von EUR 20.000 je Schadenfall. Bei mehr als vier Schadenfällen, die die gleiche Ursache (zB Montagefehler) haben oder die Herstellung/Lieferung von Gütern betreffen, die mit dem gleichen Mangel behaftet sind (Serienschaden), auf EUR 100.000, unabhängig von der Zahl der Schadenfälle.

(4) Die vorstehenden Haftungsbefreiungen und Haftungsbeschränkungen gelten auch für außervertragliche Ansprüche gegen den Auftragnehmer. Sie gelten nicht für Personenschäden.

## § 32 Qualifiziertes Verschulden

Die vorstehenden Haftungsbefreiungen und -begrenzungen gelten nicht, wenn der Schaden verursacht worden ist
1. durch Vorsatz oder grobe Fahrlässigkeit des Frachtführers oder Spediteurs oder seiner leitenden Angestellten oder durch Verletzung vertragswesentlicher Pflichten, wobei Ersatzansprüche in letzterem Fall begrenzt sind auf den vorhersehbaren, typischen Schaden;

2. in den Fällen der §§ 425 ff., 461 Abs. 1 HGB durch den Frachtführer oder Spediteur oder die in §§ 428, 462 HGB genannten Personen vorsätzlich oder leichtfertig und in dem Bewusstsein, dass ein Schaden mit Wahrscheinlichkeit eintreten werde.

### § 32a Gesetzliche Haftung

Durch die VBGL wird weder die Haftung des Spediteurs noch die Zurechnung des Verschuldens von Leuten oder sonstigen Dritten abweichend von gesetzlichen Vorschriften wie Art. 25 MÜ, Art. 36 CIM, Art. 20 CMNI oder § 507 HGB zugunsten des Auftraggebers erweitert.

## IV. Versicherung

### § 33 Haftpflichtversicherung

Der Frachtführer und der Spediteur im Sinne von § 1 haben sich gegen alle Schäden, für die sie nach diesen Bedingungen und nach dem 4. Abschnitt des Handelsgesetzbuches im Rahmen der Regelhaftungssummen haften, in marktüblichem Umfang zu versichern.

### § 34 Versicherungsbesorgung

(1) Der Spediteur besorgt die Versicherung des Gutes gemäß §§ 454 Abs. 2 und 472 Abs. 1 HGB bei einem Versicherer seiner Wahl nur aufgrund einer schriftlichen oder in Textform gefassten Vereinbarung. Der Spediteur hat nach pflichtgemäßem Ermessen über Art und Umfang der Versicherung zu entscheiden und sie zu marktüblichen Bedingungen abzuschließen, es sei denn, der Auftraggeber erteilt schriftliche oder in Textform gehaltene Weisungen über Art und Umfang unter Angabe der Versicherungssumme und der zu deckenden Gefahren.

(2) Kann der Spediteur den verlangten Versicherungsschutz nicht eindecken, so hat er dies dem Auftraggeber unverzüglich mitzuteilen.

## V. Sonstige Bestimmungen

Die nachfolgenden Bestimmungen gelten für den Fracht-, Speditions- und Logistikunternehmer (im Folgenden Unternehmer)

### § 35 Nachnahme

(1) Die Vereinbarung einer Nachnahme ist eine gesonderte Dienstleistung, die bei Auftragserteilung oder bei Abruf des Fahrzeuges schriftlich zu treffen oder im Frachtbrief oder einem anderen Begleitpapier zu vermerken ist.

(2) Der Nachnahmebetrag ist beim Empfänger in bar einzuziehen. Ist diese Zahlungsweise durch den Empfänger nicht möglich, holt der Unternehmer beim Verfügungsberechtigten eine schriftliche Weisung ein. Bis zum Eingang der schriftlichen Weisung wird das Gut dem Empfänger nicht ausgeliefert. Für die Wartezeit bis zum Eintreffen der Weisung hat der Unternehmer einen Vergütungsanspruch. Im Übrigen findet § 419 Abs. 3 HGB Anwendung.

### § 36 Pfand- und Zurückbehaltungsrecht

(1) Der Unternehmer hat wegen aller fälligen und nicht fälligen Forderungen, die ihm aus den Tätigkeiten nach diesen Bedingungen an den Auftraggeber zustehen, ein Pfandrecht und ein Zurückbehaltungsrecht an den in seiner Verfügungsgewalt befindlichen Gütern oder sonstigen Werten. Das Pfand- und Zurückbehaltungsrecht geht nicht über das gesetzliche Pfand- und Zurückbehaltungsrecht hinaus.

(2) Der Unternehmer darf ein Pfandrecht wegen Forderungen aus anderen mit dem Auftraggeber abgeschlossenen Verträgen nach diesen Bedingungen nur ausüben, soweit sie unbestritten sind. Das Zurückbehaltungsrecht kann auch ausgeübt werden, wenn die Vermögenslage des Schuldners die Forderung des Unternehmers gefährdet.

(3) An die Stelle der in § 1234 BGB bestimmten Frist von einem Monat tritt in allen Fällen eine solche von zwei Wochen.

(4) Ist der Auftraggeber in Verzug, so kann der Unternehmer nach erfolgter Verkaufsandrohung von den in seinem Besitz befindlichen Gütern und Werten eine solche Menge, wie nach seinem pflichtgemäßen Ermessen zur Befriedigung erforderlich ist, freihändig verkaufen.

(5) Für den Pfand- oder Selbsthilfeverkauf kann der Unternehmer in allen Fällen eine Verkaufsprovision vom Nettoerlös in Höhe von ortsüblichen Sätzen berechnen.

### § 37 Verpackung, Verwiegung und Untersuchung des Gutes als Sonderleistungen

(1) Der dem Spediteur erteilte Auftrag umfasst mangels Vereinbarung nicht
1. die Verpackung des Gutes,
2. die Verwiegung, Untersuchung, Maßnahmen zur Erhaltung oder Besserung des Gutes und seiner Verpackung, es sei denn, dies ist geschäftsüblich. Die Bestimmung in § 3 Abs. 4 für das Frachtgeschäft bleibt unberührt.

(2) Die Tätigkeiten nach Absatz 1 sind gesondert zu vergüten.

### § 38 Paletten, Ladehilfs- und Packmittel

(1) Die Verpflichtung des Unternehmers aus einem Vertrag nach diesen Bedingungen umfasst keine Gestellung von Ladehilfsmitteln und Packmitteln, insbesondere keine Gestellung von Paletten.

(2) Soll Palettentausch erfolgen, so ist diese Vereinbarung bei Vertragsschluss oder bei Abruf des Fahrzeuges schriftlich zu treffen oder im Frachtbrief oder in einem anderen Begleitpapier zu vermerken oder in einem gesonderten Palettenbegleitschein festzuhalten. Der Palettentausch ist eine gesonderte Dienstleistung des Unternehmers, die mit seinem Entgelt nicht abgegolten und besonders zu vergüten ist. Dies gilt auch für Zug-um-Zug-Palettentauschregelungen nach Abs. 3.

(3) Der Vertrag über die Beförderung von palettiertem Gut ist mit der Auslieferung beim Empfänger erfüllt. Die Rückführung leerer Paletten erfolgt nur, wenn darüber ein gesonderter Beförderungsvertrag abgeschlossen wird. Die Sätze 1 und 2 gelten nicht für Zug-um-Zug-Palettentauschregelungen.

(4) Für andere Ladehilfsmittel gelten die Absätze 2 und 3 entsprechend.

### § 39 Verzug, Aufrechnung

(1) Zahlungsverzug tritt ein, ohne dass es einer Mahnung oder sonstigen Voraussetzung bedarf, spätestens 10 Tage nach Zugang der Rechnung oder einer gleichwertigen Zahlungsaufstellung, sofern der Verzug nicht nach Gesetz vorher eingetreten ist. Für die Verzugszinsen gilt § 288 BGB.

(2) Ansprüche auf Standgeld, auf weitere Vergütungen und auf Ersatz sonstiger Aufwendungen, die bei der Durchführung eines Vertrages nach diesen Bedingungen entstanden sind, werden vom Unternehmer schriftlich geltend gemacht. Für den Verzug dieser Ansprüche gilt Absatz 1 entsprechend.

(3) Mit Ansprüchen aus einem Vertrag nach diesen Bedingungen und damit zusammenhängenden Forderungen aus unerlaubter Handlung und aus ungerechtfertigter Bereicherung darf nur gegen fällige, dem Grunde und der Höhe nach unbestrittene oder rechtskräftig festgestellte Forderungen aufgerechnet werden.[1]

### § 40 Erfüllungsort

Erfüllungsort ist der Sitz des Unternehmers. Hat der Unternehmer mehrere Niederlassungen, so ist Erfüllungsort diejenige Niederlassung, an die der Auftrag gerichtet ist.

---

[1] Hier liegt ein Redaktionsfehler vor, der zum Zeitpunkt des Redaktionsschlusses dieses Kommentars noch nicht berichtigt wurde. Es muss heißen:
Gegen Ansprüche aus einem Vertrag ...... darf nur mit fälligen, dem Grunde und der Höhe nach unbestrittenen oder rechtskräftig festgestellten Forderungen aufgerechnet werden.

**§ 41 Gerichtsstand**

Gerichtsstand für alle Ansprüche aus einem Vertrag nach diesen Bedingungen ist der Sitz des Unternehmers, soweit der Anspruchsteller und der Anspruchsgegner Kaufmann ist. Hat der Unternehmer mehrere Niederlassungen, so ist Gerichtsstand der Ort derjenigen Niederlassung, an die der Auftrag gerichtet ist.

**§ 42 Anwendbares Recht**

Für alle Verträge nach diesen Bedingungen gilt das Recht der Bundesrepublik Deutschland.

**§ 43 Salvatorische Klausel**

Bei Unwirksamkeit einzelner Vertragsbestandteile bleibt der Vertrag im Übrigen bestehen. Die Vertragsparteien sind in diesem Falle verpflichtet, bezüglich der unwirksamen Teile Regelungen zu treffen, die dem wirtschaftlich gewollten Ergebnis am nächsten kommen.

### 3. Allgemeine Geschäftsbedingungen der Bundesfachgruppe Schwertransporte und Kranarbeiten

Stand 1.10.2013

## I. ALLGEMEINER TEIL

**1.** Allen unseren Kran-und Transportleistungen sowie Grobmontagen liegen die nachstehenden Bedingungen zugrunde, soweit nicht zwingende gesetzliche Vorschriften entgegenstehen (z. B. HGB oder CMR, CMNI/CLNI, CIM/COTIF oder MÜ).

**2. Kranleistungen** im Sinne dieser Bedingungen werden in zwei Regelleistungstypen erbracht:

**2.1. Leistungstyp 1 – Krangestellung**
Krangestellung bezeichnet die Überlassung von Hebezeugen samt Bedienungspersonal an den Auftraggeber zur Durchführung von Arbeiten nach dessen Weisung und Disposition.

**2.2. Leistungstyp 2 – Kranarbeit**
Kranarbeit ist Güterbeförderung, insbesondere das Anheben, Bewegen und die Ortsveränderung von Lasten und/oder Personen zu Arbeitszwecken mit Hilfe eines Hebezeuges und bezeichnet die Übernahme eines oder mehrerer vereinbarter Hebemanöver durch den Auftragnehmer nach dessen Weisung und Disposition. Hierzu zählt insbes. auch der isolierte Schwergutumschlag mit Hilfe eines Kranes.

**3. Transportleistung** im Sinne dieser Geschäftsbedingungen ist die gewerbsmäßige Beförderung von Gütern sowie die Bewegung oder Ortsveränderung von Gütern insbes. mittels besonderer Transporthilfsmittel wie z. B. Schwerlastroller, Panzerrollen, Wälzwagen, Hebeböcke, Luftkissen, hydr. Hubgerüsten und Hubportalen, o. ä. (sog. Flur-und Quertransporte), einschl. der damit im Zusammenhang stehenden transportbedingten Zwischenlagerung. Schwergut wird regelmäßig unverpackt und unverplant transportiert. Das Verpacken und Verplanen des Ladegutes sowie Laden, Stauen und Zurren und das Entladen schuldet der Auftragnehmer – außer bei Seefracht – nur, wenn dies vereinbart ist. Bei Schiffsbeförderungen ist der Auftraggeber mit offener Decksverladung einverstanden.

**4. Grobmontagen und -demontagen** sind, falls vereinbart, Bestandteile der Kran- oder Transportleistung. Darunter fällt das Zusammenfügen oder Zerlegen sowie das Befestigen oder Lösen des Ladegutes für Zwecke der Transportvorbereitung oder -abwicklung. Für darüber hinausgehende Montageleistungen (Endmontage, Probelauf, Feinjustierungen etc.) gelten die BSK-Montagebedingungen jeweils neuester Fassung.

**5.** Ergebnisse von Einsatzstellenbesichtigungen und besondere Vereinbarungen, z. B. über Be- und Entladeort, Kranstandplatz usw., sollen von den Parteien protokolliert werden.

**6.** Verträge über die Durchführung von Großraum-und Schwertransporten sowie Kranverbringungen im öffentlichen Straßenverkehr bedürfen der Erlaubnis oder Genehmigung der zuständigen Behörde, insbesondere gemäß § 18 I 2 und § 22 II., IV und § 29 III und § 46 I Nr. 5 StVO sowie § 70 I StVZO. Diese Verträge werden ausschließlich unter der aufschiebenden Bedingung der rechtzeitigen Erlaubnis- bzw. Genehmigungserteilung geschlossen.

**7.** Sofern verkehrslenkende Maßnahmen (Polizeibegleitung etc.) oder sonstige Auflagen und Nebenbestimmungen zur Aufrechterhaltung der Sicherheit und Leichtigkeit des Straßenverkehrs und/oder zum Schutz der Straßenbausubstanz behördlich verfügt werden, stehen diese Verträge auch unter der aufschiebenden Bedingung der rechtzeitigen Verfügbarkeit der Sicherungskräfte und der rechtzeitigen Umsetzbarkeit der behördlichen Sicherungsmaßnahmen. Der Auftragnehmer verpflichtet sich, die notwendigen behördlichen Erlaubnisse und Genehmigungen rechtzeitig nach den einschlägigen Verwaltungsvorschriften zu beantragen und den Auftraggeber unverzüglich über solche Auflagen und Nebenbestimmungen zur Transportdurchführung zu informieren, die den Transportablauf erschweren oder behindern könnten. Es gilt hierzu das BSK-Merkblatt: Verkehrslenkende Maßnahmen.

**8.** Der Auftragnehmer ist berechtigt, andere Unternehmen zur Erfüllung der vertraglich übernommenen Verpflichtung einzuschalten, sofern nichts anderes vereinbart wurde.

**9.** Der Auftragnehmer ist berechtigt, unter Ausschluss von Schadenersatzansprüchen vom Vertrag zurückzutreten, wenn nach sorgfältiger Prüfung vor oder während des Einsatzes von Fahrzeugen, Geräten oder Arbeitsvorrichtungen aller Art und trotz aller zumutbaren Anstrengungen zur Schadensverhütung wesentliche Schäden an fremden und/oder eigenen Sachen und/oder Vermögenswerten bzw. Personenschäden mit großer Wahrscheinlichkeit nicht zu vermeiden sind. Der Ausschluss der Schadenersatzansprüche entfällt, wenn der Auftragnehmer die Sorgfalt eines ordentlichen Kaufmanns (Frachtführers) nicht beachtet hat. Im Fall des Rücktritts wird bei Kranleistungen das Entgelt anteilig berechnet, bei Transportleistungen gelten die gesetzlichen Bestimmungen.

**10.** Der Auftragnehmer ist berechtigt, den Einsatz bei Gefahr für Ausrüstung, Ladegut, Personal und/oder Dritte sofort zu unterbrechen. Witterungsbedingte Unterbrechungen mindern den Anspruch auf Entgelt unter Anrechnung ersparter Aufwendungen nicht, wenn die witterungsbedingten Hemmnisse trotz zumutbarer Anstrengung nicht zu überwinden waren.

**11.** Maßgebend für die Leistung des Auftragnehmers sind der Kran- oder Transportauftrag bzw. die Vereinbarungen im internat. Frachtbrief. Nur wenn dies vereinbart ist, stellt der Auftragnehmer darüber hinaus auch notwendiges Hilfs-, Einweis- und sonstiges Personal sowie den ggf. erforderlichen Anschläger auf Kosten des Auftraggebers. Sofern nichts anderes vereinbart ist, wird nach Zeiteinheiten (Stunden- oder Tagessätzen) abgerechnet. Die Vergütungspflicht beginnt, sofern nicht etwas anderes vereinbart ist, mit der Abfahrt des Hebe- oder Transportfahrzeuges vom Betriebshof des Auftragnehmers und endet mit dessen Rückkehr. Sind Stunden- oder Tagessätze vereinbart, gelten diese auch für die An- und Abfahrts- sowie Rüstzeiten. Abgerechnet wird bei Stundensätzen je angefangene halbe Stunde, bei Abrechnung nach Tagessätzen jeder angefangene Arbeitstag. Gebühren und Kosten für behördliche Aufwendungen sowie alle Beschaffungskosten und Kosten, die durch behördliche Auflagen und sonstige Nebenbestimmungen entstehen, sowie Polizeibegleitgebühren oder Kosten für firmeneigene Transportsicherung und sonstige Kosten für behördlich angeordnete Sicherheitsvorkehrungen trägt der Auftraggeber, soweit nichts anderes vereinbart wurde. Die vereinbarten Beträge verstehen sich ohne Mehrwertsteuer, die dem Auftragnehmer in jeweils gesetzlicher Höhe zusätzlich zu vergüten ist

## II. BESONDERER TEIL

### 1. Abschnitt Krangestellung

#### Pflichten des Auftragnehmers und Haftung

**12.1.** Besteht die Hauptleistung des Auftragnehmers in der bezeichneten Überlassung eines Hebezeuges samt Bedienungspersonal an den Auftraggeber zur Durchführung von Arbeiten nach dessen Weisung und Disposition, so schuldet der Auftragnehmer die Überlassung eines im Allgemeinen und im Besonderen geeigneten Hebezeuges, das nach den einschlägigen gesetzlichen Bestimmungen und den geltenden Regeln der Technik TÜV- und UVV-geprüft sowie betriebsbereit ist. Für das überlassene Personal haftet der Auftragnehmer nur im Rahmen der geltenden Grundsätze zum Auswahlverschulden.

**12.2.** Eine Haftung für nicht rechtzeitige Gestellung ist ausgeschlossen bei höherer Gewalt, Streik, Straßensperrung und sonstigen unvermeidbaren Ereignissen, es sei denn, der Auftragnehmer hätte deren Folgen bei Wahrung der verkehrserforderlichen Sorgfalt abwenden können.

**12.3.** In allen anderen Fällen nicht rechtzeitiger Gestellung ist die Haftung des Auftragnehmers – außer bei Vorsatz und grober Fahrlässigkeit – begrenzt auf den typischerweise vorhersehbaren Schaden.

## 2. Abschnitt Kranarbeiten und Transportleistungen

### Pflichten des Auftragnehmers und Haftung

**13.** Der Auftragnehmer verpflichtet sich, alle ihm erteilten Aufträge mit allen zur Verfügung stehenden Mitteln und technischen Möglichkeiten unter Beachtung der einschlägigen Regeln der Technik ordnungsgemäß und fachgerecht auszuführen.

**14.** Der Auftragnehmer verpflichtet sich insbesondere, allgemein und im Besonderen geeignete Transportmittel und Hebezeuge, die betriebsbereit, betriebssicher und nach den geltenden Bestimmungen TÜV- und UVV-geprüft sind, zum Einsatz zu bringen. Darüber hinaus verpflichtet sich der Auftragnehmer, allgemein und im Besonderen geeignetes Bedienungspersonal (Kranführer und Kraftfahrer), das mit der Bedienung des Transportmittels bzw. des Hebezeuges vertraut ist, zur Verfügung zu stellen.

**15.1.** Besteht die Hauptleistung des Auftragnehmers in der Kranarbeit und/oder Transportleistung, so gelten die gesetzlichen Vorschriften über das Frachtgeschäft. Die Haftung des Auftragnehmers für Güterschäden ist – außer in Fällen des qualifizierten Verschuldens – begrenzt auf 8,33 Sonderziehungsrechte (SZR) je Kilogramm des beschädigten oder in Verlust gegangenen Gutes. Bei Schiffsbeförderungen haftet der Auftragnehmer in diesen Fällen mit max. 2 SZR pro Kilo Rohgewicht der Sendung oder max. 666,6 SZR pro Packstück oder Einheit.

**15.2.** Der Auftragnehmer verzichtet auf die Einrede der summenmäßigen Haftungsbegrenzung gemäß Ziffer 15.1. für Güterschäden bis zum Betrag von € 500.000,– sowie für sonstige Vermögensschäden bis zum Betrag von € 125.000,–, jeweils pro Schadenereignis.

**15.3.** Die Haftung des Auftragnehmers ist ausgeschlossen, wenn der Schaden durch ein Verhalten seiner Leute, die Schiffsbesatzung oder sonstiger Personen im Dienste des Schiffes bei der Führung oder sonstigen Bedienung des Schiffes oder durch Feuer oder Explosion an Bord des Schiffes entstanden ist.

**16.** Sofern der Auftraggeber einen höheren Betrag als in Ziff. 15.2 wünscht, so ist vor Auftragserteilung eine ausdrückliche Vereinbarung darüber zu treffen, und der Auftragnehmer ist berechtigt, die Kosten einer entsprechenden Versicherung für die höhere Haftung dem Auftraggeber in Rechnung zu stellen.

**17.1.** Zur Versicherung des Gutes ist der Auftragnehmer nur verpflichtet, soweit ein ausdrücklicher schriftlicher Auftrag dazu unter Angabe des Versicherungswertes und der zu deckenden Gefahren vorliegt; die bloße Wertangabe ist nicht als Auftrag zur Versicherung zu verstehen.

**17.2.** Durch Entgegennahme des Versicherungsscheines (Police) übernimmt der Auftragnehmer nicht die Pflichten, die dem Auftraggeber als Versicherungsnehmer obliegen; jedoch hat der Auftragnehmer alle üblichen Maßnahmen zur Erhaltung des Versicherungsanspruches zu treffen.

**17.3.** Mangels abweichender schriftlicher Vereinbarungen versichert der Auftragnehmer zu den an seinem Firmensitz üblichen Versicherungsbedingungen.

### Pflichten des Auftraggebers und Haftung

**18.** Der Auftraggeber hat alle technischen Voraussetzungen, die für die ordnungsgemäße und gefahrlose Durchführung des Auftrages erforderlich sind, auf eigene Rechnung und Gefahr zu schaffen und während des Einsatzes aufrechtzuerhalten. Insbesondere ist der Auftraggeber verpflichtet, das zu behandelnde Gut in einem für die Durchführung des Auftrages bereiten und geeigneten Zustand zur Verfügung zu halten. Der Auftraggeber ist außerdem verpflichtet, die Maße, Gewichte und besonderen Eigenschaften des Gutes (z. B. Schwerpunkt, Art des Materials usw.) sowie im Falle von Kranleistungen die Anschlagpunkte rechtzeitig und richtig anzugeben.

**19.** Der Auftraggeber hat die zum Befahren von fremden Grundstücken, nicht öffentlichen Straßen, Wegen und Plätzen erforderlichen Zustimmungen der Eigentümer zu besorgen und den Auftragnehmer von Ansprüchen Dritter, die sich aus einer unbefugten Inanspruchnahme eines fremden Grundstückes ergeben können, freizustellen.

**20.** Darüber hinaus ist der Auftraggeber dafür verantwortlich, dass die Boden-, Platz- und sonstigen Verhältnisse an der Einsatzstelle sowie den Zufahrtswegen – ausgenommen öffentliche Straßen, Wege und Plätze – eine ordnungsgemäße und gefahrlose Durchführung des Auftrages gestatten. Insbesondere ist der Auftraggeber dafür verantwortlich, dass die Bodenverhältnisse am Be- und Entladeort bzw. Kranstandplatz sowie den Zufahrtswegen den auftretenden Bodendrücken und sonstigen Beanspruchungen gewachsen sind. Schließlich ist der Auftraggeber verantwortlich für alle Angaben über unterirdische Kabelschächte, Versorgungsleitungen, sonstige Erdleitungen und Hohlräume, die die Tragfähigkeit des Bodens an der Einsatzstelle oder den Zufahrtswegen beeinträchtigen könnten. Auf die Lage und das Vorhandensein von Frei- und Oberleitungen, unterirdischen Kabeln, Leitungen, Schächten und sonstigen Hohlräumen, oder anderen nicht erkennbaren Hindernissen, die die Stand- und Betriebssicherheit der Fahrzeuge am Einsatzort beeinträchtigen könnten, sowie auf besondere Gefährdungslagen, die sich bei Durchführung der Kran- oder Transportleistung hinsichtlich des zu befördernden Gutes und des Umfeldes ergeben können (z. B. Gefahrgut, Kontaminationsschäden etc.) hat der Auftraggeber unaufgefordert hinzuweisen. Angaben und Erklärungen Dritter, deren sich der Auftraggeber zur Erfüllung der ihm obliegenden Verpflichtungen bedient, gelten als Eigenerklärungen des Auftraggebers.

**21.** Der Auftraggeber darf nach Auftragserteilung ohne Zustimmung des Auftragnehmers dem von ihm eingesetzten Personal keine Weisungen erteilen, die von den vertraglichen Vereinbarungen in Art und Umfang abweichen oder dem Vertragszweck zuwiderlaufen.

**22.** Verletzt der Auftraggeber schuldhaft die vorgenannten Verpflichtungen, insbesondere seine Vorbereitungs-, Hinweis- und Mitwirkungspflicht, so haftet er gegenüber dem Auftragnehmer für jeden daraus entstehenden Schaden. Die Vorschriften des § 414 Absatz 2 des HGB bleiben hiervon unberührt. Von Schadensersatzansprüchen Dritter, die aus der Verletzung der Pflichten des Auftraggebers herrühren, hat er den Auftragnehmer vollumfänglich freizustellen. Für den Fall der Inanspruchnahme des Auftragnehmers nach dem USchadG oder anderer vergleichbarer öffentlich-rechtlicher, nationaler oder internationaler Vorschriften hat der Auftraggeber den Auftragnehmer im Innenverhältnis in vollem Umfange freizustellen, sofern dieser den Schaden nicht vorsätzlich oder grob fahrlässig verursacht hat. Der Einwand des Mitverschuldens bleibt für beide Parteien hiervon unberührt.

## III. SCHLUSSBESTIMMUNGEN

**23.** Die Leistungen des Auftragnehmers sind Vorleistungen und nicht zum Skontoabzug berechtigt. Die Rechnungen des Auftragnehmers sind nach Erfüllung des Auftrages sofort nach Rechnungserhalt zu begleichen, soweit bei Auftragserteilung nichts anderes vereinbart ist. Eine Aufrechnung oder Zurückbehaltung ist nur mit unbestrittenen oder rechtskräftig festgestellten Gegenforderungen zulässig, es sei denn, beim Auftraggeber handelt es sich um einen Verbraucher. Der Auftragnehmer hat wegen aller fälligen und nicht fälligen Forderungen, die ihm aus den in Ziff. 2 bis 4 genannten Tätigkeiten gegenüber dem Auftraggeber zustehen, ein Pfandrecht und ein Zurückbehaltungsrecht an den in seiner Verfügungsgewalt befindlichen Gütern oder sonstigen Werten. Das Pfand- und Zurückbehaltungsrecht geht jedoch nicht über das gesetzliche Fuhrunternehmer bzw. Vermieterpfandrecht und das allgemeine Zurückbehaltungsrecht hinaus. Hinsichtlich eines Pfand- und Zurückbehaltungsrechts wegen Forderungen aus anderen mit dem Auftraggeber abgeschlossenen Verkehrsverträgen gilt § 366 Abs. 3 HGB. Der Auftragnehmer darf auch ein Pfand- und Zurückbehaltungsrecht wegen Forderungen aus anderen mit dem

Auftraggeber abgeschlossenen Verträgen nur ausüben, soweit diese unbestritten oder rechtskräftig festgestellt sind oder wenn die Vermögenslage des Schuldners die Forderung des Auftragnehmers gefährdet. An die Stelle der in § 1234 BGB bestimmten Frist für die Androhung des Pfandverkaufs von einem Monat tritt in allen Fällen eine solche von zwei Wochen. Ist der Auftraggeber in Verzug, kann der Auftragnehmer nach erfolgter Verkaufsandrohung von den in seinem Besitz befindlichen Gütern und Werten eine solche Menge, wie nach seinem pflichtgemäßen Ermessen zur Befriedigung erforderlich ist, freihändig verkaufen. Für den Pfand- oder Selbsthilfeverkauf kann der Auftragnehmer in allen Fällen eine ortsübliche Verkaufsprovision vom Nettoerlös berechnen.

**24.** Erfüllungsort und Gerichtsstand auch für Scheck-und Wechselklagen unter Kaufleuten ist ausschließlich der Sitz des Auftragnehmers. Alle vom Auftragnehmer abgeschlossenen Verträge unterliegen dem deutschen Recht. Das gilt auch für ausländische Auftraggeber.

**25.** Soweit für Erklärungen die Schriftform verlangt wird, steht ihr die Datenfernübertragung und jede sonst lesbare Form gleich, sofern sie den Aussteller erkennbar macht.

**26.** Sollten aus Vertrags- oder Rechtsgründen Teile dieser Allgemeinen Geschäftsbedingungen unwirksam oder im Einzelfall nicht anwendbar sein, so bleiben alle übrigen Bestimmungen hiervon unberührt; § 139 BGB ist insofern abbedungen.

## 4. Allgemeine Leistungsbedingungen (ALB) der DB Schenker Rail AG

Stand: 1. Januar 2014

**1   Geltungsbereich, Änderungen dieser ALB, PKL und sonstiger allgemeiner Geschäftsbedingungen, abweichende und ergänzende Bedingungen**

1.1 Unsere Leistungen (Beförderung von Gut, Umschlag, Zwischen-/Lagerung und sonstige beförderungsnahe Leistungen) erbringen wir zu den nachfolgenden ALB und den in Ziff. 1.3 genannten Bedingungen. Die ALB gelten auch für unsere internationalen Transporte, soweit die „Bestimmungen der DB Schenker Rail AG für den internationalen Eisenbahnverkehr" keine abweichenden Bestimmungen enthalten. Die ALB gelten nicht für Verträge mit Verbrauchern im Sinne des § 13 BGB.

1.2 Allgemeine Geschäftsbedingungen des Kunden gelten nur bei besonderer Bestätigung unsererseits.

1.3 Ergänzend zu den ALB gelten die folgenden Bedingungen in ihrer jeweils gültigen Fassung:
   – Preise und Konditionen der DB Schenker Rail AG
   – Verladerichtlinien der DB Schenker Rail AG
   – Vorschriften für die Beförderung gefährlicher Güter mit der Eisenbahn
   – Allgemeine Bedingungen über den Tausch von EUR-Paletten mit der DB Schenker Rail AG
   – Geschäftsbedingungen für das Frachtausgleichsverfahren der DeutscheVerkehrsBank AG.

1.4 Speditions-, Lager- und sonstige speditionsübliche Leistungen erbringen wir auf der Grundlage der ADSp in ihrer neuesten Fassung, soweit diese besonders vereinbart werden.

1.5 Die Durchführung und Verbindlichkeit eines elektronischen Austauschs von Vertrags- und Leistungsdaten wird in einem besonders abzuschließenden Vertrag geregelt.

1.6 Änderungen
   Wir sind jederzeit berechtigt, diese ALB, PKL und unsere sonstigen allgemeinen Geschäftsbedingungen zu ändern. Die geänderten ALB, PKL und sonstigen allgemeinen Geschäftsbedingungen werden wir dem Kunden in Textform (z. B. per E-mail oder anderen elektronischen Kommunikationsmitteln) spätestens einen Monat vor dem vorgeschlagenen Zeitpunkt ihres Wirksamwerdens anbieten. Die Zustimmung des Kunden gilt als erteilt, wenn er seine Ablehnung nicht vor dem vorgeschlagenen Zeitpunkt des Wirksamwerdens der Änderungen angezeigt hat. Auf diese Genehmigungswirkung werden wir den Kunden in unserem Angebot, das die geänderten ALB, PKL und sonstigen allgemeinen Geschäftsbedingungen enthält, gesondert hinweisen.

**2   Leistungsvertrag, Einzelverträge**

2.1 Grundlage für die von uns zu erbringenden Leistungen ist ein mit dem Kunden schriftlich abzuschließender Leistungsvertrag. Dieser hat eine Laufzeit von 12 Monaten. Die Verlängerung, Änderung oder der Abschluss eines neuen Leistungsvertrages bedürfen ebenfalls der Schriftform. Sofern der Leistungsvertrag nicht von beiden Parteien unterschrieben wurde, ist unser vom Kunden nicht unverzüglich widersprochenes Bestätigungsschreiben verbindlich.

2.2 Der Leistungsvertrag enthält wesentliche Leistungsdaten, die für den Abschluss von Einzelverträgen, insbesondere Frachtverträgen, erforderlich sind (z. B. Relation, Ladegut, Wagentyp, Ladeeinheit, Entgelt).

2.3 Einzelverträge kommen durch Auftrag des Kunden und unsere Annahme zustande. Bei Anbindung des Kunden an unseren Kundenservice sind Aufträge ausschließlich an diesen zu richten; der Auftrag gilt als angenommen, wenn der Kundenservice nicht innerhalb einer angemessenen Frist widerspricht. Eine schriftliche Auftragsbestätigung erfolgt nur, wenn dies mit dem Kunden besonders vereinbart ist.

## 3 Frachtbrief, Transportauftrag

3.1 Soweit nichts anderes vereinbart ist, ist vom Kunden ein Frachtbrief nach dem in den „Preise und Konditionen der DB Schenker Rail AG" abgedruckten Muster auszustellen. Der Frachtbrief wird von uns nicht unterschrieben; gedruckte oder gestempelte Namens- oder Firmenangaben gelten nicht als Unterschrift.

3.2 Bei Verwendung eines Frachtbriefs gemäß § 408 HGB gilt dieser als Transportauftrag. Erteilt der Kunde den Transportauftrag ohne Verwendung eines Frachtbriefs, haftet er entsprechend § 414 HGB für die Richtigkeit und Vollständigkeit sämtlicher im Transportauftrag enthaltener Angaben.

## 4 Wagen und Ladeeinheiten (LE) von DB Schenker Rail AG, Ladefristen

4.1 Wir stellen für den Transport geeignete Wagen und LE zur Verfügung.

4.2 Der Kunde ist für die korrekte Angabe der benötigten Anzahl und Gattung von Wagen und LE sowie der Destination verantwortlich; für die Bereitstellung von Wagen und LE vor Abschluss eines Frachtvertrages gelten § 412 Abs. 3, § 415 sowie § 417 HGB entsprechend.

4.3 Bei Überschreitung der Ladefristen erheben wir ein Standgeld nach „Preise und Konditionen der DB Schenker Rail AG".

4.4 Der Kunde hat bereitgestellte Wagen und LE vor Verladung auf ihre Eignung für den vorgesehenen Verwendungszweck sowie auf sichtbare Mängel zu prüfen und uns über Beanstandungen unverzüglich zu informieren.

4.5 Der Kunde haftet für Schäden an Wagen und LE, die durch ihn oder einen von ihm beauftragten Dritten verursacht werden inklusive der Folgekosten für einen erforderlichen Werkstattaufenthalt. Der Kunde haftet nicht, wenn der Schaden auf einen Mangel zurückzuführen ist, der bei der Übergabe bereits vorhanden war. Beschädigungen und Unfälle sind unverzüglich an unseren Kundenservice zu melden.

4.6 Der Kunde ist dafür verantwortlich, dass entladene Wagen und LE verwendungsfähig, d. h. vollständig geleert, vorschriftsmäßig entseucht oder gereinigt sowie komplett mit losen Bestandteilen, ferner fristgerecht am vereinbarten Übergabepunkt oder Terminal zurückgegeben werden. Bei Nichterfüllung erheben wir ein Entgelt nach „Preise und Konditionen der DB Schenker Rail AG" für uns entstandene Aufwendungen. Ein weitergehender Schadensersatzanspruch bleibt hiervon unberührt.

4.7 Der Kunde ist verpflichtet, die von uns überlassenen Wagen und LE ausschließlich zu dem vertraglich vorgesehenen Zweck zu verwenden.

## 5 Wagen Dritter

Setzt der Kunde Wagen ein, deren Halter nicht die DB Schenker Rail AG ist, so stellt er sicher, dass diese einer Instandhaltung durch eine hierfür zertifizierte Stelle (ECM) unterliegen. Bis zur zwingenden Einführung der Zertifizierung ist eine Selbstdeklaration zur ordnungsgemäßen Instandhaltung abzugeben. Anderenfalls sind wir berechtigt, die Übernahme der Wagen zu verweigern.

## 6 Ladevorschriften

6.1 Dem Kunden obliegt die Verladung und die Entladung, wenn nicht etwas anderes vereinbart ist. Bei der Verladung und der Entladung sind die Verladerichtlinien der DB Schenker Rail AG zu erfüllen. Wir sind berechtigt, Wagen und LE auf betriebssichere Verladung zu überprüfen.

6.2 Verletzt der Kunde seine Verpflichtung aus Ziff. 6.1, besteht eine erhebliche Abweichung zwischen vereinbartem und tatsächlichem Ladegut, wird das zulässige Gesamtgewicht überschritten oder durch die Art des Gutes oder der Verladung die Beförderung behindert, werden wir den Kunden auffordern, innerhalb angemessener Frist Abhilfe zu schaffen. Nach fruchtlosem Fristablauf sind wir berechtigt, auch die Rechte entsprechend § 415 Abs. 3 Satz 1 HGB geltend zu machen.

6.3 Der Kunde ist verpflichtet, Be- und Entladereste an der Ladestelle einschließlich der Zufahrtswege unverzüglich auf eigene Kosten zu beseitigen.

## 7    Hindernisse

Im Rahmen von § 419 Abs. 3 HGB sind wir berechtigt, das beladene Transportmittel abzustellen. Für die Dauer dieser Abstellung haften wir für die Sorgfalt eines ordentlichen Kaufmanns.

## 8    Verlustvermutung

Für den Eintritt der Verlustvermutung gemäß § 424 Abs. 1 HGB gilt für inländische und grenzüberschreitende Verkehre einheitlich ein weiterer Zeitraum von 30 Tagen nach Ablauf der Lieferfrist.

## 9    Gefahrgut

9.1 Der Kunde hat die einschlägigen Gefahrgut-Rechtsvorschriften sowie unsere Vorschriften für die Beförderung gefährlicher Güter mit der Eisenbahn zu beachten.

9.2 Gefahrgut wird von uns nur angenommen/abgeliefert, wenn mit dem Absender/Empfänger die Übernahme der Sicherheits- und Obhutspflichten bis zur Abholung bzw. von der Bereitstellung an sowie bei Gütern der Klassen 1, 2 und 7 darüber hinaus die körperliche Übergabe/Übernahme des Gutes schriftlich vereinbart ist.

9.3 Der Kunde stellt uns im Rahmen seines Haftungsanteils von allen Verpflichtungen frei, die beim Transport, der Verwahrung oder sonstigen Behandlung gegenüber Dritten entstanden sowie auf die Eigenart des Gutes und die Nichtbeachtung der dem Kunden obliegenden Sorgfaltspflichten zurückzuführen sind.

9.4 Gefahrgut wird von uns nicht auf Lager genommen, auch nicht durch Abstellen beladener Transportmittel auf dem jeweiligen Verkehrsweg. Das Abstellen ungereinigter leerer Kesselwagen über einen Monat bedarf einer besonderen schriftlichen Vereinbarung. Ungereinigte leere und nicht entgaste Druckgaskesselwagen werden von uns nicht länger als einen Monat abgestellt.

## 10    Entgelte, Rechnungsstellung, Aufrechnungsverbot

10.1 Frachtzahlungen erfolgen durch Frachtausgleichsverfahren. Andere Zahlungsverfahren bedürfen einer besonderen Vereinbarung; in diesem Fall gelten die Ziff. 10.2 und 10.3.

10.2 Rechnungen sind unverzüglich nach Rechnungserhalt ohne Abzug fällig. Ist die Zahlung nicht binnen 10 Tagen nach Rechnungserhalt erfolgt, können wir Verzugszinsen in Höhe von fünf Prozentpunkten über dem jeweiligen Basiszinssatz der Deutschen Bundesbank verlangen. Wir können vom Kunden eine Vorauszahlung oder Sicherheitsleistung verlangen.

10.3 Gegen unsere Forderungen ist eine Aufrechnung oder Zurückbehaltung ausgeschlossen, es sei denn, die Gegenforderung ist unbestritten oder rechtskräftig festgestellt.

## 11    Zoll- und sonstige Verwaltungsvorschriften

Die Zoll- und sonstigen verwaltungsbehördlichen Vorschriften werden, solange das Gut unterwegs ist, von uns oder unseren Beauftragten erfüllt. Für diese Leistungen sowie für von uns nicht zu vertretende Verzögerungen anlässlich der Erfüllung dieser Leistungen erheben wir Entgelte nach „Preise und Konditionen der DB Schenker Rail AG".

## 12    Besondere Bedingungen für den Kombinierten Verkehr

12.1 Im Kombinierten Verkehr befördern wir leere und beladene LE und erbringen nach besonderer Vereinbarung ergänzende Leistungen (z. B. das Ausfüllen der erforderlichen Beförderungspapiere).

12.2 LE im Sinne dieser ALB sind:
- – Container für den Überseeverkehr, deren Abmessungen, Eckbeschläge und Festigkeit von der Internationalen Standardisierungs-Organisation genormt sind
- – Binnencontainer für den europäischen Festlandsverkehr
- – Wechselbehälter, d. h. im Betrieb austauschbare Aufbauten
- – Sattelanhänger
- – Lastzüge und Sattelkraftfahrzeuge bei Nutzung der „Rollenden Landstraße".

12.3 LE müssen den jeweils gültigen gesetzlichen Vorschriften und technischen Bestimmungen (z. B. nach DIN, EN, UIC-Merkblättern, gültiges CSC-Sicherheitszulassungsschild) entsprechen.

12.4 LE, die uns der Kunde übergibt, müssen betriebssicher und für das Gut geeignet sein.

12.5 LE werden von uns im Freien abgestellt.

## 13 Haftung

13.1 Unsere Haftung für Verlust oder Beschädigung ist auf einen Betrag von 8,33 Rechnungseinheiten für jedes Kilogramm des Rohgewichts der Sendung beschränkt. Bei teilweisem Verlust oder teilweiser Beschädigung gilt § 431 Abs. 2 HGB entsprechend. Der Wert der Rechnungseinheiten bestimmt sich nach § 431 Abs. 4 HGB.

13.2 **In jedem Fall ist unsere Haftung abweichend von dem gesetzlich vorgesehenen Betrag auf einen Betrag von einer Million EURO oder zwei Rechnungseinheiten für jedes Kilogramm pro Schadensfall beschränkt, je nachdem, welcher Betrag höher ist.**

13.3 Sofern Schadensersatzansprüche im Übrigen nicht durch Vorsatz oder grob fahrlässiges Verhalten begründet werden oder wir nicht aufgrund zwingender Rechtsvorschriften haften, sind über die in den ALB geregelten Ansprüche hinausgehende Ersatzansprüche jeder Art gegen uns, unsere Mitarbeiter und Erfüllungsgehilfen ausgeschlossen. Dies gilt nicht bei der Verletzung vertragswesentlicher Pflichten. Ersatzansprüche sind in diesen Fällen beschränkt auf den vorhersehbaren, typischen Schaden.

13.4 Ziff. 13.3 gilt auch für Beförderung/Versand von Briefen.

13.5 Der Kunde soll uns Gelegenheit zur Besichtigung des Schadens geben.

## 14 Gerichtsstand, anwendbares Recht

14.1 Für alle aus dem Vertragsverhältnis sich ergebenden Streitigkeiten (einschließlich Widerklagen, Scheck- und Wechselprozessen) ist alleiniger Gerichtsstand Mainz oder nach unserer Wahl der Sitz des Kunden.

14.2 Es gilt das für die Rechtsbeziehungen inländischer Parteien maßgebende Recht der Bundesrepublik Deutschland.

## 5. Allgemeine Beförderungsbedingungen für Fracht
## der Lufthansa Cargo AG

Stand März 2011

**Begriffsbestimmungen**

| | |
|---|---|
| Abholdienst | ist die Landbeförderung abgehender Gütersendungen von der Abholstelle zum Abgangsflughafen. |
| Abkommen | ist eines oder mehrere der nachfolgenden Abkommen, soweit es auf den Beförderungsvertrag anwendbar ist: |

– Übereinkommen zur Vereinheitlichung bestimmter Vorschriften über die Beförderung im internationalen Luftverkehr; abgeschlossen in Montreal am 28.05.1999 (Montrealer Übereinkommen)

– Abkommen zur Vereinheitlichung von Regeln über die Beförderung im internationalen Luftverkehr; abgeschlossen in Warschau am 12.10.1929 (Warschauer Abkommen)

– Warschauer Abkommen in der Fassung von Den Haag am 28.09.1955

– Montrealer Protokoll Nr. 4 vom 25.09.1975 (MP 4)

– Zusatzabkommen zum Warschauer Abkommen zur Vereinheitlichung von Regeln über die von einem anderen als dem vertraglichen Luftfrachtführer ausgeführte Beförderung im internationalen Luftverkehr, unterzeichnet in Guadalajara am 18.09.1961 (Abkommen von Guadalajara)

| | |
|---|---|
| Absender | ist diejenige Person oder Unternehmung, deren Name oder Bezeichnung im Luftfrachtbrief als Vertragspartner beim Abschluss des Beförderungsvertrages von Gütern in dem dafür vorgesehenen Feld eingetragen ist. |
| Agent | ist diejenige Person oder Unternehmung, die, sofern sich aus dem Beförderungsvertrag nichts anderes ergibt, ausdrücklich oder stillschweigend befugt ist, namens oder im Auftrag des Luftfrachtführers und/oder des Absenders in Bezug auf die Beförderung zu handeln. |
| Aufeinanderfolgender Luftfrachtführer | ist derjenige Luftfrachtführer, der aufgrund eines einheitlichen Beförderungsvertrages mit einem oder mehreren anderen anderen Luftfrachtführern die Beförderung als einheitliche Leistung erbringt. |
| Ausführender Luftfrachtführer | ist derjenige Luftfrachtführer, der auf Grund einer Ermächtigung des vertraglichen Luftfrachtführers die Beförderung ganz oder zum Teil durchführt, ohne aufeinander folgender Luftfrachtführer zu sein. |
| Beförderung | ist die unentgeltliche oder entgeltliche Beförderung von Gütern aufgrund eines Luftbeförderungsvertrages auf dem Luft- oder Landweg. |
| Beförderungsvertrag | ist die zwischen dem Absender und dem Luftfrachtführer mündlich oder schriftlich abgeschlossene Vereinbarung über die vom Luftfrachtführer zu übernehmende Beförderung einschließlich der Frachtraten. |
| Code-Sharing | ist die gleichzeitige Verwendung einer nicht operativen Flugnummer neben der operativen Flugnummer eines anderen Luftfrachtführers, der die Beförderung durchführt. |
| Empfänger | ist diejenige Person oder Unternehmung, deren Name oder |

| | |
|---|---|
| | Bezeichnung im Luftfrachtbrief in dem dafür vorgesehenen Feld eingetragen ist. und an die der Luftfrachtführer die Güter vorbehaltlich anderer Weisungen zu übergeben hat. |
| Frachtraten/Tarife | sind diejenigen gewichts- oder wertbezogenen Entgelte und Gebühren des Luftfrachtführers, die für die vom Absender gewählte Beförderung und Beförderungsform am Tage der Ausstellung des Luftfrachtbriefes gültig oder zwischen den Parteien des Luftfrachtvertrages vereinbart worden sind. |
| Frachtnachnahme | ist die Erhebung des im Luftfrachtbrief eingetragenen Frachtbetrages vom Empfänger. |
| Gut/Güter | sind alle Gegenstände, die in einem Luftfahrzeug befördert werden oder befördert werden sollen, einschließlich Postsendungen soweit die Beförderungsbedingungen aufgrund der geltenden internationalen Abkommen auf solche anwendbar sind. Auch unbegleitetes Gepäck und Tiere, die aufgrund eines Luftfrachtbriefes befördert werden, sind Güter in diesem Sinne. |
| Luftfrachtbrief | ist die von dem Absender oder in seinem Namen ausgefüllte, als „Luftfrachtbrief" bezeichnete Urkunde; sie erbringt den Beweis für den Vertrag zwischen Absender und Luftfrachtführer über die Beförderung von Gütern. |
| Luftfrachtführer | ist der den Luftfrachtbrief ausgebende Luftfrachtführer bzw. bei Verwendung einer anderen Aufzeichnung im Sinne von Artikel 3 Ziffer 3 diejenige Person, die in der anderen Aufzeichnung als Luftfrachtführer bezeichnet wird, sowie jeder, der die Fracht unter dem Luftfrachtbrief befördert |
| Nachnahme | ist die aufgrund einer Vereinbarung zwischen Absender und Luftfrachtführer bei Auslieferung der Gütersendung vorzunehmende Erhebung eines im Luftfrachtbrief als an den Absender zahlbar bezeichneten Betrages durch den Luftfrachtführer vom Empfänger (Warenwertnachnahme). |
| Tage | sind volle Kalendertage, einschließlich der Sonntage und gesetzlichen Feiertage; bei Feststellung einer Gültigkeitsdauer wird der Tag der Ausgabe des Beförderungsdokuments oder der Tage des Flugbeginns nicht mitgerechnet. |
| Zustelldienst | ist die Landbeförderung ankommender Gütersendungen vom Bestimmungsflughafen zum Empfänger oder zu dem von ihm bezeichneten Vertreter oder zur Aufbewahrung durch die zuständigen Behörden, falls dies verlangt wird. |

## Art. 1 Maßgebendes Recht

1. Jede durch den Luftfrachtführer von ihm oder durch Dritte durchgeführte Beförderung einschließlich aller damit zusammenhängenden, von ihm geleisteten Dienste unterliegen:
   a) dem für die Beförderung gültigen Abkommen, es sei denn, es handelt sich nicht um eine internationale Beförderung im Sinne der Definition des Abkommens,
   b) dem sonstigen nationalen und internationalen Recht, soweit es auf die Beförderung Anwendung findet,
   c) sonstigen nationalen und internationalen Regierungsverordnungen, Anordnungen und Auflagen, soweit diese auf die Beförderung Anwendung finden,
   d) diesen Beförderungsbedingungen und anderen vom Luftfrachtführer festgesetzten Bedingungen, Regeln, Vorschriften und Flugplänen (jedoch nicht den darin festgesetzten Ankunfts- und Abflugzeiten); diese können in jeder Geschäftsstelle und an den Flughäfen, von denen der Luftfrachtführer regelmäßigen Linienverkehr betreibt, eingesehen werden.

*Ruhwedel*                                                                    1327

2. Für die Zwecke des Abkommens sind die vereinbarten Zwischenlandeplätze, die falls erforderlich vom Luftfrachtführer geändert werden können, diejenigen Orte – mit Ausnahme des Abgangs- und Bestimmungsortes – die im Luftfrachtbrief bezeichnet oder in den Flugplänen des Luftfrachtführers als planmäßige Zwischenlandeplätze für die Strecke angegeben sind.

## Art. 2 Anwendungsbereich der Beförderungsbedingungen

### 1. Grundlage
Keine der Bestimmungen dieser Beförderungsbedingungen weicht zum Nachteil des Absenders oder Empfängers von zwingendem oder übergeordnetem Recht ab, soweit solche Abweichungen nicht zugelassen sind.

### 2. Allgemeines
Jede Beförderung von Gütern, einschließlich aller damit zusammenhängenden Dienste, die zu den in Verbindung mit diesen Beförderungsbedingungen veröffentlichten Frachtraten ausgeführt werden, unterliegt unter Berücksichtigung von Artikel 1 diesen Beförderungsbedingungen und veröffentlichten Tarifen in ihrer zum Zeitpunkt der Ausstellung des Luftfrachtbriefes durch den Luftfrachtführer gültigen Fassung oder den zwischen den Vertragspartnern vereinbarten Tarifen. Der Luftfrachtführer kann Dritte zur Erbringung der geschuldeten Beförderungsleistungen bestimmen.

### 3. Unentgeltliche Beförderung
Der Luftfrachtführer behält sich das Recht vor, für unentgeltliche Beförderungen die Anwendbarkeit dieser Bedingungen ganz oder teilweise auszuschließen.

### 4. Chartervereinbarungen
Werden Güter aufgrund einer mit dem Luftfrachtführer geschlossenen Chartervereinbarung befördert, so unterliegt die Beförderung den hierfür anwendbaren Charterbedingungen des Luftfrachtführers, soweit solche bestehen. Die vorliegenden Beförderungsbedingungen finden nur insoweit Anwendung, als dies in der Chartervereinbarung vorgesehen ist. Stehen dem Luftfrachtführer keine auf die Chartervereinbarung anzuwendenden Charterbedingungen zur Verfügung, so finden diese Bedingungen auf die Vereinbarung Anwendung, es sei denn, dass sich der Luftfrachtführer das Recht vorbehält, die Anwendung aller oder eines Teiles dieser Bedingungen auszuschließen. Bei Nichtübereinstimmung der Vorschriften dieser Bedingungen mit den Bestimmungen der Chartervereinbarung gehen letztere vor. Der Absender, der eine Beförderung aufgrund einer Chartervereinbarung annimmt, unterwirft sich dadurch den Bestimmungen dieser Vereinbarungen, gleichgültig, ob sie mit dem Absender ausdrücklich vereinbart sind oder nicht.

### 5. Änderungen ohne Anzeige
Sofern nicht nach den maßgebenden Gesetzen, Regierungsverordnungen, Anordnungen und Auflagen etwas anderes bestimmt ist, können diese Beförderungsbedingungen und die veröffentlichten Frachtraten und Gebühren ohne vorherige Anzeige abgeändert werden. Eine Abänderung in dieser Weise kann jedoch nicht mehr nach dem Zeitpunkt der Ausstellung des Luftfrachtbriefes bzw. der anderen Aufzeichnung im Sinne von Artikel 3 Ziffer 3 durch den Luftfrachtführer erfolgen.

## Art. 3 Ausfüllung des Luftfrachtbriefes

### 1. Luftfrachtbrief
Soweit die Beförderung den Bestimmungen des Warschauer Abkommens von 1929 oder in der Fassung von Den Haag unterliegt, muss der Absender den Luftfrachtbrief in der vom Luftfrachtführer vorgeschriebenen Art und Weise und mit der vorgeschriebenen Anzahl von Durchschriften ausfüllen oder in seinem Namen ausfüllen lassen. Er muss diesen Luftfrachtbrief dem Luftfrachtführer gleichzeitig mit der Übergabe aushändigen oder in elektronischer Form zur Verfügung stellen. Die Fracht und gegebenenfalls festge-

setzte Gebühren muss der Luftfrachtführer in den Luftfrachtbrief einsetzen bzw. einsetzen lassen. Der Luftfrachtführer kann verlangen, dass der Absender getrennte Luftfrachtbriefe ausfüllt oder in seinem Namen ausfüllen lässt, wenn es sich um mehr als ein Packstück handelt, oder wenn die Gütersendung nicht geschlossen in einem Flugzeug befördert werden kann, oder wenn sie nicht ohne Verstoß gegen Regierungsvorschriften oder Bestimmungen des Luftfrachtführers mit einem einzigen Luftfrachtbrief befördert werden kann.

2. **Elektronischer Luftfrachtbrief**

Der Frachtbrief kann, sofern der Luftfrachtführer diese Möglichkeit bereit hält, vom Absender in elektronischer Form ausgestellt und/oder gespeichert und mittels der hierfür vom Luftfrachtführer vorgesehenen Signatur unterzeichnet werden. Er muss Zeitpunkt der Übergabe des Gutes körperlich verfügbar sein.

Offene Frachtbegleitpapiere dürfen vom Luftfrachtführer elektronisch gespeichert (gescannt) werden; Satz 2 gilt entsprechend. Der Luftfrachtführer ist berechtigt, physisch zu befördernde Frachtbegleitpapiere nach elektronischer Speicherung unabhängig von der Frachtbeförderung unmittelbar an den Bestimmungsort zu senden.

3. **Andere Aufzeichnung**

Soweit die Beförderung nicht den Bestimmungen des Warschauer Abkommens von 1929 oder in der Fassung von Den Haag unterliegt, kann anstelle eines herkömmlichen Luftfrachtbriefes jede andere Aufzeichnung verwendet werden, die die Angaben über die auszuführende Beförderung enthält. In diesem Fall muss der Luftfrachtführer dem Absender auf dessen Verlangen eine Empfangsbestätigung über die Güter aushändigen, die es ihm ermöglicht, die Sendung genau zu bestimmen und auf die in diesen anderen Aufzeichnungen enthaltenen Angaben zurückzugreifen. Der Luftfrachtführer darf elektronische Hilfsmittel zum Nachweis einer Auslieferung einsetzen. Diese andere Aufzeichnung ist dem Luftfrachtbrief gleichzusetzen und ist in diesen Beförderungsbedingungen immer von dem Begriff „Luftfrachtbrief" mit umfasst.

4. **Äußerlich erkennbare Verfassung und Zustand der Güter**

Sind Verfassung und Zustand der Güter und/oder der Verpackung äußerlich erkennbar mangelhaft, so hat der Absender im Luftfrachtbrief einen entsprechenden Vermerk zu machen. Unterlässt er dies oder ist die Angabe ungenau, so kann der Luftfrachtführer auf dem Luftfrachtbrief einen entsprechenden Vermerk oder eine Berichtigung einsetzen.

5. **Vorbereitung, Vervollständigung oder Berichtigung durch den Luftfrachtführer**

Der Luftfrachtführer kann den Luftfrachtbrief auf ausdrücklichen oder stillschweigenden Wunsch des Absenders ausfüllen; in diesem Fall wird bis zum Beweis des Gegenteils vermutet, dass der Luftfrachtführer im Auftrag des Absenders gehandelt hat. Enthält der mit den Gütern übergebene Luftfrachtbrief nicht alle erforderlichen Einzelheiten, oder enthält er Fehler, so ist der Luftfrachtführer berechtigt, jedoch nicht verpflichtet, ihn nach bestem Können zu vervollständigen oder zu berichtigen.

6. **Verantwortung für Einzelangaben**

Der Absender haftet dem Luftfrachtführer und Dritten für die Richtigkeit und Vollständigkeit aller Angaben, die von ihm oder seinen Beauftragten oder vom Luftfrachtführer gemäß Ziffer 4 in den Luftfrachtbrief eingetragen werden, sowie für die von ihm oder seinen Beauftragten dem Luftfrachtführer gemachten Angaben oder Erklärungen über die Güter oder deren Wert. Er haftet für alle Schäden, die dem Luftfrachtführer oder Dritten aus der Unrichtigkeit, Ungenauigkeit oder Unvollständigkeit der genannten einzelnen Angaben erwachsen. Im Falle von Gütersendungen gegen Nachnahme ist ausschließlich der Absender für die Eintragung des Nachnahmebetrages in den Luftfrachtbrief verantwortlich. Der Luftfrachtführer haftet nicht für die Unterlassung der Einziehung des Nachnahmebetrages, wenn dieser nicht oder nicht richtig vom Absender eingetragen ist.

7. **Form, Änderungen**

Die Unterschrift des Luftfrachtführers und diejenige des Absenders können gedruckt oder durch einen Stempel ersetzt werden. Luftfrachtbriefe, deren Eintragungen abgeändert oder radiert sind, braucht der Luftfrachtführer nicht anzunehmen. Soweit für Erklärungen die Schriftform verlangt wird, steht ihr die im Sinne von Absatz 2 vorgesehene Signatur gleich, sofern sie den Aussteller erkennbar macht.

## Art. 4 Frachten

1. **Maßgebende Frachtraten und Gebühren**

Die gemäß diesen Bedingungen maßgebenden Frachtraten und Gebühren sind diejenigen Tarife des Luftfrachtführers, die am Tage der Ausstellung des Luftfrachtbriefes gültig oder die zwischen den Vertragspartnern vereinbart worden sind. Die Frachtraten und Gebühren gelten für die gewählte Beförderungsform und -strecke.

2. **Grundlage für Frachten**

Frachten und Gebühren für die Beförderung richten sich nach dem Gesamtgewicht oder dem Gesamtumfang, je nachdem was größer ist und gegebenenfalls nach dem Zuschlag für die vom Absender gewählte Transportform gemäß den Tarifen.

3. **Nicht in den Frachtraten und Gebühren eingeschlossene Leistungen**

Die Frachtraten und Gebühren gelten für die Beförderung von Gütersendungen auf dem Luftwege bzw. durch Bodenersatzverkehr zwischen Flughäfen oder anderen Landeplätzen in den oder in der Nähe der angegebenen Orte. Sofern in den veröffentlichten Tarifen nicht ausdrücklich etwas anderes bestimmt ist, schließen die Frachtraten und Gebühren folgende Leistungen nicht ein:
a) Abhol-, Zustell- und Stadtzubringerdienste zu und von den Flugplätzen, von denen aus der Luftfrachtführer seine Dienste durchführt,
b) Lagergeld,
c) Versicherungsgebühren,
d) Nachnahmegebühren,
e) verauslagte Gebühren,
f) Kosten, welche dem Luftfrachtführer bei der Zollabfertigung der Güter erwachsen, oder welche Dritten erwachsen, gleichgültig, ob sie als Vertreter des Absenders, des Empfängers, des Eigentümers der Güter oder des Luftfrachtführers handeln,
g) Gebühren oder Strafen, die durch zuständige Behörden auferlegt oder eingezogen werden, einschließlich Abgaben und Steuern,
h) Kosten, die dem Luftfrachtführer bei der Ausbesserung fehlerhafter Verpackung erwachsen,
i) Frachten für die Beförderung, das Umladen oder die Rückbeförderung von Gütern mit anderen Verkehrsmitteln, sowie die Fracht für die Rückbeförderung zum Ausgangspunkt,
j) Surcharges,
k) andere ähnliche Leistungen oder Kosten.

4. **Zahlung der Frachtbeträge**

a) Frachten und Gebühren werden in der Währung angegeben, die sich aus den maßgebenden Frachttarifen ergibt. Sie können in jeder für den Luftfrachtführer annehmbaren Währung gezahlt werden. Wird die Zahlung in einer anderen als der vom Luftfrachtführer veröffentlichten Währung geleistet, so ist sie zu dem hierfür von der Europäischen Zentralbank festgelegten Wechselkurs zum Zeitpunkt der Ausstellung des Luftfrachtbriefes zu leisten. Die Bestimmungen dieses Absatzes unterliegen den maßgebenden Devisengesetzen und Vorschriften der zuständigen Behörde.
b) Der volle in Betracht kommende Frachtbetrag, gleichgültig ob er vorausgezahlt wird oder nachzunehmen ist, sowie Kosten, Abgaben, Steuern, Gebühren, Auslagen und sonstige Zahlungen, die der Luftfrachtführer geleistet hat, oder die ihm erwachsen

sind oder noch erwachsen und alle anderen dem Luftfrachtführer zu zahlenden Beträge werden mit Abschluss des Beförderungsvertrages als voll verdient angesehen.

c) Alle Frachten, Gebühren und sonstige Beträge sind bei Übernahme der Güter durch den Luftfrachtführer fällig und zahlbar. Sie können jedoch vom Luftfrachtführer auch anlässlich jeder Dienstleistung aufgrund des Luftfrachtbriefes nachgenommen werden.

d) Bei allen Gebühren, Auslagen, Kosten, die zur Zeit der Übergabe der Güter zur Beförderung nicht endgültig bestimmbar sind, kann der Luftfrachtführer vom Absender die Hinterlegung eines Betrages verlangen, den er zur Deckung dieser Gebühren, Auslagen und Kosten als ausreichend ansieht. Jeder vom Luftfrachtführer dem Absender oder vom Absender dem Luftfrachtführer im Zusammenhang mit dieser Hinterlegung geschuldete Restbetrag ist nach Erfüllung des Beförderungsvertrages und nach Feststellung der genauen Höhe dieser Kosten und Auslagen zu zahlen.

e) Der Absender verpflichtet sich zur Zahlung aller unbezahlten Gebühren, Kosten und Auslagen des Luftfrachtführers. Der Absender verpflichtet sich auch zur Zahlung aller Kosten, Ausgaben, Geldbußen, Strafen, Verspätungs- und sonstigen Schäden, die dem Luftfrachtführer dadurch erwachsen können, oder die er dadurch erleiden kann, dass die Gütersendung Gegenstände umfasst, deren Beförderung durch Gesetz verboten ist, oder dadurch, dass eine ungesetzliche, unrichtige oder ungenügende Beschreibung, Kennzeichnung, Nummerierung, Adressierung, Verpackung der Güter vorliegt, ohne dass der Schaden durch das Fehlen, die Verspätung oder Unrichtigkeit einer Ausfuhr- oder Einfuhrerlaubnis, durch sonstige unrichtige Bescheinigungen oder Dokumente, oder durch falsche Zollbewertung oder unrichtige Gewichts- oder Rauminhaltsangabe entstanden ist. Durch die Annahme der Sendung oder durch die Ausübung irgendwelcher anderen Rechte aus dem Beförderungsvertrag verpflichtet sich der Empfänger zur Zahlung der Frachten, Gebühren und Auslagen, soweit sie nicht im voraus entrichtet wurden; dies entbindet jedoch den Absender nicht von seiner gleichlautenden Zahlungsverpflichtung. Wegen jedem der vorgenannten Fälle hat der Luftfrachtführer ein Zurückbehaltungsrecht an ihm zur Beförderung vom Absender oder in seinem Auftrag von Dritten übergebenen Gütern. Wird keine Zahlung geleistet, so hat er das Recht, über die Güter durch öffentlichen oder freihändigen Verkauf zu verfügen, vorausgesetzt, dass er den Absender oder Empfänger vor dem Verkauf an die im Luftfrachtbrief angegebene Adresse hiervon durch schriftliche postalische Mitteilung unterrichtet hat; er hat das Recht, sich aus dem Erlös eines solchen Verkaufs für alle geschuldeten Beträge zu befriedigen. Ein solcher Verkauf entbindet jedoch nicht von der Verpflichtung zur Zahlung etwaiger Fehlbeträge, für die der Absender und der Empfänger weiterhin haften. Das Recht des Luftfrachtführers zur Zurückhaltung, zum Verkauf und zur Einziehung der geschuldeten Beträge wird durch die Anerkennung der Zahlungspflicht nicht verwirkt oder beeinflusst, sofern nicht tatsächlich gezahlt wurde oder, soweit es sich um das Recht des Luftfrachtführers zur Einziehung der geschuldeten Beträge handelt, sofern nicht die Güter ausgeliefert oder der Besitz daran übertragen wurde.

f) Überschreiten Bruttogewicht, Abmessungen, Stückzahl oder deklarierter Wert der Güter tatsächlich die der Berechnung der Frachten und Gebühren zugrunde gelegten Werte, so ist der Luftfrachtführer berechtigt, die Zahlung der der Überschreitung entsprechenden Frachten und Gebühren nachzufordern.

g) Sendungen unter Frachtnachnahme werden nach den in den Tarifen aufgeführten Ländern und gemäß den darin enthaltenen Bestimmungen angenommen. Der Luftfrachtführer hat in jedem Fall das Recht, Frachtnachnahmesendungen in ein Land zu verweigern, dessen Bestimmungen den Umtausch von Geld in andere Währungen oder die Überweisung von Geld in andere Länder nicht zulassen oder aus sonstigen Gründen die Versendung unter Frachtnachnahme verweigern.

Auskünfte über die Länder, nach welchen eine Versendung unter Frachtnachnahme möglich ist, sind in den Geschäftsräumen des Luftfrachtführers erhältlich.

## Art. 5 Annahme der Güter zur Beförderung

1. **Wertgrenzen für ein Luftfahrzeug**

   Die Grenze des Wertes einer Gütersendung oder einer Summe von Gütersendungen, die in einem einzelnen Luftfahrzeug befördert werden dürfen, wird vom Luftfrachtführer festgesetzt. Überschreitet eine einzelne Gütersendung die Grenzen, so darf sie nicht in einem Luftfahrzeug befördert werden, sondern wird nach dem pflichtgemäßen Ermessen des Luftfrachtführers auf zwei oder mehrere Luftfahrzeuge aufgeteilt. Der Luftfrachtführer hat das Recht, die Beförderung von Sendungen mit einem Luftfahrzeug zu verweigern, wenn ein Gesamtwert deklariert ist, der zur Verletzung dieses Grundsatzes führen würde.

2. **Verpackung und Kennzeichnung der Güter; Wertdeklaration**

   a) Der Absender hat das Gut in für die sichere Luftbeförderung geeigneter Weise so zu verpacken, dass es vor Verlust, Beschädigung oder Verderb geschützt ist und keinen Personen- oder Sachschaden verursachen kann. Der Absender hat bei der Versendung raub- oder diebstahlsgefährdeten Gutes eine neutrale, den Inhalt nicht anzeigende Verpackung zu wählen. Jedes Packstück muss leserlich und dauerhaft mit dem Namen und der vollen Postanschrift des Absenders und Empfängers versehen sein.

   b) Gefahrgut ist nach den einschlägigen Gesetzen und Verordnungen als solches zu kennzeichnen. Gefahrgut, sofern es zur Beförderung angenommen wird, sowie Wertfracht oder lebende Tiere sind vom Absender mit der vom Luftfrachtführer für die Beförderung solcher Güter bereit gehaltenen Transportform einschließlich des hierfür veröffentlichten Zuschlages zu versenden.

   c) Der Absender hat bei jeder Beförderung die Möglichkeit, bei Übergabe des Gutes an den Luftfrachtführer das Interesse an der Ablieferung am Bestimmungsort betragsmäßig anzugeben (besonders zu deklarieren) und den verlangten Zuschlag zu entrichten.

   d) Im Falle von Nachnahmesendungen müssen die Buchstaben „C.O.D." vom Absender leserlich auf jedem einzelnen Packstück neben Namen und Anschriften des Absenders und des Empfängers angebracht sein.

3. **Zulässige Güter**

   Unter den Voraussetzungen, dass geeignete Vorrichtungen und geeigneter Laderaum zur Verfügung stehen, wird der Luftfrachtführer die Beförderung von allgemeinem Handelsgut und sonstigen Gütern, Waren und Erzeugnissen aller Art übernehmen, sofern ihre Beförderung nicht ausdrücklich ausgeschlossen ist. Bedingung ist jedoch:
   - die Beförderung, Ausfuhr oder Einfuhr dürfen nicht durch Gesetze eines Landes, von welchem, in welches oder über welches der Flug erfolgt, verboten sein,
   - die Güter müssen in einer für die Luftbeförderung geeigneten Weise verpackt sein,
   - die Güter müssen mit den erforderlichen Begleitpapieren versehen sein,
   - die Güter dürfen nicht das Luftfahrzeug, die Sicherheit des Fluges, von Personen oder Sachen gefährden oder das Befinden an Bord befindlicher Passagiere beeinträchtigen.

4. **Güter, die nur unter bestimmten Bedingungen zugelassen werden**

   Sprengstoffe, lebende Tiere, verderbliche Güter und sonstige Gegenstände, die in den einschlägigen Bestimmungen des Luftfrachtführers aufgeführt sind, werden nur unter den dort festgelegten Bedingungen angenommen.

5. **Verantwortlichkeit bei Nichtbeachtung der Bedingungen für beschränkt zur Beförderung zugelassene Gegenstände**

   Die Verantwortung für die Beachtung der Bedingungen über Güter, die nicht oder nur bedingt zur Beförderung zugelassen sind, liegt bei dem Absender des Gutes, der sich verpflichtet, den Luftfrachtführer für jeden Verlust, Schaden, für jede Verzögerung, Haftpflicht oder Strafe zu entschädigen, die ihm aus der Beförderung dieses Gutes erwachsen könnte.

## 6. Streichen der Beförderung

Der Luftfrachtführer kann, ohne dafür zu haften, die Beförderung einer Sendung streichen, wenn der Absender sich trotz Aufforderung weigert, den Frachtbetrag oder einen geforderten Teil hiervon zu zahlen.

## 7. Recht des Luftfrachtführers zur Besichtigung

Der Luftfrachtführer ist berechtigt, jedoch nicht verpflichtet, den Inhalt aller Gütersendungen zu prüfen.

## Art. 6 Gütersendungen während der Beförderung

### 1. Befolgung von Anordnungen der zuständigen Behörden

Der Absender muss alle maßgebenden Gesetze, Zoll- und sonstigen Regierungsbestimmungen jedes Landes befolgen, von welchem aus, durch welches, über oder in welches das Gut befördert wird, einschließlich derjenigen über die Verpackung, Kennzeichnung und Markierung, Beförderung oder Auslieferung des Gutes; er hat alle Angaben zu machen und dem Luftfrachtbrief alle Papiere beizufügen, die zur Erfüllung gesetzlicher Forderungen erforderlich sind. Der Luftfrachtführer ist nicht verpflichtet, die Richtigkeit oder Vollständigkeit dieser Angaben oder Papiere nachzuprüfen. Der Luftfrachtführer haftet weder dem Absender noch Dritten für Verlust oder Kosten, die dadurch entstehen, dass der Absender es unterlässt, diese Bestimmungen zu erfüllen.

### 2. Barauslagen und Zollformalitäten

Der Luftfrachtführer ist berechtigt, jedoch nicht verpflichtet, Zölle, Steuern oder Gebühren vorzulegen und Auslagen für die Güter zu machen. Der Absender und der Empfänger haften jeder für sich und als Gesamtschuldner für ihre Erstattung. Kein Luftfrachtführer ist verpflichtet, im Zusammenhang mit der Beförderung oder Rückbeförderung der Güter Kosten zu übernehmen oder Vorschüsse zu leisten, es sei denn, nach vorheriger Zahlung durch den Absender. Ist es erforderlich, die Güter an einem Ort durch den Zoll einzuführen, so sind die Güter dort als an die im Luftfrachtbrief als Zollempfänger angegebene Person gerichtet anzusehen oder, falls eine solche Person nicht angegeben ist, an den Luftfrachtführer, der die Güter zu diesem Ort befördert, oder an den Zollempfänger, den der Luftfrachtführer angibt. Für diese Zwecke gilt eine vom Luftfrachtführer beglaubigte Abschrift des Luftfrachtbriefes als Original.

### 3. Flugpläne, Streckenführung, Flugzeuge und Ausfall von Flügen

a) Sofern die Vertragsparteien keine ausdrückliche Vereinbarung über Abflug- oder Auslieferungszeiten der zu befördernden Güter getroffen haben, ist für den Beginn und die Durchführung der Beförderung oder für die Auslieferung der Güter keine Zeit festgesetzt. Der Luftfrachtführer übernimmt, soweit keine ausdrückliche Vereinbarung nach Satz 1 getroffen wurde, keine Verpflichtung, die Güter mit einem bestimmten Luftfahrzeug, unter einer bestimmten Flugnummer oder auf bestimmten Strecken zu befördern oder nach einem bestimmten Flugplan an einem Punkt einen Anschluss zu erreichen. Der Luftfrachtführer ist berechtigt, die Strecke oder Strecken für die Gütersendung nach Kapazitäten oder Verfügbarkeiten auszusuchen oder, auch wenn diese im Luftfrachtbrief angegeben sind, davon abzuweichen. Weder die in Flugplänen noch anderweitig angegebenen Zeiten, noch die im Luftfrachtbrief eingetragenen Flugnummern und Flugdaten stellen deshalb eine ausdrückliche Vereinbarung im Sinne von Satz 1 dar; dadurch werden die Rechte des Berechtigten wegen Verspätung nicht berührt. Kein Angestellter, Agent, Vertreter oder Erfüllungsgehilfe ist berechtigt, den Luftfrachtführer durch Erklärungen oder Feststellungen über die Abgangs- oder Ankunftsdaten oder -zeiten oder über die Durchführung eines Fluges zu verpflichten.

b) Der Beförderungsvertrag umfasst keine Gewähr für ein bei der Beförderung zu verwendendes Luftfahrzeug oder für dessen Eignung zur Beförderung des Gutes, auf das sich der Beförderungsvertrag bezieht. Der Luftfrachtführer kann ohne Ankündigung einen anderen Luftfrachtführer, oder ein Ersatzluftfahrzeug einsetzen. Er kann diesbezüglich auch Code-Sharing durchführen

c) Der Luftfrachtführer kann ohne Ankündigung einen Flug oder das Recht auf Weiterbeförderung streichen, beenden, verändern, verlegen oder verschieben, oder einen Flug ohne oder nur mit einem Teil der Güter fortsetzen, falls es ihm aus folgenden Gründen ratsam erscheint:

(I) wegen eines außerhalb seines Einflusses stehenden Ereignisses (hierzu gehören unter anderem: Wetterbedingungen, Naturereignisse, höhere Gewalt, Streiks, Aufstände, bürgerliche Unruhen, Embargos, Kriege, Feindseligkeiten, Aufruhr, unsichere internationale Lage, Terrorismus oder staatliche Warnungen vor Terrorismus oder Krieg); hierbei ist es gleichgültig, ob das Ereignis tatsächlich eingetreten ist, oder erst droht, oder gemeldet worden ist, oder ob sich daraus eine Verspätung, eine Forderung, eine Auflage, ein Zwischenfall oder eine Zwangslage mittelbar oder unmittelbar ergibt, oder

(II) wegen eines Ereignisses, das nach vernünftigem Ermessen nicht vorauszusehen, zu erwarten oder vorherzusagen war, oder

(III) wegen Vorschriften, Forderungen oder Auflagen einer Regierung, oder

(IV) wegen eines Mangels an Arbeitskräften, Betriebsstoff oder Einrichtungen, oder wegen Arbeitsschwierigkeiten des Luftfrachtführers oder von ihm eingesetzter Dritter.

d) Wird ein Flug aus in c) näher dargelegten Gründen gestrichen, verlegt, oder wird er an einem anderen Ort als dem Bestimmungsort beendet, oder wird die Beförderung einer Sendung gestrichen, verlegt, vorverlegt oder beendet, so erwächst dem Luftfrachtführer daraus keine Haftung. Wird die Beförderung der Sendung oder eines Teiles davon beendet, so wird ihre Ablieferung durch den Luftfrachtführer an einen Spediteur zur Weiterbeförderung oder Auslieferung oder Lagerung als ordnungsgemäße Auslieferung gemäß dem Luftfrachtbrief angesehen; der Luftfrachtführer haftet nicht mehr dafür; er ist lediglich verpflichtet, dem Absender oder dem Empfänger an die im Luftfrachtbrief angegebene Anschrift die Verfügung über die Sendung mitzuteilen. Der Luftfrachtführer ist berechtigt, aber nicht verpflichtet, die Sendung über jede andere Strecke zu befördern oder sie als Vertreter des Absenders oder des Empfängers mit jeder anderen Beförderungsgelegenheit weiterzuleiten. Die hierfür entstehenden Kosten werden dem Frachtbetrag zugeschlagen. Erfolgt die Streichung, Verlegung oder die Beendigung der Beförderung an einem anderen als dem frachtbriefmäßigen Bestimmungsort aus vom Luftfrachtführer zu vertretenen Gründen, so erfolgt die Beförderung bis zur Ablieferung nach Wahl des Luftfrachtführers auf dessen Kosten.

e) Im Rahmen der geltenden Gesetze und Vorschriften ist der Luftfrachtführer befugt, den Vorrang einer Beförderung sowohl zwischen Gütersendungen untereinander als auch zwischen Gütersendungen und anderem Beförderungsgut, Post und Fluggästen zu bestimmen und zu entscheiden, welche Gegenstände befördert und welche nicht befördert werden sollen oder zu irgendeiner Zeit oder an irgendeinem Ort ausgeladen werden sollen; er kann jeden Flug ohne alle oder einzelne Teile einer Gütersendung fortsetzen.

4. **Rechte des Luftfrachtführers zur Verfügung über Gütersendungen während der Beförderung**

Ist es zur Abwehr eines Schadens oder zur Vermeidung einer Gefahr nach Auffassung des Luftfrachtführers notwendig, eine Gütersendung an einem Ort vor, während oder nach der Beförderung anzuhalten, so kann er unter Benachrichtigung des Absenders und/oder des Empfängers an die im Luftfrachtbrief angegebene Anschrift die Gütersendung auf Rechnung, Gefahr und Kosten des Absenders, und/oder Empfängers der Sendung in einem Lagerhaus oder an einem anderen verfügbaren Platz oder bei der Zollbehörde einlagern; der Luftfrachtführer kann die Gütersendung auch einem anderen Luftfrachtführer zu Weiterbeförderung an den Empfänger übergeben. Absender und Empfänger der Gütersendung haften dem Luftfrachtführer als Gesamtschuldner für alle ihm hieraus erwachsenden Ausgaben oder Gefahren und müssen ihn hierfür entschädigen.

## Art. 7 Verfügungsrecht des Absenders über die Güter

1. **Verfügungsrecht des Absenders über die Güter**

Der Absender ist unter der Bedingung, dass er alle Verpflichtungen aus dem Beförderungsvertrag und aus Ziffer 2 erfüllt und das Verfügungsrecht nicht in einer Weise ausübt, dass dadurch der Luftfrachtführer oder die anderen Absender geschädigt werden, berechtigt, über die Sendung in folgender Weise zu verfügen. Er kann

a)  sich die Gütersendung am Abgangs- oder Bestimmungsflughafen zurückgeben lassen,

b)  sie unterwegs während einer Landung anhalten,

c)  sie am Bestimmungsort oder unterwegs an eine andere Person als den im Luftfrachtbrief bezeichneten Empfänger ausliefern lassen oder

d)  sie zum Abgangsflughafen zurückbringen lassen.

2. **Ausübung des Verfügungsrechts**

Das Verfügungsrecht über die Güter darf nur durch den Absender oder einen von ihm bezeichneten Vertreter ausgeübt werden und muss sich auf die gesamte unter einem Luftfrachtbrief zu befördernde Gütersendung erstrecken. Das Verfügungsrecht über die Güter kann nur ausgeübt werden, wenn der Absender oder sein Vertreter den ihm ausgehändigten Teil des Luftfrachtbriefes vorlegt. Weisungen über die Verfügung müssen schriftlich und in der vom Luftfrachtführer vorgeschriebenen Form gegeben werden. Führt die Ausübung des Verfügungsrechts zu einem Wechsel in der Person des Empfängers, so gilt der neue Empfänger als der in dem Luftfrachtbrief bezeichnete.

3. **Zahlung der Kosten**

Der Absender ist haftbar und verpflichtet, dem Luftfrachtführer für jeden Verlust oder Schaden, den dieser infolge der Ausübung des Verfügungsrechts erlitten hat, Ersatz zu leisten. Der Absender muss dem Luftfrachtführer alle durch die Ausübung seines Verfügungsrechts entstandenen Kosten erstatten.

4. **Unvermögen des Luftfrachtführers zur Ausführung der Weisungen**

Erscheint dem Luftfrachtführer die Ausführung der Weisung des Absenders praktisch nicht durchführbar, so hat er den Absender unverzüglich zu verständigen. Die Kosten dafür werden den Frachtkosten zugeschlagen.

5. **Umfang des Rechts des Absenders**

Das Verfügungsrecht des Absenders erlischt mit dem Zeitpunkt des Eintreffens der Güter am Bestimmungsort. Verweigert der Empfänger die Annahme der Güter oder – im Anwendungsbereich des Warschauer Abkommens von 1929 bzw. 1955 – des Luftfrachtbriefes, oder ist er nicht erreichbar, so lebt das Verfügungsrecht des Absenders wieder auf.

## Art. 8 Auslieferung

1. **Auslieferung an den Empfänger**

a)  Sofern im Luftfrachtbrief nicht ausdrücklich etwas anderes vorgesehen ist, erfolgt die Auslieferung der Sendung an den im Empfängerfeld des Luftfrachtbriefs bezeichneten Empfänger. Die Auslieferung an den Empfänger gilt als erfolgt, wenn die Sendung gemäß den geltenden Gesetzen oder Zollvorschriften an eine Zoll- oder andere zuständige Behörde ausgeliefert worden ist, wenn der Luftfrachtführer dem Empfänger eine Ermächtigung übergeben hat, die diesem die Möglichkeit gibt, die Freigabe der Sendung zu erwirken, und wenn er die in Ziffer 2 dieses Artikels („Anzeige der Ankunft") geforderte Mitteilung über die Ankunft abgesendet hat.

b)  Die Auslieferung der Sendung durch den Luftfrachtführer erfolgt nur gegen schriftliche Quittung des Empfängers und nach Erfüllung aller sonstigen Bestimmungen des Luftfrachtbriefes und dieser Beförderungsbedingungen.

2. **Anzeige der Ankunft**

Sofern die Sendung nicht gemäß Artikel 10 weiterzusenden ist, wird bei Fehlen anderer Weisungen dem Empfänger oder der zu benachrichtigenden Person die Ankunft der Gütersendung angezeigt; die Anzeige erfolgt in der vom Luftfrachtführer gewählten Form entweder durch schriftliche oder mündliche, auch fernmündliche Mitteilung. Die schriftliche Mitteilung kann auch per Fax oder mittels elektronischer Post (E-Mail) erfolgen. Der Luftfrachtführer haftet nicht, wenn diese Mitteilung nicht empfangen wird oder sich verspätet.

3. **Ort der Auslieferung**

Sofern zwischen dem Absender oder dem Empfänger und dem Luftfrachtführer keine Zustellung an die Adresse des Empfängers vereinbart worden ist, muss der Empfänger die Auslieferung der Gütersendung am Bestimmungsflughafen annehmen und sie dort abholen.

4. **Unterlassung der Übernahme durch den Empfänger**

a) Weigert sich der Empfänger oder unterlässt er es, die Sendung nach ihrer Ankunft an dem im Luftfrachtbrief angegebenen Bestimmungsort abzunehmen, so wird – vorbehaltlich der Bestimmung der Ziffer 5 („Verfügung über verderbliches Gut") – der Luftfrachtführer versuchen, etwaige im Luftfrachtbrief vermerkte Weisungen des Absenders zu befolgen. Sind keine solchen Weisungen vermerkt, oder können sie vernünftigerweise nicht ausgeführt werden, so kann der Luftfrachtführer nach Benachrichtigung des Absenders über die Nichtannahme durch den Empfänger wie folgt verfahren. Er kann

   – die Gütersendung mit seinem eigenen Dienst oder auf jedem anderen Wege zum Abgangsflughafen zurückführen, um dort Weisungen des Absenders abzuwarten, oder

   – die Gütersendung nach mindestens 30-tägiger Lagerung durch öffentlichen oder privaten Verkauf im ganzen oder in mehreren Teilen veräußern.

b) Absender und Empfänger haften gesamtschuldnerisch für alle Kosten und Auslagen, die sich aus der Nichtannahme der Sendung oder in Verbindung damit ergeben, einschließlich der durch die Rückführung der Gütersendung erwachsenden Fracht. Wird die Gütersendung zum Abgangsflughafen zurückgeführt und weigern sich Absender oder Eigentümer, diese Zahlung binnen 14 Tagen nach der Rückführung zu leisten, oder versäumen sie dies, so kann der Luftfrachtführer durch öffentlichen oder privaten Verkauf über die Gütersendung oder über Teile davon verfügen, nachdem er dem Absender an die im Luftfrachtbrief angegebene Anschrift mit zehntägiger Frist von seiner Absicht Kenntnis gegeben hat.

c) Im Falle des Verkaufs der Güter gemäß den obigen Bestimmungen entweder am Bestimmungsort oder an dem Ort, an den die Gütersendung zurückgeführt worden ist, hat der Luftfrachtführer das Recht, aus dem Erlös des Verkaufs sämtliche ihm und anderen Anspruchsberechtigten entstandene Kosten für Fracht, Gebühren, Vorschüsse und Auslagen zuzüglich der Verkaufskosten an sich selbst und an Dritte auszuzahlen, ein etwaiger Überschuss ist zur Verfügung des Absenders zu halten. Der Verkauf einer Sendung entlastet jedoch den Absender und den Eigentümer nicht von der Verpflichtung, etwaige Fehlbeträge zu zahlen.

5. **Verfügung über verderbliches Gut**

Erleidet eine im Besitz des Luftfrachtführers befindliche Sendung, die leicht verderbliches Gut enthält, eine Verspätung, oder wird sie nicht abgeholt oder ihre Annahme am Bestimmungsort verweigert, oder droht ihr aus anderen Gründen Verderb, so kann der Luftfrachtführer sofort alle Schritte unternehmen, die er zu seinem Schutz oder zum Schutz der Interessen Dritter für angebracht hält. Diese Schritte umfassen, ohne hierauf beschränkt zu sein, die Anforderung von Weisungen auf Kosten des Absenders, die Vernichtung oder Preisgabe der ganzen Sendung oder eines Teils, die Lagerung der

Sendung oder eines Teils davon auf Gefahr und Rechnung des Absenders, die Verfügung über die Sendung oder einen Teil davon durch öffentlichen oder privaten Verkauf ohne Benachrichtigung. Aus dem Erlös eines Verkaufs sind alle aufgelaufenen Kosten und Auslagen an den Luftfrachtführer zu befriedigen.

### Art. 9 Abhol-, Zustell- und Stadtzubringerdienste

#### 1. Verfügbarkeit des Dienstes

Abhol-, Zustell- und Stadtzubringerdienste werden an den in Betracht kommenden Orten gemäß den Tarifbestimmungen des Luftfrachtführers zu den für diese Dienste festgelegten Preisen und Gebühren gestellt.

#### 2. Anforderung des Dienstes

Abhol-, Zustell- und Stadtzubringerdienste werden – falls solche bestehen – gestellt, wenn sie vom Absender und Empfänger verlangt werden.

#### 3. Gütersendungen, für die kein Dienst verfügbar ist

Abhol-, Zustell- und Stadtzubringerdienst für eine Gütersendung, deren Abfertigung für den Luftfrachtführer schwierig ist, werden nicht ohne besondere Vereinbarung gestellt.

#### 4. Beschränkung der Dienste

Abhol-, Zustell- und Stadtzubringerdienst werden nicht gestellt, wenn der Einsatz von Fahrzeugen nicht durchführbar ist, oder wenn die Anschrift des Absenders oder Empfängers nicht unmittelbar für Fahrzeuge zugänglich ist. Die Abfertigung von Gütersendungen erfolgt nur über Laderampen oder Einfahrten, die unmittelbar für Fahrzeuge zugänglich sind.

#### 5. Abfertigung

Abhol-, Zustell- und Stadtzubringerdienst werden nicht für Güter gestellt, die nicht von einer Person bewegt werden können, wenn nicht im voraus Vereinbarungen getroffen worden sind, einschließlich der etwa erforderlichen Gestellung weiterer Personen und Geräte durch den Absender oder Empfänger und auf deren Gefahr und Rechnung.

#### 6. Dienststunden

Soweit nicht im Voraus mit dem Luftfrachtführer Vereinbarungen hierüber getroffen wurden, werden Abhol-, Zustell- oder Stadtzubringerdienste nur während der üblichen Geschäftszeit und nur mit planmäßig verkehrenden Fahrzeugen gestellt.

#### 7. Zustellungsversuch

Gütersendungen, die ohne Verschulden des Luftfrachtführers dem Empfänger beim ersten Zustellungsversuch nicht ausgeliefert werden konnten, werden zur Abfertigungsstelle des Luftfrachtführers zurückgebracht. Der Empfänger wird hiervon benachrichtigt. Weitere Versuche werden nur auf Ersuchen des Empfängers gemacht und für jeden weiteren Versuch der Zustellung wird eine zusätzliche, auf den veröffentlichten Tarifen beruhende Gebühr berechnet.

### Art. 10 Vortransport und Nachtransport

Die im Luftfrachtbrief bezeichneten Gütersendungen werden am Abgangsort im Abfertigungsgebäude des Luftfrachtführers oder in dessen Geschäftsstelle auf dem Flughafen zur Beförderung zum Flughafen des Bestimmungsorts angenommen. Sofern es ausdrücklich vereinbart wird, werden diese Gütersendungen auch zum Vortransport zum Abgangsflughafen und/oder zum Nachtransport vom Bestimmungsflughafen angenommen. Werden Vortransporte oder Nachtransporte vom Luftfrachtführer durchgeführt, so unterliegen diese Beförderungen den gleichen Haftungsbestimmungen, wie sie in den Artikeln 1, 12 und 13 dieser Bedingungen aufgestellt sind. In jedem anderen Falle handeln der den Luftfrachtbrief ausstellende und der letzte Luftfrachtführer bei dem Vor- und Nachtransport des Gutes je nach Lage des Falles lediglich als Vertreter des Absenders, Eigentümers oder Empfängers. Der Absender, Eigentümer oder Empfänger ermächtigen hiermit diese Luftfrachtführer, alles zu unternehmen, was zur Durchführung des Vor- und Nachtransportes für ratsam erachtet wird. Diese Tätigkeit umfasst, ohne darauf beschränkt zu sein, die Auswahl der Mittel zum Vor- und Nachtransport und der Strecken (sofern diese nicht durch den Absender im Luftfrachtbrief festgelegt sind), Ausstellung und Annahme der Beförderungspapiere (auch soweit diese Bestimmungen über den Ausschluss oder die Beschränkung der Haftung enthalten), sowie den Versand der Güter ohne Wertdeklaration, ungeachtet etwaiger Wertdeklarationen im Luftfrachtbrief

### Art. 11 Aufeinanderfolgender Luftfrachtführer

Eine Beförderung, welche aufgrund eines Luftfrachtbriefes von mehreren aufeinanderfolgenden Luftfrachtführern auszuführen ist, gilt als eine einheitliche Beförderung.

### Art. 12 Haftung

#### 1. Allgemein

Die Beförderung unterliegt hinsichtlich der Haftung des Luftfrachtführers den Regeln und Beschränkungen, die durch das auf die jeweilige Beförderung anwendbare Abkommen oder die auf die jeweilige Beförderung anwendbaren nationalen oder internationalen Gesetze festgelegt sind. Dies gilt unabhängig davon, ob die Beförderung unterbrochen oder die Güter umgeladen werden.

Soweit das anwendbare Abkommen oder Gesetz zu Gunsten des Absenders oder Empfängers nichts anderes bestimmt, gilt folgendes:

#### 2. Haftungsausschlüsse

a) Der Luftfrachtführer übernimmt keine Gewährleistung für Verlade- oder Lieferfristen, ebenso wenig für eine bestimmte Reihenfolge in der Abfertigung von Gütern gleicher Beförderungen.

b) Der Luftfrachtführer haftet nicht für etwaige Schäden aus zusätzlichen Beförderungen, die aus einem Vor- bzw. Nachtransport bzw. Stadtzubringerdienst resultieren, sofern nicht nachgewiesen wird, dass sie durch grobe Fahrlässigkeit oder Vorsatz der Luftfrachtführer verursacht wurden.

c) Der Luftfrachtführer haftet nicht für Schäden, die unmittelbar oder mittelbar durch die Befolgung von Gesetzen, Regierungsverordnungen, Anordnungen oder Auflagen oder durch ein anderes Ereignis verursacht worden sind, das außerhalb des Einflusses des Luftfrachtführers liegt. Der Luftfrachtführer haftet nicht, wenn er in gutem Glauben nach pflichtgemäßem Ermessen entscheidet, dass die nach seiner Auffassung maßgebenden Gesetze und Vorschriften die Beförderung einer Gütersendung nicht zulassen und er infolgedessen die Beförderung einer Gütersendung verweigert.

d) Der Luftfrachtführer haftet nicht für die Beschädigung, die Zerstörung oder die Verspätung einer Gütersendung, die durch die in ihr enthaltenen Gegenstände oder Tiere verursacht worden ist. Absender und Empfänger, deren Sachen Beschädigungen oder Zerstörung an anderen Gütersendungen oder am Eigentum des Luftfrachtführers verursachen, haften dem Luftfrachtführer für alle ihm hieraus entstehenden Verluste und Kosten. Güter und Tiere, welche Flugzeuge, Menschen oder Eigentum gefährden können, können jederzeit durch den Luftfrachtführer ohne Ankündigung und ohne dass dem Luftfrachtführer hieraus eine Haftung erwächst, entfernt oder zerstört werden.

e) Der Luftfrachtführer haftet weder für Verluste, Schäden oder Kosten, die durch den natürlichen Tod oder durch Tötung oder Verletzung eines Tieres entstanden sind, soweit das Verhalten des Tieres selbst oder eines anderen Tieres – wie Beißen, Ausschlagen, Stoßen oder Ersticken – die Ursache hierfür ist, noch für Verluste, Schäden oder Kosten, welche durch den Zustand, die Natur oder die Veranlagung der Tiere ganz oder mit verursacht worden sind.

f) Der Luftfrachtführer haftet in keinem Fall für den Tod oder die Verletzung eines Tierwärters, falls der Zustand oder das Verhalten der Tiere die Ursache oder Mitursache gewesen ist.

g) Sendungen, welche infolge von Klimawechsel, Temperaturwechsel, Höhenwechsel oder infolge anderer gewöhnlicher Umstände oder infolge der Länge der vereinbarten Beförderungzeit der Verschlechterung oder dem Verderb ausgesetzt sind, werden vom Luftfrachtführer unter Ausschluss einer Haftung für Verluste oder Schäden infolge Verschlechterung oder Verderb angenommen.

h) Der Luftfrachtführer haftet, soweit diese Bedingungen nichts anderes bestimmen, nicht für indirekte Schadensfolgen oder für mittelbare oder Folgeschäden einschließlich Umsatz – Gewinn – oder Verdienstausfall, Zinsverluste, entgangene Geschäftsabschlüsse, Währungsrisiken, Produktionsausfall oder Strafen, die sich aus Beförderungen, die diesen Bedingungen unterliegen, ergeben, unabhängig davon, ob der Luftfrachtführer wusste, dass derartige Schäden entstehen konnten. Dies gilt – außer im Anwendungsbereich des Montrealer Übereinkommens und des Montrealer Protokolls Nr. 4 – nicht für Schäden, die auf grob fahrlässige oder vorsätzliche Schadensherbeiführung des Luftfrachtführers oder seiner Leute beruhen.

i) Ist die Haftung des Luftfrachtführers gemäß diesen Bedingungen ausgeschlossen oder beschränkt, so gilt dieser Ausschluss oder diese Beschränkung in gleicher Weise für Agenten, Angestellte, Vertreter oder Erfüllungsgehilfen des Luftfrachtführers, sowie für jeden Luftfrachtführer, dessen Luftfahrzeug für die Beförderung benutzt worden, und für dessen Agenten, Angestellte, Vertreter oder Erfüllungsgehilfen.

3. **Haftung für Güterschäden**

Vorbehaltlich Artikel 13 hat der Luftfrachtführer den Schaden zu ersetzen, der durch Zerstörung, Verspätung, Verlust oder Beschädigung von Gütern entsteht, jedoch nur, wenn das Ereignis, durch das der Schaden verursacht worden ist, während der Luftbeförderung eingetreten ist. Er haftet nicht, wenn er nachweist, dass die Zerstörung, der Verlust oder die Beschädigung der Güter nicht durch einen oder mehrere der folgenden Umstände verursacht wurde:

– die Eigenart der Güter oder ein ihnen innewohnenden Mangel,
– mangelhafte Verpackung der Güter durch eine andere Person als den Luftfrachtführer oder seine Leute,
– eine Kriegshandlung (einschließlich terroristischer Handlungen) oder einen bewaffneten Konflikt,
– hoheitliches Handeln in Verbindung mit der Einfuhr, Ausfuhr oder Durchfuhr der Güter,
– höhere Gewalt, insbesondere Naturereignisse

4. Wird dem Empfänger (oder einer anderen zur Annahme berechtigten Person) nicht die ganze Gütersendung, sondern nur ein Teil ausgeliefert oder ist nur ein Teil beschädigt, zerstört oder in Verlust geraten, so ermäßigt sich die Haftung des Luftfrachtführers für den nicht ausgelieferten, beschädigten, zerstörten oder in Verlust geratenen Teil verhältnismäßig auf der Grundlage des Gewichts, und zwar ohne Berücksichtigung des Wertes eines Teils der Sendung oder ihres Inhalts.

5. **Haftung für Verspätungsschäden**

Der Luftfrachtführer haftet für Verspätungsschäden, sofern er nicht nachweist, dass er und seine Leute alle zumutbaren Maßnahmen zur Vermeidung des Schadens getroffen haben oder es ihm oder ihnen nicht möglich war, solche Maßnahmen zu ergreifen. Eine Verspätung liegt vor, wenn die Güter nicht rechtzeitig am Bestimmungsort ankommen. Ob eine Beförderung verspätet ausgeführt wurde, richtet sich nach den Umständen des Einzelfalls. Artikel 13 Ziffer 1 bis 3 bleibt unberührt.

6. **Mitverschulden**

Ist der Schaden durch eine Handlung oder Unterlassung des Absenders, Empfängers oder der Person, die den Schaden geltend macht, verursacht oder hat eine solche Handlung oder Unterlassung zur Schadensentstehung beigetragen (Mitverschulden), so ist der Luftfrachtführer ganz oder teilweise von der Haftung befreit

## Art. 13 Beschränkung der Haftung

### 1. Allgemein

Die Haftungshöhe des Luftfrachtführers richtet sich nach den Regeln und Beschränkungen, die durch das auf die jeweilige Beförderung anwendbare Abkommen oder die auf die jeweilige Beförderung anwendbaren nationalen oder internationalen Gesetze festgelegt sind.

### 2. Summenmäßige Haftungsbeschränkung

Soweit das anwendbare Abkommen oder Gesetz zu Gunsten des Anspruchsberechtigten nichts anderes bestimmen, gilt folgendes: Der Luftfrachtführer haftet für zerstörte, verlorene, beschädigte oder verspätet angekommene Güter nur bis zu einem Betrag von 19 Sonderziehungsrechten (SZR) pro Kilogramm.

### 3. Wertdeklaration

Die summenmäßigen Haftungsbeschränkungen gelten nicht, wenn der Absender bei der Übergabe der Güter an den Luftfrachtführer das Interesse an der Ablieferung besonders deklariert und den verlangten Zuschlag entrichtet hat. In diesem Fall leistet der Luftfrachtführer bei Zerstörung, Verlust, Beschädigung oder Verspätung eine Entschädigung bis zur Höhe des deklarierten Wertes, sofern er nicht nachweist, dass dieser höher ist als das tatsächliche Interesse des Absenders an der Ablieferung am Bestimmungsort. Alle Ersatzforderungen unterliegen dem Wertnachweis.

### 4. Teilauslieferung

Wird dem Empfänger oder einer anderen zur Annahme berechtigten Person nicht die vollständige Gütersendung, sondern nur ein Teil ausgeliefert, oder ist nur ein Teil der Sendung beschädigt, zerstört, in Verlust geratenverlustig oder verspätet, ist für die Feststellung, bis zu welchem Betrag der Luftfrachtführer haftet, nur das Gesamtgewicht der betroffenen Frachtstücke maßgebend (im Anwendungsbereich des Warschauer Abkommens von 1929 nur das Gesamtgewicht des betroffenen Inhalts), und zwar ohne Berücksichtigung des Wertes eines Teils der Sendung oder ihres Inhalts.

### 5. Einheitlicher Anspruch

Alle Forderungen hinsichtlich einer Gütersendung können nur als einheitlicher Anspruch geltend gemacht werden; mit Regulierung dieses einen Anspruchs sind alle Schäden im Zusammenhang mit der Sendung abgegolten.

## Art. 14 Ausführender Luftfrachtführer

### 1. Haftung des ausführenden Luftfrachtführers

Führt ein ausführender Luftfrachtführer eine Beförderung nach diesen Beförderungsbedingungen ganz oder teilweise aus, so unterstehen, soweit in diesen Beförderungsbedingungen nichts anderes bestimmt ist, sowohl der vertragliche Luftfrachtführer als auch der ausführende Luftfrachtführer den Vorschriften dieser Bedingungen, der erstgenannte für die gesamte im Vertrag vorgesehene Beförderung, der letztgenannte nur für die Beförderung, die er ausführt.

### 2. Wechselseitige Zurechnung

Die Handlungen und Unterlassungen des ausführenden Luftfrachtführers, seines Vertreters und seines Erfüllungsgehilfen, soweit diese in Ausführung ihrer Verrichtung handeln, gelten bezüglich der von dem ausführenden Luftfrachtführer ausgeführten Beförderung auch als solche des vertraglichen Luftfrachtführers.

## Art. 15 Fristen für Ersatzforderungen und Klagen

1. Die vorbehaltlose Annahme des Gutes durch die zur Annahme berechtigte Person erbringt bis zum Beweis des Gegenteils den Beweis dafür, dass das Gut in einwandfreiem Zustand und in Übereinstimmung mit dem Beförderungsvertrag ausgeliefert worden ist.

2. Beabsichtigt ein Anspruchsberechtigter Ersatzansprüche wegen Beschädigung, des der Beschädigung gleichstehenden teilweisen Verlustes oder der Verspätung zu erheben,

muss der Empfänger dem Luftfrachtführer eine Anzeige, die eine hinreichende Beschreibung des betroffenen Gutes, den ungefähren Zeitpunkt der Beschädigung und die Einzelheiten des Anspruchs enthält, unverzüglich erstatten, jedenfalls innerhalb von 14 Tagen (7 Tage im Anwendungsbereich des Warschauer Abkommens von 1929) nach der Annahme des Gutes und im Falle der Verspätung, innerhalb von 21 Tagen (14 Tage im Anwendungsbereich des Warschauer Abkommens von 1929), nachdem die Güter dem Empfänger zur Verfügung gestellt worden sind.

3. Wird die Anzeigefrist versäumt, so ist jede Klage gegen den Luftfrachtführer ausgeschlossen, es sei denn, dass dieser den Anspruchsinhaber arglistig daran gehindert hat, den anzuzeigenden Sachverhalt festzustellen oder die Anzeige fristgemäß zu erstatten.

4. Alle Schadensersatzansprüche gegen den Luftfrachtführer erlöschen, sofern bei Anwendbarkeit des Abkommens nicht binnen einer Ausschlussfrist von zwei Jahren Klage auf Schadensersatz erhoben wird. Ist auf die Beförderung das Abkommen nicht anwendbar, gelten die nach dem jeweiligen nationalen Recht anwendbaren Ausschluss – oder Verjährungsfristen. Die Frist beginnt mit dem Tag, an dem das Luftfahrzeug am Bestimmungsort angekommen ist oder an dem es hätte ankommen sollen oder an dem die Beförderung abgebrochen worden ist.

5. Entschädigt der Luftfrachtführer trotz Versäumnis der Anzeige – oder Klagefristen, so stellt dies für darüber hinausgehend geltend gemachte Ansprüche keinen Verzicht des Luftfrachtführers auf die Berufung der Fristversäumnis dar.

## Art. 16 Aufrechnung/Abtretung

1. Die Aufrechnung gegenüber Ansprüchen des Luftfrachtführers ist nur dann zulässig, wenn die betreffende Forderung unbestritten, anerkannt oder rechtskräftig festgestellt worden ist.

2. Dem Absender ist die Abtretung von Ansprüchen aus Verträgen mit dem Luftfrachtführer nur mit dessen vorheriger schriftlicher Zustimmung gestattet.

## Art. 17 Anwendbares Recht/Gerichtsstand

Streitigkeiten aus oder im Zusammenhang mit diesen Beförderungsbedingungen unterliegen deutschem Recht.

Bei Anwendbarkeit des Abkommens kann eine Klage auf Schadenersatz nur im Hoheitsgebiet eines der Vertragsstaaten, und zwar nach der Wahl des Klägers entweder bei dem Gericht des Ortes erhoben werden, an dem sich die Hauptniederlassung des Luftfrachtführers oder seine Geschäftsstelle befindet, durch die der Vertrag geschlossen wurde oder bei dem Gericht des Bestimmungsortes.

## Art. 18 Entgegenstehendes Recht

Ist eine im Luftfrachtbrief oder in diesen Beförderungsbedingungen enthaltene Bestimmung unwirksam, weil sie geltendem Recht widerspricht, so wird die Gültigkeit des Luftfrachtbriefes oder der Beförderungsbedingungen im übrigen nicht berührt. Anstelle der unwirksamen Bestimmung soll das gelten, was nach dem jeweils anwendbaren Recht in zulässiger Weise der unwirksamen Bestimmung nach dem wirtschaftlichen Gehalt des abgeschlossenen Beförderungsvertrages am Nächsten kommt.

## Art. 19 Abänderungen und Verzichte

Bestimmungen des Beförderungsvertrages oder dieser Beförderungsbedingungen können durch Agenten, Angestellte, Vertreter oder Erfüllungsgehilfen des Luftfrachtführers wirksam nicht geändert, eingeschränkt oder ausgeschlossen werden.

## 6. Hamburger Lagerungsbedingungen

## Vorbemerkung

### I. Fassungen bis zum 1. August 1999

1    Wenn in der älteren Vergangenheit in Hamburg vom Lager- und Umschlagsrecht gesprochen wurde, meinte man damit weniger die Bestimmungen der §§ 416 ff. aF als vielmehr die der Hamburger Lagerungsbedingungen (HLB) sowie der Kaibetriebsordnung (KBO). Damals wurde durchaus vertreten, dass die Anwendung der HLB im Rechtsverkehr zwischen einem Hamburger Lagerhalter und einem Hamburger Kaufmann Handelsbrauch sei.

2    Nach dem Inkrafttreten des Gesetzes zur Regelung des Rechts der Allgemeinen Geschäftsbedingungen vom 9. Dezember 1976 (AGBG) haben die Hamburger Lagerungsbedingungen in der Rechtsprechung, hier ist es insbesondere das HansOLG (6. Zivilsenat) gewesen, Anlass zu Kritik gegeben, soweit es ihre Vereinbarkeit mit dem AGBG betraf.[1] Nach „harscher gerichtlicher Mahnung"[2] wurden die HLB mit Wirkung ab 15. Oktober 1985 überarbeitet und neu gefasst. *Kröger*[3] hat damals in diesem Zusammenhang indes berechtigt darauf verwiesen, dass die HLB stets nach gewissen Zeitabständen, geänderten Gesetzen und geänderter Rechtsprechung durch Neufassungen angepasst worden sind (1949, 1956, 1964, 1974, 1985). Da die HLB aber nicht einseitig von den Lagerhaltern aufgestellt werden, vielmehr hieran alle Betroffenen beteiligt oder ihre Interessen berücksichtigt werden (Einlagerer, Makler, Versicherer, Banken, Lagerhalter und Landeskartellamt) kann eine solche Anpassung zwangsläufig wegen der widerstreitenden Interessen nicht von heute auf morgen erfolgen. Auch die Fassung der HLB ab 15. Oktober 1985 war nicht in allen Punkten eindeutig. Das galt zB für die Regelung in § 14 (keine Haftungsausschlüsse und Haftungsbeschränkungen bei Vorsatz oder grober Fahrlässigkeit des Lagerhalters). Eine verständige Auslegung ergab jedoch, dass diese Vorschrift keine Umkehr der Beweislast enthielt und damit nicht gegen § 9 AGBG verstieß.[4] Bedenken bestanden auch gegen § 11 Nr. 5 HLB, soweit dort ein Haftungsausschluss für „üblicherweise versicherbare Schäden" vorgesehen war. Diese Formulierung wurde wegen ihrer undifferenzierten Form für unwirksam angesehen.[5]

### II. Fassungen ab 1. August 1999 und 1. Oktober 2006

3    Auch wenn das TRG das Lagerrecht sachlich im Wesentlichen unverändert gelassen hat, so war doch dieses Gesetz, neben zwischenzeitlich ergangenen Gerichtsentscheidungen zur Wirksamkeit von Allgemeinen Geschäftsbedingungen im Transportrecht, Anlass, die HLB grundlegend zu überarbeiten. Auch wenn heute die HLB in der Fassung ab 1. Oktober 2006 die immer noch aktuelle Version sind, so ist doch im nachfolgenden näher auf die Änderungen ab 1. August 1999 einzugehen, da zum 1. Oktober 2006 im wesentlichen nur § 13 (Haftungsausschlüsse und -begrenzungen) und § 25 (Verjährung) inhaltlich abgeändert worden sind. In § 1 Ziff. 1 wird nun aus Transparenzgründen erwähnt, das die gesetzlichen Vorschriften über das Lagerrecht zur Anwendung kommen, soweit sie nicht wirksam abbedungen worden sind. In § 5 Ziff. 5 wird ein Widerspruch beseitigt – einerseits waren gefährliche Güter von der Lagerung und Bearbeitung ausgeschlossen, andererseits sollte die Lagerung solcher Güter nach ausdrücklicher Vereinbarung mit dem Lagerhalter möglich sein – und weiter wird die umfassende Regelung aus § 468 Abs. 1 übernommen. Die Bestimmung „im Keller" in § 5 Ziff. 5 Abs. 2 und in § 11 Ziff. 4 wird gestrichen, da sie

---

[1]  OLG Hamburg 5.1.1984, VersR 1984, 1036 = TranspR 1984, 126.
[2]  Ulmer/Brandner/Hensen/*Hensen*, 7. Aufl., Anh. §§ 9–11 Rn. 458.
[3]  *Kröger,* Transportrecht und Gesetz über Allgemeine Geschäftsbedingungen, 1988, S. 207.
[4]  OLG Hamburg 24.10.1991, VersR 1992, 1157 = TranspR 1992, 116.
[5]  Ulmer/Brandner/Hensen/*Hensen,* 7. Aufl., Anh. §§ 9–11 Rn. 458; MüKoBGB/*Basedow,* 3. Aufl., § 23 AGBG Rn. 39.

nicht mehr praxisnah ist. § 6 Ziff. 5 wird um das Messen des Gutes ergänzt, es verbleibt aber bei der Regelung, dass der Einlagerer bereits bei einem geringfügigen Mehrgewicht die Kosten des Wiegens bzw. des Messens zu tragen hat. § 11 Ziff. 5 beseitigt den Begriff des „üblicherweise versicherbaren" Schadens am Gut, eine durchaus angreifbare Regelung, deren AGB-Festigkeit durchaus als zweifelhaft angesehen worden ist.[6] Die Haftung (nur) für den unmittelbaren Sachschaden wird in § 12 Ziff. 1 HLB auf zwei Sonderziehungsrechte des Internationalen Währungsfonds je Kilogramm des Rohgewichts der Ware begrenzt. Damit wird eine gesetzliche Bestimmung aus dem Seefrachtrecht (§ 660) übernommen. Im Einzelfall muss sich erweisen, ob noch eine sachgerechte Relation zwischen der Haftungssumme und der Schadenshöhe besteht.[7] Der Wegfall der Haftungsausschlüsse und -begrenzungen sowie die Haftung für Mitarbeiter wird in den §§ 13 und 14 völlig neu geregelt und der zwischenzeitlich ergangenen Rechtsprechung angepasst. Weiter wird die Reihenfolge der Haftungsbestimmungen (§ 10–§ 15) aus Gründen der Klarheit neu geordnet. Beibehalten worden ist die Bestimmung, dass der Lagerhalter berechtigt aber nicht verpflichtet ist, innerhalb einer Frist von 6 Monaten den Schadensersatzanspruch des Einlagerers dadurch zu befriedigen, dass er diesem Güter gleicher Art und Güter zur Verfügung stellt (früher § 13 Ziff. 1, jetzt § 15 Ziff. 1). Hierin wurde kein Verstoß gegen § 9 Abs. 2 Ziff. 1 AGBG gesehen.[8] In § 19 konnte man sich nicht dazu entschließen, die gesetzliche Regelung aus § 472 Abs. 1 zu übernehmen. § 23 Ziff. 4 verstieß gegen § 9 Abs. 2 AGBG im Hinblick auf den Eingriff in das Eigentumsrecht. Deshalb wurden die speziellen Fälle, die einen solchen Eingriff rechtfertigen können, in § 23 Ziff. 4 aufgenommen. Hinsichtlich der Verjährungsfrist blieb es bei 6 Monaten. Im Hinblick auf ein Urteil des HansOLG vom 21.1.1993[9] wurde die Frist bei Vorsatz und bei einem dem Vorsatz nach § 13 der HLB gleichstehenden Verschulden auf ein Jahr bestimmt. In der Literatur sind die kurzen Verjährungsfristen des § 25 auf Kritik gestoßen im Hinblick auf die gesetzliche Regelung der §§ 475a, 439.[10] Diese Kritik und die sich ständig fortentwickelnde Rechtsprechung zu Haftungsgrenzen und Haftungsausschlüssen, insbesondere die Abgrenzung von freizeichnungsfesten Fallgruppen von anderen[11] gaben Anlass, § 13 HLB neu zu fassen und in § 25 die gesetzlichen Fristen der §§ 475a, 439 – ein Jahr bzw. 3 Jahre – aufzunehmen. Die so geänderte Fassung der HLB ist gültig ab 1. Oktober 2006.

Da es sich bei den HLG um Allgemeine Geschäftsbedingungen handelt, haben sie nur **4** dann Geltung, wenn sie rechtswirksam in den Vertrag einbezogen worden sind. Im Hinblick auf die Formulierung in § 1 Ziff. 1 „gelten … für die Geschäftsbesorgungen des Lagerhalters …" kann die in § 449 Abs. 2 vorgeschriebene qualifizierte Form einschlägig sein, wenn der Lagerhalter Aufgaben übernimmt, die außerhalb des eigentlichen Lagergeschäftes liegen.

### III. Ausblick

Auch wenn seit dem Jahre 2006 keine weiteren Änderungen der HLB vorgenommen **5** worden sind, geben die gewählten Formulierungen nach wie vor Anlass, ihre Wirksamkeit im Hinblick auf die AGB-Regeln der §§ 305 ff. BGB zu überprüfen.[12]

---

[6] Das Landgericht Hamburg hat die jetzige Fassung, die einen Haftungsausschluss für Schäden an einem versicherten Gut vorsieht, für wirksam erachtet. Weder liege ein Verstoß gegen § 309 Abs. 1 Nr. 7b BGB noch gegen §§ 305c Abs. 2, 307 Abs. 1 BGB vor, Urteil vom 25.9.2003 – 413 O 13/03.

[7] Palandt/*Grüneberg* BGB § 307 Rn. 39.

[8] LG Hamburg 13.9.2002, TranspR 2003, 33.

[9] TranspR 1993, 394.

[10] MüKoHGB/*Frantzioch* Ergänzungsband § 475a Rn. 13 – 16; *Tunn* Lagerrecht Rn. 227.

[11] BGH 15.9.2005, TranspR 2006, 38; 15.9.2005, TranspR 2006, 42.

[12] Vgl. *Valder* TranspR 2010, 27, 28, der die Fassung von § 13 HLB beanstandet: sie trage § 309 Nr. 7b BGB keine Rechnung; Hartenstein/Reuschle/Köper Kap. 8 Rn. 32; Hartenstein/Reuschle/Steinborn Kap. 10 Rn. 64, 84–86.

**Verein Hamburger Lagerhalter e.V.**
**Verein Hamburgischer Quartiersleute von 1886 e.V.**

**Unverbindliche Empfehlung für Allgemeine Geschäftsbedingungen**
**HAMBURGER LAGERUNGSBEDINGUNGEN**

Stand vom 1.10.2006

## I. Allgemeine Bestimmungen

### § 1 Anwendung der Hamburger Lagerungsbedingungen

1. Die Hamburger Lagerungsbedingungen gelten in ihrer jeweils neuesten Fassung für die Geschäftsbesorgungen des Lagerhalters und/oder Quartiersmannes, die dieser für den Einlagerer oder einen Dritten aufgrund Lagervertrages oder Gesetzes ausführt. Soweit die nachstehenden Geschäftsbedingungen keine Regelungen enthalten, kommen die §§ 467 bis 475h HGB zur Anwendung.
2. Die Hamburger Lagerungsbedingungen gelten auch für und gegen jeden Rechtsnachfolger des Einlagerers oder Dritten.
3. Die Hamburger Lagerungsbedingungen gelten auch im Rahmen von § 1 Ziff. 1 für sämtliche Nebentätigkeiten des Lagerhalters, insbesondere Sortieren, Probenehmen, Verlesen, Säubern, Sieben, Mischen, Konfektionieren, Montage von Teilen, Bearbeiten von Beschädigungen, Verpackungen etc., auch wenn diese Arbeiten vom Lagerhalter nicht auf dem eigenen Lager, sondern zB auf fremden Lägern, am Kai, auf Verkehrsmitteln etc. ausgeführt werden.

### § 2 Geschäftsbesorgung durch andere Personen

1. Bedient sich der Lagerhalter zur Erfüllung der Geschäftsbesorgung anderer betriebsfremder Personen, so vereinbart er mit diesen für deren Leistungen die verkehrsüblichen Geschäftsbedingungen unter Berücksichtigung des Interesses des Einlagerers oder des Dritten (§ 1 Ziff. 1).
2. In einem Schadensfall tritt der Lagerhalter seinen etwaigen Anspruch gegen den Schädiger auf Verlangen des Einlagerers oder des Dritten ab.
3. Der Lagerhalter ist nicht verpflichtet, diese betriebsfremde Person während der Ausführung der Tätigkeit zu überwachen bzw. überwachen zu lassen.

### § 3 Prüfung von Erklärungen

Der Lagerhalter ist zur Prüfung
a) der Echtheit von Unterschriften jeglicher Art
   sowie
b) der Befugnisse der Unterzeichner von a)
nicht verpflichtet.

## II. Der Lagervertrag

### § 4 Der Vertragsabschluß

1. Alle Anmeldungen, Anträge und sonstige Anordnungen sollen schriftlich erfolgen. Ungewissheiten, Nachteile, Beweisfragen o.ä., die auf Unklarheiten aus mündlicher Übermittlung beruhen, gehen zu Lasten des Einlagerers oder des Dritten.

2. Bei der Anmeldung müssen die Güter so spezifiziert werden, dass eine ordnungsgemäße Stapelung, Lagerung und Bearbeitung ermöglicht wird. Diese Spezifikation ist dem Lagerhalter zu übergeben.

Alle Anweisungen für die Behandlung und die Verwahrung der Güter sind in die Spezifikation aufzunehmen.

Der Lagerhalter ist nicht verpflichtet, die Angaben in der Spezifikation nachzuprüfen oder zu ergänzen.

Für Stücke, deren Gewicht 500 kg überschreitet, ist das Einzelgewicht anzugeben. Bei fehlerhafter Anmeldung und/oder Spezifikation hat der Einlagerer daraus entstehende Kosten zu tragen.

## § 5 Die Einlagerung

1. Die Abfertigung der Fahrzeuge und die Annahme von Gütern erfolgt nach ihrem Eintreffen am Lager in der Reihenfolge ihrer Anmeldung bei der zuständigen Stelle des Lagers, soweit keine anderen Vereinbarungen getroffen worden sind.
2. Der am Lager geltenden Arbeitszeit haben sich alle Beteiligten anzupassen.
3. Die Ausführung aller übernommenen Aufträge durch den Lagerhalter geschieht, soweit nichts anderes vereinbart ist oder besondere Umstände es verhindern, am nächsten Arbeitstag nach Einlieferung der erforderlichen Papiere (Lagerschein, Konnossement, Lieferschein usw.). Nach 12.00 Uhr mittags eingelieferte Papiere gelten als am nächsten Tag eingeliefert.
4. Die Einlagerung der Güter erfolgt nach Wahl des Lagerhalters in eigenen oder fremden Lägern.
5. Wenn Güter eingelagert und/oder bearbeitet werden sollen, die wegen ihrer Beschaffenheit bzw. Eigenschaften (Feuergefährlichkeit, Gesundheitsschädlichkeit u. ä.) Nachteile jeglicher Art für das Lager oder andere Lagergüter bewirken können, ist der Einlagerer verpflichtet, dem Lagerhalter rechtzeitig schriftlich die genaue Art der Gefahr und die zu ergreifenden Vorsichtsmaßnahmen mitzuteilen. Er hat ferner das Gut, soweit erforderlich, zu verpacken und zu kennzeichnen und Urkunden zur Verfügung zu stellen sowie alle Auskünfte zu erteilen, die der Lagerhalter zur Erfüllung seiner Pflichten benötigt.

Der Einlagerer ist des Weiteren verpflichtet, dem Lagerhalter Anweisungen für die sachgerechte Lagerung der eingelagerten Güter zu erteilen. Kommt er dieser Verpflichtung nicht nach, so lagert der Lagerhalter die Güter nach seinem pflichtgemäßen Ermessen. § 6 Ziff. 8 Abs. 2 findet entsprechende Anwendung.

Eine Lagerung und/oder Bearbeitung der o. g. Güter ist jedoch nur nach ausdrücklicher Vereinbarung mit dem Lagerhalter möglich. Dieser ist berechtigt, solche Güter in separaten Räumen, in den dafür eingerichteten Speziallägern oder ggf. auch im Freien zu lagern.

6. Der Lagerhalter stellt dem Einlagerer über die eingelagerten Güter eine Einlagerungsanzeige aus.
7. Der Lagerhalter vermerkt äußerlich erkennbare Schäden an den Gütern oder ihrer Verpackung auf der Einlagerungsanzeige und/oder dem Lagerschein.

Bei der Einlagerung und sonstigen Tätigkeiten an oder mit Ladungseinheiten (unit loads, palettierte oder gebündelte Güter, gepackte Behälter, Container) bezieht sich die Prüfung durch den Lagerhalter nur auf die äußere Beschaffenheit der Einheiten.

## § 6 Die Lagerung

1. Der Lagerhalter kann die Güter innerhalb seines Gesamtlagers (Eigen- und Fremdläger) umlagern. Er hat dem Einlagerer die Umlagerung mit genauer Bezeichnung des neuen Lagerortes anzuzeigen.

2. Der Lagerhalter trägt für die verkehrsübliche Bewachung und Kontrolle der Lagergüter Sorge; zu darüber hinausgehenden besonderen Bewachungs- und/oder Kontrollmaßnahmen ist der Lagerhalter nicht verpflichtet.

3. Der Lagerhalter öffnet die Verpackung der Güter nicht ohne ausdrücklichen Auftrag des Einlagerers.

   Der Lagerhalter ist jedoch zur Öffnung der Verpackung befugt, wenn ein wichtiger Grund vorliegt. Ein wichtiger Grund ist insbesondere dann gegeben, wenn der Lagerhalter berechtigten Anlass zu der Annahme hat, dass der Inhalt von Packstücken nicht richtig angegeben ist, oder wenn in den Begleitpapieren die Art der Güter nicht eindeutig bezeichnet ist.

4. Der Lagerhalter ist ohne besondere Vereinbarung nicht verpflichtet, Arbeiten zur Erhaltung oder Verbesserung der Güter oder ihrer Verpackung auszuführen. Er ist aber berechtigt, derartige Arbeiten auf Kosten des Einlagerers zu verrichten, wenn nach seinem pflichtgemäßen Ermessen durch ihre Unterlassung Verlust oder Beschädigung des Gutes selbst, anderer Güter oder der Lagerräume zu befürchten ist.

5. Der Lagerhalter ist berechtigt, ohne Auftrag aber nicht verpflichtet, das Gut zu wiegen bzw. zu messen.

   Wird das Gut von dem Lagerhalter ohne Auftrag gewogen bzw. gemessen, so hat der Einlagerer die Kosten zu tragen, wenn das Gewicht bzw. das Maß nicht richtig angegeben wurde.

6. Nur der Einlagerer oder von ihm legitimierte Personen haben das Recht, Auskunft über eingelagerte Güter zu verlangen.

   Sie können während der üblichen Geschäftsstunden in Begleitung des Lagerhalters oder seiner Mitarbeiter das Lager auf eigene Gefahr betreten.

7. Nehmen der Einlagerer oder seine Beauftragten Handlungen an oder mit den Lagergütern vor, so haben diese danach die Güter dem Lagerhalter neu zu übergeben und Gewicht und Beschaffenheit der Güter mit ihm festzustellen. Geschieht dies nicht, haftet der Lagerhalter nicht für eine später festgestellte Minderung oder Beschädigung der Güter.

   Auf Verlangen des Lagerhalters ist der Einlagerer verpflichtet, die Handlungen an den Lagergütern durch Mitarbeiter des Lagerhalters ausführen zu lassen.

8. Dem Einlagerer steht es frei, das Lager und die Art und Weise der Einlagerung seiner Güter zu besichtigen oder durch eine andere legitimierte Person besichtigen zu lassen. Einwände gegen die Art und Weise der Einlagerung der Güter muss der Einlagerer gegenüber dem Lagerhalter vorbringen. Erhebt der Einlagerer diese Einwände nicht unverzüglich nach der Einlagerung, begibt er sich dieser Einwände, soweit die Einlagerung unter Wahrung der Sorgfalt eines ordentlichen Lagerhalters erfolgt ist.

9. Dem Lagerhalter steht das Hausrecht an dem Lagerort zu.

   Der Einlagerer und seine Beauftragten haben alle lagerbezogenen Weisungen des Lagerhalters oder seiner Mitarbeiter insbesondere hinsichtlich ihres Verhaltens im Lager, der Einlagerung der Güter u. ä. m. zu befolgen.

## § 7 Die Auslagerung

1. Die Auslieferung der Güter erfolgt nur nach vorheriger Vereinbarung mit dem Lagerhalter. Nur der Einlagerer oder die von ihm schriftlich zum Empfang der Güter legitimierte Person ist berechtigt, die Güter in Empfang zu nehmen.

2. Hinsichtlich der Abfertigung der Fahrzeuge gilt § 5 Ziff. 1 entsprechend.

## § 8 Eigentumsaufgabe

Der Einlagerer, sein Rechtsnachfolger oder die von ihm legitimierte Person ist nicht berechtigt, das Eigentum der in der Verfügungsgewalt des Lagerhalters befindlichen Ware einseitig aufzugeben.

## III. Haftung

### § 9 Die Haftung des Einlagerers

1. Der Einlagerer haftet dem Lagerhalter für alle Schäden, die dadurch entstehen, dass der Einlagerer entgegen § 5 Ziff. 5 dieser Bestimmungen keinen Hinweis auf die Gefährlichkeit der Güter abgegeben hatte, sowie für Schäden durch unrichtige oder unvollständige Bezeichnung der Güter, durch fehlerhafte Gewichts- bzw. Maßangabe oder durch Mängel der Verpackung.

2. Der Einlagerer haftet dem Lagerhalter für alle Schäden, welche er, seine Mitarbeiter oder Beauftragten beim Betreten des Lagers oder beim Betreten oder Befahren des Lagergrundstücks dem Lagerhalter, anderen Einlagerern oder dem Grundstückseigentümer zufügen.

   Als Beauftragte gelten auch Dritte, die auf seine Veranlassung das Lager oder das Lagergrundstück aufsuchen.

3. Der Einlagerer haftet dem Lagerhalter für alle Schäden, die diesem dadurch entstehen, dass der Einlagerer gemäß § 6 Ziff. 9 dieser Bestimmungen erteilte Weisungen nicht beachtet.

### § 10 Grundsätze der Haftung des Lagerhalters

1. Der Lagerhalter haftet aufgrund gesetzlicher oder vertraglicher Bestimmungen bei allen Tätigkeiten nur, soweit ihn oder seine Erfüllungsgehilfen und/oder Verrichtungsgehilfen ein Verschulden trifft.

2. Die Entlastungspflicht trifft grundsätzlich den Lagerhalter; ist jedoch ein Schaden an einem Gut äußerlich nicht erkennbar gewesen oder kann dem Lagerhalter die Aufklärung einer Schadensursache nach Lage der Umstände billigerweise nicht zugemutet werden, so haben der Einlagerer oder Dritte (§ 1 Ziff. 1) nachzuweisen, dass der Lagerhalter den Schaden schuldhaft verursacht hat.

3. Gegen Zahlung eines erhöhten Lagergeldes steht es dem Einlagerer frei, eine über den Umfang der Hamburger Lagerungsbedingungen hinaus erweiterte Haftung mit dem Lagerhalter zu vereinbaren.

4. Der Lagerhalter haftet für die Richtigkeit der angegebenen Eigenschaften der Ware, insbesondere Gattung, Gewicht, Maß, Provenienz o. ä., wenn diese Angaben von ihm festgestellt und schriftlich bestätigt worden sind. Der Ausschluss der Haftung für Schwund (§ 11 Ziff. 3 HLB) bleibt von dieser Regelung unberührt.

### § 11 Ausschluss der Haftung

Ansprüche gegen den Lagerhalter wegen gänzlichen oder teilweisen Verlustes oder Beschädigung sind ausgeschlossen, wenn

1. der Einlagerer oder die von ihm legitimierte Person die Beanstandungen nicht unverzüglich bei der Auslieferung der Güter am Lagerort, bei äußerlich nicht erkennbaren Schäden unverzüglich nach deren Entdeckung, gegenüber dem Lagerhalter schriftlich vorgebracht hat,

2. ein Schaden durch höhere Gewalt, Naturkatastrophen, Krieg und Bürgerkrieg oder kriegsähnliche Ereignisse, Streik, Aussperrung, Arbeitsunruhen, politische Gewalthandlungen, Aufruhr, sonstige bürgerliche Unruhen, Sabotage, Entziehung oder Eingriffe von hoher Hand oder behördliche Anordnungen verursacht worden ist und der dadurch entstandene Schaden auch mit der Sorgfalt eines ordentlichen Lagerhalters nicht abgewendet werden konnte;

   konnte ein Schaden aus einer der vorgenannten Gefahren entstehen, so wird bis zum Nachweis des Gegenteils angenommen, dass der Schaden daraus entstanden ist,

3. der Schaden seine Ursache in der Sphäre des Einlagerers (Person, Weisungen des Einlagerers oder von ihm beauftragter Dritter) und/oder des eingelagerten Gutes hat;
dies ist insbesondere dann der Fall, wenn der Schaden durch die natürliche Beschaffenheit
des Gutes, mangelhafte oder fehlende Verpackung, Schädlingsbefall, inneren Verderb,
Schwund, Rost, Schimmel, Fäulnis o.ä. verursacht worden ist,
4. die Güter vereinbarungsgemäß, üblicherweise oder entsprechend § 5 in separaten Räumen, in den dafür eingerichteten Speziallägern oder ggf. auch im Freien eingelagert
waren und der Schaden auf diese Art der Lagerung zurückzuführen ist,
5. es sich um einen Schaden an einem versicherten Gut handelt,
6. der Einlagerer gegen seine Pflicht zur Spezifikation gemäß § 4 Ziff. 2 verstoßen hat und
dadurch der eingetretene Schaden verursacht wurde.

## § 12 Beschränkung der Haftung

1. Als ersatzpflichtiger Wert der Güter gilt deren gemeiner Wert.
Soweit der Lagerhalter haftet, ist die Höhe des von ihm zu leistenden Schadensersatzes
auf zwei Rechnungseinheiten für jedes Kilogramm des Rohgewichts der Ware begrenzt.
2. Die Haftung des Lagerhalters ist auf den unmittelbaren Sachschaden beschränkt.
Für mittelbare Schäden, die nicht am Gute selbst entstehen (Vermögensschäden), insbesondere entgangenen Gewinn, haftet der Lagerhalter nicht.
3. Hat der Einlagerer Einwendungen gemäß § 6 Ziff. 8 dieser Bedingungen nicht unverzüglich vorgebracht und ist ein Schaden auf die Art der Unterbringung und/oder Sicherung
der Güter zurückzuführen, so ist die Haftung des Lagerhalters gemäß § 254 BGB
beschränkt bzw. ausgeschlossen.
4. Die in Ziff. 1 genannte Rechnungseinheit ist das Sonderziehungsrecht des Internationalen Währungsfonds. Der Betrag wird in Euro entsprechend dem Wert des Euro gegenüber dem Sonderziehungsrecht am Tag der Übernahme der Güter oder an dem von
den Parteien vereinbarten Tag umgerechnet. Der Wert des Euro gegenüber dem Sonderziehungsrecht wird nach der Berechnungsmethode ermittelt, die der Internationale
Währungsfonds an dem betreffenden Tag für seine Operationen und Transaktionen
anwendet.

## § 13 Wegfall der Haftungsausschlüsse und -begrenzungen

Die Haftungsausschlüsse und Haftungsbegrenzungen der Hamburger Lagerungsbedingungen gelten nicht, wenn der Schaden auf eine Handlung oder Unterlassung zurückzuführen ist, die der Lagerhalter, seine Mitarbeiter in Ausübung ihrer Verrichtung oder Personen,
deren der Lagerhalter sich bei Ausführung seiner Tätigkeit bedient, vorsätzlich oder leichtfertig und in dem Bewusstsein, dass ein Schaden mit Wahrscheinlichkeit eintreten werde,
begangen hat. Das Gleiche gilt, wenn dieser Personenkreis den Schaden durch Verletzung
vertragswesentlicher Pflichten (sog. Kardinalspflichten) herbeigeführt hat.
Die Beweislast trifft den Einlagerer. Der Lagerhalter hat sich zu den Umständen, die
für die Beurteilung des Schadensfalles maßgeblich sind, in dem ihm möglichen Umfang
einzulassen.

## § 14 Haftung von Mitarbeitern

Die Haftung von Mitarbeitern des Lagerhalters gegenüber dem Einlagerer oder dritten
Personen ist entsprechend den vorstehenden Haftungsbestimmungen der Hamburger Lagerungsbedingungen ausgeschlossen bzw. beschränkt.

## § 15 Ersatzleistung

1. Der Lagerhalter ist berechtigt aber nicht verpflichtet, innerhalb einer Frist von 6 Monaten den Schadensersatzanspruch des Einlagerers dadurch zu befriedigen, dass er diesem Güter gleicher Art und Güte zur Verfügung stellt. Die Frist beginnt mit dem Zeitpunkt, zu dem der Berechtigte den Schadensersatzanspruch bei dem Lagerhalter schriftlich anmeldet. Der Lagerhalter ist berechtigt, Beschädigungen unter Ausschluss der Haftung für Wertminderung selbst zu beseitigen oder beseitigen zu lassen.
2. Bei Schäden an einem Sachteil, der einen selbständigen Wert hat, oder bei Schäden an einer von mehreren zusammengehörenden Sachen bleibt eine etwaige Wertminderung des Restes der Sache oder der übrigen Sachteile außer Betracht.
3. In Höhe der geleisteten Entschädigungen gehen etwaige Ansprüche des Wareneigentümers hinsichtlich des eingelagerten Gutes gegen Dritte auf den Lagerhalter über. Wurde ein Anspruch gegen einen Dritten oder ein zur Sicherung dienendes Recht aufgegeben, so ist der Lagerhalter von seiner Ersatzpflicht insoweit frei, als er aus dem Anspruch oder dem Recht hätte Ersatz erlangen können.
4. Erreicht die durch den Lagerhalter geleistete Entschädigung den gemeinen Wert des Gutes oder den gemeinen Wert von Teilen des Gutes, kann der Lagerhalter wählen, ob mit der Zahlung der Entschädigung die Rechte an den Gütern oder den Teilen der Güter auf ihn übergehen sollen oder nicht. Der Rechtsübergang entfällt, wenn der Lagerhalter ihn nicht innerhalb von 10 Werktagen nach Entschädigungsleistung gegenüber dem Berechtigten wählt.

## IV. Der Lagerschein

## § 16 Ausstellung und Inhalt

1. Der Lagerhalter stellt einen Lagerschein über die bei ihm eingelagerten Güter aus, wenn der Einlagerer dies beantragt.
   Der Lagerhalter kann die Ausstellung des Lagerscheins verweigern, wenn ein berechtigtes Interesse des Lagerhalters vorliegt. Dies ist insbesondere dann der Fall, wenn seine Ansprüche auf Entgelt, Auslagen pp. gegen den Einlagerer durch das eingelagerte Gut nicht mehr gedeckt sind.
2. Der Lagerhalter schreibt Teilabnahmen auf dem Lagerschein ab. Er kann den Lagerschein zurücknehmen und über das restliche Gut einen neuen Lagerschein ausstellen.

## § 17 Abtretung des Herausgabeanspruchs

1. Die Abtretung des Herausgabeanspruchs erfolgt durch Ausfüllen der im Lagerscheinformular vorgesehenen Vordrucke. Für ihre Wirkung sind die Bestimmungen des Bürgerlichen Gesetzbuches maßgebend, soweit nicht in diesen Bestimmungen etwas anderes vorgesehen ist.
2. Die Abtretung des Herausgabeanspruchs ist dem Lagerhalter gegenüber erst wirksam, wenn sie ihm von dem Abtretenden unter genauer Bezeichnung des Erwerbers schriftlich angezeigt worden ist. Ist die Abtretung auf dem Lagerschein schriftlich durch Ausfüllen des Vordruckes erklärt worden, so genügt als Anzeige das Vorlegen des Lagerscheins durch den neuen Inhaber.

## § 18 Abhandenkommen des Lagerscheins

1. Ist der Lagerschein abhanden gekommen, so hat der Lagerhalter auf Kosten des Einlagerers den Verlust des Lagerscheins unverzüglich im hamburgischen „Amtlichen Anzeiger"

und in zwei hamburgischen Tageszeitungen anzuzeigen und auf den Ablauf der Verjährungsfrist (§ 18 Ziff. 3) hinzuweisen.

2. Ist ein Lagerschein abhanden gekommen oder vernichtet, so ist der Lagerhalter berechtigt, das Gut dem Einlagerer oder dessen Rechtsnachfolger herauszugeben, wenn sich
dieser schriftlich verpflichtet, den Lagerhalter von allen Folgen dieser Auslieferung freizustellen und zur Sicherheit dieser Verpflichtung eine Bürgschaftserklärung einer deutschen
Bank beibringt, welche nach den Bestimmungen der Zivilprozessordnung (§ 108 Abs. 1
ZPO) als Sicherheit zugelassen würde.

3. Wird nach Abgabe einer derartigen Verpflichtungsurkunde seitens des Empfängers und
nach Übergabe der Bürgschaftserklärung für alle Verpflichtungen aus der Urkunde das
Gut ausgeliefert, so verjähren die Ansprüche gegen den Lagerhalter wegen des in dem
Lagerschein bezeichneten Gutes in einem Jahr nach Veröffentlichung im „Amtlichen
Anzeiger".

## V. Versicherung der Güter

### § 19 Abschluss des Versicherungsvertrages und die Regulierung

1. Der Lagerhalter ist nicht verpflichtet, die Güter für eigene oder fremde Rechnung zu
versichern.

2. Ein Auftrag zur Besorgung einer Versicherung muss schriftlich erfolgen und alle Angaben
enthalten, die für einen ordnungsgemäßen Abschluss der Versicherung notwendig sind.
Der Lagerhalter muss die Annahme oder Ablehnung des Auftrages unverzüglich erklären.
Kommt der Abschluss der Versicherung aus Gründen, die der Lagerhalter nicht zu
vertreten hat, nicht oder unzureichend zustande, haftet der Lagerhalter nicht für Nachteile, die sich hieraus ergeben. Er hat den Einlagerer über das Nichtzustandekommen
der Versicherung unverzüglich zu benachrichtigen.

3. Im Versicherungsfall ist der Anspruch auf die Entschädigungsleistung der Versicherung
beschränkt.
Darüber hinausgehende Ansprüche gegen den Lagerhalter aufgrund allgemeiner gesetzli-
cher oder vertraglicher Bestimmungen bleiben hiervon unberührt.
Der Einlagerer kann verlangen, dass der Lagerhalter ihm die Rechte aus dem in seinem
Auftrag geschlossenen Versicherungsvertrag abtritt.

## VI. Zahlungsverkehr

### § 20 Entgelt

1. Der Lagerhalter hat Anspruch auf das vereinbarte oder ortsübliche Entgelt.
Bei der Berechnung des Lagergeldes werden angefangene Monate und angefangene
100 kg oder angefangene qm/cbm als volle Einheit berechnet.
Der Lagerhalter ist berechtigt, für Auslagen eine angemessene Provision zu berechnen,
unbeschadet des Anspruchs auf Erstattung des Verzugsschadens und auf Zinsen.
Für die Ausstellung und Umschreibung von Lagerscheinen ist dem Lagerhalter ein Entgelt zu zahlen.

2. Die vom Lagerhalter berechneten Entgelte und Auslagen sind sofort, dh. spätestens an
dem der Übersendung der Rechnung folgenden Werktag, zur Zahlung fällig.
Bei Kaufleuten tritt Zahlungsverzug fünf Tage nach Fälligkeit ein, ohne dass es einer
Mahnung bedarf. Bei Verzug werden Zinsen bis zur Höhe von 6 % über dem jeweiligen
Basiszinssatz fällig. Unbeschadet hiervon bleibt die Geltendmachung darüber hinausge-
hender Ansprüche aus Verzug.

3. Ein Kursrückgang der verwendeten Zahlungsmittel zwischen dem Tage der Fälligkeit
bzw. Auslagen zwischen dem Tage der Verauslagung und dem Tage, an dem die Zahlung
bei dem Lagerhalter eingeht, ist vom jeweiligen Schuldner zu tragen.

4. In den Entgelten für Aufnehmen und Absetzen sind die Zuschläge für das Be- und Entladen von Eisenbahnwaggons, Containern, Lastzügen und sonstigen Transportmitteln nicht enthalten; diese werden zusätzlich berechnet wie auch das Abdecken bzw. Bedecken von offenen Eisenbahnwaggons sowie das Verkeilen und Verschnüren von Ladungen.
5. Auslagen aller Art (zB Stand- und Überliegegelder, Porti etc.) sind dem Lagerhalter vom Einlagerer bzw. Wareneigentümer zu erstatten.

## § 21 Aufrechnung und Zurückbehaltung

Gegenüber Ansprüchen des Lagerhalters aus dem Lagergeschäft und den damit zusammenhängenden Ansprüchen ist eine Aufrechnung oder Zurückbehaltung nur mit unbestrittenen oder rechtskräftig festgestellten Gegenansprüchen zulässig.

## § 22 Pfand- und Zurückbehaltungsrecht

1. Der Lagerhalter hat wegen aller fälligen und nicht fälligen Ansprüche, die ihm aus irgendwelchem Grunde gegen den Einlagerer zustehen, ein Pfand- und Zurückbehaltungsrecht an dem Gute, solange es sich in seiner Verfügungsgewalt befindet.
2. Der Lagerhalter kann die Auslieferung auch von Teilen des Gutes verweigern, solange er für seine Ansprüche nicht voll befriedigt ist.
Überträgt der Einlagerer den Herausgabeanspruch an dem Gut an einen Dritten, so muss der Abtretungsempfänger das aus dem früheren Lagervertrag auf dem Gut lastende Pfand- und Zurückbehaltungsrecht dulden, solange der Lagerhalter nicht darauf verzichtet. § 404 BGB bleibt unberührt.
3. Der abtretende Einlagerer bleibt für die Ansprüche des Lagerhalters aus dem früheren Lagervertrag haftbar, bis der Lagerhalter ihn aus der Haftung entlässt.
4. Wurde ein Lagerschein ausgestellt und der Herausgabeanspruch an einen Dritten abgetreten, so besteht ein Pfand- und Zurückbehaltungsrecht diesem gegenüber nur wegen derjenigen Lagergelder, Spesen und Auslagen, welche mit dem abgetretenen Lagergute zusammenhängen oder dem Lagerhalter gegen den Abtretungsempfänger unmittelbar zustehen.

### VII. Dauer des Vertrages

## § 23 Kündigung

1. Der Lagervertrag endet mit Ablauf der vereinbarten Zeit.
2. Ist der Lagervertrag auf unbestimmte Zeit geschlossen, so kann er unter Einhaltung einer Kündigungsfrist von einem Monat gekündigt werden.
3. Der Lagerhalter ist berechtigt, den Lagervertrag fristlos zu kündigen und sofortige Räumung des Lagers zu verlangen, wenn ein wichtiger Grund vorliegt, den er nicht zu vertreten hat.
Ein wichtiger Grund liegt insbesondere dann vor, wenn
   – der Einlagerer mit der Zahlung des Lagergeldes für 2 Monate in Rückstand gerät,
   – die Erfüllung des Lagervertrages durch die in § 11 Ziff. 2 aufgezählten Ereignisse verhindert oder beeinflusst wird,
   – der Wert der Lagergüter die Forderungen des Lagerhalters nicht mehr deckt,
   – die Güter das Lager oder andere Güter gefährden,
   – bei der Einlagerung vom Einlagerer nicht auf besondere Gefahren hingewiesen wurde, die von seinen Gütern ausgehen.

4. Ist der Lagerhalter zur fristlosen Kündigung berechtigt und handelt es sich um
   – wertlos gewordene Güter,
   – verdorbene Güter
   – oder um Güter, die das Lager oder andere Güter zu gefährden geeignet sind,
   so kann er die Lagergüter nach vorheriger Androhung unter angemessener Fristsetzung
   auf Kosten und Gefahr des Einlagerers vernichten oder vernichten lassen.

## § 24 Räumung des Lagers

Gerät der Einlagerer mit der Räumung des Lagers in Verzug, so ist der Lagerhalter ohne
weitere Fristsetzung berechtigt, die Güter des Einlagerers auf dessen Kosten und Gefahr aus
dem Lager zu entfernen.

## VIII. Rechtsverlust

## § 25 Verjährung

1. Alle Ansprüche gegen den Lagerhalter, einerlei aus welchem Rechtsgrund, verjähren
   in einem Jahr. Bei Vorsatz oder bei einem dem Vorsatz nach § 13 der Hamburger
   Lagerungsbedingungen gleichstehenden Verschulden beträgt die Verjährungsfrist drei
   Jahre. § 475a HGB gilt nicht.
2. Die Verjährung beginnt mit dem Ablauf des Tages, an dem der Berechtigte Kenntnis
   von dem Anspruch erhält oder an welchem die Ablieferung stattgefunden hat.
3. Für den Beginn der Verjährung ist der Zeitpunkt maßgebend, der am frühesten eingetreten ist.

## IX. Schlussbestimmungen

## § 26 Gerichtsstand, Erfüllungsort und Recht

1. Ausschließlicher Gerichtsstand und Erfüllungsort ist Hamburg.
2. Es ist deutsches Recht anzuwenden.

## § 27 Rechtswirksamkeitsklausel

Sollte eine Bestimmung dieser Bedingung rechtsunwirksam sein oder werden, so wird
hierdurch die Wirksamkeit der übrigen Bestimmungen nicht berührt.

## § 28 Beginn dieser Hamburger Lagerungsbedingungen

Die Hamburger Lagerungsbedingungen in der vorstehenden Fassung sind gültig ab
1.10.2006.

## 7. Kaibetriebsordnung

### Vorbemerkung

Die **Benutzung der Kaianlagen** für den Umschlag von Gütern und für die sonstigen 1 Leistungen, die der Kaibetrieb für seine Kunden ausführt, wird in den deutschen Seehäfen durch Kaibetriebsordnungen geregelt. Für den Hamburger Hafen gibt der Unternehmensverband Hafen Hamburg e.V. die „Unverbindliche Empfehlung für Allgemeine Geschäftsbedingungen der Kaiumschlagsunternehmen im Hafen Hamburg (Kaibetriebsordnung )" heraus.

**Zentrale Regelungsgegenstände** der Hamburger **Kaibetriebsordnung in der Fas-** 2 **sung vom 1.5.2004** sind die Zweckbestimmung der Kaianlagen, die Pflichten der Kunden, die Bestimmungen über den Schiffsverkehr, über den Güterumschlag und über die auf der Hafenbahn zu befördernden Güter sowie die Haftungsbestimmungen.

**Historisch** entwickelte sich die Kaibetriebsordnung (KBO) von einer öffentlich-recht- 3 lichen Benutzungsordnung zu einer AGB-Empfehlung für die privatrechtlichen Rechtsverhältnisse zwischen den Kaibetrieben und ihren Kunden. Aus der „Betriebsordnung für die öffentlichen Kaianlagen in Hamburg (Kaibetriebsordnung)" in der Fassung vom 1.9.1937 entwickelten sich die Kaibetriebsordnungen aus den Jahren 1971, 1980, 1985, 1990, 1993, 1997, 1998 und 2004 vor dem Hintergrund von Gesetzesänderungen, Rechtsprechung und strukturellen Veränderungen des Umschlagsgeschäftes im Hamburger Hafen. Dabei wurden die Neufassungen zwischen den Kaibetrieben abgestimmt und beschlossen und anschließend der Kreis der Nutzer, deren Interessen in der KBO Berücksichtigung fanden, zu den beabsichtigten Änderungen gehört, da das Kartellrecht bis zur Aufhebung des Empfehlungsverbotes und seinen Ausnahmetatbeständen durch die 7. GWB-Novelle aus dem Jahr 2005 vorsah, dass der kartellbehördlichen Anmeldung von unverbindlichen Empfehlungen von Vereinigungen die Stellungnahme der betroffenen Wirtschafts- und Berufsvereinigungen beizufügen sind (vgl. § 22 Abs. 4 Satz 3 GWB in der bis zum 13.7.2005 geltenden Fassung vom 26.8.1998). Die Anhörung der sogenannten Marktgegenseite zu den beabsichtigten Änderungen hat in der Vergangenheit die Handelskammer Hamburg koordiniert, die zu diesem Zweck den Verbandsvertretern der Reederschaft, der Schiffsmakler und Schiffagenten, der Binnenschifffahrt, der Spediteure und des Groß- und Außenhandels Gelegenheit zur Stellungnahme gab. Neben der Anhörung der Marktgegenseite waren regelmäßig auch versicherungsbezogene Aspekte bei Neufassungen von Haftungsregelungen zu berücksichtigen.

Die Fassung der **Kaibetriebsordnung vom 6.7.1971** fällt in den Beginn des Contai- 4 nerzeitalters im Hamburger Hafen. Im Jahr 1966 war am Hamburger Terminal Burchardkai der erste Container, seinerzeit noch mit einem herkömmlichen Kran, vom Schiff „American Ranger" gelöscht worden. Nachdem am Burchardkai anschließend spezielle Containerbrücken installiert worden waren, lief am 31.5.1968 mit der „American Lancer" der United States Lines das erste Vollcontainerschiff mit 272 Containern den Hamburger Hafen an. Der endgültige Beginn des Containerzeitalters in Hamburg gegen Ende der sechziger Jahre des vorigen Jahrhunderts führte zu einer Überarbeitung der Kaibetriebsordnung, um sie an die betrieblichen Abläufe anzupassen. Als Anhang zur Neufassung der Kaibetriebsordnung von 1971 wurden zudem die „Bedingungen für die Benutzung von Fruchtschuppen" eingefügt, in denen die Umschlags- und Lagerpraxis beim Fruchtumschlag ihre Regelung fand. Mit Inkrafttreten der neugefassten Kaibetriebsordnung am 6.7.1971 trat die Betriebsordnung für die öffentlichen Kaianlagen in Hamburg vom 1.9.1937 außer Kraft. Für alle von dem Kaibetrieb geforderten Leistungen galt jedoch auch weiterhin neben den Bestimmungen der KBO die **Hafenumschlagsverordnung für den Hafen Hamburg vom 3.2.1936** in der jeweils gültigen Fassung, in der Regelungen zur Anzeige der Löschbereitschaft durch Schiff oder Schiffsmakler sowie Vorschriften zu Lösch- und Arbeitszeiten enthalten waren.

**5**    Eine Überarbeitung der Fassung der Kaibetriebsordnung von 1971 wurde im Jahr 1979 angestoßen und mündete in die Fassung der Kaibetriebsordnung vom **10.7.1980** (HmbGVBl. II, Amtlicher Anzeiger 1980, S. 1648). Die Änderungen betrafen insbesondere die in § 8 enthaltenen Bestimmungen über die mit dem Seegüterumschlag zusammenhängenden Nebenarbeiten. Durch die Neuregelung wurde klargestellt, dass sämtliche mit dem Seegüterumschlag zusammenhängende Arbeiten in der Regel durch Mitarbeiter des Kaibetriebs durchgeführt werden, der Kaibetrieb jedoch berechtigten Drittfirmen gestatten kann, derartige Arbeiten auf seiner Anlage unter Kaiaufsicht durchzuführen. Im Juni 1980 wurde die Genehmigung für die Änderungen der Kaibetriebsordnung bei der Behörde für Wirtschaft und Verkehr beantragt, die die Änderung am 10.7.1980 antragsgemäß festsetzte.

**6**    Eine Änderung der Bestimmungen über die Haftung des Kaibetriebes in § 32 führte zur Fassung der Kaibetriebsordnung vom **23.4.1985**. Im Rahmen der Neufassung wurde eine Beweislastregelung eingefügt, nach der bei Schäden an Sachen, die während der Obhut des Kaibetriebs verursacht sind, der Kaibetrieb zu beweisen hat, dass die Voraussetzung für eine Durchbrechung der Haftungsausschlüsse und Haftungsbeschränkungen nicht vorliegen (§ 32 Ziff. 4 Satz 2 KBO 1985). Eine derartiges qualifiziertes Verschulden sah die KBO vor, wenn der Schaden auf Vorsatz oder grober Fahrlässigkeit des Inhabers, der Organe oder leitenden Angestellten des Kaibetriebes beruhte oder wenn der Schaden die typische Folge der vorsätzlichen oder grob fahrlässigen Verletzung einer vertraglichen Hauptpflicht durch seine Erfüllungsgehilfen war (§ 32 Ziff. 4 Satz 1 KBO 1985). Zudem wurde vor dem Hintergrund der Haftungsausschlüsse und Haftungsbeschränkungen die Eindeckung einer gesonderten Versicherung empfohlen (§ 32 Ziff. 6 KBO 1985).

**7**    Im Jahr 1990 erfolgte eine weitere Überarbeitung der Kaibetriebsordnung, die unter anderem durch die 5. Kartellrechtsnovelle ausgelöst wurde. Durch die neue Rechtslage nach Inkrafttreten des 5. Gesetzes zur Änderung des Gesetzes über Wettbewerbsbeschränkungen am 1.1.1990 wurde die rechtlich verbindliche Anwendung von Kaitarif und Kaibetriebsordnung für die Kaibetriebe aufgehoben und im Hinblick auf einheitliche Geschäftsbedingungen festgelegt, dass Vereinigungen die Anwendung solcher Geschäftsbedingungen unverbindlich empfehlen dürfen (§ 38 Abs. 2 Nr. 3 GWB aF). Dies fand im Titel der Neufassung der Kaibetriebsordnung vom **1.10.1990** Berücksichtigung. Aus der „Betriebsordnung für die Benutzung der Kaianlagen in Hamburg (Kaibetriebsordnung)" wurde die „Unverbindliche Empfehlung für Allgemeine Geschäftsbedingungen der Kaiumschlagsunternehmen im Hafen Hamburg (Kaibetriebsordnung)". In der abschließenden Sitzung der Arbeitsgruppe zur Überarbeitung der KBO am 20.9.1990 konnte die bundesweit bekannte Kurzbezeichnung „Kaibetriebsordnung" gegen Bedenken verteidigt werden, hierdurch entstünde der Eindruck eines hoheitlichen Charakters. Änderungen der Haftungsausschlüsse und -beschränkungen wurden in der Neufassung von 1990 nicht vorgenommen. Dagegen erfuhr die Verjährungsregelung eine Ergänzung durch Klarstellung des Verjährungsbeginns.

**8**    Nach der Anfang der neunziger Jahre ergangenen Rechtsprechung des BGH zur Unwirksamkeit der Freizeichnung von Hauptleistungspflichten[1] wurden die Haftungsbestimmungen der Kaibetriebsordnung in einer Fassung vom **25.8.1993** erneut angepasst. Für diese Neufassung wurden zudem die Verjährungsregeln überarbeitet und in § 34 eine Aufrechnungsbestimmung aufgenommen, nach der gegenüber Ansprüchen des Kaibetriebs eine Aufrechnung nur mit unbestrittenen oder rechtskräftig festgestellten Gegenansprüchen zulässig ist.

**9**    Mitte der neunziger Jahre musste die Kaibetriebsordnung wegen der im Rahmen des Projektes „Paperless Port" realisierten Einführung der Abwicklung der Kaianträge per EDV sowie der für den 1.7.1997 vorgesehenen Einführung der elektronischen Zollaus-

---

[1] BGH 5.5.1992, NJW 1992, 2016; 11.11. 1992, NJW 1993, 335.

fuhrüberwachung im Paperless Port (ZAPP) sprachlich angepasst werden. Außerdem war die höchstrichterliche Rechtsprechung zur zulässigen Haftungsregelung in Allgemeinen Geschäftsbedingungen zu konsolidieren, was dazu führte, dass sich die Neugestaltung der Haftungsregelung des § 32 der Regelung der Haftungsbestimmungen des Seehandelsrechts näherte. Außerdem wurde in § 15 eine Bestimmung über den Umgang mit Gefahrgut aufgenommen. Die Änderungen führten zur Neufassung vom **1.7.1997**.

Bereits im darauf folgenden Jahr waren aufgrund der Transportrechtsreform weitere **10** Änderungen vorzunehmen, die in die überarbeitete Fassung der Kaibetriebsordnung vom **1.12.1998** mündeten. Durch die Änderungen wurden die **Haftungsbestimmungen der Kaibetriebsordnung an die Regelungen des novellierten Frachtrechts angepasst**. Unter anderem erfolgte eine Erhöhung der Haftungsbeschränkung für Verlust oder Beschädigung auf zwei Sonderziehungsrechte; die Bestimmungen über die Schadensanzeige wurden neu gefasst und die Verjährungsfrist von ursprünglich einem halben Jahr wurde auf die gesetzliche Regelverjährung von einem Jahr bzw. drei Jahren im Falle qualifizierten Verschuldens angehoben.

Die Änderungen, die zur **derzeitigen Fassung der Kaibetriebsordnung vom 11 1.5.2004** führten, waren im Wesentlichen durch den als Anlage zu Kapitel XI-2 des Internationalen Übereinkommens von 1974 zum Schutz des menschlichen Lebens auf See (SOLAS-Übereinkommen) aufgenommenen Internationalen Code für die Gefahrenabwehr auf Schiffen und Hafenanlagen (International Ship and Port Facility Security Code – ISPS Code) veranlasst. Zudem wurde der Liberalisierung des Bahnsektors Rechnung getragen, indem bei den Bestimmungen über auf der Hafenbahn zu befördernde Güter die für die Verpflichtung zum Verladen von Stückgütern maßgebliche Gewichtsmenge in § 32 anhand der Bestimmungen des jeweiligen Eisenbahnunternehmens festzustellen ist. Zudem wurde in § 39 eine salvatorische Klausel aufgenommen.

### UNTERNEHMENSVERBAND HAFEN HAMBURG E.V.

**Unverbindliche Empfehlung für Allgemeine Geschäftsbedingungen der Kaiumschlagsunternehmen im Hafen Hamburg (Kaibetriebsordnung)**

Stand: 1.5.2004

## I. Allgemeine Bestimmungen

### § 1 Zweckbestimmung der Kaianlagen

1. Die Kaianlagen dienen dem Umschlag und der damit verbundenen Lagerung von Seegütern.
2. In die klimatisierten Kaischuppen (Fruchtschuppen) werden vorzugsweise von See einkommende temperaturempfindliche Güter aufgenommen.

### § 2 Geltung der AGB, Pflichten der Kunden

1. Diese Allgemeinen Geschäftsbedingungen gelten für den Umschlag von Gütern an den Kaianlagen sowie für sonstige Geschäftsbesorgungen, die der Kaibetrieb für Kunden ausführt.
2. Der Kaibetrieb kann die Annahme seiner Leistungen zu einem von ihm zu bestimmenden Zeitpunkt, auch außerhalb der regelmäßigen Arbeitszeit, verlangen.

3. Der Kunde hat die vom Kaibetrieb eingeführten Vordrucke zu benutzen bzw. die Antragsdaten per Electronic Data Exchange (EDI) auf dem hierfür entwickelten Kommunikationsweg an den Kaibetrieb zu übertragen.
Sofern der betroffene Kaibetrieb für eine Antragsart EDI eingeführt hat, ist dieses Verfahren vorrangig zu verwenden.

## II. Bestimmungen über den Schiffsverkehr

### § 3 Begriffsbestimmung der Fahrzeuge

Im Sinne dieser Geschäftsbedingungen sind:
1. „Seeschiffe" alle Schiffe, die Güter seewärts sowie von und nach den Küstengewässern befördern;
2. „Binnenschiffe" alle Schiffe, die Güter im Verkehr mit Plätzen der Unter- und Oberelbe und der mit ihnen in Verbindung stehenden Gewässer befördern;
3. „Hafenfahrzeuge" alle zur Verwendung im Hafen Hamburg bestimmten Fahrzeuge.

### § 4 Anlegen

Seeschiffe, Binnenschiffe und Hafenfahrzeuge dürfen nur einen vom Kaibetrieb zugewiesenen Liegeplatz einnehmen. Die Vorschriften der Hamburger Hafenverkehrsordnung, insbesondere über die Erteilung von Liegeplatzgenehmigungen, bleiben von dieser Bestimmung unberührt.

### § 5 Pflicht zum Verholen

Um einen reibungslosen Verkehr an den Kaianlagen zu gewährleisten, haben Seeschiffe, Hafenfahrzeuge und Binnenschiffe auf Verlangen des Kaibetriebs unverzüglich zu verholen. § 4 Satz 2 gilt entsprechend.

## III. Bestimmungen über den Güterumschlag

## A. Allgemeines

### § 6 Ausführung des Güterumschlags und Wiegen

Die Güter werden durch Mitarbeiter des Kaibetriebs umgeschlagen und auf Antrag gewogen.

### § 7 Nebenarbeiten

1. Mit dem Seegüterumschlag zusammenhängende Nebenarbeiten, wie z. B. Markieren, Ausbessern der Verpackung u.ä. werden in der Regel durch Mitarbeiter des Kaibetriebs ausgeführt.
2. Der Kaibetrieb kann den Berechtigten gestatten, derartige Arbeiten auf seiner Anlage unter Kaiaufsicht auszuführen.

## § 8 Löschen und Laden

1. Der Umschlag der Güter über den Kai wird mit den Hebezeugen des Kaibetriebs ausgeführt. Das Arbeiten mit den Hebezeugen der Seeschiffe zwischen Schiff und Kai oder zwischen dem Seeschiff und Binnen- oder Hafenfahrzeugen bedarf der Zustimmung des Kaibetriebs.
2. Am Kai liegende Seeschiffe dürfen Staub entwickelnde Güter außenbords nur mit Zustimmung des Kaibetriebs umschlagen.
3. Das Anschlaggerät ist vom Seeschiff zu liefern.

## § 9 Aufnehmen und Absetzen

Beim Aufnehmen aus Binnen- und Hafenfahrzeugen und beim Absetzen in Binnen- und Hafenfahrzeuge werden die Güter mit den Hebezeugen und dem Anschlaggerät des Kaibetriebs befördert.

## § 10 An- und Ausliefern

Die am Kai umzuschlagenden Güter werden ohne ein zusätzliches Entgelt für die Ladehilfe durch den Kaibetrieb auf die Lastkraftwagen aufgeladen/von den Lastkraftwagen abgeladen. In Ausnahmefällen – insbesondere bei nichterfolgter Voranmeldung – leisten die Transportführer bei Auf- und Abladen Hilfe.

## § 11 Ent- und Beladen

Die am Kai ankommenden und abgehenden Eisenbahnwagen werden durch Mitarbeiter des Kaibetriebs ent- und beladen und abgefertigt.

## § 12 Kailagerung

1. Die Seegüter bleiben in oder vor den Kaischuppen lagern, bis sie im einkommenden Verkehr vom Empfänger, im ausgehenden Verkehr vom Schiff abgenommen werden (siehe aber § 29).
2. Der Kaibetrieb kann geeignete Güter im Freien lagern.

## § 13 Beschränkungen im Güterumschlag

1. Kostbarkeiten, Kühl- und Gefriergüter, leicht zerbrechliche, gefährliche, lose oder besonders sperrige Güter können vom Güterumschlag ausgeschlossen oder unter besonderen Bedingungen umgeschlagen werden.
2. Güter, die sich nach Art und Menge für den Umschlag an den mit Kaischuppen bebauten Kaistrecken aus betrieblichen Gründen nicht eignen, können hier ausgeschlossen werden.
3. Der Kaibetrieb ist auf hoheitliches Verlangen oder zur Erfüllung in Deutschland verbindlicher Rechtsvorschriften befugt, Güter nicht anzunehmen oder anzuhalten sowie deren Annahme oder Herausgabe von besonderen Voraussetzungen abhängig zu machen. Hierdurch verursachte Kosten gehen zu Lasten desjenigen, der die Güter dem Kaibetrieb übergeben oder deren Übernahme in Auftrag gegeben hat. Schadensersatzansprüche gegen den Kaibetrieb, die aus der Ausübung obiger Befugnisse resultieren können, sind ausgeschlossen.

4. Sofern angelieferte/gelöschte Güter aufgrund von gesetzlichen Vorschriften oder behördlicher Anordnung nicht weiter bereitgestellt oder nicht verladen/ausgeliefert werden dürfen, ist der Kunde des Kaibetriebs zur unverzüglichen Rücknahme der Güter verpflichtet.

## § 14 Gefährliche Güter

1. Der Umgang mit gefährlichen Gütern im Hamburger Hafen unterliegt der Hafensicherheitsverordnung i. V. m. dem Hafenverkehrs- und Schiffahrtsgesetz der Freien und Hansestadt Hamburg.
2. Vor der Anlieferung von gefährlichen Gütern, dies gilt sowohl für den Export als auch für den Import, sind dem Kaibetrieb alle das Gefahrgut betreffenden Daten zu übermitteln. Es sind insbesondere die folgenden Angaben erforderlich:
   – Klasse/Unterklasse nach der Gefahrgutverordnung See,
   – UN-Nr.,
   – richtiger, technischer Name des Gefahrgutes,
   – Bruttomasse, bei explosiven Stoffen und Gegenständen mit Explosivstoff zusätzlich die Nettomasse des Explosivstoffes,
   – Verpackungsart und bei Stoffen, die unter einer NAG-Eintragung[1] oder einer Sammelbezeichnung befördert werden, die Verpackungsgruppe.
   Die Daten sind grundsätzlich mittels elektronischer Datenträger zu übermitteln.
3. Versandstücke, Container, Trailer, die gefährliche Güter enthalten, müssen den Gefahrgutbeförderungsvorschriften entsprechen.

## B. Übernahme und Auslieferung von Löschgut

## § 15 Ladungsverzeichnis

1. Der Schiffsvertreter hat spätestens am Tage vor dem Löschbeginn ein Ladungsverzeichnis einzureichen.
2. Das Ladungsverzeichnis muss folgende Angaben enthalten:
   a) Empfänger,
   b) Marke und Nummer,
   c) Stückzahl,
   d) Verpackungsart,
   e) Inhalt; Kostbarkeiten, gefährliche Güter, Betäubungsmittel, Waffen, Sprit und Spirituosen sowie andere Güter, die Ein- und Durchfuhrverboten und -beschränkungen unterliegen, sind als solche zu bezeichnen;
   f) Gewicht; für Stücke von 1.000 kg an Einzelgewichte.

## § 16 Löschen

1. Das Schiff hat die im Ladungsverzeichnis aufgeführten Partien geschlossen herauszugeben.
2. Es sind möglichst gleiche Hübe zu löschen.

## § 17 Übernahme

1. Die Güter gelten nach dem Löschen auf den Kai als vom Kaibetrieb übernommen. Empfangsbescheinigung über gelöschte Güter wird nur erteilt, wenn sie vor Löschbeginn

---

[1] Gemeint sind Stoffe, die in Gefahrgutbeförderungsvorschriften nicht namentlich genannt sind.

beantragt ist und wenn die vom Kaibetrieb geforderten Löschbedingungen erfüllt werden.

2. Die Güter werden vom Kaibetrieb nach den Angaben des Ladungsverzeichnisses konnossementsweise getrennt niedergelegt.

## § 18 Auslieferung gegen Konnossement, Lieferschein oder aufgrund einer Anweisung des Schiffsvertreters

1. Der Kaibetrieb kann die Auslieferung bis zur vollständigen Entlöschung des Schiffes ablehnen, wenn nach seinem Ermessen die ordnungsgemäße Durchführung des Löschgeschäftes und die erforderliche Übersicht über die zu liefernden Partien beeinträchtigt werden würden.
2. Das Löschgut wird ausgeliefert
   – an den Überbringer des Konnossements oder Lieferscheins, sofern diese Dokumente mit dem Auslieferstempel des Schiffsvertreters versehen sind,
   oder
   – an den dem Kaibetrieb vom Schiffsvertreter schriftlich oder per EDI genannten Empfangsberechtigten.
3. Der Empfang der Güter ist dem Kaibetrieb zu bescheinigen.
4. Auslieferung/Empfang unter Vorbehalt erfolgen nur, wenn dem Kaibetrieb vorher die Zustimmung des Schiffsvertreters schriftlich nachgewiesen ist.

## § 19 Auslieferung gegen Kaiteilschein

1. Die im Konnossement oder Lieferschein aufgeführten Güter können auch auf Teilscheine ausgeliefert werden (Kaiteilschein). Die Kaiteilscheine sind vom Inhaber des Konnossements oder Lieferscheins auszustellen und vom Kaibetrieb gegen Einlieferung des Konnossements oder Lieferscheins abzustempeln. Die Zahl und der Inhalt der Kaiteilscheine sind vom Aussteller auf dem Konnossement oder Lieferschein zu bescheinigen.
2. Werden die auf Kaiteilscheine auszuliefernden Teilmengen einer in sich gleichartigen Partie weder bei der Teilung des Lieferpapiers durch den Aussteller der Kaiteilscheine noch bei der Bemusterung durch den Teilempfänger mit besonderen Zeichen versehen und getrennt gestapelt, so liefert der Kaibetrieb sie nach der Reihenfolge der Abforderungen (vor der Hand) aus. Die Aussonderung der Teilmengen durch getrennte Stapelung und Markierung wird vom Kaibetrieb nur auf besonderen Antrag ausgeführt.
3. Der Empfang der Güter ist auf dem Kaiteilschein zu bescheinigen.

## § 20 Abweichende Dokumentation

Werden zwischen dem Schiffsvertreter und dem Kaibetrieb anstelle der in den §§ 15–19 genannten Dokumente andere Verfahren und Dokumentationen vereinbart, so haftet der Kaibetrieb für hieraus entstehende Folgen nur nach Maßgabe des § 34.

## C. Abnahme und Übergabe von Ladegut

## § 21 Annahme

1. Bei der Anlieferung von Ladegut ist ein Schiffszettel oder ein vom Kaibetrieb eingeführter Vordruck einzureichen bzw. sind die Antragsdaten per EDI auf dem hierfür entwickelten Kommunikationsweg (in Form des Hafendatensatzes) vorab an den Kaibetrieb

zu übertragen. Sofern der betroffene Kaibetrieb für eine Antragsart EDI eingeführt hat, ist dieses Verfahren vorrangig zu verwenden.

2. Der Anlieferer bzw. sein Bevollmächtigter ist verpflichtet, rechtzeitig vor der Übernahme der Ware durch das Seeschiff die in den rechtlichen Bestimmungen vorgeschriebene außenwirtschaftliche Behandlung der Ware vorzunehmen. Die durch den Anlieferer bzw. seinen Bevollmächtigten rechtzeitig und ordnungsgemäß in das ZAPP-System[1] einzugebenden Gestellungsdaten und deren Quittierung durch Rückmeldung der B-Nummer sind Voraussetzung für die Verladung der Ware.

## § 22 Schiffszettel

1. Der Schiffszettel muss folgende Angaben enthalten:
   a) Schiffsnamen und Bestimmungshafen,
   b) Marke und Nummer,
   c) Stückzahl,
   d) Verpackungsart,
   e) Inhalt; Kostbarkeiten, feuergefährliche oder sonst gefährliche Güter, Betäubungsmittel, Waffen, Sprit und Spirituosen sowie andere Güter, die Aus- und Durchfuhrverboten und –beschränkungen unterliegen, sind als solche zu bezeichnen;
   f) Gewicht; für Stücke von 1.000 kg an Einzelgewichte;
   g) Namen des Ausstellers.
2. Der Bestimmungshafen kann nur dann nachträglich eingetragen werden, wenn statt dessen der Vermerk „Verfügung folgt" eingetragen ist.

## § 23 EDI-Meldungen

Sofern die für die Verladung erforderlichen An gaben per EDI übertragen werden (s. dazu § 2 Ziff. 3), sind die Vorschriften einzuhalten, die für diesen Kommunikationsweg entwickelt worden sind.

## § 24 Übergabe

Die Güter werden dem nächsten Schiff des im Schiffszettel bzw. in der EDI-Meldung bezeichneten Liniendienstes angedient und nach Anweisung des Schiffsvertreters in der von ihm zu bestimmenden Reihenfolge an das Schiff übergeben. Die Güter gelten beim Niedersetzen an Deck, beim Laden in den Raum in Lukenhöhe als vom Schiff übernommen. Nur sofort vorgebrachte Beanstandungen können beachtet werden.

## § 25 Anhalten

Zur Verschiffung angenommene Güter werden angehalten, wenn es der Aussteller des Schiffszettels schriftlich oder der Absender der EDI-Meldung in der vom Kaibetrieb vorgegebenen Form beantragt.

## § 26 Wiederabnahme

Zur Verschiffung angelieferte Güter können vom Aussteller des Schiffszettels bzw. vom Absender der EDI-Meldung wieder abgenommen werden.

---

[1] Zollausfuhrüberwachung im Paperless Port

## IV. Bestimmungen über Eingriffsmaßnahmen

### § 27 Verholen

Wird der Aufforderung zum Verholen nach § 5 nicht unverzüglich nachgekommen, so ist der Kaibetrieb nach Abstimmung mit dem Oberhafenamt über den neuen Liegeplatz berechtigt, das Erforderliche für Rechnung und auf Gefahr des Fahrzeugs ausführen zu lassen. Ist ein Verholen nicht möglich, so ist dem Kaibetrieb der dadurch eintretende Schaden zu ersetzen.

### § 28 Kontrolle der Warenbezeichnung und des Gewichts

1. Der Kaibetrieb kann vor der Auslieferung oder vor der Übergabe an das Schiff die Vorweisung des Inhalts der Packstücke verlangen, wenn die Richtigkeit der Warenbezeichnung nicht durch einwandfreie Unterlagen nachgewiesen wird.
2. Fehlen die Gewichtsangaben oder ist ihre Richtigkeit anzuzweifeln, so ist der Kaibetrieb zum Wiegen auf Kosten des Verpflichteten berechtigt. Ergibt die Wiegung ein Mehrgewicht von 5 vom Hundert des angegebenen Gewichts oder darüber, so hat der Verpflichtete die Kosten des Wiegens zu zahlen.

### § 29 Umlagerung

Der Kaibetrieb ist nicht verpflichtet, Güter länger als 48 Stunden nach der Aufnahme auf den Kai an der Aufnahmestelle lagern zu lassen. Er kann vor oder nach Ablauf dieser Frist die Berechtigten zur Abnahme binnen 24 Stunden auffordern. Wird der Aufforderung nicht entsprochen oder ist ein Berechtigter nicht bekannt, nicht aufzufinden oder nicht in Hamburg ansässig, so kann der Kaibetrieb nach Ablauf der 48stündigen Frist die Güter für Rechnung wen es angeht umlagern oder anderweitig einlagern.

### § 30 Verkauf

1. Der Kaibetrieb ist berechtigt, nach einer Lagerfrist von zwei Monaten solche Güter für Rechnung wen es angeht öffentlich zu versteigern oder freihändig zu verkaufen, die
   a) nach § 29 anderweitig eingelagert sind,
   b) am Kai lagern:
      1. wenn die fälligen Entgelte trotz Mahnung und Androhung des Verkaufs nicht bezahlt sind,
      2. wenn ein Berechtigter nicht bekannt, nicht aufzufinden oder nicht in Hamburg ansässig ist.
2. Der beabsichtigte Verkauf wird dem Berechtigten angezeigt. Ist ein Berechtigter nicht bekannt, nicht aufzufinden oder nicht in Hamburg ansässig, so wird der beabsichtigte Verkauf im Amtlichen Anzeiger angezeigt. Der Verkauf darf nicht vor dem Ablauf einer Woche nach der Verkaufsanzeige erfolgen.
3. Der Kaibetrieb ist an die zweimonatige Frist nicht gebunden und zur Androhung nach Ziff. 1 b) sowie zur Anzeige des beabsichtigten Verkaufs nach Ziff. 2 nicht verpflichtet, wenn es sich um leicht verderbliche oder geringwertige Güter handelt und die fälligen Entgelte nach seinem Ermessen nicht aus dem Erlös gedeckt werden können.
4. Wird für die zum Verkauf gestellten Güter kein Käufer gefunden, so kann der Kaibetrieb sie auf Kosten „wen es angeht" beseitigen oder vernichten.
5. Alle Ansprüche auf einen etwaigen Reinerlös verfallen nach einem Jahr zugunsten des Kaibetriebs.

*Hesse*                                                    1361

## V. Bestimmungen über auf der Hafenbahn zu befördernde Güter

### § 31 Anschluss an die Hafenbahn

Seegüter werden auf der Hafenbahn mit unmittelbarem Anschluss von und nach den Güterbahnhöfen befördert. Seeausfuhrgüter können deshalb unmittelbar unter Angabe der Ladestellen (Kaischuppen usw.) abgerichtet werden.

### § 32 Verladebeschränkungen

1. Eine Verpflichtung zum Verladen von Stückgütern besteht nur, wenn die in den Bestimmungen des jeweiligen Eisenbahnunternehmens über die Bildung von geschlossenen Stückgutwagen festgesetzte Gewichtsmenge erreicht ist oder die Wagen räumlich ausgenutzt werden.[1]
2. Zur Gewährleistung eines reibungslosen Umschlags kann der Kaibetrieb die Kaianlagen für die Zuführung von Eisenbahnwagen vorübergehend sperren.

## VI. Haftungsbestimmungen

### § 33 Haftung der Kunden

1. Der Schiffsvertreter oder der Aussteller des Schiffszettels, des Antrags auf Bahnentladung oder der Ladeliste bzw. der Absender der EDI-Meldung haftet für alle Schäden, die aus unrichtigen, undeutlichen oder unvollständigen Angaben im Ladungsverzeichnis, im Schiffszettel, in anderen Anträgen oder in den EDI-Meldungen entstehen.
2. Wird für Leistungen des Kaibetriebs ein bestimmter Zeitpunkt verabredet oder ergeben sich Verzögerungen aus dem Betrieb von Schiffen oder sonstigen Verkehrsmitteln, so haftet der Besteller für Kosten der vergeblichen Bereitstellung und Nichtausnutzung von Betriebsangehörigen und Betriebsmitteln, es sei denn, dass er die Ursache hierfür nicht zu vertreten hat.
3. Der Kunde haftet für die Beschädigung der Kaianlagen durch seine Fahrzeuge oder Mannschaften. Eine weitergehende Haftung bleibt von dieser Bestimmung unberührt.

### § 34 Haftung des Kaibetriebs

1. Der Kaibetrieb haftet gemäß den gesetzlichen Bestimmungen nach Maßgabe der folgenden Regelungen.
2. Die vom Kaibetrieb zu leistende Entschädigung wegen Verlust oder Beschädigung der Güter ist auf zwei Rechnungseinheiten für jedes Kilogramm des Rohgewichts der Güter begrenzt.
3. Sind nur einzelne Teile der Partie verloren oder beschädigt worden, so ist die Haftung des Kaibetriebs begrenzt auf einen Betrag von zwei Rechnungseinheiten für jedes Kilogramm des Rohgewichts
   – der gesamten Partie, wenn die gesamte Partie entwertet ist,
   – des entwerteten Teils der Partie, wenn nur ein Teil der Partie entwertet ist.
4. Die Haftung des Kaibetriebs wegen Überschreitung einer Übergabefrist ist auf den dreifachen Betrag des Umschlagsentgeltes begrenzt.
5. Die in den Ziffern 2 bis 4 genannten Haftungsbegrenzungen gelten nicht, wenn der Schaden auf eine Handlung oder Unterlassung zurückzuführen ist, die der Kaibetrieb,

---

[1] Im Empfangsverkehr ist für die Hafenbahn keine Mindestgewichtsmenge vorgeschrieben.

seine Mitarbeiter in Ausübung ihrer Verrichtung oder Personen, deren der Kaibetrieb sich bei Ausführung seiner Tätigkeit bedient, vorsätzlich oder leichtfertig und in dem Bewusstsein, dass ein Schaden mit Wahrscheinlichkeit eintreten werde, begangen hat.

6. Die in den Ziffern 2 bis 3 genannte Rechnungseinheit ist das Sonderziehungsrecht des Internationalen Währungsfonds. Der Betrag wird in Euro entsprechend dem Wert des Euro gegenüber dem Sonderziehungsrecht am Tag der Übernahme der umzuschlagenden Güter oder an dem von den Parteien vereinbarten Tag umgerechnet. Der Wert des Euro gegenüber dem Sonderziehungsrecht wird nach der Berechnungsmethode ermittelt, die der Internationale Währungsfonds an dem betreffenden Tag für seine Operationen und Transaktionen anwendet.
7. § 13 Ziff. 3 bleibt von vorstehenden Regelungen unberührt.

## § 35 Schadensanzeige

1. Ist ein Verlust oder eine Beschädigung des Gutes äußerlich erkennbar und zeigt der Kunde dem Kaibetrieb Verlust oder Beschädigung nicht spätestens bei Übergabe des Gutes an, so wird vermutet, dass das Gut in vertragsgemäßem Zustand übergeben worden ist. Die Anzeige muss den Schaden hinreichend deutlich kennzeichnen.
2. Die Vermutung nach Abs. 1 gilt auch, wenn der Verlust oder die Beschädigung äußerlich nicht erkennbar war und nicht innerhalb von 7 Tagen nach Übergabe angezeigt worden ist.
3. Ansprüche wegen Überschreitung einer Übergabefrist erlöschen, wenn der Kunde dem Kaibetrieb die Überschreitung der Übergabefrist nicht innerhalb von 21 Tagen nach Übergabe anzeigt. Kann der Kunde die 21-Tage-Frist wegen der Dauer der Beförderung nicht einhalten, so hat er die Anzeige unverzüglich nach Beendigung des Beförderungsvorganges zu erstatten.
4. Eine Schadensanzeige nach Übergabe ist schriftlich zu erstatten; die Übermittlung der Schadensanzeige kann mit Hilfe einer telekommunikativen Einrichtung erfolgen. Einer Unterschrift bedarf es nicht, wenn aus der Anzeige der Aussteller in anderer Weise erkennbar ist. Zur Wahrung der Frist genügt die rechtzeitige Absendung.
5. Werden Verlust, Beschädigung oder Überschreitung einer Übergabefrist bei Übergabe angezeigt, so genügt die Anzeige gegenüber demjenigen, der das Gut übergibt.

## § 36 Verjährung

1. Alle Ansprüche gegen den Kaibetrieb verjähren in einem Jahr. Bei Vorsatz oder bei einem dem Vorsatz nach § 34 Ziff. 5 gleichstehenden Verschulden beträgt die Verjährungsfrist drei Jahre.
2. Die Verjährung beginnt mit dem Ablauf des Tages, an dem die Güter übergeben wurden. Sind die Güter nicht übergeben worden, beginnt die Verjährung mit dem Ablauf des Tages, an dem die Güter hätten übergeben werden müssen. Abweichend von den Sätzen 1 und 2 beginnt die Verjährung von Rückgriffsansprüchen mit dem Tag des Eintritts der Rechtskraft des Urteils gegen den Rückgriffsgläubiger oder wenn kein rechtskräftiges Urteil vorliegt, mit dem Tag, an dem der Rückgriffsgläubiger den Anspruch befriedigt hat, es sei denn, der Rückgriffsschuldner wurde nicht innerhalb von drei Monaten, nachdem der Rückgriffsgläubiger Kenntnis von dem Schaden oder der Person des Rückgriffsschuldners erlangt hat, über diesen Schaden unterrichtet.
3. Die Verjährung eines Anspruchs gegen den Kaibetrieb wird durch eine schriftliche Erklärung des Kunden, mit der dieser Ersatzansprüche erhebt, bis zu dem Zeitpunkt gehemmt, in dem der Kaibetrieb die Erfüllung des Anspruchs schriftlich ablehnt. Eine weitere Erklärung, die denselben Ersatzanspruch zum Gegenstand hat, hemmt die Verjährung nicht erneut.

## VII. Sonstige Bestimmungen

### § 37 Aufrechnung

Gegenüber Ansprüchen des Kaibetriebes ist eine Aufrechnung nur mit unbestrittenen oder rechtskräftig festgestellten Gegenansprüchen zulässig.

### § 38 Gerichtsstand, anzuwendendes Recht

1. Erfüllungsort und Gerichtsstand ist Hamburg.
2. Es gilt das Recht der Bundesrepublik Deutschland.

### § 39 Rechtswirksamkeitsklausel

Sollte eine Regelung dieser Geschäftsbedingungen rechtsunwirksam sein oder werden, so wird hierdurch die Wirksamkeit der übrigen Regelungen nicht berührt.

## II. International

## 1. YORK-ANTWERP RULES 2004

*The Comité Maritime International at its conference held in Vancouver 31 May–4 June 2004 has completed a revision of the York-Antwerp Rules 1994 and approved a new text to be referred to as York-Antwerp Rules 2004. These new rules are set out below.*

*The CMI has published a printed version of the new rules. In summary the amendments made are the following:*

## RULE VI. SALVAGE REMUNERATION

has been amended to exclude the allowance of salvage from G.A., except in cases where one party to the salvage has paid all or any of the proportion of salvage due from another party.

## RULE XI. EXPENSES AT PORT OF REFUGE

has been amended to exclude the allowance in G.A. of wages and maintenance of master, officers and crew while the vessel is detained at a port of refuge.

## RULE XIV. TEMPORARY REPAIRS

A second sentence has been added to Rule IV b), the effect of which is that recovery in G.A. of the cost of temporary repairs of accidental damage at a port of refuge is limited to the amount by which the estimated cost of the permanent repairs at the port of refuge exceeds the sum of the temporary repairs plus the permanent repairs actually carried out. This capping of the amount allowed as temporary repairs has sometimes been referred to as the "Baily" method.

## RULE XX. PROVISION OF FUNDS

has been amended to abolish commission on G.A. disbursements.

## RULE XXI. INTEREST ON LOSSES

has been amended to the effect that the Interest charged is no longer a fixed rate, but a rate that will be fixed each year by the Assembly of the CMI. The CMI will publish this on its website www.comitemaritime.org.

The Plenary Session of the Vancouver Conference adopted the following guidelines for fixing the rate of interest:

„Guidelines for the Assembly of the Comité Maritime International when deciding the annual interest rate provided for in YAR Rule XXI.

The Assembly is empowered to decide the rate of interest based upon any information or consideration, which in the discretion of the Assembly are considered relevant, but may take the following matters into account:

The rate shall be based upon a reasonable estimate of what is the rate of interest charged by a first class commercial bank to a ship owner of good credit rating.

Due regard shall be had to the following:

- That the majority of all G.A. adjustments are drawn up in USD.
- That therefore the level of interest for one-year USD loans shall be given particular consideration.
- That most adjustments, which are not drawn up in USD, are drawn up in GBP, EUR or JPY.
- That, if the level of interest for one year loans in GBP, EUR or JPY differs substantially from the level of interest for one year loans in USD, this shall be taken into account.
- That readily available information about the level of interest such as USD – prime rate and LIBOR shall be collected and used.

• Any amendment of these guidelines shall be made by a decision of a conference of the CMI."

## RULE XXIII. TIME BAR

A new rule has been added Into the YAR 2004 providing for any rights to G.A. contribution to be time-barred after a period of one year after the date of the G.A. adjustment or six years after the date of termination of the common maritime adventure whichever comes first. The rule recognizes that its provisions may be invalid in some countries.

## TIDYING UP THE TEXT OF THE YAR

Interchangeable terms have been standardized such as "admitted in", "allowed in" and "admitted as" now all become "allowed as". Some terms have been modernized and a consistent numbering of paragraphs has been introduced.

The Plenary Session of the Vancouver Conference adopted the following resolution:

"The delegates representing the National Associations of Maritime Law of the States listed hereunder

1. having noted with approval the amendments which have been made to the York Antwerp Rules 1994;
2. propose that the new text be referred to as the York-Antwerp Rules 2004;
3. recommend that the York-Antwerp Rules 2004 should be applied in the adjustment of claims in General Average as soon as practicable after 31 December 2004."

List of States:

| | |
|---|---|
| Argentina | Japan |
| Australia and New Zealand | Malaysia |
| Belgium | Mexico |
| Brazil | Nigeria |
| Bulgaria | Norway |
| Canada | Peru |
| Chile | Philippines |
| China | Singapore |
| Colombia | South Africa |
| Denmark | Spain |
| Finland | Sweden |
| France | Switzerland |
| Germany | United Kingdom |
| Ireland | USA |
| Israel | Venezuela |
| Italy | |

## YORK–ANTWERP RULES 2004

### RULE OF INTERPRETATION

In the adjustment of general average the following Rules shall apply to the exclusion of any Law and Practice inconsistent therewith.

Except as provided by the Rule Paramount and the numbered Rules, general average shall be adjusted according to the lettered Rules.

### RULE PARAMOUNT

In no case shall there be any allowance for sacrifice or expenditure unless reasonably made or incurred.

### RULE A

1. There is a general average act when, and only when, any extraordinary sacrifice or expenditure is intentionally and reasonably made or incurred for the common safety for the purpose of preserving from peril the property involved in a common maritime adventure.
2. General average sacrifices and expenditures shall be borne by the different contributing interests on the basis hereinafter provided.

### RULE B

1. There is a common maritime adventure when one or more vessels are towing or pushing another vessel or vessels, provided that they are all involved in commercial activities and not in a salvage operation.

   When measures are taken to preserve the vessels and their cargoes, if any, from a common peril, these Rules shall apply.
2. A vessel is not in common peril with another vessel or vessels if by simply disconnecting from the other vessel or vessels she is in safety; but if the disconnection is itself a general average act the common maritime adventure continues.

### RULE C

1. Only such losses, damages or expenses which are the direct consequence of the general average act shall be allowed as general average.
2. In no case shall there be any allowance in general average for losses, damages or expenses incurred in respect of damage to the environment or in consequence of the escape or release of pollutant substances from the property involved in the common maritime adventure.
3. Demurrage, loss of market, and any loss or damage sustained or expense incurred by reason of delay, whether on the voyage or subsequently, and any indirect loss whatsoever, shall not be allowed as general average.

### RULE D

Rights to contribution in general average shall not be affected, though the event which gave rise to the sacrifice or expenditure may have been due to the fault of one of the parties to the adventure, but this shall not prejudice any remedies or defences which may be open against or to that party in respect of such fault.

### RULE E

1. The onus of proof is upon the party claiming in general average to show that the loss or expense claimed is properly allowable as general average.
2. All parties claiming in general average shall give notice in writing to the average adjuster of the loss or expense in respect of which they claim contribution within 12 months of the date of the termination of the common maritime adventure.
3. Failing such notification, or if within 12 months of a request for the same any of the parties shall fail to supply evidence in support of a notified claim, or particulars of value

in respect of a contributory interest, the average adjuster shall be at liberty to estimate the extent of the allowance or the contributory value on the basis of the information available to him, which estimate may be challenged only on the ground that it is manifestly incorrect.

## RULE F

Any additional expense incurred in place of another expense, which would have been allowable as general average shall be deemed to be general average and so allowed without regard to the saving, if any, to other interests, but only up to the amount of the general average expense avoided.

## RULE G

1. General average shall be adjusted as regards both loss and contribution upon the basis of values at the time and place when and where the adventure ends.
2. This rule shall not affect the determination of the place at which the average statement is to be made up.
3. When a ship is at any port or place in circumstances which would give rise to an allowance in general average under the provisions of Rules X and XI, and the cargo or part thereof is forwarded to destination by other means, rights and liabilities in general average shall, subject to cargo interests being notified if practicable, remain as nearly as possible the same as they would have been in the absence of such forwarding, as if the adventure had continued in the original ship for so long as justifiable under the contract of affreightment and the applicable law.
4. The proportion attaching to cargo of the allowances made in general average by reason of applying the third paragraph of this Rule shall not exceed the cost which would have been borne by the owners of cargo if the cargo had been forwarded at their expense.

## RULE I. JETTISON OF CARGO

No jettison of cargo shall be allowed as general average, unless such cargo is carried in accordance with the recognised custom of the trade.

## RULE II. LOSS OR DAMAGE BY SACRIFICES FOR THE COMMON SAFETY

Loss of or damage to the property involved in the common maritime adventure by or in consequence of a sacrifice made for the common safety, and by water which goes down a ship's hatches opened or other opening made for the purpose of making a jettison for the common safety, shall be allowed as general average.

## RULE III. EXTINGUISHING FIRE ON SHIPBOARD

Damage done to a ship and cargo, or either of them, by water or otherwise, including damage by beaching or scuttling a burning ship, in extinguishing a fire on board the ship, shall be allowed as general average; except that no allowance shall be made for damage by smoke however caused or by heat of the fire.

## RULE IV. CUTTING AWAY WRECK

Loss or damage sustained by cutting away wreck or parts of the ship which have been previously carried away or are effectively lost by accident shall not be allowed as general average.

## RULE V. VOLUNTARY STRANDING

When a ship is intentionally run on shore for the common safety, whether or not she might have been driven on shore, the consequent loss or damage to the property involved in the common maritime adventure shall be allowed in general average.

## RULE VI. SALVAGE REMUNERATION

a. Salvage payments, including interest thereon and legal fees associated with such payments, shall lie where they fall and shall not be allowed in general average, save only that if one party to the salvage shall have paid all or any of the proportion of salvage (including interest and legal fees) due from another party (calculated on the basis of salved values and not general average contributory values), the unpaid contribution to salvage due from that other party shall be credited in the adjustment to the party that has paid it, and debited to the party on whose behalf the payment was made.

b. Salvage payments referred to in paragraph (a) above shall include any salvage remuneration in which the skill and efforts of the salvors in preventing or minimising damage to the environment such as is referred to in Article 13 paragraph 1(b) of the International Convention on Salvage 1989 have been taken into account.

c. Special compensation payable to a salvor by the shipowner under Article 14 of the said Convention to the extent specified in paragraph 4 of that Article or under any other provision similar in substance (such as SCOPIC) shall not be allowed in general average and shall not be considered a salvage payment as referred to in paragraph (a) of this Rule.

## RULE VII. DAMAGE TO MACHINERY AND BOILERS

Damage caused to any machinery and boilers of a ship which is ashore and in a position of peril, in endeavouring to refloat, shall be allowed in general average when shown to have arisen from an actual intention to float the ship for the common safety at the risk of such damage; but where a ship is afloat no loss or damage caused by working the propelling machinery and boilers shall in any circumstances be allowed as general average.

## RULE VIII. EXPENSES LIGHTENING A SHIP WHEN ASHORE AND CONSEQUENT DAMAGE

When a ship is ashore and cargo and ship's fuel and stores or any of them are discharged as a general average act, the extra cost of lightening, lighter hire and reshipping (if incurred), and any loss or damage to the property involved in the common maritime adventure in consequence thereof, shall be allowed as general average.

## RULE IX. CARGO, SHIP'S MATERIALS AND STORES USED FOR FUEL

Cargo, ship's materials and stores, or any of them, necessarily used for fuel for the common safety at a time of peril shall be allowed as general average, but when such an allowance is made for the cost of ship's materials and stores the general average shall be credited with the estimated cost of the fuel which would otherwise have been consumed in prosecuting the intended voyage.

## RULE X. EXPENSES AT PORT OF REFUGE, ETC.

a. (i) When a ship shall have entered a port or place of refuge or shall have returned to her port or place of loading in consequence of accident, sacrifice or other extraordinary circumstances which render that necessary for the common safety, the expenses of entering such port or place shall be allowed as general average; and when she shall have sailed thence with her original cargo, or a part of it, the corresponding expenses of leaving such port or place consequent upon such entry or return shall likewise be allowed as general average.

(ii) When a ship is at any port or place of refuge and is necessarily removed to another port or place of refuge because repairs cannot be carried out in the first port or place, the provisions of this Rule shall be applied to the second port or place of refuge as if it were a port or place of refuge and the cost of such removal including temporary repairs and towage shall be allowed as general average. The provisions of Rule XI shall be applied to the prolongation of the voyage occasioned by such removal.

b.  (i) The cost of handling on board or discharging cargo, fuel or stores whether at a port or place of loading, call or refuge, shall be allowed as general average, when the handling or discharge was necessary for the common safety or to enable damage to the ship caused by sacrifice or accident to be repaired, if the repairs were necessary for the safe prosecution of the voyage, except in cases where the damage to the ship is discovered at a port or place of loading or call without any accident or other extraordinary circumstances connected with such damage having taken place during the voyage.

(ii) The cost of handling on board or discharging cargo, fuel or stores shall not be allowable as general average when incurred solely for the purpose of restowage due to shifting during the voyage, unless such restowage is necessary for the common safety.

c.  Whenever the cost of handling or discharging cargo, fuel or stores is allowable as general average, the costs of storage, including insurance if reasonably incurred, reloading and stowing of such cargo, fuel or stores shall likewise be allowed as general average. The provisions of Rule XI shall be applied to the extra period of detention occasioned by such reloading or restowing.

But when the ship is condemned or does not proceed on her original voyage, storage expenses shall be allowed as general average only up to the date of the ship's condemnation or of the abandonment of the voyage or up to the date of completion of discharge of cargo if the condemnation or abandonment takes place before that date.

## RULE XI. WAGES AND MAINTENANCE OF CREW AND OTHER EXPENSES PUTTING IN TO AND AT A PORT OF REFUGE, ETC.

a.  Wages and maintenance of master, officers and crew reasonably incurred and fuel and stores consumed during the prolongation of the voyage occasioned by a ship entering a port or place of refuge or returning to her port or place of loading shall be allowed as general average when the expenses of entering such port or place are allowable as general average in accordance with Rule X(a).

b.  For the purpose of this and the other Rules wages shall include all payments made to or for the benefit of the master, officers and crew, whether such payments be imposed by law upon the shipowners or be made under the terms of articles of employment.

c.  (i) When a ship shall have entered or been detained in any port or place in consequence of accident, sacrifice or other extraordinary circumstances which render that necessary for the common safety, or to enable damage to the ship caused by sacrifice or accident to be repaired, if the repairs were necessary for the safe prosecution of the voyage, fuel and stores consumed during the extra period of detention in such port or place until the ship shall or should have been made ready to proceed upon her voyage, shall be allowed as general average, except such fuel and stores as are consumed in effecting repairs not allowable in general average.

(ii) Port charges incurred during the extra period of detention shall likewise be allowed as general average except such charges as are incurred solely by reason of repairs not allowable in general average.

(iii) Provided that when damage to the ship is discovered at a port or place of loading or call without any accident or other extraordinary circumstance connected with such damage having taken place during the voyage, then fuel and stores consumed and port charges incurred during the extra detention for repairs to damages so discovered shall not be allowable as general average, even if the repairs are necessary for the safe prosecution of the voyage.

(iv) When the ship is condemned or does not proceed on her original voyage, fuel and stores consumed and port charges shall be allowed as general average only up to the date of the ship's condemnation or of the abandonment of the voyage or up to the date of completion of discharge of cargo if the condemnation or abandonment takes place before that date.

d. The cost of measures undertaken to prevent or minimise damage to the environment shall be allowed in general average when incurred in any or all of the following circumstances:
(i) as part of an operation performed for the common safety which, had it been undertaken by a party outside the common maritime adventure, would have entitled such party to a salvage reward;
(ii) as a condition of entry into or departure from any port or place in the circumstances prescribed in Rule X(a);
(iii) as a condition of remaining at any port or place in the circumstances prescribed in Rule XI(c), provided that when there is an actual escape or release of pollutant substances the cost of any additional measures required on that account to prevent or minimise pollution or environmental damage shall not be allowed as general average;
(iv) necessarily in connection with the discharging, storing or reloading of cargo whenever the cost of those operations is allowable as general average.

## RULE XII. DAMAGE TO CARGO IN DISCHARGING, ETC.

Damage to or loss of cargo, fuel or stores sustained in consequence of their handling, discharging, storing, reloading and stowing shall be allowed as general average, when and only when the cost of those measures respectively is allowed as general average.

## RULE XIII. DEDUCTIONS FROM COST OF REPAIRS

a. Repairs to be allowed in general average shall not be subject to deductions in respect of "new for old" where old material or parts are replaced by new unless the ship is over fifteen years old in which case there shall be a deduction of one third. The deductions shall be regulated by the age of the ship from the 31st December of the year of completion of construction to the date of the general average act, except for insulation, life and similar boats, communications and navigational apparatus and equipment, machinery and boilers for which the deductions shall be regulated by the age of the particular parts to which they apply.
b. The deductions shall be made only from the cost of the new material or parts when finished and ready to be installed in the ship. No deduction shall be made in respect of provisions, stores, anchors and chain cables. Drydock and slipway dues and costs of shifting the ship shall be allowed in full.
c. The costs of cleaning, painting or coating of bottom shall not be allowed in general average unless the bottom has been painted or coated within the twelve months preceding the date of the general average act in which case one half of such costs shall be allowed.

## RULE XIV. TEMPORARY REPAIRS

a. Where temporary repairs are effected to a ship at a port of loading, call or refuge, for the common safety, or of damage caused by general average sacrifice, the cost of such repairs shall be allowed as general average.
b. Where temporary repairs of accidental damage are effected in order to enable the adventure to be completed, the cost of such repairs shall be allowed as general average without regard to the saving, if any, to other interests, but only up to the saving in expense which would have been incurred and allowed in general average if such repairs had not been effected there. Provided that for the purposes of this paragraph only, the cost of temporary repairs falling for consideration shall be limited to the extent that the cost of temporary repairs effected at the port of loading, call or refuge, together with either the cost of permanent repairs eventually effected or, if unrepaired at the time of the adjustment, the reasonable depreciation in the value of the vessel at the completion of the voyage. exceeds the cost of permanent repairs had they been effected at the port of loading, call or refuge.
c. No deductions "new for old" shall be made from the cost of temporary repairs allowable as general average.

## RULE XV. LOSS OF FREIGHT

Loss of freight arising from damage to or loss of cargo shall be allowed as general average, either when caused by a general average act, or when the damage to or loss of cargo is so allowed.

Deduction shall be made from the amount of gross freight lost, of the charges which the owner thereof would have incurred to earn such freight, but has, in consequence of the sacrifice, not incurred.

## RULE XVI. AMOUNT TO BE ALLOWED FOR CARGO LOST OR DAMAGED BY SACRIFICE

a. The amount to be allowed as general average for damage to or loss of cargo sacrificed shall be the loss which has been sustained thereby based on the value at the time of discharge, ascertained from the commercial invoice rendered to the receiver or if there is no such invoice from the shipped value. The value at the time of discharge shall include the cost of insurance and freight except insofar as such freight is at the risk of interests other than the cargo.
b. When cargo so damaged is sold and the amount of the damage has not been otherwise agreed, the loss to be allowed in general average shall be the difference between the net proceeds of sale and the net sound value as computed in the first paragraph of this Rule.

## RULE XVII. CONTRIBUTORY VALUES

a. (i) The contribution to a general average shall be made upon the actual net values of the property at the termination of the adventure except that the value of cargo shall be the value at the time of discharge, ascertained from the commercial invoice rendered to the receiver or if there is no such invoice from the shipped value.
(ii) The value of the cargo shall include the cost of insurance and freight unless and insofar as such freight is at the risk of interests other than the cargo, deducting therefrom any loss or damage suffered by the cargo prior to or at the time of discharge.
(iii) The value of the ship shall be assessed without taking into account the beneficial or detrimental effect of any demise or time charterparty to which the ship may be committed.
b. To these values shall be added the amount allowed as general average for property sacrificed, if not already included, deduction being made from the freight and passage money at risk of such charges and crew's wages as would not have been incurred in earning the freight had the ship and cargo been totally lost at the date of the general average act and have not been allowed as general average; deduction being also made from the value of the property of all extra charges incurred in respect thereof subsequently to the general average act, except such charges as are allowed in general average or fall upon the ship by virtue of an award for special compensation under Art. 14 of the International Convention on Salvage, 1989 or under any other provision similar in substance.
c. In the circumstances envisaged in the third paragraph of Rule G, the cargo and other property shall contribute on the basis of its value upon delivery at original destination unless sold or otherwise disposed of short of that destination, and the ship shall contribute upon its actual net value at the time of completion of discharge of cargo.
d. Where cargo is sold short of destination, however, it shall contribute upon the actual net proceeds of sale, with the addition of any amount allowed as general average.
e. Mails, passengers' luggage, personal effects and accompanied private motor vehicles shall not contribute to general average.

## RULE XVIII. DAMAGE TO SHIP

The amount to be allowed as general average for damage or loss to the ship, her machinery and/or gear caused by a general average act shall be as follows:

a. When repaired or replaced,
The actual reasonable cost of repairing or replacing such damage or loss, subject to deductions in accordance with Rule XIII;
b. When not repaired or replaced,
The reasonable depreciation arising from such damage or loss, but not exceeding the estimated cost of repairs. But where the ship is an actual total loss or when the cost of repairs of the damage would exceed the value of the ship when repaired, the amount to be allowed as general average shall be the difference between the estimated sound value of the ship after deducting therefrom the estimated cost of repairing damage which is not general average and the value of the ship in her damaged state which may be measured by the net proceeds of sale, if any.

## RULE XIX. UNDECLARED OR WRONGFULLY DECLARED CARGO

a. Damage or loss caused to goods loaded without the knowledge of the shipowner or his agent or to goods wilfully misdescribed at time of shipment shall not be allowed as general average, but such goods shall remain liable to contribute, if saved.
b. Damage or loss caused to goods which have been wrongfully declared on shipment at a value which is lower than their real value shall be contributed for at the declared value, but such goods shall contribute upon their actual value.

## RULE XX. PROVISION OF FUNDS

a. The capital loss sustained by the owners of goods sold for the purpose of raising funds to defray general average disbursements shall be allowed in general average.
b. The cost of insuring average disbursements shall also be allowed in general average.

## RULE XXI. INTEREST ON LOSSES ALLOWED IN GENERAL AVERAGE

a. Interest shall be allowed on expenditure, sacrifices and allowances in general average until three months after the date of issue of the general average adjustment, due allowance being made for any payment on account by the contributory interests or from the general average deposit fund.
b. Each year the Assembly of the Comité Maritime International shall decide the rate of interest which shall apply. This rate shall be used for calculating interest accruing during the following calendar year.

## RULE XXII. TREATMENT OF CASH DEPOSITS

Where cash deposits have been collected in respect of cargo's liability for general average, salvage or special charges such deposits shall be paid without any delay into a special account in the joint names of a representative nominated on behalf of the shipowner and a representative nominated on behalf of the depositors in a bank to be approved by both. The sum so deposited together with accrued interest, if any, shall be held as security for payment to the parties entitled thereto of the general average, salvage or special charges payable by cargo in respect of which the deposits have been collected. Payments on account or refunds of deposits may be made if certified to in writing by the average adjuster. Such deposits and payments or refunds shall be without prejudice to the ultimate liability of the parties.

## RULE XXIII. TIME BAR FOR CONTRIBUTIONS TO GENERAL AVERAGE

a. Subject always to any mandatory rule on time limitation contained in any applicable law:
(i) Any rights to general average contribution, including any rights to claim under general average bonds and guarantees, shall be extinguished unless an action is brought by the party claiming such contribution within a period of one year after the date upon which the general average adjustment was issued. However, in no case shall such an action

be brought after six years from the date of the termination of the common maritime
adventure.

(ii) These periods may be extended if the parties so agree after the termination of the
common maritime adventure.

b. This Rule shall not apply as between the parties to the general average and their respective insurers

## 2. Lloyd's Open Form (LOF 2011)[1]

**LOF 2011**

### LLOYD'S STANDARD FORM OF SALVAGE AGREEMENT

(Approved and Published by the Council of Lloyd's)

### NO CURE – NO PAY

| 1. Name of the salvage Contractors: | 2. Property to be salved. |
|---|---|
| | The vessel |
| | her cargo freight bunkers stores and any other property thereon but excluding the personal effects or baggage of passengers master or crew |
| (referred to in this agreement as "the Contractors") | (referred to in this agreement as "the property") |
| 3. Agreed place of safety: | 4. Agreed currency of any arbitral award and security (if other than United States dollars) |
| 5. Date of this agreement: | 6. Place of agreement: |
| 7. Is the Scopic Clause incorporated into this agreement? State alternative: Yes/No | |
| 8. Person signing for and on behalf of the Contractors | 9. Captain |
| | or other person signing for and on behalf of the property |
| Signature: | Signature: |

**A** **Contractors' basic obligation**: The Contractors identified in Box 1 hereby agree to use their best endeavours to salve the property specified in Box 2 and to take the property to the place stated in Box 3 or to such other place as may hereafter be agreed. If no place is inserted in Box 3 and in the absence of any subsequent agreement as to the place where the property is to be taken the Contractors shall take the property to a place of safety.

**B** **Environmental protection**: While performing the salvage services the Contractors shall also use their best endeavours to prevent or minimise damage to the environment.

**C** **Scopic Clause**: Unless the word "No" in Box 7 has been deleted this agreement shall be deemed to have been made on the basis that the Scopic Clause is not incorporated and forms no part of this agreement. If the word "No" is deleted in Box 7 this shall not of itself be construed as a notice invoking the Scopic Clause within the meaning of sub-clause 2 thereof.

**D** **Effect of other remedies**: Subject to the provisions of the International Convention on Salvage 1989 as incorporated into English law ("the Convention") relating to special compensation and to the Scopic Clause if incorporated the Contractors' services shall be rendered and accepted as salvage services upon the principle of "no cure - no pay" and any salvage remuneration to which the Contractors become entitled shall not be diminished by reason of the exception to the principle of "no cure - no pay" in the form of special compensation or remuneration payable to the Contractors under a Scopic Clause.

This document is a computer generated LOF 2011 printed by BIMCO's *idea* with the permission of Lloyd's Agency Department (Lloyd's). Any insertion or deletion to the form must be clearly visible. In the event of any modification made to the pre-printed text of this document that is not clearly visible, the text of the original Lloyd's approved document shall apply. BIMCO and Lloyd's assume no responsibility for any loss, damage or expense as a result of discrepancies between the original Lloyd's approved document and this computer generated document.

---

[1] LOF and its supporting documents have been reproduced with the kind permission of Lloyd's.

**E    Prior services**: Any salvage services rendered by the Contractors to the property before and up to the date of this agreement shall be deemed to be covered by this agreement.

**F    Duties of property owners**: Each of the owners of the property shall cooperate fully with the Contractors. In particular:

    (i)   the Contractors may make reasonable use of the vessel's machinery gear and equipment free of expense provided that the Contractors shall not unnecessarily damage abandon or sacrifice any property on board;

    (ii)  the Contractors shall be entitled to all such information as they may reasonably require relating to the vessel or the remainder of the property provided such information is relevant to the performance of the services and is capable of being provided without undue difficulty or delay;

    (iii) the owners of the property shall co-operate fully with the Contractors in obtaining entry to the place of safety stated in _Box 3_ or agreed or determined in accordance with Clause A.

**G    Rights of termination**: When there is no longer any reasonable prospect of a useful result leading to a salvage reward in accordance with Convention Articles 12 and/or 13 either the owners of the vessel or the Contractors shall be entitled to terminate the services hereunder by giving reasonable prior written notice to the other.

**H    Deemed performance**: The Contractors' services shall be deemed to have been performed when the property is in a safe condition in the place of safety stated in _Box 3_ or agreed or determined in accordance with Clause A. For the purpose of this provision the property shall be regarded as being in safe condition notwithstanding that the property (or part thereof) is damaged or in need of maintenance if (i) the Contractors are not obliged to remain in attendance to satisfy the requirements of any port or harbour authority, governmental agency or similar authority and (ii) the continuation of skilled salvage services from the Contractors or other salvors is no longer necessary to avoid the property becoming lost or significantly further damaged or delayed.

**I    Arbitration and the LSSA Clauses**: The Contractors' remuneration and/or special compensation shall be determined by arbitration in London in the manner prescribed by Lloyd's Standard Salvage and Arbitration Clauses ("the LSSA Clauses") and Lloyd's Procedural Rules in force at the date of this agreement. The provisions of the said LSSA Clauses and Lloyd's Procedural Rules are deemed to be incorporated in this agreement and form an integral part hereof. Any other difference arising out of this agreement or the operations hereunder shall be referred to arbitration in the same way.

**J    Governing law**: This agreement and any arbitration hereunder shall be governed by English law.

**K    Scope of authority**: The Master or other person signing this agreement on behalf of the property identified in _Box 2_ enters into this agreement as agent for the respective owners thereof and binds each (but not the one for the other or himself personally) to the due performance thereof.

**L    Inducements prohibited**: No person signing this agreement or any party on whose behalf it is signed shall at any time or in any manner whatsoever offer provide make give or promise to provide or demand or take any form of inducement for entering into this agreement.

**IMPORTANT NOTICES:**

**1    Salvage security**. As soon as possible the owners of the vessel should notify the owners of other property on board that this agreement has been made. If the Contractors are successful the owners of such property should note that it will become necessary to provide the Contractors with salvage security promptly in accordance with Clause 4 of the LSSA Clauses referred to in Clause I. The provision of General Average security does not relieve the salved interests of their separate obligation to provide salvage security to the Contractors.

**2    Incorporated provisions**. Copies of the Scopic Clause, the LSSA Clauses and Lloyd's Procedural Rules in force at the date of this agreement may be obtained from (i) the Contractors or (ii) the Salvage Arbitration Branch at Lloyd's, One Lime Street, London EC3M 7HA.

**3    Awards**. The Council of Lloyd's is entitled to make available the Award, Appeal Award and Reasons on www.lloydsagency.com (the website) subject to the conditions set out in Clause 12 of the LSSA Clauses.

**4    Notification to Lloyd's**. The Contractors shall within 14 days of their engagement to render services under this agreement notify the Council of Lloyd's of their engagement and forward the signed agreement or a true copy thereof to the Council as soon as possible. The Council will not charge for such notification.

Tel. No. + 44(0)20 7327 5408/5407

Fax No. +44(0)20 7327 6827

E-mail: lloyds-salvage@lloyds.com.

www.lloydsagency.com

15.1.08 3.12.24 13.10.26 12.4.50 10.6.53 20.12.67
23.2.72 21.5.80 5.9.90 1.1.95 1.9.2000 9.5.2011

---

[1] LOF and its supporting documents have been reproduced with the kind permission of Lloyd's.

## 3. Inter-Club New York Produce Exchange Agreement 1996
### (as amended September 2011)

This Agreement, the Inter–Club New York Produce Exchange Agreement 1996 (as amended September 2011) (the Agreement), made on 1st September 2011 between the P&l Clubs being members of The International Group of P&l Associations listed below (hereafter referred to as "the Clubs") amends the Inter-Club New York Produce Exchange Agreement 1996 in respect of all charterparties specified in clause (1) hereof and shall continue in force until varied or terminated. Any variation to be effective must be approved in writing by all the Clubs but it is open to any Club to withdraw from the Agreement on giving to all the other Clubs not less than three months' written notice thereof, such withdrawal to take effect at the expiration of that period. After the expiry of such notice the Agreement shall nevertheless continue as between all the Clubs, other than the Club giving such notice who shall remain bound by and be entitled to the benefit of this Agreement in respect of all Cargo Claims arising out of charterparties commenced prior to the expiration of such notice.

The Clubs will recommend to their Members without qualification that their Members adopt this Agreement for the purpose of apportioning liability for claims in respect of cargo which arise under, out of or in connection with all charterparties on the New York Produce Exchange Form 1946 or 1993 or Asbatime Form 1981 (or any subsequent amendment of such Forms), whether or not this Agreement has been incorporated into such charterparties.

### Scope of application

This Agreement applies to any charterparty which is entered into after the date hereof on the New York Produce Exchange Form 1946 or 1993 or Asbatime Form 1981 (or any subsequent amendment of such Forms).

The terms of this Agreement shall apply notwithstanding anything to the contrary in any other provision of the charterparty; in particular the provisions of clause (6) (time bar) shall apply notwithstanding any provision of the charterparty or rule of law to the contrary.

For the purposes of this Agreement, Cargo Claim(s) mean claims for loss, damage, shortage (including slackage, ullage or pilferage), overcarriage of or delay to cargo including customs dues or fines in respect of such loss, damage, shortage, overcarriage or delay and include:

any legal costs claimed by the original person making any such claim;

any interest claimed by the original person making any such claim;

all legal, Club correspondents' and experts' costs reasonably incurred in the defence of or in the settlement of the claim made by the original person, but shall not include any costs of whatsoever nature incurred in making a claim under this Agreement or in seeking an indemnity under the charterparty.

(4) Apportionment under this Agreement shall only be applied to Cargo Claims where:
  (a) the claim was made under a contract of carriage, whatever its form,
    (i) which was authorised under the charterparty; or
    (ii) which would have been authorised under the charterparty but for the inclusion in that contract of carriage of Through Transport or Combined Transport provisions, provided that
    (iii) in the case of contracts of carriage containing Through Transport or Combined Transport provisions (whether falling within (i) or (ii) above) the loss, damage, shortage, overcarriage or delay occurred after commencement of the loading of the cargo on to the chartered vessel and prior to completion of its discharge from that vessel (the burden of proof being on the Charterer to establish that the loss, damage, shortage, overcarriage or delay did or did not so occur); and
    (iv) the contract of carriage (or that part of the transit that comprised carriage on the chartered vessel) incorporated terms no less favourable to the carrier than

the Hague or Hague Visby Rules, or, when compulsorily applicable by operation of law to the contract of carriage, the Hamburg Rules or any national
law giving effect thereto; and

(b) the cargo responsibility clauses in the charterparty have not been materially amended. A material amendment is one which makes the liability, as between Owners
and Charterers, for Cargo Claims clear. In particular, it is agreed solely for the
purposes of this Agreement:

(i) that the addition of the words "and responsibility" in clause 8 of the New York
Produce Exchange Form 1946 or 1993 or clause 8 of the Asbatime Form 1981,
or any similar amendment of the charterparty making the Master responsible
for cargo handling, is not a material amendment; and

(ii) that if the words "cargo claims" are added to the second sentence of clause 26
of the New York Produce Exchange Form 1946 or 1993 or clause 25 of the
Asbatime Form 1981, apportionment under this Agreement shall not be applied
under any circumstances even if the charterparty is made subject to the terms
of this Agreement; and

(c) the claim has been properly settled or compromised and paid.

(5) This Agreement applies regardless of legal forum or place of arbitration specified in the
charterparty and regardless of any incorporation of the Hague, Hague Visby Rules or
Hamburg Rules therein.

## Time Bar

(6) Recovery under this Agreement by an Owner or Charterer shall be deemed to be
waived and absolutely barred unless written notification of the Cargo Claim has been
given to the other party to the charterparty within 24 months of the date of delivery
of the cargo or the date the cargo should have been delivered, save that, where the
Hamburg Rules or any national legislation giving effect thereto are compulsorily applicable by operation of law to the contract of carriage or to that part of the transit that
comprised carriage on the chartered vessel, the period shall be 36 months. Such notification shall if possible include details of the contract of carriage, the nature of the claim
and the amount claimed.

## The apportionment

The amount of any Cargo Claim to be apportioned under this Agreement shall be the
amount in fact borne by the party to the charterparty seeking apportionment, regardless of
whether that claim may be or has been apportioned by application of this Agreement to
another charterparty.

Cargo Claims shall be apportioned as follows:

(a) Claims in fact arising out of unseaworthiness and/or error or fault in navigation or
management of the vessel: 100% Owners save where the Owner proves that the unseaworthiness was caused by the loading, stowage, lashing, discharge or other handling
of the cargo, in which case the claim shall be apportioned under subclause (b).

(b) Claims in fact arising out of the loading, stowage, lashing, discharge, storage or other
handling of cargo: 100% Charterers unless the words "and responsibility" are added in
clause 8 or there is a similar amendment making the Master responsible for cargo
handling in which case: 50% Charterers 50% Owners save where the Charterer proves
that the failure properly to load, stow, lash, discharge or handle the cargo was caused
by the unseaworthiness of the vessel in which case: 100% Owners

(c) Subject to (a) and (b) above, claims for shortage or overcarriage: 50% Charterers 50%
Owners unless there is clear and irrefutable evidence that the claim arose out of pilferage
or act or neglect by one or the other (including their servants or sub-contractors) in
which case that party shall then bear 100% of the claim.

(d) All other cargo claims whatsoever (including claims for delay to cargo): 50% Charterers 50% Owners unless there is clear and irrefutable evidence that the claim arose out of the act or neglect of the one or the other (including their servants or sub-contractors) in which case that party shall then bear 100% of the claim.

**Security**

(9) If a party to the charterparty provides security to a person making a Cargo Claim, that party shall be entitled upon demand to acceptable security for an equivalent amount in respect of that Cargo Claim from the other party to the charterparty, regardless of whether a right to apportionment between the parties to the charterparty has arisen under this Agreement provided that:

(a) written notification of the Cargo Claim has been given by the party demanding security to the other party to the charterparty within the relevant period specified in clause (6); and

(b) the party demanding such security reciprocates by providing acceptable security for an equivalent amount to the other party to the charterparty in respect of the Cargo Claim if requested to do so.

**Governing Law**

(10) This Agreement shall be subject to English Law and the exclusive Jurisdiction of the English Courts, unless it is incorporated into the charterparty (or the settlement of claims in respect of cargo under the charterparty is made subject to this Agreement), in which case it shall be subject to the law and jurisdiction provisions governing the charterparty.

American Steamship Owners Mutual Protection & Indemnity Association, Inc.
Assuranceforeningen Gard
Gard P&I (Bermuda) Ltd
Assuranceforeningen Skuld
The Britannia Steam Ship Insurance Association Ltd.
The Japan Ship Owners' Mutual Protection and Indemnity Association
The London Steam-Ship Owners' Mutual Insurance Association Ltd. The North of England Protecting and Indemnity Association Ltd.
The Shipowners' Mutual Protection and indemnity Association (Luxembourg)
Skuld Mutual Protection and Indemnity Association (Bermuda) Ltd.
The Standard Steamship Owners' Protection and Indemnity Association (Asia) Ltd.
The Standard Steamship Owners' Protection & Indemnity Association (Bermuda) Ltd.
The Standard Steamship Owners' Protection and Indemnity Association (Europe) Ltd.
The Standard Steamship Owners' Protection and Indemnity Association (London) Ltd.
The Steamship Mutual Underwriting Association Ltd.
The Steamship Mutual Underwriting Association (Bermuda) Ltd.
Sveriges Angfartygs Assurans Forening (The Swedish Club)
The United Kingdom Mutua! Steam Ship Assurance Association (Bermuda) Ltd.
United Kingdom Mutual Steam Ship Assurance Association (Europe) Ltd.
The West of England Ship Owners Mutual Insurance Association (Luxembourg)

# III. Charterbedingungen

## 1. Barecon 2001

| 1. Shipbroker | BIMCO STANDARD BAREBOAT CHARTER CODE NAME: "BARECON 2001" PART I |
|---|---|
| | 2. Place and date |
| 3. Owners/Place of business (Cl. 1) | 4. Bareboat Charterers/Place of business (Cl. 1) |
| 5. Vessel's name, call sign and flag (Cl. 1 and 3) | |
| 6. Type of Vessel | 7. GT/NT |
| 8. When/Where built | 9. Total DWT (abt.) in metric tons on summer freeboard |
| 10. Classification Society (Cl. 3) | 11. Date of last special survey by the Vessel's classification society |
| 12. Further particulars of Vessel (also indicate minimum number of months' validity of class certificates agreed acc. to Cl. 3) | |
| 13. Port or Place of delivery (Cl. 3) | 14. Time for delivery (Cl. 4) | 15. Cancelling date (Cl. 5) |
| 16. Port or Place of redelivery (Cl. 15) | 17. No. of months' validity of trading and class certificates upon redelivery (Cl. 15) |
| 18. Running days' notice if other than stated in Cl. 4 | 19. Frequency of dry-docking (Cl. 10(g)) |
| 20. Trading limits (Cl. 6) | |
| 21. Charter period (Cl. 2) | 22. Charter hire (Cl. 11) |
| 23. New class and other safety requirements (state percentage of Vessel's insurance value acc. to Box 29)(Cl. 10(a)(ii)) | |
| 24. Rate of interest payable acc. to Cl. 11 (f) and, if applicable, acc. to PART IV | 25. Currency and method of payment (Cl. 11) |

"BARECON 2001" STANDARD BAREBOAT CHARTER

PART I

| | |
|---|---|
| 26. Place of payment; also state beneficiary and bank account (Cl. 11) | 27. Bank guarantee/bond (sum and place) (Cl. 24) (optional) |
| 28. Mortgage(s), if any (state whether 12(a) or (b) applies; if 12(b) applies state date of Financial Instrument and name of Mortgagee(s)/Place of business) (Cl. 12) | 29. Insurance (hull and machinery and war risks) (state value acc. to Cl. 13(f) or, if applicable, acc. to Cl. 14(k)) (also state if Cl. 14 applies) |
| 30. Additional insurance cover, if any, for Owners' account limited to (Cl. 13(b) or, if applicable, Cl. 14(g)) | 31. Additional insurance cover, if any, for Charterers' account limited to (Cl. 13(b) or, if applicable, Cl. 14(g)) |
| 32. Latent defects (only to be filled in if period other than stated in Cl. 3) | 33. Brokerage commission and to whom payable (Cl. 27) |
| 34. Grace period (state number of clear banking days) (Cl. 28) | 35. Dispute Resolution (state 30(a), 30(b) or 30(c); if 30(c) agreed Place of Arbitration must be stated (Cl. 30) |
| 36. War cancellation (indicate countries agreed) (Cl. 26(f)) | |
| 37. Newbuilding Vessel (indicate with "yes" or "no" whether PART III applies) (optional) | 38. Name and place of Builders (only to be filled in if PART III applies) |
| 39. Vessel's Yard Building No. (only to be filled in if PART III applies) | 40. Date of Building Contract (only to be filled in if PART III applies) |
| 41. Liquidated damages and costs shall accrue to (state party acc. to Cl. 1)<br>a)<br>b)<br>c) | |
| 42. Hire/Purchase agreement (indicate with "yes" or "no" whether PART IV applies) (optional) | 43. Bareboat Charter Registry (indicate with "yes" or "no" whether PART V applies) (optional) |
| 44. Flag and Country of the Bareboat Charter Registry (only to be filled in if PART V applies) | 45. Country of the Underlying Registry (only to be filled in if PART V applies) |
| 46. Number of additional clauses covering special provisions, if agreed | |

PREAMBLE - It is mutually agreed that this Contract shall be performed subject to the conditions contained in this Charter which shall include PART I and PART II. In the event of a conflict of conditions, the provisions of PART I shall prevail over those of PART II to the extent of such conflict but no further. It is further mutually agreed that PART III and/or PART IV and/or PART V shall only apply and only form part of this Charter if expressly agreed and stated in Boxes 37, 42 and 43. If PART III and/or PART IV and/or PART V apply, it is further agreed that in the event of a conflict of conditions, the provisions of PART I and PART II shall prevail over those of PART III and/or PART IV and/or PART V to the extent of such conflict but no further.

| Signature (Owners) | Signature (Charterers) |
|---|---|
| | |

**PART II**
**"BARECON 2001" Standard Bareboat Charter**

| | |
|---|---|
| **1. Definitions** | 1 |
| In this Charter, the following terms shall have the | 2 |
| meanings hereby assigned to them: | 3 |
| *"The Owners"* shall mean the party identified in Box 3; | 4 |
| *"The Charterers"* shall mean the party identified in Box 4; | 5 |
| *"The Vessel"* shall mean the vessel named in Box 5 and | 6 |
| with particulars as stated in Boxes 6 to 12. | 7 |
| *"Financial Instrument"* means the mortgage, deed of | 8 |
| covenant or other such financial security instrument as | 9 |
| annexed to this Charter and stated in Box 28. | 10 |

| | |
|---|---|
| **2. Charter Period** | 11 |
| In consideration of the hire detailed in Box 22, | 12 |
| the Owners have agreed to let and the Charterers have | 13 |
| agreed to hire the Vessel for the period stated in Box 21 | 14 |
| ("The Charter Period"). | 15 |

| | |
|---|---|
| **3. Delivery** | 16 |
| *(not applicable when Part III applies, as indicated in Box 37)* | 17 |
| **(a)** The Owners shall before and at the time of delivery | 18 |
| exercise due diligence to make the Vessel seaworthy | 19 |
| And in every respect ready in hull, machinery and | 20 |
| equipment for service under this Charter. | 21 |
| The Vessel shall be delivered by the Owners and taken | 22 |
| over by the Charterers at the port or place indicated in | 23 |
| Box 13 in such ready safe berth as the Charterers may | 24 |
| direct. | 25 |
| **(b)** The Vessel shall be properly documented on | 26 |
| delivery in accordance with the laws of the flag State | 27 |
| indicated in Box 5 and the requirements of the | 28 |
| classification society stated in Box 10. The Vessel upon | 29 |
| delivery shall have her survey cycles up to date and | 30 |
| trading and class certificates valid for at least the number | 31 |
| of months agreed in Box 12. | 32 |
| **(c)** The delivery of the Vessel by the Owners and the | 33 |
| taking over of the Vessel by the Charterers shall | 34 |
| constitute a full performance by the Owners of all the | 35 |
| Owners' obligations under this Clause 3, and thereafter | 36 |
| the Charterers shall not be entitled to make or assert | 37 |
| any claim against the Owners on account of any | 38 |
| conditions, representations or warranties expressed or | 39 |
| implied with respect to the Vessel but the Owners shall | 40 |
| be liable for the cost of but not the time for repairs or | 41 |
| renewals occasioned by latent defects in the Vessel, | 42 |
| her machinery or appurtenances, existing at the time of | 43 |
| delivery under this Charter, provided such defects have | 44 |
| manifested themselves within twelve (12) months after | 45 |
| delivery unless otherwise provided in Box 32. | 46 |

| | |
|---|---|
| **4. Time for Delivery** | 47 |
| *(not applicable when Part III applies, as indicated in Box 37)* | 48 |
| The Vessel shall not be delivered before the date | 49 |
| indicated in Box 14 without the Charterers' consent and | 50 |
| the Owners shall exercise due diligence to deliver the | 51 |
| Vessel not later than the date indicated in Box 15. | 52 |
| Unless otherwise agreed in Box 18, the Owners shall | 53 |
| give the Charterers not less than thirty (30) running days' | 54 |
| preliminary and not less than fourteen (14) running days' | 55 |
| definite notice of the date on which the Vessel is | 56 |
| expected to be ready for delivery. | 57 |
| The Owners shall keep the Charterers closely advised | 58 |
| of possible changes in the Vessel's position. | 59 |

| | |
|---|---|
| **5. Cancelling** | 60 |
| *(not applicable when Part III applies, as indicated in Box 37)* | 61 |
| **(a)** Should the Vessel not be delivered latest by the | 62 |
| cancelling date indicated in Box 15, the Charterers shall | 63 |
| have the option of cancelling this Charter by giving the | 64 |
| Owners notice of cancellation within thirty-six (36) | 65 |
| running hours after the cancelling date stated in Box | 66 |
| 15, failing which this Charter shall remain in full force | 67 |
| and effect. | 68 |
| **(b)** If it appears that the Vessel will be delayed beyond | 69 |
| the cancelling date, the Owners may, as soon as they | 70 |
| are in a position to state with reasonable certainty the | 71 |
| day on which the Vessel should be ready, give notice | 72 |

| | |
|---|---|
| thereof to the Charterers asking whether they will | 73 |
| exercise their option of cancelling, and the option must | 74 |
| then be declared within one hundred and sixty-eight | 75 |
| (168) running hours of the receipt by the Charterers of | 76 |
| such notice or within thirty-six (36) running hours after | 77 |
| the cancelling date, whichever is the earlier. If the | 78 |
| Charterers do not then exercise their option of cancelling, | 79 |
| the seventh day after the readiness date stated in the | 80 |
| Owners' notice shall be substituted for the cancelling | 81 |
| date indicated in Box 15 for the purpose of this Clause 5. | 82 |
| **(c)** Cancellation under this Clause 5 shall be without | 83 |
| prejudice to any claim the Charterers may otherwise | 84 |
| have on the Owners under this Charter. | 85 |

| | |
|---|---|
| **6. Trading Restrictions** | 86 |
| The Vessel shall be employed in lawful trades for the | 87 |
| carriage of suitable lawful merchandise within the trading | 88 |
| limits indicated in Box 20. | 89 |
| The Charterers undertake not to employ the Vessel or | 90 |
| suffer the Vessel to be employed otherwise than in | 91 |
| conformity with the terms of the contracts of insurance | 92 |
| (including any warranties expressed or implied therein) | 93 |
| without first obtaining the consent of the insurers to such | 94 |
| employment and complying with such requirements as | 95 |
| to extra premium or otherwise as the insurers may | 96 |
| prescribe. | 97 |
| The Charterers also undertake not to employ the Vessel | 98 |
| or suffer her employment in any trade or business which | 99 |
| is forbidden by the law of any country to which the Vessel | 100 |
| may sail or is otherwise illicit or in carrying illicit or | 101 |
| prohibited goods or in any manner whatsoever which | 102 |
| may render her liable to condemnation, destruction, | 103 |
| seizure or confiscation. | 104 |
| Notwithstanding any other provisions contained in this | 105 |
| Charter it is agreed that nuclear fuels or radioactive | 106 |
| products or waste are specifically excluded from the | 107 |
| cargo permitted to be loaded or carried under this | 108 |
| Charter. This exclusion does not apply to radio-isotopes | 109 |
| used or intended to be used for any industrial, | 110 |
| commercial, agricultural, medical or scientific purposes | 111 |
| provided the Owners' prior approval has been obtained | 112 |
| to loading thereof. | 113 |

| | |
|---|---|
| **7. Surveys on Delivery and Redelivery** | 114 |
| *(not applicable when Part III applies, as indicated in Box 37)* | 115 |
| The Owners and Charterers shall each appoint | 116 |
| surveyors for the purpose of determining and agreeing | 117 |
| in writing the condition of the Vessel at the time of | 118 |
| delivery and redelivery hereunder. The Owners shall | 119 |
| bear all expenses of the On-hire Survey including loss | 120 |
| of time, if any, and the Charterers shall bear all expenses | 121 |
| of the Off-hire Survey including loss of time, if any, at | 122 |
| the daily equivalent to the rate of hire or pro rata thereof. | 123 |

| | |
|---|---|
| **8. Inspection** | 124 |
| The Owners shall have the right at any time after giving | 125 |
| reasonable notice to the Charterers to inspect or survey | 126 |
| the Vessel or instruct a duly authorised surveyor to carry | 127 |
| out such survey on their behalf:- | 128 |
| **(a)** to ascertain the condition of the Vessel and satisfy | 129 |
| themselves that the Vessel is being properly repaired | 130 |
| and maintained. The costs and fees for such inspection | 131 |
| or survey shall be paid by the Owners unless the Vessel | 132 |
| is found to require repairs or maintenance in order to | 133 |
| achieve the condition so provided; | 134 |
| **(b)** in dry-dock if the Charterers have not dry-docked | 135 |
| Her in accordance with Clause 10(g). The costs and fees | 136 |
| for such inspection or survey shall be paid by the | 137 |
| Charterers; and | 138 |
| **(c)** for any other commercial reason they consider | 139 |
| necessary (provided it does not unduly interfere with | 140 |
| the commercial operation of the Vessel). The costs and | 141 |
| fees for such inspection and survey shall be paid by the | 142 |
| Owners. | 143 |
| All time used in respect of inspection, survey or repairs | 144 |
| shall be for the Charterers' account and form part of the | 145 |

**PART II**
**"BARECON 2001" Standard Bareboat Charter**

| | |
|---|---|
| Charter Period. | 146 |
| The Charterers shall also permit the Owners to inspect | 147 |
| the Vessel's log books whenever requested and shall | 148 |
| whenever required by the Owners furnish them with full | 149 |
| information regarding any casualties or other accidents | 150 |
| or damage to the Vessel. | 151 |

**9. Inventories, Oil and Stores** — 152
A complete inventory of the Vessel's entire equipment, 153
outfit including spare parts, appliances and of all 154
consumable stores on board the Vessel shall be made 155
by the Charterers in conjunction with the Owners on 156
delivery and again on redelivery of the Vessel. The 157
Charterers and the Owners, respectively, shall at the 158
time of delivery and redelivery take over and pay for all 159
bunkers, lubricating oil, unbroached provisions, paints, 160
ropes and other consumable stores (excluding spare 161
parts) in the said Vessel at the then current market prices 162
at the ports of delivery and redelivery, respectively. The 163
Charterers shall ensure that all spare parts listed in the 164
inventory and used during the Charter Period are 165
replaced at their expense prior to redelivery of the 166
Vessel. 167

**10. Maintenance and Operation** — 168
**(a)(i)** Maintenance and Repairs - During the Charter 169
Period the Vessel shall be in the full possession 170
and at the absolute disposal for all purposes of the 171
Charterers and under their complete control in 172
every respect. The Charterers shall maintain the 173
Vessel, her machinery, boilers, appurtenances and 174
spare parts in a good state of repair, in efficient 175
operating condition and in accordance with good 176
commercial maintenance practice and, except as 177
provided for in Clause 14(l), if applicable, at their 178
own expense they shall at all times keep the 179
Vessel's Class fully up to date with the Classification 180
Society indicated in Box 10 and maintain all other 181
necessary certificates in force at all times. 182
**(ii)** New Class and Other Safety Requirements - In the 183
event of any improvement, structural changes or 184
new equipment becoming necessary for the 185
continued operation of the Vessel by reason of new 186
class requirements or by compulsory legislation 187
costing (excluding the Charterers' loss of time) 188
more than the percentage stated in Box 23, or if 189
Box 23 is left blank, 5 per cent of the Vessel's 190
insurance value as stated in Box 29, then the 191
extent, if any, to which the rate of hire shall be varied 192
and the ratio in which the cost of compliance shall 193
be shared between the parties concerned in order 194
to achieve a reasonable distribution thereof as 195
between the Owners and the Charterers having 196
regard, inter alia, to the length of the period 197
remaining under this Charter shall, in the absence 198
of agreement, be referred to the dispute resolution 199
method agreed in Clause 30. 200
**(iii)** Financial Security - The Charterers shall maintain 201
financial security or responsibility in respect of third 202
party liabilities as required by any government, 203
including federal, state or municipal or other division 204
or authority thereof, to enable the Vessel, within 205
penalty or charge, lawfully to enter, remain at, or 206
leave any port, place, territorial or contiguous 207
waters of any country, state or municipality in 208
performance of this Charter without any delay. This 209
obligation shall apply whether or not such 210
requirements have been lawfully imposed by such 211
government or division or authority thereof. 212
The Charterers shall make and maintain all arrange- 213
ments by bond or otherwise as may be necessary to 214
satisfy such requirements at the Charterers' sole 215
expense and the Charterers shall indemnify the Owners 216
against all consequences whatsoever (including loss of 217
time) for any failure or inability to do so. 218

**(b)** Operation of the Vessel - The Charterers shall at 219
their own expense and by their own procurement man, 220
victual, navigate, operate, supply, fuel and, whenever 221
required, repair the Vessel during the Charter Period 222
and they shall pay all charges and expenses of every 223
kind and nature whatsoever incidental to their use and 224
operation of the Vessel under this Charter, including 225
annual flag State fees and any foreign general 226
municipality and/or state taxes. The Master, officers 227
and crew of the Vessel shall be the servants of the Charterers 228
for all purposes whatsoever, even if for any reason 229
appointed by the Owners. 230
Charterers shall comply with the regulations regarding 231
officers and crew in force in the country of the Vessel's 232
flag or any other applicable law. 233
**(c)** The Charterers shall keep the Owners and the 234
mortgagee(s) advised of the intended employment, 235
planned dry-docking and major repairs of the Vessel, 236
as reasonably required. 237
**(d)** Flag and Name of Vessel – During the Charter 238
Period, the Charterers shall have the liberty to paint the 239
Vessel in their own colours, install and display their 240
funnel insignia and fly their own house flag. The 241
Charterers shall also have the liberty, with the Owners' 242
consent, which shall not be unreasonably withheld, to 243
change the flag and/or the name of the Vessel during 244
the Charter Period. Painting and re-painting, instalment 245
and re-instalment, registration and re-registration, if 246
required by the Owners, shall be at the Charterers' 247
expense and time. 248
**(e)** Changes to the Vessel – Subject to Clause 10(a)(ii), 249
the Charterers shall make no structural changes in the 250
Vessel or changes in the machinery, boilers, appurten- 251
ances or spare parts thereof without in each instance 252
first securing the Owners' approval thereof. If the Owners 253
so agree, the Charterers shall, if the Owners so require, 254
restore the Vessel to its former condition before the 255
termination of this Charter. 256
**(f)** Use of the Vessel's Outfit, Equipment and 257
Appliances - The Charterers shall have the use of all 258
outfit, equipment, and appliances on board the Vessel 259
at the time of delivery, provided the same or their 260
substantial equivalent shall be returned to the Owners 261
on redelivery in the same good order and condition as 262
when received, ordinary wear and tear excepted. The 263
Charterers shall from time to time during the Charter 264
Period replace such items of equipment as shall be so 265
damaged or worn as to be unfit for use. The Charterers 266
are to procure that all repairs to or replacement of any 267
damaged, worn or lost parts or equipment be effected 268
in such manner (both as regards workmanship and 269
quality of materials) as not to diminish the value of the 270
Vessel. The Charterers have the right to fit additional 271
equipment at their expense and risk but the Charterers 272
shall remove such equipment at the end of the period if 273
requested by the Owners. Any equipment including radio 274
equipment on hire on the Vessel at time of delivery shall 275
be kept and maintained by the Charterers and the 276
Charterers shall assume the obligations and liabilities 277
of the Owners under any lease contracts in connection 278
therewith and shall reimburse the Owners for all 279
expenses incurred in connection therewith, also for any 280
new equipment required in order to comply with radio 281
regulations. 282
**(g)** Periodical Dry-Docking - The Charterers shall dry- 283
dock the Vessel and clean and paint her underwater 284
parts whenever the same may be necessary, but not 285
less than once during the period stated in Box 19 or, if 286
Box 19 has been left blank, every sixty (60) calendar 287
months after delivery or such other period as may be 288
required by the Classification Society or flag State. 289

**11. Hire** — 290
**(a)** The Charterers shall pay hire due to the Owners 291
punctually in accordance with the terms of this Charter 292

## PART II
### "BARECON 2001" Standard Bareboat Charter

in respect of w hich time shall be of the essence. 293
**(b)** The Charterers shall pay to the Ow ners for the hire 294
of the Vessel a lump sum in the amount indicated in 295
Box 22 w hich shall be payable not later than every thirty 296
(30) running days in advance, the first lump sum being 297
payable on the date and hour of the Vessel's delivery to 298
the Charterers. Hire shall be paid continuously 299
throughout the Charter Period. 300
**(c)** Payment of hire shall be made in cash w ithout 301
discount in the currency and in the manner indicated in 302
Box 25 and at the place mentioned in Box 26. 303
**(d)** Final payment of hire, if for a period of less than 304
thirty (30) running days, shall be calculated proportionally 305
according to the number of days and hours remaining 306
before redelivery and advance payment to be effected 307
accordingly. 308
**(e)** Should the Vessel be lost or missing, hire shall 309
cease from the date and time w hen she w as lost or last 310
heard of. The date upon w hich the Vessel is to be treated 311
as lost or missing shall be ten (10) days after the Vessel 312
w as last reported or w hen the Vessel is posted as 313
missing by Lloyd's, w hichever occurs first. Any hire paid 314
in advance to be adjusted accordingly. 315
**(f)** Any delay in payment of hire shall entitle the 316
Ow ners to interest at the rate per annum as agreed 317
in Box 24. If Box 24 has not been filled in, the three months 318
Interbank offered rate in London (LIBOR or its successor) 319
for the currency stated in Box 25, as quoted by the British 320
Bankers' Association (BBA) on the date w hen the hire 321
fell due, increased by 2 per cent., shall apply. 322
**(g)** Payment of interest due under sub-clause 11(f) 323
shall be made w ithin seven (7) running days of the date 324
of the Ow ners' invoice specifying the amount payable, 325
or, in the absence of an invoice, at the time of the next 326
hire payment date. 327

**12. Mortgage** 328
(only to apply if Box 28 has been appropriately filled in) 329
*) **(a)** The Ow ners warrant that they have not effected 330
any mortgage(s) of the Vessel and that they shall not 331
effect any mortgage(s) without the prior consent of the 332
Charterers, w hich shall not be unreasonably w ithheld. 333
*) **(b)** The Vessel chartered under this Charter is financed 334
by a mortgage according to the Financial Instrument. 335
The Charterers undertake to comply, and provide such 336
information and documents to enable the Ow ners to 337
comply, w ith all such instructions or directions in regard 338
to the employment, insurances, operation, repairs and 339
maintenance of the Vessel as laid dow n in the Financial 340
Instrument or as may be directed from time to time during 341
the currency of the Charter by the mortgagee(s) in 342
conformity w ith the Financial Instrument. The Charterers 343
confirm that, for this purpose, they have acquainted 344
themselves w ith all relevant terms, conditions and 345
provisions of the Financial Instrument and agree to 346
acknow ledge this in w riting in any form that may be 347
required by the mortgagee(s). The Ow ners warrant that 348
they have not effected any mortgage(s) other than stated 349
in Box 28 and that they shall not agree to any 350
amendment of the mortgage(s) referred to in Box 28 or 351
effect any other mortgage(s) without the prior consent 352
of the Charterers, w hich shall not be unreasonable 353
w ithheld. 354
*) (Optional, Clauses 12(a) and 12(b) are alternatives; 355
indicate alternative agreed in Box 28). 356

**13. Insurance and Repairs** 357
**(a)** During the Charter Period the Vessel shall be kept 358
insured by the Charterers at their expense against hull 359
and machinery, w ar and Protection and Indemnity risks 360
(and any risks against w hich it is compulsory to insure 361
for the operation of the Vessel, including maintaining 362
financial security in accordance w ith sub-clause 363
10(a)(iii)) in such form as the Ow ners shall in w riting 364
approve, w hich approval shall not be un-reasonably 365

w ithheld. Such insurances shall be arranged by the 366
Charterers to protect the interests of both the Ow ners 367
and the Charterers and the mortgagee(s) (if any), and 368
The Charterers shall be at liberty to protect under such 369
insurances the interests of any managers they may 370
appoint. Insurance policies shall cover the Ow ners and 371
the Charterers according to their respective interests. 372
Subject to the provisions of the Financial Instrument, if 373
any, and the approval of the Ow ners and the insurers, 374
the Charterers shall effect all insured repairs and shall 375
undertake settlement and reimbursement from the 376
insurers of all costs in connection w ith such repairs as 377
w ell as insured charges, expenses and liabilities to the 378
extent of coverage under the insurances herein provided 379
for. 380
The Charterers also to remain responsible for and to 381
effect repairs and settlement of costs and expenses 382
incurred thereby in respect of all other repairs not 383
covered by the insurances and/or not exceeding any 384
possible franchise(s) or deductibles provided for in the 385
insurances. 386
All time used for repairs under the provisions of sub- 387
clause 13(a) and for repairs of latent defects according 388
to Clause 3(c) above, including any deviation, shall be 389
for the Charterers' account. 390
**(b)** If the conditions of the above insurances permit 391
additional insurance to be placed by the parties, such 392
cover shall be limited to the amount for each party set 393
out in Box 30 and Box 31, respectively. The Ow ners or 394
the Charterers as the case may be shall immediately 395
furnish the other party w ith particulars of any additional 396
insurance effected, including copies of any cover notes 397
or policies and the w ritten consent of the insurers of 398
any such required insurance in any case w here the 399
consent of such insurers is necessary. 400
**(c)** The Charterers shall upon the request of the 401
Ow ners, provide information and promptly execute such 402
documents as may be required to enable the Ow ners to 403
comply w ith the insurance provisions of the Financial 404
Instrument. 405
**(d)** Subject to the provisions of the Financial Instru- 406
ment, if any, should the Vessel become an actual, 407
constructive, compromised or agreed total loss under 408
the insurances required under sub-clause 13(a), all 409
insurance payments for such loss shall be paid to the 410
Ow ners who shall distribute the moneys betw een the 411
Ow ners and the Charterers according to their respective 412
interests. The Charterers undertake to notify the Ow ners 413
and the mortgagee(s), if any, of any occurrences in 414
consequence of w hich the Vessel is likely to become a 415
total loss as defined in this Clause. 416
**(e)** The Ow ners shall upon the request of the 417
Charterers, promptly execute such documents as may 418
be required to enable the Charterers to abandon the 419
Vessel to insurers and claim a constructive total loss. 420
**(f)** For the purpose of insurance coverage against hull 421
and machinery and w ar risks under the provisions of 422
sub-clause 13(a), the value of the Vessel is the sum 423
indicated in Box 29. 424

**14. Insurance, Repairs and Classification** 425
(Optional, only to apply if expressly agreed and stated 426
in Box 29, in which event Clause 13 shall be considered 427
deleted). 428
**(a)** During the Charter Period the Vessel shall be kept 429
insured by the Ow ners at their expense against hull and 430
machinery and w ar risks under the form of policy or 431
policies attached hereto. The Ow ners and/or insurers 432
shall not have any right of recovery or subrogation 433
against the Charterers on account of loss of or any 434
damage to the Vessel or her machinery or appurt- 435
enances covered by such insurance, or on account of 436
payments made to discharge claims against or liabilities 437
of the Vessel or the Ow ners covered by such insurance. 438
Insurance policies shall cover the Ow ners and the 439

**PART II**
**"BARECON 2001" Standard Bareboat Charter**

Charterers according to their respective interests. 440
**(b)** During the Charter Period the Vessel shall be kept 441
insured by the Charterers at their expense against 442
Protection and Indemnity risks (and any risks against 443
which it is compulsory to insure for the operation of the 444
Vessel, including maintaining financial security in 445
accordance with sub-clause 10(a)(iii)) in such form as 446
the Owners shall in writing approve which approval shall 447
not be unreasonably withheld. 448
**(c)** In the event that any act or negligence of the 449
Charterers shall vitiate any of the insurance herein 450
provided, the Charterers shall pay to the Owners all 451
losses and indemnify the Owners against all claims and 452
demands which would otherwise have been covered by 453
such insurance. 454
**(d)** The Charterers shall, subject to the approval of the 455
Owners or Owners' Underwriters, effect all insured 456
repairs, and the Charterers shall undertake settlement 457
of all miscellaneous expenses in connection with such 458
repairs as well as all insured charges, expenses and 459
liabilities, to the extent of coverage under the insurances 460
provided for under the provisions of sub-clause 14(a). 461
The Charterers to be secured reimbursement through 462
the Owners' Underwriters for such expenditures upon 463
presentation of accounts. 464
**(e)** The Charterers to remain responsible for and to 465
effect repairs and settlement of costs and expenses 466
incurred thereby in respect of all other repairs not 467
covered by the insurances and/or not exceeding any 468
possible franchise(s) or deductibles provided for in the 469
insurances. 470
**(f)** All time used for repairs under the provisions of 471
sub-clauses 14(d) and 14(e) and for repairs of latent 472
defects according to Clause 3 above, including any 473
deviation, shall be for the Charterers' account and shall 474
form part of the Charter Period. 475
The Owners shall not be responsible for any expenses 476
as are incident to the use and operation of the Vessel 477
for such time as may be required to make such repairs. 478
**(g)** If the conditions of the above insurances permit 479
additional insurance to be placed by the parties such 480
cover shall be limited to the amount for each party set 481
out in Box 30 and Box 31, respectively. The Owners or 482
the Charterers as the case may be shall immediately 483
furnish the other party with particulars of any additional 484
insurance effected, including copies of any cover notes 485
or policies and the written consent of the insurers of 486
any such required insurance in any case where the 487
consent of such insurers is necessary. 488
**(h)** Should the Vessel become an actual, constructive, 489
compromised or agreed total loss under the insurances 490
required under sub-clause 14(a), all insurance payments 491
for such loss shall be paid to the Owners, who shall 492
distribute the moneys between themselves and the 493
Charterers according to their respective interests. 494
**(i)** If the Vessel becomes an actual, constructive, 495
compromised or agreed total loss under the insurances 496
arranged by the Owners in accordance with sub-clause 497
14(a), this Charter shall terminate as of the date of such 498
loss. 499
**(j)** The Charterers shall upon the request of the 500
Owners, promptly execute such documents as may be 501
required to enable the Owners to abandon the Vessel 502
to the insurers and claim a constructive total loss. 503
**(k)** For the purpose of insurance coverage against hull 504
and machinery and war risks under the provisions of 505
sub-clause 14(a), the value of the Vessel is the sum 506
indicated in Box 29. 507
**(l)** Notwithstanding anything contained in sub-clause 508
10(a), it is agreed that under the provisions of Clause 509
14, if applicable, the Owners shall keep the Vessel's 510
Class fully up to date with the Classification Society 511
indicated in Box 10 and maintain all other necessary 512
certificates in force at all times. 513

**15. Redelivery** 514
At the expiration of the Charter Period the Vessel shall 515
be redelivered by the Charterers to the Owners at a 516
safe and ice-free port or place as indicated in Box 16, in 517
such ready safe berth as the Owners may direct. The 518
Charterers shall give the Owners not less than thirty 519
(30) running days' preliminary notice of expected date, 520
range of ports of redelivery or port or place of redelivery 521
and not less than fourteen (14) running days' definite 522
notice of expected date and port or place of redelivery. 523
Any changes thereafter in the Vessel's position shall be 524
notified immediately to the Owners. 525
The Charterers warrant that they will not permit the 526
Vessel to commence a voyage (including any preceding 527
ballast voyage) which cannot reasonably be expected 528
to be completed in time to allow redelivery of the Vessel 529
within the Charter Period. Notwithstanding the above, 530
should the Charterers fail to redeliver the Vessel within 531
The Charter Period, the Charterers shall pay the daily 532
equivalent to the rate of hire stated in Box 22 plus 10 533
per cent. or to the market rate, whichever is the higher, 534
for the number of days by which the Charter Period is 535
exceeded. All other terms, conditions and provisions of 536
this Charter shall continue to apply. 537
Subject to the provisions of Clause 10, the Vessel shall 538
be redelivered to the Owners in the same or as good 539
structure, state, condition and class as that in which she 540
was delivered, fair wear and tear not affecting class 541
excepted. 542
The Vessel upon redelivery shall have her survey cycles 543
up to date and trading and class certificates valid for at 544
least the number of months agreed in Box 17. 545

**16. Non-Lien** 546
The Charterers will not suffer, nor permit to be continued, 547
any lien or encumbrance incurred by them or their 548
agents, which might have priority over the title and 549
interest of the Owners in the Vessel. The Charterers 550
further agree to fasten to the Vessel in a conspicuous 551
place and to keep so fastened during the Charter Period 552
a notice reading as follows: 553
"This Vessel is the property of (name of Owners). It is 554
under charter to (name of Charterers) and by the terms 555
of the Charter Party neither the Charterers nor the 556
Master have any right, power or authority to create, incur 557
or permit to be imposed on the Vessel any lien 558
whatsoever." 559

**17. Indemnity** 560
**(a)** The Charterers shall indemnify the Owners against 561
any loss, damage or expense incurred by the Owners 562
arising out of or in relation to the operation of the Vessel 563
by the Charterers, and against any lien of whatsoever 564
nature arising out of an event occurring during the 565
Charter Period. If the Vessel be arrested or otherwise 566
detained by reason of claims or liens arising out of her 567
operation hereunder by the Charterers, the Charterers 568
shall at their own expense take all reasonable steps to 569
secure that within a reasonable time the Vessel is 570
released, including the provision of bail. 571
Without prejudice to the generality of the foregoing, the 572
Charterers agree to indemnify the Owners against all 573
consequences or liabilities arising from the Master, 574
officers or agents signing Bills of Lading or other 575
documents. 576
**(b)** If the Vessel be arrested or otherwise detained by 577
reason of a claim or claims against the Owners, the 578
Owners shall at their own expense take all reasonable 579
steps to secure that within a reasonable time the Vessel 580
is released, including the provision of bail. 581
In such circumstances the Owners shall indemnify the 582
Charterers against any loss, damage or expense 583
incurred by the Charterers (including hire paid under 584
this Charter) as a direct consequence of such arrest or 585
detention. 586

**PART II**
**"BARECON 2001" Standard Bareboat Charter**

**18. Lien** 587
The Owners to have a lien upon all cargoes, sub-hires 588
and sub-freights belonging or due to the Charterers or 589
any sub-charterers and any Bill of Lading freight for all 590
claims under this Charter, and the Charterers to have a 591
lien on the Vessel for all moneys paid in advance and 592
not earned. 593

**19. Salvage** 594
All salvage and towage performed by the Vessel shall 595
be for the Charterers' benefit and the cost of repairing 596
damage occasioned thereby shall be borne by the 597
Charterers. 598

**20. Wreck Removal** 599
In the event of the Vessel becoming a wreck or 600
obstruction to navigation the Charterers shall indemnify 601
the Owners against any sums whatsoever which the 602
Owners shall become liable to pay and shall pay in 603
consequence of the Vessel becoming a wreck or 604
obstruction to navigation. 605

**21. General Average** 606
The Owners shall not contribute to General Average. 607

**22. Assignment, Sub-Charter and Sale** 608
**(a)** The Charterers shall not assign this Charter nor 609
sub-charter the Vessel on a bareboat basis except with 610
the prior consent in writing of the Owners, which shall 611
not be unreasonably withheld, and subject to such terms 612
and conditions as the Owners shall approve. 613
**(b)** The Owners shall not sell the Vessel during the 614
currency of this Charter except with the prior written 615
consent of the Charterers, which shall not be unreason- 616
ably withheld, and subject to the buyer accepting an 617
assignment of this Charter. 618

**23. Contracts of Carriage** 619
*) **(a)** The Charterers are to procure that all documents 620
issued during the Charter Period evidencing the terms 621
and conditions agreed in respect of carriage of goods 622
shall contain a paramount clause incorporating any 623
legislation relating to carrier's liability for cargo 624
compulsorily applicable in the trade; if no such legislation 625
exists, the documents shall incorporate the Hague-Visby 626
Rules. The documents shall also contain the New Jason 627
Clause and the Both-to-Blame Collision Clause. 628
*) **(b)** The Charterers are to procure that all passenger 629
tickets issued during the Charter Period for the carriage 630
of passengers and their luggage under this Charter shall 631
contain a paramount clause incorporating any legislation 632
relating to carrier's liability for passengers and their 633
luggage compulsorily applicable in the trade; if no such 634
legislation exists, the passenger tickets shall incorporate 635
the Athens Convention Relating to the Carriage of 636
Passengers and their Luggage by Sea, 1974, and any 637
protocol thereto. 638
*) Delete as applicable. 639

**24. Bank Guarantee** 640
(Optional, only to apply if Box 27 filled in) 641
The Charterers undertake to furnish, before delivery of 642
the Vessel, a first class bank guarantee or bond in the 643
sum and at the place as indicated in Box 27 as guarantee 644
for full performance of their obligations under this 645
Charter. 646

**25. Requisition/Acquisition** 647
**(a)** In the event of the Requisition for Hire of the Vessel 648
by any governmental or other competent authority 649
(hereinafter referred to as "Requisition for Hire") 650
irrespective of the date during the Charter Period when 651
"Requisition for Hire" may occur and irrespective of the 652
length thereof and whether or not it be for an indefinite 653
or a limited period of time, and irrespective of whether it 654
may or will remain in force for the remainder of the 655
Charter Period, this Charter shall not be deemed thereby 656

or thereupon to be frustrated or otherwise terminated 657
and the Charterers shall continue to pay the stipulated 658
hire in the manner provided by this Charter until the time 659
when the Charter would have terminated pursuant to 660
any of the provisions hereof always provided however 661
that in the event of "Requisition for Hire" any Requisition 662
Hire or compensation received or receivable by the 663
Owners shall be payable to the Charterers during the 664
remainder of the Charter Period or the period of 665
"Requisition for Hire" whichever be the shorter. 666
**(b)** In the event of the Owners being deprived of their 667
ownership in the Vessel by any Compulsory Acquisition 668
of the Vessel or requisition for title by any governmental 669
or other competent authority (hereinafter referred to as 670
"Compulsory Acquisition"), then, irrespective of the date 671
during the Charter Period when "Compulsory Acqui- 672
sition" may occur, this Charter shall be deemed 673
terminated as of the date of such "Compulsory 674
Acquisition". In such event Charter Hire to be considered 675
as earned and to be paid up to the date and time of 676
such "Compulsory Acquisition". 677

**26. War** 678
**(a)** For the purpose of this Clause, the words "War 679
Risks" shall include any war (whether actual or 680
threatened), act of war, civil war, hostilities, revolution, 681
rebellion, civil commotion, warlike operations, the laying 682
of mines (whether actual or reported), acts of piracy, 683
acts of terrorists, acts of hostility or malicious damage, 684
blockades (whether imposed against all vessels or 685
imposed selectively against vessels of certain flags or 686
ownership, or against certain cargoes or crews or 687
otherwise howsoever), by any person, body, terrorist or 688
political group, or the Government of any state 689
whatsoever, which may be dangerous or are likely to be 690
or to become dangerous to the Vessel, her cargo, crew 691
or other persons on board the Vessel. 692
**(b)** The Vessel, unless the written consent of the 693
Owners be first obtained, shall not continue to or go 694
through any port, place, area or zone (whether of land 695
or sea), or any waterway or canal, where it reasonably 696
appears that the Vessel, her cargo, crew or other 697
persons on board the Vessel, in the reasonable 698
judgement of the Owners, may be, or are likely to be, 699
exposed to War Risks. Should the Vessel be within any 700
such place as aforesaid, which only becomes danger- 701
ous, or is likely to be or to become dangerous, after her 702
entry into it, the Owners shall have the right to require 703
the Vessel to leave such area. 704
**(c)** The Vessel shall not load contraband cargo, or to 705
pass through any blockade, whether such blockade be 706
imposed on all vessels, or is imposed selectively in any 707
way whatsoever against vessels of certain flags or 708
ownership, or against certain cargoes or crews or 709
otherwise howsoever, or to proceed to an area where 710
she shall be subject, or is likely to be subject to 711
a belligerent's right of search and/or confiscation. 712
**(d)** If the insurers of the warrisks insurance, when 713
Clause 14 is applicable, should require payment of 714
premiums and/or calls because, pursuant to the 715
Charterers' orders, the Vessel is within, or is due to enter 716
and remain within, any area or areas whichare specified 717
by such insurers as being subject to additional premiums 718
because of War Risks, then such premiums and/or calls 719
shall be reimbursed by the Charterers to the Owners at 720
the same time as the next payment of hire is due. 721
**(e)** The Charterers shall have the liberty: 722
**(i)** to comply with all orders, directions, recommend- 723
ations or advice as to departure, arrival, routes, 724
sailing in convoy, ports of call, stoppages, 725
destinations, discharge of cargo, delivery, or in any 726
other way whatsoever, which are given by the 727
Government of the Nation under whose flag the 728
Vessel sails, or any other Government, body or 729
group whatsoever acting with the power to compel 730

**PART II**
**"BARECON 2001" Standard Bareboat Charter**

compliance with their orders or directions; 731

(ii) to comply with the orders, directions or recom- 732
mendations of any war risks underwriters who have 733
the authority to give the same under the terms of 734
the war risks insurance; 735

(iii) to comply with the terms of any resolution of the 736
Security Council of the United Nations, any 737
directives of the European Community, the effective 738
orders of any other Supranational body which has 739
the right to issue and give the same, and with 740
national laws aimed at enforcing the same to which 741
the Owners are subject, and to obey the orders 742
and directions of those who are charged with their 743
enforcement. 744

(f) In the event of outbreak of war (whether there be a 745
declaration of war or not) (i) between any two or more 746
of the following countries: the United States of America; 747
Russia; the United Kingdom; France; and the People's 748
Republic of China, (ii) between any two or more of the 749
countries stated in Box 36, both the Owners and the 750
Charterers shall have the right to cancel this Charter, 751
whereupon the Charterers shall redeliver the Vessel to 752
the Owners in accordance with Clause 15, if the Vessel 753
has cargo on board after discharge thereof at 754
destination, or if debarred under this Clause from 755
reaching or entering it at a near, open and safe port as 756
directed by the Owners, or if the Vessel has no cargo 757
on board, at the port at which the Vessel then is or if at 758
sea at a near, open and safe port as directed by the 759
Owners. In all cases hire shall continue to be paid in 760
accordance with Clause 11 and except as aforesaid all 761
other provisions of this Charter shall apply until 762
redelivery. 763

**27. Commission** 764
The Owners to pay a commission at the rate indicated 765
in Box 33 to the Brokers named in Box 33 on any hire 766
paid under the Charter. If no rate is indicated in Box 33, 767
the commission to be paid by the Owners shall cover 768
the actual expenses of the Brokers and a reasonable 769
fee for their work. 770
If the full hire is not paid owing to breach of the Charter 771
by either of the parties the party liable therefor shall 772
indemnify the Brokers against their loss of commission. 773
Should the parties agree to cancel the Charter, the 774
Owners shall indemnify the Brokers against any loss of 775
commission but in such case the commission shall not 776
exceed the brokerage on one year's hire. 777

**28. Termination** 778
(a) Charterers' Default 779
The Owners shall be entitled to withdraw the Vessel from 780
the service of the Charterers and terminate the Charter 781
with immediate effect by written notice to the Charterers if: 782

(i) the Charterers fail to pay hire in accordance with 783
Clause 11. However, where there is a failure to 784
make punctual payment of hire due to oversight, 785
negligence, errors or omissions on the part of the 786
Charterers or their bankers, the Owners shall give 787
the Charterers written notice of the number of clear 788
banking days stated in Box 34 (as recognised at 789
the agreed place of payment) in which to rectify 790
the failure, and when so rectified within such 791
number of days following the Owners' notice, the 792
payment shall stand as regular and punctual. 793
Failure by the Charterers to pay hire within the 794
number of days stated in Box 34 of their receiving 795
the Owners' notice as provided herein, shall entitle 796
the Owners to withdraw the Vessel from the service 797
of the Charterers and terminate the Charter without 798
further notice; 799

(ii) the Charterers fail to comply with the requirements of: 800
(1) Clause 6 (Trading Restrictions) 801
(2) Clause 13(a) (Insurance and Repairs) 802
provided that the Owners shall have the option, by 803

written notice to the Charterers, to give the 804
Charterers a specified number of days grace within 805
which to rectify the failure without prejudice to the 806
Owners' right to withdraw and terminate under this 807
Clause if the Charterers fail to comply with such 808
notice; 809

(iii) the Charterers fail to rectify any failure to comply 810
with the requirements of sub-clause 10(a)(i) 811
(Maintenance and Repairs) as soon as practically 812
possible after the Owners have requested them in 813
writing so to do and in any event so that the Vessel's 814
insurance cover is not prejudiced. 815

(b) Owners' Default 816
If the Owners shall by any act or omission be in breach 817
of their obligations under this Charter to the extent that 818
the Charterers are deprived of the use of the Vessel 819
and such breach continues for a period of fourteen (14) 820
running days after written notice thereof has been given 821
by the Charterers to the Owners, the Charterers shall 822
be entitled to terminate this Charter with immediate effect 823
by written notice to the Owners. 824

(c) Loss of Vessel 825
This Charter shall be deemed to be terminated if the 826
Vessel becomes a total loss or is declared as a 827
constructive or compromised or arranged total loss. For 828
the purpose of this sub-clause, the Vessel shall not be 829
deemed to be lost unless she has either become an 830
actual total loss or agreement has been reached with 831
her underwriters in respect of her constructive, 832
compromised or arranged total loss or if such agreement 833
with her underwriters is not reached it is adjudged by a 834
competent tribunal that a constructive loss of the Vessel 835
has occurred. 836

(d) Either party shall be entitled to terminate this 837
Charter with immediate effect by written notice to the 838
other party in the event of an order being made or 839
resolution passed for the winding up, dissolution, 840
liquidation or bankruptcy of the other party (otherwise 841
than for the purpose of reconstruction or amalgamation) 842
or if a receiver is appointed, or if it suspends payment, 843
ceases to carry on business or makes any special 844
arrangement or composition with its creditors. 845

(e) The termination of this Charter shall be without 846
prejudice to all rights accrued due between the parties 847
prior to the date of termination and to any claim that 848
either party might have. 849

**29. Repossession** 850
In the event of the termination of this Charter in 851
accordance with the applicable provisions of Clause 28, 852
the Owners shall have the right to repossess the Vessel 853
from the Charterers at her current or next port of call, or 854
at a port or place convenient to them without hindrance 855
or interference by the Charterers, courts or local 856
authorities. Pending physical repossession of the Vessel 857
in accordance with this Clause 29, the Charterers shall 858
hold the Vessel as gratuitous bailee only to the Owners. 859
The Owners shall arrange for an authorised represent- 860
ative to board the Vessel as soon as reasonably 861
practicable following the termination of the Charter. The 862
Vessel shall be deemed to be repossessed by the 863
Owners from the Charterers upon the boarding of the 864
Vessel by the Owners' representative. All arrangements 865
and expenses relating to the settling of wages, 866
disembarkation and repatriation of the Charterers' 867
Master, officers and crew shall be the sole responsibility 868
of the Charterers. 869

**30. Dispute Resolution** 870
*) (a) This Contract shall be governed by and construed 871
in accordance with English law and any dispute arising 872
out of or in connection with this Contract shall be referred 873
to arbitration in London in accordance with the Arbitration 874
Act 1996 or any statutory modification or re-enactment 875
thereof save to the extent necessary to give effect to 876

**PART II**
**"BARECON 2001" Standard Bareboat Charter**

| | |
|---|---|
| the provisions of this Clause. | 877 |
| The arbitration shall be conducted in accordance with | 878 |
| the London Maritime Arbitrators Association (LMAA) | 879 |
| Terms current at the time when the arbitration proceed- | 880 |
| ings are commenced. | 881 |
| The reference shall be to three arbitrators. A party | 882 |
| wishing to refer a dispute to arbitration shall appoint its | 883 |
| arbitrator and send notice of such appointment in writing | 884 |
| to the other party requiring the other party to appoint its | 885 |
| own arbitrator within 14 calendar days of that notice and | 886 |
| stating that it will appoint its arbitrator as sole arbitrator | 887 |
| unless the other party appoints its own arbitrator and | 888 |
| gives notice that it has done so within the 14 days | 889 |
| specified. If the other party does not appoint its own | 890 |
| arbitrator and give notice that it has done so within the | 891 |
| 14 days specified, the party referring a dispute to | 892 |
| arbitration may, without the requirement of any further | 893 |
| prior notice to the other party, appoint its arbitrator as | 894 |
| sole arbitrator and shall advise the other party | 895 |
| accordingly. The award of a sole arbitrator shall be | 896 |
| binding on both parties as if he had been appointed by | 897 |
| agreement. | 898 |
| Nothing herein shall prevent the parties agreeing in | 899 |
| writing to vary these provisions to provide for the | 900 |
| appointment of a sole arbitrator. | 901 |
| In cases where neither the claim nor any counterclaim | 902 |
| exceeds the sum of US$50,000 (or such other sum as | 903 |
| the parties may agree) the arbitration shall be conducted | 904 |
| in accordance with the LMAA Small Claims Procedure | 905 |
| current at the time when the arbitration proceedings are | 906 |
| commenced. | 907 |

*) **(b)** This Contract shall be governed by and construed 908
in accordance with Title 9 of the United States Code 909
and the Maritime Law of the United States and any 910
dispute arising out of or in connection with this Contract 911
shall be referred to three persons at New York, one to 912
be appointed by each of the parties hereto, and the third 913
by the two so chosen; their decision or that of any two 914
of them shall be final, and for the purposes of enforcing 915
any award, judgement may be entered on an award by 916
any court of competent jurisdiction. The proceedings 917
shall be conducted in accordance with the rules of the 918
Society of Maritime Arbitrators, Inc. 919

In cases where neither the claim nor any counterclaim 920
exceeds the sum of US$50,000 (or such other sum as 921
the parties may agree) the arbitration shall be conducted 922
in accordance with the Shortened Arbitration Procedure 923
of the Society of Maritime Arbitrators, Inc. current at 924
the time when the arbitration proceedings are commenced. 925

*) **(c)** This Contract shall be governed by and construed 926
in accordance with the laws of the place mutually agreed 927
by the parties and any dispute arising out of or in 928
connection with this Contract shall be referred to 929
arbitration at a mutually agreed place, subject to the 930
procedures applicable there. 931

**(d)** Notwithstanding (a), (b) or (c) above, the parties 932
may agree at any time to refer to mediation any 933
difference and/or dispute arising out of or in connection 934
with this Contract. 935
In the case of a dispute in respect of which arbitration 936
has been commenced under (a), (b) or (c) above, the 937
following shall apply:- 938

**(i)** Either party may at any time and from time to time 939
elect to refer the dispute or part of the dispute to 940
mediation by service on the other party of a written 941
notice (the "Mediation Notice") calling on the other 942
party to agree to mediation. 943

**(ii)** The other party shall thereupon within 14 calendar 944
days of receipt of the Mediation Notice confirm that 945
they agree to mediation, in which case the parties 946
shall thereafter agree a mediator within a further 947
14 calendar days, failing which on the application 948
of either party a mediator will be appointed promptly 949
by the Arbitration Tribunal ("the Tribunal") or such 950
person as the Tribunal may designate for that 951

| | |
|---|---|
| purpose. The mediation shall be conducted in such | 952 |
| place and in accordance with such procedure and | 953 |
| on such terms as the parties may agree or, in the | 954 |
| event of disagreement, as may be set by the | 955 |
| mediator. | 956 |

**(iii)** If the other party does not agree to mediate, that 957
fact may be brought to the attention of the Tribunal 958
and may be taken into account by the Tribunal when 959
allocating the costs of the arbitration as between 960
the parties. 961

**(iv)** The mediation shall not affect the right of either 962
party to seek such relief or take such steps as it 963
considers necessary to protect its interest. 964

**(v)** Either party may advise the Tribunal that they have 965
agreed to mediation. The arbitration procedure shall 966
continue during the conduct of the mediation but 967
the Tribunal may take the mediation timetable into 968
account when setting the timetable for steps in the 969
arbitration. 970

**(vi)** Unless otherwise agreed or specified in the 971
mediation terms, each party shall bear its own costs 972
incurred in the mediation and the parties shall share 973
equally the mediator's costs and expenses. 974

**(vii)** The mediation process shall be without prejudice 975
and confidential and no information or documents 976
disclosed during it shall be revealed to the Tribunal 977
except to the extent that they are disclosable under 978
the law and procedure governing the arbitration. 979
*(Note: The parties should be aware that the mediation* 980
*process may not necessarily interrupt time limits.)* 981

**(e)** If Box 35 in Part I is not appropriately filled in, sub-clause 982
30(a) of this Clause shall apply. Sub-clause 30(d) shall 983
apply in all cases. 984

*) *Sub-clauses 30(a), 30(b) and 30(c) are alternatives;* 985
*indicate alternative agreed in Box 35.* 986

**31.  Notices** 987
**(a)** Any notice to be given by either party to the other 988
party shall be in writing and may be sent by fax, telex, 989
registered or recorded mail or by personal service. 990
**(b)** The address of the Parties for service of such 991
communication shall be as stated in Boxes 3 and 4 992
respectively. 993

## "BARECON 2001" Standard Bareboat Charter

### PART III
### PROVISIONS TO APPLY FOR NEWBUILDING VESSELS ONLY
*(Optional, only to apply if expressly agreed and stated in Box 37)*

**1. Specifications and Building Contract** — 1

**(a)** The Vessel shall be constructed in accordance with the Building Contract (hereafter called "the Building Contract") as annexed to this Charter, made between the Builders and the Owners and in accordance with the specifications and plans annexed thereto, such Building Contract, specifications and plans having been counter-signed as approved by the Charterers. — 2–8

**(b)** No change shall be made in the Building Contract or in the specifications or plans of the Vessel as approved by the Charterers as aforesaid, without the Charterers' consent. — 9–12

**(c)** The Charterers shall have the right to send their representative to the Builders' Yard to inspect the Vessel during the course of her construction to satisfy themselves that construction is in accordance with such approved specifications and plans as referred to under sub-clause (a) of this Clause. — 13–18

**(d)** The Vessel shall be built in accordance with the Building Contract and shall be of the description set out therein. Subject to the provisions of sub-clause 2(c)(ii) hereunder, the Charterers shall be bound to accept the Vessel from the Owners, completed and constructed in accordance with the Building Contract, on the date of delivery by the Builders. The Charterers undertake that having accepted the Vessel they will not thereafter raise any claims against the Owners in respect of the Vessel's performance or specification or defects, if any. Nevertheless, in respect of any repairs, replacements or defects which appear within the first 12 months from delivery by the Builders, the Owners shall endeavour to compel the Builders to repair, replace or remedy any defects or to recover from the Builders any expenditure incurred in carrying out such repairs, replacements or remedies. However, the Owners' liability to the Charterers shall be limited to the extent the Owners have a valid claim against the Builders under the guarantee clause of the Building Contract (a copy whereof has been supplied to the Charterers). The Charterers shall be bound to accept such sums as the Owners are reasonably able to recover under this Clause and shall make no further claim on the Owners for the difference between the amount(s) so recovered and the actual expenditure on repairs, replacement or remedying defects or for any loss of time incurred. Any liquidated damages for physical defects or deficiencies shall accrue to the account of the party stated in Box 41(a) or if not filled in shall be shared equally between the parties. The costs of pursuing a claim or claims against the Builders under this Clause (including any liability to the Builders) shall be borne by the party stated in Box 41(b) or if not filled in shall be shared equally between the parties. — 19–51

**2. Time and Place of Delivery** — 52

**(a)** Subject to the Vessel having completed her acceptance trials including trials of cargo equipment in accordance with the Building Contract and specifications to the satisfaction of the Charterers, the Owners shall give and the Charterers shall take delivery of the Vessel afloat when ready for delivery and properly documented at the Builders' Yard or some other safe and readily accessible dock, wharf or place as may be agreed between the parties hereto and the Builders. Under the Building Contract the Builders have estimated that the Vessel will be ready for delivery to the Owners as therein provided but the delivery date for the purpose of this Charter shall be the date when the Vessel is in fact ready for delivery by the Builders after completion of trials whether that be before or after as indicated in the Building Contract. The Charterers shall not be entitled to refuse acceptance of delivery of the Vessel — 53–68

and upon and after such acceptance, subject to Clause 1(d), the Charterers shall not be entitled to make any claim against the Owners in respect of any conditions, representations or warranties, whether express or implied, as to the seaworthiness of the Vessel or in respect of delay in delivery. — 69–74

**(b)** If for any reason other than a default by the Owners under the Building Contract, the Builders become entitled under that Contract not to deliver the Vessel to the Owners, the Owners shall upon giving to the Charterers written notice of Builders becoming so entitled, be excused from giving delivery of the Vessel to the Charterers and upon receipt of such notice by the Charterers this Charter shall cease to have effect. — 75–82

**(c)** If for any reason the Owners become entitled under the Building Contract to reject the Vessel the Owners shall, before exercising such right of rejection, consult the Charterers and thereupon

(i) if the Charterers do not wish to take delivery of the Vessel they shall inform the Owners within seven (7) running days by notice in writing and upon receipt by the Owners of such notice this Charter shall cease to have effect; or — 83–90

(ii) if the Charterers wish to take delivery of the Vessel they may by notice in writing within seven (7) running days require the Owners to negotiate with the Builders as to the terms on which delivery should be taken and/or refrain from exercising their right to rejection and upon receipt of such notice the Owners shall commence such negotiations and/or take delivery of the Vessel from the Builders and deliver her to the Charterers; — 91–98

(iii) in no circumstances shall the Charterers be entitled to reject the Vessel unless the Owners are able to reject the Vessel from the Builders; — 99–101

(iv) if this Charter terminates under sub-clause (b) or (c) of this Clause, the Owners shall not thereafter be liable to the Charterers for any claim under or arising out of this Charter or its termination. — 102–105

**(d)** Any liquidated damages for delay in delivery under the Building Contract and any costs incurred in pursuing a claim therefor shall accrue to the account of the party stated in Box 41(c) or if not filled in shall be shared equally between the parties. — 106–110

**3. Guarantee Works** — 111

If not otherwise agreed, the Owners authorise the Charterers to arrange for the guarantee works to be performed in accordance with the building contract terms, and hire to continue during the period of guarantee works. The Charterers have to advise the Owners about the performance to the extent the Owners may request. — 112–117

**4. Name of Vessel** — 118

The name of the Vessel shall be mutually agreed between the Owners and the Charterers and the Vessel shall be painted in the colours, display the funnel insignia and fly the house flag as required by the Charterers. — 119–122

**5. Survey on Redelivery** — 123

The Owners and the Charterers shall appoint surveyors for the purpose of determining and agreeing in writing the condition of the Vessel at the time of re-delivery. Without prejudice to Clause 15 (Part II), the Charterers shall bear all survey expenses and all other costs, if any, including the cost of docking and undocking, if required, as well as all repair costs incurred. The Charterers shall also bear all loss of time spent in connection with any docking and undocking as well as repairs, which shall be paid at the rate of hire per day or pro rata. — 123–133

## "BARECON 2001" Standard Bareboat Charter

### PART IV
### HIRE/PURCHASE AGREEMENT
*(Optional, only to apply if expressly agreed and stated in Box 42)*

| | |
|---|---|
| On expiration of this Charter and provided the Charterers | 1 |
| have fulfilled their obligations according to Part I and II | 2 |
| as well as Part III, if applicable, it is agreed, that on | 3 |
| payment of the final payment of hire as per Clause 11 | 4 |
| the Charterers have purchased the Vessel with | 5 |
| everything belonging to her and the Vessel is fully paid | 6 |
| for. | 7 |

*In the following paragraphs the Owners are referred to* — 8
*as the Sellers and the Charterers as the Buyers.* — 9

The Vessel shall be delivered by the Sellers and taken — 10
over by the Buyers on expiration of the Charter. — 11

The Sellers guarantee that the Vessel, at the time of — 12
delivery, is free from all encumbrances and maritime — 13
liens or any debts whatsoever other than those arising — 14
from anything done or not done by the Buyers or any — 15
existing mortgage agreed not to be paid off by the time — 16
of delivery. Should any claims, which have been incurred — 17
prior to the time of delivery be made against the Vessel, — 18
the Sellers hereby undertake to indemnify the Buyers — 19
against all consequences of such claims to the extent it — 20
can be proved that the Sellers are responsible for such — 21
claims. Any taxes, notarial, consular and other charges — 22
and expenses connected with the purchase and — 23
registration under Buyers' flag, shall be for Buyers' — 24
account. Any taxes, consular and other charges and — 25
expenses connected with closing of the Sellers' register, — 26
shall be for Sellers' account. — 27

In exchange for payment of the last month's hire — 28
instalment the Sellers shall furnish the Buyers with a — 29
Bill of Sale duly attested and legalized, together with a — 30
certificate setting out the registered encumbrances, if — 31
any. On delivery of the Vessel the Sellers shall provide — 32
for deletion of the Vessel from the Ship's Register and — 33
deliver a certificate of deletion to the Buyers. — 34
The Sellers shall, at the time of delivery, hand to the — 35
Buyers all classification certificates (for hull, engines, — 36
anchors, chains, etc.), as well as all plans which may — 37
be in Sellers' possession. — 38

The Wireless Installation and Nautical Instruments, — 39
unless on hire, shall be included in the sale without any — 40
extra payment. — 41

The Vessel with everything belonging to her shall be at — 42
Sellers' risk and expense until she is delivered to the — 43
Buyers, subject to the conditions of this Contract and — 44
the Vessel with everything belonging to her shall be — 45
delivered and taken over as she is at the time of delivery, — 46
after which the Sellers shall have no responsibility for — 47
possible faults or deficiencies of any description. — 48

The Buyers undertake to pay for the repatriation of the — 49
Master, officers and other personnel if appointed by the — 50
Sellers to the port where the Vessel entered the Bareboat — 51
Charter as per Clause 3 (Part II) or to pay the equivalent — 52
cost for their journey to any other place. — 53

### "BARECON 2001" Standard Bareboat Charter

### PART V
### PROVISIONS TO APPLY FOR VESSELS REGISTERED IN A BAREBOAT CHARTER REGISTRY
*(Optional, only to apply if expressly agreed and stated in Box 43)*

**1. Definitions** — 1

For the purpose of this PART V, the following terms shall — 2
have the meanings hereby assigned to them: — 3
"The Bareboat Charter Registry" shall mean the registry — 4
of the State whose flag the Vessel will fly and in which — 5
the Charterers are registered as the bareboat charterers — 6
during the period of the Bareboat Charter. — 7
"The Underlying Registry" shall mean the registry of the — 8
state in which the Owners of the Vessel are registered — 9
as Owners and to which jurisdiction and control of the — 10
Vessel will revert upon termination of the Bareboat — 11
Charter Registration. — 12

**2. Mortgage** — 13

The Vessel chartered under this Charter is financed by — 14
a mortgage and the provisions of Clause 12(b) (Part II) — 15
shall apply. — 16

**3. Termination of Charter by Default** — 17

If the Vessel chartered under this Charter is registered — 18
in a Bareboat Charter Registry as stated in Box 44, and — 19
if the Owners shall default in the payment of any amounts — 20
due under the mortgage(s) specified in Box 28, the — 21
Charterers shall, if so required by the mortgagee, direct — 22
the Owners to re-register the Vessel in the Underlying — 23
Registry as shown in Box 45. — 24
In the event of the Vessel being deleted from the — 25
Bareboat Charter Registry as stated in Box 44, due to a — 26
default by the Owners in the payment of any amounts — 27
due under the mortgage(s), the Charterers shall have — 28
the right to terminate this Charter forthwith and without — 29
prejudice to any other claim they may have against the — 30
Owners under this Charter. — 31

## 2. Baltime 1939

| | |
|---|---|
| 1. Shipbroker | **BIMCO UNIFORM TIME-CHARTER (AS REVISED 2001) CODE NAME: "BALTIME 1939"** PART I |
| | 2. Place and date of Charter |
| 3. Owners/Place of business | 4. Charterers/Place of business |
| 5. Vessel's Name | 6. GT/NT |
| 7. Class | 8. Indicated brake horse power (bhp) |
| 9. Total tons d. w. (abt.) on summer freeboard | 10. Cubic feet grain/bale capacity |
| 11. Permanent bunkers (abt.) | 12. Speed capability in knots (abt.) on a consumption in tons (abt.) of |
| 13. Present position | 14. Period of hire (Cl. 1) |
| 15. Port of delivery (Cl. 1) | 16. Time of delivery (Cl. 1) |
| 17. (a) Trade limits (Cl. 2) | |
| (b) Cargo exclusions specially agreed | |
| 18. Bunkers on re-delivery (state min. and max. quantity) (Cl. 5) | 19. Charter hire (Cl. 6) |
| 20. Hire payment (state currency, method and place of payment; also beneficiary and bank account) (Cl. 6) | |
| 21. Place or range of re-delivery (Cl. 7) | 22. Cancelling date (Cl. 21) |
| 23. Dispute resolution (state 22(A), 22(B) or 22(C); if 22(C) agreed Place of Arbitration must be stated) (Cl. 22) **Other** | 24. Brokerage commission and to whom payable (Cl. 24) |
| 25. Numbers of additional clauses covering special provisions, if agreed | |

It is mutually agreed that this Contract shall be performed subject to the conditions contained in this Charter which shall include PART I as well as PART II. In the event of a conflict of conditions, the provisions of PART I shall prevail over those of PART II to the extent of such conflict.

| | |
|---|---|
| Signature (Owners) | Signature (Charterers) |

Issued 1909; Amended 1911; 1912; 1920; 1939; 1950; 1974; and 2001

Printed by BIMCO's *idea*

Copyright, published by
The Baltic and International Maritime Council (BIMCO), Copenhagen

PART II
"BALTIME 1939" Uniform Time-Charter (as revised 2001)

It is agreed between the party mentioned in Box 3 as Owners 1
of the Vessel named in Box 5 of the gross/net tonnage 2
indicated in Box 6, classed as stated in Box 7 and of indicated 3
brake horse power (bhp) as stated in Box 8, carrying about 4
the number of tons deadweight indicated in Box 9 on 5
summer freeboard inclusive of bunkers, stores and 6
provisions, having as per builder's plan a cubic-feet grain/ 7
bale capacity as stated in Box 10, exclusive of permanent 8
bunkers, which contain about the number of tons stated in 9
Box 11, and fully loaded capable of steaming about the 10
number of knots indicated in Box 12 in good weather and 11
smooth water on a consumption of about the number of 12
tons fuel oil stated in Box 12, now in position as stated in 13
Box 13 and the party mentioned as Charterers in Box 4, as 14
follows: 15

**1. Period/Port of Delivery/Time of Delivery** 16
The Owners let, and the Charterers hire the Vessel for a 17
period of the number of calendar months indicated in 18
Box 14 from the time (not a Sunday or a legal Holiday 19
unless taken over) the Vessel is delivered and placed at 20
the disposal of the Charterers between 9 a.m. and 6 21
p.m., or between 9 a.m. and 2 p.m. if on Saturday, at the 22
port stated in Box 15 in such available berth where she 23
can safely lie always afloat, as the Charterers may direct, 24
the Vessel being in every way fitted for ordinary cargo 25
service. The Vessel shall be delivered at the time 26
indicated in Box 16. 27

**2. Trade** 28
The Vessel shall be employed in lawful trades for the 29
carriage of lawful merchandise only between safe ports 30
or places where the Vessel can safely lie always afloat 31
within the limits stated in Box 17. No live stock nor 32
injurious, inflammable or dangerous goods (such as 33
acids, explosives, calcium carbide, ferro silicon, 34
naphtha, motor spirit, tar, or any of their products) shall 35
be shipped. 36

**3. Owners' Obligations** 37
The Owners shall provide and pay for all provisions and 38
Wages, for insurance of the Vessel, for all deck and 39
Engine-room stores and maintain her in a thoroughly 40
efficient state in hull and machinery during service. The 41
Owners shall provide winchmen from the crew to 42
operate the Vessel's cargo handling gear, unless the 43
crew's employment conditions or local union or port 44
regulations prohibit this, in which case qualified shore- 45
winchmen shall be provided and paid for by the 46
Charterers. 47

**4. Charterers' Obligations** 48
The Charterers shall provide and pay for all fuel oil, port 49
charges, pilotages (whether compulsory or not), canal 50
steersmen, boatage, lights, tug-assistance, consular 51
charges (except those pertaining to the Master, officers 52
and crew), canal, dock and other dues and charges, 53
including any foreign general municipality or state taxes, 54
also all dock, harbour and tonnage dues at the ports of 55
delivery and re-delivery (unless incurred through cargo 56
carried before delivery or after re-delivery), agencies, 57
commissions, also shall arrange and pay for loading, 58
trimming, stowing (including dunnage and shifting 59
boards, excepting any already on board), unloading, 60
weighing, tallying and delivery of cargoes, surveys on 61
hatches, meals supplied to officials and men in their 62
service and all other charges and expenses whatsoever 63
including detention and expenses through quarantine 64
(including cost of fumigation and disinfection). All ropes, 65
slings and special runners actually used for loading 66
and discharging and any special gear, including special 67

ropes and chains required by the custom of the port for 68
mooring shall be for the Charterers' account. The Vessel 69
shall be fitted with winches, derricks, wheels and or- 70
dinary runners capable of handling lifts up to 2 tons. 71

**5. Bunkers** 72
The Charterers at port of delivery and the Owners at port 73
of re-delivery shall take over and pay for all fuel oil 74
remaining in the Vessel's bunkers at current price at the 75
respective ports. The Vessel shall be re-delivered with 76
not less than the number of tons and not exceeding the 77
number of tons of fuel oil in the Vessel's bunkers stated 78
in Box 18. 79

**6. Hire** 80
The Charterers shall pay as hire the rate stated in Box 81
19 per 30 days, commencing in accordance with Clause 82
1 until her re-delivery to the Owners. 83
Payment of hire shall be made in cash, in the currency 84
stated in Box 20, without discount, every 30 days, in 85
advance, and in the manner prescribed in Box 20. In 86
default of payment the Owners shall have the right of 87
withdrawing the Vessel from the service of the Charterers, 88
without noting any protest and without interference by 89
any court or any other formality whatsoever and without 90
prejudice to any claim the Owners may otherwise have 91
on the Charterers under the Charter. 92

**7. Re-delivery** 93
The Vessel shall be re-delivered on the expiration of the 94
Charter in the same good order as when delivered to 95
the Charterers (fair wear and tear excepted) at an ice- 96
free port in the Charterers' option at the place or within 97
the range stated in Box 21, between 9 a.m. and 6 p.m., 98
and 9 a.m. and 2 p.m. on Saturday, but the day of re- 99
delivery shall not be a Sunday or legal Holiday. 100
The Charterers shall give the Owners not less than ten 101
days' notice at which port and on about which day the 102
Vessel will be re-delivered. Should the Vessel be ordered 103
on a voyage by which the Charter period will be exceeded 104
the Charterers shall have the use of the Vessel to enable 105
them to complete the voyage, provided it could be 106
reasonably calculated that the voyage would allow 107
redelivery about the time fixed for the termination of the 108
Charter, but for any time exceeding the termination date 109
the Charterers shall pay the market rate if higher than 110
the rate stipulated herein. 111

**8. Cargo Space** 112
The whole reach and burthen of the Vessel, including 113
lawful deck-capacity shall be at the Charterers' disposal, 114
reserving proper and sufficient space for the Vessel's 115
Master, officers, crew, tackle, apparel, furniture, 116
provisions and stores. 117

**9. Master** 118
The Master shall prosecute all voyages with the utmost 119
despatch and shall render customary assistance with 120
the Vessel's crew. The Master shall be under the orders 121
of the Charterers as regards employment, agency, or 122
other arrangements. The Charterers shall indemnify the 123
Owners against all consequences or liabilities arising 124
from the Master, officers or Agents signing Bills of Lading 125
or other documents or otherwise complying with such 126
orders, as well as from any irregularity in the Vessel's 127
papers or for overcarrying goods. The Owners shall not 128
be responsible for shortage, mixture, marks, nor for 129
Number of pieces or packages, nor for damage to or 130
claims on cargo caused by bad stowage or otherwise. If 131
the Charterers have reason to be dissatisfied with the 132
conduct of the Master or any officer, the Owners, on 133
receiving particulars of the complaint, promptly to 134

**PART II**
**"BALTIME 1939" Uniform Time-Charter (as revised 2001)**

| | |
|---|---|
| investigate the matter, and, if necessary and practicable, to make a change in the appointments. | 135<br>136 |

**10. Directions and Logs** — 137
The Charterers shall furnish the Master with all instructions and sailing directions and the Master shall keep full and correct logs accessible to the Charterers or their Agents. — 138, 139, 140, 141

**11. Suspension of Hire etc.** — 142
**(A)** In the event of drydocking or other necessary measures to maintain the efficiency of the Vessel, deficiency of men or Owners' stores, breakdown of machinery, damage to hull or other accident, either hindering or preventing the working of the Vessel and continuing for more than twenty-four consecutive hours, no hire shall be paid in respect of any time lost thereby during the period in which the Vessel is unable to perform the service immediately required. Any hire paid in advance shall be adjusted accordingly. — 143–152
**(B)** In the event of the Vessel being driven into port or to anchorage through stress of weather, trading to shallow harbours or to rivers or ports with bars or suffering an accident to her cargo, any detention of the Vessel and/or expenses resulting from such detention shall be for the Charterers' account even if such detention and/or expenses, or the cause by reason of which either is incurred, be due to, or be contributed to by, the negligence of the Owners' servants. — 153–161

**12. Responsibility and Exemption** — 162
The Owners only shall be responsible for delay in delivery of the Vessel or for delay during the currency of the Charter and for loss or damage to goods onboard, if such delay or loss has been caused by want of due diligence on the part of the Owners or their Manager in making the Vessel seaworthy and fitted for the voyage or any other personal act or omission or default of the Owners or their Manager. The Owners shall not be responsible in any other case nor for damage or delay whatsoever and howsoever caused even if caused by the neglect or default of their servants. The Owners shall not be liable for loss or damage arising or resulting from strikes, lock-outs or stoppage or restraint of labour (including the Master, officers or crew) whether partial or general. The Charterers shall be responsible for loss or damage caused to the Vessel or to the Owners by goods being loaded contrary to the terms of the Charter or by improper or careless bunkering or loading, stowing or discharging of goods or any other improper or negligent act on their part or that of their servants. — 163–182

**13. Advances** — 183
The Charterers or their Agents shall advance to the Master, if required, necessary funds for ordinary disbursements for the Vessel's account at any port charging only interest at 6 per cent. p.a., such advances shall be deducted from hire. — 184–188

**14. Excluded Ports** — 189
The Vessel shall not be ordered to nor bound to enter:
**(A)** any place where fever or epidemics are prevalent or to which the Master, officers and crew by law are not bound to follow the Vessel; — 190–193
**(B)** any ice-bound place or any place where lights, lightships, marks and buoys are or are likely to be withdrawn by reason of ice on the Vessel's arrival or where there is risk that ordinarily the Vessel will not be able on account of ice to reach the place or to get out after having completed loading or discharging. The Vessel shall not be obliged to force ice. If on account of ice the Master considers it dangerous to remain at the — 194–201

loading or discharging place for fear of the Vessel being frozen in and/or damaged, he has liberty to sail to a convenient open place and await the Charterers' fresh instructions. Unforeseen detention through any of above causes shall be for the Charterers' account. — 202–206

**15. Loss of Vessel** — 207
Should the Vessel be lost or missing, hire shall cease from the date when she was lost. If the date of loss cannot be ascertained half hire shall be paid from the date the Vessel was last reported until the calculated date of arrival at the destination. Any hire paid in advance shall be adjusted accordingly. — 208–213

**16. Overtime** — 214
The Vessel shall work day and night if required. The Charterers shall refund the Owners their outlays for all overtime paid to officers and crew according to the hours and rates stated in the Vessel's articles. — 215–218

**17. Lien** — 219
The Owners shall have a lien upon all cargoes and sub-freights belonging to the Time-Charterers and any Bill of Lading freight for all claims under this Charter, and the Charterers shall have a lien on the Vessel for all moneys paid in advance and not earned. — 220–224

**18. Salvage** — 225
All salvage and assistance to other vessels shall be for the Owners' and the Charterers' equal benefit after deducting the Master's, officers' and crew's proportion and all legal and other expenses including hire paid under the charter for time lost in the salvage, also repairs of damage and fuel oil consumed. The Charterers shall be bound by all measures taken by the Owners in order to secure payment of salvage and to fix its amount. — 226–233

**19. Sublet** — 234
The Charterers shall have the option of subletting the Vessel, giving due notice to the Owners, but the original Charterers shall always remain responsible to the Owners for due performance of the Charter. — 235–238

**20. War ("Conwartime 1993")** — 239
**(A)** For the purpose of this Clause, the words:
**(i)** "Owners" shall include the shipowners, bareboat charterers, disponent owners, managers or other operators who are charged with the management of the Vessel, and the Master; and — 240–244
**(ii)** "War Risks" shall include any war (whether actual or threatened), act of war, civil war, hostilities, revolution, rebellion, civil commotion, warlike operations, the laying of mines (whether actual or reported), acts of piracy, acts of terrorists, acts of hostility or malicious damage, blockades (whether imposed against all vessels or imposed selectively against vessels of certain flags or ownership, or against certain cargoes or crews or otherwise howsoever), by any person, body, terrorist or political group, or the Government of any state whatsoever, which, in the reasonable judgement of the Master and/or the Owners, may be dangerous or are likely to be or to become dangerous to the Vessel, her cargo, crew or other persons on board the Vessel. — 245–258
**(B)** The Vessel, unless the written consent of the Owners be first obtained, shall not be ordered to or required to continue to or through, any port, place, area or zone (whether of land or sea), or any waterway or canal, where it appears that the Vessel, her cargo, crew or other persons on board the Vessel, in the reasonable judgement of the Master and/or the Owners, may be, or are likely to be, exposed to War Risks. Should the Vessel be within any such place as aforesaid, which only — 259–267

PART II
## "BALTIME 1939" Uniform Time-Charter (as revised 2001)

becomes dangerous, or is likely to be or to become 268
dangerous, after her entry into it, she shall be at liberty 269
to leave it. 270
**(C)** The Vessel shall not be required to load contraband 271
cargo, or to pass through any blockade, whether such 272
blockade be imposed on all vessels, or is imposed 273
selectively in any way whatsoever against vessels of 274
certain flags or ownership, or against certain cargoes 275
or crews or otherwise howsoever, or to proceed to an 276
area where she shall be subject, or is likely to be subject 277
to a belligerent's right of search and/or confiscation. 278
**(D) (i)** The Owners may effect war risks insurance in 279
respect of the Hull and Machinery of the Vessel and their 280
other interests (including, but not limited to, loss of 281
earnings and detention, the crew and their Protection 282
and Indemnity Risks), and the premiums and/or calls 283
therefor shall be for their account. 284
**(ii)** If the Underwriters of such insurance should require 285
payment of premiums and/or calls because, pursuant 286
to the Charterers' orders, the Vessel is within, or is due 287
to enter and remain within, any area or areas which are 288
specified by such Underwriters as being subject to 289
additional premiums because of War Risks, then such 290
premiums and/or calls shall be reimbursed by the 291
Charterers to the Owners at the same time as the next 292
payment of hire is due. 293
**(E)** If the Owners become liable under the terms of 294
employment to pay to the crew any bonus or additional 295
wages in respect of sailing into an area which is 296
dangerous in the manner defined by the said terms, 297
then such bonus or additional wages shall be re- 298
imbursed to the Owners by the Charterers at the same 299
time as the next payment of hire is due. 300
**(F)** The Vessel shall have liberty:- 301
**(i)** to comply with all orders, directions, recom- 302
mendations or advice as to departure, arrival, routes, 303
sailing in convoy, ports of call, stoppages, destinations, 304
discharge of cargo, delivery, or in any other way 305
whatsoever, which are given by the Government of the 306
Nation under whose flag the Vessel sails, or other 307
Government to whose laws the Owners are subject, or 308
any other Government, body or group whatsoever acting 309
with the power to compel compliance with their orders 310
or directions; 311
**(ii)** to comply with the order, directions or recom- 312
mendations of any war risks underwriters who have the 313
authority to give the same under the terms of the war 314
risks insurance; 315
**(iii)** to comply with the terms of any resolution of the 316
Security Council of the United Nations, any directives of 317
the European Community, the effective orders of any 318
other Supranational body which has the right to issue 319
and give the same, and with national laws aimed at 320
enforcing the same to which the Owners are subject, 321
and to obey the orders and directions of those who are 322
charged with their enforcement; 323
**(iv)** to divert and discharge at any other port any cargo or 324
part thereof which may render the Vessel liable to 325
confiscation as a contraband carrier; 326
**(v)** to divert and call at any other port to change the crew 327
or any part thereof or other persons on board the Vessel 328
when there is reason to believe that they may be subject 329
to internment, imprisonment or other sanctions. 330
**(G)** If in accordance with their rights under the foregoing 331
provisions of this Clause, the Owners shall refuse to 332
proceed to the loading or discharging ports, or any one 333
or more of them, they shall immediately inform the 334
Charterers. No cargo shall be discharged at any 335
alternative port without first giving the Charterers notice 336

of the Owners' intention to do so and requesting them 337
to nominate a safe port for such discharge. Failing such 338
nomination by the Charterers within 48 hours of the 339
receipt of such notice and request, the Owners may 340
discharge the cargo at any safe port of their own choice. 341
**(H)** If in compliance with any of the provisions of sub- 342
clauses (B) to (G) of this Clause anything is done or not 343
done, such shall not be deemed a deviation, but shall 344
be considered as due fulfilment of this Charter. 345

**21. Cancelling** 346
Should the Vessel not be delivered by the date indicated 347
in Box 22, the Charterers shall have the option of 348
cancelling. If the Vessel cannot be delivered by the 349
cancelling date, the Charterers, if required, shall declare 350
within 48 hours after receiving notice thereof whether 351
they cancel or will take delivery of the Vessel. 352

**22. Dispute Resolution** 353
*) **(A)** This Charter shall be governed by and construed in 354
accordance with English law and any dispute arising 355
out of or in connection with this Charter shall be referred 356
to arbitration in London in accordance with the Arbitration 357
Act 1996 or any statutory modification or re-enactment 358
thereof save to the extent necessary to give effect to the 359
provisions of this Clause. 360
The arbitration shall be conducted in accordance with 361
the London Maritime Arbitrators Association (LMAA) 362
Terms current at the time when the arbitration 363
proceedings are commenced. 364
The reference shall be to three arbitrators. A party 365
wishing to refer a dispute to arbitration shall appoint its 366
arbitrator and send notice of such appointment in writing 367
to the other party requiring the other party to appoint its 368
own arbitrator within 14 calendar days of that notice and 369
stating that it will appoint its arbitrator as sole arbitrator 370
unless the other party appoints its own arbitrator and 371
gives notice that it has done so within the 14 days 372
specified. If the other party does not appoint its own 373
arbitrator and give notice that it has done so within the 374
14 days specified, the party referring a dispute to 375
arbitration may, without the requirement of any further 376
prior notice to the other party, appoint its arbitrator as 377
sole arbitrator and shall advise the other party 378
accordingly. The award of a sole arbitrator shall be 379
binding on both parties as if he had been appointed by 380
agreement. 381
Nothing herein shall prevent the parties agreeing in 382
writing to vary these provisions to provide for the 383
appointment of a sole arbitrator. 384
In cases where neither the claim nor any counterclaim 385
exceeds the sum of US$50,000 (or such other sum as 386
the parties may agree) the arbitration shall be conducted 387
in accordance with the LMAA Small Claims Procedure 388
current at the time when the arbitration proceedings are 389
commenced. 390
*) **(B)** This Charter shall be governed by and construed in 391
accordance with Title 9 of the United States Code and 392
the Maritime Law of the United States and any dispute 393
arising out of or in connection with this Contract shall 394
be referred to three persons at New York, one to be 395
appointed by each of the parties hereto, and the third by 396
the two so chosen; their decision or that of any two of 397
them shall be final, and for the purposes of enforcing 398
any award, judgement may be entered on an award by 399
any court of competent jurisdiction. The proceedings 400
shall be conducted in accordance with the rules of the 401
Society of Maritime Arbitrators, Inc. 402
In cases where neither the claim nor any counterclaim 403
exceeds the sum of US$50,000 (or such other sum as 404

## PART II
### "BALTIME 1939" Uniform Time-Charter (as revised 2001)

the parties may agree) the arbitration shall be conducted 405
in accordance with the Shortened Arbitration Procedure 406
of the Society of Maritime Arbitrators, Inc. current at the 407
time when the arbitration proceedings are commenced. 408

*) **(C)** This Charter shall be governed by and construed in 409
accordance with the laws of the place mutually agreed 410
by the parties and any dispute arising out of or in 411
connection with this Charter shall be referred to 412
arbitration at a mutually agreed place, subject to the 413
procedures applicable there. 414

**(D)** Notwithstanding (A), (B) or (C) above, the parties 415
may agree at any time to refer to mediation any difference 416
and/or dispute arising out of or in connection with this 417
Charter. 418

In the case of a dispute in respect of which arbitration 419
has been commenced under (A), (B) or (C) above, the 420
following shall apply:- 421

**(i)** Either party may at any time and from time to time 422
elect to refer the dispute or part of the dispute to 423
mediation by service on the other party of a written notice 424
(the "Mediation Notice") calling on the other party to agree 425
to mediation. 426

**(ii)** The other party shall thereupon within 14 calendar 427
days of receipt of the Mediation Notice confirm that they 428
agree to mediation, in which case the parties shall 429
thereafter agree a mediator within a further 14 calendar 430
days, failing which on the application of either party a 431
mediator will be appointed promptly by the Arbitration 432
Tribunal ("the Tribunal") or such person as the Tribunal 433
may designate for that purpose. The mediation shall 434
be conducted in such place and in accordance with such 435
procedure and on such terms as the parties may agree 436
or, in the event of disagreement, as may be set by the 437
mediator. 438

**(iii)** If the other party does not agree to mediate, that fact 439
may be brought to the attention of the Tribunal and may 440
be taken into account by the Tribunal when allocating 441
the costs of the arbitration as between the parties. 442

**(iv)** The mediation shall not affect the right of either party 443
to seek such relief or take such steps as it considers 444

necessary to protect its interest. 445

**(v)** Either party may advise the Tribunal that they have 446
agreed to mediation. The arbitration procedure shall 447
continue during the conduct of the mediation but the 448
Tribunal may take the mediation timetable into account 449
when setting the timetable for steps in the arbitration. 450

**(vi)** Unless otherwise agreed or specified in the 451
mediation terms, each party shall bear its own costs 452
incurred in the mediation and the parties shall share 453
equally the mediator's costs and expenses. 454

**(vii)** The mediation process shall be without prejudice 455
and confidential and no information or documents 456
disclosed during it shall be revealed to the Tribunal 457
except to the extent that they are disclosable under the 458
law and procedure governing the arbitration. 459
*(Note: The parties should be aware that the mediation* 460
*process may not necessarily interrupt time limits.)* 461

**(E)** If Box 23 in Part I is not appropriately filled in, sub- 462
clause (A) of this Clause shall apply. Sub-clause (D) 463
shall apply in all cases. 464

* *(A), (B) and (C) are alternatives; indicate alternative* 465
*agreed in Box 23.* 466

**23. General Average** 467
General Average shall be settled according to York/ 468
Antwerp Rules, 1994 and any subsequent modification 469
thereof. Hire shall not contribute to General Average. 470

**24. Commission** 471
The Owners shall pay a commission at the rate stated 472
in Box 24 to the party mentioned in Box 24 on any hire 473
paid under the Charter, but in no case less than is 474
necessary to cover the actual expenses of the Brokers 475
and a reasonable fee for their work. If the full hire is not 476
paid owing to breach of Charter by either of the parties 477
the party liable therefor shall indemnify the Brokers 478
against their loss of commission. Should the parties 479
agree to cancel the Charter, the Owners shall indemnify 480
the Brokers against any loss of commission but in such 481
case the commission not to exceed the brokerage 482
on one year's hire. 483

## 3. NYPE 1993

Code Name: "NYPE 93"

Recommended by:
The Baltic and International Maritime Council (BIMCO)
The Federation of National Associations of
Ship Brokers and Agents (FONASBA)

# TIME CHARTER©

New York Produce Exchange Form
*Issued by the Association of Ship Brokers and Agents (U.S.A.), Inc.*

November 6th, 1913 - Amended October 20th, 1921; August 6th, 1931; October 3rd, 1946;
Revised June 12th, 1981; September 14th 1993.

| | |
|---|---|
| **THIS CHARTER PARTY,** made and concluded in _____ | 1 |
| this _____ day of _____ 19_____ | 2 |
| | |
| Between _____ _____ | 3 |
| | 4 |
| Owners of the Vessel described below, and _____ _____ | 5 |
| | 6 |
| | 7 |
| Charterers. | 8 |
| | |
| **Description of Vessel** | 9 |
| | |
| Name _____ Flag _____ Built _____ (year) | 10 |
| Port and number of Registry _____ _____ | 11 |
| Classed _____ in _____ | 12 |
| Deadweight _____ long*/metric* tons (cargo and bunkers, including freshwater and | 13 |
| stores not exceeding _____ long*/metric* tons) on a salt water draft of _____ | 14 |
| on summer freeboard. | 15 |
| | |
| Capacity _____ cubic feet grain _____ cubic feet bale space. | 16 |
| Tonnage _____ GT/GRT. | 17 |
| Speed about _____ knots, fully laden, in good weather conditions up to and including maximum | 18 |
| Force _____ on the Beaufort wind scale, on a consumption of about _____ long*/metric* | 19 |
| tons of _____ | 20 |
| | |
| * Delete as appropriate. | 21 |
| *For further description see Appendix "A" (if applicable )* | 22 |
| | |
| **1. Duration** | 23 |
| | |
| The Owners agree to let and the Charterers agree to hire the Vessel from the time of delivery for a period | 24 |
| of _____ | 25 |
| | 26 |
| | 27 |
| within below mentioned trading limits. | 28 |
| | |
| **2. Delivery** | 29 |
| | |
| The Vessel shall be placed at the disposal of the Charterers at _____ | 30 |
| | 31 |
| | 32 |
| The Vessel on her delivery | 33 |
| shall be ready to receive cargo with clean-swept holds and tight, staunch, strong and in every way fitted | 34 |
| for ordinary cargo service, having water ballast and with sufficient power to operate all cargo-handling gear | 35 |
| simultaneously. | 36 |

*Printed by BIMCO's idea*

The Owners shall give the Charterers not less than _____ days notice of expected date of          37
delivery.                                                                                           38

### 3.  On-Off Hire Survey                                                                          39

Prior to delivery and redelivery the parties shall, unless otherwise agreed, each appoint surveyors, for their      40
respective accounts, who shall not later than at first loading port/last discharging port respectively, conduct     41
joint on-hire/off-hire surveys, for the purpose of ascertaining quantity of bunkers on board and the condition      42
of the Vessel. A single report shall be prepared on each occasion and signed by each surveyor, without              43
prejudice to his right to file a separate report setting forth items upon which the surveyors cannot agree.         44
If either party fails to have a representative attend the survey and sign the joint survey report, such party       45
shall nevertheless be bound for all purposes by the findings in any report prepared by the other party.             46
On-hire survey shall be on Charterers' time and off-hire survey on Owners' time.                                    47

### 4.  Dangerous Cargo/Cargo Exclusions                                                            48

(a) The Vessel shall be employed in carrying lawful merchandise excluding any goods of a dangerous,                 49
injurious, flammable or corrosive nature unless carried in accordance with the requirements or                      50
recommendations of the competent authorities of the country of the Vessel's registry and of ports of               51
shipment and discharge and of any intermediate countries or ports through whose waters the Vessel must             52
pass. Without prejudice to the generality of the foregoing, in addition the following are specifically             53
excluded: livestock of any description, arms, ammunition, explosives, nuclear and radioactive materials,           54
_____                                                                                              55
                                                                                                    56
                                                                                                    57
                                                                                                    58
                                                                                                    59
                                                                                                    60
                                                                                                    61
                                                                                                    62
                                                                                                    63
                                                                                                    64

(b) If IMO-classified cargo is agreed to be carried, the amount of such cargo shall be limited to                   65
_____ tons and the Charterers shall provide the Master with any evidence he may                    66
reasonably require to show that the cargo is packaged, labelled, loaded and stowed in accordance with IMO          67
regulations, failing which the Master is entitled to refuse such cargo or, if already loaded, to unload it at      68
the Charterers' risk and expense.                                                                   69

### 5.  Trading Limits                                                                              70

The Vessel shall be employed in such lawful trades between safe ports and safe places                               71
within _____                                                                                       72
                                                                            excluding              73
                                                                                                    74
                                                                                                    75
                                                _____ as the Charterers shall direct.             76

### 6.  Owners to Provide                                                                           77

The Owners shall provide and pay for the insurance of the Vessel, except as otherwise provided, and for            78
all provisions, cabin, deck, engine-room and other necessary stores, including boiler water; shall pay for         79
wages, consular shipping and discharging fees of the crew and charges for port services pertaining to the          80
crew; shall maintain the Vessel's class and keep her in a thoroughly efficient state in hull, machinery and        81
equipment for and during the service, and have a full complement of officers and crew.                             82

### 7.  Charterers to Provide                                                                       83

The Charterers, while the Vessel is on hire, shall provide and pay for all the bunkers except as otherwise          84

agreed; shall pay for port charges (including compulsory watchmen and cargo watchmen and compulsory    85
garbage disposal), all communication expenses pertaining to the Charterers' business at cost, pilotages,    86
towages, agencies, commissions, consular charges (except those pertaining to individual crew members    87
or flag of the Vessel), and all other usual expenses except those stated in Clause 6, but when the Vessel    88
puts into a port for causes for which the Vessel is responsible (other than by stress of weather), then all    89
such charges incurred shall be paid by the Owners. Fumigations ordered because of illness of the crew    90
shall be for the Owners' account. Fumigations ordered because of cargoes carried or ports visited while    91
the Vessel is employed under this Charter Party shall be for the Charterers' account. All other fumigations    92
shall be for the Charterers' account after the Vessel has been on charter for a continuous period of six    93
months or more.    94

The Charterers shall provide and pay for necessary dunnage and also any extra fittings requisite for a    95
special trade or unusual cargo, but the Owners shall allow them the use of any dunnage already aboard    96
the Vessel. Prior to redelivery the Charterers shall remove their dunnage and fittings at their cost and in    97
their time.    98

8. **Performance of Voyages**    99

(a) The Master shall perform the voyages with due despatch, and shall render all customary assistance    100
with the Vessel's crew. The Master shall be conversant with the English language and (although    101
appointed by the Owners) shall be under the orders and directions of the Charterers as regards    102
employment and agency; and the Charterers shall perform all cargo handling, including but not limited to    103
loading, stowing, trimming, lashing, securing, dunnaging, unlashing, discharging, and tallying, at their risk    104
and expense, under the supervision of the Master.    105

(b) If the Charterers shall have reasonable cause to be dissatisfied with the conduct of the Master or    106
officers, the Owners shall, on receiving particulars of the complaint, investigate the same, and, if    107
necessary, make a change in the appointments.    108

9. **Bunkers**    109

(a) The Charterers on delivery, and the Owners on redelivery, shall take over and pay for all fuel and    110
diesel oil remaining on board the Vessel as hereunder. The Vessel shall be delivered with:    111
_____ long*/metric* tons of fuel oil at the price of _____ per ton;    112
_____ tons of diesel oil at the price of _____ per ton. The vessel shall    113
be redelivered with: _____ tons of fuel oil at the price of _____ per ton;    114
_____ tons of diesel oil at the price of _____ per ton.    115

* Same tons apply throughout this clause.    116

(b) The Charterers shall supply bunkers of a quality suitable for burning in the Vessel's engines    117
and auxiliaries and which conform to the specification(s) as set out in Appendix A.    118

The Owners reserve their right to make a claim against the Charterers for any damage to the main engines    119
or the auxiliaries caused by the use of unsuitable fuels or fuels not complying with the agreed    120
specification(s). Additionally, if bunker fuels supplied do not conform with the mutually agreed    121
specification(s) or otherwise prove unsuitable for burning in the Vessel's engines or auxiliaries, the Owners    122
shall not be held responsible for any reduction in the Vessel's speed performance and/or increased bunker    123
consumption, nor for any time lost and any other consequences.    124

10. **Rate of Hire/Redelivery Areas and Notices**    125

The Charterers shall pay for the use and hire of the said Vessel at the rate of $ _____    126
U.S. currency, daily, **or** $ _____ U.S. currency per ton on the Vessel's total deadweight    127
carrying capacity, including bunkers and stores, on _____ summer freeboard, per 30 days,    128
commencing on and from the day of her delivery, as aforesaid, and at and after the same rate for any part    129
of a month; hire shall continue until the hour of the day of her redelivery in like good order and condition,    130
ordinary wear and tear excepted, to the Owners (unless Vessel lost) at _____    131

132
133
134

unless otherwise mutually agreed.

The Charterers shall give the Owners not less than \_\_\_\_\_ days notice of the Vessel's      135
expected date and probable port of redelivery.                                               136

For the purpose of hire calculations, the times of delivery, redelivery or termination of charter shall be    137
adjusted to GMT.                                                                             138

11. **Hire Payment**                                                                         139

(a) *Payment*                                                                                140

Payment of Hire shall be made so as to be received by the Owners or their designated payee in    141
\_\_\_\_\_, viz \_\_\_\_\_                                                                      142
                                                                                             143
                                                                                             144

in \_\_\_\_\_                                                                                  145
currency, or in United States Currency, in funds available to the                            146
Owners on the due date, 15 days in advance, and for the last month or part of same the approximate    147
amount of hire, and should same not cover the actual time, hire shall be paid for the balance day by day    148
as it becomes due, if so required by the Owners. Failing the punctual and regular payment of the hire,    149
or on any fundamental breach whatsoever of this Charter Party, the Owners shall be at liberty to    150
withdraw the Vessel from the service of the Charterers without prejudice to any claims they (the Owners)    151
may otherwise have on the Charterers.                                                        152

At any time after the expiry of the grace period provided in Sub-clause 11 (b) hereunder and while the    153
hire is outstanding, the Owners shall, without prejudice to the liberty to withdraw, be entitled to withhold    154
the performance of any and all of their obligations hereunder and shall have no responsibility whatsoever    155
for any consequences thereof, in respect of which the Charterers hereby indemnify the Owners, and hire    156
shall continue to accrue and any extra expenses resulting from such withholding shall be for the    157
Charterers' account.                                                                         158

(b) *Grace Period*                                                                           159

Where there is failure to make punctual and regular payment of hire due to oversight, negligence, errors    160
or omissions on the part of the Charterers or their bankers, the Charterers shall be given by the Owners    161
\_\_\_\_\_ clear banking days (as recognized at the agreed place of payment) written notice to rectify the    162
failure, and when so rectified within those \_\_\_\_\_ days following the Owners' notice, the payment shall    163
stand as regular and punctual.                                                               164

Failure by the Charterers to pay the hire within \_\_\_\_\_ days of their receiving the Owners' notice as    165
provided herein, shall entitle the Owners to withdraw as set forth in Sub-clause 11 (a) above.    166

(c) *Last Hire Payment*                                                                      167

Should the Vessel be on her voyage towards port of redelivery at the time the last and/or the penultimate    168
payment of hire is/are due, said payment(s) is/are to be made for such length of time as the Owners and    169
the Charterers may agree upon as being the estimated time necessary to complete the voyage, and taking    170
into account bunkers actually on board, to be taken over by the Owners and estimated disbursements for    171
the Owners' account before redelivery. Should same not cover the actual time, hire is to be paid for the    172
balance, day by day, as it becomes due. When the Vessel has been redelivered, any difference is to be    173
refunded by the Owners or paid by the Charterers, as the case may be.                        174

(d) *Cash Advances*                                                                          175

Cash for the Vessel's ordinary disbursements at any port may be advanced by the Charterers, as required    176

by the Owners, subject to 2½ percent commission and such advances shall be deducted from the hire.  177
The Charterers, however, shall in no way be responsible for the application of such advances.  178

## 12. Berths
179

The Vessel shall be loaded and discharged in any safe dock or at any safe berth or safe place that  180
Charterers or their agents may direct, provided the Vessel can safely enter, lie and depart always afloat  181
at any time of tide.  182

## 13. Spaces Available
183

(a) The whole reach of the Vessel's holds, decks, and other cargo spaces (not more than she can  184
reasonably and safely stow and carry), also accommodations for supercargo, if carried, shall be at the  185
Charterers' disposal, reserving only proper and sufficient space for the Vessel's officers, crew, tackle,  186
apparel, furniture, provisions, stores and fuel.  187

(b) In the event of deck cargo being carried, the Owners are to be and are hereby indemnified by the  188
Charterers for any loss and/or damage and/or liability of whatsoever nature caused to the Vessel as a  189
result of the carriage of deck cargo and which would not have arisen had deck cargo not been loaded.  190

## 14. Supercargo and Meals
191

The Charterers are entitled to appoint a supercargo, who shall accompany the Vessel at the Charterers'  192
risk and see that voyages are performed with due despatch. He is to be furnished with free  193
accommodation and same fare as provided for the Master's table, the Charterers paying at the rate of  194
_____ per day. The Owners shall victual pilots and customs officers, and also, when  195
authorized by the Charterers or their agents, shall victual tally clerks, stevedore's foreman, etc.,  196
Charterers paying at the rate of _____ per meal for all such victualling.  197

## 15. Sailing Orders and Logs
198

The Charterers shall furnish the Master from time to time with all requisite instructions and sailing  199
directions, in writing, in the English language, and the Master shall keep full and correct deck and engine  200
logs of the voyage or voyages, which are to be patent to the Charterers or their agents, and furnish the  201
Charterers, their agents or supercargo, when required, with a true copy of such deck and engine logs,  202
showing the course of the Vessel, distance run and the consumption of bunkers. Any log extracts  203
required by the Charterers shall be in the English language.  204

## 16. Delivery/Cancelling
205

If required by the Charterers, time shall not commence before _____ and should the  206
Vessel not be ready for delivery on or before _____ but not later than _____ hours,  207
the Charterers shall have the option of cancelling this Charter Party.  208

### *Extension of Cancelling*
209

If the Owners warrant that, despite the exercise of due diligence by them, the Vessel will not be ready  210
for delivery by the cancelling date, and provided the Owners are able to state with reasonable certainty  211
the date on which the Vessel will be ready, they may, at the earliest seven days before the Vessel is  212
expected to sail for the port or place of delivery, require the Charterers to declare whether or not they will  213
cancel the Charter Party. Should the Charterers elect not to cancel, or should they fail to reply within two  214
days or by the cancelling date, whichever shall first occur, then the seventh day after the expected date  215
of readiness for delivery as notified by the Owners shall replace the original cancelling date. Should the  216
Vessel be further delayed, the Owners shall be entitled to require further declarations of the Charterers in  217
accordance with this Clause.  218

## 17. Off Hire
219

In the event of loss of time from deficiency and/or default and/or strike of officers or crew, or deficiency 220
of stores, fire, breakdown of, or damages to hull, machinery or equipment, grounding, detention by the 221
arrest of the Vessel, (unless such arrest is caused by events for which the Charterers, their servants, 222
agents or subcontractors are responsible), or detention by average accidents to the Vessel or cargo unless 223
resulting from inherent vice, quality or defect of the cargo, drydocking for the purpose of examination or 224
painting bottom, or by any other similar cause preventing the full working of the Vessel, the payment of 225
hire and overtime, if any, shall cease for the time thereby lost. Should the Vessel deviate or put back 226
during a voyage, contrary to the orders or directions of the Charterers, for any reason other than accident 227
to the cargo or where permitted in lines 257 to 258 hereunder, the hire is to be suspended from the time 228
of her deviating or putting back until she is again in the same or equidistant position from the destination 229
and the voyage resumed therefrom. All bunkers used by the Vessel while off hire shall be for the Owners' 230
account. In the event of the Vessel being driven into port or to anchorage through stress of weather, 231
trading to shallow harbors or to rivers or ports with bars, any detention of the Vessel and/or expenses 232
resulting from such detention shall be for the Charterers' account. If upon the voyage the speed be 233
reduced by defect in, or breakdown of, any part of her hull, machinery or equipment, the time so lost, and 234
the cost of any extra bunkers consumed in consequence thereof, and all extra proven expenses may be 235
deducted from the hire. 236

18. **Sublet** 237

Unless otherwise agreed, the Charterers shall have the liberty to sublet the Vessel for all or any part of 238
the time covered by this Charter Party, but the Charterers remain responsible for the fulfillment of this 239
Charter Party. 240

19. **Drydocking** 241

The Vessel was last drydocked _____ 242

*(a) The Owners shall have the option to place the Vessel in drydock during the currency of this Charter 243
at a convenient time and place, to be mutually agreed upon between the Owners and the Charterers, for 244
bottom cleaning and painting and/or repair as required by class or dictated by circumstances. 245

*(b) Except in case of emergency no drydocking shall take place during the currency of this Charter 246
Party. 247

* Delete as appropriate 248

20. **Total Loss** 249

Should the Vessel be lost, money paid in advance and not earned (reckoning from the date of loss or 250
being last heard of) shall be returned to the Charterers at once. 251

21. **Exceptions** 252

The act of God, enemies, fire, restraint of princes, rulers and people, and all dangers and accidents of the 253
seas, rivers, machinery, boilers, and navigation, and errors of navigation throughout this Charter, always 254
mutually excepted. 255

22. **Liberties** 256

The Vessel shall have the liberty to sail with or without pilots, to tow and to be towed, to assist vessels 257
in distress, and to deviate for the purpose of saving life and property. 258

23. **Liens** 259

The Owners shall have a lien upon all cargoes and all sub-freights and/or sub-hire for any amounts due 260
under this Charter Party, including general average contributions, and the Charterers shall have a lien on 261
the Vessel for all monies paid in advance and not earned, and any overpaid hire or excess deposit to be 262

returned at once.                                                                    263

The Charterers will not directly or indirectly suffer, nor permit to be continued, any lien or encumbrance,   264
which might have priority over the title and interest of the Owners in the Vessel. The Charterers   265
undertake that during the period of this Charter Party, they will not procure any supplies or necessaries   266
or services, including any port expenses and bunkers, on the credit of the Owners or in the Owners' time.   267

24. **Salvage**                                                                      268

All derelicts and salvage shall be for the Owners' and the Charterers' equal benefit after deducting   269
Owners' and Charterers' expenses and crew's proportion.   270

25. **General Average**                                                              271

General average shall be adjusted according to York-Antwerp Rules 1974, as amended 1990, or any   272
subsequent modification thereof, in _____ and settled in _____   273
currency.   274

The Charterers shall procure that all bills of lading issued during the currency of the Charter Party will   275
contain a provision to the effect that general average shall be adjusted according to York-Antwerp Rules   276
1974, as amended 1990, or any subsequent modification thereof and will include the "New Jason   277
Clause" as per Clause 31 .   278

Time charter hire shall not contribute to general average.   279

26. **Navigation**                                                                   280

Nothing herein stated is to be construed as a demise of the Vessel to the Time Charterers. The Owners   281
shall remain responsible for the navigation of the Vessel, acts of pilots and tug boats, insurance, crew,   282
and all other matters, same as when trading for their own account.   283

27. **Cargo Claims**                                                                 284

Cargo claims as between the Owners and the Charterers shall be settled in accordance with the Inter-Club   285
New York Produce Exchange Agreement of February 1970, as amended May, 1984, or any subsequent   286
modification or replacement thereof.   287

28. **Cargo Gear and Lights**                                                        288

The Owners shall maintain the cargo handling gear of the Vessel which is as follows: _____   289
   290
   291
   292

providing gear (for all derricks or cranes) capable of lifting capacity as described. The Owners shall also   293
provide on the Vessel for night work lights as on board, but all additional lights over those on board shall   294
be at the Charterers' expense. The Charterers shall have the use of any gear on board the Vessel. If   295
required by the Charterers, the Vessel shall work night and day and all cargo handling gear shall be at the   296
Charterers' disposal during loading and discharging. In the event of disabled cargo handling gear, or   297
insufficient power to operate the same, the Vessel is to be considered to be off hire to the extent that   298
time is actually lost to the Charterers and the Owners to pay stevedore stand-by charges occasioned   299
thereby, unless such disablement or insufficiency of power is caused by the Charterers' stevedores. If   300
required by the Charterers, the Owners shall bear the cost of hiring shore gear in lieu thereof, in which   301
case the Vessel shall remain on hire.   302

29. **Crew Overtime**                                                                303

In lieu of any overtime payments to officers and crew for work ordered by the Charterers or their agents,   304
the Charterers shall pay the Owners, concurrently with the hire _____ per month   305

or pro rata.                                                                                    306

### 30. Bills of Lading                                                                         307

(a) The Master shall sign the bills of lading or waybills for cargo as presented in conformity with mates     308
or tally clerk's receipts. However, the Charterers may sign bills of lading or waybills on behalf of the      309
Master, with the Owner's prior written authority, always in conformity with mates or tally clerk's receipts.  310

(b) All bills of lading or waybills shall be without prejudice to this Charter Party and the Charterers shall  311
indemnify the Owners against all consequences or liabilities which may arise from any inconsistency           312
between this Charter Party and any bills of lading or waybills signed by the Charterers or by the Master       313
at their request.                                                                               314

(c) Bills of lading covering deck cargo shall be claused: "Shipped on deck at Charterers', Shippers' and       315
Receivers' risk, expense and responsibility, without liability on the part of the Vessel or her Owners for     316
any loss, damage, expense or delay howsoever caused."                                           317

### 31. Protective Clauses                                                                      318

This Charter Party is subject to the following clauses all of which are also to be included in all bills of lading   319
or waybills issued hereunder:                                                                   320

(a) CLAUSE PARAMOUNT                                                                            321
"This bill of lading shall have effect subject to the provisions of the Carriage of Goods by Sea Act of the    322
United States, the Hague Rules, or the Hague-Visby Rules, as applicable, or such other similar national        323
legislation as may mandatorily apply by virtue of origin or destination of the bills of lading, which shall    324
be deemed to be incorporated herein and nothing herein contained shall be deemed a surrender by the            325
carrier of any of its rights or immunities or an increase of any of its responsibilities or liabilities under said   326
applicable Act. If any term of this bill of lading be repugnant to said applicable Act to any extent, such     327
term shall be void to that extent, but no further."                                             328

and                                                                                             329

(b) BOTH-TO-BLAME COLLISION CLAUSE                                                              330

"If the ship comes into collision with another ship as a result of the negligence of the other ship and any   331
act, neglect or default of the master, mariner, pilot or the servants of the carrier in the navigation or in    332
the management of the ship, the owners of the goods carried hereunder will indemnify the carrier against        333
all loss or liability to the other or non-carrying ship or her owners insofar as such loss or liability represents   334
loss of, or damage to, or any claim whatsoever of the owners of said goods, paid or payable by the other       335
or non-carrying ship or her owners to the owners of said goods and set off, recouped or recovered by the       336
other or non-carrying ship or her owners as part of their claim against the carrying ship or carrier.          337

The foregoing provisions shall also apply where the owners, operators or those in charge of any ships or       338
objects other than, or in addition to, the colliding ships or objects are at fault in respect to a collision or   339
contact."                                                                                       340

and                                                                                             341

(c) NEW JASON CLAUSE                                                                            342

"In the event of accident, danger, damage or disaster before or after the commencement of the voyage          343
resulting from any cause whatsoever, whether due to negligence or not, for which, or for the                    344
consequences of which, the carrier is not responsible, by statute, contract, or otherwise, the goods,          345
shippers, consignees, or owners of the goods shall contribute with the carrier in general average to the       346
payment of any sacrifices, losses, or expenses of a general average nature that may be made or incurred,       347
and shall pay salvage and special charges incurred in respect of the goods.                     348

If a salving ship is owned or operated by the carrier, salvage shall be paid for as fully as if salving ship    349
or ships belonged to strangers. Such deposit as the carrier or his agents may deem sufficient to cover    350
the estimated contribution of the goods and any salvage and special charges thereon shall, if required,    351
be made by the goods, shippers, consignees or owners of the goods to the carrier before delivery."    352

and    353

(d) U.S. TRADE -DRUG CLAUSE    354

"In pursuance of the provisions of the U.S. Anti Drug Abuse Act 1986 or any re-enactment thereof, the    355
Charterers warrant to exercise the highest degree of care and diligence in preventing unmanifested    356
narcotic drugs and marijuana to be loaded or concealed on board the Vessel.    357

Non-compliance with the provisions of this clause shall amount to breach of warranty for consequences    358
of which the Charterers shall be liable and shall hold the Owners, the Master and the crew of the Vessel    359
harmless and shall keep them indemnified against all claims whatsoever which may arise and be made    360
against them individually or jointly. Furthermore, all time lost and all expenses incurred, including fines,    361
as a result of the Charterers' breach of the provisions of this clause shall be for the Charterer's account    362
and the Vessel shall remain on hire.    363

Should the Vessel be arrested as a result of the Charterers' non-compliance with the provisions of this    364
clause, the Charterers shall at their expense take all reasonable steps to secure that within a reasonable    365
time the Vessel is released and at their expense put up the bails to secure release of the Vessel.    366

The Owners shall remain responsible for all time lost and all expenses incurred, including fines, in the    367
event that unmanifested narcotic drugs and marijuana are found in the possession or effects of the    368
Vessel's personnel."    369

and    370

(e) WAR CLAUSES    371

"(i) No contraband of war shall be shipped. The Vessel shall not be required, without the consent of the    372
Owners, which shall not be unreasonably withheld, to enter any port or zone which is involved in a state    373
of war, warlike operations, or hostilities, civil strife, insurrection or piracy whether there be a declaration    374
of war or not, where the Vessel, cargo or crew might reasonably be expected to be subject to capture,    375
seizure or arrest, or to a hostile act by a belligerent power (the term "power" meaning any de jure or de    376
facto authority or any purported governmental organization maintaining naval, military or air forces).    377

(ii) If such consent is given by the Owners, the Charterers will pay the provable additional cost of insuring    378
the Vessel against hull war risks in an amount equal to the value under her ordinary hull policy but not    379
exceeding a valuation of _____ In addition, the Owners may purchase and the    380
Charterers will pay for war risk insurance on ancillary risks such as loss of hire, freight disbursements,    381
total loss, blocking and trapping, etc. If such insurance is not obtainable commercially or through a    382
government program, the Vessel shall not be required to enter or remain at any such port or zone.    383

(iii) In the event of the existence of the conditions described in (i) subsequent to the date of this Charter,    384
or while the Vessel is on hire under this Charter, the Charterers shall, in respect of voyages to any such    385
port or zone assume the provable additional cost of wages and insurance properly incurred in connection    386
with master, officers and crew as a consequence of such war, warlike operations or hostilities.    387

(iv) Any war bonus to officers and crew due to the Vessel's trading or cargo carried shall be for the    388
Charterers' account."    389

### 32. War Cancellation    390

In the event of the outbreak of war (whether there be a declaration of war or not) between any two or    391
more of the following countries: _____    392

either the Owners or the Charterers may cancel this Charter Party. Whereupon, the Charterers shall     396
redeliver the Vessel to the Owners in accordance with Clause 10; if she has cargo on board, after      397
discharge thereof at destination, or, if debarred under this Clause from reaching or entering it, at a near   398
open and safe port as directed by the Owners; or, if she has no cargo on board, at the port at which she   399
then is; or, if at sea, at a near open and safe port as directed by the Owners. In all cases hire shall    400
continue to be paid in accordance with Clause 11 and except as aforesaid all other provisions of this    401
Charter Party shall apply until redelivery. _____                                                      402

### 33. Ice                                                                                             403

The Vessel shall not be required to enter or remain in any icebound port or area, nor any port or area    404
where lights or lightships have been or are about to be withdrawn by reason of ice, nor where there is    405
risk that in the ordinary course of things the Vessel will not be able on account of ice to safely enter and   406
remain in the port or area or to get out after having completed loading or discharging. Subject to the    407
Owners' prior approval the Vessel is to follow ice-breakers when reasonably required with regard to her    408
size, construction and ice class.                                                                        409

### 34. Requisition                                                                                     410

Should the Vessel be requisitioned by the government of the Vessel's flag during the period of this Charter   411
Party, the Vessel shall be deemed to be off hire during the period of such requisition, and any hire paid   412
by the said government in respect of such requisition period shall be retained by the Owners. The period   413
during which the Vessel is on requisition to the said government shall count as part of the period provided   414
for in this Charter Party.                                                                              415
If the period of requisition exceeds _____ months, either party shall have the option                   416
of cancelling this Charter Party and no consequential claim may be made by either party.                 417

### 35. Stevedore Damage                                                                                418

Notwithstanding anything contained herein to the contrary, the Charterers shall pay for any and all      419
damage to the Vessel caused by stevedores provided the Master has notified the Charterers and/or their   420
agents in writing as soon as practical but not later than 48 hours after any damage is discovered. Such   421
notice to specify the damage in detail and to invite Charterers to appoint a surveyor to assess the extent   422
of such damage.                                                                                         423

(a) In case of any and all damage(s) affecting the Vessel's seaworthiness and/or the safety of the crew   424
and/or affecting the trading capabilities of the Vessel, the Charterers shall immediately arrange for repairs   425
of such damage(s) at their expense and the Vessel is to remain on hire until such repairs are completed   426
and if required passed by the Vessel's classification society.                                           427

(b) Any and all damage(s) not described under point (a) above shall be repaired at the Charterers' option,   428
before or after redelivery concurrently with the Owners' work. In such case no hire and/or expenses will   429
be paid to the Owners except and insofar as the time and/or the expenses required for the repairs for    430
which the Charterers are responsible, exceed the time and/or expenses necessary to carry out the         431
Owners' work.                                                                                           432

### 36. Cleaning of Holds                                                                               433

The Charterers shall provide and pay extra for sweeping and/or washing and/or cleaning of holds between   434
Voyages and/or between cargoes provided such work can be undertaken by the crew and is permitted by      435
local regulations, at the rate of _____ per hold.                                                      436

In connection with any such operation, the Owners shall not be responsible if the Vessel's holds are not   437
accepted or passed by the port or any other authority. The Charterers shall have the option to re-deliver   438

the Vessel with unclean/unswept holds against a lumpsum payment of _____ in lieu of cleaning.      439

### 37. Taxes      440

Charterers to pay all local, State, National taxes and/or dues assessed on the Vessel or the Owners      441
resulting from the Charterers' orders herein, whether assessed during or after the currency of this Charter      442
Party including any taxes and/or dues on cargo and/or freights and/or sub-freights and/or hire (excluding      443
taxes levied by the country of the flag of the Vessel or the Owners).      444

### 38. Charterers' Colors      445

The Charterers shall have the privilege of flying their own house flag and painting the Vessel with their      446
own markings. The Vessel shall be repainted in the Owners' colors before termination of the Charter      447
Party. Cost and time of painting, maintaining and repainting those changes effected by the Charterers      448
shall be for the Charterers' account.      449

### 39. Laid Up Returns      450

The Charterers shall have the benefit of any return insurance premium receivable by the Owners from their      451
underwriters as and when received from underwriters by reason of the Vessel being in port for a minimum      452
period of 30 days if on full hire for this period or pro rata for the time actually on hire.      453

### 40. Documentation      454

The Owners shall provide any documentation relating to the Vessel that may be required to permit the      455
Vessel to trade within the agreed trade limits, including, but not limited to certificates of financial      456
responsibility for oil pollution, provided such oil pollution certificates are obtainable from the Owners'      457
P & I club, valid international tonnage certificate, Suez and Panama tonnage certificates, valid certificate      458
of registry and certificates relating to the strength and/or serviceability of the Vessel's gear.      459

### 41. Stowaways      460

(a) (i) The Charterers warrant to exercise due care and diligence in preventing stowaways in gaining      461
Access to the Vessel by means of secreting away in the goods and/or containers shipped by the      462
Charterers.      463

(ii) If, despite the exercise of due care and diligence by the Charterers, stowaways have gained      464
Access to the Vessel by means of secreting away in the goods and/or containers shipped by the      465
Charterers, this shall amount to breach of charter for the consequences of which the Charterers      466
shall be liable and shall hold the Owners harmless and shall keep them indemnified against all      467
claims whatsoever which may arise and be made against them. Furthermore, all time lost and all      468
expenses whatsoever and howsoever incurred, including fines, shall be for the Charterers' account      469
and the Vessel shall remain on hire.      470

(iii) Should the Vessel be arrested as a result of the Charterers' breach of charter according to      471
sub-clause (a)(ii) above, the Charterers shall take all reasonable steps to secure that, within a      472
reasonable time, the Vessel is released and at their expense put up bail to secure release of the      473
Vessel.      474

(b) (i) If, despite the exercise of due care and diligence by the Owners, stowaways have gained      475
access to the Vessel by means other than secreting away in the goods and/or containers shipped      476
by the Charterers, all time lost and all expenses whatsoever and howsoever incurred, including      477
fines, shall be for the Owners' account and the Vessel shall be off hire.      478

(ii) Should the Vessel be arrested as a result of stowaways having gained access to the Vessel      479
by means other than secreting away in the goods and/or containers shipped by the Charterers,      480
the Owners shall take all reasonable steps to secure that, within a reasonable time, the Vessel      481

is released and at their expense put up bail to secure release of the Vessel.                482

42. **Smuggling**                                                                             483

In the event of smuggling by the Master, Officers and/or crew, the Owners shall bear the cost of any    484
fines, taxes, or imposts levied and the Vessel shall be off hire for any time lost as a result thereof.   485

43. **Commissions**                                                                           486

A commission of _____ percent is payable by the Vessel and the Owners to _____            487
                                                                                              488
                                                                                              489
                                                                                              490
on hire earned and paid under this Charter, and also upon any continuation or extension of this Charter.   491

44. **Address Commission**                                                                    492

An address commission of _____ percent is payable to _____                                493
                                                                                              494
                                                                                              495
                                on hire earned and paid under this Charter.                   496

45. **Arbitration**                                                                           497

(a) NEW YORK                                                                                  498
All disputes arising out of this contract shall be arbitrated at New York in the following manner, and   499
subject to U.S. Law:                                                                          500

One Arbitrator is to be appointed by each of the parties hereto and a third by the two so chosen. Their   501
decision or that of any two of them shall be final, and for the purpose of enforcing any award, this   502
agreement may be made a rule of the court. The Arbitrators shall be commercial men, conversant with   503
shipping matters. Such Arbitration is to be conducted in accordance with the rules of the Society of   504
Maritime Arbitrators Inc.                                                                     505

For disputes where the total amount claimed by either party does not exceed US $ _____ **   506
the arbitration shall be conducted in accordance with the Shortened Arbitration Procedure of the Society   507
of Maritime Arbitrators Inc.                                                                  508

(b) LONDON                                                                                    509
All disputes arising out of this contract shall be arbitrated at London and, unless the parties agree   510
forthwith on a single Arbitrator, be referred to the final arbitrament of two Arbitrators carrying on business   511
in London who shall be members of the Baltic Mercantile & Shipping Exchange and engaged in Shipping,   512
One to be appointed by each of the parties, with power to such Arbitrators to appoint an Umpire. No   513
award shall be questioned or invalidated on the ground that any of the Arbitrators is not qualified as   514
above, unless objection to his action be taken before the award is made. Any dispute arising hereunder   515
shall be governed by English Law.                                                             516

For disputes where the total amount claimed by either party does not exceed US $ _____ **   517
the arbitration shall be conducted in accordance with the Small Claims Procedure of the London Maritime   518
Arbitrators Association.                                                                      519

*Delete para (a) or (b) as appropriate*                                                       520

** *Where no figure is supplied in the blank space this provision only shall be void but the other provisions*   521
*of this clause shall have full force and remain in effect.*                                  522

If mutually agreed, clauses _____ to _____, both inclusive, as attached hereto are fully   523
incorporated in this Charter Party.                                                           524

APPENDIX "A"

525
526

To Charter Party dated _____

527

Between _____ Owners

528

And _____ Charterers

529

**Further details of the Vessel:** _____

530

Printed by BIMCO's *idea*

WORKING COPY

## 4. NYPE 1946

# Time Charter
GOVERNMENT FORM
*Approved by the New York Produce Exchange*
November 6th, 1913—Amended October 20th, 1921; August 6th, 1931; October 3rd, 1946

1  **This Charter Party**, made and concluded in _____ day of _____ 19_____
2  Between _____
3  Owners of the good _____ Steamship/Motorship _____ of _____
4  of _____ tons gross register, and _____ tons net register, having engines of _____ indicated horse power
5  and with hull, machinery and equipment in a thoroughly efficient state, and classed _____
6  at _____ of about _____ cubic feet bale capacity, and about _____ tons of 2240 lbs.
7  deadweight capacity (cargo and bunkers, including fresh water and stores not exceeding one and one-half percent of ship's deadweight capacity,
8  allowing a minimum of fifty tons) on a draft of _____ feet _____ inches on _____ Summer freeboard, inclusive of permanent bunkers,
9  which are of the capacity of about _____ tons of fuel, and capable of steaming, fully laden, under good weather
10 conditions about _____ knots on a consumption of about _____ tons of best Welsh coal-best grade fuel oil-best grade Diesel oil,
11 now _____
12 _____ and _____ Charterers of the City of _____
13      **Witnesseth,** That the said Owners agree to let and the said Charterers agree to hire the said vessel, from the time of delivery, for
14 about _____
15 _____ within below mentioned trading limits.
16 Charterers to have liberty to sublet the vessel for all or any part of the time covered by this Charter, but Charterers remaining responsible for
17 the fulfillment of this Charter Party.
18 Vessel to be placed at the disposal of the Charterers at _____
19 _____
20 in such dock or at such wharf or place (where she may safely lie, always afloat, at all times of tide, except as otherwise provided in clause No. 6), as
21 the Charterers may direct. If such dock, wharf or place be not available time to count as provided for in clause No. 5. Vessel on her delivery to be
22 ready to receive cargo with clean-swept holds and tight, staunch, strong and in every way fitted for the service, having water ballast, winches and
23 donkey boiler with sufficient steam power, or if not equipped with donkey boiler, then other power sufficient to run all the winches at one and the same
24 time (and with full complement of officers, seamen, engineers and firemen for a vessel of her tonnage), to be employed, in carrying lawful merchan-
25 dise, including petroleum or its products, in proper containers, excluding _____
26 (vessel is not to be employed in the carriage of Live Stock, but Charterers are to have the privilege of shipping a small number on deck at their risk,
27 all necessary fittings and other requirements to be for account of Charterers), in such lawful trades, between safe port and/or ports in British North
28 America, and/or United States of America, and/or West Indies, and/or Central America, and/or Caribbean Sea, and/or Gulf of Mexico, and/or
29 Mexico, and/or South America _____ and/or Europe
30 and/or Africa, and/or Asia, and/or Australia, and/or Tasmania, and/or New Zealand, but excluding Magdalena River, River St. Lawrence between
31 October 31st and May 15th, Hudson Bay and all unsafe ports; also excluding, when out of season, White Sea, Black Sea and the Baltic,
32

*This document is a computer generated NYPE 46 form printed by BIMCO's **idea**. Any insertion or deletion to the form must be clearly visible. In event of any modification being made to the pre-printed text of this document which is not clearly visible, the text of the original printed NYPE 1946 document shall apply. BIMCO assumes no responsibility for any loss, damage or expense caused as a result of discrepancies between the original printed NYPE 1946 document and this computer generated document.*

33 _____
34 _____
35 as the Charterers or their Agents shall direct, on the following conditions:
36     1. That the Owners shall provide and pay for all provisions, wages and consular shipping and discharging fees of the Crew; shall pay for the
37 insurance of the vessel, also for all the cabin, deck, engine-room and other necessary stores, including boiler water and maintain her class and keep
38 the vessel in a thoroughly efficient state in hull, machinery and equipment for and during the service.
39     2. That the Charterers shall provide and pay for all the fuel except as otherwise agreed, Port Charges, Pilotages, Agencies, Commissions,
40 Consular Charges (except those pertaining to the Crew), and all other usual expenses except those before stated, but when the vessel puts into
41 a port for causes for which vessel is responsible, then all such charges incurred shall be paid by the Owners. Fumigations ordered because of
42 illness of the crew to be for Owners account. Fumigations ordered because of cargoes carried or ports visited while vessel is employed under this
43 charter to be for Charterers account. All other fumigations to be for Charterers account after vessel has been on charter for a continuous period
44 of six months or more.
45 Charterers are to provide necessary dunnage and shifting boards, also any extra fittings requisite for a special trade or unusual cargo, but
46 Owners to allow them the use of any dunnage and shifting boards already aboard vessel. Charterers to have the privilege of using shifting boards
47 for dunnage, they making good any damage thereto.
48     3. That the Charterers, at the port of delivery, and the Owners, at the port of re-delivery, shall take over and pay for all fuel remaining on
49 board the vessel at the current prices in the respective ports; the vessel to be delivered with not less than _____ tons and not more than _____
50 _____ tons and to be re-delivered with not less than _____ tons and not more than _____ tons.
51     4. That the Charterers shall pay for the use and hire of the said Vessel at the rate of _____
52 _____ United States Currency per ton on vessel's total deadweight carrying capacity, including bunkers and
53 stores, on _____ summer freeboard, per Calendar Month, commencing on and from the day of her delivery, as aforesaid, and at
54 and after the same rate for any part of a month; hire to continue until the hour of the day of her re-delivery in like good order and condition, ordinary
55 wear and tear excepted, to the Owners (unless lost) at _____
56 _____ unless otherwise mutually agreed. Charterers are to give Owners not less than _____ days
57 notice of vessels expected date of re-delivery, and probable port.
58     5. Payment of said hire to be made in New York in cash in United States Currency, semi-monthly in advance, and for the last half month or
59 part of same the approximate amount of hire, and should same not cover the actual time, hire is to be paid for the balance day by day, as it becomes
60 due, if so required by Owners, unless bank guarantee or deposit is made by the Charterers, otherwise failing the punctual and regular payment of the
61 hire, or bank guarantee, or on any breach of this Charter Party, the Owners shall be at liberty to withdraw the vessel from the service of the Char-
62 terers, without prejudice to any claim they (the Owners) may otherwise have on the Charterers. Time to count from 7 a.m. on the working day
63 following that on which written notice of readiness has been given to Charterers or their Agents before 4 p.m., but if required by Charterers, they
64 to have the privilege of using vessel at once, such time used to count as hire.
65     Cash for vessel's ordinary disbursements at any port may be advanced as required by the Captain, by the Charterers or their Agents, subject
66 to 2½% commission and such advances shall be deducted from the hire. The Charterers, however, shall in no way be responsible for the application
67 of such advances.
68     6. That the cargo or cargoes be laden and/or discharged in any dock or at any wharf or place that Charterers or their Agents may
69 direct, provided the vessel can safely lie always afloat at any time of tide, except at such places where it is customary for similar size vessels to safely
70 lie aground.

*This document is a computer generated NYPE 46 form printed by authority of BIMCO. Any insertion or deletion to the form must be clearly visible. In event of any modification being made to the pre-printed text of this document which is not clearly visible, the text of the original BIMCO approved document shall apply. BIMCO assumes no responsibility for any loss, damage or expense caused as a result of discrepancies between the original BIMCO approved document and this computer generated document.*

71    7. That the whole reach of the Vessel's Hold, Decks, and usual places of loading (not more than she can reasonably stow and carry), also
72 accommodations for Supercargo, if carried, shall be at the Charterers' disposal, reserving only proper and sufficient space for Ship's officers, crew,
73 tackle, apparel, furniture, provisions, stores and fuel. Charterers have the privilege of passengers as far as accommodations allow, Charterers
74 paying Owners _____ per day per passenger for accommodations and meals. However, it is agreed that in case any fines or extra expenses are
75 incurred in the consequences of the carriage of passengers, Charterers are to bear such risk and expense.
76    8. That the Captain shall prosecute his voyages with the utmost despatch, and shall render all customary assistance with ship's crew and
77 boats. The Captain (although appointed by the Owners), shall be under the orders and directions of the Charterers as regards employment and
78 agency; and Charterers are to load, stow, and trim the cargo at their expense under the supervision of the Captain, who is to sign Bills of Lading for
79 cargo as presented, in conformity with Mate's or Tally Clerk's receipts.
80    9. That if the Charterers shall have reason to be dissatisfied with the conduct of the Captain, Officers, or Engineers, the Owners shall on
81 receiving particulars of the complaint, investigate the same, and, if necessary make a change in the appointments.
82    10. That the Charterers shall have permission to appoint a Supercargo, who shall accompany the vessel and see that voyages are prosecuted
83 with the utmost despatch. He is to be furnished with free accommodation, and same fare as provided for Captain's table, Charterers paying at the
84 rate of $1.00 per day. Owners to victual Pilots and Customs Officers, and also, when authorized by Charterers or their Agents, to victual Tally
85 Clerks, Stevedore's Foreman, etc., Charterers paying at the current rate per meal, for all such victualling.
86    11. That the Charterers shall furnish the Captain from time to time with all requisite instructions and sailing directions, in writing, and the
87 Captain shall keep a full and correct Log of the voyage or voyages, which are to be patent to the Charterers or their Agents, and furnish the Char-
88 terers, their Agents or Supercargo, when required, with a true copy of daily Logs, showing the course of the vessel and distance run and the con-
89 sumption of fuel.
90    12. That the Captain shall use diligence in caring for the ventilation of the cargo.
91    13. That the Charterers shall have the option of continuing this charter for a further period of _____
92 _____
93 on giving written notice thereof to the Owners or their Agents _____ days previous to the expiration of the first-named term, or any declared option.
94    14. That if required by Charterers, time not to commence before _____ and should vessel
95 not have given written notice of readiness on or before _____ but not later than 4 p.m. Charterers or
96 their Agents to have the option of cancelling this Charter at any time not later than the day of vessel's readiness.
97    15. That in the event of the loss of time from deficiency of men or stores, fire, breakdown or damages to hull, machinery or equipment,
98 grounding, detention by average accidents to ship or cargo, drydocking for the purpose of examination or painting bottom, or by any other cause
99 preventing the full working of the Vessel, the payment of hire shall cease for the time thereby lost; and if upon the voyage the speed be reduced by
100 defect in or breakdown of any part of her hull, machinery or equipment, the time so lost, and the cost of any extra fuel consumed in consequence
101 thereof, and all extra expenses shall be deducted from the hire.
102    16. That should the Vessel be lost, money paid in advance and not earned (reckoning from the date of loss or being last heard of) shall be
103 returned to the Charterers at once. The act of God, enemies, fire, restraint of Princes, Rulers and People, and all dangers and accidents of the Seas,
104 Rivers, Machinery, Boilers and Steam Navigation, and errors of Navigation throughout this Charter Party, always mutually excepted.
105 The vessel shall have the liberty to sail with or without pilots, to tow and to be towed, to assist vessels in distress, and to deviate for the
106 purpose of saving life and property.
107    17. That should any dispute arise between Owners and the Charterers, the matter in dispute shall be referred to three persons at New York,
108 one to be appointed by each of the parties hereto, and the third by the two so chosen; their decision or that of any two of them, shall be final, and for

109 the purpose of enforcing any award, this agreement may be made a rule of the Court. The Arbitrators shall be commercial men.
110    18. That the Owners shall have a lien upon all cargoes, and all sub-freights for any amounts due under this Charter, including General Aver-
111 age contributions, and the Charterers to have a lien on the Ship for all monies paid in advance and not earned, and any overpaid hire or excess
112 deposit to be returned at once. Charterers will not suffer, nor permit to be continued, any lien or encumbrance incurred by them or their agents, which
113 might have priority over the title and interest of the owners in the vessel.
114    19. That all derelicts and salvage shall be for Owners' and Charterers' equal benefit after deducting Owners' and Charterers' expenses and
115 Crew's proportion. General Average shall be adjusted, stated and settled, according to Rules 1 to 15, inclusive, 17 to 22, inclusve, and Rule F of
116 York-Antwerp Rules 1924, at such port or place in the United States as may be selected by the carrier, and as to matters not provided for by these
117 Rules, according to the laws and usages at the port of New York. In such adjustment disbursements in foreign currencies shall be exchanged into
118 United States money at the rate prevailing on the dates made and allowances for damage to cargo claimed in foreign currency shall be converted at
119 the rate prevailing on the last day of discharge at the port or place of final discharge of such damaged cargo from the ship. Average agreement or
120 bond and such additional security, as may be required by the carrier, must be furnished before delivery of the goods. Such cash deposit as the carrier
121 or his agents may deem sufficient as additional security for the contribution of the goods and for any salvage and special charges thereon, shall, if
122 required, be made by the goods, shippers, consignees or owners of the goods to the carrier before delivery. Such deposit shall, at the option of the
123 carrier, be payable in United States money and be remitted to the adjuster. When so remitted the deposit shall be held in a special account at the
124 place of adjustment in the name of the adjuster pending settlement of the General Average and refunds or credit balances, if any, shall be paid in
125 United States money.
126    In the event of accident, danger, damage, or disaster, before or after commencement of the voyage resulting from any cause whatsoever
127 whether due to negligence or not, for which, or for the consequence of which, the carrier is not responsible, by statute, contract, or otherwise, the
128 goods, the shipper and the consignee, jointly and severally, shall contribute with the carrier in general average to the payment of any sacrifices,
129 losses, or expenses of a general average nature that may be made or incurred, and shall pay salvage and special charges incurred in respect of the
130 goods. If a salving ship is owned or operated by the carrier, salvage shall be paid for as fully and in the same manner as if such salving ship or
131 ships belonged to strangers.
132    Provisions as to General Average in accordance with the above are to be included in all bills of lading issued hereunder.
133    20. Fuel used by the vessel while off hire, also for cooking, condensing water, or for grates and stoves to be agreed to as to quantity, and the
134 cost of replacing same, to be allowed by Owners.
135    21. That as the vessel may be from time to time employed in tropical waters during the term of this Charter, Vessel is to be docked at a
136 convenient place, bottom cleaned and painted whenever Charterers and Captain think necessary, at least once in every six months, reckoning from
137 time of last painting, and payment of the hire to be suspended until she is again in proper state for the service.
138 _____
139 _____
140    22. Owners shall maintain the gear of the ship as fitted, providing gear (for all derricks) capable of handling lifts up to three tons, also
141 providing ropes, falls, slings and blocks. If vessel is fitted with derricks capable of handling heavier lifts, Owners are to provide necessary gear for
142 same, otherwise equipment and gear for heavier lifts shall be for Charterers' account. Owners also to provide on the vessel lanterns and oil for
143 night work, and vessel to give use of electric light when so fitted, but any additional lights over those on board to be at Charterers' expense. The
144 Charterers to have the use of any gear on board the vessel.
145    23. Vessel to work night and day, if required by Charterers, and all winches to be at Charterers' disposal during loading and discharging;
146 steamer to provide one winchman per hatch to work winches day and night, as required, Charterers agreeing to pay officers, engineers, winchmen,

147 deck hands and donkeymen for overtime work done in accordance with the working hours and rates stated in the ship's articles. If the rules of the
148 port, or labor unions, prevent crew from driving winches, shore Winchmen to be paid by Charterers. In the event of a disabled winch or winches, or
149 insufficient power to operate winches, Owners to pay for shore engine, or engines, in lieu thereof, if required, and pay any loss of time occasioned
150 thereby.
151     24. It is also mutually agreed that this Charter is subject to all the terms and provisions of and all the exemptions from liability contained
152 in the Act of Congress of the United States approved on the 13th day of February, 1893, and entitled "An Act relating to Navigation of Vessels;
153 etc.," in respect of all cargo shipped under this charter to or from the United States of America. It is further subject to the following clauses, both
154 of which are to be included in all bills of lading issued hereunder:

155                       U. S. A. Clause Paramount
156 This bill of lading shall have effect subject to the provisions of the Carriage of Goods by Sea Act of the United States, approved April
157 16, 1936, which shall be deemed to be incorporated herein, and nothing herein contained shall be deemed a surrender by the carrier of
158 any of its rights or immunities or an increase of any of its responsibilities or liabilities under said Act. If any term of this bill of lading
159 be repugnant to said Act to any extent, such term shall be void to that extent, but no further.

160                       Both-to-Blame Collision Clause
161 If the ship comes into collision with another ship as a result of the negligence of the other ship and any act, neglect or default of the
162 Master, mariner, pilot or the servants of the Carrier in the navigation or in the management of the ship, the owners of the goods carried
163 hereunder will indemnify the Carrier against all loss or liability to the other or non-carrying ship or her owners in so far as such loss
164 or liability represents loss of, or damage to, or any claim whatsoever of the owners of said goods, paid or payable by the other or non-
165 carrying ship or her owners to the owners of said goods and set off, recouped or recovered by the other or non-carrying ship or her
166 owners as part of their claim against the carrying ship or carrier.
167     25. The vessel shall not be required to enter any ice-bound port, or any port where lights or light-ships have been or are about to be with-
168 drawn by reason of ice, or where there is risk that in the ordinary course of things the vessel will not be able on account of ice to safely enter the
169 port or to get out after having completed loading or discharging.
170     26. Nothing herein stated is to be construed as a demise of the vessel to the Time Charterers. The owners to remain responsible for the
171 navigation of the vessel, insurance, crew, and all other matters, same as when trading for their own account.
172     27. A commission of 2½ per cent is payable by the Vessel and Owners to
173 _____
174 on hire earned and paid under this Charter, and also upon any continuation or extension of this Charter.
175     28. An address commission of 2½ per cent payable to _____ on the hire earned and paid under this Charter.

                    By cable authority from

The original Charter Party in our possession.
                    BROKERS.

As _____ For Owners

# 5. Gencon

| 1.Shipbroker | RECOMMENDED<br>THE BALTIC AND INTERNATIONAL MARITIME COUNCIL<br>UNIFORM GENERAL CHARTER (AS REVISED 1922, 1976 and 1994)<br>(To be used for trades for which no specially approved form is in force)<br>CODE NAME: "GENCON"        Part I |
|---|---|
| | 2. Place and Date |
| 3.Owners/Place of business (Cl. 1) | 4. Charterers/Place of business (Cl. 1) |
| 5. Vessel's name (Cl. 1) | 6. GT/NT (Cl. 1) <br> / |
| 7. DWT all told on summer load line in metric tons (abt.) (Cl. 1) | 8. Present position (Cl. 1) |
| 9. Expected ready to load (abt.) (Cl. 1) | |
| 10. Loading port or place (Cl. 1) | 11. Discharging port or place (Cl. 1) |
| 12. Cargo (also state quantity and margin in Owners' option, if agreed; if full and complete cargo not agreed state "part cargo") (Cl. 1) | |
| 13. Freight rate (also state whether freight prepaid or payable on delivery) (Cl. 4) | 14. Freight payment (state currency and method of payment; also beneficiary and bank account) (Cl. 4) |
| 15. State if vessel's cargo handling gear shall not be used (Cl. 5) | 16. Laytime (if separate laytime for load. and disch. is agreed, fill in a) and b). If total laytime for load. and disch., fill in c) only) (Cl. 6) |
| 17. Shippers/Place of business (Cl. 6) | (a) Laytime for loading |
| 18. Agents (loading) (Cl. 6) | (b) Laytime for discharging |
| 19. Agents (discharging)( Cl. 6) | (c) Total laytime for loading and discharging |
| 20. Demurrage rate and manner payable (loading and discharging) (Cl. 7) | 21. Cancelling date (Cl. 9) |
| | 22. General Average to be adjusted at (Cl. 12) |
| 23. Freight Tax (state if for the Owners' account (Cl. 13 (c)) | 24. Brokerage commission and to whom payable (Cl. 15) |
| 25. Law and Arbitration (state 19 (a), 19 (b) or 19 (c) of Cl. 19; if 19 (c) agreed also state Place of Arbitration) (if not filled in 19 (a) shall apply) (Cl. 19)<br>**Other**<br><br>(a) State maximum amount for small claims/shortened arbitration (Cl. 19) | 26. Additional clauses covering special provisions, if agreed |

It is mutually agreed that this Contract shall be performed subject to the conditions contained in this Charter Party which shall include Part I as well as Part II. In the event of a conflict of conditions, the provisions of Part I shall prevail over those of Part II to the extent of such conflict.

| Signature (Owners) | Signature (Charterers) |
|---|---|
| | |

1413

## PART II
### "Gencon" Charter (As Revised 1922, 1976 and 1994)

**1.** It is agreed between the party mentioned in <u>Box 3</u> as the Owners of the Vessel named in <u>Box 5</u>, of the GT/NT indicated in <u>Box 6</u> and carrying about the number of metric tons of deadweight capacity all told on summer loadline stated in <u>Box 7</u>, now in position as stated in <u>Box 8</u> and expected ready to load under this Charter Party about the date indicated in <u>Box 9</u>, and the party mentioned as the Charterers in <u>Box 4</u> that:
The said Vessel shall, as soon as her prior commitments have been completed, proceed to the loading port(s) or place(s) stated in <u>Box 10</u> or so near thereto as she may safely get and lie always afloat, and there load a full and complete cargo (if shipment of deck cargo agreed same to be at the Charterers' risk and responsibility) as stated in <u>Box 12</u>, which the Charterers bind themselves to ship, and being so loaded the Vessel shall proceed to the discharging port(s) or place(s) stated in <u>Box 11</u> as ordered on signing Bills of Lading, or so near thereto as she may safely get and lie always afloat, and there deliver the cargo.

**2. Owners' Responsibility Clause**
The Owners are to be responsible for loss of or damage to the goods or for delay in delivery of the goods only in case the loss, damage or delay has been caused by personal want of due diligence on the part of the Owners or their Manager to make the Vessel in all respects seaworthy and to secure that she is properly manned, equipped and supplied, or by the personal act or default of the Owners or their Manager.
And the Owners are not responsible for loss, damage or delay arising from any other cause whatsoever, even from the neglect or default of the Master or crew or some other person employed by the Owners on board or ashore for whose acts they would, but for this Clause, be responsible, or from unseaworthiness of the Vessel on loading or commencement of the voyage or at any time whatsoever.

**3. Deviation Clause**
The Vessel has liberty to call at any port or ports in any order, for any purpose, to sail without pilots, to tow and/or assist Vessels in all situations, and also to deviate for the purpose of saving life and/or property.

**4. Payment of Freight**
(a) The freight at the rate stated in <u>Box 13</u> shall be paid in cash calculated on the intaken quantity of cargo.
(b) <u>Prepaid</u>. If according to <u>Box 13</u> freight is to be paid on shipment, it shall be deemed earned and non-returnable, Vessel and/or cargo lost or not lost.
Neither the Owners nor their agents shall be required to sign or endorse bills of lading showing freight prepaid unless the freight due to the Owners has actually been paid.
(c) <u>On delivery</u>. If according to <u>Box 13</u> freight, or part thereof, is payable at destination it shall not be deemed earned until the cargo is thus delivered.
Notwithstanding the provisions under (a), if freight or part thereof is payable on delivery of the cargo the Charterers shall have the option of paying the freight on delivered weight/quantity provided such option is declared before breaking bulk and the weight/quantity can be ascertained by official weighing machine, joint draft survey or tally.
Cash for Vessel's ordinary disbursements at the port of loading to be advanced by the Charterers, if required, at highest current rate of exchange, subject to two (2) per cent to cover insurance and other expenses.

**5. Loading/Discharging**
(a) *Costs/Risks*
The cargo shall be brought into the holds, loaded, stowed and/or trimmed, tallied, lashed and/or secured and taken from the holds and discharged by the Charterers, free of any risk, liability and expense whatsoever to the Owners.
The Charterers shall provide and lay all dunnage material as required for the proper stowage and protection of the cargo on board, the Owners allowing the use of all dunnage available on board. The Charterers shall be responsible for and pay the cost of removing their dunnage after discharge of the cargo under this Charter Party and time to count until dunnage has been removed.
(b) *Cargo Handling Gear*
Unless the Vessel is gearless or unless it has been agreed between the parties that the Vessel's gear shall not be used and stated as such in <u>Box 15</u>, the Owners shall throughout the duration of loading/discharging give free use of the Vessel's cargo handling gear and of sufficient motive power to operate all such cargo handling gear. All such equipment to be in good working order. Unless caused by negligence of the stevedores, time lost by breakdown of the Vessel's cargo handling gear or motive power - pro rata the total number of cranes/winches required at that time for the loading/discharging of cargo under this Charter Party - shall not count as laytime or time on demurrage.
On request the Owners shall provide free of charge cranemen/winchmen from the crew to operate the Vessel's cargo handling gear, unless local regulations prohibit this, in which latter event shore labourers shall be for the account of the Charterers. Cranemen/winchmen shall be under the Charterers' risk and responsibility and as stevedores to be deemed as their servants but shall always work under the supervision of the Master.
(c) *Stevedore Damage*

The Charterers shall be responsible for damage (beyond ordinary wear and tear) to any part of the Vessel caused by Stevedores. Such damage shall be notified as soon as reasonably possible by the Master to the Charterers or their agents and to their Stevedores, failing which the Charterers shall not be held responsible. The Master shall endeavour to obtain the Stevedores' written acknowledgement of liability.
The Charterers are obliged to repair any stevedore damage prior to completion of the voyage, but must repair stevedore damage affecting the Vessel's seaworthiness or class before the Vessel sails from the port where such damage was caused or found. All additional expenses incurred shall be for the account of the Charterers and any time lost shall be for the account of and shall be paid to the Owners by the Charterers at the demurrage rate.

**6. Laytime**
* (a) *Separate laytime for loading and discharging*
The cargo shall be loaded within the number of running days/hours as indicated in <u>Box 16</u>, weather permitting, Sundays and holidays excepted, unless used, in which event time used shall count.
The cargo shall be discharged within the number of running days/hours as indicated in <u>Box 16</u>, weather permitting, Sundays and holidays excepted, unless used, in which event time used shall count.
* (b) *Total laytime for loading and discharging*
The cargo shall be loaded and discharged within the number of total running days/hours as indicated in <u>Box 16</u>, weather permitting, Sundays and holidays excepted, unless used, in which event time used shall count.
(c) *Commencement of laytime (loading and discharging)*
Laytime for loading and discharging shall commence at 13.00 hours, if notice of readiness is given up to and including 12.00 hours, and at 06.00 hours next working day if notice given during office hours after 12.00 hours. Notice of readiness at loading port to be given to the Shippers named in <u>Box 17</u> or if not named, to the Charterers or their agents named in <u>Box 18</u>. Notice of readiness at the discharging port to be given to the Receivers or, if not known, to the Charterers or their agents named in <u>Box 19</u>.
If the loading/discharging berth is not available on the Vessel's arrival at or off the port of loading/discharging, the Vessel shall be entitled to give notice of readiness within ordinary office hours on arrival there, whether in free pratique or not, whether customs cleared or not. Laytime or time on demurrage shall then count as if she were in berth and in all respects ready for loading/discharging provided that the Master warrants that she is in fact ready in all respects. Time used in moving from the place of waiting to the loading/discharging berth shall not count as laytime.
If, after inspection, the Vessel is found not to be ready in all respects to load/discharge time lost after the discovery thereof until the Vessel is again ready to load/discharge shall not count as laytime.
Time used before commencement of laytime shall count.
* Indicate alternative (a) or (b) as agreed, in *Box 16*.

**7. Demurrage**
Demurrage at the loading and discharging port is payable by the Charterers at the rate stated in <u>Box 20</u> in the manner stated in <u>Box 20</u> per day or pro rata for any part of a day. Demurrage shall fall due day by day and shall be payable upon receipt of the Owners' invoice.
In the event the demurrage is not paid in accordance with the above, the Owners shall give the Charterers 96 running hours written notice to rectify the failure. If the demurrage is not paid at the expiration of this time limit and if the vessel is in or at the loading port, the Owners are entitled at any time to terminate the Charter Party and claim damages for any losses caused thereby.

**8. Lien Clause**
The Owners shall have a lien on the cargo and on all sub-freights payable in respect of the cargo, for freight, deadfreight, demurrage, claims for damages and for all other amounts due under this Charter Party including costs of recovering same.

**9. Cancelling Clause**
(a) Should the Vessel not be ready to load (whether in berth or not) on the cancelling date indicated in <u>Box 21</u>, the Charterers shall have the option of cancelling this Charter Party.
(b) Should the Owners anticipate that, despite the exercise of due diligence, the Vessel will not be ready to load by the cancelling date, they shall notify the Charterers thereof without delay stating the expected date of the Vessel's readiness to load and asking whether the Charterers will exercise their option of cancelling the Charter Party, or agree to a new cancelling date.
Such option must be declared by the Charterers within 48 running hours after the receipt of the Owners' notice. If the Charterers do not exercise their option of cancelling, then this Charter Party shall be deemed to be amended such that the seventh day after the new readiness date stated in the Owners' notification to the Charterers shall be the new cancelling date.
The provisions of sub-clause (b) of this Clause shall operate only once, and in case of the Vessel's further delay, the Charterers shall have the option of

## PART II
### "Gencon" Charter (As Revised 1922, 1976 and 1994)

cancelling the Charter Party as per sub-clause (a) of this Clause.  153

**10. Bills of Lading**  154

Bills of Lading shall be presented and signed by the Master as per the  155
"Congenbill" Bill of Lading form, Edition 1994, without prejudice to this Charter  156
Party, or by the Owners' agents provided written authority has been given by  157
Owners to the agents, a copy of which is to be furnished to the Charterers. The  158
Charterers shall indemnify the Owners against all consequences or liabilities  159
that may arise from the signing of bills of lading as presented to the extent that  160
the terms or contents of such bills of lading impose or result in the imposition of  161
more onerous liabilities upon the Owners than those assumed by the Owners  162
under this Charter Party.  163

**11. Both-to-Blame Collision Clause**  164

If the Vessel comes into collision with another vessel as a result of the  165
negligence of the other vessel and any act, neglect or default of the Master,  166
Mariner, Pilot or the servants of the Owners in the navigation or in the  167
management of the Vessel, the owners of the cargo carried hereunder will  168
indemnify the Owners against all loss or liability to the other or non-carrying  169
vessel or her owners in so far as such loss or liability represents loss of, or  170
damage to, or any claim whatsoever of the owners of said cargo, paid or  171
payable by the other or non-carrying vessel or her owners to the owners of said  172
cargo and set-off, recouped or recovered by the other or non-carrying vessel  173
or her owners as part of their claim against the carrying Vessel or the Owners.  174
The foregoing provisions shall also apply where the owners, operators or those  175
in charge of any vessel or vessels or objects other than, or in addition to, the  176
colliding vessels or objects are at fault in respect of a collision or contact.  177

**12. General Average and New Jason Clause**  178

General Average shall be adjusted in London unless otherwise agreed in Box  179
22 according to York-Antwerp Rules 1994 and any subsequent modification  180
thereof. Proprietors of cargo to pay the cargo's share in the general expenses  181
even if same have been necessitated through neglect or default of the Owners'  182
servants (see Clause 2).  183
If General Average is to be adjusted in accordance with the law and practice of  184
the United States of America, the following Clause shall apply: "In the event of  185
accident, danger, damage or disaster before or after the commencement of the  186
voyage, resulting from any cause whatsoever, whether due to negligence or  187
not, for which, or for the consequence of which, the Owners are not  188
responsible, by statute, contract or otherwise, the cargo shippers, consignees  189
or the owners of the cargo shall contribute with the Owners in General Average  190
to the payment of any sacrifices, losses or expenses of a General Average  191
nature that may be made or incurred and shall pay salvage and special charges  192
incurred in respect of the cargo. If a salving vessel is owned or operated by the  193
Owners, salvage shall be paid for as fully as if the said salving vessel or vessels  194
belonged to strangers. Such deposit as the Owners, or their agents, may deem  195
sufficient to cover the estimated contribution of the goods and any salvage and  196
special charges thereon shall, if required, be made by the cargo, shippers,  197
consignees or owners of the goods to the Owners before delivery.".  198

**13. Taxes and Dues Clause**  199

(a) *On Vessel* -The Owners shall pay all dues, charges and taxes customarily  200
levied on the Vessel, howsoever the amount thereof may be assessed.  201
(b) *On cargo* -The Charterers shall pay all dues, charges, duties and taxes  202
customarily levied on the cargo, howsoever the amount thereof may be  203
assessed.  204
(c) *On freight* -Unless otherwise agreed in Box 23, taxes levied on the freight  205
shall be for the Charterers' account.  206

**14. Agency**  207

In every case the Owners shall appoint their own Agent both at the port of  208
loading and the port of discharge.  209

**15. Brokerage**  210

A brokerage commission at the rate stated in Box 24 on the freight, dead-freight  211
and demurrage earned is due to the party mentioned in Box 24.  212
In case of non-execution 1/3 of the brokerage on the estimated amount of  213
freight to be paid by the party responsible for such non-execution to the  214
Brokers as indemnity for the latter's expenses and work. In case of more  215
voyages the amount of indemnity to be agreed.  216

**16. General Strike Clause**  217

(a) If there is a strike or lock-out affecting or preventing the actual loading of the  218
cargo, or any part of it, when the Vessel is ready to proceed from her last port or  219
at any time during the voyage to the port or ports of loading or after her arrival  220
there, the Master or the Owners may ask the Charterers to declare, that they  221
agree to reckon the laydays as if there were no strike or lock-out. Unless the  222
Charterers have given such declaration in writing (by telegram, if necessary)  223
within 24 hours, the Owners shall have the option of cancelling this Charter  224
Party. If part cargo has already been loaded, the Owners must proceed with  225

same, (freight payable on loaded quantity only) having liberty to complete with  226
other cargo on the way for their own account.  227
(b) If there is a strike or lock-out affecting or preventing the actual discharging  228
of the cargo on or after the Vessel's arrival at or off port of discharge and same  229
has not been settled within 48 hours, the Charterers shall have the option of  230
keeping the Vessel waiting until such strike or lock-out is at an end against  231
paying half demurrage after expiration of the time provided for discharging  232
until the strike or lock-out terminates and thereafter full demurrage shall be  233
payable until the completion of discharging, or of ordering the Vessel to a safe  234
port where she can safely discharge without risk of being detained by strike or  235
lock-out. Such orders to be given within 48 hours after the Master or the  236
Owners have given notice to the Charterers of the strike or lock-out affecting  237
the discharge. On delivery of the cargo at such port, all conditions of this  238
Charter Party and of the Bill of Lading shall apply and the Vessel shall receive  239
the same freight as if she had discharged at the original port of destination,  240
except that if the distance to the substituted port exceeds 100 nautical miles,  241
the freight on the cargo delivered at the substituted port to be increased in  242
proportion.  243
(c) Except for the obligations described above, neither the Charterers nor the  244
Owners shall be responsible for the consequences of any strikes or lock-outs  245
preventing or affecting the actual loading or discharging of the cargo.  246

**17. War Risks ("Voywar 1993")**  247

(1) For the purpose of this Clause, the words:  248
(a) The "Owners" shall include the shipowners, bareboat charterers,  249
disponent owners, managers or other operators who are charged with the  250
management of the Vessel, and the Master; and  251
(b) "War Risks" shall include any war (whether actual or threatened), act of  252
war, civil war, hostilities, revolution, rebellion, civil commotion, warlike  253
operations, the laying of mines (whether actual or reported), acts of piracy,  254
acts of terrorists, acts of hostility or malicious damage, blockades  255
(whether imposed against all Vessels or imposed selectively against  256
Vessels of certain flags or ownership, or against certain cargoes or crews  257
or otherwise howsoever), by any person, body, terrorist or political group,  258
or the Government of any state whatsoever, which, in the reasonable  259
judgement of the Master and/or the Owners, may be dangerous or are  260
likely to be or to become dangerous to the Vessel, her cargo, crew or other  261
persons on board the Vessel.  262
(2) If at any time before the Vessel commences loading, it appears that, in the  263
reasonable judgement of the Master and/or the Owners, performance of  264
the Contract of Carriage, or any part of it, may expose, or is likely to expose,  265
the Vessel, her cargo, crew or other persons on board the Vessel to War  266
Risks, the Owners may give notice to the Charterers cancelling this  267
Contract of Carriage, or may refuse to perform such part of it as may  268
expose, or may be likely to expose, the Vessel, her cargo, crew or other  269
persons on board the Vessel to War Risks; provided always that if this  270
Contract of Carriage provides that loading or discharging is to take place  271
within a range of ports, and at the port or ports nominated by the Charterers  272
the Vessel, her cargo, crew, or other persons onboard the Vessel may be  273
exposed, or may be likely to be exposed, to War Risks, the Owners shall  274
first require the Charterers to nominate any other safe port which lies  275
within the range for loading or discharging, and may only cancel this  276
Contract of Carriage if the Charterers shall not have nominated such safe  277
port or ports within 48 hours of receipt of notice of such nomination.  278
(3) The Owners shall not be required to continue to load cargo for any voyage,  279
or to sign Bills of Lading for any port or place, or to proceed or continue on  280
any voyage, or on any part thereof, or to proceed through any canal or  281
waterway, or to proceed to or remain at any port or place whatsoever,  282
where it appears, either after the loading of the cargo commences, or at  283
any stage of the voyage thereafter before the discharge of the cargo is  284
completed, that, in the reasonable judgement of the Master and/or the  285
Owners, the Vessel, her cargo (or any part thereof), crew or other persons  286
on board the Vessel (or any one or more of them) may be, or are likely to be,  287
exposed to War Risks. If it should so appear, the Owners may by notice  288
request the Charterers to nominate a safe port for the discharge of the  289
cargo or any part thereof, and if within 48 hours of the receipt of such  290
notice, the Charterers shall not have nominated such a port, the Owners  291
may discharge the cargo at any safe port of their choice (including the port  292
of loading) in complete fulfilment of the Contract of Carriage. The Owners  293
shall be entitled to recover from the Charterers the extra expenses of such  294
discharge and, if the discharge takes place at any port other than the  295
loading port, to receive the full freight as though the cargo had been  296
carried to the discharging port and if the extra distance exceeds 100 miles,  297
to additional freight which shall be the same percentage of the freight  298
contracted for as the percentage which the extra distance represents to  299
the distance of the normal and customary route, the Owners having a lien  300
on the cargo for such expenses and freight.  301
(4) If at any stage of the voyage after the loading of the cargo commences, it  302
appears that, in the reasonable judgement of the Master and/or the  303

## PART II
## "Gencon" Charter (As Revised 1922, 1976 and 1994)

Owners, the Vessel, her cargo, crew or other persons on board the Vessel may be, or are likely to be, exposed to War Risks on any part of the route (including any canal or waterway) which is normally and customarily used in a voyage of the nature contracted for, and there is another longer route to the discharging port, the Owners shall give notice to the Charterers that this route will be taken. In this event the Owners shall be entitled, if the total extra distance exceeds 100 miles, to additional freight which shall be the same percentage of the freight contracted for as the percentage which the extra distance represents to the distance of the normal and customary route. 304–313

(5) The Vessel shall have liberty:- 314

(a) to comply with all orders, directions, recommendations or advice as to departure, arrival, routes, sailing in convoy, ports of call, stoppages, destinations, discharge of cargo, delivery or in any way whatsoever which are given by the Government of the Nation under whose flag the Vessel sails, or other Government to whose laws the Owners are subject, or any other Government which so requires, or any body or group acting with the power to compel compliance with their orders or directions; 315–321

(b) to comply with the orders, directions or recommendations of any war risks underwriters who have the authority to give the same under the terms of the war risks insurance; 322–324

(c) to comply with the terms of any resolution of the Security Council of the United Nations, any directives of the European Community, the effective orders of any other Supranational body which has the right to issue and give the same, and with national laws aimed at enforcing the same to which the Owners are subject, and to obey the orders and directions of those who are charged with their enforcement; 325–330

(d) to discharge at any other port any cargo or part thereof which may render the Vessel liable to confiscation as a contraband carrier; 331–332

(e) to call at any other port to change the crew or any part thereof or other persons on board the Vessel when there is reason to believe that they may be subject to internment, imprisonment or other sanctions; 333–335

(f) where cargo has not been loaded or has been discharged by the Owners under any provisions of this Clause, to load other cargo for the Owners' own benefit and carry it to any other port or ports whatsoever, whether backwards or forwards or in a contrary direction to the ordinary or customary route. 336–340

(6) If in compliance with any of the provisions of sub-clauses (2) to (5) of this Clause anything is done or not done, such shall not be deemed to be a deviation, but shall be considered as due fulfilment of the Contract of Carriage. 341–344

### 18. General Ice Clause

*Port of loading* 346

(a) In the event of the loading port being inaccessible by reason of ice when the Vessel is ready to proceed from her last port or at any time during the voyage or on the Vessel's arrival or in case frost sets in after the Vessel's arrival, the Master for fear of being frozen in is at liberty to leave without cargo, and this Charter Party shall be null and void. 347–351

(b) If during loading the Master, for fear of the Vessel being frozen in, deems it advisable to leave, he has liberty to do so with what cargo he has on board and to proceed to any other port or ports with option of completing cargo for the Owners' benefit for any other port or ports including port of discharge. Any part cargo thus loaded under this Charter Party to be forwarded to destination at the Vessel's expense but against payment of freight, provided that no extra expenses be thereby caused to the Charterers, freight being paid on quantity delivered (in proportion if lumpsum), all other conditions as per this Charter Party. 352–360

(c) In case of more than one loading port, and if one or more of the ports are closed by ice, the Master or the Owners to be at liberty either to load the part cargo at the open port and fill up elsewhere for their own account as under section (b) or to declare the Charter Party null and void unless the Charterers agree to load full cargo at the open port. 361–365

*Port of discharge* 366

(a) Should ice prevent the Vessel from reaching port of discharge the Charterers shall have the option of keeping the Vessel waiting until the re-opening of navigation and paying demurrage or of ordering the Vessel to a safe and immediately accessible port where she can safely discharge without risk of detention by ice. Such orders to be given within 48 hours after the Master or the Owners have given notice to the Charterers of the impossibility of reaching port of destination. 367–373

(b) If during discharging the Master for fear of the Vessel being frozen in deems it advisable to leave, he has liberty to do so with what cargo he has on board and to proceed to the nearest accessible port where she can safely discharge. 374–376

(c) On delivery of the cargo at such port, all conditions of the Bill of Lading shall apply and the Vessel shall receive the same freight as if she had discharged at the original port of destination, except that if the distance of the substituted port exceeds 100 nautical miles, the freight on the cargo delivered at the substituted port to be increased in proportion. 377–381

### 19. Law and Arbitration 382

* (a) This Charter Party shall be governed by and construed in accordance with English law and any dispute arising out of this Charter Party shall be referred to arbitration in London in accordance with the Arbitration Acts 1950 and 1979 or any statutory modification or re-enactment thereof for the time being in force. Unless the parties agree upon a sole arbitrator, one arbitrator shall be appointed by each party and the arbitrators so appointed shall appoint a third arbitrator, the decision of the three-man tribunal thus constituted or any two of them, shall be final. On the receipt by one party of the nomination in writing of the other party's arbitrator, that party shall appoint their arbitrator within fourteen days, failing which the decision of the single arbitrator appointed shall be final. 383–393

For disputes where the total amount claimed by either party does not exceed the amount stated in Box 25** the arbitration shall be conducted in accordance with the Small Claims Procedure of the London Maritime Arbitrators Association. 394–397

* (b) This Charter Party shall be governed by and construed in accordance with Title 9 of the United States Code and the Maritime Law of the United States and should any dispute arise out of this Charter Party, the matter in dispute shall be referred to three persons at New York, one to be appointed by each of the parties hereto, and the third by the two so chosen; their decision or that of any two of them shall be final, and for purpose of enforcing any award, this agreement may be made a rule of the Court. The proceedings shall be conducted in accordance with the rules of the Society of Maritime Arbitrators, Inc.. 398–406

For disputes where the total amount claimed by either party does not exceed the amount stated in Box 25** the arbitration shall be conducted in accordance with the Shortened Arbitration Procedure of the Society of Maritime Arbitrators, Inc.. 407–410

* (c) Any dispute arising out of this Charter Party shall be referred to arbitration at the place indicated in Box 25, subject to the procedures applicable there. The laws of the place indicated in Box 25 shall govern this Charter Party. 411–413

(d) If Box 25 in Part I is not filled in, sub-clause (a) of this Clause shall apply. 414

* (a), (b) and (c) are alternatives; indicate alternative agreed in Box 25. 415

** Where no figure is supplied in Box 25 in Part I, this provision only shall be void but the other provisions of this Clause shall have full force and remain in effect. 416–417

# IV. Konossementsbedingungen

## 1. Congen Bill 2007

Revised 1994, 2007 (v2.0)

Printed by BIMCO's *idea*

Copyright, published by
BIMCO, Copenhagen

**BIMCO**

**CONGENBILL 2007**

BILL OF LADING
To be used w ith charter parties
Page I

| Shipper | Bill of Lading No. | Reference No. |
|---|---|---|
| Consignee | Vessel | |
| Notify address | Port of loading | |
| | Port of discharge | |
| Shipper's description of goods | | Gross w eight |

(of w hich    on deck at shipper's risk; the Carrier not
being responsible for loss or damage how soever arising)

| | |
|---|---|
| Freight payable as per CHARTER PARTY dated: | **SHIPPED** at the Port of Loading in apparent good order and condition on the Vessel for carriage to the Port of Discharge or so near thereto as the Vessel may safely get the goods specified above. |
| FREIGHT ADVANCE Received on account of freight: | Weight, measure, quality, quantity, condition, contents and value unknow n. |
| | IN WITNESS w hereof the Master or Agent of the said vessel has signed the number of Bills of Lading indicated below all of this tenor and date, any one of w hich being accomplished the others shall be void. |
| | FOR CONDITIONS OF CARRIAGE SEE OVERLEAF. |

| | Date shipped on board | Place and date of issue | Number of original Bills of Lading |
|---|---|---|---|
| | Signature: | | |

Signature:
(i) ...................................................................................Master
    Master's name and signature
Or
(ii) ...................................................................................as Agent for the Master
    Agent's name and signature
Or
(iii) ...................................................................................as Agent for the Ow ner*
    Agent's name and signature

    ...................................................................................Ow ner
    *if option (iii) filled in, state Ow ner's name above

## CONGENBILL 2007
**BILL OF LADING**
To be used with charter parties
Page 2

### Conditions of Carriage

(1) All terms and conditions, liberties and exceptions of the Charter Party, dated as overleaf, including the Law and Arbitration Clause/Dispute Resolution Clause, are herewith incorporated.

**(2) General Paramount Clause**
The International Convention for the Unification of Certain Rules of Law relating to Bills of Lading signed at Brussels on 25 August 1924 ("the Hague Rules") as amended by the Protocol signed at Brussels on 23 February 1968 ("the Hague-Visby Rules") and as enacted in the country of shipment shall apply to this Contract. When the Hague-Visby Rules are not enacted in the country of shipment, the corresponding legislation of the country of destination shall apply, irrespective of whether such legislation may only regulate outbound shipments.

When there is no enactment of the Hague-Visby Rules in either the country of shipment or in the country of destination, the Hague-Visby Rules shall apply to this Contract save where the Hague Rules as enacted in the country of shipment or if no such enactment is in place, the Hague Rules as enacted in the country of destination apply compulsorily to this Contract.

The Protocol signed at Brussels on 21 December 1979 ("the SDR Protocol 1979") shall apply where the Hague-Visby Rules apply, whether mandatorily or by this Contract.

The Carrier shall in no case be responsible for loss of or damage to cargo arising prior to loading, after discharging, or while the cargo is in the charge of another carrier, or with respect to deck cargo and live animals.

**(3) General Average**
General Average shall be adjusted, stated and settled according to York-Antwerp Rules 1994 in London unless another place is agreed in the Charter Party.

Cargo's contribution to General Average shall be paid to the Carrier even when such average is the result of a fault, neglect or error of the Master, Pilot or Crew.

**(4) New Jason Clause**
In the event of accident, danger, damage or disaster before or after the commencement of the voyage, resulting from any cause whatsoever, whether due to negligence or not, for which, or for the consequence of which, the Carrier is not responsible, by statute, contract or otherwise, the cargo, shippers, consignees or the owners of the cargo shall contribute with the Carrier in General Average to the payment of any sacrifices, losses or expenses of a General Average nature that may be made or incurred and shall pay salvage and special charges incurred in respect of the cargo. If a salving vessel is owned or operated by the Carrier, salvage shall be paid for as fully as if the said salving vessel or vessels belonged to strangers. Such deposit as the Carrier, or his agents, may deem sufficient to cover the estimated contribution of the goods and any salvage and special charges thereon shall, if required, be made by the cargo, shippers, consignees or owners of the goods to the Carrier before delivery.

**(5) Both-to-Blame Collision Clause**
If the Vessel comes into collision with another vessel as a result of the negligence of the other vessel and any act, neglect or default of the Master, Mariner, Pilot or the servants of the Carrier in the navigation or in the management of the Vessel, the owners of the cargo carried hereunder will indemnify the Carrier against all loss or liability to the other or non-carrying vessel or her owners in so far as such loss or liability represents loss of, or damage to, or any claim whatsoever of the owners of said cargo, paid or payable by the other or non-carrying vessel or her owners to the owners of said cargo and set-off, recouped or recovered by the other or non-carrying vessel or her owners as part of their claim against the carrying Vessel or the Carrier.
The foregoing provisions shall also apply where the owners, operators or those in charge of any vessel or vessels or objects other than, or in addition to, the colliding vessels or objects are at fault in respect of a collision or contact.

For particulars of cargo, freight,
destination, etc., see overleaf

## 2. Conline Bill 2000

Page 1

| Shipper (full style and address) | **BIMCO LINER BILL OF LADING**<br>**CODE NAME: "CONLINEBILL 2000"** | |
|---|---|---|
| | Amended January 1950; August 1952; January 1973;<br>July 1974; August 1976; January 1978; November 2000. | |

| Consignee (full style and address) or Order | B/L No. | Reference No. |
|---|---|---|
| | Vessel | |
| Notify Party (full style and address) | Port of loading | |
| | Port of discharge | |

**PARTICULARS DECLARED BY THE SHIPPER BUT NOT ACKNOWLEDGED BY THE CARRIER**

| Container No./Seal No./Marks and Numbers | Number and kind of packages; description of cargo | Gross weight, kg | Measurement, m³ |
|---|---|---|---|
| | | | |

**SHIPPED** on board in apparent good order and condition (unless otherwise stated herein) the total number of Containers/Packages or Units indicated in the Box opposite entitled "Total number of Containers/Packages or Units received by the Carrier" and the cargo as specified above, weight, measure, marks, numbers, quality, contents and value unknown, for carriage to the Port of discharge or so near thereunto as the vessel may safely get and lie always afloat, to be delivered in the like good order and condition at the Port of discharge unto the lawful holder of the Bill of Lading, on payment of freight as indicated to the right plus other charges incurred in accordance with the provisions contained in this Bill of Lading. In accepting this Bill of Lading the Merchant* expressly accepts and agrees to all its stipulations on both Page 1 and Page 2, whether written, printed, stamped or otherwise incorporated, as fully as if they were all signed by the Merchant. One original Bill of Lading must be surrendered duly endorsed in exchange for the cargo or delivery order, whereupon all other Bills of Lading to be void. IN WITNESS whereof the Carrier, Master or their Agent has signed the number of original Bills of Lading stated below right, all of this tenor and date.

| Total number of Containers/Packages or Units received by the Carrier | |
|---|---|
| Shipper's declared value | Declared value charge |
| Freight details and charges | |

| Carrier's name/principal place of business | Date shipped on board | Place and date of issue |
|---|---|---|
| | Number of original Bills of Lading | |
| | Pre-carriage by** | |

| Signature | Place of receipt by pre-carrier** |
|---|---|
| .......................................................... Carrier<br>or, for the Carrier<br>.......................................................... as Master<br>(Master's name/signature)<br>.......................................................... as Agents<br>(Agent's name/signature) | Place of delivery by on-carrier** |

*As defined hereinafter (Cl. 1)
**Applicable only when pre-/on-carriage is arranged in accordance with Clause 8

Printed and sold by Fr. G. Knudtzons Bogtrykkeri A/S, Vallensbaekvej 61, DK-2625 Vallensbaek, Fax: +45 4366 0701
by authority of The Baltic and International Maritime Council (BIMCO), Copenhagen

## BIMCO LINER BILL OF LADING

Code Name: "CONLINEBILL 2000"

**1. Definition.**
"Merchant" includes the shipper, the receiver, the consignor, the consignee, the holder of the Bill of Lading, the owner of the cargo and any person entitled to possession of the cargo.

**2. Notification.**
Any mention in this Bill of Lading of parties to be notified of the arrival of the cargo is solely for the information of the Carrier and failure to give such notification shall not involve the Carrier in any liability nor relieve the Merchant of any obligation hereunder.

**3. Liability for Carriage Between Port of Loading and Port of Discharge.**
(a) The International Convention for the Unification of Certain Rules of Law relating to Bills of Lading signed at Brussels on 25 August 1924 ("the Hague Rules") as amended by the Protocol signed at Brussels on 23 February 1968 ("the Hague-Visby Rules") and as enacted in the country of shipment shall apply to this Contract. When the Hague-Visby Rules are not enacted in the country of shipment, the corresponding legislation of the country of destination shall apply, irrespective of whether such legislation may only regulate outbound shipments.
When there is no enactment of the Hague-Visby Rules in either the country of shipment or in the country of destination, the Hague-Visby Rules shall apply to this Contract save where the Hague Rules as enacted in the country of shipment or, if no such enactment is in place, the Hague Rules as enacted in the country of destination apply compulsorily to this Contract.
The Protocol signed at Brussels on 21 December 1979 ("the SDR Protocol 1979") shall apply where the Hague-Visby Rules apply, whether mandatorily or by this Contract.
The Carrier shall in no case be responsible for loss of or damage to cargo arising prior to loading, after discharging, or with respect to deck cargo and live animals.
(b) If the Carrier is held liable in respect of delay, consequential loss or damage other than loss of or damage to the cargo, the liability of the Carrier shall be limited to the freight for the carriage covered by this Bill of Lading, or to the limitation amount as determined in sub-clause 3(a), whichever is the lesser.
(c) The aggregate liability of the Carrier and/or any of his servants, agents or independent contractors under this Contract shall, in no circumstances, exceed the limits of liability for the total loss of the cargo under sub-clause 3(a) or, if applicable, the Additional Clause.

**4. Law and Jurisdiction.**
Disputes arising out of or in connection with this Bill of Lading shall be exclusively determined by the courts and in accordance with the law of the place where the Carrier has his principal place of business, as stated on Page 1, except as provided elsewhere herein.

**5. The Scope of Carriage.**
The intended carriage shall not be limited to the direct route but shall be deemed to include any proceeding or returning to or stopping or slowing down at or off any ports or places for any reasonable purpose connected with the carriage including bunkering, loading, discharging, or other cargo operations and maintenance of Vessel and crew.

**6. Substitution of Vessel.**
The Carrier shall be at liberty to carry the cargo or part thereof to the Port of discharge by the said or other vessel or vessels either belonging to the Carrier or others, or by other means of transport, proceeding either directly or indirectly to such port.

**7. Transhipment.**
The Carrier shall be at liberty to tranship, lighter, land and store the cargo either on shore or afloat and reship and forward the same to the Port of discharge.

**8. Liability for Pre- and On-Carriage.**
When the Carrier arranges pre-carriage of the cargo from a place other than the Vessel's Port of loading or on-carriage of the cargo to a place other than the Vessel's Port of discharge, the Carrier shall contract as the Merchant's Agent only and the Carrier shall not be liable for any loss or damage arising during any part of the carriage other than between the Port of loading and the Port of discharge even though the freight for the whole carriage has been collected by him.

**9. Loading and Discharging.**
(a) Loading and discharging of the cargo shall be arranged by the Carrier or his Agent.
(b) The Merchant shall, at his risk and expense, handle and/or store the cargo before loading and after discharging.
(c) Loading and discharging may commence without prior notice.
(d) The Merchant or his Agent shall tender the cargo when the Vessel is ready to load and as fast as the Vessel can receive including, if required by the Carrier, outside ordinary working hours notwithstanding any custom of the port. If the Merchant or his Agent fails to tender the cargo when the Vessel is ready to load or fails to load as fast as the Vessel can receive the cargo, the Carrier shall be relieved of any obligation to load such cargo, the Vessel shall be entitled to leave the port without further notice and the Merchant shall be liable to the Carrier for deadfreight and/or any overtime charges, losses, costs and expenses incurred by the Carrier.
(e) The Merchant or his Agent shall take delivery of the cargo as fast as the Vessel can discharge including, if required by the Carrier, outside ordinary working hours notwithstanding any custom of the port. If the Merchant or his Agent fails to take delivery of the cargo the Carrier's discharging of the cargo shall be deemed fulfilment of the contract of carriage. Should the cargo not be applied for within a reasonable time, the Carrier may sell the same privately or by auction. If the Merchant or his Agent fails to take delivery of the cargo as fast as the Vessel can discharge, the Merchant shall be liable to the Carrier for any overtime charges, losses, costs and expenses incurred by the Carrier.
(f) The Merchant shall accept his reasonable proportion of unidentified loose cargo.

**10. Freight, Charges, Costs, Expenses, Duties, Taxes and Fines.**
(a) Freight, whether paid or not, shall be considered as fully earned upon loading and non-returnable in any event. Unless otherwise specified, freight and/or charges under this Contract are payable by the Merchant to the Carrier on demand. Interest at Libor (or its successor) plus 2 per cent. shall run from fourteen days after the date when freight and charges are payable.
(b) The Merchant shall be liable for all costs and expenses of fumigation, gathering and sorting loose cargo and weighing onboard, repairing damage to and replacing packing due to excepted causes, and any extra handling of the cargo for any of the aforementioned reasons.
(c) The Merchant shall be liable for any dues, duties, taxes and charges which under any denomination may be levied, *inter alia*, on the basis of freight, weight of cargo or tonnage of the Vessel.
(d) The Merchant shall be liable for all fines, penalties, costs, expenses and losses which the Carrier, Vessel or cargo may incur through non-observance of Customs House and/or import or export regulations.
(e) The Carrier is entitled in case of incorrect declaration of contents, weights, measurements or value of the cargo to claim double the amount of freight which would have been due if such declaration had been correctly given. For the purpose of ascertaining the actual facts, the Carrier shall have the right to obtain from the Merchant the original invoice and to have the cargo inspected and its contents, weight, measurement or value verified.

**11. Lien.**
The Carrier shall have a lien on all cargo for any amount due under this contract and the costs of recovering the same and shall be entitled to sell the cargo privately or by auction to satisfy any such claims.

**12. General Average and Salvage.**
General Average shall be adjusted, stated and settled in London according to the York-Antwerp Rules 1994, or any modification thereof, in respect of all cargo, whether carried on or under deck. In the event of accident, danger, damage or disaster before or after commencement of the voyage resulting from any cause whatsoever, whether due to negligence or not, for which or for the consequence of which the Carrier is not responsible by statute, contract or otherwise, the Merchant shall contribute with the Carrier in General Average to the payment of any sacrifice, losses or expenses of a General Average nature that may be made or incurred, and shall pay salvage and special charges incurred in respect of the cargo. If a salving vessel is owned or operated by the Carrier, salvage shall be paid for as fully as if the salving vessel or vessels belonged to strangers.

**13. Both-to-Blame Collision Clause.**
If the Vessel comes into collision with another vessel as a result of the negligence of the other vessel and any act, negligence or default of the Master, Mariner, Pilot or the servants of the Carrier in the navigation or in the management of the Vessel, the Merchant will indemnify the Carrier against all loss or liability to the other or non-carrying vessel or her Owner in so far as such loss or liability represents loss of or damage to or any claim whatsoever of the owner of the cargo paid or payable by the other or non-carrying vessel or her Owner to the owner of the cargo and set-off, recouped or recovered by the other or non-carrying vessel or her Owner as part of his claim against the carrying vessel or Carrier. The foregoing provisions shall also apply where the Owner, operator or those in charge of any vessel or vessels or objects other than, or in addition to, the colliding vessels or objects are at fault in respect of a collision or contact.

**14. Government directions, War, Epidemics, Ice, Strikes, etc.**
(a) The Master and the Carrier shall have liberty to comply with any order or directions or recommendations in connection with the carriage under this Contract given by any Government or Authority, or anybody acting or purporting to act on behalf of such Government or Authority, or having under the terms of the insurance on the Vessel the right to give such orders or directions or recommendations.
(b) Should it appear that the performance of the carriage would expose the Vessel or any cargo onboard to risk of seizure, damage or delay, in consequence of war, warlike operations, blockade, riots, civil commotions or piracy, or any person onboard to risk of loss of life or freedom, or that any such risk has increased, the Master may discharge the cargo at the Port of loading or any other safe and convenient port.
(c) Should it appear that epidemics; quarantine; ice; labour troubles, labour obstructions, strikes, lockouts (whether onboard or on shore); difficulties in loading or discharging would prevent the Vessel from leaving the Port of loading or reaching or entering the Port of discharge or there discharging in the usual manner and departing therefrom, all of which safely and without unreasonable delay, the Master may discharge the cargo at the Port of loading or any other safe and convenient port.
(d) The discharge, under the provisions of this Clause, of any cargo shall be deemed due fulfilment of the contract of carriage.
(e) If in connection with the exercise of any liberty under this Clause any extra expenses are incurred they shall be paid by the Merchant in addition to the freight, together with return freight, if any, and a reasonable compensation for any extra services rendered to the cargo.

**15. Defences and Limits of Liability for the Carrier, Servants and Agents.**
(a) It is hereby expressly agreed that no servant or agent of the Carrier (which for the purpose of this Clause includes every independent contractor from time to time employed by the Carrier) shall in any circumstances whatsoever be under any liability whatsoever to the Merchant under this Contract of carriage for any loss, damage or delay of whatsoever kind arising or resulting directly or indirectly from any act, neglect or default on his part while acting in the course of or in connection with his employment.
(b) Without prejudice to the generality of the foregoing provisions in this Clause, every exemption from liability, limitation, condition and liberty herein contained and every right, defence and immunity of whatsoever nature applicable to the Carrier or to which the Carrier is entitled, shall also be available and shall extend to protect every such servant and agent of the Carrier acting as aforesaid.
(c) The Merchant undertakes that no claim shall be made against any servant or agent of the Carrier and, if any claim should nevertheless be made, to indemnify the Carrier against all consequences thereof.
(d) For the purpose of all the foregoing provisions of this Clause the Carrier is or shall be deemed to be acting as agent or trustee on behalf of and for the benefit of all persons who might be his servants or agents from time to time and all such persons shall to this extent be or be deemed to be parties to this Contract of carriage.

**16. Stowage.**
(a) The Carrier shall have the right to stow cargo by means of containers, trailers, transportable tanks, flats, pallets, or similar articles of transport used to consolidate goods.
(b) The Carrier shall have the right to carry containers, trailers, transportable tanks and covered flats, whether stowed by the Carrier or received by him in a stowed condition from the Merchant, on or under deck without notice to the Merchant.

**17. Shipper-Packed Containers, trailers, transportable tanks, flats and pallets.**
(a) If a container has not been filled, packed or stowed by the Carrier, the Carrier shall not be liable for any loss of or damage to its contents and the Merchant shall cover any loss or expense incurred by the Carrier, if such loss, damage or expense has been caused by:
(i) negligent filling, packing or stowing of the container;
(ii) the contents being unsuitable for carriage in container; or
(iii) the unsuitability or defective condition of the container unless the container has been supplied by the Carrier and the unsuitability or defective condition would not have been apparent upon reasonable inspection at or prior to the time when the container was filled, packed or stowed.
(b) The provisions of sub-clause (i) of this Clause also apply with respect to trailers, transportable tanks, flats and pallets which have not been filled, packed or stowed by the Carrier.
(c) The Carrier does not accept liability for damage due to the unsuitability or defective condition of reefer equipment or trailers supplied by the Merchant.

**18. Return of Containers.**
(a) Containers, pallets or similar articles of transport supplied by or on behalf of the Carrier shall be returned to the Carrier in the same order and condition as handed over to the Merchant, normal wear and tear excepted, with interiors clean and within the time prescribed in the Carrier's tariff or elsewhere.
(b) The Merchant shall be liable to the Carrier for any loss, damage to, or delay, including demurrage and detention incurred by or sustained to containers, pallets or similar articles of transport during the period between handing over to the Merchant and return to the Carrier.

**ADDITIONAL CLAUSE**

**U.S. Trade. Period of Responsibility.**
(i) In case the Contract evidenced by this Bill of Lading is subject to the Carriage of Goods by Sea Act of the United States of America, 1936 (U.S. COGSA), then the provisions stated in said Act shall govern before loading and after discharge and throughout the entire time the cargo is in the Carrier's custody and in which event freight shall be payable on the cargo coming into the Carrier's custody.
(ii) If the U.S. COGSA applies, and unless the nature and value of the cargo has been declared by the shipper before the cargo has been handed over to the Carrier and inserted in this Bill of Lading, the Carrier shall in no event be or become liable for any loss or damage to the cargo in an amount exceeding USD 500 per package or customary freight unit.

# 3. FIATA Multimodal Transport BILL

| Consignor | | Emblem of National Association | **FBL** | |
| --- | --- | --- | --- | --- |
| | | | NEGOTIABLE FIATA MULTIMODAL TRANSPORT BILL OF LADING issued subject to UNCTAD/ICC Rules for Multimodal Transport Documents (ICC Publication 481). | **ICC** |

**Consigned to order of**

**Notify address**

| Place of receipt |
| --- |

| Ocean vessel | Port of loading |
| --- | --- |

| Port of discharge | Place of delivery |
| --- | --- |

| Marks and numbers | Number and kind of packages | Description of goods | Gross weight | Measurement |
| --- | --- | --- | --- | --- |

according to the declaration of the consignor

| Declaration of interest of the consignor in timely delivery (Clause 6.2.) | Declared value for ad valorem rate according to the declaration of the consignor (Clauses 7 and 8). |
| --- | --- |

The goods and instructions are accepted and dealt with subject to the Standard Conditions printed overleaf.

Taken in charge in apparent good order and condition, unless otherwise noted herein, at the place of receipt for transport and delivery as mentioned above.

One of these Multimodal Transport Bills of Lading must be surrendered duly endorsed in exchange for the goods. In Witness whereof the original Multimodal Transport Bills of Lading all of this tenor and date have been signed in the number stated below, one of which being accomplished the other(s) to be void.

| Freight amount | Freight payable at | Place and date of issue |
| --- | --- | --- |
| Cargo insurance through the undersigned ☐ not covered  ☐ Covered according to attached Policy | Number of Original FBL's | Stamp and signature |
| For delivery of goods please apply to: | | |

**Standard Conditions (1992) governing the FIATA MULTIMODAL TRANS-
PORT BILL OF LADING**

### Definitions

– «Freight Forwarder» means the Multimodal Transport Operator who issues this FBL and is named on the face of it and assumes liability for the performance of the multimodal transport contract as a carrier.
– «Merchant» means and includes the Shipper, the Consignor, the Consignee, the Holder of this FBL, the Receiver and the Owner of the Goods.
– «Consignor» means the person who concludes the multimodal transport contract with the Freight Forwarder.
– «Consignee» means the person entitled to receive the goods from the Freight Forwarder.
– «Taken in charge» means that the goods have been handed over to and accepted for carriage by the Freight Forwarder at the place of receipt evidenced in this FBL.
– «Goods» means any property including live animals as well as containers, pallets or similar articles of transport or packaging not supplied by the Freight Forwarder, irrespective of whether such property is to be or is carried on or under deck.

### 1. Applicability

Notwithstanding the heading «FIATA Multimodal Transport Bill of Lading (FBL)» these conditions shall also apply if only one mode of transport is used.

### 2. Issuance of this FBL

**2.1.** By issuance of this FBL the Freight Forwarder
a) undertakes to perform and/or in his own name to procure the performance of the entire transport, from the place at which the goods are taken in charge (place of receipt evidenced in this FBL) to the place of delivery designated in this FBL;
b) assumes liability as set out in these conditions.
**2.2.** Subject to the conditions of this FBL the Freight Forwarder shall be responsible for the acts and omission of his servants or agents acting within the scope of their employment, or any other person of whose services he makes use for the performance of the contract evidenced by this FBL, as if such acts and omissions were his own.

### 3. Negotiability and title to the goods

**3.1.** This FBL is issued in a negotiable form unless it is marked «non negotiable». It shall constitute title to the goods and the holder, by endorsement of this FBL, shall be entitled to received or to transfer the goods herein mentioned.
**3.2.** The information in this FBL shall be prima facie evidence of taking in charge by the Freight Forwarder of the goods as described by such information unless a contrary indication, such as «shipper's weight, load and count», «shipper-packed container» or similar expressions, has been made in the printed text or superimposed on this FBL. However, proof to the contrary shall not be admissible when the FBL has been transferred to the consignee for valuable consideration who in good faith has relied and acted thereon.

### 4. Dangerous Good and Indemnity

**4.1.** The Merchant shall comply with rules which are mandatory according to the national law or by reason of International Convention, relating to the carriage of goods of a dangerous nature, and shall in any case inform the Freight Forwarder in writing of the exact nature of the danger, before goods of a dangerous nature are taken in charge by the Freight Forwarder and indicate to him, if need be, the precautions to be taken.
**4.2.** If the Merchant fails to provide such information and the Freight Forwarder is unaware of the dangerous nature of the goods and the necessary precautions to be taken and if, at any time, they are deemed to be a hazard to life or property, they may at any

place be unloaded, destroyed or rendered harmless, as circumstances may require, without compensation. The Merchant shall indemnify the Freight Forwarder against all loss, damage, liability, or expense arising out of their being taken in charge, or their carriage, or of any service incidental thereto. The burden of proving that the Freight Forwarder knew the exact nature of the danger constituted by the carriage of the said goods shall rest on the Merchant.

**4.3.** If any goods shall become a danger to life or property, they may in like manner be unloaded or landed at any place or destroyed or rendered harmless. If such danger was not caused by the fault and neglect of the Freight Forwarder he shall have no liability and the Merchant shall indemnify him against all loss, damage, liability and expense arising therefrom.

## 5. Description of Goods and Merchant's Packing and Inspection

**5.1.** The Consignor shall be deemed to have guaranteed to the Freight Forwarder the accuracy, at the time the goods were taken in charge by the Freight Forwarder, of all particulars relating to the general nature of the goods, their marks, number, weight, volume and quantity and, if applicable, to the dangerous character of the goods, as furnished by him or on his behalf for insertion on the FBL. The Consignor shall indemnify the Freight Forwarder against all loss, damage and expense resulting from any inaccuracy or inadequacy of such particulars. The Consignor shall remain liable even if the FBL has been transferred by him. The right of the Freight Forwarder to such an indemnity shall in no way limit his liability under this FBL to any person other than the Consignor.

**5.2.** The Freight Forwarder shallnot be liable for any loss,damage or expense caused bydefective or insufficient packing of goods or by inadequate loading or packing within containers or other transport units when such loading or packing has been performed by the Merchant or on his behalf by a person other than the Freight Forwarder, or by the defect or unsuitability of the containers or other transport units supplied by the Merchant, or if supplied by the Freight Forwarder if a defect or unsuitability of the container or other transport unit would have been apparent upon reasonable inspection by the Merchant. The Merchant shall indemnify the Freight Forwarder against all loss, damage, liability and expense so caused.

## 6. Freight Forwarder's Liability

**6.1.** The responsibility of the Freight Forwarder for the goods under these conditions covers the period from the time the Freight Forwarder has taken the goods in his charge to the time of their delivery.

**6.2.** The Freight Forwarder shall be liable for loss of or damage to the goods as well as for delay in delivery if the occurrence which caused the loss, damage or delay in delivery took place while the goods were in his charge as defined in Clause 2.1.a, unless the Freight Forwarder proves that no fault or neglect of his own, his servants or agents or any other person referred to in Clause 2.2. has caused or contributed to such loss, damage or delay. However, the Freight Forwarder shall only be liable for loss following from delay in delivery if the Consignor has made a declaration of interest in timely delivery which has been accepted by the Freight Forwarder and stated in this FBL.

**6.3.** Arrival times are not guaranteed by the Freight Forwarder. However, delay in delivery occurs when the goods habe not been delivered within the time expressly agreed upon or, in the absence of such agreement, within the time which would be reasonable to require of a diligent Freight Forwarder, having regard to the circumstances of the case.

**6.4.** If the goods have not been delivered with in ninety consecutive days following such date of delivery as determined in Clause 6.3., the claimant may, in the absence of evidence to the contrary, treat the goods as lost.

**6.5.** When the Freight Forwarder establishes that, in the circumstances of the case, the loss or damage could be attributed to one or more causes or events, specified in a–e of the present clause, it shall be presumed that it was so caused, always provided, however, that the claimant shall be entitled to prove that the loss or damage was not, in fact, caused wholly or partly by one or more of such causes or events:

a) an act or omission of the Merchant, or person other than the Freight Forwarder acting on behalf of the Merchant or from whom the Freight Forwarder took the goods in charge;

b) insufficiency or defective condition of the packaging or marks and/or numbers;

c) handling, loading, stowage or unloading of the goods by the Merchant or any person acting on behalf of the Merchant;

d) inherent vice of the goods;

e) strike, lockout, stoppage or restraint of labour.

**6.6. Defences for carriage by sea or inland waterways**

Notwithstanding Clauses 6.2, 6.3. and 6.4. the Freight Forwarder shall not be liable for loss, damage or delay in delivery with respect to goods carried by sea or inland waterways when such loss, damage or delay during such carriage has been caused by:

a) act, neglect or default of the master, mariner, pilot or the servants of the carrier in the navigation or in the management of the ship,

b) fire, unless caused by the actual fault or privity of the carrier, however, always provided that whenever loss or damage has resulted from unseaworthiness of the ship, the Freight Forwarder can prove that due diligence has been exercised to make the ship seaworthy at the commencement of the voyage.

## 7. Paramount Clauses

**7.1.** These conditions shall only take effect to the extent that they are not contrary to the mandatory provisions of International Conventions or national law applicable to the contract evidenced by this FBL.

**7.2.** The Hague Rules contained in the International Convention for the unification of certain rules relating to Bills of Lading, dated Brussels 25th August 1924, or in those countries where there are already in force the Hague-Visby Rules contained in the Protocol of Brussels, dated 23rd February 1968, as enacted in the Country of Shipment, shall apply to all carriage of goods by sea and also to the carriage of goods by inland waterways, and such provisions shall apply to all goods whether carried on deck or under deck.

**7.3.** The Carriage of Goods by Sea Act of the United States of America (COGSA) shall apply to the carriage of goods by sea, whether on deck or under deck, if compulsorily applicable to this FBL or would be applicable but for the goods being carried on deck in accordance with a statement on this FBL.

## 8. Limitation of Freight Forwarder's Liability

**8.1.** Assessment of compensation for loss of or damage to the goods shall be made by reference to the value of such goods at the place and time they are delivered to the consignee or at the place and time when, in accordance with this FBL, they should been so delivered.

**8.2.** The value of the goods shall be determined according to the current commodity exchange price or, if there is no such price, according to the current market price or, if there are no such prices, by reference to the normal value of goods of the same name and quality.

**8.3.** Subject to the provisions of subclauses 8.4. to 8.9. inclusive, the Freight Forwarder shall in no event be or become liable for any loss of or damage to the goods in an amount exceeding the equivalent of 666.67 SDR per package or unit or 2 SDR per kilogramme of gross weight of the goods lost or damaged, whichever is the higher, unless the nature and value of the goods shall have been declared by the Consignor and accepted by the Freight Forwarder before the goods have been taken in his charge, or the ad valorem freight rate paid, and such value is stated in the FBL by him, then such declared value shall be the limit.

**8.4.** Where a container, pallet or similar article of transport is loaded with more than one package or unit, the packages or other shipping units enumerated in the FBL as packed in such article of transport are deemed packages or shipping units. Except as aforesaid, such article of transport shall be considered the package or unit.

**8.5.** Notwithstanding the above mentioned provisions, if the multimodal transport does not, according to the contract, include carriage of goods by sea or by inland waterways, the liability of the Freight Forwarder shall be limited to an amount not exceeding 8.33 SDR per kilogramme of gross weight of the goods lost or damaged.

**8.6.**

a) When the loss of or damage to the goods occurred during one particular stage of the multimodal transport, in respect of which an applicable international convention or mandatory national law would have provided another limit of liability if a separate contract of carriage had been made for that particular stage of transport, then the limit of the Freight Forwarder's liability for such loss or damage shall be determined by reference to the provisions of such convention or mandatory national law.

b) Unless the nature and value of the goods shall have been declared by the Merchant and inserted in this FBL, and the ad valorem freight rate paid, the liability of the Freight Forwarder under COGSA, where applicable, shall not exceed US$ 500 per package or, in the case of goods not shipped in packages, per customary freight unit.

**8.7.** If the Freight Forwarder is liable in respect of loss following from delay in delivery, or consequential loss or damage other than loss of or damage to the goods, the liability of the Freight Forwarder shall be limited to an amount not exceeding the equivalent of twice the freight under the multimodal contract for the multimodal transport under this FBL.

**8.8.** The aggregate liability of Freight Forwarder shall not exceed the limits of liability for total loss of the goods.

**8.9.** The Freight Forwarder is not entitled to the benefit of the limitation of liability if it is proved that the loss, damage or delay in delivery resulted from a personal act or omission of the Freight Forwarder done with the intent to cause such loss, damage or delay, or recklessly and with knowledge that such loss, damage or delay would probably result.

### 9. Applicability to Actions in Tort

These conditions apply to all claims against the Freight Forwarder relating to the performance of the contract evidenced by this FBL, whether the claim be founded in contract or in tort.

### 10. Liability of Servants and other Persons

**10.1.** These conditions apply whenever claims relating to the performance of the contract evidenced by this FBL are made against any servant, agent or other person (including any independent contractor) whose services have been used in order to perform the contract, whether such claims are founded in contract or in tort, and the aggregate liability of the Freight Forwarder and of such servants, agents or other persons shall not exceed the limits in clause 8.

**10.2.** In entering into this contract as evidenced by this FBL, the Freight Forwarder, to the extent of these provisions, does not only act on his own behalf, but also as agent or trustee for such persons, and such persons shall to this extent be or be deemed to be parties to this contract.

**10.3.** However, if it is proved that loss of or such loss or damage to the goods resulted from a personal act or omission of such a person referred to in Clause 10.1., done with intent to cause damage, or recklessly and with knowledge that damage would probably result, such person shall not be entitled to benefit of limitation of liability provided for in Clause 8.

**10.4.** The aggregate of the amounts recoverable from the Freight Forwarder and the persons referred to in Clauses 2.2. and 10.1 shall not exceed the limits provided for in these conditions.

### 11. Method and Route of Transportation

Without notice to the Merchant, the Freigt Forwarder has the liberty to carry the goods on or under deck and to choose or substitute the means, route and procedure to be followed in the handling, stowage, storage and transportation of the goods.

### 12. Delivery

**12.1.** Goods shall be deemed to be delivered when they have been handed over or placed at the disposal of the Consignee or his agent in accordance with this FBL, or when the goods have been handed over to any authority or other party to whom, pursuant to the law or regulation applicable at the place of delivery, the goods must be handed over, or such other place at which the Freight Forwarder is entitled to call upon the Merchant to take delivery.

**12.2.** The Freight Forwarder shall also be entitled to store the goods at the sole risk of the Merchant, and the Freight Forwarder's liability shall cease, and the cost of such storage shall be paid, upon demand, by the Merchant to the Freight Forwarder.

**12.3.** If at any time the carriage unter this FBL is or is likely to be affected by any hindrance or risk of any kind (including the condition of the goods) not arising from any fault or neglect of the Freight Forwarder or a person referred to in Clause 2.2. and which cannot be avoided by the exercise of reasonable endeavours the Freight Forwarder may:

abandon the carriage of the goods under this FBL and, where reasonably possible, place the goods or any part of them at the Merchant's disposal at any place which the Freight Forwarder may deem safe and convenient, whereupon delivery shall be deemed to have been made, and the responsibility of the Freight Forwarder in respect of such goods shall cease.

In any event, the Freight Forwarder shall be entitled to full freight under this FBL and the Merchant shall pay any additional costs resulting from the above mentioned circumstances.

### 13. Freight and Charges

**13.1.** Freight shall be paid in cash, without any reduction or deferment on account of any claim, counterclaim or set-off, whether prepaid or payable at destination. Freight shall be considered as earned by the Freight Forwarder at the moment when the goods have been taken in his charge, and not to be returned in any event.

**13.2.** Freight and all other amounts mentioned in this FBL are to be paid in the currency named in this FBL or, at the Freight Forwarder's option, in the currency of the country of dispatch or destination at the highest rate of exchange for bankers sight bills current for prepaid freight on the day of dispatch and for freight payable at destination on the day when the Merchant is notified on arrival of the goods there or on the date of withdrawal of the delivery order, whichever rate is the higher, or at the option of the Freight Forwarder on the date of this FBL.

**13.3.** All dues, taxes and charges or other expenses in connection with the goods shall be paid by the Merchant. Where equipment is supplied by the Freight Forwarder, the Merchant shall pay all demurrage and charges which are not due to a fault or neglect of the Freight Forwarder

**13.4.** The Merchant shall reimburse the Freight Forwarder in proportion to the amount of freight for any costs for deviation or delay or any other increase of costs of whatever nature caused by war, warlike operations, epidemics, strikes, government directions or force majeure.

**13.5.** The Merchant warrants the correctness of the declaration of contents, insurance, weight, measurements or value of the goods but the Freight Forwarder has the liberty to have the contents inspected and the weight, measurements or value verified. If on such inspection it is found that the declaration is not correct it is agreed that a sum equal either to five times the difference between the correct figure and the freight charged, or to double the correct freight less the freight charged, whichever sum is the smaller, shall be payable as liquidated damages to the Freight Forwarder for his inspection costs and losses of freight on other goods notwithstanding any other sum having been stated on this FBL as freight payable.

**13.6.** Despite the acceptance by the Freight Forwarder of instructions to collect freight, charges or other expenses from any other person in respect of the transport under this FBL, the Merchant shall remain responsible for such monies on receipt of evidence of demand and the absence of payment for whatever reason.

## 14. Lien

The Freight Forwarder shall have a lien on the goods and any documents relating thereto for any amount due at any time to the Freight Forwarder from the Merchant including storage fees and the cost of recovering same, and may enforce such lien in any reasonable manner which he may think fit.

## 15. General Average

The Merchant shall indemnify the Freight Forwarder in respect of any claims of a General Average nature which may be made on him and shall provide such security as may be required by the Freight Forwarder in this connection.

## 16. Notice

**16.1.** Unless notice of loss of or damage to the goods, specifying the general nature of such loss or damage, is given in writing by the consignee to the Freight Forwarder when the goods are delivered to the consignee in accordance with clause 12, such handing over is prima facie evidence of the delivery by the Freight Forwarder of the goods as described in this FBL.

**16.2.** Where the loss or damage is not apparent, the same prima facie effect shall apply if notice in writing is not given within 6 consecutive days after the day when the goods were delivered to the consignee in accordance with clause 12.

## 17. Time bar

The Freight Forwarder shall, unless otherwise expressly agreed, be discharged of all liability under these conditions unless suit is brought within 9 months after the delivery of the goods, or the date when the goods should have been delivered, or the date when in accordance with clause 6.4. failure to deliver the goods would give the consignee the right to treat the goods as lost.

## 18. Partial Invalidity

If any clause or a part thereof is held to be invalid, the validity of this FBL and the remaining clauses or a part thereof shall not be affected.

## 19. Jurisdiction and applicable law

Actions against the Freight Forwarder may be instituted only in the place where the Freight Forwarder has his place of business as stated on the reverse of this FBL and shall be decided according to the law of the country in which that place of business is situated.

The ICC logo denotes that this document has been deemed by the ICC to be in conformity with the UNCTAD/ICC Rules for Multimodal Transport Documents. The ICC logo does not imply ICC endorsement of the document nor does it in any way make the ICC party to any possible legal action resulting from the use of this document.

# 2. Teil. Einführungsgesetz zum Handelsgesetzbuch

vom 10. Mai 1897 (RGBl. S. 437),
zuletzt geändert durch Gesetz vom 4. Oktober 2013 (BGBl. I S. 3746)
– Auszug –

## Art. 6 EGHGB [Anwendungsbereich der zwingenden Bestimmungen über Konnossemente]

(1) [1]Ist ein Konnossement in einem Vertragsstaat des Internationalen Abkommens vom 25. August 1924 zur Vereinheitlichung von Regeln über Konnossemente (RGBl. 1939 II S. 1049) (Haager Regeln) ausgestellt, so sind die §§ 480, 483, 485 und 488, die §§ 513 bis 525 in Verbindung mit den §§ 498, 499, 501, 504, 505, 507, 510 und 512 sowie § 605 Nummer 1 in Verbindung mit § 607 Absatz 1 und 2 und § 609 Absatz 1 des Handelsgesetzbuchs ohne Rücksicht auf das nach Internationalem Privatrecht anzuwendende Recht und mit der Maßgabe anzuwenden, dass,
1. abweichend von § 501 des Handelsgesetzbuchs, der Verfrachter ein Verschulden seiner Leute und der Schiffsbesatzung nicht zu vertreten hat, wenn der Schaden durch ein Verhalten bei der Führung oder der sonstigen Bedienung des Schiffes oder durch Feuer oder Explosion an Bord des Schiffes entstanden ist und die Maßnahmen nicht überwiegend im Interesse der Ladung getroffen wurden;
2. abweichend von § 504 des Handelsgesetzbuchs, die nach den §§ 502 und 503 des Handelsgesetzbuchs zu leistende Entschädigung wegen Verlust oder Beschädigung auf einen Betrag von 666,67 Rechnungseinheiten für das Stück oder die Einheit begrenzt ist;
3. abweichend von § 525 des Handelsgesetzbuchs, die Verpflichtungen des Verfrachters aus den nach diesem Artikel anzuwendenden Vorschriften durch Rechtsgeschäft nicht im Voraus ausgeschlossen oder beschränkt werden können;
4. abweichend von § 609 des Handelsgesetzbuchs, die Verjährung von Schadensersatzansprüchen wegen Verlust oder Beschädigung von Gut nicht erleichtert werden kann.

[2]Das Recht der Parteien, eine Rechtswahl zu treffen, bleibt unberührt.

(2) Ist ein Konnossement in Deutschland ausgestellt, so ist Absatz 1 Satz 1 nur anzuwenden, wenn sich das Konnossement auf die Beförderung von Gütern von oder nach einem Hafen in einem anderen Vertragsstaat der Haager Regeln bezieht.

(3) Als Vertragsstaat der Haager Regeln ist nicht ein Staat anzusehen, der zugleich Vertragsstaat eines Änderungsprotokolls zu den Haager Regeln ist.

**Schrifttum:** *Herber*, Art. 6 EGHGB-Eine Erwiderung, TranspR 2013, 368; *Ramming*, Der neue Art. 6 EGHGB, RdTW 2013, 174.

## Übersicht

| | Rn. | | | Rn. |
|---|---|---|---|---|
| I. Normzweck | 1–4 | b) Korrektur durch Abs. 3 | | 11–14 |
| | | c) Räumlicher Anwendungsbereich | | 15, 16 |
| II. Entstehungsgeschichte | 5 | 3. Die vorgeschriebenen Modifizierungen | | 17–20 |
| III. Modifizierung des Haftungsrechts im Anwendungsbereich der HR | 6–20 | a) Nr. 1 | | 17 |
| | | b) Nr. 2 | | 18 |
| 1. Charakter der Vorschrift | 6, 7 | c) Nr. 3 | | 19 |
| 2. Anwendungsbereich | 8–16 | d) Nr. 4 | | 20 |
| a) Vertragsstaaten der HR | 8–10 | IV. Vorbehaltene Rechtswahl | | 21, 22 |

## I. Normzweck

Die Vorschrift dient der **Wahrung völkerrechtlicher Verpflichtungen** Deutschlands **1** aus dem Internationalen Abkommens vom 25. August 1924 zur Vereinheitlichung von Regeln über Konnossemente (sog. Haager Regeln – HR). Sie ist erforderlich, weil die Bundesregierung sich nicht entschließen konnte, entsprechend dem Vorschlag der Sachverständigengruppe[1] dieses alte und inhaltlich überholte Übereinkommen zu kündigen.

Diesen Zweck der Vorschrift verkennt *Ramming*[2], wenn er von „Rückanpassung" des **2** deutschen Seerechts an die HR spricht. Für den Gesetzgeber handelte es sich keineswegs darum, dieses alte, völlig überholte Übereinkommen als Vorbild zu nehmen, vielmehr nur darum, es in dem engsten völkerrechtlich gebotenen Umfang zu wahren[3] (wenn man schon – wie *Ramming* selbst in der Stellungnahme des Deutschen Vereins für Internationales Seerecht[4] – seine Kündigung entgegen dem Vorschlag des BerSV ablehnt). Das neue Recht ist teils, aber nicht vollständig an die HVisbyR angepasst; deren Ratifizierung ist aber auch vom DVIS nicht vorgeschlagen worden, der die Ratifizierung der RR vorgezogen hätte, obgleich deren Inkrafttreten in überschaubarer Zukunft nicht zu erwarten ist.

Die Vorschrift stellt **für die Rechtsanwendung eine Belastung** dar, die durch die **3** Kündigung der HR hätte vermieden werden können und sollen. Die fortdauernde Mitgliedschaft Deutschlands in diesem heute überholten und nur noch von wenigen Staaten in seiner Urform angewendeten Übereinkommen bringt für Deutschland keine Vorteile. Soweit die Regeln mit Rücksicht auf die internationale Übung – in modern abgewandelter Form – noch in das neue deutsche Recht übernommen worden sind, zählt für die praktische Handhabung des neuen Rechts im internationalen Raum allein die verbliebene Übereinstimmung mit den HVisbyR, nicht die formale Bindung an die alten HR.

Allerdings hatte die Vorschrift einen durch das 2. SeeRÄndG geschaffenen **Vorläufer 4 in Art. 6 EGHGB aF.** Diese Bestimmung hatte nicht nur die Aufgabe, die schon damals aus politischen Gründen aufrechterhaltene Bindung an die HR zu sichern, sondern diente zugleich der Umschreibung des Anwendungsbereichs der aus den VisbyR vollständig übernommenen Haftungsregeln. Da diese Deckungsgleichheit mit den VisbyR nach neuem Recht nicht mehr besteht und die neuen Haftungsregeln – mit der einzigen Ausnahme der Bindung an die HR – ohne Rücksicht auf die Zugehörigkeit eines Landes zu den VisbyR angewendet werden sollen, konnte Art. 6 immerhin gegenüber der alten Fassung in seiner Struktur wesentlich vereinfacht werden.

## II. Entstehungsgeschichte

Die Vorschrift wurde erst in den RegE-SRG aufgenommen. Sie hat kein Vorbild im **5** BerSV, weil die Sachverständigengruppe vorgeschlagen hat, die HR zu kündigen. Im Gesetzgebungsverfahren wurden keine Änderungen vorgenommen.

## III. Modifizierung des Haftungsrechts im Anwendungsbereich der HR

**1. Charakter der Vorschrift.** Die Bestimmung enthält eine sog. **Eingriffsnorm des 6 internationalen Privatrechts.** Wie das internationale Privatrecht allgemein ist sie nach der *lex fori* anzuknüpfen, das deutsche Gericht wendet sie also ohne weitere Prüfung des im Übrigen auf den Vertrag anzuwendenden Rechts an.

Ein Seefrachtvertrag, für den ein Konnossement in Deutschland oder in einem anderen **7** Vertragsstaat der HR ausgestellt worden ist, bleibt **im Übrigen** der nach der **Rom I-VO** zu ermittelnden oder, bei Rechtswahl, der vereinbarten Rechtsordnung unterworfen. Lediglich die in **Abs. 1** Satz 1 genannten Haftungsbestimmungen sind stets dem deutschen Recht mit den in **Nr. 1–4** genannten Modifikationen zu entnehmen. Der Fall der Anknüp-

---

[1] BerSV S. 75; so auch noch RefE-SRG S. 84.
[2] RdTW 2013, 174, 182.
[3] RegE-SRG S. 46.
[4] Heft B 19 des DVIS von 2012.

fung des Vertrages durch Rechtswahl findet noch eine – überflüssige und wegen ihrer allgemeinen Formulierung zu Missverständnissen Anlass bietende – Klarstellung in Abs. 1 Satz 2 (dazu u. Rn. 22).

8    **2. Anwendungsbereich. a) Vertragsstaaten der HR.** Das Konnossement muss **in einem Vertragsstaat der HR ausgestellt** worden sein. Dieses aus Art. 10 HR entnommene[5] Kriterium ist allein maßgebend für die Anwendung der Vorschrift. Auf andere Merkmale des verbrieften Vertrages kommt es – außer für die Ausnahme des Abs. 2 – nicht an; weder die Staatsangehörigkeit des Verfrachters oder der Ladungsbeteiligten, noch die Flagge des Schiffes spielen eine Rolle.[6] Nach anderen Kriterien kann zwar auf den Vertrag im Übrigen ein anderes Recht als das deutsche anzuwenden sein, doch wendet ein deutsches Gericht auf die Güterschadenshaftung stets die in Abs. 1 genannten Bestimmungen an.

9    Es muss sich um ein **Konnossement iS der §§ 513 ff.** handeln. Ein Durchkonnossement (das eine multimodale Beförderung verbrieft) genügt dieser Anforderung nicht. Formal, weil es ein Ladeschein iS der §§ 443 ff. ist (§ 443 Rn. 35). Und sachlich, weil die Anwendung des Vorbehalts auf Durchkonnossemente nicht geboten ist, denn die HR, um deren Einhaltung es bei der Vorschrift geht, gelten nur für reine Seebeförderungen und können deshalb durch ein Dokument, das eine andere, wenn auch weitergehende Beförderung verbrieft, nicht verletzt werden.

10    Die **Liste der Staaten, die noch den HR in der Fassung von 1924 angehören,** ergibt sich aus dem im Bundesgesetzblatt Teil II veröffentlichten Bekanntmachungen. Algerien (BGBl. 1964 II S. 1217), Argentinien (BGBl. 1964 II S. 656), Belgien (BGBl. 1939 II S. 1049; BGBl. 1954 II S. 466), Bolivien (BGBl. 1982 II S. 745), Côte d'Ivoire (BGBl. 1962 II S. 804), Ecuador (BGBl. 1977 II S. 639), Fidschi (BGBl. 1972 II S. 1614), Frankreich (BGBl. 1970 II S. 1042; BGBl. 1954 II S. 466), Iran (BGBl. 1966 II S. 516), Irland (BGBl. 1964 II S. 656), Israel (BGBl. 1959 II S. 1498), Jugoslawien, ehemaliges (BGBl. 1959 II S. 837), Kongo, Demokratische Rep. (BGBl. 1968 II S. 808), Kroatien (BGBl. 1993 II S. 219), Kuba (BGBl. 1978 II S. 405), Kuwait (BGBl. 1970 II S. 1042), Lettland (BGBl. 2002 II S. 1684), Litauen (BGBl. 2008 II S. 275), Luxemburg (BGBl. 1992 II S. 1177), Madagaskar (BGBl. 1972 II S. 874), Mauritius (BGBl. 1972 II S. 874), Monaco (BGBl. 1968 II S. 808), Peru (BGBl. 1965 II S. 35), Polen (BGBl. 1983 II, S. 332), Portugal (BGBl. 1939 II S. 1049), Salomonen (BGBl. 1982 II S. 69), Schweiz (BGBl. 1954 II S. 1043), Senegal (BGBl. 1978 II S. 405), Singapur (BGBl. 1976 II S. 1722), Slowenien (BGBl. 2001 II S. 898), Spanien (BGBl. 1938 II S. 1049), Sri Lanka (BGBl. 1968 II S. 808), Syrien (BGBl. 1976 II S. 1722), Tansania (BGBl. 1964 II S. 656), Tonga (BGBl. 1978 II S. 1364), Türkei (BGBl. 1957 II S. 41), Ungarn (BGBl. 1939 II S. 1049), Vereinigte Staaten (BGBl. 1939 II S. 1049; BGBl. 1954 II S. 466).

11    **b) Korrektur durch Abs. 3.** Bei der Bestimmung der Staaten, denen Deutschland als Vertragsstaat der HR zu deren Einhaltung verpflichtet ist, ergab sich für den Gesetzgeber das Problem, dass **einige dieser Staaten das Protokoll von 1968** (die sog. Visby Regeln [VisbyR]) **ratifiziert, die HR in ihrer alten Fassung aber nicht gekündet** haben. Art. 6, 7 VisbyR enthalten keine ausdrückliche Verpflichtung zur Kündigung, sehen aber vor, dass HR und VisbyR als ein einheitliches Abkommen gelten („Hague Rules as amended by the Visby Protocol") und dass die Kündigung der alten HR nicht als Kündigung dieses konsolidierten Übereinkommens gilt. Deshalb haben die meisten Vertragsstaaten der VisbyR die alten HR gekündigt, die in ihrem nicht modifizierten Inhalt mit dem Übereinkommen nicht vereinbar sind. Einige Staaten haben dies jedoch unterlassen.

12    **Abs. 3** stellt die **Vertragsstaaten der HR, die auch die VisbyR ratifiziert haben** oder ihnen beigetreten sind, ohne die HR zu kündigen, **den Nichtvertragsstaaten der HR gleich.** Denn diesen Staaten gegenüber wäre es sinnwidrig, die Modifikationen des

---

[5] RegBegr-SRG S. 137.
[6] Die RegBegr-SRG S. 138 verweist für diese Auslegung des unklaren Art. 10 HR auf die klarstellende Regelung des Art. 10 Satz 1 VisbyR.

Abs. 1 anzuwenden, wenn sie selbst diese auf den alten HR beruhenden Regeln nicht mehr anwenden. Die RegBegr-SRG[7] nennt ein praktisches Beispiel: Frankreich hat die VisbyR ratifiziert, ohne die HR zu kündigen. Ohne die Korrektur des Abs. 3 dürfte für ein in Frankreich ausgestelltes Konnossement bei Anwendung des § 504 nur die Haftungsbeschränkung nach Stück oder Einheit, nicht die nach Gewicht angewendet werden, obwohl die alternative Gewichtsbegrenzung sowohl in Frankreich (nach den VisbyR und nach französischem innerstaatlichem Recht) als auch in Deutschland – und hier auch schon bisher – angewendet wird.

Die **Vertragsstaaten der VisbyR** sind bisher gem. Art. 6 Abs. 3 aF im BGBl. Teil I **13** bekanntgemacht worden.[8] Künftig entfallen diese Bekanntmachungen; die Vertragsstaaten müssen deshalb – weil sie für das Übereinkommen, dem Deutschland nicht angehört, nicht im BGBl. bekannt gemacht werden – aus der Webseite der belgischen Regierung (als Depositarmacht) entnommen werden.[9] Nach Feststellung der RegBegr-SRG gehören nach Vergleich der beiden Vertragsstaatenlisten **folgende Staaten beiden Abkommen** an: Belgien, Ecuador, Frankreich, Kroatien, Luxemburg, Polen, Schweiz, Singapur, Spanien, Sri Lanka, Syrien und Tonga. Hinzukommen dürften noch Lettland und Litauen.[10] Diese sind deshalb nach Abs. 3 nicht als Vertragsstaaten der HR im Sinne von Abs. 1 anzusehen und von der Liste der Vertragsstaaten der HR[11] abzuziehen, denen gegenüber Abs. 1 anzuwenden ist.

**Danach fallen unter Abs. 1 – außer Deutschland, dieses jedoch mit der Ein- 14 schränkung des Abs. 2 – gegenwärtig folgende Staaten. Algerien, Argentinien, Bolivien, Côte d'Ivoire, Fidschi, Iran, Irland, Israel, Jugoslawien (ehemaliges) Kongo, Demokratische Rep., Kuba, Kuwait, Madagaskar; Mauritius, Monaco, Peru, Portugal, Salomonen, Senegal, Slowenien, Tansania, Türkei, Ungarn, Vereinigte Staaten von Amerika.**

c) Räumlicher Anwendungsbereich. Das **Konnossement** muss **in Deutschland 15 oder einem anderen Vertragsstaat der HR ausgestellt** worden sein. Für den Fall, dass das **Konnossement in Deutschland** ausgestellt worden ist, enthält **Abs. 2** eine **Einschränkung:** Das Konnossement muss eine Beförderung von oder nach einem Hafen in einem anderen Vertragsstaat der Haager Regeln zum Gegenstand haben. **Beförderungen von und nach Deutschland in einen oder aus einem Staat, der nicht Mitgliedstaat der HR ist, unterfallen also auch dann nicht der Regelung, wenn das Konnossement in Deutschland ausgestellt worden ist;** Gleiches gilt für eine deutsche Inlandbeförderung. Für Konnossemente, die in einem anderen Vertragsstaat der HR ausgestellt worden sind, gilt die Regelung des Abs. 1 jedoch stets, unabhängig von der verbrieften Beförderungsstrecke.

Wird das **Konnossement in einem Staat ausgestellt, der nicht Mitgliedstaat der 16 HR (in dem durch Abs. 3 korrigierten Sinne, vgl. Rn. 11 ff.) ist,** so gelten für das Konnossement keine Besonderheiten: Das anwendbare Recht bestimmt sich nach den Regeln der Rom I-VO. Führt diese zur Anwendung deutschen Rechts, gilt dieses ohne die Modifikationen des Abs. 1 Satz 1 Nr. 1–4.

**3. Die vorgeschriebenen Modifizierungen. a) Nr. 1.** Die in das neue deutsche **17** Recht nicht übernommene Vorschrift der HR (Art. 4 § 2 Buchst. a und b), wonach der Verfrachter ein Verschulden seiner Leute und der Schiffsbesatzung nicht zu vertreten hat, wenn der Schaden durch ein Verhalten bei der **Führung oder der sonstigen Bedienung des Schiffes oder durch Feuer oder Explosion** an Bord des Schiffes entstanden ist, gilt kraft Gesetzes; es bedarf insoweit also nicht der Vereinbarung nach § 512.

---

[7] S. 138.
[8] Vgl. BGBl. 1986 I S. 1162; 1992 I S. 744; 2001 I S. 2576.
[9] Für welche die RegBegr-SRG S. 139, die Adresse angibt: http://diplomatie.belgium.be/fr/traites/la_belgique_depositaire/#1.
[10] Bek. BGBl. 2009 I S. 2996.
[11] Die sich mit Stand vom 31.12.2013 auch aus dem Fundstellenverzeichnis B zum BGBl. (S. 297) zusammenfassend entnehmen lässt.

**18**    **b) Nr. 2.** Bei der Berechnung der Haftungshöchstsumme **nach § 504 ist** (entsprechend Artikel 4 § 5 HR) **lediglich die Bemessung nach Stück oder Einheit (von 666,67 SZR) anzusetzen,** nicht auch (alternativ) die Gewichtsbegrenzung (2 SZR je kg). Es bleibt jedoch bei der sog. Containerklausel (§ 504 Abs. 1 Satz 2); diese ist zwar ebenfalls nicht in den HR vorgesehen, sie erschien jedoch zur Auslegung der Begriffe „Stück oder Einheit" mit den HR vereinbar. Gleiches gilt für die Anwendung des Satzes von 666,67 SZR, der in Ermangelung einer anderen Umrechnung der in den HR vorgesehenen 100 engl. Goldpfund von 1924 als angemessenes Äquivalent für deren hypothetischen Wert angesehen wird.[12]

**19**    **c) Nr. 3.** Die liberalere Dispositionsmöglichkeit des § 525 entfällt. Die in den in Abs. 1 genannten Haftungsvorschriften angeordnete – inhaltlich im Wesentlichen den HR entsprechende – **Haftung gilt zu Lasten des Verfrachters zwingend,** kann also auch nicht durch Individualvereinbarung abgemildert werden. Dies dient der Anpassung an Art. 3 § 8, Art 4 § 5 und Art. 5 Satz 1 HR.[13]

**20**    **d) Nr. 4.** Die **Verjährung** der Ersatzansprüche – von einem Jahr, § 605 Nr. 1 – **kann nicht,** wie es § 609 erlaubt, **verkürzt werden.** Zulässig bleibt jedoch eine vertragliche Verlängerung der Verjährungsfrist.

### IV. Vorbehaltene Rechtswahl

**21**    **Abs. 1 Satz 2** stellt fest, dass die Parteien auch im Anwendungsbereich des Art. 6 EGHGB eine Rechtswahl treffen können. Das **für den Frachtvertrag im Ganzen geltende Recht kann frei gewählt werden, es bleibt jedoch stets bei der Anwendung der in Satz 1 genannten Vorschriften des deutschen Rechts mit den dort unter Nr. 1–4 aufgeführten Modifikationen, soweit die persönlichen und räumlichen Voraussetzungen der Anwendung des Art. 6 EGHGB vorliegen.** Es gilt also dasselbe wie bei objektiver Anknüpfung an ein fremdes Recht (vgl. Rn. 7).

**22**    Die Vorschrift wird gelegentlich dahin **missverstanden,**[14] dass die Parteien durch die Wahl einer anderen Rechtsordnung für den Vertrag auch der Anwendung des Abs. 1 Satz 1 entgehen könnten. Diese Auslegung liefe jedoch dem Zweck der Regelung des Abs. 1 Satz 1 zuwider, die der Herstellung der Vereinbarkeit mit den HR dient, welche eine Abwahl ihres zwingenden Rechts nicht erlauben. Eine solche Auslegung ist deshalb offenbar sinnwidrig und auch durch den Wortlaut der Bestimmung nicht geboten, welcher dem Sprachgebrauch des internationalen Privatrechts durchaus entspricht: Die Rechtswahl ebenso wie die objektive Anknüpfung nach Art. 5 Rom I-VO bestimmen das auf den Vertrag anzuwendende Recht; die Modifikationen des Abs. 1 Satz 1 sind sog. Eingriffsnormen, mit denen der deutsche Gesetzgeber einzelne Aspekte der Vertrags, hier die Güterschadenshaftung, ohne Rücksicht auf dessen Gesamtstatut regelt. Die Eingriffsnomen sind durch Art. 9 Rom I-VO ausdrücklich zugelassen und von der international-privatrechtlichen Anknüpfung des Vertrages zu trennen; ihre Anwendung bestimmt sich stets nach der *lex fori.*

### Art. 7 EGHGB [Anwendung handelsrechtlicher Vorschriften auf Nichterwerbsschiffe und auf andere als handelsrechtliche Ansprüche]

    **(1) Folgende Vorschriften des Handelsgesetzbuchs sind auch anzuwenden, wenn das Schiff nicht zum Erwerb durch Seefahrt betrieben wird:**
    **1. § 480 über die Verantwortlichkeit des Reeders für ein Mitglied der Schiffsbesatzung und einen an Bord tätigen Lotsen,**

---

[12] Wie auch schon nach Art. 6 Abs. 2 EGHGB aF; vgl. RegBegr-SRG S. 138.
[13] RegBegr-SRG S. 137.
[14] Vgl. *Ramming* RdTW 2013, 174, 182.

**2.** die §§ 570 bis 573 und 606 Nummer 2, dieser in Verbindung mit § 607 Absatz 6 und § 608, über die Haftung im Falle des Zusammenstoßes von Schiffen,

**3.** die §§ 574 bis 587 und 606 Nummer 3, dieser in Verbindung mit § 607 Absatz 7 sowie den §§ 608 und 610, über Bergung,

**4.** die §§ 611 bis 617 über die Beschränkung der Haftung.

(2) Die Vorschriften der §§ 611 bis 617 des Handelsgesetzbuchs sind auch auf Ansprüche, die nicht auf den Vorschriften des Handelsgesetzbuchs beruhen, sowie auf andere als privatrechtliche Ansprüche anzuwenden.

(3) Die Haftung für Seeforderungen aus Vorfällen bis zu dem Inkrafttreten des Protokolls von 1996 zur Änderung des Übereinkommens von 1976 über die Beschränkung der Haftung für Seeforderungen (BGBl. 2000 II S. 790) oder bis zu dem Inkrafttreten einer späteren Änderung des Übereinkommens für die Bundesrepublik Deutschland kann nach den bis zu dem Zeitpunkt des jeweiligen Vorfalls geltenden Bestimmungen beschränkt werden.

## Übersicht

|  | Rn. |  | Rn. |
|---|---|---|---|
| I. Normzweck | 1 | c) Regeln über die Bergung (Abs. 1 Nr. 3) | 8, 9 |
| II. Entstehungsgeschichte | 2 | d) Die allgemeine (sog. „globale") Haftungsbeschränkung (Abs. 1 Nr. 4) | 10, 11 |
| III. Erstreckung handelsrechtlicher Vorschriften auf Nichterwerbsschiffe (Abs. 1) | 3–11 | IV. Anwendung der allgemeinen (sog. „globalen") Haftungsbeschränkung auf andere als handelsrechtliche Ansprüche (Abs. 2) | 12–14 |
| 1. Nichterwerbsschiffe | 3 |  |  |
| 2. Die Tatbestände im Einzelnen | 4–11 |  |  |
| a) Verantwortlichkeit für Schiffsbesatzung und Lotsen (Abs. 1 Nr. 1) | 4 |  |  |
| b) Haftung aus dem Zusammenstoß von Schiffen (Abs. 1 Nr. 2) | 5–7 | V. Zeitlicher Anwendungsbereich (Abs. 3) | 15, 16 |

### I. Normzweck

Die Vorschrift erstreckt zentrale Haftungsbestimmungen des Seehandelsrechts auf **1** Schiffe, die nicht dem Erwerb durch Seefahrt dienen (sog. **Nichterwerbsschiffe**) **(Abs. 1).** Sie erweitert ferner – für alle erfassten Schiffe – den Anwendungsbereich der Vorschriften über die allgemeine (sog. „globale") Haftungsbeschränkung **auf andere als privatrechtliche Ansprüche (Abs. 2).** Schließlich enthält sie eine aus Anlass der Ratifizierung des Änderungsprotokolls von 1996 zum HBÜ erlassene Bestimmung über die zeitliche Anwendung der Änderung, die auch für künftige Änderungen von Bedeutung sein kann **(Abs. 3).**

### II. Entstehungsgeschichte

Die Vorschrift wurde durch das 1. SeeRÄndG grundlegend neu gestaltet, durch das **2** 2. SeeRÄndG modifiziert und durch das SRG lediglich an die neue Nummerierung und neue Diktion von Vorschriften angepasst.[1]

### III. Erstreckung handelsrechtlicher Vorschriften auf Nichterwerbsschiffe (Abs. 1)

**1. Nichterwerbsschiffe.** Schiffe, die nicht dem Erwerb durch Seefahrt dienen, können **3** sowohl private Eigentümer haben (Sportschiffe, Luxusyachten, auch stillgelegte Handelsschiffe) als auch öffentlich-rechtliche (Bereisungsschiffe, Zoll- und Polizeiboote). Zu den Nichterwerbsschiffen gehören **auch Schiffe im hoheitlichen Dienst,** insbesondere Kriegsschiffe. Sie alle unterfallen nicht dem 5. Buch des HGB, denn ihre Eigentümer sind nicht Reeder iSd. § 476 HGB.

---

[1] Vgl. die Begründungen in RegBegr. 1. SeeRÄndg BT-Drs. VI/2225 S. 41; RegBegr. 2. SeeRÄndG BT-Drs. 10/3852 S. 39; RegB Egr.-SRG S. 138 f.

**4**   **2. Die Tatbestände im Einzelnen. a) Verantwortlichkeit für Schiffsbesatzung und Lotsen (Abs. 1 Nr. 1).** Die Anwendung des § 480 HGB über die Reederhaftung auf Nichterwerbsschiffe muss so verstanden werden, dass **an Stelle des Reeders der Eigentümer** haftet, dem hier ja definitionsgemäß gerade das den Reederbegriff ausmachende Merkmal des Betriebes zum Erwerb durch Seefahrt fehlt. Anwendbar ist deshalb auch § 477 HGB, wonach der Ausrüster (der hier gelegentlich als „quasi-Ausrüster"[2] bezeichnet wird, um eine Analogie zu verdeutlichen) an die Stelle des Reeders – hier des Eigentümers – tritt, wenn das Schiff von einem anderen als diesem betrieben wird.

**5**   **b) Haftung aus dem Zusammenstoß von Schiffen (Abs. 1 Nr. 2).** Die Verweisung auf die materiellen Vorschriften über die Schadensersatzpflicht bei Schiffszusammenstoß und Fernschädigung (§§ 570–573 HGB) wird ergänzt durch die **Inbezugnahme der Verjährungsbestimmungen;** danach beträgt die Verjährungsfrist für diese Ansprüche zwei Jahre (§ 606 Nr. 2 HGB), beginnt mit dem den Schaden auslösenden Ereignis (§ 607 Abs. 6 HGB) und wird durch eine sog. Haftbarhaltungs-Erklärung gehemmt (§ 608 HGB). Die Regelung hat besondere praktische Bedeutung für Sportschiffe und Yachten

**6**   Einer Ausnahme für die Regeln über die gerichtliche Zuständigkeit für Ansprüche aus Schiffszusammenstößen, wie sie bisher in Art. 7 Abs. 1 Satz 2 EGHGB aF enthalten war, bedarf es nicht mehr, weil die Verfahrensvorschriften nicht mehr im HGB geregelt sind, vielmehr unmittelbaren dem IÜZZ oder – soweit dieses nicht anwendbar ist – der EuGVVO oder den allgemeinen Zuständigkeitsregeln entnommen werden müssen.[3]

**7**   Für Schiffe, die einem Staat gehören oder in seinen Diensten stehen, gilt das IÜZZ nicht (Art. 5 IÜZZ); insofern gelten die allgemeinen Zuständigkeitsregeln. Dabei ist jedoch zu berücksichtigen, dass **Staatsschiffe,** die **im hoheitlichen Dienst** eingesetzt werden (Kriegsschiffe, Zollboote, Staatsyachten) **Immunität** genießen und deshalb nicht einer fremden Gerichtsbarkeit unterstellt sind; vgl. dazu das Übereinkommen über die Immunitäten der Staatsschiffe[4] vom 10.4.1926, das andererseits ausdrücklich klarstellt, dass Staathandelsschiffe keine Immunität genießen.

**8**   **c) Regeln über die Bergung (Abs. 1 Nr. 3).** Ebenso wie die Regeln über den Zusammenstoß sind auch die Bergungsvorschriften auf Nichterwerbschiffe anzuwenden, namentlich auf **Sportschiffe und Yachten.** Das entspricht dem Bergungsübereinkommen. Außer den materiellen Vorschriften der §§ 574–587 HGB sind auch bei der Bergung die Bestimmungen über die Verjährung (§§ 606 Nr. 3, 607 Abs. 6 und 608 HGB) in Bezug genommen. Ferner ist die Gleichstellung außervertraglicher Ansprüche mit Ansprüchen aus einer auf Vertrag beruhenden Bergung (§ 610 HGB)[5] anwendbar.

**9**   Erfasst von der Regelung werden auch **Staatsschiffe im hoheitlichen Dienst.** Für diese bestehen jedoch Einschränkungen: Sofern solche Schiffe nach allgemein anerkannten Grundsätzen des Völkerrechts Staatenimmunität genießen (wie Kriegsschiffe, Zollboote, Staatsyachten), kann an ihnen kein Schiffsgläubigerrecht (oder, an anderen geretteten Gegenständen: kein Pfandrecht) geltend gemacht[6] werden (§ 585 Abs. 3 Nr. 2 HGB); ferner kann von dem Berger eines solchen Schiffes vom Eigentümer keine Sicherheit für den Bergelohn verlangt werden (§ 587 Abs. 1 Satz 2 HGB).[7]

**10**   **d) Die allgemeine (sog. „globale") Haftungsbeschränkung (Abs. 1 Nr. 4).** Die Haftungsbeschränkung nach §§ 611–617 HGB und dem in § 611 HGB in Bezug genommenen HBÜ gilt auch für Nichterwerbsschiffe. Diese Erstreckung konnte vorgenommen werden, als – durch das 1. SeeRÄndG – das Rechtsinstitut von der früheren dinglichbeschränkten Reederhaftung auf das Summenhaftungsprinzip umgestellt wurde. Nach

---

2  *Rabe* HGB § 485 Rn. 8, § 510 Rn. 17 unter Hinweis auf BGHZ 25, 244.
3  Vgl. dazu Vor § 570 Rn. 30 ff.; RegBegr-SRG S. 122.
4  RGBl. 1927 II S. 483 mit Protokoll von 1934, RGBl. 1936 II S. 303.
5  Sie unterliegt auch dann, zumindest ergänzend, den Bergungsvorschriften.
6  Der Ausdruck ist irreführend: An Staatsschiffen entsteht schon gar kein Schiffsgläubigerrecht.
7  Diese Systematik kann man bedenklich finden, doch ist der Inhalt klar.

dem seitdem geltenden – später durch das 2. SeeRÄndG modifizierten, aber im Prinzip beibehaltenen – Haftungsbeschränkungsregime, das nicht mehr notwendig die Sicherung der der Beschränkung unterliegenden Ansprüche durch ein Schiffsgläubigerrecht voraussetzt, können **auch Schiffe im hoheitlichen Dienst** die allgemeine Haftungsbeschränkung für sich in Anspruch nehmen. Ein Schiffsgläubigerrecht kann an ihnen nicht begründet werden.

Auch diese Regelung hat besondere Bedeutung für **Sportboote, soweit** sie **Seeschiffe**  **11** sind. Zu berücksichtigen ist hier die Sonderregelung für kleine Schiffe (bis 250 RZ), für die ein (Sachschadens-) Haftungsbetrag von 500.000 SZR gilt.[8]

## IV. Anwendung der allgemeinen (sog. „globalen") Haftungsbeschränkung auf andere als handelsrechtliche Ansprüche (Abs. 2)

**Abs. 2** eröffnet die Haftungsbeschränkung nach § 611 iVm. Art. 1 HBÜ auch für  **12** Ansprüche, die nicht auf den Vorschriften des Handelsgesetzbuchs beruhen. Als privatrechtliche Ansprüche außerhalb des Handelsgesetzbuches kommen besonders in Betracht Ansprüche aus § 823 BGB, aber auch aus § 1004 BGB. Darüber hinaus gilt – wie der letzte HS klarstellt – die Erstreckung aber selbst dann, wenn die **Ansprüche öffentlich-rechtlicher Natur** sind. Hierunter fallen namentlich Ersatzansprüche der Verwaltung wegen der Beseitigung von Schifffahrtshindernissen (§ 30 BWasserstrassenG).

Bereits durch Art. 7 EGHGB idF des 1. SeeRÄndG wurden die damals neuen Vorschrif-  **13** ten über die Haftungsbeschränkung auch auf Ansprüche für anwendbar erklärt, die „nicht auf den Vorschriften des Handelsgesetzbuchs beruhen.". Die RegBegr. 1. SeeRÄndG[9] hob hervor, dass hierunter Ansprüche nach allgemeinem bürgerlichen Recht (wie etwa nach §§ 823, 1004 BGB) oder auch nach Sondergesetzen (wie etwa nach § 22 WHG) zu verstehen seien.

Unklar blieb jedoch zunächst das Verhältnis zu Ansprüchen aus öffentlichem Recht, das  **14** in der Fassung des 1. SeeRÄndG nicht ausdrücklich erwähnt worden war. Deshalb wurde durch das 2. SeeRÄndG durch Hinzufügung der Worte „„andere als privatrechtliche Ansprüche" klargestellt, dass auch diese Ansprüche der Haftungsbeschränkung unterfallen sollten.[10] Dieser Klarstellung waren Verhandlungen zwischen den beteiligten Bundesministerien vorausgegangen, in denen Übereinstimmung darüber erzielt werden konnte, dass die Schifffahrtsverwaltung insbesondere bei der Inanspruchnahme etwa des für die Kosten einer hoheitlichen Beseitigung von Schifffahrtshindernissen nach § 30 BWasserstrassenG Verantwortlichen nicht mehr – wie zuvor – die Wahl haben sollte, zwischen polizeirechtlichen Ansprüchen oder Ersatzvornahme mit öffentlich-rechtlichen Erstattungsansprüchen ohne Haftungsbeschränkung einerseits und Ansprüchen aus Geschäftsführung ohne Auftrag nach bürgerlichem Recht mit dem Beschränkungseinwand zu wählen. Im Einzelnen dazu ausführlich *Herber*, Haftungsrecht, S. 230.

## V. Zeitlicher Anwendungsbereich (Abs. 3)

**Abs. 3** wurde durch das Ausführungsgesetz zu dem Protokoll von 1996 zur Änderung  **15** des Übereinkommens von 1976 über die Beschränkung der Haftung für Seeforderungen vom 27.6.2000 (BGBl. I S. 938) eingefügt. Er sollte klarstellen, dass die durch das Protokoll vorgenommenen Änderungen erst auf Ereignisse nach dem Zeitpunkt seines Inkrafttretens anzuwenden sind. Wichtig erschien dem Gesetzgeber dabei vor allem die Feststellung, dass die alten Bestimmungen des HBÜ auch nach dessen Kündigung und vor Inkrafttreten des Protokolls weiterhin Anwendung finden sollten.[11]

---

[8] Vgl. § 613 HGB Rn. 3.
[9] BT-Drs. VI/2225 S. 41.
[10] RegBegr. 2 SÄG BT-Drs. 10/3852 S. 39.
[11] Vgl. *Czerwenka* Art. 7 Rn. 11; RegBegr. zu dem Ausführungsgesetz von 2000, BT-Drs. 14/2697 S. 6.

16     Das Protokoll von 1996 zum HBÜ ist für Deutschland am 13.5.2004 in Kraft getreten.[12] Die Übergangsbestimmung dürfte deshalb für dieses kaum noch praktische Bedeutung haben. Sie soll jedoch auch für Änderungen in der Zukunft, die im vereinfachten Revisionsverfahren vorgenommen werden können,[13]Klarheit schaffen.[14]

## Art. 8 EGHGB [Auf Ansprüche aus Bergung anzuwendendes Recht]

**(1) Die §§ 574 bis 580, 582 bis 584, 587 und 606 Nummer 3, dieser in Verbindung mit § 607 Absatz 7 so wie den §§ 608 und 610 des Handelsgesetzbuchs, sind, soweit sich aus Satz 3 und Absatz 3 nichts anderes er gibt, ohne Rücksicht auf das nach Internationalem Privatrecht anzuwendende Recht anzuwenden. Die Aufteilung des Bergelohns und der Sondervergütung zwischen dem Berger und seinen Bediensteten bestimmt sich jedoch, wenn die Bergung von einem Schiff aus durchgeführt wird, nach dem Recht des Staates, dessen Flagge das Schiff führt, sonst nach dem Recht, dem der zwischen dem Berger und seinen Bediensteten geschlossene Vertrag unterliegt. Das Recht der Parteien, eine Rechtswahl zu treffen, bleibt unberührt; unterliegt jedoch das Rechtsverhältnis ausländischem Recht, so sind § 575 Absatz 1 und § 584 Absatz 2 des Handelsgesetzbuchs gleichwohl anzuwenden.**

**(2) Sind die in Absatz 1 Satz 1 genannten Vorschriften anzuwenden, so unterliegt auch der Anspruch des Bergers auf Zinsen deutschem Recht.**

**(3) Bei Bergungsmaßnahmen durch eine Behörde ist für die Verpflichtungen zwischen den Parteien das Recht des Staates maßgebend, in dem sich die Behörde befindet.**

**Schrifttum:** *Bahnsen,* Das internationale Bergungsrecht, TranspR 2010, 317 ff.

### Übersicht

|  | Rn. |  | Rn. |
|---|---|---|---|
| I. Normzweck | 1 | V. Rechtswahl (Abs. 1 Satz 3) | 9–11 |
| II. Entstehungsgeschichte | 2 |  |  |
| III. Grundsatz (Abs. 1 Satz 1) | 3–6 | VI. Zinsen | 12 |
| IV. Ausnahmen: Flagge oder Recht des Dienstverhältnisses (Abs. 1 Satz 2) | 7, 8 | VII. Bergung durch ausländische Behörden | 13 |

## I. Normzweck

1     Die Vorschrift regelt, welches Recht auf die sich aus der Bergung ergebenden Rechtsverhältnisse anzuwenden ist. Danach gilt im Grundsatz vor deutschen Gerichten deutsches Recht als *lex fori (Abs. 1 Satz 1).* Lediglich für die Aufteilung des Bergelohns zwischen Berger und dessen Gehilfen gilt das diesen näher stehende Recht der Flagge oder des Dienstverhältnisses **(Abs. 1 Satz 2).** Die Wahl einer andere Rechtsordnung, die insbesondere in einem Bergungsvertrag getroffen zu werden pflegt, bleibt zulässig, doch gelten die zwingenden Vorschriften der § 575 Abs. 1 HGB (Sorgfaltspflicht des Bergers) und § 584 Abs. 2 HGB (Überprüfung der Bedingungen auf Angemessenheit durch das Gericht) auch dann – als sog. Eingriffsnormen (Art. 34 Rom-I-VO) – unabdingbar. **Abs. 2 und 3** enthalten ergänzende Bestimmungen hierzu.

---

[12] Vgl. Bek. BGBl. 2004 II S. 1793.
[13] Änderungen der Haftungsbeträge können nach Art. 8 des Protokolls von 1996 durch Beschluss einer Mehrheit von Vertragsstaaten mit Bindung auch ohne Ratifikation erfolgen.
[14] *Czerwenka* Art. 7 Rn. 11.

## II. Entstehungsgeschichte

Die Vorschrift wurde durch das 3 SeeRÄndG im Zusammenhang mit der Einarbeitung 2 des Bergungsübereinkommens (IÜB) eingeführt, um die international-privatrechtlichen Vorgaben des Übereinkommens umzusetzen.[1] Durch das SRG wurden die Verweisungen auf die Vorschriften des HGB über die Bergung ohne inhaltliche Änderungen an deren Neufassung angepasst.[2]

## III. Grundsatz (Abs. 1 Satz 1)

Das Bergungsrecht beurteilt sich grundsätzlich nach der *lex fori*, also **bei Verfahren in** 3 **Deutschland nach deutschem Recht.**

Dies gilt jedoch nur, **soweit die Ansprüche in §§ 570 ff. HGB geregelt sind.** Soweit 4 diese Regelung Lücken aufweist, bestimmt sich das anwendbare Recht bei vertraglicher Bergung gem. Art. 4 Abs. 2 Rom I-VO nach dem Recht am Sitz des Bergers.[3] Bei Bergung ohne einen besonderen Vertrag folgt die Anknüpfung Art. 11 Rom-II-VO;[4] die objektive Anknüpfung führt zum Recht des Ortes der Bergung, sofern diese im Küstenmeer geschieht, bei Bergung auf hoher See wohl zum Recht der Flagge des geborgenen Schiffes.[5]

Diese Regel ist in Art. 2 des IÜB vorgegeben, dort jedoch missverständlich ausgedrückt,[6] 5 wenn es heißt: *„Dieses Übereinkommen ist anzuwenden, wenn in einem Vertragstaat ein gerichtliches oder schiedsgerichtliches Verfahren anhängig gemacht wird, das sich auf Regelungsgegenstände des Übereinkommens bezieht."*

Sofern Ansprüche aus Bergung vor einem ausländischen Gericht geltend gemacht wer- 6 den, könnte das deutsche Recht nicht sinnvoll vorschreiben, dass das (eingearbeitete) deutsche Recht gilt.[7] Dass Vertragstaaten das IÜB anwenden müssen, versteht sich von selbst. Dieses muss in ausländischen Staaten, sofern sie nicht Vertragsstaaten des IÜB sind, nicht stets deren *lex fori* sein. Art. 2 IÜB ist wohl einfach so zu verstehen, dass jeder Staat sicherstellen muss, auf Verfahren vor seinen Gerichten das IÜB anzuwenden.[8] Das ist durch Art. 8 Abs. 1 Satz 1 geschehen.

## IV. Ausnahmen: Flagge oder Recht des Dienstverhältnisses (Abs. 1 Satz 2)

Die durch das IÜB vorgegebenen Ausnahmen folgen aus der Natur der Sache. Es handelt 7 sich bei der Verteilung des Lohns um einen **internen Ausgleich** unter den Mitgliedern einer Gemeinschaft, der mit dem eigentlichen Bergungsvorgang nicht in unmittelbarem sachlichem Zusammenhang steht.

Die **Anknüpfung an das Flaggenrecht** stößt auf dieselben Probleme wir bei der 8 Anwendung der Bestimmungen über den Schiffszusammenstoß (Vor § 570 Rn. 16 f.): Schiffe führen sehr oft Flaggen von Staaten, in denen der Reeder nicht seinen Sitz hat. Man kann zweifeln, ob es in diesen Fällen sinnvoll ist, durch Interpretation die rechtlichen Folgen dieser – wenn auch aus anderen, nämlich steuerrechtlichen und schiffsbesetzungsrechtlichen Gründen getroffenen – Flaggenwahl durch die Heranziehung anderer Kriterien (wirtschaftlicher Scherpunkt o.ä.) zu vermeiden. Bei der Bergung spielt die Frage allerdings deshalb keine allzu große Rolle, weil Rechtswahl zulässig und auch üblich ist.

---

[1] Dazu im Einzelnen RegBegr. 3. SeeRÄndG BT-Drs. 14/4672 S. 25.
[2] RegBegr-SRG S. 138; vgl. auch *Czerwenka* Art. 8 EGHGB Rn 2.
[3] Dieser erbringt die vertragstypische Leistung, vgl. auch *Bahnsen* TranspR 2010, 317, 320.
[4] So mit Recht *Bahnsen* TranspR 2010, 317, 321, der das Bergungsrechtsverhältnis hier dem der Geschäftsführung ohne Auftrag gleichachtet.
[5] In entsprechender Anwendung der Regeln über die Anknüpfung beim Schiffszusammenstoß – mit allen Problemen der Flaggenanknüpfung (dazu Vor § 570 Rn. 16); aA *Bahnsen* TranspR 2010, 317, 321: Recht des Heimathafens.
[6] Dazu mit Recht kritisch Bahnsen TranspR 2010, 317, 318.
[7] Insofern ist auch die Bemerkung in der RegBegr. 3. SeeRÄndG BT-Drs. 14/4672 S. 25 schwer verständlich, der deutsche Gesetzgeber habe bewusst auf eine Regelung hierüber verzichtet.
[8] So auch *Bahnsen* TranspR 2010, 317, 318.

V. Rechtswahl (Abs. 1 Satz 3)

9       Die Beteiligten können – auch nach der Bergungsaktion – frei eine andere Rechtsordnung wählen. Der **Kapitän** hat eine **gesetzliche Vollmacht,** diese Vereinbarung auch für den Eigentümer des Schiffes zu treffen (§ 564 HGB). Gleiches gilt, ohne dass dies hier gesagt werden musste, für die Wahl eines Gerichtsstandes. Solche Vereinbarungen sind im Rahmen von Bergungsverträgen üblich; die in aller Regel nach LOF geschlossen werden.[9]

10      Die Vereinbarung kann der Kapitän **auch mit Wirkung für die Ladungsbeteiligten** abschließen (§ 564 HGB). Diese gesetzliche Vollmacht kann aber wohl nicht dafür herangezogen werden, auch die objektive Anknüpfung bei Bergung ohne vertragliche Regelung dahin vorzunehmen, dass die Ansprüche gegen die geborgene Ladung sich nach demselben Statut richten müssten wie die Ansprüche gegen das Schiff.[10]

11      Sofern der Streit vor einem deutschen Gericht – oder Schiedsgericht – ausgetragen wird, bleibt es aber **jedenfalls** bei der **Anwendung der §§ 575 Abs. 1, 584 Abs. 2 HGB.** Die Parteien können nicht auf das Erfordernis der Anwendung der (verkehrsüblichen) Sorgfalt bei der Bergung verzichten, und die Befugnis des Gerichts, unangemessene Vertragsbestimmungen beiseite zu lassen, bleibt unberührt. Diese sog. Eingriffsnormen sind auch im Geltungsbereich der Rom I-VO durch deren Art. 34 gedeckt.

VI. Zinsen

12      **Abs. 2** stellt klar, dass die kollisionsrechtliche Anknüpfung eines Zinsanspruches der des Hauptanspruches folgt. Dieses Prinzip muss auch gelten, wenn der Anspruch selbst durch Parteivereinbarung einem anderen als dem deutschen Recht unterstellt worden ist.

VII. Bergung durch ausländische Behörden

13      **Abs. 3,** der keiner näheren Erläuterung bedarf, stellt eine – in internationalen Übereinkommen häufige – Klausel zum Schutz der Vertragsstaaten selbst dar. Die Regelung soll vermeiden, dass Gerichte fremder Staaten die Behörden eines Staates unangemessen benachteiligen. Soweit es sich um Vertragsstaaten des IÜB handelt, bestehen gegen die Regelung keine Bedenken. Allerdings hat sie für deutsche Gerichte die Folge, dass dann die inkorporierenden Regeln des anderen Staates oder, wenn es an solchen fehlt, der Übereinkommenstext selbst anzuwenden ist; da die deutsche innerstaatliche Regelung das IÜB inhaltsgleich umsetzt, dürften sich hieraus jedoch kaum praktische Unterschiede ergeben. Problematischer ist das Verhältnis zu Nichtvertragsstaaten.

### Art. 71 EGHGB [Bestehende Partenreedereien. Zeitliche Anwendung des Gesetzes]

(1) **Für Partenreedereien und Baureedereien, die vor dem 25. April 2013 entstanden sind, bleiben die §§ 489 bis 509 des Handelsgesetzbuchs in der bis zu diesem Tag geltenden Fassung maßgebend.**

(2) **Auf ein im Fünften Buch des Handelsgesetzbuchs geregeltes Schuldverhältnis, das vor dem 25. April 2013 entstanden ist, sind die bis zu diesem Tag geltenden Gesetze weiter anzuwenden. Dies gilt auch für die Verjährung der aus einem solchen Schuldverhältnis vor dem 25. April 2013 entstandenen Ansprüche.**

**Schrifttum:** *Bote,* Die Partenreederei, in Riegger/Weipert, Münchener Handbuch des Gesellschaftsrechts, Bd. 1, 2. Aufl. 2004; *Bünz/Neubauer,* Die Haftung des Mitreeders einer Partenreederei, TranspR 1983, 85; *Dißars,* Die Vererbung der Schiffspart, TranspR 1997, 143; *Ramming,* Der zeitliche Anwendungsbereich des

---

[9] Lloyds Open Form 2011 (vgl. Anhang B II 2 – S. 1371) sieht in Rule J standardmäßig englisches Recht vor.

[10] So aber *Bahnsen* TranspR 2010, 317, 321.

SHR-ReformG, RdTW 2013, 303; *Ruhwedel,* Die Partenreederei, 1973; *K. Schmidt,* Die Partenreederei als Handelsgesellschaft, 1995; *ders.,* Die Partenreederei, Stiefkind des Unternehmensrechts?, Schriften des DVIS A 89, 1996.

**Übersicht**

| | Rn. | | Rn. |
|---|---|---|---|
| I. Normzweck | 1 | III. Zeitliche Anwendung des Gesetzes | |
| II. Partenreederei (Abs. 1) | 2–6 | (Abs. 2) | 7–13 |

## I. Normzweck

**Abs. 1** erklärt die §§ 489 – 509 HGB aF für weiterhin anwendbar auf Partenreedereien, **1** die vor dem Inkrafttreten des SRG entstanden sind. **Abs. 2** regelt den zeitlichen Anwendungsbereich des Gesetzes.

## II. Partenreederei (Abs. 1)

Die schon lange revisionsbedürftige[1] Partenreederei hat heute ihre Daseinberechtigung **2** verloren[2]. und ist deshalb durch das SRG beseitigt worden In Abs. 1 ist zugleich die Anordnung enthalten, dass seit dem 25.4.2013 Partenreedereien nicht mehr „entstehen" können.[3]

Für bestehende Partenreedereien bleibt es bei den **bisherigen Vorschriften,** die also **3** insoweit fortgelten. Deren Geltung ist nicht zeitlich beschränkt, verliert jedoch ihre Bedeutung, wenn die letzte Partenreederei aufgelöst und abgewickelt ist. Das geschieht spätestens mit der Beendigung der Liquidation (für welche die Geltung der Vorschriften über die Verteilung des Vermögens, über die Schuldenhaftung und die Vertretungsmacht des Korrespondentreeders als Liquidator noch erforderlich ist). **Die Vorschriften der §§ 489–509 HGB aF sind im Folgenden abgedruckt.** Auf eine Kommentierung wird verzichtet; wegen der Erläuterungen zum bisherigen Recht wird insbesondere verwisen auf *Bote,* Die Partenreederei, in Riegger/Weipert, Münchener Handbuch des Gesellschaftsrechts, Bd. 1, 2. Aufl. 2004; *Ruhwedel,* Die Partenreederei, 1973; *Rabe* §§ 489 ff.; *Herber,* Seehandelsrecht, S. 137 ff.

**Künftig** wird man, wenn mehrere Personen sich zum Betrieb oder auch schon zum **4** Bau eines Schiffes zusammentun, **in der Regel eine OHG** anzunehmen haben. Diese ist nicht mehr mit einem Bruchteilseigentum am Schiff verbunden, dessen Begründung es auch nicht mehr bedarf, weil haftungsrechtliche Konsequenzen (§ 507 aF HGB) bei der gesamtschuldnerischen Haftung der Gesellschafter nicht mehr an einen Anteil am Schiff geknüpft sind. Auch die OHG kann unter den Voraussetzungen des § 123 Abs. 2 HGB ebenfalls schon vor der Eintragung im Handelsregister im Aussenverhältnis bestehen.

Schon nach bisherigem Recht konnte neben der Partenreederei im Hinblick auf das **5** **sonstige Vermögen** der Mitreeder neben dem Schiff (Bürogebäude, Kraftfahrzeuge, Lager an Land) eine OHG oder Gesellschaft bürgerlichen Rechts bestehen.[4] Deren Fortbestand und Liquidation wird durch die Regelung des SRG nicht unmittelbar berührt, doch wird häufig der Zweck der Gesellschaft mit der Beendigung der Partenreederei ebenfalls entfallen.

**Weggefallen** ist auch die **Baureederei.** Sie wird künftig – wie bisher schon im Grundsatz **6** allerdings mit reedereirechtlichen Einschlägen[5] – in der Regel als Gesellschaft bürgerlichen Rechts anzusehen sein. Ist der Zweck der Gesellschaft bereits bei Beginn des Baus auf den späteren Betrieb des Schiffes durch die Gesellschafter gerichtet, kann auch schon in der Bauphase im Aussenverhältnis eine OHG bestehen (§ 123 Abs. 2 HGB). Durch Darlehen

---

[1] Dazu *K. Schmidt,* Die Partenreederei als Handelsgesellschaft, 1995
[2] RegBegr.-SRG S. 44.
[3] Der Ausdruck „entstehen" stellt zu Recht darauf ab, dass die Partenreederei kraft Gesetzes entsteht, wenn mehrere Eigentümer ein ihnen gemeinschaftlich zustehendes Schiff zum Erwerb durch die Seefahrt für gemeinschaftliche Rechnung verwenden (§ 489 Abs. 1 aF HGB).
[4] *Herber* S. 138.
[5] *Rabe* HGB § 509 Rn. 3.

für die Beschaffung von Mitteln für den Bau oder durch Käufe von Material[6] werden die Gesellschafter dann bereits gesamtschuldnerisch unbegrenzt verpflichtet; dieser Gefahr können sie nur durch frühzeitige Gründung einer KG und deren Eintragung in das Handelsregister[7] entgehen.

### III. Zeitliche Anwendung des Gesetzes (Abs. 2)

7      Das SRG ist am 25. April 2013 in Kraft getreten.[8] Dem entspricht die Abgrenzung in Abs. 2.

8      **Abs. 2 Satz 1** nennt nur die im Fünften Buch geregelten Rechtsverhältnisse. Das ist, wie *Ramming*[9] bemerkt, zu eng, da auch die kleineren Änderungen im 4 Buch und Rückwirkungen auf Verträge, die nach BGB zu beurteilen sind, in Betracht kommen können. Da die Vorschrift jedoch dem allgemeinen Grundsatz des Art. 170 EGBGB entspricht, gelten schon über diesen dieselben Regeln für etwa nicht erfasste Schuldverhältnisse.

9      Für die im Fünften Buch geregelten Verträge **(Seefrachtvertrag, Schiffsüberlassungevertrag)** gilt, dass die Ansprüche aus diesen mit dem Vertragsschluss entstehen. Zweifelhaft könnte dies für das Rechtsverhältnis zwischen Geschädigtem und ausführendem Verfrachter sein; für dessen Entstehen ist Voraussetzung, dass der Hauptfrachtvertrag am oder nach dem 25. April 2013 geschlossen wurde.[10]

10      Die Regelung gilt auch für vorvertragliche Schuldverhältnisse oder **Rahmenverträge,** welche den künftigen Abschluss von Seefracht- oder Schiffsüberlassungsverträgen zum Gegenstand haben.

11      **Pfandrechte** folgen dem Recht der Forderung.

12      Die Folgen der – inhaltlich durch das SRG nicht geänderten – **allgemeinen Haftungsbeschränkung (§§ 611 ff. HGB),** sei es durch Errichtung eines Haftungsfonds, sei es, durch bloße Einrede im Prozess, bestimmen sich nicht[11] nach dem Zeitpunkt der Geltendmachung der Beschränkung. Dies würde vielleicht für das Verfahren der Beschränkung gelten, wenn es durch das SRG geändert worden wäre. Gegenstand des Verfahrens sind jedoch die in ihm zu berücksichtigenden materiellen Ansprüche, die jeweils nach den zur Zeit ihres Entstehens geltenden Vorschriften zu beurteilen sind. Hier können sich im Hinblick auf die veränderten Haftungsbestimmungen durchaus Unterschiede ergeben.

13      Für die Verjährung der von Abs. 2 Satz 1 erfaßten Ansprüche[12] gilt nach **Abs. 2 Satz 2** derselbe Grundsatz wir für den Anspruch selbst: Die Verjährung richtet sich nach derselben zeitlichen Abgrenzung wie der Anspruch selbst. Diese Regelung weicht bewusst[13] ab von dem in Art. 169, 229 § 6 EGBGB normierten allgemeinen Grundsatz, wonach neue Verjährungsvorschriften auch auf Ansprüche anzuwenden sind, die bei deren Inkrafttreten noch nicht verjährt sind. Es bleibt also für **Ansprüche,** die noch **nach altem Recht** zu beurteilen sind, auch nach Inkrafttreten des SRG bei den **früheren Verjährungsvorschriften.**

---

[6] Diese sind Vorbereitungshandlungen für den späteren Betrieb des Schiffes und stellen deshalb bereits die Geschäftsaufnahme iS des § 123 Abs. 2 HGB dar, vgl. Baumbach/*Hopt* § 125 Rn. 10 mN.

[7] Bis zu der sie unbegrenzt für alle von den Gesellschaftern eingegangenen Verbindlichkeiten haften, § 176 Abs. 1 HGB.

[8] Außer der in Art. 1 Nr. 27 SRG angeordneten Änderung des § 450 HGB, die wegen der Weitergeltung der HR bis zu deren Außerkrafttreten für Deutschland aufgeschoben wurde, vgl. dazu HGB § 450 Rn. 2a, 15a.

[9] RdTW 2013, 303, 308.

[10] So auch *Ramming* RdTW 2013, 303, 305.

[11] So aber *Ramming* RdTW 2013, 303, 306.

[12] Hier sind etwa vom Wortlaut nicht erfasste Ansprüche außerhalb des Fünften Buches (vgl. Rn. 8) gleichzuachten, vgl. auch *Ramming* RdTW 2013, 303, 308.

[13] RegBegr-SRG S. 139; *Czenwenka* Art. 71 EGHGB Rn. 6. Die Begründung weist mit Recht darauf hin, dass diese Reglung in der Praxis wesentlich einfacher zu handhaben ist als die komplizierte der Art. 169, 229 § 6 EGBGB.

## Anhang: §§ 489–509 HGB aF

### § 489 *[Begriff der Reederei; Partenreederei]*

*(1) Wird von mehreren Personen ein ihnen gemeinschaftlich zustehendes Schiff zum Erwerbe durch die Seefahrt für gemeinschaftliche Rechnung verwendet, so besteht eine Reederei.*

*(2) Der Fall, wenn das Schiff einer Handelsgesellschaft gehört, wird durch die Vorschriften über die Reederei nicht berührt.*

### § 490 *[Rechtsverhältnis der Mitreeder]*

*[1]Das Rechtsverhältnis der Mitreeder untereinander bestimmt sich zunächst nach dem zwischen ihnen geschlossenen Vertrage.[2]Soweit eine Vereinbarung nicht getroffen ist, finden die nachstehenden Vorschriften Anwendung.*

### § 491 *[Beschlüsse der Mitreeder]*

*(1) [1]Für die Angelegenheit der Reederei sind die Beschlüsse der Mitreeder maßgebend. [2]Bei der Beschlußfassung entscheidet die Mehrheit der Stimmen. [3]Die Stimmen werden nach der Größe der Anteile der Mitreeder (Schiffsparten) berechnet; die Stimmenmehrheit für einen Beschluß ist vorhanden, wenn der Person oder den Personen, die für den Beschluß gestimmt haben, zusammen mehr als die Hälfte der Gesamtheit der Anteile, nach der Größe berechnet, zusteht.*

*(2) Einstimmigkeit sämtlicher Mitreeder ist erforderlich zu Beschlüssen, die eine Abänderung des Reedereivertrags bezwecken oder die den Bestimmungen des Reedereivertrags entgegen oder dem Zwecke der Reederei fremd sind.*

### § 492 *[Korrespondentreeder]*

*(1) [1]Durch Beschluß der Mehrheit kann für den Reedereibetrieb ein Korrespondentreeder (Schiffsdirektor, Schiffsdisponent) bestellt werden. [2]Zur Bestellung eines Korrespondentreeders, der nicht zu den Mitreedern gehört, ist ein einstimmiger Beschluß erforderlich.*

*(2) Die Bestellung des Korrespondentreeders kann zu jeder Zeit durch Stimmenmehrheit widerrufen werden, unbeschadet des Anspruchs auf die vertragsmäßige Vergütung.*

### § 493 *[Vertretungsmacht des Korrespondentreeders]*

*(1) Im Verhältnisse zu Dritten ist der Korrespondentreeder kraft seiner Bestellung befugt, alle Geschäfte und Rechtshandlungen vorzunehmen, die der Geschäftsbetrieb einer Reederei gewöhnlich mit sich bringt.*

*(2) Diese Befugnis erstreckt sich insbesondere auf die Ausrüstung, die Erhaltung und die Verfrachtung des Schiffes, auf die Versicherung der Fracht, der Ausrüstungskosten und der Havereigelder sowie auf die mit dem gewöhnlichen Geschäftsbetriebe verbundene Empfangnahme von Geld.*

*(3) Der Korrespondentreeder ist in demselben Umfange befugt, die Reederei vor Gericht zu vertreten.*

*(4) Er ist befugt, den Kapitän anzustellen und zu entlassen; der Kapitän hat sich nur an dessen Anweisungen und nicht auch an die etwaigen Anweisungen der einzelnen Mitreeder zu halten.*

*(5) Im Namen der Reederei oder einzelner Mitreeder Wechselverbindlichkeiten einzugehen oder Darlehen aufzunehmen, das Schiff oder Schiffsparten zu verkaufen oder zu verpfänden sowie für das Schiff oder für Schiffsparten Versicherung zu nehmen, ist der Korrespondentreeder nicht befugt, es sei denn, daß ihm eine Vollmacht hierzu besonders erteilt ist.*

### § 494 *[Verpflichtung der Reederei durch Korrespondentreeder]*

*Durch ein Rechtsgeschäft, welches der Korrespondentreeder als solcher innerhalb der Grenzen seiner Befugnisse schließt, wird die Reederei dem Dritten gegenüber auch dann berechtigt und verpflichtet, wenn das Geschäft ohne Nennung der einzelnen Mitreeder geschlossen wird.*

### § 495 *[Beschränkung der Vertretungsmacht des Korrespondentreeders]*

*Eine Beschränkung der in § 493 bezeichneten Befugnisse des Korrespondentreeders kann die Reederei einem Dritten nur entgegensetzen, wenn die Beschränkung dem Dritten zur Zeit des Abschlusses des Geschäfts bekannt war.*

### § 496 [Geschäftsführungsbefugnis des Korrespondentreeders]

*(1) Der Reederei gegenüber ist der Korrespondentreeder verpflichtet, die Beschränkungen einzuhalten, welche von ihr für den Umfang seiner Befugnisse festgesetzt sind; er hat sich ferner nach den gefaßten Beschlüssen zu richten und die Beschlüsse zur Ausführung zu bringen.*

*(2) Im übrigen ist der Umfang seiner Befugnisse auch der Reederei gegenüber nach den Vorschriften des § 493 mit der Maßgabe zu beurteilen, daß er zu neuen Reisen und Unternehmungen, zu außergewöhnlichen Reparaturen sowie zur Anstellung oder zur Entlassung des Kapitäns vorher die Beschlüsse der Reederei einzuholen hat.*

### § 497 [Sorgfaltpflicht des Korrespondentreeders]

*Der Korrespondentreeder ist verpflichtet, in den Angelegenheiten der Reederei die Sorgfalt eines ordentlichen Reeders anzuwenden.*

### § 498 [Buchführungspflicht des Korrespondentreeders]

*[1]Der Korrespondentreeder hat über seine die Reederei betreffende Geschäftsführung abgesondert Buch zu führen und die dazu gehörigen Belege aufzubewahren. [2]Er hat auch jedem Mitreeder auf dessen Verlangen Kenntnis von allen Verhältnissen zu geben, die sich auf die Reederei, insbesondere auf das Schiff, die Reise und die Ausrüstung, beziehen; er hat ihm jederzeit die Einsicht der die Reederei betreffenden Bücher, Briefe und Papiere zu gestatten.*

### § 499 [Rechnungslegung des Korrespondentreeders]

*[1]Der Korrespondentreeder ist verpflichtet, jederzeit auf Beschluß der Reederei dieser Rechnung zu legen. [2]Die Genehmigung der Rechnung sowie die Billigung der Verwaltung des Korrespondentreeders durch die Mehrheit hindert die Minderheit nicht, ihr Recht geltend zu machen.*

### § 500 [Beiträge der Mitreeder]

*(1) Jeder Mitreeder hat nach dem Verhältnisse seiner Schiffspart zu den Ausgaben der Reederei, insbesondere zu den Kosten der Ausrüstung und der Reparatur des Schiffes, beizutragen.*

*(2) [1]Ist ein Mitreeder mit der Leistung seines Beitrags im Verzug und wird das Geld von Mitreedern für ihn vorgeschossen, so ist er diesen zur Entrichtung von Zinsen von dem Zeitpunkte der Vorschüsse an verpflichtet. [2]Durch den Vorschuß wird ein versicherbares Interesse hinsichtlich der Schiffspart für die Mitreeder begründet. [3]Im Falle der Versicherung dieses Interesses hat der säumige Mitreeder die Kosten der Versicherung zu ersetzen.*

### § 501 [Aufgabe der Schiffspart – Abandon]

*(1) Wenn eine neue Reise oder wenn nach der Beendigung einer Reise die Reparatur des Schiffes oder wenn die volle Befriedigung eines Gläubigers beschlossen worden ist, für dessen Anspruch die Reederei ihre Haftung beschränkt hat oder beschränken kann, so kann jeder Mitreeder, welcher dem Beschluß nicht zugestimmt hat, sich von der Leistung der zur Ausführung des Beschlusses erforderlichen Einzahlungen dadurch befreien, daß er seine Schiffspart ohne Anspruch auf Entgelt aufgibt.*

*(2) Der Mitreeder, welcher von dieser Befugnis Gebrauch machen will, muß dies den Mitreedern oder dem Korrespondentreeder binnen drei Tagen nach dem Tage des Beschlusses oder, wenn er bei der Beschlußfassung nicht anwesend und nicht vertreten war, binnen drei Tagen nach der Mitteilung des Beschlusses notariell kundgeben.*

*(3) Die aufgegebene Schiffspart fällt den übrigen Mitreedern nach dem Verhältnisse der Größe ihrer Schiffsparten zu.*

### § 502 [Verteilung von Gewinn und Verlust]

*(1) Die Verteilung des Gewinns und Verlustes geschieht nach der Größe der Schiffsparten.*

*(2) Die Berechnung des Gewinns und Verlustes und die Auszahlung des etwaigen Gewinns erfolgt jedesmal, nachdem das Schiff in den Heimathafen zurückgekehrt ist oder nachdem es in einem anderen Hafen seine Reise beendigt hat und die Schiffsmannschaft entlassen ist.*

*(3) Außerdem muß auch vor dem erwähnten Zeitpunkte das eingehende Geld, soweit es nicht zu späteren Ausgaben oder zur Deckung von Ansprüchen einzelner Mitreeder an die Reederei erforderlich ist, unter die einzelnen Mitreeder nach dem Verhältnisse der Größe ihrer Schiffsparten vorläufig verteilt und ausgezahlt werden.*

### § 503 [Veräußerung der Schiffspart]

(1) ¹Jeder Mitreeder kann seine Schiffspart jederzeit und ohne Einwilligung der übrigen Mitreeder ganz oder teilweise veräußern. ²Die Veräußerung bedarf der Eintragung in das Schiffsregister.

(2) Die Veräußerung einer Schiffspart, infolge deren das Schiff das Recht, die Reichsflagge zu führen, verlieren würde, kann nur mit Zustimmung aller Mitreeder erfolgen.

(3) Für die Belastung einer Schiffspart gelten die Vorschriften über die Belastung von Rechten.

### § 504 [Haftung gegenüber den Mitreedern bei Partveräußerung]

(1) Der Mitreeder, welcher seine Schiffspart veräußert hat, wird, solange die Veräußerung von ihm und dem Erwerber den Mitreedern oder dem Korrespondentreeder nicht angezeigt worden ist, im Verhältnisse zu den Mitreedern noch als Mitreeder betrachtet und bleibt wegen aller vor dieser Anzeige begründeten Verbindlichkeiten als Mitreeder den übrigen Mitreedern verhaftet.

(2) Der Erwerber der Schiffspart ist jedoch im Verhältnisse zu den übrigen Mitreedern schon seit dem Zeitpunkte der Erwerbung als Mitreeder verpflichtet.

(3) Er muß die Bestimmungen des Reedereivertrags, die gefaßten Beschlüsse und eingegangenen Geschäfte gleichwie der Veräußerer gegen sich gelten lassen; die übrigen Mitreeder können außerdem alle gegen den Veräußerer als Mitreeder begründeten Verbindlichkeiten in bezug auf die veräußerte Schiffspart gegen den Erwerber zur Aufrechnung bringen, unbeschadet des Rechtes des Erwerbers auf Gewährleistung gegen den Veräußerer.

### § 505 [Wechsel, Tod oder Insolvenzverfahren der Mitreeder]

(1) Eine Änderung in den Personen der Mitreeder ist ohne Einfluß auf den Fortbestand der Reederei.

(2) Stirbt ein Mitreeder oder wird die Insolvenz über das Vermögen eines Mitreeders eröffnet, so hat dies die Auflösung der Reederei nicht zur Folge.

(3) Eine Aufkündigung von seiten eines Mitreeders oder eine Ausschließung eines Mitreeders findet nicht statt.

### § 506 [Auflösung der Reederei; Veräußerung des Schiffes]

(1) ¹Die Auflösung der Reederei kann durch Stimmenmehrheit beschlossen werden. ²Der Beschluß, das Schiff zu veräußern, steht dem Beschlusse der Auflösung gleich.

(2) ¹Ist die Auflösung der Reederei oder die Veräußerung des Schiffes beschlossen, so muß das Schiff öffentlich verkauft werden. ²Der Verkauf kann nur geschehen, wenn das Schiff zu einer Reise nicht verfrachtet ist und sich in dem Heimathafen oder in einem inländischen Hafen befindet. ³Ist jedoch das Schiff als reparaturunfähig oder reparaturunwürdig kondemniert (§ 479), so kann der Verkauf, auch wenn das Schiff verfrachtet ist, und selbst im Ausland erfolgen. 4Soll von diesen Vorschriften abgewichen werden, so ist die Zustimmung aller Mitreeder erforderlich.

### § 507 [Haftung der Mitreeder gegenüber Dritten]

(1) Die Mitreeder haften für die Verbindlichkeiten der Reederei persönlich, jedoch nur nach dem Verhältnis der Größe ihrer Schiffsparten.

(2) Ist eine Schiffspart veräußert, so haften für die in der Zeit zwischen der Veräußerung und der in § 504 erwähnten Anzeige begründeten Verbindlichkeiten rücksichtlich dieser Schiffspart sowohl der Veräußerer als der Erwerber.

### § 508 [Gerichtsstand des Heimathafens]

(1) Die Mitreeder als solche können wegen eines jeden Anspruchs, ohne Unterschied, ob dieser von einem Mitreeder oder von einem Dritten erhoben wird, vor dem Gerichte des Heimathafens (§ 480) belangt werden.

(2) Diese Vorschrift kommt auch dann zur Anwendung, wenn die Klage nur gegen einen Mitreeder oder gegen einige Mitreeder gerichtet wird.

### § 509 [Baureederei]

(1) Auf die Vereinigung zweier oder mehrerer Personen, ein Schiff für gemeinschaftliche Rechnung zu rbauen und zur Seefahrt zu verwenden (Baureederei), finden die Vorschriften der §§ 490, 491, 500 und 505 sowie des § 507 Abs. 1 und, sobald das Schiff vollendet und von dem Erbauer abgeliefert

*ist, außerdem die Vorschriften der §§ 503, 504 und 506 sowie des § 507 Abs. 2 Anwendung; die Vorschrift des § 500 gilt auch für die Baukosten.*

*(2)[1]Ein Korrespondentreeder (§ 492) kann schon vor der Vollendung des Schiffes bestellt werden. [2]Er hat in diesem Falle sogleich nach seiner Bestellung in bezug auf den künftigen Reedereibetrieb die Rechte und Pflichten eines Korrespondentreeders. [3]Zur Vertretung der Baureederei bedarf er einer besonderen Ermächtigung der Mitreeder; durch ein im Rahmen einer solchen Ermächtigung geschlossenes Rechtsgeschäft wird die Baureederei dem Dritten gegenüber auch dann berechtigt und verpflichtet, wenn das Geschäft ohne Nennung der einzelnen Mitreeder geschlossen wird.*

# 3. Teil. Internationale Übereinkommen

## 1. Abschnitt. Internationaler Straßenverkehr

### Übereinkommen über den Beförderungsvertrag im Internationalen Straßengüterverkehr (CMR)

vom 19. Mai 1956
(BGBl. 1961 II S. 1119)

**Schrifttum:** *Aisslinger,* Die Haftung des Straßenfrachtführers und die Frachtführerhaftpflicht-Versicherung, 1975; *Alff,* Fracht-, Lager- und Speditionsrecht, 2. Aufl. 1991; *Baumgärtel/Giemulla,* Handbuch der Beweislast im Privatrecht IV, 1988, CMR, S. 255; *Beier,* Grundsätze eines europäischen transportmittelübergreifenden Schadensrechts für den Gütertransport, 1999; *Carbone,* La giurisprudenza italiana in tema di trasporti, 1988; *Chao,* Commissionaire de transport, BT 1988, 477; *Clarke,* International Carriage of Goods by Road: CMR, 5. Aufl. 2009; *Costanzo,* Il contratto di trasporto internazionale nella CMR, 3. Aufl. 1984; *Csoklich,* Einführung in das Transportrecht, 1990; *Decker,* Das Übereinkommen über den Beförderungsvertrag im internationalen Straßengüterverkehr, 1985; *Donald,* The CMR, 1981; *Ebenroth/Boujong/Joost/Strohn* (Hrsg.), HGB Band II, 2. Aufl. 2009 (zitiert EBJS/*Bearbeiter*); *Ferrari/Kieninger/Mankowski/Otte/Saenger/Schulze/Staudinger,* Internationales Vertragsrecht, 2. Aufl. 2012 (zitiert Ferrari/*Bearbeiter,* Int. Vertragsrecht); *Filipovic,* Some Yoùgoslav Court Decisions on Carriage of Goods by Road, in: Hague-Zagreb-Essays 2, 1978, S. 57; *Fioux,* Droit des transports terrestres – Marchandises, Déménagements, 1987; *Fischer,* Die CMR auf dem Vormarsch in Europa, TranspR 1994, 365; *Fremuth/Thume,* Kommentar zum Transportrecht, 2000; *Glass/Cashmore,* Introduction to the Law of Carriage of Goods, 1989; *Glöckner,* Leitfaden zur CMR, 7. Aufl. 1991; *ders.,* Die Vorschläge der FIATA zur Reform der CMR, TranspR 1984, 113; *Gomez Calero,* El transporte international de mercancías, 1984; *Greiter,* CMR-Gerichtsurteile, 1985; *Grönfors,* Successiva transporter, 1968; *Groth,* Übersicht über die internationale Rechtsprechung zur CMR, 1981; *Haak,* The liability of the carrier under the CMR, 1986; *ders.,* Revision der CMR? TranspR 2006, 325; *Haak/Swart* (Hrsg.), Road carrier's liability in Europe, 1994–1995; *Helm,* Probleme der CMR: Geltungsbereich – ergänzendes Recht – Frachtbrief – Weisungsbefugnis – aufeinanderfolgende Frachtführer, VersR 1988, 548; *ders.* in GroßkommHGB Band VII/2, 4. Aufl. 2002 (zitiert GroßkommHGB/*Helm*); *Herber/Piper,* CMR. Internationales Straßentransportrecht, 1996; *Heuer,* Die Haftung des Frachtführers nach dem Übereinkommen über den Beförderungsvertrag im internationalen Straßengüterverkehr, 1975; *Hill/Messent,* CMR: Contracts for the International Carriage of Goods by Road, 3. Aufl. 2000; *Ivaldi,* Diritto uniforme dei trasporti e diritto internazionale privato, 1990; *Jabornegg/Artmann* (Hrsg.), Kommentar zum [öst.] Unternehmensgesetzbuch, Band I, 2. Aufl. 2010 (zitiert Jabornegg/Artmann/ *Bearbeiter*); *Jesser,* Frachtführerhaftung nach der CMR, 1992; *Jung,* The Convention on the Contract for the International Carriage of Goods by Road (CMR): Survey, Analysis and Trends of Recent German Case Law, ULR 1997, 148; *Koller,* Transportrecht, 8. Aufl. 2013; *Krings,* CMR: Examen de la jurisprudence des Cours de Cassation de France et Belgique, et du Hoge Raad des Pays-Bas, ULR 1999, 140 ff., 767 ff.; *Lamy,* Transport I – Route, 2013 (zitiert: Lamy 2013); *Lenz,* Straßengütertransportrecht, 1988; *Libouton,* Les transports routiers internationaux, J. trib. (Bruxelles) 1972, 381 ff., 397 ff.; 1974, 505 ff., 528 ff.; 1982, 693 ff., 713 ff., 733 ff.; *Lieser,* Ergänzung der CMR durch unvereinheitlichtes deutsches Recht, 1991; *Loewe,* Erläuterungen zum Übereinkommen vom 18. Mai 1956 über den Beförderungsvertrag im internationalen Straßengüterverkehr (CMR), ETR 1976, 503–597; *Lutz,* Anmerkungen zur französischen Rechtsprechung zur CMR, TranspR 1991, 6 ff.; *Mayer,* CMR – Aperçu et réflections sur la jurisprudence autrichiènne en dernier ressort (1994–1996), ULR 1997, 169; *Mercadal,* Droit des transports terrestres et aériens, Précis Dalloz, 1996; *Nickel-Lanz,* La convention relative au contrat de transport international de marchandises par route, Diss. Lausanne 1976; *Palásti,* The Application of the CMR in Hungary, ULR 2006, 405; *Panopoulos,* La jurisprudence grecque en matière de Conventions internationales relatives aux transports terrestres et aériens, ULR 2004, 625; *Pesce,* Il contratto di trasporto internazionale di merci su strada, 1984; *Piper,* Höchstrichterliche Rechtsprechung zum Speditions- und Frachtrecht, 7. Aufl. 1994; *ders.,* Einige ausgewählte Probleme des Schadensersatzrechts der CMR, VersR 1988, 201; *ders.,* Probleme der CMR unter Berücksichtigung der Rechtsprechung des Bundesgerichtshofes, insbesondere zur Ersatzverpflichtung des CMR-Frachtführers, TranspR 1990, 357; *Ponet,* De overeenkomst van internationaal wegvervoer – CMR, 2. Aufl. 1986; *Ponet/Willems,* De overeenkomst van internationaal wegvervoer – CMR, Rev.dr.com.belge 1992, 724–754; *Precht/Endrigkeit,* CMR-Handbuch, 3. Aufl. 1972; *Putzeys,* Le contrat de transport routier de marchandises, 1981; *Rodière,* La C. M. R., BT 1974, 182 ff., 206 ff., 230 ff., 242 ff., 266 ff., 278 ff., 290 ff., 314 ff., 326 ff., 338 ff., 350 ff., 362 ff.; *ders.,* Droit des transports – Transports terrestres et aériens, 2. Aufl. 1977 (zitiert: *Rodière,* Droit des transports);

*Rodière* (Hrsg.), Le contrat de transport de marchandises terrestre et aérien, 1977 (zitiert: *Rodière,* Le contrat); *van Ryn,* Une nouvelle étape dans l'élaboration du droit des Transports: la Convention de 1956 relative au Transport International de Marchandises par Route (C. M. R.) ETR 1966, 638; *Sadikov,* Conflicts of Laws in International Transport Law, Rec.des Cours 190 (1985 I), 189; *Seltmann,* Die CMR in der österreichischen Praxis, 1988; *Sevón,* La convention CMR et son application par les cours scandinaves, Jurisprudence de droit uniforme 1971, 291; *Silingardi* et al., La disciplina uniforme del contratto di trasporto di cose su strada, 1994 (zitiert: *Silingardi*); *Straube* (Hrsg.), Wiener Kommentar zum [öst.] Unternehmensgesetzbuch, 4. Aufl. (zitiert: Straube/*Bearbeiter*); *Theunis* (Hrsg.), International Carriage of Goods by Road (CMR), 1987; *Thume* (Hrsg.), Kommentar zur CMR, 3. Aufl. 2013 (zitiert: Thume/*Bearbeiter*); *Tilche,* 35 ans de CMR – Une nouvelle carrière? BTL 1991, 598; *de Vos,* Europees Goederenvervoer over land en zee in 1992, o. J., Gent: Euro Trans Lloyd Agency; *Wiesbauer/Zetter,* Transporthaftung, 1984.

## Einleitung

### Übersicht

| | Rn. | | | Rn. |
|---|---|---|---|---|
| **I. Wirtschaftliche Entwicklung** | 1–5 | 7. Vorbehalte | | 27 |
| 1. Verkehrsaufkommen und -aufteilung | 1, 2 | 8. Ausstrahlungen auf nationales Recht | | 28–32 |
| 2. Technologische und organisatorische | | 9. Reform | | 33, 34 |
|    Innovationen | 3–5 | **IV. Internationales Privatrecht** | | 35–51 |
| **II. Marktordnungen des Straßengüter-** | | 1. Anwendungsfelder für autonomes | | |
| **verkehrs** | 6–12 |    Recht | | 35–37 |
| 1. Entwicklung | 6, 7 | 2. Kollisionsnormen der CMR | | 38–40 |
| 2. Grenzüberschreitender Verkehr in der | | 3. Das Vertragsstatut im grenzüberschrei- | | |
|    EG | 8 |    tenden Straßengüterverkehr | | 41–48 |
| 3. Grenzüberschreitender Verkehr mit | |    a) Rechtswahl | | 42, 43 |
|    Drittstaaten | 9–11 |    b) Objektive Anknüpfung | | 44–47 |
| 4. Kabotageverkehr | 12 |    c) Ergänzung der CMR durch deut- | | |
| **III. Das CMR-Übereinkommen** | 13–34 |       sches Recht | | 48 |
| 1. Entstehung | 13, 14 | 4. Das Vertragsstatut im Kabotageverkehr | | 49–51 |
| 2. Rechtsquellen | 15, 16 | **V. Rechtsvergleichung** | | 52–55 |
| 3. Zweck und Gegenstand | 17 | 1. Amerika | | 52 |
| 4. Auslegung | 18–23 | 2. Afrika | | 53 |
| 5. Geltungsbereich und Anwendungsbe- | | 3. Asien | | 54 |
|    reich | 24 | 4. Nationales Straßenfrachtrecht europäi- | | |
| 6. Konventionskonflikte | 25, 26 |    scher Staaten | | 55 |

## I. Wirtschaftliche Entwicklung

1     **1. Verkehrsaufkommen und -aufteilung.** Der Straßengütertransport hat sich in den letzten Jahrzehnten zum wichtigsten Verkehrszweig überhaupt entwickelt. Dies gilt in besonderem Maße für den grenzüberschreitenden Verkehr. Generell herrscht ein ständig wachsender Bedarf an Güterverkehrsleistungen; das jährliche Wachstum betrug in den letzten zwanzig Jahren jährlich 2,3 %.[1] Gemessen am Verkehr*saufkommen,* also am Gewicht der beförderten Güter, sind die Zuwachsraten des grenzüberschreitenden Straßengüterverkehrs enorm: Für das Jahr 1938 wird für Deutschland lediglich ein Aufkommen von 18 000 t berichtet,[2] bis heute ist es geradezu exponentiell gewachsen auf über 500 Mio. t.[3] Nur ein geringer Anteil dieses Verkehrs ist Werkverkehr, ist also nicht Gegenstand eines Transportvertrags; der weitaus überwiegende Teil des Verkehrsaufkommens im grenzüberschreitenden Straßengüterverkehr fällt dagegen im gewerblichen Verkehr an; ihm liegen Transportverträge zugrunde, für die die CMR maßgeblich ist oder jedenfalls werden kann.[4]

---

[1] *Europäische Kommission,* EU Energy and Transport in Figures. Statistical Pocketbook 2010 S. 96.

[2] *Heimes,* Vom Saumpferd zur Transportindustrie, 1978, S. 210 f.

[3] Vgl. die vom Kraftfahrt-Bundesamt veröffentlichten Zahlen für 2010: http://www.kba.de/cln_030/nn_125284/DE/Statistik/Kraftverkehr/europaeischerLastkraftfahrzeuge/Gueterbefoerderung/2010__ve4__hvb__t__2.html vom 1.10.2013.

[4] Vgl. die für deutsche Lastkraftfahrzeuge ausgewiesenen Zahlen in *Kraftfahrt-Bundesamt,* Verkehr deutscher Lastkraftfahrzeuge 2010, S. 46 ff. insbesondere S. 48 und S. 51.

Vergleicht man die in tkm gemessene **Transportleistung der einzelnen Verkehrsträ-** 2
**ger** miteinander, tritt die Bedeutung des Straßengüterverkehrs deutlich zu Tage: Sie beträgt
das Vierfache der auf der Schiene und das Dreizehnfache der mit Binnenschiffen erbrachten
Transportleistung.[5] Betrachtet man die Entwicklung der letzten Jahrzehnte, wird deutlich,
dass der Straßengüterverkehr, im Gegensatz zu Bahn und Binnenschiff, die im Vergleich
nur leichte Zuwächse der Transportleistung für sich verbuchen konnten, signifikant wuchs.[6]
Sie belegen eindringlich die besondere Bedeutung der Straßengütertransporte und damit
auch den praktischen Nutzen von einheitlichen Regeln der mit dem Straßenverkehr zusammenhängenden Fragen, auch der vertragsrechtlichen Fragen.

**2. Technologische und organisatorische Innovationen.** Die technologischen und 3
organisatorischen Innovationen der letzten Jahrzehnte haben zum Wachstum des Straßengüterverkehrs beigetragen; sie stellen auch die Rechtsordnung und insbesondere das Transportvertragsrecht zum Teil vor neue Probleme oder lassen alte Probleme in neuem Licht erscheinen.
So ist eine zunehmende **Spezialisierung** der Transportunternehmen und des Fahrzeugbaus
zu erkennen: viele Unternehmen befassen sich inzwischen nur noch mit dem Transport von
Lebensmitteln, von Chemikalien, von Textilien, von Kraftfahrzeugen, von Kunstgegenständen
etc., und dies in Spezialfahrzeugen, die für Beförderungen der betreffenden Art entwickelt wurden. Die vertraglichen Pflichten eines derart spezialisierten Transportunternehmers gehen im
Allgemeinen über die eines „Generalisten" weit hinaus, nicht nur was die Anforderungen an
das Fahrzeug betrifft, sondern auch in Bezug auf die Sachkunde der Mitarbeiter.

Unter den **Transportgütern** fand eine Verschiebung von den in ganzen Wagenladungen 4
versandten Massengütern, insbesondere den Montan- und Agrarprodukten, hin zu Halb-
und Fertigwaren, Maschinen, chemischen und Mineralölerzeugnissen, dh. Gütern von relativ hohem Wert, die häufig auch nur in Teilladungen eines Fahrzeugs versandt werden,
statt.[7] Die **höhere Wertigkeit** dieser Güter erklärt, warum der Zeitfaktor bei der Beförderung immer wichtiger wird. Extreme Bedeutung kommt ihm dort zu, wo industrielle
Empfänger ganz auf ein eigenes Rohstoff-Lager verzichten und sich für die Belieferung mit
den benötigten Rohmaterialien auf die Pünktlichkeit der Beförderer verlassen. Die Logistik
solcher Industrieunternehmen hängt vollständig von den sogenannten **Just-in-time-Liefe-**
**rungen** ab.[8] Zur Beschleunigung der Transporte trägt entscheidend die technische Entwicklung von standardisierten Ladeeinheiten wie **Containern,** Wechselaufbauten und Sattelaufliegern bei. Sie erleichtern den Güterumschlag zwischen verschiedenen Verkehrsträgern an den Knotenpunkten des Verkehrs in den Häfen und Container-Bahnhöfen entscheidend. Dadurch begünstigen sie die Entwicklung des **kombinierten Verkehrs,** vor allem
die Kombination von Lkw und Schiff, auf die Europa mit seinen vielen Inseln und Halbinseln schon aus verkehrsgeographischen Gründen nicht verzichten kann.

Prägend für die neuere Verkehrsentwicklung ist schließlich die Verbreitung der **elektroni-** 5
**schen Datenverarbeitung.** Sie gestattet es, die Transportnachfrage der vielen Absender und
die freien Transportkapazitäten der Verkehrsunternehmen besser und schneller zu koordinie-
ren. So können die in der modernen Verkehrswirtschaft immer häufigeren Teilladungen zu
verkehrswirtschaftlich sinnvollen Ganzladungen zusammengestellt werden, und dies mit
gewaltiger Zeit- und Kostenersparnis. Die Koordinierung führt immer häufiger zu **Transport-**
**ketten,** in denen eine Teilladung auf nachfolgenden Teilstrecken jeweils von unterschiedlichen Transportunternehmern befördert wird, die für die betreffende Teilstrecke freie Kapazitäten haben. Die Koordination mehrerer Frachtführer stellt auch das Transportvertragsrecht vor
erhebliche Probleme. Von Bedeutung ist die elektronische Datenverarbeitung darüber hinaus

---

[5] Zahlen für die EU-27 im Jahre 2008: *Europäische Kommission* (Fn. 1) S. 106; zum modal split auch *dies.,*
Die europäische Verkehrspolitik bis 2010: Weichenstellungen für die Zukunft, Weißbuch vom 12.9.2001,
KOM (2001) 370 endg. S. 7 ff.
[6] Zahlen für die EU-27 im Jahre 2008: *Europäische Kommission* (Fn. 1) S. 107.
[7] Aktuelle Zahlen für deutsche Lastkraftfahrzeuge in *Kraftfahrt-Bundesamt,* Verkehr deutscher Lastkraftfahrzeuge 2010, S. 46 ff.
[8] *Ihde,* Transport, Verkehr, Logistik, 3. Aufl. 2001, passim; *Schulte,* Logistik, 6. Aufl. 2012, passim.

auch im Bereich der Transportdokumentation, die immer weniger dem traditionellen Leitbild der individuellen Bearbeitung einzelner Beförderungen entspricht.[9]

## II. Marktordnungen des Straßengüterverkehrs

**6**    **1. Entwicklung.** Die für das Verständnis der CMR allein bedeutsamen Marktordnungen des grenzüberschreitenden Straßengüterverkehrs sind historisch und verkehrspolitisch nichts weiter als Fortschreibungen der jeweiligen Marktordnungen für den inländischen Verkehr. In der Zeit zwischen den beiden Weltkriegen führte die technische Vervollkommnung der Kraftfahrzeuge und die Zunahme des Straßenbaus dazu, dass das jahrzehntealte Binnenverkehrsmonopol der Eisenbahnen zunehmend unter Wettbewerbsdruck geriet. Zum Schutz der Bahn, vielfach auch zum Schutz der Straßentransportunternehmer selbst vor dem Wettbewerb griffen viele europäische Staaten, darunter auch Deutschland, Frankreich und Großbritannien, in das freie Spiel der Marktkräfte ein, beschränkten durch gesetzliche Maßnahmen den Marktzutritt, setzten Regeln über die Frachtverteilung in Kraft und erließen zum Teil auch Vorschriften über die Bildung der Transportpreise.[10]

**7**    Die **Philosophie der Marktregulierung** beeinflusste nach dem Zweiten Weltkrieg auch die entstehenden Marktordnungen für den grenzüberschreitenden Güterkraftverkehr und wirkt in einigen von ihnen fort. Die Freihandelspolitik, die ihren völkerrechtlichen Ausdruck im GATT findet,[11] konnte sich im Verkehr nicht durchsetzen; die multilateralen Regierungsabkommen „Freiheit der Straße" von 1947/48 sind gescheitert.[12] Stattdessen setzte sich die Überzeugung durch, dass die Angebotskontingentierung im inländischen Verkehr der Absicherung gegenüber der ausländischen Konkurrenz bedürfe und dass die Transportunternehmer eines Landes gleichsam einen natürlichen Anspruch auf das Verkehrsaufkommen des eigenen Staates hätten. Die Bereitschaft, ausländische Transportunternehmer zu diesem Verkehrsaufkommen zuzulassen, bestand nur insoweit, wie das Herkunftsland der ausländischen Unternehmer deutschen Frachtführern den Zugang zum Verkehr des betreffenden Landes gestattete. Aus dem Gegenseitigkeitsdenken entstand ein **Netz bilateraler Verkehrsverträge;** der Abschluss eines multilateralen Übereinkommens war damit unvereinbar. Erst die Verkehrspolitik der Europäischen Gemeinschaft hat seit Mitte der achtziger Jahre eine solche multilaterale und liberale Marktordnung für den grenzüberschreitenden Güterkraftverkehr innerhalb der Gemeinschaft geschaffen.[13]

**8**    **2. Grenzüberschreitender Verkehr in der EG.** Für den grenzüberschreitenden Straßengüterverkehr innerhalb der Gemeinschaft ist mit dem 1. Januar 1993 eine Marktordnung in Kraft getreten, die im Wesentlichen nur noch drei Möglichkeiten staatlicher Intervention vorsieht: (1) Über den **Marktzugang** bestimmen allein qualitative/subjektive Kriterien, insbesondere Zuverlässigkeit, finanzielle Leistungsfähigkeit und fachliche Eignung, dagegen sind alle objektiven Marktzutrittsbeschränkungen, insbesondere alle Kontingente, seit Anfang 1993 aufgehoben;[14] (2) Über die **Preisbildung** entscheidet das Spiel von Angebot

---

[9] Siehe näher *Basedow,* Dokumentenlose Wertbewegungen im Gütertransport, in Kreuzer (Hrsg.), Abschied vom Wertpapier? Dokumentenlose Wertbewegungen im Effekten-, Gütertransport- und Zahlungsverkehr, 1988, S. 67–114; zum Problembereich *Schuback* TranspR 1999, 41; *Geis* TranspR 2002, 89.

[10] Siehe näher *Basedow* Wettbew. S. 61 ff. (Deutschland), 240 ff. (Großbritannien), 243 ff. (Niederlande), 247 ff. (Frankreich); siehe auch die Übersicht S. 200 f. zu weiteren EG-Staaten.

[11] General Agreement on Tariffs and Trade vom 30.10.1947, UNTS 55, S. 187 = BGBl. 1951 II S. 173 und Ergänzungsbände I–III; zur neueren Entwicklung des GATT *Hauser/Schanz,* Das neue GATT, 3. Aufl. 2005.

[12] Vgl. *Dieter v. Würzen,* Internationales Kraftfahrzeugrecht, 1960, S. 103 ff.; *Haustein,* Die Freiheit im internationalen Verkehr, um 1954, S. 89 ff.

[13] Siehe näher *Basedow* Wettbew. S. 168 ff.

[14] Verordnung (EWG) Nr. 881/92 des Rates vom 26.3.1992 über den Zugang zum Güterkraftverkehrsmarkt in der Gemeinschaft für Beförderungen aus oder nach einem Mitgliedstaat oder durch einen oder mehrere Mitgliedstaaten, ABl. EG 1992, L 95/1; Richtlinie 96/26/EG des Rates vom 29.4.1996 über den Zugang zum Beruf des Güter- und Personenverkehrsunternehmers im innerstaatlichen und grenzüberschreitenden Verkehr sowie über die gegenseitige Anerkennung der Diplome, Prüfungszeugnisse und sonstigen

und Nachfrage, doch unterliegt sie einem Beobachtungssystem, das bei anhaltenden Markt-
störungen Interventionen der Gemeinschaft im Rahmen eines Kriseninstrumentariums
zulässt;[15] (3) im Übrigen gewährleisten Gemeinschaft und Mitgliedstaaten ein System
**unverfälschten Wettbewerbs** auf den Verkehrsmärkten.[16] Diese liberale Marktordnung
konnte erst in den späten achtziger Jahren verwirklicht werden, als die politischen Organe
der Gemeinschaft mit der Ankündigung des Gerichtshofs konfrontiert waren, er werde die
Dienstleistungsfreiheit im Verkehr notfalls durch Richterspruch durchsetzen.[17] Ergänzt wird
diese Marktordnung durch die Angleichung der Wettbewerbsbedingungen, insbesondere
im Bereich der technischen Normung, der Sozialvorschriften und der Abgabenbelastung.[18]

**3. Grenzüberschreitender Verkehr mit Drittstaaten.** Für den Verkehr mit Staaten **9**
außerhalb der EG bestehen kaum multilaterale Regelungen, vgl. jedoch Rn. 11; für ihn
sind durchweg **bilaterale Verträge** maßgeblich. Sie beziehen sich in einem Kernbestand
von Normen zum Teil auf Gegenstände der Bundesgesetzgebung und unterliegen deshalb
der parlamentarischen Zustimmung im Sinne von Art. 59 Abs. 2 Satz 1 GG. Nach Verabschiedung des Zustimmungsgesetzes werden sie im Bundesgesetzblatt verkündet. Nicht
selten sind einzelne in ihnen enthaltene Regelungen wie etwa die über den Umfang der
Kontingente im bilateralen Verkehr später Gegenstand von Änderungen, die dann nur
in Gestalt von Verwaltungsabkommen vereinbart und in den Verkündungsblättern nicht
veröffentlicht werden.[19] Zum Teil fällt es daher schwer, die Rechtslage exakt zu erfassen.

Die bilateralen Verkehrsverträge regeln im Allgemeinen sowohl den Personenverkehr **10**
als auch den Güterverkehr auf der Straße zwischen den beiden Staaten. Gegenstand der
Vorschriften zum Güterverkehr ist durchweg allein der Marktzugang und nicht das Tarifrecht;[20] es herrscht **freie Preisbildung.** Die Verkehrsverträge beziehen sich oft nur auf
den gewerblichen Verkehr, klammern also den Werkverkehr aus. Der gewerbliche Verkehr
wird aufgespalten in verschiedene Teilmärkte: (1) Der **innerstaatliche Verkehr** in einem
Vertragsstaat, die sogenannte Kabotage, bleibt den Unternehmern dieses Vertragsstaats vorbehalten; (2) Für den **Wechselverkehr** zwischen den beiden Vertragsstaaten verspricht
jeder Vertragsstaat, den Transportunternehmern des anderen Vertragsstaats Genehmigungen
im Rahmen eines bestimmten Kontingents zu erteilen; (3) für den **Durchgangsverkehr**
der Transportunternehmer des anderen Vertragsstaats über das eigene Territorium sagt jeder
Vertragsstaat die Erteilung von kontingentierten Genehmigungen zu; ihr Kontingent bildet
im Allgemeinen mit dem Wechselverkehrskontingent zusammen eine Einheit; (4) manche
Abkommen regeln gesondert den **Dreiländerverkehr,** der dadurch zustande kommt, dass
die Transportunternehmer eines Vertragsstaates (zB Schweiz) den einkommenden Wechselverkehr mit dem anderen Vertragsstaat (Deutschland) kombinieren mit dem ausgehenden

---

Befähigungsnachweise für die Beförderung von Gütern und die Beförderung von Personen im Straßenverkehr
und über Maßnahmen zur Förderung der tatsächlichen Inanspruchnahme der Niederlassungsfreiheit der betreffenden Verkehrsunternehmer, ABl. EG 1996 L 124/1 mehrfach geändert; vgl. *Epiney* in Dauses (Hrsg.),
Handbuch des EU-Wirtschaftsrechts, Stand 2012, Kap. L Rn. 294 f., 309 f.

[15] Verordnung (EWG) Nr. 4058/89 des Rates vom 21.12.1989 über die Preisbildung im Güterkraftverkehr
zwischen den Mitgliedstaaten, ABl. EG 1989, L 390/1; Verordnung (EWG) Nr. 3916/90 des Rates vom
21.12.1990 über Maßnahmen bei Krisen auf dem Güterkraftverkehrsmarkt ABl. EG 1990 L 375/10; vgl.
*Epiney* (Fn. 14) Rn. 296, 316.

[16] Verordnung (EWG) Nr. 1017/68 des Rates vom 19.7.1968 über die Anwendung von Wettbewerbsre-
geln auf dem Gebiet des Eisenbahn-, Straßen- und Binnenschiffsverkehrs, ABl. EG 1968 L 175/1; vgl. *Epiney*
(Fn. 14) Rn. 275 ff.; *Dolfen,* Der Verkehr im europäischen Wettbewerbsrecht, 1991.

[17] EuGH 22.5.1985 Rs. 13/83 (Parlament./.Rat), EuGHE 1985, S. 1513, auch abgedruckt und kommentiert von *Aberle, Basedow, Dagtoglou, Erdmenger, Slot* und *Zuleeg* in Basedow (Hrsg.), Europäische Verkehrspolitik, 1987.

[18] Vgl. den Überblick zu den im Vergleich zur umfassenden Liberalisierung nur punktuellen Harmonisie-
rungsmaßnahmen bei *Epiney* (Fn. 14) Rn. 320 ff.

[19] Vgl. zu den staats- und völkerrechtlichen Gestaltungen näher *Geiger,* Grundgesetz und Völkerrecht, 3.
Auf. 2002, § 32 III 1. S. 177 f.; *Ipsen/Gloria,* Völkerrecht, 3. Aufl. 1990, § 74 III, S. 1093 ff.

[20] Zur Struktur der Verträge näher *von Würzen* (Fn. 12) 115 ff.; *Haustein* (Fn. 12) 94 f.; *Pukall* DGV
1957, 183–188, 217–219; Abdruck und Kommentierung vieler Abkommen bei *Hein/Eichhoff/Pukall/Krien*
Güterkraftverkehrsrecht, Loseblatt, J 405 ff. (Texte) und T 405 ff. (Erläuterungen).

Wechselverkehr mit einem Drittstaat (zB Italien), sog. „unechter" Dreiländerverkehr. Genehmigungen sind nach den Abkommen zum Teil als Zeitraumgenehmigungen ausgestaltet, zum Teil auch als Einzelfahrtgenehmigungen. Das bilaterale Abkommen mit der **Schweiz** wird nunmehr überlagert durch das **Landverkehrsabkommen** mit der EG.[21]

11 Neben den bilateralen sind **multilaterale Regelungen** die Ausnahme geblieben. Vorhanden ist ein Genehmigungskontingent, das die Europäische Verkehrsministerkonferenz **(CEMT)** in einer Resolution von 1973 geschaffen hat; die betreffenden Genehmigungen berechtigen zum grenzüberschreitenden Straßengütertransport zwischen allen der CEMT angehörenden Staaten.[22] Die oben (Rn. 8) genannten Vorschriften über die freie Preisbildung, die subjektiven Marktzugangsvoraussetzungen sowie die Aufhebung der Kontingente gelten gemäß Anhang XIII Nr. 26–28 auch im Rahmen des Abkommens über den **Europäischen Wirtschaftsraum (EWR)**.[23]

12 **4. Kabotageverkehr.** Die Ordnung des innerstaatlichen Straßengüterverkehrs ist für die CMR unerheblich, weil Art. 1 voraussetzt, dass Übernahme und Ablieferung des Gutes in verschiedenen Staaten stattfinden; manche Staaten haben jedoch durch autonome Gesetzgebung die CMR auch auf innerstaatliche Transporte erstreckt. Diese Transporte unterliegen der jeweiligen nationalen Marktordnung, in Deutschland also dem GüKG. Im Allgemeinen bleiben ausländische Transportunternehmer von der Teilnahme am innerstaatlichen Verkehr auf Grund bilateraler Abkommen und der Verwaltungspraxis bei der Vergabe von Genehmigungen regelmäßig ausgeschlossen. In der EG wurde die Kabotage, die Durchführung von Gütertransporten innerhalb eines Mitgliedstaats durch ausländische Verkehrsunternehmen, zunächst stufenweise und seit 1. Juli 1998 vollständig freigegeben.[24] Für Verkehrsunternehmen der neuen Mitgliedstaaten besteht Kabotagefreiheit nach unterschiedlichen Übergangsfristen mittlerweile seit 1. Jänner 2012; für Kroatien gilt eine zwei- bis vierjährige Übergangsfrist.[25] Maßgeblich ist der in Art. 7 VO (EG) Nr. 1072/2009 festgelegte Rahmen. Nach Art. 14 des Landverkehrsabkommens mit der Schweiz bleibt der schweizerische Kabotagemarkt den in der Gemeinschaft zugelassenen Fahrzeugen versperrt; umgekehrt erhält die Schweiz keinen Zugang zum europäischen Kabotagemarkt.[26]

### III. Das CMR-Übereinkommen

13 **1. Entstehung.** Das Übereinkommen über den Beförderungsvertrag im Internationalen Straßengüterverkehr, die CMR, ist am 19. Mai 1956 in Genf abgeschlossen worden. Den endgültigen Text hat der Ausschuss für Rechtsfragen bei der Wirtschaftskommission der

---

[21] Abkommen zwischen der Europäischen Gemeinschaft und der Schweizerischen Eidgenossenschaft über den Güter- und Personenverkehr auf Schiene und Straße, ABl. EG 2002 L 114/91; zur Vorgängerregelung im Rahmen des Transitabkommens vgl. die Erstauflage (bei und in Fn. 18).

[22] Resolution Nr. 26 des Ministerrats der Europäischen Konferenz der Verkehrsminister (CEMT) vom 14.6.1973 über die Einführung eines multilateralen Kontingents für den internationalen Straßengütertransport, BGBl. 1974 II S. 298 und 1977 II S. 478; vgl. zu den Einzelheiten http://www.internationaltransportforum.org/index.htm unter Road Transport – Licences.

[23] Abkommen über den Europäischen Wirtschaftsraum vom 2.5.1992, BGBl. 1993 II S. 266; zum Transitabkommen s. o. Fn. 21.

[24] Maßgeblich war zunächst die Verordnung (EWG) Nr. 4059/89 des Rates vom 21.12.1989 zur Festlegung der Bedingungen für die Zulassung von Verkehrsunternehmen zum Güterkraftverkehr innerhalb eines Mitgliedstaates, in dem sie nicht ansässig sind, ABl. EG 1989 L 390/3; siehe dazu *Basedow/Held* EuZW 1990, 305 ff.; sie wurde abgelöst von der Verordnung (EWG) Nr. 3118/93 des Rates vom 25.10.1993 zur Festlegung der Bedingungen für die Zulassung von Verkehrsunternehmen zum Güterkraftverkehr innerhalb eines Mitgliedsstaates, in dem sie nicht ansässig sind, ABl. EG 1993 L 279/1; vgl. dazu *Gronemeyer* TranspR 1994, 267; *dens.* EuZW 1994, 523; gegenwärtig gilt die Verordnung (EG) Nr. 1072/2009 des Europäischen Parlaments und des Rates vom 21. Oktober 2009 über gemeinsame Regeln für den Zugang zum Markt des grenzüberschreitenden Güterkraftverkehrs (Neufassung), ABl. EG 2009 L 300/72; vgl. dazu *Brandt* TranspR 2011, 1.

[25] Vgl. dazu im Einzelnen die Anhänge der Beitrittsakte (Liste nach Art. 24) ABl. EG 2003 L 236/803 ff. sowie ABl. EG 2005 L 157/285 bzw. 157/324 bzw. für Kroatien Punkt 7 Nr. 2 des Anhangs V der Beitrittsakte ABl. EG 2013 L 112/67 (74 f.).

[26] Vgl. oben Fn. 21.

Vereinten Nationen für Europa (Economic Commission for Europe, **ECE**) ausgearbeitet,[27] sich dabei jedoch in weitem Umfang auf vorbereitende Arbeiten anderer Organisationen gestützt, namentlich des Internationalen Instituts für die Vereinheitlichung des Privatrechts in Rom **(UNIDROIT),** des Internationalen Straßenverkehrsverbandes (International Road Transport Union, **IRU**) und der Internationalen Handelskammer (International Chamber of Commerce, **ICC**).[28] Auf diese Weise gelang es, einerseits den besonderen zivil- und handelsrechtlichen Sachverstand der wirtschaftsnahen Organisationen sowie von UNIDROIT fruchtbar zu machen und andererseits die Vereinten Nationen einschließlich ihrer Unterorganisation ECE zur Förderung einer Ost- und Westeuropa umfassenden Rechtsvereinheitlichung zu nutzen. Von Vorteil war das gewählte Verfahren auch deshalb, weil bei den Vorarbeiten von UNIDROIT auch solche Staaten mitwirkten, die wie Deutschland, Italien, die Schweiz oder Ungarn Anfang der fünfziger Jahre noch keine Mitglieder der Vereinten Nationen waren und deshalb in den Gremien der ECE nur beratend und ohne formelles Stimmrecht mitwirken konnten.[29]

Die CMR steht unter **dem Einfluss früherer Transportrechtsübereinkommen.** 14 Modell standen vor allem das Internationale Übereinkommen über den Eisenbahnfrachtverkehr CIM in der nur wenige Jahre zuvor, 1952, verabschiedeten Fassung[30] und das luftrechtliche Warschauer Abkommen,[31] weniger dagegen die Haager Regeln zum Seefrachtrecht von 1924.[32] Die Anlehnung an die Eisenbahnkonvention manifestiert sich zB in der Übernahme der **verschärften Verschuldenshaftung** als Haftungsmaßstab in Art. 17 Abs. 1 und 2[33] sowie vor allem in der Vorschrift des Art. 41, die von der CMR abweichende Vereinbarungen der Parteien weitestgehend ausschließt. **Der beidseitig zwingende Charakter** des Eisenbahntransportrechts diente unter den Bedingungen des Landverkehrsmonopols der Eisenbahnen im 19. Jahrhundert dazu, den Schutz der Kunden vor völliger Entrechtung und vor Diskriminierungen zu gewährleisten und die sukzessive Einschaltung mehrerer Bahnen in die Erfüllung eines einheitlichen Transportvertrags zu erleichtern; im Straßengütertransport, wo diese Beweggründe größtenteils irrelevant sind, ist die Übernahme nur mit dem Bestreben zu erklären, die Bedingungen für den Wettbewerb zwischen Schiene und Straße auch im Bereich der Vertragskonditionen zu nivellieren.[34] Sehr spürbar ist der eisenbahnrechtliche Einfluss auch in den Bestimmungen über **die Beförderung durch aufeinanderfolgende Frachtführer** (Art. 34 ff.). Die dort verankerte Vorstellung, dass nachfolgende Frachtführer durch Übernahme des Frachtbriefs in den über die Gesamtbeförderung ausgestellten Transportvertrag eintreten, ist für Straßentransportunternehmen höchst unpraktisch; denn der nachfolgende Frachtführer, der stets potentieller Konkurrent des ersten Frachtführers ist, erhält mit der Übernahme des Frachtbriefs auch Einblick in die Preisgestaltung des ersten Frachtführers. Dies war bei der Eisenbahn unschädlich, solange die Staatsbahnen das Schienenverkehrsmonopol in dem betreffenden Vertragsstaat der CIM hatten; für den intensiveren Wettbewerb im Straßengüterverkehr ist dieses Modell untauglich. **Luftrechtliche Einflüsse** sind dagegen beim Vertragsabschluss spürbar: anders als im damaligen Eisenbahnrecht ist der Transportvertrag kein Formal- und Realvertrag, der erst mit der Übernahme von Frachtbrief und -gut durch den Beförderer zustande kommt; nach Art. 4 berührt vielmehr ebenso wie gemäß Art. 5 Abs. 2 WA bzw. nunmehr Art. 9 MÜ

---

[27] Siehe die Nachweise bei *von Würzen* (Fn. 12) S. 113 f.
[28] Vgl. Unidroit, L'unification du droit – Annuaire 1947–52, S. 60–62 S. 232 ff. (Entwurf) sowie 1953–55, S. 46–48; Denkschrift der BReg. BT-Drucks. III/1144 S. 33; *Kropholler* EinhR S. 50 f.; *Loewe* ETR 1976, 504 f.; *Hostie* Rec. des Cours 78 (1951 – I) 211, 218.
[29] Vgl. *v. Turegg,* Das europäische Verkehrsrecht, 1955, S. 9.
[30] BGBl. 1956 II S. 35.
[31] RGBl. 1933 II S. 1039; dazu das Haager Änderungsprotokoll v. 28.9.1955, BGBl. 1958 II S. 293.
[32] RGBl. 1939 II S. 1049.
[33] *Helm* S. 35 f.; *Basedow* TranspV S. 394 Fn. 10.
[34] So ausdrücklich die Denkschrift der BReg., BT-Drucks. III/1144 S. 33; vgl. schon *Julius v. Gierke,* Handelsrecht und Schiffahrtsrecht II, 5. Aufl. 1941, S. 609 zu ähnlichen Regeln im Güterfernverkehrsgesetz von 1935: „Frieden zwischen Schiene und Straße …".

das Fehlen des Frachtbriefs weder den Bestand noch die Gültigkeit des Vertrags, der als Konsensualvertrag zustande kommt.[35]

15   **2. Rechtsquellen.** Bei Anwendung der CMR sind vier Rechtstexte zu beachten: (1) Das Übereinkommen vom 16. Mai 1956 über den Beförderungsvertrag im Internationalen Straßengüterverkehr (CMR);[36] die Abkürzung ergibt sich aus der französischen Bezeichnung des Übereinkommens Convention relative au Contrat de transport international de Marchandises par Route; (2) das Protokoll vom 5. Juli 1978 zum Übereinkommen über den Beförderungsvertrag im Internationalen Straßengüterverkehr (CMR),[37] das die Rechnungseinheiten der CMR vom früheren Goldstandard auf das Sonderziehungsrecht des Weltwährungsfonds umgestellt hat; (3) das Zustimmungsgesetz vom 16. August 1961 in der Fassung des Gesetzes vom 5. Juli 1989,[38] das in Art. 1a den Gerichtsstand am Übernahmeort und am Ablieferungsort vorsieht und damit die Regelung der internationalen Zuständigkeit in Art. 31 CMR durch eine entsprechende Regelung der örtlichen Zuständigkeit ausfüllt; (4) das Protokoll vom 27. Mai 2008 zum Übereinkommen über den Beförderungsvertrag im Internationalen Straßengüterverkehr (CMR) betreffend den elektronischen Frachtbrief (e-Protokoll), vgl. im Einzelnen Art. 5 Rn. 15 ff.

16   Verschiedene **andere völkerrechtliche Verträge** sind für internationale Straßengütertransporte bedeutsam, sei es dass sie der CMR als leges speciales vorgehen, sei es dass sie deren Regelung ergänzen und ausfüllen. Es handelt sich dabei um die folgenden Konventionen: (1) Europäisches Übereinkommen vom 30. September 1957 über die internationale **Beförderung gefährlicher Güter** auf der Straße **(ADR)** mit den Anlagen A und B, die wiederholt geändert wurden.[39] Das Übereinkommen enthält öffentlich-rechtliche Vorschriften über die Kennzeichnung, Verpackung, Verstauung und sonstige Behandlung gefährlicher Güter. Das Internationale Übereinkommen vom 10. Oktober 1989 über die zivilrechtliche Haftung für Schäden bei der **Beförderung gefährlicher Güter** auf der Straße, auf der Schiene und auf Binnenschiffen **(CRTD)** legt die Voraussetzungen und den Umfang der Haftung des Beförderers gegenüber Dritten bei Gefahrguttransporten fest; da es bis heute nicht in Kraft getreten ist, wurden Arbeiten an einer Revision des Übereinkommenstextes aufgenommen.[40] Bis zum Inkrafttreten der CRTD unterliegen entsprechende Schäden der Richtlinie 2004/35/EG des Europäischen Parlaments und des Rates vom 21. April 2004 über Umwelthaftung zur Vermeidung und Sanierung von Umweltschäden;[41] (2) Pariser Übereinkommen vom 29. Juli 1960 über die **Haftung gegenüber Dritten auf dem Gebiet der Kernenergie** in der Fassung des Zusatzprotokolls vom 28. Januar 1964 und des Protokolls 1982 und das Brüsseler Zusatzübereinkommen vom 31. März 1963 in der Fassung des Zusatzprotokolls vom 28. Januar 1964 und des Protokolls vom 16. November 1982;[42] Art. 4 lit. d) des Pariser Übereinkommens betrifft die Möglichkeit der vertraglichen Übernahme der Gefährdungshaftung gegenüber Dritten durch den Beförderer, vgl. § 25 Abs. 2 AtomG; (3) das Übereinkommen vom 8. November 1968 über den **Straßenverkehr** und das Europäische Zusatzübereinkommen vom 1. Mai 1971[43] sind an die Stelle des in Art. 1 CMR in Bezug genommenen Übereinkommens von 1949 getreten; (4) das Europäische Übereinkommen vom 13. Dezember 1968 über den **Schutz von**

---

[35] *Rodière* BT 1974, 206 no. 14: „disposition imitée de la convention de Varsovie …"; *Pesce* S. 95, 97; *Koller* Art. 4 Rn. 1.

[36] BGBl. 1961 II S. 1119.

[37] BGBl. 1980 II S. 721, 733.

[38] BGBl. 1961 II S. 1119 und 1989 II S. 586.

[39] BGBl. 1969 II S. 1489.

[40] Text in TranspR 1990, 83 (englisch) und in VersR 1992, 806 (deutsch); siehe dazu *Herber* TranspR 1990, 50; revidierter Entwurf in ULR 2004, 69 (englisch), dazu *Jan Engel de Boer* ULR 2004, 57.

[41] Art. 4 Abs. 2 iVm. Anh. IV lit. e der RL, ABl. EG 2004 L 143/56.

[42] BGBl. 1975 II S. 957; 1976 II S. 308; 1985 II S. 690; 1989 II S. 144; 1995 II S. 657; dazu und zur noch nicht in Kraft getretenen Revision 2004 ausführlich *Kissich,* Internationales Atomhaftungsrecht, 2004, S. 57 ff., insbes. zur Haftung bei Kernmaterial-Transporten S. 67 f.

[43] BGBl. 1977 II S. 809, 986.

**Tieren beim internationalen Transport** mit Zusatzprotokoll vom 10. Mai 1979;[44] (5) das Europäische Übereinkommen vom 1. Juli 1970 über die Arbeit des im internationalen Straßenverkehr beschäftigten Fahrpersonals **(AETR)**[45] legt vor allem **Lenk- und Ruhezeiten** der Lkw-Fahrer fest; (6) das Übereinkommen vom 1. September 1970 über **internationale Beförderungen leicht verderblicher Lebensmittel** und über die besonderen Beförderungsmittel, die für diese Beförderungen zu verwenden sind **(ATP)**[46] enthält vor allem öffentlich-rechtliche Vorschriften über die Behandlung und Beförderung von Lebensmitteln; (7) das Zollübereinkommen vom 14. November 1975 über den internationalen Warentransport mit Carnets TIR **(TIR-Übereinkommen)**[47] regelt die Voraussetzungen, unter denen bei internationalen Straßengütertransporten auf Ladungskontrollen seitens der Durchgangszollämter an den Grenzen verzichtet werden kann.

**3. Zweck und Gegenstand.** Die CMR dient der europäischen Rechtsvereinheitli-    **17** chung im Bereich des Straßenfrachtrechts. Obwohl der Kreis der Vertragsstaaten weit über die Europäische Gemeinschaft hinausgeht, sah die Bundesregierung in der Ratifikation der CMR auch einen Beitrag zur Rechtsvereinheitlichung innerhalb des Gemeinsamen Marktes.[48] Das Ziel der Rechtsvereinheitlichung ist in doppelter Hinsicht begrenzt: erstens bezieht es sich nur auf **grenzüberschreitende Transporte**, berührt also das nationale Recht für die innerstaatlichen Beförderungen nicht;[49] die CMR hat jedoch in einigen europäischen Ländern die nachfolgende Rechtssetzung für innerstaatliche Straßengütertransporte beeinflusst, siehe unten Rn. 28 ff. Zweitens regelt die CMR die transportvertraglichen Beziehungen auch nicht flächendeckend und abschließend, sondern nur hinsichtlich gewisser Aspekte betreffend den Frachtbrief, Erfüllungshindernisse, Empfängerrechte und vor allem die Haftung des Beförderers für Verlust und Beschädigung der Güter sowie für Verspätung einschließlich der damit zusammenhängenden Rechtsdurchsetzungsfragen; im Übrigen, etwa für den Vertragsabschluss, den vertraglichen Erfüllungsanspruch oder den Anspruch auf Schadensersatz wegen Nichterfüllung bleibt das vom internationalen Privatrecht des Gerichtsstaats (Rn. 42 ff.) bestimmte innerstaatliche Transportvertragsrecht maßgeblich.[50]

**4. Auslegung.** Die CMR unterliegt als völkerrechtliches Übereinkommen den für solche Konventionen geschaffenen Auslegungsregeln. Sie sind im Wesentlichen in den Art. 31–33 des **Wiener Übereinkommens über das Recht der Verträge** vom 23. Mai 1969 verankert,[51] die schon früher geltendes Völkergewohnheitsrecht wiedergeben.[52] Diese Vorschriften lauten:

**Art. 31. Allgemeine Auslegungsregel**

(1) Ein Vertrag ist nach Treu und Glauben in Übereinstimmung mit der gewöhnlichen, seinen Bestimmungen in ihrem Zusammenhang zukommenden Bedeutung und im Lichte seines Zieles und Zweckes auszulegen.

(2) Für die Auslegung eines Vertrags bedeutet der Zusammenhang außer dem Vertragswortlaut samt Präambel und Anlagen
a) jede sich auf den Vertrag beziehende Übereinkunft, die zwischen allen Vertragsparteien anläßlich des Vertragsabschlusses getroffen wurde;

---

[44] BGBl. 1973 II S. 721; 1980 II S. 1153.
[45] BGBl. 1974 II S. 1473 = ABl. EG 1978 L 95/1.
[46] BGBl. 1974 II S. 565.
[47] BGBl. 1979 II S. 445.
[48] Denkschrift, BT-Drucks. III/114 S. 33.
[49] Vgl. Art. 1; vgl. zu dieser Methode der Einheitsrechtssetzung *David* IECL vol. II ch. 5 (1971) sect. 120 ff.; *Kropholler* Einh. 167 f.
[50] *Loewe* ETR 1976, 507; *Pesce* S. 18.
[51] BGBl. 1985 II S. 926; siehe dazu *Ipsen/Heintschel v. Heinegg*, Völkerrecht, 5. Aufl. 2004, S. 139 ff.; *Sinclair*, The Vienna Convention on the Law of Treaties, 2. Aufl. 1984, S. 114 ff.; *Verdross/Simma*, Universelles Völkerrecht, 3. Aufl. 1984, S. 490 ff.; *Brötel* Jura 1988, 343–349.
[52] EGMR 21.2.1975, Series A, vol. 18, S. 14 – *Golder*, Schiedsgerichtshof für das Abkommen über deutsche Auslandsschulden 16.5.1980, BYIL 23 (1980) 414, 435; BVerfGE 40, 141, 167.

b) jede Urkunde, die von einer oder mehreren Vertragsparteien anläßlich des Vertragsabschlusses abgefaßt und von den anderen Vertragsparteien als eine sich auf den Vertrag beziehende Urkunde angenommen wurde.

(3) Außer dem Zusammenhang sind in gleicher Weise zu berücksichtigen

a) jede spätere Übereinkunft zwischen den Vertragsparteien über die Auslegung des Vertrags oder die Anwendung seiner Bestimmungen;

b) jede spätere Übung bei der Anwendung des Vertrags, aus der die Übereinstimmung der Vertragsparteien über seine Auslegung hervorgeht;

c) jeder in den Beziehungen zwischen den Vertragsparteien anwendbare einschlägige Völkerrechtssatz.

(4) Eine besondere Bedeutung ist einem Ausdruck beizulegen, wenn feststeht, daß die Vertragsparteien dies beabsichtigt haben.

## Art. 32. Ergänzende Auslegungsmittel

Ergänzende Auslegungsmittel, insbesondere die vorbereitenden Arbeiten und die Umstände des Vertragsabschlusses, können herangezogen werden, um die sich unter Anwendung des Art. 31 ergebende Bedeutung zu bestätigen oder die Bedeutung zu bestimmen, wenn die Auslegung nach Art. 31

a) die Bedeutung mehrdeutig oder dunkel läßt oder

b) zu einem offensichtlich sinnwidrigen oder unvernünftigen Ergebnis führt.

## Art. 33. Auslegung von Verträgen mit zwei oder mehr authentischen Sprachen

(1) Ist ein Vertrag in zwei oder mehr Sprachen als authentisch festgelegt worden, so ist der Text in jeder Sprache in gleicher Weise maßgebend, sofern nicht der Vertrag vorsieht oder die Vertragsparteien vereinbaren, daß bei Abweichungen ein bestimmter Text vorgehen soll.

(2) Eine Vertragsfassung in einer anderen Sprache als einer der Sprachen, deren Text als authentisch festgelegt wurde, gilt nur dann als authentischer Wortlaut, wenn der Vertrag dies vorsieht oder die Vertragsparteien dies vereinbaren.

(3) Es wird vermutet, daß die Ausdrücke des Vertrags in jedem authentischen Text dieselbe Bedeutung haben.

(4) Außer in Fällen, in denen ein bestimmter Text nach Abs. 1 vorgeht, wird, wenn ein Vergleich der authentischen Texte einen Bedeutungsunterschied aufdeckt, der durch die Anwendung der Art. 31 und 32 nicht ausgeräumt werden kann, diejenige Bedeutung zugrunde gelegt, die unter Berücksichtigung von Ziel und Zweck des Vertrags die Wortlaute am besten miteinander in Einklang bringt.

**19**    Nach diesen Vorschriften geht es bei der Auslegung völkerrechtlicher Verträge um die Ermittlung ihrer eigenständigen Bedeutung und nicht darum, wie sie sich in den Kontext der nationalen Rechtsordnung des einzelnen Vertragsstaats einfügen. Vorgeschrieben ist also die **autonome Auslegung** der Verträge. Zwar ist die Versuchung groß, Begriffe wie „Vertrag" (Art. 1 Abs. 1), „Schaden" (Art. 12 Abs. 7, Art. 23 Abs. 5), „Verschulden" (Art. 11 Abs. 2, Art. 17 Abs. 2), „unmöglich" (Art. 14 Abs. 1) oder „schriftlich" (Art. 20 Abs. 2) durch Rückgriff auf nationale Rechtsvorstellungen der lex fori zu klären, doch wäre damit der völkerrechtlich besiegelte Anspruch auf Rechtseinheit preisgegeben; in der Wiener Vertragsrechtskonvention fehlt daher jeder Anhaltspunkt für die Zulässigkeit einer solchen Auslegung lege causae oder lege fori. Nach der Wiener Konvention zielt die Auslegung der völkerrechtlichen Verträge vor allem auf die Entfaltung ihres **objektiven Sinns** und nicht so sehr auf die Erforschung **des subjektiven Willens** der Vertragsurheber. Dies folgt daraus, dass Art. 32 denjenigen Auslegungsmitteln, die für die Ermittlung des subjektiven Willens wesentlich sind, den vorbereitenden Arbeiten und den Umständen des Vertragsabschlusses, nur eine subsidiäre Bedeutung als ergänzende Erkenntnisquelle beimisst. Insbesondere dürfen sie nicht berücksichtigt werden, wenn die Auslegung nach Art. 31 zu eindeutigen und nicht völlig unvernünftigen oder sinnwidrigen Ergebnissen führt. Vorrangige Bedeutung kommt nach Art. 31 solchen Auslegungsmethoden zu, die den Vertragstext als vom Willen seiner Urheber losgelösten Auslegungsgegenstand betrachten: der **grammatikalischen Auslegung** des Vertragswortlauts, der **systematischen Auslegung** einer vertraglichen Bestimmung aus dem Zusammenhang mit anderen Vorschriften des Vertrags, seiner Präambel und seinen Anlagen, dh. aus dem Mikrosystem der Konvention heraus, und der **teleologischen Auslegung** des Vertrags im Lichte seines Ziels und Zwecks. Diese Methoden lassen sich für die CMR in doppelter Hinsicht konkretisieren. Der Zweck des Übereinkommens, die Wettbewerbsbedingungen für den Schienen- und Straßenverkehr einander anzugleichen, hat bei zahlreichen Vorschriften zu einer Orientierung am **Vorbild der CIM 1952** geführt (Rn. 14), die es nahelegt, die Interpretation jener eisenbahnrechtlichen Bestimmungen bei der Auslegung der CMR zu berücksichtigen. Ferner ist es – wie auch bei anderen internationalen Konventionen, vgl. zB Art. 7 UNK – möglich, aus einzelnen Vorschriften des Übereinkommens, ihrem systematischen Zusammenhang, Sinn und Zweck sowie ergänzenden Auslegungshilfen **allgemeine Rechtsgrundsätze** abzuleiten, auf denen die CMR beruht, so etwa die grundsätzliche Formfreiheit von Erklärungen, vgl. Art 4 Satz 2, oder das Verbot des widersprüchlichen Verhaltens (venire contra factum proprium), vgl. Art. 30 Abs. 2; siehe Rn. 37.

Für die CMR, deren englischer und französischer Vertragstext gleichermaßen verbindlich **20** sind, ohne jedoch im Detail völlig übereinzustimmen, ist Art. 33 der Wiener Vertragsrechtskonvention über die **Auslegung mehrsprachiger Verträge** besonders wichtig.[53] Gemäß Art. 33 Abs. 3 wird vermutet, dass die Bestimmungen der CMR im englischen und im französischen Wortlaut dieselbe Bedeutung haben.[54] Doch ist diese Vermutung naturgemäß widerleglich. Wenn zB der französische Wortlaut von Art. 1 Abs. 1 CMR den Anwendungsbereich des Übereinkommens auf alle Transporte „au moyen de véhicules" erstreckt, während der englische Wortlaut nur den Straßengütertransport „in vehicles" erfasst, so hilft die Vermutung nicht weiter; wenn der Frachtführer etwa einen vom Absender beladenen und verschlossenen Container zum Transport übernimmt, so fällt diese Beförderung zwar nach dem französischen, nicht aber nach dem englischen Wortlaut in den Anwendungsbereich der CMR. In solchen Fällen ist nach Art. 33 Abs. 1 **nicht das gemeinsame sprachliche Minimum ausschlaggebend,** hier also der englische Text von Art. 1 Abs. 1 CMR, der in der weiteren französischen Formulierung mit enthalten ist. Missverständlich ist es deshalb auch, wenn Art. 33 Abs. 4 eine Auslegung anordnet, die (unter Berücksichtigung von Ziel und Zweck des Vertrags) „die Wortlaute am besten miteinander in Einklang bringt"; denn ein solcher Einklang ist in den Fällen des echten Bedeutungskonflikts, die in Art. 33 Abs. 4 geregelt sind, gerade nicht zu erreichen. Hier geht es vielmehr um die Auswahl zwischen mehreren, miteinander unvereinbaren Bedeutungen. Bei dieser Auswahl wollen manche der bei den Beratungen des Vertrags ursprünglich verwendeten **Arbeitssprache** besondere Bedeutung beilegen,[55] während andere diejenige Bedeutung für maßgeblich erachten, die mit dem **Ziel und Zweck** des Vertrags am ehesten zu vereinbaren ist.[56] Art. 33 Abs. 4 des Wiener Übereinkommens spricht für die zweite Lösung, die sich jedenfalls bei der CMR als am ehesten praktikabel anbietet. Denn die CMR ist als Übereinkommen zum Einheitlichen Privatrecht nicht von Regierungen, sondern von Zivilgerichten anzuwenden, die sich nur unter großen Schwierigkeiten und auch dann nur teilweise Zugang zu den vorbereitenden Arbeiten der CMR verschaffen können. Ferner ist zu bedenken, dass die Vorarbeiten sich in verschiedenen internationalen Organisationen über Jahre hingezogen haben und später auch nicht Gegenstand einer umfassenden Publikation geworden sind. Zugänglich ist immerhin der Vorentwurf von UNIDROIT aus dem Jahre 1951 (vgl. Rn. 13 Fn. 28), der in französischer Sprache abgefasst wurde, aber später noch tiefgreifende Änderungen erfuhr.

---

[53] Dazu *Hilf*, Die Auslegung mehrsprachiger Verträge, 1973 sowie die oben in Fn. 51 genannten Autoren; *Kuner* Int. Comp.L.Q. 40 (1991) 953 mit umfassenden Nachweisen.

[54] So für die CMR ausdrücklich BGH 10.10.1991, RIW 1992, 318 sub II 2 a bb.

[55] *Hilf* (Fn. 53) S. 93, 94 *Sinclair* (Fn. 51) 151 f. unter Berufung auf das Minderheitsvotum des Schiedsgerichtshofs für das Abkommen über deutsche Auslandsschulden v. 16.5.1980, GYIL 23 (1980) 414, 476.

[56] So das Mehrheitsvotum des Schiedsgerichtshofs für das Abkommen über deutsche Auslandsschulden vom 16.5.1980, GYIL 23 (1980) 414, 450 f.; zum EG-Recht auch EuGH 27.10.1977 – Rs. 30/77 (*Bouchereau*) EuGHE 1977, 1999, 2010 sub 13/14; siehe auch schon *Dölle* RabelsZ 26 (1961) 4, 36; *Kropholler* EinhR 268.

**21**    Der **deutsche Text der CMR** ist lediglich eine Übersetzung, die hinter den authentischen Fassungen in englischer und französischer Sprache zurücktreten muss, wenn es zum Bedeutungskonflikt kommt. Da der deutsche Text zwischen den Regierungen Österreichs, der Schweiz und der Bundesrepublik Deutschland abgestimmt worden ist, liegt der Gedanke nicht fern, dass diese **abgestimmte Übersetzung** im Verhältnis zwischen den drei deutschsprachigen Staaten einer authentischen Fassung der CMR gleichkommt. Nach Art. 33 Abs. 2 des Wiener Übereinkommens ist diese Annahme nur gerechtfertigt, wenn „Vertragsparteien dies vereinbaren." Auch wenn eine solche Vereinbarung nicht die Zustimmung aller Vertragsparteien erfordert, so ist jedenfalls ein entsprechender Wille der daran beteiligten Staaten erforderlich, und daran fehlt es im Falle der CMR. Wie sich aus der Denkschrift der Bundesregierung zur CMR ergibt, wurde die einheitliche deutsche Fassung „unbeschadet der ausschließlichen Verbindlichkeit des französischen und englischen Textes" hergestellt.[57] Auch im Verhältnis zwischen den deutschsprachigen Staaten sind also allein der englische und französische Text der CMR verbindlich.

**22**    Das oberste Ziel bei der Auslegung völkerrechtlicher Verträge, das in den Art. 31 ff. des Wiener Übereinkommens nicht einmal ausdrücklich genannt wird, ist **die Einheitlichkeit der Anwendung** in den Vertragsstaaten.[58] Ohne die Verpflichtung zur einheitlichen Anwendung macht es keinen Sinn, überhaupt einheitliche Texte zu vereinbaren. Bei den traditionellen völkerrechtlichen Übereinkommen, deren Durchführung den Regierungen und den ihnen nachgeordneten Behörden obliegt, sorgt der Informations- und Weisungsfluss in der staatlichen Hierarchie für eine einheitliche Anwendung einer Konvention innerhalb eines Vertragsstaats, und es ist Sache der Regierungen der Vertragsstaaten, eine uneinheitliche Anwendung in verschiedenen Vertragsstaaten durch entsprechende Auslegungsvereinbarungen etc. auszuschließen. Zivilgerichte sind dagegen – auch bei der Anwendung von völkerrechtlichen Übereinkommen zum Einheitlichen Privatrecht – unabhängig und nicht an die Weisungen ihrer Regierungen zur Auslegung einer Konvention gebunden. Gleichwohl muss das Postulat der einheitlichen Anwendung, das aus dem Wesen des völkerrechtlichen Vertrags folgt, auch für sie gelten. Neuere Übereinkommen zum Privatrecht haben dieses Gebot deshalb – mit deklaratorischer Wirkung – in besonderen Vorschriften ausdrücklich betont.[59] Auch wenn eine solche Bestimmung in der CMR fehlt, sind die Gerichte dennoch verpflichtet, **alle Möglichkeiten der Rechtsvergleichung** auszuschöpfen, um zu einer einheitlichen Auslegung zu gelangen. Für die Praxis bedeutet dies vor allem, dass **allgemeine Rechtsgrundsätze,** wie sie in der CMR und darüber hinaus weltweit in Handelsgeschäften Anerkennung finden, als Auslegungshilfen heranzuziehen sind, vgl. Rn. 37. Ferner sind die Interpretationen der Konvention zu berücksichtigen, die vor dem Hintergrund anderer nationaler Rechtsvorstellungen zustande gekommen sind und die sich in den Denkschriften ausländischer Regierungen zur CMR, in ausländischen Gerichtsurteilen und in der Literatur niederschlagen können.[60]

[57] Denkschrift der BReg., BT-Drucks. III/1144 S. 34.

[58] Vgl. *Buchanan v. Babco,* [1977] 3 All E. R. 1048 H. L. auf S. 1053: „We should of course try to harmonise interpretation …" (Lord *Wilberforce*) S. 1060: „If a corpus of law had grown up overseas which laid down the meaning of art. 23 [CMR], our courts would no doubt follow for the sake of uniformity which it is the object of the convention to establish." (Lord *Salmon*); ebenso BGH 28.2.1975, NJW 1975, 1597, 1598 sub IV 1 aE das „Ziel einer möglichst einheitlichen Rechtsangleichung in den Vertragsstaaten;" es stehe dem unbesehenen Rückgriff auf innerstaatliche Begriffe und Rechtsgrundsätze bei der Auslegung der CMR auch dann entgegen, wenn es sich um Regelungen handele, die der CMR ähnlich seien. Ebenso OGH Wien 16.3.1977, SZ 50/40 = *Greiter* S. 46, 48.

[59] Vgl. Art. 3 des UN-Übereinkommens vom 31.3.1978 über die Beförderung von Gütern auf See und Art. 2 des UN-Übereinkommens vom 11.12.2008 über Verträge über die internationale Beförderung von Gütern ganz oder teilweise auf See, beide http://www.transportrecht.org unter Vorschriften E. Schiffstransportrecht 8. und 16.; Art. 7 des Wiener UN-Übereinkommens über den internationalen Warenkauf vom 11.4.1980, BGBl. 1989 II S. 588; Art. 6 des Unidroit-Übereinkommens von Ottawa über internationales Finanzierungsleasing vom 28.5.1988, RabelsZ 51 (1987) 736; Art. 8 § 1 Übereinkommen über den internationalen Eisenbahnverkehr vom 9.5.1980 idF d. Änderungsprotokolls vom 3.6.1999 (COTIF 1999), BGBl. 2002 II 2140.

[60] Näher *Kropholler* EinhR 278 ff.; *David* IECL vol. II ch. 5 (1971) sect. 260 ff., 285 ff.; *Rodière* BT 1974, 364 speziell zur CMR; siehe auch Lord *Salmon* in *Buchanan v. Babco,* oben Fn. 58; *Fischer* TranspR 1994,

**Prozessuale Vorkehrungen** für die Einheitlichkeit ihrer Auslegung trifft die CMR 23 nicht in ausreichendem Umfang. Zur Einsetzung internationaler Schiedsgerichte, die in Art. 33 ausdrücklich vorgesehen ist, kommt es nur selten, weil die Streitwerte im Straßengütertransport dafür oft nicht hoch genug sind. Und die Zuständigkeit des Internationalen Gerichtshofs, die Art. 47 bei Meinungsverschiedenheiten über die Auslegung des Übereinkommens eröffnet, nehmen die Regierungen der Vertragsstaaten in einer privatrechtlichen Angelegenheit nicht so leicht in Anspruch, dafür sind die Eigeninteressen der Staaten nicht intensiv genug berührt. Es fehlt also an einem Verfahren, in dem über eine verbindliche oder wenigstens autoritative Auslegung der CMR entschieden werden kann, so dass sich Auslegungsunterschiede, wenn sie sich einmal eingestellt haben, in den betreffenden Staaten im Laufe der Jahre eher verfestigen. Dieser unbefriedigende Zustand ließe sich leicht ändern, wenn die Mitgliedstaaten der Europäischen Gemeinschaft, die alle auch Vertragsstaaten der CMR sind, sich darauf einigen könnten, Zweifelsfragen über die Auslegung der CMR, die sich vor den Gerichten dieser Staaten ergeben, dem Europäischen Gerichtshof zur Entscheidung vorzulegen.[61]

**5. Geltungsbereich und Anwendungsbereich.** Unter dem räumlichen Geltungsbereich ist die Gesamtheit der Territorien von Vertragsstaaten zu verstehen, in denen die 24 staatlichen Organe des jeweiligen Souveräns völkerrechtlich zur Beachtung der CMR verpflichtet sind. Siehe dazu näher Art. 46. Mit dem zeitlichen Geltungsbereich ist der Beginn und das Ende der so verstandenen Geltung gemeint; siehe dazu die Art. 43 und 45. Der Anwendungsbereich eines Übereinkommens ist dagegen die Gesamtheit der Sachverhalte, auf die Gerichte im Geltungsbereich dieses Übereinkommens dasselbe anwenden. Die CMR bestimmt ihren Anwendungsbereich in Art. 1 nach sachlichen und räumlichen Kriterien, dagegen nicht nach persönlichen Kriterien wie Wohnsitz und Staatsangehörigkeit, die in Art. 1 Abs. 1 Satz 2 ausdrücklich für irrelevant erklärt werden; siehe näher die Kommentierung zu Art. 1. Nicht geregelt ist in der CMR der zeitliche Anwendungsbereich, dh. die Frage, ob die CMR nach ihrem völkerrechtlichen Inkrafttreten für den Gerichtsstaat auch schon auf vorher geschlossene Verträge anzuwenden ist, und die weitere Frage, ob das Übereinkommen, nachdem es gemäß Art. 44 Abs. 2 oder Art. 45 außer Kraft getreten ist, auf Altfälle weiterhin angewendet werden muss. Beide Fragen haben derzeit keine praktische Bedeutung, sind jedoch nach allgemeinen Grundsätzen in dem Sinne zu entscheiden, dass die Rechtslage bei Vertragsschluss für den betreffenden Vertrag trotz nachfolgender Rechtsänderung maßgeblich bleiben muss.[62]

**6. Konventionskonflikte.** Neben der CMR sind zahlreiche andere völkerrechtliche 25 Verträge für internationale Straßengütertransporte bedeutsam (Rn. 16). Das Verhältnis zu den anderen Übereinkommen wird in der CMR nicht thematisiert und ist einer allgemeinen Regelung auch nicht zugänglich, weil die einzelnen Übereinkommen ganz unterschiedliche Regelungsgegenstände betreffen und die CMR eher ergänzen als verdrängen. So nimmt Art. 1 CMR sogar ausdrücklich auf das Übereinkommen über den Straßenverkehr von 1949, das die Anforderungen an Straßenfahrzeuge angleicht und später durch das Übereinkommen von 1968 ersetzt wurde, Bezug, um den Anwendungsbereich zu klären. Andere

---

365. Vgl. auch die Kontroverse zwischen *K. F. Haak* und *Dorrestein; Haak* Ned.Jbl. 1979, 184 plädiert für eine autonome Auslegung durch „systematische, teleologische en verdragsvergelijkende interpretatie en in dialoog met rechters van andere verdragsstaaten", während *Dorrestein* Ned.Jbl. 1979, 181, 184 meint, jeder Anwender der CMR könne in Wirklichkeit „niets anders dan in ‚nationale' begrippen denken"; zur Bedeutung von Rechtsprechung und Lehre der Mitgliedstaaten Hoge Raad 18.12.2009, ETR 2010, 101.

[61] Der EuGH selbst hat sich kürzlich nach geltender Rechtslage für die Auslegung der CMR als unzuständig erkannt: EuGH 4.5.2010 Rs. C-533/08 *(TNT Express Nederland BV ./. AXA Versicherung AG)* TranspR 2010, 236 = EuZW 2010, 517 = ETR 2010, 370.

[62] Soweit ersichtlich, fehlen in der Literatur und veröffentlichten Rechtsprechung spezifische Stellungnahmen; das allgemein anerkannte Rückwirkungsverbot im Vertragsrecht hat seinen Niederschlag zB in Art. 100 UNK und Art. 17 EVÜ gefunden; anders aber im Hinblick auf die besondere Vorschrift des Art. 54 Abs. 1 EuGVÜ EuGH 13.11.1979 Rs. 25/79 *(Sanicentral ./. Collin),* EuGHE 1979, 3423 zu Gerichtsstandsvereinbarungen.

Konventionen stellen Verhaltensregeln von öffentlich-rechtlichem Charakter auf und sind für die transportvertraglichen Beziehungen nur insofern von Bedeutung, als sie einzelne vertragsrechtliche Regelungen wie etwa über die Behandlung gefährlicher Güter (Art. 22) oder das vorsatzgleiche Verschulden (Art. 29) konkretisieren und ausfüllen. So liegt ein vorsatzgleiches Verschulden des Beförderers vor, wenn er Tiere, verderbliche Lebensmittel oder gefährliche Güter unter Missachtung der dafür geltenden Vorschriften in den betreffenden Übereinkommen transportiert, wenn er Beförderungen unter Verstoß gegen europa- oder völkerrechtliche Arbeits- und Sozialvorschriften, vor allem des AETR über Lenk- und Ruhezeiten durchführt oder wenn er versucht, einen Warentransport ohne die dem TIR-Abkommen entsprechenden Voraussetzungen als TIR-Transport durchzuführen.[63] Dasselbe gilt, wenn die Güter in einem Unfall beschädigt wurden, den der Fahrer des Beförderers nach Überschreitung der im AETR festgelegten Lenkzeiten im Zustand der Übermüdung verursacht hat.

26      Ein echter Konventionskonflikt setzt demgegenüber voraus, dass zwei Übereinkommen jedenfalls zum Teil denselben Gegenstand regeln und sich in ihren Anwendungsbereichen überlappen. Enthält ein Übereinkommen keine Vorschrift über den Anwendungsvorrang anderer Übereinkommen, wie etwa Art. 21 EVÜ,[64] ist das Rangverhältnis nach allgemeinen Grundsätzen zu bestimmen.[65] Vorrang kommt danach zunächst der spezielleren vor der allgemeineren Norm zu, also etwa einer Sondervorschrift über Nukleartransporte oder über Tierbeförderungen vor den allgemeinen Regeln der CMR. Soweit die fraglichen Vorschriften der CMR und eines anderen Übereinkommens von gleicher Spezialität sind, tritt das frühere Gesetz hinter dem später erlassenen zurück.

27      **7. Vorbehalte.** Die CMR ist von einer Ausnahme abgesehen vorbehaltsfeindlich, vgl. Art. 48. Anders als bei vielen Übereinkommen zum Einheitlichen Privatrecht wird das Ausmaß der erreichten Vereinheitlichung also nicht durch Sonderwege einzelner Vertragsstaaten geschmälert.

28      **8. Ausstrahlungen auf nationales Recht.** Die europaweite Billigung der CMR und die fortschreitende Verschiebung des Straßengüterverkehrs vom nationalen hin zum internationalen Verkehr haben dazu geführt, dass die CMR direkt oder indirekt immer größere Bedeutung auch für innerstaatliche Transporte erlangt. Dabei lassen sich vier verschiedene Techniken erkennen: (1) Die vertragliche Inkorporation der CMR in den einzelnen innerstaatlichen Beförderungsvertrag; (2) die Annäherung nationalen Rechts für innerstaatliche Transporte an die CMR; (3) die Schaffung umfassender nationaler Gesetze für innerstaatliche und grenzüberschreitende Beförderungen auf der Basis der CMR; (4) die vollständige Übernahme des Konventionsrechts der CMR in den Bereich der innerstaatlichen Straßengütertransporte.

29      Die erste Methode der **vertraglichen Inkorporation** wurde zunächst in **Belgien** angewendet; sie war möglich, da das für innerstaatliche Transporte geltende Gesetzesrecht dispositiv war.[66] Der belgische Verband der Straßentransportunternehmer (F. N. B.T.R.) entwickelte ein Standardfrachtbriefformular mit einer entsprechenden Inkorporationsklausel,[67] welches vom Verkehrsministerium als Frachtbrief anerkannt wurde, mit dessen Ausstellung der Transportunternehmer der wirtschaftsrechtlichen Pflicht zur Ausstellung von Frachtbriefen nachkommen konnte. Gegen die damit de facto vollzogene Erstreckung der CMR auf innerstaatliche Transporte durch wirksame Einbeziehung in den Vertrag begegnete

---

[63] OGH 25.4.1984, *Greiter* S. 223, 231 zur Verletzung des TIR-Übereinkommens; *Sidney G Jones Ltd. v. Martin Bencher Ltd.*, [1986] Lloyd's L. Rep. 54 Q. B. D. zur Überschreitung der Lenk- und Ruhezeiten.

[64] Römisches Übereinkommen der EG-Staaten über das auf vertragliche Schuldverhältnisse anzuwendende Recht vom 19. Juni 1980, BGBl. 1986 II S. 810 = ABl. EG 1980 L 266/1.

[65] Siehe dazu *Majoros*, Les conventions internationales en matière de droit privé I, 1976, und II, 1980; *ders.* RabelsZ 46 (1982) 84 ff.; *Volken*, Konventionskonflikte im internationalen Privatrecht, 1977, S. 314–316.

[66] *Putzeys* S. 306.

[67] Abgedruckt bei *Putzeys* S. 442 (annexe 6); vgl. dazu *Basedow* in der Erstauflage.

seitens der belgischen Rechtsprechung keinerlei Bedenken, sofern der dahingehende Wille der Parteien deutlich und gewiss erschien.[68] Zur geltenden Rechtslage vgl. Rn. 32.

**An der CMR orientiert** haben sich die **Niederlande** bei Erlass des Gesetzes über den **30** Straßenbeförderungsvertrag vom 2. Dezember 1982.[69] Das Gesetz stimmt weitestgehend überein mit dem 13. Titel von Buch 8 des neuen Bürgerlichen Gesetzbuchs (Nieuw Burgerlijk Wetboek, N. B. W.) und wurde mit dessen Inkrafttreten am 1. April 1991 durch dessen Vorschriften ersetzt.[70] Das Gesetz von 1982 regelt auch den Personenbeförderungsvertrag und den Umzugsvertrag, geht also über den Anwendungsbereich der CMR weit hinaus. Im Bereich des Straßengütertransports folgt die Regelung im Wesentlichen der CMR, enthält jedoch auch einige gravierende Abweichungen. So fehlt es – anders als nach Art. 4 CMR – an einer unabdingbaren Pflicht zur Ausstellung eines Frachtbriefs;[71] die Haftungshöchstsummen werden durch Rechtsverordnung festgelegt und liegen erheblich unter denen der CMR,[72] und entgegen Art. 41 CMR kann das ganze Haftungsregime vertraglich abbedungen werden, jedoch nur „ausdrücklich" und nicht durch Verweisung auf Allgemeine Geschäftsbedingungen.[73] An der CMR orientiert haben sich mittlerweile auch **Deutschland** mit dem Transportrechtsreformgesetz[74] sowie **Portugal,**[75] **Spanien**[76] und die **Türkei**[77] in ihren Reformen des nationalen Landtransportrechts. In der Anwendung der einzelnen Vorschriften sind jedoch die zT entscheidenden Abweichungen zur CMR zu beachten; inwieweit zugrundeliegende Wertungen im Übereinkommen und den nationalen Vorschriften gleich sind, ist im Rahmen einer eingehenden Analyse zu prüfen.

Viel weiter geht demgegenüber die Harmonisierung von nationalem und internationalem **31** Straßentransportrecht in den skandinavischen Ländern **Finnland**[78] und **Norwegen.**[79] Sie kommt schon äußerlich darin zum Ausdruck, dass die Vorschriften **für innerstaatliche und grenzüberschreitende** Straßengütertransporte jeweils in einem **einheitlichen Gesetz** zusammengefasst sind. Mit anderen Worten gilt die CMR in den betreffenden Ländern nicht unmittelbar, sondern in Gestalt des betreffenden Straßengütertransportgesetzes. Dessen Vorschriften sind sowohl auf innerstaatliche Transporte anzuwenden als auch auf grenzüberschreitende Beförderungen, wenn der Ort der Übernahme des Transportguts oder der seiner Ablieferung in einem Vertragsstaat der CMR liegen; Art. 1 der betreffenden Gesetze, der dies festlegt, nimmt also inhaltlich die Vorschrift über den räumlichen Anwendungsbereich der CMR (Art. 1) auf. Die weiteren Vorschriften geben dann durchweg wörtlich die entsprechenden Bestimmungen der CMR wieder, sehen allerdings teilweise für innerstaatliche Transporte abweichende Regelungen vor. Dies gilt etwa für den beidseitig zwingenden Charakter, den die betreffenden Gesetze im Einklang mit Art. 41 CMR nur für grenzüberschreitende Beförderungen festschreiben, während sie bei innerstaatlichen Beförderungen Abweichungen zugunsten von Absender oder Empfänger gestatten[80] oder

---

[68] *Putzeys* S. 68 f., 119; *de Bouver* SEW 1980, 89, 105 f.
[69] Wet overeenkomst wegvoervoer vom 2.12.1982, Stb. 1982 Nr. 670; dazu Ausführungsverordnungen in Stb. 1983 Nr. 351–353; dazu *Claringbould* TranspR 1988, 403; *Dorrestein* Advocatenblad 1983, 490; *Dorrestein/Neervoort* Jur.Anv. 123 (1983–84) 3 ff., 103 ff., 323 ff.; *van der Horst* Ars Aequi 33 (1984) 32 ff.
[70] Vgl. Stb. 1991 Nr. 126–129 van der Horst Ned.Jbl. 1991, 639; am 1. Januar 1992 sind das 3., 5. und 6. Buch NBW sowie Teile von Buch 7 in Kraft getreten, vgl. *Hartkamp,* Civil Code Revision in the Netherlands 1947–1992, in: *Haanappel/Mackaay,* New Netherlands Civil Code – Patrimonial Law, 1990, S. XIII, XVI; zum NBW näher *Hondius* AcP 191 (1991) 378; *Hartkamp* ebd. S. 396; *Vranken* ebd. S. 411.
[71] *Dorrestein* Advocatenblad 1983, 492 f.
[72] *Herber/Piper/Claringbould* S. 654 f.
[73] *Claringbould* TranspR 1983, 407; *Dorrestein* Advocatenblad 1983, 492.
[74] BT-Drucks. 13/8445, S. 1.
[75] Vgl. Rn. 55.
[76] Vgl. Rn. 55.
[77] Vgl. Rn. 55.
[78] Lag Nr. 1979/345 om vägbefordringsavtal vom 23.3.1979, Finlands Lag, 1992, S. 583 ff.; vgl. *Fischer* TranspR 1994, 370.
[79] Lov Nr. 1974/68 om vegfraktavtaler vom 20.12.1974, Norges Lover 1685–1989, 1990, S. 1827; vgl. *Fischer* TranspR 1994, 370; zur norwegischen Regelung vgl. IEL/*Daeklin* Länderbericht Norwegen S. 159 ff.
[80] § 5 Abs. 2 des norwegischen Gesetzes (Fn. 78).

aber jedenfalls solche Abweichungen zulassen, die durch Besonderheiten des Transportgutes oder der Beförderung gerechtfertigt sind.[81] Dänemark und Schweden haben sich den entsprechenden Vorschlägen zur innerskandinavischen Rechtsvereinheitlichung nicht angeschlossen.[82]

**32**    Während Finnland und Norwegen für die einheitliche Rechtsquelle noch die Form des nationalen Gesetzes gewählt haben, ist **Österreich** 1990 noch einen Schritt weitergegangen und hat durch Ergänzung des Handelsgesetzbuches um eine einzige Verweisungsvorschrift die **CMR auf innerstaatliche Transporte** erstreckt.[83] Die Vorschrift des § 439a UGB lautet:

> (1) Auf den Abschluß und die Ausführung des Vertrages über die entgeltliche Beförderung von Gütern auf der Straße ausgenommen Umzugsgut mittels Fahrzeugen, die Haftung des Frachtführers, Reklamationen und das Rechtsverhältnis zwischen aufeinanderfolgenden Frachtführern sind die Art. 2 bis 30 und 32 bis 41 des Übereinkommens vom 19. Mai 1956, BGBl. Nr. 138/1961, über den Beförderungsvertrag im internationalen Straßengüterverkehr (CMR) in der Fassung des Protokolls vom 5. Juli 1978, BGBl. Nr. 192/1981, in der für Österreich jeweils geltenden Fassung auch dann anzuwenden, wenn der vertragliche Ort der Übernahme und der vertragliche Ort der Ablieferung des Gutes im Inland liegen.

> (2) Im Sinne des Abs. 1 sind unter Fahrzeugen Kraftfahrzeuge, Sattelkraftfahrzeuge, Anhänger und Sattelanhänger gemäß Art. I lit. p, q, r und u des Übereinkommens über den Straßenverkehr, BGBl. Nr. 289/1982, zu verstehen.

1999 wurde auch in **Belgien** eine entsprechende gesetzliche Maßnahme erlassen. Art. 38 des Gesetzes vom 3.5.1999 enthält nunmehr einen entsprechenden Verweis.[84]

**33**    **9. Reform.** In fünf Jahrzehnten der Anwendungspraxis zur CMR haben sich zahlreiche Schwächen der Konvention gezeigt. Erstens fehlt manchen Bestimmungen die erforderliche Eindeutigkeit, so dass es zu divergierenden Urteilen in verschiedenen Vertragsstaaten gekommen ist. Insbesondere wird der Anwendungsbereich nicht überall gleich beurteilt; der italienische Kassationshof legt etwa Art. 1 iVm. Art. 6 Abs. 1 lit. k dahin aus, dass die CMR nur Anwendung findet, wenn der Frachtbrief einen entsprechenden Hinweis auf dieses Übereinkommen enthält.[85] Zweitens hat sich das internationale Transportrecht in anderen Bereichen fortentwickelt und dabei Regeln hervorgebracht, die in der CMR fehlen. Das gilt beispielsweise für eine einheitliche Umschreibung des vorsatzgleichen Verschuldens in Art. 29, für die kontinuierliche oder regelmäßige Anpassung der Haftungshöchstsummen an die Veränderungen des Geldwerts in Art. 23, wie sie jetzt etwa in Art. 24 MÜ vorgesehen ist, für die Dynamisierung der Verzugszinsen in Art. 27, für die Lockerung von Formalismen oder wie des Erfordernisses, eine besondere Wert- oder Interessedeklaration stets in den Frachtbrief einzutragen, Art. 24, 26.[86] Drittens erweist sich die CMR zum Teil als starr und unflexibel, weil Art. 41 vertragliche Abweichungen weder in die eine noch in die andere Richtung zulässt. Dies ist hinderlich, wenn außergewöhnliche Transporte einen im Einzelnen ausgehandelten und von der CMR abweichenden Vertrag erfordern oder wenn die private Vereinbarung das geeignete Ventil wäre, um veraltete Regelun-

---

[81] § 5 Abs. 2 des norwegischen Gesetzes (Fn. 78), § 5 Abs. 2 des finnischen Gesetzes (Fn. 77).

[82] Vgl. Allmän transporträtt, 5. Aufl. 1977, S. 36; zur Rechtslage in Schweden und Dänemark *Fischer* TranspR 1994, 370 f.; zu Dänemark auch *Mikkelsen* ETR 1995, 419; zu Dänemark vgl. unten Rn. 55.

[83] Bundesgesetz vom 28. Juni 1990, mit dem das Handelsgesetzbuch sowie das Binnenschiffahrtsgesetz hinsichtlich der innerstaatlichen Anwendung des Beförderungsvertrages im internationalen Straßengüterverkehr CMR geändert werden, österr. BGBl. 1990/459; dazu *Jesser* ecolex 1990, 600; *Csoklich* öRdW 1990, 808; vgl. auch BG Salzburg 27.8.1991, TranspR 1991, 447; mit 1.1.2007 wurde das österreichische HGB in Unternehmensgesetzbuch (UGB) umbenannt.

[84] Loi relative au transport des choses par route, Moniteur Belge vom 30.6.1999, S. 24507; dazu *Thume/De Smet* Länderbericht Belgien S. 995, S. 996 f.

[85] Corte cass. 10.4.1986, Nr. 2515, Dir.comm.int. 1987, 613 mit Anm. *Silingardi;* 8.3.1983 Nr. 1708, Dir. Mar. 86 (1984) 554, Anm. *Fadda;* 26.11.1980 Nr. 6272, Riv.dir.int.priv.proc. 17 (1981) 937; 23.2.1998, ULR 2000, 608. Kritik und weitere Nachweise bei *Ivaldi,* Diritto uniforme dei trasporti e diritto internazionale privato 1990, S. 77 f.; vgl. auch schon *Capotosti* VersR 1985, 524.

[86] Ebenso *Haak* TranspR 2006, 325, 332.

gen wie etwa die ausnahmslose Pflicht zur Ausstellung eines Frachtbriefs in Art. 4 CMR auszuschalten. Allerdings ist Art. 41 zugute zu halten, dass gerade durch die zwingende Ausgestaltung des Übereinkommens die heute erzielte Rechtseinheit auf dem Sektor des Straßengütertransportrechts erreicht werden konnte.[87] Viertens wird gelegentlich Kritik laut an der unklaren Regelung des Verhältnisses der CMR zu anderen völkerrechtlichen Übereinkommen, etwa in Bezug auf Nukleartransporte, deren Haftungsrisiken von der CMR ausgeschlossen werden müssten.[88] Unklarheiten bestehen auch hinsichtlich der Regelung für Huckepacktransporte (Art. 2)[89] sowie allgemein zur Anwendbarkeit der CMR im Rahmen multimodaler Beförderungen.[90] Fünftens ist schließlich zu bedauern, dass es nicht gelungen ist, auf einem begrenzten Gebiet von hoher Bedeutung für den alltäglichen transeuropäischen Handel Verfahren zu schaffen, die europaweit eine einheitliche Auslegung dieser Konvention sicherstellen könnten.[91]

Nicht nur Anlässe, auch **Ansätze zur Reform** hat es gegeben. Schon 1976 hat *Loewe* **34** auf zahlreiche Schwachstellen der CMR hingewiesen,[92] zugleich aber auch vor einer Revision der CMR gewarnt. Zu Anfang der achtziger Jahre hat der Internationale Spediteurverband (FIATA) den Entwurf einer neuen CMR vorgelegt, der mehrere der oben (Rn. 33) genannten Punkte aufgegriffen und zum Gegenstand von Änderungsvorschlägen gemacht hat.[93] Anlässlich ihres fünfzigjährigen Bestehens wurde von *Haak* erneut auf die Notwendigkeit einer Revision verwiesen.[94] In der Vergangenheit wurden Bedenken dahingehend geäußert, dass der Preis für eine solche Reform hoch wäre. Der CMR gehören heute fast alle Staaten Europas an, die Rechtseinheit ist umfassend und flächendeckend; sie reicht mittlerweile mit den Mitgliedstaaten im afrikanischen und asiatischen Raum weit über Europa hinaus. Die Erfahrungen mit der Überarbeitung veralteter internationaler Konventionen etwa im Luftrecht oder im Seerecht haben gezeigt, dass eine solche Rechtseinheit schnell zerbricht, weil nur ein Teil der Staaten bereit ist, den neueren, modernen Text zu übernehmen. Die Bedenken bestehen auch heute noch unverändert; andererseits gibt die Konsolidierung des internationalen Luftfahrtrechts im Montrealer Übereinkommen Anlass zur Hoffnung, dass notwendige Änderungen auf entsprechende Akzeptanz stoßen. Um sicherzustellen, dass möglichst rasch eine große Anzahl der Mitglieder den überarbeiteten Text in Kraft setzen, empfiehlt es sich, die **Strukturen der EG zu nutzen.**

### IV. Internationales Privatrecht

**1. Anwendungsfelder für autonomes Recht.** Rechtsvereinheitlichung, auch die der **35** CMR, ist nach ihrem Anspruch nie flächendeckend, sie überlagert stets die verschiedenen autonomen nationalen Rechte und verdrängt sie, soweit ihr eigener Geltungs- und Anwendungsbereich reicht. Im Übrigen ist weiterhin das von den Vorschriften des Internationalen Privatrechts für maßgeblich erklärte autonome nationale Recht anzuwenden. Neben der CMR gibt es vier solche Anwendungsfelder für autonomes Recht, davon hängen zwei mit der räumlichen Begrenzung und zwei andere mit der sachlichen Begrenzung der CMR zusammen. (1) In Staaten und Territorien, in denen die CMR völkerrechtlich nicht gilt, vgl. Art. 42–46, wird die CMR von den Gerichten jedenfalls als Rechtsvorschrift nicht angewendet. Die **Gerichte in Nichtvertragsstaaten** bestimmen die maßgebliche nationale Rechtsordnung nach den Vorschriften ihres eigenen Internationalen Privatrechts. Ist danach das Recht eines Vertragsstaats maßgeblich, so kommt die CMR zur Anwendung, wenn die Voraussetzungen von Art. 1 erfüllt sind, insbesondere also wenn entweder der Übernah-

---

[87] Vgl. auch *Haak* TranspR 2006, 325, 335.
[88] Vgl. *Loewe* ETR 1976, 595.
[89] S. auch *Haak* TranspR 2006, 325, 330.
[90] S. Art. 1 Rn. 19.
[91] S. schon oben Rn. 23.
[92] *Loewe* ETR 1976, 595–597.
[93] *Glöckner* TranspR 1984, 113 mit Abdruck des FIATA-Entwurfs auf S. 115.
[94] *Haak* TranspR 2006, 325.

meort oder der Ablieferungsort in einem Vertragsstaat liegt. Die bloße **kollisionsrechtliche Verweisung** auf das Recht eines Vertragsstaats, ohne dass die Voraussetzungen von Art. 1 erfüllt sind, genügt dagegen vor den Gerichten der Nichtvertragsstaaten nicht, um die CMR als Rechtsvorschrift anzuwenden; dazu fehlt es an einer dem Art. 1 Abs. 1 lit. b UNK vergleichbaren Regelung in der CMR. Häufig werden Gerichte von Nichtvertragsstaaten die CMR jedoch auf Grund **materieller Verweisung,** dh. im Rahmen des nach ihrem Kollisionsrecht maßgeblichen Vertragsstatuts anwenden. Denn der in Art. 6 Abs. 1 lit. k geforderte Vermerk, dass die Beförderung der CMR unterliege, bewirkt – im Rahmen der maßgeblichen Rechtsordnung und ihrer zwingenden Bestimmungen – eine materielle Inkorporation der CMR in den Vertrag.[95] (2) Außerhalb des räumlichen Anwendungsbereichs der CMR wird auch von **Gerichten in Vertragsstaaten** nicht diese Konvention, sondern das nach dem IPR des Gerichtsstaats maßgebliche nationale Recht angewendet. Dies kommt nur mehr sehr selten vor, weil die CMR in nahezu allen europäischen Staaten gilt und ihren eigenen räumlichen Anwendungsbereich in Art. 1 obendrein sehr weit umschreibt; Beispiele zu finden ist kaum mehr möglich, zu denken ist etwa an einen Transport von der britischen Kanalinsel Jersey nach Andorra, also zwischen Orten, die außerhalb des Geltungsbereichs der CMR liegen. Durch Nr. 1 des Zeichnungsprotokolls zur CMR sind auch Beförderungen zwischen der Republik Irland und dem Vereinigten Königreich von Großbritannien und Nordirland vom räumlichen Anwendungsbereich der CMR ausgenommen und bleiben damit nationalem Recht überlassen.

**36** Raum für die Anwendung autonomen nationalen Rechts steht auch jenseits der Grenzen des sachlichen Anwendungsbereichs der CMR. (3) Dies betrifft zunächst die von der CMR **ausgeschlossenen Transporte und Rechtsfragen.** Keine Anwendung findet die CMR gemäß Art. 1 auf unentgeltliche Beförderungen (Art. 1 Abs. 1) sowie auf Beförderungen von Leichen und Umzugsgut, ferner auch auf Beförderungen, die nach internationalen Postübereinkommen durchgeführt werden (Art. 1 Abs. 4); diese Transporte unterliegen den betreffenden Postkonventionen sowie dem autonomen nationalen Recht, auf das das IPR des Gerichtsstaats verweist. Dasselbe gilt auch **für in der CMR nicht geregelte Rechtsfragen** wie zB das Zustandekommen des Vertrags, seine materielle Gültigkeit, den Anspruch auf Erfüllung und auf Schadensersatz wegen Nichterfüllung, die Verteilung primärer Leistungspflichten wie zB Verpackung, Kennzeichnung, Verladung der Güter und die Wahl des Transportwegs, die Beurteilung von Nebenleistungen, zB der Verzollung, sowie die Entstehung, den Umfang und das Erlöschen von dinglichen Sicherungsrechten am Transportgut. Alle diese Fragen stehen von vornherein außerhalb der CMR und unterliegen autonomem nationalem Recht.[96] (4) Auch innerhalb ihres eigentlichen Anwendungsbereichs weist die CMR **Lücken** auf, die durch die Anwendung autonomen Rechts zu schließen sind. Dies gilt insbesondere für die vielen normativen Tatbestandsmerkmale; dafür einige Beispiele: „Notwendige" Begleitpapiere für Zwecke des Zolls und der sonstigen amtlichen Behandlung sowie die dafür „erforderlichen" Auskünfte (Art. 11 Abs. 1); „Sicherheitsleistungen" (Art. 13 Abs. 2 Satz 2); „Einziehung der Nachnahme" (Art. 21); „Tag der Klageerhebung" (Art. 27 Abs. 1); „Vorsatzgleiches Verschulden" (Art. 29 Abs. 1, 2); „Gesetzliche Feiertage" (Art. 30 Abs. 1, 2); „Rechtskraft" (Art. 39 Abs. 4).

**37** In diesen und anderen Fällen stellt sich die Frage, ob die CMR aus sich selbst heraus, und zwar aus den ihr zugrunde liegenden **„allgemeinen Grundsätzen"** angereichert und aufgefüllt werden kann oder ob in jedem Falle nationales Recht heranzuziehen ist. Die erste Methode wird in neueren Konventionen des Einheitlichen Privatrechts zum Teil ausdrücklich angeordnet,[97] gilt indessen für die Auslegung internationaler Übereinkommen

---

[95] *Clarke* S. 60 Nr. 24; *Putzeys* S. 88; *Loewe* ETR 1976, 530 f.; *Pesce* S. 62 f.
[96] Siehe dazu vor allem *Lieser* S. 59 ff., 116 ff., 175 ff.
[97] So etwa in Art. 7 Abs. 2 UNK; Art. 6 Abs. 2 des UNIDROIT-Übereinkommens von Ottawa über Internationales Finanzierungsleasing vom 28.5.1988, RabelsZ 51 (1987) 736, deutsche Übersetzung bei *Dageförde,* Internationales Finanzierungsleasing, 1992, 162 ff.; Art. 4 Abs. 2 des UNIDROIT-Übereinkommens von Ottawa über das internationale Factoring vom 28.5.1988, abgedruckt bei *Diehl-Leistner,* Internationales Factoring, 1992, 205 ff.

schlechthin, weil sie nur das allgemeine Gebot der teleologischen Auslegung der Konventionsbestimmungen in ihrem Zusammenhang konkretisiert.[98] Die kodifizierte Erfassung von „Grundsätzen internationaler Handelsverträge" durch UNIDROIT gibt dieser Methode nunmehr auch ein tragfähiges Fundament.[99] Wo der Rückgriff auf allgemeine Grundsätze weiterhilft, weist die CMR streng genommen keine Lücke auf. Dies ist jedoch nur selten der Fall; ein allgemeiner Grundsatz, der mangels entgegenstehender ausdrücklicher Regelungen zum Tragen kommt, dürfte zB im Hinblick auf Art. 4 die Formfreiheit von Vereinbarungen darstellen. Bei der Füllung verbleibender Lücken darf von **Analogieschlüssen** nur mit großer Zurückhaltung Gebrauch gemacht werden. Eine Analogie *zur* CMR, dh. in Erweiterung ihres Anwendungsbereichs scheidet aus, weil die Vertragsstaaten beim Abschluss völkerrechtlicher Verträge nur in begrenztem Umfang der Einschränkung ihrer Souveränität zustimmen. Fällt ein Sachverhalt in den Anwendungsbereich der CMR, ist danach zu unterscheiden, ob der Fragenkreis, dem die Lücke zuzuordnen ist, von dem Übereinkommen flächendeckend oder von vornherein nur bruchstückhaft geregelt werden sollte; nur im ersten Fall kommt ein Analogieschluss in Betracht.[100] Oft ist der Rückgriff auf lückenfüllendes nationales Recht unentbehrlich, wenn man diese Grundsätze beherzigt.

**2. Kollisionsnormen der CMR.** Für manche der offen gelassenen Fragen hat die CMR **38** wenigstens eine einheitliche Kollisionsnorm geschaffen, die den Kollisionsnormen des nationalen IPR und auch denen allgemeiner völkerrechtlicher Übereinkommen zum IPR vorgeht. In den folgenden Vorschriften ist eine spezifische Anknüpfung vorgesehen: Art. 5 Abs. 1 Satz 2, Art. 16 Abs. 5, Art. 20 Abs. 4, Art. 29 Abs. 1, Art. 31 Abs. 3 und Art. 39 Abs. 3, Art. 32 Abs. 3 und Art. 39 Abs. 4. Unspezifische Verweisungen auf nationales Recht ohne Festlegung der Anknüpfung sind ferner enthalten in Art. 11 Abs. 1, 2 bezüglich des maßgeblichen Zoll- und Verwaltungsrechts sowie in Art. 28 hinsichtlich der konkurrierenden Ansprüche, die nach dem „anzuwendenden Recht" bestehen.

Die spezifischen Anknüpfungsregeln der CMR lassen sich den folgenden Statuten zuord- **39** nen. Wenn die Zulässigkeit von Unterschriftssubstituten gemäß Art. 5 Abs. 1 Satz 2 nach dem Recht des Ausstellungslands zu beurteilen ist, so geht es dabei um eine Frage des **Formstatuts.** Von Art. 11 EGBGB weicht die Regel insofern ab, als keine alternative Anknüpfung an das Vertragsstatut zugelassen wird; auch im übrigen IPR der Wertpapiere sind alternative Anknüpfungen, die der internationalen Umlauffähigkeit des Papiers Rechnung tragen sollen, verbreitet.[101] Dem **Sachenrechtsstatut** sind die Kollisionsnormen in Art. 16 Abs. 5 und Art. 20 Abs. 4 zuzuordnen. In Übereinstimmung mit allgemeinen Grundsätzen[102] ist danach jeweils das Recht des Belegenheitslands maßgeblich für die Art und Weise des Notverkaufs der Güter durch den Frachtführer (Art. 16 Abs. 5) und für das Verfügungsrecht des Frachtführers über wiederaufgefundene Güter (Art. 20 Abs. 4). Um Fragen des **Vertragsstatuts** geht es in Art. 29 Abs. 1 und in der Vorschrift des Art. 32 Abs. 3, auf die wiederum in Art. 39 Abs. 4 verwiesen wird. Dass sowohl die Frage, welches Verschulden dem Vorsatz gleichsteht und damit eine unbeschränkte Haftung des Frachtführers auslöst (Art. 29 Abs. 1) als auch die Regelung der Verjährungshemmung und -unterbre-

---

[98] Vgl. oben Rn. 19; siehe *Kropholler* EinhR S. 298: „auch ohne legislatorische Anordnung entspricht ein Rückgriff auf allgemeine Rechtsgrundsätze in der Regel dem Sinn des internationalen Einheitsrechts." Ebenso *Lieser* S. 21 ff. zur CMR.

[99] Erstmals 1994: UNIDROIT, Principes relatifs aux contrats du commerce international, 1994, S. 5; in englischer Sprache auch in UNIDROIT, Principles of International Commercial Contracts, 1994; eine Kommentierung und deutsche Übersetzung findet sich in *Bonell,* An International Restatement of Contract Law, Irvington, N. Y., 1994. 2004 und 2010 wurden sie neugefasst; in englischer und französischer Sprache abgedruckt in ULR 2004, 124 ff. bzw. ULR 2011, 735 ff.

[100] Siehe näher *Basedow* TranspR 1994, 338 f.; ähnlich allgemein *Mankowski* IPRax 1991, 305, 308 f., jeweils mwN.

[101] Vgl. Art. 92 WG, Art. 62 SchG; für ähnliche Unterschriftsbestimmungen in anderen Konventionen siehe *Basedow/Kreuzer* (Fn. 9) S. 67 ff., 107 ff.

[102] Vgl. MüKoBGB/*Wendehorst* 5. Aufl. 2010, Art. 43 EGBGB Rn. 3; Palandt/*Thorn* 72. Aufl. 2013, Art. 43 EGBGB Rn. 1.

chung (Art. 32 Abs. 3) von der CMR der jeweiligen lex fori zugewiesen wird, überrascht. Nach allgemeinen kollisionsrechtlichen Grundsätzen unterliegt nicht nur der Umfang der vertraglichen Haftung, sondern auch die gesamte Verjährungsregelung einschließlich Hemmung und Unterbrechung dem Vertragsstatut.[103] Für die Zwecke der Anerkennung eines ausländischen Urteils verlangt Art. 31 Abs. 3, dass die Formerfordernisse des Anerkennungsstaats erfüllt sein müssen. Darin liegt eine Verweisung auf die lex fori, die dem **prozessualen** Gegenstand der Regelung und auch allgemeinen Grundsätzen entspricht.

40     Ob es sich bei den Verweisungsnormen der CMR um **Sachnormverweisungen** oder um **Gesamtverweisungen** handelt, ob also eine Rück- oder Weiterverweisung durch das IPR der betreffenden Rechtsordnung zu beachten ist, wird in der CMR nicht ausdrücklich geregelt. Grundsätzlich sind staatsvertragliche Kollisionsnormen renvoi-feindlich.[104] Der Zweck des internationalen Entscheidungseinklangs, den solche staatsvertraglichen Kollisionsnormen verfolgen, wird vereitelt, wenn divergierende nationale Kollisionsnormen im Wege des Renvoi Beachtung finden. Dies gilt nicht für Kollisionsnormen, die lediglich auf das Recht des angerufenen Gerichts verweisen oder ähnliche territoriale Anknüpfungen vornehmen. Solche vereinheitlichten Kollisionsnormen tragen nur unter der Voraussetzung zum internationalen Entscheidungseinklang bei, dass es für die Durchsetzung von Ansprüchen lediglich einen einzigen Gerichtsstand gibt; gerade diese Voraussetzung ist in der CMR (Art. 31) wie auch in anderen Transportrechtskonventionen nicht erfüllt. Wo der Kläger bei konkurrierenden Zuständigkeiten zwischen den Gerichten mehrerer Staaten wählen kann, die dann jeweils auf Grund der „vereinheitlichten" Kollisionsnorm ihre lex fori anwenden, kann umgekehrt gerade die Anwendung des nationalen IPR der lex fori den internationalen Entscheidungseinklang fördern. Art. 8 § 3 COTIF 1999 ordnet demzufolge ausdrücklich an, dass die Verweisung auf das Landesrecht auch die Kollisionsnormen der betreffenden Rechtsordnung einschließt.[105] Diese Regel kann auch für die CMR als Prinzip übernommen werden, bedarf allerdings für jede einzelne Kollisionsnorm der gesonderten Überprüfung.[106]

41     **3. Das Vertragsstatut im grenzüberschreitenden Straßengüterverkehr.** Bei der ergänzenden Anwendung nationalen Rechts ist die offene Rechtsfrage zunächst daraufhin zu untersuchen, ob sie als Problem des Form-, Vertrags-, Sachenrechts-, Prozessstatuts oder eines anderen Statuts zu qualifizieren ist. Im Folgenden wird lediglich die Anknüpfung des Vertragsstatuts behandelt, während auf andere Statuten soweit erforderlich im Zusammenhang mit einzelnen Vorschriften der CMR einzugehen ist. Die Anknüpfung des Vertragsstatuts richtet sich nach der Verordnung (EG) Nr. 593/2008 des Europäischen Parlaments und des Rates vom 17. Juni 2008 über das auf vertragliche Schuldverhältnisse anzuwendende Recht (Rom I-VO).[107]

42     **a) Rechtswahl.** Gemäß Art. 3 Rom I-VO unterliegt der Transportvertrag in erster Linie dem von den Parteien gewählten Recht. Eine Rechtswahl ist sowohl ausdrücklich, etwa durch Vereinbarung von Ziff. 30.3 ADSp, als auch stillschweigend möglich, Art. 3 Abs. 1 Rom I-VO, zB durch Wahl eines Gerichtsstands oder vertragliche Einbeziehung bestimmter national „gefärbter" Geschäftsbedingungen.[108] Sie kann zu jeder Zeit, also auch noch im Prozess getroffen werden, Art. 3 Abs. 2 Satz 1 Rom I-VO.[109] Die **materielle Wirksamkeit** der Rechtswahl richtet sich grundsätzlich nach dem gewählten Recht, Art. 3

---

[103] MüKoBGB/*Spellenberg* 5. Aufl. 2010, Art. 12 Rom I-VO Rn. 106; Palandt/*Thorn* 72. Aufl. 2013, Art. 12 Rom I-VO Rn. 8.

[104] *Kropholler,* Internationales Privatrecht, 6. Aufl. 2006, S. 177; Palandt/*Thorn* 72. Aufl. 2013, Art. 4 EGBGB Rn. 11.

[105] Zuvor Art. 10 ER CIM 1980.

[106] MüKoBGB/*Martiny* 5. Aufl. 2010, Art. 5 Rom I-VO Rn. 44 aE; generell für Sachnormverweisung hingegen Reithmann/Martiny/*Mankowski* 7. Aufl. 2010, Rn. 2773.

[107] ABl. EG 2008 L 177/6.

[108] LG Bonn 24.7.1990, TranspR 1991, 25.

[109] Vgl. allgemein BGH 10.5.1990, NJW-RR 1990, 1508 sub II 2.

Abs. 5 und Art. 10 Rom I-VO. Ausnahmsweise kann sich jedoch eine Vertragspartei für die Behauptung, sie habe dem Vertrag nicht zugestimmt, auf das Recht des Staats ihres gewöhnlichen Aufenthaltsorts berufen, Art. 10 Abs. 2 Rom I-VO. Wenn also ein deutscher Transportunternehmer gegenüber einem österreichischen Auftraggeber den telefonisch erteilten Auftrag durch kaufmännisches Bestätigungsschreiben bestätigt und dabei seine AGB hinzufügt, die die formularmäßige Wahl deutschen Rechts enthalten, so kann sich der österreichische Auftraggeber darauf berufen, dass die konstitutive Wirkung des Schweigens auf ein kaufmännisches Bestätigungsschreiben im österreichischen Recht nicht anerkannt ist und es deshalb an der Zustimmung dieser Partei zu dem Vertrag fehle.[110] Die **formelle Wirksamkeit** ist gegeben, wenn die Rechtswahl entweder den Formvorschriften des gewählten Vertragsstatuts oder aber den Formvorschriften des Lands genügt, in dem die auf den Vertragsschluss gerichteten Willenserklärung abgegeben wurde, vgl. Art. 3 Abs. 5 Rom I-VO und Art. 11 Abs. 1–3 EGBGB; an Formzwängen wird die Rechtswahl danach nur in den seltensten Fällen scheitern.[111]

Die Rechtswahl steht zum Teil unter dem Vorbehalt **zwingender Normen.** Allerdings **43** betrifft dieser Vorbehalt nur die international zwingenden Normen iS von Art. 9 Rom I-VO, dh. solche zwingenden Normen, die ohne Rücksicht auf das Vertragsstatut unbedingt angewendet werden wollen. Sonstige zwingende Normen, die nur im Rahmen des Vertragsstatuts zwingend sind, aber bei Maßgeblichkeit einer anderen Rechtsordnung unbeachtlich sind, setzen sich gemäß Art. 3 Abs. 3 Rom I-VO gegen eine Rechtswahl nur durch, wenn der Sachverhalt keinerlei Beziehung zu anderen Staaten hat; diese Voraussetzung ist im internationalen Straßengüterverkehr aber nicht erfüllt.[112] Bei Maßgeblichkeit eines ausländischen Vertragsstatuts setzen sich zwingende Vorschriften des Inlands gemäß Art. 9 Abs. 2 Rom I-VO durch, wenn sie ohne Rücksicht auf das auf den Vertrag anzuwendende Recht den Sachverhalt zwingend regeln; vgl. zu § 449 Abs. 3 HGB die Kommentierung dort. Bei deutschem Vertragsstatut richtet sich die Berücksichtigung **ausländischer zwingender Normen** nach Art. 9 Abs. 3 Rom I-VO.

**b) Objektive Anknüpfung.** Fehlt es an einer Rechtswahl, so ist gemäß **Art. 5 Abs. 1** **44** **Rom I-VO** das Recht des Staats anzuwenden, in dem der Beförderer seinen gewöhnlichen Aufenthalt hat; maßgeblich ist dafür der Zeitpunkt des Vertragsabschlusses (Art. 19 Abs. 3 Rom I-VO). Der gewöhnliche Aufenthalt ist bei Gesellschaften und juristischen Personen der Ort der Hauptverwaltung (Art. 19 Abs. 1 Satz 1) und bei einer natürlichen Person, die im Rahmen ihrer beruflichen Tätigkeit handelt, der Ort der Hauptniederlassung (Art. 19 Abs. 1 Satz 2). Dieses Recht gelangt aber nur dann zur Anwendung, wenn ein weiteres Anknüpfungselement im Land des Beförderers kumulativ vorliegt, und zwar der Übernahmeort oder der Ablieferungsort oder der gewöhnliche Aufenthaltsort des Absenders. Weder Übernahmeort noch Ablieferungsort werden näher definiert, es dürfte aber der Ort der Übernahme der Güter zur Beförderung bzw. deren Bestimmungsort gemeint sein.[113] Wie bisher sollte auf die jeweils vertraglich vereinbarten Orte abgestellt werden.[114] Schließlich kann der gewöhnliche Aufenthalt des Absenders das weitere ausschlaggebende Anknüpfungselement sein; dieser bestimmt sich wie jener des Beförderers (Art. 19). Nach Erwä-

---

[110] Vgl. *Schwenzer* IPRax 1988, 86, 88, *Meyer-Sparenberg* RIW 1989, 347, 350; *Ulmer/Brandner/Hensen/ H. Schmidt* AGB-Recht, 11. Aufl. 2011 Anh. § 305 BGB Rn. 18; *Palandt/Thorn* 72. Aufl. 2013, Art. 10 Rom I-VO Rn. 5; *Straube/Kramer/Rauter* § 346 UGB Rn. 66 ff.

[111] Siehe näher *Basedow* ZHR 156 (1992) 431; allgemein *Baum,* Alternativanknüpfungen, 1985, S. 102 ff., 122 ff.

[112] *Lieser* S. 27.

[113] *Mankowski* TranspR 2008, 346; *Reithmann/Martiny/Mankowski* 7. Aufl. 2010, Rn. 2587, 2592; vgl. auch MüKoBGB/*Martiny* 5. Aufl. 2010, Art. 5 Rom I-VO Rn. 18 f.; *Staudinger/Magnus* 2011, Art. 5 Rom I-VO Rn. 41 ff.

[114] Zum EVÜ Bericht *Giuliano/Lagarde* zu dem Übereinkommen über das auf vertragliche Schuldverhältnisse anzuwendende Recht, ABl. EG 1980 C 282/1 (22); zur Rom I-VO *Mankowski* TranspR 2008, 346 f.; vgl. auch MüKoBGB/*Martiny* 5. Aufl. 2010, Art. 5 Rom I-VO Rn. 18 f.; *Staudinger/Magnus* 2011, Art. 5 Rom I-VO Rn. 41 ff.

gungsgrund 22 bezeichnet „Absender" den Vertragspartner des Beförderers. Die objektive Anknüpfung des Art. 5 Abs. 1 Satz 1 Rom I-VO schafft für den einkommenden und ausgehenden **Wechselverkehr** des Staats des gewöhnlichen Aufenthalts des Transportunternehmers (wie nach der bisherigen Rechtslage nach Art. 4 Abs. 4 EVÜ) und anderen Staaten recht klare Verhältnisse: das Recht dieses Lands ist maßgeblich.[115]

45      Der **Verkehr zwischen Drittstaaten** kann entweder durch den Staat führen, in dem der Beförderer seinen gewöhnlichen Aufenthalt hat – dann spricht man von Dreiländerverkehr, einer Kombination von einkommendem und ausgehendem Wechselverkehr – oder direkt vom Absendestaat in den Empfangsstaat gehen, ohne den Staat des Beförderers zu berühren; zB übernimmt ein deutscher Unternehmer einen Transport von Barcelona nach Lyon. In beiden genannten Fallgruppen liegen sowohl der Übernahmeort als auch der Ablieferungsort außerhalb des Staats, in dem der Beförderer seinen gewöhnlichen Aufenthalt hat; in diesen Fällen greift Art. 5 Abs. 1 Satz Rom I-VO nur ein, wenn der **gewöhnliche Aufenthalt des Absenders** in demselben Staat liegt, wenn zB ein deutscher Absender einen deutschen Transportunternehmer mit einem Transport von Mailand nach Kopenhagen beauftragt.

46      Fehlt es hingegen im Drittlandverkehr auch an diesem dritten Anknüpfungsmoment, ist nach Art. 5 Abs. 1 Satz 2 Rom I-VO das Recht des von den Parteien vereinbarten **Ablieferungsortes** anzuwenden. In diesen Fällen wird die Anknüpfung am Recht des Beförderers nicht als adäquat angesehen, sondern vielmehr jenes an dem Ort geltende Recht, an dem sich das Transportgut schließlich vereinbarungsgemäß befindet. Dort werde auch am ehesten geklagt.[116] An dieser subsidiären Anknüpfung fehlte es im EVÜ; dass der Verordnungsgeber für diese Fälle eine Regelung dieses Inhalts vorsieht, wurde durchaus positiv aufgenommen.[117]

47      Für den überwiegenden Teil grenzüberschreitender Straßengütertransporte dürften die in Art. 5 Abs. 1 vorgesehenen Anknüpfungsregeln zu eindeutigen Ergebnissen führen;[118] zu beachten ist **Art. 5 Abs. 3 Rom I-VO** sowohl bei der objektiven Anknüpfung am Recht des Beförderers als auch bei jener am Recht des Ablieferungsorts für die vermutlich seltenen Fälle einer **engeren Verbindung zum Recht eines anderen Staates.**

48      **c) Ergänzung der CMR durch deutsches Recht.** Zur **Ergänzung der CMR** ist, wenn **deutsches Recht** Vertragsstatut ist, seit Inkrafttreten des Transportrechtsreformgesetzes das Frachtrecht der §§ 407 ff. HGB als primäre Rechtsquelle heranzuziehen. Mit der Beseitigung der zuvor das Straßentransportrecht prägenden Zersplitterung in verschiedene Bereiche erübrigt sich auch die Frage nach der ergänzenden Anwendbarkeit von KVO und GüKUMB.[119]

49      **4. Das Vertragsstatut im Kabotageverkehr.** Kabotagetransporte, dh. Beförderungen zwischen inländischen Be- und Entladeorten („kleine" Kabotage), die durch einen ausländischen Transportunternehmer ausgeführt werden, unterliegen nicht der CMR, weil es am Grenzübertritt fehlt, vgl. Art. 1. Sie stehen oft in wirtschaftlichem und zeitlichem Zusammenhang mit grenzüberschreitenden Beförderungen und werfen durchaus verwandte kollisionsrechtliche Fragen auf. Zulässig sind die Kabotagetransporte nur im Rahmen der EG, vgl. Rn. 12. Was die Rechtsquellen betrifft, so wird die Rom I-VO überlagert durch **Art. 9 Abs. 1 lit. a) VO (EG) Nr. 1072/2009.**[120] Die Vorschrift lautet:

---

[115] OLG Hamburg 30.3.1989, TranspR 1989, 321, 322 = IPRspr. 1989 Nr. 62; OLG Koblenz 6.10.1989, TranspR 1991, 93, 94 = RIW 1990, 931, 932 = IPRspr. 1989 Nr. 64; Hof 's-Hertogenbosch 10.8.1994, S. & S. 1995 Nr. 100; *Helm* TranspR 1989, 390.

[116] Staudinger/*Magnus* 2011, Art. 5 Rom I-VO Rn. 44; *Mankowski* TranspR 2008, 347.

[117] Vgl. die Nachweise bei *Mankowski* TranspR 2008, 347.

[118] Auslegungsfragen ergeben sich bei Sonderfällen, etwa wenn bei Transporten mehrere Übernahme- oder Ablieferungsorte gegeben sind oder wenn es an einem vereinbarten Ablieferungsort fehlt. Vgl. dazu Staudinger/*Magnus* 2011, Art. 5 Rom I-VO Rn. 43 und 46; Reithmann/Martiny/*Mankowski* 7. Aufl. 2010, Rn. 2599 ff.

[119] Vgl. zu der nach altem Recht umstrittenen Frage *Basedow* in der Erstauflage.

[120] Siehe oben Fn. 24 in Rn. 12.

„Vorbehaltlich der Anwendung der Gemeinschaftsvorschriften unterliegt die Durchführung der Kabotage den Rechts- und Verwaltungsvorschriften des Aufnahmemitgliedstaats im Hinblick auf Folgendes:
a) für den Beförderungsvertrag geltende Bedingungen, ...“

Diese Bestimmung enthält eine **Kollisionsnorm** und geht als solche gemäß Art. 23 Rom I-VO den allgemeinen Vorschriften des internationalen Schuldvertragsrechts vor, soweit ihr eigener Verweisungsumfang reicht. Nach ihrem Sinn und Zweck soll sie sicherstellen, dass unter den Transportunternehmern, die sich am innerstaatlichen Straßengüterverkehr eines Mitgliedstaats beteiligen, Wettbewerbsgleichheit besteht; deshalb bezieht sich die Verweisung auf das Recht des Aufnahmemitgliedstaats auch nur auf die zwingenden Vorschriften und nicht auf alle in diesem Staate für Transportverträge geltenden Bestimmungen.[121] Mit anderen Worten enthält Art. 9 Abs. 1 lit. a VO (EG) Nr. 1072/2009 **eine allseitige Sonderanknüpfung zwingenden Rechts** und ist systematisch eine Norm des Wirtschaftskollisionsrechts, die die internationalprivatrechtliche Regelanknüpfung überlagert und verdrängt, soweit auf die fraglichen Transporte nach dem Recht des Aufnahmemitgliedstaats zwingendes Transportvertragsrecht anzuwenden ist.

Für **Kabotagetransporte in Deutschland** ist § 449 HGB zu beachten. Abs. 4 verfolgt **50** das Ziel, dass der in der Kabotageverordnung enthaltene Vorbehalt zugunsten des zwingenden Rechts des Aufnahmestaats ausgefüllt wird, wenn in Deutschland Kabotagetransporte durch im EG-Ausland ansässige Unternehmer durchgeführt werden;[122] er ist somit Eingriffsnorm iSd. Art. 9 Rom I-VO.[123] Demzufolge gehen die nach § 449 HGB zwingenden bzw. AGB-festen frachtrechtlichen Bestimmungen des deutschen Güterbeförderungsrechts dem infolge Rechtswahl oder objektiver Anknüpfung auf den Frachtvertrag anwendbaren ausländischen Frachtrecht vor, sofern Ansprüche aus Kabotagetransporten in Deutschland betroffen sind und der Absender Verbraucher ist. Zu bedenken ist allerdings, dass Beförderer bestrebt sind, in – durch § 449 Abs. 4 HGB nicht geregelten – Gerichtsstandsvereinbarungen ausschließliche Gerichtsstände in ihrem Herkunftsland zu begründen, wodurch die Rechtsverfolgung für den Ladungsinteressenten erschwert wird.[124]

Ist bei **Kabotagetransporten im EG-Ausland** in dem betreffenden Staat zwingendes **51** Transportvertragsrecht auf Beförderungen der fraglichen Art anzuwenden, muss es auch von Gerichten anderer EG-Mitgliedstaaten gemäß Art. 9 Abs. 1 lit. a VO (EG) Nr. 1072/2009 angewendet werden. Dabei ist es nicht erforderlich, dass die betreffenden Rechtsvorschriften des Aufnahmemitgliedstaats absolut zwingend sind, also vertragliche Abweichungen weder zugunsten noch zulasten des Kunden zulassen. Der Zweck dieser Vorschrift, die Gleichheit der Wettbewerbsbedingungen für innerstaatliche Transporte, ist vielmehr schon berührt, wenn in dem betreffenden Staat für Beförderungen der streitbefangenen Art einseitig zwingendes Transportvertragsrecht in Kraft steht.

### V. Rechtsvergleichung

**1. Amerika.** Im Jahre 1989 wurde auf einer diplomatischen Konferenz in Montevideo **52** das im Rahmen der Organisation Amerikanischer Staaten **(OAS)** ausgearbeitete interamerikanische Übereinkommen über Beförderungsverträge im internationalen Straßengüterverkehr vom 15. Juli 1989 verabschiedet.[125] Die Konvention sollte materielles Einheitsrecht

---

[121] Nähere Begründung bei *Basedow* ZHR 156 (1992) 425 f.
[122] BT-Drucks. 13/8445 S. 88; vgl. dazu *Basedow* TranspR 1998, 58, 62 f.; vgl. im Übrigen die Kommentierung zu § 449 HGB.
[123] *Koller* § 449 HGB Rn. 77; *C. Schmidt* § 449 HGB Rn. 51 in diesem Band; zum Meinungsstand MüKoBGB/*Martiny* 5. Aufl. 2010, Art. 5 Rom I-VO Rn. 47 und Reithmann/*Martiny*/*Mankowski* 7. Aufl. 2010, Rn. 2728.
[124] Vgl. zur Problematik *Basedow* TranspR 1998, 58, 63; *Koller* § 449 HGB Rn. 77 aE.
[125] Text in RabelsZ 56 (1992) 170–175 (englisch) sowie in ULR 1989 I 330 (englisch/französisch); siehe dazu *Larsen* Am.Journ.Comp.L. 39 (1991) 121–155; *Solari Barrandeguy* Revista de derecho commercial y de las empresas 49–50 (1989) 35–52; *Samtleben* RabelsZ 56 (1992) 1, 52–57; *Brinceño Berrú* Diritto del commercio internazionale 1993, 461–473.

für die Transportdokumente, für die Haftung des Beförderers für Verlust und Beschädigung der Güter sowie für ihre verspätete oder ausbleibende Ablieferung, für die internationale Zuständigkeit und für Schiedsabsprachen schaffen. Infolge seiner zahlreichen Mängel und seiner Lückenhaftigkeit ratifizierte kein einziger Staat dieses Übereinkommen. Es gilt mittlerweile als gescheitert.[126] Gleichwohl besteht die Notwendigkeit der Vereinheitlichung des Straßengütertransportrechts, da beispielsweise der Warenaustausch der USA mit Kanada und Mexiko, ihren wichtigsten Handelspartnern, überwiegend auf dem Landweg erfolgt.[127] 2002 wurden von der OAS übertragbare und nicht übertragbare Beförderungspapiere mit Modellregeln geschaffen, die im Rahmen des dispositiven nationalen Rechts der einzelnen Staaten vertraglich vereinbart werden können.[128] Darüber hinaus sind regionale Bestrebungen der **MERCOSUR**-Staaten in Lateinamerika zu beachten. In drei Staaten steht der Montevideo Treaty on International Land Commercial Law in Kraft.[129] 2002 wurden Gerichtsstandsübereinkommen für internationale Güterbeförderungsverträge verabschiedet, welche allerdings noch nicht in Kraft getreten sind.[130]

53    **2. Afrika.** Mit Marokko und Tunesien weist die CMR sogar zwei afrikanische Mitgliedstaaten auf. Weitere Länder sind jedoch diesem Beispiel nicht gefolgt. Vermutlich findet die Abwicklung der Handelsbeziehungen zwischen europäischen CMR-Mitgliedsländern und afrikanischen Staaten nicht in hinreichendem Ausmaß mit Straßentransporten statt, sodass eine Übernahme dieser Vorschriften nicht notwendig erscheint. Gleichwohl führte die entscheidende Rolle des Straßengütertransports im innerafrikanischen Warenaustausch am 22. März 2003 zur Verabschiedung des Acte uniforme relatif aux contrats de transport de marchandises par route seitens der **OHADA**,[131] welcher infolge der supranationalen Strukturen dieser Organisation bereits am 1. Jänner 2004 in den damaligen 16 Mitgliedstaaten in Kraft getreten ist. Damit gelten in diesen westafrikanischen Staaten einheitliche Vorschriften sowohl im rein nationalen als auch grenzüberschreitenden Straßengüterverkehr.[132]

54    **3. Asien.** Der räumliche Anwendungsbereich der CMR erstreckt sich auch weit in den asiatischen Raum, wobei sich mit dem Iran, Jordanien dem Libanon, der Mongolei und Syrien nicht nur Nachfolgestaaten der Sowjetunion unter den Mitgliedstaaten finden. Regionale Vereinheitlichungsbestrebungen wie in Amerika oder Afrika scheinen im Bereich des Straßengütertransportrechts nicht zu bestehen.[133]

55    **4. Nationales Straßenfrachtrecht europäischer Staaten.** Das autonome Straßentransportrecht anderer Staaten kann in verschiedenen Zusammenhängen bedeutsam werden: außerhalb des Geltungs- und Anwendungsbereichs der CMR, in Ergänzung zur CMR und zur Füllung ihrer Lücken sowie bei Kabotagetransporten, vgl. Rn. 49–51. Die folgende Übersicht gibt erste Hinweise auf Rechtsquellen und Literatur ausgewählter europäischer Länder.

**Belgien:** siehe oben Rn. 32 bei Fn. 83.

**Dänemark:** Es gibt keine besondere gesetzliche Regelung für innerstaatliche Landtransporte. Die Transportunternehmen legen ihren Diensten allgemeine Geschäftsbedingungen zugrunde, die zum Teil die CMR inkorporieren, zum Teil aber auch zugunsten des Beförderers von ihr abweichen; in manchen Bereichen finden auch die Nordischen Speditionsbedingungen Verwendung.[134]

---

[126] Zu den Mängeln vgl. *Basedow* in der Erstauflage sowie *Larsen* ULR 2002, 791, 792.

[127] *Larsen* ULR 2002, 791, 792 mit Nachw. in Fn. 8.

[128] Vgl. dazu *Larsen* ULR 2002, 791; Text abgedruckt ULR 2002, 864 ff.; 884 ff.

[129] Vgl. *Fresnedo de Aguirre* ULR 2003, 241, 243.

[130] Siehe *Fresnedo de Aguirre* ULR 2004, 109 f.

[131] Organisation pour l'harmonisation du droit des affaires en Afrique; http://www.ohada.org.

[132] Text abgedruckt in ETR 2003, 688 ff. mit Kommentierung und Vergleich zur CMR von *Lacasse* und *Putzeys*.

[133] Vgl. allgemein *Kozuka* ULR 2003, 255 ff.

[134] Siehe schon oben Rn. 31; außer den dort genannten Autoren noch *Rosenmeyer* Transportret, 1982; *Rechnagel/Hjulmand* Transportret, 2. Aufl. 1988; *Ekelund* Transportaftaler, 1991; *Hedetoft* TranspR 1999, 138; IEL/*Hedetoft/Fraudsen/Jensen,* Länderbericht Dänemark S. 143 ff.

**England:** Innerstaatliche Landtransporte unterliegen keiner speziellen Regelung. Die Unterscheidung des common law in zwei Kategorien von Beförderern, dem common carrier und den private carrier, spielt in der Praxis keine Rolle mehr, da der common carrier, der sich allgemein gegenüber der Öffentlichkeit bereit erklärt hat, alle oder bestimmte Transporte zu übernehmen und dann einer Bedienungs- und Beförderungspflicht sowie einer scharfen Haftung bis zur Grenze der höheren Gewalt unterliegt,[135] nicht gehindert ist, seine Pflichten vertraglich zu begrenzen. Dadurch kann er seine vertragliche Stellung der eines private carriers angleichen, der kein entsprechendes Anerbieten an die Öffentlichkeit abgegeben hat. In der Praxis finden sich heute nur noch solche vertraglich vereinbarten Transportbeziehungen; im Straßengütertransport ist die Einbeziehung der Road Haulage Association Conditions üblich.[136]

**Finnland:** Siehe oben Rn. 31 bei Fn. 77.

**Frankreich:** Verträge über Straßengütertransporte unterliegen den allgemeinen Bestimmungen der Art. 1782 ff. C. c., den Vorschriften der Art. L 132-3 ff. und Art. L 133-1 ff. C.com. und dem Code des transports.[137] Üblich ist die Vereinbarung von Haftungshöchstgrenzen im Rahmen von allgemeinen Geschäftsbedingungen.[138]

**Italien:** Der Codice Civile regelt in den Art. 1678 ff. den Transportvertrag bei der Personenbeförderung und bei der Güterbeförderung.[139] Vor kurzem wurden die bis dato geltenden zwingenden Margentarife abgeschafft.[140] Für Transportverträge wurde die Schriftform als empfohlene Form mit zwingendem Mindestvertragsinhalt eingeführt, deren Verletzung zwar nicht die zivilrechtliche Ungültigkeit des Vertrages zur Folge hat, aber eine durch Bußgelder zu ahndende Ordnungswidrigkeit darstellt.[141] Art. 10 legt die Haftungsgrenze bei Güterschäden mit EUR 1,– pro kg Rohgewicht fest; höhere Haftungssummen können vereinbart werden. Der Frachtführer kann sich jedoch auf die Haftungsbegrenzung nur stützen, wenn ihm weder Vorsatz noch grobe Fahrlässigkeit vorzuwerfen ist.

**Kroatien:** Die Vorschriften über den nationalen Straßengütertransport finden sich im Obligationengesetz; den Frachtführer trifft in der Obhuts- und Verspätungshaftung eine Haftung für vermutetes Verschulden. Nach Art. 683 Abs. 2 kann er seine Haftung vertraglich auf die Haftungsgrenzen der CMR beschränken.[142]

**Niederlande:** Am 1. April 1991 sind einige Teile von Buch 8 des Neuen Bürgerlichen Gesetzbuchs (Nieuw Burgerlijk Wetboek, N. B. W.) in Kraft getreten, darunter auch Titel 13 (Art. 1080 ff.) in dem das Straßentransportrecht geregelt ist.[143] Das N. B. W. übernimmt in diesem Titel jedoch lediglich die Vorschriften des schon 1983 in Kraft getretenen Gesetzes über den Beförderungsvertrag im Straßenverkehr, vgl. dazu Rn. 30.

**Norwegen:** Siehe oben Rn. 31 bei Fn. 78.

**Österreich:** Siehe oben Rn. 32.

**Polen:** Am 1. Juli 1985 ist das Transportgesetz vom 15. November 1984 in Kraft getreten,[144] welches für alle Binnenverkehrsträger sowie auch für kombinierte Transporte gilt und den allgemeineren Vorschriften der Art. 774 ff. des Zivilgesetzbuchs vorgeht.

**Portugal:** Das Transportvertragsrecht für den Gütertransport auf der Straße ist vor kurzem reformiert und der CMR nachgebildet worden. Die Art. 366 ff. C.com. aus dem Jahre

---

[135] Siehe näher *Halsbury's* Laws of England V, 4. Aufl. 1974, „Carriers" mit jährlichen Ergänzungsbänden; *Kahn-Freund,* The Law of Carriage by Inland Transport, 4. Aufl. 1965.

[136] Vgl. dazu *Clarke* S. 339 Nr. 203; die Bedingungen sind abgedruckt S. 483 ff.; zum englischen Transportrecht auch *Becher* TranspR 2010, 127.

[137] Vgl. näher *Mercadal,* Droit des transports, 1996; *M. Alter,* Droit des transports, 1984; *Chr. Franz,* Die Haftung des Frachtführers nach französischem Recht, 1993; zum Code des transports *Lamy* 2013 Rn. 29 ff.

[138] Vgl. dazu *Victor-Granzer* TranspR 2005, 354, 355.

[139] Siehe die Kommentierung bei *Cian/Trabucchi,* Commentario breve al Codice civile, 7. Aufl. 2004; *Flamini* in *Perlingieri,* Codice civile annotato con la dottrina e la giurisprudenza IV/2, 2. Aufl. 1991; *Gröhe,* Kabotage im Güterkraftverkehr in Italien, 1996; *Visintini* Dir. Mar. 80 (1978) 613–647.

[140] Decreto Legislativo Nr. 286/2005.

[141] Zu Sinn und Zweck dieser Maßnahme vgl. ausführlich *Zucconelli* TranspR 2007, 177 ff.

[142] IEL/*Stanković/Stanković* Länderbericht Kroatien S. 139 ff. insbes. Nr. 307.

[143] Vgl. Stb. 1991 Nr. 100 und 126; dazu *van der Horst* Ned.Jbl. 1991, 639–641.

[144] Dziennik Ustaw Nr. 50/2000 Pos. 601.

1888, die bis dahin diese Materie regelten, traten außer Kraft.[145] Art. 20 statuiert eine Haftungsgrenze von EUR 10,– pro kg Rohgewicht bei Güterschäden, welche im Falle des Vorsatzes nicht gilt (Art. 21).

**Schweden:** Abweichend von den Empfehlungen zur skandinavischen Rechtsvereinheitlichung hat Schweden kein einheitliches Gesetz für innerstaatliche und grenzüberschreitende Straßengüterbeförderungen geschaffen, sondern 1974 ein besonderes Gesetz für den innerstaatlichen Gütertransport auf der Straße. Dieses Gesetz folgt der CMR über weite Strecken, aber nicht durchgehend.[146] Insbesondere sind seine Vorschriften nur einseitig zwingend.[147]

**Schweiz:** Der Frachtvertrag ist in den Art. 440 ff. OR geregelt und als entgeltlicher Auftrag konzipiert; ergänzend finden gemäß Art. 440 Abs. 2 OR die Vorschriften des Auftragsrechts, Art. 394 ff. OR Anwendung.[148] Die gesetzliche Regelung ist nachgiebig, doch ist die Haftung solcher Beförderer, die zu ihrem Betrieb einer Genehmigung bedürfen, gemäß Art. 455 OR unabdingbar.

**Serbien:** In Serbien enthält das Straßentransportgesetz 1995 Vorschriften über den Güter- und Personentransport. Das nationale Straßentransportrecht ist an die CMR angeglichen.[149]

**Spanien:** Das spanische Landtransportrecht wurde vor kurzem grundlegend reformiert: Das Gesetz 15/2009 vom 11. November 2009[150] ist am 12. Februar 2010 in Kraft getreten und löste die bis dahin geltenden, zum Teil veralteten Vorschriften des Handelsgesetzbuches aus dem Jahre 1885 ab.[151] Der spanische Gesetzgeber orientierte sich in weiten Bereichen an der CMR, die grundsätzliche Vertragsfreiheit gilt nicht im Rahmen der Haftung des Frachtführers, diese ist zwingend. Wie bisher sind Spediteur und Frachtführer haftungsrechtlich gleichgestellt (Art. 5). Die bisherige starre Haftungsgrenze von EUR 4,5 pro kg[152] wurde in Art. 57 abgelöst von einer jährlich anzupassenden Wertbestimmung, die sich am IPREM,[153] dem „amtlich festgestellten Tageseinkommen", orientiert und mit einem Drittel dieses Werts pro kg Bruttogewicht festgelegt ist. Nach Art. 62 haftet der Frachtführer der Höhe nach unbegrenzt bei Vorsatz (actuación dolorosa) und bewusster Fahrlässigkeit.[154]

**Tschechien:** Vorschriften über den Frachtvertrag finden sich in §§ 610–629 des tschechischen Handelsgesetzbuches. Der Frachtführer haftet bei Verschulden für Güter- und Verspätungsschäden, wobei die Haftungsvorschriften zum Teil zwingend sind. § 624 orientiert sich am Wertersatzprinzip; gesetzliche Haftungssummen sind nicht vorgesehen, können aber vereinbart werden.[155]

**Türkei:** Das türkische Handelsgesetzbuch wurde einer umfassenden Reform unterzogen; die Vorschriften des neuen Handelsgesetzbuches[156] traten am 1. Juli 2012 in Kraft. Das

---

[145] Decreto Lei Nr. 239/2003 vom 4. Oktober 2003; Zur alten Rechtslage siehe *Fischer* TranspR 1994, 372 f.

[146] Lag om inrikes vägtransport vom 7.6.1974, Svensk Författningssamling 1974:610; siehe näher *Grönfors,* Allmän transporträtt, 5. Aufl. 1977.

[147] IEL/*Tiberg/Schelin* Länderbericht Schweden S. 157 Nr. 557.

[148] Siehe *Guhl/Schnyder,* Das schweizerische Obligationenrecht, 9. Aufl. 2000, § 52 S. 595 ff.; eingehend Amstutz et al./*von Ziegler/Montanaro,* Handkommentar zum Schweizer Privatrecht, 2007, S. 2152 ff.; *Thume/ Furrer* Länderbericht Schweiz S. 1147, S. 1151 f.

[149] IEL/*Jovanovic* Länderbericht Serbien-Montenegro S. 52 Nr. 30; S. 283 ff.

[150] Ley 15/2009 del Contrato de Transporte Terrestre de Mercancías; Boletín Oficial del Estado (BOE) no. 273 vom 12.11.2009, S. 94 903; dazu *Lubach* TranspR 2010, 185; *Sánchez-Gamborino* ETR 2010, 227; *Alba* TranspR 2012, 134; *Thume/Lubach* Länderbericht Spanien S. 1182, S. 1183 f.

[151] Zum alten Recht: *Vincent Chuliá,* Compendio crítico de derecho mercantil II, 3. Aufl. 1990, S. 337 ff.; IEL/*Alcántara/Romero Escudero* Länderbericht Spanien S. 187 ff.; vgl. auch *Fischer* TranspR 1994, 373.

[152] Art. 23 Ley Ordenación Transporte Terrestre.

[153] Indicador Público de Renta a Efectos Múltiples/día; vgl. dazu *Lubach* TranspR 2010, 186 (Fn. 10).

[154] Dazu *Lubach* TranspR 2010, 187; kritisch *Sánchez-Gamborino* ETR 2010, 240.

[155] Vgl. dazu *Pauknerová* TranspR 2002, 226; *Thume/Mayer* Länderbericht Tschechien S. 1208, S. 1210 f.

[156] Türk Ticaret Kanunu, Tarih: 13/1/2011, No.: 6102, Resmî Gazete, Tarih: 14/2/2011, Sayı: 27 846; Thume/*Bilgin/Atamer* Länderbericht Türkei S. 1219 ff.

Transportrecht ist im vierten Buch geregelt und den Bestimmungen des deutschen HGB in der Fassung seit dem Transportrechtsreformgesetz nachgebildet. Abweichend wurde auf die Übernahme eines Ladescheins verzichtet und die gesetzliche Haftung – wie bisher in Art. 766 HGB alt – unabdingbar ausgestaltet (Art. 854).[157]

**Ukraine:** Die Rechtslage betreffend den nationalen Straßengütertransport ergibt sich aus einer Zusammenschau der Vorschriften des Handelsgesetzbuches (Kap. 32 Art. 306–315), des Zivilgesetzbuches (Kap. 64 Art. 908–928) sowie diversen Sondervorschriften.[158]

# Präambel

**Die Vertragsparteien haben in der Erkenntnis, daß es sich empfiehlt, die Bedingungen für den Beförderungsvertrag im internationalen Straßengüterverkehr, insbesondere hinsichtlich der in diesem Verkehr verwendeten Urkunden und der Haftung des Frachtführers, einheitlich zu regeln, folgendes vereinbart:**

## Kapitel I. Geltungsbereich

### Art. 1 [Anwendungsbereich, völkerrechtliche Sondervereinbarungen]

**(1) [1]Dieses Übereinkommen gilt für jeden Vertrag über die entgeltliche Beförderung von Gütern auf der Straße mittels Fahrzeugen, wenn der Ort der Übernahme des Gutes und der für die Ablieferung vorgesehene Ort, wie sie im Vertrage angegeben sind, in zwei verschiedenen Staaten liegen, von denen mindestens einer ein Vertragsstaat ist. [2]Dies gilt ohne Rücksicht auf den Wohnsitz und die Staatsangehörigkeit der Parteien.**

**(2) Im Sinne dieses Übereinkommens bedeuten „Fahrzeuge" Kraftfahrzeuge, Sattelkraftfahrzeuge, Anhänger und Sattelanhänger, wie sie im Artikel 4 des Abkommens über den Straßenverkehr vom 19. September 1949 umschrieben sind.**

**(3) Dieses Übereinkommen gilt auch dann, wenn in seinen Geltungsbereich fallende Beförderungen von Staaten oder von staatlichen Einrichtungen oder Organisationen durchgeführt werden.**

**(4) Dieses Übereinkommen gilt nicht**

**a) für Beförderungen, die nach den Bestimmungen internationaler Postübereinkommen durchgeführt werden;**

**b) für die Beförderung von Leichen;**

**c) für die Beförderung von Umzugsgut.**

**(5) Die Vertragsparteien werden untereinander keine zwei- oder mehrseitigen Sondervereinbarungen schließen, die Abweichungen von den Bestimmungen dieses Übereinkommens enthalten; ausgenommen sind Sondervereinbarungen unter Vertragsparteien, nach denen dieses Übereinkommen nicht für ihren kleinen Grenzverkehr gilt, oder durch die für die Beförderungen, die ausschließlich auf ihrem Staatsgebiet durchgeführt werden, die Verwendung eines das Gut vertretenden Frachtbriefes zugelassen wird.**

---

[157] Dazu *Atamer* TranspR 2010, 50; *ders.* TranspR 2011, 104; *Kaya* in Max-Planck-Institut für ausländisches und internationales Privatrecht (Hrsg.), Kompatibilität des türkischen und europäischen Wirtschaftsrechts, 2009, S. 69; *Damar* TranspR 2013, 178.

[158] IEL/*Bokareva/Rabomizo/Shestakov/Akimenko* Länderbericht Ukraine S. 169 ff. und S. 183 f. Rn. 670.

## Chapitre I. Champ d'application
## Art. 1

(1) La présente Convention s'applique à tout contrat de transport de marchandises par route à titre onéreux au moyen de véhicules, lorsque le lieu de la prise en charge de la marchandise et le lieu prévu pour la livraison, tels qu'ils sont indiqués au contrat, sont situés dans deux pays différents dont l'un au moins est un pays contractant. Il en est ainsi quels que soient le domicile et la nationalité des parties.

(2) Pour l'application de la présente Convention, il faut entendre par véhicules les automobiles, les véhicules articulés, les remorques et les semi-remorques, tels qu'ils sont définis par l'article 4 de la Convention sur la circulation routière en date du 19 septembre 1949.

(3) La présente Convention s'applique même si les transports rentrant dans son champ d'application sont effectués par des Etats ou par des institutions ou organisations gouvernementales.

(4) La présente Convention ne s'applique pas
a) Aux transports effectués sous l'empire de conventions postales internationales;
b) Aux transports funéraires;
c) Aux transports de déménagement.

(5) Les parties contractantes s'interdisent d'apporter par voie d'accords particuliers conclus entre deux ou plusieurs d'entre elles toute modification à la présente Convention, sauf pour soustraire à son empire leur trafic frontalier ou pour autoriser dans les transports empruntant exclusivement leur territoire l'emploi de la lettre de voiture représentative de la marchandise.

## Chapter I. Scope of Application
## Art. 1

(1) This Convention shall apply to every contract for the carriage of goods by road in vehicles for reward, when the place of taking over of the goods and the place designated for delivery, as specified in the contract, are situated in two different countries, of which at least one is a contracting country, irrespective of the place of residence and the nationality of the parties.

(2) For the purposes of this Convention, „vehicles" means motor vehicles, articulated vehicles, trailers and semi-trailers as defined in article 4 of the Convention on Road Traffic dated 19 September 1949.

(3) This Convention shall apply also where carriage coming within its scope is carried out by States or by governmental institutions or organizations.

(4) This Convention shall not apply:

(a) To carriage performed under the terms of any international postal convention;
(b) To funeral consignments;
(c) To furniture removal.

(5) The Contracting Parties agree not to vary any of the provisions of this Convention by special agreements between two or more of them, except to make it inapplicable to their frontier traffic or to authorize the use in transport operations entirely confined to their territory of consignment notes representing a title to the goods.

**Schrifttum:** Siehe Einl. vor Rn. 1 sowie *Blaschczok,* Die Haftung beim Einsatz vertragswidriger Transportmittel, TranspR 1987, 401; *Chao,* Le champ d'application de la C. M. R., BT 1986, 733; *Fischer,* Der „Güter"-Begriff der CMR, TranspR 1995, 326; *ders.,* Internationale Umzugstransporte auf der Straße, TranspR 1996, 407; *Koller,* Die Haftung beim Transport mit vertragswidrigen Beförderungsmitteln, VersR 1988, 432; *ders.,* Die Haftung für Sachschäden infolge vertragswidrigen Truckings im grenzüberschreitenden Luftfrachtverkehr, ZLW 38 (1989) 359; *Müller-Rostin,* Der vertragswidrige Luftfrachtersatzverkehr, in: FS Piper, 1996, 967; *Pesce,* The Contract and Carriage Under the CMR (Art. 1, 41), in *Theunis* S. 1 (zitiert Theunis/*Pesce*); *Thume,* Die Haftung der selbsteintretenden Spediteurs im Straßengüterfernverkehr, 1988; *ders.,* Keine zwingende CMR-Haftung des Fixkosten- und Sammelladungsspediteurs im grenzüberschreitenden Straßengüterverkehr? TranspR 1992, 355; *Tilche,* CMR – Transport interne et volonté des parties, BTL 1995, 69; *dies.,* CMR – Domaine d'application, BTL 1993, 620.

## Übersicht

| | Rn. | | Rn. |
|---|---|---|---|
| **I. Bedeutung und Zweck** | 1 | 8. Auf der Straße mittels Fahrzeugen | 14–17 |
| **II. Sachlicher Anwendungsbereich** | 2–27 | 9. Vertragswidrige Transportmittel | 18–21 |
| 1. Vertrag | 2 | 10. Staatstransporte (Abs. 3) | 22 |
| 2. Beförderungsvertrag | 3, 4 | 11. Ausgenommene Transporte (Abs. 4) | 23–27 |
| 3. Speditionsverträge | 5–8 | **III. Räumlicher Anwendungsbereich** | 28–37 |
| 4. Miete und Charter | 9 | 1. Funktion und Würdigung | 28, 29 |
| 5. Schleppverträge | 10 | 2. Einzelheiten der Anwendung | 30–37 |
| 6. Entgeltlichkeit | 11 | | |
| 7. Güter | 12, 13 | **IV. Sondervereinbarungen (Abs. 5)** | 38, 39 |

## I. Bedeutung und Zweck

Art. 1 CMR bestimmt in Verbindung mit den Art. 42 ff. den sachlichen und räumlichen **1** **Anwendungsbereich** der Konvention; Art. 2 erweitert ihn für den Sonderfall der kombinierten Beförderung. Art. 1 grenzt damit das vereinheitlichte Recht der Konvention ab von dem nicht vereinheitlichten autonomen Recht der Straßengütertransportverträge, vgl. Einl. Rn. 35 f. Innerhalb ihres Anwendungsbereichs setzt sich die CMR **zwingend** durch, vgl. Art. 41. Außerhalb ihres völkerrechtlich festgelegten Anwendungsbereichs kann die CMR durch private Vereinbarung zur Anwendung kommen,[1] auch wenn beide Vertragsparteien Staaten angehören, die nicht Vertragsstaaten der CMR sind.[2] Voraussetzung dafür ist, dass das jeweils maßgebliche autonome Recht eine solche vertragliche Inkorporation der CMR zulässt, vgl. Einl. Rn. 35 bei Fn. 94. Ganz anders wird der Anwendungsbereich der CMR in **Italien** beurteilt. Gemäß höchstrichterlicher Rechtsprechung des Kassationshofs[3] findet die CMR, auch wenn die Voraussetzungen des Art. 1 erfüllt sind, nur Anwendung, wenn die Parteien dies durch Aufnahme eines Vermerks gemäß Art. 6 Abs. 1 lit. k vereinbaren. Falls kein Frachtbrief ausgestellt wurde, soll es auch genügen, wenn sich die Einigung über die Anwendung der CMR deutlich aus den Vertragsverhandlungen ergibt.[4]

## II. Sachlicher Anwendungsbereich

**1. Vertrag.** Die CMR setzt voraus, dass ein Vertrag vorliegt, ist also nicht auf die **2** internationale Beförderung als solche anzuwenden, wenn zwischen den Streitparteien bzw. ihren Rechtsvorgängern keine vertraglichen Beziehungen bestanden.[5] Was unter einem Vertrag zu verstehen ist und wie er zustande kommt, bleibt in der CMR jedoch ungeregelt und damit dem autonomen Recht des jeweils maßgeblichen Vertragsstaats überlassen,[6] vgl. Einl. Rn. 36 f. Dieses nationale Recht entscheidet insbesondere über den **Vertragsabschluss,** also die Fragen der materiellen Einigung sowie über Willensmängel und ihre Rechtsfolgen. Vorfragen der Rechtsfähigkeit juristischer Personen, der Geschäftsfähigkeit natürlicher Personen, der Vertretungsmacht von Stellvertretern etc. sind selbständig anzuknüpfen. Die **Formwirksamkeit** des Vertrags findet in der CMR insoweit eine eigene

---

[1] Hof Antwerpen 5.6.1985, Rev.dr.com.belge 1986, 58; *Clarke* S. 20 Nr. 10; *Donald* § 36 f.; *Helm* VersR 1988, 548; *Koller* Rn. 1; vgl. dazu auch GroßkommHGB/*Helm* Rn. 41 ff. mwN; BGH 28.2.2013, TranspR 2013, 290, 292: die Bestimmungen der CMR sind dann abdingbar.

[2] Cour Versailles 13.11.1985, BT 1986, 42.

[3] Corte cass. 28.11.1975, Nr. 3983, RDU 1976, I, 247; Corte cass. 1.3.1978, Nr. 1034, in *Carbone* S. 1181; Corte cass. 29.10.1981, Nr. 5708, Foro pad. 1982, I, 44; Corte cass. 8.3.1983, Nr. 1708, Dir. Mar. 1984, 554; Corte cass. 23.2.1998, ULR 2000, 608; Corte cass. 7.2.2006, ULR 2006, 448; vgl. auch die Nachweise bei *Alessandri* TranspR 2005, 465, 466 Fn. 12; *Thume/Pesce* Länderbericht Italien S 1060 f.; aA Trib. Milano TranspR 1984, 133 m. Anm. *Pesce;* Trieste 11.9.2002 zitiert nach *Alessandri* Fn. 18; siehe auch oben Einl. Rn. 33; mit Recht kritisch *Rodière* Anhang S. 340 zu Nr. 257: „Cette solution est sans nul doute fausse".

[4] Corte cass. 24.5.1991, Nr. 5869, Riv.dir.int.priv. proc. 29 (1993) 189.

[5] *Ponet* Rn. 3 mit Hinweis auf Kh. Leuven 14.12.1972, unveröffentlicht.

[6] AA Theunis/*Pesce* S. 2, der den Anspruch der autonomen Auslegung aber nicht einlöst.

Regelung, als der Ausstellung eines Frachtbriefs gemäß Art. 4 Abs. 2 keine konstitutive Wirkung zukommt. Damit bleibt dem nationalen Recht kaum noch Raum, um andersartige Formvoraussetzungen aufzustellen, die im Rahmen des Formstatuts (Art. 11 EGBGB) zu beachten wären. Wenn der nationale Gesetzgeber Formzwänge außerhalb des Frachtbriefs vorschreibt, würde er sich in Widerspruch zum Geist der CMR setzen.[7] Ähnlich verhielte es sich mit einem nationalen Gesetz, das die Wirksamkeit des Transportvertrags davon abhängig macht, dass das Transportgut vom Beförderer übernommen wurde. Ein solches materielles Wirksamkeitserfordernis gab es zwar in der Vergangenheit im Landtransport, es war sachlich aber nicht begründet;[8] mittlerweile ist auch der internationale Bahnfrachtvertrag kraft ausdrücklicher gesetzlicher Anordnung Konsensualvertrag (Art. 6 § 2 ER CIM 1999). In der CMR stünde ein entsprechendes Wirksamkeitserfordernis im Wertungswiderspruch zu der Vorschrift des Art. 9, wonach der Frachtbrief eine widerlegbare Vermutung für die Übernahme des Gutes begründet.[9] Alles in allem ist der in Art. 1 in Bezug genommene **Vertrag weder Formal- noch Realvertrag,** sondern unabhängig vom jeweils maßgeblichen nationalen Vertragsrecht Konsensualvertrag.[10] Damit die CMR anwendbar ist, muss er **rechtsgültig** sein; ohne wirksamen Vertrag scheidet eine Anwendung der CMR aus.[11] Die Rechtsungültigkeit des Vertrags kann sich daraus ergeben, dass zwingende Vorschriften des Inlands oder Auslands anzuwenden sind (vgl. Einl. Rn. 43) und dass der Verstoß gegen diese Vorschriften nach dem maßgeblichen nationalen Vertragsrecht zur zivilrechtlichen Unwirksamkeit des Vertrags führt.

3  **2. Beförderungsvertrag.** Die CMR findet nach Art. 1 nur auf Beförderungsverträge Anwendung. Angesichts der vielgestaltigen Vertragspraxis der Verkehrswirtschaft fällt es mitunter nicht leicht, Verträge diesem Typus zuzuordnen bzw. diesen Typus von benachbarten Vertragstypen abzugrenzen. Die CMR bestimmt die Merkmale des Beförderungs- oder Transportvertrags selbst nicht näher, doch besteht rechtsvergleichend im Wesentlichen Einigkeit über die Definition des Vertrags und seine hauptsächlichen Elemente, so dass eine autonome Auslegung möglich ist; ein Rückgriff auf das nationale Transportvertragskonzept des jeweiligen Vertragsstaats sollte vermieden werden, da der CMR dadurch in den Vertragsstaaten unterschiedliche Anwendungsbereiche zuerkannt würden.[12] Der Transportvertrag verpflichtet den Beförderer, gegen Entrichtung des vereinbarten Entgelts Güter in eigener Verantwortung zu befördern.[13] Die **Ortsveränderung** muss Hauptpflicht des Vertrags sein; Nebenpflichten zur Beförderung, wie sie etwa der Verkäufer bei Vereinbarung einer Bringschuld verspricht, machen den Vertrag noch nicht zum Transportvertrag, und dies auch nicht, wenn der Verkäufer einen Frachtführer mit der Erfüllung beauftragt.[14] Der Beförderer muss die Durchführung des **Transports in eigener Verantwortung** zusagen, nicht nur die Besorgung des Transports durch einen anderen;[15] wer Letzteres verspricht, ist Spediteur oder sonstiger Vermittler. Eigene Verantwortung bedeutet, dass der Schuldner nach Vertrag und Umständen für den Leistungserfolg, also die vertragsgemäße, dh. pünktli-

---

[7] *Loewe* ETR 1976, 510.

[8] Vgl. *Basedow* TranspV S. 230 ff.

[9] Ähnlich *Koller* Art. 4 Rn. 1; *Loewe* ETR 1976, 503, 510.

[10] BGH 27.1.1982, NJW 1982, 1944, 1945 sub II 1; OGH Wien 6.9.1967, *Greiter* S. 15, 18; GroßkommHGB/*Helm* Art. 4 Rn. 3; *Herber/Piper* Rn. 7; EBJS/*Bahnsen* Rn. 4; Fremuth/Thume/*Thume* Rn. 7; *Ponet* Rn. 8.

[11] OLG Hamburg 9.2.1984, TranspR 1985, 38; *Koller* Rn. 3; Jabornegg/Artmann/*Csoklich* Rn. 3.

[12] Für autonome Auslegung BGH 14.2.2008, TranspR 2008, 323, 325; OLG Köln 2.8.2005, TranspR 2005, 472, 473; 27.9.2005, TranspR 2007, 316, 319; *Koller* Rn. 2; GroßkommHGB/*Helm* Rn. 19; *Haak* S. 54 ff.; Ferrari/*Ferrari*, Int. Vertragsrecht, Rn. 7; aA *Rodière* BT 1974, 183.

[13] Siehe *Rodière*, Le contrat, Tableau récapitulatif, Nr. I und L'avant-projet, S. 215; *Basedow* TranspV S. 34 ff.

[14] OGH Wien 26.5.1983, SZ 56/83 = *Greiter* S. 188, 190 f.; *Putzeys* S. 86; *Rodière*, Le contrat, L'avantprojet Art. 1 Abs. 20, S. 215; Jabornegg/Artmann/*Csoklich* Rn. 4; aA für die Beförderungspflicht eines Einkaufskommissionärs *Loewe* ETR 1976, 512 f.

[15] GroßkommHGB/*Helm* § 425 HGB Rn. 82; *Rodière*, Le contrat, Tableau récapitulatif Nr. I; *Grönfors* Successiva transporter, 1968, S. 68.

che Ablieferung des unbeschädigten Gutes an den Empfänger einstehen will.[16] Ob dies der Fall ist, muss die Vertragsauslegung ergeben, siehe näher Rn. 5. Neben der Pflicht zur Ortsveränderung steht die Pflicht, die Güter in Gewahrsam zu nehmen und vor Schäden zu bewahren, die sog. **Obhutspflicht;** die Übernahme der Güter in seine Obhut ist neben der Erbringung des Beförderungserfolgs als weitere typusprägende Hauptpflicht anzusehen.[17]

Es **spricht nicht gegen einen Transportvertrag,** dass der Unternehmer zur Erfüllung   **4** seiner Pflicht für Teilstrecken oder auch für die Gesamtstrecke Subunternehmer als **Unterfrachtführer,** also als Erfüllungsgehilfen einschaltet;[18] denn eine höchstpersönliche Erfüllung mit eigenen Mitteln ist im Allgemeinen nicht geschuldet, und die eigene Verantwortung des Hauptbeförderers wird durch die Einschaltung von Erfüllungsgehilfen nicht verringert. Ob auf den Unterfrachtvertrag zwischen Hauptbeförderer und Unterfrachtführer dann ebenfalls die CMR anzuwenden ist, hängt davon ab, ob dieser Vertrag seinerseits die Voraussetzungen des Art. 1 erfüllt.[19] Ein Transportvertrag iS von Art. 1 kann auch von Personen geschlossen werden, die weder **gewerbliche Frachtführer** noch überhaupt **Kaufleute** sind,[20] auf die das nationale Straßentransportrecht also uU gar keine Anwendung findet.[21] Ebenso unerheblich wie der persönliche Status der Parteien sind ihre Staatsangehörigkeit und ihr Wohnsitz, **Art. 1 Abs. 1 Satz 2,** so dass die CMR vor dem Gericht eines Vertragsstaats auch in einem Streit zwischen zwei Parteien aus Nichtvertragsstaaten zum Zuge kommen kann. Nach der ausdrücklichen Anordnung **von Art. 1 Abs. 3** ist die CMR schließlich sogar für die vom Staat sowie von staatlichen Einrichtungen und Organisationen durchgeführten Transporte maßgeblich.

**3. Speditionsverträge.** Die CMR ist nur auf Beförderungsverträge und außer im Falle   **5** der vertraglichen Inkorporation (Einl. Rn. 35) nicht auf Speditionsverträge anzuwenden.[22] Die Abgrenzung beider Vertragstypen fällt zunehmend schwer, da Transportunternehmen immer häufiger klassisch speditionelle Aufgaben wie die Akquisition von Ladung und die Organisation von Transportketten übernehmen, während Speditionen sich nicht auf die Vermittlung der Transporte beschränken, sondern – dem Nachfragedruck der verladenden Wirtschaft folgend – Beförderungsleistungen erbringen; Spediteure treten heute als umfassende Logistikdienstleister auf, besonders im kombinierten Verkehr in Gestalt multimodaler oder Gesamttransportverträge.[23] Ob der einzelne Vertrag als Speditions- oder Transportvertrag zu qualifizieren ist, muss durch **Vertragsauslegung** entschieden werden. Dabei kommt es nicht so sehr auf die äußere Form und Bezeichnung des Vertrags an als vielmehr auf die Substanz der vereinbarten Rechte und Pflichten, auf „die wahre Vertragsgestaltung im Innenverhältnis".[24] Dieser Ansatz hat zur Folge, dass die Gerichte vieler Vertragsstaaten eine große Anzahl von **einzelnen Umständen** berücksichtigen,[25] wie die Werbung des

---

[16] OGH Wien 30.5.1985, TranspR 1986, 225, 226.
[17] GroßkommHGB/*Helm* § 425 HGB Rn. 87; *Koller* § 407 HGB Rn. 15.
[18] *Ulster-Swift v. Taunton,* [1977] 1 Lloyd's L. Rep. 346, 359 C. A.; Cour cass. 13.2.1978, BT 1978, 210; OGH Wien 10.7.1985, TranspR 1986, 377; *Ponet/Willems* Rev.dr.com.belge 1992, 727; *Clarke* S. 19 Nr. 10.
[19] OGH Wien 10.7.1985, TranspR 1986, 377; *Loewe* ETR 1976, 511.
[20] Der Vorschlag, die Anwendung der CMR auf professionelle Beförderer zu beschränken, wurde in den Verhandlungen verworfen, vgl. *Clarke* S. 20 Nr. 10 Fn. 157.
[21] Vgl. § 407 HGB und dazu *Koller* Rn. 2; siehe auch rechtsvergleichend *Rodière* Le contrat, Tableau récapitulatif Nr. Ib.
[22] OGH Wien 20.1.1982, JBl. 1984, 92; OLG Karlsruhe 18.4.1973, VersR 1973, 662; OLG München 4.4.1979, VersR 1979, 713, 714; Cour cass. 21.6.1982, ETR 1983, 207; Cour cass. 27.10.1975, BT 1975, 526; Hof Brüssel 26.6.1974, ETR 1975, 235; Rb. Rotterdam 1.10.1976, S.& S. 1977 Nr. 23; *Clarke* S. 21 Nr. 10a; *Lamy* 2013 Rn. 697a).
[23] Siehe näher *Basedow* TranspV S. 42 ff.; vgl. auch *Griesshaber* VersR 1998, 31 ff.
[24] OGH Wien 30.5.1985, TranspR 1986, 225, 226; ähnlich die deutsche Praxis, vgl. *Koller* § 453 HGB Rn. 16 ff. und die englische Rspr., siehe *Clarke* S. 23 f. Nr. 10a (i) mit Hinweis auf *Tetroc Ltd. v. Cross-Con,* [1981] 1 Lloyd's L. Rep. 192, 195 ff.
[25] Siehe für das deutsche Recht etwa *Koller* § 453 HGB Rn. 19 ff.; für die Niederlande *Haak* S. 65 ff.; für Belgien *Libouton* J.trib. (Bruxelles) 1974, 505–506; ähnlich *Clarke* S. 23 f. Nr. 10a für England.

Unternehmens, den Gebrauch bestimmter Dokumente, die gewählte Vertragsbezeichnung, den Besitz eigener Fahrzeuge und ihren tatsächlichen Einsatz, Firma und Angaben im Handelsregister, die früheren Beziehungen der Parteien, die Übernahme typischer speditioneller Nebentätigkeiten oder die Korrespondenz der Parteien. Die Vielzahl der Umstände und ihr unklares relatives Gewicht führen zu beträchtlicher Rechtsunsicherheit. Ihr begegnet eine in neuerer Zeit mehr und mehr anerkannte **Vermutung,** wonach der Vertrag im Zweifel als Transportvertrag zu qualifizieren ist und der CMR unterliegt.[26] Wer als Spediteur kontrahieren will, muss dies deutlich zum Ausdruck bringen, andernfalls er als Beförderer behandelt wird.[27] Mit dieser Rechtsprechung kommen die Gerichte einerseits den Erwartungen der Verlader entgegen, die die Arbeitsteilung der Verkehrswirtschaft oft nicht kennen; andererseits wird auf diese Weise der Anwendungsbereich des vereinheitlichten Rechts großzügig interpretiert und so die internationale Rechtseinheit in diesem Bereich gefördert.

6       Die Regel von der Nichtanwendung der CMR auf Speditionsverträge erfährt verschiedene Ausnahmen, so insbesondere für die – in der Praxis oft fast deckungsgleichen – Fälle des Selbsteintritts, der Sammelladungsspedition, der Fixkostenspedition und der Transportkommission (commission de transport, vervoerscommissie). Methodisch werden dabei verschiedene Wege beschritten. Gerichte einiger Vertragsstaaten sind um eine **autonome und weite Auslegung** des Begriffs „Beförderungsvertrag" in Art. 1 bemüht und qualifizieren die in casu fragliche Spielart der Spedition wegen ihrer besonderen Strukturmerkmale als Beförderungsvertrag, wenden also die CMR unmittelbar auf die Fälle des Selbsteintritts,[28] der Sammelladungsspedition,[29] der Spedition zu festem Preis[30] und der Transportkommission an, bei der ein Spediteur zwar den Transporterfolg – die Ablieferung – zusagt, diese Leistung jedoch unter Zuhilfenahme fremder Verkehrsunternehmen zu erbringen verspricht.[31]

7       Ein **zweiter methodischer Weg** geht von einer engen Auslegung des Begriffs „Beförderungsvertrag" in Art. 1 aus und lehnt eine unmittelbare Anwendung der CMR ab. Die Vereinheitlichung des Speditionsrechts sei Gegenstand selbständiger paralleler Beratungen auf internationaler Ebene gewesen; ihr Misserfolg zeige die Schwierigkeit des Unterfangens und dürfe nicht durch eine Ausdehnung der CMR im Wege der Rechtsanwendung überspielt werden.[32] Da die CMR aus dieser Sicht nicht eingreift, unterliegen die fraglichen Speditionsverträge dem Speditionsrecht des jeweils maßgeblichen nationalen Rechts. Ist das Vertragsstatut deutsches Recht, hat der Spediteur in den Fällen des Selbsteintritts, der Sammelladungsspedition und der Fixkostenspedition nach den **§§ 458, 459 und 460 HGB**

---

[26] So mit Abweichungen im Detail *Koller* § 453 HGB Rn. 17 f.; *Basedow* TranspV S. 52 f.; Rb. Breda 5.2.1991, S. & S. 1993 Nr. 131 und *Haak* S. 67 für die Niederlande, für Belgien Hof Brüssel 26.4.1983, ETR 1983, 511, weitere Urteile bei *Ponet* Rn. 17; *Lamy* 2013 Rn. 697a).

[27] Hof Antwerpen 8.11.1989, ETR 1990, 83; LG Berlin 4.5.1983, TranspR 1985, 134; vgl. auch die Nachweise bei *Lamy* 2013 Rn. 697.

[28] Offenbar allgM, vgl. Hof 's-Hertogenbosch 21.12.1965, S. & S. 1966 Nr. 24; Hof 's-Gravenhage 11.11.1977, S.& S. 1978 Nr. 58; in Belgien begründet der Selbsteintritt die Qualifikation als Beförderer, *Putzeys* S. 36 f.; *Libouton* J.trib. 1972, 381, ebenso in Frankreich *Rodière/Mercadal* S. 343; ähnlich in Großbritannien *Elektronska Industrija Oour TVA v. Transped Oour Kontinentalna Spedicna,* [1986] 1 Lloyd's L. Rep. 49 (Q. B.); vgl. auch Rn. 8 bei Fn. 35.

[29] Kh. Brüssel 4.6.1974 bei *Ponet* Rn. 102 und 364; für Deutschland die Nachweise in Fn. 36.

[30] Hof 's-Gravenhage 17.5.1968, Ned.Jur. 1969 Nr. 279; 11.11.1977, S.& S. 1978 Nr. 58; siehe ferner *Haak* S. 66; für Dänemark Sø-og Handelsret 1.10.1980, UfR 1981 A 186; *Rechnagel* UfR 1980 B 47 ff.; für Belgien *Putzeys* S. 34; *Libouton* J.trib 1972, 382; in England *Tetroc Ltd. v. Cross.-Con* [1981] 1 Lloyd's L. Rep. 192, 195 (Q. B.); für Deutschland und Österreich die Nachweise in Fn. 36.

[31] So in Belgien, wo der commissionaire de transport als „transporteur contractuel", als vertraglicher Beförderer qualifiziert wird, vgl. Hof Brüssel 19.10.1972, ETR 1973, 503; 21.9.2011, ETR 2012, 97; Trib.com. Liège 13.12.1977, Jur.Anv. 1977/78, 268; *Putzeys* S. 35, während der commissionaire-expéditeur klassischer Spediteur ist, vgl. auch *Basedow* TranspV S. 48 f.

[32] *Rodière* BT 1974, 183 und die französische Rspr., die eine Anwendung der CMR auf den commissionaire de transport ablehnt, vgl. Cour cass. 16.2.1979, JCP 1970 Jur. 16392; Paris 22.4.1992, BTL 1992, 362; sowie *Lamy* 2013 Rn. 697a).

(in Österreich §§ 412, 413 UGB) die Rechte und Pflichten eines Beförderers; nach der Rspr. findet kraft dieser Verweisung des nationalen Handelsrechts die CMR Anwendung, ohne dass sich die Parteien ihr durch eine abweichende Vereinbarung entziehen können.[33] Diese Lösung führt zum selben Ergebnis wie die weite Auslegung von Art. 1, allerdings nur unter der Voraussetzung, dass deutsches oder österreichisches Recht nach den Regeln des IPR den Speditionsvertrag beherrscht. Ganz anders im Falle einer **commission de transport** (vgl. Rn. 6 aE), wenn französisches Recht Vertragsstatut ist: Zwar haftet der Transportkommissionär nach Art. L 132–5 C.com. wie ein Beförderer, Art. L 133–1 C.com., für Beschädigung und Verlust der Güter, bis zur Grenze der höheren Gewalt, doch gestattet ihm das Gesetz ausdrücklich vertragliche Haftungsbeschränkungen und Freizeichnungen. Das französische Recht spricht also nicht nur keine Verweisung auf die CMR aus, sondern führt auch in der Vertragspraxis dazu, dass sich die Haftungslage des Transportkommissionärs sehr viel günstiger darstellen kann als diejenige des durchaus vergleichbaren Fixkostenspediteurs im deutschen Recht. Das enge Verständnis des Beförderungsvertrags hat also eine erhebliche Einbuße an praktischer Rechtseinheit zur Folge.

**Stellungnahme.** Der Anwendungsbereich der CMR ist – wie auch bei anderen Konventionen – weitest möglich autonom zu bestimmen, dh. ohne Rücksicht auf die begrifflichen und systematischen Kategorien des nationalen Rechts, s. Rn. 3 bei Fn. 12. Nur so kann sichergestellt werden, dass einander gleichende Sachverhalte in allen Vertragsstaaten nach der CMR beurteilt und dass keine Anreize zum forum shopping gesetzt werden, die durch die Rechtsvereinheitlichung gerade vermindert werden sollen. Indem die CMR auf den Transportvertrag und nicht auf den faktischen Transport abstellt, deutet sie an, dass nicht der tatsächliche Beförderer als solcher, sondern der **vertragliche Beförderer** Adressat ihrer Regeln ist.[34] Der zunehmenden Verwischung der Gegensätze zwischen Spedition und Transport ist durch eine Erstreckung des Anwendungsbereichs transportrechtlicher Bestimmungen auf die Grauzone der zweifelhaften Fälle zu begegnen. Das gilt nicht nur für den evidenten Fall des **Selbsteintritts,**[35] sondern auch für die **Transportkommission,** bei der ebenso wie beim Transportvertrag die vertragsgemäße Ablieferung versprochen wird. **Sammelladungsverkehr** kann nur offerieren, wer feste Transportlinien aufgebaut hat und auf ihnen eine gewisse organisatorische Gewalt innehat, indem er etwa über bestimmte Kapazitäten frei verfügen kann. Wenn er damit am Markt wirbt, sich aber andererseits auf die Rolle des Vermittlers zurückziehen will, handelt er contra factum proprium. Ebenso verhält es sich mit dem **Fixkostenspediteur,** der sein Angebot zu festen Sätzen nur machen kann, wenn er seine Kosten überschauen kann, wenn er also die organisatorische Verfügungsgewalt über den nachgefragten Transport hat. In allen diesen Fällen ist der Unternehmer vertraglicher Beförderer iS von Art. 1.[36] 8

**4. Miete und Charter.** Kein Beförderungsvertrag iS von Art. 1 ist ferner die reine **Miete eines Lkw.**[37] Davon zu unterscheiden ist die Vermietung des Lkw mit Fahrer, sei es für eine oder mehrere Reisen, sei es für eine bestimmte Zeit. Solche Charterverträge 9

---

[33] BGH 18.2.1972, NJW 1972, 1003; 10.2.1982, NJW 1982, 1946 = IPRax 1982, 240 mit Anm. *Helm* S. 225 f.; OGH Wien 4.11.1981, SZ 54/160 = TranspR 1982, 80; 24.8.1993, VersR 1994, 707, 708; vgl. *Jesser* S. 21 f.; Straube/*Schütz* § 413 UGB Rn. 5; *Koller* Rn. 3.

[34] *Ulster-Swift Ltd.v. Taunton,* [1977] 1 Lloyd's L. Rep. 346, 359 C. A.

[35] Evident beim echten Selbsteintritt; erklärt der Spediteur zunächst den Selbsteintritt, um dann die Beförderung einem anderen zu überlassen (Fall des unechten Selbsteintritts), ist die Lösung weniger offensichtlich und wird zT bezweifelt, vgl. eingehend *Temme,* Die Haftung des selbsteintretenden Spediteurs im Straßengüterfernverkehr, 1988, S. 122 ff., hat sich aber aus guten Gründen durchgesetzt, vgl. *Thume* TranspR 1992, 355 f.

[36] Ebenso für autonome Auslegung *Koller* Rn. 3; GroßkommHGB/*Helm* Rn. 28; EBJS/*Bahnsen* Rn. 20; für die Fixkostenspedition auch die Judikatur BGH 14.2.2008, TranspR 2008, 323, 325; OLG München 23.7.1996, TranspR 1997, 33, 34; 4.12.1996, TranspR 1997, 193, 195; OLG Hamm 14.6.1999, TranspR 2000, 29, 30; OLG Karlsruhe 27.6.2002, TranspR 2002, 344, 345; OLG Köln 27.9.2005, TranspR 2007, 316, 318 f.; OGH Wien 30.5.2012, TranspR 2012, 337, 338 mit Anm. *Kornfeld;* für Sammelladungsspedition OLG Hamm 26.10.1998, TranspR 2000, 359; abl. *Ramming* TranspR 2006, 95, 97.

[37] OGH Wien 30.5.1985 TranspR 1986, 225; GroßkommHGB/*Helm* § 425 Rn. 91; *Herber/Piper* Rn. 41.

unterliegen der CMR, wenn ihr Zweck, die Beförderung bestimmter Güter von einem Ort zum anderen, Gegenstand des Vertrags ist. Dies wird bei **Reisechartervertägen** im Allgemeinen der Fall sein; sie werden im Landtransport – anders als in der Schifffahrt – üblicherweise als Transportverträge über eine ganze Wagenladung abgeschlossen.[38] Anders liegen die Dinge bei der Überlassung von Lkw und Fahrer auf Zeit, also beim **Zeitcharter-vertrag,** auch **Lohnfuhrvertrag** genannt. Hier geht durchweg die Verfügungsbefugnis über den kommerziellen Einsatz von Fahrzeug und Fahrer auf den Kunden über, der damit gewerbliche oder Eigentransporte ausführt, ohne dass der Transportunternehmer von den spezifischen Beförderungen überhaupt Kenntnis erlangt. Folglich findet die CMR keine Anwendung,[39] außer wenn sich der Vertrag deutlich auf die Beförderung einer bestimmten Warenmenge bezieht und der Unternehmer dem Kunden den Lkw und Fahrer für einen fixen Zeitraum überlässt. Hat der Kunde Lkw und Fahrer im gewerblichen Verkehr eingesetzt, also seinerseits als Transportunternehmer Beförderungsverträge abgeschlossen, so können diese durchaus der CMR unterliegen.[40] Entscheidendes Kriterium für die Anwendung der CMR ist bei allen vertraglichen Gestaltungen, ob der Vertrag **fahrzeugbezogen** oder **ladungsbezogen** ist, ob er also eine Ortsveränderung einschließlich Ablieferung näher bestimmter Güter vorsieht (vgl. Rn. 3); nur dann ist die CMR anwendbar.[41]

**10**      **5. Schleppverträge.** Sog. **Trucking-Verträge** haben Schleppleistungen zum Gegenstand und unterliegen je nach ihrer inhaltlichen Ausgestaltung der CMR oder nicht. Auch hier kommt es entscheidend darauf an, ob der Unternehmer hinsichtlich bestimmter Transportgüter eine Ortsveränderung in eigener Verantwortung verspricht, Rn. 3. Wenn der Vertrag vorsieht, dass der Unternehmer mit seiner Zugmaschine und seinem Personal einen vom Kunden gestellten, fertig beladenen Anhänger oder Sattelauffleger von einem Ort zum anderen ziehen soll, so liegt ein Beförderungsvertrag iS von Art. 1 vor, und zwar sowohl bzgl. der Ladung als auch des Anhängers oder Sattelauflegers.[42] Die Ortsveränderung ist dagegen kein prägendes Element für die Qualifikation des Vertrags, wenn der Unternehmer dem Kunden lediglich Zugmaschine und Fahrer zum Einsatz nach Belieben überlässt. Solche Abmachungen sind, auch wenn sie als Trucking-Verträge bezeichnet sind, in Wirklichkeit Zeitcharter- bzw. Lohnfuhrverträge, vgl. Rn. 9.[43]

**11**      **6. Entgeltlichkeit.** Die CMR findet nur auf entgeltliche Beförderungsverträge Anwendung, wobei unter Entgelt nicht notwendig eine Geldsumme verstanden werden muss. Die Entgeltlichkeit kann sich auch aus der Einräumung eines anderen Vorteils ergeben.[44] Ferner ist die Entgeltlichkeit der Beförderung auch nicht mit der **Gewerbsmäßigkeit** der Tätigkeit als Beförderer gleichzusetzen.[45] Das **Entgelt** muss sich nicht auf den einzelnen Transport beziehen, sondern kann **auch für eine Gesamtheit von Transporten** vereinbart werden. Sind sich die Parteien eines Beförderungsvertrags darüber einig, dass der Frachtführer beladene Container vom Ausland zu einer deutschen Entladestelle befördert und die leeren Container von dort ins Ausland zurückbefördert, so gilt die CMR auch dann, wenn neben dem Entgelt für die Hinbeförderung kein besonderes Entgelt für den Rücktransport vereinbart ist.[46]

---

[38] *Basedow* TranspV S. 98, 107.
[39] OGH Wien 16.9.1980, ZfRV 1981, 44; OLG Innsbruck 20.6.1995, TranspR 1997, 343, 346; *Haak* S. 85; *Putzeys* S. 30.
[40] *Clarke* S. 27 f. Nr. 10c.
[41] Cour cass. 5.2.1985, BT 1986, 350; abw. *Bracker* TranspR 1999, 7.
[42] Rb. Amsterdam 16.4.1975, S. & S. 1975 Nr. 81; Rb. Rotterdam 3.9.1976, S. & S. 1977 Nr. 56; Rb. Antwerpen 1.2.1996, ETR 1996, 579; vgl. auch *Haak* S. 83; zu § 425 HGB OLG Saarbrücken 24.2.1010, TranspR 2011, 25, 26; aA *Putzeys* S. 28 f.
[43] So auch *Clarke* S. 28 Nr. 10d.
[44] *Loewe* ETR 1976, 512; *Theunis/Pesce* S. 10; *Clarke* S. 50 Nr. 17; GroßkommHGB/*Helm* Rn. 34; EBJS/ *Bahnsen* Rn. 19; Jabornegg/Artmann/*Csoklich* Rn. 8.
[45] GroßkommHGB/*Helm* Rn. 40; *Koller* Rn. 2; *Piper* VersR 1988, 200, 205; *Jesser* S. 23 f.; Jabornegg/ Artmann/*Csoklich* Rn. 8.
[46] OLG Düsseldorf 27.2.1987, TranspR 1987, 183.

**7. Güter.** Die CMR findet nur Anwendung auf Verträge über die Beförderung von 12 Gütern. Dieser Begriff wird auch in Vorschriften des autonomen deutschen Rechts benutzt (vgl. § 1 GüKG, § 407 HGB), aber weder dort noch in der CMR definiert; er ist autonom zu bestimmen.[47] Als Güter (goods, marchandises) iS der CMR können **alle beweglichen Sachen** angesehen werden, die sich überhaupt zur Beförderung eignen. Dabei genügt es bei Bodenbestandteilen, dass sie vom Boden getrennt und danach befördert werden können; wenn sie bei Vertragsschluss noch nicht vom Boden getrennt sind, kann der Vertrag gleichwohl der CMR unterliegen. Es muss sich **nicht um Waren handeln,** die Gegenstand eines Kaufvertrags sind oder sein könnten,[48] auch wenn der französische Ausdruck „marchandises" und der englische Ausdruck „goods" diese Gleichsetzung nahelegen. Aus der Formulierung der Ausschlüsse in Abs. 4 zeigt sich deutlich, dass Art. 1 den Anwendungsbereich der Konvention möglichst weit fassen sollte. Sollte der Begriff der Güter mit dem der Waren deckungsgleich sein, so wäre im Übrigen zumindest Abs. 4 lit. b überflüssig und ohne Sinn, weil Leichen keine Handelswaren sind.[49] Auch vom Handelsverkehr ausgeschlossene Gegenstände wie zB Müll, Reliquien, nationale Kunstschätze oder staatliche Siegel und Symbole können also zu den Gütern iS der CMR gerechnet werden. Dasselbe gilt für **Geld,** das nach der ausdrücklichen Definition des englischen Sale of Goods Act 1979[50] nicht zu den „goods" im Sinne des Kaufrechts gehört, das aber Gegenstand eines CMR-Transportvertrags sein kann.[51] Auch **Tiere,** obwohl nach § 90a BGB keine Sachen, sind (Transport-)Güter.[52] Das ergibt sich schon aus dem speziell für den Transport lebender Tiere geltenden Haftungsausschluss des Art. 17 Abs. 4 lit. f und der dazugehörigen Beweislastregelung des Art. 18 Abs. 5. Auch **Reisegepäck** zählt zu den Gütern; mitgeführtes Reisegepäck wird jedoch im Rahmen des Personenbeförderungsvertrags transportiert und ist daher diesem rechtlich zuzuordnen; bei gesonderter Beförderung gilt die CMR.[53]

Dass **Container, Paletten,** vom Absender gestellte **Anhänger** oder **Sattelaufleger** als 13 Güter iS der CMR anzusehen sind, wird überwiegend bejaht,[54] von manchen aber auch verneint.[55] Relevant ist diese Frage vor allem aus haftungsrechtlichen Gründen, wenn die Container etc. selbst beim Transport beschädigt werden. Bei vordergründiger Betrachtung sind Container, Paletten, Anhänger und Sattelaufleger Ladehilfen oder Fahrzeuge, sie dienen dem Transport, sind aber selbst nicht Transportgut. Dies ist indessen eine anschauliche technische Betrachtung, keine juristische. Aus vertragsrechtlicher Sicht lässt sich der Auftrag, Anhänger oder Container an einen anderen Ort zu verbringen, nicht von dem Vertrag über die Überführung von Pkw, Landmaschinen oder Elektrogeneratoren unterscheiden; jeweils wird die Ortsveränderung und Ablieferung am Bestimmungsort geschuldet, also eine Beförderung. Dies gilt auch unabhängig davon, ob die Container leer oder beladen sind. Wesentlich ist nur, dass sich der Beförderungsvertrag gerade auch auf die Container, Trailer etc. mit bezieht. Daran fehlt es, wenn die betreffenden Ladehilfen und Fahrzeuge vom Beförderer gestellt wurden, gleich ob sie in seinem Eigentum stehen oder nicht. Wenn er sie für den fraglichen Transport gestellt hat, sind Container, Paletten, Anhänger und

[47] *Clarke* S. 29 Nr. 11; *Herber/Piper* Rn. 13; vgl. auch *Fischer* TranspR 1995, 326 f.; ebenso Ferrari/*Ferrari,* Int. Vertragsrecht, Rn. 19.
[48] *Loewe* ETR 1976, S. 11 f.; *Jesser* S. 24; *Koller* Rn. 4; *Herber/Piper* Rn. 13; Thume/*de la Motte/Temme* Rn. 3; Fremuth/Thume/*Thume* Rn. 10; *Putzeys* S. 60.
[49] *Loewe* ETR 1976, 511 f.; *Clarke* S. 29 Nr. 11.
[50] C. 54, section 61 (1).
[51] Für ein weites Verständnis des Güterbegriffs *Clarke* S. 29 Nr. 11: „everything that is in fact carried by road except those things specifically excluded by Article 1.4"; Jabornegg/Artmann/*Csoklich* Rn. 7.
[52] *Putzeys* S. 59; *Koller* Rn. 4; Thume/*de la Motte/Temme* Rn. 3; Jabornegg/Artmann/*Csoklich* Rn. 7.
[53] Thume/*de la Motte/Temme* Rn. 3; *Herber/Piper* Rn. 13; *Fischer* TranspR 1995, 331 f.; wohl auch *Putzeys* S. 59.
[54] Rb. Rotterdam 6.7.2011, ETR 2011, 655; *Koller* Rn. 4 (mit Ausnahme von Trailern); *Ponet* S. 57; *Lenz* S. 43; *Clarke* S. 29 Nr. 11; GroßkommHGB/*Helm* § 425 HGB Rn. 81 und Art. 1 CMR Rn. 37 (wie *Koller*); EBJS/*Bahnsen* Rn. 12; Jabornegg/Artmann/*Csoklich* Rn. 7; vgl. dazu ausführlich *Fischer* TranspR 1995, 332 ff.; zu § 425 HGB OLG Saarbrücken 24.2.2010, TranspR 2011, 25, 26.
[55] Kh. Antwerpen 7.1.1977, ETR 1977, 420.

Sattelauflieger **Transportmittel** bzw. Fahrzeuge iS von Art. 1 und nicht **Transportgut.** Zur Überführung von Kfz mit eigener Kraft s. Rn. 15.

14   **8. Auf der Straße mittels Fahrzeugen.** Die CMR gilt nur für Verträge über die entgeltliche Beförderung von Gütern auf der Straße mittels Fahrzeugen. Diesbezüglich weichen die beiden verbindlichen Texte, dh. der französische und der englische Text, voneinander ab: Der englische Text spricht von „transport **in vehicles**", während im französischen Text von einem „transport **au moyen de véhicules**" die Rede ist. Während der englische Text eine bestimmte Lage der transportierten Güter erfordert,[56] stellt der französische auf das für den Transport verwendete Mittel ab. Wenn der Unternehmer den Auftrag erhält, einen Anhänger oder Sattelauflieger des Absenders zu überführen, geschieht dies zwar „au moyen de véhicules", nämlich mit der Zugmaschine, aber nicht „in vehicles". Der Konflikt zwischen den beiden sprachlichen Fassungen ist im Hinblick auf Sinn und Zweck der CMR aufzulösen, s. o. Einl. Rn. 20. Demnach erscheint der französische Text vorrangig, da die CMR die umfassende Regelung des gesamten internationalen Straßengüterverkehrs bezweckt;[57] dafür ist die Lage des Gutes in, auf, unter, vor, hinter oder neben dem Fahrzeug unerheblich.[58] Wesentlich ist nur, dass ein Fahrzeug als Transportmittel eingesetzt wird. Dieser Auffassung sind die nationalen Gesetzgeber bei der Übersetzung der CMR in die jeweilige Landessprache durchweg gefolgt;[59] auch die deutsche Übersetzung spricht von der Beförderung von Gütern „mittels Fahrzeugen".

15   Auch bei diesem weiten Verständnis ist die CMR nicht anzuwenden auf die **Überführung von Fahrzeugen** mit eigener Kraft, wenn der Unternehmer also lediglich einen Fahrer stellt, um einen leeren Lkw des Kunden mit dessen eigener Zugkraft ans Ziel zu bewegen.[60] Transportgut und Transportmittel fallen hier zusammen, während Art. 1 sie als getrennt voraussetzt. Ist der Lkw beladen, so reist die Ladung aber wiederum „mittels Fahrzeug" iS der CMR.[61]

16   Abs. 2 definiert die **„Fahrzeuge"** durch eine Verweisung auf einige Legaldefinitionen, die in Art. 4 des Abkommens über den Straßenverkehr vom 19. September 1949[62] enthalten sind und sich auf Kraftfahrzeuge, Sattelkraftfahrzeuge, Anhänger und Sattelanhänger beziehen. Diese Legaldefinitionen lauten:

„Kraftfahrzeug" ist jedes mit mechanischem Antrieb und eigener Kraft auf der Straße verkehrende Fahrzeug, das nicht an Schienen oder elektrische Leitungen gebunden ist und üblicherweise zur Beförderung von Personen oder Gütern dient. Jeder durch Anhang 1 gebundene Staat schließt von dieser Begriffsbestimmung die in diesem Anhang beschriebenen Fahrräder mit Hilfsmotor aus;

„Sattelkraftfahrzeug" ist jedes Kraftfahrzeug mit einem Anhänger ohne Vorderachse, der so auf dem Zugfahrzeug aufliegt, dass ein wesentlicher Teil des Gewichtes des Anhängers und seiner Ladung vom Zugfahrzeug getragen wird. Ein solcher Anhänger wird „Sattelanhänger" genannt;

„Anhänger" ist jedes Fahrzeug, das dazu bestimmt ist, von einem Kraftfahrzeug gezogen zu werden;

An die Stelle des Abkommens von 1949 ist später das Übereinkommen vom 8. November 1968 über den Straßenverkehr getreten;[63] dessen entsprechende Definitionen in Art. 1 lit. o), q), r) und u) lauten:

---

[56] *Theunis/Pesce* S. 2.
[57] Vgl. die Präambel der CMR.
[58] Thume/*de la Motte/Temme* Rn. 10.
[59] So in den Niederlanden und Belgien: „door middel van voertuigen", in Dänemark: „med køretøj", in Spanien: „por medio de vehículos", in Italien: „per mezzo di veicoli" (nichtamtliche Übersetzung).
[60] Vgl. *Helm* VersR 1988, 548; *Glöckner* Rn. 3; *Herber/Piper* Rn. 23.
[61] OLG Düsseldorf 14.7.1986, TranspR 1987, 24.
[62] Die Bundesrepublik Deutschland ist diesem Abkommen nicht beigetreten; Text bei *von Turegg*, Das europäische Verkehrsrecht, 1955, S. 92.
[63] BGBl. 1977 II S. 809.

o) „Kraftfahrzeug" ist jedes auf der Straße mit eigener Kraft verkehrende Fahrzeug mit Antriebsmotor mit Ausnahme der Motorfahrräder in dem Hoheitsgebiet der Vertragsparteien, die sie nicht den Krafträdern gleichgestellt haben und mit Ausnahme der Schienenfahrzeuge;

q) „Anhänger" ist jedes Fahrzeug, das dazu bestimmt ist, an ein Kraftfahrzeug angehängt zu werden; dieser Begriff schließt die Sattelanhänger ein;

r) „Sattelanhänger" ist jeder Anhänger, der dazu bestimmt ist, mit einem Kraftfahrzeug (Artikel 1 Buchstabe p) so verbunden zu werden, dass er teilweise auf diesem aufliegt und dass ein wesentlicher Teil seines Gewichts und des Gewichts seiner Ladung von diesem getragen wird;

u) „Sattelkraftfahrzeuge" sind miteinander verbundene Fahrzeuge, die aus einem Kraftfahrzeug (Artikel 1 Buchstabe p) und einem damit verbundenen Sattelanhänger bestehen;

In den meisten Fällen führen die Definitionen der beiden Übereinkommen zu denselben Ergebnissen; für die CMR ist nach wie vor das Abkommen von 1949 maßgeblich, da Art. 1 Abs. 2 keine dynamische Verweisung enthält.[64] Unerheblich ist, ob der betreffende Gerichtsstaat dieses Übereinkommen jemals in Kraft gesetzt hat. So sind etwa Deutschland oder die Schweiz niemals Mitglieder dieses Übereinkommens gewesen. Besonderes gilt für Österreich: Nach Vorstehendem gelten im Rahmen der CMR die Definitionen des Abkommens aus 1949; kraft ausdrücklicher gesetzlicher Verweisung in § 439a UGB ist im rein nationalen Anwendungsbereich das Übereinkommen von 1968 maßgeblich; vgl. Einl. Rn. 32. Jedenfalls erfasst der Fahrzeugbegriff der CMR auch **Motorräder,**[65] während andererseits **Wechselbrücken**[66] wie auch **Container** als solche nicht darunter fallen. **17**

**9. Vertragswidrige Transportmittel.** Die CMR gilt nach Art. 1 für den Vertrag über die internationale Güterbeförderung auf der Straße, nicht für die tatsächliche Beförderung per Lkw, vgl. Rn. 2. Ein Zweifel an der **primären Bedeutung des Vertrags** ist nach dem Wortlaut von Art. 1 nicht möglich, anders als vielleicht im Luftrecht, wo das Warschauer Abkommen bzw. das Montrealer Übereinkommen gemäß Art. 1 „für jede internationale Beförderung" gilt.[67] Im Eisenbahnrecht, wo sich die ER CIM der COTIF 1980 gemäß Art. 1 § 1 „auf alle Sendungen" im internationalen Verkehr bezogen,[68] ist mittlerweile die Maßgeblichkeit des Vertrags auch im Übereinkommenswortlaut klargestellt (Art. 1 § 1 ER CIM 1999). Gegenüber solchen immerhin interpretierbaren Formulierungen zeichnet sich Art. 1 Abs. 1 CMR durch besondere Deutlichkeit aus. **18**

Fehlt im Vertrag die Angabe des oder der zu benutzenden Transportmittel **(unbenannter Transportvertrag),** so wird die Vertragsauslegung im Allgemeinen ergeben, dass der Beförderer das oder die Transportmittel selbst bestimmen kann, so wie er auch hinsichtlich anderer Fragen – Verstauung der Güter, Transportweg, etc. – oft das Leistungsbestimmungsrecht hat.[69] Ein solcher unbenannter Transportvertrag über eine grenzüberschreitende Beförderung ist ein potentieller Lufttransportvertrag, ein potentieller Seetransportvertrag etc.; er ist auch ein potentieller CMR-Vertrag und wird ganz dazu, wenn der Beförderer sein Leistungsbestimmungsrecht durch Wahl des Straßentransports nutzt.[70] Ähnlich liegen die Dinge, wenn die Parteien ein anderes Verkehrsmittel vereinbart, dem **19**

---

[64] *Koller* Rn. 5; *Jesser* S. 25; *Theunis/Pesce* S. 13; *Haak* S. 49; *Herber/Piper* Rn. 19; *Czapski* ETR 1998, 464 ff.; *Ferrari/Ferrari,* Int. Vertragsrecht, Rn. 16; aA *Loewe* ETR 1976, 514 f.; LG Regensburg 28.11.1989, TranspR 1990, 194.

[65] *Heuer* S. 32.

[66] LG Regensburg 28.11.1989, TranspR 1990, 194; *Herber/Piper* Rn. 22; *Koller* Rn. 5; Fremuth/Thume/ *Thume* Rn. 25; aA OLG Hamburg 13.3.1993, TranspR 1993, 194 und dazu kritisch *Basedow* TranspR 1994, 338 f.; zur Problematik auch Thume/*de la Motte/Temme* Rn. 33 ff.

[67] *Koller* Art. 1 MÜ Rn. 3; Giemulla/Schmid/*Giemulla* Art. 1 WA Rn. 1; BGH 15.11.1988, TranspR 1989, 151, 153.

[68] Auch hier war der Vertrag maßgeblich, vgl. *Spera,* Internationales Eisenbahnfrachtrecht, 1991, Art. 1 Anm. 7; nach Art. 1 § 1 die Ausstellung eines durchgehenden (Eisenbahn-)Frachtbriefs erforderlich.

[69] Unabhängig von der Vertragsauslegung folgt dies im deutschen Recht aus § 315 BGB, vgl. *Basedow* TranspV S. 58; *Blaschczok* TranspR 1985, 425, 426; GroßkommHGB/*Helm* Rn. 44; *Koller* Rn. 5; *Herber/ Piper* Rn. 16; EBJS/*Bahnsen* Rn. 17 stützt sich auf §§ 262 f. BGB; vgl. auch OGH Wien 13.7.1994, TranspR 1995, 21.

[70] AA ohne nähere Begründung OLG Köln 4.4.1986, TranspR 1986, 432, 433; *Lenz* Rn. 66; vgl. auch Hof van Cassatie Belgien 8.11.2004, ETR 2006, 228.

Beförderer jedoch für die gesamte oder eine grenzüberschreitende Teilstrecke eine **Ersetzungsbefugnis** eingeräumt haben, wie dies regelmäßig in Luftfrachtbedingungen geschieht. Macht er von der Ersetzungsbefugnis durch grenzüberschreitenden sog. Luftersatzverkehr per Lkw Gebrauch, hat er den betreffenden Teil des Lufttransportvertrags in einen CMR-Vertrag „umgewidmet". Der Absender, der der Ersetzungsbefugnis zugestimmt hat, wird durch ihre Ausübung nicht unbillig benachteiligt.[71] Bei vollständiger Umwidmung kommt danach nur die CMR zum Zuge. Wenn dagegen noch eine Luftstrecke übrig bleibt, wird der Gesamttransportvertrag damit zum **multimodalen Transportvertrag,** für den – außer in den Fällen des Huckepackverkehrs (Art. 2) und mangels eines anwendbaren völkerrechtlichen Übereinkommens – zunächst nach den Regeln des IPR das maßgebliche nationale Recht, also das Vertragsstatut zu bestimmen ist. Nach deutschem Recht sind somit die §§ 452 ff. HGB anzuwenden. Ist der Schaden auf der grenzüberschreitenden Straßenteilstrecke eingetreten, ist also der Schadensort bekannt, ist somit durchaus Raum für die Anwendung der CMR.[72]

**20**   Haben die Parteien ohne jede Ersetzungsbefugnis **einen Luft-, Eisenbahn- oder Schiffstransport vereinbart** und führt der Beförderer den grenzüberschreitenden Transport tatsächlich per Lkw aus, so bleibt die Transportrechtskonvention des vereinbarten Verkehrsmittels und, wenn es dafür an Anwendungsvoraussetzungen fehlt, das nationale Transportrecht des Vertragsstatuts für dieses Verkehrsmittel, hilfsweise das allgemeine Handels- und Zivilrecht dieser Rechtsordnung anwendbar. Ausschlaggebend ist somit die vertragliche Haftungsordnung.[73] Wählt der Frachtführer schuldhaft die vertragswidrige Beförderungsart, so haftet er zusätzlich nach dem Recht der tatsächlichen Beförderungsart, also auch nach Straßenfrachtrecht. Nach der Begründung des BGH müsse der Frachtführer die Haftungsordnung gegen sich gelten lassen, in die er sich mit der Wahl des Transportmittels „hineingestellt" habe; im konkreten Fall handelte es sich um die KVO mit ihren hohen Haftungsgrenzen, welche den eingeklagten Anspruch in voller Höhe gewährte.[74] Diese Begründung ist als Ausprägung des venire-contra-factum-proprium-Verbots zu verstehen.[75]

**21**   Haben die Parteien ohne irgendeine Ersetzungsbefugnis einen grenzüberschreitenden **Straßentransport vereinbart,** so findet demzufolge die CMR Anwendung, auch wenn die Güter mit einem anderen Verkehrsmittel befördert wurden.[76] Soweit Güter- und Verspätungsschäden die Folge des Einsatzes eines vertragswidrigen Transportmittels sind, sind Ansprüche des Absenders auf die jeweiligen frachtrechtlichen Anspruchsgrundlagen beschränkt, die insoweit abschließende Regelungen enthalten; insbesondere Ansprüche aus positiver Vertragsverletzung sind abzulehnen.[77] Im Einzelfall kann sich der Frachtführer durch den Einsatz vertragswidriger Beförderungsmittel der Gefahr des Vorwurfs **groben Verschuldens** aussetzen, der den Verlust der Haftungsbeschränkungen nach sich zieht und zu einer der Höhe nach unbeschränkten Haftung führt. Voraussetzung ist, dass sich durch die Wahl des anderen Beförderungsmittels das Schadensrisiko erheblich vergrößert hat, sich

---

[71] So aber LG Frankfurt 26.2.1981, VersR 1982, 697, 698; wie hier BGH 17.5.1989, NJW 1990, 639, 640 = ETR 1990, 76, 79 bzgl. eines innerdeutschen Luftersatzverkehrs.

[72] BGH 17.7.2008, TranspR 2008, 365, 367; für die unmittelbare Anwendbarkeit der CMR auf die Straßenteilstrecke *Quantum Corporation v. Plane Trucking Ltd.* ETR 2004, 535 (C. A. 2002); kritisch *Koller* TranspR 2003, 45 ff.; zur Problematik auch *Hartford Fire Insurance Co. v. Orient Overseas Container Lines (UK) Ltd. et al.* ETR 2001, 212. Zur Frage des Gerichtsstands siehe Art. 31 Rn. 22.

[73] *Koller* § 407 HGB Rn. 25 f.; Giemulla/Schmid/*Müller-Rostin* Art. 18 WA Rn. 24g; *ders.,* FS Piper, 1996, S. 967, 977; OLG Köln 30.5.2006, TranspR 2007, 114, 115.

[74] BGH 17.5.1989, TranspR 1990, 19 = VersR 1990, 331, 332; vgl. auch *Blaschczok* TranspR 1987, 401, 405.

[75] *Koller* § 407 HGB Rn. 26 Fn. 114; GroßkommHGB/*Helm* § 452 HGB Anh. V Rn. 83; Giemulla/Schmid/*Müller-Rostin* Art. 18 WA Rn. 24l.

[76] OLG Bremen 11.1.2001, TranspR 2001, 166, 168; Kh. Antwerpen 9.12.1977, ETR 1978, 110, 119; *Helm* VersR 1988, 548; Thume/*de la Motte/Temme* Rn. 20; *Ramberg,* Deviation from the Legal Regime of the CMR (Art. 2), in: *Theunis* S. 19, 25; *Hill/Messent* S. 48.

[77] *Koller* § 407 HGB Rn. 27; *ders.* VersR 1988, 432; Giemulla/Schmid/*Müller-Rostin* Art. 18 WA Rn. 24p.

der Frachtführer dieses Risikos bewusst war oder es auf der Hand lag und der Frachtführer das in Kauf genommen hat.[78]

**10. Staatstransporte (Abs. 3).** Gemäß Abs. 3 findet die CMR auch Anwendung auf **22** Beförderungen, die von Staaten oder von staatlichen Einrichtungen oder Organisationen durchgeführt werden. Die Vorschrift ist aus ihrer Entstehungszeit zu erklären, als das Güterkraftverkehrsgewerbe nicht nur in den sozialistischen Staaten Mittel- und Osteuropas, sondern auch in Großbritannien verstaatlicht war.[79] Abs. 3 hat reine Klarstellungsfunktion; aus dem Wortlaut ergibt sich, dass der Anwendungsbereich nicht etwa erweitert werden soll; vielmehr wird vorausgesetzt, dass die fraglichen Beförderungen, von der staatlichen Eigenschaft des Beförderers einmal abgesehen, in den Anwendungsbereich der CMR fallen. Insbesondere macht Abs. 3 also den Abschluss eines Vertrags nicht entbehrlich, und sei es auch ein **öffentlich-rechtlicher Vertrag.** Wenn dagegen die Leistungsbeziehungen zwischen einer staatlichen Transportanstalt und ihren Kunden nicht durch Vertrag, sondern durch **öffentlich-rechtliches Benutzungsverhältnis** geregelt sind, ist für die Anwendung der CMR kein Platz. Bedeutsam ist Abs. 3 auch für Prozesse, die gegen Staatsunternehmen von Vertragsstaaten auf der Grundlage der CMR in anderen Vertragsstaaten geführt werden, vgl. Art. 31. In solchen Prozessen können sich die beklagten Staatsunternehmen nicht mehr auf **Immunität** berufen. Dies ist heute zwar auch nach allgemeinen Regeln weithin anerkannt; weil die Beförderungstätigkeit des Staates iA zu den acta iure gestionis zählt, für die keine Immunität besteht.[80] In den fünfziger Jahren war dies indessen keineswegs unumstritten; die Zustimmung der Staatshandelsländer zu der Kombination der Art. 1 Abs. 3 und Art. 31 bedeutete einen impliziten Verzicht auf die Immunität der eigenen Staatsunternehmen in anderen Vertragsstaaten.[81]

**11. Ausgenommene Transporte (Abs. 4).** Art. 1 Abs. 4 nimmt Post-, Leichen- und **23** Umzugstransporte vom Anwendungsbereich der CMR aus. Was als Beschränkung des Anwendungsbereichs formuliert ist, war eigentlich nach dem erkennbaren Willen der Urheber der CMR als Regel über **Konventionskonflikte** gedacht, wie dies in der Ausnahme für Posttransporte, Abs. 4 lit. a, auch zum Ausdruck kommt. Für Umzüge erschienen die Spezialprobleme als so schwerwiegend, dass man die CMR-Verhandlungen damit nicht belasten und die Umzugstransporte in einem besonderen „Übereinkommen über den Beförderungsvertrag für Umzugsgut" regeln wollte, über das zu verhandeln sich die Signatarstaaten der CMR in Nr. 2 des Zeichnungsprotokolls zur CMR verpflichteten; zum Abschluss eines solchen Abkommens ist es bis heute allerdings nicht gekommen.[82] Anders verhält es sich bei Leichentransporten; für sie wurde 1973 im Rahmen des Europarats ein Europäisches Übereinkommen geschlossen, das für die Bundesrepublik Deutschland nicht in Kraft getreten ist.[83] Es wäre sachgerechter gewesen, auch für Leichen- und Umzugstransporte eine Regel über Konventionskonflikte zu formulieren statt einer Bereichsausnahme, die die fraglichen Beförderungen auch dann von der CMR ausschließt, wenn keine anderweitige Regelung eingreift. Die in Abs. 4 enthaltene Bereichsausnahme überlässt die fraglichen Transporte dem nationalen Recht, das teils zwingend, teils nachgiebig, vielgestaltig und insgesamt höchst kompliziert ist.

---

[78] *Koller* VersR 1988, 432, 438; *ders.* ZLW 38 (1989) 359; *Giemulla/Schmid/Müller-Rostin* Art. 18 WA Rn. 24p; im Ergebnis ähnlich *Hill/Messent* S. 49 unter Berufung auf die deviation-Doktrin des common law.
[79] Vgl. *Rodière* BT 1974, 174.
[80] Vgl. Art. 4 des Europäischen Übereinkommens über Staatenimmunität vom 16.5.1972, BGBl. 1990 II S. 35, siehe dazu *Kronke* IPRax 1991, 141, 142; allgemein BVerfG 30.4.1963, NJW 1963, 1732 und *Geiger* NJW 1987, 1124; Art. 10 des UN-Übereinkommens über die Immunität der Staaten und ihres Vermögens von der Gerichtsbarkeit vom 2.12.2004.
[81] Verzicht ist als Grund für die Durchbrechung der Immunität anerkannt, vgl. Art. 2 lit. a des Europäischen Übereinkommens (Fn. 80).
[82] Siehe näher *Loewe* ETR 1976, 517.
[83] Europäisches Übereinkommen vom 26.10.1973 über die Leichenbeförderung, öBGBl. 1978/515; siehe näher *Wiesbauer/Zetter* Rn. 3.

**24**   Nach Abs. 4 lit. a unterliegt der **Posttransport** nicht der CMR, soweit internationale Postübereinkommen Anwendung finden. Die CMR tritt nur zurück, wenn und soweit im Einzelfall ein Transport von einem dieser Abkommen erfasst wird. Zu den im Einzelnen geltenden Vorschriften vgl. *Teutsch* Post Rn. 31 ff. insbes. Rn. 37 in diesem Band.

**25**   Ausgeschlossen ist die Anwendbarkeit der CMR auch im Falle von **Leichentransporten,** unabhängig davon, ob diese mittels besonders hierfür ausgestatteter Fahrzeuge erfolgen.[84] Ferner gilt diese Ausnahme auch für die Beförderung von Gütern, die unmittelbar mit einer Bestattung verbunden sind, wie zum Beispiel Kränze oder Blumen, die den Sarg eines Verstorbenen begleiten.[85] Wenn dieselben Gegenstände für sich unabhängig von einem Leichentransport befördert werden, kommt dagegen die CMR zur Anwendung.

**26**   Auch auf **Umzugstransporte** findet die CMR keine Anwendung; die in Nr. 2 des Zeichnungsprotokolls anvisierte Spezialkonvention wurde nicht verabschiedet, Rn. 23, wohl aber im Rahmen der ECE ein Standardformular, die Allgemeinen Bedingungen für Internationale Umzüge.[86] Die CMR bestimmt den **Begriff „Umzugsgut"** nicht, da sich bei den Beratungen keine zufriedenstellende Definition finden ließ.[87] Diese Uneindeutigkeit spiegelt sich auch in dem Wortlaut der beiden verbindlichen Texte. Im englischen Text ist die Rede von „furniture removal", was darauf hindeuten mag, dass lediglich Möbelstücke als Teil einer Wohnungseinrichtung unter die Ausnahmen des Art. 1 Abs. 4 lit. c CMR fallen, während sonstige Haushaltsgegenstände wie Bilder, Teppiche, Geschirr, Personalcomputer, Rasenmäher oder Fahrräder von der CMR erfasst werden. Der französische Text stellt demgegenüber mit der Formulierung „transport de déménagement" nicht auf die Art der Güter, sondern auf den Zweck ihrer Ortsveränderung, den Umzug ab. Dies kommt auch in dem englischen Begriff „removal" zum Ausdruck, und so ist anzunehmen, dass der Zusatz „furniture" durch ein redaktionelles Versehen eine insoweit unbeabsichtigte Verengung brachte; gedacht war vielmehr an **persönliche Effekten** im Allgemeinen.[88] Mit der Formulierung „furniture removals" ergibt sich klar, dass „factory removals", „theatrical removals" oder der Transport von Ausstellungsexponaten grundsätzlich von der CMR erfasst sind;[89] bei **gewerblichen Umzügen** kommt es demnach darauf an, inwieweit es um einen Umzug von Möbeln bzw. Büroausstattungen geht – insoweit ist die CMR ausgeschlossen – oder aber von Warenlagern, Maschinen etc. – darauf findet die CMR Anwendung. Die Rb. Utrecht[90] hat den Umzug eines Naturwissenschaftlers von Tübingen in die Niederlande zwar bzgl. der Haushaltsgegenstände nach nationalem Recht beurteilt, auf einen Laborkühlschrank mit Enzymen dagegen die CMR angewendet.

**27**   Der **Umzug (déménagement)** unterscheidet sich vom gewöhnlichen Transport dadurch, dass der Unternehmer nicht nur für die reine Ortsveränderung sorgt, sondern **zusätzliche Leistungen** wie das Einpacken, Demontieren, Verstauen etc. übernimmt. Die zusätzlichen Leistungen vor oder nach dem eigentlichen Transport erschweren es im Nachhinein, Anfang und Ende des Obhutszeitraums genau zu bestimmen, so dass die Haftungsregeln der CMR in mancher Hinsicht nicht passen. Darin liegt die ratio legis für den Ausschluss der Umzugstransporte, der folglich auch nur für solche gemischten Verträge gilt,[91] nicht dagegen, wenn der Beförderer einen fertig beladenen Container mit Umzugsgut zum Transport von A nach B übernimmt.[92] Von Umzug kann auch nur die Rede sein,

---

[84] *Koller* Rn. 9.

[85] *Loewe* ETR 1976, 516; *Theunis/Pesce* S. 12 Nr. 49; *Koller* Rn. 9.

[86] *Glöckner* Rn. 20.

[87] *Koller* Rn. 10; *Loewe* ETR 1976, 517.

[88] *Hill/Messent* S. 40; *Koller* Rn. 10; *Herber/Piper* Rn. 63; *Glöckner* Rn. 21; Thume/*de la Motte/Temme* Rn. 51.

[89] Für Ausstellungseinrichtungen auch Hof 's-Gravenhage 4.5.1984, S. & S. 1984 Nr. 116; aA *Bischof* VersR 1981, 708 für Bibliotheken und Theaterausstattungen.

[90] 17.11.1993, S. & S. 1995 Nr. 89.

[91] Thume/*de la Motte/Temme* Rn. 53; *Fischer* TranspR 1996, 414 f.; *Nickel-Lanz* S. 18 f.; aA *Koller* Rn. 10.

[92] Kh. Antwerpen 1.4.1980, ETR 1980, 461, 469; Thume/*de la Motte/Temme* Rn. 52; *Rodière* BT 1974, 184 hält die Ausnahme für diesen Fall für „difficilement justifiable".

wenn die Möbel vorher Teil einer Büro- oder Wohnungseinrichtung waren und nachher in anderen Räumen dem gleichen Zweck dienen; dies ist bei der Anlieferung neuer Möbel nicht der Fall.[93]

### III. Räumlicher Anwendungsbereich

**1. Funktion und Würdigung.** Art. 1 regelt auch den räumlichen Anwendungsbereich **28** der CMR und macht ihre Anwendung durch Gerichte der Vertragsstaaten damit **unabhängig von den Rechtsanwendungsbefehlen des IPR** der lex fori. Auf das IPR kommt es nicht mehr an, soweit die CMR Sachverhalte regelt; nur außerhalb des Geltungs- und Anwendungsbereichs sowie zur Lückenfüllung ist autonomes Recht heranzuziehen, nur insoweit behält das IPR seine Bedeutung, vgl. Einl. Rn. 35, 36.

Gemäß Abs. 1 ist die CMR auf Transportverträge anzuwenden, wenn der vereinbarte **29** Übernahme- und Ablieferungsort in verschiedenen Staaten liegen, der Transport also mindestens eine Staatsgrenze überschreitet, und wenigstens einer dieser beiden Staaten Vertragsstaat ist. Indem die CMR nur die **Berührung mit Abgangs- oder Bestimmungsstaat** verlangt, dehnt sie ihren Anwendungsbereich auch auf Transporte zwischen Vertragsstaaten und Nichtvertragsstaaten[94] und damit erheblich weiter aus als andere Konventionen des internationalen Transport- und Handelsrechts, die im Allgemeinen eine enge Beziehung zu zwei Vertragsstaaten voraussetzen, vgl. etwa Art. 1 Abs. 2 WA, Art. 1 Abs. 1 MÜ, Art. 1 § 1 ER CIM 1999, Art. 1 UNK. Man hat der CMR daher nicht ohne Grund eine „ultrattività",[95] „a certain degree of expansion",[96] eine „grande ambition"[97] zugeschrieben. Dem Einwand, der Vertragspartei aus einem Nichtvertragsstaat der CMR werde hiermit ein ihr unbekanntes Vertragsregime aufgezwungen, wird jedoch mit Recht entgegengehalten, dass diese Partei das nationale Recht ihres Vertragspartners auch nicht besser kenne.[98] In der Entwicklung der letzten Jahrzehnte hat der **weite Anwendungsbereich der CMR** dazu beigetragen, dass sich die Wirtschaft in allen europäischen Ländern schon sehr früh mit dem Übereinkommen befassen musste, auch als es im eigenen Land noch gar nicht in Kraft stand; so wurden Vorbehalte gegen einen unbekannten Text rasch abgebaut und nachfolgende Ratifikationen durch weitere Staaten ermöglicht. Nicht zuletzt bietet der weite Anwendungsbereich für einen ratifikations- oder beitrittswilligen Staat den Vorteil, dass er für den **gesamten einkommenden und ausgehenden Verkehr** seines Lands[99] und damit für fast alle Fälle, die vor seine Gerichte kommen, ein einheitliches Transportvertragsrecht schafft, dass also keine weitere Rechtszersplitterung eintritt.

**2. Einzelheiten der Anwendung.** Ob Übernahme- und Ablieferungsort **in verschie-** **30** **denen Staaten** liegen, beurteilt sich danach, ob die betreffenden Gemeinwesen eigene Subjekte des Völkerrechts sind, mögen sie auch anderen Staaten durch sehr enge Sonderbeziehungen verbunden sein. Trotz der Zollunion zwischen beiden Ländern unterliegen daher die Transporte zwischen der Schweiz und **Liechtenstein** der CMR.[100] Anwendbar ist die CMR auch auf Beförderungen zwischen Frankreich und **Monaco**[101] bzw. zwischen Frankreich und **Andorra**,[102] ebenso auf die Transporte zwischen Italien und **San Marino**[103] oder **Vatikanstadt**.[104] Obwohl die Transporte zwischen dem Vereinigten König-

---

[93]   OLG Hamburg 28.2.1985, TranspR 1985, 188; *Lenz* Rn. 76; *Clarke* S. 30 f. Nr. 12b; *Putzeys* S. 41.
[94]   OGH Wien 5.11.1980, *Greiter*, S. 79, 81; LG Hamburg 29.7.1994, RIW 1994, 775; ebenso jetzt Art. 2 Abs. 1 CMNI.
[95]   *Pesce* S. 55; *Ivaldi* S. 108 f.
[96]   *Haak* S. 41.
[97]   *Rodière* BT 1974, 184.
[98]   *Rodière* BT 1974, 184.
[99]   *Herber/Piper* Rn. 54; siehe auch *Lamy* 2013 Nr. 696.
[100]   *Theunis/Pesce* S. 9 Fn. 34.
[101]   Cass.com. 3.11.1992, Bull. Civ. IV Nr. 91; Cour Versailles 1.6.2006, BTL 2006, 552.
[102]   Cour Montpellier 8.1.1987, BT 1987, 589; 1.4.1993, BTL 1993, 330.
[103]   *Theunis/Pesce* S. 9 Fn. 34.
[104]   Dies folgt aus dem Staatscharakter von Vatikanstadt, vgl. *Astuti* in Int. Encycl.Comp.L. 1 (1972) V 1 f.

reich und der **Republik Irland** grenzüberschreitenden Charakter haben, sind sie durch Nr. 1 des Zeichnungsprotokolls zur CMR von deren Anwendungsbereich ausgenommen. Zum **kleinen Grenzverkehr** Rn. 39.

**31**    Für **innerstaatliche Transporte** gilt die CMR nicht, auch wenn der Beförderer auf der Strecke ausländisches Territorium durchquert, wenn er zB auf dem Weg von Saarbrücken nach Freiburg i. Br. durch Frankreich oder auf dem Weg von Passau nach Dresden durch Böhmen fährt.[105] Gleiches gilt für Rundreisen, die zB vorgenommen werden, damit das Gut in einem anderen Land verzollt wird und nach der Rückkehr im Ausgangsland subventionsbegünstigt ist.[106] Bei innerstaatlichen Transporten kommt die CMR auch dann nicht zum Zuge, wenn der betreffende Vertragsstaat sie, wie dies Art. 46 gestattet, nur für einen Teil der Hoheitsgebiete in Kraft setzt, deren internationale Beziehungen er wahrnimmt, und wenn nur entweder der Übernahme- oder der Ablieferungsort in einem Gebiet dieses Staates liegt, für das die CMR gilt; so entschieden englische Gerichte, dass die CMR nicht anzuwenden ist auf Transporte zwischen dem Vereinigten Königreich und der Kanalinsel Jersey, für die die CMR nicht in Kraft gesetzt wurde, es handele sich nicht um einen internationalen Transport.[107] Soweit das innerstaatliche Transportrecht dies gestattet, also nachgiebig ist, können die Parteien die CMR allerdings für innerstaatliche Beförderungen vereinbaren;[108] in Deutschland ist § 449 HGB zu beachten.

**32**    **Vertragsstaat** iS von Art. 1 Abs. 1 sind nur die Staaten, die die CMR völkerrechtlich ratifiziert haben oder ihr beigetreten sind, vgl. Art. 42 Abs. 4 und 5; bloße Unterzeichnung genügt nicht.[109] Zur Liste der Vertragsstaaten siehe die Kommentierung zu Art. 42. Für Art. 1 wird es nicht nur darauf ankommen, dass Übernahme- oder Ablieferungsort auf dem Territorium eines Vertragsstaats liegen; vielmehr muss der betreffende Staat die CMR gemäß Art. 46 auch gerade für das Gebiet des Übernahme- bzw. Ablieferungsorts in Kraft gesetzt haben. Auf einen Transport von Liechtenstein, einem Nichtvertragsstaat, nach Jersey, auf das Großbritannien die CMR nicht erstreckt hat, vgl. Rn. 31 bei Fn. 107, ist die Konvention daher nicht anzuwenden; ein solcher Transport ist ebenso zu behandeln wie der zwischen zwei Nichtvertragsstaaten.

**33**    Für Art. 1 kommt es auf den **vereinbarten Übernahmeort** und auf den vereinbarten Ablieferungsort an. Dies ist hinsichtlich des Ablieferungsorts allgemein anerkannt, vgl. Rn. 34. Der französische Konventionstext „tels qu'ils sont indiqués au contrat" lässt indessen keinen Zweifel daran, dass beide zuvor genannten Orte, der Übernahme- und der Ablieferungsort, nach Maßgabe des Vertrags und nicht der tatsächlichen Begebenheiten zu bestimmen sind. Wenn also der Absender nach Abschluss eines Vertrags über einen Transport von Basel nach Bremerhaven durch einseitige Weisung Lörrach als neuen Übernahmeort angibt, so bleibt der Vertrag unter der Herrschaft der CMR, obwohl nur ein innerdeutscher Transport durchgeführt wurde.[110] Abweichendes gilt, wenn in der Weisung des Absenders und der Reaktion des Beförderers darauf nach den Umständen, etwa wegen der Vereinbarung eines neuen Preises, ein Abänderungsvertrag zu sehen ist; dann tritt der neue Vertrag über die innerdeutsche Beförderung an die Stelle des CMR-Vertrags. Entsprechendes gilt im umgekehrten Fall; wenn zunächst ein innerstaatlicher Transport vereinbart wurde, wird die CMR nicht dadurch ohne weiteres anwendbar, dass der Absender nach Vertragsschluss einen ausländischen Übernahmeort benennt.

---

[105] *Koller* Rn. 6; Großkomm HGB/*Helm* Rn. 60.
[106] Rb. Rotterdam 10.12.1993, S. & S. 1994 Nr. 59: Alphen a/d Rijn – Como – Alphen a/d Rijn ohne Abladung: CMR unanwendbar; vgl. aber App. Basel-Stadt 12.5.2000, TranspR 2000, 372, 374 lit. d: hier waren zwei Beförderungsverträge geschlossen worden.
[107] *Chloride Industrial Batteries Ltd. v. F. & W. Freight Ltd.* [1989] 1 All E. R. 481; [1989] 3 All E. R. 86 (C. A.); vgl. *Clarke* S. 54 Nr. 18a.
[108] Cour Bordeaux 21.12.1994 BTL 1995, 75 und dazu einschränkend *Tilche* BTL 1995, 69 f.; Hof Antwerpen 20.12.1999, ETR 2000, 678.
[109] *Koller* Rn. 6; *Loewe* ETR 1976, 519; *Heuer* S. 24 Fn. 18.
[110] Für Frankreich Cour cass. 27.6.2006, BTL 2006, 466; vgl. *Lamy* 2013 Rn. 696; vgl. auch Jabornegg/ Artmann/*Csoklich* Rn. 1.

Maßgeblich ist auch der **vereinbarte Ablieferungsort,** nicht der tatsächliche.[111] Wenn **34** das Transportgut also schon im Land der Übernahme durch Diebstahl verloren geht oder durch Feuer oder Unfall beschädigt wird und deshalb die Grenze gar nicht erreicht, so ist dessen ungeachtet die CMR maßgeblich, wenn der vereinbarte Ablieferungsort in einem anderen Staat liegt.[112] Ebenso wenig wird die CMR dadurch ausgeschaltet, dass der Absender den Beförderer noch vor Grenzübertritt zur vorzeitigen Abladung[113] oder zur Ablieferung an einen inländischen Bestimmungsort anweist.[114] Benennt der Absender bei einem innerdeutschen Transport durch nachträgliche Weisung einen ausländischen Bestimmungsort, so findet die CMR nur Anwendung, wenn aus den Umständen folgt, dass ein neuer Vertrag den alten überlagert.[115]

Die Maßgeblichkeit des vereinbarten Ablieferungsorts weist auch auf eine legale Mög- **35** lichkeit zur **vertraglichen Ausschaltung der CMR** hin. Es ist den Parteien eines Vertrags über grenzüberschreitenden Straßengütertransport möglich, die Gesamtbeförderung in nationale Teilstrecken von und bis zur jeweils nächsten Grenze aufzuteilen und über die Teilstrecken jeweils selbständige Transportverträge abzuschließen, die die Ablieferung an einem bestimmten Grenzübergang der nächstfolgenden Staatsgrenze vorsehen. Keiner dieser Transportverträge hat eine grenzüberschreitende Beförderung zum Gegenstand, keiner unterliegt deshalb der CMR,[116] solange kein durchgehender Frachtbrief ausgestellt wird, vgl. Art. 34. Für eine solche Gestaltung könnten gute Gründe sprechen, vor allem die Vereinbarung einer CPT-Frontier-Klausel[117] im zugrunde liegenden Kaufvertrag; wenn Kosten und Risiken zwischen Käufer und Verkäufer an der Grenze geteilt werden, ist es sinnvoll, den internationalen Gesamttransport in zwei nationale Beförderungen aufzuspalten, weil nur so eine eindeutige Kosten- und Risikozuweisung möglich ist; die Aufspaltung lässt also nicht sicher auf eine **Umgehungsabsicht** und damit auf ein Scheingeschäft der Parteien schließen und sollte deshalb, weil in transportrechtlichen Prozessen die kaufrechtlichen Hintergründe oft nicht aufzuklären sind, grundsätzlich akzeptiert werden. Dabei genügt es zur Ausschaltung der CMR, wenn die Ablieferung bei einem Depot oder Frachthof in der Nähe des Grenzübergangs vorgesehen ist; die Übergabe muss nicht unmittelbar auf der Grenze vollzogen werden.[118]

Anlass zu Gerichtsverfahren geben oft die innerstaatlichen **Vor- und Nachläufe** interna- **36** tionaler Beförderungen, der **Sammel- und Verteilerverkehr.** Die Lösungen hierzu sind nicht einheitlich, sondern richten sich ganz nach der Fall- und Vertragsgestaltung im konkreten Einzelfall, insbesondere also nach den in Rn. 33 bis 35 behandelten Kriterien. Soweit ein Beförderer einen **Vorlauf** auf der Grundlage eines Abholauftrags des nachfolgenden internationalen Beförderers oder eines Spediteurs ausführt, hat dieser Vertrag nur einen innerstaatlichen Transport vom Absender zum Frachtdepot oder Güterverkehrszentrum zum Gegenstand und fällt nicht unter die CMR. Hier fehlt es schon an einem Vertrag zwischen dem Absender und dem (Abhol-)Beförderer, der als Unterfrachtführer lediglich Erfüllungsgehilfe seines Auftraggebers, des Hauptfrachtführers, ist.[119] Ebenso wenig kommt die CMR zum Zuge, wenn zwar der Absender dem (Abhol-)Beförderer den fraglichen

---

[111] Cour Poitiers 18.1.1989, BT 1990, 101; OLG Düsseldorf 18.11.1971, ETR 1973, 510; *Rodière* BT 1974, 184; *Clarke* S. 51 Nr. 18; *Koller* Rn. 6.

[112] Hof Brüssel 2.2.1968, Jur.Anv. 1968, 133; Kh. Antwerpen 4.3.1969, ETR 1969, 1030; OLG Düsseldorf 18.11.1971, ETR 1973, 510; Cour Aix-en-Provence 31.5.1985, BT 1986, 740; *Lamy* 2013 Rn. 696; *Bernardeau* ETR 1998, 785, 787; *Clarke* S. 51 Nr. 18.

[113] *Heuer* S. 30; *Loewe* ETR 1976, 520; *Hill/Messent* S. 20; *Koller* Rn. 6; GroßkommHGB/*Helm* Rn. 41; dazu KG Berlin 11.1.1995, TranspR 1995, 342, 343.

[114] *Theunis/Pesce* S. 9; *Herber/Piper* Rn. 53.

[115] Siehe einerseits *Koller* Rn. 6; *Herber/Piper* Rn. 53: immer CMR, andererseits *Müller-Hök* RIW 1988, 773; *Loewe* ETR 1976, 544; GroßkommHGB/*Helm* Rn. 57: innerstaatliches Recht.

[116] Hoge Raad 16.3.1979, Ned.Jur. 1980 Nr. 562; *Rodière* BT 1974, 185; *Koller* Rn. 6; kritisch *Putzeys* S. 86; zum umgekehrten Fall App. Basel-Stadt 12.5.2000, TranspR 2000, 372, 374 lit. d.

[117] CPT = Carriage Paid To, siehe näher *von Bernstorff*, Incoterms 2010, 2010, Rn. 365 ff.

[118] So die oben Fn. 116 genannten Urteile.

[119] Rb. Rotterdam 2.11.1990, S. & S. 1992 Nr. 55.

Auftrag erteilt, diesen Auftrag jedoch auf die innerstaatliche Zulieferung beschränkt.[120] Auch wenn in diesen Fällen der internationale Beförderer später einen CMR-Frachtbrief über den Gesamttransport einschließlich der Zulieferung ausstellt, wird dadurch die Rechtsstellung des Abhol- oder Vorlaufbeförderers nicht verändert; die im Übrigen widerlegliche Beweisvermutung, die der Frachtbrief nach Art. 9 oder nach nationalem Recht begründet, wirkt nur zulasten des ausstellenden internationalen Frachtführers. Abweichendes gilt, wenn schon der erste Abhol- oder Vorlaufbeförderer, der die Güter zwar nur am nächsten Hafen abliefert, einen Frachtbrief über den gesamten grenzüberschreitenden Transport ausstellt; er haftet nach CMR, wenn die Güter während des Zuliefertransports gestohlen werden.[121] Im **Nachlauf bzw. Verteilerverkehr** unterliegen alle Transportstrecken bis zum vereinbarten oder durch nachfolgende Anweisung bestimmten Ablieferort der CMR. Weist der Empfänger den Beförderer nach Eintreffen des Gutes am vereinbarten Ablieferungsort an, das Gut an einen anderen Ort in demselben Land weiter zu befördern und dort abzuliefern, so wird er in der Regel von seinem Weisungsrecht aus Art. 12 Abs. 2 Satz 2 Gebrauch machen, so dass die Anschlussstrecke ebenfalls noch der CMR unterliegt.[122] Anders jedoch wenn der Anschlusstransport auf der Grundlage eines neuen Vertrags ausgeführt wird,[123] wenn etwa die Güter schon abgeladen waren und erneut aufgeladen wurden.

37    Irrelevant sind nach Art. 1 Abs. 1 Satz 2 sowohl der **Wohnsitz** als auch die **Staatsangehörigkeit** der Beteiligten. Die CMR ist deshalb auch auf Verträge zwischen Inländern anzuwenden, sofern die Voraussetzungen des Art. 1 vorliegen.[124] Art. 1 Abs. 1 Satz 2 nennt zwar nur diese beiden Anknüpfungspunkte, weil ihnen allgemein im IPR eine große Bedeutung zukommt. Ebenso unerheblich sind jedoch, ohne dass dies im Text besonders betont wird, auch andere Anknüpfungspunkte wie zum Beispiel der gewöhnliche Aufenthalt, der Ort des Vertragsschlusses oder der Ort, an dem eine Partei ihre Geschäftstätigkeit entfaltet.[125]

### IV. Sondervereinbarungen (Abs. 5)

38    Den Vertragsstaaten ist es gemäß Abs. 5 nicht erlaubt, durch zwei- oder mehrseitige Vereinbarungen vom Übereinkommen abzuweichen. Die Konvention soll nicht in verschiedene bilaterale Beziehungen aufgespalten werden, damit die erreichte Rechtseinheit nicht wieder zerfällt. Jeder Vertragsstaat hat daher Anspruch auf die vollständige Anwendung des Übereinkommens durch alle anderen Vertragsstaaten.[126] Die Vorschrift regelt nicht Sondervereinbarungen der Vertragsparteien des Transportvertrags (siehe dazu Art. 41), sondern nur **völkerrechtliche Sondervereinbarungen der Staaten.** Systematisch gehört diese Regel nicht zum Anwendungsbereich der CMR, sondern wie auch Abs. 4 zu den Konventionskonflikten, vgl. Rn. 23. Auch Abs. 5 setzt voraus, dass bilateral zu regelnde Fälle überhaupt im Anwendungsbereich der CMR liegen. Wo dies nicht der Fall ist, wie zwischen Irland und dem Vereinigten Königreich,[127] greift auch das Verbot der Sondervereinbarung nicht. Da auch Transporte zwischen Vertragsstaaten und Nichtvertragsstaaten erfasst werden (Rn. 29), stellt sich die Frage, ob **Sondervereinbarungen zwischen Vertragsstaaten und Nichtvertragsstaaten** ebenfalls verboten sind. Dies hält *Loewe* für selbstverständlich,[128] für *Nickel-Lanz* folgt es aus dem Geist der CMR.[129] Dagegen spricht aber der Wortlaut und auch die Vorsicht. Wenn sich im Verhältnis zu einem Nichtvertragsstaat

---

[120] Cour Versailles 15.1.1986, BT 1986, 741.
[121] Cour Aix-en-Provence 31.5.1985, BT 1986, 740.
[122] Cour Paris 14.12.1977, BT 1978, 289; Hof Brüssel 26.4.1983, Rev.dr.com. belge 1987, 145; *Ponet/Willems* Rev.dr.com.belge 1992, 729.
[123] Vgl. Cour Paris 27.1.1986, BT 1986, 742; 2.7.1992, BTL 1992, 639.
[124] OLG Nürnberg 14.6.1965, ETR 1971, 247, 258; LG Bremen 6.5.1965, ETR 1966, 691, 696.
[125] *Clarke* S. 50 f. Nr. 18; *Loewe* ETR 1976, 519 f.
[126] *Loewe* ETR 1976, 522.
[127] Nr. 1 des Zeichnungsprotokolls.
[128] *Loewe* ETR 1976, 522.
[129] *Nickel-Lanz* S. 15 Fn. 4.

der CMR das dringende Bedürfnis nach Entscheidungseinklang einstellt, muss es die Möglichkeit bilateraler Verhandlungen geben. Das Verbot der Sondervereinbarungen gilt im Übrigen nur für „Bestimmungen dieses Übereinkommens", dh. nur soweit die CMR überhaupt Regelungen vorsieht. Über nicht geregelte Gegenstände wie den Vertragsschluss oder das Beförderpfandrecht können die Staaten Sonderregeln vereinbaren. Auch der Vorschlag, in der Europäischen Gemeinschaft eine Auslegungskompetenz des EuGH einzuführen (Einl. Rn. 23) verstößt deshalb nicht gegen Art. 1 Abs. 5. Denn die CMR regelt in Art. 47 nur die Streitschlichtung auf völkerrechtlicher Ebene über die Auslegung der Konvention, nicht dagegen eine autoritative Auslegung in Verfahren zwischen Privaten.

Ausgenommen vom Verbot der Sondervereinbarungen sind Abmachungen, nach denen **39** die CMR für den **kleinen Grenzverkehr** der betreffenden Staaten nicht gelten soll. Die Vorstellung, dass eine internationale Konvention für solche alltäglichen Transporte im Grenzland hinderlich sein könne, ist inzwischen einer geradezu entgegengesetzten Anschauung gewichen, die die CMR sogar zum Vorbild für das innerstaatliche Transportrecht macht, siehe Einl. Rn. 28 ff. Sondervereinbarungen der hier behandelten Art sind nicht bekannt geworden. Ebenso wenig ist es zu Sondervereinbarungen gekommen, die für den bilateralen Straßengüterverkehr der beteiligten Staaten die Verwendung eines **das Gut vertretenden Frachtbriefs** zulassen, also eines Warenpapiers nach Art des Konnossements. Die Schnelligkeit der Straßentransporte lässt ein Bedürfnis für solche Warenpapiere mit Repräsentationsfunktion nicht aufkommen.[130]

## Art. 2 [Kombinierte Transporte]

(1) [1]**Wird das mit dem Gut beladene Fahrzeug auf einem Teil der Strecke zur See, mit der Eisenbahn, auf Binnenwasserstraßen oder auf dem Luftwege befördert und wird das Gut – abgesehen von Fällen des Artikels 14 – nicht umgeladen, so gilt dieses Übereinkommen trotzdem für die gesamte Beförderung.** [2]**Soweit jedoch bewiesen wird, daß während der Beförderung durch das andere Verkehrsmittel eingetretene Verluste, Beschädigungen oder Überschreitungen der Lieferfrist nicht durch eine Handlung oder Unterlassung des Straßenfrachtführers, sondern durch ein Ereignis verursacht worden sind, das nur während und wegen der Beförderung durch das andere Beförderungsmittel eingetreten sein kann, bestimmt sich die Haftung des Straßenfrachtführers nicht nach diesem Übereinkommen, sondern danach, wie der Frachtführer des anderen Verkehrsmittels gehaftet hätte, wenn ein lediglich das Gut betreffender Beförderungsvertrag zwischen dem Absender und dem Frachtführer des anderen Verkehrsmittels nach den zwingenden Vorschriften des für die Beförderung durch das andere Verkehrsmittel geltenden Rechts geschlossen worden wäre.** [3]**Bestehen jedoch keine solchen Vorschriften, so bestimmt sich die Haftung des Straßenfrachtführers nach diesem Übereinkommen.**

(2) **Ist der Straßenfrachtführer zugleich der Frachtführer des anderen Verkehrsmittels, so haftet er ebenfalls nach Absatz 1, jedoch so, als ob seine Tätigkeit als Straßenfrachtführer und seine Tätigkeit als Frachtführer des anderen Verkehrsmittels von zwei verschiedenen Personen ausgeübt würden.**

## Art. 2

(1) Si le véhicule contenant les marchandises est transporté par mer, chemin de fer, voie navigable intérieure ou air sur une partie du parcours, sans rupture de charge sauf, éventuellement, pour l'application des dis-

## Art. 2

(1) Where the vehicle containing the goods is carried over part of the journey by sea, rail, inland waterways or air, and, except where the provisions of article 14 are applicable, the goods are not unloaded from the

---

[130] Vgl. *Loewe* ETR 1976, 521; Theunis/*Pesce* S. 13 f.

positions de l'article 14, la présente Convention s'applique, néanmoins, pour l'ensemble du transport. Cependant, dans la mesure où il est prouvé qu'une perte, une avarie ou un retard à la livraison de la marchandise qui est survenu au cours du transport par l'un des modes de transport autre que la route n'a pas été causé par un acte ou une omission du transporteur routier et qu'il provient d'un fait qui n'a pu se produire qu'au cours et en raison du transport non routier, la responsabilité du transporteur routier est déterminée non par la présente Convention, mais de la façon dont la responsabilité du transporteur non routier eût été déterminée si un contrat de transport avait été conclu entre l'expéditeur et le transporteur non routier pour le seul transport de la marchandise conformément aux dispositions impératives de la loi concernant le transport de marchandises par le mode de transport autre que la route. Toutefois, en l'absence de telles dispositions, la responsabilité du transporteur par route sera déterminée par la présente Convention.

(2) Si le transporteur routier est en même temps le transporteur non routier, sa responsabilité est également déterminée par le paragraphe 1 comme si sa fonction de transporteur routier et sa fonction de transporteur non routier étaient exercées par deux personnes différentes.

vehicle, this Convention shall nevertheless apply to the whole of the carriage. Provided that to the extent that it is proved that any loss, damage or delay in delivery of the goods which occurs during the carriage by the other means of transport was not caused by an act or omission of the carrier by road, but by some event which could only have occurred in the course of and by reason of the carriage by that other means of transport, the liability of the carrier by road shall be determined not by this Convention but in the manner in which the liability of the carrier by the other means of transport would have been determined if a contract for the carriage of the goods alone had been made by the sender with the carrier by the other means of transport in accordance with the conditions prescribed by law for the carriage of goods by that means of transport. If, however, there are no such prescribed conditions, the liability of the carrier by road shall be determined by this Convention.

(2) If the carrier by road is also himself the carrier by the other means of transport, his liability shall also be determined in accordance with the provisions of paragraph 1 of this article, but as if, in his capacities as carrier by road and as carrier by the other means of transport, he were two separate persons.

**Schrifttum:** Siehe Einl. vor Rn. 1 sowie *Bahnsen,* Art. 2 CMR und die UND ADRIYATIK, TranspR 2012, 400; *Bombeeck/Hamer/Verhaegen,* La responsabilité du transporteur routier dans le transport par car-ferries, ETR 1990, 110; *Creon,* Die Haftung des CMR-Frachtführers beim Roll-on/Roll-off-Verkehr, 1996; *Czapski,* Die Vertragshaftung beim Transport von Fahrzeugen durch Autofähren, I. R. U. Heft Nr. 24, 1988; *ders.,* Responsabilité du transporteur routier lors du transroulage et du ferroutage, ETR 1990, 172; *Delebecque,* La Convention CMR, les transports superposés et multimodaux, ULR 2006, 569; *Fitzpatrick,* Combined Transport and the CMR Convention, JBL 1968, 311; *Glass,* Article 2 of the CMR Convention – A Reappraisal, JBL 2000, 562; *Haak,* Ro-Ro-Transport under CMR, Art. 2: The Dutch Solution, LMCLQ 2005, 308; *Herber,* Die CMR und der Roll-on/Roll-off-Verkehr, VersR 1988, 645; *ders.,* The European Legal Experience with Multimodalism, Tulane L. Rev. 64 (1989) 611; *ders.,* Haftung beim Ro/Ro-Verkehr, TranspR 1994, 375; *ders.,* Anmerkung zu Hans OLG Hamburg 14.4.2011 – 6 U 47/10, TranspR 2011, 232; *Putzeys,* L'article 2 C. M. R. une autre interpretation, BTL 1991, 87; *Ramberg,* Deviation From the Legal Regime of the CMR (Art. 2), in Theunis S. 19 [zitiert Theunis/*Ramberg*]; *Rodière,* Les transports combinés route/autre mode de locomotion, BT 1973, 458; *Ruitinga/de Haan,* Gabriële Wehr revisited, ETR 2001, 831; *Theunis,* Die Haftung des Straßenfrachtführers bei der Ro/Ro-Beförderung, TranspR 1990, 263.

## Übersicht

| | Rn. | | Rn. |
|---|---|---|---|
| **I. Bedeutung und Zweck** | 1, 2 | 3. Verbot der Umladung | 7–9 |
| **II. Anwendungsbereich der CMR** | 3–9 | **III. Verdrängung der CMR durch** | |
| 1. Einheitlicher Transportvertrag | 3 | **anderes Transportrecht** | 10–23 |
| 2. Huckepacktransport | 4–6 | 1. Voraussetzungen der Verdrängung | 10–14 |

Rn. Rn.
2. Ersetzung der CMR durch hypotheti- 5. Identität von Straßen- und Seebeförde-
schen Vertrag .......................... 15, 16 rer (Abs. 2) ............................. 23
3. „Zwingendes" Recht? ................. 17–21
4. Umfang der Verdrängung der CMR ... 22 **IV. Regress des Straßenbeförderers** ... 24

## I. Bedeutung und Zweck

Der CMR unterliegt gemäß Art. 1 jeder Vertrag, der einen entgeltlichen grenzüber- **1** schreitenden Straßengütertransport zum Gegenstand hat. Infolge der besonderen geographischen Gegebenheiten Europas sind eine Vielzahl von Verträgen nach den Umständen nicht dahin zu verstehen, dass sie zur (ausschließlichen) Beförderung auf der Straße verpflichten, etwa wenn der Beförderer zB einen Transport vom europäischen Festland nach Palermo oder Birmingham übernommen hat. Solche Verträge sind bei verständiger Auslegung auf einen **multimodalen Transport** gerichtet und werden von Art. 1 nicht unmittelbar erfasst. Solange eine internationale Konvention über multimodale Transporte nicht in Kraft getreten ist,[1] sind sie nach nationalem Recht zu beurteilen, vgl. Art. 1 Rn. 19. Unter bestimmten, engen Voraussetzung (vgl. dazu Rn. 3 ff.) greift für besondere Vertragsgestaltungen Art. 2 ein und **erweitert den Anwendungsbereich** des Übereinkommens auf sie.

Während der Transportphasen, die das Gut mit einem anderen Beförderungsmittel **2** zurücklegt, sind **zwei Verträge zu unterscheiden:** Der multimodale Transportvertrag zwischen Straßenbeförderer und Absender, der unter den Voraussetzungen von Art. 2 Abs. 1 Satz 1 der CMR unterliegt, und der Schiffs-, Schienen- oder Lufttransportvertrag zwischen dem Betreiber des anderen Beförderungsmittels und dem Straßenbeförderer, der in diesem Vertrag die Rolle des Absenders innehat; der zweite Vertrag beurteilt sich nicht nach der CMR, sondern nach dem spezifischen Transportvertragsrecht des anderen Beförderungsmittels. Bei Schäden, die während des Schiffs-, Schienen- oder Lufttransports verursacht werden, **gerät der Straßenbeförderer also zwischen verschiedene Haftungsregime:** er haftet selbst nach CMR, sein Regress beurteilt sich jedoch nach Eisenbahn- oder Luftrecht, nach See- oder Binnenschifffahrtsrecht.[2] Den Urhebern der CMR war es ein Anliegen, mögliche Diskrepanzen zwischen den verschiedenen Haftungsregimes des Außen- und Innenverhältnisses auszugleichen; der Straßenbeförderer sollte nicht auf der relativ hohen CMR-Haftung sitzen bleiben, wenn er selbst nach Seerecht nur geringen Regress nehmen konnte.[3] Den **Ausweg aus der Haftungsklemme** weist Art. 2 Abs. 1 Satz 2, der unter bestimmten Voraussetzungen die CMR-Haftung im Außenverhältnis ersetzt durch das Haftungsregime des anderen Beförderungsmittels und damit die Haftungslage in beiden Rechtsverhältnissen synchronisiert. Im Ergebnis haftet der CMR-Beförderer bei multimodalen Transporten nach dem zwingenden Recht des jeweiligen Abschnitts, dem sich ein Schaden zuordnen lässt. Damit folgt die CMR dem sog. **network-System,** nach dem sich das rechtliche Regime multimodaler Transporte aus dem maßgeblichen Recht einzelner Transportabschnitte zusammensetzt und zusätzliche Regeln zum Schutz des Absenders und Empfängers nur insoweit erforderlich sind, als sich der Schadensort nicht ermitteln lässt; für diesen Fall des unbekannten Schadensorts hat es nach der Beweislastregel von Abs. 1 Satz 2 mit der Anwendung der CMR sein Bewenden.[4] Ebenso verhält es sich, soweit für das andere Transportmittel **zwingendes Recht fehlt, Abs. 1 Satz 3;** dispositives Transportvertragsrecht wird in der Praxis in so großem Maße vertraglich abbedungen, dass es sich nicht zum Maßstab für eine Synchronisierung der Haftung im Innen- und Außenverhältnis eignet, vgl. auch Rn. 18.

---

[1] Das UN-Übereinkommen über den internationalen multimodalen Gütertransport vom 24.5.1980, abgedruckt in der Erstauflage S. 372 ff., wird vermutlich nie in Kraft treten.
[2] Hof 's-Gravenhage 17.10.1995, S. & S. 1996 Nr. 54: Regress des CMR-Straßenbeförderers gegen Seereederei wegen Trailerverlust auf der Strecke Vlissingen-Sheerness.
[3] *Glass* JBL 2000, 562, 567 f. mwN; *Loewe* ETR 1976, 523 f.; *Haak* S. 102 f.
[4] *Lamy* 2013 Rn. 701.

## II. Anwendungsbereich der CMR

3     **1. Einheitlicher Transportvertrag.** Damit im Falle einer Beförderung die CMR zur Anwendung kommt, muss ein **einheitlicher, dh. durchgehender Beförderungsvertrag** vorliegen.[5] Daran fehlt es, wenn ein Spediteur als solcher mit der Versendung beauftragt wird und für die Teilstücke des Transports per Lkw, per Bahn, per Schiff etc. jeweils separate **Teiltransportverträge** bis zum nächsten Umschlagspunkt abschließt. Daran fehlt es ferner auch, wenn die Gesamtbeförderung vertraglich derart gestaltet wird, dass der erste Beförderer eine transportvertragliche Verpflichtung (Art. 1 Rn. 3) bis zum ersten Umschlagspunkt, etwa einem Hafen, übernimmt und weiterhin zusagt, das Gut dort dem Seebeförderer als einem sog. **Zwischenfrachtführer** zum Weitertransport aufzugeben. Bzgl. des zweiten Transportteilstücks ist der Erstbeförderer nur Spediteur; eine Pflicht, in eigener Verantwortung für die Ortsveränderung zu sorgen, hat er gerade nicht übernommen.[6] Der einheitliche Transportvertrag iS von Art. 2 muss auf eine grenzüberschreitende Beförderung gerichtet sein, die nach dem Vertrag wenigstens zum Teil auf der Straße mittels Kraftfahrzeugen abzuwickeln ist; die Beförderung mit anderen Verkehrsmitteln darf nach dem Wortlaut von Art. 2 Abs. 1 Satz 1 nur einen Teil des vereinbarten Gesamttransports decken,[7] wobei die relative Länge der einzelnen Transportabschnitte keine Rolle spielt.[8] Irrelevant ist ferner, ob die Beförderung mit anderen Verkehrsmitteln dem Transport mittels Kraftfahrzeug folgt oder vorausgeht oder diesen unterbricht.[9]

4     **2. Huckepacktransport.** Gemäß Art. 2 kommt die CMR im Fall einer kombinierten Beförderung nur zur Anwendung, wenn das mit dem Gut beladene Fahrzeug selbst zur See, mit der Eisenbahn, auf Binnenwasserstraßen oder auf dem Luftweg befördert wird. Es muss sich demnach um einen **Huckepacktransport,** um eine Roll on/Roll off – **(Ro/Ro)-Beförderung** handeln. Wird das Gut dagegen vom Lkw gehoben und auf den Bahnwaggon oder in das Schiff gesetzt – sog. Lift on/Lift off **(Lo/Lo)-Transport** –, handelt es sich um die traditionelle Form des kombinierten Verkehrs, auf die sich die CMR nicht bezieht, auch nicht soweit auf Teilstrecken mit dem Lkw befördert wird.[10] Ist eine solche Beförderung Gegenstand eines einheitlichen Transportvertrags, so hat ein solcher Vertrag zum Straßenfrachtrecht keine engeren Beziehungen als zum Eisenbahn-, See- oder Binnenschifffahrtsrecht. Ihn zu regeln, bleibt daher besonderen Normen über multimodale Transporte überlassen.[11] Beim Huckepack-Verkehr wird jedoch der Lkw mit verladen; da ihm aufgrund der geographischen Gegebenheiten im Verkehr mit Inseln und Halbinseln mit dem Schiff sowie im alpenquerenden Transport mit der Bahn große Bedeutung zukommt, wurde diese besondere Form des multimodalen Transports von den Urhebern der CMR zu Recht in der Konvention über Straßengütertransporte mit geregelt.

5     Maßgebend sind, wie schon bei Art. 1 (Art. 1 Rn. 18 ff.), die **vertraglichen Vereinbarungen** und nicht die **tatsächlichen Verhältnisse.** Dies gilt erstens für die Wahl zwischen unimodalem und multimodalem Transport. Manche Ziele wie die dänische Insel Fünen oder der Nahe Osten können vom europäischen Festland aus zu Lande erreicht werden, aber alternativ auch unter Benutzung von Fähren auf Teilstrecken. Die Auslegung des Transportvertrags entscheidet darüber, ob in solchen Fällen ein reiner Straßentransport oder ein kombinierter Transport geschuldet ist oder ob dem Beförderer die Wahl der Route

    [5]  Cour cass. 12.5.1987, BT 1987, 399; *Herber* VersR 1988, 645, 646; *Putzeys* S. 95; Thume/*Fremuth* Rn. 48; EBJS/*Bahnsen* Rn. 3; Jabornegg/Artmann/Csoklich Rn. 2.
    [6]  Vgl. *Csoklich* S. 37; *Schuster,* Haftung der Teil-, Zwischen-, Samt- und Unterfrachtführer im deutschen Gütertransportrecht, 2002, S. 10.
    [7]  *Koller* Rn. 2; Ferrari/*Ferrari,* Int. Vertragsrecht, Rn. 2; EBJS/*Bahnsen* Rn. 3.
    [8]  *Theunis* TranspR 1990, 263, 269.
    [9]  *Hill/Messent* S. 44; *Koller* Rn. 2; *Theunis* TranspR 1990, 263, 269; EBJS/*Bahnsen* Rn. 3.
    [10]  OGH Wien 19.5.1982, SZ 55/76 = *Greiter* S. 161, 167; aA Rb. Rotterdam 24.1.1992, S. & S. 1993 Nr. 89: Transportvertrag über Beförderung Kairo-Alexandria-Antwerpen-Geleen. Schaden in Ägypten noch vor der Seeverladung (Umladung) wurde nach CMR beurteilt.
    [11]  Siehe oben Fn. 1.

überlassen wurde. Hat der Beförderer, obwohl eine Beförderung auf der Straße geschuldet war, den Seeweg genommen, so ist dies kein Fall des Art. 2. Es handelt sich vielmehr um den Einsatz eines vertragswidrigen Transportmittels. Die CMR ist auf Grund Art. 1 anwendbar, vgl. dazu Art. 1 Rn. 21. Ist ein multimodaler Transport vereinbart oder nach Wahl des Beförderers zugelassen, so muss die Vertragsauslegung weiter ergeben, ob ein Huckepack-Transport intendiert war oder auch die völlige Umladung der Güter beim Wechsel des Transportmittels möglich sein sollte, was zB bei Kühltransporten regelmäßig auszuschließen ist. Ergibt die Auslegung unter Berücksichtigung der Eigenarten von Ladung, Verpackung, Transportstrecke und Verkehrsmitteln, dass ein Huckepack-Transport vereinbart war, so wird die CMR nicht dadurch ausgeschlossen, dass der Beförderer das Gut vertragswidrig vom Lkw ablädt.[12] Dagegen spricht zwar prima facie der Wortlaut von Art. 2, der lediglich darauf abstellt, dass das Gut mit einem anderen Beförderungsmittel transportiert „wird", und so die faktische Beförderung mit Schiff, Bahn oder Flugzeug in den Vordergrund zu stellen scheint. Eine solche Auslegung hätte jedoch zur Folge, dass sich der Beförderer durch eigenen Vertragsbruch, durch vertragswidrige Umladung, in den Genuss eines günstigeren Haftungsregimes bringen könnte; dies wäre nicht mit dem allgemeinen Rechtsgrundsatz von Treu und Glauben zu vereinbaren, der jedem Vertrag zugrunde liegt und auch die Auslegung der CMR leiten muss.

Art. 2 und damit die CMR findet nur Anwendung, wenn das Gut auf einem **Fahrzeug** 6 **iS von Art. 1 Abs. 2** verladen ist und dieses **Fahrzeug** mitbefördert wird. Fahrzeuge sind dabei auch Anhänger oder Sattelauflieger ohne Zugmaschine,[13] nicht jedoch Wechselaufbauten, Wechselbrücken[14] oder Container, die ohne fahrbaren Untersatz auf der Straße nicht beweglich sind und von der Legaldefinition des Fahrzeugs in Art. 1 Abs. 2 nicht erfasst werden.[15] Wenn also ein Container zuerst auf der Straße, dann ohne fahrbaren Untersatz mit Bahn oder Schiff und schließlich erneut mit einem Straßenfahrzeug befördert wird, findet die CMR keine Anwendung.[16]

**3. Verbot der Umladung.** Zusätzlich zu den schon genannten Erfordernissen verlangt 7 Art. 2 CMR, dass das Gut **nicht umgeladen** wird. Der im deutschen Text verwendete Ausdruck der „Umladung" stimmt dabei nicht völlig mit den verbindlichen Texten überein. Von Umladung spricht man im Allgemeinen nur, wenn ein Gut abgeladen und auf ein anderes Transportmittel neu verladen wird. Sowohl nach dem englischen Text („unloaded from the vehicle") als auch nach dem französischen („rupture de charge") genügt hingegen ein Abladen der Güter ohne erneute Verladung auf ein anderes Verkehrsmittel, um die Anwendbarkeit der CMR auszuschließen. Dieser Unterschied kann durchaus zu verschiedenen Lösungen führen: Lädt man sperriges Gut vom Fahrzeug ab, damit das Fahrzeug leichter auf das Trägertransportmittel verladen werden kann, lädt es später wieder auf dasselbe Fahrzeug auf, während sich dieses Fahrzeug auf dem Trägertransportmittel befindet, so wäre die CMR gemäß deutschem Text anzuwenden, nicht dagegen nach den – verbindlichen – französischen und englischen Fassungen.

Eine die CMR ausschließende Umladung ist nach dem Sinn und Zweck von Art. 2 nur 8 die **Umladung auf ein anderes Transportmittel,** also auf Bahn, Schiff oder Flugzeug.

[12] OLG Düsseldorf 30.6.1983, TranspR 1984, 130; Kh. Antwerpen 9.12.1977, ETR 1978, 110, 112; Cour Rouen 16.6.1972, BT 1972, 379; GroßkommHGB/*Helm* Rn. 2; *Koller* Rn. 4; *Hill/Messent* S. 44; *Clarke* S. 36 Nr. 14; Thume/*Fremuth* Rn. 33; Ferrari/*Ferrari,* Int. Vertragsrecht, Rn. 9; EBJS/*Bahnsen* Rn. 11; Jabornegg/Artmann/*Csoklich* Rn. 5.

[13] BGH 14.12.1988, VersR 1989, 309; OLG Düsseldorf 12.1.2011, TranspR 2011, 150, 152 = ETR 2012, 87; OLG Celle 4.7.1986, TranspR 1987, 275; Cour cass. 17.2.1970, ETR 1970, 439.

[14] LG Regensburg 12.4.1989, TranspR 1990, 194; *Lenz* Rn. 71; *Dubischar* S. 158; *Herber/Piper* Rn. 8; Thume/*Fremuth* Rn. 78; EBJS/*Bahnsen* Rn. 10; aA OLG Hamburg 13.3.1993, TranspR 1994, 193, 194; kritisch *Basedow* TranspR 1994, 338 f.

[15] BGH 24.6.1987, TranspR 1987, 447, 448 f. sub 2 a aa; *Loewe* ETR 1976, 523; *Lenz* Rn. 72; *Dubischar* S. 158; *Theunis/Ramberg* S. 25.

[16] BGH (Fn. 15); Rb. Rotterdam 2.1.1976, S. & S. 1977 Nr. 66; *Theunis/Ramberg* S. 25; *Glöckner* S. 101; *Loewe* ETR 1976, 523; Thume/*Fremuth* Rn. 60; EBJS/*Bahnsen* Rn. 10.

Lädt der Beförderer das Gut dagegen auf einen anderen Lkw um, so steht dies der CMR nicht entgegen, und ebenso verhält es sich, **wenn auf einen anderen Lkw umgeladen** wird, der von einem nachfolgenden Frachtführer iS von Art. 34 oder von einem Unterfrachtführer gestellt wird.[17] Im Rahmen eines CMR-Vertrags sind solche Umladungen, wie den Vorschriften der Art. 6 Abs. 2 lit. a und Art. 34 ff. zu entnehmen ist, im Zweifel zulässig und können folglich nicht die Anwendung der CMR ausschließen.[18] In den geschilderten Fällen spielt es auch keine Rolle, ob das Gut bzw. der Container mit dem Gut im Binnenland oder im zeitlichen und räumlichen Zusammenhang mit einer Verschiffung auf den anderen Lkw umgeladen wird. Unerheblich ist es ferner, ob der Container vor der Verschiffung vom Lkw abgeladen, **zwischengelagert,** sodann wieder auf einen Lkw aufgeladen und damit verschifft wird.[19] Wenn also ein Container zur Erfüllung eines Transportvertrags München–Hamburg–Birmingham vom Beförderer mit dem Lkw nach Hamburg gebracht, dort von einem englischen Unterbeförderer übernommen, auf dessen Lkw oder Sattelauflieger gesetzt und mit diesem an Bord der Fähre verbracht wird, so handelt es sich nicht um einen Fall der Umladung iS von Art. 2 Abs. 1 Satz 1; die CMR ist anwendbar. Abweichendes gilt, wenn der Container im Hamburger Hafen auf einen **Sattelauflieger der Fährschiffsreederei** gesetzt wird und damit an Bord der Fähre gelangt. Der von der Reederei gestellte Sattelauflieger ist hier ein Hilfsmittel zur Verstauung des Containers an Bord und nicht etwa „das mit dem Gut beladene Fahrzeug", das auf einer Teilstrecke iS von Art. 2 Abs. 1 Satz 1 mit dem Schiff befördert wird. Der vom Seebeförderer geschlossene Transportvertrag hat in diesem Fall gar nicht den Transport von Fahrzeug und Gut, sondern nur die Beförderung des Gutes im Container zum Gegenstand. Dieser Transport ist zwar technisch und nach der äußeren Erscheinung ein Huckepacktransport, nicht aber nach dem vertraglichen Versprechen des Seebeförderers. Der Fall ist ebenso zu behandeln wie die Beförderung des Containers an Deck des Schiffs, nämlich als Fall der Umladung, die, wenn sie vom Straßenbeförderer vertragsgemäß vorgenommen wird (Rn. 5), die Anwendung der CMR ausschließt, Rn. 6 aE.[20]

9      Die Umladung steht der Anwendung der CMR in den Fällen des **Art. 14** nicht entgegen. Wenn also Beförderungshindernisse die **Erfüllung des Transportvertrags unmöglich** machen, so kann der Straßenbeförderer unter den Voraussetzungen des Art. 14 berechtigt sein, das Gut abzuladen und per Bahn oder Schiff ans Ziel zu schicken, ohne dass dadurch die CMR ausgeschlossen wird. So mag etwa die Treibstoffknappheit im Bestimmungsland oder eine Lkw-Blockade an der Grenze den Straßenbeförderer dazu veranlassen, das Gut ohne Lkw zum Weitertransport per Bahn aufzugeben. Eine solche vertragsgemäße Umladung hat entgegen Rn. 5 nicht zur Folge, dass der Transport aus dem Anwendungsbereich der CMR herausfällt.

## III. Verdrängung der CMR durch anderes Transportrecht

10      **1. Voraussetzungen der Verdrängung.** Art. 2 Abs. 1 Satz 2 regelt die Fälle, in denen die CMR entgegen dem Grundsatz von Satz 1 für kombinierte Transporte nicht gilt und durch andere Transportrechtsvorschriften verdrängt wird. Der Regelung liegt die Auffassung zugrunde, dass für multimodale Beförderungen spezielle Regelungen zum Schutze der Ladungsinteressenten nur bei unbekanntem Schadensort erforderlich sind, dass der Straßenbeförderer aber bei bekanntem Schadensort in den Genuss derselben Haftungsbefreiungen und -beschränkungen kommen sollte wie der Beförderer des betreffenden Teilstücks,

---

[17] *Putzeys* S. 95 Fn. 174; *Clarke* S. 37 Nr. 14a; *Haak* S. 97; *Nickel-Lanz* S. 21; so auch im Fall *Moto Vespa S. A. v. MAT,* [1979] 1 Lloyds L. Rep. 175.

[18] *Koller* Rn. 3 bzgl. Art. 6 Abs. 2 lit. a; *Rodière* BT 1974, 184 f. mit Hinweis auf Art. 34 ff.

[19] *Clarke* S. 37 Nr. 14a; *Theunis/Ramberg* S. 25.

[20] *Hojesteret* 28.4.1989, ETR 1989, 345; ebenso *Herber* VersR 1988, 654; *Ponet/Willems* Rev. dr. com. belge 1992, 729 f.; *Lamy* 2013 Rn. 700.

vgl. Rn. 2.[21] Damit die CMR gemäß Art. 2 Abs. 1 Satz 2 ausgeschlossen wird, müssen **drei Voraussetzungen kumulativ** erfüllt sein.[22] **(1)** Es muss während der Beförderung durch das andere Verkehrsmittel ein Verlust, eine Beschädigung oder eine Überschreitung der Lieferfrist eingetreten sein. **(2)** Das **schädigende Ereignis** darf nicht durch die Handlung oder Unterlassung des Straßenfrachtführers verursacht worden sein; nur dann kann es zu der oben Rn. 2 beschriebenen Diskrepanz zwischen Haftung und Regress kommen, während der Straßenfrachtführer, wenn er selbst den Schaden verursacht hat, im Allgemeinen ohnehin keinen Regress nehmen kann und deshalb auch nicht schutzwürdig ist. **(3)** Das schädigende Ereignis ist von der Art, dass es nur **während** und **wegen der Beförderung** durch das vom Fahrzeug verschiedene Transportmittel verursacht worden sein kann. Die **Beweislast** für diese Voraussetzungen (näher Rn. 11 bis 13) trägt die Partei, die sich auf sie beruft. Macht also der klagende Ladungsinteressent bei einem kombinierten Transport Schiene/Straße die höheren Haftungsgrenzen des Eisenbahnrechts geltend, trägt er die Beweislast; dagegen obliegt dem beklagten Straßenbeförderer der Beweis, wenn er sich auf günstigere Haftungsausnahmen und -grenzen des Seerechts beruft.[23]

**Ad (1):** Indem die erste Bedingung in Abs. 1 Satz 2 einen **Schadenseintritt während** **11** **des Schiff- oder Bahntransports** verlangt, wirft die Vorschrift die Frage nach der rechtlichen Schnittstelle zwischen den verschiedenen modalen Transportstrecken auf. Diese Schnittstelle ist nicht gleichzusetzen mit dem Zeitpunkt, in dem sich das andere Beförderungsmittel in Bewegung setzt, in dem ein Schiff also vom Ufer ablegt, und auch nicht mit dem Zeitpunkt, zu dem der Lkw auf dem Schiff oder dem Eisenbahnwaggon zum Stillstand kommt oder reisefertig festgezurrt ist. Nach dem Zweck der Regelung, der Synchronisierung der Haftungsregimes (Rn. 2), kommt es vielmehr auf Anfang und Ende der Haftung des Beförderers des Trägertransportmittels an. Nach dem jeweils maßgeblichen Haftungsrecht wird sich dieser Haftungszeitraum regelmäßig mit dem **Obhutszeitraum** decken, dh. von der **Übergabe des Lkw** durch den Straßenbeförderer bis zur **Wiederablieferung** des Lkw an den Straßenbeförderer dauern. Wenn also der Straßenbeförderer den beladenen Sattelauflieger der Reederei schon an Land übergibt und ihn auf deren Parkplatz abstellt, so treten alle späteren und insbesondere die während der Verladung des Lkw verursachten Schäden während des Schiffstransports ein.[24] Zu beachten ist, dass im Seetransport sowohl die Haager Regeln als auch diesen nachgebildete nationale Vorschriften für Schäden an Land nicht gelten[25] und daher in diesen Fällen die CMR nur für die Zeit zurücktritt, nachdem und bevor der Lkw die Bordwand passiert hat.[26] Anderes gilt, soweit der Seetransport den Hamburger Regeln[27] oder nationalen Bestimmungen unterliegt, die wie § 498 HGB nF Haftungs- und Obhutszeitraum gleichsetzen.

**Ad (2):** Die zweite Bedingung geht dahin, dass das schädigende Ereignis **nicht durch** **12** **eine Handlung oder Unterlassung des Straßenbeförderers veranlasst** sein darf, sondern durch Umstände verursacht sein muss, die außerhalb seines Machtbereichs liegen. So haftet der Straßenbeförderer nach der CMR, wenn das Gut sich während einer Teilbeförde-

---

[21] *Loewe* ETR 1976, 523 f.; *Theunis* TranspR 1990, 263; *Heuer* S. 175; zustimmend Ferrari/*Ferrari*, Int. Vertragsrecht, Rn. 10.

[22] *Clarke* S. 39 ff. Nr. 15; Thume/*Fremuth* Rn. 39 ff.; GroßkommHGB/*Helm* Rn. 23 ff.; Jabornegg/Artmann/*Csoklich* Rn. 7.

[23] Wie hier *Koller* Rn. 12; *Herber/Piper* Rn. 25; Thume/*Fremuth* Rn. 145 ff.; *Lamy* 2013 Rn. 701 mwN; Ferrari/*Ferrari*, Int. Vertragsrecht, Rn. 25; EBJS/*Bahnsen* Rn. 32; aA GroßkommHGB/*Helm* Rn. 27: Beweislast stets beim Geschädigten.

[24] *Thermo Engineers Ltd. v. Ferrymasters Ltd.*, [1981] 1 All E. R. 1142 Q. B. = [1981] 1 Lloyd's L. Rep. 200 = ETR 1990, 194, 200 f.; so auch *Clarke* S. 40 Nr. 15; vgl. dazu ausführlich *Glass* JBL 2000, 562, 564 ff.

[25] Vgl. Art. 1 lit. e HR und alle seerechtlichen Vorschriften nationalen Seerechts, die ihren Anwendungsbereich wie § 663 Abs. 2 Nr. 2 HGB aF nach dem Vorbild der Haager Regeln festlegen.

[26] *Herber* VersR 1988, 646; auch in *Thermo Engineers* (Fn. 24) hebt Richter *Neill* hervor, dass der Lkw bereits die Hecklinie des Schiffs passiert hatte, allerdings unterliegt nach englischem Verständnis auch der landseitige Teil der Schiffsverladung schon den HR, vgl. *Clarke* S. 40 Nr. 15; Thume/*Fremuth* Rn. 39.

[27] Nach Art. 5 HambR ist der Haftungszeitraum gleich dem Obhutszeitraum, vgl. den Text in TranspR 1992, 436 und dazu *Herber* TranspR 1992, 379, 385 sowie *Basedow* ZEuP 1993, 100, 109 f.

rung mit Bahn oder Schiff wegen der vom Straßenbeförderer vorgenommenen schlechten Verstauung im Lkw lockert und beschädigt wird.[28] Da der Beförderer des anderen Transportmittels im Verhältnis zwischen Absender und Straßenbeförderer an sich Gehilfe des Letzteren iS von Art. 3 ist, wird die zweite Bedingung kaum je erfüllt sein; zu einer Verdrängung der CMR käme es praktisch nie, weil die fraglichen Schäden fast ausnahmslos entweder dem Straßenbeförderer oder seinem Gehilfen, dem anderen Beförderer, zuzurechnen sind. Um diese sinnwidrige Konsequenz zu vermeiden und den Zweck des Art. 2, die Synchronisierung der Haftung zu gewährleisten, ist es erforderlich, die schadensursächlichen Handlungen und Unterlassungen des Schiffs- und Bahnbeförderers hier nicht dem Straßenbeförderer zuzurechnen.[29]

**13**     **Ad (3):** Nach der dritten Bedingung muss der Schaden durch ein Ereignis verursacht sein, das nur **während und wegen der Beförderung durch das Trägertransportmittel** eingetreten sein kann. Diese Formulierung lässt zunächst an die verkehrsmittelspezifischen Gefahren des Trägertransportmittels denken, also bei Seestrecken etwa an schweren Seegang, Untergang des Schiffes, Salzwasserkorrosion oder nautisches Verschulden oder bei der Bahn an einen Stromüberschlag beim Transport im offenen Wagen; dagegen scheinen Diebstahl- oder Feuerschäden zunächst nicht typische Schäden der Seeschifffahrt zu sein, da sie auch bei der Beförderung mit anderen Transportmitteln eintreten können. Zum Teil wird eine enge Auslegung des Begriffes vertreten bzw. auf das Erfordernis eines (ausschließlich) trägertransportspezifischen Risikos abgestellt.[30] Ein so enges Verständnis ist dem Wortlaut, der auf ein schadensverursachendes Ereignis, abstellt, nicht zu entnehmen. Zu überlegen ist, ob das sich im entsprechenden Fall verwirklichte **Risiko konkret oder abstrakt gewürdigt** wird: Wenn etwa eine auf dem Lkw mit Überhöhe gestaute Ladung dadurch beschädigt wird, dass der Lkw bei der Verschiffung gegen die Oberkante des Schiffsdecks fährt, so hätte der gleiche Schaden bei Durchfahrt unter einer Straßenbrücke eintreten können.[31] Allerdings war die fragliche Schiffsdeck besonders niedrig, so dass das Gericht bei einzelfallbezogener Prüfung eine besondere schiffsspezifische Gefahr realisiert sah.[32] Eine konkrete Prüfung fördert den Zweck des Art. 2, indem sie die CMR zurückdrängt und die Haftung von Straßen- und Seebeförderer in Einklang miteinander bringt, Rn. 2.[33] Abzustellen ist somit auf den konkreten Einzelfall, typische und ausschließlich trägertransportspezifische Risiken erfüllen jedenfalls den Tatbestand; bei anderen Ereignissen, wie etwa Diebstahl oder Feuer als Schadensursache, ist darauf abzustellen, ob die Besonderheiten des einzelnen Falles eine verkehrsmittelspezifische Abweichung gegenüber dem sonst allgemein bestehenden Risiko im Straßentransport bedingen (vgl. Rn. 14).

**14**     **Einzelfälle:** Die dritte Bedingung ist nicht erfüllt und die CMR anwendbar, wenn ein Verspätungsschaden darauf zurückzuführen ist, dass der Seebeförderer den beladenen Sattelauflieger nach Übernahme vom Straßenbeförderer auf dem Reedereiplatz des Verschiffungshafens schlicht vergessen hat.[34] Wenn ein Sattelauflieger, ehe er das Schiff verlassen kann, wegen des Platzmangels auf dem Schiff erst durch einen Kran um 180° gewendet werden muss und dabei beschädigt wird, so wird diese Gefahr ebenfalls nicht als schiffsspezifisch betrachtet und die CMR angewendet.[35] Auch ein wilder Streik, der auf einer Fähre

---

[28] Cour cass. 30.11.1982, BT 1983, 129; Cour Paris 23.3.1988, BT 1988, 265.
[29] Allg. Meinung: *Neill, J.,* in *Thermo Engineers* (Fn. 24), ETR 1990, 201: „I consider … that in article 2 the words ‚carrier by road' have to be construed in such a way as to impose a narrower responsibility". Ebenso *Herber* VersR 1988, 646; *Clarke* S. 41 Nr. 15 mit Hinweis auf *Rodière* BT 1973, 458, 461; GroßkommHGB/ *Helm* Rn. 23; *Koller* Rn. 9; *Thume/Fremuth* Rn. 40; *Ferrari/Ferrari,* Int. Vertragsrecht, Rn. 12; EBJS/*Bahnsen* Rn. 17; *Jabornegg/Artmann/Csoklich* Rn. 9; BGH 15.12.2011, TranspR 2012, 330, 333.
[30] *Herber* VersR 1988, 645, 646; *Herber/Piper* Rn. 18; *Thume/Fremuth* Rn. 41; EBJS/*Bahnsen* Rn. 16; *Ferrari/Ferrari,* Int. Vertragsrecht, Rn. 14; *Jabornegg/Artmann/Csoklich* Rn. 10.
[31] *Clarke* S. 42 Nr. 15.
[32] So im Fall *Thermo Engineers* (Fn. 24).
[33] *Herber* VersR 1988, 646 f.; *Clarke* S. 42 Nr. 15; *Koller* Rn. 10; aA Fremuth/Thume/*Thume* Rn. 12.
[34] Hof 's-Gravenhage 19.12.1979, S. & S. 1980 Nr. 33.
[35] So im Fall „*Baltic Ferry*" Hof 's-Gravenhage 8.4.1988, S. & S. 1989 Nr. 1 zitiert nach *Haak* LMCLQ 2005, 388, 310 Fn. 8; die Vorinstanz Rb. Rotterdam 21.6.1985 hatte gegenteilig entschieden.

ausbricht, erfüllt nicht die Voraussetzungen.[36] Wird ein **Diebstahl** erleichtert, indem der Fahrer auf der Fähre den abgeschlossenen Lkw verlassen muss, kann die Voraussetzung hingegen erfüllt sein.[37] Auch **Feuer** an Bord eines Seeschiffes kann eine transportträgertypische Gefahr sein;[38] hier hängt es ebenfalls vom Einzelfall ab, generell begünstigt die enge Aneinanderreihung der Fahrzeuge das ungehinderte Ausbreiten des Feuers, sodass auch die schiffseigenen Brandbekämpfungsanlagen innerhalb kürzester Zeit außer Gefecht gesetzt werden können; maßgeblich ist daher etwa auch, ob das Feuer auf hoher See ausbricht und demzufolge keine Unterstützung zur Brandbekämpfung von außen zu erwarten ist.

**2. Ersetzung der CMR durch hypothetischen Vertrag.** Sind die genannten Voraus-   **15** setzungen erfüllt, so bestimmt sich die Haftung des Straßenfrachtführers nicht nach der CMR; an die Stelle tritt vielmehr das Haftungsregime eines hypothetischen Vertrags, den der Absender mit dem Beförderer des anderen Verkehrsmittels über die Beförderung des Gutes ohne das Straßenfahrzeug nach den jeweils für dieses andere Verkehrsmittel maßgeblichen zwingenden Vorschriften geschlossen haben könnte. Eines von beiden – die CMR oder das Regime des fiktiven Vertrags – greift in jedem Fall ein; eine Lücke zwischen beiden kann es nach der Formulierung der Vorschrift nicht geben. Im Übrigen steckt die Vorschrift aber voller Unklarheiten, die schon mit der Präzisierung des hypothetischen Vertrags beginnen und sich vor allem um den Begriff der zwingenden Vorschrift ranken.

Der **hypothetische Vertrag** zwischen dem Absender und dem Beförderer des anderen   **16** Verkehrsmittels, etwa dem Seebeförderer, hat nach dem Sinn und Zweck der Vorschrift, der Synchronisierung der Haftungsregime (Rn. 2), allein den **unimodalen Transportabschnitt zum Gegenstand,** auf dem der Schaden eingetreten ist. Wenn ein Straßenbeförderer einen Transport von Kopenhagen nach Rosenheim übernommen und die Deutsche Bundesbahn in einem einheitlichen Vertrag damit beauftragt hat, den Fährdienst auf der Vogelfluglinie sowie die anschließende Beförderung auf der Rollenden Landstraße bis München durchzuführen, so bezieht sich der fiktive Vertrag zwischen Absender und Deutscher Bundesbahn nur auf die Seestrecke, wenn dort der Schaden eingetreten ist. Nach der ausdrücklichen Anordnung von Abs. 1 Satz 2 betrifft der hypothetische Transportvertrag **„lediglich das Gut".** Aus dem Gegensatz zur Formulierung von Satz 1 („das mit dem Gut beladene Fahrzeug") könnte man folgern, dass der hypothetische Transportvertrag sich gerade nicht auf das Fahrzeug bezieht, dass man sich dieses Fahrzeug gleichsam wegdenken muss.[39] Das wäre indessen nicht immer sachgerecht. Wenn das Fahrzeug selbst mit zum Transportgut iS von Art. 1 zählt, wenn der Absender dem Straßenbeförderer also einen eigenen Sattelauflieger mit Ladung übergeben hat (vgl. Art. 1 Rn. 13), bilden **Fahrzeug und Ladung** auch das Gut iS des hypothetischen Seetransportvertrags. Maßgeblich sein sollen zwar die niedrigeren seerechtlichen Haftungshöchstsummen, jedoch immer auf das gesamte zur Beförderung übergebene Gut bezogen, also auf die Ladung und den Sattelauflieger. Es geht auch nicht an, sich das Fahrzeug, gleich wer es gestellt hat, derart wegzudenken, dass sich der hypothetische Seetransportvertrag auf die einzelnen, nicht zusammengefassten Stücke der Ladung bezieht, dass sich also die **seerechtliche Haftungshöchstsumme** gemäß Art. 4 § 5 lit. a VisbyR (§ 504 Abs. 1 Satz 1 HGB) nach Gewicht oder Zahl der Einzelstücke berechnet und nicht nach der Sondervorschrift für Container etc. in Art. 4 § 5 lit. c VisbyR (§ 504 Abs. 1 Satz 2 HGB).

**3. „Zwingendes" Recht?** Der hypothetische Vertrag ist „nach den zwingenden Vor-   **17** schriften des für die Beförderung durch das andere Verkehrsmittel geltenden Rechts"

---

[36] Hof Gent 30.4.1997, ETR 1997, 606.

[37] *Koller* Rn. 10; aA Thume/*Fremuth* Rn. 41; Ferrari/*Ferrari,* Int. Vertragsrecht, Rn. 14; eher ablehnend, da es schwieriger sei, mit der Beute zu entkommen, es fehle der besondere Bezug zu dieser Transportart *Herber/Piper* Rn. 18; *Herber* VersR 1988, 645, 647.

[38] BGH 15.12.2011, TranspR 2012, 330, 333; OLG Hamburg 14.4.2011, TranspR 2011, 228, 230; Feuer generell als typische Seegefahr ohne Abstellen auf den Einzelfall: OLG Düsseldorf 12.1.2011, TranspR 2011, 150, 153 = ETR 2012, 87; EBJS/*Bahnsen* Rn. 10; offen OLG München 23.12.2010, TranspR 2011, 158; zur Einrede wegen Feuer vgl. auch Hoge Raad 14.6.1996, ETR 1996, 558.

[39] So andeutungsweise *Hill/Messent* S. 54 Fn. 59; *Heuer* S. 176 f.

geschlossen worden. Welche Bestimmungen damit gemeint sind, war immer wieder Gegenstand der Diskussion. In erster Linie ist an die Vorschriften **internationaler Transportrechtskonventionen** zu denken: Die Haager Regeln, die Visby-Regeln und die Hamburger Regeln im Seerecht, das Warschauer Abkommen bzw. Montrealer Übereinkommen im Luftverkehr und die Eisenbahnkonvention COTIF.[40] Auf innerstaatliche Transporte sind diese Konventionen nicht anzuwenden; soweit innerstaatliche Teilstrecken einer kombinierten Beförderung den Gegenstand des hypothetischen Transportvertrags bilden, kommen auch **nationale Rechtsvorschriften** als „zwingende Vorschriften" in Betracht.[41] Es muss sich dabei nicht um absolut oder beidseitig zwingendes Transportrecht handeln; zwingende Vorschriften sind jedenfalls auch solche, die wie im See- und Luftrecht einseitig zugunsten des Absenders **Mindeststandards** festlegen, die von den Parteien vertraglich übertroffen, aber nicht unterschritten werden dürfen;[42] andernfalls wäre Art. 2 für sein wichtigstes Anwendungsfeld, den Ro/Ro-Verkehr über See, ohne jede Bedeutung, weil es im Seerecht nirgends beidseitig zwingendes Recht gibt.

**18**    Die englische Fassung „conditions prescribed by law" lässt es sogar als denkbar erscheinen, dass es für den hypothetischen Vertrag nicht auf zwingendes Recht ankommt, sondern dass es genügt, wenn der hypothetische Vertrag im Einklang mit **dispositivem Vertragsrecht** steht.[43] Hintergrund dieser Auffassung ist die rückläufige Ausstellung von Konnossementen im Ro/Ro-Verkehr, die dazu führt, dass das Seerecht der Haager und Visby-Regeln immer seltener Anwendung findet, so dass die Straßenbeförderer möglicherweise entgegen den Intentionen von Art. 2 (Rn. 2) im Außenverhältnis gemäß Art. 2 Abs. 1 Satz 3 nach der CMR haften und im Innenverhältnis nur die viel geringeren vertraglichen Regressmöglichkeiten haben, vgl. Rn. 20. Dagegen hilft aber der englische Text von Art. 2 auch nicht weiter. Denn **„conditions prescribed by law"** sind nach englischem Rechtsverständnis zwingende Vorschriften. Die systematische Kategorie des dispositiven Rechts über Verträge ist als solche nicht existent, ihre Funktion erfüllt im common law die Figur der „implied terms", die ihre rechtstheoretische Wurzel aber im Willen der Parteien haben und nicht als Ausfluss staatlicher Rechtsetzung gelten. Der Abschluss des hypothetischen Vertrags „nach" den einseitig zwingenden Vorschriften bzw. „conformément aux dispositions impératives" bedeutet demzufolge, dass die Haftung des Seebeförderers gerade in Höhe des zwingenden Mindeststandards hypothetisch vereinbart wird und nicht etwa darüber, wie es die englische Fassung „in accordance with the conditions prescribed by law" auch zulässt.[44]

**19**    Die für den Huckepacktransport maßgeblichen „zwingenden Vorschriften" müssen nach dem deutschen Text dem „für die Beförderung durch das andere Verkehrsmittel **geltenden Recht"** angehören. Die deutsche Übersetzung weist – deutlicher als die verbindlichen Textfassungen – auf die Rechtsanwendungsfrage hin, welches Recht für den fraglichen Schiffs- oder Schienentransport gilt. Soweit die oben Rn. 17 genannten Übereinkommen als „geltendes Recht" für den unimodalen Teiltransport in Betracht kommen, müssen ihre einseitigen Abgrenzungsregeln angewendet werden, mit denen der jeweilige Anwendungsbereich definiert wird. Wenn es wie im Seerecht verschiedene Übereinkommen gibt, soll es nach Auffassung des Hoge Raad auf die Rechtslage in dem Land ankommen, wo der betreffende Teiltransport beginnt, also auf das **Recht des Verschiffungslands.** Nach dem

---

[40] *Nickel-Lanz* S. 22 Fn. 20; *Hill/Messent* S. 55; *Putzeys* S. 98 f.; *Theunis* TranspR 1990, 270.

[41] *Nickel-Lanz* S. 22 Fn. 20; *Putzeys* S. 98; *Lamy* 2013 Rn. 700.

[42] Hoge Raad 29.6.1990, ETR 1990, 590, 594 f., dt. Übers. in TranspR 1991, 132, 134; *Herber* VersR 1988, 647; *Thume/Fremuth* Rn. 98; *Theunis/Ramberg* S. 29; zustimmend Ferrari/*Ferrari,* Int. Vertragsrecht, Rn. 65; Jabornegg/Artmann/*Csoklich* Rn. 11.

[43] Besonders eingehend mit Hinweis darauf, dass Art. 2 auf einen englischen Entwurf zurückgehe und die französische Fassung eine unpassende Übersetzung sei, *Czapski* S. 8; *ders.* ETR 1990, 172 ff.; *Herber* TranspR 1994, 380 f.; ebenso Thume/*Fremuth* Rn. 93; vgl. dazu auch *Glass* JBL 2000, 562, 571; aA *Theunis/Ramberg* S. 29; Vgl. auch § 452 HGB Rn. 56.

[44] Wie hier *Hill/Messent* S. 55; wohl auch *C.M.C.C.,* JBL 1981, 309, 310; *Theunis/Ramberg* S. 29; *Herber* VersR 1988, 647.

Recht dieses Staats soll sich auch beurteilen, welche von mehreren nationalen Fassungen der Haager Regeln oder der Visby-Regeln maßgeblich ist.[45] Mit der Wahl dieses Anknüpfungskriteriums lehnt sich der Hoge Raad an Art. 10 Abs. 1 lit. b VisbyR an, eine Vorschrift, die jedoch nur zur Anwendung kommt, wenn ein Konnossement ausgestellt ist, und daran fehlte es in casu. Der Regress des Straßenbeförderers gegen die Reederei hätte sich also nicht nach dem Recht des Verschiffungslands, sondern nach der Rechtsordnung gerichtet, die nach dem allgemeinen IPR der Schuldverträge und insbesondere gemäß **Art. 5 Abs. 1 Rom I-VO** für den Seebeförderungsvertrag maßgeblich wäre. Nach dem Zweck von Art. 2 CMR, der Synchronisierung der Haftungsregime (Rn. 2) muss dieses allgemeine IPR der lex fori auch das **Statut des hypothetischen Vertrags** bestimmen.[46] Ebenso entscheidet der Ratifikationsstand im Land der lex fori darüber, ob ein völkerrechtliches Übereinkommen für den hypothetischen Vertrag gilt oder nicht.

Ob und wieweit sich der hypothetische Vertrag zwischen Absender und Reederei **an 20 dem wirklichen Vertrag zwischen Straßenbeförderer und Reederei orientieren** muss, ist umstritten. Wenn der Seebeförderer dem Straßenbeförderer, wie dies häufig geschieht, **kein Konnossement ausgestellt** hat und die Haager Regeln bzw. Visby-Regeln daher von Rechts wegen keine Anwendung finden, fehlt es nach verbreiteter Ansicht an zwingenden Regeln, die die CMR verdrängen; dies sei auch für den hypothetischen Vertrag maßgeblich.[47] Die Haftung des Straßenbeförderers beurteile sich deshalb gemäß Abs. 1 Satz 3 nach der CMR, selbst wenn im Verhältnis zwischen Straßen- und Seebeförderer kraft vertraglicher Vereinbarung die Haager Regeln oder Visby-Regeln gelten, etwa weil sie durch Inkorporationsklausel in einen (nicht begebbaren) Seefrachtbrief (sea waybill) einbezogen wurden.[48] Dasselbe soll gelten, wenn die seerechtlichen Konventionen mit ihren zwingenden Normen aus anderen Gründen nicht von Rechts wegen, sondern nur auf Grund besonderer Vereinbarung Anwendung finden, etwa bei der **Beförderung auf Deck.**[49] Der Ansatz dieser Rspr. unter Zugrundelegung der tatsächlichen Verhältnisse zwischen Straßen- und Seebeförderer entspricht nicht dem Wortlaut von Art. 2 Abs. 1 Satz 2: Die Vorschrift nimmt mit keinem Wort Bezug auf die (konkrete) Vertragsgestaltung zwischen Schiff und Lkw, sondern stellt auf einen **hypothetischen Transportvertrag** zwischen Absender und Seebeförderer ab, der „nach den zwingenden Vorschriften [des Seerechts] geschlossen worden" ist. Es mag sein und ist zum Teil sogar wahrscheinlich, dass der Absender, hätte er selbst den Seefrachtvertrag geschlossen, auch kein Konnossement, sondern nur einen Seefrachtbrief erhalten hätte oder dass sein Transportgut ebenso an Deck gestaut worden wäre, dass also das zwingende Recht vor allein keine Anwendung gefunden hätte. Die Wahrscheinlichkeit solcher alternativer Abläufe ist jedoch für die Konstruktion des hypothetischen Vertrags unerheblich.[50] Dieser hypothetische Vertrag ist „nach zwingenden Vorschriften ... geschlossen", und das ist nur möglich, wenn er ihnen überhaupt unterliegt, also in ihren Anwendungsbereich fällt. Art. 2 Abs. 1 Satz 2 nimmt folglich Bezug auf einen hypothetischen Seebeförderungsvertrag, der die **objektiven Anwendungsvoraussetzungen** der Haager Regeln, Visby-Regeln oder Hamburger Regeln (vgl. Rn. 19) erfüllt; **subjektive Anwendungsvoraussetzungen,** die – wie die Verladung an Deck oder die Ausstellung eines Konnossements – vom Willen des Seebeförderers abhängen, bleiben für die Inhaltsbestimmung des hypothetischen Vertrags **außer Betracht.** Die Haa-

---

[45] Hoge Raad 29.6.1990, ETR 1990, 590, 595 f., dt. Übers. in TranspR 1991, 132, 134.

[46] Ebenso BGH 15.12.2011, TranspR 2012, 330, 333; OLG Hamburg 14.4.2011, TranspR 2011, 228, 231 f. (noch Art. 28 Abs. 4 EGBGB).

[47] So ausdrücklich Hof Antwerpen 15.3.1989, ETR 1989, 574; OLG Hamburg 15.9.1983, VersR 1984, 534, zustimmend *Herber* VersR 1988, 647 f.; so auch *Creon* S. 118; vgl. dazu auch *Glass* JBL 2000, 562, 576 f.; *Clarke* S. 46 f. Nr. 15a (ii).

[48] Rb. Amsterdam 18.11.1987, ETR 1990, 252, 253; ebenso *Herber* VersR 1988, 648.

[49] Cour cass. 5.7.1988, BT 1989, 449 = ETR 1989, 49; Rb. Amsterdam 18.11.1987, ETR 1990, 251; Kh. Gent 19.6.1990, ETR 1991, 377; offengelassen in OLG Celle 4.7.1986, TranspR 1987, 275, 276; dazu *Glass* JBL 2000, 562, 577 f.

[50] *Bombeeck/Hamer/Verhaegen* ETR 1990, 146.

ger Regeln erfüllen somit jedenfalls das Erfordernis der „zwingenden Vorschriften" iSd. Art. 2 CMR.[51]

21   Für die Sonderlagen des internationalen **kombinierten Verkehrs See/Straße** ergeben sich daraus die folgenden Einzellösungen: auf die Ausstellung eines Konnossements durch den Seebeförderer gegenüber dem Straßenbeförderer kommt es nicht an, auch nicht darauf, ob ein **Konnossement** ausgestellt werden musste.[52] Unerheblich ist auch, ob das Straßenfahrzeug tatsächlich **auf Deck** verladen wurde und ob dies mit Einverständnis des Straßenbeförderers geschah.[53] Der hypothetische Vertrag des Absenders ist auf einen Transport unter Deck gerichtet, über den ein Konnossement ausgestellt wird und der folglich den zwingenden Haager Regeln oder Visby-Regeln unterliegt, wenn deren objektive Anwendungsvoraussetzungen erfüllt sind. Dies ist bei einem **Transport lebender Tiere** nicht der Fall. Für ihn gelten die Haager und Visby-Regeln nicht, vgl. Art. 1 lit. c HR, so dass es an zwingenden Vorschriften fehlt, welche die CMR verdrängen könnten; hier hat es mit der CMR sein Bewenden.[54] Geht es um sog. **Landschäden,** die entstanden sind, nachdem die Reederei den Lkw übernommen hat, aber bevor er auf das Schiff verladen wurde, oder nachdem er entladen wurde, jedoch vor Ablieferung an den Straßenfrachtführer, so fehlt es in den Haager Regeln und Visby-Regeln, anders als in den Hamburger Regeln, an zwingenden Bestimmungen, vgl. Art. 7 HR; für solche Schäden haftet der Straßenbeförderer nach CMR.[55] **Verspätungsschäden** werden zwar von den Hamburger Regeln, jedoch weder von den Haager Regeln noch von den Visby-Regeln erfasst, stehen also außerhalb ihres Anwendungsbereichs. Da es insoweit an zwingenden Bestimmungen für die Seestrecke fehlt, richtet sich die Verspätungshaftung des Straßenbeförderers durchgehend nach der CMR.[56]

22   **4. Umfang der Verdrängung der CMR.** Sind die oben (Rn. 10 bis 14) genannten Voraussetzungen erfüllt, so tritt zwar das Transportrecht des anderen Verkehrsmittels an die Stelle der CMR, dies jedoch nur, soweit es um die **Haftung des Straßenfrachtführers** geht. Andere in der CMR geregelte Gegenstände wie die Haftung des Absenders (Art. 10) oder die internationale Zuständigkeit der Gerichte (Art. 31) bleiben also unter dem Regime der CMR. Welche Regeln von den Worten „Haftung des Straßenfrachtführers" in Art. 2 umfasst werden, ist noch nicht geklärt; jedenfalls gehören die in Kapitel IV enthaltenen Vorschriften der Art. 17–29 dazu, also die Fragen der Haftungsbegründung und -ausnahmen, der Schadensberechnung und -begrenzung. Dagegen richtet sich die **Verjährung** (Art. 32) auch nach der CMR, wenn die Haftung des Straßenbeförderers nach Grund und Höhe dem Seerecht unterliegt.[57] Der Vorteil dieser Lösung liegt in der Einheitlichkeit der Verjährung der gegen den Straßenbeförderer erhobenen Ansprüche; andererseits weicht diese Verjährung damit uU von derjenigen ab, die für Rückgriffsansprüche gegen den Seebeförderer maßgeblich ist. Da sich die Ersetzung der CMR auf

---

[51] BGH 15.12.2011, TranspR 2012, 330, 332; OLG Hamburg 14.4.2011, TranspR 2011, 228, 231 mit zust. Anm. *Herber;* Hoge Raad 29.6.1990, ETR 1990, 589, 596 f. = TranspR 1991, 132, 135: Gestattung der Decksverladung durch Straßenbeförderer bedeutet nicht, dass auch Absender die Decksverladung gestattet hätte; ebenso Rb. Rotterdam 1.7.1994, S. & S. 1995 Nr. 99 und 25.2.2000, ETR 2000, 527; Kh. Antwerpen 28.1.1985, ETR 1985, 117; Theunis/*Ramberg* S. 29; *Hill/Messent* S. 56; Thume/*Fremuth* Rn. 138; Ferrari/ *Ferrari,* Int. Vertragsrecht, Rn. 21; Jabornegg/Artmann/*Csoklich* Rn. 11; aA *Koller* 7. Aufl. 2010, Rn. 8; für eine vermittelnde Position *Glass* JBL 2000, 562, 584.

[52] Hoge Raad 29.6.1990, ETR 1990, 589 = TranspR 1991, 132 (ablehnend *Ruitinga/de Haan* ETR 2001, 831 ff.); siehe auch die weiteren Nachweise oben Fn. 51; aber OLG Düsseldorf 12.1.2011, TranspR 2011, 150, 154 mit Überlegungen, ob ein Konnossement für den fiktiven Vertrag ausgestellt worden wäre.

[53] Hoge Raad 29.6.1990, ETR 1990, 589, 596 f. = TranspR 1991, 132, 135.

[54] *Lamy* 2013 Rn. 704.

[55] So auch *Bombeeck/Hamer/Verhaegen* ETR 1990, 153 f.; *Herber* VersR 1988, 646.

[56] AA *Bombeeck/Hamer/Verhaegen* ETR 1990, 154 f.; sie verkennen jedoch, dass die Verdrängung der CMR nur so weit gehen kann, wie der sachliche Anwendungsbereich des anderen Transportrechts überhaupt reicht.

[57] Cour Aix-en-Provence 30.5.1991, D. M. F. 1992, 194 m. Anm. *Bonassies;* Hof 's-Gravenhage 8.4.1988, S. & S. 1989 Nr. 1; *Lamy* 2013 Rn. 702a).

die Haftung des Straßenbeförderers beschränkt, gibt Art. 2 keine Rechtsgrundlage dafür, dass der Absender der Güter als solcher in der **großen Haverei** beitragspflichtig wird.[58] Wenn also der Straßenbeförderer als Befrachter des Seebeförderungsvertrags zu Havereibeiträgen herangezogen wird, wird er diese Lasten nicht auf den Absender abwälzen können. Im Bereich der Haftung des Straßenbeförderers wird die CMR auch nur insoweit durch anderes Transportvertragsrecht ersetzt, als dieses andere Transportrecht **zwingende Regeln** vorsieht, vgl. Rn. 17–21.

**5. Identität von Straßen- und Seebeförderer (Abs. 2).** Sind Straßenbeförderer und 23
Seebeförderer identisch, wenn etwa Fährreedereien auch als Lkw-Unternehmer agieren, richtet sich die Haftung gemäß Abs. 2 ebenfalls nach Abs. 1, ist also grundsätzlich die CMR unter den Voraussetzungen von Abs. 1 Satz 1 anwendbar, vgl. oben Rn. 3–9. Auch in solchen Fällen kommt gemäß Abs. 1 Satz 2 gelegentlich das Haftungsrecht des anderen Transportmittels zum Zuge, vgl. Rn. 10–22. Bei der inhaltlichen Bestimmung des hypothetischen Vertrags (Rn. 15 ff.) könnten sich allerdings Schwierigkeiten daraus ergeben, dass der Transportunternehmer über den Gesamttransport ja einen realen Vertrag mit dem Absender geschlossen hat und es aus Gründen der Logik ausgeschlossen erscheint, dass er über einen Teil dieses Transports noch einen zweiten, und zwar abweichenden (hypothetischen) Vertrag schließt. Solche Bedenken werden dadurch ausgeräumt, dass der hypothetische Vertrag über die Teilbeförderung nach der Fiktion von Abs. 2 mit einer anderen Person als dem Straßenbeförderer abgeschlossen wird.[59]

## IV. Regress des Straßenbeförderers

Die CMR regelt nicht das Verhältnis zwischen dem Straßenbeförderer und dem Beförde 24
rer des Trägertransportmittels. Dieses Verhältnis unterliegt dem jeweils maßgeblichen nationalen Recht bzw. der jeweils anwendbaren Konvention, also dem Eisenbahnrecht, Luftrecht oder Seeschifffahrtsrecht.[60] Wie schon oben (Rn. 15–22) erläutert, sind der reale Vertrag zwischen See- und Straßenbeförderer und sein rechtliches Regime nicht unbedingt deckungsgleich mit dem hypothetischen Vertrag zwischen Absender und Seebeförderer und dessen Rechtsrahmen. Der Straßenbeförderer kann seine Haftung für die andersartige Teilbeförderung nicht in allen Fällen auf den Teilbeförderer abwälzen, erhebliche **Regresslücken** sind vorprogrammiert.[61] Sie lassen sich im Wege der Auslegung nur sehr begrenzt verengen, würden dagegen nach einer Ratifizierung der **Hamburger Regeln** zum Seefrachtrecht weitgehend verschwinden.[62]

# Kapitel II. Haftung des Frachtführers für andere Personen

## Art. 3 [Haftung für Gehilfen]

**Der Frachtführer haftet, soweit dieses Übereinkommen anzuwenden ist, für Handlungen und Unterlassungen seiner Bediensteten und aller anderen Personen, deren er sich bei Ausführung der Beförderung bedient, wie für eigene Handlungen und Unterlassungen, wenn diese Bediensteten oder anderen Personen in Ausübung ihrer Verrichtungen handeln.**

---

[58] AA *Lamy* 2013 Rn. 702c).
[59] Ebenso *Herber/Piper* Rn. 26; *Putzeys* S. 100 Nr. 271; zustimmend *Ferrari/Ferrari*, Int. Vertragsrecht, Rn. 23.
[60] GroßkommHGB/*Helm* Rn. 15; *Koller* Rn. 13; *Haak* S. 103; *Herber/Piper* Rn. 34; *Ferrari/Ferrari*, Int. Vertragsrecht, Rn. 24.
[61] *Haak* S. 112; *Theunis* TranspR 1990, 275 f.
[62] *Herber* VersR 1988, 648; eingehend *Bombeeck/Hamer/Verhaegen* ETR 1990, 153–155.

## Chapitre II. Personnes dont répond le transporteur

### Art. 3

Pour l'application de la présente Convention, le transporteur répond, comme de ses propres actes et omissions, des actes et omissions de ses préposés et de toutes autres personnes aux services desquelles il recourt pour l'exécution du transport lorsque ces préposés ou ces personnes agissent dans l'exercice de leurs fonctions.

## Chapter II. Persons for whom the carrier is responsible

### Art. 3

For the purposes of this Convention the carrier shall be responsible for the acts and omissions of his agents and servants and of any other persons of whose services he makes use for the performance of the carriage, when such agents, servants or other persons are acting within the scope of their employment, as if such acts or omissions were his own.

**Schrifttum:** Siehe Einl. vor Rn. 1 sowie *Glöckner,* Die Haftungsbeschränkungen und die Versicherung nach den Art. 3, 23–29 CMR, TranspR 1988, 327; *ders.,* Limits to Liability and Liability Insurance of Carriers under Articles 3 and 23 to 29 of the CMR, in *Theunis* S. 97; *Knöfel,* Die Haftung des Güterbeförderers für Hilfspersonen, 1995; *Reinhard Schmid,* „Neues zu Art. 3 CMR", TranspR 2004, 351; *Ronald Schmid,* Die Arbeitsteiligkeit im modernen Luftverkehr und ihr Einfluß auf die Haftung des Luftfrachtführers (Der Begriff „Leute" im sog. Warschauer Abkommen), Diss. Frankfurt 1983.

### Übersicht

| | Rn. | | | Rn. |
|---|---|---|---|---|
| **I. Allgemeines** | 1–7 | **III. Umfang der Zurechnung** | | 13–26 |
| 1. Bedeutung und Zweck | 1–3 | 1. Personenkreis | | 13–20 |
| 2. Verhältnis zu anderen Vorschriften | 4–7 | a) Systematik | | 13, 14 |
| | | b) Bedienstete | | 15–18 |
| **II. Anwendungsbereich** | 8–12 | c) Andere Personen | | 19, 20 |
| 1. Persönlicher Anwendungsbereich | 8, 9 | 2. Handeln in Ausübung der Verrichtung | | 21–26 |
| 2. Sachlicher Anwendungsbereich | 10–12 | a) Leitgedanken | | 21–24 |
| | | b) Einzelfälle | | 25, 26 |

## I. Allgemeines

1      **1. Bedeutung und Zweck.** Art. 3 schafft keine eigene Haftungsgrundlage, sondern ist eine reine **Zurechnungsnorm,** ähnlich wie §§ 278 BGB, 428 HGB und Art. 40 ER CIM 1999. Je größer die Unternehmen der Verkehrswirtschaft werden, desto seltener ist der Beförderer unmittelbar an Abschluss und Abwicklung des einzelnen Transportvertrags beteiligt, desto mehr würden also Haftungstatbestände leer laufen, die ausschließlich auf ein Handeln oder Unterlassen des Beförderers selbst abstellen. Dies zu verhindern sind die genannten Zurechnungsvorschriften bestimmt. Sie sind eine **Konsequenz der Arbeitsteilung** im Unternehmen, beruhen somit auf der Erwägung, dass die Risiken der Delegation von Aufgaben diejenige Vertragspartei treffen sollen, die auch den Nutzen daraus zieht.

2      Anders als § 278 BGB und § 431 HGB aF rechnet Art. 3 dem Beförderer nicht das **Verschulden der Hilfsperson,** sondern deren Handlungen und Unterlassungen als solche zu, dh. unabhängig von deren Verschulden. Das heißt jedoch nicht, dass der Beförderer generell für schuldlose Handlungen und Unterlassungen seiner Leute einzutreten habe[1] und damit für seine Gehilfen strenger zu haften hätte als für sein eigenes Verhalten, da er für seine eigenen Handlungen grundsätzlich nur im Falle des Verschuldens einzustehen hat.[2] Das lässt Art. 3 schon nach dem Wortlaut nicht zu. Dass die Vorschrift nicht auf Verschulden Bezug nimmt, hängt mit ihrer Multifunktionalität zusammen. Dem Grundsatz der Verschuldenshaftung in Art. 17 Abs. 2 stehen weitere Ansprüche zur Seite, die ohne Rücksicht auf Verschulden durchgreifen, so etwa der Anspruch auf Schadensersatz wegen Eigenmächtig-

---

[1] *Heuer* S. 166; *Jesser* S. 144.
[2] Vgl. die Kommentierung zu Art. 17 Abs. 2.

keit des Frachtführers aus Art. 12 Abs. 7. Hier bedurfte es einer Zurechnungsvorschrift, die nicht auf Verschulden abstellt.

Mittelbar ergibt sich aus Art. 3, dass der Beförderer **zur Einschaltung von Gehilfen** **3** **berechtigt** ist.[3] Diese Befugnis kann durch vertragliche Vereinbarung der Parteien dahingehend eingeschränkt werden, dass er einige oder alle Teilfunktionen höchstpersönlich auszuführen hat. Es ist auch denkbar, dass die **höchstpersönliche Erfüllung** unter ganz besonderen Umständen als stillschweigend vereinbart gelten muss, so etwa wenn der Absender Antiquitäten oder Kunstgegenstände mit hohem Affektionswert erkennbar gerade einem Beförderer übergeben hat, den er für besonders vertrauenswürdig hält. In solchen Fällen liegt dann bereits in der Einschaltung von Gehilfen eine Vertragsverletzung, die – außerhalb der CMR, dh. nach dem maßgeblichen Vertragsstatut (vgl. Einl. Rn. 41 ff.) – zum vollständigen Ersatz des Schadens verpflichtet. In Anbetracht der hochgradigen Arbeitsteilung der Verkehrswirtschaft genügt es dagegen zur Begründung eines solchen Anspruchs noch nicht, dass der Beförderer durch die Einschaltung einer Vielzahl von Subunternehmern das Transportrisiko erhöht hat;[4] hinzutreten muss die für den Beförderer erkennbare Erwartung des Absenders, der Vertrag werde vom Beförderer höchstpersönlich erfüllt.

**2. Verhältnis zu anderen Vorschriften.** Beförderer, die Teiltransporte der Gesamt- **4** strecke mit anderen Verkehrsmitteln ausführen, zählen zwar auch zu den Hilfspersonen iS von Art. 3, doch geht die Sonderregelung des **Art. 2** für multimodale Transporte vor.[5]

Vorrang vor Art. 3 hat auch die Bestimmung des **Art. 17 Abs. 3**.[6] Wenn also ein Mitar- **5** beiter einer Reparaturwerkstatt bei einer regelmäßigen Inspektion des Lkw versehentlich die Bremsen falsch eingestellt hat und Fahrzeug und Ladung deshalb später bei einem Unfall zu Schaden kommen, könnte sich der Beförderer gegenüber dem Schadensersatzanspruch des Absenders zwar vielleicht darauf berufen, dass der Schaden durch Umstände verursacht worden sei, die er, der Beförderer, nicht habe vermeiden können, Art. 17 Abs. 2, und dass der Angestellte der Werkstatt weder zu seinen „Bediensteten" noch zu den „anderen Personen, deren er sich bei der Ausführung der Beförderung bedient habe", gehöre, Art. 3, dass er sich dessen Fehler also nicht zurechnen lassen müsse. Indessen wird dieser Einwand durch Art. 17 Abs. 3 ausgeschlossen, und ebenso scheitert der Exkulpationsversuch des Beförderers, wenn ein Verschulden des Lkw-Vermieters oder seiner Leute ursächlich für den Schaden war.

**Art. 29 Abs. 2** wiederholt den Rechtsgedanken des Art. 3 für die spezielle Frage, ob **6** auch das grobe Verschulden der Hilfspersonen zur Durchbrechung der Haftungsgrenzen und damit zur unbeschränkten Haftung des Beförderers führt. Die bejahende Antwort ist überflüssig, da sich aus Art. 3 nichts anderes ergibt, sie erklärt sich wohl aus dem Bestreben nach Klarstellung der Rechtslage für solche Rechtsordnungen, die dem Schuldner die Wohltat von Haftungsbeschränkungen nur im Falle seines eigenen groben Verschuldens entziehen.

Keine Anwendung findet Art. 3 neben den Art. 34 ff., den Spezialvorschriften für aufei- **7** nanderfolgende Frachtführer.[7] Die nachfolgenden Beförderer gehören zwar zunächst, wenn sie den Auftrag vom vorangehenden Kollegen übernehmen, auch zu den „anderen Personen, deren sich [der Beförderer] bei der Ausführung der Beförderung bedient".[8] Sie treten aber durch Übernahme von Frachtbrief und Gut in den vom Hauptbeförderer über die Gesamtstrecke abgeschlossenen Vertrag als Vertragspartei selbst ein, vgl. Art. 34 Halbsatz 2,

---

[3] *Koller* Rn. 1; EBJS/*Boesche* Rn. 1; Ferrari/*Ferrari*, Int. Vertragsrecht, Rn. 2; Jabornegg/Artmann/*Csoklich* Rn. 1.

[4] Anders aber *Koller* VersR 1988, 556, 561.

[5] *Thermo Engineers v. Ferrymasters*, [1981] 1 Lloyd's L. Rep. 200, 204; *Rodière* (Schrifttum bei Art. 2) BT 1973, 461; *Knöfel* S. 106 f.; *Schmid* TranspR 2004, 351.

[6] *Hill/Messent* S. 67; im Ergebnis ebenso *Loewe* ETR 1976, 525 f.; *Lamy* 2013 Rn. 759; Cass.com. 1.12.1992, ETR 1993, 745.

[7] *Schmid* TranspR 2004, 351; aA *Czapski* ETR 1998, 461, 485; EBJS/*Boesche* Rn. 5 aE.

[8] *Hill/Messent* S. 66.

werden also Samtfrachtführer. Die Gehilfen des Art. 3, und dazu gehören auch Unterfracht-führer, die den (Haupt-) Frachtbrief nicht übernehmen, stehen demgegenüber gerade nicht in einer Vertragsbeziehung zum Absender.[9]

## II. Anwendungsbereich

**8**     **1. Persönlicher Anwendungsbereich.** Art. 3 bezieht sich nur auf die Hilfspersonen des Frachtführers. Durch dieses persönliche Anwendungskriterium knüpft die Vorschrift an die Bestimmung des sachlichen Anwendungsbereichs der Konvention durch den Begriff des Beförderungsvertrags in Art. 1 an. **Frachtführer** ist die Partei des Beförderungsvertrags, die die Ortsveränderung des Gutes in eigener Regie und Verantwortung durchzuführen verspricht, vgl. näher Art. 1 Rn. 3 ff. Darüber hinaus findet Art. 3 aber auch auf solche Spediteure Anwendung, deren Speditionsverträge im Ergebnis der CMR unterliegen, vgl. Art. 1 Rn. 5-8.[10]

**9**     Nicht anwendbar ist Art. 3 auf den **Absender** oder den **Empfänger.**[11] Allerdings regelt die CMR nicht nur die Haftung des Frachtführers, sondern zT auch die des Absenders, so in Art. 10 für mangelhafte Verpackung und in Art. 11 Abs. 2 Satz 2 für die Vollständigkeit und Richtigkeit der Begleiturkunden. In weiteren Vorschriften spielt ein Verhalten des Absenders oder des Empfängers insofern eine Rolle, als es den Frachtführer von seiner Haftung befreit, vgl. Art. 17 Abs. 2 und Abs. 4 lit. b, c und e. Inwieweit sich Absender und Empfänger im Rahmen solcher Vorschriften das Verhalten ihrer Hilfspersonen zurechnen lassen müssen, ist in der CMR – von Art. 17 Abs. 4 lit. c abgesehen – nicht geregelt und nach dem maßgeblichen Vertragsstatut (Einl. Rn. 41 ff.) zu beurteilen.[12]

**10**     **2. Sachlicher Anwendungsbereich.** Art. 3 bildet ein eigenes Kapitel der Konvention; damit steht nach allgemeinen Regeln der Gesetzessystematik fest, dass sich die Vorschrift auf die **gesamte übrige Konvention** bezieht.[13] Betroffen sind damit erstens alle in der CMR enthaltenen Vorschriften, die wie zB Art. 12 Abs. 7 oder Art. 21 ein bestimmtes Verhalten des Frachtführers mit der Haftungsanordnung sanktionieren. Wo die CMR die Haftung des Beförderers dem Grunde nach nicht aus seinem Handeln, sondern aus einem objektiven Tatbestand ableitet, wie dies bei der Obhutshaftung der Fall ist, (Art. 17 Abs. 1), kommt Art. 3 zweitens zum Zuge, wenn ein bestimmtes Verhalten des Frachtführers seine Haftung wieder entfallen lässt, also eine Haftungsausnahme begründet. So gehören zu den gemäß Art. 17 Abs. 2 dem Frachtführer obliegenden Schadensvermeidungshandlungen nicht nur diejenigen, die ihm selbst möglich waren, sondern auch die, die seine Hilfsperso-nen ergreifen konnten.[14] Vor allem darf also das schadenstiftende Verhalten des Fahrers oder Unterfrachtführers selbst nicht ohne weiteres als Ereignis gewürdigt werden, das der Beförderer nicht zu vermeiden imstande war.[15] Drittens spielt Art. 3 auch dort eine Rolle, wo es die CMR dem Absender gestattet, sich gegenüber seiner eigenen Haftung im Wege der Einrede auf ein Verhalten des Frachtführers zu berufen, vgl. Art. 11 Abs. 2 Satz 2. Der dritte Fall wird zwar nicht unbedingt vom deutschen Begriff der „Haftung" des Frachtfüh-rers erfasst, wohl aber von dem der Verantwortung, wie er im englischen („responsible") und französischen Vertragstext („répond") des Art. 3 auch enthalten ist.

**11**     Die Gehilfenhaftung des Beförderers bestimmt sich gemäß Art. 3 nur „pour l'application de la présente Convention", „for the purposes of this Convention", „soweit dieses Überein-

---

[9] *Haak* S. 105; *Nickel-Lanz* S. 146.

[10] *Koller* Rn. 2; Thume/*Schmid* Rn. 5 ff.; GroßkommHGB/*Helm* Rn. 5; EBJS/*Boesche* Rn. 2; Ferrari/*Ferrari*, Int. Vertragsrecht, Rn. 4.

[11] Rb. Arnhem 21.10.1972, S. & S. 1973 Nr. 16; Herber/*Piper* Rn. 1; GroßkommHGB/*Helm* Rn. 1, 4; *Koller* Art. 17 Rn. 31a; EBJS/*Boesche* Rn. 1; *Putzeys* S. 49.

[12] *Csoklich* S. 183; Jabornegg/Artmann/*ders.* Rn. 2; *Putzeys* S. 49; Herber/*Piper* Rn. 1; EBJS/*Boesche* Rn. 1.

[13] *Schulze* DGV 1957, 250; *Haak* S. 175: „universal character"; *Heuer* S. 166; Thume/*Schmid* Rn. 5; GroßkommHGB/*Helm* Rn. 6.

[14] Vgl. BGH 28.2.1975, NJW 1975, 1597, 1599 sub 4: Bei Verkehrsunfall sind selbstverständlich Vermei-dungsmöglichkeiten des Fahrers entscheidend, nicht nur die des Beförderers.

[15] *Loewe* ETR 1976, 525.

kommen anzuwenden ist". Diese Wendungen bedeuten nach dem in internationalen Konventionen und auch in der CMR (Art. 1 Abs. 2) üblichen Sprachgebrauch, dass die Anwendung von Art. 3 stets die Anwendbarkeit einer anderen Bestimmung der CMR voraussetzt, dass also Art. 3 nur zur Ausfüllung anderer Vorschriften der CMR dient. Mit anderen Worten kommt Art. 3 nur zum Zuge, wenn ein **auf die CMR gestützter Anspruch** geltend gemacht wird.[16] Es genügt nicht, dass der zugrunde liegende Transport in den Anwendungsbereich der CMR fällt, vielmehr muss der konkrete Anspruch von der CMR geregelt sein. Dies ergibt ein Vergleich mit den Art. 31 und 32, wo auch Ansprüche erfasst werden, die auf nationalem Recht beruhen, aber einen der CMR unterliegenden Transport betreffen. Die dort verwendeten Formulierungen unterscheiden sich deutlich von jenen des Art. 3. Art. 3 bezieht sich somit nicht auf deliktische Ansprüche,[17] aber auch nicht auf alle vertraglichen Ansprüche, zB nicht auf Ansprüche wegen Nichterfüllung des Vertrags oder aus culpa in contrahendo, die – von Art. 7 Abs. 3 abgesehen – in der CMR nicht geregelt sind. Praktisch bedeutsam sind diese Fragen, weil außerhalb des Anwendungsbereichs von Art. 3 das jeweils maßgebliche nationale Recht zum Zuge kommt, das uU – anders als Art. 41 – eine Freizeichnung des Beförderers vom Verschulden oder wenigstens vom leichten Verschulden der Hilfsperson zulässt.

**Nicht anwendbar ist Art. 3** danach auf folgende außerhalb der CMR geregelte Fragen: **12** (1) die schon erwähnten vertraglichen Ansprüche aus Nichterfüllung, positiver Vertragsverletzung und culpa in contrahendo (Rn. 11) sowie sämtliche deliktische Ansprüche, für deren umfangmäßige Beschränkung jedoch Art. 28 Abs. 1 und 29 Abs. 2 zu beachten sind; (2) Die **Wissenszurechnung,** also die Frage, ob die Kenntnis einer Hilfsperson dem Frachtführer zugerechnet werden kann, wie dies zB bei Art. 10 relevant wird; (3) die **Vollmacht der Hilfsperson,** den Frachtführer rechtsgeschäftlich zu vertreten;[18] diesbezüglich ist nicht das Vertragsstatut des Transportvertrags, sondern – nach deutschem Kollisionsrecht – das Recht des Wirkungsorts der Stellvertretung maßgeblich;[19] (4) die **Eigenhaftung der Hilfsperson,**[20] die sich in Ermangelung einer vertraglichen Beziehung zum Absender/Empfänger nach dem jeweils anwendbaren Deliktsrecht richtet; (5) der **Regress des Beförderers** gegen die Hilfsperson.

### III. Umfang der Zurechnung

**1. Personenkreis. a) Systematik.** Art. 3 nennt zwei Gruppen von Hilfspersonen, die **13** **Bediensteten** und die Gruppe der **anderen Personen.** Nicht eindeutig ist, ob sich der folgende Relativsatz „deren er sich bei Ausführung der Beförderung bedient" lediglich auf die anderen Personen oder auch auf die Bediensteten bezieht. In der englischen Fassung werden „agents and servants and any other persons of whose services he makes use for the performance of the carriage" genannt. Dazu wurde die Auffassung vertreten, dass sich der Relativsatz grammatikalisch lediglich auf die anderen Personen beziehe.[21] In der französischen Fassung ist die Bedeutung des Relativsatzes zwar klar; die Haftung erstreckt sich auf die „préposes et ... toutes autres personnes aux services desquelles il recourt pour l'exécution du transport". Er schließt also nur an „personnes" an. In allen Fassungen ist es aber denkbar, die „Personen, deren sich der Beförderer bedient", als allgemeine Umschreibung der Hilfspersonen aufzufassen, als Gattung, zu der auch die Bediensteten zählen (eiusdem generis-

---

[16] BGH 9.2.1979, NJW 1979, 2470; OGH Wien 26.5.1983, *Greiter* S. 188, 191; 5.5.1983, ebd. S. 185, 188; 13.6.1986, ETR 1988, 198; Denkschrift der BReg., BT-Drucks. III/1144 S. 35; *Herber/Piper* Rn. 1; *Koller* Rn. 1; *Thume/Schmid* Rn. 5; *Fremuth/Thume/Thume* Rn. 2; *GroßkommHGB/Helm* Rn. 3; EBJS/ *Boesche* Rn. 2; *Ferrari/Ferrari,* Int. Vertragsrecht, Rn. 5; *Jabornegg/Artmann/Csoklich* Rn. 3.
[17] *Nickel-Lanz* S. 147.
[18] *Putzeys* S. 51.
[19] BGH 13.5.1982, NJW 1982, 2733; 26.4.1990, NJW 1990, 3088 sub II 1 c umstritten; Hinweise zum Meinungsstand bei Staudinger/*Magnus,* 2011, Rom I-VO, Anh. II zu Art. 1 Rom I-VO Rn. 13 ff.
[20] OGH Wien 25.9.1968, *Greiter* S. 19, 25 = ETR 1973, 309; *Libouton* J. trib. 1974, 508 Nr. 28; *Hill/ Messent* S. 63 f.; EBJS/*Boesche* Rn. 1.
[21] *Hill/Messent* S. 64.

Auslegungsregel), so dass diese alle Eigenschaften der Gattung aufweisen. Bezüglich der entsprechenden Vorschrift der ER CIM, die bei der Fassung des Art. 3 als Vorbild gedient hat und die dem Art. 3 fast wörtlich entspricht, besteht in der Literatur ebenfalls noch keine Einigkeit in dieser Frage.[22]

**14**     Die besseren Gründe sprechen dafür, dass sich der **Relativsatz nur auf die „anderen Personen" bezieht,** dass der Beförderer also für die Bediensteten auch haftet, wenn er sie nicht gerade zur Ausführung des vertragsgegenständlichen Transports eingesetzt hat.[23] Nur so erhält die besondere Nennung der Bediensteten einen Sinn. Wenn die Bediensteten vom Relativsatz miterfasst wären, hätte es genügt, die Gehilfenhaftung auf „alle Personen, deren der Beförderer sich bei der Ausführung des Transports bedient", zu beziehen; dies hätte auch die Bediensteten eingeschlossen. Es ist auch in der Sache angezeigt, den Frachtführer für das Verhalten seiner eigenen Leute unabhängig davon haften zu lassen, ob sie in Ausführung der jeweiligen Beförderung tätig werden oder nicht. Denn innerhalb des eigenen Unternehmens hat der Beförderer umfassende Organisations-, Weisungs- und Überwachungsmöglichkeiten, die ihm gegenüber den „anderen Personen" jeweils nur im Rahmen des mit ihnen geschlossenen besonderen Schuldvertrags, und das heißt: im Allgemeinen nur bezogen auf dessen Zweck, zustehen. Soweit der andere Schuldvertrag der Ausführung der fraglichen Beförderung dient, kann der Beförderer seine Einwirkungsmöglichkeiten im Sinne des Beförderungsvertrags nutzen und muss deshalb auch insoweit für das Verhalten der „anderen Personen" einstehen. Soweit der andere Schuldvertrag mit der fraglichen Beförderung in keiner konkreten Beziehung steht, wie dies zB beim Kaufvertrag über den Lkw der Fall ist, kann der Beförderer auch keine den einzelnen Transport fördernden Weisungen erteilen, so dass die Einstandspflicht für Hilfspersonen hier an ihre Grenze stößt.

**15**     **b) Bedienstete.** Einzustehen hat der Beförderer in erster Linie für seine Bediensteten. Der im Handelsrecht sonst ungebräuchliche Ausdruck wurde offenbar der amtlichen Übersetzung der CIM 1952 entnommen, als die deutschsprachigen Staaten nach der Verabschiedung der CMR im Jahre 1956 eine gemeinsame deutsche Übersetzung dieser Konvention anfertigten. Die **Anlehnung an Art. 40 CIM 1952** entbehrt indessen der Grundlage. Erstens stand und steht der Ausdruck „Bedienstete" seit 1952 in der CIM für den seit 1890 gebrauchten französischen Ausdruck „agents"[24] und nicht wie in der CMR für den Begriff „préposés". Zweitens war die amtliche deutsche Übersetzung der CIM 1952 ein fragwürdiges Vorbild, weil sie von einer diplomatischen Konferenz beschlossen wurde, an der Deutschland mangels völkerrechtlicher Handlungsfähigkeit nicht teilnahm, in deren Beratungen deutsche Rechtsvorstellungen also nicht eingeflossen sind.[25] Die Ersetzung der früheren deutschen Version, die die Bahn entsprechend § 431 HGB aF für ihre „Leute" haften ließ (vgl. Art. 39 CIM 1890/1933),[26] durch die Haftung für „Bedienstete" geht auf Kritik von französischer Seite zurück, die den Begriff der „Leute" für eine zu weite Übersetzung von „agents" hielt.[27] Drittens knüpft der Begriff der „Bediensteten" an das öffentliche Dienstrecht an, wo er als Oberbegriff für sämtliche Mitarbeiter der öffentlichen Verwaltung – Beamte, Angestellte, Arbeiter – gebraucht wird; insofern ist seine Verwendung im Eisenbahnwesen der fünfziger Jahre, wo Hilfsleistungen im Wesentlichen nur von Mitarbeitern der Staatsbahnen und nicht von selbständigen Gehilfen erbracht wurden, durchaus

---

[22] Nachweise bei *Spera*, Internationales Eisenbahnfrachtrecht. Kommentar, Loseblatt 1991, Art. 50 CIM Anm. 5.

[23] *Koller* Rn. 4; *Lenz* Rn. 575; *Nickel-Lanz* S. 147; *Jesser* S. 141; *Haak* S. 177; *Herber/Piper* Rn. 4; *Knöfel* S. 102 f.; *Fremuth/Thume/Thume* Rn. 8; EBJS/*Boesche* Rn. 3; aA *Hill/Messent* S. 65; zweifelnd wegen der Rechtsfolgen aus Art. 29 auch Thume/*Schmid* Rn. 29.

[24] Siehe Art. 40 CIM 1952 bei *Haustein/Pschirrer*, Internationales Eisenbahnrecht I, 1956, S. 186 ff., 264 f.; die CIM 1890 ist abgedruckt in RGBl. 1892 S. 793, vgl. Art. 39.

[25] Vgl. *Durand* Rev.trim.dr.com. 6 (1953) 307, 311.

[26] Siehe *Loening*, Internationales Übereinkommen über den Eisenbahnfrachtverkehr (IÜG) vom 23. Oktober 1924 – Kommentar, 1927, S. 796; siehe auch Art. 39 CIM 1933 bei *Goltermann*, Eisenbahnverkehrsordnung, 1939, S. 455, 484.

[27] *Borgognon*, Les transports internationaux par voie de terre, 1951, S. 214.

sinnvoll. Bei den privaten Unternehmen des Straßengüterverkehrs liegen die Dinge anders; viele Gehilfen sind hier gerade nicht „Bedienstete" in arbeitsrechtlicher Abhängigkeit, sondern selbständige Unternehmer. Im Ergebnis empfiehlt es sich daher, den in der Denkschrift[28] nicht näher erläuterten und **nicht sachgerechten deutschen Wortlaut** an dieser Stelle zu übergehen und unmittelbar auf die Originaltexte zurückzugreifen.

In den authentischen Vertragsfassungen ist der Kreis der Leute, für die der Beförderer **16** einzustehen hat, nicht übereinstimmend und unklar abgegrenzt. Die französische Fassung spricht von **préposés,** die englische von **agents and servants.** Wie in Rn. 15 erwähnt, knüpft die französische Fassung damit nicht an das Eisenbahnrecht an, sondern benutzt einen Begriff, der schon 1924 im Seerecht der Haager Regeln (Art. 4 Abs. 2 lit. q) und 1929 im Luftrecht des Warschauer Abkommens (Art. 20) Verwendung gefunden hatte, allerdings ohne authentisches englisches Pendant, weil beide Übereinkommen nur in französischer Sprache verbindlich waren. Die inoffizielle englische Fassung, die das CMI von den Haager Regeln angefertigt hat, übersetzt den Passus „agents ou préposés du transporteur" in Art. 4 Abs. 2 lit. q mit „agents or servants of the carrier", und auch in den Hamburger Regeln zum Seefrachtrecht von 1978 werden in Art. 5 Abs. 1. die „préposés ou mandataires" des Beförderers gleichgesetzt mit seinen „servants or agents". Hier werden also die „servants" mit den „préposés" gleichgesetzt und den „agents" oder „mandataires" gegenübergestellt,[29] während der Begriff der „préposés" in der englischen Übersetzung von Art. 20 WA[30] ebenso wie in Art. 3 CMR „servants and agents" zugleich umfasst. Eine einheitliche Terminologie ist also im internationalen Transportrecht insoweit nicht vorhanden.[31] Schwankend war die Begrifflichkeit auch während der Beratungen zur CMR, wie sich der Vorgeschichte von Art. 29 Abs. 2, der Parallelbestimmung zu Art. 3, entnehmen lässt. Im Entwurf von 1951 ist dort von „représentants ou préposés" die Rede,[32] erst später begnügte man sich mit den préposés.

Die entscheidende Auslegungsfrage geht dahin, ob der Beförderer auch für **selbständige 17 Gehilfen** haftet oder nur für **Arbeitnehmer.** Für die erste Alternative spricht sowohl die besondere Erwähnung der „agents" neben den „servants" im englischen Wortlaut als auch das einhellige Verständnis des Begriffs „préposés" in der französischen Rechtssprache. Vor allem die Rechtsprechung zu der Vorschrift des Art. 1384 Abs. 5 C. c. über die deliktische Gehilfenhaftung verlangt nicht unbedingt eine arbeitsrechtliche Subordination des „préposé", wohl aber eine Weisungsabhängigkeit; in der Weisungsbefugnis liegt der eigentliche Rechtsgrund für die Haftungszurechnung.[33]

Die **Weisungsbefugnis des Beförderers** ist auch der Rechtsgrund des Art. 3 und **18** ist zugleich maßgeblich für die Abgrenzung des Personenkreises, für den der Beförderer einzustehen hat. Besteht für den Frachtführer noch eine gesteigerte, der arbeitsrechtlichen Weisungsbefugnis entsprechende Überwachungs- und Einwirkungsmöglichkeit, so ist sein Vertragspartner als préposé, als Bediensteter anzusehen und der Frachtführer auch für Handlungen haftbar zu machen, die der Vertragspartner nicht in Ausführung der konkreten Beförderung begangen hat. Wenn der selbständige Vertragspartner dagegen so unabhängig ist, dass dem Frachtführer keine Möglichkeit zur Überwachung oder Einwirkung bleibt, da es an einer Eingliederung in seinen Betrieb fehlt, dann soll er für diesen Gehilfen nur haften, wenn er sich seiner zur Ausführung der konkreten Beförderung bedient hat. Denn insoweit hat er auf ihn Einfluss nehmen können. Neben den Arbeitnehmern des Frachtführers müssen deshalb zu den „Bediensteten" solche nicht fest angestellten Personen gerechnet

---

[28] BT-Drucks. III/1144 S. 35 f.
[29] Siehe näher *Schmid* S. 40 ff.
[30] Vgl. *Schmid* S. 60 f.
[31] Vgl. dazu ausführlich *Knöfel* S. 96 ff.
[32] Siehe Art. 27 Abs. 2 des Avant-Projet, abgedruckt in *Unidroit*, L'unification du droit – Annuaire 1947–1952, S. 232.
[33] Siehe näher *Julien*, Stichwort „Responsabilité du fait d'autrui", in *Dalloz*, Répertoire de droit civil, Stand 2005, Nr. 109 ff.; vgl. auch die Anm. zu Cour cass. 4.5.1937, in *Capitant/Weill/Terré/Lequette*, Les grands arrêts de la jurisprudence civile, 8. Aufl. 1984, S. 446 ff.; vgl. auch *Schmid* S. 36 ff.

werden, die regelmäßig Dienste im Rahmen des Beförderungsunternehmens erbringen.[34] Dies ist der Fall, wenn diese Dienste zum Betrieb und zur Aufrechterhaltung des Transportunternehmens gehören und auf dem Betriebsgelände erbracht werden. Zu denken ist etwa an ein Reinigungsunternehmen, das das Säubern der Fahrzeuge oder des Lagers selbständig übernommen hat, oder an das Personal einer selbständigen Werkstatt, das die Fahrzeuge im Betrieb des Beförderers wartet. Als Arbeitnehmer fallen unter die Gruppe der „préposés" vor allem die Fahrer des Transportunternehmens,[35] die Disponenten, das Personal, das für den Beförderer mit der Be-, Ent- oder Umladung des Frachtgutes betraut ist, sowie Angestellte, die Fahrzeuge zu warten oder zu reinigen haben. „Préposés" im Sinn des Art. 3 können auch Organe juristischer Personen sein.[36]

**19**    **c) Andere Personen.** Einzustehen hat der Beförderer darüber hinaus für alle anderen Personen, deren er sich bei der Ausführung der Beförderung bedient. Die Handlungen und Unterlassungen solcher Personen fallen also nur in den Verantwortungsbereich des Beförderers, wenn sie in einem inneren Zusammenhang mit derjenigen Beförderung stehen, um die es im einzelnen Fall geht.[37] Denn nur hinsichtlich dieser Beförderung ist die Annahme gerechtfertigt, dass der Beförderer das Verhalten seines selbständigen Gehilfen durch geeignete vertragliche Abmachungen und/oder Weisungen hätte steuern können, vgl. Rn. 14. Erfasst werden danach vor allem **Subunternehmer,** die Teilfunktionen der vereinbarten Beförderung übernommen haben, dh. **Unterfrachtführer**[38] einschließlich ihres Personals und ihrer Subunternehmer,[39] im Falle der Fixkostenspedition auch der Hauptbeförderer,[40] ferner Stauereien,[41] Havariekommissare,[42] Empfangsspediteure,[43] Grenz- und Verzollungsspediteure[44] sowie Abschleppunternehmer oder Pannenhelfer, an die sich der Beförderer um Hilfe wendet, wenn sein Fahrzeug liegen bleibt.[45]

**20**    Der Beförderer muss sich der genannten Personen **bei der Ausführung der konkreten Beförderung bedienen.** Maßgebend ist somit, dass sie vom Frachtführer zur Erfüllung seiner Verpflichtungen gegenüber dem Absender eingesetzt werden. Nicht erforderlich ist, dass die andere Person Beförderungstätigkeiten im engeren Sinn ausführt; ausreichend ist vielmehr ein innerer Zusammenhang mit dem ihr übertragenen Aufgabenbereich hinsichtlich des jeweiligen Beförderungsvertrags, etwa auch im Rahmen der allgemeinen Obhutspflicht.[46] Diese Voraussetzungen fehlen, wenn ein Reparaturdienst auf das Betriebsgelände des Beförderers gerufen wird, um dort Arbeiten an einem anderen Lkw zu verrichten, und bei diesen Arbeiten der mit den Gütern des Absenders beladene Lkw einschließlich der

---

[34] *Loewe* ETR 1976, 525; *Jesser* S. 141; *Heuer* S. 163; *Herber/Piper* Rn. 3; *Koller* Rn. 3; *Thume/Schmid* Rn. 15; *Ferrari/Ferrari*, Int. Vertragsrecht, Rn. 7; Jabornegg/Artmann/*Csoklich* Rn. 4; im Ergebnis auch Fremuth/Thume/*Thume* Rn. 4; EBJS/*Boesche* Rn. 3; aA *Haak* S. 177: nur Arbeitnehmer.

[35] BGH 27.6.1985, TranspR 1985, 338; Cour Paris 6.4.1981, BT 1981, 567; *Herber/Piper* Rn. 5; EBJS/*Boesche* Rn. 3.

[36] *Putzeys* S. 49.

[37] *Heuer* S. 164.

[38] BGH 30.9.1993, NJW 1993, 3331 sub II 3 d; OGH Wien 25.4.1984, TranspR 1985, 265; Hof 's-Gravenhage 9.1.1970, ETR 1970, 587; Hof 's-Hertogenbosch 8.1.1970, Ned.Jur. 1971 Nr. 49; OLG Hamburg 14.2.1978, VersR 1980, 584; Cour Paris 4.7.1984, BT 1985, 158; *Lamy* 2013 Rn. 759 mwN; im Ergebnis auch *Ulster Swift v. Taunton Meat Haulage* [1977] 3 All E. R. 641 C. A.; *Herber/Piper* Rn. 7; *Koller* Rn. 3; *Thume/Schmid* Rn. 17; GroßkommHGB/*Helm* Rn. 9; EBJS/*Boesche* Rn. 5; Jabornegg/Artmann/*Csoklich* Rn. 5; aA Kantongerecht Rotterdam 21.11.1969, ETR 1970, 79.

[39] OLG Düsseldorf 12.12.1985, VersR 1986, 1069; OLG Hamm 14.11.1985, VersR 1987, 609; *Herber/Piper* Rn. 7; *Koller* Rn. 3; *Thume/Schmid* Rn. 18; EBJS/*Boesche* Rn. 5; aA *Hill/Messent* S. 66.

[40] *Herber/Piper* Rn. 7.

[41] Rb. Amsterdam 12.4.1972, S. & S. 1972, Nr. 102.

[42] *Heuer* S. 164; *Thume/Schmid* Rn. 22.

[43] BGH 25.10.1995, TranspR 1996, 118; OLG Hamburg 18.6.1992, TranspR 1992, 421; EBJS/*Boesche* Rn. 5.

[44] OLG München 27.3.1981, VersR 1982, 264; *Herber/Piper* Rn. 7; *Thume/Schmid* Rn. 24; EBJS/*Boesche* Rn. 5.

[45] *Putzeys* S. 50; *Loewe* ETR 1976, 526; *Jesser* S. 142; *Herber/Piper* Rn. 7; EBJS/*Boesche* Rn. 5.

[46] *Koller* Rn. 4; unklar EBJS/*Boesche* Rn. 4; *Thume/Schmid* Rn. 31; abweichend *Heuer* S. 164; *Herber/Piper* Rn. 6.

Ladung beschädigt wird.[47] Ebenso wenig haftet er für die Handlungen von **Zollbeamten,** die unabhängig von Weisungen und Aufträgen des Beförderers tätig werden, derer er sich also nicht „bedient".[48] Zum **Lkw–Vermieter** siehe Art. 17 Abs. 3 und oben Rn. 5.

**2. Handeln in Ausübung der Verrichtung. a) Leitgedanken.** Der Beförderer ist für **21** alle Hilfspersonen nur verantwortlich, wenn sie in Ausübung ihrer Verrichtungen handeln. In diesem Punkt unterscheidet sich der Wortlaut des Art. 3 von Art. 50 ER CIM 1980, allerdings nur im Wortlaut.[49] Während es bei der Frage, ob sich der Beförderer eines Gehilfen „bei der Ausführung der Beförderung bedient", um die Zwecke und Perspektive des Transportunternehmers geht (Rn. 20), ist hier für den Gehilfen zu klären, ob er **sich im Rahmen des ihm übertragenen Pflichtenkreises** bewegt. Diese Frage stellt sich sowohl für die „Bediensteten" als auch für die „anderen Personen" (Rn. 13). Dabei ist es durchaus möglich, dass Bedienstete", für die der Beförderer uneingeschränkt haftet (Rn. 14), in Ausübung ihrer Verrichtung tätig sind, ohne dass sich der Beförderer ihrer für die Ausführung des konkreten Transports oder überhaupt eines Transports bedient,[50] man denke etwa an das Personal in der Buchhaltung, das mit konkreten Transporten gar nicht befasst ist, aber bei Fehlbuchungen von Nachnahmebeträgen gleichwohl in Ausübung seiner Verrichtungen handelt.

Zur Beurteilung der Frage, wann ein Gehilfe noch in Ausübung der Verrichtung handelt, **22** wird überwiegend **auf nationales Zivilrecht zurückgegriffen.** Teilweise geschieht dies ganz offen,[51] teilweise werden die Kriterien des nationalen Rechts in der Sache herangezogen.[52] Die Anlehnung an das nationale Recht führt zwar in den meisten Fällen zu denselben Ergebnissen; dies muss jedoch nicht immer der Fall sein. Die Methode ist aus grundsätzlichen Erwägungen abzulehnen (Einl. Rn. 22). Anzustreben ist vielmehr die **einheitliche Auslegung** dessen, was „in Ausübung der Verrichtung" bedeutet. Eine solche Auslegung muss vom Sinn und Zweck der Zurechnung gemäß Art. 3 ausgehen.

Manche sehen in Art. 3 einen **Spiegel der Haftungsbefreiung gemäß Art. 17 Abs. 2;** **23** der Gehilfe handelt danach so lange „in Ausübung der Verrichtung", wie sein Verhalten nicht zu den Umständen zu rechnen ist, die für den Beförderer unvermeidbar sind.[53] Diese Gleichsetzung trifft für die CMR jedoch nicht immer zu: wenn ein Angestellter des Beförderers nachts in dessen Frachtdepot einbricht und Ladung entwendet, handelt er außerhalb der Arbeitszeit und nicht mehr in Ausübung der ihm aufgetragenen Verrichtungen; ob sich der Beförderer aber gemäß Art. 17 Abs. 2 von seiner Haftung für den Verlust der Güter befreien kann, steht auf einem anderen Blatt und hängt davon ab, ob er ausreichende Vorkehrungen gegen Diebstähle getroffen hat.[54] Im Übrigen ist Art. 3 multifunktional und auch deshalb nicht nur im Licht einer einzigen Haftungsnorm der CMR zu interpretieren, vgl. Rn. 2, 10.

Da **Sinn und Zweck** des Art. 3 dahin gehen, die Risiken der Arbeitsteilung demjenigen **24** zuzuweisen, der den Nutzen aus ihr zieht (Rn. 1), kann die Gehilfenhaftung auch nur solche Handlungen der Gehilfen erfassen, die in einem **inneren sachlichen Zusammenhang** mit der übertragenen Verrichtung stehen.[55] Entscheidend ist, dass die übertragene Verrichtung, aus der der Beförderer den wirtschaftlichen Nutzen zieht, den Gehilfen in die Lage versetzt, die schädigende Handlung zu begehen, das **Risiko schädigender Handlungen**

---

[47] Thume/*Schmid* Rn. 25.
[48] LG Hamburg 19.1.1983, TranspR 1983, 47; *Herber/Piper* Rn. 8; Thume/*Schmid* Rn. 27; EBJS/*Boesche* Rn. 6; aA *Knöfel* S. 105.
[49] *Spera* Art. 50 Anm. 5 weist mit Recht daraufhin, dass Art. 50 ER CIM sich nur auf Handlungen bezieht, die der Gehilfe in Ausführung des Frachtvertrags begeht.
[50] *Heuer* S. 165.
[51] *Hill/Messent* S. 66 f.
[52] *Clarke* S. 166 Nr. 49; *Glöckner* Rn. 1; *Heuer* S. 165, wo die Abgrenzung zum Handeln gelegentlich der Verrichtung wie bei §§ 278, 831 BGB aufgegriffen wird.
[53] Angedeutet bei *Haak* S. 178.
[54] *Clarke* S. 233 ff. Nr. 75.
[55] BGH 27.6.1985, TranspR 1985, 338, 339 sub II 2 a = VersR 1985, 1060; ähnlich *Koller* Rn. 5; *Herber/Piper* Rn. 9.

**erheblich steigert** und der Beförderer mit dem Fehlverhalten im Zusammenhang mit der Ausübung der Verrichtung rechnen konnte.[56] Fehlt es daran, so handelt der Gehilfe nicht in Ausübung, sondern allenfalls bei Gelegenheit der Verrichtung.

25     **b) Einzelfälle.** Aus dieser Sicht können sogar **Straftaten** noch in Ausübung der Verrichtung begangen werden. So handeln etwa Fahrer, die während des eigentlichen Beförderungsvorgangs und unter Verwendung desselben auch zum Transport benutzten Fahrzeugs **Alkohol schmuggeln,** in Ausführung ihrer Verrichtung; daran ändern entgegenstehende Verbote und Anweisungen des Transportunternehmers nichts.[57] Dasselbe gilt, wenn ein Fahrer eigenmächtig **Fluchthilfe** dadurch gewährt, dass er Personen im Fahrzeug mit über die Grenze nimmt.[58] Ebenso ist der Frachtführer nach Art. 3 für einen Fahrer verantwortlich, der eine **Spritztour** mit einem zu transportierenden Pkw unternimmt und diesen dabei beschädigt.[59] Bei **Abweichung von der vorgegebenen Fahrroute** um 5 km handelt der Fahrer noch in Ausübung seiner Verrichtung, wenn er den beladenen Lastzug in der Innenstadt abstellt, um eine Bekannte zu besuchen und dort eine Mahlzeit einzunehmen.[60] Bei **Diebstählen** ist der notwendige Zusammenhang bei Bediensteten im Allgemeinen gegeben,[61] ebenso bei im Rahmen der Beförderung eingesetzten Dritten wie Unterfrachtführern, jedenfalls dann, wenn ihnen die Obhutspflicht übertragen wurde oder sonst im Rahmen des jeweiligen Beförderungsvertrags der Zugang zum Transportgut eröffnet wurde.[62]

26     Beteiligen sich Fahrer oder andere Hilfspersonen des Beförderers an der **Be- und Entladung** des Fahrzeugs, so ist als erstes zu prüfen, ob diese Tätigkeit überhaupt in den Pflichtenkreis des Beförderers fällt. Wenn dies – wie regelmäßig – nicht der Fall ist, führt auch Art. 3 nicht zu einer Haftung des Beförderers; die Vorschrift ist nur Zurechnungsnorm und keine Haftungsgrundlage, Rn. 1. Schäden, die Hilfspersonen des Beförderers **unmittelbar bei der Be- oder Entladung** verursachen, fallen daher durchweg nicht in die Risikosphäre des Transportunternehmers.[63] Die Gefälligkeit des Fahrers führt also nicht zu einer Erweiterung der Haftung des Beförderers, auch dann nicht, wenn dieser seine Leute allgemein auffordert, der Kundschaft entgegen zu kommen. Anders können die Dinge liegen, wenn ein Beladungsfehler des Fahrers, den der Beförderer aus Gefälligkeit zur Mitwirkung an der Beladung veranlasste, zur Folge hat, dass das Gut **später während des Transports beschädigt** wird. Solche Schäden fallen in den Haftungszeitraum des Art. 17; die Haftungsausnahme für Absenderverladung, Art. 17 Abs. 4 lit. c greift nicht ein, wenn Leute des Frachtführers beladen haben, und sei es auch aus Gefälligkeit, also ohne Verpflichtung.[64] Für Art. 17 Abs. 4 lit. c ist allein maßgeblich, dass Leute des Absenders beladen haben, und dazu zählt der Fahrer zwar vielleicht im Falle der Mitwirkung aus eigener Gefälligkeit,[65] aber nicht wenn ihm diese Gefälligkeit vom Beförderer abverlangt wurde. Ist die Verladung Aufgabe des Absenders, so haftet der Frachtführer nicht für den Fahrer,

---

[56] *Koller* Rn. 5; *Jesser* S. 143; *Jabornegg/Artmann/Csoklich* Rn. 6; ähnlich *Herber/Piper* Rn. 9; nach *Basedow* in der Erstauflage muss die übertragene Verrichtung notwendige Voraussetzung des schädigenden Verhaltens sein; ebenso *Ferrari/Ferrari,* Int. Vertragsrecht, Rn. 12; abweichend auch Fremuth/Thume/*Thume* Rn. 10: auf das subjektive Merkmal der Erkennbarkeit könne es nicht ankommen; EBJS/*Boesche* Rn. 7 erwähnt Erkennbarkeit nicht.

[57] OGH Wien 12.12.1984, SZ 57/196 = TranspR 1986, 426; BGH 27.6.1985, TranspR 1985, 338 = VersR 1985, 1060; aA *Glöckner* TranspR 1988, 327.

[58] OGH Wien 22.11.1977, TranspR 1980, 31; aA OLG Wien 23.6.1976, Verkehr 1976, 2028 mit Anm. *Blasche.*

[59] OLG München 19.9.1980, unveröffentlicht, zitiert nach *Groth* VersR 1983, 1104.

[60] BGH 16.2.1984, VersR 1984, 551.

[61] *Herber/Piper* Rn. 12; *Haak* S. 178; EBJS/*Boesche* Rn. 8; *Koller* Rn. 5; *Jabornegg/Artmann/Csoklich* Rn. 6; aA *Heuer* S. 166; dazu auch OLG Hamburg 9.7.1981, VersR 1983, 352.

[62] *Herber/Piper* Rn. 12; EBJS/*Boesche* Rn. 8; *Koller* Rn. 5; vgl. dazu OLG Hamburg 14.5.1996, TranspR 1997, 100, 101.

[63] Rb. Arnhem 21.10.1972, S. & S. 1973 Nr. 16, zitiert nach *Ponet* Rn. 337 S. 225.

[64] BGH 24.9.1987, RIW 1988, 307, 308 sub I 1 a; OLG Koblenz 6.10.1989, TranspR 1991, 93, 95 sub IV 1 stellt demgegenüber auf die Übernahme einer entsprechenden Pflicht durch den Beförderer ab.

[65] Dass Erfüllungsgehilfen derart „die Seiten wechseln" können, ist in besonderen Fällen anerkannt, vgl. in einem luftfrachtrechtlichen Fall BGH 27.10.1978, NJW 1979, 493 sub I 2 b; vgl. auch Art. 17 Rn. 67.

der die vorgenommene Stauweise als sachgerecht bezeichnet hat.[66] Dagegen haftet der Frachtführer, wenn das Transportgut dadurch beschädigt worden ist, dass ein Tank nicht völlig sauber ist und der Fahrer dem Absender versichert hat, dass die Unsauberkeit der Ware nicht schaden würde.[67]

# Kapitel III. Abschluß und Ausführung des Beförderungsvertrages

## Art. 4 [Konsensualvertrag]

[1]**Der Beförderungsvertrag wird in einem Frachtbrief festgehalten.** [2]**Das Fehlen, die Mangelhaftigkeit oder der Verlust des Frachtbriefes berührt weder den Bestand noch die Gültigkeit des Beförderungsvertrages, der den Bestimmungen dieses Übereinkommens unterworfen bleibt.**

### Chapitre III. Conclusion et exécution du contrat de transport
### Art. 4

Le contrat de transport est constaté par une lettre de voiture. L'absence, l'irrégularité ou la perte de la lettre de voiture n'affectent ni l'existence ni la validité du contrat de transport qui reste soumis aux dispositions de la présente Convention.

### Chapter III. Conclusion and performance of the contract of carriage
### Art. 4

The contract of carriage shall be confirmed by the making out of consignment note. The absence, irregularity or loss of the consignment note shall not affect the existence or the validity of the contract of carriage which shall remain subject to the provisions of this Convention.

**Schrifttum:** Siehe Einleitung vor Rn. 1 sowie *Chao,* Transport routier international: Absence de lettre de voiture et limitation de responsabilité, BT 1990, 783; *Czerwenka,* Bedarf es einer Revision der CMR zur Einführung des elektronischen Frachtbriefs im internationalen Straßenverkehr? TranspR 2004, Heft 3 Sonderbeilage IX; *Fischer,* CMR-Beförderungsvertrag und Zinsanspruch, TranspR 1991, 321; *Gündisch,* Die Absenderhaftung im Land- und Seetransportrecht, 1999; *Heuer,* Zur Frachtführerhaftung nach der CMR: Haftungszeitraum – Ladetätigkeit – Fahrervollmacht – Lkw- bzw. Ladungsdiebstahl, VersR 1988, 312; *Koller,* Kurzkommentar zu BGH 8.6.1988, EWiR 1988, 993; *ders.,* Kurzkommentar zu BGH 25.9.1986, EWiR 1986, 1219; *Konow,* Schadensersatz wegen positiver Forderungsverletzung im Rahmen von Frachtverträgen, TranspR 1987, 14; *Lutz,* Anmerkungen zur französischen Rechtsprechung zur CMR, TranspR 1991, 6; *Martius,* The use of electronic means of communication under the Convention on the Contract for the International Carriage of Goods By Road, ETR 2007, 297; *Mercadal,* Conclusion of the Contract of Carriage: The Rôle of the Consignment Note and the General Conditions (Arts. 4, 5, 6, 7, 9, 11, 21), in *Theunis* S. 31; *Piper,* Probleme der CMR unter Berücksichtigung der Rechtsprechung des Bundesgerichtshofs, insbesondere zur Ersatzpflicht des CMR-Frachtführers, TranspR 1990, 357; *Putzeys,* Preparation of a Protocol Additional to the CMR concerning the Electronic Consignment Note, ULR 2005, 532; *ders.,* L'adaption de la CMR à l'ère informatique, ULR 2006, 523; *Recalde Castells,* La firma de las partes en la carta de porte (firma manual y firma impresa, mecánica o electrónica) Revista general de derecho 606 (1995) 2229; *Ruitinga,* Some notes as to articles 8 and 9 of the CMR, ETR 1982, 235; *Voigt,* Der Beginn der Lieferfrist beim CMR-Vertrag, VersR 1973, 501; *Willenberg,* Rechtsfragen des Palettenverkehrs auf der Straße, TranspR 1985, 161; *Zapp,* Vertraglich begründete Überprüfungspflichten und Art. 41 CMR, TranspR 1991, 371.

## Übersicht

| | Rn. | | Rn. |
|---|---|---|---|
| **I. Bedeutung und Zweck** | 1 | 3. Wagenstellungsvertrag | 7 |
| **II. Vertragsabschluss** | 2–7 | **III. Frachtbrief** | 8–13 |
| 1. Beurteilung nach nationalem Recht | 2–4 | 1. Ausstellungspflicht | 8–10 |
| 2. Regelung des Einheitsrechts – Konsensualvertrag | 5, 6 | 2. Wirkungen | 11–13 |

[66] OLG Hamburg 14.12.1978, VersR 1980, 584.
[67] Cour Colmar 11.1.1972, BT 1972, 90.

## I. Bedeutung und Zweck

**1**   Die Vorschrift betrifft den rechtlichen Zusammenhang zwischen der Ausstellung eines Frachtbriefs und der Wirksamkeit des Vertrags. Sie regelt hingegen nicht den Vertragsabschluss selbst. Satz 1 setzt bereits den wirksamen Abschluss eines Vertrags voraus und ordnet für diesen Fall an, dass der Vertrag in einem Frachtbrief festgehalten werde, über dessen Inhalt und Ausstellungsmodalitäten die Art. 5 und 6 Näheres bestimmen. Der Frachtbrief ist bloßes Beweismittel und nicht Wirksamkeitsvoraussetzung des Transportvertrags, wie sich deutlich aus Satz 2 ergibt. Diese Vorschrift ist überflüssig, wenn man von dem Grundsatz des **Konsensualvertrags** ausgeht, der im Zivilrecht oder jedenfalls im Handelsrecht der meisten Länder anerkannt ist.[1] Die besondere Hervorhebung erklärt sich daraus, dass das internationale und vielfach auch das nationale Eisenbahnrecht zum Zeitpunkt der Entstehung der CMR den Frachtvertrag als **Formalvertrag** ausgestaltet hatte, der erst mit Übergabe des Frachtbriefs wirksam werden sollte;[2] ähnliche Regeln finden bzw. fanden sich auch im nationalen Transportrecht anderer Verkehrsträger, so etwa in Deutschland vor der Transportrechtsreform in § 15 KVO.[3] Art. 4 stellt klar, dass die CMR dem Vorbild des zum Entstehungszeitpunkt des Übereinkommens geltenden Eisenbahnrechts nicht folgt.

## II. Vertragsabschluss

**2**   **1. Beurteilung nach nationalem Recht.** Trotz der Überschrift des Kapitels III der CMR („Abschluss und Ausführung des Beförderungsvertrages") enthält das Übereinkommen **keine Regelung** darüber, wie der Beförderungsvertrag zustande kommt und unter welchen Voraussetzungen er gültig, nichtig oder anfechtbar ist. Diese Fragen sind vielmehr auf der Grundlage der ergänzend anwendbaren nationalen Vertragsrechtsordnung zu beantworten.[4] Gemäß Art. 10 Rom I-VO ist es in aller Regel das **Vertragsstatut** selbst, das auch über das Zustandekommen des Vertrags und seine Wirksamkeit entscheidet; insoweit wird auf Einl. Rn. 41 ff. verwiesen.

**3**   Ist **deutsches Recht maßgeblich,** so gelten im Wesentlichen die §§ 145 ff. BGB. Das HGB schweigt, von § 362 abgesehen, zu Fragen des Vertragsschlusses. Frachtführer sind Geschäftsbesorgungskaufleute[5] und daher gemäß **§ 362 HGB** verpflichtet, unverzüglich auf Vertragsangebote solcher Personen zu antworten, mit denen sie in Geschäftsverbindung stehen oder gegenüber denen sie sich zur Besorgung von Transporten verpflichtet haben. Ihr Schweigen auf ein solches Angebot gilt als dessen Annahme. Nach der Rechtsprechung wird die Zustimmung des Frachtführers oder des Absenders ferner fingiert, wenn er einem **kaufmännischen Bestätigungsschreiben** der anderen Vertragspartei nicht widerspricht.[6] Für ein ausländisches Unternehmen sind diese Zustimmungsfiktionen des deutschen Rechts überraschend, wenn das Recht ihres gewöhnlichen Aufenthaltsorts ihrem Schweigen keine vergleichbare Bedeutung beimisst.[7] In solchen Fällen gestattet es Art. 10 Abs. 2 Rom I-VO der betreffenden Partei, sich für die Behauptung, sie habe dem Vertrag nicht zugestimmt,

---

[1] Eingehend *Zweigert/Kötz,* Einführung in die Rechtsvergleichung, 3. Aufl. 1996, § 27 S. 359 ff.; *Rodière* (Hrsg.), Forme et preuve du contrat, 1979, Tableau récapitulatif, S. 12.

[2] Art. 11 § 1 ER CIM 1980; vor der Reform in Deutschland auch § 61 EVO; siehe auch *Rodière,* Le contrat, Tableau récapitulatif, S. 10 sub IV. Mit der Reform des internationalen Eisenbahnrechts wurde der Frachtvertrag für die Bahn ebenfalls als Konsensualvertrag ausgestaltet, Art. 6 § 2 ER CIM 1999.

[3] Vgl. *Rodière,* Le contrat, Tableau récapitulatif, S. 10 sub IV; zur Entwicklung auch *Basedow* TranspV S. 221 ff.

[4] Denkschrift der BReg., BT-Drucks. III/1144 S. 36 zu Art. 4; EBJS/*Boesche* Rn. 1; Jabornegg/Artmann/ Csoklich Rn. 2; *Clarke* S. 57 Nr. 21; *Putzeys* S. 112 Nr. 303.

[5] Vgl. BGH 11.7.1966, BGHZ 46, 43 = NJW 1966, 1966, 1967 sub I. für Lagerhalter; für Frachtführer auch MüKoHGB/*Welter* 3. Aufl. 2013 § 362 HGB Rn. 19.

[6] Vgl. nur MüKoHGB/*Welter* 3. Aufl. 2013 § 362 HGB Rn. 16 ff., 27 ff., 35 ff.

[7] Rechtsvergleichend zum kaufmännischen Bestätigungsschreiben und zur Annahme durch Schweigen *Beckmann/Sandrock* in Sandrock (Hrsg.), Handbuch der Internationalen Vertragsgestaltung I, 1980, Rn. B 72, 83 ff. (Frankreich), 108 (Italien), 119 (Niederlande), 131 f., 135 f. (Großbritannien), 144 (Dänemark); 149 f. (Schweiz); 152 ff. (Österreich, § 362 HGB ist seit 1.1.2007 aufgehoben); siehe auch *Ebenroth* ZVglRWiss 77 (1978) 161 ff.

auf ihr Aufenthaltsrecht zu berufen, wenn es nach den Umständen nicht gerechtfertigt ist, das Verhalten der ausländischen Partei am deutschen Recht zu messen.[8]

Beurteilt sich der **Vertragsschluss nach ausländischem Recht,** so sind im Bereich **4** der Konsensbildung vor allem zwei Besonderheiten zu beachten, durch die sich fremde Rechtsordnungen vom deutschen Recht unterscheiden. In zahlreichen Ländern, vor allem des romanischen Rechtskreises, aber auch nach common law, ist das **Vertragsangebot** entgegen § 145 BGB **widerruflich.**[9] Auch der **Moment des Vertragsschlusses** variiert: In einigen Staaten, wie zB in Italien, kommt es nicht nur auf den Zugang der Annahme beim Urheber des Angebots an, sondern auf dessen tatsächliche Kenntnis von der Annahme; in anderen Rechtsordnungen entscheidet dagegen schon die Absendung (Entäußerung) durch den Annehmenden, so im common law.[10]

**2. Regelung des Einheitsrechts – Konsensualvertrag.** Unbeachtlich für CMR-Ver- **5** träge sind dagegen Formerfordernisse des nationalen Rechts. Dies folgt, soweit es um einen nationalen Frachtbriefzwang geht, unmittelbar aus der vorrangigen Bestimmung des Art. 4 Satz 2. Mit dem Sinn und Zweck dieser Vorschrift wäre es nicht vereinbar, wenn eine nationale Rechtsordnung die Wirksamkeit des Vertrags von der Beachtung anderer Formerfordernisse (zB eigenhändige Unterschrift, sonstige Schriftlichkeit, Verwendung von Stempelpapier) abhängen ließe. Der CMR-Transportvertrag ist **kein Formalvertrag,** sondern Konsensualvertrag;[11] für den Abschluss des Vertrags genügt die Willensübereinkunft von Absender und Beförderer über den durchzuführenden Transport. Art. 4 verdrängt auch prozessrechtliche Vorschriften, die den Urkundenbeweis vorschreiben oder – wie in Frankreich Art. 1341 C. c. – ihn durch ein **Verbot des Zeugenbeweises** praktisch als einziges Beweismittel zulassen.

Der CMR-Vertrag ist auch **kein Realvertrag.**[12] Nationale Bestimmungen, nach denen **6** der Transportvertrag erst zustande kommt, wenn das Ladungsgut an den Beförderer übergeben ist,[13] finden im Anwendungsbereich der CMR keine Anwendung.[14] Dies folgt zwar nicht unmittelbar aus dem Wortlaut von Art. 4, lässt sich jedoch aus anderen Vorschriften entnehmen. Wenn der Frachtführer gemäß Art. 8 Abs. 1 lit. a bei der Übernahme des Gutes die Richtigkeit der Angaben im Frachtbrief über das Gut zu prüfen hat, so wird vorausgesetzt, dass bei der Übernahme bereits ein Frachtbrief ausgestellt ist; da der Frachtbrief gemäß Art. 4 Satz 1 den Vertrag „festhält", geht die CMR von der Möglichkeit aus, dass der Vertrag schon vor der Übernahme des Gutes zustande gekommen ist. Ähnliches lässt sich aus Art. 9 Abs. 1 folgern: Wenn der Frachtbrief Beweis für den Beförderungsvertrag „sowie" für die Übernahme des Gutes erbringt, so behandelt die Vorschrift beide Beweisthemen offenbar als unabhängig voneinander. Schließlich lässt die Verjährungsregel des Art. 32 Abs. 1 in Satz 3 die Verjährungsfrist in manchen Fällen mit der Übernahme des Gutes beginnen (lit. b), in anderen Fällen mit dem Abschluss des Vertrags (lit. c); auch dies gibt nur Sinn, wenn beide Zeitpunkte auseinander fallen können.

---

[8] Palandt/*Thorn* 72. Aufl. 2013 Art. 10 Rom I-VO Rn. 4 f.

[9] *Zweigert/Kötz* (Fn. 1) § 26, S. 351 ff.; *Rodière* (Hrsg.), La formation du contrat, 1976, Tableau récapitulatif S. 20 sub 6; *Ferrari* Boston University International Law Journal 10 (1992) 171, 188 ff.; *von Mehren* Int.Encycl.Comp.L. vol. 7 ch. 9 (1992) sect. 135 ff.

[10] *Zweigert/Kötz* (Fn. 1) § 26 S. 352 f.; *Rodière* (Fn. 9) Tableau récapitulatif S. 24 sub 12; *Ferrari* (Fn. 9) 195 ff.; *von Mehren* (Fn. 9) sect. 182 ff.

[11] BGH 27.1.1982, NJW 1982, 1944, 1945; Cass.com. 17.2.1970, BT 1970, 158 = Rev.crit.dr.int.pr. 60 (1971) 806; OGH Wien 6.9.1967, *Greiter* S. 18; Hof Antwerpen 23.2.1993, ETR 1993, 934, 939; *Theunis/Mercadal* S. 31 f.; *Lamy* 2013 Rn. 721, 725; *Clarke* S. 57 Nr. 22; *Lenz* Rn. 195; *Koller* Rn. 1; *Herber/Piper* Rn. 2; GroßkommHGB/*Helm* Rn. 3; Thume/*Teutsch* Rn. 1; EBJS/*Boesche* Rn. 1; Jaborneg/Artmann/*Csoklich* Rn. 1.

[12] LG Bremen 6.5.1965, ETR 1966, 691, 696; Hof Antwerpen 23.2.1993, ETR 1993, 934, 939; *Lenz* Rn. 195; *Lieser,* Ergänzung der CMR durch unvereinheitlichtes deutsches Recht, 1991, S. 62 ff.; *Putzeys* S. 112 Nr. 301; *Nickel-Lanz* S. 23; *Heuer* S. 39 ff.; EBJS/*Boesche* Rn. 1.

[13] Allgemein rechtsvergleichend zu Realverträgen *Ferrari* (Fn. 9) 173 ff.; *ders.,* La formazione del contratto, in: *Galgano* (Hrsg.), Atlante di diritto privato comparato, 1992, S. 67 ff., 68 f.; zur Kritik siehe *Basedow* TranspV S. 230 ff.

[14] Siehe die Nachweise in Fn. 12, eingehend vor allem *Nickel-Lanz.*

7   **3. Wagenstellungsvertrag.** Im Anwendungsbereich der CMR umfasst der Konsens zwischen Frachtführer und Absender über die Beförderung bereits die Verpflichtung des Frachtführers, ein geeignetes Fahrzeug zur Beladung zur Verfügung zu stellen,[15] sodass ein gesonderter Wagenstellungsvertrag nicht erforderlich ist. Es steht den Parteien aber frei, einen isolierten Wagenstellungsvertrag abzuschließen,[16] der dann außerhalb der CMR steht. Auch für den Fall der Schlechterfüllung oder Nichterfüllung einer mit dem Transportvertrag verbundenen Wagenstellung enthält die CMR keine Haftungsvorschriften. Insbesondere ist die Haftungsbestimmung des Art. 17 Abs. 1 iVm. Art. 19 Abs. 1 weder unmittelbar noch analog auf die Überschreitung der Ladungsfrist anzuwenden.[17] Eine flächendeckende Regelung aller Leistungsstörungen ist nicht Zweck der CMR im Besonderen und der Transportrechtskonventionen im Allgemeinen. Es geht in den betreffenden Übereinkommen vielmehr hauptsächlich um die einheitliche Regelung derjenigen Risiken, die sich gerade aus dem Transportvertrag ergeben, und nicht um Leistungsstörungen, die vor dem Beginn der Beförderungsphase liegen.[18] Wenn der Beförderer das zugesagte Fahrzeug nicht vereinbarungsgemäß stellt, so richtet sich die **Haftung** für Schäden, die sich gerade daraus (und nicht aus anderen Vertragsverletzungen wie etwa der verspäteten Ablieferung) ergeben, **nach dem ergänzend anwendbaren nationalen Recht,**[19] vgl. Einl. Rn. 41 ff. Kommt deutsches Recht zum Zuge, so ist die Stellung eines ungeeigneten Fahrzeugs als Nichterfüllung iS §§ 280, 281 BGB zu beurteilen.[20]

### III. Frachtbrief

8   **1. Ausstellungspflicht.** Art. 4 Satz 1 begründet zwar die Pflicht zur Ausstellung eines Frachtbriefs, nennt jedoch nicht den **Adressaten** dieser Pflicht und bleibt insofern unvollständig. Manche sehen darin eine Lücke der Konvention, die durch nationales Recht zu füllen sei; soweit deutsches Recht nach den Regeln des IPR (Einl. Rn. 41 ff.) zum Zuge komme, habe der Frachtführer gegen den Absender einen Anspruch auf Ausstellung des Frachtbriefs.[21] Nach anderer Auffassung ist jede Vertragspartei im Rahmen ihres eigenen wirtschaftlichen Bereichs verpflichtet, die erforderliche Mitwirkung an der Ausstellung des Frachtbriefs zu prästieren;[22] dabei bleibt allerdings unklar, wer für das Formular zu sorgen hat und welche konkreten Mitwirkungshandlungen gemeint sind. Ein Teil der Literatur lässt sich auf die Frage nach dem Träger der Dokumentationspflicht gar nicht ein und weist lediglich auf die Praxis hin, in der nach manchen der Absender[23] und nach anderen Stimmen der Frachtführer für die Ausstellung sorgt.[24]

9   Historisch ist der Frachtbrief entstanden als ein Begleitschreiben, das der Absender dem Frachtführer mitgab und in dem er den Empfänger über Inhalt, Art und Umfang der Sendung informierte;[25] dies erklärt die **Ausstellungspflicht des Absenders** gemäß § 408 Abs. 1 HGB. Als Alternative dazu wurden zum Teil, etwa im Postwesen, auch Empfangsscheine verwendet, die der Beförderer ausstellt. Im französischen Landtransportrecht haben sich diese Dokumente (récépissés) allgemein durchgesetzt und nicht die Frachtbriefe (lettres

---

[15] LG Saarbrücken 5.7.1982, VersR 1983, 1074; *Heuer* S. 40.
[16] *Koller* Rn. 1; GroßkommHGB/*Helm* Rn. 8.
[17] *Koller* vor Art. 1 Rn. 26; *Lieser* (Fn. 12) S. 126 f.; aA, aber differenzierend OLG Hamm 14.11.1985, TranspR 1986, 77, 79 f.
[18] So wendet die Rspr. auf die Überbuchungsschäden im Luftverkehr auch nicht Art. 19 WA bzw. Art. 19 MÜ an, vgl. BGH 28.9.1978, NJW 1979, 495; LG Berlin 10.6.1981, NJW 1982, 1538; dazu Giemulla/Schmid/*Schmid* Art. 19 MÜ Rn. 94 ff.
[19] *Jesser* S. 33; *Heuer* S. 40.
[20] *Koller* Vor Art. 1 Rn. 26.
[21] *Koller* Rn. 3.
[22] *Loewe* ETR 1976, 527.
[23] *Clarke* S. 58 f. Nr. 23.
[24] *Putzeys* S. 120 Nr. 325; *Pesce* S. 107 f.
[25] Siehe *Levin Goldschmidt*, Handbuch des Handelsrechts I 2, 1868, S. 734: „... Notiz in Form eines offenen Begleitschreibens an den Empfänger ..."; vgl. auch *Basedow* TranspV S. 361 f.

de voiture).[26] Indem die CMR die Ausstellung einer lettre de voiture und nicht eines récépissé verlangt, knüpft sie an allgemeine Rechtsgrundsätze der gemeineuropäischen Handelsrechtsgeschichte an und weist die Ausstellungspflicht implizit dem Absender zu.[27] Auch wenn die Frachtbriefformulare von den Verbänden des Verkehrsgewerbes entwickelt werden, ist es doch grundsätzlich der Absender, der das Formular auszufüllen und es dem Beförderer zur Prüfung (Art. 8) und Unterschrift (Art. 5 Abs. 1) auszuhändigen hat, mag auch in der Praxis der Beförderer für die Dokumentenausstellung sorgen. Dies erklärt, warum Art. 7 Abs. 2 den Absender haften lässt, wenn der Frachtführer auf sein Geheiß Eintragungen vorgenommen hat und warum Art. 5 Abs. 1 Satz 3 davon spricht, dass die erste Ausfertigung dem Absender zurückgegeben („remis") wird; die deutsche Übersetzung („erhält der Absender") ist irreführend.[28]

Art. 4 sieht **keine unmittelbaren Sanktionen** für den Fall vor, dass der Absender seiner   **10** Ausstellungspflicht oder der Frachtführer seiner Mitwirkungspflicht nicht nachkommt. Anders als die primäre Ausstellungspflicht selbst lässt sich ihre Sanktionierung auch nicht aus anderen Vorschriften der CMR oder dem Sinnzusammenhang der Konvention ableiten. Art. 7 regelt nicht den Fall, dass gar kein Frachtbrief ausgestellt worden ist. Maßgeblich ist deshalb das ergänzend anwendbare nationale Vertragsrecht, vgl. Einl. Rn. 41 ff.[29] Kommt deutsches Recht zum Zuge, so steht dem Beförderer, wenn der Absender keinen Frachtbrief ausstellt, ein Zurückbehaltungsrecht gemäß § 273 BGB und Schadensersatz wegen Schlechterfüllung (§ 280 BGB) zu;[30] die Verletzung der Ausstellungspflicht kann so schwerwiegend sein, dass der Beförderer auch berechtigt ist, vom Vertrag zurückzutreten.[31] Entsprechendes gilt, wenn der Frachtführer seine Mitwirkungspflicht verletzt.

**2. Wirkungen.** Der CMR-Frachtbrief ist primär eine Beweisurkunde und hat, was den   **11** Bestand des Vertrags betrifft, nur **deklaratorische Bedeutung,** vgl. Satz 2. Dennoch ist er wichtig: Die Obliegenheit des Frachtführers, das Gut bei Übernahme zu überprüfen, bezieht sich auf die Angaben im Frachtbrief, Art. 8, und für die Richtigkeit der Eintragungen im Frachtbrief streitet eine – widerlegliche – Beweisvermutung, die sich auf den Zustand der Güter bei Übernahme, Art. 9 Abs. 2, und Ablieferung, Art. 30, sowie auf Abschluss und Inhalt des Vertrags erstreckt, Art. 9 Abs. 1. Diese Bedeutung erklärt, warum dem Absender, der falsche Angaben macht, die Haftung droht, Art. 7.

Für manche Rechtsfolgen soll der Frachtbrief auch **konstitutive Wirkungen** entfalten.   **12** So hängt gemäß Art. 12 Abs. 5 lit. a die Ausübung des Weisungsrechts von der Vorlage der ersten Ausfertigung des Frachtbriefs ab, vgl. näher Art. 12 Rn. 25 ff. Will sich der Frachtführer auf den Haftungsbefreiungsgrund nach Art. 17 Abs. 4 lit. a berufen, ist ebenfalls eine Eintragung einer entsprechenden Vereinbarung in den Frachtbrief erforderlich, siehe Art. 17 Rn. 56. Auch eine Wertdeklaration und die Erklärung eines besonderen Lieferinteresses ist gemäß Art. 24 und 26 im Frachtbrief vorzunehmen, siehe im Einzelnen Art. 24 Rn. 6 und Art. 26 Rn. 7. Notwendige Voraussetzung ist die Existenz eines Frachtbriefs auch für den Eintritt eines sukzessiven Beförderers in den Transportvertrag, Art. 34, vgl. dort Rn. 9.

Der Frachtbrief ist **kein Wertpapier,** da er keine Ansprüche verbrieft. Er ist erst recht   **13** kein Traditionspapier; denn der Besitz des Frachtbriefs vertritt – anders als bei Ladeschein, § 443 HGB, und Konnossement, § 524 HGB, im Hinblick auf sachenrechtliche Rechtsgeschäfte nicht den Besitz an dem Gut. Unter den traditionellen Funktionen der Transportdo-

---

[26] *Rodière,* Droit des transports, S. 382 Nr. 334–2.

[27] So auch *Rodière,* Droit des transports, S. 394 Nr. 336; *Lamy* 2013 Rn. 722 unter Hinweis auf Cour Paris 15.12.1977, BT 1978, 53 und Cour Grenoble 13.3.1980, BT 1981, 306 in Rn. 2112; wohl zustimmend *Clarke* S. 59 Nr. 23; Cour Liège 18.12.1967, ETR 1969, 965.

[28] Sie hat *Loewe* ETR 1976, 527 zu der Vermutung veranlasst, die CMR gehe von einer Ausstellungspflicht des Frachtführers aus.

[29] So für Schadensersatzsanktionen auch *Loewe* ETR 1976, 527; *Koller* Rn. 3; *Herber/Piper* Rn. 8; aA offenbar *Hill/Messent* S. 74: Keine Sanktionen.

[30] *Koller* Rn. 3; EBJS/*Boesche* Rn. 4.

[31] *Loewe* ETR 1976, 527; *Clarke* S. 59 Nr. 23; EBJS/*Boesche* Rn. 4.

kumente[32] hat der Frachtbrief die folgenden: (1) Er ist Informationsträger (**Begleitfunk-tion**), dh. befördert Informationen des Absenders und/oder des ersten Frachtführers über das Gut und den richtigen Umgang mit ihm an weitere mit dem Transport befasste Personen (Spediteure, Lagerhalter, nachfolgende Beförderer, Empfänger). (2) Er ist Beweismittel für den Inhalt des Vertrags in seinen individuellen und standardisierten Bestandteilen (**Beweis-funktion**). (3) Er kann als Beweismittel für Menge und Zustand der Güter bei ihrer Über-nahme durch den Beförderer dienen (**Quittungsfunktion**). (4) Die Vorlage der Absender-ausfertigung beim Beförderer ist Voraussetzung von Absenderweisungen, Art. 12 Abs. 5; gibt der Absender sie an einen Dritten, etwa eine Bank, weiter, so ist er also an der Erteilung von Weisungen gehindert (**Sperrfunktion**).

### Art. 5 [Ausfertigung und Form des Frachtbriefs]

(1) ¹**Der Frachtbrief wird in drei Originalausfertigungen ausgestellt, die vom Absender und vom Frachtführer unterzeichnet werden. ²Die Unterschriften kön-nen gedruckt oder durch den Stempel des Absenders oder des Frachtführers ersetzt werden, wenn dies nach dem Recht des Staates, in dem der Frachtbrief ausgestellt wird, zulässig ist. ³Die erste Ausfertigung erhält der Absender, die zweite begleitet das Gut, die dritte behält der Frachtführer.**

(2) **Ist das zu befördernde Gut auf mehrere Fahrzeuge zu verladen oder handelt es sich um verschiedenartige oder um in verschiedene Posten aufgeteilte Güter, können sowohl der Absender als auch der Frachtführer verlangen, daß so viele Frachtbriefe ausgestellt werden, als Fahrzeuge zu verwenden oder Güterarten oder -posten vorhanden sind.**

### Art. 5

(1) La lettre de voiture est établie en trois exemplaires originaux signés par l'expédi-teur et par le transporteur, ces signatures pouvant être imprimées ou remplacées par les timbres de l'expéditeur et du transpor-teur si la législation du pays où la lettre de voiture est établie le permet. Le premier exemplaire est remis à l'expéditeur, le deu-xième accompagne la marchandise et le troisième est retenu par le transporteur.

(2) Lorsque la marchandise à transporter doit être chargée dans des véhicules différ-ents, ou lorsqu'il s'agit de différentes espè-ces de marchandises ou de lots distincts, l'expéditeur ou le transporteur a le droit d'exiger l'établissement d'autant de lettres de voiture qu'il doit être utilisé de véhicules ou qu'il y a d'espèces ou de lots de mar-chandises.

### Art. 5

(1) The consignment note shall be made out in three original copies signed by the sender and by the carrier. These signatures may be printed or replaced by the stamps of the sender and the carrier if the law of the country in which the consignment note has been made out so permits. The first copy shall be handed to the sender, the second shall accompany the goods and the third shall be retained by the carrier.

(2) When the goods which are to be carried have to be loaded in different vehi-cles, or are of different kinds or are devided into different lots, the sender or the carrier shall have the right to require a separate consignment note to be made out for each vehicle used, or for each kind or lot of goods.

**Schrifttum:** Siehe Einl. vor Rn. 1 sowie bei Art. 4.

---

[32] Siehe zu der Funktionslehre näher *Rodière* Int.Encycl.Comp.L. vol. 12 ch. 1 (1972) sect. 27; *Wetterstein* JFT 1984, 20; *Xerri* Trasporti 24 (1981) 102; *Basedow,* Dokumentenlose Wertbewegungen im Gütertransport, in: *Kreuzer* (Hrsg.), Abschied vom Wertpapier? Dokumentenlose Wertbewegungen im Effekten-, Gütertrans-port- und Zahlungsverkehr, 1988, S. 67 ff., 73 ff.

**Übersicht**

Rn.      Rn.

I. Bedeutung und Zweck .............. 1
II. Originalausfertigungen ............. 2–5
1. Originalausfertigung, Teilfrachtbrief, Kopie ................................... 2
2. Herstellung und Verteilung ............ 3–5
III. Unterschrift ......................... 6–13

1. Unterzeichnungspflicht und Sanktionierung ....................................... 6–9
2. Mechanisierte Unterschrift .............. 10–12
3. Elektronische Signatur ................. 13
IV. Teilfrachtbriefe (Abs. 2) ............ 14
V. Elektronischer Frachtbrief ......... 15, 16

## I. Bedeutung und Zweck

Die Ausstellung eines Frachtbriefs ist nicht Voraussetzung für die Wirksamkeit des Trans- **1** portvertrags, vgl. Art. 4 Satz 2, doch entfaltet der Frachtbrief verschiedene Wirkungen im materiellen Recht und im Verfahrensrecht, vgl. Art. 4 Rn. 11 f. Die Einzelheiten von Form und Inhalt bedürfen daher der Regelung. Art. 5 betrifft die Anzahl der Ausfertigungen und bei größeren Sendungen die Ausstellung von Teilfrachtbriefen sowie die mit der Unterschrift der Parteien zusammenhängenden Formfragen, Art. 6 seinen Inhalt. Nicht ausdrücklich geregelt ist in der CMR die Frage, wer ihn auszustellen hat und wie diese Pflicht sanktioniert ist, vgl. Art. 4 Rn. 8–10.

## II. Originalausfertigungen

**1. Originalausfertigung, Teilfrachtbrief, Kopie.** Gemäß Art. 5 Abs. 1 Satz 1 ist der **2** Frachtbrief in drei Originalausfertigungen auszustellen. Diese unterscheiden sich von den in Abs. 2 erwähnten **Teilfrachtbriefen** dadurch, dass verschiedene Teilfrachtbriefe unterschiedliche Teile der Sendung betreffen, während sich die verschiedenen Ausfertigungen eines Frachtbriefs auf dieselbe Sendung bzw. – im Falle von Ausfertigungen eines Teilfrachtbriefs – auf denselben Sendungsteil beziehen. Der Begriff der **Originalausfertigung** („original copy") ist dem **Seerecht** entlehnt.[1] Gemäß § 514 Abs. 3 HGB kann der Ablader so viele Ausfertigungen des Konnossements verlangen, wie er für erforderlich hält; die Anzahl der Ausfertigungen ist in das Konnossement einzutragen, § 515 Abs. 1 Ziffer 10 HGB. Spätere Weisungen kann der Ablader an den Beförderer nur noch erteilen, wenn er sämtliche Ausfertigungen (den „full set") vorlegt, § 520 Abs. 1 HGB.[2] Insofern kommt im Seerecht jeder einzelnen Ausfertigung die Sperrwirkung (Art. 4 Rn. 13) zu; darin unterscheidet sich die „original copy" von den gewöhnlichen Kopien, die zusätzlich in großer Zahl zirkulieren. In der CMR hat dagegen nur die Absenderausfertigung des Frachtbriefs gemäß Art. 12 Abs. 5 Sperrwirkung.[3] Nur sie verdient daher die Bezeichnung „Originalausfertigung"; die beiden anderen in Art. 5 Abs. 1 erwähnten „Originalausfertigungen" haben keine weiterreichenden rechtlichen Wirkungen als schlichte Kopien.

**2. Herstellung und Verteilung.** Die Pflicht zur Ausstellung dreier Originalausfertigun- **3** gen bedeutet nicht, dass jede Ausfertigung getrennt hergestellt werden muss; **Durchschläge** sind zulässig und üblich,[4] auch hinsichtlich der Unterschrift.[5] Dies folgt zum einen daraus, dass die zweite und dritte Ausfertigung keine Rechtswirkungen haben, die über die einer Kopie hinausgehen, Rn. 2; deshalb sind auch keine strengeren Formvoraussetzungen angebracht. Zum anderen haben Länder, die wie Deutschland die mechanisierte Unterzeichnung

---

[1] *Clarke* S. 59 Nr. 23.
[2] Siehe mit rechtsvergleichenden Hinweisen *Basedow* TranspV S. 355 f.
[3] GroßkommHGB/*Helm* Rn. 2; *Pesce* S. 107 Fn. 26.
[4] *Glöckner* Rn. 2.
[5] *Koller* Rn. 3; *Herber/Piper* Rn. 7; GroßkommHGB/*Helm* Rn. 9; EBJS/*Boesche* Rn. 4; Jabornegg/Artmann/*Csoklich* Rn. 2; aA Thume/*Teutsch* Rn. 11: im Durchschreibeverfahren hergestellte Unterschriften bewirken keine Originalausfertigung.

bei allen Ausfertigungen zulassen, Rn. 10 ff., keinen Grund, durchgeschriebene Unterschriften abzulehnen.

4       Gemäß Abs. 1 Satz 3 erhält der **Absender die erste Ausfertigung,** die zweite reist mit dem Gut, die dritte behält der Beförderer. Diese Verteilung ist nicht so zu verstehen, dass der Absender das mit der ersten Ausfertigung verbundene Weisungsrecht nicht ausüben kann, wenn er aus dem Frachtbriefformularsatz das dritte Exemplar erhält, das eine andere Farbe hat als das üblicherweise für den Absender bestimmte Exemplar.[6] Die „erste Ausfertigung" iS von Art. 12 Abs. 5 ist vielmehr jeweils diejenige, die der Absender in Händen hält. Nach der CMR müssen die drei Originalausfertigungen des Frachtbriefs nicht unbedingt äußerlich unterscheidbar sein; die tatsächlich vorhandenen Unterschiede gehen vielmehr auf private Initiativen zurück.

5       Der internationale Dachverband des Straßentransportgewerbes **(International Road Transport Union – IRU)** hat auf der Grundlage der CMR ein einheitliches Frachtbriefformular erstellt, dessen vier Ausfertigungen (rot – für den Absender, blau – für den Empfänger, grün – für den Frachtführer und schwarz) deutlich individualisiert sind. In der nunmehrigen überarbeiteten Form (Stand 2007) erfolgten Anpassungen an die Erfordernisse der Praxis sowie des Einsatzes im elektronischen Geschäftsverkehr.[7] Die drei Ausfertigungen werden in den einzelnen Vertragsstaaten um zusätzliche Exemplare ergänzt, die für weitere Personen oder Institutionen bestimmt sind, vielfach aus Gründen des öffentlichen Rechts oder für statistische Zwecke.[8] Da Art. 5 die Anzahl der Originalausfertigungen auf drei beschränkt und wegen Art. 41 auch nicht abdingbar ist, sind die zusätzlichen Exemplare rechtstechnisch nur schlichte Kopien.[9]

### III. Unterschrift

6       **1. Unterzeichnungspflicht und Sanktionierung.** Gemäß Art. 5 Abs. 1 Satz 1 haben Absender und Frachtführer den Frachtbrief zu unterschreiben. Durch das Erfordernis der **Unterschrift des Frachtführers** weicht der CMR-Frachtbrief vom klassischen Leitbild als eines Begleitschreibens des Absenders an den Empfänger ab.

7       Jede Partei kann sich bei der Unterschrift vertreten lassen. Zwar verkörpert die Unterschrift nicht die vertragskonstitutive Willenserklärung der betreffenden Partei, vgl. Art. 4 Satz 2, so dass die Vorschriften über die Stellvertretung beim Rechtsgeschäft keine unmittelbare Anwendung finden. Doch ist es wegen der rechtlichen Folgen der Unterschrift, Rn. 8, gerechtfertigt, diese Vorschriften entsprechend heranzuziehen. Ob die **Stellvertretung** wirksam ist, beurteilt sich nicht nach dem Vertragsstatut, sondern nach dem Recht des Lands, in dem die Vollmacht ihre Wirkungen entfalten soll. Dies ist im Regelfall der Gebrauchsort,[10] also der Ort, an dem der Vertreter den Frachtbrief zeichnet; bei kaufmännischen Vertretern wird dagegen durchweg das Recht am Ort ihrer Niederlassung anwendbar sein.[11]

8       Ist deutsches Recht maßgeblich, so muss der Wille, nicht im eigenen Namen zu zeichnen, gemäß § 164 BGB deutlich hervortreten. Dafür soll es nicht genügen, wenn der Zeichnende lediglich den Zusatz **„pour X"** hinzufügt;[12] anders ist aber zu entscheiden, wenn X auch noch ausdrücklich in der Absenderrubrik des Frachtbriefs genannt ist. Im Rahmen des deutschen Rechts kommen auch die Grundsätze über die Anscheinsvollmacht zum Zuge.

---

[6] *Koller* Rn. 2; *Glöckner* Rn. 5; Thume/*Teutsch* Rn. 5; GroßkommHGB/*Helm* Rn. 1.

[7] Abdruck bei *Lamy* 2013 S. 452; als pdf auf der Homepage der IRU unter http://www.iru.org verfügbar (1.10.2013); vgl. dazu *Sánchez-Gamborino,* La lettre de voiture CMR „IRU 1976" et le nouveau modale en projet, ULR 2006, 677.

[8] Früher auch aus Gründen der Tarifüberwachung; vgl. dazu *Basedow* in der Erstauflage.

[9] *Putzeys* S. 122 f. Nr. 335.

[10] BGH 13.5.1982, NJW 1982, 2733; BGH 26.4.1990, NJW 1990, 3088 sub II 1 c umstritten; Hinweise zum Meinungsstand bei Staudinger/*Magnus* 2011, Rom I-VO, Anh. II zu Art. 1 Rom I-VO Rn. 13 ff. mwN; zu einem CMR-Fall jüngst *Baumert* LMK 2013, 347774.

[11] BGH 26.4.1990, NJW 1990, 3088; OLG Frankfurt 17.4.1984, TranspR 1985, 139, 140.

[12] So OLG Hamburg 6.11.1980, VersR 1982, 556.

Wer **Frachtbriefblankette** mit vorgedruckter Unterschrift verwendet, setzt damit einen Rechtsschein, den er sich zurechnen lassen muss, wenn der Fahrer eigenmächtig von den Blankofrachtbriefen Gebrauch macht.[13]

**Fehlt die Unterschrift des Absenders,** so ist es nach der Rechtsprechung des BGH **9** ausgeschlossen, das Dokument „als Frachtbrief im Sinne der Art. 4 ff. CMR anzuerkennen".[14] Diese Formulierung schießt über das Ziel hinaus. Die Unterschrift ist **keine materiellrechtliche Wirksamkeitsvoraussetzung** für den Frachtbrief; das Fehlen der Unterschrift bedeutet nicht, dass ein Frachtbrief gar nicht ausgestellt wurde und deshalb gewisse Rechtswirkungen, für die die Ausstellung eines Frachtbriefs konstitutiv ist (Art. 4 Rn. 12), nicht eintreten können. Die Unterschrift ist vielmehr **Beweisvoraussetzung** in dem Sinne, dass ein Frachtbrief, auf dem die Unterschrift des Absenders fehlt, nicht gegen diesen verwendet werden, also keinen Beweis für die Identität des Absenders[15] sowie für die vom Absender abgegebenen Erklärungen[16] erbringen kann. Er kann aber, wenn vom *Frachtführer* unterschrieben, durchaus Beweis dafür erbringen, dass dieser Partei des Vertrags ist und bestimmte Erklärungen abgegeben hat oder doch die Möglichkeit hatte, sie abzugeben, vgl. Art. 9 Abs. 2; insoweit kommt es auf die Unterschrift des Absenders nicht an.[17] Entsprechendes gilt, wenn die **Unterschrift des Beförderers fehlt.**[18] Der Frachtbrief kann dann nicht belegen, dass der Beförderer tatsächlich Partei des Vertrags war und/oder bestimmte Erklärungen abgegeben hat. Soweit die CMR wie in Art. 9 Abs. 2 dem Schweigen des Frachtführers eine Rechtswirkung beilegt, kann ein vom Beförderer nicht unterschriebener Frachtbrief auch keinen Beweis dafür erbringen, dass der Frachtführer überhaupt Gelegenheit zur Abgabe einer Erklärung hatte, so dass an sein Schweigen auch keine Rechtswirkungen geknüpft werden können.[19]

**2. Mechanisierte Unterschrift.** Die eigenhändige Unterschrift kann im Massenverkehr **10** zur lästigen Formalität werden. Art. 5 Abs. 1 Satz 2 lässt daher gedruckte Unterschriften oder Stempel als Unterschriftenersatz zu, wenn das Recht des Ausstellungslands dies erlaubt. Die Vorschrift enthält also eine vereinheitlichte **Kollisionsnorm,** vgl. Einl. Rn. 38. Die Verweisung auf das Recht des Ausstellungslands steht im Einklang mit den Anknüpfungen des Internationalen Wertpapierrechts,[20] ist aber strenger als die Anknüpfung des **Formstatuts:** gemäß Art. 11 Rom I-VO, ist ein Geschäft formwirksam, wenn es den Formerfordernissen im Abschlussland oder alternativ denen des Vertragsstatuts entspricht. Einen sachlichen Grund für die abweichende und strengere Beurteilung in der CMR gibt es nicht.

Verwiesen wird auf das Recht des „Staates, in dem der **Frachtbrief ausgestellt** wird". **11** Dieser Staat muss nicht derjenige sein, in dem der Vertrag abgeschlossen wurde.[21] Anders

---

[13] OLG Düsseldorf 28.10.1982, VersR 1983, 749.

[14] BGH 8.6.1988, TranspR 1988, 370 sub. I 1; so auch schon BGH 16.10.1986, TranspR 1987, 96, 97 sub. II 1 a unter Berufung auf BGH 9.2.1979, NJW 1979, 2471; OLG München 27.11.1992, TranspR 1993, 190, 191; ebenso Hoge Raad 23.1.1987, S. & S. 1987 Nr. 130; Hof Leeuwarden 20.2.1974, S. & S. 1976 Nr. 31; OLG Innsbruck 26.1.1990, TranspR 1991, 12, 18; vgl. auch *Helm* VersR 1988, 550 f.; ebenso *Fremuth/Thume/Thume* Rn. 6; *Thume/Teutsch* Rn. 15; *EBJS/Boesche* Rn. 3; *Jabornegg/Artmann/Csoklich* Rn. 2.

[15] So war in BGH 16.10.1986, TranspR 1987, 96 im Frachtbrief der Auftraggeber des Spediteurs als Absender eingetragen, während zwischen den Parteien unstreitig war, dass der Spediteur den Transportvertrag als Absender abgeschlossen hatte; ähnlich in Cour Paris 6.1.1971, BT 1971, 40, hier zitiert nach *Theunis/Mercadal* S. 39 f.; *Putzeys* S. 122 Nr. 333.

[16] So etwa über die Gefährlichkeit des Gutes, vgl. Art. 22 und BGH 26.10.1986, TranspR 1987, 96; Cour Douai 11.3.1982, BT 1982, 199 hier zitiert nach *Theunis/Mercadal* S. 39 f.; bzgl. der Festlegung des Bestimmungsorts siehe Cour Paris 1.7.1983, zitiert bei *Lamy* 2013 Rn. 728.

[17] Unzutreffend daher BGH 8.6.1988, TranspR 1988, 370; danach haben Absender, die fehlerhafte Güter übergeben, allen Anreiz, die Unterschrift unter einem Frachtbrief zu „vergessen", der Abschreibungen enthält; wie hier Cour Paris 6.1.1975, BT 1975, 93, hier zitiert nach *Ponet* S. 112 Rn. 145.

[18] Vgl. dazu BGH 17.4.1997, TranspR 1998, 21.

[19] BGH 9.2.1979, NJW 1979, 2471.

[20] Vgl. Art. 92 WG, Art. 62 SchG; diese Vorschriften gehen zurück auf die Genfer Abkommen vom 7.6.1930 und 19.3.1931, RGBl. 1933 II S. 444 und 594.

[21] So aber *Sadikov* Rec.des Cours 190 (1985 I) 223: lex loci contractus.

als im Wertpapierrecht (Rn. 10) stellt die Formulierung von Art. 5 Abs. 1 Satz 2 nicht auf den Ort ab, wo die einzelne Frachtbrief-Unterschrift geleistet wurde, sondern augenscheinlich auf die Ausstellung des Frachtbriefs insgesamt. Da allerdings die Beweiswirkungen des Frachtbriefs nicht an die Urkunde als solche, sondern an die einzelne Unterschrift anknüpfen, kann es richtigerweise nicht auf die Ausstellung des Frachtbriefs insgesamt ankommen, sondern nur auf die Leistung der einzelnen Unterschrift. Die Rücksichtnahme auf das Recht des Vornahmelands ist im Übrigen nur hinsichtlich der einzelnen spezifischen Handlung gerechtfertigt und führt nicht weiter, wenn Frachtführer und Absender ihre Unterschriften in verschiedenen Staaten auf den Frachtbrief setzen. Die unklare Fassung von Art. 5 Abs. 1 Satz 2 ist also in solchen Fällen als **Verweisung auf das Recht des jeweiligen Unterschriftslands** zu verstehen. Nach allgemeinen Grundsätzen schließt diese Verweisung einen Renvoi durch das Recht des Unterschriftslands aus, weil sie in einem Staatsvertrag enthalten ist und gerade der Vereinheitlichung des Kollisionsrechts dienen soll; der Renvoi widerspräche dem Sinn der Verweisung, vgl. Art. 4 Abs. 1 Satz 1 EGBGB.[22]

12   Wenn **deutsches Recht** maßgeblich ist, können Absender und Frachtführer ihre Unterschriften im Wege der mechanischen Vervielfältigung durch Druck oder Stempel als Faksimile herstellen, § 408 Abs. 2 HGB.[23] Viele **ausländische Rechtsordnungen** lassen ebenfalls gedruckte oder gestempelte Unterschriften genügen; dies gilt etwa für Belgien,[24] England,[25] Finnland,[26] Frankreich,[27] Norwegen,[28] Österreich,[29] Schweden[30] und Spanien,[31] nicht hingegen in Italien.[32]

13   **3. Elektronische Signatur.** Der Frachtbrief nach der CMR ist grundsätzlich ein in Papierform ausgestelltes Dokument. Das ergibt sich allein schon aus der Entstehungszeit des Übereinkommens.[33] Elektronische Beförderungspapiere bzw. die **elektronische Unterschriftsleistung** haben im Rahmen des Übereinkommens erst mit einem Änderungsprotokoll Berücksichtigung gefunden, vgl. Rn. 15. Inwieweit die im Zuge der Umsetzung der Richtlinie 1999/93/EG vom 13.12.1999 über elektronische Signaturen (Signatur-Richtlinie)[34] erlassenen Umsetzungsmaßnahmen der Mitgliedstaaten auch bei CMR-Frachtbriefen im Rahmen des Übereinkommens aus 1956 gelten, ist zu klären. Der Verweis des Art. 5 Abs. 1 CMR hinsichtlich der Zulässigkeit von Unterschriftsnachbildungen erstreckt sich nach dem klaren Wortlaut auf Stempel und Druck,[35] nicht hingegen auf elektronische Signaturen; es liegt auf der Hand, dass die Verfasser des Übereinkommens keinen Bezug darauf nehmen konnten. Lehnt man mit dieser Begründung die ergänzende Anwendung der entsprechenden Vorschriften über elektronische Signaturen, in Deutschland § 126 Abs. 3 BGB ab, hieße das, das Übereinkommen auf die Möglichkeiten seiner Entstehungszeit einzuzementieren. Der Regelungszweck des Art. 5 CMR spricht nicht dagegen, auch neue – zum Entstehungszeitpunkt des Übereinkommens noch unbekannte – Verfahrensweisen einzubeziehen, sodass eine analoge Anwendung der Vorschriften der

---

[22] MüKoBGB/*Sonnenberger* 5. Aufl. 2010, Art. 4 EGBGB Rn. 66; *Kropholler,* Internationales Privatrecht, 6. Aufl. 2006, § 24 III. S. 177 f.

[23] *Fischer* TranspR 1999, 261, 266 mwN.

[24] *Putzeys* S. 122 Nr. 332.

[25] *Clarke* S. 59 Nr. 23.

[26] Siehe § 7 Abs. 3 des finnischen Gesetzes von 1979, Einl. Rn. 31 Fn. 77.

[27] *Rodière* BT 1974, 206 Nr. 11 für Stempel; ebenso *Lamy* 2013 Rn. 728; generell für die Zulässigkeit mechanischer Unterschriften *Theunis/Mercadal* S. 40.

[28] § 8 Abs. 3 des norwegischen Gesetzes von 1974, s. Einl. Rn. 31 Fn. 78.

[29] Es gilt § 426 Abs. 2 Nr. 9 UGB, der § 426 HGB aF entspricht; *Jesser* S. 31: diese Vorschrift betrifft unmittelbar nur den Absender, eine entsprechende Anwendung auf die Unterschrift des Frachtführers ist aber zu befürworten; Jabornegg/Artmann/*Csoklich* Rn. 2.

[30] So § 8 Abs. 2 des schwedischen Gesetzes von 1974, vgl. Einl. Rn. 55 Fn. 145.

[31] *Recalde Castells* Revista general de derecho 606 (1995) 2229 ff.

[32] Thume/*Pesce* S. 957.

[33] Vgl. auch *Clarke* S. 58 Nr. 23.

[34] ABl. EG 2000 L 13/12.

[35] So auch *Koller* Rn. 3.

CMR über die Beweis- und Sperrwirkung bei elektronisch signierten Frachtbriefen durchaus zulässig erscheint.[36]

### IV. Teilfrachtbriefe (Abs. 2)

Jede Vertragspartei kann gemäß Art. 5 Abs. 2 die Ausstellung mehrerer Teilfrachtbriefe **14** für verschiedene Teile einer Sendung verlangen, wenn es sich entweder um verschiedenartige Güter handelt oder die Sendung auf mehrere Fahrzeuge verteilt wird. Wie schon erläutert, handelt es sich bei diesen Teilfrachtbriefen nicht um Ausfertigungen iS von Art. 5 Abs. 1, vgl. Rn. 2. Diese Regelung ermöglicht die gesonderte Dokumentation für Handelszwecke[37] und ist auch noch in Ländern von Bedeutung, die ein Tarifrecht besitzen. Da dieses vorschreibt, dass je Lkw oder sogar je Warenposten einer Tarifklasse ein eigener Frachtbrief auszustellen ist, bedarf es einer Vorschrift, die den Vertragsparteien die Mitwirkung an der Ausstellung solcher Teilfrachtbriefe zur Pflicht macht. Dies ist vor allem bedeutsam, wenn der Absender gar nicht in dem Staat ansässig ist, dessen Tarife solche Vorschriften enthalten, wenn die Verbindlichkeit jener Tarife also für den Absender aus Gründen ihrer territorialen Geltung in Zweifel steht. Da jedenfalls der Beförderer den Tarifvorschriften des Transit- oder Bestimmungslands unterworfen ist, muss die Mitwirkung des Absenders durch eine unabdingbare privatrechtliche Verpflichtung sichergestellt werden.

### V. Elektronischer Frachtbrief

Die Bestimmungen der CMR über die Ausstellung und Verwendung von Frachtbriefen **15** galten lange unverändert, obwohl mittlerweile in der Praxis eine weitgehende Abkehr von papiergebundener Transportdokumentation hin zum elektronischen Datenaustausch erfolgte. Diesen Entwicklungen wurde im Rahmen anderer Transportrechtsübereinkommen bereits seit längerer Zeit Rechnung getragen. So enthalten die ER CIM 1999, das Montrealer Übereinkommen und die CMNI Vorschriften sowohl über herkömmliche, in Papierform verkörperte Frachtbriefe als auch über deren elektronische Form.[38] Auch im Rahmen eines neuen Seerechts finden elektronische Beförderungspapiere Anerkennung.[39] Da sich auch beim Straßengütertransport die Notwendigkeit einer rechtlichen Anerkennung elektronischer Frachtbriefe zeigte, wurden Ende der neunziger Jahre im Rahmen der ECE mit Unterstützung von UNIDROIT Arbeiten an einem entsprechenden Änderungsprotokoll aufgenommen,[40] welches mittlerweile am 5. Juni 2011 in Kraft getreten ist.[41] Parallel zu diesen Bemühungen wurden Modelle elektronischer Frachtbriefe auf nationaler Ebene voran getrieben.[42]

Der Inhalt des Zusatzprotokolls beschränkt sich im Wesentlichen auf die **Gleichstellung 16 elektronischer Frachtbriefe** mit jenen in Papierform generierten des Übereinkommens; insbesondere sollen ihnen dieselben Beweiswirkungen zukommen, vgl. Art. 2 Abs. 2. Hinsichtlich der Unterschriftsleistung wird eine den Erfordernissen der Signaturrichtlinie entsprechend fortgeschrittene elektronische Signatur (Art. 2 Ziffer 2 RL) verlangt, obgleich der Wortlaut des Protokolls in der Formulierung („reliable electronic signature", „signature électronique fiable") von jenem der Richtlinie („advanced electronic signature", „signature électronique avancée") abweicht; inhaltlich entsprechen die Begriffe einander. Die Verwendung eines elektronischen Frachtbriefs wird der Vereinbarung der Parteien des Beförde-

---

[36] Dafür Ferrari/*Otte*, Int. Vertragsrecht, Rn. 6; zurückhaltend *Koller* Rn. 3; unklar *Clarke* S. 58 Nr. 23; offen Thume/*Teutsch* Rn. 17.
[37] *Hill/Messent* S. 74.
[38] Art. 6 § 9 ER CIM 1999; Art. 4 Abs. 2 MÜ; Art. 1 Nr. 8 CMNI.
[39] Vgl. nur Art. 8 ff. Rotterdam Rules.
[40] Zu den Entwürfen und Diskussionsbeiträgen vgl. http://www.unece.org/trans/main/sc1/sc1.html vom 1.10.2013; vgl. auch *Putzeys* ULR 2006, 523 mit zwei Entwürfen im Anhang S. 532 ff. und *dens.* ULR 2008, 806 ff.
[41] Zur Entstehungsgeschichte und zur Position Deutschlands ausführlich Thume/*Teutsch* Rn. 18 f.
[42] Vgl. *Claringbould* ULR 2006, 667; *Lespagnon* ULR 2006, 673.

rungsvertrags überlassen (Art. 5). Art. 6 Abs. 2 regelt elektronische Begleitdokumente. Infolge der noch geringen Anzahl von Mitgliedern (vgl. Art. 42 Rn. 1) und den noch ungelösten Problemen in der Praxis[43] hat das Zusatzprotokoll bisher wenig Bedeutung erlangt.

### ADDITIONAL PROTOCOL TO THE CONVENTION ON THE CONTRACT FOR THE INTERNATIONAL CARRIAGE OF GOODS BY ROAD (CMR) CONCERNING THE ELECTRONIC CONSIGNMENT NOTE

THE PARTIES TO THIS PROTOCOL,

BEING PARTIES to the Convention on the Contract for the International Carriage of Goods by Road (CMR), done at Geneva on 19 May 1956

DESIROUS OF supplementing the Convention in order to facilitate the optional making out of the consignment note by means of procedures used for the electronic recording and handling of data,

HAVE AGREED as follows:

### Article 1 Definitions

For the purposes of this Protocol,

"Convention" means the Convention on the Contract for the International Carriage of Goods by Road (CMR);

"Electronic communication" means information generated, sent, received or stored by electronic, optical, digital or similar means with the result that the information communicated is accessible so as to be usable for subsequent reference;

"Electronic consignment note" means a consignment note issued by electronic communication by the carrier, the sender or any other party interested in the performance of a contract of carriage to which the Convention applies, including particulars logically associated with the electronic communication by attachments or otherwise linked to the electronic communication contemporaneously with or subsequent to its issue, so as to become part of the electronic consignment note;

"Electronic signature" means data in electronic form which are attached to or logically associated with other electronic data and which serve as a method of authentication.

### Article 2 Scope and effect of the electronic consignment note

1. Subject to the provisions of this Protocol, the consignment note referred to in the Convention, as well as any demand, declaration, instruction, request, reservation or other communication relating to the performance of a contract of carriage to which the Convention applies, may be made out by electronic communication.

2. An electronic consignment note that complies with the provisions of this Protocol shall be considered to be equivalent to the consignment note referred to in the Convention and shall therefore have the same evidentiary value and produce the same effects as that consignment note.

### Article 3 Authentication of the electronic consignment note

1. The electronic consignment note shall be authenticated by the parties to the contract of carriage by means of a reliable electronic signature that ensures its link with the electronic consignment note.

The reliability of an electronic signature method is presumed, unless otherwise proved, if the electronic signature:
(a) is uniquely linked to the signatory;
(b) is capable of identifying the signatory;
(c) is created using means that the signatory can maintain under his sole control; and
(d) is linked to the data to which it relates in such a manner that any subsequent change of the data is detectable.

2. The electronic consignment note may also be authenticated by any other electronic authentication method permitted by the law of the country in which the electronic consignment note has been made out.

3. The particulars contained in the electronic consignment note shall be accessible to any party entitled thereto.

---

[43] Dazu ausführlich Thume/*Teutsch* Rn. 20 mwN.

### Article 4 Conditions for the establishment of the electronic consignment note

1. The electronic consignment note shall contain the same particulars as the consignment note referred to in the Convention.

2. The procedure used to issue the electronic consignment note shall ensure the integrity of the particulars contained therein from the time when it was first generated in its final form. There is integrity when the particulars have remained complete and unaltered, apart from any addition or change which arises in the normal course of communication, storage and display.

3. The particulars contained in the electronic consignment note may be supplemented or amended in the cases authorized by the Convention.

The procedure used for supplementing or amending the electronic consignment note shall make it possible to detect as such any supplement or amendment to the electronic consignment note and shall preserve the particulars originally contained therein.

### Article 5 Implementation of the electronic consignment note

1. The parties interested in the performance of the contract of carriage shall agree on the procedures and their implementation in order to comply with the requirements of this Protocol and the Convention, in particular as regards:
(a) The method for the issuance and the delivery of the electronic consignment note to the entitled party;
(b) An assurance that the electronic consignment note retains its integrity;
(c) The manner in which the party entitled to the rights arising out of the electronic consignment note is able to demonstrate that entitlement;
(d) The way in which confirmation is given that delivery to the consignee has been effected;
(e) The procedures for supplementing or amending the electronic consignment note; and
(f) The procedures for the possible replacement of the electronic consignment note by a consignment note issued by different means.

2. The procedures in paragraph 1 must be referred to in the electronic consignment note and shall be readily ascertainable.

### Article 6 Documents supplementing the electronic consignment note

1. The carrier shall hand over to the sender, at the latter's request, a receipt for the goods and all information necessary for identifying the shipment and for access to the electronic consignment note to which this Protocol refers.

2. The documents referred to in Article 6, paragraph 2 (g) and Article 11 of the Convention may be furnished by the sender to the carrier in the form of an electronic communication if the documents exist in this form and if the parties have agreed to procedures enabling a link to be established between these documents and the electronic consignment note to which this Protocol refers in a manner that assures their integrity.

**PROTOCOLE ADDITIONNEL À LA CONVENTION RELATIVE AU CONTRAT DE TRANSPORT INTERNATIONAL DE MARCHANDISES PAR ROUTE (CMR) CONCERNANT LA LETTRE DE VOITURE ÉLECTRONIQUE**

LES PARTIES AU PRÉSENT PROTOCOLE,

ÉTANT PARTIES à la Convention relative au contrat de transport international de marchandises par route (CMR), faite à Genève, en date du 19 mai 1956,

DÉSIREUSES de compléter ladite Convention afin de faciliter l'établissement optionnel de la lettre de voiture par les procédés employés pour l'enregistrement et le traitement électroniques des données,

SONT CONVENUES de ce qui suit:

### Article premier Définitions

Aux fins du présent Protocole,

«Convention» signifie la Convention relative au contrat de transport international de marchandises par route (CMR);

«Communication électronique» signifie l'information enregistrée, envoyée, reçue ou conservée par des moyens électroniques, optiques, numériques ou des moyens équivalents faisant que l'information communiquée soit accessible pour être consultée ultérieurement;

«Lettre de voiture électronique» signifie une lettre de voiture émise au moyen d'une communication électronique par le transporteur, l'expéditeur ou toute autre partie intéressée à l'exécution d'un contrat de transport auquel la Convention s'applique, y compris les indications logiquement associées à la communication électronique sous forme de données jointes ou autrement liées à cette communication électronique au moment de son établissement ou ultérieurement de manière à en faire partie intégrante;

«Signature électronique» signifie des données sous forme électronique qui sont jointes ou liées logiquement à d'autres données électroniques et qui servent de méthode d'authentification.

### Article 2 Champ d'application et portée de la lettre de voiture électronique

1. Sous réserve des dispositions du présent Protocole, la lettre de voiture visée à la Convention, ainsi que toute demande, déclaration, instruction, ordre, réserve ou autre communication concernant l'exécution d'un contrat de transport auquel la Convention s'applique, peuvent être établies par communication électronique.

2. Une lettre de voiture conforme au présent Protocole sera considérée comme équivalente à la lettre de voiture visée à la Convention et, de ce fait, aura la même force probante et produira les mêmes effets que cette dernière.

### Article 3 Authentification de la lettre de voiture électronique

1. La lettre de voiture électronique est authentifiée par les parties au contrat de transport moyennant une signature électronique fiable garantissant son lien avec la lettre de voiture électronique. La fiabilité du procédé de signature électronique est présumée, jusqu'à preuve contraire, lorsque la signature électronique:
(a) est liée uniquement au signataire;
(b) permet d'identifier le signataire;
(c) a été créée par des moyens que le signataire puisse garder sous son contrôle exclusif; et
(d) est liée aux données auxquelles elle se rapporte de telle sorte que toute modification ultérieure des données soit détectable.

2. La lettre de voiture électronique peut aussi être authentifiée par tout autre procédé d'authentification électronique permis par la législation du pays où la lettre de voiture électronique a été établie.

3. Les indications qui y sont inscrites doivent être accessibles à toute personne habilitée à cet effet.

### Article 4 Conditions d'établissement de la lettre de voiture électronique

1. La lettre de voiture électronique contient les mêmes indications que la lettre de voiture visée à la Convention.

2. Le procédé employé pour l'établissement de la lettre de voiture électronique doit garantir l'intégrité des indications qu'elle contient à compter du moment où elle a été établie pour la première fois sous sa forme définitive. Il y a intégrité des indications lorsque celles-ci sont restées complètes et n'ont pas été altérées, exception faite de tout ajout et de toute modification intervenant dans le cours normal de la communication, de la conservation et de l'exposition.

3. Les indications contenues dans la lettre de voiture électronique peuvent être complétées ou modifiées dans les cas admis par la Convention.

La procédure employée pour compléter ou modifier la lettre de voiture électronique doit permettre la détection en tant que telle de tout complément ou toute modification et assurer la préservation des indications originales de la lettre de voiture électronique.

### Article 5 Mise en œuvre de la lettre de voiture électronique

1. Les parties intéressées à l'exécution du contrat de transport conviennent des procédures et de leur mise en œuvre pour se conformer aux dispositions du présent Protocole et de la Convention, notamment en ce qui concerne:
(a) La méthode pour établir et remettre la lettre de voiture électronique à la partie habilitée;
(b) L'assurance que la lettre de voiture électronique conservera son intégrité;
(c) La façon dont le titulaire des droits découlant de la lettre de voiture électronique peut démontrer qu'il en est le titulaire;
(d) La façon dont il est donné confirmation que la livraison au destinataire a eu lieu;
(e) Les procédures permettant de compléter ou de modifier la lettre de voiture électronique; et
(f) Les procédures de remplacement éventuel de la lettre de voiture électronique par une lettre de voiture établie par d'autres moyens.

2. Les procédures énoncées au paragraphe 1 doivent être mentionnées dans la lettre de voiture électronique et être aisément vérifiables.

**Article 6 Documents complétant la lettre de voiture électronique**

1. Le transporteur remet à l'expéditeur, à la demande de ce dernier, un récépissé des marchandises et toute indication nécessaire pour l'identification de l'envoi et l'accès à lettre de voiture électronique visée par le présent Protocole.

2. Les documents visés à l'article 6, paragraphe 2, lettre g, et à l'article 11 de la Convention peuvent être fournis par l'expéditeur au transporteur sous forme de communication électronique si ces documents existent sous cette forme et si les parties ont convenu des procédures permettant d'établir un lien entre ces documents et la lettre de voiture électronique visée par le présent Protocole dans des conditions de nature à en garantir l'intégrité.

## Art. 6 [Inhalt des Frachtbriefs]

**(1) Der Frachtbrief muß folgende Angaben enthalten:**
a) Ort und Tag der Ausstellung;
b) Name und Anschrift des Absenders;
c) Name und Anschrift des Frachtführers;
d) Stelle und Tag der Übernahme des Gutes sowie die für die Ablieferung vorgesehene Stelle;
e) Name und Anschrift des Empfängers;
f) die übliche Bezeichnung der Art des Gutes und die Art der Verpackung, bei gefährlichen Gütern ihre allgemein anerkannte Bezeichnung;
g) Anzahl, Zeichen und Nummern der Frachtstücke;
h) Rohgewicht oder die anders angegebene Menge des Gutes;
i) die mit der Beförderung verbundenen Kosten (Fracht, Nebengebühren, Zölle und andere Kosten, die vom Vertragsabschluß bis zur Ablieferung anfallen);
j) Weisungen für die zoll- und sonstige amtliche Behandlung;
k) die Angabe, daß die Beförderung trotz einer gegenteiligen Abmachung den Bestimmungen dieses Übereinkommens unterliegt.

**(2) Zutreffendenfalls muß der Frachtbrief ferner folgende Angaben enthalten:**
a) das Verbot umzuladen;
b) die Kosten, die der Absender übernimmt;
c) den Betrag einer bei der Ablieferung des Gutes einzuziehenden Nachnahme;
d) die Angabe des Wertes des Gutes und des Betrages des besonderen Interesses an der Lieferung;
e) Weisungen des Absenders an den Frachtführer über die Versicherung des Gutes;
f) die vereinbarte Frist, in der die Beförderung beendet sein muß;
g) ein Verzeichnis der dem Frachtführer übergebenen Urkunden.

**(3) Die Parteien dürfen in den Frachtbrief noch andere Angaben eintragen, die sie für zweckmäßig halten.**

**Art. 6**

(1) La lettre de voiture doit contenir les indications suivantes:
(a) Le lieu et la date de son établissement;

(b) Le nom et l'adresse de l'expéditeur;
(c) Le nom et l'adresse du transporteur;
(d) Le lieu et la date de la prise en charge de la marchandise et le lieu prévu pour la livraison;
(e) Le nom et l'adresse du destinataire;

**Art. 6**

(1) The consignment note shall contain the following particulars:
(a) The date of the consignment note and the place at which it is made out;
(b) The name and address of the sender;
(c) The name and address of the carrier;
(d) The place and the date of taking over of the goods and the place designated for delivery;
(e) The name and address of the consignee;

(f) La dénomination courante de la nature de la marchandise et le mode d'emballage, et, pour les marchandises dangereuses, leur dénomination généralement reconnue;

(g) Le nombre des colis, leurs marques particulières et leurs numéros;

(h) Le poids brut ou la quantité autrement exprimée de la marchandise;

(i) Les frais afférents au transport (prix de transport, frais accessoires, droits de douane et autres frais survenant à partir de la conclusion du contrat jusqu'à la livraison);

(j) Les instructions requises pour les formalités de douane et autres;

(k) L'indication que le transport est soumis, nonobstant toute clause contraire, au régime établi par la présente Convention.

(2) Le cas échéant, la lettre de voiture doit contenir, en outre, les indications suivantes:

(a) L'interdiction de transbordement;

(b) Les frais que l'expéditeur prend à sa charge;

(c) Le montant du remboursement à percevoir lors de la livraison de la marchandise;

(d) La valeur déclarée de la marchandise et la somme représentant l'intérêt spécial à la livraison;

(e) Les instructions de l'expéditeur au transporteur en ce qui concerne l'assurance de la marchandise;

(f) Le délai convenu dans lequel le transport doit être effectué;

(g) La liste des documents remis au transporteur.

(3) Les parties peuvent porter sur la lettre de voiture toute autre indication qu'elles jugent utile.

---

(f) The description in common use of the nature of the goods and the method of packing, and, in the case of dangerous goods, their generally recognized description;

(g) The number of packages and their special marks and numbers;

(h) The gross weight of the goods or their quantity otherwise expressed;

(i) Charges relating to the carriage (carriage charges, supplementary charges, customs duties and other charges incurred from the making of the contract to the time of delivery);

(j) The requisite instructions for Customs and other formalities;

(k) A statement that the carriage is subject, notwithstanding any clause to the contrary, to the provisions of this Convention.

(2) Where applicable, the consignment note shall also contain the following particulars:

(a) A statement that transshipment is not allowed;

(b) The charges which the sender undertakes to pay;

(c) The amount of „cash on delivery" charges;

(d) A declaration of the value of the goods and the amount representing special interest in delivery;

(e) The sender's instructions to the carrier regarding insurance of the goods;

(f) The agreed time-limit within which the carriage is to be carried out;

(g) A list of the documents handed to the carrier.

(3) The parties may enter in the consignment note any other particulars which they may deem useful.

**Schrifttum:** Siehe Einl. vor Rn. 1 sowie bei Art. 4.

## Übersicht

| | Rn. | | Rn. |
|---|---|---|---|
| I. Bedeutung und Zweck | 1–3 | 3. Name und Anschrift des Frachtführers, lit. c | 8, 9 |
| II. Obligatorische Angaben (Abs. 1) | 4–26 | 4. Übernahmetag und -stelle, Ablieferungsstelle, lit. d | 10–12 |
| 1. Ort und Tag der Ausstellung, lit. a | 4, 5 | | |
| 2. Name und Anschrift des Absenders, lit. b | 6, 7 | 5. Name und Anschrift des Empfängers, lit. e | 13, 14 |

|  | Rn. |  | Rn. |
|---|---|---|---|
| 6. Bezeichnung von Gut (Gefahrgut) und Verpackung, lit. f | 15, 16 | 2. Umladeverbot, lit. a | 30 |
| 7. Anzahl, Zeichen und Nummern der Frachtstücke, lit. g | 17 | 3. Kostenübernahme durch Absender, lit. b | 31, 32 |
| 8. Rohgewicht, Menge des Gutes, lit. h | 18, 19 | 4. Nachnahme, lit. c | 33–35 |
| 9. Kosten, lit. i | 20–22 | 5. Wertdeklaration und besonderes Lieferinteresse, lit. d | 36, 37 |
| 10. Weisungen, lit. j | 23, 24 | 6. Versicherung, lit. e | 38 |
| 11. CMR-Vermerk, lit. k | 25, 26 | 7. Lieferfrist, lit. f | 39 |
| **III. Eventualangaben (Abs. 2)** | 27–40 | 8. Verzeichnis übergebener Urkunden, lit. g | 40 |
| 1. Allgemeines | 27–29 | **IV. Fakultative Angaben (Abs. 3)** | 41 |

## I. Bedeutung und Zweck

Während Art. 4 die Pflicht zur Ausstellung eines Frachtbriefs und Art. 5 die Unterzeich- **1** nungspflicht sowie die Modalitäten der Ausstellung betrifft, regelt Art. 6 den materiellen **Inhalt des Frachtbriefs.** Dabei unterscheidet die Vorschrift drei Arten von Eintragungen: (1) Obligatorische Angaben, die in jedem Frachtbrief enthalten sein müssen, Abs. 1; (2) Eventualangaben, die nur einzutragen sind, wenn die Parteien entsprechende Vereinbarungen getroffen haben, Abs. 2; (3) fakultative Angaben, die zusätzliche Fragen betreffen, Abs. 3.

Die obligatorischen Angaben und die Eventualangaben sind **zwingend vorgeschrie-** **2** **ben.**[1] Dagegen spricht nicht der englische Wortlaut („shall contain");[2] das Hilfsverb „shall" indiziert in englischen Rechtstexten nicht etwa eine Sollvorschrift iS der deutschen Rechtsterminologie, also eine mindere, auf den Grundsatz beschränkte Verbindlichkeit der Regelung, sondern weist im Gegenteil gerade auf die uneingeschränkte Verbindlichkeit, also auf eine „Mussvorschrift" hin.[3] Demgemäß verwendet der englische Text der CMR durchgehend und auch in zweifelsfrei zwingenden Kernvorschriften, sogar in Art. 41, das Hilfsverb „shall".

Art. 6 **regelt nicht die Sanktionen,** die die Parteien gewärtigen müssen, wenn sie **3** den Anforderungen der Vorschrift nicht nachkommen. Mängel des Frachtbriefinhalts haben jedenfalls keinen Einfluss auf den Bestand und die Gültigkeit des Beförderungsvertrags, vgl. Art. 4 Satz 2, und auch die Anwendung der CMR wird dadurch nicht ausgeschlossen.[4] Inwieweit Eintragungen, vor allem von Eventualangaben gemäß Abs. 2, konstitutive Bedeutung zukommt, wird für die einzelnen Gegenstände unterschiedlich beantwortet und ist im jeweiligen Zusammenhang zu erörtern. Verstöße gegen die Eintragungspflicht können die Haftung des Absenders gemäß Art. 7 Abs. 1 oder des Frachtführers gemäß Art. 7 Abs. 3 nach sich ziehen. Soweit gewisse Sanktionen wie Zurückbehaltungsrechte oder Eintragungsfehler – zB fehlerhafte Übertragung der Absenderangaben in den Frachtbrief durch den Frachtführer – in diesen Vorschriften nicht geregelt sind, greift ergänzend das Vertragsrecht des Vertragsstatuts (Einl. Rn. 41 ff.) ein. Nach deutschem Recht kommen etwa die Grundsätze der positiven Vertragsverletzung (§ 280 BGB) zum Zuge. Die Weigerung einer Partei, eine bestimmte dem Vertrag entsprechende Eintragung in den Frachtbrief vorzunehmen, kann für die andere Partei ein Leistungsverweigerungsrecht gemäß § 273 BGB begründen[5] und bei entsprechender Bedeutung der Angaben sogar dazu führen, dass der anderen Partei ein Festhalten am Vertrag nicht zugemutet werden kann, sie also zum Rücktritt berechtigt ist, vgl. Art. 4 Rn. 10. Als weitere Sanktionen kommen Beweisnachteile gemäß Art. 9 hinzu; Mängel einzelner Ein-

---

[1] *Loewe* ETR 1976, 529; *Theunis/Mercadal* S. 34; *Clarke* S. 59 Nr. 24; *Jesser* S. 36 f.; *Thume/Teutsch* Rn. 2; Jabornegg/Artmann/*Csoklich* Rn. 1; aA Fremuth/Thume/*Thume* Rn. 3.
[2] Zweifelnd GroßkommHGB/*Helm* Rn. 1.
[3] *Koller* Rn. 1; *Herber/Piper* Rn. 3; aA Ferrari/*Otte,* Int. Vertragsrecht, Rn. 1.
[4] *Loewe* ETR 1976, 529.
[5] *Koller* Rn. 1; Jabornegg/Artmann/*Csoklich* Rn. 1; *Rodière* BT 1974, 206 f. Nr. 14.

tragungen führen nicht dazu, dass der ganze Frachtbrief ungültig wird und auch hinsichtlich anderer Angaben seine Beweiswirkungen verliert, siehe Art. 9 Rn. 4 und Art. 5 Rn. 9. Die Beweisnachteile beschränken sich also grundsätzlich auf die fehlenden, unvollständigen oder unrichtigen Angaben.

### II. Obligatorische Angaben (Abs. 1)

4   **1. Ort und Tag der Ausstellung, lit. a.** Der Frachtbrief muss Angaben über Ort und Tag der Ausstellung enthalten, Art. 6 Abs. 1 lit. a. Die Angabe über den Ausstellungsort erbringt nach allgemeinen Grundsätzen widerleglichen Beweis dafür, dass die Parteien den Frachtbrief an dem betreffenden Ort unterzeichnet haben; dies ist für die kollisionsrechtliche Verweisung in Art. 5 Abs. 1 Satz 2 bedeutsam, vgl. Art. 5 Rn. 11. Da der Frachtbrief den Beförderungsvertrag festhält, Art. 4, lässt sich aus dem Zeitpunkt der Ausstellung schließen, dass spätestens zu diesem Zeitpunkt ein Vertrag abgeschlossen war.[6]

5   **Sanktion:** Fehlen die Angaben über Ausstellungsort und -zeit oder sind sie unkorrekt oder unvollständig, so bleibt die Wirksamkeit des Vertrags unberührt, Art. 4. Auch Beweisnachteile werden sich nur selten ergeben: Die Eintragung des Zeitpunkts der Übernahme der Güter durch den Beförderer, Art. 6 Abs. 1 lit. d, wird iA auch als Nachweis für den Abschluss des Vertrags dienen, und dem Ausstellungsort kommt ohnehin wegen der geringen Unterschiede bei der Beurteilung mechanischer Unterschriften (Art. 5 Rn. 12) keine große Bedeutung zu. Vgl. auch Rn. 3.

6   **2. Name und Anschrift des Absenders, lit. b.** Gemeint ist der Vertragspartner des Frachtführers;[7] dies kann der Verkäufer des Gutes sein, aber auch ein Spediteur oder im Falle eines Unterfrachtvertrags der Hauptfrachtführer, ferner sogar der Empfänger, wenn er den Beförderer beauftragt hat, das Gut von einem bestimmten Lieferanten abzuholen.[8] Im letzteren Fall entspricht die Position des Lieferanten der des Abladers im Seerecht.[9] Die Judikatur ist in diesem Punkt uneinheitlich, was mit dem international divergierenden und zum Teil recht unsicheren Verständnis der Rolle des Spediteurs zusammenhängt.[10] Soweit der Spediteur Transportverträge im eigenen Namen (wenn auch für fremde Rechnung) abschließt, verdrängt er seinen eigenen Auftraggeber, den *Ver*sender (§ 453 HGB) aus der Rolle des frachtrechtlichen *Ab*senders.

7   **Sanktion:** Die Angaben wirken nicht konstitutiv, die Gerichte sind also nicht gehindert, eine andere als die im Frachtbrief genannte Person als Absender zu behandeln, wenn dies dem Vertrag entspricht, Art. 4.[11] Allerdings drohen gemäß Art. 9 Abs. 1 Beweisnachteile, wenn es um die Aktiv- oder Passivlegitimation eines anderen Absenders als der im Frachtbrief genannten Person geht. Entsprechendes gilt, falls gar kein Absender eingetragen ist. Im Übrigen droht dem wirklichen, vertragsgemäßen Absender die Haftung aus Art. 7. Vgl. auch Rn. 3.

8   **3. Name und Anschrift des Frachtführers, lit. c.** Frachtführer ist, wer sich gegenüber dem Absender verpflichtet, die grenzüberschreitende Güterbeförderung auf der Straße in eigener Verantwortung, dh. auch für eigene Rechnung durchzuführen.[12] Auf die Gewerbsmäßigkeit der Tätigkeit kommt es ebenso wenig an wie auf den Einsatz eigener Fahrzeuge. Frachtführer kann also auch sein, wer die Beförderung zum Teil oder sogar zur Gänze einem anderen (nachfolgenden oder Unter-) Frachtführer überträgt.

---

[6] Zustimmend Thume/*Teutsch* Rn. 4; EBJS/*Boesche* Rn. 3.

[7] BGH 27.4.2006, TranspR 2006, 361, 363; *Koller* Rn. 3; Thume/*Teutsch* Rn. 5; Jabornegg/Artmann/*Csoklich* Rn. 3; *Clarke* S. 120 f. Nr. 41a (i); *Haak* S. 253.

[8] Kh. Brüssel 29.3.1985, Rev.dr.com. belge 1986, 461 und *Ponet/Willems* Rev.dr.com. belge 1992, 732.

[9] Siehe die bei *Ponet* S. 97 f. zitierte Rspr., zB Cour Bruxelles 9.6.1970, BT 1970, 343.

[10] Siehe die umfangreiche bei *Ponet* S. 95 ff. zitierte Judikatur.

[11] *Hill/Messent* S. 75; *Heuer* S. 38; *Libouton* J.trib. 1974, 509 Nr. 30; BGH 27.4.2006, TranspR 2006, 363; OLG München 27.3.1981, VersR 1982, 264, 265; Cour Paris 6.1.1975, BT 1975, 93.

[12] Vgl. *Heuer* S. 39; *Pesce* S. 112; vgl. Art. 1 Rn. 3, 4.

**Sanktion:** Die Eintragung wirkt nicht konstitutiv; wer vertraglich die Rolle des Fracht- **9**
führers übernommen hat, bleibt es auch, wenn sein Name nicht im Frachtbrief steht, vgl.
Art. 4. Allerdings begründet die Eintragung im Frachtbrief eine Beweisvermutung, die
widerlegen muss, wer einen anderen Unternehmer als den eingetragenen als Frachtführer
ansieht.[13] Diese Beweisvermutung, die gemäß Art. 9 Abs. 1 für die Identität des eingetragenen Frachtführers streitet, wird auch nicht dadurch entkräftet, dass der Frachtbrief das
befördernde Fahrzeug mit einem polizeilichen Kennzeichen bezeichnet, das zum Lkw eines
Dritten gehört;[14] dieser Dritte kann Unterfrachtführer oder Vermieter des Fahrzeugs sein.
Siehe auch Rn. 3.

**4. Übernahmetag und -stelle, Ablieferungsstelle, lit. d.** Wird der Frachtbrief vor **10**
Übernahme des Gutes ausgestellt, so dienen die Angaben über Tag und Stelle der Übernahme bzw. über die Ablieferungsstelle vor allem dazu, die Leistungspflicht des Beförderers
und die Mitwirkungspflichten von Absender und Empfänger nach Ort und Zeit zu präzisieren: Jede Partei weiß, wann und wo sie die ihr obliegenden Leistungen zu erbringen und
die ihr zustehenden Leistungen entgegenzunehmen hat. Übernahme- und Ablieferungsort
sind darüber hinaus für den Verlauf der Transportroute, ferner auch für die internationale
Zuständigkeit gemäß Art. 31 Abs. 1 lit. b und für die Anwendbarkeit der CMR bedeutsam:
Nur wenn sie in verschiedenen Staaten liegen, kommt die CMR nach Art. 1 zum Zuge.
Nach der Übernahme indiziert der eingetragene Übernahmetag auch die Übernahme des
Gutes als solche sowie den Beginn des Haftungszeitraums iS von Art. 17 und der angemesse-
nen Lieferfrist iS von Art. 19; schließlich sind Ort und Tag der Übernahme maßgeblich
für die Wertberechnung nach Art. 23 Abs. 1 CMR. Für den Absender kann die Angabe
des Übernahmetags auch bedeutsam sein, soweit er als Versendungskäufer gegenüber dem
Käufer den Nachweis für die Lieferung der Ware an den Frachtführer zu erbringen hat.[15]
Der Ablieferungsort besitzt schließlich insofern Bedeutung, als die Art. 13–15 Rechtsfolgen
daran knüpfen, dass das Gut am vorgesehenen Ablieferungsort eintrifft. Zur Meldeadresse
(notify address) siehe Rn. 13.

Die deutsche Übersetzung spricht von der **„Stelle"** der Übernahme oder Ablieferung **11**
und deutet damit darauf hin, dass nicht nur die Angabe einer politischen Gemeinde als
solcher intendiert ist, sondern eine genaue Anschrift mit Straße und Hausnummer.[16] Verglichen zB mit lit. a (Ausstellungs*ort*), Art. 15 (Bestimmungs*ort*) oder Art. 31 Abs. 1 lit. b
(Übernahme*ort*) differenziert der deutsche Text also, obwohl die französische und englische
Originalfassung in allen genannten Fällen einheitlich von „lieu" bzw. „place" sprechen.
Die Differenzierung ist berechtigt, soweit es um die Anweisung eines konkreten Platzes
für die Übernahme oder Ablieferung geht, sie ist es dagegen nicht, wenn es für Zwecke
der Empfängerverfügung (Art. 13) oder der Begründung der internationalen Zuständigkeit
(Art. 31) nur auf die politische Gemeinde ankommt, in der abzuliefern ist. Wenn der
Frachtbrief also als „place of destination" lediglich „Lörrach/Baden" und keine „Stelle"
anführt, so streitet die Beweisvermutung des Art. 9 Abs. 1 bis zum Beweis des Gegenteils
dafür, dass der Bestimmungsort iS von Art. 31 Abs. 1 lit. b in Deutschland liegt und deshalb
die Zuständigkeit der deutschen Gerichte begründet ist; dass Art. 6 Abs. 1 lit. d eine genaue
Anschrift verlangt, ist insoweit unschädlich.

**Sanktion:** Die Angaben gelten kraft der Beweisvermutung des Art. 9 Abs. 1, bis das **12**
Gegenteil bewiesen wird;[17] sie haben aber keine konstitutive Bedeutung. Bei fehlerhaften
Angaben droht dem Absender die Haftungssanktion des Art. 7. Vgl. auch Rn. 3.

[13] *Helm* VersR 1988, 548, 551; *Hill/Messent* S. 75; OLG Hamburg 6.11.1980, VersR 1982, 556; *Tetroc Ltd. v. Cross-Con International Ltd.*, [1981] 1 Lloyd's L.Rep. 192, 196, 198.
[14] OLG Hamburg 6.11.1980, VersR 1982, 556; *Koller* Rn. 4; EBJS/*Boesche* Rn. 5.
[15] Etwa gemäß § 447 BGB oder gemäß Lieferklausel „Ab Werk" (Incoterm EXW) oder „Frei Frachtführer" (Incoterm FCA), vgl. *Bernstorff*, Incoterms 2010, 2010, Rn. 259 ff., 308 ff.
[16] BGH 13.7.2000, TranspR 2001, 298, 299 f.; *Koller* Rn. 5; *Herber/Piper* Rn. 9; GroßkommHGB/*Helm*
Rn. 8; *Thume/Teutsch* Rn. 7; *Fremuth/Thume/Thume* Rn. 10; EBJS/*Boesche* Rn. 6; *Jabornegg/Artmann/
Csoklich* Rn. 5.
[17] Kh. Antwerpen 3.4.1977, ETR 1977, 411; *Theunis/Mercadal* S. 35.

**13**   **5. Name und Anschrift des Empfängers, lit. e.** Neben der Angabe der Ablieferungsstelle (lit. d) ist die genaue Bezeichnung des Empfängers[18] von Bedeutung, weil der Vertrag
vorbehaltlich abweichender Weisungen nur durch Ablieferung an den benannten Empfänger erfüllt werden kann. Außerdem stehen dem Empfänger gemäß Art. 12–15 eigenständige
Rechte zu. Der bestimmungsgemäße Empfänger, der im Frachtbrief einzutragen ist, ist also
in der CMR Träger eigener Rechte und nicht notwendig identisch mit demjenigen, der
die Güter tatsächlich entgegennimmt; die Parteien können zB als berechtigten Empfänger
A und gemäß lit. d die Anschrift von B als Lieferadresse angeben, wenn sie verhindern
wollen, dass B eigene Empfängerrechte erwirbt.[19] Neben der Lieferstelle und der Empfängeranschrift kann der Frachtbrief auch – als fakultative Angabe gem. Abs. 3 – eine **Meldeadresse (notify address)** enthalten, bei der sich der Fahrer nach Ankunft zu melden hat, um
nähere Instruktionen über Ort, Zeit und Modalitäten der Ablieferung einzuholen. Fehlt
die Meldeadresse, so hat der Fahrer diese Instruktionen im Zweifel an der Lieferanschrift
gem. lit. d zu erfragen. Nach dem Wortlaut kann nur ein einziger Empfänger benannt
werden.[20] Soll über eine an mehrere Empfänger gerichtete Sendung nur ein Frachtbrief
ausgestellt werden, so können entsprechende Absprachen gemäß Art. 6 Abs. 3 in den
Frachtbrief aufgenommen werden.[21]

**14**   **Sanktion:** Wie hinsichtlich der anderen Vertragsbeteiligten (Rn. 7, 9) hat die Empfängerangabe keine konstitutive Wirkung, doch drohen gemäß Art. 9 Abs. 1 Beweisnachteile
und Haftungsfolgen gemäß Art. 7. Vgl. auch Rn. 3.

**15**   **6. Bezeichnung von Gut (Gefahrgut) und Verpackung, lit. f.** Der Frachtbrief muss
die Art des Gutes mit der üblichen Bezeichnung nennen, ferner auch die Art der Verpackung. Bei gefährlichen Gütern genügt nicht die Angabe der allgemein gebräuchlichen
Bezeichnung, verlangt wird hier die allgemein anerkannte Bezeichnung. Damit trägt die
CMR der hochgradig differenzierten Regelung der Gefahrguttransporte im öffentlichen
Recht Rechnung. Die Bezeichnung für gefährliche Güter muss den Vorschriften des Europäischen Übereinkommens vom 30. September 1957 über die internationale Beförderung
gefährlicher Güter auf der Straße (ADR)[22] entsprechen.[23] Es können jedoch darüber hinausgehende Angaben erforderlich sein.[24] Bedeutsam sind alle diesbezüglichen Angaben vor
allem wegen der Überprüfungspflichten gemäß Art. 8.

**16**   **Sanktion:** Angaben gemäß lit. f haben keine konstitutive Bedeutung. So konnte ein
Absender, der die Art der gefährlichen Güter – Gasanzünder – nicht im Frachtbrief vermel-
det hatte, nachweisen, dass der Frachtführer durch einen separaten Begleitzettel in Kenntnis
gesetzt war.[25] Doch erleidet der Absender uU Beweisnachteile, und es droht die Haftung
aus Art. 7 und 22.[26] Vgl. auch Rn. 3.

**17**   **7. Anzahl, Zeichen und Nummern der Frachtstücke, lit. g.** Diese Angaben sind
wichtig für die Identifizierung der übernommenen Güter sowie für den Nachweis der
Gütermenge, die der Frachtführer bei Übernahme zu kontrollieren hat, Art. 8. Sind die
Angaben inkorrekt bzw. unvollständig, oder fehlen sie ganz, so erleidet der Absender gemäß
Art. 9 Abs. 2 gravierende Beweisnachteile; zudem muss er noch die Haftung gemäß Art. 7
gewärtigen. Siehe auch Rn. 3.

---

[18] Erforderlich ist die vollständige Anschrift BGH 13.7.2000, TranspR 2001, 298, 299 f.
[19] So auch GroßkommHGB/*Helm* Art. 13 Rn. 4.
[20] *Lamy* 2013 Rn. 724; angegeben werden müsse Name und Adresse: Cour Aix-en-Provence 18.3.2004,
BTL 2004, 706 zitiert bei *Lamy.*
[21] *Koller* Rn. 6; *Thume/Teutsch* Rn. 10; *Jabornegg/Artmann/Csoklich* Rn. 6; aA GroßkommHGB/*Helm*
Rn. 11; EBJS/*Boesche* Rn. 7; *Ferrari/Otte,* Int. Vertragsrecht, Rn. 11; differenzierend *Herber/Piper* Rn. 10.
[22] BGBl. 1969 II S. 1389; dazu *Schrötter* NJW 1982, 1186, 1187 f.
[23] *Thume/Teutsch* Rn. 12; *Hill/Messent* S. 75 f.; *Lamy* 2013 Rn. 724.
[24] *Loewe* ETR 1976, 529; *Thume/Teutsch* Rn. 12; aA *Koller* Rn. 7; *Herber/Piper* Rn. 11 (ADR immer
ausreichend).
[25] Cour Lyon 7.10.1976, BT 1977, 80; hier zitiert nach *Ponet* S. 159 Rn. 228.
[26] *De Gottrau* TranspR 1988, 320 ff., 321.

**8. Rohgewicht, Menge des Gutes, lit. h.** Gewichts- und Mengenangaben sind vor **18** allem bei unverpackten Massengütern zum Nachweis des Sendungsumfangs sowie zur Berechnung der Fracht und gegebenenfalls einer Haftungsbeschränkung, Art. 23 Abs. 3, sowie zum Schutz vor Überladung des Lkw von Bedeutung. Im Frachtbrief anzugeben ist das Rohgewicht, dh. das Bruttogewicht des Gutes einschließlich einer eventuellen Verpackung,[27] vgl. Art. 23 Rn. 24.

**Sanktion:** Die Eintragung begründet die Beweisvermutung des Art. 9 nur, wenn der **19** Frachtführer Gewicht oder Menge gemäß Art. 8 Abs. 3 nachgeprüft und das Ergebnis im Frachtbrief vermerkt hat, vgl. Art. 8 Rn. 25. Auch ohne Überprüfung kann die Gewichtsangabe des Absenders allerdings gewisse Beweiswirkungen entfalten: wenn der Frachtbrief eine Gütermenge ausweist, die den Lkw voll auslasten würde, impliziert dies ein bestimmtes Fahrverhalten. Einem aufmerksamen Fahrer entgeht es dann nicht, wenn der Wagen im Verkehr eher wie ein leeres Fahrzeug reagiert. Wenn in einem solchen Fall dem Empfänger nur ein Viertel der eingetragenen Menge ausgeliefert wird, ohne dass der Fahrer vorher Zweifel an der vollen Auslastung des Fahrzeugs geäußert hat, so spricht eine gewisse Wahrscheinlichkeit dafür, dass zunächst tatsächlich die angegebene Menge aufgeladen, dann aber vor dem Ende der Beförderung ein Teil wieder entladen wurde. Erleidet der Beförderer infolge von fehlerhaften Gewichtsangaben des Absenders einen Schaden, weil zB der Lkw wegen Überlastung festgehalten und ein Bußgeld verhängt wird, so hat der Absender gemäß Art. 7 dafür einzustehen.[28] Vgl. auch Rn. 3.

**9. Kosten, lit. i.** Der Frachtbrief soll Angaben über alle mit der Beförderung verbunde- **20** nen Kosten enthalten, die vom Vertragsabschluss bis zur Ablieferung anfallen, vor allem Angaben über die Fracht, über Nebengebühren und über Zölle. Der Empfänger soll wissen, welche Zahlungsverpflichtungen ihn bei Annahme des Gutes treffen, Art. 13 Abs. 2,[29] und wie hoch sein Schadensersatzanspruch im Falle der Verspätung maximal ist, Art. 23 Abs. 5. Auch für nachfolgende Frachtführer, die nach Maßgabe des Frachtbriefs in den Vertrag eintreten, Art. 34, ist diese Information bedeutsam. Zu den vom Absender übernommenen Kosten vgl. unten Rn. 31.

Aus der Informations- und Warnfunktion der Eintragung ergibt sich, dass auch Kosten **21** anzugeben sind, die wie die vom Frachtführer entrichtete **Einfuhrumsatzsteuer** nur indirekt mit der Beförderung verbunden sind.[30] Die einzelnen Kostenbeträge **müssen** grundsätzlich **beziffert werden;** es genügt nach der ratio der Vorschrift anders als im nationalen Recht nicht, dass sie lediglich durch den Hinweis auf Tarife und Gebührentabellen bestimmbar sind; solche Tarife sind dem ausländischen Empfänger in aller Regel weder bekannt noch zugänglich.[31] Ausreichend ist es allerdings, wenn sich die Kosten zumindest in berechenbarer Weise aus dem Frachtbrief,[32] etwa durch Verweis auf eine beigefügte Frachtrechnung, ergeben, nicht aber, wenn die Frachtrechnung ohne eine solche Verweisung mitgegeben wird.[33] Vgl. im Einzelnen Art. 13 Rn. 23.

**Sanktion:** Die Wirkung der Kostenangabe ist zwar nicht konstitutiv in dem Sinne, dass **22** dadurch Ansprüche des Frachtführers begründet werden. Diese Ansprüche bestehen aber ohne die Angabe im Frachtbrief nur gegenüber dem Absender; der Empfänger wird gemäß Art. 13 Abs. 2 nur nach Maßgabe des Frachtbriefs zur Zahlung verpflichtet. Insoweit wirkt

---

[27] Ebenso Thume/*Teutsch* Rn. 15; EBJS/*Boesche* Rn. 10; Jabornegg/Artmann/*Csoklich* Rn. 9; aA *Herber*/*Piper* Rn. 13: Nettogewicht.

[28] Cour Colmar 16.6.1972, BT 1972, 320; vgl. auch LG Köln 16.9.1988, TranspR 1989, 271 mit Anm. *Knorre.*

[29] *Pesce* S. 116; *Koller* Rn. 10.

[30] OLG Düsseldorf 11.12.1980, NJW 1981, 1910; nach BGH 25.4.1991, TranspR 1991, 312, 315 ist keine Bezifferung im Frachtbrief notwendig.

[31] OGH Wien 3.10.1973, HS 8411 = *Greiter* S. 28, 32; *Seltmann* S. 19; aA OLG Düsseldorf 11.12.1980, NJW 1981, 1910; EBJS/*Boesche* Rn. 11.

[32] GroßkommHGB/*Helm* Rn. 16; Thume/*Teutsch* Rn. 18.

[33] OLG Hamm 12.11.1973, NJW 1974, 1056.

die Eintragung konstitutiv.[34] Die Absenderhaftung gemäß Art. 7 Abs. 1 greift hier nicht ein, weil der Frachtführer die fraglichen Kosten selbst kennt und in den Frachtbrief eintragen kann. Vgl. auch Rn. 3.

23   **10. Weisungen, lit. j.** Die Vorschrift bezieht sich nur auf anfängliche Weisungen, die der Absender bis zur Ausstellung des Frachtbriefs (nicht unbedingt schon bei Vertragsschluss) erteilt hat und die die Verzollung und die sonstige amtliche Behandlung betreffen. Angaben über andere anfängliche Weisungen, zB in Bezug auf die Transportroute, gehören nicht zu den obligatorischen und auch nicht immer zu den Eventualangaben, vgl. Abs. 2 lit. a, c und e, sondern zu den fakultativen Angaben gemäß Abs. 3. Für nachträgliche Weisungen gilt Art. 12 Abs. 5 lit. a. Wird eine anfängliche Weisung – etwa über die Verzollung – Vertragsbestandteil, so kann der Frachtführer nach dem ergänzend anwendbaren nationalen Vertragsrecht (Einl. Rn. 41 ff.) **Aufwendungsersatz** und uU auch einen **Vorschuss** verlangen, vgl. für das deutsche Recht §§ 669, 670 BGB.[35]

24   **Sanktion:** Die Eintragung hat keine konstitutive Wirkung, begründet aber gemäß Art. 9 Abs. 1 die Beweisvermutung dafür, dass die Weisung Vertragsbestandteil geworden ist. Die unvollständige oder fehlerhafte Eintragung kann den Absender zu Schadensersatz verpflichten, vgl. Art. 7. Siehe auch Rn. 3.

25   **11. CMR-Vermerk, lit. k.** Die Angabe, dass der Vertrag trotz entgegenstehender Klauseln den Bestimmungen der CMR unterliegt, ist vor den Gerichten der Vertragsstaaten an sich überflüssig, weil diese Gerichte die CMR in ihrem Anwendungsbereich ohnehin zwingend anzuwenden haben, vgl. Art. 1 Rn. 1 und Art. 41. Italienische Gerichte wenden die CMR nur an, wenn der Frachtbrief den CMR-Vermerk gemäß Art. 6 Abs. 1 lit. k enthält oder sich sonst die Einigung der Parteien über die Anwendung der CMR deutlich aus den Vertragsverhandlungen ergibt, Art. 1 Rn. 1. Aus italienischer Sicht hat der CMR-Vermerk daher die Bedeutung einer Rechtswahlklausel iS von Art. 3 Rom I-VO. Vor den Gerichten von Nichtvertragsstaaten führt der CMR-Vermerk dazu, dass die CMR im Rahmen der maßgeblichen Rechtsordnung kraft materieller Verweisung inkorporiert wird, vgl. Einl. Rn. 35.[36] Der Vermerk wirkt hier also wie die im Seerecht verbreiteten Paramount-Klauseln in Konnossementen.

26   **Sanktion:** Der Vermerk wirkt in den Vertragsstaaten nicht konstitutiv; auch wenn er fehlt oder überhaupt kein Frachtbrief ausgestellt wurde, ist die CMR anwendbar, soweit die Voraussetzungen von Art. 1 erfüllt sind.[37] Anders verhält es sich vor den Gerichten Italiens oder von Nichtvertragsstaaten; dort wirkt der Vermerk konstitutiv, Rn. 25. Fehlt der Vermerk und erhält der Ladungsberechtigte vor den Gerichten Italiens oder eines Nichtvertragsstaats auf der Grundlage anderer Vorschriften weniger, als ihm nach der CMR zustünde, so kann er den Frachtführer vor den Gerichten eines Vertragsstaats gemäß Art. 7 Abs. 3 auf Schadensersatz verklagen.[38]

## III. Eventualangaben (Abs. 2)

27   **1. Allgemeines.** Während die Eintragungen von Abs. 1 Fragen betreffen, die sich bei jedem Transportvertrag stellen, geht es in Abs. 2 um Angaben, die nur in den Frachtbrief aufzunehmen sind, wenn besondere Umstände vorliegen, vor allem wenn spezielle Vereinbarungen über Umladung, Nachnahme, besonderes Lieferinteresse, Versicherung oder Lieferfrist getroffen wurden. Solche **Sondervereinbarungen** verändern das Gleichgewicht

---

[34] *Helm* VersR 1988, 552.
[35] Zur Verzollung, da der Frachtführer den Zoll auszulegen hat *Koller* Rn. 11; ebenso Thume/*Teutsch* Rn. 19; Fremuth/Thume/*Thume* Rn. 21; GroßkommHGB/*Helm* Rn. 18; abweichend *Herber/Piper* Rn. 15; EBJS/*Boesche* Rn. 12.
[36] Rb. Breda 23.2.1965, S. & S. 1965 Nr. 86, zitiert nach *Libouton* J.trib. 1972, 385 Nr. 28 bis; *Loewe* ETR 1976, 530 f.; *Hill/Messent* S. 76 f.; *Nickel-Lanz* S. 28.
[37] Cass.com. 17.2.1990, ETR 1970, 439; Hof Brüssel 19.12.1968, ETR 1969, 948; Kh. Gent 31.1.1978, zitiert nach *Ponet* S. 116 Rn. 159; *Glöckner* Rn. 12.
[38] *Nickel-Lanz* S. 28; *Clarke* S. 60 Nr. 24; *Koller* Art. 7 Rn. 5.

der Leistungen, weshalb nur der Frachtführer selbst oder ein Vertreter befugt sind, sie abzuschließen. Einzutragen sind sie nur, wenn sie zuvor wirksam zustande gekommen sind. Der Beförderer kann die Beweiswirkung solcher Eintragungen (Art. 9 Abs. 1) also entkräften, wenn er nachweist, dass der Absender über die fragliche Vereinbarung nur mit dem insoweit nicht vertretungsbefugten Fahrer gesprochen hat.

Grundsätzlich hat die Eintragung der Angaben des Art. 6 Abs. 2 in den Frachtbrief nur **28** **deklaratorische Bedeutung,** dh. die den Angaben zugrunde liegenden Vereinbarungen sind auch ohne Eintragung wirksam.[39] Da der CMR-Transportvertrag gemäß Art. 4 Satz 2 Konsensualvertrag und auch ohne Ausstellung des Frachtbriefs wirksam ist, spricht nichts dafür, dass die Pflicht, gewisse Zusatzabreden in den Frachtbrief aufzunehmen, ein Wirksamkeitserfordernis bedeutet. Der Frachtbrief begründet vielmehr gem. Art. 9 Abs. 1 nur eine Vermutung für den Inhalt des Beförderungsvertrags, bis der Beweis des Gegenteils erbracht wird. Die fehlende Eintragung lässt somit nur die Beweiswirkung des Art. 9 entfallen.[40] Die konstitutive Bedeutung der **Wertdeklaration** und der **Erklärung des Lieferinteresses** im Frachtbrief gemäß lit. d ändert am Grundsatz nichts und ist vielmehr auf andere Vorschriften der CMR, und zwar die Art. 23 Abs. 6, Art. 24 und Art. 26 Abs. 1 zurückzuführen.[41]

Gemäß Art. 7 Abs. 1 lit. b haftet der Absender für die **unrichtige oder unvollständige** **29** **Eintragung** der in Abs. 2 genannten Angaben.[42] Von der Haftung des Absenders für fehlerhafte Eintragung ist die **Haftung des Frachtführers für Verletzung der Nebenabrede** zu unterscheiden. Sie ist nur zum Teil in der CMR geregelt, und zwar bzgl. der Lieferfristen, lit. f, in Art. 17 und 19 und bzgl. der Nachnahmeverpflichtung in Art. 21. Im Übrigen richtet sie sich nach dem ergänzenden nationalen Vertragsrecht, vgl. Einl. Rn. 41 ff.[43]

**2. Umladeverbot, lit. a.** Umladung ist nach der CMR grundsätzlich erlaubt, wie sich **30** aus lit. a entnehmen lässt.[44] Ausnahmsweise können Besonderheiten von Spezialfahrzeugen ein Interesse am Verbot der Umladung begründen; häufiger wird eine solche Verbotsabsprache darauf zurückzuführen sein, dass der Absender eine unsachgemäße Neuverladung und Transportschäden fürchtet.[45] Ein vertragliches Umladeverbot ist gem. lit. a im Frachtbrief zu vermerken, wenn es die Umladung von einem Lkw auf einen anderen Lkw oder aufs Lager betrifft.[46] Nicht erfasst ist die Umladung auf ein anderes Transportmittel, die ohne besondere Zulassung ohnehin einen Vertragsbruch darstellt.[47] Zur deklaratorischen Wirkung der Eintragung und zur Sanktionierung siehe oben Rn. 28 f.

**3. Kostenübernahme durch Absender, lit. b.** Grundsätzlich ist der Absender als Vertragspartner auch Schuldner der Fracht und aller sonstigen dem Beförderer aus dem Trans- **31**

---

[39] GroßkommHGB/*Helm* Rn. 30; *Koller* Rn. 13, 15, 18; *Clarke* S. 61 Nr. 24; *Csoklich* S. 313; *Jaborneg/* *Artmann/ders.* Rn. 13; *Nickel-Lanz* S. 31; *Rodière* BT 1974, 207 Nr. 15; Nachweise der deutschen Rspr. bei *Helm* VersR 1988, 552 Fn. 60–62 und in GroßkommHGB/*Helm* Rn. 30 Fn. 162.

[40] OLG Düsseldorf 12.12.1985, TranspR 1986, 56, 57.

[41] Sehr deutlich BGH 14.7.1993, TranspR 1993, 426, 428 sub III 3.

[42] *Loewe* ETR 1976, 532.

[43] *Loewe* ETR 1976, 532 f. spricht sich für eine generelle Verschuldenshaftung aus, nennt aber insoweit nicht die Grundlage (CMR oder nationales Recht).

[44] *Hill/Messent* S. 77; *Koller* Rn. 13; EBJS/*Boesche* Rn. 14; *Clarke* S. 78 Nr. 30a; siehe näher Art. 2 Rn. 8.

[45] Vgl. den Sachverhalt in OGH Wien 20.1.1981, EvBl. 1981/127 = *Greiter* S. 82: abredewidrige Umladung von Textilfasern führt zur Verschmutzung, so dass der Empfänger die Fasern nicht verarbeiten konnte und sein Werk stilllegen musste.

[46] *Koller* Rn. 13; *Hill/Messent* S. 77 f.

[47] EBJS/*Boesche* Rn. 14; *Hill/Messent* S. 77; *Clarke* S. 78 Nr. 30a; vgl. auch Art. 14; aA wohl das dänische Højesteret 29.10.1993, UfR 1993 A 1034, hier zitiert nach Nordisk Domssamling 1994, 555, 562 f.: der Frachtführer sollte eine unverpackte Maschine von Deutschland nach Norwegen befördern. Entgegen dem Frachtbriefvermerk „Sattel nach Norwegen Haus zu Haus" lud er die Maschine in Fredericia vom Sattelauflieger ab und ließ sie als Deckslast per Schiff weiterbefördern. Das Gericht begründete die Haftung des Frachtführers mit dem vertraglichen Umladeverbot, hätte die Umladung ohne ein solches Verbot also möglicherweise für rechtmäßig erachtet, obwohl die Parteien einen CMR-Transport vereinbart hatten.

port erwachsenden Kosten. Der Absender kann jedoch in seiner Rechtsbeziehung mit dem Empfänger vereinbaren, dass der Empfänger die Kosten teilweise oder sogar ganz übernimmt; die unterschiedliche Kostenaufteilung kommt in den Lieferklauseln des Kaufrechts (zB EXW, FCA, DDP etc.) jeweils zum Ausdruck, vgl. die Incoterms-Definitionen 2010. Wenn der Absender im Kaufvertrag die Transportkosten übernommen hat, muss er gegenüber dem Beförderer dafür sorgen, dass dieser den Empfänger nicht bei der Ablieferung zur Zahlung dieser Kosten heranzieht.[48] Dazu dient der Kostenvermerk gemäß Abs. 2 lit. b. Er belegt, dass sich der Beförderer in Höhe der hier eingetragenen Summe nur an den Absender halten wird und auf eine Inanspruchnahme des Empfängers gemäß Art. 13 Abs. 2 verzichtet. Nur wenn die Gesamtkosten der Beförderung, vgl. Abs. 1 lit. i und oben Rn. 20, die vom Absender übernommenen Kosten übersteigen, kann der Beförderer die Auslieferung des Gutes von der vorherigen Zahlung des auf den Empfänger „überwiesenen" **Differenzbetrags** abhängig machen.[49]

**32**    Fehlt die Eintragung gemäß Abs. 2 lit. b, so hat der Empfänger gemäß Art. 13 Abs. 2 die gesamten nach Abs. 1 lit. i vermerkten Kosten zu bezahlen, ungeachtet eines kaufvertraglich begründeten Rückgriffs gegen den Absender. Insofern kommt der Eintragung gemäß lit. b gegenüber dem Empfänger **konstitutive Wirkung** zu, während sie im Verhältnis zwischen Frachtführer und Absender nur deklaratorisch wirkt. Siehe auch Rn. 28 f.

**33**    **4. Nachnahme, lit. c.** Anzugeben ist der Betrag, den der Frachtführer vor Auslieferung der Güter vom Empfänger einzuziehen hat; dabei handelt es sich regelmäßig um den Kaufpreis **(Warennachnahme)**. In lit. c nicht gemeint ist dagegen die sog. **Frachtnachnahme**,[50] also der auf den Empfänger überwiesene Teil der Transportkosten; dieser Betrag ergibt sich schon aus den Eintragungen gemäß Abs. 1 lit. i und Abs. 2 lit. b, vgl. Rn. 31. Die Haftung des Frachtführers für die fehlerhafte Ausführung des Nachnahmeauftrags richtet sich nach Art. 21.

**34**    Die Nachnahmevereinbarung ist auch wirksam, wenn sie **nicht in den Frachtbrief eingetragen** wurde,[51] siehe schon Rn. 28. Dafür spricht der Wortlaut des Art. 21, der auf die „nach dem Beförderungsvertrag vom Frachtführer einzuziehende Nachnahme" (under the terms of the contract of carriage, en vertu des dispositions du contrat) Bezug nimmt, während die Art. 24, 26 eindeutig die Eintragung in den Frachtbrief voraussetzen.[52] Allerdings hat der Empfänger gemäß **Art. 13 Abs. 2** nur die „aus dem Frachtbrief hervorgehenden" Kosten zu zahlen. Erstreckt man diese Vorschrift auf die Zahlung einer nicht eingetragenen Nachnahme, könnte der Frachtführer demnach die Nachnahme nicht einziehen, müsste aber andererseits dem Absender gem. **Art. 21** Schadensersatz für die Nichteinziehung leisten.[53] Den Widerspruch soll Art. 7 Abs. 1 lit. b ausräumen. Danach haftet der Absender für unrichtige oder unvollständige Angaben im Frachtbrief; der Frachtführer habe daher einen Freistellungsanspruch gegen den Absender.[54] Dies mag für nachfolgende Frachtführer zutreffen, die die Nachnahmeabrede nicht kennen, nicht aber für den ersten. Andernfalls würde die Anerkennung der formfreien Nachnahmeabsprache praktisch wieder rückgängig gemacht. Die Lösung ist vielmehr außerhalb der CMR zu suchen.[55] Die Verpflichtung des Empfängers zur Zahlung der „aus dem Frachtbrief hervorgehenden"

---

[48] Siehe näher *Basedow* TranspV S. 320 ff.

[49] OGH Wien 3.10.1973, HS 8411 = *Greiter* S. 28, 32; Cour Grenoble 13.3.1980, BT 1981, 306; *Nickel-Lanz* S. 30; *Pesce* S. 119.

[50] AA Jabornegg/Artmann/*Csoklich* Rn. 16.

[51] BGH 10.2.1982, BGHZ 83, 96, 100 = NJW 1982, 1946 sub. II 3 a; OLG Hamm 28.4.1983, TranspR 1983, 151, 153 und 16.8.1984, TranspR 1985, 97, 98; *Koller* Rn. 15; Thume/*Teutsch* Rn. 29; Fremuth/Thume/*Thume* Rn. 27; Vestre Landsret 25.2.1969, bestätigt durch Højesteret 22.4.1971, UfR 1971 A 427, referiert bei *Groth* S. 20; Cour Aix-en-Provence 6.11.1981, BT 1982, 258, referiert von *Ponet* S. 117 Rn. 162b; aA Rb. Amsterdam 15.6.1966, S. & S. 1970 Nr. 101.

[52] *Groth* S. 23.

[53] *Loewe* ETR 1976, 533; zum Problem auch *Clarke* S. 109 f. Nr. 38.

[54] *Groth* S. 23.

[55] Angedeutet bei *Clarke* S. 109 f. Nr. 38.

Kosten, Art. 13 Abs. 2, bezieht sich nicht auf die Warennachnahme, sondern nur auf die mit der Beförderung verbundenen Kosten. Dies ergibt sich aus dem Vorentwurf von Unidroit, Einl. Rn. 13, der zwar bereits den Rechtsgedanken des gegenwärtigen Art. 13 Abs. 2 enthielt (Art. 14 Abs. 3 des Entwurfs), doch in Art. 7 noch nicht die Eintragung der Nachnahme in den Frachtbrief vorsah. „Le montant des créances résultant de la lettre de voiture" bezog sich zweifelsfrei nur auf transportbezogene Kosten und hat durch die spätere Einfügung des Nachnahmebetrags in den Katalog der Frachtbriefangaben in Art. 6 keine andere Bedeutung erlangt.[56] Der **Zweck des Art. 13 Abs. 2** geht dahin, den Empfänger vor unerwarteten und von ihm unbeeinflussten Zahlungspflichten wie etwa der Fracht zu **warnen**. Diese ratio trifft auf die Nachnahme des Kaufpreises nicht zu; denn der Empfänger weiß als Käufer, welchen Preis er zahlen muss. Der Frachtführer kann vom Empfänger nicht nur gemäß Art. 13 Abs. 2 Zahlung der aus dem Frachtbrief hervorgehenden transportbezogenen Kosten verlangen, sondern zusätzlich auch nach dem ergänzenden nationalen Vertragsrecht Zahlung der Warennachnahme.

Die **Eintragung der Nachnahme** im Frachtbrief dient nur **Beweiszwecken**.[57] Die **35** Beweiskraft des Frachtbriefs entfällt mangels Eintragung, und der Absender muss mit anderen Mitteln nachweisen, dass der Frachtführer zur Einziehung einer Nachnahme verpflichtet und wie hoch der Nachnahmebetrag ist.[58] Zwar kann die Abrede mündlich oder schriftlich dh. auch außerhalb des Frachtbriefs getroffen werden,[59] doch drohen Beweisnachteile. Nicht ausreichend als Beweis sind allgemeine Klauseln auf der Begleitrechnung wie „Kasse gegen Dokumente". Die Vereinbarung muss eindeutig und auch dem rechtsunkundigen Fahrer des Frachtführers verständlich sein, was bei Handelsklauseln vielfach nicht der Fall ist.[60] Vgl. im Einzelnen Art. 21 Rn. 9 f.

**5. Wertdeklaration und besonderes Lieferinteresse, lit. d.** Gemäß Art. 23 Abs. 6 **36** können die Entschädigungsleistungen des Frachtführers nur über die Haftungsgrenzen dieser Vorschrift hinausgehen, wenn der Absender den Wert des Gutes oder ein besonderes Interesse an der Lieferung „nach den Artikeln 24 und 26" angegeben hat. Die beiden genannten Bestimmungen haben damit den Charakter von Ausnahmevorschriften und sind strikt auszulegen. Da sowohl Art. 24 die Wertdeklaration „im Frachtbrief" als auch Art. 26 die Vereinbarung des Lieferinteresses „durch Eintragung in den Frachtbrief" vorsieht, werden beide Angaben überwiegend für **konstitutiv** erachtet.[61] Nur wenige erlauben den Beweis entsprechender Abreden mit anderen Mitteln.[62]

Einen überzeugenden Grund für den Formzwang gibt es nur zum Teil. Ein legitimes **37** Schutzinteresse hat der nachfolgende Frachtführer iS von Art. 34, der in den Frachtvertrag eintritt und durch die vertragliche Haftungserweiterung gebunden ist.[63] Ein solcher Eintritt setzt gemäß Art. 34 und 35 die Existenz eines Frachtbriefs voraus. Wenn gar kein Frachtbrief ausgestellt wurde, können nachfolgende Frachtführer nur als Unterfrachtführer und nicht als Samtfrachtführer gemäß Art. 34 fungieren; als Unterfrachtführer brauchen sie jedoch keinen Schutz, da sie an die Absprachen zwischen Hauptfrachtführer und Absender nicht gebunden sind. In einem solchen Fall ist es auch möglich, Art. 24 und 26 einschränkend

---

[56] Dass die Verpflichtungen des Empfängers durch den Frachtbrief nicht abschließend festgelegt werden, wird auch in dem schwedischen Gesetzesentwurf begründet, vgl. Vägfraktavtalet II, S. 82.
[57] BGH 10.2.1982, BGHZ 83, 96, 100.
[58] *Theunis/Mercadal* S. 41.
[59] OLG Hamm 28.4.1983, TranspR 1983,151, 152 f.
[60] OLG Köln 27.11.1974, AWD 1975, 162, 163; Cour Paris 19.1.1978, BT 1978, 161, referiert bei *Ponet* S. 116 f., Rn. 162; weitere Urteile bei *Theunis/Mercadal* S. 41.
[61] BGH 14.7.1993, TranspR 1993, 426, 428 sub III 3 = RIW 1994, 66; OGH Wien 30.8.1990, TranspR 1992, 406, 408; *Clarke* S. 311 Nr. 100; *Hill/Messent* S. 212; *Helm* VersR 1988, 552; *Koller* Art. 24 Rn. 3; *Haak* S. 232 f.; *Jesser* S. 136; *Putzeys* S. 306 f. Nr. 904 und S. 309 f. Nr. 910; *Herber/Piper* Art. 24 Rn. 12; EBJS/*Boesche* Rn. 17; *Jabornegg/Artmann/Csoklich* Rn. 17.
[62] Eingehende Begründung bei *Lamy* 2013 Rn. 792c) mit neuesten Rspr. Nachweisen; OLG Hamburg 29.5.1980, VersR 1980, 950, 951; *Ponet/Willems* Rev.dr.com.belge 1992, 724.
[63] *Clarke* S. 311 Nr. 100 Fn. 155; *Putzeys* S. 307 Nr. 904.

dahin auszulegen, dass beide Vorschriften die Existenz eines Frachtbriefs voraussetzen, dass also der Frachtbriefzwang der Art. 24 und 26 nicht eingreift, wenn gar kein Frachtbrief vorhanden ist. Diese Interpretation trüge dem zunehmenden Verzicht auf die Ausstellung von Frachtbriefen Rechnung. Wenn etwa ein Beförderer in einem Just-in-time-Rahmenvertrag die Zuliefertransporte zwischen zwei Werken desselben Absenders übernimmt, gibt es für die aufwändige Ausstellung von Frachtbriefen keinen vernünftigen privatrechtlichen Grund; dennoch wird der Auftraggeber sein besonderes Lieferinteresse an der pünktlichen Erfüllung der einzelnen Transportaufträge in dem Rahmenvertrag gemäß Art. 26 verankern wollen; vgl. im Übrigen Art. 24 Rn. 7.

**38**  **6. Versicherung, lit. e.** Einzutragen sind Weisungen des Absenders an den Frachtführer in Bezug auf die Versicherung des Gutes. Die Eintragung ist nicht konstitutiv und dient nur Beweiszwecken, vgl. Rn. 28. Bei solchen Weisungen darf der Absender Ansprüche gegen seine eigene Transportversicherung nicht an den Frachtführer abtreten, vgl. Art. 41 Abs. 2. Für den Fall, dass der Frachtführer die Weisungen des Absenders nicht befolgt, bestimmt sich die Haftung des Frachtführers nach dem ergänzenden nationalen Recht.[64] Nach deutschem Recht kommt der Anspruch aus § 280 BGB in Betracht.[65]

**39**  **7. Lieferfrist, lit. f.** Da die CMR keine festen Lieferfristen vorsieht, kann die Verspätungshaftung des Art. 17 nur daran anknüpfen, dass das Gut nicht innerhalb der vereinbarten oder nach den gewöhnlichen Umständen benötigten Zeit abgeliefert wird, vgl. Art. 19. Darauf bezieht sich das Eintragungserfordernis des Art. 6 Abs. 2 lit. f. Die Eintragung ist nach der inzwischen ganz herrschenden Auffassung **keine konstitutive Voraussetzung** für die Lieferfristvereinbarung,[66] siehe auch schon Rn. 28. Allerdings ist es, wenn eine Eintragung fehlt, Sache des Absenders, eine wirksame Lieferfristvereinbarung zu beweisen. Der Hinweis auf eine einseitige Weisung des Absenders per Telex genügt dann nicht unbedingt,[67] es sei denn man konnte nach den Umständen mit der Annahme rechnen, vgl. § 151 BGB, und das für den Vertragsschluss maßgebliche nationale Recht, Einl. Rn. 41 ff., lässt eine solche Art der Vereinbarung genügen.

**40**  **8. Verzeichnis übergebener Urkunden, lit. g.** Gemäß Art. 11 hat der Absender dem Frachtführer alle Urkunden mitzugeben, die für die amtliche Behandlung der Güter während des Transports, vor allem für die Zollabfertigung notwendig sind. Fehlen solche Urkunden, kann es zu Zwangsaufenthalten des Fahrzeugs während der Reise und damit zu Verspätungsschäden kommen. Damit sich ermitteln lässt, welche Partei die Verantwortung für solche Verzögerungen trägt, ordnet Art. 6 Abs. 2 lit. g an, dass der Frachtbrief ein Inventar der mitgegebenen Urkunden enthält. Der Absender wird für dieses Inventar schon im eigenen Interesse sorgen; im Übrigen haftet er für die Vollständigkeit und Richtigkeit des Verzeichnisses gemäß Art. 7 Abs. 1 lit. b. Den Beweis, dass er bestimmte Urkunden mitgegeben hat, kann er auch auf andere Weise führen,[68] vgl. Rn. 28.

### IV. Fakultative Angaben (Abs. 3)

**41**  Nach Abs. 3 können über die in Abs. 2 genannten Abreden hinaus weitere den Frachtvertrag oder die Güter betreffende Angaben in den Frachtbrief eingetragen werden. Insoweit

---

[64] *Koller* Rn. 17; Thume/*Teutsch* Rn. 33; Fremuth/Thume/*Thume* Rn. 29; Jabornegg/Artmann/*Csoklich* Rn. 18.

[65] *Koller* Vor Art. 1 Rn. 30 (unter Berücksichtigung von § 433 HGB).

[66] BGH 30.9.1993, NJW 1993, 3331 f. sub II 3 d) (1); OLG Hamburg 3.5.1984, TranspR 1985, 37; OLG Düsseldorf 30.12.1982, VersR 1983, 1029; OLG Köln 7.12.1993, TranspR 1994, 197; Cour Montpellier 19.2.1987, BT 1987, 578; Cour Toulouse 4.6.1981, BT 1981, 381; *Jesser* S. 75 f.; *Herber/Piper* Rn. 24; *Helm* VersR 1988, 552; EBJS/*Boesche* Rn. 19; Jabornegg/Artmann/*Csoklich* Rn. 19; *Hill/Messent* S. 171; *Putzeys* S. 231 Nr. 702; *Clarke* S. 194 Nr. 58a; *Silingardi* S. 131; *Lamy* 2013 Rn. 761.

[67] OLG Stuttgart 27.1.1967, NJW 1968, 1054; OLG Düsseldorf 18.1.1979, VersR 1979, 356, 357; Cour Toulouse 4.6.1981, BT 1981, 381.

[68] Thume/*Teutsch* Rn. 35.

besteht kein Numerus Clausus für Vereinbarungen, aber auch keine Eintragungspflicht. Der CMR-Frachtbrief enthält dafür eine gesonderte Rubrik. In Betracht kommt etwa eine Absprache über die Transportroute oder die zu benutzenden Fähren oder Grenzübergänge,[69] die Angabe einer Meldeadresse (notify address), vgl. Rn. 13, die Begründung eines anfänglichen Verfügungsrechts des Empfängers, Art. 12 Abs. 3, dessen Eintragung sogar konstitutiv wirkt,[70] die Vereinbarung über die Verwendung offener Fahrzeuge, von deren Eintragung der Haftungsausschluss gemäß Art. 17 Abs. 4 lit. a abhängen soll,[71] eine Gerichtsstandsvereinbarung gemäß Art. 31 Abs. 1 oder eine Schiedsabrede gemäß Art. 33. Solche Absprachen sind, von den erwähnten Fällen abgesehen, auch ohne Eintragung wirksam; ihre Eintragung begründet jedoch die Beweisvermutung des Art. 9 Abs. 1.[72] Für unrichtige und fehlende Angaben haftet der Absender gemäß Art. 7 Abs. 1 lit. c.[73]

## Art. 7 [Haftung für Frachtbriefeintragungen]

**(1) Der Absender haftet für alle Kosten und Schäden, die dem Frachtführer dadurch entstehen, daß folgende Angaben unrichtig oder unvollständig sind:**
**a) die in Artikel 6 Absatz 1 Buchstabe b, d, e, f, g, h und j bezeichneten Angaben;**
**b) die in Artikel 6 Absatz 2 bezeichneten Angaben;**
**c) alle anderen Angaben oder Weisungen des Absenders für die Ausstellung des Frachtbriefes oder zum Zwecke der Eintragung in diesen.**

**(2) Trägt der Frachtführer auf Verlangen des Absenders die in Absatz 1 bezeichneten Angaben in den Frachtbrief ein, wird bis zum Beweise des Gegenteils vermutet, daß der Frachtführer hierbei im Namen des Absenders gehandelt hat.**

**(3) Enthält der Frachtbrief die in Artikel 6 Absatz 1 Buchstabe k bezeichnete Angabe nicht, so haftet der Frachtführer für alle Kosten und Schäden, die dem über das Gut Verfügungsberechtigten infolge dieser Unterlassung entstehen.**

## Art. 7

(1) L'expéditeur répond de tous frais et dommages que supporterait le transporteur en raison de l'inexactitude ou de l'insuffisance:

(a) Des indications mentionnées à l'article 6, paragraphe 1, b, d, e, f, g, h et j;

(b) Des indications mentionnées à l'article 6, paragraphe 2;

(c) De toutes autres indications ou instructions qu'il donne pour l'établissement de la lettre de voiture ou pour y être reportées.

## Art. 7

(1) The sender shall be responsible for all expenses, loss and damage sustained by the carrier by reason of the inaccuracy or inadequacy of:

(a) The particulars specified in article 6, paragraph 1, (b), (d), (e), (f), (g), (h), and (j);

(b) The particulars specified in article 6, paragraph 2;

(c) Any other particulars or instructions given by him to enable the consignment note to be made out or for the purpose of their being entered therein.

---

[69] Solche Abreden waren in Art. 7 Abs. 3 des Unidroit-Entwurfs, Einl. Rn. 13, noch ausdrücklich genannt.
[70] Vgl. *Loewe* ETR 1976, 534; Fremuth/Thume/*Thume* Rn. 33; Jabornegg/Artmann/*Csoklich* Rn. 21.
[71] So die hM, vgl. OLG Düsseldorf 15.12.1983, TranspR 1984, 38 und 30.5.1988, TranspR 1988, 423, 425; Kh. Brüssel 4.2.1972, ETR 1972, 573; Trib.com. Toulouse 25.6.1980, BT 1980, 518; *Haak* S. 154; *Clarke* S. 257 Nr. 80; *Koller* Art. 17 Rn. 36; GroßkommHGB/*Helm* Art. 17 Rn. 115; *Herber/Piper* Art. 17 Rn. 95; EBJS/*Boesche* Art. 17 Rn. 45; aA *Putzeys* S. 257 Rn. 774; *Hill/Messent* S. 140; *Libouton*, Liability of the CMR Carrier in Belgian Case Law (Arts. 17, 18, 19, 20) in: *Theunis* S. 79, 86; siehe Art. 17 Rn. 56.
[72] *Herber/Piper* Rn. 26; *Koller* Rn. 20; GroßkommHGB/*Helm* Rn. 28; EBJS/*Boesche* Rn. 21; Jabornegg/Artmann/*Csoklich* Rn. 21.
[73] *Loewe* ETR 1976, 534; *Koller* Rn. 20; Thume/*Teutsch* Rn. 37; EBJS/*Boesche* Rn. 21; einschränkend *Herber/Piper* Rn. 26.

(2) Si, à la demande de l'expéditeur, le transporteur inscrit sur la lettre de voiture les mentions visées au paragraphe 1 du présent article, il est considéré, jusqu'à preuve du contraire, comme agissant pour le compte de l'expéditeur.

(3) Si la lettre de voiture ne contient pas la mention prévue à l'article 6, paragraphe 1, k, le transporteur est responsable de tous frais et dommages que subirait l'ayant droit à la marchandise en raison de cette omission.

(2) If, at the request of the sender, the carrier enters in the consignment note the particulars referred to in paragraph 1 of this article, he shall be deemed, unless the contrary is proved, to have done so on behalf of the sender.

(3) If the consignment note does not contain the statement specified in article 6, paragraph 1 (k), the carrier shall be liable for all expenses, loss and damage sustained through such omission by the person entitled to dispose of the goods.

**Schrifttum:** Siehe Einl. vor Rn. 1 sowie bei Art. 4.

## I. Bedeutung und Zweck

1     Die Abwicklung des Transportvertrags hängt von Informationen (für den ersten und nachfolgende Beförderer, den Empfänger, Behörden u. a.) ab, über die größtenteils nur der Absender verfügt. Die Pflicht, solche **Informationen dem Frachtführer zugänglich** zu machen, ist in der CMR im Grundsatz nicht geregelt und beurteilt sich ebenso wie die Haftung für Informationsmängel nach nationalem Recht. Nur soweit es um die Übermittlung der Information durch das **Medium des Frachtbriefs** geht, legt die Konvention in Art. 6 international einheitliche Informationspflichten fest und sanktioniert sie in Art. 7 Abs. 1 durch die Anordnung einer strikten Haftung des Absenders. Als Herr der Informationen ist er kraft der widerleglichen Vermutung des Abs. 2 auch verantwortlich, wenn der Frachtführer den Frachtbrief ausfüllt und dabei fehlerhafte Eintragungen vornimmt. Dem Frachtführer wird andererseits die Pflicht auferlegt, durch Eintragung des CMR-Vermerks die Konvention auch vor Gerichten von Nichtvertragsstaaten zum Tragen zu bringen; ihn trifft deshalb, wenn es dazu nicht kommt, die Haftung gemäß Abs. 3.

## II. Haftung des Absenders

2     **1. Haftungsgrund.** Gemäß Abs. 1 haftet der Absender dafür, dass gewisse für den Frachtbrief bestimmte oder in ihm aufgenommene Angaben **unrichtig oder unvollständig** sind. Wie sich aus lit. c deutlich ergibt, ist damit nicht eine Haftung für alle unzulänglichen Informationen des Absenders begründet, sondern nur für solche, die auf Grund gesetzlicher Anordnung in Art. 6 Abs. 1 und 2 oder nach den Absichten der Parteien für die Ausstellung des Frachtbriefs bzw. für die Eintragung in ihn bestimmt sind, vgl. schon Rn. 1. Fehlt jeder Bezug der übermittelten Information zu einem Frachtbrief, weil gar **kein Frachtbrief ausgestellt** wurde und werden soll, so richtet sich die Haftung des Absenders für Mängel der Information nicht nach Art. 7 Abs. 1.[1] Dies bedeutet allerdings nicht, dass eine Haftung völlig ausscheidet; sie beurteilt sich vielmehr, weil Art. 7 nicht anwendbar ist, nach dem ergänzenden nationalen Vertragsrecht;[2] zum deutschen Recht vgl. § 414 HGB. Wurde zwar ein Frachtbrief ausgestellt, ist die Schädigung des Frachtführers aber nicht auf die Unrichtigkeit oder Unvollständigkeit einer Angabe, sondern auf das völlige **Fehlen einer Angabe**[3] zurückzuführen, ist Art. 7 nicht anwendbar und die Haftung richtet sich ebenfalls nach dem ergänzend anwendbaren nationalen Recht.

---

[1] OLG Düsseldorf 13.12.1990, TranspR 1991, 91, 93.
[2] Wie hier *Herber/Piper* Rn. 2; GroßkommHGB/*Helm* Rn. 4; EBJS/*Boesche* Rn. 3; aA Thume/*Teutsch* Rn. 7: Haftung analog Art. 7 CMR; ebenso Fremuth/Thume/*Thume* Rn. 3.
[3] *Koller* Rn. 1; GroßkommHGB/*Helm* Rn. 5; Fremuth/Thume/*Thume* Rn. 2; EBJS/*Boesche* Rn. 1; aA *Loewe* ETR 1976, 532.

Die Haftung des Absenders ist **verschuldensunabhängig**.[4] Darin spiegelt sich der Gedanke 3
der Haftungssphären: der Absender muss als Garant für die aus seiner Sphäre stammenden Informationen einstehen. Vorausgesetzt wird nur, dass die Unzulänglichkeit der Eintragung den
Schaden des Frachtführers **verursacht** hat. Diese Voraussetzung liegt nicht vor, wenn die
unzulängliche Eintragung auf spätere Rückfrage des Frachtführers noch rechtzeitig konkretisiert wurde.[5] Den Frachtführer treffen Kontrollobliegenheiten im Rahmen des Art. 8 und bei
offensichtlich falschen Angaben.[6] **Mitverschulden** des Frachtführers ist nach den allgemeinen
Rechtsgrundsätzen, auf denen die CMR beruht, zu beurteilen, vgl. Einl. Rn. 37. In Betracht
kommt die Wertung des Art. 17 Abs. 5, der ähnlich wie § 254 BGB die Haftung nach den Verschuldens- bzw. Verursachungsanteilen der Parteien mindert.[7]

Gemäß **Art. 7 Abs. 1 lit. a** trifft den Absender die Haftung für Unzulänglichkeiten der 4
Angaben in Bezug auf Name und Anschrift des Absenders, Art. 6 Abs. 1 lit. b, Übernahmetag und -stelle sowie Ablieferungsstelle, lit. d, Name und Anschrift des Empfängers, lit. e,
Bezeichnung des Gutes, lit. f, Anzahl, Zeichen und Nummern der Frachtstücke, lit. g,
Rohgewicht bzw. Menge des Gutes, lit. h und Weisungen für den Zoll, lit. j, siehe dazu
im Einzelnen die Kommentierung zu Art. 6. **Ausgenommen** sind fehlerhafte oder unvollständige Angaben über Ausstellungsort und -tag, lit. a, Name und Anschrift des Frachtführers, lit. c, und die mit der Beförderung verbundenen Kosten, lit. i. Denn diese Angaben
betreffen Umstände, die zumindest teilweise aus der **Sphäre des Frachtführers** stammen,
so dass eine Absenderhaftung unter dem Gesichtspunkt der Haftungssphäre nicht gerechtfertigt wäre.[8] Die Regelung ist abschließend und nicht analogiefähig.[9] Hinsichtlich der Positivliste von Art. 7 Abs. 1 lit. a kommt je nach den Umständen ein **Mitverschulden des
Frachtführers** (vgl. Rn. 3) in Betracht, so etwa wenn der Beförderer bei Überprüfung des
übernommenen Gutes (Art. 8 Abs. 1) feststellt, dass die Angaben im Frachtbrief nicht stimmen, er diese Angaben aber unverändert lässt.

Ähnlich liegen die Dinge bzgl. der Haftungstatbestände von **Abs. 1 lit. b,** wonach der 5
Absender für unrichtige oder unvollständige Eventualangaben im Sinne von Art. 6 Abs. 2
haftet. Der Haftungstatbestand von **Abs. 1 lit. c** setzt nicht voraus, dass die dort genannten
Angaben im Frachtbrief eingetragen sind; sie decken sich also nicht mit den fakultativen
Angaben iS von Art. 6 Abs. 3. Auch nicht eingetragene unzulängliche Angaben können
die Haftung des Absenders gemäß Art. 7 Abs. 1 lit. c begründen, wenn sie für die Ausstellung
des Frachtbriefs gedacht oder zur Eintragung bestimmt waren. Nach dem Wortlaut genügt
es nicht, dass die fraglichen Angaben vom Absender ohne jeden Bezug zu einem Frachtbrief
gemacht worden sind.

**2. Haftungsumfang.** Der Absender haftet für „alle Schäden und Kosten", die durch 6
die Fehlangaben verursacht werden. Indem der englische Text noch „losses" hinzufügt,
verdeutlicht er, dass der Schadensbegriff in Art. 7 in der Tat so umfassend ist, wie dies
ohnehin dem kontinentalen Verständnis entspricht. Er umfasst Sachschäden, etwa an dem
Lkw,[10] aber auch Vermögensschäden einschließlich entgangenem Gewinn, wenn der Lkw
nicht eingesetzt werden kann, ferner Haftungsschäden, die der Frachtführer dadurch erleidet, dass er Dritten haftet[11] oder der Staat ihm eine Geldbuße auferlegt.[12] Die Haftung des

---

[4] GroßkommHGB/*Helm* Rn. 1; *Jesser* S. 176; *Koller* Rn. 1; *Herber/Piper* Rn. 8; *Thume/Teutsch* Rn. 1;
EBJS/*Boesche* Rn. 4; Jabornegg/Artmann/*Csoklich* Rn. 2.

[5] Vgl. dazu BGH 13.7.2000, TranspR 2001, 298, 300.

[6] *Koller* Rn. 1; *Thume/Teutsch* Art. 8 Rn. 6; EBJS/*Boesche* Rn. 4; dazu LG Frankfurt 20.9.2000, TranspR
2001, 129 f.

[7] Vgl. dazu ausführlich *Gündisch* S. 31 ff.; wie hier auch Ferrari/*Otte*, Int. Vertragsrecht, Rn. 13 f.; *Koller*
Rn. 1 will Art. 11 Abs. 2 analog anwenden.

[8] Ähnlich GroßkommHGB/*Helm* Rn. 4 und auch *Loewe* ETR 1976, 534.

[9] *Koller* Rn. 1; GroßkommHGB/*Helm* Rn. 1; EBJS/*Boesche* Rn. 3; Jabornegg/Artmann/*Csoklich* Rn. 1.

[10] Cour cass. 6.11.1967, BT 1967, 398; vgl. auch *Putzeys* S. 349 Nr. 1015.

[11] *Koller* Rn. 2; *Herber/Piper* Rn. 7; GroßkommHGB/*Helm* Rn. 8, 11; EBJS/*Boesche* Rn. 4; Jabornegg/
Artmann/*Csoklich* Rn. 3.

[12] Cour Colmar 16.6.1972, BT 1972, 320; vgl. auch LG Köln 16.9.1988, TranspR 1989, 271 mit Anm.
*Knorre*.

Absenders ist betragsmäßig nicht begrenzt; Art. 23 betrifft nur die Haftung des Frachtführers.[13] Die Absenderhaftung kann vom Frachtführer einredeweise einem Anspruch nach Art. 17 entgegengehalten werden.[14]

**7**    **3. Der Frachtführer als Vertreter des Absenders, Abs. 2.** Der Gedanke der Informationssphären (Rn. 3) schlägt sich auch in Abs. 2 nieder. Danach handelt der Frachtführer, wenn er selbst den Frachtbrief ausfüllt, bis zum Beweis des Gegenteils **für Rechnung des Absenders** („pour le compte de l'expéditeur", „on behalf of the sender"). Er besorgt also dessen Geschäft[15] mit der Folge, dass Eintragungen, die der Frachtführer vornimmt, dem Absender zugerechnet werden. Dies bringt die deutsche Übersetzung mit den Worten „im Namen des Absenders" zum Ausdruck, die an die direkte Stellvertretung (§§ 164 ff. BGB) erinnern. Für unzulängliche Eintragungen haftet demnach gemäß Art. 7 Abs. 1 der Absender, aus dessen Sphäre die fehlerhaften Informationen stammen. Das Frachtführer-Verhalten wird dem Absender nur zugerechnet, wenn der Beförderer **„auf Verlangen des Absenders"** tätig wird; die Beweislast dafür trägt der Frachtführer.[16]

**8**    Die **Haftung des Absenders ist ausgeschlossen,** wenn der Absender nachweist, dass der Frachtführer von den ihm mitgeteilten Angaben abgewichen ist oder eigenmächtig eigene Angaben eingetragen hat. Dabei genügt es, dass der Frachtführer unsorgfältig, dh. fahrlässig, gehandelt hat, bewusste Eigenmächtigkeit ist nicht erforderlich.[17] Den haftungsbefreienden Nachweis hat der Absender insbesondere erbracht, wenn die Eintragungen im Frachtbrief von Angaben abweichen, die der Absender dem Frachtführer schriftlich oder per Telex oder Fax übermittelt hat oder wenn der Frachtführer selbständig die Angaben ermitteln und eintragen sollte und er dabei unsorgfältig vorgegangen ist.[18]

### III. Haftung des Frachtführers

**9**    Gemäß **Art. 7 Abs. 3** haftet der Frachtführer für alle Kosten und Schäden, die dem Ladungsberechtigten daraus entstehen, dass im Frachtbrief der **CMR-Vermerk fehlt,** vgl. Art. 6 Abs. 1 lit. k, und dass der Ladungsberechtigte deshalb vor den Gerichten Italiens oder eines Nichtvertragsstaats seine Rechte nicht in gleichem Umfang durchsetzen konnte, wie dies bei Anwendung der CMR möglich gewesen wäre, siehe näher Art. 6 Rn. 25 f. Diesen Schadensersatzanspruch kann der Ladungsberechtigte naturgemäß nur vor Gerichten eines Vertragsstaats geltend machen. Er ist von geringer praktischer Bedeutung, zum einen da die üblicherweise verwendeten CMR-Frachtbriefe bereits entsprechend aufgedruckte Vermerke enthalten und zum anderen aufgrund der großen Anzahl von CMR-Mitgliedstaaten. Der Frachtführer haftet **verschuldensunabhängig**[19] und der Höhe nach **unbeschränkt.**[20] Gelegentlich wird die theoretische Schwierigkeit betont, die sich daraus ergebe, dass der Zweitrichter das Urteil aus dem Nichtvertragsstaat auf Grund eines Anerkennungs- und Vollstreckungsabkommens oder nach autonomem Recht (§ 328 ZPO) anerkennen müsse, während Art. 7 Abs. 3 ihn dazu verpflichte, das fremde Urteil zu korrigieren.[21] Ein Wider-

---

[13] *Clarke* S. 69 Nr. 26a; *Loewe* ETR 1976, 535; *Hill/Messent* S. 78; *Herber/Piper* Rn. 8; *Thume/Teutsch* Rn. 8; EBJS/*Boesche* Rn. 4; Jabornegg/Artmann/*Csoklich* Rn. 3; aA GroßkommHGB/*Helm* Rn. 8, der zwar ebenfalls davon ausgeht, dass Art. 23 nicht anzuwenden ist, jedoch ergänzend das Recht des Vertragsstatuts heranziehen will. Art. 7 erscheint im Hinblick auf eine Haftungssumme jedoch nicht ergänzungsbedürftig.
[14] BGH 15.6.2000, TranspR 2000, 459, 462; *Herber/Piper* Rn. 9; EBJS/*Boesche* Rn. 4; vgl. auch LG Köln 16.9.1988, TranspR 1989, 271 m. Anm. *Knorre.*
[15] *Koller* Rn. 4; GroßkommHGB/*Helm* Rn. 7; *Herber/Piper* Rn. 10 f.; *Thume/Teutsch* Rn. 10.
[16] GroßkommHGB/*Helm* Rn. 10; *Loewe* ETR 1976, 535; *Herber/Piper* Rn. 11; *Thume/Teutsch* Rn. 11; EBJS/*Boesche* Rn. 5; Jabornegg/Artmann/*Csoklich* Rn. 5.
[17] OLG Düsseldorf 12.2.1981, VersR 1982, 302, 303; *Helm* VersR 1988, 548, 552; *Thume/Teutsch* Rn. 11; Jabornegg/Artmann/*Csoklich* Rn. 5; aA *Koller* Rn. 4: Vorsatz erforderlich; *Herber/Piper* Rn. 10 und EBJS/*Boesche* Rn. 6: weder Vorsatz noch Fahrlässigkeit erforderlich.
[18] GroßkommHGB/*Helm* Rn. 10.
[19] *Herber/Piper* Rn. 14; *Thume/Teutsch* Rn. 12; GroßkommHGB/*Helm* Rn. 13; EBJS/*Boesche* Rn. 7; Jabornegg/Artmann/*Csoklich* Rn. 6.
[20] *Herber/Piper* Rn. 17; *Thume/Teutsch* Rn. 14; Jabornegg/Artmann/*Csoklich* Rn. 6.
[21] *Loewe* ETR 1976, 536; ähnlich *Lenz* Rn. 561.

spruch besteht hier indessen nicht, weil der Streitgegenstand im Zweitverfahren, wo es um fehlerhafte Eintragungen geht, ein anderer ist als im Erstprozess; die Einrede der res iudicata kann deshalb im Zweitprozess nicht durchdringen.

Nicht geregelt ist in der CMR die Haftung des Frachtführers für **sonstige Eintragungs-** **10** **fehler,** insbesondere für unkorrekte Vorbehalte im Frachtbrief, die etwa entgegen den tatsächlichen Verhältnissen eine falsche Zählung der Frachtstücke durch den Absender oder unzutreffende Gewichtsangaben im Frachtbrief monieren. Vertragliche Schadensersatzansprüche des Absenders oder Empfängers können sich dann aus dem ergänzenden nationalen Vertragsrecht (Einl. Rn. 41 ff.) ergeben, im deutschen Recht etwa aus § 311 Abs. 2 BGB (cic) oder § 280 BGB (pVV); in Betracht kommen auch akzessorisch anzuknüpfende[22] deliktische Ansprüche, etwa aus § 826 BGB.[23]

## Art. 8 [Kontrollobliegenheiten]

(1) **Der Frachtführer ist verpflichtet, bei der Übernahme des Gutes zu überprüfen**
a) **die Richtigkeit der Angaben im Frachtbrief über die Anzahl der Frachtstücke und über ihre Zeichen und Nummern;**
b) **den äußeren Zustand des Gutes und seiner Verpackung.**

(2) [1]**Stehen dem Frachtführer keine angemessenen Mittel zur Verfügung, um die Richtigkeit der in Absatz 1 Buchstabe a bezeichneten Angaben zu überprüfen, so trägt er im Frachtbrief Vorbehalte ein, die zu begründen sind.** [2]**Desgleichen hat er Vorbehalte zu begründen, die er hinsichtlich des äußeren Zustandes des Gutes und seiner Verpackung macht.** [3]**Die Vorbehalte sind für den Absender nicht verbindlich, es sei denn, daß er sie im Frachtbrief ausdrücklich anerkannt hat.**

(3) [1]**Der Absender kann vom Frachtführer verlangen, daß dieser das Rohgewicht oder die anders angegebene Menge des Gutes überprüft.** [2]**Er kann auch verlangen, daß der Frachtführer den Inhalt der Frachtstücke überprüft.** [3]**Der Frachtführer hat Anspruch auf Ersatz der Kosten der Überprüfung.** [4]**Das Ergebnis der Überprüfung ist in den Frachtbrief einzutragen.**

## Art. 8

(1) Lors de la prise en charge de la marchandise, le transporteur est tenu de vérifier:
(a) L'exactitude des mentions de la lettre de voiture relatives au nombre de colis, ainsi qu'à leurs marques et numéros;

(b) L'état apparent de la marchandise et de son emballage

(2) Si le transporteur n'a pas de moyens raisonnables de vérifier l'exactitude des mentions visées au paragraphe 1, a, du présent article, il inscrit sur la lettre de voiture des réserves qui doivent être motivées. Il doit de même motiver toutes les réserves qu'il fait au sujet de l'état apparent de la marchandise et de son emballage. Ces réser-

## Art. 8

(1) On taking over the goods, the carrier shall check:
(a) The accuracy of the statements in the consignment note as to the number of pack ages and their marks and numbers, and

(b) The apparent condition of the goods and their packaging.

(2) Where the carrier has no reasonable means of checking the accuracy of the statements referred to in paragraph 1 (a) of this article, he shall enter his reservations in the consignment note together with the grounds on which they are based. He shall likewise specify the grounds for any reservations which he makes with regard to the

---

[22] Vgl. *Kropholler* IPR, 6. Aufl. 2006, § 53 IV 4, S. 530 f.; MüKoBGB/*Junker,* 5. Aufl. 2010, Art. 4 Rom II-VO Rn. 50 ff.
[23] BGH 25.9.1986, NJW 1987, 588 und *Koller* EWiR 1986, 1219 für ein vom Verfrachter falsch ausgestelltes Konnossement.

ves n'engagent pas l'expéditeur, si celui-ci ne les a pas expressément acceptées sur la lettre de voiture.

(3) L'expéditeur a le droit d'exiger la vérification par le transporteur du poids brut ou de la quantité autrement exprimée de la marchandise. Il peut aussi exiger la vérification du contenu des colis. Le transporteur peut réclamer le paiement des frais de vérification. Le résultat des vérifications est consigné sur la lettre de voiture.

apparent condition of the goods and their packaging. Such reservations shall not bind the sender unless he has expressly agreed to be bound by them in the consignment note.

(3) The sender shall be entitled to require the carrier to check the gross weight of the goods or their quantity otherwise expressed. He may also require the contents of the packages to be checked. The carrier shall be entitled to claim the cost of such checking. The result of the checks shall be entered in the consignment note.

**Schrifttum:** Siehe Einl. vor Rn. 1 sowie bei Art. 4; außerdem *Chao,* Conteneurs plombés, BTL 1992, 67; *Koller,* Die Haftung des Frachtführers nach CMR wegen unzureichender Überprüfung der Verladung, DB 1988, 589; *Konow,* Schadensersatz wegen positiver Forderungsverletzungen im Rahmen von Frachtverträgen, TranspR 1987, 14; *Ruitinga,* Onus of proof and liability – some notes as to Articles 8, 9 and 10 of the CMR Convention, in Theunis S. 43; *Thume,* Vertraglich vereinbarte Übernahme von Prüfungspflichten durch den CMR-Frachtführer, FS Piper, 1996, S. 1037; *Willenberg,* Rechtsfragen des Palettenverkehrs auf der Straße, TranspR 1985, 161; *Zapp,* Vertraglich begründete Überprüfungspflichten nach Art. 41 CMR, TranspR 1991, 371; *ders.,* Rechtsprobleme im Zusammenhang mit der Verpackung in der CMR und im deutschen Handelsgesetzbuch, TranspR 2004, 333.

## Übersicht

|  | Rn. |  | Rn. |
|---|---|---|---|
| **I. Bedeutung und Zweck** | 1–5 | 4. Verladung und Verstauung | 13, 14 |
| 1. Untersuchungspflicht, Beweisvermutung und Haftungszeitraum | 1, 2 | **III. Vorbehalte (Abs. 2)** | 15–21 |
| 2. Untersuchungspflicht oder -obliegenheit | 3, 4 | 1. Pflicht zum Vorbehalt | 15, 16 |
| 3. Frachtbriefzwang | 5 | 2. Modalitäten des Vorbehalts | 17, 18 |
| **II. Überprüfungspflicht (Abs. 1)** | 6–14 | 3. Rechtsfolgen anerkannter Vorbehalte | 19, 20 |
| 1. Anzahl, Zeichen und Nummern der Frachtstücke, Abs. 1 lit. a | 6 | 4. Rechtsfolgen nicht anerkannter Vorbehalte | 21 |
| 2. Äußerer Zustand des Gutes, Abs. 1 lit. b | 7–10 | **IV. Überprüfung auf Verlangen des Absenders (Abs. 3)** | 22–27 |
| 3. Äußerer Zustand der Verpackung, Abs. 1 lit. b | 11, 12 | 1. Überprüfungspflicht | 22, 23 |
|  |  | 2. Rechtsfolgen | 24–27 |

## I. Bedeutung und Zweck

1    **1. Untersuchungspflicht, Beweisvermutung und Haftungszeitraum.** Art. 8 betrifft funktional die Regelung des Haftungszeitraums. Gemäß Art. 17 Abs. 1 haftet der Beförderer für Verlust und Beschädigung, während sich die Güter in seiner Obhut befinden, dh. zwischen Übernahme und Ablieferung. Für Güterschäden, die vor der Übernahme oder nach der Ablieferung eintreten, ist der Beförderer als solcher nicht verantwortlich. Der Schadenszeitpunkt lässt sich, wenn erst der Empfänger den Schaden feststellt, im Rückblick durchweg nicht mehr genau ermitteln. Daher zieht die Begrenzung des Haftungszeitraums die Notwendigkeit nach sich, Menge und Zustand der Güter bei der Ablieferung zu überprüfen und aktenkundig zu machen. Dem trägt die CMR Rechnung, indem sie zu beiden Zeitpunkten des Besitzwechsels jeweils dem neuen Besitzer, dem Frachtführer bei der Übernahme, Art. 8, und dem Empfänger bei der Ablieferung, Art. 30, die Aufgabe zuweist, Menge und Zustand des Gutes zu untersuchen und gegebenenfalls Vorbehalte zu machen – was nach der zeitlichen Risikoverteilung des Art. 17 ohnehin in seinem Interesse liegt. Kommt der neue Besitzer der Aufgabe nicht nach, so fällt es ihm nach den Beweisvermutungen der Art. 9 Abs. 2 und Art. 30 schwer, später den Nachweis dafür zu führen, dass sich

der Schaden vor dem Besitzwechsel ereignet hat. Die Vermutungswirkung gemäß Art. 9 Abs. 2 reicht nicht weiter als die Untersuchungspflicht; das Fehlen von Vorbehalten des Beförderers im Frachtbrief begründet somit nur eine Vermutung für den guten Zustand der Güter bei Übernahme, soweit der Frachtführer zur Überprüfung gemäß Art. 8 Abs. 1 verpflichtet war.

Die Vorschriften über die Untersuchung des Gutes in **Art. 8,** die Beweisvermutung in **2** **Art. 9 Abs. 2** und über den Haftungsbeginn in **Art. 17** bilden eine **funktionale Einheit** im Hinblick auf den Anfang des Zeitraums der Güterschadenshaftung; Entsprechendes gilt für Art. 17 und Art. 30 in Bezug auf das Ende des Haftungszeitraums. Redaktionell genügen die Art. 8 und 9 Abs. 2 diesem Funktionszusammenhang nicht. Art. 8 Abs. 2 sieht Vorbehalte des Beförderers nur bzgl. des äußeren Zustands und der Verpackung des Gutes (Satz 2) sowie für den Fall vor, dass der Beförderer die Angaben im Frachtbrief über die Anzahl der Frachtstücke sowie über ihre Zeichen und Nummern nicht überprüfen kann, also **Unbekannt-Vorbehalte** (Satz 1). Hat der Frachtführer eine andere Anzahl von Frachtstücken oder andere Nummern und Kennzeichen ermittelt, so ist er nach Art. 8 Abs. 2 nicht zu Vorbehalten verpflichtet, erleidet aber nach Art. 9 Abs. 2 dennoch die gleichen Beweisnachteile, als müsste er auch diesbezüglich Vorbehalte machen. Dies zeigt, dass Art. 8 im Lichte der Rechtsfolgen des Art. 9 Abs. 2 zu interpretieren ist.

**2. Untersuchungspflicht oder -obliegenheit.** Nach der in Deutschland hM begrün- **3** det Art. 8 nur eine Obliegenheit des Frachtführers; dieser erleide bei Verstoß gegen die Vorschriften lediglich einen Rechtsverlust, indem er einerseits seinen Schadensersatzanspruch aus Art. 10 einbüße und andererseits die Möglichkeit verliere, die Beweiskraft des Frachtbriefs gemäß Art. 9 Abs. 2 zu zerstören.[1] Einer Erfüllungs- oder Schadensersatzklage sei er indessen nicht ausgesetzt. Der Gegenmeinung, die Sanktionen für die Verletzung der Untersuchungspflicht aus dem ergänzenden nationalen Recht ableiten will,[2] wird entgegengehalten, dass die Haftung des Frachtführers für Güterschäden und Lieferfristüberschreitung in den Art. 17 ff. abschließend geregelt sei.[3]

Die Lösung hat nichts mit der ganz anders gelagerten Frage zu tun, ob Art. 8 eine **4** **Mussvorschrift** ist;[4] die These, die Verwendung des Hilfsverbs „shall" im englischen Text indiziere eine Sollvorschrift, entbehrt im Übrigen der Grundlage, vgl. schon oben Art. 6 Rn. 2.[5] Die Sanktionen für die Verletzung der Untersuchungspflicht sind, von den Art. 9 Abs. 2 und 10 abgesehen, unvollständig ausgeprägt. Gegen einen **Erfüllungsanspruch des Absenders** spricht nichts,[6] auch wenn diese Frage nur von theoretischer Bedeutung ist. Einen besonderen **Schadensersatzanspruch** sieht die CMR dagegen nicht vor; doch kann die Verletzung der Untersuchungspflicht die Haftung aus den Art. 17 ff. auslösen, wenn die Untersuchung Mängel wie zB Ungezieferbefall im Anfangsstadium aufgezeigt hätte, dessen schädigende Wirkungen durch rasche und effektive Gegenmaßnahmen hätten begrenzt werden können. In diesen Fällen geht es um die normale Güterschadenshaftung gemäß Art. 17 ff.,[7] und die Verletzung der Untersuchungspflicht führt allenfalls zu der Besonderheit, dass die Berufung des Frachtführers auf einen Haftungsausschluss (hier: Art. 17 Abs. 4 lit. d) oder eine Haftungsbegrenzung wegen groben Verschuldens (Art. 29)[8] im Ein-

---

[1] BGH 9.2.1979, NJW 1979, 2471, 2472 = ETR 1980, 216, 220; OLG Düsseldorf 4.3.1982, VersR 1982, 1202, 1203; OLG Frankfurt 17.11.1981, RIW 1982, 204, 205; OLG Hamburg 18.8.1999, TranspR 2000, 220, 221; *Koller* Rn. 1; *Loewe* ETR 1976, 537; *Csoklich* S. 314; Jabornegg/Artmann/*Csoklich* Rn. 2; *Zapp* TranspR 1991, 372; *Herber/Piper* Rn. 1; GroßkommHGB/*Helm* Rn. 7; Thume/*Teutsch* Rn. 3, 6; Fremuth/ Thume/*Thume* Rn. 3; EBJS/*Boesche* Rn. 1.

[2] OLG Karlsruhe 18.10.1967, DB 1967, 2022 (pVV); sehr dezidiert auch für die Pflicht, Vorbehalte zu machen, *Rodière* BT 1974, 208 Nr. 19.

[3] *Glöckner* Rn. 3; *Konow* TranspR 1987, 16 f.; *Koller* Rn. 1; *Herber/Piper* Rn. 3.

[4] Siehe etwa zur Problematisierung dieser Frage *Glöckner* Rn. 2; *Loewe* ETR 1976, 537; Thume/*Teutsch* Rn. 2; OGH Wien 3.7.1985, TranspR 1987, 374, 377.

[5] Ganz eindeutig zu Art. 8 auch *Hill/Messent* S. 79: „obligatory"; *Lamy* 2013 Rn. 717: „obligation".

[6] *Putzeys* S. 142 Nr. 394; ebenso GroßkommHGB/*Helm* Rn. 7.

[7] *Clarke* S. 66 Nr. 25b (i).

[8] *Rodière* BT 1974, 208 Nr. 19: „faute lourde".

zelfall unbeachtlich sein kann. Neben den Ansprüchen aus der CMR kommen in Güterschadensfällen Ansprüche nach nationalem Recht nicht in Betracht.

5     **3. Frachtbriefzwang.** Die Überprüfungspflicht bezieht sich nach dem Wortlaut von Abs. 1 auf die Angaben im Frachtbrief, setzt also die Ausstellung eines solchen voraus.[9] Nach Auffassung des BGH fehlt diese Voraussetzung nicht nur, wenn gar kein Frachtbrief ausgestellt wurde, sondern auch, wenn der Frachtbrief mangels Unterschrift(en) unwirksam ist.[10] Was die **Unterschrift des Frachtführers** selbst betrifft, so kann es auf sie nicht ankommen, weil ein verständiger Gesetzgeber die Entstehung der Untersuchungspflicht oder -obliegenheit nicht von einem Willensakt des Schuldners, der vorherigen Unterzeichnung des Frachtbriefs, abhängen lässt. Anders ausgedrückt: Der Frachtführer darf sich nicht damit von einer Pflicht befreien, dass er sich auf die Verletzung einer anderen Pflicht (Art. 5) beruft. Aber auch die **Unterschrift des Absenders** kann nur insoweit erheblich sein, wie der Streit darum geht, ob der Absender bestimmte, ihm nach den Art. 4–7 zugeschriebenen Erklärungen und Angaben tatsächlich abgegeben oder gemacht hat. Ein Frachtbrief ohne seine Unterschrift kann keinen Beweis gegen ihn erbringen, wohl aber gegen den Frachtführer, wenn dieser unterzeichnet hat, vgl. Art. 5 Rn. 9 f. Deshalb ist die Überprüfungspflicht auch bedeutsam, wenn der Absender den Frachtbrief nicht unterschrieben hat.[11] Bei fehlendem Frachtbrief können sich Überprüfungspflichten aus ergänzend anwendbarem Recht ergeben[12] oder auf zulässiger Vereinbarung beruhen, da die CMR insoweit keine Regelung enthält.[13]

## II. Überprüfungspflicht (Abs. 1)

6     **1. Anzahl, Zeichen und Nummern der Frachtstücke, Abs. 1 lit. a.** Bei der Übernahme der Güter (siehe dazu Art. 17 Rn. 16 ff.) – nicht davor und nicht danach – hat der Beförderer die Angaben des Frachtbriefs gemäß Art. 6 Abs. 1 lit. g mit der Anzahl, den Zeichen und Nummern der von ihm tatsächlich übernommenen Frachtstücke zu vergleichen. Abweichungen, gleich in welche Richtung, sind im Frachtbrief zu vermerken, vgl. schon Rn. 2.[14] Ausgangspunkt sind dabei die Angaben und Maßeinheiten im Frachtbrief: Sind dort „500 Kartons Wein" eingetragen, während der Frachtführer 25 mit Folie abgedeckte und Plastikbändern umgürtete Paletten übernommen hat, so wird er, wenn sich die Anzahl der Kartons auf einer Palette von außen nicht sicher erkennen lässt, weder in der Lage noch verpflichtet sein, deren Anzahl zu überprüfen, vgl. Abs. 2 und Rn. 15 ff.; insofern kann er einen Unbekannt-Vermerk auf den Frachtbrief setzen. Er ist auch nicht verpflichtet, die Übernahme von 25 Paletten zu quittieren, da er nur die Angaben des Frachtbriefs überprüfen, aber keine neuen eigenen Angaben machen muss.[15] Demgemäß tut der Absender gut daran, nur solche Angaben über das Gut in den Frachtbrief einzutragen, die für den Beförderer bzw. seinen Fahrer mit angemessenem Aufwand überprüfbar sind, bei Übergabe eines geschlossenen Containers also den Container und nicht den Inhalt,[16] bei Übergabe von Paletten die Paletten[17] etc. Für Mengenangaben bei Massen- und Schüttgütern gilt nicht Abs. 1, sondern Abs. 3.[18]

---

[9] BGH 9.2.1979, NJW 1979, 2471, 2472 = ETR 1980, 216; *Theunis/Ruitinga* S. 45 f.; *Koller* Rn. 1 aE; *Helm* VersR 1988, 552; *Herber/Piper* Rn. 4; EBJS/*Boesche* Rn. 1; *Haak* S. 185; Ferrari/*Otte,* Int. Vertragsrecht, Rn. 12.

[10] BGH, (Fn. 9) und 17.4.1997, TranspR 1998, 21; Jabornegg/Artmann/*Csoklich* Rn. 3; ähnlich *Clarke* S. 62 f. Nr. 25; wohl auch GroßkommHGB/*Helm* Rn. 1.

[11] OLG Hamburg 30.3.1989, TranspR 1989, 321, 323; für eine Einzelfallwürdigung Hof Amsterdam 4.1.1985, S. & S. 1985 Nr. 123, hier zitiert nach *Theunis/Ruitinga* S. 46 Fn. 9.

[12] OLG Hamm 30.3.1998, TranspR 1998, 463, 464.

[13] *Koller* Rn. 1; GroßkommHGB/*Helm* Rn. 1.

[14] Ausdrücklich für die Eintragung abweichender Stückzahlen *Rodière* BT 1974, 207 Nr. 18.

[15] Wohl auch Thume/*Teutsch* Rn. 24.

[16] *Piper* TranspR 1990, 357, 360; *Koller* Rn. 2; *Herber/Piper* Rn. 6; GroßkommHGB/*Helm* Rn. 10; Thume/*Teutsch* Rn. 9; EBJS/*Boesche* Rn. 2.

[17] *Glöckner* Rn. 7; *Willenberg* TranspR 1985, 161, 163; *Herber/Piper* Rn. 6; GroßkommHGB/*Helm* Rn. 10; EBJS/*Boesche* Rn. 2.

[18] LG Offenburg 21.1.1969, ETR 1971, 283.

**2. Äußerer Zustand des Gutes, Abs. 1 lit. b.** Gemäß Art. 8 Abs. 1 lit. b ist der Fracht- **7** führer ferner verpflichtet, den äußeren Zustand des Gutes zu überprüfen; auch dies muss **bei** der Übernahme des Gutes geschehen, nicht früher und nicht später.[19] Die Untersuchungspflicht erstreckt sich auf den „**état apparent**" bzw. die „apparent condition" des Gutes, also auf seinen offensichtlichen Zustand, der sich mit der im Verkehr erforderlichen Sorgfalt eines ordentlichen Frachtführers und den angemessenen (vgl. Abs. 2), dh. ihm üblicherweise zur Verfügung stehenden Mitteln feststellen lässt.[20] Zu kontrollieren ist danach der Zustand der Güter, soweit er als **evident in Erscheinung tritt;** dies muss nicht unbedingt äußerlich, also an der Oberfläche der Fall sein, wie es die deutsche Übersetzung („äußerer Zustand") nahelegt.[21] Die innere Fäulnis von Obst, die Gärung von Fruchtsaft oder die überhöhte Übernahmetemperatur von Tiefkühlware sind nicht unbedingt an der Oberfläche erkennbar, zeigen sich aber doch bei Stichproben, die dem Fahrer eines Lebensmitteltransports ohne weiteres zumutbar und möglich sind. Die Evidenz eines Schadens kann sich aus der visuellen Untersuchung des Gutes ergeben, aber auch andere Sinne (Geruchssinn, Tastsinn, Gehör) sind gefordert. Die Beschränkung der Überprüfungspflicht auf den äußeren Zustand ist praktisch nicht immer leicht zu vollziehen, aber bedeutsam, weil das Fehlen von Vorbehalten des Beförderers im Frachtbrief gemäß Art. 9 Abs. 2 eine Vermutung für den guten Zustand der Güter bei Übernahme nur begründet, soweit der Frachtführer zur Untersuchung des Gutes verpflichtet war, vgl. schon Rn. 1.

Ob ein Schaden evident ist, ist keine reine Tatsachenfrage, sondern auch eine **normative 8 Frage,** wie sich daraus ergibt, dass es hier auf die Sorgfalt eines ordentlichen Frachtführers ankommt. Dieser schuldet **keine Öffnung der Verpackung;**[22] bei durchsichtiger Verpackung muss er folglich mehr feststellen als bei undurchsichtiger.[23] Zu einer Überprüfung des Inhalts ist der Frachtführer nur gemäß Art. 8 Abs. 3 verpflichtet. Gemäß Abs. 1 muss der Beförderer bei der geschuldeten kursorischen Besichtigung keinen verborgenen Schaden des beförderten Apparats, wohl aber deutlich sichtbare Materialbrüche im unverpackten Fuß einer Druckmaschine erkennen.[24] Zur Beförderung übergebene versiegelte **Container,** Sattelauflieger oder Anhänger müssen nicht geöffnet werden.[25] Auch wenn die betreffenden Transportbehältnisse nicht versiegelt sind, werden die Öffnung der Türen und der Blick ins Innere eines 40-Fuß-Containers den Beförderer fast nie klüger machen und können deshalb unterbleiben.[26] Siehe zu den weitergehenden Anforderungen der französischen Rspr. Art. 9 Rn. 8.

Vom Frachtführer können grundsätzlich weder besondere **Warenkenntnisse** noch spe- **9** zielle **Prüfungseinrichtungen** verlangt werden, wohl aber allgemeine Grundkenntnisse in Warenkunde und Verpackungstechnik.[27] Dabei mögen die Standards für die einzelnen Unternehmen je nach Spezialisierung durchaus **variieren:** Wer sich als Spezialist für Viehtransporte ausgibt, sollte Fahrer beschäftigen, die abschätzen können, ob die zur Beförderung

---

[19] Wenn die Beladung der Übernahme nachfolgt, ist gleichwohl die Übernahme der erhebliche Zeitpunkt, vgl. Kh. Antwerpen 9.3.1976, Jur.Anv. 1975–76, 180, hier zitiert nach *Ponet* S. 130 Rn. 190.

[20] GroßkommHGB/*Helm* Rn. 13; *Piper* TranspR 1990, 360 f.; ähnlich *Clarke* S. 63 Nr. 25a: „reasonable examination"; *Hill/Messent* S. 80; *Herber/Piper* Rn. 8; EBJS/*Boesche* Rn. 3; OLG Düsseldorf 4.3.1982, VersR 1982, 1202.

[21] Die verbreiteten Äußerungen im entgegengesetzten Sinne, zB *Lamy* 2013 Rn. 719 sowie *Clarke* S. 63 Nr. 25a und *Hill/Messent* S. 80 tragen der Vielfalt der Fallgestaltungen nicht Rechnung; wie hier *Thume/Teutsch* Rn. 11; GroßkommHGB/*Helm* Rn. 12; *Jabornegg/Artmann/Csoklich* Rn. 5.

[22] *Zapp* TranspR 1991, 372; *Piper* TranspR 1990, 360 f.; *Herber/Piper* Rn. 7; *Koller* Rn. 3; *Thume/Teutsch* Rn. 12; EBJS/*Boesche* Rn. 3; *Jabornegg/Artmann/Csoklich* Rn. 5; Kh. Antwerpen 13.10.1972, ETR 1973, 330.

[23] Hof Amsterdam 21.5.1992, S. & S. 1993 Nr. 96.

[24] Siehe einerseits Cour Paris 31.3.1977, BT 1977, 315, andererseits Cour Paris 17.3.1977, BT 1977, 190.

[25] Rb. Rotterdam 13.11.1987, S. & S. 1988, 276, zitiert nach *Ponet/Willems* Rev.jur.com. belge 1992, 733.

[26] Für eine begrenzte Öffnungs- und Inspektionspflicht im Einzelfall *Clarke* S. 65 Nr. 25a (i).

[27] *Koller* Rn. 3; GroßkommHGB/*Helm* Rn. 13; *Clarke* S. 63 Nr. 25a; *Thume/Teutsch* Rn. 12; EBJS/*Boesche* Rn. 3; *Ferrari/Otte*, Int. Vertragsrecht, Rn. 9; aA hinsichtlich der Verpackungstechnik *Zapp* TranspR 2004, 335.

übergebenen Tiere überhaupt in der Lage sind, den Transport lebend zu überstehen, und wer Kühltransporte übernimmt, hat in seinem Wagen Thermometer zur Ermittlung der Übernahmetemperatur bereit zu halten.[28] Zwar schließt Art. 41 aus, dass die Parteien den Umfang der Kontrollpflichten des Beförderers hinsichtlich des äußeren Zustands des Gutes vertraglich von der CMR abweichend regeln;[29] doch hindert der zwingende Charakter der CMR nicht daran, aus den vorhandenen betrieblichen und kommerziellen, also tatsächlichen Unterschieden zwischen Transportunternehmen Rückschlüsse für die Frage zu ziehen, was für einen Beförderer ein evidenter Schaden ist.[30]

**10**       Umstritten ist der Umfang der Prüfungspflicht vor allem bei **Kühltransporten,** für die der Absender eine bestimmte Temperatur vorgibt. Die überwiegende Auffassung betrachtet die Übernahmetemperatur als einen Aspekt des äußeren Zustandes des Gutes, auf den sich die Kontrolle des Frachtführers erstreckt.[31] Dem wird entgegengehalten, dass Art. 8 Abs. 1 lit. b nicht die Verwendung von Messapparaten verlange und dass der Beförderer deshalb nur gehalten sei, die Übernahmetemperatur durch Augenschein und Befühlen zu prüfen.[32] Eine weitergehende Prüfungspflicht könne wegen Art. 41 nicht vereinbart und dürfe deshalb auch nicht in Art. 8 hineingelesen werden.[33] Zum Teil wird die Übernahmetemperatur auch als eine Frage des Inhalts der Frachtstücke angesehen, den der Beförderer gemäß Abs. 3 nur auf Verlangen des Absenders zu überprüfen habe; im Übrigen habe es mit der äußerlichen Temperaturkontrolle sein Bewenden.[34] Die hM, wonach sich die Kontrolle des Frachtführers auf die Übernahmetemperatur als Aspekt des äußeren Zustandes des Gutes erstreckt, ist aus den oben in Rn. 9 genannten Gründen sinnvoll und mit der CMR vereinbar. Sie ist unabweisbar, wenn die Vorschrift des Art. 18 Abs. 4, die ausdrücklich die Haftung für Kühltransporte regelt, nicht in der Praxis dadurch leerlaufen soll, dass sich die Beförderer bei Wärmeschäden gegenüber den Ladungsberechtigten regelmäßig auf überhöhte Anfangstemperaturen berufen.

**11**       **3. Äußerer Zustand der Verpackung, Abs. 1 lit. b.** Die Untersuchungspflicht des Beförderers bezieht sich ferner auf den äußeren Zustand der Verpackung. Auch hier geht es um **evidente Verpackungsfehler und –schäden,** vgl. Rn. 7. Gedacht ist in erster Linie an äußerlich erkennbare Beschädigungen der Verpackung.[35] Aber auch die Eignung einer unbeschädigten Verpackung zu dem vereinbarten Transport ist Gegenstand der Untersuchung, und diesbezügliche Verpackungsfehler sind im Frachtbrief zu vermerken, wenn sie für einen ordentlichen Frachtführer bei verkehrsüblicher Sorgfalt offensichtlich sind.[36] Das gilt etwa für das Fehlen jeder Stoßsicherung bei Maschinen[37] oder Kunstgegenständen,[38] aber je nach den Umständen auch für fehlenden Feuchtigkeitsschutz bei rostgefährdeten oder sonst nässeempfindlichen Gütern. Eine nähere Untersuchung der Verpackung daraufhin, ob die verwendeten Folien und Bänder für den Transport stark genug sind, ist nicht

---

[28] *Theunis/Ruitinga* S. 48; *Koller* Rn. 3; *Ferrari/Otte,* Int. Vertragsrecht, Rn. 10; aA *Loewe* ETR 1976, 537.

[29] *Zapp* TranspR 1991, 372; zu zulässigen Vereinbarungen von Prüfpflichten *Thume,* FS Piper, 1996, S. 1037, 1043 ff.

[30] Im Ergebnis auch *Herber/Piper* Rn. 9; GroßkommHGB/*Helm* Rn. 12 f.; EBJS/*Boesche* Rn. 3: andere Standards bei Spezialtransporten.

[31] OLG Karlsruhe 18.10.1967, DB 1967, 2022; OLG München 8.3.2012, TranspR 2013, 31; Cour Paris 30.5.1973, BT 1973, 304; 20.11.1979, BT 1980, 190; *Hill/Messent* S. 81; *Theunis/Ruitinga* S. 48; *Koller* Rn. 3; *Lamy* 2013 Rn. 713; *Putzeys* S. 140 Nr. 389; GroßkommHGB/*Helm* Rn. 14; *Glöckner* Rn. 8; *Herber/Piper* Rn. 9; *Thume/Teutsch* Rn. 13; EBJS/*Boesche* Rn. 3; *Jabornegg/Artmann/Csoklich* Rn. 6; aA Teile der Rspr.: OLG Hamm 11.6.1990, TranspR 1990, 375, 376; Cour Paris 14.2.1991, BTL 1991, 289; Hof 's-Gravenhage 3.9.1991, S. & S. 1993 Nr. 26.

[32] *Loewe* ETR 1976, 537 f.

[33] *Zapp* TranspR 1991, 372.

[34] So wohl *Clarke* S. 63 f. Nr. 25a unter Berufung auf *Ulster Swift v. Taunton Meat Haulage,* [1975] 2 Lloyd's L.Rep. 502 und [1977] 1 Lloyd's L.Rep. 346 (C. A.) = [1977] 3 All ER 641.

[35] Cour Paris 23.6.1975, BT 1975, 360; Thume/*Teutsch* Rn. 15.

[36] Kh. Antwerpen 9.11.1977, LS bei *Ponet* S. 133 Rn. 195; siehe auch die Nachweise in Fn. 37 und 38.

[37] Cour Aix-en-Provence 9.12.1980, BT 1981, 143.

[38] Cour cass. 12.10.1981, BT 1981, 576.

erforderlich,[39] ebenso wenig eine Öffnung der äußeren Umhüllung zur Überprüfung der inneren Verpackung.[40]

**Sanktion:** Genügt der Frachtführer seiner Überprüfungspflicht nicht und führen die **12** Mängel oder das Fehlen der Verpackung zu Güterschäden während des Transports, so wird bis zum Beweis des Gegenteils vermutet, dass die Verpackung bei der Übernahme des Gutes äußerlich in gutem Zustand war, vgl. Art. 9 Abs. 2. Nach dieser Vorschrift obliegt es dann dem Beförderer, die Schadhaftigkeit oder das Fehlen der Verpackung zur Zeit des Reiseantritts zu beweisen; gelingt ihm dies, ist er an sich gemäß **Art. 17 Abs. 4 lit. b** von seiner Haftung befreit. Den Gegenbeweis wird der Beförderer zwar nur selten hinsichtlich des unbeschädigten Zustands der Verpackung führen können, sehr viel leichter wird er dagegen auf Grund der Schadensinspektion nach Ablieferung nachweisen können, dass das Gut gar nicht verpackt war oder jedenfalls eine bestimmte, erforderliche Art der Verpackung nicht aufwies. Ob der Beförderer sich in solchen Fällen des erfolgreichen Gegenbeweises auf den Haftungsausschluss des Art. 17 Abs. 4 lit. b berufen kann, ist umstritten.[41] Dagegen spricht, dass er sich auf einen Umstand beruft, der jedenfalls teilweise seiner eigenen Unachtsamkeit zuzuschreiben ist. Die Charakterisierung der Überprüfungspflicht als Obliegenheit (Rn. 3) liefert kein entscheidendes Argument, weil der Verlust der Haftungsbefreiung einen Rechtsverlust darstellt, wie er für Obliegenheiten typisch ist. Da der Frachtführer nach dem Haftungssystem der CMR das Recht verliert, sich auf Haftungsbefreiungen zu berufen, wenn er vorsätzlich oder mit vorsatzgleichem Verschulden handelt (Art. 29), geht ihm der Haftungsausschluss gemäß Art. 17 Abs. 4 lit. b verloren, wenn er seine **Untersuchungspflicht vorsätzlich oder mit vorsatzgleichem Verschulden verletzt** hat; dies ist eine Frage des Einzelfalls, Rn. 3 f. Gegebenenfalls findet eine Schadensteilung gemäß Art. 17 Abs. 5 statt.

**4. Verladung und Verstauung.** Welche Partei zur Verladung und Verstauung des **13** Gutes verpflichtet ist, ergibt sich aus der CMR nicht und bleibt dem ergänzenden nationalen Vertragsrecht, Einl. Rn. 41 ff., überlassen; es handelt sich bei Verladung und Verstauung um Erfüllungsmodalitäten, so dass gemäß Art. 12 Abs. 2 Rom I-VO nicht nur das Vertragsstatut anzuwenden ist, sondern zusätzlich das Recht des Erfüllungsstaats, also des Beladeorts zu berücksichtigen ist.[42] Soweit dieses gleichfalls keine Regelung vorsieht oder dispositiv ist, entscheidet der Vertrag.[43] Hat der Absender verladen und verstaut, so ist der Frachtführer nach Art. 8 grundsätzlich nicht zu einer Überprüfung verpflichtet.[44] Allerdings kann den Beförderer nach ergänzend anwendbarem Frachtrecht die Verpflichtung zur betriebssicheren Verladung wie in § 412 Abs. 1 Satz 2 HGB treffen. Ferner ist ihm nach nationalem Straßenverkehrsrecht die Verpflichtung auferlegt, das Gut betriebs- oder **verkehrssicher zu verstauen;**[45] zB sind Stahl- oder Papierrollen so festzurren, dass sie nicht vom Wagen fallen, und ist schwere Ladung so zu verteilen, dass das Fahrzeug lenk- und bremsfähig bleibt. Es geht also darum, andere Verkehrsteilnehmer nicht zu gefährden. Nach ergänzend anwendbarem nationalem Frachtrecht kann sich somit die Verpflichtung zur Kontrolle der

---

[39] Kh. Antwerpen 13.10.1972, ETR 1973, 330; *Clarke* S. 63 Nr. 25a; *Putzeys* S. 140 Nr. 388.
[40] Kh. Antwerpen 27.10.1978, LS bei *Ponet* S. 133 f. Rn. 196; Cour Grenoble 3.4.1980, ebd. S. 134.
[41] Dagegen Kh. Antwerpen 10.10.1980, ETR 1982, 64; OLG Karlsruhe 18.10.1967, DB 1967, 2022; Cass.com. 12.10.1981, BT 1981, 576; Cour Toulouse 22.1.1976, BT 1976, 72; dafür *Heuer* S. 98 f.; *Koller* Art. 17 Rn. 38; *Haak* S. 186; *Herber/Piper* Art. 17 Rn. 104; EBJS/*Boesche* Art. 17 Rn. 51.
[42] Vgl. allgemein MüKoBGB/*Spellenberg* 5. Aufl. 2010, Art. 12 Rom I-VO Rn. 175 ff.
[43] Trib.com. Bruxelles 30.4.1992, Jur. Anv. 131 (1993) 379, 384; *Rodière* BT 1974, 230 Nr. 25 und 231 Nr. 27; *Seltmann* S. 16; siehe auch Art. 17 Rn. 19.
[44] Rb. Antwerpen 15.3.2002, ETR 2002, 511; OLG Düsseldorf 1.7.1995, TranspR 1996, 109; *Heuer* VersR 1988, 316; *Putzeys* S. 141 f. Nr. 391; *Zapp* TranspR 1991, 372; siehe ferner die bei *Ponet* S. 139 f. Rn. 201 zitierten Urteile: Kh. Antwerpen 6.5.1993, Jur. Anv. 1994, 249, 254.
[45] BGH 24.9.1987, TranspR 1988, 108, 109 sub II 1 b aa; OLG Düsseldorf 13.12.1979, VersR 1980, 286; OLG Hamm 18.10.1984, TranspR 1985, 107, 109; OGH Wien 17.11.1986, TranspR 1987, 427, 429; *Rodière* BT 1974, 231 Nr. 27; *Jesser* S. 62 f.; *Koller* Art. 17 Rn. 39; *Herber/Piper* Art. 17 Rn. 124; Großkomm HGB/*Helm* Art. 17 Rn. 193; EBJS/*Boesche* Art. 17 Rn. 64; Jabornegg/Artmann/*Csoklich* Art. 17–19 Rn. 25.

Verladung im Hinblick auf ihre Betriebssicherheit ergeben. Darüber hinaus schuldet der Beförderer die Erfüllung des Transportvertrags im Einklang mit den anwendbaren Vorschriften des öffentlichen Rechts, sodass die straßenverkehrsrechtliche Pflicht zur Kontrolle der verkehrssicheren Stauung der Güter zur vertraglichen Pflicht wird, die den Pflichten aus Art. 8 Abs. 1 ähnelt, aber ihre **Grundlage nicht in der CMR** hat. Verletzt der Beförderer diese Pflicht vorsätzlich oder mit vorsatzgleichem Verschulden, Art. 29, verliert er im Falle eines Transportschadens das Recht, sich auf die Haftungsbefreiung gemäß Art. 17 Abs. 4 lit. c zu berufen;[46] es kommt dann zur Schadensteilung gemäß Art. 17 Abs. 5; siehe schon Rn. 12. Erleidet der Ladungsberechtigte auf Grund der Pflichtverletzung des Frachtführers Schäden, die unabhängig von Güterschäden und Verspätungsschäden sind, so richtet sich die Haftung dafür nach dem ergänzend anwendbaren nationalen Vertragsrecht, Einl. Rn. 41 ff. Soweit die Schäden dagegen aus Güter- und Verspätungsschäden folgen, ist die Regelung der Art. 17 ff. abschließend.

**14**    Die **Gerichte mancher Vertragsstaaten** dehnen die Pflicht des Frachtführers zur Überprüfung der Verstauung des Gutes sehr viel weiter aus und verlangen vom Fahrer die **Beanstandung offensichtlicher Staufehler** schlechthin.[47] Beispielsweise muss er danach bei einem Kühltransport prüfen, ob die Kühlluft in dem vom Absender beladenen Wagen zirkulieren kann.[48] Dafür gibt es weder in der CMR noch in den Vorschriften des nationalen Straßenverkehrsrechts eine Grundlage; für die ergänzende Anwendung nationalen Frachtrechts ist aber kein Raum, da Art. 17 Abs. 4 lit. c insoweit eine abschließende Risikoaufteilung enthält. Nach allgemeinen Grundsätzen des Rechtsmissbrauchs (Treu und Glauben, estoppel, vgl. Einl. Rn. 37) ist dem Beförderer die Berufung auf die Haftungsausnahme des Art. 17 Abs. 4 lit. c lediglich zu versagen, wenn der Fahrer als sein Gehilfe trotz positiver Kenntnis des Lade- oder Staufehlers schweigt und losfährt.

### III. Vorbehalte (Abs. 2)

**15**    **1. Pflicht zum Vorbehalt.** Bei der Untersuchung gemäß Abs. 1 kann sich **erstens** ergeben, dass Anzahl, Nummern und Kennzeichen der Frachtstücke mit den Angaben im Frachtbrief übereinstimmen und sich Gut und Verpackung in gutem äußerem Zustand befinden. Dann besteht für den Frachtführer kein Anlass zu Maßnahmen, die seine Obhutshaftung einschränken. Es kann sich **zweitens** ergeben, dass der Frachtführer zu einer Überprüfung mit angemessenen Mitteln nicht in der Lage ist, etwa weil ihm ein verschlossener oder gar verplombter und voll beladener Container übergeben wurde oder weil die übernommenen Paletten mit Schrumpffolie umhüllt sind, so dass sich die Anzahl der Kartons je Palette ohne Zerstörung der Folie nicht ermitteln lässt. **Unangemessen** ist die Überprüfung auch, wenn zu deren Durchführung ein besonders hoher Personalaufwand nötig ist,[49] wie etwa das Zählen einiger tausend gleichartiger Päckchen bei der Aufladung.[50] Damit der Beförderer nicht später an den Angaben des Frachtbriefs festgehalten wird, vgl. Art. 9 Abs. 2, muss er einen Vorbehalt in Gestalt eines **Unbekanntvermerks** in den Frachtbrief eintragen und muss begründen, warum er die Frachtstücke nicht zählen, ihre Nummern

---

[46] OLG München 27.11.1968, ETR 1971, 115; Cour Aix-en-Provence 12.5.1992, BTL 1993, 328 f.; ZivG Basel-Stadt 19.4.1991, TranspR 1992, 408, 409; Trib.com.Bruxelles 30.4.1992, Jur.Anv. 131 (1993) 379, 385 f.; vgl. auch *Rodière* BT 1974, 208 Nr. 19.

[47] Cass.com. 3.5.1976, BT 1976, 317; 1.12.1992, J. C. P. 1993 IV 416; 5.5.2004, ULR 2004, 676 m. Anm. *Anfray;* viele weitere Belege der französischen Haltung bei *Lamy* 2013 Rn. 717; ferner Cour Aix-en-Provence 12.5.1992, BTL 1993, 328 f.; aA etwa Kh. Antwerpen 15.3.1991, Jur.Anv. 1992, 223; siehe auch den Rückgriff auf das nationale Recht in BGH 24.9.1987, TranspR 1988, 108, 109 f. und die Kritik bei *Koller* DB 1988, 589, 592.

[48] Cour Aix-en-Provence 5.7.1989, BT 1990, 398 f.; ebenso Hof 's-Gravenhage 19.2.1991, S. & S. 1992 Nr. 119, wo allerdings der vertragliche Absender auch eine diesbezügliche Anweisung zur Prüfung gegeben hatte.

[49] *Koller* Rn. 4; *Thume/Teutsch* Rn. 20; *Herber/Piper* Rn. 12; EBJS/*Boesche* Rn. 6; Jabornegg/*Artmann/Csoklich* Rn. 12.

[50] So das Beispiel bei *Loewe* ETR 1976, 538.

und Zeichen nicht ermitteln, den äußeren Zustand von Gut und/oder Verpackung nicht feststellen konnte, Abs. 2 Satz 1 und 2.

Als **drittes** kann die Untersuchung auch ergeben, dass Anzahl, Nummern und Zeichen des **16** Gutes von den Angaben im Frachtbrief abweichen oder dass Gut und/oder Verpackung nicht in einem guten äußeren Zustand sind, sei es dass die Verpackung oder das Gut beschädigt ist, sei es dass die Verpackung Mängel aufweist oder ganz fehlt. Dass der Beförderer auch in diesem Fall Vorbehalte zu erklären hat, ergibt sich nicht eindeutig aus Abs. 2; Satz 2 betrifft nur die Begründungspflicht, falls Vorbehalte gemacht werden. Da Art. 9 Abs. 2 die Beweiskraft des Frachtbriefs ganz generell an das Fehlen von Vorbehalten knüpft, ist Art. 8 Abs. 2 dahin auszulegen, dass die Pflicht, Vorbehalte in Gestalt von **Quantitäts- oder Qualitätsabschreibungen** zu machen, also Korrekturen anzubringen, dort vorausgesetzt wird.[51] Auch in dieser dritten Fallgruppe ist eine Begründung erforderlich, siehe Abs. 2 Satz 2 für Qualitätsabschreibungen. Hinsichtlich der Angaben über Anzahl, Nummern und Zeichen der Frachtstücke schweigt Abs. 2 Satz 2, doch ergibt sich aus Art. 9 Abs. 2 ebenfalls eine Begründungspflicht.[52] Hier besteht die „Begründung" aber nur darin, dass der Frachtführer seine eigenen Feststellungen im Frachtbrief angibt, also zu der vom Absender eingetragenen Stückzahl von 44 Kartons nicht nur schreibt: „Absenderangaben stimmen nicht", sondern: „42 Kartons übernommen".[53] Die Pflicht, einen Vorbehalt zu machen, reicht immer nur so weit wie die Untersuchungspflicht. Zur Frage, ob es sich um Pflicht oder Obliegenheit handelt, siehe schon Rn. 3 f. Jenseits dieser Pflicht steht es aber jeder Partei frei, den Eintragungen der anderen Partei durch Aufnahme eines Vorbehalts zu widersprechen.

**2. Modalitäten des Vorbehalts.** Ein Vorbehalt muss **schriftlich,** und zwar im Fracht- **17** brief gemacht werden.[54] Er muss zumindest in der Ausfertigung des Frachtbriefs stehen, die dem Absender ausgehändigt wird, muss also vor der Aushändigung an den Absender erklärt werden.[55] Vorbehalte, die nur in die beiden anderen Ausfertigungen eingetragen sind, bleiben wirkungslos,[56] es sei denn der Absender hat sie ausdrücklich anerkannt.[57] Ist die Eintragung in die **Absenderausfertigung** aus irgendwelchen Gründen nicht möglich, muss der Frachtführer andere geeignete Maßnahmen treffen,[58] etwa ein Schadensprotokoll aufnehmen und von Zeugen abzeichnen lassen. Solche anderen Beweismittel haben gegenüber Vorbehalten im Frachtbrief den Nachteil, dass die Beweiskraft des Frachtbriefs nicht schon ab ovo entfällt, sondern zunächst entsteht und später nur wieder zerstört wird, wenn die anderen Beweismittel im Prozess vorgelegt werden.

Die Vorbehalte müssen bei aller zulässigen Kürze für Außenstehende **nachvollziehbar 18** und ihre **Begründungen so konkret** sein, wie dies für einen Lkw-Fahrer in der Beladungssituation möglich und zumutbar ist.[59] Hat das Nachzählen der Frachtstücke eine andere Anzahl ergeben, so muss er sie nennen.[60] Ist die Art des Schadens (Brand-, Bruch-, Nässeschaden) deutlich erkennbar, so ist sie zu spezifizieren, ebenso der Schadensumfang: wenn von 20 übernommenen Fässern eines undicht ist, genügt der allgemeine Eintrag „Leckage" nicht. Entsprechendes gilt für Unbekanntvermerke; der Fahrer muss angeben, warum er das Gut nicht untersuchen konnte. Allgemeine salvatorische Klauseln wie „Inhalt unbe-

---

[51] *Loewe* ETR 1976, 538; *Hill/Messent* S. 80; *Theunis/Ruitinga* S. 46; *Haak* S. 187.

[52] *Putzeys* S. 147 Fn. 282 bis; *Theunis/Ruitinga* S. 46; *Herber/Piper* Rn. 13; aA *Haak* S. 187; *Loewe* ETR 1976, 538.

[53] Der Streit um die Begründungspflicht, vgl. Fn. 52, ist deshalb wohl ein Scheingefecht.

[54] *Glöckner* Rn. 9; *Koller* Rn. 6; *Jabornegg/Artmann/Csoklich* Rn. 9.

[55] *Loewe* ETR 1976, 538; *Hill/Messent* S. 81; *Koller* Rn. 6; Großkomm.HGB/*Helm* Rn. 18; EBJS/*Boesche* Rn. 7; *Ferrari/Otte*, Int. Vertragsrecht, Rn. 15; vgl. Cour Paris 2.12.1981, BT 1982, 73; Kh. Antwerpen 21.10.1975, ETR 1976, 271.

[56] *Loewe* ETR 1976, 538 f.; *Hill/Messent* S. 81; *Thume/Teutsch* Rn. 23; EBJS/*Boesche* Rn. 7; Kh. Antwerpen 21.10.1975, ETR 1976, 271, 274 f.

[57] *Putzeys* S. 147 Nr. 413.

[58] *Clarke* S. 66 Nr. 25b (ii); Cour Liège 6.5.1970, ETR 1970, 716.

[59] *Putzeys* S. 146 Nr. 460; Denkschrift der BReg, BT-Drucks. III/1144 S. 37: Sachverhaltsschilderung mit Stichworten; *Pesce* S. 139.

[60] AG Kenzingen 2.9.1997, TranspR 1999, 245, 246.

kannt" oder „**said to contain**", die womöglich auch noch vorgedruckt oder aufgestempelt sind, genügen nicht.[61] Hinreichend konkret können sie in bestimmten Fallgruppen ausnahmsweise sein, wenn zB aus den Umständen für alle Beteiligten erkennbar ist, dass der Frachtführer einen verschlossenen oder sogar versiegelten Container oder Sattelauflieger übernommen hat[62] oder wenn sich zwischen den Parteien eine Übung herausgebildet hat, die allgemeine Vorbehalte genügen lässt.[63] Ist der Vorbehalt nicht oder nicht hinreichend begründet, ist er unwirksam und gilt als nicht geschrieben.[64] Entbehrlich ist die Begründung, wenn der Absender den Vorbehalt anerkennt.[65]

**19**     **3. Rechtsfolgen anerkannter Vorbehalte.** Gemäß Abs. 2 Satz 3 sind die Vorbehalte des Frachtführers für den Absender nicht verbindlich, wenn er sie nicht anerkannt hat. Das Anerkenntnis muss ausdrücklich abgegeben und vom Absender gesondert unterschrieben werden.[66] Dass der Absender den mit Vorbehalten des Frachtführers versehenen Frachtbrief entgegennimmt und gemäß Art. 5 Abs. 1 unterzeichnet, genügt nicht als ausdrückliches Anerkenntnis.[67] Ausreichend ist es aber, wenn der Absender zusätzlich die einzelnen Vorbehalte des Beförderers gegenzeichnet.[68]

**20**     Ob das Anerkenntnis absolut bindend ist[69] oder ob der Gegenbeweis zulässig bleibt,[70] ist strittig. Vor deutschen Gerichten hat das unterschriebene Anerkenntnis gemäß § 416 ZPO zunächst zur Folge, dass die Anerkenntniserklärung als vom Absender abgegeben gilt. Er kann danach nicht mehr beweisen, dass er nicht anerkannt hat, wohl aber, dass die von ihm schon anerkannten Güter- oder Verpackungsschäden in Wirklichkeit nicht existent waren. Art. 8 Abs. 2 Satz 3 greift als Beweisregel über § 416 ZPO hinaus und entzieht auch diese Frage dem späteren Streit. Das Vorbehaltsanerkenntnis führt jedoch schon wegen Art. 41 nicht zu einer Haftungsbefreiung des Frachtführers oder zu einer Umkehr der Beweislast. Vielmehr wird dadurch nur festgestellt, dass gewisse Mängel bei Übernahme des Frachtgutes bestanden und dass diese später nicht dem Frachtführer zugerechnet werden können.[71] Der Frachtführer muss aber, um sich von der Haftung zu befreien, beweisen, dass die Schäden gerade von diesen Mängeln herrühren.[72] Betrifft der Vorbehalt die mangelnden Kontrollmöglichkeiten, so bezieht sich auch das Anerkenntnis nur darauf und nicht etwa auf später entdeckte Fehlbestände oder Mängel der Güter.[73]

**21**     **4. Rechtsfolgen nicht anerkannter Vorbehalte.** Art. 8 Abs. 2 Satz 3 ist nicht so zu verstehen, dass nicht anerkannte Vorbehalte völlig unwirksam sind.[74] Auch ein solcher

---

[61] Cour Paris 5.4.1990, BTL 1991, 223; 17.3.1977, BT 1977, 196; Kh. Antwerpen 31.10.1978, bei *Ponet* S. 142 Rn. 204: Verstoß gegen Art. 41; *Brunat* BT 1977, 190; *Chao* BTL 1992, 67 f. mit weiteren Rspr.-Nachweisen und Kritik; *Koller* Rn. 6; GroßkommHGB/*Helm* Rn. 18; EBJS/*Boesche* Rn. 7; vgl. auch LG Mönchengladbach 16.3.1988, TranspR 1988, 431: Quittierung durch Fahrer „unter Vorbehalt" genügt ohne Begründung nicht; ebenso AG Kenzingen 2.9.1997, TranspR 1999, 245.
[62] Vgl. *Putzeys* S. 146 Nr. 410 mit Nachweisen aus der belgischen Rechtsprechung und S. 148 Nr. 416; ferner auch Rb. Rotterdam 13.11.1987, S. & S. 1988, 276.
[63] Rb. 's-Gravenhage 14.1.1981, S. & S. 1981 Nr. 65.
[64] *Loewe* ETR 1976, 538; *Koller* Rn. 6; GroßkommHGB/*Helm* Rn. 18; Jabornegg/Artmann/*Csoklich* Rn. 9.
[65] *Loewe* ETR 1976, 538; *Putzeys* S. 147 Nr. 413; *Koller* Rn. 6.
[66] *Lamy* 2013 Rn. 718; *Loewe* ETR 1976, 540 und *Hill/Messent* S. 82 verlangen einen ausdrücklichen Annahmevermerk, erwähnen aber nicht die gesonderte Unterschrift.
[67] *Loewe* ETR 1976, 540; *Hill/Messent* S. 82; *Herber/Piper* Rn. 8; *Koller* Rn. 7; *Thume/Teutsch* Rn. 28; Jabornegg/Artmann/*Csoklich* Rn. 14.
[68] *Putzeys* S. 150 Nr. 420.
[69] *Clarke* S. 67 Nr. 25b (ii); *Putzeys* S. 149 Nr. 418; *Koller* Rn. 7; EBJS/*Boesche* Rn. 8; Ferrari/*Otte* Int. Vertragsrecht, Rn. 18; Jabornegg/Artmann/*Csoklich* Rn. 14; *Theunis/Ruitinga* S. 52; *Pesce* S. 140; wohl auch *Thume/Teutsch* Rn. 28.
[70] *Loewe* ETR 1976, 539; *Haak* S. 188; *Herber/Piper* Rn. 19.
[71] *Lamy* 2013 Rn. 718; *Putzeys* S. 149 Nr. 418.
[72] Ebenso EBJS/*Boesche* Rn. 8.
[73] *Loewe* ETR 1976, 539.
[74] GroßkommHGB/*Helm* Rn. 19; *Koller* Rn. 8; *Jesser* S. 38; *Haak* S. 188; *Clarke* S. 67 Nr. 25b (ii); aA *Putzeys* S. 151 Nr. 423: Situation ebenso wie wenn Vorbehalte fehlen; so wohl auch die Auffassung in

Vorbehalt **zerstört die Beweiswirkung** des Art. 9 und stellt eine für alle Beteiligten offene Beweislage her.[75] Es wird dann weder die Richtigkeit der Angaben im Frachtbrief noch ein äußerer guter Zustand des Gutes und der Verpackung vermutet. Allerdings muss sich der **Frachtführer an seinem Vorbehalt festhalten** lassen.[76] Wenn er also die Angaben des Frachtbriefs korrigierend andere Nummern und Zeichen eingetragen hat, als die vom Absender angegebenen, und er später wegen Verlust der betreffenden Frachtstücke auf Schadensersatz in Anspruch genommen wird, ist es an ihm zu beweisen, dass er in Wirklichkeit nicht die Frachtstücke mit den vom ihm selbst eingetragenen Nummern übernommen hat. Auch ein Unbekanntvermerk lässt die Beweisvermutung des Art. 9 Abs. 2 ohne Rücksicht auf seine Anerkennung durch den Absender entfallen,[77] allerdings nur, soweit er berechtigt ist, vgl. Rn. 18. Hält ihn der Absender für unberechtigt, so kann er im Frachtbrief vermerken, warum dies so ist,[78] ändert damit bis zu einer richterlichen Entscheidung aber nichts an der Zerstörung der Beweisvermutung gemäß Art. 9 Abs. 2. Will er am Frachtvertrag festhalten,[79] so bleibt ihm die Möglichkeit der privaten oder gerichtlichen Beweissicherung (vgl. § 485 ZPO).

## IV. Überprüfung auf Verlangen des Absenders (Abs. 3)

**1. Überprüfungspflicht.** Gemäß Art. 8 Abs. 3 Satz 1 hat der Frachtführer auf Verlangen 22 des Absenders das **Rohgewicht**, vgl. Art. 6 Rn. 18, oder die anders (zB in Raummaßen) angegebene **Menge** zu überprüfen und das Ergebnis der Kontrolle in den Frachtbrief einzutragen, Satz 4. Diese über Abs. 1 hinausgehende Überprüfungspflicht besteht nur, wenn der Absender die Kontrolle ausdrücklich verlangt. Denn eine solche Prüfung ist in der Regel mit Kosten und Zeitaufwand verbunden. Unabhängig von einem Verlangen des Absenders ist der Frachtführer **stets berechtigt,** eine solche Prüfung auf eigene Initiative und Kosten vorzunehmen;[80] Kostenerstattung kann er nach dem ergänzenden Vertragsrecht nur verlangen, wenn die Überprüfung ergibt, dass der Absender das Fahrzeug überladen hat. Die Überprüfung und Eintragung kann für den Absender Bedeutung haben, wenn er als Verkäufer mit der Absenderausfertigung des Frachtbriefs gegenüber seinem Abnehmer oder der finanzierenden Akkreditivbank den Nachweis für die Übergabe bestimmter Güter führen will; die Absenderausfertigung kann als Dokument im Sinne des Art. 24 ERA verwendet werden.[81] Satz 1 statuiert eine **echte Schuldnerpflicht;** dies ergibt sich aus dem Wortlaut, aber auch aus Sinn und Zweck der Vorschrift, denn der Absender ist unter Umständen auf einen entsprechenden Vermerk im Frachtbrief dringend angewiesen.[82] Weigert sich der Frachtführer, die verlangte Überprüfung vorzunehmen, richten sich die Sanktionen mangels einer Regelung in der CMR nach nationalem Recht: Es sind die Vorschriften über Beweisvereitelung einschlägig, daneben kommen aber auch Schadensersatzansprüche nach nationalem Recht in Betracht.[83]

---

Frankreich, Cour Paris 5.7.2005, ULR 2005, 922; vgl. *Rodière* BT 1974, 208 Nr. 21; *Lamy* 2013 Rn. 718; vermittelnd *Nickel-Lanz* S. 44: nicht anerkannter Vorbehalt ist ein „début de preuve, que le juge pourrait, même le cas échéant, considérer comme suffisant pour établir les faits allégués par le transporteur".

[75] *Loewe* ETR 1976, 539; *Piper* TranspR 1990, 361; *Theunis/Ruitinga* S. 52; *Hill/Messent* S. 82; *Clarke* S. 67 Nr. 25b (ii); GroßkommHGB/*Helm* Rn. 18; *Koller* Rn. 8; EBJS/*Boesche* Rn. 9; *Ferrari/Otte,* Int. Vertragsrecht, Rn. 19; *Jabornegg/Artmann/Csoklich* Rn. 15; wohl auch *Thume/Teutsch* Rn. 30; OLG Hamm 8.2.1982, TranspR 1985, 187 f.

[76] *Lenz* Rn. 227.

[77] Siehe die Nachweise oben in Fn. 74 f.

[78] *Putzeys* S. 150 Nr. 422.

[79] Zu Lösungsmöglichkeiten siehe *Loewe* ETR 1976, 539; *Koller* Rn. 8.

[80] *Lamy* 2013 Rn. 715; *Pesce* S. 143; Cour Paris 17.3.1977, BT 1977, 196.

[81] Baumbach/*Hopt* 35. Aufl. 2012 Art. 24 ERA Rn. 1.

[82] GroßkommHGB/*Helm* Rn. 24; *Jesser* S. 56; *Herber/Piper* Rn. 22; *Thume/Teutsch* Rn. 32; Fremuth/*Thume/Thume* Rn. 34; EBJS/*Boesche* Rn. 13; *Jabornegg/Artmann/Csoklich* Rn. 16; aA *Zapp* TranspR 1991, 372.

[83] *Koller* Rn. 10; *Herber/Piper* Rn. 9; EBJS/*Boesche* Rn. 14; *Jabornegg/Artmann/Csoklich* Rn. 17.

**23**    Auf Verlangen des Absenders hat der Beförderer auch den **Inhalt der Frachtstücke** zu überprüfen, muss also die Verpackung öffnen und nach der Kontrolle wieder verschließen bzw. die Güter neu verpacken.[84] Über die Intensität der geschuldeten Überprüfung gehen die Auffassungen auseinander: manche sehen die Grenze in den Warenkenntnissen eines ordentlichen Beförderers,[85] andere in dem Zweck des Transportvertrags, der auf wohlbehaltene Ankunft der Güter gerichtet sei, aber mit Qualität und Funktionsfähigkeit der Güter nichts zu tun habe;[86] letztere seien nur für den Käufer, nicht für den Empfänger der Güter von Bedeutung. Der Regelungsmechanismus des Abs. 3 – Verlangen des Absenders und Kostentragung – indiziert die Lösung: es ist Sache des Absenders, die Art und **Intensität der Überprüfung** zu bestimmen; wenn der Frachtführer dem mit eigenen Mitteln nicht genügen kann, muss er Sachverständige hinzuziehen, für die der Absender aufkommen muss.[87] Ist ihm eine Expertise mit angemessenen Mitteln nicht möglich, so ist nach dem Rechtsgedanken von Abs. 2 Satz 1 ein entsprechender Vermerk in den Frachtbrief einzutragen.[88] Hat der Beförderer Anhaltspunkte dafür, dass der Absender **Schmuggelware,** nicht deklarierte gefährliche Güter oder anderes Gut aufgeladen hat, das für ihn, den Frachtführer, gefährlich werden kann, so ist er nach dem ergänzenden nationalen Vertragsrecht befugt, die Kolli zu öffnen und zu untersuchen.[89]

**24**    **2. Rechtsfolgen.** Nach Art. 8 Abs. 3 Satz 3 hat der Frachtführer einen Anspruch auf Ersatz der für die Überprüfung anfallenden **Kosten.** Die Fälligkeit der Vergütung richtet sich nach dem ergänzenden nationalen Vertragsrecht, Einl. Rn. 41 ff. Ist deutsches Recht anzuwenden, kann der Frachtführer entsprechend den §§ 675, 669 BGB einen Vorschuss verlangen und, wenn dieser ausbleibt, die Überprüfung verweigern.[90]

**25**    Gemäß Abs. 3 Satz 4 ist das Ergebnis der Überprüfung **in den Frachtbrief einzutragen.** Wer dafür verantwortlich ist, sagt die CMR nicht; doch kann es nach Sinn und Zweck der Vorschrift nur der Frachtführer sein, der den Auftrag zur Überprüfung erhält und der Mengenangaben des Absenders gemäß Art. 6 Abs. 1 lit. h seinen eigenen Angaben gegenüberstellen soll, damit Dritte (Käufer, Akkreditivbanken) eine neutrale Information über die versandten Güter erhalten.[91] Welche **Beweisfolgen** sich aus einer solchen Eintragung oder auch daraus ergeben, dass die Eintragung fehlt, ist strittig und unklar, weil schon die Grundlage in Art. 9 lückenhaft ist. Die Beweisvermutungen des Art. 9 betreffen den Inhalt des Vertrags, die Übernahme des Gutes als solche (Abs. 1), den äußerlichen Zustand des Gutes bei Übernahme und die Anzahl sowie die Nummern und Zeichen der Frachtstücke (Abs. 2).

**26**    Keiner der beiden Absätze des Art. 9 betrifft den **Inhalt der Frachtstücke.** Fehlen Eintragungen des Frachtführers, aus denen sich das Ergebnis der Inhaltsüberprüfung ergibt, so besteht also auch dann keine Beweisvermutung, wenn der Absender den Inhalt im Frachtbrief relativ genau beschrieben hat.[92] Denn ein Dritter kann nicht wissen, dass der Frachtführer den Inhalt zu überprüfen hatte; das Fehlen der Ergebnisse ist also kein beredtes Schweigen.[93] Dementsprechend lässt sich der Rechtsgedanke des Art. 9 allenfalls heranziehen, wenn der Absender noch zusätzlich gemäß Art. 6 Abs. 3 die Überprüfungspflicht im

---

[84] *Putzeys* S. 142 Nr. 392 bis.
[85] GroßkommHGB/*Helm* Rn. 27; *Thume/Teutsch* Rn. 33; auch noch *Jesser* S. 56 f.
[86] *Putzeys* S. 142 Nr. 393; *Clarke* S. 68 Nr. 25b (iii).
[87] Zustimmend GroßkommHGB/*Helm* Rn. 27.
[88] Ähnlich *Koller* Rn. 9; EBJS/*Boesche* Rn. 13.
[89] *Pesce* S. 144 f.; zum Kostenrisiko s. o. Rn. 22 bei Fn. 80.
[90] GroßkommHGB/*Helm* Rn. 28; *Herber/Piper* Rn. 24; *Thume/Teutsch* Rn. 34; EBJS/*Boesche* Rn. 14.
[91] AA *Loewe* ETR 1976, 537: die Prüfung sei gemeinsam vorzunehmen und ihr Ergebnis einzutragen. Dagegen steht jedoch der Wortlaut von Abs. 3: Abs. 3 erweitert die in Abs. 1 vorgesehenen Kontrollpflichten des Beförderers.
[92] Die Absenderangaben sind nichts weiter als einseitige Tatsachenbehauptungen, vgl. *Nickel-Lanz* S. 46.
[93] AA *Helm* VersR 1988, 551 bei Fn. 47, der übersieht, dass sich die Untersuchungspflicht in Bezug auf den Inhalt weder aus der CMR noch aus dem Frachtbrief ergibt, so dass ein verständiger Betrachter des Frachtbriefs gar keine Angaben über den Inhalt erwarten wird.

Frachtbrief vermerkt hat, vgl. auch Rn. 27. Ist das Ergebnis der Überprüfung in den Fracht-brief aufgenommen, so ist zu unterscheiden: stimmt er mit den Angaben des Absenders überein oder wird er von ihm anerkannt, vgl. Rn. 19, ergeben sich keine Probleme. Ist dies nicht der Fall, so handelt es sich um eine vom Absender unkontrollierte einseitige Erklärung des Frachtführers, die an der offenen Beweislage nichts ändert.[94]

**Menge und Rohgewicht** sind in Art. 9 gleichfalls nicht direkt angesprochen, wohl **27** aber indirekt: gemäß Art. 9 Abs. 1 erbringt der Frachtbrief bis zum Beweis des Gegenteils Beweis für den Inhalt des Vertrags, der sich auch auf Menge bzw. Rohgewicht erstreckt, vgl. Art. 6 Abs. 1 lit. h. Ob der Frachtführer das Gut auch in dem kontrahierten Umfang übernommen hat, ist eine andere Frage, für die Art. 9 keine Beweisvermutung aufstellt,[95] Abs. 1 betrifft nur die Übernahme als solche, und Abs. 2 lediglich Stückgüter. Das Schwei-gen der CMR in Bezug auf Menge bzw. Gewicht von Massengütern hat gute Gründe. Während der Beförderer die Übernahme als solche und bei Stückgütern die Anzahl der Frachtstücke ohne weiteres überprüfen kann, lässt sich die Menge der übernommenen Massen- und Schüttgüter oft nur auf der nächsten öffentlichen Waage überprüfen; dies kostet Zeit und Geld. Art. 8 Abs. 1 verlangt deshalb eine solche Überprüfung nicht. Aus dem Fehlen von Vorbehalten im Frachtbrief kann man daher aber auch nicht schließen, dass die vom Absender angegebene Menge (bis zum Beweis des Gegenteils) stimmt. Die **Mengenangabe des Absenders** ist vielmehr eine vom Beförderer **unkontrollierte ein-seitige Erklärung.**[96] Daran ändert sich grundsätzlich auch nichts, wenn der Absender gemäß Art. 8 Abs. 3 Mengen- oder Gewichtskontrolle verlangt, der Beförderer aber **kein Ergebnis eingetragen** hat. Für einen Dritten, etwa den Empfänger, ist das Schweigen des Frachtbriefs nicht beredt, solange er nicht weiß, dass der Frachtführer Menge oder Gewicht zu überprüfen hatte. Nur wenn der Frachtbrief diese Überprüfung gemäß Art. 6 Abs. 3 ausweist, lässt sich der Gedanke des Art. 9 als allgemeiner Grundsatz des Frachtrechts (Einl. Rn. 37) heranziehen und eine Beweisvermutung zugunsten der Absenderangaben aufstel-len, wenn das Ergebnis der Überprüfung fehlt. Ist das **Ergebnis der Überprüfung dage-gen eingetragen,** so ist zu unterscheiden: stimmt es mit den Absenderangaben überein oder wird es vom Absender anerkannt (Rn. 19 f.), so ergeben sich keine Probleme.[97] Ist dies nicht der Fall, so steht es als vom Absender unkontrollierte einseitige Erklärung des Frachtführers den Absenderangaben gegenüber. Die Beweislage ist dann ebenso offen, als wenn der Beförderer hinsichtlich solcher Fragen, die er gemäß Abs. 1 zu überprüfen hat (zB äußerer Zustand der Verpackung) Vorbehalte iS von Qualitätsabschreibungen macht.[98]

## Art. 9 [Beweiskraft des Frachtbriefs]

**(1) Der Frachtbrief dient bis zum Beweis des Gegenteils als Nachweis für den Abschluß und Inhalt des Beförderungsvertrages sowie für die Übernahme des Gutes durch den Frachtführer.**

**(2) Sofern der Frachtbrief keine mit Gründen versehene Vorbehalte des Frachtführers aufweist, wird bis zum Beweise des Gegenteils vermutet, daß das Gut und seine Verpackung bei der Übernahme durch den Frachtführer äußerlich in gutem Zustande waren und daß die Anzahl der Frachtstücke und ihre Zeichen und Nummern mit den Angaben im Frachtbrief übereinstimmten.**

---

[94] *Baumgärtel/Giemulla* Rn. 2.
[95] Strittig, wie hier LG Offenburg 21.1.1969, ETR 1971, 283 = VersR 1969, 560 mit Anm. *Willenberg; Loewe* ETR 1976, 540; *Nickel-Lanz* S. 46 f.; *Baumgärtel/Giemulla* Rn. 2; *Haak* S. 189; *Koller* Art. 9 Rn. 4; aA *Rodière* BT 1974, 208 Nr. 22; *Lamy* 2013 Nr. 729; Trib.com. Paris 30.5.1979, BT 1979, 535.
[96] Siehe schon oben Rn. 26 Fn. 93.
[97] Dies ist der von *Loewe* allein behandelte Fall der „gemeinsamen" Prüfung, ETR 1976, 537; auch *Koller* Art. 9 Rn. 4; *Baumgärtel/Giemulla* Rn. 2.
[98] *Baumgärtel/Giemulla* Rn. 2.

**Art. 9**

(1) La lettre de voiture fait foi, jusqu'à preuve du contraire, des conditions du contrat et de la réception de la marchandise par le transporteur.

(2) En l'absence d'inscription sur la lettre de voiture de réserves motivées du transporteur, il y a présomption que la marchandise et son emballage étaient en bon état apparent au moment de la prise en charge par le transporteur et que le nombre des colis ainsi que leurs marques et numéros étaient conformes aux énonciations de la lettre de voiture.

**Art. 9**

(1) The consignment note shall be *prima facie* evidence of the making of the contract of carriage, the conditions of the contract and the receipt of the goods by the carrier.

(2) If the consignment note contains no specific reservations by the carrier, it shall be presumed, unless the contrary is proved, that the goods and their packaging appeared to be in good condition when the carrier took them over and that the number of packages, their marks and numbers corresponded with the statements in the consignment note.

**Schrifttum:** Siehe Einl. vor Rn. 1 sowie bei Art. 4 und Art. 8.

## Übersicht

|  | Rn. |  | Rn. |
|---|---|---|---|
| I. Bedeutung und Zweck | 1, 2 | III. Die Beweisvermutung in Abs. 2 bzgl. des Gutes | 7–11 |
| II. Die Beweisvermutung gemäß Abs. 1 | 3–6 | 1. Umfang | 7–10 |
| 1. Umfang | 3–5 |  |  |
| 2. Beweiskraft | 6 | 2. Beweispflicht | 11 |

### I. Bedeutung und Zweck

1     Art. 9 legt dem Frachtbrief die Bedeutung einer **widerlegbaren Beweisurkunde** bei und regelt dadurch die **Beweislast**.[1] Sie beschwert denjenigen, der sich gegen die Eintragungen im Frachtbrief und die daraus gemäß Art. 9 zu ziehenden Schlussfolgerungen wendet. Die Beweiskraft des Frachtbriefs bezieht sich erstens auf den Abschluss und den Inhalt des Beförderungsvertrags; damit sanktioniert Abs. 1 die Vorschriften über den Inhalt des Frachtbriefs in Art. 6, vgl. Art. 6 Rn. 3. Zweitens erstreckt sich seine Beweiskraft auch auf die Übernahme des Gutes als solche, Abs. 1, und drittens umfasst sie die im Frachtbrief angegebene Anzahl sowie die dort vermerkten Nummern und Zeichen des Gutes, ferner auch seinen guten Zustand bei Übernahme, Abs. 2, dies jedoch nur in dem Umfang der Untersuchungspflicht gemäß Art. 8 Abs. 1 und soweit keine Vorbehalte im Frachtbrief eingetragen sind, vgl. Art. 8 Rn. 1 f.

2     Die Vermutung des Art. 9 greift nur ein, wenn ein **Frachtbrief ausgestellt** wurde.[2] Die Ausstellung eines Frachtbriefs ist folglich zwingende Voraussetzung, andere Dokumente wie etwa eine TIR-Karte können seine Funktion nicht ersetzen.[3] Die Beweiswirkung des Art. 9 erstreckt sich nur auf die Tatsachen, die im Frachtbrief vermerkt sind; deren Angabe in anderen Urkunden genügt nicht, selbst wenn sie dem Frachtbrief angefügt sind.[4] Fehlt die Unterschrift von Absender oder Frachtführer, so soll nach der herrschenden Auffassung kein wirksamer Frachtbrief vorliegen und Art. 9 nicht anwendbar sein.[5] Wie dargelegt

---

[1] Denkschrift der BReg., BT-Drucks. III/1144 S. 37; *Loewe* ETR 1976, 540 f.; Jabornegg/Artmann/ *Csoklich* Rn. 1; *Clarke* S. 62 f. Nr. 25: rebuttable presumption; *Lamy* 2013 Rn. 729: force probante; aus der Rspr.: BGH 9.2.1979, NJW 1979, 2471, 2472; 18.1.2001, TranspR 2001, 369, 370; OGH Wien 30.5.1985, TranspR 1986, 225, 226; Cass.com. 29.10.1991, BTL 1991, 735; 1.12.1992, ETR 1993, 746.
[2] BGH 16.10.1986, TranspR 1987, 96, 97; BGH 9.2.1979, NJW 1979, 2471, 2472; Hoge Raad 23.1.1987, S. & S. 1987 Nr. 130; OLG Hamm 30.3.1998, TranspR 1998, 463, 464; *Piper* TranspR 1990, 361; *Clarke* S. 62 f. Nr. 25; *Haak* S. 185; GroßkommHGB/*Helm* Rn. 1.
[3] *Hill/Messent* S. 70; *Koller* Rn. 1; GroßkommHGB/*Helm* Rn. 1.
[4] *Putzeys* S. 156 Nr. 444; *Clarke* S. 62 Nr. 25 Fn. 49.
[5] BGH 16.10.1986, TranspR 1987, 96, 97; 8.6.1988, TranspR 1988, 370, 371; 17.4.1997, TranspR 1998, 21, 23; *Koller* Rn. 1; EBJS/*Boesche* Rn. 1; Jabornegg/Artmann/*Csoklich* Rn. 1.

(Art. 5 Rn. 9), hat das Fehlen einer Unterschrift dagegen nur zur Folge, dass das Dokument eine Beweisvermutung gegen diese Partei nicht begründen kann, wohl aber zulasten der anderen Partei, wenn sie den Frachtbrief unterzeichnet hat.[6] Dabei genügt es, wenn von den drei Ausfertigungen eine unterzeichnet wurde, die gemäß Art. 5 für eine andere Partei als den Unterzeichnenden bestimmt ist.[7] Greift die Beweiswirkung des Art. 9 nicht ein, so muss der Anspruchsteller seine Behauptungen mit anderen Beweismitteln belegen.[8]

## II. Die Beweisvermutung gemäß Abs. 1

**1. Umfang.** Bis zum Beweis des Gegenteils erbringt der Frachtbrief gemäß Abs. 1 den **3** Nachweis für den **Abschluss des Vertrags.** Die deutsche Übersetzung folgt der englischen Textversion, indem sie die Beweiskraft auch auf den Vertragsschluss selbst (making of the contract) erstreckt, während in der französischen Version nur von den Vertragsbedingungen und nicht vom Vertragsschluss als solchem die Rede ist. Praktisch wird dieser Unterschied indessen nicht. Denn der Frachtbrief erbringt Beweis auch für die Übernahme des Gutes, also für den Beginn der Erfüllung des Vertrags; der Erfüllungsbeginn begründet dann auch eine Vermutung für den Abschluss des Vertrags.[9] Von der Vermutung umfasst ist nur der **äußere Konsens** (Angebot und Annahme), nicht der innere, dh. das Fehlen von Willensmängeln.[10] Die Vermutung bezieht sich auf den Abschluss eines Vertrags zwischen denjenigen **Parteien,** die als Absender[11] und Frachtführer[12] im Frachtbrief genannt sind; hinsichtlich ihrer Rolle im Vertrag erbringt der Frachtbrief also ebenfalls widerleglichen Beweis. Dies gilt auch für die **Qualifikation des Vertrags** als Beförderungsvertrag (und nicht als Speditionsvertrag).[13]

Der Frachtbrief erbringt ferner widerleglichen Beweis für den **Inhalt des Vertrags, 4** insbesondere für die Vertragskonditionen (AGB),[14] den Bestimmungsort[15] und den Empfänger,[16] eines Gerichtsstands bzw. allgemein für die Sonderabreden iS Art. 6 Abs. 2 wie die Vereinbarung einer Lieferfrist,[17] einer Nachnahme oder einer Wertdeklaration bzw. eines besonderen Lieferinteresses[18] etc. oder einer besonderen Transportroute.[19] Abs. 1 impliziert hinsichtlich der vertraglichen Absprachen eine **Vermutung der Vollständigkeit,**[20] so dass der Frachtbrief nicht nur widerleglichen Beweis dafür erbringt, dass in ihm

---

[6] OLG Hamm 18.10.1984, TranspR 1985, 107, 110; siehe auch die Nachweise in Art. 5 Rn. 9.

[7] *Koller* Art. 5 Rn. 3; *Glöckner* Rn. 1; Hoge Raad 23.1.1987, S. & S. 1987 Nr. 130: es genügt nicht, wenn der Beförderer für Zwecke der Zollabfertigung lediglich die Frachtführerausfertigung unterschrieben hat.

[8] *Clarke* S. 62 f. Nr. 25.

[9] So im Ergebnis auch *Pesce* S. 147; wohl auch *Nickel-Lanz* S. 34; *Putzeys* S. 117 Nr. 314 erinnert an Art. 4, wonach der Frachtbrief den Vertrag (insgesamt, nicht nur die Bedingungen) konstatiert.

[10] *Koller* Rn. 2; *Herber/Piper* Rn. 6; EBJS/*Boesche* Rn. 2; Jabornegg/Artmann/*Csoklich* Rn. 2.

[11] OLG München 27.3.1981, VersR 1982, 264, 265; Cour Lyon 21.10.1976, BT 1976, 534; *Texas Instruments Ltd. v. Nason (Europe) Ltd.*, ETR 1991, 671, 676 (Q. B. 1990); Rb. Rotterdam 10.8.1990, S. & S. 1992 Nr. 56 S. 187; GroßkommHGB/*Helm* Rn. 11; *Herber/Piper* Rn. 6; Fremuth/Thume/*Thume* Rn. 4; EBJS/*Boesche* Rn. 2; Jabornegg/Artmann/*Csoklich* Rn. 2.

[12] Cass.com 29.11.1991, BTL 1991, 735; OLG München 30.11.1974, VersR 1975, 129, 130; *Texas Instruments Ltd. v. Nason (Europe) Ltd.*, ETR 1991, 671, 676 (Q. B. 1990); OLG Hamburg 6.11.1980, VersR 1982, 556; Hof Antwerpen 23.2.1993, ETR 1993, 934, 937; *Helm* VersR 1988, 551; *Herber/Piper* Rn. 6; Fremuth/Thume/*Thume* Rn. 4; EBJS/*Boesche* Rn. 2; Jabornegg/Artmann/*Csoklich* Rn. 2.

[13] Cass.com. 17.12.1980, BT 1981, 155; OLG München 30.10.1974, VersR 1975, 129, 130; *Helm* VersR 1988, 551; EBJS/*Boesche* Rn. 2; Jabornegg/Artmann/*Csoklich* Rn. 2.

[14] *Herber/Piper* Rn. 8; EBJS/*Boesche* Rn. 2 sofern sie nach den jeweils anwendbaren nationalen Bestimmungen Vertragsbestandteil geworden sind.

[15] Vgl. Kh. Antwerpen 3.4.1977, ETR 1977, 411; *Herber/Piper* Rn. 6.

[16] Cass.com. 12.5.1980, BT 1980, 370; Cour Paris 2.12.1981, BT 1982, 73; *Helm* VersR 1988, 351; EBJS/*Boesche* Rn. 2.

[17] OLG Düsseldorf 30.12.1982, VersR 1983, 1029; Cour Grenoble 13.3.1980, BT 1981, 306; *Koller* Rn. 2; EBJS/*Boesche* Rn. 2.

[18] Vgl. allgemein GroßkommHGB/*Helm* Rn. 17.

[19] Rb. Roermond 30.5.1968, ETR 1969, 1019 bzgl. eines vereinbarten Grenzübergangs.

[20] *Koller* Rn. 2; EBJS/*Boesche* Rn. 2; ablehnend Jabornegg/Artmann/*Csoklich* Rn. 3.

vermerkte Abreden tatsächlich getroffen wurden, sondern auch dafür, dass weitere, nicht eingetragene Absprachen, nicht zustande gekommen sind.

**5** Als drittes belegt der Frachtbrief bis zum Beweis des Gegenteils die **Übernahme des Gutes** durch den Beförderer, und zwar die Übernahme als solche und damit den für den **Beginn der Obhutshaftung** gemäß Art. 17 Abs. 1 relevanten Zeitpunkt,[21] nicht dagegen die Menge der übernommenen Güter, ihren Zustand und ihre Verpackung; siehe dazu Abs. 2. Durch Abs. 1 erhält der Frachtbrief Rechtswirkungen, die über die einer Quittung hinausgehen, vgl. Rn. 11. Zur Übernahme der Begleitpapiere siehe Rn. 10.

**6** **2. Beweiskraft.** Der Vertragsabschluss und -inhalt sowie die Übernahme des Gutes können auch auf andere Weise als durch den Frachtbrief bewiesen werden. Beispielsweise genügt ein Telex des Frachtführers, in dem die Zahl und Art der Frachtstücke bestätigt wird, zum Beweis für die Übernahme des Gutes.[22] Auch ist der Inhalt des Frachtbriefs nicht unanfechtbar. Vielmehr begründen die Eintragungen nur eine **widerlegliche Vermutung** dafür, dass die Parteien entsprechende Abreden getroffen haben und der Frachtführer das Gut übernommen hat. Zum Verhältnis von Quittung und widerleglicher Beweisvermutung siehe Rn. 11. Ob der Frachtbrief anders lautende ältere Dokumente ausnahmslos verdrängt,[23] ist zweifelhaft; maßgeblich ist im Konflikt der Beweismittel stets die Lage des Einzelfalls. Obwohl Abs. 1 keine **Vorbehalte** vorsieht, hat jede Partei nach allgemeinen Rechtsgrundsätzen des Transportrechts (Einl. Rn. 37), die auch in Art. 8 Abs. 2 und Art. 9 Abs. 2 zum Ausdruck kommen, die Möglichkeit, den Eintragungen der anderen Partei schriftlich durch einen Vorbehalt zu widersprechen.[24] Durch solche kontradiktorischen Eintragungen wird den Angaben, die die andere Partei im Frachtbrief gemacht hat, die Rechtswirkung einer Beweisvermutung genommen, siehe schon Art. 8 Rn. 21. Zur Haftung für Fehleintragungen siehe Art. 7.

### III. Die Beweisvermutung in Abs. 2 bzgl. des Gutes

**7** **1. Umfang.** Enthält der Frachtbrief keine Vorbehalte iS von Art. 8 Abs. 2, so wird bis zum Beweis des Gegenteils vermutet, dass **Gut und Verpackung** bei Übernahme durch den Frachtführer **äußerlich in gutem Zustand** waren. Die Beweisvermutung reicht dabei nur so weit wie die Überprüfungspflicht,[25] betrifft also nur den „äußeren Zustand von Gut und Verpackung" iS von Art. 8 Abs. 1 lit. b. Je stärker die Gerichte die Untersuchungspflicht, was Gegenstand, Methoden und Intensität betrifft, anspannen, desto weiter dehnen sie die Pflicht zur Aufnahme von Vorbehalten gemäß Art. 8 Abs. 2 und damit auch die Beweisvermutung von Art. 9 Abs. 2 für den Fall aus, dass entsprechende Vorbehalte fehlen, siehe schon Art. 8 Rn. 1, 2. Entscheidende Bedeutung für die Abgrenzung der Beweisvermutung kommt deshalb dem Umfang der Überprüfungspflicht und vor allem der Frage zu, welche Mängel von Gut und Verpackung „äußerlich" erkennbar und welche dem Inhalte zuzurechnen sind, vgl. näher bei Art. 8 Rn. 7 ff., 11 f.

**8** Die **französische Rspr.** erstreckt die Beweisvermutung von Abs. 2 auch auf den **Inhalt der Frachtstücke,** da der Beförderer immer das Recht zur Untersuchung des Gutes habe und deshalb die Beweisvermutung des Abs. 2 gegen sich gelten lassen müsse, wenn er das Gut nicht untersuche und keine Vorbehalte in den Frachtbrief eintrage.[26] Diese Rspr. ist aus dem innerfranzösischen Frachtrecht auf die CMR übertragen worden, steht aber im

---

[21] Hof Antwerpen 23.2.1993, ETR 1993, 934, 939; EBJS/*Boesche* Rn. 2.

[22] Hof Antwerpen 15.12.1982, Jur. Anv. 1983–84, 57; *Theunis/Mercadal* S. 37.

[23] So *Lamy* 2013 Rn. 729 unter Berufung auf Cour Rouen 13.5.1986, Nr. 1423/83 und Cour Riom 21.9.2011, Nr. 10/01979.

[24] Jabornegg/Artmann/*Csoklich* Rn. 4; zweifelnd GroßkommHGB/*Helm* Rn. 2.

[25] Vgl. dazu OLG Düsseldorf 4.3.1982, VersR 1982, 1202; OLG München 8.3.2012, TranspR 2013, 31; *Piper* TranspR 1990, 360; *Herber/Piper* Rn. 9; *Koller* Rn. 3; *Thume/Teutsch* Rn. 9; EBJS/*Boesche* Rn. 3; Fremuth/Thume/*Thume* Rn. 12.

[26] Cass.com. 2.2.1982, BT 1982, 152; weitere Nachweise bei *Lamy* 2013 Rn. 719; vgl. aber Cour cass. 28.9.2004, ETR 2005, 552, 556.

Widerspruch zu ihr,[27] da die Beweisvermutung des Art. 9 eine Pflicht des Frachtführers sanktioniert (Art. 8) und nicht die Nichtausübung eines Rechts. In Art. 8 Abs. 3 ist eine Pflicht zur Überprüfung des Inhalts der Frachtstücke nur auf besonderes Verlangen des Absenders, also gerade nicht im Regelfall vorgesehen.

Ferner erbringt der Frachtbrief, wenn Vorbehalte gemäß Art. 8 Abs. 2 fehlen, widerlegli- **9** chen Beweis dafür, dass die **Anzahl der Frachtstücke** und ihre Zeichen und Nummern bei der Übernahme mit den Angaben im Frachtbrief übereinstimmten. Auch hier knüpft Art. 9 an die entsprechende Überprüfungspflicht in Art. 8 Abs. 1 lit. a an, vgl. näher Art. 8 Rn. 6. Ob der Frachtbrief Beweiswirkung für die Stückzahl entfaltet, wenn der Frachtführer bei der Verladung nicht zugegen war und deshalb die Frachtstücke **nicht zählen konnte,** ist strittig. Manche verneinen die Beweiswirkung mit Hinweis auf die fehlende Kontrollmöglichkeit,[28] während die hM diese Einschränkung nicht akzeptiert.[29] Richtigerweise ist Art. 9 Abs. 2 so zu verstehen, dass er nicht an den Verstoß gegen die Überprüfungspflicht als solche anknüpft, sondern an die Verletzung der Pflicht, entweder zu überprüfen oder bei Unmöglichkeit der Überprüfung einen begründeten Vorbehalt zu erklären. Wenn der Frachtführer aus tatsächlichen Gründen (Übernahme eines voll beladenen Containers bzw. verschweißter Paletten) oder aus rechtlichen Gründen (Übernahme eines Containers unter Zollverschluss, Ausschluss des Fahrers von der Beladung aus veterinärpolizeilichen Gründen)[30] die Anzahl der übernommenen Frachtstücke nicht kontrollieren kann, hat er gemäß Art. 8 Abs. 2 entsprechend begründete Vorbehalte in den Frachtbrief einzutragen, vgl. Art. 8 Rn. 15. Nur wenn dem Frachtführer ausnahmsweise auch die Erklärung eines Vorbehalts im Frachtbrief unmöglich ist, kann das Fehlen der Vorbehalte die Beweisvermutung gemäß Abs. 2 ausschließen.

Geraten **Begleitdokumente** (zB Ursprungszeugnisse, Quarantänebescheinigungen, **10** Handelsrechnungen, Ausfuhr- und Einfuhrgenehmigungen) in Verlust, nachdem der Frachtführer sie vom Absender übernommen hat, so stellt sich die Beweislage für den Absender oder Empfänger, der Ansprüche gemäß Art. 11 Abs. 3 geltend macht, ähnlich schwierig dar wie bei den Transportgütern selbst: der Absender muss beweisen, dass er die fraglichen Dokumente dem Beförderer übergeben hat. Soweit die Dokumente im Frachtbrief verzeichnet sind, vgl. Art. 6 Abs. 2 lit. g, ist es gerechtfertigt, die Beweisvermutung von Art. 9 Abs. 2 auch auf die Begleitdokumente anzuwenden; sie gehören in einem weiteren Sinne zum Frachtgut.[31] **Keine Anwendung** findet Art. 9 dagegen auf den **Inhalt** der Frachtstücke, siehe Art. 8 Rn. 26, und auf ihre **Menge,** soweit sie nicht in Stückzahlen ausgedrückt ist, siehe Art. 8 Rn. 27. Keinen Beweis erbringt der Frachtbrief im Übrigen für die **ordnungsgemäße Verstauung und Verladung** des Gutes, soweit diesbezüglich keine Überprüfungspflicht besteht, vgl. Art. 8 Rn. 13 f.

**2. Beweispflicht.** Wie Abs. 1 (Rn. 6) begründet auch Abs. 2 eine widerlegliche Beweis- **11** vermutung, dh. der gute Zustand des Gutes sowie die Übereinstimmung von Stückzahl, Zeichen und Nummern der übernommenen Güter mit den Angaben des Frachtbriefs wird bis zum Beweis des Gegenteils vermutet. Die Wirkung der **widerleglichen Beweisvermutung** geht über die einer **Quittung** hinaus.[32] Die Quittung, zB ein Forwarder's Certificate of Receipt (FCR), beweist gemäß § 416 ZPO nur, dass der Gläubiger ein Empfangsbekenntnis abgegeben hat, und lässt im Rahmen der freien Beweiswürdigung darüber hinaus

---

[27] Siehe näher *Lutz* TranspR 1991, 7.

[28] OLG Hamm 19.10.1984, TranspR 1985, 107, 110; *Csoklich* S. 314; zweifelnd *Helm* VersR 1988, 551 bei Fn. 49.

[29] Hof Amsterdam 21.5.1992, S. & S. 1993 Nr. 96 S. 358; Vestre Landsret 16.10.1967, zitiert nach *Groth* S. 24; *Koller* Rn. 3; *Heuer* VersR 1988, 312, 314; *Piper* TranspR 1990, 360; *Thume/Teutsch* Rn. 12; EBJS/ *Boesche* Rn. 5.

[30] So im Falle des OLG Hamm 18.10.1984, TranspR 1985, 107, 110.

[31] OLG Schleswig 30.8.1979, VersR 1979, 141, 142; *Heuer* S. 134; *Koller* Rn. 2; GroßkommHGB/*Helm* Rn. 20; EBJS/*Boesche* Rn. 2; *Ferrari/Otte,* Int. Vertragsrecht, Rn. 7.

[32] Nur Quittungswirkungen *Lenz* Rn. 223; *Ferrari/Otte,* Int. Vertragsrecht, Rn. 6; FG Hamburg 5.12.2007, TranspR 2008, 264, 267; zum Folgenden MüKoBGB/*Fetzer* 6. Aufl. 2012, § 368 Rn. 5.

*Jesser-Huß*

in aller Regel den Schluss zu, dass er die Leistung auch tatsächlich so wie in der Quittung beschrieben erhalten hat. Dieser Schluss ist bereits ausgeschlossen, wenn die Überzeugung des Gerichts vom Empfang der Leistung erschüttert wird.[33] Wenn die Überzeugung also allein auf der Quittung beruht, würde es als Gegenbeweis bereits genügen, wenn der Frachtführer nachweist, dass er mangels Überprüfungsmöglichkeit den Empfang gar nicht präzise quittieren konnte. Demgegenüber entzieht die gesetzliche Beweisvermutung die vermuteten Tatsachen der freien Würdigung des Gerichts. Diese Tatsachen werden vermutet, bis der Beweis geführt ist, dass sie nicht der Wirklichkeit entsprechen. Wer die Angabe im Frachtbrief, 37 Paletten übernommen zu haben, bestreitet, muss nachweisen, dass es nur 35 waren, oder jedenfalls, dass es nicht 37 sein konnten, weil zB dafür kein ausreichender Platz auf dem Lkw war. Dass er keine Möglichkeit zum Zählen hatte, genügt nicht, um die Beweisvermutung zu entkräften, die Beweislast ist vielmehr umgekehrt: Der **volle Gegenbeweis** muss geführt werden.[34] Dies kann vor allem dadurch geschehen, dass der Beförderer nachweist, dass Verlust oder Beschädigung schon vor der Übernahme des Gutes eingetreten sind.[35] Die Beweisvermutung verhindern kann der Beförderer, wenn er im Einklang mit Art. 8 begründete Vorbehalte in den Frachtbrief einträgt; die Beweislage ist dann offen. Siehe näher Art. 8 Rn. 21.

## Art. 10 [Haftung für mangelhafte Verpackung]

**Der Absender haftet dem Frachtführer für alle durch mangelhafte Verpackung des Gutes verursachten Schäden an Personen, am Betriebsmaterial und an anderen Gütern sowie für alle durch mangelhafte Verpackung verursachten Kosten, es sei denn, daß der Mangel offensichtlich oder dem Frachtführer bei der Übernahme des Gutes bekannt war und er diesbezüglich keine Vorbehalte gemacht hat.**

### Art. 10

L'expéditeur est responsable envers le transporteur des dommages aux personnes, au matériel ou à d'autres marchandises, ainsi que des frais, qui auraient pour origine la défectuosité de l'emballage de la marchandise, à moins que, la défectuosité étant apparente ou connue du transporteur au moment de la prise en charge, le transporteur n'ait pas fait de réserves à son sujet.

### Art. 10

The sender shall be liable to the carrier for damage to persons, equipment or other goods, and for any expenses due to defective packing of the goods, unless the defect was apparent or known to the carrier at the time when he took over the goods and he made no reservations concerning it.

**Schrifttum:** Siehe Einl. vor Rn. 1 sowie bei Art. 8; außerdem *Koller,* Die Unzulänglichkeiten der Verpackung im Transport- und Transportversicherungsrecht, VersR 2003, 519; *Thume,* Haftungsprobleme beim Containerverkehr, TranspR 1990, 41.

## I. Bedeutung und Zweck

1    **1. Verpackungspflicht und Sanktionen.** Übergibt der Absender dem Beförderer mangelhaft verpackte Güter, wird dadurch die Obhutshaftung des Frachtführers gemäß Art. 17 Abs. 4 lit. b ausgeschlossen und nach Art. 10 die eigene verschuldensunabhängige[1] Haftung des Absenders für Schäden, die durch die mangelhafte Verpackung entstehen,

---

[33] Siehe etwa BGH 14.4.1978, JR 1978, 417 mit Anm. *Baumgärtel.*
[34] BGH 9.2.1979, NJW 1979, 2471, 2472; OGH Wien 3.7.1985, TranspR 1987, 374, 377; Cour Paris 5.4.1990, BTL 1991, 223 f.; *Helm* VersR 1988, 548, 551; *Piper* TranspR 1990, 360; EBJS/*Boesche* Rn. 5; Jabornegg/Artmann/*Csoklich* Rn. 7; *Hill/Messent* S. 81; *Theunis/Ruitinga* S. 44.
[35] *Rodière* BT 1974, 208 Nr. 21; *Clarke* S. 62 f. Nr. 25; OLG Düsseldorf 8.5.1969, ETR 1970, 447, 466.
[1] *Herber/Piper* Rn. 1; *Koller* Rn. 4; GroßkommHGB/*Helm* Rn. 13; Thume/*Temme* Rn. 1; Fremuth/Thume/*Thume* Rn. 4; *Gündisch* S. 18; EBJS/*Boesche* Rn. 4; Jabornegg/Artmann/*Csoklich* Rn. 1.

angeordnet. Die Vorschrift geht in Übereinstimmung mit anderen Quellen des Landtransportrechts (§ 411 HGB, Art. 19 § 2 ER CIM 1980)[2] von der Verpackung der Güter durch
den Absender aus. Wer zur Verpackung verpflichtet ist, ist in der CMR nirgends ausdrücklich statuiert, sodass auch ohne Verstoß gegen Art. 41 vereinbart werden kann, dass den
Frachtführer die Verpackungspflicht trifft.[3] Dadurch wird der Haftung des Absenders gemäß
Art. 10 die Grundlage entzogen.

**2. Anwendungsbereich.** Art. 10 regelt nur den Ersatz von Schäden, die durch mangel-  2
hafte Verpackung entstehen. Dies schließt alle Arten von Verpackungsmängeln bis hin zum
**völligen Fehlen der Verpackung** ein.[4] Die Vorschrift ist jedoch grundsätzlich nicht,
auch nicht analog anwendbar auf Schäden, die auf mangelhafte Verladung oder Verstauung
zurückzuführen sind,[5] ebenso wenig auf Schäden, die sich aus **Mängeln des Gutes** ergeben.[6] Die Haftung des Absenders dafür richtet sich nach dem ergänzend anwendbaren
nationalen Vertragsrecht, vgl. Einl. Rn. 41 ff. Die Gegenmeinung, die Art. 10 auch auf die
Haftung des Absenders für **Lade- und Staufehler** anwenden will,[7] kann gerechtfertigt
sein, wenn Verpackungsfehler sowie Lade- und Staufehler zusammentreffen und gemeinsam
schadensursächlich waren. Wenn zB geölte Stahlplatten durch Bänder so zusammengehalten
werden, dass sie nur in der Längsrichtung gegen Verrutschen geschützt sind (Verpackungsmangel), kann ein Verrutschen in der Querrichtung uU auch durch eine geeignete Verstauung der Plattenbündel auf dem Lkw verhindert werden.[8] Unterbleiben diese Vorkehrungen
(Staufehler), so wären Schäden, die durch die verrutschenden Stahlplatten dem Lkw zugefügt werden, grundsätzlich zT nach Art. 10 und zT nach nationalem Recht zu beurteilen.
Statt der arbiträren Aufspaltung eines einheitlichen Sachverhalts in verschiedene Haftungstatbestände (mit verschiedenen Verjährungsregeln, Haftungsbegrenzungen, Verzugszinsfol-
gen etc.) ist in solchen Fällen eine einheitliche Beurteilung vorzuziehen. Entscheidend ist,
welche Maßnahme (Verpackung oder Verstauung) nach der Verkehrssitte zu erwarten war.[9]

## II. Haftungsbegründung

**1. Verpackungsmängel.** Die Verpackung des Gutes findet in zwei Vorschriften des  3
Übereinkommens Erwähnung; während in Art. 17 Abs. 4 lit. b nur das Gut selbst durch
eine ordnungsgemäße Verpackung vor den typischen Transportgefahren im Rahmen der
Beförderung geschützt werden soll (Art. 17 Rn. 60), steht in Art. 10 der Schutz von Personen, von Betriebsmaterial des Frachtführers sowie von anderen Gütern im Mittelpunkt des
Regelungsinteresses. Dies ist bei der Beurteilung der Frage, ob die Verpackung ordnungsgemäß oder **mangelhaft** ist, zu beachten.[10] Entscheidend ist, welcher Verpackung das jeweilige Gut aufgrund seiner Beschaffenheit und der besonders vereinbarten bzw. üblichen
vertragsgemäßen Beförderung bedarf, um den äußeren Einwirkungen standzuhalten und
keine Schäden an Personen oder anderen Sachen zu verursachen.[11] Die Art des Gutes, die
Art der Beförderung, der Transportweg etc. sind zu berücksichtigen.[12] Mangelhaftigkeit

---

[2] Nicht mehr ausdrücklich mittlerweile Art. 14 ER CIM 1999.
[3] *Jesser* S. 66; *Haak* S. 156; vgl. auch *Koller* Rn. 2; EBJS/*Boesche* Rn. 4; *Fischer* TranspR 1999, 261, 266.
[4] *Koller* Rn. 2; GroßkommHGB/*Helm* Rn. 2; *Zapp* TranspR 2004, 333, 337; EBJS/*Boesche* Rn. 1; *Ferrari*/
*Otte*, Int. Vertragsrecht, Rn. 5.
[5] OGH Wien 2.4.1982, TranspR 1984, 151; 18.12.1984, TranspR 1986, 372; *Rodière* BT 1974, 267
Nr. 60; *Lieser* S. 101 ff.; *Libouton* J.trib. 1982, 702 Nr. 41; *Herber/Piper* Rn. 1, 17; *Koller* Rn. 1; Groß-
kommHGB/*Helm* Rn. 2; *Thume/Temme* Rn. 30; Fremuth/Thume/*Thume* Rn. 6.
[6] OLG Düsseldorf 4.3.1982, RIW 1984, 234, 235 = VersR 1982, 1202.
[7] Hof Antwerpen 9.5.1979, Jur.Anv. 1979–80, 328; Rb. Rotterdam 16.4.1975, S. & S. 1975 Nr. 81; Cour
Lyon 21.2.1991, BTL 1992, 166; *Lamy* 2013 Rn. 720 mwN.
[8] So der Sachverhalt in Hof Brüssel 25.3.1988, Rev.dr.com.belge 1992, 780.
[9] *Koller* Rn. 1.
[10] Siehe auch *Koller* Rn. 2.
[11] BGH 19.11.1959, BGHZ 31, 185 zu § 18 KVO; *Theunis/Ruitinga* S. 58; *Clarke* S. 259 f. Nr. 82; *Pesce*
S. 151 f.
[12] Jabornegg/Artmann/*Csoklich* Rn. 2.

liegt auch vor, wenn die Verpackung ganz fehlt, Rn. 2. Zu beachten sind die Usancen der jeweiligen Branche, sofern sie den Vertragsinhalt beeinflussen;[13] zB werden Pkw oder Stahlrollen unverpackt befördert. Da die geschuldete Verpackung funktional bestimmt ist, kann die Rspr. zu entsprechenden Vorschriften anderer Frachtrechte, vor allem zu § 411 HGB, herangezogen werden.[14] Die Verpackung ist nicht schon deshalb mangelhaft, weil sie gebraucht ist;[15] entscheidend ist, ob sie noch ausreichend funktionsfähig ist.[16] Bei Verwendung von Containern ist die Abgrenzung von Verpackung und Verstauung zu ziehen; eine mangelhafte Verpackung soll auch darin bestehen können, dass die Güter in einem vom Beförderer überlassenen Container nicht genügend befestigt wurden.[17] Damit wird der Anwendungsbereich des Art. 10 nicht unwesentlich in den Bereich der Staufehler ausgedehnt, vgl. Rn. 2.

4    **2. Haftungsausnahmen: Offensichtlichkeit, Kenntnis des Mangels.** Die Haftpflicht des Absenders entfällt, wenn der Verpackungsmangel offensichtlich oder bei Übernahme des Gutes dem Frachtführer bzw. seinen Gehilfen (Art. 3) bekannt war und er diesbezüglich keine Vorbehalte gemacht hat. Offensichtlich ist ein Mangel dann, wenn er bei nur oberflächlicher Besichtigung des Gutes ins Auge fallen muss.[18] Das folgt aus der wörtlichen Übereinstimmung von Art. 10 mit der Formulierung der Überprüfungspflicht in Art. 8 Abs. 1,[19] wonach der Frachtführer die „apparent condition of the packaging", den „état apparent de l'emballage" zu untersuchen hat; kommt er dieser Pflicht nach, so kann er nicht umhin, offensichtliche Verpackungsfehler zu erkennen, sie sind dann „apparent" iS von Art. 10. Es kommt daher auch hier auf Umfang und Intensität der Untersuchungspflicht des Frachtführers an, vgl. näher Art. 8 Rn. 7 ff., 11 f.

5    Übernimmt der Frachtführer, der den Verpackungsfehler kennt oder wegen seiner Offensichtlichkeit kennen müsste, das Gut **ohne Vorbehalt,** so wird er von Art. 10 behandelt, als habe er das mit den Verpackungsmängeln verbundene Risiko akzeptiert. Will er sich dieser Konsequenz nicht aussetzen, so kann er das Gut entweder nach dem ergänzend anzuwendenden nationalen Vertragsrecht (Einl. Rn. 41 ff.) zurückweisen, den Transport also, wenn deutsches Recht anwendbar ist, gemäß **§ 273 BGB** bis zur ordnungsgemäßen Verpackung des Gutes verweigern, vgl. zur ähnlich gelagerten Pflicht zur Ausstellung eines Frachtbriefs oben Art. 4 Rn. 10. Oder er übernimmt das Gut und muss dann, wenn er sich eventuelle Ansprüche aus Art. 10 vorbehalten will, uU Sicherungsmaßnahmen ergreifen, vgl. Rn. 8, oder Absenderweisungen gemäß Art. 14 Abs. 1 einholen und jedenfalls einen **Vorbehalt erklären.** Dies kann jedoch **formfrei** geschehen,[20] die Modalitäten des Art. 8 Abs. 2 – Eintragung im Frachtbrief, Begründung – müssen nicht eingehalten werden, eine Anerkennung des Vorbehalts ist ohnehin nicht erforderlich, vgl. Art. 8 Rn. 21. Die Gegenauffassung, die Art. 8 Abs. 2 gewahrt wissen will,[21] führt dazu, dass der Frachtführer, der einen Vorbehalt gegen die Verpackung nur mündlich erklärt, seinen Anspruch aus Art. 10 verliert. Warum die Nichtwahrung einer bestimmten Form, die im Rahmen des Art. 9

---

[13] *Koller* Rn. 2; vgl. auch *Clarke* S. 261 Nr. 82.

[14] *Koller* Rn. 2; Denkschrift der BReg. BT-Drucks. III/1144 S. 37 zu § 18 KVO.

[15] So aber OLG Frankfurt 15.11.1984, TranspR 1986, 276 zu §§ 62, 83 Abs. 1b EVO.

[16] *Herber/Piper* Rn. 13.

[17] BGH 18.3.1971, NJW 1971, 1363 zu § 86 ADS; vgl. dazu auch GroßkommHGB/*Helm* Rn. 9.

[18] Hof Antwerpen 9.5.1979, Jur.Anv. 1979–80, 328; ebenso *Koller* Rn. 4; *Baumgärtel/Giemulla* Rn. 1; *Herber/Piper* Rn. 21; EBJS/*Boesche* Rn. 5; *Ferrari/Otte,* Int. Vertragsrecht, Rn. 11; kritisch *Libouton* J.trib. 1982, 702 Nr. 42.

[19] Zu diesem Zusammenhang schon *Rodière* BT 1974, 266 Nr. 55; vgl. auch *Zapp* TranspR 2004, 333, 338; auch Fremuth/Thume/*Thume* Rn. 24: bei Überprüfung nach Art. 8 Abs. 1 lit. b.

[20] GroßkommHGB/*Helm* Rn. 23; *Putzeys* S. 350 Nr. 1020; *Gündisch* S. 29 ff.; Fremuth/Thume/*Thume* Rn. 27; *Zapp* TranspR 2004, 333, 338; Jabornegg/Artmann/*Csoklich* Rn. 8; vgl. dazu auch Thume/*Temme* Rn. 41 ff.

[21] Cass.com. 12.10.1981, ETR 1982, 294; Ferrari/*Otte,* Int. Vertragsrecht, Rn. 12; *Baumgärtel/Giemulla* Rn. 3; *Pesce* S. 152–154; *Clarke* S. 264 Nr. 84; *Herber/Piper* Rn. 21; *Koller* Rn. 4 und EBJS/*Boesche* Rn. 5: mündlicher Vorbehalt genügt nur bei fehlendem Frachtbrief.

Abs. 2 nur zu Beweisnachteilen führt, hier einen materiellen Rechtsverlust bewirken soll, ist nicht ersichtlich; eine solche Sanktion wäre systemwidrig und unverhältnismäßig.[22]

**3. Aktiv- und Passivlegitimation.** Der Anspruch gemäß Art. 10 besteht nur zwischen **6** den jeweiligen Vertragsparteien. **Aktivlegitimiert** ist also nur der Vertragspartner des Absenders sowie ein nachfolgender Beförderer iS von Art. 34, dagegen nicht ein Unterfrachtführer; er kann sich nur an den Hauptfrachtführer halten, der sein Absender ist.[23] Ein direkter Anspruch gegen den Auftraggeber des Hauptfrachtführers kann uU auf nationales Recht gestützt werden,[24] und zwar je nach der vertraglichen oder deliktischen Qualifikation des Anspruchs auf das ergänzende nationale Vertragsrecht (Einl. Rn. 41 ff.) oder auf das Deliktsstatut. Auch **passivlegitimiert** ist nur der Vertragspartner des Frachtführers. Hat der Beförderer im Auftrag des Spediteurs oder des Empfängers (der dann zugleich Absender ist) Güter bei einem Ablader abgeholt, der letztlich für die Verpackungsfehler verantwortlich ist, so hat der Frachtführer nach Art. 10 gleichwohl nur einen Anspruch gegen „seinen" Absender, also den Spediteur oder Empfänger,[25] der sich dann bei dem letztverantwortlichen Ablader erholen kann. In den jeweiligen Vertragsbeziehungen kann der **Drittschaden liquidiert** werden.[26]

### III. Haftungsumfang

**1. Schäden und Kosten.** Die Haftpflicht erfasst sämtliche Personen- und Sachschäden, **7** die der Frachtführer selbst erleidet, darüber hinaus auch die Personen- und Sachschäden Dritter (zB anderer Ladungseigentümer, seiner Arbeitnehmer, des Lkw-Vermieters, außenstehender Verkehrsteilnehmer), für die der Frachtführer einzustehen hat und für die er sich beim Absender gemäß Art. 10 schadlos halten kann.[27] Eine solche Haftpflicht gegenüber Drittgeschädigten ist jedoch keine notwendige Voraussetzung: wenn der Eigentümer einer Beiladung wegen der Haftungsbeschränkung des Art. 23 vom Frachtführer keinen vollen Schadensersatz erlangen kann, ist der Beförderer gleichwohl befugt, auch den die Haftungsbeschränkung übersteigenden **Drittschaden** gemäß Art. 10 beim Absender zu **liquidieren,**[28] vgl. Rn. 6 aE. Des Weiteren muss der Absender die durch mangelhafte Verpackung entstandenen Kosten tragen. Darunter können **Aufwendungen** für die Ausbesserung der Verpackung, die Nachverpackung, Umladung, Reinigung des Lkw und des Bodens u. ä. fallen,[29] aber auch **reine Vermögensschäden**, die nicht aus irgendeiner Personen- oder Sachbeschädigung resultieren, zB für Standzeiten.[30] Die **Haftung ist unbegrenzt,** da Art. 10 den Begriff des Schadens nicht definiert.[31] Art. 23 betrifft nur die Haftung des Frachtführers. Beschränkungen der Haftung können sich allenfalls aus dem ergänzend anwendbaren nationalen Vertragsrecht ergeben.[32] Infolge der Unanwendbarkeit des Art. 28 können außervertragliche Ansprüche nach nationalem Recht konkurrieren.[33] Die **Verjährung** richtet sich nach Art. 32.[34]

---

[22] Kritisch auch GroßkommHGB/*Helm* Rn. 23.
[23] *Theunis/Ruitinga* S. 60; *Libouton* J.trib. 1982, 702 Nr. 41; Jabornegg/Artmann/*Csoklich* Rn. 6.
[24] Cour Liège 18.12.1967, ETR 1969, 965; *Hill/Messent* S. 84; *Clarke* S. 263 Nr. 83b.
[25] OLG Hamburg 15.3.1984, TranspR 1984, 191.
[26] *Koller* Rn. 4 aE; GroßkommHGB/*Helm* Rn. 18; Ferrari/*Otte*, Int. Vertragsrecht, Rn. 18; aA *Herber/Piper* Rn. 18; *Gündisch* S. 19 ff.
[27] *Loewe* ETR 1976, 541; *Pesce* S. 153; *Zapp* TranspR 2004, 333, 338.
[28] *Koller* Rn. 3; aA *Herber/Piper* Rn. 18; EBJS/*Boesche* Rn. 3; *Thume/Temme* Rn. 24.
[29] *Koller* Rn. 3; *Pesce* S. 154; *Herber/Piper* Rn. 19; GroßkommHGB/*Helm* Rn. 19; *Thume/Temme* Rn. 23; *Gündisch* S. 27.
[30] Für einen weiten Schadensbegriff *Koller* Rn. 3; *ders.* VersR 1994, 384, 386; für Standgeld AG Hamburg-Harburg 13.12.2006, VersR 2007, 967, 968.
[31] *Theunis/Ruitinga* S. 59; *Hill/Messent* S. 84; *Herber/Piper* Rn. 19; GroßkommHGB/*Helm* Rn. 15; *Thume/Temme* Rn. 31; Fremuth/Thume/*Thume* Rn. 9; EBJS/*Boesche* Rn. 4; Jabornegg/Artmann/*Csoklich* Rn. 1.
[32] *Rodière* BT 1974, 266 Nr. 57; *Thume/Temme* Rn. 31.
[33] *Loewe* ETR 1976, 542; *Koller* Rn. 4; EBJS/*Boesche* Rn. 4; Jabornegg/Artmann/*Csoklich* Rn. 6.
[34] *Loewe* ETR 1976, 542; *Herber/Piper* Rn. 26; *Koller* Rn. 4.

8    **2. Mitverschulden.** Art. 10 regelt nicht die Frage, wie sich die Nachlässigkeit des Frachtführers bei der Überprüfung der Verpackung, bei anschließend erforderlichen Sicherungsmaßnahmen oder wie sich sonstige Fehler auf die Haftung des Absenders auswirken. Ähnlich wie bei Art. 7 (siehe dort Rn. 3) sollte die Frage nicht nach den divergierenden nationalen Rechtsvorstellungen entschieden werden, sondern nach der Wertung des Art. 17 Abs. 5, der ähnlich wie § 254 BGB die Haftung des Frachtführers nach den Verschuldens- bzw. Verursachungsanteilen der Parteien mindert.[35] Zu beachten ist Art. 8 Abs. 1 lit. b CMR, wonach eine Überprüfung nur hinsichtlich offenkundiger Verpackungsmängel besteht.[36]

### IV. Beweislast

9    Nach allgemeinen Grundsätzen hat der Frachtführer die Mangelhaftigkeit aus Verpackung, den Schaden und die kausale Verknüpfung zu beweisen.[37] Die Vermutung des Art. 18 Abs. 2 gilt hier nicht.[38] Ein entsprechender Vorbehalt hinsichtlich der Verpackungsmängel erleichtert ihm die Beweisführung. In Bezug auf die Offensichtlichkeit des Mangels bzw. die Kenntnis des Beförderers von dem Verpackungsmangel trifft die Beweislast den Absender, hinsichtlich des Vorbehalts wiederum den Frachtführer.[39]

### Art. 11 [Begleitdokumente]

**(1) Der Absender hat dem Frachtbrief die Urkunden beizugeben, die für die vor der Ablieferung des Gutes zu erledigende zoll- oder sonstige amtliche Behandlung notwendig sind, oder diese Urkunden dem Frachtführer zur Verfügung zu stellen und diesem alle erforderlichen Auskünfte zu erteilen.**

**(2) ¹Der Frachtführer ist nicht verpflichtet zu prüfen, ob diese Urkunden und Auskünfte richtig und ausreichend sind. ²Der Absender haftet dem Frachtführer für alle aus dem Fehlen, der Unvollständigkeit oder Unrichtigkeit der Urkunden und Angaben entstehenden Schäden, es sei denn, dass den Frachtführer ein Verschulden trifft.**

**(3) Der Frachtführer haftet wie ein Kommissionär für die Folgen des Verlustes oder der unrichtigen Verwendung der im Frachtbrief bezeichneten und diesem beigegebenen oder dem Frachtführer ausgehändigten Urkunden; er hat jedoch keinen höheren Schadensersatz zu leisten als bei Verlust des Gutes.**

### Art. 11

(1) En vue de l'accomplissement des formalités de douane et autres à remplir avant la livraison de la marchandise, l'expéditeur doit joindre à la lettre de voiture ou mettre à la disposition du transporteur les docu-

### Art. 11

(1) For the purposes of the Customs or other formalities which have to be completed before delivery of the goods, the sender shall attach the necessary documents to the consignment note or place

---

[35] Dafür *Koller* Rn. 4; *Herber/Piper* Rn. 22; EBJS/*Boesche* Rn. 6; Ferrari/*Otte,* Int. Vertragsrecht, Rn. 22; wohl auch Jabornegg/Artmann/*Csoklich* Rn. 9; für ergänzende Anwendung des nationalen Rechts (§ 254 BGB) GroßkommHGB/*Helm* Rn. 16; abweichend und für die Anwendung des Alles-oder-Nichts-Prinzips der contributory negligence des Art. 11 Abs. 2 *Basedow* in der Erstauflage; ebenso Cour Liege 18.12.1967, ETR 1969, 965; unklar *Clarke* S. 263 f. Nr. 83c (wie *Basedow*), S. 266 Nr. 84 lit. g (für Art. 17 Abs. 5); vgl. dazu ausführlich *Gündisch* S. 31 ff.; *Helm* und *Gündisch* kritisch zu der in der Erstauflage vertretenen Auffassung.

[36] *Koller* VersR 1993, 519, 522; *Herber/Piper* Rn. 23; EBJS/*Boesche* Rn. 6.

[37] Ebenso *Koller* Rn. 5; GroßkommHGB/*Helm* Rn. 20, 22; Fremuth/Thume/*Thume* Rn. 29; EBJS/*Boesche* Rn. 7.

[38] Cour Lyon 7.10.1976, BT 1977, 84.

[39] Ebenso *Koller* Rn. 5; GroßkommHGB/*Helm* Rn. 20, 22; Fremuth/Thume/*Thume* Rn. 31 f.; EBJS/*Boesche* Rn. 7; Jabornegg/Artmann/*Csoklich* Rn. 8.

ments nécessaires et lui fournir tous renseignements voulus.

(2) Le transporteur n'est pas tenu d'examiner si ces documents et renseignements sont exacts ou suffisants. L'expéditeur est responsable envers le transporteur de tous dommages qui pourraient résulter de l'absence, de l'insuffisance ou de l'irrégularité de ces documents et renseignements, sauf en cas de faute du transporteur.

(3) Le transporteur est responsable au même titre qu'un commissionnaire des conséquences de la perte ou de l'utilisation inexacte des documents mentionnés sur la lettre de voiture et qui accompagnent celle-ci ou qui sont déposés entre ses mains: toutefois, l'indemnité à sa charge ne dépassera pas celle qui serait due en cas de perte de la marchandise.

them at the disposal of the carrier and shall furnish him with all the information which he requires.

(2) The carrier shall not be under any duty to enquire into either the accuracy or the adequacy of such documents and information. The sender shall be liable to the carrier for any damage caused by the absence, inadequacy or irregularity of such documents and information, except in the case of some wrongful act or neglect on the part of the carrier.

(3) The liability of the carrier for the consequences arising from the loss or incorrect use of the documents specified in and accompanying the consignment note or deposited with the carrier shall be that of an agent, provided that the compensation payable by the carrier shall not exceed that payable in the event of loss of the goods.

**Schrifttum:** Siehe Einl. vor Rn. 1 und bei Art. 8.

### Übersicht

|  | Rn. |  | Rn. |
|---|---|---|---|
| I. Bedeutung und Zweck | 1 | 3. Haftungsumfang | 7–9 |
| II. Begleitpapiere und Auskünfte (Abs. 1) | 2, 3 | IV. Haftung des Frachtführers für Verlust und unrichtige Verwendung der Begleitpapiere (Abs. 3) | 10–18 |
| III. Haftung des Absenders für fehlerhafte Dokumente und Auskünfte (Abs. 2) | 4–9 | 1. Verweisung auf nationales Speditionsrecht | 10–12 |
| 1. Haftungsgrundsatz | 4 | 2. Haftungsvoraussetzungen | 13, 14 |
| 2. Haftungsausnahme | 5, 6 | 3. Aktivlegitimation | 15, 16 |
|  |  | 4. Haftungsumfang | 17, 18 |

## I. Bedeutung und Zweck

Bei grenzüberschreitenden Straßentransporten sind **außenwirtschaftsrechtliche Vor-** **1** **schriften** der jeweiligen Staaten zu beachten, die die Vorlage verschiedenster Dokumente, wie Ursprungszeugnisse, Aus- und Einfuhrerlaubnisse, Endbenutzerzertifikate, Quarantänebescheinigungen, Handelsrechnungen, Qualitätszeugnisse und anderes mehr, erfordern. Auch der Transport selbst ist in vielen Staaten besonderen öffentlich-rechtlichen Dokumentationspflichten unterworfen, insbesondere bei **gefährlichen Gütern,** aber auch bei **lebenden Tieren, Lebensmitteln** etc. Aufgrund seiner Kenntnis von Gut und Exportvertrag ist nur der Absender in der Lage, diese Dokumente zu beschaffen. In Übereinstimmung mit allgemeinen frachtrechtlichen Grundsätzen (vgl. Art. 15 ER CIM 1999, Art. 16 MÜ bzw. § 413 Abs. 1 HGB im deutschen Recht) verpflichtet Art. 11 ihn als Warenexperten, den Frachtführer mit allen notwendigen Zolldokumenten und sonstigen Urkunden zu versehen, die für die amtliche Behandlung an der Grenze oder während des Transports gebraucht werden. Darüber hinaus begründet die Vorschrift auch seine Pflicht, dem Frachtführer alle erforderlichen Auskünfte zu erteilen. Die Folgen, die sich aus der Verletzung dieser Pflichten einerseits sowie aus dem sorgfaltswidrigen Umgang mit den Urkunden andererseits für Absender und Frachtführer ergeben, sind in den Abs. 2 und 3 geregelt. Wer im Verhältnis zwischen Absender und Empfänger letztlich haftet, ist nicht Gegenstand der Bestimmung.

## II. Begleitpapiere und Auskünfte (Abs. 1)

2   Welche **Urkunden** im Einzelnen notwendig sind, lässt sich nur im Einzelfall bestimmen und hängt von der Art der zu befördernden Güter, dem Transportweg und den anwendbaren in- und ausländischen Verwaltungsvorschriften ab. Neben Zollvorschriften kommen insbesondere Devisen-, Transit-, Ein- und Ausfuhr- sowie Sicherheitsbestimmungen in Betracht. Gemeint sind sämtliche Urkunden, die zur amtlichen Behandlung im Rahmen des jeweiligen Transports erforderlich sind, wie zB Zollpapiere,[1] veterinärmedizinische Zeugnisse,[2] Warenausfuhrbescheinigungen,[3] etc. nicht hingegen ein Carnet TIR, da es nur den Warentransport erleichtern soll.[4]

Die Urkunden müssen entweder dem Frachtbrief beigegeben oder sonst dem Frachtführer zur Verfügung gestellt werden. Dies entspricht Art. 4 Satz 2, wonach kein Zwang zur Ausstellung eines Frachtbriefs besteht. Die Dokumente müssen aber nicht unbedingt zusammen mit dem Frachtbrief übergeben werden, wenn ein solcher ausgestellt ist.[5] „Zur Verfügung stellen" bedeutet nicht dasselbe wie „dem Frachtführer mitgeben"; Zolldokumente kann der Absender dem Frachtführer auch an dem Grenzübergang noch zur Verfügung stellen.[6] Entscheidend ist, dass erforderliche Verfahren ohne Verzögerung durchgeführt werden können, die Vorlage also fristgerecht möglich sein muss.[7] Nach Art. 6 Abs. 2 lit. g sind die im Frachtbrief aufzulisten.[8] Zur Frage, ob dies auch Voraussetzung der Frachtführerhaftung nach Abs. 3 ist, s. u. Rn. 13. Die Vorschrift ist nur auf notwendige nicht hingegen den Verfahrensablauf lediglich begünstigende Dokumente anzuwenden.[9]

3   Welche **Auskünfte** erforderlich sind, hängt ebenfalls von dem konkreten Transport ab. Der Absender muss alle Fragen bezüglich der Urkunden, der zu befördernden Ware, der mit dem Transport anfallenden Verwaltungsverfahren und bezüglich des Empfängers beantworten. Er muss aber auch von sich aus aufklären, soweit entsprechende Kenntnisse von einem durchschnittlich versierten Frachtführer nicht erwartet werden können. Keine Verantwortung trägt der Absender für Informationen über solche Umstände, die der Frachtführer zur ordnungsgemäßen Durchführung des Transports ohnehin kennen muss, wie etwa die Öffnungszeiten von Grenzübergängen u. ä. Fehlerhaft ist daher die Entscheidung, in der ein Spediteur zur Zahlung von Schadensersatz verurteilt wurde, weil er den Frachtführer nicht über die Öffnungszeiten der niederländischen Zollabteilung für pflanzengesundheitliche Fragen informiert hatte.[10] Die Abgrenzung zwischen den **Verantwortungssphären des Absenders und Beförderers** fällt nicht immer leicht. Entscheidend ist letztlich, ob die fragliche Information für Transporte aller Art erforderlich ist oder – wegen der Eigenart des beförderten Gutes – gerade für die spezifische Beförderung.

## III. Haftung des Absenders für fehlerhafte Dokumente und Auskünfte (Abs. 2)

4   **1. Haftungsgrundsatz.** Der Absender ist dem Frachtführer für alle aus dem Fehlen, der Unvollständigkeit oder der Unrichtigkeit von Urkunden oder Auskünften („renseigne-

---

[1] OLG Koblenz 21.5.1982, TranspR 1985, 127 f.

[2] OLG Schleswig 30.8.1978, VersR 1979, 141 (Gefrierfleisch).

[3] AG Hamburg-Harburg 13.12.2006, VersR 2007, 967.

[4] BGH 9.9.2010, TranspR 2011, 178, 180; aA OLG Düsseldorf 12.2.1981, VersR 1982, 302; zum TIR-Verfahren siehe *Lenz* Rn. 287 ff.

[5] *Koller* Rn. 2; *Herber/Piper* Rn. 2; aA *Heuer* S. 147 f.

[6] OLG Köln 26.8.1994, TranspR 1995, 68; *Nickel-Lanz* S. 52; *Koller* Rn. 2; *Clarke* S. 69 Nr. 26b Fn. 114.

[7] *Koller* Rn. 2; *Thume/Temme* Rn. 3; *Jabornegg/Artmann/Csoklich* Rn. 4.

[8] *Clarke* S. 69 Nr. 26b; *Lamy* 2013 Rn. 731; aA GroßkommHGB/*Helm* Rn. 1; *Glöckner* Rn. 1.

[9] BGH 9.9.2010, TranspR 2011, 178, 180; *Koller* Rn. 2; *Herber/Piper* Rn. 1; GroßkommHGB/*Helm* Rn. 2; *Thume/Temme* Rn. 8; EBJS/*Boesche* Rn. 2; anders Ferrari/*Otte*, Int. Vertragsrecht, Rn. 3: nicht nur notwendige Dokumente.

[10] Cour Montpellier 27.10.1983, 2 e ch. *(SATAR./.Emile Hepner)*, unveröffentlicht, zitiert nach *Lamy* 2013 Rn. 734); siehe dort auch die Kritik.

ments", „information") resultierenden Schäden ersatzpflichtig. Die deutsche Übersetzung gibt „renseignements" bzw. „information" irreführend mit „Angaben" wieder. Richtig wäre der Begriff „Auskünfte" wie in Abs. 1.[11] Damit wäre klargestellt, dass nicht etwa nur Angaben in den Dokumenten – sie werden ohnehin erfasst – sondern auch die selbständig zu erteilenden Auskünfte gemeint sind. Die Haftung ist **verschuldensunabhängig**[12] und beruht nur auf der Kausalität der Dokumenten- und Auskunftsmängel für den eingetretenen Schaden. Beruht der Schaden also auf anderen Gründen, etwa auf fehlerhaftem Handeln einer Verwaltungsbehörde, so kann der Frachtführer seinen durch die Wartezeit verursachten Schaden nicht vom Absender ersetzt verlangen.

**2. Haftungsausnahme.** Die Haftung des Absenders ist ausgeschlossen, wenn den **5** Frachtführer ein Verschulden trifft, Abs. 2 am Ende. Systematisch handelt es sich hierbei um eine Regelung des **Mitverschuldens** oder der Mitverursachung, die inhaltlich deutlich abweicht von entsprechenden Vorschriften wie Art. 17 Abs. 5. Während dort der den kontinentalen Rechtsordnungen vertraute Grundsatz der **Schadensteilung** (comparative negligence, vgl. § 254 BGB) zum Ausdruck kommt, gibt Abs. 2 ähnlich wie das klassische common law im Falle der contributory negligence dem **Alles-oder-Nichts-Prinzip** Raum und ordnet an, dass der Anspruch im Falle eines Verschuldens des Beförderers entfällt.[13] Zum einen wird die Auffassung vertreten, dass die CMR die Rechtsfolgen des Frachtführerverschuldens nicht regle und diese Lücke durch das Vertragsstatut (Einl. Rn. 41 ff.) gefüllt werden soll.[14] Zum anderen wird die analoge Anwendung von Art. 17 Abs. 5 für den Fall beiderseitigen Verschuldens erwogen.[15] Nach dem Wortlaut von Abs. 2 Satz 2 kann indessen kein Zweifel daran bestehen, dass dem Frachtführer ein Anspruch gegen den Absender von vornherein nur unter der Voraussetzung eingeräumt wird, dass ihn, den Frachtführer, kein eigenes Verschulden trifft. Die Regel lässt sich dadurch rechtfertigen, dass der Absender ohne Rücksicht auf eigenes Verschulden haftet und ein Verschulden des Beförderers deshalb als causa proxima des Schadens angesehen werden kann.

In aller Regel wird der Haftungsausschluss im Falle des Mitverschuldens für den Beförde- **6** rer auch **keine besondere Härte** bedeuten. Denn Abs. 2 Satz 1 stellt den Beförderer von einer Überprüfung der Auskünfte und Urkunden ausdrücklich frei, senkt also den Maßstab der vom Beförderer zu beobachtenden Sorgfalt. **Beispiele für Mitverschulden** und Haftungsausschluss sind danach vor allem Fälle, in denen der Beförderer mitgegebene Dokumente verliert oder unrichtig verwendet,[16] in denen er eigenmächtig die Route ändert und deshalb zusätzliche, nicht mitgegebene Begleitpapiere benötigt,[17] in denen er **positive Kenntnis** von der Unvollständigkeit oder **Unrichtigkeit** der Dokumente hatte, die Reise aber gleichwohl antrat,[18] in denen er nach Entdeckung der Dokumentenmängel keine angemessenen Maßnahmen zur Schadensbegrenzung traf, in denen er notwendige Dokumente selbst fehlerhaft ausfüllte[19] etc. Übernimmt es der Beförderer, Auskünfte über erfor-

---

[11] GroßkommHGB/*Helm* Rn. 4.
[12] BGH 9.9.2010, TranspR 2011, 178, 180; *Nickel-Lanz* S. 52; *Loewe* ETR 1976, 543; *Jesser* S. 170; *Koller* Rn. 3; *Herber/Piper* Rn. 4; GroßkommHGB/*Helm* Rn. 4; *Thume/Temme* Rn. 1; *Fremuth/Thume/Thume* Rn. 9; EBJS/*Boesche* Rn. 3; *Ferrari/Otte,* Int. Vertragsrecht, Rn. 7; *Jaborneg/Artmann/Csoklich* Rn. 7; der Hinweis des AG Hamburg-Harburg 13.12.2006, VersR 2007, 967, 968, der Absender sei schuldhaft seiner Verpflichtung nicht nachgekommen, ist somit insoweit irrelevant.
[13] *Koller* Rn. 3 aE; *Ferrari/Otte,* Int. Vertragsrecht, Rn. 10; *Jaborneg/Artmann/Csoklich* Rn. 11.
[14] GroßkommHGB/*Helm* Rn. 10: Schadensteilung nach § 414 Abs. 2 HGB; *Rodière* BT 1974, 232 Nr. 33; *Nickel-Lanz* S. 53 f.
[15] *Herber/Piper* Rn. 12; EBJS/*Boesche* Rn. 4; wohl auch Thume/*Temme* Rn. 24; differenzierend *Gündisch* S. 66.
[16] *Rodière* BT 1974, 232 Nr. 32.
[17] Trib.com. Paris 15.7.1978, BT 1978, 420; *Herber/Piper* Rn. 9.
[18] GroßkommHGB/*Helm* Rn. 10; *Nickel-Lanz* S. 53; in Cour Paris 25.3.1994, BTL 1994, 389 folgerte das Gericht aus der Werbung eines Unternehmens, es sei Spezialist für Expresstransporte nach Italien, die Pflicht, bei Übernahme die Dokumente zu überprüfen; es handelte sich aber in casu um einen Transportkommissionär, siehe sogleich im Text.
[19] OLG Düsseldorf 12.2.1981, VersR 1982, 302.

derliche Dokumente zu erteilen, Dokumente selbst zu besorgen oder zu überprüfen, so handelt er als Spediteur und verlässt den Anwendungsbereich der CMR; die Übernahme solcher Pflichten verstößt daher auch nicht gegen Art. 41.[20] Die Folgen der Schlechterfüllung der **übernommenen Spediteurpflichten** sind nach nationalem Speditionsrecht, nicht nach Art. 11 Abs. 2 Satz 2, Art. 17 CMR zu bestimmen.[21] Im Ergebnis muss dies dazu führen, dass der Absender von der Haftung nach Art. 11 Abs. 2 Satz 2 befreit ist, was zT auch ohne Rückgriff auf nationales Speditionsrecht unmittelbar aus Abs. 2 Satz 2 entnommen wird.[22]

7    **3. Haftungsumfang.** Der Absender hat für **alle Schäden** aufzukommen, die durch die Dokumentations- oder Auskunftsmängel verursacht worden sind. Eine summenmäßige oder sonstige Haftungsbegrenzung besteht nicht;[23] Art. 23 ist auf die Absenderhaftung nicht anzuwenden. Als Schäden kommen etwa Geldbußen in Betracht, die der Beförderer zu entrichten hatte,[24] ferner Standgelder[25] und entgangener Gewinn, wenn der Lkw unterwegs von Polizei oder Grenzbehörden festgehalten wird und deshalb einen anderen Transport nicht übernehmen kann.[26] Zu ersetzen sind auch die Kosten von Umladung und Einlagerung der Güter[27] sowie die Kosten eines Umwegs, den der Lkw fahren muss, um – entgegen den Auskünften des Absenders – zum richtigen Grenzübergang zu gelangen.[28]

8    Der Absender haftet dem Frachtführer **auch für Schäden Dritter,** vor allem der Absender und Eigentümer von Beiladungen, die bei einer Verzögerung des Transports Verspätungsschäden und vielleicht sogar Substanzschäden (Fäulnis, Frost)[29] erleiden.[30] Das Gegenargument, „Schäden an anderen Gütern" seien anders als in Art. 10 in Art. 11 Abs. 2 nicht genannt und deshalb nach dieser Vorschrift nicht erstattungsfähig,[31] überzeugt nicht. Die in Art. 10 behandelten Verpackungsmängel begründen unmittelbar die Gefahr der körperlichen Beschädigung von Menschen und Sachen, so dass es naheliegt, in einer Vorschrift über Verpackungsmängel darauf einzugehen. Daraus lässt sich kein argumentum e contrario ableiten für einen Haftungstatbestand, der die Begleitdokumente und damit ein Verhalten des Absenders betrifft, das die Gefahr physischer Schäden nur begründet, wenn andere ungünstige Umstände hinzukommen.

9    Wird **Gut des Absenders** selbst beschädigt, weil es zB wegen Verzögerungen an der Grenze verdirbt, so ist streitig, ob Art. 11 Abs. 2 Satz 2 zum Ausschluss der Frachtführerhaftung nach Art. 17 führt,[32] oder ob die gegenseitigen Schadensersatzforderungen lediglich aufrechenbar sind.[33] Dies ist **kein Problem von Art. 11,** sondern eines von **Art. 17**

[20] Cour Paris 25.3.1994, BTL 1994, 389; *Koller* Rn. 3; *Herber/Piper* Rn. 11; EBJS/*Boesche* Rn. 5; Jabornegg/Artmann/*Csoklich* Rn. 6; im Ergebnis auch *Loewe* ETR 1976, 543; Thume/*Temme* Rn. 22; *Putzeys* S. 91 Nr. 252 Fn. 165: „sauf s'il a, à cet égard, agi en une autre qualité"; aA Cour Paris 27.1.1971, BT 1971, 115; GroßkommHGB/*Helm* Rn. 3.

[21] *Koller* Rn. 3; *Herber/Piper* Rn. 11; EBJS/*Boesche* Rn. 5.

[22] *Theunis/Mercadal* S. 39 mit Hinweis auf Cour Rouen 31.1.1980, Les Transports au fil des Revues 1980 Nr. 174; Cour Paris 23.9.1981, BT 1981, 538.

[23] *Herber/Piper* Rn. 4; Thume/*Temme* Rn. 16; GroßkommHGB/*Helm* Rn. 5; Fremuth/Thume/*Thume* Rn. 13; EBJS/*Boesche* Rn. 3; Jabornegg/Artmann/*Csoklich* Rn. 8.

[24] *Nickel-Lanz* S. 52; *Lenz* Rn. 336.

[25] *Herber/Piper* Rn. 4; GroßkommHGB/*Helm* Rn. 6; EBJS/*Boesche* Rn. 3; Jabornegg/Artmann/*Csoklich* Rn. 8; vgl. auch AG Hamburg-Harburg 13.12.2006, VersR 2007, 967, 968.

[26] Cour Paris 2.12.1981, BT 1982, 73: Verlust der Fracht für Rücktransport.

[27] Cour Paris 6.1.1975, BT 1975, 93.

[28] *Lamy* 2013 Rn. 734.

[29] Vgl. Cour Lyon 7.5.1981, BT 1981, 410: Frostschäden an der Ladung wegen erzwungener Wartezeit des Lkw am Mont-Blanc-Tunnel im November.

[30] *Putzeys* S. 155 Nr. 440; *Nickel-Lanz* S. 52.

[31] So *Koller* Rn. 3; EBJS/*Boesche* Rn. 3; wie hier Thume/*Temme* Rn. 17; GroßkommHGB/*Helm* Rn. 7; Ferrari/*Otte*, Int. Vertragsrecht, Rn. 12; einschränkend *Herber/Piper* Rn. 6 und Jabornegg/Artmann/*Csoklich* Rn. 9: ersatzfähig, wenn Frachtführer für Schäden Dritter ersatzpflichtig.

[32] *Loewe* ETR 1976, 542 f.; *Heuer* S. 81 f.; GroßkommHGB/*Helm* Rn. 9; Fremuth/Thume/*Thume* Rn. 14; Cour Paris 27.1.1971, BT 1971, 115.

[33] *Koller* Rn. 3; Thume/*Temme* Rn. 21; EBJS/*Boesche* Rn. 3; Jabornegg/Artmann/*Csoklich* Rn. 10.

**Abs. 2.** Danach ist der Frachtführer außer bei Verschulden des Absenders auch dann von seiner Haftung frei, wenn der Schaden durch Umstände verursacht worden ist, die der Frachtführer nicht vermeiden und deren Folgen er nicht abwenden konnte. Zu diesen Umständen gehören regelmäßig auch die Dokumentationsmängel, wenn man bedenkt, dass der Frachtführer nicht zur Überprüfung von Papieren und Auskünften verpflichtet ist, Art. 11 Abs. 2 Satz 1. In aller Regel wird daher die Frachtführerhaftung entfallen, wenn Begleitpapiere fehlen, unvollständig oder unrichtig sind und dadurch ein Güterschaden verursacht wurde. In den oben Rn. 5 genannten **Fällen des Mitverschuldens** des Beförderers ist es denkbar, dass dessen Haftung gemäß Art. 17 Abs. 1, 2, und 5 jedenfalls teilweise bestehen bleibt, während umgekehrt die Haftung des Absenders gemäß Art. 11 Abs. 2 Satz 2 insgesamt entfällt.

### IV. Haftung des Frachtführers für Verlust und unrichtige Verwendung der Begleitpapiere (Abs. 3)

**1. Verweisung auf nationales Speditionsrecht.** Art. 11 Abs. 3 regelt die Vorausset- **10** zungen der Frachtführerhaftung für Verlust und unrichtige Verwendung der Begleitpapiere nur zum Teil selbst und verweist insbesondere für den anzuwendenden Verschuldensmaßstab auf nationales Recht. Verwiesen wird sowohl nach der englischen ("agent") als auch nach der französischen ("commissionaire") Fassung auf das jeweils anwendbare Speditionsrecht ("forwarding agent" bzw. "commissionaire expéditeur").[34] Auch wer die Verweisung auf das Vertretungs- oder Kommissionsrecht bezieht, weist darauf hin, dass sich dessen Haftungsmaßstab mit dem des Speditionsrechts deckt.[35]

Die maßgeblichen Haftungsnormen ergeben sich aus dem Speditionsrecht des **Statuts 11 des Transportvertrags** (Einl. Rn. 41 ff.) und nicht aus dem Statut eines hypothetischen Kommissions- oder Speditionsvertrags; mit der Kommissionärshaftung sollte nur der Haftungsmaßstab in die Beförderhaftung der CMR übernommen werden. Die Verweisung auf die Spediteurshaftung in Art. 11 Abs. 3 bedeutet keineswegs, dass der sorgfältige Umgang mit den Begleitpapieren eine Spediteurspflicht ist, dass der Beförderer insoweit also als Spediteur handelt.[36] Daher ist das maßgebliche Statut dasjenige des Frachtvertrags.[37] Die **IPR-Frage ist unbedingt vorzuschalten.** Auch wenn die Urheber der CMR vor allem die Beförderhaftung auf eigenes Verschulden beschränken wollten, haben sie dies durch Verweisung auf einen Begriff zum Ausdruck gebracht, der international nicht vereinheitlicht ist.

Die Verweisung erstreckt sich auf die Haftungsvoraussetzungen einschließlich der **12** Gründe für die Zurechnung von Gehilfenverhalten. Auch dispositives nationales Speditionsrecht wird im Rahmen der Verweisung des Art. 11 Abs. 3 gemäß Art. 41 Abs. 1 **zwingend.**[38] Ist **deutsches Recht maßgeblich,** so haftet der Beförderer gemäß § 461 Abs. 2 HGB für vermutetes Verschulden (vgl. dort Rn. 15).

**2. Haftungsvoraussetzungen.** Art. 11 Abs. 3 betrifft zum einen Urkunden, die im **13** Frachtbrief gemäß Art. 6 Abs. 2 lit. g bezeichnet und dem Frachtbrief beigegeben sind; zum anderen geht es um Papiere, die dem Frachtführer ausgehändigt worden sind, gleich ob sie im Frachtbrief verzeichnet sind und ob es überhaupt einen Frachtbrief gibt. Die **Bezeichnung der Begleitpapiere** im Frachtbrief ist also **nicht Voraussetzung** für die Haftung

---

[34] *Loewe* ETR 1976, 543; *Koller* Rn. 4; GroßkommHGB/*Helm* Rn. 13; *Herber/Piper* Rn. 14; *Thume/Temme* Rn. 25; Ferrari/*Otte*, Int. Vertragsrecht, Rn. 15; *Pesce* S. 159 Fn. 147; *Putzeys* S. 234 Nr. 710 bei Fn. 524.
[35] *Hill/Messent* S. 86 für das englische Recht.
[36] GroßkommHGB/*Helm* Rn. 13; ebenso Thume/*Temme* Rn. 25a; aA *Züchner* VersR 1969, 684 in dem Bestreben, die Beförderhaftung gemäß Abs. 3 von der Versicherungsdeckung der CMR-Haftpflichtpolice auszunehmen; dagegen mit Recht *Heuer* S. 149.
[37] *Koller* Rn. 4.
[38] *Jesser* S. 82; *Koller* Rn. 4; GroßkommHGB/*Helm* Rn. 13; *Herber/Piper* Rn. 14; EBJS/*Boesche* Rn. 7; Jabornegg/Artmann/*Csoklich* Rn. 12; aA offenbar Thume/*Temme* Rn. 25.

des Frachtführers gemäß Abs. 3.[39] Jedoch haben die Bezeichnung sowie ihr Fehlen Beweiswirkung: Sind die Begleitpapiere entsprechend Art. 6 Abs. 2 lit. g im Frachtbrief eingetragen, wird nach Art. 9 widerlegbar vermutet, dass diese Papiere dem Frachtführer übergeben wurden, falls er keine Vorbehalte gemacht hat, vgl. Art. 9 Rn. 10. Sind Papiere dagegen nicht im Frachtbrief verzeichnet oder ist gar kein Frachtbrief ausgestellt, so trägt der Absender die volle Beweislast dafür, dass er dem Beförderer die fraglichen Dokumente ausgehändigt hat.[40] Voraussetzung für die Anwendung von Abs. 3 ist die Bezeichnung der Papiere im Frachtbrief nur, wenn es um Ansprüche gegen **nachfolgende Samtfrachtführer** iS von Art. 34 geht, weil diese nur nach Maßgabe des Frachtbriefs Vertragspartei werden. Es genügt in diesem Fall, dass die im Frachtbrief vermerkten Papiere dem ersten Frachtführer übergeben wurden.[41]

**14**  Die Haftung greift ein bei **Verlust oder unrichtiger Verwendung** der Urkunden. Darunter ist jede von der Zweckbestimmung der Dokumente abweichende Handhabung zu verstehen,[42] also sowohl die körperliche Veränderung durch Zerreißen, Verschmieren bis zur Unleserlichkeit, Beschreiben, Durchstreichen und sonstiges Verfälschen etc. als auch die nicht bestimmungsgemäße Benutzung oder Nichtbenutzung der Urkunde.[43] Abs. 3 ist nicht anzuwenden, wenn der Beförderer von **mündlichen Auskünften des Absenders** unrichtigen Gebrauch macht,[44] also sich zB die Information über Staus oder sonstige Straßenverhältnisse nicht merkt und gerade die betreffenden Straßen wählt. Ob der Beförderer in solchen Fällen haftet, richtet sich nach dem ergänzenden nationalen Recht (Einl. Rn. 41 ff.).

**15**  **3. Aktivlegitimation.** Abs. 3 bestimmt nicht die Person, die gegenüber dem Frachtführer Ansprüche geltend machen kann. Die Aktivlegitimation lässt sich **nach drei Methoden ermitteln:** (1) Nach allgemeinen Prinzipien der CMR (vgl. Einl. Rn. 37); danach könnte die Aktivlegitimation dem Empfänger mit Ankunft des Gutes am Bestimmungsort entsprechend Art. 13 Abs. 1 zustehen, uU bei gleichzeitigem Verlust derselben durch den Absender;[45] (2) nach dem nationalen Kommissions- oder Speditionsrecht, auf das Abs. 3 verweist; demgemäß soll in England der Beförderer als „agent" gegenüber dem jeweiligen „principal", dem jeweils Verfügungsbefugten (Art. 12 Abs. 1–3) haften;[46] (3) nach dem ergänzend anzuwendenden nationalen Frachtrecht, das in Deutschland gemäß § 421 Abs. 1 HGB ab Ankunft der Güter am Bestimmungsort zu einer Doppellegitimation von Absender und Empfänger führt.

**16**  **Stellungnahme:** Die erste Methode verdient den Vorzug. Der zweiten ist nicht zu folgen, weil die Verweisung auf das Kommissionsrecht nur den Haftungsmaßstab betrifft, Rn. 10. Die dritte Methode kommt nicht zum Zug, weil es an einer Lücke in der CMR fehlt. Nach einem allgemeinen vertragsrechtlichen Grundsatz, auf dem auch die CMR beruht, bestehen vertragliche Pflichten in gegenseitigen Verträgen, wenn nichts Abweichendes bestimmt ist, jedenfalls gegenüber der anderen Vertragspartei, hier also gegenüber dem **Absender.** Dies bedurfte keiner Hervorhebung. Da der Legitimation des Absenders keine zeitliche Grenze gezogen ist, besteht sie auch nach Übergang der Verfügungsbefugnis fort.

---

[39] *Heuer* S. 150; *Jesser* S. 83; *Koller* Rn. 4; GroßkommHGB/*Helm* Rn. 15; *Herber/Piper* Rn. 16; EBJS/ *Boesche* Rn. 6; aA *Nickel-Lanz* S. 55.

[40] *Heuer* S. 150; *Jesser* S. 83.

[41] *Koller* Rn. 4; EBJS/*Boesche* Rn. 6.

[42] BGH 26.6.1997, TranspR 1998, 67, 70; *Heuer* S. 150; *Herber/Piper* Rn. 14; GroßkommHGB/*Helm* Rn. 13 Fn. 67.

[43] OLG Düsseldorf 23.12.1996, TranspR 1997, 422, 423: unvollständige Vorlage; *Züchner* VersR 1969, 684 r. Sp.; *Heuer* S. 150.

[44] *Loewe* ETR 1976, 543; *Herber/Piper* Rn. 18; *Koller* Rn. 4; *Thume/Temme* Rn. 28; EBJS/*Boesche* Rn. 6; *Ferrari/Otte,* Int. Vertragsrecht, Rn. 18; *Jabornegg/Artmann/Csoklich* Rn. 13; *Pesce* S. 160.

[45] *Koller* Rn. 4 und EBJS/*Boesche* Rn. 6: Art. 13 analog; siehe zu der ähnlich gelagerten Frage der ebenfalls ungeregelten Aktivlegitimation bei Ansprüchen wegen Beschädigung des Gutes *Helm* TranspR 1983, 29, 31 f.

[46] So *Clarke* S. 206 Nr. 63.

Nach einem weiteren allgemeinen Grundsatz, der in Art. 13 Abs. 1 Satz 2 und Art. 15 Abs. 1 Satz 2 zum Ausdruck kommt, tritt zu der Aktivlegitimation des Absenders diejenige des **Empfängers** hinzu, wenn und solange dieser verfügungsbefugt ist, also dem Frachtführer Weisungen erteilen kann.

**4. Haftungsumfang.** Nach dem Wortlaut haftet der Frachtführer für alle dem Absender **17** aus Verlust oder unrichtiger Verwendung entstandenen Folgen, jedoch nicht schärfer als für Güterverlust. Zu denken ist vor allem an Vermögensschäden und Aufwendungen aller Art wie Zollbußen, Kosten der Umladung, Einlagerung, zusätzlicher Veterinäruntersuchungen etc.[47] Umstritten ist, inwieweit auf Schäden, die darin bestehen, dass die **Güter verspätet oder beschädigt** ankommen, etwa weil sich die Zollabwicklung verzögert hat oder die Güter abgeladen werden mussten, Art. 11 Abs. 3 oder Art. 17 Abs. 1 als lex specialis für Güter- und Verspätungsschäden zur Anwendung gelangen. Zur ersten Auffassung wird ins Treffen geführt, dass die niedrige Haftungsgrenze der CMR in der Verspätungshaftung bei mangelnder Sorgfalt im Umgang mit Dokumenten keine Berechtigung habe; die in Art. 11 Abs. 3 genannte, nach Art. 23 Abs. 3 zu berechnende Haftungssumme für Güterverlust sei demnach deutlich höher. Sie gelte generell bei Vergehen nach Art. 11 Abs. 3 und daher auch bei damit zusammenhängenden Verspätungsschäden.[48] Zu bedenken ist jedoch, dass bei Schäden infolge besonders sorglosem Umgangs mit den Beförderungsdokumenten Art. 29 jedwede Haftungsgrenzen entfallen lässt. Mit der überwiegenden Ansicht[49] unterliegen daher Güter- und Verspätungsschäden Art. 17; Art. 11 Abs. 3 erfasst daher vor allem Folgeschäden.[50]

Die Ersatzleistung gemäß Art. 11 Abs. 3 übersteigt nicht die **Grenze der Haftung für 18 Güterverlust.** Damit wird in erster Linie verwiesen auf Art. 23 Abs. 1 (Beschränkung auf den Sachwert), auf Art. 23 Abs. 3 (Haftungshöchstsumme) und auf Art. 23 Abs. 4 (zusätzliche Zahlung von Fracht, Zöllen, sonstigen Kosten). Hat der Absender den Wert des Gutes gemäß Art. 24 oder ein besonderes Lieferinteresse gemäß Art. 26 deklariert, sind diese Beträge für die Haftung aus Art. 11 Abs. 3 maßgeblich.[51] Vorsatz und vorsatzgleiches Verschulden des Frachtführers führen auch hier gemäß Art. 29 zur unbegrenzten Haftung.[52] Da ein **Mitverschulden** des Absenders im Falle des Güterverlusts gemäß Art. 17 Abs. 5 zur Schadensteilung führt, ist auch bei Art. 11 Abs. 3 entsprechend zu verfahren. Die Verzinsung des Anspruchs richtet sich nach Art. 27.[53]

## Art. 12 [Verfügung über das Gut]

**(1) ¹Der Absender ist berechtigt, über das Gut zu verfügen. ²Er kann insbesondere verlangen, daß der Frachtführer das Gut nicht weiterbefördert, den für die Ablieferung vorgesehenen Ort ändert oder das Gut einem anderen als dem im Frachtbrief angegebenen Empfänger abliefert.**

**(2) ¹Dieses Recht erlischt, sobald die zweite Ausfertigung des Frachtbriefes dem Empfänger übergeben ist oder dieser sein Recht nach Artikel 13 Absatz 1 geltend macht. ²Von diesem Zeitpunkt an hat der Frachtführer den Weisungen des Empfängers nachzukommen.**

---

[47] *Jesser* S. 83; *Heuer* S. 151.
[48] Für diese Lösung auch *Koller* Rn. 4: Art. 11 Abs. 3 gelte als lex specialis für diese bestimmte Art der Schädigung.
[49] *Heuer* S. 151; *Nickel-Lanz* S. 55; *Jesser* S. 84; *Herber/Piper* Rn. 17; GroßkommHGB/*Helm* Rn. 14; EBJS/*Boesche* Rn. 7.
[50] GroßkommHGB/*Helm* Rn. 14; *Herber/Piper* Rn. 17.
[51] *Nickel-Lanz* S. 55; *Jesser* S. 83; *Thume/Temme* Rn. 29.
[52] *Nickel-Lanz* S. 55; *Pesce* S. 159; *Thume/Temme* Rn. 29.
[53] Kh. Antwerpen 27.12.1983, Rev.dr.com. belge 1987, 71, hier zitiert nach *Fischer* TranspR 1991, 324.

(3) Das Verfügungsrecht steht jedoch dem Empfänger bereits von der Ausstellung des Frachtbriefes an zu, wenn der Absender einen entsprechenden Vermerk in den Frachtbrief eingetragen hat.

(4) Hat der Empfänger in Ausübung seines Verfügungsrechtes die Ablieferung des Gutes an einen Dritten angeordnet, so ist dieser nicht berechtigt, seinerseits andere Empfänger zu bestimmen.

(5) Die Ausübung des Verfügungsrechtes unterliegt folgenden Bestimmungen:
a) der Absender oder in dem in Absatz 3 bezeichneten Falle der Empfänger hat, wenn er sein Verfügungsrecht ausüben will, die erste Ausfertigung des Frachtbriefes vorzuweisen, worin die dem Frachtführer erteilten neuen Weisungen eingetragen sein müssen, und dem Frachtführer alle Kosten und Schäden zu ersetzen, die durch die Ausführung der Weisungen entstehen;
b) die Ausführung der Weisungen muß zu dem Zeitpunkt, in dem sie die Person erreichen, die sie ausführen soll, möglich sein und darf weder den gewöhnlichen Betrieb des Unternehmens des Frachtführers hemmen noch die Absender oder Empfänger anderer Sendungen schädigen;
c) die Weisungen dürfen nicht zu einer Teilung der Sendung führen.

(6) Kann der Frachtführer auf Grund der Bestimmungen des Absatzes 5 Buchstabe b die erhaltenen Weisungen nicht durchführen, so hat er unverzüglich denjenigen zu benachrichtigen, der die Weisungen erteilt hat.

(7) Ein Frachtführer, der Weisungen nicht ausführt, die ihm unter Beachtung der Bestimmungen dieses Artikels erteilt worden sind, oder der solche Weisungen ausführt, ohne die Vorlage der ersten Ausfertigung des Frachtbriefes verlangt zu haben, haftet dem Berechtigten für den daraus entstehenden Schaden.

### Art. 12

(1) L'expéditeur a le droit de disposer de la marchandise, notamment en demandant au transporteur d'en arrêter le transport, de modifier le lieu prévu pour la livraison ou de livrer la marchandise à un destinataire différent de celui indiqué sur la lettre de voiture.

(2) Ce droit s'éteint lorsque le deuxième exemplaire de la lettre de voiture est remis au destinataire ou que celui-ci fait valoir le droit prévu à l'article 13, paragraphe 1; à partir de ce moment, le transporteur doit se conformer aux ordres du destinataire.

(3) Le droit de disposition appartient toutefois au destinataire dès l'établissement de la lettre de voiture si une mention dans ce sens est faite par l'expéditeur sur cette lettre.

(4) Si, en exerçant son droit de disposition, le destinataire ordonne de livrer la marchandise à une autre personne, celle-ci ne peut pas désigner d'autres destinataires.

(5) L'exercice du droit de disposition est subordonné aux conditions suivantes:

### Art. 12

(1) The sender has the right to dispose of the goods, in particular by asking the carrier to stop the goods in transit, to change the place at which delivery is to take place or to deliver the goods to a consignee other than the consignee indicated in the consignment note.

(2) This right shall cease to exist when the second copy of the consignment note is handed to the consignee or when the consignee exercises his right under article 13, paragraph 1; from that time onwards the carrier shall obey the orders of the consignee.

(3) The consignee shall, however, have the right of disposal from the time when the consignment note is drawn up, if the sender makes an entry to that effect in the consignment note.

(4) If in exercising his right of disposal the consignee has ordered the delivery of the goods to another person, that other person shall not be entitled to name other consignees.

(5) The exercise of the right of disposal shall be subject to the following conditions:

(a) l'expéditeur ou, dans le cas visé au paragraphe 3 du présent article, le destinataire qui veut exercer ce droit doit présenter le premier exemplaire de la lettre de voiture, sur lequel doivent être inscrites les nouvelles instructions données au transporteur, et dédommager le transporteur des frais et du préjudice qu'entraîne l'exécution de ces instructions;

(b) cette exécution doit être possible au moment ou les instructions parviennent à la personne qui doit les exécuter et elle ne doit ni entraver l'exploitation normale de l'entreprise du transporteur, ni porter préjudice aux expéditeurs ou destinataires d'autres envois;

(c) les instructions ne doivent jamais avoir pour effet de diviser l'envoi.

(6) Lorsque, en raison des dispositions prévues au paragraphe 5b), du présent article, le transporteur ne peut exécuter les instructions qu'il reçoit, il doit en aviser immédiatement la personne dont émanent ces instructions.

(7) Le transporteur qui n'aura pas exécuté les instructions données dans les conditions prévues au présent article ou qui se sera conformé à de telles instructions sans avoir exigé la présentation du premier exemplaire de la lettre de voiture sera responsable envers l'ayant droit du préjudice causé par ce fait.

(a) that the sender or, in the case referred to in paragraph 3 of this article, the consignee who wishes to exercise the right produces the first copy of the consignment note on which the new instructions to the carrier have been entered and indemnifies the carrier against all expenses, loss and damage involved in carrying out such instructions;

(b) that the carrying out of such instructions is possible at the time when the instructions reach the person who is to carry them out and does not either interfere with the normal working of the carrier's undertaking or prejudice the senders or consignees of other consignments;

(c) that the instructions do not result in a division of the consignment.

(6) When, by reason of the provisions of paragraph 5b) of this article, the carrier cannot carry out the instructions which he receives, he shall immediately notify the person who gave him such instructions.

(7) A carrier who has not carried out the instructions given under the conditions provided for in this article, or who has carried them out without requiring the first copy of the consignment note to be produced, shall be liable to the person entitled to make a claim for any loss or damage caused thereby.

**Schrifttum:** Siehe Einl. vor Rn. 1 sowie *Koller,* Rechtsnatur und Rechtswirkungen frachtrechtlicher Sperrpapiere, TranspR 1994, 181; *Maccarone,* The Right of Disposal Under the CMR Convention (Art. 12, 13), in Theunis S. 62; *Müller-Wiedenhorn,* Zur nachträglichen Weisung an den Frachtführer, EWiR 2003, 217.

**Übersicht**

| | Rn. | | Rn. |
|---|---|---|---|
| I. Bedeutung und Zweck | 1–4 | 1. Drei Erwerbsarten (Abs. 2 und 3) | 9–11 |
| 1. Funktionen | 1 | 2. Weisungsrecht Dritter (Abs. 4) | 12, 13 |
| 2. Das Verfügungsrecht | 2 | IV. Inhalt und Grenzen des Weisungsrechts | 14–23 |
| 3. Anwendungsbereich der CMR | 3 | 1. Einseitige und einverständliche Vertragsänderung | 14, 15 |
| 4. Kritik | 4 | 2. Verfügung „über das Gut" | 16 |
| II. Weisungsrecht des Absenders (Abs. 1) | 5–8 | 3. Weisungsrecht des Empfängers | 17 |
| 1. Weisungsrecht und kaufrechtliches Stoppungsrecht | 5 | 4. Grenzen des Weisungsrechts (Abs. 5 lit. b, Abs. 6) | 18–22 |
| 2. Entstehung und Ausübung | 6, 7 | 5. Teilung der Sendung (Abs. 5 lit. c). | 23 |
| 3. Erlöschen | 8 | V. Ausübung des Weisungsrechts (Abs. 5 lit. a) | 24–26 |
| III. Weisungsrecht von Empfänger und Dritten | 9–13 | | |

| | Rn. | | | Rn. |
|---|---|---|---|---|
| 1. Sperrfunktion der Absenderausferti- | | b) Haftungsgrundsatz und -ausnahmen . | | 28 |
| gung ................................... | 24 | c) Haftungsumfang ....................... | | 29, 30 |
| 2. Vorweisen der Absenderausfertigung ... | 25 | d) Fälligkeit .............................. | | 31 |
| 3. Fälle der Vorweisungspflicht ............ | 26 | e) Weisungsbedingte Verbilligung des | | |
| | | Transports ............................. | | 32 |
| **VI. Ersatzansprüche** .................... | 27–36 | 2. Haftung des Beförderers für die Nicht- | | |
| 1. Ersatzpflicht des Weisungsgebers (Abs. 5 | | ausführung von Weisungen (Abs. 7) ... | | 33–35 |
| lit. a) ................................... | 27–32 | 3. Haftung des Beförderers für die Ausfüh- | | |
| a) Passivlegitimation .................... | 27 | rung irregulärer Weisungen (Abs. 7) ... | | 36 |

## I. Bedeutung und Zweck

**1**    **1. Funktionen.** Die wirtschaftliche Nachfrage nach Gütertransporten ist derivativ; sie leitet sich von der Nachfrage nach der Verfügbarkeit von Gütern am Bestimmungsort ab. Aus rechtlicher Sicht entspricht dem häufig eine funktionale Abhängigkeit des Transportvertrags vom zugrunde liegenden Kaufvertrag. Da der **Transport ein gestreckter Vorgang** ist, kann sich die ihn leitende Nachfrage nach dem Transportgut nach Abschluss des Beförderungsvertrags wandeln, sei es, dass das Gut in anderer Menge, zu einem anderen Zeitpunkt oder an einer anderen Niederlassung desselben Empfängers benötigt wird, sei es, dass dieser es ganz oder teilweise an einen anderen Empfänger weiterverkauft hat. Auch andere Determinanten der Beförderung können sich ändern: zB sind die Güter nicht an dem ursprünglich vereinbarten Übernahmeort, wohl aber an anderer Stelle verfügbar, Beförderungs- oder Ablieferungshindernisse stehen einer planmäßigen Vertragserfüllung im Wege, oder der Käufer/Empfänger gerät in Vermögensverfall, sodass der Absender/Verkäufer von seinem kaufrechtlichen Stoppungsrecht (§ 321 BGB, Art. 71 Abs. 2 UNK) Gebrauch machen oder eine Auslieferung der Güter nur noch gegen Nachnahme des Kaufpreises oder Sicherheitsleistung zulassen will. Durch die zeitliche und räumliche Streckung der Beförderung und die Beteiligung von drei Personen im Regelfall sind die Möglichkeiten unvorhersehbarer Änderungen relevanter Umstände so groß, dass es eines Instruments der **Vertragsanpassung** bedarf. In allen Transportzweigen wird daher der Verladerseite ein Weisungsrecht eingeräumt, dh. ein Recht auf **einseitige Vertragsänderung.**[1] Art. 12 regelt dieses Recht, seine Zuweisung an Absender und Empfänger, seinen Umfang und seine Grenzen, die Modalitäten seiner Ausübung, den Ersatz von weisungsbedingten Kosten und Schäden sowie die Haftung des Frachtführers für die Nichtausführung rechtmäßiger Weisungen und die Ausführung rechtswidriger Weisungen.

**2**    **2. Das Verfügungsrecht.** In Art. 12 ist abwechselnd von „**Verfügung**" und von „Weisung" die Rede, in der englischen Fassung von „disposal", „order" oder „instruction", in der französischen von „disposition", „ordre" oder „instruction". Gemeint ist jedoch stets dasselbe,[2] nicht ein Recht zur Verfügung im Sinne des (deutschen) Sachenrechts; das Verfügungsrecht des Art. 12 ist nach Voraussetzungen und Wirkungen rein schuldrechtlicher Natur und auf **Vertragsänderung** gerichtet.[3] Es ist ein Instrument der **einseitigen Leistungsbestimmung,** das anders als nach § 316 BGB nicht eingreift, wenn die Parteien den Umfang einer Leistung offengelassen haben,[4] sondern dem Absender oder Empfänger **unabdingbar** (Art. 41) das Recht auf Abänderung getroffener Vereinbarungen einräumt.

**3**    **3. Anwendungsbereich der CMR.** Durch eine Weisung kann die Anwendung der CMR grundsätzlich weder herbeigeführt noch ausgeschlossen werden. Weder kann eine

---

[1] *Koller* Rn. 1; Thume/*Temme* Rn. 1; *Theunis/Maccarone* S. 64; siehe näher *Basedow* TranspV S. 292 ff. und Übersicht 9 auf S. 294 f. zu den verschiedenen Verkehrszweigen.

[2] Siehe näher unten Rn. 17.

[3] *Herber/Piper* Rn. 1 f.; GroßkommHGB/*Helm* Rn. 8; Thume/*Temme* Rn. 1; Fremuth/Thume/*Thume* Rn. 5; EBJS/*Boesche* Rn. 2; Ferrari/*Otte*, Int. Vertragsrecht, Rn. 2.

[4] OLG Hamburg 7.4.1994, TranspR 1994, 444: Art. 12 gilt nicht für nachträgliche Leistungsbestimmungen, die den Vertrag konkretisieren; *Herber/Piper* Rn. 6; *Koller* Rn. 2; Thume/*Temme* Rn. 3; EBJS/*Boesche* Rn. 3; Ferrari/*Otte,* Int. Vertragsrecht, Rn. 10.

ursprünglich vereinbarte Inlandsbeförderung durch die Weisung, die Ware zu einem Empfänger ins Ausland zu bringen, zu einer grenzüberschreitenden, noch umgekehrt eine grenzüberschreitende zu einer reinen Inlandsbeförderung gemacht werden, vgl. Art. 1 Rn. 34 f. Ausnahmsweise gilt dies nach den Grundsätzen über das **Scheingeschäft** nicht, wenn die Parteien von Anfang an den später durch Weisung veranlassten Transport geplant hatten und durch die zunächst im Frachtbrief vermerkte Beförderung nur die Anwendung der CMR ausgeschlossen bzw. herbeigeführt werden sollte.[5]

**4. Kritik.** Art. 12 ist **in mehrfacher Hinsicht missraten.** Fraglich ist schon, ob ein   4
derart umfassendes Dispositionsrecht überhaupt gerechtfertigt ist. Die **Orientierung an der CIM** ist fragwürdig, da die viel längeren Transportzeiten der Eisenbahn ein größeres Bedürfnis nach Vertragsanpassung wecken können als die relativ kurzen Beförderungsfristen des kontinentalen Straßengütertransports. Davon abgesehen führt die sachenrechtliche und uneinheitliche **Terminologie** in die Irre, Rn. 2. Als beförderungsrechtliches Korrelat des kaufrechtlichen Stoppungsrechts (Rn. 1) müsste das Weisungsrecht richtigerweise **dem Verkäufer zustehen,** der nicht immer Absender, also Vertragspartner des Beförderers ist, sondern auch Drittablader sein kann, vgl. Rn. 5.[6] Dass die Ausübung des Weisungsrechts an die **Vorlage des Frachtbriefs** gekoppelt ist, kann Probleme bereiten, wenn der Absender seine Frachtbriefausfertigung nicht schnell genug an den Beförderer übermitteln kann oder wenn noch kein Frachtbrief ausgestellt worden ist, aber schon Weisungen erteilt werden sollen, siehe Rn. 6. Es gibt auch keinen sachlichen Grund dafür, dass das Weisungsrecht außer in den Fällen der Art. 12 Abs. 3 und 13 Abs. 1 auch dann auf den Empfänger übergeht, sobald dieser die zweite, das Gut begleitende Ausfertigung des Frachtbriefs in Händen hält, Art. 12 Abs. 2 Satz 1, 1. Alt.[7]

## II. Weisungsrecht des Absenders (Abs. 1)

**1. Weisungsrecht und kaufrechtliches Stoppungsrecht.** Gemäß Abs. 1 Satz 1 ist   5
zunächst der Absender berechtigt, über das Gut zu verfügen. Damit ist auch hier der Vertragspartner des Beförderers gemeint. Wer als Verkäufer eines free carrier- oder ex works-Kaufvertrags das Gut an einen vom Käufer beauftragten Frachtführer ausgeliefert hat und folglich nicht Absender, sondern **Drittablader** ist, kann zwar kaufrechtlich befugt sein, das Gut zu stoppen (Art. 71 Abs. 2 UNK), ist aber transportrechtlich gemäß Abs. 1 Satz 1 nicht verfügungsbefugt und kann daher dem Beförderer keine Weisung erteilen, die Ware anzuhalten. Zum Weisungsrecht Dritter, am Transportvertrag nicht beteiligter Personen siehe Rn. 12.

**2. Entstehung und Ausübung.** Art. 12 Abs. 5 lit. a legt die Schlussfolgerung nahe, das   6
Weisungsrecht setze die Ausstellung eines Frachtbriefs voraus und entstehe gar nicht erst, wenn **kein Frachtbrief ausgestellt** werde. Diese Schlussfolgerung ist jedoch weder zwingend noch sachgerecht. Das Bedürfnis nach Vertragsänderung, das ökonomischen Erwägungen entspringt und dem das Weisungsrecht Rechnung tragen soll, Rn. 1, muss unabhängig davon Anerkennung finden, ob ein Frachtbrief ausgestellt ist. Dieses Bedürfnis kann, selbst wenn später ein Frachtbrief ausgestellt wird, schon in der Anfangsphase auftreten, wenn zB der Absender den Frachtführer an einen anderen als den ursprünglich vereinbarten Übernahmeort dirigieren will. Art. 12 setzt den Bestand eines solchen Weisungsrechts auch ohne Rücksicht auf die Ausstellung eines Frachtbriefs voraus.[8] Dies ergibt sich aus Art. 12 Abs. 2 Satz 1, 2. Alternative in Verbindung mit Art. 13 Abs. 1. Gemäß Art. 13 Abs. 1 erwirbt der Empfänger mit der Ankunft des Gutes am Bestimmungsort gewisse Rechte, auch wenn kein Frachtbrief ausgestellt wurde. Zu demselben Zeitpunkt erlischt gemäß

---

[5] *Loewe* ETR 1976, 543 f.
[6] Siehe näher *Basedow* TranspV S. 296 ff.
[7] *Theunis/Maccarone* S. 71; siehe auch den Änderungsvorschlag der FIATA in TranspR 1984, 115, 116.
[8] So im Ergebnis auch BGH 27.1.1982, NJW 1982, 1944; Großkomm HGB/*Helm* Rn. 5; *Thume/Temme* Rn. 5; EBJS/*Boesche* Rn. 5; *Ferrari/Otte,* Int. Vertragsrecht, Rn. 1.

Art. 12 Abs. 2 Satz 1, 2. Alternative das Weisungsrecht des Absenders, woraus zu schließen ist, dass es vor diesem Zeitpunkt bestand, vgl. Rn. 10 f.

**7**    In der Tat knüpft Abs. 1 die **Entstehung des Weisungsrechts** des Absenders nicht an die Ausstellung eines Frachtbriefs, sondern nur an den Abschluss des Vertrags, während die **Ausübung des Weisungsrechts** gemäß Abs. 5 zum Schutz des Beförderers die Vorlage des Frachtbriefs voraussetzt. Ungeregelt ist, wie der Absender sein Weisungsrecht auszuüben hat, wenn (noch) kein Frachtbrief ausgestellt ist. In diesem Fall bedarf der Frachtführer keines Schutzes, weil er selbst feststellen kann, ob der Empfänger bereits (gemäß Art. 12 Abs. 2 Satz 1, 2. Alternative iVm. Art. 13 Abs. 1) Inhaber des Weisungsrechts geworden ist. Wo es am Frachtbrief fehlt, kann der Absender sein Weisungsrecht daher **formlos ausüben** und kann die Weisung mit jedem zulässigen Beweismittel beweisen.[9]

**8**    **3. Erlöschen.** Gemäß Art. 12 Abs. 2 Satz 1 erlischt das Weisungsrecht des Absenders mit Übergabe der zweiten, das Gut begleitenden Frachtbriefausfertigung an den Empfänger oder wenn dieser seine Rechte aus Art. 13 Abs. 1 geltend macht. Für den Fall, dass dem Empfänger das Weisungsrecht auf Grund eines besonderen Frachtbriefvermerks bereits ab Ausstellung des Frachtbriefs zusteht, Abs. 3, regelt die CMR nicht, wann das Weisungsrecht des Absenders erlischt. Doch lässt sich aus Abs. 2 Satz 2 und Art. 15 Abs. 2 der allgemeine Grundsatz (Einl. Rn. 37) ableiten, dass das Weisungsrecht zwar während des gesamten Obhutszeitraums besteht, aber nicht dem Absender und Empfänger zugleich zustehen soll.[10] Im Falle von Art. 12 Abs. 3 geht das Weisungsrecht des Absenders daher mit Ausstellung des Frachtbriefs unter. Gemeint ist in keinem der drei in Art. 12 geregelten Fälle ein **endgültiges Erlöschen**. Vielmehr lebt das Weisungsrecht des Absenders wieder auf, wenn der Empfänger die Annahme des Gutes verweigert, Art. 15 Abs. 1 Satz 2, oder sonst auf die Ausübung des Weisungsrechts verzichtet. Dies folgt aus dem schon erläuterten allgemeinen Rechtsgrundsatz, ohne dass ein Rückgriff auf nationales Recht erforderlich ist.[11] Endgültig erlischt das Weisungsrecht des Absenders erst mit der Ablieferung des Gutes beim Empfänger.

### III. Weisungsrecht von Empfänger und Dritten

**9**    **1. Drei Erwerbsarten (Abs. 2 und 3).** Gemäß Abs. 2 und 3 kann der Empfänger ein eigenes Weisungsrecht auf dreierlei Weise erwerben. Die Erste besteht in der **Übergabe der zweiten Frachtbriefausfertigung** an den Empfänger. Dazu kommt es in der Regel erst am Bestimmungsort, denn die zweite Ausfertigung begleitet das Gut (Art. 5 Abs. 1 Satz 3) und wird nach dem gesetzlichen Modell mit diesem zusammen abgeliefert (Art. 13 Abs. 1 Satz 1). Wird die zweite Ausfertigung entgegen Art. 13 Abs. 1 vor Ankunft des Gutes am Bestimmungsort an den Empfänger übergeben, so geht das Weisungsrecht gleichwohl schon mit der Übergabe auf den Empfänger über.[12] Ein Erwerb des Weisungsrechts gemäß Art. 12 Abs. 2 Satz 1, 1. Alternative scheidet aus, wenn kein Frachtbrief ausgestellt ist.

**10**    Der Empfänger erwirbt das Weisungsrecht zweitens, wenn er sein **Recht aus Art. 13 Abs. 1 geltend** macht, dh. nach Ankunft des Gutes am Bestimmungsort Übergabe der zweiten Frachtbriefausfertigung und Ablieferung des Gutes bzw. Schadensersatz verlangt; Zahlung der auf dem Gut lastenden Kosten (Art. 13 Abs. 2) ist nicht erforderlich.[13] Nach dem Wortlaut hängt der Erwerb des Weisungsrechts nicht davon ab, dass ein Frachtbrief ausgestellt ist.[14] Gemäß Abs. 5 lit. a kann der Empfänger sein Weisungsrecht in diesem Fall

---

[9] BGH 27.1.1982, NJW 1982, 1944, 1945 sub II 2; 4.7.2002, TranspR 2002, 399, 401; *Koller* Rn. 6; *Fremuth/Thume/Thume* Rn. 11; GroßkommHGB/*Helm* Rn. 40.

[10] Vgl. auch *Herber/Piper* Rn. 12; GroßkommHGB/*Helm* Rn. 24 f.

[11] Ähnlich *Koller* Rn. 6 und EBJS/*Boesche* Rn. 5 (Analogie zu Art. 15 Abs. 1 Satz 2); GroßkommHGB/*Helm* Rn. 26.

[12] LG Augsburg 22.1.1991, TranspR 1991, 183; GroßkommHGB/*Helm* Rn. 33; *Clarke* S. 85 Nr. 32b.

[13] *Herber/Piper* Rn. 14; *Koller* Rn. 7; EBJS/*Boesche* Rn. 6.

[14] *Koller* Rn. 7; *Jesser* S. 86 Fn. 413; EBJS/*Boesche* Rn. 6; wohl auch *Nickel-Lanz* S. 62 Nr. 68; *Pesce* S. 164; aA *Heuer* S. 152 f.

auch ohne Vorlage der Absenderausfertigung des Frachtbriefs ausüben. Die bloße Ankunft des Gutes am Bestimmungsort führt noch nicht zum Übergang des Weisungsrechts; hinzutreten muss ein auf Art. 13 Abs. 1 gestütztes Verlangen des Empfängers, das mit Zugang beim Frachtführer wirksam wird.[15] Zwischen der Ankunft des Gutes am Bestimmungsort und dem Zugang des Empfängerverlangens liegt eine Zeitspanne, während derer scheinbar Absender und Empfänger weisungsberechtigt sind. Doch besteht **keine Doppelberechtigung,** weil das Weisungsrecht des Absenders mit dem Zugang des Empfängerverlangens erlischt.[16] Ein Empfängerverlangen iS von Art. 13 Abs. 1 kann auch **konkludent erklärt** werden,[17] nämlich durch Erteilung einer Weisung, die an die Stelle des Ablieferungsverlangens tritt, etwa die Weisung, an einen anderen Empfänger abzuliefern. Im Falle des Güterverlusts kann der Empfänger mit dem Schadensersatzbegehren gemäß Art. 13 Abs. 1 Satz 2 auch Weisungen für den Fall erteilen, dass sich das Gut wieder anfindet, vgl. Art. 20 Abs. 2 und 3.

Drittens erwirbt der Empfänger das Weisungsrecht, wenn der Absender **im Frachtbrief** **11** **vermerkt** (Art. 6 Abs. 3), dass das Weisungsrecht dem Empfänger zustehen soll; Art. 12 Abs. 3 setzt somit die Ausstellung eines Frachtbriefs voraus. Wird der Frachtbrief mit Übernahme des Gutes ausgestellt und der Vermerk bei der Ausstellung eingetragen, so steht dem Empfänger das Weisungsrecht sogleich zu. Im Falle nachträglicher Ausstellung oder Eintragung des Vermerks geht das Weisungsrecht in diesem Zeitpunkt auf den Empfänger über. Für die Ausübung des Weisungsrechts muss der Empfänger nach Art. 12 Abs. 5 lit. a außerdem im Besitz der **ersten Frachtbriefausfertigung** sein, die sich normalerweise beim Absender befindet (Art. 5 Abs. 1 Satz 3) und dem Empfänger daher erst übergeben oder zugesandt werden muss. Es kann aus diesem Grund eine zeitliche Lücke zwischen der Eintragung des Vermerks und der Übergabe der ersten Ausfertigung entstehen, während der keiner von beiden Weisungen erteilen kann.[18] Die Auffassung, das Weisungsrecht des Empfängers bestehe erst mit der Übergabe der ersten Ausfertigung an ihn,[19] geht jedoch zu weit und ist mit dem Wortlaut von Art. 12 Abs. 3 und Abs. 5 lit. a unvereinbar.

**2. Weisungsrecht Dritter (Abs. 4).** Grundsätzlich haben **Dritte kein Weisungs** **12** **recht,** vgl. schon zum Drittablader Rn. 5. Allerdings können Dritte, wenn sie die Absenderausfertigung des Frachtbriefs in Händen halten, die Ausübung des Weisungsrechts bis zur Ankunft des Gutes am Bestimmungsort verhindern, vgl. Abs. 5 lit. a, sog. **Sperrfunktion.** Dritte können auch selbstverständlich vom Inhaber des Weisungsrechts bevollmächtigt werden und dann als dessen Vertreter Weisungen erteilen. Der Frachtführer kann sich ferner verpflichten, Weisungen Dritter zu befolgen,[20] etwa einer Person, die als **Meldestelle** **(notify adress)** im Frachtbrief eingetragen ist. Allerdings weist die Aufnahme einer Meldeadresse für sich nur auf eine Benachrichtigungspflicht des Frachtführers hin und nicht ohne weiteres auf eine Pflicht, Weisungen der Meldestelle zu befolgen.

Ausdrücklich vorgesehen ist in Abs. 1 und 4 außerdem, dass der Absender und der **13** Empfänger im Rahmen ihres jeweiligen Weisungsrechts einen **Dritten zum Empfänger** bestimmen. Wenn der Absender eine solche Weisung erteilt, geht das Weisungsrecht gemäß Abs. 2 oder 3 unmittelbar, dh. ohne Zwischenerwerb durch den zunächst benannten Empfänger, auf den Dritten über; dieser kann alle Weisungen erteilen und anders als im Falle des Abs. 4 auch eine weitere Person als Empfänger benennen. Wird der Dritte dagegen erst durch den ersten Empfänger zum (zweiten) Empfänger bestimmt, so tritt er in das Weisungsrecht des ersten Empfängers ein. Er kann alle Weisungen erteilen, jedoch gemäß Abs. 4 keine weiteren Empfänger benennen. Dies schließt jedoch nicht die Anweisung aus,

---

[15] *Pesce* S. 164; *Koller* Rn. 7.
[16] *Jesser* S. 86; Hof 's-Gravenhage 19.9.1995, S. & S. 1996 Nr. 32; aA *Heuer* S. 154.
[17] Zustimmend GroßkommHGB/*Helm* Rn. 32.
[18] *Loewe* ETR 1976, 544; *Rodière* BT 1974, 232 Nr. 34; *Nickel-Lanz* S. 73 Nr. 86.
[19] *Clarke* S. 85 Nr. 32b.
[20] So in einem innerdeutschen Fall BGH 15.10.1959, NJW 1960, 39; zustimmend *Koller* Rn. 1; EBJS/ *Boesche* Rn. 8.

das Gut an den ursprünglich benannten (ersten) Empfänger abzuliefern.[21] In jedem Fall führt Abs. 4 dazu, dass das Weisungsrecht im zeitlichen Ablauf nur höchstens drei Personen nacheinander zustehen kann. Lehnt der zweite Empfänger die Annahme des Gutes ab, so fällt das Weisungsrecht anders als im Falle des Art. 15 Abs. 1 Satz 2 nicht an den Absender, sondern an den ersten Empfänger zurück.[22] Im Übrigen lässt sich aus Abs. 4 entnehmen, dass **Weisungen widerruflich** und abänderbar sind.

### IV. Inhalt und Grenzen des Weisungsrechts

14    **1. Einseitige und einverständliche Vertragsänderung.** Das Weisungsrecht ist das Recht zur einseitigen Vertragsänderung, vgl. Rn. 1. Welche Weisungen der Frachtführer befolgen muss, ist in der CMR nicht abschließend geregelt und umstritten; die Kasuistik lässt einen roten Faden vermissen. Aus Abs. 1 Satz 1 geht hervor, dass sich die Weisungen auf das Gut beziehen müssen, vgl. Rn. 16. Abs. 1 Satz 2 enthält lediglich Beispiele und keinen numerus clausus zulässiger Weisungen, wie sich eindeutig aus dem Wortlaut (insbesondere, notamment, in particular) ergibt. Abs. 5 lit. b und c errichten für das Weisungsrecht Schranken, Rn. 19 ff., die nur zT die Frage beantworten, wo die **Grenze** zwischen dem Recht zur **einseitigen Vertragsänderung** und der Notwendigkeit eines **völlig neuen Vertrags** verläuft. Dass das Weisungsrecht des Absenders „sich immer im Rahmen des abgeschlossenen Frachtvertrages halten" müsse,[23] läuft auf eine contradictio in adiecto hinaus, weil jede Weisung den abgeschlossenen Frachtvertrag abändert. Auch die Vorstellung, es gebe einen Kern des Vertrags, in den durch Weisung nicht eingegriffen werden könne, ist nicht tragfähig; dieser weisungsresistente Kern des Vertrags ist zu unbestimmt.

15    Einer allgemeinen, die positiven Festlegungen des Art. 12 transzendierenden **Beschränkung des Weisungsrechts bedarf es nicht.** Nach Abs. 5 lit. b kann sich der Frachtführer einer Weisung widersetzen, wenn Absender und Empfänger anderer Sendungen geschädigt werden, wenn der gewöhnliche Betrieb seines eigenen Unternehmens gehemmt wird oder wenn die Ausführung der Weisung unmöglich ist. Bei sachgerechter Auslegung erlauben es diese Vorbehalte dem Beförderer sehr oft, sich einer Weisung zu entziehen, siehe Rn. 19 ff. Es bleiben nur wenige Fälle übrig, in denen der Frachtführer einer Weisung den Gehorsam versagen möchte, sie jedoch befolgen muss. Auch hier sind seine Interessen insofern ausreichend gewahrt, als sich die Ausführung der Weisung im Rahmen seines gewöhnlichen Betriebs hält und ihm voller Ersatz aller Kosten und Schäden zusteht, Abs. 5 lit. a.

16    **2. Verfügung „über das Gut".** Gemäß Abs. 1 Satz 1 müssen sich die Verfügungen des Absenders auf das Gut beziehen. Damit ist das vertraglich vereinbarte Transportgut gemeint; die Übernahme anderer oder zusätzlicher Güter kann durch Weisung nicht angeordnet werden.[24] Obwohl der schuldrechtliche Charakter der Weisungen allseits anerkannt ist, vgl. Rn. 2, schleichen sich in der Auslegung von Abs. 1 Satz 1 doch auf Grund der gesetzlichen Diktion sachenrechtliche Vorstellungen ein: Art. 12 Abs. 1 Satz 1 sei keine Grundlage für die nachträgliche **Überweisung der Fracht** auf den Empfänger oder für die **Anordnung einer Nachnahme,** weil sich solche Weisungen nicht auf das Gut bezögen.[25] Dies trifft indessen nicht zu. Die genannten Weisungen ändern die Bedingungen, unter denen der Empfänger gemäß Art. 13 Ablieferung des Gutes verlangen kann. Sie stellen damit ein minus dar gegenüber der in Abs. 1 Satz 2 ausdrücklich genannten Weisung, die Beförderung anzuhalten und das Gut gar nicht abzuliefern.[26] Dies gilt auch für Weisungen, die die **Modalitäten der Beförderung,** etwa mit einem Lkw bestimmter Bauart oder

---

[21] Rb. Amsterdam 16.2.1966, S. & S. 1966 Nr. 69, zitiert nach *Libouton* J.trib. 1972, 386 Nr. 32 bis.

[22] *Jesser* S. 86; *Pesce* S. 166.

[23] OLG Hamburg 9.2.1984, TranspR 1985, 38.

[24] OLG Hamburg 9.2.1984, TranspR 1985, 38; *Herber/Piper* Rn. 8; *Koller* Rn. 2.

[25] *Heuer* S. 153; Fremuth/Thume/*Thume* Art. 21 Rn. 12.

[26] *Koller* Rn. 2; *Jesser* S. 85; *Helm* VersR 1988, 554.

Herkunft regeln[27] oder die die Verzollung,[28] Sicherung der Ladung sowie Versicherung,[29] Transportroute[30] und Ablieferungszeitpunkt[31] betreffen. Auf das Gut bezogen sind erst recht Weisungen zur **Unterbrechung oder Beendigung des Transports,** mit denen die Einlagerung,[32] Umladung,[33] der Verkauf, die Vernichtung[34] des Gutes oder seine Rückbeförderung[35] angeordnet wird.

**3. Weisungsrecht des Empfängers.** Das Weisungsrecht des Empfängers im Falle des **17** Abs. 2 Satz 2 hat, von Abs. 4 abgesehen, den **gleichen Umfang wie das Weisungsrecht des Absenders.**[36] Zum Teil wird jedoch die Auffassung vertreten, dass das Weisungsrecht, welches dem Empfänger nach Ankunft des Gutes am Bestimmungsort gemäß Art. 12 Abs. 2 Satz 2 zusteht, diesen nicht dazu berechtige, durch Weisung Ablieferung an einen anderen Empfänger in einer anderen Ortschaft zu verlangen.[37] Der Empfänger könne in diesem Fall nur Bestimmungen hinsichtlich der Modalitäten der Ablieferung treffen, etwa einen anderen Abladeplatz in demselben Bahnhof[38] oder in derselben Gemeinde bestimmen.[39] Diese Rspr. kann sich darauf stützen, dass Abs. 2 Satz 2 dem Empfänger nur ein Recht auf **„Weisungen"** gibt, während Abs. 3 im Falle eines entsprechenden Frachtbriefvermerks von einem **„Verfügungsrecht"** des Empfängers spricht, gerade so wie Abs. 1 vom Verfügungsrecht des Absenders. Demgemäß soll das Weisungsrecht des Empfängers im Falle des Abs. 2 Satz 2 eine geringere Reichweite haben als die „Verfügungsrechte" in den Fällen von Abs. 1 und 3. Diese Auffassung überzeugt jedoch nicht. Aus dem Wortlaut der Vorschrift lassen sich keine verlässlichen Schlüsse ziehen, weil die Bestimmungen der CMR die Begriffe von Verfügung (disposition) und Weisung (instruction) nicht konsistent verwenden, vgl. auch Art. 14 und 15. Wenn der Umfang des Weisungsrechts mit zunehmender Annäherung des Gutes an den Bestimmungsort schrumpft, so müsste dies auch für die „Verfügungsrechte" von Absender und Empfänger gemäß Abs. 1 und Abs. 3 gelten; das ist jedoch nicht der Fall. Die wirtschaftlichen Gründe für die Anerkennung des Weisungsrechts (Rn. 1) sind im Übrigen auf Seiten des Empfängers nicht schwächer als auf Seiten des Absenders.

**4. Grenzen des Weisungsrechts (Abs. 5 lit. b, Abs. 6).** Der Frachtführer ist an eine **18** Weisung nur gebunden, wenn ihre Ausführung möglich ist, den gewöhnlichen Betrieb seines Unternehmens nicht hemmt und die Absender oder Empfänger anderer Sendungen nicht schädigt, vgl. Abs. 5 lit. b. Es geht bei dieser Vorschrift um materielle Grenzen des Weisungsrechts, dh. des Rechts zur einseitigen Vertragsänderung. Dass die CMR hierbei von der „Ausübung" des Weisungsrechts spricht, ist **systematisch verfehlt,** weil der unzutreffende Eindruck vermittelt wird, als bestehe das Weisungsrecht auch in Bezug auf solche Anordnungen, deren Ausführungen unmöglich sei oder Dritte schädige etc., nur könne es eben nicht ausgeübt werden.

Die **Ausführung der Weisung muss möglich** sein. Dabei kommt es nicht auf den **19** Zeitpunkt der Erteilung der Weisung und auch nicht auf den Zeitpunkt des Zugangs an den Frachtführer an, sondern auf den **Zeitpunkt** des Zugangs an die Person, die die

---

[27] *Koller* Rn. 2; GroßkommHGB/*Helm* Rn. 19; *Glöckner* Rn. 3; EBJS/*Boesche* Rn. 2; aA OLG Hamburg 7.5.1987, TranspR 1987, 457.

[28] *Jesser* S. 85; *Helm* VersR 1988, 554; *Glöckner* Rn. 3; *Koller* Rn. 2; EBJS/*Boesche* Rn. 2; Jabornegg/*Artmann*/*Csoklich* Rn. 2.

[29] GroßkommHGB/*Helm* Rn. 18; *Jesser* S. 85; EBJS/*Boesche* Rn. 2.

[30] GroßkommHGB/*Helm* Rn. 18.

[31] Gegen eine Abkürzung der Transportdauer im Wege der Weisung *Heuer* S. 153.

[32] *Heuer* S. 153; GroßkommHGB/*Helm* Rn. 18; aA *Koller* Rn. 2; EBJS/*Boesche* Rn. 3.

[33] Zur Umladung auf ein anderes Verkehrsmittel einschränkend *Helm* VersR 1988, 554.

[34] *Herber*/*Piper* Rn. 9; GroßkommHGB/*Helm* Rn. 18; *Heuer* S. 153; aA *Koller* Rn. 2; EBJS/*Boesche* Rn. 3.

[35] *Heuer* S. 153; GroßkommHGB/*Helm* Rn. 18; *Ferrari*/*Otte*, Int. Vertragsrecht, Rn. 9.

[36] *Nickel-Lanz* S. 60; *Koller* Rn. 7; *Herber*/*Piper* Rn. 25; EBJS/*Boesche* Rn. 7; Jabornegg/Artmann/*Csoklich* Rn. 9; *Silingardi* S. 110; in der Sache auch *Rodière* BT 1974, 232 Nr. 34; *Helm* VersR 1988, 553; *Costanzo* S. 18.

[37] Rb. Dordrecht 7.2.1979, S. & S. 1980 Nr. 11; dazu *Libouton* J.trib. 1982, 693 Nr. 45.

[38] Cour Paris 14.12.1977, BT 1978, 289.

[39] Hof Arnhem 6.12.1978, S. & S. 1979 Nr. 114.

Weisungen ausführen soll, im Allgemeinen also den Fahrer.[40] Wird die Durchführung der Weisung nach dem relevanten Zeitpunkt unmöglich, richten sich die Rechtsfolgen nach den Art. 14 ff. über Beförderungshindernisse. Ist die Ausführung zum maßgeblichen Zeitpunkt **objektiv unmöglich,** so befreit dies ebenso von der Befolgung der Weisung wie subjektive Unmöglichkeit **(Unvermögen).** Von Unvermögen kann allerdings nicht die Rede sein, wenn der Frachtführer durch Einschaltung eines Subunternehmers der Weisung hätte nachkommen können.[41] Unmöglich ist die Befolgung der Weisung nicht nur im Falle **tatsächlicher Unmöglichkeit,** wenn zB dem Fahrer eine Transportroute vorgeschrieben wird, die wegen Bergrutsch oder Lkw-Blockade unpassierbar ist, sondern auch bei **rechtlicher Unmöglichkeit,** so etwa wenn die Benutzung der betreffenden Straße für Lkw verboten ist. Ob auch **wirtschaftliche Unmöglichkeit,** dh. die Notwendigkeit übermäßiger Aufwendungen von der Pflicht zur Befolgung der Weisung befreit, ist unklar.[42] In den nationalen Rechtsordnungen der Vertragsstaaten ist der Gedanke der Leistungsbefreiung auf Grund wirtschaftlicher Unmöglichkeit keineswegs in gleicher Weise präsent.[43] Dort geht es um Äquivalenzinteressen, und zwar um die Frage, ob der Schuldner ohne Anpassung des Entgelts einen viel höheren Aufwand für die Erfüllung treiben muss, als dies ursprünglich voraussehbar war. Da der Frachtführer gemäß Abs. 5 lit. a ohnehin Ersatz aller weisungsbedingten Kosten und Schäden verlangen kann, spielt die Wahrung der Äquivalenz der Leistungen hier keine Rolle. Wirtschaftliche Unmöglichkeit als solche gibt daher dem Beförderer kein Recht, sich Weisungen zu widersetzen, vgl. aber Rn. 20.

**20**     Des Weiteren darf die Ausführung der Weisung nicht den **gewöhnlichen Betrieb des Frachtführers hemmen.** Da jedoch jede nachträgliche Änderung der ursprünglichen Instruktion ein gewisses Maß an „Hemmnis" verursacht, und sei es nur Verwaltungsaufwand, ist man sich darüber einig, dass eine Weisung das gewöhnliche Maß der Behinderung übersteigen muss, wenn der Frachtführer zum Ungehorsam berechtigt sein soll, sie muss „ernstlich"[44] oder „unzumutbar"[45] sein. Die Fälle der **wirtschaftlichen Unmöglichkeit** werden damit zT an dieser Stelle gelöst, vgl. auch Rn. 19. Die Behinderung entfällt nicht dadurch, dass der Frachtführer vom Weisungsberechtigten nach Abs. 5 lit. a Schadensersatz, etwa wegen entgangenen Gewinns, verlangen kann.[46] Der Frachtführer hat hier also die **Wahl zwischen Ungehorsam und Befolgung** der Weisung unter Einforderung aller Kosten und Schäden. Dieses Wahlrecht ist ein Ausgleich für das einseitige Weisungsrecht des Absenders/Empfängers. Praktisch bedeutsam wird es, wo die Unzumutbarkeit der Weisung in Umständen begründet ist, die kommerziell schwer fassbar sind, wie etwa das Risiko der Beschlagnahme des Lkw und Verhaftung des Fahrers, siehe auch Rn. 28. Das Wahlrecht des Beförderers kann durch antizipierende **Abmachungen der Parteien** ausgeschlossen oder beschränkt werden, so zB durch die Vereinbarung eines Risikozuschlags und entsprechender Eventualweisungen bei Transporten in Krisengebiete. Vgl. Art. 17 Rn. 36.

**21**     Die Weisung darf schließlich nicht zu einer **Schädigung von Absendern oder Empfängern anderer Sendungen** führen. Solche Schäden können zB entstehen, wenn Güter Dritter mit demselben Fahrzeug befördert werden und infolge von nachträglichen Weisungen verspätet ankommen[47] oder verderben. Die Ausnahme greift ferner ein, wenn die

---

[40] Wie hier EBJS/*Boesche* Rn. 14; allgemein für Zugangserfordernis *Koller* Rn. 4; *Thume*/*Temme* Rn. 26.

[41] *Koller* Rn. 4.

[42] Dafür wohl *Hill/Messent* S. 91, die auf die „impracticability" von Anweisungen abstellen und damit einen Begriff wählen, der im common law zur Kennzeichnung wirtschaftlicher Unmöglichkeit verwendet wird; ähnlich *Clarke* S. 82 Nr. 32a und *Theunis/Maccarone* S. 73 unter Berufung auf FIATA-Vorschläge: die Ausführung der Weisungen müsse „reasonable and possible" sein.

[43] Siehe etwa *Cabella Pisu,* La responsabilità contrattuale in common law, in *Galgano* (Hrsg.) Atlante di diritto privato comparato, 1992, S. 125, 131 f.; *Zweigert/Kötz,* Einführung in die Rechtsvergleichung, 3. Aufl. 1996, S. 486 ff.

[44] *Loewe* ETR 1976, 545 Nr. 122; *Hill/Messent* S. 91; *Herber/Piper* Rn. 27; *Koller* Rn. 4; *Thume*/*Temme* Rn. 24.

[45] *Heuer* S. 156; *Jesser* S. 87 f.; *Pesce* S. 167 Fn. 166.

[46] So in der Sache *Heuer* S. 156; aA *Clarke* S. 84 Nr. 32a sub g.

[47] Wenn jede denkbare Weisung zu einer solchen Verzögerung des Transports der Beiladung führt, kann der Beförderer von der Einholung der Weisung absehen, Hof 's-Gravenhage 20.12.1994, S. & S. 1996 Nr. 55.

weisungsbedingte Verzögerung der Ablieferung dazu führt, dass das Fahrzeug den vereinbarten Übernahmetermin für einen Anschluss- oder Rücktransport nicht einhalten kann und dem Absender oder Empfänger der Anschluss- oder Rückladung deshalb Schäden drohen.

Gemäß **Abs. 6** muss der Frachtführer **den Weisungsgeber unverzüglich benachrichtigen,** wenn er aus einem der in Abs. 5 lit. b genannten Gründe (Rn. 19–21) der Weisung nicht nachkommen kann. Verletzt er diese Pflicht, so ist er zum Ersatz des Schadens verpflichtet, der dem Weisungsgeber daraus entsteht, dass er sich in dem Glauben wiegt, der Frachtführer werde seine Weisung ausführen.[48] Die Anspruchsgrundlage wird zT in Abs. 7 gesehen.[49] Doch passt diese Vorschrift nicht. Unterbleibt die Benachrichtigung entgegen Abs. 6, kann man dem Frachtführer die Nichtausführung der Weisung nicht zum Vorwurf machen, da sie vielmehr auf Grund von Abs. 5 lit. b gerechtfertigt ist. Zum Vorwurf gereicht dem Beförderer vielmehr, dass er ein gerechtfertigtes Verhalten dem Weisungsgeber nicht angezeigt hat. Die Sanktionen für die Pflichtverletzung sind in der CMR nicht geregelt[50] und daher dem nationalen Recht zu entnehmen,[51] vgl. Einl. Rn. 41 ff. In Betracht kommen insbesondere Ansprüche aus positiver Vertragsverletzung;[52] kommt deutsches Recht zum Zuge, sind § 418 Abs. 5 und § 433 HGB zu beachten.[53] **22**

**5. Teilung der Sendung (Abs. 5 lit. c).** Nicht auszuführen sind Weisungen, die zu einer Teilung der „Sendung" führen. Der BGH bezeichnet als **Sendung** die in einem Frachtbrief zusammengefassten, zu befördernden Güter.[54] Dem Bedenken, der Frachtführer könne durch die Ausstellung von mehreren Frachtbriefen bezüglich einer ursprünglich einheitlichen Sendung und durch nachfolgende unterschiedliche Weisungen über das vertraglich vereinbarte Maß hinaus beansprucht werden,[55] wird zutreffend entgegengehalten, dass der Frachtführer das Weisungsrecht kennt und sich in diesem Fall auf eine Verlängerung des Transports unter Kostenersatz einrichten kann.[56] In Extremfällen könne er sich überdies auf Unmäßigkeit oder Behinderung seines gewöhnlichen Betriebs (Abs. 5 lit. b) berufen, muss dann allerdings seiner Benachrichtigungspflicht nach Abs. 6 nachkommen. **23**

## V. Ausübung des Weisungsrechts (Abs. 5 lit. a)

**1. Sperrfunktion der Absenderausfertigung.** Gemäß Abs. 5 lit. a muss der Verfügungsberechtigte die erste Ausfertigung des Frachtbriefs mit den eingetragenen neuen Weisungen vorweisen, wenn er sein Weisungsrecht ausüben will. Aufgrund dieser Vorschrift kann die Absenderausfertigung zum **Sperrpapier** werden, vgl. Art. 4 Rn. 13. Sobald der Absender sie aus der Hand gegeben hat, sei es an den Empfänger oder an einen Dritten, zB eine Bank, kann der Empfänger sicher sein, dass über das Gut nicht mehr anderweitig verfügt werden kann, auch wenn er selbst das Verfügungsrecht noch nicht hat. Diese Gewissheit kann ihn uU zur vorzeitigen Kaufpreiszahlung veranlassen. Die Vorlage der Absenderausfertigung allein genügt nicht; der Frachtführer muss zusätzlich prüfen, ob der vorlegende Weisungsgeber auch Inhaber des Weisungsrechts ist.[57] Der Zweck von Abs. 5 lit. a geht außerdem dahin, den Frachtführer in zweierlei Hinsicht zu schützen: Es soll **24**

---

[48] OGH Wien 13.6.1985, TranspR 1988, 13, 15; *Hill/Messent* S. 92; GroßkommHGB/*Helm* Rn. 45; *Koller* Rn. 8; aA *Heuer* S. 157: Nur Beweislastumkehr.

[49] *Hill/Messent* S. 92 Fn. 14; ebenso beiläufig, wenn auch nicht ganz deutlich OGH Wien 13.6.1985, TranspR 1988, 13, 15. Für eine analoge Anwendung von Abs. 7 *Koller* Rn. 8; ebenso *Herber/Piper* Rn. 38.

[50] *Jesser* S. 91 f.

[51] EBJS/*Boesche* Rn. 16.

[52] GroßkommHGB/*Helm* Rn. 45; ebenso für Österreich *Jesser* S. 92.

[53] Thume/*Temme* Rn. 48; Fremuth/Thume/*Thume* Rn. 35.

[54] BGH 30.1.1981, BGHZ 79, 302, 305; *Loewe* ETR 1976, 545 Nr. 123; Thume/*Temme* Rn. 28.

[55] *Hill/Messent* S. 91.

[56] *Clarke* S. 84 Nr. 32a (g).

[57] Die Äußerung von *Clarke* S. 82 Nr. 32a, die Vorlage der Ausfertigung beweise das Weisungsrecht des Vorlegenden, ist missverständlich.

sichergestellt sein, dass nur der Verfügungsberechtigte eine Weisung erteilt, und der Inhalt der Weisung soll eindeutig festgelegt sein.[58]

**25**   **2. Vorweisen der Absenderausfertigung.** Vorweisen (présenter, produce) bedeutet nicht Übergabe, sondern lediglich **Vorlage zur Einsichtnahme.** Auch als Beweisstück kann der Frachtführer die Ausfertigung nicht zurückbehalten. Nur im Prozess kann er nach deutschem Recht gemäß §§ 422 ZPO, 810 BGB die Vorlage erzwingen.[59] Die CMR bestimmt nicht, wo dem Frachtführer die Ausfertigung vorzuweisen ist, am Sitz des Unternehmens, einer Niederlassung oder beim Fahrer vor Ort. Im allseitigen Interesse sollten alle drei Möglichkeiten zugelassen werden.[60] Die Verpflichtung zur Ausführung beginnt aber erst in dem Moment, in dem die Weisung die ausführende Person, iA den Fahrer erreicht, vgl. Rn. 19. Die CMR regelt auch nicht die Modalitäten der Vorlage und ordnet insbesondere nicht die Vorlage des Originals der Absenderausfertigung an. Dennoch ist aus den Zwecken der Vorlagepflicht (Rn. 24) zu entnehmen, dass Abs. 5 lit. a nicht nur die telefonische Erteilung von Weisungen ausschließt, sondern dass auch die Übermittlung einer **Telekopie (Telefax)** der mit den Weisungen versehenen Absenderausfertigung unzulässig ist, da der Frachtführer aus der Telekopie nicht erkennen kann, ob sie auf Grund des Originals der Absenderausfertigung oder auf Grund einer Kopie hergestellt wurde, ob der Weisungsgeber also im Besitz der Originalausfertigung ist.[61] Nach der Rspr. sind nach Vertragsabschluss Vereinbarungen der Vertragsparteien zulässig, wonach für den Frachtführer eine Weisung verbindlich ist, obwohl ihm die Absenderausfertigung nicht vorgelegen hat oder die Weisung nicht im Frachtbrief eingetragen war.[62]

**26**   **3. Fälle der Vorweisungspflicht.** Der **Absender** hat den Frachtbrief stets vorzuweisen, ausgenommen ist nach Art. 15 Abs. 1 Satz 2 nur der Fall, dass der Empfänger die Annahme des Gutes verweigert. Die Rspr. hat dem eine zweite **Ausnahme** hinzugefügt: Mangels Schutzbedürftigkeit des Frachtführers entfällt die Vorlagepflicht – und nicht etwa das Weisungsrecht – wenn gar kein Frachtbrief ausgestellt wurde, vgl. Rn. 6 f. Der **Empfänger** muss die erste Ausfertigung des Frachtbriefs nur dann vorlegen, wenn er das Verfügungsrecht nach Abs. 3, dh. durch Vermerk im Frachtbrief erworben hat. Dadurch wird er uU vorübergehend an der Ausübung seines Weisungsrechts gehindert, Rn. 11. Geht die Verfügungsberechtigung dagegen dadurch auf den Empfänger über, dass dieser nach Ankunft des Gutes am Bestimmungsort die Herausgabe des Gutes verlangt, Abs. 2, so ist der Frachtführer durch dieses Verlangen bereits hinreichend informiert und eine Doppelanweisung ausgeschlossen.

## VI. Ersatzansprüche

**27**   **1. Ersatzpflicht des Weisungsgebers (Abs. 5 lit. a) a) Passivlegitimation.** Gemäß Abs. 5 lit. a hat der Weisungsgeber dem Frachtführer alle Kosten und Schäden zu ersetzen, die durch die Ausführung der Weisung entstehen. Nach dem Wortlaut trifft diese Pflicht den Absender und den Empfänger, letzteren dagegen nur im Falle des Abs. 3, dh. wenn er das Weisungsrecht durch Frachtbriefvermerk erworben hat, nicht dagegen wenn das Weisungsrecht nach Ankunft des Gutes am Bestimmungsort gemäß Abs. 2 auf ihn übergangen ist. Dass der **Empfänger als Weisungsgeber** in den Fällen des Abs. 2 nicht erstattungspflichtig sein soll, entbehrt der inneren Rechtfertigung; die Literatur geht über diese Ungereimtheit ohne nähere Ausführungen hinweg und hält den Weisungsgeber regelmäßig

---

[58] BGH 27.1.1982, NJW 1982, 1944, 1945.
[59] BGH 27.1.1982, NJW 1982, 1944, 1945; GroßkommHGB/*Helm* Rn. 42; *Koller* Rn. 6; Thume/*Temme* Rn. 33; EBJS/*Boesche* Rn. 10; Ferrari/*Otte*, Int. Vertragsrecht, Rn. 13.
[60] Siehe näher *Precht/Endrigkeit* Art. 15 Anm. 5.
[61] Für Original *Clarke* S. 82 f. Nr. 32a; ebenso *Koller* Rn. 6; EBJS/*Boesche* Rn. 10; Fremuth/Thume/ *Thume* Rn. 26; wohl auch Thume/*Temme* Rn. 10; Telefax ausreichend: *Herber/Piper* Rn. 24; Ferrari/*Otte*, Int. Vertragsrecht, Rn. 17.
[62] BGH 4.7.2002, TranspR 2002, 399, 401.

ohne Einschränkung für erstattungspflichtig. Dies war auch in dem ursprünglichen UNI-DROIT-Entwurf so vorgesehen:[63] Danach hatte der jeweilige Weisungsgeber die Absenderausfertigung vorzulegen und für Erstattung aller weisungsbedingten Kosten und Schäden zu sorgen. Bei der Überarbeitung des Entwurfs wurde dann zweierlei beschlossen: Erstens sollten beide Bedingungen für die Ausübung des Weisungsrechts in einer einzigen Vorschrift zusammengefasst werden, was zuvor nicht der Fall war, dann jedoch in Abs. 5 lit. a geschehen ist, und zweitens erkannte man, dass der Empfänger in den Fällen des Abs. 2 regelmäßig nie in den Besitz der Absenderausfertigung gelangt, so dass sein Weisungsrecht nur auf dem Papier gestanden hätte, wäre die Vorlagepflicht nicht auf Empfänger beschränkt worden, die ihr Weisungsrecht gemäß Abs. 3 erworben haben. Dass diese Beschränkung durch die Fusion beider Vorschriften auch die Ersatzpflicht des Empfängers betrifft, ist ein redaktionelles Versehen.[64]

**b) Haftungsgrundsatz und -ausnahmen.** Der Weisungsgeber schuldet Ersatz der **28** weisungsbedingten Kosten und Schäden. Diese Haftung ist **verschuldensunabhängig** und reiht sich ein in die Zahl der anderen CMR-Tatbestände der objektiven Absenderhaftung: Art. 7 Abs. 1, Art. 10, Art. 11 Abs. 2 Satz 2, Art. 22 Abs. 2. Im Gegensatz zu Art. 11 Abs. 2 Satz 2 und Art. 16 Abs. 1, wo der Entfall der Haftung bei **(Mit-)Verschulden** des Frachtführers ausdrücklich angeordnet wird, führt ein solches hier zur Schadensteilung (Art. 17 Abs. 5);[65] vgl. Art. 7 Rn. 3. Schuldhaft handelt der Frachtführer allerdings nicht schon, wenn er eine Weisung befolgt, der er sich gemäß Abs. 5 lit. b widersetzen könnte.[66] Es gibt keine Obliegenheit, von dem Verweigerungsrecht des Abs. 5 lit. b Gebrauch zu machen; der Frachtführer hat in diesen Fällen die Wahl zwischen Ungehorsam und Befolgung unter Liquidierung der Kosten und Schäden, siehe Rn. 20. Schuldhaft handelt der Frachtführer jedoch, wenn er den Absender durch seine unzureichenden Erfüllungsanstrengungen überhaupt erst zu der Weisung veranlasst hat oder wenn er nach Erhalt der Weisung schadenmindernde Maßnahmen unterlässt, zB den Absender eines späteren Rücktransports nicht von der weisungsbedingten Verzögerung der Ankunft und damit der Übernahme des Gutes für den Rücktransport unterrichtet.

**c) Haftungsumfang.** Der Anspruch des Frachtführers ist auf Erstattung der weisungsbe- **29** dingten **Kosten** (frais, expenses) und **Schäden** (préjudice, loss and damage) gerichtet. Diese Begriffe sind nicht etwa unter Rückgriff auf das nationale Recht, sondern aus der CMR heraus autonom auszulegen.[67] Der Begriff der Kosten ist aus der Entstehungszeit der CMR und aus dem Vorbild der parallelen Bestimmungen des Art. 23 § 3 CIM 1952[68] heraus zu verstehen. Die Kostentragungspflicht des internationalen Eisenbahnrechts wurde dadurch konkretisiert, dass Art. 17 § 1 CIM 1952 eine **Legaldefinition des Kostenbegriffs** enthielt;[69] danach gehören zu den Kosten die Fracht, Nebengebühren, Zölle und sonstige von der Annahme zur Beförderung bis zur Ablieferung erwachsende Kosten. Die Legaldefinition lässt keinen Zweifel daran, dass zu den weisungsbedingten Kosten der Anschlussbeförderung zu einem Drittempfänger als Teil der Fracht **auch der Gewinn** gehört, den der Beförderer für den Anschlusstransport erzielt hätte.[70] Es trifft nicht zu, dass der Kostenerstattungsanspruch lediglich auf Ersatz der Selbstkosten gerichtet ist, die nach der üblichen Vergütung für den Anschlusstransport abzüglich eines angemessenen Gewinnabschlags berechnet wer-

---

[63] Art. 13 Abs. 3 lit. a und b des UNIDROIT-Entwurfs, in: L'Unification du droit – Annuaire 1947–1952 S. 232, 246 f.; vgl. auch Einl. Rn. 13.

[64] Ebenso GroßkommHGB/*Helm* Rn. 43; zustimmend Ferrari/*Otte*, Int. Vertragsrecht, Rn. 25.

[65] Ebenso GroßkommHGB/*Helm* Rn. 43; aA *Koller* Rn. 3; Jabornegg/Artmann/*Csoklich* Rn. 12; EBJS/*Boesche* Rn. 12: für Anwendung des Art. 11 Abs. 2 Satz 2.

[66] So aber *Koller* Rn. 3.

[67] Wie hier EBJS/*Boesche* Rn. 13; aA offenbar Ferrari/*Otte*, Int. Vertragsrecht, Rn. 24 sowie eingehend, wenn auch ohne direkten Bezug zu Art. 12 Abs. 5 lit. a *Koller* VersR 1994, 384 für den Begriff des Schadens.

[68] Siehe heute Art. 19 § 2 ER CIM 1999.

[69] Siehe jetzt Art. 10 § 1 ER CIM 1999.

[70] *Herber/Piper* Rn. 33; *Koller* Rn. 3; Thume/*Temme* Rn. 50; EBJS/*Boesche* Rn. 13; Jabornegg/Artmann/*Csoklich* Rn. 12.

den.[71] Dies hätte zur Folge, dass der Beförderer eine Anschlussbeförderung, und wäre sie auch noch so lang, zum Selbstkostenpreis ausführen müsste. Solche karitativen Opfer verlangt die CMR vom Frachtführer nicht. Der Kostenerstattungsanspruch hat vielmehr die Fracht zugrunde zu legen, die die Parteien vereinbart hätten, wäre der Vertrag sogleich mit dem Inhalt der späteren Weisung zustande gekommen.[72]

30    Wird der Beförderer angewiesen zu warten, so gehört zu den Kosten auch **Standgeld** in vereinbarter oder – mangels Vereinbarung – angemessener Höhe.[73] Weisungen, die die Notwendigkeit von Aufwendungen zB für die Verzollung, Versicherung oder Einlagerung begründen, berechtigen den Frachtführer ebenfalls zum Kostenersatz in Höhe der **Aufwendungen**.[74] Verliert der Frachtführer auf Grund der weisungsbedingten Verzögerung einen Anschlussauftrag, so hat er auch Anspruch auf Ersatz des **entgangenen Gewinns** als Schadensersatz.[75] Führt die Verzögerung dazu, dass die Beiladung eines anderen Absenders verdirbt und der Frachtführer diesem gemäß Art. 17 schadensersatzpflichtig ist, so kann er grundsätzlich bei dem Weisungsgeber nach Abs. 5 lit. a Regress nehmen, dies jedoch nur, wenn ihm kein Mitverschulden, etwa das Unterlassen schadenmindernder Maßnahmen zur Last gelegt werden kann, vgl. Rn. 28. Der Anspruch ist **summenmäßig unbeschränkt,** und zwar auch, wenn der Beförderer im Wege der Drittschadensliquidation Schäden Dritter geltend macht, die gegenüber dem Frachtführer nur in den Grenzen des Art. 23 durchgesetzt werden könnten.

31    **d) Fälligkeit.** Nach Wortlaut und Systematik von Art. 12 ist die Erstattung der Kosten und Schäden keine Rechtsfolge, sondern eine Bedingung für die Ausübung des Weisungsrechts; die deutsche Übersetzung („Bestimmung") ist an dieser Stelle ungenau. Aus der englischen und französischen Originalfassung („condition") ergibt sich, dass der Erstattungsanspruch vor Ausübung des Weisungsrechts fällig ist; denn sonst macht es keinen Sinn, von einer Bedingung für die Ausübung zu sprechen.[76] Wegen der uneinheitlichen Ausgestaltung des Frachtführerpfandrechts[77] in den nationalen Rechten ist eine solche Sicherung auch angezeigt.

32    **e) Weisungsbedingte Verbilligung des Transports.** Führt die Weisung (zB eines Münchner Absenders, das Gut in Innsbruck statt in Rom abzuliefern) zu einer erheblichen Kostenersparnis, so lässt sich aus der CMR nicht entnehmen, ob und in welchem Umfang dies dem Weisungsgeber zugute kommt.[78] Die Frage beurteilt sich nach dem ergänzenden Vertragsstatut, Einl. Rn. 41 ff. Ist deutsches Recht maßgeblich, so behält der Beförderer den Anspruch auf die vereinbarte Vergütung, muss sich jedoch entsprechend § 415 Abs. 2 Ziffer 1 HGB ersparte Kosten und solche Einnahmen anrechnen lassen, die er durch anderweitigen Einsatz seines Fahrzeugs erzielen konnte.[79] Im Ergebnis setzt sich regelmäßig das Prinzip der Distanzfracht durch.

---

[71] So OLG München 12.4.1991, TranspR 1991, 298, 299 sub I 4; zustimmend *Koller* Rn. 3 und Art. 16 Rn. 2; ebenso Thume/*Temme* Rn. 49.

[72] So ausdrücklich *Pesce* S. 167; *Theunis/Maccarone* S. 74; ähnlich für Art. 16 Abs. 1 auch *Silingardi* S. 111.

[73] OLG München 4.6.1987, OLGZ 1987, 471, 473 f.; *Koller* Rn. 3 und Art. 16 Rn. 2; eingehend *ders.* TranspR 1988, 129, 132 ff. zu Art. 16; ebenso zu Art. 16 auch *Glöckner* Art. 14 Rn. 8; *Herber/Piper* Art. 16 Rn. 5; *Jesser* S. 177; unter Bedingungen freier Preisbildung findet auch die übermäßige Transportdauer wegen der Kapitalbindung Eingang in die Berechnung des Entgelts; aA *Lenz* Rn. 422 zu Art. 16.

[74] *Koller* Rn. 3.

[75] *Theunis/Maccarone* S. 74; offengelassen von *Clarke* S. 83 Nr. 32a (c).

[76] *Nickel-Lanz* S. 70 Nr. 80; ähnlich unter Rückgriff auf nationales Recht GroßkommHGB/*Helm* Rn. 43 (§ 419 Abs. 1 Satz 3; § 418 Abs. 1 Satz 4); ebenso *Koller* Rn. 3, EBJS/*Boesche* Rn. 13, Jabornegg/Artmann/*Csoklich* Rn. 13; Fremuth/Thume/*Thume* Rn. 32: Vorschusspflicht nach § 669 BGB; nach *Loewe* ETR 1976, 544 f. Nr. 121 besteht eine Vorschusspflicht unmittelbar nach der CMR, wenn begründete Bedenken gegen die Solvenz des Weisungsgebers bestehen; diese Differenzierung lässt sich Art. 12 aber nicht entnehmen.

[77] Vgl. näher *Basedow* TranspV S. 336 ff.

[78] *Koller* Rn. 3; *Herber/Piper* Rn. 33; EBJS/*Boesche* Rn. 13.

[79] *Koller* Rn. 3 und § 418 HGB Rn. 28; *Braun,* Das frachtrechtliche Leistungsstörungsrecht nach dem Transportrechtsreformgesetz 2002, S. 76 f.; vgl. auch GroßkommHGB/*Helm* Rn. 43 Fn. 164; *Herber/Piper* Rn. 13.

**2. Haftung des Beförderers für die Nichtausführung von Weisungen (Abs. 7). 33**
Führt der Frachtführer eine Weisung, die den Erfordernissen der Abs. 4 und 5 entspricht und die vom Verfügungsberechtigten stammt, nicht aus, so schuldet er Ersatz des daraus entstehenden Schadens. **Anspruchsberechtigt** ist in erster Linie der Verfügungsberechtigte, nicht notwendig der Weisungsgeber. Weist zB der Absender den Beförderer in gehöriger Form an, statt an A an B auszuliefern und zahlt B im Vertrauen auf diese in der Absenderausfertigung eingetragene Weisung den Kaufpreis an den Absender, so kann B, der gemäß Art. 13 Abs. 1 Satz 2 und Art. 12 Abs. 2 Verfügungsberechtigter geworden ist, den Schadensersatzanspruch geltend machen, wenn der Beförderer trotz der Weisung an A ausliefert.[80] Der Anspruch kann erst mit Zugang der Weisung beim Frachtführer entstehen und setzt die **Ausstellung eines Frachtbriefs** voraus. Er ist **verschuldensunabhängig;**[81] nach dem in Art. 17 Abs. 5 zum Ausdruck gebrachten allgemeinen Rechtsgedanken führt ein Mitverschulden zur Schadensteilung.

Die Haftung des Frachtführers umfasst den gesamten aus der Nichtbefolgung der Wei- **34** sung entstehenden Schaden und ist als solche **unbeschränkt.**[82] Besteht der Schaden darin, dass die Güter beschädigt oder verdorben sind oder dass die Lieferfrist überschritten wurde, so **konkurriert der Anspruch** aus Art. 12 Abs. 7 mit dem aus dem **Art. 17 ff.,** der nach Art. 23 der Höhe nach beschränkt ist. Der BGH hat dem Fall, dass Güter infolge Missachtung einer Weisung an einen nicht mehr empfangsberechtigten Empfänger ausgeliefert worden waren, ausschließlich als Verlust der Ware behandelt und allein dem Art. 17 ff. unterstellt.[83] Allerdings war in casu kein Frachtbrief ausgestellt und Abs. 7 daher gar nicht erfüllt; die Konkurrenzfrage stellte sich also gar nicht. Wo sie erörtert wird, nimmt eine verbreitete Auffassung freie Konkurrenz zwischen Art. 12 Abs. 7 und Art. 17 ff. an oder räumt sogar dem unbeschränkten Anspruch aus Art. 12 Abs. 7 den Vorrang ein.[84]

In der Praxis dürften die Auffassungen weitgehend zum selben Ergebnis führen. Mit der **35** Annahme, dass die Haftung für Güter- und Verspätungsschäden ihre abschließende Regelung in Art. 17 ff. erfahren hat und diese daher nach diesen Vorschriften zu ersetzen sind, gelten folglich die Haftungsbeschränkungen der Art. 23 ff. Die der Höhe nach unbeschränkte Haftung nach Art. 12 Abs. 7 gilt **nur für andere Schäden.** Von den Vertretern der Gegenmeinung wird ins Treffen geführt, dass es sich bei Weisungsvergehen um besonders gravierende Pflichtenverstöße handelt, sodass es nicht sachgerecht erscheine, dem Frachtführer die Haftungsbegrenzungen zugute kommen zu lassen; Abs. 7 enthalte gleichsam ein gesetzliches Beispiel für grobes Verschulden.[85] Dem ist grundsätzlich zuzustimmen; da bei gravierenden Sorgfaltsverstößen ohnehin jegliche Haftungsbeschränkungen entfallen (Art. 29), bedarf es des Vorrangs des Art. 12 Abs. 7 nicht.[86]

**3. Haftung des Beförderers für die Ausführung irregulärer Weisungen (Abs. 7). 36**
Gemäß Abs. 7 haftet der Beförderer ferner für Schäden, die daraus entstehen, dass er Weisungen ausführt, ohne die Vorlage der Absenderausfertigung des Frachtbriefs verlangt zu haben. Die Vorschrift knüpft an Abs. 5 lit. a an; dem Beförderer wird das Haftungsrisiko angedroht für den Fall, dass er die Regularien der Ausübung des Weisungsrechts nicht

---

[80] Ähnlich *Nickel-Lanz* S. 85; *Clarke* S. 83 Nr. 32c; weitergehend *Theunis/Maccarone* S. 74: jede geschädigte Vertragspartei.

[81] *Herber/Piper* Rn. 40; *Jesser* S. 93; GroßkommHGB/*Helm* Rn. 51; Thume/*Temme* Rn. 52; *Koller* Rn. 9; Fremuth/Thume/*Thume* Rn. 37; EBJS/*Boesche* Rn. 18; Ferrari/*Otte,* Int. Vertragsrecht, Rn. 27; Jabornegg/Artmann/*Csoklich* Rn. 14.

[82] OGH 13.6.1985, TranspR 1988, 13, 15; *Loewe* ETR 1976, 545 Nr. 124; *Putzeys* S. 172 Nr. 497; *Hill/Messent* S. 92; GroßkommHGB/*Helm* Rn. 51; Thume/*Temme* Rn. 52; *Koller* Rn. 9; Fremuth/Thume/*Thume* Rn. 37; EBJS/*Boesche* Rn. 18; Ferrari/*Otte,* Int. Vertragsrecht, Rn. 27; Jabornegg/Artmann/*Csoklich* Rn. 14.

[83] BGH 27.1.1982, NJW 1982, 1944, 1945; zustimmend *Pesce* S. 168 f.; *Theunis/Maccarone* S. 75; *Herber/Piper* Rn. 40; Thume/*Temme* Rn. 56; EBJS/*Boesche* Rn. 18; *Jesser* S. 93; ebenso unter Berufung auf die Konferenz-Materialien *Nickel-Lanz* S. 83 f.

[84] GroßkommHGB/*Helm* Rn. 51 (es gelten aber Art. 23, 25); Fremuth/Thume/*Thume* Rn. 39; wohl auch OGH Wien 13.6.1985, TranspR 1988, 13, 15 und *Clarke* S. 83 Nr. 32c; *Koller* Rn. 9.

[85] So *Basedow* in der Erstauflage. Der Gedanke klingt an bei *Helm* VersR 1988, 554.

[86] *Herber/Piper* Rn. 40; *Jesser* S. 93 Fn. 444.

beachtet. Dies ist auch der Fall, wenn er sich zwar die Absenderausfertigung vorlegen lässt, diese jedoch nicht die fragliche Weisung (zB der Auslieferung an einen anderen Empfänger) enthält. Bezahlt der ursprüngliche Empfänger nach Erteilung der Weisung im Vertrauen auf die Absenderausfertigung den Kaufpreis an den Absender, so ist er geschädigt. Der Fall zeigt, dass die Haftung gemäß Abs. 7, 2. Alternative auch eingreift, wenn der Beförderer Weisungen befolgt, die zwar unter Vorlage, aber **nicht unter ordnungsgemäßer Vorlage der Absenderausfertigung** erteilt wurden.[87] Der Frachtführer muss nur diese Regularien prüfen, dagegen **nicht das materielle Weisungsrecht** des Weisungsgebers, sofern es sich nicht aus den beim Frachtführer befindlichen Unterlagen ergibt.[88] Der Anspruch steht grundsätzlich dem Verfügungsberechtigten zu; es können jedoch auch andere Personen in den Schutzbereich von Abs. 7 gelangen und damit **aktivlegitimiert** sein.[89] Dies gilt uU auch für Kreditgeber.[90] Zu den Anspruchsvoraussetzungen siehe im Übrigen oben Rn. 33, zu Konkurrenzen und Haftungsumfang Rn. 34 f.

### Art. 13 [Rechte und Pflichten des Empfängers]

(1) ¹Nach Ankunft des Gutes an dem für die Ablieferung vorgesehenen Ort ist der Empfänger berechtigt, vom Frachtführer zu verlangen, daß ihm gegen Empfangsbestätigung die zweite Ausfertigung des Frachtbriefes übergeben und das Gut abgeliefert wird. ²Ist der Verlust des Gutes festgestellt oder ist das Gut innerhalb der in Artikel 19 vorgesehenen Frist nicht angekommen, so kann der Empfänger die Rechte aus dem Beförderungsvertrage im eigenen Namen gegen den Frachtführer geltend machen.

(2) ¹Der Empfänger, der die ihm nach Absatz 1 zustehenden Rechte geltend macht, hat den Gesamtbetrag der aus dem Frachtbrief hervorgehenden Kosten zu zahlen. ²Bei Streitigkeiten hierüber ist der Frachtführer zur Ablieferung des Gutes nur verpflichtet, wenn ihm der Empfänger Sicherheit leistet.

### Art. 13

(1) Après l'arrivée de la marchandise au lieu prévu pour la livraison, le destinataire a le droit de demander que le deuxième exemplaire de la lettre de voiture lui soit remis et que la marchandise lui soit livrée, le tout contre décharge. Si la perte de la marchandise est établie, ou si la marchandise n'est pas arrivée à l'expiration du délai prévu à l'article 19, le destinataire est autorisé à faire valoir en son propre nom vis-à-vis du transporteur les droits qui résultent du contrat de transport.

(2) Le destinataire qui se prévaut des droits qui lui sont accordés aux termes du paragraphe 1 du présent article est tenu de payer le montant des créances résultant de la lettre de voiture. En cas de contestation à ce sujet, le transporteur n'est obligé d'effectuer la liv-

### Art. 13

(1) After arrival of the goods at the place designated for delivery, the consignee shall be entitled to require the carrier to deliver to him, against a receipt, the second copy of the consignment note and the goods. If the loss of the goods is established or if the goods have not arrived after the expiry of the period provided for in article 19, the consignee shall be entitled to enforce in his own name against the carrier any rights arising from the contract of carriage.

(2) The consignee who avails himself of the rights granted to him under paragraph 1 of this article shall pay the charges shown to be due on the consignment note, but in the event of dispute on this matter the carrier shall not be required to deliver the goods

---

[87] *Koller* Rn. 10.
[88] So mit unterschiedlicher Begründung *Koller* Rn. 11; *Heuer* S. 158.
[89] Siehe Cass.com. 19.7.1976, BT 1976, 364; ähnlich *Koller* Rn. 10; EBJS/*Boesche* Rn. 19.
[90] So *Koller* Rn. 10 unter Hinweis auf BGH 19.3.1976, WM 1976, 566, 567, einer Entscheidung zur Art. 12 Abs. 3 WA.

| | |
|---|---|
| raison de la marchandise que si une caution lui est fournie par le destinataire. | unless security has been furnished by the consignee. |

**Schrifttum:** Siehe vor Art. 1 und *Csoklich,* Zur Anspruchsberechtigung im Straßengüterverkehr, RdW 1997, 188; *Gröhe,* Der Transportvertrag als Vertrag zugunsten Dritter, ZEuP 1993, 141; *Helm,* Der Ersatzberechtigte im CMR-Haftpflichtfall, TranspR 1983, 29; *Herber,* Anspruch des Empfängers gegen den Unterfrachtführer aus dem Unterfrachtvertrag? TranspR 2008, 239; *Kehl,* Die Haftung des Unterfrachtführers im Straßengüterverkehr, 2004; *Koller,* Die Verdoppelung des Prozeßrisikos von CMR-Frachtführern, VersR 1982, 414; *ders.,* Die Haftung des Unterfrachtführers gegenüber dem Empfänger, VersR 1988, 673; *ders.,* Die Person des Schadensersatzberechtigten bei Ansprüchen aus Art. 17 CMR, RIW 1988, 254; *ders.,* Die Inanspruchnahme des Empfängers für Beförderungskosten durch Frachtführer oder Spediteur, TranspR 1993, 41; *ders.,* Der Unterfrachtführer als Schuldner und Gläubiger, TranspR 2009, 451; *Thume,* Keine Rechte des Empfängers nach Art. 13 Abs. 1 CMR und § 435 HGB gegen den Unterfrachtführer, TranspR 1991, 85; *Tunn,* Rechtsstellung des Empfängers im Frachtrecht, TranspR 1996, 401.

## Übersicht

| | Rn. | | | Rn. |
|---|---|---|---|---|
| **I. Bedeutung und Zweck** | 1–3 | | d) Schadensersatzansprüche | 15, 16 |
| **II. Rechtserwerb des Empfängers** | | | 5. Passivlegitimation | 17 |
| **(Abs. 1)** | 4–20 | | 6. Auswirkung auf Ansprüche des Absen- | |
| 1. Aktivlegitimation und Prozessstand- | | | ders | 18–20 |
| schaft | 4–6 | | **III. Zahlungspflicht des Empfängers** | |
| 2. Ankunft des Gutes | 7, 8 | | **(Abs. 2)** | 21–30 |
| 3. Verlust und Verspätung | 9, 10 | | 1. Voraussetzungen der Zahlungspflicht | 21, 22 |
| 4. Umfang des Rechtserwerbs | 11–16 | | 2. Umfang der Zahlungspflicht | 23, 24 |
| a) Übergabe des Frachtbriefs | 11 | | 3. Verhältnis von Absender- und Empfän- | |
| b) Ablieferung des Gutes | 12, 13 | | gerhaftung | 25, 26 |
| c) Verlust und Verspätung: Rechte aus | | | 4. Zurückbehaltungs- und Pfandrecht | 27–30 |
| dem Beförderungsvertrag | 14 | | | |

## I. Bedeutung und Zweck

Art. 13 legt die Rechte und Pflichten des Empfängers fest; gemeint ist dabei der **Dritt-** **1** **empfänger,** der nicht zugleich Auftraggeber des Beförderers ist. Hat der Empfänger – etwa als Käufer eines Ex-works-, oder Free-Carrier-Kaufvertrags – selbst den Frachtführer beauftragt, das Gut beim Verkäufer abzuholen, so **ist der Empfänger zugleich Absender** im transportrechtlichen Sinne und kann folglich Absenderrechte wahrnehmen.[1] Der Verkäufer nimmt dagegen die Rolle eines Abladers ein; die Vertragskonstellation ist vom FOB-Kauf des Seerechts her geläufig, begegnet aber auch im Landtransportrecht. Im Falle der FOB-Konstellation bedürfen die Rechte und Pflichten des Empfängers keiner besonderen Regelung, weil er selbst Vertragspartei ist. Bedarf bestünde für eine gesetzliche Ausgestaltung von Rechten und Pflichten des Abladers, zB des Weisungsrechts (vgl. Art. 12 Rn. 5); doch schweigt die CMR dazu, weil sie – wie das eisenbahnrechtliche Vorbild der CIM – stillschweigend davon ausgeht, dass der Absender, also der Vertragspartner des Beförderers, identisch mit demjenigen ist, der das Gut am Übernahmeort physisch auf den Weg bringt.

Die **dogmatische Begründung der Rechtsstellung des Empfängers,** dem aus dem **2** Vertrag zwischen Absender und Frachtführer Pflichten und Rechte erwachsen, ist umstritten.[2] Zum Teil wird der **Absender als Vertreter des Empfängers** gesehen,[3] so dass der Empfänger allein oder, wenn der Absender zugleich in eigenem Namen handelt, neben diesem Vertragspartei wird. Im zweiten Fall kann man von einem **Dreipersonenvertrag**

---

[1] Siehe Hoge Raad 7.12.1973, Ned.Jur. 1974 Nr. 307 mit Anm. *Schultsz;* siehe dazu auch *Czapski* RIW 1974, 161; vgl. die Klausel FCA (Free carrier) der Incoterms 2010 und dazu *von Bernstorff,* Incoterms 2010, 2010, FCA S. 308 ff. Rn. 308 ff.

[2] Eingehend zu dieser Diskussion *Basedow* TranspV S. 321 f.

[3] So vor allem in England, vgl. *Kahn-Freund,* The Law of Carriage by Inland Transport, 4. Aufl. 1965, S. 401; *Clarke* S. 355 f. Nr. 216a.

sprechen.[4] Andere haben die Rechte des Empfängers aus der **Abtretung von Absender-rechten** erklärt,[5] wieder andere den Transportvertrag als **Anweisung** betrachtet, durch die der angewiesene Beförderer verpflichtet wird, an den Anweisungsempfänger zu leisten.[6] Die hM in den kontinentaleuropäischen Ländern qualifiziert den Frachtvertrag als echten **Vertrag zugunsten Dritter,** aus dem sich für den Empfänger direkte Rechte gegenüber dem Beförderer ergeben, die allerdings mit Auflagen belastet sein können, so dass der Empfänger durch Ausübung der Rechte gegenüber dem Beförderer auch verpflichtet wird, insbesondere zur Zahlung der offenen Fracht.[7]

3 Im Anwendungsbereich der CMR sind die Auswirkungen der dogmatischen Auseinandersetzung gering, weil Art. 13 wie auch andere Vorschriften des nationalen deutschen[8] und des internationalen Frachtrechts[9] die Rechte und Pflichten des Drittempfängers ziemlich präzise umschreibt: Die Vorschrift begründet im Abs. 1 einen **Auslieferungsanspruch** des Empfängers nach Ankunft des Gutes am Bestimmungsort, darüber hinaus seine **Aktivlegitimation** für Haftungsansprüche, die er wegen Verlust und Verspätung gegen den Beförderer richtet. Dem Frachtführer gewährt Abs. 2 einen **Zahlungsanspruch** gegen den Empfänger wegen der unbezahlten, sich aus dem Frachtbrief ergebenden Kosten und ein **Zurückbehaltungsrecht.**

## II. Rechtserwerb des Empfängers (Abs. 1)

4 **1. Aktivlegitimation und Prozessstandschaft.** Gemäß Abs. 1 Satz 1 kann der Empfänger nach Ankunft des Gutes am Bestimmungsort Ablieferung an sich verlangen. **Empfänger** ist die vom Absender anfänglich, also im Frachtbrief oder im Transportauftrag, benannte Person;[10] die Benennung ist auch durch spätere Weisung möglich. Ist kein Empfänger benannt, oder kommt es zu abweichenden Weisungen, so wird zum Empfänger diejenige Person, die der Absender[11] oder der ursprüngliche Empfänger[12] auf Grund des Weisungsrechts nach Art. 12 nachträglich bezeichnet hat. Maßgeblich für die Stellung als Empfänger ist der Zeitpunkt, in dem der Betreffende Rechte als Empfänger geltend macht. Wer als Empfänger im Frachtbrief vermerkt ist, hat zwar die Beweisvermutung des Art. 9 Abs. 1 für sich, vgl. Art. 9 Rn. 4, doch ist diese widerleglich. Die materielle Eigenschaft als Empfänger ergibt sich nur aus dem Vertrag; die Eintragung im Frachtbrief wirkt weder zugunsten des Eingetragenen noch zulasten des Nichteingetragenen konstitutiv. Eine Person, die danach nicht Empfänger ist, an die das Gut aber gleichwohl abgeliefert wird („Zufallsempfänger") erwirbt durch diesen rein tatsächlichen Vorgang ebenso wenig die Rechte aus Art. 13 wie eine bloße Meldestelle („notify address").[13]

[4] Eingehend *Rodière,* Droit des transports, S. 425 f. Nr. 365; *Tourneau,* Contrat de transport, in: Encycl. Dalloz, Tome IV, 2000, S. 7 Nr. 35; vgl. auch *Lamy* 2013 Rn. 59; so auch jedenfalls verbal Cour cass. 28.2.1984, J. C. P. 1984 IV 148 = BT 1984, 430 zu Art. 101 C.com. aF; mittlerweile ist der destinataire ausdrücklich in Art. L 132–8 C.com. genannt; vgl. dazu *Mercadal,* GS Helm, 2001, S. 199, 202; ähnlich andeutungsweise in Belgien *Putzeys* S. 46 Nr. 121 und S. 364 Nr. 1063.
[5] So *Levin Goldschmidt,* Handbuch des Handelsrechts I 2, 1868, S. 749 f.
[6] *Rosenthal,* Internationales Eisenbahn-Frachtrecht, 1894, S. 106; *Silingardi,* Contratto di trasporto e diritti del destinario, 1980, S. 33 ff., 81 ff.
[7] GroßkommHGB/*Helm* § 425 Rn. 104 f. mwN; *Koller* Rn. 1; *Thume/Temme* Rn. 2; *Tunn* TranspR 1996, 401, 402; EBJS/*Boesche* Rn. 1; Ferrari/*Otte,* Int. Vertragsrecht, Rn. 1; für Österreich OGH Wien 14.9.1995, RdW 1996, 207; siehe für Italien Corte cass. 21.10.1991, Nr. 11108, La nuova giurisprudenza civile commentata 8 (1992) I, 598 = ZEuP 1993, 141, 142 mit Anm. *Gröhe;* für Frankreich *Tourneau* (Fn. 4) Nr. 35.
[8] §§ 421, 494 HGB.
[9] Art. 17 ER CIM 1999; Art. 13 MÜ; Art. 10 CMNI.
[10] BGH 15.10.1998, TranspR 1999, 102, 103 f.
[11] OLG Düsseldorf 13.11.1980, VersR 1982, 89; *Hill/Messent* S. 94 f.; *Herber/Piper* Rn. 4; EBJS/*Boesche* Rn. 5.
[12] OLG Hamburg 17.11.1983, VersR 1984, 236; *Hill/Messent* S. 94 f.; *Clarke* S. 115 Nr. 40; EBJS/*Boesche* Rn. 5.
[13] BGH 8.7.2004, TranspR 2004, 357, 358 = ETR 2005, 262, 267; OLG Düsseldorf 2.3.1989, TranspR 1989, 423; Cour Aix-en-Provence 28.5.1991, BTL 1993, 204; *Haak* S. 256; *Herber/Piper* Rn. 4; GroßkommHGB/*Helm* Rn. 1; Fremuth/Thume/*Thume* Rn. 5; EBJS/*Boesche* Rn. 5; siehe auch Cour Paris

Dritte können durch **Abtretung** aktivlegitimiert werden. Nicht nur der Empfänger, **5** auch der Absender kann seine Rechte aus dem Frachtvertrag abtreten.[14] Da Voraussetzungen und Zeitpunkt des Erwerbs eigener Rechte auf Seiten des Empfängers unsicher sein können, empfiehlt es sich, dass er sich die Rechte des Absenders abtreten lässt, ehe er aus eigenem und abgetretenem Recht gegen den Frachtführer vorgeht.[15] Die Empfängerrechte können schon abgetreten werden, bevor der Empfänger sie geltend gemacht und damit das Weisungsrecht gemäß Art. 12 Abs. 2 Satz 2 erworben hat.[16] Der Zessionar kann sich auf die abgetretenen Rechte nur berufen, wenn sie ohne Abtretung im Zeitpunkt der Geltendmachung gemäß Abs. 1 Satz 1 oder 2 in der Person des Empfängers entstanden wären, vgl. Rn. 7 ff. In seinen AGB darf der Frachtführer nach deutscher Rspr. die Abtretung von Ansprüchen des Absenders bzw. Empfängers an Transportversicherer weder ausschließen noch unter den Vorbehalt seiner Zustimmung stellen.[17]

Wegen der Vielzahl der Beteiligten und der unterschiedlichen Vertragsgestaltungen ist **6** im Transportrecht das Risiko groß, dass Rechte durch Personen geltend gemacht werden, denen die Aktivlegitimation fehlt. Solche Reklamationen vermögen nicht, den Lauf der kurz bemessenen Verjährungsfristen zu hemmen, Art. 32 Rn. 30 f. Um den drohenden endgültigen Rechtsverlust zu verhindern, sollte sich der Kläger die Rechte anderer potentieller Anspruchsinhaber abtreten lassen, vgl. Rn. 5, oder aber diese Rechte im eigenen Namen wahrnehmen. Die Rspr. hilft im Frachtrecht über die großzügige Zulassung der **gewillkürten Prozessstandschaft** auf Grund ausdrücklicher oder konkludenter Ermächtigung.[18] Im internationalen Straßengüterverkehr hat der BGH ein eigenes rechtliches Interesse des Ermächtigten anerkannt, wenn der Absender Schadensersatzansprüche des Empfängers geltend macht[19] und wenn der Endempfänger oder sein Transportversicherer Schadensersatzansprüche des Empfangsspediteurs einklagt.[20] Auch die **Drittschadensliquidation,** bei der dem formell Berechtigten aber nicht Geschädigten die Durchsetzung von Ansprüchen ermöglicht wird, wird von der Rspr. im Frachtrecht zugelassen,[21] zum Teil sogar als autonome Regelung aus Art. 13 Abs. 1 CMR verstanden, die selbst dann gilt, wenn die nationale Rechtsordnung keine Drittschadensliquidation kennt.[22] Anerkannt ist die Geltendmachung von Ansprüchen des Empfängers durch den Absender[23] und umgekehrt,[24] des Auftraggebers durch den Spediteur,[25] des Versenders durch den Absender,[26] des Absenders gegen den Unterfrachtführer durch den Hauptfrachtführer,[27] des Hauptfrachtführers durch einen Unterfrachtführer gegen einen diesem unmittelbar nachfolgenden

---

7.4.1994, BTL 1994, 410, 411 für eine Meldestelle, die zugleich Ablieferungsstelle war, allerdings auf der Grundlage von Art. 101 C.com aF; vgl. auch Art. 12 Rn. 12.

[14] *Koller* Rn. 10; EBJS/*Boesche* Rn. 10; vgl. BGH 28.4.1988, TranspR 1988, 338, 339: Abtretung von Empfängerrechten; App. Milano 21.2.1992, Riv.dir.int.priv.proc. 29 (1993) 119: Abtretung von – in casu nicht existenten – Absenderrechten.

[15] Ähnlich *Hill/Messent* S. 267.

[16] BGH 28.4.1988, TranspR 1988, 338, 339; nach *Koller* Rn. 10 soll der Anspruch auf Ablieferung nur in Verbindung mit dem Weisungsrecht abgetreten werden, ausführliche Begründung *ders.*, FS Richardi, 2007, S. 1121, 1126 f.

[17] BGH 9.11.1981, VersR 1982, 287.

[18] Vgl. allgemein BGH 26.9.1957, BGHZ 25, 250, 259 f. = NJW 1957, 1838, 1839; *Piper* VersR 1988, 201, 203; EBJS/*Boesche* Rn. 17.

[19] Hilfserwägung in BGH 10.4.1974, VersR 1974, 796, 798.

[20] BGH 6.5.1981, NJW 1981, 2640.

[21] Ausführlich *Koller* § 425 HGB Rn. 63; BGH 14.2.2008, TranspR 2008, 323 ff.; Hof van Cassatie Belgien 21.1.2010, ETR 2010, 311; Hof Antwerpen 3.12.2008, ETR 2009, 334.

[22] OLG Köln 27.9.2005, TranspR 2007, 316, 318.

[23] BGH 1.10.1975, VersR 1976, 168, 169; 9.11.1981, VersR 1982, 287, 288; 1.6.2006, TranspR 2006, 308, 309; OLG Linz 27.11.1989, TranspR 1990, 154, 155 f.; *Herber/Piper* Rn. 32; EBJS/*Boesche* Rn. 16.

[24] BGH 9.11.1981, NJW 1982, 992, 993; OLG Köln 27.9.2005, TranspR 2007, 316, 317.

[25] BGH 10.4.1974, NJW 1974, 1614, 1616.

[26] BGH 14.3.1985, VersR 1985, 753, 754; OLG Hamm 6.2.1997, TranspR 1998, 34.

[27] BGH 14.11.1991, NJW 1992, 1698; OGH Wien 26.11.1996, TranspR 1997, 281, 283 f. unter Aufgabe seiner bisherigen Rspr.

Unterfrachtführer[28] sowie durch den Spediteur bzw. Frachtführer für den Transportversicherer, der dem Absender den Schaden ersetzt hat.[29]

**7**    **2. Ankunft des Gutes.** Die Empfängerrechte entstehen erst nach Ankunft des Gutes an dem für die Ablieferung vorgesehenen Ort. Dieser kann ursprünglich im Vertrag bestimmt sein oder durch Weisung des Verfügungsberechtigten nachträglich angeordnet werden.[30] Die Voraussetzung ist auch gegeben, wenn ein Teil des Gutes in Verlust geraten ist, aber der andere Teil am Bestimmungsort ankommt; für den Erwerb der Empfängerrechte gilt aber Satz 2 (Rn. 9). Sie können dort **formlos geltend gemacht** werden; anders als bei der Ausübung des Weisungsrechts in den Fällen des Art. 12 Abs. 5 lit. a bedarf es hier nicht der Vorlage der Absenderausfertigung des Frachtbriefs.[31]

**8**    Was unter dem Bestimmungsort im Sinne dieser Bestimmung zu verstehen ist, ist fraglich. Dass der französische und der englische Text hier denselben Begriff (lieu, place) verwenden wie für die im Frachtbrief einzutragende „Ablieferungsstelle" (Art. 6 Abs. 1 lit. d), schließt eine unterschiedliche Auslegung beider Vorschriften im Lichte des jeweiligen Gesetzeszwecks nicht aus, vgl. Art. 6 Rn. 11. Fährt der Beförderer direkt bis zu der im Frachtbrief angegebenen **Ablieferungsstelle,** so steht dem Empfänger unstreitig ein Ablieferungsanspruch zu. Zum Teil wird darüber hinaus angenommen, dass der Empfänger seine eigenen Rechte aus dem Frachtvertrag bereits erwirbt, wenn das Gut in der **politischen Gemeinde,** also in der Stadt oder dem Dorf ankommt, in dem sich die Ablieferungsstelle befindet.[32] Für diese Erweiterung spricht, dass die Lkw an den Bestimmungsorten vielfach und nicht nur im Sammelladungsverkehr Güterverkehrszentren ansteuern, von denen aus die Güter verteilt und von Fahrern mit Ortskenntnis dem Empfänger zugestellt werden. Ist erst einmal ein solcher Knotenpunkt erreicht, so tritt das Interesse des Absenders an der weiteren Kontrolle des Transports zurück hinter dem Interesse des Empfängers daran, Ablieferung an derjenigen Betriebsstätte verlangen zu können, wo er das Gut benötigt. Eine zeitige Empfängerweisung (Art. 12 Abs. 2 iVm. Art. 13 Abs. 1) kann verhindern, dass das Gut erst zu dem als Ablieferungsstelle angegebenen Lager des Empfängers am anderen Ende der Stadt gefahren wird, ehe der Empfänger dort den Frachtführer anweist, es zu einer Betriebsstätte in der Nähe des Gütertransportverkehrszentrums zurückzubringen. Richtigerweise kann es nicht darauf ankommen, ob dieses Güterverkehrszentrum innerhalb der Gemeindegrenzen des Bestimmungsorts liegt. Das Gut ist vielmehr iSv. Abs. 1 am Bestimmungsort angekommen, wenn es bei einem Güterverkehrszentrum eintrifft, das wirtschaftlich zum **Einzugsgebiet des Bestimmungsorts** gehört und das der Verteilung von Transportgütern am Bestimmungsort dient.

**9**    **3. Verlust und Verspätung.** Gelangt das Gut nicht an den Bestimmungsort, so erwirbt der Empfänger gemäß Abs. 1 Satz 2 die Rechte aus dem Beförderungsvertrag, wenn die Güter verloren sind oder die Frist für die Ablieferung abgelaufen ist. Der **Verlust** muss **„festgestellt"** („established", „établie") sein; irrelevant ist, ob die gesamte Sendung oder nur ein Teil verloren gegangen ist.[33] Ein förmliches Verfahren für die Feststellung sieht die CMR nicht vor. Gemeint ist nach allgemeiner Ansicht auch nicht eine Feststellung als Abschluss eines besonderen Verfahrens, sondern dass der Verlust für die Beteiligten „feststeht"; diese Deutung steht durchaus mit der französischen und englischen Originalversion im Einklang. Bestreitet der Beförderer den Verlust, so liegt die Beweislast beim Empfänger.

---

[28] OGH Wien 25.11.1997, SZ 70/247.
[29] OGH Wien 27.4.2011, TranspR 2011, 373 = VersR 2012, 510.
[30] *Herber/Piper* Rn. 3; *Koller* Rn. 2; Thume/*Temme* Rn. 7; EBJS/*Boesche* Rn. 4.
[31] *Loewe* ETR 1976, 545 Nr. 125; *Clarke* S. 102 Nr. 37; *Koller* Rn. 3; *Herber/Piper* Rn. 9; GroßkommHGB/*Helm* Rn. 5.
[32] *Loewe* ETR 1976, 545 Nr. 125; *Koller* Rn. 2; GroßkommHGB/*Helm* Rn. 5; Jabornegg/Artmann/*Csoklich* Rn. 1; zweifelnd aber im Ergebnis wie hier *Herber/Piper* Rn. 2, die aber nach Ankunft des Gutes dem Empfänger das Recht zur Konkretisierung der Ablieferungsstelle zugestehen; aA Thume/*Temme* Rn. 7; Fremuth/Thume/*Thume* Rn. 6; EBJS/*Boesche* Rn. 4; Ferrari/*Otte,* Int. Vertragsrecht, Rn. 8: genaue Adresse.
[33] *Koller* Rn. 5a; Thume/*Temme* Rn. 19; Jabornegg/Artmann/*Csoklich* Rn. 3.

Grundlage der Feststellung kann der Ablauf der Fristen des Art. 20 sein, aber auch ein Geständnis des Frachtführers sowie ein Polizei- oder Zeugenbericht über den Diebstahl oder die Zerstörung von Lkw und Ladung etc.[34]

Ist das Gut **verspätet**, dh. nicht innerhalb der vertraglich vereinbarten oder der ange- **10** messenen Frist (vgl. Art. 19) angekommen, so kann der Empfänger ebenfalls die Rechte aus dem Vertrag geltend machen. Dafür genügt die einfache Verspätung; dass die Verlust-vermutung des Art. 20 eingreift, ist nicht erforderlich; in diesem Fall gilt ohnehin schon der Verlust des Gutes als festgestellt, vgl. Rn. 9. Das Gut ist weder verloren noch verspä-tet, wenn der Absender auf Grund seines Weisungsrechts die Rückbeförderung angeord-net hat;[35] dann stehen dem ursprünglichen Empfänger die Rechte aus Art. 13 Abs. 1 Satz 2 schon deshalb nicht zu, weil er nicht mehr Empfänger im Sinne dieser Vorschrift ist.[36]

**4. Umfang des Rechtserwerbs. a) Übergabe des Frachtbriefs.** Gemäß Abs. 1 **11** Satz 1 kann der Empfänger nach Ankunft des Gutes am Bestimmungsort gegen Empfangs-bestätigung (Rn. 13) die Übergabe der zweiten das Gut begleitenden Ausfertigung des Frachtbriefs verlangen. Dieser Anspruch schließt gleichsam als minus das Recht ein, **Einsicht in den Frachtbrief** zu nehmen, bevor der Empfänger entscheidet, ob er dessen Herausgabe fordert.[37] Er kann auf diese Weise uU feststellen, ob das Gut nach Art und Menge mit der von ihm erwarteten Sendung übereinstimmt und welche Kosten auf dem Gut lasten, vgl. Abs. 2. Die zweite Ausfertigung des Frachtbriefs kann er auch verlangen, ohne die Ablieferung des Gutes zu fordern, wenn er nur das Weisungsrecht gemäß Art. 12 Abs. 2 auf sich überleiten will.[38] Verweigert er danach die Annahme des Gutes und erteilt auch keine ausführbare Weisung, so fällt das Weisungsrecht gemäß Art. 15 Abs. 1 Satz 2 an den Absender zurück. Darüber hinaus kann der Empfänger, der dem Vertrag bereits beigetreten ist und deshalb dem Frachtführer auch die allgemeine vertragliche Sorgfalt schuldet, nach nationalem Recht (Einl. Rn. 41 ff.), schadensersatzpflichtig sein; ist deut-sches Recht Vertragsstatut, kommt positive Vertragsverletzung als Anspruchsgrundlage in Betracht.

**b) Ablieferung des Gutes.** Nach Ankunft des Gutes kann der Empfänger ferner die **12** Ablieferung und, als minus dazu, zuvor dessen **äußerliche Besichtigung** verlangen.[39] Er kann dieses Ablieferungsbegehren zugleich mit der Übergabe der das Gut begleitenden Frachtbriefausfertigung oder auch später, oder wenn kein wirksamer Frachtbrief ausgestellt wurde, auch allein stellen.[40] Auch wenn die CMR den Begriff der Ablieferung nicht im Einzelnen erläutert, besteht kein Grund, seine Präzisierung dem nationalen Recht zu überlassen.[41] Über seine Auslegung besteht international weitgehend Konsens; Ablieferung ist der „Vorgang, durch den der Frachtführer die Obhut an dem beförderten Gut mit ausdrücklicher oder stillschweigender Einwilligung des Empfängers wieder aufgibt und die-sen in die Lage versetzt, die tatsächliche Gewalt über das Gut auszuüben".[42] Wesentlich daran ist zum einen das **konsensuale Element** und zum anderen, dass der Frachtführer das Gut dem Empfänger in Übereinstimmung mit dem Vertrag, vor allem am richtigen Ort und zur richtigen Zeit, **zur Verfügung stellen** muss. Dass der Empfänger das Gut tatsächlich in Besitz nimmt, ist nicht Bestandteil der Ablieferung, wird in den Fällen des

---

[34] GroßkommHGB/*Helm* Rn. 10; ähnlich *Koller* Rn. 5a.
[35] Rb. Middelburg 26.6.1963, S. & S. 1974 Nr. 30 = ETR 1966, 736.
[36] *Loewe* ETR 1976, 545 Nr. 126.
[37] *Koller* TranspR 1993, 42; Thume/*Temme* Rn. 32; EBJS/*Boesche* Rn. 11.
[38] Thume/*Temme* Rn. 1.
[39] *Koller* TranspR 1993, 42; GroßkommHGB/*Helm* Rn. 11.
[40] *Koller* Rn. 3; EBJS/*Boesche* Rn. 2; abweichend GroßkommHGB/*Helm* Rn. 5 aE: fehlt ein Frachtbrief, richten sich die Empfängerrechte nach der Vereinbarung der Parteien.
[41] So aber *Lamy* 2013 Rn. 740 und *Rodière* BT 1974, 242 Nr. 37 „droit commun", allerdings unter gleichzeitigem Hinweis auf die „principes généraux de la convention".
[42] BGH 29.11.1984, TranspR 1985, 182, 183 sub II 1; GroßkommHGB/*Helm* § 429 Rn. 52; *Koller* Rn. 3.

Art. 13 Abs. 1 selten Probleme bereiten. Weitere Rechte, die dem Empfänger ab Ankunft des Gutes zustehen, sind das **Weisungsrecht,** Art. 12 Abs. 2, und das Recht auf Schadensersatz wegen Beschädigung des Gutes, siehe Rn. 15 f.

**13**    Im Gegenzug gegen die Ablieferung kann der Frachtführer eine **Empfangsbestätigung** („receipt", „décharge") verlangen. Hierfür ist keine Form ausdrücklich vorgeschrieben,[43] aber nach Sinn und Zweck der Regelung die Schriftform erforderlich. In der Praxis wird der Empfang meist auf dem Frachtbrief quittiert.[44] Bis die Empfangsbestätigung erteilt wird, steht dem Beförderer ein Zurückbehaltungsrecht an dem Transportgut zu.[45] Liefert er ohne Quittung aus, so ist er nicht gehindert, die Ablieferung mit allen zulässigen Mitteln zu beweisen.[46] Die **Beweiswirkung** der Empfangsbestätigung, insbesondere der Umfang und die Anforderungen an die Entkräftung einer Beweisvermutung, ist in der CMR nicht geregelt. Da ihr für die Ablieferung der Güter dieselbe Funktion zukommt wie dem Frachtbrief für die Übernahme, empfiehlt sich eine entsprechende Anwendung von Art. 9 Abs. 1.[47]

**14**    **c) Verlust und Verspätung: Rechte aus dem Beförderungsvertrag.** Bei Verlust und Verspätung der Ablieferung (Rn. 9 f.) „kann der Empfänger die Rechte aus dem Beförderungsvertrage im eigenen Namen gegen den Frachtführer geltend machen", Abs. 1 Satz 2. Nach zutreffender Auffassung ermächtigt die CMR damit nicht nur den Empfänger zur Wahrnehmung fremder, dem Absender zustehender Rechte, sondern gewährt ihm davon unabhängig eigene Rechte.[48] Welche Rechte dies sind, sagt die CMR nicht. Wie sich aus Abs. 1 Satz 1 ergibt, sind in erster Linie Primärrechte gemeint. **Ablieferung** ist bei Verlust unmöglich; doch kann der Empfänger für den Fall, dass sich das Gut wiederfindet, gemäß Art. 20 Abs. 2 Benachrichtigung sowie gemäß Art. 20 Abs. 3 Herausgabe des Gutes fordern. Wenn das Gut verspätet ankommt, entsteht der Ablieferungsanspruch ohnehin gemäß Art. 13 Abs. 1 Satz 1 mit der Ankunft am Bestimmungsort. Außerdem gewährt Satz 2 dem Empfänger mit der Feststellung des Verlusts bzw. bereits mit Ablauf der Lieferfrist des Art. 19 das **Weisungsrecht,** das er folglich ausüben kann, bevor das Gut am Bestimmungsort angekommen ist und bevor er die zweite Ausfertigung des Frachtbriefs (Art. 12 Abs. 5 lit. a) in Händen hält.

**15**    **d) Schadensersatzansprüche.** In Art. 13 Abs. 1 finden weder in Satz 1 noch in Satz 2 Sekundärrechte, also Schadensersatzansprüche, Erwähnung. Daraus wird zum Teil gefolgert, dass die CMR die Aktivlegitimation des Empfängers für Schadensersatzklagen gegen den Frachtführer, die sich auf Verlust oder Beschädigung des Gutes sowie Lieferverspätung stützen, nicht regelt und diese Frage vielmehr dem **nationalen Recht** überlasse.[49] Für diese These spricht zwar, dass sich Art. 13 Abs. 1 ausdrücklich nur auf Primärrechte bezieht. Daraus lässt sich jedoch nicht folgern, dass die Aktivlegitimation für Sekundärrechte in der CMR nicht geregelt sei.

**16**    Die **Aktivlegitimation** des Empfängers für Schadensersatzansprüche gemäß Art. 17 ergibt sich vielmehr **unmittelbar aus Art. 13 CMR,** und zwar unabhängig davon, ob es um die Haftung für Verspätung oder Verlust oder Beschädigung geht.[50] Das Primärrecht auf

   [43] *Koller* Rn. 2; *Herber/Piper* Rn. 9; GroßkommHGB/*Helm* Rn. 5; EBJS/*Boesche* Rn. 3; Jabornegg/Artmann/*Csoklich* Rn. 1; *Clarke* S. 102 Nr. 37: „no form prescribed".
   [44] *Godfroid,* Anmerkung zu Kh. Gent 15.1.1981, ETR 1981, 715; *Ponet* S. 177.
   [45] *Koller* Rn. 2; *Thume/Temme* Rn. 6.
   [46] Cass.com. 15.5.1984, BT 1984, 526; Kh. Gent 15.1.1981, ETR 1981, 708; Corte cass. 10.2.2003, ETR 2003, 776; *Herber/Piper* Rn. 10; GroßkommHGB/*Helm* Rn. 7; EBJS/*Boesche* Rn. 3; *Ferrari/Otte,* Int. Vertragsrecht, Rn. 9; *Lamy* 2013 Rn. 742; *Putzeys* S. 176 f. Nr. 517.
   [47] *Herber/Piper* Rn. 9; *Koller* Rn. 2; Fremuth/Thume/*Thume* Rn. 7; EBJS/*Boesche* Rn. 3; *Ferrari/Otte,* Int. Vertragsrecht, Rn. 9; abweichend *Basedow* in der Erstauflage: maßgeblich sei die lex fori.
   [48] *Theunis/Maccarone* S. 70; *Clarke* S. 116 Nr. 40b.
   [49] Vgl. die französischen Autoren, oben Fn. 41 und Cour Paris 7.4.1994, BTL 1994, 410, 411.
   [50] Hof 's-Gravenhage 8.11.1994, S. & S. 1995 Nr. 88; ebenso im Ergebnis, wenn auch nicht in der Begründung *Clarke* S. 116 Nr. 40a; *Koller* Rn. 7; *Herber/Piper* Rn. 17; GroßkommHGB/*Helm* Rn. 11; EBJS/*Boesche* Rn. 2; Jabornegg/Artmann/*Csoklich* Rn. 3 f.; *Nickel-Lanz* S. 158; *Hill/Messent* S. 96.

Ablieferung ist nicht nur auf die Übergabe des Gutes als solche, sondern auf „vollständige, unbeschädigte und fristgerechte Herausgabe" des Gutes gerichtet.[51] Wäre es anders, gäbe es keinen inneren Grund für die Güterschadenshaftung des Beförderers. Dem Einwand, eine solche normative Aufladung der Ablieferungspflicht verhindere oft, dass es im Sinne des Art. 17 überhaupt zu einer Ablieferung und damit zur Beendigung des Haftungszeitraums komme,[52] ist nur insoweit zu folgen, als der Frachtführer auch die Ablieferung von beschädigtem Gut verlangen und auf diese Weise den Haftungszeitraum nach Art. 17 beenden könne.[53] Der Begriff der Ablieferung hat in Art. 13 und Art. 17 unterschiedliche Funktionen: Hier kennzeichnet er ex ante den geschuldeten Erfüllungserfolg, dort ex post das Ende der Obhutshaftung; dies impliziert ein unterschiedliches Verständnis.[54] Darüber hinaus bestimmt Art. 13 Abs. 1 den Empfänger für unterschiedliche Falllagen (beschädigte Ankunft, Verspätung, Verlust) zum Gläubiger der derart konkretisierten Primärpflicht zur Ablieferung. Art. 17 sieht für eben diese Falllagen als Sanktion eine umfassende Schadensersatzpflicht des Beförderers vor, die als Sekundärpflicht an die Stelle der Primärpflicht tritt. Da Art. 17 den Haftungsgläubiger in Abs. 2 nur von seiner Rolle her als „claimant" und „l'ayant-droit", dh. als Anspruchsteller umschreibt,[55] ist es nur nahe liegend, damit jedenfalls auch den Gläubiger der Primärpflicht auf Ablieferung gemäß Art. 13 Abs. 1 anzusehen, die durch die Schadensersatzpflicht gerade sanktioniert werden soll. Für nationales Recht lässt dieser Gedankengang keinen Raum. Die Aktivlegitimation des Empfängers beruht somit für alle in Art. 17 geregelten Schadensersatzansprüche auf der gleichen Grundlage; die Haftung für **Beschädigung der Güter** nimmt keine Sonderstellung ein. Dies entspricht zumindest im Ergebnis der Rechtsprechung[56] und Literatur.[57] Hat der Empfänger die Verfügungsbefugnis bereits erlangt, verliert er seine Rechte auch nicht, wenn er die Annahme des Gutes ablehnt. Er bleibt dadurch zur Erhebung von Schadensersatzansprüchen wegen Beschädigung des Gutes berechtigt.[58]

**5. Passivlegitimation.** Der BGH hat dem Empfänger lange Zeit direkte Ansprüche **17** gegen den abliefernden Unterfrachtführer verwehrt;[59] er könne diese nur gegen den Hauptfrachtführer und nachfolgenden Frachtführer iSd. Art. 34 geltend machen. Mittlerweile ist er der heftigen dagegen vorgebrachten Kritik gefolgt; für Ansprüche des Empfängers ist nunmehr auch nach Ansicht des BGH **der Unterfrachtführer passivlegiti-**

---

[51] *Loewe* ETR 1976, 552 Nr. 147; ihm folgend BGH 6.7.1979, BGHZ 75, 92, 95; OGH Wien 17.2.1982, *Greiter* S. 127, 134; 22.11.1984, *Greiter* S. 253, 258; *Herber/Piper* Rn. 5; EBJS/*Boesche* Rn. 2; *Clarke* S. 116 Nr. 40a; *Putzeys* S. 364 Nr. 1063.

[52] *Koller* RIW 1988, 254, 255; *ders.* Rn. 3.

[53] *Thume/Temme* Rn. 8; *Ferrari/Otte*, Int. Vertragsrecht, Rn. 10.

[54] *Lieser* S. 84.

[55] Die deutsche Übersetzung mit „Verfügungsberechtigter" in Art. 17 Abs. 2, 18 Abs. 2, 20 Abs. 2 und öfter deutet fälschlich eine Parallele zur Zuweisung des Verfügungsrechts gemäß Art. 12 an, was aber in der englischen und französischen Originalfassung gar nicht intendiert ist, siehe die eingehende Kritik bei *Haak* S. 261 f.; *Koller* VersR 1982, 415; *Lieser* S. 79 f.

[56] BGH 6.7.1979, BGHZ 75, 92, 94; 15.10.1998, TranspR 1999, 102, 103: Schadensersatzanspruch tritt an die Stelle des Herausgabeanspruchs; OLG Karlsruhe 25.2.1999, TranspR 1999, 349, 350; OLG Hamm 9.12.1999, TranspR 2000, 122: wenn Empfänger verfügungsbefugt; OGH Wien 22.11.1984, *Greiter* S. 253, 258; 27.1.1998, 1 Ob 170/97 z; Cass.com. 12.5.1980, BT 1980, 370; Hof Brüssel 5.12.1968, ETR 1969, 958; 30.10.1975, ETR 1976, 238.

[57] *Helm* TranspR 1983, 29; 31; *Koller* RIW 1988, 254, 257: entscheidend ist nicht, dass Empfänger verfügungsbefugt wurde, sondern Absender nicht mehr verfügen kann (Art. 12 Abs. 5); *Herber/Piper* Rn. 17; EBJS/*Boesche* Rn. 7.

[58] BGH 15.10.1998, TranspR 1999, 102, 103 f. = LM Nr. 71 CMR mit zust. Anm. *Bydlinski;* zustimmend GroßkommHGB/*Helm* Rn. 1; EBJS/*Boesche* Rn. 6; differenzierend *Koller* Rn. 7; aA *Thume/Temme* Rn. 12; *Ferrari/Otte*, Int. Vertragsrecht, Rn. 17; *Bracker* TranspR 1999, 7, 9 wie die Vorinstanz OLG Frankfurt 30.5.1996, TranspR 1997, 427.

[59] BGH 24.9.1987, TranspR 1988, 108, 111 = VersR 1988, 244, 246; 28.4.1988, TranspR 1988, 338, 340 = VersR 1988, 825, 826; 10.5.1990, TranspR 1990, 357, 358; 24.10.1991, TranspR 1992, 177, 178 = ZEuP 1993, 141 mit Anm. *Gröhe;* ebenso Hof Antwerpen 8.10.1986, ETR 1987, 436; OLG Düsseldorf 7.7.1988, TranspR 1988, 425, 427; 29.9.1988, TranspR 1989, 10, 12; zu seiner Begründung und zur Kritik *Basedow* Rn. 17–19 der Erstauflage.

**miert.**[60] Der Empfänger ist nicht nur Drittbegünstigter des Hauptfrachtvertrags, sondern auch **Drittbegünstigter des Unterfrachtvertrags** zwischen Haupt- und Unterfracht-führer, wenn der Unterfrachtführer verpflichtet ist das Gut an den Empfänger abzulie-fern.[61] In diesem Unterfrachtvertrag hat der Hauptfrachtführer die Stellung des Absenders inne; der Unterfrachtführer haftet ihm gegenüber, soweit es sich um einen grenzüber-schreitenden Beförderungsvertrag handelt, nach Art. 17 ff. CMR, dem Empfänger als Drittbegünstigten des Unterfrachtvertrags.[62] Aus Art. 13 Abs. 1 ergibt sich ferner, dass der Empfänger gegenüber dem Unterfrachtführer wenigstens befugt sein muss, sich auf die **Primärrechte auf Ablieferung des Gutes** und Übergabe der Zweitausfertigung des **Frachtbriefs** sowie auf das Weisungsrecht zu berufen; andernfalls wäre diese Vorschrift bei Transportketten, die sich auf Unterfrachtverträge stützen, weitgehend ohne Bedeu-tung und die praktische Abwicklung gefährdet. Da die Sekundärrechte des Empfängers dessen Primärrechte sanktionieren sollen (Rn. 16), müssen dem Empfänger gegenüber dem Unterfrachtführer dementsprechend auch Haftungsansprüche zustehen.[63] Schließlich spricht auch die **von Art. 31 bezweckte Erleichterung der Rechtsverfolgung** des Anspruchsberechtigten für diese Auffassung. Von Ladungsschäden betroffen ist durchweg der Empfänger; ihm obliegt es zumeist, die Rechte gegen den Beförderer durchzusetzen. Wird die Klage gegen den Unterfrachtführer zugelassen und hat dieser seinen Sitz im Land des Empfängers,[64] so wird die Rechtsverfolgung des Empfängers auch prozessual begünstigt, wie es dem Zweck des Art. 31 entspricht.[65]

18  **6. Auswirkung auf Ansprüche des Absenders.** Die Aktivlegitimation des Absenders ist in der CMR nicht ausdrücklich geregelt, ergibt sich jedoch nach allgemeinen vertrags-rechtlichen Grundsätzen (Einl. Rn. 37) aus seiner Stellung als Vertragspartner des Beförde-rers, ohne dass es dazu eines Rückgriffs auf das ergänzend anwendbare nationale Vertrags-recht bedürfte.[66] Diese Aktivlegitimation erstreckt sich auf alle aus dem Vertrag erwachsenden Rechte einschließlich der Schadensersatzansprüche, vor allem derjenigen gemäß Art. 17.[67] Sie bleibt auch erhalten, nachdem der Empfänger gemäß Abs. 1 eigene Rechte aus dem Vertrag erworben hat, soweit die CMR nicht wie im Falle des Weisungs-rechts gemäß Art. 12 Abs. 2 ausdrücklich etwas anderes anordnet und soweit die Durchset-zung der Absenderrechte mit der Ausübung der Empfängerrechte nicht unvereinbar ist. So kann der Absender auch nach Ankunft des Gutes am Bestimmungsort Ablieferung an den Empfänger verlangen, doch unterliegt diese Forderung der inhaltlichen Modifikation durch

[60] BGH 14.6.2007, TranspR 2007, 425 mit zust. Anm. *Thume* = NJW 2008, 289 mit Anm. *Ramming* = ETR 2008, 629; 30.10.2008, TranspR 2009, 130, 132 = VersR 2009, 1141; 28.5.2009, TranspR 2010, 34, 35 (HGB); OLG München 21.7.1989, TranspR 1989, 324, 325; ebenso in Italien Corte cass. 21.10.1991, Nr. 11108, La nuova giurisprudenza civile commentata 8 (1992) I, 598 ff. = ZEuP 1993, 141 mit zust. Anm. *Gröhe;* Österreich OGH Wien 17.2.1982, SZ 55/20 = *Greiter* S. 127 ff.; kritisch dazu *Csoklich* RdW 1997, 188, 194 f.; im Ergebnis OGH Wien 4.6.1996, WBl. 1996, 410 = ecolex 2000, 25 mit Anm. *Jesser-Huß;* 14.10.1997, JBl. 1998, 310; 24.3.1998, ZfRV 1998/48; ebenso *Helm* in Anm. zu OLG München 31.12.1982, TranspR 1983, 75, 77; *Koller* VersR 1988, 673 f.; *Thume* TranspR 1991, 85; *Hübsch* Haftung S. 267 f.; *Thume/Temme* Rn. 17; *Ferrari/Otte,* Int. Vertragsrecht, Rn. 19; ablehnend *Herber/Piper* Rn. 19; EBJS/*Boesche* Rn. 8; *Kehl* S. 39; *Herber* TranspR 2008, 239 ff.; Jabornegg/Artmann/*Csoklich* Rn. 6.
[61] *Ramming* NJW 2008, 291, 292.
[62] BGH (Fn. 60) S. 427 Nr. 30.
[63] BGH (Fn. 60) S. 427 Nr. 31.
[64] So im Falle Corte cass. 21.10.1991, Nr. 11108, (Fn. 60).
[65] BGH (Fn. 60) S. 427 Nr. 34; *Koller* TranspR 2009, 451, 460; *ders.* Rn. 5, schlägt daher vor, die Passivle-gitimation auf denjenigen Unterfrachtführer zu begrenzen, der das Gut tatsächlich geschädigt hat (analog Art. 36).
[66] Hoge Raad 7.12.1973, Ned.Jur. 1974 Nr. 307; Rb. Antwerpen 16.5.1997, ETR 1999, 119; Cass.com. 27.10.1975, BT 1975, 526: hier wurde (entgegen dem Frachtbrief) dem wirklichen Absender das Klagerecht zuerkannt; ebenso *Piper* VersR 1988, 201; *ders.* TranspR 1990, 357 f.; *Lieser* S. 76; *Herber/Piper* Rn. 30; EBJS/*Boesche* Rn. 9; *Lamy* 2013 Rn. 837; *Loewe* ETR 1976, 552 Nr. 147; aA *Koller* RIW 1988, 257: nationales Recht; im folgend OLG Koblenz 6.10.1989, TranspR 1991, 93, 94; vgl. auch Rn. 19.
[67] *Helm* TranspR 1983, 31; *Piper* VersR 1988, 201; *Libouton* J.trib. 1982, 703 Nr. 48; *Lieser* S. 76; weitere Nachweise bei *Hill/Messent* S. 96.

Empfängerweisungen, vgl. schon Art. 12 Rn. 10. Die Schadensersatzansprüche von Absender und Empfänger bestehen zugleich (**Doppellegitimation**).[68] Der Beförderer ist dadurch keinem doppelten Prozessrisiko ausgesetzt; der BGH ist diesen Bedenken zu Recht mit dem Hinweis auf die Grundsätze der Gesamtgläubigerschaft entgegengetreten: Danach kann der Beförderer der neuerlichen Inanspruchnahme entgegenhalten, dass er seine Verpflichtung zum Schadensersatz bereits durch Leistung an einen anderen Berechtigten erfüllt habe und damit frei sei.[69] Einer Einschränkung der Drittschadensliquidation bedarf es zur Verminderung des doppelten Prozessrisikos nicht.[70] Dagegen lassen sich doppelte Verfahren auch durch prozessrechtliche Maßnahmen nach nationalem Verfahrensrecht verhindern: So kann der vom Absender in Anspruch genommene Frachtführer, wenn er eine parallele Klage des Empfängers befürchtet, diesem den Streit verkünden, § 72 ZPO.[71]

Die zum Teil vertretene abweichende Ansicht, dass die CMR hinsichtlich der Klageberechtigung des Absenders eine Lücke aufweise, die durch nationales Recht zu füllen sei,[72] resultiert aus der Übernahme der in Frankreich vertretenen Auffassung, wo für Fragen der Aktivlegitimation durchweg auf das nationale Recht, das „droit commun", und speziell auf Art. L 132–8 C.com. verwiesen wird.[73] Allerdings ist die Tragweite der Berufung auf das nationale Recht in diesen Äußerungen unklar. Nach dieser Vorschrift gibt es, wenn ein **commissionnaire de transport** den Frachtvertrag (im eigenen Namen und für Rechnung seines Auftraggebers)[74] abschließt, folgende Vertragsparteien: den Beförderer, den commissionnaire, der oft als vertraglicher Absender auftritt und im Frachtbrief aufscheint, und den expéditeur, der in solchen Fällen Versender iSd. § 453 HGB ist, aber als wirklicher Absender (expéditeur réel) bezeichnet wird. Das Bestreben der französischen Literatur und Rspr. geht dahin, dem expéditeur und commissionnaire die Aktivlegitimation, die sie im internen Recht haben, auch in CMR-Fällen zu sichern. Dass der commissionnaire als vertraglicher Absender unmittelbar nach der CMR aktivlegitimiert ist, wird dabei nirgends bestritten. Problematisch ist allein die Legitimation des **expéditeur réel,** der mit dem Beförderer im Allgemeinen nicht vertraglich verbunden ist und nur durch die ausdrückliche Anordnung des Art. L 132–8 C.com. einer Vertragspartei gleichgestellt wird.[75] Er hat damit eine stärkere Stellung als der Versender im deutschen Recht; vgl. dazu § 457 HGB.

Für die Auslegung der CMR können diese Unterschiede der nationalen Rechte keine **20** Rolle spielen. Die CMR setzt eine vertragliche Beziehung zwischen den Parteien voraus, die nicht erst durch nationales Recht fingiert wird (Art. 1 Rn. 2). **Absender iSd. CMR** ist danach der Vertragspartner des Beförderers, der den Frachtvertrag im eigenen Namen abgeschlossen hat, sei es als Verlader, als Spediteur oder als commissionnaire. Nur auf den Vertrag zwischen dieser Person und dem Beförderer ist die CMR aus eigenem Anspruch

---

[68] BGH 10.4.1974, NJW 1974, 1614; 24.10.1992, TranspR 1992, 177, 178; 1.6.2006, TranspR 2006, 308, 309; 6.7.2006, TranspR 2006, 363, 365; 14.2.2008, TranspR 2008, 323, 326 = VersR 2009, 284 = ETR 2008, 747; OGH Wien 12.4.1984, TranspR 1985, 344; 28.6.1988, TranspR 1989, 222; *Herber/Piper* Rn. 31; GroßkommHGB/*Helm* Rn. 14; EBJS/*Boesche* Rn. 9; Jabornegg/Artmann/*Csoklich* Rn. 5; Hof van Cassatie Belgien 21.1.2010, ETR 2010, 311; Hof Antwerpen 3.12.2008, ETR 2009, 334; Cour Aix-en-Provence 15.2.1983, zitiert nach *Lamy* 2013 Rn. 837; ebenso *Haak* S. 258 ff.; *Ponet/Willems* Rev.dr.com.belge 1992, 735; aA in Italien Corte cass. 26.10.1993, Nr. 10621, Riv.dir.int.priv.proc. 30 (1994) 651; 21.2.2006, ETR 2007, 383: Aktivlegitimation des Empfängers ist ausschließlich.
[69] BGH 6.7.1979, BGHZ 75, 92, 96; BGH 6.7.2006, TranspR 2006, 363, 365; zustimmend *Haak* S. 267 f.; *Herber/Piper* Rn. 34; EBJS/*Boesche* Rn. 9; *Lamy* 2013 Rn. 837; *Libouton* J.trib. 1982, 704 Nr. 53; aA in Italien Corte cass. 26.10.1993, Nr. 10621 Riv.dir.int.priv.proc. 30 (1994) 651, 652.
[70] So aber *Koller* VersR 1982, 415; Hof Leeuwarden 20.2.1974, S. & S. 1976 Nr. 31; Hof van Cassatie Belgien 5.12.1968, ETR 1969, 958; ebenso *Libouton* J.trib. 1982, 704 Nr. 53.
[71] Vgl. *Koller* VersR 1982, 416; *Loewe* ETR 1976, 553 Nr. 147; *Putzeys* S. 363 Nr. 1060; *Haak* S. 267 f. bei Fn. 19; EBJS/*Boesche* Rn. 19.
[72] So etwa *Koller* Rn. 8; OGH Wien 22.3.2002, ETR 2004, 79, 83; OLG Koblenz 6.10.1989, TranspR 1991, 93, 94.
[73] *Lutz* TranspR 1991, 6; *Lamy* 2013 Nr. 837; so auch Cour Paris 7.4.1994, BTL 1994, 410, 411.
[74] Vgl. *Chao* BT 1988, 477, 478 unter Berufung auf Cass.com. 8.3.1988; aA *Rodière* S. 804 Nr. 698, wonach es unerheblich ist, ob der Mittelsmann den Vertrag im eigenen oder fremden Namen abschließt.
[75] Vgl. dazu Cour cass. 2.6.2004, ETR 2004, 693.

anzuwenden; Rechtsbeziehungen wie die zwischen dem Beförderer und dem **expéditeur réel** fallen nicht in den Anwendungsbereich der CMR, sondern sind **dem nationalen Recht überlassen.** Das nationale Recht ist nicht daran gehindert, solche Beziehungen durch autonome Anordnung der CMR zu unterwerfen; dies kann auch durch eine Fiktion nach Art des Art. L 132–8 C.com. geschehen, durch die eine Person zum Vertragspartner erklärt wird, die den Vertrag gar nicht abgeschlossen hat. Ein Eingriff in die CMR liegt darin nicht, weil ihr Anwendungsbereich nicht berührt ist.

### III. Zahlungspflicht des Empfängers (Abs. 2)

21    **1. Voraussetzungen der Zahlungspflicht.** Gemäß Abs. 2 schuldet der Empfänger dem Beförderer die aus dem Frachtbrief hervorgehenden Kosten, wenn er die ihm nach Abs. 1 zustehenden Rechte geltend macht, also Übergabe der Zweitausfertigung des Frachtbriefs, vertragsgemäße Ablieferung des Gutes oder Schadensersatz verlangt,[76] vgl. Rn. 11 ff. Im Falle der Einforderung von Schadensersatz wegen Verlust des Gutes entfällt die Verpflichtung aus Art. 13 Abs. 2 allerdings de facto, weil der Frachtführer die Kosten des Transports gemäß Art. 23 Abs. 4 als Teil des Schadensersatzes zurückzuzahlen hat;[77] ein vertragliches Aufrechnungsverbot bleibt vorbehalten.[78] Zu den Rechten aus dem Beförderungsvertrag iSd. Abs. 1 gehört auch das **Weisungsrecht,** vgl. Rn. 14. Wer somit als Empfänger den Beförderer zur Auslieferung an einen anderen Empfänger anweist, wird dadurch gemäß Abs. 2 zum Kostenschuldner des Frachtführers;[79] dies ist dadurch gerechtfertigt, dass er sich durch die Weiterveräußerung des Gutes und die transportvertragliche Weisung die wirtschaftliche Wertschöpfung der Beförderung zunutze macht. Weist der Empfänger den Beförderer dagegen zum Rücktransport des Gutes an, so liegt darin keine Weisung iSd. Art. 12, sondern eine Annahmeverweigerung, die naturgemäß keine Pflicht zur Tragung der Kosten begründet. Verlangt der Empfänger **Einsicht in den Frachtbrief** oder äußerliche **Besichtigung des Gutes,** vgl. Rn. 11 f., um danach die Annahme des Gutes abzulehnen, so löst dieses Verlangen ebenfalls noch keine Kostenschuldnerschaft aus, weil es sich bei den Inspektionsrechten um Teilrechte des Vollrechts auf Herausgabe handelt, durch deren Geltendmachung sich der Empfänger die Wertschöpfung des Transports gerade noch nicht aneignet.

22    Da der Empfänger dem Beförderer die Kosten nur nach Maßgabe des Frachtbriefs schuldet, wird angenommen, dass eine Verbindlichkeit des Empfängers nicht entstehen kann, wenn **kein Frachtbrief ausgestellt** wurde, oder der Frachtbrief ungültig (vgl. Art. 5 Rn. 9) ist[80] oder sich in dem gültigen Frachtbrief keine Eintragung findet, die dem Empfänger Kosten überweist.[81] Nach anderer Auffassung entsteht die Verbindlichkeit des Empfängers schon, wenn er seine Rechte gemäß Abs. 1 geltend macht, dh. bevor er noch Kenntnis von der Höhe der Schuld hat; da Abs. 2 den Empfänger gar nicht vor unvorhergesehenen Schulden schütze, stehe die Vorschrift der Anwendung nationaler Rechtsgrundsätze nicht entgegen, nach denen der Empfänger nach Maßgabe des Vertrags zum Kostenschuldner werde, sobald er dem Frachtvertrag beitrete.[82] Beide Auffassungen treffen im Wesentlichen zu und widersprechen einander nicht. Abs. 2 begründet eine Zahlungspflicht des Empfängers nur für den Fall, dass ein gültiger Frachtbrief ausgestellt ist und den Umfang der Empfängerschuld ausweist. Fehlt eine dieser Voraussetzungen, so ist Abs. 2 nicht anwendbar

---

[76] Vgl. dazu BGH 11.1.2007, TranspR 2007, 311, 312.

[77] *Pesce* S. 169 f.; *Loewe* ETR 1976, 546 Nr. 127: Aufrechnung.

[78] Siehe Art. 41 Rn. 9.

[79] Zustimmend GroßkommHGB/*Helm* Rn. 19 Fn. 98; aA *Nickel-Lanz* S. 64; *Koller* Rn. 11.

[80] OLG München 9.10.1992, TranspR 1993, 75, 76 = NJW-RR 1993, 743; 9.4.1997, TranspR 1997, 368; AG Tempelhof-Kreuzberg 18.6.1998, TranspR 1998, 403, 404; *Koller* TranspR 1993, 41; *Helm* VersR 1988, 552; GroßkommHGB/*ders.* Rn. 24; *Jesser* S. 175; Jabornegg/Artmann/*Csoklich* Rn. 8.

[81] *Koller* TranspR 1993, 41; auch OLG Hamm 12.11.1973, NJW 1974, 1056; 15.9.1988, TranspR 1989, 55; OLG Düsseldorf 11.12.1980, NJW 1981, 1910.

[82] Kh. Tongeren 22.4.1976, B. R. H. 1976, 365; zustimmend *Libouton* J.trib. 1982, 703 Nr. 46.

und steht daher einem Rückgriff auf nationales Recht (Einl. Rn. 41 ff.) nicht im Wege.[83] Ist deutsches Recht maßgeblich, so kann der Empfänger für die angemessenen Kosten nach § 421 Abs. 2 Satz 2 HGB, aus Geschäftsführung ohne Auftrag oder aus einer besonderen, auch stillschweigenden Verpflichtungserklärung zum Kostenschuldner werden.[84] Gesichert ist der Beförderer im Übrigen durch Pfandrechte nach nationalem Recht. Die Anwendbarkeit von Art. 13 Abs. 2 und damit die Entstehung einer Schuld des Empfängers nach dieser Vorschrift hängt von der Existenz eines Frachtbriefs mit entsprechenden Eintragungen, aber **nicht** davon ab, dass der Empfänger sich diesen **Frachtbrief auch vorlegen** lässt.[85] Zum Zeitpunkt von Entstehen und Fälligkeit der Zahlungspflicht des Empfängers siehe Rn. 27 f. Die Kostentragungsregel des Art. 13 Abs. 2 Satz 1 ist insoweit **abschließend,** als ein mit entsprechenden Eintragungen versehener Frachtbrief ausgestellt wird. In diesen Fällen können andere Kosten nicht auf Grund nationalen Rechts verlangt werden. Das gilt sowohl für die Fracht als auch für die Aufwendungen wie Zölle oder Einfuhrumsatzsteuer.[86]

**2. Umfang der Zahlungspflicht.** Der Empfänger hat den Gesamtbetrag der aus dem 23 Frachtbrief hervorgehenden Kosten zu zahlen. **Kosten** sind die mit dem Transport verbundenen Belastungen des Beförderers, die gemäß Art. 6 Abs. 1 lit. i im Frachtbrief anzugeben sind, also Fracht, Nebengebühren, Zölle und andere Kosten, die vom Vertragsschluss bis zur Beförderung anfallen, etwa die vom Frachtführer entrichtete Einfuhrsatzsteuer,[87] siehe auch Art. 6 Rn. 20 f. Ferner gehören hierher weisungsbedingte Kosten, die durch die Ausführung spontaner (Art. 12) oder eingeholter Weisungen (Art. 16) entstehen.[88] Die deutsche Rspr. verlangt keine **genauere Bezifferung** der Beträge; die Bezugnahme auf Tarife und Gebührentabellen soll genügen.[89] Diese Judikatur entstammt dem innerdeutschen Verkehr und einer Zeit verbindlicher Tarife, die – als Rechtsnorm erlassen – jedermann bekannt sein mussten und wurden unverändert auf Art. 13 Abs. 2 CMR übertragen.[90] Da im grenzüberschreitenden Verkehr seit 1990 keine verbindlichen Tarife mehr bestehen, vgl. Einl. Rn. 8, und private Tarife des Beförderers jedenfalls für einen ausländischen Empfänger nicht so leicht zugänglich sind, muss verlangt werden, dass sich die Kosten zumindest in berechenbarer Weise aus dem Frachtbrief ergeben.[91] Eine dem Frachtbrief beigelegte Rechnung genügt ohne Hinweis im Frachtbrief auf sie nicht.[92]

Mit der Bezugnahme auf die im Frachtbrief angegebenen Kosten sind nur die **offenen** 24 **Beträge** gemeint. Da nach dem Schuldbeitritt des Empfängers dieser und der Absender als **Gesamtschuldner** für die Kosten der Beförderung einstehen,[93] führt die Zahlung durch den Absender auch hinsichtlich der Schuld des Empfängers zur Erfüllung. Der Empfänger schuldet also die im Frachtbrief angegebenen Beträge abzüglich der darauf erbrachten Vorauszahlungen des Absenders.[94] Ebenso verhält es sich, wenn der Absender die betreffenden Kosten zwar noch nicht bezahlt hat, aber sie durch einen **franko-Vermerk** im Fracht-

---

[83] Ebenso Jabornegg/Artmann/*Csoklich* Rn. 8; aA *Koller* Rn. 11.

[84] Siehe näher GroßkommHGB/*Helm* Rn. 25; EBJS/*Boesche* Rn. 13; Ferrari/*Otte,* Int. Vertragsrecht, Rn. 22; aA *Koller* Rn. 11.

[85] GroßkommHGB/*Helm* Rn. 19; aA Thume/*Temme* Rn. 33; *Koller* Rn. 11.

[86] *Koller* Rn. 11; GroßkommHGB/*Helm* Rn. 25; EBJS/*Boesche* Rn. 12; unklar OLG München 9.4.1997, TranspR 1997, 368: im konkreten Fall war kein Frachtbrief ausgestellt worden; ähnlich AG Tempelhof-Kreuzberg 18.6.1998, TranspR 1998, 403, 404.

[87] BGH 25.4.1991, TranspR 1991, 312, 315; OLG Düsseldorf 11.12.1980, NJW 1981, 1910.

[88] *Koller* Art. 16 Rn. 4; aA *Nickel-Lanz* S. 70 Nr. 80: nur der Weisungsgeber sei Schuldner.

[89] BGH 25.4.1991, TranspR 1991, 312, 315; OLG Düsseldorf 11.12.1980, NJW 1981, 1910; anders OGH Wien 3.10.1973, *Greiter* S. 28, 32.

[90] BGH 25.4.1991, TranspR 1991, 312, 315 gibt keine Begründung, sondern verweist nur auf die frühere Rspr., vor allem auf BGH 23.1.1970, NJW 1970, 604, einen KVO-Fall.

[91] So GroßkommHGB/*Helm* Rn. 22; Thume/*Temme* Rn. 39; Fremuth/Thume/*Thume* Rn. 24: Bestimmbarkeit genügt.

[92] Herber/*Piper* Rn. 22; *Koller* Rn. 11; Thume/*Temme* Rn. 39; GroßkommHGB/*Helm* Rn. 22; OLG Hamm 15.9.1988, TranspR 1989, 55, 56.

[93] *Glöckner* Rn. 13; *Herber/Piper* Rn. 20; GroßkommHGB/*Helm* Rn. 19; EBJS/*Boesche* Rn. 11.

[94] *Pesce* S. 170 für den Fall der Vorauszahlung der Fracht.

brief unter Ausschluss der Empfängerhaftung übernommen oder wenn er sich zur Zahlung eines bestimmten Betrags bereit erklärt und einen entsprechenden Vermerk gemäß Art. 6 Abs. 2 lit. b in den Frachtbrief eingetragen hat.[95] In diesen Fällen ist die Differenz zwischen den im Frachtbrief gemäß Art. 6 Abs. 1 lit. i eingetragenen Gesamtkosten und den vom Absender übernommenen Beträgen der „Gesamtbetrag der aus dem Frachtbrief hervorgehenden Kosten" iSd. Abs. 2, siehe Art. 6 Rn. 31. Trotz Art. 41 ist also der Umfang der Empfängerhaftung disponibel.

25   **3. Verhältnis von Absender- und Empfängerhaftung.** Wie in Rn. 24 erläutert, kann der Absender durch Absprachen mit dem Beförderer und entsprechende **Frankaturvermerke** (port payé, freight prepaid) den Umfang der Empfängerhaftung verringern und sie sogar ganz ausschließen. Die Gestaltung des Transportvertrags spiegelt dabei im Allgemeinen die Kostenverteilung zwischen Absender und Empfänger wider, wie sie im Kaufvertrag zwischen diesen Parteien vereinbart wurde, vgl. Art. 6 Rn. 31. **Fehlen Frachtbriefeintragungen,** die die Empfängerhaftung einschränken oder auf andere Weise die Zahlungspflicht zuweisen, völlig, so haben Absender und Empfänger nach dem ergänzenden deutschen Recht (Einl. Rn. 41 ff.) als Gesamtschuldner für die Kosten einzustehen;[96] der Frachtführer kann jeden von beiden in Anspruch nehmen; eine Pflicht, sich zuerst an den Empfänger zu wenden, hat er nicht.[97] Wer im Innenverhältnis zwischen Absender und Empfänger letztlich für die Beförderungskosten aufkommen muss, berührt die Optionen des Beförderers nicht.

26   Hat der Absender wie im gesetzlichen Leitbild des Versendungskaufs (§§ 447 f. BGB) zwar den Beförderungsvertrag abzuschließen, aber nicht die Transportkosten zu tragen, so wird er in den Frachtbrief einen **Unfranko-Vermerk** (port dû) eintragen.[98] Damit wird dem Frachtführer – außerhalb der CMR – ein **Inkassoauftrag** erteilt,[99] dessen Eintragung im Frachtbrief gemäß Art. 6 Abs. 3 möglich ist. Die unfreie Versendung hat jedoch – ohne eine besondere Absprache darüber – nicht zur Folge, dass der Absender vom Beförderer aus seiner Haftung für die Kosten entlassen wird. Gegenüber der Frachtforderung steht ihm lediglich die **dilatorische Einrede** zu, dass der Beförderer zunächst den Empfänger ernsthaft, dh. unter Ausnutzung des Zurückbehaltungsrechts am beförderten Gut in Anspruch nehmen möge; Vorausklage kann er – anders als ein Bürge (§ 771 BGB) – nicht fordern. Diese Einrede steht dem Verlangen des Beförderers nach einem **Vorschuss** nicht entgegen, wenn das Gut, etwa weil es leicht verdirbt, die Kostenansprüche des Beförderers nicht hinreichend sichert; der Vorschuss hat aber lediglich den Charakter einer Sicherheit und ändert nichts an der Inkassopflicht des Beförderers.[100] Scheitert der Inkassoauftrag, so entfällt die Einrede des Absenders gegen die Fracht- und Kostenforderung des Beförderers. Unternimmt der Frachtführer keine Inkassoanstrengungen und liefert das Gut dem Empfänger ohne Zahlung der Kosten aus, macht er sich gegenüber dem Absender schadensersatzpflichtig.[101]

27   **4. Zurückbehaltungs- und Pfandrecht.** Das Recht des Beförderers, vom Empfänger Zahlung der offenen Kosten nach Maßgabe des Frachtbriefs zu verlangen, entsteht gemäß Abs. 2 damit, dass er die ihm nach Absatz 1 zustehenden Rechte geltend macht, also schon mit dem Ablieferungsverlangen;[102] dass das Gut ihm tatsächlich abgeliefert werde, ist für

---

[95] Zustimmend EBJS/*Boesche* Rn. 11; *Koller* Rn. 11.
[96] Siehe schon oben bei Fn. 93.
[97] *Benkelberg/Beier* TranspR 1989, 351, 354 f.
[98] So hatte der Absender in OLG Hamburg 3.11.1983, TranspR 1984, 190 folgende Klausel in den Frachtbrief eingetragen (verkürzt): „Unsere Lieferverpflichtung bis: ab Werk. Sämtliche hierüber hinausgehenden Kosten gehen zu Lasten des Empfängers."
[99] OLG Hamburg 3.11.1983, TranspR 1984, 190; *Asquini,* Del contratto di trasporto, 1935, S. 461; *Putzeys* S. 205 Nr. 618; aA *Benkelberg/Beier* TranspR 1989, 351, 354 f., die jedoch zu Unrecht den Fall der ausdrücklich unfreien Versendung vermengen mit dem Fall fehlender Frachtbriefeintragung, vgl. Rn. 25.
[100] *Rodière* S. 539 Nr. 478.
[101] So *Putzeys* S. 205 Nr. 618 in Fn. 444.
[102] *Koller* Rn. 11; *Nickel-Lanz* S. 64.

die Entstehung der Empfängerhaftung nicht erforderlich.[103] Theoretisch scheint es daher möglich zu sein, dass der Empfänger auf Zahlung in Anspruch genommen wird, ohne dass er seine Leistung bis zur tatsächlichen Ablieferung verweigern kann. Das wäre indessen mit der Vorschrift des Abs. 2 Satz 2 unvereinbar, die den Empfänger in Verbindung mit Abs. 1 Satz 1 spätestens dann zur Ablieferung berechtigt, wenn er dem Beförderer Sicherheit geleistet hat. Anders ausgedrückt kann der Beförderer die Befriedigung seiner Forderungen, dh. die endgültige Bezahlung der Kosten nicht zur Vorbedingung der Ablieferung des Gutes machen. *Koller* hat im Übrigen zu Recht darauf hingewiesen, dass Art. 13 Abs. 2 zwar den Zeitpunkt der Entstehung der Forderung des Frachtführers gegen den Empfänger regele, nicht aber die Fälligkeit dieser Forderung. Sie beurteilt sich nach dem ergänzenden nationalen Vertragsrecht (Einl. Rn. 41 ff.) und tritt, wenn deutsches Recht maßgeblich ist, gemäß § 641 BGB mit Ablieferung des Gutes ein. Daraus folgt, dass der Beförderer **Zahlung nur Zug um Zug gegen Ablieferung** verlangen kann,[104] während der Empfänger gemäß Abs. 2 Satz 2 nur befugt ist, Ablieferung Zug um Zug gegen Leistung einer Sicherheit zu fordern. Die Symmetrie ist also nicht vollständig, doch hat jede Seite ihr Zurückbehaltungsrecht.

Das **Zurückbehaltungsrecht des Frachtführers** aus Abs. 2 Satz 2 steht ihm nur gegen- **28** über dem Ablieferungsverlangen des Empfängers zu. Fordert der Empfänger im Falle des Verlusts Schadensersatz, kann der Frachtführer dem kein Zurückbehaltungsrecht wegen der Beförderungskosten entgegensetzen,[105] weil er diese Kosten ohnehin als Teil des Schadensersatzes wieder herauszugeben hat, Art. 23 Abs. 4, vgl. schon Rn. 21. Das Zurückbehaltungsrecht und die Sicherheit beziehen sich nur auf **konnexe,** mit der Beförderung verbundene Kosten, wie sich aus Abs. 2 Satz 1 ergibt, vgl. Rn. 23. Wegen des systematischen Zusammenhangs beider Sätze enthält Abs. 2 Satz 2 auch keine abschließende Regelung des Zurückbehaltungsrechts. Soweit es um inkonnexe Forderungen geht, ist nationales Recht maßgeblich.[106]

In welcher Art und Weise der Empfänger **Sicherheit zu leisten** hat, ist in der CMR **29** nicht geregelt; mit dem Begriff „caution" des französischen Texts ist nicht nur die Bürgschaft, sondern darüber hinaus jede zulässige Form von Sicherheit gemeint, wie sich auch aus dem englischen Text (security) ergibt.[107] Zu entscheiden ist nach dem ergänzenden nationalen Recht (Einl. Rn. 41 ff.); sieht man diese Verpflichtung als Erfüllungsmodalität, ist bei deren Beurteilung nicht nur das Vertragsstatut anzuwenden, sondern gemäß Art. 12 Abs. 2 Rom I-VO das Recht des Erfüllungsstaats, also des Ablieferungslands, zu berücksichtigen.[108]

Ungeregelt ist in der CMR, wenn man vom Sonderfall der Erfüllungshindernisse (Art. 16 **30** Abs. 2 Satz 4 und Abs. 4) absieht, vgl. Art. 16 Rn. 21, auch das **Pfandrecht des Frachtführers.**[109] Maßgeblich ist hier nach Art. 43 EGBGB das Recht des Belegenheitslands.[110]

---

[103] *Herber/Piper* Rn. 20; anders GroßkommHGB/*Helm* Rn. 20; *Putzeys* S. 205 Nr. 618; *Lenz* Rn. 990, 996.

[104] *Koller* Rn. 11 iVm. vor Art. 1 Rn. 13; zustimmend *Herber/Piper* Rn. 21, EBJS/*Boesche* Rn. 11; ebenso im Ergebnis *Rodière* BT 1974, 242 Nr. 40: „l'exécution doit normalement être concomitante".

[105] App. Venezia 31.10.1974, ETR 1975, 242; ebenso *Pesce* S. 169 f.: Zurückbehaltung nur, wenn Ablieferung überhaupt möglich ist; zustimmend auch EBJS/*Boesche* Rn. 14; aA (Zurückbehaltungsrecht gegenüber allen Ansprüchen des Empfängers) wohl auf Grund einer „strict interpretation" *Clarke* S. 118 Nr. 40c.

[106] Ablehnend *Koller* Rn. 11.

[107] *Loewe* ETR 1976, 546 Nr. 127; *Pesce* S. 170 Fn. 170; *Jabornegg/Artmann/Csoklich* Rn. 10.

[108] Vgl. dazu MüKoBGB/*Spellenberg*, 5. Aufl. 2010 Art. 12 Rom I-VO Rn. 184 ff.; für Vertragsstatut OLG Hamburg 3.11.1983, VersR 1984, 235, 236; für das Recht des Ablieferungsorts *Herber/Piper* Rn. 28; *Koller* Rn. 11 Fn. 110; EBJS/*Boesche* Rn. 14 Ort der Sicherheitsleistung.

[109] *Glöckner* Einl. Rn. 3.

[110] MüKoBGB/*Wendehorst*, 5. Aufl. 2010, Art. 43 EGBGB Rn. 3; *Lieser* S. 182; ebenso Pres. Rb. Leeuwarden 2.8.1993, S. & S. 1994 Nr. 77 sub 4.2; für Vertragsstatut OLG Hamburg 3.11.1983, TranspR 1984, 190, 191 und OLG Hamm 25.9.1984, TranspR 1985, 100, 101, wo allerdings die Qualifikationsfrage nicht gestellt wird; ebenso wie bei OGH Wien 20.1.1981, SZ 54/8 S. 45; *Basedow* in der Erstauflage.

## Art. 14 [Beförderungshindernisse]

**(1) Wenn aus irgendeinem Grunde vor Ankunft des Gutes an dem für die Ablieferung vorgesehen Ort die Erfüllung des Vertrages zu den im Frachtbrief festgelegten Bedingungen unmöglich ist oder unmöglich wird, hat der Frachtführer Weisungen des nach Artikel 12 über das Gut Verfügungsberechtigten einzuholen.**

**(2) Gestatten die Umstände jedoch eine von den im Frachtbrief festgelegten Bedingungen abweichende Ausführung der Beförderung und konnte der Frachtführer Weisungen des nach Artikel 12 über das Gut Verfügungsberechtigten innerhalb angemessener Zeit nicht erhalten, so hat er die Maßnahmen zu ergreifen, die ihm im Interesse des über das Gut Verfügungsberechtigten die besten zu sein scheinen.**

### Art. 14

(1) Si, pour un motif quelconque, l'exécution du contrat dans les conditions prévues à la lettre de voiture est ou devient impossible avant l'arrivée de la marchandise au lieu prévu pour la livraison, le transporteur est tenu de demander des instructions à la personne qui a le droit de disposer de la marchandise conformément à l'article 12.

(2) Toutefois, si les circonstances permettent l'exécution du transport dans des conditions différentes de celles prévues à la lettre de voiture et si le transporteur n'a pu obtenir en temps utile les instructions de la personne qui a le droit de disposer de la marchandise conformément à l'article 12, il prend les mesures qui lui paraissent les meilleures dans l'intérêt de la personne ayant le droit de disposer de la marchandise.

### Art. 14

(1) If for any reason it is or becomes impossible to carry out the contract in accordance with the terms laid down in the consignment note before the goods reach the place designated for delivery, the carrier shall ask for instructions from the person entitled to dispose of the goods in accordance with the provisions of article 12.

(2) Nevertheless, if circumstances are such as to allow the carriage to be carried out under conditions differing from those laid down in the consignment note and if the carrier has been unable to obtain instructions in reasonable time from the person entitled to dispose of the goods in accordance with the provisions of article 12, he shall take such steps as seem to him to be in the best interests of the person entitled to dispose of the goods.

**Schrifttum:** Siehe vor Art. 1 und *Koller,* Das Standgeld bei CMR-Transporten, TranspR 1988, 129; *Sánchez Ortiz,* Impedimentos surgidos en la ejecución del servicio de transporte, Revista general de derecho 43 (1987) Nr. 512, S. 2527; *Tilche,* CMR-Guerre et empêchement au transport, BTL 1994, 633; *Tzankov,* Memorandum on the Delivery of the Goods (Arts. 14, 15, 16), in Theunis S. 76.

### Übersicht

| | Rn. | | Rn. |
|---|---|---|---|
| **I. Bedeutung und Zweck der Art. 14–16** | 1–4 | 1. Pflicht zur Einholung von Weisungen | 11 |
| 1. Systematik | 1, 2 | 2. Ausübung und Grenzen des Weisungsrechts | 12, 13 |
| 2. Vertragsanpassung | 3 | 3. Haftung | 14 |
| 3. Kritik | 4 | **IV. Behebbare Beförderungshindernisse (Abs. 2)** | 15–19 |
| **II. Unmöglichkeit der Vertragserfüllung** | 5–10 | 1. Möglichkeit der abweichenden Vertragsausführung | 15 |
| 1. Absolute und relative Unmöglichkeit | 5 | 2. Nichterhältlichkeit von Weisungen | 16 |
| 2. Anpassung der Leistungspflicht | 6–9 | 3. Maßnahmen des Beförderers | 17 |
| 3. Vorübergehende Unmöglichkeit | 10 | 4. Fortgesetzter Transport | 18 |
| **III. Einholung von Weisungen** | 11–14 | 5. Kostenerstattung | 19 |

## I. Bedeutung und Zweck der Art. 14–16

**1. Systematik.** Die Art. 14–16 gehören systematisch zusammen und regeln Teilaspekte **1** der **Unmöglichkeit** der Vertragserfüllung. Es geht dabei um Fälle, in denen die Pflicht zur Ortsveränderung oder die weitere Pflicht zur Auslieferung (Art. 1 Rn. 3 f.) nicht vertragsgemäß erfüllt werden kann, die Güter sich jedoch in der Obhut des Beförderers befinden und geklärt werden muss, wie sich die Nichterfüllung der eigentlichen Transportpflicht bzw. der Auslieferungspflicht auf die Obhutspflicht auswirkt, siehe Rn. 3. Die Art. 14–16 setzen, wie sich aus den verschiedenen Rechtsfolgen ergibt, durchgehend die Obhut des Beförderers voraus; ihr Regelungsgegenstand sind Hindernisse, die sich der Erfüllung entweder vor Ankunft des Gutes am Bestimmungsort (**Beförderungshindernisse,** Art. 14) oder danach bei der Ablieferung (**Ablieferungshindernisse,** Art. 15) entgegenstellen. Diese Vorschriften regeln also nicht solche Fälle, in denen die Unmöglichkeit der Vertragserfüllung schon vor Übernahme der Güter feststeht und es gar nicht zur Übernahme kommt, weil zB das Transportgut beim Absender zerstört wurde, das vorgesehene Spezialfahrzeug nicht zur Verfügung steht oder für Güter der betreffenden Gattung nach Abschluss des Transportvertrags, aber vor Übernahme des Gutes ein Importverbot im Empfangsland verhängt wurde.[1] Wie sich solche **Abreisehindernisse** auf die vertraglichen Rechte und Pflichten der Parteien auswirken, beurteilt sich nach dem ergänzenden nationalen Vertragsrecht (Einl. Rn. 41). Ebenso wenig sind die Art. 14–16 anzuwenden, wenn die Unmöglichkeit der Vertragserfüllung auf den **Verlust** des Gutes zurückzuführen ist; die Obhut ist dann beendet, und die verbleibenden Haftungsfragen beurteilen sich nach Art. 17 ff.

Auch in Bezug auf die Beförderungs- und Ablieferungshindernisse enthalten die Art. 14– **2** 16 eine **unvollständige Regelung der Rechtsfolgen.** Es geht in diesen Vorschriften primär um das Schicksal der Obhutspflicht und der mit ihr verknüpften Transport- und Ablieferungspflicht des Beförderers, deren Erfüllung unmöglich geworden ist, vgl. Rn. 3. Nicht oder nur zT geregelt werden andere Folgen der Nichterfüllung, insbesondere die Auswirkungen auf die **Gegenleistungspflicht** des Absenders[2] und die Haftung von Absender oder Beförderer für die Verursachung der Unmöglichkeit der Vertragserfüllung, vgl. Art. 16 Rn. 2 ff. Die Pflicht einer Partei zur Zahlung von **Schadensersatz wegen Nichterfüllung** kann sich aus anderen Vorschriften der CMR ergeben, so zB für den Absender aus Art. 7, wenn er giftige Abfälle an einen Empfänger adressiert, den es gar nicht gibt, oder für den Beförderer aus Art. 17, wenn der Fahrer als sein Gehilfe (Art. 3) schuldhaft einen Unfall verursacht, durch den es zu einem Güter- oder Verspätungsschaden kommt; in diesem Zusammenhang ist zT auch das Schicksal der Gegenleistungspflicht indirekt mitgeregelt, vgl. Art. 23 Abs. 4. Soweit CMR-Vorschriften nicht eingreifen, richten sich die Folgen der Nichterfüllung des Vertrags nach dem ergänzenden nationalen Vertragsrecht, Einl. Rn. 41.

**2. Vertragsanpassung.** Die Art. 14–16 enthalten – wie auch andere Vorschriften des **3** Transportrechts[3] – eine prozedurale Regelung zur Vertragsanpassung. Sie greifen dabei zurück auf das Instrument der Absender- oder Empfängerweisung, das der Verladerseite ohnehin gemäß Art. 12 (siehe dort Rn. 1) zur Verfügung steht. Im Falle von Beförderungs- und Ablieferungshindernissen wird der Frachtführer verpflichtet, solche **Weisungen einzuholen,** Art. 14 Abs. 1 und Art. 15 Abs. 1, und hat einen Anspruch auf Ersatz der weisungsbedingten Kosten, Art. 16 Abs. 1. Die Pflicht zur Einholung von Weisungen ist jedoch wesentlich abgeschwächt, da er auf Kosten des Berechtigten das Gut sofort ausladen und die Beförderung damit beenden kann, Art. 16 Abs. 2. In diesem Fall muss er für die weitere Verwahrung sorgen, bestimmte Güter, vor allem verderbliche und geringwertige Waren, darf er sofort **verkaufen,** Art. 16 Abs. 3 Satz 1. In der Sache kann der Beförderer damit

---

[1] *Koller* Rn. 1; GroßkommHGB/*Helm* Rn. 1; EBJS/*Boesche* Rn. 1; Jabornegg/Artmann/*Csoklich* Art. 14–16 Rn. 1.
[2] Vgl. OLG Köln 26.8.1994, NJW-RR 1995, 671.
[3] Siehe die Art. 20 und 22 ER CIM 1999; § 419 HGB; siehe auch *Basedow* TranspV S. 300 ff.

vollendete Tatsachen schaffen, bevor ihm noch Weisungen des Berechtigten zugehen. Zugespitzt formuliert, kann er den Weisungen ausweichen.[4] Selbst wenn er nach Weisungen fragt, sie aber nicht in angemessener Frist erhält, muss der Beförderer behebbare Beförderungshindernisse überwinden und den Transport durch Umleitung oder Ersatzbeförderung ausführen, Art. 14 Abs. 2, und er kann ferner unabhängig von der Art des Gutes dessen Verkauf veranlassen, Art. 16 Abs. 3 Satz 2. An die Stelle der Transport- und Ablieferungspflicht tritt also ein ganzes Bündel von Rechten und Pflichten, deren Verhältnis zueinander nicht ganz geklärt ist, die aber jedenfalls darauf gerichtet sind, die Obhut an den Gütern unter weitestmöglicher Wahrung ihres ursprünglichen Zwecks sicherzustellen.

**4**    **3. Kritik.** Die Artikel 14–16 sind in mehrfacher Hinsicht unausgewogen und angreifbar. Vor allem wird die Möglichkeit des Beförderers, sich für die sofortige Transportbeendigung zu entscheiden, nicht ausgeglichen durch die ausdrückliche Verpflichtung, dabei das Interesse des Ladungsberechtigten zu wahren. Allerdings wird man eine solche **Pflicht zur Interessenwahrung** als allgemeinen Rechtsgrundsatz (Einl. Rn. 37) aus verschiedenen Einzelbestimmungen entnehmen können,[5] so aus Art. 14 Abs. 2 und Art. 16 Abs. 2 Satz 2, ferner auch daraus, dass Art. 14 und 15 den Weisungen des Berechtigten Priorität einräumen, auch wenn diese Priorität in Art. 16 Abs. 2 Satz 1 in der Sache zum Teil wieder zurückgenommen wird; das Verhältnis der Vorschriften zueinander ist überaus unklar, vgl. Art. 16 Rn. 9 f. Es ist auch nicht einsichtig, warum der Beförderer zwar die Wahl zwischen der Einholung von Weisungen und der Ausladung des Gutes hat, aber sich nur unter einschränkenden **Voraussetzungen für die Ersatzbeförderung oder Umleitung** des Gutes zum Empfänger entscheiden darf, auch wenn ein solches Vorgehen im konkreten Fall für das Gut die beste Lösung wäre, Art. 14 Abs. 2, vgl. Rn. 16.[6] Dem heutigen Stand von Judikatur und Theorie der vertraglichen Leistungsstörungen genügt es ferner nicht, dass Art. 14 Abs. 1 lediglich die Unmöglichkeit der Erfüllung behandelt, ohne auf die Unzumutbarkeit einzugehen; auch dieses Defizit wird sich im Wege der Auslegung kompensieren lassen, indem der Begriff der Unmöglichkeit auch im Sinne der **wirtschaftlichen Unmöglichkeit** verstanden wird.[7] Bedenken bestehen schließlich gegen die **Regelung der Kostenerstattung:** während dem Beförderer die weisungsbedingten Kosten nicht erstattet werden, wenn er die Erfüllungshindernisse verschuldet hat, Art. 16 Abs. 1,[8] macht Art. 16 Abs. 2 eine solche Einschränkung nicht für den Fall, dass der Frachtführer das Gut auslädt und einlagert. Dass ein Beförderer, der die Nichterfüllung des Vertrags zu vertreten hat, erst selbst über die Rechtsfolgen entscheiden und dann auch noch die Folgekosten auf den Absender oder Empfänger abwälzen können soll,[9] widerspricht grundlegenden Prinzipien der Vertragsgerechtigkeit und bedarf schon de lege lata der Korrektur, siehe Art. 16 Rn. 13 aE.

## II. Unmöglichkeit der Vertragserfüllung

**5**    **1. Absolute und relative Unmöglichkeit.** Art. 14 und 16 setzen voraus, dass „die Erfüllung des Vertrags zu den im Frachtbrief festgelegten Bedingungen unmöglich ist oder unmöglich wird" (is or becomes impossible, est ou devient impossible). Zentrale Bedeutung kommt also dem Begriff der Unmöglichkeit der Leistung zu. Dieser Begriff ist nach Sinn und Zweck der Bestimmung autonom auszufüllen; Strukturen nationaler Rechtsordnungen

---

[4] Noch weitergehend *Loewe* ETR 1976, 547 Nr. 129, wonach der Beförderer ausladen kann, „statt Anweisungen des Berechtigten einzuholen". Siehe näher Art. 16 Rn. 9 f.

[5] So in der Sache auch *Sanchez Ortiz* Revista general de derecho 43 (1987) Nr. 512 S. 2528.

[6] Siehe auch *Jesser* S. 90.

[7] *Clarke* S. 89 f. Nr. 33a (i); dahin geht auch der Änderungsvorschlag der FIATA zu Art. 14, vgl. TranspR 1984, 113, 117.

[8] *Hill/Messent* S. 103; *Koller* Art. 16 Rn. 3; GroßkommHGB/*Helm* Art. 16 Rn. 5.

[9] Im Ergebnis auch *Koller* Art. 16 Rn. 6 aE; GroßkommHGB/*Helm* Art. 16 Rn. 17; *Herber/Piper* Art. 16 Rn. 10 f.; EBJS/*Boesche* Art. 16 Rn. 9.

sind dabei nicht unreflektiert auf die CMR zu übertragen.[10] Art. 14 unterscheidet in der Sache **relative und absolute Unmöglichkeit.**[11] Die relative Unmöglichkeit, von der in Abs. 1 und Abs. 2 die Rede ist, bezieht sich auf die im Frachtbrief festgelegten Bedingungen. Enthält der Frachtbrief zB das Verbot, das Gut umzuladen (Art. 6 Abs. 2 lit. a) oder Vorschriften über die einzuhaltende Reiseroute (Art. 6 Abs. 3), so kann die dadurch definierte Beförderung unmöglich werden, obwohl das Gut dem Empfänger mit einem anderen Fahrzeug oder auf einem anderen Weg immer noch erreichen könnte. Maßgeblich sind die **Eintragungen des Frachtbriefs,** nicht die davon uU abweichenden Vereinbarungen.[12] Sie sind jedoch heranzuziehen, wenn sich keine entsprechenden Eintragungen im Frachtbrief finden oder wenn gar kein Frachtbrief ausgestellt wurde.[13] Ist das Beförderungshindernis jedoch von der Art, dass die Beförderung zu dem vertragsgemäßen Empfänger und Bestimmungsort gar nicht, also auch nicht mehr bei Abweichung von den Bedingungen des Frachtbriefs ausgeführt werden kann, so liegt ein Fall der absoluten Unmöglichkeit vor, auf den nicht Abs. 2, wohl aber Abs. 1 anzuwenden ist. Die Unterscheidung von absoluter und relativer Unmöglichkeit bezieht sich also auf den Referenzmaßstab der geschuldeten Leistung: je präziser die Modalitäten der Beförderung im Frachtbrief beschrieben werden, desto leichter kann ein Fall der (relativen) Unmöglichkeit eintreten. Maßstab für die **absolute Unmöglichkeit** ist dagegen im Regelfall nur, dass vertraglicher Bestimmungsort und Empfänger für das Transportgut auf der Straße überhaupt rechtlich und tatsächlich unerreichbar sind, wenn zB das Bestimmungsland ein Importverbot für Güter der beförderten Art verhängt, wenn es seine Grenzen völlig schließt, wenn es durch kriegerische Ereignisse in den Transitstaaten zu Lande nicht mehr zugänglich ist oder wenn der Empfänger bereits vor Ankunft des Gutes endgültig erklärt, dass er die Annahme des Gutes verweigern wird.

**2. Anpassung der Leistungspflicht.** Von der Frage nach der geschuldeten Leistung,   **6** auf die sich die Unterscheidung in absolute und relative Unmöglichkeit bezieht, ist die Frage nach der **Opfergrenze** zu unterscheiden, also die Frage, welchen Aufwand der Schuldner erbringen muss, um die geschuldete Leistung möglich zu machen. Soweit diese Anforderungen reichen und geeignet sind, Störungen der Beförderung zu beseitigen, liegt keine Unmöglichkeit vor und ist Art. 14 nicht anzuwenden. Einigkeit besteht darüber, dass die Leistungspflicht des Beförderers sich nicht im Einsatz der eigenen Betriebsmittel erschöpft; **subjektive Unmöglichkeit** (Unvermögen) ist als solche keine Unmöglichkeit iSd. Art. 14.[14] Der Beförderer muss, wenn zB sein Fahrer unterwegs erkrankt oder das Fahrzeug liegen bleibt, notfalls auf fremde Hilfe zurückgreifen.[15]

Auch die bloße **Verteuerung oder Erschwernis der Beförderung** ist keine Unmöglichkeit.[16] Wenn also ein Grenzübergang, der im Frachtbrief nicht vorgeschrieben ist,[17] aber an der direkten Strecke zum Empfänger liegt, von den Zöllnern bestreikt wird, muss der Beförderer einen Umweg zum nächsten offenen Übergang fahren. Die zusätzlichen

---

[10] Vgl. dazu *Koller* Rn. 3; GroßkommHGB/*Helm* Rn. 2; zur unterschiedlichen Ausgestaltung der Unmöglichkeit in verschiedenen Rechtsordnungen vgl. nur *Zweigert/Kötz* Einführung in die Rechtsvergleichung, 3. Aufl. 1996, S. 484 ff.

[11] Zu dieser Unterscheidung siehe GroßkommHGB/*Helm* Rn. 2; *Clarke* S. 89 f. Nr. 33a (i); *Pesce* S. 173; *Putzeys* S. 166 Nr. 476.

[12] *Clarke* S. 88 Art. 33a Fn. 161; GroßkommHGB/*Helm* Rn. 3; *Jesser* S. 89; *Koller* TranspR 1988, 131 Fn. 21 stimmt dem nur für den Fall der Art. 34 ff. zu.

[13] GroßkommHGB/*Helm* Rn. 3; *Thume/Temme* Rn. 6 f.; *Herber/Piper* Rn. 2; *Koller* Rn. 3; *Jesser* S. 89; EBJS/*Boesche* Rn. 3.

[14] GroßkommHGB/*Helm* Rn. 6; *Jesser* S. 88; *Clarke* S. 89 Nr. 33a (i); *Herber/Piper* Rn. 5; *Thume/Temme* Rn. 5; *Ferrari/Otte,* Int. Vertragsrecht, Rn. 4.

[15] GroßkommHGB/*Helm* Rn. 6; *Thume/Temme* Rn. 9; *Koller* TranspR 1988, 131; *Clarke* S. 89 Nr. 33a (i).

[16] OLG München 28.6.1983, TranspR 1984, 186; *Hill/Messent* S. 100; *Clarke* S. 89 Nr. 33a (i); GroßkommHGB/*Helm* Rn. 6; *Loewe* ETR 1976, 547 Nr. 128; EBJS/*Boesche* Rn. 2; *Ferrari/Otte,* Int. Vertragsrecht, Rn. 8; *Rodière* BT 1974, 243 Nr. 42; *Putzeys* S. 167 Nr. 478; *Sanchez Ortiz* Revista general de derecho 43 (1987) Nr. 512 S. 2530.

[17] Sonst liegt relative Unmöglichkeit vor, Rn. 5.

Kosten wird er in aller Regel selbst tragen müssen, wenn der Vertrag nichts anderes bestimmt.[18] Verweigert er den zusätzlichen Aufwand unter Berufung auf Unmöglichkeit, so stellt dies eine Nichterfüllung des Vertrags dar, deren Folgen beurteilen sich nach dem ergänzenden nationalen Vertragsrecht.[19] Da kein Fall der Unmöglichkeit vorliegt, darf der Frachtführer auch nicht gemäß Art. 16 Abs. 2 das Gut ausladen. Tut er dies gleichwohl, so ist der Transport und damit seine Obhutshaftung nicht beendet; verkauft er das Gut gemäß Art. 16 Abs. 3, so haftet er folglich gemäß Art. 17 für den Verlust des Gutes.[20]

**8**     Die Pflicht, den Vertrag mit zusätzlichem Aufwand doch noch zu erfüllen, darf nicht überspannt werden. Der Beförderer ist erstens nur in den **Grenzen des vertraglichen Leistungsversprechens** und zweitens nur zu **zumutbarem Mehraufwand** verpflichtet.[21] Er hat einen Straßentransport versprochen und ist deshalb, wenn der Landweg zum Bestimmungsort versperrt ist und der Vertrag keine Fährverladung vorsieht, nicht gehalten, das Gut auf dem Seeweg ans Ziel zu bringen. Zumutbar wird hingegen die Umladung auf ein anderes, kleineres Straßenbeförderungsmittel sein, wenn der Ablieferungsort mit einem großen Lkw-Zug nicht erreichbar ist.[22] Die Zumutbarkeitsgrenze ist schwer zu ziehen. Manche sehen eine Parallele zu Art. 17 Abs. 2 und spannen die Erfüllungspflicht des Beförderers bis zur Grenze der Unvermeidbarkeit und Unabwendbarkeit an.[23] Andere senken die Zumutbarkeitsschwelle ab auf die Bemühungen, die von einem sorgfältigen Frachtführer iSd. Art. 19 zur Beseitigung der Transportstörung verlangt werden können.[24] Ein genauerer Maßstab ist damit jedoch nicht gewonnen. Ein solcher **Maßstab kann nur ökonomischer Natur** sein: Eine äußerste Grenze verläuft dort, wo der zusätzliche Aufwand des Beförderers größer ist als der Gesamtnutzen, den der Auftraggeber aus der Ortsveränderung der Güter zieht. Sie betrifft auch Fälle, in denen der Frachtführer die **Transportstörung zu vertreten** hat, weil er zB die Kühlanlage seines Lkw schlecht gewartet oder für einen vom Fahrer schuldhaft verursachten Unfall einzustehen hat. Je weniger die Transportstörung auf ein Verschulden des Beförderers zurückzuführen ist, desto geringer ist der Erfüllungsaufwand, den er betreiben muss, um die Störung zu beseitigen. Dies gilt a fortiori in dem Maße, wie der Absender die Störung zu vertreten hat. Auch wenn Art. 14 grundsätzlich ohne Rücksicht darauf gilt, aus wessen Sphäre die Leistungsstörung stammt und wer sie zu vertreten hat,[25] spielt das Verschulden bei der Konkretisierung der Zumutbarkeit und damit bei der begrifflichen Abgrenzung der Unmöglichkeit eine Rolle.[26]

**9**     Zusätzliche Anhaltspunkte für die Bestimmung der Zumutbarkeitsschwelle können sich aus **vertraglichen Absprachen** über Transportstörungen ergeben. Haben die Parteien etwa für solche Fälle eine **Standgeldregelung** vereinbart, wird dem Beförderer das Zuwarten grundsätzlich unbeschränkt zumutbar sein, solange die Transportstörung nicht endgültig und die Erfüllung des Vertrags damit tatsächlich unmöglich ist. Auch eine Absprache über alternative Transportwege kann die Zumutbarkeit präzisieren, so wenn die Parteien für einen Transport von Deutschland nach Kuwait alternativ die Strecken Ankara-Damaskus-Amman und Piräus-Alexandria-Amman vereinbart haben.

---

[18] OLG München 28.6.1983, TranspR 1984, 186; *Loewe* ETR 1976, 547 Nr. 128; *Herber/Piper* Rn. 9; *Sanchez Ortiz* Revista general de derecho 43 (1987) Nr. 512 S. 2530; *Putzeys* S. 167 Nr. 478.

[19] *Koller* Rn. 3; GroßkommHGB/*Helm* Rn. 9; *Herber/Piper* Rn. 9; *Loewe* ETR 1976, 547 Nr. 128; *Jesser* S. 89; *Glöckner* Rn. 1; *Hill/Messent* S. 100.

[20] OGH Wien 27.8.1981, *Greiter* S. 97, 102: für den Jemen bestimmte Ladung wurde unberechtigt in der arabischen Wüste ausgeladen.

[21] So OLG Hamburg 25.2.1988, TranspR 1988, 277, 278 für ein Ablieferungshindernis (Fehlen der genauen Empfängeranschrift): Beförderer muss Empfängeradresse zu ermitteln suchen, braucht aber keine umfangreichen und zeitraubenden Nachforschungen anzustellen; zustimmend *Herber/Piper* Rn. 8; EBJS/*Boesche* Rn. 2; ebenso GroßkommHGB/*Helm* Rn. 9; *Koller* TranspR 1988, 129, 130; Jaborrnegg/Artmann/*Csoklich* Art. 14–16 Rn. 2; *Clarke* S. 89 f. Nr. 33a (i); *Pesce* S. 173 Fn. 180.

[22] Vgl. dazu OGH Wien 16.5.2002, TranspR 2002, 403, 405.

[23] *Clarke* S. 90 Nr. 33a (i).

[24] *Koller* TranspR 1988, 129, 131.

[25] *Koller* Rn. 2; GroßkommHGB/*Helm* Rn. 10.

[26] Zustimmend GroßkommHGB/*Helm* Rn. 9 Fn. 37.

**3. Vorübergehende Unmöglichkeit.** Eine Transportstörung, die ihrer Natur nach **10** vorübergehend ist, wie etwa der überraschende Wintereinbruch auf einer Passstraße im Hochsommer, der Warnstreik von Zöllnern an einem Grenzübergang oder die Lkw-Blockade im Rahmen einer Protestaktion, begründet im Prinzip keine Unmöglichkeit der Beförderung,[27] sondern führt lediglich zur Verspätung iSd. Art. 19. Allerdings kann wie auch sonst bei Fixgeschäften **die Verspätung in Unmöglichkeit umschlagen,** wenn die Erfüllung des Transportvertrags für den Absender erkennbar das Interesse verliert. Dies ist vor allem der Fall, wenn feststeht, dass die im Frachtbrief eingetragene (Art. 6 Abs. 2 lit. f) oder sonst nach Art. 19 zu bestimmende Lieferfrist nicht eingehalten werden kann.[28] In einem solchen Fall greifen die Rechtsfolgen des Art. 14 nicht erst ein, wenn die Lieferfrist abgelaufen und die Erfüllung deshalb unmöglich ist. Wie sich aus der Formulierung „unmöglich ist oder **unmöglich wird**" ergibt, bestehen die Pflicht, Weisungen einzuholen und das Recht, das Gut abzuladen bereits, sobald sich mit großer Wahrscheinlichkeit absehen lässt, dass der Transport nicht fristgerecht ans Ziel kommt.[29]

### III. Einholung von Weisungen

**1. Pflicht zur Einholung von Weisungen.** Ist die Weiterbeförderung unmöglich oder **11** droht sie unmöglich zu werden (Rn. 10), so ist der Frachtführer nach Art. 14 Abs. 1 verpflichtet, Weisungen des Berechtigten einzuholen, und zwar **innerhalb angemessener Zeit.**[30] Er muss dem Verfügungsberechtigten des Weiteren die notwendigen Informationen über die Art und die Umstände des Beförderungshindernisses geben, um ihn in die Lage zu versetzen, sinnvolle Weisungen zu erteilen.[31] Beide **Pflichten entfallen,** wenn die Einholung von Weisungen innerhalb angemessener Zeit unmöglich ist, arg. Art. 14 Abs. 2, bzw. eine Ausführung einer Weisung nicht möglich ist.[32] Im zweiten Fall bleibt es jedoch bei der Informationspflicht, soweit dies zur Vermeidung von Güter- oder Verspätungsschäden der äußersten Sorgfalt entspricht.[33] Da die Pflicht schadensersatzbewehrt ist, Rn. 14, läuft der Beförderer ein erhebliches Haftungsrisiko, wenn er keine Weisungen einholt. Ob der Beförderer auch um Weisungen nachzufragen hat, wenn er sich gemäß Art. 16 Abs. 2 dazu entschließt, das Gut sofort auszuladen und die Beförderung zu beenden, ist strittig, vgl. Art. 16 Rn. 9 f.

**2. Ausübung und Grenzen des Weisungsrechts.** Das Ersuchen um Weisungen muss **12** **an denjenigen gerichtet** werden, der iSd. Art. 12 „**verfügungsberechtigt**", besser: weisungsberechtigt ist; dies kann der Absender, Art. 12 Rn. 5 ff., der Empfänger oder sogar ein Dritter sein, Art. 12 Rn. 9 ff. Anders als im Falle der Annahmeverweigerung, Art. 15 Abs. 1 Satz 2, hängt die Ausübung des Weisungsrechts von der **Vorlage der Absenderausfertigung** des Frachtbriefs ab.[34] Dies mag im Einzelfall misslich sein, insbesondere, wenn dadurch weder Absender noch Empfänger zur Erteilung von Weisungen imstande sind, zB weil der Empfänger nach Art. 12 Abs. 3 das Verfügungsrecht erworben hat, aber die Absenderausfertigung noch nicht in Händen hält. Jedoch ist wegen der Sperrfunktion der

---

[27] *Lamy* 2013 Rn. 739a).

[28] LG Duisburg 14.12.1988, TranspR 1989, 268, 270; ähnlich Cour Paris 27.5.1980, BT 1980, 435; GroßkommHGB/*Helm* Rn. 12; *Koller* TranspR 1988, 131; Ferrari/*Otte*, Int. Vertragsrecht, Rn. 6.

[29] OLG München 12.4.1990, TranspR 1990, 280, 285; LG Duisburg 14.12.1988, TranspR 1989, 268, 270; GroßkommHGB/*Helm* Rn. 12.

[30] *Rodière* BT 1974, 243 Nr. 44; *Theunis/Tzankov* S. 77; *Clarke* S. 88 Nr. 33a; *Koller* Rn. 5; vgl. dazu OLG Hamburg 9.3.2000, TranspR 2000, 253; Cour Orleans 12.11.1996, ULR 1997, 628.

[31] *Herber/Piper* Rn. 10; *Rodière* BT 1974, 243 Nr. 44; *Clarke* S. 88 Nr. 33a; zur Informationspflichtverletzung Hof Antwerpen 14.5.2007, ETR 2008, 99.

[32] *Koller* Rn. 5; aA OLG Hamburg 9.3.2000, TranspR 2000, 253, 254.

[33] *Koller* Rn. 5; in diesem Sinne wohl OLG Hamburg 9.3.2000, TranspR 2000, 253, 254.

[34] *Hill/Messent* S. 102; GroßkommHGB/*Helm* Rn. 16; *Herber/Piper* Rn. 12; *Thume/Temme* Rn. 10 f.; Fremuth/Thume/*Thume* Rn. 10; Jabornegg/Artmann/*Csoklich* Art. 14–16 Rn. 4; für andere Ablieferungshindernisse als die in Art. 15 Abs. 1 Satz 2 genannte Annahmeverweigerung auch *Rodière* BT 1974, 244 Nr. 48; *Clarke* S. 91 Nr. 33b; *Koller* Rn. 5 für die Weisungserteilung.

Absenderausfertigung (Art. 12 Rn. 24) keine andere Lösung möglich.[35] Wie bei Art. 12 braucht die Absenderausfertigung nicht vorgelegt zu werden, wenn gar kein Frachtbrief ausgestellt wurde, vgl. Art. 12 Rn. 26.

13    Auch im Übrigen beurteilen sich manche Einzelheiten des Weisungsrechts gemäß Art. 12. So sind ihm weisungsbedingte Kosten gemäß Art. 12 Abs. 5 lit. a und nicht etwa nationalem Recht[36] zu erstatten. Ferner ist der Beförderer nicht zur Befolgung solcher Weisungen verpflichtet, die Empfänger oder Absender anderer Sendungen schädigen oder die den **gewöhnlichen Betrieb seines Unternehmens hemmen,** Art. 12 Abs. 5 lit. b.[37] Ob Letzteres auch dann gilt, wenn der Beförderer selbst das Beförderungshindernis zu vertreten hat, ist zu bezweifeln. Was den „gewöhnlichen Betrieb" hemmt, ist, wie schon in Art. 12 Rn. 20 ausgeführt, nicht nur eine Frage der Normalität, sondern auch der Normativität. Wer selbst eine Leistungsstörung zu vertreten hat, muss unter dem allgemeinen Gesichtspunkt von Treu und Glauben (Einl. Rn. 37) auch tiefere Eingriffe in seinen Geschäftsbetrieb dulden, wenn es darum geht, die schädlichen Folgen der Leistungsstörung zu minimieren. Weisungen, die zur Teilung der Sendung führen, sind hier ebenso ausgeschlossen wie in Art. 12 Abs. 5 lit. c. Erhält der Beförderer eine Weisung, deren Ausführung unmöglich ist, so hat er gemäß Art. 12 Abs. 6 den Anweisenden unverzüglich zu benachrichtigen.[38]

14    **3. Haftung.** Verletzt der Frachtführer seine Pflicht, den Berechtigten hinreichend genau über Art und Ausmaß der Unmöglichkeit der Beförderung zu informieren und dessen **Weisungen einzuholen,** so haftet er gemäß Art. 17, wenn daraus ein Verspätungsschaden oder ein Güterschaden entsteht.[39] In diesen Fällen kann eine Schadensersatzforderung gemäß Art. 17 wegen Verletzung der Pflichten aus den Art. 14–16 auch begründet sein, wenn der Frachtführer das Beförderungshindernis selbst nicht zu vertreten hat.[40] Fällt der entstandene Schaden nicht unter Art. 17, so kommt eine Haftung nach dem ergänzenden nationalen Vertragsrecht (Einl. Rn. 41) in Betracht.[41] Führt der Frachtführer eine Weisung, die er gemäß Art. 14 Abs. 1 erhalten hat, nicht aus oder **befolgt er eine irreguläre Weisung,** vor allem die Weisung eines Nichtberechtigten, so richtet sich seine Haftung nach Art. 12 Abs. 7, siehe Art. 12 Rn. 33 ff.[42]

## IV. Behebbare Beförderungshindernisse (Abs. 2)

15    **1. Möglichkeit der abweichenden Vertragsausführung.** Art. 14 Abs. 2 enthält eine Sonderregelung für sog. behebbare Beförderungshindernisse, die die Erfüllung des Vertrags nur **relativ unmöglich** machen, vgl. Rn. 5. In diesen Fällen kann der Vertrag durch eine Weiterbeförderung erfüllt werden, wenn auch unter Abweichung von den im Frachtbrief festgelegten oder, wo ein Frachtbrief fehlt, von den im Beförderungsvertrag vereinbarten Bedingungen. Die geschuldete Transportleistung wird in Abs. 2 also gleichsam aufgespalten in die **essentialia negotii,** die der Beförderer trotz des Hindernisses erbringen kann, und

[35] Thume/*Temme* Rn. 11; GroßkommHGB/*Helm* Rn. 16.

[36] AA OLG Köln 26.8.1994, VersR 1995, 854.

[37] *Pesce* S. 180 f.; GroßkommHGB/*Helm* Rn. 16 (lit. b und c) ähnlich *Fioux* S. 305, der nur allgemein verlangt, dass die Ausführung der Weisungen „peut être équitablement exigée". *Silingardi* S. 103 will die Einzelheiten des Weisungsrechts gener. Art. 14 Abs. 1 generell durch Art. 12 Abs. 5 ausfüllen.

[38] Ebenso GroßkommHGB/*Helm* Rn. 16.

[39] Cour Amiens 28.10.1992, BTL 1992, 766; Cour Liège 18.12.1967, ETR 1969, 965, 972; LG Duisburg 14.12.1988, TranspR 1989, 268; *Thume* TranspR 1992, 6; *Herber/Piper* Rn. 15; *Koller* Rn. 5; EBJS/*Boesche* Rn. 5; *Clarke* S. 96 ff. Nr. 33d (i); *Lamy* 2013 Rn. 739c).

[40] *Rodière* BT 1974, 243 Nr. 44.

[41] OLG Hamm 11.3.1976, NJW 1976, 2077; *Clarke* S. 98 Nr. 33d (i); *Koller* Rn. 5; *Herber/Piper* Rn. 15; GroßkommHGB/*Helm* Rn. 17; EBJS/*Boesche* Rn. 5.

[42] GroßkommHGB/*Helm* Rn. 18; *Koller* Rn. 5; *Jesser* S. 90–92; EBJS/*Boesche* Rn. 5; Jabornegg/Artmann/ *Csoklich* Art. 14–16 Rn. 7; siehe auch Rb. Arnhem 28.1.1971, S. & S. 1973 Nr. 82, hier zitiert nach *Libouton* J. trib. 1974, 510 Nr. 40; Trib.com. Carpentras 19.2.1993, BTL 1994, 636 beurteilt die Nichtbefolgung einer rechtmäßigen Weisung als Fall der Nichterfüllung nach nationalem Recht, ebenso *Tilche* BTL 1994, 634.

die **accidentialia,** deren Erfüllung unmöglich geworden ist. Diese zu ermitteln, ist Sache der Vertragsauslegung. Der Kern des Transportvertrags liegt im Allgemeinen in dem Versprechen, das Gut an einen bestimmten Ort zu befördern und es dort an einen bestimmten Empfänger auszuliefern; dies ist gemeint, wenn Abs. 2 davon spricht, dass die „abweichende Ausführung der Beförderung" von den Umständen noch gestattet werde. Je nach Lage des Falls können zusätzliche Bedingungen des Vertrags zu den essentialia gehören, so zB die Beförderung mit dem Lkw oder in einem Spezialfahrzeug, auf einer bestimmten Reiseroute oder innerhalb einer bestimmten Lieferfrist; wenn die Unmöglichkeit sich auf einen dieser Punkte bezieht, wenn zB Ausstellungsexponate nicht mehr vor Beginn einer Messe am Bestimmungsort eintreffen können, so liegt ein Fall der absoluten Unmöglichkeit vor, und es hat mit Art. 14 Abs. 1 und Art. 16 Abs. 2 sein Bewenden.

**2. Nichterhältlichkeit von Weisungen.** Abs. 2 gibt dem Schuldner der Beförderungs-   **16**
leistung die Pflicht, aber auch das Recht, selbst darüber zu befinden, wie er den Vertrag abweichend von dessen Bestimmungen erfüllen will oder anders ausgedrückt, ein Recht zur einseitigen Änderung des Vertrags.[43] Zu beachten sind die Einschränkungen, die in Abs. 2 verankert sind: auf der Tatbestandsseite ist neben der Ausführbarkeit der Beförderung in Abweichung vom Vertrag – kumulativ[44] – Voraussetzung, dass der Frachtführer innerhalb **angemessener Zeit** keine Weisungen des Berechtigten erhalten konnte. Die Angemessenheit der Wartefrist beurteilt sich nach den Umständen, die dem Frachtführer bekannt waren, als er selbst die Initiative ergriff.[45] Dabei sind seine eigenen Interessen abzuwägen gegen die für ihn erkennbaren Interessen der Weisungsberechtigten. Eine Rolle spielen also Faktoren wie die Verfügbarkeit von Telekommunikationsmöglichkeiten, die Bindung des Frachtführers an feste Fahrpläne, die Marktgängigkeit des beförderten Gutes und die **Dringlichkeit** des Handelns; droht der Ladung Schaden, so verkürzt sich die Wartefrist.[46] Muss der Frachtführer sofort etwas zum Schutz der Ladung unternehmen, so kann die angemessene Zeit Null sein. Mit anderen Worten gestattet Art. 14 Abs. 2 in extremen Fällen eigenmächtiges Handeln des Frachtführers, ohne dass dieser zuvor überhaupt Weisungen einholen müsste; ein Rückgriff auf die nationalen Vorschriften über die Geschäftsführung ohne Auftrag ist dafür nicht erforderlich.[47]

**3. Maßnahmen des Beförderers.** Auf der Rechtsfolgenseite wird der Beförderer bei   **17**
der Wahl seiner Maßnahmen auf das **Interesse des Weisungsberechtigten** verpflichtet. Da der Frachtführer zu eigenmächtigem Handeln nur befugt ist, wenn eine abweichende Ausführung der Beförderung möglich ist, darf er nach Art. 14 Abs. 2 nur Maßnahmen ergreifen, die auf die abweichende Beförderung, dh. darauf gerichtet sind, dass das Gut letztlich am Bestimmungsort an den Empfänger ausgeliefert wird.[48] Eine Rücksendung des Gutes an den Absender ist danach ausgeschlossen, ebenso eine Abladung und Einlagerung des Gutes, wenn nicht zugleich konkrete Schritte zur Weiterbeförderung unternommen werden.[49] Von Art. 14 Abs. 2 gedeckt sind dagegen etwa die Umleitung des Gutes über eine andere als die vereinbarte Transportroute,[50] seine Umladung auf ein anderes Fahrzeug[51] und sogar die Umladung auf ein anderes Beförderungsmittel;[52] wie Art. 2 ausdrücklich hervorhebt, führt die Umladung unter den Bedingungen des Art. 14 auch nicht dazu, dass

---

[43] GroßkommHGB/*Helm* Rn. 22.
[44] GroßkommHGB/*Helm* Rn. 22.
[45] So in der Sache OGH Wien 10.2.1981, *Greiter* S. 88, 92; Thume/*Temme* Rn. 14.
[46] So *Nickel-Lanz* S. 75 Fn. 32; siehe auch *Jesser* S. 90; GroßkommHGB/*Helm* Rn. 22.
[47] Thume/*Temme* Rn. 15; abw. GroßkommHGB/*Helm* Rn. 22; *Koller* Rn. 6.
[48] So ausdrücklich *Pesce* S. 177.
[49] So auch *Clarke* S. 92 f. Nr. 33c (i); *Herber/Piper* Rn. 23.
[50] *Jesser* S. 90; GroßkommHGB/*Helm* Rn. 24.
[51] Ein Fall der Unmöglichkeit liegt hier ohnehin nur vor bei einem vertraglichen Umladeverbot, s. Rn. 6.
[52] *Koller* Rn. 6; *Clarke* S. 92 f. Nr. 33c (i); OGH Wien 10.2.1981, *Greiter* S. 88, 92: Umladung des Gutes auf Dschunken, nachdem sich herausgestellt hatte, dass eine Fähre für den Lkw nicht vorhanden war.

die CMR unanwendbar wird, vgl. Art. 2 Rn. 9. Aus diesen Überlegungen ergibt sich auch das **Verhältnis von Art. 14 Abs. 2 zu Art. 16 Abs. 2,** siehe näher Art. 16 Rn. 19.

**18**    **4. Fortgesetzter Transport.** Wird der Transport auf Grund einer Entscheidung des Beförderers gemäß Abs. 2 fortgesetzt, so können sich **erneut Beförderungshindernisse** ergeben. Obwohl sich eine solche Unmöglichkeit „zweiten Grades" dann nicht mehr in erster Linie auf die „im [ursprünglichen] Frachtbrief festgelegten Bedingungen", sondern auf die vom Beförderer einseitig gemäß Art. 14 Abs. 2 bestimmten Konditionen bezieht, hat sie doch auch zur Folge, dass die Erfüllung des ursprünglichen Beförderungsvertrags ein zweites Mal verhindert wird; deshalb ist auch hier Art. 14 anzuwenden.[53] Hat der Beförderer die Fortsetzung des Transports **einem anderen Unternehmer übertragen,** so tut er dies in seiner Rolle als Frachtführer, der den ursprünglichen Frachtvertrag in seinem Kern erfüllen will und muss, und nicht etwa als Beauftragter[54] oder Spediteur.[55] Er haftet folglich für den anderen Unternehmer als Unterfrachtführer, dh. als Gehilfe iSd. Art. 3 nach den allgemeinen Regeln der CMR.[56]

**19**    **5. Kostenerstattung.** Die Konvention regelt nicht ausdrücklich, ob und nach welchen Grundsätzen dem Beförderer Kosten zu erstatten sind, die durch Maßnahmen gemäß Art. 14 Abs. 2 verursacht worden sind. Art. 16 Abs. 1 begründet lediglich einen Anspruch auf Erstattung der „Kosten, die ihm dadurch entstehen, dass er Weisungen einholt oder ausführt", an denen es in den Fällen des Art. 14 Abs. 2 gerade fehlt. Erwogen wird deshalb ein Erstattungsanspruch aus dem ergänzenden nationalen Vertragsrecht, in Deutschland aus §§ 675, 670 BGB,[57] andere plädieren für eine analoge Anwendung von Art. 16 Abs. 1,[58] wieder andere bezweifeln die Existenz eines solchen Anspruchs ganz.[59] Müsste der Beförderer die Kosten seiner Erfüllungshandlungen gemäß Abs. 2 selbst tragen, so erhielte er zweifellos einen starken Anreiz, in der von Unwägbarkeiten und Beurteilungsermessen geprägten Situation der Beurteilungshindernisse nichts zu unternehmen, was Geld kostet.[60] Eine solche Pflicht zum unentgeltlichen Mehraufwand besteht daher nur unterhalb der Grenzen der Unmöglichkeit, vgl. Rn. 6–9. Ist die Erfüllung dagegen (relativ) unmöglich, ist die **Lösung in Art. 16 Abs. 1** zu finden; zu bedenken ist, dass der Beförderer nach der Konzeption von Art. 14 grundsätzlich nur eigenmächtig handelt, wenn er keine Weisungen erhält. Diese Situation ist derjenigen vergleichbar, in der der Berechtigte den Beförderer anweist, „alle erforderlichen Schritte zur Erfüllung des Vertrags" einzuleiten. Art. 14 Abs. 2 lässt sich mit anderen Worten als gesetzlicher Ausdruck einer **Blankoweisung** des Berechtigten an den Beförderer verstehen. Aus dieser Sicht gibt Art. 16 Abs. 1 dann einen Anspruch auf Erstattung, ohne dass es einer Analogie bedürfte. Der Anspruch ist gegen den Weisungsberechtigten gerichtet.

## Art. 15 [Ablieferungshindernisse]

**(1)** **¹Treten nach Ankunft des Gutes am Bestimmungsort Ablieferungshindernisse ein, so hat der Frachtführer Weisungen des Absenders einzuholen. ²Wenn der Empfänger die Annahme des Gutes verweigert, ist der Absender berechtigt, über das Gut zu verfügen, ohne die erste Ausfertigung des Frachtbriefes vorweisen zu müssen.**

---

[53] *Clarke* S. 93 f. Nr. 33c (i); zustimmend GroßkommHGB/*Helm* Rn. 25; aA *Hill/Messent* S. 102.
[54] So *Rodière* BT 1974, 243 Nr. 45; ebenso *Pesce* S. 178 f.
[55] So *Hill/Messent* S. 101.
[56] *Putzeys* S. 168 Nr. 480; *Clarke* S. 93 Nr. 33c (i).
[57] GroßkommHGB/*Helm* Rn. 23 (wie *Koller* aber Art. 16 Rn. 2); *Glöckner* Rn. 6; *Herber/Piper* Art. 16 Rn. 6; EBJS/*Boesche* Rn. 7; Ferrari/*Otte,* Int. Vertragsrecht, Rn. 16.
[58] *Koller* Rn. 6; so wohl auch Cour Grenoble 4.2.1988, BT 1988, 699, zitiert nach *Clarke* S. 99 bei Fn. 252.
[59] *Clarke* S. 99 f. Nr. 33d (ii).
[60] *Clarke* S. 99 Nr. 33d (ii).

**(2)** Der Empfänger kann, auch wenn er die Annahme des Gutes verweigert hat, dessen Ablieferung noch so lange verlangen, als der Frachtführer keine dem widersprechenden Weisungen des Absenders erhalten hat.

**(3)** Tritt das Ablieferungshindernis ein, nachdem der Empfänger auf Grund seiner Befugnisse nach Artikel 12 Absatz 3 Anweisungen erteilt hat, das Gut an einen Dritten abzuliefern, so nimmt bei der Anwendung der Absätze 1 und 2 dieses Artikels der Empfänger die Stelle des Absenders und der Dritte die des Empfängers ein.

## Art. 15

(1) Lorsque, après l'arrivée de la marchandise au lieu de destination, il se présente des empêchements à la livraison, le transporteur demande des instructions à l'expéditeur. Si le destinataire refuse la marchandise, l'expéditeur a le droit de disposer de celle-ci sans avoir à produire le premier exemplaire de la lettre de voiture.

(2) Même s'il a refusé la marchandise, le destinataire peut toujours en demander la livraison tant que le transporteur n'a pas reçu d'instructions contraires de l'expéditeur.

(3) Si l'empêchement à la livraison se présente après que, conformément au droit qu'il détient en vertu de l'article 12, paragraphe 3, le destinataire a donné l'ordre de livrer la marchandise à une autre personne, le destinataire est substitué à l'expéditeur, et cette autre personne au destinataire, pour l'application des paragraphes 1 et 2 ci-dessus.

## Art. 15

(1) Where circumstances prevent delivery of the goods after their arrival at the place designated for delivery, the carrier shall ask the sender for his instructions. If the consignee refuses the goods the sender shall be entitled to dispose of them without being obliged to produce the first copy of the consignment note.

(2) Even if he has refused the goods, the consignee may nevertheless require delivery so long as the carrier has not received instructions to the contrary from the sender.

(3) When circumstances preventing delivery of the goods arise after the consignee, in exercise of his rights under article 12, paragraph 3, has given an order for the goods to be delivered to another person, paragraphs 1 and 2 of this article shall apply as if the consignee were the sender and that other person were the consignee.

**Schrifttum:** Siehe vor Art. 1 und bei Art. 14.

### Übersicht

| | Rn. | | Rn. |
|---|---|---|---|
| **I. Bedeutung und Zweck** | 1 | **III. Einholung von Weisungen** | 7–15 |
| **II. Unmöglichkeit der Ablieferung** | 2–6 | 1. Weisungen des Absenders | 7, 8 |
| 1. Ablieferungshindernisse | 2–4 | 2. Weisungen und Ablieferverlangen des Empfängers | 9–12 |
| 2. Annahmeverweigerung | 5 | 3. Prioritätsprinzip (Abs. 2) | 13 |
| 3. Antizipierte Ablieferungshindernisse | 6 | 4. Rollenwechsel (Abs. 3) | 14, 15 |

### I. Bedeutung und Zweck

Die Art. 14–16 regeln das Schicksal der Obhutspflicht des Frachtführers, wenn die Erfül- **1** lung der auf Ortsveränderung und Ablieferung gerichteten Hauptpflichten des Vertrags **unmöglich** geworden ist, das Gut sich aber nach wie vor in der Obhut des Beförderers befindet; siehe dazu näher Art. 14 Rn. 1–3. Unter den Ursachen der Unmöglichkeit unterscheidet die CMR danach, ob sie sich vor (Art. 14) oder nach der Ankunft des Gutes am Bestimmungsort zeigen (Art. 15) und ob sie der Durchführung des Vertrags (Art. 14) oder der Ablieferung (Art. 15) entgegenstehen. Die **Rechtsfolgen** von Ablieferungshindernissen unterscheiden sich im Ansatz nicht wesentlich von denen sonstiger Erfüllungshindernisse:

der Beförderer hat Weisungen einzuholen, Abs. 1 Satz 1, kann dieser Pflicht allerdings weitgehend dadurch ausweichen, dass er das Gut sofort auslädt (Art. 16 Abs. 2) oder es sogar verkauft (Art. 16 Abs. 3), vgl. Art. 14 Rn. 3. Die weiteren Vorschriften des Art. 15 regeln das **Verhältnis zwischen Absender und Empfänger** in Bezug auf ihre Rechte gegenüber dem Beförderer. Sie betreffen zunächst den wichtigsten Sonderfall eines Ablieferungshindernisses, die Annahmeverweigerung. Für diesen Fall steht dem Absender das Weisungsrecht zu, auch wenn er es nach den allgemeinen Grundsätzen der Art. 12 und 13 bereits verloren hat oder nicht mehr ausüben könnte, Abs. 1 Satz 2. Abs. 2 gewährt dem die Annahme verweigernden Empfänger bis zum Eintreffen von Absenderweisungen eine Art Reuerecht. Schließlich knüpft Abs. 3 an die in Art. 12 Abs. 3 und 4 eröffnete Möglichkeit des Empfängers an, eine andere Person als Empfänger zu benennen und klärt für diesen Fall die entsprechende Anwendung der voranstehenden Regeln auf die veränderte Situation. Alles in allem haben diese Vorschriften nur geringe systematische Stimmigkeit und Transparenz.

## II. Unmöglichkeit der Ablieferung

2     **1. Ablieferungshindernisse.** Art. 15 behandelt Leistungsstörungen in Gestalt von Ablieferungshindernissen und ihre Auswirkung auf die Obhutspflicht des Beförderers. Was unter einem **Ablieferungshindernis** (empêchement à la livraison) zu verstehen ist, wird in Art. 15 Abs. 1 nicht definiert. Aus dem Zusammenhang der Art. 14–16 ergibt sich aber, dass analog zum Begriff des Beförderungshindernisses ein Ereignis gemeint ist, das nach Ankunft des Gutes am Bestimmungsort (vgl. Art. 13 Rn. 8) die Ablieferung an den vertragsgemäßen Empfänger und zu dem vereinbarten Zeitpunkt unmöglich macht.[1] Dafür gibt es **vielfältige Ursachen;**[2] ein Ablieferungshindernis liegt etwa vor, wenn der Beförderer den Empfänger nicht finden kann, weil der Absender die Empfängeradresse unrichtig oder ungenau angegeben hat,[3] wenn sich seine Adresse geändert hat, weil er umgezogen ist, wenn der Beförderer ihn zwar antrifft, er aber die Annahme des Gutes ablehnt (Annahmeverweigerung, vgl. Abs. 1 Satz 2),[4] wenn er das Gut zwar entgegennehmen will, aber nicht bereit ist, die auf dem Gut gemäß Art. 13 Abs. 2 lastenden Kosten zu zahlen[5] bzw. entsprechende Sicherheitsleistung verweigert,[6] wenn der Empfänger nicht entlädt, weil etwa sein Betrieb bestreikt wird oder es an geeignetem Ladegerät, einem Kran oder einer Pumpe, fehlt,[7] wenn der Beförderer selbst zur Entladung verpflichtet ist, aber die dafür vorgesehenen Einrichtungen des Lkw nicht funktionieren, wenn der Lkw nach Ankunft am Bestimmungsort die Ablieferungsstelle wegen Straßenbauarbeiten nicht erreichen kann, wenn die örtlichen Behörden oder Gerichte die Auslieferung des Gutes verbieten usw. Wie die Beispiele zeigen, können Ablieferungshindernisse aus der Sphäre des Absenders, des Beförderers oder des Empfängers stammen. Für die Anwendung von Art. 15 spielen Zurechenbarkeit und **Verschulden keine Rolle;**[8] erheblich wird das Verschulden erst bei der Frage der Kostenerstattung gemäß Art. 16 Abs. 1.

---

[1]   *Koller* Rn. 2; *Herber/Piper* Rn. 5; *Thume/Temme* Rn. 3; GroßkommHGB/*Helm* Rn. 3; EBJS/*Boesche* Rn. 2; *Ferrari/Otte,* Int. Vertragsrecht, Rn. 2; Jabornegg/Artmann/*Csoklich* Art. 14–16 Rn. 3.

[2]   Vgl. auch die Auflistung bei GroßkommHGB/*Helm* Rn. 6.

[3]   So in OLG Hamburg 25.2.1988, TranspR 1988, 277; vgl. auch OLG Stuttgart 13.10.1999, TranspR 2001, 127.

[4]   BGH 15.10.1998, TranspR 1999, 102; OLG Hamburg 31.3.1994, VersR 1996, 127; OLG Hamm 6.2.1997, TranspR 1998, 34, 35; *Thume/Temme* Rn. 5.

[5]   *Herber/Piper* Rn. 19; *Koller* Rn. 2; GroßkommHGB/*Helm* Rn. 4; EBJS/*Boesche* Rn. 6; *Loewe* ETR 1976, 548; Jabornegg/Artmann/*Csoklich* Art. 14–16 Rn. 3.

[6]   *Thume/Temme* Rn. 6; zustimmend *Ferrari/Otte,* Int. Vertragsrecht, Rn. 4.

[7]   In Hof 's-Hertogenbosch 17.11.1993, S. & S. 1994 Nr. 57 war eine Ladung Flüssigschokolade während des Transports erkaltet und erstarrt; der Empfänger verfügte über keine geeignete Einrichtung zur Erwärmung und Verflüssigung der Schokolade. In OLG Köln 23.2.1972, BB 1973, 405 zog der Empfänger eine Spezialmaschine nach Teilentladung des Lkw ab.

[8]   *Herber/Piper* Rn. 6; *Koller* Rn. 2; GroßkommHGB/*Helm* Rn. 6; *Thume/Temme* Rn. 4; *Ferrari/Otte,* Int. Vertragsrecht, Rn. 8.

**Keine Ablieferungshindernisse** sind Umstände, die die Obhut des Beförderers been- **3** den, also etwa der Diebstahl des Gutes vor der Entladung oder seine Beschlagnahme; in solchen Fällen kommt eine Verlusthaftung des Beförderers aus Art. 17 in Betracht. Ein Ablieferungshindernis besteht auch dann, wenn der Empfänger das Fahrzeug nach dessen Bereitstellung an der Ablieferungsstelle nicht entlädt. Der Begriffe der Ablieferung in Art. 17 und Art. 15 sind nach Sinn und Zweck der Vorschriften nicht identisch. Art. 17 regelt, wann der Haftungszeitraum endet und schließt die vom Beförderer nicht verantwortete Entladung aus diesem Haftungszeitraum aus. Art. 15 gibt dagegen in der konkreten Situation Antwort auf die Frage des Beförderers, wie er sich des Gutes entledigen kann, ohne vertragsbrüchig zu werden. Ablieferung kann hier nur vollständige Entleerung des Fahrzeugs durch Übergabe des Gutes an den Empfänger bedeuten;[9] soweit dies unmöglich ist, liegt ein Ablieferungshindernis vor.

Anders als bei den Beförderungshindernissen (Art. 14 Rn. 5) wird bei den Ablieferungs- **4** hindernissen nicht zwischen **absoluter und relativer Unmöglichkeit** unterschieden. Für alternative Erfüllungshandlungen des Frachtführers iSd. Art. 14 Abs. 2 besteht bei den Ablieferungshindernissen regelmäßig auch kein Bedürfnis, wenn man einmal von dem Recht auf Abladung absieht, das der Beförderer ohnehin gemäß Art. 16 Abs. 2 hat. Für die **Anspannung der Leistungspflicht** gelten hier die gleichen Grundsätze wie bei den Beförderungshindernissen. Danach ist der Beförderer von der Ablieferungspflicht nicht schon deshalb befreit, weil ihre Erfüllung ihm einen Mehraufwand abverlangt; er schuldet nur zumutbare Anstrengungen, siehe näher Art. 14 Rn. 6–9. Zur Abgrenzung von **Verspätung und Unmöglichkeit** siehe Art. 14 Rn. 10 und für den Fall der Annahmeverweigerung unten Rn. 5. Unmöglichkeit und damit ein Ablieferungshindernis liegt vor, wenn der Empfänger die Güter nicht unverzüglich, dh. ohne schuldhaftes Zögern abnimmt.[10]

**2. Annahmeverweigerung.** Ein besonderer Fall des Ablieferungshindernisses ist die in **5** Art. 15 Abs. 1 Satz 2 und Abs. 2 geregelte Annahmeverweigerung. Sie setzt nicht notwendig eine ausdrückliche Ablehnung des Gutes voraus; es genügt, dass der Beförderer dem Verhalten des Empfängers die **konkludente Erklärung** entnehmen kann, er wolle dieses Gut zum gegenwärtigen Zeitpunkt nicht in der ihm angebotenen Form in Empfang nehmen. Eine solche Bedeutung kommt etwa der Empfängerweisung zu, der Frachtführer möge das Gut zurückbefördern, oder auch der Weigerung, die auf dem Gut lastenden Kosten zu bezahlen vgl. Art. 13 Abs. 2.[11] Man wird dem Beförderer auch das Recht zubilligen müssen, durch **Fristsetzung** gegenüber dem Empfänger Klarheit über dessen Bereitschaft zu gewinnen, das Gut in Empfang zu nehmen.[12] Lässt der Empfänger die Frist verstreichen, ohne zu entladen oder dem Beförderer Weisungen gemäß Art. 12 Abs. 2 zu erteilen, so wird der Beförderer ohne weiteres nicht nur von einer Annahmeverweigerung ausgehen können; die Rechtsgedanken der Art. 47 und 49 UNK zur Nachfristsetzung können hier durchaus als allgemeine Grundsätze des internationalen Handelsrechts herangezogen werden.

**3. Antizipierte Ablieferungshindernisse.** Nach dem Wortlaut von Abs. 1 erfasst die **6** Vorschrift nicht Ablieferungshindernisse schlechthin, sondern nur solche, die nach Ankunft des Gutes am Bestimmungsort eintreten. Der deutsche Übersetzungswortlaut weicht insoweit von der verbindlichen englischen Textierung ab, als danach lediglich darauf abgestellt wird, dass entsprechende Umstände nach Eintreffen der Güter am Ablieferungsort deren Ablieferung verhindern („where circumstances prevent delivery …") und ähnelt eher dem

---

[9] Zustimmend GroßkommHGB/*Helm* Rn. 7.
[10] Kantongerecht Rotterdam 24.5.1966, ETR 1966, 729, 733: „tijdig"; *Clarke* S. 91 Nr. 33b: „promptly"; ein Ablieferungshindernis im Falle eines „prolungato ritardo" nimmt auch *Silingardi* S. 108 an; *Herber/Piper* Rn. 18.
[11] *Loewe* ETR 1976, 548 Nr. 134; *Putzeys* S. 182 Nr. 536; *Clarke* S. 91 Nr. 33b Fn. 190; ebenso *Koller* Rn. 2; GroßkommHGB/*Helm* Rn. 17.
[12] In Kantongerecht Rotterdam 24.5.1966, ETR 1966, 729, 733 setzte der Frachtführer dem Empfänger eine Frist von drei Tagen; *Silingardi* S. 108 nimmt sogar ohne Fristsetzung für den Fall einer längeren Verzögerung eine Annahmeverweigerung an.

französischen Text („il se présente"). Stellt sich schon vor Ankunft des Gutes am Bestimmungsort heraus, dass eine vertragsgemäße Ablieferung nicht stattfinden kann, weil zB der Empfänger schon vor der Ankunft definitiv ankündigt, die Annahme des Gutes verweigern zu wollen, ist Art. 15 nicht anwendbar. Entscheidend ist jedoch, dass das Ablieferungshindernis die Ablieferung selbst verhindert. Daher sind auch Hindernisse wie im genannten Beispiel, bei denen zwar die Beförderung zum Bestimmungsort noch vertragsgemäß erfolgen kann, die Ablieferung selbst aber verhindern, auch dann als Ablieferungshindernisse zu behandeln, wenn sie schon vor Ankunft der Güter am Bestimmungsort eintreten. Art. 15 Abs. 1 ist analog anzuwenden.[13] Die Rechtsprechung unterstellt daher zu Recht die Annahmeverweigerung durch den Empfänger noch vor Erreichen des Ablieferungsorts dieser Bestimmung.[14]

### III. Einholung von Weisungen

7    **1. Weisungen des Absenders.** Gemäß Abs. 1 ist der Beförderer im Falle eines Ablieferungshindernisses verpflichtet, den Absender zu informieren[15] und unverzüglich[16] seine Weisungen einzuholen. Von Weisungen des Empfängers ist nicht die Rede; zu der Frage, wie sich das Weisungsrecht des Absenders zu anderweitig begründeten Weisungsrechten des Empfängers verhält, vgl. unten Rn. 9 ff. Ferner ist der Beförderer bei Ablieferungshindernissen zur sofortigen Ausladung des Gutes sowie uU zum Verkauf berechtigt, Art. 16 Abs. 2 und 3; zum Verhältnis dieser Vorschriften zu Art. 15 Abs., 1 siehe Art. 16 Rn. 9 f.

8    Das Weisungsrecht des Absenders kann nur in den Formen und Grenzen des Art. 12` Abs. 5 ausgeübt werden. Insbesondere muss der Absender die **erste Ausfertigung des Frachtbriefs** vorlegen. Eine Ausnahme davon macht Art. 15 Abs. 1 Satz 2 nur für den Fall der Annahmeverweigerung; in diesem Fall ist sichergestellt, dass der Empfänger, auch wenn er sich selbst im Besitz der Absenderausfertigung befindet und damit das ausschließliche Verfügungsrecht über das Gut hat, nicht gegen seinen Willen durch eine Absenderweisung geschädigt wird. Diese Gewissheit besteht bei anderen Ablieferungshindernissen nicht; eine entsprechende Anwendung von Art. 15 Abs. 1 Satz 2 scheidet daher aus.[17] Kann der Absender, vom Beförderer gemäß Art. 15 Abs. 1 um Weisungen ersucht, die Absenderausfertigung nicht vorlegen, weil er sie schon an den Empfänger weitergegeben hat, so bleibt dem Beförderer nur die Ausladung des Gutes gemäß Art. 16 Abs. 2 übrig.[18] Eine Pflicht, den Empfänger um Weisung zu fragen, besteht nicht,[19] auch wenn eine solche Weisung, wenn sie rechtmäßig erteilt ist, natürlich befolgt werden muss. Folgt der Beförderer einer Absenderweisung, ohne sich die Absenderausfertigung des Frachtbriefs vorlegen zu lassen, so richtet sich seine **Haftung nach Art. 12 Abs. 7,**[20] ebenso wenn er eine reguläre Absenderweisung nicht befolgt.[21] Wurde kein Frachtbrief ausgestellt, kann der Absender auch formlos Weisungen erteilen.[22]

---

[13] GroßkommHGB/*Helm* Rn. 2; *Koller* Rn. 1; *Herber/Piper* Rn. 1; Thume/*Temme* Rn. 2; Fremuth/Thume/*Thume* Rn. 9; EBJS/*Boesche* Rn. 1; ähnlich *Pesce* S. 176.

[14] BGH 5.2.1987, TranspR 1987, 180; widersprüchlich Ferrari/*Otte,* Int. Vertragsrecht, Rn. 2 und 10.

[15] *Herber/Piper* Rn. 11; *Clarke* S. 90 Nr. 33b; *Rodière* BT 1974, 243 Nr. 46.

[16] Cour Montpellier 8.1.1987, BT 1987, 589, hier zitiert nach *Ponet/Willems* Rev.dr.com. belge 1992, 735; *Lamy* 2013 Rn. 744: „immédiate"; *Rodière* BT 1974, 243 Nr. 46 spricht dagegen von einem „délai raisonnable"; *Clarke* S. 90 Nr. 33b „reasonable time".

[17] *Nickel-Lanz* S. 76 Nr. 91; *Rodière* BT 1974, 244 Nr. 48; *Jesser* S. 59; zustimmend GroßkommHGB/*Helm* Rn. 12.

[18] *Loewe* ETR 1976, 548 Nr. 134; *Clarke* S. 91 f. Nr. 33b; GroßkommHGB/*Helm* Rn. 12; *Herber/Piper* Rn. 13; *Jesser* S. 59; *Hill/Messent* S. 102 f.; EBJS/*Boesche* Rn. 3; Ferrari/*Otte,* Int. Vertragsrecht, Rn. 8.

[19] *Nickel-Lanz* S. 77 Nr. 93; aA *Silingardi* S. 109; selbstverständlich ist es dem Beförderer nicht verwehrt, den Empfänger um eine Weisung zu bitten, und dies wird oft das einfachste Mittel sein, vgl. *Rodière* BT 1974, 244 Nr. 48.

[20] Ferrari/*Otte,* Int. Vertragsrecht, Rn. 8.

[21] *Lamy* 2013 Nr. 744.

[22] Ferrari/*Otte,* Int. Vertragsrecht, Rn. 8.

**2. Weisungen und Ablieferverlangen des Empfängers.** Das Weisungsrecht des **9** Absenders gemäß Art. 15 Abs. 1 verdrängt nicht etwa das allgemeine frachtvertragliche Weisungsrecht gemäß Art. 12[23] und kann auf verschiedene Weise mit ihm konkurrieren. Solange jenes allgemeine Weisungsrecht beim Absender liegt (Art. 12 Abs. 1), ergeben sich keine Schwierigkeiten, weil beide Rechte derselben Person zustehen und im Wesentlichen dieselbe Zielrichtung und Reichweite haben. Problematisch wird das **Nebeneinander beider Weisungsrechte,** wenn das allgemeine Weisungsrecht bereits durch Frachtbriefvermerke gemäß Art. 12 Abs. 3 oder durch Übergabe der zweiten Frachtbriefausfertigung bzw. nach Ankunft des Gutes gemäß Art. 12 Abs. 2 und 13 Abs. 1 auf den Empfänger übergegangen ist, wenn also sowohl der **Absender gemäß Art. 15 Abs. 1** als auch der **Empfänger gemäß Art. 12** Weisungen erteilen können. Deren Verhältnis ist im Einzelfall zu bestimmen.

Liegt das allgemeine Weisungsrecht beim Empfänger, liegt es an ihm, Schwierigkeiten **10** bei der Ablieferung durch entsprechende Weisungen zu begegnen und dadurch das Ablieferungshindernis zu beheben. Wie sich aus dem in Abs. 1 Satz 2 genannten Beispiel zeigt, bezieht sich Art. 15 auf Fälle, in denen der Empfänger nicht die ihm zugedachte Rolle bei Ablieferung einnimmt, indem er die Annahme verweigert. Auch in Fällen, in denen der Beförderer den Empfänger am Ablieferungsort nicht ermitteln kann oder dieser den Frachtführer hinhält und nicht Klarheit schafft, ob er Rechte aus dem Frachtvertrag geltend macht und damit Weisungsberechtigter wird (Art. 12 Abs. 2 und Art. 13 Abs. 1), ist es notwendig, dass dem Frachtführer ein fester Ansprechpartner – eben der Absender – gegeben wird.

Liegt das allgemeine Weisungsrecht gemäß **Art. 12 Abs. 3** auf Grund eines besonderen **11** Frachtbriefvermerks beim Empfänger und **verweigert dieser die Annahme,** so kann einerseits der Absender – ohne Vorlage der Absenderausfertigung des Frachtbriefs, Abs. 1 Satz 2 – und andererseits unter Vorlage der Absenderausfertigung (Art. 12 Abs. 5 lit. a) auch der Empfänger gemäß Art. 12 Abs. 3 Weisungen erteilen. Der Fall wird kaum vorkommen. Wenn er dennoch eintritt, ist er gemäß Art. 15 Abs. 2 zu lösen:[24] Ebenso wie der Empfänger bis zum Eintreffen der Absenderweisungen noch Auslieferung verlangen kann, kann er als minus zur Auslieferung auch noch gemäß Art. 12 Abs. 3 Weisungen erteilen, die verbindlich sind und bleiben, auch wenn danach Absenderweisungen ankommen. Es gilt also der Grundsatz der zeitlichen Priorität.[25] Sobald die Absenderweisungen beim Fahrer (nicht in der Zentrale des Frachtführers)[26] eintreffen, erlischt das Weisungsrecht des Empfängers. Steht ein **anderes Ablieferungshindernis** als die Annahmeverweigerung der Erfüllung entgegen, greift Abs. 1 Satz 2 nicht ein, Rn. 8. Absender wie auch Empfänger können ihre Weisungsrechte gemäß Art. 15 bzw. Art. 12 also nur ausüben, wenn sie die Absenderausfertigung vorlegen, Art. 12 Abs. 5 lit. a. Letztlich entscheidet damit nicht die materielle Verteilung der Weisungsbefugnis gemäß Art. 12, sondern der Besitz der Absenderausfertigung darüber, wer Weisungen erteilen kann; zu widerstreitenden Weisungen kann es nicht kommen.

Hat der Empfänger das **allgemeine Weisungsrecht gemäß Art. 12 Abs. 2** erworben, **12** weil er die zweite Ausfertigung des Frachtbriefs erhalten oder nach Ankunft des Gutes Rechte aus dem Vertrag gemäß Art. 13 Abs. 1 geltend gemacht hat, so wird zT wiederum bestritten, dass überhaupt ein Ablieferungshindernis vorliegt. Ein Ablieferungshindernis sei nur ein Umstand, der sich ereigne, bevor der Empfänger noch in den Vertrag eintrete und diesem Eintritt entgegenstehe.[27] Doch sprechen auch hier die in Rn. 10 genannten Gesichtspunkte für eine Anwendung von Art. 15. Lehnt der Empfänger die Annahme ab,

---

[23] *Rodière* BT 1974, 244 Nr. 48.
[24] So im Ergebnis auch *Koller* Rn. 4.
[25] BGH 15.10.1998, VersR 1999, 646, 648; OLG Frankfurt 30.5.1996, TranspR 1997, 427, 430; *Herber/Piper* Rn. 21; *Koller* Rn. 4.
[26] GroßkommHGB/*Helm* Rn. 13; abw. *Koller* Rn. 4: beim Frachtführer; siehe auch Art. 12 Rn. 19, 25.
[27] So *Nickel-Lanz* S. 77 Nr. 93 unter Berufung auf die Literatur zum Eisenbahnrecht; Hof 's-Gravenhage 19.9.1995, S. & S. 1996 Nr. 32; ähnlich, wenn auch unklar *Silingardi* S. 108.

so können er selbst und auch der Absender ohne Vorlage der Absenderausfertigung des Frachtbriefs Weisungen erteilen.[28] Bei anderen Ablieferungshindernissen muss zwar der Absender, nicht aber der Empfänger die Absenderausfertigung vorlegen. Der Konflikt zwischen Absender- und Empfängerweisungsrecht ist gemäß Art. 15 Abs. 2 nach dem Prioritätsprinzip zu lösen, vgl. Rn. 11.

**13**    **3. Prioritätsprinzip (Abs. 2).** Für die Lösung des Konflikts zwischen Absender- und Empfängerweisungen ist wie erläutert Art. 15 Abs. 2 besonders bedeutsam. Die Vorschrift bringt den allgemeinen Rechtsgedanken des Prioritätsprinzips zum Ausdruck: maßgeblich ist danach die zuerst beim Fahrer (vgl. Rn. 11 Fn. 26) eintreffende Weisung. Dieser Gedanke gilt nicht nur für die Konkurrenz von Absenderweisung und Auslieferungsverlangen des Empfängers, sondern auch für widerstreitende Weisungen (vgl. Rn. 11 Fn. 25); er gilt auch nicht nur für den Fall der Annahmeverweigerung, sondern auch bei anderen Ablieferungshindernissen, die Anlass zu doppelten Weisungen geben können. Gerade für die Annahmeverweigerung ist es besonders wichtig hervorzuheben, dass der Empfänger auch weiterhin Auslieferung des Gutes verlangen kann. Hier kommt es nicht selten vor, dass der Absender, vom Beförderer um Weisung ersucht, den Empfänger umstimmt und dieser das Gut doch noch abnimmt; insofern eröffnet ihm Abs. 2 eine **Reuefrist.** Sie erweist sich uU auch als Gefahr: wenn der Absender nach der Bitte des Beförderers um Weisung einen anderen Käufer für die Ware findet und das Gut nun durch Weisung an den Frachtführer umdirigieren will, kann es sein, dass der Empfänger es sich inzwischen anders überlegt und doch Ablieferung des Gutes an sich verlangt hat mit der Folge, dass der Absender den neuen Kaufvertrag nicht erfüllen kann.[29] Je nach den Umständen treffen den Empfänger in solchen Fällen besondere Sorgfalts- und Informationspflichten, die gemäß nationalem Recht, etwa aus positiver Vertragsverletzung sanktioniert sind.

**14**    **4. Rollenwechsel (Abs. 3).** Art. 15 Abs. 3 stellt klar, welche Rollen der ursprüngliche Empfänger und der zum neuen Empfänger gemäß Art. 12 Abs. 3 unbestimmte Dritte im Falle eines Ablieferungshindernisses spielen. Da der Dritte danach als Empfänger iSd. Abs. 1 und 2 gilt, beurteilt sich die Unmöglichkeit der Erfüllung im Hinblick auf die Ablieferung an ihn. Annahmeverweigerung iSd. Abs. 1 Satz 2 und Abs. 2 liegt vor, wenn er es ablehnt, die Güter in Empfang zu nehmen. Ihm wird in Abs. 2 das Recht eingeräumt, trotz Annahmeverweigerung noch bis zum Eintreffen der Absenderweisung Auslieferung des Gutes zu verlangen. Der ursprüngliche Empfänger ist dagegen als Absender iSv. Abs. 1 weisungsberechtigt, an ihn hat der Beförderer die Bitte um Weisungen zu richten. Für die **Ausübung des Weisungsrechts** gelten dabei die in Rn. 8 dargestellten Grundsätze. Außer wenn der neue Empfänger die Annahme verweigert, Abs. 1 Satz 2, hat der erste Empfänger also die Absenderausfertigung vorzulegen.[30]

**15**    Die Vorschrift hat, was die Rolle des neuen Empfängers betrifft, nur **klarstellende Funktion;** der neue Empfänger nimmt auch im Hinblick auf Vorschriften wie Art. 12, die in Abs. 3 nicht genannt sind, die Position des Empfängers ein und erhält daher – unter den Voraussetzungen von Art. 12 Abs. 2 und 3 und in den Grenzen von Art. 12 Abs. 4 – das allgemeine frachtvertragliche Weisungsrecht; die Benennung eines neuen Empfängers bewirkt insoweit eine Vertragsänderung, vgl. schon Art. 12 Rn. 13. Ob die Bestimmung eines neuen Empfängers durch den ersten Empfänger auch schon nach allgemeinen Grundsätzen dazu führt, dass der erste Empfänger in die Rolle des Absenders schlüpft, ist fraglich; Abs. 3 scheint insofern konstitutive Wirkung zu haben. Erteilt der erste Empfänger seine Weisung mit der Bestimmung eines **neuen Empfängers** nicht gemäß Art. 12 Abs. 3, sondern gemäß Art. 12 Abs. 2 Satz 2,[31] so ist, wenn sich die Ablieferung an den neuen Empfänger als unmöglich erweist, Art. 15 Abs. 3 nicht unmittelbar anzuwenden mit der

---

[28] Vgl. Art. 12 Abs. 5 lit. a und Art. 12 Rn. 26 für den Empfänger, Art. 15 Abs. 1 Satz 2 für den Absender.
[29] Kritisch daher *Lenz* Rn. 438.
[30] AA ohne nähere Begründung *Putzeys* S. 182 Nr. 535.
[31] Dies ist nach hM möglich, vgl. Art. 12 Rn. 17 f.

Folge, dass der Beförderer Weisungen gemäß Abs. 1 nicht vom ersten Empfänger, sondern vom Absender einholen muss. Die unterschiedliche Behandlung dieses und des in Abs. 3 geregelten Falls ist nicht einsichtig, aber wohl unausweichlich.[32]

## Art. 16 [Frachtführerrechte bei Erfüllungshindernissen]

**(1) Der Frachtführer hat Anspruch auf Erstattung der Kosten, die ihm dadurch entstehen, daß er Weisungen einholt oder ausführt, es sei denn, daß er diese Kosten verschuldet hat.**

**(2) [1]In den in Artikel 14 Absatz 1 und in Artikel 15 bezeichneten Fällen kann der Frachtführer das Gut sofort auf Kosten des Verfügungsberechtigten ausladen; nach dem Ausladen gilt die Beförderung als beendet. [2]Der Frachtführer hat sodann das Gut für den Verfügungsberechtigten zu verwahren. [3]Er kann es jedoch auch einem Dritten anvertrauen und haftet dann nur für die sorgfältige Auswahl des Dritten. [4]Das Gut bleibt mit den aus dem Frachtbrief hervorgehenden Ansprüchen sowie mit allen anderen Kosten belastet.**

**(3) [1]Der Frachtführer kann, ohne Weisungen des Verfügungsberechtigten abzuwarten, den Verkauf des Gutes veranlassen, wenn es sich um verderbliche Waren handelt oder der Zustand des Gutes eine solche Maßnahme rechtfertigt oder wenn die Kosten der Verwahrung in keinem Verhältnis zum Wert des Gutes stehen. [2]Er kann auch in anderen Fällen den Verkauf des Gutes veranlassen, wenn er innerhalb einer angemessenen Frist gegenteilige Weisungen des Verfügungsberechtigten, deren Ausführung ihm billigerweise zugemutet werden kann, nicht erhält.**

**(4) [1]Wird das Gut auf Grund der Bestimmungen dieses Artikels verkauft, so ist der Erlös nach Abzug der auf dem Gut lastenden Kosten dem Verfügungsberechtigten zur Verfügung zu stellen. [2]Wenn diese Kosten höher sind als der Erlös, kann der Frachtführer den Unterschied beanspruchen.**

**(5) Art und Weise des Verkaufes bestimmen sich nach den Gesetzen oder Gebräuchen des Ortes, an dem sich das Gut befindet.**

## Art. 16

(1) Le transporteur a droit au remboursement des frais que lui cause sa demande d'instructions, ou qu'entraîne pour lui l'exécution des instructions reçues, à moins que ces frais ne soient la conséquence de sa faute.

(2) Dans les cas visés à l'article 14, paragraphe 1, et à l'article 15, le transporteur peut décharger immédiatement la marchandise pour le compte de l'ayant droit; après ce déchargement, le transport est réputé terminé. Le transporteur assume alors la garde de la marchandise. Il peut toutefois confier la marchandise à un tiers et n'est alors responsable que du choix judicieux de ce tiers. La marchandise reste grevée des créances résultant de la lettre de voiture et de tous autres frais.

## Art. 16

(1) The carrier shall be entitled to recover the cost of his request for instructions and any expenses entailed in carrying out such instructions, unless such expenses were caused by the wrongful act or neglect of the carrier.

(2) In the cases referred to in article 14, paragraph 1, and in article 15, the carrier may immediately unload the goods for account of the person entitled to dispose of them and thereupon the carriage shall be deemed to be at an end. The carrier shall then hold the goods on behalf of the person so entitled. He may, however, entrust them to a third party, and in that case he shall not be under any liability except for the exercise of reasonable care in the choice of such third party. The charges due under the consign-

---

[32] Für Analogie *Herber/Piper* Rn. 23; gegen eine analoge Anwendung von Abs. 3 *Loewe* ETR 1976, 549 Nr. 136; GroßkommHGB/*Helm* Rn. 19; *Koller* Rn. 4; *Thume/Temme* Rn. 14; EBJS/*Boesche* Rn. 4; Ferrari/ *Otte,* Int. Vertragsrecht, Rn. 12; zweifelnd *Silingardi* S. 110.

(3) Le transporteur peut faire procéder à la vente de la marchandise sans attendre d'instructions de l'ayant droit lorsque la nature périssable ou l'état de la marchandise le justifie ou lorsque les frais de garde sont hors de proportion avec la valeur de la marchandise. Dans les autres cas, il peut également faire procéder à la vente lorsque, dans un délai raisonnable, il n'a pas reçu de l'ayant droit d'instructions contraires dont l'exécution puisse équitablement être exigée.

(4) Si la marchandise a été vendue en application du présent article, le produit de la vente doit être mis à la disposition de l'ayant droit, déduction faite des frais grevant la marchandise. Si ces frais sont supérieurs au produit de la vente, le transporteur a droit à la différence.

(5) La façon de procéder en cas de vente est déterminée par la loi ou les usages du lieu où se trouve la marchandise.

ment note and all other expenses shall remain chargeable against the goods.

(3) The carrier may sell the goods, without awaiting instructions from the person entitled to dispose of them, if the goods are perishable or their condition warrants such a course, or when the storage expenses would be out of proportion to the value of the goods. He may also proceed to the sale of the goods in other cases if after the expiry of a reasonable period he has not received from the person entitled to dispose of the goods instructions to the contrary which he may reasonably be required to carry out.

(4) If the goods have been sold pursuant to this article, the proceeds of sale, after deduction of the expenses chargeable against the goods, shall be placed at the disposal of the person entitled to dispose of the goods. If these charges exceed the proceeds of sale, the carrier shall be entitled to the difference.

(5) The procedure in the case of sale shall be determined by the law or custom of the place where the goods are situated.

**Schrifttum:** Siehe vor Art. 1 und bei Art. 14.

## Übersicht

| | Rn. | | Rn. |
|---|---|---|---|
| **I. Bedeutung und Zweck** | 1 | 2. Ausladung und Güterschadenshaftung | 11 |
| **II. Kostenerstattung (Abs. 1)** | 2–8 | 3. Verwahrung des Gutes (Abs. 2 Satz 2 und 3) | 12 |
| 1. Haftungsvoraussetzungen und -ausnahmen | 2–4 | 4. Kosten | 13–16 |
| 2. Haftungsumfang | 5–7 | **IV. Verkauf des Gutes (Abs. 3–5)** | 17–21 |
| 3. Passivlegitimation | 8 | 1. Umfang der Ermächtigung | 17 |
| **III. Ausladen des Gutes (Abs. 2)** | 9–16 | 2. Voraussetzungen des Selbsthilfeverkaufs | 18, 19 |
| 1. Ausladerecht und Einholung von Weisungen | 9, 10 | 3. Durchführung und Folgen des Verkaufs | 20, 21 |

## I. Bedeutung und Zweck

**1**    Die Art. 14–16 bestimmen über das Schicksal der Obhutspflicht des Beförderers, wenn die Erfüllung seiner Hauptpflichten zur Beförderung und Ablieferung an Transport- oder Ablieferungshindernissen scheitert, vgl. Art. 14 Rn. 1 ff. Die Art. 14 und 15 regeln dabei **Pflichten des Frachtführers,** die sich für ihn in der jeweiligen Situation des Beförderungshindernisses (Art. 14) oder Ablieferungshindernisses (Art. 15) ergeben. Art. 16 stellt jenen Pflichten für beide Situationen **Rechte des Frachtführers** gegenüber: er kann Ersatz der weisungsbedingten Kosten verlangen, Abs. 1, er kann auch, um den Transport zu beenden, das Gut ausladen und muss dann für seine Einlagerung sorgen, Abs. 2, und er kann das Gut schließlich unter bestimmten Umständen verkaufen und sich daraus befriedigen, Abs. 3–5. Die Problematik der Bestimmung resultiert vor allem daraus, dass seine in Art. 14 und 15 normierten Pflichten nicht mit seinen Rechten aus Art. 16 koordiniert sind, siehe schon Art. 14 Rn. 4.

## II. Kostenerstattung (Abs. 1)

**1. Haftungsvoraussetzungen und -ausnahmen.** Nach Art 16 Abs. 1 hat der Fracht- **2** führer einen Anspruch auf Erstattung der Kosten, die ihm durch die Einholung und Ausführung von Weisungen entstanden sind. Gemeint sind Weisungen, die der Frachtführer auf Grund von Art. 14 Abs. 1 bzw. Art. 15 Abs. 1 einzuholen **verpflichtet ist.**[1] Erhält er keine Weisungen binnen angemessener Zeit und ergreift er deshalb gemäß Art. 14 Abs. 2 eigenmächtig Maßnahmen zur abweichenden Vertragserfüllung, so kann er ebenfalls gemäß Art. 16 Abs. 1 Kostenerstattung verlangen, vgl. Art. 14 Rn. 19. Erhält der Beförderer Weisungen, ohne sie eingeholt zu haben, so richtet die Kostenerstattung nach Art. 12 Abs. 5 lit. a, vgl. Art. 12 Rn. 27 ff. Holt er Weisungen ein, ohne dazu verpflichtet zu sein (weil zB die Ausführung der Beförderung gar nicht unmöglich iSd. Art. 14 ist, vgl. Art. 14 Rn. 5 ff.), so sieht die CMR keine Erstattung derjenigen Kosten vor, die durch die Einholung der Weisungen als solche entstanden sind, also der Kosten für Telefon und Wartezeit bis zum Eintreffen der Antwort. Ansprüche können sich uU aus dem ergänzenden nationalen Vertragsrecht (Einl. Rn. 41 ff.) ergeben, doch wäre dies nach deutschem Recht nicht der Fall, wenn der Beförderer ohnehin vertraglich verpflichtet ist, die fragliche Transportstörung zu beseitigen, vgl. Art. 14 Rn. 6. Erhält der Beförderer auf eine solche – nicht erforderliche – Anfrage hin gleichwohl eine Weisung, so steht diese einer spontanen Weisung iSd. Art. 12 gleich. Die Erstattung der Kosten für die Ausführung einer solchen Weisung beurteilt sich daher nach Art. 12 Abs. 5 lit. a.

Der Anspruch des Frachtführers entfällt, wenn den Frachtführer ein **(Mit-)Verschulden 3** an den Kosten der Einholung und Ausführung von Weisungen trifft, vgl. den letzten Halbsatz von Abs. 1.[2] Dieses Verschulden kann zum einen in einer Pflichtwidrigkeit bei der Einholung oder Ausführung der Weisungen liegen. In Betracht kommt zB die unzutreffende Unterrichtung des Weisungsberechtigten über die Art des Transporthindernisses oder eine Verzögerung bei der Ausführung der Weisungen.

Zum anderen geht es aber auch um den Fall, dass der Frachtführer das **Hindernis 4 selbst schuldhaft verursacht** hat.[3] Wenn also der Fahrer des Frachtführers (Art. 3) einen Verkehrsunfall verschuldet, der die vorgesehene Erfüllung des Transportvertrags ausschließt, und der Absender daraufhin den Frachtführer gem. Art. 14 Abs. 1 zur Rückbeförderung des Gutes anweist, so kann der Beförderer keine Erstattung der Rücktransportkosten verlangen.[4] Ebenso sollen die Dinge liegen, wenn der Beförderer aus anderen Gründen für Ladungsschäden verantwortlich ist, die den Empfänger zur Annahmeverweigerung veranlassen, und der Frachtführer deshalb gemäß Art. 15 Abs. 1 zur Rückbeförderung des beschädigten Gutes angewiesen wird.[5] Zu bedenken ist jedoch, dass nicht jede Verantwortung des Beförderers für Ladungsschäden mit einem Verschulden iSd. Art. 16 Abs. 1 gleichzusetzen ist; vielmehr haben **Art. 16 Abs. 1 und Art. 17 verschiedene Haftungsmaßstäbe.** Erstens haftet der Beförderer für Ladungsschäden in manchen Fällen auch ohne Rücksicht auf sein Verschulden, so zB wenn Produktionsfehler oder sonstige von ihm nicht zu erkennende Mängel des eingesetzten Lkw die Beschädigung des Gutes verursacht haben, vgl. Art. 17 Abs. 3. Zweitens differieren die Maßstäbe auch, soweit Art. 17 eine Verschuldenshaftung begründet. Nach Art. 17 Abs. 2 wird das Verschulden des Beförderers vermutet, nach Art. 16 Abs. 1 ist es vom Weisungsberechtigten zu beweisen.[6] Der Verschuldensbegriff in Art. 16 Abs. 1 ist demzufolge nicht schon verwirklicht, wenn sich eines der Risiken realisiert, für die der Beförderer gemäß Art. 17 einzustehen hat.[7]

---

[1] Diesen Zusammenhang übersieht OGH Wien 28.1.1999, RdW 1999, 408.
[2] *Koller* Rn. 3; aA EBJS/*Boesche* Rn. 5; *Putzeys* S. 354 Nr. 1036, die für den Fall des Mitverschuldens eine anteilige Haftung annehmen; siehe jedoch oben Art. 11 Rn. 5.
[3] *Hill/Messent* S. 103; *Rodière* BT 1974, 244 Nr. 49; *Loewe* ETR 1976, 549 Nr. 138; *Silingardi* S. 111; GroßkommHGB/*Helm* Rn. 10; *Herber/Piper* Rn. 10; *Ferrari/Otte,* Int. Vertragsrecht, Rn. 3.
[4] Kh. Gent 15.2.1983, Jur. Anv. 1983–84, S. 88, hier zitiert nach *Ponet* S. 172 Rn. 272b.
[5] Rb. Rotterdam 12.12.1986, S. & S. 1988 Nr. 31; vgl. auch *Ponet/Willems* Rev.dr.com.belge 1992, 735.
[6] *Koller* Rn. 3; GroßkommHGB/*Helm* Rn. 7.
[7] *Loewe* ETR 1976, 549 Nr. 138; *Koller* Rn. 3; GroßkommHGB/*Helm* Rn. 5; *Silingardi* S. 112; aA *Putzeys* S. 208 Nr. 627.

5    **2. Haftungsumfang.** Abs. 1 gewährt dem Frachtführer einen Anspruch auf Erstattung der „Kosten, die ihm dadurch entstehen, dass er Weisungen einholt oder ausführt". Soweit es um die **Kosten der Ausführung** von Weisungen geht, deckt sich diese Vorschrift mit der des Art. 12 Abs. 5 lit. a; was die **Kosten der Einholung** von Weisungen betrifft, so gelten die dazu entwickelten Grundsätze entsprechend. Es wird deshalb auf Art. 12 Rn. 29 ff. verwiesen.

6    Anders als Art. 12 Abs. 5 lit. a spricht Art. 16 Abs. 1 nur von Erstattung der Kosten („expenses", „costs", „frais"), nicht von **Schadensersatz.** Daraus ist jedoch nicht im Umkehrschluss zu folgern, dass der Frachtführer Schäden, die ihm infolge der Ausführung von Weisungen zur Überwindung von Transporthindernissen entstanden sind, nicht ersetzt verlangen könnte. Vielmehr unterliegt das Weisungsrecht auch in den Fällen der Art. 14 Abs. 1, 15 Abs. 1 den allgemeinen Beschränkungen des Art. 12 Abs. 5,[8] soweit nicht in Art. 14–16 ausnahmsweise ausdrücklich etwas anderes bestimmt ist (zB Art. 15 Abs. 1 S. 2), vgl. schon Art. 14 Rn. 12 f. Der Anspruch auf Erstattung der Kosten für die Ausführung der Weisungen hätte folglich in Art. 16 Abs. 1 gar nicht eigens geregelt werden müssen. Art. 16 Abs. 1 ist konstitutiv nur hinsichtlich des Anspruchs auf Erstattung der Kosten für die Einholung der Weisungen und hinsichtlich der Einschränkung im letzten Halbsatz.

7    Nicht geregelt ist dagegen der Anspruch auf Ersatz von **Schäden,** die dem Frachtführer **durch die Einholung von Weisungen** entstanden sind. Zu denken ist etwa daran, dass dem Frachtführer, während er auf Weisungen wartet, der Gewinn aus einem Anschlussauftrag entgeht, ein Verlust, der durch den Kostenersatzanspruch nach Abs. 1 nicht abgedeckt wird. Es besteht indessen auch kein Anlass, einen solchen Anspruch zu gewähren. Der Frachtführer ist nur während einer angemessenen Frist verpflichtet, auf Weisungen zu warten, vgl. Art. 14 Abs. 2. Zu den Faktoren, die für die Angemessenheit der Wartefrist maßgeblich sind, gehören auch Schäden, die dem Beförderer aus dem Zeitablauf entstehen können, vgl. schon Art. 14 Rn. 16. Der Frachtführer ist also nach Art. 14 und 15 nicht gehalten, sich durch überlanges Zuwarten selbst zu schädigen; wenn er dies tut, geschieht es auf eigenes Risiko.[9]

8    **3. Passivlegitimation.** Art. 16 regelt nicht ausdrücklich, wer dem Frachtführer die Kosten von Einholung und Ausführung der Weisungen zu ersetzen hat. Was die **Kosten der Ausführung von Weisungen** betrifft, so sind auch hier die speziellen Regeln über eingeholte Weisungen (Art. 14–16) durch die allgemeinen Regeln über (spontane) Weisungen, hier durch Art. 12 Abs. 5 lit. a, zu ergänzen;[10] auf die auf Nachfrage des Beförderers erteilte Weisung ist, soweit keine Spezialbestimmungen vorgehen, auch Art. 12 ohne weiteres anzuwenden, vgl. schon oben Rn. 6 und Art. 14 Rn. 12 f. Demnach hat der Weisungsberechtigte iSd. Art. 12 auch für die Kosten der Ausführungen von Weisungen aufzukommen, die er erteilt hat.[11] Nicht geregelt ist dagegen die Frage, wer die **Kosten der Einholung von Weisungen** zu bezahlen hat. Überträgt man den in Art. 12 Abs. 5 lit. a verankerten Rechtsgedanken, dass der berechtigt Anweisende die Kosten der Weisung zu tragen hat, auf die Art. 14 Abs. 1 und Art. 15 Abs. 1, so folgt daraus, dass die in diesen Vorschriften genannten Weisungsberechtigten für die Einholung der Weisung aufzukommen haben.[12] Holt der Beförderer **Weisungen anderer Personen** ein, etwa im Falle von Ablieferungshindernissen beim Empfänger, so sieht die CMR keine Kostenerstattung vor; ob ein Anspruch nach nationalem Recht, zB aus Geschäftsführung ohne Auftrag, besteht, erscheint zweifelhaft, weil der Beförderer gerade gegen die ausdrückliche und unabdingbare Anordnung der CMR (Art. 15 Abs. 1) gehandelt hat. Ein solches Vorgehen hätte jedenfalls

---

[8] Ebenso *Koller* Rn. 3; *Herber/Piper* Rn. 8; GroßkommHGB/*Helm* Rn. 3 und 10; EBJS/*Boesche* Rn. 4; anders Thume/*Temme* Rn. 7; zweifelnd Fremuth/Thume/*Thume* Rn. 4.

[9] Wohl auch *Herber/Piper* Rn. 8.

[10] *Koller* Rn. 4, spricht sich für eine Analogie zu Art. 12 Abs. 5 aus.

[11] *Clarke* S. 98 Nr. 33d (ii) unter Berufung auf Cour Paris 21.12.1982, BT 1983, 233; *Koller* Rn. 4; *Herber/ Piper* Rn. 13; Thume/*Temme* Rn. 10 f.; EBJS/*Boesche* Rn. 6; zustimmend GroßkommHGB/*Helm* Rn. 6.

[12] *Herber/Piper* Rn. 13; GroßkommHGB/*Helm* Rn. 6.

nicht Gegenstand eines wirksamen Vertrags sein können (Art. 41), weshalb auch Ansprüche aus der negotiorum gestio abzulehnen sind.[13] Auch soweit nach den voranstehenden Ausführungen der Absender passivlegitimiert ist, kann der Beförderer doch unter den Voraussetzungen von **Art. 13 Abs. 2** Kostenerstattung **vom Empfänger** verlangen.[14]

### III. Ausladen des Gutes (Abs. 2)

**1. Ausladerecht und Einholung von Weisungen.** Im Falle von Ablieferungshindernissen (Art. 15) und von absoluten Beförderungshindernissen (Art. 14 Abs. 1) kann der Beförderer das Gut gemäß Art. 16 Abs. 2 sofort ausladen und damit die Beförderung beenden; die Pflicht zur Sorge für das Gut setzt sich dann im Rahmen einer Verwahrung fort. Wie sich das Ausladerecht des Beförderers zu seiner Pflicht verhält, Weisungen einzuholen (Art. 14 Abs. 1 und 15 Abs. 1), ist weitgehend ungeklärt und umstritten. Zum einen wird die Auffassung vertreten, dass Art. 16 Abs. 2 dem Beförderer ein **Wahlrecht** zwischen der Einholung von Weisungen und der Ausladung des Gutes einräumt.[15] Die Beendigung des Transports, von der in Abs. 2 Satz 1, Halbsatz 2 die Rede ist, wird dabei als Beendigung des Transport*vertrags* verstanden,[16] so dass der Beförderer danach im Ergebnis das Recht hat, entweder Weisungen einzuholen oder sich vom Vertrag zu lösen. Entschließt sich der Beförderer, Weisungen einzuholen, so muss er eine angemessene Zeit auf diese Weisungen warten.[17] Sein Ausladerecht ist suspendiert und geht unter, wenn Weisungen eintreffen; kommen keine Weisungen, lebt das Ausladerecht wieder auf. Eine zweite Auffassung betrachtet das **Ausladerecht als ultima ratio;**[18] es komme nur zum Zuge, wenn Weisungen in angemessener Zeit nicht erhältlich seien und der Vertrag auch nicht auf andere als die vereinbarte Weise ausgeführt werden könne. Nach dieser Auffassung ist das Recht aus Abs. 2 subsidiär zu den Pflichten aus Art. 14 und 15. Nach einer dritten Auffassung stehen **Konsultationspflicht (Art. 14 und 15) und Ausladerecht (Art. 16) nebeneinander.**[19] Der Beförderer dürfe sofort ausladen, was jedoch nicht den Transportvertrag, sondern nur den Transport beende;[20] er bleibe daher weiter aus Art. 14 Abs. 1 und 15 Abs. 1 verpflichtet, Weisungen einzuholen und diese zu befolgen.

**Stellungnahme:** Mit dem Wortlaut der Art. 14 und 15 ist jene Auffassung, die ein Wahlrecht des Beförderers annimmt, nicht zu vereinbaren. Diese Vorschriften legen eindeutige Pflichten des Frachtführers fest, die nicht dadurch zu einer bloßen Option reduziert werden dürfen, weil eine andere Bestimmung ihm in derselben Situation das Recht zu einem anderen Verhalten gibt. Diese interpretatorische Maßnahme wäre nur zulässig, wenn das Abladerecht gemäß Art. 16 mit der Konsultationspflicht gemäß Art. 14 und 15 absolut unvereinbar wäre. Dies trifft jedoch nicht zu. Der Beförderer kann abladen und dadurch

9

10

---

[13] Vgl. für das deutsche Recht *Canaris* NJW 1985, 2405; *Jauernig/Mansel*, BGB, 14. Aufl. 2011, § 677 Anm. 6 aa mwN, strittig.

[14] *Putzeys* S. 208 Nr. 626; *Silingardi* S. 111; *Koller* Rn. 4.

[15] BGH 5.2.1987, TranspR 1987, 180, 181 f.; *Loewe* ETR 1976, S. 547 Nr. 129 und S. 548 Nr. 134; *Koller* TranspR 1988, 132; *ders.* Art. 15 Rn. 4; *Herber/Piper* Art. 15 Rn. 14; *Fremuth/Thume/ Thume* Rn. 8; EBJS/*Boesche* Art. 15 Rn. 3; *Ferrari/Otte*, Int. Vertragsrecht, Rn. 9; wohl auch *Lenz* Rn. 434 und 207; *Hill/ Messent* S. 101; *Nickel-Lanz* S. 80 Nr. 99 und S. 82.

[16] BGH 5.2.1987, TranspR 1987, 180, 181 f.; *Koller* Rn. 6; *Heuer* S. 47: „Kündigungsrecht aus wichtigem Grund"; *Lenz* Rn. 207; *Nickel-Lanz* S. 80 und 82 Nr. 100: „droit de résiliation"; EBJS/*Boesche* Rn. 8; vgl. auch *Thume/Temme* Rn. 16.

[17] *Herber/Piper* Rn. 16; *Koller* Rn. 5; EBJS/*Boesche* Rn. 7.

[18] So ausdrücklich *Pesce* S. 182 f.; eingehend *Putzeys* S. 169 Nr. 481; wohl auch *Lamy* 2013 Rn. 746; *Silingardi* S. 112; *Thume/Temme* Rn. 14: „soll sich zunächst bemühen, Weisungen einzuholen"; siehe auch OLG Düsseldorf 12.12.1985, TranspR 1986, 56, 58: „Nach Art. 15 Abs. 1 hatte der Frachtführer Weisungen ... einzuholen; ... Falls er Weisungen nicht erhalten konnte, so stand ihm die Möglichkeit offen, das Gut nach Art. 16 Abs. 2 auszuladen ...".

[19] *Fioux* S. 306; *Clarke* S. 94 Nr. 33c (ii); *Jesser* S. 89. In OGH Wien 15.4.1993, TranspR 1993, 425 konnte der Beförderer Eisenrohre am Freitag Nachmittag nicht mehr abliefern und wurde auf Anfrage vom Absender angewiesen, die Rohre am Montag zuzustellen; das Gericht sah den Beförderer durch diese Weisung nicht daran gehindert, das Gut gemäß Art. 16 Abs. 2 auszuladen und einzulagern, S. 426.

[20] *Clarke* S. 94 Nr. 33c (ii); GroßkommHGB/*Helm* Rn. 12.

die Beförderung in einem rein faktischen Sinne, dh. den Haftungszeitraum gemäß Art. 17, beenden. Nicht berührt wird dadurch der Transportvertrag als solcher; hinsichtlich seiner charakteristischen Elemente – Ortsveränderung, Auslieferung, Obhut – ergeben sich allerdings spezifische Veränderungen. Das Schicksal der transportvertraglichen Obhutspflicht wird in Art. 16 Abs. 2 ausdrücklich geregelt: sie wird zu einer Verwahrungspflicht, und der Beförderer haftet als Verwahrer oder im Falle der Einlagerung bei einem Dritten sogar nur für culpa in eligendo. Was aus der Pflicht zur Ortsveränderung und Auslieferung wird, deren Erfüllung in Übereinstimmung mit dem Frachtbrief unmöglich geworden ist, bestimmt Art. 16 nicht und braucht dies auch nicht, weil der Beförderer bereits gemäß Art. 14 Abs. 1 und 15 Abs. 1 verpflichtet ist, hierzu Weisungen einzuholen bzw. – im Falle der relativen Unmöglichkeit – alternative Erfüllungshandlungen vorzunehmen. Das Ausladerecht hat aus dieser Perspektive nur die Funktion, das Transportmittel für den Beförderer sofort wieder verfügbar zu machen. Es schließt insbesondere nicht aus, dass der Beförderer auf Grund entsprechender Weisung verpflichtet ist, das Gut zu einem späteren Zeitpunkt zuzustellen,[21] oder – vielleicht auch mit einem anderen Lkw – zu einem anderen Empfänger oder auch zum Absender zurück zu befördern. Lädt er weisungsgemäß wieder auf, so verwandelt sich seine Haftung wiederum in die eines Frachtführers, und zwar die eines CMR-Beförderers, denn auch der erneute Transport ist von dem ursprünglichen CMR-Beförderungsvertrag gedeckt. Erhält der Beförderer, nachdem er ausgeladen hat, auf seine Anfrage in angemessener Zeit keine Weisungen, so hat er entweder im Falle relativer Unmöglichkeit gemäß Art. 14 Abs. 2 alternative Erfüllungsmaßnahmen zu ergreifen oder kann das Gut – bei absoluter Unmöglichkeit – gemäß Art. 16 Abs. 3 verkaufen. Für die Subsidiarität des Ausladerechts besteht schon nach dem Wortlaut kein Raum und im Übrigen auch kein Bedürfnis, wenn man die rechtlichen Wirkungen der Ausladung auf die Beendigung des Haftungszeitraums beschränkt und die verpflichtende Wirkung des Vertrags und der vertraglichen Weisungen fortbestehen lässt. Im Übrigen darf der Beförderer aber gemäß Art. 16 nur ausladen, wenn die Erfüllung unmöglich ist, was eine vergebliche Anspannung der Leistungsbereitschaft voraussetzt,[22] vgl. Art. 14 Rn. 6 ff.

**11**    **2. Ausladung und Güterschadenshaftung.** Der Beförderer hat das Recht, die Güter auszuladen und dadurch die Beförderung zu beenden; von Fällen einer entsprechenden Weisung abgesehen, besteht eine Pflicht zur Ausladung nicht. Da der Frachtführer allerdings, solange sich das Gut auf dem Lkw befindet, gemäß Art. 17 für Güterschäden einzustehen hat, kann sich das Recht auf Abladung in eine **Pflicht zur Abladung** verwandeln, wenn der Verbleib auf dem Fahrzeug das Gut zwangsläufig schädigt.[23] Beispielsweise darf er verderbliches Gut nicht bei sommerlichen Temperaturen im Lkw belassen, wenn Weisungen nicht zu erhalten sind und der sofortige Verkauf nicht möglich ist. In diesem Fall muss er abladen und einlagern, falls geeignete Lagerräume verfügbar sind.[24] Das **Abladen** selbst fällt noch **in den Haftungszeitraum** gemäß Art. 17 Abs. 1.[25] Der Frachtführer haftet demzufolge für Schäden, die das Gut dabei erleidet, auch wenn das Abladen nach dem ursprünglichen Vertrag nicht von ihm geschuldet war. Dabei ist im Rahmen der Haftungsbefreiung gemäß Art. 17 Abs. 2 zu berücksichtigen, dass der Beförderer das Gut in den

---

[21] Schon in dem vom OGH Wien 15.4.1993, TranspR 1993, 425 entschiedenen Fall. In diesem Verfahren wurde allerdings die entscheidende Frage nicht gestellt, ob in der Einschaltung eines Dritten eine Weitergabe des durch Weisung geänderten Transportauftrags, für den der Frachtführer gemäß Art. 3 einzustehen hätte, zu sehen ist. Vgl. jetzt OGH Wien 16.5.2002, TranspR 2002, 403, 405; dazu auch *Koller* Rn. 6; *Herber/Piper* Rn. 24; EBJS/*Boesche* Rn. 8, die jedoch alle davon ausgehen, dass ein späterer Ablieferungstermin das Ausladerecht ausschließt.

[22] OGH Wien 27.8.1981, *Greiter* S. 97, 102.

[23] *Herber/Piper* Rn. 17; zustimmend EBJS/*Boesche* Rn. 7.

[24] OLG Düsseldorf 12.12.1985, TranspR 1986, 56, 58.

[25] OLG Köln 23.2.1972, BB 1973, 405; Rb. Amsterdam 12.4.1972, S. & S. 1972 Nr. 102, hier zitiert nach *Ponet* S. 174 Rn. 279; *Koller* Rn. 6; *Herber/Piper* Rn. 20; *Thume/Temme* Rn. 15; EBJS/*Boesche* Rn. 8; *Silingardi* S. 113.

Fällen des Art. 16 Abs. 2 unter außergewöhnlichen und nicht vorhergesehenen Umständen entlädt.

**3. Verwahrung des Gutes (Abs. 2 Satz 2 und 3).** Der Beförderer darf das Gut nicht **12** sich selbst überlassen, andernfalls er gemäß Art. 17 für Güterschäden wie etwa Verderb haftet.[26] Er kann das Gut entweder selbst verwahren oder einem Dritten anvertrauen. Verwahrt er selbst, so erwächst ihm aus dem andauernden Frachtvertrag eine Verwahrungspflicht, vgl. Abs. 2 Satz 2.[27] Nimmt man dagegen an, dass mit dem Ausladen nicht nur die Beförderung, sondern auch der Beförderungsvertrag endet, so ist es konsequent, hier von einer gesetzlichen Verwahrungspflicht zu sprechen.[28] So oder so ist diese **Verwahrungspflicht** in der CMR nicht näher ausgestaltet, so dass das ergänzende **nationale Recht** maßgeblich ist.[29] Auf der Grundlage eines fortdauernden Transportvertrags kommen die verwahrungsvertraglichen Vorschriften des Transportvertragsstatuts zum Zuge, vgl. Einl. Rn. 41 ff. Hält man den Beförderungsvertrag dagegen für beendet, so ist nicht nur die kollisionsrechtliche Anknüpfung des Verwahrungsverhältnisses,[30] sondern auch die materiellrechtliche Frage offen, ob dieses Verhältnis den Normen des Verwahrungsvertrags oder aber besonderen Vorschriften über gesetzliche Verwahrungsverhältnisse unterliegt.[31] Lagert der Beförderer das Gut bei einem Dritten ein, so ist seine Haftung auf culpa in eligendo beschränkt. Die Haftung ergibt sich unmittelbar aus der CMR; die ergänzende Heranziehung nationalen Rechts ist nicht erforderlich.[32]

**4. Kosten.** Nach Art. 16 Abs. 2 Satz 1 kann der Beförderer das Gut „auf Kosten des **13** Verfügungsberechtigten" ausladen. Im Verhältnis zwischen Beförderer und Weisungsberechtigten gehen die **Ausladekosten** also auf Rechnung des Letzteren. Damit hat der Beförderer jedoch noch keinen Zahlungsanspruch. Er ist aber durch sein Verkaufsrecht gemäß Abs. 3 geschützt. Dieses sichert dem Beförderer den Ersatz „der auf dem Gut lastenden Kosten", vgl. Abs. 4 Satz 1; Abs. 2 Satz 4 stellt klar, dass diese Kosten nicht nur die aus dem Frachtbrief hervorgehenden, sondern auch alle sonstigen Kosten umfassen, also auch die Ausladekosten.[33] Sollte der Verkaufserlös zur Begleichung dieser Kosten nicht ausreichen, kann der Frachtführer gemäß Abs. 4 Satz 2 den Unterschied beanspruchen. Die Bestimmung zeigt, dass die CMR generell und nicht nur im Falle des Verkaufs einen Anspruch des Beförderers auf Erstattung der Ausladekosten voraussetzt. Umfasst sind davon die reinen Entladekosten, **nicht aber Standgeld und Reinigungskosten.**[34] Denn der Zeitverlust während des Ausladens träte auch bei regulärer Erfüllung des Vertrags ein und ginge zulasten des Beförderers; dasselbe gilt für die Notwendigkeit, das Fahrzeug nach der Entladung zu reinigen. Dagegen obliegt die eigentliche Entladung im Regelfall dem Empfänger, und er soll nicht deshalb besser gestellt sein, weil der Beförderer unter den Bedingungen eines Erfüllungshindernisses selbst auslädt. Aus diesen Zusammenhängen ergibt sich auch eine teleologische Reduktion: die Ausladekosten gehen nicht zulasten des Weisungsberechtigten, wenn der Beförderer die Entladung des Fahrzeugs vertraglich

---

[26] Cass.com. 23.5.1977, BT 1977, 388; *Koller* Rn. 7; GroßkommHGB/*Helm* Rn. 20.

[27] So wohl GroßkommHGB/*Helm* Rn. 12.

[28] BGH 5.2.1987, TranspR 1987, 180, 182; *Herber/Piper* Rn. 21; vgl. auch oben Rn. 9.

[29] Ganz hM: Kantongerecht Rotterdam 24.5.1966, ETR 1966, 729, 733; *Loewe* ETR 1976, 550 Nr. 139; *Koller* Rn. 7; *Herber/Piper* Rn. 21; GroßkommHGB/*Helm* Rn. 20; EBJS/*Boesche* Rn. 10; *Ferrari/Otte,* Int. Vertragsrecht, Rn. 14; *Silingardi* S. 113.

[30] Vgl. *Loewe* ETR 1976, 550 Nr. 139; warum die materiellrechtliche Verwahrungspflicht der lex fori unterstehen soll, wie *Sánchez Ortiz* Revista general de derecho 43 (1987) 2532 vorschlägt, ist nicht einsichtig. Für die Anwendung des Rechts des Abladeorts spricht sich *Pesce* S. 184 Fn. 206 aus.

[31] So für die Anwendung der Regeln über das bailment im englischen Recht *Hill/Messent* S. 104.

[32] *Herber/Piper* Rn. 22; Thume/*Temme* Rn. 22; GroßkommHGB/*Helm* Rn. 21; EBJS/*Boesche* Rn. 10; wohl auch Fremuth/Thume/*Thume* Rn. 15; aA *Koller* Rn. 7; *Ferrari/Otte,* Int. Vertragsrecht, Rn. 15.

[33] BGH 5.2.1987, TranspR 1987, 180, 182 sub II 3 b; *Koller* Rn. 6.

[34] OLG Düsseldorf 4.3.1982, VersR 1982, 1202; wohl auch GroßkommHGB/*Helm* Rn. 17, 19 (Reinigungskosten nur ersatzfähig, wenn durch Entladung verursacht); aA *Koller* Rn. 6; *Herber/Piper* Rn. 28; EBJS/*Boesche* Rn. 9.

übernommen hatte.[35] Nach dem in Art. 16 Abs. 1 zum Ausdruck gebrachten Grundsatz entfällt der Anspruch auf Kostenerstattung, wenn den Frachtführer ein **(Mit-)Verschulden** an den zur Ausladung führenden Umständen trifft, vgl. schon oben Rn. 3.

**14**    Eine Regelung für die **Kosten der Verwahrung** einschließlich der Einlagerung enthält Art. 16 nicht. Doch folgt aus Abs. 2 Satz 2, dass der Weisungsberechtigte für diese Kosten aufzukommen hat. Wenn der Beförderer danach die Einlagerung „für" („on behalf of") den Weisungsberechtigten vornimmt, so bringt die Vorschrift damit ein Handeln im fremden Interesse nach Art eines Spediteurs zum Ausdruck, und die Beschränkung der Befördererhaftung auf das Auswahlverschulden in Abs. 2 Satz 3 unterstreicht diese Qualifikation. Der Anspruch auf Erstattung der Verwahrungskosten ergibt sich folglich aus dem Speditionsrecht des auf den Transportvertrag ergänzend anzuwendenden nationalen Rechts, also aus den §§ 453 ff. HGB, wenn deutsches Recht maßgeblich ist.

**15**    Trotz der Verankerung im nationalen Recht ist der Anspruch auf Erstattung der Verwahrungskosten **durch das Sicherungsrecht gemäß Abs. 2 Satz 4 gedeckt.** Zwar könnte man aus der Formulierung, dass das Gut mit den Kosten belastet „bleibt", den Schluss ziehen, dass nur solche Kostenerstattungsansprüche gesichert sind, die bei der Ausladung des Gutes schon bestanden und dass Sicherungsrechte hinsichtlich der Verwahrungskosten deshalb nur nach nationalem Recht bestehen könnten.[36] Doch sichert die Formulierung von Abs. 2 Satz 4 nur den Fortbestand bereits vorhandener Belastungen und schließt die zusätzliche Belastung des Gutes keineswegs aus. Aus dem teleologischen Kontext von Abs. 2 Satz 4, Abs. 3 Satz 1 und Abs. 4 Satz 1 folgt vielmehr, dass auch die Verwahrungskosten zu den das Gut belastenden Kosten zählen. Wenn Abs. 3 Satz 1 den Verkauf des Gutes für den Fall gestattet, dass die Verwahrungskosten im Vergleich mit dem Wert des Gutes unverhältnismäßig hoch werden, so deutet dies darauf hin, dass der Verkaufserlös die Verwahrungskosten auch mit abdecken soll.[37]

**16**    Nicht geregelt ist in der CMR die Frage, wie sich die vorzeitige Beendigung des Transports auf die **Vergütung des Beförderers** auswirkt. Die Frage stellt sich allerdings nur, wenn es mit der Ausladung auch zur Auflösung des Transportvertrags kommt (vgl. Rn. 9 f.), sei es auf Grund entsprechender Weisung, sei es, weil der Beförderer das Gut gemäß Abs. 3 verkauft. Maßgeblich ist dann das ergänzende nationale Vertragsrecht (Einl. Rn. 41 ff.). Kommt deutsches Recht zur Anwendung, so gilt § 420 Abs. 2 HGB;[38] der Beförderer hat somit Anspruch auf **Distanzfracht** für die zurückgelegte Teilstrecke. Ähnliche Grundsätze werden in anderen Rechtsordnungen befolgt[39] und sind auch de lege ferenda zur Verankerung in der CMR vorgeschlagen worden.[40]

## IV. Verkauf des Gutes (Abs. 3–5)

**17**    **1. Umfang der Ermächtigung.** Gemäß Abs. 3 kann der Frachtführer das Gut unter bestimmten Voraussetzungen (Rn. 18, 19) verkaufen. Dazu ist es nicht erforderlich, dass er das Gut zuvor ablädt,[41] wohl aber, dass ein Beförderungs- oder Ablieferungshindernis iSd. Art. 14 Abs. 1 und 15 Abs. 1 vorliegt.[42] Die Befugnis zum Verkauf schließt diejenige zur Übereignung ein, dies ist aus der Sicht der meisten europäischen Rechtsordnungen, die keine abstrakten Verfügungsgeschäfte kennen,[43] eine Selbstverständlichkeit, ergibt sich aber auch aus der Sicht des deutschen Rechts: eine Vorschrift, die einen Nichtberechtigten zum

---

[35] Zustimmend GroßkommHGB/*Helm* Rn. 17.
[36] *Loewe* ETR 1976, 551 Nr. 141.
[37] *Koller* Rn. 6; *Clarke* S. 94 Nr. 33c (ii); im Ergebnis auch *Herber/Piper* Rn. 26.
[38] *Fischer* TranspR 1999, 261, 270; *Thume/Temme* Rn. 24; EBJS/*Boesche* Rn. 9.
[39] Siehe die rechtsvergleichende Übersicht in *Rodière,* Le contrat, Tableau récapitulatif Nr. XXXIII, 4.
[40] Siehe Art. 14 Abs. 3 des FIATA-Vorschlags, TranspR 1984, 115, 117; ebenso *Rodière,* Le contrat, S. 220 in Art. 30 seines Vorschlags für ein europäisches Transportvertragsrecht.
[41] *Hill/Messent* S. 106; *Koller* Rn. 8; *Herber/Piper* Rn. 35; *Thume/Temme* Rn. 28; GroßkommHGB/*Helm* Rn. 24; EBJS/*Boesche* Rn. 11; aA *Loewe* ETR 1976, 551 Nr. 142.
[42] *Clarke* S. 95 Nr. 33c (iii).
[43] *Ferrari* ZEuP 1993, 52, 54 ff. mwN.

Verkauf befugt, enthält im Zweifel auch die Ermächtigung zur Vornahme der Erfüllungshandlungen, also zur Veräußerung der Sache. Abs. 3 impliziert ferner das Recht des Beförderers zur einseitigen **Auflösung des Beförderungsvertrags;** der Vertrag ist aufgelöst,
sobald das Eigentum an dem Transportgut nach dem dafür maßgeblichen Sachenrechtsstatut,
dh. regelmäßig nach dem Recht der Belegenheit (lex rei sitae), auf den Käufer übergeht.
Ist das Gut noch nicht abgeladen, so endet mit Eigentumsübergang auch der Haftungszeitraum des Art. 17. Aus dem Recht des Beförderers kann eine **Pflicht zum Verkauf** werden,
wenn die Veräußerung der einzige Weg ist, auf dem ein Güterschaden im Sinne des Art. 17
verhindert werden kann.[44]

**2. Voraussetzungen des Selbsthilfeverkaufs.** Der Selbsthilfeverkauf ist zulässig, wenn **18**
a) es sich um verderbliche Waren handelt, wobei der Wortlaut nicht darauf abstellt, dass
   konkret eine Gefahr des Verderbs besteht,[45]
b) der Zustand des Gutes aus anderen Gründen den Verkauf rechtfertigt, wobei hier eine
   konkrete Gefahr etwa des Verderbs bestehen muss,[46]
c) wenn die Lagerungskosten in keinem Verhältnis zum Wert des Gutes stehen oder
d) der Beförderer innerhalb einer angemessenen Frist keine gegenteiligen Weisungen erhält,
   deren Ausführungen ihm billigerweise zugemutet werden kann.
In den Fällen a)–c) braucht der Beförderer Weisungen des Berechtigten nicht abzuwarten
(Abs. 3 Satz 1); richtigerweise ist er auch ohne vorherige Weisungseinholung zum Verkauf
berechtigt.[47] Dem liegt das ökonomische Prinzip zugrunde, dass der Beförderer unter den
beiden Handlungsalternativen Verwahrung und Verkauf diejenige zu wählen hat, die
voraussichtlich nach ihrem Abschluss einen **komparativen Kosten-Nutzen-Vorteil** aufweisen wird. Dieses Prinzip ist wegen der allgemeinen Pflicht des Beförderers zur Interessenwahrung (Art. 14 Rn. 4) auch ein rechtliches Prinzip.[48] Es verlangt, dass der Beförderer
zum Zeitpunkt seiner Entscheidung sämtliche Kosten und Nutzen der beiden Optionen
für den Zeitpunkt prognostiziert und miteinander vergleicht, zu dem die Verwahrung
voraussichtlich beendet bzw. der Verkauf vollzogen sein würde. Dabei bedarf es keiner
präzisen Berechnung; eine Schätzung und überschlagsmäßige Abwägung genügt.[49] Einzubeziehen sind also im Falle der Verwahrung sowohl die zu erwartende Wertverminderung
des Gutes bis hin zum Null- und Minuswert, der dadurch entsteht, dass Kosten für die
Vernichtung verdorbener oder unanbringbarer Güter anfallen,[50] als auch alle weiterhin
erforderlichen Aufwendungen für Lagerung, Kühlung und sonstige Behandlung des Gutes.
Entsprechend sind auch für den Fall des Verkaufs die voraussichtlichen Kosten der Versteigerung, der wahrscheinliche Erlös etc. zu bedenken. Abs. 3 Satz 1 bringt dieses Abwägungser-
fordernis leider nur in unzulänglicher Sprache zum Ausdruck. So ist die Bedingung, der
Zustand des Gutes müsse den Verkauf rechtfertigen, nur eine Leerformel, die durch ökonomische Erwägungen aufzufüllen ist. Dasselbe gilt für den Vergleich von Verwahrungskosten
und Wert des Gutes. Zwischen zwei Rechnungsposten besteht immer ein rechnerisches
Verhältnis; dass sie „in keinem Verhältnis" zueinander stehen, ist mathematisch unmöglich
und ein Zeugnis schlechter Formulierung.

Gemäß Abs. 3 Satz 2 kann der Beförderer das Gut ferner verkaufen, wenn er innerhalb **19**
angemessener Frist **keine gegenteiligen und ausführbaren Weisungen** erhalten hat.
Damit knüpft die Vorschrift an die in Art. 14 Abs. 1 und 15 Abs. 1 aufgestellte Pflicht
zur Einholung von Weisungen an.[51] Treffen im Falle relativer Beförderungshindernisse

---

[44] Cass.com. 23.5.1977, BT 1977, 388.
[45] *Koller* Rn. 8; *Herber/Piper* Rn. 29; EBJS/*Boesche* Rn. 11; aA Thume/*Temme* Rn. 27; differenzierend GroßkommHGB/*Helm* Rn. 25.
[46] *Herber/Piper* Rn. 29; *Koller* Rn. 8; GroßkommHGB/*Helm* Rn. 26; EBJS/*Boesche* Rn. 11.
[47] *Koller* Rn. 8; *Herber/Piper* Rn. 31; Thume/*Temme* Rn. 28; Fremuth/Thume/*Thume* Rn. 19; Jabornegg/Artmann/*Csoklich* Art. 14–16 Rn. 9; einschränkend GroßkommHGB/*Helm* Rn. 23.
[48] *Silingardi* S. 114.
[49] *Pesce* S. 185 Fn. 208.
[50] Vgl. OLG Düsseldorf 12.12.1985, TranspR 1986, 56, 60.
[51] GroßkommHGB/*Helm* Rn. 29.

in angemessener Zeit keine Weisungen ein, so wird die Verkaufsmöglichkeit durch die Pflicht zur alternativen Erfüllung verdrängt; **Art. 14 Abs. 2 verdrängt Art. 16 Abs. 3 Satz 2.**[52] Bei Ablieferungshindernissen und absoluten Beförderungshindernissen soll der Beförderer dagegen das Gut auch verkaufen dürfen, wenn die in Rn. 18 beschriebenen Voraussetzungen nicht vorliegen, eine komparative Kosten-Nutzen-Analyse also eher für die Verwahrung als für den Verkauf spricht. Zur **angemessenen Wartefrist** siehe oben Art. 14 Rn. 16. Ob **Weisungen unzumutbar** sind, beurteilt sich nach den Kriterien des Art. 12 Abs. 5 lit. b,[53] vgl. Art. 12 Rn. 18 ff., muss aber unter den Bedingungen eines Ablieferungs- oder Beförderungshindernisses nicht notwendig zu denselben Ergebnissen führen wie dort. Wenn der Beförderer etwa, ohne auf Weisungen zu warten, die Güter schon abgeladen und eingelagert hat, kann er dennoch verpflichtet sein, sie auf Grund einer Weisung wieder aufzuladen und weiter zu befördern, obwohl dies seinen gewöhnlichen Betrieb, etwa die regelmäßige Bedienung einer Verkehrslinie, stört.[54] Letztlich geht es hier um eine Abwägung im Einzelfall, wobei aber zu bedenken ist, dass die Konsequenz für den Absender – der Verkauf des Gutes – sehr viel gravierender ist als bei Art. 12.

**20**  **3. Durchführung und Folgen des Verkaufs.** Art und Weise des Verkaufs richten sich gemäß der Kollisionsnorm des Abs. 5 nach dem Recht der Belegenheit des Gutes zur Zeit des Verkaufs. Abs. 5 bezieht sich auf die prozeduralen Aspekte des Verkaufs[55] wie zB den Verkauf durch öffentliche Versteigerung, die Pflicht zur Benachrichtigung von Absender oder Eigentümer, die Notwendigkeit eines Mindestgebots u. ä., darüber hinaus aber auch auf solche materiellrechtlichen Fragen, die nach der betreffenden Rechtsordnung unmittelbar mit der Durchführung des fraglichen Verkaufsverfahrens verbunden sind, zB Eigentumserwerb durch hoheitlichen Zuschlag; im Übrigen unterliegen die sachenrechtlichen Verhältnisse dem Sachenrechtsstatut, das in aller Regel ebenfalls die lex situs ist. Abs. 5 enthält, wie es dem Zweck staatsvertraglicher Kollisionsnormen entspricht,[56] eine Sachnormverweisung; ein Renvoi des Belegenheitsstatuts ist unerheblich.[57]

**21**  Ist danach **deutsches Recht** maßgeblich, so richtet sich das Verfahren nach den § 419 Abs. 3 Satz 3 und § 373 Abs. 2–4 HGB.[58] Der **Verkaufserlös** abzüglich der nach Abs. 2 Satz 4 auf dem Gut lastenden Kosten (vgl. Rn. 13–15) gebührt dem nach Art. 12 zur Weisung Berechtigten, der nicht notwendig der Eigentümer sein muss. Aus dem Recht des Beförderers, vollständige Befriedigung seiner Kostenerstattungsansprüche aus der Verwertung des Gutes zu erlangen, ergibt sich, dass das in Abs. 2 Satz 4 und Abs. 4 verankerte Sicherungsrecht den Charakter eines eingeschränkten **gesetzlichen Pfandrechts** zur Sicherung konnexer Forderungen hat.[59] Seine nähere Ausgestaltung bleibt

---

[52] So etwa *Silingardi* S. 114 und S. 112 in Bezug auf das Verhältnis von Art. 16 Abs. 2 zu Art. 14 und 15; die Literatur sieht vielfach stillschweigend die Ausladung des Gutes als Voraussetzung des Verkaufs an und behandelt die hier interessierende Frage im Zusammenhang mit Art. 16 Abs. 2.

[53] *Koller* Rn. 9; *Herber/Piper* Rn. 33; GroßkommHGB/*Helm* Rn. 28; EBJS/*Boesche* Rn. 11; *Pesce* S. 186; *Hill/Messent* S. 106; *Loewe* ETR 1976, 551 Nr. 143.

[54] *Koller* Rn. 9; *Jabornegg/Artmann/Csoklich* Art. 14–16 Rn. 9; differenzierend *Herber/Piper* Rn. 33: Betrieb darf nicht ernstlich behindert werden.

[55] *Pesce* S. 186; dies ergibt sich auch aus der Umsetzung in § 23 Abs. 2 des dänischen Gesetzes, wo besondere Sachnormen für den Verkauf in Dänemark die öffentliche Versteigerung und die Unterrichtung des Berechtigten vorsehen.

[56] *Kropholler,* Internationales Privatrecht, 6. Aufl. 2006, S. 177; Palandt/*Thorn* 72. Aufl. 2013, Art. 4 EGBGB Rn. 11; für die Haager Konventionen auch *Graue* RabelsZ 57 (1993) s. 26 ff.; *Kropholler,* FS Henrich, 2000, S. 393, 394 ff.

[57] So ausdrücklich *Loewe* ETR 1976, 551 f. Nr. 145; zustimmend zitiert von *Putzeys* S. 170 Fn. 331; *Sánchez Ortiz* Revista general de derecho 43 (1987) 2535.

[58] GroßkommHGB/*Helm* Rn. 29; *Glöckner* Rn. 4; *Fischer* TranspR 1999, 261, 270; *Koller* Rn. 10; *Thume/Temme* Rn. 33; Fremuth/Thume/*Thume* Rn. 24; Ferrari/*Otte,* Int. Vertragsrecht, Rn. 23; zur Rechtslage in Österreich *Straube/Schütz* Rn. 3, Jabornegg/Artmann/*Csoklich* Art. 14–16 Rn. 10; zur Rechtslage in Frankreich *Lamy* 2013 Rn. 747.

[59] Für Zurückbehaltungsrecht GroßkommHGB/*Helm* Rn. 30; *Loewe* ETR 1976, 550 f. überlässt die gesamte Beurteilung dem nationalen Recht.

dem nationalen Recht überlassen. Genügt der Verkaufserlös nicht zur Befriedigung des Beförderers, so steht ihm nach Abs. 4 Satz 2 ein Anspruch auf **Erstattung der Differenz** zu.[60] Aus dem Zusammenhang mit Abs. 4 Satz 1 ergibt sich, dass sich dieser Anspruch ebenfalls gegen den Verfügungsberechtigten, also den Weisungsberechtigten iSd. Art. 12 richtet.

## Kapitel IV. Haftung des Frachtführers

### Art. 17 [Haftungsgrundsatz und Haftungsausnahmen]

(1) Der Frachtführer haftet für gänzlichen oder teilweisen Verlust und für Beschädigung des Gutes, sofern der Verlust oder die Beschädigung zwischen dem Zeitpunkt der Übernahme des Gutes und dem seiner Ablieferung eintritt, sowie für Überschreitung der Lieferfrist.

(2) Der Frachtführer ist von dieser Haftung befreit, wenn der Verlust, die Beschädigung oder die Überschreitung der Lieferfrist durch ein Verschulden des Verfügungsberechtigten, durch eine nicht vom Frachtführer verschuldete Weisung des Verfügungsberechtigten, durch besondere Mängel des Gutes oder durch Umstände verursacht worden ist, die der Frachtführer nicht vermeiden und deren Folgen er nicht abwenden konnte.

(3) Um sich von seiner Haftung zu befreien, kann sich der Frachtführer weder auf Mängel des für die Beförderung verwendeten Fahrzeuges noch gegebenenfalls auf ein Verschulden des Vermieters des Fahrzeuges oder der Bediensteten des Vermieters berufen.

(4) Der Frachtführer ist vorbehaltlich des Artikels 18 Absatz 2–5 von seiner Haftung befreit, wenn der Verlust oder die Beschädigung aus den mit einzelnen oder mehreren Umständen der folgenden Art verbundenen besonderen Gefahren entstanden ist:
a) Verwendung von offenen, nicht mit Planen gedeckten Fahrzeugen, wenn diese Verwendung ausdrücklich vereinbart und im Frachtbrief vermerkt worden ist;
b) Fehlen oder Mängel der Verpackung, wenn die Güter ihrer Natur nach bei fehlender oder mangelhafter Verpackung Verlusten oder Beschädigungen ausgesetzt sind;
c) Behandlung, Verladen, Verstauen oder Ausladen des Gutes durch den Absender, den Empfänger oder Dritte, die für den Absender oder Empfänger handeln;
d) natürliche Beschaffenheit gewisser Güter, derzufolge sie gänzlichem oder teilweisem Verlust oder Beschädigung, insbesondere durch Bruch, Rost, inneren Verderb, Austrocknen, Auslaufen, normalem Schwund oder Einwirkung von Ungeziefer oder Nagetieren, ausgesetzt sind;
e) ungenügende oder unzulängliche Bezeichnung oder Numerierung der Frachtstücke;
f) Beförderung von lebenden Tieren.

(5) Haftet der Frachtführer auf Grund dieses Artikels für einzelne Umstände, die einen Schaden verursacht haben, nicht, so haftet er nur in dem Umfange, in dem die Umstände, für die er auf Grund dieses Artikels haftet, zu dem Schaden beigetragen haben.

---

[60] *Herber/Piper* Rn. 38; GroßkommHGB/*Helm* Rn. 30; *Koller* Rn. 10; Thume/*Temme* Rn. 34 f.

## Chapitre IV. Responsabilité du transporteur

### Art. 17

(1) Le transporteur est responsable de la perte totale ou partielle, ou de l'avarie, qui se produit entre le moment de la prise en charge de la marchandise et celui de la livraison, ainsi que du retard à la livraison.

(2) Le transporteur est déchargé de cette responsabilité si la perte, l'avarie ou le retard a eu pour cause une faute de l'ayant droit, un ordre de celui-ci ne résultant pas d'une faute du transporteur, un vice propre de la marchandise, ou des circonstances que le transporteur ne pouvait pas éviter et aux conséquences desquelles il ne pouvait pas obvier.

(3) Le transporteur ne peut exciper, pour se décharger de sa responsabilité, ni des défectuosités du véhicule dont il se sert pour effectuer le transport, ni de fautes de la personne dont il aurait loué le véhicule ou des préposés de celle-ci.

(4) Compte tenu de l'article 18, paragraphes 2 à 5, le transporteur est déchargé de sa responsabilité lorsque la perte ou l'avarie résulte des risques particuliers inhérents à l'un des faits suivants ou à plusieurs d'entre eux:

(a) Emploi de véhicules ouverts et non bâchés, lorsque cet emploi a été convenu d'une manière expresse et mentionné dans la lettre de voiture;

(b) Absence ou défectuosité de l'emballage pour les marchandises exposées par leur nature à des déchets ou avaries quand elles ne sont pas emballées ou sont mal emballées;

(c) Manutention, chargement, arrimage ou déchargement de la marchandise par l'expéditeur ou le destinataire ou des personnes agissant pour le compte de l'expéditeur ou du destinataire;

(d) Nature de certaines marchandises exposées, par des causes inhérentes à cette nature même, soit à perte totale ou partielle, soit à avarie, notamment par bris, rouille, détérioration interne et spontanée, dessiccation, coulage, déchet normal ou action de la vermine et des rongeurs;

## Chapter IV. Liability of the carrier

### Art. 17

(1) The carrier shall be liable for the total or partial loss of the goods and for damage thereto occuring between the time when he takes over the goods and the time of delivery, as well as for any delay in delivery.

(2) The carrier shall however be relieved of liability if the loss, damage or delay was caused by the wrongful act or neglect of the claimant, by the instructions of the claimant given otherwise than as the result of a wrongful act or neglect on the part of the carrier, by inherent vice of the goods or through circumstances which the carrier could not avoid and the consequences of which he was unable to prevent.

(3) The carrier shall not be relieved of liability by reason of the defective condition of the vehicle used by him in order to perform the carriage, or by reason of the wrongful act or neglect of the person from whom he may have hired the vehicle or of the agents or servants of the latter.

(4) Subject to article 18, paragraphs 2 to 5, the carrier shall be relieved of liability when the loss or damage arises from the special risks inherent in one or more of the following circumstances:

(a) Use of open unsheeted vehicles, when their use has been expressly agreed and specified in the consignment note;

(b) The lack of, or defective condition of packing in the case of goods which, by their nature, are liable to wastage or to be damaged when not packed or when not properly packed;

(c) Handling, loading, stowage or unloading of the goods by the sender, the consignee or persons acting on behalf of the sender or the consignee;

(d) The nature of certain kinds of goods which particularly exposes them to total or partial loss or to damage, especially through breakage, rust, decay, desiccation, leakage, normal wastage, or the action of moth or vermin;

(e) Insuffisance ou imperfection des marques ou des numéros de colis;

(f) Transport d'animaux vivants.

(5) Si, en vertu du présent article, le transporteur ne répond pas de certains des facteurs qui ont causé le dommage, sa responsabilité n'est engagée que dans la proportion où les facteurs dont il répond en vertu du présent article ont contribué au dommage.

(e) Insufficiency or inadequacy of marks or numbers on the packages;

(f) The carriage of livestock.

(5) Where under this article the carrier is not under any liability in respect of some of the factors causing the loss, damage or delay, he shall only be liable to the extent that those factors for which he is liable under this article have contributed to the loss, damage or delay.

**Schrifttum:** Siehe Einl. vor Rn. 1 sowie *Bernardeau,* La force majeure et le transport routier en droit français, ETR 1999, 589; *Blaschczok,* Die Haftung beim Einsatz vertragswidriger Transportmittel, TranspR 1987, 401; *Boecker,* Lkw-Ladungsverluste in Europa – Eine Bestandsaufnahme, TranspR 2002, 137 (VersR 2003, 556; ETR 2004, 445); *Brautlacht,* Die Regreßvereitelung durch einen Spediteur, TranspR 1992, 171; *Brunat,* Transports Routiers Internationaux, BT 1981, 573; *ders.,* Une jurisprudence rigoureuse pour les transports internationaux sous température dirigée, BT 1982, 174; *Buyl,* The CMR-Convention: Joys and Sorrows of the Liability Insurer – Towards a strict Liability, in Theunis S. 275; *Chao,* Carriage at Controlled temperature, in Theunis S. 113; *dies.,* Chargement par l'expéditeur et imputation des responsabilités en regime C. M. R., BT 1986, 509; *Claringbould,* Das niederländische Gesetz über den Vertrag zur Beförderung auf der Straße: eine Übersicht, TranspR 1988, 403; *Csoklich,* Haftungsbeschränkungen internationaler Transportrechtsabkommen im Wandel, RdW 1986, 165; *Demuth,* Ist der CMR-Totalschaden als Verlust zu behandeln? TranspR 1996, 257; *Edis,* Die Haftung des Frachtführers nach schweizerischem Obligationen- und türkischem Handelsrecht, 1975; *Endrigkeit,* Zur Unternehmerhaftung für fremde Wechselaufbauten im Güterfernverkehr, VersR 1971, 999; *Enzinger,* Zur Haftung des Frachtführers, RdW 1986, 360; *Exner,* Der Begriff der höheren Gewalt (vis major) im römischen und heutigen Verkehrsrecht, GrünhutsZ 10 (1883), 497; *Froeb,* Die Haftung für Beschaffenheitsschäden im Transportrecht, 1991; *Glass,* The divided heart of C. M. R., ETR 1979, 687; *Grönfors,* The Concept of Delay in Transportation Law, ETR 1974, 400; *Groth,* Neuere Entscheidungen zur CMR 1974–76, RIW/AWD 1977, 265; *ders.,* Neuere Rechtsprechung zur CMR 1980–82, VersR 1983, 1104; *Heim,* Haftung im internationalen Straßengüterverkehr, VersR 1957, 425; *ders.,* Übereinkommen über den Beförderungsvertrag im internationalen Straßengüterverkehr, DB 1957, 229; *Helm,* Zwingende ergänzende Anwendung von HGB und BGB zur CMR?, TranspR 1990, 14; *Heuer,* Zur Frachtführerhaftung nach der CMR: Haftungszeitraum – Ladetätigkeiten – Fahrervollmacht – Lkw- bzw. Ladungsdiebstahl, VersR 1988, 312; *Hill,* The Interpretation of CMR in the English Courts, LMCLQ 1977, 212; *Hügel,* Drei OGH-Entscheidungen zur Frachtführerhaftung nach der CMR und den AÖSp, JBl. 1984, 57; *Jesser,* Unzulängliche Reinigung des Transportfahrzeugs als Mangel iS des Art. 17 Abs. 3 CMR, TranspR 1997, 98; *Koller,* Die Verdoppelung des Prozeßrisikos von CMR-Frachtführern, VersR 1982, 414; *ders.,* Das Standgeld bei CMR-Transporten, TranspR 1988, 129; *ders.,* Die Abgrenzung zwischen Speditions- und Frachtvertrag, NJW 1988, 1756; *ders.,* Die Ergänzung der CMR durch die KVO, TranspR 1987, 317; *ders.,* Die Ergänzung der CMR durch unvereinheitlichtes nationales Recht – Zur Änderung der KVO –, TranspR 1989, 260; *ders.,* Die Haftung beim Transport mit vertragswidrigem Beförderungsmittel, VersR 1988, 432; *ders.,* Die Haftung des Frachtführers nach der CMR wegen unzureichender Überprüfung der Ladung, DB 1988, 589; *ders.,* Die Person des Schadensersatzberechtigten bei Ansprüchen aus Art. 17 CMR, RIW 1988, 254; *ders.,* Zur Aufklärung über die Schadensentstehung im Straßentransportrecht – Zugleich ein Beitrag zur Beweislast im Rahmen des Art. 29 CMR –, VersR 1990, 553; *ders.,* Zur Beweislast für unzureichende Vorkühlung des Transportgutes, TranspR 2000, 449; *Konow,* Aufwendungsersatz bei Fürsorgemaßnahmen für das Gut während des Transports, TranspR 1988, 229; *ders.,* Schadensersatz wegen positiver Forderungsverletzungen im Rahmen von Frachtverträgen – Zur Abgrenzung von den Entschädigungsansprüchen, TranspR 1987, 14; *Libouton,* International Road Transport, ETR 1973, 2; *ders.,* Liability of the CMR-Carrier in Belgian Case Law, in Theunis S. 79; *Lutz,* Anmerkungen zur französischen Rechtsprechung zur CMR, TranspR 1991, 6; *ders.,* Die Rechtsprechung des französischen Cour de Cassation zum Begriff des groben Verschuldens des Frachtführers nach Art. 29 CMR, TranspR 1989, 139; *van der Meer,* Rechtshormonisatie in het vervoersrecht: overmacht voor de wetgever?, WPNR 1984, 458; *de la Motte,* Beladungspflicht nach CMR und KVO, TranspR 1988, 364; *ders.,* CMR: Schaden – Entschädigung – Versicherung, VersR 1988, 317; *Muth,* CMR – Geltungsbereich und Versicherung, ZfVersWesen 1973, 101; *ders.,* Die internationalen Beförderungsbedingungen im Straßenverkehr (CMR) im Vergleich zur deutschen KVO, DGV 1961, 181; *ders.,* Die internationalen Beförderungsbedingungen im Straßengüterverkehr (CMR), ZVersWesen 1966, 538; *Nossovitch,* Chargement, déchargement et arrimage dans les transports routiers, BT 1982, 102; *ders.,* Les Avaries „Occultes", BT 1982, 544; *Pauknerová,* The Liability of the Carrier in International Carriage of Goods Conventions, in: Annuaire de l'AAA (Association des Auditeurs et Anciens Auditeurs de l'Académie de Droit International de La Haye) Bd. 51/52/53 (1981/82/83), 119; *Piper,* Darlegungs- und Beweislastfragen im CMR-Prozeß, GS Helm, 2001, S. 289; *Rechnagel,* Fragtførerens ansvar for løssefejl, UfR 1981 B 198; *Regnarsen,* Fragtførerens pligt til at kontrollere løsningen og stuvingen, UfR 1982 B 35; *Roesch,* Abschluß des Beförderungsvertrages,

Lieferfristbeginn und Lieferfristhaftung im Landfrachtrecht, VersR 1982, 828; *ders.*, CMR – Verpflichtungen des Absenders beim Verladen von Kühlgut, VP 1980, 19; 153; *ders.*, Das Ladegeschäft nach KVO und CMR, BB 1982, 20; *ders.*, Haftet der Straßenfrachtführer in Fällen positiver Vertragsverletzung vertraglich auch über die Bestimmungen der KVO und der CMR hinaus?, BB 1980, 812; *Schmidt,* Die Ansprüche des geschädigten Dritten gegen den Fahrer als Arbeitnehmer im Bereich des Verkehrshaftungsrechts, TranspR 1986, 49; *Schmitthoff/Goode* (Hrsg.), International Carriage of goods: Some legal problems and possible solutions, (Centre of Commercial Studies), 1988; *Schulze,* Abschluß und Ausführung des Beförderungsvertrages nach dem Übereinkommen über den Beförderungsvertrag im internationalen Straßengüterverkehr, DGV 1956, 272; *ders.,* Das Übereinkommen über den Beförderungsvertrag im internationalen Straßengüterverkehr (CMR) und das nationale Recht, ZfVerkWiss, 1959, 50; *ders.,* Die Haftung des Frachtführers nach dem Übereinkommen über den Beförderungsvertrag im internationalen Straßengüterverkehr, DGV 1957, 250; *ders.,* Entstehung und Bedeutung des Übereinkommens über den Beförderungsvertrag im internationalen Straßengüterverkehr (CMR), DGV 1956, 238; *Sevón,* Utvecklingslinjer i transportavtalsrätten, JFT 1984, 582; *Silingardi,* La CMR: da normativa uniforme di applicazione necessaria a disciplina pattizia, Diritto del Commercio Internazionale 1987, 613; *Thume,* Haftungsprobleme bei CMR-Kühltransporten, TranspR 1992, 1; *ders.,* Zur Lieferfristüberschreitung gemäß Art. 19 CMR, TranspR 1992, 403; *ders.,* Die Haftung des CMR-Frachtführers wegen positiver Vertragsverletzung, TranspR 1995, 1; *ders.,* Beweislastfragen bei Fahrzeugmängeln im Bereich der CMR, VersR 2000, 821; *ders.,* Zum Verlustbegriff, insbesondere bei weisungswidriger Ablieferung einer Sendung, TranspR 2001, 433; *ders.,* Verlust – Zerstörung – Beschädigung. Gedanken zum Güterschaden im Transportrecht, GS Helm, 2001, S. 341; *ders.,* Darlegungs- und Beweisfragen im Transportrecht, TranspR 2008, 428; *ders.,* Probleme bei der Ablieferung des Frachtguts, TranspR 2012, 85; *ders.,* Verpackungsmängel und ihre Folgen im allgemeinen deutschen Frachtrecht und im grenzüberschreitenden Straßengüterverkehr, TranspR 2013, 8; *Tilche,* Bâchage/Débâchage des véhicules, BTL 1992, 66; *dies.,* Vol en Italie, CMR contre force majeur, BTL 1992, 176; *dies.,* CMR-Guerre et empêchement au transport, BTL 1994, 633; *Tuma,* Zur Frage der Möglichkeit der Geltendmachung deliktischer Ansprüche wegen Güterschäden gegen im internationalen Straßengüterverkehr tätige Frachtführer unter besonderer Berücksichtigung der Stellung der Person des Anspruchstellers als Vertragspartner bzw. als außervertraglicher Dritter zum in Anspruch Genommenen sowie zur Frage, ob deliktische Ansprüche nicht am Frachtvertrag Beteiligter durch vertragliche Bestimmungen eingeschränkt werden können – CMR Art. 28, 32, ETR 1983, 3; *Voigt,* Der Beginn der Lieferfrist beim CMR-Vertrag, VersR 1973, 501; *ders.,* Frachtführerhaftung für Gewichtsverluste bei Schüttgütern nach der CMR, VP 1970, 70; *ders.,* Haftung für das Be- und Entladen nach der CMR, VP 1971, 257; *ders.,* KVO und CMR – Höhere Gewalt und unabwendbares Ereignis, ZVersWesen 1973, 340; *ders.,* Vermögensschadenhaftung nach der CMR, VP 1965, 124; *Wiesbauer,* Haftungsfragen beim internationalen Gefahrguttransport, RdW 1984, 70; *Wijffels,* Legal Interpretations of the CMR: The Continental Viewpoint, ETR 1976, 208; *Willenberg,* Der Internationale Straßengüterverkehr nach dem Inkrafttreten der CMR, NJW 1968, 1020; *Zamora,* Carrier liability for damage or loss to cargo in international transport, Am.J.Comp.L. 23 (1975) 391; *Zapp,* Vertraglich begründete Überprüfungspflichten und Art. 41 CMR, TranspR 1991, 371; *Zehetbauer,* Entscheidung des Obersten Gerichtshofes vom 17.2.2006 zum Beginn des Obhutszeitraumes des Straßenfrachtführers, TranspR 2006, 233; *Züchner,* Abgrenzung der Frachtführerhaftung beim Kühlgutverkehr nach der KVO und der CMR, DB 1971, 513; *ders.,* Ersatzpflicht bei Lieferfristüberschreitung, VersR 1970, 701; *ders.,* Frachtführerhaftung für Beschaffenheitsschäden nach der CMR, ZVersWesen 1968, 887, 889; *ders.,* Neuere Rechtsprechung zur CMR, ZVersWesen 1969, 518, 520; *ders.,* Verpflichtungen zum Verladen und Entladen sowie Haftung für Verladefehler und Entladeschäden nach der CMR, VersR 1968, 723; *ders.,* Zum Frachtvertrag nach der CMR, VersR 1964, 220; *ders.,* Zur Frachtführerhaftung für Verluste an Schüttgütern nach der CMR, VersR 1967, 430.

## Übersicht

|  | Rn. |  | Rn. |
|---|---|---|---|
| **A. Allgemeines** | 1–7 | 3. Abgrenzung zu anderen Haftungstatbeständen | 13 |
| **I. Bedeutung und Zweck** | 1, 2 | **II. Haftungszeitraum** | 14–26 |
| **II. Das Haftungsprinzip** | 3, 4 | 1. Bedeutung des Haftungszeitraums | 14, 15 |
| **III. Verhältnis zu anderen Haftungsgrundlagen** | 5–7 | 2. Übernahme | 16–20 |
| 1. Haftungsgrundlagen der CMR | 5 | 3. Ablieferung | 21–26 |
| 2. Haftungsgrundlagen des nationalen Rechts | 6, 7 | **III. Allgemeine Haftungsbefreiung (Abs. 2 und 3)** | 27–51 |
| **B. Obhutshaftung** | 8–89 | 1. Inhalt und Zweck der Regelung | 27, 28 |
| **I. Verlust und Beschädigung des Gutes** | 8–13 | 2. Verschulden des Verfügungsberechtigten (1. Alt.) | 29–33 |
| 1. Verlust | 8–10 | 3. Weisungen des Verfügungsberechtigten (2. Alt.) | 34–36 |
| 2. Beschädigung | 11, 12 | 4. Mängel des Transportgutes (3. Alt.) | 37–39 |

Rn.

5. Unvermeidbare Umstände (4. Alt.) ... 40–48
  a) Leitgedanken ..................... 40–42
  b) Einzelfälle ........................ 43–48
6. Mängel des Fahrzeugs (Abs. 3) ....... 49–51

**IV. Haftungsausschlüsse wegen besonderer Gefahren (Abs. 4)** ........ 52–89
1. Allgemeines ....................... 52, 53
2. Verwendung offener Fahrzeuge (Abs. 4 lit. a) ...................... 54–58
3. Verpackungsmängel (Abs. 4 lit. b) .... 59–64
4. Behandlung des Gutes durch die Verladerseite (Abs. 4 lit. c) ............... 65–71
  a) Anwendungsbereich ............... 66–68
  b) Zurechnung ...................... 69
  c) Einzelfälle ........................ 70, 71
5. Natürliche Beschaffenheit des Gutes (Abs. 4 lit. d) ...................... 72–85
  a) Besondere Risikoaffinität ......... 73, 74
  b) Die einzelnen Risiken ............ 75–78
  c) Zurechnung ...................... 79
  d) Verhältnis zu Abs. 2 .............. 80
  e) Verhältnis zu Art. 18 Abs. 4 ....... 81–85

Rn.

6. Ungenügende Bezeichnung der Güter (Abs. 4 lit. e) ........................ 86, 87
7. Beförderung lebender Tiere (Art. 17 Abs. 4 lit. f) ........................ 88, 89

**C. Verspätungshaftung** ................ 90–99
**I. Vergleich von Verspätungshaftung und Obhutshaftung** ................... 90, 91
**II. Konkurrenzen** ..................... 92–99
1. Konkurrenz von Verspätungshaftung und Obhutshaftung .................. 92–96
2. Konkurrenzen zum nationalen Recht ............................... 97–99

**D. Schadensteilung (Abs. 5)** ......... 100–105
**I. Gegenstand und Anwendungsbereich** ............................... 100, 101
**II. Mehrere Schadensursachen** ....... 102, 103
**III. Rechtsfolgen** .................... 104
**IV. Einzelfälle aus der Rechtsprechung** ............................... 105
**E. Aktiv- und Passivlegitimation** .... 106

# A. Allgemeines

## I. Bedeutung und Zweck

Die Art. 17–29 bilden das vierte Kapitel der CMR und ihr Kernstück. Sie regeln die **1** Haftung des Frachtführers, und zwar zunächst in den Art. 17–21 den Grund der Haftung und nachfolgend in den Art. 23–29 ihren Umfang. Art. 22 betrifft den Sonderfall des Transports gefährlicher Güter und legt dafür Pflichten und Haftung des Absenders fest, passt also systematisch nicht in den Zusammenhang des vierten Kapitels. Auch die Regelung der Haftung des Frachtführers für Nachnahmefehler in Art. 21 fällt aus dem Rahmen. Während die übrigen in Art. 17 erfassten Haftungstatbestände Risiken betreffen, die sich gerade aus der Beförderung ergeben, verletzt das Fehlverhalten des Beförderers bei der Nachnahme nur Pflichten aus einem allgemeinen Geschäftsbesorgungsverhältnis, das mit dem Transportvertrag verknüpft ist, aber auch unabhängig davon bestehen könnte.

Art. 17 regelt drei Haftungstatbestände: Verlust, Beschädigung und Lieferfristüberschrei- **2** tung. Die Haftung für Verlust und Beschädigung während des Obhutszeitraums, dh. der Zeit zwischen Übernahme und Ablieferung der Güter, wird auch als **Obhutshaftung** bezeichnet. Sie hängt von der zeitlichen Fixierung des Schadenseintritts ab, die durch die Kontrollobliegenheiten gemäß Art. 8 sowie Art. 30 und durch die Beweisvermutung gemäß Art. 9 erleichtert wird, siehe näher Art. 8 Rn. 1 f. Für diesen Zeitraum postuliert Abs. 1 zunächst eine strikte Haftung des Frachtführers, die jedoch durch nachfolgende Ausnahmen und Einschränkungen so stark modifiziert wird, dass man an dem der CMR zugrunde liegenden Haftungsprinzip zweifeln kann, siehe Rn. 3. Als dritten Haftungstatbestand regelt Art. 17 die **Überschreitung der Lieferfrist.** Art. 19 bestimmt im Einzelnen, wie lange die Lieferfrist ist, und Art. 20 stellt bei Ablauf bestimmter Fristen eine Verlustvermutung auf, begründet danach also die Obhutshaftung des Beförderers. Die strikte Haftung gemäß Abs. 1 gilt auch hier, wird allerdings ebenfalls abgemildert. Die Abs. 2–5 regeln für alle drei Haftungstatbestände im Einzelnen auf welche Umstände sich der Frachtführer zu seiner Entlastung nicht berufen kann und wann seine Haftung ausgeschlossen ist. Je nachdem, wem Art. 18 die Beweislast auferlegt, werden dabei bevorrechtigte und nicht bevorrechtigte Haftungsausschlussgründe unterschieden.

## II. Das Haftungsprinzip

**3**    Auseinander gehen die Auffassungen darüber, ob die CMR eine verschuldensunabhängige, **strikte Haftung**[1] oder eine **Haftung für vermutetes Verschulden** mit verschärftem Sorgfaltsmaßstab statuiert.[2] Der Streit ist nur historisch zu erklären. Er entzündet sich an der letzten Alternative der Haftungsbefreiung gemäß Abs. 2, wonach der Frachtführer für solche Umstände nicht einstehen muss, „die er nicht vermeiden und deren Folgen er nicht abwenden konnte." Diese Formulierung geht zurück auf den Text von Art. 27 § 2 CIM 1952,[3] der an die Stelle der Haftungsbefreiungen wegen „höherer Gewalt" in früheren Fassungen der CIM getreten war.[4] Der Begriff der höheren Gewalt hatte zuvor in den einzelnen Ländern sehr unterschiedliche Auslegungen erfahren[5] und sollte auf der eisenbahnrechtlichen Konferenz von 1952 geklärt werden.[6] Ob man dabei beabsichtigte, an dem früheren Rechtszustand etwas zu ändern,[7] mag dahinstehen; denn jedenfalls ist der neu verabschiedete Text und nicht die dahinter stehende Absicht seiner Urheber verbindlich.[8] Der neue Text ist präziser und differenzierter als der traditionsreiche, aber ungenaue und ganz verschieden verwendete Begriff der höheren Gewalt. Es besteht daher kein Grund, auf die früheren und uneinheitlichen Vorstellungen zurückzugreifen, die 1952 und auch bei Verabschiedung der CMR 1956 gerade überwunden werden sollten. Indem die neue Formulierung auf Möglichkeiten des Frachtführers zur Schadensvermeidung und Folgenabwendung abstellt, verweist sie implizit auch auf einen (hohen) Sorgfaltsmaßstab und damit auf Schuldkriterien, indiziert also eine **Verschuldenshaftung.** Letztlich ist der Streit um das Haftungsprinzip der CMR aber akademischer Natur und **für die Praxis nicht von Interesse;**[9] denn gleich ob strikte oder verschuldensabhängige Haftung – letztlich kommt es darauf an, welche Anstrengungen der Schadensvermeidung dem Frachtführer abverlangt werden und ungeachtet des dogmatischen Streits ist dabei die Anspannung der Sorgfaltspflichten in konkreten Fallgruppen maßgeblich.

**4**    Selbst die **theoretische Bedeutung des Prinzipienstreits** wird im Übrigen dadurch **vermindert,** dass wichtige Risiken in Abs. 2–4 ohne weitere Wertungsspielräume der einen oder anderen Partei zugewiesen werden. So wird eine Haftungsbefreiung für alle Schäden angeordnet, die durch besondere Mängel des Gutes, durch ein Verschulden des Verfügungsberechtigten oder durch seine Weisung verursacht wurden, es sei denn der Frachtführer habe diese verschuldet, Abs. 2. Weitere Haftungsbefreiungen sind in Abs. 4 für gewisse typische Transportrisiken vorgesehen: für die Verwendung offener Wagen, soweit vereinbart; für Verpackungsmängel; für die Verladung und Verstauung sowie die Ausladung des Gutes durch die Verladerseite; für die schadensträchtige natürliche Beschaffenheit der Güter; für die mangelhafte Kennzeichnung der Frachtstücke und für die Beförderung lebender Tiere. Art. 18 sieht für diese Befreiungstatbestände sehr differenzierte Beweiserleichterungen vor. Dagegen stellt Abs. 3 klar, dass der

[1] BGH 28.2.1975, NJW 1975, 1597, 1598; 8.10.1998, TranspR 1999, 59, 61; OGH Wien 29.6.1983, ETR 1984, 526, 531 = JBl. 1984, 152; *Glöckner* Rn. 17; *Aisslinger* S. 64; *Pauknerová,* Annuaire de l'AAA 51/52/53 (1981/82/83) 126, 128; *Koller* Rn. 21; *Herber/Piper* Vor Art. 17 Rn. 3; EBJS/*Boesche* Rn. 2; *Ferrari/Otte,* Int. Vertragsrecht, Rn. 1; wohl auch Thume/*Thume* Rn. 10.
[2] OGH Wien 6.9.1983, TranspR 1984, 11, 12 f.; 10.7.1991, TranspR 1991, 422; GroßkommHGB/*Helm* Rn. 28 ff.; *Jesser* S. 49 f. mit vielen Nachweisen.
[3] Text in *Haustein/Pschirrer,* Internationales Eisenbahnrecht, Quellensammlung I. 1956, S. 195, 255.
[4] Siehe etwa das Internationale Übereinkommen über den Eisenbahnfrachtverkehr vom 23.11.1933, RGBl. 1935 II S. 523; dazu auch *Freise* Art. 23 CIM Rn. 22 ff. in diesem Band.
[5] Vgl. *Basedow* TranspV S. 398.
[6] *Nánássy,* Das internationale Eisenbahnfrachtrecht, 1956, S. 534; ebenso *Durand,* Les transports internationaux, 1956, S. 210 Nr. 147.
[7] Nach der Denkschrift der BReg., BT-Drucks. III/1144 S. 40 war dies nicht der Fall.
[8] Vgl. zur nachrangigen Bedeutung der subjektiv-historischen Auslegung bei völkerrechtlichen Verträgen Einl. Rn. 19.
[9] So auch *Grönfors* RabelsZ 42 (1978) 696, 701 f.; *Sevón* JFT 115 (1979) 167, 177; *Haak* S. 125 f.; *Basedow* TranspV S. 397–400; *Sevón* JFT 1984, 595 f.; *van der Meer* WPNR 1984, 466; *Richter-Hannes/Richter,* Möglichkeit und Notwendigkeit der Vereinheitlichung des internationalen Transportrechts, 1978, S. 61; *Herber/Piper* Rn. 36; Thume/*Thume* Rn. 11.

Frachtführer sich unter keinen Umständen exkulpierend auf Mängel des Transportfahrzeugs oder auf Verschulden eines eventuellen Vermieters berufen kann. Der Prinzipienstreit betrifft also nur solche Risiken, die nicht durch die genannten Spezialbestimmungen der einen oder anderen Partei zugewiesen wurden.

### III. Verhältnis zu anderen Haftungsgrundlagen

**1. Haftungsgrundlagen der CMR.** Art. 17 ff. CMR regeln die Haftung für Schäden 5 am Transportgut und für Überschreitungen der Lieferfrist. Daneben gibt es weitere Tatbestände der Frachtführerhaftung, die andere Schäden betreffen: Art. 7 Abs. 3 (Fehlender CMR-Vermerk im Frachtbrief), Art. 11 Abs. 3 (Verlust oder unrichtige Verwendung der Begleitpapiere), Art. 12 Abs. 7 (Nichtbeachtung von Weisungen), Art. 21 (Nichteinziehung von Nachnahmen). Die Verhaltensweisen, die in den genannten Vorschriften mit Haftungssanktionen belegt werden, können je nach Lage des Falls auch zu Lieferverzögerungen, zu Beschädigungen des Gutes etwa durch Verderb oder sogar zum technischen Verlust führen, also zu Güterschäden, die zugleich in Art. 17 ff. geregelt sind. In solchen Fällen stellt sich die Frage der **Anspruchskonkurrenz,** die vor allem für die Haftungsbegrenzung bedeutsam ist. Siehe dazu Art. 11 Rn. 17 und Art. 12 Rn. 34 f. sowie Art. 21 Rn. 17. Bei Art. 7 Abs. 3 ergeben sich insofern keine praktischen Probleme.

**2. Haftungsgrundlagen des nationalen Rechts.** Die Haftung des Frachtführers ist in 6 der CMR nicht abschließend geregelt, zahlreiche Leistungsstörungen sind ausgespart. Hier kommt nationales Recht zum Zuge. Es dient nur dazu, Lücken zu füllen; soweit dagegen die CMR selbst eine Haftungsgrundlage vorsieht, tritt nationales Recht im Ergebnis zurück, weil andernfalls der Zweck der CMR, die Vereinheitlichung des Haftungsregimes, verfehlt würde,[10] vgl. auch Art. 28. Praktisch bedeutsam wird die Haftung nach nationalem Recht danach im Bereich der Nichterfüllung (Unmöglichkeit) und der positiven Vertragsverletzung (pVV). Hier ist jeweils zunächst die **kollisionsrechtliche Frage** nach der maßgeblichen Rechtsordnung zu stellen, Einl. Rn. 41 ff. Kommt deutsches Recht zum Zuge, so bestimmt sich die Haftung des Frachtführers unter Beachtung des § 433 HGB nach § 280 BGB (pVV).

**Einzelfälle:** aus pVV oder ähnlichen Rechtsgrundlagen lässt die Rspr. den Beförderer 7 haften, wenn er entgegen der Vereinbarung **keine Transportversicherung** für den Absender abschließt,[11] wenn er durch Verwechslung zweier Tanksattelauflieger statt der erwarteten Chemikalie eine Waschlauge abliefert, die die Raffinerie des Empfängers zum Produktionsstillstand zwingt,[12] wenn er dem Empfänger statt der vertragsgemäßen Charge anderes Saatgut ausliefert und der Empfänger, der durch die Verwechslung von frühen und späten Sorten Schaden erleidet, daraufhin die Geschäftsbeziehung zum klagenden Absender abbricht;[13] wenn der **Abbruch der Geschäftsbeziehung** zwischen Empfänger und Absender darauf beruht, dass der Frachtführer bei Gelegenheit des Transports Alkohol geschmuggelt[14] oder dass er die Ladefristen überschritten hat;[15] wenn der Frachtführer dem Empfänger das Gut bereits vor Erreichen des Bestimmungsorts abliefert und dadurch die Dispositionsmöglichkeiten des Absenders vertragswidrig verkürzt,[16] wenn der Frachtführer zu früh abliefert und das Gut Schaden erleidet, weil der Empfänger zu diesem Zeitpunkt noch nicht über geeignete Lagerkapazitäten verfügt,[17] wenn der Beförderer

[10] OLG Frankfurt 17.11.1981, RIW 1982, 204; OLG Düsseldorf 9.10.1986, TranspR 1986, 429.
[11] BGH 28.2.1975, VersR 1975, 610, 611 sub V.
[12] *Shell Chemicals U. K. v. P. & O. Roadtanks Ltd.,* [1993] 1 Lloyd's L.Rep. 114 = ETR 1993, 276, 279 Q.B; ähnlich Hoge Raad 15.4.1994, S. & S. 1994 Nr. 72.
[13] BGH 27.10.1978, NJW 1979, 2473 sub II 2.
[14] OGH Wien 12.12.1984, TranspR 1986, 426.
[15] OGH Wien 14.11.1984, TranspR 1985, 346 = *Greiter* S. 245 ff.; dazu auch Turnhout 20.2.1998, ETR 1998, 569.
[16] OLG Hamm 11.3.1976, NJW 1976, 2077, 2078; es ist zweifelhaft, ob hier nicht ein Fall des Art. 12 Abs. 7, 2. Alt. vorlag.
[17] Rb. Rotterdam 29.4.1994, S. & S. 1995 Nr. 46.

eine vereinbarte Ladefrist nicht einhält und allein dadurch Schaden entsteht,[18] wenn er einen gemäß Art. 8 Abs. 2 angezeigten Vorbehalt nicht in den Frachtbrief einträgt;[19] wenn der Frachtführer einen Verkehrsunfall verschuldet, bei dem die beförderten Chemikalien ins Erdreich gelangen, und die Feuerwehr den Absender als Störer im polizeirechtlichen Sinne mit den Kosten für die Entsorgung belastet;[20] wenn der Beförderer dem Absender **falsche Auskünfte** gibt,[21] wenn er gegen die vertragliche Pflicht verstößt, die Übernahmetemperatur von Kühlgut zu überwachen und entgegen der Vereinbarung **zu warme Ware übernimmt**,[22] bei Pflichtverletzungen des Frachtführers außerhalb des Obhutszeitraums.[23]

## B. Obhutshaftung

### I. Verlust und Beschädigung des Gutes

8      **1. Verlust.** Gemäß Art. 17 Abs. 1 haftet der Frachtführer für den gänzlichen oder teilweisen Verlust des Gutes, sofern dieser Verlust zwischen dem Zeitpunkt der Übernahme des Gutes und dem seiner Ablieferung eintritt. Nach der in Deutschland hM wird der Begriff des Verlusts im Transportrecht einheitlich gebraucht und es ist darunter hier das Gleiche zu verstehen wie bei § 425 HGB,[24] wobei dies nicht zu einer unbesehenen Übernahme der Judikatur zu diesen Vorschriften in den Bereich der CMR verleiten soll, sondern der Begriff autonom zu bestimmen ist. In Verlust iSv. Art. 17 ist das Gut geraten, wenn es vom Frachtführer **übernommen, aber nicht abgeliefert** worden ist. Diese Begriffsbestimmung knüpft an eine Hauptverpflichtung des Beförderers aus dem Vertrag an, die darin besteht, die übernommenen Güter vollständig an den bestimmungsmäßigen Empfänger auszuliefern, vgl. Art. 1 Rn. 3. Indem sie die Nichtablieferung an den vertragsgemäßen Empfänger zum maßgeblichen Kriterium des Verlusts macht, entfernt sich die angegebene Definition von dem umgangssprachlichen Verständnis, in dem stets die Vorstellung des Untergangs oder der Unauffindbarkeit mitschwingt und damit zu unpräzise und eng ist; es führt dazu, dass viele Randfälle wie zB die Ablieferung an den falschen Empfänger nicht nach Art. 17, sondern nach dem ergänzenden nationalen, dh. unvereinheitlichtem Recht zu entscheiden sind, dass also der Anwendungsbereich des Einheitsrechts unnötig verengt wird. Für ein rechtstechnisches Begriffsverständnis spricht nicht zuletzt die Verlustvermutung des Art. 20, die auch eingreift, wenn der Verbleib der Güter bekannt ist,[25] und die gerade an die Nichtablieferung anknüpft.

9      **Die Ursache der Nichtablieferung** spielt **keine Rolle**.[26] Es ist nicht erforderlich, dass das Gut vernichtet worden oder sein Verbleib unbekannt ist; daher bewirkt auch eine

---

[18] Vgl. OLG Hamm 14.11.1985, TranspR 1986, 77, 79 f. sub 3, wo aber fälschlich Art. 17 Abs. 1 entsprechend angewendet wird; zutreffend dagegen OGH Wien 14.11.1984, TranspR 1985, 346 = *Greiter* S. 245 ff.

[19] OLG Karlsruhe 1.10.1967, DB 1967, 2022; aA die hM, vgl. OLG Düsseldorf 4.3.1982, VersR 1982, 1202, 1203; OLG Düsseldorf 7.2.1974, VersR 1975, 638, 639; so auch oben Art. 8 Rn. 3 und 4.

[20] OLG Hamburg 24.1.1985, TranspR 1985, 185.

[21] BGH 14.7.1993, NJW 1993, 2808 = TranspR 1993, 426: falsche Angaben über den Standort des Fahrzeugs führten zum Entzug von Folgeaufträgen; siehe ferner OLG Hamm 28.4.1983, TranspR 1983, 151, 153 f. sub C I 2; LG Frankfurt 9.7.1984, TranspR 1985, 110, 112 mit Anm. *Schiller;* OLG Frankfurt 23.6.1981, BB 1981, 1915; OLG Düsseldorf 26.1.1995, TranspR 1995, 384, 385.

[22] OLG München 3.5.1989, TranspR 1991, 61, 62.

[23] BGH 26.1.1995, NJW-RR 1995, 992, 993.

[24] Vgl. hierzu BGH 27.10.1978, NJW 1979, 2473; BGH 10.7.1997, VersR 1998, 344, 345; OLG Köln 26.9.1985, TranspR 1986, 285, 286; OLG Frankfurt 30.3.1977, VersR 1978, 169; ferner *Koller* Rn. 1 (zu § 429 HGB aF); *Glöckner* Rn. 2; *Herber/Piper* Rn. 5; *Thume/Thume* Rn. 62; GroßkommHGB/*Helm* Rn. 4; EBJS/*Boesche* Rn. 3.

[25] Siehe zB Trib.com.Carpentras 19.2.1993, BTL 1994, 636 mit Aufsatz *Tilche* S. 633 f.: für Jordanien bestimmte Bäume und Pflanzen waren vom Beförderer nach Ausbruch des Golfkriegs – entgegen den Weisungen des Absenders – in Ungarn verkauft worden; das Gericht stellte nach Ablauf der 60-Tagesfrist des Art. 20 den Verlust fest.

[26] *Heuer* S. 68 mwN; *Jesser* S. 68; *Thume/Thume* Rn. 63; *Silingardi* S. 128.

Beschlagnahme den Verlust des Gutes.[27] Ein Verlust im Sinne des Art. 17 Abs. 1 liegt auch vor, wenn der Verfügungsberechtigte das Gut entdeckt und an sich bringt. Dieser Umstand ist lediglich bei der Schadensberechnung zu berücksichtigen. Verloren ist das Gut ferner, wenn es vom Frachtführer widerrechtlich versteigert wird,[28] wenn es **an einen Nichtbe-rechtigten ausgeliefert** wird und dies nicht mehr rückgängig gemacht werden kann,[29] oder wenn das Gut in die Hände eines nicht vom Frachtführer beauftragten Dritten gelangt, der es dem Absender oder Empfänger übergibt.[30] Auch die Verweigerung einer Importge-nehmigung zieht die Unmöglichkeit der Ablieferung und damit den Verlust des Gutes im rechtstechnischen Sinne nach sich, selbst wenn das Gut an den Absender rückgeliefert wird.[31] Zum Verhältnis von Beschädigung und Verlust siehe Rn. 12.

Von **Teilverlust** ist die Rede, wenn der Beförderer die übernommenen Güter teilweise **10** nicht abliefert[32] oder, mit anderen Worten, wenn die abgelieferten Güter nach Zahl oder Menge, Gewicht oder Volumen hinter dem zurückbleiben, was der Beförderer zum Trans-port übernommen hat. Natürliche Verminderung, etwa durch Verdunstung oder normalen Rinnverlust, bleibt gemäß Abs. 4 lit. d im Rahmen des Handelsüblichen außer Betracht.[33] Wird die übliche Grenze überschritten, kann dies im Einzelfall auch einen Qualitätsschaden darstellen; die Abgrenzung zum Haftungstatbestand der Beschädigung fällt schwer,[34] siehe auch unter Rn. 11 f. Referenzmaßstab für die **Abgrenzung von Teilverlust und Total-verlust,** auf die es für die Verjährungsfristen ankommt, Art. 32 Abs. 1 Satz 3 lit. a und b, ist nicht die Ladung des Lkw, sondern der Inhalt des Vertrags. Kommt ein Maschinenersatzteil abhanden, das auf Grund eines separaten Transportvertrags im Sammelladungsverkehr zusammen mit anderen Gütern versandt wird, so handelt es sich um einen Fall des Totalver-lusts, auch wenn alle anderen Güter ihr Ziel erreichen.[35] Liefert der Frachtführer dem Empfänger einen leeren Container oder eine Verpackung ohne Inhalt ab, so wird man darin zwar für die Zwecke der Schadensberechnung gemäß Art. 23 einen Totalverlust sehen müssen. Was dagegen den Beginn der Verjährungsfrist betrifft, kann die Übergabe von Container oder leerer Verpackung als Teillieferung, nämlich als Lieferversuch des Beförderers angesehen werden, der die Frist gemäß Art. 32 Abs. 1 Satz 3 lit. a in Gang setzt. Damit wird jedenfalls die gleichmäßige Durchsetzung der Verjährungsfrist von einem Jahr eher gewährleistet als bei Anwendung von Art. 32 Abs. 1 Satz 3 lit. b, die den Fristbe-ginn für den Fall des Totalverlusts zeitlich von der Ablieferung abkoppelt.[36]

**2. Beschädigung.** Auch der Begriff der Beschädigung deckt sich mit dem allgemeinen **11** frachtrechtlichen Verständnis dieses Begriffs, was jedoch nicht zur unbesehenen Über-nahme der Rechtsprechung zu autonomen frachtrechtlichen Vorschriften in den Bereich der CMR verleiten darf.[37] Unter Beschädigung ist eine **innere oder äußere Substanz-veränderung** zu verstehen, die eine Wertminderung zur Folge hat;[38] es geht um die

---

[27] Jedenfalls dann, wenn das Gut nicht innerhalb von 30 Tagen freigegeben wird: OLG Brandenburg 1.6.2011, TranspR 2013, 29, 30; vgl. auch *Clarke* S. 188 Nr. 56.

[28] BGH 18.5.1995, TranspR 1995, 383.

[29] Vgl. hierzu BGH 27.10.1978, RIW/AWD 1979, 863 = VersR 1979, 276 = NJW 1979, 2473; 13.7.1979, VersR 1979, 1154; 13.7.2000, NJW-RR 2000, 1631; ferner OLG Frankfurt 30.3.1977, VersR 1978, 169; *Herber/Piper* Rn. 3; GroßkommHGB/*Helm* Rn. 6; EBJS/*Boesche* Rn. 3; *Clarke* S. 188 Nr. 56; *Haak* S. 199; *Silingardi* S. 128.

[30] *Koller* Rn. 7; OGH Wien 6.7.1989, VersR 1990, 1180, wonach eine Ablieferung iSv. Art. 32 Abs. 1a CMR nur dann vorliegt, wenn der Frachtführer den Gewahrsam an dem beförderten Gut im Einvernehmen mit dem Empfänger aufgibt und ihn in den Stand setzt, die tatsächliche Gewalt über das Gut auszuüben.

[31] BGH 3.7.1974, LM CMR Nr. 5; aA *Putzeys* S. 229, Nr. 639.

[32] BGH 2.12.1982, TranspR 1983, 73, 74 sub I 2 c zu § 429 HGB; *Silingardi* S. 128; Thume/*Thume* Rn. 71.

[33] *Pesce* S. 196.

[34] Vgl. *Clarke* S. 188 Nr. 55.

[35] Hof Brüssel 16.11.1977, ETR 1980, 319, hier zitiert nach *Ponet* Rn. 343; *Clarke* S. 188 Nr. 55.

[36] Wie hier *Rodière* BT 1974, 268 Nr. 64; *Jesser* S. 73; *Koller* Art. 32 Rn. 5; *Nickel-Lanz* S. 87; differenzie-rend *Pesce* S. 196 Fn. 21.

[37] *Herber/Piper* Rn. 5; GroßkommHGB/*Helm* Rn. 8; *Koller* Rn. 2; EBJS/*Boesche* Rn. 5.

[38] OLG Celle 13.1.1975, VersR 1975, 250, 251; *Heuer* S. 71 f.; GroßkommHGB/*Helm* Rn. 8; Thume/ *Thume* Rn. 73; *Ferrari/Otte,* Int. Vertragsrecht, Rn. 14; *Clarke* S. 192 Nr. 57; *Haak* S. 200; *Silingardi* S. 128.

Verschlechterung der Qualität des Gutes nach der Übernahme und vor der Ablieferung, und nicht wie im Falle des Verlusts um die Verminderung der Quantität.[39] Hierher gehören alle Formen der physischen Verschlechterung des Transportgutes wie etwa Brandschäden, Bruch,[40] Rost, Verderb,[41] Feuchtigkeitsschäden, Verschmutzung oder Geruchsschäden durch Kontamination,[42] untrennbare Vermischung bei Flüssigkeiten und Schüttgütern,[43] Auftauen von Gefriergut,[44] Überhitzung von Schokolade bis zur Ungenießbarkeit,[45] Verkleben von Folien,[46] Aromaverlust von Kaffee[47] oder Gewürzen, die Beeinträchtigung der Keimfähigkeit von Saatgut infolge Kälteeinwirkung[48] etc.[49] Die Verschlechterung bemisst sich zum einen an der Qualität bei Übernahme, zum anderen aber auch an dem erkennbaren Verwendungszweck des Gutes. Wenn etwa Trauben mangels ausreichender Kühlung während des Transports reif werden, liegt darin gleichwohl eine Verschlechterung ihrer Qualität, wenn sie erkennbar für die Vermarktung als Obst bestimmt sind und sich ihre Vermarktungsdauer durch den Reifeprozess verkürzt;[50] Abweichendes gilt, wenn die Trauben an eine Mosterei geliefert werden. Lebensmittel, deren Verpackungen Schäden wie Wasserränder aufweisen, sind für den Verkauf im Handel unbrauchbar und daher ebenfalls beschädigt.[51] Werden einzelne Teile einer Sachgesamtheit, zB Bände eines Lexikons oder die separat verpackte Schraube eines Motorboots, gestohlen oder beschädigt, so liegt darin eine Beschädigung der Sachgesamtheit, deren Substanz sich verändert; dies gilt auch, wenn die übrigen Teile der Sachgesamtheit – das Boot, die restlichen Lexikonbände – intakt abgeliefert werden.

**12**    Die **Abgrenzung von Beschädigung und Verlust** hat im Rahmen der CMR vor allem für die Berechnung der zu leistenden Entschädigung, vgl. Art. 23 und 25, und darüber hinaus für den Beginn der Verjährungsfristen gemäß Art. 32 Abs. 1 Bedeutung. Uneinigkeit besteht in der Frage, ob ein **technischer oder wirtschaftlicher Totalschaden** als Verlust oder als Beschädigung des Gutes iS der CMR anzusehen ist. Maßgebende Teile von Lehre und Rechtsprechung setzen Totalschaden mit Totalverlust gleich.[52] Diese Auffassung steht jedoch im Widerspruch zur CMR, die in Art. 25 Abs. 2 lit. a unzweifelhaft erkennen lässt, dass diese Vorschrift und Art. 23 den Fall des Totalschadens erfassen soll. Die Bestimmung, wonach bei Entwertung der ganzen Sendung durch Beschädigung die Entschädigung mit jenem Betrag, der bei gänzlichem Verlust zu zahlen wäre, nicht übersteigen dürfe, wäre überflüssig, wenn wirtschaftlicher oder technischer Totalschaden ohnehin unter den Begriff des gänzlichen Verlusts zu subsumieren wäre. Schließlich ist schon oben in Rn. 10 erläutert

---

[39] *Rodière* BT 1974, 268 Nr. 65; ähnlich *Putzeys* S. 230 Nr. 698; *Haak* S. 200 weist mit Recht darauf hin, dass Quantitäts- und Qualitätsmängel zusammentreffen können.
[40] OLG Hamm 13.5.1993, NJW-RR 1994, 294.
[41] LG Aachen 29.10.1993, TranspR 1994, 241.
[42] OLG Hamburg 14.1.1988, TranspR 1989, 188; OLG Karlsruhe 25.2.1999, TranspR 1999, 349: Parfumgeruch bei Haselnüssen.
[43] OLG Köln 26.9.1985, TranspR 1986, 285; Cour Paris 22.2.1980, BT 1980, 239; *Thume* VersR 2002, 267, 268.
[44] BGH 3.7.1974, NJW 1974, 1614, 1617; Cour cass. 19.4.1982, ETR 1983, 13; 15.2.1982, ETR 1983, 24; OLG Hamburg 2.5.1985, VersR 1986, 865.
[45] Hof 's-Hertogenbosch 17.11.1993, S. & S. 1994 Nr. 57.
[46] OLG Hamburg 22.7.1982, VersR 1983, 63.
[47] BGH 10.2.1983, NJW 1983, 1674 (zur KVO).
[48] OLG München 31.5.2000, TranspR 2002, 26.
[49] Vgl. auch die Beispiele bei Thume/*Thume* Rn. 74 ff.
[50] AG Düsseldorf 12.9.1985, MDR 1986, 239.
[51] OLG Hamm 6.2.1997, TranspR 1998, 34.
[52] OGH Wien 4.6.1987, TranspR 1988, 273, 276 in Bezug auf Art. 13. Abs. 1; OGH Wien 28.6.1988, TranspR 1989, 222, 225 in Bezug auf Art. 23, 25 und Art. 32 Abs. 1; OGH Wien 10.7.1997, TranspR 1997, 435, 436 f. in Bezug auf Art. 32; OLG München 31.5.2000, TranspR 2002, 26, 27: „wirtschaftlicher Totalschaden"; OLG Hamm 9.12.1999, TranspR 2000, 122: „dem Verlust gleichstehende völlige Wertlosigkeit" in Bezug auf Art. 13; BG Schweiz 30.5.2001, ULR 2001, 684; ebenso *Silingardi* S. 129; *de la Motte* VersR 1988, 317 f.; GroßkommHGB/*Helm* Rn. 13 f.; *Herber/Piper* Rn. 2, 7; EBJS/*Boesche* Rn. 3; *Pesce* S. 196, der sich fälschlich auf *Putzeys* beruft, der auf S. 229 Nr. 692 gerade den entgegengesetzten Standpunkt einnimmt.

worden, dass die einjährige Verjährungsfrist immer gemäß Art. 32 Abs. 1 lit. a bereits ab Ablieferung laufen sollte, wenn der Beförderer überhaupt irgendwelche Ablieferungshandlungen vorgenommen hat; Art. 32 Abs. 1 lit. b führt oft zu einer beträchtlichen Fristverlängerung, die nur mangels Ablieferung akzeptabel ist. Richtigerweise ist daher mit der überwiegenden Auffassung eine **Gleichbehandlung von Totalschaden und Verlust abzulehnen.** Wird das Gut völlig zerstört oder wirtschaftlich reparaturunfähig abgeliefert, so handelt es sich um Beschädigung. Totalverlust ist nur dann anzunehmen, wenn kein wie immer geartetes Substrat abgeliefert werden kann.[53] Dies hat auch den Vorteil der Rechtsklarheit für sich, die nicht gewährleistet wäre, wenn man die Fälle des Totalschadens von minder schweren Beschädigungen abgrenzen müsste.

**3. Abgrenzung zu anderen Haftungstatbeständen.** Die Verlusthaftung in Art. 17 **13** erfasst einen wichtigen Bereich der Haftung für Nichterfüllung des Vertrags, und sie regelt diesen Bereich umfassend. Fälle, in denen der Beförderer das Gut übernommen, aber nicht abgeliefert hat, unterliegen immer den Vorschriften der Art. 17 ff.; daneben ist für nationales Leistungsstörungsrecht kein Platz. Eine Haftung des Beförderers dem Grunde nach aus Art. 17 abzuleiten, um bei der Entscheidung über den Haftungsumfang festzustellen, dass der rechtswidrige Verkauf des Transportgutes durch den Beförderer keinen Fall des Verlusts, sondern der Nichterfüllung begründe und deshalb nach nationalem Recht mit einer unbeschränkten Haftung sanktioniert sei, ist unzulässig.[54] Nationales Recht kommt nur für andere Nichterfüllungstatbestände in Betracht, etwa den der Verweigerung oder der Unmöglichkeit der Übernahme des Gutes.[55] Ganz entsprechend kann sich aus der Beschädigung des Gutes während der Obhutszeit auch keine Haftung nach nationalem Recht ergeben.

## II. Haftungszeitraum

**1. Bedeutung des Haftungszeitraums.** Nach Abs. 1 haftet der Beförderer nur, wenn **14** der Verlust oder die Beschädigung **zwischen Übernahme und Ablieferung** des Gutes eintritt („occurs", „se produit"). Der Haftungsgrund ist also – wie schon in der Rezeptumshaftung des römischen Rechts – nicht ein bestimmtes Verhalten des Frachtführers, sondern die Verknüpfung des Schadens mit dem Obhutszeitraum. Der Kläger muss demgemäß darlegen und beweisen, dass das Gut in der Obhut des Frachtführers Schaden genommen hat, genauer: dass der Frachtführer das Gut unbeschädigt übernommen hat,[56] dass es einen Schaden erlitten hat und dass dieser Schaden vor der Ablieferung eingetreten ist.[57] Nicht zu beweisen ist die Kausalität von Handlungen des Frachtführers für den Schaden, ebenso wenig dessen Verschulden;[58] dieses spielt nur später für die Exkulpation eine Rolle.

Die zeitliche Fixierung des Schadens bedeutet nicht, dass der Schaden sich auch schon **15** in der Obhutszeit zeigen muss. Wenn zB Obst während der Beförderung nicht hinreichend gekühlt wird, ist es bei Ankunft vielleicht reif, aber nicht verdorben; der Schaden in Form einer geringeren Haltbarkeit und verkürzter Vermarktungsdauer wird erst später offenbar.[59] Jedoch ist die **Ursache während des Haftungszeitraums** gesetzt, und nur darauf kommt

---

[53] *William Tatton & Co. v. Ferrymasters,* [1974] 1 Lloyd's L. Rep. 61, 64 = ETR 1974, 737; *Worldwide Carriers v. Ardtran International,* [1983] 1 Lloyd's L. Rep. 61, 64; OGH Wien 14.10.1997, JBl. 1998, 310; *Clarke* S. 190 Nr. 56a; *Putzeys* S. 229 Nr. 692; *Haak* S. 200; *Jesser* S. 73; *Koller* Rn. 1 f.; *Demuth* TranspR 1996, 257, 259; Thume/*Thume* Rn. 70a; *ders.,* GS Helm, S. 341, S. 352; Ferrari/*Otte,* Int. Vertragsrecht, Rn. 13.

[54] So aber Trib.com.Carpentras 19.2.1993, BTL 1994, 636 mit zustimmendem Aufsatz *Tilche* S. 634; demgegenüber zutreffend BGH 18.5.1995, TranspR 1995, 383.

[55] *Clarke* S. 71 Nr. 27 und S. 209 Nr. 65; *Silingardi* S. 137; LG Bremen 6.5.1965, ETR 1966, 691, 697.

[56] Zum Beweiswert einer vom Fahrer erteilten Empfangsbestätigung OLG Hamburg 25.5.1998, TranspR 1998, 351.

[57] BGH 8.6.1988, VersR 1988, 952; OLG München 21.10.1991, TranspR 1992, 360, 361.

[58] *Nickel-Lanz* S. 96 Nr. 121; GroßkommHGB/*Helm* Rn. 16.

[59] Siehe AG Düsseldorf 12.9.1985, MDR 1986, 239.

es an,[60] wie sich auch aus der Regelung der verborgenen Schäden in Art. 30 ergibt. Ganz entsprechend ist die Haftung des Beförderers nicht nach Art. 17, sondern nach nationalem Recht zu beurteilen, wenn der Schaden darauf zurückgeführt werden kann, dass die betreffenden Waren schon vor ihrer Übernahme zu warm gelagert wurden und bei der Übernahme bereits den Keim des Verderbs in sich trugen.[61] Muss der Frachtführer beim Entladevorgang mitwirken, etwa durch Rangieren des Fahrzeugs, und wird das Gut dadurch beschädigt, kommt eine Haftung nach ergänzend anwendbarem nationalem Recht in Betracht, wenn das Gut zu diesem Zeitpunkt schon abgeliefert war,[62] sonst aus Art. 17. Für die hiermit zusammenhängenden Beweisfragen kommt den Vermutungen gemäß Art. 9 Abs. 2 und Art. 30 große Bedeutung zu, vgl. schon oben Art. 8 Rn. 1 f.

**16**   **2. Übernahme.** Die Haftung des Frachtführers beginnt mit der Übernahme des Gutes. Die CMR definiert diesen Begriff nicht; er entspricht der Formulierung in § 425 HGB sowie der „Annahme (zur Beförderung)" in § 429 HGB aF. Auch hier ist die autonome Auslegung[63] sachgerecht und eine Übernahme der Auslegung nationaler Bestimmungen, die sich an dem jeweiligen Verständnis von Besitz orientieren, das von Land zu Land differiert, zu vermeiden. Die Übernahme hat **physische** und **psychische Voraussetzungen,**[64] die in der Person des Frachtführers erfüllt sein müssen: die Möglichkeit der körperlichen Einwirkung auf das Gut und der (rechtsgeschäftliche) Wille, für Zwecke der Beförderung Kontrolle über das Gut auszuüben.[65] Die effektive Sachherrschaft allein ist weder notwendige noch hinreichende Voraussetzung;[66] ohne oder gegen den Willen des Frachtführers gibt es keine Übernahme.[67] Die Übernahme ist ein einseitiges Konzept, das primär aus der Sicht des Frachtführers zu beurteilen ist; er ist das handelnde Subjekt, wie schon daraus hervorgeht, dass von Über*nahme* und nicht von Über*gabe* oder Über*gang* des Gewahrsams die Rede ist. Der Absender ist nur insofern von mittelbarer Bedeutung, als er die körperliche Einwirkung des Frachtführers auf das Gut verhindern kann, indem er es nicht freigibt. Wenn der BGH von einer Übernahme kraft Willenseinigung spricht,[68] ist damit also nicht ein Besitztransfer nach Art der Übergabe im Kaufrecht gemeint, sondern lediglich, dass der Absender seine Absicht zu erkennen gibt, dem Übernahmewillen und der effektiven Einwirkung des Frachtführers auf das Gut nichts entgegensetzen zu wollen. Dies ist bedeutsam, wenn die effektive Einwirkungsmöglichkeit des Frachtführers auf das Gut unsicher ist.

**17**   Übernahme iSv. Art. 17 ist nur die Entgegennahme **zum Zwecke der Beförderung,**[69] dh. zur Erfüllung der vertraglichen Pflichten aus dem Beförderungsvertrag. Liegt die **Übernahme vor Abschluss des Transportvertrags,** so ist ihr Zweck vielleicht die Lagerung oder Bearbeitung, die Verpackung oder Sortierung des Gutes, aber nicht der Transport; die CMR ist dann nicht anwendbar. Anders, wenn der Beförderer das Gut im Hinblick auf

---

[60] *Koller* Rn. 3; *Herber/Piper* Rn. 15; Thume/*Thume* Rn. 16; EBJS/*Boesche* Rn. 8, 17; Ferrari/*Otte,* Int. Vertragsrecht, Rn. 16.

[61] OLG München 3.5.1989, TranspR 1991, 61; *Clarke* S. 210 Nr. 65: „doubtful"; zur Pflicht, die Übernahmetemperatur zu kontrollieren, siehe Art. 8 Rn. 10.

[62] OLG Düsseldorf 27.11.1986, TranspR 1987, 23, 24; vgl. auch OGH Wien 12.6.2006, ZVR 2007/235.

[63] *Koller* Rn. 4, 6; Jabornegg/Artmann/*Csoklich* Art. 17–19 Rn. 2; OGH Wien 30.11.2006 – 3 Ob 132/06t.

[64] *Haak* S. 181: corpus et animus.

[65] Hof Antwerpen 19.2.2007, ETR 2007, 427; siehe zum WA BGH 27.10.1978, NJW 1979, 493, 494; ähnlich *Lamy* 2013 Rn. 201: „l'acte par lequel le transporteur prend possession effective de la marchandise et l'accepte au transport".

[66] Missverständlich daher *Silingardi* S. 124: „trasferimento della detenzione materiale".

[67] LG Hamburg 4.12.1961, TD 1962, 327; *Heuer* S. 61.

[68] BGH 27.10.1978, NJW 1979, 493, 494.

[69] BGH 29.11.1984, VersR 1985, 258, 259; OLG Hamburg 9.2.1984, TranspR 1985, 38; Cour Paris 9.2.1976, BT 1976, 200; Hof 's-Gravenhage 15.6.1979, ETR 1980, 871, 881; OGH Wien 3.7.1985, TranspR 1987, 374, 376; *Clarke* S. 71 f. Nr. 27; *Jesser* S. 53; *Putzeys* S. 135 Nr. 369 f.; *Heuer* S. 60; *Herber/Piper* Rn. 18; GroßkommHGB/*Helm* Rn. 17; Thume/*Thume* Rn. 18 f.; *Koller* Rn. 5; EBJS/*Boesche* Rn. 9; Jabornegg/Artmann/*Csoklich* Art. 17–19 Rn. 3.

einen später abzuschließenden Transportvertrag übernimmt, der auch tatsächlich zustande kommt.[70] Dient die Übernahme dagegen ausschließlich den erwähnten anderen Zwecken, so wird die CMR nicht rückwirkend auf den Zeitpunkt der Übernahme anwendbar, wenn nachfolgend ein Beförderungsvertrag zustande kommt, der der CMR unterliegt. Die Haftung des Beförderers richtet sich in diesem Falle ab Abschluss des Vertrags nach Art. 17; denn ab diesem Zeitpunkt ist sein Gewahrsam an dem Gut auf die Erfüllung des Transportvertrags bezogen.

Übernimmt der Frachtführer das Gut zur **Vorlagerung,** muss danach unterschieden **18** werden, ob es sich um eine unselbständige, kurzfristige Vorlagerung handelt, bei der eine Übernahme iS des Art. 17 gegeben ist. Wenn etwa eine Vorlagerung einen Sammeltransport vorbereitet, ist eine Haftung nach der CMR begründet.[71] Wird das Gut hingegen zunächst nur zur Lagerung übernommen und soll erst auf entsprechende Mitteilung des Absenders hin befördert werden, richtet sich die Haftung nach den nationalen Vorschriften des Lagerrechts.[72] War eine Vorlagerung vereinbart und beginnt der Frachtführer mit der Beförderung, ohne die entsprechende Weisung des Auftraggebers abgewartet zu haben, so findet selbst bei Transportbeginn keine Übernahme im Sinne des Art. 17 Abs. 1 statt, weil mangels Weisung eine Pflicht zum Transport noch nicht entstanden war.[73] Ebenso ist bei der **Übernahme zur Verpackung** danach zu differenzieren, ob der Beförderer diese Arbeiten auf Grund einer selbständigen Verpflichtung oder als vorbereitende Nebenleistung zum Transport übernimmt. Nur im zweiten Fall erstreckt sich der Haftungszeitraum des Art. 17 auf sie;[74] im ersten Fall richtet sich die Haftung des Beförderers nach nationalem Recht.

Auch wenn **Übernahme und Verladung zeitlich zusammenfallen,** ist der genaue **19** Übernahmezeitpunkt nicht immer leicht zu bestimmen. Seine Ermittlung hängt u. a. damit zusammen, welche Partei zur Verladung verpflichtet ist. Die Frage ist in der CMR nicht geregelt und bleibt dem ergänzenden nationalen Vertragsrecht (vgl. Einl. Rn. 41 ff.) bzw. bei Fehlen entsprechender Regelungen im maßgebenden nationalen Recht oder bei Dispositivität der vertraglichen Vereinbarung überlassen.[75] Bei der Be- und Entladung handelt es sich um Erfüllungsmodalitäten, bei denen nach Sinn und Zweck von Art. 12 Abs. 2 Rom I-VO das Recht des tatsächlichen Erfüllungsorts, also das Recht des Verladeorts bzw. des Entladeorts zu berücksichtigen und die nach dem Vertragsstatut geltenden Regeln gegebenenfalls zu modifizieren sind.[76] Zum deutschen ergänzend heranzuziehenden Recht, vgl. die Kommentierung zu § 412 HGB.[77] Fällt danach dem **Frachtführer die Verladepflicht** zu, stellt die Annahme der Güter zur Verladung bereits die Übernahme iSv. Art. 17 dar.[78] Ist dagegen **der Absender verladepflichtig,** liegt noch keine Übernahme darin, dass der Frachtführer einen Lkw oder Sattelauflieger bereitstellt und der Absender ihn belädt.[79] Hier ist ein zusätzlicher Akt des Beförderers erforderlich: er muss den Wagen abholen oder auf andere Weise zum Ausdruck bringen, dass er ihn zur

---

[70] *Heuer* S. 64; *Helm,* Haftung für Schäden an Frachtgütern, 1966, S. 97; *Jesser* S. 53; *Silingardi* S. 124; zweifelnd *Haak* S. 184; vgl. auch Thume/*Thume* Rn. 15 Fn. 46; Ferrari/*Otte,* Int. Vertragsrecht, Rn. 21.

[71] Vgl. dazu auch Thume/*Thume* Rn. 19 mwN.

[72] Vgl. *Glöckner* Rn. 9; *Heuer* S. 63; *Hill/Messent* S. 110 f.; aA offenbar *Clarke* S. 71 f. Nr. 27, der die Vorlagerung ohne Einschränkung in den Haftungszeitraum einbeziehen will.

[73] OLG Düsseldorf 26.10.1978, MDR 1979, 405; *Koller* Rn. 5; EBJS/*Boesche* Rn. 9; differenzierend Herber/*Piper* Rn. 21.

[74] *Hill/Messent* S. 111; *Putzeys* S. 137 Nr. 378; EBJS/*Boesche* Rn. 9; Ferrari/*Otte,* Int. Vertragsrecht, Rn. 20; differenzierend *Koller* Rn. 5.

[75] Vgl. hierzu schon oben Art. 8 Rn. 13 und OLG München 27.11.1968, ETR 1971, 115, 123; *Züchner* VersR 1968, 723, 725; *Clarke* S. 75 Nr. 28; EBJS/*Boesche* Rn. 15.

[76] Vgl. allgemein MüKoBGB/*Spellenberg* 5. Aufl. 2010, Art. 12 Rom I-VO Rn. 69 ff.

[77] Im Zusammenhang mit der CMR vgl. dazu auch Thume/*Thume* Rn. 37.

[78] *Clarke* S. 75 Nr. 28; *Heuer* S. 61; *Helm* (Fn. 70) S. 100; Thume/*Thume* Rn. 30; EBJS/*Boesche* Rn. 14; OGH Wien 7.3.1985, TranspR 1987, 374, 376 f.

[79] Zur Problematik jüngst OLG Frankfurt 24.5.2013, TranspR 2013, 341, 342; *Donald* Nr. 42; *Clarke* S. 71 Nr. 27; Cour Paris 16.5.1969, BT 1969, 190 = ETR 1969, 896, hier zitiert nach *Libouton* J.trib. (Bruxelles) 1972, 397 Nr. 36.

Beförderung unter seine Kontrolle bringt; dies wird regelmäßig erst nach Abschluss der Beladung erfolgen.

**20**    **Hilft der Fahrer** aus freien Stücken dem verladepflichtigen Absender bei der Beladung, so können Zweifel aufkommen, ob er durch seine Mitwirkung nicht von Anfang an zum Ausdruck bringt, dass er die Güter bereits mit der Verladung für den Frachtführer übernimmt und damit dessen Obhut begründet. Dies ist indessen nicht der Fall, weil der Fahrer aus Gefälligkeit handelt und auch gar nicht die Befugnis hat, die Absprachen zwischen Absender und Frachtführer über die Verladepflicht zu verändern.[80] Zu bedenken ist jedoch, dass die Übernahme ein gestreckter Vorgang sein und die Obhut für verschiedene Risiken durchaus zu verschiedenen Zeitpunkten beginnen kann. Das gilt insbesondere für den Transport in Spezialfahrzeugen, etwa mit **klimatechnischen Einrichtungen.** Für diese trägt der Frachtführer gemäß Art. 18 Abs. 4 eine besondere Verantwortung, die es rechtfertigt, die Obhut hier bereits mit Verladung des Gutes beginnen zu lassen; der Grund dafür liegt aber nicht in einer etwaigen Mitwirkung des Fahrers bei der Verladung, sondern in der Abhängigkeit des Kühlgutes von der mechanischen Kühlung. Der frühere Beginn der Obhut bezieht sich daher auch nur auf die mit der Kühlanlage zusammenhängenden Risiken, nicht hingegen etwa auf dasjenige des Diebstahls der Ladung aus dem auf dem Gelände des verladepflichtigen Absenders abgestellten Fahrzeug noch bevor der Frachtführer die Ladung auf ihre Übereinstimmung mit dem Frachtbrief kontrolliert hat, vgl. Art. 8.

**21**    **3. Ablieferung.** Nach Art. 17 Abs. 1 endet die Haftung des Frachtführers mit der Ablieferung des Gutes. Für den Begriff der Ablieferung gilt zunächst das zur Übernahme Gesagte entsprechend. Auch hier fehlt es an einer Definition durch die CMR, auch hier wird oft auf den deckungsgleichen Begriff der Ablieferung im Sinne von § 429 aF bzw. § 425 nF HGB[81] verwiesen. Ablieferung ist danach der „Vorgang, durch den der Frachtführer die Obhut an dem beförderten Gut mit ausdrücklicher oder stillschweigender Einwilligung des Empfängers wieder aufgibt und diesen in die Lage versetzt, die tatsächliche Gewalt über das Gut auszuüben."[82] Daher ist es nicht ausreichend, wenn der Empfänger lediglich über die Ankunft der Ware in einem Freihafengelände mit der Aufforderung diese dort abzuholen, unterrichtet wird, solange ihm die zur Abholung erforderlichen Dokumente nicht ausgehändigt wurden.[83] Wie bei der Übernahme (Rn. 16) müssen auf Seiten des Beförderers eine psychische und eine physische Voraussetzung gegeben sein: der **Wille zur Gewahrsamsaufgabe** und der **tatsächliche Gewahrsamsverlust.** Hinzutreten müssen jedoch, wie sich schon aus Art. 15 Abs. 1 Satz 2 ergibt, entsprechende Voraussetzungen in der Person des Empfängers: der **Wille zur Gewahrsamsbegründung** und die **Möglichkeit dazu.** Ablieferung im Sinne des Art. 17 Abs. 1 ist demnach ein zweiseitiger Akt, der die Mitwirkung des Empfängers erfordert,[84] allerdings ist diese **Mitwirkung nicht rechtsgeschäftlicher Natur;** sonst könnte nur an einen bevollmächtigten Empfangsvertreter des Empfängers abgeliefert werden, und daran fehlt es nicht

---

[80] OGH Wien 3.7.1985, TranspR 1987, 374, 377; *Heuer* S. 62, 63; *Helm* (Fn. 70) S. 99.

[81] OLG Düsseldorf 27.11.1986, TranspR 1987, 23; 12.12.1985, VersR 1986, 1069; OLG Hamburg 16.1.1986, TranspR 1986, 229, 230; vgl. auch GroßkommHGB/*Helm* Rn. 20; *Heuer* S. 65; *Koller* Rn. 6; Thume/*Thume* Rn. 20; EBJS/*Boesche* Rn. 10.

[82] BGH 29.11.1984, TranspR 1985, 182, 183 sub II 1 zu Art. 32; 2.4.2009, TranspR 2009, 410, 411; OLG Zweibrücken 23.11.1966, NJW 1967, 1717; OLG Nürnberg 21.12.1989, TranspR 1991, 99; OGH Wien 6.7.1989, VersR 1990, 1180; Rb. Rotterdam 25.5.1976, Ned.Jur. 1978 Nr. 518; zustimmend *Haak* S. 183; Hof Antwerpen 1.3.1999, ETR 2000, 544: Augenblick, in dem der Empfänger das Recht erwirbt, über die Ware zu verfügen; *Libouton* J.trib. (Bruxelles) 1972, 397 Nr. 36; *Herber/Piper* Rn. 23; GroßkommHGB/*Helm* Rn. 20; Thume/*Thume* Rn. 21 ff.; vgl. auch *Koller* Rn. 6; ähnlich *Mercadal* S. 110 Nr. 193.

[83] OLG Hamburg 14.5.1996, TranspR 1997, 101, 103.

[84] OGH Wien 28.3.2000, ETR 2003, 231: zunächst einseitiges Abstellen des Gutes beim Empfänger mit dessen Einverständnis, der später ohne Beisein des Frachtführers das Gut in sein Lager verbringt, wodurch er stillschweigend in die Übernahme des Frachtgutes in seine Obhut einwilligt.

selten. Wohl ist die Ablieferung eine Rechtshandlung, die einen natürlichen Willen zum Gewahrsam voraussetzt.[85]

Abgeliefert werden kann nur an den **bestimmungsgemäßen Empfänger,** dessen Iden- **22** tität sich aus dem Beförderungsvertrag und uU aus nachfolgenden Weisungen des Berechtigten ergibt.[86] Die Übergabe des Gutes an einen Dritten, auch wenn es der wirtschaftliche Endempfänger ist, stellt keine Ablieferung im Sinne von Abs. 1 dar.[87] Ebenso wenig ist die Hinterlegung beim Zoll Ablieferung im Sinne der CMR, wenn der Frachtführer nach der Verzollung zum Empfänger zu transportieren hatte.[88] Abweichendes gilt, wenn die Güter nach Handelsbrauch nur bis zum Zollhof zu transportieren waren.[89] Verweigert der Empfänger die Annahme, so liegt hierin keine Ablieferung, sondern ein Ablieferungshindernis, und dem Frachtführer bleibt nur die Möglichkeit, nach Art. 15 und 16 vorzugehen, vgl. Art. 15 Rn. 2 und 5. Soll an Dritte, im Frachtvertrag nicht genannte Personen abgeliefert werden, die das Gut auch erkennbar nicht für den bestimmungsmäßigen Empfänger annehmen, so ist hierzu eine Abtretungserklärung, eine wirksame Bevollmächtigung durch den Empfänger,[90] eine Weisung gemäß Art. 12 oder eine entsprechende vertragliche Vereinbarung (auch im Rahmen von AGB)[91] erforderlich. Bei entsprechender Vereinbarung kann die Ablieferung bei Abwesenheit des Empfängers auch durch Abstellen auf einem bestimmten Platz erfolgen.[92]

Die Ablieferung setzt die Übergabe am richtigen Ort voraus. Der **Ablieferungsort** wird **23** grundsätzlich nach den Angaben im Frachtvertrag und gegebenenfalls durch nachfolgende Weisungen des Berechtigten bestimmt.[93] Da aber die Ablieferung eine Mitwirkung des Empfängers oder seines Beauftragten voraussetzt, ist eine Ablieferung an dem vertraglich bestimmten Ort gegen den Willen des Empfängers kaum möglich. Im Zweifel darf der Frachtführer allerdings davon ausgehen, dass der Empfänger mit einer Ablieferung an dem im Frachtvertrag genannten Ort einverstanden ist.[94] Ist er dies nicht, kann er den Frachtführer gemäß Art. 12 Abs. 2 Satz 2 zur Ablieferung an einem anderen Ort anweisen, siehe näher Art. 12 Rn. 10, 26. Übernimmt er, ohne solche Weisungen zu erteilen, die Güter am vertraglichen Ablieferungsort nicht, so findet der Obhutszeitraum zwar mangels Ablieferung noch kein Ende, doch kann der Beförderer durch ein Verschulden des Verfügungsberechtigten gemäß Art. 17 Abs. 2 befreit sein.[95] Auch die genaue **Ablieferungsstelle** muss zwischen Absender und Frachtführer vereinbart werden; darauf weist schon Art. 6 Abs. 1 lit. d hin, der eine entsprechende Eintragung im Frachtbrief verlangt, vgl. Art. 6 Rn. 11.[96] Fehlt eine

---

[85] Vgl. GroßkommHGB/*Helm* § 429 HGB aF Rn. 72 ff.; *Ferrari/Otte,* Int. Vertragsrecht, Rn. 25; die Frage ist umstritten; „acte juridique": *Putzeys* S. 174 Nr. 507 sowie Trib.com.Bruxelles 13.10.1983, Rev.dr.com.belge 1984, 696; Cass.com. 5.7.1988, BT 1988, 530 spricht aber nicht von einem „acte juridique" (Rechtsgeschäft), sondern vorsichtiger von einem „fait juridique" (Rechtshandlung); aA Einwilligung des Empfängers sei Rechtsgeschäft *Herber/Piper* Rn. 27; EBJS/*Boesche* Rn. 10.

[86] BGH 2.4.2009, TranspR 2009, 410, 411 zu gegenüber der Vereinbarung abweichenden elektronischen Frachtpapieren und der Maßgeblichkeit der Vereinbarung.

[87] BGH 13.7.1979, VersR 1979, 1154; OLG Frankfurt 30.3.1977, VersR 1978, 169; OLG Oldenburg 11.10.2001, TranspR 2003, 76, 78; *Thume/Thume* Rn. 24.

[88] Cass.com. 24.11.1987, BT 1988, 42; OLG Hamburg 24.5.1984, TranspR 1984, 274; OLG Hamburg 16.1.1986, TranspR 1986, 229 f.; OLG Hamburg 25.2.1988, TranspR 1988, 277; Trib.com.Bruxelles 4.6.1974, zitiert nach *Ponet* S. 178; vgl. hierzu auch *Müller-Rostin* TranspR 1989, 121, 124.

[89] OLG Köln 17.3.1998, TranspR 2000, 80: Zollhof Teheran.

[90] Vgl. OGH Wien 29.10.1992, TranspR 1993, 424; *Koller* Rn. 7; *Thume/Thume* Rn. 27; EBJS/*Boesche* Rn. 11.

[91] BGH 13.7.2000, TranspR 2001, 298, 299; OGH Wien 29.10.1992, TranspR 1993, 424 zu § 33 AÖSp; *Koller* Rn. 7.

[92] Rb. Antwerpen 29.4.1999, ETR 1999, 851: auf dem Betriebsgelände des Empfängers; LG Baden-Baden 22.10.1999, TranspR 2000, 254: nächtliches Abstellen eines Pkw vor dem Autohaus; *Thume/Thume* Rn. 22, 49.

[93] OLG München 23.4.1993, VersR 1994, 1328; EBJS/*Boesche* Rn. 12.

[94] BGH 9.11.1979, VersR 1980, 181, 182.

[95] Rb. Rotterdam 8.1.1993, S. & S. 1993 Nr. 130 für den entsprechenden Fall der Nichtabnahme zur vereinbarten Lieferzeit; s. auch u. Rn. 31.

[96] BGH 13.7.2000, TranspR 2001, 298; OLG München 28.1.2004, VersR 2005, 1266: auch sukzessive Ablieferung ist möglich; siehe auch *Putzeys* S. 176 Nr. 514 f.

Angabe, zB der Etage oder des genauen Platzes innerhalb eines Fabrikgeländes, so kann der Empfänger wiederum entsprechende Weisungen erteilen.

24      Abzuliefern ist zu der vereinbarten oder sonst maßgeblichen (Art. 19) **Ablieferungszeit.** Kommt es zu dieser Zeit – aus welchem Grunde auch immer – nicht zur Ablieferung, so wird die Ablieferung nicht etwa fingiert.[97] Vielmehr besteht die Obhut fort bis zur tatsächlichen Ablieferung oder bis zur Ausladung gemäß Art. 16 Abs. 2, vgl. Art. 16 Rn. 9–11.[98] Für Güterschäden, die während der Zeit zwischen der geschuldeten und der tatsächlichen Ablieferung eintreten, hat der Beförderer also gemäß Abs. 1 grundsätzlich einzustehen. Dies gilt besonders bei **Andienung zur Unzeit,** etwa kurz vor Feierabend, wenn der Empfänger nach seinem gewöhnlichen Geschäftsablauf zur Übernahme nicht mehr bereit sein muss.[99] Ist die Verspätung der tatsächlichen Ablieferung dagegen darauf zurückzuführen, dass der Empfänger nicht annahmebereit war, obwohl ihm das Gut im Einklang mit dem Vertrag angeboten wurde, so kann der Beförderer gemäß Art. 17 Abs. 2 durch ein Verschulden des Verfügungsberechtigten von der Haftung befreit sein.[100]

25      Die CMR regelt nicht die Frage, ob die **Entladung im Haftungszeitraum** liegt, oder ob die Ablieferung und damit die Enthaftung schon in dem Moment eintritt, in dem das Fahrzeug den Bestimmungsort erreicht hat und die Ladeflächen dem Empfänger zugänglich gemacht worden sind. Zum Teil wird aus einem Umkehrschluss aus Art. 17 Abs. 4 lit. c gefolgert, dass sie in die Risikosphäre des Frachtführers falle, da andernfalls die dort geregelte Haftungsbefreiung keinen Sinn mache.[101] Nach richtiger Ansicht hat die CMR die Pflicht und das Risiko der Entladung ebenso wenig geregelt wie die Beladungspflicht, sondern beides dem nationalen Recht und, soweit dieses dispositiv ist, der Vereinbarung der Parteien überlassen,[102] siehe oben Rn. 19. Art. 17 Abs. 4 lit. c knüpft die Haftungsbefreiung lediglich an die tatsächliche Entladung durch den Empfänger[103] und bringt darüber hinaus keine Risikozuweisung zum Ausdruck. Wie beim Verhältnis von Beladung und Übernahme kommt es vielmehr darauf an, wer nach dem nationalen Recht und dem Vertrag entladepflichtig ist. Danach richtet sich, ob der Entladevorgang zeitlich vor oder nach der Ablieferung liegt. Hat der Frachtführer die Pflicht zur Entladung, ist die Ablieferung erst in dem Moment abgeschlossen, in dem der Entladevorgang beendet ist.[104] Trifft hingegen den Empfänger die Entladepflicht, dann fällt das Entladen in seine Risikosphäre. In diesem Fall ist die Ablieferung in dem Moment vollzogen, in dem die Ladeflächen des Transportfahrzeugs zugänglich gemacht werden[105] und der Empfänger Gelegenheit zu einer oberflächlichen Inspektion der Ladung gehabt hat. Die bloße Ankunft des Lkw am Ablieferungsort genügt also nicht,[106] und es ist nicht einmal ausreichend, wenn der Beförderer den verschlossenen Lkw auf Geheiß des Empfängers in dessen Hof abstellt.[107] Entscheidend ist der Wille des Empfängers, vgl. Rn. 22 am Ende. Ein Indiz für den Vollzug der Ablieferung ist die Unterzeichnung des Frachtbriefs durch den Empfänger, die eine Empfangsquittung darstellt.[108] Siehe auch Art. 30 Rn. 13.

---

[97] *Silingardi* S. 126; aA für den Fall des Annahmeverzugs des Empfängers *Glass/Cashmore* Rn. 1.67 zitiert bei *Clarke* S. 105 Nr. 37 Fn. 309.

[98] *Clarke* S. 104 Nr. 37.

[99] OGH Wien 16.3.1977, *Greiter* S. 46, 49 f.; Cour Paris 15.6.1984, BT 1984, 545; Rb. Utrecht 10.2.1993, S. & S. 1993 Nr. 132.

[100] Rb. Rotterdam 8.1.1993, S. & S. 1993 Nr. 130; siehe auch Rn. 31.

[101] *Hill/Messent* S. 105.

[102] *Loewe* ETR 1976, 558 Nr. 161.

[103] *Loewe* ETR 1976, 558 Nr. 161.

[104] Vgl. Cour Mons 5.4.1978, ETR 1978, 568; Hof Antwerpen 19.11.1991, ETR 1992, 127, 129: Entladen von Flüssiggut durch die Pumpen des Lkw ist Teil des Transports; *Koller* Rn. 9; EBJS/*Boesche* Rn. 14; OLG Hamm 19.6.2008, TranspR 2008, 405 (zu § 425 HGB).

[105] Vgl. Rb. Rotterdam 15.4.1971, ETR 1971, 417; LG Mönchengladbach 18.12.1969, VersR 1971, 218; AG Hamburg 21.6.1977, VersR 1977, 1048.

[106] Cour Paris 15.6.1984, BT 1984, 545; Trib.com.Bruxelles 13.10.1983, Rev.dr.com.belge 1984, 696; *Hill/Messent* S. 111.

[107] Hof Arnhem 6.12.1978, S. & S. 1979 Nr. 114; Hof Antwerpen 13.2.1985, ETR 1986, 183, 185 f.

[108] Cour Paris 15.6.1984, BT 1984, 545; Kh. Antwerpen 7.9.1973, ETR 1973, 754; Kh. Antwerpen 18.6.1971, Jur.Anv. 1971, 162; ähnlich Hof 's-Gravenhage 24.11.1992, S. & S. 1993 Nr. 128 S. 465; vgl. auch *Koller* Rn. 12 und § 408 HGB Rn. 27; *Piper* TranspR 1990, 361 sub ee.

Gelegentlich schließt sich an den Transport eine **Nachlagerung** durch den Beförderer **26** oder einen Dritten an, der in seinem Auftrag handelt. Auch wenn die Ablieferung regelmäßig die Übergabe des Beförderungsgutes an den Empfänger voraussetzt, kann der Frachtführer doch den zum Zwecke des Transports begründeten Gewahrsam auch dadurch aufgeben und das Gut im Sinne des Art. 17 Abs. 1 abliefern, dass er es im Einvernehmen mit dem Empfänger bzw. auf dessen Anweisung zur Nachlagerung in Verwahrung nimmt oder einem Dritten (Lagerhalter) übergibt. Derartige Nachlagerungen fallen also nicht mehr in den Haftungszeitraum des Art. 17 Abs. 1.[109]

### III. Allgemeine Haftungsbefreiung (Abs. 2 und 3)

**1. Inhalt und Zweck der Regelung.** Der Frachtführer ist gemäß Abs. 2 von seiner **27** Verantwortlichkeit befreit, wenn der Verlust oder die Beschädigung des Gutes durch ein Verschulden des Verfügungsberechtigten, durch eine nicht vom Frachtführer verschuldete Weisung des Verfügungsberechtigten, durch besondere Mängel des Gutes oder durch Umstände verursacht wurde, die der Frachtführer nicht vermeiden und deren Folgen er nicht abwenden konnte. Zu diesen unvermeidbaren Umständen zählen allerdings weder Mängel des verwendeten Fahrzeugs noch gegebenenfalls ein Verschulden von dessen Vermieter und seinen Bediensteten, Abs. 3; für die Funktionsfähigkeit des Lkw haftet der Beförderer absolut. Doch enthält Abs. 4 für verschiedene spezifische Transportrisiken zusätzliche Haftungsausschlüsse, die zum Teil in Art. 18 Abs. 3–5 wieder eingeschränkt werden.

Die Befreiungstatbestände der Abs. 2 und 4 lassen sich in zwei Gruppen einteilen, für **28** die unterschiedliche Beweisregeln gelten.[110] Während nach Art. 18 Abs. 2 die Beweislage hinsichtlich der Befreiungstatbestände des Art. 17 Abs. 4 durch eine Kausalitätsvermutung zugunsten des Frachtführers verschoben wird, bestimmt Art. 18 Abs. 1 für die in Art. 17 Abs. 2 geregelten Haftungsausschlüsse, dass der Frachtführer den vollen Beweis für die Erfüllung des Ausschlusstatbestandes zu erbringen hat. Die Haftungsausschlüsse des Art. 17 Abs. 4 bezeichnet man daher als **privilegierte** oder bevorrechtigte **Ausschlussgründe,** diejenigen des Abs. 2 als nicht bevorrechtigte oder **allgemeine Ausschlussgründe.**[111] Die Aufzählung der Ausschlussgründe in Art. 17 ist abschließend, eine Erweiterung durch Vertrag ist gemäß Art. 41 nicht zulässig.[112] Die nicht bevorrechtigten Haftungsausschlüsse des Abs. 2, die sowohl von der Obhutshaftung als auch von der Verspätungshaftung befreien, sind dadurch gekennzeichnet, dass sie allgemeine Gefahren, also keine typischen Transportrisiken umschreiben, dh. Risiken, die generell dem Umgang mit fremden Sachen anhaften, zB auch bei Werk-, Kommissions- oder Lagerverträgen, die sich aber eben auch bei der Straßengüterbeförderung schädlich auswirken können.[113] Im Gegensatz hierzu betreffen die privilegierten Haftungsausschlüsse des Abs. 4, die nur von der Obhutshaftung, nicht jedoch von der Verspätungshaftung befreien, typische Transportrisiken, die auch in anderen Konventionen des Transportrechts einer Sonderregelung unterliegen.[114] Der Grund für die Privilegierung der Ausschlussgründe in Abs. 4 liegt darin, dass die dort genannten Umstände die Wahrscheinlichkeit eines Schadensfalles vergrößern.[115] Beiden Gruppen von Haftungsausschlüssen ist gemeinsam, dass sich der Frachtführer im Falle des Vorsatzes oder des vorsatzgleichen Verschuldens nicht auf sie berufen kann (vgl. Art. 29).

---

[109] *Heuer* S. 66; EBJS/*Boesche* Rn. 13; vgl. auch *Koller* Rn. 8; aA *Hill/Messent* CMR S. 105, die von einer Fortdauer der Haftung des Frachtführers ausgehen, es sei denn, es sei im Frachtvertrag vereinbart, dass nach Vollendung des Abladens nurmehr nach Lagerrecht gehaftet wird.
[110] Vgl. hierzu eingehend *Heuer* S. 78 f., *Jesser* S. 96; *Glass* ETR 1979, 694 f.
[111] *Rodière* BT 1974, 269 Nr. 69; *Nickel-Lanz* S. 97 Nr. 121; *Aisslinger* S. 79 ff.; *Helm* (Fn. 70) S. 120; *Richter-Hannes/Richter* (Fn. 9) S. 45; *Züchner* VersR 1967, 1026; *Dubischar* § 5 III S. 104.
[112] *Jesser* S. 96; *Zamora* Am.J.Comp.L. 23 (1975) 436.
[113] *Heuer* S. 78 f.; *Haak* S. 139; *Jesser* S. 96.
[114] OGH Wien 2.9.1987, JBl. 1988, 115 = RdW 1988, 9; vgl. auch *Jesser* S. 97; *Lenz* Rn. 589 (S. 205); *Rodière* BT 1974, 290 Nr. 77; *Silingardi* S. 162 f.
[115] *Silingardi* S. 163; *Jesser* S. 96 f.; *Heuer* S. 80.

**29    2. Verschulden des Verfügungsberechtigten (1. Alt.).** In der ersten Alternative befreit Abs. 2 von der Haftung, wenn der Schaden durch ein Verschulden des Verfügungsberechtigten verursacht wurde. Diese Ausnahme deckt sich vor allem in Bezug auf Be- und Entladungs- sowie Staufehler mit dem privilegierten Befreiungstatbestand in Abs. 4 lit. c und verliert insoweit ihre praktische Bedeutung. Es bleiben jedoch zahlreiche andere Anwendungsfälle, Rn. 33. Wer mit der **Person des Verfügungsberechtigten** gemeint ist, lässt sich nicht ganz eindeutig bestimmen, weil bereits die beiden verbindlichen sprachlichen Fassungen hier nicht exakt übereinstimmen. Der englische Begriff des „claimant" deutet auf den Kläger oder jedenfalls – außerprozessual – den Anspruchsteller hin, denjenigen, der einen Anspruch (claim, vgl. die englische Überschrift des V. Kapitels) tatsächlich geltend macht. Der französische Terminus „ayant-droit" ist weiter; er bezeichnet den Berechtigten, ohne dass dieser aus seiner Rechtsstellung heraus auch Ansprüche geltend machen müsste; es genügt die materielle Berechtigung zum maßgeblichen Zeitpunkt. Der deutsche Text knüpft hingegen an die Regelung der Verfügungsberechtigung in Art. 12 an und engt damit den Kreis der Personen ein, deren Fehlverhalten den Beförderer von seiner Haftung befreien kann. Praktisch geht es um die Frage, ob der Frachtführer dem Empfänger ein Verschulden des Absenders entgegenhalten kann. Die Frage wird überwiegend bejaht,[116] müsste aber nach dem englischen Text[117] und eigentlich auch nach den anderen Versionen verneint werden, wenn man zur Bestimmung der materiellen Berechtigung allein auf den Zeitpunkt der Geltendmachung des Anspruchs abstellt. Dies wäre jedoch verfehlt. Wer ayant-droit iSv. Art. 17 Abs. 2 ist, muss für den Zeitpunkt ermittelt werden, zu dem sich das behauptete Fehlverhalten zugetragen haben soll,[118] also für den Zeitpunkt der Verladung, wenn es um die Übermittlung falscher oder unzulänglicher Informationen durch den Absender geht, und für den Zeitpunkt der Entladung, wenn es um die Fahrlässigkeit des Empfängers und seiner Leute geht. Die Person des Berechtigten wechselt folglich im Laufe des Transports.

**30**    Abs. 2 klärt nicht, welcher **Verschuldensmaßstab** an das Verhalten des Berechtigten anzulegen ist. Gewiss handelt es sich hier um einen anderen Verschuldensbegriff als denjenigen, den Art. 17 Abs. 1 in Verbindung mit Abs. 2, Alt. 4 für die Obhutshaftung des Frachtführers festlegt. Dies ergibt sich aus dem Sinn und Zweck der strengen Rezeptumshaftung des Frachtführers, die der Versuchung entgegenwirken soll, sorglos mit fremdem Gut umzugehen und sich daran vielleicht sogar zu bereichern.[119] Da der Ladungsberechtigte einer solchen Versuchung idR nicht unterliegt, schuldet er auch nur die übliche, von einem ordentlichen Verlader zu erwartende **verkehrserforderliche Sorgfalt.**[120] Besondere Erfordernisse, die sich aus der Eigenart des Gutes, der Transportroute etc. ergeben können, sind zu beachten.[121] Verschulden des Verfügungsberechtigten im Sinne von Abs. 2 setzt dabei nicht voraus, dass er gegen echte Vertragspflichten verstößt. Es genügt, wenn er schuldhaft eine Obliegenheit zur Schadensverhinderung verletzt.[122] Zur Zurechnung des Verhaltens von Erfüllungsgehilfen des Berechtigten siehe Art. 3 Rn. 9.

**31**    Für eine Befreiung des Frachtführers von seiner Haftung ist ein **kausaler Zusammenhang** zwischen dem eingetretenen Schaden und dem schuldhaften Verhalten des Verfü-

---

[116] Cour Paris 2.12.1981, BT 1982, 73; Kh. Gent 21.5.1974, zitiert nach *Ponet* S. 307 Nr. 448; OLG Düsseldorf 27.2.1997, TranspR 1998, 194 f.; *Rodière* BT 1974, 278 Nr. 71; *Loewe* ETR 1976, 554 Nr. 151; *Clarke* S. 220 Nr. 70; *Jesser* S. 99; *Putzeys* S. 250 Nr. 756; *Koller* Rn. 31; *Herber/Piper* Rn. 57; Thume/*Thume* Rn. 81; EBJS/*Boesche* Rn. 21; Ferrari/*Otte,* Int. Vertragsrecht, Rn. 40; Jabornegg/Artmann/*Csoklich* Art. 17–19 Rn. 9; vgl. auch GroßkommHGB/*Helm* Rn. 59.

[117] So in der Tat *Hill/Messent* S. 116; vgl. auch *Clarke* S. 220 Nr. 70 für den Fall einer „literal interpretation", die er sich aber nicht zu eigen macht.

[118] *Nickel-Lanz* S. 97 f.; *Haak* S. 140 f.

[119] Zur Ratio der Rezeptumshaftung näher *Basedow* TranspV S. 392 mwN.

[120] *Koller* Rn. 31a; *Jesser* S. 98; *Herber/Piper* Rn. 58; Thume/*Thume* Rn. 82; Jabornegg/Artmann/*Csoklich* Art. 17–19 Rn. 9; *Heuer* S. 81 unter Hinweis auf § 276 BGB; *Nickel-Lanz* S. 98: tout acte fautif.

[121] *Hill/Messent* S. 117.

[122] BGH 9.9.2010, TranspR 2011, 178, 179; GroßkommHGB/*Helm* Rn. 60; *Herber/Piper* Rn. 58; EBJS/*Boesche* Rn. 22; Ferrari/*Otte,* Int. Vertragsrecht, Rn. 41.

gungsberechtigten erforderlich.[123] Daran fehlt es zB wenn der Absender den Lkw geringfügig (um 2,3 %) überladen hat und das Gut dadurch zu Schaden kommt, dass während der Fahrt ein Reifen platzt und der Wagen verunglückt.[124] An der Kausalität kann es auch fehlen, wenn das Gut während einer vom Absender verschuldeten Verzögerung beschädigt oder gestohlen wird;[125] doch kommt es hier darauf an, inwieweit die Verzögerung gerade das spezifische Risiko erhöht hat. Ist die Kausalität vom Frachtführer nachgewiesen (vgl. Art. 18 Abs. 1), dann entfällt seine Haftung ganz, es sei denn, der Schadensersatzberechtigte weist ein Mitverschulden des Frachtführers oder seiner Gehilfen nach, Rn. 32.

Abs. 2 regelt nicht eindeutig wie bei **Mitverschulden des Frachtführers** zu verfahren **32** ist. Dabei sind zwei Fälle zu unterscheiden: Dass vermutetes Verschulden des Frachtführers iSv. Abs. 1 und erwiesenes Verschulden des Verfügungsberechtigten zusammentreffen, ist in Abs. 2 der Regelfall, so dass der hier angeordnete Haftungsausschluss nur Sinn macht, wenn der Frachtführer völlig von seiner Haftung befreit wird. Gelingt es jedoch dem Anspruchsteller, ein mitwirkendes Verschulden des Frachtführers – entweder hinsichtlich des Eintritts oder hinsichtlich der Höhe des Schadens[126] – positiv nachzuweisen, so kommt es zu einer Schadensteilung gemäß Art. 17 Abs. 5.[127]

**Einzelfälle aus der Rechtsprechung:** ein zumindest partiell haftungsbefreiendes Ver- **33** schulden des Berechtigten sahen Gerichte darin, dass der Absender dem Beförderer für die Grenzverzollung nicht alle erforderlichen Dokumente mitgab,[128] dass er den Beförderer nicht über Eigenarten des Gutes informierte wie zB einen ungewöhnlich hoch liegenden Schwerpunkt,[129] die Selbstentzündungsgefahr,[130] die Frostempfindlichkeit,[131] oder die übermäßige Höhe eines normalen Sattelaufliegers,[132] dass er dem Fahrer schriftliche Instruktionen mitgab, die dieser auf Grund seiner geringen Deutschkenntnisse nicht zur Kenntnis nahm[133] oder dass der Absender das Gut zu spät verlud,[134] der Empfänger eine Falschauslieferung begünstigt hat[135] oder dass der zur Verladung Verpflichtete bei einer vom Fahrer vorgenommenen unzureichenden Verzurrung des Gutes auf einem Auflieger nicht eingeschritten ist.[136] Ferner wird man hier auch unzulängliche Eintragungen im Frachtbrief, etwa die unrichtige Angabe der Empfängeranschrift nennen können[137] sowie generell alle Umstände, die gemäß Art. 7, 10, 11 und 22 die Haftung des Absenders begründen können.[138] **Kein haftungsbefreiendes Verschulden** des Berechtigten ist dagegen grundsätzlich darin zu sehen, dass der Absender den Lkw vor Beladung nicht auf seine Tauglichkeit inspiziert;[139] für die Mängel des Fahrzeugs hat der Beförderer absolut einzustehen, Abs. 3. Der Absender handelt auch nicht schuldhaft, wenn er nicht gegen den Einsatz offener Fahrzeuge protestiert[140] oder den Beförderer nicht über die Befahrbarkeit der vorgesehenen

---

[123] BGH 9.9.2010, TranspR 2011, 178, 180; *Koller* Rn. 31c; *Putzeys* S. 250 Nr. 752; *Hill/Messent* S. 116 f.; *Lamy* 2013 Rn. 767b); *Herber/Piper* Rn. 61; *Thume/Thume* Rn. 85; *GroßkommHGB/Helm* Rn. 62; *Ferrari/Otte*, Int. Vertragsrecht, Rn. 42; *Jabornegg/Artmann/Csoklich* Art. 17–19 Rn. 9; vgl. dazu OLG Köln 3.3.1999, TranspR 2001, 122.

[124] Trib.com.Bruxelles 3.10.1970, Jur.Anv. 1970, 487; Cour Bruxelles 17.6.1971, ETR 1971, 825.

[125] Cour Paris 3.11.1977, BT 1978, 14; anders Rb. Rotterdam 8.1.1993, S. & S. 1993 Nr. 130.

[126] Vgl. OLG Hamburg 6.12.1979, VersR 1980, 290.

[127] Cour Paris 12.7.1978, BT 1979, 151; *Rodière* BT 1974, 278 Nr. 71; *Heuer* S. 81; *Jesser* S. 99; vgl. auch *Herber/Piper* Rn. 56: § 254 BGB; *Thume/Thume* Rn. 86; *EBJS/Boesche* Rn. 22.

[128] Cour Lyon 7.5.1981, BT 1981, 410; Cour Paris 2.12.1981, BT 1982, 73.

[129] Cass.com. 5.7.1977, BT 1977, 402.

[130] Cass.com. 23.5.1989, BT 1989, 550.

[131] Cour Paris 25.3.1969, BT 1969, 174.

[132] Hof Antwerpen 23.6.1992, ETR 1993, 293, 298 f.

[133] OLG Köln 30.8.1990, TranspR 1990, 425, 426; zweifelhaft.

[134] OLG Düsseldorf 27.2.1997, TranspR 1998, 194.

[135] LG Hamburg 26.1.1999, TranspR 1999, 298.

[136] BGH 25.1.2007, TranspR 2007, 314, 316.

[137] *Silingardi* S. 148; *Lamy* 2013 Rn. 767a).

[138] *Haak* S. 140.

[139] OLG Frankfurt 25.10.1977, VersR 1978, 535; OLG München 16.1.1991, TranspR 1992, 181, 183 f.; Cour Colmar 11.1.1972, BT 1972, 90; aA für den Fall, dass der Absender in positiver Kenntnis von der Verunreinigung des Tank-Lkw diesen neu belud, Rb. Arnhem 8.1.1981, S. & S. 1982 Nr. 75.

[140] OLG Düsseldorf 15.12.1983, TranspR 1984, 38, 39.

Strecke informiert.[141] Siehe auch die Fälle fehlender Kausalität, oben Rn. 31. Weigert sich der Empfänger die zur Unzeit, etwa am späten Nachmittag angelieferten Güter noch am selben Tag anzunehmen, so verletzt er keine vertragliche Pflicht; denn er ist aus dem Vertrag ohnehin nicht zur Annahme verpflichtet.[142] Allerdings kann ein Verschulden des Empfängers darin liegen, dass er dem abends eintreffenden Lkw die Übernachtung auf seinem diebstahlsicheren Fabrikhof untersagt, wenn Fahrzeug und Ladung dann nachts auf öffentlicher Straße gestohlen werden.[143] Ferner steht dem Absender je nach den Umständen gegen den Empfänger ein kaufvertraglicher Schadensersatzanspruch wegen Nichtabnahme zu, mit dem auch der Drittschaden liquidiert werden kann, den der Beförderer durch seine Haftpflicht erleidet, wenn die Güter über Nacht gestohlen oder beschädigt werden. Der Absender handelt nicht schuldhaft, wenn er schadensvorkehrende Sicherheitsmaßnahmen, zu denen ihn der Frachtführer einseitig aufgefordert hat, nicht vornimmt, wenn sie vertraglich nicht vereinbart wurden und somit der Frachtführer dafür Sorge zu tragen hat, das Gut vor Schäden zu bewahren.[144]

**34**   **3. Weisungen des Verfügungsberechtigten (2. Alt.).** Der Beförderer ist ferner von der Haftung befreit, wenn der Schaden durch eine Weisung des Verfügungsberechtigten verursacht wurde, es sei denn, die Weisung ist vom Frachtführer verschuldet worden. Der Rechtsgrund dieser Haftungsausnahme liegt darin, dass der Weisungsgeber für die schädlichen Folgen seiner eigenen Weisungen selbst einstehen muss; sie haben ihren Ursprung in seiner Sphäre. Aus der ratio legis folgt, dass der Begriff der Weisungen in Abs. 2 weit auszulegen ist und sich nicht nur auf die in Art. 12, 14 und 15 genannten Fälle bezieht. Er erfasst vielmehr auch anfängliche, gemäß Art. 6 Abs. 3 in den Frachtbrief eingetragene oder sonstwie erteilte Weisungen über die Behandlung des Gutes, zB über die Versicherung, Verzollung oder Umladung,[145] obwohl es sich dabei genau genommen regelmäßig um vertragliche Vereinbarungen handeln wird, vgl. Art. 6 Rn. 41.[146] Ebenso gilt Abs. 2 auch für spätere Weisungen, die nicht im Frachtbrief eingetragen sind, etwa die Anweisung einer genauen Abladestelle durch den Empfänger.[147]

**35**   Voraussetzung für die Haftungsbefreiung des Frachtführers ist die **Verbindlichkeit** der Weisung; ihr Urheber muss gemäß Art. 12 weisungsbefugt sein und sich an den Maßstab des Art. 12 Abs. 5 halten. Folgt der Beförderer hingegen einer unverbindlichen „Weisung", so führt dies nicht zur Haftungsbefreiung.[148] Es fehlt insoweit schon an der **Kausalität** der „Weisung" für den Schaden, die wie beim Verschulden des Berechtigten (Rn. 31), so auch hier Voraussetzung der Haftungsausnahme ist.[149] Ein Verschulden des Verfügungsberechtigten ist nicht erforderlich; insofern geht die zweite Alternative von Abs. 2 über die erste hinaus.[150] Der Beförderer ist von der Haftung nicht befreit, wenn er **schuldhaft** die Erteilung der Weisung verursacht hat, etwa durch Fehlinformationen oder durch einen von ihm verschuldeten Verkehrsunfall. Schwierige Kausalitätsermittlungen führen hier nicht selten zu Schadensteilungen gemäß Abs. 5. Die Gegenausnahme gilt auch, wenn das Verschulden des Beförderers der Weisung nachfolgt und darin liegt, dass er einer Weisung nachkommt, obwohl er voraussieht, dass sie zur Schädigung führt.[151]

---

[141] OLG Düsseldorf 3.6.1993, VersR 1995, 1211.
[142] OLG Düsseldorf 12.1.1984, TranspR 1984, 102, 104; 12.12.1985, VersR 1986, 1069; Rb. Utrecht 10.2.1993, S. & S. 1993 Nr. 132.
[143] Hof Amsterdam 20.10.1994, S. & S. 1995 Nr. 60.
[144] BGH 13.7.2000, TranspR 2000, 409, 412; TranspR 2001, 298, 300.
[145] BGH 27.10.1978, VersR 1979, 419; *Clarke* S. 221 Nr. 71; *Heuer* S. 84; *Jesser* S. 100; *Silingardi* S. 150; *Herber/Piper* Rn. 70; *Thume/Thume* Rn. 87; *EBJS/Boesche* Rn. 25; *Jabornegg/Artmann/Csoklich* Art. 17–19 Rn. 10; aA *Koller* Rn. 32.
[146] *Heuer* S. 84 und *Jesser* S. 100: übereinstimmende Willenserklärungen.
[147] *Fioux* S. 311; Cour Paris 15.11.1977, BT 1978, 66.
[148] BGH 27.10.1978, VersR 1979, 417; *Heuer* S. 84; *Jesser* S. 100; *EBJS/Boesche* Rn. 25; bzgl. der Weisungsbefugnis auch *Rodière* BT 1974, 278 Nr. 72; *Koller* Rn. 32; *Thume/Thume* Rn. 88; vgl. auch Großkomm HGB/*Helm* Rn. 65; aA *Herber/Piper* Rn. 72.
[149] *Putzeys* S. 251 Nr. 758; *Pesce* S. 209; *Jabornegg/Artmann/Csoklich* Art. 17–19 Rn. 10.
[150] GroßkommHGB/*Helm* Rn. 68.
[151] GroßkommHGB/*Helm* Rn. 68.

Die zweite Alternative von Abs. 2 bietet begrenzten Raum **für Freizeichnungsverein-** 36
**barungen,** die grundsätzlich nach Art. 41 unzulässig sind; die Freizeichnung muss die Form
einer Anordnung des Verfügungsberechtigten annehmen, aus der sich in der Sache ergibt,
dass dieser ein bestimmtes Risiko übernehmen will. Dafür kann durchaus ein legitimes
Bedürfnis bestehen, so etwa wenn der Beförderer Transporte in ein Krisengebiet nur auf
Risiko des Verladers zu übernehmen bereit ist. In solchen Fällen könnte der Absender
den Beförderer im Voraus anweisen, die Beförderung auch im Falle von Transport- oder
Ablieferungshindernissen außer bei physischem Zwang wenn irgend möglich fortzusetzen,
siehe schon Art. 12 Rn. 20. Nach einer solchen Weisung trüge der Absender gemäß Art. 12
Abs. 5 lit. a und Art. 17 Abs. 2 das Transportrisiko, obwohl die CMR die **vertragliche**
**Risikoübernahme** nicht ausdrücklich regelt.[152]

**4. Mängel des Transportgutes (3. Alt.).** Die dritte Alternative von Abs. 2 befreit den 37
Frachtführer von seiner Haftung, wenn Beschädigung oder Verlust des Gutes oder die
Überschreitung der Lieferfrist durch „besondere Mängel" des Transportgutes verursacht
wurden. Auch hier ist die deutsche Übersetzung ungenau und deckt sich nicht völlig mit
der englischen und französischen Originalfassung, die von „inherent vice of the goods"
beziehungsweise „vice propre de la marchandise" spricht. Als besondere Mängel des Transportguts im Sinne des Abs. 2 werden schadensursächliche Eigenschaften des Gutes angesehen, die zwar nicht die betreffende Gattung insgesamt, wohl aber die beförderte Einheit
aufweist,[153] sog. Beschaffenheitsschäden.[154] Hierin liegt auch die Abgrenzung zu dem
bevorrechtigten Haftungsausschlusstatbestand des Art. 17 Abs. 4 lit. d. Dort sind Schäden
angesprochen, die sich aus der natürlichen gattungsmäßigen Beschaffenheit des Gutes ergeben können, ohne dass deswegen diese natürliche Beschaffenheit als Fehler bezeichnet
werden kann. Derartige Beschaffenheitsmerkmale im Sinne von Abs. 4, die von Mängeln
im Sinne des Absatzes 2 zu unterscheiden sind, sind etwa die Bruchgefahr bei Glas, die
Rostgefahr bei Eisen oder die Verderblichkeit von Lebensmitteln.[155]

Absatz 2 bezieht sich dagegen auf Mängel, die für die Gattung atypisch in dem beförder- 38
ten Gut angelegt sind, und infolge ihrer **Atypizität** die Gefahr erhöhen, dass das Gut
Schaden nimmt, wenn es seinen typischerweise zu erwartenden Eigenschaften entsprechend
transportiert wird.[156] Deren Ursache kann etwa in fehlerhafter Produktion liegen.[157] Eine
besondere Rolle spielt dabei die Kenntnis des Frachtführers.[158] Weiß er von der atypischen
Eigenschaft des Gutes, kommt Art. 17 Abs. 2 nicht in Betracht. Ist er schon im Auftrag auf
die Atypizität des Gutes hingewiesen worden, so handelt es sich um eine besondere Art
von Transportgut, die eventuell unter Art. 17 Abs. 4 lit. d fallen kann. Lautet sein Auftrag
dagegen auf den Transport eines typischen, gattungsgemäßen Gutes und entdeckt er die
Abweichungen des Gutes vom Standard bei der äußerlichen Inspektion gemäß Art. 8, so
hat er einen Vorbehalt gemäß Art. 9 Abs. 2 zu machen. Unterlässt er dies, kann er sich
später nicht auf besondere Mängel des Gutes berufen.[159]

**Einzelfälle.** Die Rspr. ist wenig ergiebig, weil die meisten entschiedenen Fälle bei 39
zutreffender Würdigung gemäß Abs. 4 lit. d hätten entschieden werden müssen oder weil

---

[152] So in der Sache Trib.com.Carpentras 19.2.1993, BTL 1994, 636 bzgl. eines Transports nach Jordanien
zur Zeit des Golfkriegs; *Tilche* BTL 1994, 634, meint, die Risikoübernahme sei in der CMR als Haftungsbefreiung nicht vorgesehen; im Ergebnis auch LG Hamburg 29.7.1994, RIW 1994, 775, 776 für einen Transport
durch Litauen nach Russland.

[153] *Lamy* 2013 Rn. 769, 777; *GroßkommHGB/Helm* Rn. 69; *Putzeys* S. 252 Nr. 759–761; *Nickel-Lanz*
S. 99 f.; eingehend *Haak* S. 141 f.; *Hill/Messent* S. 119; *Thume/Thume* Rn. 90.

[154] *Heuer* S. 85.

[155] *Jesser* S. 101; *Heuer* S. 85; in Frankreich werden Mängel iSv. Abs. 2 und Natur des Gutes iSv. Abs. 4
lit. d zT gleichgesetzt, vgl. *Rodière* BT 1974, 293 Nr. 86; kritisch *Haak* S. 142.

[156] *Loewe* ETR 1976, 554; *Koller* Rn. 33; *GroßkommHGB/Helm* Rn. 69; *Hill/Messent* S. 111 ff.; EBJS/
*Boesche* Rn. 27; *Jabornegg/Artmann/Csoklich* Art. 17–19 Rn. 11.

[157] *Heuer* S. 86; *Putzeys* S. 252 Nr. 761.

[158] *Jesser* S. 102; *Koller* Rn. 33; *Jabornegg/Artmann/Csoklich* Art. 17–19 Rn. 11; aA *Thume/Thume*
Rn. 93; EBJS/*Boesche* Rn. 27.

[159] *Pesce* S. 209 f.; *Silingardi* S. 152 f. unter Berufung auf Cour Aix-en-Provence 5.7.1989, BT 1990, 398.

die Urteile auch ohne nähere Differenzierung beide Rechtsgrundlagen nennen. Die Haftungsbefreiung wegen **mangelhafter Vorkühlung** von Kühlgut wird zum Teil zutreffend auf Art. 17 Abs. 2 gestützt,[160] zum Teil auf Abs. 4 lit. d,[161] was in der Praxis keinen großen Unterschied bedeutet. Wenn der Beförderer bewiesen hat, dass das Gut bei Verladung zu warm war, wird die Kausalität der mangelhaften Vorkühlung für den späteren Wärmeschaden regelmäßig auch ohne Art. 18 Abs. 2 nach allgemeinen Grundsätzen des Anscheinsbeweises feststehen. Ein besonderer Mangel iSv. Abs. 2 liegt vor, wenn die elektrische Anlage eines beförderten Pkw defekt ist und einen Brand auslöst.[162] Wenn dagegen eine Säure mit dem Transporttank reagiert,[163] wenn Güter, deren Frostempfindlichkeit dem Beförderer unbekannt war, einen Kälteschaden erleiden[164] oder wenn zerbrechliches Gut zu Bruch geht,[165] so realisiert sich jeweils ein Risiko, das den betreffenden Gütern ihrer Natur nach anhaftet; Abs. 2 ist unanwendbar.

**40**     **5. Unvermeidbare Umstände (4. Alt.). a) Leitgedanken.** Der Frachtführer braucht ferner für solche Schäden nicht einzustehen, die durch Umstände verursacht worden sind, die er nicht vermeiden und deren Folgen er nicht abwenden konnte. Wie schon erläutert (Rn. 3), bringt diese Formulierung zum Ausdruck, dass die Haftung des Frachtführers auf **Verschulden** beruht, also an die Verletzung einer – allerdings sehr strengen – Sorgfaltspflicht anknüpft. Von der strikten Haftung bis zur Grenze der höheren Gewalt unterscheidet sich diese Haftung aus deutscher Sicht jedenfalls dadurch, dass die Haftungsbefreiung nicht auf **betriebsferne Umstände** beschränkt ist. Ob dies ein praktisch relevanter Unterschied ist, mag man für den Straßengütertransport bezweifeln. Für den wichtigsten Anwendungsfall der betriebsinternen Schadensursachen, die Mängel des Fahrzeugs, stellt Abs. 3 ohnehin die absolute Haftung des Frachtführers klar. Auch im Übrigen ist die Bereitschaft der Gerichte, betriebsinterne Umstände als unvermeidbar anzuerkennen, äußerst gering, dies nicht zuletzt deshalb, weil der Frachtführer hinsichtlich seiner Betriebsinterna große Beweisvorteile, wenn nicht sogar das Beweismonopol hat.[166]

**41**     Die Kriterien der **Unvermeidbarkeit** der schadensursächlichen Umstände und der **Unabwendbarkeit** der Folgen erinnern an das „unabwendbare Ereignis“, dessen Nachweis den Halter eines Kraftfahrzeugs von seiner Gefährdungshaftung gemäß § 17 Abs. 3 Satz 1 StVG befreit. Im Hinblick auf diese Parallele betrachtet der **BGH** die CMR-Frachtführerhaftung auch als **Gefährdungshaftung**[167] und verlangt vom Frachtführer den Beweis, „dass der Schaden auch bei Anwendung der äußersten nach den Umständen möglichen Sorgfalt nicht hätte abgewendet werden können“.[168] Der Ansatz des BGH ist in dreifacher Hinsicht bedenklich: Erstens indiziert der Haftungsgrund der „Gefährdung“ eine außervertragliche Rechtsbeziehung, die dadurch zustande kommt, dass jemand durch Schaffung einer Quelle erhöhter Gefahr besondere Risiken für eine unbestimmte Vielzahl von Personen begründet; im Transportvertragsrecht geht es dagegen um einen einzigen Absender und/ oder Empfänger, die sich dem Transportrisiko freiwillig aussetzen. Zweitens lässt sich die Bedeutung von Begriffen des internationalen Einheitsrechts nicht durch die unbesehene Übernahme von Konzepten des nationalen Rechts zuverlässig aufhellen, wie der BGH in

---

[160] OLG Schleswig 30.8.1978, VersR 1979, 141; OLG Hamm 21.6.1999, TranspR 1999, 445; Rb. Arnhem 28.1.1971, S. & S. 1973 Nr. 82; zust. *Libouton* J.trib. (Bruxelles) 1974, 511 Nr. 46; *Lamy* 2013 Rn. 769; *Putzeys* S. 252 Nr. 761; *Herber/Piper* Art. 18 Rn. 39; *Koller* Rn. 33; GroßkommHGB/*Helm* Rn. 72; EBJS/*Boesche* Rn. 27; Jabornegg/Artmann/Csoklich Art. 17–19 Rn. 11; Thume/*Thume* Rn. 92 und 193: Tiefkühlprodukte, anders „normales“ Kühlgut.
[161] OLG Hamm 11.6.1990, TranspR 1990, 375, 376; beide Haftungsbefreiungen scheiterten in *Ulster-Swift Ltd. v. Taunton Meat Haulage Ltd.* [1977] 3 All E. R. 641 C. A.
[162] OLG München 27.2.1987, TranspR 1987, 185, 186.
[163] Cour Paris 28.10.1969, BT 1970, 7.
[164] Cour Paris 25.3.1969, BT 1969, 174.
[165] *Durand,* zitiert nach *Rodière* BT 1974, 279 Nr. 74.
[166] *Haak* S. 143 f.
[167] BGH 21.12.1966, NJW 1967, 499, 500 sub II 2; 28.2.1975, NJW 1975, 1597, 1598 sub IV 2.
[168] BGH 28.2.1975, NJW 1975, 1597, 1599 sub IV 2.

derselben Entscheidung zutreffend festgestellt hat.[169] Drittens ist das Ergebnis, das Erfordernis „äußerster Sorgfalt", nicht mehr als eine Leerformel.[170]

Einigkeit herrscht darüber, dass **Abs. 2 einen strengen Sorgfaltsmaßstab festlegt.**[171] **42** Zur Bestimmung des im Einzelfall erforderlichen Umfangs sowie der Grenzen von Vorkehrungen bietet die **ökonomische Analyse des Rechts** ein taugliches Kriterium: ist der Vermeidungsaufwand höher als die durch ihn in der Gesamtheit der Fälle zu erwartende Schadensminderung, ist die Schadensvermeidung unökonomisch und kann daher von einem sorgfältigen Frachtführer nicht erwartet werden.[172] Da Gerichte von dem Gesamtumfang der zu erreichenden Schadensminderung im einzelnen Verfahren kaum je etwas erfahren, lässt sich dieses Kalkül im Einzelfall nur vollziehen, wenn die Wahrscheinlichkeit von Schadenseintritt und Schadensumfang annähernd bekannt sind. Wenn die Erfahrung zeigt, dass bestimmte Schäden wie etwa Raubüberfälle in Italien häufiger vorkommen und zum Totalverlust der Ladung führen, bedeutet dies für die überschlagsmäßige Kalkulation des Gerichts, dass das Schadensminderungspotential, das durch Vermeidungshandlungen ausgeschöpft werden kann, groß ist; von einem sorgfältigen Frachtführer kann erwartet werden, dass er Kosten zur Schadensvermeidung (etwa für Diebstahlsicherung oder für Bewachung des Lkw auf Parkplätzen) nicht scheut, solange sie hinter jenem Schadensminderungspotential zurückbleiben. Das wirtschaftliche Kalkül ist somit notwendiger Bestandteil der richterlichen Konkretisierung der Sorgfaltspflichten. Es erfordert allerdings Grundlagen für eine überschlagsmäßige Berechnung entweder auf Grund eigener Sachkenntnis des Gerichts oder auf Grund substantiierten Parteivorbringens; darauf hat das Gericht gemäß § 139 ZPO hinzuwirken. Der ökonomische Ansatz bedeutet zugleich, dass der strenge Sorgfaltsmaßstab des Abs. 2 nur für **einzelne Fallgruppen** konkretisiert werden kann und dass er im Zeitablauf mit der Häufung bestimmter Schäden oder der Verbilligung gewisser Präventionsmethoden zu anderen Ergebnissen führen kann; was heute höchster professioneller Sorgfalt entspricht, kann morgen ungenügend sein.

**b) Einzelfälle**[173]. Eine wichtige Fallgruppe betrifft Schäden, die aus der **Teilnahme** **43** **am Straßenverkehr** entstehen. Dabei wurden als **vermeidbar** solche Schäden angesehen, die sich infolge von Ausweichmanövern[174] oder Notbremsungen[175] ergeben. Ebenso vermeidbar ist das Einschlafen des Fahrers am Steuer,[176] die Kollision mit einem ordnungsgemäß abgestellten Fahrzeug[177] sowie ein Unfall, der auf schlechte Straßenverhältnisse in der früheren Sowjetunion[178] oder auf überhöhte Geschwindigkeit an einer Baustelle zurückzuführen war.[179] Für vermeidbar hielten die Gerichte auch Unfälle, deren Entstehung unauf-

---

[169] BGH 28.2.1975, NJW 1975, 1597, 1598 sub IV 1.

[170] Vgl. auch die Kritik bei GroßkommHGB/*Helm* Rn. 34.

[171] *Haak* S. 144: „greater than normal effort"; *Putzeys* S. 246: „la plus grande diligence"; *Silber v. Islander Trucking,* [1985] 2 Lloyd's L.Rep. 243, 247: „utmost care, … short of the absurd"; *Clarke* S. 232 f. Nr. 74e; siehe auch BGH 28.2.1975, NJW 1975, 1597, 1599 sub IV 2: „äußerste nach den Umständen mögliche Sorgfalt"; wie BGH GroßkommHGB/*Helm* Rn. 33; Thume/*Thume* Rn. 96; OGH Wien 29.6.1983, JBl. 1984, 152 = *Greiter* S. 192, 193: „Anwendung äußerster, nach den Umständen des Falles möglicher und vernünftigerweise zumutbarer Sorgfalt"; ebenso OGH Wien 10.7.1991, TranspR 1991, 422, 423; jüngst 14.11.2012, TranspR 2013, 232; *Grönfors,* Allmän transporträtt, 5. Aufl. 1977, S. 85: „mycket hög grad av aktsamhet (sehr hoher Sorgfaltsgrad)"; die italienische Literatur spricht deutlich schwächer von „diligenza professionale", vgl. *Pesce* S. 212; *Silingardi* S. 154.

[172] Vgl. auch *Koller* Rn. 22 f.; GroßkommHGB/*Helm* Rn. 34: wirtschaftliche Zumutbarkeit; für das Kriterium der Wirtschaftlichkeit auch Ferrari/*Otte,* Int. Vertragsrecht, Rn. 64 und 67 ff.; Zumutbarkeit hinsichtlich Zeit- und Kostenaufwand: OGH 14.11.2012, TranspR 2013, 232; *Basedow* TranspV S. 487 ff.; besonders eingehend *Kötz/Wagner,* Deliktsrecht, 11. Aufl. 2010, Rn. 59 ff.

[173] Vgl. auch die Nachweise bei GroßkommHGB/*Helm* Rn. 76 ff., *Koller* Rn. 24 ff. und *Lamy* 2013 Rn. 772.

[174] Vgl. Trib.com. Namur 27.7.1965, ETR 1966, 133 sowie Hof Brüssel 6.4.1977, ETR 1977, 881, wobei hier aber die eigentliche Schadensursache in einer fehlerhaften Stauung lag.

[175] Kh. Antwerpen 30.9.1970, Jur.Anv. 1970, 123; Cour Paris 27.1.1970, BT 1970, 100, 101.

[176] Rb. Dordrecht 18.5.1966, ETR 1968, 416.

[177] Hof 's-Gravenhage 3.6.1976, S. & S. 1977, Nr. 3.

[178] OLG Hamburg 29.5.1980, VersR 1980, 950, 951 und VersR 1981, 539 mit Anm. *Bischof.*

[179] OLG Düsseldorf 24.3.1983, TranspR 1984, 14, 15.

geklärt blieb,[180] ferner die vorhersehbare Vereisung der Straße,[181] und Unfälle, die durch Defekte des Fahrzeugs wie etwa einen Reifenplatzer[182] oder einen Funktionsfehler der Einspritzpumpe entstanden, wenn des Fahrzeug dadurch zum Anhalten genötigt war und eine unübersichtliche Verkehrslage schuf, in der es zu einem Auffahrunfall kam.[183] Ebenso vermeidbar ist das Umstürzen eines Lkw infolge des mit überhöhter Geschwindigkeit und ungebremsten Durchfahrens von bei ordnungsgemäßer Sorgfalt erkennbaren Schlaglöchern auf der Autobahn[184] sowie ein Unfall wegen einer zu niedrigen Brückendurchfahrt auf einer behördlich vorgeschriebenen Route.[185] **Unvermeidbar** ist dagegen ein Schaden, der entsteht, weil ein entgegenkommendes Fahrzeug ins Schleudern gerät und mit dem Lkw des Frachtführers zusammenstößt, der mit einer verkehrsangepassten Geschwindigkeit fährt,[186] ebenso ein Unfall, der durch Auffahren eines Dritten auf das ordnungsgemäß geparkte Fahrzeug des Frachtführers[187] oder sonst durch ausschließliches Verschulden eines Dritten entstanden ist.[188] Unvermeidbar ist ein Unfall, der durch das plötzliche Ausscheren eines entgegenkommenden Fahrzeugs[189] oder bei dichtem Nebel durch Auffahren infolge eines Bremsmanövers trotz Warnlichtern verursacht wird.[190]

**44**    Der **Brand des beladenen Fahrzeugs,** das der Fahrer in der Nähe seiner Wohnung abgestellt hatte, war **vermeidbar,** selbst wenn er durch Brandstiftung verursacht wurde.[191] Ebenso verhält es sich, wenn Lkw und Ladung in Spanien in Brand gesetzt werden, während der Fahrer in seinem Fahrzeug, das er auf einem Parkplatz inmitten zweier anderer Fahrzeuge geparkt hatte, schlief.[192] In solchen Fällen ist es im Allgemeinen möglich und geboten, für eine Bewachung des Fahrzeugs zu sorgen. **Unvermeidbar** ist dagegen der Brand eines transportierten Pkw, wenn die Brandursache nach den Feststellungen des Sachverständigen entweder in der Elektrik des transportierten Gutes oder in einer vorsätzlichen Brandstiftung liegt.[193] Unvermeidbar ist die Zerstörung durch Feuer auch, wenn der Lkw zur Verschiffung auf einem Parkplatz in einem Fährhafen abgestellt war und das Feuer durch Schweißarbeiten an einem daneben abgestellten Lkw eines anderen Unternehmers entstanden ist.[194] Dasselbe gilt, wenn die Ladung nach einem Überfall während einer Nachtfahrt ohne Konvoi in Polen von den Tätern in Brand gesetzt wurde.[195]

**45**    Die meisten Entscheidungen, die Art. 17 Abs. 2 anwenden, haben Fälle von Diebstahl und Raub zum Gegenstand. Wenn unbewacht abgestellte Fahrzeuge mit ihrer Ladung gestohlen werden, lehnen die Gerichte ausnahmslos eine Haftungsbefreiung ab. Als **vermeidbar** angesehen wurde der **Diebstahl** eines während des Wochenendes in einer Halle des Beförderers oder auf dem Gelände einer Tankstelle abgesperrt geparkten Lkw,[196]

---

[180] OLG Bremen 12.2.1976, VersR 1976, 584; Cour Paris 1.12.1992, BTL 1993, 115: Massenauffahrunfall im Nebel.

[181] OLG Saarbrücken 10.2.1971, VersR 1972, 757, 758.

[182] OGH Wien 10.7.1991, TranspR 1991, 422; siehe auch Rn. 50.

[183] OLG Hamm 13.5.1993, NJW-RR 1994, 294.

[184] OLG Zweibrücken 4.3.2004, VersR 2005, 97.

[185] BGH 10.4.2003, TranspR 2003, 303 abl. *Thume;* zust. *Widmann* TranspR 2004, 28; gegenteilig OLG Celle 7.9.2000, TranspR 2001, 119.

[186] BGH 28.2.1975, NJW 1975, 1597; OLG München 16.1.1974, ETR 1974, 615, 620 f.

[187] Cour Paris 13.12.1976, BT 1977, 37.

[188] Hof Antwerpen 13.10.1986, ETR 1987, 443; Hof 's-Hertogenbosch 26.1.1994, S. & S. 1994 Nr. 87; anders für den Fall des Mitverschuldens eines Dritten Hof 's-Gravenhage 3.6.1976, S. & S. 1977 Nr. 3; siehe auch *Ponet/Willems* Rev.dr.com.belge 1992, 744.

[189] Antwerpen 31.10.1997, ETR 1998, 835; Antwerpen 30.1.1998, ETR 1998, 842.

[190] Brüssel 31.5.1996, ETR 1996, 586.

[191] BGH 5.6.1981, VersR 1981, 1030 = ETR 1982, 301; Hof 's-Gravenhage 22.3.1985, S. & S. 1985 Nr. 121.

[192] OLG Düsseldorf 12.1.1984, TranspR 1984, 102; Hof Brüssel 12.12.1977, BT 1978, 39; Rb. Alkmaar 8.6.1967, S. & S. 1968 Nr. 13.

[193] OLG München 27.2.1987, TranspR 1987, 185.

[194] Kh. Antwerpen 4.1.1991, Jur.Anv. 1992, 216.

[195] OLG Köln 3.12.1998, TranspR 2000, 462.

[196] BGH 21.12.1966, NJW 1967, 499; Rb. Amsterdam 31.5.1995, S. & S. 1995 Nr. 101; Pres. Rb. Rotterdam 13.3.1995, S. & S. 1996 Nr. 57; ähnlich Hof Antwerpen 20.12.1999, ETR 2000, 687; Trib.comm.Liège 13.12.1977, Jur.Anv. 1977/78, 268: Diebstahl vom hochumzäunten Gelände.

ebenso der Diebstahl eines Lkw, der nur eine Stunde unbeaufsichtigt vor dem Zollhof Turin abgestellt war,[197] der Diebstahl eines Fahrzeugs in Mailand, das beide Fahrer gleichzeitig zum Kauf von Proviant verlassen hatten,[198] der Diebstahl eines während fünf Stunden unbeaufsichtigt an der Straße abgestellten Fahrzeugs in Mailand,[199] der Diebstahl eines für mehrere Stunden ungesichert am Straßenrand in Frankreich abgestellten Anhängers;[200] der Diebstahl eines unbeaufsichtigt auf einem Parkplatz vor einer portugiesischen Mautstelle über einen längeren Zeitraum abgestellten beladenen Anhängers[201] und auch der Diebstahl eines unbewachten Fahrzeugs, selbst wenn es abgesperrt und eine technische Diebstahlsicherung eingeschaltet war.[202] Vermeidbar ist auch der Diebstahl durch Erfüllungsgehilfen.[203] Eine Haftungsbefreiung lehnten die Gerichte ferner ab, wenn das gestohlene Fahrzeug über Nacht auf dem Parkplatz einer Autobahn,[204] auf einem öffentlichen Parkplatz in einer französischen Stadt,[205] vor dem Werkstor des Empfängers in der Nähe von Marseille,[206] auf dem Gelände eines Zollhofs,[207] auf einem Bahnhofsvorplatz[208] oder auf dem zwar unbewachten aber umzäunten Betriebshof eines italienischen Unternehmens[209] abgestellt worden war. Keinen Unterschied macht es, wenn der Frachtführer Vorkehrungen gegen den Diebstahl traf, wenn er etwa den Lkw über Nacht auf einem Industriegelände mit den Türen zur Wand parkte,[210] wenn das Fahrzeug über das Wochenende auf einem nicht bewachten Ortsparkplatz in Oberitalien mit eingeschalteter elektrischer Diebstahlssicherung abgestellt war[211] oder wenn das Fahrzeug durch Unterbrechen der Stromzufuhr, Abschalten der Dieselpumpe sowie durch Kette um Lenkrad und Pedale gesichert war.[212] Selbst das Abstellen eines beladenen Sattelaufliegers für mehrere Tage einem bewachten Parkplatz allein genügt nicht; der Fahrer muss sich vielmehr vergewissern, in welcher Weise sichergestellt wird, dass nicht unbefugte Personen den Auflieger mit einer Ersatzzugmaschine entfernen können.[213] **Unvermeidbar** ist jedoch ein Diebstahl der Ladung während einer arbeitszeitbedingten Übernachtungspause auf einem nicht bewachten Parkplatz in Südholland, wenn der Absender die Durchführung der Fahrt mit zwei Fahrern gegen Ersatz der Mehrkosten abgelehnt hat.[214] Als **vermeidbar** gelten **Falschauslieferungen,** wenn etwa der Fahrer das Gut an einen anderen als im Frachtbrief angegebenen Ort ohne jegliche Überprüfung abliefert,[215] wenn an unbekannte Personen ausgeliefert wird ohne deren Identität zu überprüfen,[216] wenn der Fahrer sich weisungswidrig die Originalrechnung nicht vorlegen lässt und die Güter auf Grund von Angaben einer

---

[197] OLG München 27.3.1981, VersR 1982, 264; ähnlich Cour Aix-en-Provence 11.3.1969, BT 1969, 389; Rb. Rotterdam 11.3.1994, S. & S. 1995 Nr. 47.

[198] OLG Celle 13.6.1977, VersR 1977, 860; ebenso in *Michael Galley Footwear Ltd. v. Laboni* [1982] 2 All E. R. 200 = [1985] 2 Lloyd's Rep. 251: Diebstahl während Restaurantbesuch des Fahrers.

[199] Barcelona 28.9.1995, ULR 1996, 596.

[200] OLG Saarbrücken 16.7.2008, TranspR 2008, 409.

[201] OLG Hamburg 7.6.2001, TranspR 2002, 108.

[202] OGH Wien 6.9.1983, TranspR 1984, 11; Cour Mons 14.5.2002, ETR 2004, 99.

[203] Rb. Antwerpen 16.5.1997, ETR 1999, 119.

[204] KG Berlin 11.1.1995, TranspR 1995, 342, 344; Hof 's-Hertogenbosch 21.5.1990, S. & S. 1992 Nr. 77; ähnlich OGH Wien 15.12.1981, TranspR 1984, 282 = *Greiter* S. 119.

[205] OLG München 17.7.1991, TranspR 1991, 427; ähnlich Cour Paris 15.12.1977, BT 1978, 53.

[206] Rb. Utrecht 10.2.1993, S. & S. 1993 Nr. 132.

[207] Kh. Antwerpen 3.3.1976, ETR 1977, 437; OLG Düsseldorf 27.3.1980, VersR 1980, 826, 827.

[208] Cass.com. 14.12.1981, ETR 1983, 51.

[209] OLG Bremen 11.1.2001, TranspR 2001, 166, 168.

[210] OLG Düsseldorf 30.6.1983, VersR 1984, 980.

[211] OLG Karlsruhe 8.6.2001, VersR 2003, 1329.

[212] OLG Düsseldorf 25.6.1981, VersR 1982, 606; ähnlich OGH Wien 6.9.1983, TranspR 1984, 11.

[213] OLG Oldenburg 25.9.1996, TranspR 1997, 29, 31.

[214] OLG Wien 26.3.2004, TranspR 2004, 364.

[215] Cour cass. 29.4.2003, ULR 2003, 1014.

[216] OLG Düsseldorf 20.3.1997, TranspR 1997, 425, 427; OLG Stuttgart 13.10.1999, TranspR 2001, 127, 129; LG Berlin 26.1.2000, TranspR 2000, 255, 257; vgl. auch OLG Hamburg 28.7.1999, TranspR 2000, 176, 177; LG Hamburg 23.1.1996, TranspR 1998, 117.

nicht näher überprüften Person an einen vom Frachtbrief abweichenden Entladeort bringt[217] oder umlädt.[218]

**46**    Weniger einheitlich ist das Bild bei **Raubüberfällen**. Ereignen sie sich **während der Fahrt**, werden sie im Allgemeinen als **unabwendbar** beurteilt;[219] zutreffend wird darauf verwiesen, dass eine größere kriminelle Energie nötig ist, einen fahrenden Lkw infolge der durch seine Fortbewegung auftretenden mechanischen Kräfte zu stoppen und zu berauben als ein stehendes Fahrzeug zu überfallen.[220] **Abwendbar**keit ist hingegen gegeben, da das Fahren mit diebstahlgefährdeter Ware ohne möglichen Begleitschutz durch Polen nicht der geforderten Sorgfalt entspreche.[221] Auch ist der Frachtführer nicht von der Haftung befreit, wenn der im Zuge eines Raubes erschossene Fahrer beim leeren Lkw mit laufendem Motor aufgefunden wird, der Tathergang aber unklar ist.[222] Vermeidbar ist auch ein Raub in Polen mit dem sog. „Reifentrick".[223] Hat der Fahrer das Fahrzeug auf einem öffentlichen Parkplatz **abgestellt,** um im Lkw zu übernachten, und wird ihm der Wagen unter Anwendung von Waffengewalt entwendet, so lassen die Gerichte eine Haftungsbefreiung meist scheitern, weil der Frachtführer für eine sichere Übernachtung auf einem bewachten Gelände hätte sorgen können[224] oder dem Lkw einen zweiten Fahrer hätte mitgeben müssen.[225] Für zumutbar weil begründet wird dabei auch ein begrenztes Abweichen von den Lenkvorschriften erachtet, wenn in 50–60 km Entfernung ein bewachter Parkplatz aufgesucht werden könnte, anstelle das Fahrzeug vor dem verschlossenen Tor eines beleuchteten Gewerbegrundstücks abzustellen.[226] Uneinheitlich ist auch die Judikatur bei Raubüberfällen **im Zuge eines kurzen Zwischenhalts.** Nach überwiegender Auffassung ist der Beförderer von seiner Haftung befreit, wenn der Raubüberfall während eines kurzen Zwischenhalts,[227] zB um nach dem Weg zu fragen, geschieht. Abweichendes gilt, wenn der bei Dunkelheit gegen 22.00 Uhr eintreffende Fahrer gezwungen ist anzuhalten und Dritte nach dem Weg zu fragen, weil er weder mit einem Stadtplan vom Empfangsort noch zumindest

---

[217] OLG Hamburg 30.11.1995, TranspR 1996, 280, 282.
[218] BGH 13.7.2000, TranspR 2000, 409; Vorinstanz OLG Köln 16.1.1998, TranspR 1999, 203, 204.
[219] BGH 13.11.1997, TranspR 1998, 250; OLG Köln 3.12.1998, TranspR 2000, 462; OLG Karlsruhe 29.5.2002, TranspR 2004, 126, 127; OGH Wien 19.1.1994, VersR 1994, 1455, 1456; OLG Linz 8.7.1993, TranspR 1994, 64; Cour Rouen 30.5.1984, BT 1984, 598: Räuber waren als Polizisten verkleidet; vgl. auch Hof Antwerpen 25.10.2004, ETR 2006, 79.
[220] BGH 13.11.1997, TranspR 1998, 250.
[221] OLG Hamburg 4.10.2001, TranspR 2002, 109, 111.
[222] OLG Saarbrücken 15.2.2000, TranspR 2001, 453.
[223] OLG Bremen 11.5.2000, TranspR 2001, 75.
[224] BGH 29.10.2009, TranspR 2010, 200, 202; Cass.com. 18.3.1986, BT 1986, 251; Cass.com. 14.5.1991, ETR 1992, 124; OGH Wien 8.3.1983, TranspR 1983, 138; Oberster Gerichtshof Dänemark 24.6.1997, ETR 1998, 52; OLG Hamburg 1.4.1982, VersR 1982, 1171, 1172; Cour Paris 19.10.1987, BT 1988, 73; Rb. Leeuwarden 11.8.1994, S. & S. 1995 Nr. 102; LG Frankfurt/M. 21.12.1995, TranspR 1996, 288; Cour cass. 30.6.2004, ULR 2005, 632: Raubüberfall auf hell erleuchtetem Parkplatz einer Autobahnraststätte; Cour Paris 1.7.1999, TranspR 2001, 130; LG Darmstadt 28.2.1996, VersR 1997, 1381; vgl. dazu auch BGH 8.10.1998, TranspR 1999, 59; OLG Hamm 6.1.1997, TranspR 2000, 179: nicht ausreichend ist ein Gelände, welches nur von einem Wächter bewacht wird und ohne Kontrolle durch Einwurf eines Chips verlassen werden kann; OLG München 27.10.2000, TranspR 2001, 125: befreiend, wenn kein gesicherter Parkplatz zur Verfügung stand. Befreiend, wenn der Empfänger dem Fahrer verboten hatte, den beladenen Lkw über Nacht bis zur morgendlichen Entladung auf seinen abgezäunten und bewachten Fabrikhof zu stellen, Hof Amsterdam 20.10.1994, S. & S. 1995 Nr. 60, oder wenn der Empfänger entgegen seiner Zusage zu der mitternächtlich Ankunftszeit nicht anwesend war und der Fahrer während der Wartestunden Opfer eines Überfalls wurde; Rb. Leeuwarden 6.11.1994, S. & S. 1996 Nr. 56.
[225] *Silber Ltd. v. Islander Trucking,* [1985] 2 Lloyd's L.Rep. 243, 250; ähnlich in einem Diebstahlsfall BGH 16.2.1984, VersR 1984, 551 = TranspR 1984, 182, 183; vgl. auch BGH 17.4.1997, TranspR 1998, 25; OLG Hamburg 1.4.1982, VersR 1982, 1172; OLG Hamm 6.1.1997, TranspR 2000, 179; Trib.com Paris 9.6.1983, BT 1983, 457, 459; kritisch etwa *Lemius-Daub* BTL 1994, 431, 432; *Heuer* TranspR 1994, 107 f.
[226] Hoge Raad 17.4.1998, ETR 1999, 82; anders Rb. Rotterdam 11.11.1994, S. & S. 1995 Nr. 103: Raubüberfall während gesetzlicher Ruhepause auf Autobahnparkplatz bei Caserta ist unvermeidbar.
[227] OLG Zweibrücken 17.12.1996, TranspR 1997, 369; LG Aachen 29.10.1993, TranspR 1994, 241; LG Ravensburg 21.12.1993, TranspR 1994, 117; aA Cass.com. 5.1.1988, BT 1988, 103; anders jetzt Cour cass. 8.10.2003, ULR 2004, 212.

mit einer genauen Wegbeschreibung zur Empfängeradresse ausgestattet ist.[228] Auch bei einem Raubüberfall, der während des Halts an einer roten Ampel verübt wurde, wurde als vermeidbar beurteilt, weil der Fahrer die Beifahrertüre nicht verschlossen hatte.[229] Ebenso entspricht ein nur kurzes Anhalten auf gefährlicher Wegstrecke mit einer diebstahlgefährdeten Ladung entlang der Straße an einem nicht überwachten Ort nicht der geforderten Sorgfalt,[230] ebenso wenig das Abstellen des Fahrzeugs auf einem unbewachten Tankstellengelände für Imbiss und Toilette.[231] Raubüberfälle, die **im Zuge fingierter hoheitlicher Kontrollen** verübt werden, werden zum Teil als unvermeidbar angesehen.[232] Werden jedoch seitens des Fahrers übliche Sorgfaltsmaßnahmen missachtet, etwa bei der Kontrolle selbst[233] oder schon bei der Fahrt, etwa durch Unterlassen des Fahrens im Konvoi von zwei Lkw, welches keine weiteren Kosten verursachen würde,[234] bleibt dem Frachtführer die Haftungsbefreiung verwehrt.

**Stellungnahme.** Es liegt auf der Hand, dass Stopps notwendig sind, und auch die **47** Mitnahme eines zweiten Fahrers hier nicht hilft, denn sie mindert nicht die mit ihnen verbundene besondere Gefahr. Zu bedenken ist die Gefahr kollusiven Zusammenwirkens zwischen der organisierten Kriminalität und einzelnen Mitarbeitern von Speditionen und Transportunternehmen. Indem Gerichte in bestimmten Fallgruppen Haftungsausnahmen gewähren, leisten sie indirekt und ungewollt solchen Entwicklungen und jedenfalls der Nachlässigkeit der Transportunternehmen Vorschub, da sie den Fahrern Szenarien an die Hand geben, in denen ihr Arbeitgeber, der Beförderer, nicht zu haften braucht und folglich gleichgültiger sein wird, etwa bei der nachträglichen Aufklärung und bei der Vermeidung künftiger ähnlicher Schadensfälle. Wenn Fahrer solche Geschehensabläufe glaubhaft und widerspruchsfrei behaupten, brauchen sie im Übrigen mit Widerlegung kaum zu rechnen. Wenn ein Lkw frühmorgens auf einem italienischen Autobahnparkplatz überfallen und entwendet wurde, lässt sich später oft nicht aufklären, ob der Fahrer die vorangehende Nacht im Wagen geschlafen hat (volle Haftung) oder, wie er selbst behauptet, dort nur einen Zwischenstopp gemacht hat, weil ihn ein menschliches Bedürfnis überkam, weil er die Tachographenscheibe auswechseln wollte oder weil er sich über den weiteren Weg informieren musste (Haftungsbefreiung). Je genauer Gerichte dem Einzelfall Rechnung tragen, desto eher liefern sie ungewollt zugleich eine Anweisung für die weitgehende Aushöhlung der im Grunde strengen und gut begründeten Rechtsprechung zu Diebstahl und Raub. Um dies zu vermeiden, sollten Gerichte allerhöchste Anforderungen an die Vorausplanung von Transporten, dh. von Route und Haltepunkten stellen. So sollen zur Einhaltung von Ruhepausen grundsätzlich **bewachte Parkplätze** aufgesucht werden können[235] oder die Abfahrtszeit so gewählt werden, dass bei Helligkeit entladen werden kann;[236] hohe Anforderungen infolge des **erhöhten Entwendungsrisikos** bestehen bei leicht absetzbarer Ware wie Bekleidung,[237] Zigaretten,[238] Pkw,[239] elektronischen Geräten[240] etc.; entschei-

---

[228] BGH 13.4.2000, TranspR 2000, 407, 409.

[229] OGH Wien 13.9.1990, RdW 1991, 46 = JBl. 1992, 124.

[230] Turnhout 30.6.1997, ETR 1998, 139; ähnlich Gent 11.2.1997, ETR 1998, 121.

[231] Cour cass. 29.2.2000, ETR 2000, 769.

[232] OLG Karlsruhe 21.12.2000, TranspR 2003, 347, 348; OLG Stuttgart 1.8.2007, TranspR 2007, 322, 324 (Slowakei); LG Karlsruhe 24.3.2006, VersR 2006, 1431; LG Bremen 8.4.1998, TranspR 1998, 469.

[233] BGH 18.1.2001, TranspR 2001, 369.

[234] LG Hamburg 23.9.2001, TranspR 2003, 351.

[235] Vgl. zu vorgeschriebenen Ruhezeiten OLG Köln 27.9.2005, TranspR 2007, 316, 319; diesen Anforderungen infolge ihrer mangelnden Praktikabilität kritisch gegenüber Jabornegg/Artmann/*Csoklich* Art. 17–19 Rn. 13.

[236] OLG Saarbrücken 5.4.2006, TranspR 2007, 63, 65.

[237] BGH 17.4.1997, TranspR 1998, 25.

[238] OLG Hamburg 14.5.1996, TranspR 1997, 101.

[239] BGH 13.4.2000, TranspR 2000, 407; OLG Saarbrücken 5.4.2006, TranspR 2007, 63, 65: Neufahrzeuge der Marke Audi.

[240] Computer: OLG Köln 27.9.2005, TranspR 2007, 316, 319; OLG Koblenz 20.5.2010, TranspR 2010, 442, 444; Computerfestplatten: BGH 6.6.2007, TranspR 2007, 423, 424; Notebooks: BGH 30.9.2010, TranspR 2010, 437, 440 = VersR 2011, 819 = ETR 2010, 625; Autoradios: BGH 1.7.2010, TranspR 2011, 78 = VersR 2011, 373 = ETR 2011, 346; LCD-Fernseher: LG Berlin 13.10.2010, TranspR 2011, 188.

dend kann auch die Wahl der zu fahrenden **Strecke** sein. So hat der Fahrer in einem Fall möglicherweise den Überfall erleichtert, weil er eine gefährliche Wegstrecke befuhr, die ihm zusätzlichen Halt aufnötigte und die Gefahren dadurch unnötig erhöhte.[241] Auf manchen Strecken empfiehlt sich das Fahren im Konvoi[242] usw.[243]

**48** **Sonstige Risiken.** Schäden infolge heftiger **Stürme** oder **Wolkenbrüche**[244] sind vermeidbar, ebenso **Glatteis**[245] und **Frostschäden,** weil die Frostgefahr in den Wintermonaten in weiten Teilen Europas, darunter Nordfrankreich, Deutschland und die Niederlande, ohne weiteres vorhersehbar ist.[246] Der Frachtführer hat sich jedenfalls vor Antritt der Fahrt über die Befahrbarkeit der beabsichtigten Strecke zu vergewissern.[247] Vermeidbar sind auch **Nässeschäden,** die dadurch entstehen, dass das verladene Gut die vorgesehenen Ausmaße übersteigt und deshalb von der Plane nicht mehr abgedeckt wird.[248] Ebenso liegen die Dinge, wenn der Fahrer trotz Schneegestöber und Wind nichts unternimmt, um eine Durchfeuchtung des übernommenen Gutes zu verhindern.[249] Vermeidbar ist ferner die Beschädigung des Gutes bei **Verladung des Lkw auf ein Schiff.**[250] Keine Haftungsbefreiung bedeutet im Regelfall der **Streik** von Zöllnern[251] oder Hafenarbeitern[252] sowie die **Lkw-Blockade,** es sei denn der Beförderer konnte dies nicht voraussehen und hatte keine Möglichkeit zum Ausweichen.[253] Unvermeidbar ist hingegen, wenn eine Fähre infolge Schlechtwetters nicht ausläuft.[254] Dasselbe gilt, wenn nach der Verladung des Fahrzeugs auf einer Fähre ein wilder Streik ausbricht[255] oder die Fährverbindung versäumt wird, weil der Absender zu spät verlädt.[256] Unvermeidbar ist ferner der Verspätungsschaden, der durch die unvorhersehbare Schließung eines Tunnels oder sonstigen Verkehrsengpasses entsteht, wenn der Fahrer sich vorab über die Verkehrslage informiert, aber eine unzutreffende Auskunft erhalten hat,[257] und auch eine Lkw-Blockade kann von der Haftung befreien, wenn keine praktische Ausweichmöglichkeit besteht.[258] Vermeidbar ist eine **Beschlagnahme** bei offensichtlich unzureichenden Begleitdokumenten,[259] unvermeidbar hingegen eine Beschlagnahme durch die örtliche Polizei wegen Unruhen am Bestimmungsort.[260] Unvermeidbar ist die Beschädigung des Transportgutes (Pkw) auf einem offenen Transporter, welcher auf einem bewachten Parkplatz in Moskau abgestellt war.[261]

**49** **6. Mängel des Fahrzeugs (Abs. 3).** Gemäß Abs. 3 kann sich der Frachtführer nicht dadurch von seiner Haftung befreien, dass er sich auf Mängel des für die Beförderung

---

[241] Antwerpen 7.11.1995, ETR 1998, 114.

[242] Etwa Hoge Raad 24.4.2009, ETR 2009, 707.

[243] Zu den Anforderungen an die Planung der Route BGH 29.10.2009, TranspR 2010, 200, 202; OLG Stuttgart 20.4.2011, TranspR 2011, 340, 343.

[244] Hof Brüssel 25.5.1972, Jur.Anv. 1972, 219: Sturm; Rb. Amsterdam 11.3.1964, ETR 1966, 738; Cour Paris 3.11.1977, BT 1978, 14: Wolkenbruch.

[245] Cour Bordeaux 9.2.1972, BT 1972, 114.

[246] Cour Nîmes 18.5.1988, BT 1988, 472; Cour Montpellier 28.2.1985, BT 1985, 600.

[247] OLG Düsseldorf 3.6.1993, NJW-RR 1994, 1523; zu zumutbaren Maßnahmen *Schriefers/Schlattmann* TranspR 2009, 402 ff.

[248] OLG Düsseldorf 18.10.1984, TranspR 1985, 105.

[249] Landesgericht Salzburg 29.6.1990, TranspR 1991, 62.

[250] *Thermo Engineers Ltd. v. Ferrymasters Ltd.,* [1981] 1 All E. R. 1142 mit kritischen Anm. *C.M.C.C.* in J.Bus.L. 1981, 309, 311; als für den Frachtführer unvermeidbar wurde auch der Brand auf einer Fähre angesehen von Hof 's-Hertogenbosch 23.3.1994, S. &. S. 1994 Nr. 86.

[251] Cour Paris 27.5.1980, BT 1980, 435; ähnlich OLG Hamm 6.12.1993, TranspR 1994, 195, 196 für verlängerten Aufenthalt am Zoll; allgemein zur Haftung bei Streiks *Ehmen* TranspR 2007, 354.

[252] Cass.com 9.10.1974, BT 1974, 491.

[253] Hof 's-Gravenhage 3.9.1991, S. & S. 1993 Nr. 26; LG Hamburg 29.7.1994, RIW 1994, 775: Hafenchaos in Klaipeda.

[254] OLG Düsseldorf 27.2.1997, TranspR 1998, 194.

[255] Hof Gent 30.4.1997, ETR 1997, 606.

[256] OLG Düsseldorf 27.2.1997, TranspR 1998, 194.

[257] Rb. Amsterdam 9.2.1977, S. & S. Nr. 67.

[258] Hof 's-Gravenhage 3.9.1991 S. & S. 1993 Nr. 26 S. 99 (Rechtbank) und 100 (Hof).

[259] OLG Düsseldorf 23.12.1996, TranspR 1997, 422.

[260] OGH Wien 12.11.1996, TranspR 1997, 104, 107.

[261] OLG Hamburg 7.12.1995, TranspR 1996, 283.

verwendeten Fahrzeugs, auf ein Verschulden des Vermieters des Fahrzeuges oder auf ein Verschulden von dessen Bediensteten beruft. Damit wird das Prinzip einer Verschuldenshaftung mit verschärftem Sorgfaltsmaßstab und umgekehrter Beweislast durchbrochen und für den Fall, dass die Beschädigung oder der Verlust des Transportgutes oder die Überschreitung der Lieferfrist auf einem Fahrzeugmangel beruhen, im Interesse der Prozessvermeidung durch eine verschuldensunabhängige Erfolgshaftung nach dem Prinzip der Risikosphären ersetzt.[262] Voraussetzung ist lediglich, dass zwischen Schaden und Fahrzeugmangel ein unmittelbarer Kausalzusammenhang besteht.[263] Die Vorschrift begründet eine **Einschränkung von Art. 17 Abs. 2,** setzt also voraus, dass im Grunde eine Haftungsausnahme gemäß Abs. 2 bestünde, wäre der Schaden nicht durch den Fahrzeugdefekt verursacht worden. Die Haftungsbefreiung gemäß Abs. 4 wird dagegen durch Abs. 3 nicht eingeschränkt; andernfalls wäre Art. 18 Abs. 4 überflüssig.[264] Von den Haftungsbefreiungen in Abs. 2 ist praktisch vor allem die 4. Alternative betroffen. Hat der Schaden neben dem Defekt des Fahrzeugs noch eine weitere Ursache, etwa Verschulden des Absenders, so kann sich der Frachtführer auf Letzteres berufen, und es kommt zur Schadensteilung gemäß Abs. 5.[265]

Der **Begriff des Fahrzeugmangels** ist weit auszulegen[266] und umfasst alle Fälle, in **50** denen das Fahrzeug nicht die vereinbarten oder aus der Sicht des Frachtführers erkennbar zum vertragsgemäßen, sicheren Transport des Gutes erforderlichen Eigenschaften aufweist.[267] Dies betrifft zunächst die **Verkehrstüchtigkeit:** hierher zählen alle Arten von technischen Defekten, also etwa Getriebeschäden,[268] Bremsdefekte,[269] Fehler der Einspritzpumpe[270] und Reifenmängel. Letztere fallen allerdings nach hM dann nicht unter Abs. 3, wenn sie durch äußere, nicht im Verantwortungsbereich des Frachtführers liegende Umstände verursacht wurden; solche Umstände werden vielfach den Haftungsausschlussgründen im Sinne von Abs. 2 zugerechnet.[271] Fahrzeugmängel können sich ferner auf die **Ladungstüchtigkeit** zu dem vereinbarten Transport beziehen. Hierher gehören etwa die Fälle undichter Abdeckplanen und anderweitig defekter Aufbauten,[272] brüchiger Befestigungsgurte,[273] fehlender Spanngurte[274] sowie das Fehlen einer Laderampe, wenn es dazu führt, dass das Gut nicht sicher transportiert werden kann.[275] Mangelhaft iSv. Abs. 3 ist auch ein **verschmutztes Transportfahrzeug,**[276] sofern eine ordnungsgemäße Beförde-

[262] OGH Wien 21.2.1996, TranspR 1996, 422; *Jesser* S. 51; GroßkommHGB/*Helm* Rn. 35; *Ramberg* ETR 1974, 2, 14; *Heuer* S. 59; Jabornegg/Artmann/*Csoklich* Art. 17–19 Rn. 19.
[263] OGH Wien 21.2.1996, TranspR 1996, 422; *Koller* Rn. 34; GroßkommHGB/*Helm* Rn. 40; vgl. hierzu auch *Clarke* S. 243 Nr. 75 f.
[264] OLG Hamburg 27.10.1988, TranspR 1989, 318; *Clarke* S. 243 Nr. 75 f.; *Haak* S. 172; *Herber/Piper* Rn. 79; EBJS/*Boesche* Rn. 37; aA OGH Wien 21.2.1996, TranspR 1996, 422; OGH Wien 13.2.2003, TranspR 2003, 311; Fremuth/Thume/*Thume* Rn. 53.
[265] *Silingardi* S. 143; *Koller* Rn. 34; ähnlich Zivilgericht Basel-Stadt 19.4.1991, TranspR 1992, 408, 409: Beladung des Lkw durch Absender trotz Kenntnis des Fahrzeugmangels führt zur vollständigen Haftungsbefreiung.
[266] Allgemeine Meinung: OGH Wien 13.2.2003, TranspR 2003, 311; *Rodière* BT 1974, 280 Nr. 76; *Loewe* ETR 1976, 556 Nr. 155; *Thume* VersR 2000, 821; Thume/*ders.* Rn. 113; EBJS/*Boesche* Rn. 38; Jabornegg/Artmann/*Csoklich* Art. 17–19 Rn. 19; in der Sache auch *Putzeys* S. 255 f.; *Clarke* S. 244 f. Rn. 75 f.; *Glöckner* Rn. 40; aA *Haak* S. 152; *Herber/Piper* Rn. 85: nur technische Mängel, bei nicht vertragsgemäßem Vehikel Art. 17 Abs. 3.
[267] *Jesser* TranspR 1997, 99; *Koller* Rn. 34; GroßkommHGB/*Helm* Rn. 36.
[268] OLG Zweibrücken 23.9.1966, VersR 1967, 1145, 1146.
[269] OLG Düsseldorf 18.11.1971, VersR 1973, 177, 178.
[270] OLG Hamm 13.5.1993, NJW-RR 1994, 294.
[271] OGH Wien 26.6.1986, TranspR 1988, 147 = VersR 1987, 1255, 1256; 10.7.1991, TranspR 1991, 422; Rb. Rotterdam 21.1.1969, ETR 1969, 998; Kh. Antwerpen 9.4.1969, ETR 1969, 1028; zustimmend *Glöckner* Rn. 38; *Jesser* S. 52; *Loewe* ETR 1976, 556 Nr. 155; *Nickel-Lanz* S. 103 f. Nr. 132; *Herber/Piper* Rn. 82; Thume/*Thume* Rn. 120; EBJS/*Boesche* Rn. 40; *Hill/Messent* S. 127.
[272] *Walek & Co. v. Chapman & Ball,* [1980] 2 Lloyd's L. Rep. 279; OLG Frankfurt 25.10.1978, VersR 1978, 535; Cour Paris 26.5.1982, BT 1982, 503.
[273] Rb. Rotterdam 3.6.1983, S. & S. 1983 Nr. 111.
[274] OGH Wien 13.2.2003, TranspR 2003, 311.
[275] *Koller* Rn. 34; *Glöckner* Rn. 37.
[276] Cour Paris 22.1.1980, BT 1980, 239; OGH Wien 21.2.1996, TranspR 1996, 422; GroßkommHGB/*Helm* Rn. 37; *Jesser* TranspR 1997, 98, 99.

rung damit nicht zu erwarten ist. Ein Fahrzeugmangel liegt auch vor, wenn der Frachtführer einen ganz anderen Lkw stellt als vereinbart oder nach den Umständen zu erwarten wäre – also ein **aliud** –, wenn er etwa einen Gemäldetransport mit einem 25-Tonnen-Sattelauflieger statt mit einem kleineren, für Kunsttransporte besonders eingerichteten Lkw ausführt[277] oder wenn er Handelsmöbel statt im Möbelwagen auf einem „gewöhnlichen" Lkw beförderte.[278] Maßgebend ist die vereinbarte oder nach Kenntnis des Frachtführers betreffend die Eigenschaften des beförderten Gutes erforderliche Fahrzeugart. Hat sich der Frachtführer auf den Transport bestimmter Güter spezialisiert oder handelt es sich um häufig transportierte Güter, sind entsprechende Kenntnisse vorauszusetzen. Erweist sich ein Fahrzeug im Einzelfall für die Beförderung eines Gutes als ungeeignet, wird dies häufig dem Absender zuzurechnen sein, wenn er es geordert hat oder den Frachtführer nicht hinreichend über die Eigenschaften des Transportgutes informiert hat. Dadurch, dass der Absender mit dem Beförderer eine bestimmte Behandlung des Fahrzeugs (Reinigung durch eine bestimmte Firma) vereinbart hat, wird das Fahrzeug nicht „zu einem Fahrzeug des Verfügungsberechtigten."[279] Hält sich der Frachtführer an die diesbezüglichen Vorgaben, stellt er ein vertragsgemäßes Fahrzeug, eine Haftung nach Abs. 3 kommt nicht in Betracht; uU fällt dem Absender ein Verschulden zur Last. Bei offensichtlichen Mängeln ist eine Warnpflicht des Frachtführers anzunehmen.[280] Inwieweit der Absender durch Beladung des Fahrzeugs seine Einwilligung zu verstehen gibt und damit das spezifische Risiko der Beförderung mit einem ungeeigneten Fahrzeug so akzeptiert, als hätte er eine entsprechende Weisung erteilt, was zur Schadensteilung oder sogar zur Haftungsbefreiung nach Abs. 2 und 5 führen kann,[281] hängt vom entsprechenden Willen ab.[282] Nicht zu den Fahrzeugmängeln iSv. Abs. 3 gehören dagegen wegen der **Sonderregelung in Art. 18 Abs. 4** Defekte an den dort erwähnten klimatechnischen Einrichtungen.[283]

**51**    Unklar ist, wen die **Beweislast** für den Fahrzeugmangel und seine Schadensursächlichkeit trifft. Art. 18, der ein ausdifferenziertes System der Beweislastverteilung darstellt, schweigt zu dieser Frage, und die Auffassungen in der Literatur hierzu sind geteilt. Sieht man in Abs. 3 eine Gegenausnahme zur Haftungsausnahme von Abs. 2, Alt. 4, so ist die Annahme naheliegend, Abs. 3 ebenso zu behandeln wie die haftungsbegründenden Umstände gemäß Abs. 1; danach fiele die Beweislast dem Kläger zu.[284] So liegen die Dinge indessen nicht; Abs. 3 ist schon nach dem Wortlaut nichts weiter als eine einschränkende Konkretisierung von Abs. 2, Alt. 4; Abs. 3 stellt lediglich klar, dass Mängel des Fahrzeugs für den Frachtführer vermeidbar sind. Abs. 3 muss daher auch beweisrechtlich als Teil von Abs. 2 betrachtet werden. Da der Frachtführer gemäß Art. 18 Abs. 1 die Beweislast für die haftungsbefreienden Umstände des Abs. 2 trägt, muss er folglich positiv die Schadensursache und damit indirekt auch negativ beweisen, dass der Schaden nicht auf Defekte des Fahrzeugs zurückzuführen ist. Solange Zweifel daran bleiben, hat er nicht den Nachweis geführt, dass der Schaden durch Umstände verursacht wurde, die für ihn unvermeidbar waren.[285]

### IV. Haftungsausschlüsse wegen besonderer Gefahren (Abs. 4)

**52**    **1. Allgemeines.** Gemäß Art. 17 Abs. 4 ist der Frachtführer – vorbehaltlich der Regelungen in Art. 18 Abs. 2–5 – von seiner Haftung befreit, wenn der Verlust oder die Beschädi-

---

[277] Cour cass. 22.2.1994, BTL 1994, 263 = ETR 1994, 669.
[278] Zivilgericht Basel-Stadt 19.4.1991, TranspR 1992, 408, 409.
[279] So aber OGH Wien 28.2.2001, ETR 2003, 131 mit berechtigter Kritik durch *Koller* Rn. 34.
[280] *Jesser* TranspR 1996, 99 Fn. 8; *Koller* Rn. 34 Fn 308.
[281] Zivilgericht Basel-Stadt 19.4.1991, TranspR 1992, 408, 409; siehe näher oben Rn. 36.
[282] *Koller* Rn. 34; EBJS/*Boesche* Rn. 39.
[283] OLG Hamburg 27.10.1988, TranspR 1989, 318; Rb. Arnhem 31.5.1990, S. & S. 1992 Nr. 80; *Thume* TranspR 1992, 4 f. mwN; im Ergebnis *Haak* S. 172 f. mit zahlreichen Rspr.-Nachweisen für diese und die Gegenposition; *Theunis/Chao* S. 143 f.; aA *Nickel-Lanz* S. 109 f. Nr. 139.
[284] So *Heuer* S. 59; ebenso Ferrari/*Otte*, Int. Vertragsrecht, Rn. 86.
[285] So die hM, vgl. OLG Düsseldorf 18.11.1971, VersR 1973, 177; *Koller* Rn. 34; *Clarke* S. 246 Nr. 75 f.; *Herber/Piper* Rn. 86; EBJS/*Boesche* Rn. 43; im Grundsatz GroßkommHGB/*Helm* Rn. 41; *Nickel-Lanz* S. 104 Nr. 133; aA Thume/*Thume* Art. 18 Rn. 40 ff.: Beweislast nach nationalem Recht.

gung aus Gefahren entstanden ist, die mit einzelnen oder mehreren der in lit. a–f genannten Umstände verbunden sind. Hierbei handelt es sich um die sogenannten **bevorrechtigten Haftungsausschlüsse,** also diejenigen, für die Art. 18 Abs. 2 eine für den Frachtführer günstigere Beweislastregelung vorsieht als die Vorschrift des Art. 18 Abs. 1 für die Ausschlüsse des Art. 17 Abs. 2. Anders als Art. 17 Abs. 2 geht es bei Absatz 4 um typische, dem Absender zuzurechnende Transportrisiken, dh. Umstände, die bei Straßengütertransporten mit einer gewissen Regelmäßigkeit zu Schäden führen und die aus der Sphäre des Absenders stammen oder jedenfalls seine Zustimmung haben. In der Typizität der Risiken[286] und den Beweisschwierigkeiten des Frachtführers[287] liegt der Grund für die in Art. 18 Abs. 2 angeordneten Beweiserleichterungen. Die Urheber der CMR gingen davon aus, dass die in Art. 17 Abs. 4 genannten Umstände das Risiko eines Straßengütertransports in aller Regel erhöhen.[288] Dies zeigt sich in der englischen („inherent risk") und französischen Originalfassung („risque inhérent") deutlicher als in der deutschen Übersetzung.

Art. 17 Abs. 4 befreit – anders als Art. 17 Abs. 2 – nur von der Haftung für Verlust und **53** Beschädigung des Transportgutes, nicht jedoch von derjenigen wegen Lieferfristüberschreitung. Denn die in Abs. 4 genannten Umstände begründen typischerweise nur das Risiko von Güterschäden, **nicht von Verspätungsschäden.**[289] Geht der Schaden ausschließlich auf einen der in Abs. 4 genannten Umstände zurück, so bewirkt dies eine vollständige Haftungsbefreiung. Waren hingegen noch andere, in Abs. 4 nicht genannte Ursachen **mit-ursächlich** für den Schaden, kommt es zur Schadensteilung nach Abs. 5.

**2. Verwendung offener Fahrzeuge (Abs. 4 lit. a).** Nach Abs. 4 lit. a entfällt die Haf- **54** tung des Frachtführers, wenn der Verlust oder die Beschädigung auf die Verwendung von offenen, nicht mit Planen gedeckten Fahrzeugen zurückgeht und diese Verwendung ausdrücklich vereinbart und im Frachtbrief vermerkt worden ist. **Offen ist ein Fahrzeug,** dessen Laderaum zum Zeitpunkt des Transports nicht von allen Seiten fest umschlossen ist; ein zwar überdachtes, aber an den Seiten offenes Fahrzeug ist also offen im Sinne der Vorschrift.[290] Ebenso offen im Sinne der Vorschrift ist ein Fahrzeug, bei dem die Ladung hinten über die ansonsten geschlossene Ladefläche hinausragt.[291] Auch Containerfahrzeuge sind offen, da Container nicht Teile des Fahrzeugs sind.[292] Zusätzlich zur Offenheit verlangt lit. a, dass das Fahrzeug **nicht mit Planen gedeckt** ist. Diese Bedingung ist bereits erfüllt, wenn der Laderaum des Fahrzeugs an irgendeiner Seite freien Zutritt für Wind und Wetter und sonstige Risiken bietet. Daher genügt es nicht, wenn eine mit Planen vollständig umhüllte Ladung auf einer offenen Pritsche befördert wird, weil nicht das Fahrzeug, sondern lediglich die Ladung mit Planen gedeckt ist und dadurch nicht alle Risiken in gleicher Weise vermindert werden wie durch eine Abdeckung des Fahrzeugs.[293] Ist die Plane des Fahrzeugs mangelhaft, etwa undicht, handelt es sich um einen Anwendungsfall des Art. 17 Abs. 3, da sie Teil des Fahrzeugs ist.[294]

Für den Haftungsausschluss statuiert Abs. 4 lit. a strenge Voraussetzungen hinsichtlich **55** der Form der Vereinbarung dieser besonderen Beförderungsart, welche in der Praxis infolge ihres Fehlens dazu führen, dass dem Frachtführer eine Entlastung regelmäßig nicht gelingt. Der Schutzzweck dieser besonderen Formerfordernisse liegt offensichtlich darin, dem Absender die Konsequenzen dieser Vereinbarung vor Augen zu führen: Die mit der Beförderung im offenen Wagen verbundenen Risiken, wie etwa Witterungseinflüsse oder die

---

[286] *Heuer* S. 80 f. Fn. 173.
[287] Cour Bruxelles 12.3.1969, ETR 1969, 931, 935; *Hill/Messent* S. 168 f.
[288] Kh. Antwerpen 26.5.1971, ETR 1971, 547, 550; *van Ryn* ETR 1966, 638, 658.
[289] AA GroßkommHGB/*Helm* Rn. 53, 223.
[290] *Heuer* S. 91 f.; *Jesser* S. 106 f.; *Clarke* S. 257 Nr. 80; *Putzeys* S. 257 f. Nr. 777; *Haak* S. 154; EBJS/*Boesche* Rn. 46; *Rodière* BT 1974, 291 Nr. 82 hält dagegen ein mit Planen überdachtes und hinten offenes Fahrzeug nicht für offen.
[291] Vgl. *Glöckner* Rn. 47; *Herber/Piper* Rn. 92; EBJS/*Boesche* Rn. 46.
[292] *Herber/Piper* Rn. 94; *Koller* Rn. 36; EBJS/*Boesche* Rn. 46.
[293] EBJS/*Boesche* Rn. 46.
[294] *Herber/Piper* Rn. 93; *Koller* Rn. 36; EBJS/*Boesche* Rn. 46.

erhöhte Diebstahlsgefahr, hat nicht der Frachtführer, sondern der Absender zu tragen. Für den Haftungsausschluss ist zum einen eine **ausdrückliche Vereinbarung** („expressly agreed", „manière expresse") über die Verwendung des offenen Fahrzeugs zwischen Frachtführer und Auftraggeber erforderlich, sodass eine konkludente Vereinbarung grundsätzlich als nicht ausreichend beurteilt wird.[295] Daher kann sich der Frachtführer auch nicht ohne weiteres mit dem Hinweis auf frühere, einvernehmlich im offenen Wagen durchgeführte Transporte exkulpieren.[296] Und von einer ausdrücklichen Vereinbarung kann auch nicht die Rede sein, wenn der Fahrer nach Beladung des Lkw durch den Absender die Planen aus Bequemlichkeit nicht wieder schließt.[297] Doch dürfen die Anforderungen nicht überspannt werden: Auch mündliche Vereinbarungen sind ausdrücklich. Ferner wird man es für die Ausdrücklichkeit genügen lassen müssen, wenn der Absender den ihm gestellten offenen Wagen selbst belädt. Es gibt keinen stärkeren Ausdruck des rechtsgeschäftlichen Willens als seine unmittelbare Betätigung.[298] Schließlich lässt der Wortlaut der CMR jene Fälle unberücksichtigt, in denen der Transport der Güter aus technischen Gründen gar nicht anders möglich oder zumindest völlig unüblich ist – wie dies etwa für den Transport von Pkws gilt oder bei Containern. Da der Absender hier nicht mit einer anderen Beförderungsart rechnet, bedarf er nach Sinn und Zweck von Abs. 4 lit. a auch nicht des Schutzes einer ausdrücklichen Vereinbarung.[299] Die Vorschrift ist daher hinsichtlich des Erfordernisses der ausdrücklichen Vereinbarung teleologisch zu reduzieren auf jene Fälle, in denen sich der Schutzzweck des Abs. 4 lit. a verwirklicht.[300]

**56**     Die Haftungsbefreiung hängt zum anderen auch von der **Eintragung der Vereinbarung in den Frachtbrief** ab. Grundsätzlich ergibt sich zwar aus Art. 4 S. 2, dass die Eintragungen im Frachtbrief nicht konstitutiv sind, dass die Bedeutung des Frachtbriefs vielmehr in seiner Beweiswirkung liegt, siehe Art. 4 Rn. 11. Dieser Grundsatz wird nach hM in Art. 17 Abs. 4 lit. a durchbrochen: die Eintragung im Frachtbrief über den Einsatz eines offenen Fahrzeugs wird demnach für den Haftungsausschluss als konstitutiv bezeichnet.[301] Fehlt der Vermerk im Frachtbrief, so komme der Vereinbarung über die Verwendung offener Fahrzeuge keine haftungsausschließende Wirkung zu, auch dann nicht, wenn der Frachtführer diese Vereinbarung auf anderem Wege beweisen könne. Auch entfällt die Entlastungsmöglichkeit, wenn ein Frachtbrief überhaupt fehlt. Dagegen wird zum Teil die Auffassung vertreten, die Frachtbriefklausel sei wegen Art. 4 S. 2 reine Ordnungsvorschrift, bei deren Nichteinhaltung der Frachtführer die Vereinbarung über den Gebrauch offener Fahrzeuge mit anderen Mitteln beweisen müsse, aber auch könne, um in den Genuss der Haftungsbefreiung zu kommen.[302] Für diese Ansicht spricht der Einklang mit den

---

[295] OLG Düsseldorf 8.5.1969, ETR 1970, 446, 466 ff.; *Precht/Endrigkeit* S. 91; *Heuer* S. 92; *Jesser* S. 107.

[296] OGH Wien 23.1.2002, ZVR 2003/44 = RdW 2002/449; vgl. OLG Frankfurt 25.10.1977, VersR 1978, 535, 536.

[297] Cour Rennes 18.1.1989, – *La Suisse./.Anjou transports*, zitiert nach *Lamy* 2013 Rn. 772.

[298] So mit Recht Rb.'s-Gravenhage 24.6.1987, S. & S. 1988 Nr. 73; zustimmend referiert von *Ponet/Willems* Rev.dr.com.belge 1992, 745.

[299] AA für Pkw-Transporte OGH Wien 23.1.2002, ZVR 2003/44 = RdW 2002/449; OLG Düsseldorf 8.5.1969, ETR 1970, 446, 448; Rb.'s-Hertogenbosch 7.5.1982, S. & S. 1984 Nr. 91; ebenso *Koller* Rn. 36 unter Berufung auf OLG Celle 15.2.1989, TranspR 1989, 273 (betreffend § 83 Abs. 1 lit. a EVO); EBJS/*Boesche* Rn. 45; *Herber/Piper* Rn. 97 für konkludente Vereinbarung aber zusätzlichen Frachtbriefeintrag; GroßkommHGB/*Helm* Rn. 115 teleologische Reduktion ablehnend, da ohnehin kein einheitliches Risiko vorliege und für eine Haftungserleichterung des Frachtführers kein Grund bestehe; ebenso Ferrari/*Otte*, Int. Vertragsrecht, Rn. 99.

[300] Vgl. § 427 Abs. 1 Ziffer 1 HGB, wo hinsichtlich der Haftungsbefreiung auf die der Vereinbarung oder der Übung entsprechende Verwendung offener Fahrzeuge abgestellt wird.

[301] Vgl. hierzu OLG Düsseldorf 30.5.1988, TranspR 1988, 423, 425: Die Aufnahme in den Frachtbrief hat „rechtsbegründende Funktion". Vgl. auch OLG Hamburg 22.9.1983, VersR 1984, 235; *Loewe* ETR 1976, 503, 557; GroßkommHGB/*Helm* Rn. 115; *Koller* Rn. 36; *Herber/Piper* Rn. 95; Thume/*Thume* Rn. 123; EBJS/*Boesche* Rn. 45; Jabornegg/Artmann/*Csoklich* Art. 17–19 Rn. 21; weitere Nachweise in Art. 6 Rn. 41 Fn. 71.

[302] Vgl. *Hill/Messent* S. 140; *Theunis/Libouton* S. 86; *Voigt* VP 1965, 34, 35; *Züchner* ZfV 1965, 488, 491; weitere Nachweise oben in Art. 6 Rn. 41 Fn. 71.

Grundprinzipien der CMR, die den Vertrag als Konsensualvertrag konzipiert, vgl. Art. 4. Dafür spricht auch, dass die Haftungsbefreiung ihre innere Rechtfertigung in der Einwilligung des Absenders hat; sie ist der Grund für die Risikozurechnung und nicht die formale Eintragung in den Frachtbrief, die auch vom Beförderer vorgenommen werden kann und letztlich nur das Einverständnis des Absenders wiedergibt. Auch wenn man der hM folgt, sollte der Schutzzweck der Vorschrift im Auge behalten und auf den Frachtbriefvermerk jedenfalls dann verzichtet werden, wenn das Einverständnis nach den Überlegungen in Rn. 55 nicht verbalisiert werden muss. Bei **teleologischer Reduktion** ist ein Frachtbriefvermerk, der lediglich die Einigung der Parteien manifestiert, entbehrlich, soweit die Einigung der Parteien ihren Ausdruck nicht in Worten, sondern in dem unmittelbaren Vollzug findet oder soweit sie sich mangels alternativer Verlademöglichkeit erübrigt.[303]

Damit die Haftungsbefreiung eingreift, genügt es nicht, dass sich Absender und Fracht-   **57** führer über die Verwendung offener Wagen geeinigt und dies im Frachtbrief vermerkt haben, wenn tatsächlich doch geschlossene Wagen verwendet wurden. Der Grund der Haftungsbefreiung liegt in der tatsächlichen Risikoerhöhung und darin, dass sie dem Absender auf Grund seines Einverständnisses zugerechnet werden kann. Erforderlich ist daher auch die tatsächliche Verwendung offener Lkw.[304]

Liegen die in Art. 17 Abs. 4 lit. a genannten Voraussetzungen vor, wird die **Haftung**   **58** **in vollem Umfang ausgeschlossen,** selbst dann, wenn es sich um den Verlust ganzer Frachtstücke oder um einen „außergewöhnlich großen Abgang" handelt. Allerdings ist die Beweislast unterschiedlich, je nachdem ob der Schaden im Rahmen bleibt oder im Verlust ganzer Frachtstücke bzw. im außergewöhnlich großen Abgang besteht. Für den zweiten Fall bestimmt Art. 18 Abs. 3, dass die in Art. 18 Abs. 2 zugunsten des Frachtführers aufgestellte Kausalitätsvermutung nicht gilt. Bei derartigen Verlusten muss also der Frachtführer den Zusammenhang zwischen der Verwendung eines offenen Fahrzeugs und dem Verlust nachweisen, der bevorrechtigte Haftungsausschluss des Art. 17 Abs. 4 lit. a wandelt sich also in einen nicht bevorrechtigten um.[305] Gelingt ihm das, ist er aber auch in vollem Umfang von der Haftung befreit.[306]

**3. Verpackungsmängel (Abs. 4 lit. b).** Gemäß Art. 17 Abs. 4 lit. b ist die Haftung   **59** des Frachtführers bei Fehlen oder Mängeln der Verpackung ausgeschlossen, wenn die Güter ihrer Natur nach bei fehlender oder mangelhafter Verpackung Verlusten oder Beschädigungen ausgesetzt sind. Die CMR regelt nicht, wen die Verpackungspflicht trifft, geht aber in Art. 10 und Art. 17 Abs. 4 lit. b erkennbar davon aus, dass der Absender verpackt; abweichende Vereinbarungen der Parteien sind zulässig, vgl. Art. 10 Rn. 1. Allein auf die unzulängliche Verpackung durch den Absender ist die Haftungsausnahme von lit. b zugeschnitten.[307] Hat dagegen der Frachtführer die Verpackung des Gutes übernommen, ist eine Berufung auf Abs. 4 lit. b naturgemäß ausgeschlossen.[308] Nach **Art. 8 Abs. 1 lit. b** hat der Beförderer bei Übernahme des Gutes auch den äußeren Zustand der Verpackung zu überprüfen. Bei offensichtlichen oder dem Frachtführer bekannten Verpackungsmängeln trifft den Frachtführer eine **Warnpflicht,** deren Verletzung zur Mithaftung (Art. 17 Abs. 5) führt.[309] Vgl. im Übrigen Art. 8 Rn. 12.

Abs. 4 lit. b betrifft nur Schäden an **verpackungsbedürftigen Transportgütern,** nicht   **60** hingegen Schäden, die Personen oder andere Güter erleiden.[310] Verpackungsbedürftig in

---

[303] Ablehnend GroßkommHGB/*Helm* Rn. 115; EBJS/*Boesche* Rn. 45; Ferrari/*Otte,* Int. Vertragsrecht, Rn. 97 ff.
[304] *Silingardi* S. 170 f.; EBJS/*Boesche* Rn. 45.
[305] *Jesser* S. 108; *Silingardi* S. 170; GroßkommHGB/*Helm* Rn. 116; *Clarke* S. 258 Nr. 80.
[306] Vgl. *Koller* Rn. 36.
[307] *Clarke* S. 259 Nr. 82.
[308] OLG Hamburg 10.7.1997, TranspR 1998, 243; *Jesser* S. 108; *Theunis/Libouton* S. 87; GroßkommHGB/ *Helm* Rn. 118; *Herber/Piper* Rn. 103; *Thume/Thume* Rn. 125b; EBJS/*Boesche* Rn. 50.
[309] *Herber/Piper* Rn. 106; *Koller* Rn. 38; EBJS/*Boesche* Rn. 52; *Putzeys* Nr. 788; *Thume/Thume* Rn. 142; *Jabornegg/Artmann/Csoklich* Art. 17–19 Rn. 23.
[310] *Jesser* S. 108; *Heuer* S. 94 f.; *Herber/Piper* Rn. 100; EBJS/*Boesche* Rn. 48; aA *Züchner* VersR 1967, 432; *Thume/Thume* Rn. 131, 134.

diesem Sinne sind nicht nur Gas- und Flüssigladungen, die sich ohne geeignete Verpackung verflüchtigen, sondern alle Güter, die in unverpacktem Zustand den bei einem ordnungsgemäßen Straßengütertransport üblicherweise zu erwartenden Einwirkungen nicht standzuhalten vermögen; dabei sind die Eigenart des Gutes, die Länge der Reise sowie die Straßen- und Wetterbedingungen zu bedenken.[311] Das Gut muss die bei der beabsichtigten Reise zu erwartenden Einwirkungen wie Stöße, Schwingungen, Schütteln, Reiben, Scheuern und Drücken aushalten können.[312] Ob ein Transportgut danach verpackungsbedürftig ist oder nicht, lässt sich immer nur anhand der konkreten Umstände des Einzelfalls bestimmen.[313] So kann durch die Vereinbarung eines Spezialtransports die Verpackungsbedürftigkeit ganz oder teilweise entfallen.[314] Dasselbe gilt, wenn die Parteien vereinbaren, dass der Frachtführer im Hinblick auf die zu befördernden Güter besonders langsam bzw. vorsichtig fährt.[315] Die Verpackungsbedürftigkeit kennzeichnet eine Beschaffenheit des Gutes, der zufolge es ohne Verpackung einem besonderen Schadensrisiko ausgesetzt ist. Sie ähnelt den in Abs. 4 lit. d geregelten Haftungsbefreiungsgründen, unterscheidet sich jedoch von den dort geregelten Fällen dadurch, dass das Schadensrisiko durch eine geeignete Verpackung vermindert oder ausgeschlossen werden kann.[316] Demgemäß hat der Beförderer, der sich auf Abs. 4. lit. b berufen will, zweierlei zu beweisen: die Verpackungsbedürftigkeit und die Unzulänglichkeit der Verpackung.

**61**     **Container, Wechselaufbauten, Tanks** etc. sind, wenn sie nach dem Vertrag vom Absender gestellt werden, Verpackung iSv. Abs. 4 lit. b.[317] Hat der Beförderer dagegen die betreffende Ladeeinrichtung zu stellen, so hat er insoweit die Verpackungspflicht übernommen, und eine Berufung auf die Unzulänglichkeit des Ladegeräts, etwa die undichte Haut des Containers, scheidet im Rahmen von Abs. 4 lit. b von vornherein aus, vgl. Rn. 59. Eine Haftungsbefreiung kommt dann nur gemäß Abs. 2 in Betracht, dies auch nur soweit die Ladeeinrichtung kein Teil des Fahrzeugs ist, da sonst die absolute Haftung für Fahrzeugmängel gemäß Abs. 3 eingreift.[318] Ist also ein Tank fest mit dem Fahrzeug verbunden, haftet der Beförderer für Mängel des Tanks ohne Befreiungsmöglichkeit; hat er einen Tankcontainer als selbständiges Ladegerät gestellt, haftet er in den Grenzen des Abs. 2; hat der Absender dagegen den Tankcontainer gestellt, kann sich der Beförderer auch auf Abs. 4 lit. b berufen.

**62**     **Zurechnung:** Der Beförderer kann sich auf die Haftungsbefreiung gemäß Abs. 4 lit. b nur berufen, wenn der Schaden der Unzulänglichkeit der Verpackung zuzurechnen ist, wenn diese also eine Schadensursache sein konnte, vgl. Art. 18 Abs. 2. Dabei geht es nicht nur um die Feststellung der Kausalität im Sinne einer adäquaten conditio sine qua non, sondern um eine wertende Beurteilung, die den **Schutzzweck der geschuldeten ordnungsgemäßen Verpackung** berücksichtigt. Die transportgerechte Verpackung soll das Gut gegen übliche Einwirkungen während des Transports schützen, nicht gegen außergewöhnliche Ereignisse[319] wie Verkehrsunfälle oder Brandstiftung: Wenn der Fahrer am Lenkrad einschläft und einen Unfall verursacht, kann sich der Beförderer folglich nicht

[311] Vgl. Rb. Dordrecht 18.5.1966, ETR 1968, 416; OLG Düsseldorf 8.5.1969, ETR 1970, 446, 466 ff. und LG Duisburg 10.2.1968, ETR 1969, 979, 985; demnach sind Pkw, die auf offenen Spezialtransportern befördert werden, nicht verpackungsbedürftig; ähnlich für Flügel von Schiffsschrauben Rb. Rotterdam 30.1.1981, S. & S. 1981 Nr. 98; *Clarke* S. 259 f. Nr. 82.

[312] *Heuer* S. 94 mwN; *Silingardi* S. 172.

[313] *Haak* S. 155; *Rodière* BT 1974, 291 Nr. 83; siehe ferner hierzu BGH 19.11.1959, BGHZ 31, 183 ff.

[314] *Koller* Rn. 37; EBJS/*Boesche* Rn. 49; vgl. auch Rn. 63.

[315] *Koller* Rn. 37; GroßkommHGB/*Helm* Rn. 123; EBJS/*Boesche* Rn. 49; *Thume/Thume* Rn. 135.

[316] *Nickel-Lanz* S. 111 Nr. 141; vgl. auch *Froeb* S. 45 Fn. 76.

[317] Vgl. *Jesser* S. 111; *Endrigkeit* VersR 1971, 999; GroßkommHGB/*Helm* Rn. 127; vgl. auch OLG Hamburg 29.6.1970, MDR 1970, 1016 (zu § 29 KVO); ein verplombter Container ist aber keine mangelhafte Verpackung, KG Berlin 10.1.1995, TranspR 1995, 342, 345.

[318] Kh. Antwerpen 27.10.1971, ETR 1972, 1054; GroßkommHGB/*Helm* Rn. 127, *Csoklich* S. 191; *Jesser* S. 110.

[319] OLG Nürnberg 12.4.1991, TranspR 1992, 63, 64; *Rodière* BT 1974, 291 Nr. 83; *Clarke* S. 259 f. Nr. 82; EBJS/*Boesche* Rn. 48.

auf Verpackungsmängel berufen.[320] Wenn Plastikfolie Paletten umhüllt, soll sie die darauf gestapelten Kartons im Allgemeinen nur stabilisieren und zusammenhalten. Ihr Zweck ist dagegen nicht der Schutz des Gutes vor Nässe, so dass sich der Beförderer im Falle eines Feuchtigkeitsschadens nicht mit dem Hinweis darauf von der Haftung befreien kann, die Plastikfolie sei löchrig gewesen.[321] Verpackung soll gegen Transportgefahren schützen, nicht gegen den Schmutz auf der Ladefläche des Lkw; für Schäden, die auf solche Verschmutzung zurückzuführen sind, haftet der Beförderer ohne das Befreiungsprivileg von Abs. 4 lit. b.[322] Nicht verpackungsbedürftig iS von Abs. 4 lit. b sind demnach im geschlossenen Fahrzeug transportierte Rohtextilien.[323] Auch der Schutz vor Diebstahl ist nicht Zweck der Verpackung iS dieser Vorschrift.[324]

**Einzelfälle aus der Rechtsprechung.** Aus dem normalen Verlauf einer Beförderung **63** kann nicht prima facie geschlossen werden, dass ein Schaden durch Verpackungsmängel entstanden ist.[325] Die **Anforderungen an die Verpackung** richten sich nicht nach der Handelsüblichkeit, sondern nach den objektiven Erfordernissen;[326] bei ihrer Ermittlung können Gebräuche allerdings weiterhelfen.[327] Auch die Absprachen der Parteien über die Art des Transportfahrzeugs wirken sich auf die Art der geschuldeten Verpackung aus.[328] **Unverpackte Güter** gelten dann nicht als verpackungsbedürftig, wenn sie während der Durchführung der Beförderung durch einen umsichtigen Fahrer die auf Grund der Art der Beförderung vorhersehbaren Risiken unbeschadet überstehen können, vgl. Rn. 60. Dies gilt zB für Pkw, die im Allgemeinen unverpackt auf hierfür ausgerüsteten Spezialtransportern befördert werden,[329] oder für Stahlplatten, die bei angemessener Beförderung keinen Schaden erleiden,[330] ferner auch für viele andere große Gerätschaften wie zB Kräne, Industriemaschinen oder Schiffsschrauben.[331] Auch die Eignung der Verpackung beurteilt sich nach den mit einem Straßengütertransport üblicherweise verbundenen Risiken – etwa Rütteln, Schläge, Stöße etc. –, nicht hingegen nach unüblichen Risiken, wie dem Einschlafen des Fahrers, siehe näher Rn. 62.

**Getreide** ist grundsätzlich verpackungsbedürftig, muss also entweder in Silofahrzeugen **64** oder in Säcken befördert werden.[332] Wegen der Brandgefahr sind **Zündhölzer** besonders verpackungsbedürftig.[333] Das Losreißen einer **Stahlblechrolle** von einer Palette spricht für mangelhafte Verpackung.[334] Wird eine **Maschine** beim Transport beschädigt, muss der Frachtführer nicht nur die mangelhafte Verpackung darlegen, sondern auch, dass sie ihrer Art nach dadurch Schaden erleiden konnte.[335] Rostschäden an Maschinen weisen auf eine mangelhafte Verpackung hin.[336] Befördert der Frachtführer mangelhaft verpackte **Marmorplatten** in Kenntnis der Bruchgefahr, und lädt er diese unterwegs auch noch um, um

[320] Rb. Dordrecht 18.5.1966, ETR 1968, 416.
[321] Cour Agen 19.3.1980, BT 1980, 502.
[322] Cour Paris 2.12.1981, BT 1982, 73; OLG Hamburg 19.12.1985, TranspR 1986, 146, 148.
[323] OLG Nürnberg 12.4.1991, TranspR 1992, 63, 64.
[324] KG Berlin 11.1.1995, TranspR 1995, 342, 345; Thume/*Thume* Rn. 136.
[325] BGH 4.10.1984, VersR 1985, 133; aA KG 13.3.1980, VersR 1980, 948.
[326] OGH Wien 17.11.1981, *Greiter* S. 115, 117; OLG Nürnberg 12.4.1991, TranspR 1992, 63, 64; Kh. Antwerpen 13.10.1972, ETR 1973, 330; *Herber/Piper* Rn. 99.
[327] Rb. Amsterdam 14.1.1970, S. & S. 1972 Nr. 77; weitergehend *Clarke* S. 261 Nr. 82; Cour Colmar 7.11.1973, BT 1974, 144, wo allein auf die Üblichkeit abgestellt wird.
[328] Vgl. BGH 4.2.1955, NJW 1955, 625, 627 f.
[329] OGH Wien 23.1.2002, ZVR 2003/44 = RdW 2002, 449; OLG Hamburg 7.12.1995, VersR 1997, 1378; LG Duisburg 10.5.1968, ETR 1969, 979; GroßkommHGB/*Helm* Rn. 15.
[330] Kh. Antwerpen 28.3.1966, ETR 1967, 712; Kh. Hasselt 10.4.1978 bei *Ponet* S. 349 Rn. 499, ebenso für Eisenblech OLG Frankfurt 25.10.1977, VersR 1978, 535, 536.
[331] Rb. Rotterdam 30.1.1981, S. & S. 1981 Nr. 98: Schiffsschraube; Cour Orléans 18.1.1995, BTL 1995, 129: Maschine mit Gewicht von 9 t und Außenmaßen von 6 m × 2,30 m.
[332] LG Offenburg 21.1.1969, VersR 1969, 560 = ETR 1971, 283.
[333] Trib. Milano 22.3.1973, ETR 1974, 490.
[334] Rb. Roermond 4.10.1973, ETR 1974, 201.
[335] Rb. Roermond 4.11.1976, ETR 1977, 432, 435; zum Maschinentransport auch BGH 20.10.1983, VersR 1984, 262.
[336] OLG Hamburg 10.7.1997, TranspR 1998, 243.

zusätzlich anderes Gut zu laden, so ist er bei Eintritt eines Schadens nicht gemäß Abs. 4 lit. b von seiner Haftung befreit.[337] Beim Transport von **Aluminiumprofilen** ist wegen deren Nässe- und Stoßempfindlichkeit besondere Sorgfalt bei der Verpackung erforderlich.[338] Befördert der Frachtführer sie allerdings ohne Erlaubnis auf offenen Fahrzeugen, kann er sich bei Rostschäden nicht auf Abs. 4 lit. b berufen.[339] **Lackierte Türen** sind wegen der Verkratzungsgefahr verpackungsbedürftig, auch wenn sie üblicherweise ohne Verpackung versandt werden.[340] **Früchte** sind unzureichend verpackt, wenn sie gegen die Einwirkung zu erwartender Kälte nicht hinreichend geschützt sind.[341]

**65**    **4. Behandlung des Gutes durch die Verladerseite (Abs. 4 lit. c).** Gemäß Abs. 4 lit. c ist der Frachtführer von der Haftung befreit, wenn der Verlust oder die Beschädigung durch die Behandlung oder Verladung, das Verstauen oder Ausladen des Gutes verursacht wurde und die betreffende Tätigkeit vom Absender oder Empfänger oder von Dritten ausgeführt wurde, die für Absender oder Empfänger handelten. Die Vorschrift nimmt nicht zu der Frage Stellung, welcher Vertragspartei die betreffende Tätigkeit obliegt. Diese **Pflicht zur Behandlung** ist in der CMR nicht geregelt und bleibt damit dem maßgeblichen nationalen Recht und, soweit dieses dispositiv ist oder keine Regelung enthält, dem Vertrag überlassen, siehe näher oben Rn. 19 und Art. 8 Rn. 13. Abs. 4 lit. c knüpft also nicht an die Pflicht zur Behandlung etc. an, sondern an die **tatsächliche Behandlung** durch die Verladerseite.[342] Dass der Beförderer für schadensursächliche Handlungen der Verladerseite am Transportgut nicht einzustehen hat, ist eine Selbstverständlichkeit; Abs. 4 lit. c hat seine Existenzberechtigung nur in der Annexregel des Art. 18 Abs. 2, die unter bestimmten Umständen eine Kausalitätsvermutung aufstellt und damit die Beweislast für die Schadensursächlichkeit der Behandlung des Gutes durch die Verladerseite umkehrt.

**66**    **a) Anwendungsbereich.** Wie alle Fälle des Abs. 4 ist auch lit. c eine Ausnahme von Abs. 1 und setzt somit das Eingreifen der Obhutshaftung logisch voraus; die **Schadensursache** muss **während der Obhut** eingetreten sein, vgl. Rn. 15. Mit anderen Worten muss die schadensursächliche Behandlung, Verladung, Verstauung oder Entladung zwischen Übernahme und Ablieferung stattgefunden haben. Ob dies der Fall ist, hängt von der Verteilung der diesbezüglichen Pflichten nach nationalem Recht bzw. nach dem Vertrag ab. Trägt der **Absender die Beladepflicht** etc. und der Empfänger die Entladepflicht, so liegen die betreffenden Tätigkeiten außerhalb des Haftungszeitraums, vgl. oben Rn. 19, 25; der Beförderer hat für durch diese Tätigkeiten verursachten Güterschäden gar nicht gemäß Art. 17 Abs. 1 einzustehen, sondern allenfalls nach dem ergänzenden nationalen Recht, vgl. Rn. 15. Da die Haftung nach Abs. 1 nicht eingreift, bedarf es richtigerweise auch keiner Haftungsbefreiung nach Abs. 4 lit. c.[343] Zu bedenken ist jedoch, dass bei **Schäden, die während des Obhutszeitraums auftreten,** grundsätzlich die Haftung nach Art. 17 Abs. 1 eingreift, auch wenn die Schadensursache durchaus bereits vor Übernahme und damit außerhalb des Obhutszeitraums gesetzt wurde; fehlen entgegenstehende Vermerke im Frachtbrief, wird bis zum Beweis des Gegenteils angenommen, dass das Gut bei Übernahme in äußerlich gutem Zustand war (Art. 9 Abs. 2). Daher bedarf es in diesen Fällen der Anwendung von Abs. 4 lit. c samt der Beweislastregel des Art. 18 Abs. 2,

[337] OLG Köln 2.2.1972, VersR 1972, 778.
[338] Cour Paris 23.6.1975, BT 1975, 360.
[339] OLG Köln 3.8.1990, TranspR 1990, 425, 426.
[340] Trib.com. Paris 14.2.1983, BT 1983, 579.
[341] OLG Frankfurt 11.6.1992, NJW-RR 1993, 169 = RIW 1992, 1026; OLG Köln 14.4.1997, TranspR 1997, 337: Zitronen.
[342] BGH 27.10.1978, VersR 1979, 417, 418; 24.9.1987, TranspR 1988, 108, 109 sub II 1 a; 25.1.2007, TranspR 2007, 314, 315; OLG Bremen 8.2.2007, TranspR 2008, 252, 257; OGH Wien 14.9.1982, TranspR 1984, 195; 6.3.1991, TranspR 1991, 424; *Loewe* ETR 1976, 558 Nr. 161; Thume/*Thume* Rn. 148; *Putzeys* S. 262 Nr. 794; *Rodière* BT 1974, 292 Nr. 85; EBJS/*Boesche* Rn. 54; aA *Haak* S. 164; siehe auch unten Rn. 67.
[343] *Heuer* S. 99; *Jesser* S. 112; *Koller* Rn. 40; GroßkommHGB/*Helm* Rn. 135; *Herber/Piper* Rn. 119.

um dem Frachtführer die Entlastung zu ermöglichen.[344] Trifft dagegen die **Beladepflicht etc. den Frachtführer,** so fallen die betreffenden Tätigkeiten ohnehin in den Haftungszeitraum, weil die Übernahme dann vor der Beladung, die Ablieferung nach der Entladung liegt und der Beförderer für alle Schäden haftet, die sich während dieser Zeit ereignen, grundsätzlich also auch für solche, die beim Be- und Entladen sowie beim Verstauen entstehen (siehe Rn. 19, 25).

Der Haftungsausschluss des Abs. 4 lit. c greift in diesen Fällen ein, wenn der **Absender** 67 oder der **Empfänger** bzw. ein **Dritter** für einen von ihnen die betreffende Tätigkeit übernommen hat. Während es grundsätzlich nur auf die tatsächliche Ausführung der Tätigkeit ankommt,[345] kann die vertragliche Verpflichtung eine Rolle spielen, wenn **eine Partei der anderen hilft** und damit eine unübersichtliche Gemengelage entsteht. Sieht der Vertrag die Beladungs- und Staupflicht des Absenders vor und wirkt der Fahrer gleichwohl mit, so liegt darin regelmäßig nur eine **Gefälligkeit,** weil der Fahrer in der Regel keine Vollmacht zur Abänderung des Vertrags hat; er tritt in solchen Fällen als „Dritter, der für Absender oder Empfänger" handelt, auf; sein Verhalten ist insoweit der Verladerseite und nicht dem Frachtführer zuzurechnen.[346] Entsprechendes gilt im umgekehrten Fall, wenn der Frachtführer die betreffende Tätigkeit vertraglich übernommen hat und ihm Leute des Absenders oder Empfängers dabei zur Hand gehen; diese werden insoweit zu Gehilfen des Frachtführers iSv. Art. 3. Abweichendes gilt, wenn der jeweilige Arbeitgeber selbst „gefällig" sein will und seine Leute anweist, bei der vertraglich nicht geschuldeten Verrichtung mitzuwirken. In einem solchen Verhalten des Arbeitgebers und seiner Billigung durch die andere Partei liegt im Zweifel die **stillschweigende Änderung des Transportvertrags.** Wenn zB die fahrzeugeigene Pumpe eines Tankwagens ausfällt, wenn der Empfänger darauf seine Leute anweist, den Lkw mit den eigenen Pumpen und Schläuchen des Empfängers zu entladen und wenn es dabei zu einer Verunreinigung der Flüssigladung kommt, wird sich der Frachtführer auf Art. 17 Abs. 4 lit. c berufen können; dass der Empfänger lediglich iSv. Art. 3 als Gehilfe des Frachtführers handeln wollte, ist zwar theoretisch denkbar,[347] aber praktisch unwahrscheinlich, da er sich nicht den Weisungen des Frachtführers unterwerfen und die Operation in eigener Verantwortung durchführen wollte.[348] Siehe auch schon Art. 3 Rn. 26.

Die Haftungsausnahme betrifft das Verladen, das Verstauen, das Ausladen und die 68 Behandlung des Gutes. Das **Verladen** kennzeichnet die Verbringung des Gutes auf oder in das Fahrzeug;[349] ist das Transportgut ein beladener Sattelauflieger oder Anhänger, so liegt in der Ankoppelung an die Zugmaschine die Verladung des Gutes. In dem **Ausladen** liegt umgekehrt gerade die Auflösung der festen Verbindung von Gut und Fahrzeug,[350] gleich ob das Gut nun auf den Boden oder ein anderes Fahrzeug gesetzt wird. Die **Verstauung** umfasst alle Handgriffe, die auf die stabile und transportsichere Platzierung des Gutes auf dem Fahrzeug gerichtet sind: Verkeilen, Festzurren, Feststopfen etc.[351] Die **Behandlung** des Gutes umfasst nicht nur, wie es der englische Ausdruck „handling" nahelegt, die körperliche Bewegung des Gutes vor der Verladung bzw. nach dem Ausla-

---

[344] BGH 27.10.1978, VersR 1979, 417, 418; OGH Wien 17.11.1986, TranspR 1987, 427, 429; OGH Wien 6.3.1991, TranspR 1991, 424; Hof 's-Gravenhage 19.12.1973, ETR 1974, 319; GroßkommHGB/*Helm* Rn. 135, 155; *Nickel-Lanz* S. 113 Nr. 143; *Clarke* S. 266 Nr. 42a; *Koller* Rn. 42a; Thume/*Thume* Rn. 147, 154 f.; EBJS/*Boesche* Rn. 56; ablehnend *Herber/Piper* Rn. 119; Ferrari/*Otte, Int. Vertragsrecht,* Rn. 116.

[345] Siehe oben bei Fn. 342.

[346] Hof Antwerpen 1.3.1999, ETR 2000, 544 für Entladen durch den vom Empfänger angewiesenen Fahrer; OLG München 28.1.2004, TranspR 2004, 324, wobei der Frachtführer infolge einer sukzessiven Ablieferung zur Beachtung seiner Verpflichtungen gegenüber der noch auf dem Fahrzeug verbleibenden Ladung verpflichtet blieb; OLG Hamm 19.2.1973, ETR 1974, 753; *Herber/Piper* Rn. 122; Jabornegg/Artmann/*Csoklich* Art. 17–19 Rn. 24; *Putzeys* S. 264 Nr. 799.

[347] Vgl. OGH Wien 15.10.1969, *Greiter* S. 26, 27.

[348] *Herber/Piper* Rn. 123; Thume/*Thume* Rn. 165; GroßkommHGB/*Helm* Rn. 165; EBJS/*Boesche* Rn. 59.

[349] *Hill/Messent* S. 145.

[350] *Hill/Messent* S. 146.

[351] *Hill/Messent* S. 146.

den,[352] sondern auch andere transportbezogene, dh. speditionelle Verrichtungen wie etwa Spritzen, Kühlen, Bestrahlen, Arretieren loser Teile etc., dh. Tätigkeiten, die an dem ruhenden Gut vorgenommen werden. Der französische Ausdruck „manutention" ist weit genug, solche Verrichtungen zu umfassen, und auch das englische „handling" dürfte sie nicht ausschließen.

**69**   **b) Zurechnung.** Der Ausschlusstatbestand ist nur erfüllt, wenn der eingetretene Schaden eine direkte Folge der Beladung, Behandlung etc. durch die Verladerseite ist; er muss nicht unmittelbar bei der betreffenden Tätigkeit, sondern kann auch später während der Beförderung auftreten, siehe Rn. 66. In diesem Sinne schadensursächlich können die Verladung, Verstauung etc. aber nur sein, wenn sie objektiv fehlerhaft waren.[353] Dabei reicht es gemäß Art. 18 Abs. 2 aus, dass nach den Umständen die **Möglichkeit der Verursachung** des Schadens durch einen **Lade- oder Staufehler** etc. des Absenders besteht. Das Faktum der Verladung durch den Absender allein genügt also nicht, wenn nicht zugleich erwiesen wird, dass dabei ein Fehler unterlaufen ist, und ferner die Möglichkeit glaubhaft[354] dargetan wird, dass dieser Fehler den Schaden verursachen konnte.[355] Die Möglichkeit der Verursachung ist noch nicht dadurch ausgeschlossen, dass der **Lade- oder Staufehler etc. offensichtlich** war und deshalb vom Fahrer bemerkt werden musste; eine Pflicht zur Überprüfung der Verladung und Verstauung besteht gemäß **Art. 8** nicht. Rechtsmissbräuchlich ist die Berufung auf die Haftungsausnahme erst, wenn der Fahrer positive Kenntnis von dem Ladefehler hatte, aber die Fahrt gleichwohl angetreten hat, ohne den Fehler zu beanstanden, siehe näher Art. 8 Rn. 13, 14; in solchen Fällen kommt eine Schadensteilung gemäß Art. 17 Abs. 2 und 5 in Betracht.[356]

**70**   **c) Einzelfälle.** Wenn der Absender das Transportgut nicht ausreichend gegen das Verrutschen zur Seite oder gegen Fahrbahnstöße gesichert hat, ist die **Verstauung mangelhaft;**[357] ebenso wenn der Absender das Gut schlecht verkeilt.[358] Eine angemessene Stauung muss normalen während des Transports auftretenden Bremsmanövern widerstehen können.[359] Enthält das Fahrzeug besondere Einrichtungen gegen Verrutschen der Ladung, muss der Absender diese beim Verstauen auch benutzen.[360] Bei der Verstauung von Möbeln muss der Absender bedenken, dass sie mit einem gewöhnlichen Fahrzeug und nicht mit einem Möbelwagen befördert werden.[361] Die **Verladung ist fehlerhaft,** wenn der Absender Paletten mit in Säcken abgefülltem Ruß auf anderem Gut verlädt, das von austretendem Ruß geschädigt wird,[362] oder wenn er wasserempfindliche Tapeten bis zur Berührung der Plane aufstapelt; allerdings fehlt es an der Schadensursächlichkeit, wenn der Frachtführer später zum Zwecke der Beiladung umlädt.[363] Fehlerhaft ist es auch, **Kühlgut** so zu verladen, dass die gekühlte Luft im Fahrzeug nicht zirkulieren kann.[364] So muss Tiefkühlware, wenn

[352] So *Koller* Rn. 39 im Anschluss an *Hill/Messent* S. 145; Großkomm HGB/*Helm* Rn. 140; *Herber/Piper* Rn. 113; EBJS/*Boesche* Rn. 57; BGH 25.1.2007, TranspR 2007, 314, 315 zur Befestigung; für weiteres Verständnis Thume/*Thume* Rn. 32; wie hier *Silingardi* S. 174.
[353] Kh. Antwerpen 6.5.1993, Jur.Anv. 1994, 249; *Koller* Rn. 39.
[354] Hof Amsterdam 3.12.1992, S. & S. 1993 Nr. 129.
[355] Rb. Rotterdam 2.11.1990, S. & S. 1992 Nr. 55; Rb. Rotterdam 5.6.1992, S. & S. 1993 Nr. 98; eingehend *Clarke* S. 266 Nr. 85; siehe auch Art. 18 Rn. 20.
[356] EBJS/*Boesche* Rn. 65; *Lamy* 2013 Rn. 776a) mwN; OLG München 28.7.1995, TranspR 1996, 240; Hof van Cassatie Belgien 9.12.1999, ETR 2000, 386; Cour cass. 1.2.2011, ETR 2011, 339.
[357] OLG Hamburg 18.12.1986, TranspR 1987, 434; Kh. Antwerpen 26.5.1971, ETR 1971, 547; OLG Düsseldorf 25.3.1993, RIW 1994, 1051: besondere Anforderungen an die Verstauung bei Fährtransporten.
[358] Kh. Antwerpen 4.3.1969, ETR 1969, 1030.
[359] Rb. Antwerpen 1.2.1996, ETR 1996, 579.
[360] OLG Hamm 18.10.1984, TranspR 1985, 107.
[361] Zivilgericht Basel-Stadt 19.4.1991, TranspR 1992, 408.
[362] OLG Köln 5.2.1975, VersR 1975, 709.
[363] OLG Düsseldorf 13.1.1972, VersR 1973, 178; gegen die Anwendung von Abs. 4 lit. c im Falle vertragswidriger Umladung des Gutes auch Kh. Leuven 23.10.1990, ETR 1992, 272.
[364] Hof Amsterdam 3.12.1992, S. & S. 1993 Nr. 129: Kartons mit Mimosen zu dicht gestapelt; ähnlich LG Duisburg 14.2.1988, TranspR 1989, 268.

die Innenwände des Lkw glatt sind, also keine Kühlrippen aufweisen, zur besseren Durchlüftung auf Paletten verladen werden[365] und müssen Schweinehälften im Fahrzeug so aufgehängt werden, dass sie nicht beim Fahren nach hinten rutschen und sich dort stauen.[366] Aus Art. 18 Abs. 4 lässt sich nicht folgern, dass der Beförderer grundsätzlich auch für die Verladung einzustehen hat und lit. c deshalb bedeutungslos ist.[367] Fehlerhaft ist auch eine Verladung von Hydraulikpressen, wenn diese nicht gegen Umstürzen infolge einer Vollbremsung gesichert sind.[368]

**Kein Ladefehler** liegt in der Beladung mit hohen Gütern, solange das Fahrzeug mit **71** Ladung die zulässige Gesamthöhe nicht überschreitet; dies muss der Frachtführer vor Antritt der Fahrt prüfen.[369] Keine mangelhafte Verladung stellt auch die Überladung des Fahrzeugs dar; sie ist vom Frachtführer zu vertreten, der allein die erlaubte Zuladung kennt.[370] Ausgeschlossen ist die Berufung des Frachtführers auf die Verladung durch den Absender **mangels Kausalität** auch, wenn die Beschädigung auf unsachgemäße Verstauung durch den Fahrer zurückgeht.[371] Trotz Verladung und Verstauung des Gutes durch den Absender liegt ein **Mitverschulden des Fahrers** vor, wenn er seine Geschwindigkeit nicht den Straßenverhältnissen anpasst und dadurch ein Schaden entsteht,[372] oder wenn er durch Verschulden eines Dritten zu plötzlichen Brems- und Ausweichmanövern genötigt wird und die hierdurch in Unordnung geratene Ladung nicht neu verstaut.[373] Neu verstauen muss er auch, wenn er Beiladungen eines anderen Absenders an Bord nimmt, die die Stabilität oder Lastverteilung verändern;[374] das Gleiche gilt, wenn die Zollbehörde das Gut unter Veränderung der Stauung inspiziert hat,[375] wenn er selbst das Gut während der Beförderung umlädt[376] oder einen Teil der Ladung während des Transports entlädt.[377] Von derart begründeten Staupflichten wird der Frachtführer nicht dadurch frei, dass ihm der verladepflichtige Absender mitteilt, Stauung sei nicht nötig.[378] In den geschilderten Fällen kommt eine Schadensteilung gemäß Art. 17 Abs. 5 in Betracht, ebenso wenn der Frachtführer Verladeanweisungen gegeben hat[379] oder der Fahrer zusätzliche, ihm geboten erscheinende Sicherungsmaßnahmen zur besseren Ladungssicherung, allerdings fehlerhaft, durchführt.[380] Zur **Kontrollpflicht des Frachtführers** bzgl. Verladung und Verstauung siehe Art. 8 Rn. 13, 14; zur **Absenderhaftung für Lade- und Staufehler** siehe Art. 10 Rn. 2.

**5. Natürliche Beschaffenheit des Gutes (Abs. 4 lit. d).** Gemäß Abs. 4 lit. d ist der **72** Frachtführer von seiner Haftung befreit, wenn der Verlust oder die Beschädigung auf die natürliche Beschaffenheit des Gutes zurückzuführen ist, der zufolge das Gut der Beschädigung oder dem gänzlichen oder teilweisen Verlust auf Grund bestimmter Risiken ausgesetzt ist. Dabei ergibt sich aus dem englischen Text sowie aus Sinn und Zweck deutlich, dass

---

[365] Hof 's-Gravenhage 19.2.1991, S. & S. 1992 Nr. 119; zu Tiefkühlgut vgl. auch Hof van Cassatie Belgien 9.12.1999, ULR 2000, 851 = ETR 2000, 386.

[366] LG Bremen 23.12.1988, TranspR 1989, 267.

[367] AA Corte cass. 4.11.1993 Nr. 10889, Riv.dir.int.priv.proc. 1995, 167.

[368] OLG München 28.7.1995, TranspR 1996, 240.

[369] OGH Wien 17.11.1986, TranspR 1987, 427, 429.

[370] Cass.com. 5.7.1976, BT 1976, 377; OLG Düsseldorf 24.3.1983, TranspR 1984, 14, 15; anders wenn der Absender falsche Angaben zum Gewicht der Ladung macht, vgl. LG Köln 16.9.1988, TranspR 1989, 271; generell für die Verantwortlichkeit des Absenders *Loewe* ETR 1976, 559 Nr. 163.

[371] Cour Liège 6.5.1970, ETR 1970, 716.

[372] Hof 's-Hertogenbosch 21.12.1965, ETR 1966, 698.

[373] Cour Bruxelles 6.4.1977, ETR 1977, 881; ähnlich Cour Metz 28.10.1987, BT 1988, 168.

[374] Kh. Tongeren 4.6.1992, Jur.Anv. 1992, 315; OLG Düsseldorf 13.1.1972, TranspR 1973, 178; Landesgericht Salzburg 29.6.1990, TranspR 1991, 62.

[375] OGH Wien 13.3.1986, TranspR 1986, 379; das Verhalten der Zollbehörden selbst fällt in die Risikosphäre des Absenders, vgl. LG Bremen 23.3.1988, TranspR 1989, 267, 268.

[376] OLG Köln 2.2.1972, VersR 1972, 778.

[377] Rb. Gent 1.12.1998, ETR 1999, 392.

[378] Kh. Antwerpen 7.3.1980, ETR 1981, 466.

[379] OLG Saarbrücken 23.8.1985, TranspR 1985, 392, 394; vgl. auch OGH Wien 21.2.1985, VersR 1986, 559, 560; einschränkend auf den Aspekt der Betriebssicherheit BGH 24.9.1987, VersR 1988, 244, 245.

[380] OLG Bremen 8.2.2007, TranspR 2008, 252, 257.

das Gut auf Grund seiner Beschaffenheit gerade in besonderer Weise einzelnen unter den in Abs. 4 lit. d aufgezählten Risiken ausgesetzt sein muss.[381] Die Haftungsausnahme betrifft nicht Verspätungsschäden und gilt auch nur für die besondere Beschaffenheit des Transportgutes, das den Vertragsgegenstand bildet; sie greift also nicht ein, wenn die besondere Beschaffenheit der Beiladung eines anderen Absenders dazu führt, dass das vertragsgegenständliche Transportgut beschädigt wird.[382] Der **Zweck der Haftungsausnahme** liegt darin, das Risiko des beschaffenheitsbedingten Güterschadens der Verladerseite zuzuweisen, die hinsichtlich der Beschaffenheit des Gutes besser informiert ist und die betreffenden Risiken durch Verpackung, Verstauung, geeignete Transportanweisungen an den Frachtführer etc. im Regelfall besser beherrschen kann.[383] In Verbindung mit Art. 18 Abs. 2 stellt Art. 17 Abs. 4 lit. d daher die Vermutung auf, dass das Gut sorgfältig befördert wurde und der Schaden der besonderen Empfindlichkeit des Gutes zuzuschreiben ist.[384] So wird der Frachtführer vor Beweisnot bewahrt, in die er käme, wenn er – ohne eine Vorschrift nach Art von Abs. 4 lit. d – am Ende des Transports beweisen müsste, dass die Schäden auf der Eigenart des Gutes beruhen und nicht auch auf seiner eigenen mangelnden Sorgfalt.[385]

**73**    **a) Besondere Risikoaffinität.** Die besondere Risikoaffinität des Gutes muss auf seinen natürlichen Eigenschaften beruhen. Sie besteht darin, dass Gut der betreffenden Art einem bestimmten Risiko im statistischen Schnitt stärker ausgesetzt ist als andere Güter. Beispielsweise sind Keramiksachen bruchgefährdeter als hölzerne Bauteile, sind Schnittblumen stärker als Kartoffeln vom Vertrocknen bedroht und fällt Käse eher als Konserven dem inneren Verderb anheim. Naturgemäß hängt die Risikoaffinität im Einzelfall aber von den Umständen des konkreten Transports ab: kühl vorgelagerte und berieselte Schnittblumen vertrocknen uU nicht so schnell wie Kartoffeln, die in einem überhitzten Lagerhaus aufbewahrt wurden und bei hohen Temperaturen reisen. Auf solche Einzelfallumstände kann es jedoch für die besondere Risikoaffinität nicht ankommen; sie ist eine Eigenschaft des Gutes, die im Hinblick auf eine gewöhnliche Beförderung festzustellen ist. **Beurteilungsmaßstab** ist daher der normale Ablauf des vereinbarten Transports auf einem Lkw ohne besondere Schutzvorkehrungen, wie er üblicherweise für Güter der betreffenden Art verwendet wird.[386] Leitbild wird häufig ein mit Planen gedeckter Lkw sein, vgl. Art. 17 Abs. 4 lit. a,[387] aber nicht immer. Bestimmte Güter wie etwa Flüssigkeiten oder Schüttladungen werden üblicherweise in Tank- oder Silowagen versendet; bei solchen Gütern wäre es gänzlich ungerechtfertigt, eine besondere Risikoaffinität daraus abzuleiten, dass es bei Versendung mit einem Planen-Lkw in gewissem Umfang zu Rinnverlusten oder Ungezieferbefall kommen kann.

**74**    Den in Art. 17 Abs. 4 lit. d angesprochenen besonderen Gefahren kann häufig durch den Gebrauch besonderer, auf die konkrete Schadensneigung abgestimmter **Verpackungen** begegnet werden, die das erhöhte Transportrisiko auf das durchschnittliche Maß reduzieren.[388] In diesen Fällen kann sich der Frachtführer aber außer auf Abs. 4 lit. b grundsätzlich auch auf den Haftungsausschluss gem. Abs. 4 lit. d berufen.[389] Denn die Haftungsbefreiung des Abs. 4 lit. d knüpft an die Risikoaffinität an, die als Eigenschaft des Gutes unabhängig von seiner Verpackung besteht. Nach dem Zweck der bevorrechtigten Ausschlussgründe – der Vermeidung von Beweisnöten des Beförderers (Rn. 72) – ist es auch nicht am Fracht-

---

[381] *Froeb* S. 65; *Koller* Rn. 49; EBJS/*Boesche* Rn. 67; *Herber/Piper* Rn. 128; GroßkommHGB/*Helm* Rn. 197.

[382] So auch *Glöckner* Rn. 78.

[383] *Froeb* S. 49 ff., 54 ff.

[384] LG Bonn 27.3.2001, TranspR 2002, 77, 78.

[385] *Jesser* S. 116.

[386] Ähnlich *Clarke* S. 280 Nr. 89a; vgl. *Herber/Piper* Rn. 129.

[387] Vgl. OLG Frankfurt 25.10.1977, VersR 1978, 535, 536; OLG Frankfurt 8.7.1980, MDR 1981, 53, 54; OLG Köln 30.8.1990, TranspR 1990, 425; *Froeb* S. 93; Thume/*Thume* Rn. 173; EBJS/*Boesche* Rn. 67; *Koller* Rn. 49; *Ferrari/Otte*, Int. Vertragsrecht, Rn. 120; Jabornegg/Artmann/*Csoklich* Art. 17–19 Rn. 26.

[388] Vgl. hierzu *Heuer* S. 104; *Jesser* S. 115.

[389] *Clarke* S. 252 Nr. 89.

führer zu beweisen, dass eine besondere Gefahr vorgelegen hat. Dies wird vielmehr vermutet, und der Ersatzberechtigte muss den Nachweis erbringen, dass die Gefahr nicht schadensursächlich war.[390] Diesen Beweis kann er allerdings u. a. dadurch führen, dass er nachweist, dass die besondere Risikoaffinität des Gutes im konkreten Fall wegen einer entsprechenden Verpackung für den Schaden nicht kausal sein konnte, dass der Schaden also andere Ursachen haben musste. Zum Transport in Spezialfahrzeugen siehe näher unten Rn. 81 ff.

**b) Die einzelnen Risiken.** Abs. 4 lit. d zählt die einzelnen Risiken nicht abschließend, **75** sondern nur exemplarisch auf; weitere Sonderrisiken wie zB die Selbstentzündungsgefahr können durchaus Beachtung finden.[391] Besonders **bruchgefährdet** sind etwa Eier, Steinzeugrohre, Flachglas,[392] Glasballons und Flaschen, Porzellan, Steingut oder Marmorplatten,[393] dagegen durchweg nicht Maschinen oder sonstige industrielle Fertigwaren. Besonders **rostanfällig** auf Grund von Regenwasser oder von Schwitz- und Kondenswasser sind alle oxidierenden Edel- und Nichtedelmetalle,[394] wobei aber zu berücksichtigen ist, dass Rostschäden, die auf die Einwirkung von Regen, Schnee oder Hagel zurückzuführen sind, ihre Ursache im Allgemeinen in einer unzureichenden Verpackung oder in der Verwendung offener oder undichter Fahrzeuge haben werden, so dass die Vermutung der Art. 17 Abs. 4 lit. d, 18 Abs. 2 entkräftet werden kann und je nachdem Art. 17 Abs. 2 sowie Abs. 4 lit. a, b oder Art. 17 Abs. 3 zu bedenken sind.[395]

Eine Beschädigung durch **inneren Verderb** von Lebensmitteln ist anzunehmen, wenn **76** diese beim Transport eine solche Qualitätsminderung erlitten haben, dass nur eine Verwertung mit geringerem Erlös als ursprünglich vorgesehen möglich ist.[396] Bei Schäden an verderblichen Gütern ist zu beachten, dass die Neigung des Transportgutes zum inneren Verderb nicht die alleinige Schadensursache zu sein braucht. Es reicht aus, wenn erst hinzukommende äußere Einflüsse diese Neigung in einen konkreten Schaden umschlagen lassen, solange die Anlage zum Verderb die letzte, wenn auch erst durch externe Einflüsse aktivierte Schadensursache ist.[397] Soweit es um den Transport leicht verderblicher Lebensmittel geht, sind ergänzend die Regeln des **ATP**[398] zu beachten; hat der Beförderer dies, obwohl er die Art des Gutes kannte, nicht getan, kann seine Berufung auf die Beweiserleichterung des Art. 18 Abs. 2 iVm. Art. 17 Abs. 4 lit. d rechtsmissbräuchlich sein. Eine besondere **Neigung zum Verderb** haben zum Beispiel Bananen,[399] Pilze,[400] Pfirsiche,[401] Traubensaft,[402] Kirschen,[403] Blumenkohl,[404] Gurken,[405] Gewächshauspflanzen,[406] Fleisch,[407] Tief-

---

[390] *Heuer* S. 104; vgl. auch Thume/*Thume* Art. 18 Rn. 75.
[391] Cour Lyon 7.10.1976, BT 1977, 80; *Glöckner* Rn. 78; *Silingardi* S. 178: „elencazioze esemplificativa"; *Pesce* S. 227; *Rodière* BT 1974, 292 f. Nr. 86.
[392] Nicht wenn es dicht an dicht gepackt ist, Kh. Antwerpen 9.11.1977, bei *Ponet* Rn. 562.
[393] Vgl. näher *Züchner* ZfV 1968, 887, 889; *Heuer* S. 102 f.; *Lamy* 2013 Rn. 777; OLG Saarbrücken 23.8.1985, TranspR 1985, 392.
[394] OLG Hamm 2.11.1995, TranspR 1996, 335; LG Bonn 27.3.2001, TranspR 2002, 77; vgl. *Züchner* ZfV 1968, 887, 889; *ders.* ZfV 1969, 518, 520.
[395] Kh. Antwerpen 6.9.1974, ETR 1975, 253; vgl. auch OLG Frankfurt 25.10.1977, VersR 1978, 535, 536.
[396] OLG Celle 13.11.1975, VersR 1975, 250; *Glöckner* Rn. 83.
[397] BGH 28.5.1965, VersR 1965, 755, 756; *Rodière* BT 1974, 293 Nr. 86; *Heuer* S. 103; *Jesser* S. 117 f.
[398] Übereinkommen über internationale Beförderungen leicht verderblicher Lebensmittel und über die Beförderungsmittel, die für diese Beförderungen zu verwenden sind, BGBl. 1974 II S. 566; vgl. dazu auch *Lamy* 2013 Rn. 778c); GroßkommHGB/*Helm* Rn. 204; *Jesser* S. 118 Fn. 580.
[399] App.Venezia 31.10.1974, ETR 1975, 242.
[400] OLG Nürnberg 14.6.1965, ETR 1971, 247, 260.
[401] OLG München 27.11.1968, ETR 1971, 115, 127; OLG Zweibrücken 23.9.1966, NJW 1967, 1717, 1718.
[402] OLG Stuttgart 24.1.1967, NJW 1968, 1054, 1055.
[403] OLG Karlsruhe 18.10.1967, DB 1967, 2022; zu Erdbeeren OGH Wien 21.2.1985, VersR 1986, 559.
[404] Rb. Roermond 24.10.1968, ETR 1969, 1012; Rb. Roermond 18.11.1971, ETR 1972, 416.
[405] OLG Stuttgart 18.12.1968, DVZ 1969, Nr. 30, S. 15.
[406] Cour Toulouse 17.2.1971, BT 1971, 353; zu Mimosen siehe Hof Amsterdam 3.12.1992, S. & S. 1993 Nr. 129.
[407] OLG Hamburg 27.10.1988, TranspR 1989, 318, 320.

kühlfisch,[408] Kartoffeln,[409] alkoholfreies Bier[410] und Palmensamen.[411] Innerer Verderb im Sinne des Art. 17 Abs. 4 lit. d kann Faulen, Gärung, Verwelken, Erfrieren, Geruchsannahme oder Ähnliches bedeuten.[412]

**77**     Weiterhin nennt Art. 17 Abs. 4 lit. d als Ursache für Beschaffenheitsschäden **Austrocknen, Auslaufen** und normalen **Schwund.** Anders als bei den bisher genannten Ursachen geht es hier nicht um Beschädigungen des Transportgutes, sondern um Verluste, etwa Gewichtseinbußen durch Austrocknen, Rinnverluste durch Auslaufen sowie Riesel- und Streuverluste an Schüttgütern.[413] Transportiert der Frachtführer jedoch derartige Güter in eigenen Behältern, ist Art. 17 Abs. 4 lit. d nicht anwendbar, weil entsprechend Art. 17 Abs. 3 hier der eigene Gefahrenkreis des Frachtführers betroffen ist.[414] Die Einwirkung von **Ungeziefer** oder **Nagetieren** auf das Transportgut schließlich kann sowohl zu Beschädigungen als auch zu Verlusten führen.

**78**     **Keine besondere Risikoaffinität** zur Selbstentzündung hat die Rechtsprechung synthetischen Fasern zuerkannt.[415] Auch aufgerollte Aluminiumfolie ist aus ihrer natürlichen Beschaffenheit keinen besonderen Transportgefahren ausgesetzt.[416] Dass die Farbe eines Gemäldes relativ brüchig ist, soll ebenfalls kein besonderes Beschaffenheitsrisiko iSv. Abs. 4 lit. d begründen.[417]

**79**     **c) Zurechnung.** Gemäß Art. 18 Abs. 2 muss der Beförderer, will er sich auf die Haftungsbefreiung des Abs. 4 lit. d berufen, darlegen und gegebenenfalls beweisen, dass der Schaden aus der besonderen Risikoaffinität des Gutes entstehen konnte. Dafür wird es oft genügen, auf Erfahrungssätze hinzuweisen, die hinsichtlich der transportierten Güterart anerkannt sind. Wenn der Frachtführer derart die Voraussetzungen der Kausalitätsvermutung dargelegt hat, ist es Sache des Verfügungsberechtigten, die Vermutung durch den Nachweis zu entkräften, dass die Risikoaffinität des Gutes nicht schadensursächlich war. Er kann dazu positiv die tatsächliche und allein maßgebliche Schadensursache oder aber negativ beweisen, dass jedenfalls die besondere Risikoaffinität den Schaden nicht verursachen konnte. Den **positiven Beweis** der ersten Art hat er geführt, wenn feststeht, dass die Durchfeuchtung von Wollspulen nicht auf Kondenswasser, sondern auf Regenwasser und das undichte Dach des Lkw zurückzuführen ist,[418] dass Paprika nur deshalb verdorben ist, weil es wegen eines Motorschadens des Lkw übermäßig lange transportiert wurde,[419] oder wenn eine Lieferfristüberschreitung im Sinne des Art. 19 vorliegt, die für den inneren Verderb von Frühkartoffeln eine stärkere Ursache darstellt als die natürliche Empfindlichkeit dieser Ware.[420] Der **negative Beweis** der letzteren Art ist geführt, wenn die besondere Risikoaffinität des Gutes im konkreten Fall durch alle möglichen Schutzmaßnahmen neutralisiert ist, wenn etwa – später verdorbene – Trauben mit der gehörigen Verladetemperatur eingeladen und in einem Kühlfahrzeug befördert wurden[421] oder wenn Gasfeuerzeuge auf

[408] OGH Wien 8.10.1984, TranspR 1985, 103.
[409] OGH Wien 31.3.1982, TranspR 1984, 196.
[410] OLG Frankfurt am Main 3.12.2003, TranspR 2004, 125: Gefrieranfälligkeit.
[411] OLG München 31.5.2000, TranspR 2002, 26: Beeinträchtigung der Keimfähigkeit durch Frost.
[412] Vgl. *Heuer* S. 103; *Jesser* S. 116.
[413] Vgl. hierzu *Züchner* ZfV 1968, 890; *Heuer* S. 104; zu einem Fall übermäßigen Schwunds, siehe unten Rn. 88.
[414] *Glöckner* Rn. 81.
[415] Kh. Brüssel 3.10.1970, Jur.Anv. 1970, 487.
[416] Cour Colmar 17.10.1970, BT 1970, 358.
[417] Cour Paris 8.5.1976, BT 1976, 270.
[418] Kh. Antwerpen 6.9.1974, ETR 1975, 253.
[419] OLG Frankfurt 8.7.1980, MDR 1981, 53, 54; zust. *Koller* Rn. 50; zweifl. *Herber/Piper* Rn. 134; abl. EBJS/*Boesche* Rn. 68; aA OLG Zweibrücken 23.9.1966, VersR 1967, 1145, 1146; OLG Hamm 6.2.1997, TranspR 1998, 34 zur Verkürzung des Vermarktungszeitraums infolge einer Annahmeverweigerung, *Koller* Rn. 50a.
[420] OGH Wien 31.3.1982, TranspR 1984, 196; ähnlich für Lammfleisch BGH 14.4.1976, DB 1976, 2013, 2014, zur CIM.
[421] Cour Lyon 20.6.1979, BT 1979, 561.

einem später abgebrannten Lkw so verladen und verpackt waren, dass Leckagen und eine Selbstentzündung durch Reibung ausgeschlossen sind.[422]

**d) Verhältnis zu Abs. 2.** Die Haftungsbefreiung wegen der natürlichen Beschaffenheit 80 des Gutes ist gelegentlich schwer abzugrenzen von der Haftungsbefreiung wegen besonderer Mängel des Gutes iSv. Abs. 2. Die Rechtsfolgen unterscheiden sich allerdings deutlich: während die Beweislast für die Existenz besonderer Mängel des Gutes und ihrer Schadensursächlichkeit beim Beförderer liegt, Art. 18 Abs. 1, hat der Frachtführer im Falle des Art. 17 Abs. 4 lit. d nur die gattungsmäßige Risikoaffinität und die Möglichkeit ihrer Schadensursächlichkeit darzulegen und zu beweisen, Art. 18 Abs. 2; er stellt ihn also deutlich besser. Die tatbestandsmäßige Abgrenzung zwischen der besonderen Beschaffenheit des Gutes iSv. Abs. 4 lit. d und den besonderen Mängeln iSv. Abs. 2 liegt darin, dass im Falle des Abs. 2 Eigenschaften gemeint sind, die einen vom Normalzustand abweichenden **Mangel des Transportgutes** darstellen – etwa Bruchgefährdetheit auf Grund eines Produktionsfehlers –, während Art. 17 Abs. 4 lit. d natürliche, sich aus der **gattungsmäßigen Eigenart** ergebende Eigenschaften des Transportgutes meint, die das Risiko eines Straßentransports erhöhen, aber nicht als Mangel anzusehen sind, siehe näher oben Rn. 37.

**e) Verhältnis zu Art. 18 Abs. 4.** Zu den Schutzvorkehrungen, mit denen sich die 81 besondere Risikoaffinität gewisser Güter neutralisieren lässt, gehört der Einsatz von **Spezialfahrzeugen,** die Schutz gegen Hitze, Kälte, Temperaturschwankungen und Luftfeuchtigkeit bieten. Bei Beförderung mit einem solchen Fahrzeug wird die Haftungsbefreiung, die Art. 17 Abs. 4 lit. d gewährt, gemäß Art. 18 Abs. 4 stark eingeschränkt. Sie steht dem Frachtführer nur dann zu Gebote, wenn er beweist, dass er alle ihm nach den Umständen obliegenden Maßnahmen hinsichtlich der Auswahl, Instandhaltung und Verwendung der besonderen Einrichtungen getroffen und ihm erteilte besondere Weisungen beachtet hat. Der Hinweis auf die besondere Gefahr ist als Weisung zu verstehen, besondere Vorkehrungen zum Schutz des Frachtguts – etwa durch Einsatz eines Thermofahrzeugs bei Frostempfindlichkeit – zu treffen.[423]

**Art. 18 Abs. 4** erfasst direkt nur Spezialfahrzeuge mit klimatechnischen Einrichtungen, 82 gleich ob diese bautechnisch und bestimmungsgemäß notwendige Bestandteile des Fahrzeugs sind oder aber besondere zusätzliche Einrichtungen.[424] Es ist strittig, ob die Vorschrift darüber hinaus auf andere Spezialfahrzeuge **analog angewendet** werden kann. Dagegen spricht zwar ihr Ausnahmecharakter.[425] Doch ist zu bedenken, dass der Frachtführer außerhalb des Anwendungsbereichs von Art. 18 Abs. 4 für Fahrzeugmängel gemäß Art. 17 Abs. 3 ohne jede Einschränkung haftet, s. Rn. 50. Diese strikte Haftung ist sachgerecht für den fahrtechnischen Bereich, der völlig in die Verantwortungs- und Kompetenzsphäre des Beförderers fällt. Sie ist dagegen überzogen, wenn ein Schaden zwar primär den Funktionsmängeln der ladungstechnischen Einrichtungen des Lkw zuzuschreiben ist, aber sich doch auch aus der Risikoaffinität des Gutes und damit einem Umstand ergibt, der aus der Sphäre des Absenders stammt und vom Frachtführer nicht absolut zu beherrschen ist. Für diesen Bereich ist die in Art. 18 Abs. 4 verankerte Haftungsabschwächung angemessener, weil sie das von keiner Partei zu beherrschende Restrisiko dem Absender zuweist, aus dessen Sphäre es stammt und der es über die Transportversicherung kostengünstiger abdecken kann. Im Ergebnis sollte Art. 18 Abs. 4 daher analog auf Fälle angewendet werden, in denen die Beförderung in besonderen, vom Frachtführer zu stellenden Behältern, in Fahrzeugen mit spezieller Federung, mit automatischen Fütterungsanlagen für Viehtransporte, mit Be- und Entladevorrichtungen etc. ausgeführt wird.[426] Insoweit wird dann Art. 17 Abs. 3 verdrängt, vgl. Rn. 50.

---

[422] Cour Lyon 7.10.1976, BT 1977, 80.
[423] OLG München 31.5.2000, TranspR 2002, 26.
[424] OLG Hamburg 27.10.1988, TranspR 1989, 318, 320.
[425] *Putzeys* S. 274 Nr. 821; Thume/*Thume* Rn. 190.
[426] Hof Arnhem 10.4.1973, S. & S. 1973 Nr. 82; *Koller* Rn. 51; *Herber/Piper* Rn. 29: besondere Federung; Jabornegg/*Artmann/Csoklich* Art. 17–19 Rn. 20; aA *Putzeys* Nr. 821; GroßkommHGB/*Helm* Rn. 211 Fn. 614; EBJS/*Boesche* Art. 18 Rn. 13; Thume/*Thume* Rn. 190.

**83**    Art. 18 Abs. 4 schwächt die Haftung des Frachtführers für Fahrzeugbestandteile, verglichen mit Art. 17 Abs. 3, zu einer **Verschuldenshaftung mit umgekehrter Beweislast** ab.[427] Wenn der Frachtführer nämlich beweist, dass er in Bezug auf die Auswahl, Instandhaltung und Verwendung der Einrichtung alle ihm nach den Umständen obliegenden Maßnahmen getroffen und dass er auch die ihm erteilten besonderen Weisungen beachtet hat, kann er sich auf die bevorrechtigte Haftungsbefreiung des Art. 17 Abs. 4 lit. d berufen. An das Verhalten des Frachtführers sind hohe Anforderungen zu stellen,[428] denn die Funktionsfähigkeit der besonderen Fahrzeugeinrichtungen fällt in seine Sphäre, sie ist nur von ihm und nicht vom Absender zu beherrschen. Obwohl sich also die Haftung gemäß Art. 18 Abs. 4 der strikten Haftung des Art. 17 Abs. 3 annähert, bleibt ein theoretischer Unterschied, der auch praktisch werden kann, wenn eine Kühlanlage zB durch Steinschlag beschädigt wird oder in abgelegenen Gegenden ausfällt und eine rasche Reparatur nach den Umständen ebenso wenig möglich ist wie die Beschaffung eines Ersatz- oder Notaggregats. Die Kennzeichnung der Haftung gemäß Art. 18 Abs. 4 als Verschuldenshaftung mit umgekehrter Beweislast ist daher mehr als ein „piouw wish" (frommer Wunsch).[429]

**84**    Art. 18 Abs. 4 enthält eine **Einschränkung von Art. 17 Abs. 4 lit. d** soweit die Spezialeinrichtung geeignet ist, die oder eine besondere Risikoaffinität des Gutes zu neutralisieren; ein Kühlaggregat kann zwar den inneren Verderb der beförderten Früchte verzögern, ist aber keine Hilfe gegen ihre natürliche Druckempfindlichkeit. Wenn Früchte daher bei Ankunft Druckschäden aufweisen, kann sich der Beförderer, ohne erst den Nachweis gemäß Art. 18 Abs. 4 zu führen, sogleich auf Art. 17 Abs. 4 lit. d berufen. Erst recht bleiben **andere Haftungsausnahmen,** seien es allgemeine (Abs. 2) oder besondere (Abs. 4), für den Frachtführer in vollem Umfang verfügbar.[430] Er kann sich also insbesondere darauf berufen, dass das Kühlgut vom Absender verladen und verstaut wurde (Abs. 4 lit. c),[431] muss dann gemäß Art. 18 Abs. 2 auch die Möglichkeit der Schadensursächlichkeit der Stauart dartun. Gelingt ihm dies, muss der Ladungsbeteiligte, um die Kausalitätsvermutung des Art. 18 Abs. 2 iVm. Art. 17 Abs. 4 lit. c zu entkräften, gemäß Art. 18 Abs. 2 Satz 2 darlegen und beweisen, dass der Schaden nicht oder nicht ausschließlich durch die Stauart, sondern auch durch andere Umstände, etwa Mängel der Kühlanlage verursacht wurde. Während also im Rahmen von Art. 17 Abs. 4 lit. d, Art. 18 Abs. 4 der Beförderer seine eigene Sorgfalt hinsichtlich der Kühlanlage darzulegen und zu beweisen hat, liegt die **Beweislast** für Mängel der Anlage, wenn sich der Beförderer auf Art. 17 Abs. 4 lit. c oder andere bevorrechtigte Ausnahmen beruft, beim Absender bzw. Empfänger.[432]

**85**    **Einzelfälle.** Der Frachtführer kann sich **auf Art. 17 Abs. 4 lit. d nicht berufen,** wenn er gegen die Weisung verstößt, Steinpilze bei einer Temperatur von −2 °C zu befördern,[433] ebenso wenig wenn er Kühlfahrzeuge ohne Außenthermometer einsetzt[434] oder wenn er ein Kühlfahrzeug einsetzt, das entweder nicht ausreichend vorgekühlt war[435] oder dessen Kühlleistung für den betreffenden Transport nicht ausreicht.[436] Es genügt nicht, wenn der

---

[427] So die Charakterisierung durch OLG Hamburg 27.10.1988, TranspR 1989, 318, 320; OLG Koblenz 2.7.1976, VersR 1976, 1151, 1152; vgl. auch *Thume* TranspR 1992, 4 mwN; *Herber/Piper* Rn. 81; *Jesser* TranspR 1997, 98, 99; GroßkommHGB/*Helm* Rn. 216; *Koller* Rn. 34; EBJS/*Boesche* Art. 18 Rn. 12 und 14; *Putzeys* S. 273 Nr. 820: Haftung für „due diligence"; *Clarke* S. 246 Nr. 75f (i).

[428] *Brunat* BT 1982, 174; *Haak* S. 169 f.; *Theunis/Chao* S. 144; GroßkommHGB/*Helm* Rn. 216; vgl. *Koller* Rn. 51: verkehrserforderliche Sorgfalt; OGH Wien 22.11.1984, *Greiter* S. 253, 260: Sorgfaltsmaßstab des Abs. 2.

[429] So aber *Haak* S. 171; ähnlich *Glass* ETR 1979, 716 f.

[430] *Haak* S. 171; vgl. auch *Clarke* S. 281 Nr. 89b.

[431] OLG München 27.6.1979, VersR 1980, 241; Hof Arnhem 10.2.1981, S. & S. 1981 Nr. 107; Hof Amsterdam 3.12.1992, S. & S. 1993 Nr. 129; Cour Agen 29.6.1981, BT 1981, 433; *Ulster Swift v. Taunton Meat Haulage* [1975] 2 Lloyd's L. Rep. 502.

[432] *Clarke* S. 281 Nr. 89b unter Berufung auf OLG Hamm 19.2.1973, ETR 1974, 753, 760.

[433] OLG Nürnberg 14.6.1965, ETR 1971, 247, 259 ff.

[434] OLG Koblenz 2.7.1976, VersR 1976, 1151.

[435] OLG München 16.1.1991, TranspR 1992, 181, 183.

[436] OLG Hamburg 27.10.1988, TranspR 1989, 318, 320.

Frachtführer die geforderte Temperatur einstellt und die Kühlaggregate einschaltet; er muss vielmehr laufend die Temperatur kontrollieren[437] und zwar nicht nur durch den Blick aufs Außenthermometer, sondern durch Überprüfung des Kühlgutes im Frachtraum.[438] Darüber sind Kontrollblätter zu führen.[439] Der Frachtführer haftet, wenn er das Transportfahrzeug mit angestellter Kühlung 48 Stunden ohne Kontrolle auf einem Parkplatz abstellt. Fällt die Kühlanlage aus, muss der Frachtführer für umgehende Reparatur oder für anderweitige Kühlung sorgen, auch am Wochenende.[440] Eine Berufung auf Art. 17 Abs. 4 lit. d scheitert auch, wenn das Gericht dem Frachtführer keinen konkreten Sorgfaltsmangel vorwerfen kann, aber zu dem Schluss kommt, dass der Beförderer nicht die nach den Umständen erforderlichen Maßnahmen ergriffen hat.[441] Bei Schäden, die durch Frost entstehen, zum Beispiel an kälteempfindlichen Treibhauspflanzen, muss der Frachtführer, der sich auf derartige Transporte spezialisiert hat, nachweisen, dass er bei einem Ausfall der Wärmeanlage alle Schritte unternommen hat, die ihm unter den besonderen Umständen zumutbar waren, um den Schaden zu verhindern.[442] Verdirbt Frischfleisch nur deswegen, weil der Frachtführer keine Weisung nach Art. 14 einholt, so kann er sich nicht auf die Haftungsbefreiung des Art. 17 Abs. 4 lit. d berufen.[443] **Andere Haftungsbefreiungstatbestände** als Art. 17 Abs. 4 lit. d sind zu prüfen im Falle der mangelhaften Vorkühlung des Gutes, vgl. schon oben Rn. 39 zu Art. 17 Abs. 2, oder wenn der Absender bei der Verladung keine Vorkehrung trifft, um die Zirkulation der Kühlluft zu ermöglichen, vgl. Rn. 70 zu Abs. 4 lit. c.

**6. Ungenügende Bezeichnung der Güter (Abs. 4 lit. e).** Gemäß Art. 17 Abs. 4 lit. e **86** ist der Frachtführer von seiner Haftung befreit, wenn der Verlust oder die Beschädigung des Transportgutes auf die ungenügende oder unzulängliche Bezeichnung oder Nummerierung der Frachtstücke zurückgeht. Hinter dieser Haftungsausnahme steht der Erfahrungssatz, dass falsch gekennzeichnete oder nummerierte Frachtstücke auch falsch behandelt werden, dass sie zB an einen falschen Empfänger ausgeliefert oder – bei falscher Inhaltsangabe – falsch gestaut werden. Diesem Erfahrungssatz entspricht es, wenn Art. 18 Abs. 2 den Nachweis genügen lässt, dass der Bezeichnungsfehler schadensursächlich sein *konnte*. Die besondere Bedeutung der korrekten Bezeichnung des Gutes kommt auch zum Ausdruck in Art. 8 Abs. 1, wonach der Frachtführer bei der Übernahme des Transportgutes die Richtigkeit der Bezeichnung zu überprüfen hat, und in Art. 9 Abs. 2, wonach, wenn der Frachtbrief keinen entsprechenden Vorbehalt aufweist, bis zum Beweis des Gegenteils vermutet wird, dass die Anzahl der Frachtstücke und ihre Zeichen und Nummern mit den Angaben im Frachtbrief übereinstimmten.[444] Allerdings beschränken sich Kontrollpflicht des Art. 8 und Vermutung des Art. 9 auf Äußerlichkeiten, vgl. Art. 9 Rn. 9. Für andere Kennzeichnungsfehler bedarf es einer ergänzenden Sanktion, die Art. 17 Abs. 4 lit. e enthält. Der Sache nach handelt es sich dabei um einen Sonderfall des Verschuldens des Absenders im Sinne von Art. 17 Abs. 2, wobei jedoch Art. 17 Abs. 4 lit. e kein Verschulden voraussetzt.[445] Die Vorschrift setzt aber naturgemäß voraus, dass der Absender die fehlerhafte Bezeichnung vorgenommen hat. Hat der Frachtführer dagegen ein Carnet TIR selbst fehlerhaft ausgefüllt, findet Abs. 4 lit. e keine Anwendung und der Beförderer haftet für die darin gemachten Angaben sowie für daraus entstehende Güterschäden gemäß Art. 17 Abs. 1.[446]

---

[437] Auch bereits bei der Übernahme: OLG München 3.5.1989, TranspR 1991, 61.
[438] Hof 's-Hertogenbosch 3.4.1990, S. & S. 1994 Nr. 58; andernfalls ist die Aussage des Fahrers, die Kühlanlage habe gut funktioniert, nicht beweiskräftig.
[439] OLG Hamburg 27.10.1988, TranspR 1989, 318, 320; OLG München 16.1.1991, TranspR 1992, 181, 183; Hof Brüssel 17.12.1984, ETR 1985, 354; Hof 's-Hertogenbosch 3.4.1990, S. & S. 1994 Nr. 58.
[440] OLG Hamburg 2.5.1985, VersR 1986, 865; ähnlich OLG Hamm 21.6.1999, TranspR 1999, 445: Kontrolle während Fahrtunterbrechung von mehreren Tagen.
[441] *Ulster Swift v. Taunton Meat Haulage,* [1977] 3 All E. R. 641, 649 f. C. A.
[442] Cour Toulouse 26.3.1969, ETR 1971, 131.
[443] LG Duisburg 14.2.1988, TranspR 1989, 268.
[444] Vgl. hierzu *Loewe* ETR 1976, 560 und *Hill/Messent* S. 164 f.
[445] Großkomm HGB/*Helm* Rn. 218; *Clarke* S. 287 Nr. 90; *Koller* Rn. 52; EBJS/*Boesche* Rn. 70; Ferrari/*Otte,* Int. Vertragsrecht, Rn. 126.
[446] OLG Düsseldorf 12.2.1981, VersR 1982, 302.

87    Der in der Praxis weitaus häufigste Bezeichnungsfehler ist die unzureichende oder **falsche Empfängerbezeichnung,** die eine Auslieferung an einen anderen als den gewollten Empfänger zur Folge hat. Sie führt häufig nur zu Lieferfristüberschreitungen, gemäß Art. 20 Abs. 1 aber nach Ablauf von 30 bzw. 60 Tagen zum Verlust. Ein weiterer denkbarer Bezeichnungsfehler ist die ungenügende Kennzeichnung von besonders empfindlichem, zB bruchgefährdetem Transportgut. Sie kann dazu führen, dass das Gut nicht mit der erforderlichen Sorgfalt behandelt wird.[447] Abs. 4 lit. e greift nicht ein, wenn es allein wegen eines Verschuldens des Frachtführers zu Verwechslungen gekommen ist, weil der Kennzeichnungsfehler für den Schaden dann nicht kausal geworden ist.[448] Die fehlende Kausalität ist gemäß Art. 18 Abs. 2 Satz 2 vom Absender zu beweisen, wenn der Frachtführer die Möglichkeit der Schadensursächlichkeit des Bezeichnungsfehlers dargelegt hat.

88    **7. Beförderung lebender Tiere (Art. 17 Abs. 4 lit. f).** Gemäß Art. 17 Abs. 4 lit. f haftet der Frachtführer nicht für Verlust oder Beschädigung von lebenden Tieren, wenn dieser Schaden gerade darauf zurückzuführen ist, dass es sich beim Transportgut um lebende Tiere handelt. Hier ist ergänzend die Modifikation der Beweislast zu beachten, die in **Art. 18 Abs. 5** vorgenommen wird: Der Frachtführer kann sich auf Art. 17 Abs. 4 lit. f nur berufen, wenn er nachweist, dass er alle ihm nach den Umständen üblicherweise obliegenden Maßnahmen getroffen hat und dass er die ihm erteilten besonderen Weisungen beachtet hat. Insbesondere muss der Frachtführer für Luftzufuhr, Bewegung, Füttern und Tränken der Tiere sorgen sowie Maßnahmen gegen Seuchen, Kälte sowie Entweichen ergreifen.[449] Ferner sind u. a. das Europäische Übereinkommen zum Schutz von Tieren beim internationalen Transport und verschiedene EG-Vorschriften zu beachten.[450] Nur wenn der Frachtführer nachweist, dass er diesen Anforderungen genügt hat, wirkt die Haftungsbefreiung zu seinen Gunsten. Gelingt ihm der Nachweis nicht, ist für ihn zwar die Haftungsausnahme des Abs. 4 lit. f nicht verfügbar, doch kann er sich auf **andere Haftungsbefreiungen,** vor allem die besondere Risikoanfälligkeit iSv. Abs. 4 lit. d berufen. Diese befreit nur von der Haftung für „normalen" Schwund, bei Tieren also von der Haftung für eine durchschnittliche Sterblichkeitsquote. Diese beträgt etwa bei Transporten lebender Kühe in belüfteten Fahrzeugen 2 %; nur in diesem Umfang ist der Beförderer daher gemäß Abs. 4 lit. d von der Haftung befreit, auch wenn die tatsächliche Sterblichkeit sehr viel höher liegt.[451]

89    Abs. 4 lit. f ist sehr weit gefasst und bezieht sich auf **alle Arten von lebenden Tieren,** seien es wilde Tiere oder Haustiere; die Vorschrift bezieht sich auch auf Vögel, Fische, Insekten etc., auch wenn sie in besonderer Verpackung versandt werden. Die Vorschrift betrifft ferner **alle Schäden** aus der Beförderung lebender Tiere, die daher rühren, dass Lebewesen mit eigener Dynamik und nicht tote Materie befördert wird. Gedacht ist also an die typischen Gefahren der Tierbeförderung wie Entweichen, Erkrankung, Verhungern, Verdursten, Ersticken oder Verletzungen durch beigeladene Tiere.[452] Kann der Frachtführer die Möglichkeit eines solchen typischen Schadens darlegen, wird gemäß Art. 18 Abs. 2 vermutet, dass der Schaden wirklich darauf zurückzuführen ist, dass die Transportgüter Lebewesen waren. Gelingt hingegen dem Ersatzberechtigten der Nachweis, dass der Schaden nicht aus dem typischen Tiertransportrisiko herrührt, sondern etwa durch einen Unfall des Transportfahrzeugs verursacht wurde oder auf die Fahrweise oder auf die überlange

---

[447] *Heuer* S. 105; *Jesser* S. 118.

[448] Vgl. BGH 27.10.1978, NJW 1979, 2473, 2474; Thume/*Thume* Rn. 203; EBJS/*Boesche* Rn. 71.

[449] Thume/*Thume* Art. 18 Rn. 83; Ferrari/*Otte,* Int. Vertragsrecht, Rn. 132.

[450] BGBl. 1973 II S. 722 ff.; siehe insbes. VO (EG) 1/2005 vom 22.12.2004 über den Schutz von Tieren beim Transport und damit zusammenhängenden Vorgängen, ABl. EG 2005 L 3/1; ausführlich dazu *Brandt* TranspR 2008, 230 ff.; vgl. auch GroßkommHGB/*Helm* Rn. 219; *Lamy* 2013 Rn. 91b); Thume/*Thume* Rn. 210.

[451] Rb. Rotterdam 22.8.1986, S. & S. 1987 Nr. 91, berichtet bei *Ponet/Willems* Rev.dr.com.belge 1992, 748.

[452] *Jesser* S. 119; GroßkommHGB/*Helm* Rn. 219.

Transportdauer zurückgeht, greift der Haftungsausschluss nicht ein (Art. 18 Abs. 2 Satz 2).[453]

## C. Verspätungshaftung

### I. Vergleich von Verspätungshaftung und Obhutshaftung

Gemäß Art. 17 Abs. 1 haftet der Beförderer auch für die Überschreitung der Lieferfrist. **90** Die Verspätungshaftung tritt also als **selbständiger Haftungsgrund** neben die Obhutshaftung; sie greift auch ein, wenn die Verspätung nicht zu Verlust oder Beschädigung der transportierten Güter führt, sondern zu einem reinen Vermögensschaden. Das **Haftungsprinzip** ist dabei **dasselbe wie bei der Obhutshaftung.** Es ergibt sich aus der Vorschrift des Art. 17 Abs. 2, die für Obhuts- und Verspätungshaftung gleichermaßen gilt, vgl. Rn. 3 f. Damit steht die CMR durchaus im Einklang mit anderen modernen Haftungskonventionen des Gütertransportrechts,[454] hebt sich aber von älteren frachtrechtlichen Regelungen des 19. Jahrhunderts deutlich ab, in denen eine umfassende Haftungsregelung für Verspätungsschäden entweder ganz fehlte, oder jedenfalls in ihrer Strenge deutlich hinter der Obhutshaftung zurückblieb. So behandelte Art. 104 C.com. (wie jetzt Art. L. 133–2) nur die Haftung für die Nichteinhaltung *vereinbarter* Lieferfristen,[455] und Art. 397 ADHGB statuierte für die Versäumung der Lieferzeit lediglich eine Haftung für vermutetes Verschulden, die hinter der klassischen Receptumshaftung bis zur Grenze der höheren Gewalt für Güterschäden (Art. 395 ADHGB) deutlich zurückblieb. Waren die älteren Vorschriften von der Erwägung getragen, dass die Transportverzögerung „in der Regel weit schwerer zu verhüten sei als der Verlust oder die Beschädigung der Ware"[456] so sind die Verkehrsnetze und Transportmittel durch Technisierung und Verkehrsplanung so verlässlich geworden, dass die fristgerechte Ablieferung an den Beförderer in der Gegenwart grundsätzlich keine höheren Anforderungen stellt als die Obhut.[457] Beide Einstandspflichten können daher dem gleichen Haftungsprinzip folgen. Die verbleibenden Unwägbarkeiten der Transportdauer sind bei der **Länge der Lieferfrist** zu berücksichtigen, wie dies auch in **Art. 19** geschieht.

**Unterschiede zwischen Obhutshaftung und Verspätungshaftung** ergeben sich bei **91** den Haftungsausnahmen und beim Haftungsumfang. Während die Haftungsbefreiungen des Art. 17 Abs. 2 allgemeine Gesichtspunkte der Risikozurechnung enthalten und deshalb für Obhuts- und Verspätungshaftung gleichermaßen gelten, betreffen die bevorrechtigten Ausnahmetatbestände des **Art. 17 Abs. 4** lediglich die Obhutshaftung. Sie spiegeln die Erfahrung wider, dass es in den dort genannten Fällen relativ häufig zu Güterschäden kommt; daher genügt gemäß Art. 18 Abs. 2 der Nachweis der bloßen Möglichkeit der Schadensursächlichkeit. Die betreffenden Erfahrungssätze gelten nicht für die Verursachung von Transportverzögerungen, so dass Art. 17 Abs. 4 hierauf nicht anzuwenden ist. Beim **Haftungsumfang** wäre es willkürlich und verfehlt, die Haftungshöchstgrenzen gemäß Art. 23 Abs. 3 nach dem Gewicht des Transportgutes zu berechnen. Denn der Schaden tritt vielfach gar nicht an dem Transportgut ein, sondern an anderen Sachen des Empfängers oder sonst in dessen Vermögen.[458] Art. 23 Abs. 5 orientiert sich deshalb statt am Warenwert

---

[453] Oberster Gerichtshof Dänemark 10.9.1996, ETR 1997, 230, 231; Cour cass. 17.6.1997, ULR 1998, 200.

[454] Art. 23 § 1 ER CIM 1999; Art. 5 Abs. 1 HambR; Art. 16 Abs. 1 CMNI.

[455] Wo keine Lieferfristen vereinbart werden, treten die Lieferfristen der offiziellen Musterverträge (contrats-type) an deren Stelle, vgl. Lamy 2013 Rn. 226.

[456] *Puchelt/Förtsch,* Kommentar zum Allgemeinen Deutschen Handelsgesetzbuch, 4. Aufl. 1894, Art. 397 Anm. 1.

[457] *Grönfors* ETR 1974, 400.

[458] Vgl. BGH 30.9.1993, NJW 1993, 3331: Produktionsausfall beim Empfänger und Zahlung einer Geldsumme, um nicht auf eine „schwarze Liste" gesetzt zu werden, wurden als Verspätungsschäden iSv. Art. 23 Abs. 5 anerkannt.

an der Fracht und damit an einer Größe, die mit der Transportentfernung und dem Verzögerungspotential immerhin zusammenhängt.

## II. Konkurrenzen

**92**    **1. Konkurrenz von Verspätungshaftung und Obhutshaftung.** Da Verspätungshaftung und Obhutshaftung sowohl dem Grunde wie dem Umfang nach unterschiedlich geregelt sind (Rn. 91), bedarf ihr Verhältnis zueinander der Klärung; denn ein Sachverhalt kann zugleich **beide Haftungstatbestände erfüllen.** So schließt der Verlust des Transportgutes, verstanden als Nichtablieferung nach Übernahme, Rn. 8, denknotwendig die Überschreitung der Lieferfrist ein. Auch eine Beschädigung kann zu einer solchen Verzögerung führen, wenn zB wegen der Beschädigung langwierige Sicherungsmaßnahmen wie die Neuverpackung des Gutes erforderlich werden. Auch der umgekehrte Fall tritt – etwa bei verderblichen Gütern wie Lebensmittellieferungen – häufig ein: Durch Überschreitung der Lieferfrist verdirbt das Transportgut, wird also beschädigt im Sinne des Art. 17 Abs. 1, und Art. 20 knüpft sogar die Vermutung des Verlusts daran, dass die Lieferfrist um mehr als dreißig bzw. sechzig Tage überschritten wurde.

**93**    Der Gesetzestext liefert **keine eindeutigen Abgrenzungskriterien.** Die Schadensursache kann nicht als Unterscheidungsmerkmal herangezogen werden, weil nach dem Wortlaut des Art. 17 Abs. 1 jeder Verlust und jede Beschädigung den Tatbestand der Obhutshaftung erfüllt, gleich auf welche Ursachen sie zurückzuführen sind.[459] Auch ist den Regelungen nicht zu entnehmen, dass zwischen Obhutshaftung und Verspätungshaftung ein Verhältnis der Spezialität besteht.[460] Soweit Art. 19 und 20 Abs. 1 keine eindeutige Antwort liefern, ist die CMR zunächst aus sich selbst heraus **auszulegen,** ohne dass auf nationales Recht zurückgegriffen wird. Hier bleibt allerdings nur die begriffliche Unterscheidung zwischen Verlust bzw. Beschädigung und Verspätung. **Verspätung** bedeutet nach allgemeinem Sprachgebrauch, dass eine Ablieferung noch möglich ist, wenn auch nicht innerhalb der vorgesehenen Zeit (vgl. Art. 19, 20 Abs. 1), während von **Verlust** die Rede ist, wenn es dem Frachtführer auf absehbare Zeit nicht möglich ist, das Transportgut abzuliefern.[461] Dies ist nicht nur der Fall, wenn das Transportgut untergegangen ist, sondern auch wenn es beschlagnahmt oder an einen falschen Empfänger ausgeliefert wurde, sofern diese Vorgänge nicht in absehbarer Zeit wieder rückgängig gemacht werden können.[462] Gelingt dies dagegen dem Frachtführer, so liegt – falls der Ersatzberechtigte nicht vorher von seiner Möglichkeit nach Art. 20 Abs. 1 Gebrauch macht[463] – lediglich eine Lieferfristüberschreitung vor.

**94**    Ist eine eindeutige Abgrenzung zwischen den beiden Haftungstatbeständen nicht möglich, so sind sie grundsätzlich **kumulativ anwendbar,**[464] stehen also in freier Anspruchskonkurrenz nebeneinander. Hierbei ist jeder Anspruch nach Voraussetzungen und Beschränkungen selbständig zu prüfen. Insbesondere ist zu beachten, dass die bevorrechtigten Haftungsausschlüsse des Art. 17 Abs. 4 nur für Verlust und Beschädigung, nicht aber für Lieferfristüberschreitung gelten; auf die in Art. 17 Abs. 4 genannten Ausnahmetatbestände kann sich der Frachtführer bei Verspätungsschäden, selbst wenn sie zur Beschädigung der Güter führen, also nur berufen, wenn dem Verfügungsberechtigten ein Verschulden zur Last fällt, dann auf der Grundlage von Art. 17 Abs. 2 und nicht von Abs. 4.[465] Unterschiedlich geregelt ist für Obhuts- und Verspätungshaftung auch die Reklamation, vgl. Art. 30 Abs. 2 und 3. Schließlich gelten für die Verspätungshaftung gemäß Art. 23 Abs. 5

---

[459]    *Jesser* S. 68; *Aisslinger* S. 68; *Heuer* S. 131; vgl. auch OLG Köln 14.3.1997, TranspR 1998, 195.
[460]    *Heuer* S. 130.
[461]    App. Milano 11.7.1975, Foro pad. 1976 I 228 = RDU 1977 I 336; *Jesser* S. 68.
[462]    *Jesser* S. 68; GroßkommHGB/*Helm* § 429 HGB Rn. 12.
[463]    *Jesser* S. 69.
[464]    Vgl. *Koller* Art. 23 CMR Rn. 17; *Haak* S. 229 f.; *Jesser* S. 78; *Heuer* S. 131; EBJS/*Boesche* Art. 23 Rn. 19; Thume/*Thume* Art. 23 Rn. 48; GroßkommHGB/*Helm* Art. 23 Rn. 66 ff.; offengelassen in BGH 15.10.1992, NJW-RR 1993, 1269, 1270 sub II 4 am Ende.
[465]    OGH Wien 31.3.1982, TranspR 1984, 196 = *Greiter* S. 137, 141 f.

andere Haftungsgrenzen als für die Güterschäden, Art. 23 Abs. 1–4 und Art. 25. Wenn es durch Verspätung zu einem Güterschaden bzw. durch einen Güterschaden zu einer Verspätung kommt, bereitet die kumulative Anwendung beider Anspruchsgrundlagen und Haftungsgrenzen Schwierigkeiten. Die hM will den Schaden in solchen Fällen allein nach den Vorschriften über Güterschäden (Art. 23 Abs. 1–4) berechnen,[466] während sich eine Mindermeinung für die Kumulierung der Haftungsgrenzen einsetzt.[467]

**Stellungnahme.** Richtig ist, dass aus Transportverzögerungen neben dem Güterscha- **95** den, zB dem Verderb transportierter Früchte, auch noch Vermögensschäden entstehen können, etwa der Produktionsausfall in der Konservenfabrik des Empfängers, und dass diese Vermögensschäden, obwohl sie gar keine Folge des Güterschadens sein müssen, bei Art. 23 Abs. 1–4 jedenfalls zum Teil unberücksichtigt bleiben. Es gibt aber in der CMR keinen Anhaltspunkt dafür, dass der Ersatz von Verspätungsschäden nur in Betracht kommt, wenn keine Güterschäden geltend gemacht werden. Danach muss es bei der **kumulativen Geltendmachung** von Güterschäden und Verspätungsschäden bleiben, und dies auch über die Grenze der bei gänzlichem Verlust gemäß Art. 23 Abs. 1–4 zu zahlenden Beträge hinaus. Dagegen wird eingewendet, es könne keinen Unterschied machen, ob der Verlust des Gutes auf seinen Untergang zurückzuführen sei oder aber auf die Verzögerung des Transports; die Haftungsgrenze müsse in beiden Fällen gemäß Art. 23 Abs. 1–4 berechnet werden.[468] Dies trifft zu, soweit der Verspätungsschaden gerade durch den verzögerungsbedingten Güterschaden verursacht wurde, soweit zB der Produktionsausfall des Empfängers darauf zurückzuführen ist, dass die zu langsam beförderten Früchte verdorben angekommen sind und deshalb nicht verarbeitet werden können. Wenn der Empfänger dagegen Produktionsausfall für einen Zeitraum geltend macht, der vor der Ankunft des Gutes und vor seinem inneren Verderb, aber nach dem vereinbarten Lieferzeitpunkt lag, so ist der betreffende Verspätungsschaden nicht durch den Güterschaden verursacht worden und folglich mangels Kausalität auch nicht über Art. 23 Abs. 1 bzw. Art. 25 Abs. 1 zu ersetzen; ein solcher Verspätungsschaden kann folglich neben dem Güterschaden geltend gemacht werden.[469] Diese Lösung ist keine Einschränkung der **freien Anspruchskonkurrenz von Verspätungs- und Obhutshaftung,** sondern setzt die freie Konkurrenz sogar voraus; auf dieser Grundlage ergibt sich die Lösung dann aus einer präzisen Prüfung der haftungsausfüllenden Kausalität im Hinblick auf die verschiedenen Verspätungsschäden.

**Einzelfälle aus der Rechtsprechung.** Wurde eine feste Lieferfrist vereinbart, kann **96** sich der Frachtführer gleichwohl auf die Haftungsausschlüsse des Art. 17 berufen, wenn die Überschreitung der Lieferfrist darauf zurückzuführen ist, dass es wegen Überladung des Fahrzeugs zu einem Zwangsaufenthalt an der Grenze kommt.[470] Wird eine sehr knappe Lieferfrist vereinbart, deren nur unerhebliche Überschreitung einen unverhältnismäßig hohen Schaden zur Folge hat, so kann hierin ein Organisationsverschulden des Absenders liegen, mit der Folge, dass eine nur unerhebliche Überschreitung der Lieferfrist dem Frachtführer nicht anzulasten ist.[471] Sind Transportwege auf Grund schlechter Witterungsbedingungen unpassierbar, so liegt gleichwohl ein Verschulden des Frachtführers vor, wenn er andere, passierbare Strecken übersieht.[472]

**2. Konkurrenzen zum nationalen Recht.** Art. 17, 19 und 23 Abs. 5 enthalten nach **97** verbreiteter Ansicht eine abschließende Regelung der Sanktionen für die Überschreitung

---

[466] Cass.com. 5.12.1989, BT 1990, 310; ähnlich OGH Wien 15.2.1979, *Greiter* S. 76, 78; *Haak* S. 229 f.; *Heuer* S. 137–139; Großkomm*HGB/Helm* Art. 23 CMR Rn. 40, 66 f.
[467] *Nickel-Lanz* S. 88 Nr. 111; *Koller* Art. 23 Rn. 17; offengelassen in BGH 15.10.1992, NJW-RR 1993, 1269, 1270 sub II 4 am Ende.
[468] *Heuer* S. 138; *Haak* S. 229 f.; *Thume* RIW 1992, 969.
[469] OGH Wien 15.2.1979, *Greiter* S. 76, 78; *Heuer* S. 139; *Haak* S. 230; für dieses Ergebnis auch EBJS/ *Boesche* Art. 23 Rn. 19.; *Ferrari/Otte*, Int. Vertragsrecht, Rn. 35; vgl. Thume/*Thume* Art. 23 Rn. 51 und Art. 25 Rn. 30.
[470] Vgl. LG Köln 16.9.1988, TranspR 1989, 271 mit zust. Anm. *Knorre*.
[471] OLG Zweibrücken 14.11.1984, TranspR 1985, 397 f.; kritisch *Glöckner* Rn. 98 und *Koller* Rn. 57.
[472] LG Lübeck 17.3.1986, TranspR 1986, 339.

der Lieferfrist. Diese Regelung soll die Vereinbarung eines **Fixgeschäfts** und damit den Rückgriff auf Sanktionen des nationalen Rechts für die Nichterfüllung ausschließen.[473] Dabei wird verkannt, dass die CMR zwischen der – abschließend geregelten – Verspätungshaftung gemäß Art. 17 und der – nur zum Teil geregelten – Unmöglichkeit der „Erfüllung des Vertrages zu den im Frachtbrief festgelegten Bedingungen" unterscheidet, Art. 14 Abs. 1. Die Abgrenzung zwischen Unmöglichkeit und Verspätung wird danach von Parteivereinbarungen bestimmt, dh. gegebenenfalls von einer Fixgeschäftsabsprache. Die Regelung der Art. 17, 19 und 23 soll sich auch auf **Vertragsstrafen** erstrecken, die gemäß Art. 41 iVm. Art. 17 und 23 Abs. 5 unwirksam seien.[474] Hier wird das ohnehin sehr enge Korsett des zwingenden Rechts der CMR übermäßig und unnötig angespannt. Vertragsstrafen sind in der CMR mit keinem Wort ausdrücklich behandelt und Gegenstand des allgemeinen Vertragsrechts. Die CMR regelt, wie auch Art. 26 deutlich zeigt, nur Fragen des Schadensersatzes und steht vertraglichen Absprachen über die **Pauschalierung des Schadensersatzes** entgegen. Sie betrifft jedoch nicht die Zulässigkeit von Pönalen, die eindeutig einen präventiven Charakter haben und für die in der Praxis erheblicher Bedarf bestehen kann. Sie beurteilen sich nach dem ergänzenden Vertragsstatut, vgl. Einl. Rn. 41 ff.

**98**      Kein Fall des Art. 17 ist die **Überschreitung der Ladezeit,** soweit es um Schäden geht, die gerade dadurch und nicht durch eine daraus resultierende Überschreitung der Lieferzeit verursacht wurden. Wenn also zB der Absender einen besonderen Kran zur Verladung des Gutes gemietet hat und der Frachtführer versäumt den vereinbarten Ladezeitpunkt, so haftet er dafür nicht gemäß Art. 17 Abs. 1, sondern nach dem ergänzenden Vertragsstatut, vgl. schon oben Rn. 7.

**99**      Führen **unzulängliche Dokumente** zu unnötigen Aufenthalten am Zoll und zur Überschreitung der Lieferfrist, so beurteilt sich die Verantwortlichkeit des Absenders hierfür nach Art. 11. Macht der Empfänger bei einer derartigen Lieferfristüberschreitung dem Frachtführer gegenüber seine Rechte aus Art. 17 geltend, so kann dieser – wenn deutsches Recht ergänzend zur Anwendung kommt – entsprechend § 334 BGB mit seinem Anspruch gegen den Absender aus Art. 11 aufrechnen.[475]

## D. Schadensteilung (Abs. 5)

### I. Gegenstand und Anwendungsbereich

**100**      Viele Schadensfälle haben **mehrere Ursachen,** die zum Teil in die durch Art. 17 Abs. 2 und 4 umschriebene Risikosphäre des Absenders/Empfängers und zum Teil gemäß Art. 17 Abs. 1 in die Risikosphäre des Frachtführers fallen. Für diese Fälle sieht Abs. 5 eine Schadensteilung, dh. eine Ermäßigung der Haftung des Frachtführers auf den Umfang vor, in dem er zu dem Schaden beigetragen hat. Die Vorschrift bringt dies in umständlicher Formulierung zum Ausdruck, auch in den beiden Originalfassungen. In den Rechtsordnungen des Kontinents bringt sie nur eine allseits akzeptierte Regel zum Ausdruck; für den Bereich des common law enthält sie dagegen eine Absage an das Alles-oder-Nichts-Prinzip der contributory negligence. Sie gilt als allgemeiner Grundsatz für die Haftung des Frachtführers und mit Ausnahme von Art. 11 Abs. 2 Satz 2 auch in der Absenderhaftung; vgl. dazu Art. 11 Rn. 5 f.

**101**      Die französische und die englische Version sind, was die **Methode der Schadensteilung** betrifft, nicht unbedingt deckungsgleich. Die englische Fassung beschränkt die Frachtführer-

---

[473] OLG Düsseldorf 9.3.1995, TranspR 1995, 288; OLG Düsseldorf 7.3.2007, TranspR 2007, 195, 196; EBJS/*Boesche* Rn. 7; Ferrari/*Otte,* Int. Vertragsrecht, Rn. 37; wie hier *Koller* vor Art. 1 Rn. 29.

[474] OLG München 26.7.1985, TranspR 1985, 395; *Glöckner* Rn. 101; *Clarke* S. 289 Nr. 92; *Herber/Piper* Rn. 14 und Art. 23 Rn. 41; EBJS/*Boesche* Rn. 7; Thume/*Thume* Rn. 213; Thume/*Schmid* Art. 41 CMR Rn. 8; wie hier dagegen *Putzeys* S. 311 Nr. 915; Ferrari/*Otte,* Int. Vertragsrecht, Rn. 37 und Art. 41 CMR Rn. 4; unklar OLG Köln 19.8.2003, TranspR 2004, 322, 323.

[475] *Koller* Rn. 62.

haftung „to the extent", dh. auf den Umfang oder das Ausmaß seines schadensursächlichen Beitrags und lässt damit – vor dem Hintergrund der englischen seerechtlichen Judikatur – den Schluss zu, der Frachtführer müsse den Umfang des von ihm zu vertretenden Schadensteils betragsmäßig darlegen und beweisen, um in den Genuss der Haftungsminderung zu kommen; gelinge ihm der Beweis nicht, hafte er in vollem Umfang.[476] Aus dieser Sicht werden die schadensursächlichen Beiträge der Parteien also nicht in ein Verhältnis zueinander gebracht; davon ist im englischen Text auch nicht die Rede. Dagegen stellt die französische Textfassung auf die „proportion", also den Anteil des Frachtführers an der Schadensverursachung ab, der nicht ohne Abwägung gegen die sonstigen Beiträge zur Schadensverursachung ermittelt werden kann und dessen Ermittlung wie auch bei anderen Kausalitätsfragen der freien Einschätzung des Richters überlassen bleibt. Der deutsche Text folgt zwar verbal dem englischen, doch besteht kein Zweifel daran, dass sich die Schadensteilung nach dem relativen Gewicht der verschiedenen schadensursächlichen Beiträge zueinander bestimmt.[477] Dieser Auffassung folgt letztlich auch die englische Literatur zur CMR.[478]

## II. Mehrere Schadensursachen

Art. 17 Abs. 5 ist nur anwendbar, wenn für den Eintritt **ein und desselben Schadens** **102** **zwei Ursachen** aus verschiedenen Sphären kausal sind, gleich ob die beiden Ursachen nun zur Entstehung des Schadens beigetragen haben oder ob eine von ihnen – schadenserhöhendes Verschulden oder Unterlassen der Schadensminderung – nur noch den Umfang des Schadens beeinflusst hat. Hier ist vor allem, (aber nicht nur) daran zu denken, dass der Frachtführer oder seine Leute, für die er gemäß Art. 3 einstehen muss, schadensbegrenzende Maßnahmen unterlassen.[479]

Die Schadensursachen müssen **unterschiedlichen Risikosphären** entstammen. Dies ist **103** nur der Fall, wenn drei Voraussetzungen zusammentreffen: **(1)** Die Obhutshaftung oder Verspätungshaftung iSd. Abs. 1 ist eröffnet; **(2)** Eine allgemeine Haftungsausnahme gemäß Abs. 2 oder eine bevorrechtigte Haftungsausnahme gemäß Abs. 4 greift ein; **(3)** Die Umstände, die die oben (2) genannte Haftungsausnahme begründen, sind für sich betrachtet eine notwendige, aber keine hinreichende Bedingung für den Eintritt bzw. Umfang des streitgegenständlichen Schadens; damit dieser Schaden entstehen konnte, war vielmehr ein weiterer Umstand erforderlich, der weder von Art. 17 Abs. 2 noch von Art. 17 Abs. 4 erfasst wird, der also gemäß Art. 17 Abs. 1 oder Abs. 3 in die Risikosphäre des Frachtführers fällt. Hierher gehören auch die Fälle, in denen der Verfügungsberechtigte gemäß **Art. 18** **Abs. 2 Satz 2** beweist, dass der Schaden nicht ausschließlich aus einer der in Art. 17 Abs. 4 genannten Gefahren entstanden ist. Solche mitursächlichen Umstände aus der Sphäre des Frachtführers können in einem Mitverschulden liegen[480] müssen es aber nicht; die Mitursächlichkeit eines Fahrzeugmangels führt auch dann zur Schadensteilung gemäß Abs. 3 und 5, wenn der Mangel vom Frachtführer nicht verschuldet ist.[481]

## III. Rechtsfolgen

Abs. 5 sieht eine Teilung des Schadens zwischen dem Frachtführer und dem Verfü- **104** gungsberechtigten vor. Die offene Formulierung der Rechtsfolge ist nicht als implizite Verweisung auf Grundsätze des ergänzenden nationalen Vertragsrechts zu verstehen, son-

---

[476] Siehe näher *Clarke* S. 218 Nr. 69c.

[477] Vgl. GroßkommHGB/*Helm* Rn. 232 mit dem Hinweis auf die zu § 254 BGB entwickelten Grundsätze; *Koller* Rn. 54; *Herber/Piper* Rn. 149; *Thume/Thume* Rn. 231; EBJS/*Boesche* Rn. 74; *Jesser* S. 120: § 1304 ABGB; ebenso in Italien *Pesce* S. 230 f.

[478] Sowohl *Hill/Messent* S. 166 als auch *Clarke* S. 219 Nr. 69c sprechen vom „apportionment".

[479] Vgl. OLG Saarbrücken 21.11.1974, ETR 1976, 261: wenn der Fahrer durch den Verlust eines Ladungsteils auf die Mängel der Ladung aufmerksam wird, muss er Maßnahmen zur Sicherung der restlichen Ladung ergreifen; zustimmend *Clarke* S. 219 Nr. 69c; vgl. auch *Koller* Rn. 54; *Herber/Piper* Rn. 146 f.

[480] Vgl. *Heuer* S. 107; *Jesser* S. 120.

[481] *Herber/Piper* Rn. 144.

dern räumt dem Richter weites Ermessen bei der Festlegung der Haftungsanteile ein.[482] Bei der Abwägung ist auf die Verursachensanteile und Verschuldensgrade abzustellen. Im Einzelfall kann trotz des Wortlauts der Bestimmung die Abwägung ergeben, dass der Frachtführer gar nicht haftet, weil das nur leichte Mitverschulden des Frachtführers im Verhältnis zum besonders schweren Verschulden des Absenders in den Hintergrund tritt;[483] umgekehrt kann ein nur leichtes Mitverschulden des Absenders die ungeschmälerte Haftung des Frachtführers nach Abs. 1 rechtfertigen.[484] Auch hat der **Frachtführer den ganzen Schaden** zu tragen, wenn ihm Vorsatz oder vorsatzgleiches Verschulden gemäß Art. 29 zur Last fällt, da er sich auf Haftungsausschlüsse nicht berufen kann.[485] Dies gilt auch, soweit der Schaden schon eingetreten ist, bevor der Beförderer die fraglichen Handlungen vorsätzlich oder mit vorsatzgleichem Verschulden beging. Wenn der Fahrer also vom Absender schlecht verladenes Gut, das während der Fahrt vom Wagen fällt und dabei beschädigt wird, einfach liegen lässt, ohne sich darum zu kümmern, kann sich der Beförderer nicht darauf berufen, dass dieses grob schuldhafte Verhalten erst nach Eintritt der Beschädigung stattgefunden habe und er deshalb nur für den Restwert hafte. Nach Treu und Glauben kommt es zur Schadensteilung, wenn auch den Absender der Vorwurf schweren Verschuldens trifft, siehe Art. 29 Rn. 37.

### IV. Einzelfälle aus der Rechtsprechung

105    Die Rechtsprechung neigt zur Schadensteilung vor allem in den Fällen des Verladens und Stauens durch den Absender **(Art. 17 Abs. 4 lit. c),** wenn dem Beförderer vorzuwerfen ist, dass er nicht gewarnt hat oder keine geeigneten Sicherungsmaßnahmen getroffen hat, sowie bei Beschaffenheitsschäden gemäß **Abs. 4 lit. d,** wenn der Beförderer trotz Kenntnis von der Empfindlichkeit des Gutes den Transport nicht angemessen ausgeführt hat. Angewendet wurde Abs. 5 etwa beim Zusammentreffen von mangelhafter Verladung und Verpackung durch den Absender und überhöhter Fahrgeschwindigkeit trotz schlechter Straßenverhältnisse[486] bzw. Abkommen vom Bankett[487] beim Zusammentreffen von Verladefehlern und Nichtanbringung eines zum Fahrzeug gehörenden, zur Sicherung der Ladung erforderlichen Schutzes,[488] beim Zusammentreffen von fehlerhafter Stauung von Weißblechrollen durch den Absender und Fortsetzung der Fahrt trotz Kenntnis der Gefahr für die übrige Ladung,[489] beim Verderb von Pfirsichen, der durch mangelhafte Verladung, unsachgemäßes Umladen und verzögerte Beförderung verursacht war,[490] ferner wenn der Beförderer in Kenntnis unzureichender Verladung und Verpackung von Marmorplatten die Fahrt angetreten hat,[491] wenn den Frachtführer oder Fahrer, der Verladungsanweisungen gegeben hatte, ein Mitverschulden an der fehlerhaften Verladung traf,[492] wenn der Beförderer auf sichtbare Stau- und Ladefehler des Absenders nicht hingewiesen hat,[493] wenn

[482] So schon *Loewe* ETR 1976, 561, zustimmend *Koller* Rn. 54; EBJS/*Boesche* Rn. 74; Thume/*Thume* Rn. 230; Ferrari/*Otte,* Int. Vertragsrecht, Rn. 141; aA Jabornegg/Artmann/*Csoklich* Art. 17–19 Rn. 34: nationales Recht.
[483] BGH 27.10.1978, VersR 1979, 417.
[484] OLG München 28.1.2004, TranspR 2004, 324; vgl. dazu Herber/Piper Rn. 151; Thume/*Thume* Rn. 231; GroßkommHGB/*Helm* Rn. 240; abweichend OGH Wien 21.3.1977, SZ 50/43 = *Greiter* S. 50, 54.
[485] OGH Wien 21.3.1977, SZ 50/43 = *Greiter* S. 50, 54; 17.2.1982, SZ 55/20 = *Greiter* S. 127, 137; BGH 27.6.1985, TranspR 1985, 338, 340 sub II 2 c.
[486] Hof 's-Hertogenbosch 21.12.1965, ETR 1966, 684, 689; ähnlich OLG Düsseldorf 21.4.1994, NJW-RR 1994, 1253 = TranspR 1995, 347.
[487] BGH 28.3.1985, NJW 1985, 2092, 2093.
[488] Rb. Roermond 2.1.1969, ETR 1969, 1005, 1009.
[489] OLG Saarbrücken 21.11.1974, NJW 1975, 499, 500.
[490] OLG Zweibrücken 23.9.1966, VersR 1967, 1145, 1146 f.
[491] OLG Köln 2.2.1972, VersR 1972, 778; ähnlich Cour Metz 28.10.1987, BT 1988, 168; OGH Wien 21.3.1977, SZ 50/43 = *Greiter* S. 50.
[492] BGH 24.9.1987, VersR 1988, 244 f.; OLG Saarbrücken 23.8.1985, TranspR 1985, 392 ff.
[493] Cass.com. 10.10.1989, BT 1989, 673; ähnlich OLG München 28.7.1995, TranspR 1996, 240, 241; Cour Paris 27.6.1979, BT 1980, 226; Cour Lyon 21.10.1976, BT 1976, 534; siehe auch *Koller* DB 1988, 590 f.

der Absender fehlerhaft verlädt und der Fahrer fehlerhaft verstaut,[494] wenn Bananen verderben, weil der Absender anstelle eines Kühlwagens einen gewöhnlichen Lkw bestellt hat und der Beförderer den Transport übermäßig in die Länge zog,[495] wenn der Schaden sowohl auf die fehlerhafte Verladung von Kühlgut als auch darauf zurückzuführen ist, dass der Beförderer Anweisungen in Bezug auf die Transporttemperatur nicht befolgte,[496] wenn der Schaden beim auf Weisung des Empfängers erfolgten Wenden des Fahrzeugs mit instabiler Restbeladung eintrat.[497]

## E. Aktiv- und Passivlegitimation

Wer Schadensersatzansprüche gemäß Art. 17 geltend machen kann, ist international **106** umstritten. Die **Aktivlegitimation** ergibt sich im Grundsatz aus der Weisungsbefugnis gemäß Art. 12 und 13; ein Rückgriff auf nationales Recht ist nicht erforderlich. Eher als bei der Weisungsbefugnis ist eine Doppellegitimation bei Schadensersatzansprüchen erträglich, in vielen Situationen ist sie aus praktischen Gründen erforderlich. Siehe eingehend zu der gesamten Problematik Art. 13 Rn. 15 f. und 18–20. Die **Passivlegitimation** liegt gemäß Art. 17 Abs. 1 beim Frachtführer. Ist die Beförderung von Samtfrachtführern iSd. Art. 34 ausgeführt worden, kann gemäß Art. 36 der erste, der letzte und derjenige Frachtführer in Anspruch genommen werden, der den Streckenteil übernommen hat, in dessen Verlauf das schadenstiftende Ereignis eingetreten ist. Zu der – praktisch wichtigeren – Frage, ob auch ein Unterfrachtführer passivlegitimiert ist, siehe eingehend Art. 13 Rn. 17.

## Art. 18 [Beweislast]

**(1) Der Beweis, daß der Verlust, die Beschädigung oder die Überschreitung der Lieferfrist durch einen der in Artikel 17 Absatz 2 bezeichneten Umstände verursacht worden ist, obliegt dem Frachtführer.**

**(2) ¹Wenn der Frachtführer darlegt, daß nach den Umständen des Falles der Verlust oder die Beschädigung aus einer oder mehreren der in Artikel 17 Absatz 4 bezeichneten besonderen Gefahren entstehen konnte, wird vermutet, daß der Schaden hieraus entstanden ist. ²Der Verfügungsberechtigte kann jedoch beweisen, daß der Schaden nicht oder nicht ausschließlich aus einer dieser Gefahren entstanden ist.**

**(3) Diese Vermutung gilt im Falle des Artikel 17 Absatz 4 Buchstabe a nicht bei außergewöhnlich großem Abgang oder bei Verlust von ganzen Frachtstücken.**

**(4) Bei Beförderung mit einem Fahrzeug, das mit besonderen Einrichtungen zum Schutze des Gutes gegen die Einwirkung von Hitze, Kälte, Temperaturschwankungen oder Luftfeuchtigkeit versehen ist, kann sich der Frachtführer auf Artikel 17 Absatz 4 Buchstabe d nur berufen, wenn er beweist, daß er alle ihm nach den Umständen obliegenden Maßnahmen hinsichtlich der Auswahl, Instandhaltung und Verwendung der besonderen Einrichtungen getroffen und ihm erteilte besondere Weisungen beachtet hat.**

**(5) Der Frachtführer kann sich auf Artikel 17 Absatz 4 Buchstabe f nur berufen, wenn er beweist, daß er alle ihm nach den Umständen üblicherweise obliegenden Maßnahmen getroffen und ihm erteilte besondere Weisungen beachtet hat.**

---

[494] Rb. Antwerpen 15.3.2002, ETR 2002, 511.
[495] App. Venezia 31.10.1974, ETR 1975, 242.
[496] Cour Toulouse 14.1.1981, BT 1981, 158.
[497] LG Hamburg 26.10.1994, TranspR 1995, 293.

## Art. 18

(1) La preuve que la perte, l'avarie ou le retard a eu pour cause un des faits prévus à l'article 17, paragraphe 2, incombe au transporteur.

(2) Lorsque le transporteur établit que, eu égard aux circonstances de fait, la perte ou l'avarie a pu résulter d'un ou de plusieurs des risques particuliers prévus à l'article 17, paragraphe 4, il y a présomption qu'elle en résulte. L'ayant droit peut toutefois faire la preuve que le dommage n'a pas eu l'un de ces risques pour cause totale ou partielle.

(3) La présomption visée ci-dessus n'est pas applicable dans le cas prévu à l'article 17, paragraphe 4, a, s'il y a manquant d'une importance anormale ou perte de colis.

(4) Si le transport est effectué au moyen d'un véhicule aménagé en vue de soustraire les marchandises à l'influence de la chaleur, du froid, des variations de température ou de l'humidité de l'air, le transporteur ne peut invoquer le bénéfice de l'article 17, paragraphe 4, d, que s'il fournit la preuve que toutes les mesures lui incombant, compte tenu des circonstances, ont été prises en ce qui concerne le choix, l'entretien et l'emploi de ces aménagements et qu'il s'est conformé aux instructions spéciales qui ont pu lui être données.

(5) Le transporteur ne peut invoquer le bénéfice de l'article 17, paragraphe 4, f, que s'il fournit la preuve que toutes les mesures lui incombant normalement, compte tenu des circonstances, ont été prises et qu'il s'est conformé aux instructions spéciales qui ont pu lui être données.

## Art. 18

(1) The burden of proving that loss, damage or delay was due to one of the causes specified in article 17, paragraph 2, shall rest upon the carrier.

(2) When the carrier establishes that in the circumstances of the case, the loss or damage could be attributed to one or more of the special risks referred to in article 17, paragraph 4, it shall be presumed that it was so caused. The claimant shall however be entitled to prove that the loss or damage was not, in fact, attributable either wholly or partly to one of these risks.

(3) This presumption shall not apply in the circumstances set out in article 17, paragraph 4 (a), if there has been an abnormal shortage, or a loss of any package.

(4) If the carriage is performed in vehicles specially equipped to protect the goods from the effects of heat, cold, variations in temperature or the humidity of the air, the carrier shall not be entitled to claim the benefit of article 17, paragraph 4 (d), unless he proves that all steps incumbent on him in the circumstances with respect to the choice, maintenance and use of such equipment were taken and that he complied with any special instructions issued to him.

(5) The carrier shall not be entitled to claim the benefit of article 17, paragraph 4 (f), unless he proves that all steps normally incumbent on him in the circumstances were taken and that he complied with any special instructions issued to him.

**Schrifttum:** Siehe Einl. vor Rn. 1 und bei Art. 17.

## Übersicht

| | Rn. | | Rn. |
|---|---|---|---|
| **I. Bedeutung und Zweck** | 1–4 | 1. Art. 18 Abs. 2 als Beweismaßregel | 10–13 |
| 1. Internationales Beweisrecht | 1–3 | 2. Transport mit offenen Fahrzeugen | |
| 2. Funktion von Art. 18 | 4 | (Art. 18 Abs. 3) | 14–16 |
| **II. Allgemeine Beweislastgrundsätze** | | 3. Verpackungsmängel | 17–19 |
| **und CMR** | 5–7 | 4. Beladungs- und Verstauungsmängel | 20, 21 |
| 1. Beweislast für die Haftungsbegründung | 5, 6 | 5. Beschaffenheitsschäden (Art. 18 Abs. 4) | 22, 23 |
| 2. Beweislast für die Haftungsbefreiung | 7 | 6. Bezeichnungs- und Nummerierungsfeh- | |
| **III. Beweislast für allgemeine Aus-** | | ler | 24 |
| **schlussgründe (Abs. 1)** | 8, 9 | 7. Beförderung lebender Tiere (Art. 18 | |
| **IV. Das Beweismaß bei bevorrechtig-** | | Abs. 5) | 25 |
| **ten Ausschlussgründen (Abs. 2–5)** | 10–25 | | |

## I. Bedeutung und Zweck

**1. Internationales Beweisrecht.** Ausdrücklich regelt die CMR im Allgemeinen nur **1** das materielle Recht. Beweisprobleme, etwa die Beweiserheblichkeit oder Beweisbedürftigkeit von Tatsachen, Beweisverbote und Beweisvermutungen, das Beweismaß und die Beweislast, das Beweisverfahren sowie die Zulässigkeit und Würdigung von Beweismitteln sind in der CMR grundsätzlich nicht explizit angesprochen. Einige Vorschriften der CMR – dazu gehören die Art. 9, 18 und 30 – betreffen spezifische Beweisfragen, andere Vorschriften ziehen beweisrechtliche Konsequenzen nach sich; so impliziert die konsensuale Natur des Vertrags gemäß Art. 4 nach Sinn und Zweck der Vorschrift die Zulassung des Zeugenbeweises, auch wenn dieser nach dem nationalen Verfahrensrecht sonst ausgeschlossen ist, vgl. Art. 4 Rn. 5.

Soweit die CMR zu Beweisproblemen schweigt und sich Lösungen auch nicht indirekt **2** aus einzelnen Vorschriften ergeben, ist zunächst zu überprüfen, ob die CMR auf **gemeinsamen beweisrechtlichen Überzeugungen** der Vertragsstaaten beruht, die als allgemeine Rechtsgrundsätze die Auslegung und Anwendung der CMR leiten, vgl. Einl. Rn. 37. Ein solcher allgemeiner Grundsatz geht bei der **Beweislast** dahin, dass der Kläger jeweils die anspruchsbegründenden Tatsachen zu beweisen hat (actori incumbit probatio).[1] Durchweg fehlt es an solchen gemeinsamen prozessrechtlichen Überzeugungen, so dass die maßgeblichen beweisrechtlichen Vorschriften dann dem nationalen Recht zu entnehmen sind. Ob das Vertragsstatut (lex causae) oder aber das eigene nationale Recht des Gerichts (lex fori) zum Zuge kommt, hängt von der materiellrechtlichen oder prozessrechtlichen Qualifikation der spezifischen beweisrechtlichen Frage ab; sie ist zum Teil umstritten. Während zum Teil in zahlreichen Einzelregelungen des Beweisrechts **materiellrechtliche Verflechtungen** gesehen werden, die sich in einer „Verkürzung der Wahrheitsermittlung" oder einer Verlängerung „materiellrechtlicher Dispositionsbeschränkungen" äußern und deshalb nach der lex causae zu beurteilen seien,[2] betont die hM demgegenüber die Effizienz des einzelnen Gerichtsverfahrens und der Rechtspflege insgesamt, die der Anwendung fremden Rechts auf das Verfahren Grenzen ziehe. Im Übrigen stehe das Verfahrensrecht gegenüber dem materiellen Recht nicht nur in einer dienenden Funktion; die geordnete Durchführung des Verfahrens sei vielmehr ein Wert für sich und könne die Entscheidung legitimieren, auch wenn es zwischen ausländischem materiellen Recht und prozessualer lex fori zu Friktionen komme.[3]

Unstrittig nach der **lex causae,** hier also in erster Linie nach der CMR, beurteilt sich **3** die Beweisfrage, also die Frage, welche Tatsachen zur Begründung des Anspruchs bewiesen werden müssen; sie ergeben sich unmittelbar aus der Anspruchsgrundlage.[4] Dasselbe gilt wegen der engen Verknüpfung mit der materiellrechtlichen Regelung auch für die Regelung der Beweislast[5] sowie für widerlegliche und unwiderlegliche gesetzliche Vermutungen.[6] Ebenso eindeutig ist andererseits wegen der prozessualen Natur der betreffenden Fragen die **lex fori** maßgeblich für Regeln über die Beweiserheblichkeit und Beweisbedürftigkeit von Tatsachen[7] und über das Beweisverfahren einschließlich der Beweiswürdigung.[8] Zur Beweiswürdigung gehört auch die Anerkennung von Erfahrungssätzen, also der

---

[1] *Coester-Waltjen,* Internationales Beweisrecht, 1983, Rn. 368 mit Nachweisen; *Piper,* GS Helm, 2001, S. 289; siehe für England auch *The Torenia* [1983] 2 Lloyd's L. Rep. 210, 215, und *Clarke* S. 215 f. Nr. 69a.

[2] *Coester-Waltjen* (Fn. 1) Rn. 658.

[3] Siehe näher *Basedow,* Qualifikation, Vorfrage und Anpassung im Internationalen Zivilverfahrensrecht, in P. Schlosser (Hrsg.), Materielles Recht und Prozessrecht und die Auswirkungen der Unterscheidung im Recht der Internationalen Zwangsvollstreckung, 1992, S. 131 ff., 137 ff.

[4] *Coester-Waltjen* (Fn. 1) Rn. 266 f., *Schack,* Internationales Zivilverfahrensrecht, 5. Aufl. 2010, Rn. 737.

[5] Siehe Art. 18 Rom I-VO; so schon vorher BGH 8.11.1951, BGHZ 3, 342, 346; RG 17.4.1882, RGZ 6, 413; *Schack* (Fn. 4) Rn. 752; *Coester-Waltjen* (Fn. 1) Rn. 371 mwN; *Basedow* (Fn. 3) S. 139 f.

[6] *Coester-Waltjen* (Fn. 1) Rn. 309 f., 328; *Schack* (Fn. 4) Rn. 742 f.; vgl. auch Art. 18 Abs. 1 Rom I-VO.

[7] *Coester-Waltjen* (Fn. 1) Rn. 275, 279, 295; *Schack* (Fn. 4) Rn. 735; *Koller* Rn. 2; EBJS/*Boesche* Rn. 19.

[8] *Schack* (Fn. 4) Rn. 736, 772; *Coester-Waltjen* (Fn. 1) Rn. 408, 416; *Koller* VersR 1990, 560; für die CMR auch *Clarke* S. 254 Nr. 78; *Herber/Piper* Rn. 3; GroßkommHGB/*Helm* Rn. 1; *Piper* (Fn. 1) S. 298.

Anscheinsbeweis, der daher ebenfalls der lex fori unterliegt.[9] Damit die Verfahrenseffizienz nicht gefährdet wird, entscheidet die lex fori auch über das Beweismaß[10] und die Zulässigkeit von Beweismitteln;[11] auch die Grundsätze der Beweisvereitelung richten sich nach der lex fori.[12]

**4**   **2. Funktion von Art. 18.** Die Vorschrift enthält eine fragmentarische Regelung, die in Abs. 1 die **Beweislast** und Beweisführungslast hinsichtlich der Haftungsausnahmen in Art. 17 Abs. 2 betrifft und in Abs. 2–5 das **Beweismaß** bzgl. der Schadensursächlichkeit der in Art. 17 Abs. 4 normierten Haftungsausschlussgründe unter bestimmten Voraussetzungen absenkt. Die Kausalität der betreffenden Umstände für die Entstehung des Schadens muss danach nicht mit an Sicherheit grenzender Wahrscheinlichkeit feststehen; es genügt vielmehr die bloße Möglichkeit der Schadensursächlichkeit. Da der konkrete Schadenshergang im Transportrecht oft nicht aufzuklären ist und Schäden auch nicht selten mehrere Ursachen haben, kommt den Beweisregeln des Art. 18 hohe praktische Bedeutung zu. In non-liquet-Situationen verteilen sie das Schadensrisiko, erfüllen also materiellrechtliche Funktionen mit den Mitteln des Prozessrechts.[13]

## II. Allgemeine Beweislastgrundsätze und CMR

**5**   **1. Beweislast für die Haftungsbegründung.** Art. 18 betrifft nur die Haftungsbefreiungen und **nicht die Haftungsbegründung** der Güterschadens- und Verspätungshaftung gemäß Art. 17 Abs. 1. Hier gilt als Prinzip, dass der als Kläger auftretende Ersatzberechtigte die **rechtsbegründenden Tatsachen** zu beweisen hat, vgl. Rn. 2.[14] Er muss beweisen, dass ein Transportvertrag abgeschlossen wurde,[15] dass er daraus aktivlegitimiert und der Beklagte passivlegitimiert ist, dass das Gut verspätet abgeliefert oder der Verlust bzw. die Beschädigung während der Obhutszeit eingetreten ist.[16] Damit ist zu beweisen, dass der Frachtführer die Güter vor dem Schadenseintritt übernommen hat,[17] wozu der Nachweis der Identität, deren Art sowie der Menge und des Zustands der Güter zählen.[18] Schließlich ist nachzuweisen, dass sie, wenn sie überhaupt abgeliefert wurden, bei Ablieferung beschädigt waren[19] und dass sich der Schaden auf den behaupteten Betrag beläuft.[20]

**6**   Die Beweislast des Klägers wird durch verschiedene **gesetzliche Vermutungen** erleichtert. Nach Art. 9 Abs. 1 erbringt der Frachtbrief Beweis für Abschluss und Inhalt des Beförderungsvertrags sowie für die Übernahme des Gutes. Gemäß Art. 9 Abs. 2 wird, wenn der Frachtbrief keine begründeten Vorbehalte enthält, auch der einwandfreie Zustand des Gutes bei der Übernahme sowie ferner vermutet, dass die Anzahl der übernommenen Frachtstücke mit den Angaben im Frachtbrief übereinstimmt. Für den Verlust des Gutes streitet nach

---

[9] Wie hier *Schack* (Fn. 4) Rn. 746 mwN; *Koller* Rn. 2; *Thume/Thume* Rn. 3; *EBJS/Boesche* Rn. 19; aA *Coester-Waltjen* (Fn. 1) Rn. 354. BGH 4.10.1984, TranspR 1985, 125, 126 wendet die Grundsätze des deutschen Rechts über den Anscheinsbeweis neben der CMR an, ohne zu klären, ob als lex fori oder lex causae.

[10] Wie hier *Schack* (Fn. 4) Rn. 775; aA *Coester-Waltjen* (Fn. 1) Rn. 367.

[11] *Schack* (Fn. 4) Rn. 757; für die anglo-amerikanischen statutes of frauds auch *Donath* IPRax 1994, 333, 339 f.; für die CMR auch *Clarke* S. 254 Nr. 78; differenzierend für einzelne Beweismittelbeschränkungen *Coester-Waltjen* (Fn. 1) Rn. 619 bis 621.

[12] *Piper* (Fn. 1) S. 300; *Koller* Rn. 2.

[13] Vgl. *Basedow* TranspV S. 404; *Froeb* S. 13.

[14] *Piper* TranspR 1990, 360 und die Nachweise oben in Fn. 1; *Herber/Piper* Rn. 2; *Thume/Thume* Rn. 6; EBJS/*Boesche* Art. 17 Rn. 18.

[15] BGH 24.6.1987, TranspR 1987, 447, 450; *Putzeys* S. 223 Nr. 672; *Silingardi* S. 146.

[16] BGH 8.6.1988, VersR 1988, 952; OLG München 24.4.1992, TranspR 1992, 360; *Thume/Thume* Rn. 10; EBJS/*Boesche* Art. 17 Rn. 18; *Rodière* BT 1974, 268 Nr. 68; *Clarke* S. 199 Nr. 60; *Putzeys* S. 223 Nr. 672.

[17] BGH 24.6.1987, VersR 1987, 1212, 1214 f. = TranspR 1987, 447, 450. Ebenso in Frankreich *Fioux* S. 310 bei Fn. 16; *Rodière* BT 1974, 268 Nr. 68; anders dagegen zur französischen Praxis *Lutz* TranspR 1991, 7; danach muss der Frachtführer beweisen, dass das Gut bei Übernahme schon beschädigt war, was aber wohl nur gilt, wenn ein Frachtbrief die Vermutung gemäß Art. 9 Abs. 2 begründet.

[18] BGH 26.4.2007, TranspR 2007, 418 f.; 13.9.2012, TranspR 2013, 192.

[19] *Clarke* S. 199 Nr. 60.

[20] BGH 12.12.1985, VersR 1986, 381, 383; *Putzeys* S. 223 Nr. 672.

dem Ablauf bestimmter Fristen die Vermutung des Art. 20, und die Behauptung, es sei bei Ablieferung beschädigt gewesen, wird durch Art. 30 Abs. 2 gestützt, wenn eine gemeinsame Überprüfung des Gutes durch Empfänger und Frachtführer zur Feststellung von Schäden geführt hat.

**2. Beweislast für die Haftungsbefreiung.** Es entspricht ebenfalls allgemeinen Grund- **7** sätzen (Einl. Rn. 37), dass der Beklagte die dem Anspruch entgegenstehenden, also rechtshindernden, rechtshemmenden und **rechtsvernichtenden Tatsachen** zu beweisen hat: ei incumbit probatio qui dicit non qui negat.[21] Dieser Grundsatz wird für die den Frachtführer befreienden Schadensursachen in Art. 18 expliziert, siehe näher unten Rn. 8 ff., er gilt aber auch für andere Tatsachen. Wenn der Frachtführer also entgegen den Angaben im Frachtbrief (Art. 9) vorbringt, dass gar kein Vertrag bestehe, dass er das Gut gar nicht oder nicht in der angegebenen Menge oder schon in beschädigtem Zustand übernommen habe, oder dass das Gut in gutem Zustand abgeliefert worden sei,[22] so hat er dies zu beweisen, ohne dass dafür ein Rückgriff auf das nationale Recht erforderlich wäre, vgl. Art. 9 Rn. 11. Auch dem Frachtführer hilft die CMR mit **Beweisvermutungen,** und dies nicht nur im Falle des Art. 18 Abs. 2. Hat der Beförderer die Ablieferung bewiesen, so greift die Vermutung des Art. 30 Abs. 1 ein, wonach die vorbehaltlose Annahme des Gutes durch den Empfänger bewirkt, dass bis zum Beweis des Gegenteils durch den Kläger das Gut als in dem im Frachtbrief beschriebenen Zustand abgeliefert gilt.

### III. Beweislast für allgemeine Ausschlussgründe (Abs. 1)

Art. 17 Abs. 2 beschränkt die in Art. 17 Abs. 1 angeordnete Haftung des Frachtführers **8** in der Weise, dass der Frachtführer von seiner Verantwortlichkeit befreit ist, wenn der Verlust, die Beschädigung oder die Überschreitung der Lieferzeit durch ein Verschulden des Verfügungsberechtigten, durch eine nicht vom Frachtführer verschuldete Weisung des Verfügungsberechtigten, durch besondere Mängel des Gutes oder durch Umstände verursacht worden ist, die der Frachtführer nicht vermeiden und deren Folgen er nicht abwenden konnte. Für diese Haftungsausschlusstatbestände weist Art. 18 Abs. 1 die Beweislast in Übereinstimmung mit allgemeinen Grundsätzen (Rn. 7) dem Frachtführer zu. Der Frachtführer muss also den die Haftung ausschließenden Umstand behaupten, substantiiert darlegen und im Bestreitensfalle beweisen.[23]

Dabei muss der Beförderer grundsätzlich die **konkrete Schadensursache,** dh. sowohl **9** die sie konstituierenden Umstände wie auch ihre Kausalität für den Schaden beweisen.[24] Es genügt nicht der Nachweis, dass der Beförderer die nach den Umständen zu erwartende Sorgfalt hat walten lassen[25] oder dass während der Beförderung keinerlei Schadensereignis vorgefallen ist.[26] An seine Grenzen stößt das Konkretisierungsgebot, wenn sich der Beförderer auf ein unabwendbares Ereignis beruft, aber dieses nicht genau benennen kann. Steht in solchen Fällen zur Überzeugung des Gerichts fest, dass nur ein von außen kommender, in seinen Folgen unabwendbarer Umstand den Schaden verursacht haben kann, ist die

[21] *Piper* TranspR 1990, 360; *ders.* (Fn. 1) S. 292; *Thume/Thume* Rn. 6; GroßkommHGB/*Helm* Art. 17 Rn. 54; vgl. für England *The Torenia* [1983] 2 Lloyd's L. Rep. 210, 215; *Clarke* S. 249 Nr. 76; *Coester-Waltjen* (Fn. 1) Rn. 368 mit Nachweisen; vgl. für Österreich OGH 2.9.1987, SZ 60/159.
[22] Zu den Anforderungen an die Beweislast einer ordnungsgemäßen Ablieferung: BGH 13.7.2000, TranspR 2001, 298, 299.
[23] Vgl. *Lenz* Rn. 589; *Froeb* S. 14.
[24] OLG Hamburg 18.10.1990, TranspR 1991, 70, 71; Rb. Alkmaar 5.1.1967, ETR 1967, 1013; Kh. Kortrijk 25.5.1972, Jur.Anv. 1972, 192; Cour Paris 10.11.1981, BT 1982, 183; Cour Nîmes 29.10.1980, BT 1981, 256; vgl. auch *Clarke* S. 216 Nr. 69a; *Silingardi* S. 146 f.; GroßkommHGB/*Helm* Art. 17 Rn. 104; *Thume/Thume* Rn. 30; EBJS/*Boesche* Rn. 2.
[25] OLG Hamburg 18.10.1990, TranspR 1991, 70, 71; Rb. Amsterdam 28.10.1964, ETR 1966, 718; Rb. Alkmaar 8.6.1967, S. &. S. 1968 Nr. 13; Rb. Alkmaar 5.1.1967, ETR 1967, 1013; Kh.Tongeren 6.10.1983, Rev.dr.com.belge 1984, 693.
[26] Hof Gent 3.5.1977, bei *Ponet* S. 337 Rn. 480.

Feststellung der konkreten Schadensursache entbehrlich.[27] Im Ergebnis bedeutet dies, dass der Geschädigte, um die Haftung des Frachtführers herbeizuführen, beweisen muss, dass der Schaden am Frachtgut zwischen Übernahme und Ablieferung, also während des Obhutszeitraums, eingetreten ist. Zu seiner Entlastung muss der **Frachtführer zweierlei beweisen:** (1) dass einer der in Art. 17 Abs. 2 genannten Umstände vorliegt, dass also der Verfügungsberechtigte schuldhaft gehandelt oder eine Weisung erteilt hat, dass das Gut besondere Mängel aufwies oder dass ein unabwendbares Ereignis vorgefallen ist und (2) dass der betreffende Umstand den Schaden verursacht hat, wobei der Gegenbeweis durch den Ersatzberechtigten möglich ist.[28] Kommt als Schadensursache ein Fahrzeugmangel in Betracht, ist der Entlastungsbeweis wegen Art. 17 Abs. 3 erst erbracht, wenn feststeht, dass der Schaden auf eine andere Ursache zurückgeht; zur Beweislast bei Fahrzeugmängeln vgl. Art. 17 Rn. 51.

## IV. Das Beweismaß bei bevorrechtigten Ausschlussgründen (Abs. 2–5)

10    **1. Art. 18 Abs. 2 als Beweismaßregel.** Art. 17 Abs. 4 beschreibt Transportumstände, die nach allgemeiner Erfahrung bei Straßentransporten des Öfteren zu Schäden führen und die aus der Sphäre des Absenders stammen oder jedenfalls seine Zustimmung haben, siehe näher Art. 17 Rn. 52. Hierin liegt der Grund für ihre **beweisrechtliche „Privilegierung":** Besteht nach den Umständen des konkreten Falls die Möglichkeit, dass der Schaden durch eines der in Art. 17 Abs. 4 genannten „Gefahrerhöhungsmerkmale" verursacht worden ist, so reicht es aus, wenn der Frachtführer dies darlegt. Bis zum Beweis des Gegenteils durch den Geschädigten wird dann vermutet, dass hierin die maßgebliche Schadensursache liegt, und der Frachtführer ist von seiner Haftung befreit.

11    Was gesetzestechnisch als Beweisvermutung gefasst wurde, ist bei näherer Betrachtung eine **Regelung des Beweismaßes.** Das Beweismaß kennzeichnet den Grad der Überzeugung, den das Gericht erlangen muss, um bei seiner Entscheidung von einer Tatsache auszugehen; es ist in der CMR sonst nicht geregelt und wird in den nationalen Rechtsordnungen der Vertragsstaaten unterschiedlich gehandhabt. Während das deutsche und das französische Recht verlangen, dass eine Tatsache zur Überzeugung des Gerichts, dh. mit an Sicherheit grenzender Wahrscheinlichkeit feststeht,[29] begnügt sich das englische Recht mit einer überwiegenden Wahrscheinlichkeit (balance of probabilities).[30] Für die privilegierten Haftungsbefreiungen senkt Art. 18 Abs. 2 diese Schwellen einheitlich ab. Eine unwahrscheinliche bzw. vielleicht gar rein theoretische Möglichkeit der Kausalität genügt allerdings nicht.[31] „Dargelegt" werden muss vielmehr die **plausible Möglichkeit** der Schadensverursachung;[32] ausreichend ist, wenn sie konkret aufgezeigt wird oder aus der Gefahr lebenser-

---

[27] Vgl. Hof Amsterdam 21.10.1965, ETR 1965, 305 und 742; GroßkommHGB/*Helm* Art. 17 Rn. 104; *Heuer* S. 199 f.; EBJS/*Boesche* Rn. 2.

[28] *Jesser* S. 121.

[29] BGH 17.2.1970, BGHZ 53, 245 = NJW 1970, 946, 948 sub II 2 a; ähnlich für das französische Recht Cour Aix-en-Provence 9.2.1963, BT 1963, 234: „la preuve que rapporte le voiturier ne doit laisser subsister aucun doute ...", zitiert nach *Rodière*, Droit des transports, S. 614 f. Nr. 543.

[30] *Clarke* S. 215 Nr. 69a; *Coester-Waltjen* (Fn. 1) Rn. 358 ff. mit Nachweisen.

[31] Vgl. *Ulster-Swift v. Taunton Meat Haulage*, [1977] 1 Lloyd's L. Rep. 346, 354 C. A. per Megaw L. J.: „Could be attributed to' [iSv. Art. 18 Abs. 2 Satz 1] presumably connotes something less than a balance of probabilities ... Presumably it has to be something more than a remote possibility?" Ähnlich OLG Frankfurt 11.6.1992, RIW 1992, 1026 = NJW-RR 1993, 169, 170: der Verpackungsmangel dürfe als Schadensursache „nicht außerhalb aller Wahrscheinlichkeit" liegen; OLG Hamm 2.11.1995, TranspR 1996, 335 (natürliche Beschaffenheit).

[32] Cour Lyon 7.10.1976, BT 1977, 80; Trib.com. Lyon 1.7.1975, BT 1975, 395; *Clarke* S. 249 Nr. 76; *Koller* Rn. 3; *Herber/Piper* Rn. 11; EBJS/*Boesche* Rn. 3; *Lamy* 2013 Rn. 771c): „explication plausible"; einige Gerichte sprechen von „einfacher Wahrscheinlichkeit", so zB Kh. Gent 21.11.1978, und 31.1.1978, beide bei *Ponet* S. 422 oder von „Wahrscheinlichkeit", so Cour Paris 17.12.1970, BT 1971, 49; die meisten Urteile verlangen nur die Darlegung der Möglichkeit der Kausalität, vgl. BGH 20.10.1983, TranspR 1984, 100, 101 sub II 2; Cour Bruxelles 28.6.1969, ETR 1969, 925; Rb. Arnhem 21.10.1972, S. & S. 1973 Nr. 16; Trib.com. Toulouse 19.4.1978, BT 1978, 612.

fahrungsgemäß folgt.[33] Die Ausgestaltung der Beweismaßabsenkung als gesetzliche Vermutung erlaubt es, die Regelung für bestimmte Fälle einzuschränken, vgl. Art. 18 Abs. 2 Satz 2, Abs. 3–5.

Die Absenkung des Beweismaßes **betrifft nur die Kausalität** und nicht die Umstände,  **12** die als Haftungsbefreiungsgründe in Art. 17 Abs. 4 genannt sind. Der Frachtführer hat diese also zur vollen Überzeugung des Gerichts zu beweisen,[34] insbesondere also,
– dass die Verwendung offener Fahrzeuge vereinbart und im Frachtbrief vermerkt war (Art. 17 Abs. 4 lit. a);
– dass die Güter vom Absender unzulänglich verpackt wurden (Art. 17 Abs. 4 lit. b);
– dass der Absender bzw. Empfänger das Gut behandelt, verladen, verstaut oder ausgeladen hat (Art. 17 Abs. 4 lit. c);
– dass das Gut auf Grund seiner Beschaffenheit besonderen Risiken ausgesetzt war (Art. 17 Abs. 4 lit. d);
– dass die Frachtstücke ungenügend oder unzulänglich bezeichnet oder nummeriert waren (Art. 17 Abs. 4 lit. e);
– dass lebende Tiere befördert wurden (Art. 17 Abs. 4 lit. f).
Nur wenn (1) dieser Beweis voll geführt ist und (2) vom Frachtführer plausibel dargetan  **13** wurde, dass der bewiesene Umstand den Schaden im konkreten Fall verursachen konnte, greift die Rechtsfolge des Art. 18 Abs. 2 Satz 1 ein und wird das Beweismaß abgesenkt. Allerdings kann der Kläger gemäß Satz 2 diese Rechtsfolge durch einen **Gegenbeweis** abwenden. Dazu muss er beweisen, dass der Schaden nicht oder nicht ausschließlich aus dem betreffenden Umstand entstanden ist. Den Beweis kann er führen, indem er – positiv – die wirkliche Schadensursache darlegt und beweist[35] oder indem er – negativ – die Kausalität des fraglichen Umstandes für den Schadenseintritt ausschließt.[36] In beiden Fällen ist die Folge, dass die **Beweismaßabsenkung rückgängig gemacht** wird und der Frachtführer, wenn er seine Haftung ausschließen will, nunmehr zur vollen Überzeugung des Gerichts einen der Haftungsausschlussgründe des Art. 17 Abs. 2 oder 4 beweisen muss.

**2. Transport mit offenen Fahrzeugen (Art. 18 Abs. 3).** Art. 17 Abs. 4 lit. a  **14** bestimmt, dass der Frachtführer von seiner Haftung befreit ist, wenn der Verlust oder die Beschädigung des Transportgutes aus der Verwendung von offenen, nicht mit Planen gedeckten Fahrzeugen entstanden ist, und die Verwendung solcher Fahrzeuge ausdrücklich vereinbart und im Frachtbrief vermerkt worden ist. Kann der Frachtführer diese Umstände beweisen, so wird gemäß Art. 18 Abs. 2 S. 1 vermutet, dass der Schaden hierdurch verursacht worden ist, mit der Folge der Haftungsbefreiung nach Art. 17 Abs. 4 lit. a, siehe näher Art. 17 Rn. 54 ff. Gemäß Art. 18 Abs. 2 S. 2 gilt dies jedoch dann nicht, wenn der Kläger[37] einen anderen Kausalverlauf beweisen kann, demzufolge der am Frachtgut entstandene Schaden auf eine andere Ursache zurückgeht, vgl. Rn. 13.

Allerdings – so bestimmt Art. 18 Abs. 3 – greift die Vermutung des Art. 18 Abs. 1 nicht  **15** bei **außergewöhnlich großem Abgang** oder dem Verlust von ganzen Frachtstücken. Es handelt sich bei dieser Regelung nicht um eine Gegenausnahme, sondern um einen integralen Bestandteil von Art. 18 Abs. 2 für den Fall des Art. 17 Abs. 4 lit. a; daher hat der

---

[33] BGH 15.6.2000, TranspR 2000, 459, 462 im Anschluss an *Herber/Piper* Rn. 11.
[34] BGH 20.10.1983, TranspR 1984, 100, 101 sub II 2; Hoge Raad 18.5.1979, Ned.Jur. 1980 Nr. 574 zu Art. 17 Abs. 4 lit. c; Cour Besançon 15.12.1982, BT 1983, 96; OLG Düsseldorf 13.1.1972, ETR 1973, 620; *Clarke* S. 249 Nr. 76; Großkomm HGB/*Helm* Art. 17 Rn. 106 f.; Thume/*Thume* Rn. 46 f.; *Herber/Piper* Rn. 10; EBJS/*Boesche* Rn. 3; *Rodière* BT 1974, 291 Nr. 81.
[35] BGH 28.3.1985, TranspR 1985, 261, 264 sub II 4 b aa: Nachweis der Schadensursächlichkeit eines Verkehrsunfalls durch Kläger gegenüber der Berufung des Frachtführers auf Art. 17 Abs. 4 lit. c; Großkomm HGB/*Helm* Art. 17 Rn. 111 mit Nachw. in Fn. 350.
[36] So in Frankreich Cour cass. 4.2.1986, ETR 1986, 263; siehe auch *Ponet/Willems* Rev.dr.com belge 1992, 748; *Clarke* S. 254 Nr. 78.
[37] Die verbindliche englische und französische Fassung sprechen von „claimant" bzw. „l'ayant droit", was korrekt übersetzt Kläger oder Anspruchsteller, nicht jedoch Verfügungsberechtigter bedeutet.

Frachtführer, der sich auf Art. 17 Abs. 4 lit. a iVm. Art. 18 Abs. 2 beruft, zu beweisen, dass der Abgang kein außergewöhnliches Ausmaß erreicht.[38]

**16**  Was die **Darlegungslast** betrifft, so wird man darauf abzustellen haben, ob es nach dem Vortrag des Frachtführers **plausibel** erscheint, dass der entstandene Schaden auf die Verwendung des offenen Fahrzeugs zurückgehen kann, siehe näher Rn. 11. Ist dies der Fall, kann jedoch der Ersatzberechtigte anhand konkreter Umstände den **Gegenbeweis** führen, dass andere mit dem Transportgeschehen in Zusammenhang stehende Faktoren mitursächlich für den am Transportgut entstandenen Schaden gewesen sind, so kommt es zur Schadensteilung gemäß Art. 17 Abs. 5,[39] allerdings nur dann, wenn dem Frachtführer nicht der Nachweis gelingt, dass er gemäß Art. 17 Abs. 2 für diese Umstände nicht haftet.

**17**  **3. Verpackungsmängel.** Gemäß Art. 17 Abs. 4 lit. b ist der Frachtführer von seiner Haftung befreit, wenn der Verlust oder die Beschädigung des Transportgutes darauf beruht, dass die Verpackung fehlte oder mangelhaft war, und es sich um solche Transportgüter handelt, die bei unzulänglicher Verpackung Verlusten oder Beschädigungen ausgesetzt sind. Auch hier ist zwischen dem Beweis der haftungsbefreienden Umstände und der Darlegung ihrer möglichen Kausalität für den Schaden zu unterscheiden. Zutreffend verlangt die Rspr., dass der Frachtführer, der sich auf die fehlende oder mangelhafte Verpackung berufen will, sowohl die Verpackungsbedürftigkeit des Transportgutes im Sinne von Art. 17 Abs. 4 lit. b nachzuweisen hat[40] als auch die Unzulänglichkeit der tatsächlichen Verpackung.[41] Hier sind **Art. 9 Abs. 2 und Art. 8 Abs. 1 lit. b** zu bedenken. Hat der Frachtführer keine Vorbehalte gegen die Verpackung in den Frachtbrief eingetragen, wird ihm der nachträgliche Beweis, diese sei mangelhaft gewesen, sehr schwer fallen.[42] Eher wird er beweisen können, dass das Gut völlig unverpackt war, obwohl es der Verpackung bedurft hätte. Wenn der Frachtführer diesen Nachweis führt, stellt er freilich zugleich fest, dass er selbst entgegen Art. 8 Abs. 1 lit. b den äußeren Zustand der Verpackung bei Übernahme des Gutes nicht überprüft hat. Ob er sich unter solchen Umständen, dh. trotz der eigenen Unachtsamkeit noch auf die Haftungsbefreiung gemäß Art. 17 Abs. 4 lit. b berufen kann, ist strittig und nur für den Fall anzunehmen, dass der Frachtführer die Untersuchungspflicht weder vorsätzlich noch mit vorsatzgleichem Verschulden verletzt hat, vgl. Art. 8 Rn. 12.

**18**  Gelingt dem Frachtführer der Beweis der unzulänglichen Verpackung, so muss er zusätzlich die **Möglichkeit ihrer Schadensursächlichkeit darlegen.** Zum Grad der Wahrscheinlichkeit des Kausalitätszusammenhangs vgl. Rn. 11. Es reicht nicht aus, dass der Frachtführer nachweist, dass die Fahrt normal, unfallfrei und ohne besondere Bremsmanöver von statten gegangen ist.[43]

**19**  Auch hier steht dem Ersatzberechtigten der **Gegenbeweis** offen. Er kann entweder positiv beweisen, dass der eingetretene Schaden nicht auf die fehlende oder mangelnde Verpackung zurückgeht, sondern eine andere Ursache – etwa überhöhte Geschwindigkeit – hat, oder er kann – negativ – beweisen, dass auch eine adäquate Verpackung den Eintritt des Schadens nicht verhindert hätte, vgl. Rn. 13. Gelingt hingegen nur – wie von Art. 18 Abs. 2 ausdrücklich vorgesehen – der Beweis, dass der eingetretene Schaden nicht aus-

---

[38] Ebenso *Koller* Rn. 3; Thume/*Thume* Rn. 52; aA GroßkommHGB/*Helm* Art. 17 Rn. 116.
[39] Vgl. hierzu BGH 28.3.1985, NJW 1985, 2092, 2093 = TranspR 1985, 261; OGH Wien 13.2.2003, TranspR 2003, 311, 314; Hof 's-Hertogenbosch 21.12.1965, ETR 1966, 684: Zusammentreffen von Fahr- und Verladefehler, siehe auch *Koller* DB 1988, 592.
[40] BGH 8.6.1988, VersR 1988, 952; ebenso Rb. Roermond 4.11.1976, ETR 1977, 432; *Herber/Piper* Rn. 20; *Koller* Rn. 4; GroßkommHGB/*Helm* Art. 17 Rn. 130; Thume/*Thume* Rn. 55; EBJS/*Boesche* Rn. 7; aA *Baumgärtel/Giemulla* Art. 17–20 Rn. 28.
[41] BGH 20.10.1983, VersR 1984, 262 und BGH 4.10.1984, VersR 1985, 133; vgl. auch OLG Hamburg 18.12.1986, TranspR 1987, 434 ff.; Cour Paris 10.11.1981, BT 1982, 183; Kh. Gent 14.2.1984, Rev.dr.com. belge 1984, 722; *Herber/Piper* Rn. 16; *Koller* Rn. 4; GroßkommHGB/*Helm* Art. 17 Rn. 130; Thume/*Thume* Rn. 55; EBJS/*Boesche* Rn. 7; *Clarke* S. 259 Nr. 81.
[42] Siehe die zahlreichen Nachweise zur internationalen Rspr. bei *Haak* S. 157 in Fn. 197; ferner Cour Toulouse 12.4.1994, BTL 1994, 714.
[43] BGH 4.10.1984, NJW 1985, 554 = VersR 1985, 133 = TranspR 1985, 125, 126; ebenso *Csoklich* S. 187 f.; *Jesser* S. 121; *Glöckner* Rn. 6; *Herber/Piper* Rn. 19; *Koller* Rn. 4; siehe auch Rn. 12 bei Fn. 33.

schließlich auf die fehlende oder mangelhafte Verpackung zurückgeht, so kommt es zur Schadensteilung gemäß Art. 17 Abs. 5.

**4. Beladungs- und Verstauungsmängel.** Gemäß Art. 17 Abs. 4 lit. c ist der Fracht-　**20** führer von seiner Haftung befreit, wenn der am Transportgut eingetretene Schaden durch Behandlung, Verladen, Verstauen oder Ausladen des Gutes durch den Absender, den Empfänger oder Dritte, die für den Absender oder Empfänger handeln, verursacht worden ist. Anders als bei den Gefahrerhöhungsumständen des Art. 17 Abs. 4 lit. b wird in lit. c nicht auf **Fehler oder Mängel** abgestellt, sondern nur darauf, dass bestimmte Tätigkeiten von der Verladerseite ausgeführt wurden; dies hat der Frachtführer zu beweisen.[44] Ob die Verladerseite dabei korrekt oder fehlerhaft gehandelt hat, ist nach dem Wortlaut für die Haftungsbefreiung unerheblich. Daraus haben einige Gerichte gefolgert, dass schon der Nachweis der Beladung durch den Absender bzw. der Entladung durch den Empfänger für die Haftungsbefreiung genüge.[45] Dagegen verlangt die hM den Nachweis von Verlade- bzw. Staufehlern, siehe Rn. 21. Der Streit ist allerdings recht akademisch. Gemäß Art. 18 Abs. 2 hat der Frachtführer auch darzulegen, dass der Schaden „nach den Umständen des Falles" aus der Verladung etc. durch den Absender „entstehen konnte". Da die Verladung des Gutes immer conditio sine qua non und oft auch adäquate Ursache für den Transportschaden ist, kann man an die Verladung als solche nicht sinnvoll die Rechtsfolge einer Haftungsbefreiung knüpfen; andernfalls würde der Absender durch die Übernahme der Verladung implizit das volle Risiko für alle Transportschäden übernehmen, und Art. 17 Abs. 1 liefe zumeist leer. Sinnvoll lässt sich der Transportschaden der Verladung durch den Absender vielmehr nur zurechnen, wenn dem Absender dabei Fehler unterlaufen.

Nach hM hat der Frachtführer daher letztlich doch **präzise Umstände vorzutragen**　**21** und gegebenenfalls zu beweisen, aus denen sich die Unzulänglichkeiten der Verladung, Verstauung etc. ergibt.[46] Wenn etwa die Ladung Bandeisen in einer scharfen Kurve zu rutschen beginnt und der Lkw deshalb umstürzt, genügt der Hinweis auf die Verladung durch den Absender zur Haftungsbefreiung nicht; der Frachtführer muss darlegen, warum die Art und Weise der Verladung das Verrutschen begünstigt hat.[47] Ganz entsprechend muss der Beförderer bei Kühltransporten, wenn das Gut verdorben am Ziel angelangt ist, dartun und gegebenenfalls beweisen, dass der Absender die Ware so fest gestaut hat, dass die Ventilation nicht zirkulieren konnte.[48] Dazu genügt nicht der Hinweis auf eine Schadensexpertise, die eine unzureichende Fixierung des Kühlgutes im Laderaum als mögliche Schadensursache nennt, wenn nicht zugleich präzise Angaben über die Verstauung des Gutes im Laderaum gemacht werden.[49] Ebenso wenig genügt der Nachweis eines normalen Transportverlaufs um auf einen Verpackungs- oder Verlademangel zu schließen.[50] Entlasten konnte sich beispielsweise ein Frachtführer mit dem Vortrag, dass die mit Mimosen gefüllten Kartons vom Absender von Wand zu Wand und bis unters Dach gestaut worden seien und dass er, obwohl der Lkw nicht über Kühlrippen verfügte, keine Paletten verwendet habe,

---

[44] OLG Düsseldorf 13.1.1972, ETR 1973, 620; Cour Paris 20.2.1971, BT 1971, 113; Cour Agen 29.6.1981, BT 1981, 431; Rb. Arnhem 21.10.1972, S. & S. 1973 Nr. 16; Kh. Antwerpen 9.3.1976, Jur.Anv. 1975–76, 180; *Koller* Rn. 5; *Thume/Thume* Rn. 64; EBJS/*Boesche* Rn. 8.

[45] Cour Bruxelles 28.6.1969, ETR 1969, 925; Com. Bruxelles 9.2.1984, Rev.dr.com.belge 1985, 303; kritisch *Theunis/Libouton* S. 93; vgl. auch in Frankreich Cour cass. 31.1.1995, ETR 1995, 688.

[46] BGH 28.3.1985, TranspR 1985, 261, 262; BGH 8.6.1988, TranspR 1988, 370, 372; Cour Besançon 15.12.1982, BT 1983, 96; Cour Bruxelles 11.10.1989, Jur.Anv. 1991, 50; in der Sache auch die niederländische Rspr., zitiert bei *Haak* S. 177 sowie Rb. Rotterdam 2.11.1990, S. & S. 1992 Nr. 55; *Koller* Rn. 5; *Herber/Piper* Rn. 21; *Thume/Thume* Rn. 65; EBJS/*Boesche* Rn. 9; *Lamy* 2013 Rn. 774a); *Silingardi* S. 175; *Clarke* S. 267 Nr. 85 und *Haak* S. 159 betonen, dass Verladefehler eigentlich nicht nachgewiesen werden müssen, dass die Möglichkeit der Schadensursächlichkeit oft aber nicht anders darzulegen ist; aA Cour cass. 5.5.2004, ETR 2005, 135: es genüge, wenn der Frachtführer keine Vorbehalte machen musste, weil etwa die Mängel nicht erkennbar waren.

[47] Rb. Rotterdam 2.11.1990, S. & S. 1992 Nr. 55.

[48] Hof 's-Hertogenbosch 18.5.1993, S. & S. 1994 Nr. 20; Rb. Rotterdam 5.6.1992, S. & S. 1993 Nr. 98.

[49] Cour Aix-en-Provence 9.4.1992, BT 1993, 527.

[50] OLG Stuttgart 11.6.2003, TranspR 2003, 308, 310.

um die Luftzirkulation zu ermöglichen.[51] Auch hier ist der **Gegenbeweis** durch den Ersatzberechtigten zulässig;[52] zur Beurteilung offenkundiger Lade- und Staufehler siehe Art. 8 Rn. 13 f. Die Beweislast fällt gegebenenfalls auf den Frachtführer zurück, der sich dann gemäß Art. 18 Abs. 1 von der Haftung befreien muss. Führt der Gegenbeweis zur Feststellung einer Mitursächlichkeit, ist der Schaden gemäß Art. 17 Abs. 5 zu teilen, vgl. Art. 17 Rn. 103.

**22**    **5. Beschaffenheitsschäden (Art. 18 Abs. 4).** Art. 17 Abs. 4 lit. d bestimmt, dass der Frachtführer von seiner Haftung befreit ist, wenn der Verlust oder die Beschädigung des Transportgutes verursacht worden ist durch die natürliche Beschaffenheit der Transportgüter, der zufolge sie gänzlichem oder teilweisem Verlust oder Beschädigung, insbesondere durch Bruch, Rost, inneren Verderb, Austrocknen, Auslaufen, normalem Schwund oder Einwirkung von Ungeziefer oder Nagetieren, ausgesetzt sind, vgl. Art. 17 Rn. 72 ff. Der Frachtführer muss hier erstens nachweisen, dass die beschädigten oder verlorenen Transportgüter einer **Gattung mit besonderer Risikoaffinität** angehören und dass zweitens auch die Möglichkeit besteht, dass der eingetretene Schaden gerade auf der speziellen Beschaffenheit beruht. Siehe dazu im Einzelnen schon bei Art. 17 Rn. 79.

**23**    Gemäß **Art. 18 Abs. 4** kann sich der Frachtführer bei Beförderung mit einem Fahrzeug, das mit besonderen Einrichtungen zum Schutz des Gutes gegen die Einwirkung von Hitze, Kälte, Temperaturschwankungen oder Luftfeuchtigkeit versehen ist, auf den Haftungsausschluss des Art. 17 Abs. 4 lit. d nur berufen, wenn er beweist, dass er alle ihm nach den Umständen obliegenden Maßnahmen hinsichtlich der Auswahl, Instandhaltung und Verwendung der besonderen Einrichtungen getroffen und ihm erteilte besondere Weisungen beachtet hat. Aus dem Wortlaut sowie aus Sinn und Zweck des Art. 18 Abs. 4 geht hervor, dass den Fahrer bei Verwendung von **Fahrzeugen mit klimatechnischen Einrichtungen** besondere Sorgfaltspflichten treffen; die Rechtsprechung stellt daher zu Recht hohe Anforderungen an den Entlastungsnachweis.[53] Der Frachtführer hat die ungenügende Vorkühlung eines Gutes zu beweisen, denn sie gehört zum äußerlichen Zustand des Gutes, den der Beförderer gemäß Art. 8 Abs. 1 lit. b bei der Übernahme zu überprüfen hat, Art. 8 Rn. 10, und auf den sich folglich die Vermutungswirkung des Art. 9 Abs. 2 erstreckt, Art. 9 Rn. 7. Hat der Frachtführer die **mangelhafte Vorkühlung** bei der Übernahme nicht im Frachtbrief vermerkt, ist es folglich seine Sache, die Vermutung des „reinen" Frachtbriefs für ausreichende Vorkühlung zu widerlegen. Zur analogen Anwendung von Art. 18 Abs. 4 siehe Art. 17 Rn. 82. Zum Verhältnis vom Art. 18 Abs. 4 zu Art. 17 Abs. 4 lit. c siehe Art. 17 Rn. 70.

**24**    **6. Bezeichnungs- und Nummerierungsfehler.** Gemäß Art. 17 Abs. 4 lit. e ist der Frachtführer von seiner Haftung befreit, wenn der Verlust oder die Beschädigung auf die ungenügende oder unzulängliche Bezeichnung der Frachtstücke zurückgeht. Zu beachten ist hier Art. 9 Abs. 2; danach wird – sofern der Frachtbrief keine mit Gründen versehenen Vorbehalte des Frachtführers aufweist – bis zum Beweis des Gegenteils vermutet, dass die Anzahl der Frachtstücke und ihre Zeichen und Nummern mit den Angaben im Frachtbrief übereinstimmen. Art. 8 Abs. 1 lit. a bestimmt außerdem, dass der Frachtführer bei der Übernahme des Gutes verpflichtet ist, die Richtigkeit der Angaben im Frachtbrief hinsichtlich der Anzahl der Frachtstücke und ihrer Zeichen und Nummern im Rahmen des Möglichen zu überprüfen, vgl. Art. 8 Rn. 6. Die Beweisanforderungen sind hier ähnlich wie bei Art. 17 Abs. 4 lit. b ausgestaltet, das heißt, der Frachtführer muss darlegen, dass die fehlerhafte

[51] Hof Amsterdam 3.12.1992, S. & S. 1993 Nr. 129.
[52] Hierzu *Piper* TranspR 1990, 357, 359; *Koller* DB 1988, 592; *Herber/Piper* Rn. 24; BGH 28.3.1985, VersR 1985, 754, 756 = TranspR 1985, 261, 264.
[53] Siehe schon Art. 17 Rn. 83, 85 und aus der deutschen Rspr. etwa folgende Kühlgutfälle: OLG Nürnberg 14.6.1965, ETR 1971, 247; OLG Hamburg 22.7.1982, VersR 1983, 63 (Kühlkontrollblätter); OLG Hamm 14.11.1985, VersR 1987, 609; siehe auch Hof 's-Hertogenbosch 3.4.1990, S. & S. 1994 Nr. 58: der Nachweis, dass die Kühlanlage bei allen früheren und späteren Transporten stets einwandfrei funktionierte, genügt nicht.

Nummerierung oder Bezeichnung als Ursache für den Verlust oder die Beschädigung des Frachtgutes in Frage kommt.

**7. Beförderung lebender Tiere (Art. 18 Abs. 5).** Art. 17 Abs. 4 lit. f bestimmt, dass **25** der Frachtführer von seiner Haftung befreit ist, wenn der Verlust oder die Beschädigung des Transportgutes darauf zurückzuführen ist, dass es sich hierbei um lebende Tiere handelt. Art. 18 Abs. 5 schränkt diese Regelung insofern ein, als sich der Frachtführer auf Art. 17 Abs. 4 lit. f nur berufen kann, wenn er beweist, dass er alle ihm nach den Umständen üblicherweise obliegenden Maßnahmen getroffen und ihm erteilte besondere Weisungen beachtet hat.[54] In Betracht kommen hier vor allem Schäden wie Verletzungen, Erkrankungen oder der Tod der Tiere, siehe näher Art. 17 Rn. 88 f. Dem Anspruchsteller steht der Gegenbeweis offen, dass der Schaden nicht auf dem besonderen mit der Tierbeförderung zusammenhängenden Risiko beruht.[55] Die Absenkung des Beweismaßes, die Art. 18 Abs. 2 für Schädigungen lebender Tiere verfügt, betrifft im Grunde alle Transporte lebender Tiere, weil nur der leichte Beweis zu führen ist, dass lebende Tiere befördert wurden und weil die in Frage kommenden Schäden stets auch damit zusammenhängen, dass es sich um lebendige Wesen handelt. In der Sache enthalten Art. 17 Abs. 4 lit. f und Art. 18 Abs. 2 daher ähnlich wie Art. 1 lit. c der seerechtlichen Haager Regeln eine materielle Haftungsausnahme, die allerdings durch Art. 18 Abs. 5 sogleich wieder zurückgenommen und in eine **Verschuldenshaftung mit umgekehrter Beweislast** umgemünzt wird.

## Art. 19 [Verspätung]

**Eine Überschreitung der Lieferfrist liegt vor, wenn das Gut nicht innerhalb der vereinbarten Frist abgeliefert worden ist oder, falls keine Frist vereinbart worden ist, die tatsächliche Beförderungsdauer unter Berücksichtigung der Umstände, bei teilweiser Beladung insbesondere unter Berücksichtigung der unter gewöhnlichen Umständen für die Zusammenstellung von Gütern zwecks vollständiger Beladung benötigten Zeit, die Frist überschreitet, die vernünftigerweise einem sorgfältigen Frachtführer zuzubilligen ist.**

### Art. 19

Il y a retard à la livraison lorsque la marchandise n'a pas été livrée dans le délai convenu ou, s'il n'a pas été convenu de délai, lorsque la durée effective du transport dépasse, compte tenu des circonstances et, notamment, dans le cas d'un chargement partiel, du temps voulu pour assembler un chargement complet dans des conditions normales, le temps qu'il est raisonnable d'allouer à des transporteurs diligents.

### Art. 19

Delay in delivery shall be said to occur when the goods have not been delivered within the agreed time-limit or when, failing an agreed time-limit, the actual duration of the carriage having regard to the circumstances of the case, and in particular, in the case of partial loads, the time required for making up a complete load in the normal way, exceeds the time it would be reasonable to allow a diligent carrier.

**Schrifttum:** Siehe Einl. vor Rn. 1 sowie bei Art. 17.

### Übersicht

|  | Rn. |  | Rn. |
|---|---|---|---|
| I. Bedeutung und Zweck | 1–5 | 3. Anwendungsbereich und Konkurrenzen | 4, 5 |
| 1. Rechtsquellen der Verspätungshaftung | 1 |  |  |
| 2. Lieferfristen | 2, 3 | **II. Vereinbarte Lieferfrist** | 6–8 |

---

[54] Oberster Gerichtshof Dänemark 10.9.1996, ETR 1997, 230.
[55] Oberster Gerichtshof Dänemark 10.9.1996, ETR 1997, 230.

| | Rn. | | | Rn. |
|---|---|---|---|---|
| 1. Vereinbarung | 6, 7 | III. Angemessene Lieferfrist | | 9–12 |
| | | 1. Kriterien der Angemessenheit | | 9, 10 |
| 2. Auslegung | 8 | 2. Einzelheiten | | 11, 12 |

## I. Bedeutung und Zweck

**1    1. Rechtsquellen der Verspätungshaftung.** Die CMR regelt die Haftung des Frachtführers für Verspätungsschäden im Zusammenhang mit der Obhutshaftung in Art. 17
Abs. 1–3 und 5, siehe schon Art. 17 Rn. 90 ff. Diese Bestimmungen betreffen das Haftungsprinzip und seine Durchbrechung, also Sekundärpflichten des Frachtführers, dagegen nicht
die **Primärpflicht zur rechtzeitigen Ablieferung.** Welchen Inhalt diese Pflicht hat,
ergibt sich aus Art. 19, der somit zusammen mit Art. 17 zu lesen ist. Weitere Sondervorschriften, die für die Verspätungshaftung Bedeutung haben, sind hinsichtlich der Reklamation Art. 30 Abs. 3 und bezüglich des Haftungsumfangs Art. 23 Abs. 5.

**2    2. Lieferfristen.** Lieferfrist ist der Zeitraum zwischen der Übernahme des Gutes und
seiner pflichtgemäßen Ablieferung an den Empfänger.[1] Art. 19 sieht für deren Bestimmung
zwei Alternativen vor: die Parteien können eine Lieferfrist vereinbaren oder sind hilfsweise
an die Frist gebunden, die vernünftigerweise einem sorgfältigen Frachtführer zuzubilligen
ist, also an eine angemessene Frist. Überlegungen über diese angemessene Frist iSd. Art. 19
sind somit nur anzustellen, wenn die Parteien keine Fristvereinbarung getroffen haben. Eine
feste Begrenzung dieser **angemessenen Frist,** wie sie etwa Art. 16 § 2 ER CIM 1999 im
internationalen Eisenbahnrecht nach Maßgabe der Entfernung vorsieht, fehlt in der CMR.
In den fünfziger Jahren, als die CMR entstand, hielt man eine solche Limitierung wegen
der unterschiedlichen Straßen- und Verkehrsverhältnisse und der stark divergierenden
Regulierungen des Straßengüterverkehrs für unmöglich. Sie kann aber auch unter den
gegenwärtigen Bedingungen nicht erwünscht sein; die starren Fristen des Eisenbahnrechts
sind, verglichen mit der möglichen oder durchschnittlichen Beförderungsdauer, regelmäßig
zu lang. Sie leisten damit psychologisch der Verlangsamung der Transporte Vorschub, statt
dem Bedürfnis der verladenden Wirtschaft nach Schnelligkeit zu entsprechen. Die angemessene Frist der CMR bietet dagegen den Vorteil, dass sich Veränderungen der Verkehrspro-
duktion (Straßenverhältnisse, Geschwindigkeitsbegrenzungen, zeitweilige Fahrverbote etc.)
ebenso selbsttätig in der Fristbemessung niederschlagen wie Veränderungen in der Verkehrs-
nachfrage, vor allem in der Wertschätzung der Schnelligkeit.

**3    ** Die Verspätungshaftung der CMR beruht zwar gemäß Art. 17 auf demselben Haftungs-
prinzip, gleich ob die Lieferfrist vereinbart wurde oder nicht, siehe Art. 17 Rn. 90. In der
Rechtswirklichkeit ist die **Haftung für vereinbarte Lieferfristen strenger** als die für die
Einhaltung einer angemessenen Frist; vgl. Rn. 10. Zwar richtet sich die Haftungsbefreiung
in beiden Fällen nach Art. 17 Abs. 2. Lässt man die Ausnahmetatbestände des Verschuldens
und der Weisung des Absenders sowie der Mängel des Gutes außer Acht, kann sich der
Beförderer im Fall der vereinbarten Lieferfrist nur exkulpieren, wenn er ein unabwendbares
Ereignis nachweist, und dies ist schwer, vgl. Art. 17 Rn. 41 f. Umstände, die die Einhaltung
der Frist im konkreten Fall erschweren, werden oft nicht als unabwendbar gelten.

**4    3. Anwendungsbereich und Konkurrenzen.** Art. 19 regelt nur die Überschreitung
der *Liefer*frist, betrifft also nur das Ende des Transports, den Zeitpunkt der Ablieferung des
Gutes an den Empfänger. Nicht anwendbar ist Art. 19, wenn der Frachtführer das Gut
beim Absender **zu spät übernimmt,**[2] wenn er es **gar nicht übernimmt,**[3] wenn er es
zwar rechtzeitig übernimmt, aber das noch unverladene Gut zu langsam oder **zu spät**

---

[1] *Grönfors* ETR 1974, 409 f.; *Herber/Piper* Rn. 2; Thume/*Thume* Rn. 2; EBJS/*Boesche* Rn. 1.
[2] *Clarke* S. 193 Nr. 58; *Nickel-Lanz* S. 88 Nr. 110; *Jesser* S. 74 f.; Turnhout 20.2.1998, ETR 1998, 569.
[3] BGH 9.2.1979, NJW 1979, 2470; Cour Reims 5.5.1980, BT 1980, 299; App. Milano 11.7.1975, Foro
pad. 1976 I 228 = RDU 1977 I 336; *Clarke* S. 193 Nr. 58.

**verlädt**[4] oder wenn er während der Beförderung vorgegebene Etappen wie Fährhäfen, Verladebahnhöfe, Grenzübergänge oder **Meldestellen zu spät erreicht.** Soweit in diesen Fällen dennoch rechtzeitig abgeliefert wird, sind die Voraussetzungen von Art. 19 nicht erfüllt; Schäden, die dem Absender/Empfänger aus der vorangegangenen Verzögerung entstehen, sind nach ergänzend anwendbarem Recht zu erstatten.[5] Im deutschen Recht kommen Verzug, Unmöglichkeit und positive Vertragsverletzung in Betracht.[6] Dabei bleibt es auch, wenn zu der vorangegangenen Verzögerung noch eine Überschreitung der Lieferfrist iSv. Art. 19 hinzutritt. Es ist dann zu unterscheiden zwischen Schäden, die nur auf die vorangegangene Verzögerung zurückzuführen und folglich nach nationalem Recht zu ersetzen sind, und Schäden, die aus der verspäteten Ablieferung entstehen und nach Art. 17 ff. erstattet werden.

Erhält der Beförderer während des Transports die **Weisung,** das Gut an einem **anderen**   5 **Ort abzuliefern** oder es dem Absender zurückzubringen, so hat er dies gemäß Art. 19, 2. Alt. in angemessener Frist zu tun; maßgeblicher Zeitpunkt ist dann die Andienung des Gutes an dem neuen Bestimmungsort bzw. die Rückgabe an den Absender.[7] Eine frühere Lieferfristvereinbarung verliert mit der weisungsbedingten Vertragsänderung ihre Grundlage und Verbindlichkeit; der Vertrag bleibt aber als solcher bestehen und der CMR unterworfen. Zum Verhältnis von Lieferfristüberschreitung, Verlustvermutung, Ausladungsweisung gemäß Art. 12 und Schadensersatz wegen Nichterfüllung siehe Art. 20 Rn. 7, zum Verhältnis von **Verspätungs- und Obhutshaftung** schon oben Art. 17 Rn. 92 ff.

## II. Vereinbarte Lieferfrist

**1. Vereinbarung.** Ob über die Lieferfrist eine **Vereinbarung zustande kommt,** ist   6 eine Frage des Vertragsschlusses und richtet sich daher nach der gemäß Art. 10 Rom I-VO maßgeblichen Rechtsordnung; siehe näher Art. 4 Rn. 2–4. Eine **Eintragung** der Vereinbarung im Frachtbrief ist zwar in Art. 6 Abs. 2 lit. g vorgesehen, aber für die Wirksamkeit der Lieferfristvereinbarung nicht konstitutiv, vgl. näher Art. 6 Rn. 39; entgegenstehende nationale Vorschriften des Vertragsstatuts sind unbeachtlich, da diese Frage durch die CMR abschließend geregelt ist. Enthält der Frachtbrief Angaben zur Lieferfrist, begründet **Art. 9 Abs. 1** die Vermutung, dass die Frist vereinbart wurde. Fehlen solche Angaben im Frachtbrief, wird der Absender/Empfänger die Lieferfristvereinbarung darlegen und gegebenenfalls **beweisen** müssen.[8] Wenn er sich dazu auf ein **Fernschreiben oder Fax** beruft, das er nach Abschluss des Transportvertrags an den Beförderer geschickt und in dem er eine feste Lieferfrist vorgeschlagen hat, ist nach dem Zeitpunkt der Nachricht zu differenzieren: stellt der Beförderer seinen Lkw nach Empfang der Nachricht zur Verladung bereit, wird man darin in der Regel sein konkludentes Einverständnis mit der gewünschten Lieferfrist und damit eine einverständliche Vertragsänderung sehen können. Wenn der Vorschlag einer Lieferfristvereinbarung den Beförderer dagegen erst nach Beginn der Verladung erreicht, befindet sich der ursprüngliche Vertrag bereits im Erfüllungsstadium; wenn der Frachtführer dann mit der Erfüllung fortfährt, liegt darin nicht ohne weiteres eine stillschweigende Einwilligung in die Vertragsänderung.[9]

---

[4] OLG Hamm 20.3.1997, TranspR 1998, 297, 299 (auch keine analoge Anwendung auf die Ladefrist); OLG Hamburg 25.6.1987, TranspR 1987, 458, 459; OLG Naumburg 15.6.2012, TranspR 2013, 235, 237; *Koller* Rn. 3; *Herber/Piper* Rn. 3; *Thume/Thume* Rn. 3; GroßkommHGB/*Helm* Rn. 11; EBJS/*Boesche* Rn. 2; *Piper* VersR 1988, 559; *Lieser* S. 127; siehe auch die Nachweise in Rn. 3; anders OGH Wien 23.3.1999, ZfRV 1999/56 unter unzulässiger Berufung auf § 428 UGB wird die verspätete Bereitstellung von Fahrzeugen als Teil der Lieferfrist gesehen.

[5] OLG Hamm 20.3.1997, TranspR 1998, 297, 299; OLG Naumburg 15.6.2012, TranspR 2013, 235, 237; OGH Wien 14.11.1984, TranspR 1985, 346 = SZ 57/173 = JBl. 1986, 98 = *Greiter* Nr. 49; Turnhout 20.2.1998, ETR 1998, 569; *Koller* Rn. 3; EBJS/*Boesche* Art. 17 Rn. 6; *Clarke* S. 193 Nr. 58; *Jesser* S. 75.

[6] *Koller* Rn. 3; EBJS/*Boesche* Rn. 2.

[7] OLG Düsseldorf 31.7.1986, TranspR 1986, 341, 344 f. zum Luftrecht; *Koller* Rn. 2; *Herber/Piper* Rn. 18; EBJS/*Boesche* Rn. 1.

[8] Rb. Rotterdam 5.6.1992, S. & S. 1993 Nr. 107 S. 399; *Putzeys* S. 231 Nr. 702; *Lamy* 2013 Rn. 761.

[9] Cour Paris 2.10.1991, BTL 1991, 717 und dazu *Lamy* 2013 Rn. 761; ebenso LG Stuttgart 27.9.1991, TranspR 1992, 22; zustimmend *Thume* TranspR 1992, 404.

**7**    Die materielle **Gültigkeit** der Lieferfristvereinbarung beurteilt sich nach dem Vertragsstatut (Einl. Rn. 41 ff.). Sie kann in Frage stehen, wenn die Lieferfrist zu kurz bemessen ist. Nach deutschem Recht ist die Vereinbarung **unangemessen kurzer Lieferfristen** nicht schlechthin sittenwidrig und nichtig gemäß § 138 BGB: Der Beförderer ist derjenige Vertragspartner, dem die Kenntnis über Transportrisiken, Grenzübertritte, Fährverbindungen und schwierige Verkehrsverbindungen als Teil seiner Leistung abverlangt wird; er muss wissen, welche Lieferfrist er sich zumuten kann.[10] Daher ist Nichtigkeit wegen Verstoßes gegen die guten Sitten nur in Ausnahmefällen anzunehmen, wenn der Absender bewusst die Notlage oder Unerfahrenheit des Frachtführers ausnützt.[11] Dies führt gemäß § 139 BGB nicht zur Gesamtnichtigkeit des Vertrags, sondern lediglich zur Teilnichtigkeit der Lieferfristabrede,[12] sodass die im jeweiligen Fall angemessene Frist nach Art. 19 zu bestimmen ist. Ist deutsches Recht Vertragsstatut und die Einhaltung der **Frist objektiv unmöglich,** so ist die Lieferfristabrede nichtig, der Vertrag bleibt gemäß § 311a Abs. 1 BGB wirksam.[13]

**8**    **2. Auslegung.** Die Auslegung der Fristbestimmung muss ergeben, ob es sich dabei überhaupt um die Vereinbarung einer Lieferfrist handelt oder nur um die Bekräftigung der ohnehin bestehenden Pflicht zu angemessener Eile. Eine Lieferfristvereinbarung setzt voraus, dass ein **fester Endzeitpunkt** des Transports vereinbart oder jedenfalls auf Grund der Vereinbarung bestimmbar ist; der Ablauf der Frist muss ohne weiteres, wenn auch vorbehaltlich des Art. 17 Abs. 2, die Verspätungshaftung nach sich ziehen.[14] Klauseln wie „wie üblich, so schnell wie möglich" oder „möglichst bis 30.10." oder „Ablieferung ca. Ende Oktober" sind zu unbestimmt.[15] Andererseits muss nicht unbedingt ein fester Termin (Kalendertag und Uhrzeit) bestimmt sein; die Lieferfrist kann auch in Form einer bestimmten Zeitspanne vereinbart werden.[16] In diesem Fall ist der **Beginn der Frist** (Vertragsschluss, Übermittlung des Fristwunsches, Übernahme des Gutes, Antritt der Fahrt) durch Auslegung zu ermitteln; ebenso auch die Fristberechnung, dh. ob zB Fahrverbotszeiten, Feiertage oder Grenzabfertigungen von der vereinbarten Transportdauer mitumfasst sind. Dies wird regelmäßig der Fall sein.[17] Verbleibende Unklarheiten der Fristberechnung sind durch Rückgriff auf das nationale Recht auszuräumen, für das deutsche Recht kommen die §§ 187 ff. BGB zum Zuge.[18] Fehlt eine Vereinbarung über den Fristbeginn, so erfolgt dieser mit der Übernahme des Gutes durch den Frachtführer, da auch Art. 19 2. Alternative auf die tatsächliche Beförderungsdauer abstellt.[19] Fehlt bei der Vereinbarung eine Uhrzeit, bis zu der die Ablieferung erfolgen soll, ist durch Auslegung zu ermitteln, ob die gewöhnlichen Geschäftszeiten des Empfängers maßgebend sind; dann hat die Ablieferung noch während der ortsüblichen Geschäftszeiten zu erfolgen.[20]

---

[10]  *Koller* Rn. 4; Thume/*Thume* Rn. 14; Jabornegg/Artmann/*Csoklich* Art. 17–19 Rn. 31.

[11]  *Koller* Rn. 4; Thume/*Thume* Rn. 14; *Herber*/*Piper* Rn. 9; GroßkommHGB/*Helm* Rn. 10; EBJS/*Boesche* Rn. 5; Ferrari/*Otte,* Int. Vertragsrecht, Rn. 6; weitergehend *Glöckner* Rn. 9; *Heuer* S. 135 f.; zu § 879 ABGB *Jesser* S. 76.

[12]  Zum Fixgeschäft vgl. Art. 17 Rn. 97.

[13]  Thume/*Thume* Rn. 14.

[14]  *Putzeys* S. 232 Nr. 704.

[15]  LG Stuttgart 27.9.1991, TranspR 1992, 22 mit zust. Anm. *Starosta; Thume* TranspR 1992, 404; ähnlich auch schon Cour Paris 23.5.1980, BT 1980, 414; LG Kleve 30.10.1974, VersR 1975, 465, 466; vgl. dazu auch OLG Hamburg 17.6.2004, TranspR 2005, 116.

[16]  *Hill*/*Messent* S. 171; Thume/*Thume* Rn. 12; *Putzeys* S. 232 Nr. 704.

[17]  So für Zollabfertigungsphasen an der Grenze Cour Paris 27.5.1980, BT 1980, 435; ebenso für Wochenendfahrverbote für Lkw in Deutschland und Österreich App. Venezia 31.10.1974, ETR 1975, 242.

[18]  *Koller* Rn. 2; *Herber*/*Piper* Rn. 6; Thume/*Thume* Rn. 5; EBJS/*Boesche* Rn. 3; Ferrari/*Otte,* Int. Vertragsrecht, Rn. 4.

[19]  *Koller* Rn. 2; *Herber*/*Piper* Rn. 7; Thume/*Thume* Rn. 6; GroßkommHGB/*Helm* Rn. 7; *Jesser* S. 74; EBJS/*Boesche* Rn. 4.

[20]  Thume/*Thume* Rn. 24; *Koller* Rn. 3 aE; *Herber*/*Piper* Rn. 13; EBJS/*Boesche* Rn. 3; OLG Düsseldorf 12.12.1985, TranspR 1986, 56, 58 sowie Ferrari/*Otte,* Int. Vertragsrecht, Rn. 5 legen § 358 HGB zugrunde.

### III. Angemessene Lieferfrist

**1. Kriterien der Angemessenheit.** Ist eine Lieferfrist nicht vereinbart, so ist die Frist 9 maßgeblich, die vernünftigerweise einem sorgfältigen Frachtführer zuzubilligen ist, im Folgenden: die angemessene Lieferfrist. Nach der Formulierung von Art. 19 ist von einem **ex-ante-Standpunkt**[21] aus zu fragen, wie lange ein sorgfältiger Frachtführer für den vereinbarten Transport braucht. Eine solche Prognose berücksichtigt die regulär nach den Erfahrungen für jeden Transport dieser Art zu erwartenden Umstände wie die üblicherweise zu erwartenden Grenzwartezeiten, vorgeschriebene Ruhezeiten oder Nachtfahrverbote. Zu berücksichtigen sind bei der Fristbestimmung die besonderen Vorgaben der konkreten Beförderung wie Sammelladung, Art des Transportgutes etc. anhand derer die Prognose zu erstellen ist. Nicht maßgebend sind hingegen die außergewöhnlichen nur diesen Transport betreffenden Verzögerungen, wie beispielsweise eine überraschende Sperre eines Alpentunnels oder der Ausfall einer Fähre wegen Sturmflut; solche Umstände finden im Rahmen von Art. 17 Abs. 2 Berücksichtigung und führen zur Haftungsbefreiung.[22]

Die **Beweislast** für anspruchsbegründende Tatsachen trägt der **Anspruchsteller;** er hat 10 somit den Nachweis über die im jeweiligen Fall angemessene Frist und deren Überschreitung zu erbringen.[23] Schon dies **mildert die Haftung** des Beförderers; seine Verantwortung wird gegenüber Art. 17 Abs. 2 noch dadurch abgeschwächt, dass Art. 19 für die Bemessung der Lieferfrist auf das Leitbild des „sorgfältigen Frachtführers" abstellt und nicht den strengen Sorgfaltsmaßstab des Art. 17 Abs. 2 zugrunde legt, vgl. schon oben Rn. 3. Für das Vorliegen eines Haftungsbefreiungsgrunds nach Art. 17 Abs. 2 trägt der Frachtführer die Beweislast.

**2. Einzelheiten.** Die angemessene **Lieferfrist beginnt** mit der Übernahme des Gutes 11 durch den Beförderer zu Zwecken des Transports.[24] Hat der Frachtführer schon zu anderen Zwecken übernommen, so beginnt sie zu dem Zeitpunkt, zu dem ein sorgfältiger Frachtführer mit der Beförderung begonnen hätte.[25] Für die **Fristberechnung** bleiben starre Lieferfristen des nationalen Rechts und die Rspr. dazu außer Betracht, weil sie mit dem Auftrag des Art. 19, die Umstände des Einzelfalls zu berücksichtigen, nicht vereinbar sind.[26] Einzurechnen in die angemessene Lieferfrist sind alle Verzögerungen, die ein sorgfältiger Frachtführer bei dem betreffenden Transport erlitten hätte, also etwa Grenzaufenthalte, Ruhezeiten, Nachtfahrverbote etc.,[27] nicht dagegen Umstände, die ein sorgfältiger Frachtführer in die Berechnung der Lieferfrist nicht einbezieht, weil er sie vermeidet, etwa durch entsprechende Wartung der Fahrzeuge. Die so ermittelte angemessene Lieferfrist darf von der tatsächlichen Beförderungszeit nicht überschritten werden. Dies ist schon der Fall, wenn die angemessene Lieferfrist **geringfügig überschritten** wird; eine erhebliche Überschreitung ist nicht erforderlich, um die Haftung des Art. 17 Abs. 1 auszulösen.[28]

**Einzelfälle aus der Rechtsprechung:** Ausgangspunkt der gerichtlichen Würdigung ist 12 durchweg die **Entfernung,** aber auch Umstände, die sich auf den Transport hemmend

---

[21] *Koller* Rn. 5; *Thume/Thume* Rn. 17; *ders.* RIW 1992, 966, 967; *Starosta* TranspR 1992, 25; *Herber/Piper* Rn. 14; *GroßkommHGB/Helm* Rn. 13; *EBJS/Boesche* Rn. 7; *Ferrari/Otte,* Int. Vertragsrecht, Rn. 8; *Jesser* S. 77; *Jabornegg/Artmann/Csoklich* Art. 17–19 Rn. 31; OGH Wien 14.7.1988, VersR 1989, 977 = VersE 1393; aA für ex-post-Betrachtung *Pesce* S. 249; *Putzeys* S. 232 f. Nr. 706; *Basedow* in der Erstauflage Rn. 10; OGH Wien 31.3.1982, TranspR 1984, 196 = Greiter Nr. 27.
[22] *Koller* Rn. 5; *Thume/Thume* Rn. 17; *ders.* RIW 1992, 966, 967.
[23] *Koller* Rn. 6; *Thume/Thume* Rn. 34; *EBJS/Boesche* Rn. 10.
[24] *Heuer* S. 41, 133; *Jesser* S. 74 f.; *Hill/Messent* S. 173 f.; *Thume/Thume* Rn. 15; *Ferrari/Otte,* Int. Vertragsrecht, Rn. 4.
[25] *GroßkommHGB/Helm* Rn. 13.
[26] *GroßkommHGB/Helm* Rn. 15; *Starosta* TranspR 1992, 25; aA Trib.com. Bobigny 25.2.1994, BTL 1994, 672; *Züchner* VersR 1964, 223 f.; *Voigt* VP 1965, 185.
[27] Siehe schon Rn. 8 bei Fn. 17.
[28] *Thume* RIW 1992, 966, 967; *ders.* TranspR 1992, 405; *Koller* Rn. 5; *Herber/Piper* Rn. 19; *Ferrari/Otte,* Int. Vertragsrecht, Rn. 12; aA LG Stuttgart 27.9.1991, TranspR 1992, 22, 24 mit zust. Anm. *Starosta.*

auswirken können, wie der **Kriegszustand** im Irak.[29] Für die Strecke von Griechenland in die Niederlande wurde eine angemessene Lieferfrist von fünf Tagen festgesetzt,[30] für einen Apfeltransport über 1000 km von Südfrankreich in die Niederlande zwei Tage,[31] für einen Frischfleischtransport von Holstein nach Norditalien zwei Tage,[32] für eine Beförderung von Pelzen von Frankfurt nach Helsinki sollen acht Tage genügen,[33] etwa eine Woche für einen Käsetransport von Österreich nach Algerien,[34] eine ebensolche Zeitspanne für einen Transport von Niedersachsen nach Barcelona, wenn ein Wochenende eingeschlossen ist.[35] Längere Lieferfristen von 14–18 Tagen wurden dem Beförderer für Transporte von Deutschland bzw. Frankreich in den Nahen Osten zugebilligt.[36] Als zusätzlicher Faktor findet oft die **Verderblichkeit der Ware** Berücksichtigung, wenn sie dem Beförderer bekannt ist.[37] Der Beförderer kann dann verpflichtet sein, dem Transport einen zweiten Fahrer mitzugeben, wenn zu befürchten steht, dass das Gut ohne Fahrerwechsel auf Grund der gesetzlichen Ruhezeiten verdirbt.[38]

## Art. 20 [Verlustvermutung]

**(1) Der Verfügungsberechtigte kann das Gut, ohne weitere Beweise erbringen zu müssen, als verloren betrachten, wenn es nicht binnen dreißig Tagen nach Ablauf der vereinbarten Lieferfrist oder, falls keine Frist vereinbart worden ist, nicht binnen sechzig Tagen nach der Übernahme des Gutes durch den Frachtführer abgeliefert worden ist.**

**(2) [1]Der Verfügungsberechtigte kann bei Empfang der Entschädigung für das verlorene Gut schriftlich verlangen, daß er sofort benachrichtigt wird, wenn das Gut binnen einem Jahr nach Zahlung der Entschädigung wieder aufgefunden wird. [2]Dieses Verlangen ist ihm schriftlich zu bestätigen.**

**(3) Der Verfügungsberechtigte kann binnen dreißig Tagen nach Empfang einer solchen Benachrichtigung fordern, daß ihm das Gut gegen Befriedigung der aus dem Frachtbrief hervorgehenden Ansprüche und gegen Rückzahlung der erhaltenen Entschädigung, gegebenenfalls abzüglich der in der Entschädigung enthaltenen Kosten, abgeliefert wird; seine Ansprüche auf Schadensersatz wegen Überschreitung der Lieferfrist nach Artikel 23 und gegebenenfalls nach Artikel 26 bleiben vorbehalten.**

**(4) Wird das in Absatz 2 bezeichnete Verlangen nicht gestellt oder ist keine Anweisung in der in Absatz 3 bestimmten Frist von dreißig Tagen erteilt worden oder wird das Gut später als ein Jahr nach Zahlung der Entschädigung wieder aufgefunden, so kann der Frachtführer über das Gut nach dem Recht des Ortes verfügen, an dem es sich befindet.**

---

[29] Trento 21.5.1998, ETR 1999, 380.

[30] Rb. Amsterdam 14.9.1977, S. & S. 1979 Nr. 89; vgl. auch Com. Bruxelles 19.11.1973, Rev.dr.com.belge 1974, 411 und *Theunis/Libouton* S. 95 f.: zwölf Tage für die Fahrt von Belgien nach Griechenland sind zu viel.

[31] Trib.com. Toulouse 2.7.1980, BT 1980, 531; ähnlich – 3 Tage für 950 km – Cour Rennes 5.11.1974, BT 1974, 514.

[32] LG Duisburg 4.12.1988, TranspR 1989, 268, 270.

[33] LG Lübeck 17.3.1986, TranspR 1986, 339.

[34] OGH Wien 14.7.1988, VersR 1989, 977 = VersE 1393.

[35] LG Stuttgart 27.9.1991, TranspR 1992, 22, 24.

[36] OLG Hamburg 3.5.1984, TranspR 1985, 37 (Deutschland – Irak: 16 Tage); OLG München 12.4.1990, TranspR 1990, 280 (Deutschland – Kuwait: 14–18 Tage); Cour Lyon 27.6.1980, BT 1980, 504 (Frankreich – Syrien: 15 Tage).

[37] LG Duisburg 4.12.1988, TranspR 1989, 268, 270; *Koller* Rn. 5; *Herber/Piper* Rn. 15.

[38] OLG Düsseldorf 7.7.1988, TranspR 1988, 425, 428; LG Kleve 30.10.1974, VersR 1975, 465, 466; *Thume* RIW 1992, 966, 967; *Koller* Rn. 5.

**Art. 20**

(1) L'ayant droit peut, sans avoir à fournir d'autres preuves, considérer la marchandise comme perdue quand elle n'a pas été livrée dans les trente jours qui suivent l'expiration du délai convenu ou, s'il n'a pas été convenu de délai, dans les soixante jours qui suivent la prise en charge de la marchandise par le transporteur.

(2) L'ayant droit peut, en recevant le paiement de l'indemnité pour la marchandise perdue, demander, par écrit, à être avisé immédiatement dans le cas où la marchandise serait retrouvée au cours de l'année qui suivra le paiement de l'indemnité. Il lui est donné par écrit acte de cette demande.

(3) Dans les trente jours qui suivent la réception de cet avis, l'ayant droit peut exiger que la marchandise lui soit livrée contre paiement des créances résultant de la lettre de voiture et contre restitution de l'indemnité qu'il a reçue, déduction faite éventuellement des frais qui auraient été compris dans cette indemnité, et sous réserve de tous droits à l'indemnité pour retard à la livraison prévue à l'article 23 et, s'il y a lieu, à l'article 26.

(4) A défaut soit de la demande prévue au paragraphe 2, soit d'instructions données dans le délai de trente jours prévu au paragraphe 3, ou encore si la marchandise n'a été retrouvée que plus d'un an après le paiement de l'indemnité, le transporteur en dispose conformément à la loi du lieu où se trouve la marchandise.

**Art. 20**

(1) The fact that goods have not been delivered within thirty days following the expiry of the agreed time-limit, or, if there is no agreed time-limit, within sixty days from the time when the carrier took over the goods, shall be conclusive evidence of the loss of the goods, and the person entitled to make a claim may thereupon treat them as lost.

(2) The person so entitled may, on receipt of compensation for the missing goods, request in writing that he shall be notified immediately should the goods be recovered in the course of the year following the payment of compensation. He shall be given a written acknowledgement of such request.

(3) Within the thirty days following receipt of such notification, the person entitled as aforesaid may require the goods to be delivered to him against payment of the charges shown to be due on the consignment note and also against refund of the compensation he received less any charges included therein but without prejudice to any claims to compensation for delay in delivery under article 23 and, where applicable, article 26.

(4) In the absence of the request mentioned in paragraph 2 or of any instructions given within the period of thirty days specified in paragraph 3, or if the goods are not recovered until more than one year after the payment of compensation, the carrier shall be entitled to deal with them in accordance with the law of the place where the goods are situated.

**Schrifttum:** Siehe Einl. vor Rn. 1 und bei Art. 17.

## Übersicht

| | Rn. | | Rn. |
|---|---|---|---|
| **I. Bedeutung und Zweck** | 1 | 4. Anwendungsbereich und Abgrenzung | 7 |
| **II. Verlustvermutung (Abs. 1)** | 2–7 | **III. Wiederauffinden des Gutes** | |
| 1. Fristablauf | 2, 3 | **(Abs. 2–4)** | 8–12 |
| 2. Rechtsnatur | 4, 5 | 1. Optionen des Berechtigten | 8 |
| 3. Sonstige Voraussetzungen und Ausnahmen | 6 | 2. Rückforderungsrecht | 9, 10 |
| | | 3. Verfügungsrecht des Frachtführers | 11, 12 |

### I. Bedeutung und Zweck

Gemäß Art. 20 Abs. 1 kann der Verfügungsberechtigte das Gut als verloren betrachten, **1** wenn es nach Ablauf näher bestimmter Fristen noch nicht abgeliefert ist. Die Vorschrift dient in erster Linie der **Rechtssicherheit** und ermöglicht es der Verladerseite, nach Fristablauf ihre Dispositionen zu treffen.[1] Falls zB ein Deckungskauf erforderlich ist, soll der Absender/Empfänger dazu in der Lage sein, ohne dass er noch mit einer verspäteten Ablieferung des Transportgutes rechnen muss, für das er dann keine Verwendung mehr hat. In zweiter Linie zieht die Vorschrift auch eine klare Grenze zwischen der geringen, an der Fracht ausgerichteten (Art. 23 Abs. 5) **Verspätungshaftung und der Verlusthaftung** mit ihren großzügigeren, am Warenwert orientierten Höchstsummen, Art. 23 Abs. 3.[2] Da die Verlustvermutung auch eingreift, wenn das Gut gar nicht verloren ist oder sich wiederanfindet, entstehen naturgemäß Folgeprobleme, die den späteren Umgang mit dem Gut betreffen; sie sind Gegenstand der Abs. 2–4.

## II. Verlustvermutung (Abs. 1)

2    **1. Fristablauf.** Die Verlustvermutung greift im Falle einer **vereinbarten Lieferfrist** ein, wenn das Gut nicht binnen dreißig Tagen nach Ablauf der Frist abgeliefert worden ist. Zu den Einzelheiten einer vereinbarten Lieferfrist siehe näher Art. 19 Rn. 6–8. Die Zusatzfrist von dreißig Tagen beginnt nach dem Ende der vereinbarten Lieferfrist zu laufen, dh. nach dem Rechtsgedanken der Art. 30 Abs. 4, Art. 32 Abs. 1 Satz 4 an dem darauf folgenden Tag. Sie wird nicht nach den Grundsätzen des Art. 30 Abs. 1 und 2 berechnet.[3] Dass Sonntage und gesetzliche Feiertage in Art. 30 nicht mitgerechnet werden, so ist dies aus der kurzen Dauer der einwöchigen Fristen zu erklären; auf eine Frist von mehr als vier Wochen passt die Regel nicht. Bei Art. 20 folgt die **Fristberechnung** vielmehr den Regeln des jeweils zur Ergänzung berufenen nationalen Vertragsrechts (Einl. Rn. 41 ff.); ist deutsches Recht maßgeblich, kommen die §§ 187 ff. BGB zum Zuge. Die Frist verlängert sich um jene Tage, an denen das Gut aus nicht vom Frachtführer zu vertretenden Gründen (Art. 17 Abs. 2, 4, 5) nicht befördert werden kann.[4] Bei Beförderungs- oder Ablieferungshindernissen verlängern jene Zeiten die Frist des Art. 20, während der das Gut auf Weisung des Verfügungsberechtigten oder gemäß Art. 14 Abs. 2 CMR lagert.[5] Wird das Gut vor dem Ende des dreißigsten Tages in gutem Zustand abgeliefert, beschränken sich die Ansprüche des Verfügungsberechtigten auf Schadensersatz wegen Verspätung. Nach dem Ende des dreißigsten Tages entsteht ein Schadensersatzanspruch wegen Verlust und konsumiert denjenigen wegen Lieferfristüberschreitung, vgl. schon Art. 17 Rn. 92. Zugleich beginnt gemäß Art. 32 Abs. 1 lit. b die Verjährung dieses Anspruchs.

3    Ist eine **Lieferfrist nicht vereinbart,** so greift die Verlustvermutung ein, wenn nach der Übernahme des Gutes sechzig Tage verstrichen sind. Die Vermutung knüpft also hier nicht an das Ende der Lieferfrist, sondern an den Beginn des Obhutszeitraums an; zur Übernahme siehe Art. 17 Rn. 16 ff. Entsprechend dem Rechtsgedanken von Art. 30 Abs. 4 fängt die Frist dabei erst am Tag nach der Übernahme zu laufen an; im Übrigen richtet sich ihre Berechnung nach nationalem Recht, vgl. schon Rn. 2. Nach dem Ende des sechzigsten Tages entsteht der Schadensersatzanspruch wegen Verlust des Gutes; zugleich beginnt seine Verjährung, vgl. Art. 32 Abs. 1 lit. b. Übernimmt der Beförderer Straßentransporte in Gegenden mit unsicheren Fähr- oder Zollabfertigungen, so kann auch die 60-Tagesfrist zu kurz sein; es empfiehlt sich die Vereinbarung einer längeren Lieferfrist.[6]

---

[1]  *Clarke* S. 191 Nr. 56b; GroßkommHGB/*Helm* Rn. 2; *Thume/Demuth* Rn. 3.
[2]  Nach *Loewe* ETR 1976, 564 Nr. 177 hat Art. 20 nur diesen Zweck; diese Auffassung ist zu eng und trägt den kommerziellen Bedürfnissen der Verlader nicht ausreichend Rechnung.
[3]  Wie hier OLG Düsseldorf 25.9.1997, TranspR 1999, 159, 160; GroßkommHGB/*Helm* Rn. 4; Thume/*Demuth* Rn. 3 Fn. 2; EBJS/*Boesche* Rn. 1; aA *Koller* Rn. 1; *Herber/Piper* Rn. 5; Fremuth/Thume/*Thume* Rn. 9.
[4]  OLG Düsseldorf 25.9.1997, TranspR 1999, 159, 160; *Koller* Rn. 1.
[5]  *Koller* Rn. 1; Thume/*Demuth* Rn. 3; Jabornegg/Artmann/*Csoklich* Rn. 1.
[6]  Vgl. LG Hamburg 29.7.1994, RIW 1994, 775: Hafenchaos in Klaipeda.

**2. Rechtsnatur.** Art. 20 verankert eine **unwiderlegliche Vermutung.**[7] Um eine Fik- **4** tion[8] handelt es sich nicht, weil diese Vermutung zutreffen kann und oft auch zutreffen wird. Nach dem Gesetzeszweck – Dispositionssicherheit der Verladerseite (Rn. 1) – kann die Vermutung auch nicht widerlegt werden;[9] der Absender/Empfänger soll nach Fristablauf endgültige Gewissheit erhalten, dass er das Gut nicht mehr anzunehmen verpflichtet ist und sich deshalb anderweitig eindecken kann.

Die Verlustvermutung wirkt **nur zugunsten des Verfügungsberechtigten** und dies **5** auch nur, wenn er sich darauf beruft; dies ergibt sich deutlich aus dem Wortlaut von Abs. 1. Dem Frachtführer ist es also verwehrt, sich seinerseits auf die Verlustvermutung zu stützen.[10] Der Verfügungsberechtigte hat ein **Wahlrecht:** er kann sich erstens auf Abs. 1 berufen und Schadensersatz wegen Verlust des Gutes fordern, er kann diese Forderung zweitens mit dem Verlangen verbinden, bei Wiederauffinden des Gutes benachrichtigt zu werden (Abs. 2, vgl. Rn. 8 ff.), er kann drittens auch am Vertrag festhalten und weiterhin Ablieferung sowie Verspätungsschaden verlangen.[11] **Verfügungsberechtigter** (person entitled to make a claim, ayant droit) ist, wie der englische Text verdeutlicht, derjenige, der einen Schadenersatzanspruch gegen den Frachtführer hat, der Ersatzberechtigte.[12] Wo die Vermutung des Art. 20 eingreift, gilt der Verlust des Gutes iSv. Art. 13 Abs. 1 S. 2 als „festgestellt", so dass sich nach jener Bestimmung jedenfalls der Empfänger auf Art. 20 berufen kann, vgl. Art. 13 Rn. 9. Als Vertragspartner des Frachtführers ist nach allgemeinen Grundsätzen zugleich auch der Absender aktivlegitimiert, Art. 13 Rn. 18.

**3. Sonstige Voraussetzungen und Ausnahmen.** Das Gut darf bei Fristablauf noch **6** nicht abgeliefert sein. Ist ein **Teil abgeliefert,** so kann Abs. 1 bzgl. des ausstehenden Teils zum Teilverlust führen.[13] Bemerkt der Empfänger erst nach Annahme des Gutes, dass die Fristen des Abs. 1 bei Ablieferung schon überschritten waren und erklärt er danach, dass er das Gut als verloren betrachte, so steht er zwar äußerlich immer noch im Einklang mit Abs. 1. Doch kann ein solches Verhalten wegen **Rechtsmissbrauchs** (venire contra factum proprium, estoppel) unwirksam sein.[14] Anders, wenn der Empfänger bereits die Annahme mit dem Hinweis darauf verweigert, dass er das Gut gemäß Abs. 1 als verloren betrachte;[15] dann nutzt er gerade sein Wahlrecht, vgl. Rn. 5. Abgesehen von dem Fall der Andienung nach Fristablauf (s. o.) hängt die Berufung auf die Verlustvermutung nicht von einer besonderen **Geltendmachung,** also nicht davon ab, dass sich der Verfügungsberechtigte alsbald nach Fristablauf gegenüber dem Frachtführer in diesem Sinne erklärt.[16] Es genügt, dass er

---

[7] BGH 27.10.1978, VersR 1979, 276, 277 = NJW 1979, 2473; 25.10.2001, TranspR 2002, 198, 199; OLG Frankfurt 5.11.1985, TranspR 1986, 282, 284; OLG Düsseldorf 25.9.1997, TranspR 1999, 159, 160; OLG München 1.6.2011, TranspR 2011, 337, 339; OGH Wien 30.11.2006, 3 Ob 132/06t; Kh. Brüssel 6.4.1984, ETR 1984, 431; *Clarke* S. 192 Nr. 56b; *Jesser* S. 69; Jabornegg/Artmann/*Csoklich* Rn. 1; *Hill/Messent* S. 176 f. weisen dazu auf den englischen Wortlaut („conclusive evidence") hin; *Herber/Piper* Rn. 3; *Koller* Rn. 1; EBJS/*Boesche* Rn. 2; *Nickel-Lanz* S. 94 Nr. 119; Ferrari/*Otte,* Int. Vertragsrecht, Rn. 2.

[8] Begrifflich ungenau insofern BGH 9.9.2010, TranspR 2011, 178, 179; OLG Düsseldorf 23.11.1989, TranspR 1990, 63, 66; OLG Nürnberg 4.2.2009, TranspR 2009, 256, 261; Thume/*Demuth* Rn. 3 verwendet Verlustfiktion und unwiderlegliche Vermutung als Synonyme; ebenso Fremuth/Thume/*Thume* Rn. 2 ff.; Jabornegg/Artmann/*Csoklich* Rn. 1; offen GroßkommHGB/*Helm* Rn. 3.

[9] So aber *Pesce* S. 197 f.; *Silingardi* S. 133; *Putzeys* S. 229 Nr. 695; *Loewe* ETR 1976, 564 Nr. 177; *Haak* S. 202; Theunis/*Libouton* S. 96; OLG Hamburg 17.11.1983, VersR 1984, 258.

[10] BGH 15.10.1998, VersR 1999, 646, 647; Thume/*Demuth* Rn. 4; GroßkommHGB/*Helm* Rn. 3; *Jesser* S. 69; *Nickel-Lanz* S. 95 Nr. 119.

[11] BGH 25.10.2001, TranspR 2002, 198, 199; OLG Düsseldorf 23.11.1989, TranspR 1990, 63, 66; *Herber/Piper* Rn. 2; GroßkommHGB/*Helm* Rn. 3; EBJS/*Boesche* Rn. 2; *Nickel-Lanz* S. 95 Nr. 119; *Haak* S. 202.

[12] OLG Düsseldorf 20.3.1997, TranspR 1998, 32, 33; *Koller* Rn. 1; vgl. auch Thume/*Demuth* Rn. 7; *Herber/Piper* Rn. 2; Fremuth/Thume/*Thume* Rn. 6; EBJS/*Boesche* Rn. 1; Jabornegg/Artmann/*Csoklich* Rn. 1.

[13] *Nickel-Lanz* S. 95 Nr. 119; Thume/*Demuth* Rn. 5.

[14] AA Thume/*Demuth* Rn. 5.

[15] Kh.Antwerpen 7.11.1980, Jur.Anv. 1980/81, 480; Kh. Brüssel 6.4.1984, ETR 1984, 431.

[16] BGH 15.10.1998, VersR 1999, 646, 647; OLG Frankfurt 5.11.1985, TranspR 1986, 282, 284; Thume/*Demuth* Rn. 6; *Lamy* 2013 Rn. 764: „sans autre formalité".

einen Schadensersatzanspruch ersichtlich auf die Verlusthaftung des Beförderers stützt. Macht der Berechtigte die Verlusthaftung geltend, stehen dem Frachtführer nicht nur die **Haftungsbefreiungen** gemäß Art. 17 Abs. 2 zu Gebote, sondern zusätzlich auch die privilegierten Haftungsausschlüsse des Art. 17 Abs. 4.[17]

**7**    **4. Anwendungsbereich und Abgrenzung.** Wo sich Transporte verzögern, kommt es mitunter vor, dass der Absender, inspiriert von § 323 BGB, dem Beförderer eine **Nachfrist** mit der Maßgabe setzt, dass er sich nach Ablauf der Nachfrist vom Vertrag löst und unter Berufung auf nationales Recht infolge Nichterfüllung vollen, durch Höchstsummen nicht begrenzten **Schadensersatz statt der Leistung nach § 280 Abs. 1 BGB** verlangt.[18] Dafür gibt es im Anwendungsbereich der CMR keine Grundlage.[19] Hat der Frachtführer das Gut einmal übernommen, steht den Parteien ein Recht, sich vom Vertrag zu lösen, allein nach Maßgabe der Art. 12–16 zu; Rücktritt oder Kündigung nach nationalem Recht scheiden daneben aus. Nach der Übernahme des Gutes stellt sich die Nichterfüllung der Beförderungspflicht stets als Verlust dar, und sei es auch gemäß Art. 20 ein konstruktiver Verlust. Wäre es anders, erhielten die Verlader in Verzögerungsfällen einen massiven Anreiz, durch Nachfristsetzung, Kündigung und Rücktritte aus der CMR auszubrechen, deren Haftungsbeschränkungen damit nur noch auf dem Papier stünden.

### III. Wiederauffinden des Gutes (Abs. 2–4)

**8**    **1. Optionen des Berechtigten.** Taucht das Gut vor Ablauf der in Art. 20 Abs. 1 genannten Fristen wieder auf, greift die Vermutung des Art. 20 noch nicht ein, dem Empfänger ist das Gut also abzuliefern und er hat unter den Voraussetzungen des Art. 17 einen Anspruch wegen Überschreitens der Lieferfrist. Findet sich das Gut dagegen erst nach Ablauf der in Art. 20 genannten Fristen wieder an, so hängen die Rechte des Berechtigten davon ab, welche der in Rn. 5 beschriebenen Optionen er gewählt hat. Hat er am Vertrag festgehalten, sich also nicht auf die Verlustvermutung von Abs. 1 berufen, so kann er nach dem Wiederauffinden des Gutes ohne weiteres dessen Ablieferung sowie Schadensersatz wegen Überschreitung der Lieferfrist verlangen. Hat er unter Berufung auf die Vermutung von Abs. 1 Schadensersatz wegen Verlust des Gutes gefordert und erhalten, ohne gemäß Abs. 2 seine Benachrichtigung im Falle des Wiederauffindens des Gutes zu verlangen, so kann der Frachtführer gemäß Abs. 4 über das Gut frei verfügen; ein Herausgabeanspruch des Berechtigten besteht in diesem Falle nicht. Nur wenn der Berechtigte die zweite in Rn. 5 genannte Option wählt und seine auf Art. 17 und 20 Abs. 1 gestützte Schadensersatzforderung mit dem Verlangen verbindet, im Falle des Wiederauffindens benachrichtigt zu werden, kann er gemäß Abs. 3 vorgehen und Ablieferung des Gutes fordern. Diese Regelung basiert auf der Erwägung, dass die Entschädigung wegen Art. 23 häufig weit hinter dem wahren Wert der Ladung zurückbleibt und Art. 20 nicht zu einer Bereicherung des Frachtführers führen soll. Der Berechtigte kann sich selbstverständlich auch zu diesem Zeitpunkt noch gegen ein Herausgabeverlangen entscheiden.

**9**    **2. Rückforderungsrecht.** Gemäß Art. 20 Abs. 2 kann der Verfügungsberechtigte bei Empfang der Entschädigung für das verlorene Transportgut verlangen, dass er sofort **benachrichtigt** wird, falls das Gut innerhalb eines Jahres[20] nach Zahlung der Entschädigung wiederaufgefunden wird. Außerdem hat er einen Anspruch darauf, dass ihm dieses Verlangen vom Frachtführer bestätigt wird. Sowohl für das Verlangen als auch die Bestätigung ist **Schriftform** vorgeschrieben. Damit ist nicht die eigenhändige Unterschrift iSv. § 126 BGB

---

[17] Hill/Messent S. 178; Koller Rn. 1; Herber/Piper Rn. 6; Fremuth/Thume/Thume Rn. 8; EBJS/Boesche Rn. 2.

[18] Siehe den Sachverhalt in OLG Hamburg 9.2.1989, TranspR 1990, 191.

[19] OLG Düsseldorf 9.3.1995, NJW-RR 1995, 1120.

[20] Der Fristlauf richtet sich nach ergänzend anwendbarem Recht; nach deutschem Recht nach den §§ 187 f. BGB: Herber/Piper Rn. 7; GroßkommHGB/Helm Rn. 10; Thume/Demuth Rn. 10; EBJS/Boesche Rn. 3.

gemeint; nach autonomer Auslegung (Einl. Rn. 19) genügt dem Formzweck der Beweissicherung auch die Übermittlung von Verlangen oder/und Bestätigung per Telegramm, Telefax, Telex, E-Mail etc.[21] Dass der Beförderer von dem schriftlichen Verlangen Kenntnis erlangt hat, wird der Berechtigte auch mit anderen Mitteln als der schriftlichen Bestätigung beweisen können.[22] Bei der in Art. 20 Abs. 2 genannten Jahresfrist handelt es sich nach richtigem Verständnis um eine gesetzliche Maximalfrist, die den Zweck hat, den Frachtführer nicht ad infinitum zur Benachrichtigung zu verpflichten; will sich der Verfügungsberechtigte das spätere Wahlrecht (Rn. 10) sichern, hat er das Verlangen **bei Empfang** bzw. in unmittelbarem Zusammenhang mit der Entgegennahme der Entschädigung[23] zu äußern, also bei Gutschrift der Überweisung auf seinem Bankkonto oder bei Einlösung des Schecks. Strittig ist, ob ein wirksames Verlangen zu befristen ist. Nach richtiger Ansicht gilt bei fehlender Befristung die Jahresfrist nach Art. 20 Abs. 2 CMR.[24] Die Setzung einer kürzeren Frist ist möglich, da dem Verfügungsberechtigten ein Wahlrecht eingeräumt wird, das er nicht wahrnehmen muss und daher auch der Verzicht auf Teile dieses Wahlrechts für zulässig zu erachten ist.[25] Obwohl das Verlangen eine rechtsgeschäftliche Erklärung ist, sollte wegen der gravierenden Folgen einer Fristversäumung nicht der Zugang beim Frachtführer, sondern das Absenden der Erklärung maßgeblich sein, wenn sie alsbald dem Frachtführer zugeht.[26] Solange die Entschädigung nicht gezahlt ist, kann der Berechtigte noch Benachrichtigung und deshalb bei Wiederauffinden des Gutes auch Ablieferung verlangen.[27] Wird das Verlangen nicht oder nicht rechtzeitig gestellt, so kann der Frachtführer im Falle des Wiederauffindens mit dem Gut nach dem Recht des Orts, an dem es sich befindet, verfahren. In diesem Falle muss sich also der Ersatzberechtigte mit dem Schadensersatz begnügen und kann, auch wenn er von dem Wiederauffinden des Gutes erfährt, keine Herausgabe verlangen.[28]

Hat der Berechtigte Benachrichtigung verlangt, so ist er gleichwohl nicht verpflichtet, **10** das wiederaufgefundene Gut entgegenzunehmen. Er hat vielmehr ein **Wahlrecht.** Nach Abs. 3 kann er binnen 30 Tagen nach Empfang der Benachrichtigung fordern, dass ihm das Gut gegen Befriedigung der aus dem Frachtbrief hervorgehenden Ansprüche und gegen Rückzahlung einer eventuell bereits erhaltenen Entschädigung ausgehändigt wird, und zwar – vorbehaltlich anderer Weisungen (Art. 12) – am Bestimmungsort;[29] gegebenenfalls in der Entschädigung enthaltene Kostenerstattungen kann er behalten. Außerdem bleiben seine Ansprüche auf Schadensersatz wegen Überschreitung der Lieferfrist nach Art. 23 bzw. 26 hiervon unberührt; dasselbe wird, obwohl in Abs. 3 nicht besonders erwähnt, auch für Schadensersatzansprüche wegen Beschädigung des Gutes gelten müssen.[30] Der Ersatzberechtigte hat also 30 Tage Zeit, seine Entscheidung zu treffen. Versäumt er die Frist, kann er keine Herausgabe mehr verlangen. Das Wahlrecht wird durch eine entsprechende Erklärung ausgeübt, die mit der Annahme des wieder aufgefundenen Gutes allein noch nicht anzunehmen ist; diese findet im Wege der Vorteilsausgleichung bei Bemessung des Schadensersatzes

[21] *Koller* Rn. 2; *Herber/Piper* Rn. 7; Fremuth/Thume/*Thume* Rn. 12; GroßkommHGB/*Helm* Rn. 10; EBJS/*Boesche* Rn. 3; Ferrari/*Otte,* Int. Vertragsrecht, Rn. 4; *Clarke* S. 142 Nr. 45b; zur Schriftform siehe auch die Definition in Art. 1.11 der Unidroit-Grundsätze (Einl. Rn. 37); „schriftlich" ist danach „jede Art einer Übermittlung, welche die darin enthaltene Information bewahrt und in körperlicher Form wiedergeben kann".
[22] *Loewe* ETR 1976, 565 Nr. 179; Thume/*Demuth* Rn. 16; *Hill/Messent* S. 178; Fremuth/Thume/*Thume* Rn. 12; EBJS/*Boesche* Rn. 3.
[23] *Hill/Messent* S. 178; Thume/*Demuth* Rn. 13; EBJS/*Boesche* Rn. 3.
[24] EBJS/*Boesche* Rn. 3; wohl auch *Koller* Rn. 2 Fn. 12; aA Thume/*Demuth* Rn. 10.
[25] Thume/*Demuth* Rn. 10; für kürzere Fristen auch Jabornegg/Artmann/*Csoklich* Rn. 2.
[26] Zustimmung Thume/*Demuth* Rn. 13.
[27] *Loewe* ETR 1976, 564 Nr. 178; GroßkommHGB/*Helm* Rn. 4; *Koller* Rn. 2; *Herber/Piper* Rn. 9; Fremuth/Thume/*Thume* Rn. 16; EBJS/*Boesche* Rn. 4; ebenso OLG Düsseldorf 20.3.1997, TranspR 1998, 32, 33.
[28] GroßkommHGB/*Helm* Rn. 10.
[29] *Silingardi* S. 133; Thume/*Demuth* Rn. 20.
[30] *Koller* Rn. 2; wohl auch *Clarke* S. 300 Nr. 94b; siehe zur Verjährung dieser Ansprüche Art. 32 Rn. 15.

wegen Verlusts Berücksichtigung.[31] Dem Ersatzberechtigten steht dieses Wahlrecht auch für den Fall zu, dass das Gut nach Ablauf der Frist, aber vor Zahlung einer Entschädigung wiederaufgefunden wird, siehe Rn. 9. Unterlässt es der Beförderer entgegen dem Verlangen des Berechtigten, diesen von dem Wiederauffinden des Gutes zu benachrichtigen, bleibt es beim Wahlrecht des Berechtigten innerhalb eines Jahres ab Entschädigungszahlung;[32] darüber hinaus haftet er für den daraus entstehenden Schaden nach dem ergänzenden nationalen Vertragsrecht (Einl. Rn. 41 ff.);[33] kommt deutsches Recht zum Zug, so haftet er unbeschränkt gemäß § 280 BGB.[34]

**11**   **3. Verfügungsrecht des Frachtführers.** Hat der Ersatzberechtigte eine Benachrichtigung vom Wiederauffinden des Gutes nicht rechtzeitig verlangt, hat er die Frist des Abs. 3 versäumt oder wird das Gut später als ein Jahr nach Zahlung der Entschädigung wiederaufgefunden, so kann der Frachtführer entsprechend dem Recht des Orts, an dem das Frachtgut sich befindet, darüber verfügen. Die Regel geht zurück auf Art. 30 § 4 CIM 1952, wo allerdings auf das Recht der betreffenden Eisenbahn verwiesen wurde; demgegenüber gibt Art. 20 Abs. 4 – wie mittlerweile auch Art. 29 § 4 ER CIM 1999 – den Grundsatz der **lex rei sitae** des internationalen Sachenrechts wieder. Wird das Gut in Deutschland wiedergefunden, gilt § 424 Abs. 4 HGB, wonach der „Frachtführer über das Gut frei verfügen" kann.[35] Umstritten ist, ob der Frachtführer Eigentum erwirbt (oder infolge einer ex lege erteilten Einwilligung nach § 185 BGB verfügen darf).[36] Zu beachten ist, dass sich der Gesetzgeber gegen einen Eigentumserwerb des Frachtführers ausgesprochen hat.[37] Der in § 424 Abs. 4 HGB gegenüber der Textierung in Art. 20 Abs. 4 aufgenommene Zusatz „frei" dient der Klarstellung, dass der Frachtführer in seinem Verfügungsrecht an keine weiteren Voraussetzungen, wie in §§ 373 Abs. 2–4 HGB oder §§ 1233–1240 BGB vorgesehen, gebunden ist.[38] Dem Frachtführer soll nicht die Verpflichtung auferlegt werden, das Gut zu verwahren, woraus neben entsprechender Mühewaltung auch Kosten entstehen.[39] Da es dem Frachtführer erlaubt ist, rechtsgeschäftlich frei über das Gut zu verfügen, ist ihm auch das Recht zuzugestehen, tatsächlich mit dem Gut nach Belieben zu verfahren und es auch zu vernichten. Dem entspricht auch der englische Wortlaut des Art. 20 Abs. 4 („deal with"), welchem das weite kaufmännische Verständnis des Verfügens, nämlich mit einer Sache mit Belieben verfahren, zugrunde liegt. Daraus ist jedoch nicht automatisch der Schluss zu ziehen, dass Abs. 4 von der Vorstellung getragen sei, dass die wiederaufgefundenen Sachen wirtschaftlich sofort und in vollem Umfang dem Frachtführer zustehen sollen und daher ein Eigentumserwerb des Frachtführers sachgerecht sei.[40] Dem Ziel, den Frachtführer nicht mit Verwahrungspflichten etc. zu beladen, genügt die Einräumung einer Verfügungsbefugnis; vgl. im Übrigen die Kommentierung zu § 424 HGB.

**12**   Entsprechende Verfügungen des Frachtführers wirken auch zulasten des vom Absender verschiedenen Eigentümers, wenn dieser mit der Verwertung[41] oder zumindest mit der Versendung einverstanden ist.[42] Ein allfälliger Erlös gebührt dem Frachtführer.[43]

---

[31] BGH 25.10.2001, TranspR 2002, 198; OLG Düsseldorf 21.11.2007, TranspR 2008, 36, 37 = VersR 2008, 1562.

[32] *Loewe* ETR 1976, 565; *Koller* Rn. 2; Thume/*Demuth* Rn. 19; EBJS/*Boesche* Rn. 4; Ferrari/*Otte,* Int. Vertragsrecht, Rn. 7.

[33] *Loewe* ETR 1976, 565 Nr. 180; *Clarke* S. 332 Nr. 108; *Koller* Rn. 2; Thume/*Demuth* Rn. 18.

[34] Thume/*Demuth* Rn. 18.

[35] Zur englischen Rechtslage *Clarke* S. 300 Nr. 94b.

[36] So GroßkommHGB/*Helm* Rn. 14; zustimmend Thume/*Demuth* Rn. 25; Ferrari/*Otte,* Int. Vertragsrecht, Rn. 7.

[37] BT-Drucks. 13/8445 S. 59; die Frage sei nach allgemeinem bürgerlichem Recht zu beurteilen.

[38] BT-Drucks. 13/8445 S. 58; *Thume* § 424 HGB Rn. 28 in diesem Band.

[39] *Koller* § 424 HGB Rn. 29.

[40] Für Eigentumserwerb *Basedow* in der Erstauflage Rn. 12: Eigentumserwerb nach §§ 973 f. und § 976 BGB. Für Eigentumserwerb auch *Loewe* ETR 1976, 565 Nr. 181.

[41] Vgl. dazu OLG Düsseldorf 20.3.1997, TranspR 1998, 32, 33.

[42] *Herber/Piper* Art. 28 Rn. 4; *Bracker* TranspR 1999, 712; aA *Koller* Rn. 2.

[43] OLG Düsseldorf 20.3.1997, TranspR 1998, 32, 33; GroßkommHGB/*Helm* Rn. 14.

**Art. 21 [Nachnahme]**

**Wird das Gut dem Empfänger ohne Einziehung der nach dem Beförderungsvertrag vom Frachtführer einzuziehenden Nachnahme abgeliefert, so hat der Frachtführer, vorbehaltlich seines Rückgriffsrechtes gegen den Empfänger, dem Absender bis zur Höhe des Nachnahmebetrages Schadensersatz zu leisten.**

**Art. 21**

Si la marchandise est livrée au destinataire sans encaissement du remboursement qui aurait dû être perçu par le transporteur en vertu des dispositions du contrat de transport, le transporteur est tenu d'indemniser l'expéditeur à concurrence du montant du remboursement, sauf son recours contre le destinataire.

**Art. 21**

Should the goods have been delivered to the consignee without collection of the „cash on delivery" charge which should have been collected by the carrier under the terms of the contract of carriage, the carrier shall be liable to the sender for compensation not exceeding the amount of such charge without prejudice to his right of action against the consignee.

**Schrifttum:** Siehe Einl. vor Rn. 1 und bei Art. 17 sowie *Brunat,* Expéditions contre remboursement et chèques sans provisions, BT 1979, 262; *Schlicht,* Die Nachnahme im internationalen Transportrecht, 1999; *Tilche,* Livraison contre paiement, BTL 1994, 684.

**Übersicht**

| | Rn. | | | Rn. |
|---|---|---|---|---|
| I. Bedeutung und Zweck | 1, 2 | III. Wirksamkeit des Nachnahmeauftrags | | 9, 10 |
| II. Anwendungsbereich | 3–8 | | | |
| 1. Bargeld und äquivalente Zahlungspapiere | 3–5 | IV. Haftung | | 11–17 |
| | | 1. Haftungsbegründung | | 11–14 |
| 2. Beliebige Geldsummen | 6 | 2. Haftungsumfang | | 15–17 |
| 3. Nachnahmeerhebung und -transfer | 7 | V. Rückgriff | | 18 |
| 4. Nachnahmeähnliche Abreden | 8 | | | |

**I. Bedeutung und Zweck**

Dient der Transport der Erfüllung eines Kaufvertrags, kann der Absender/Verkäufer den **1** Beförderer dadurch in die Übermittlung des Kaufpreises einschalten, indem er ihn anweist, das Gut an den Empfänger/Käufer nur gegen Zahlung des Kaufpreises abzuliefern. Diese **Warennachnahme** liegt im Kaufvertrag die Klausel „Zahlung per Nachnahme" (Cash on Delivery, COD) zugrunde. Sie dient der Wiederherstellung des Zug-um-Zug-Prinzips bei Distanzkäufen und ist insofern ein funktionales Äquivalent anderer spezieller Rechtsinstitute des Distanzhandels und Zahlungsverkehrs, vor allem der Dokumenteninkassi und Dokumentenakkreditive.[1] Die Nachnahme des Beförderungsvertrags kann auch dem Inkasso anderer Beträge dienen, beispielsweise der vom Absender ausgelegten Fracht, wenn im Innenverhältnis von Absender und Empfänger Letzterer für die Fracht aufzukommen hat, sog. **Frachtnachnahme.** Nicht selten hat der Beförderer auch solche Beträge im Wege der Nachnahme einzuziehen, die er selbst erst während der Beförderung verauslagt, so zB Fährgebühren, Zölle oder Einfuhrumsatzsteuer.[2]

Eine kausale Bindung der transportrechtlichen Nachnahmeverpflichtung an das Rechts- **2** verhältnis, aus dem sich die Nachnahmebeträge ergeben, existiert nicht. Maßgeblich ist vielmehr allein die den Ablieferungsauftrag präzisierende Weisung des Absenders an den Frachtführer. An diese knüpft Art. 21 an, indem er eine strenge, **verschuldensunabhän-**

---

[1] Siehe näher *Basedow* TranspV S. 349 ff.
[2] Vgl. etwa BGH 10.10.1991, RIW 1992, 318.

**gige Haftung** des Beförderers[3] normiert, wenn dieser das Gut unter Missachtung der Weisung an den Empfänger abliefert. Infolge des hohen Haftungsrisikos neigen die Gerichte daher zu Recht zu einer **engen Auslegung** des Art. 21.[4]

## II. Anwendungsbereich

3    **1. Bargeld und äquivalente Zahlungspapiere.** Die Haftung nach Art. 21 setzt voraus, dass der Frachtführer nach dem Beförderungsvertrag eine „Nachnahme" einzuziehen hat. Sehr präzise spricht der französische Text von „encaissement" und der englische von „cash on delivery", und aus beiden Formulierungen wird deutlich, dass der Frachtführer nach einer Nachnahmeweisung gemäß Art. 21 primär **Bargeld** einzuziehen hat; dem gleichgestellt sind bestimmte Zahlungspapiere, die an die Stelle von Geld treten wie sofort, auf Sicht fällige Zahlungspapiere.[5] Im Rahmen des Art. 21 ist maßgeblich darauf abzustellen, ob deren Handhabung für den Frachtführer ähnlich einfach wie der Bargeldeinzug ist.[6]

4    Der Erstreckung auf **Sichtpapiere** wird entgegengehalten, dass der Frachtführer kein Bankier sei und die Art des Zahlungspapiers, seine Formgültigkeit und Sicherheit nicht beurteilen könne.[7] Dies spricht für Zurückhaltung bei der Übernahme von Nachnahme-Aufträgen, ferner für eine beförderfreundliche Auslegung solcher Nachnahmeklauseln im Hinblick auf die Funktion der Zahlung, die dem Nachnahmebegriff des Art. 21 zugrunde liegt, nicht aber für eine Verengung des Anwendungsbereichs von Art. 21. Die Zahlung per Scheck ist im europäischen Ausland zum Teil viel stärker verbreitet als in Deutschland und, wie zahlreiche Urteile belegen, auch in vielen Nachnahmeklauseln vorgesehen. Der Scheck gilt im kaufmännischen Verkehr in Europa und auch in Deutschland als Zahlungsmittel[8] und dient in den Augen des Handels nicht etwa der Kreditschöpfung. Im Lichte dieser Zahlungspraxis wird man die Begriffe des „encaissement" und der „collection of ‚cash on delivery' charges" im Einklang mit der Gerichtspraxis anderer europäischer Länder[9] auch so verstehen müssen, dass Nachnahmeklauseln, die **gängige Zahlungsformen** vorsehen, erfasst werden. Andernfalls würde der Anwendungsbereich des Art. 21 auf die relativ wenigen Fälle der Barnachnahme beschränkt, und die praktisch wichtigen Fälle der Schecknachnahme müssten allesamt oder größtenteils nach dem ergänzenden Vertragsstatut (Einl. Rn. 41 ff.) beurteilt werden.

5    Danach ist **Art. 21 anzuwenden** auf Nachnahmeklauseln, die Ablieferung „gegen Bankscheck",[10] „gegen bankbestätigten **Scheck**"[11] oder bestimmte Formen **elektronischer**

---

[3] HM: OGH Wien 26.5.1999, 3 Ob 116/99 a SZ 72/93; OLG Köln 27.11.1974, RIW 1975, 162; OLG Düsseldorf 21.4.1994, RIW 1994, 597 = NJW-RR 1995, 96; *Nickel-Lanz* S. 59; *Jesser* S. 144 f.; *Lieser* S. 149; *Großkomm*HGB/*Helm* Rn. 20 f.; *Herber/Piper* Rn. 15; *Koller* Rn. 4; wohl auch *Clarke* S. 110 Nr. 38; *Thume/ Fremuth* Rn. 125 ff.; EBJS/*Boesche* Rn. 6; *Ferrari/Otte,* Int. Vertragsrecht, Rn. 5; *Jabornegg/Artmann/Csoklich* Rn. 6; aA *Loewe* ETR 1976, 566 für den Fall, dass die Nachnahme nicht im Frachtbrief eingetragen ist.

[4] So ausdrücklich OLG Düsseldorf 21.4.1994, RIW 1994, 597 = NJW-RR 1995, 96; in der Sache auch Cour Paris 23.6.1994, BTL 1994, 692.

[5] OGH Wien 26.5.1999, 3 Ob 116/99 a SZ 72/93: „Zahlungspapiere, die nach der Verkehrsauffassung wie Geld zu behandeln sind"; Cour Paris 23.6.1994, BTL 1994, 692: „paiement en espèces ou par titre immédiatement exigibles"; ähnlich im Ergebnis OLG Hamburg 18.4.1991, TranspR 1991, 297 für „Nachnahme per Bankscheck"; OLG Hamm 16.8.1984, TranspR 1985, 97 für eine „Nachnahme per bankbestätigten Scheck"; in Belgien Hof van Cassatie 18.2.1994, ETR 1994, 464 für die Auslieferung gegen bestätigten Scheck; in den Niederlanden Rb. Rotterdam 10.8.1990, S. & S. 1992 Nr. 56 für „Delivery: Against guaranteed banker's cheque"; *Koller* Rn. 1; *Herber/Piper* Rn. 5; *Thume/Fremuth* Rn. 38; EBJS/*Boesche* Rn. 1; *Ferrari/ Otte,* Int. Vertragsrecht, Rn. 5; aA *Schlicht* S. 104 f.: Art. 21 CMR sei hinsichtlich des Einziehungsmodus lückenhaft, dieser sei nach dem jeweils anwendbaren nationalen Recht zu bestimmen.

[6] Vgl. EBJS/*Boesche* Rn. 1.

[7] So *Thume/Fremuth* Rn. 39.

[8] Vgl. Art. 6.1.7 der UNIDROIT-Grundsätze für internationale Handelsverträge, vgl. Einl. Rn. 37.

[9] Siehe die Nachweise oben in Fn. 5.

[10] OLG Hamburg 18.4.1991, TranspR 1991, 297; Hof 's-Hertogenbosch 10.8.1994, S. & S. 1995 Nr. 100: „paiement contre chèque bancaire"; *Herber/Piper* Rn. 6; *Koller* Rn. 1; kritisch *Thume/Fremuth* Rn. 45.

[11] Hof van Cassatie Belgien 18.2.1994, ETR 1994, 464; OLG Hamm 16.8.1984, TranspR 1985, 97; Rb. Rotterdam 10.8.1990, S. & S. 1992 Nr. 56; vgl. dazu BGH 25.10.1995, TranspR 1996, 118, 121; *Großkomm*HGB/*Helm* Rn. 17.

**Zahlungsweisen** vorsehen: So steht Electronic Cash oder die Zahlung mit Kreditkarte Barzahlung gleich.[12] Ferner ist Art. 21 auch anzuwenden bei anderen sofort fälligen Zahlungspapieren, so zB wenn „Auslieferung gegen Bankakzept oder Bankaval" bedungen ist und es sich um einen **Sichtwechsel** handelt, der sofort vorgelegt werden darf (Art. 34 WG).[13] Abweichendes gilt, wenn die Fälligkeit des Wechsels auf Grund irgendwelcher Vermerke hinausgezögert ist, vgl. Art. 33 Abs. 1, 34 Abs. 2, 35 WG; in diesen Fällen dient der Wechsel der Kreditierung, so dass die Beschaffung des Akzepts folglich nicht als „encaissement" iSv. Art. 21 angesehen werden kann.[14] Erst recht **unanwendbar ist Art. 21,** wenn der Beförderer beauftragt wird, von dem Empfänger Handlungen zu erwirken, die nur im Zusammenhang mit anderweitigen Zahlungsvorgängen relevant werden. Dies gilt für die Klauseln „Auslieferung nur gegen Eröffnung eines unwiderruflichen Akkreditivs", „Auslieferung nur gegen Nachweis der Zahlung"[15] oder „Auslieferung nur gegen Original FCR".[16] In diesen Fällen kann von einem „encaissement" keine Rede sein; wenn der Empfänger die anderweitige Zahlung, etwa durch Banküberweisung oder Postanweisung, nachzuweisen hat, erhält der Beförderer ebenso wenig Zahlungsmittel oder deren Äquivalente, wie wenn er vom Empfänger das Original der FCR-Spediteursquittung bekommt, das für den Absender ja nichts weiter als eine Voraussetzung für das Dokumenteninkasso darstellt.

**2. Beliebige Geldsummen.** Der Nachnahmeauftrag kann eine **Warennachnahme** 6 oder eine Gebühren- und **Frachtnachnahme** betreffen,[17] vgl. schon Rn. 1, darüber hinaus aber auch sonstige Geldsummen jeglicher Art, die der Beförderer für den Absender einzuziehen hat, zB den Kaufpreis einer früheren noch unbezahlten Lieferung. Ein rechtlicher Bezug der Nachnahmebeträge zu dem gelieferten Gut ist nicht erforderlich;[18] dies folgt schon daraus, dass Art. 21 anders als Art. 19 CIM 1952 eine summenmäßige Begrenzung der Nachnahme auf den Wert des Gutes nicht vorsieht. Es muss sich allerdings stets um einen **Auftrag des Absenders** handeln, der auch einen anderen als den Absender begünstigen kann;[19] Art. 21 ist nicht anzuwenden auf die Weisung eines Dritten, etwa eines Grenzspediteurs, den verauslagten Zoll bei Ablieferung des Gutes an den Empfänger zu erheben.[20] Solche Aufträge unterliegen nationalem Recht.

**3. Nachnahmeerhebung und -transfer.** Art. 21 betrifft unmittelbar nur die Ablieferung des Gutes ohne Einziehung der Nachnahme, nicht die Übermittlung der eingezogenen Gelder an den Absender. Ob die Vorschrift auch auf die Verletzung der Transferpflicht

---

[12] Dazu ausführlich Thume/*Fremuth* Rn. 40d–40g.

[13] Rb.Breda 16.12.1969, ETR 1970, 87; Gent 13.9.1995, ETR 1997, 602 zum akzeptierten Wechsel; *Lieser* S. 144; *Libouton* J.trib. 1972, 385 Nr. 27 und 402 Nr. 67; *Heuer* S. 161; *Pesce* S. 261; noch weitergehend für Wechsel aller Art *Tilche* BTL 1994, 684; *Putzeys* S. 237 Rn. 718; kritisch *Herber/Piper* Rn. 6; aA *Koller* Rn. 1; EBJS/*Boesche* Rn. 10.

[14] OLG Düsseldorf 19.6.1986, TranspR 1986, 336 = VersR 1988, 77; *Herber/Piper* Rn. 11; Cour Paris 23.6.1994, BTL 1994, 692; kritisch *Tilche* BTL 1994, 684.

[15] Hof 's-Hertogenbosch 13.1.1970, ETR 1971, 817; LG Nürnberg-Fürth 25.1.1991, TranspR 1991, 300 m. Anm. *Starosta;* ähnlich OGH Wien 27.3.1990, ecolex 1992, 226: „Auslieferung gegen Bankbestätigung über Zahlungen in der Höhe …" abl. *Jesser* ecolex 1992, 225, 227; *Pesce* S. 263; *Herber/Piper* Rn. 7; *Koller* Rn. 1.

[16] Rb. Amsterdam 15.6.1966, S. & S. 1970 Nr. 101; OLG Düsseldorf 21.4.1994, RIW 1994, 597 = NJW-RR 1995, 96; *Herber/Piper* Rn. 7; *Koller* Rn. 1; ebenso in England *Eastern Kayam Carpets v. Eastern United Freight,* High Court 6.12.1983, unreported, referiert von *Clarke* S. 113 Nr. 39b.

[17] *Loewe* ETR 1976, 566 Nr. 182; *Herber/Piper* Rn. 4; EBJS/*Boesche* Rn. 2; *Hill/Messent* S. 183.

[18] *Pesce* S. 255 Fn. 174; *Hill/Messent* S. 183; *Herber/Piper* Rn. 4; Cour Aix-en-Provence 6.11.1981, BT 1982, 258: Einziehung des Kaufpreises für frühere Lieferungen; vgl. dazu OGH Wien 26.5.1999, 3 Ob 116/99 a SZ 72/93.

[19] *Koller* Rn. 2; *Herber/Piper* Rn. 3; GroßkommHGB/*Helm* Rn. 2; EBJS/*Boesche* Rn. 2.

[20] OGH Wien 5.5.1983, TranspR 1984, 42 = *Greiter* S. 185, 187 f.; *Loewe* ETR 1976, 565 Nr. 182; Thume/*Fremuth* Rn. 22; aA Hof 's-Hertogenbosch 18.6.1990, S. & S. 1992 Nr. 70: Anwendung von Art. 21 auf einen Nachnahmeauftrag des Drittabladers für die Ablieferung an den Empfänger, der zugleich Vertragspartner des Beförderers war.

anzuwenden ist,[21] steht im Streit, ist aber letztlich zu verneinen:[22] So spricht der Wortlaut gegen eine solche Erstreckung. Auch handelt es sich bei der Verletzung der Übermittlungspflicht anders als bei der fehlerhaften Ablieferung des Gutes nicht um ein spezifisches Problem des Gütertransports, sondern um eine Frage, die allgemein bei der Geschäftsbesorgung in Geldangelegenheiten auftreten kann. Ferner ist die strikte, verschuldensunabhängige Haftung des Beförderers zwar im Falle der weisungswidrigen Ablieferung eine angemessene Sanktion, weil es dem Beförderer möglich ist, durch Nichtablieferung und Einholung von Weisungen gemäß Art. 15 der Nachnahmeweisung zu gehorchen.[23] Eine strikte Haftung für den Geldtransfer wäre dagegen überzogen und systemwidrig. Der Nachnahmetransfer beurteilt sich somit nach dem ergänzenden nationalen Recht.

8    **4. Nachnahmeähnliche Abreden.** Fällt ein Nachnahmeauftrag nach den voranstehenden Erläuterungen nicht unter Art. 21, weil der Beförderer zB nur gegen Herausgabe gewisser Dokumente oder gegen Akzept eines Nachsichtwechsels ausliefern soll, so ist die betreffende Vereinbarung deshalb nicht unbeachtlich und ihre Nichterfüllung bleibt nicht sanktionslos. Die Haftung richtet sich aber nicht nach Art. 21 und auch nicht nach der von Art. 21 verdrängten Vorschrift des Art. 12 Abs. 7, sondern nach dem ergänzenden **nationalen Vertragsrecht.**[24] Kommt danach deutsches Recht zum Zuge, so haftet der Beförderer für die Verletzung nachnahmeähnlicher Aufträge nach **§ 280 BGB.**[25] Anders als bei Art. 21 kann er sich danach exkulpieren, haftet aber andererseits unbeschränkt bzw. im Rahmen deutschen Rechts nach § 433 HGB mit dem dreifachen des bei Verlust zu leistenden Betrages. Für die Verjährung ist in jedem Fall Art. 32 Abs. 1 Satz 3 lit. c maßgeblich.

### III. Wirksamkeit des Nachnahmeauftrags

9    Art. 21 bezieht sich auf die „nach dem Beförderungsvertrag" einzuziehende Nachnahme und damit auf solche Nachnahmeaufträge, die von den Parteien bei Vertragsschluss vereinbart oder die später auf Grund nachträglicher Weisung des Absenders gemäß Art. 12 Teil des Beförderungsvertrags wurden.[26] Zwar braucht der Frachtführer **nachträgliche Nachnahmeweisungen** gemäß Art. 12 Abs. 5 lit. b nicht zu befolgen, wenn sie für ihn unzumutbar sind, wenn ihm zB die Verletzung von Devisenvorschriften, ein erheblicher Aufwand für die Prüfung eines Schecks in fremder Schrift und Sprache oder eine außergewöhnliche Gefahr beim Transport größerer Bargeldbeträge in unsicheren Gegenden angesonnen wird, vgl. Art. 12 Rn. 20. Wenn er der Weisung deshalb nicht Folge leisten will, hat er den Absender gemäß Art. 12 Abs. 6 unverzüglich zu benachrichtigen, vgl. Art. 12 Rn. 22. Unzumutbar kann die Nachnahmeweisung im Übrigen nur hinsichtlich der Einziehung und des Transfers der Zahlungsmittel sein; die mit dem Nachnahmeauftrag verbundene Weisung, das Gut nicht ohne Zahlung der Nachnahmebeträge abzuliefern, es also im Zweifel anzuhalten oder einzulagern, ist jedenfalls zumutbar und zu befolgen.[27]

---

[21]  *Tilche* BTL 1994, 684; *Lamy* 2013 Rn. 748.

[22]  Cour Paris 23.6.1994, BTL 1994, 692: keine Anwendung von Art. 21, wenn ein vom Empfänger gezeichnetes Zahlungspapier vom Beförderer per Brief an den Absender geschickt wird und auf dem Postweg verloren geht; *Koller* Rn. 5 f.; *Jesser* Rn. 85 f.; *Herber/Piper* Rn. 18; Thume/*Fremuth* Rn. 114 ff.; GroßkommHGB/*Helm* Rn. 23; EBJS/*Boesche* Rn. 4; *Ferrari*/Otte, Int. Vertragsrecht, Rn. 12.

[23]  Vgl. dazu *Clarke* S. 110 Nr. 38; BGH 25.10.1995, TranspR 1996, 118, 121.

[24]  Im Ergebnis Cour Paris 23.6.1994, BTL 1994, 692; *Koller* Rn. 1; Thume/*Fremuth* Rn. 52; *Hill/Messent* S. 183; *Lieser* S. 143 f.; *Loewe* ETR 1976, 566 Nr. 184; *Ferrari*/Otte, Int. Vertragsrecht, Rn. 9; aA *Herber/Piper* Rn. 22 für Anwendung des Art. 21.

[25]  OLG Düsseldorf 21.4.1994, RIW 1994, 597 = NJW-RR 1995, 96; 19.6.1986, TranspR 1986, 336; OLG Hamm 28.4.1983, TranspR 1983, 151, 154; *Thume* TranspR 1995, 3; *Koller* Rn. 1; *Herber/Piper* Rn. 5; GroßkommHGB/*Helm* Rn. 8; EBJS/*Boesche* Rn. 11; Thume/*Fremuth* Rn. 53 f.: zu beachten ist § 433 HGB.

[26]  Zur nachträglichen Einbeziehung siehe Cour Aix-en-Provence 6.11.1981, BT 1982, 258 wo der Frachtführer die Weisung des Absenders per Telex bestätigt hatte; vgl. dazu Thume/*Fremuth* Rn. 78 ff.

[27]  OLG Hamm 28.4.1983, TranspR 1983, 151, 152 f.

Nachträglichen Nachnahmeweisungen und individuellen Absprachen über die Nach- **10**
nahme kann der Beförderer nicht dadurch die Wirksamkeit nehmen, dass er in seinen
**Allgemeinen Geschäftsbedingungen** die Übernahme von Nachnahmeaufträgen ausschließt.[28] Der Vorrang der Weisungen ergibt sich aus dem zwingenden Charakter von
Art. 12, der Vorrang der Individualabrede aus allgemeinen Rechtsgrundsätzen,[29] die im
deutschen Recht ihren Ausdruck in § 305b BGB finden,[30] aber auch im Ausland anerkannt
sind. Ebenso wenig kann einer klaren Weisung, Bargeld („COD CASH") einzuziehen, die
in AGB eingeräumte Berechtigung, das Gut gegen Scheck auszuliefern, entgegengehalten
werden.[31] Der Nachnahmeauftrag muss als solcher für den Beförderer **deutlich erkennbar**
sein, muss also genau erkennen lassen, dass der Beförderer vom Empfänger gewisse Handlungen erwirken soll und welche Handlungen dies im Einzelnen sind. Dem genügt die
Klausel **„Kasse gegen Dokumente"** nicht,[32] ebenso wenig die Klausel „Gegen Dokumente zur Befriedigung unserer Rechnung".[33] Die Formwirksamkeit einer Nachnahmevereinbarung hängt entgegen Art. 6 Abs. 2 lit. c nicht von der **Eintragung in den Frachtbrief**
ab, vgl. Art. 6 Rn. 35; zum Schutz des Empfängers siehe unten Rn. 18. Für nachträgliche
Nachnahmeweisungen gilt Art. 12 Abs. 5 lit. a, wenn ein Frachtbrief ausgestellt wurde, vgl.
Art. 12 Rn. 24 ff. Fehlt ein Frachtbrief, können auch nachträgliche Weisungen auf andere
Weise erteilt und bewiesen werden, vgl. Art. 12 Rn. 6 f.

#### IV. Haftung

**1. Haftungsbegründung.** Die Haftung des Beförderers nach Art. 21 wird dadurch aus- **11**
gelöst, dass er das Gut abliefert, ohne die nach dem Beförderungsvertrag zu erhebende
Nachnahme einzuziehen. Stößt die Erhebung auf Schwierigkeiten, hat der Frachtführer
Weisungen einzuholen und darf selbst bei unwirksamen Nachnahmeaufträgen das Gut nicht
ohne Zustimmung des Verfügungsberechtigten an den Empfänger ausliefern.[34] Es ist also
durch Auslegung des Nachnahmeauftrags zu ermitteln, welcher Art die nach dem Beförderungsvertrag geschuldete Nachnahme sein sollte, ob etwa nur die Barnachnahme oder auch
die Einziehung eines Schecks, gegebenenfalls auch welche Art von Scheck, vertragsgemäß
war. Dann ist zu prüfen, ob die tatsächlich durch den Beförderer vom Empfänger erwirkte
Leistung hinter dem Soll zurückbleibt.[35] Strittig ist hier vor allem, ob der Beförderer dem
Nachnahmeauftrag genügt, wenn er einen **Scheck** entgegennimmt oder ob er nur bei
**Barzahlung** ausliefern darf. Maßgeblich ist in erster Linie die Angabe der Zahlungsart im
Nachnahmeauftrag; fehlt es daran, so entscheidet in zweiter Linie das ergänzende nationale
Recht,[36] und zwar das Vertragsstatut (Einl. Rn. 41 ff., vgl. Art. 12 Abs. 1 lit. b Rom I-
VO), nach dem sich auch die befreiende Wirkung einer Leistung als Aspekt der Erfüllung
beurteilt und nicht das Recht des Erfüllungslands, welches gemäß Art. 12 Abs. 2 Rom I-
VO bei der Art und Weise der Erfüllung zu berücksichtigen ist.[37]

[28] OLG Düsseldorf 13.12.1990, TranspR 1991, 91; EBJS/*Boesche* Rn. 3.
[29] Vgl. Art. 2.1.21 der UNIDROIT-Grundsätze über internationale Handelsverträge, oben Einl. Rn. 37.
[30] So auch OLG Düsseldorf 13.12.2006, TranspR 2007, 25, 26.
[31] OLG Düsseldorf 13.12.2006, TranspR 2007, 25, 26.
[32] OLG Köln 27.11.1974, RIW 1975, 162, 163; Cour Paris 19.1.1978, BT 1978, 161; siehe auch OLG
Düsseldorf 21.4.1994, RIW 1994, 597 = NJW-RR 1995, 96; zust. *Herber/Piper* Rn. 10; *Thume/Fremuth*
Rn. 67 ff.; *Koller* Rn. 2; siehe auch LG Nürnberg-Fürth 24.10.1995, TranspR 1996, 290.
[33] Cour Paris 21.10.1970, BT 1970, 467.
[34] BGH 25.10.1995, TranspR 1996, 118; OLG Hamm 28.4.1983, TranspR 1983, 151 ff.; *Koller* Rn. 3
mwN; *Herber/Piper* Rn. 21; GroßkommHGB/*Helm* Rn. 19.
[35] Vgl. dazu etwa OGH Wien 26.5.1999, 3 Ob 116/99 a SZ 72/93: statt Bargeld einzuziehen, begnügte
sich der Frachtführer mit der Vorlage eines schriftlichen Banküberweisungsauftrags des Empfängers, welcher
später widerrufen wurde.
[36] BGH 10.2.1982, NJW 1982, 1946 f. mwN; ebenso *Rodière* BT 1974, 244 Nr. 52; *Jesser* S. 95; Groß-
kommHGB/*Helm* Rn. 15; *Putzeys* S. 237 Nr. 719; *Lieser* S. 150 f.; *Clarke* S. 111 Nr. 39a; kritisch *Pesce* S. 260
Fn. 183, der übersieht, dass sich der CMR selbst keine Anhaltspunkte für die Entscheidung der Frage entnehmen lassen.
[37] Siehe den Bericht *Giuliano/Lagarde* zur insoweit identen Vorschrift des EVÜ, ABl. EG 1980 C 282/1,
33; aA *Putzeys* S. 237 Nr. 19 und *Clarke* S. 111 Nr. 39a: Recht des Einziehungsorts.

**12**    Die Auffassungen über die **Zulässigkeit der Scheckhereinnahme** gehen in den Vertragsstaaten stark auseinander. In **Deutschland** bedeutet Nachnahme, wenn Scheckzahlung nicht ausdrücklich erlaubt ist, stets Barnachnahme.[38] Da der Transfer größerer Bargeldbeträge quer durch Europa über mehrere Tage erhebliche Verlustrisiken birgt, werden die Gerichte im Einzelfall prüfen müssen, ob eine unspezifizierte Nachnahmeklausel bei verständiger Auslegung nicht doch die stillschweigende Erlaubnis zur Scheckhereinnahme enthält. In **Frankreich** sehen die hoheitlich gestalteten Transportvertragsmuster (contrats-type), die den Rechtscharakter dispositiven Vertragsrechts haben,[39] ausdrücklich vor, dass Nachnahmen bar oder per Scheck eingezogen werden können,[40] und für Zahlungen größerer Summen ist steuerrechtlich die Zahlung per Scheck zwingend vorgeschrieben.[41] Konflikte mit dem deutschen Recht liegen auf der Hand: wenn ein Transportvertrag deutschem Recht als Vertragsstatut unterliegt, darf der Beförderer, der Ablieferung gegen Nachnahme an einen französischen Empfänger versprochen hat, nach deutschem Recht nur Bargeld akzeptieren, das der Empfänger ihm aber nach französischem Steuerrecht bei höheren Beträgen nicht zahlen darf. Da die Einziehung unmöglich ist, liegt ein Ablieferungshindernis vor, und der Beförderer hat gemäß Art. 15 Weisungen des Absenders einzuholen.[42] In **England** nimmt die neuere Auffassung an, dass jedenfalls im Geschäftsleben und daher auch bei der CMR-Nachnahme die Einziehung eines Schecks erlaubt sei.[43]

**13**    Die Praxis der Scheckbegebung erschwert die Aufgabe des Frachtführers und wirft häufig die Frage auf, **wie intensiv seine Prüfungspflicht** hinsichtlich der ihm angedienten Zahlungspapiere ist oder – anders ausgedrückt – welche Risiken der Zahlung per Scheck er selbst und welche der Absender trägt. Der Vergleich dieser Vorschrift mit anderen Haftungsregeln der CMR lässt keine Zweifel daran, dass die Haftung nach Art. 21 kein Verschulden voraussetzt;[44] nach dem Wortlaut ist auch keine Entlastungsmöglichkeit[45] vorgesehen, etwa bei Vorliegen eines unabwendbaren Ereignisses (vgl. Art. 17 Rn. 3). Die absolute Haftung ist nicht in allen Fällen gerechtfertigt, wenn der Beförderer gegen Begebung eines Schecks abliefert. Die erforderlichen Differenzierungen sind durch Auslegung der vertraglichen Vereinbarungen über die geschuldete Einziehung im Einzelfall zu gewinnen. Zu beachten ist der Anwendungsbereich des Art. 21 (Rn. 3 ff.).

**14**    Die Auslegung des Nachnahmeauftrags entscheidet also darüber, welche Risiken der Beförderer hinsichtlich der Einlösung des Schecks trägt. War er **ausdrücklich zur Einziehung eines Schecks verpflichtet,** so hat er für dessen Einlösung nicht einzustehen.[46] Er muss das vom Empfänger angebotene Zahlungspapier selbst oder mit Hilfe kundiger Agenten daraufhin überprüfen, ob es sich um einen gültigen Scheck handelt. Wenn er von einem griechischen Empfänger scheckähnliche Papiere in griechischer Schrift und Sprache in dem guten Glauben annimmt, es handle sich um Schecks, so haftet er nach Art. 21, wenn sich später ihre Wertlosigkeit herausstellt, und dies sogar dann, wenn auch der Absender die Papiere zunächst für Schecks hielt.[47] Dagegen soll er nicht für die Echtheit der Unterschriften auf dem Scheck haften müssen.[48] Lautet der **Nachnahmeauftrag auf Bargeld,** so muss der Beförderer, der das Gut gegen Begebung eines Schecks ausliefert, für die

---

[38] BGH 25.10.1995, TranspR 1996, 118, 121; BGH 10.2.1982, NJW 1982, 1946, 1947; *Herber/Piper* Rn. 11; *Koller* Rn. 3; vgl. dazu auch EBJS/*Boesche* Rn. 4; ebenso für Österreich Jabornegg/Artmann/*Csoklich* Rn. 4 mwN.

[39] *Chr. Franz,* Die Haftung des Frachtführers nach französischem Recht, 1993, S. 53.

[40] Vgl. dazu *Lamy* 2013 Rn. 289; vgl. auch bei *Franz* (Fn. 39) S. 295, 301.

[41] Vgl. dazu *Lamy* 2013 Rn. 289; GroßkommHGB/*Helm* Rn. 18.

[42] Dazu BGH 25.10.1995, TranspR 1996, 118, 121.

[43] *Hill/Messent* S. 184; *Clarke* S. 112 Nr. 39a.

[44] Vgl. die Nachweise in Fn. 3.

[45] Für analoge Anwendung des Art. 17 Abs. 2 und 5 *Koller* Rn. 4; *Herber/Piper* Rn. 16; EBJS/*Boesche* Rn. 6; Ferrari/*Otte,* Int. Vertragsrecht, Rn. 14; nur Abs. 2 analog GroßkommHGB/*Helm* Rn. 27.

[46] *Brunat* BT 1979, 262; *Pesce* S. 261; *Putzeys* S. 239 Nr. 723.

[47] Hof van Cassatie Belgien 18.2.1994, ETR 1994, 464.

[48] Rb. Rotterdam 10.8.1990, S. & S. 1992 Nr. 56: Ausnahme, wenn Frachtführer die Fälschung der Unterschriften kannte; GroßkommHGB/*Helm* Rn. 17.

Einlösung haften. Ist der **Nachnahmeauftrag nicht spezifiziert,** so kommen die nationalen Rechtsordnungen der Vertragsstaaten (Rn. 12) zu ganz unterschiedlichen Ergebnissen. Überwiegend wird angenommen, dass der Beförderer für die Einlösung haftet,[49] anders in Frankreich, wenn der Scheck einwandfrei (de bon aloi) war.[50]

**2. Haftungsumfang.** Nach Art. 21 hat der Frachtführer dem Absender „bis zur Höhe   **15** des Nachnahmebetrages" Schadensersatz zu leisten. Der deutsche Text folgt hier der englischen Version („not exceeding the amount of such charge") und behandelt den **Nachnahmebetrag als Haftungshöchstsumme.** Diese Auslegung hat zur Folge, dass der Absender, der den Beförderer wegen Verletzung der Nachnahmeabrede in Anspruch nimmt, konkret seinen Schaden dartun und beweisen muss.[51] Der Nachnahmebetrag steht dem Absender dabei als Schadensersatz nur zu, wenn entweder feststeht, dass der Empfänger diesen Betrag gezahlt haben würde, sofern der Frachtführer darauf bestanden hätte, oder wenn der Wert der beförderten und für die Absender nunmehr verlorenen Waren dem Nachnahmebetrag entsprach.[52] Ist dagegen wegen des Minderwerts der beförderten Güter nicht anzunehmen, dass der Empfänger den Nachnahmebetrag bezahlt hätte, so kann der Absender nur verlangen, so gestellt zu werden, als hätte der Frachtführer die Ware nicht ausgeliefert.[53] Ausgangspunkt der Schadensberechnung ist dann der Wert der beförderten und für den Absender nun verlorenen Güter, uU verringert um hypothetische Rücktransport- oder Einlagerungskosten.[54]

Demgegenüber wird zum Teil unter Berufung auf den französischen Wortlaut die   **16** Auffassung vertreten, dass die **Schadensersatzleistung gleich dem Nachnahmebetrag** sei:[55] Danach ist der Beförderer zur Entschädigung „à concurrence du montant du remboursement" verpflichtet. Ein Unterschied zur englischen Fassung liegt darin nicht, denn „à concurrence de" heißt nichts anderes als „jusqu'à concurrence de" und bedeutet, dass die bezogene Summe, also der Nachnahmebetrag, die Obergrenze des Schadensersatzes ist. Damit deckt sich die Verwendung der gleichen Formel „à concurrence" in Art. 26 Abs. 2 vgl. Art. 26 Rn. 13. Aufgrund der dem Absender auferlegten strengen Beweislast wurde allerdings vorgeschlagen, den Nachnahmewert „prima facie" als Schaden anzusehen.[56]

Andere Haftungsgrenzen, vor allem die des Art. 23, sind für Art. 21 bedeutungslos; allein   **17** maßgeblich ist der Nachnahmebetrag. Der Absender tut also gut daran, alle Beträge in die Nachnahme einzurechnen, für die letztlich der Empfänger aufzukommen hat, dh. gegebenenfalls auch Fracht, Zölle, Nachnahmegebühr etc. Da Art. 21 im IV. Kapitel über die Haftung des Frachtführers steht, findet auch **Art. 29** Anwendung; fällt dem Beförderer bei der weisungswidrigen Ablieferung des Gutes Vorsatz oder vorsatzgleiches Verschulden zur Last, haftet er somit unbeschränkt.[57] Die **Verzinsung** des Anspruchs richtet sich nach Art. 27.[58]

---

[49] So für Deutschland BGH 10.2.1982, NJW 1982, 1946, 1947; für Italien *Pesce* S. 261; *Silingardi* S. 288 f.; für Belgien *Putzeys* S. 237 f. Nr. 719; für Österreich *Jesser* S. 95, abschwächend *Loewe* ETR 1976, 566 Nr. 184: Beförderer nur haftbar, wenn er Anhaltspunkte für mangelnde Deckung hatte.

[50] *Lamy* 2013 Rn. 289.

[51] BGH 10.10.1991, RIW 1992, 318, 319 sub II 2 a cc; *Koller* Rn. 4; *Herber/Piper* Rn. 14; GroßkommHGB/*Helm* Rn. 26; Thume/*Fremuth* Rn. 141; EBJS/*Boesche* Rn. 7; *Ferrari*/Otte, Int. Vertragsrecht, Rn. 18; OGH Wien 26.5.1999, 3 Ob 116/99 a SZ 72/93; Jabornegg/Artmann/*Csoklich* Rn. 6; für Belgien *Putzeys* S. 238 Nr. 721 und S. 239 Nr. 724.

[52] BGH 10.10.1991, RIW 1992, 318, 319 sub II 2 b vor aa.; OGH Wien 26.5.1999, 3 Ob 116/99 a SZ 72/93; *Koller* Rn. 4; GroßkommHGB/*Helm* Rn. 27.

[53] BGH 10.10.1991, RIW 1992, 318, 319 sub II 2 b bb; OGH Wien 26.5.1999, 3 Ob 116/99 a SZ 72/93; Thume/*Fremuth* Rn. 142.

[54] Zu den einzelnen möglichen Konstellationen vgl. ausführlich Thume/*Fremuth* Rn. 130 ff.

[55] *Lamy* 2013 Rn. 748; *Libouton* J.trib. 1972, 402 Nr. 67; vgl. dazu auch *Koller* Rn. 4 mwN; *Hill/Messent* S. 184 ff.; *Clarke* S. 111 Nr. 38.

[56] GroßkommHGB/*Helm* Rn. 27.

[57] *Nickel-Lanz* S. 59 Nr. 64; *Pesce* S. 258 f.; EBJS/*Boesche* Rn. 7; Jabornegg/Artmann/*Csoklich* Rn. 6.

[58] BGH 10.10.1991, RIW 1992, 318, 319 sub II 2 b dd; *Pesce* S. 259; *Lamy* 2013 Rn. 748a).

## V. Rückgriff

18    Wenn der Beförderer an den Absender Schadensersatz gemäß Art. 21 leistet, bleibt ihm der Rückgriff gegen den Empfänger vorbehalten. Ist ein Frachtbrief ausgestellt, kann der Empfänger gemäß **Art. 13 Abs. 2** nur nach **Maßgabe des Frachtbriefs** in Anspruch genommen werden; dies gilt auch für mögliche Einwendungen. Insofern kommt der Eintragung der Nachnahme in den Frachtbrief, wenn schon nicht im Verhältnis zwischen Absender und Beförderer, vgl. Rn. 10, so doch im Verhältnis zwischen Beförderer und Empfänger konstitutive Bedeutung zu.[59] Fehlt ein Frachtbrief, so ist Art. 13 Abs. 2 unanwendbar; inwieweit der Empfänger zum Schuldner werden kann, richtet sich dann grundsätzlich nach dem ergänzenden nationalen Recht, vgl. Art. 13 Rn. 22. Für den Fall der Nachnahme geht Art. 21 vor und begründet die Passivlegitimation des Empfängers, der nicht besser stehen soll, als wenn der Beförderer den Nachnahmeauftrag korrekt erfüllt hätte.[60]

## Art. 22 [Gefährliche Güter]

(1) ¹Der Absender hat den Frachtführer, wenn er ihm gefährliche Güter übergibt, auf die genaue Art der Gefahr aufmerksam zu machen und ihm gegebenenfalls die zu ergreifenden Vorsichtsmaßnahmen anzugeben. ²Ist diese Mitteilung im Frachtbrief nicht eingetragen worden, so obliegt es dem Absender oder dem Empfänger, mit anderen Mitteln zu beweisen, daß der Frachtführer die genaue Art der mit der Beförderung der Güter verbundenen Gefahren gekannt hat.

(2) Gefährliche Güter, deren Gefährlichkeit der Frachtführer nicht im Sinne des Absatzes 1 gekannt hat, kann der Frachtführer jederzeit und überall ohne Schadensersatzpflicht ausladen, vernichten oder unschädlich machen; der Absender haftet darüber hinaus für alle durch die Übergabe dieser Güter zur Beförderung oder durch ihre Beförderung entstehenden Kosten und Schäden.

### Art. 22

(1) Si l'expéditeur remet au transporteur des marchandises dangereuses, il lui signale la nature exacte du danger qu'elles présentent et lui indique éventuellement les précautions à prendre. Au cas où cet avis n'a pas été consigné sur la lettre de voiture, il appartient à l'expéditeur ou au destinataire de faire la preuve, par tous autres moyens, que le transporteur a eu connaissance de la nature exacte du danger que présentait le transport desdites marchandises.

(2) Les marchandises dangereuses qui n'auraient pas été connues comme telles par le transporteur dans les conditions prévues au paragraphe 1 du présent article peuvent à tout moment et en tout lieu être déchargées, détruites ou rendues inoffensives par le transporteur, et ce sans aucune indemnité;

### Art. 22

(1) When the sender hands goods of a dangerous nature to the carrier, he shall inform the carrier of the exact nature of the danger and indicate, if necessary, the precautions to be taken. If this information has not been entered in the consignment note, the burden of proving, by some other means, that the carrier knew the exact nature of the danger constituted by the carriage of the said goods shall rest upon the sender or the consignee.

(2) Goods of a dangerous nature which in the circumstances referred to in paragraph 1 of this article, the carrier did not know were dangerous, may, at any time or place, be unloaded, destroyed or rendered harmless by the carrier without compensation, further, the sender shall be liable for

---

[59] *Clarke* S. 109 f. Nr. 38; *Koller* Rn. 4 aE; GroßkommHGB/*Helm* Rn. 3; EBJS/*Boesche* Rn. 9; OLG Köln 27.11.1974, RIW 1975, 162; Hof 's-Hertogenbosch 16.12.1992, S. & S. 1994 Nr. 19; vgl. auch Art. 13 Rn. 22.

[60] Ähnlich *Putzeys* S. 240, der dem Empfänger gegenüber dem Beförderer die Einreden aus dem Kaufvertrag mit dem Absender abschneidet; aA und für die Maßgeblichkeit nationalen Rechts *Koller* Rn. 4 aE; *Herber/Piper* Rn. 20; GroßkommHGB/*Helm* Rn. 6; Thume/*Fremuth* Rn. 167.

l'expéditeur est en outre responsable de tous frais et dommages résultant de leur remise au transport ou de leur transport.

all expenses, loss or damage arising out of their handing over for carriage or of their carriage.

**Schrifttum:** Siehe Einl. vor Rn. 1 sowie *de Bouver,* L'information des participants aux transports de marchandises dangereuses, ETR 1991, 40; *Coco,* Le Mode de transport terrestre le plus approrié au transport de marchandises dangereuses – mythe ou realité? ETR 1991, 83; *Bremer,* Die Haftung beim Gefahrguttransport, 1992; *de Gottrau,* Die Haftung bei der Beförderung von gefährlichen Gütern, TranspR 1988, 320; *ders.,* Liability in Dangerous Goods Transport (Art. 22), in Theunis S. 197 (zitiert Theunis/*de Gottrau*); *Herber,* Das Übereinkommen vom 10. Oktober 1989 über die Haftung bei der Beförderung gefährlicher Güter auf der Straße, auf der Schiene und auf Binnengewässern, ETR 1991, 161; *ders.,* Zum ECE-Abkommen vom 10. Oktober 1989 über die Haftung beim Transport gefährlicher Güter, TranspR 1990, 51; *Koller,* Die zivilrechtliche Haftung bei Gefahrguttransporten zu Lande im geltenden und zukünftigen Recht, Jahrbuch des Umwelt- und Technikrechts 1994, S. 237; *Mutz,* Übereinkommen über die zivilrechtliche Haftung für Schäden bei der Beförderung gefährlicher Güter auf der Straße, auf der Schiene und auf Binnenschiffen (CRTD), ZIntEisenb 1990, 32; *Putzeys,* Responsabilité du transporteur pour les dommages causés aux tiers dans les différents modes de transport, ETR 1991, 173; *Richter-Hannes,* Der Schutz Dritter bei Gefahrguttransporten, RabelsZ 51 (1987) 357; *Ridder,* Transportvorschriften für gefährliche Güter, ETR 1991, 26; *Schünemann,* Zivilrechtliche Haftung bei der Gefahrgutbeförderung. Schadensersatzrechtliche Grundfragen unter besonderer Berücksichtigung der Umwelthaftung, TranspR 1992, 53; *Visser,* Entwicklungen in den Vorschriften für die Beförderung gefährlicher Güter auf Schiene und Straße (RID/ADR), ETR 1991, 92; *Watson,* Practical difficulties and the need for intermodal harmonization, ETR 1991, 266; *Wiesbauer,* Haftungsfragen beim internationalen Gefahrguttransport, RdW 1984, 70.

## Übersicht

|  | Rn. |  | Rn. |
|---|---|---|---|
| **I. Bedeutung und Zweck** | 1–5 | 1. Eintragung im Frachtbrief | 7 |
| 1. Rechtsgedanke | 1 | 2. Sonstige Information | 8, 9 |
| 2. Systematik | 2, 3 | **III. Sanktionen (Abs. 2)** | 10–12 |
| 3. Anwendungsbereich: Gefährliche Güter | 4, 5 | 1. Entsorgen | 10 |
| **II. Informationspflicht (Abs. 1)** | 6–9 | 2. Haftung des Absenders | 11, 12 |

## I. Bedeutung und Zweck

**1. Rechtsgedanke.** Vom Frachtführer als „Fachmann für Ortsveränderung"[1] wird von der CMR – wie auch sonst im Transportrecht[2] – keine besondere Warenkenntnis verlangt. Anderes gilt für den Absender: Er ist entweder selbst über das Frachtgut informiert oder steht doch jedenfalls demjenigen, der das Gut und die von ihm ausstehenden Gefahren kennt, näher als der Frachtführer. Es entspricht diesem **Sphärengedanken,** dass Art. 22 den Absender ohne jede Einschränkung zur Information des Frachtführers über die Gefahren des Gutes sowie eventuelle Vorsichtsmaßnahmen verpflichtet und daran scharfe Sanktionen knüpft, die über die **verschuldensunabhängige Haftung des Absenders** hinaus bis hin zu dem Recht des Beförderers reichen, das Gut vernichten zu lassen. 1

**2. Systematik.** Der Schwerpunkt des Gefahrgutrechts liegt im **öffentlichen Recht.**[3] Es geht um die Sicherheit des Straßenverkehrs und international um einheitliche Standards, die es ermöglichen, dass Fahrzeuge, die am Übernahmeort nach dessen Recht mit transportfähiger Ladung ordnungsgemäß beladen, gestaut und gekennzeichnet sind, durch alle Transitländer bis zum Bestimmungsort fahren können, ohne dass die Notwendigkeit besteht, die Ladung auf Grund der jeweiligen lex loci an jeder Grenze zu verändern. Dies ist der Zweck des Europäischen Übereinkommens über die internationale Beförderung gefährli- 2

---

[1] So treffend *Koller* Jahrbuch des Umwelt- und Technikrechts 1994, S. 239.
[2] So vor allem im Seerecht, vgl. Art. 4 § 6 HR; Art. 13 HambR; im Luftrecht Art. 10 WA, Art. 10 MÜ; im Eisenbahnrecht Art. 9 ER CIM 1999; in der Binnenschifffahrt Art. 7 CMNI; siehe auch Theunis/*de Gottrau* S. 197.
[3] Einen detaillierten Überblick über die relevanten Bestimmungen gegen Thume/*de la Motte/Temme* Rn. 4 f.

cher Güter auf der Straße (ADR).[4] Was das Zivilrecht betrifft, so steht die **deliktische Haftung** im Vordergrund. Wenn sich die besondere Gefahr verwirklicht, die dem Gut immanent ist, ist im Allgemeinen nicht nur der Frachtführer als Vertragspartner des Absenders betroffen, sondern ein größerer Kreis von Personen, die mit dem Absender und/oder Beförderer nicht durch Vertrag verbunden sind. Dem Schutz dieser zufällig betroffenen Personen dienen die Tatbestände der Gefährdungshaftung des nationalen Rechts, etwa § 7 bzw. § 12a StVG, und des CRTD-Übereinkommens, das allerdings noch nicht in Kraft getreten ist.[5] Art. 22 regelt demgegenüber nur die **vertragliche Haftung,** dh. die Verteilung der Risiken des Gefahrguttransports zwischen den Parteien des Beförderungsvertrags.

3      Der Standort von Art. 22 ist **gesetzessystematisch verfehlt,** da die Vorschrift Primärpflichten des Absenders und ihre Sanktionierung regelt und daher mit dem Thema von Kapitel IV der CMR („Haftung des Frachtführers") fast nichts zu tun hat; einziger Berührungspunkt ist das Recht zur Vernichtung des Gutes gemäß Abs. 2, mit dem zugleich verdeutlicht wird, dass der Beförderer in den betreffenden Fällen gemäß Art. 17 Abs. 2 wegen Verschulden des Verfügungsberechtigten von der Obhutshaftung befreit ist, vgl. schon Art. 17 Rn. 33.[6] Im Übrigen gehören die Vorschriften des Art. 22 in den Zusammenhang von Kapitel III („Abschluss und Ausführung des Beförderungsvertrages"). Die Informationspflicht von Abs. 1 Satz 1 erweitert die Pflicht gemäß **Art. 6 Abs. 1 lit. f,** in den Frachtbrief die Bezeichnung gefährlicher Güter einzutragen, vgl. Art. 6 Rn. 15 f., und die Haftung gemäß Abs. 2 Halbsatz 2 ergänzt die Haftung des Absenders für unzulängliche Frachtbriefangaben gemäß **Art. 7 Abs. 1 lit. a.**

4      **3. Anwendungsbereich: Gefährliche Güter.** Alle Regeln des Art. 22 sind nur anwendbar auf CMR-Transporte gefährlicher Güter. Was darunter zu verstehen ist, lässt sich nicht abschließend klären. Einigkeit besteht nur über zwei Aussagen: Erstens sind jedenfalls die im **ADR**[7] und in den nationalen Gefahrgutvorschriften genannten Güter gefährlich iSv. Art. 22,[8] und zweitens ist die Enumeration im ADR **nicht abschließend;** Art. 22 kann also auch für Güter Bedeutung erlangen, für die der ADR nicht gilt, die aber gleichwohl als gefährlich anzusehen sind.[9]

5      **Kriterien für die Gefährlichkeit** des Gutes lassen sich nur schwer benennen. Die Formulierung, jedes Gut sei gefährlich, das „im Rahmen einer normalen Straßenbeförderung eine unmittelbare Gefahr darstellt",[10] bietet infolge der unbestimmten Rechtsbegriffe der „normalen" Straßenbeförderung und der „unmittelbaren" Gefahr keine klaren Beurteilungskriterien.[11] Ähnliches gilt aber auch für das Abstellen auf Güter, die in normwidrigen Situationen schadenstiftende Eigendynamik entwickeln und ohne weiteres Zutun Dritter zur unkontrollierbaren Gefahrenquelle werden.[12] Einigkeit besteht aber insoweit, als auf das konkrete Gut[13] im jeweiligen Einzelfall abgestellt werden muss; da alle nach dem ADR

[4]  Vom 30.9.1957, BGBl. 1969 II S. 1489, für Deutschland in Kraft seit 1.1.1970, BGBl. 1970 II S. 50.

[5]  Übereinkommen über die zivilrechtliche Haftung für Schäden bei der Beförderung gefährlicher Güter auf der Straße, auf der Schiene und auf Binnenschiffen vom 10.10.1989, vgl. dazu und zu den Revisionsbestrebungen Einl. Rn. 16.

[6]  Ähnlich *Koller* Jahrbuch des Umwelt- und Technikrechts 1994, S. 239; *Silingardi* S. 186.

[7]  Siehe oben Rn. 2 Fn. 3.

[8]  *Koller* Rn. 2; *Hill/Messent* S. 188; *Pesce* S. 264 f.; *Jesser* S. 171; *Putzeys* S. 275 Nr. 825; *Herber/Piper* Rn. 7; *Ferrari/Otte,* Int. Vertragsrecht, Rn. 4a.

[9]  *Theunis/de Gottrau* S. 98; *de Gottrau* TranspR 1988, 320; *Koller* Rn. 2; EBJS/*Boesche* Rn. 3; *Ferrari/Otte,* Int. Vertragsrecht, Rn. 4; *Hill/Messent* S. 188; *Pesce* S. 264 Nr. 192; *Jesser* S. 171; *Clarke* S. 224 f. Nr. 73.

[10]  *Loewe* ETR 1976, 567 Nr. 186; ebenso Fremuth/Thume/*Thume* Rn. 3; *Theunis/de Gottrau* S. 198; *Hill/Messent* S. 187; *Putzeys* S. 275 Nr. 824; *Silingardi* S. 185; Jabornegg/Artmann/*Csoklich* Rn. 3.

[11]  *Basedow* in der Erstauflage Rn. 5.

[12]  So die Definition von *Basedow* in der Erstauflage Rn. 5 fortgeführt in der Vorauflage; zutreffend die Kritik bei Ferrari/*Otte,* Int. Vertragsrecht, Rn. 3; die Definition als zu weit ablehnend auch *Koller* Rn. 2 sowie § 410 HGB Rn. 2, da dann auch Holzbalken oder Stahlträger etwa bei einem Auffahrunfall gefährliche Güter seien.

[13]  GroßkommHGB/*Helm* Rn. 3; *Koller* Rn. 2; Thume/*de la Motte/Temme* Rn. 24; Fremuth/Thume/*Thume* Rn. 3; EBJS/*Boesche* Rn. 3; aA *Herber/Piper* Rn. 6.

oder anderen öffentlich-rechtlichen Vorschriften als Gefahrgut eingestuften Güter ohnehin als „gefährlich" iSd. Art. 22 CMR gelten,[14] stellt sich die Notwendigkeit der Beurteilung nur bei anderen, im Rahmen von Beförderungen gefährlichen[15] Gütern, die nicht nur für den Lkw und das darauf geladene Gut, sondern auch für andere Rechtsgüter eine Gefahr darstellen.[16] Auch ein Gut einer an sich ungefährlichen Gattung, das lediglich auf Grund seiner **exzeptionellen Beschaffenheit im konkreten Fall** zur Gefahrenquelle wird, kann ein gefährliches Gut iSd. Art. 22 CMR sein. Demzufolge ist die nach dem Unfall von Tschernobyl durch Deutschland beförderte radioaktiv verseuchte Molke gefährliches Gut, obwohl Molke im Allgemeinen ungefährlich ist. Aufgrund der Schwierigkeiten, eine allgemeine Definition zu finden, wurde vorgeschlagen, zur **Beurteilung im Einzelfall** folgende Anhaltspunkte heranzuziehen: die Unkontrollierbarkeit der Gefahrenquelle, die sich entwickelnde schadenstiftende Eigendynamik sowie die konkreten Verhältnisse des Straßenverkehrs.[17] Entscheidend ist, dass der Absender nach Art. 22 den Frachtführer, dem keine besondere Warenkenntnis abverlangt wird (Rn. 1), über das entsprechende Gefahrenpotential informieren muss; man hat also zu fragen, womit der Frachtführer rechnen muss und womit nicht. So etwa beim Transport von Flüssigkeiten, dass sie bei einem Unfall auslaufen, nicht jedoch, dass giftige oder explosive Dämpfe entweichen.[18] Das diese „Normalgefahr" übersteigende Gefahrenpotential macht das zu befördernde Gut „gefährlich" iSd. Art. 22 CMR.

## II. Informationspflicht (Abs. 1)

Die CMR schützt den Beförderer nicht gegen seine freie Entscheidung, einen Gefahrgut- **6** transport zuzusagen, sondern nur dagegen, dass er ein solches Risiko in Unkenntnis der Gefahr übernimmt. Daher verpflichtet Abs. 1 den Absender dazu, den Beförderer spätestens bei der Übergabe des Gutes zur Beförderung[19] von der Art der Gefahr und eventuellen Vorsichtsmaßnahmen in Kenntnis zu setzen. **Zwei Wege der Information** stehen dem Absender offen: die Angabe im Frachtbrief oder die anderweitige Information. Beide Wege unterscheiden sich in ihrer rechtlichen Ausgestaltung.

**1. Eintragung im Frachtbrief.** Der Absender kann die betreffende Mitteilung in den **7** Frachtbrief eintragen, vgl. Abs. 1 Satz 2. Damit knüpft Art. 22 an Art. 6 Abs. 1 lit. f an. Zwar ist dort nur von der Angabe der „allgemein anerkannten Bezeichnung" gefährlicher Güter im Frachtbrief die Rede und nicht wie in Art. 22 von der Mitteilung der „genauen Art der Gefahr". Dennoch ist das Gleiche gemeint. Wie bei Art. 6 Abs. 1 lit. f im Regelfall die Angabe der **ADR-Bezeichnung** des Gutes und seiner **Gefahrenklasse** genügt, vgl. Art. 6 Rn. 15, so auch hier;[20] die Kurzformeln des ADR müssen den am Straßengütertransport Beteiligten bekannt sein und genügen daher als Warnung. Dagegen sind chemische Fachbezeichnungen wie „Orthochlorphenol" für den Beförderer nicht ohne weiteres verständlich und genügen der Informationspflicht nicht;[21] die Verwendung der ADR-Nomenklatur ist danach nicht nur ausreichend, sondern regelmäßig auch rechtlich geboten. Lediglich bei gefährlichen Gütern, die nicht auf der ADR-Liste stehen, hat der Absender die Pflicht, über die genaue Gefahr des Gutes spezifisch zu informieren. Das muss nicht auf

---

[14] Siehe Fn. 8.
[15] Ferrari/*Otte*, Int. Vertragsrecht, Rn. 4.
[16] OLG Düsseldorf 4.3.1982, VersR 1982, 1202; 23.1.1992, TranspR 1992, 218.
[17] Ferrari/*Otte*, Int. Vertragsrecht, Rn. 4.
[18] *Koller* § 410 HGB Rn. 2.
[19] *Csoklich* S. 337; Jabornegg/Artmann/*ders.* Rn. 6; *Silingardi* S. 183 Fn. 211; GroßkommHGB/*Helm* Rn. 5; *Koller* Rn. 3; Fremuth/Thume/*Thume* Rn. 10; EBJS/*Boesche* Rn. 4; Ferrari/*Otte*, Int. Vertragsrecht, Rn. 7; aA Thume/*de la Motte/Temme* Rn. 37: schon bei Vertragsverhandlungen; aber dann könnte auch eine spätere Information die Rechte des Beförderers aus Abs. 2 nicht mehr zunichte machen.
[20] Thume/*de la Motte/Temme* Rn. 31; Ferrari/*Otte*, Int. Vertragsrecht, Rn. 5; Jabornegg/Artmann/*Csoklich* Rn. 4; zurückhaltend *Hill/Messent* S. 189 f.
[21] Siehe Kh. Antwerpen 25.11.1974, Jur.Anv. 1975/76, 70 und *de Gottrau* TranspR 1988, 321; zustimmend *Jesser* S. 171.

dem Frachtbrief selbst geschehen; eine Verweisung des Frachtbriefs auf beigefügte Anlagen genügt, vgl. Rn. 9. Wenn die Frachtbriefeintragungen diesen Anforderungen entsprechen, so wird einerseits gemäß Art. 9 Abs. 1 widerleglich vermutet, dass der Transportvertrag über Gut der betreffenden Art abgeschlossen wurde, zum anderen steht damit unwiderleglich fest, dass der Beförderer von der Gefährlichkeit der übernommenen Güter Kenntnis hatte.[22] Die Information über **Vorsichtsmaßnahmen** liefert der Absender entweder durch Aushändigung eines Unfallmerkblatts oder auch schon durch die Angabe der korrekten ADR-Bezeichnung.

8      **2. Sonstige Information.** Enthält der Frachtbrief eine solche Mitteilung nicht, kann der Absender den Beförderer auch **auf andere Weise informieren.** Dies erschwert ihm bzw. dem Empfänger die Rechtsdurchsetzung im Prozess, da es in diesem Fall Sache des Absenders oder Empfängers ist, die Kenntnis des Frachtführers von der Gefährlichkeit des Gutes zu beweisen, Abs. 1 Satz 2. Die CMR begründet hier also eine **Vermutung der Ahnungslosigkeit** des Frachtführers, der mangels Absenderinformation von sich aus nichts unternehmen muss, um die Gefährlichkeit des Gutes zu ermitteln.[23] Der Frachtführer muss aber die ihm übersandten Mitteilungen mit dem professionellen Empfängerhorizont eines ordentlichen Frachtführers würdigen. Ein Hinweis, der in einem Frachtbrief hinreichend deutlich gewesen wäre (s. Rn. 7), ist es auch, wenn er den Frachtführer auf andere Weise erreicht. Wenn der Frachtführer die Güterbezeichnung „Drahtlack W 44 10/1809 GGVS/ADR 3, Ziff. 3/VbF A 2" bei einer Frachtbriefeintragung als Information iSv. Art. 22 gegen sich gelten lassen muss, kann es nicht anders sein, wenn dieselbe Bezeichnung des Gutes in einem Versandauftrag enthalten war und der Beförderer durch seinen Fahrer Kenntnis von dem Versandauftrag erlangt hat.[24] Auf die mangelnde Bekanntheit des Kürzels „GGVS/ADR" bei dem Fahrer kann sich der Beförderer nicht berufen. Die Kenntnis der genauen Gefahren iSv. Abs. 1 Satz 2 bezieht sich nur auf die **Bewusstmachung der relevanten Information,** auf die Erteilung objektiv hinreichender Information, nicht hingegen auf ihre geistige Verarbeitung.

9      Allerdings muss der Absender/Empfänger – anders als bei der Frachtbriefeintragung – beweisen, dass der Frachtführer die Mitteilung zur Kenntnis genommen hat. Dass er sie nach den Umständen **hätte kennen müssen,** genügt für Art. 22 Abs. 1 Satz 2 nicht,[25] kann aber bei der Beweiswürdigung eine Rolle spielen, wenn die Umstände einen Anschein für die tatsächliche Kenntnisnahme begründen. Praktisch geht es vor allem um die Frage, ob Informationen über die Gefährlichkeit des Gutes, die in **Begleitpapieren** enthalten sind, zur Kenntnis des Frachtführers gelangt sind. Die Äußerungen der Gerichte dazu gehen auseinander, was mit den unterschiedlichen Fallgestaltungen und der verschiedenen Art von Begleitpapieren zusammenhängt.[26]

### III. Sanktionen (Abs. 2)

10      **1. Entsorgen.** Nach Art. 22 Abs. 2, 1. Halbsatz können Güter, deren Gefährlichkeit der Frachtführer nicht im Sinne des Abs. 1 gekannt hat, vom Frachtführer jederzeit und überall ausgeladen, vernichtet oder unschädlich gemacht werden, ohne dass sich der Beförderer gemäß Art. 17 schadensersatzpflichtig macht.[27] Obwohl der Wortlaut ein Wahlrecht des Frachtführers vorsieht, besteht doch Einigkeit, dass dieser nach dem **Verhältnismäßig-**

---

[22] So auch *Koller* Rn. 3; EBJS/*Boesche* Rn. 5.

[23] *Nickel-Lanz* S. 58 Nr. 63; *Clarke* S. 225 Nr. 73; *Jesser* S. 172; *Ferrari/Otte,* Int. Vertragsrecht, Rn. 8.

[24] So aber BGH 16.10.1986, TranspR 1987, 96, 97 sub II 1 c.

[25] *Koller* Rn. 3; *Thume/de la Motte/Temme* Rn. 35; GroßkommHGB/*Helm* Rn. 11; *Herber/Piper* Rn. 11; *Fremuth/Thume/Thume* Rn. 8; EBJS/*Boesche* Rn. 5; *JaborNegg/Artmann/Csoklich* Rn. 5.

[26] Gegen eine Berücksichtigung solcher Begleitpapiere etwa BGH 16.10.1986, TranspR 1987, 96, 97; Kh.Antwerpen 25.11.1974, Jur.Anv. 1975/76, 70, wo die Information allerdings für den Frachtführer ohnehin unverständlich war; für eine Berücksichtigung dagegen Cass.com. 16.10.1990, BT 1990, 797 und *Lamy* 2013 Rn. 730; Cour Lyon 7.10.1976, BT 1977, 80.

[27] Siehe schon oben Rn. 3 bei Fn. 6.

**keitsgrundsatz** das mildeste Mittel wählen muss. Unter mehreren zur Verfügung stehenden und gleich wirksamen alternativen Maßnahmen hat er also diejenige zu ergreifen, die dem Absender den geringsten Schaden verursacht.[28] Wählt er nicht das mildeste Mittel in diesem Sinne, folgt hieraus allerdings noch nicht, dass er dem Absender in vollem Umfang nach Art. 17 haftet; vielmehr greifen die Grundsätze der Schadensteilung gemäß Art. 17 Abs. 5 ein, vgl. Art. 17 Rn. 100 ff.[29] Das Ausladen des Gutes dürfte allerdings stets das mildeste unter den in Art. 22 genannten Mitteln sein und deshalb auch sanktionslos bleiben, wenn die Voraussetzungen gemäß Art. 16 Abs. 2 nicht vorliegen.[30] Der Verhältnismäßigkeitsgrundsatz ist vor allem zu beachten, wenn sich der Beförderer entschließt, das Gut unschädlich zu machen oder zu vernichten, statt es lediglich auszuladen und einzulagern. Doch wird man dem Frachtführer nur grobe Fehleinschätzung anlasten können.[31]

**2. Haftung des Absenders.** Gemäß Art. 22 Abs. 2, 2. Halbsatz haftet der Absender für **11** alle durch die Übergabe gefährlicher Güter zur Beförderung oder durch die Beförderung entstehenden Kosten und Schäden. Die Vorschrift betrifft wie Halbsatz 1 nur Güter, deren Gefährlichkeit der Frachtführer nicht im Sinne von Abs. 1 gekannt hat, vgl. oben Rn. 6–9. Die Haftung ist **verschuldensunabhängig**,[32] nicht durch Ausnahmen begrenzt[33] und ihrem Umfang nach **unbeschränkt**.[34] Bei Mitverschulden des Frachtführers ist die Wertung des Art. 17 Abs. 5 heranzuziehen, vgl. auch Art. 10 Rn. 8.[35] Passivlegitimiert ist der Absender, aktivlegitimiert nur der Frachtführer und kein Drittgeschädigter.[36]

Der Anspruch umfasst die **Kosten und Schäden des Frachtführers,** die der Beförde- **12** rung zuzurechnen sind. Grundsätzlich sind nur die eigenen Schäden des Beförderers erfasst; dazu zählen Schäden am Fahrzeug, aber auch Schäden an beigeladenem Gut, das Dritten gehört, soweit der Frachtführer gemäß Art. 17 oder anderen Vorschriften für die Schäden aufkommen muss. Unter dieser Bedingung der Haftpflicht, etwa nach § 823 BGB bzw. § 7 StVG sind auch Schäden Dritter, so zB von anderen Verkehrsteilnehmern oder Umweltschäden als Schäden des Frachtführers anzusehen.[37] Da den Frachtführer gegenüber Vertragspartnern und dritten Verkehrsteilnehmern eine relativ scharfe Haftung trifft, wird er deren Schäden regelmäßig ersetzen müssen und sie damit als eigene Schäden erleben; im Verhältnis zum Absender bedarf es daher durchweg nicht des Rückgriffs auf die Regeln über die Drittschadensliquidation.[38]

## Art. 23 [Haftungsumfang]

**(1) Hat der Frachtführer auf Grund der Bestimmungen dieses Übereinkommens für gänzlichen oder teilweisen Verlust des Gutes Schadensersatz zu leisten, so wird**

---

[28] *Loewe* ETR 1976, 567 Nr. 187; *Koller* Rn. 4; *de Gottrau* TranspR 1988, 322; GroßkommHGB/*Helm* Rn. 12; *Herber/Piper* Rn. 11; *Ferrari/Otte,* Int. Vertragsrecht, Rn. 11; *Jabornegg/Artmann/Csoklich* Rn. 7; *Hill/Messent* S. 191; mit einlässlichen Überlegungen zur Berücksichtigung der jeweiligen Umstände Thume/*de la Motte/Temme* Rn. 40 ff.

[29] *Koller* Rn. 4; *Herber/Piper* Rn. 12; Thume/*de la Motte/Temme* Rn. 41; EBJS/*Boesche* Rn. 6; aA Jabornegg/Artmann/*Csoklich* Rn. 6 für die Anwendung nationalen Rechts (§ 1304 ABGB).

[30] Zum Ausladerecht gemäß Art. 16 Abs. 2 vgl. Art. 16 Rn. 9 f.

[31] *Putzeys* S. 277 Nr. 832; *Clarke* S. 226 Nr. 73.

[32] *Jesser* S. 173; GroßkommHGB/*Helm* Rn. 13; *Koller* Rn. 5; *Herber/Piper* Rn. 15; Thume/*de la Motte/Temme* Rn. 45; EBJS/*Boesche* Rn. 7; *Ferrari/Otte,* Int. Vertragsrecht, Rn. 13.

[33] *Koller* Jahrbuch des Umwelt- und Technikrechts 1994 S. 240.

[34] *Jesser* S. 173; *Putzeys* S. 356 Nr. 1050; GroßkommHGB/*Helm* Rn. 13; *Koller* Rn. 5; Thume/*de la Motte/Temme* Rn. 45; EBJS/*Boesche* Rn. 7; *Ferrari/Otte,* Int. Vertragsrecht, Rn. 13; Jabornegg/Artmann/*Csoklich* Rn. 7.

[35] GroßkommHGB/*Helm* Rn. 13; *Gündisch* S. 73 f.; aA *Koller* Rn. 5, *Herber/Piper* Rn. 15 und EBJS/*Boesche* Rn. 7: nationales Recht maßgeblich; *Nickel-Lanz* S. 58 Nr. 63: Abmilderung der Haftung; offengelassen in BGH 16.10.1986, TranspR 1987, 96, 98.

[36] *Hill/Messent* S. 192.

[37] *Hill/Messent* S. 192; *Jesser* S. 173; GroßkommHGB/*Helm* Rn. 14.

[38] So aber *Koller* Rn. 5.

die Entschädigung nach dem Wert des Gutes am Ort und zur Zeit der Übernahme zur Beförderung berechnet.

(2) Der Wert des Gutes bestimmt sich nach dem Börsenpreis, mangels eines solchen nach dem Marktpreis oder mangels beider nach dem gemeinen Wert von Gütern gleicher Art und Beschaffenheit.

(3) Die Entschädigung darf jedoch 8,33 Rechnungseinheiten für jedes fehlende Kilogramm des Rohgewichts nicht übersteigen.

(4) Außerdem sind – ohne weiteren Schadensersatz – Fracht, Zölle und sonstige aus Anlaß der Beförderung des Gutes entstandene Kosten zurückzuerstatten, und zwar im Falle des gänzlichen Verlustes in voller Höhe, im Falle des teilweisen Verlustes anteilig.

(5) Wenn die Lieferfrist überschritten ist und der Verfügungsberechtigte beweist, daß daraus ein Schaden entstanden ist, hat der Frachtführer dafür eine Entschädigung nur bis zur Höhe der Fracht zu leisten.

(6) Höhere Entschädigungen können nur dann beansprucht werden, wenn der Wert des Gutes oder ein besonderes Interesse an der Lieferung nach den Artikeln 24 und 26 angegeben worden ist.

(7) [1]Die in diesem Übereinkommen genannte Rechnungseinheit ist das Sonderziehungsrecht des Internationalen Währungsfonds. [2]Der in Absatz 3 genannte Betrag wird in die Landeswährung des Staates des angerufenen Gerichts umgerechnet; die Umrechnung erfolgt entsprechend dem Wert der betreffenden Währung am Tag des Urteils oder an dem von den Parteien vereinbarten Tag. [3]Der in Sonderziehungsrechten ausgedrückte Wert der Landeswährung eines Staates, der Mitglied des Internationalen Währungsfonds ist, wird nach der vom Internationalen Währungsfonds angewendeten Bewertungsmethode errechnet, die an dem betreffenden Tag für seine Operationen und Transaktionen gilt. [4]Der in Sonderziehungsrechten ausgedrückte Wert der Landeswährung eines Staates, der nicht Mitglied des Internationalen Währungsfonds ist, wird auf eine von diesem Staat bestimmte Weise errechnet.

(8) [1]Dessen ungeachtet kann ein Staat, der nicht Mitglied des Internationalen Währungsfonds ist und dessen Recht die Anwendung des Absatzes 7 nicht zuläßt, bei der Ratifikation des Protokolls zur CMR oder dem Beitritt zu jenem Protokoll oder jederzeit danach erklären, dass sich der in seinem Hoheitsgebiet geltende Haftungshöchstbetrag des Absatzes 3 auf 25 Werteinheiten beläuft. [2]Die in diesem Absatz genannte Werteinheit entspricht 10/31 Gramm Gold von 900/1000 Feingehalt. [3]Die Umrechnung des Betrages nach diesem Absatz in die Landeswährung erfolgt nach dem Recht des betreffenden Staates.

(9) [1]Die in Absatz 7 letzter Satz genannte Berechnung und die in Absatz 8 genannte Umrechnung erfolgen in der Weise, daß der Betrag nach Absatz 3, in der Landeswährung des Staates ausgedrückt, soweit wie möglich dem dort in Rechnungseinheiten ausgedrückten tatsächlichen Wert entspricht. [2]Die Staaten teilen dem Generalsekretär der Vereinten Nationen die Art der Berechnung nach Absatz 7 oder das Ergebnis der Umrechnung nach Absatz 8 bei der Hinterlegung einer der in Artikel 3 des Protokolls zum CMR genannten Urkunden sowie immer dann mit, wenn sich die Berechnungsart oder das Umrechnungsergebnis ändert.

## Art. 23

(1) Quand, en vertu des dispositions de la présente Convention, une indemnité pour perte totale ou partielle de la marchandise est mise à la charge du transporteur, cette

## Art. 23

(1) When, under the provisions of this Convention, a carrier is liable for compensation in respect of total or partial loss of goods, such compensation shall be calcula-

indemnité est calculée d'après la valeur de la marchandise au lieu et à l'époque de la prise en charge.

(2) La valeur de la marchandise est déterminée d'après le cours en bourse ou, à défaut, d'après le prix courant sur le marché ou, à défaut de l'un et de l'autre, d'après la valeur usuelle des marchandises de même nature et qualité.

(3) Toutefois, l'indemnité ne peut dépasser 8,33 unités de compte par kilogramme du poids brut manquant.

(4) Sont en outre remboursés le prix du transport, les droits de douane et les autres frais encourus à l'occasion du transport de la marchandise, en totalité en cas de perte totale, et au prorata en cas de perte partielle; d'autres dommages-intérêts ne sont pas dus.

(5) En cas de retard, si l'ayant droit prouve qu'un préjudice est résulté, le transporteur est tenu de payer pour ce préjudice une indemnité qui ne peut pas dépasser le prix du transport.

(6) Des indemnités plus élevées ne peuvent être réclamées qu'en cas de déclaration de la valeur de la marchandise ou de déclaration d'intérêt spécial à la livraison, conformément aux articles 24 et 26.

(7) L'unité de compte mentionnée dans la présente Convention est le droit de tirage spécial tel que défini par le Fonds monétaire international. Le montant visé au paragraphe 3 du présent article est converti dans la monnaie nationale de l'Etat dont relève le tribunal saisi du litige sur la base de la valeur de cette monnaie à la date du jugement ou à la date adoptée d'un commun accord par les parties. La valeur, en droit de tirage spécial, de la monnaie nationale d'un Etat qui est membre du Fonds monétaire international, est calculée selon la méthode d'évaluation appliqué par le Fonds monétaire international à la date en question pour ses propres opérations et transactions. La valeur, en droit de tirage spécial, de la monnaie nationale d'un Etat qui n'est pas membre du Fonds monétaire international, est calculée de la façon déterminée par cet Etat.

ted by reference to the value of the goods at the place and time at which they were accepted for carriage.

(2) The value of the goods shall be fixed according to the commodity exchange price or, if there is no such price, according to the current market price or, if there is no commodity exchange price or current market price, by reference to the normal value of goods of the same kind and quality.

(3) Compensation shall not, however, exceed 8.33 units of account per kilogramm of gross weight short.

(4) In addition, the carriage charges, Customs duties and other charges incurred in respect of the carriage of the goods shall be refunded in full in case of total loss and in proportion to the loss sustained in case of partial loss, but no further damages shall be payable.

(5) In the case of delay, if the claimant proves that damage has resulted therefrom the carrier shall pay compensation for such damage not exceeding the carriage charges.

(6) Higher compensation may only be claimed where the value of the goods or a special interest in delivery has been declared in accordance with articles 24 and 26.

(7) The unit of account mentioned in this Convention is the Special Drawing Right as defined by the International Monetary Fund. The amount mentioned in paragraph 3 of this article shall be converted into the national currency of the State of the Court seized of the case on the basis of the value of that currency on the date of the judgement or the date agreed upon by the Parties. The value of the national currency, in terms of the Special Drawing Right, of a State which is a member of the International Monetary Fund, shall be calculated in accordance with the method of valuation applied by the International Monetary Fund in effect at the date in question for its operations and transactions. The value of the national currency, in terms of the Special Drawing Right, of a State which is not a member of the International Monetary Fund, shall be calculated in a manner determined by that State.

(8) Toutefois, un Etat, qui n'est pas membre du Fonds monétaire international et dont la législation ne permet pas d'appliquer les dispositions du paragraphe 7 du présent article peut, au moment de la ratification du Protocole à la CMR ou de l'adhésion à celui-ci, ou à tout moment ultérieur, déclarer que la limite de la responsabilité prévue au paragraphe 3 du présent article et applicable sur son territoire est fixée à 25 unités monétaires. L'unité monétaire dont il est question dans le présent paragraphe correspond à 10/31 de gramme d'or au titre de neuf cent millièmes de fin. La conversion en monnaie nationale du montant indiqué dans le présent paragraphe s'effectue conformément à la législation de l'Etat concerné.

(9) Le calcul mentionné à la dernière phrase du paragraphe 7, et la conversion mentionnée au paragraphe 8 du présent article doivent être faits de façon à exprimer en monnaie nationale de l'Etat la même valeur réelle, dans la mesure du possible, que celle exprimée en unités de compte au paragraphe 3 du présent article. Lors du dépot d'un instrument visé à l'article 3 du Protocole à la CMR et chaque fois qu'un changement se produit dans leur méthode de calcul ou dans la valeur de leur monnaie nationale par rapport à l'unité de compte ou à l'unité monétaire, les états communiquent au Secrétaire général de l'Organisation des Nations Unies leur méthode de calcul conformément au paragraphe 7, ou les résultats de la conversion conformément au paragraphe 8, du présent article selon le cas.

(8) Nevertheless, a State which is not a member of the International Monetary Fund and whose law does not permit the application of the provisions of paragraph 7 of this article may, at the time of ratification or of accession to the Protocol to the CMR or at any time thereafter, declare that the limit of liability provided for in paragraph 3 of this article to be applied in its territory shall be 25 monetary units. The monetary unit referred to in this paragraph corresponds to 10/31 gram of gold of millesimal fineness nine hundred. The conversion of the amount specified in this paragraph into the national currency shall be made according to the law of the State concerned.

(9) The calculation mentioned in the last sentence of paragraph 7 of this article and the conversion mentioned in paragraph 8 of this article shall be made in such a manner as to express in the national currency of the State as far as possible the same real value for the amount in paragraph 3 of this article as is expressed there in units of account. States shall communicate to the Secretary-General of the United Nations the manner of calculation pursuant to paragraph 7 of this article or the result of the conversion in paragraph 8 of this article as the case may be, when depositing an instrument referred to in article 3 of the Protocol to the CMR and whenever there is a change in either.

Abs. 3 wurde geändert und Abs. 7 bis 9 wurden eingefügt durch das Protokoll zum Übereinkommen über den Beförderungsvertrag im internationalen Straßengüterverkehr (CMR) vom 5.7.1978, BGBl. 1980 II S. 721, 733. In der ursprünglichen Fassung der CMR lautete Abs. 3:

*(3) Die Entschädigung darf jedoch 25 Franken für jedes fehlende Kilogramm des Rohgewichts nicht übersteigen. Unter Franken ist der Goldfranken im Gewicht von 10/31 Gramm und 0,900 Feingehalt zu verstehen.*

*(3) Toutefois, l'indemnité ne peut dépasser 25 francs par kilogramme du poids brut manquant. Le franc s'entend du franc-or, d'un poids de 10/31 de gramme au titre de 0,900.*

*(3) Compensation shall not, however, exceed 25 francs per kilogram of gross weight short. "Franc" means the gold franc weighing 10/31 of a gramme and being of millesimal fineness 900.*

**Schrifttum:** Siehe Einl. vor Rn. 1 sowie *Baumann*, Anmerkung, TranspR 1985, 269; *Bischof*, Berechnung der Entschädigungsleistung nach Art. 23, VersR 1982, 1132; *Bristow*, Gold franc – Replacement of Unit of Account, LMCLQ 1978, 31; *Brunat*, Transports routiers internationaux – La responsabilité du transporteur pour les dommages non apparents à la livraison – Valeur de la marchandise à considérer pour le calcul de l'indemnité pour perte, BT 1982, 146; *ders.*, Transports routiers internationaux – Bases de calcul de l'indemnité pour perte ou avarie, BT 1982, 202; *Butzer*, Die Ermittlung des Ersatzwertes für Unikate im Frachtrecht, VersR 1991, 854; *Buyl*, Artikel 23 § 4 van het CMR-Verdrag getoetst aan de Algemene CMR-Verzekerings-voorwaarden of de verbazing van de struisvogel, ETR 2000, 343; *Csoklich*, Haftungsbeschränkungen internationaler Transportrechtsabkommen im Wandel, RdW 1986, 168; *Decker*, Wertersatz, kein Schadensersatz bei Verlust des Gutes im internationalen Straßengüterverkehr, TranspR 1985, 311; *Glöckner*, Die Haftungsbeschränkungen und die Versicherung nach den Art. 3, 23 bis 29 CMR, TranspR 1988, 327; *ders.*, Limits to Liability and Liability Insurance of Carriers Under Articles 3 and 23 to 29 of the CMR, in Theunis S. 97; *Hardingham*, Damages Under CMR: The Decision of the House of Lords, LMCLQ 1978, 51; *Helm*, Übereinkommen über den Beförderungsvertrag im internationalen Straßengüterverkehr (CMR) – Direkte Inanspruchnahme des Haftpflichtversicherers – Wertersatz bei Beschädigung von Gütern, IPRax 1981, 46; *Herber*, Zur Berücksichtigung von Währungsschwankungen in internationalen privatrechtlichen Übereinkommen, FS Winfried Werner, 1984, S. 281; *Heuer*, Der Umfang der Kostenerstattung nach Art. 23 Abs. 4 CMR, TranspR 1987, 357; *Knorre*, Zur Haftung des Frachtführers nach Art. 23, 25 CMR, TranspR 1985, 241; *Koller*, Die Erstattungspflicht von Frachten, Zöllen und sonstigen Kosten gem. Art. 23 Abs. 4, VersR 1989, 2; *ders.*, Der Wertersatz im Transportrecht, FS 50 Jahre Bundesgerichtshof, 2000, II S. 181; *Konow*, Aufwendungsersatz bei Fürsorgemaßnahmen für das Gut während des Transports, TranspR 1988, 229; *Loyens*, Zijn douanerechten, accijnzen, enz. Kosten ten laste van de CMR-veroerder krachtens art. 23.4 CMR? ETR 2000, 351; *de la Motte*, CMR: Schaden – Entschädigung – Versicherung, VersR 1988, 317; *Pesce*, Die richterliche Auslegung des Art. 23 Abs. 3 CMR – Probleme und Lösungen, TranspR 1987, 11; *Rogov*, Paradoxon der dualen Haftungsobergrenze des Art. 23 Abs. 3 CMR, TranspR 2002, 286 = ETR 2002, 291; *Thume*, Entschädigung nach Art. 23 CMR und Entgang einer Exportsubvention, TranspR 1995, 55; *Tobolewski*, The Special Drawing Right in Liability Conventions: An acceptable solution? LMCLQ 1979, 169; *Verguts*, De verhaalbaarheid van de BTW onder artikel 23,4 CMR, ETR 2002, 479; *Züchner*, Ersatzpflicht bei Lieferfristüberschreitung nach der CMR, VersR 1970, 701.

## Übersicht

|  | Rn. |  | Rn. |
|---|---|---|---|
| **I. Bedeutung und Zweck** | 1, 2 | 4. Berechnung der Haftungshöchstsumme bei Totalverlust | 24–27 |
| 1. Rechtsgedanke | 1 | 5. Berechnung der Haftungshöchstsumme bei Teilverlust | 28–30 |
| 2. Anwendungsbereich | 2 | 6. Beweislast | 31 |
| **II. Wertersatz bei Verlust des Gutes (Abs. 1 und 2)** | 3–16 | **IV. Ersatz sonstiger Kosten (Abs. 4)** | 32–43 |
| 1. Wertersatz und Ausschluss sonstigen Schadensersatzes | 3, 4 | 1. Verhältnis zu Abs. 1–3 | 32, 33 |
| 2. Versandwert | 5, 6 | 2. Fracht | 34 |
| 3. Börsenpreis | 7 | 3. Zölle | 35, 36 |
| 4. Marktpreis | 8–12 | 4. Sonstige erstattungsfähige Kosten | 37–41 |
| a) Begriff und Voraussetzungen | 8 | a) Grundgedanke | 37, 38 |
| b) Relevanter Markt | 9–11 | b) Einzelfragen | 39–41 |
| c) Vereinbarter Verkaufspreis | 12 | 5. Umfang der Erstattung | 42, 43 |
| 5. Gemeiner Wert | 13 | **V. Haftung bei Überschreitung der Lieferfrist (Abs. 5)** | 44–47 |
| 6. Beweislast für den Wert des Gutes | 14 | 1. Wertersatzprinzip und Verspätungsschaden | 44 |
| 7. Wertersatz bei Teilverlust | 15, 16 | 2. Einzelne Schadenarten | 45 |
| **III. Haftungshöchstsumme (Abs. 3, 7–9)** | 17–31 | 3. Haftungsbegrenzung | 46 |
| 1. Gesetzeszweck und -bedeutung | 17, 18 | 4. Zurechnung | 47 |
| 2. Das Sonderziehungsrecht als Rechnungseinheit | 19–22 | **VI. Ausschluss höherer Entschädigungen (Abs. 6)** | 48 |
| 3. Berechnung nach dem Goldfranken | 23 |  |  |

## I. Bedeutung und Zweck

**1. Rechtsgedanke.** Die CMR sieht in Art. 17 eine strenge Haftung für Verlust, Beschä- **1** digung oder Überschreitung der Lieferfrist vor, von der sich der Beförderer nur unter engen Voraussetzungen, etwa durch den Nachweis der objektiven Unvermeidbarkeit, befreien kann. Als Ausgleich für diese Haftungsstrenge beschränken die Art. 23 und 25 den Umfang des Schadensersatzes bei Verlust oder Beschädigung des Frachtgutes oder Überschreitung der Lieferfrist. Abweichend vom nationalen Zivilrecht (§ 249 BGB), aber in Übereinstimmung mit dem nationalen Frachtrecht (§ 429 HGB) folgt die CMR dem Wertersatz- und nicht dem Restitutionsprinzip. Nach dem Vorbild der Art. 31 ff. CIM 1952 wird der Schadensersatz bei Verlust und Beschädigung auf **Wertersatz** unter Ausschluss des mittelbaren Schadens begrenzt (Art. 23 Abs. 1, Art. 25 Abs. 1) und zusätzlich eine **Haftungshöchstsumme** festgesetzt (Art. 23 Abs. 3, Art. 25 Abs. 2 iVm. Art. 23 Abs. 3). Der niedrigere der beiden Beträge markiert die Obergrenze der Haftung. Für den Wertersatz ist dabei nicht der Ankunftswert des Gutes am Bestimmungsort maßgeblich, der auch den Gewinn der Verladerseite sowie Fracht und andere transportbedingte Aufwendungen einschließt, sondern der **Versandwert** am Übernahmeort.[1] Dieser Betrag wird durch die Haftungshöchstsumme des Abs. 3 begrenzt. Zusätzlich und über diese Summe hinaus sind Fracht, Zölle und sonstige aus Anlass der Beförderung entstandene Kosten zu erstatten, und zwar summenmäßig unbegrenzt (Art. 23 Abs. 4). Das Nebeneinander von beschränkter Schadensersatzhaftung und zusätzlicher **unbeschränkter Kostenerstattungspflicht** führt naturgemäß zu zahlreichen Streitigkeiten darüber, ob bestimmte Rechnungsposten als Schaden oder als Kosten zu qualifizieren sind. Bei Überschreitung der Lieferfrist kann Ersatz auch für mittelbare Schäden verlangt werden, dafür wird die Höhe des Schadensersatzes aber auf den Betrag der Fracht beschränkt (Art. 23 Abs. 5). Abweichungen von diesen Grundsätzen ergeben sich nur bei Festlegung eines besonderen Interesses an der Lieferung durch Eintragung im Frachtbrief (Art. 26; vgl. Art. 23 Abs. 6), bei Vorsatz oder vorsatzgleichem Verschulden des Frachtführers (Art. 29) oder im Fall der Angabe eines Werts des Gutes im Frachtbrief (Art. 24; vgl. Art. 23 Abs. 6). Im Übrigen sind von der abschließenden Regelung der Art. 23 ff. abweichende Haftungsvereinbarungen wegen Verstoßes gegen Art. 41 nichtig.

2     **2. Anwendungsbereich.** Die Art. 23 ff. gelten nur für die **Haftung des Frachtführers,** nicht für die des Absenders oder Empfängers. Sie betreffen auch nur die Haftung „auf Grund der Bestimmungen dieses Übereinkommens" (Art. 23 Abs. 1), sind insoweit aber zwingend und abschließend.[2] Dagegen regeln sie nicht den Umfang der Verantwortlichkeit des Frachtführers aus anderen Gründen als Verlust, Beschädigung oder Überschreitung der Lieferfrist, etwa wegen Nichteinziehung einer Nachnahme, vgl. Art. 21 Rn. 17, oder wegen Nichtausführung von Weisungen, vgl. Art. 12 Rn. 34 f. Auch bei Ansprüchen, die gar nicht auf der CMR, sondern auf nationalem Recht beruhen, etwa wegen Schlechterfüllung nach den Grundsätzen der positiven Vertragsverletzung[3] oder wegen Beschädigung von Einrichtungen des Absenders oder Empfängers,[4] kann sich der Frachtführer nicht auf die ihm zumeist günstigeren Regeln der Art. 23 und 25 berufen.

## II. Wertersatz bei Verlust des Gutes (Abs. 1 und 2)

3     **1. Wertersatz und Ausschluss sonstigen Schadensersatzes.** Art. 23 Abs. 1 beschränkt die Entschädigung bei gänzlichem oder Teilverlust des Gutes auf seinen Wert am Ort und zur Zeit der Übernahme zur Beförderung. Schadensersatz wird also nur in Form des pauschalierten Wertersatzes in Geld geleistet.[5] Eine Naturalrestitution ist, auch in Form des Ersatzes notwendiger Reparaturkosten, ausgeschlossen.[6] Mittelbare Schäden oder Sachfolgeschäden einschließlich eines **entgangenen Gewinns** bzw. Verdienstausfalls

---

[1] Zur Entwicklung der Wertberechnung siehe näher *Basedow* TranspV S. 406 f.
[2] OLG Düsseldorf 21.11.2012, TranspR 2013, 115, 117; OGH Wien 13.6.1985, SZ 58/102, S. 489, 491 = TranspR 1988, 13; *Decker* TranspR 1985, 312; ausführlich Thume/*Thume/Riemer* Rn. 35.
[3] BGH 27.10.1978, NJW 1979, 2473, 2474; OGH Wien 13.6.1985, SZ 58/102, S. 489, 491 f. = TranspR 1988, 13, 14; *Clarke* S. 301 Nr. 97.
[4] Kh. Antwerpen 7.1.1977, ETR 1977, 420, 427 ff.; *Shell Chemicals UK Ltd v. P & O Roadways Ltd.* ETR 1993, 276, 279 Q. B. D. – Com.Ct. (1992); Hof 's-Hertogenbosch 26.10.1992, S. & S. 1993 Nr. 28.
[5] Zum Wertersatzprinzip im Transportrecht vgl. ausführlich *Koller,* FS BGH, 2000 II S. 181 ff.
[6] BGH 13.2.1980, NJW 1980, 2021 sub III.; *Herber/Piper* Rn. 3; Thume/*Thume/Riemer* Rn. 3; GroßkommHGB/*Helm* Rn. 9; *Koller* Rn. 3; Jabornegg/Artmann/*Csoklich* Rn. 4.

sind ebenfalls nicht zu ersetzen,[7] soweit den Frachtführer nicht eine erweiterte Einstandspflicht gemäß Art. 26 oder 29 trifft (vgl. Abs. 6). Das Gleiche gilt für nutzlose Aufwendungen, Wiederbeschaffungskosten, Einbußen aus Kursverfall oder Produktionseinschränkung, aufgewendete Kreditzinsen, Verlust des Absatzmarkts am Bestimmungsort, verwirkte Vertragsstrafen und sonstige schadensbedingte Aufwendungen des Absenders.[8] Erst recht bleiben Schäden außer Betracht, die in keinem Zusammenhang mit einem Transportschaden stehen.[9]

Art. 23 Abs. 1 dient nicht nur der Schadensbegrenzung, sondern nach dem Wortlaut **4** primär der Schadensberechnung. In ihrem Anwendungsbereich schreibt die Bestimmung unter Abkehr vom Modell der konkreten Differenzhypothese den pauschalierten Wertersatz vor, verankert also einen gesetzlichen Anwendungsfall der objektiven oder unwiderleglichen **abstrakten Schadensberechnung.**[10] Danach bestimmt der Wert des Transportgutes gleichzeitig die Mindest- und Höchsthaftung des Frachtführers bei Verlust. Er bildet einerseits die Obergrenze der Entschädigung, wenn, wie häufig, der tatsächlich entstandene Schaden höher ist. Andererseits ist Wertersatz als abstrakter Mindestschaden bei Verlust auch dann in voller Höhe zu leisten, wenn im Einzelfall der Schaden, etwa auf Grund eines tatsächlich erzielten niedrigeren Veräußerungspreises, hinter dem objektiven Wert des Gutes zurückbleibt.[11] Dies begünstigt eine einfache und rasche Schadensabwicklung. Dennoch setzt die Anwendung des Art. 23 Abs. 1 voraus, dass **überhaupt ein Schaden** in Form eines Güterverlusts entstanden ist, da der Anspruch aus Art. 17 andernfalls schon dem Grund nach nicht besteht.[12] Findet sich das verlorene Gut später wieder an, so muss sich der Absender/Empfänger diesen Vorteil nach dem ihm in Art. 20 Abs. 3 verankerten allgemeinen Rechtsgedanken (vgl. Einl. Rn. 37) anrechnen lassen.[13] Dies gilt jedoch nur dann, wenn der Verfügungsberechtigte von dem in Art. 20 Abs. 2 eingeräumten Wahlrecht, die Güter im Fall ihres Wiederauffindens zurückzuerhalten, Gebrauch gemacht hat.[14] Es ist nicht erforderlich, dass der Absender seinerseits die Gefahr für den Verlust des Gutes trägt, der Schaden also in seiner Person entstanden ist. Auch wenn er dem Empfänger keinen Ersatz schuldet, kann er vom Frachtführer Wertersatz verlangen.[15] Das Gleiche gilt in den Fällen der **Drittschadensliquidation.**[16] Der dem Hauptfrachtführer durch eine Handlung des Unterfrachtführers verursachte Schaden liegt in seiner Haftung gegenüber dem Auftraggeber.[17]

**2. Versandwert.** Der Transportunternehmer hat den Wert des Gutes am Ort und zur **5** Zeit der Übernahme zur Beförderung zu ersetzen. Unter dem **Zeitpunkt der Übernahme**

---

[7] OLG München 29.7.1998, TranspR 2000, 31; *Loewe* ETR 1976, 567 Nr. 189; *Silingardi* S. 194; *Heuer* S. 117; *Clarke* S. 296 f. Nr. 94; *Haak* S. 197, 204; *Herber/Piper* Rn. 4; *Koller* Rn. 5; EBJS/*Boesche* Rn. 2; Jabornegg/Artmann/*Csoklich* Rn. 4; Cass.com. 3.2.1987, BT 1987, 270; Cour Paris 22.4.1992, BTL 1992, 362.

[8] *Decker* TranspR 1985, 312; *Lamy* 2013 Rn. 784; *Clarke* S. 297 Nr. 94; *Putzeys* S. 299 Nr. 890.

[9] *Heuer* S. 117 mit dem Beispiel des Preisverfalls während der Beförderung.

[10] Zu den Typen der abstrakten Schadensberechnung *Lange/Schiemann*, Schadensersatz (Handbuch des Schuldrechts I), 3. Aufl. 2003, § 6 XI. 2., S. 353 ff.; vgl. auch MüKoBGB/*Oetker*, 6. Aufl. 2012, § 252 Rn. 44 f.; zur Qualifikation von Art. 23 in diesem Sinne *Haak* S. 204; GroßkommHGB/*Helm* Rn. 12; *Jesser* S. 124; *Herber/Piper* Rn. 5; EBJS/*Boesche* Rn. 3; Thume/*Thume/Riemer* Rn. 3 und 8; Ferrari/*Otte*, Int. Vertragsrecht, Rn. 5; Jabornegg/Artmann/*Csoklich* Rn. 5; BGH 25.10.2001, TranspR 2002, 198, 199; OLG Düsseldorf 24.7.2002, TranspR 2003, 343, 347.

[11] BGH 15.10.1992, NJW-RR 1993, 1269 = TranspR 1993, 137: Wertersatz in voller Höhe trotz schlechter Absatzmöglichkeiten am Bestimmungsort; OGH Wien 13.7.1994, TranspR 1995, 285, 287; Cour Amiens 18.5.1981, BT 1982, 208; *de la Motte* VersR 1988, 318; *Nickel-Lanz* S. 123 Nr. 156.

[12] *Decker* TranspR 1985, 312 Fn. 6; GroßkommHGB/*Helm* Rn. 3; Ferrari/*Otte*, Int. Vertragsrecht, Rn. 7; OLG Düsseldorf 24.7.2002, TranspR 2003, 343, 347.

[13] OLG München 23.4.1993, VersR 1994, 1328, 1329; GroßkommHGB/*Helm* Rn. 10; *Koller* Rn. 5.

[14] BGH 25.10.2001, TranspR 2002, 198, 199; zustimmend *Koller* Rn. 5; Thume/*Thume/Riemer* Rn. 13.

[15] *Knorre* TranspR 1985, 241; EBJS/*Boesche* Rn. 3.

[16] OLG Innsbruck 26.1.1990, TranspR 1991, 12, 20 sub III 2 b; OLG Hamburg 3.6.1982, TranspR 1985, 266, 268.

[17] OLG München 5.7.1989, TranspR 1990, 16 = NJW-RR 1989, 1434, 1435.

zur Beförderung ist dabei nicht der Tag des Abschlusses des Beförderungsvertrags, sondern der Tag der tatsächlichen Übernahme des Transportgutes zu verstehen,[18] siehe näher Art. 17 Rn. 16 ff. Die Maßgeblichkeit des Versandorts für die Wertberechnung findet sich in Art. 30 § 1 ER CIM 1999 und auch in § 429 HGB, doch weicht Art. 23 hierin von nationalen Haftungsregelungen ab, die den Wert am Bestimmungsort der Lieferung **(Ankunftsort)** für maßgeblich erklären.[19] Art. 23 begünstigt in den allermeisten Fällen den Frachtführer, da der ökonomische Hintergrund einer Beförderung ja gerade in dem Preisgefälle zwischen Versand- und Zielort liegt; diese Wertsteigerung durch Ortsveränderung wird dem Absender im Verlustfall nicht ersetzt. Zweck der Regelung ist es, die mögliche Haftung für den Frachtführer voraussehbar zu machen,[20] sein Haftungsrisiko zu verringern[21] und – wohl weniger wirklichkeitsnah – eine Erhöhung des Preises gleichartiger Güter am Bestimmungsort allein auf Grund der Nachricht über den Verlust der Ware nicht in die Wertberechnung einfließen zu lassen.[22] Die Höhe der Einstandspflicht für Verlust soll unabhängig von zufälligen Schwankungen des Werts der Ware im Laufe des Transports und insbesondere am Bestimmungsort, etwa auf Grund der dortigen Knappheit entsprechender Güter, bereits zu Beginn des Transports feststehen.[23] Wertsteigerungen und Wertverfall im Verlaufe des Transports oder am Bestimmungsort bleiben also für die Entschädigung im Rahmen des Art. 23 Abs. 1 stets unbeachtlich, auch wenn sie auf der Erhöhung von Fracht-, Zoll- und sonstigen Beförderungskosten beruhen.[24]

**6**     Kompensiert wird der Ausschluss der Werterhöhung von der Entschädigung zu einem Teil durch die Pflicht des Frachtführers zur zusätzlichen **Erstattung von Fracht, Zöllen** und sonstigen aus Anlass der Beförderung entstehenden Kosten nach Art. 23 Abs. 4, da diese Aufwendungen sich gewöhnlich im Wert des Gutes am Bestimmungsort niederschlagen.[25] Die Maßgeblichkeit des Übernahmeorts für die Wertberechnung hat demnach zur Folge, dass alle Kosten und Aufwendungen, die erst im Verlauf der Beförderung entstehen, ohne Einfluss auf den nach Art. 23 Abs. 1 zu ersetzenden Wert des Gutes bleiben und somit über Art. 23 Abs. 4 als wertbildende Kosten Berücksichtigung finden können, vgl. Rn. 37. Dies gilt auch, wenn die betreffenden Abgaben vom Absender schon **vorausentrichtet** wurden, da die Abgabenschuld erst mit Erfüllung des Abgabentatbestands entsteht, dieser aber zur Zeit der Übernahme des Transportgutes noch nicht verwirklicht ist und folglich den Wert der Ware am Ausgangsort auch nicht erhöhen kann. Auch der Wert einer vom Absender bereits verzollten Ware ist also ohne Berücksichtigung des entrichteten Zolls zu bestimmen.[26] Demgegenüber spiegeln sich **echte Vorkosten** wie zB Frachtkosten *zum* Übernahmeort oder bereits fällige und entrichtete inländische Steuern und Abgaben bereits im Wert der Ware zum Übernahmezeitpunkt wider, sind also nach Abs. 1–3 zu berücksichtigen, vgl. Rn. 32 f.

**7**     **3. Börsenpreis.** Der Wert des Gutes richtet sich in erster Linie nach dem Börsenpreis von Ware derselben Beschaffenheit am Ort und zur Zeit der Übernahme der Ware. Ein Börsenpreis wird allerdings für die Güter des Straßentransports in den seltensten Fällen existieren, da sie zumeist nicht an einer Börse gehandelt werden.[27] Besteht wie bei manchen

---

[18] *Clarke* S. 296 Nr. 94 Fn. 19; *Koller* Rn. 6.
[19] Vgl. zB § 430 UGB (entspricht § 430 HGB aF) für das österreichische Recht; Art. 1696 C. c. für das italienische Recht, vgl. *Silingardi* S. 194; *Clarke* S. 296 Nr. 94 zum englischen Recht; *Brunat* BT 1982, 202 zum französischen Recht; vgl. auch *Haak* S. 204 und GroßkommHGB/*Helm* Rn. 11 mit Nachw.
[20] *Putzeys* S. 289 Nr. 865; *Silingardi* S. 194 f.; zur ähnlichen eisenbahnrechtlichen Diskussion im 19. Jahrhundert siehe schon *Basedow* TranspV S. 406.
[21] *Koller* VersR 1989, 6; für die Eisenbahnen im 19. Jahrhundert auch *Basedow* TranspV S. 406.
[22] *Clarke* S. 296 Nr. 94 mit Hinweis auf die CMR-Materialien.
[23] *Nickel-Lanz* S. 123 Nr. 156.
[24] Vgl. etwa *Jesser* S. 126; *Nickel-Lanz* S. 123 Nr. 156; *Heuer* S. 118; aA zu Unrecht Cour Paris 30.5.1984, BT 1985, 75, 76.
[25] Vgl. etwa *Putzeys* S. 290 Nr. 868; *Glöckner* TranspR 1988, 329; *Csoklich* S. 203; *Koller* VersR 1989, 6.
[26] *Heuer* TranspR 1987, 357; *Koller* VersR 1989, 7.
[27] *Heuer* S. 118: *Glöckner* TranspR 1988, 327 f.; *Jesser* S. 124 f.; *Lamy* 2013 Rn. 785.

Rohstoffen ein Börsenpreis, ist er ohne weiteres als Wert des Gutes anzunehmen, auch wenn der wirkliche oder der auf der Rechnung angegebene Wert davon abweicht oder Spekulationen bei der Bildung des Börsenpreises mitgewirkt haben.[28] Gibt es am Übernahmeort selbst keine Börse, ist genau zu prüfen, ob er derart im Einflussbereich einer Warenbörse liegt, dass diese für die Preisbildung am Übernahmeort bestimmend ist.[29]

**4. Marktpreis. a) Begriff und Voraussetzungen.** Wenn die beförderte Ware nicht an **8** der Börse gehandelt wird, greift subsidiär der Marktpreis ein. Dieser Begriff sollte, obwohl in der CMR nicht definiert, nicht nach dem nationalen Recht, sondern autonom ausgelegt werden (vgl. Einl. Rn. 19).[30] Gemeint ist der **gewöhnliche Verkaufswert am Versandort,**[31] also der Durchschnittswert, den ein Gut gleicher Art und Güte unabhängig von den Besonderheiten des konkreten Falls im Allgemeinen bei einem Verkauf am Versandort erzielen würde.[32] Dieser Wert wird zwar oft vom Rechnungsbetrag indiziert, vgl. Rn. 12, ist aber jedenfalls nicht mit dem Fakturenwert identisch,[33] ebenso wenig mit dem Wiederbeschaffungswert[34] oder dem auf den Zollpapieren deklarierten Wert,[35] sondern entspricht nach überwiegender Ansicht im deutschen Sprachraum dem gemeinen Handelswert iSv. § 430 HGB aF.[36] Voraussetzung für die Existenz eines Marktpreises ist, dass ein Gut von gleicher Art und Qualität überhaupt im kaufmännischen Verkehr gehandelt wird.[37] Die **Gewinnspanne des Verkäufers** ist Teil des Verkaufspreises, so dass sie bei der Wertermittlung zu berücksichtigen ist und nicht einfach der Selbstkostenpreis des Herstellers herangezogen werden darf.[38] Es ist also diese Gewinnspanne des Verkäufers zu unterscheiden von dem im Zielland entgangenen Gewinn des Käufers, der sich bei einem Weiterverkauf hätte erzielen lassen und nicht ersetzt wird, vgl. Rn. 3. Da sich der Marktpreis nicht unbedingt auf einem freien Markt bilden muss, sind Monopolpreise in Staatshandelsländern ebenso wie behördlich oder staatlich festgesetzte oder auf Höchstbeträge begrenzte Preise und, soweit sie praktiziert werden, sogar unverbindliche Referenzpreise für die Wertberechnung als Marktpreise zu behandeln.[39]

**b) Relevanter Markt.** Art. 23 bestimmt den für die Wertermittlung relevanten Markt **9** zwar in räumlicher (Übernahmeort) und sachlicher (das Gut), nicht jedoch in vertriebsorganisatorischer Hinsicht. Dabei geht es erstens um die Frage der relevanten Marktstufe. Maßgeblich für die Ermittlung des Werts ist stets die **Handelsstufe** des Kaufvertrags, zu dessen Erfüllung der Transport bestimmt ist, also je nachdem die Beziehung Hersteller/Großhändler, Großhändler/Einzelhändler, Einzelhändler/Endverbraucher betrifft.[40] Es kann folglich

---

[28] *Heuer* S. 118.
[29] *Putzeys* S. 289 Nr. 866; *Heuer* S. 118 f.; *Silingardi* S. 197; Thume/*Thume/Riemer* Rn. 8 (Fn. 17); Ferrari/ *Otte,* Int. Vertragsrecht, Rn. 9.
[30] *Koller* Rn. 3; aA *Clarke* S. 298 Nr. 94a; *Bischof* VersR 1982, 1132.
[31] *Glöckner* TranspR 1988, 328; *Clarke* S. 298 Nr. 94a; *Herber/Piper* Rn. 7; GroßkommHGB/*Helm* Rn. 13; EBJS/*Boesche* Rn. 5.
[32] OLG Düsseldorf 30.7.2003, TranspR 2003, 455, 456; *Koller* Rn. 3; *Heuer* S. 119; *Lamy* 2013 Rn. 787; *Silingardi* S. 198.
[33] *Lamy* 2013 Rn. 787; *Silingardi* S. 197 f.
[34] *Jesser* S. 125; *Decker* TranspR 1985, 312; *Koller* Rn. 4.
[35] Dieser wird oft aus fiskalischen Gründen niedriger sein, vgl. *Silingardi* S. 197; App. Venezia 31.10.1974, ETR 1975, 242, 250; Rb. Rotterdam 19.11.1982, S. & S. 1987 Nr. 56 zu dem im TIR-carnet angegebenen Wert; zustimmend *Ponet/Willems* Rev.dr.com.belge 1992, 738.
[36] *Jesser* S. 125; GroßkommHGB/*Helm* Rn. 13; *Herber/Piper* Rn. 7; EBJS/*Boesche* Rn. 4; Jabornegg/Artmann/*Csoklich* Rn. 5.
[37] Cour Paris 9.7.1980, BT 1980, 449: kein Marktpreis für Einzelstück; *Heuer* S. 119; *Jesser* S. 125 mwN.
[38] Hof Antwerpen 9.10.1985, Jur.Anv. 1988, 105; Hof 's-Gravenhage 13.6.1995, S. & S. 1995 Nr. 90; *Putzeys* S. 289 f. Nr. 866 bis; *Lamy* 2013 Rn. 787; *Clarke* S. 298 Nr. 94a; *Brunat* BT 1982, 146, 147; EBJS/ *Boesche* Rn. 5; aA ohne Begründung *Loewe* ETR 1976, 568 Nr. 190 und ihm folgend *Bischof* VersR 1982, 1133.
[39] *Heuer* S. 119; *Jesser* S. 125; *Putzeys* S. 289 Nr. 866; *Loewe* ETR 1976, 567 Nr. 190; *Koller* Rn. 4.
[40] OLG Düsseldorf 30.7.2003, TranspR 2003, 455, 456; 26.7.2004, TranspR 2005, 118, 121; GroßkommHGB/*Helm* Rn. 12; Thume/*Thume/Riemer* Rn. 9; zustimmend *Koller* Rn. 3; EBJS/*Boesche* Rn. 5; *Herber/Piper* Rn. 8: Ersatzberechtigter; siehe schon *Decker* TranspR 1985, 312; *Glöckner* TranspR 1988, 328 und 329; BGH 6.7.1989, TranspR 1990, 58, 59 f. zu § 35 Abs. 1 KVO; BGH 29.7.2009, TranspR 2009, 408 (409) § 429 HGB.

am Absendeort je nach Handelsstufe verschiedene Marktpreise geben,[41] und es wäre verfehlt, immer den Einkaufspreis des Endverbrauchers als Maßstab zu nehmen.[42] Ob der Transportvertrag vom Absender oder Empfänger abgeschlossen wurde, ändert an der Handelsstufe nichts. Auch wenn der **Empfänger Vertragspartner des Beförderers** ist, deckt sich der Wert des Gutes am Übernahmeort tendenziell mit dem zwischen Absender und Empfänger vereinbarten Kaufpreis[43] und nicht etwa mit dem Erlös, den der Empfänger durch Weiterveräußerung am Übernahmeort hätte erzielen können. Wollte man auf diesen Wert der nachfolgenden Handelsstufe abstellen, erhielte der Empfänger erstens einen Teil des ihm entgangenen Gewinns, was dem Grundgedanken des Art. 23 widerspricht, siehe Rn. 3 und 8; zweitens ist der am Übernahmeort entgangene Gewinn nicht nur – wie der am Bestimmungsort entgangene Gewinn – eine hypothetische, aber doch nachweisbare, sondern eine völlig irreale Größe, weil der Empfänger die Güter dort nie verkauft hätte, und drittens verleitet eine solche Differenzierung die Verladerseite dazu, den Schaden auf den Empfänger zu verlagern, um in den Genuss höherer Schadensersatzleistungen zu kommen. Handelt es sich beim Absender um einen Spediteur, ist die Absatzstufe seines materiell geschädigten Auftraggebers, also des Versenders maßgeblich.[44] Wird das Gut während des Transports **weiterveräußert** und ein neuer Empfänger benannt, bleibt die Handelsstufe des ursprünglichen Empfängers maßgeblich, weil der Frachtführer das Gut für den ursprünglichen Empfänger übernommen hat.[45] Wird hingegen beim Transport eine **Handelsstufe übersprungen,** weil das Gut vom Erstkäufer/Zwischenhändler bereits an einen Zweitkäufer noch vor der Übergabe an den Frachtführer weiterveräußert wurde und nun direkt vom Hersteller zum Zweitkäufer befördert, ist die zweite Handelsstufe, also der Verkaufspreis des Zwischenhändlers ausschlaggebend.[46]

10      Auch auf derselben Handelsstufe kann es **verschiedene Marktsegmente** geben. Während oben in Rn. 8 auf den Markt am Versandort, dh. auf die lokale Nachfrage abgestellt wird, kann es sein, dass der Versandwert des Gutes, wenn es für andere Marktsegmente bestimmt ist, höher oder niedriger liegt. Dies gilt besonders für Güter, die für Auslandsmärkte bestimmt sind; vor allem marktbeherrschende Hersteller und Exporteure operieren nicht selten mit **gespaltenen Preisen,** die sich jeweils am Preisniveau des Bestimmungslands orientieren. Der maßgebliche Versandwert ist dann stets derjenige für das betreffende Marktsegment.[47] Abweichende Versandwerte für verschiedene Marktsegmente können sich auch aus einer **unterschiedlichen Abgabenbelastung bzw. Subventionierung** je nach Bestimmungsland der Ware, dh. je nach Marktsegment ergeben. In dem englischen Fall *Buchanan v. Babco*[48] sollten beispielsweise 1000 Fässer schottischen Whiskys von Glasgow nach Teheran exportiert werden, wurden aber noch in England auf dem Weg zum Ausfuhrhafen Felixstowe in einem unbewachten Moment gestohlen. Der Exportpreis lag bei 7000 £; durch die inländische „Vermarktung" des Gutes wurde Branntweinsteuer in Höhe von 30 000 £ fällig. Für die Wertberechnung ging das House of Lords zu Recht nicht von dem durch die Branntweinsteuer immens erhöhten Verkaufspreis auf dem englischen Markt,[49] sondern nur von dem für Exporte in den Iran

---

[41] *Heuer* S. 119 mwN; *Jesser* S. 125.

[42] So aber zu Unrecht OLG München 27.2.1981, VersR 1982, 334, 335; dagegen *Bischof* VersR 1982, 1132 f.; *Knorre* TranspR 1985, 241; GroßkommHGB/*Helm* Rn. 13.

[43] BGH 29.7.2009, TranspR 2009, 408 (409) § 429 HGB: Beschaffungswert; OLG München 31.5.2000, TranspR 2002, 26, 27; zustimmend GroßkommHGB/*Helm* Rn. 13; Cour Toulouse 5.12.1979, BT 1980, 13, 14; OLG Nürnberg 14.6.1965, ETR 1971, 247, 262; wohl auch App. Venezia 31.10.1974, ETR 1975, 242, 250.

[44] Cour Toulouse 5.12.1979, BT 1980, 13, 14.

[45] BG Werdenberg Schweiz 22.9.1998, TranspR 2001, 132, 133; *Koller* Rn. 3.

[46] OGH Wien 8.7.2004, TranspR 2006, 72, 73 f.; Thume/*Thume/Riemer* Rn. 10; *Beier* S. 43; *Koller* Rn. 3; *Schmidt* TranspR 2009, 1 (3 ff.).

[47] *Koller* VersR 1987, 7; *Clarke* S. 298 f. Nr. 94a.

[48] [1978] A. C. 141 = [1977] 3 All E. R. 1048 H. L. = ETR 1978, 75.

[49] So aber Master Jacob in seinem erstinstanzlichen Urteil, vgl. [1978] A. C., 141, 156; ebenso grds. *Hardingham* LMCLQ 1978, 51, 54 f.; *Pesce* S. 280 f.

erzielbaren wesentlich niedrigeren Verkaufspreis von 7000 £ aus.[50] Denn bei ungestörtem Verlauf des Transports wären die inländischen Abgaben nicht angefallen, so dass am Übernahmeort Glasgow für den Wert des unbesteuerten Whiskys nur der für Exporte nach Iran zu zahlende Preis maßgeblich war. Ob die dem Absender/Verkäufer oder Empfänger/Käufer auferlegte Branntweinsteuer vom Frachtführer zu erstatten ist, beurteilt sich gemäß Abs. 4, vgl. Rn. 37 ff.

Ähnliches gilt, wenn Güter mit hohem Inlandspreis wie etwa Agrarprodukte in der EG **11** im Hinblick auf staatliche Exportsubventionen Käufern aus Drittstaaten zum niedrigen Weltmarktpreis angeboten werden.[51] Maßgebliches Marktsegment für die Wertbestimmung ist auch hier das der verbilligten Ausfuhren in Drittstaaten; wenn die Ladung vor der Ausfuhr in Verlust gerät und der Absender deshalb keine **EG-Ausfuhrerstattung** erhält, so kann er einen Ausgleich nicht über Abs. 1,[52] sondern nur über Abs. 4 erlangen, vgl. Rn. 40. Die Ausfuhrerstattung ist wie auch inländische Verbrauchssteuern, s. o. Rn. 10, daher kein integraler Bestandteil des Warenwerts am Übernahmeort.[53] Ferner stellt das Prinzip der Erstattung des Marktwerts (Rn. 8) allein auf die Nachfrage am Übernahmeort ab, und eine solche Nachfrage besteht zu dem EG-Binnenpreis gerade nicht, nur deshalb werden die Exporte subventioniert. Drittens gebietet auch der für Art. 23 Abs. 1 und 2 leitende Gesichtspunkt der Voraussehbarkeit des Schadens den Ausschluss der Ausfuhrerstattungen, denn ihr Umfang ist für den Frachtführer nicht abschätzbar.[54]

**c) Vereinbarter Verkaufspreis.** Der von Absender und Empfänger im konkreten Fall **12** vereinbarte und auf der Rechnung angegebene Verkaufspreis **(Fakturenwert)** wird in der Praxis als Indiz für den Marktpreis herangezogen.[55] Dabei steht aber beiden Parteien der Beweis offen, dass der wirkliche Wert der Ware von dem Fakturenwert abweicht. Die Berücksichtigung des Fakturenwerts ist deshalb nur möglich, soweit keine Anhaltspunkte für einen davon abweichenden wirklichen Wert bestehen.[56] Nicht der Rechnungspreis, sondern der Marktpreis ist folglich maßgeblich, wenn Absender und Empfänger als Mutter- und Tochtergesellschaft einen besonders niedrigen **Konzernverrechnungspreis**[57] oder

[50] *Buchanan v. Babco* [1978] A. C. 141, 151, 156, 159 f., 170 = ETR 1978, 75 *(Lord Wilberforce, Viscount Dilhorne, Lord Salmon, Lord Edmund-Davies, Lord Fraser)*; ebenso *Decker* TranspR 1985, 312; *Herber/Piper* Rn. 9; ausführlich zum Buchanan-Fall insoweit *Hill/Messent* S. 196 f.; *EBJS/Boesche* Rn. 6; ebenso in einem ähnlichen Fall Rb. Amsterdam 30.3.1977, S. & S. 1978 Nr. 30 = RDU 1978 II 299, 304 f.; ebenso auch das dänische Sø-og Handelsret 31.10.1985, mit abgedruckt bei Højesteret 4.5.1987, ETR 1994, 360, 364; ebenso auch KG Berlin 11.1.1995, TranspR 1995, 342, 245 f.; aA *Koller* Rn. 4.
[51] Vgl. *Norer/Bloch* in Dauses (Hrsg.), Handbuch des EU-Wirtschaftsrechts, 2012, G Rn. 143.
[52] So auch Hof 's-Hertogenbosch 21.5.1990, S. & S. 1992 Nr. 77 S. 271: überhaupt keine Erstattung; ebenso *Thume* TranspR 1995, 55, 57.
[53] Wie hier *Herber/Piper* Rn. 9; *EBJS/Boesche* Rn. 6; *Ferrari/Otte,* Int. Vertragsrecht, Rn. 19 (schlägt aber in diesen Ausnahmefällen die Orientierung an dem üblicherweise im Inland erzielbaren Preis vor); *Jaborregg/Artmann/Csoklich* Rn. 6; zu Verbrauchssteuern Hof van Cassatie Belgien 27.5.2011, ETR 2012, 83; aA *Koller* Rn. 3; *Thume/Thume/Riemer* Rn. 9; AG Reutlingen 30.4.1996, TranspR 1996, 292, 293; OLG Karlsruhe 8.6.2001, VersR 2003, 1329; 1330; LG Tübingen 1.3.2001, TranspR 2002, 79; Cour Paris 8.6.1982, BT 1982, 564, 565; *Lamy* 2013 Rn. 784; *Silingardi* S. 196; zu § 35 KVO auch BGH 6.7.1989, TranspR 1990, 58, 60.
[54] *Norer/Bloch* (Fn. 51) G Rn. 111 sprechen von „handelspolitischen Spielräumen" bei der Festlegung und „außenpolitisch motivierten Differenzierungen".
[55] OGH Wien 8.7.2004, TranspR 2006, 72, 73; OLG Nürnberg 14.6.1965, ETR 1971, 247, 262; OLG Düsseldorf 14.7.1983, TranspR 1984, 16, 17; OLG Düsseldorf 30.7.2003, TranspR 2003, 455, 456; OLG München 21.12.1990, TranspR 1991, 96, 98; OLG Hamm 25.5.1992, TranspR 1992, 410, 411; OLG Hamburg 16.1.1986, TranspR 1986, 229, 230; *Koller* Rn. 5; *GroßkommHGB/Helm* Rn. 14; *Thume/Thume/Riemer* Rn. 11; *EBJS/Boesche* Rn. 4; Cour Toulouse 6.12.1979, BT 1980, 104; Cour Amiens 18.5.1981, BT 1982, 208; App. Venezia 31.10.1974, ETR 1975, 242, 250; *William Tatton & Co. v. Ferrymasters,* [1974] 1 Lloyd's L. Rep. 203 = ETR 1974, 737, 745.
[56] *Decker* TranspR 1985, 312; *Nickel-Lanz* S. 123 Nr. 156; *Clarke* S. 298 Nr. 94a; *Herber/Piper* Rn. 12; OLG Hamburg 11.9.1986, VersR 1987, 375; OLG Hamm 25.5.1992, TranspR 1992, 410, 411; Cour Amiens 18.5.1981, BT 1982, 208.
[57] Cass.com. 8.2.1982, BT 1982, 152 = ETR 1983, 43; Cass.com. 10.1.1983, BT 1983, 154, 155; *Silingardi* S. 198; *Clarke* S. 298 Nr. 94a; *Brunat* BT 1982, 146, 147; *ders.* BT 1981, 23 (Anm.); *Haak* S. 204 f.

sonst bewusst einen anderen Preis als den Marktpreis vereinbart haben.[58] Denn Preisvereinbarungen, die unter dem wirklichen Wert der Ware liegen, haben oft besondere Gründe, die nichts mit der späteren Verwendung der Ware zu tun haben und den Frachtführer nicht unverdient besser stellen sollen. **Ungeeignet ist der Fakturenwert** auch, wenn die Angabe auf der Faktura aus versicherungsrechtlichen Gründen einen fiktiven Gewinn enthält,[59] wenn der Absender bei seinem Einkauf ein besonders gutes oder besonders nachteiliges Geschäft gemacht und den Preis an seinen Abnehmer weitergegeben hat,[60] oder wenn zwischen der Ausstellung der Rechnung und dem Beginn des Transports ein längerer Zeitraum und Marktpreisschwankungen liegen.[61] Auch in der Faktura bereits berücksichtigte Frachtkosten des Absenders, etwa bei einer fob-Vereinbarung die Transportkosten zum Hafen, sind vom Rechnungspreis in jedem Fall abzuziehen, da der Marktpreis am Absendeort maßgeblich ist.[62] Dieser entspricht bei einem Verkauf durch den Absender dem Preis „ab Werk".[63] Ganz entsprechend sind Fakturenwerte auf cif-Basis zu kürzen; die transportbedingten Kosten für Fracht, Versicherung etc. sind über Abs. 4 zu ersetzen, also außerhalb der Haftungshöchstsumme des Abs. 3.[64]

**13**　　**5. Gemeiner Wert.** Sind die Güter nicht börsennotiert und lässt sich auch ein Marktpreis nicht ermitteln, weil es sich zB um unverkäufliche Einzelstücke handelt oder um Waren, die im Land des Übernahmeorts nicht verkauft werden dürfen, so ist subsidiär der gemeine Wert von Gütern gleicher Art und Beschaffenheit maßgeblich. Auch er ist objektiv-abstrakt zu bestimmen und richtet sich wie der Marktpreis nach dem allgemeinen Verkaufspreis auf dem relevanten Absatzmarkt am Übernahmeort (s. dazu Rn. 9 ff.).[65] Da auch der gemeine Wert einen rein objektiven Gehalt hat, ist ein besonderes Affektionsinteresse des Absenders an der Ware nicht über Art. 23, sondern allenfalls über Art. 26 ersetzbar,[66] zumal der Frachtführer davon ja auch in der Regel nichts wissen kann. Der gemeine Wert wird mangels anderer Anhaltspunkte im Zweifel mit dem **Netto-Fakturenwert** übereinstimmen.[67] Dagegen ist die **Zollrechnung** nicht unbedingt aussagekräftig.[68] Hat die betreffende Ware am Ort der Übernahme keinen Markt und werden dort auch keine Waren gleicher Art und Beschaffenheit gehandelt, so ist ein Vergleich mit ähnlichen Gütern am selben Ort oder mit gleichartigen Gütern an einem anderen, möglichst vergleichbaren Ort durchzuführen.[69] Gibt es keine vergleichbaren Güter, wie zB bei einer Spezialanfertigung oder einem Prototyp, muss der zu ersetzende Wert anhand der Gestehungskosten ermittelt werden.[70]

[58] *Heuer* S. 119 f. *Hill/Messent* S. 195 f. Fn. 24; Cour cass. 10.1.1983, BT 1983, 154, 155; zur Hinterziehung von Einfuhrabgaben LG Lübeck 25.1.2000, TranspR 2000, 222, 223, welches allerdings dem Kläger zu Unrecht die Berufung auf den höheren tatsächlichen Wert verwehrte.
[59] *Haak* S. 205.
[60] *Putzeys* S. 289 Nr. 866.
[61] Cour Amiens 18.5.1981, BT 1981, 208, bestätigt durch Cour cass. 7.12.1983, BT 1984, 538; siehe das Beispiel bei *Lamy* 2013 Rn. 786; *Clarke* S. 298 Nr. 94a; *Brunat* BT 1982, 146, 147; *ders.* BT 1982, 202, 203; *Haak* S. 205.
[62] *Buchanan v. Babco* [1978] A. C. 141, 151 = [1977] 3 All E. R. 1048, 1051 g = ETR 1978, 75 durch *Lord Wilberforce;* OLG Hamm 25.5.1992, TranspR 1992, 410, 411; Cour Paris 6.7.1988, BT 1989, 270, 271.
[63] OLG Hamburg 11.9.1986, VersR 1987, 375; OLG Hamm 25.5.1992, TranspR 1992, 410, 411.
[64] OLG Hamburg 16.1.1986, TranspR 1986, 229, 230.
[65] OGH Wien 28.6.1988, TranspR 1989, 222, 225; *Heuer* S. 120; *Decker* TranspR 1985, 312; *Lamy* 2013 Rn. 785.
[66] *Putzeys* S. 290 Nr. 867; *Lamy* 2013 Rn. 784.
[67] OGH Wien 28.6.1988, TranspR 1989, 222, 225; OGH Wien 8.7.2004, TranspR 2006, 72, 73; OLG Karlsruhe 8.6.2001, VersR 2003, 1329, 1330; Kh. Brussel 9.1.1978, Jur.Anv. 1977/78, 278; *Heuer* S. 120; *Pesce* S. 276; *Jesser* S. 126; *Butzer* VersR 1991, 854, 860; GroßkommHGB/*Helm* Rn. 13; *Putzeys* S. 289 Nr. 866; ähnlich auch Kh. Antwerpen 8.12.1978 bei *Ponet* Rn. 385: gemeiner Wert als Durchschnitt der Verkaufspreise des betreffenden Gutes aus dem laufenden Jahr.
[68] *Lamy* 2013 Rn. 787; siehe auch schon oben Rn. 8 Fn. 35.
[69] *Loewe* ETR 1976, 568 Nr. 190.
[70] GroßkommHGB/*Helm* Rn. 13; *Koller* Rn. 3; Thume/*Thume/Riemer* Rn. 12: geschätzt; *de la Motte* VersR 1988, 318; *Lamy* 2013 Rn. 785.

**6. Beweislast für den Wert des Gutes.** Die Umstände, aus denen sich der Wert **14** des Gutes am Ort und zur Zeit der Übernahme ergibt, sind vom Anspruchsteller zu beweisen.[71]

**7. Wertersatz bei Teilverlust.** Auch wenn nur ein Teil des Gutes verloren ist, hat der **15** Frachtführer nach Art. 23 Abs. 1 und 2 Wertersatz zu leisten. Er haftet dann nur in Höhe des Werts, den der verlorene Teil der Sendung am Ort und zur Zeit der Übernahme des Gutes hatte,[72] und nicht etwa in Höhe des Gesamtwerts der Sendung; unmaßgeblich ist auch, welchen gewichtsmäßigen Anteil das verlorene Gut an der Gesamtsendung hatte. Das ergibt sich aus dem Sinnzusammenhang mit der Berechnung der Haftungshöchstsumme in Abs. 3, die sich allein nach dem fehlenden Rohgewicht richtet. Von Bedeutung ist diese Berechnungsgrundlage, wenn die Sendung aus Waren verschiedenen Gewichts und Werts besteht und der verlorene Teil weniger wert ist, als seinem Anteil am Gesamtgewicht entspricht. Dann würde nämlich ein Wertersatz, der dem Verhältnis des Gewichts des verlorenen Teils zum Gesamtgewicht entspricht, wesentlich höher ausfallen, als wenn nur der Wert des verlorenen Teils ersetzt wird.[73] Das Gesamtgewicht und der Gesamtwert der Sendung sind folglich nur bei Totalverlust von Bedeutung, ferner insofern als bei gleichartigen Waren vom Gesamtwert der Sendung auf den anteiligen Wert des verlorenen Sendungsteils geschlossen werden kann.

Abweichendes gilt, wenn der Verlust eines Sendungsteils zur **Wertminderung der** **16** **übrigen Güter** führt, die wohlbehalten abgeliefert wurden, wenn zB die beförderte Maschine nicht die vorgesehene Leistung erbringt, weil ein mitbeförderter Teil während des Transports verloren ging. Hier sind zwei Schadensposten getrennt zu behandeln: neben dem **Teilverlust** im Sinne der oben (Rn. 15) behandelten Regeln liegt eine **Beschädigung** **der Gesamtsendung** vor, für die gemäß Art. 25 Ersatz zu leisten ist.[74] Ist eine Ersatzbeschaffung oder Reparatur des beschädigten Teils in angemessener Zeit möglich und führt zu einer vollständigen Wiederherstellung, kann hingegen nicht von einer Gesamtentwertung ausgegangen werden.[75] Auch wenn die Haftungshöchstsumme gemäß Abs. 3, berechnet nach dem Gewicht der Gesamtsendung, Art. 25 Abs. 2 lit. a,[76] nur einmal für die gesamte Sendung zur Verfügung steht, führt die skizzierte doppelgleisige Schadensberechnung für Teilverlust *und* Beschädigung unterhalb der Höchstsumme zu einer präziseren Erfassung des Schadens, verglichen mit der alternativen Qualifikation als Teilverlust *oder* Beschädigung. Zur Abgrenzung von Verlust und Beschädigung siehe im Übrigen Art. 17 Rn. 8–12.

### III. Haftungshöchstsumme (Abs. 3, 7–9)

**1. Gesetzeszweck und -bedeutung.** Zusätzlich zu der in Art. 23 Abs. 1 enthaltenen **17** Beschränkung der Verlusthaftung des Frachtführers auf Wertersatz unter Ausschluss des Ersatzes jeglichen mittelbaren Schadens statuiert Art. 23 Abs. 3 eine Begrenzung der Haftung des Frachtführers der Höhe nach auf „8,33 Rechnungseinheiten für jedes fehlende Kilogramm des Rohgewichts". Diese Haftungsobergrenze wird als solche durchweg nicht weiter gerechtfertigt und offenbar als selbstverständlich betrachtet; mit ungleich größerer Energie wendet sich die Literatur jedenfalls den Detailfragen der Berechnung zu. Die summenmäßige Haftungsbegrenzung soll die Haftung des Frachtführers für alle Beteiligten noch

---

[71] *Baumgärtel/Giemulla* Rn. 2; *Koller* Rn. 7; *Herber/Piper* Rn. 14; GroßkommHGB/*Helm* Rn. 17; *Ferrari/ Otte,* Int. Vertragsrecht, Rn. 24; *Lamy* 2013 Rn. 789a).
[72] *Koller* Rn. 13; *Heuer* S. 120; *Aisslinger* S. 93; *Clarke* S. 300 Nr. 95.
[73] Vgl. das Beispiel bei *Jesser* S. 127 Fn. 624.
[74] BGH 3.7.1974, NJW 1974, 1616 sub III 2; OLG Hamburg 15.1.1998, TranspR 1998, 290, 292; Kh. Antwerpen 16.6.1978, Jur. Anv. 1979/80, 187; *Heuer* S. 120; *Haak* S. 217 f.; *Thume/Thume/Riemer* Rn. 24; *Ferrari/Otte,* Int. Vertragsrecht, Rn. 23; im Ergebnis auch GroßkommHGB/*Helm* Rn. 52.
[75] BGH 6.2.1997, TranspR 1997, 335.
[76] Cour Paris 31.1.1984, BT 1984, 543; Kh. Antwerpen 16.6.1978, Jur.Anv. 1979/80, 187; *Lamy* 2013 Rn. 789b).

klarer voraussehbar machen[77] und den Frachtführer vor einer als unzumutbar empfundenen unbeschränkten bzw. nur auf den Wert beschränkten Haftung schützen.[78] Er könne diese Haftung nur durch eine Haftpflichtversicherung decken, deren Prämien über denen der Transportversicherung des Absenders liegen und deshalb den Transport unnötig verteuern.[79] An die **präventive Wirkung** einer verschärften Haftung wird dabei durchweg nicht gedacht. Dass eine wertvolle Ladung einen höheren Sicherheitsaufwand von Seiten des Frachtführers verlangt und ökonomisch sinnvoll erscheinen lässt als eine geringwertige Ladung, bleibt außer Betracht. Die Haftungshöchstsummen nehmen den Frachtführern den Anreiz zu zusätzlichen Sicherungsvorkehrungen und tragen damit in einem nicht unerheblichen, wenn auch schwer quantifizierbaren Ausmaß zur Schadensrealisierung, dh. zur Schadensvermehrung bei. Es gibt Anhaltspunkte dafür, dass die vermeintliche Verteuerung durch höhere Haftpflichtprämien bei volkswirtschaftlicher Betrachtung mehr als ausgeglichen würde durch eine Verminderung der gesamten Schäden.[80]

**18**    Die Haftungshöchstbeträge gemäß Abs. 3 limitieren zunächst den gemäß Abs. 1 und 2 für gänzlichen oder Teilverlust des Gutes zu zahlenden Schadensersatz. Hinsichtlich der Haftung des Frachtführers für Beschädigung der Ware verweist ferner Art. 25 Abs. 2 bezüglich der Haftungsobergrenze ebenfalls auf Art. 23 Abs. 3. Aus deren Zweck – den Frachtführer vor unzumutbarer Inanspruchnahme zu schützen – ist zu folgern, dass die genannten Höchstsummen im Fall des **Mitverschuldens** nicht zu quoteln sind.[81] Die Beschränkung der Haftung betrifft dagegen nicht den Ersatz von Verspätungsschäden (Abs. 5), die Pflicht zur Erstattung der sonstigen Kosten des Transports iSd. Abs. 4 und einige andere Haftungstatbestände, vgl. schon oben Rn. 2. Sie findet auch keine Anwendung in den Fällen der Art. 24, 26 und 29.

**19**    **2. Das Sonderziehungsrecht als Rechnungseinheit.** Die für die Berechnung der Höchstsumme verwendete Rechnungseinheit iSv. Abs. 3 ist nach Abs. 7 seit Abschluss des Protokolls zur CMR vom 5.7.1978 das Sonderziehungsrecht des Internationalen Währungsfonds (IWF). Ursprünglich hatte Abs. 3 aF eine Höchstsumme von 25 Goldfranken festgesetzt und dabei nach dem Vorbild der CIM den sogenannten **Germinalfranken**[82] als maßgebliche Rechnungseinheit benutzt. Der Zweck ging früher dahin, die Ersatzpflicht des Frachtführers in allen Vertragsstaaten von den Paritätsschwankungen der verschiedenen nationalen Währungen unabhängig zu machen.[83] Der Goldfranken war dabei keine Währungseinheit im Sinne eines Zahlungsmittels, sondern eine in einer bestimmten Menge Goldes ausgedrückte Werteinheit.[84] Die Ausrichtung am Goldfranken verlor ihre Funktion, als das System fester Goldparitäten und Wechselkurse in der **Währungskrise** am Anfang der siebziger Jahre zusammenbrach.[85] Aus diesem Grunde wurde durch das Genfer **Protokoll zur CMR** vom 5.7.1978 in Art. 23 Abs. 3 die neue summenmäßige Haftungsbeschränkung von 8,33 Rechnungseinheiten pro kg fehlenden Rohgewichts eingeführt und hierzu Art. 23 um die Abs. 7–9 ergänzt. Die Regelung gilt für die Bundesrepublik Deutschland

---

[77] *Clarke* S. 302 Nr. 97a; *Pesce* TranspR 1987, 12.

[78] BGH 30.1.1981, BGHZ 79, 302, 304 = NJW 1981, 1902; *Silingardi* S. 200; das Argument von der ruinösen Haftung ist uralt, vgl. *Basedow* TranspV S. 466.

[79] *Putzeys* S. 298 Nr. 887; zum Haftungskalkül allgemein *Basedow* TranspV S. 480 f.; vgl. zum Einfluss der Versicherungsmöglichkeit bei Bestimmung der Höhe der Haftungsgrenze auch *Glöckner* Rn. 15 ff.

[80] Siehe näher *Basedow* TranspV S. 484 ff., 487.

[81] *Koller* Rn. 8; EBJS/*Boesche* Rn. 21; Thume/*Thume/Riemer* Rn. 56, 60; Ferrari/*Otte*, Int. Vertragsrecht, Rn. 68.

[82] Zum Germinal-Franken und seiner Geschichte siehe *Basedow* TranspV S. 416 f.

[83] Vgl. allgemein zum historischen Hintergrund von Goldklauseln *Tobolewski* LMCLQ 1979, 169, 170 ff. mwN und *Bristow* LMCLQ 1978, 31; zur Situation nach der CMR *Glöckner* Rn. 8; *Loewe* ETR 1976, 568 Nr. 191; *Hill/Messent* S. 193; zu den Zwecken der Rechnungseinheiten *Herber*, FS Werner, 1984, S. 281 ff.; *Richter-Hannes,* Die UN-Konvention über die internationale multimodale Güterbeförderung, 1982, S. 156 f.; *Csoklich* RdW 1986, 169.

[84] *Tobolewski* LMCLQ 1979, 169, 170; *Haak* S. 210.

[85] Ausführlich dazu *Tobolewski* LMCLQ 1979, 169, 171; *Bristow* LMCLQ 1978, 31 f.; *Basedow* JZ 1985, 141 ff.

einschließlich der neuen Bundesländer seit 28.12.1980;[86] zum übrigen Geltungsbereich siehe Art. 42.

Beim Sonderziehungsrecht des IWF handelt es sich um eine künstliche Rechnungsein- **20** heit, die sich aus einem **Währungskorb** von derzeit vier wichtigen Weltwährungen[87] errechnet und naturgemäß wesentlich geringeren Wechselkursschwankungen unterliegt als jede einzelne der Komponentwährungen.[88] Das Sonderziehungsrecht spielt im Rahmen des IWF-Übereinkommens vom 1./22.7.1944[89] in der Fassung vom 30.4.1976,[90] eine bedeutende Rolle für den Ausgleich von Zahlungsbilanzdefiziten der Mitglieder des Fonds.[91] Für die Festlegung von Haftungshöchstbeträgen hat das SZR einen gravierenden Nachteil: die **Entwertung**.[92] Seine Inflationsrate ist jedenfalls höher als die der härtesten Währung im Korb. Dem kann zwar durch regelmäßige Überprüfung der Höchstsumme von 8,33 Sonderziehungsrechten gemäß Art. 10 des Protokolls Rechnung getragen werden. Ein Vorteil des SZR wird zu Recht darin gesehen, dass seine Höhe ohne weiteres sicher festgestellt werden kann.[93] Denn sein Gegenwert in den nationalen Währungen wird tagesaktuell vom IWF berechnet und im Internet[94] sowie im Wirtschaftsteil der führenden Tageszeitungen, in Deutschland auch im Bundesanzeiger und der DVZ bekanntgegeben.

**Maßgeblicher Zeitpunkt** für die nach Abs. 7 erforderliche Umrechnung in die jewei- **21** lige Landeswährung ist in Übereinstimmung mit der Rspr. zu Abs. 3 aF[95] nach dem klaren Wortlaut des Abs. 7 der Wert am Tag des Urteils oder an dem von den Parteien vereinbarten Tag. Dabei können die Parteien auch nach Erlass eines Urteils jederzeit noch einen anderen Tag als für die Umrechnung maßgeblich bestimmen.[96] Der Tag des Urteils iSv. Abs. 7 ist der Tag der Urteilsverkündung in letzter Instanz.[97] Er darf nicht mit dem Tag der letzten mündlichen Verhandlung gleichgesetzt werden, dies widerspräche dem eindeutigen Wortlaut der Vorschrift.[98] Das Argument, dass der Wert des Sonderziehungsrechts dem Gericht nur zum Zeitpunkt der letzten mündlichen Verhandlung, nicht aber zur Zeit der Urteilsverkündung vorliege, ist demgegenüber nicht durchschlagend, da das Gericht sich auch an diesem Tag über den Umrechnungswert kundig machen kann.

Vertragsstaaten, die Mitglied des IWF sind, berechnen den Gegenwert des Sonderzie- **22** hungsrechts in Landeswährung nach den **Berechnungsmethoden des IWF** (Abs. 7 Satz 3). Ergeht das Urteil in der Währung eines Lands, das nicht IWF-Mitglied ist, so ist die Umrechnungsmethode von diesem Staat zu bestimmen, Abs. 7 Satz 4. Die Regel gilt nur in den Vertragsstaaten des Protokolls vom 1978, die alle dem IWF angehören. Sie findet also nur Anwendung, wenn in einem Protokoll-Vertragsstaat in der Währung eines

---

[86] Vgl. BGBl. 1980 II S. 443; Übergangsregelung im Goldfrankenumrechnungsgesetz v. 9.6.1980, BGBl. 1980 II S. 721 ff. und dazu BGH 5.6.1981, VersR 1981, 1030, 1031; zur Erstreckung auf die neuen Bundesländer *Herber* TranspR 1991, 4 f.

[87] US-Dollar, Japanischer Yen, Euro und Englisches Pfund; vgl. http://www.imf.org/external/np/exr/facts/sdr.htm vom 1.10.2013.

[88] *Bristow* LMCLQ 1978, 31, 34.

[89] BGBl. 1952 II S. 638.

[90] Gesetz v. 9.1.1978, BGBl. 1978 II S. 13; zuletzt geändert am 31.10.2006, BGBl. 2006 II S. 2407, 2425.

[91] Vgl. *Tobolewski* LMCLQ 1979, 169, 172.

[92] Siehe *Basedow* ZHR 1984, 238, 252; *Loewe,* ULR 1996, 429, 435 f.; ablehnend deshalb *Tobolewski* LMCLQ 1979, 169, 174 ff.; *Hill/Messent* S. 197; so wurde die Haftungssumme in der CMR innerhalb von 40 Jahren nach Verabschiedung des Übereinkommens um 240 % entwertet: *Loewe* ULR 1996, 429, 437.

[93] *Hill/Messent* S. 198, *Bristow* LMCLQ 1978, 31, 34.

[94] http://www.imf.org unter Data and Statistics vom 28.10.2013: 1 SZR = 1,122490 EUR.

[95] BGH 5.6.1981, VersR 1981, 1030, 1031; *Haak* S. 237; aA noch OLG Hamburg 29.5.1980, VersR 1980, 950, 951.

[96] *Lamy* 2013 Rn. 788c).

[97] BGH 6.2.1997, TranspR 1997, 335, 337; 22.10.2009, TranspR 2009, 479, 482; OGH Wien 26.11.2002 – 1 Ob 134/02s; *Herber/Piper* Rn. 17; *Großkomm HGB/Helm* Rn. 48; *Koller* Rn. 9; *Thume/ Thume/Riemer* Rn. 17; *EBJS/Boesche* Rn. 7; *Jabornegg/Artmann/Csoklich* Rn. 7.

[98] *Koller* Rn. 9; *Theunis/Glöckner* S. 101; *Thume/Thume/Riemer* Rn. 17; aA zu Unrecht OLG Düsseldorf 12.1.1984, TranspR 1984, 102, 104; maßgeblicher Zeitpunkt unklar in ZG Basel-Stadt 14.2.1989, TranspR 1989, 428, 432.

Nicht-IWF-Staats verurteilt werden soll; dann wird auf das Währungsrecht dieses Nicht-IWF-Mitglieds verwiesen.

23    **3. Berechnung nach dem Goldfranken.** Auch die Abs. 8 und 9 gelten nur in Vertragsstaaten des Protokolls. Sie sollen es Nichtmitgliedern des IWF ermöglichen, das Protokoll zu ratifizieren, sind aber bedeutungslos geblieben. Denn diese Vorschriften halten an der Berechnung nach Germinalfranken fest und bringen damit für die betreffenden Staaten wenig Veränderung. Soweit Mitgliedsstaaten der CMR das Protokoll nicht ratifiziert haben, gilt für sie ohnehin weiter die alte Rechnungseinheit des Goldfranken.[99] Der Streit darüber, ob der offizielle oder der auf dem freien Markt gebildete Kurs des Golds maßgeblich ist, wird für diese Länder deshalb weiter von Bedeutung sein.[100] Die Ratifizierung des Protokolls brächte diesen Streit insofern einer Klärung näher, als Abs. 9 Satz 1 die Vertragsstaaten dazu verpflichtet, einen Goldkurs zugrunde zu legen, der zu Beträgen führt, die sich soweit wie möglich dem gemäß Abs. 3 und 7 in SZR ausgedrückten Wert annähern. Dies spricht für eine Orientierung an den (letzten) offiziellen Goldkursen.[101]

24    **4. Berechnung der Haftungshöchstsumme bei Totalverlust.** Der Frachtführer haftet nach Abs. 3 „für jedes fehlende Kilogramm des Rohgewichts" in Höhe von 8,33 SZR. Das **Rohgewicht,** das gemäß Art. 6 Abs. 1 lit. h im Frachtbrief eingetragen werden muss, ist das Bruttogewicht der Sendung einschließlich der Verpackung.[102] Das Gesamtgewicht der Sendung ist nur bei Totalverlust erheblich,[103] bei Teilverlust gelten die unten, Rn. 28–30, dargestellten Grundsätze.

25    Erleidet eine Sendung von **Waren verschiedenen Werts und Gewichts** einen Totalverlust, so ist fraglich, ob zur Berechnung der Haftungshöchstsumme eine Aufteilung in einzelne Sendungsteile erforderlich und für jeden Teil die spezifische Haftungshöchstsumme getrennt zu errechnen oder aber eine einheitliche Haftungshöchstsumme für die gesamte Sendung zu bestimmen ist. Wenn zB eine Lkw-Ladung von 20 t Gewicht zur Hälfte aus Gütern mit einem Wert von 4 SZR/kg besteht, während die andere Hälfte (10 t) einen Wert von 12 SZR/kg hat, so ergeben sich bei getrennter Höchstsummenberechnung zwei Höchstbeträge von je 10 000 × 8,33 SZR = 83 300 SZR. Der eine dieser Höchstbeträge wird von dem Verlust des wertarmen Gutes (4 SZR/kg) nicht erreicht, weil der Verlust sich nur auf 40 000 SZR beläuft; der andere Höchstbetrag wird dagegen von dem Verlust des wertvollen Gutes (12 SZR/kg) weit übertroffen (120 000 SZR > 83 300 SZR). Der Frachtführer hätte bei getrennter Höchstsummenberechnung nur einen Ersatz iHv. 40 000 SZR + 83 300 SZR = 123 300 SZR zu leisten. Würde man dagegen für die gesamte Ladung einen einheitlichen Höchstbetrag von 20 000 × 8,33 SZR = 166 600 SZR berechnen, so müsste der Beförderer vollen Wertersatz für beide Teilsendungen iHv. 40 000 SZR + 120 000 SZR = 160 000 SZR leisten. Im letzteren Fall fände also eine **„Verrechnung"** statt zwischen Gütern, deren gewichtsspezifischer Wert unter dem Haftungshöchstbetrag liegt, und solchen, deren Wert relativ höher als ihr Gewicht ist.[104]

26    Der **BGH** hat sich für eine solche Verrechnung ausgesprochen und nimmt nur das **Gesamtgewicht der Sendung** – also „jener Teil des Frachtguts, der zur Erfüllung eines

---

[99] *Straube/Schütz* Rn. 2; *Glöckner* TranspR 1988, 328; *Rogov* TranspR 2002, 286, 287; In der Russischen Föderation wird das SZR als Rechnungseinheit mit der Begründung angewandt, dass die UdSSR der CMR 1983 mit der durch das Protokoll bewirkten Änderung beigetreten sei; dazu Oberstes Arbitragegericht der Russischen Föderation 14.12.2007, TranspR 2009, 29, 30 = ETR 2009, 106.

[100] *Putzeys* S. 301 ff. Nr. 894 ff., 897 mwN; zu dem Streit vgl. auch *Tobolewski* LMCLQ 1979, 169, 171; *Bristow* LMCLQ 1978, 31, 33; *Haak* S. 211; *Basedow* JZ 1985, 141 ff. zum WA; zur Berechnung *Rogov* TranspR 2002, 286 ff.

[101] *Hill/Messent* S. 199; zustimmend GroßkommHGB/*Helm* Rn. 49.

[102] *Heuer* S. 121; *Jesser* S. 127 mwN; *Glöckner* TranspR 1988, 328; *Nickel-Lanz* S. 124 Nr. 158; *Herber/Piper* Rn. 18; *Koller* Rn. 9; GroßkommHGB/*Helm* Rn. 40; *Thume/Thume/Riemer* Rn. 18; EBJS/*Boesche* Rn. 8; *Ferrari/Otte,* Int. Vertragsrecht, Rn. 30; *Putzeys* S. 299 Nr. 891; *Silingardi* S. 207; vgl. auch BGH 7.5.1969, MDR 1969, 731 zu § 35 KVO.

[103] *Jesser* S. 127; *Baumgärtel/Giemulla* Rn. 3.

[104] Vgl. *Jesser* S. 128 Fn. 629; *Nickel-Lanz* S. 124 f. Nr. 158; *Tilche* BTL 1991, 628; *Haak* S. 215.

Frachtvertrags an einen bestimmten Empfänger befördert wird"[105] – als Maßstab.[106] Denn die Sendung dürfe mit Ausnahme des Art. 5 Abs. 2 nach Art. 12 Abs. 5 lit. c CMR grundsätzlich nicht geteilt werden, und die in einem Frachtbrief zusammengefassten Güter bildeten auch sonst, als Sendung bezeichnet, die übliche Berechnungseinheit, so zB bei der Frachthöhe. Auch der OGH Wien schloss aus Gründen der Überschaubarkeit der Risiken für den Frachtführer und der schnelleren Schadensabwicklung im Falle eines Teilverlusts verschiedenwertiger Güter jegliche Unterteilung der Sendung zur Ermittlung der Höchstmengenhaftung aus,[107] wobei er sich nahezu wörtlich auf die Entscheidung des OLG Stuttgart vom 22.12.1978 stützte. In dieser Entscheidung führt das Gericht aus, dass nur diese Lösung dem Sinn und Zweck der Haftungsregeln der CMR entspreche, die Risiken überschaubar zu machen und für eine rasche Abwicklung der Schäden zu sorgen.[108] Die getrennte Ermittlung des Verhältnisses von Wert und Gewicht jedes einzelnen beförderten Gutes führe zu erheblichen Schwierigkeiten, da diese Angaben im Frachtbrief nicht enthalten und auch sonst in der Regel nicht genau feststellbar seien.[109] Bei einem solchen Vorgehen würde die pauschalierende Regelung des Abs. 3 weitgehend wirkungslos.[110]

**Stellungnahme.** Im Ergebnis trifft diese Rspr. zu. Der Wortlaut von Abs. 3 stellt ledig-   **27** lich auf das fehlende Rohgewicht ab; Anhaltspunkte dafür, dass darüber hinaus nach dem spezifischen Wert der verlorenen Gegenstände zu differenzieren ist, fehlen.[111] In dieselbe Richtung führt die teleologische Auslegung von Abs. 3. Der Schutz des Frachtführers vor unabsehbaren und unzumutbaren Haftungsrisiken ist bereits erreicht, wenn er sich zur Berechnung und Versicherung seiner möglichen Haftung am Gesamtgewicht orientiert. Die konkrete Zusammensetzung der Ladung ist dafür nicht von Interesse.[112] Die Tatsache, dass das gleiche Gut je nach Zusammensetzung der Sendung und Beschaffenheit der gleichzeitig mit ihm verlorenen Waren verschieden hoch ersetzt wird,[113] ist auch unter dem Gesichtspunkt der Voraussehbarkeit der Haftung so lange unbedenklich, als die Höchsthaftung des Frachtführers immer die gleiche bleibt.[114] Angesichts des willkürlichen Charakters der Höchstsummenfestsetzung und ihrer Uneinheitlichkeit im Transportrecht der verschiedenen Verkehrsmittel[115] ist das Argument der Folgerichtigkeit im Übrigen ohne Gewicht. Ohne Belang für das Haftungsrecht ist ferner die zolltechnische Notwendigkeit, die Güter in gleichartige Gruppen zu unterteilen.[116]

**5. Berechnung der Haftungshöchstsumme bei Teilverlust.** Aus dem allein ver-   **28** bindlichen englischen und französischen Text (Art. 51 Abs. 3) folgt für die insoweit missverständliche deutsche Fassung, dass statt „für jedes fehlende Kilogramm des Rohgewichts" in Abs. 3 „für jedes Kilogramm des fehlenden Rohgewichts" zu lesen ist.[117] Für die Berech-

---

[105] Definition bei GroßkommHGB/*Helm* Rn. 43.

[106] BGH 30.1.1981, BGHZ 79, 302, 304 ff. = NJW 1981, 1902; ebenso bereits die Vorinstanz OLG Stuttgart 22.12.1978, VersR 1979, 637; auch Cour Paris 15.6.1984, BT 1984, 545, 547; *Glöckner* TranspR 1988, 328; GroßkommHGB/*Helm* Rn. 41; *Herber/Piper* Rn. 19; *Thume/Thume/Riemer* Rn. 19; EBJS/*Boesche* Rn. 8; *Clarke* S. 303 Nr. 97b; *Alff* Art. 23 Rn. 3; *Nickel-Lanz* S. 124 f. Nr. 158; *Baumgärtel/Giemulla* Rn. 3; *Loewe* ETR 1976, 571 Nr. 202; *Haak* S. 215 f.; aA *Pesce* TranspR 1987, 12; *Lamy* 2013 Rn. 789b) Anm. zu Paris 15.6.1984, BT 1984, 545, 548; wie hier mittlerweile Cour Paris 25.6.2009, BTL 2009, 450 zitiert nach *Lamy* aaO; *Tilche* BTL 1991, 628, 629; *Putzeys* S. 300 f. Nr. 891ter; vgl. auch *Jesser* S. 129 mit möglichem Lösungsvorschlag.

[107] OGH Wien 18.3.1986, TranspR 1986, 379, 381; dazu ablehnend *Pesce* TranspR 1987, 11 ff.

[108] OLG Stuttgart 22.12.1978, VersR 1979, 637, 638.

[109] OLG Stuttgart 22.12.1978, VersR 1979, 637, 638; vgl. auch Cour Paris 15.6.1984, BT 1984, 545, 547.

[110] OLG Stuttgart 22.12.1978, VersR 1979, 637, 638.

[111] OGH Wien 18.3.1986, TranspR 1986, 379, 381.

[112] BGH 30.1.1981, BGHZ 79, 302, 305 f. = NJW 1981, 1902; *Nickel-Lanz* S. 124 f. Nr. 158; *Putzeys* S. 300 f. Nr. 891ter; *Clarke* S. 304 Nr. 97b.

[113] *Jesser* S. 129; *Pesce* TranspR 1987, 12; *Lamy* 2013 Rn. 789b); Anm. zu Cour Paris 15.6.1984, BT 1984, 545, 547; ebd. 548; *Tilche* BTL 1991, 628, 629.

[114] Ebenso BGH 30.1.1981, BGHZ 79, 302, 306 = NJW 1981, 1902; vgl. *Nickel-Lanz* S. 124 f. Nr. 158.

[115] Übersichten bei *Csoklich* RdW 1986, 168; *Basedow* TranspV S. 415; siehe auch BTL 1991, 330 ff.

[116] AA *Pesce* TranspR 1987, 13 f.

[117] „Par kilogramme du poids brut manquant", „per kilogram of gross weight short".

nung der Haftungshöchstgrenze bei Teilverlust ist also nicht das Nettogewicht der gesamten Sendung, sondern nur dasjenige des verlorenen Teils maßgeblich, dem dann das darauf entfallende anteilige Verpackungsgewicht hinzuzurechnen ist.[118] Wenn nur Teile einer Ladungs- oder Verpackungseinheit betroffen sind, kommt es auch nur auf diese an.[119] Wenn nicht durch den Frachtbrief oder sonst bewiesen wird, dass die verlorenen Teile der Ladung ein anderes Gewicht hatten, kann das Gericht die Haftungshöchstsumme aufgrund des arithmetischen Mittels berechnen.[120] Führt der Verlust eines Teils des Gutes dagegen zu einer **Entwertung der übrigen Teile,** die ordnungsgemäß abgeliefert wurden, so liegt zugleich ein Teilverlust und eine Beschädigung der Gesamtsendung vor, so dass für die Haftungshöchstgrenze das Gesamtgewicht der Sendung maßgeblich ist.[121] Enthält der verlorene Sendungsteil **Güter von unterschiedlichem Wert und Gewicht,** so ist nicht für jede Güterart eine getrennte Höchstsumme, sondern nur ein einheitlicher Haftungshöchstbetrag auf der Grundlage des Gesamtgewichts des verlorenen Sendungsteils zu errechnen; die Dinge liegen hier nicht anders als beim Totalverlust, siehe Rn. 25–27.

**29**  Im **Spediteursammelgutverkehr (groupage),** bei dem der Spediteur mehrere Sendungen verschiedener Auftraggeber zu einer Sendung zusammenfasst, sie dem Frachtführer unter Abschluss eines einzigen Frachtvertrags übergibt und diesem darüber nur einen einzigen Frachtbrief ausstellt, ist das Verhältnis des Sammelgutspediteurs zum Frachtführer zu unterscheiden von dem Verhältnis zwischen dem Sammelgutspediteur und seinen Auftraggebern. Im Verhältnis zwischen Spediteur und Frachtführer wird nur eine einheitliche Haftungshöchstsumme nach dem Gesamtgewicht der verlorenen Teilladung berechnet, da nur ein Vertrag und eine Sendung vorliegt.[122] Es kann daher zu der oben Rn. 25 beschriebenen Verrechnung kommen. Gegenüber seinen Auftraggebern (*Versendern iSv.* § 453 HGB) hat der Sammelgutspediteur, wenn deutsches Recht Vertragsstatut des Speditionsvertrags ist, gemäß § 460 Abs. 2 HGB die Rechte und Pflichten eines Frachtführers; auch hier findet also kraft Verweisung des nationalen Rechts die CMR Anwendung, vgl. schon Art. 1 Rn. 6 f. In diesem Verhältnis werden mehrere Verträge abgeschlossen, und es ist folglich für jeden Vertrag und jede Sendung nach ihrem spezifischen Gewicht eine eigene Haftungshöchstsumme zu ermitteln;[123] eine Verrechnung der in Rn. 25 beschriebenen Art findet zwischen den Sendungen unterschiedlicher Versender nicht statt.

**30**  Dies hat zur Folge, dass die einheitliche Haftungshöchstsumme im Verhältnis zwischen Spediteur und Frachtführer häufig über der Summe der Schadensersatzansprüche gegen den Spediteur liegen wird, vgl. das Beispiel in Rn. 25 mit der Maßgabe, dass der Absender/Sammelgutspediteur die beiden Teilladungen von verschiedenen Urversendern erhalten hat. Wenn der Sammelgutspediteur in dem dort genannten Fall dem einen Urversender gemäß Art. 23 Abs. 1 nur iHv. 40 000 SZR und dem anderen gemäß Abs. 3 iHv. 83 300 SZR haftet, so beläuft sich sein eigener Haftungsschaden nach der Differenzhypothese ermittelt, nur auf 123 300 SZR, während der Wert der Güter bei 160 000 SZR liegt, vgl. Rn. 25. Da sich der Schadensersatzanspruch des Spediteurs/Absenders gegenüber dem Frachtführer aber gemäß Art. 23 Abs. 1 nach dem Versandwert des Gutes und nicht nach der Verminderung im eigenen Vermögen richtet, kann der Sammelgutspediteur 160 000 SZR beanspruchen, obwohl er nur Forderungen seiner Auftraggeber iHv. 123 300 SZR ausge-

---

[118] OGH Wien 18.3.1986, TranspR 1986, 379, 381; OLG Stuttgart 22.12.1978, VersR 1979, 637; *Heuer* S. 121; *Jesser* S. 127 mwN; *Koller* Rn. 14; Thume/*Thume/Riemer* Rn. 23; GroßkommHGB/*Helm* Rn. 52, 57; vgl. auch BGH 7.5.1969, MDR 1969, 731 zu § 35 Abs. 4 KVO.

[119] Vgl. BGH 7.5.1969, MDR 1969, 731 (zu § 35 Abs. 4 KVO); offengelassen von OLG Stuttgart 22.12.1978, VersR 1979, 637.

[120] *Lamy* 2013 Rn. 789a) mit Judikaturbeispielen; bei einer 900 kg umfassenden Ladung mit 150 Kartons beträgt das Gewicht pro Karton 6 kg: Cour Paris 16.5.1991, Nr. 89-22818.

[121] *De la Motte* VersR 1988, 319; siehe näher oben Rn. 16.

[122] *De la Motte* VersR 1988, 319; *Haak* S. 216 f.; aA Cour Paris 10.12.1971, BT 1972, 19, 20 f., wo dem Frachtbrief allerdings eine Liste der Einzelsendungen mit Gewichtsangabe beigefügt war; Cour Paris 15.6.2009, BTL 2009, 450 zitiert nach *Lamy* 2013 Rn. 789; ebenso in Belgien zu Art. 31 CIM Hof van Cassatie 3.6.1976, RDU 1977 II 220; zweifelnd *Clarke* S. 304 Nr. 97b.

[123] *Nickel-Lanz* S. 124 Nr. 158; *de la Motte* VersR 1988, 319, insoweit unstrittig.

setzt ist. Nach dem schadensersatzrechtlichen **Bereicherungsverbot** darf er den Differenzbetrag von 36 700 SZR nicht behalten, sondern muss ihn an seine Auftraggeber herausgeben.[124] Bezugsberechtigt sind dabei nur diejenigen Urversender, die auf Grund der separat
für ihre Sendung errechneten Haftungshöchstsumme keinen vollen Wertersatz erlangt
haben.[125] Für eine geringere Höhe der Haftungshöchstsumme in den genannten Fällen
trägt der Frachtführer die Beweislast, da er sich darauf beruft.

**6. Beweislast.** Bei der Haftungsbegrenzung nach Abs. 3 handelt es sich um einen Haf- **31**
tungshöchstbetrag, nicht um eine Einschränkung des Haftungstatbestands der Art. 17 ff. Der
Geschädigte wird also nicht von seiner Pflicht entbunden, die grundsätzliche Verantwortlichkeit des Frachtführers gemäß Art. 17 und seinen Schaden iSd. Wertersatzprinzips darzulegen und zu beweisen.[126] Nur soweit dieser die Höchstgrenze überschreitet, kommt Abs. 3
zum Tragen.[127] Dagegen ist es Sache des Frachtführers, die Voraussetzungen der Haftungsbegrenzung des Art. 23 Abs. 3 darzulegen und zu beweisen,[128] da sie für ihn günstig ist.
Die Beweislast dafür, dass nur ein Teilverlust vorliegt, trägt ebenfalls der Frachtführer, der
sich ja auf seine dadurch gegenüber dem Totalverlust geringere Haftung beruft.[129]

### IV. Ersatz sonstiger Kosten (Abs. 4)

**1. Verhältnis zu Abs. 1–3.** Abs. 4 bestimmt unter ausdrücklichem Ausschluss weiterer **32**
Schadensersatzes, dass dem Ersatzberechtigten „außerdem", dh. **zusätzlich zu dem Wertersatz** nach Abs. 1–3 „Fracht, Zölle und sonstige aus Anlass der Beförderung entstandene Kosten" zurückzuerstatten sind, und zwar bei Totalverlust in voller Höhe, bei Teilverlust anteilig.
Über Art. 25 Abs. 1 gilt diese Regelung auch für die Fälle vollständiger oder partieller Beschädigung. Soweit der Verfügungsberechtigte aus dem fehlgeschlagenen Transport keinen Nutzen
ziehen kann, ist es ihm auch nicht zuzumuten, die insoweit vergeblichen Kosten des Transports
zu tragen. Abs. 4 stellt ihn deshalb davon frei. Daneben dient Abs. 4 teilweise als Korrektiv für
die Begrenzung des Schadensersatzes auf den Versandwert, vgl. oben Rn. 6.

Aus der Formulierung „außerdem" („en outre", „in addition") ergibt sich, dass bei der **33**
Anwendung des Abs. 4 stets zu prüfen ist, ob die betreffenden Kosten sich nicht als sog.
**Vorkosten** bereits in dem Wert des Gutes zur Zeit und am Ort der Übernahme niedergeschlagen haben. Aufwendungen im Hinblick auf die bevorstehende Beförderung wie zB
Kosten vorangegangener Transporte, Kosten der Vorlagerung und Verpackungskosten vor
Übergabe zum Transport sind also nicht über Abs. 4 zu berücksichtigen, sondern gehen
bereits in den Versandwert des Gutes iSv. Abs. 1 und 2 ein.[130] Dasselbe gilt für unabhängig
vom Bestimmungsort im Versandland anfallende Gebühren.[131] Von Abs. 4 werden
also überhaupt nur solche Kosten erfasst, die erst nach Beginn der grenzüberschreitenden Beförderung entstehen und deshalb den Wert des Gutes am Übernahmeort noch nicht erhöht
haben.[132] Dabei kommt es maßgeblich auf den Zeitpunkt der Verwirklichung des die

---

[124] *De la Motte* VersR 1988, 317, 319; zustimmend *Koller* Rn. 9; *Thume/Thume/Riemer* Rn. 20; Groß-
kommHGB/*Helm* Rn. 44; *Ferrari/Otte*, Int. Vertragsrecht, Rn. 35 im Ergebnis aber mit anderer Begründung;
*Jabornegg/Artmann/Csoklich* Rn. 8.
[125] *De la Motte* VersR 1988, 319 will dieses Ergebnis im deutschen Recht aus § 667 BGB folgern.
[126] *Clarke* S. 301 Nr. 97.
[127] *Rodière* BT 1974, 314 Nr. 92; *Putzeys* S. 298 Nr. 888.
[128] OGH Wien 4.6.1987, TranspR 1988, 273, 275; OGH Wien 15.2.1979, SZ 52/19, S. 74, 76; AG
Reutlingen 30.4.1996, TranspR 1996, 292, 293; Cour Paris 15.6.1984, BT 1984, 545, 547; *Baumgärtel/
Giemulla* Rn. 1 und 3; *Herber/Piper* Rn. 22; GroßkommHGB/*Helm* Rn. 42; *Koller* Rn. 9 aE.
[129] *Lamy* 2013 Rn. 789a); *Baumgärtel/Giemulla* Rn. 3.
[130] *Nickel-Lanz* S. 126 Nr. 159; *Heuer* S. 122; *ders.* TranspR 1987, 357; *Koller* VersR 1989, 5; *ders.* Rn. 10;
*Jesser* S. 130; *Clarke* S. 305 Nr. 98; GroßkommHGB/*Helm* Rn. 30; *Thume/Thume/Riemer* Rn. 28; *Jabornegg/
Artmann/Csoklich* Rn. 10; aA bzgl. der Verpackungskosten *William Tatton and Co. Ltd. v. Ferrymasters Ltd.*
[1974] 1 Lloyd's L. Rep. 203 = ETR 1974, 737, 745 f. *(J. Browne)*, wo der als Versandwert veranschlagte
Fakturenwert der beförderten Maschine aber die Verpackungskosten offenbar nicht enthielt, so dass im Ergebnis kein Dissens besteht.
[131] Am Beispiel von Zigaretten Cour Cass. 5.10.2010, ETR 2011, 110.
[132] Vgl. *Jesser* S. 130; *Csoklich* S. 203; *Koller* VersR 1989, 5; *Haak* S. 219; *Thume/Thume/Riemer* Rn. 28.

Kosten auslösenden Tatbestands an, also etwa bei der Zollschuld auf die Einfuhr, und nicht auf die Zahlung dieser Schuld; auch **vorausentrichtete Abgaben** wie überhaupt Zahlungen auf künftige Ansprüche sind also über Abs. 4 erstattungsfähig.[133]

**34**   **2. Fracht.** Da der Frachtführer im Falle des Verlusts das Gut nicht abliefert und seine Hauptleistungspflicht aus dem Transportvertrag nicht erfüllt, schuldet er auch keine – und bei Teilverlust nur anteilige – Fracht.[134] Das Gleiche gilt im Falle der Ablieferung des Gutes oder eines Teils im beschädigten Zustand. Bereits entrichtete Fracht kann ganz oder teilweise zurückgefordert werden. „Fracht" meint dabei die von den Parteien konkret vereinbarte Gegenleistung für den grenzüberschreitenden Transport.[135] Ist die Fracht noch nicht bezahlt, entfällt der Frachtanspruch nach dem allgemeinen Rechtsgrundsatz (Einl. Rn. 37), auf dem Abs. 4 beruht, ohne Notwendigkeit einer Aufrechnung von selbst (bei Totalverlust) oder mindert sich entsprechend (bei Teilverlust).[136] Kosten eines Transports *zum Übernahmeort* scheiden aber als Vorkosten aus, s. Rn. 33. Da nicht in der konkret vereinbarten Fracht enthalten, sind ebenfalls nach Abs. 4 als Fracht nicht ersetzbar die Kosten eines späteren **Rücktransports** von beschädigten Gütern zum Absender[137] oder des **Transports von Ersatzgütern,**[138] sowie die Aufwendungen für einen **erneuten Transport** des reparierten Gutes zum Bestimmungsort oder an einen anderen Empfänger nach Annahmeverweigerung durch den ersten.[139] Zur Erstattungsfähigkeit als sonstige Kosten iSd. Abs. 4 siehe unten Rn. 41 und im Rahmen der Wertberechnung bei Beschädigung Art. 25 Rn. 10 f.

**35**   **3. Zölle.** Nach Abs. 4 sind alle Zölle zu erstatten, die bei ordnungsgemäßem Verlauf des Transports hätten bezahlt werden müssen. Dagegen sind entsprechend den unten Rn. 37 dargestellten Grundsätzen die Zölle nicht von Abs. 4 erfasst, die in einem Durchgangsstaat erhoben werden, wenn die Güter in diesem Staat gestohlen werden und deshalb nicht in den Genuss des zollfreien Transits kommen.[140] Hat der Frachtführer Zölle, die er nach Abs. 4 zu erstatten hat, ausgelegt, erlischt seine Erstattungsforderung. Hat er sie bereits vom Absender eingefordert, muss er sie diesem zurückerstatten. Schon um den Ersatzverpflichteten nicht unnötig zu privilegieren, ist dabei ohne Bedeutung, ob die Zollschuld schon an der Grenze beglichen wurde oder dies wie zB beim gemeinschaftlichen Versandverfahren der EG erst an der Bestimmungszollstelle und dass dies durch den Empfänger und nicht den Absender geschehen soll.[141] Man kann also aus der Formulierung „entstanden" in Abs. 4 nicht schließen, dass die betreffende Abgabe zum Zeitpunkt des Schadenseintritts schon geleistet sein müsste. Auch dass die Zahlung erst nach der Ablieferung beim Empfänger getätigt wurde, ist unschädlich, solange nur die Abgabenschuld auf Grund des Transports entstanden ist. Ist die Ware sogar erst nach dem Erstattungsverlangen des Absenders zu verzollen, kann dem schadensersatzrechtlichen Bereicherungsverbot dadurch genügt werden, dass die Entstehung der Zollschuld nachgewiesen wird, siehe auch unten Rn. 40. Wenn der Berechtigte auch im Nachhinein nicht nachweisen kann,

---

[133] *Heuer* TranspR 1987, 357; *Jesser* S. 130; *Koller* VersR 1989, 5 und 7.

[134] *Heuer* S. 122; *Knorre* TranspR 1985, 245.

[135] *Clarke* S. 305 Nr. 98.

[136] BGH 14.12.1988, NJW-RR 1989, 481, 482 = TranspR 1989, 141, 143 mit ausführlicher Begründung; BGH 7.3.1985, RIW 1985, 655, 657; *Herber/Piper* Rn. 25; *GroßkommHGB/Helm* Rn. 23; *Thume/Thume/Riemer* Rn. 26; *EBJS/Boesche* Rn. 10.

[137] OLG München 5.7.1989, TranspR 1990, 16, 17 = NJW-RR 1989, 1434, 1435; *William Tatton and Co. Ltd. v. Ferrymasters Ltd.* [1974] 1 Lloyd's L. Rep. 203 = ETR 1974, 737, 746 *(J. Browne);* Hof 's-Gravenhage 11.12.1987, S. & S. 1988 Nr. 85; aA *Lamy* 2013 Rn. 805 mit Belegen aus der französischen Rspr.; *Silingardi* S. 210.

[138] So die bei *Lamy* 2013 Rn. 805 wiedergegebene Rspr.

[139] *Clarke* S. 305 Nr. 98; OLG München 5.7.1989, TranspR 1990, 16, 17 = NJW-RR 1989, 1434, 1435; aA *Lamy* 2013 Rn. 805 unter Hinweis auf französische Rspr.

[140] BGH 10.12.2009, TranspR 2010, 78, 80 zu Verbrauchssteuern (Tabaksteuer); *Thume/Thume/Riemer* Rn. 34; Cour Douai 19.6.1981, BT 1981, 512, 513; aA Cour Paris 30.5.1984, BT 1985, 75, wo allerdings der Versandwert iSv. Art. 23 Abs. 1 und 2 sich auf eine Weiterversendung aus dem Transitland bezog und deshalb dessen Einfuhrzoll einschloss; aA *Ferrari/Otte,* Int. Vertragsrecht, Rn. 48 ff.

[141] OLG München 17.7.1991, TranspR 1991, 427, 428; OLG Hamburg 16.1.1986, TranspR 1986, 229, 230; *Heuer* TranspR 1987, 358.

dass die Zollschuld tatsächlich beglichen wurde, spricht eine Vermutung dafür, dass die Zollschuld und damit auch der Erstattungsanspruch wieder erloschen sind.[142] Zur Erstattung
vorausbezahlter Zölle über Abs. 4 siehe oben Rn. 33.

**Verbrauchsteuern** sind nach hM keine Zölle. Sie sind deshalb höchstens als sonstige **36**
Kosten erstattungsfähig, siehe Rn. 40. Das Gleiche gilt für **Umsatzsteuer.**[143] Im Ergebnis
ist es aber gleichgültig, ob man andere Abgaben, die bei der Grenzüberschreitung fällig
werden, als „Zölle" oder als „sonstige aus Anlass der Beförderung des Gutes entstandene
Kosten" ansieht, da auch für einen weiten Begriff der Zölle die Einschränkung gelten
müsste, dass sie „aus Anlass der Beförderung" zu zahlen sind, also auch insoweit die unten
Rn. 37 genannten Kriterien anzulegen wären.[144] Nicht zu den Zöllen gehören ferner
Exportsubventionen wie etwa die **EG-Ausfuhrerstattungen;** zu ihrer Behandlung siehe
oben Rn. 11 und unten Rn. 40.

**4. Sonstige erstattungsfähige Kosten. a) Grundgedanke.** Nicht als „sonstige Kos- **37**
ten" sind unzweifelhaft Frachten oder Zölle anzusehen, da sie in Abs. 4 eigens als erstattungsfähige Aufwendungen aufgeführt werden. Im Übrigen ist sehr umstritten, was unter den „sonstigen aus Anlass der Beförderung entstandenen Kosten" zu verstehen ist. Zwei Positionen
werden vertreten: nach der weiten Auslegung betrifft Abs. 4 alle Kosten, die **mit der konkreten Beförderung eng verbunden** sind, sei es dass der Absender/Empfänger sie im Hinblick
auf den vertragsgemäßen Ablauf der Beförderung aufgewendet hat, sei es dass sie sich erst aus
der vertragswidrigen Entwicklung des Transports ergeben haben, vorausgesetzt dass sie nicht
schon Eingang in den Versandwert des Gutes iSv. Art. 23 Abs. 1 gefunden haben. Diese Auffassung wird vor allem in Frankreich,[145] Großbritannien[146] und Dänemark[147] vertreten, zum Teil
aber auch in anderen Ländern.[148] Begründet wird sie hauptsächlich mit der unscharfen Fixierung des Zusammenhangs zwischen den Kosten und dem Transport (à l'occasion du transport
bzw. in respect of the carriage). Die enge Auslegung hält dagegen nur solche Kosten gemäß
Abs. 4 für erstattungsfähig, die **bei vertragsgemäßer Beförderung gleichermaßen entstanden** wären und zum Wert des Gutes am Bestimmungsort beigetragen hätten, die also nicht
auf den vertragswidrigen Ablauf zurückzuführen sind. Sie überwiegt in Deutschland,[149] Österreich[150] und den Niederlanden,[151] findet aber auch darüber hinaus Billigung.[152]

---

[142] *Lamy* 2013 Rn. 806; *Silingardi* S. 211; *Pesce* S. 276 erwecken demgegenüber den Eindruck, als entstehe
der Erstattungsanspruch materiell erst, wenn die Zollschuld tatsächlich bezahlt sei.
[143] *Clarke* S. 308 Nr. 98 für Verbrauchsteuern; für die Umsatzsteuer siehe Cour cass. 15.10.2002, ETR
2003, 138; Rb. Amsterdam 30.3.1977, Jur. Anv. 1977/78, 87 = RDU 1978 II 299; Rb. Antwerpen 15.6.2009,
ETR 2010, 199; 29.6.2009, ETR 2010, 182; *Hill/Messent* S. 202; *Lamy* 2013 Rn. 806; *Pesce* S. 280; gegen
die Ersatzfähigkeit Hof van Cassatie Belgien 30.5.2002, ETR 2002, 475.
[144] Ebenso Cour Douai 19.6.1981, BT 1981, 512; *Heuer* TranspR 1987, 358.
[145] Cour cass. 15.10.2002, ETR 2003, 138; *Lamy* 2013 Rn. 807; vgl. schon *Rodière* BT 1974, 315 Nr. 93
mit gleicher Formulierung, aber anderer Stoßrichtung.
[146] *Buchanan v. Babco* [1978] A. C. 141, 154, 158 = [1977] 3 All E. R. 1048 = ETR 1978, 75; vgl. dazu
jetzt aber *Sandeman Coprimar SA v. Transitos y Transportes Integrales S. L.* ETR 2004, 697 (C. A. 2003);
zustimmend *Clarke* JBL 2004, 378.
[147] Højesteret 4.5.1987, ETR 1994, 360, 365.
[148] So in der Schweiz *Nickel-Lanz* S. 125 f. Nr. 159; wohl auch *Aisslinger* S. 95 f.; in Deutschland OLG
Frankfurt 5.11.1985, TranspR 1986, 282, 284 f.; OLG Hamburg 7.11.1985, TranspR 1986, 15, 17; Belgien:
Hof van Cassatie 30.5.2002, ETR 2002, 475.
[149] BGH 26.6.2003, TranspR 2003, 453, 454; 10.12.2009, TranspR 2010, 78, 80 = VersR 2010, 648 =
ETR 2010, 294; OLG München 17.7.1991, TranspR 1991, 427, 428; LG Hamburg 25.2.1985, TranspR
1985, 188; in der Sache ebenso, wenn auch mit anderer Formulierung BGH 13.2.1980, NJW 1980, 2021;
*Heuer* TranspR 1987, 359 ff.; *Glöckner* TranspR 1988, 329; *Groth* S. 75; *Herber/Piper* Rn. 28; *Decker* TranspR
1985, 314; Thume/*Thume/Riemer* Rn. 33 ff.; GroßkommHGB/*Helm* Rn. 18; EBJS/*Boesche* Rn. 12; Ferrari/
*Otte*, Int. Vertragsrecht, Rn. 48 ff.; im Ergebnis ebenso *Koller* VersR 1989, 6 f. und Rn. 10.
[150] OGH Wien 25.1.1990, TranspR 1990, 235, 239; OLG Innsbruck 26.1.1990, TranspR 1991, 12, 21;
*Jesser* S. 131; *Csoklich* S. 203; Jabornegg/Artmann/*ders.* Rn. 10; anders und zu weit gehend OGH 8.7.2004,
TranspR 2006, 72, 74 = ETR 2005, 734, 740 „die durch das Schadensereignis nutzlos gewordenen Aufwendungen des Absenders".
[151] Rb.Amsterdam 30.3.1977, RDU 1978 II 299; Kantongerecht Delft 13.5.1965, ETR 1966, 722, 725;
*Haak* S. 223 f.; *ders.* TranspR 2006, 325, 331.
[152] In Frankreich Cour Douai 19.6.1981, BT 1981, 512; in Italien wohl auch *Silingardi* S. 215.

**38**    **Stellungnahme.** Der engen Auslegung ist zu folgen. In der weiten Auslegung spiegeln sich zwar grundlegende Gerechtigkeitspostulate, wie sie in der schadensersatzrechtlichen Differenzhypothese zum Ausdruck kommen. Dass der Beförderer für bestimmte vom ihm zu verantwortende Schadensposten von vornherein nicht einstehen muss, widerspricht dem Rechtsgefühl, steht aber im Einklang mit dem Haftungsmodell der CMR. Diese unterscheidet zwischen Schäden und transportbedingten Kosten des Absenders/Empfängers. Die Schäden werden nur gemäß Art. 23 Abs. 1 und 2 per Wertersatz und nach dem ausdrücklichen Verbot von Abs. 4 darüber hinaus nicht kompensiert. Ersatzlos bleiben vor allem Folgeschäden, und dazu gehören sämtliche schadensbedingte Kosten, ob es sich nun um Reparaturkosten oder Rücktransportkosten handelt oder um staatliche Abgaben, die erst auf Grund des Transportschadens fällig werden. Manche dieser Posten werden zwar im Falle der Beschädigung bei der Berechnung der Wertminderung des Gutes Berücksichtigung finden, vgl. Art. 25 Rn. 10 f.; im Übrigen trägt die Verladerseite hierfür ebenso das Risiko wie für entgangenen Gewinn oder Produktionsausfall des Empfängers. Dafür spricht auch die ratio des gesamten Art. 23, das Haftungsrisiko des Beförderers überschaubar zu machen, siehe Rn. 5; insbesondere schadensbedingte Abgabenforderungen des Staats können den Warenwert um ein Vielfaches überschreiten und sind für den Beförderer kaum voraussehbar. Abs. 4 korrigiert zwar zum Teil die Haftungsbegrenzung des Abs. 1–3, doch ist der leitende Gesichtspunkt dabei die Erstattung nutzloser Aufwendungen, vgl. Rn. 32, 34, deren Umfang bei Abschluss des Transportvertrags voraussehbar ist. Nach der Systematik des IV. Kapitels der CMR hat der Absender, wenn er auf die Haftung des Beförderers für die nicht erfassten Sachfolgeschäden Wert legt, gemäß Art. 26 ein besonderes Lieferinteresse zu deklarieren, vgl. Abs. 6.

**39**    **b) Einzelfragen.** Nach den erörterten Grundsätzen sind **regelmäßig erstattungsfähig:** die Spediteurkosten mit Ausnahme der Kosten des Vorlaufs zum Übernahmeort und ähnlicher Vorkosten, vgl. Rn. 33;[153] Verpackungskosten, soweit sie nicht bereits im Wert der Ware am Übernahmeort enthalten sind;[154] Kosten der Verladung und Verstauung nach der Übernahme der Ware, soweit sie der Absender tragen musste;[155] Auswahl- und Kontrollkosten;[156] Kosten der Begleitung des Guts;[157] Wiege-, Siegel- und Nachnahmegebühren;[158] Rollgelder außer für den Vorlauf zum Übernahmeort;[159] Kosten für die Entnahme von Proben während der Beförderung;[160] Vorführkosten für Zollbeschau;[161] Fährgebühren sowie Brücken-, Tunnel- und Autobahnmaut;[162] Kosten der Beseitigung von Beförderungshindernissen;[163] Prämien einer Transportversicherung unabhängig davon, ob die Versicherung vom Absender oder auf seine Weisung vom Frachtführer abgeschlossen wurde;[164] Kosten von Qualitätszertifikaten;[165] Lager-, Pflege- und Erhaltungskosten,[166] soweit nicht ausschließlich auf den Schadensfall zurückgehend; Akkreditivkosten;[167] Palet-

---

[153] *Koller* VersR 1989, 8; *Nickel-Lanz* S. 125 Nr. 159.
[154] Vgl. Rn. 33 Fn. 130 und insbesondere die dort genannte englische Entscheidung.
[155] *Lamy* 2013 Rn. 807; *Rodière* BT 1974, 315 Nr. 93.
[156] *Lamy* 2013 Rn. 807.
[157] *Koller* Rn. 10.
[158] *Heuer* S. 122; ihm folgend BGH 13.2.1980, NJW 1980, 2021; *Knorre* TranspR 1985, 243; *Koller* VersR 1989, 7; *Herber/Piper* Rn. 29; *Thume/Thume/Riemer* Rn. 29; aA *Decker* TranspR 1985, 314, da diese Kosten der Mehrheit der Auftraggeber nicht entstünden, was aber für Abs. 4 unerheblich ist.
[159] *Heuer* S. 122; ihm folgend BGH 13.2.1980, NJW 1980, 2021; *Knorre* TranspR 1985, 243; *Koller* VersR 1989, 7; *Thume/Thume/Riemer* Rn. 29.
[160] *De la Motte* VersR 1988, 319.
[161] *De la Motte* VersR 1988, 319 f.
[162] *Silingardi* S. 215 Fn. 84.
[163] *Koller* Rn. 10.
[164] *Heuer* S. 122; ihm folgend BGH 13.2.1980, NJW 1980, 2021; *Großkomm HGB/Helm* Rn. 36; wohl auch *Buchanan v. Babco,* [1978] A. C. 141, 159 = [1977] 3 All E. R. 1048, 1057 = ETR 1978, 75 per *Viscount Dilhorne;* aA *Decker* TranspR 1985, 314.
[165] Vgl. *Viscount Dilhorne* (Fn. 164).
[166] Cour Paris 30.5.1973, BT 1973, 304; *Nickel-Lanz* S. 125 Nr. 159.
[167] *Silingardi* S. 213; *Putzeys* S. 291 Nr. 869; einschränkend *Decker* TranspR 1985, 314.

tengebühren;[168] Entladekosten bei der Zollabfertigung[169] oder beim Empfänger;[170] Nachnahmegebühren.[171]

Ferner hat der Frachtführer dem Ersatzberechtigten die aus Anlass des grenzüberschrei-    **40**
tenden Gütertransports fälligen **Abgaben** wie zB Import- und Exportsteuern[172] oder Verbrauchsteuern[173] zu ersetzen; vgl. auch Rn. 36. Dabei ist es wie auch bei Zöllen unerheblich, ob die fragliche Abgabe zum Zeitpunkt des Schadenseintritts bereits entrichtet wurde oder am Bestimmungsort noch zu entrichten war. Wird die Erhebung einer Abgabe aus Gründen der Vereinfachung des Verfahrens an den Bestimmungsort des Gutes verlagert, so kann das für die Haftung des Frachtführers keine Rolle spielen, siehe näher Rn. 35 zur ähnlichen Problematik bei Zöllen. Der Frachtführer hat ferner **Einfuhrumsatzsteuer** zu erstatten, wenn sie auch bei ordnungsgemäßem Transport angefallen wäre.[174] Dies gilt auch, wenn eine an sich vom Empfänger zu zahlende Steuer vom Absender oder Spediteur entrichtet wurde, weil der Empfänger auf Grund des Schadensfalls die Annahme der Sendung verweigert hatte und deshalb nicht steuerpflichtig wurde.[175] Zu den Aufwendungen, die auch bei vertragsgemäßem Ablauf des Transports getätigt worden wären, gehört bei subventionierten Exporten auch die Verminderung des Verkaufspreises um die erwartete Subventionssumme. Diese Aufwendungen werden zwar im Normalfall durch die Exportsubventionen, also zB durch die **EG-Ausfuhrerstattungen** im Agrarsektor kompensiert, finden aber doch im Exportvertrag gleichwohl ihren Ausdruck in dem verminderten Kaufpreis. Sie sind daher über Abs. 4 zu erstatten, soweit die Kompensation durch Exportsubventionen wegen des Güterschadens ausbleibt; siehe auch Rn. 11.

Da sie bei einer ordnungsgemäßen Beförderung nicht entstanden wären, sind nach der    **41**
hier vertretenen engen Auslegung **nicht über Abs. 4 erstattungsfähig** die Kosten der Reparatur des Gutes[176] oder einer Ersatzbeschaffung,[177] Absatzeinbußen am Bestimmungsort[178] sowie vom Absender an seinen Abnehmer geleisteter, auch pauschalierter Schadensersatz[179] oder eine Vertragsstrafe.[180] Das Gleiche gilt für Aufwendungen des Ersatzberechtigten zur Schadensminderung, die nur im Rahmen des Art. 25 zu berücksichtigen sind, vgl. Art. 25 Rn. 10 f.[181] Zu verneinen ist nach obigen Grundsätzen im Rahmen des Abs. 4 auch der Ersatz von **Abgaben,** die allein auf Grund des Güterschadens im Abgangsstaat oder in einem Transitland fällig werden[182] bzw. für einen mit der Zollverwaltung in Bezug auf die

---

[168] AA *Decker* TranspR 1985, 314, da diese Kosten der Mehrheit der Auftraggeber nicht entstünden, was aber für Abs. 4 unerheblich ist.

[169] Cour Paris 30.9.1987, BT 1988, 59, 60.

[170] Kantongerecht Delft 13.5.1965, ETR 1966, 722, 725.

[171] BGH 13.2.1980, NJW 1980, 2021.

[172] BGH 13.2.1980, NJW 1980, 2021; *Heuer* S. 122; *Rodière* BT 1974, 315 Nr. 93; *Knorre* TranspR 1985, 243; Thume/*Thume/Riemer* Rn. 29.

[173] *Decker* TranspR 1985, 314; Gent 10.5.2000, ETR 2000, 428.

[174] OGH Wien 25.1.1990, TranspR 1990, 235, 239; OLG München 17.7.1991, TranspR 1991, 427, 428; *Lamy* 2013 Rn. 806; *Decker* TranspR 1985, 314; *Koller* Rn. 10; Thume/*Thume/Riemer* Rn. 29; EBJS/*Boesche* Rn. 13.

[175] OGH Wien 25.1.1990, TranspR 1990, 235, 239 f.; OLG München 17.7.1991, TranspR 1991, 427, 428; Cour Paris 30.3.1973, BT 1973, 195.

[176] BGH 13.2.1980, NJW 1980, 2021; Com. Lyon 10.11.1975, BT 1976, 175; für die Reisekosten der Mechaniker so auch *William Tatton & Co. Ltd. v. Ferrymasters Ltd.,* [1974] 1 Lloyd's L. Rep. 203 = ETR 1974, 737, 746; aA Cour Poitiers 31.3.1971, BT 1971, 168.

[177] Com. Lyon 10.11.1975, BT 1976, 175.

[178] Cour Paris 30.5.1984, BT 1985, 75; Cour Colmar 7.11.1973, BT 1974, 144; Com. Liège 23.2.1976, zitiert nach *Ponet* Rn. 412; Com. Tournai 21.11.1972, Jur.Anv. 1972, 446.

[179] So *Clarke* S. 309 Nr. 98.

[180] *Hill/Messent* S. 204; *Koller* VersR 1989, 8.

[181] OLG München 27.6.1979, VersR 1980, 241; OGH Wien 21.2.1985, *Greiter* Nr. 56 S. 289; wohl auch Hof Amsterdam 21.5.1992, S. & S. 1993 Nr. 96 S. 357; GroßkommHGB/*Helm* Rn. 31; aA *Haak* S. 220 f.

[182] BGH 26.6.2003, TranspR 2003, 453, 455 (Tabaksteuer); 10.12.2009, TranspR 2010, 78, 80 = VersR 2010, 648 = ETR 2010, 294 (Tabaksteuer); *Buchanan v. Babco* [1978] A. C. 141 = [1977] 3 All E. R. 1048; OGH Wien 25.1.1990, TranspR 1990, 235, 239; LG Köln 17.10.1986, TranspR 1987, 98; Cour Douai 19.6.1981, BT 1981, 512, 513 (gegen dieses Urteil zu Unrecht *Brunat* BT 1982, 202, 203); Rb. Amsterdam

Einfuhrabgaben, Mehrwertsteuern, Luxussteuer und Geldbußen ausgehandelten Vergleichs-betrag.[183] Dasselbe gilt für auf dem Güterschaden beruhende Zollstrafen des Empfangs-lands;[184] Sachverständigenkosten (zB eines Havariekommissars) zur Schadensermittlung bei Beschädigung;[185] Untersuchungs- oder **Besichtigungskosten** im Zusammenhang mit der Bergung des Transportguts;[186] auf Grund des Güterschadens verfallende Kautionen oder entgangene Beihilfen;[187] Aufwendungen für schadensmindernde Fürsorgemaßnahmen;[188] Lager-, Erhaltungs- und Sortierungskosten oder Standgelder während der Zeit, in der Art und Umfang des Schadens geklärt oder ein neuer Abnehmer gesucht wird;[189] Kreditzin-sen;[190] Überholungs- und **Bergungskosten;**[191] Kosten für die Bergung, Zwischenlagerung und Bewachung des beschädigten Gutes;[192] Kosten der Rechtsverfolgung nach einem Güterschaden;[193] Prozesskosten;[194] Kosten der Sicherheitsüberprüfung des beschädigten Gutes;[195] Kosten der Neuverpackung des Gutes einschließlich Arbeitslöhnen;[196] Kosten des erneuten Einfrierens der Ware;[197] Reinigungskosten;[198] Kosten der Vernichtung des unbrauchbaren Gutes;[199] Wiederbeladungskosten;[200] Kosten des Transports zur Repara-tur;[201] Kosten des Rücktransports von beschädigten Gütern zum Absender;[202] Kosten eines erneuten Transports des reparierten Gutes zum Bestimmungsort durch den Absender oder an seiner Stelle durch den Empfänger oder an einen neuen Empfänger nach berechtigter

30.3.1977, RDU 1978 II 299, 304 f.; *Clarke* S. 307 Nr. 98; *Groth* S. 75; *Glöckner* TranspR 1988, 329; *Decker* TranspR 1985, 314 f. mit Beispielen; *Haak* S. 221 ff.; Jabornegg/Artmann/Csoklich Rn. 11; aA OLG Hamburg 7.11.1985, TranspR 1986, 15, 17; Cour Paris 25.3.1982, BT 1982, 434, 435; 30.5.1984, BT 1985, 75, 76; *Ferrari/Otte*, Int. Vertragsrecht, Rn. 48 ff.

[183] Rb. Antwerpen 16.5.1997, ETR 1999, 119.

[184] OLG Hamburg 16.1.1986, TranspR 1986, 229, 230; *Sandeman Coprimar SA v. Transitos y Transportes Integrales S. L.,* ETR 2004, 697 (C. A. 2003).

[185] OLG Hamburg 24.10.1991, TranspR 1992, 66, 67; OLG Frankfurt 11.6.1992, NJW-RR 1993, 169; OLG Düsseldorf 14.3.2007, TranspR 2007, 199; OLG Wien 23.2.1989, TranspR 1990, 156, 157 f.; LG Hamburg 25.2.1985, TranspR 1985, 188; 21.11.2012, TranspR 2013, 115, 117; Cour Paris 6.11.1979, BT 1979, 574, 575; Hof 's-Gravenhage 13.6.1995, S. & S. 1995 Nr. 90; Hof Antwerpen 3.10.2005, ETR 2006, 284; *Jesser* S. 131, *Baumann* TranspR 1985, 269; *Knorre* TranspR 1985, 244 und 246; aA (ohne Begründung) *Loewe* ETR 1976, 569 Nr. 193; OLG Düsseldorf 14.7.1983, TranspR 1984, 16, 17; aus der französischen Rspr. zB Cour Riom 16.10.1981, BT 1982, 11; in England *I.C.I. v. MAT Transport* [1987] 1 Lloyd's L.Rep. 354, 362 (J. Staugton); vgl. auch Rb. Mechelen 18.11.1999, ETR 2000, 432.

[186] OLG Hamburg 2.5.1985, TranspR 1985, 398 f.; *Glöckner* TranspR 1988, 329; *Koller* VersR 1989, 8; *Herber/Piper* Rn. 31; GroßkommHGB/*Helm* Rn. 31; aA Hof Amsterdam 21.5.1992, S. & S. 1993 Nr. 96.

[187] OLG Innsbruck 26.1.1990, TranspR 1991, 12, 21; *Decker* TranspR 1985, 314 mit Beispielen; *Heuer* TranspR 1987, 361; aA zu Unrecht Cour Paris 30.9.1987, BT 1988, 59, 60.

[188] *Konow* TranspR 1988, 229 f.

[189] *William Tatton & Co. Ltd. v. Ferrymasters Ltd.* [1974] 1 Lloyd's L.Rep. 203 = ETR 1974, 737, 746 (J. Browne); *Glöckner* TranspR 1988, 329; *Koller* VersR 1989, 7 f.; aA *Putzeys* S. 291 Nr. 870.

[190] Cour Paris 6.11.1979, BT 1979, 574, 575.

[191] OLG Düsseldorf 14.7.1986, TranspR 1987, 24, 27; *Koller* Rn. 10; aA *Putzeys* S. 291 Nr. 870; Cour cass. 15.2.2002, ETR 2003, 138.

[192] Cour cass. 15.10.2002, ETR 2003, 138.

[193] Cour Paris 25.3.1988, BT 1989, 46, 47; Hof 's-Gravenhage 13.6.1995, S. & S. 1995 Nr. 90; *Koller* VersR 1989, 8.

[194] OLG Hamburg 3.6.1982, TranspR 1985, 266, 268; *Herber/Piper* Rn. 31; GroßkommHGB/*Helm* Rn. 37; zur Ersatzfähigkeit von Prozesskosten siehe Art. 27 CMR Rn. 22.

[195] AA Paris 25.3.1988, BT 1989, 46, 47.

[196] *Heuer* S. 122.

[197] *Heuer* TranspR 1987, 359.

[198] Rb. Gent 29.6.1999, ETR 2000, 566.

[199] BG Werdenberg (Schweiz) 22.9.1998, TranspR 2001, 132, 134; Rb. Gent 29.6.1999, ETR 2000, 566; aA App.Venezia 31.10.1974, ETR 1975, 242, 250.

[200] AA offensichtlich (ohne Begründung) *Loewe* ETR 1976, 569 Nr. 193; Rb.'s-Gravenhage 18.2.1969, S. &. S. 1969 Nr. 58.

[201] *Koller* Rn. 10.

[202] OLG München 5.7.1989, TranspR 1990, 16, 17 = NJW-RR 1989, 1434, 1435; OLG Düsseldorf 30.6.1983, VersR 1984, 980, 981; *William Tatton & Co. Ltd. v. Ferrymasters Ltd.* [1974] 1 Lloyd's L. Rep. 203 = ETR 1974, 737, 746 (J. Browne); *Knorre* TranspR 1985, 244; *Glöckner* TranspR 1988, 329; *Csoklich* S. 203; aA *Lamy* 2013 Rn. 805 mwN; *Thermo Engineers Ltd. and Anhydro A/S v. Ferrymasters Ltd.* [1981] 1 Lloyd's L.Rep. 200, 206 f. (J. Neil).

Annahmeverweigerung durch den ersten Empfänger;[203] Reisekosten des Ersatzberechtigten oder eines Sachverständigen;[204] Korrespondenzkosten aus Anlass des Güterschadens. Soweit die aufgeführten **Kosten zur Schadensminderung** aufgewendet wurden, kommt aber eine mittelbare Erstattung über die Grundsätze der Wertberechnung bei Beschädigung in Betracht, vgl. Art. 25 Rn. 10 f. Zur Nichterstattung von Vorkosten siehe oben Rn. 6, 33.

**5. Umfang der Erstattung.** Die erstattungsfähigen Kosten werden ohne Rücksicht auf **42** die Höchstsumme des Abs. 3 **in voller Höhe,**[205] und zwar je nach Umfang von Verlust oder Beschädigung ganz oder anteilig erstattet. Hat der Absender Kosten vorausbezahlt, die nun auf Grund des Güterschadens gar nicht anfallen (zB Entladekosten), so sind solche Beträge von den nach Abs. 4 zu erstattenden Kosten abzuziehen.[206]

Bei **Teilverlust** oder **Teilentwertung** durch Beschädigung sind die Kosten anteilig **43** zu ersetzen.[207] Als Berechnungsgrundlage dient der ursprüngliche Berechnungsmodus der Kosten, im Allgemeinen also je nach Kostenart Gewicht oder Wert der Ware.[208] Wird der Beförderungspreis, wie dies oft geschieht, nach dem Gewicht der beförderten Güter festgelegt, so ist auch bei Verlust des wertvolleren Teils der Ladung das Verhältnis des Gewichts des verlorenen Teils zum Gesamtgewicht der Ladung und nicht das Wertverhältnis maßgeblich.[209] Abgaben und Zölle werden dagegen oft nach dem Wert der Güter festgelegt. Dann muss der Wert der Güter auch bei der Rückerstattung nach Abs. 4 maßgeblich sein.[210] Andere wollen nur auf das Gewicht abstellen, da dies auch der üblichen Frachtberechnung entspreche.[211] Die Beweislast für die im Einzelfall abgelieferten Wert- oder Gewichtsanteile trägt der Absender, der die Kosten iSd. Abs. 4 einfordert.[212]

## V. Haftung bei Überschreitung der Lieferfrist (Abs. 5)

**1. Wertersatzprinzip und Verspätungsschaden.** Das Prinzip des Wertersatzes **44** (Abs. 1) knüpft an die Wertminderung an, die das Gut durch Verlust oder Beschädigung erleidet. Es greift damit einen Schadensposten heraus, der auf funktionierenden Märkten eine objektive Größe ist; andere Schadensposten, die der Geschädigte subjektiv in seinem Vermögen erleidet, bleiben außer Betracht. **Auf Verspätungsschäden passt das Wertersatzprinzip nicht,** weil die Verspätung bei gleich bleibenden Marktverhältnissen den objektiven Wert des Gutes gar nicht berührt, sondern regelmäßig Vermögenseinbußen beim Geschädigten hervorruft, die sich aus seinen subjektiven Umständen ergeben, insbesondere aus seiner Absicht, das Gut in bestimmter Weise, etwa im Produktionsprozess oder zum Weiterverkauf zu verwenden. Während der Güterwert im Verhältnis zum Güterschaden eine Teilmenge darstellt, ist er im Verhältnis zum typischen Verspätungsschaden ein aliud ohne gemeinsame Schnittfläche. Aus diesem Grunde sieht die CMR in Art. 23 Abs. 5 eine Sonderregelung vor, wonach eine Entschädigung bis zur Höhe der Fracht zu leisten ist, wenn der Verfügungsberechtigte, dh. je nach Fallgestaltung der Absender oder der Empfänger, nachweist, dass ihm aus der Überschreitung der Lieferfrist ein Schaden entstan-

---

[203] OLG München 5.7.1989, TranspR 1990, 16, 17 = NJW-RR 1989, 1434, 1435; *Csoklich* S. 203; aA Rb.'s-Gravenhage 18.2.1969, S. & S. 1969 Nr. 58; Rb. Roermond 16.11.1967, S. & S. 1969 Nr. 57 (beide Entscheidungen zitiert nach *Hill/Messent* S. 201 Fn. 59 f.); *Lamy* 2013 Rn. 805 mwN.

[204] Cour Paris 25.3.1988, BT 1989, 46, 47; *William Tatton & Co. Ltd. v. Ferrymasters Ltd.* [1974] 1 Lloyd's L.Rep. 203 = ETR 1974, 737, 746 *(J. Browne)*; aA Cour Poitiers 23.8.1990, BT 1990, 586 f.

[205] *Jesser* S. 130; *GroßkommHGB/Helm* Rn. 53 aE; *Silingardi* S. 210; *Nickel-Lanz* S. 126 Nr. 161; *Lamy* 2013 Rn. 804.

[206] *Heuer* S. 122; aA *Putzeys* S. 293 Nr. 878.

[207] *Heuer* S. 123; *Clarke* S. 300 Nr. 95; aus der Rspr. zB Cour Paris 9.7.1980, BT 1980, 449, 450; Cour Paris 30.9.1987, BT 1988, 59, 60; Kantongerecht Delft 13.5.1965, ETR 1966, 722, 725.

[208] *Loewe* ETR 1976, 568 Nr. 193; *Jesser* S. 130; *Koller* Rn. 15.

[209] *Loewe* ETR 1976, 569 Nr. 193; *Thume/Thume/Riemer* Rn. 37; vgl. als Beispiel Cour Paris 9.7.1980, BT 1980, 449, 450.

[210] *Loewe* ETR 1976, 569 Nr. 193; *Koller* Rn. 15; *Thume/Thume/Riemer* Rn. 37; generell für die Orientierung am Wert *Clarke* S. 300 Nr. 95.

[211] *Haak* S. 226.

[212] AA zu Unrecht *Baumgärtel/Giemulla* Rn. 7.

den ist. Der Nachweis eines tatsächlich entstandenen Schadens ist also erforderlich und dies auch bei einer ausdrücklich vereinbarten Lieferfrist.[213]

**45**  **2. Einzelne Schadensarten.** Der Schaden kann dabei auch in einer Inanspruchnahme des Absenders durch seinen Auftraggeber auf Grund der Lieferfristüberschreitung liegen.[214] Eine bloße verspätungsbedingte Zahlungsverweigerung des Auftraggebers gegenüber dem Absender reicht zum Nachweis des Schadens nicht aus, solange der Absender noch nicht versucht hat, seine Ansprüche gerichtlich durchzusetzen.[215] Gelingt dem Ersatzberechtigten der Nachweis, ist ihm der volle Schaden einschließlich der mittelbaren Schäden zu ersetzen.[216] Hierzu gehören neben einem entgangenen Gewinn,[217] etwa auf Grund kürzerer Vermarktungsdauer, auch die Kosten für den aus der Verspätung resultierenden Verlust weiterer Aufträge und Kunden,[218] erhöhte Aufwendungen,[219] Verluste auf Grund Stillstands der Produktion[220] und Vermögenseinbußen auf Grund zwischenzeitlichen Preisverfalls am Bestimmungsort.[221] Wurde der Transport erst gar nicht ausgeführt, finden nicht die Art. 17 und 23, sondern nationale Vorschriften Anwendung.[222] Zum Verhältnis von **Verspätungshaftung und Obhutshaftung** siehe Art. 17 Rn. 92–96.

**46**  **3. Haftungsbegrenzung.** Das Korrektiv für die umfassende Einstandspflicht des Frachtführers für alle mittelbaren Verspätungsschäden bildet die summenmäßige Beschränkung der Haftung auf die **Höhe der Fracht,** also der vom Vertragspartner des Frachtführers geschuldeten Vergütung. Dabei ist Vertragspartner im Falle der Beauftragung des Frachtführers durch einen Spediteur eben dieser, so dass in diesem Fall der vom Spediteur dem Frachtführer geschuldete Betrag maßgeblich ist.[223] Die Obergrenze des vollen Beförderungspreises gilt unabhängig davon, ob die Verspätung auf einem bestimmten abtrennbaren Teil des Transports eintrat oder nicht.[224] Unerheblich ist auch, ob bei einer über mehrere Fahrzeuge verteilten Sendung nur ein Teil der Fahrzeuge zu spät zum Ablieferungsort gelangt, da dem Empfänger mit der rechtzeitigen Lieferung nur eines Teils der Sendung meist nicht gedient ist; maßgeblich ist auch dann die **gesamte Fracht.**[225] Die in Abs. 4 erwähnten „sonstigen aus Anlass der Beförderung entstandenen Kosten" bleiben bei der

---

[213] OLG Düsseldorf 17.5.1990, TranspR 1990, 280; OLG München 26.7.1985, TranspR 1985, 395, 397; Cour Paris 2.4.1971, BT 1971, 155; Rb. Rotterdam 5.6.1992, S. & S. 1993 Nr. 107 S. 399; *Putzeys* S. 305 Nr. 901 bis; *Rodière* BT 1974, 315 Nr. 96 Fn. 131; *Lamy* 2013 Rn. 794; *Baumgärtel/Giemulla* Rn. 8; *Herber/Piper* Rn. 43; Thume/*Thume/Riemer* Rn. 44.

[214] Cass.com. 26.6.1984, BT 1984, 610; OLG Düsseldorf 17.5.1990, TranspR 1990, 280; OLG Düsseldorf 9.10.1986, TranspR 1986, 429, 430; OLG Saarbrücken 10.2.1971, VersR 1972, 757, 758; *Clarke* S. 197 Nr. 59a; *Herber/Piper* Rn. 38.

[215] OLG Düsseldorf 9.10.1986, TranspR 1986, 429, 430; OLG Düsseldorf 17.5.1990, TranspR 1990, 280.

[216] OGH Wien 15.2.1979, SZ 52/19, S. 74, 76 = RDU 1979 II, 229, 230; *Heuer* S. 137; GroßkommHGB/*Helm* Rn. 60; *Haak* S. 229.

[217] OGH Wien 15.2.1979, SZ 52/19, S. 74, 76 = RDU 1979 II, 229, 230; *Clarke* S. 196 Nr. 59a; *Koller* Rn. 17; *Herber/Piper* Rn. 38; Thume/*Thume/Riemer* Rn. 44; Jabornegg/Artmann/*Csoklich* Rn. 13; *Pesce* S. 253 Fn. 168.

[218] *Clarke* S. 196 ff. Nr. 59a; *Putzeys* S. 296 Nr. 885bis; vgl. auch BGH 30.9.1993, NJW 1993, 3331: Zahlung des Absenders an den Empfänger zur Vermeidung des Abbruchs der Geschäftsbeziehungen als Schaden iSv. Art. 17 Abs. 1 und Art. 23 Abs. 5.

[219] BGH 30.9.1993, NJW 1993, 3331, 3332 sub II 4 b; *Koller* Rn. 17; Thume/*Thume/Riemer* Rn. 44.

[220] BGH 30.9.1993, NJW 1993, 3331, 3332 sub II 4; Thume/*Thume/Riemer* Rn. 44.

[221] OLG Hamm 14.11.1985, TranspR 1986, 77; Thume/*Thume/Riemer* Rn. 44; *Putzeys* S. 296 Nr. 885 bis.

[222] OGH Wien 14.11.1984, TranspR 1985, 346 = *Greiter* S. 245; App.Milano 11.7.1975, RDU 1977 I 336; Ferrari/*Otte*, Int. Vertragsrecht, Rn. 55; siehe auch Art. 17 Rn. 7, 13 und 98.

[223] *Lamy* 2013 Rn. 795.

[224] Cour Paris 18.10.1973, BT 1973, 488, 489; Hill/*Messent* S. 208; *Clarke* S. 304 Nr. 97c; *Putzeys* S. 305 Nr. 901ter; *Koller* Rn. 19; *Lamy* 2013 Rn. 795; *Haak* S. 228 Fn. 177.

[225] BGH 30.9.1993, NJW 1993, 3331: Pauschalvergütung von DM 185.600 für Transport mit 29 Lkw von den Niederlanden nach Teheran als Obergrenze; Cour cass. 26.6.1984, BT 1984, 610; *Clarke* S. 304 Nr. 97c; *Herber/Piper* Rn. 42; GroßkommHGB/*Helm* Rn. 63; *Lamy* 2013 Rn. 795.

Ermittlung der Fracht unberücksichtigt.[226] Dagegen fließen die nach Art. 24 oder Art. 26 vereinbarten Zuschläge zur Fracht in die Haftungsobergrenze ein.[227] Für das Ersatzverlangen ist Art. 30 Abs. 3 zu beachten. Die Höhe der Fracht ist vom Frachtführer als ihm günstiges Element der Haftungsbegrenzung zu **beweisen**.[228] Einen höheren Schaden kann der Absender wieder nur in den Fällen des Art. 26 (bei Vereinbarung eines besonderen Interesses an der rechtzeitigen Lieferung) und Art. 29 geltend machen.

**4. Zurechnung.** Die Verspätung muss für den Schaden kausal gewesen sein. Die theore- **47** tischen Auffassungen zur Kausalität gehen in den einzelnen Vertragsstaaten auseinander[229] und sind für den Bereich der CMR außer in Art. 17 Abs. 4 und Art. 18 Abs. 2 auch nicht vereinheitlicht worden. Dennoch dürften die Fragen der Zurechenbarkeit in konkreten Fällen gar nicht so verschieden beurteilt werden. Wo die Antworten divergieren, wird das ergänzende nationale Recht des Vertragsstatuts (Einl. Rn. 41) den Ausschlag geben müssen.[230] Soweit deutsches Recht zum Zuge kommt, sind also die Grundsätze der adäquaten Kausalität anzuwenden. Sie fehlt zB wenn der Geschädigte Maßnahmen zur Schadensminderung, etwa einen Deckungskauf unterlässt.[231]

## VI. Ausschluss höherer Entschädigungen (Abs. 6)

Die Haftungsregelungen des Art. 23 sind abschließend, vgl. Rn. 2. Nach Abs. 6 können **48** deshalb höhere als die in Abs. 1–5 geregelten Entschädigungen nur verlangt werden, wenn die Voraussetzungen der Art. 24 oder 26 vorliegen. Diese Vorschrift ist wie der Ausschluss weiterer Schadensersatzes in Abs. 4 auf Grund der Natur der Haftungsbeschränkungen rein deklaratorisch und insoweit überflüssig.[232] Denn die Beschränkung der Ersatzpflicht des Frachtführers auf Wertersatz und Erstattung der aus Anlass der Beförderung entstanden Kosten bei Güterschäden ergibt sich bereits aus Abs. 1–3 und Art. 25 Abs. 1, und die Beschränkung der Haftung für Verspätungsschäden auf die Höhe der Fracht folgt schon aus Abs. 5. Eine Umgehung dieser Haftungsgrenzen ist auch wegen Art. 41 Abs. 1 zum Scheitern verurteilt. Die Gerichte neigen zu einer sehr weiten Auslegung von Abs. 6 bzw. Art. 41 und schränken damit die verbliebene Vertragsfreiheit zT zu sehr ein. Entgegen einer verbreiteten Ansicht sind etwa präventiv wirkende **Vertragsstrafen** nicht mit Entschädigungsabsprachen gleichzusetzen und auch keine Umgehung von Abs. 6, siehe schon oben Art. 17 Rn. 97. Die präventive Funktion ist dagegen bei **Garantieversprechen** von geringerem Gewicht; wie die Vorschriften des Art. 23 sollen sie primär kompensieren und verstoßen damit gegen den zwingenden Charakter von Art. 23.[233] Wenn die Voraussetzungen der Art. 24 oder 26 vorliegen, ist aber eine Umdeutung in die Vereinbarung eines besonderen Interesses an der Lieferung oder eines erhöhten Werts des Gutes möglich.[234]

## Art. 24 [Wertdeklaration]

**Der Absender kann gegen Zahlung eines zu vereinbarenden Zuschlages zur Fracht einen Wert des Gutes im Frachtbrief angeben, der den in Artikel 23**

[226] Hill/Messent S. 208; Loewe ETR 1976, 569 Nr. 194; Jabornegg/Artmann/Csoklich Rn. 14.

[227] Heuer S. 137; Vereinbarungen gemäß Art. 26 heben allerdings regelmäßig die Haftungsgrenze des Art. 23 Abs. 5 auf.

[228] Koller Rn. 18; Baumgärtel/Giemulla Rn. 8; Herber/Piper Rn. 46; GroßkommHGB/Helm Rn. 63.

[229] Rechtsvergleichend instruktiv Clarke S. 198 Nr. 59c mit Hinweis auf Honoré Int.Encycl.Comp. L.vol. 11 ch. 7, sect. 44 ff.

[230] Ebenso Clarke S. 198 Nr. 59c; GroßkommHGB/Helm Rn. 61; EBJS/Boesche Rn. 18; Ferrari/Otte, Int. Vertragsrecht, Rn. 56; Koller Rn. 18.

[231] Zur Ersatzfähigkeit solcher Kosten BGH 30.9.1993, NJW 1993, 3331, 3332; zustimmend Herber/Piper Rn. 2; EBJS/Boesche Rn. 1; aA Koller Rn. 1; Thume/Thume/Riemer Rn. 1: nationales Recht (§§ 677 ff. BGB).

[232] OLG Frankfurt 21.2.1984, TranspR 1984, 97, 98; Heuer S. 123; GroßkommHGB/Helm Rn. 1.

[233] OLG Frankfurt 21.2.1984, TranspR 1984, 97, 98; Koller Rn. 11 und 20; Baumgärtel/Giemulla Rn. 9; GroßkommHGB/Helm Rn. 64; EBJS/Boesche Rn. 20.

[234] Koller Rn. 11 und 20.

**Absatz 3 bestimmten Höchstbetrag übersteigt; in diesem Fall tritt der angegebene Betrag an die Stelle des Höchstbetrages.**

### Art. 24

L'expéditeur peut déclarer dans la lettre de voiture, contre paiement d'un supplément de prix à convenir, une valeur de la marchandise excédant la limite mentionnée au paragraphe 3 de l'article 23 et, dans ce cas, le montant déclaré se substitue à cette limite.

### Art. 24

The sender may, against payment of a surcharge to be agreed upon, declare in the consignment note a value for the goods exceeding the limit laid down in article 23, paragraph 3, and in that case the amount of the declared value shall be substituted for that limit.

**Schrifttum:** Siehe Einl. vor Rn. 1 und bei Art. 23 sowie *Eltermann,* Anmerkung, VersR 1982, 1107; *Oeynhausen,* Wertdeklarationen im internationalen Straßengüterverkehr nach Art. 24 CMR, TranspR 1982, 113.

## I. Bedeutung und Zweck

1  Gemäß Art. 23 Abs. 3 bzw. Art. 25 Abs. 2 ist die Haftung des Frachtführers auf höchstens 8,33 SZR/kg beschränkt. Daneben sind nur noch bestimmte transportbezogene Aufwendungen zu erstatten. Bei der Beförderung besonders hochwertiger oder ungewöhnlich leichter Güter bleiben diese Beträge hinter dem Warenwert zurück. Für den Absender kann das Bedürfnis bestehen, mit dem Frachtführer vor dem Transport zu vereinbaren, dass der Wert des Gutes im Fall eines Güterschadens voll oder zumindest bis zu einem über die Höchstgrenze des Art. 23 Abs. 3 hinausgehenden Betrag zu ersetzen ist. Diese Möglichkeit wird den Parteien **abweichend von Art. 41** in Art. 24 eingeräumt. Danach ist die Erklärung eines höheren Werts des Gutes durch Eintragung im Frachtbrief gegen Zahlung eines Zuschlags zur Fracht möglich. Die **Wertdeklaration** nach Art. 24 ist von Art. 26 zu unterscheiden. Nach Art. 26 kann ein besonderes Interesse des Absenders an der Lieferung durch Eintragung in den Frachtbrief vereinbart werden. Auf der Grundlage dieser Vereinbarung kann der Absender auch für Schäden entschädigt werden, die über Art. 23 und 25 nicht ersetzbar sind, vor allem also für Folgeschäden wie etwa entgangenen Gewinn. Die Bedeutung des Art. 24 erschöpft sich dagegen in der Erhöhung der Haftungsobergrenze des Art. 23 Abs. 3 (bzw. Art. 25 Abs. 2) auf den angegebenen Wert; es bleibt aber bei der Beschränkung des Schadensersatzes auf Wertersatz (Art. 23 Abs. 1). Da Art. 23 Abs. 3 nur die eigentlichen Güterschäden, dh. Verlust oder Beschädigung betrifft, gilt dies auch für Art. 24. Besondere Verspätungsschäden über Art. 23 Abs. 5 hinaus können somit nur durch eine Vereinbarung nach Art. 26 abgedeckt werden.[1] Die Bedeutung der Vorschrift ist in der Praxis gering, da ein höherer Güterwert üblicherweise durch eine Transportversicherung abgedeckt wird.[2]

## II. Voraussetzungen einer wirksamen Wertdeklaration

2  **1. Vereinbarung.** Die Haftungserweiterung nach Art. 24 kann nach fast einhelliger Ansicht nur Gültigkeit erlangen, wenn sie auf einer rechtsgeschäftlichen Einigung der Parteien beruht.[3] Dies folgt nicht nur aus allgemeinen vertragsrechtlichen Grundsätzen, auf denen die CMR basiert, sondern auch daraus, dass die Erhöhung der Haftungshöchstsumme

---

[1] *Straube/Schütz* Art. 26 Rn. 1; *Loewe* ETR 1976, 570 Nr. 199; *Hill/Messent* S. 213; *Nickel-Lanz* S. 133 Nr. 171 und S. 135 Nr. 175; *Züchner* VersR 1970, 701, 703; *Herber/Piper* Rn. 2; Thume/*Thume/Riemer* Rn. 1; Jabornegg/Artmann/*Csoklich* Art. 24 CMR Rn. 1.

[2] *Haak* S. 231; *Herber/Piper* Rn. 1; Thume/*Thume/Riemer* Rn. 2.

[3] Cour Paris 15.12.1977, BT 1978, 53, 54; App. Firenze 2.2.1981, Dir. Mar. 1982, 415; *Bischof* VersR 1981, 539 f.; *Eltermann* VersR 1982, 1107; *de la Motte* VersR 1988, 320; *Jesser* S. 137; *Putzeys* S. 307 Nr. 905; *Clarke* S. 310 Nr. 100; *Nickel-Lanz* S. 134 Nr. 173; *Oeynhausen* TranspR 1982, 115 f.; *Haak* S. 233; *Herber/Piper* Rn. 4 ff.; Großkomm HGB/*Helm* Rn. 2; Thume/*Thume/Riemer* Rn. 3; EBJS/*Boesche* Rn. 2; Jabornegg/Artmann/*Csoklich* Rn. 2; aA OLG Hamburg 29.5.1980, VersR 1980, 950, 951.

nach Art. 24 kompensiert werden soll durch einen Frachtzuschlag, dessen Höhe die Parteien zu vereinbaren haben. Wenn man aber die Einigung über den Frachtzuschlag für eine konstitutive Voraussetzung der Wirksamkeit der Wertdeklaration hält, ist es unvermeidlich, dass der Konsens der Parteien sich nicht nur auf seinen eigentlichen Gegenstand, dh. den Frachtzuschlag, bezieht, sondern darüber hinaus auch auf die Folgen, die Wertdeklaration. Davon abgesehen, müsste ein **einseitiges Bestimmungsrecht** ähnlich wie im Falle des Art. 12 austariert werden durch eine Angemessenheits- oder Zumutbarkeitskontrolle. Dass sie fehlt, ist ein weiteres Indiz für den **vertraglichen Charakter** der Wertdeklaration. Der Frachtführer ist also in der Annahme einer entsprechenden Erklärung des Absenders frei.[4]

Das **Zustandekommen der Einigung** richtet sich nach den Vertragsschlussregeln des **3** ergänzenden Vertragsstatuts (Einl. Rn. 41 ff.). Vor Abschluss des Transportvertrags verhindert eine fehlende Einigung über die Wertdeklaration uU den ganzen Vertragsschluss (vgl. §§ 154 Abs. 1, 150 Abs. 2 BGB).[5] Etwas anderes wird aber dann gelten, wenn der Vertrag trotz fehlender Einigung über diesen Punkt in beiderseitigem Einverständnis tatsächlich durchgeführt wurde. Je nach den Umständen ist der Vertrag hier mit den Haftungsgrenzen des Art. 23 Abs. 3 oder aber zu einem deklarierten Wert mit der Maßgabe zustande gekommen, dass der Frachtzuschlag noch im Nachhinein bestimmt werden soll, sei es einverständlich oder durch Entscheidung eines Dritten. Auch nach Abschluss des Frachtvertrags besteht keine Pflicht des Frachtführers, eine einseitige Erhöhung der Haftungsgrenze im Frachtbrief durch den Absender zu billigen, selbst wenn der Absender von sich aus einen entsprechenden Zuschlag zur Fracht anbietet.[6] Eine nachträgliche einseitige Wertdeklaration durch den Absender ist lediglich ein Angebot zur Vertragsänderung; ob es schon durch Entgegennahme des Frachtbriefs stillschweigend angenommen wird, hängt von den Umständen ab.[7] So wird man etwa von einer konkludenten Annahme sprechen können, wenn der Frachtführer in seinen Tarifen feste Zuschlagssätze festgelegt hat, die er bei Wertdeklarationen verlangt, wenn sich zwischen den Parteien eine diesbezügliche Übung gebildet hat oder wenn deutlich wird, dass die Höhe des Zuschlags für die Parteien kein essentiale negotii ist.

Der **Fahrer** kann eine solche Vereinbarung mit Wirkung für den Frachtführer nur **4** treffen, wenn er nach dem für die Stellvertretung maßgeblichen Recht, dh. regelmäßig dem Recht des Wirkungslands,[8] **Vertretungsmacht** hat. Wenn deutsches Recht Vertretungsstatut ist, wird man aus der Eigenschaft des Fahrers als Hilfsperson nicht ohne weiteres auf eine Bevollmächtigung schließen dürfen.[9] Eine Duldungs- oder Anscheinsvollmacht des Fahrers ist denkbar, so zB wenn der Frachtführer dem Fahrer Frachtbriefblankette mitgibt und dieser sie gemäß den Wünschen des Absenders, aber entgegen den Weisungen des Frachtführers ausfüllt.[10]

Der vereinbarte Wert darf nach richtiger Ansicht den tatsächlichen **Wert des Gutes 5 übersteigen.**[11] Denn er ersetzt nur die Haftungshöchstgrenze des Art. 23 Abs. 3, ohne die Grundsätze der Wertberechnung nach Art. 23 Abs. 1 oder 25 in Frage zu stellen, vgl. Rn. 1.

[4] OGH Wien 26.4.2001, ETR 2002, 497; *Bischof* VersR 1981, 540; *Haak* S. 233; GroßkommHGB/*Helm* Rn. 4; Ferrari/*Otte,* Int. Vertragsrecht, Rn. 4.
[5] *Koller* Rn. 2; *Clarke* S. 312 Nr. 100.
[6] Vgl. *Bischof* VersR 1981, 540; *Clarke* S. 312 Nr. 100; *Koller* Rn. 2.
[7] Vgl. *Bischof* VersR 1981, 539 f.; *Koller* Rn. 2; *Oeynhausen* TranspR 1982, 115 f.; OGH Wien 26.4.2001, ETR 2002, 497: Schweigen des Frachtführers gilt nicht als Zustimmung; zu weitgehend OLG Hamburg 29.5.1980, VersR 1980, 950, 951.
[8] BGH 13.5.1982, NJW 1982, 2733; BGH 26.4.1990, NJW 1990, 3088 sub II 1 c umstritten; Hinweise zum Meinungsstand bei Staudinger/*Magnus* 2011, Rom I-VO, Anh. II zu Art. 1 Rom I-VO Rn. 13 ff.
[9] *Bischof* VersR 1981, 539; *Oeynhausen* TranspR 1982, 116; Thume/*Thume/Riemer* Rn. 4; Ferrari/*Otte,* Int. Vertragsrecht, Rn. 7; Jabornegg/Artmann/*Csoklich* Rn. 2; ebenso für das belgische Recht *Putzeys* S. 307 f. Nr. 906 und für das englische Recht *Clarke* S. 312 Nr. 100.
[10] OLG Düsseldorf 28.10.1982, VersR 1983, 749 (zu Art. 26); *Koller* Rn. 2; Herber/*Piper* Rn. 7; EBJS/*Boesche* Rn. 2; kritisch als zu weitgehend Thume/*Thume/Riemer* Rn. 4.
[11] *Heuer* S. 124; *Lenz* Rn. 704; *Jesser* S. 136; *Nickel-Lanz* S. 133 f. Nr. 172; *Koller* Rn. 4; aA *Glöckner* Rn. 3; *Aisslinger* S. 97 Fn. 96; *Csoklich* S. 205; *Pesce* TranspR 1987, 12; Baumgärtel/*Giemulla* Rn. 2; Herber/*Piper* Rn. 3; EBJS/*Boesche* Rn. 5.

Deswegen besteht auch keine Gefahr, dass über die Deklaration eines überhöhten Werts ein entgangener Gewinn oder ein sonstiger mittelbarer Schaden liquidiert wird.[12] Nicht gestattet wird durch Art. 24 die Vereinbarung eines **niedrigeren Werts;** eine solche Vereinbarung ist gemäß Art. 41 unwirksam.[13] Die Haftungsgrenze von 8,33 SZR/kg ist damit das unabdingbare Minimum auch in solchen Staaten, wo die Haftungshöchstbeträge des innerstaatlichen Transportrechts sehr viel tiefer liegen. Zur vertraglichen Schadenspauschalierung siehe Rn. 10.

6    **2. Eintragung im Frachtbrief.** Art. 24 schreibt die Eintragung der Wertdeklaration in den Frachtbrief vor. Dadurch soll der Frachtführer darauf aufmerksam gemacht werden, dass er höher als sonst üblich haften kann. Zugleich soll der Absender veranlasst werden, sein Interesse an dem Gut genau zu beziffern.[14] Dieser Warn- und Schutzfunktion[15] der Eintragung entspricht ihre von der hM angenommene **konstitutive Wirkung.**[16] Eine mündliche Vereinbarung ist unwirksam.[17] Dies gilt auch, wenn gar kein Frachtbrief ausgestellt wurde.[18] Art. 24 ist insoweit lex specialis gegenüber Art. 4.[19] Eine Wertdeklaration auf anderen Dokumenten genügt nicht. Auch wer allein den Frachtbrief in Händen hält, soll das Ausmaß seiner möglichen Haftung kennen.[20] So sind die Voraussetzungen des Art. 24 beispielsweise nicht erfüllt bei Angaben auf Spediteurpapieren,[21] in vorangegangener Korrespondenz der Parteien,[22] auf Anlagen zum Frachtbrief wie Lieferrechnungen oder Versandaufträgen,[23] in Zollanmeldungen,[24] Warenlisten oder in Versicherungspolicen.[25] Abweichendes gilt, wenn zum Zweck einer Wertvereinbarung im Frachtbrief auf solche Dokumente verwiesen wird.[26] Unschädlich ist das Fehlen der Wertangabe ferner in dem Frachtbrief über eine Sammelladung, wenn zunächst über einzelne Stückgüter separate Frachtbriefe ausgestellt wurden, die eine Wertdeklaration enthalten.[27]

7    Rspr. und hM sind in ihrer **Begründung zu undifferenziert;** die Ergebnisse treffen zwar im Ansatz zu, bedürfen jedoch zum Teil einer Billigkeitskorrektur, um dem Vorwurf der **formalistischen Rigidität** zu entgehen. Der Hinweis auf die Schutzfunktion der Eintragung ist gerechtfertigt, soweit es um den Schutz dritter, am Vertrag nicht beteiligter Personen geht, und zwar von Unterfrachtführern und nachfolgenden Frachtführern. Sie müssen sich auf den Frachtbrief verlassen können, und auf ihren Schutz ist die formale

---

[12] Dies befürchtet zu Unrecht *Glöckner* TranspR 1988, 330.
[13] BGH 12.12.1985, TranspR 1986, 278, 282; *Nickel-Lanz* S. 134 Nr. 174; *Hill/Messent* S. 213 Fn. 153.
[14] Vgl. *Glöckner* TranspR 1988, 330; *Jesser* S. 136.
[15] So die hM, vgl. *Glöckner* TranspR 1988, 330; *Eltermann* VersR 1982, 1107; *Koller* Rn. 3; *Haak* S. 234; Thume/*Thume/Riemer* Rn. 11; OLG Düsseldorf 29.5.1991, TranspR 1991, 291, 293 (zu Art. 26); AG Hamburg 1.7.1982, TranspR 1982, 122, 123.
[16] BGH 14.7.1993, TranspR 1993, 426, 428; LG Darmstadt 23.9.1981, VersR 1982, 1107; OGH Wien 30.8.1990, TranspR 1992, 406, 408; *Alff* Rn. 1; *Aisslinger* S. 97 Fn. 96; *Loewe* ETR 1976, 569 Nr. 196; *Lenz* Rn. 708; *Bischof* VersR 1981, 539; *Eltermann* VersR 1982, 1107; *Hill/Messent* S. 212 Fn. 151; *Clarke* S. 311 Nr. 100; *Nickel-Lanz* S. 134 Nr. 173; *Oeynhausen* TranspR 1982, 116; *Haak* S. 232; *Koller* Rn. 3; GroßkommHGB/*Helm* Rn. 3; Thume/*Thume/Riemer* Rn. 11; *Herber/Piper* Rn. 11; EBJS/*Boesche* Rn. 4; *Ferrari/ Otte,* Int. Vertragsrecht, Rn. 13; Jabornegg/Artmann/*Csoklich* Rn. 9.
[17] LG Darmstadt 23.9.1981, VersR 1982, 1107; *Glöckner* Rn. 1; *Jesser* S. 136.
[18] OGH Wien 30.8.1990, TranspR 1992, 406, 408; AG Hamburg 1.7.1982, TranspR 1982, 122, 123; Cour Paris 15.12.1977, BT 1978, 53, 54.
[19] Vgl. OGH Wien 30.8.1990, TranspR 1992, 406 ff.
[20] *Putzeys* S. 307 Nr. 904; *Hill/Messent* S. 212 Fn. 151.
[21] *Oeynhausen* TranspR 1982, 114 f.; *Putzeys* S. 307 Nr. 904.
[22] *Putzeys* S. 307 Nr. 904.
[23] LG Darmstadt 23.9.1981, VersR 1982, 1107; AG Hamburg 1.7.1982, TranspR 1982, 122, 123; *Ponet/ Willems* Rev.dr.com.belge 1992, 739.
[24] OGH Wien 30.8.1990, TranspR 1992, 406, 407 f.; Cour Reims 13.7.1977, BT 1977, 406, 408.
[25] OGH Wien 30.8.1990, TranspR 1992, 406, 407 f.
[26] Ähnlich *Koller* Rn. 3; *Herber/Piper* Rn. 12; EBJS/*Boesche* Rn. 4; AG Hamburg 1.7.1982, TranspR 1982, 122, 123; zu weitgehend OLG Hamburg 29.5.1980, VersR 1980, 950, 951; offen lassend OLG Düsseldorf 29.5.1991 TranspR 1991, 291, 293; diese Auffassung generell ablehnend Thume/*Thume/Riemer* Rn. 12; GroßkommHGB/*Helm* Rn. 3.
[27] Hof Brüssel 16.11.1977, ETR 1980, 319, 331.

Strenge des Art. 24 bezogen. Unter diesem Gesichtspunkt gibt es keinen Grund, auf der Eintragung zu beharren, wenn gar kein Frachtbrief ausgestellt ist, vgl. Art. 6 Rn. 37. Auch wenn ein Frachtbrief ausgestellt ist, besteht für den Hauptfrachtführer selbst ein solches Schutzbedürfnis nicht. Wenn er sich mündlich oder in der vorangegangenen Korrespondenz mit dem Absender auf eine erhöhte Haftungsgrenze und über die Höhe eines kompensierenden Frachtzuschlags geeinigt hat, gibt der Frachtbrief, der die Wertdeklaration nicht enthält, den Vertrag falsch wieder. Keine der beiden Vertragsparteien braucht hier Schutz vor der anderen. Im Gegenteil kann es **rechtsmissbräuchlich** sein, wenn sich der Frachtführer auf die fehlende Eintragung der Wertdeklaration im Frachtbrief beruft, nachdem er zwar den dafür vereinbarten Frachtzuschlag kassiert hat, und ebenso wenn er selbst den Frachtbrief abweichend von den Vorvereinbarungen ausgestellt hat.[28] Die Beweislast für die Vereinbarung einer erhöhten Haftungsgrenze liegt in diesen Fällen beim Absender, vgl. Art. 9 Abs. 1. Die skizzierte Lösung ändert zwar nichts an dem Formzwang des Art. 24, schränkt ihn jedoch durch Rückgriff auf den allgemeinen Grundsatz des guten Glaubens im internationalen Handel ein.[29]

**3. Zuschlag zur Fracht.** Umstritten ist, ob die Vereinbarung eines Zuschlags zur Fracht **8** unabdingbar ist[30] oder ob sie auch unterbleiben kann.[31] Für die Notwendigkeit einer Vereinbarung über den Frachtzuschlag könnte sprechen, dass die CMR durch die Einführung strikter Haftungshöchstgrenzen gerade auch wirtschaftlich schwächere Frachtführer vor einer zu umfangreichen Haftung schützen wollte. Aus diesem Gedanken heraus erscheint es an sich angemessen, dass der Absender für eine von den Art. 23 Abs. 3 und Art. 25 Abs. 2 abweichende Haftungshöchstgrenze einen Aufpreis zahlen muss. Jedoch ist zu bedenken, dass der Frachtführer in seiner Preisgestaltung nach der CMR keinen Beschränkungen unterworfen ist.[32] Niemand kann daher verhindern, dass er als Frachtzuschlag mit dem Absender nur einen symbolischen Preis vereinbart oder zum „Ausgleich" für den Zuschlag die Fracht ermäßigt. Auch wird, will man nicht die getrennte Aufführung des Zuschlags im Frachtbrief verlangen,[33] im Einzelfall oft nicht zu beweisen sein, ob ein Zuschlag nicht doch im Frachtpreis inbegriffen ist.[34] Dies alles gilt umso mehr, als verbindliche Tarife nicht mehr bestehen und den ausgehandelten Transportpreisen nicht anzusehen ist, welche Leistungen sie im Einzelnen entgelten sollen. Die Formulierung des Art. 24 ist **durch die Deregulierung des Verkehrs überholt** und ihres Sinnes entleert. Wer gleichwohl dem Gesetzesbefehl weiter folgen will, kann dem liberalisierten Umfeld dennoch wie der französische Kassationshof dadurch Rechnung tragen, dass er dem Beförderer die Beweislast dafür zuschiebt, dass kein Frachtzuschlag vereinbart wurde.[35] Ebenso wenig wie die Vereinbarung ist auch die Zahlung des Frachtzuschlags Wirksamkeitsvoraussetzung der Wertdeklaration; die vorausstehenden Erwägungen gelten entsprechend.[36]

[28] Zustimmend GroßkommHGB/*Helm* Rn. 3.

[29] Vgl. Einl. Rn. 37 und speziell zu diesem Grundsatz Art. 7 Abs. 1 UNK sowie Art. 1.7 und 2.1.18 der Unidroit-Grundsätze über internationale Handelsverträge 2010; vgl. für die Anwendung von Art. 24 im Ergebnis übereinstimmend *Lamy* 2013 Rn. 792c); *Silingardi* S. 237.

[30] LG Darmstadt 23.9.1981, VersR 1982, 1107; Cour cass. 10.7.1989, BT 1989, 591, 592 (zu Art. 26); Cour Reims 13.7.1977, BT 1977, 406, 408; *Heuer* S. 125; *Precht/Endrigkeit* Anm. 2; *Bischof* VersR 1981, 540; *Eltermann* VersR 1982, 1108; *Lamy* 2013 Rn. 792c); *Oeynhausen* TranspR 1982, 115; *Silingardi* S. 238; *Thume/Thume/Riemer* Rn. 9 f.; *Jabornegg/Artmann/Csoklich* Rn. 4.

[31] OLG Hamburg 29.5.1980, VersR 1980, 950, 951; OLG Düsseldorf 7.7.1988, TranspR 1988, 425, 429; *Loewe* ETR 1976, 570 Nr. 198; *de la Motte* VersR 1988, 321; *Jesser* S. 137; *Putzeys* S. 307 Nr. 905 f.; *Hill/Messent* S. 213; *Clarke* S. 312 Nr. 100; *Nickel-Lanz* S. 134 Nr. 173; *Haak* S. 233; *Koller* Rn. 2; *Herber/Piper* Rn. 9; EBJS/*Boesche* Rn. 3; *Ferrari/Otte,* Int. Vertragsrecht, Rn. 10.

[32] Ebenso *Koller* Rn. 2; *Putzeys* S. 307 Nr. 905; *Herber/Piper* Rn. 9.

[33] Dagegen ausdrücklich *Heuer* S. 125; Cour Rennes 27.5.1987, zitiert in der Anmerkung zu Cour cass. 10.7.1989, BT 1989, 591, 592; der Zuschlag kann aber gemäß Art. 6 Abs. 3 eingetragen werden.

[34] Vgl. *Loewe* ETR 1976, 570 Nr. 198.

[35] Cour cass. 10.7.1989, BT 1989, 591, 592; vgl. auch *Ponet/Willems* Rev.dr.com.belge 1992, 739.

[36] ZB *Glöckner* TranspR 1988, 330; GroßkommHGB/*Helm* Rn. 5; *Hill/Messent* S. 213; *Jesser* S. 137; *Putzeys* S. 307 f. Nr. 905 f.; *Clarke* S. 312 Nr. 100; *Nickel-Lanz* S. 134 Nr. 173; *Haak* S. 235; aA *Precht/Endrigkeit* Anm. 2; *Eltermann* VersR 1982, 1108; *Lamy* 2013 Rn. 792c).

**9**    Kommt die Einigung über die Erhöhung der Haftungsgrenze zustande, ohne dass die Parteien einen bestimmten Frachtzuschlag vereinbaren, vgl. Rn. 3, so ist der Absender zur **Zahlung eines angemessenen Zuschlags** verpflichtet, wenn der Beförderer darauf nicht verzichtet hat.[37] Dies folgt daraus, dass der Frachtführer als Kaufmann eine Wertvereinbarung im Normalfall nicht unentgeltlich treffen wird, benötigt er doch den Frachtzuschlag regelmäßig zum Abschluss einer Zusatzversicherung,[38] da seine Verkehrshaftpflicht den deklarierten Wert oft nicht deckt.[39] Der Zuschlag wird dann mindestens die Kosten der Versicherungsprämie für die Zusatzversicherung abdecken.[40]

### III. Rechtsfolgen

**10**    Die wirksame Wertdeklaration hat nach allgemeiner Meinung nur zur Folge, dass der vereinbarte höhere Wert des Gutes an die Stelle der Haftungshöchstgrenze des Art. 23 Abs. 3 tritt. Im Übrigen gelten die Grundsätze des **Wertersatzes** gemäß Art. 23 Abs. 1, 2 und Art. 25. Die Vorschrift des Art. 24 kommt also erst zum Tragen, wenn der nach den Art. 23 bzw. 25 zu ersetzende Wert des Gutes am Ort und zur Zeit der Übernahme zur Beförderung den Höchstbetrag des Art. 23 Abs. 3 bzw. Art. 25 Abs. 2 übersteigt. Zu ersetzen ist in diesem Fall maximal der deklarierte Wert, der insoweit als einheitliche Haftungshöchstgrenze fungiert und eine Berechnung der Höchsthaftung pro kg des verlorenen oder beschädigten Gutes überflüssig macht. Der Funktion der Wertdeklaration als Erhöhung der Haftungsobergrenze entspricht es, dass der angegebene Wert auch dann maßgeblich bleibt, wenn der tatsächliche Wert des Gutes höher ist.[41] Erreicht der Schaden andererseits den angegebenen Wert nicht, sondern liegt darunter, ist wie bei Art. 23 Abs. 3 nur der tatsächliche und nachgewiesene Schaden zu ersetzen.[42] Art. 24 begründet auch keine Vermutung, die Güter hätten den im Frachtbrief aufgeführten Wert gehabt, bewirkt also **keine Schadenspauschalierung.**[43] Eine Abrede, die den Wert der Güter und sei es auch nur zu Beweiszwecken auf einen bestimmten Betrag fixiert, verstieße gegen Art. 41.[44] Mittelbare Schäden einschließlich eines entgangenen Gewinns sind im Rahmen des Art. 24 nicht zu ersetzen.[45] Hierfür steht nur Art. 26 zur Verfügung. Zusätzlich zum Wertersatz bis zur Höhe des deklarierten Werts können lediglich die Aufwendungen nach Art. 23 Abs. 4 verlangt werden.[46]

### Art. 25 [Haftungsumfang bei Beschädigung]

**(1) Bei Beschädigung hat der Frachtführer den Betrag der Wertverminderung zu zahlen, die unter Zugrundelegung des nach Artikel 23 Absatz 1, 2 und 4 festgestellten Wertes des Gutes berechnet wird.**

**(2) Die Entschädigung darf jedoch nicht übersteigen,**
**a) wenn die ganze Sendung durch die Beschädigung entwertet ist, den Betrag, der bei gänzlichem Verlust zu zahlen wäre;**

---

[37] *Clarke* S. 312 f. Nr. 100; *Koller* Rn. 2; *Hill/Messent* S. 213; *Bischof* VersR 1981, 540; *Loewe* ETR 1976, 570 Nr. 198; EBJS/*Boesche* Rn. 3.

[38] *Bischof* VersR 1981, 540; ausführlich dazu auch *Oeynhausen* TranspR 1982, 113.

[39] GroßkommHGB/*Helm* Rn. 10; *Aisslinger* S. 97 f.; *Hill/Messent* S. 213.

[40] *Glöckner* Rn. 1; *Heuer* S. 124; *Lenz* Rn. 704; *Jesser* S. 137.

[41] Cour Reims 13.7.1977, BT 1977, 406, 408; Thume/*Thume/Riemer* Rn. 13.

[42] *Glöckner* Rn. 3; *Aisslinger* S. 97; *Lenz* Rn. 703; *Rodière* BT 1974, 315 Nr. 95; *Putzeys* S. 308 f. Nr. 908; *Clarke* S. 311 Nr. 100; *Nickel-Lanz* S. 133 f. Nr. 170 und 172; *Haak* S. 231; *Herber/Piper* Rn. 14; GroßkommHGB/*Helm* Rn. 9; Thume/*Thume/Riemer* Rn. 13; EBJS/*Boesche* Rn. 5.

[43] *Heuer* S. 124; *Rodière* BT 1974, 315 Nr. 95; *Jesser* S. 136; *Koller* Rn. 4; GroßkommHGB/*Helm* Rn. 9; *Nickel-Lanz* S. 133 Nr. 172.

[44] Cour cass. 17.5.1983, BT 1983, 445 f.; Cour cass. 22.11.1988, BT 1989, 209.

[45] ZB *Csoklich* S. 205; *Straube/Schütz* Rn. 1; *Glöckner* TranspR 1988, 330; *Jesser* S. 136; *Lamy* 2013 Rn. 792b); *Nickel-Lanz* S. 133 Nr. 172.

[46] *Loewe* ETR 1976, 569 Nr. 197; *Jesser* S. 136; *Nickel-Lanz* S. 134 Nr. 172; *Koller* Rn. 4; *Herber/Piper* Rn. 15; Thume/*Thume/Riemer* Rn. 14; EBJS/*Boesche* Rn. 1.

**b) wenn nur ein Teil der Sendung durch die Beschädigung entwertet ist, den Betrag, der bei Verlust des entwerteten Teiles zu zahlen wäre.**

<table>
<tr><td>

**Art. 25**

(1) En cas d'avarie, le transporteur paie le montant de la dépréciation calculée d'après la valeur de la marchandise fixée conformément à l'article 23, paragraphes 1, 2 et 4.

(2) Toutefois, l'indemnité ne peut dépasser:
(a) si la totalité de l'expédition est dépréciée par l'avarie, le chiffre qu'elle aurait atteint en cas de perte totale;
(b) si une partie seulement de l'expédition est dépréciée par l'avarie, le chiffre qu'elle aurait atteint en cas de perte de la partie dépréciée.

</td><td>

**Art. 25**

(1) In case of damage, the carrier shall be liable for the amount by which the goods have diminished in value, calculated by reference to the value of the goods fixed in accordance with article 23, paragraphs 1, 2 and 4.

(2) The compensation may not, however, exceed:
(a) if the whole consignment has been damaged, the amount payable in the case of total loss;
(b) if part only of the consignment has been damaged, the amount payable in the case of loss of the part affected.

</td></tr>
</table>

**Schrifttum:** Siehe Einl. vor Rn. 1 und bei Art. 23.

**Übersicht**

|  | Rn. |  | Rn. |
|---|---|---|---|
| **I. Bedeutung und Zweck** | 1 | 3. Hypothetischer Versandwert der beschädigten Ware | 9–12 |
| **II. Berechnung der Wertminderung (Abs. 1)** | 2–14 | 4. Teilbeschädigung | 13, 14 |
| 1. Berechnungsmethode | 2–6 | **III. Haftungshöchstsummen (Abs. 2)** | 15–18 |
| 2. Versandwert der unbeschädigten Ware | 7, 8 | 1. Entwertung der ganzen Sendung | 16 |
|  |  | 2. Teilbeschädigung | 17, 18 |

## I. Bedeutung und Zweck

Nach Art. 25 Abs. 1 findet das **Wertersatzprinzip** des Art. 23 auch im Falle der **1** Beschädigung des beförderten Gutes Anwendung; zum Begriff der Beschädigung und zur Abgrenzung vom Verlust siehe oben Art. 17 Rn. 11 f. Der Frachtführer hat danach bei Beschädigung den Betrag der schadensbedingten Wertminderung zu bezahlen, also die Differenz zwischen dem Wert des Gutes im unbeschädigten und beschädigten Zustand. Weiterer Schadensersatz ist auch hier ausgeschlossen,[1] ebenso die Naturalherstellung und die Zahlung von Reparaturkosten,[2] die in der Praxis allerdings oft Rückschlüsse auf die Höhe der Wertminderung zulassen und insofern mittelbar erstattungsfähig sind.[3] Auch sonstige Aufwendungen des Geschädigten sind nicht zu berücksichtigen; zu schadensmindernden Aufwendungen des Absenders siehe aber unten Rn. 10 f. Frachten, Zölle und sonstige transportbezogene Aufwendungen fließen bei Beschädigungen mit in die Berechnung der Entschädigung ein, sind also wie im Verlustfall in vollem Umfang oder anteilig zu erstatten. Weitergehender Schadensersatz ergibt sich wieder nur aus Art. 24, 26 und 29.

---

[1] OGH Wien 21.2.1985, VersR 1986, 559, 560; OLG Wien 23.2.1989, TranspR 1990, 156, 157; *Putzeys* S. 299 Nr. 890; *Glöckner* TranspR 1988, 351; *Herber/Piper* Rn. 4 f.; EBJS/*Boesche* Rn. 2; zu Vermischungsschäden an anderen Gütern des Empfängers infolge Kontamination der Ladung *Thume* VersR 2002, 267 ff.
[2] BGH 13.2.1980, NJW 1980, 2021; *Herber/Piper* Rn. 4; Thume/*Thume/Riemer* Rn. 11; GroßkommHGB/*Helm* Rn. 2; *Koller* Rn. 3; EBJS/*Boesche* Rn. 2.
[3] Vgl. dazu etwa OLG Celle 20.6.2002, TranspR 2004, 122; HansOLG Bremen 8.2.2007, TranspR 2008, 252, 258.

## II. Berechnung der Wertminderung (Abs. 1)

**2**  **1. Berechnungsmethode.** Die Wertminderung errechnet sich aus einem Vergleich zwischen dem Wert des unbeschädigten und dem Wert des beschädigten Gutes. Der Wert des Gutes kann je nach Ort und Zeitpunkt starken Schwankungen unterliegen. Die Verweisung in Abs. 1 auf Art. 23 Abs. 1 und 2 bringt zum Ausdruck, dass sich die Berechnung der Wertminderung auf den **Versandwert des unbeschädigten Gutes** beziehen muss. Damit ist wenig Klarheit gewonnen und nur ausgeschlossen, dass die Differenz aus dem (hypothetischen) Ankunftswert der unbeschädigten Ware und dem realen Ankunftswert der beschädigten Güter als Wertminderung angesehen wird.

**3**  Es bleiben aber drei Methoden, die sich alle auf den Versandwert des unbeschädigten Gutes beziehen:[4] **(1)** Man kann die Differenz zwischen dem Versandwert des unbeschädigten Gutes und dem **hypothetischen Versandwert des beschädigten Gutes** als Wertminderung betrachten,[5] nimmt damit allerdings eine rein hypothetische und deshalb unsichere Rechengröße zu Hilfe. Dies kann mitunter zur Bereicherung des Berechtigten und damit zu ungerechten Ergebnissen führen. Wenn etwa Obst aus einer ländlichen Gegend Spaniens in eine deutsche Großstadt geliefert und durch mangelhafte Transportkühlung überreif wird, ist es am Bestimmungsort uU immer noch zum halben Preis verkäuflich, während es an seinem Versandort, der fernab der Städte liegt, die Konsumenten vor dem Verderb nicht mehr erreichen könnte und deshalb als Totalschaden zu betrachten wäre. Damit der Absender/Empfänger nicht einerseits den geschmälerten Erlös am Bestimmungsort und andererseits auch noch den gesamten Versandwert als Wertminderung einstreicht, bedarf die hier skizzierte Schadensberechnungsmethode der Korrektur. Aus Art. 23 Abs. 1 und 2 sowie aus Art. 25 Abs. 2 lit. a und Art. 20 Abs. 3 lässt sich der allgemeine Rechtsgrundsatz (Einl. Rn. 37) ableiten, dass der Berechtigte im Falle eines Güterschadens nicht mehr erhalten soll als den Versandwert des Gutes; dies ist die CMR-spezifische Konkretisierung des **schadensersatzrechtlichen Bereicherungsverbots,** die jedenfalls eingreifen muss, wenn der Versandwert unter der Haftungshöchstsumme von Art. 23 Abs. 3, Art. 25 Abs. 2 liegt.

**4**  **(2)** Die angedeutete Bereicherungsproblematik weist daraufhin, dass der wirkliche Wert des Gutes am Bestimmungsort nicht völlig außer Betracht bleiben kann. Manche wollen ihn berücksichtigen, indem sie die Wertminderung iSv. Abs. 1 gleichsetzen mit der Differenz aus dem Versandwert des unbeschädigten Gutes und dem **Ankunftswert des beschädigten Gutes.**[6] Diese Berechnung erweist sich allerdings als offensichtlich unhaltbar, wenn das Marktpreisniveau im Ankunftsland für Güter der betreffenden Art erheblich über dem des Versandlands liegt. Beispielsweise können Altkleider, die auf dem Transport verschmutzt werden, in manchen Bestimmungsländern zum Teil einen höheren Marktwert aufweisen, als ihn die gleichen Altkleider in sauberem Zustand in westlichen Versandländern haben. Die skizzierte Berechnungsmethode hat, weil sie ungleiche Dinge miteinander vergleicht, zur Folge, dass ein Schadensersatzanspruch mangels Wertminderung nicht besteht.[7]

**5**  **(3)** Im **Eisenbahnrecht** ist aus den geschilderten Problemen eine dritte Methode entstanden,[8] die auch im Bereich der CMR Anhänger hat.[9] Danach ist aus dem Verhältnis von Ankunftswert des beschädigten und (hypothetischem) Ankunftswert des unbeschädig-

---

[4] Eingehend *Haak* S. 226 ff.

[5] So die hM im deutschen Sprachraum: OGH Wien 7.11.1986, TranspR 1987, 427, 428, 429 f.; OLG Düsseldorf 14.7.1983, TranspR 1984, 16, 17; OLG Düsseldorf 28.5.1986, TranspR 1986, 381, 382; OLG Hamburg 11.9.1986, VersR 1987, 375; Thume/*Thume*/*Riemer* Rn. 4; *Koller* Rn. 3; GroßkommHGB/*Helm* Rn. 2; EBJS/*Boesche* Rn. 1; *Glöckner* Rn. 2; *Jesser* S. 132; *Csokelich* S. 200 f.; Jabornegg/Artmann/*ders.* Rn. 1; jenseits der deutschen Sprachgrenzen auch *Clarke* S. 295 Nr. 93.

[6] So offenbar – wenn auch ohne Erörterung der Problematik – *Lamy* 2013 Rn. 783; *Pesce* S. 28.

[7] Vgl. *Haak* S. 227; siehe auch OLG Düsseldorf 14.7.1983, TranspR 1984, 16, 17.

[8] Siehe Art. 42 § 1 ER CIM und dazu die Erläuterungen von *Spera*, Internationales Eisenbahnfrachtrecht, Loseblatt 1986 ff., Art. 42 Anm. 6; jetzt Art. 32 § 1 ER CIM 1999, vgl. dazu *Freise* Art. 32 CIM Rn. 3 in diesem Band.

[9] *Nickel-Lanz* S. 28 f. Nr. 163; *Haak* S. 227.

ten Gutes in einem ersten Schritt der **Wertminderungsfaktor** zu bestimmen. Mit dem Wertminderungsfaktor wird dann in einem zweiten Schritt der Versandwert des unbeschädigten Gutes multipliziert, woraus sich der Versandwert des beschädigten Gutes ergeben soll; die Wertminderung ist dann die Differenz zwischen dem Versandwert des unbeschädigten und dem so errechneten Versandwert des beschädigten Gutes. Auch die Kosten iSv. Art. 23 Abs. 4 werden um diesen Wertminderungsfaktor verringert.

**Stellungnahme.** Obwohl die dritte Methode letztlich beim Versandwert ansetzt, **6** gewinnt sie ihre entscheidende Rechengröße, den Wertminderungsfaktor, doch durch Berücksichtigung der Ankunftswerte, die das Preisniveau des Bestimmungslands und damit einen Faktor widerspiegeln, der im Entschädigungssystem der CMR gerade keine Rolle spielen soll, vgl. Art. 23 Rn. 5. Die weitere Annahme, dass einwandfreie und beschädigte Ware im Versandland in demselben Wertverhältnis zueinander stehen wie im Bestimmungsland, ist eine Grundvoraussetzung der eisenbahnrechtlichen Berechnungsmethode, aber keineswegs immer gerechtfertigt. Gegen die uneingeschränkte Übernahme dieser Methode aus dem Eisenbahnrecht de lege lata spricht schließlich auch das Votum der CMR-Revisionskonferenz von 1972, die das Modell der CIM wegen seiner Kompliziertheit ablehnte.[10] Letztlich ist daher der ersten Berechnungsmethode zu folgen und unter dem Vorbehalt des schadensersatzrechtlichen Bereicherungsverbots die Differenz aus Versandwert des unbeschädigten Gutes und **hypothetischem Versandwert des beschädigten Gutes** als Wertminderung zugrunde zu legen. Bei der Ermittlung des hypothetischen Versandwerts des beschädigten Gutes kann die dritte Methode durchaus Anhaltspunkte liefern: wenn ein Sachverständiger am Bestimmungsort eine Wertminderung des Gutes um 40 % feststellt, wird man diesen Faktor durchweg auf den Versandwert übertragen können,[11] solange kein Grund zu der Annahme besteht, dass sich die Marktverhältnisse im Versandland von denen des Bestimmungsorts unterscheiden; aber dies ist eine Beweisvermutung und kein Satz des materiellen Rechts.

**2. Versandwert der unbeschädigten Ware.** Wie sich aus der Verweisung des Abs. 1 **7** auf die Art. 23 Abs. 1, 2 und 4 ergibt, ist zunächst der Wert der Sendung in unbeschädigtem Zustand am Ort und zur Zeit der Übernahme zur Beförderung zu ermitteln. Siehe dazu näher Art. 23 Rn. 3 ff. Wenig Klarheit besteht in Rspr. und Literatur hinsichtlich der Berücksichtigung von schadensbezogenen Aufwendungen bei der Wertberechnung. Hierbei handelt es sich zunächst um Aufwendungen, die der Absender vor Transportbeginn tätigte, um Schäden vorzubeugen, also etwa Aufwendungen für die Verpackung, Kennzeichnung oder Verstauung, für die Vorkühlung von Kühlgut, für die Instruktion des Fahrers, für die Begleitung der Sendung etc. Solche **vorbeugenden Aufwendungen** sind für den Versandwert des Gutes wertbildend[12] und sind oft bereits von dem Warenwert, wie er sich aus der Handelsrechnung des Absenders ergibt, umfasst. Soweit Kaufvertrag und Faktura, wie dies bei Lieferung „ab Werk" (ex works) zT der Fall ist, solche Aufwendungen nicht einschließen, bildet sich der Versandwert durch Addition aus dem Fakturenwert[13] und den betreffenden Aufwendungen.

**Schadensmindernde Aufwendungen,** die der Absender nach Eintritt des Schadens **8** zur Schadensbegrenzung tätigt, haben dagegen mit dem Versandwert des unbeschädigten Gutes nichts zu tun. Der Versandwert des unbeschädigten Gutes ist eine reale Größe, vgl. Art. 23 Rn. 5 ff., und kann nicht von Umständen beeinflusst werden, die erst nach dem relevanten Zeitpunkt der Übernahme des Gutes eingetreten sind. Wenn der Absender den Umfang des Schadens durch einen Sachverständigen begutachten, beschädigte Teile aussortieren, unbeschädigte neu verpacken oder das Gut zurückbefördern lässt, so erhöht dies nicht den Ausgangs- oder Versandwert des unbeschädigten Gutes. Solche Maßnahmen

---

[10] *Haak* S. 228 Fn. 175 mit Zitat aus den Materialien der Konferenz von 1972.
[11] OLG Düsseldorf 14.7.1983, TranspR 1984, 16, 17; *Herber/Piper* Rn. 3; *Koller* Rn. 3; GroßkommHGB/ *Helm* Rn. 3; Thume/*Thume/Riemer* Rn. 5; EBJS/*Boesche* Rn. 2; Ferrari/*Otte*, Int. Vertragsrecht, Rn. 7.
[12] Zustimmend Ferrari/*Otte*, Int. Vertragsrecht, Rn. 9.
[13] Zur Indizwirkung des Fakturenwerts siehe Art. 23 Rn. 12.

sichern vielmehr den Wert des beschädigten Gutes und steigern ihn sogar in manchen Fällen; sie sind daher auch im Zusammenhang mit der Bestimmung des hypothetischen Versandwertes des beschädigten Gutes zu berücksichtigen, siehe unten Rn. 10 ff.

**9**    **3. Hypothetischer Versandwert der beschädigten Ware.** Nach der Ermittlung des Versandwerts der unbeschädigten Ware ist als nächstes der hypothetische Wert des beschädigten Guts zu bestimmen, den dieses am Ort und zur Zeit der Übernahme zur Beförderung gehabt hätte, wenn es damals bereits beschädigt gewesen wäre.[14] Dieser Wert ist nicht leicht mit Genauigkeit zu ermitteln; wenn nötig, ist er nach § 287 ZPO zu schätzen.[15] Zu berücksichtigen ist auch eine merkantile Wertminderung.[16] An die Stelle des hypothetischen Werts des beschädigten Guts darf nicht ohne weiteres der **tatsächliche Verkaufspreis** der beschädigten Ware am **Bestimmungsort** herangezogen werden,[17] siehe schon oben Rn. 4. Allenfalls kommt dem tatsächlichen Ankunftswert eine Indizwirkung für den hypothetischen Versandwert zu, die allerdings schon dadurch entkräftet werden kann, dass der Frachtführer Zweifel an der Vergleichbarkeit der Marktverhältnisse am Übernahmeort und am Bestimmungsort begründet. Der reale Ankunftswert des beschädigten Gutes wird sich oft aus einer Subtraktion von Reparaturkosten (und merkantilem Minderwert) vom Neuwert ergeben.[18] Doch liefert diese Rechnung ebenfalls nur Indizien; zB können die Kosten der Wiederinstandsetzung über der Wertminderung liegen. Schließlich ist auch der **Wertminderungsfaktor am Bestimmungsort** für die Wertminderung am Versandort regelmäßig nur ein Indiz, siehe schon oben Rn. 5 f. Durch einen diesbezüglichen Vortrag kann der Absender in der Regel seiner Darlegungs- und Beweislast hinsichtlich der Wertminderung genügen.[19]

**10**    **Schadensmindernde Aufwendungen** des Absenders dienen dazu, den fortschreitenden Kausalverlauf von Beschädigung und Wertverfall aufzuhalten und damit den Restwert des Gutes zu sichern; zum Teil geben sie der beschädigten Ware überhaupt erst die Vermarktungsfähigkeit zurück, von der die Angabe eines hypothetischen Versandwerts abhängt. So oder so sind sie also auch ein wertbildender Bestandteil des hypothetischen Versandwerts der beschädigten Ware. Die Frage nach dem hypothetischen Versandwert abstrahiert lediglich von dem realen Ort und Zeitpunkt, nicht dagegen von dem tatsächlichen Zustand des Gutes. Wenn eine Ladung Äpfel oder Orangen nach einem Verkehrsunfall auf der Fahrbahn verstreut ist, bedeutet Ermittlung des hypothetischen Versandwerts zunächst nur, dass man sich die gleiche Unfallstelle zum Zeitpunkt und am Ort der Übernahme vorzustellen und nach dem Wert der dort verstreuten Früchte zu fragen hat. Vermarktungsfähig sind solche Früchte nur, wenn sie nach Bergung, Neusortierung und Neuverpackung einen Preis erzielen, der die Kosten für den Sachverständigen, die Bergung, das Sortieren und Verpacken übertrifft. Folglich ist der hypothetische Versandwert des beschädigten Gutes nicht gleich dem Preis der neuverpackten Ware, sondern ergibt sich erst, wenn man von diesem Preis die genannten (am Übernahmeort zu ermittelnde) Kostenpositionen abzieht. Die Verringe-

---

[14] *Glöckner* Rn. 2; *Csoklich* S. 200 f.; *de la Motte* VersR 1988, 318; *Clarke* S. 296 Nr. 93; OLG Düsseldorf 28.5.1986, TranspR 1986, 381, 282; OLG Düsseldorf 14.7.1983, TranspR 1984, 16, 17; OGH Wien 17.11.1986, TranspR 1987, 427, 428, 429 f.; OLG Hamburg 11.9.1986, VersR 1987, 375 f.; aA die oben Rn. 4 f. zitierten Autoren.

[15] OLG Düsseldorf 28.5.1986, TranspR 1986, 381, 382; OLG Hamburg 11.9.1986, VersR 1987, 375, 376; OLG Hamburg 15.1.1998, TranspR 1998, 290, 293; *Herber/Piper* Rn. 3; Thume/*Thume/Riemer* Rn. 5; EBJS/*Boesche* Rn. 2; Ferrari/*Otte,* Int. Vertragsrecht, Rn. 7.

[16] OGH 17.11.1986, TranspR 1987, 427, 428; Thume/*Thume/Riemer* Rn. 4; *Herber/Piper* Rn. 2; EBJS/ *Boesche* Rn. 1.

[17] OLG Düsseldorf 14.7.1983, TranspR 1984, 16, 17; Cour cass. 27.5.1981, BT 1981, 407; *Haak* S. 227; Thume/*Thume/Riemer* Rn. 5; anders aber ein Großteil der französischen und englischen Instanzgerichte, vgl. zB Cour Paris 30.5.1973, BT 1973, 304, 306; Cour Paris 30.9.1987, BT 1988, 59, 60; *I.C.I. v. MAT Transport* [1987] 1 Lloyd's L. Rep. 354, 361 f. *(J. Staughton); William Tatton and Co. Ltd. v. Ferrymasters Ltd.* [1974] 1 Lloyd's L. Rep. 203 = ETR 1974, 737, 745 *(J. Browne);* aA offensichtlich auch BGH 6.5.1981, VersR 1981, 929, 931.

[18] OLG Hamburg 11.9.1986, VersR 1987, 375, 376; *Knorre* TranspR 1985, 241.

[19] *Koller* Rn. 3.

rung des hypothetischen Versandwerts um die Kosten der Schadensminderung hat praktisch zur Folge, dass sich die Wertminderung des Gutes, also die Differenz aus realem Versandwert des unbeschädigten Gutes und hypothetischen Versandwert des beschädigten Gutes um den gleichen Betrag erhöht. Im Ergebnis werden die Schadensminderungskosten also als Teil der Wertminderung erstattet[20] und nicht etwa zusätzlich über Art. 23 Abs. 4;[21] denn es handelt sich gerade nicht um Aufwendungen, die im Hinblick auf die vertragsgemäße Durchführung des Transports getätigt wurden und durch den Schadensfall nun nutzlos sind, vgl. näher Art. 23 Rn. 37 f.

**Einzelheiten:** Bezüglich der einzelnen Kostenpositionen ist demgemäß danach zu diffe- **11** renzieren, ob sie direkt oder indirekt der Schadensminderung und –begrenzung oder ausschließlich der Schadensfeststellung oder der Schadensbeseitigung dienen. Als **Kosten der Schadensminderung** sind iSv. Rn. 10 ersatzfähig die Kosten der Bergung des Gutes;[22] die Kosten seiner Begutachtung durch Sachverständige, soweit sie dazu dient, den Restwert des Gutes durch weitere Maßnahmen zu realisieren;[23] in diesem Umfang auch Reisekosten von Sachverständigen[24] und Kosten für den Rücktransport des Gutes[25] oder für die Zwischenlagerung;[26] Sortierkosten;[27] Verpackungskosten;[28] Kosten der Wiederbeladung;[29] TÜV-Kosten.[30] Anders liegen die Dinge bei **reinen Schadensfeststellungskosten:** wenn ein Sachverständiger nicht im Hinblick auf die Realisierung des Restwerts, sondern nur zur Bestätigung eines bestimmten Grades der Beschädigung für die Zwecke der Transportversicherung gerufen wird, so trägt seine Tätigkeit zu dem hypothetischen Versandwert des beschädigten Gutes nichts bei außer einer besseren Datengrundlage, die den Wert des beschädigten Gutes aber nicht erhöht.[31] Insofern unterscheidet sich dieser Fall von einer Schadensbesichtigung, die konkrete Schadensbegrenzungsmaßnahmen wie das Aussortieren der beschädigten Güter oder das Neueinfrieren angetauter Tiefkühlware vorbereitet.[32] **Aufwendungen für die Schadensbeseitigung,** etwa die Kosten für die Reparatur einer beschädigten Maschine spiegeln sich schon in dem niedrigeren Ankunftswert, der oft als Indiz für den hypothetischen Versandwert des beschädigten Gutes dient, siehe oben Rn. 9;

---

[20] OGH Wien 21.2.1985, VersR 1986, 559, 560 = *Greiter* Nr. 56 S. 289; OLG Wien 23.2.1989, TranspR 1990, 156, 157; OLG Hamburg 24.10.1991, TranspR 1992, 66, 67; OLG Düsseldorf 30.6.1983, VersR 1984, 980, 981; Hof 's-Gravenhage 19.11.1991, S. & S. 1992 Nr. 97; *I.C.I. v. MAT Transport,* [1987] 1 Lloyd's L. Rep. 354, 362 *(J. Staughton); Herber/Piper* Rn. 6; Thume/*Thume/Riemer* Rn. 18; GroßkommHGB/*Helm* Rn. 4; EBJS/*Boesche* Rn. 4; Ferrari/*Otte,* Int. Vertragsrecht, Rn. 17; Jabornegg/Artmann/*Csoklich* Rn. 2.

[21] So aber manche Gerichte, vgl. Cour Riom 16.10.1981, BT 1982, 11; Hof Amsterdam 21.5.1992, S. & S. 1993 Nr. 96; Rb. Rotterdam 25.5.1973, S. & S. 1977 Nr. 67; Kh. Brüssel 12.1.1983, Rev.dr.com. belge 1983, 598.

[22] So für die Kosten des Auspackens der beschädigten Ware Kh. Gent 15.2.1983, Jur. Anv. 1983/84, 88.

[23] Hof 's-Gravenhage 19.11.1991, S. & S. 1992 Nr. 97: nach Brandschaden an Papiertransport konnte nur durch Sachverständige festgestellt werden, ob ein Teil der Sendung noch zu gebrauchen war; daher Erstattung der Sachverständigenkosten; so auch OGH Wien 21.2.1985, *Greiter* Nr. 56, S. 286 (Sachverhalt mit Aufzählung der Schadensposten) und S. 289; OLG Düsseldorf 21.11.2012, TranspR 2013, 115, 117; aA die unter Fn. 32 angegebenen Urteile.

[24] Cour Aix-en-Provence 9.12.1980, BT 1981, 143; aA *William Tatton & Co. Ltd. v. Ferrymasters Ltd.* (Fn. 17), wo allerdings die aufgewendeten Kosten dem Gericht auch gar nicht erforderlich erschienen, um den hypothetischen Versandwert des Gutes zu realisieren.

[25] OLG Celle 29.10.1998, TranspR 1999, 106.

[26] Für zusätzliche Lagerkosten OGH Wien 21.2.1985, *Greiter* Nr. 56 S. 286 und 289; für Rücktransportkosten Rb. Amsterdam 12.4.1972, S. & S. 1972 Nr. 102; Kh. Brüssel 12.1.1983, Rev. dr. com. belge 1983, 598, jeweils über Art. 23 Abs. 4; wie hier OLG Düsseldorf 30.6.1983, VersR 1984, 980, 981; aA *William Tatton & Co. Ltd. v. Ferrymasters Ltd.,* (Fn. 17); OLG München 5.7.1989, TranspR 1990 16, 17, wo allerdings die Notwendigkeit des Rücktransports für die Realisierung des Restwerts nicht erörtert wird.

[27] BGH 15.10.1998, TranspR 1999, 102, 106; OGH Wien 21.2.1985, *Greiter* Nr. 56 S. 286 und 289.

[28] OGH Wien 21.2.1985, *Greiter* Nr. 56 S. 286 und 289; *William Tatton & Co. Ltd. v. Ferrymasters Ltd.,* (Fn. 17) unter Berufung auf Art. 23 Abs. 4; OLG Düsseldorf 30.6.1983, VersR 1984, 980, 981.

[29] Rb. Amsterdam 12.4.1972, S. & S. 1972 Nr. 102 über Art. 23 Abs. 4.

[30] OLG Hamburg 15.1.1998, TranspR 1998, 290, 293.

[31] Vgl. dazu OLG Hamburg 15.1.1998, TranspR 1998, 290, 293.

[32] Zu undifferenziert wird ein Anspruch auf Ersatz von Sachverständigenkosten abgelehnt von OLG Hamburg 29.11.1984, TranspR 1985, 130, 131; OLG Hamburg 24.10.1991, TranspR 1992, 66, 67.

es geht nicht an, die Reparaturkosten dann ein zweites Mal in Ansatz zu bringen.[33] Keine Berücksichtigung können ferner die Kosten finden, die für die Bergung und Entsorgung völlig entwerteter Ladungsteile anfallen,[34] und ebenso wenig Aufwendungen des Absenders für die Beseitigung von Schäden an anderen Rechtsgütern, etwa für den Aushub von Erdreich, wenn Teile einer Chemikaliensendung ausgelaufen sind.[35] Zur Erstattung von Frachten, Zöllen etc. gemäß Art. 23 Abs. 4 siehe unten Rn. 12.

**12**   **Kostenerstattung nach Art. 23 Abs. 4.** Art. 25 Abs. 1 verweist hinsichtlich des Haftungsumfangs auf Art. 23 Abs. 4, allerdings in unklarer Weise. So kann die Vorschrift so verstanden werden, dass Zölle, Frachten und sonstige transportbezogene Kosten bei der Berechnung des Versandwerts des unbeschädigten Gutes einzurechnen seien.[36] Richtigerweise ist aber der Versandwert des unbeschädigten Gutes nach Art. 23 zu bestimmen; gewisse Abgaben, Kosten etc., die am Versandort wertbestimmend sind, finden bei der Berechnung entsprechend Berücksichtigung (vgl. Art. 23 Rn. 33). Nach Art. 23 Abs. 4 erstattungsfähige Kosten (vgl. Art. 23 Rn. 34 ff.) sind auch nach Art. 25 zusätzlich zur Wertminderung[37] und wie auch bei Verlusten oder Teilverlusten über die Haftungsgrenze von 8,33 SZR hinaus zu erstatten. In welchem Umfang dies zu geschehen hat, bestimmt sich, da die Berechnung der Ersatzsumme nach Art. 25 anhand der Wertverminderung vorzunehmen ist, nach dem jeweiligen Schadensgrad,[38] und zwar bei Teilbeschädigung anteilig und bei Beschädigung der gesamten Sendung in vollem Umfang. Soweit der Absender die Aufwendungen für Fracht etc. bereits getätigt hat, lautet sein Anspruch aus Art. 25 auf gegebenenfalls anteilige Rückerstattung; sind Fracht, Zölle etc. dagegen noch nicht bezahlt, verringert sich der diesbezügliche Anspruch des Frachtführers um den Betrag, der der Wertminderung entspricht.[39]

**13**   **4. Teilbeschädigung.** Die Beschädigung kann, was ihr Ausmaß betrifft, die ganze Sendung oder nur Teile davon erfassen, zB zwei von acht Kisten, und sie kann hinsichtlich der beschädigten Teile auch unterschiedlich intensiv ausfallen. Das erste Phänomen wird als Teilbeschädigung, das zweite als das des Beschädigungsgrads bezeichnet. Bei der Teilbeschädigung ist danach zu differenzieren, ob durch die Beschädigung nur der betreffende Sendungsteil oder die gesamte Sendung eine Werteinbuße erleidet und nur noch unter Preisnachlass oder gar nicht mehr verkäuflich ist.[40] In einem solchen Fall übersteigt die Wertminderung der ganzen Sendung diejenige des beschädigten Teils. Ein Wertersatz, der sich aus der Differenz des Werts der Güter vor und nach dem Schadensereignis errechnet und dabei allein die beschädigten Güter berücksichtigt, würde hier im Vergleich zur tatsächlich eingetretenen Wertminderung zu gering ausfallen. Denn es liegt in Wirklichkeit keine Teilbeschädigung, sondern eine **Entwertung der ganzen Sendung** vor. In solchen Fällen sind deshalb die Wertminderung der gesamten Sendung und die vollen Kosten iSv. Art. 23 Abs. 4 zu ersetzen.[41] Dieses Ergebnis ergibt sich auch aus der Vorschrift des Abs. 2, dessen

---

[33] In diesem Sinne für eine einmalige Berücksichtigung der Reparaturkosten BGH 13.2.1980, NJW 1980, 2021; Kh. Gent 15.2.1983, Jur. Anv. 1983/84, 88; Rb.'s-Hertogenbosch 7.5.1982, S. & S. 1984 Nr. 91.

[34] AA App. Venezia 31.10.1974, ETR 1975, 242.

[35] Thume/*Thume*/*Riemer* Rn. 12; EBJS/*Boesche* Rn. 5; aA *Herber*/*Piper* Rn. 8: Ersatzansprüche nach nationalem Recht.

[36] *Nickel-Lanz* S. 127 Nr. 162; *Theunis*/*Glöckner* S. 105.

[37] *Koller* Rn. 9; *Herber*/*Piper* Rn. 15; GroßkommHGB/*Helm* Rn. 6; Thume/*Thume*/*Riemer* Rn. 12 ff.; EBJS/*Boesche* Rn. 7; *Ferrari*/*Otte*, Int. Vertragsrecht, Rn. 18; *William Tatton and Co.Ltd. v. Ferrymasters Ltd.* (Fn. 17).

[38] GroßkommHGB/*Helm* Rn. 6; *Koller* Rn. 9; Thume/*Thume*/*Riemer* Rn. 14; *Ferrari*/*Otte*, Int. Vertragsrecht, Rn. 18.

[39] BGH 14.12.1988, NJW-RR 1989, 481, 482 = TranspR 1989, 141, 143: keine Aufrechnung erforderlich; siehe auch Art. 23 Rn. 34.

[40] *Putzeys* S. 286 Nr. 858 bringt als anschauliche Beispiele ein antikes Porzellanservice bzw. ein Puzzle; Zur ähnlichen Problematik des Teilverlusts schon Art. 23 Rn. 16.

[41] BGH 3.7.1974, NJW 1974, 1616 (ausführlicher in VersR 1974, 1013 ff.); Cour Aix-en-Provence 25.9.1990, BTL 1991, 340 f.; obiter auch *Thermo Engineers Ltd. and Anhydro A/S v. Ferrymasters Ltd.*, [1981] 1 Lloyd's L. Rep. 200, 206 *(J. Neill)*; *de la Motte* VersR 1988, 318; *Aisslinger* S. 93; *Csoklich* S. 200 f.; *Nickel-Lanz* S. 129 Nr. 164; *Haak* S. 217; *Herber*/*Piper* Rn. 9; Thume/*Thume*/*Riemer* Rn. 8; EBJS/*Boesche* Rn. 3; *Silingardi* S. 199.

Differenzierung hinsichtlich der Haftungshöchstgrenze nach vollständiger Entwertung und Teilentwertung sonst sinnlos wäre.[42]

Nach den **Regeln des Teilverlusts** (Art. 23 Rn. 15) wird der Wertersatz bei Teilbeschä- **14** digung dagegen berechnet, wenn die Beschädigung keine Auswirkung auf den Wert des Rests der Sendung hat. Nur in diesem Fall ist bei der Berechnung der Wertminderung ausschließlich auf den entwerteten Teil abzustellen.[43] Setzt sich in einem solchen Fall der beschädigte Teil aus Gütern verschiedenen Werts und Gewichts zusammen, so ist dies wie auch beim Teilverlust nach hM für die Berechnung der Wertminderung irrelevant, vgl. Art. 23 Rn. 15.[44] Zusätzlich zur Wertminderung sind die **anteiligen Kosten** iSd. Art. 23 Abs. 4 zu ersetzen.[45] Ist die Sendung zum Teil verloren und zum Teil beschädigt, ist die Wertminderung getrennt für den verlorenen und den beschädigten Teil zu ermitteln.[46]

### III. Haftungshöchstsummen (Abs. 2)

Auch bei Beschädigung gilt über Abs. 2 die Haftungshöchstgrenze des Art. 23 Abs. 3. **15** Hinsichtlich der grundsätzlichen Bedeutung dieser Höchstgrenze und der damit verbundenen Probleme kann zunächst auf die Ausführungen zu Art. 23 Abs. 3 verwiesen werden, siehe dort Rn. 17 ff. Die Beweislast für das Eingreifen der Haftungsbegrenzung trägt auch hier der Frachtführer.[47]

**1. Entwertung der ganzen Sendung.** Nach Abs. 2 lit. a darf die Entschädigung bei **16** Entwertung der ganzen Sendung den Betrag nicht übersteigen, der bei Totalverlust zu zahlen wäre.[48] Die Vorschrift betrifft nicht nur den Fall des vollständigen Wertverlusts, sondern ebenso geringere Beschädigungsgrade als 100 %, wenn nur die gesamte Sendung davon erfasst ist; dies bringt die Originalsprache (dépréciation, damage) deutlicher zum Ausdruck als der deutsche Begriff der **Entwertung,** der nach landläufigem Verständnis (etwa bei der Entwertung einer Fahrkarte) zu implizieren scheint, dass das Gut nach der Beschädigung keinerlei Restwert mehr hat. Dies ist nicht gemeint; vielmehr gilt Abs. 2 lit. a für alle Fälle, bei denen die Beschädigung die ganze Sendung erfasst und in ihrem Wert zumindest verringert. Eine Entwertung der ganzen Sendung in diesem Sinne liegt auch vor, wenn nur ein Teil der Sendung beschädigt ist, dies aber zu einer Entwertung der ganzen Sendung führt;[49] daran fehlt es, wenn eine Ersatzbeschaffung oder Reparatur des beschädigten Teils in angemessener Zeit möglich ist und zur vollständigen Wiederherstellung der Sachgesamtheit führt.[50] Die **Haftungshöchstsumme,** die bei Verlust zu zahlen wäre und die daher auch die Obergrenze für den hier behandelten Wertersatz wegen Beschädigung darstellt, setzt sich zusammen aus dem gewichtsabhängigen Höchstbetrag des Art. 23 Abs. 3, der hier nach dem Gewicht der gesamten Sendung zu errechnen ist, und aus den Frachten, Zöllen und sonstigen transportbezogenen Kosten iSv. Art. 23 Abs. 4. Sie werden bei der Feststellung der Haftungsobergrenze dem Höchstbetrag des Art. 23 Abs. 3 hinzuaddiert. Übersteigt der Schaden die Höchstgrenze, ist der Verkaufserlös, den das beschädigte Gut erzielt und der unter der Annahme gleicher Marktverhältnisse mit dem

---

[42] BGH 3.7.1974, NJW 1974, 1616; GroßkommHGB/*Helm* Rn. 7.

[43] *Csoklich* S. 201; *de la Motte* VersR 1988, 318; *Nickel-Lanz* S. 129 Nr. 164; vgl. auch BGH 3.7.1974, NJW 1974, 1616.

[44] *Loewe* ETR 1976, 571 Nr. 202.

[45] *Glöckner* Rn. 3.

[46] OLG München 27.2.1981, VersR 1982, 334; *Glöckner* Art. 23 Rn. 25; *Knorre* TranspR 1985, 242; *Haak* S. 225; GroßkommHGB/*Helm* Art. 23 Rn. 54; *Herber/Piper* Rn. 10; *Thume/Thume/Riemer* Rn. 27; kritisch *Koller* Rn. 5 mit ausführlichem Lösungsvorschlag.

[47] *Baumgärtel/Giemulla* Rn. 2.

[48] Vgl. zB Cour Toulouse 5.12.1979, BT 1980, 13, 14 f.; Hof Gent 26.3.1992, ETR 1992, 847, 850 f.

[49] BGH 6.2.1997, TranspR 1997, 335, 336; OLG Hamburg 15.1.1998, TranspR 1998, 290, 192; Cour Paris 31.1.1984, BT 1984, 543, 544; Cour Aix-en-Provence 25.9.1990, BTL 1991, 340 f.; *Koller* Rn. 7; *de la Motte* VersR 1988, 319; *Haak* S. 217; *Silingardi* S. 199; siehe oben Rn. 13.

[50] BGH 6.2.1997, TranspR 1997, 335, 337; vgl. dazu auch OLG Celle 20.6.2002, TranspR 2004, 122, 124.

hypothetischen Versandwert des beschädigten Gutes gleichgesetzt werden kann, nicht von der Höchstgrenze, sondern vom ursprünglichen Versandwert des unbeschädigten Gutes abzuziehen.[51]

**17**     **2. Teilbeschädigung.** Nach Abs. 2 lit. b darf die Entschädigung bei Teilbeschädigung der Ware den Betrag nicht übersteigen, der bei einem Teilverlust zu zahlen wäre. Dabei bezieht sich Abs. 2 lit. b nur auf solche Fälle der Teilbeschädigung, in denen der Rest der Sendung nicht in seinem Wert gemindert wird;[52] zu den Fällen der Entwertung der Restsendung siehe oben Rn. 16. Die Darlegungs- und Beweislast dafür, dass der Fall unter Abs. 2 lit. b fällt, trifft nach allgemeinen Regeln den Frachtführer, der sich auf die dadurch verringerte Höchsthaftung beruft.[53]

**18**     Abs. 2 lit. b verweist zunächst auf die zum **Teilverlust** entwickelten Grundsätze, vgl. Art. 23 Rn. 15. Für die Berechnung der Haftungshöchstgrenze ist also nicht das Nettogewicht der gesamten Sendung oder der verlorenen Einzelstücke, sondern die Summe des Gewichts des beschädigten Teils der Sendung maßgeblich, dem das darauf entfallende anteilige Verpackungsgewicht hinzuzurechnen ist.[54] Wird bei einer durch einen Frachtbrief zusammengefassten, in verschiedene Verpackungs- oder Rechnungseinheiten aufgeteilten Sendung ein Teil beschädigt, der aus Gütern verschiedenen Gewichts und unterschiedlichen Werts besteht, die für sich teils die Haftungshöchstgrenze von 8,33 Sonderziehungsrechten pro Kilogramm erreichen, teils darunterbleiben, ist die Haftungshöchstgrenze nach dem Gesamtgewicht des beschädigten Teils und nicht jeweils getrennt für die verschiedenen havarierten Teile der Sendung zu berechnen.[55] Es findet also eine „**Verrechnung**" statt zwischen Gütern, deren Wert auf Grund ihres höheren Gewichts unter dem Haftungshöchstbetrag liegt, und solchen, deren Wert relativ höher als ihr Gewicht ist. Dies entspricht der Auffassung des BGH, der sein Ergebnis auch damit begründet, dass eine Sendung nach der CMR grundsätzlich nicht geteilt werden dürfe und der Zweck der Haftungshöchstsummen, die Kalkulierbarkeit der Frachtführerhaftung, auch so erreicht werde und – wenig überzeugend – nur so der Frachtführer vor einer nach dem Sinn und Zweck der CMR unzumutbar hohen Haftung geschützt werden könne.[56] Zur Koinzidenz von **Teilverlust und Teilbeschädigung** siehe oben Rn. 14 aE.

## Art. 26 [Besonderes Interesse]

**(1) Der Absender kann gegen Zahlung eines zu vereinbarenden Zuschlages zur Fracht für den Fall des Verlustes oder der Beschädigung und für den Fall der Überschreitung der vereinbarten Lieferfrist durch Eintragung in den Frachtbrief den Betrag eines besonderen Interesses an der Lieferung festlegen.**

**(2) Ist ein besonderes Interesse an der Lieferung angegeben worden, so kann unabhängig von der Entschädigung nach den Artikeln 23, 24 und 25 der Ersatz des weiteren bewiesenen Schadens bis zur Höhe des als Interesse angegebenen Betrages beansprucht werden.**

| **Art. 26** | **Art. 26** |
|---|---|
| (1) L'expéditeur peut fixer, en l'inscrivant à la lettre de voiture, et contre paie- | (1) The sender may, against payment of a surcharge to be agreed upon, fix the |

[51] BGH 6.5.1981, VersR 1981, 929, 931; *Glöckner* TranspR 1988, 328.

[52] *De la Motte* VersR 1988, 318 f.; *Putzeys* S. 300 Nr. 891ter; *Haak* S. 217.

[53] Vgl. auch OGH Wien 4.6.1987, TranspR 1988, 273, 275; OLG Hamm 13.5.1993, NJW-RR 1994, 294.

[54] *Knorre* TranspR 1985, 242; *Piper* Rn. 356 ff.; *Koller* Rn. 8; *Thume/Thume/Riemer* Rn. 24; EBJS/*Boesche* Rn. 6; *de la Motte* VersR 1988, 319; *Putzeys* S. 300 Nr. 891ter.

[55] *Loewe* ETR 1976, 571 Nr. 202; *Koller* Rn. 4 f.; *Thume/Thume/Riemer* Rn. 24.

[56] BGH 30.1.1981, BGHZ 79, 303, 305 = NJW 1981, 1902; siehe auch schon eingehend oben Art. 23 Rn. 25–27.

ment d'un supplément de prix à convenir, le montant d'un intérêt spécial à la livraison, pour le cas de perte ou d'avarie et pour celui de dépassement du délai convenu.

(2) S'il y a eu déclaration d'intérêt spécial à la livraison, il peut être réclamé, indépendamment des indemnités prévues aux articles 23, 24 et 25, et à concurrence du montant de l'intérêt déclaré, une indemnité égale au dommage supplémentaire dont la preuve est apportée.

amount of a special interest in delivery in the case of loss or damage or of the agreed time-limit being exceeded, by entering such amount in the consignment note.

(2) If a declaration of a special interest in delivery has been made, compensation for the additional loss or damage proved may be claimed, up to the total amount of the interest declared, independently of the compensation provided for in articles 23, 24 and 25.

**Schrifttum:** Siehe Einl. vor Rn. 1 und bei Art. 23 sowie *Bischof,* Anmerkung zu OLG Hamburg 29.5.1980, VersR 1981, 539; *Brunat,* Transports routiers internationaux, BT 1982, 146, 147; *ders.,* La déclaration d'intérêt à la livraison dans les transports internationaux ferroviaires et routiers, BT 1975, 102; *Chao,* Transport routier international: Absence de lettre de voiture et limitation de responsabilité, BT 1990, 783, 784; *Eltermann,* Anmerkung zu LG Darmstadt 23.9.1981, VersR 1982, 1107; *Hardingham,* The Delay Provisions of CMR, LMCLQ 1979, 193; *Oeynhausen,* Wertdeklaration im internationalen Straßengüterverkehr nach Art. 24 CMR, TranspR 1982, 113; *Rodière,* Les transporteurs ont-ils le devoir de conseiller leurs clients?, BT 1979, 474.

## Übersicht

|  | Rn. |  | Rn. |
|---|---|---|---|
| **I. Bedeutung und Zweck** | 1–3 | 1. Vermehrung ersatzfähiger Schadensarten | 10, 11 |
| **II. Voraussetzungen (Abs. 1)** | 4–9 | 2. Erhöhung der Haftungshöchstsummen | 12 |
| 1. Vereinbarung | 4–6 | 3. Beweis des Schadens | 13 |
| 2. Eintragung im Frachtbrief | 7, 8 | 4. Schadenspauschalierung, Garantieversprechen, Vertragsstrafen | 14 |
| 3. Zuschlag zur Fracht | 9 |  |  |
| **III. Rechtsfolgen (Abs. 2)** | 10–14 |  |  |

## I. Bedeutung und Zweck

Art. 26 erlaubt – wie auch Art. 24 – die **Anpassung der niedrigen Haftungsgrenzen** **1** der CMR an die spezifischen Bedürfnisse der Parteien. Bei Verlust oder Beschädigung des Gutes schuldet der Frachtführer gemäß Art. 23 Abs. 3 und 4 sowie Art. 25 ausschließlich Wertersatz bis maximal 8,33 SZR für jedes fehlende Kilogramm Rohgewicht, zuzüglich aller aus Anlass der Beförderung entstandenen Kosten; andere Schäden erklärt Art. 23 Abs. 4 CMR explizit für nicht ersatzfähig. Auch bei Überschreitung der Lieferfrist bestehen gemäß Art. 23 Abs. 5 Schadensersatzansprüche nur bis zur Höhe der vereinbarten Fracht. Diese Vorschriften sollen das Risiko des Frachtführers insbesondere im Hinblick auf Folgeschäden kalkulierbar machen und sind im Prinzip zwingend, vgl. Art. 41. Eine Erweiterung der Haftung durch Parteivereinbarung ist nur unter den besonders normierten Voraussetzungen der Art. 24 und 26 CMR möglich.

Problematisch ist das **Verhältnis von Art. 26 zu Art. 24.** Eine Wertdeklaration gemäß **2** Art. 24 gestattet die Anhebung der Haftungshöchstgrenze für Güterschäden (Art. 23 Abs. 3), sie erstreckt den Schadensersatzanspruch dagegen nicht auf Folgeschäden wie etwa entgangenen Gewinn oder Produktionsausfälle im Werk des Empfängers, und sie kann auch die Haftungsgrenze des Art. 23 Abs. 5 für Verspätungsschäden nicht modifizieren, vgl. Art. 24 Rn. 1. Will der Absender gegen solche **Vermögensschäden** gesichert sein, wird er die betreffenden Risiken im Allgemeinen durch eine Versicherung decken, etwa eine Transportversicherung oder eine Betriebsunterbrechungsversicherung. Er kann aber auch durch entsprechende Vereinbarung mit dem Beförderer gemäß Art. 26 dessen Haftung auf den Betrag erhöhen, den er als sein **Interesse an der vertragsgemäßen Lieferung** im Frachtbrief angibt.

**3**   Zweifelhaft ist, ob die Angabe eines Lieferinteresses iSv. Art. 26 eine **Wertdeklaration einschließt** oder ob sie ausschließlich Vermögensschäden betrifft. Zum Teil will die Literatur über Art. 26 CMR nur andere Schäden als unmittelbare Sachwertverluste liquidieren, weil diese bereits abschließend von Art. 23–25 CMR erfasst seien.[1] Dagegen wollen andere den Anwendungsbereich von Art. 26 auf alle Schäden ausdehnen, welche entweder ihrer Art oder der Höhe nach wegen Art. 23 und 25 ohne besondere Abrede nicht ersetzt werden. Es sei nicht sinnvoll, die Höhe des Wertersatzes über Art. 23 Abs. 3 zu begrenzen, wenn ein Absender nur gemäß Art. 26 sein besondere Interesse, nicht aber gemäß Art. 24 den Wert des Gutes angegeben habe.[2] Diese Ansicht führt zu einer rechtssystematisch störenden **Überschneidung der Anwendungsbereiche von Art. 24 und 26,** ist aber dennoch allein praktikabel. Es wäre übertriebener Formalismus, wenn ein Absender hochwertiger Güter, der den Güterwert und zusätzlich ein besonderes Interesse an der vertragsgemäßen Lieferung angeben will, zwei Beträge in den Frachtbrief einsetzen müsste, einen für den Güterwert gemäß Art. 24 und einen für das Lieferinteresse gemäß Art. 26, zumal beide Angaben auch noch in dasselbe Feld (Nr. 16: Besondere Vereinbarungen) des IRU-Frachtbriefs 2007 gehören. Auch wenn eine solche Doppelangabe, wie sich aus Abs. 2 ergibt, möglich ist, kann sie nicht konstitutive Voraussetzung sein. Im Übrigen werden die betreffenden Eintragungen durchweg auch ganz unspezifisch lauten, etwa: „Haftung bis EUR 150 000,–"; da die Vereinbarungen auch ohne spezifischen Hinweis auf den Grund der Haftungserhöhung – Wertdeklaration oder Lieferinteresse – wirksam sind, spricht auch nichts dagegen, dass die Eintragung eines Werts, der den Warenwert gemäß Art. 23 Abs. 1–3 übersteigt, zwei Absprachen verkörpert: diejenige über den Wertersatz bis zur Höhe des Warenwerts und – hinsichtlich des überschießenden Betrags – diejenige über das Lieferinteresse.

## II. Voraussetzungen (Abs. 1)

**4**   **1. Vereinbarung.** Entgegen dem Wortlaut von Art. 26 Abs. 1 kann der Absender den Betrag seines besonderen Interesses an der Lieferung nicht einseitig festlegen. Vielmehr bedarf es wie bei der Wertdeklaration des Art. 24 einer Vereinbarung der Parteien.[3] Hierbei stellen sich die gleichen Fragen der Konsensbildung und gegebenenfalls auch der Vertretungsmacht des Fahrers wie bei Art. 24; siehe näher Art. 24 Rn. 2–4.

**5**   Als „besondere(s) **Interesse an der Lieferung**" und damit als geeigneter Bezugspunkt einer Betragsangabe iSv. Art. 26 ist jede auf Grund einer Leistungsstörung des Frachtführers unmittelbar oder mittelbar drohende Vermögenseinbuße beim Absender anzusehen, und zwar einschließlich der durch Verlust oder Beschädigung des Gutes begründeten Verringerung des Sachwerts, vgl. Rn. 3. Die Vertragsparteien müssen dieses Interesse einvernehmlich in einem **ziffernmäßig bestimmten** Betrag festlegen;[4] die pauschale Abrede, dass alle Schäden zu ersetzen seien, genügt nicht.[5] Auch ein Auftrag zur Auslieferung gegen Nachnahme gilt weder als Wertangabe im Sinne von Art. 24 CMR noch als Festlegung eines besonderen Lieferwertinteresses gemäß Art. 26 Abs. 1.[6] Der Betrag des Lieferwertinteresses kann in beliebiger Höhe vereinbart werden[7] und braucht durch wertbildende Tatsachen

---

[1] *Putzeys* S. 309 f. Nr. 909, 912; *Heuer* S. 125 Fn. 400; *Nickel-Lanz* S. 135 f. Nr. 177; *Clarke* S. 311 Nr. 100; *Brunat* BT 1975, 102; *Lamy* 2013 Rn. 793a); *Silingardi* S. 240; ebenso Ferrari/*Otte,* Int. Vertragsrecht, Rn. 24.

[2] *Koller* Rn. 4; *Jesser* S. 138; Thume/*Thume/Riemer* Rn. 12; wohl auch *Pesce* S. 291; widersprüchlich Großkomm HGB/*Helm* Rn. 3 und 5.

[3] OLG Düsseldorf 28.10.1982, VersR 1983, 749; OLG Düsseldorf 7.7.1988, TranspR 1988, 425, 429; *Loewe* ETR 1976, 571 Nr. 203; *Glöckner* Rn. 1; *Precht/Endrigkeit* Anm. 2; *Clarke* S. 310 Nr. 100; *Haak* S. 233; *Herber/Piper* Rn. 5; *Koller* Rn. 2; Thume/*Thume/Riemer* Rn. 3; Ferrari/*Otte,* Int. Vertragsrecht, Rn. 2; mit anderer Begründung auch: *Putzeys* S. 310 Nr. 911; siehe schon Art. 24 Rn. 2.

[4] OLG Düsseldorf 29.5.1991, TranspR 1991, 291, 293; *Lamy* 2013 Rn. 793c); *Herber/Piper* Rn. 5; EBJS/*Boesche* Rn. 2.

[5] *Koller* Rn. 1; Thume/*Thume/Riemer* Rn. 6; EBJS/*Boesche* Rn. 2.

[6] Cour Paris 6.2.1991, BTL 1991, 295.

[7] *Jesser* S. 138; EBJS/*Boesche* Rn. 2.

nicht abgesichert zu sein. Allerdings fallen echte **Vertragsstrafen** nicht unter diesen Begriff,[8] denn sie sollen schon präventiv die Erfüllung der Hauptverbindlichkeit sichern und dem Geschädigten einen konkreten Beweis seines Schadens ersparen, der aber von Art. 26 Abs. 2 gerade vorgeschrieben wird, vgl. Rn. 13 und 14.

Die Parteien können sich weiterhin darüber einigen, für **welche Leistungsstörungen** 6 Schadensersatz wegen Verletzung des besonderen Lieferwertinteresses geleistet werden soll: für den Fall des Verlusts oder der Beschädigung oder der Überschreitung der vereinbarten Lieferfrist. Der etwas missverständliche Wortlaut von Abs. 1 soll sie dabei in ihren Dispositionsmöglichkeiten nicht beschränken, sondern stellt ihnen alle Kombinationen zur Wahl.[9] Treffen die Parteien keine Wahl hinsichtlich der sanktionierten Leistungsstörung, so gilt die Lieferwertvereinbarung für alle in Abs. 1 genannten Fälle. Auf die Überschreitung der Lieferfrist kann sich die Vereinbarung eines besonderen Lieferinteresses nur beziehen, wenn eine **Lieferfrist vereinbart** ist.[10] Fehlt es an einer solchen Vereinbarung, so zeigen die Parteien dadurch, dass sie dem Zeitfaktor kein entscheidendes Gewicht beilegen. Die Vereinbarung eines besonderen Lieferinteresses wäre in diesem Fall widersprüchlich und wird deshalb von der CMR nicht anerkannt.

**2. Eintragung im Frachtbrief.** Der Betrag des besonderen Lieferwertinteresses ist in 7 den Frachtbrief einzutragen, vgl. auch Art. 6 Abs. 2 lit. d. Während die hM darin ein **konstitutives Formerfordernis** sieht,[11] fehlt es vor allem in Frankreich und Italien nicht an abschwächenden Äußerungen, die auch andere Formen zulassen wollen, so etwa die Wiedergabe in einem vom Absender verfassten und vom Beförderer unterzeichneten Merkblatt mit Anweisungen für den Frachtführer.[12] Auch wenn man grundsätzlich am Erfordernis der Frachtbriefeintragung festhält, ist eine Übersteigerung des Formalismus zu vermeiden und daher eine Korrektur erforderlich, die der Funktion der Eintragung, dem Schutz nachfolgender Frachtführer, Rechnung trägt. Zum einen ist das Eintragungserfordernis daher auf die Fälle zu beschränken, in denen überhaupt ein Frachtbrief ausgestellt wurde; denn wo es am **Frachtbrief fehlt,** kann ein späterer Frachtführer ohnehin nicht iSv. Art. 34 in den Vertrag eintreten, ist also von einer Lieferfristvereinbarung zwischen dem ersten Beförderer und dem Absender gar nicht betroffen, vgl. schon Art. 6 Rn. 37. Im Verhältnis zwischen dem ersten Frachtführer und dem Absender kann die Berufung auf das Eintragungserfordernis zum anderen **rechtsmissbräuchlich** sein, wenn der Frachtführer sein Einverständnis mit der Lieferwertvereinbarung zuvor bekundet hat, vgl. schon Art. 24 Rn. 7.

Nach dem eindeutigen englischen Wortlaut ist nur der Betrag des Lieferinteresses in den 8 Frachtbrief einzutragen. **Nicht eintragungspflichtig** ist also die Absprache der Parteien darüber, welche Leistungsstörung sanktioniert sein soll;[13] im Zweifel betrifft die Lieferwertvereinbarung alle in Abs. 1 aufgeführten Vertragsverletzungen, vgl. Rn. 6. Keiner Eintragung bedarf ferner der Frachtzuschlag,[14] den der Absender als Entgelt für die Lieferwerthaftung zu zahlen hat. Eine **Aufklärungspflicht** des Frachtführers in Bezug auf die Möglichkeit der Interessendeklaration, das Erfordernis der Eintragung und den Umfang der

---

[8] OLG München 26.7.1985, TranspR 1985, 395, 397; *Glöckner* Rn. 2; *Pesce* S. 289.
[9] *Loewe* ETR 1976, 571, Nr. 203; zweifelnd kritisch GroßkommHGB/*Helm* Rn. 2.
[10] *Precht/Endrigkeit* Anm. 2; *Nickel-Lanz* S. 135 Nr. 176; *Heuer* S. 140; *Jesser* S. 138; *Thume/Thume/Riemer* Rn. 4; EBJS/*Boesche* Rn. 2; *Ferrari/Otte,* Int. Vertragsrecht, Rn. 6; *Jabornegg/Artmann/Csoklich* Rn. 1.
[11] BGH 14.7.1993, RIW 1994, 66, 67; OGH Wien 30.8.1990, TranspR 1992, 406; Cour Aix-en-Provence 16.9.1980, BT 1981, 37; Cour Paris 23.3.1978, BT 1978, 265; *Haak* S. 232; *Heuer* S. 125; *Lenz* Rn. 708; *Loewe* ETR 1976, 571 und 569 Nr. 203 und 196; *Clarke* S. 311 f. Nr. 100; *Theunis/Glöckner* S. 105 f.; *Putzeys* S. 309 f. Nr. 910 und S. 306 f. Nr. 904; *Koller* Rn. 3; *Herber/Piper* Rn. 7; *Thume/Thume/Riemer* Rn. 11; GroßkommHGB/*Helm* Rn. 4; EBJS/*Boesche* Rn. 2; *Ferrari/Otte,* Int. Vertragsrecht, Rn. 4; *Jabornegg/Artmann/Csoklich* Rn. 2.
[12] So in Cour Montpellier 19.2.1987, BT 1987, 578; vgl. auch Cour Paris 27.3.1991 BTL 1991, 294; *Lamy* 2013 Rn. 793c); *Pesce* S. 292; *Silingardi* S. 239.
[13] AA *Precht/Endrigkeit* Anm. 2; kritisch dazu *Heuer* S. 125 Fn. 399.
[14] *Haak* S. 235; *Clarke* S. 312 Nr. 100; *Heuer* S. 125 Fn. 198; *Loewe* ETR 1976, 571 Nr. 203 und S. 570 Nr. 198; aA *Precht/Endrigkeit* Anm. 2; siehe auch schon oben Art. 24 Rn. 8.

Eintragungspflicht besteht nicht;[15] der Frachtführer ist folglich im Falle fehlender Beratung auch nicht gehindert, sich gleichwohl auf die fehlende Formwirksamkeit der Lieferwertvereinbarung zu berufen. Zur **Art und Weise der Eintragung** in den Frachtbrief bzw. in Zusatzpapiere siehe die Erörterung der entsprechenden Problematik im Zusammenhang mit der Wertdeklaration, vgl. Art. 24 Rn. 6.

**9**　　**3. Zuschlag zur Fracht.** Als weitere Voraussetzung der Lieferwertvereinbarung verlangt Abs. 1, dass sich Beförderer und Absender über einen Zuschlag zur Fracht einigen. Wie bei der Wertdeklaration besteht Streit darüber, ob die Wirksamkeit der Lieferwertvereinbarung von einer solchen Zuschlagszahlung abhängt[16] oder nicht.[17] Aus den gleichen Gründen wie bei Art. 24 kann die Vereinbarung oder Zahlung eines Zuschlags auch hier letztlich **nicht als Wirksamkeitsvoraussetzung** der Interessendeklaration angesehen werden, vgl. Art. 24 Rn. 8. Kommt zwar eine Einigung über die Interessendeklaration, nicht aber über den Zuschlag zustande, so hat der Frachtführer einen Anspruch auf einen angemessenen Zuschlag, der zur Versicherung des zusätzlichen Haftungsrisikos ausreicht, siehe Art. 24 Rn. 9.[18]

### III. Rechtsfolgen (Abs. 2)

**10**　　**1. Vermehrung ersatzfähiger Schadensarten.** Die Rechtsfolgen einer Erklärung des besonderen Lieferwertinteresses gehen über die einer Werterhöhung nach Art. 24 hinaus. Während Art. 24 nur Schadensersatz wegen Verlust oder Beschädigung des Gutes betrifft und dabei die gemäß Art. 23 Abs. 3 zu berechnende Obergrenze für den nach Art. 23 Abs. 2 zu ermittelnden objektiven Substanzwert beseitigt, erlaubt Art. 26 zusätzlich zur Liquidierung der überschießenden Beträge (vgl. Rn. 3) die Einbeziehung weiterer, vor allem **mittelbarer Schäden.**[19] Die Norm durchbricht also das Wertersatzprinzip des Art. 23 Abs. 1–3. Sie ermöglicht Schadensersatz für jede unfreiwillige Einbuße, die über den am Gut eingetretenen Wertverlust hinausgeht, vor allem also Folgeschäden und entgangenen Gewinn.[20]

**11**　　Inwieweit auch **immaterielle Schäden** nach Art. 26 CMR ersatzfähig sind, ist umstritten: Nach verbreiteter Ansicht ist die Frage der ersatzfähigen Schadensarten dem Vertragsstatut überlassen.[21] Besonders *Loewe* argumentiert damit, dass die Konkretisierung der ersatzfähigen Schadensarten den Rahmen des Übereinkommens gesprengt und eine Einigung in dieser Frage ohnehin nicht zu erzielen gewesen wäre.[22] Art. 26 Abs. 2 CMR selbst spricht lediglich von weiteren Schäden, die über den nach Art. 23, 24 und 25 CMR zu ersetzenden Schaden hinaus („supplémentaire", „additional") begehrt werden können. Richtig ist, dass die CMR Fragen der haftungsausfüllenden Kausalität („remoteness", Adäquanz) ungeregelt lässt und diese dem ergänzenden Vertragsstatut (Einl. Rn. 41 ff.) zu entnehmen sind (vgl. schon Art. 23 Rn. 47). Ob das auch für die im Einzelnen ersatzfähigen Schadensarten gilt,

---

[15] *Rodière* BT 1979, 474, 475 f.; *Putzeys* S. 309 f. Nr. 910 Fn. 730 gegen Cour Paris 19.9.1979, BT 1979, 481, 483.

[16] So LG Darmstadt 23.9.1981, VersR 1982, 1107 mit Anm. *Eltermann; Glöckner* Rn. 1; *Bischof* VersR 1981, 540; *Oeynhausen* TranspR 1982, 113; Thume/*Thume/Riemer* Rn. 9; *Lamy* 2013 Rn. 793c); Anm. zu Cour Paris 6.2.1991, BTL 1991, 295, 296.

[17] OLG Düsseldorf 28.10.1982, VersR 1983, 749; OLG Düsseldorf 7.7.1988, TranspR 1988, 425, 429; *Koller* Rn. 2; *Hill/Messent* S. 213; *Clarke* S. 312 Nr. 100; *Haak* S. 233 f.; *Putzeys* S. 310 Nr. 911 und S. 307 Nr. 905; *Loewe* ETR 1976; 571 Nr. 203 und S. 570 Nr. 198; *Ferrari/Otte,* Int. Vertragsrecht, Rn. 2.

[18] *Bischof* VersR 1981, 540.

[19] Vgl. *Buchanan v. Babco* [1977] 1 All E. R. 518, 524 = [1977] Q. B. 208, 215 (C. A. 1976) per Lord *Denning* M. R.; *Heuer* S. 126; *Brunat* BT 1982, 146, 147; *Putzeys* S. 310 Nr. 912; *Aisslinger* S. 97.

[20] *Buchanan v. Babco* [1977] 1 All E. R. 518 = ETR 1977, 754 (C. A. 1976); *Loewe* ETR 1976, 571 Nr. 204; *Rodière* BT 1974, 315 Nr. 95; *Glöckner* Rn. 3; *Clarke* S. 311 Nr. 100; *Putzeys* S. 310 Nr. 912; *Herber/Piper* Rn. 8; Thume/*Thume/Riemer* Rn. 13; EBJS/*Boesche* Rn. 3.

[21] *Loewe* ETR 1976, 571 f. Nr. 204; *Haak* S. 232; *Koller* Rn. 4; *Herber/Piper* Rn. 8; Thume/*Thume/Riemer* Rn. 14; GroßkommHGB/*Helm* Rn. 5; EBJS/*Boesche* Rn. 3; *Clarke* S. 311 Nr. 100; *Ferrari/Otte,* Int. Vertragsrecht, Rn. 27; *Jabornegg/Artmann/Csoklich* Rn. 1.

[22] *Loewe* ETR 1976, 571 f. Nr. 204; so auch *Haak* S. 232.

ist zu hinterfragen: Die Lieferwertangabe eignet sich zur Fixierung und Abgeltung etwa des Affektionsinteresses am Transportgut: Wenn der Absender beispielsweise ein Museumsauto zum Startort einer Oldtimer-Rallye befördern lässt und sein Interesse, mit dem Wagen an der Rallye teilzunehmen, gegenüber dem Frachtführer durch Lieferwertangabe beziffert, soll nach der oben genannten Meinung im Verspätungsfall das ergänzende nationale Vertragsrecht darüber entscheiden, ob der immaterielle Schaden des verhinderten Rallyeteilnehmers liquidiert wird oder nicht. Das widerspricht aber dem Regelungsanliegen des Art. 26, der den Vertragsparteien die Vereinbarung einer über die Regelhaftung hinausgehenden Haftung eröffnet, und zwar privatautonom im Rahmen des vereinheitlichten Rechts und unabhängig von differierenden nationalen Rechtsvorstellungen.[23] Gelangen die Parteien des Beförderungsvertrags zu einer Einigung, sieht Art. 26 CMR für den Ersatz im Schadensfall als Grenze lediglich den Nachweis vor, dass ein Schaden entstanden ist (Rn. 13).

**2. Erhöhung der Haftungshöchstsummen.** Anders ist die Funktion von Art. 26 **12** Abs. 2 im Hinblick auf **Schadensersatz wegen Lieferfristüberschreitung.** Da Art. 23 Abs. 5 für diesen Fall ohnehin vom Wertersatzprinzip abweicht und im Grundsatz vollen Schadensersatz gewährt, führt Art. 26 Abs. 2 hier nicht zur Einbeziehung weiterer, über den unmittelbaren Wertverlust hinausgehender Schadensarten, sondern beseitigt lediglich die summenmäßige Begrenzung auf den Betrag der Fracht. Die Vorschrift wirkt sich also, wie Art. 24 CMR bei Verlust und Beschädigung, allein auf die Höhe der Schadensersatzleistung aus.[24]

**3. Beweis des Schadens.** Die Vereinbarung eines besonderen Lieferinteresses gemäß **13** Art. 26 CMR bewirkt keine Pauschalierung des Schadensersatzes. Bis zur Höhe des als Lieferinteresse angegebenen Betrags braucht der Frachtführer nach Art. 26 Abs. 2 nur den tatsächlich entstandenen und bewiesenen Schaden zu ersetzen.[25] Der Absender wird seiner Darlegungs- und Beweislast für den erlittenen Schaden also nicht enthoben.[26] Nähere Angaben im Frachtbrief zum Inhalt seines besonderen Interesses an der Lieferung und zu den befürchteten Leistungsstörungen determinieren den danach zu erbringenden Schadensbeweis.[27] Soweit allein immaterielle Schäden durch die Lieferwertangabe erfasst werden sollten, begründet die Interessendeklaration eine Vermutung für den Umfang des ideellen Schadens.[28] Die im Frachtbrief eingetragene Summe des Lieferwertinteresses stellt in jedem Fall die Obergrenze des Anspruchs dar, selbst wenn ein darüber hinausgehender Schaden bewiesen werden kann.

**4. Schadenspauschalierung, Garantieversprechen, Vertragsstrafen.** Strittig ist die **14** Beurteilung von vertraglichen Schadenspauschalen, Garantieversprechen und Vertragsstrafen. Nach überwiegender Auffassung verstoßen alle drei Arten von Absprachen gegen Art. 41 und werden auch durch Art. 26 nicht gedeckt. Dies trifft für Pauschalierungsklauseln zu, die entgegen Art. 26 Abs. 2 vom Nachweis des Schadens befreien sollen, vgl. schon Art. 17 Rn. 97. Auch Garantieverträge weichen von der Risikozuweisung des Art. 17 und der Regelung des Schadensumfangs in Art. 23 ab; sie werden auch von Art. 26 nicht gestattet, der die Haftungsvoraussetzungen gar nicht betrifft, vgl. Art. 23 Rn. 48. Vertragsstrafeversprechen dienen dagegen primär gar nicht der Entschädigung, sondern der Prävention;

---

[23] Für den Ersatz von immateriellen Schäden unabhängig vom anwendbaren nationalen Recht *Putzeys* S. 310 Nr. 913; *Nickel-Lanz* S. 135 Nr. 177; *Silingardi* S. 240; wohl auch *Pesce* S. 291 f. und *Hill/Messent* S. 214 f.

[24] OLG Düsseldorf 29.5.1991, TranspR 1991, 291, 293; *Heuer* S. 140.

[25] *Rodière* BT 1974, 315 Nr. 95; *Lamy* 2013 Rn. 793b); *Heuer* S. 126, 124; *Jesser* S. 138; *Koller* Rn. 5; *Herber/Piper* Rn. 9; *GroßkommHGB/Helm* Rn. 5; *Jabornegg/Artmann/Csoklich* Rn. 1.

[26] *Clarke* S. 311 Nr. 100; *Putzeys* S. 311 Nr. 914; *Rodière* BT 1974, 315 Nr. 95; *Thume/Thume/Riemer* Rn. 18.

[27] *Precht/Endrigkeit* Anm. 4.

[28] Insoweit zutreffend *Silingardi* S. 238, der diese Vermutung allerdings für Schäden aller Art aufstellen will.

sie greifen auch ein, wenn aus der Vertragsverletzung gar kein Schaden entstanden ist. Sie stehen deshalb außerhalb des Anwendungsbereichs der Art. 17 ff. und beurteilen sich nach dem ergänzenden nationalen Recht, vgl. schon Art. 17 Rn. 97 und Art. 23 Rn. 48.

### Art. 27 [Zinsen und Währung]

(1) ¹**Der Verfügungsberechtigte kann auf die ihm gewährte Entschädigung Zinsen in Höhe von 5 v. H. jährlich verlangen. ²Die Zinsen laufen von dem Tage der schriftlichen Reklamation gegenüber dem Frachtführer oder, wenn keine Reklamation vorausging, vom Tage der Klageerhebung an.**

(2) **Wird die Entschädigung auf Grund von Rechnungsgrößen ermittelt, die nicht in der Währung des Landes ausgedrückt sind, in dem die Zahlung beansprucht wird, so ist die Umrechnung nach dem Tageskurs am Zahlungsort der Entschädigung vorzunehmen.**

### Art. 27

(1) L'ayant droit peut demander les intérêts de l'indemnité. Ces intérêts, calculés à raison de 5 pour 100 l'an, courent du jour de la réclamation adressée par écrit au transporteur ou, s'il n'y a pas eu de réclamation, du jour de la demande en justice.

(2) Lorsque les éléments qui servent de base au calcul de l'indemnité ne sont pas exprimés dans la monnaie du pays où le paiement est réclamé, la conversion est faite d'après le cours du jour et du lieu du paiement de l'indemnité.

### Art. 27

(1) The claimant shall be entitled to claim interest on compensation payable. Such interest, calculated at five per centum per annum, shall accrue from the date on which the claim was sent in writing to the carrier or, if no such claim has been made, from the date on which legal proceedings were instituted.

(2) When the amounts on which the calculation of the compensation is based are not expressed in the currency of the country in which payment is claimed, conversion shall be at the rate of exchange applicable on the day and at the place of payment of compensation.

**Schrifttum:** Siehe Einl. vor Rn. 1 sowie *Blasche,* Regreß unter Frachtführern, Verkehr 1987, 24; *de la Motte,* CMR: Schaden – Entschädigung – Versicherung, VersR 1988, 317; *ders.,* Der Zinsanspruch des Verfügungsberechtigten nach Art. 27 CMR, insbesondere im Regreß eines Transportversicherers, TranspR 1986, 369; *Fischer,* CMR-Beförderungsvertrag und Zinsanspruch, TranspR 1991, 321; *Glöckner,* Die Haftungsbeschränkungen und die Versicherung nach den Art. 3, 23–29 CMR, TranspR 1988, 327; *Groth,* Neuere Rechtsprechung zur CMR 1980–1982, VersR 1983, 1104; *Gruber,* Die kollisionsrechtliche Anknüpfung der Verzugszinsen, MDR 1994, 759; *von Hoffmann,* Deliktischer Schadensersatz im internationalen Währungsrecht, FS Firsching, 1985, S. 125; *Koller,* Der Verzugsschaden bei CMR-Transporten, VersR 1992, 773; *ders.,* Verzugszins und die Auslegung der CMR, TranspR 1994, 53; *ders.,* Die Person des Schadensersatzberechtigten bei Ansprüchen aus Art. 17 CMR, RIW 1988, 254; *Loewe,* Die Bestimmungen der CMR über Reklamationen und Klagen, TranspR 1988, 309; *Mann/Kurth,* Haftungsgrenzen und Zinsansprüche in internationalen Übereinkommen, RIW 1988, 251; *Remien,* Die Währung von Schaden und Schadensersatz. Grundlagen und vertragsrechtliche Besonderheiten, RabelsZ 53 (1989) 245; *ders.,* Schadensersatzwährung im Deliktsrecht, ZEuP 1995, 119; *Roesch,* Ersatzansprüche am Frachtführer nach KVO und CMR, BB 1984, 699; *Thume,* Art. 27 CMR und Entschädigungsverzug des Frachtführers, TranspR 1993, 365; *ders.,* Verzugsfolgen bei verzögerter Entschädigungsleistung des CMR-Frachtführers, TranspR 1998, 440; *ders.,* Kosten des Vorprozesses bei Regelhaftung des CMR-Frachtführers, TranspR 2012, 61; *Tuma,* Können deliktische Ansprüche nicht am Frachtvertrag Beteiligter durch vertragliche Bestimmungen eingeschränkt werden?, VersR 1983, 408.

### Übersicht

| | Rn. | | Rn. |
|---|---|---|---|
| I. Bedeutung und Zweck | 1 | 2. Anwendungsbereich | 3, 4 |
| II. Verzinsung der Entschädigung | | 3. Ausgeschlossene Ansprüche | 5–8 |
| (Abs. 1) | 2–24 | 4. Zinssatz | 9 |
| 1. Zweck | 2 | 5. Beginn der Verzinsung | 10–17 |

| | Rn. | | | Rn. |
|---|---|---|---|---|
| a) Schriftliche Reklamation | 11–14 | 9. Grobes Verschulden | | 23 |
| b) Klageerhebung | 15–17 | 10. Aktivlegitimation | | 24 |
| 6. Ende der Verzinsung | 18 | **III. Währungsumrechnung (Abs. 2)** | ... | 25–31 |
| 7. Kapitalisierung und Zinseszins | 19, 20 | 1. Schuld-, Urteils- und Zahlungswäh- | | |
| 8. Verzugsschaden nach nationalem | | rung | | 25–29 |
| Recht | 21, 22 | 2. Umrechnungsmodalitäten | | 30, 31 |

## I. Bedeutung und Zweck

Art. 27 betrifft zwei unterschiedliche Fragenkomplexe: Abs. 1 regelt die Verzinsung des **1** gegen den Frachtführer gerichteten Entschädigungsanspruchs hinsichtlich des **Zinsfußes** und des **Beginns der Verzinsung.** Dagegen geht es in Abs. 2 um die Bestimmung des **Umrechnungskurses,** zu dem die Rechnungsbestandteile der Entschädigung in die Währung des Lands umgerechnet werden, in dem Zahlung verlangt wird. Beide Vorschriften enthalten nur fragmentarische Regelungen und geben Anlass zu zahlreichen Auslegungszweifeln.

## II. Verzinsung der Entschädigung (Abs. 1)

**1. Zweck.** Abs. 1 wurde nahezu wortlautgetreu dem Art. 38 CIM 1952 nachgebildet[1] **2** und statuiert einen besonderen Zinsanspruch. Ab schriftlicher Reklamation oder Klageerhebung kann „der Verfügungsberechtigte" danach Zinsen in Höhe von 5 % auf „die ihm gewährte Entschädigung" verlangen. Die Vorschrift soll erstens einen Anreiz zum forum shopping unter den Gerichtsständen des Art. 31 ausräumen, zweitens den Frachtführer durch die Sanktion für die Säumnis zu unverzüglicher Zahlung veranlassen und drittens sein Verzögerungsrisiko vorhersebar und kalkulierbar halten. Die **Kalkulierbarkeit** hat dabei über die **Säumnisprävention** obsiegt. Ansporn zur pünktlichen Zahlung kann nur von einem flexiblen, am Finanzmarkt orientierten Zinssatz ausgehen, der dem gestiegenen Marktzinsen anpasst oder jedenfalls die Liquidierung des zusätzlichen Zinsschadens erlaubt.[2] Ein starrer Zinssatz ohne ergänzende Erstattungsregelung gibt dem Schuldner dagegen in Hochzinsphasen einen Anreiz, aus seiner Säumnis Gewinn zu ziehen. Diese Kritik betrifft auch Art. 27 Abs. 1, und daraus resultieren manche Bestrebungen zu einer restriktiven Auslegung und zum Ausweichen auf flexiblere Verzinsungsvorschriften des nationalen Rechts. Soweit die Gerichte diesen Bestrebungen nachgeben, schwindet der Sinn der Rechtsvereinheitlichung und wächst der Anreiz zum forum shopping.

**2. Anwendungsbereich.** Art. 27 Abs. 1 bezieht sich schon nach dem Wortlaut nur auf **3** Schadensersatzforderungen, die **gegen den Frachtführer** gerichtet sind. Die Vorschrift bezieht sich nicht auf Ansprüche des Frachtführers selbst;[3] dies gilt unabhängig vom Rechtsgrund, also für alle Ansprüche des Beförderers gegen den Absender oder Dritte,[4] gleich ob sie auf Vertrag oder Delikt, auf der CMR (Art. 7 Abs. 1, Art. 10, 11 Abs. 1 Satz 2, Art. 22 Abs. 2) oder auf nationalem Recht beruhen. Praktisch bedeutsam ist dies vor allem für Frachtforderungen, die nach nationalem Recht zu verzinsen sind.[5] Abs. 1 setzt auch abweichend von § 352 HGB nicht die Kaufmannseigenschaft des Anspruchstellers voraus.

---

[1] Vgl. CMR-Denkschrift, BT-Drucks. III/1144 S. 43; *Rodière* BT 1974, 315 Nr. 97; vgl. jetzt Art. 37 ER CIM 1999.

[2] Siehe näher *Basedow* ZHR 143 (1979) 317, 321 ff.

[3] *Putzeys* S. 322 f. Nr. 945; *Fischer* TranspR 1991, 322; Thume/*Thume/Riemer* Rn. 4; *Haak* S. 235; *Clarke* S. 309 Nr. 99; *Herber/Piper* Rn. 2; GroßkommHGB/*Helm* Rn. 1; EBJS/*Boesche* Rn. 1; *Ferrari/Otte,* Int. Vertragsrecht, Rn. 5; Jabornegg/Artmann/*Csoklich* Rn. 4.

[4] OGH Wien 20.7.1989, TranspR 1991, 37, 43 bzgl. der Ansprüche des Beförderers gegen seine Transporthaftpflichtversicherung.

[5] Hof 's-Gravenhage 13.6.1980, S.& S. 1980 Nr. 126; Kh. Tongeren 22.4.1976, Rev. dr. com. belge 1976, 365, 370; beiläufig auch OGH Wien 18.4.1982, TranspR 1983, 48, 50; ebenso im Ergebnis OLG Düsseldorf 12.1.1984, TranspR 1984, 102, 105; OLG Köln 26.9.1985, TranspR 1986, 285, 288.

**4**     Art. 27 Abs. 1 sieht eine Verzinsung vor für Ansprüche auf „**Entschädigung**" (compensation, indemnité). Damit knüpft die Vorschrift an die in Art. 23 Abs. 1 und Abs. 5 verwendeten Begriffe an. Daraus und aus dem Standort der Vorschrift im Kap. IV der CMR folgt, dass Art. 27 Abs. 1 grundsätzlich nur für Schadensersatzforderungen einschließlich der Erstattungsansprüche gemäß Art. 23 Abs. 4 gilt, die auf Art. 17 beruhen, die sich also aus **Verlust** oder **Beschädigung** des Gutes oder aus der **Überschreitung der Lieferfrist** ergeben.[6] Die begriffliche Übereinstimmung und das systematische Argument sprechen ferner für eine Anwendung des Art. 27 Abs. 1 auf Entschädigungen, die der Frachtführer gemäß Art. 21 schuldet, weil er das Gut unter **Verletzung einer Nachnahmeabrede** ausgeliefert hat.[7]

**5**     **3. Ausgeschlossene Ansprüche.** Im Übrigen ist Art. 27 Abs. 1 nicht anwendbar. Dies gilt erstens für Ansprüche gegen den Frachtführer, die zwar aus Verlust, Beschädigung oder Lieferfristüberschreitung resultieren, aber auf außervertraglichen Rechtsgrundlagen, insbesondere **auf Deliktsrecht beruhen.** Ob und in welchem Umfang solche Entschädigungsansprüche zu verzinsen sind, beurteilt sich ebenso wie die Ansprüche selbst nach nationalem Recht. Allerdings sind über Art. 28 Abs. 1 die Grenzen von Art. 27 Abs. 1 zu beachten; denn es handelt sich um Ansprüche aus Güterschäden bzw. Lieferfristüberschreitung, die nicht über den in der CMR festgelegten Umfang hinausgehen dürfen.[8] Art. 28 Abs. 1 betrifft aber nicht die deliktischen Ersatzansprüche vertragsfremder Dritter und kann auch nur, wenn diese wenigstens mittelbar am Vertrag beteiligt sind, auf sie erstreckt werden;[9] solche Ansprüche sind daher ohne Rücksicht auf Art. 27[10] allein nach nationalem Recht zu verzinsen.

**6**     Zweitens ist Art. 27 Abs. 1 auch nicht anwendbar auf die außerhalb des IV. Kapitels der CMR geregelten **Sondertatbestände der CMR-Frachtführerhaftung,** dh. Ansprüche aus Art. 7 Abs. 3, Art. 11 Abs. 3, Art. 12 Abs. 7 und Art. 16 Abs. 2 Satz 3.[11] Auch hier richtet sich die Verzinsung nach nationalem Recht. Doch ist für die Haftung wegen der unrichtigen Verwendung oder wegen des Verlusts von Begleitdokumenten Art. 11 Abs. 3 Halbsatz 2 zu beachten, der die Haftung des Frachtführers auf die Obergrenze beschränkt, bis zu der der Beförderer bei Verlust des Gutes haftet; damit wird die in Art. 27 Abs. 1 enthaltene Haftungsbeschränkung auf diesen Fall erstreckt.[12] Wie in der oben Rn. 5 behandelten Fallgruppe ist die Begründung des Zinsanspruchs auch hier dem nationalen Recht zu entnehmen, Art. 27 Abs. 1 dient lediglich der Begrenzung.

**7**     Drittens bleibt Art. 27 Abs. 1 erst recht außer Betracht, wenn es um Forderungen geht, die weder im Zusammenhang mit Verlust, Beschädigung und Lieferfristüberschreitung stehen noch auf der CMR beruhen. Hierzu zählen Ansprüche auf Entschädigung wegen Nichterfüllung oder positiver Vertragsverletzung, die sich **aus nationalem Vertragsrecht** ergeben,[13] ferner auch Ansprüche auf Rückzahlung zu viel gezahlter Fracht[14] oder auf

---

[6] OLG Bamberg 27.4.1981, TranspR 1984, 184; Kh. Tongeren 22.4.1976, Rev. dr. com. belge 1976, 365; *Heuer* S. 123, 127; *Haak* S. 235; *Fischer* TranspR 1991, 322; GroßkommHGB/*Helm* Rn. 2; *Thume*/ *Thume/Riemer* Rn. 5; gegen eine Verzinsung der Erstattungsansprüche gemäß Art. 23 Abs. 4 *Silingardi* S. 243 f.
[7] BGH 10.10.1991, VersR 1992, 383, 385 = RIW 1992, 318, 319; so auch schon OLG Hamm 28.4.1983, TranspR 1983, 151; Hof 's-Hertogenbosch 16.3.1988, S. & S. 1989 Nr. 85; *Thume*/*Thume/Riemer* Rn. 7; *Koller* Rn. 1; GroßkommHGB/*Helm* Rn. 2; EBJS/*Boesche* Rn. 1; kritisch *Fischer* TranspR 1991, 322 f.
[8] *Fischer* TranspR 1991, 324; *Theunis*/*Glöckner* S. 107; *Haak* S. 238; *Herber/Piper* Rn. 3.
[9] GroßkommHGB/*Helm* Art. 28 Rn. 9; *Thume*/*Thume/Riemer* Rn. 14; *Heuer* S. 188 Fn. 24; *Piper* VersR 1988, 209; gegen die Erstreckung auf vertragsfremde Dritte *Lenz* Rn. 789, 794; für eine Erstreckung auf alle vertragsfremden Anspruchsteller *Loewe* ETR 1976, 574 Nr. 212.
[10] So OLG Düsseldorf 22.1.1987, TranspR 1987, 146, 147; Kh. Antwerpen 7.11.1986, ETR 1987, 453, 458.
[11] Eingehend *Fischer* TranspR 1991, 322 f.; aA *Thume*/*Thume/Riemer* Rn. 8; *Herber/Piper* Rn. 2 (zumindest analoge Anwendung); *Jabornegg/Artmann/Csoklich* Rn. 3.
[12] Kh. Antwerpen 27.12.1983, Rev. dr. com. belge 1987, 71; *Fischer* TranspR 1991, 324; ebenso EBJS/ *Boesche* Rn. 1.
[13] Trib. com. Paris 30.11.1973, BT 1974, 179, 180; *Fischer* TranspR 1991, 324; *Koller* Rn. 1; GroßkommHGB/*Helm* Rn. 1; EBJS/*Boesche* Rn. 1.
[14] *Putzeys* S. 322 f. Nr. 945; *Fischer* TranspR 1990, 324; in der Sache auch OLG Düsseldorf 15.2.1990, TranspR 1990, 240, 242.

Erstattung von Gerichtskosten.[15] Die Verzinsung solcher Forderungen richtet sich nach Grund und Umfang ausschließlich nach nationalem Recht. Dasselbe gilt schließlich viertens auch für alle **Ansprüche des Frachtführers,** etwa solche auf Frachtzahlung, vgl. schon Rn. 3.

Soweit sich die Verzinsung danach aus nationalem Recht ergibt, ist das **Schuldstatut** **8** **maßgeblich,** bei vertraglichen Ansprüchen also gemäß Art. 12 Abs. 1 lit. c Rom I-VO das Vertragsstatut (Einl. Rn. 41 ff.),[16] bei deliktischen Ansprüchen das Deliktsstatut etc. Eine Sonderanknüpfung der Verzugszinsen an das Recht des Währungslands[17] entbehrt der rechtlichen Grundlage; denn der Regelung der Verzugszinsen fehlt in den meisten Rechtsordnungen der zwingende Charakter, der Voraussetzung für eine Sonderanknüpfung im IPR ist.

**4. Zinssatz.** Der Zinssatz für die dem Art. 27 Abs. 1 unterliegenden Forderungen **9** beträgt einheitlich und unabdingbar[18] 5 % pro Jahr. Dabei handelt es sich weder um eine Ober- noch um eine Untergrenze, sondern um eine **gesetzliche Schadenspauschalierung.** Im Unterschied zu Art. 24 und Art. 26 Abs. 2 braucht der Ersatzberechtigte weder darzulegen noch zu beweisen, dass ihm tatsächlich ein Zinsschaden in entsprechender Höhe entstanden ist, und auch ein Gegenbeweis des Frachtführers ist unerheblich. Andererseits kann auch für einen bewiesenen höheren Zinsverlust nach Abs. 1 ein Ausgleich nicht verlangt werden. Denn er widerspräche der Funktion von Art. 27 Abs. 1, den Frachtführer vor unvorhersehbaren hohen Zinsbelastungen zu schützen, vgl. Rn. 2. Deshalb bleibt es auch nach Klageerhebung bei einem Zinssatz von 5 %; nationale Vorschriften, welche **höhere Zinssätze für Prozesszinsen** vorsehen, werden durch Art. 27 Abs. 1 verdrängt.[19] Zur Frage, ob höhere Zinsen auf Grund des ergänzenden nationalen Rechts verlangt werden können, siehe unten Rn. 21–23.

**5. Beginn der Verzinsung.** Abs. 1 Satz 2 verlangt für den Beginn der Verzinsung einen **10** besonderen Rechtsakt: entweder eine schriftliche Reklamation gegenüber dem Frachtführer oder alternativ die Klageerhebung. Andere Möglichkeiten, die Verzinsung in Gang zu setzen, kennt die CMR nicht, so dass ein formloses Zinsverlangen nicht ausreicht.[20] Ab der schriftlichen Reklamation bzw. ab Klageerhebung laufen die Zinsen aber auch, wenn ein **Zinsverlangen** noch nicht geäußert wurde;[21] Bestimmungen des nationalen Rechts, die Zinsen schon vor diesem Zeitpunkt zusprechen – etwa **Fälligkeitszinsen** gemäß § 353 HGB –, werden verdrängt.[22]

**a) Schriftliche Reklamation.** Über den Begriff der schriftlichen Reklamation iSv. **11** Art. 27 Abs. 1 besteht Streit. Unklar ist, ob die „Reklamation" dem vom Empfänger gemäß

---

[15] Unzutreffend OLG Hamburg 3.6.1982, TranspR 1985, 266, 268; wie hier *Koller* Rn. 1; *Fischer* TranspR 1991, 321, 324; *Herber/Piper* Rn. 3.

[16] So die hM, vgl. etwa *Mann/Kurth* RIW 1988, 253; *Gruber* MDR 1994, 759 f.; MüKoBGB/*Spellenberg,* 5. Aufl. 2010, Art. 12 Rom I-VO Rn. 90 ff., jeweils mwN auch auf die Rspr.

[17] Dafür aber *Grunsky,* FS Merz, 1992, S. 147.

[18] OGH Wien 30.5. 2012, TranspR 2012, 337, 338; Cass. com. 3.3.1998, ULR 1998, 896, 897; *Koller* Rn. 4; *Glöckner* Rn. 1; *Hill/Messent* S. 216; *Herber/Piper* Rn. 6; GroßkommHGB/*Helm* Rn. 16; EBJS/*Boesche* Rn. 3; *Ferrari/Otte,* Int. Vertragsrecht, Rn. 14.

[19] Rb. Roermond 18.1.1979, S. & S. 1979 Nr. 45; Rb. Rotterdam 18.3.1981, S. & S. 1981 Nr. 84; Rb. Rotterdam 12.5.1978, S. & S. 1979 Nr. 11; Rb. Breda 11.1.1977, S. & S. 1978 Nr. 89; Hof van Cassatie Belgien 17.9.1987, ETR 1988, 201; Com. Liège 13.12.1977, Jur. Anv. 1977/78, 268; Kh. Antwerpen 3.3.1976, ETR 1977, 437; Cour Paris 22.4.1992, BTL 1992, 362; *Elektronska Industrija Oour TVA v. Transped Oour Kintinentalna Spedicna* [1986] 1 Lloyd's L. Rep. 49, 53; aA und unzutreffend etwa Cour Colmar 10.7.1970, BT 1970, 358, 359; demgegenüber mit Recht kritisch *Libouton* J.trib. 1972, 402 Nr. 72; *Rodière* BT 1974, 315 Nr. 97 Fn. 132.

[20] Vgl. *Fischer* TranspR 1991, 321, 326; *Loewe* ETR 1976, 572 Nr. 207; *Pesce* S. 293; unrichtig OLG Hamburg 3.6.1982, TranspR 1985, 266, 268; Trib. com. Lyon 10.11.1975 BT 1976, 175; kritisch dazu *Libouton* J.trib. 1982, 724 Nr. 113.

[21] Vgl. *Fischer* TranspR 1991, 321, 326; ebenso wohl *Glöckner* Rn. 3; *de la Motte* TranspR 1986, 369, 370; *Libouton* J.trib. 1982, 724 Nr. 113; aA, für Verzinsung erst nach Rechnungsstellung: Trib. com. Lyon 10.11.1975, BT 1976, 175.

[22] Ebenso *Fischer* TranspR 1991, 321, 334; *Hill/Messent* S. 218; *Clarke* S. 310 Nr. 99.

**Art. 30 Abs. 1** zu erklärenden „Vorbehalt"[23] oder der verjährungshemmenden „Reklamation" iSv. **Art. 32 Abs. 2**[24] gleichzusetzen ist. Der zweiten Auslegung ist mit der hM zu folgen. In den verbindlichen Originalsprachen besteht fast wörtliche Übereinstimmung der in Art. 27 Abs. 1 Satz 2 und Art. 32 Abs. 2 gebrauchten Begriffe, während Art. 30 Abs. 1 CMR davon abweicht. Es kann auch nicht jeder gemäß Art. 30 Abs. 1 wirksame Vorbehalt den formalen Anforderungen von Art. 27 Abs. 1 genügen. Denn hier wird zwingend Schriftform vorausgesetzt; dagegen kann der Vorbehalt nach Art. 30 Abs. 1 bei äußerlich erkennbaren Schäden auch mündlich erklärt werden. Ferner greift die Obliegenheit, einen Vorbehalt zu erklären, nach dem Wortlaut von Art. 30 Abs. 1 bei Totalverlust gar nicht ein (vgl. dort Rn. 3), während ein Bedürfnis nach Verzinsung der Schadensersatzansprüche auch dann besteht. Schließlich ist zu bedenken, dass ein „Vorbehalt" nichts weiter als eine Feststellung von Leistungsstörungen ist,[25] die noch nichts über die rechtlichen Schlussfolgerungen aussagt, dh. über die Forderungen, die der Empfänger daraus ableitet. Zinsen tragen kann aber nur eine Forderung, die der Absender/Empfänger deshalb zunächst einmal vortragen muss. Indem er seine Unzufriedenheit über die Ausführung des Beförderungsvertrags zu einer Schadensersatzforderung verdichtet, rechtfertigt er zum einen die Hemmung der Verjährung und zum anderen den Anspruch auf Verzinsung. All dies spricht für eine Kongruenz der Reklamation iSv. Art. 27 Abs. 1 Satz 2 mit derjenigen des Art. 32 Abs. 2 und gegen eine Kongruenz mit dem Vorbehalt iSv. Art. 30 Abs. 1.

12   Der erforderliche **Inhalt einer Schadensreklamation** ist aus der beschriebenen Funktion abzuleiten. Die Reklamation muss so konkret sein, dass der Frachtführer zur Wahrung seiner Rechte erkennen kann, dass und in welchem Umfang Schadensersatzansprüche gegen ihn erhoben werden.[26] Sie muss dem Frachtführer so viele Informationen vermitteln, dass diesem eine Stellungnahme möglich ist.[27] Daher sind **gegenüber dem Frachtführer**[28] oder seinem Stellvertreter[29] **bestimmte Begehren** vorzutragen[30] und Art und Umfang des Schadens[31] sowie die Gründe, auf die sich der Ersatzanspruch stützt,[32] zu bezeichnen. Einzelheiten wird der Absender häufig vor Ablauf der Verjährungsfrist noch nicht nennen können. Es genügt deshalb die Angabe der Art und ungefähren Größenordnung seines Schadens.[33] Eine genaue Schadensbezifferung ist entbehrlich.[34] Deutlich werden muss aber

---

[23] So OLG Bamberg 27.4.1981, TranspR 1984, 184; *Loewe* ETR 1976, 572 Nr. 206; *Heuer* S. 123 Fn. 386; *Pesce* S. 293; *Herber/Piper* Rn. 7 setzen die beiden gleich; unklar Ferrari/*Otte,* Int. Vertragsrecht, Rn. 18.

[24] Rb. Amsterdam 12.4.1972, S. & S. 1972 Nr. 102; *Fischer* TranspR 1991, 321, 326; *de la Motte* TranspR 1986, 369, 370; *Putzeys* S. 323 Nr. 947; *Libouton* J.trib. 1982, 724 Nr. 113; *Clarke* S. 309 Nr. 99; *Koller* Rn. 3; GroßkommHGB/*Helm* Rn. 9; Thume/*Thume/Riemer* Rn. 18; EBJS/*Boesche* Rn. 4; Jabornegg/Artmann/*Csoklich* Rn. 6; wohl auch *Haak* S. 303 Fn. 61.

[25] Vgl. BGH 9.2.1984, TranspR 1984, 146, 148.

[26] Vgl. BGH 7.11.1985, TranspR 1986, 53, 55; *Fischer* TranspR 1991, 321, 327; *Libouton* J.trib. 1982, 724 Nr. 113.

[27] Cour Aix-en-Provence 7.2.1990, BT 1990, 698; Cour Toulouse 7.12.1989, zitiert bei *Lamy* 2013 Rn. 832 und weitere Nachweise ebendort; Kh. Brüssel 22.4.1988, Rev. dr. com. belge 1989, 452, 454; *Loewe* TranspR 1988, 309, 315 f.; *Clarke* S. 146 Nr. 45b (iv).

[28] *Fischer* TranspR 1991, 321, 328.

[29] BGH 12.12.1985, TranspR 1986, 278, 281; *Poclain S. A. v. S. C. A.C. S.A.,* [1986] 1 Lloyd's L. Rep. 404 C. A.; Rb. Arnhem 29.6.1978/11.1.1979, S. & S. 1980 Nr. 45; *Fischer* TranspR 1991, 321, 328 Fn. 127.

[30] Vgl. OLG Hamburg 9.2.1989, TranspR 1990, 191, 193; LG München I 5.7.1988, VersR 1989, 216; *Fischer* TranspR 1991, 321, 327; *Loewe* ETR 1976, 586 Nr. 265; *ders.* TranspR 1988, 309, 316; *Blasche* Verkehr 1987, 24.

[31] Vgl. Hof Gent 25.6.1986, ETR 1987, 421, 429; *Fischer* TranspR 1991, 321, 328. Anders: OLG Düsseldorf 8.3.1976, VersR 1976, 1161, 1162; OLG Düsseldorf 27.5.1982, VersR 1983, 62.

[32] Rb. Rotterdam 8.12.1989, S. & S. 1990 Nr. 130; Cour Toulouse 22.1.1989, BT 1990, 437, 438; Hof Gent 25.6.1986, ETR 1987, 421, 429; *Fischer* TranspR 1991, 321, 328.

[33] Kh. Antwerpen 7.11.1986, ETR 1987, 453, 457; Kh. Brüssel 22.4.1988, Rev. dr. com. belge 1989, 452, 454; Cour Aix-en-Provence 7.2.1990, BT 1990, 698, 699; Cour Toulouse 22.11.1989, BT 1990, 437, 438; *Fischer* TranspR 1991, 321, 328; *de la Motte* TranspR 1986 369, 370.

[34] Hof Amsterdam 13.3.1974, S. & S. 1974 Nr. 77; *William Tatton & Co. v. Ferrymasters* [1974] 1 Lloyd's L.Rep. 203, 207. Ebenso *Haak* S. 303 Fn. 61; *Libouton* J. trib. 1982, 724 Nr. 113.

jedenfalls, dass der Frachtführer unmissverständlich für bestimmte Schäden in die Haftung genommen werden soll.[35] Folglich können **Beschwerden allgemeiner Art,** die bloße Mitteilung, dass ein Schaden entstanden sei,[36] die Bitte, nach dem Verbleib vermisster Güter zu forschen, oder die kommentarlose Offenlegung von deren Wert[37] als Reklamation iSv. Art. 27 nicht genügen und den Zinslauf in Gang setzen.

In formeller Hinsicht verlangt Art. 27 Abs. 1 S. 2 eine schriftliche Reklamation. Das **13** **Schriftformerfordernis** ist autonom auszulegen; der Rückgriff auf das nationale Recht würde die gebotene einheitliche Anwendung der CMR in den Vertragsstaaten vereiteln, vgl. Einl. Rn. 19.[38] § 126 BGB kann deshalb nicht zur Konkretisierung herangezogen werden. Welche Anforderungen im Einzelnen an die Schriftform zu stellen sind, ist noch nicht abschließend geklärt. Jedenfalls können mündliche oder fernmündliche Reklamationen nicht ausreichen,[39] und jedenfalls genügt eine eigenhändig unterschriebene Urkunde. Wie bei Art. 20 Abs. 2 (vgl. Art. 20 Rn. 9) wird das Schriftformerfordernis auch durch die Übermittlung von Reklamationen durch Telex,[40] Telefax[41] oder E-Mail gewahrt. Dass diese Kommunikationsformen den Aussteller nicht mehr verlässlich erkennen lassen, nimmt einer inhaltlich hinreichenden Reklamation nicht ihre Warnfunktion gegenüber dem Adressaten. Belege brauchen grundsätzlich nicht beigefügt zu werden,[42] obgleich dies die Akzeptanz beim Empfänger in der Regel erhöhen wird.

Entgegen der für das deutsche Recht in § 130 Abs. 1 BGB kodifizierten Empfangstheorie **14** wird die Reklamation schon **mit ihrer Absendung wirksam,** nicht erst mit Zugang.[43] Die englische Formulierung „such interest … shall accrue from the date on which the claim was sent …", ebenso wie der französische Text „ces intérêts … courent du jour de la réclamation adressée …", lassen keinen Zweifel daran, dass der Zinslauf bereits mit Absendung der Reklamation beginnt. Dies ist nach dem Wortlaut zugleich der erste verzinsungspflichtige Tag.[44] Der Anspruchsteller hat den Absendezeitpunkt zu beweisen.

**b) Klageerhebung.** Bleibt eine schriftliche Reklamation aus, beginnt der Zinslauf mit **15** Klageerhebung. Da die CMR beide Wege gleichrangig nebeneinander stellt, verlangt sie offenbar keine außerprozessualen Schritte vor der Klageerhebung. Der Schadensersatzberechtigte kann also ohne materiell-rechtliche Nachteile sofort Klage einreichen,[45] trägt dann allerdings vor deutschen Gerichten das prozessuale (Kosten-)Risiko, wenn der Frachtführer den Anspruch sofort anerkennt, § 93 ZPO.

---

[35] BGH 9.2.1984, TranspR 1984, 146, 148; *William Tatton & Co. v. Ferrymasters* [1974] 1 Lloyd's L. Rep. 203, 207 per *Browne* J.; *de la Motte* TranspR 1986, 369, 370.
[36] *Lamy* 2013 Rn. 832.
[37] Rb. Rotterdam 1.11.1985, S. & S. 1986 Nr. 102.
[38] So auch *Fischer* TranspR 1991, 321, 328; *Koller* Art. 32 Rn. 11; aA *Putzeys* S. 197 Nr. 590.
[39] Vgl. *Loewe* ETR 1976, 572 Nr. 207; *de la Motte* TranspR 1986, 369 f.; *Herber/Piper* Rn. 7; EBJS/*Boesche* Rn. 4; *Hill/Messent* S. 217; *Pesce* S. 293.
[40] Vgl. Hof Gent 20.11.1985, Rev.dr. com. belge 1987, 60, 64; Hof Antwerpen 2.12.1981 Jur. Anv. 1983/84, 186, 190; Kh. Antwerpen 3.3.1976, ETR 1977, 437, 440 f.; *Fischer* TranspR 1991, 321, 328; EBJS/*Boesche* Rn. 4.
[41] Vgl. *Fischer* TranspR 1991, 321, 328; *Braun* VersR 1988, 648, 651; *Koller* Art. 32 Rn. 11; *Herber/Piper* Rn. 7; EBJS/*Boesche* Rn. 4.
[42] Cour Paris 27.2.1980, BT 1980, 384; *Moto Vespa S. A. v. MAT (Britannia Express) Ltd.,* [1979] 1 Loyd's L.Rep. 175, 180 per *Mocatta* J.; Rb. Rotterdam 12.4.1972, S. & S. 1972 Nr. 102; Kh. Antwerpen 24.10.1967, ETR 1969, 1035; *Fischer* TranspR 1991, 321, 328; siehe Art. 32 Rn. 29; anders jedoch: *Muller Batavier Ltd. v. Laurent Transport Co. Ltd.* [1977] 1 Loyd's L. Rep. 411; Rb. Rotterdam 5.4.1974, Ned. Jur. 1974 Nr. 182.
[43] OLG Düsseldorf 8.3.1976, VersR 1976, 1161, 1163; Cour Paris 18.5.1989, BT 1989, 577, 578; Rb. Rotterdam 1.11.1985, S. & S. 1986 Nr. 102; *William Tatton & Co. Ltd. v. Ferrymasters Ltd.* [1974] 1 Loyd's L. Rep. 203, 207; Rb. Rotterdam 12.4.1972, S. & S. 1972 Nr. 102; *Koller* Rn. 3; *Loewe* ETR 1976, 572 Nr. 206; *Fischer* TranspR 1991, 321, 328; *Herber/Piper* Rn. 7; GroßkommHGB/*Helm* Rn. 14; *Thume/Thume/Riemer* Rn. 17, 21; EBJS/*Boesche* Rn. 4.
[44] So auch *Fischer* TranspR 1991, 321, 329 Fn. 119; *Glöckner* Rn. 3; Thume/*Thume/Riemer* Rn. 17, 21; EBJS/*Boesche* Rn. 4.
[45] *Fischer* TranspR 1991, 321, 326.

**16**     Wirksamkeitsvoraussetzungen und Zeitpunkt der Klageerhebung bestimmt nach hM das **nationale Prozessrecht** des jeweiligen Gerichtsstaats.[46] Das deutsche Recht verlangt in § 253 Abs. 1 ZPO Zustellung der Klageschrift bzw. im Mahnverfahren Zustellung des Mahnbescheids, vgl. §§ 696 Abs. 3, 700 Abs. 2 ZPO. Ist im Ausland zuzustellen, so können je nach der Beschleunigung des Rechtshilfeverkehrs zwischen der Anhängigkeit des Verfahrens bei dem inländischen Gericht und der durch Zustellung bewirkten Rechtshängigkeit Wochen oder Monate vergehen, während derer die Verzinsung noch nicht läuft. In vielen Ländern tritt die Rechtshängigkeit des Verfahrens dagegen bereits mit Einreichung der Klage bei Gericht ein,[47] so dass die Zinsen schon von diesem Zeitpunkt ablaufen und der Kläger nicht unter Verzögerungen der Zustellung zu leiden hat. Die deutschen Gerichte sind an einer entsprechenden Auslegung von Art. 27 Abs. 1 Satz 2 nicht gehindert. Es ist möglich und empfiehlt sich zur Vermeidung von forum shopping, den Begriff der Klageerhebung, statt lege fori, **autonom-rechtsvergleichend auszulegen.** Nach dem Zweck des Art. 27 Abs. 1 kommt es, wenn eine außerprozessuale Reklamation ausbleibt, nur darauf an, dass der Kläger durch Einleitung eines Gerichtsverfahrens sein Verlangen mit ähnlicher Entschlossenheit kundtut; dies geschieht aber bereits mit Vollendung der ersten Verfahrenshandlung, dh. mit Einreichung der Klage bzw. des Mahnantrags. Es ist auch nicht einzusehen, dass der Kläger bei Übersendung einer Reklamation von dem Übermittlungsrisiko befreit wird, vgl. Rn. 14, bei Klageerhebung dagegen nicht.

**17**     Die **Verzinsungspflicht beginnt** mit dem Tag der Klageerhebung zu laufen.[48] Die in der französischen Judikatur vereinzelt vertretene Ansicht, Zinsen entstünden erst mit Verkündung des erstinstanzlichen Urteils,[49] findet in der CMR keinen Rückhalt. Unzutreffend ist auch eine Auslegung, wonach zwischen Anspruchsentstehung und Klageerhebung bereits Zinsen nach nationalem Recht uU nach höheren Sätzen geschuldet werden. Dies würde zu dem widersinnigen Ergebnis führen, dass ein Schadensersatzgläubiger besser beraten wäre seine Klage möglichst spät einzureichen. Entsprechend dem Zweck der Vorschrift (Rn. 2), Zinsrisiken kalkulierbar zu halten, kann Art. 27 Abs. 1 CMR nur so ausgelegt werden, dass in der Zeit vor einer schriftlichen Reklamation oder der Klageerhebung überhaupt keine Zinsen anfallen.[50] Zum Zinssatz nach Klageerhebung (Prozesszinsen) siehe schon oben Rn. 9.

**18**     **6. Ende der Verzinsung.** Die CMR bestimmt lediglich den Beginn der nach Art. 27 Abs. 1 geschuldeten Verzinsung, nicht hingegen deren Ende. Selbstverständlich fallen ab vollständiger Leistung der geschuldeten Entschädigung keine Zinsen mehr an. Es stellt sich jedoch die Frage, inwieweit Zinsen zwischen der Rechtskraft des Urteils und der Befriedigung des Gläubigers entstehen, insbesondere ob sich der zeitliche Anwendungsbereich des Art. 27 auf diese Zeitspanne erstreckt.[51] Der fixe Zinssatz des Art. 27 verfolgt zum einen den Zweck, den Frachtführer zur baldigen Zahlung anzuhalten, zum anderen soll er vor zu hohen Zinsbelastungen geschützt werden. Nach Rechtskraft des Urteils erscheint der Frachtführer jedoch nicht mehr schutzwürdig;[52] der Frachtführer schuldet ab diesem Zeit-

[46] *Loewe* ETR 1976, 572 Nr. 206; *Koller* Rn. 3; *Fischer* TranspR 1991, 321, 330; *Clarke* S. 309 Nr. 99; *Pesce* S. 293 f.; *Herber/Piper* Rn. 7; GroßkommHGB/*Helm* Rn. 15; Thume/*Thume/Riemer* Rn. 24; EBJS/*Boesche* Rn. 4.

[47] Vgl. *Schack,* Internationales Zivilverfahrensrecht, 5. Aufl. 2010, Rn. 842; die Anhängigkeit des Verfahrens ist zB entscheidend in der Schweiz, Art. 9 Abs. 2 IPR-Gesetz; vgl. auch die Übersicht bei *Krusche* MDR 2000, 677, 680.

[48] Vgl. Rb. Rotterdam 8.12.1989, S. & S. 1990 Nr. 130; *Fischer* TranspR 1991, 321, 328, 330 mwN in Fn. 133, 135.

[49] So Cour Chambéry 27.6.1984, BT 1985, 159, 160.

[50] So auch *Hill/Messent* S. 216 f.; *Clarke* S. 310 Nr. 99; EBJS/*Boesche* Rn. 4; wohl auch *Herber/Piper* Rn. 9.

[51] Dafür Hof Antwerpen 9.10.1985, Jur. Anv. 1988, 105, 113; Kh. Antwerpen 3.3.1976, ETR 1977, 437, 442; Rb. Rotterdam 27.8.1986, S. & S. 1987 Nr. 91; *Fischer* TranspR 1991, 321, 332, 334; *de la Motte* TranspR 1986, 369, 370; *Clarke* S. 310 Nr. 99; GroßkommHGB/*Helm* Rn. 14; Thume/*Thume/Riemer* Rn. 25; EBJS/*Boesche* Rn. 5; *Jabornegg/Artmann/Csoklich* Rn. 6; tendenziell auch BGH 10.10.1991, VersR 1992, 383, 385 = RIW 1992, 318, 320.

[52] *Hill/Messent* S. 218; *Koller* Rn. 5; *Herber/Piper* Rn. 8; *Jesser* S. 139 f.; *Ferrari/Otte,* Int. Vertragsrecht, Rn. 21.

punkt Verzugszinsen nach dem jeweils ergänzend anwendbaren nationalen Recht, vgl. im Übrigen Rn. 23.

**7. Kapitalisierung und Zinseszins.** Art. 27 Abs. 1 regelt nicht die Frage, inwieweit **19** Zinsansprüche ihrerseits Zinsen tragen können. Diese Frage wird in den nationalen Rechts- ordnungen unterschiedlich gelöst. Französische Gerichte haben das Schweigen der CMR dahingehend interpretiert, dass die Zinsregelung des Art. 27 nur eine Teilregelung darstelle und die Frage der Zinseszinsen **dem nationalen Recht überlassen** bleibe.[53] Da sich Art. 27 nur auf Ansprüche bezieht, die auf Grund der CMR bestehen, vgl. Rn. 3 ff., richte sich die Verzinsung der kapitalisierten Zinsen nicht nach Art. 27, sondern nach dem ergän- zenden nationalen Recht, kann also über 5 % weit hinausgehen.[54] Folgt man diesem Ansatz, ist das Vertragsstatut (Rn. 8) maßgeblich und nicht etwa die lex fori; folglich können bei ausländischem Vertragsstatut auch vor deutschen Gerichten Zinseszinsen eingeklagt werden, ohne dass dies per se gegen den deutschen ordre public verstößt.[55]

**Stellungnahme.** Diese Auffassung durchkreuzt das Streben nach Rechtseinheit und ist **20** deshalb abzulehnen. Eine Verzinsungsregelung in einer internationalen Konvention ist nur sinnvoll, wenn sie als abschließende Regelung konzipiert ist. Es ist ein Widerspruch in sich, einerseits einen zwingenden und rigiden Zinsfuß von 5 % vorzusehen, andererseits aber ein Einfallstor für das nationale Recht zu öffnen; dies kann nur dazu führen, dass der effektive Zinssatz in den verschiedenen Vertragsstaaten variiert und damit Anreize zum forum shop- ping gibt. So steigt in Frankreich in CMR-Haftungsprozessen der effektive Zinssatz umso höher, je länger die Gerichtsverfahren andauern. Dies ist mit dem Zweck des Art. 27 Abs. 1 unvereinbar. Ihm entspricht allein die These vom **abschließenden Charakter** der Vorschrift für alle mit der Verzinsung zusammenhängenden Fragen.[56] Die Schwäche des Art. 27 Abs. 1 ist durch Änderung der Konvention auszuräumen.

**8. Verzugsschaden nach nationalem Recht.** Art. 27 Abs. 1 gewährt dem Anspruchs- **21** berechtigten 5 % Zinsen, ohne dass ein entsprechender Zinsschaden überhaupt eingetreten sein muss und ohne die Voraussetzung eines Verschuldens. Daher wird zum Teil die Auffas- sung vertreten, dass diese Bestimmung Zinsforderungen, die nach nationalem Recht auf den Ersatz von Verzugsschäden gerichtet sind, sich also auf die verschuldete Säumnis des Frachtführers stützen, nicht entgegen stünde.[57] Auf diese Weise soll dem Schuldner eine marktgerechte Sanktion für seine Säumnis angedroht werden, die ihm den Anreiz zur weiteren Verzögerung der Zahlung nimmt. Dieser Wunsch ist wegen der Schwächen des Art. 27 Abs. 1 (vgl. Rn. 2) verständlich, de lege lata aber nicht zu erfüllen. Art. 27 regelt nur die Zinspflicht auf gewährte Entschädigungen. Eine solche zwingende Verzugszinsenre- gelung ist im internationalen Einheitsrecht nur sinnvoll, wenn sie zu einem einheitlichen effektiven Zinssatz führt, vgl. schon Rn. 20, oder – bei eindeutiger Festlegung des Leistungs- orts – auf dessen Marktniveau verweist. Warum die Vertragsstaaten die Regelung des Art. 27 Abs. 1 hätten vereinbaren sollen, wenn in jedem Fall über das nationale Recht ein weiterer Verzugsschaden liquidiert werden kann, ist unergründlich. Art. 27 ist daher hinsichtlich der **Zinszahlungspflicht eine abschließende Regelung.**[58] Auch hier ist zur Beseitigung der Schwächen des Art. 27 eine Änderung des Übereinkommens erforderlich.

---

[53] Cass.com. 17.3.1992, BTL 1992, 254 = Rev. trim. dr. com. 46 (1993) 163 mit Anm. *Hémard;* vgl. dazu auch Cour cass. 25.11.1997, ETR 1999, 248; Cour Mons 14.5.2002, ETR 2004, 99.

[54] Vgl. die Judikaturhinweise bei *Lamy* 2013 Rn. 802: Verzinsung nach dem gesetzlichen Zinssatz des französischen Rechts; *Silingardi* S. 242.

[55] Reithmann/Martiny/*Martiny,* Internationales Vertragsrecht, 7. Aufl. 2010, Rn. 336 mwN.

[56] BGH 27.11.2003, TranspR 2004, 79; so auch Hof Antwerpen 30.5.1990, zitiert in BTL 1992, 134; ebenso *Fischer* TranspR 1991, 321, 335; Thume/*Thume/Riemer* Rn. 16; aA *Koller* Rn. 4: abschließende Rege- lung nur für normalen Zinssatz.

[57] *Koller* VersR 1992, 776; *ders.* TranspR 1994, 53 ff.; *ders.* Rn. 6; *de la Motte* VersR 1988, 317, 321 f.; *Baumann* TranspR 1985, 269.

[58] BGH 10.10.1991, VersR 1992, 383, 385 = RIW 1992, 318, 320; 24.5.2000, TranspR 2000, 455; OGH Wien 30.5.2012, TranspR 2012, 337, 338; Cass.com. 17.3.1992, BTL 1992, 253 = Rev. trim. dr. com. 46 (1993) 163, 164 mit Anm. *Hémard;* Cour Paris 22.4.1992, BTL 1992, 362; Hof van Cassatie Belgien 17.9.1987, ETR 1988, 201, 208; Hof Leeuwarden 26.10.1977, S. & S. 1978 Nr. 83; Rb. Amsterdam

**22**  **Andere Verzugsschäden,** die nicht Verzugszinsen betreffen, werden hingegen von Art. 27 nicht erfasst. Die Frage, inwieweit der Frachtführer, der seiner Entschädigungspflicht nach der CMR trotz Verzugs nicht nachkommt, den daraus resultierenden über die Zinsen hinausgehenden Verzugsschaden zu ersetzen hat, ist vom Übereinkommen ungeregelt und dem jeweils ergänzend anwendbaren nationalen Recht überlassen. Die CMR schließt somit den Ersatz von Verspätungsschäden bei verspäteter Entrichtung der Entschädigung, soweit es sich nicht um Zinsen handelt, nicht aus.[59] Demnach steht die CMR dem Ersatz von **Kosten eines Vorprozesses,** den der Hauptfrachtführer mit dem Geschädigten führen musste, weil sich der Unterfrachtführer trotz Verzugseintritts weigerte, den in seiner Obhut entstandenen Güterschaden zu ersetzen, nicht entgegen.[60] Unter denselben Voraussetzungen sind auch vorprozessuale Rechtsverfolgungskosten ersatzfähig.[61]

**23**  **9. Grobes Verschulden.** Art. 27 ist im Hinblick auf Zinsschäden eine haftungsbeschränkende Vorschrift, auf die sich der Frachtführer nicht berufen kann, wenn ihm bei Verursachung des Primärschadens Vorsatz oder ein nach dem Recht des Gerichtsstaats gleichwertiges Verschulden zur Last fällt.[62] Ihm ist dann nach Art. 29 jede Berufung auf haftungsbegrenzende Normen des IV. Kapitels der CMR verwehrt. Dasselbe gilt für die grob schuldhafte Verursachung von Verzugsschäden, etwa wenn der Frachtführer nach Rechtskraft des gegen ihn ergangenen Urteils immer noch nicht zahlt.[63] Zinsen können daher unter den besonderen Voraussetzungen von Art. 29 uneingeschränkt nach dem ergänzenden Vertragsstatut geltend gemacht werden.[64] Für die **Verjährung** der auf nationalem Recht basierenden Zinsansprüche bleibt Art. 32 maßgebend; bei vorsatzgleichem Verschulden beträgt die Verjährungsfrist nach Art. 32 Abs. 1 Satz 2 drei Jahre. Art. 29 wirkt **nur zu Lasten des Frachtführers,** nicht zu seinen Gunsten; es bleibt daher beim frühzeitigen Zinsbeginn.[65] Bleiben die Zinsvorschriften des ergänzenden nationalen Rechts hinter dem Standard von Art. 27 Abs. 1 zurück, so kann der Ersatzberechtigte jedenfalls Zinsansprüche in dem von der CMR vorgesehenen Umfang geltend machen.[66]

**24**  **10. Aktivlegitimation.** Die deutsche Übersetzung von Art. 27 Abs. 1, wonach Zinsen nur dem „Verfügungsberechtigte(n)" zustehen sollen, ist zu eng und wegen der Anlehnung an Art. 12 ungenau.[67] Die verbindlichen englischen und französischen Vertragstexte sprechen von „claimant" bzw. „l'ayant droit"; sie wenden sich damit an **jeden Anspruchstel-**

---

18.3.1981, S. & S. 1981 Nr. 83; Rb. Rotterdam 3.9.1976, S. & S. 1977 Nr. 56; *Herber/Piper* Rn. 10; zustimmend EBJS/*Boesche* Rn. 8; *Thume/Thume* 2. Aufl. Rn. 27 mit ausführlichen Hinweisen zu abweichender deutscher Judikatur in Fn. 52.

[59]  BGH 24.5.2000, TranspR 2000, 455, 456 = RIW 2001, 370 mit Anm. *Thume* = EWiR 2000, 1109 m. Anm. *Koller;* EBJS/*Boesche* Rn. 8; OLG Hamm 7.11.1996, TranspR 1998, 459, 461; vgl. auch *Thume* TranspR 1998, 440, 443.

[60]  BGH 24.5.2000, TranspR 2000, 455, 456 = RIW 2001, 370 mit Anm. *Thume* = EWiR 2000, 1109 m. Anm. *Koller;* zustimmend EBJS/*Boesche* Rn. 9; OLG Düsseldorf 27.1.2010, TranspR 2010, 242, 243; OGH Wien 16.1.2001, EvBl. 2001/111 = RdW 2001/449; 16.3.2004, SZ 2004/32 = RdW 2004/485; aA BGH 1.7.2010, TranspR 2011, 78; diesem folgend OLG München 6.10.2011, TranspR 2011, 434, 435; kritisch dazu *Thume* TranspR 2012, 61.

[61]  OLG Hamm 7.11.1996, TranspR 1998, 459, 461; OLG Hamm 6.12.1993, TranspR 1994, 62; vgl. dazu *Thume/Thume/Riemer* Rn. 29 ff. und *Thume* TranspR 1998, 440, 443.

[62]  OLG Hamm 25.5.1992, TranspR 1992, 410, 411; Kh. Brüssel 2.3.1990, Rev. dr. com. belge 1992, 819; Rb. Breda 17.5.1988, S. & S. 1989 Nr. 21; *Nickel-Lanz* S. 145 Nr. 192; *Koller* Rn. 6; *ders.* VersR 1992, 777; *Fischer* TranspR 1991, 321, 326; GroßkommHGB/*Helm* Rn. 3; EBJS/*Boesche* Rn. 10; aA Hoge Raad 20.11.1998, ETR 1999, 254; OGH Wien 30.5.2012, TranspR 2012, 337, 338 krit. *Kornfeld; Lamy* 2013 Rn. 802.

[63]  Vgl. *Koller* Rn. 6; *dens.* VersR 1992, 777.

[64]  OLG Düsseldorf 12.12.1985, TranspR 1986, 56, 59; OLG Innsbruck 26.1.1990, TranspR 1991, 12, 18; Rb. Maastricht 27.4.1989, S. & S. 1990 Nr. 69.

[65]  OLG München 16.1.1991, TranspR 1992, 181, 184; *Fischer* TranspR 1991, 336; EBJS/*Boesche* Rn. 10.

[66]  Vgl. *Fischer* TranspR 1991, 336; ähnlich Rb. Breda 17.5.1988, S. & S. 1989 Nr. 21.

[67]  *Fischer* TranspR 1991, 321, 322; *de la Motte* TranspR 1986, 369; *Glöckner* Rn. 2; *Koller* Rn. 2; *Herber/Piper* Rn. 5.

ler.[68] Dagegen bezieht sich der Begriff des „Verfügungsberechtigten" auf den Inhaber der in Art. 12 umschriebenen Weisungsbefugnis. Eine solche Begrenzung der Aktivlegitimation steht nicht im Einklang mit dem Zweck des Art. 27, der jeden aktivlegitimierten Gläubiger eines Entschädigungsanspruchs (Art. 17 Rn. 106) eine Verzinsung gewährt. Dies gilt auch für den gesetzlichen oder rechtsgeschäftlichen Zessionar.[69] Zinsberechtigt ist demnach insbesondere ein Transportversicherer, auf den Entschädigungsansprüche qua cessio legis übergegangen sind.[70]

### III. Währungsumrechnung (Abs. 2)

**1. Schuld-, Urteils- und Zahlungswährung.** Abs. 2 enthält eine Teilregelung von 25 währungsrechtlichen Fragen, die sich bei der Bezahlung von Schadensersatz stellen. Die Vorschrift regelt dabei nur die Bestimmung des maßgeblichen Umrechnungskurses und nicht die Frage, in welcher Währung der Gläubiger Leistung verlangen, der Schuldner Leistung bewirken oder ein Gericht zur Leistung verurteilen kann. Erstens bestimmt Abs. 2 nicht, in welcher Währung ein Schadensersatzanspruch entsteht, sog. **Schuldwährung;** diese Frage beurteilt sich nach dem ergänzenden Vertragsstatut,[71] vgl. Einl. Rn. 41 ff. Das deutsche Recht betrachtet Schadensersatzpflichten nach ihrem Zweck, eine Einbuße im Vermögen des Geschädigten auszugleichen, als Geldwertschulden. Anders als bei Geldsummenschulden (zB Frachtforderungen) ist die Zahlung einer bestimmten Geldsumme nicht der eigentlich geschuldete Erfüllungsakt, sondern nur Mittel zur Erfüllung eines geschuldeten Wertausgleichs.[72] Maßgeblich ist dabei der Zeitpunkt, in dem der Geschädigte die Geldmittel erhält.[73]

Die Frage nach der Schuldwährung von Schadensersatzpflichten stellt sich folglich im 26 Hinblick auf die Eignung zum Wertausgleich bei Zahlung. Weil der Schadensersatzanspruch also nicht von vornherein auf eine bestimmte Währung lautet, **verurteilt der BGH durchweg in der Landeswährung** und berücksichtigt in fremden Währungen berechnete Schadensposten dabei lediglich als Rechnungsfaktoren.[74] Mit Recht wird dagegen eingewendet, dass Geldwertschulden irgendwann zu Geldsummenschulden konkretisieren und dass dabei die Schuldwährung feststehen müsse.[75] Die Frage nach der Schuldwährung kann als Teil des Schuldstatuts auch nicht einfach aus der Nationalität des angerufenen Gerichts beantwortet werden. Vielmehr ist auf die Währung des Gläubigervermögens abzustellen, dessen Einbußen auszugleichen sind. Da das Vermögen des Gläubigers im Allgemeinen im Land seines Sitzes oder Wohnsitzes lokalisiert ist, eignet sich eine Zahlung in dessen Währung regelmäßig am besten zum Wertausgleich. Grundsätzlich ist daher die **Währung des Gläubigerlands** Schuldwährung von Schadensersatzansprüchen, es sei denn die Schädigung habe in erster Linie ein in anderer Währung gehaltenes oder bewertetes Teilvermögen betroffen.[76]

Die Grundregel kann **im Bereich der CMR** Anerkennung finden, soweit – von sum- 27 menmäßigen Begrenzungen abgesehen – der volle Schadensersatz geschuldet wird, also etwa nach Art. 23 Abs. 5, Art. 26 und 29, aber auch außerhalb des IV. Kapitels. Sie passt auch auf den Aufwendungsersatz des Art. 23 Abs. 4. Zwar fallen die dort genannten Kosten jeweils in einer ganz bestimmten Währung an, die nicht mit der des Schadensersatzgläubigers

---

[68] Koller Rn. 2; GroßkommHGB/Helm Rn. 5; Thume/Thume/Riemer Rn. 2; EBJS/Boesche Rn. 6.
[69] Eingehend de la Motte TranspR 1986, 369 f.; Glöckner Rn. 2; GroßkommHGB/Helm Rn. 6.
[70] Hof 's-Hertogenbosch 3.6.1977, S. & S. 1978 Nr. 29; Libouton J. trib. 1982, 724 Nr. 113; de la Motte TranspR 1986, 369; ders. VersR 1988, 321; GroßkommHGB/Helm Rn. 7.
[71] Reithmann/Martiny/Martiny, Internationales Vertragsrecht, 7. Aufl. 2010, Rn. 334 mwN; Palandt/Thorn, 72. Aufl. 2013, Art. 12 Rom I-VO Rn. 6.
[72] MüKoBGB/Grundmann, 6. Aufl. 2012, §§ 244, 245 Rn. 87; von Maydell, Geldschuld und Geldwert, 1974, S. 319.
[73] Staudinger/Karsten Schmidt 1997 BGB Vor § 244 Rn. D 54; von Maydell (Fn. 72) S. 320 mwN.
[74] BGH 18.10.1988, NJW-RR 1989, 670, 673; BGH 20.11.1990, NJW 1991, 634, 637 = ZEuP 1995, 119, 120 mit Aufsatz Remien.
[75] Remien ZEuP 1995, 126; Staudinger/Karsten Schmidt 1997 BGB § 244 Rn. 25, 28.
[76] Remien RabelsZ 53 (1989) 245, 264–275; ders. ZEuP 1995, 119, 126; Staudinger/Karsten Schmidt 1997 BGB § 244 Rn. 28; von Hoffmann, FS Firsching, S. 132 f.

(= Absenders) identisch sein muss; doch wird der Absender sich die betreffenden Fremd-währungsbeträge im Allgemeinen durch Umtausch von Eigenwährungsbeträgen aus seinem Vermögen beschafft haben, so dass die Einbuße letztlich doch in der Währung des Gläubi-gerlands entstanden ist.[77] Anders liegen die Dinge bei Art. 23 Abs. 1 und 2. Wenn dort die Entschädigung nach dem Versandwert des Gutes berechnet wird, so liegt darin zugleich eine Verweisung auf die Währung, in welcher der Marktwert oder der gemeine Wert des Gutes am Übernahmeort bestimmt wird,[78] regelmäßig also die **Währung des Versand-lands;** es kommt aber durchaus vor, dass ein Gut am Versandort nur in fremder Währung gehandelt wird.

**28**      Zahlt der Schuldner in der danach bestimmten Schuldwährung, so hat dies befreiende Wirkung. Ein Urteil gegen den Schuldner wird im Regelfall auf diese Währung(en) lauten, so dass **Urteilswährung gleich Schuldwährung** ist. Art. 27 Abs. 2 schreibt nicht etwa eine Verurteilung in der Währung des Gerichtsstaats vor[79] und steht folglich einer Verurtei-lung in der Schuldwährung nicht entgegen. Wenn allerdings ein Gericht auf Grund seines nationalen Prozessrechts, wie dies bis 1975 in England der Fall war, nicht in fremder Währung verurteilen darf, wird es den Tenor seiner Entscheidung in Fällen mit fremder Schuldwährung an Art. 27 Abs. 2 ausrichten müssen.[80]

**29**      Nicht geregelt wird in Art. 27 Abs. 2 schließlich auch die Frage, in welcher Währung der Frachtführer mit befreiender Wirkung zahlen kann. **Zahlungswährung** ist, wenn deutsches Recht den Vertrag beherrscht und der Erfüllungsort im Inland liegt, neben der Schuldwährung auch noch der Euro, § 244 Abs. 1 BGB. Aus Art. 27 Abs. 2 folgt nicht etwa, dass in den geschilderten Fällen allein Zahlungen in Euro befreiende Wirkung haben; Zahlung in der fremden Schuldwährung ist möglich, soweit das Vertragsstatut sie vorsieht. Diese Auffassung ist schon zu Art. 31 § 2 CIM 1952 (jetzt Art. 37 § 1 ER CIM 1999) vertreten worden,[81] der dem Art. 27 Abs. 2 als Vorbild diente.[82]

**30**      **2. Umrechnungsmodalitäten.** Art. 27 Abs. 2 betrifft danach nur die Frage, nach wel-chem Kurs bestimmte Schadensposten in die Schuldwährung (Rn. 27) oder in die Zahlungs-währung (Rn. 29) umzurechnen sind. Für maßgeblich erklärt wird der **Kurs am Tag und Ort der Zahlung.** Diese Regelung stimmt mit Art. 37 § 1 ER CIM 1999 überein, ebenso aber auch mit nationalen Rechtsvorstellungen (§ 244 Abs. 2 BGB) und mit allgemeinen Grundsätzen des internationalen Handelsrechts.[83] Maßgeblich ist nicht der tatsächliche Zah-lungsort und -zeitpunkt,[84] sondern der **Leistungsort** und die **Leistungszeit** im Sinne des anwendbaren nationalen (Einl. Rn. 41 ff.) Obligationenrechts.[85] Andernfalls würden Zufälligkeiten und sogar der Wille des Schuldners allein über den Umrechnungskurs ent-scheiden. Wegen gleich bleibender Kurse haben die Gerichte im Allgemeinen keinen Anlass gesehen, sich mit dieser Frage auseinanderzusetzen. Gibt es am Leistungsort zum relevanten Zeitpunkt verschiedene Kurse, zB für Reiseverkehr und für den Außenhandel, so folgt aus der Verweisung des englischen Texts auf den Wechselkurs, der „applicable" ist, dass der nach den Devisenvorschriften des betreffenden Staats für Zahlungen dieser Art vorgesehene Wechselkurs heranzuziehen ist.[86]

---

[77] *Remien* RabelsZ 53 (1989) 269; Staudinger/*Karsten Schmidt* 1997 § 244 Rn. 28.

[78] *Remien* RabelsZ 53 (1989) 288; *Decker* S. 82 Nr. 91; *ders.* TranspR 1985, 311, 312; *Putzeys* S. 294 Nr. 881; *Dubischar* S. 108; wohl auch *Clarke* S. 310 Nr. 99; siehe auch *Haak* S. 237.

[79] So ausdrücklich *Haak* S. 237.

[80] *Clarke* S. 310 Nr. 99.

[81] Vgl. *Wick,* Das internationale Eisenbahnfrachtrecht, 1974, Art. 31 Anm. 17, S. 273; *Spera,* Internationales Eisenbahnfrachtrecht, Loseblatt 1986 ff., Art. 40 Anm. 17.

[82] Denkschrift der BReg, BT-Drucks. III/1144 S. 43; die französische Fassung von Art. 27 Abs. 2 und Art. 31 § 2 CIM 1952 stimmen fast wörtlich überein.

[83] Art. 6.1.9 Abs. 3 und 4 der Unidroit-Grundsätze über internationale Handelsverträge, siehe Einl. Rn. 37.

[84] So aber *Koller* Rn. 7; *Herber/Piper* Rn. 12; EBJS/*Boesche* Rn. 11.

[85] So auch nach Art. 6.1.9 Abs. 3 der Unidroit-Grundsätze über internationale Handelsverträge (Einl. Rn. 37): „place *for* payment", „lieu où le paiement doit être effectuè", „le taux de change … fixé à l'échéance"; „rate of exchange prevailing … when payment ist due".

[86] Ebenso zu der entsprechenden Formulierung in Art. 6.1.9 Abs. 3 der Unidroit-Grundsätze der Com-mentaire 3, vgl. Einl. Rn. 37; ebenso auch *Loewe* ETR 1976, 573 Nr. 209.

Umstritten sind die Folgen von **Kursschwankungen** nach Klageerhebung. Zum Teil **31** wird angenommen, dass der dadurch benachteiligte Gläubiger die Differenz als Verzugsschaden nach nationalem Recht liquidieren können soll; im umgekehrten Fall, wenn sich der Kurs also verbessert, soll der Frachtführer jedoch keinen Vorteil aus seiner Säumnis ziehen können, sodass der Gläubiger keine Kürzungen hinnehmen muss.[87] Für derlei Überlegungen ist jedoch im Rahmen des Art. 27 Abs. 2 CMR kein Raum: Das Risiko von Kursveränderungen bis zum Urteil ist von beiden Parteien zu tragen.[88] Führen Kursschwankungen zwischen Fälligkeit und tatsächlicher Bezahlung dazu, dass der Gläubiger schlechter steht als bei pünktlicher Zahlung, so hat er zumindest ab Rechtskraft des Urteils (Rn. 23) aus Art. 29 und nationalen Verzugsregeln einen **Ausgleichsanspruch** auf nachträgliche Ergänzungszahlungen.[89]

## Art. 28 [Außervertragliche Ansprüche]

**(1) Können Verluste, Beschädigungen oder Überschreitungen der Lieferfrist, die bei einer diesem Übereinkommen unterliegenden Beförderung eingetreten sind, nach dem anzuwendenden Recht zur Erhebung außervertraglicher Ansprüche führen, so kann sich der Frachtführer demgegenüber auf die Bestimmungen dieses Übereinkommens berufen, die seine Haftung ausschließen oder den Umfang der zu leistenden Entschädigung bestimmen oder begrenzen.**

**(2) Werden Ansprüche aus außervertraglicher Haftung für Verlust, Beschädigung oder Überschreitung der Lieferfrist gegen eine der Personen erhoben, für die der Frachtführer nach Artikel 3 haftet, so kann sich auch diese Person auf die Bestimmungen dieses Übereinkommens berufen, die die Haftung des Frachtführers ausschließen oder den Umfang der zu leistenden Entschädigung bestimmen oder begrenzen.**

## Art. 28

(1) Lorsque, d'après la loi applicable, la perte, l'avarie ou le retard survenu au cours d'un transport soumis à la présente Convention peut donner lieu à une réclamation extra-contractuelle, le transporteur peut se prévaloir des dispositions de la présente Convention qui excluent sa responsabilité ou qui déterminent ou limitent les indemnités dues.

(2) Lorsque la responsabilité extra-contractuelle pour perte, avarie ou retard d'une des personnes dont le transporteur répond aux termes de l'article 3 est mise en cause, cette personne peut également se prévaloir des dispositions de la présente Convention qui excluent la responsabilité du transporteur ou qui déterminent ou limitent les indemnités dues.

## Art. 28

(1) In cases where, under the law applicable, loss, damage or delay arising out of carriage under this Convention gives rise to an extra-contractual claim, the carrier may avail himself of the provisions of this Convention which exclude his liability or which fix or limit the compensation due.

(2) In cases where the extra-contractual liability for loss, damage or delay of one of the persons for whom the carrier is responsible under the terms of article 3 is in issue, such person may also avail himself of the provisions of this Convention which exclude the liability of the carrier or which fix or limit the compensation due.

**Schrifttum:** Siehe Einl. vor Rn. 1 sowie *Boettge,* Anmerkung zu OLG Frankfurt 20.4.2007, TranspR 2008, 472 – TranspR 2008, 477; *Glöckner,* Die Haftungsbeschränkungen und die Versicherung nach den Art. 3, 23–29 CMR, TranspR 1988, 327; *ders.,* Limits to liability and Liability Insurance of Carriers under

---

[87] *Loewe* ETR 1976, 573; zustimmend *Haak* S. 236; *Clarke* S. 310 Nr. 99.
[88] *Herber/Piper* Rn. 13; EBJS/*Boesche* Rn. 12; OLG Hamm 13.5.1993, NJW-RR 1994, 294, 295.
[89] Zustimmend EBJS/*Boesche* Rn. 12; ebenso Ferrari/*Otte,* Int. Vertragsrecht, Rn. 24.

Articles 3 and 23 to 29 of the CMR, in Theunis S. 97; *Haak,* CMR-Übereinkommen: Vertrag zu Lasten Dritter?, GS Helm, 2001, S. 91; *Reiß,* Anmerkung zu OLG Frankfurt 8.6.1982, VersR 1983, 142; *Schlechtriem,* Deliktsansprüche und die Sonderordnung der Haftung aus Fracht- und ähnlichen Verträgen, ZHR 133 (1970) 105; *ders.,* Vertragliche und außervertragliche Haftung, in: Bundesminister der Justiz (Hrsg.), Gutachten und Vorschläge zur Überarbeitung des Schuldrechts Bd. 2, 1981, S. 1591 [zitiert: *Schlechtriem,* BMJ]; *Thume,* Die Ansprüche des geschädigten Dritten im Frachtrecht, TranspR 2010, 45; *Tuma,* Können deliktische Ansprüche nicht am Frachtvertrag Beteiligter durch vertragliche Bestimmungen eingeschränkt werden?, VersR 1983, 408; *Voigt,* Freistellungsanspruch des auf Ersatz in Anspruch genommenen Kraftfahrers und Versicherungsschutz aufgrund der Güterschadenhaftpflichtversicherung, VersR 1972, 1005.

## Übersicht

|                                          | Rn.   |                                      | Rn.    |
|------------------------------------------|-------|--------------------------------------|--------|
| I. Bedeutung und Zweck                   | 1–3   | 4. Rechtsfolgen                      | 12–14  |
|                                          |       | 5. Vorbehalt des Art. 29             | 15     |
| II. Anspruchskonkurrenz (Abs. 1)         | 4–15  | III. Haftung von Gehilfen (Abs. 2)   | 16–18  |
| 1. Außervertragliche Ansprüche           | 4–7   | 1. Rechtsgedanke                     | 16     |
| 2. Anwendbares Recht                     | 8     | 2. Hilfspersonen                     | 17     |
| 3. Erstreckung auf Ansprüche Dritter     | 9–11  | 3. Rechtsfolgen                      | 18     |

## I. Bedeutung und Zweck

1    Der Zweck des 4. Kapitels der CMR geht dahin, die Haftung des Frachtführers für Verlust, Beschädigung und Überschreitung der Lieferfrist dem Grunde nach zu bestimmen und im Umfang zu begrenzen.[1] Dies geschieht durch beidseitig zwingendes Recht. Geregelt wird in den Art. 17–29 allerdings nur die vertragliche Frachtführerhaftung.[2] Außervertragliche Ansprüche aus Delikt, Kondiktion, Vindikation etc. bleiben unberücksichtigt und dem nationalen Recht überlassen, ebenso die Frage, ob solche Ansprüche überhaupt neben denen aus Vertrag geltend gemacht werden können. Diese Frage wird international uneinheitlich beantwortet:[3] Dem **non–cumul** bzw. non-concours des französischen und belgischen Rechts[4] steht im deutschen, englischen und niederländischen, im italienischen, österreichischen und schweizerischen Recht die freie **Anspruchskonkurrenz** gegenüber.[5] Sie „relativiert ... die Bedeutung einer in Voraussetzungen und Folgen besonders geordneten ... Regelung"[6] und stellt den Erfolg der rein vertragsrechtlichen Rechtsvereinheitlichung infrage.

2    Um das **CMR-Haftungssystem abzusichern** gegen konkurrierende außervertragliche Ansprüche, bestimmt Art. 28 Abs. 1, dass die haftungsausschließenden und -einschränkenden Bestimmungen der CMR auch gegenüber parallelen nichtvertraglichen Ansprüchen durchschlagen.[7] Der Frachtführer soll sich darauf verlassen können, dass seine Verantwortlichkeit für Güterschäden und Verspätung ausschließlich und umfassend den Art. 23–27 CMR unterliegt und nicht auf Grund unvereinheitlichten nationalen Rechts über konkurrierende Anspruchsgrundlagen verschärft werden kann. Art. 28 präzisiert insofern die Regeln über die Frachtführerhaftung.

3    Gefährdet wird das Haftungssystem der CMR auch dadurch, dass **Arbeitnehmer** und sonstige **Gehilfen,** für die der Frachtführer nach Art. 3 haftet, auf Grund nationalen Rechts unbeschränkt in Anspruch genommen werden und ihrerseits nach nationalen Vorschriften, etwa solchen des Arbeitsrechts, vom Frachtführer Freistellung oder Regress verlangen.

---

[1]  Vgl. Denkschrift der BReg., BT-Drucks. III/1144 S. 43 zu Art. 28.
[2]  Denkschrift der BReg., BT-Drucks. III/1144 S. 43 zu Art. 28.
[3]  Grundlegend hierzu *Schlechtriem,* Vertragsordnung und außervertragliche Haftung, 1972.
[4]  *Rodière,* Droit des transports, S. 655 Nr. 574; *Lamy* 2013 Rn. 809; zum belgischen Recht *Putzeys* S. 338 Nr. 985 f.
[5]  Zum deutschen Recht siehe *Schlechtriem* ZHR 133 (1970) 105 ff.; zum englischen Recht *Clarke* S. 212 Nr. 67 Fn. 274; zum niederländischen Recht *Haak* S. 238 bei Fn. 235; zum italienischen Recht *Pesce* S. 299 Fn. 274; zum österreichischen Recht *Straube/Schütz* § 430 UGB Rn. 9; für das schweizerische Recht *Nickel-Lanz* S. 136 Nr. 179.
[6]  *Schlechtriem* BMJ S. 1639.
[7]  Vgl. *Clarke* S. 213 f. Nr. 68; *Haak* S. 238; *Koller* Rn. 1; *Herber/Piper* Rn. 1; *EBJS/Bahnsen* Rn. 1.

Durch eine Erstreckung der Haftungsprivilegierung auf diesen Personenkreis in Abs. 2 wird eine solche Aushebelung des CMR-Haftungsrechts vermieden. Abs. 2 entspricht damit in seiner Absicherungsfunktion der sog. **Himalaya-Klausel** der Seetransportverträge, durch die Beförderer ihre eigenen Haftungsvergünstigungen auf Ansprüche gegen ihre Leute ausdehnen.[8] Die Regelung findet sich auch im gesetzlichen Transportrecht anderer Verkehrszweige.[9]

## II. Anspruchskonkurrenz (Abs. 1)

**1. Außervertragliche Ansprüche.** Art. 28 Abs. 1 betrifft Ansprüche, die unmittelbar **4** gegen den Frachtführer gerichtet sind, die sich aus den in Art. 17 erfassten Leistungsstörungen Verlust, Beschädigung, Überschreitung der Lieferfrist ergeben und denen kein Vertragsverhältnis zugrunde liegt. Hierzu gehören nicht nur Ansprüche aus unerlaubter Handlung (§§ 823 ff. BGB), sondern auch solche aus Eigentümer-Besitzer-Verhältnis (§§ 989 ff. BGB) oder Aggressivnotstand (§ 904 S. 2 BGB).[10] Aus deutscher Sicht sind auch Ansprüche aus Geschäftsführung ohne Auftrag und aus ungerechtfertigter Bereicherung außervertraglich, während das französische Recht gestion d'affaires und paiement de l'indu als **quasi-contrats** qualifiziert.[11] Diese Unterschiede sind praktisch durchweg unbedeutend, da sich Art. 28 Abs. 1 nur auf Ansprüche gegen den Frachtführer aus Güterschäden und Verspätung bezieht und solche Ansprüche sich im Allgemeinen nicht aus den genannten Anspruchsgrundlagen ergeben. Für die autonome Qualifikation kann die Rspr. des EuGH zu Art. 5 Nr. 1 EuGVVO wichtige Hinweise geben.[12]

Auch Rechte aus Verschulden bei Vertragsverhandlungen **(culpa in contrahendo)** sind **5** außervertraglicher Natur und damit den Einschränkungen aus Art. 28 unterworfen.[13] Die culpa in contrahendo erfasst gerade den Zeitraum vor Vertragsschluss und beruht auf erhöhten Sorgfaltspflichten in einem rein faktisch geschaffenen besonderen sozialen Näheverhältnis. In der historischen Entwicklung und der Funktion dieses gesetzlichen Schuldverhältnisses zeigen sich deutliche Parallelen zum Deliktsrecht,[14] dessen Regeln in anderen Ländern auch zur Sanktionierung des Verhaltens bei Vertragsschluss herangezogen werden.[15]

Dagegen sind Ansprüche aus **positiver Vertragsverletzung** vertraglicher Natur, so dass **6** Art. 28 keine Anwendung findet.[16] Solche Ansprüche werden, soweit es um die Haftung für Güterschäden und Verspätung geht, ohnehin von Art. 17 als lex specialis verdrängt. Sie bestehen also nur dort, wo eine andere, nicht in der CMR geregelte Vertragsstörung geltend gemacht wird, vgl. Art. 17 Rn. 6 f. und sogleich Rn. 7; dann kann aber von Anspruchskonkurrenz keine Rede sein. Aus dem gleichen Grund ist Art. 28 CMR stets unanwendbar, wenn Ansprüche gegen den Frachtführer auf **besondere vertragliche Abreden** gestützt werden.

Art. 28 Abs. 1 gilt nach dem Wortlaut nur für außervertragliche Ansprüche wegen Verlust oder Beschädigung des Gutes oder wegen Überschreitung der Lieferfrist. Ansprüche, **7** die auf Grund **anderer Leistungsstörungen** erhoben werden, gleich ob in der CMR

---

[8] Vgl. dazu *Herber*, Seehandelsrecht, 1999, S. 206 f.

[9] Vgl. im nationalen Recht § 436 HGB; Art. 4bis Abs. 2 HR idF VisbyR; Art. 41 Abs. 2 ER CIM 1999; Art. 29 MÜ; Art. 22 CMNI.

[10] GroßkommHGB/*Helm* Rn. 5; *Koller* Rn. 2; *Herber/Piper* Rn. 2.

[11] Vgl. *Sonnenberger/Classen*, Einführung in das französische Recht, 4. Aufl. 2012, S. 204 f. Nr. 104.

[12] Vgl. zu der grundsätzlich weiten Auslegung *Kropholler*, Europäisches Zivilprozessrecht, 9. Aufl. 2011, Art. 5 Rn. 5 ff.

[13] So auch GroßkommHGB/*Helm* Rn. 1 (Fn. 4); *Ferrari/Otte*, Int. Vertragsrecht, Rn. 4; *Glöckner* Rn. 2; aA *Herber/Piper* Rn. 2; *Thume/Schmid* Rn. 6.

[14] Grundsätzlich dazu MüKoBGB/*Emmerich* 6. Aufl. 2012 § 311 Rn. 35 ff.

[15] Siehe näher *Bernstein* RabelsZ 41 (1977) 281 ff.; zu Frankreich eingehend *Stephan Lorenz* ZEuP 1994, 218 ff.; vgl. auch Reithmann/Martiny/*Martiny* 7. Aufl. 2010, Rn. 471 mwN.

[16] So ausdrücklich BGH 27.10.1978, VersR 1979, 276, 278 = NJW 1979, 2473; *Herber/Piper* Rn. 2; GroßkommHGB/*Helm* Rn. 6; *Thume/Schmid* Rn. 6; OGH Wien 12.12.1984, *Greiter* S. 263, 265.

geregelt oder nicht, unterliegen daher nicht den Beschränkungen der CMR;[17] stellt etwa der Frachtführer nicht das zugesagte Fahrzeug zur Verfügung, so sind daraus entstandene Schäden ohne Begrenzung nach nationalem Recht, etwa über § 283 BGB auszugleichen.[18] Auch Ersatzforderungen wegen Personenschäden sind ohne Rücksicht auf die Haftungsgrenzen der CMR zuzuerkennen.[19] Ausnahmsweise gilt Art. 28 für die Haftung des Frachtführers für Verlust oder unrichtige Verwendung von Dokumenten; dies beruht auf der besonderen Verweisung des Art. 11 Abs. 3 auf den Umfang der Haftung für Verlust des Gutes.[20]

**8**   **2. Anwendbares Recht.** Die konkurrierenden außervertraglichen Ansprüche, um die es in Abs. 1 geht, richten sich nach dem jeweils maßgeblichen Statut. Ansprüche aus unerlaubter Handlung unterliegen dem Deliktsstatut; bei der hier gegebenen wesentlich engeren Verbindung zum Vertragsstatut ermöglicht Art. 4 Abs. 3 Rom II-VO die akzessorische Anknüpfung.[21] Ansprüche aus dem Eigentümer-Besitzer-Verhältnis unterliegen dem Anwendungsbereich der Rom II-VO.[22] Da die betreffenden Ansprüche nach Grund und Umfang durch die Vorschriften der CMR beschränkt sind, bedarf ihre kollisionsrechtliche Behandlung keiner vertieften Erörterung.

**9**   **3. Erstreckung auf Ansprüche Dritter.** Unstreitig bezieht sich Art. 28 Abs. 1 auf außervertragliche Ansprüche des Absenders oder Empfängers, die ihm das nationale Recht neben den vertraglichen Ansprüchen aus Art. 17 einräumt. Dagegen ist umstritten, ob Abs. 1 auch die Entschädigungsansprüche solcher Personen einschränken kann, die am Frachtvertrag überhaupt nicht beteiligt sind und deshalb auch keine Rechte aus der CMR ableiten können.[23] Hauptsächlich geht es um die Rechtsstellung solcher Eigentümer einer beschädigten Transportsache, die weder Absender noch Empfänger sind, weil zwischen sie und den Beförderer ein Spediteur zwischengeschaltet ist.

**10**   **Für eine Ausdehnung der Haftungsbeschränkungen** spricht der weit gefasste Wortlaut von Abs. 1. Die Formulierungen „… gives rise to an extracontractual claim … " bzw. „… peut donner lieu à une réclamation extracontractuelle …" lassen die Person des Anspruchstellers vollständig offen. Manche berufen sich auf den Zweck der Vorschrift, die Haftung für den Frachtführer nach Maßgabe der CMR überschaubar zu machen. Dieser Zweck werde nicht erreicht, wenn der Frachtführer in allen Fällen der Einschaltung eines Spediteurs gegenüber dem Versender/Eigentümer außervertraglich ohne Begrenzung hafte. Es sei ferner nicht einzusehen, warum der Versender/Eigentümer in solchen Fällen gegenüber dem Selbstabsender begünstigt werde.[24] **Gegen die Erstreckung der Haftungsbeschränkungen** auf Ansprüche Dritter spricht erstens der Standort des Art. 28 in einer Konvention, die nach Titel und Inhalt nur Beziehungen zwischen den Vertragsbeteiligten betrifft. Da Dritte zweitens nicht in den Genuss der in Art. 17 erleichterten Haftungsbegründung kommen, sondern ihre Ansprüche nach nationalem Recht mit voller Beweislast dartun müssen, brächte die Anwendung von Art. 28 auf Dritte das Verhältnis von Haftungsbegründung und Haftungsumfang in der CMR aus dem Gleichgewicht. Drittens läuft die Verkürzung der Ansprüche dritter, am Vertrag unbeteiligter Personen

---

[17] GroßkommHGB/*Helm* Rn. 8; *Csoklich* S. 203 f.; *Hill/Messent* S. 220; *Herber/Piper* Rn. 3; *Putzeys* S. 339 Nr. 988; *Haak* S. 238.

[18] Vgl. LG Bremen 6.5.1965, ETR 1966, 691; OLG Stuttgart 24.1.1967, NJW 1968, 1054 Nr. 10; *Willenberg* NJW 1968, 1020, 1024.

[19] So ausdrücklich GroßkommHGB/*Helm* Rn. 8; *Theunis/Glöckner* S. 106; *Züchner* VersR 1969, 683; *Jesser* S. 139.

[20] *Koller* Rn. 2 will Art. 28 analog anwenden.

[21] Eingehend MüKoBGB/*Junker*, 5. Aufl. 2010, Art. 4 VO (EG) 864/2007 Rn. 8; Palandt/*Thorn*, 72. Aufl. 2013, Art. 4 Rom II-VO Rn. 11 zu Beförderungsverträgen.

[22] Vgl. Palandt/*Thorn*, 72. Aufl. 2013, Art. 1 Rom II-VO Rn. 5.

[23] Für die Erstreckung *Loewe* ETR 1976, 574 Nr. 212; *Hill/Messent* S. 219 f.; *Pesce* S. 302; aA und gegen jegliche Erstreckung Cour Paris 11.6.1974, BT 1974, 319; 5.3.2009, BTL 2009, 240; *Lamy* 2013 Rn. 809; *Thume/Schmid* Rn. 17; *Nickel-Lanz* S. 139 Nr. 183; zur vermittelnden Ansicht s. Rn. 11.

[24] OLG Frankfurt 8.6.1982, VersR 1983, 141, 142.

auf einen Vertrag zulasten Dritter hinaus, der in den europäischen Zivilrechten nicht anerkannt wird. Viertens vereitelt die Zulassung einer unbeschränkten Haftung des Beförderers gegenüber Dritten nicht den Zweck des Art. 28; dieser ist vielmehr durch einen Rückgriff im Innenverhältnis gegen den Absender zu verwirklichen. Was bleibt, ist der ungewollte Umgehungsanreiz: bei enger Auslegung von Art. 28 wird der Eigentümer des Gutes im Zweifel einen Spediteur einschalten, um sich außervertragliche Ansprüche gegen den Beförderer in voller Höhe zu erhalten.

Um den berechtigten Argumenten beider Seiten Rechnung zu tragen, folgt die überwiegende Ansicht in der Literatur mit Recht einer **vermittelnden Lösung**.[25] Danach kann **11** Art. 28 CMR einem vertragsfremden Dritten nur entgegengesetzt werden, wenn dieser „… in einem bestimmten inneren Zusammenhang mit dem Beförderungsvertrag steht … ".[26] Der Zusammenhang muss hinreichend eng sein, um die Anwendung der Haftungsbeschränkungen der CMR zu rechtfertigen. Ob es ausreicht, dass der Dritte irgendwie mit dem Transport und den damit verbundenen Risiken gerechnet hat, wird zum Teil bezweifelt.[27] Die Voraussetzungen für die Ausdehnung von Art. 28 über das Vertragsverhältnis hinaus sind jedenfalls erfüllt, wenn der **Absender in mittelbarer Stellvertretung** (dh. als Spediteur) für den Eigentümer gehandelt oder zumindest mit seinem unmissverständlichen Einverständnis das Frachtgut der konkreten Gefährdung ausgesetzt hat.[28]

**4. Rechtsfolgen.** Art. 28 Abs. 1 CMR schließt außervertragliche Ansprüche nicht aus, **12** sondern unterwirft sie lediglich den Beschränkungen der CMR.[29] Eine im anwendbaren nationalen Recht vorgefundene Anspruchskonkurrenz (vgl. Rn. 1) bleibt unberührt. Übertragen werden auf die nichtvertraglichen Ansprüche des Entschädigungsberechtigten zunächst alle „… Bestimmungen dieses Übereinkommens …, die die **Haftung** des Frachtführers **ausschließen**". Darunter fallen zunächst die Absätze 2 und 4 von Art. 17, aber auch andere Bestimmungen, die einen haftungsausschließenden Effekt haben wie etwa Art. 22 Abs. 2.[30] Erfüllt sein müssen bereits die **anspruchsbegründenden Voraussetzungen** von Art. 17 Abs. 1.[31] Denn Art. 28 wurde bewusst weit gefasst und erklärt alle Bestimmungen des Übereinkommens für anwendbar, die auf irgendeinem Wege die Haftung des Frachtführers ausschließen, gleich ob es sich um rechtshindernde, rechtsvernichtende oder rechtshemmende Einwendungen handelt. Das Fehlen von Anspruchsvoraussetzungen steht rechtshindernden Einwendungen materiellrechtlich, wenn auch nicht beweisrechtlich gleich. Die Frage dürfte aber nur in Ausnahmefällen praktische Relevanz zeigen, denn die Voraussetzungen von Art. 17 Abs. 1 sind durchweg leichter nachzuweisen als der Tatbestand einer unerlaubten Handlung.[32]

---

[25] OGH Wien 10.11.1981, SZ 54/165; OGH Wien 27.9.1983, TranspR 1984, 191, 192 f.; *Tuma* VersR 1983, 410; GroßkommHGB/*Helm* Rn. 9; *Piper* VersR 1988, 209; *Jesser* S. 139; *Haak* S. 240; Fremuth/Thume/*Thume* Rn. 5; wohl auch *Kehl*, Die Haftung des Unterfrachtführers im Straßengüterverkehr, 2004, S. 103.

[26] *Jesser* S. 139; ebenso in einem ähnlichen Fall BGH 12.12.1991, BB 1992, 392: „Unbillig" ist die Anwendung der einjährigen Verjährungsfrist „insbesondere dann, wenn der Dritte zu dem Frachtvertrag in keiner Beziehung steht".

[27] Dafür *Koller* Rn. 3; *Jesser* S. 139; BGH 12.12.1991, BB 1992, 390, 392: „Aber auch soweit Dritte als Eigentümer Kenntnis davon hatten oder den Umständen nach annehmen mussten, dass ihr Eigentum der Gefährdung durch einen Transport ausgesetzt wird, wäre es unangemessen, schon kraft Gesetzes von der Einjahresfrist des § 414 HGB auch für Ansprüche aus unerlaubter Handlung auszugehen". Vgl. dazu *Tuma* VersR 1983, 408, 410.

[28] So auch GroßkommHGB/*Helm* Rn. 9; *Csoklich* S. 205; Jabornegg/Artmann/*ders.* Rn. 3; *Piper* VersR 1988, 200, 209; Ferrari/*Otte,* Int. Vertragsrecht, Rn. 10; wohl auch *Herber/Piper* Rn. 4; ähnlich *Haak* S. 240; ablehnend Thume/*Schmid* Rn. 17.

[29] Vgl. *Clarke* S. 213 Nr. 68; *Rodière* BT 1974, 316 Nr. 99; *Koller* Rn. 4; *Glöckner* TranspR 1988, 327, 331; GroßkommHGB/*Helm* Rn. 3; EBJS/*Bahnsen* Rn. 6.

[30] *Haak* S. 239; GroßkommHGB/*Helm* Rn. 10; *Herber/Piper* Rn. 5; Thume/*Schmid* Rn. 10.

[31] LG Frankfurt 14.5.1965, Az. 3/3 O 228/64, zustimmend zitiert bei *Willenberg* NJW 1968, 1020, 1024; *Precht/Endrigkeit* Art. 28 vor Anm. 1; *Pesce* S. 299 f.; aA GroßkommHGB/*Helm* Rn. 3.

[32] Vgl. GroßkommHGB/*Helm* Rn. 3.

**13**    Außerdem sind die **Beweislastregeln** des Art. 18 Abs. 2 CMR in die Rechtsfolgen des Art. 28 CMR mit einzubeziehen.[33] Dies folgt aus dem engen Zusammenhang mit Art. 17 Abs. 4, aber auch schon daraus, dass Beweislastregeln generell materielle Risikoverteilungen für unaufgeklärte Schadenssituationen enthalten. Auch die **Prüfungs- und Rügeobliegenheit** des Art. 30 ist als haftungsausschließende Norm anzusehen.[34] Formal verschiebt diese Vorschrift im Zusammenhang mit Güterschäden nur die Beweislast, doch folgt daraus in der Sache häufig ein echter Haftungsausschluss. Ferner können im Einzelfall auch die prozessrechtlichen Vorschriften des **Art. 31** sowie die **Verjährungsregelung** des **Art. 32** eine haftungsausschließende Wirkung haben.[35] Beide Bestimmungen gelten ohnehin für alle Streitigkeiten bzw. Ansprüche „aus einer diesem Übereinkommen unterliegenden Beförderung"; mit anderen Worten knüpfen sie nicht an einen in der CMR vorgesehenen Anspruch an, sondern gelten unabhängig von Art. 28 für alle Verfahren bzw. Ansprüche, die sich aus einem CMR-Transport ergeben, auch wenn die betreffenden Klagen und Ansprüche ihre Grundlage im nationalen Recht haben. Insofern sind Art. 31 und 32 leges speciales und erübrigen einen Rückgriff auf Art. 28.[36]

**14**    Zu den in Art. 28 Abs. 1 CMR dem Frachtführer als Verteidigung an die Hand gegebenen „… Bestimmungen dieses Übereinkommens …, die … den Umfang der zu leistenden **Entschädigung** bestimmen oder **begrenzen**", gehören die Vorschriften über die Art der Schadensberechnung und die Haftungsbegrenzungen.[37] Erstere ist geregelt in Art. 23 Abs. 1 und 2, Art. 25 Abs. 1 und Art. 27 Abs. 2 CMR; Haftungsbegrenzungen finden sich in den Art. 17 Abs. 5, Art. 23 Abs. 3 und 5, Art. 24, 25 Abs. 2, Art. 26 und 27 Abs. 1 CMR. Gegenüber außervertraglichen Ansprüchen wegen Verlust, Beschädigung und Überschreitung der Lieferfrist kann sich der Frachtführer hierauf ebenso berufen[38] wie auf die Einwendungen und Einreden, die den Anspruch dem Grunde nach betreffen.

**15**    **5. Vorbehalt des Art. 29.** Die über Art. 28 CMR anwendbaren Haftungsprivilegien gelten überwiegend auch im außervertraglichen Bereich nicht, wenn dem Frachtführer Vorsatz oder vorsatzgleiches Verschulden zur Last fällt.[39] Das ergibt sich zwingend daraus, dass in Bezug auf vertragliche Ansprüche Art. 29 Abs. 1 in solchen Fällen alle haftungsausschließenden und -begrenzenden Bestimmungen des 4. Kapitels für nicht anwendbar erklärt und dass Art. 28 CMR eine möglichst vollständige Gleichschaltung vertraglicher und gesetzlicher Ansprüche bezweckt. Entschädigungsberechtigte, die sich auf gesetzliche Rechte stützen, sollen daher nicht besser, aber auch nicht schlechter stehen als mit ihren vertraglichen Ansprüchen. Zu beachten ist allerdings, dass Art. 29 Abs. 1 nur Ausnahmen von Vorschriften des 4. Kapitels der CMR zulässt. Alle übrigen Ausschlüsse oder Beschränkungen der Haftung des Frachtführers, wie vor allem Art. 30, 31 und 33, bleiben auch bei Vorsatz oder gleichwertigem Verschulden unberührt. Zur Verjährung siehe Art. 32 Abs. 1

---

[33] Denkschrift der BReg., BT-Drucks. III/1144 S. 43; OLG Hamm 19.2.1973, VersR 1974, 28, 29, 30; *Tuma* VersR 1983, 410; *Haak* S. 239; *Clarke* S. 213 Nr. 68; *Nickel-Lanz* S. 138 Nr. 181; *Glöckner* TranspR 1988, 331; *Koller* Rn. 4; *Thume/Schmid* Rn. 12; GroßkommHGB/*Helm* Rn. 10; EBJS/*Bahnsen* Rn. 6; Jabornegg/Artmann/*Csoklich* Rn. 4; aA *Heuer* S. 188 Fn. 20 mit dem formalen Argument, dass Art. 28 Abs. 1 anders als Art. 29 die Beweisregeln nicht erwähne.

[34] Hof 's-Hertogenbosch 2.4.1991, S. & S. 1992 Nr. 43; *Tuma* VersR 1983, 410; *Roesch* BB 1984, 699; *Koller* Rn. 4; *Herber/Piper* Rn. 5; *Thume/Schmid* Rn. 13; GroßkommHGB/*Helm* Rn. 10; *Nickel-Lanz* S. 138 Nr. 181; Jabornegg/Artmann/*Csoklich* Rn. 4.

[35] So für Art. 32 OLG Düsseldorf 8.5.1969, ETR 1970, 448; *Koller* Rn. 4; *Tuma* VersR 1973, 410; EBJS/*Bahnsen* Rn. 6; Jabornegg/Artmann/*Csoklich* Rn. 4; *Libouton* J.trib. 1972, 404 Nr. 92; *Hill/Messent* S. 220; zweifelnd *Ponet* Rn. 632; *Nickel-Lanz* S. 138 Nr. 181; auch *Hill/Messent* S. 220 für Art. 31 und 33; für Art. 31 BGH 31.5.2001, TranspR 2001, 452; zu Art. 32 *Boettge* TranspR 2008, 477, 479 f.

[36] Ebenso *Herber/Piper* Rn. 6.

[37] Vgl. *Loewe* ETR 1976, 574 Nr. 213.

[38] GroßkommHGB/*Helm* Rn. 10; *Nickel-Lanz* S. 138 Nr. 181: „les articles 23 à 27"; *Haak* S. 239: „Art. 23 (2) and (5) CMR, 24 and 26 CMR".

[39] Vgl. OLG Frankfurt 8.6.1982, VersR 1983, 141, 142; GroßkommHGB/*Helm* Rn. 11; *Glöckner* TranspR 1988, 327, 332; *Roesch* BB 1984, 699, 702; *Voigt* VersR 1972, 1005; *Thume/Schmid* Rn. 15; Jabornegg/Artmann/*Csoklich* Rn. 5.

Satz 2; die dreijährige Verjährungsfrist gilt über Art. 28 Abs. 1 auch für außervertragliche Ansprüche, soweit sie sich auf Vorsatz und vorsatzgleiches Verschulden stützen.

### III. Haftung von Gehilfen (Abs. 2)

**1. Rechtsgedanke.** Um eine Aushöhlung des Haftungssystems der CMR über Regress- **16** ansprüche und wirtschaftliche Freistellungszwänge zu vermeiden, eröffnet Art. 28 Abs. 2 Personen, für die der Frachtführer nach Art. 3 CMR haftet, die Möglichkeit, sich auf die Haftungsprivilegien des Frachtführers zu berufen, wenn diese Personen auf außervertraglicher Grundlage für Verlust, Beschädigung oder Lieferfristüberschreitung in Anspruch genommen werden.[40] Zweck ist nicht in erster Linie der Schutz der Gehilfen, sondern die Absicherung der Beschränkungen der Haftung des Frachtführers. Der Gedanke des Art. 28 Abs. 1 findet in Abs. 2 seine logische Fortsetzung.[41] Wegen der im Transportrecht verbreiteten Haftungsbeschränkungen sind ähnliche „Himalaya"-Regeln in zahlreichen Rechtsquellen anzutreffen, siehe schon oben Rn. 3.

**2. Hilfspersonen.** Art. 28 Abs. 2 gilt zugunsten selbständiger wie unselbständiger Hilfs- **17** personen iSv. Art. 3, deren sich der Frachtführer „… bei Ausführung der Beförderung bedient" und die „in Ausübung ihrer Verrichtung" gehandelt haben; siehe zu diesem Personenkreis näher Art. 3 Rn. 13 ff., 21 ff. Dazu gehören insbesondere sein Personal und die von ihm beschäftigten **Unterfrachtführer,**[42] auch wenn sie lediglich **innerstaatliche Teilstrecken** übernommen haben, mit dem Hauptfrachtführer als ihrem Absender also gar nicht durch einen CMR-Frachtvertrag verbunden sind.[43] Dies hat auf den ersten Blick zur Folge, dass der Unterfrachtführer dem Hauptfrachtführer nach nationalem Frachtrecht uU eine hohe Entschädigung schuldet, während dieser dem Absender nur bis zur Grenze des Art. 23 Abs. 3 haftet.[44] Nach dem schadensersatzrechtlichen Bereicherungsverbot wird der Hauptfrachtführer die höhere Entschädigung nach nationalem Recht allerdings nicht realisieren können. Anders wenn der Hauptfrachtführer den Schaden des Eigentümers auch über Art. 23 Abs. 3 hinaus im Wege der **Drittschadensliquidation** vom Unterfrachtführer einfordert oder diesen Anspruch an den Eigentümer des Gutes abtritt. Wenn ein solcher Anspruch über den in der CMR vorgesehenen Umfang hinausreicht, ist dies mit Art. 28 Abs. 2 zu vereinbaren. Denn erstens handelt es sich um einen abgetretenen vertraglichen und nicht um einen außervertraglichen Anspruch, wie ihn Abs. 2 voraussetzt, und zweitens soll Abs. 2 auch lediglich den (Haupt-)Frachtführer vor einem Regress des Unterfrachtführers schützen, für den es aber hier keine Grundlage gibt.

**3. Rechtsfolgen.** Die außervertragliche Haftung des Gehilfen wird von Art. 28 Abs. 2 **18** nicht generell ausgeschlossen, sondern den für Frachtführer geltenden Bestimmungen angeglichen. Folglich kann eine Hilfsperson nur unter den Voraussetzungen und in dem Umfang zur Verantwortung gezogen werden, in dem auch der Frachtführer selbst unter denselben Umständen Entschädigung zu leisten hätte.[45] Wie die Haftung des Frachtführers steht auch die außervertragliche Verantwortlichkeit des Gehilfen unter dem **Vorbehalt des Art. 29.** Der Gehilfe kann sich nach Art. 29 Abs. 2 Satz 2 auf Haftungsausnahmen oder -beschränkungen nicht berufen, wenn er vorsätzlich oder mit vorsatzgleichem Verschulden gehandelt hat. Dabei kommt es nur auf das eigene Verschulden des Gehilfen an, nicht etwa auf das des Frachtführers.[46]

---

[40] Vgl. Denkschrift der BReg., BT-Drucks. III/1144 S. 43 zu Art. 28.

[41] So auch *Hill/Messent* S. 220; *Haak* S. 241.

[42] Vgl. OLG Frankfurt 8.6.1982, VersR 1983, 141, 142; GroßkommHGB/*Helm* Rn. 12; *Glöckner* TranspR 1988, 327, 331.

[43] So OLG Frankfurt 8.6.1982, VersR 1983, 141, 142; *Koller* Rn. 5; *Herber/Piper* Rn. 8; EBJS/*Bahnsen* Rn. 7; aA *Reiß* VersR 1983, 142.

[44] Vgl. *Reiß* VersR 1983, 143.

[45] GroßkommHGB/*Helm* Rn. 15; *Voigt* VersR 1972, 1006; *Rodière* BT 1974, 316 Nr. 99; *Putzeys* S. 343 Nr. 1000 mit Hinweis auf Hof van Cassatie Belgien 7.12.1973, J.trib. 1974, 443; *Pesce* S. 304.

[46] OLG Hamm 19.2.1973, VersR 1974, 28, 30; *Voigt* VersR 1972, 1006; GroßkommHGB/*Helm* Rn. 16; *Ferrari/Otte*, Int. Vertragsrecht, Rn. 9; EBJS/*Bahnsen* Rn. 8; aA *Koller* Rn. 5.

## Art. 29 [Volle Haftung bei grober Schuld]

(1) Der Frachtführer kann sich auf die Bestimmungen dieses Kapitels, die seine Haftung ausschließen oder begrenzen oder die Beweislast umkehren, nicht berufen, wenn er den Schaden vorsätzlich oder durch ein ihm zur Last fallendes Verschulden verursacht hat, das nach dem Recht des angerufenen Gerichtes dem Vorsatz gleichsteht.

(2) ¹Das gleiche gilt, wenn Bediensteten des Frachtführers oder sonstigen Personen, deren er sich bei Ausführung der Beförderung bedient, Vorsatz oder ein dem Vorsatz gleichstehendes Verschulden zur Last fällt, wenn diese Bediensteten oder sonstigen Personen in Ausübung ihrer Verrichtungen handeln. ²In solchen Fällen können sich auch die Bediensteten oder sonstigen Personen hinsichtlich ihrer persönlichen Haftung nicht auf die in Absatz 1 bezeichneten Bestimmungen dieses Kapitels berufen.

## Art. 29

(1) Le transporteur n'a pas le droit de se prévaloir des dispositions du présent chapitre qui excluent ou limitent sa responsabilité ou qui renversent le fardeau de la preuve, si le dommage provient de son dol ou d'une faute qui lui est imputable et qui, d'après la loi de la juridiction saisie, est considérée comme équivalente au dol.

(2) Il en est de même si le dol ou la faute est le fait des préposés du transporteur ou de toutes autres personnes aux services desquelles il recourt pour l'exécution du transport lorsque ces préposés ou ces autres personnes agissent dans l'exercice de leurs fonctions. Dans ce cas, ces préposés ou ces autres personnes n'ont pas d'avantage le droit de se prévaloir, en ce qui concerne leur responsabilité personnelle, des dispositions du présent chapitre visées au paragraphe 1.

## Art. 29

(1) The carrier shall not be entitled to avail himself of the provisions of this chapter which exclude or limit his liability or which shift the burden of proof if the damage was caused by his wilful misconduct or by such default on his part as, in accordance with the law of the court or tribunal seized of the case, is considered as equivalent to wilful misconduct.

(2) The same provision shall apply if the wilful misconduct or default is committed by the agents or servants of the carrier or by any other persons of whose services he makes use for the performance of the carriage, when such agents, servants or other persons are acting within the scope of their employment. Furthermore, in such a case such agents, servants or other persons shall not be entitled to avail themselves with regard to their personal liability, of the provisions of this chapter referred to in paragraph 1.

**Schrifttum:** Siehe Einl. vor Rn. 1 sowie *Damar,* Wilful Misconduct in International Transport Law, 2011; *Fremuth,* Haftungsbegrenzungen und deren Durchbrechung im allgemeinen deutschen Frachtrecht und nach der CMR, TranspR 2004, 99; *ders.,* „Schwere Schuld" gem. Art. 29 CMR – Kritische Bestandsaufnahme der Rechtsprechung unter besonderer Berücksichtigung der Beweislast, FS Thume, 2008, S. 161; *Glöckner,* Die Haftungsbeschränkungen und die Versicherung nach den Art. 3, 23 bis 29 CMR, TranspR 1988, 327; *ders.,* Limits to Liability and Liability Insurance of Carriers Under Articles 3 and 23 to 29 of the CMR, in Theunis S. 97; *Haak,* Haftungsbegrenzung und ihre Durchbrechung nach der CMR in den Niederlanden, TranspR 2004, 104; *Helm,* Welches Verschulden steht gem. Art. 29 CMR dem Vorsatz gleich?, IPRax 1985, 10; *Herber,* Anmerkung zu Areopag-Urteil Nr. 2010/1990, TranspR 1992, 175; *ders.,* Haftungsbegrenzungen und deren Durchbrechung im deutschen und internationalen Transportrecht – Überblick über die gesetzlichen Regelungen in Deutschland und in internationalen Übereinkommen, TranspR 2004, 93; *Herber/Schmuck,* Beweislast des Transportunternehmers für grobe Fahrlässigkeit, VersR 1991, 1209; *Heuer,* Anmerkung zu BGH 14.7.1983, TranspR 1984, 71; *ders.,* Du sollst einen anderen Fahrer haben neben dir?, TranspR 1994, 107; *van Huizen,* Enkele beschouwingen rondom art. 29 CMR, ETR 2007, 339; *Koller,* Zur Aufklärung über die Schadensentstehung im Straßentransportrecht, VersR 1990, 543; *ders.,* Die Wirksamkeit formularmäßiger Haftungsfreizeichnungsklauseln zwischen Schadensausgleich und Schadensprävention, ZIP 1986, 1089; *Jesser,* Art. 29 CMR – Welches Verschulden steht dem Vorsatz gleich?, TranspR 1997, 169; *Jesser-Huß,* Haftungsbegrenzungen und deren Durchbrechung im allgemeinen Frachtrecht und nach der CMR in Österreich, TranspR 2004, 111; *Lutz*, Die Rechtsprechung der französischen Cour de Cassation zum Begriff des groben Verschuldens des Frachtführers nach Art. 29 CMR, TranspR 1989, 139; *Marx*, Die Darlegungs- und Beweislast beim qualifizierten Verschulden im Transportrecht nach der aktuellen Rechtsprechung des Bundesgerichtshofs, TranspR 2010, 174; *Neumann*, Die sekundäre Behauptungslast des Frachtführers, TranspR 2009, 54; *Oeynhausen*, Art. 29 CMR: Grobe Fahrlässigkeit – dem Vorsatz gleichstehendes Verschulden?, TranspR 1984, 57; *Pesce*, Merkmale und Grundlagen für den Ausschluss der Höchstentschädigungspflicht des internationalen Frachtführers, TranspR 1994, 227; *Pöttinger*, Welches Verschulden steht im Rahmen des Art. 29 Abs. 1 und 2 CMR dem Vorsatz gleich? VersR 1986, 518; *Schelin*, Haftungsbegrenzung und ihre Durchbrechung nach der CMR in den skandinavischen Staaten und Finnland, TranspR 2004, 107; *Schmidt*, Grenzen der Wahl einer Berechnung der Ersatzleistung nach Art. 23 CMR resp. § 429 BGB bei grobem Verschulden, TranspR 2009, 1; *Smeele*, Dutch case law on Art. 29 CMR, ETR 2000, 329; *ders.*, Dutch case law on art. 29 CMR revisited, ETR 2001, 37; *Stachow*, Schweres Verschulden und Durchbrechung der beschränkten Haftung in modernen Transportrechtsübereinkommen, 1998; *Thume*, Die unbeschränkte Haftung des CMR-Frachtführers, VersR 1993, 930; *ders.*, Die Schadensberechnung bei grobem Verschulden: Wertersatz – Schadensersatz? TranspR 2008, 78; *ders.*, Darlegungs- und Beweislastfragen im Transportrecht, TranspR 2008, 428; *Tuma*, Art. 29 CMR – Bestandsaufnahme und Ausblick, ETR 1993, 649; *ders.*, Variations on the Theme: ‚Wilful Misconduct' and ‚Grobe Fahrlässigkeit', in: Haak/Swart II S. 1; *ders.*, Ist grobe Fahrlässigkeit ein Tatbestand des Art. 29 CMR? ETR 2002, 139; *ders.*, Der Verschuldensgrad des Artikel 29 CMR, TranspR 2007, 333 (ULR 2006, 585; ETR 2007, 153, 355); *Wijffels*, Art. 29,1 CMR – Belgische Störung der Uniformität, ETR 1998, 27; *Willems*, Is de C. M. R.-aansprakelijkheid bij zware fout nog wel beperkt zoals bepaald in Artikel 23 van het Verdrag? ETR 1991, 369; *Zapp*, Grobe Fahrlässigkeit und Artikel 29 CMR, TranspR 1994, 124.

## Übersicht

| | Rn. | | Rn. |
|---|---|---|---|
| **I. Bedeutung und Zweck** | 1 | f) Kein vorsatzgleiches Verschulden | 25–27 |
| **II. Unbeschränkte Haftung des** | | 3. Kausalität | 28, 29 |
| **Frachtführers** | 2–39 | 4. Gehilfenhaftung (Abs. 2 Satz 1) | 30, 31 |
| 1. Vorsatz | 2–5 | 5. Rechtsfolgen | 32–39 |
| 2. Vorsatzgleiches Verschulden | 6–27 | a) Allgemeiner Umfang | 32, 33 |
| a) Kollisionsnorm | 6, 7 | b) Haftungsausschluss, -begrenzung, | |
| b) Länderübersicht | 8–13 | Beweislastumkehr | 34, 35 |
| c) Begriff der groben Fahrlässigkeit | 14 | c) Mitverursachung, Mitverschulden | 36–38e |
| d) Begriff des leichtfertigen Handelns | | d) Bestimmungen „dieses Kapitels" | 39 |
| in dem Bewusstsein, dass ein Schaden mit Wahrscheinlichkeit eintreten werde | 15–16a | **III. Eigenhaftung von Gehilfen (Abs. 2)** | 40 |
| e) Einzelfälle | 17–24 | **IV. Beweislast** | 41–43 |

## I. Bedeutung und Zweck

Nach Art. 29 stehen die Haftungsbeschränkungen der CMR dem Frachtführer nicht zu **1** Gebote, wenn er vorsätzlich oder mit vorsatzgleichem Verschulden handelt. Hier klingt ein Rechtsgedanke an, der sich bereits im römischen Recht findet[1] und auch in vielen modernen Rechtsordnungen anzutreffen ist:[2] die Wirkungslosigkeit vertraglicher (vgl. § 276 Abs. 3 BGB) und gesetzlicher Haftungsbeschränkungen (vgl. Art. 1150 C. c.) für den Fall vorsätzlicher Schädigung – **fraus omnia corrumpit**. Der Gedanke hat sich in den Transportrechtsübereinkommen niedergeschlagen, wenn auch mit gewissen Abwandlungen, was den Anwendungsbereich, die Voraussetzungen und den Umfang dieser strengen Haftung betrifft.[3] Art. 29 Abs. 1 folgt dabei ausnahmsweise nicht dem Eisenbahnrecht (Art. 37 CIM 1952), das ohne Verweisung auf nationales Recht alle Fälle grober Fahrlässigkeit betraf und als Rechtsfolge lediglich eine Verdoppelung der Haftungshöchstsummen anordnete. Vorbild für Abs. 1 war vielmehr die ursprüngliche Fassung von Art. 25 WA 1929; dessen Änderung durch das Haager Protokoll von 1955, die bei Verabschiedung der CMR gerade beschlossen

---

[1] Vgl. D.2, 14, 27 § 3 *(Paulus)*; siehe auch R. *Zimmermann*, The Law of Obligations – Roman Foundations of the Civilian Tradition, 1990, S. 712 unter Bezugnahme auf D.16, 3, 1, 7 *(Ulpian)*.

[2] Vgl. *Basedow* TranspV S. 422 f.

[3] Vgl. Art. 36 ER CIM 1999, Art. 25 WA 1955, Art. 8 HambR, Art. 21 CMNI; anders Art. 22 Abs. 3 iVm. Abs. 5 MÜ.

worden war, wurde dagegen nicht übernommen. Abs. 2 erstreckt sich auf Fälle des vorsätzlichen und vorsatzgleichen Verhaltens von Gehilfen und auf deren Eigenhaftung.[4] Art. 29 gehört zu den praktisch wichtigsten Vorschriften der CMR.

## II. Unbeschränkte Haftung des Frachtführers

2   **1. Vorsatz.** Die Haftungsvergünstigungen der Art. 17–28 kommen dem Beförderer nicht zugute, wenn er selbst vorsätzlich gehandelt hat und der Schaden dadurch verursacht wurde. Obwohl die Verschuldenskategorien in den europäischen Rechtsordnungen keineswegs deckungsgleich sind, verpflichtet Abs. 1 zu einer **autonomen Auslegung** des Vorsatzbegriffs.[5] Dies folgt nicht nur aus allgemeinen Auslegungsgrundsätzen, Einl. Rn. 19, sondern im Gegenschluss aus der Vorschrift selbst, die lediglich hinsichtlich der Vorsatzäquivalenz anderer Verschuldensformen auf das nationale Recht verweist und dadurch zu verstehen gibt, dass die übrigen Auslegungsfragen im Wege der autonomen Auslegung zu klären sind.

3   Aufgrund der Bedeutungsunterschiede der in den verbindlichen Originaltexten benutzten Begriffe „dol" und „wilful misconduct" fällt dies nicht leicht. „Dol" setzte nach der früheren Auffassung des französischen Rechts Handlungsabsicht und Schädigungsabsicht iSv. dolus directus voraus;[6] dass der Schuldner die Schädigung lediglich in Kauf nimmt (dolus eventualis), genügte nicht.[7] Mittlerweile ist das Verständnis von „dol" in Richtung auf den dolus eventualis und damit auch auf den „wilful misconduct" erweitert worden.[8] Mit „wilful misconduct" wird im englischen Recht auch ein willentliches vertragswidriges Handeln gekennzeichnet, dessen Schadensfolgen der Handelnde zwar nicht beabsichtigt, die ihm jedoch als Möglichkeit bewusst, aber gleichgültig sind.[9] Während er im Fall der Fahrlässigkeit (negligence) die Konsequenzen seines Handelns nicht erkennt und darauf vertraut, dass es nicht zum Schaden kommt („es wird schon gut gehen"), fasst er das Schadensrisiko bei „wilful misconduct" ins Auge und nimmt es aus Rücksichtslosigkeit billigend in Kauf („und wenn schon").[10]

4   Nicht ganz klar ist die Behandlung der Fälle **bewusster Fahrlässigkeit,** in denen dem Frachtführer das Schadensrisiko zwar bewusst ist, er aber gleichwohl auf guten Ausgang vertraut. Nach der genannten Abgrenzung *Kahn-Freunds* sind diese Fälle grundsätzlich der Fahrlässigkeit (negligence) zuzuschreiben. Die Rspr. verschiebt die Grenzen zum „wilful misconduct" jedoch durch eine Absenkung der Beweisanforderungen. Erstens entnimmt sie das Bewusstsein der Schädigungsgefahr aus den äußeren Umständen des Falls, zweitens verlangt sie keine besondere Wahrscheinlichkeit des Schadens, und drittens schließt sie aus der Tatsache, dass der Frachtführer trotz des Schadensbewusstseins gehandelt hat, auf die billigende Inkaufnahme des Schadens.[11] Im Ergebnis erstreckt sich der Begriff des „wilful misconduct" daher auf die Fälle der bewussten Fahrlässigkeit (luxuria).

---

[4] Denkschrift der BReg., BT-Drucks. III/1144 S. 43 f.

[5] Zustimmend Ferrari/*Otte,* Int. Vertragsrecht, Rn. 3; aA GroßkommHGB/*Helm* Rn. 6.

[6] *Fioux* S. 315; *Marsilius* ZIntEisenb 1967, 296; eingehend die kritische Darstellung bei *Sériaux,* La faute du transporteur, 1984, S. 187 ff., vor allem Nr. 296 f.

[7] *Haak* S. 243 f. Fn. 261 berichtet, dass der französische Delegierte bei den CMR-Verhandlungen eine Gleichstellung von bedingtem und direktem Vorsatz ausdrücklich ablehnte.

[8] Eingehende Darstellung bei *Sériaux* (Fn. 6) S. 195 ff. Nr. 307 ff. und Nr. 318 zur Annäherung an das deutsche und englische Recht.

[9] *Texas Instruments Ltd. v. Nason (Europe) Ltd.* [1991] 1 Lloyd's L. Rep. 146, 154 (Q. B. D. 1990) = ETR 1991, 671, 682 f.; *Sidney Jones Ltd. v. Martin Bencher Ltd.* [1986] 1 Lloyd's L. Rep. 54 Q. B. D.

[10] *Clarke* S. 317 Nr. 101a mit einem Zitat von *Kahn-Freund,* The Law of Carriage by Inland Transport, 4. Aufl. 1965, S. 257.

[11] Besonders deutlich in *Sidney Jones Ltd. v. Martin Bencher Ltd.* [1986] 1 Lloyd's L. Rep. 54, 59 f. Q. B.D.; *Clarke* S. 320 f. Nr. 101c verlangt in seiner Zusammenfassung der Rechtslage für die Annahme eines „wilful misconduct" auch nur die objektive Risikoerhöhung und das Bewusstsein derselben auf Seiten des Frachtführers; aktuell die Zusammenfassung bei *TNT Global SPA & Another v. Denfleet International Ltd. And Another* [2007] EWCA Civ 405 Rn. 8 – 12 (C.A.).

Im Resümee lässt sich bei rechtsvergleichender Betrachtung eine **Annäherung von** 5 „**dol" und „wilful misconduct"** feststellen. Sie hat zwar noch nicht zur Deckungsgleichheit der Begriffe geführt, erlaubt es aber in dem hier interessierenden Bereich des Vorsatzes, die autonome Auslegung von „dol" und „wilful misconduct" auf **direkten und bedingten Vorsatz** zu beziehen. Die Grenze zwischen der unbeschränkten Haftung kraft Einheitsrechts und derjenigen kraft nationaler Anordnung verläuft daher jenseits des dolus eventualis. In den veröffentlichten Gerichtsentscheidungen finden sich nur wenige **Einzelfälle,** in denen dem Beförderer eigener Vorsatz angelastet wurde. Denkbar ist dies, wenn bereits die Übernahme des Transports grob fehlerhaft ist, weil der Beförderer eine erforderliche Verkehrsgenehmigung nicht hat und nach den Umständen annehmen muss, dass er sie auch nicht erhält.[12] Auch Dispositionsentscheidungen während des Transports trifft der Beförderer selbst; dabei handelt er mit Vorsatz, wenn er das Gut wegen angeblicher Forderungen aus früheren Transporten ungerechtfertigt zurückhält und die Lieferfrist überschreitet[13] oder wenn er das Gut entgegen einer unmissverständlichen Nachnahmeabrede ohne Einforderung des Nachnahmebetrags an den Empfänger abliefert.[14] Vgl. auch die Nachweise Rn. 17 ff.

**2. Vorsatzgleiches Verschulden. a) Kollisionsnorm.** Die anfängliche Beschrän- 6 kung des Vorsatzbegriffs auf den dolus directus (vgl. Rn. 3) erklärt, warum die CMR für sonstiges, ähnlich schweres Verschulden eine weitere Ausnahme von den Haftungsvergünstigungen angeordnet hat. Da auch keine Einigung darüber erzielt werden konnte, welcher Verschuldensgrad dem Vorsatz gleichzustellen sei, blieb letztlich nur die Kompromissformel des Art. 25 WA 1929, die die Frage der Vorsatzäquivalenz der jeweiligen lex fori überlässt.[15] Diese kollisionsrechtliche Lösung ist in doppelter Hinsicht ein **Armutszeugnis:** Erstens perpetuiert sie eine Regelung, deren Schwächen sich im Luftrecht so deutlich erwiesen haben, dass das Haager Protokoll von 1955 sie durch eine neue Formel ersetzte,[16] und zweitens wird mit der lex fori eine sachfremde Rechtsordnung bestimmt. Da die Folgen der nicht vertragsgemäßen Leistung die materiellrechtlichen Beziehungen der Vertragsparteien betreffen, da es weder um den ordre public noch um Verfahrensrecht geht, wäre die Frage nach dem vorsatzgleichen Verschulden und der unbeschränkten Haftung gemäß allgemeinem Internationalem Privatrecht als Teil des Vertragsstatuts zu qualifizieren, vgl. Art. 12 Abs. 1 lit. c Rom I-VO. Die Verweisung auf die lex fori gibt demgegenüber Anreize zum forum shopping. Art. 29 Abs. 1 lässt eine autonome Begriffsbildung auf der Ebene des Einheitsrechts nicht zu. Die von der Konvention angestrebte Rechtseinheit kann somit nur noch durch eine **sachrechtliche Angleichung** der nationalen Vorstellungen darüber erreicht werden, welches Verschulden dem Vorsatz im Sinne dieser Vorschrift gleichzustellen ist. Es empfiehlt sich eine Orientierung an der seit 1955 zunächst in Art. 25 WA und später in anderen Transportrechtskonventionen implantierten Formel;[17] danach steht das Verhalten des Frachtführers bzw. seiner Gehilfen dem Vorsatz gleich, wenn es **leichtfertig** ist und der Handelnde das **Bewusstsein** hat, dass ein **Schaden mit Wahrscheinlichkeit** eintreten werde. Diese Formel findet sich in den Niederlanden, seit dem Transportrechtsreformgesetz auch in Deutschland und einigen anderen Staaten (vgl. Rn. 10a ff.). In England umschreibt sie die ungefähren Grenzen des „wilful misconduct". Im Rahmen zahlreicher internationaler Übereinkommen ist sie Bestandteil

---

[12] Vgl. OLG München 12.4.1990, NJW-RR 1991, 230, 232, wo das Gericht allerdings nur auf grobe Fahrlässigkeit erkannte.

[13] Hof 's-Hertogenbosch 22.12.1993, S. & S. 1994 Nr. 99; für den Fall der ungerechtfertigten Versteigerung des Gutes lässt BGH 18.5.1995, TranspR 1995, 383 offen, ob dem Frachtführer Vorsatz oder vorsatzgleiches Verschulden zur Last fällt.

[14] OLG Graz 10.4.1990, berichtet in der Revisionsentscheidung OGH Wien 11.7.1990, TranspR 1992, 322, 323, wo allerdings den Fahrer der Vorwurf traf.

[15] *Haak* S. 243.

[16] Vgl. *Basedow* TranspV S. 420 f.; kritisch daher auch *Rodière* BT 1974, 316 Nr. 98; *Silingardi* S. 228.

[17] So auch *Herber* TranspR 1992, 176 und schon *Basedow* TranspV S. 420 Fn. 117; ebenso *Herber/Piper* Rn. 5.

der Rechtsordnungen der CMR-Mitgliedstaaten, sodass eine spontane Angleichung nicht nur dem Zweck der CMR, ein einheitliches Haftungsregime zu schaffen, sondern auch einer Angleichung der für die einzelnen Verkehrsträger geltenden Haftungsregime förderlich und daher wünschenswert erscheint.

7    Art. 29 Abs. 1 enthält eine **Sachnormverweisung,** lässt somit eine Berücksichtigung der Kollisionsnormen des Forumstaates nicht zu. Dies folgt aus dem terminologischen Unterschied zu Art. 28 Abs. 1, wo es ausdrücklich auf das „... anzuwendende Recht ... " ankommt, aus der Renvoifeindlichkeit staatsvertraglicher Kollisionsnormen und aus der Zielsetzung von Art. 29 Abs. 1, wonach nationales Recht nicht zur Anwendung gebracht wird, sondern nur einen Maßstab für die Schwere des Verschuldens abgeben soll.[18] Ob einem schuldhaften Verhalten des Frachtführers vorsatzgleiche Qualität zukommt, beurteilt sich also nach dem Sachrecht des jeweiligen Gerichtsstaats. Soweit die CMR kraft vertraglicher Inkorporation in Nichtvertragsstaaten angewendet wird, vgl. Einl. Rn. 35 und Art. 6 Rn. 25, verweist Art. 29 Abs. 1 auch auf das Recht des betreffenden Nichtvertragsstaats.

8    **b) Länderübersicht.** Zunächst haben nur wenige Länder in ihren Ausführungs- oder Zustimmungsgesetzen zur CMR festgelegt, welcher Verschuldensgrad für die Zwecke des Art. 29 dem Vorsatz gleichkommt. Da spezifische Regelungen fehlen, besteht vielfach Unklarheit. Allgemein werden dem Art. 29 Abs. 1 funktionell gleichwertige Bestimmungen des autonomen nationalen Rechts, insbesondere des Frachtrechts herangezogen. In vielen kontinentalen Rechtsordnungen gelangt man so zu einer **Gleichstellung von Vorsatz und grober Fahrlässigkeit.**

9    In **Deutschland** begründete der BGH dieses Ergebnis u. a. damit, dass das deutsche Recht, wo immer es um die Aufhebung von Haftungsbeschränkungen gehe, Vorsatz und grobe Fahrlässigkeit für gleichwertig erachtete, so zB in den § 430 Abs. 3 HGB aF, § 48 Abs. 1 Satz 2 LuftVG, § 15 Abs. 2 GüKUMB, § 91 EVO und § 11 Nr. 7 AGBG.[19] Diese Auffassung fand in einem Großteil der Literatur Zustimmung.[20] Abweichende Meinungen hielten entweder daran fest, dass Art. 29 lediglich die unbeschränkte Haftung im Falle des dolus eventualis anordnen wolle[21] oder plädierten im Interesse einer Angleichung des internationalen Transportrechts dafür, dass dem Vorsatz ähnlich wie in Art. 25 WA 1955, Art. 4 § 5 lit. e VisbyR, § 607a Abs. 4, § 660 Abs. 3 HGB aF nur die bewusste grobe Fahrlässigkeit gleichzustellen sei.[22] Mit dem Transportrechtsreformgesetz wird nunmehr der Verschuldensgrad des § 435 HGB als gleichstehendes Verschulden angesehen; siehe dazu Rn. 13.

10   Für die Gleichstellung von Vorsatz und grober Fahrlässigkeit spricht sich in ständiger Rspr. der Oberste Gerichtshof in **Österreich** aus,[23] ebenso auch die hM in der **Schweiz,**[24] jeweils unter Berufung auf die Äquivalenz beider Verschuldensformen im nationalen Zivil- bzw. Frachtrecht (§§ 1324, 1331 ABGB, §§ 414, 430 UGB bzw. Art. 44 Abs. 2, Art. 100

---

[18] *Loewe* ETR 1976, 576 Nr. 219.
[19] Grundlegend BGH 14.7.1983, NJW 1984, 565 = TranspR 1984, 68 = ETR 1985, 95; ferner BGH 16.2.1984, NJW 1984, 2033; 27.6.1985 NJW-RR 1986, 248; 14.11.1991, TranspR 1992, 135, 139.
[20] *Helm* IPRax 1985, 10; GroßkommHGB/*Helm* 3. Aufl. Anm. 2; *Pöttinger* VersR 1986, 518; *Lieser* S. 159 ff.; *Koller* 3. Aufl. Rn. 3; *Thume*/*Thume* 1. Aufl. Rn. 14; *Modjaz* S. 39 ff., 108 ff.; *Piper* VersR 1988, 206 f.
[21] *Heuer* S. 74 ff.; ders. TranspR 1984, 71 f.; *Marsilius* ZIntEisenb 1967, 295; *Glöckner* Rn. 2; ders. TranspR 1988, 332 f.; *Precht*/*Endrigkeit* Anm. 1; *Oeynhausen* TranspR 1984, 63 ff.; OLG Bamberg 27.4.1981, TranspR 1984, 184; LG Hamburg 2.10.1972, VersR 1973, 28; LG Frankfurt aM 30.8.1982, TranspR 1982, 79 mit zust. Anm. *Oeynhausen;* zuletzt auch noch LG Verden 19.9.1990, RIW 1991, 867 (zu Art. 32 Abs. 1 Satz 2).
[22] *Herber* TranspR 1992, 176; *Herber*/*Piper* Rn. 5; ebenso schon *Basedow* TranspV S. 420 Fn. 117.
[23] OGH Wien 10.10.1974, *Greiter* S. 37, 39 f.; 11.7.1990, TranspR 1992, 322, 323; 14.7.1993 VersR 1994, 707, 708 = TranspR 1994, 189, 190; 31.7.2001, TranspR 2002, 113, 115 f.; zuletzt 25.4.2012, 7 Ob 27/12i; *Straube*/*Schütz* Rn. 1; kritisch *Tuma* ETR 1993, 649, 669 ff. und *Jesser* TranspR 1997, 169 ff.; dies. TranspR 2004, 111 ff.; kritisch *Jaborneg*/*Artmann*/*Csoklich* Rn. 8 ff.
[24] *Aisslinger* S. 107; *Nickel-Lanz* S. 143 Nr. 187; Appellationsgericht Basel-Stadt 12.5.2000, TranspR 2000, 372, 375; Handelsgericht Aargau 7.6.2011, TranspR 2012, 339 f.

Abs. 1, Art. 101 Abs. 3, Art. 452 Abs. 1, Art. 454 Abs. 3 OR). Dasselbe gilt für **Italien**[25] und **Polen**.[26] In **Skandinavien** hat der Gesetzgeber selbst die Gleichbehandlung von Vorsatz und grober Fahrlässigkeit angeordnet.[27]

In **Frankreich** wird ebenfalls in vielen Bereichen des Haftungsrechts das Konzept der **10a** „faute lourde équipollente au dol" angewendet, so auch bei Art. 29 CMR.[28] Nach dem früheren engen Verständnis von „dol", vgl. Rn. 3, handelte es sich um die Fälle des bedingten Vorsatzes; das Verständnis wurde erweitert, sodass als „faute lourde équivalente au dol" jedes besonders schwere Verschulden, das die mangelnde Eignung und Fähigkeit des Frachtführers zur Erfüllung seines Auftrags anzeigt, angesehen wurde.[29] Danach galt die unbeschränkte Haftung des Frachtführers auch in Fällen, die aus deutscher Sicht in den Bereich der groben Fahrlässigkeit fallen.[30] Seit 10.12.2009 legt Art. L 133-8 Code de Commerce als gleichstehendes Verschulden den **unentschuldbaren Fehler** („faute inexcusable") fest. Dessen Umschreibung entspricht dem leichtfertigen Verhalten in dem Bewusstsein, dass ein Schaden mit Wahrscheinlichkeit eintreten werde.[31]

Das Konzept des gleichstehenden Verschuldens gilt auch in **Spanien**, wobei bis vor **10b** kurzem die grobe Fahrlässigkeit als der maßgebende Verschuldensgrad herangezogen wurde.[32] Mit Art. 62 des Gesetzes 15/2009 (Einl. Rn. 55) wurde die bewusste Fahrlässigkeit als gleichstehendes Verschulden im nationalen Transportrecht normiert und ist nunmehr auch für die Auslegung von Art. 29 CMR maßgeblich.[33] Vergleichbares gilt für die **Türkei:** Auch hier sprach sich die Rspr. für eine Gleichstellung von Vorsatz und grober Fahrlässigkeit aus.[34] Mit dem am 1. Juli 2012 in Kraft getretenen neuen Handelsgesetzbuch (Einl. Rn. 55) wurde ebenfalls der in den internationalen Übereinkommen geltende rechtsvereinheitlichende Standard in nationales Recht übernommen und gilt nunmehr auch für Art. 29 CMR.[35]

In anderen Ländern wird dagegen eine Gleichstellung des Vorsatzes mit anderen Ver **11** schuldensgraden für die Zwecke des Art. 29 abgelehnt. Dies gilt vor allem für **England.** Das englische Recht erkennt kein Äquivalent des „wilful misconduct" an;[36] es gilt jedoch zu bedenken, dass dieser Begriff, wie oben Rn. 4 dargelegt, auch den Bereich der bewussten Fahrlässigkeit mit einschließt. Materiell unterscheiden sich die Ergebnisse des englischen Rechts daher nur in den Fällen der unbewussten groben Fahrlässigkeit von denen der in Rn. 9 und 10 beschriebenen kontinentalen Rechtsordnungen, dh. wenn der Frachtführer das Schadensrisiko grob fahrlässig nicht erkennt. Diese Fälle werden nicht allzu häufig vorkommen, weil die englischen Gerichte grundsätzlich die Kenntnis des Schadensrisikos aus den objektiven Umständen des Falles folgern und dann bereits „wilful misconduct" annehmen, vgl. Rn. 4. Gravierender als der Unterschied zwischen common law und konti-

---

[25] Corte cass. 16.9.1980 Nr. 5269, Foro it. 1981 I S. 1676 m. Anm. *Macario* = Dir. Mar. 83 (1981) 217 m. Anm. *Giovanna Visintini; Corte cass.* 29.3.1985 Nr. 2204, Dir. Mar. 88 (1986) 402; *Silingardi* S. 228; *Pesce* S. 237 Fn. 132; Thume/*Pesce*, Länderbericht Italien S. 1080.

[26] Thume/*Woroszylska*, Länderbericht Polen S. 1143.

[27] Dänemark: § 37 des CMR-Gesetzes: „med forsæt eller ved grov uagtsomhet"; siehe auch *Siesby/Sondergaard*, Dänemark, in: *Rodière*, Le contrat, S. 174, 184; Finnland: § 38 des Gesetzes (vgl. Einl. Rn. 31): „uppsåtligen eller av grov vårdslöshet"; Norwegen: § 38 des Gesetzes (vgl. Einl. Rn. 31): „forsettlig eller grov uaktsomt"; ebenso für Schweden § 5 des CMR-Gesetzes: „grov vårdslöshet"; zur Judikatur vgl. *Schelin* TranspR 2004, 107 ff.; Thume/*ders.*, Länderbericht Skandinavien und Finnland S. 1173 ff.

[28] *Rodière* BT 1974, 316 Nr. 98; *Lamy* 2008 Rn. 866.

[29] *Rodière*, Droit des transports S. 597 f. Nr. 532 m. Nachw.; aus der neueren Rspr. etwa Cour Paris 22.4.1992, BTL 1992, 362; *Lutz* TranspR 1989, 139.

[30] *Lamy* 2013 Rn. 800 bezeichnet die „négligence grossière" als einen Fall der „faute lourde".

[31] *Lamy* 2013 Rn. 548 f.; Thume/*Mauro*, Länderbericht Frankreich S. 1039.

[32] *Lubach* TranspR 2007, 236, 237; vgl. auch Barcelona 6.4.1999, ULR 1999, 1040.

[33] *Lubach* TranspR 2010, 187; Thume/*ders.*, Länderbericht Spanien S. 1202; kritisch *Sánchez-Gamborino* ETR 2010, 240.

[34] Vgl. dazu Thume/*Bilgin/Atamer*, Länderbericht Türkei S. 1227.

[35] Thume/*Bilgin/Atamer*, Länderbericht Türkei S. 1228.

[36] *Clarke* S. 322 Nr. 102; *Hill/Messent* S. 233; Thume/*Becher/Kenny*, Länderbericht Großbritannien S. 1053.

nentalen Rechten war der Unterschied, der sich nach einer Leitentscheidung des Areopags[37] zu **Griechenland** auftat: Danach sei die grobe Fahrlässigkeit dem Vorsatz nur gleichzustellen, wenn dies im Einzelfall im Gesetz vorgesehen ist, und an einer solchen Bestimmung fehle es im Fall der CMR. Mittlerweile wird jedoch der Begriff des „wilful misconduct" in dem hier umschriebenen Sinne erweitert.[38] In **Belgien** ist die Meinung vorherrschend, dass nur vorsätzliches Verhalten die Rechtsfolgen nach Art. 29 CMR auslöst,[39] das vorsatzgleiche Verschulden gelange nicht zur Anwendung, wenn das Recht des angerufenen Gerichts den Begriff des Vorsatzes kenne.[40] Es bedarf allerdings nicht des direkten Nachweises des Vorsatzes, heranzuziehen sind die Umstände des Einzelfalles und die Ableitung aus Indizien ist möglich.[41] Zu den vereinzelten Entscheidungen Rn. 22.

**12**    In den **Niederlanden** beschränkt Art. 8:1108 Abs. 1 N. B. W. die Gleichstellung auf solche Handlungen und Unterlassungen, die der Frachtführer „leichtfertig und in dem Bewusstsein, dass dieser Schaden mit Wahrscheinlichkeit eintreten werde", begangen hat.[42] Diese Vorschrift knüpft an die Umschreibungen des vorsatzgleichen Verschuldens in Art. 25 WA 1955 sowie in Art. 4 § 5 lit. e VisbyR und anderen neuen Konventionen an. Während die Rechtsprechung in der Auslegung dieses Begriffs zunächst auf ein objektiv leichtfertiges Verhalten abstellte und hinsichtlich des subjektiven Elements – ob der Frachtführer sich der Schadenswahrscheinlichkeit bewusst war – auch einen objektiven Standard genügen ließ,[43] indem der Maßstab eines normalen und sorgfältigen Frachtführers bezüglich der Schadensmöglichkeit der Beurteilung zugrunde gelegt wurde, wird nunmehr ein wesentlich restriktiverer Ansatz vertreten. Erforderlich ist, dass derjenige, der die mit dem Verhalten verbundene Gefahr erkennt, sich bewusst ist, dass die Chance, dass die Gefahr eintreten werde, beträchtlich größer ist als die Chance, dass dies nicht der Fall ist, und dennoch von seinem Verhalten nicht Abstand nimmt.[44] Trotz grober Sorgfaltsverstöße wurde somit leichtfertiges Verhalten auch abgelehnt, da nicht ohne weiteres auf das erforderliche Wahrscheinlichkeitsbewusstsein geschlossen werden konnte;[45] insgesamt sind die Fälle, in denen eine unbeschränkte Haftung angenommen wird, selten.[46]

**13**    Bei Frachtverträgen, die nach dem 30.6.1998 abgeschlossen wurden, sind nach **deutschem Frachtrecht** nur noch solche Sorgfaltsverstöße dem Vorsatz gleichzuhalten, die leichtfertig in dem Bewusstsein begangen werden, dass ein Schaden mit Wahrscheinlichkeit eintreten wird. Dieser **Verschuldensgrad des § 435 HGB** ist nunmehr auch im Rahmen des Art. 29 CMR als das dem Vorsatz gleichstehende Verschulden anzusehen.[47] Die Formulierung entspricht der deutschen Übersetzung jener Vorschriften internationaler Überein-

---

[37] Urteil Nr. 2010/1990, deutscher Bericht in TranspR 1992, 175 m. Anm. *Herber;* zuvor beurteilten griechische Gerichte die grobe Fahrlässigkeit als gleichstehendes Verschulden; vgl. die Nachweise bei *Murray* ETR 1999, 104, 107 Fn. 8; *Tountopoulos* TranspR 2012, 283 Fn. 12.

[38] Areopag 12.3.1998, Nr. 18/1998, ETR 1999, 100; ausführlich dazu und zur Judikatur seither *Tountopoulos* TranspR 2012, 283, 284 ff.

[39] Vgl. *Putzeys* S. 319; Hof Brüssel 30.10.1975, ETR 1976, 238: keine Gleichstellung mit grober Fahrlässigkeit; ebenso Hof Gent 26.3.1992, ETR 1992, 847; Hof Antwerpen 19.2.2007, ETR 2007, 427: Element der Absicht erforderlich.

[40] Thume/*De Smet* Länderbericht Belgien S. 1018 f. mwN.

[41] Thume/*De Smet* Länderbericht Belgien S. 1019; EBJS/*Bahnsen* Rn. 29.

[42] *Haak* TranspR 2004, 105 Fn. 8.

[43] Vgl. dazu die Nachweise bei *Haak* TranspR 2004, 104, 105; *Smeele* ETR 2000, 329, 331.

[44] Hoge Raad 5.1.2001, ETR 2001, 97; ETR 2001, 116; Hoge Raad 22.2.2002 und 11.10.2002, ETR 2004, 658.

[45] Vgl. *Haak* TranspR 2004, 104, 106; Hoge Raad 22.2.2002, Hoge Raad 11.10.2002, ETR 2004, 658.

[46] *Eckoldt* TranspR 2009, 117, 119; Thume/*van Rossenberg* Länderbericht Niederlande S. 1096 f.

[47] HM: BGH 16.7.1998, TranspR 1999, 19, 21; 9.10.2003, TranspR 2004, 175; 3.3.2005, TranspR 2005, 253, 254; 20.1.2005, TranspR 2005, 311, 313; 6.6.2007, TranspR 2007, 423, 424; OLG München 27.7.2001, TranspR 2002, 161, 162; OLG Düsseldorf 14.11.2001, TranspR 2002, 73, 75; OLG Düsseldorf 24.7.2002, TranspR 2003, 343, 345; OLG Hamburg 28.2.2002, TranspR 2002, 344; *Starck,* FS Herber, S. 128, 134; *Fremuth* TranspR 1997, 48, 56; *Fischer* TranspR 1999, 261, 273; *Herber* TranspR 2004, 93, 97; *Koller* Rn. 3a; GroßkommHGB/*Helm* Rn. 7; Thume/*Harms* Rn. 14; Ferrari/*Otte,* Int. Vertragsrecht, Rn. 11.

kommen, die die Durchbrechung der Haftungsgrenzen vorsehen (vgl. Rn. 6). Da mit der Reform des deutschen Frachtrechts ein Einklang mit den den entsprechenden Normen des internationalen Transportrechts angestrebt wurde,[48] ist die Auslegung dieser Vorschrift an dem Verständnis dieser Bestimmungen auszurichten (siehe dazu Rn. 15).[49]

**c) Begriff der groben Fahrlässigkeit.** Nach der ständigen Rechtsprechung des BGH **14** bedeutet grobe Fahrlässigkeit nach deutschem Recht eine besonders schwere Verletzung der in der konkreten Situation erforderlichen Sorgfalt, wenn selbst ganz nahe liegende Überlegungen nicht angestellt werden und das nicht beachtet wird, was im konkreten Fall jedem einleuchten muss.[50] Das Maß der gebotenen Sorgfalt richtet sich nach den Anforderungen, die auf dem risikoreichsten Streckenabschnitt an die Sicherheitsvorkehrungen zum Schutz des Transportgutes zu stellen sind.[51] Die bewusste und unbewusste Erscheinungsform stehen gleichwertig nebeneinander; es ist also nicht erforderlich, dass der Handelnde den Schadenseintritt als möglich vorausgesehen hat.[52] Allerdings indiziert ein Handeln im Bewusstsein der Gefährlichkeit regelmäßig einen besonders schweren Sorgfaltsverstoß.[53] Auch im Rahmen von Art. 29 Abs. 1 braucht sich der gesteigerte Schuldvorwurf nur auf den Haftungsbegründungstatbestand zu erstrecken, nicht auch auf die daraus entstehenden Schäden;[54] insoweit genügte allgemeine Vorhersehbarkeit.[55]

**d) Begriff des leichtfertigen Handelns in dem Bewusstsein, dass ein Schaden** **15** **mit Wahrscheinlichkeit eintreten werde.** Auch das **objektive** Tatbestandsmerkmal der Leichtfertigkeit erfordert einen „besonders schweren Pflichtenverstoß, bei dem sich der Frachtführer und seine Leute in krasser Weise über die Sicherheitsinteressen seiner Vertragspartner hinwegsetzen."[56] Zum Teil werden damit besonders schwere Fälle grober Fahrlässigkeit bezeichnet, ein Handeln „ohne Rücksicht auf Verluste".[57] Es sei ein höheres Maß an Verschulden erforderlich als allgemein bei grober Fahrlässigkeit; der Frachtführer oder seine Gehilfen müssen sich in besonders krasser, rücksichtsloser Weise über das Sicherheitsinteresse der ihnen anvertrauten Güter hinweggesetzt haben.[58] Jedenfalls ist erforderlich, dass **kumulativ** das **subjektive** Merkmal des Bewusstseins der Wahrscheinlichkeit des Schadenseintritts gegeben ist. Der Schädiger muss sich bewusst sein, dass ein Schaden eintreten kann;[59] erforderlich ist die Vorstellung von irgendeinem Schaden, nicht hingegen vom späteren konkreten Schadensverlauf.[60] Das Tatbestandsmerkmal der Wahrscheinlichkeit ist nicht mit einer mathematischen Grenzzahl zu bestimmen, sondern es ist auf ein nahe

---

[48] Siehe BT-Drucks. 13/8445, S. 71 f.

[49] BGH 25.3.2004, TranspR 2004, 309, 310 = VersR 2004, 1335.

[50] BGH 16.7.1998, TranspR 1999, 19, 21; 15.12.1994, NJW-RR 1995, 415 sub II 1 a; 27.6.1985, VersR 1985, 1060, 1061; 19.12.1979, NJW 1980, 887, 888; RG 21.3.1940, RGZ 163, 106; OLG München 16.1.1991, TranspR 1992, 181, 183; OLG Düsseldorf 23.11.1989, TranspR 1990, 63, 65.

[51] BGH 16.7.1998, TranspR 1999, 19, 22.

[52] So ausdrücklich OLG München 16.1.1991, TranspR 1992, 181, 183; zur Unterscheidung zwischen bewusster und unbewusster Fahrlässigkeit Palandt/*Grüneberg,* 72. Aufl. 2013, § 276 BGB Rn. 13.

[53] So vor allem BGH 27.6.1985 VersR 1985, 1060, 1061; *Piper* VersR 1988, 201, 207.

[54] BGH 27.6.1985, VersR 1985, 1060, 1061; 20.11.1979, BGHZ 75, 328, 329; *Piper* VersR 1988, 201, 207.

[55] Vgl. BGH 27.6.1985, VersR 1985, 1060, 1061; RG 20.6.1935, RGZ 148, 154, 165; *Piper* VersR 1988, 201, 207.

[56] StRspr. seit BGH 25.3.2004, TranspR 2004, 309, 310 = VersR 2004, 1335; 21.3.2007, TranspR 2007, 361, 362; 6.6.2007, TranspR 2007, 423, 424; zur CMR zuletzt etwa BGH 30.9.2010, TranspR 2010, 437, 438; zuvor zum WA BGH 12.1.1982, TranspR 1982, 100 = VersR 1982, 369.

[57] *Rabe,* Seehandelsrecht, 4. Aufl., § 607a HGB Rn. 21; OLG Oldenburg 23.5.2001, TranspR 2001, 367 („besonders krasse Nachlässigkeit"); OLG Köln 19.6.2001, TranspR 2001, 407, 408.

[58] *Dubischar* VIIa § 435 HGB Rn. 5; *Thume* TranspR 2002, 3; zu Art. 25 WA 1955 Fremuth/Thume/ *Fremuth* § 435 HGB Rn. 18; Fremuth/Thume/*Müller-Rostin* Art. 25 WA Rn. 8; *Kronke* in der Erstauflage Art. 25 WA 1955 Rn. 28; BGH 12.1.1982, TranspR 1982, 100 = VersR 1982, 369.

[59] GroßkommHGB/*Helm* Rn. 9.

[60] BGH 30.9.2010, TranspR 2010, 437, 438; *Koller* § 435 HGB Rn. 14; Art. 29 CMR Rn. 5; GroßkommHGB/*Helm* Rn. 5; *Thume*/*Harms* Rn. 25.

liegendes Risiko eines Schadenseintritts abzustellen.[61] Zur Erfüllung des Tatbestands müssen jeweils die Leichtfertigkeit und das Schädigungsbewusstsein, also zwei Tatbestandsmerkmale gegeben sein,[62] sodass es sich daher grundsätzlich verbietet, von dem einen auf das andere zu schließen. Zu bedenken ist allerdings, dass der Nachweis eines subjektiven Moments nur schwer gelingt und Gerichte daher auf äußere, objektiv feststellbare Tatsachen angewiesen sind, wenn sie innere wie Schädigungsbewusstsein oder -absicht zu ermitteln haben. Legt der Schädiger seine Gedanken nicht offen, kann das Tatbestandsmerkmal nur durch Indizien und nahe liegende, wahrscheinliche Gedankengänge begründet werden.[63] Dieselben Umstände, die einen Schädiger als leichtfertig erscheinen lassen, können im Einzelfall durchaus den Schluss auf seine subjektive Einstellung zulassen und nahe legen, dass er ein Schädigungsbewusstsein gehabt hat;[64] vgl. auch Rn. 42. Die Rspr. erachtet den Schluss auf das Schädigungsbewusstsein bei entsprechender Schwere des objektiven Pflichtenverstoßes unter Berücksichtigung aller die Tat begleitender Umstände für gerechtfertigt.[65] Maßgeblich für die Beurteilung ist das übernommene Risiko, welches letztlich die im Einzelfall auch unter Zugrundelegung etwaiger Vereinbarungen erforderlichen Sorgfaltsmaßnahmen bestimmt.[66] Nach verbreiteter Ansicht handelt es sich bei diesem Verschuldensgrad um die bewusste grobe Fahrlässigkeit,[67] wobei das objektive Merkmal der Leichtfertigkeit jenem der groben Fahrlässigkeit entspricht,[68] weshalb insoweit auf die Judikatur zur groben Fahrlässigkeit zurückgegriffen werden kann.[69] Vgl. im Übrigen die Kommentierung zu § 435 HGB.

**16**   Die Formeln zur Umschreibung sowohl der groben Fahrlässigkeit als auch des leichtfertigen Handelns im Bewusstsein der Schadenswahrscheinlichkeit sind von generalklauselartiger **Unbestimmtheit**.[70] Sie eröffnen der Rspr. die Möglichkeit, die Anforderungen an die Sorgfaltspflichten der Beförderer zu erhöhen und uU auch wieder abzusenken. Die verschiedenen Sorgfaltsmaßstäbe im Haftungsrecht bilden die abstrakte gesetzliche Grundlage, auf der die Gerichte die im Verkehr zu beachtenden Sorgfaltsstandards zu ermitteln und, wenn sich besondere Gefährdungen zeigen, auch anzuheben haben.[71] Indem sie für bestimmte Fallgruppen die Schwelle zu dem die Haftungsprivilegien des Frachtführers aufhebenden Verschulden absenken, sollten daraus starke **Anreize zur Schadensverhütung** und letztlich eine Verringerung oder Begrenzung des Schadensvolumens resultieren. Schon seit langem wird kritisiert, dass die Gerichte die **Anforderungen überziehen** und vorschnell schweres Verschulden des Frachtführers annehmen.[72] Diese Tendenz der häufigen Haftungsdurchbrechung setzt sich in der Rspr. zu § 435 HGB trotz der infolge des Erfordernisses

[61] *Koller* § 435 HGB Rn. 16; OLG Oldenburg 23.5.2001, TranspR 2001, 367; OLG Köln 19.6.2001, TranspR 2001, 407; OLG München 27.7.2001, TranspR 2002, 161, 162; GroßkommHGB/*Helm* Rn. 9; aA *Kronke* in der Erstauflage Art. 25 WA Rn. 30; Giemulla/Schmid/*Giemulla* Art. 25 WA Rn. 45; Fremuth/Thume/*Fremuth* § 435 HGB Rn. 16; *Neumann* TranspR 2002, 413, 416; OLG Frankfurt 22.10.1980, VersR 1981, 164: Schadenseintrittswahrscheinlichkeit von mehr als 50 %.

[62] *Thume* TranspR 2002, 3; *Basedow* TranspV S. 421 zu Art. 25 WA/HP.

[63] GroßkommHGB/*Helm* Rn. 9.

[64] *Basedow* TranspV S. 421; *Rabe,* Seehandelsrecht 4. Aufl. Rn. 23; vgl. dazu auch OLG Köln 19.6.2001, TranspR 2001, 407.

[65] Zur CMR etwa BGH 25.3.2004, TranspR 2004, 309, 311 = VersR 2004, 1335; OLG Hamm 22.11.2004, TranspR 2005, 123, 124.

[66] Zur CMR schweres Verschulden ablehnend BGH 6.6.2007, TranspR 2007, 423, 424 = VersR 2008, 1134 = ETR 2008, 358; 1.7.2010, TranspR 2011, 78, 79; befürwortend BGH 20.1.2005, TranspR 2005, 311, 312; 30.9.2010, TranspR 2010, 437, 440 = VersR 2011, 819 = ETR 2010, 625.

[67] GroßkommHGB/*Helm* Rn. 7 Fn. 43 mwN; *Herber/Piper* Rn. 5; problematisch ist daher die Judikatur, wonach bereits ein fahrlässig fehlendes Schadensbewusstsein ausreichen soll (so BGH 25.3.2004, TranspR 2004, 309, 312 = VersR 2004, 1335); zu Recht kritisch daher Thume/*Harms* Rn. 24.

[68] GroßkommHGB/*Helm* Rn. 8; Thume/*Harms* Rn. 22; *Koller* § 435 HGB Rn. 6; LG Frankfurt/Main 11.9.2001, TranspR 2002, 165, 166; abweichende Meinungen siehe oben Fn. 58.

[69] GroßkommHGB/*Helm* Rn. 8; Thume/*Harms* Rn. 22, 28.

[70] Zu § 435 HGB *Koller* VersR 2004, 1346, 1347; zum wilful misconduct GroßkommHGB/*Helm* Rn. 10; *Basedow* TranspV S. 421.

[71] Siehe näher *Basedow* TranspV S. 496–498, vgl. auch schon Art. 17 Rn. 3 aE.

[72] Vgl. *Glöckner* Rn. 3; *Schneider* TranspR 1988, 57; *Heuer* TranspR 1998, 47, 49.

des Schädigungsbewusstseins im Grunde strengeren Voraussetzungen unverändert fort;[73] erst in der jüngsten Judikatur ist eine zum Teil differenziertere Beurteilung erkennbar (vgl. die Beispiele in Rn. 25).

Den Parteien des Beförderungsvertrags steht es offen, durch **Vereinbarungen der** 16a **geschuldeten Pflichten** letztlich auch auf die Durchbrechung der Haftungsgrenzen Einfluss zu nehmen. Art. 41 CMR beschränkt die Vertragsfreiheit lediglich, soweit das Übereinkommen selbst Regelungen enthält; hinsichtlich im Einzelfall notwendiger Sicherheitsstandards, wie der Vereinbarung besonderer Transportmittel, nur bewachte Parkplätze aufzusuchen, einen zweiten oder einen sprachkundigen Fahrer einzusetzen etc. schweigt die CMR, sodass diese Vereinbarungen jedenfalls zulässig sind (vgl. Art. 41 Rn. 8).

e) **Einzelfälle.** In folgenden Verhaltensweisen haben **deutsche Gerichte** Vorsatz oder 17 ein vorsatzgleiches Verschulden im Sinne der **groben Fahrlässigkeit** erkannt: **Abstellen eines unbewachten Lkw** in Mailänder Vorort;[74] Nachtruhe auf unbewachter Parkspur einer italienischen Autobahn;[75] Übernachten auf unbewachtem Parkplatz in Italien;[76] Abstellen eines Lkw in einer Halle mit Zugangsmöglichkeit für andere Nutzungsberechtigte, wenn auch nach einem früheren **Diebstahl** nur offensichtlich unzureichende Sicherungsmaßnahmen getroffen wurden;[77] Abstellen eines ungesicherten, unverschlossenen Containers über Nacht auf einem unbewachten Parkplatz;[78] Abstellen eines mit Computern beladenen, lediglich durch ein Vorhängeschloss und eine Plombe gesicherten Lkw in einem englischen Industriegebiet über sechs Stunden am Wochenende;[79] Abstellen eines Lkw mit diebstahlgefährdetem Gut über Nacht in norwegischem Industriegebiet;[80] unbewachtes Abstellen über Nacht eines nicht gesicherten, planengedeckten Lkw mit wertvoller, diebstahlgefährdeter Ware in einer dunklen und menschenleeren Nebenstraße eines 20–30 km von Istanbul entfernten Industriegebiets;[81] Abstellen und Verlassen des unbewachten Lkw an einem als besonders diebstahlgefährdet bekannten Ort ohne Einrasten des Lenkradschlosses;[82] Abstellen für eine Stunde auf Autobahnauffahrt in Italien;[83] Abstellen eines ungesicherten Lkw am Straßenrand während kurzen Restaurantbesuchs am Abend in Italien;[84] unbeaufsichtigtes Abstellen eines Lkw mit wertvoller Ladung durch mehrere Stunden auf der Straße zur Einnahme einer Mahlzeit;[85] Abstellen eines mit einer Plane abgedeckten Trailers auf nicht eingezäuntem, unbewachten Grundstück für ein ganzes Wochenende;[86] Abstellen eines Lkw mit hochwertiger Ladung Kupferbleche auf einem fast ungesicherten Speditionshof in Oberitalien während mehrerer Nachtstunden;[87] Abstellen eines planengedeckten Lkw mit hochwertiger Ladung auf einem nicht bewachten Parkplatz in Turin während der Nachtstunden, wobei der Fahrer in der Kabine schlief;[88] Abstellen eines Lkw

---

[73] Siehe etwa *Koller* VersR 2004, 1346 ff.; Thume/*Harms* Rn. 28; kritisch auch *Fremuth* in FS Thume S. 161, 164 f.; zur Problematik der zu niedrigen Haftungsgrenzen als Grund für die häufigen Haftungsdurchbrechungen *Herber* TranspR 2004, 93 ff. Zunächst fanden sich immer wieder Entscheidungen, die von grober Fahrlässigkeit ausgingen (OLG Stuttgart 26.7.2006, TranspR 2007, 320, 321 = VersR 2008, 1136; OLG Köln 30.5.2006, TranspR 2007, 114, 115), ein Umstand, der den Verdacht der unreflektierten Fortsetzung eingefahrener Judikaturlinien nährt.
[74] BGH 16.2.1984, VersR 1984, 551.
[75] BGH 14.7.1983, BGHZ 88, 157.
[76] BGH 17.4.1997, TranspR 1998, 65; LG Frankfurt/Main 6.10.1995, TranspR 1997, 197.
[77] OLG Düsseldorf 22.11.1990, VersR 1991, 1198.
[78] OLG Hamm 30.3.1998, TranspR 1998, 463.
[79] OLG Hamm 12.7.1995, TranspR 1996, 237.
[80] OLG Hamm 26.10.1998, TranspR 2000, 359.
[81] OLG Köln 10.12.2002, TranspR 2003, 459.
[82] OLG München 12.5.1989, TranspR 1990, 427, 429 = VersR 1991, 834.
[83] OLG Düsseldorf 11.5.1989, TranspR 1990, 60, 63.
[84] OLG München 27.5.1998, TranspR 1998, 357.
[85] OLG Koblenz 13.2.1996, TranspR 1996, 378, 379.
[86] OLG Hamm 10.12.1987, TranspR 1989, 155.
[87] OLG Hamburg 13.3.1993, TranspR 1994, 193.
[88] OLG München 29.11.1995, TranspR 1997, 190; zu ähnlichem Sachverhalt OLG München 10.1.1997, TranspR 1997, 277.

mit hochwertiger Ladung zur Nachtruhe im Führerhaus in einer als diebstahlgefährdet bekannten Region auf einem nicht bewachten Parkplatz ohne den Zündschlüssel abzuziehen;[89] Abstellen eines als Kleidertransporter erkennbaren, nur mit einem Vorhängeschloss gesicherten Lkw während der Nachtruhe des Fahrers auf unbewachtem Parkplatz in Ungarn;[90] Abstellen eines mit hochwertiger Ware (Zigaretten) beladenen Trailers im unbewachten Freihafengelände, obwohl die Möglichkeit einer Bewachung bestanden hat;[91] Übernachtung auf einem unbewachten Parkplatz einer geschlossenen Tankstelle und völliges Untätigbleiben des Fahrers bei begründetem Diebstahlverdacht;[92] Einlagerung von Silber in unbewachte Lagerräume, für die mehrere Mitarbeiter Schlüssel besitzen;[93] Diebstahl von Fernsehgeräten durch den Fahrer des Unterfrachtführers;[94] **Lieferfristüberschreitung** nach Beauftragung eines Subunternehmers, der vom vereinbarten Transportweg abweicht, und bewusst falschen Zwischenmeldungen über den Standort der Fahrzeuge;[95] Überschreiten der üblichen Transportdauer, weil Geld für die Beschaffung von Treibstoff zur Weiterfahrt fehlt;[96] Überschreitung der einem vernünftigen Frachtführer zuzubilligenden Lieferfrist, wenn er an einer Transportroute trotz voraussehbarer Störungen festhält und einwandfrei funktionierende Alternativwege ungenutzt lässt;[97] Unterlassen der Unterrichtung des Auftraggebers von absehbaren Transportverzögerungen;[98] Transport Neapel-Niederrhein mit nur einem Fahrer und Zusage einer Transportdauer von weniger als 50 Stunden;[99] **Abstellen verderblicher Ware** in einem Kühlwagen für eineinhalb Tage;[100] Transport von Fleischwaren über 20 Stunden in Kühlwagen ohne Temperaturkontrolle und Abstellen des Lkw mit dieser Ladung während eineinhalb Tagen ohne Vorsorge für die Kontrolle der Kühltemperatur;[101] Verwendung eines für den Transport von tiefgefrorenem Fleisch ungeeigneten Kühlaufliegers sowie Unterlassung jeglicher Temperaturkontrollen während der Fahrt;[102] **Alkoholschmuggel** in arabisches Land trotz eindringlicher Warnung und gegenteiliger Verpflichtungserklärung des Fahrers;[103] Übernahme eines Transports nach Kuwait ohne Zugang zu den erforderlichen arabischen Verkehrsgenehmigungen;[104] Transport einer evident unzureichend verpackten Maschine;[105] Transport mit vertragswidrigen Transportmitteln;[106] Auslieferung in Moskau ohne Überprüfung der Identität der Empfangsperson;[107] grober Umgang mit Möbelstücken, indem diese auf einen unordentlichen Haufen geworfen werden;[108] Verstoß gegen ein Umladeverbot, welches erkennbar wegen der besonderen Gefährdung des Gutes erteilt wurde;[109] Übertragung des Ausfüllens des **Frachtbriefs** an den Fahrer ohne ihn mit transportwesentlichen Informationen zu versorgen.[110] Als **grobes Organisationsverschulden** wurde etwa die Auslieferung bei einem größeren Unternehmer gegen undatierte und unleserliche Quittung gewertet;[111]

---

[89] OLG München 4.12.1996, TranspR 1997, 193.
[90] OLG München 26.11.1997, TranspR 1998, 305.
[91] OLG Hamburg 14.5.1996, TranspR 1997, 101, 103 f.
[92] OLG Köln 27.9.2005, TranspR 2007, 316, 319 f.
[93] OLG München 27.11.1968, ETR 1971, 115, 125.
[94] OLG Hamburg 14.5.1996, TranspR 1997, 100.
[95] BGH 14.11.1991, TranspR 1992, 135, 139.
[96] OLG Düsseldorf 26.7.1984, TranspR 1985, 128, 129.
[97] LG Lübeck 17.3.1986, TranspR 1986, 339.
[98] OLG München 12.4.1990, NJW-RR 1991, 230, 232 = TranspR 1990, 280, 285.
[99] OLG Düsseldorf 12.12.1985, TranspR 1986, 56.
[100] OLG Düsseldorf 12.12.1985, VersR 1986, 1069, 1070.
[101] OLG München 16.1.1991, TranspR 1992, 181, 183.
[102] OLG Hamburg 23.6.1999, TranspR 2000, 175.
[103] BGH 27.6.1985, VersR 1985, 1060.
[104] OLG München 12.4.1990, NJW-RR 1991, 230, 232 = TranspR 1990, 280, 285.
[105] KG 24.2.1986, NJW-RR 1986, 907.
[106] OLG Hamburg 30.8.1984, VersR 1985, 832.
[107] LG Frankfurt/Main 22.9.1999, TranspR 2000, 368; zur Auslieferung an einen Nichtberechtigten vgl. auch OLG Oldenburg 11.10.2001, TranspR 2003, 76, 79.
[108] AG Tempelhof-Kreuzberg 18.6.1998, TranspR 1998, 403, 405.
[109] OLG Köln 8.3.2002, TranspR 2002, 239, 241.
[110] OLG Düsseldorf 24.7.2002, VersR 2003, 198, 201.
[111] OLG München 28.1.1998, TranspR 1998, 256.

ebenso die unterlassene Instruktion des Fahrers über bewachte Parkplätze zur Übernachtung trotz Kenntnis der erhöhten Diebstahlsgefahr;[112] die langjährige Praxis ungesicherte Fahrzeuge mit wertvoller Ladung unbewacht über Nacht in Industriegebiet in der Nähe Istanbuls abzustellen;[113] das Fehlen wirksamer Ausgangskontrollen gegen das Abhandenkommen von Transportgut im Lager.[114] Schließlich sei bei gesteigerter Diebstahls- bzw. Raubgefahr wertvoller Ladung ein Transport in Italien so zu organisieren, dass Ruhepausen auf bewachten Parkplätzen eingehalten werden können oder es müsse ein zweiter Fahrer eingesetzt werden.[115]

In folgenden CMR-Fällen haben **deutsche Gerichte** den Verschuldensmaßstab des **18** **§ 435 HGB verwirklicht** gesehen: Durchführung eines **Kühltransports** ohne funktionsfähiges Kühlaggregat bei Außentemperaturen von 30° Celsius;[116] **ungesichertes Abstellen** eines mit leicht absetzbarem Gut beladenen Lastzugs an einer Tankstelle im städtischen Bereich in Polen;[117] unbewachtes Abstellen eines planengedeckten Lkw mit wertvoller Ladung auf offener Straße über das Wochenende;[118] unbeaufsichtigtes Abstellen eines planengedeckten Lkw mit hoch diebstahlgefährdeter Ladung durch zwei Nächte auf öffentlicher Straße in Deutschland;[119] Abstellen des mit diebstahlgefährdetem Gut beladenen Fahrzeugs auf unbewachtem Parkplatz in Belgien mit im Wagen schlafendem Fahrer trotz Vereinbarung nur bewachte Parkplätze aufzusuchen;[120] Abstellen eines Fahrzeugs auf ungesichertem Betriebsgelände in Linz;[121] **Mitnahme** und kurzes Alleinlassen einer Anhalterin im Fahrzeug, die währenddessen „k. o."-Tropfen in ein Getränk des Fahrers mischt und sich dann der Ladung bemächtigt;[122] **Auslieferung** an eine unbekannte Person außerhalb der Geschäftsräume des frachtbriefmäßigen Empfängers;[123] Auslieferung an Unbekannten ohne Überprüfung seiner Identität;[124] Vermischung durch einen Unfall beschädigter Ladungsteile mit unbeschädigten, sodass diese später nicht mehr unterschieden werden konnten.[125] **Grobes Organisationsverschulden** liegt vor bei fehlenden Eingangs- und Ausgangskontrollen;[126] bei fehlenden oder nur stichprobenartigen Ausgangskontrollen bzw. Selbstbeladung durch Betriebsfremde im Lager des Frachtführers;[127] bei fehlendem Sicherungssystem, welches ermöglichen würde, den Verlauf von Sendungen nachzuvollziehen und deren etwaigen Verlust ausreichend örtlich und zeitlich einzugrenzen;[128] unterlassene Überprüfung der Kennzeichnung des Gutes durch den Fahrer bei Anbringen der Transportaufkleber.[129] Der **Diebstahl durch Gehilfen** als plausible Schadensursache wurde als „zumindest" vorsatzgleiches Verschulden beurteilt.[130] Bewusst leichtfertiges Verhalten bei **Lieferfristüberschreitungen** wurde angenommen bei verspäteter Übernahme und Ablie-

[112] BGH 17.4.1997, TranspR 1998, 65.
[113] OLG Köln 10.12.2002, TranspR 2003, 459.
[114] OLG Karlsruhe 28.11.1996, VersR 1997, 645; ähnlich OLG Nürnberg 18.11.1998, TranspR 2000, 126, 127 (Eingangs- und Ausgangsscannung).
[115] OLG Nürnberg 24.2.1999, TranspR 2000, 81; vgl. zu diesem Fall auch BGH 17.4.1997, TranspR 1998, 25; OLG Nürnberg 22.3.1995, TranspR 1996, 381; in diesem Sinne auch BGH 28.5.1998, TranspR 1998, 454.
[116] OLG München 22.3.2006, TranspR 2006, 310.
[117] LG Frankfurt/Main 11.9.2001, TranspR 2002, 165.
[118] OLG Hamburg 17.1.2001, TranspR 2002, 238.
[119] LG Hamburg 5.12.2000, TranspR 2001, 79.
[120] OLG München 5.5.2010, TranspR 2010, 352, 353.
[121] BGH 18.12.2008, TranspR 2009, 134, 136, wobei sekundärer Darlegungslast unzureichend nachgekommen wurde.
[122] OLG Hamm 22.11.2004, TranspR 2006, 123.
[123] OLG Düsseldorf 24.7.2002, TranspR 2003, 343, 345.
[124] LG Frankfurt/Main 22.9.1999, TranspR 2000, 368.
[125] LG Freiburg 3.9.2004, TranspR 2005, 315.
[126] BGH 19.5.2005, TranspR 2006, 114, 115; relevant wird dies bei Verlust, bei Beschädigung gilt Abweichendes dazu etwa BGH 9.10.2003, TranspR 2004, 175, 177.
[127] OLG München 27.7.2001, TranspR 2002, 161, 162 f.
[128] BGH 30.3.2006, TranspR 2006, 250, 252.
[129] OLG Köln 20.5.2006, TranspR 2007, 114, 115: das Gericht nimmt allerdings grobe Fahrlässigkeit an.
[130] OLG München 23.9.2004, TranspR 2005, 254, 255.

ferung infolge eines kurzfristigen anderen Auftrags;[131] bei mangelnder Kontrolle der Auftragsvergabe an Subfrächter bei just-in-time Lieferungen und mangelnder Reaktion nach Entdeckung der falschen Auftragsvergabe.[132] **Vorsatz** ist gegeben bei einem Verstoß gegen die vertragliche Verpflichtung einen deutschen Fahrer einzusetzen;[133] bei zweifachem Verstoß gegen die vereinbarten Sicherheitsrichtlinien;[134] bei bewusstem Missachten einer Nachnahmevereinbarung durch Annahme eines Schecks anstelle von Bargeld;[135] bei der vorsätzlichen Mitnahme von Schmuggelgut durch den Fahrer, die schließlich zur Beschlagnahme des Transportgutes führt.[136]

19    **Österreichische Gerichte**[137] haben auf Vorsatz oder grobe Fahrlässigkeit erkannt bei Auslieferung des Frachtguts ohne Inkasso des Nachnahmebetrags entgegen dem ausdrücklichen und eindringlichen Auftrag des Absenders;[138] bei Schmuggel;[139] unbeaufsichtigtem Abstellen eines beladenen und nicht mit Diebstahlsicherung ausgestatteten Lkw für etwa 30 Minuten in Mailand;[140] Abstellen eines Lkw ohne Alarmanlage auf einem nicht bewachten Parkplatz im Großraum Mailand zur Nachtzeit für eine Kaffeepause von einer Stunde ohne Sichtkontakt;[141] Abstellen des Lkw für eine Woche auf einem unversperrten Firmenparkplatz in Norditalien, der nur in größeren zeitlichen Abständen kontrolliert wird;[142] bei unbeaufsichtigtem Abstellen eines mit elektronischen Geräten beladenen Lkw mit offener Ladebordwand bzw. Abstellen eines mit ebensolchem Transportgut beladenen Planen-Lkw auf einer Nebenfahrbahn über das Wochenende;[143] Abstellen des beladenen Fahrzeugs auf einem abgelegenen und unübersichtlichen, im Wesentlichen unbewachten Industriepark, bei dem ein- und ausfahrende Fahrzeuge nicht kontrolliert werden;[144] bei nächtlicher Lagerung einer wertvollen Edelmetallsendung in einer frei und ohne Kontrolle zugänglichen Halle;[145] bei verspäteter Abfahrt des Unterfrachtführers wegen Wartens auf Visumerteilung, obwohl Reisedokumente dem Fahrer auch nachgeschickt werden konnten;[146] Verwendung eines TIR–Carnets, ohne die Voraussetzungen des TIR-Abkommens zu erfüllen;[147] Unfallverursachung durch Fahrer des Unterfrachtführers mit Blutalkoholkonzentration von 2,8 Promille;[148] Zuwarten mit der Beladung eines Lkw über den Ablieferungstag hinaus (bedingter Vorsatz);[149] Unterlassung einer vertraglich vereinbarten besonderen Reinigung eines Silofahrzeugs;[150] bei gänzlichem Unterlassen einer gebotenen Reinigung der Auslaufhähne eines Silofahrzeugs;[151] Verwendung einer ungeeigneten Sicherungsmethode (Klemmbalken) statt vereinbarter Spanngurte;[152] Unterlassen von Sicherungsmaßnahmen

---

[131] OLG Hamm 18.8.2008, TranspR 2009, 167, 169, wobei sekundärer Darlegungslast unzureichend nachgekommen wurde.
[132] OLG Stuttgart 28.5.2008, TranspR 2008, 259, 261.
[133] BGH 20.1.2005, TranspR 2005, 311, 312.
[134] BGH 30.9.2010, TranspR 2010, 437, 440 = VersR 2011, 819 = ETR 2010, 625.
[135] OLG Düsseldorf 13.12.2006, TranspR 2007, 25, 27.
[136] OLG München 1.6.2011, TranspR 2011, 337, 339.
[137] Vgl. dazu auch den Überblick bei Jabornegg/Artmann/*Csoklich* Rn. 3 ff.
[138] OGH Wien 11.7.1990, TranspR 1992, 322 zu Art. 32 Abs. 1 Satz 2 CMR.
[139] OGH Wien 22.11.1977, TranspR 1980, 31; 12.12.1984, TranspR 1986, 426 = VersR 1986, 798 = SZ 57/196.
[140] OGH Wien 25.1.1990, TranspR 1990, 235 = VersR 1990, 1259; ähnlich OGH Wien 27.6.1996, WBl. 1997, 34.
[141] OGH Wien 31.7.2001, TranspR 2002, 113.
[142] OLG Innsbruck 26.1.1990, TranspR 1991, 12, 22.
[143] OGH Wien 2.7.2008, ETR 2009, 299.
[144] OGH Wien 15.12.2010, RdW 2011/269, 277.
[145] OGH Wien 27.1.2010, 7 Ob 265/09k.
[146] OGH Wien 8.4.1987, SZ 60/64.
[147] OGH Wien 25.4.1984, *Greiter* S. 223 ff.
[148] OGH Wien 10.10.1974, SZ 47/106; zu Alkoholisierung und stark überhöhter Geschwindigkeit OGH Wien 14.10.1997, JBl. 1998, 310.
[149] LG Salzburg 12.10.1995, TranspR 1996, 340.
[150] OGH Wien 6.10.2000, ETR 2000, 236 = RdW 2001/167.
[151] OGH Wien 23.2.2006, 8 Ob 131/05 f.
[152] OGH Wien 23.2.2006, 8 Ob 125/05y.

bei offenkundiger Kippgefahr des Ladegutes im Zuge einer Umladung im Verantwortungs-bereich des Frachtführers.[153] Das Fehlen von Kontrolleinrichtungen bei Schnittstellen und Umladevorgängen ist hingegen nicht schlechthin als grobes Organisationsverschulden anzu-sehen.[154]

**Englische Gerichte** haben auf „wilful misconduct" erkannt, wenn der Fahrer den Lkw **20** auf einem Parkplatz abstellte, ohne sich zuvor nach der Sicherheit des Parkplatzes vor Dieben zu erkundigen,[155] wenn der Fahrer wegen bewusster Überschreitung der höchstzu-lässigen Lenkzeiten am Steuer einschlief und verunglückte,[156] wenn er bewusst eine rote Ampel überfuhr,[157] wenn der Frachtführer die Ware an die falsche Person ausliefert, ohne sich irgendwie über deren Identität mit dem wahren Empfänger zu vergewissern;[158] oder wenn er das Gut ausliefert, ohne den darauf lastenden Nachnahmebetrag einzuziehen.[159] Auch eine erhebliche Alkoholisierung des Fahrers ist wohl als „wilful misconduct" anzuse-hen;[160] ebenso der Diebstahl durch Angestellte des Frachtführers.[161]

**Französische Gerichte:**[162] Faute lourde équivalente au dol (Rn. 10a) liegt etwa vor, **21** wenn der Beförderer Weisung hat, nur an bestimmte, vom Absender benannte Personen abzuliefern, aber gleichwohl das **Gut einem Dritten überlässt;**[163] wenn er sich nicht von der Berechtigung des Empfängers überzeugt und sich den Empfang auch nicht quittieren lässt;[164] wenn er ohne Inkasso der Nachnahme ausliefert;[165] wenn er das Gut an eine ihm unbekannte Person, die sich als Beauftragter des Empfängers ausgibt, abliefert, obwohl nur an den Empfänger gegen Nachnahme abgeliefert werden sollte;[166] wenn der Fahrer eines Unterfrachtführers das Gut unterschlägt.[167] Mit vorsatzgleichem Verschulden handelt der Fahrer/Beförderer auch, wenn er den beladenen Lkw unter bestimmten Umständen sich selbst überlässt und das Gut dadurch **besonderer Diebstahlgefahr aussetzt,** so bei Abstel-len des Lkw auf einem unbewachten Platz in einem Mailänder Vorort am Abend und ohne Einschaltung der Diebstahlsicherung;[168] bei Abstellen eines Lkw ohne Bewachung, Aktivierung der Diebstahlsicherung und Verriegelung der Türen für 15 Minuten auf öffent-licher Straße, wenn dem Absender ein besonders gesichertes Fahrzeug versprochen war;[169] Abstellen der Ladung auf offener Straße nahe der Niederlassung des Empfängers;[170] Abstel-len eines Fahrzeugs auf einem unbewachten Parkplatz über das Wochenende, obwohl es am Gelände des Frachtführers abgestellt hätte werden können;[171] Abstellen eines verriegel-ten und gegen Diebstahl gesicherten Lkw ohne Alarmanlage während dreier Nachtstunden auf einem öffentlichen Parkplatz;[172] ebenso sogar bei Abstellen eines mit leichten Päckchen beladenen Lkw auf öffentlichem Parkplatz unweit einer Polizeistation, während der Fahrer im Fahrzeug schlief.[173] Auch im **Straßenverkehr** wird manches Verhalten als faute lourde

---

[153] OGH Wien 27.1.2010, RdW 2010/434, 399.

[154] OGH Wien 17.3.2005, TranspR 2005, 408 = ecolex 2005/320.

[155] *Texas Instruments Ltd. v. Nason (Europe) Ltd.* [1991] 1 Lloyd's L. Rep. 146 (Q. B. D. 1990) = ETR 1991, 671.

[156] *Sydney Jones Ltd. v. Martin Bencher Ltd.* [1986] 1 Lloyd's L. Rep. 54.

[157] So obiter in *Horabin v. BOAC* [1952] 2 All E. R. 1016, zitiert in *Jones v. Bencher,* Fn. 50.

[158] *Lacey's Footwear Ltd. v. Bowler Int. Freight Ltd.* ETR 1998, 79 (C. A. 1997).

[159] *Clarke* S. 330 Nr. 103d.

[160] *Clarke* S. 329 Nr. 103c.

[161] *Datec Electronic Holdings Ltd. v. United Parcels Service Ltd.* ETR 2006, 231, 244 (C. A. 2005).

[162] Vgl. auch die umfangreichen Nachweise bei *Koller* Rn. 4c und *Lamy* 2013 Rn. 801.

[163] Cour cass. 21.1.1992, BTL 1992, 220.

[164] Cour cass. 12.12.1989, BT 1990, 284; Cour Bordeaux 2.2.1988, BT 1988, 670.

[165] Cour Aix-en-Provence 6.11.1981, BT 1982, 258.

[166] Cour Paris 16.1.2000, ETR 2000, 416.

[167] Cour Montpellier 1.4.1993, BTL 1993, 330.

[168] Cour Paris 22.4.1992, BTL 1992, 362; ebenso schon für das Abstellen in Paris: Cour cass. 13.1.1981, ETR 1981, 686; siehe ferner Cour cass. 26.2.1985, ETR 1985, 338; Trib.com. Paris 11.1.1980, BT 1980, 94.

[169] Cour cass. 3.2.1987, ETR 1987, 158.

[170] Trib.com. Cambrai 12.9.1978, BT 1978, 445.

[171] Cour cass. 3.10.2000, ETR 2001, 92.

[172] Cour cass. 27.11.1991, BTL 1992, 103.

[173] Cour cass. 14.11.1989, BT 1990, 256.

betrachtet: so eine stark überhöhte Geschwindigkeit;[174] die mangelnde Überprüfung der Ladungshöhe vor dem Passieren einer Brücke;[175] die Kollision mit dem Heck eines vorausfahrenden, gut sichtbaren und beleuchteten Lkw trotz Überholmöglichkeit.[176] Bei der **sonstigen Ladungsfürsorge** wird es als vorsatzgleiches Verschulden angesehen, wenn der Fahrer/Beförderer eine grob fehlerhafte Stauung, zB von schweren Paketen auf leichten Kisten mit empfindlichem Gut akzeptiert;[177] wenn er den Lkw mit beschädigter Plane im Schneetreiben abstellt[178] oder ihn sonst sich selbst überlässt, ohne sich weiter um den Fortgang der Beförderung zu kümmern,[179] wenn er Zoll- und sonstige Begleitpapiere verliert,[180] wenn er den Auftraggeber verspätet von einer Transportunterbrechung benachrichtigt und nichts zur Fortsetzung des Transports unternimmt,[181] wenn er sich am Drogenschmuggel beteiligt und dies zur Beschlagnahme der Ladung führt,[182] wenn er das Fahrzeug belädt, obwohl er erkannte, dass es ungeeignet ist.[183]

**22**    **Belgische Gerichte** haben als „zware fout/faute lourde" das Verhalten eines Fahrers beurteilt, der trotz Kenntnis des hohen Werts der Ladung sowie der Anweisung, den Lkw nur auf einem bewachten Parkplatz abzustellen, das Fahrzeug auf öffentlicher Straße und ohne Sicherheitsmaßnahmen mitten in Mailand allein ließ.[184] Ebenso als ein Fahrer einen Lkw mit wertvoller Ladung auf einer relativ einsamen Straße in Brüssel über das Wochenende abstellte, ohne sich zu vergewissern, ob der nachfolgende Frachtführer den Lkw abholen werde.[185] Weitere Fälle, in denen der Frachtführer die Konsequenzen aus Art. 29 zu tragen hatte: Überschreiten der zulässigen Ladungshöhe und unterlassene Kontrolle der Ladungshöhe, wenn es zur Kollision mit einer Brücke kommt;[186] bewusstes und willkürliches Abweichen von der vorgeschriebenen Transportroute;[187] Nichtausführung der Zollformalitäten trotz Auftrag dazu;[188] Diebstahl durch einen Erfüllungsgehilfen;[189] Auslieferung des Gutes an eine unbekannte Person ohne Überprüfung ihrer Identität und Berechtigung, wobei der Frachtführer nicht einmal mehr den genauen Ort, an dem er das Gut übergeben hat, nennen konnte;[190] Mitwirkung eines Angestellten des Frachtführers beim Diebstahl des Transportfahrzeugs.[191]

**23**    In den **Niederlanden**[192] wurde als vorsatzgleiches Verschulden beurteilt, dass ein Fahrer seinen halbbeladenen Lkw vor der Aufnahme einer Beiladung in London mit unverschlossenen Türen und steckendem Zündschlüssel mindestens zehn Minuten lang stehen ließ.[193] Grob schuldhaft ist es auch, wenn tiefgefrorene Himbeeren mit einer Temperatur von -18° C in einem Wagen ohne Kühlrippen befördert werden, ohne dass der Frachtführer mittels Paletten die Luftzirkulation ermöglicht.[194] Auch die mangelnde Überprüfung der Ladungshöhe löst die unbeschränkte Haftung aus, wenn es zur Kollision mit einer Brücke kommt.[195]

---

[174] Cour cass. 22.9.1983, BT 1983, 566; Cour Nancy 21.1.1987, BT 1987, 344; Trib.com. Nanterre 30.1.1992, BTL 1992, 312.

[175] Cour cass. 3.2.1987, ETR 1987, 158; Cour Paris 25.2.1992, BTL 1992, 290; Cour Paris 18.5.1971 BT 1971, 243; Cour Paris 21.6.1975, BT 1975, 380; Trib.com. Paris 7.11.1973, BT 1973, 514.

[176] Cour cass. 8.1.1974, BT 1974, 91; Cour Poitier 19.4.1972, BT 1974, 183.

[177] Cour Paris 27.5.1986, BT 1986, 676.

[178] Cour Paris 17.2.1973, BT 1973, 134.

[179] Cour Lyon 27.6.1980, BT 1980, 504; Cour Paris 17.6.1974, BT 1974, 321.

[180] Cour Paris 18.12.1968 BT 1969, 98; Cour Paris 17.2.1973, BT 1973, 134.

[181] Cour Rouen 19.3.1981, BT 1981, 595.

[182] Cour Paris 6.4.1981, BT 1981, 567.

[183] Cour cass. 31.1.1995, ETR 1996, 387.

[184] Kh. Brüssel 25.5.1992, ETR 1993, 762.

[185] Kh. Brüssel 8.6.1990, ETR 1991, 362.

[186] Hof Brüssel 21.1.1987, ETR 1988, 209.

[187] Kh. Antwerpen 7.11.1980, Jur. Anv. 1979–80, 480.

[188] Kh. Antwerpen 27.12.1983, Rev.dr.com.belge 1987, 71.

[189] Rb. Antwerpen 16.5.1997, ETR 1999, 119.

[190] Hof Antwerpen 9.3.1998, ETR 1998, 707.

[191] Rb. Turnhout 12.6.1997, ETR 1998, 124.

[192] Vgl. auch die Übersicht bei *Smeele* ETR 2000, 329; *Eckoldt* TranspR 2009, 117, 119 f.

[193] Rb. Amsterdam 16.1.1991, S. & S. 1992 Nr. 85.

[194] Hof 's-Gravenhage 19.2.1991, S. & S. 1992 Nr. 119.

[195] Rb. Breda 17.5.1988, S. & S. 1989 Nr. 21.

Eine Transportverzögerung ist grob schuldhaft, wenn der Beförderer erst nach der Übernahme des Gutes erklärt, er liefere nur gegen Vorkasse des Absenders aus.[196] Grobes Verschulden im Sinne der bewussten Leichtfertigkeit wurde auch beim Diebstahl von zwei
mit Zigaretten beladenen Fahrzeugen in Italien bejaht, die auf einem unbewachten Parkplatz
für die Fahrer uneinsehbar während einer Essenspause für etwa eineinhalb Stunden abgestellt
waren;[197] ebenso ein unnötiges Abstellen eines Fahrzeugs übers Wochenende an einer
öffentlicher Straße in einem Industriegebiet in Gouda in der Nähe des Wohnorts des
Fahrers, während dessen der mit Sportbekleidung beladene Container gestohlen wurde.[198]
Insgesamt gelingt der Nachweis eines schweren Verschuldens selten, immer wieder jedoch
bei Beteiligung von Mitarbeitern von Paketdiensten.[199]

In **Dänemark** wurde ein Beförderer zur vollen Entschädigung eines Verspätungsscha- **24**
dens verurteilt, weil der Unterfrachtführer das Gut aus betriebsinternen Gründen über
mehrere Tage bewusst nicht abgefahren hatte.[200] Grob schuldhaft ist es auch, einen mit
Planen gedeckten Lkw mit einer Ladung Radios und Musikinstrumente übers Wochenende
an frei zugänglicher Stelle in einem Gewerbegebiet abzustellen, wenn es dafür keine hinreichende transportbezogene Begründung gibt.[201] Auch die Umladung einer Maschine vom
Lkw auf ein Schiff und die Beförderung an Deck ist vorsatzgleiches Verschulden, wenn
der Frachtbrief ein ausdrückliches Umladeverbot enthielt.[202] In **Norwegen** wurde eine der
erschütterungsempfindlichen Ladung unangepasste, die gesetzlichen Geschwindigkeitsgren-
zen überschreitende, obwohl kein Zeitdruck für die Beförderung bestand, Fahrweise als
dem Vorsatz gleichstehend schuldhaft beurteilt.[203]

  **f) Kein vorsatzgleiches Verschulden.** Nur relativ selten ist in Fällen, in denen sich **25**
der Kläger auf vorsatzgleiches Verschulden des Frachtführers berief, ein solcher Verschuldensvorwurf von **deutschen und österreichischen Gerichten** ausgeblieben; so etwa beim
nächtlichen Parken des verschlossenen, aber unbewachten Lkw auf dem Parkplatz einer
deutschen Autobahnraststätte, wenn der Fahrer in der Kabine des Führerhauses schläft und
der Lkw zur Nachtzeit aufgebrochen wird;[204] wenn der auf einem unbewachten Parkplatz
in Bulgarien abgestellte Lkw während der Nacht aufgebrochen wird und der Fahrer an
Bord schläft;[205] bei Diebstahl von Konfektionsware aus einem nur mit Vorhängeschlössern
gesicherten, auf einem unbewachten Parkplatz einer Tankstelle in Südfrankreich abgestellten
Lkw, während der Fahrer an Bord schläft;[206] wenn ein Lkw in einer frequentierten Straße
in Mailand mit eingeschalteter Wegfahrsperre für nur 15 Minuten unbeaufsichtigt abgestellt
wird;[207] bei einem Raub während nächtlicher Ruhepause in der Nähe einer frequentierten,
hell erleuchteten Tankstelle in Italien;[208] bei Übernachtung des Fahrers auf beleuchtetem
aber unbewachtem Parkplatz einer Raststätte in Süditalien bei geringem Ladungswert;[209]
bei nächtlicher Ruhepause auf unbewachtem Parkplatz neben viel befahrener Straße unter
Einsatz eines nur planengedeckten Lkw mit wertvoller Fracht, deren Wert der Frachtführer
aber nicht kannte;[210] beim Abstellen eines Lkw mit verriegeltem Container an unbewach-

---

[196] Rb. Rotterdam 24.6.1994, S. & S. 1995 Nr. 80.
[197] Hoge Raad 5.1.2001, Nr. C 99/029 HR, ETR 2001, 97.
[198] Hoge Raad 5.1.2001, Nr. C 99/162 HR, ETR 2001, 116.
[199] Hof 's-Gravenhage 28.11.2007, ETR 2008, 364; weitere Judikaturhinweise bei *Eckoldt* TranspR 2009,
117, 119 f.
[200] Sø- og Handelsret 19.3.1982, UfR 1984 A 903.
[201] Højesteret 19.8.1991, UfR 1991 A 826.
[202] Højesteret 29.10.1993, UfR 1993 A 1034 = Nordisk Domssamling 1994, 555, 562 f.
[203] Norges Høyesterett 16.3.1995, ETR 1996, 563.
[204] OLG München 19.10.1992, TranspR 1993, 192 = NJW-RR 1993, 744 zu Art. 32; KG Berlin
11.1.1995, TranspR 1995, 342, 346.
[205] OLG Hamm 9.5.1996, TranspR 1997, 189.
[206] OLG Oldenburg 30.5.1995, VersR 1996, 1171, 1172.
[207] OLG Hamm 19.11.1998, TranspR 2000, 363.
[208] LG Frankfurt/Main 21.12.1995, TranspR 1995, 288.
[209] OLG Nürnberg 17.4.2002, TranspR 2002, 243, 244.
[210] OLG Saarbrücken 12.12.2000, TranspR 2001, 169, 170.

tem Autobahnparkplatz in den Niederlanden zur Einhaltung der Ruhezeit des Fahrers in der Kabine;[211] beim einer wegen des Sonntagsfahrverbots in Deutschland weit verbreiteten Übung entsprechenden Abstellen eines später gestohlenen Lkw-Aufliegers auf einem grenznahen niederländischen Autobahnparkplatz, auf dem es zuvor noch nicht zu Diebstählen gekommen war;[212] lediglich Nachschau Halten des gerade durch Wackeln des Fahrzeugs geweckten Fahrers anstelle durch Hupen und Starten des Motors zu versuchen, Diebe zu vertreiben;[213] bei Verstapelung in einem Lager infolge missverstandener Etikettierung;[214] bei erstmaligem Transport komplizierter Maschinen trotz der Bedenken des Frachtführers hinsichtlich der ordnungsgemäßen Verladung, wenn sich der Lademeister des Absenders mit Hinweis auf seine Erfahrung darüber hinwegsetzt;[215] bei Umstürzen eines Lkw wegen Verschiebung der Ladung infolge fehlerhafter Verladung durch Drittfirma, obwohl auch überhöhte Geschwindigkeit zum Unfall beigetragen hatte;[216] bei starkem Abbremsen in der Kurve trotz Kenntnis der Ladungsgefährlichkeit, wenn die Havarie auch auf fehlerhafte Verladung durch den Absender zurückzuführen war;[217] bei Einschlafen am Steuer ohne erkannte deutliche Anzeichen von Übermüdung.[218] **Nicht leichtfertig im Sinne des § 435 HGB** handelt ein Fahrer, der sich auf Grund ungenauer Adressangaben verfährt, auf einen schmalen Waldweg gerät und in einer Kurve über die Böschung abrutscht.[219] Dasselbe gilt für den unterlassenen Einsatz eines Kastenwagens anstelle eines Planen-Lkws bei wertvollem, diebstahlgefährdetem Gut, wenn der Frachtführer von dieser besonderen Gefahrenlage keine Kenntnis hatte;[220] ohne nähere Instruktion über die besondere Diebstahlsgefährdung des Transportgutes begründet weder der Einsatz eines Planen-Lkw statt eines Koffer-Lkw noch das Abstellen des Fahrzeugs auf einem nicht bewachten Parkplatz mangels nahegelegener alternativer Parkmöglichkeiten den Vorwurf leichtfertigen Verhaltens;[221] ebenso nicht das Abstellen eines Planen-Lkw auf einem frequentierten aber unbewachten Parkplatz innerhalb Deutschlands, wenn angrenzende Parkbuchten mit ähnlichen Sattelzügen besetzt sind und der Fahrer selbst im Fahrzeug übernachtet.[222] Kein grobes Organisationsverschulden liegt im Nichteinsatz eines zweiten Fahrers bei Übernachtung in der Fahrerkabine auf einem stark frequentierten, beleuchteten Tankstellenparkplatz, der vom Spediteursverband empfohlen wird;[223] auch nicht in der unterlassenen Weisung den Transport ohne Unterbrechung auf einen unbewachten Parkplatz (Belgien) durchzuführen, wenn nur ein allgemeiner Hinweis auf diebstahlgefährdetes Gut die Annahme einer besonderen Gefahrenlage nicht rechtfertigt;[224] ebenfalls nicht darin, dass ein Paket sich nach der Schnittstellenkontrolle noch für eine Minute auf dem Förderband befindet, bevor es in den Container gelangt.[225] Das Herbeiführen eines Verkehrsunfalls durch Einnicken des Fahrers am Steuer begründet nur dann den Vorwurf schweren Verschuldens, wenn er sich bewusst über von ihm erkannte Anzeichen einer Übermüdung hinweggesetzt hat.[226] Das bloße Einschalten eines Unterfrachtführers ist nicht leichtfertig.[227] Gleichzeitig beidseitig blockierende Bremsen eines

[211] OLG Düsseldorf 5.6.1997, TranspR 1999, 23, 24.
[212] OLG Köln 4.7.1995, TranspR 1996, 284, 286.
[213] BGH 14.2.2008, TranspR 2008, 323, 326 = VersR 2009, 284.
[214] OLG Düsseldorf 23.11.1989, TranspR 1990, 63, 65.
[215] OLG Stuttgart 16.1.1980, VersR 1980, 979, 980.
[216] OGH Wien 17.2.1982, SZ 55/20 aE.
[217] OGH Wien 21.3.1977, SZ 50/43: ausdrückliche Ausführungen allerdings nur zur Vorsatzfrage.
[218] OLG München 19.7.2000, TranspR 2000, 412.
[219] OLG Düsseldorf 26.7.2004, TranspR 2005, 118.
[220] BGH 6.6.2007, TranspR 2007, 423, 424 = VersR 2008, 1134 = ETR 2008, 358.
[221] OLG Koblenz 20.5.2010, TranspR 2010, 442, 444.
[222] LG Berlin 13.10.2010, TranspR 2011, 188, 189.
[223] OLG Stuttgart 26.7.2006, TranspR 2007, 320, 321 = VersR 2008, 1136; das Gericht verneint allerdings das Vorliegen grober Fahrlässigkeit.
[224] BGH 1.7.2010, TranspR 2011, 78, 80 = VersR 2011, 373 = ETR 2011, 346.
[225] BGH 20.9.2007, TranspR 2008, 113, 116.
[226] BGH 21.3.2007, TranspR 2007, 361, 363 = VersR 2008, 515 = ETR 2008, 86; zur Problematik *Schriefers/Schlattmann* TranspR 2011, 18 ff.
[227] LG Cottbus 8.7.2008, TranspR 2008, 368, 370.

Lkw-Anhängers rechtfertigen nicht ohne weiteres die Annahme, dass der Anhänger leichtfertig ohne ausreichende Wartung eingesetzt wurde.[228]

**Französische Gerichte** lehnten eine faute lourde in folgenden Fällen ab:[229] Diebstahl **26**
bei Tage aus einem Lkw, der verschlossen und mit Diebstahlsicherung versehen vor einem
Ladengeschäft auf einer belebten Straße in Paris abgestellt war;[230] Lkw-Diebstahl im Hof
des Absenders, während sich der Fahrer für einige Augenblicke entfernt hatte, um die
Transportdokumente zu holen;[231] Abstellen eines ungesicherten beladenen Lkw für etwa
zwei Stunden innerhalb einer streng kontrollierten Entladestation, wo Diebstähle bekann-
termaßen äußerst selten sind;[232] Diebstahl von Wertpaketen durch Einbruch in verschlossene Laderäume eines Lkw, der über Nacht auf dem gut bewachten Lkw-Hof „Garonor"
in Paris abgestellt war;[233] Verlust oder Beschädigung der Sendung während des Transports
unter nicht aufklärbaren Umständen, aber ohne Hinweis auf Verschulden des Frachtführers;[234] einfacher Fahrfehler beim Ankoppeln eines Aufliegers;[235] zu dichte Verladung von
Weintrauben ohne Gittereinlagen;[236] verspätete Anlieferung strikt terminbezogener Güter
ohne Nachweis eines besonderen Verschuldens;[237] Unfähigkeit des Frachtführers, irgendeinen Hinweis auf verschwundenes Transportgut zu geben;[238] unterlassener Hinweis auf die
Behinderung des Transports durch einen Streik des Zollpersonals;[239] zufälliges Öffnen der
Fahrzeugtür während der Fahrt;[240] unerwartetes Weiterrollen eines Lkw-Gespanns, das der
Fahrer vor einer Gefällstrecke wegen einer Untersuchung der Bremsen angehalten hatte;[241]
bewaffneter Raubüberfall in Italien beim Abstellen und Versperren des Fahrzeugs am Ablie-
ferungsort am Tag vor der Ablieferung;[242] Abstellen eines Anhängers in einem bisher von
Diebstählen verschont gebliebenen Umschlagdepot, dies entspricht auch der Weisung, die
Ware an einem „sicheren Ort" aufzubewahren.[243]

In **Belgien** wurde vorsatzgleiches Verschulden beim Abstellen eines verschlossenen, aber **27**
unbewachten Lkw über Nacht auf dem Zollparkplatz von Chiasso[244] verneint oder beim
Parken auf öffentlichem Gelände, während der Fahrer zu Mittag isst,[245] beim Umladen des
Gutes, wenn kein Umladeverbot im Frachtbrief eingetragen war,[246] bei Kontaminationsschäden an Textilien, durch Chemikalien verursacht, die aus mitbeförderten undichten
Fässern ausliefen,[247] bei Überschreitung der gesetzlichen Höchstzuladung um nicht mehr
als 10 %[248] oder wenn der Fahrer den Lkw im Verkehr zu weit zur Straßenmitte hin
steuert.[249] In den **Niederlanden** hat man vorsatzgleiches Verschulden abgelehnt, als eine

---

[228] BGH 13.1.2011, TranspR 2011, 218, 219 (zu § 435 HGB).
[229] Vgl. auch die umfangreichen Nachweise bei *Koller* Rn. 4d und *Lamy* 2013 Rn. 801.
[230] Cour cass. 9.1.1990, BT 1990, 330; ähnlich 16.11.1993, BTL 1993, 874; Cour Paris 3.7.1992, BT
1992, 559.
[231] Cour cass. 25.6.1985, BT 1985, 270; ähnlich für die Ablieferung auf dem Hof des Empfängers Trib.com.
Paris 5.9.1989, BT 1990, 528.
[232] Cour cass. 26.2.1985, BT 1985, 270.
[233] Cour cass. 14.6.1994, D. 1994 I. R. 185.
[234] Cour cass. 3.5.1988, BT 1988, 405; Cour Aix-en-Provence 2.10.1981, BT 1981, 591; Cour Paris
3.7.1974, BT 1974, 346; Cour Amiens 23.11.1990, BTL 1991, 292.
[235] Cour cass. 3.2.1987, Bull. civ. 1987 IV Nr. 33.
[236] Cour cass. 4.10.1982, BT 1982, 549.
[237] Cour Rennes 13.11.1991, BTL 1992, 400.
[238] Cour Aix-en-Provence 22.5.1990, BT 1990, 663 f.
[239] Cour Paris 27.5.1980, BT 1980, 435.
[240] Cour Poitiers 21.11.1972, BT 1973, 21.
[241] Trib.com. Lyon 10.11.1975, BT 1976, 175, bestätigt durch Cour Lyon 21.1.1977 BT 1977, 97.
[242] Cour cass. 7.1.2003, ETR 2003, 788.
[243] Cour cass. 24.6.2008, ETR 2008, 740.
[244] Kh. Antwerpen 3.3.1976, ETR 1977, 437.
[245] Kh. Gent 14.5.1975 bei *Ponet* Rn. 644.
[246] Hof Brüssel 7.2.1992, ETR 1993, 286 m. Anm. *De Beule;* anders die Vorinstanz Kh. Leuven
23.10.1990, ETR 1992, 272.
[247] Kh. Gent 26.3.1992, ETR 1992, 847.
[248] Com. Tournai 21.11.1972, Jur. Anv. 1972, 446; ähnlich Com. Liège 3.10.1969, Jur. Anv. 1970, 278.
[249] Cour Mons 11.5.1978, Jur. Anv. 1979–80, 315.

Ladung Kupfer von einem Lkw gestohlen wurde, der mehrere Tage lang unbewacht auf einem Parkplatz in Italien gestanden hatte.[250] Ebenso wenn der Fahrer seinen mit Planen gedeckten Wagen an abgelegener Stelle abstellt und die Ladung nach Aufschneiden der Planen über Nacht gestohlen wird.[251] Vorsatzgleiches Verschulden wurde ebenfalls abgelehnt, als ein mit Zigaretten beladenes Fahrzeug auf einem nicht abgeschlossenen und unbewachten Lkw-Parkplatz über Nacht abgestellt wurde, während der Fahrer zu Hause übernachtete.[252] Ebenso wurde die Missachtung einer Weisung, einen Container über das Wochenende in einem speziellen Containerterminal stehen zu lassen, beurteilt.[253] In **England** wurde ein vorsatzgleiches Verschulden verneint bei offensichtlichem Fehlen geeigneter Nachweise über die Wartung und Instandsetzung des eingesetzten Transportfahrzeugs;[254] beim Abstellen eines Lkw mit wertvoller Ladung in einer belebten Straße in Mailand für einen Restaurantbesuch.[255]

28    **3. Kausalität.** In jedem Fall muss der eingetretene Schaden kausal auf die vorsätzliche oder verschuldensmäßig gleichwertige Sorgfaltspflichtverletzung zurückzuführen sein.[256] Das ergibt sich aus dem Wortlaut von Art. 29 Abs. 1: „... if the damage was caused by ... " bzw. „... si le dommage provient de ...". Da die Maßstäbe der Kausalität in den Rechtsordnungen der Vertragsstaaten differieren und die CMR keinen einheitlichen Kausalitätsstandard geschaffen hat, sind ergänzend die nationalen Grundsätze des Vertragsstatuts heranzuziehen, vgl. schon Art. 23 Rn. 47.[257]

29    Nach den Prinzipien des deutschen Schadensrechts[258] braucht sich das qualifizierte Verschulden im Sinne von Art. 29 nur auf den Haftungsbegründungstatbestand (Verlust, Beschädigung, Verspätung) zu beziehen. Für den daraus resultierenden Schaden genügt die Feststellung **adäquater Kausalität;**[259] diese verlangt lediglich die allgemeine Vorhersehbarkeit eines schädigenden Erfolges, nicht jedoch des konkreten Schadensablaufs.[260]

30    **4. Gehilfenhaftung (Abs. 2 Satz 1).** Praktisch ungleich häufiger als die Haftung für eigenes Verschulden sind Fälle, in denen der Frachtführer für qualifiziertes Verschulden seiner Hilfspersonen einzustehen hat. Deren Verhalten wird dem Frachtführer über Art. 3 zugerechnet, und Art. 29 Abs. 2 Satz 1 bestätigt den Rechtsgedanken des Art. 3 für Vorsatz oder vorsatzgleiches Verschulden von Gehilfen. Daraus resultiert das größte Risiko für den Frachtführer im Rahmen von Art. 29 und zugleich ein erheblicher Anreiz, nur zuverlässige Arbeitskräfte und Subunternehmer einzuschalten oder zumindest dieses Risiko zu versichern. Da sich andererseits die Höhe der Prämien am individuellen Schadensverlauf des Versicherungsnehmers orientiert, verbleibt dem Frachtführer ein Eigeninteresse an Schadensminimierung.[261]

31    Gemäß Art. 29 Abs. 2 Satz 1 kommt es allein auf die Person des **Gehilfen** an; dessen qualifiziertes Verschulden wird dem Frachtführer wie eigenes zugerechnet. Es geht um dieselben Hilfspersonen wie in Art. 3; zur Präzisierung dieses Personenkreises siehe Art. 3 Rn. 13 ff. Der Frachtführer hat auf die für ihn haftungsbegründenden Umstände nur indi-

---

[250] Hof 's-Hertogenbosch 2.1.1979, S. & S. 1979 Nr. 115.
[251] Rb.'s-Hertogenbosch 20.5.1994, S. & S. 1994 Nr. 125.
[252] Hoge Raad 22.2.2002, ETR 2004, 658.
[253] Hoge Raad 11.10.2002, ETR 2004, 658.
[254] *Alena Ltd. v. Harlequin Transport Services Ltd.* ETR 2003, 218 (Q. B. D. 2002).
[255] *National Semiconductors Ltd. v. UPS Ltd. and City Trucks Ltd.* ULR 1997, 204 (Q. B. D. 1995).
[256] Vgl. BGH 27.6.1985, VersR 1985, 1060, 1062; OLG München 27.11.1968, ETR 1971, 115, 125; Cour Paris 25.3.1988, BT 1989, 46; *Koller* Rn. 5; GroßkommHGB/*Helm* Rn. 5; EBJS/*Bahnsen* Rn. 46.
[257] OLG München 12.4.1990, TranspR 1990, 280, 287; *Koller* Rn. 5; *Clarke* S. 322 Nr. 101d; Fremuth/ Thume/*Thume* Rn. 19c; GroßkommHGB/*Helm* Rn. 5; *Herber/Piper* Rn. 14; Thume/*Harms* Rn. 31; EBJS/ *Bahnsen* Rn. 47; im Ergebnis ebenso BGH 27.6.1985, VersR 1985, 1060, 1061.
[258] Vgl. BGH 27.6.1985, VersR 1985, 1060, 1061; BGH 20.11.1979, BGHZ 75, 328, 329.
[259] OLG München 12.4.1990, TranspR 1990, 280, 287; GroßkommHGB/*Helm* Rn. 23.
[260] So ausdrücklich BGH 27.6.1985, VersR 1985, 1060, 1061 f.; *Piper* VersR 1988, 201, 207 (zur groben Fahrlässigkeit); *Koller* Rn. 5; *Herber/Piper* Rn. 14; GroßkommHGB/*Helm* Rn. 5.
[261] Vgl. *Koller* Rn. 1; *ders.* ZIP 1986, 1089, 1095.

rekten Einfluss, nämlich insofern als er sich der betreffenden Personen bei der Ausführung der Beförderung bedient, vgl. dazu Art. 3 Rn. 14 und 20. Ferner müssen die Hilfspersonen „in Ausübung ihrer Verrichtung" handeln; siehe dazu näher Art. 3 Rn. 21 ff.

**5. Rechtsfolgen. a) Allgemeiner Umfang.** Art. 29 verbietet dem Beförderer die **32** Berufung auf die haftungsbeschränkenden Bestimmungen „dieses Kapitels", dh. des IV. Kapitels der CMR (Art. 17–29). Da sich die betreffenden Bestimmungen nur auf Ansprüche beziehen, die ihre Grundlage ebenfalls im IV. Kapitel haben, fallen in den **Anwendungsbereich** des Art. 29 nur Ansprüche wegen Verlust und Beschädigung des Gutes sowie wegen Lieferfristüberschreitung (Art. 17 Abs. 1) und wegen Verletzung eines Nachnahmeauftrags (Art. 21). Andere gegen den Frachtführer gerichtete Ansprüche, mögen sie nun auf der CMR oder auf dem ergänzenden nationalen Recht beruhen, sind von Art. 29 nicht betroffen; soweit sie Haftungsbeschränkungen unterliegen, richten sich die Auswirkungen von Vorsatz und grobem Verschulden darauf nach nationalem Recht. Indirekt kommt es allerdings zu zwei **übergreifenden Wirkungen von Art. 29:** (1) da die Haftung des Beförderers für Verlust und unrichtige Verwendung von Dokumenten gemäß Art. 11 Abs. 3 durch den Umfang der Haftung für den Verlust des Gutes begrenzt ist, hebt Art. 29 mittelbar auch die Beschränkungen der Haftung aus **Art. 11 Abs. 3** auf, vgl. schon Art. 11 Rn. 18. (2) Soweit **Art. 28** die Haftungsvergünstigungen der CMR auf außervertragliche Ansprüche gegen den Frachtführer ausdehnt, die nach nationalem Recht bestehen, führt Art. 29 auch hinsichtlich dieser Ansprüche dazu, dass sie den Beschränkungen des IV. Kapitels der CMR nicht mehr unterliegen, vgl. schon Art. 28 Rn. 15. Ob auch Beschränkungen, denen diese Ansprüche nach nationalem Recht unterliegen, wegen der groben Schuld des Frachtführers entfallen, beurteilt sich nach der lex causae.

Versagt ist dem Frachtführer die Berufung auf die „Bestimmungen dieses Kapitels, die **33** seine Haftung ausschließen oder begrenzen oder die Beweislast umkehren". Die Formulierung **weicht in dreifacher Hinsicht von Art. 28 ab;**[262] dort werden auf außervertragliche Ansprüche alle „Bestimmungen dieses Übereinkommens" erstreckt, „die seine Haftung ausschließen oder den Umfang der zu leistenden Entschädigung bestimmen oder begrenzen". Erstens bezieht sich Art. 29 – anders als Art. 28 – auch auf die Beweislastregeln, vor allem auf Art. 18 Abs. 2. Zweitens werden die Regeln über die Schadensberechnung nur in Art. 28 und nicht in Art. 29 genannt, wo nur von der Haftungsbegrenzung die Rede ist. Drittens schließt Art. 29 die Berufung auf die Bestimmungen dieses Kapitels, dh. auf die Art. 17–29 aus, während sich Art. 28 auf alle Vorschriften der CMR erstreckt.

**b) Haftungsausschluss, -begrenzung, Beweislastumkehr.** Verwehrt ist dem **34** Frachtführer zunächst die Berufung auf alle Bestimmungen der Art. 17–28, die einen Haftungsausschluss, eine Haftungsbegrenzung oder eine Umkehr der Beweislast anordnen.[263] Dies gilt in erster Linie für die Haftungsausschlüsse des Art. 17 Abs. 2 und 4[264] mit den Modifikationen in Art. 18 Abs. 3–5, für die Beweislastumkehr in Art. 18 Abs. 2[265] sowie für die Haftungsbegrenzungen in Art. 21,[266] Art. 23 Abs. 3 und 5 bzw. Art. 25 Abs. 2[267] sowie Art. 27 Abs. 1[268] und Art. 28.[269] Auch wenn ein erhöhter Wert des Gutes gemäß

---

[262] *Loewe* ETR 1976, 575 Nr. 216.

[263] GroßkommHGB/*Helm* Rn. 27; *Piper* VersR 1988, 207; *Clarke* S. 322 Nr. 101d; *Koller* Rn. 8; *Thume/ Harms* Rn. 71.

[264] OLG München 16.1.1991, TranspR 1992, 181; Cour Lyon 9.3.1975, BT 1975, 169; *Haak* S. 244; *Lamy* 2013 Rn. 800a); *Jabornegg/Artmann/Csoklich* Rn. 11.

[265] *Nickel-Lanz* S. 144 Nr. 190; *Haak* S. 244; GroßkommHGB/*Helm* Rn. 27; *Lamy* 2013 Rn. 800a).

[266] *Thume* VersR 1993, 935 f.; *Thume/Harms* Rn. 71; vgl. auch Art. 21 Rn. 17.

[267] Cour Paris 21.6.1975, BT 1975, 380; *Thume* VersR 1993, 935; *Haak* S. 244; *Hill/Messent* S. 222; *Lamy* 2013 Rn. 800a); *Silingardi* S. 234.

[268] Rb. Amsterdam 16.1.1991, S. & S. 1992 Nr. 85; Kh. Brüssel 2.3.1990, Rev.dr.com. belge 1992, 819; *Thume/Harms* Rn. 71; *Jabornegg/Artmann/Csoklich* Rn. 11; aA Hoge Raad 20.11.1998, ETR 1999, 254; Cour cass. 19.12.1995, ULR 1996, 596; Cour Paris 22.4.1992, BTL 1992, 362; *Lacey's Footwear Ltd. v. Bowler International Freight Ltd.* ETR 1998, 79 (C. A. 1997); *Lamy* 2013 Rn. 802; siehe auch Art. 27 Rn. 23 mwN.

[269] *Nickel-Lanz* S. 145 Nr. 192; vgl. auch Art. 28 Rn. 15.

Art. 24 deklariert ist, kann der wirkliche Schaden darüber hinaus gehen und sich die vereinbarte Summe folglich als Haftungsbegrenzung auswirken, auf die sich der Frachtführer bei schwerer Schuld nicht berufen kann.[270]

**35** Art. 29 Abs. 1 erfasst nach Sinn und Zweck nicht nur Normen, welche die genannten Haftungsprivilegierungen unmittelbar aussprechen, sondern auch die mittelbaren Vergünstigungen für den Frachtführer. An seiner Schutzwürdigkeit fehlt es bei Vorsatz und diesem gleichstehenden Verschulden in jeder Hinsicht; ihm mittelbare Haftungsvorteile zu erhalten, wäre eine sachwidrige Durchbrechung dieses Grundgedankens. Folglich ist auch die **Schadensberechnung** in einem solchen Fall nicht an die Grenzen von Art. 23 Abs. 1 und 2 bzw. Art. 25 Abs. 1 gebunden.[271] Dass im Text von Art. 29 Abs. 1 Vorschriften zur Berechnung des Schadens nicht genannt werden, vgl. Rn. 33, tritt gegenüber der teleologischen Auslegung in den Hintergrund. Art. 23 Abs. 1 und 2 stellen eine indirekte Haftungsbeschränkung dar, weil sie im Umkehrschluss alle über die unmittelbare Wertminderung am Frachtgut hinausgehenden Schäden für nicht ersatzfähig erklären. Wenn mit Art. 23 Abs. 1 die Grundlage der Schadensberechnung entfällt, greift die hA auf das ergänzende Recht des Vertragsstatuts zurück; maßgeblich sind nach deutschem Recht §§ 249 ff. BGB.[272] Wie bei Art. 26 (vgl. dort Rn. 11) erscheint jedoch ein autonomer Schadensbegriff ohne national inspirierte Beschränkungen wünschenswert. Da es nach dem Schutzzweck der Norm nur dem Frachtführer verwehrt ist, sich auf diese Vorschriften zu berufen, bleibt es dem geschädigten Anspruchswerber jedoch unbenommen, seine Ansprüche auf der Grundlage der Art. 23 ff. zu berechnen;[273] dem Geschädigten kommt somit ein **Wahlrecht** zu. Entscheidet er sich für die Berechnung nach Art 23 CMR, muss er sich allerdings auch die Haftungshöchstgrenze nach Abs. 3 entgegenhalten lassen, da die CMR ein zweistufiges, einheitliches Haftungsbegrenzungssystem beinhaltet.[274]

**36** **c) Mitverursachung, Mitverschulden.** Probleme bereitet das Zusammentreffen von Vorsatz oder vorsatzgleichem Verschulden auf Seiten des Frachtführers mit mitwirkender Verursachung durch den Anspruchsteller. Dabei sind **zwei Fallgestaltungen** zu unterscheiden. (1) Der Schaden hat zwei Ursachen, die ihn nur kumulativ verursachen konnten. (2) Der Schaden ist bereits zum Teil durch einen aus der Sphäre des Anspruchstellers stammenden Umstand verursacht worden, bevor ein vorsätzliches oder vorsatzgleiches Verhalten des Frachtführers zur Vergrößerung des Schadens beitrug oder eine Schadensminderung vereitelte **(sukzessive Ursachen).** Art 17 Abs. 5 ist grundsätzlich auf beide Fälle anzuwenden, vgl. Art. 17 Rn. 102. Dabei bleibt es auch in der zweiten Fallgruppe. Soweit der Schaden zur Zeit des grob pflichtwidrigen Verhaltens des Frachtführers schon eingetreten war, ist er nicht iSv. Art. 29 Abs. 1 durch dieses Verhalten „verursacht" worden, so dass Abs. 1 insofern gar nicht eingreift.[275] Wenn das Gut zB auf Grund von Staufehlern des

---

[270] So auch *Heuer* S. 128; *Piper* VersR 1988, 207; *Thume* VersR 1993, 936; GroßkommHGB/*Helm* Rn. 25; Thume/*Harms* Rn. 71; *Lamy* 2013 Rn. 800a); aA Cour Aix-en-Provence 22.5.1990, BT 1990, 663.

[271] So die hM, vgl. *Koller* Rn. 8; *Piper* VersR 1988, 207; *Jesser* S. 152; *Brunat* BT 1979, 130; *Lamy* 2013 Rn. 800a); *Silingardi* S. 234; *Hill/Messent* S. 222 mit Nachw. zur abweichenden Judikatur: *Lacey's Footwear Ltd. v. Bowler International Freight Ltd.* ETR 1998, 79 (C. A. 1997); dieser zustimmend *Clarke* S. 313 Nr. 101; aA Cour Paris 22.4.1992, BTL 1992, 362.

[272] BGH 15.10.1998, TranspR 1999, 102, 105; 3.3.2005, TranspR 2005, 253 f.; OGH Wien 25.4.2012, 7 Ob 27/12 i (§ 430 UGB allerdings ohne Abs. 3 zu erwähnen); OLG Innsbruck 26.1.1990, TranspR 1991, 12, 21; *Koller* Rn. 10; *Herber/Piper* Rn. 18; GroßkommHGB/*Helm* Rn. 27; EBJS/*Bahnsen* Rn. 50; Fremuth/Thume/*Thume* Rn. 24; Thume/*Harms* Rn. 82.

[273] BGH 3.3.2005, TranspR 2005, 253, 254 mit zust. Anm. *Rinkler* TranspR 2005, 305; vgl. auch OLG Düsseldorf 24.7.2002, TranspR 2003, 343, 347; OLG Stuttgart 5.9.2001, TranspR 2002, 23 ff.; ablehnend *Schriefers* TranspR 2007, 184 ff.

[274] BGH 30.9.2010, TranspR 2010, 437, 441 f. = VersR 2011, 819 = ETR 2010, 125; zuvor schon *Thume* TranspR 2008, 78, 81; *Schmidt* TranspR 2009, 1, 2; aA OLG Düsseldorf 24.7.2002, TranspR 2003, 343, 347.

[275] BGH 27.6.1985, VersR 1985, 1060, 1062 = TranspR 1985, 338, 340; *Piper* VersR 1988, 207; *Thume* VersR 1993, 936; Thume/*Harms* Rn. 78; vgl. auch OLG München 12.4.1990, NJW-RR 1991, 230, 233: Schadensteilung wegen eines Gegenanspruchs des Frachtführers aus nationalem Recht (pVV).

Absenders bereits beschädigt war, bevor Lkw und Ladung an einer Grenze wegen Alkohol- oder Drogenschmuggel des Fahrers beschlagnahmt werden, ist der Umfang der Beschädigung im Verhältnis zum Gesamtwert der unbeschädigten Sendung zu bestimmen und der Schadensersatzanspruch gegen den Frachtführer auf die Differenz zu beschränken. Denn den vor der Grenze entstandenen Schaden trägt gemäß Art. 17 Abs. 4 lit. c der Absender, den Restschaden aus Beschlagnahme (Verlust) des Gutes dagegen der Frachtführer, Art. 29 Abs. 1.

Abweichendes gilt in der ersten Fallgruppe der **kumulativen Verursachung,** wenn zB **37** kollusives Zusammenwirken von Absender und Frachtführer bei der vorsätzlichen falschen Zolldeklaration die Beschlagnahme des Gutes an der Grenze nach sich zieht oder wenn die stark überhöhte Geschwindigkeit des Fahrers dazu führt, dass schlecht gestaute Ladung in einer Kurve vom Lkw fällt. Da sich der Frachtführer nach dem Wortlaut des Art. 29 weder auf haftungsausschließende noch -begrenzende Vorschriften berufen kann, ist eine Berücksichtigung des Absenderverhaltens weder über Art. 17 Abs. 2 noch über Abs. 5 möglich.[276] Diese Lösung stört das Gerechtigkeitsempfinden und legt den Schluss nahe, dass diese Problematik bei Verabschiedung des Übereinkommens übersehen wurde.[277] Richtigerweise ist davon auszugehen, dass das Übereinkommen keine ungerechte Lösung schaffen wollte. Die Konventionen des internationalen Einheitsrechts sind im Lichte allgemeiner Rechtsgrundsätze auszulegen, vgl. Einl. Rn. 37. Dazu gehören auch die Grundsätze von **Treu und Glauben,** die ihre Verbindlichkeit nicht nur dem nationalen Gesetzgeber verdanken (§ 242 BGB), sondern im internationalen Geschäftsverkehr generell zu beachten sind.[278] Diese Grundsätze stehen einer vollen Haftung des grob schuldhaft handelnden Frachtführers entgegen, wenn der Absender selbst vorsätzlich oder mit vorsatzgleichem Verschulden gehandelt hat; es kommt dann zur Schadensteilung.[279]

Bei einem Fehlverhalten des Berechtigten **vor Vertragsabschluss,** zieht die deutsche **38** Rspr. lückenfüllend nationales Recht heran, da Art. 29 CMR nicht anwendbar sei; im Wesentlichen entwickelte sich diese Judikaturlinie anhand von Paketbeförderungen, wobei sich die Fälle einer Anspruchsminderung gemäß § 254 BGB, § 425 Abs. 2 HGB in vier, sich zum Teil überlappende Gruppen zusammenfassen lassen. Die Judikatur zum rein nationalen Recht ist reichhaltig,[280] bei den CMR-Fällen ist Art. 41 im Zusammenhang mit den vereinbarten AGB zu beachten.

Ein Mitverschulden des Absenders ist **(1)** in Betracht zu ziehen, wenn er einen Frachtfüh- **38a** rer beauftragt, von dem er weiß oder hätte wissen müssen, dass es in dessen Unternehmen auf Grund **grober Organisationsmängel** immer wieder zu Verlusten kommt. In diesen Fällen enthält die Auftragserteilung die Inkaufnahme eines Risikos, dessen Verwirklichung nach Treu und Glauben nicht dem Schädiger allein anzulasten ist.[281] In Betracht kommt ein Mitverschulden bei künftigen Schäden, wenn die Geschäftsbeziehung nach dem Eintritt

---

[276] BGH 27.6.1985, VersR 1985, 1060, 1062 = TranspR 1985, 338, 340; OGH Wien 17.2.1982, SZ 55/20 = *Greiter* S. 127, 137; 27.1.2010, RdW 2010/434, 399; OLG München 16.1.1991, TranspR 1992, 181, 184 sub. I 3 c cc; OLG München 28.1.1998, TranspR 1998, 256, 257; *Koller* Rn. 8; *Clarke* S. 322 Nr. 101d; *Loewe* ETR 1976, 575; *Nickel-Lanz* S. 144 Nr. 190; *Haak* S. 244; *Jesser* S. 120, 153; GroßkommHGB/*Helm* Art. 17 Rn. 233; Thume/*Harms* Rn. 74.

[277] *Herber/Piper* Rn. 20; Thume/*Thume* 1. Aufl. Rn. 44.

[278] Vgl. ausdrücklich Art. 7 Abs. 1 UNK und allgemein Art. 1.7 der Unidroit-Grundsätze über internationale Handelsverträge, Einl. Rn. 37: „(1) Jede Partei muss die Grundsätze des guten Glaubens und des redlichen Verhaltens im internationalen Geschäftsverkehr einhalten. (2) Die Parteien können diese Pflicht nicht ausschließen oder beschränken."

[279] Wie hier auch *Piper* VersR 1988, 201, 207; *Thume* VersR 1993, 930, 936; GroßkommHGB/*Helm* Art. 17 Rn. 233; *Herber/Piper* Rn. 20; Thume/*Harms* Rn. 77; OLG München 22.3.2006, TranspR 2006, 310; OLG Köln 30.5.2006, TranspR 2007, 114, 116; vgl. auch BGH 3.5.2007, TranspR 2007, 419, 420; TranspR 2007, 421, 422, allgemein und nicht auf grobes Verschulden des Absenders abstellend; generell ablehnend *Koller* 6. Aufl. Rn. 8.

[280] Dazu ausführlich *Koller* § 435 HGB Rn. 19a–19g; *Herber* § 435 HGB Rn. 34 ff. in diesem Band; Thume/*Harms* Rn. 79a ff.

[281] Zur CMR BGH 30.3.2006, TranspR 2006, 250, 252; 24.6.2010, TranspR 2010, 382, 383, wobei in beiden Fällen eine Anspruchsminderung abgelehnt wurde.

des Schadensfalls fortgesetzt wird. Das bloße Wissen um die Transportorganisation des Frachtführers, etwa dass keine durchgehenden Schnittstellenkontrollen durchgeführt werden, und deren Billigung reicht für die Annahme eines Mitverschuldens hingegen nicht aus.[282]

**38b**  Vereinbarungen des Inhalts, dass der Frachtführer bestimmte, im Allgemeinen sehr wertvolle Güter von der Beförderung ausschließt, sog. **Verbotsgutklauseln,** sind im Anwendungsbereich der CMR gültig (Art. 41 Rn. 8). „Unterschiebt" der Absender dem Frachtführer solche Güter, kann dies **(2)** zu einem Mitverschuldenseinwand führen;[283] Voraussetzung ist, dass der Absender weiß oder wissen musste,[284] dass er Verbotsgut zur Beförderung übergibt; die Kausalität ist gegeben, wenn der Frachtführer die Beförderung verweigern hätte können oder feststeht, dass er den Transport abgelehnt hätte.[285]

**38c**  Auch kann dem Geschädigten **(3)** ein Mitverschulden gegenüber schwerem Verschulden des Frachtführers zur Last fallen, wenn er einen Hinweis auf den besonderen Wert des Gutes unterlässt. Ein mitwirkender Schadensbeitrag durch **unterlassene Wertdeklaration** kommt jedoch nur in Betracht, wenn sie den Schaden tatsächlich verursacht hat. Diese Voraussetzung ist gegeben, wenn der Schädiger seine Sorgfaltspflichten besser erfüllt hätte und zumindest eine Verringerung des Verlustrisikos eingetreten wäre.[286] Die Kausalität kann somit nur verneint werden, wenn der Frachtführer trotz eines Hinweises keine besonderen Maßnahmen ergriffen hätte.[287] Für die Berücksichtigung des Mitverschuldens des Absenders genügt es, dass er die sorgfältigere Behandlung des Gutes bei entsprechender Wertdeklaration hätte kennen müssen. Das ist anzunehmen, wenn sich aus den Beförderungsbedingungen ergibt, dass sich der Frachtführer bei Güterschäden für diesen Fall einer höheren Haftung unterwirft; auch bei der CMR unterliegenden Transporten ist davon auszugehen, dass der Frachtführer Maßnahmen ergreifen wird, um eine die Haftungssummen des Art. 23 übersteigende Inanspruchnahme zu vermeiden.[288] Ein Mitverschulden des Absenders liegt erst recht dann vor, wenn er vom Frachtführer für hochwertige Sendungen angebotene, besondere, auch gesondert abzugeltende Schutzmaßnahmen nicht nützt, da er dadurch bewusst ein Verlustrisiko eingeht.[289] Weiß der Absender nicht, auf welche Weise wertdeklarierte Pakete einem besonders kontrollierten Transportsystem zugeführt werden, hat er selbst Maßnahmen zu ergreifen, um auf die sorgfältigere Behandlung des wertdeklarierten Pakets aufmerksam zu machen, etwa das Paket dem Abholfahrer gesondert zu übergeben.[290]

**38d**  Im Rahmen der CMR führt eine unterlassene Wertdeklaration nicht jedenfalls zu einem Mitverschulden des Absenders; eine Anspruchsminderung kann sich jedoch **(4)** aus der Verletzung seiner Obliegenheit, den Schädiger im Hinblick auf den Wert des Gutes auf die **Gefahr eines ungewöhnlich hohen Schadens aufmerksam zu machen,** die dieser weder kannte noch kennen musste, ergeben (§ 254 Abs. 2 Satz 1 BGB). Sie dient dem Zweck, dem Schädiger Gelegenheit zu geben, geeignete Schadensabwendungsmaßnahmen zu ergreifen; diese Möglichkeit wird ihm bei fehlendem Hinweis genommen, sodass es nicht darauf ankommt, ob der Absender davon Kenntnis hatte, dass der Frachtführer das Gut sorgfältiger behandelt hätte; ausreichend ist zumindest die Möglichkeit des Mitverursachens.[291] Der Hinweis muss nicht bis zum Zeitpunkt des Vertragsabschlusses, aber so recht-

---

[282] BGH 24.10.2010, TranspR 2010, 382, 383.
[283] BGH 3.7.2008, TranspR 2008, 406, 407 = VersR 2009, 1428.
[284] BGH 13.7.2006, TranspR 2006, 448, 451 = VersR 2007, 1102; 28.9.2006, TranspR 2007, 110, 113.
[285] BGH 3.7.2008, TranspR 2008, 406, 407 = VersR 2009, 1428.
[286] BGH 9.10.2003, TranspR 2004, 175, 176; 19.1.2006, TranspR 2006, 121, 123 mit Anm. *Tomhave;* OLG Koblenz 30.11.2006, VersR 2007, 1009, 1010 f.; zum ital. Recht OLG München 19.4.2012, TranspR 2012, 334, 336.
[287] BGH 1.12.2005, TranspR 2006, 208, 209; 3.5.2007, TranspR 2007, 421, 422; 13.9.2007, TranspR 2007, 466, 468 f. = VersR 2008, 1090; 21.1.2008, TranspR 2008, 249, 250.
[288] BGH 19.1.2006, TranspR 2006, 121, 122 f. zur CMR; 21.1.2008, TranspR 2008, 249, 250.
[289] BGH 30.3.2006, TranspR 2006, 250, 253; OLG Nürnberg 18.11.1998, TranspR 2000, 126, 127: Minderung um 50 %.
[290] BGH 3.5.2007, TranspR 2007, 419, 421; 30.1.2008, TranspR 2008, 122, 125 = ETR 2008, 730.
[291] BGH 20.1.2005, TranspR 2005, 311, 314 f.; 19.5.2005, TranspR 2006, 114, 116; 1.12.2005, TranspR 2006, 116, 117; TranspR 2006, 208, 209; 15.12.2005, TranspR 2006, 210, 211.

zeitig erfolgen, dass der Frachtführer noch im normalen Geschäftsverlauf eine Entscheidung über die Ausführung bzw. notwendige besondere Sicherungsmaßnahmen treffen kann.[292] Die ungewöhnliche Höhe des Schaden ist nach den Umständen des Einzelfalls aus der Sicht des Schädigers zu beurteilen;[293] abzustellen ist darauf, welche Höhe Schäden erfahrungsgemäß, also nicht nur selten, erreichen.[294] Im Rahmen der CMR ist vom zehnfachen Betrag der Haftungsbegrenzung nach Art. 23 Abs. 3, also 8,33 SZR pro kg, auszugehen; ein dieses Zehnfache übersteigender Schaden ist ungewöhnlich hoch iSv. § 254 Abs. 2 Satz 1 BGB.[295] Kannte der Frachtführer den hohen Wert, mangelt es an der Kausalität des fehlenden Hinweises;[296] nach der Rspr. lasse sich die Ursächlichkeit eines Mitverschuldens nur dann verneinen, wenn der Frachtführer zumindest gleich gute Erkenntnismöglichkeiten vom Wert der Sendung hatte wie der Geschädigte.[297]

Die Judikatur setzt den Mitverursachungsbeitrag auch höher als 50 % an; dies gilt beson- **38e** ders bei Verbotsgütern, die wegen ihres hohen Wertes nach den Beförderungsbedingungen vom Transport ausgeschlossen wären. Bei Verbotsgütern mit besonders hohem Wert, das ist jener Betrag, der die Hinweispflicht nach § 254 Abs. 2 Satz 1 BGB auslöst, führt die Aufgabe ohne Angabe ihres Wertes im Verlustfall zu einem die Haftung des Beförderers ausschließenden Mitverschulden.[298]

d) **Bestimmungen „dieses Kapitels".** Nicht in den Anwendungsbereich von Art. 29 **39** Abs. 1 fallen die Vorschriften über die Verjährung, für die Art. 32 Abs. 1 Satz 2 ohnehin eine parallele Sonderregelung für Vorsatz und vorsatzgleiches Verschulden trifft. Im Übrigen steht Art. 32 nicht mehr im vierten Kapitel des Übereinkommens. Mit der gleichen Begründung entbindet die Rspr. den Empfänger auch bei vorsatzgleichem Verschulden des Frachtführers nicht vom Erfordernis eines schriftlichen Vorbehalts nach Art. 30 Abs. 3.[299] Sowohl Wortlaut als auch systematische Stellung verbieten eine Ausdehnung von Art. 29 über seine sachlichen Grenzen hinaus.

### III. Eigenhaftung von Gehilfen (Abs. 2)

Art. 29 Abs. 2 Satz 2 gewährleistet, dass der Schutz von Hilfspersonen vor Inanspruch- **40** nahme nicht weiter reicht als der des Frachtführers selbst.[300] Da Art. 28 Abs. 2 den außervertraglich haftbar gemachten Hilfspersonen den Schutz der Haftungsvergünstigungen der CMR einräumt, vgl. Art. 28 Rn. 16 ff., muss dieser Schutz bei grobem Verschulden auch wieder beseitigt werden. Daher überträgt Art. 29 Abs. 2 Satz 2 die Regelung des Abs. 1 auf die Eigenhaftung der Gehilfen. Bei Vorsatz oder gleichstehendem Verschulden kann der Absender oder Empfänger also auch gegen diese Personen direkt aus unerlaubter Handlung vorgehen, ohne sich die Haftungsprivilegierungen der Art. 17–28 entgegenhalten lassen zu müssen.[301]

---

[292] BGH 13.6.2012, TranspR 2012, 463, 465.
[293] BGH 1.12.2005, TranspR 2006, 116, 119; TranspR 2006, 208, 209; 15.12.2005, TranspR 2006, 210, 211; 21.1.2010, TranspR 2010, 189, 191 = ETR 2010, 417; bei massenhafter Versendung von Paketen wurde die Grenze bei einem Übersteigen von EUR 5.000,– pro Paket, dem Zehnfachen des in 9.2 AGB genannten Wertes, angenommen, so etwa BGH 3.5.2007, TranspR 2007, 412, 414; TranspR 2007, 421, 422; 2.4.2009, TranspR 2009, 410, 413.
[294] BGH 1.12.2005, TranspR 2006, 212, 214; 21.1.2010, TranspR 2010, 189, 191 = ETR 2010, 417.
[295] BGH 21.1.2010, TranspR 2010, 189, 191 = ETR 2010, 417; aA *Knorre* TranspR 2008, 162, 163: Warnschwelle sollte beim Dreifachen der gesetzlichen Regelhaftung angesetzt werden.
[296] Thume/*Harms* Rn. 79e (S. 791).
[297] BGH 13.9.2007, TranspR 2007, 466, 468 = VersR 2008, 1090.
[298] BGH 3.7.2008, TranspR 2008, 406, 407 = VersR 2009, 1428; 13.8.2009, TranspR 2010, 143, 145.
[299] BGH 14.11.1991, TranspR 1992, 135, 138; OGH Wien 13.10.1999, RdW 2000, 112 = ecolex 2000, 277 mit zust. Anm. *Jesser-Huß; OGH* Wien 19.9.2002, TranspR 2003, 243, 244; Hof 's-Hertogenbosch 2.4.1991, S. & S. 1992 Nr. 43; Hof 's-Hertogenbosch 22.12.1993, S. & S. 1994 Nr. 99; Hill/*Messent* S. 221; *Putzeys* S. 321 Nr. 938; *Herber/Piper* Rn. 19; *Koller* Rn. 8; GroßkommHGB/*Helm* Art. 30 Rn. 2; Thume/*Harms* Rn. 3, 4 und 72; EBJS/*Bahnsen* Rn. 5; Jaboronegg/Artmann/*Csoklich* Rn. 11.
[300] *Loewe* ETR 1976, 576 Nr. 221.
[301] GroßkommHGB/*Helm* Rn. 31; *Putzeys* S. 322 Nr. 942.

## IV. Beweislast

**41**    Der **Geschädigte** trägt die Darlegungs- und Beweislast für die Umstände, aus denen auf Vorsatz oder gleichwertiges Verschulden geschlossen werden kann.[302] Andernfalls würden die Haftungsbeschränkungen der Art. 17 ff. vielfach leer laufen, weil es dem Frachtführer bei unklarer Schadensursache nicht möglich ist, sich zu entlasten.[303] Andererseits ist der geschädigte Anspruchsteller vielfach nicht in der Lage, substantiierte Aussagen über die schadensursächlichen Geschehensabläufe zu treffen, weil er erstens nicht zugegen war und zweitens auch die innerbetriebliche Organisation eines Transportunternehmens nicht kennt. Damit die Verwirklichung seiner Ansprüche nicht an **Beweisnot** scheitert, genügt es, wenn er zunächst nur plausible Anhaltspunkte für Vorsatz oder gleichwertiges Verschulden des Frachtführers vorbringt.[304] Der Frachtführer hat die Möglichkeit, sich zu entlasten; dass er unsubstantiiert bestreitet, reicht nicht.[305] Ist der zum Schaden führende Geschehensablauf dem Einblick des Anspruchstellers entzogen, so trifft den Frachtführer nach hM eine **prozessuale Aufklärungspflicht,**[306] die sich nach der jeweiligen lex fori richtet.[307] Nach deutschem Prozessrecht muss er, wenn ein qualifiziertes Verschulden aus dem Klagsvortrag mit einer gewissen Wahrscheinlichkeit naheliegt oder sich aus dem unstreitigen Sachverhalt ergibt,[308] substantiiert die Umstände darlegen, die nach seiner Kenntnis zum Schaden geführt haben, soweit ihm dies möglich ist; die Grenze der Darlegungslast wird durch die im jeweiligen Einzelfall zu überprüfende Zumutbarkeit gezogen.[309] Vor allem muss er den Organisationsablauf in seinem Betrieb bzw. auch zu jenem seiner Subunternehmer[310] offenlegen sowie unter Angabe von Namen und Anschrift der beteiligten Personen eingehend[311] bzw. lückenlos und zeitnah[312] unter Nennung von Zeit, Ort und Mitarbeitern[313] vortragen, welche Sicherungs- und Kontrollmaßnahmen er bzw. seine Hilfspersonen gegen Verlust, Beschädigung und Überschreitung der Lieferfrist

---

[302]  BGH 3.11.1994, TranspR 1995, 253 in stRspr. jüngst etwa 18.12.2008, TranspR 2009, 134, 135; OGH Wien 14.7.1993, TranspR 1994, 189, 190; OGH Wien 11.5.2005, TranspR 2005, 411, 413; Cass.com. 13.10.1981, ETR 1982, 288, 293; Cour Paris 25.2.1992, BTL 1992, 290; Cour Aix-en-Provence 4.11.1993, BTL 1994, 19; Hoge Raad 17.11.1978, S.& S. 1979 Nr. 23; ZivG Basel-Stadt 14.2.1989, TranspR 1990, 428, 432; LG Salzburg 30.4.1993, TranspR 1993, 344, 345; *Koller* Rn. 7; GroßkommHGB/*Helm* Rn. 25; *Clarke* S. 314 Nr. 101; *Herber/Piper* Rn. 15; EBJS/*Bahnsen* Rn. 16; *Thume/Harms* Rn. 84; *Ferrari/Otte,* Int. Vertragsrecht, Rn. 31; *Jabornegg/Artmann/Csoklich* Rn. 12.

[303]  Eingehend *Koller* VersR 1990, 553; *Theunis/Glöckner* S. 109 f.

[304]  *Koller* Rn. 7a; *Thume* TranspR 2002, 1, 7; OLG Stuttgart 27.3.2002, TranspR 2002, 200, 201 mwN; OLG Stuttgart 11.6.2003, TranspR 2003, 308, 311; OLG Thüringen 30.3.2007, TranspR 2007, 201; LG Berlin 4.2.2000, TranspR 2000, 181, 182 zu § 435 HGB.

[305]  Siehe etwa BGH 5.6.2003, TranspR 2003, 467, 469; 9.10.2003, TranspR 2004, 175, 176.

[306]  BGH 19.6.1986, VersR 1986, 1019, 1020 f.; *Piper* VersR 1988, 208; eingehend *Koller* VersR 1990, 557 f. mit vielen Nachweisen; *Fremuth,* FS Thume, S. 161, 166 ff.; *Herber/Schmuck* VersR 1991, 1210; GroßkommHGB/*Helm* Rn. 26; ebenso OGH Wien 17.3.2005, TranspR 2005, 408; OGH Wien 11.5.2005, TranspR 2005, 411(§ 184 öZPO); vgl. dazu *Schärmer/Zehetbauer* TranspR 2005, 400 ff.; *Jabornegg/Artmann/Csoklich* Rn. 12; in der deutschen CMR-Rspr. etwa BGH 9.10.2003, TranspR 2004, 175, 176; OLG Nürnberg 10.12.1992, TranspR 1993, 138, 139 sub 2 c; OLG München 12.4.1990, NJW-RR 1991, 230, 232 sub II 3 b bb; OLG Düsseldorf 4.7.2001, TranspR 2002, 158, 159 f.; OLG Stuttgart 27.3.2002, TranspR 2002, 200 mwN; OLG Stuttgart 11.6.2003, TranspR 2003, 308, 311.

[307]  *Koller* VersR 1990, 560; *Herber* TranspR 2004, 93, 98; *Thume/Harms* Rn. 86; siehe auch schon oben Art. 18 Rn. 1–3.

[308]  BGH 18.12.2008, TranspR 2009, 134, 135; 10.12.2009, TranspR 2010, 78, 79 = VersR 2010, 648 = ETR 2010, 294; 13.6.2012, TranspR 2012, 463, 464.

[309]  *Neumann* TranspR 2009, 54, 60; zur umfangreichen Judikatur auch im Rahmen von § 435 HGB *Thume/Harms* Rn. 88 ff.

[310]  BGH 15.12.2005, TranspR 2006, 210; BGH 4.3.2004, TranspR 2004, 460, 462 zu § 428 HGB; OLG Hamburg 28.2.2002, TranspR 2002, 344; OLG Köln 8.3.2002, TranspR 2002, 239, 242; *Neumann* TranspR 2002, 413, 420; *Thume/Harms* Rn. 90; einschränkend *Koller* Rn. 7a.

[311]  OLG Hamm 29.6.1998, TranspR 1999, 201, 202; OLG Stuttgart 27.3.2002, TranspR 2002, 200, 201 („detailliert").

[312]  OLG Düsseldorf 14.11.2001, TranspR 2002, 73, 75.

[313]  OLG Thüringen 30.3.2007, TranspR 2007, 201.

ergriffen haben;[314] mitzuteilen sind ferner die Kenntnisse über den konkreten Schadensverlauf bzw. welche Schadensursachen ermittelt werden konnten – den Frachtführer trifft
somit eine Recherchepflicht.[315] Kommt der Frachtführer dem nicht nach, spricht laut
deutscher Rechtsprechung eine widerlegbare Vermutung für sein qualifiziertes Verschulden.[316] Kommt der Frachtführer seiner sekundären Darlegungsverpflichtung nach, liegt
die Beweislast für die unbeschränkte Haftung beim Anspruchsteller.[317] Keine Darlegungspflicht besteht hinsichtlich jener Umstände, die der Anspruchswerber selbst ermitteln
kann, wie beispielsweise die besondere Diebstahlgefahr in einem bestimmten Gebiet, das
Vorhandensein von bewachten Parkplätzen sowie die Möglichkeit des Frachtführers, sich
darüber Kenntnis zu verschaffen.[318]

Steht danach ein qualifiziertes Verschulden des Frachtführers objektiv fest, so kann das **42**
**subjektive Tatbestandsmerkmal** des Bewusstseins der Wahrscheinlichkeit des Schadenseintritts als innere Tatsache im Allgemeinen nur aus dem äußeren Geschehensablauf
erschlossen werden, vgl. Rn. 15. Allein die Erfüllung des Tatbestandsmerkmals der Leichtfertigkeit genügt nicht um auf das Bewusstsein der Wahrscheinlichkeit des Schadenseintritts
zu schließen. Dieser Schluss ist nur dann gerechtfertigt, wenn das leichtfertige Verhalten
nach seinem Inhalt und nach den Umständen, unter denen es aufgetreten ist, diesen Schluss
nahe legt.[319] Ein Anscheinsbeweis kann sich nicht auf diese subjektiven Voraussetzungen
erstrecken.[320] Ferner wird auch ein **adäquater Kausalzusammenhang** vermutet, und es
ist Sache des Frachtführers, den Gegenbeweis zu führen.[321]

Im Bereich des Art. 29 Abs. 2 hat der Anspruchsteller neben dem qualifizierten Verschul- **43**
den noch zu beweisen, dass **Gehilfen** des beklagten Frachtführers gehandelt haben, und
zwar in Ausübung ihrer Verrichtung.[322] Hinsichtlich der Eigenhaftung der Gehilfen nach
Art. 29 Abs. 2 Satz 2 gilt dieselbe Beweislastverteilung wie im Rahmen von Abs. 1.[323]

## Kapitel V. Reklamationen und Klagen

### Art. 30 [Rechtswahrende Vorbehalte]

(1) ¹**Nimmt der Empfänger das Gut an, ohne dessen Zustand gemeinsam mit
dem Frachtführer zu überprüfen und ohne unter Angaben allgemeiner Art über
den Verlust oder die Beschädigung an den Frachtführer Vorbehalte zu richten, so
wird bis zum Beweise des Gegenteils vermutet, daß der Empfänger das Gut in
dem im Frachtbrief beschriebenen Zustand erhalten hat; die Vorbehalte müssen,
wenn es sich um äußerlich erkennbare Verluste oder Beschädigungen handelt,**

---

[314] BGH 19.6.1986, VersR 1986, 1019, 1021; 16.7.1998, TranspR 1999, 19, 23; 21.9.2000, VersR 2001,
527, 529 f.; OLG Nürnberg 10.12.1992, TranspR 1993, 138, 139 sub 2 c; OLG Hamburg 7.2.1991, TranspR
1991, 294, 295; OLG München 12.4.1990, TranspR 1990, 280, 286; OLG München 10.10.1990, TranspR
1991, 138, 140; OLG Karlsruhe 9.12.1998, TranspR 2000, 465; aA OLG Düsseldorf 29.5.1991, TranspR
1991, 293. Zu den im Einzelnen verlangten Erfordernissen vgl. OLG Stuttgart 27.3.2002, TranspR 2002,
200, 201; Thume/*Harms* Rn. 88.
[315] BGH 13.6.2012, TranspR 2012, 463, 464 mwN.
[316] StRspr. etwa BGH 19.6.1986, VersR 1986, 1019, 1021; 9.10.2003, TranspR 2004, 175, 176;
15.12.2005, TranspR 2006, 210; 18.12.2008, TranspR 2009, 134, 135; 10.12.2009, TranspR 2010, 78, 79 =
VersR 2010, 648 = ETR 2010, 294.
[317] BGH 18.12.2008, TranspR 2009, 134, 135; 10.12.2009, TranspR 2010, 78, 79 = VersR 2010, 648 =
ETR 2010, 294; dazu *Thume* TranspR 2010, 125 ff.
[318] OLG Düsseldorf 26.7.2004, TranspR 2005, 118, 122 f.
[319] BGH 25.3.2004, TranspR 2004, 309, 312; 21.3.2007, 361, 362; OLG Hamm 22.11.2004, TranspR
2005, 123, 124; Thume/*Harms* Rn. 97.
[320] OLG Karlsruhe 17.2.1995, TranspR 1995, 439, 440; vgl. auch *Koller* § 435 HGB Rn. 20.
[321] BGH 13.4.1989, NJW-RR 1989, 1270, 1271; BGH 16.7.1998, TranspR 1999, 19, 22 f.; *Koller* Rn. 7b;
schwächer, für Anscheinsbeweis *Thume* TranspR 1991, 209, 215.
[322] Vgl. *Baumgärtel/Giemulla* Rn. 2.
[323] Vgl. *Baumgärtel/Giemulla* Rn. 3.

spätestens bei der Ablieferung des Gutes oder, wenn es sich um äußerlich nicht erkennbare Verluste oder Beschädigungen handelt, spätestens binnen sieben Tagen, Sonntage und gesetzliche Feiertage nicht mitgerechnet, nach der Ablieferung gemacht werden. ²Die Vorbehalte müssen schriftlich gemacht werden, wenn es sich um äußerlich nicht erkennbare Verluste oder Beschädigungen handelt.

(2) Haben Empfänger und Frachtführer den Zustand des Gutes gemeinsam überprüft, so ist der Gegenbeweis gegen das Ergebnis der Überprüfung nur zulässig, wenn es sich um äußerlich nicht erkennbare Verluste oder Beschädigungen handelt und der Empfänger binnen sieben Tagen, Sonntage und gesetzliche Feiertage nicht mitgerechnet, nach der Überprüfung an den Frachtführer schriftliche Vorbehalte gerichtet hat.

(3) Schadensersatz wegen Überschreitung der Lieferfrist kann nur gefordert werden, wenn binnen einundzwanzig Tagen nach dem Zeitpunkt, an dem das Gut dem Empfänger zur Verfügung gestellt worden ist, an den Frachtführer ein schriftlicher Vorbehalt gerichtet wird.

(4) Bei der Berechnung der in diesem Artikel bestimmten Fristen wird jeweils der Tag der Ablieferung, der Tag der Überprüfung oder der Tag, an dem das Gut dem Empfänger zur Verfügung gestellt worden ist, nicht mitgerechnet.

(5) Frachtführer und Empfänger haben sich gegenseitig jede angemessene Erleichterung für alle erforderlichen Feststellungen und Überprüfungen zu gewähren.

## Chapitre V. Réclamations et actions
## Art. 30

(1) Si le destinataire a pris livraison de la marchandise sans qu'il en ait constaté l'état contradictoirement avec le transporteur ou sans qu'il ait, au plus tard au moment de la livraison s'il s'agit de pertes ou avaries apparentes, ou dans les sept jours à dater de la livraison, dimanche et jours fériés non compris, lorsqu'il s'agit de pertes ou avaries non apparentes, adressé des réserves au transporteur indiquant la nature générale de la perte ou de l'avarie, il est présumé, jusqu'à preuve contraire, avoir reçu la marchandise dans l'état décrit dans la lettre de voiture. Les réserves visées ci-dessus doivent être faites par écrit lorsqu'il s'agit de pertes ou avaries non apparentes.

(2) Lorsque l'état de la marchandise a été constaté contradictoirement par le destinataire et le transporteur, la preuve contraire au résultat de cette constatation ne peut être faite que s'il s'agit de pertes ou avaries non apparentes et si le destinataire a adressé des réserves écrites au transporteur dans les sept jours, dimanche et jours fériés non compris, à dater de cette constatation.

(3) Un retard à la livraison ne peut donner lieu à indemnité que si une réserve a été adressée par écrit dans le délai de 21 jours

## Chapter V. Claims and actions
## Art. 30

(1) If the consignee takes delivery of the goods without duly checking their condition with the carrier or without sending him reservations giving a general indication of the loss or damage, not later than the time of delivery in the case of apparent loss or damage and within seven days of delivery, Sundays and public holidays excepted, in the case of loss or damage which is not apparent, the fact of his taking delivery shall be prima facie evidence that he has received the goods in the condition described in the consignment note. In the case of loss or damage which is not apparent the reservations referred to shall be made in writing.

(2) When the condition of the goods has been duly checked by the consignee and the carrier, evidence contradicting the result of this checking shall only be admissible in the case of loss or damage which is not apparent and provided that the consignee has duly sent reservations in writing to the carrier within seven days, Sundays and public holidays excepted, from the date of checking.

(3) No compensation shall be payable for delay in delivery unless a reservation has been sent in writing to the carrier, within

à dater de la mise de la marchandise à la disposition du destinataire.

(4) La date de livraison ou, selon le cas, celle de la constatation ou celle de la mise à disposition n'est pas comptée dans les délais prévus au présent article.

(5) Le transporteur et le destinataire se donnent réciproquement toutes facilités raisonnables pour les constatations et vérifications utiles.

twenty-one days from the time that the goods were placed at the disposal of the consignee.

(4) In calculating the time-limits provided for in this article the date of delivery, or the date of checking, or the date when the goods were placed at the disposal of the consignee, as the case may be, shall not be included.

(5) The carrier and the consignee shall give each other every reasonable facility for making the requisite investigations and checks.

**Schrifttum:** *Demuth,* Die Schadensanzeige des § 438 HGB im Vergleich zu den Vorbehalten des Art. 30 CMR, GS Helm, 2001, S. 49; *Loewe,* Die Bestimmungen der CMR über Reklamationen und Klagen, TranspR 1988, 309; *ders.,* The CMR Provisions Concerning Claims and Actions, in Theunis S. 145.

## Übersicht

| | Rn. | | | Rn. |
|---|---|---|---|---|
| **I. Bedeutung und Zweck** | 1–5 | d) Frist | | 13 |
| 1. Rechtsgedanke | 1, 2 | e) Rechtsfolgen der vorbehaltlosen | | |
| 2. Anwendungsbereich | 3–5 | Annahme | | 14, 15 |
| | | f) Rechtsfolgen wirksamer Vorbehalte | | 16, 17 |
| **II. Beschädigung und Teilverlust** | | 4. Gemeinsame Überprüfung (Abs. 2) | | 18, 19 |
| **(Abs. 1, 2)** | 6–19 | **III. Lieferfristüberschreitung (Abs. 3)** | | 20, 21 |
| 1. Optionen des Empfängers | 6 | **IV. Fristen (Abs. 4)** | | 22–24 |
| 2. Äußerlich erkennbare Schäden | 7, 8 | 1. Fristbeginn | | 22 |
| 3. Vorbehalte | 9–17 | 2. Fristberechnung | | 23 |
| a) Inhalt | 9, 10 | 3. Fristwahrung | | 24 |
| b) Verfasser und Adressat | 11 | **V. Mitwirkungspflicht (Abs. 5)** | | 25 |
| c) Form | 12 | | | |

## I. Bedeutung und Zweck

**1. Rechtsgedanke.** Art. 30 CMR regelt die Wirkungen einer vorbehaltlosen Annahme **1** des Frachtgutes durch den Empfänger und stellt eine transportrechtliche **Parallele zu kaufrechtlichen Rügeobliegenheiten** dar. Wer die gelieferte Ware nicht untersucht und deshalb als Käufer gemäß Art. 39 UNK, § 377 HGB[1] seine Rechte gegen den Verkäufer verliert, wird sich nach einem anderen Haftungsschuldner umsehen, sobald er den Schaden entdeckt, und versuchen, den Beförderer in die transportrechtliche Haftung zu ziehen. Indem das Transportrecht (vgl. auch Art. 47 ER CIM 1999, Art. 31 MÜ, Art. 19 HambR, Art. 23 CMNI) dem Empfänger gegenüber dem Beförderer eine ähnliche Rügeobliegenheit auferlegt und sie mit Beweiserschwernis oder sogar Rechtsverlust sanktioniert, verengt oder versperrt es diesen Ausweg.

Bei den Vorbehalten im Zusammenhang mit Teilverlusten oder Beschädigungen des **2** Frachtgutes unterscheidet Art. 30 CMR danach, ob das Frachtgut gemeinsam durch Empfänger und Frachtführer überprüft wurde (Abs. 2) oder nicht (Abs. 1) und in diesem Rahmen weiter danach, ob äußerlich erkennbare oder äußerlich nicht erkennbare Mängel vorlagen. Wurde das Frachtgut unüberprüft (Abs. 1) und vorbehaltlos angenommen, so **verschlechtert sich die Beweislage** für den Empfänger. Ein Rechtsverlust tritt jedoch nicht ein. Haben dagegen Empfänger und Frachtführer das Gut gemeinsam überprüft, führt die vorbehaltlose Annahme bei äußerlich erkennbaren Schäden nicht nur zu Beweisver-

---

[1] Zu rechtsvergleichenden Parallelen siehe *Basedow,* Die Reform des deutschen Kaufrechts, 1988, S. 58–61.

schlechterungen, sondern zu einem **Anspruchsverlust** (Abs. 2). Ebenso, wenn bei einer Lieferfristüberschreitung der Vorbehalt ausbleibt (Abs. 3). Die Regelung soll den Frachtführer auf die Gefahr der Inanspruchnahme hinweisen, um ihm die Möglichkeit einzuräumen, rechtzeitig Beweise zu sichern. Vorbehalte haben aber auch den Zweck, eine Verschlechterung der Beweislage des Geschädigten zu verhindern. Gerade im grenzüberschreitenden Güterverkehr ist es oft schwierig, den Entstehungszeitpunkt von Schäden am Frachtgut im Nachhinein nachzuweisen. Deswegen besteht für alle Beteiligten ein besonderes Interesse daran, dass das Gut nach jedem Besitzerwechsel untersucht wird, damit Beweise gesichert und die Ansprüche möglichst schnell abgewickelt werden können, vgl. schon Art. 8 Rn. 1. Da es ohnehin Sache des Anspruchstellers ist, darzulegen und zu beweisen, dass der Schaden zwischen der Übernahme des Gutes durch den Frachtführer und der Ablieferung eingetreten ist, ist die **praktische Bedeutung** von Abs. 1 gering; Art. 30 Abs. 1 bestätigt diese Beweislastverteilung, vgl. schon oben Art. 18 Rn. 5, 6 und im Einzelnen unten Rn. 14 ff. Über die allgemeinen Grundsätze hinaus geht dagegen der Anspruchsverlust gemäß Abs. 2 und 3.

3    **2. Anwendungsbereich.** Art. 30 Abs. 1 findet nur Anwendung auf Fälle, in denen das Gut zumindest teilweise an den Empfänger abgeliefert ist; der englische und der französische Text verdeutlichen auch im Wortlaut, dass die Ablieferung (delivery, livraison) zu den Anwendungsvoraussetzungen gehört.[2] Dementsprechend gilt Art. 30 nicht für Ansprüche aus Nichtablieferung (Totalverlust oder Nichtantritt der Reise).[3] Ebenso bleibt Art. 30 außer Betracht, wenn der Empfänger die Annahme des Gutes wegen offensichtlicher Schäden ablehnt oder wenn der Beförderer unterwegs einen Schaden feststellt, das Gut zum Absender zurückbringt und es nicht zur Ablieferung kommt.[4] Zum Begriff der Ablieferung siehe Art. 17 Rn. 21 ff. Anders steht es mit Ansprüchen wegen Überschreitung der Lieferfrist; auf sie ist Abs. 3 bereits ab der Zurverfügungstellung des Gutes anzuwenden, die der Ablieferung noch vorgeschaltet ist, siehe Rn. 20. Zur Verfügung gestellt ist das Gut bereits, wenn der Frachtführer zur rechten Zeit am rechten Ort gegenüber dem Empfänger zur Ablieferung bereit ist.[5]

4    Art. 30 bezieht sich nicht nur auf **Qualitätsmängel** des Gutes, sondern auch auf **Quantitätsmängel**. Andernfalls würde Abs. 1 dem Empfänger nicht Angaben allgemeiner Art auch über den (Teil-)Verlust abverlangen. Zwischen Qualitäts- und Quantitätsmängeln bestehen im Hinblick auf die Beweisproblematik auch keine wesentlichen Unterschiede. Es wäre daher nicht gerechtfertigt, beide unterschiedlich zu behandeln. Dies gilt allerdings nur für die Vollzähligkeit der Frachtstücke,[6] nicht für sonstige Mengenangaben, mögen sie sich nun auf das Volumen oder das Gewicht des Gutes beziehen.[7] Bzgl. dieser anderen Mengenangaben gilt die Vermutung des Art. 9 Abs. 2 nicht, vgl. Art. 9 Rn. 10 und Art. 8 Rn. 27, so dass den betreffenden Mengenangaben im Frachtbrief ohne besondere Überprüfung (vgl. Art. 8 Rn. 27) keine Beweiswirkung dafür zukommt, dass der Frachtführer Güter in dem angegebenen Umfang auch tatsächlich übernommen hat. Da die Mengenangaben bei Art. 9 Abs. 2 nicht zulasten des Frachtführers wirken, können sie bei Art. 30 Abs. 1 auch nicht zu seinen Gunsten wirken. Anders wiederum gemäß Abs. 2 im Falle einer gemeinsamen Überprüfung; durch sie erlangt aber auch nicht die Angabe im Frachtbrief, sondern das Ergebnis der Überprüfung Beweiswert.

5    Art. 30 gilt für Ansprüche gegen den Frachtführer, gleich ob sie **vom Absender oder Empfänger** geltend gemacht werden. Die Vorschrift findet auch bei Vorsatz und **vorsatz-**

[2] BGH 12.12.1985, TranspR 1986, 278, 280 sub II 1 aE; vgl. auch *Koller* Rn. 1; Thume/*Demuth* Rn. 5; EBJS/*Boesche* Rn. 2; Ferrari/*Otte,* Int. Vertragsrecht, Rn. 6; Jabornegg/Artmann/*Csoklich* Rn. 2.
[3] BGH (Fn. 2).
[4] Trib.com.Paris 29.2.1972, BT 1972, 269; GroßkommHGB/*Helm* Rn. 3.
[5] OGH Wien 19.9.2002, TranspR 2003, 243 = EvBl. 2003/4 = RdW 2003/64.
[6] So in der Sache OLG Hamburg 13.5.1993, TranspR 1994, 195; unspezifisch für Mengenangabe Anm. zu Cour Douai 7.6.1994, BTL 1994, 623.
[7] OLG Düsseldorf 29.3.1979, TranspR 1979, 651: keine Anwendung auf Gewicht; ebenso *Koller* Rn. 8; aA Kantongerecht Delft 13.5.1965, ETR 1966, 722.

**gleichem Verschulden des Frachtführers** Anwendung,[8] da Art. 29 nur die Vorschriften des IV. Kapitels, dh. die Art. 17–28 für unanwendbar erklärt, vgl. Art. 29 Rn. 34. Art. 30 verdrängt als **lex specialis** entsprechende nationale Vorschriften wie etwa § 438 HGB. Art. 30 CMR trifft eine abschließende Regelung über Reklamationen, und zwar auch bzgl. solcher Ansprüche, für die Art. 30 keine Reklamationspflicht vorsieht wie zB den Anspruch auf Schadensersatz wegen Totalverlust des Gutes.[9]

## II. Beschädigung und Teilverlust (Abs. 1, 2)

**1. Optionen des Empfängers.** Bei Ablieferung des Gutes kann der Empfänger (wie 6 auch der Frachtführer) erstens eine gemeinsame Überprüfung verlangen. Die andere Partei ist gemäß Abs. 5 verpflichtet, daran mitzuwirken. Die Rechtsfolgen der gemeinsamen Überprüfung richten sich nach Abs. 2, siehe unten Rn. 18 f. Zu den Rechtsfolgen einer entgegen Abs. 5 unterlassenen Mitwirkung siehe unten Rn. 25. Wird keine gemeinsame Überprüfung verlangt, so kann der Empfänger zweitens Vorbehalte an den Beförderer richten. Dabei ist zwischen äußerlich erkennbaren und äußerlich nicht erkennbaren Verlusten und Beschädigungen zu unterscheiden, Rn. 7. Bei äußerlich erkennbaren Güterschäden muss der Empfänger spätestens bei der Ablieferung unter Mitteilung allgemeiner Angaben über die Art des Schadens Vorbehalte an den Frachtführer richten. Sind die Güterschäden äußerlich nicht erkennbar, so müssen diese Vorbehalte schriftlich und binnen sieben Tagen nach der Ablieferung gemacht werden. Drittens kann der Empfänger auch untätig bleiben, nimmt damit aber eine Verschlechterung seiner Beweislage in Kauf, wenn er nicht rechtzeitig die Beweise sichert.

**2. Äußerlich erkennbare Schäden.** Die Unterscheidung zwischen äußerlich erkenn- 7 baren und äußerlich nicht erkennbaren Schäden ist in dreifacher Hinsicht bedeutsam: für die Vorbehaltsfrist, Abs. 1 Satz 1 HS 2, für die Vorbehaltsform, Abs. 1 Satz 2, und – im Falle einer gemeinsamen Überprüfung – für die Angreifbarkeit des Ergebnisses, Abs. 2. Äußerlich erkennbar (apparent) sind Schäden die mit Auge, Gehör, Geschmacks-, Geruchs- oder Tastsinn als evident wahrnehmbar sind. Mit dem Begriff „apparent" schließt Art. 30 an die Regelung über die Kontrollpflicht des Frachtführers bei Übernahme des Gutes **(Art. 8 Abs. 1 lit. b)** und an den Umfang der sich daran knüpfenden Beweisvermutung **(Art. 9 Abs. 2)** an. Dem ist auch bei der Auslegung von Art. 30 grundsätzlich Rechnung zu tragen;[10] auf die Ausführungen oben Art. 8 Rn. 7–10 und Art. 9 Rn. 7 f. wird daher verwiesen. Unterschiede ergeben sich insofern, als der Empfänger oft über eine größere Warenkenntnis verfügen wird als der Beförderer/Fahrer und ihm Schäden daher eher als evident erscheinen. Soweit die Ablieferung erst nach Öffnung der Ladeklappe vollzogen ist, gilt es ferner zu bedenken, dass zu diesem Zeitpunkt gewisse Schäden bereits evident sind, die sich bei Übernahme eines geschlossenen Sattelaufliegers oder Containers nicht erkennen lassen, siehe auch unten Rn. 13.

**Einzelfälle.** Als **nicht äußerlich erkennbar** haben Gerichte folgende Fälle angesehen: 8 die Verschmutzung eines Tankinhalts,[11] das Überlaufen eines Ladetanks des Empfängers, in den der Fahrer die Ladung selbständig hineinpumpte, wenn der Tank vom Empfangsbüro des Empfängers nicht einzusehen war und nicht über eine Füllungsanzeige verfügte,[12] ein Manko von Frachtstücken in einem Container,[13] die Verschmutzung des Gutes durch

---

[8] BGH 14.11.1991, BGHZ 116, 95 103 f. = NJW 1992, 1698; OGH Wien 19.9.2002, TranspR 2003, 243, 244 f.; 16.3.2004, SZ 2004/32 = RdW 2004/485, 540; *Koller* Rn. 1; GroßkommHGB/*Helm* Rn. 2; EBJS/*Boesche* Rn. 2; *Clarke* S. 199 Rn. 60 Fn. 160.
[9] *Piper* VersR 1988, 205; EBJS/*Boesche* Rn. 2; Ferrari/*Otte,* Int. Vertragsrecht, Rn. 5; aA GroßkommHGB/*Helm* Rn. 1, der Art. 30 für unvollständig hält.
[10] So auch *Clarke* S. 204 Nr. 61b (ii); GroßkommHGB/*Helm* Rn. 6.
[11] Cour Rouen 21.2.1991, BTL 1991, 507.
[12] Hof 's-Gravenhage 27.5.1983, S. & S. 1984 Nr. 68.
[13] Cour Reims 3.3.1980, BT 1980, 237; Cass.com. 2.6.1987, unveröffentlicht, zitiert nach *Lamy* 2013 Rn. 812.

schwarzen Staub, der sich während des Transports auf der Verpackung gesammelt hatte und bei deren Öffnung nach der Ablieferung das Gut befleckte.[14] Dagegen wurde als **äußerlich erkennbar** eine durch Zählen der Collis und Vergleich mit den Beförderungspapieren feststellbare Fehlmenge angesehen,[15] ebenso Gewichtsdifferenzen bei vorhandenen Wiegemöglichkeiten.[16]

9    **3. Vorbehalte. a) Inhalt.** Die CMR fordert „Angaben allgemeiner Art über den Verlust oder die Beschädigung". Der Vorbehalt muss also wenigstens zweierlei anzeigen: erstens dass **überhaupt ein Schaden** entstanden ist – die bloße Vermutung genügt nicht[17] – und zweitens die Art des Schadens. Dafür reicht ein allgemeiner Hinweis auf „Beschädigung" oder „Verluste" nicht aus,[18] ebenso wenig der gestempelte Vermerk „Annahme unter Vorbehalt", weil er weder die Existenz noch die genaue **Schadensart** erkennen lässt.[19] Daran fehlt es auch, wenn der Empfänger angibt, dass „25 % der Ware beschädigt" sind,[20] dass das „Gut in schlechtem Zustand angekommen" ist[21] oder wenn er in der Quittungsklausel eines Lieferscheins „in gutem Zustand erhalten" die ersten drei Worte durchstreicht.[22]

10   Maßstab für die erforderliche Genauigkeit ist die von Art. 30 bezweckte **Warnung des Frachtführers;** die Angaben müssen so genau sein, dass er weiß, wofür er voraussichtlich in Anspruch genommen wird, und die dafür erforderlichen Beweise sichern kann.[23] Wird ein Nässeschaden gerügt, muss er auf andere Dinge achten als bei Anzeige eines Fehlbestands. Unter diesem Aspekt sind unspezifizierte Vorbehalte, die der Empfänger vorsichtshalber regelmäßig verwendet, nutzlos und zu vermeiden.[24] Ausreichend ist etwa ein handschriftlicher Vermerk auf dem CMR-Frachtbrief, der acht beschädigte Kartons sowie eine mögliche Fehlmenge bezeichnet und auf ein beigefügtes, aussagekräftiges Foto verweist.[25] Wenn unmittelbar bei Ablieferung ein zu allgemeiner und daher wirkungsloser Vorbehalt gemacht wird, so hängt dies durchweg damit zusammen, dass der Empfänger den Schaden noch nicht überblickt, dass der Schaden also nicht äußerlich erkennbar ist. Der Empfänger muss in solchen Fällen binnen sieben Tagen einen hinreichend spezifizierten Vorbehalt nachholen, sobald er die Art des Schadens abschätzen kann.[26]

11   **b) Verfasser und Adressat.** Der Vorbehalt muss vom Empfänger an den Frachtführer gerichtet werden. Dabei genügt es, dass der Absender des Vorbehalts, sei es ein Spediteur, der Absender des Gutes oder ein Versicherungsunternehmen, erkennbar für den Empfänger handelt[27] und dass der Vorbehalt gegenüber den Empfangsboten des Frachtführers ausgesprochen wird. Zur Entgegennahme des Vorbehalts sind kraft Verkehrssitte sowohl der

[14] Cour Paris 2.12.1981, BT 1982, 73.
[15] OLG Linz 27.11.1989, TranspR 1990, 154, 155.
[16] Thume/*Demuth* Rn. 22; Jaborengg/Artmann/*Csoklich* Rn. 2.
[17] So Cour Aix-en-Provence 22.2.1979, BT 1979, 387 für den Vermerk „Annahme unter Vorbehalt der Kontrolle nach Auspacken, Ware feucht"; ebenso Cour Douai 7.6.1994, BTL 1994, 623: „Zerbrochene Kisten, möglicher Schaden unbekannt"; vgl. dazu auch *Koller* Rn. 4; aA *Herber/Piper* Rn. 6; EBJS/*Boesche* Rn. 3: Hinweis auf die Wahrscheinlichkeit eines ausreichend bestimmt beschriebenen Schadens.
[18] Rb. Amsterdam 29.11.1978, S. & S. 1979 Nr. 103 für den Vermerk „Ware beschädigt"; *Rodière* BT 1974, 327 Nr. 106; *Loewe* ETR 1976, 577 Nr. 222; *Silingardi* S. 251; *Koller* Rn. 4; aA *Hill/Messent* S. 238; siehe auch unten bei Fn. 20.
[19] OLG Hamburg 27.1.2004, TranspR 2004, 215, 216; OLG Wien 22.6.1989, TranspR 1990, 158; Thume/*Demuth* Rn. 10.
[20] Cour Paris 23.3.1979, J. C. P. 1980 Nr. 19372.
[21] *Loewe* TranspR 1988, 310; EBJS/*Boesche* Rn. 3; anders aber Cour cass. 29.4.1975, RDU 1977 I 334.
[22] AA Kh. Brüssel 21.9.1990, Rev.dr.com.belge 1992, 787, wo das Problem nur als Formfrage und nicht bzgl. des Inhalts diskutiert wird.
[23] *Rodière* BT 1974, 327 Nr. 106; *Clarke* S. 202 f. Nr. 61b; *Herber/Piper* Rn. 2; GroßkommHGB/*Helm* Rn. 15; Thume/*Demuth* Rn. 10; EBJS/*Boesche* Rn. 3; Ferrari/*Otte,* Int. Vertragsrecht, Rn. 10.
[24] *Loewe* TranspR 1988, 310.
[25] OLG Hamburg 27.1.2004, TranspR 2004, 215, 217.
[26] So ausdrücklich Cour Douai 7.6.1994, BTL 1994, 623; zustimmend GroßkommHGB/*Helm* Rn. 15.
[27] *Koller* Rn. 5; EBJS/*Boesche* Rn. 4; *Putzeys* S. 185 Nr. 545 bis.

abliefernde Fahrer des Frachtführers als auch der abliefernde Unterfrachtführer[28] legitimiert. Denn der Empfänger muss äußerlich erkennbare Schäden sofort bei Lieferung reklamieren, und zu dieser Zeit sind nur der Fahrer bzw. der ausführende Unterfrachtführer anwesend. Der Vorbehalt muss gegenüber jedem Frachtführer in der Kette erklärt werden, den der Empfänger später in Anspruch nehmen will. In dem Vorbehalt gegenüber dem abliefernden Unterfrachtführer wird man sowohl einen Vorbehalt gegenüber diesem als auch gegenüber dem Hauptfrachtführer sehen können.[29] Dagegen dürfte der dem Hauptfrachtführer erklärte Vorbehalt nicht gegenüber dem abliefernden Unterfrachtführer wirken, weil der Hauptfrachtführer im Allgemeinen nicht dessen Empfangsbote ist.[30] Vorbehalte gegenüber dem Spediteur wirken nicht gegen den Beförderer, es sei denn nur der Name des Spediteurs und nicht der des Beförderers ergebe sich aus dem Frachtbrief.[31] Aus dem gleichen Grunde ist die Schadensmeldung gegenüber einer gleichnamigen Schwesterfirma des Frachtführers wirksam, wenn der Empfänger nicht ausreichend über die Verhältnisse aufgeklärt wurde.[32]

**c) Form.** Bzgl. der Form der Vorbehalte unterscheidet Abs. 1 zwischen äußerlich   **12** erkennbaren und nicht erkennbaren Beschädigungen und Verlusten, vgl. Rn. 7 f. In keinem der beiden Fälle ist eine Eintragung des Vorbehalts in den Frachtbrief vorgeschrieben. Gemäß Abs. 1 Satz 2 ist der Vorbehalt bei **äußerlich nicht erkennbaren Schäden** an die Schriftform gebunden. Was darunter zu verstehen ist, beurteilt sich nicht nach nationalen Regeln, etwa § 126 BGB. Wie schon bei Art. 20 Abs. 2 und Art. 27 Abs. 1 ist eine autonome Auslegung erforderlich, vgl. dazu Art. 20 Rn. 9 und Art. 27 Rn. 13. Danach genügen auch Telegramm, Telex, Telefax und email.[33] Da Abs. 1 die Schriftform für Vorbehalte bei äußerlich nicht erkennbaren Mängeln ausdrücklich vorsieht, kann im Umkehrschluss gefolgert werden, dass bei **äußerlich erkennbaren Mängeln** der Vorbehalt in jeder Form, dh. auch fernmündlich oder mündlich erklärt werden kann.[34] Allerdings schafft sich der Empfänger damit uU zusätzliche Beweisprobleme, weil er später auch die Erklärung von Vorbehalten wird beweisen müssen.[35] Anerkennung findet überall die Eintragung der Vorbehalte in den Frachtbrief, und dies unabhängig von der Art des Schadens.

**d) Frist.** Der Vorbehalt muss bei **äußerlich erkennbaren Mängeln** spätestens bei   **13** Ablieferung erklärt werden. Allerdings muss dem Empfänger genügend Zeit bleiben, das Frachtgut auf äußerlich erkennbare Mängel zu untersuchen.[36] Hier zeigt sich eine gewisse Spannung zu dem Begriff der **Ablieferung gemäß Art. 17.** Wenn die Ablieferung dort schon nach Öffnung der Ladeklappen des Lkw und vor Entladung als vollzogen gilt, Art. 17 Rn. 25, muss folglich gemäß Art. 30 Abs. 1 bereits zu diesem Zeitpunkt wenigstens mündlich ein Vorbehalt erklärt sein. Zu diesem Zeitpunkt hat der Empfänger das Gut aber nur zu

---

[28] Vgl. BGH 12.12.1985, TranspR 1986, 278, 281 sub II 2 b; *Putzeys* S. 186 Nr. 549; *Loewe* ETR 1976, 577 Nr. 223; *Koller* Rn. 5; Fremuth/Thume/*Thume* Rn. 6; *Clarke* S. 201 Nr. 61a Fn. 175 mwN; GroßkommHGB/*Helm* Rn. 18; Jabornegg/Artmann/*Csoklich* Rn. 7; siehe auch oben Fn. 26.

[29] Thume/*Demuth* Rn. 18; *Koller* Rn. 5; *Herber/Piper* Rn. 12; GroßkommHGB/*Helm* Rn. 19; EBJS/*Boesche* Rn. 4.

[30] So auch *Loewe* TranspR 1988, 310 f.; *Clarke* S. 203 Nr. 61b; Thume/*Demuth* Rn. 17; *Herber/Piper* Rn. 12; EBJS/*Boesche* Rn. 4; aA GroßkommHGB/*Helm* Rn. 18 und 20.

[31] Cour Paris 16.9.1992, unveröffentlicht, zitiert nach *Lamy* 2013 Rn. 817; ähnlich *Putzeys* S. 186 Nr. 549.

[32] LG Offenburg 14.1.1986, TranspR 1986, 151; GroßkommHGB/*Helm* Rn. 21.

[33] OLG Hamburg 6.12.1979, VersR 1980, 290; Cour Nîmes 21.11.1973, BT 1973, 525; OGH Wien 19.9.2002, TranspR 2003, 243, 245; 16.3.2004, SZ 2004/32 = ecolex 2004/332 = RdW 2004/485 (Telefax); *Clarke* S. 204 Nr. 61b (i), der dazu auf nationales Recht zurückgreift; *Loewe* ETR 1976, 577 Nr. 227; *Koller* Rn. 14; Thume/*Demuth* Rn. 12; *Herber/Piper* Rn. 23; GroßkommHGB/*Helm* Rn. 14; EBJS/*Boesche* Rn. 8; *Putzeys* S. 185 Nr. 548; Jabornegg/Artmann/*Csoklich* Rn. 5.

[34] Ganz hM, vgl. Hof Antwerpen 21.6.1978, ETR 1978, 601; Cour Liège 6.5.1970, ETR 1970, 716; Cour Paris 14.12.1977, BT 1978, 289; Rb. Dordrecht 10.5.1967, S. & S. 1967 Nr. 70; *Koller* Rn. 3; Hill/*Messent* S. 239; *Loewe* TranspR 1988, 310; *Herber/Piper* Rn. 10; Thume/*Demuth* Rn. 11; GroßkommHGB/*Helm* Rn. 13 und 29; EBJS/*Boesche* Rn. 6; Ferrari/*Otte*, Int. Vertragsrecht, Rn. 9; *Silingardi* S. 258; Jabornegg/Artmann/*Csoklich* Rn. 3.

[35] Rb. Arnhem 14.4.1983, S. & S. 1984 Nr. 94; Hof Antwerpen 21.6.1978, ETR 1978, 601; Hill/*Messent* S. 239.

[36] *Koller* Rn. 6; *Clarke* S. 201 Nr. 61a.

einem kleinen Teil, soweit es durch die geöffneten Ladeklappen einzusehen ist, untersuchen können. Eine umfassendere Inspektion auch des im hinteren Wagenteils gestauten Gutes ist erst nach Entladung möglich, dh. wenn die Ablieferung längst beendet und damit der Zeitpunkt für den Vorbehalt verstrichen ist. Der **Einklang zwischen Art. 17 und 30** lässt sich nicht durch eine Verlegung der Ablieferung auf die Zeit nach der Entladung herstellen; denn dann müsste der Frachtführer für die Entladung und damit für eine Tätigkeit haften, die im Regelfall nicht er, sondern der Empfänger ausführt. In Einklang kommen Art. 17 und Art. 30 vielmehr, wenn man als „äußerlich erkennbare Beschädigungen und Verluste" iSv. Art. 30 nur solche versteht, die bereits bei geöffneten Ladeklappen erkennbar sind, so zB Auftauschäden von Tiefkühlware, Fäulnis oder Bruchschäden an den bei den Ladeklappen gestauten Gütern. Schäden an den dahinter gestauten Gütern sind nicht äußerlich erkennbar, mögen sie auch nach der Entladung noch so evident sein. Bzgl. solcher Schäden genügt die Einhaltung der Siebentagesfrist, siehe sogleich. Der Vorbehalt kann auch schon vor Ablieferung erklärt werden.[37] Dabei ist aber zu beachten, dass ein Vorbehalt nicht in dem Sinne vorsorglich erhoben werden kann, dass lediglich die Wahrscheinlichkeit eines Schadens geltend gemacht wird, siehe oben Rn. 9. Der Vorbehalt muss bei **äußerlich nicht erkennbaren Schäden** innerhalb von sieben Werktagen nach Ablieferung gemacht werden, zur Fristberechnung siehe unten Rn. 22–24. Für schriftliche Vorbehalte bei erkennbaren Schäden genügt die Absendung am Ablieferungstag.[38]

**14**     **e) Rechtsfolgen der vorbehaltlosen Annahme.** Versäumt der Empfänger, Vorbehalte an den Frachtführer zu richten, so wird vermutet, dass er das Gut in dem im Frachtbrief beschriebenen Zustand erhalten hat. Dem Empfänger steht der Gegenbeweis offen.[39] Der **Umfang der Vermutung** hängt also von den Angaben des Frachtbriefs ab. Weist der Frachtbrief die Beförderung von „10 Kisten Filmmaterial" aus und hat der Frachtführer schon bei der Übernahme vom Absender vermerkt „2 Kisten Nr. x und y äußerlich beschädigt", so bedeutet die Vermutung des Art. 30, dass der Empfänger 10 Kisten Filmmaterial, davon 2 äußerlich beschädigte Kisten, erhalten hat. Sind in Wirklichkeit fünf der zehn Kisten beschädigt abgeliefert worden, ohne dass der Empfänger einen entsprechenden Vorbehalt gemacht hat, so wird gemäß Art. 30 bzgl. drei beschädigter Kisten (nämlich der fünf beschädigten Kisten mit Ausnahme von Nr. x und y) vermutet, dass sie unbeschädigt angekommen sind. Will der Empfänger (oder der Absender) den Frachtführer wegen dieser drei Kisten in Anspruch nehmen, so muss er zunächst die Vermutung des Art 30 Abs. 1 überwinden und beweisen, dass das Gut bei Ablieferung noch den Angaben des Frachtbriefs entsprach. Dieser Beweis ist theoretisch zu trennen von dem nach Art. 17 zusätzlich erforderlichen Beweis, dass der Schaden zwischen Übernahme und Ablieferung eingetreten ist. Letzterer kann zB auch dadurch geführt werden, dass nachgewiesen wird, dass das Gut schon bei Übernahme nicht den Angaben des Frachtbriefs entsprach und dies deshalb auch bei Ablieferung nicht tat. Praktisch werden beide Beweise aber oft mit demselben Mittel geführt, zB bei Ablieferung an einen Spediteur oder ein Lagerhaus zur Einlagerung für den Empfänger durch Vorlage der Empfangsquittung (forwarder's receipt, warehouse receipt), wenn darauf fünf beschädigte Kisten vermerkt sind.[40] Die Ausrichtung auf die Angaben des Frachtbriefs ist nur sachgerecht, soweit diese Angaben gemäß Art. 9 Abs. 2 auch gegen den Frachtführer wirken, und betrifft daher nicht **Mengen- und Gewichtsangaben,** siehe schon Rn. 4.

**15**     Die Beweisvermutung des Art. 30 greift nicht ein, wenn **überhaupt kein Frachtbrief ausgestellt** wurde oder wesentliche Informationen, zB die Stückzahl der übernommenen

---

[37] LG Berlin 4.5.1983, TranspR 1985, 135; *Glöckner* Rn. 5; *Loewe* TranspR 1988, 310; *Hill/Messent* S. 240; Thume/*Demuth* Rn. 23; EBJS/*Boesche* Rn. 7.

[38] GroßkommHGB/*Helm* Rn. 11; *Koller* Rn. 6; enger Thume/*Demuth* Rn. 23: Absendung noch während des Abladevorgangs.

[39] Ganz hM; Cour cass. 7.6.1974, ETR 1975, 68; Cour cass. 25.11.1997, ETR 1999, 248; Hof Brüssel 21.1.1987, ETR 1987, 746; *Loewe* TranspR 1988, 309; *Hill/Messent* S. 236; *Herber/Piper* Rn. 16; *Koller* Rn. 8; EBJS/*Boesche* Rn. 11; *Lamy* 2013 Rn. 819; *Jabornegg/Artmann/Csoklich* Rn. 8.

[40] Cour Paris 26.10.1982, BT 1982, 593.

Paletten, sich nicht aus dem Frachtbrief oder den Begleitpapieren ergeben.[41] Die gegenteilige Ansicht, dass ohne Frachtbrief davon auszugehen sei, dass das Gut in dem Zustand abgeliefert wurde, in dem es übernommen wurde,[42] lässt sich wegen des eindeutigen Wortlauts von Art. 30 aus dieser Vorschrift nicht ableiten. Vielmehr gelten für diesen Fall die allgemeinen Beweislastregeln, siehe Rn. 17. Was den äußeren Zustand des Gutes betrifft, so ist es im Übrigen unschädlich, wenn der Frachtbrief keine Angaben hierzu enthält. Denn in einem solchen Fall wird der gute Zustand bei Übernahme gemäß Art. 9 Abs. 2 vermutet; dies ist dann die Referenzangabe, auf die Art. 30 Abs. 1 verweist.

**f) Rechtsfolgen wirksamer Vorbehalte.** Wird der Vorbehalt vom Empfänger ord- **16** nungsgemäß erklärt, treten die beweisrechtlichen Folgen des Art. 30 Abs. 1 nicht ein, so dass die Frage, ob die Güter bei Ablieferung den Angaben des Frachtbriefs entsprachen, **beweisrechtlich offen** ist.[43] In Frankreich erbringt der Vorbehalt einen **Anscheinsbeweis** dafür, dass der **Schaden während des Transports** entstanden ist.[44] Diese Auffassung ist nur vor dem Hintergrund der weiten Ausdehnung der Beweisvermutung gemäß Art. 9 Abs. 2 durch die französische Rspr. zu erklären, vgl. schon Art. 9 Rn. 8, wonach das Fehlen von Vorbehalten des Frachtführers in Verbindung mit Vorbehalten des Empfängers die Annahme begründet, dass der Schaden zwischen Übernahme und Ablieferung eingetreten ist. Beschränkt man dagegen die Beweisvermutung gemäß Art. 9 Abs. 2 auf den äußeren Zustand des Gutes, soweit er vom Frachtführer kontrolliert werden musste, vgl. Art. 9 Rn. 7, so sind – etwa bei Übergabe eines verschlossenen Sattelaufliegers oder Containers zum Transport – durchaus Fälle denkbar, in denen das Fehlen von Vorbehalten des Frachtführers keine Vermutung gemäß Art. 9 Abs. 2 begründet, so dass spätere Vorbehalte des Empfängers keinen Rückschluss darauf zulassen, ob das Gut während des Transports oder schon davor beschädigt wurde.[45] Die **Auffassung der französischen Rspr.** ist unhaltbar für Vorbehalte, die erst in der Siebentagesfrist nach Ablieferung erklärt werden, da der Haftungszeitraum so um bis zu sieben Tage über die Ablieferung hinaus verlängert wird und Beförderer auch für Schäden haften, die erst nach Ablieferung eintreten, aber rechtzeitig als „vorher nicht äußerlich erkennbar" gerügt werden.[46] Auch im Falle eines Vorbehalts hat der Empfänger (Absender) also im Rahmen des Art. 17 nach zutreffender Auffassung die Beweislast für den Schadenszeitpunkt.

Sowohl im Falle der vorbehaltlosen Annahme wie auch bei Vorbehalten bleibt es dabei, **17** dass der Absender/Empfänger, wenn er Ansprüche aus Art. 17 geltend macht, die Beweislast dafür trägt, dass der Schaden zwischen Übernahme und Ablieferung eingetreten ist. Dabei können **Beweisvermutungen des nationalen Rechts** ergänzend eingreifen; maßgeblich ist gemäß Art. 18 Rom I-VO das Vertragsstatut, siehe Einl. Rn. 41 ff. Wenn deutsches Recht danach zum Zuge kommt, ist § 363 BGB zu beachten,[47] doch bestätigt diese Vorschrift, was sich schon aus Art. 17 ergibt: der Anspruchsteller muss beweisen, dass der Schaden während des Obhutszeitraums entstanden ist.[48]

---

[41] BGH 8.6.1988, VersR 1988, 952; OLG Düsseldorf 29.3.1979, VersR 1979, 651; LG Baden-Baden 22.10.1999, TranspR 2000, 254; OGH Wien 6.10.2000, ETR 2003, 236, 241 f.; *Koller* Rn. 8; *Herber/Piper* Rn. 17; GroßkommHGB/*Helm* Rn. 35; EBJS/*Boesche* Rn. 12.

[42] *Loewe* ETR 1976, 578 Nr. 230; *ders.* TranspR 1988, 310; *Hill/Messent* S. 236 Fn. 7; *Clarke* S. 199 Nr. 62.

[43] OLG Hamburg 27.1.2004, TranspR 2004, 215, 216; OLG Hamm 27.1.2011, TranspR 2011, 181, 183 m. Anm. *Pünder;* GroßkommHGB/*Helm* Rn. 33; *Putzeys* S. 196 Nr. 585 f.; *Koller* Rn. 7; Thume/*Demuth* Rn. 25; *Herber/Piper* Rn. 12; EBJS/*Boesche* Rn. 13; Ferrari/*Otte,* Int. Vertragsrecht, Rn. 12; *Thume* TranspR 2012, 85, 90; *Silingardi* S. 249 f.; Jabornegg/Artmann/*Csoklich* Rn. 9.

[44] Cour cass. 15.6.1986, BT 1986, 542; Cour Paris 13.4.1970, BT 1970, 167; weitere Nachweise bei *Lamy* 2013 Rn. 815; kritisch *Rodière* BT 1974, 328 Nr. 107; vgl. dazu auch EBJS/*Boesche* Rn. 13.

[45] So auch *Putzeys* S. 196 Nr. 585.

[46] Kritisch schon *Rodière* BT 1974, 328 Nr. 17 Fn. 152; auch *Lamy* 2013 Rn. 817; *Silingardi* S. 250 f.

[47] *Koller* Rn. 7.

[48] OLG Hamm 27.1.2011, TranspR 2011, 181, 182 f. m. Anm. *Pünder;* GroßkommHGB/*Helm* Rn. 39; *Herber/Piper* Rn. 14; Thume/*Demuth* Rn. 25; EBJS/*Boesche* Rn. 13; *Thume* TranspR 2012, 85, 91; aA *Koller* Rn. 7.

**18**   **4. Gemeinsame Überprüfung (Abs. 2).** Nehmen Frachtführer und Empfänger eine gemeinsame Prüfung der Schäden vor, die auch zu einem beiderseits gebilligten Ergebnis führt,[49] so ist der Streit über das Ergebnis **präkludiert,** soweit es um äußerlich erkennbare Schäden (Rn. 7 f.) geht. Die bei der Prüfung positiv festgestellten Mängel sollen nach dem Zweck dieses Beweissicherungsverfahrens weiterem Streit entzogen sein.[50] Sie sind daher als solche äußerlich erkennbare Schäden anzusehen und damit nicht mehr infrage zu stellen, weder vom Empfänger noch von dem daran vor allem interessierten Frachtführer.[51] Die bei der Prüfung nicht festgestellten Schäden können äußerlich erkennbar – dann tritt Präklusion ein – oder äußerlich nicht erkennbar sein – dann muss der Empfänger binnen sieben Tagen schriftliche Vorbehalte an den Frachtführer richten; unterlässt er dies, so ist gegen das Ergebnis der Überprüfung danach ebenfalls kein Beweis mehr zulässig.[52] Zu den Vorbehalten und ihren Folgen siehe oben Rn. 9 ff., zur Fristsetzung unten Rn. 22–24. Wird das Ergebnis der Überprüfung unangreifbar, so steht damit nur die Existenz der festgestellten Schäden zur Zeit der Ablieferung fest. Für die Zwecke des Art. 17 hat der Empfänger/Absender immer noch zu beweisen, dass sie nach Übernahme des Gutes entstanden sind; dabei hilft die Vermutung des Art. 9 Abs. 2. Zu der abweichenden französischen Auffassung siehe oben Rn. 16. Gelangen die Parteien bei der gemeinsamen Prüfung zu **verschiedenen Befunden,** ist Art. 30 Abs. 2 nicht anwendbar; es bleibt bei Art. 30 Abs. 1. Selbstverständlich können daneben Beweissicherungsverfahren des nationalen Rechts eingeleitet werden.

**19**   Die Unanfechtbarkeit des Überprüfungsergebnisses wird durch das Verfahren der gemeinsamen Überprüfung legitimiert: jede Partei muss die Möglichkeit haben, ihre eigenen Feststellungen zu treffen und sich von der Richtigkeit der Feststellungen der anderen Partei zu überzeugen, nur dann bietet das von beiden anerkannte Ergebnis die Gewähr der Richtigkeit. Daher sind **Einwendungen gegen die Korrektheit des Verfahrens** jederzeit zulässig. Dass auf Seiten des Frachtführers nur der Fahrer mitgewirkt hat, kann für sich das Prüfungsergebnis nicht erschüttern; der **Fahrer** muss in den Angelegenheiten der Ablieferung grundsätzlich als Vertreter des Beförderers angesehen werden.[53] Im Übrigen ist es dem Beförderer unbenommen, dem Fahrer die Mitwirkung an solchen Prüfungsverfahren zu untersagen und auf der Einschaltung eines neutralen Havariesachverständigen zu bestehen. Trifft er seine Feststellungen im Beisein von Fahrer und Empfänger, können die Voraussetzungen einer gemeinsamen Überprüfung gegeben sein; Abweichendes gilt, wenn ein vom Empfänger beauftragter Versicherungssachverständiger im Beisein des Fahrers ein Protokoll aufnimmt.[54] Verfahrensmängel, die eine ordnungsgemäße gemeinsame Überprüfung ausschließen, liegen auch vor, wenn der Frachtführer nach einer Havarie durch Neuverpackung Schadensfreiheit vortäuscht oder sonst bei **fraudulösen Manipulationen** des Verfahrens. Dies folgt nicht aus der Vorschrift des Art. 29, die erstens einen auf die Schädigung bezogenen Vorsatz voraussetzt und hier im Übrigen auch nicht anwendbar ist (Art. 29 Rn. 34), sondern aus dem allgemeinen Rechtsgrundsatz fraus omnia corrumpit (vgl. Einl. Rn. 37), der auch die Auslegung internationaler Konventionen leitet.[55] Art. 30 Abs. 2 steht schließlich auch solchen Einwendungen nicht entgegen, die den Einsatz falscher oder **defekter Messinstrumente** kritisieren.[56]

---

[49] Dies wird in Abs. 2 stillschweigend vorausgesetzt, vgl. *Koller* Rn. 9; *Silingardi* S. 255; zustimmend Thume/*Demuth* Rn. 33; Ferrari/*Otte,* Int. Vertragsrecht, Rn. 20.

[50] Ebenso GroßkommHGB/*Helm* Rn. 42; *Koller* Rn. 10; Jabornegg/Artmann/*Csoklich* Rn. 10.

[51] *Baumgärtel/Giemulla* Rn. 2.

[52] Ebenso *Koller* Rn. 17; Thume/*Demuth* Rn. 39; GroßkommHGB/*Helm* Rn. 48; EBJS/*Boesche* Rn. 14.

[53] *Haak* S. 193; *Herber/Piper* Rn. 19; Fremuth/Thume/*Thume* Rn. 17; Thume/*Demuth* Rn. 37; *Lamy* 2013 Rn. 814; zögernd auch *Clarke* S. 201 Nr. 61a.

[54] Vgl. *Koller* Rn. 9.

[55] *Rodière* BT 1974, 327 Nr. 105; *Putzeys* S. 193 Nr. 576; *Silingardi* S. 256.

[56] *Koller* Rn. 9 aE; ebenso EBJS/*Boesche* Rn. 15.

## III. Lieferfristüberschreitung (Abs. 3)

Schadensersatzansprüche wegen Lieferfristüberschreitung erlöschen, wenn nicht inner- **20** halb von 21 Tagen, nachdem das Gut dem Empfänger zur Verfügung gestellt wurde, gegenüber dem Frachtführer ein schriftlicher Vorbehalt erklärt wird. Lässt der Anspruchsberechtigte die Frist ungenützt verstreichen, führt dies somit zum Anspruchsverlust. Dieser ist von Amts wegen zu berücksichtigen.[57] Die Berufung auf die Ausschlussfrist kann rechtsmissbräuchlich iS § 242 BGB sein, wenn der Frachtführer darauf hingewirkt hat, dass der Berechtigte die Frist verstreichen lässt, oder sonst für den Zeitablauf die Verantwortung trägt.[58] Der Vorbehalt muss, wie der Vergleich von Abs. 3 und Abs. 1 ergibt, nicht unbedingt vom Empfänger, er kann vielmehr von jedem am Gut Berechtigten mit Wirkung zugunsten aller Geschädigten gegenüber dem Frachtführer erklärt werden,[59] also auch vom Absender.[60] Er muss bzgl. der entstandenen Schäden auch keine allgemeinen Angaben über ihre Natur enthalten[61] oder die Schäden gar im Einzelnen aufzählen,[62] auch dies ergibt sich aus dem Vergleich mit Abs. 1 und beruht darauf, dass der Empfänger die Verspätungsschäden in der Dreiwochenfrist noch nicht immer kennt. Es reicht aus, dass der Frachtführer durch die generelle Erwähnung von Schäden auf die mögliche Schadensersatzpflicht aufmerksam gemacht wird. Wegen der **geringeren Substantiierungslast** spricht auch nichts dagegen, dass der Vorbehalt schon gemacht wird, bevor das Gut dem Empfänger – verspätet – zur Verfügung gestellt wird[63] und sogar schon bevor die Ablieferung geschuldet wird. Damit es nicht schon bei Absendung zu vorsorglichen oder gar vorgedruckten Vorbehalten kommt und die Warnfunktion des Vorbehalts damit abgeschwächt wird, müssen im letzteren Fall aber konkrete Hinweise auf eine drohende Verspätung vorliegen.[64] Zur Schriftform siehe oben Rn. 12, zu den Fristen unten Rn. 22–24. Abs. 3 verlangt nicht die Ablieferung des Gutes, sondern lediglich, dass der Frachtführer dem Empfänger das Gut „zur Verfügung gestellt" hat. Ausreichend ist, dass der Frachtführer die Ablieferung angeboten hat.[65] Die Bestimmung greift daher nicht nur bei verspäteter Ablieferung ein, sondern auch wenn der Empfänger die ihm zur Verfügung gestellte Ware ablehnt.[66]

Art. 30 Abs. 3 findet nur Anwendung auf die aus der Lieferfristüberschreitung resultieren- **21** den **Vermögensschäden**.[67] Er gilt nicht für Schäden, die auf Grund der Lieferfristüberschreitung am Frachtgut eingetreten sind, etwa für Verderb der Ware. Für Güterschäden gelten allein die Regelungen der Abs. 1 und 2. Wenn also wegen äußerlich erkennbarer Mängel nur mündlich gerügt wurde, ist ein solcher Vorbehalt zwar bzgl. des Güterschadens wirksam, nicht aber hinsichtlich weiterer reiner Vermögensschäden; denn bei Lieferfristüberschreitung ist stets ein schriftlicher Vorbehalt erforderlich. Es empfiehlt sich also, Vorbehalte nach Form, Inhalt und Frist immer so zu erklären, dass sie allen Erfordernissen des Art. 30 genügen.[68]

[57] BGH 14.11.1991, TranspR 1992, 135, 138; OGH Wien 13.10.1999, ecolex 2000/98f; 16.3.2004, SZ 2004/32 = RdW 2004/485, 540; OLG Köln 19.8.2003, TranspR 2004, 322, 323.

[58] OLG Köln 19.8.2003, TranspR 2004, 322, 323.

[59] Cour Limoges 7.11.1977, BT 1977, 537; *Loewe* TranspR 1988, 310; *Nickel-Lanz* S. 96 Nr. 120; GroßkommHGB/*Helm* Rn. 60.

[60] OGH Wien 19.9.2002, TranspR 2003, 243, 245; OLG München 12.4.1990, TranspR 1990, 280, 287: Reklamation durch Absender; Thume/*Demuth* Rn. 47.

[61] *Clarke* S. 206 Nr. 62; GroßkommHGB/*Helm* Rn. 59; *Pesce* S. 317; *Nickel-Lanz* S. 96 Nr. 120.

[62] OLG München 12.4.1990, TranspR 1990, 280, 287; OGH Wien 19.9.2002, TranspR 2003, 243, 245; *Koller* Rn. 18.

[63] So für die Zeit nach Beginn der Lieferfristüberschreitung OLG Hamburg 6.12.1979, VersR 1980, 290; LG Berlin 4.5.1983, TranspR 1985, 134; Rb. Utrecht 12.3.1980, S. & S. 1980 Nr. 127; Hill/*Messent* S. 240; *Loewe* TranspR 1988, 310; GroßkommHGB/*Helm* Rn. 57; Herber/*Piper* Rn. 29; Thume/*Demuth* Rn. 45; *Pesce* S. 317.

[64] Zu weit OLG Düsseldorf 18.1.1979, VersR 1979, 356.

[65] OGH Wien 19.9.2002, TranspR 2003, 243, 245; *Koller* Rn. 18; Herber/*Piper* Rn. 29; GroßkommHGB/*Helm* Rn. 57; EBJS/*Boesche* Rn. 18; Thume/*Demuth* Rn. 44; Ferrari/*Otte,* Int. Vertragsrecht, Rn. 24.

[66] OGH Wien 19.9.2002, TranspR 2003, 243, 245; GroßkommHGB/*Helm* Rn. 57; *Nickel-Lanz* S. 96 Nr. 120.

[67] Hof Gent 17.11.1967, ETR 1969, 145; GroßkommHGB/*Helm* Rn. 59; *Koller* Rn. 18.

[68] *Nickel-Lanz* S. 96 Nr. 120.

## IV. Fristen (Abs. 4)

**22**     **1. Fristbeginn.** Im Falle der gemeinsamen Überprüfung sind Vorbehalte gegen deren Ergebnis gemäß Abs. 2 binnen sieben Tagen ab der Überprüfung an den Frachtführer zu richten. Ist es zu einer gemeinsamen Überprüfung nicht gekommen, muss der Empfänger seine Vorbehalte gegen das Gut gemäß Abs. 1 ebenfalls binnen sieben Tagen erklären, doch läuft die Frist bereits ab Ablieferung. Im Falle von Lieferfristüberschreitungen beginnt die Frist von 21 Tagen für Vorbehalte, sobald der Frachtführer das Gut dem Empfänger zur Verfügung stellt. In allen drei Fällen zählt der Tag des Fristbeginns (Überprüfung, Ablieferung, Zurverfügungstellung) gemäß Abs. 4 nicht mit. Keine Anwendung findet Abs. 4 auf die Erklärung von Vorbehalten „bei der Ablieferung" im Falle äußerlich erkennbarer Schäden.[69]

**23**     **2. Fristberechnung.** Die Siebentagesfristen von Abs. 1 und 2 werden jeweils unter Ausschluss der Sonntage und **gesetzlichen Feiertage** berechnet. Ob ein Tag gesetzlicher Feiertag ist, bestimmt sich nach dem Recht des Ablieferungsorts, wie er im Vertrag vereinbart oder durch nachträgliche Weisung bestimmt wurde.[70] Dies gilt auch dann, wenn der Empfänger seinen Sitz oder die den Vertrag abwickelnde Niederlassung an einem anderen Ort hat, wo andere Vorschriften über Feiertage gelten. Denn die Siebentagesfrist soll dem Empfänger vor allem die Entladung, das Auspacken und die Inspektion des Gutes gestatten; ob ihm dies möglich ist, ob zB ein Stauereiunternehmen für die Entladung oder ein Sachverständiger zur Verfügung steht, richtet sich nach dem Feiertagsrecht des Orts, wo das Gut tatsächlich belegen ist; daher sind lokale Feiertage zu berücksichtigen.[71] Bei der Berechnung der **21-Tagesfrist** des Abs. 3 zählen die Sonn- und Feiertage dagegen mit.[72]

**24**     **3. Fristwahrung.** Nach dem deutschen Text der CMR müssen die nötigen Vorbehalte innerhalb der Frist an den Frachtführer gerichtet werden. Gemeint ist damit, dass die schriftlichen Vorbehalte **innerhalb der Frist abgesandt** wurden, nicht, dass sie auch innerhalb der Frist zugehen.[73] Dies gilt für alle in den Abs. 1–3 geregelten Fälle. Der BGH lässt demgegenüber in einem Fall des Abs. 3 die Auffassung anklingen, dass der Zugang des Vorbehalts über die Fristwahrung entscheide.[74] Er verkennt dabei die verbindliche englische und französische Fassung der CMR, die allein darauf abstellt, dass der Vorbehalt „sent" bzw. „adressé" ist. In der Sache ist es im internationalen Handelsverkehr weder bei einer dreiwöchigen noch bei einer einwöchigen Frist angemessen, dem Verfasser des Vorbehalts das Risiko der fristgerechten Übermittlung anzulasten.

## V. Mitwirkungspflicht (Abs. 5)

**25**     Nach Abs. 5 sind Frachtführer und Empfänger verpflichtet, sich bei allen Feststellungen und Prüfungen gegenseitig Erleichterung zu gewähren. Daraus folgt, dass der Beförderer dem Empfänger auf Wunsch den Laderaum und das Kühlaggregat seines Lkw zeigen muss,[75] dass er ferner, wenn vom Empfänger dazu aufgefordert wird, an einer gemeinsamen Überprüfung des Gutes mitzuwirken hat[76] und dass andererseits der Empfänger, der bereits einen Vorbehalt erhoben hat, eine gemeinsame Schadensfeststellung durch vorzeitiges Abfahren

---

[69] *Loewe* ETR 1976, 577 Nr. 224; *Hill/Messent* S. 240; *Koller* Rn. 6.

[70] *Loewe* ETR 1976, 577 Nr. 225; *Hill/Messent* S. 240; *Putzeys* S. 189 Nr. 561 Fn. 399; GroßkommHGB/*Helm* Rn. 12; *Thume/Demuth* Rn. 24.

[71] GroßkommHGB/*Helm* Rn. 12 mwN; EBJS/*Boesche* Rn. 9 ebenfalls für das Recht des Ablieferungsorts.

[72] *Koller* Rn. 18; *Clarke* S. 206 Nr. 62; *Hill/Messent* S. 239; *Loewe* ETR 1976, 578 Nr. 232; *Herber/Piper* Rn. 29; *Fremuth/Thume/Thume* Rn. 24; EBJS/*Boesche* Rn. 18.

[73] *Loewe* ETR 1976, 577 Nr. 227; *Hill/Messent* S. 240; *Koller* Rn. 6, 18; *Clarke* S. 203 Nr. 61b; *Pesce* S. 317 f.; *Herber/Piper* Rn. 20; GroßkommHGB/*Helm* Rn. 11; *Thume/Demuth* Rn. 44; *Fremuth/Thume/Thume* Rn. 12; EBJS/*Boesche* Rn. 9; *Jaborneg/Artmann/Csoklich* Rn. 4; *Putzeys* S. 186 Nr. 549.

[74] BGH 14.11.1991, TranspR 1992, 135, 138 sub II 2; zustimmend *Ferrari/Otte*, Int. Vertragsrecht, Rn. 25.

[75] *Hill/Messent* S. 240.

[76] Vgl. Hof Antwerpen 21.6.1978, ETR 1978, 601.

des entladenen Gutes nicht vereiteln darf.[77] Aus Abs. 5 folgt indessen keine Pflicht der Parteien, von allein auf eine gemeinsame Überprüfung oder die Einschaltung eines Sachverständigen hinzuwirken.[78] Für die Verletzung der Mitwirkungspflichten sind **keine nachteiligen Rechtsfolgen** vorgesehen. Daraus kann jedoch nicht gefolgert werden, dass die CMR die Verletzung dieser Pflichten generell folgenlos lassen wollte.[79] Rechtsfolgen können sich sowohl aus allgemeinen Rechtsgrundsätzen, als auch aus nationalen Vorschriften[80] ergeben. Verweigern oder behindern Frachtführer oder Empfänger gemeinsame Feststellungen, so kann die spätere Berufung auf den Vorbehalt bzw. dessen Unterlassen gegen den Grundsatz von Treu und Glauben verstoßen, so dass sie sich jeweils so behandeln lassen müssen, als sei der Vorbehalt erhoben bzw. nicht erhoben worden.[81] Vor deutschen Gerichten sind ferner die Regeln über die **Beweisvereitelung** zu bedenken. Sie können zur Berücksichtigung der Pflichtverletzung bei der Beweiswürdigung oder zu Beweiserleichterungen, im Einzelfall bis zur Beweislastumkehr führen.[82] Da die Regeln prozessrechtlicher Natur sind, finden sie stets Anwendung, wenn vor einem deutschen Gericht geklagt wird.

## Art. 31 [Internationales Zivilprozessrecht]

(1) [1]**Wegen aller Streitigkeiten aus einer diesem Übereinkommen unterliegenden Beförderung kann der Kläger, außer durch Vereinbarung der Parteien bestimmte Gerichte von Vertragstaaten, die Gerichte eines Staates anrufen, auf dessen Gebiet**

a) **der Beklagte seinen gewöhnlichen Aufenthalt, seine Hauptniederlassung oder die Zweigniederlassung oder Geschäftsstelle hat, durch deren Vermittlung der Beförderungsvertrag geschlossen worden ist, oder**

b) **der Ort der Übernahme des Gutes oder der für die Ablieferung vorgesehene Ort liegt.**

[2]**Andere Gerichte können nicht angerufen werden.**

(2) **Ist ein Verfahren bei einem nach Absatz 1 zuständigen Gericht wegen einer Streitigkeit im Sinne des genannten Absatzes anhängig oder ist durch ein solches Gericht in einer solchen Streitsache ein Urteil erlassen worden, so kann eine neue Klage wegen derselben Sache zwischen denselben Parteien nicht erhoben werden, es sei denn, daß die Entscheidung des Gerichtes, bei dem die erste Klage erhoben worden ist, in dem Staat nicht vollstreckt werden kann, in dem die neue Klage erhoben wird.**

(3) [1]**Ist in einer Streitsache im Sinne des Absatzes 1 ein Urteil eines Gerichtes eines Vertragstaates in diesem Staat vollstreckbar geworden, so wird es auch in allen anderen Vertragstaaten vollstreckbar, sobald die in dem jeweils in Betracht kommenden Staat hierfür vorgeschriebenen Formerfordernisse erfüllt sind. [2]Diese Formerfordernisse dürfen zu keiner sachlichen Nachprüfung führen.**

(4) **Die Bestimmungen des Absatzes 3 gelten für Urteile im kontradiktorischen Verfahren, für Versäumnisurteile und für gerichtliche Vergleiche, jedoch nicht für nur vorläufig vollstreckbare Urteile sowie nicht für Verurteilungen, durch die dem Kläger bei vollständiger oder teilweiser Abweisung der Klage neben den Verfahrenskosten Schadensersatz und Zinsen auferlegt werden.**

---

[77] OLG Hamburg 13.5.1993, TranspR 1994, 195.

[78] Vgl. *Putzeys* S. 183 f. Nr. 541; *Libouton* J.trib. 1972, 403 Nr. 84, jeweils mit Rspr.-Nachweisen.

[79] *Koller* Rn. 11; EBJS/*Boesche* Rn. 19.

[80] Vgl. dazu OLG Wien 25.9.1998, TranspR 1999, 246, 248 f.

[81] OLG Hamburg 13.5.1993, TranspR 1994, 195; GroßkommHGB/*Helm* Rn. 24; *Herber/Piper* Rn. 34; EBJS/*Boesche* Rn. 19; *Hill/Messent* S. 240; *Theunis/Buyl* S. 275, 284.

[82] BGH 15.11.1984, NJW 1986, 59, 60 f.; Baumbach/Lauterbach/*Hartmann,* 70. Aufl. 2012, Anh. § 286 ZPO Rn. 26 ff. (27); Musielak/*Foerste* 9. Aufl. 2012 § 286 ZPO Rn. 62 ff. (63).

**(5) Angehörige der Vertragstaaten, die ihren Wohnsitz oder eine Niederlassung in einem dieser Staaten haben, sind nicht verpflichtet, Sicherheit für die Kosten eines gerichtlichen Verfahrens zu leisten, das wegen einer diesem Übereinkommen unterliegenden Beförderung eingeleitet wird.**

## Art. 31

(1) Pour tous litiges auxquels donnent lieu les transports soumis à la présente Convention, le demandeur peut saisir, en dehors des juridictions des pays contractants désignées d'un commun accord par les parties, les juridictions du pays sur le territoire duquel:

(a) Le défendeur a sa résidence habituelle, son siège principal ou la succursale ou l'agence par l'intermédiaire de laquelle le contrat de transport a été conclu, ou

(b) Le lieu de la prise en charge de la marchandise ou celui prévu pour la livraison est situé,

et ne peut saisir que ces juridictions.

(2) Lorsque dans un litige visé au paragraphe 1 du présent article une action est en instance devant une juridiction compétente aux termes de ce paragraphe, ou lorsque dans un tel litige un jugement a été prononcé par une telle juridiction, il ne peut être intenté aucune nouvelle action pour la même cause entre les mêmes parties à moins que la décision de la juridiction devant laquelle la première action a été intentée ne soit pas susceptible d'être exécutée dans le pays où la nouvelle action est intentée.

(3) Lorsque dans un litige visé au paragraphe 1 du présent article un jugement rendu par une juridiction d'un pays contractant est devenu exécutoire dans ce pays, il devient également exécutoire dans chacun des autres pays contractants aussitôt après accomplissement des formalités prescrites à cet effet dans le pays intéressé. Ces formalités ne peuvent comporter aucune révision de l'affaire.

(4) Les dispositions du paragraphe 3 du présent article s'appliquent aux jugements contradictoires, aux jugements par défaut et aux transactions judiciaires, mais ne s'appliquent ni aux jugements qui ne sont exécutoires que par provision, ni aux condamnations en dommages et intérêts qui seraient prononcés en sus des dépens contre un demandeur en raison du rejet total ou partiel de sa demande.

## Art. 31

(1) In legal proceedings arising out of carriage under this Convention, the plaintiff may bring an action in any court or tribunal of a contracting country designated by agreement between the parties and, in addition, in the courts or tribunals of a country within whose territory:

(a) The defendant is ordinarily resident, or has his principal place of business, or the branch or agency through which the contract of carriage was made, or

(b) The place where the goods were taken over by the carrier or the place designated for delivery is situated,

and in no other courts or tribunals.

(2) Where in respect of a claim referred to in paragraph 1 of this article an action is pending before a court or tribunal competent under that paragraph, or where in respect of such a claim a judgement has been entered by such a court or tribunal no new action shall be started between the same parties on the same grounds unless the judgement of the court or tribunal before which the first action was brought is not enforceable in the country in which the fresh proceedings are brought.

(3) When a judgement entered by a court or tribunal of a contracting country in any such action as is referred to in paragraph 1 of this article has become enforceable in that country, it shall also become enforceable in each of the other contracting States, as soon as the formalities required in the country concerned have been complied with. These formalities shall not permit the merits of the case to be re-opened.

(4) The provisions of paragraph 3 of this article shall apply to judgements after trial, judgements by default and settlements confirmed by an order of the court, but shall not apply to interim judgements or to awards of damages, in addition to costs against a plaintiff who wholly or partly fails in his action.

(5) Il ne peut être exigé de caution de ressortissants de pays contractants, ayant leur domicile ou un établissement dans un de ces pays, pour assurer le paiement des dépens à l'occasion des actions en justice auxquelles donnent lieu les transports soumis à la présente Convention.

(5) Security for costs shall not be required in proceedings arising out of carriage under this Convention from nationals of contracting countries resident or having their place of business in one of those countries.

In Ergänzung von Art. 31 ist Art. 1a des Zustimmungsgesetzes zur CMR vom 16.8.1961 (BGBl. II S. 1119) in der Fassung des Gesetzes vom 5.7.1989 (BGBl. II S. 586) zu beachten:

**Art. 1a**

Für Rechtsstreitigkeiten aus einer dem Übereinkommen unterliegenden Beförderung ist auch das Gericht zuständig, in dessen Bezirk der Ort der Übernahme des Gutes oder der für die Ablieferung des Gutes vorgesehene Ort liegt.

**Schrifttum:** Siehe Einl. vor Rn. 1 sowie *Arnade,* Der Frachtführerbegriff der CMR als Problem der internationalen Zuständigkeit, TranspR 1992, 341; *Barnert,* Positive Kompetenzkonflikte im internationalen Zivilprozessrecht – Zum Verhältnis zwischen Art. 21 EuGVÜ und Art. 3 CMR, ZZP 2005, 81; *Basedow,* Europäisches Zivilprozeßrecht – Generalia, in: Handbuch des Internationalen Zivilverfahrensrechts I, 1982, S. 99 [zitiert: Handbuch]; *Braun,* Prozessuale Probleme im Bereich der CMR, VersR 1988, 648; *Cizek/Lederer,* Internationale Streitanhängigkeit im Lichte der CMR, RdW 2006/445, 489; *Csoklich,* Einige Fragen zur Zuständigkeit nach CMR und EuGV-VO, RdW 2003, 129, 186; *Dißars,* Das Verhältnis der Zuständigkeitsnormen der CMR zum EuGVÜ/LugÜ, TranspR 2001, 387; *Eichel,* Die internationale Gerichtspflichtigkeit des nicht die Grenze überschreitenden Unterfrachtführers nach Art. 31 I S. 1 lit. b CMR, TranspR 2010, 426; *Fremuth,* Gerichtsstände im grenzüberschreitenden Speditions- und Landfrachtrecht, TranspR 1983, 35; *Grignon-Dumoulin,* Forum shopping – Article 31 de la CMR, ULR 2006, 609; *Haak,* Europäische Lösung der deutsch-niederländischen Kontroverse in der CMR-Interpretation? TranspR 2009, 189; *Haubold,* Internationale Zuständigkeit nach CMR und EuGVÜ/LugÜ, IPRax 2000, 91; *Herber,* Anmerkung zu EuGH 6.12.1994 (Rs. C-406/92), TranspR 1996, 196; *ders.,* Probleme um Art. 31 CMR – endlich ein Ende des Missbrauchs durch negative Feststellungsklage des Frachtführers?, TranspR 2003, 19; *Heuer,* CMR und EuGVÜ: Nochmals zur Frage der internationalen Zuständigkeit (Art. 31 Abs. 1. CMR/Art. 20 EuGVÜ) und zur Einrede der Rechtshängigkeit bei negativer Feststellungsklage (Art. 31 Abs. 2 CMR/Art. 21 EuGVÜ), TranspR 2002, 221; *Koller,* Übernahmeort und Gerichtsstand bei der Einschaltung von Fixkostenspediteuren und Unterfrachtführern, TranspR 2000, 152; *ders.,* Gehilfen des CMR-Frachtführers und Art. 31 CMR, TranspR 2002, 133; *Kropholler,* Internationale Zuständigkeit, in: Handbuch des Internationalen Zivilverfahrensrechts I, 1982, S. 183 [zitiert: Handbuch]; *ders./von Hein,* Europäisches Zivilprozessrecht, 9. Aufl. 2011 [zitiert: Art. ... EuGVVO Rn. ...]; *Mankowski,* Der europäische Erfüllungsortgerichtsstand des Art. 5 Nr. 1 lit. b EuGVVO und Transportverträge, TranspR 2008, 67; *ders.,* Ausgangs- und Bestimmungsort sind Erfüllungsorte im europäischen internationalen Zivilprozessrecht, TranspR 2009, 303; *Martiny,* Anerkennung nach multilateralen Staatsverträgen, in Handbuch des Internationalen Zivilverfahrensrechts III/2, 1984, S. 1; *Müller-Hök,* Die Zuständigkeit deutscher Gerichte und die Vollstreckbarkeit inländischer Urteile im Ausland nach der CMR, RIW 1988, 773; *Otte,* Zur Einrede der Rechtshängigkeit bei negativer Feststellungsklage (Art. 31 Abs. 2 CMR, Art. 21 EuGVÜ bzw. Art. 27 EuGVVO), TranspR 2004, 347; *Protsch,* Der Gerichtsstand und die Vollstreckung im internationalen Speditions- und Frachtrecht, 1989; *Ramming,* Gerichtsstand am Umschlagsort zwischen Teilstrecken, VersR 2005, 607; *Rüfner,* Lis alibi pendens under the CMR, LMCLQ 2001, 460; *Schinkels,* Verhältnis von Art. 31 CMR und EuGVÜ sowie Einbeziehung der ADSp gegenüber einer italienischen AG, IPRax 2003, 517; *Shariatmadari,* Die internationale Zuständigkeit bei Nichteinlassung des Beklagten zur Sache und die Einrede der Rechtshängigkeit bei negativer Feststellungsklage im Rahmen des Art. 31 CMR im Lichte der neueren Rechtsprechung des EuGH und des BGH, TranspR 2006, 105; *Wagner,* Normenkonflikte zwischen den EG-Verordnungen Brüssel I, Rom I und Rom II und transportrechtlichen Rechtsinstrumenten, TranspR 2009, 103; *ders.,* Die EG-Verordnungen Brüssel I, Rom I und Rom II aus der Sicht des Transportrechts, TranspR 2009, 281; *Wesołowski,* The unclear relations between CMR and European Union law in respect of jurisdiction and enforcement of foreign judgements, ETR 2011, 133.

**Übersicht**

| | Rn. | | | Rn. |
|---|---|---|---|---|
| **I. Bedeutung und Zweck** | 1, 2 | 1. CMR-Transporte | | 3–5 |
| 1. Regelungsgegenstand | 1 | 2. Kombinierte Transporte | | 6 |
| 2. Prozessrecht und Transportrecht | 2 | 3. Sammelladungs-, Fixkostenspedition und Selbsteintritt | | 7, 8 |
| **II. Anwendungsbereich und Konventionskonflikte** | 3–15 | 4. Verhältnis zur EuGVVO | | 9–14 |

| | Rn. | | Rn. |
|---|---|---|---|
| a) Grundlagen .......................... | 9–11 | **IV. Einreden der Rechtshängigkeit** | |
| b) Anwendungen ...................... | 12–14 | **und Rechtskraft (Abs. 2)** ............... | 27–33 |
| 5. Verhältnis zum Lugano-Übereinkom- | | 1. Rechtshängigkeitseinrede, Anerkennung | |
| men .................................... | 15 | und Vollstreckbarkeit .................. | 27, 28 |
| **III. Internationale Zuständigkeit** | | 2. Anwendungsbereich .................... | 29 |
| **(Abs. 1)** .................................... | 16–26 | 3. Voraussetzungen ........................ | 30–32 |
| 1. Internationale und örtliche Zuständig- | | 4. Wirkung ................................ | 33 |
| keit ................................... | 16, 17 | **V. Vollstreckbarkeit (Abs. 3 und 4)** ... | 34–38 |
| 2. Forum des Beklagten (Satz 1 lit. a) ..... | 18–21 | 1. Anwendungsbereich ................... | 34, 35 |
| 3. Übernahme- und Ablieferungsort | | 2. Vollstreckungsvoraussetzungen und -ver- | |
| (Satz 1 lit. b) .......................... | 22, 23 | fahren .................................. | 36–38 |
| 4. Gerichtsstandsvereinbarungen ........... | 24, 25 | **VI. Sicherheitsleistung für Prozesskos-** | |
| 5. Eilverfahren ............................ | 26 | **ten (Abs. 5)** ............................... | 39 |

## I. Bedeutung und Zweck

1    **1. Regelungsgegenstand.** Art. 31 CMR regelt die wichtigsten Fragen des **internationalen Zivilprozessrechts,** die sich im Zusammenhang mit Streitigkeiten aus grenzüberschreitenden Straßengütertransporten stellen können: die internationale Zuständigkeit, die Einreden der anderweitigen Rechtshängigkeit und Rechtskraft derselben Sache, die Vollstreckbarkeit der Urteile in anderen Vertragsstaaten und die Befreiung von der Prozesskostensicherheit. Mit Ausnahme der Einreden der Litispendenz und der res iudicata waren diese Fragen bereits Gegenstand der Regelung in der CIM 1952;[1] da man sich entschloss, die internationale Zuständigkeit abweichend von der CIM nicht auf einen einzigen Staat, den des Beförderers (der Eisenbahn) zu konzentrieren, sondern dem Kläger die Wahl zwischen konkurrierenden international zuständigen Staaten einzuräumen, entstand das Problem paralleler Prozesse, das mit den Einreden der Rechtshängigkeit und Rechtskraft gelöst wird.

2    **2. Prozessrecht und Transportrecht.** Die Regelung prozessrechtlicher Fragen in einer materiellrechtlichen Konvention ist **rechtssystematisch verfehlt,** weil sie dazu führt, dass gleiche Prozesslagen je nach materiellem Gegenstand und oft ohne zwingenden Grund unterschiedlich ausgestaltet werden. So ist es in der Sache nur schwer zu begründen, warum auf demselben Sachgebiet des Transportrechts die Eisenbahnkonvention zunächst in Art. 56 ER CIM dem Regelungsprinzip der ausschließlichen Zuständigkeit folgte,[2] während im Luftrecht dem Art. 28 WA bzw. dem Art. 33 MÜ der Grundsatz der konkurrierenden Zuständigkeit zugrunde liegt und in Art. 31 CMR auch noch zusätzlich Gerichte von den Parteien gewählt werden können.[3] Dass sich viele materiellrechtliche Konventionen mit prozessrechtlichen Regelungen für einzelne Sachgebiete finden,[4] hängt damit zusammen, dass die materielle Rechtsvereinheitlichung eine Annexregelung von Zuständigkeit und gegenseitiger Anerkennung zum einen erleichtert und zum anderen oft auch erfordert; so lässt sich der weite Anwendungsanspruch der CMR (vgl. Art. 1 Rn. 29) praktisch nur durchsetzen, wenn in jedem Fall des Art. 1 auch Gerichte eines Vertragsstaats zuständig sind. Zudem konnten die Urheber der CMR (wie auch anderer Spezialkonventionen) nicht auf einem einheitlichen europäischen Regime der gerichtlichen Zuständigkeit und Vollstreckung ausländischer Entscheidungen aufbauen, wie es heute in Gestalt der **EuGVVO**[5] bzw. des **EuGVÜ**[6] und des

---

[1]  Art. 43 § 5 und Art. 55 §§ 1 und 4 bzw. Art. 18 §§ 1 und 4 COTIF sowie Art. 56 ER CIM; differenziertere und umfassendere Regelungen enthalten nunmehr Art. 11 f. COTIF 1999 sowie Art. 46 ER CIM 1999.

[2]  Abweichend und an Art. 31 CMR orientiert nunmehr Art. 46 ER CIM 1999.

[3]  *Kropholler* Handbuch Kap. III Rn. 53.

[4]  Überblick bei *Basedow* Handbuch Kap. II Rn. 134.

[5]  VO (EG) Nr. 44/2001 vom 22.12.2000 über die gerichtliche Zuständigkeit und die Anerkennung und Vollstreckung von Entscheidungen in Zivil- und Handelssachen, ABl. EG 2001 L 12/1 mehrfach geändert.

[6]  In der Fassung des Übereinkommens vom 29.11.1996; in dieser Fassung seit dem 1.1.1999 für Deutschland in Kraft; vgl. BGBl. 1999 II S. 419; zum Verhältnis von EuGVVO, EuGVÜ und LugÜ vgl. *Musielak/ Stadler* ZPO, 9. Aufl. 2012, VO (EG) 44/2001 Vorbemerkung Rn. 9 ff.

fast wortgleichen **Lugano-Übereinkommens**[7] besteht. Mag die Verabschiedung des Art. 31 CMR als Fortschritt gegolten haben, so bereitet das Nebeneinander von Sonderregeln der CMR und allgemeinen Vorschriften wie etwa jenen der EuGVVO heute erhebliche Schwierigkeiten.

## II. Anwendungsbereich und Konventionskonflikte

**1. CMR-Transporte.** Die Zuständigkeitsregelung von Abs. 1 betrifft alle „Streitigkei- **3** ten aus einer diesem Übereinkommen unterliegenden Beförderung", ebenso die Befreiung von der Ausländersicherheit gemäß Abs. 5. Darauf beruhende Verfahren begründen die Einreden des Abs. 2, und die Abschlussentscheidungen sind gemäß Abs. 3 und 4 in anderen Vertragsstaaten vollstreckbar. Die in Art. 31 enthaltenen verfahrensrechtlichen Rechtssätze sind also durchgehend nicht nur für Ansprüche bedeutsam, die sich unmittelbar auf eine Vorschrift der CMR stützen. Es genügt und kommt allein darauf an, dass sie sich **aus CMR-Transporten ergeben;** der im Einzelnen strittige Anspruch kann dann auf der CMR, auf dem ergänzenden nationalen Vertragsrecht (zB Frachtzahlungs-[8] oder Auslagen-ersatzansprüche[9] des Beförderers sowie Ansprüche aus positiver Vertragsverletzung) oder – bei außervertraglichen Ansprüchen – auf nationalem Deliktsrecht, Bereicherungsrecht oder Sachenrecht beruhen.[10] Eine Abtretung oder cessio legis dieser Ansprüche ist für Art. 31 unbeachtlich.[11]

Die Bezugnahme auf eine „diesem Übereinkommen unterliegende Beförderung", also **4** auf den tatsächlichen Vorgang der Beförderung hat zum Teil die Auffassung begründet, dass Art. 31 erst nach der Übernahme der Güter eingreift und daher nicht anwendbar sei auf **Ansprüche wegen Nichterfüllung** in der Form der Nichtübernahme der Güter. Dafür soll auch die Anknüpfung der internationalen Zuständigkeit an den Übernahmeort sprechen, die ohne Übernahme nicht sinnvoll sei.[12] Beide Argumente gehen fehl. Der CMR „unterliegen" kann nicht die tatsächliche Beförderung, sondern gemäß Art. 1 nur eine auf einer entsprechenden vertraglichen Vereinbarung beruhende Beförderung; Art. 31 setzt somit einen **wirksamen Beförderungsvertrag** voraus;[13] der tatsächliche Beförderungsvorgang und sein Beginn sind irrelevant. Mit dem zweiten Argument wird verkannt, dass Wahlgerichtsstände im Prozessrecht immer nur für den Fall Sinn machen, dass im konkreten Fall mehrere Alternativen tatbestandsmäßig erfüllt sind. Die Erstreckung auf Nichterfüllungsansprüche ist auch sachgerecht;[14] wenn der Frachtführer einen zu kleinen Lkw einsetzt und deshalb einen Teil der Ladung zurücklässt, müssten sonst die Nichterfüllungsansprüche uU – nach nationalem Prozessrecht – in einem anderen Land eingeklagt werden als die Ansprüche wegen Ladungsschäden an dem beförderten Gut.

---

[7] Luganer Übereinkommen über die gerichtliche Zuständigkeit und die Vollstreckung gerichtlicher Entscheidungen in Zivil- und Handelssachen vom 16.9.1988, ABl. EG 1988 L 319/9 = BGBl. 1994 II S. 2658, berichtigt S. 3772, für Deutschland in Kraft seit 1.3.1995, BGBl. 1995 II S. 221; zu den Mitgliedstaaten, zum Anwendungsbereich und zur Revision vgl. *Musielak/Stadler* (Fn. 6) VO (EG) 44/2001 Vorbemerkung Rn. 10 ff.

[8] *Loewe* ETR 1976, 579 Nr. 238; *Haak* S. 280; *Putzeys* S. 373 Nr. 1088.

[9] *Putzeys* S. 374 Nr. 1088.

[10] Denkschrift der BReg., BT-Drucks. III/1144 S. 44; *Kropholler* Handbuch Kap. III Rn. 404; *Clarke* S. 156 Nr. 46b; *Silingardi* S. 262 f.; *Loewe* ETR 1976, 579 Nr. 238; *Koller* Rn. 1; *Herber/Piper* Rn. 4; Groß-kommHGB/*Helm* Rn. 7; Thume/*Demuth* Rn. 7; Fremuth/Thume/*Thume* Rn. 3; EBJS/*Boesche* Rn. 3; Ferrari/*Otte*, Int. Vertragsrecht, Rn. 4; Jabornegg/Artmann/*Csoklich* Rn. 1.

[11] Cour Paris 13.9.1995, D. 1995 Inf.Rap. 216.

[12] *Loewe* ETR 1976, 580 Nr. 239; *ders.* TranspR 1988, 311; Straube/*Schütz* Rn. 1; *Hill/Messent* S. 243 mwN; HandelsG Wien 3.4.1984, TranspR 1984, 152; App. Milano 11.7.1975, Foro pad. 1975 I 228.

[13] OGH Wien 12.6.2001, ULR 2004, 205; *Clarke* S. 156 f. Nr. 46b; *Putzeys* S. 373 Nr. 1088; *Arnade* TranspR 1992, 341 f.; *Koller* Rn. 1; Thume/*Demuth* Rn. 3; EBJS/*Boesche* Rn. 6; Jabornegg/Artmann/*Csoklich* Rn. 1.

[14] So im Ergebnis auch GroßkommHGB/*Helm* Rn. 7; *Putzeys* S. 373 Nr. 1088; *Haak* S. 281; *Clarke* S. 156 f. Nr. 46b; *Silingardi* S. 262; *Koller* Rn. 1; *Herber/Piper* Rn. 5; Thume/*Demuth* Rn. 2; Fremuth/Thume/*Thume* Rn. 4; OGH Wien 12.1.2001, ETR 2003, 357.

**5**   Die Gerichtsstandsregelung des Art. 31 ist auf Streitigkeiten der **am Frachtvertrag beteiligten Personen,** Absender, Frachtführer und Empfänger, anzuwenden. Für **Dritte** gilt Art. 31 nur, sofern ihnen Art. 28 außervertragliche Ansprüche gegen den Frachtführer eröffnet.[15] Keine Anwendung findet Art. 31 auf Ansprüche Dritter, zB auf Ansprüche des Lkw-Eigentümers wegen Beschädigung seines Fahrzeugs durch den Beförderer und/oder den Absender.[16] Auch Rückgriffsansprüche gegen einen nicht am Transportvertrag beteiligten Spediteur stehen außerhalb von Art. 31;[17] zu den §§ 458 ff. HGB siehe Rn. 7. Art. 31 gilt grundsätzlich auch für Klagen gegen **Gehilfen** des Frachtführers iSd. Art. 3, sofern der Hauptfrachtvertrag der CMR unterliegt und der Anspruch in einem hinreichend engen Zusammenhang[18] mit dem CMR-Frachtvertrag steht. Bei Unterfrachtführern, die selbst keinen der CMR unterliegenden Frachtvertrag abgeschlossen haben, ist darauf abzustellen, ob sie zum Zeitpunkt des Vertragsabschlusses erkennen konnten, dass der Hauptfrachtvertrag der CMR unterfällt.[19]

**6**   **2. Kombinierte Transporte.** Unsicherheit besteht bei manchen Gerichten über die Anwendung des Art. 31 auf den kombinierten Transport gemäß Art. 2. Dieser Transport verläuft regelmäßig so, dass der Straßenbeförderer einerseits mit dem Absender einen Vertrag über den Gesamttransport einschließlich der See- oder Eisenbahnstrecke abschließt, dass er zur Erfüllung dieses Vertrags auf der Seestrecke dann einen Schifftransport vereinbart und dass er den beladenen Lkw auf das Schiff verlädt, siehe Art. 2 Rn. 2 ff. Auf den erstgenannten **multimodalen Vertrag** findet die CMR gemäß Art. 1 Anwendung, damit auch Art. 31.[20] Die Prüfung von Art. 2 ist also für die Zuständigkeitsfrage präjudiziell; es ist deshalb verfehlt, zunächst die Zuständigkeit nach Art. 31 zu bejahen, um dann festzustellen, dass die CMR wegen Umladung des Gutes gar nicht anwendbar ist.[21] Der letztgenannte, **unimodale Vertrag** unterliegt nicht der CMR, also auch nicht Art. 31, sondern allgemeinen Vorschriften oder spezifischen Regeln des Seetransports; zB kann sich die Zuständigkeit nach Konnossementsbedingungen richten. Wenn der Absender in einem Gerichtsstand des Art. 31 den CMR-Beförderer verklagt und dieser, wie in verschiedenen, vor allem romanischen Rechtsordnungen möglich, die Reederei in demselben Gerichtsstand als Garanten in Anspruch nehmen will,[22] stellt sich die Frage, ob sich Art. 31 hier auf das Gewährleistungsverhältnis, also auf Streitigkeiten aus der Seebeförderung, erstreckt.[23] Dies ist allein auf die nationalen Vorschriften über die **Gewährleistungsklage** zurückzuführen und keine Frage der Auslegung der CMR. Bei **multimodalen Transportverträgen iSd. § 452 HGB** ist Art. 31 CMR nicht unmittelbar anwendbar;[24] inwieweit eine mittelbare Anwendbarkeit der CMR bei Anwendung deutschen Rechts oder infolge Schadenseintritts auf dem Straßenteilstück auch die Anwendung des Art. 31 miteinschließt, ist umstritten.[25]

**7**   **3. Sammelladungs-, Fixkostenspedition und Selbsteintritt.** Wenn der Spediteur zu festen Kosten abschließt, Güter in Sammelladungen expediert oder von seinem Recht

---

[15]  *Koller* Rn. 1a; GroßkommHGB/*Helm* Rn. 7; Thume/*Demuth* Rn. 8; aA *Herber/Piper* Rn. 6; *Hill/Messent* S. 243; *Haak,* GS Helm, 2001, S. 91, 97.

[16]  *Silingardi* S. 263; *Kropholler* Handbuch Rn. 404; *Loewe* ETR 1976, 580; *Herber/Piper* Rn. 6; *Hill/Messent* S. 243; *Haak* S. 281.

[17]  Cour Paris 27.11.1990, BTL 1991, 243.

[18]  BGH 20.11.2008, TranspR 2009, 26, 27 = VersR 2009, 807 = ETR 2009, 303.

[19]  BGH (Fn. 18) 28; *Koller* Rn. 1a insbes. Fn. 18; zustimmend Ferrari/*Otte,* Int. Vertragsrecht, Rn. 10; kritisch *Eichel* TranspR 2010, 426, 428; weiter BGH 31.5.2001, TranspR 2001, 452; GroßkommHGB/*Helm* Rn. 7; Thume/*Demuth* Rn. 9; *Schmid* TranspR 2004, 351, 352.

[20]  So auch *Koller* Rn. 1; Thume/*Demuth* Rn. 9a.

[21]  So aber Rb. Arnhem 12.11.1992, S. & S. 1994 Nr. 30.

[22]  Siehe dazu etwa Art. 6 Nr. 2 EuGVVO und *Geimer* ZZP 1972, 196 sowie *Milleker* ZZP 1971, 91.

[23]  Gegen eine solche Erstreckung Rb. Rotterdam 22.4.1994, S. & S. 1994 Nr. 126; aA, aber ohne ausdrückliche Berufung auf Art. 31 Kh. Antwerpen 28.1.1985, ETR 1985, 117, 122 und *Ponet/Willems* Rev.dr.com.belge 1992, 753.

[24]  *Koller* Rn. 1; BGH 17.7.2008, TranspR 2008, 365, 367; aA OLG Köln 25.5.2004, TranspR 2004, 359 m. Anm. *Koller;* zur Problematik auch LG Aachen 28.11.2006, TranspR 2007, 40, 42.

[25]  Dafür OLG Karlsruhe 17.10.2008, TranspR 2008, 471; offen lassend BGH 17.7.2008, TranspR 2008, 365, 367; dagegen *Koller* TranspR 2004, 361, 362.

zum Selbsteintritt Gebrauch macht, hat er nach §§ 458 ff. HGB die Rechte und Pflichten eines Frachtführers, die sich aus der CMR ergeben, wenn ein grenzüberschreitender Straßengütertransport zu besorgen ist. Dies setzt voraus, dass der Speditionsvertrag deutschem Recht unterliegt; in anderen Ländern weicht die Beurteilung zum Teil ab, siehe oben Art. 1 Rn. 5–8. Ob die Verweisung der §§ 458 ff. auf das Frachtrecht auch die **Stellung des Spediteurs im Prozess** mit umfasst, ist zweifelhaft; immerhin geht es in Art. 31 zB bei der Vollstreckbarkeit um Regelungen, die jedenfalls auch das öffentliche Interesse berühren und deshalb nicht ohne weiteres der privaten Disposition in Gestalt etwa einer Fixkostenabrede überlassen werden können. Außerdem ist das Verhältnis von Art. 31 zur EuGVVO zu bedenken: vertritt man die Auffassung, dass diese besonderen Speditionsverträge ohne die Anordnung in den §§ 458 ff. HGB nicht in den Anwendungsbereich der CMR fallen, findet Art. 31 keine Anwendung; damit kann die CMR aber keinen Vorrang vor den Bestimmungen der EuGVVO beanspruchen. Aus der Sicht der EuGVVO sind die §§ 458 ff. HGB, sofern sie sich überhaupt auf die prozessrechtliche Stellung des Spediteurs beziehen, nationale Vorschriften, denen im Rahmen des Art. 71 EuGVVO keine Priorität vor der EuGVVO gebührt.[26]

**8** Die Konsequenz dieser Auffassung wäre also, dass Streitigkeiten aus einem Speditionsvertrag zu fixen Kosten materiell nach der CMR ausgetragen werden, prozessual aber die EuGVVO maßgeblich ist. Die daraus resultierenden Spannungen lassen sich vermeiden, wenn man den Begriff des **Beförderungsvertrags** iSv. Art. 1, wie dies auch durchaus geschieht (vgl. Art. 1 Rn. 6), **weit auslegt** und auf die Fälle der Fixkosten- und Sammelladungsspedition, des Selbsteintritts und des Transportkommissionärs erstreckt, siehe schon oben Art. 1 Rn. 8. Die Anwendbarkeit der CMR resultiert in diesem Fall nicht aus dem Verweis in nationalen Rechtsvorschriften wie den §§ 458 ff. HGB, sondern auf Grund Art. 1 CMR, sodass auch Art. 31 die Vorschriften der EuGVVO verdrängt. Für die Fixkosten- und die Sammelladungsspedition wird diese hier vertretene Auffassung auch von der Rechtsprechung geteilt.[27]

**9** **4. Verhältnis zur EuGVVO. a) Grundlagen.** Gemäß ihrem Art. 71 Abs. 1 lässt die EuGVVO „Übereinkommen unberührt, denen die Mitgliedstaaten angehören und die für besondere Rechtsgebiete die gerichtliche Zuständigkeit, die Anerkennung oder die Vollstreckung von Entscheidungen regeln".[28] Zu den erfassten Übereinkommen für besondere Rechtsgebiete gehört auch die CMR.[29] Das Nebeneinander von EuGVVO und CMR wirft im Detail Fragen auf;[30] sie rühren daher, dass
– der Geltungsbereich der Vorschriften nicht gleich ist, da ihnen unterschiedliche Vertragsstaaten angehören;
– die EuGVVO in ihrem sachlichen Regelungsumfang über die CMR hinausgeht, indem sie im Detail die Voraussetzungen der Anerkennung ausländischer Urteile und auch das Vollstreckungsverfahren regelt.

**10** Für das Verhältnis von EuGVVO und Art. 31 CMR ist **Art. 71 Abs. 2 EuGVVO** bedeutsam; die Vorschrift ist als authentische Interpretation von Abs. 1 gedacht.[31] Art. 71 lautet:

[26] Überzeugend *Arnade* TranspR 1992, 342; ebenso *Koller* Rn. 1b.
[27] BGH 14.2.2008, TranspR 2008, 323; OLG München 23.7.1996, TranspR 1997, 33; OLG Hamm 26.10.1998, TranspR 2000, 359; OLG Hamm 14.6.1999, TranspR 2000, 29; ebenso GroßkommHGB/*Helm* Rn. 8; EBJS/*Boesche* Rn. 4.
[28] Nahezu wortgleich die Vorgängerbestimmung Art. 57 EuGVÜ; zum Entfall der Passage „oder angehören werden" vgl. *Kropholler/von Hein* Art. 71 EuGVVO Rn. 2.
[29] Siehe den Bericht *Schlosser* zu dem Übereinkommen vom 9. Oktober 1978 über den Beitritt des Königreichs Dänemark, Irlands und des Vereinigten Königreichs Großbritannien und Nordirland zum Übereinkommen über die gerichtliche Zuständigkeit und die Vollstreckung gerichtlicher Entscheidungen in Zivil- und Handelssachen sowie zum Protokoll betreffend die Auslegung dieses Übereinkommens durch den Gerichtshof, ABl. EG 1979 C 59/71 Anhang II Fn. 59.
[30] Zum Verhältnis EuGVÜ/CMR siehe die Übersicht bei *Basedow* Handbuch Kap. II Rn. 137–142, die durch Veränderungen im Ratifikationsstand zum Teil überholt ist.
[31] *Kropholler/von Hein* Art. 71 EuGVVO Rn. 9.

„(1) Diese Verordnung lässt Übereinkommen unberührt, denen die Mitgliedstaaten angehören und die für besondere Rechtsgebiete die gerichtliche Zuständigkeit, die Anerkennung oder die Vollstreckung von Entscheidungen regeln.

(2) Um eine einheitliche Auslegung des Absatzes 1 zu sichern, wird dieser Absatz in folgender Weise angewandt:

a) Diese Verordnung schließt nicht aus, dass ein Gericht eines Mitgliedstaats, der Vertragspartei eines Übereinkommens über ein besonderes Rechtsgebiet ist, seine Zuständigkeit auf ein solches Übereinkommen stützt, und zwar auch dann, wenn der Beklagte seinen Wohnsitz im Hoheitsgebiet eines Mitgliedstaats hat, der nicht Vertragspartei eines solchen Übereinkommens ist. In jedem Fall wendet dieses Gericht Artikel 26 dieser Verordnung an.

b) Entscheidungen, die in einem Mitgliedstaat von einem Gericht erlassen worden sind, das seine Zuständigkeit auf ein Übereinkommen über ein besonderes Rechtsgebiet gestützt hat, werden in den anderen Mitgliedstaaten nach dieser Verordnung anerkannt und vollstreckt.

Sind der Ursprungsmitgliedstaat und der ersuchte Mitgliedstaat Vertragsparteien eines Übereinkommens über ein besonderes Rechtsgebiet, welches die Voraussetzungen für die Anerkennung und Vollstreckung von Entscheidungen regelt, so gelten diese Voraussetzungen. In jedem Fall können die Bestimmungen dieser Verordnung über das Verfahren zur Anerkennung und Vollstreckung von Entscheidungen angewandt werden."

**11**     Der EuGH[32] sieht darin eine Ausnahme von dem Grundsatz, dass europarechtlichen Vorschriften (EuGVÜ, EuGVVO) Vorrang vor anderen von den Vertragsstaaten geschlossenen Übereinkommen zukommt.[33] Die Vorschrift sei dahin zu verstehen, dass die Anwendung europarechtlicher Bestimmungen nur in Bezug auf Fragen ausgeschlossen werde, die durch ein besonderes Übereinkommen geregelt werden. Die **EuGVVO füllt somit diejenigen Regelungslücken aus,** die das besondere Übereinkommen enthält. Dies gilt auch für den Fall, dass ein Übereinkommen zwar Zuständigkeitsregeln, nicht jedoch Vorschriften über die Rechtshängigkeit oder im Zusammenhang stehende Verfahren enthält.[34] Der EuGH hat sich zwar für die Auslegung von Art. 31 CMR für unzuständig erklärt, aber Art. 71 EuGVVO dahingehend ausgelegt, dass in Übereinkommen wie der CMR enthaltene Regeln über die Zuständigkeit, Rechtshängigkeit, Anerkennung und Vollstreckung „zur Anwendung kommen, sofern sie in hohem Maße vorhersehbar sind, eine geordnete Rechtspflege fördern, sofern sie es erlauben, die Gefahr von Parallelverfahren soweit wie möglich zu vermeiden und den freien Verkehr der Entscheidungen in Zivil- und Handelssachen sowie das gegenseitige Vertrauen in der Justiz im Rahmen der Union (favor executionis) unter mindestens ebenso günstigen Bedingungen zu gewährleisten, wie sie in der EuGVVO vorgesehen sind."[35]

**12**     **b) Anwendungen.** Daraus ergeben sich folgende Konsequenzen für Art. 31 CMR: Art. 31 regelt die Anknüpfung der **internationalen Zuständigkeit** umfassend und abschließend.[36] Platz für die Anwendung von EuGVVO-Vorschriften, die zusätzliche Gerichtsstände begründen, etwa für den Gerichtsstand der Garanten- oder Interventionsklage gemäß Art. 6 Nr. 2 EuGVVO, besteht nicht.[37] Erwogen wird zum Teil die Berücksichtigung von Art. 23 EuGVVO bei den Voraussetzungen einer Gerichtsstandsvereinbarung, die in Art. 31 CMR mit keinem Wort normiert werden, vgl. Rn. 25. Soweit die Zuständigkeitsvorschriften der CMR dieselben Anknüpfungsmomente wie die EuGVVO verwenden, kann ferner die Rspr. des EuGH zur EuGVVO bzw. zum EuGVÜ als Erkenntnisquelle für eine autonome Begriffsbildung fruchtbar gemacht werden. Der Vorrang des

---

[32] Zur Vorgängerbestimmung Art. 57 EuGVÜ: EuGH 6.12.1994 Rs. C-406/92 *(Tatry./.Maciej Rataj),* Slg. 1994 I 5439, 5460 ff. = JZ 1995, 616 m. Aufsatz *Huber* S. 603 = TranspR 1996, 190.

[33] EuGH (Fn. 32) Erwägung 24.

[34] EuGH (Fn. 32) Erwägung 25.

[35] EuGH 4.5.2010 Rs. C-533/08 *(TNT Express Nederland BV./.AXA Versicherung AG)* TranspR 2010, 236 = EuZW 2010, 517 = ETR 2010, 370.

[36] Vgl. Cour Lyon 21.10.1976, BT 1977, 110.

[37] Dänischer Oberster Gerichtshof 10.9.2003, ETR 2004, 74; aA Cour cass. 21.6.1982, ETR 1983, 207; in Deutschland, Österreich und Ungarn kann diese Zuständigkeit ohnehin nicht geltend gemacht werden, vgl. Art. 65 Abs. 1 EuGVVO. Zum EuGVÜ und LugÜ vgl. *Kropholler/von Hein* Art. 6 EuGVVO Rn. 19, insbes. auch zur Sondersituation in Estland, Lettland, Litauen, Polen und Slowenien; *Thume/Demuth* Rn. 39.

Art. 31 gilt auch im Verhältnis zu Art. 71 Abs. 2 lit. a Satz 2 iVm. Art. 26 EuGVVO. Diese Bestimmungen gewähren zwar einem Beklagten, der seinen Wohnsitz im Hoheitsgebiet eines Mitgliedstaats hat, das Recht der Nichteinlassung, falls er vor einem Gericht eines anderen Mitgliedstaats verklagt wird, worauf sich das Gericht **von Amts wegen** für unzuständig zu erklären und die Klage abzuweisen hat, sofern sich seine Zuständigkeit nicht nach der EuGVVO ergibt. Diese Vorschriften sind richtigerweise so auszulegen, dass dem Zweck des Art. 71, den in Übereinkommen infolge ihrer sachlichen Besonderheiten enthaltenen Zuständigkeitsregeln Vorrang zu gewähren, Rechnung getragen wird. Daher ist Art. 26 EuGVVO nur dann anzuwenden, wenn sich die internationale Zuständigkeit des angerufenen Gerichts weder nach der EuGVVO noch aus einem besonderen Übereinkommen wie der CMR ergibt.[38] Ein abweichendes Verständnis würde dazu führen, dass es im Belieben des Beklagten stünde, in Übereinkommen zwingend geregelte Gerichtsstände durch Nichteinlassen zur Hauptsache auszuschließen. Damit würde aber der Zweck des Art. 71. Abs. 1 EuGVVO, der den besonderen Zuständigkeitsvorschriften gerade den Vorrang einräumen will, vollkommen unterlaufen.[39]

Ist in einem Vertragsstaat von EuGVVO und CMR eine Klage gemäß Art. 27 anhängig, **13** richtet sich die **Einrede der Rechtshängigkeit** in einem anderen Vertragsstaat von EuGVVO und CMR nach Art. 31 Abs. 2 CMR und nicht nach Art. 27 EuGVVO; wegen der Ähnlichkeit der Texte sollte die Rspr. des EuGH zu Art. 21 EuGVÜ bzw. Art. 27 EuGVVO auch bei Auslegung des Art. 31 Abs. 2 CMR herangezogen werden. Ungeregelt ist in der CMR die **Behandlung konnexer Klagen,** so dass nach der Rspr. des EuGH hier Art. 28 EuGVVO zu beachten ist, vgl. oben Rn. 11. Wird in einem Mitgliedstaat von CMR und EuGVVO eine Entscheidung aus einem anderen Mitgliedstaat von CMR und EuGVVO geltend gemacht, sei es im Wege der **Rechtskrafteinrede** oder zu Zwecken der **Vollstreckung,** so ist in dem zweiten Staat Art. 31 Abs. 2 oder 3 (CMR) anzuwenden. Da die Anerkennungsvoraussetzungen dort allerdings ungeregelt sind und sich gemäß Art. 31 Abs. 3 nach dem Recht des Anerkennungslands beurteilen (vgl. unten Rn. 36–38), greift hier nach den oben (Rn. 10 f.) behandelten Grundsätzen wiederum die EuGVVO mit den Art. 33–37 ein. Das **Vollstreckungsverfahren** ist in der CMR vollständig ungeregelt und richtet sich daher nach den Art. 31 ff., wenn Urteile oder Vergleiche aus anderen EuGVVO/CMR-Vertragsstaaten zu vollstrecken sind.[40] Was schließlich die **Befreiung von der Sicherheitsleistung** für Prozesskosten betrifft, so geht Art. 31 Abs. 5 zwar weiter als Art. 51 EuGVVO, der lediglich das Vollstreckungsverfahren betrifft. Auch für das Erkenntnisverfahren darf nach der Rspr. des EuGH indessen von Angehörigen der Europäischen Union keine Ausländersicherheit nach Art des § 110 ZPO mehr gefordert werden,[41] so dass sich Konflikte zwischen CMR und EuGVVO ohnehin nicht mehr ergeben.

Die dargestellte lückenfüllende Ergänzung des CMR-Prozessrechts durch die EuGVVO **14** findet nur statt, wenn beide beteiligten Staaten Mitgliedstaaten von EuGVVO und CMR sind. Dass der Erststaat, dh. der Staat des Erkenntnisverfahrens nur der EuGVVO und nicht

---

[38] EuGH 28.10.2004 Rs. C-148/03 *(Nürnberger./.Portbridge),* TranspR 2004, 458 = NJW 2005, 44; BGH 27.2.2003, TranspR 2003, 302, 303; 20.11.2003, TranspR 2004, 74, 75; zuvor schon mit überzeugender Begründung OLG Hamm 25.6.2001, TranspR 2000, 397; GroßkommHGB/*Helm* Rn. 4; Thume/*Demuth* Rn. 13; vgl. auch *Kropholler/von Hein* Art. 71 EuGVVO Rn. 15; im Ergebnis ebenso *Shariatmadari* TranspR 2006, 105, 107. Für den Vorrang von Art. 31 ohne die Diskussion um die Problematik betreffend Art. 26 EuGVVO OGH Wien 13.12.2002, ETR 2003, 656 (stRspr.); Corte cass. 17.10.2002, Nr. 14769 zitiert nach *Alessandri* TranspR 2005, 465, 467 Fn. 21; *Koller* Rn. 1; aA OLG Dresden 24.11.1998, TranspR 1999, 62; OLG München 8.6.2000, TranspR 2001, 399; OLG Karlsruhe 27.6.2002, IPRax 2003, 533 mit krit. Anm. *Schinkels* IPRax 2003, 517 ff.

[39] *Haubold* IPRax 2000, 91, 95; *Dißars* TranspR 2001, 387, 389; *Heuer* TranspR 2002, 221, 223; *Csoklich* RdW 2003, 129, 131.

[40] Der *Schlosser*-Bericht (Fn. 29), ABl. EG 1979 C 59/140 Nr. 239 und 240 hat diese Frage ausdrücklich offen gelassen, doch legt die Rspr. des EuGH, oben Rn. 11, die hier vertretene Lösung nahe; ebenso Art. 57 Abs. 5 Satz 2 LugÜ.

[41] EuGH 1.7.1993 Rs. C-20/92 *(Anthony Hubbard./.Peter Hamburger),* EuZW 1993, 514 m. Anm. *P. Schlosser* = JZ 1994, 39 m. Aufs. *Bork/Schmidt-Parzfeld;* vgl. auch *Bungert* IStR 1993, 481.

der CMR angehört, ist nach dem gegenwärtigen Ratifizierungsstand nicht verwirklicht. Praxisrelevanter sind jene Fälle, bei denen der Erststaat ein **Mitgliedstaat nur der CMR und nicht der EuGVVO** (zB Belarus) ist. Hier richtet sich die Zuständigkeitsprüfung zB in Belarus allein nach Art. 31 Abs. 1 CMR und die Wirkungen des Verfahrens in Deutschland allein nach Abs. 2–4; Lücken der CMR sind dann durch autonomes Prozessrecht, zB § 328 ZPO, zu füllen.

15   **5. Verhältnis zum Lugano-Übereinkommen.** Das Nebeneinander von Art. 31 CMR und Luganer Übereinkommen[42] ist im Grundsatz ebenso geregelt wie das von CMR und EuGVVO bzw. EuGVÜ. Art. 57 Abs. 1 LugÜ und Art. 57 Abs. 1 EuGVÜ haben denselben Wortlaut, und auch die Regelung der Konventionskonflikte in Bezug auf Zuständigkeitsfragen in Art. 57 Abs. 2 LugÜ deckt sich in der Sache mit Art. 57 Abs. 2 lit. a EuGVÜ. Abweichungen ergeben sich für die **Anerkennung und Vollstreckung:** ist der Anerkennungsstaat wie etwa Island kein Vertragsstaat der CMR, so ist er gemäß Art. 57 Abs. 4 LugÜ nicht verpflichtet, eine ausländische, auf Art. 31 Abs. 1 CMR gestützte Entscheidung nach dem Luganer Übereinkommen anzuerkennen und zu vollstrecken, wenn die Entscheidung gegen eine in dem Anerkennungsstaat wohnhafte Person gerichtet ist.[43] Für das **Verfahren der Vollstreckung** von Urteilen, die gemäß Art. 31 CMR erlassen wurden, können nach der ausdrücklichen Anordnung in Art. 57 Abs. 5 LugÜ jedenfalls die Vorschriften des Luganer Übereinkommens angewendet werden.

### III. Internationale Zuständigkeit (Abs. 1)

16   **1. Internationale und örtliche Zuständigkeit.** Art. 31 Abs. 1 stellt dem Kläger mehrere gesetzliche Gerichtsstände zur Verfügung und gestattet den Parteien die Vereinbarung zusätzlicher Gerichtsstände. Doch handelt die Vorschrift allein von der Zuständigkeit der „Gerichte eines Staates", in dem bestimmte Anknüpfungsmomente erfüllt sind. Sie regelt also nur die **internationale Zuständigkeit** nach der Gesamtheit der Gerichte eines Staats, nicht dagegen die Frage, in welchem konkreten Gerichtsbezirk innerhalb des betreffenden Staats Klage zu erheben ist.[44] Dieses Problem der **örtlichen Zuständigkeit** beurteilt sich nach nationalem Recht der angerufenen Gerichte,[45] siehe dazu unten Rn. 18–20 und 23 jeweils am Ende.

17   Die Vertragsstaaten, die nach Abs. 1 international zuständig sind, haben also die Wahl, welches ihrer Gerichte sie dem Kläger als örtlich zuständig zur Verfügung stellen; sie haben dagegen nicht die Möglichkeit, überhaupt kein Gericht zu benennen.[46] Andernfalls würde die Regelung der örtlichen Zuständigkeit die dem Staat eingeräumte internationale Zuständigkeit aushöhlen und Art. 31 Abs. 1 konterkarieren. Abs. 1 verleiht den Vertragsstaaten keine bloße facultas, sondern soll **Zuständigkeiten schaffen.** Die vielfältigen Anknüpfungen der internationalen Zuständigkeit sind notwendige Voraussetzung dafür, dass der weite Anwendungsanspruch der CMR gemäß Art. 1 (siehe Art. 1 Rn. 29) in der Praxis auch durchgesetzt werden kann.[47] Wenn ein ägyptischer Unternehmer (kombinierte) Straßentransporte von Deutschland nach Kuwait übernimmt, ist nach Art. 1 die CMR anzuwenden; dies ist aber ohne besondere Parteivereinbarung weder in Ägypten noch in Kuwait möglich,

---

[42] Siehe oben Rn. 2 bei Fn. 7.
[43] Siehe näher den Bericht *Jenard/Möller* zu dem Übereinkommen über die gerichtliche Zuständigkeit und Vollstreckung gerichtlicher Entscheidungen in Zivil- und Handelssachen, geschlossen in Lugano am 16. September 1988, ABl. EG 1990 C 189/57, 82 Nr. 82.
[44] BGH 6.2.1981, NJW 1981, 1902 m. Anm. *Kropholler* = ETR 1982, 50; OGH Wien 27.11.2008, TranspR 2009, 413, 414; Cass.com. 17.1.1995, BTL 1995, 90 = D. 1995 I. R. 47; Cass.com. 20.12.2000, ULR 2001, 244; Hof van Cassatie Belgien 29.4.2004, ULR 2005, 626; Hof 's-Hertogenbosch 16.8.1983, S. & S. 1984 Nr. 69; HG Zürich 30.5.2001, ULR 2001, 682; *Clarke* S. 153 Nr. 46; *Rodière* BT 1974, 338 Nr. 114; *Lamy* 2013 Rn. 838a); *Silingardi* S. 270; *Koller* Rn. 2; Thume/*Demuth* Rn. 12.
[45] *Koller* Rn. 2.
[46] So auch *Kropholler* in der Anm. zu BGH 6.2.1981, NJW 1981, 1902; *Haak* S. 290; GroßkommHGB/*Helm* Rn. 28; *Loewe* ETR 1976, 581 Nr. 245; zur Problematik Cour cass. 20.12.2000, ETR 2000, 237.
[47] Dies wurde verkannt in BGH 6.2.1981, NJW 1981, 1902 m. Anm. *Kropholler*.

sondern nur in Deutschland, im Land der Übernahme, Art. 31 Abs. 1 Satz 1 lit. b. Da Art. 1 nicht zur Disposition der Vertragsstaaten steht, sind die Vertragsstaaten auch verpflichtet, die ihnen eingeräumte internationale Zuständigkeit durch örtlich zuständige Gerichtsstände auszufüllen.[48]

**2. Forum des Beklagten (Satz 1 lit. a).** Der Kläger kann zunächst die Gerichte des **18** Landes anrufen, in dem der Beklagte seinen gewöhnlichen Aufenthalt, seine Hauptniederlassung oder die Zweigniederlassung oder Geschäftsstelle hat, durch deren Vermittlung der Beförderungsvertrag geschlossen worden ist. Mit dem **gewöhnlichen Aufenthalt** greift die CMR eine Begriffsschöpfung der Haager Konferenz für Internationales Privatrecht auf, die dazu bestimmt ist, die starke und international divergierende Verrechtlichung des Wohnsitzbegriffs (domicile) zu vermeiden.[49] Der gewöhnliche Aufenthalt markiert den faktischen Lebensmittelpunkt,[50] einer polizeilichen Meldung an dem Ort bedarf es nicht.[51] Bei Geschäftsleuten, die ihre private Wohnung in einem anderen Land haben, sollte der Mittelpunkt der Geschäfte, also die Handelsniederlassung, und nicht der private Daseinsmittelpunkt maßgeblich sein.[52] Als Interpretationsrichtschnur können im Übrigen Empfehlungen des Europarats von 1972 dienen, die in den maßgeblichen Teilen wie folgt lauten:

> *„Nr. 7. Der Aufenthalt einer Person bestimmt sich ausschließlich nach tatsächlichen Umständen; er hängt nicht von einer Aufenthaltserlaubnis ab.*
>
> *Nr. 8. Eine Person hat einen Aufenthalt in einem Land, in dem eine bestimmte Rechtsordnung gilt, oder an einem Ort, der in einem solchen Land liegt, wenn sie dort während eines gewissen Zeitraums wohnt. Die Anwesenheit muss nicht notwendigerweise ununterbrochen andauern.*
>
> *Nr. 9. Für die Frage, ob ein Aufenthalt als gewöhnlicher Aufenthalt anzusehen ist, sind die Dauer und die Beständigkeit des Aufenthalts sowie andere Umstände persönlicher oder beruflicher Art zu berücksichtigen, die dauerhafte Beziehungen zwischen einer Person und ihrem Aufenthalt anzeigen.*
>
> *Nr. 10. Die freiwillige Begründung eines Aufenthalts und die Absicht des Betreffenden, diesen Aufenthalt beizubehalten, sind keine Voraussetzungen für das Bestehen eines Aufenthalts oder eines gewöhnlichen Aufenthalts. Die Absichten der Person können aber bei der Bestimmung, ob sie einen Aufenthalt hat und welcher Art dieser Aufenthalt ist, berücksichtigt werden.*
>
> *Nr. 11. Der Aufenthalt oder der gewöhnliche Aufenthalt einer Person hängt nicht von dem einer anderen Person ab."*

Hat der Beklagte seinen gewöhnlichen Aufenthalt in Deutschland, so wird er sich im Allgemeinen mit dem Wohnsitz iSv. § 7 BGB decken und damit zugleich gemäß §§ 12 f. ZPO die **örtliche Zuständigkeit** des Wohnsitzgerichts begründen; daneben können auch noch andere Gerichtsstände wie zB der des Erfüllungsorts gemäß § 29 ZPO treten. Im Zusammenhang mit einer vom Schuldner gegen ihn erhobenen negativen Feststellungsklage wurde ein Zessionar, der von einem am Transport Beteiligten dessen Ansprüche aus der CMR erworben hat, nicht als Beklagter iSd. Art. 31 Satz 1 lit. a beurteilt.[53] Das englische Gericht ging dabei – entgegen der Ansicht des BGH – von der Gleichwertigkeit einer Leistungs- und negativen Feststellungsklage aus; vgl. dazu Rn. 30.

Zuständig sind ferner die Gerichte im Land der **Hauptniederlassung des Beklagten.** **19** Mit diesem Begriff folgt die deutsche Übersetzung dem englischen Vertragstext (principal place of business), der sich ebenso auf Einzelkaufleute (vgl. § 13h HGB) und sonstige natürliche Personen wie auch auf Gesellschaften und juristische Personen bezieht. Dies hat zur Folge, dass ein Einzelkaufmann sowohl im Land seines gewöhnlichen Aufenthalts wie auch im Land seiner Hauptniederlassung verklagt werden kann; beide Zuständigkeiten

---

[48] *Loewe* TranspR 1988, 309, 312; *Herber/Piper* Rn. 9.
[49] *Baetge,* Der gewöhnliche Aufenthalt im IPR, 1994, S. 8–10.
[50] BGH 5.2.1975, NJW 1975, 1068; MüKoBGB/*Sonnenberger,* 5. Aufl. 2010, Einl. IPR Rn. 720 ff.; Staudinger/*Kannowski* 2013 BGB Vor § 7 Rn. 3.
[51] *Protsch* S. 17.
[52] *Putzeys* S. 377 Nr. 1096 bis; in diesem Sinne Art. 19 Abs. 1 Satz 2 Rom I-VO.
[53] Court of Appeal 19.3.2009, ETR 2009, 317; kritisch *Koller* Rn. 3 Fn. 35.

koinzidieren, wenn man den gewöhnlichen Aufenthalt bei Geschäftsleuten mit der Niederlassung gleichsetzt, vgl. Rn. 18. Der französische Text (siège principal) betrifft nur juristische Personen.[54] Indem beide Vertragstexte Sitz bzw. Niederlassung nur als zuständigkeitsbegründend erachten, wenn er oder sie „principal", also wichtiger als andere ist, verdeutlichen sie, dass es stets auf die tatsächliche Bedeutung und nicht den rechtlichen oder Satzungssitz ankommt; maßgeblich ist der **tatsächliche Sitz der Hauptverwaltung**.[55] Liegt er in Deutschland, so begründet er gemäß § 17 Abs. 1 Satz 2 ZPO zugleich die **örtliche Zuständigkeit** des Gerichts in dem betreffenden Bezirk.

**20**      Schließlich kann ein Prozess auch in dem Land geführt werden, wo der Beklagte eine **Zweigniederlassung oder Geschäftsstelle** unterhält, sofern durch deren Vermittlung der Transportvertrag abgeschlossen worden ist.[56] Die dafür in den authentischen Vertragssprachen verwendeten Begriffe „branch" und „agency" bzw. „succursale" und „agence" stimmen überein mit den in **Art. 5 Nr. 5 EuGVVO** benutzten Anknüpfungsmerkmalen, sodass für die Zwecke einer autonomen Auslegung die Rspr. des EuGH herangezogen werden kann.[57] Danach ist hiermit „ein Mittelpunkt geschäftlicher Tätigkeit gemeint, der auf Dauer als Außenstelle eines Stammhauses hervortritt, eine Geschäftsführung hat und sachlich so ausgestattet ist, dass er in der Weise Geschäfte mit Dritten betreiben kann, dass diese, obgleich sie wissen, dass möglicherweise ein Rechtsverhältnis mit dem im Ausland ansässigen Stammhaus begründet wird, sich nicht unmittelbar an dieses zu wenden brauchen, sondern Geschäfte an dem Mittelpunkt geschäftlicher Tätigkeit abschließen können, der dessen Außenstelle ist".[58] Liegt die Zweigniederlassung oder Geschäftsstelle in Deutschland oder einem anderen Mitgliedstaat der EuGVVO, so folgt aus Art. 5 Nr. 5 zugleich auch die **örtliche Zuständigkeit,** wenn nur Vertragsstaaten der EuGVVO betroffen sind, siehe sonst § 21 ZPO.

**21**      Charakteristisch für Zweigniederlassungen und Agenturen (= Geschäftsstellen iSv. Art. 31 CMR) ist ferner, dass sie der **Aufsicht und Leitung des Stammhauses** unterliegen.[59] Daran fehlt es bei Alleinvertriebshändlern[60] und Handelsvertretern.[61] Für die CMR wird man folgern müssen, dass der den Beförderungsvertrag vermittelnde **Spediteur** grundsätzlich nicht als Zweigniederlassung oder Geschäftsstelle des Beförderers in Betracht kommt, in deren Land gegen den Frachtführer geklagt werden kann. Soweit der Kläger das interne Verhältnis zwischen Spediteur und Frachtführer nicht durchschaut, ist nach der Rspr. des EuGH der gegenüber Dritten erweckte **Rechtsschein** maßgeblich, die „Art und Weise, wie sich diese beiden Unternehmen im Geschäftsleben verhalten und wie sie sich Dritten gegenüber in ihren Handelsbeziehungen darstellen".[62] Erwecken zwei Unternehmen nach außen den Eindruck der Einheit, kann eine Tochtergesellschaft als Niederlassung der Mutter, eine Mutter als Niederlassung der Tochter[63] und wohl auch eine Spedition als Niederlassung des Frachtführers verstanden werden.[64] In diese Richtung weist auch die

---

[54] *Rodière* BT 1974, 339 Nr. 115; *Silingardi* S. 269.

[55] *Clarke* S. 159 Nr. 46b (ii); GroßkommHGB/*Helm* Rn. 35; Thume/*Demuth* Rn. 18; Jabor-negg/Artmann/*Csoklich* Rn. 3; wohl auch *Putzeys* S. 377 Nr. 1096bis; nach *Loewe* ETR 1976, 581 Nr. 243 lässt Art. 31 offen, ob die statutarische oder tatsächliche Hauptniederlassung gemeint ist; ebenso *Kropholler* Handbuch Rn. 405; nach *Hill/Messent* S. 245 sind beide erfasst; ebenso *Koller* Rn. 3.

[56] *Loewe* ETR 1976, 580 f.; *Koller* Rn. 3; Thume/*Demuth* Rn. 23; Court of Appeal 19.3.2009, ETR 2009, 317, 327, 331.

[57] Ebenso GroßkommHGB/*Helm* Rn. 37; Jaborengg/Artmann/*Csoklich* Rn. 3.

[58] EuGH 22.11.1978 – Rs. 33/78 (*Somafer.*/.*Saar-Ferngas*) Slg. 1978, 2183.

[59] EuGH 6.10.1976 – Rs. 14/76 (*DeBloos.*/.*Bouyer*), Slg. 1976, 1497 = NJW 1977, 490, 491 m. Anm. *Geimer.*

[60] EuGH (Fn 58).

[61] EuGH 18.3.1981 – Rs. 139/80 (*Blanckaert & Willem.*/.*Trost*) Slg. 1981, 819 = IPRax 1982, 64 mit Aufsatz *Linke* S. 46.

[62] EuGH 9.12.1987 – Rs. 218/86 (*Schotte.*/.*Parfums Rothschild*), Slg. 1987, 4905 = NJW 1988, 625.

[63] So im Fall *Schotte* (Fn. 62); siehe eingehend *M. Otto,* Der prozessuale Durchgriff, 1993, S. 141–146; *Kropholler/von Hein* Art. 5 EuGVVO Rn. 108.

[64] Vgl. auch GroßkommHGB/*Helm* Rn. 37.

Qualifikation der IATA-Agenturen als Niederlassungen iSv. Art. 28 WA.[65] Jedenfalls muss von der Niederlassung aus der ursprüngliche Beförderungsvertrag vermittelt worden sein, die Vermittlung späterer Änderungen genügt nicht.[66] Es muss sich auch um eine Zweigniederlassung oder **Geschäftsstelle des Beklagten** handeln,[67] die bei Abschluss des Vertrags tätige Niederlassung des Klägers ist nicht gemeint.

**3. Übernahme- und Ablieferungsort (Satz 1 lit. b).** Der Kläger kann ferner die 22 Gerichte im Land des Übernahmeorts und des Ablieferungsorts anrufen. Dabei kommt es auf den **Ort der tatsächlichen Übernahme** und nicht den vereinbarten Übernahmeort an.[68] Dafür spricht die Beweisnähe, nämlich die Möglichkeit, vor allem Verpackungs-, Verlade- und Staufehler vor einem Gericht in der Nähe des tatsächlichen Transportbeginns gründlicher aufzuklären. Lässt der Hauptfrachtführer das Gut durch einen Unterfrachtführer vom Absender in A abholen und bis B befördern, wo er selbst es vom Unterfrachtführer zum weiteren Transport bis zum Bestimmungsort C übernimmt, so ist A der Übernahmeort.[69] Übernimmt der Hauptfrachtführer das Gut selbst in A, um es in B zum Weitertransport nach C an einen Unterfrachtführer zu übergeben, so ist A der Übernahmeort für alle Streitigkeiten aus der gesamten Beförderung A–C, während B der Übernahmeort für solche Streitigkeiten ist, die sich allein aus dem Teiltransport B–C ergeben, also etwa für eine Klage des Hauptfrachtführers gegen den Unterfrachtführer wegen Güterschäden, die zwischen B und C entstanden sind.[70] Am anderen Ende der Beförderung kommt es dagegen auf den **für die Ablieferung vorgesehenen Ort** und nicht den tatsächlichen Ablieferungsort an.[71] Maßgeblich ist also entweder der vereinbarte Ablieferungsort, der sich aus dem Frachtbrief ergibt (Art. 6 Abs. 1 lit. d und dort Rn. 10–12), oder der durch nachträgliche Weisung bestimmte Ort, vgl. Art. 12 Abs. 1;[72] nach der Judikatur soll allerdings eine im Zuge eines Ablieferungshindernisses erteilte Weisung keinen neuen Ablieferungsort begründen.[73]

Die **örtliche Zuständigkeit** im Land des vorgesehenen Ablieferungsorts wird, wenn 23 dieser in Deutschland oder einem anderen Mitgliedstaat der EuGVVO liegt, durch Art. 5 Nr. 1 EuGVVO bzw. § 29 ZPO durch den fast deckungsgleichen Begriff des Erfüllungsorts markiert; Art. 1a des Zustimmungsgesetzes (s. den Text oben vor den Schrifttumsnachweisen) bestätigt diese Regelung nur. Für den Fall, dass Deutschland allein als Übernahmestaat

---

[65] BGH 16.6.1982, BGHZ 84, 339, 342 f.; zustimmend und mit weiteren Nachweisen *Otto* (Fn. 63) S. 145 f.

[66] *Clarke* S. 159 Nr. 46b (iii).

[67] *Loewe* ETR 1976, 580 f. Nr. 243 spricht von der Niederlassung des Frachtführers, der nicht immer der Beklagte ist, vgl. *Putzeys* S. 377 Fn. 916/1.

[68] *Clarke* S. 160 Nr. 46b (iv): wo „custody and control of the goods is transferred"; *Kropholler* Handbuch Kap. III Rn. 405; *Silingardi* S. 270; *Herber/Piper* Rn. 16; *Koller* Rn. 4; *Thume/Demuth* Rn. 26; *Ferrari/Otte,* Int. Vertragsrecht, Rn. 12; *Jabornegg/Artmann/Csoklich* Rn. 4.

[69] *Moto Vespa S. A. v. MAT (Brittania Express) Ltd.,* [1979] 1 Lloyd's L. Rep. 175, 181; OLG Köln 25.5.2004, TranspR 2004, 359 m. Anm. *Koller* zu einem multimodalen Transport.

[70] *Loewe* TranspR 1988, 312; ebenso *Koller* TranspR 2000, 152 ff., TranspR 2002, 133, 136; OLG Hamm 31.1.2013, TranspR 2013, 295, 296; aA BGH 31.5.2001, TranspR 2001, 452; 20.11.2008, TranspR 2009, 26, 27 = VersR 2009, 807 = ETR 2009, 303; GroßkommHGB/*Helm* Rn. 38; *Herber/Piper* Rn. 17; *Hill/Messent* S. 246; *Clarke* S. 160 Nr. 46b (iv); OGH Wien 1.4.1999, TranspR 2000, 34, 35 = RdW 1999, 659 zust. *Csoklich.*

[71] BGH 18.12.2003, TranspR 2004, 169, 170; OLG Hamm 25.6.2001, TranspR 2001, 397; OLG Karlsruhe 20.12.1995, TranspR 1996, 203, 204; Cour cass. 17.1.1995, ULR 1996, 182; GroßkommHGB/*Helm* Rn. 41 Fn 151; *Koller* Rn. 4; *Herber/Piper* Rn. 18; *Thume/Demuth* Rn. 28; *Ferrari/Otte,* Int. Vertragsrecht, Rn. 12; *Clarke* S. 160 f. Nr. 46b (iv); *Jabornegg/Artmann/Csoklich* Rn. 5.

[72] BGH 18.12.2003, TranspR 2004, 169, 170; OLG Hamm 25.6.2001, TranspR 2001, 397; GroßkommHGB/*Helm* Rn. 41; *Clarke* S. 161 Nr. 46b (iv); *Pesce* S. 324; *Silingardi* S. 270; so auch für die nachträgliche Veränderung des Bestimmungsorts innerhalb Deutschlands, dh. für die örtliche Zuständigkeit gemäß Art. 1a des Zustimmungsgesetzes LG Freiburg 20.10.1994, LG Hamburg 20.10.1993 und OLG Hamburg 7.4.1994 sowie LG München I 19.7.1994, alle in TranspR 1995, 113 m. zust. Anm. *Herber.*

[73] BGH 18.12.2003, TranspR 2004, 169, 170; OLG Karlsruhe 20.12.1995, TranspR 1996, 203, 204; OLG Hamm 25.6.2001, TranspR 2001, 397, 398; ebenso *Ferrari/Otte,* Int. Vertragsrecht, Rn. 12; *Thume/Demuth* Rn. 28; aA *Koller* Rn. 4.

international zuständig ist, fehlte es dagegen an örtlich zuständigen Gerichten,[74] bis der Gesetzgeber durch die Ergänzung des Zustimmungsgesetzes um Art. 1a den Gerichtsstand des Übernahmeorts schuf.[75]

**24**     **4. Gerichtsstandsvereinbarungen.** Nach Art. 31 Abs. 1 Satz 1 können die Vertragsparteien die internationale Zuständigkeit zusätzlicher Gerichte von Vertragsstaaten vereinbaren, nicht hingegen ausschließen;[76] eine entsprechende Vereinbarung ist unwirksam.[77] Zulässig sind Vereinbarungen über die internationale Zuständigkeit der Gerichte eines Vertragsstaats, etwa: „Zuständig sind die deutschen Gerichte". Richtigerweise ist in der Vereinbarung eines konkreten Gerichts implizit auch die Vereinbarung der internationalen Zuständigkeit des Staats zu verstehen, in dem das betreffende Gericht belegen ist.[78] Gerichtsstandsklauseln, die auch das örtlich zuständige Gericht festlegen, wie dies etwa in Ziffer 30.2. ADSp (2003) geschieht, beurteilen sich in ihren Wirkungen bzgl. der internationalen Zuständigkeit nach Art. 31 und bzgl. der örtlichen Zuständigkeit nach nationalem Recht, im Anwendungsbereich von Art. 23 EuGVVO also nach dieser Vorschrift (bzw. Art. 17 EuGVÜ/LugÜ), sonst nach § 38 ZPO.[79] Dies bedeutet, dass eine solche doppelfunktionale Gerichtsstandsvereinbarung hinsichtlich der internationalen Zuständigkeit nur eine **Prorogation** bewirkt, also, wie in Art. 31 Abs. 1 besonders hervorgehoben, nur einen zusätzlichen Gerichtsstaat zugänglich macht, dessen Gerichte neben den in litt. a) und b) genannten gesetzlichen Gerichtsständen international zuständig sind,[80] während dieselbe Vereinbarung hinsichtlich der örtlichen Zuständigkeit innerhalb des hinzugewählten Staats gemäß Art. 23 EuGVVO oder § 38 ZPO eine **Derogation** enthalten kann.[81] Im Verhältnis zu Art. 31 CMR begegnen damit Ziffer 30.2 erster Halbsatz **ADSp,** der einen nicht ausschließlichen Gerichtsstand am Ort der Niederlassung des Spediteurs/Frachtführers, an die der Auftrag gerichtet ist, schafft, keine Bedenken.[82] Abweichendes gilt für Ziffer 30.2 HS 2 ADSp, welcher einen ausschließlichen Gerichtsstand begründet; dieser ist jedenfalls insoweit wegen Art. 41 unwirksam, als er einen ausschließlichen internationalen Gerichtsstand festlegt und Gerichtsstände in anderen Vertragsstaaten verdrängt.[83] Umstritten ist, ob sich die Nichtigkeitssanktion auch auf die Bestimmung der örtlichen Zuständigkeit erstreckt. Zum Teil wird vertreten, dass die (Teil)Nichtigkeit nach Art. 41 CMR nur soweit reicht, als die Vereinbarung nach dem Übereinkommen bestehende Zuständigkeiten ausschließt; sofern ein nach Art. 31 Abs. 1 CMR zulässiger Gerichtsstand vereinbart wurde, bleibt sie als

---

[74] BGH 6.2.1981, NJW 1981, 1902 m. Anm. *Kropholler.*
[75] Vgl. auch § 101 JN in Österreich zur Vermeidung der zahlreichen Ordinationsverfahren. Die Bestimmung lautet: *„Für Rechtsstreitigkeiten aus einer Beförderung, die dem Übereinkommen vom 19. Mai 1956 über den Beförderungsvertrag im Internationalen Straßengüterverkehr (CMR) unterliegt, ist auch das Gericht zuständig, in dessen Sprengel der Ort der Übernahme des Gutes oder der für die Ablieferung des Gutes vorgesehene Ort liegt."* Dazu OGH Wien 14.2.2005, ecolex 2005/318 m. Anm. *Mayr.*
[76] OLG Hamm 25.6.2001, TranspR 2001, 397, 399; GroßkommHGB/*Helm* Rn. 19; *Koller* Rn. 5; *Clarke* S. 162 Nr. 46c; *Herber/Piper* Rn. 20; Fremuth/Thume/*Thume* Rn. 10; EBJS/*Boesche* Rn. 11; *Csoklich* RdW 2003, 186, 187; Jabornegg/Artmann/*ders.* Rn. 8.
[77] OLG Oldenburg 5.1.2000, TranspR 2000, 128, 129; GroßkommHGB/*Helm* Rn. 22; *Koller* Rn. 5.
[78] Thume/*Demuth* Rn. 29; *Csoklich* RdW 2003, 186, 187; OGH Wien 27.11.2008, TranspR 2009, 413, 414; zust. *Garber* ÖJZ 2009, 466, 467 f.
[79] LG Hamburg 16.9.1980, VersR 1981, 475 und eingehend *Fremuth* TranspR 1983, 38.
[80] So die hM zu Art. 31, vgl. OLG Wien 15.10.1986, TranspR 1987, 223; Hof Antwerpen 30.1.1980, R. W. 1983/84, 2171; Rb.'s-Gravenhage 23.11.1983, S. &. S. 1984 Nr. 114; OLG Hamm 25.6.2001, VersR 2002, 338, 339; *Loewe* ETR 1976, 580 Nr. 240; *Nickel-Lanz* S. 165 Nr. 217; *Hill/Messent* S. 245; *Clarke* S. 162 Nr. 46c; GroßkommHGB/*Helm* Rn. 21; *Koller* Rn. 5; *Fremuth* TranspR 1983, 37; *Putzeys* S. 374 Nr. 1090; *Haak* S. 282; aA auch *Rodière* BT 1974, 338 Nr. 114; *Silingardi* S. 264 f.
[81] Bei Art. 23 EuGVVO folgt dies aus dem Wortlaut, bei § 38 ZPO kommt es auf die Auslegung der Gerichtsstandsklausel an, vgl. *Kropholler/von Hein* Art. 23 EuGVVO Rn. 14; *Schack,* Internationales Zivilverfahrensrecht, 5. Aufl. 2010, Rn. 531 f.
[82] OLG Karlsruhe 6.10.2004, TranspR 2005, 362, 363; *Koller* Rn. 5; *Herber/Piper* Rn. 20; Thume/*Demuth* Rn. 48; EBJS/*Boesche* Rn. 12.
[83] OLG Karlsruhe 6.10.2004, TranspR 2005, 362; *Koller* Rn. 6; *Herber/Piper* Rn. 20; Thume/*Demuth* Rn. 49; GroßkommHGB/*Helm* Rn. 27; EBJS/*Boesche* Rn. 12.

Vereinbarung eines Wahlgerichtsstandes teilwirksam.[84] Demzufolge bleibt die Bestimmung eines ausschließlichen nationalen Gerichtsstands, wie etwa nach Ziffer 30.2. zweiter Halbsatz ADSp, als Wahlgerichtsstand wirksam, sofern die internationale Gerichtsbarkeit in dem Land, in dem der Spediteur seine Hauptniederlassung hat, gegeben ist.[85] Vertreter der Gegenmeinung erachten unter Hinweis auf die Unteilbarkeit der Ausschließlichkeitsanordnung die gesamte Zuständigkeitsklausel als nichtig.[86] Infolge des insoweit eindeutigen Wortlauts entsprechender Klauseln, die nicht zwischen örtlicher und internationaler Zuständigkeit trennen,[87] sei eine den Parteien günstigere Auslegung unzulässig. Die Parteienvereinbarung ziele ausdrücklich auf ein ausschließlich zuständiges Gericht und nicht auf weitere neben Art. 31 CMR eröffnete Gerichtsstände.[88]

Art. 31 Abs. 1 regelt nicht die **Form** von Gerichtsstandsvereinbarungen. Dieses Schweigen **25** wird unterschiedlich interpretiert. Wer darin eine Lücke der CMR sieht, spricht sich entweder für die lückenfüllende Heranziehung von Art. 23 Abs. 1 Satz 2 EuGVVO[89] oder von Formvorschriften der lex fori des befassten[90] oder des vereinbarten Gerichts[91] aus. Sieht man mit dem BGH in einer Gerichtsstandsvereinbarung einen materiellrechtlichen Vertrag über einen prozessrechtlichen Gegenstand,[92] so ist es folgerichtig, das internationale Schuldvertragsrecht anzuwenden und hinsichtlich der materiellen Einigung die lex causae (Einl. Rn. 41 ff.) sowie bzgl. der Form das Formstatut gemäß Art. 11 EGBGB heranzuziehen.[93] Zum Teil wird Art. 31 Abs. 1 indessen auch als Bekenntnis zur Formfreiheit ausgelegt, so dass ein Rückgriff auf nationales Recht ausscheidet.[94] Da die Rechtswirkungen der Gerichtsstandsvereinbarung nach Art. 31 erheblich schwächer sind als nach Art. 23 EuGVVO, siehe Rn. 24, verdient die letzte Auffassung Zustimmung; die Warnfunktion der Form erübrigt sich in Art. 31 weitgehend. Dies bedeutet nicht, dass jeder Rückgriff auf nationales Recht überflüssig wäre; das **materielle Zustandekommen** der Prorogationsklausel richtet sich nach dem Vertragsstatut unter Berücksichtigung von Art. 10 Abs. 2 Rom I-VO, was etwa bei kaufmännischen Bestätigungsschreiben bedeutsam werden kann.[95] Das Vertragsstatut entscheidet auch darüber, unter welchen Bedingungen der Empfänger die Gerichtsstandsvereinbarung gegen sich gelten lassen muss.[96] Eine Bestimmung des internationalen Gerichtsstandes durch **rügelose Einlassung** des Beklagten zur Sache ist möglich.[97]

---

[84] OGH Wien 27.11.2008, TranspR 2009, 413, 414; OLG Hamburg 30.4.1981, TranspR 1984, 132; *Herber/Piper* Rn. 20; *Thume/Demuth* Rn. 50; GroßkommHGB/*Helm* Rn. 27; EBJS/*Boesche* Rn. 12; Ferrari/Otte, Int. Vertragsrecht, Rn. 21; *Csoklich* RdW 2003, 186, 188; Jabornegg/Artmann/*ders.* Rn. 8 (für § 65 AÖSp).

[85] OLG Hamburg 30.4.1981, TranspR 1984, 132; *Herber/Piper* Rn. 20; *Thume/Demuth* Rn. 50; GroßkommHGB/*Helm* Rn. 27; ebenso *Csoklich* RdW 2003, 186, 188 (für § 65 AÖSp).

[86] *Koller* Rn. 6; ebenso OLG Oldenburg 5.1.2000, TranspR 2000, 128; OLG Hamm 25.6.2001, VersR 2002, 338, 339; für Gesamtnichtigkeit auch BGH 18.12.2003, TranspR 2004, 169, 170.

[87] *Koller* Rn. 5.

[88] OLG Oldenburg 5.1.2000, TranspR 2000, 128, 129; *Garber* ÖJZ 2009, 468.

[89] *Kropholler/von Hein* Art. 71 EuGVVO Rn. 14; aA *Fremuth* TranspR 1983, 37; *Müller-Hök* RIW 1988, 775; AG Köln 6.2.1985, TranspR 1985, 179, 180.

[90] So OGH Wien 27.11.2008, TranspR 2009, 413, 415; OLG Wien 15.10.1986, TranspR 1987, 223; OLG Hamburg 27.8.1981, TranspR 1985, 184; *Csoklich* RdW 2003, 187; *Thume/Demuth* Rn. 31; *Dißars* TranspR 2001, 387, 388; *Koller* Rn. 5; MüKoZPO/*Gottwald* IZPR 3. Aufl. 2008 Art. 31 CMR Rn. 7.

[91] *Loewe* TranspR 1988, 311.

[92] BGH 29.2.1968, BGHZ 49, 384 = NJW 1968, 1233, stRspr.

[93] Vgl. LG München I 27.11.1990, RIW 1991, 150, das allerdings auch das Schrifterfordernis nach dem Vertragsstatut beurteilen will und dabei Art. 11 EGBGB übersieht; ebenso *Fremuth* TranspR 1983, 38; *Müller-Hök* RIW 1988, 775.

[94] LG Aachen 16.1.1976, RIW 1976, 588; AG Köln 6.2.1985, TranspR 1985, 179, 180; *Schack,* Internationales Zivilverfahrensrecht, 5. Aufl. 2010, Rn. 499; eingehend *Silingardi* S. 265; *Pesce* S. 324.

[95] Siehe Hof Gent 7.3.2005, ETR 2006, 570 zu einer zwischen den Vertragsparteien jahrelangen unwidersprochenen Praxis; näher *Basedow*, Rechtswahl und Gerichtsstandvereinbarungen nach neuem Recht, Schrift A 64 des Deutschen Vereins für Internationales Seerecht, 1987, S. 6 ff., 16 f.

[96] Vgl. zu Art. 17 EuGVÜ EuGH 19.6.1984 – Rs. 71/83 *(Russ./.Nova)*, Slg. 1984, 2417 = IPRax 1985, 152 m. Aufsatz *Basedow* S. 133.

[97] BGH 20.10.2009, TranspR 2010, 200, 201; OLG Hamburg 27.8.1981, TranspR 1985, 184; GroßkommHGB/*Helm* Rn. 27; *Thume/Demuth* Rn. 36.

**26**    **5. Eilverfahren.** Ob Abs. 1 auch für Eilverfahren gilt und eine abschließende Zuständigkeitsregelung vorsieht, wird zum Teil mit der Begründung bejaht, dass Art. 31 für „alle Streitigkeiten" (litiges, legal proceedings) gelte, die sich aus einer CMR-Beförderung ergeben.[98] Diese Auffassung kann zu großen Rechtsschutzlücken führen, so etwa wenn der Beförderer mit der Ankündigung, das Gut gemäß Art. 16 Abs. 3 in einem **Transitstaat** verkaufen zu wollen, Druck auf den Absender ausübt, damit dieser ausstehende Forderungen aus anderen Geschäften bezahlt, oder wenn sich der Frachtführer nach einem Unfall in einem Transitland weigert, Weisungen des Absenders zu befolgen. In solchen Fällen ist der einstweilige Rechtsschutz in den Gerichtsständen des Abs. 1 ungenügend, weil die Entscheidungen des einstweiligen Rechtsschutzes wegen ihres vorläufigen Charakters gemäß Abs. 3 und 4 im Transitland nicht vollstreckt werden können und weil, selbst wenn dies der Fall wäre, ein solches zweitaktiges Verfahren dem Eilbedürfnis nicht immer hinreichend Rechnung trüge. Es besteht die Gefahr, dass im Transitland, wo nach Abs. 1 keine internationale Zuständigkeit besteht,[99] vollendete Tatsachen geschaffen werden, noch ehe sich der Absender wehren kann. Zumindest Eilverfahren müssen dort möglich sein. **Art. 31 EuGVVO** lässt erkennen, dass die ausgefeilten Zuständigkeitsregelungen des Internationalen Zivilprozessrechts die Problematik des einstweiligen Rechtsschutzes als einen systematisch separaten Fragenkreis behandeln, der in Art. 31 CMR gar nicht angesprochen ist. Dies folgt indirekt auch aus der fehlenden Vollstreckbarkeit von Entscheidungen des einstweiligen Rechtsschutzes gemäß Abs. 3 und 4. Die internationale Zuständigkeit für Eilverfahren richtet sich daher nicht nach Art. 31, der in diesem Punkt lückenhaft ist, sondern nach dem nationalen Prozessrecht des angerufenen Gerichts.[100]

### IV. Einreden der Rechtshängigkeit und Rechtskraft (Abs. 2)

**27**    **1. Rechtshängigkeitseinrede, Anerkennung und Vollstreckbarkeit.** Dass über ein und dieselbe Angelegenheit zwischen denselben Parteien zeitgleich oder nacheinander nicht mehrere Verfahren geführt werden, ist ein Anliegen der **Prozessökonomie** und dient auch dem **Ansehen der Justiz,** das durch – sonst allfällige – Widersprüche zwischen verschiedenen Entscheidungen Schaden nehmen müsste. Das Ziel lässt sich entweder durch die Festlegung einer einzigen ausschließlichen Zuständigkeit erreichen oder – bei Einräumung konkurrierender Zuständigkeiten – durch die Verankerung der Einreden von Rechtshängigkeit und Rechtskraft; die CMR ist in Abs. 2 den letzteren Weg gegangen. Freilich lässt sich die Sperrwirkung eines ausländischen Verfahrens für einen parallelen oder nachfolgenden inländischen **Prozess** nur sinnvoll begründen, wenn sichergestellt ist, dass die schon ergangene oder zu erwartende ausländische Entscheidung die ihr im Urteilsland zukommenden sonstigen Wirkungen auch im Inland entfaltet. Dem entspricht das autonome deutsche Recht dadurch, dass es sowohl die Vollstreckbarkeit (§ 723 Abs. 2 Satz 2 ZPO) wie die Einrede der Rechtskraft und Rechtshängigkeit eines ausländischen Parallelverfahrens[101] davon abhängen lässt, dass das (zu erwartende) ausländische Urteil die Anerkennungsvoraussetzungen des § 328 ZPO erfüllt. Zur EuGVVO vgl. Art. 27, 34 und 41.

**28**    Auch Art. 31 Abs. 2 CMR sieht eine Gleichschaltung von Rechtshängigkeitseinrede, Rechtskrafteinrede (dh. Anerkennung) und Vollstreckbarkeit vor, doch wird hier die **Vollstreckbarkeit zum Dreh- und Angelpunkt.** Die Einreden von Rechtshängigkeit und Rechtskraft sind ausgeschlossen, wenn die (zu erwartende) ausländische Entscheidung im Inland nicht vollstreckt werden kann. Prima facie sind danach die Rechtshängigkeits- und Rechtskrafteinrede wirkungslos, wenn im Ausland eine **negative Feststellungsklage**

---

[98] *Fremuth* TranspR 1983, 39 f.; Thume/*Demuth* Rn. 11; MüKoZPO/*Gottwald* IZPR, 3. Aufl. 2008, Art. 31 CMR Rn. 9; Jabornegg/Artmann/*Csoklich* Rn. 2.

[99] Bedauert von *Rodière* BT 1974, 339 Nr. 115; siehe auch *Silingardi* S. 270.

[100] Zustimmend GroßkommHGB/*Helm* Rn. 15; ebenso *Koller* Rn. 7 (anders Rn. 2); EBJS/*Boesche* Rn. 5.

[101] BGH 10.10.1985, NJW 1986, 2195; OLG Hamm 6.7.1988, NJW 1988, 3102 m. Anm. *Geimer; Schack,* Internationales Zivilverfahrensrecht, 5. Aufl. 2010, S. 286 Rn. 840, S. 344 ff. Rn. 1024 ff.

erhoben oder eine **Leistungsklage abgewiesen** wurde; denn in beiden Fällen kommt dem (zu erwartenden) ausländischen Urteil, von der Kostenentscheidung abgesehen, schon nach dem Recht des Erststaats (Urteilsstaats) keine Vollstreckbarkeit zu. Dieses Ergebnis widerspräche dem Zweck der beiden Einreden, vgl. Rn. 27. Man wird daher die Einschränkung der Einreden durch den letzten Halbsatz von Abs. 2 so interpretieren müssen, dass die Vollstreckbarkeit des Urteils gerade an den Vorschriften des Zweitstaats (Vollstreckungsstaats) scheitern muss.[102]

**2. Anwendungsbereich.** Abs. 2 betrifft nur ausländische Verfahren, die „bei einem 29 nach Absatz 1 zuständigen Gericht ... anhängig" sind oder waren. Dies schließt a priori die Anwendung von Abs. 2 auf Urteile aus Nichtvertragsstaaten und dort anhängige Verfahren aus;[103] denn die dortigen Gerichte haben ihre Zuständigkeit nicht auf Abs. 1 gestützt, wenn auch vielleicht auf inhaltsgleiche Bestimmungen ihres eigenen nationalen Prozessrechts. Die Anwendung von Abs. 2 auf **Verfahren in Nichtvertragsstaaten** hätte im Übrigen zur Folge, dass Rechtshängigkeits- bzw. Rechtskrafteinrede einerseits und Vollstreckbarkeit andererseits nach verschiedenen Vorschriften und das heißt: uU unterschiedlich beurteilt würden; denn Abs. 3 ordnet die freie Vollstreckbarkeit ausdrücklich nur für Urteile aus anderen Vertragsstaaten an. Inwiefern Verfahren und Urteile aus Nichtvertragsstaaten der CMR zu beachten sind, richtet sich vielmehr nach anderen Vorschriften wie der EuGVVO oder nach autonomen Bestimmungen. Abs. 2 soll zwar in erster Linie die Einrede anderweitiger Rechtskraft und Rechtshängigkeit im Verhältnis zu anderen Vertragsstaaten gewährleisten, regelt diese Einrede nach dem Wortlaut aber ohne Einschränkung, dh. auch in Bezug auf **anderweitige Verfahren in demselben Vertragsstaat.** In Deutschland verdrängt Abs. 2 also die Bestimmung des § 261 Abs. 3 Nr. 1 ZPO.[104]

**3. Voraussetzungen.** Die Einreden des Abs. 2 setzen voraus, dass die neue Klage 30 „wegen derselben Sache zwischen denselben Parteien" erhoben wird. Wann die **Identität des Streitgegenstands** vorliegt, ist autonom und unter Zuhilfenahme der zu Art. 27 EuGVVO entwickelten Grundsätze zu ermitteln.[105] Zwar legt der englische Text („on the same grounds") den Schluss nahe, dass diese nur dann vorliege, wenn die Klagen auf dieselben Rechtsgrundlagen gestützt werden und nicht nur auf denselben Sachverhalt. Dagegen spricht zum einen der französische Wortlaut der Vorschrift („pour la même cause")[106] sowie zum anderen der Zweck des Art. 31 Abs. 2. Die Einrede der Rechtshängigkeit soll Situationen vermeiden, in denen in den Vertragsstaaten einander widerstreitende Entscheidungen in derselben Rechtsangelegenheit rechtskräftig werden. Umstritten war, ob eine **negative Feststellungsklage,** die in einem nach Art. 31 Abs. 1 zuständigen Vertragsstaat erhoben wurde, der Zulässigkeit einer später anhängigen Leistungsklage in einem anderen Vertragsstaat entgegen steht.[107] Der EuGH vertritt für den Anwendungsbereich des Art. 27 EuGVVO die sog. Kernpunkttheorie. Demzufolge soll die Annahme der

[102] So im Ergebnis für klageabweisende Entscheidungen auch *Loewe* ETR 1976, 581 f. Nr. 247; GroßkommHGB/*Helm* Rn. 51; Thume/*Demuth* Rn. 59 aE mwN; *Putzeys* S. 380 Nr. 1103.
[103] So Thume/*Demuth* Rn. 56; GroßkommHGB/*Helm* Rn. 46; *Koller* Rn. 8; *Herber/Piper* Rn. 24; EBJS/*Boesche* Rn. 17; aA implizit die Autoren, die die Ausnahme am Ende von Abs. 2 auf Verfahren in Nichtvertragsstaaten beziehen, zB *Nickel-Lanz* S. 16 Nr. 219; *Loewe* ETR 1976, 582 Nr. 248.
[104] AA Thume/*Demuth* Rn. 56.
[105] Dafür GroßkommHGB/*Helm* Rn. 49; *Barnert* ZZP 2005, 81, 88 ff.
[106] *Loewe* TranspR 1988, 309, 313; *Herber/Piper* Rn. 26; *Koller* Rn. 8; EBJS/*Boesche* Rn. 18.
[107] Befürwortend OGH Wien 17.2.2006, TranspR 2006, 257 = ETR 2006, 561; BG Schweiz 25.9.2012, TranspR 2013, 120, 121 f. m. Anm. *Erbe;* Hoge Raad 28.11.2008, NJ 2008, 623 f.; Court of Appeal 23.1.2001, ETR 2002, 87 (*Merzario v. Leitner*); 19.3.2009, ETR 2009, 317 (*Hatzl/Baumgartner v. XL Insurance*) OLG Düsseldorf 17.6.1999, TranspR 2002, 237; OLG Nürnberg 6.3.2002, TranspR 2002, 402; Rb. Rotterdam 27.7.2005, TranspR 2005, 476, 477; *Cizek/Lederer* RdW 2006, 489 ff.; *Koller* Rn. 8; GroßkommHGB/*Helm* Rn. 49; Thume/*Demuth* Rn. 58; *Csoklich* RdW 2003, 186, 189; Jabornegg/Artmann/*ders.* Rn. 11; *Otte* TranspR 2004, 347 ff.; Ferrari/*ders.*, Int. Vertragsrecht, Rn. 35 ff.; *Barnert* ZZP 2005, 81, 88 ff.; offen *Clarke* S. 163 Nr. 46 d; ablehnend BGH 20.11.2003, TranspR 2004, 74, 77; TranspR 2004, 77, 79; OLG Köln TranspR 2002, 239, 241; ebenso *Herber/Piper* Rn. 26; *Herber* TranspR 1996, 196, 197; *ders.* TranspR 2003, 19, 20 f.; *Heuer* TranspR 2002, 221, 224 f.; *Shariatmadari* TranspR 2006, 105, 109.

Identität der Streitgegenstände nicht auf den Fall der formalen Identität zweier Klagen nach Antrag und Grund beschränkt sein, sondern für alle Fälle gelten, in denen der **„Kernpunkt"** beider Verfahren **übereinstimmt.**[108] Eine solche Übereinstimmung hat der EuGH erkannt zwischen der Klage auf Vertragserfüllung und dem Antrag der anderen Partei, diesen Vertrag für unwirksam zu erklären,[109] ebenso zwischen der negativen Feststellungsklage einer Partei und der Leistungsklage der anderen aus demselben Sachverhalt.[110] Diese Wertung ist auch für die Auslegung des Art. 31 Abs. 2 heranzuziehen, da beide Vorschriften den Zweck verfolgen, divergierende und deshalb nicht anerkennungsfähige Entscheidungen in derselben Sache in verschiedenen Vertragsstaaten zu vermeiden.[111]

31    Voraussetzung ist ferner die **Identität der Parteien,** wobei die Parteirollen vertauscht sein können.[112] Ein **Prozess** zwischen Absender und Frachtführer begründet jedoch keine Rechtshängigkeitseinrede für ein Verfahren zwischen Empfänger und Frachtführer über dieselbe Sache.[113] Nicht ausreichend ist, wenn die klagende Partei im inländischen Verfahren lediglich als Streithelferin auftritt.[114]

32    Die Einreden im Zweitstaat sind begründet, sobald ein Verfahren im Erststaat **„anhängig",** „pending", „en instance" ist. Anhaltspunkte für eine nähere Bestimmung des Zeitpunkts gibt der Text nicht. Unter ähnlichen Bedingungen hat der EuGH zu Art. 27 EuGVVO entschieden, dass sich der maßgebliche Zeitpunkt nach der lex fori des jeweils befassten Gerichts beurteile;[115] dem ist auch für die CMR zu folgen.[116] Wenn also vor einem deutschen Gericht die frühere Rechtshängigkeit derselben Sache vor dem Handelsgericht Zürich geltend gemacht wird, so ist nach Zürcher und nach deutschem Zivilprozessrecht der jeweilige Zeitpunkt der Anhängigkeit und damit die zeitliche Reihenfolge zu bestimmen. Soweit deutsches Recht zum Zuge kommt, ist der Zeitpunkt der **Einreichung der Klageschrift bei Gericht** maßgeblich und nicht die Zustellung an den Beklagten wie in § 261 ZPO; die Abweichung der deutschen Übersetzung von dem Erfordernis der *Recht*shängigkeit ist mit Bedacht vorgenommen worden und verhindert, dass die vor einem deutschen Gericht klagende Partei das Wettrennen verliert.[117]

33    **4. Wirkung.** Eine Klage, gegen die mit Erfolg die Rechtskrafteinrede gemäß Abs. 2 erhoben wird, ist als unzulässig **abzuweisen.** Wenn dagegen das parallele Verfahren im Erststaat noch nicht abgeschlossen wurde, wäre es verfrüht, die Klage im Zweitstaat abzuweisen, weil sich die Vollstreckbarkeit der zu erwartenden ausländischen Entscheidung noch nicht abschließend beurteilen lässt. In Übereinstimmung mit Art. 27 EuGVVO (bzw.

---

[108] EuGH 8.12.1987 – Rs. 144/86 (*Gubisch./.Palumbo*) Slg. 1987, 4861 = NJW 1989, 665 Erwägungen 16 f.; vgl. auch *Kropholler/von Hein* Art. 27 EuGVVO Rn. 6; ähnlich für die CMR *Protsch* S. 63; EBJS/*Boesche* Rn. 18; *Ferrari/Otte,* Int. Vertragsrecht, Rn. 26; abweichend *Koller* Rn. 8.

[109] EuGH (Fn. 108).

[110] EuGH 6.12.1994 Rs. C-406/92 (*Tatry./.Maciej Rataj*), Slg. 1994 I, 5439, 5460 ff. Erwägung 40 = TranspR 1996, 190, 194 f. = JZ 1995, 616 m. Aufsatz Huber S. 603; 25.10.2012 Rs. C-133/11 (*Folien Fischer und Fofitec ./. Ritrama*).

[111] EuGH 19.12.2013 Rs. C-452/12 TranspR 2014, 26 (nach Vorlage durch LG Krefeld, 10.9.2012, TranspR 2013, 118): der gegenteiligen Ansicht (des BHG Fn. 107) stehe die Auslegung des Art. 71 EuGVVO entgegen; im Ergebnis *Barnert* ZZP 2005, 81, 85; *Koller* Rn. 8.

[112] So zu Art. 31 CMR ausdrücklich LG Nürnberg-Fürth 26.7.1994, TranspR 1995, 72; ebenso *Putzeys* S. 379 Nr. 1101; *Loewe* ETR 1976, 581 Nr. 246; *Herber/Piper* Rn. 27; *Koller* Rn. 8; *Thume/Demuth* Rn. 57; GroßkommHGB/*Helm* Rn. 50; *Hill/Messent* S. 146.

[113] LG Nürnberg-Fürth 26.7.1994 TranspR 1995, 72; *Koller* Rn. 8.

[114] OLG Karlsruhe 18.10.2002, TranspR 2003, 110, 111; *Thume/Demuth* Rn. 57.

[115] EuGH 7.6.1984 – Rs. 129/83 (*Zelge./.Salinitri*), Slg. 1984, 2397 = NJW 1984, 2759 = RIW 1984, 737 m. Anm. *Linke* = IPRax 1985, 336 mit krit. Aufsatz *Rauscher* S. 321.

[116] Ebenso GroßkommHGB/*Helm* Rn. 46; *Koller* Rn. 8.

[117] So auch Thume/*Demuth* Rn. 57; Fremuth/Thume/*Thume* Rn. 17; EBJS/*Boesche* Rn. 17; ebenso für Österreich *Csoklich* RdW 2003, 189; aA Court of Appeal 23.1.2001, ETR 2002, 87 (*Merzario v. Leitner*) – lis pendens – Erfordernis der Zustellung der Klageschrift nach englischem, deutschem sowie österreichischem Recht; abl. *Rüfner* LMCLQ 2001, 460, 463 ff.; zustimmend *Hill/Messent* S. 146; wie hier mittlerweile Queen's Bench Division 21.6.2005 (*Royal & Sun Alliance v. MK Digital FZE*) ULR 2006, 218; aA ebenfalls Herber/*Piper* Rn. 24 – rechtshängig, also Zustellung der Klage.

Art. 21 EuGVÜ/LugÜ) ist daher das Verfahren im Zweitstaat auszusetzen, bis das Verfahren im Erststaat abgeschlossen ist.[118]

## V. Vollstreckbarkeit (Abs. 3 und 4)

**1. Anwendungsbereich.** Abs. 3 ordnet die freie Vollstreckbarkeit von Urteilen aus **34** anderen Vertragsstaaten im Inland an, und Abs. 4 umschreibt den Anwendungsbereich dieser Regelung näher. Damit sie anwendbar ist, muss es sich erstens um einen der in Abs. 4 genannten Titel handeln, der zweitens endgültig, nicht nur vorläufig vollstreckbar ist, der drittens aus einem anderen Vertragsstaat stammt und der viertens in einer CMR-Streitsache iSv. Abs. 1 (vgl. Rn. 3–5) ergangen ist. Wenn der Anwendungsbereich von Abs. 3 danach nicht eröffnet ist, richtet sich die Vollstreckung nach anderen Vorschriften, sei es nach der EuGVVO, vgl. Rn. 9–14, oder nach autonomem Recht, in Deutschland nach §§ 722 f. ZPO. Zu den Voraussetzungen und den Verfahren der Vollstreckung siehe unten Rn. 36. Die Regelung der Vollstreckbarkeit ist wegen der Verweisung in Abs. 2 auch für die Einreden der Rechtshängigkeit und Rechtskraft bedeutsam, vgl. Rn. 27 f.

Unerheblich ist die **Bezeichnung des Titels** als Urteil. Auch andere Titel können **35** gemäß Abs. 3 in anderen Vertragsstaaten vollstreckt werden, wenn sie im Urteilsstaat vollstreckbar, und zwar nicht nur vorläufig vollstreckbar sind. Dies gilt etwa für Entscheidungen, die aus Mahnverfahren oder Mandatsverfahren hervorgegangen sind.[119] Auch Versäumnisurteile und gerichtliche Vergleiche sind nach Abs. 3 vollstreckbar, ebenso reine Kostenentscheidungen, wie sich im Gegenschluss aus der Schlusspassage von Abs. 4 ergibt.[120] Da **vorläufig vollstreckbare Entscheidungen** ausgeschlossen sind, richtet sich ihre Vollstreckung, wenn es sich um Entscheidungen aus anderen Vertragsstaaten der EuGVVO oder des EuGVÜ/LugÜ handelt, nach Art. 38 EuGVVO bzw. Art. 31 EuGVÜ/LugÜ,[121] die auch für vorläufig vollstreckbare Titel gelten,[122] sonst nach bilateralen Anerkennungs- und Vollstreckungsabkommen oder nach autonomem Recht. Betroffen sind davon auch Entscheidungen des **einstweiligen Rechtsschutzes,**[123] in Deutschland vor allem Arrestbefehle und Arresturteile, ferner alle Entscheidungen, die nach dem Recht des Erststaats nur vorläufig vollstreckbar sind, in Belgien etwa die erstinstanzlichen Urteile der Handelsgerichte.[124] Von der Vollstreckung nach Abs. 3 ausgeschlossen sind außerdem nach Abs. 4 Entscheidungen, durch die die Klage nicht nur voll oder zum Teil kostenpflichtig abgewiesen wird, sondern dem Kläger auch noch Schadensersatz und Zinsen auferlegt werden. Dies bezieht sich auf die vor allem im französischen Recht geläufige Verurteilung des Klägers wegen rechtsmissbräuchlicher Klageerhebung; eine korrespondierende Ausnahme für die Verurteilung des Beklagten wegen seines rechtsmissbräuchlichen Prozessverhaltens besteht nicht.[125]

**2. Vollstreckungsvoraussetzungen und -verfahren.** Die Bedeutung von Abs. 3 **36** liegt auf den ersten Blick in einer fast grenzenlosen Liberalisierung der Urteilsvollstreckung. Neben der Vollstreckbarkeit im Erststaat (Rn. 35), wird lediglich die Erfüllung der Formerfordernisse des Zweitstaats gefordert. Die möglichen Ergebnisse einer derart weitherzigen Vollstreckungsregelung geben Anlass zur Sorge. Um die unterlegene Partei vor der bedingungslosen Vollstreckung unfairer Urteile zu schützen, spricht sich das

[118] Im Ergebnis ebenso *Haak* S. 291; *Putzeys* S. 379 Nr. 1101; GroßkommHGB/*Helm* Rn. 47; wohl auch *Clarke* S. 164 Nr. 46d.

[119] *Loewe* ETR 1976, 583 Nr. 253; *Martiny* Handbuch III/2 Kap. 2 Rn. 436; *Herber/Piper* Rn. 30; EBJS/ *Boesche* Rn. 19.

[120] *Loewe* ETR 1976, 584 Nr. 254; *Silingardi* S. 276.

[121] *Thume/Demuth* Rn. 64; *Koller* Rn. 9; *Pesce* S. 331.

[122] OGH Wien 20.10.2004, ZfRV-LS 2005/1; *Kropholler/von Hein* Art. 38 EuGVVO Rn. 10; *Martiny,* Handbuch III/2 Kap. 2 Rn. 50 ff., jeweils mwN.

[123] *Müller-Hök* RIW 1988, 775; *Herber/Piper* Rn. 30; *Thume/Demuth* Rn. 62; EBJS/*Boesche* Rn. 19.

[124] *Putzeys* S. 381 Nr. 1106.

[125] *Nickel-Lanz* S. 166 Nr. 219; *Martiny* Handbuch III/2 Kap. 2 Rn. 436.

Schrifttum überwiegend für die **Prüfung der indirekten Zuständigkeit** des Erststaats gemäß Abs. 1 aus[126] sowie für den sparsamen Einsatz des Vorbehalts des **ordre public**.[127] An einer befriedigenden und mit dem Wortlaut von Abs. 3 zu vereinbaren Begründung fehlt es bislang, so dass die Thesen der Literatur eher als Billigkeitserwägungen praeter legem erscheinen.

37    Die Verweisung von Abs. 3 auf die **„Formerfordernisse"** (formalités) der Vollstreckbarkeitserklärung im Recht des Zweitstaats bezieht sich entgegen dem ersten Eindruck nicht nur auf das Vollstreckungs*verfahren,* sondern auch auf die Voraussetzungen der Vollstreckbarkeit. In der Entstehungsphase der CMR in den fünfziger Jahren entsprach es in einigen Ländern, darunter besonders Frankreich, noch geltendem Recht, ausländische Entscheidungen erst nach einer Überprüfung ihrer Gesetzmäßigkeit zu vollstrecken, sog. révision au fond. Dieser inhaltlichen Überprüfung, die in Frankreich erst 1964 aufgegeben wurde,[128] stellte man eine formale Kontrolle der Ordnungsmäßigkeit des ausländischen Verfahrens und Urteils gegenüber, wie sie in Deutschland in § 328 ZPO schon immer verwirklicht war, sog. contrôle de la régularité formelle.[129] Wenn Abs. 3 in Satz 2 die révision au fond verbietet und in Satz 1 auf die „formalités" des Rechts des Vollstreckungslands verweist, ist damit ein Bekenntnis zum System der formalen Kontrolle ausländischer Entscheidungen nach Art des § 328 ZPO zum Ausdruck gebracht und nicht ein völliger Verzicht auf die Überprüfung von Anerkennungsvoraussetzungen. Diese Auslegung der „Formerfordernisse" bzw. „formalités" wird untermauert durch Art. 293 EGV, der zur selben Zeit formuliert wurde: der Auftrag, die „Förmlichkeiten" (formalités) der gegenseitigen Anerkennung und Vollstreckung richterlicher Entscheidungen zu vereinfachen, ist von den Mitgliedsstaaten als Mandat nicht nur für Verhandlungen über das Vollstreckungsverfahren, sondern auch über die Vollstreckungsvoraussetzungen verstanden worden. In demselben Sinne ist das unmittelbare Vorbild von Art. 31 Abs. 3, Art. 55 § 1 CIM 1952, verstanden worden – dass die Verweisung auf das nationale Recht die Voraussetzungen der Vollstreckbarkeit mit erfasst.[130] Im Ergebnis muss ein Urteil, um gemäß Abs. 3 vollstreckt zu werden, also die Anerkennungs- bzw. Vollstreckungsvoraussetzungen erfüllen, die das Recht des Vollstreckungsstaats im Übrigen für Urteile aus dem betreffenden Herkunftsland aufstellt, wobei jedoch eine inhaltliche Überprüfung ausgeschlossen ist.[131]

38    **Schlussfolgerungen:** Für Urteile aus anderen CMR-Vertragsstaaten ist deshalb danach zu differenzieren, ob sie aus Mitgliedsstaaten der EuGVVO, Vertragsstaaten des EuGVÜ/LugÜ oder aus sonstigen Staaten stammen. Im ersten Fall verweist Abs. 3 Satz 1 auf die Art. 38 ff. EuGVVO sowie das AVAG für das Vollstreckungsverfahren.[132] Im zweiten Fall finden die entsprechenden Vorschriften des EuGVÜ bzw. LugÜ Anwendung. In beiden Fällen scheidet eine **Überprüfung der internationalen Zuständigkeit** des Erststaats gemäß Art. 35 Abs. 3 EuGVVO bzw. Art. 28 Abs. 3 EuGVÜ/LugÜ aus. Anders bei Urteilen aus Drittstaaten, die wie etwa Belarus Vertragsstaat der CMR sind, aber weder der EuGVVO, dem EuGVÜ noch dem LugÜ angehören. Hier verweist Art. 31 Abs. 3 CMR auf §§ 722 f. iVm. 328 ZPO, so dass auch die indirekte internationale Zuständigkeit kontrolliert wird.[133] Dagegen erübrigt sich wegen der Existenz des Staatsvertrags die Überprüfung

---

[126] *Martiny* Handbuch III/2 Kap. 2 Rn. 440; *Loewe* ETR 1976, 583 Nr. 251; *Hill/Messent* S. 249; *Koller* Rn. 9; im Ergebnis ebenso OLG Düsseldorf 14.6.1973, RIW 1974, 347 = IPRspr. 1973 Nr. 154.

[127] *Loewe* ETR 1976, 583 Nr. 252; *Martiny* Handbuch III/2 Kap. 2 Rn. 441; *Silingardi* S. 276; *Müller-Hök* RIW 1988, 773, 776; GroßkommHGB/*Helm* Rn. 52 f.; *Thume/Demuth* Rn. 65; *Jabornegg/Artmann/Csoklich* Rn. 13.

[128] Cour cass. 7.1.1964, Revue critique de droit international privé 53 (1964) 344 m. Anm. *Batiffol.*

[129] Siehe etwa *Alexandre*, Les pouvoirs du juge de l'exéquatur, 1970, S. 159.

[130] Vgl. *Wick,* Das internationale Eisenbahnfrachtrecht, 1974, Art. 56 Anm. 7 zu der gleichlautenden Vorschrift des Art. 56 § 1 CIM 1970.

[131] *Herber/Piper* Rn. 33; *Koller* Rn. 9; GroßkommHGB/*Helm* Rn. 52; So wohl in der Sache auch *Hill/Messent* S. 249.

[132] So auch MüKoZPO/*Gottwald*, 3. Aufl. 2008, IZPR Art. 31 CMR Rn. 14; *Thume/Demuth* Rn. 64; *Martiny* Handbuch III/2 Kap. 2 Rn. 444; *Hill/Messent* S. 251; GroßkommHGB/*Helm* Rn. 53.

[133] MüKoZPO/*Gottwald*, 4. Aufl. 2013, § 328 Rn. 80 ff.

der **Gegenseitigkeit;** Art. 31 Abs. 3 bewirkt, dass sie als verbürgt anzusehen ist.[134] In allen Fällen sind die Gewähr **rechtlichen Gehörs,** die Vereinbarkeit mit anderweitigen inländischen Urteilen sowie die Vereinbarkeit mit dem inländischen ordre public zu kontrollieren, sei es nach Art. 34 EuGVVO (allerdings erst im Rechtsbehelfsverfahren, Art. 43 ff.), Art. 27 EuGVÜ/LugÜ, sei es nach § 328 ZPO.

## VI. Sicherheitsleistung für Prozesskosten (Abs. 5)

In verschiedenen Staaten müssen ausländische Kläger, um einen Prozess überhaupt  **39** einleiten zu können, eine Sicherheit für die Prozesskosten leisten (sog. cautio judicatum solvi), vgl. in Deutschland § 110 ZPO. Vorschriften wie diese sollen sicherstellen, dass der inländische Beklagte, wenn er obsiegt, nicht auf den Prozesskosten sitzen bleibt. Dieses Risiko ist bei ausländischen Klägern größer als bei inländischen und eine unterschiedliche Behandlung daher gerechtfertigt, soweit die **Vollstreckung der Kostenentscheidung** im Herkunftsland des Klägers nicht gewährleistet ist. Wenn die inländische Kostenentscheidung dagegen im Wohnsitz- oder Niederlassungsstaat des Klägers gegen diesen vollstreckt werden kann, entfällt der rechtspolitische Grund für die Schlechterstellung ausländischer Kläger. Abs. 5 zieht die Schlussfolgerung: da die Kostenentscheidung gemäß Abs. 3 in allen Vertragsstaaten gegen dort ansässige Kläger vollstreckt werden kann (Rn. 35), bedarf es einer Sicherheitsleistung des ausländischen Klägers im inländischen Prozess nicht. Abs. 5 ordnet nach seinem Wortlaut nicht nur eine Gleichstellung von inländischen und ausländischen Klägern an, sondern verbietet den Vertragsstaaten, im Bereich der CMR-Verfahren von Klägern, auch inländischen Klägern, eine Sicherheit für die Prozesskosten zu verlangen.[135]

## Art. 32 [Verjährung]

(1) [1]**Ansprüche aus einer diesem Übereinkommen unterliegenden Beförderung verjähren in einem Jahr.** [2]**Bei Vorsatz oder bei einem Verschulden, das nach dem Recht des angerufenen Gerichtes dem Vorsatz gleichsteht, beträgt die Verjährungsfrist jedoch drei Jahre.** [3]**Die Verjährungsfrist beginnt**
a) **bei teilweisem Verlust, Beschädigung oder Überschreitung der Lieferfrist mit dem Tage der Ablieferung des Gutes;**
b) **bei gänzlichem Verlust mit dem dreißigsten Tage nach Ablauf der vereinbarten Lieferfrist oder, wenn eine Lieferfrist nicht vereinbart worden ist, mit dem sechzigsten Tage nach der Übernahme des Gutes durch den Frachtführer;**
c) **in allen anderen Fällen mit dem Ablauf einer Frist von drei Monaten nach dem Abschluss des Beförderungsvertrages.**
[4]**Der Tag, an dem die Verjährung beginnt, wird bei der Berechnung der Frist nicht mitgerechnet.**

(2) [1]**Die Verjährung wird durch eine schriftliche Reklamation bis zu dem Tage gehemmt, an dem der Frachtführer die Reklamation schriftlich zurückweist und die beigefügten Belege zurücksendet.** [2]**Wird die Reklamation teilweise anerkannt, so läuft die Verjährung nur für den noch streitigen Teil der Reklamation weiter.** [3]**Der Beweis für den Empfang der Reklamation oder der Antwort sowie für die Rückgabe der Belege obliegt demjenigen, der sich darauf beruft.** [4]**Weitere Reklamationen, die denselben Anspruch zum Gegenstand haben, hemmen die Verjährung nicht.**

---

[134] *Martiny* Handbuch III/1 Kap. 1 Rn. 1270 mwN.
[135] *Koller* Rn. 11; GroßkommHGB/*Helm* Rn. 57; *Herber/Piper* Rn. 35; EBJS/*Boesche* Rn. 20; aA *Loewe* ETR 1976, 584.

(3) ¹Unbeschadet der Bestimmungen des Absatzes 2 gilt für die Hemmung der Verjährung das Recht des angerufenen Gerichtes. ²Dieses Recht gilt auch für die Unterbrechung der Verjährung.

(4) Verjährte Ansprüche können auch nicht im Wege der Widerklage oder der Einrede geltend gemacht werden.

## Art. 32

(1) Les actions auxquelles peuvent donner lieu les transports soumis à la présente Convention sont prescrites dans le délai d'un an. Toutefois, dans le cas de dol ou de faute considérée, d'après la loi de la juridiction saisie, comme équivalente au dol, la prescription est de trois ans. La prescription court:

a) Dans le cas de perte partielle, d'avarie ou de retard, à partir du jour où la marchandise a été livrée;

b) Dans le cas de perte totale, à partir du trentième jour après l'expiration du délai convenu ou, s'il n'a pas été convenu de délai, à partir du soixantième jour après la prise en charge de la marchandise par le transporteur;

c) Dans tous le autres cas, à partir de l'expiration d'un délai de trois mois à dater de la conclusion du contrat de transport.

Le jour indiqué ci-dessus comme point de départ de la prescription n'est pas compris dans le délai.

(2) Une réclamation écrite suspend la prescription jusqu'au jour où le transporteur repousse la réclamation par écrit et restitue les pièces qui y étaient jointes. En cas d'acceptation partielle de la réclamation, la prescription ne reprend son cours que pour la partie de la réclamation qui reste litigieuse. La preuve de la réception de la réclamation ou de la réponse et de la restitution des pièces est à la charge de la partie qui invoque ce fait. Les réclamations ultérieures ayant le même objet ne suspendent pas la prescription.

(3) Sous réserve des dispositions du paragraphe 2 ci-dessus, la prescription est régie par la loi de la juridiction saisie. Il en est de même en ce qui concerne l'interruption de la prescription.

## Art. 32

(1) The period of limitation for an action arising out of carriage under this Convention shall be one year. Nevertheless, in the case of wilful misconduct, or such default as in accordance with the law of the court or tribunal seised of the case, is considered as equivalent to wilful misconduct, the period of limitation shall be three years. The period of limitation shall begin to run:

a) in the case of partial loss, damage or delay in delivery, from the date of delivery;

b) in the case of total loss, from the thirtieth day after the expiry of the agreed time-limit or where there is no agreed time-limit from the sixtieth day from the date on which the goods were taken over by the carrier;

c) in all other cases, on the expiry of a period of three months after the making of the contract of carriage.

The day on which the period of limitation begins to run shall not be included in the period.

(2) A written claim shall suspend the period of limitation until such date as the carrier rejects the claim by notification in writing and returns the documents attached thereto. If a part of the claim is admitted the period of limitation shall start to run again only in respect of that part of the claim still in dispute. The burden of proof of the receipt of the claim, or of the reply and of the return of the documents, shall rest with the party relying upon these facts. The running of the period of the limitation shall not be suspended by further claims having the same object.

(3) Subject to the provisions of paragraph 2 above, the extension of the period of limitation shall be governed by the law of the court or tribunal seised of the case. That law shall also govern the fresh accrual of rights of action.

(4) L'action prescrite ne peut plus être exercée, même sous forme de demande reconventionnelle ou d'exception.

(4) A right of action which has become barred by lapse of time may not be exercised by way of counter-claim or set-off.

**Schrifttum:** *Assal,* Prescription – Un domaine limité, BTL 1991, 667; *de Beule,* L'article 32.2 C. M. R., ETR 1988, 654; *Blasche,* CMR: Verjährungsfristen, Verkehr (Wien) 1987 Nr. 11 S. 24; *ders.,* CMR: Verjährungsfristhemmung, Verkehr (Wien) 1987 Nr. 13 S. 24; *Drews,* Zur Frage der Hemmung der Verjährung im Transportrecht, TranspR 2004, 340; *Emperanza,* La prescripción de las acciones en el Convenio relativo al contrato de transporte internacional de mercancías por carretera (CMR), Revista General de Derecho 1992, Nr. 579, S. 11713; *Hardingham,* CMR: Safeguarding the parties' interests, LMCLQ 1981, 306; *ders.,* Aspects of the Limitation of Actions under the CMR, LMCLQ 1979, 362; *Helm,* Beginn und Berechnung der Verjährungsfristen nach der CMR, FS Piper, 1996, S. 857; *Herber,* Dreijährige Verjährung von Primärleistungsansprüchen nach § 439 Abs. 1 Satz 2 HGB? TranspR 2010, 357; *Chr. Huber,* Anmerkung zu OGH Wien 10.7.1985, JBl. 1986, 317, 319; *Jesser,* Anmerkung zu OGH Wien 29.8.1994, TranspR 1995, 110, 112; *dies.,* Verjährung von Ansprüchen des Haupt- gegen den Unterfrachtführer – Änderung der Rspr., ecolex 2000, 864; *Köper,* Zur Anwendbarkeit des § 439 Abs. 1 S. 2 auf Frachtansprüche, TranspR 2006, 191; *Koller,* Die Person des Reklamierenden im Sinn des Art. 32 Abs. 2 CMR, TranspR 1989, 308; *ders.,* Die Verjährung bei vorsätzlicher oder leichtfertiger Missachtung von Leistungspflichten im deutschen Frachtrecht, VersR 2006, 1581; *ders.,* Die „Beförderung" als Aufgreifkriterium der Verjährung im Transportrecht, FS Picker, 2010, S. 481; *H.(erbert) K.(ronke),* Anmerkung zu BGH 24.10.1991, IPRax 1992, 332; *Lenz,* Konkurrierende Verjährungsfristen im Straßengütertransportrecht, TranspR 1989, 396; *Loewe,* Die Bestimmungen der CMR über Reklamationen und Klagen, TranspR 1988, 310; *Schmid/Kehl,* Das Problem sogenannter spätentstehender Ansprüche im Zusammenhang mit der Verjährungsvorschrift des Art. 32 CMR, TranspR 1995, 435; *Thume,* Neue Rechtsprechung zur Verjährung im Transportrecht, TranspR 2009, 233; *Tilche,* Transporteurs successifs – Recours et prescription, BTL 1995, 12; *Wetter,* The time bar regulation in the CMR Convention, LMCLQ 1979, 504.

## Übersicht

| | Rn. | | Rn. |
|---|---|---|---|
| **I. Bedeutung und Zweck** | 1, 2 | **IV. Hemmung und Unterbrechung** | |
| | | **der Verjährung (Abs. 2, 3)** | 26–45 |
| **II. Anwendungsbereich** | 3–10 | 1. Zweck der Hemmung | 26 |
| 1. Regelungsgegenstand und Lückenfüllung | 3, 4 | 2. Anwendungsbereich | 27 |
| | | 3. Beginn der Hemmung – Reklamation | 28–37 |
| 2. Sachlicher Anwendungsbereich | 5–10 | a) Inhalt | 28, 29 |
| a) CMR-Transporte | 5 | b) Verfasser, Adressat, Drittwirkung | 30–34 |
| b) Alle Anspruchsgrundlagen | 6, 7 | c) Form | 35 |
| c) Beteiligte Personen | 8, 9 | d) Wirkungen und Zeitpunkt | 36, 37 |
| d) Ansprüche aus Hilfstätigkeiten | 10 | 4. Ende der Hemmung – Zurückweisung | 38–42 |
| **III. Verjährungsfrist (Abs. 1)** | 11–25 | a) Zeitpunkt | 38 |
| 1. Dauer | 11, 11a | b) Inhalt und Beteiligte | 39 |
| 2. Beginn | 12–24 | c) Form | 40 |
| a) Anspruchsspezifische Regelung | 12–14 | d) Teilanerkenntnis (Abs. 2 Satz 2) | 41 |
| b) Teilverlust, Beschädigung, Überschreitung der Lieferfrist (lit. a) | 15 | e) Wiederholte Reklamation (Abs. 2 Satz 4) | 42 |
| c) Totalverlust (lit. b) | 16–18 | 5. Hemmung und Unterbrechung (Abs. 3) | 43–45 |
| d) Sonstige Fälle (lit. c) | 19, 20 | **V. Privatautonome Änderungen** | 46, 47 |
| e) Annahmeverweigerung | 21 | **VI. Wirkungen der Verjährung** | |
| f) Regressansprüche zwischen Frachtführern | 22–24 | **(Abs. 4)** | 48, 49 |
| 3. Berechnung (Abs. 1 Satz 4) | 25 | | |

## I. Bedeutung und Zweck

Art. 32 unterwirft Ansprüche aus einer der CMR unterliegenden Beförderung einer **1** kurzen, einjährigen Verjährung. Nur bei Vorsatz oder einem Verschulden, das nach dem Recht des angerufenen Gerichts dem Vorsatz gleichsteht, beträgt die Verjährungsfrist drei Jahre. Die **Vereinheitlichung der Verjährungsfristen** war als Annex zur Vereinheitlichung der Haftungsregeln erforderlich. Da die Konvention dem Kläger in Art. 31 eine Reihe von Gerichtsständen anbietet, wäre der Verzicht auf eine einheitliche Verjährungsregelung einer Einladung zum forum shopping unter dem Gesichtspunkt der längstmöglichen Verjährungsfristen des jeweiligen nationalen Rechts gleichgekommen. Dies hätte die Bemühungen um eine einheitliche Anwendung der Konvention durchkreuzt.

2    Die **kurze Verjährung** dient dem Schutz der Parteien, insbesondere des Frachtführers vor späterer Beweisnot und Unaufklärbarkeit des Sachverhalts.[1] Infolge der Schnelllebigkeit des Transportwesens stößt die Sachverhaltsermittlung schon bald nach den Ereignissen auf Schwierigkeiten, besonders wenn sich diese im Ausland zugetragen haben. Durch die Verkürzung der allgemeinen Verjährungsfristen soll die Rechtssicherheit und die Vorhersehbarkeit des Prozessausgangs im Transportgewerbe gefördert werden,[2] was nicht selten zu einer Härte für Kläger führt, die die Rechtsverfolgung zu sehr verzögert haben. Deshalb ist Art. 32 eine der CMR-Vorschriften, um die am häufigsten Prozesse geführt werden.[3]

## II. Anwendungsbereich

3    **1. Regelungsgegenstand und Lückenfüllung.** Geregelt wird in Art. 32, welche Ansprüche der Verjährung unterfallen, wann sie beginnt, wie lange sie dauert und unter welchen Voraussetzungen sie gehemmt werden kann. Nicht geregelt sind die Rechtsfolgen der Verjährung, die Wirkung der Hemmung und die Möglichkeit der Verjährungsunterbrechung. Zur Lückenfüllung ist ergänzend nationales Recht heranzuziehen. Die erwähnten, mit der Verjährung zusammenhängenden Fragen werden im allgemeinen Kollisionsrecht materiellrechtlich qualifiziert[4] und beurteilen sich gemäß Art. 12 Abs. 1 lit. d Rom I-VO nach dem **Vertragsstatut,** vgl. Einl. Rn. 41 ff.[5]

4    Hinsichtlich der Hemmung der Verjährung und der Unterbrechung verweist Art. 32 **Abs. 3** CMR auf die **lex fori,** lässt jedoch nicht erkennen, ob auf das Recht des angerufenen Gerichts insgesamt, dh. einschließlich der Kollisionsnormen verwiesen wird (sog. Gesamtverweisung) oder nur auf dessen Sachnormen (sog. Sachnormverweisung). Für die Annahme einer Sachnormverweisung spricht an sich die Renvoifeindlichkeit völkervertraglicher Kollisionsnormen;[6] in den Haager Konventionen wurde dies durch den Verweis auf das „innerstaatliche Recht" (loi interne) zum Ausdruck gebracht,[7] während in Art. 32 Abs. 3 nur von dem „Recht" (la loi) des angerufenen Gerichts die Rede ist. Dass auch hier eine **Sachnormverweisung** intendiert ist, wird jedoch durch einen späteren Meinungsaustausch von Regierungsvertretern der CMR-Vertragsstaaten untermauert.[8]

5    **2. Sachlicher Anwendungsbereich. a) CMR-Transporte.** Art. 32 umfasst alle „Ansprüche aus einer diesem Übereinkommen unterliegenden Beförderung". Wie bei Art. 31 (siehe Art. 31 Rn. 4) ist aus dieser Formulierung nicht zu schließen, dass die Beförderung tatsächlich begonnen haben muss[9] oder dass sich die Ansprüche gerade aus

---

[1] OGH Wien 10.11.1981, TranspR 1982, 111; OGH Wien 2.4.1982, TranspR 1984, 43; OGH Wien 12.2.1985, TranspR 1986, 374.

[2] *ICI v. MAT Transport,* [1987] 1 Lloyd's L. Rep. 354, 360, per *Staughton,* J.; BGH 11.12.1981, ETR 1983, 68; OGH Wien 10.11.1981, TranspR 1982, 111; OGH Wien 2.4.1982, TranspR 1984, 43; OGH Wien 12.2.1985, TranspR 1986, 374; *Clarke* S. 124 f. Nr. 43.

[3] *Loewe* TranspR 1988, 308, 320 Nr. 24; *Clarke* S. 123 Nr. 43; vgl. auch GroßkommHGB/*Helm* Rn. 1; Thume/*Demuth* Rn. 1.

[4] MüKoBGB/*Spellenberg,* 5. Aufl. 2010, Art. 12 Rom I-VO Rn. 112; Palandt/*Thorn,* 72. Aufl. 2013, Art. 12 Rom I-VO Rn. 8; in Österreich ebenso OGH Wien 14.1.1976, SZ 49/3 S. 16.

[5] Zur abweichenden prozessrechtlichen Qualifikation im anglo-amerikanischen Recht bzw. zur französischen Auffassung vgl. *Helm,* FS Piper, S. 859; GroßkommHGB/*dens.* Rn. 21 f.; *Clarke* S. 129 ff. Nr. 43c; allgemein MüKoBGB/*Spellenberg,* 5. Aufl. 2010, Art. 12 Rom I-VO Rn. 112.

[6] Vgl. *Kropholler,* Internationales Privatrecht, 6. Aufl. 2006, S. 177; Palandt/*Thorn,* 72. Aufl. 2013, Art. 4 EGBGB Rn. 11.

[7] So zB schon Art. 2 ff. des Haager Übereinkommens betreffend das auf internationale Kaufverträge über bewegliche Sachen anzuwendende Recht vom 15.6.1955 abgedruckt in *Jayme/Hausmann,* Internationales Privat- und Verfahrensrecht, 15. Aufl. 2010, Nr. 76; generell *Kropholler* (Fn. 6) S. 177.

[8] *Loewe* ETR 1976, 586 f. Nr. 267; ebenso *Putzeys* S. 386 Nr. 1116 Fn. 932; für Sachnormverweisung auch GroßkommHGB/*Helm* Rn. 23; *Drews* TranspR 2004, 340, 343.

[9] *Koller* Rn. 1; Thume/*Demuth* Rn. 4; GroßkommHGB/*Helm* Rn. 8; OGH 12.2.1985, TranspR 1986, 374; aA *Loewe* ETR 1976, 584 Nr. 257 und S. 580 Nr. 239; *ders.* TranspR 1988, 313 Nr. 25; *Csoklich* S. 252.

der CMR ergeben.[10] Voraussetzung ist lediglich der Abschluss eines CMR-Beförderungs-
vertrags.[11] Von Art. 32 erfasst werden folglich auch Ansprüche wegen **Nichterfüllung**
des Transportvertrags.[12] Erfasst werden auch Ansprüche aus **culpa in contrahendo,**
wenn der Vertrag zustande kommt;[13] sonst fehlt es an einer Anwendungsvoraussetzung
für die ganze CMR, vgl. Art. 1, so dass auch Art. 32 nicht anwendbar ist. Dies schließt
nicht aus, dass das für die culpa in contrahendo maßgebliche nationale Recht bei der
Verjährung den Gleichlauf mit den Regeln anordnet, die maßgeblich wären, wenn die
Parteien den Vertrag geschlossen hätten. An der Voraussetzung eines gültigen Vertrags
mangelt es auch, wenn der Beförderungsvertrag mit ex-tunc Wirkung angefochten
wurde.[14]

**b) Alle Anspruchsgrundlagen.** Es macht keinen Unterschied, ob der betreffende  **6**
Anspruch sich aus der CMR selbst oder aus einem ergänzend anwendbaren nationalen
Vertragsrecht ergibt. In Betracht kommen neben den Primäransprüchen auf Ausführung
des Transports bzw. Zahlung des Frachtentgelts Ersatzansprüche infolge Verletzung vertraglicher Pflichten insbesondere auch Ansprüche aus **positiver Vertragsverletzung,**[15]
beispielsweise wegen Beschädigung des im Eigentum des Absenders stehenden Anhängers
durch den Frachtführer;[16] wegen eines durch die Ladung verursachten Fahrzeugscha-
dens;[17] wegen eines an anderen Gütern des Empfängers eingetretenen Vermischungsscha-
dens;[18] der Regress des Absenders wegen Inanspruchnahme für die Kosten der Feuerwehr,
die nach einem vom Frachtführer verschuldeten Unfall eine giftige Substanz zu beseitigen
hat;[19] der Schadensersatzanspruch des Absenders wegen Falschauslieferung von Saatgut
durch den Frachtführer, die den Abbruch der Geschäftsbeziehung zwischen Absender
und Empfänger zur Folge hat;[20] die Einforderung von Prozesskosten eines Vorprozesses
als Unfallfolgekosten;[21] Ansprüche wegen Verwendung eines ungeeigneten Fahrzeugs
und wegen Nichteinhaltung der vorgeschriebenen Fahrtroute,[22] wegen Verletzung einer
Nachnahmeabrede[23] oder wegen falscher Handhabung von mitgegebenen Dokumenten,
Art. 11 Abs. 3.[24]

Von Art. 32 werden auch **außervertragliche Ansprüche** erfasst, siehe schon Rn. 5  **7**
bei Fn. 10. Hier findet Art. 32 entweder direkt oder über Art. 28 Abs. 1 Anwendung. In

---

[10] BGH 14.5.2009, TranspR 2009, 477, 478; für die Anwendung von Art. 32 auf einen deliktischen
Anspruch OGH Wien 27.9.1983, TranspR 1984, 191 = *Greiter* S. 205, 209; OLG Hamburg 9.2.1989,
TranspR 1990, 191, 192: Anspruch wegen Nichterfüllung und positiver Vertragsverletzung; LG Wuppertal
25.6.1992, MDR 1993, 226: Frachtrückforderungsanspruch aus ungerechtfertigter Bereicherung; vgl. auch
Rb. Veurne 19.12.2007, ETR 2008, 379; *Koller* Rn. 1; *Herber/Piper* Rn. 5; *Clarke* S. 126 Nr. 43a; *Piper*
TranspR 1990, 362; aA *Putzeys* S. 386 Nr. 117: nur vertragliche Ansprüche.
[11] *Jesser* S. 181; *Clarke* S. 126 Nr. 43a; *Koller* Rn. 1; *Thume/Demuth* Rn. 4; *Fremuth/Thume/Thume*
Rn. 3; *Emparanza* Revista general de derecho 1992 Nr. 579, S. 11729 f.; *Jabornegg/Artmann/Csoklich* Rn. 1.
[12] BGH 18.2.1972, NJW 1972, 1003 = ETR 1972, 860; OGH Wien 12.2.1985, TranspR 1986, 374;
*Clarke* S. 126 Nr. 43a; *Koller* Rn. 1; *Herber/Piper* Rn. 3; *Nickel-Lanz* S. 161 Nr. 212; aA *Loewe* TranspR 1988,
309, 313.
[13] *Emparanza* Revista general de derecho 1992, Nr. 579, S. 11729 f.; *Herber/Piper* Rn. 6 aE (generell, auch
ohne wirksamen Vertragsabschluss); *Schmidt/Kehl* TranspR 1996, 89, 91 f.; *GroßkommHGB/Helm* Rn. 4
Fn. 9; aA generell keine Ansprüche aus cic *Koller* Rn. 1; *Thume/Demuth* Rn. 4; *Fremuth/Thume/Thume*
Rn. 3; *EBJS/Bahnsen* Rn. 4; *Jabornegg/Artmann/Csoklich* Rn. 3.
[14] *Thume/Demuth* Rn. 4; *Jabornegg/Artmann/Csoklich* Rn. 3; *GroßkommHGB/Helm* Rn. 4.
[15] BGH 27.10.1978, VersR 1979, 276, 277 = NJW 1979, 2473; BGH 14.5.2009, TranspR 2009, 477.
[16] OLG Düsseldorf 18.10.1984, TranspR 1984, 276.
[17] Cour Paris 23.12.1975, BT 1976, 48; Rb. Rotterdam 3.9.1976, S. & S. 1977 Nr. 56; *Haak* S. 294 Fn. 9;
aA Kh. Antwerpen 27.10.1971, ETR 1972, 1054.
[18] OLG Düsseldorf 24.7.2002, VersR 2003, 198, 199.
[19] OLG Hamburg 24.1.1985, TranspR 1985, 185.
[20] BGH 27.10.1978, NJW 1979, 2473.
[21] OLG Düsseldorf 18.10.1984, TranspR 1984, 276.
[22] OLG Hamburg 9.2.1989, TranspR 1990, 191.
[23] OGH Wien 11.7.1990, TranspR 1992, 322; Cour Grenoble 3.4.1980, BT 1981, 317; *Herber/Piper*
Rn. 7.
[24] Rb. Rotterdam 18.12.1992, S. & S. 1993 Nr. 97; Rb. Antwerpen 1.10.2004, ETR 2006, 102.

Betracht kommen in erster Linie bereicherungsrechtliche und deliktische Ansprüche. So unterliegt der Rückforderungsanspruch des Absenders aus **Bereicherungsrecht** für überbezahlte Fracht der Verjährung des Art. 32,[25] auch der Rückforderungsanspruch des Frachtführers wegen eines zu unrecht geleisteten Ersatzbetrages für einen Transportschaden.[26] Bei deliktischen Ansprüchen ist maßgebend, wer den Anspruch stellt, siehe schon Art. 31 Rn. 5. Die kurze Verjährung des Art. 32 betrifft nur **deliktische Ansprüche** von Personen, die entweder als Absender oder Empfänger zugleich Ansprüche aus dem Frachtvertrag haben oder die an dem Vertrag insofern beteiligt sind, als der Absender ihn für sie in mittelbarer Stellvertretung oder mit ihrem Einverständnis geschlossen hat.[27] Nicht unter die kurze CMR-Verjährung fallen dagegen Ansprüche sonstiger Dritter gegen den Frachtführer, etwa aus Verkehrsunfällen oder aus Beschädigung ihrer Fahrzeuge oder Güter, selbst wenn diese Beschädigung durch ein auf dem Kraftfahrzeug mitbefördertes Gut, dessen Beförderung der CMR unterliegt, verursacht wurde, siehe schon Art. 31 Rn. 5. Zum gleichen Ergebnis gelangt man, wenn man Ansprüche Dritter der Verjährung des Art. 32 nur im Rahmen des Art. 28 Abs. 1 unterwirft,[28] siehe schon Art. 28 Rn. 9–11. Deliktische Ansprüche gegen den Gehilfen des Frachtführers verjähren nach Art. 32, weil sich dieser nach Art. 28 Abs. 2 auf die Verjährung berufen kann;[29] bei deliktischen Ansprüchen des Absenders gegen einen Gehilfen kommt es nicht darauf an, ob Ersatzansprüche Art. 17 bzw. Art. 28 unterliegen, auf sie ist jedenfalls Art. 32 anwendbar.[30] Auch die Erhebung einer **negativen Feststellungsklage** durch den Frachtführer unterliegt der Frist des Art. 32.[31]

**8**     **c) Beteiligte Personen.** Art. 32 gilt für Ansprüche von Absender oder Empfänger gegen den Frachtführer, aber auch umgekehrt für **Ansprüche des Frachtführers** gegen den Empfänger oder Absender, seien sie nun auf Zahlung von Fracht,[32] auf Rückzahlung einer zu Unrecht gezahlten Ersatzleistung für einen Transportschaden,[33] auf Entschädigung wegen Beschädigung des Transportfahrzeugs,[34] auf Gewährleistung gegen einen Unterfrachtführer,[35] auf Erstattung von Auslagen wie zB Zöllen,[36] auf Begleichung von Standgeldforderungen[37] oder auf Rückführung von Paletten[38] gerichtet. Zwar bezieht sich die Hemmungsregelung des Abs. 2 nach dem Wortlaut nur auf Ansprüche gegen den Frachtfüh-

[25] BGH 18.2.1972, NJW 1972, 1003 = ETR 1972, 860; OGH Wien 14.1.1976, *Greiter* S. 40, 43; 2.4.1982, TranspR 1984, 43; Kh. Brüssel 13.9.1968, ETR 1969, 4; OLG Düsseldorf 11.7.1996, TranspR 1997, 274; LG Wuppertal 25.6.1992, MDR 1993, 226; *Herber/Piper* Rn. 6; *Hill/Messent* S. 253; GroßkommHGB/*Helm* Rn. 8; *Haak* S. 294; *Nickel-Lanz* S. 161 Nr. 212; aA LG Essen 24.10.1990, TranspR 1992, 326.
[26] LG Lübeck 8.2.2001, TranspR 2001, 171.
[27] OGH Wien 10.11.1981, *Greiter* S. 108, 114; 25.1.1990, TranspR 1990, 235, 238; GroßkommHGB/ *Helm* Rn. 12; aA *Nickel-Lanz* S. 160 f. Nr. 212.
[28] Vgl. dazu OLG München 29.9.1999, TranspR 2000, 123, 125: daher unterliegt der Bereicherungsanspruch eines Versicherers auf Rückzahlung überbezahlter Versicherungsleistungen nicht Art. 32 CMR.
[29] OGH Wien 27.9.1983, TranspR 1984, 191; GroßkommHGB/*Helm* Rn. 7.
[30] OGH Wien 15.3.2005, ETR 2005, 878 zu einem Schadensersatzanspruch wegen eines vom Fahrer des Frachtführers im Zuge der Verladung beschädigten Gabelstaplers.
[31] Hoge Raad 18.12.2009, ETR 2010, 101.
[32] BGH 28.2.1975, NJW 1975, 1075 = ETR 1975, 516; OLG Düsseldorf 26.1.1995, TranspR 1995, 288; OLG Saarbrücken 24.2.1995, TranspR 1995, 291 für sog. A-Metá-Geschäfte; Cour cass. 24.3.2004, ETR 2004, 531; Cour Paris 24.2.1993, BTL 1994, 52; OGH Wien 22.5.1978, *Greiter* S. 66, 71; *Muller Batavier v. Laurent Transport Co.,* [1977] 1 Lloyd's L. Rep. 411; Rb. Rotterdam 5.6.1992, S. & S. 1993 Nr. 107; Hof Amsterdam 4.6.1974, ETR 1976, 266; Sø- og Handelsret 16.9.1977, UfR 1977 A 1004; Kh. Antwerpen 7.3.1980, ETR 1981, 466; *Herber/Piper* Rn. 8.
[33] LG Lübeck 8.2.2001, TranspR 2001, 171.
[34] Hoge Raad 11.2.2002, ETR 2000, 381; ebenso OGH Wien 5.8.2004, RdW 2005, 120.
[35] Hof van Cassatie Belgien 19.2.2004, ETR 2004, 521.
[36] Cour Paris 24.2.1993, BTL 1994, 52; Cour Lyon 6.7.1983, BT 1984, 339; OLG Nürnberg 26.11.1974, NJW 1974, 501; *Koller* Rn. 1; *Herber/Piper* Rn. 8; *Silingardi* S. 281; aA Cour Paris 4.1.1978, BT 1978, 177; Cour cass. 28.5.2002, ETR 2002, 509, 510; siehe auch Rn. 10.
[37] BGH 11.12.1981, ETR 1983, 63; Cour Paris 7.4.1990, BTL 1991, 118; OGH Wien 12.2.1985, TranspR 1986, 374, 376; *Herber/Piper* Rn. 8; *Lamy* 2013 Rn. 825.
[38] OGH Wien 12.3.1996, ecolex 2000, 22 m. Anm. *Jesser-Huß*; Jabornegg/Artmann/*Csoklich* Rn. 2.

rer. Daraus folgt aber nicht, dass auch die anderen Vorschriften von Art. 32 für Ansprüche des Frachtführers bedeutungslos sind; vielmehr beurteilt sich die Hemmung der Verjährung gemäß Abs. 3 nach dem ergänzenden nationalen Recht, siehe Rn. 3 f. Soweit der Frachtführer keinen Direktanspruch gegen den Empfänger hat, sich der Empfänger aber im Verhältnis zum Absender verpflichtet hat, für die Kosten der Beförderung aufzukommen, erlischt der Abtretungsanspruch des Frachtführers gegen den Absender, sobald der Frachtanspruch des Frachtführers gegen den Absender verjährt ist.[39]

Ansprüche des **Spediteurs** gegen den Frachtführer verjähren nach Art. 32, wenn der **9** zwischen ihnen geschlossene Transportvertrag der CMR unterliegt.[40] Auf Ansprüche des Versenders gegen den Spediteur oder des Spediteurs gegen den Versender ist Art. 32 dagegen wie die gesamte CMR aus sich selbst heraus nicht anzuwenden, vgl. Art. 1 Rn. 5. Soweit besondere Formen der Spedition dem Anwendungsbereich der CMR unterliegen (Art. 1 Rn. 6) bzw. das nationale Recht den Speditionsvertrag den Regeln des Frachtvertrags unterwirft, wie dies im deutschen Recht für den Selbsteintritt, die Sammelladungs- und die Fixkostenspedition geschieht (§§ 458–460 HGB), findet Art. 32 auch im Verhältnis zwischen Spediteur und Versender Anwendung.[41] Soweit der Spediteur dagegen als solcher tätig wird – zB als Grenz- oder Empfangsspediteur –, bleibt es bei den Verjährungsvorschriften des Vertragsstatuts.[42]

**d) Ansprüche aus Hilfstätigkeiten.** In den Anwendungsbereich des Art. 32 fallen nur **10** Ansprüche, die mit dem Beförderungsvertrag noch in einem **hinreichend engen Zusammenhang** stehen,[43] nicht dagegen solche, die sich aus einem selbständigen Rechtsverhältnis ergeben. Verspricht etwa der Absender die Verschaffung von Rückfracht, steht dies mit der Beförderung nicht mehr in ausreichendem Zusammenhang.[44] Führt der Frachtführer die Verzollung selbst durch und entstehen ihm dabei Auslagen, wird diese Tätigkeit dagegen als Hilfstätigkeit betrachtet, die der Erfüllung des Beförderungsvertrags dient; entsprechende Aufwendungsersatzansprüche verjähren deshalb nach Art. 32.[45] Soweit diese Unkosten einem Grenzspediteur entstehen, ist der Zusammenhang nicht mehr gegeben, seine Aufwendungsersatzansprüche verjähren deshalb nicht nach Art. 32,[46] ebenso nicht Ansprüche des Versenders.[47] Ist ein Frachtführer zugleich Lagerhalter, steht diese Tätigkeit mit der Beförderung ebenfalls nicht mehr in ausreichendem Zusammenhang.[48]

### III. Verjährungsfrist (Abs. 1)

**1. Dauer.** Die Verjährungsfrist beträgt im Regelfall ein Jahr. Ausnahmsweise wird sie **11** bei Vorsatz und **vorsatzgleichem Verschulden** auf drei Jahre ausgedehnt. Für die Frage, welches Verschulden dem Vorsatz gleichsteht, verweist Abs. 1 Satz 2 – wie schon Art. 29 Abs. 1 – auf das Recht des angerufenen Gerichts. Die Formulierungen in beiden Vorschriften stimmen im Wesentlichen überein, so dass auf die Ausführungen zu Art. 29, siehe dort

[39] OLG Hamm 15.9.1988, TranspR 1989, 55.
[40] *Lamy* 2013 Rn. 825.
[41] GroßkommHGB/*Helm* Rn. 14; OLG Saarbrücken 24.2.1995, TranspR 1995, 291.
[42] BGH 23.3.1995, VersR 1995, 940; OGH Wien 18.9.1985, TranspR 1987, 219; Cour Orléans 24.3.1987, BT 1987, 662.
[43] *Haak* S. 294 verlangt eine „close connection"; *Herber/Piper* Rn. 7: „hinreichender Zusammenhang"; GroßkommHGB/*Helm* Rn. 7: „sachlicher Zusammenhang"; aA *Emparanza* Revista general de derecho 1992 Nr. 579 S. 11728 f., der Art. 32 nur auf Ansprüche aus den Hauptpflichten anwenden will.
[44] Cour Amiens 19.6.1980, BT 1980, 490; *Herber/Piper* Rn. 8 aE.
[45] *Lamy* 2013 Rn. 825 f.; siehe die Urteile oben in Fn. 36.
[46] OGH Wien 18.9.1985, TranspR 1987, 219; Cour Reims 24.9.1990, BTL 1991, 471; vgl. dazu *Assal* BTL 1991, 467; wohl aber in weiterer Folge jene des Frachtführers gegen den Absender *Koller* in FS Picker S. 491 Fn. 56.
[47] BGH 23.3.1995, VersR 1995, 940.
[48] BGH 13.1.1978, ETR 1978, 402; Cour Paris 12.6.1970, BT 1970, 228; *Herber/Piper* Rn. 7; differenzierend Thume/*Demuth* Rn. 10.

Rn. 6 ff., verwiesen werden kann.[49] Ein Unterschied ist jedoch hervorzuheben: während Art. 29 verlangt, dass „the damage was *caused* by ... wilful misconduct", dass „le dommage *provient* de son dol ...", und damit auf die **Kausalität** des schweren Verschuldens für einen Schaden abstellt, verlangt Art. 32 Abs. 1 eine solche Ursächlichkeitsbeziehung nicht. Die verlängerte Verjährungsfrist greift vielmehr ein „*bei* Vorsatz etc.", „*in case of* wilful misconduct etc.", „*dans le cas* de dol etc." Art. 32 Abs. 1 Satz 2 ist also weiter und betrifft alle Fälle, in denen ein schweres Verschulden des Beklagten – sei es der Frachtführer oder der Ladungsberechtigte – und seiner Hilfspersonen nachgewiesen werden kann,[50] auch wenn ein Schaden daraus nicht entstanden ist oder jedenfalls nicht geltend gemacht wird. Die offene Formulierung erklärt sich daraus, dass Art. 32 nicht nur für Schadensersatzansprüche, sondern für Ansprüche aller Art gilt.[51]

**11a**     Für den Anspruch des Frachtführers auf **Zahlung der Fracht** wurde die Verlängerung der Verjährungsfrist im Zusammenhang mit der Art. 32 nachempfundenen Vorschrift des nationalen Rechts, § 439 HGB, zunächst abgelehnt.[52] Die Rechtsprechung befürwortet mittlerweile allerdings die Anwendung der dreijährigen Frist auch bei Primärleistungsansprüchen und vertraglichen Aufwendungsersatzansprüchen:[53] Zum einen kann eine Differenzierung dem Wortlaut des Art. 32 nicht entnommen werden, zum anderen würde eine Privilegierung von Schadensersatzansprüchen gegenüber anderen grob schuldhaft missachteten Leistungsansprüchen einen eklatanten Wertungswiderspruch bedeuten. Nicht jede Nichterfüllung von Fracht- und sonstigen Vergütungsansprüchen geschieht vorsätzlich mit der Konsequenz, dass entgegen dem von Art. 32 festgelegten Regel-Ausnahme-Prinzips immer die verlängerte Verjährungsfrist gilt: Abzustellen ist jeweils auf die Rechtslage hinsichtlich der konkreten primären Leistungspflicht; je komplizierter sich diese darstellt, umso weniger wird eine unrichtige Beurteilung durch den Leistungspflichtigen ihm als grob schuldhaft vorzuwerfen sein.[54] Wer hingegen die Verwirklichung eines von ihm in der Sache nicht bestrittenen Anspruchs (auf Fracht, Standgeld, Schadensersatz etc.) wider besseren Wissens mit fraudulösen Manövern zu verhindern sucht, erscheint nicht schutzwürdig.[55]

**12**     **2. Beginn. a) Anspruchsspezifische Regelung.** Abs. 1 Satz 3 regelt den Beginn der Verjährungsfrist und unterscheidet nach hM danach, auf welche **Anspruchsgrundlage** sich der einzelne Anspruch stützt.[56] Für Ansprüche auf Schadensersatz aus den in Art. 17 geregelten Fällen des teilweisen Verlusts, der Beschädigung und der Überschreitung der Lieferfrist ist der Zeitpunkt der Ablieferung maßgeblich (lit. a). Im Fall eines Anspruchs aus

---

[49] So auch die Denkschrift der BReg., BT-Drucks. III/1144 S. 45; *Loewe* ETR 1976, 585 Nr. 259; *Koller* Rn. 7; *Putzeys* S. 389 Nr. 1124.

[50] *Nickel-Lanz* S. 164 Nr. 216; *Clarke* S. 128 Nr. 43b Fn. 134; GroßkommHGB/*Helm* Rn. 28; *Costanzo* S. 46.

[51] Ebenso *Koller* Rn. 7; *Herber/Piper* Rn. 27; GroßkommHGB/*Helm* Rn. 28; *Ferrari/Otte,* Int. Vertragsrecht, Rn. 18; aA OLG München 12.4.1991, TranspR 1991, 298, 299 will Art. 32 – noch enger – nur auf Schadensersatzansprüche gegen den Frachtführer anwenden; GroßkommHGB/*Helm* Rn. 29 und *Clarke* S. 323 Nr. 101d wollen bei anderen als Schadensersatzansprüchen auf eine Kausalität zwischen qualifiziertem Verschulden und Verstreichen der ein-Jahres-Frist abstellen.

[52] OLG Frankfurt 15.4.2005, TranspR 2005, 405 = VersR 2006, 390, basierend auf älterer Judikatur zu Art. 32 CMR wie BGH 11.12.1981, VersR 1982, 649, 650; OLG München 12.4.1991, TranspR 1991, 298, 299; ebenso ablehnend OGH Wien 5.11.1980, 6 Ob 740/80; zu § 439 HGB *Thume* TranspR 2009, 233; MüKoHGB/*Eckert* § 439 HGB Rn. 12; EBJS/*Bahnsen* Rn. 23; differenzierend *Köper* TranspR 2006, 191.

[53] BGH 22.4.2010, TranspR 2010, 225, 227 f. = VersR 2010, 1668; OGH Wien 6.7.2011, TranspR 2011, 377; ebenso *Koller* VersR 2006, 1581, 1583; *ders.* Rn. 7; *Ferrari/Otte,* Int. Vertragsrecht, Rn. 18; EBJS/*Schaffert* § 439 HGB Rn. 18; ablehnend *Herber* TranspR 2010, 357.

[54] OGH Wien 6.7.2011, TranspR 2011, 377, 380.

[55] BGH 22.4.2010, TranspR 2010, 225, 228 = VersR 2010, 1668; OLG Düsseldorf 20.3.2013, TranspR 2013, 196, 198: Vornahme einer gegen das Aufrechnungsverbot der Ziffer 19 ADSp verstoßenden Aufrechnung gegen Frachtforderungen als qualifiziert schuldhaft; OGH Wien 6.7.2011, TranspR 2011, 379 (illustrativ der Sachverhalt im konkreten Fall); ebenso *Koller* VersR 2006, 1581, 1583; *ders.* Rn. 7; *Köper* TranspR 2006, 191.

[56] Sehr deutlich *Loewe* ETR 1976, 585 Nr. 260: „Rechtsgrund des Anspruchs"; *Koller* Rn. 2: „je nach Art des Schadens und der Anspruchsgrundlage"; GroßkommHGB/*Helm* Rn. 32 „für verschiedene Schadensarten"; vgl. auch *Herber/Piper* Rn. 13; LG München I 8.10.1986, TranspR 1987, 436, 437.

Art. 17 wegen Totalverlusts ist – mangels Ablieferung – entsprechend der Regelung des Art. 20 Abs. 1 der Zeitpunkt maßgebend, zu dem der Verfügungsberechtigte das Gut ohne weiteres als verloren betrachten darf, bei Vereinbarung einer Lieferfrist also mit dem dreißigsten Tag nach Ablauf der vereinbarten Frist, bei fehlender Vereinbarung mit dem sechzigsten Tag nach der Übernahme (lit. b). Bei allen anderen Ansprüchen beginnt die Verjährungsfrist mit dem Ablauf einer Frist von drei Monaten nach dem Abschluss des Beförderungsvertrags zu laufen (lit. c).

Die Regelung, wonach der Verjährungsbeginn von der Anspruchsgrundlage abhängt, ist **13** kompliziert und führt zu **misslichen Ergebnissen:** Will der Absender oder Empfänger den Frachtführer wegen der Beschädigung des Gutes in Anspruch nehmen, bleibt ihm dafür gemäß lit. a ein Zeitraum von einem Jahr ab Ablieferung des Gutes. Umgekehrt kann der Frachtführer den Absender oder Empfänger aber gemäß lit. c binnen 15 Monaten ab Vertragsschluss auf Zahlung der Fracht verklagen, dh. oft noch zu einem Zeitpunkt, wo die Widerklage auf Schadensersatz wegen Beschädigung nicht mehr erhoben werden kann.[57] Die **mangelnde Kongruenz der Verjährungsfristen** kann die Parteien zum Taktieren[58] verleiten; So kann es dem Frachtführer gelingen, sich vor der Inanspruchnahme über die Zeit zu retten, ohne den eigenen Anspruch auf Frachtzahlung zu verlieren. Da Verjährungsregeln Rechtssicherheit schaffen und nicht den besonderen Einfallsreichtum der Beteiligten belohnen sollen, Rn. 2, schlug *Basedow* in der Erstauflage einen interpretatorischen **Neuansatz** vor: Abs. 1 Satz 3 zwinge nicht dazu, die Verjährungsfristen je nach Anspruchsgrundlage zu unterschiedlichen Zeitpunkten beginnen zu lassen. Lit. a stelle lediglich fest, dass dieser Verjährungsbeginn bei Teilverlust etc., *„in the case of* partial loss etc."*, „dans le cas de* perte partielle etc." eintrete; Entsprechendes gelte für lit. b und c. Welche Ansprüche jeweils erfasst würden, sei nicht ausdrücklich genannt. Satz 3 präzisiere nur die eigentliche Verjährungsregelung in Satz 1 und Satz 2 durch die Bestimmung des Fristbeginns, weshalb jede der in Satz 3 enthaltenen Vorschriften die gleichen Ansprüche erfasse wie Satz 1 und Satz 2, nämlich alle „Ansprüche aus einer diesem Übereinkommen unterliegenden Beförderung", siehe näher Rn. 5 ff. Daher sollen *bei* Teilverlust, Beschädigung oder Verspätung sämtliche Ansprüche – der Schadensersatzanspruch des Empfängers ebenso wie der Frachtanspruch des Beförderers – in einem Jahr ab Ablieferung verjähren. Entsprechendes gelte im Falle der Nichtablieferung. Lit. c erfasse nur die Fälle der rechtzeitigen und wohlbehaltenen Ablieferung – sonst greife lit. a ein; bedeutsam bleibe die Vorschrift in diesen Fällen für Ansprüche gegen den Frachtführer wegen Verletzung eines Nachnahmeauftrags sowie für Ansprüche des Frachtführers auf Fracht, Standgeld, Schadensersatz etc.

Ohne jeden Zweifel ist diese Auffassung mit dem Wortlaut des Übereinkommens verein- **14** bar und geeignet, die aufgezeigten Problemfälle einer sachgerechten Lösung zuzuführen. Ob sie so beabsichtigt war, sei dahingestellt. Da es auch mit diesem Ansatz am unterschiedlichen Fristbeginn bleibt, werden neue Schwierigkeiten geschaffen und interpretatorisch problematische Fragen für Fallgruppen relevant, wo sie nach der hA keine Rolle spielen.[59] Aus diesem Grund und wegen der durchaus gefestigten Judikatur und Lehre sollte weiterhin der hA gefolgt werden.[60]

**b) Teilverlust, Beschädigung, Überschreitung der Lieferfrist (lit. a).** Bei teilwei- **15** sem Verlust, Beschädigung oder Überschreitung der Lieferfrist beginnt die Verjährungsfrist – für die aus der Obhuts- und Verspätungshaftung resultierenden Schadensersatzansprüche – mit dem Tage der Ablieferung des Gutes. Zu Verlust und Teilverlust siehe Art. 17 Rn. 8, 10. Von Teilverlust ist die Rede, wenn ein Teil des nach dem Vertrag zu befördernden Gutes noch abgeliefert werden konnte; nur dann ist es sinnvoll, den Verjährungsbeginn an die Ablieferung zu knüpfen. Zum Begriff der Beschädigung und der Abgrenzung vom Verlust siehe Art. 17

---

[57] *Costanzo* S. 48 f.; *Emparanza* Revista general de derecho 1992 Nr. 579 S. 11721; *Clarke* S. 132 f. Nr. 44; *Haak* S. 300; *Silingardi* S. 285.
[58] *Hill/Messent* S. 261; *Putzeys* S. 387 f. Nr. 1121; *Haak* S. 299 f.
[59] Vgl. im Einzelnen GroßkommHGB/*Helm* Rn. 35.
[60] Ablehnend auch *Koller*, 6. Aufl. 2007, Rn. 2 Fn. 40.

Rn. 11. Zur Überschreitung der Lieferfrist siehe Art. 19. Der für den Beginn der Verjährungs-frist relevante Zeitpunkt der **Ablieferung** ist in Art. 13 Rn. 12 und Art. 17 Rn. 21 ff. näher erläutert. Ist das Gut nach Art. 16 Abs. 2 abgeladen worden, gilt die Beförderung als beendet; dies steht einer Ablieferung gleich.[61] Leitet der verfügungsberechtigte Absender im Einver-ständnis mit dem Empfänger das Frachtgut während des Transports an einen Sachverständigen weiter, um es dort zwecks weiterer Verwendung begutachten zu lassen, liegt dagegen kein Fall der Ablieferung vor.[62] Zur **Annahmeverweigerung** des Empfängers wegen Beschädigung des Gutes siehe unten Rn. 21. Weist der Empfänger beschädigtes Gut zurück, lagert es aber trotzdem für den Absender ein, so soll darin eine Ablieferung zu sehen sein.[63] Gleiches gilt, wenn der Empfänger nach anfänglicher Zurückweisung später doch annimmt.[64] Bei Teilliefe-rungen ist auf den letzten Ablieferungsakt abzustellen.[65]

**16**    **c) Totalverlust (lit. b).** Bei gänzlichem Verlust des Gutes kann der Verjährungsbeginn naturgemäß nicht an den Zeitpunkt der Ablieferung angeknüpft werden. Gemäß lit. b) fängt die Verjährungsfrist hier an zu laufen, sobald der dreißigste Tag nach Ablauf der vereinbarten Lieferfrist oder, wenn eine Lieferfrist nicht vereinbart wurde, der sechzigste Tag nach der Übernahme des Gutes durch den Frachtführer verstrichen ist, also zu demsel-ben Zeitpunkt, zu dem der Absender oder Empfänger das Gut gemäß Art. 20 Abs. 1 als verloren betrachten kann. Zur Berechnung jener Fristen siehe schon Art. 20 Abs. 2. Die zeitliche **Koinzidenz von Verlustvermutung und Verjährungsbeginn** hat den Vorteil, dass bei der Verjährungsregelung nicht noch weiter danach differenziert werden muss, ob der Verlust tatsächlich eingetreten ist oder lediglich vermutet wird.[66]

**17**    Dennoch bestehen in **Einzelheiten** Zweifel an der Auslegung von lit. b, vor allem was die Abgrenzung des Totalverlusts von anderen Leistungsstörungen betrifft. Maßstab ist dabei der individuelle Frachtvertrag: geht eine Kiste aus einer Sendung von mehreren verloren, liegt Teilverlust vor[67] und der Verjährungsbeginn beurteilt sich nach der Ablieferung der übrigen Kisten, lit. a. War die Kiste dagegen, obwohl Teil einer **Sammelladung,** Gegen-stand eines separaten Frachtvertrags, so bedeutet ihr Verlust einen Totalverlust und der Verjährungsbeginn bemisst sich folglich nach lit. b.[68] Wird ein Gut mit **Totalschaden** abgeliefert, so ist für die Zwecke des Verjährungsbeginns nicht die Assimilierung an den Totalverlust maßgeblich, sondern der Umstand, dass eine Ablieferung stattgefunden hat, siehe schon Art. 17 Rn. 10, die eine eindeutigere zeitliche Fixierung des Verjährungsbe-ginns gemäß lit. a erlaubt als die Lösung der lit. b.[69] Dagegen greift lit. b stets ein, wenn eine **Ablieferung unterblieben** ist,[70] auch wenn – bei Beschlagnahme, Falschauslieferung an einen Dritten oder Immobilisierung des Gutes an einer Grenze oder Rücktransport zum Absender nach Beschädigung – der Verbleib des Gutes bekannt ist.[71] Es kommt nicht darauf an, dass sich der Absender/Empfänger in diesen Fällen auf die Verlustvermutung des Art. 20 Abs. 1 beruft. Denn lit. b knüpft – anders als Art. 20 Abs. 1 – nicht an eine entsprechende Erklärung des Berechtigten an, sondern rein objektiv an den Ablauf der Fristen.

---

[61] GroßkommHGB/*Helm* Rn. 50; *Koller* Rn. 4.

[62] BGH 29.11.1984, TranspR 1985, 182.

[63] Vgl. *Wetter* LMCLQ 1979, 504 unter Hinweis auf schwedische Rspr.

[64] *Lamy* 2013 Rn. 827a).

[65] *Koller* Rn. 4; *Herber/Piper* Rn. 14; Fremuth/Thume/*Thume* Rn. 8; Thume/*Demuth* Rn. 25; EBJS/*Bahn-sen* Rn. 14; Ferrari/*Otte*, Int. Vertragsrecht, Rn. 21; aA jeweiliger Einzeltransport entscheidend *Braun* VersR 1988, 648, 650.

[66] Ebenso GroßkommHGB/*Helm* Rn. 41, 48.

[67] OLG Düsseldorf 23.11.1989, TranspR 1990, 63, 65 f. sub 5.

[68] Hof Brüssel 16.11.1977, ETR 1980, 319; *Emparanza* Revista general de derecho 1992 Nr. 579 S. 11726 Fn. 43; *Hill/Messent* S. 259; *Herber/Piper* Rn. 20; *Pesce* S. 342 Rn. 78; *Silingardi* S. 283 f.

[69] *Jesser* S. 73; *Koller* Rn. 5; Thume/*Demuth* Rn. 31; aA GroßkommHGB/*Helm* Rn. 42: nach lit. b.

[70] *Emparanza* Revista general de derecho 1992 Nr. 579 S. 11726; *Koller* Rn. 5; *Putzeys* S. 390 Nr. 1129; OGH Wien 14.10.1997, 1 Ob 2377/96g; 24.3.1998, 1 Ob 66/98g ZfRV 1998/48: total beschädigte Ware wurde nicht abgeliefert, sondern an den Verkäufer zurückbefördert – Verjährungsbeginn nach lit. b.

[71] *Worldwide Carriers v. Ardtran International,* [1983] 1 Lloyd's L. Rep. 61, 65 per *Parker J.;* Trib. com. Paris 14.3.1978, ETR 1978, 742, 746; *Koller* Rn. 5; aA Jabornegg/Artmann/*Csoklich* Rn. 6: lit. a bei Rücktransport ohne wirksame Weisung.

Wenn das in einem Lagerhaus des Frachtführers **verschollene Gut** nach Monaten in **18** beschädigtem Zustand **wiederentdeckt** und an den Empfänger abgeliefert wird, der sich zuvor völlig passiv verhalten hatte, so läuft bei der Ablieferung bereits gemäß lit. b die Verjährungsfrist und wird nicht etwa durch die Ablieferung eine neue einjährige Verjährungsfrist gemäß lit. a in Gang gesetzt.[72] Wer – um die Dinge zuzuspitzen – 14 Monate lang den vermuteten Verlust des Gutes nicht zum Anlass nimmt, um eine Entschädigung zu verlangen, und wer seine Ansprüche dadurch verjähren lässt, verdient keine neue Verjährungsfrist, wenn ihm das Gut nach fünf Jahren doch noch beschädigt abgeliefert wird. Die entgegengesetzte Auffassung des OLG Düsseldorf[73] führt zu einer grenzenlosen zeitlichen Ausdehnung der Verjährung je nach dem Zeitpunkt des zufälligen Wiederauffindens. Anders verhält es sich, wenn der Absender/Empfänger gemäß Art. 17 und 20 zunächst wegen vermuteten Verlusts eine Entschädigung verlangt und erhält und später gemäß Art. 20 Abs. 3 Ablieferung des wiederaufgefundenen beschädigten Gutes fordert. Durch die Zahlung der Entschädigung ist die Verjährung nach den Vorschriften des gemäß Abs. 3 Satz 2 maßgeblichen nationalen Rechts (siehe Rn. 3 f.) unterbrochen; vgl. für das deutsche Recht § 212 BGB. Die Ablieferung des wiederaufgefundenen Gutes Zug um Zug gegen Rückzahlung der Entschädigung beendet die Unterbrechung und setzt eine neue einjährige Verjährungsfrist in Gang.

**d) Sonstige Fälle (lit. c).** Nach Abs. 1 Satz 3 lit. c beginnt die Verjährungsfrist in allen **19** anderen Fällen mit dem Ablauf von drei Monaten nach Vertragsabschluss. Lit. c schafft einen **Auffangtatbestand,** der nur eingreift, wenn weder lit. a noch lit. b erfüllt ist. Danach fallen alle Ansprüche unter lit. c, die nicht aus einem Güter- oder Verspätungsschaden hervorgehen, wie Ansprüche des Frachtführers auf **Zahlung von Fracht**[74] oder Standgeld;[75] Ansprüche des Absenders gegen den Frachtführer wegen Nichterfüllung, auf Rückzahlung überbezahlter Frachtbeträge,[76] oder aus Art. 21 wegen Verletzung einer Nachnahmeabrede,[77] wenn der Frachtführer gemäß Art. 21 beim Empfänger Regress nehmen will und wenn er vom Absender Fracht oder Schadensersatz aus Art. 10 fordert. In diesen Fällen ist lit. c aber auch ausnahmslos anwendbar; dass ein Fall weder von lit. a noch von lit. b oder lit. c erfasst wird, ist ausgeschlossen.[78]

Die Verjährungsfrist beginnt drei Monate nach **Vertragsschluss** zu laufen. Maßgeblich **20** ist damit ein Stichtag, der nicht von der CMR selbst, sondern von dem ergänzenden nationalen Recht bestimmt wird, siehe Art. 4 Rn. 2–4. Spätere Abänderungen des Vertrags sind für lit. c unerheblich.[79] Bei Rahmenverträgen zählt der Zeitpunkt des Zustandekommens des jeweiligen Transportauftrages.[80] Die Frist von 15 Monaten ab Vertragsschluss nach lit. c wird zwar im Allgemeinen länger sein als die Fristen nach lit. a und b. Anders aber, wenn der Transport erst mehr als einen Monat nach Vertragsschluss beginnt; dann kann die Frist nach lit. b länger sein als die nach lit. c. Die einmal in Gang gesetzte

---

[72] Wie hier *Hill/Messent* S. 260; *Koller* Rn. 5; aA OLG Düsseldorf 23.11.1989, TranspR 1990, 63, 66; diesem zustimmend EBJS/*Bahnsen* Rn. 14; *Herber/Piper* Rn. 19 erwägen zusätzlich Ansprüche aus Beschädigung, die nach lit. a verjähren.

[73] Siehe vorige Fn.

[74] *Muller Batavier v. Laurent Transport Co.,* [1977] 1 Lloyd's L. Rep. 411; Cour Paris 11.6.1981, BT 1981, 420; Rb. Rotterdam 5.6.1992, S. & S. 1993 Nr. 107; Kh. Brüssel 11.2.1978, bei *Ponet* Rn. 678; OLG Hamm 18.5.1998, TranspR 1999, 442, 444; in BGH 28.2.1975, NJW 1975, 1075 bleibt die Frage letztlich offen; *Loewe* ETR 1976, 585; *Herber/Piper* Rn. 22; *Koller* Rn. 6.

[75] BGH 11.12.1981, ETR 1983, 63; *Koller* Rn. 6.

[76] OLG Düsseldorf 11.7.1996, TranspR 1997, 274.

[77] Da hier durchweg schweres Verschulden iSv. Abs. 1 Satz 2 vorliegt und die Verjährungsfrist drei Jahre beträgt, ist die Berechnung der Laufzeit dann von geringerer praktischer Bedeutung, vgl. OGH Wien 11.7.1990, TranspR 1992, 322; Cour Aix-en-Provence 6.11.1981, BT 1982, 258.

[78] AA *Moto Vespa v. MAT (Britannia Express),* [1979] 1 Lloyd's L. Rep. 175, 180 für den Fall des Rücktransports beschädigter Ware; mit Recht kritisch *Clarke* S. 133 f. Nr. 44a.

[79] OLG Düsseldorf 18.10.1973, VersR 1974, 1095; *Loewe* TranspR 1988, 315; GroßkommHGB/*Helm* Rn. 67; *Thume/Demuth* Rn. 39; aA *Koller* Rn. 6; EBJS/*Bahnsen* Rn. 20; differenzierend *Herber/Piper* Rn. 24.

[80] *Koller* Rn. 6; *Thume/Demuth* Rn. 42; GroßkommHGB/*Helm* Rn. 69; *Jabornegg/Artmann/Csoklich* Rn. 7.

Verjährungsfrist läuft auch für Ansprüche, die **erst noch entstehen.**[81] Der Gläubiger solcher spät entstehenden Ansprüche kann bei Beendigung des Transports auf Grund der vorgefallenen Vertragsverletzung die mögliche Entstehung solcher Ansprüche voraussehen und etwa eine Feststellungsklage oder Klage auf künftige Leistung erheben. Lediglich in Fällen, bei denen eine Klageerhebung nicht möglich ist, weil die Ansprüche dem Grunde nach erst nach oder kurz vor Ablauf der Frist des lit. c entstehen, etwa wegen Verletzung nachvertraglicher Treuepflichten[82] oder bei Frachtentgelten aus langdauernden Sukzessivlieferungsverträgen,[83] empfiehlt sich eine sachgerechte Lösung durch ein restriktives Verständnis der lit. c und eine ergänzende Anwendung nationalen Rechts gemäß Art. 32 Abs. 3 CMR.[84]

21    **e) Annahmeverweigerung.** Lehnt der bestimmungsmäßige Empfänger wegen der Beschädigung des Gutes dessen Annahme ab, so kommt es jedenfalls zu diesem Zeitpunkt nicht zu einer Ablieferung iSv. Art. 32 Abs. 1 Satz 3 lit. a.[85] Wann die Verjährung beginnt, hängt von weiteren Umständen ab. Erteilt der Absender gemäß Art. 15 Abs. 1 oder der gemäß Art. 12 Abs. 2 oder 3 verfügungsberechtigte Empfänger dem Frachtführer die **Weisung,** das Gut zur Reparatur zum Absender zurückzubringen oder bei einem Dritten abzuliefern, so tritt nach der inzwischen überwiegenden und zutreffenden Auffassung die Ablieferung an den Absender bzw. an den Dritten iSv. Abs. 1 Satz 3 lit. a an die Stelle der zunächst geschuldeten Ablieferung an den bestimmungsmäßigen Empfänger.[86] Abweichendes gilt, wenn die anweisende Person nicht weisungsbefugt, eine Neubestimmung des Empfängers nicht beabsichtigt oder die Weisung unwirksam war. In diesen Fällen bewirkt die Aushändigung des Gutes an die angegebene Person keine Ablieferung.[87] Der Fall ist ebenso zu behandeln, wie wenn der Frachtführer nach der Beschädigung des Gutes oder nach Zurückweisung durch den Empfänger auf eigene Faust das Gut zurückbefördert[88] oder in eine Werkstatt verbringt. Obwohl der Verbleib des Gutes bekannt ist, kann es doch nach dem CMR-Haftungssystem gemäß Art. 20 nach Ablauf gewisser Fristen vom Anspruchsberechtigten als verloren angesehen werden, so dass sich der Verjährungsbeginn nach lit. b beurteilt.[89] Lagert der Frachtführer nach der erfolglosen Andienung am Bestimmungsort ein, gilt die Beförderung als beendet und die Einlagerung steht der Ablieferung iSd. lit. a gleich.[90]

---

[81] BGH 11.12.1981, VersR 1982, 649 bzgl. lit. c; *Koller* Rn. 6; *Jesser* S. 183; eingehend *Schmid/Kehl* TranspR 1995, 435, 438.

[82] *Koller* Rn. 6 Fn. 75; vgl. auch Thume/*Demuth* Rn. 58.

[83] Thume/*Demuth* Rn. 58.

[84] OGH Wien 19.5.1982, TranspR 1984, 193, 194; *Koller* Rn. 6; Thume/*Demuth* Rn. 58; Fremuth/Thume/*Thume* Rn. 13; *Herber/Piper* Rn. 12; *Jesser* S. 183; EBJS/*Bahnsen* Rn. 12; weitergehend *Braun* VersR 1988, 648, 650; GroßKommHGB/*Helm* Rn. 174 will Art. 39 Abs. 4 CMR analog heranziehen; aA *Schmid/Kehl* TranspR 1995, 435 ff. lehnen jegliche Restriktion ab und wollen lit. c wörtlich anwenden.

[85] *Koller* Rn. 4; *Herber/Piper* Rn. 17; *Lamy* 2013 Rn. 827a); aA Zeitpunkt der Andienung sei maßgeblich das schwedische Urteil, das bei *Loewe* TranspR 1988, 314 Nr. 33 in Fn. 78 zitiert wird; anders OGH Wien 29.8.1994, TranspR 1995, 110 mit krit. Anm. *Jesser*.

[86] *Worldwide Carriers v. Ardtran International*, [1983] 1 Lloyd's L. Rep. 61, 65 per *Parker, J.*; OLG Wien 10.7.1997, TranspR 1997, 435, 437; *Lamy* 2013 Rn. 827a); *Clarke* S. 135 f. Nr. 44a; *Koller* Rn. 4; *Herber/Piper* Rn. 17; GroßkommHGB/*Helm* Rn. 50; Thume/*Demuth* Rn. 26 f.; Fremuth/Thume/*Thume* Rn. 8; EBJS/*Bahnsen* Rn. 15; Ferrari/*Otte,* Int. Vertragsrecht, Rn. 20; Jabornegg/Artmann/*Csoklich* Rn. 6; *Silingardi* S. 282; andere wollen lit. c anwenden, so *Loewe* ETR 1976, 585 Nr. 260; *Putzeys* S. 390 Nr. 1128; OGH Wien 13.6.1985, TranspR 1987, 217; 24.4.2001, 4 Ob 318/00v, oder sogar auf nationales Recht ausweichen, *Moto Vespa v. MAT (Britannia Express),* [1979] 1 Lloyd's L. Rep. 175.

[87] BGH 29.11.1984, TranspR 1985, 182, 183 sub II 1; *Koller* Rn. 4.

[88] Nimmt der noch weisungsbefugte Absender das Gut an, kann darin allerdings ebenfalls eine Ablieferung gesehen werden und der Verjährungsbeginn richtet sich nach lit. a: *Koller* Rn. 4; *Herber/Piper* Rn. 17; Ferrari/ *Otte,* Int. Vertragsrecht, Rn. 22; Jabornegg/Artmann/*Csoklich* Rn. 6.

[89] BGH 29.11.1984, TranspR 1985, 182, 183 sub II 1; Trib. com. Paris 14.3.1978, ETR 1978, 742, 746; *ICI v. MAT Transport,* [1987] 1 Lloyd's L. Rep. 354, 360 per *Staughton, J.*

[90] GroßkommHGB/*Helm* Rn. 50; aA Hof 's-Hertogenbosch 21.12.1965, ETR 1966, 698: Verjährungsbeginn mit Abholung aus dem Lagerhaus durch den Empfänger.

**f) Regressansprüche zwischen Frachtführern.** Für Regressansprüche aufeinander- **22** folgender Frachtführer iSd. Art. 34 gelten nach Art. 39 Abs. 4 Satz 1 die Bestimmungen des Art. 32; die Verjährung beginnt allerdings nach Art. 39 Abs. 4 Satz 2 entgegen Art. 32 Abs. 1 Satz 3 am Tag der Rechtskraft eines gegen den Regressgläubiger erlassenen Urteils oder mangels eines solchen am Tag der tatsächlichen Zahlung zu laufen. Diese Regelung betrifft, wie sich aus der Bezugnahme in Art. 39 Abs. 1 auf Art. 37 ergibt, nur Schadensersatzansprüche, dagegen nicht Ansprüche auf Zahlung von Fracht und Standgeld.[91] Außerdem ist sie nur anwendbar, wenn die betreffenden Beförderer **Samtfrachtführer** iSv. Art. 34 sind, wenn also der nachfolgende Frachtführer durch Übernahme von Gut und Frachtbrief in den vom vorangehenden Frachtführer abgeschlossenen Transportvertrag eintritt. Strittig ist, ob die Regelung auch auf Regressansprüche zwischen **Haupt- und Unterfrachtführer** anwendbar ist. Derartige Ansprüche ergeben sich, wenn beispielsweise der Hauptfrachtführer, der für einen Unterfrachtführer nach Art. 3 verantwortlich ist, einen von diesem verursachten Schaden dem Verfügungsberechtigten ersetzt hat und beim Unterfrachtführer Rückgriff nehmen will. Die unmittelbare Anwendung von Art. 39 Abs. 4 auf Haupt- und Unterfrachtführer wird damit begründet, dass beide „Frachtführer" iS der Vorschrift seien.[92] Sie lässt sich allerdings mit der systematischen Stellung im Kapitel über Samtfrachtführer nicht vereinbaren. Darüber hinaus hat der Hauptfrachtführer zwar gegenüber seinem Auftraggeber die Eigenschaft des Frachtführers, gegenüber dem Unterfrachtführer ist er aber Absender.[93]

Andere Gerichte bejahten im Ergebnis einen **Verjährungsbeginn entsprechend 23 Art. 39 Abs. 4 Satz 2;**[94] derartige Ansprüche seien überhaupt nicht von Art 32 Abs. 1 erfasst und verjährten daher nach nationalem Recht, wobei der aufeinanderfolgende Frachtführer geltende Grundsatz des Art. 39 Abs. 4, dass die Verjährungsfrist dieser Ansprüche nicht vor tatsächlicher Zahlung durch den Rückgriffsberechtigten beginnen solle, zu berücksichtigen sei.[95] Warum gerade der Regressanspruch unter Frachtführern von Art. 32 Abs. 1 erfasst sein soll, einer Bestimmung, die für alle Ansprüche aus einer der CMR unterliegenden Beförderung gilt, ist nicht ersichtlich. Da Art. 39 Abs. 4 Satz 1 anordnet, dass sogar Regressansprüche zwischen Frachtführern iSv. Art. 34 nach Art. 32 verjähren, muss dies umso mehr für Regressansprüche zwischen Haupt- und Unterfrachtführer gelten, stehen diese doch im Verhältnis von Absender und Frachtführer einander gegenüber.[96] Das nationale Recht kann allenfalls über Abs. 3 auf die Verjährung des Regressanspruchs einwirken, etwa dadurch, dass die Klage gegen den Regressgläubiger zugleich die Verjährung des Regressanspruchs unterbricht.[97] Die Verjährungsregelung unterliegt aber jedenfalls Art. 32. Da diese Vorschrift insofern auch keine Lücke aufweist, kommt eine analoge Anwendung von Art. 39 Abs. 4 Satz 2 nicht in Betracht.[98]

Die zusätzliche Zeit, die aufeinanderfolgenden Frachtführern in Art. 39 Abs. 4 gewährt **24** wurde, wurde anderen Frachtführern in Art. 32 Abs. 1 verwehrt. Man muss von ihnen deshalb erwarten können, „dass sie sich rechtzeitig darum kümmern, ob der Transport reibungslos vor sich gegangen ist oder ob sie in Anspruch genommen zu werden gewärtigen müssen".[99] Auch Regressforderungen beginnen deshalb nach Art. 32 Abs. 1 Satz 3 zu ver-

---

[91] *Muller Batavier Ltd. v. Laurent Transport,* [1977] 1 Lloyd's L. Rep. 411; *Hill/Messent* S. 261; *Clarke* S. 138 f. Nr. 44b (ii).

[92] *Ulster Swift v. Taunton Meat Haulage,* [1977] 1 Lloyd's L. Rep. 346, 360 C. A. per *Megaw,* L. J.

[93] So *Clarke* S. 137 Nr. 44b (i).

[94] OGH Wien 10.7.1985, TranspR 1986, 377, 378 = JBl. 1986, 317 mit Anm. *Huber;* 13.4.1989, TranspR 1990, 152; abweichend im Sinne der hier vertretenen Auffassung aber nunmehr OGH Wien 20.6.2000, TranspR 2001, 79; für Analogie auch Areopag 33/1998, Epitheorisi Emporikou Dikaiou 1998, 544 zitiert nach *Mavridis* TranspR 2005, 455, 456.

[95] OGH Wien 10.7.1985, TranspR 1986, 377, 378 = JBl. 1986, 317 mit Anm. *Huber,* der auf den Zeitpunkt abstellen will, in dem der Anspruch gegen den Regressgläubiger feststeht.

[96] OLG Düsseldorf 12.2.1981, VersR 1982, 302; OLG München 5.7.1989, TranspR 1990, 16.

[97] Ähnlich für das belgische Recht *Putzeys* S. 391 f. Nr. 1134.

[98] Für diese aber *Clarke* S. 138 Nr. 44b (i); ebenso GroßkommHGB/*Helm* Rn. 39; Letzterem zustimmend *Ferrari/Otte,* Int. Vertragsrecht, Rn. 6.

[99] *Loewe* TranspR 1988, 315 Nr. 34.

jähren.[100] Nach **Sinn und Zweck der kurzen Verjährung** sollen die Verfahren zwischen Haupt- und Unterfrachtführer nicht erst beginnen, wenn der Hauptfrachtführer mit dem Absender/Empfänger über Jahre hinweg durch alle Instanzen prozessiert hat. Es ist dem zunächst in Anspruch genommenen Frachtführer zuzumuten, den Lauf der Verjährung des Regressanspruchs durch geeignete Maßnahmen zu hemmen oder zu unterbrechen, etwa durch präventive Feststellungsklagen,[101] Klagen auf künftige Leistung oder eine Reklamation nach Abs. 2, sobald feststeht, dass er in Anspruch genommen werden könnte.

**25**   **3. Berechnung (Abs. 1 Satz 4).** Wie im deutschen Recht (§ 187 BGB) zählt nach Abs. 1 Satz 4 der Tag, auf den das verjährungsauslösende Ereignis fällt, nicht mit. Die Bestimmung gilt für den gesamten Abs. 1 Satz 3, nicht etwa nur für lit. c.[102] Der Tag, an dem die Verjährung beginnt, bleibt deshalb in allen Fällen bei der Berechnung der Frist außer Betracht. Mangels gegenteiliger Regelung zählt der Schlusstag bei der Fristberechnung mit.[103] Dies bedeutet – entgegen § 188 Abs. 2 BGB –, dass die Einjahresfrist nach einer Ablieferung am 25.5.1999 vom 26.5.1999 bis einschließlich 26.5.2000 läuft.[104] Kommt ein Verjährungsbeginn nach lit. c in Betracht, so gilt die Regelung des Abs. 1 Satz 4 auch für die Berechnung der Dreimonatsfrist.[105] Die Frist von drei Monaten ist nicht 90 Tagen gleichzusetzen, sondern kalendermäßig zu berechnen.[106] Regelungen des nationalen Rechts, nach denen für das Fristende anstelle eines Samstags, Sonn- oder Feiertags der nächste Werktag maßgeblich ist (vgl. § 193 BGB), hemmen die Verjährung iSv. Abs. 3 und sind daher zu beachten.[107]

## IV. Hemmung und Unterbrechung der Verjährung (Abs. 2, 3)

**26**   **1. Zweck der Hemmung.** Die Hemmung und Unterbrechung der Verjährung richtet sich grundsätzlich nach den Rechtsvorschriften der lex fori (Abs. 3). Für einen Teilbereich sieht Abs. 2 selbst materielle Sonderregeln über die Verjährungshemmung vor. Danach werden Ansprüche gegen den Frachtführer durch eine schriftliche **Reklamation** gehemmt, bis der Frachtführer die Reklamation ebenfalls schriftlich zurückweist und die beigefügten Belege zurücksendet. Während dieser Zeitspanne soll der Anspruchsberechtigte abwarten können, ob die Angelegenheit **außergerichtlich erledigt** werden kann.[108] Bei Verfahren vor deutschen Gerichten empfiehlt sich eine Reklamation ohnehin; denn sie wendet das Kostenrisiko ab, das der Anspruchsberechtigte trägt, wenn er ohne vorherige Reklamation Klage erhebt und der beklagte Frachtführer den Anspruch sofort anerkennt, § 93 ZPO. Dem prozessrechtlichen Anreiz zur Reklamation fügt Abs. 2 mit der Hemmung der Verjährung einen materiellrechtlichen Anreiz hinzu.

**27**   **2. Anwendungsbereich.** Die Vorschrift ist nach dem Wortlaut nur auf **Ansprüche gegen den Frachtführer** anzuwenden, nicht auf Ansprüche gegen den Absender. Ihre Anwendbarkeit erstreckt sich aber auf alle Ansprüche gegen den Frachtführer, nicht nur solche, die auf die CMR gestützt werden, sondern auch auf jene, die sich aus nationalem

---

[100] *Loewe* TranspR 1988, 315 Nr. 34; *Putzeys* S. 391 f. Nr. 1134; *Jesser* S. 183; *Koller* Rn. 3; EBJS/*Bahnsen* Rn. 12; Höchstgericht Schweden 26.3.1996, ETR 2002, 386, 387; mittlerweile auch OGH Wien 20.6.2000, TranspR 2001, 79.

[101] *Loewe* TranspR 1988, 314 f. Nr. 34; *Jesser* S. 182.

[102] Kantongerecht Delft 13.5.1965, ETR 1966, 722; Hof Brüssel 16.11.1977, ETR 1980, 319; *Glöckner* Rn. 11; *Hill/Messent* S. 262; *Jesser* S. 182.

[103] *Loewe* ETR 1976, 586 Nr. 263; *Putzeys* S. 389 Nr. 1126.

[104] BGH 27.4.2006, TranspR 2006, 307; aA *Helm* in FS Piper S. 859, 869 f.: Fristende nach ergänzend anwendbarem Recht; *Koller* Rn. 7.

[105] *Koller* Rn. 6; GroßkommHGB/*Helm* Rn. 71 (Rn. 85 über § 187 BGB); *Loewe* TranspR 1988, 315 Nr. 36; *Jabornegg/Artmann/Csoklich* Rn. 7; aA OLG Düsseldorf 18.10.1973, VersR 1974, 1095, 1097; *Thume/Demuth* Rn. 55.

[106] *Loewe* ETR 1976, 585 Nr. 260.

[107] *Csoklich* S. 257; *Loewe* TranspR 1988, 317 f., Nr. 53; *Hill/Messent* S. 275.

[108] *Hardingham* LMCLQ 1979, 366 f.; GroßkommHGB/*Helm* Rn. 97.

Recht ergeben.[109] Sie bleibt außer Betracht für die Verjährung des Frachtanspruchs des Unterfrachtführers gegen den Hauptfrachtführer[110] und ebenso, wenn der Frachtführer Ansprüche gegen den Absender geltend macht, seien es nun Frachtansprüche oder Schadensersatzansprüche aus Art. 10 bzw. Art. 11 Abs. 2 Satz 2 oder aus ergänzendem nationalem Recht;[111] in diesen Fällen richtet sich die Hemmung und Unterbrechung gemäß Abs. 3 nach nationalem Recht, vgl. Rn. 3 und 4. Anzuwenden ist die Vorschrift aber auf Schadensersatzansprüche, die ein Frachtführer gegen den Unterfrachtführer erhebt.[112]

**3. Beginn der Hemmung – Reklamation. a) Inhalt.** Die Reklamation ist die **28** unmissverständliche Einforderung von Ersatzansprüchen gegen den Frachtführer. Sie geht über einen Vorbehalt iSv. Art. 30 hinaus. Während der Vorbehalt den Frachtführer vor der Möglichkeit der Inanspruchnahme warnen soll und deshalb lediglich auf Existenz und Art des Schadens hinweisen muss, zieht der Absender/Empfänger mit der Reklamation die rechtlichen Schlussfolgerungen und **macht den Frachtführer unmissverständlich für den Schaden haftbar.**[113] Die Formulierung, dass die Inanspruchnahme „vorsorglich" erfolge, schadet nicht.[114] Zwar kann die Inanspruchnahme mit dem Vorbehalt uno actu verbunden sein, dies ist jedoch nicht ohne weiteres der Fall.[115] Wie genau der Umfang des Anspruchs anzugeben ist, steht im Streit, siehe schon Art. 27 Rn. 12. Eine auch nur ungefähre Bezifferung der Anspruchshöhe ist für die Wirksamkeit der Reklamation richtigerweise nicht zu fordern.[116] Jedenfalls muss die Reklamation diejenigen Informationen enthalten, die der Adressat benötigt, um darüber zu entscheiden, ob er den Anspruch anerkennt, ihn zurückweist oder weiter verhandelt.[117]

**Einzelheiten:** Aus der Reklamation muss sich nicht notwendigerweise der Name des **29** Anspruchstellers ergeben.[118] Die Bezugnahme auf einen früheren Briefwechsel, insbesondere Vorbehalte iSv. Art. 30 oder auf beigefügte Unterlagen ist möglich.[119] Ein Fernschreiben, mit dem der Auftraggeber den Frachtführer für Fehlmengen haftbar macht, ist eine Reklamation.[120] Der Absender reklamiert auch dadurch, dass er ein an ihn gerichtetes kaufrechtliches Reklamationsschreiben des Empfängers an den Beförderer weiterleitet.[121]

---

[109] GroßkommHGB/*Helm* Rn. 100; *Koller* Rn. 8; *Thume*/*Demuth* Rn. 60a.

[110] *Muller Batavier v. Laurent Transport Co.,* [1977] 1 Lloyd's L. Rep. 411.

[111] OGH Wien 22.5.1978, *Greiter* S. 66, 71; BGH 28.2.1975, ETR 1975, 523; Hof van Cassatie Belgien 7.1.2000, ETR 2000, 671; Cour Paris 24.8.1987, BT 1987, 424; Hof 's-Gravenhage 22.3.1985, S. &. S. 1989 Nr. 31; *Clarke* S. 140 Nr. 45; *Jesser* S. 184; GroßkommHGB/*Helm* Rn. 99; *Rodière* BT 1974, 340 Nr. 121.

[112] Rb. Antwerpen 16.5.2003, ETR 2003, 360.

[113] BGH 9.2.1984, TranspR 1984, 146, 148; OLG Karlsruhe 28.9.2001, TranspR 2004, 33, 35; OGH Wien 29.8.1994, TranspR 1995, 110, 112; 19.5.1998, VersR 1999, 1131, 1132; *Moto Vespa v. MAT (Britannia Express),* [1979] 1 Lloyd's L. Rep. 175, 180; Hof Antwerpen 30.5.1979, ETR 1979, 924; Cour cass. 15.5.2001, ETR 2001, 388; Höchstgericht Schweden 26.3.1996, ETR 2002, 386, 387; *Herber*/*Piper* Rn. 30; GroßkommHGB/*Helm* Rn. 106; *Koller* Rn. 9; *Thume*/*Demuth* Rn. 61; *Jabornegg*/*Artmann*/*Csoklich* Rn. 8.

[114] OLG Hamm 7.11.1996, TranspR 1998, 459, 461; OLG Karlsruhe 28.9.2001, TranspR 2004, 33, 35; OLG Frankfurt/Main 5.10.2004, TranspR 2005, 256, 257.

[115] BGH 9.2.1984, TranspR 1984, 146, 148.

[116] BGH 7.11.1985, TranspR 1986, 53, 55 (So zu § 40 Abs. 3 KVO) wo der ungefähre Schadensumfang aber ohnehin bekannt war; OLG Düsseldorf 11.7.1996, TranspR 1997, 274, 275; OLG Hamm 7.11.1996, TranspR 1998, 459, 461; OLG Karlsruhe 28.9.2001, TranspR 2004, 33, 35; OLG Frankfurt/Main 5.10.2004, TranspR 2005, 256, 257; ebenso OGH Wien 29.8.1994, TranspR 1995, 110, 112 m. zust. Anm. *Jesser,* S. 113; Hof van Cassatie Belgien 10.6.2010, ETR 2010, 623; *Koller* Rn. 9; *Herber*/*Piper* Rn. 31; GroßkommHGB/*Helm* Rn. 107; *Thume*/*Demuth* Rn. 62; aA Hof Gent 25.6.1986, ETR 1987, 421; französische Judikatur nachgewiesen bei *Lamy* 2013 Rn. 832: „erste Schadensschätzung"; Cour Aix-en-Provence 7.2.1990 BT 1990, 698; ähnlich Hof 's-Gravenhage 19.11.1991, S. & S. 1992 Nr. 97: „Angabe von Art und Umfang des Schadens"; für Angaben zur Schadenshöhe *Clarke* S. 145 Nr. 45b (iv).

[117] Hof van Cassatie Belgien 12.12.1980, ETR 1981, 250; ähnlich Höchstgericht Schweden 26.3.1996, ULR 1997, 202.

[118] OLG Düsseldorf 27.5.1982, VersR 1983, 62; GroßkommHGB/*Helm* Rn. 108; *Koller* Rn. 9; differenzierend Thume/*Demuth* Rn. 62; aA EBJS/*Bahnsen* Rn. 26.

[119] OLG Düsseldorf 8.3.1976, VersR 1976, 1161; Hof Antwerpen 7.12.1973, ETR 1976, 295, 300.

[120] Kh. Antwerpen 3.3.1976, ETR 1977, 438; Cour Paris 24.3.1972, BT 1972, 205; LG Mönchengladbach 16.3.1981, VersR 1982, 340.

[121] BGH 7.11.1985, TranspR 1986, 53.

Die Reklamation kann ferner durch Übersendung einer Rechnung präsentiert werden, aus der sich der Schadensumfang ergibt.[122] Dagegen liegt **keine Reklamation** darin, dass der Frachtführer aufgefordert wird, seine Versicherung einzuschalten ohne ihn haftbar zu machen[123] oder dass der Empfänger dem Frachtführer mitteilt, er habe selbst die Angelegenheit seinem Transportversicherer übergeben.[124] Ebenso wenig in einem Brief des Empfängers, in dem dieser nur unspezifiziert auf erhebliche Transportschäden hinweist und das Gut zur Verfügung stellt[125] oder den Frachtführer zur Stellungnahme auffordert.[126] Ein den strengen Anforderungen nicht entsprechendes Schreiben wurde dann für ausreichend gehalten, wenn es der Frachtführer als Reklamation aufgefasst hat.[127] Wegen der Erwähnung der **Belege** im Zusammenhang mit der Zurückweisung der Reklamation wird gelegentlich angenommen, dass der Reklamation die notwendigen Dokumente beigefügt sein müssen.[128] Diese Bestimmung hat aber nur den Zweck, den Anspruchsteller wieder in den Besitz all seiner Beweisunterlagen zu bringen, falls er sie dem Adressaten der Reklamation überlassen hat. Der Reklamation können zwar Beweisdokumente beigefügt werden, dies ist aber grundsätzlich keine Voraussetzung für ihre Wirksamkeit.[129] Anderes gilt, wenn der Frachtführer ohne die Dokumente zu der Reklamation gar nicht Stellung nehmen kann.[130]

**30**    **b) Verfasser, Adressat, Drittwirkung.** Art. 32 regelt nicht, wer reklamieren kann und gegenüber wem dies zu geschehen hat. Nach dem Sinn und Zweck der Hemmung, nämlich der Erkundung von Möglichkeiten der außergerichtlichen Erledigung, kann eine Reklamation grundsätzlich nur verjährungshemmende Wirkung entfalten, wenn sie vom **Gläubiger** des fraglichen Anspruchs[131] – dem Absender[132] oder Empfänger[133] oder Eigentümer des Gutes bei deliktischen Ansprüchen[134] – gegenüber dem **Schuldner**,[135] also dem Frachtführer abgegeben wird; denn nur Gläubiger und Schuldner können über den Anspruch verfügen. Die aktive und passive Reklamationsberechtigung kann nur auf solche Dritte erstreckt werden, die anstelle von Gläubiger oder Schuldner eine außergerichtliche Erledigung herbeizuführen imstande sind. Dabei ist zunächst an **Boten** oder **bevollmächtigte Vertreter** zu denken, etwa einen Havariekommissar[136] auf Seiten des Reklamierenden und den Fahrer[137] auf Seiten des Adressaten der Reklamation. Wirksam reklamieren kann zweitens auch, wer **ermächtigt** ist, über fremde Forderungen im eigenen Namen zu verfügen, sie einzuziehen und als Prozessstandschafter einzuklagen. Dies hat der BGH im deutschen Recht für den Auftraggeber des Spediteurs (*Versender*) angenommen, weil die Rechte des

---

[122] Cour Reims 3.3.1980, BT 1980, 237.
[123] LG München I 5.7.1988, VersR 1989, 215, 216; OLG Frankfurt/Main 5.10.2004, TranspR 2005, 256, 257; aA *Koller* Rn. 9 generell ausreichend.
[124] Rb. Arnhem 30.6.1988, S. & S. 1989 Nr. 60.
[125] Cour Toulouse 7.12.1989, Nr. 88/2796 kritisiert bei *Lamy* 2013 Rn. 832; aA *Koller* Rn. 9.
[126] Kh. Antwerpen 16.4.1978, bei *Ponet* Rn. 696.
[127] OGH Wien 1.7.2009, TranspR 2010, 348, 351 f.
[128] Trib. com. Créteil 12.12.1991, BTL 1992, 151.
[129] *Haak* S. 303; *Koller* Rn. 9; GroßkommHGB/*Helm* Rn. 111; *Silingardi* S. 288 f.; Cour Brüssel 27.2.1996, ETR 1996, 833.
[130] OGH Wien 29.8.1994, TranspR 1995, 111, 112 m. zust. Anm. *Jesser;* GroßkommHGB/*Helm* Rn. 111; *Clarke* S. 143 f. Nr. 45b (ii); aA *Koller* Rn. 9; Jabornegg/Artmann/*Csoklich* Rn. 9; EBJS/*Bahnsen* Rn. 26.
[131] BGH 24.10.1991, NJW 1992, 1766 = IPRax 1992, 332 m. Anm. *Kronke;* OLG Karlsruhe 28.9.2001, TranspR 2004, 33, 35; *Loewe* ETR 1976, 585 Nr. 262; *Jesser* S. 185; GroßkommHGB/*Helm* Rn. 114; *Silingardi* S. 289.
[132] *Koller* Rn. 13; GroßkommHGB/*Helm* Rn. 114; zur materiellen Berechtigung des Absenders oben Art. 13 Rn. 18 ff.
[133] BGH 12.12.1985, TranspR 1986, 278, 281 sub II 2 d.; GroßkommHGB/*Helm* Rn. 114.
[134] OLG Düsseldorf 27.5.1982, VersR 1983, 62; *Herber/Piper* Rn. 34; GroßkommHGB/*Helm* Rn. 126.
[135] *Koller* Rn. 12; Thume/*Demuth* Rn. 73; *Lamy* 2013 Rn. 831 mwN.
[136] Comm. Mons 9.11.1976, ETR 1977, 300; Comm. Tournai 11.12.1980, Jur. Anv. 1981/82, 381.
[137] BGH 12.12.1985, TranspR 1986, 278; zur Stellung des Fahrers als Empfangsbote schon Art. 30 Rn. 11.

Spediteurs (als *Ab*sender) aus dem Transportvertrag wirtschaftlich allein dem *Ver*sender zugute kommen.[138] Eine wirksame Reklamation kann drittens – nach einer Abtretung – auch von dem **Zessionar** des Entschädigungsanspruchs ausgehen.[139]

Wirksam reklamieren kann danach der **Transportversicherer,** sobald er den Absender/ **31** Empfänger entschädigt und die Schadensersatzforderung dadurch gemäß § 86 VVG auf sich übergeleitet hat.[140] Vor der Zahlung und Legalzession soll eine Reklamation durch den Transportversicherer dagegen wirkungslos sein, selbst wenn das Versicherungsunternehmen die Forderung alsbald erwirbt.[141] Diese Rspr. wird mit ihrem zivilistischen Formalismus der Wirklichkeit des Handelsverkehrs nicht gerecht. Zu den wirtschaftlichen Funktionen von **Spediteuren, Havariekommissaren** und Transportversicherern gehört regelmäßig auch die Schadensregulierung. Wer ankündigt, er werde die Angelegenheit seiner Versicherung übergeben, gibt zu erkennen, dass aus dem Transport noch Ansprüche geltend gemacht werden, und ebenso versteht es der Rechtsverkehr, wenn sich der Versicherer ohne eine solche Ankündigung des Berechtigten direkt an den Frachtführer wendet. Da der Beförderer die Zahlungen des Versicherers an den Absender/Empfänger nicht überblicken kann, weiß er nicht, ob der Versicherer noch für fremde oder schon für eigene Rechnung handelt. Für ihn ist nur von Interesse, dass aus einem bestimmten Transport von der Verladerseite gegen ihn noch Ansprüche erhoben werden; nur darauf kommt es nach dem Sinn und Zweck der Hemmungsregelung an, vgl. Rn. 26.[142] Wie die genaue Rechtszuständigkeit auf der Verladerseite aussieht, braucht ihn zur Zeit der Reklamation noch nicht und später erst dann zu interessieren, wenn er eine Entschädigung mit befreiender Wirkung an die richtige Person zahlen will. Dogmatisch lässt sich dieses Ergebnis damit untermauern, dass der Transportversicherer bei der Reklamation **für den, den es angeht,**[143] handelt, ab der Legalzession für sich selbst, zuvor für den Versicherungsnehmer. Dass er von diesem konkludent bevollmächtigt ist,[144] kann der Frachtführer schon daraus entnehmen, dass der Transportversicherer sich mit der Angelegenheit befasst.

Ähnliche Probleme ergeben sich auf der Seite des **Adressaten.** Die Reklamation muss – **32** unmittelbar oder per Boten (Rn. 30) – an den Haftungsschuldner selbst, also den Frachtführer, oder eine von ihm ausdrücklich oder stillschweigend bevollmächtigte Person gerichtet werden. Dies kann der **Haftpflichtversicherer** des Frachtführers sein, wenn der Beförderer ihn mit der Schadensregulierung beauftragt hat,[145] seinen Versicherungsanspruch an den Absender/Empfänger abtritt[146] oder es wissentlich geschehen lässt, dass der Versicherer für ihn auftritt.[147] Hat der Frachtführer dagegen durch keinerlei Handlungen zum Ausdruck gebracht, dass er die Schadensregulierung delegiert, entfaltet die Reklamation gegenüber dem Haftpflichtversicherer keine verjährungshemmende Wirkung.[148] Das Gleiche gilt, wenn nicht die §§ 458–460 HGB eingreifen, für Reklamationen gegenüber einem **Spedi-**

---

[138] BGH 22.2.1970, NJW 1970, 995; *Piper* VersR 1988, 203; siehe schon oben Art. 13 Rn. 6.

[139] OGH Wien 27.4.1987, TranspR 1987, 372; OLG Düsseldorf 27.5.1982, VersR 1983, 62; Kh. Antwerpen 17.2.1974, ETR 1974, 504, 511.

[140] BGH 24.10.1991, NJW 1992, 1766 = TranspR 1992, 177, 179 = IPRax 1992, 332 m. Anm. *Kronke;* vgl. auch BGH 21.11.1996, VersR 1997, 385; Cour Aix-en-Provence 11.3.1969, BT 1969, 389; *Lamy* 2013 Rn. 832; *Clarke* S. 142 Nr. 45a; *Putzeys* S. 396 Nr. 1144; *Silingardi* S. 289.

[141] BGH 24.10.1991, NJW 1992, 1766 = TranspR 1992, 177, 179 = IPRax 1992, 332 m. Anm. *Kronke;* 8.7.2004, TranspR 2004, 357, 359; Cour Aix-en-Provence 8.11.1968, ETR 1969, 918; aA Hof van Cassatie Belgien 7.11.1983, R. W. 1984–85, 134; Hof Antwerpen 30.6.1982, ETR 1983, 84; OLG Hamburg 17.11.1983, VersR 1984, 236; OLG München 21.7.1989, TranspR 1989, 324: Reklamation vor Abtretung bewirkt Hemmung ab Abtretung, wenn die Forderung zu diesem Zeitpunkt noch nicht verjährt ist; ebenso *Koller* TranspR 1989, 310.

[142] Ebenso *Moto Vespa v. MAT (Britannia Express),* [1979] 1 Lloyd's L. Rep. 175, 180 per *Mocatta,* J.

[143] Zustimmend GroßkommHGB/*Helm* Rn. 119.

[144] Cour Aix-en-Provence 8.11.1968, ETR 1969, 918; Rb. Utrecht 11.4.1979, S. & S. 1980 Nr. 12; zu den Erfordernissen vgl. BGH 8.7.2004, TranspR 2004, 357, 359; siehe auch oben Fn. 141.

[145] *Poclain v. SCAC,* [1986] 1 Lloyd's L. Rep. 404 C. A.; *Herber/Piper* Rn. 40.

[146] *Koller* Rn. 12.

[147] OLG Düsseldorf 27.2.1987, TranspR 1987, 223, 227.

[148] *Lamy* 2013 Rn. 831; *Putzeys* S. 396 Nr. 1144 Fn. 975.

teur,[149] der aus positiver Vertragsverletzung haftet, wenn er die Reklamation nicht an den Frachtführer weiterleitet; durch die Weiterleitung wird die Reklamation gegenüber dem Frachtführer wirksam.[150]

33    Von der Möglichkeit der Stellvertretung zu trennen ist die Frage der **Drittwirkung einer Reklamation** zugunsten oder zulasten von Personen, die nicht Urheber oder Adressat der Reklamation waren. Eine solche Drittwirkung auf der **Aktivseite** des Reklamierenden wurde zunächst ohne nähere Begründung gebilligt; so sollte die Reklamation durch den Empfänger auch die Verjährung von Ansprüchen des Absenders hemmen.[151] Nach der mittlerweile hA ist diese Frage nicht in der CMR geregelt und nach dem ergänzend heranzuziehenden Recht zu beantworten.[152] Bei Anwendbarkeit des deutschen Rechts sind Absender, Empfänger und Eigentümer als Gesamtgläubiger anzusehen, sodass gemäß §§ 429 Abs. 3, 425 Abs. 2 BGB jeder nur mit Wirkung für sich die Verjährung hemmen kann.[153] Es liegt auf der Hand, dass die Drittwirkung auf Seiten des Reklamierenden einem praktischen Bedürfnis entsprechen kann, etwa wenn Empfänger und Absender nach längerer Zeit feststellen, dass die Rechtsverfolgung gegen den Beförderer im Land des Absenders größere Erfolgsaussichten hat als im Land des Empfängers und dass deshalb der Absender seine Ansprüche geltend machen soll. Daher wird empfohlen im Namen aller Ladungsbeteiligten zu reklamieren.[154] Zu denken ist auch an eine ausdrückliche oder stillschweigende Abtretung der – bereits reklamierten – Empfängeransprüche an den Absender, der die Ansprüche im Zustand der gehemmten Verjährung erwirbt.

34    Auf der **Passivseite** scheidet eine Drittwirkung grundsätzlich aus. So kann eine Reklamation des Empfängers gegenüber dem Unterfrachtführer, der das Gut über das letzte Teilstück befördert hat, nicht die Verjährung der Ansprüche gegen den Hauptfrachtführer hemmen,[155] und umgekehrt wird eine Reklamation gegenüber dem Hauptfrachtführer auch eventuelle Direktansprüche des Empfängers gegen den Unterfrachtführer vor der Verjährung nicht bewahren.[156] Wenn die Beförderer **aufeinanderfolgende Frachtführer** iSv. Art. 34 und damit Gesamtschuldner sind, wirken sich die unterschiedlichen nationalen Konzeptionen der Gesamtschuld aus: soweit deutsches Recht den Vertrag beherrscht, kann die Reklamation gegenüber einem von mehreren aufeinanderfolgenden Frachtführern nicht zulasten der anderen wirken.[157]

35    **c) Form.** Das Erfordernis der Schriftlichkeit der Reklamation ist wegen der Notwendigkeit der autonomen Auslegung nicht als Verweis auf § 126 BGB zu verstehen. Wie schon in Art. 20 Abs. 2 (siehe dort Rn. 9) und in Art. 27 (siehe dort Rn. 13) genügt jede Form der Verkörperung, insbesondere **Telex,**[158] **Telefax,**[159] oder **EDV.**[160] Eine

---

[149] Cour Paris 7.11.1975, BT 1975, 515; 23.6.1976, BT 1976, 332; aA Comm. Liège 25.11.1982, ETR 1982, 843.
[150] Cour Paris 24.10.1989 unveröffentlicht, zitiert bei *Lamy* 2013 Rn. 831.
[151] OLG Düsseldorf 13.1.1972, VersR 1973, 178, 180; *Rodière* BT 1974, 340 Nr. 122.
[152] BGH 24.10.1991, TranspR 1992, 177, 178; OLG Düsseldorf 16.12.1982, VersR 1983, 1132; OLG München 21.7.1989, TranspR 1989, 324, 326; *Loewe* ETR 1976, 585; *Koller* Rn. 14; Ferrari/*Otte*, Int. Vertragsrecht, Rn. 31.
[153] BGH 24.10.1991, TranspR 1992, 177, 178; *Koller* Rn. 14; GroßkommHGB/*Helm* Rn. 114; *Herber/Piper* Rn. 39; Thume/*Demuth* Rn. 74; Ferrari/*Otte,* Int. Vertragsrecht, Rn. 31.
[154] *Hill/Messent* S. 267.
[155] Cass.com. 10.6.1986, ETR 1986, 416; *Glöckner* Rn. 24; *Csoklich* S. 255; *Jesser* S. 184 f.; *Herber/Piper* Rn. 41; GroßkommHGB/*Helm* Rn. 127.
[156] Voraussetzung ist dabei, dass dem Empfänger Ansprüche gegen den Unterfrachtführer zuerkannt werden, vgl. Art. 13 Rn. 17.
[157] Vgl. § 425 Abs. 2 BGB; GroßkommHGB/*Helm* Rn. 129; ebenso in England *Worldwide Carriers v. Ardtran International,* [1983] 1 Lloyd's L. Rep. 61, 66.
[158] Kh. Antwerpen 3.3.1976, ETR 1977, 437; OLG Koblenz 6.10.1989, TranspR 1991, 93, 96; *Herber/Piper* Rn. 32; *Koller* Rn. 11; Thume/*Demuth* Rn. 64; Fremuth/Thume/*Thume* Rn. 16; GroßkommHGB/*Helm* Rn. 110.
[159] *Braun* VersR 1988, 651; *Jesser* S. 184; *Glöckner* Rn. 22; *Herber/Piper* Rn. 32; *Koller* Rn. 11; Thume/*Demuth* Rn. 64; GroßkommHGB/*Helm* Rn. 110.
[160] *Koller* Rn. 11; GroßkommHGB/*Helm* Rn. 110; Thume/*Demuth* Rn. 64; EBJS/*Bahnsen* Rn. 27.

Originalunterschrift ist nicht erforderlich, weil es bei der Reklamation nur darum geht, dass der Empfänger der Reklamation einen schriftlichen Vorgang erhält, der ihm die Überprüfung ohne die Gefahr der bei Telefonanrufen häufigen Missverständnisse und Übertragungsfehler erlaubt. In der Praxis schlügen 90 % der Reklamationen fehl, wollte man sich an der Schriftform des § 126 BGB orientieren.[161] Da die Beweislast für den Empfang der Reklamation beim Reklamierenden liegt, ist es dennoch ratsam, sich den Empfang der Reklamation bestätigen zu lassen. Die Beifügung von Belegen ist nicht erforderlich, Rn. 29.

**d) Wirkungen und Zeitpunkt.** Die Hemmung der Verjährung tritt mit dem Empfang **36** der Reklamation ein,[162] nicht schon mit der Absendung, die allerdings gemäß Art. 27 die Verzinsungspflicht auslöst, Art. 27 Rn. 14. Dass es auf den Empfang ankommt, ergibt sich indirekt aus Abs. 2 Satz 3, wo die Beweislast für den Empfang und nicht für die Absendung geregelt wird.[163] Verweigert der Beförderer die Annahme der Reklamation, ist der Zeitpunkt des hypothetischen Empfangs maßgeblich.[164] Liegt der **Empfangszeit-punkt** vor Verjährungsbeginn, so schadet dies nicht.[165] Es werden dann nicht die Vorfristen gemäß Abs. 1 Satz 3 lit. b und c gehemmt;[166] vielmehr entfaltet die Reklamation, wenn sie bis dahin nicht zurückgewiesen wurde, ihre Wirkung erst mit Verjährungsbeginn.[167]

Aus den Originalwortlauten von Abs. 2 Satz 2 ergibt sich, dass unter Hemmung das **37** **Weiterlaufen einer zum Teil verbrauchten Frist** zu verstehen ist; es handelt sich somit um eine Fortlaufhemmung,[168] sodass während des Hemmungszeitraums der Lauf der Verjährung ruht und die noch nicht verbrauchte Frist sich um den Zeitraum der Hemmung verlängert. Sonstige Wirkungen der Hemmung regelt Abs. 2 nicht, so dass insoweit gemäß Abs. 3 nationales Recht zum Zuge kommt (lex fori).[169]

**4. Ende der Hemmung – Zurückweisung. a) Zeitpunkt.** Nach Abs. 2 Satz 1 endet **38** die Hemmung an dem Tag, an dem der Anspruch zurückgewiesen wird und die beigefügten Belege zurückgesendet werden; am darauf folgenden Tag läuft die Verjährungsfrist also weiter.[170] Nach dem Wortlaut wäre eigentlich der Tag maßgeblich, an dem die Zurückweisung und die Unterlagen an den Anspruchsteller abgesendet werden. Weil aber Abs. 2 Satz 3 die Beweislast für den Empfang der Antwort regelt, ist auch hier der Tag des **Empfangs der Zurückweisung maßgeblich.**[171] Wird der Anspruch vor Verjährungsbeginn zurückgewiesen, so hat dies keine Auswirkung auf den Fristlauf, die Verjährungsfrist beginnt an dem nach Abs. 1 Satz 3 lit. a–c oder Art. 39 Abs. 4 vorgesehenen Zeitpunkt zu laufen.[172] Solange der Frachtführer die Reklamation nicht wirksam zurückweist, bleibt die Hemmung

[161] *Braun* VersR 1988, 651.
[162] OGH Wien 27.4.1987, TranspR 1987, 372; OLG Frankfurt 5.11.1985, VersR 1986, 1070, 1071; Trib.com.Paris 25.6.1979, BT 1979, 403; *Herber/Piper* Rn. 43; *Koller* Rn. 15; GroßkommHGB/*Helm* Rn. 112.
[163] *Loewe* TranspR 1988, 316 Nr. 47; *Lamy* 2013 Rn. 833; *Hill/Messent* S. 271; *Putzeys* S. 396 Nr. 1145; *Haak* S. 304; aA Cour cass. 20.7.1983, BT 1984, 236.
[164] *Loewe* TranspR 1988, 316 Nr. 47.
[165] *ICI Fibres Ltd. v. MAT Transport Ltd.,* [1987] 1 Lloyd's L. Rep. 354; ebenso OLG Düsseldorf 24.7.2002, VersR 2003, 198, 199.
[166] So aber Hof Brüssel 28.6.1969, ETR 1969, 925; mit Recht kritisch *Putzeys* S. 396 Nr. 1145.
[167] *ICI Fibres Ltd. v. MAT Transport Ltd.,* [1987] 1 Lloyd's L. Rep. 354, 361; siehe auch *Clarke* S. 147 Nr. 45d; *Koller* Rn. 15; *Herber/Piper* Rn. 33; zustimmend GroßkommHGB/*Helm* Rn. 110; aA Rb Antwerpen 16.5.2003, ETR 2003, 360: keine Hemmungswirkung.
[168] OGH Wien 27.4.1987, TranspR 1987, 372; 10.12.1987, TranspR 1988, 421; 7.3.1990, ecolex 1990, 284; 10.7.1991, TranspR 1991, 422; 29.8.1994, TranspR 1995, 110, 112 m. Anm. *Jesser.*
[169] *Koller* Rn. 16; GroßkommHGB/*Helm* Rn. 148; EBJS/*Bahnsen* Rn. 29.
[170] *Putzeys* S. 397 Nr. 1148; GroßkommHGB/*Helm* Rn. 139.
[171] Trib.com. Corbeil-Essonnes 18.4.1969, ETR 1969, 988; *Loewe* TranspR 1988, 316 Nr. 47; *Haak* S. 304; *Clarke* S. 149 Nr. 45e; *Koller* Rn. 15; *Herber/Piper* Rn. 44; GroßkommHGB/*Helm* Rn. 133.
[172] *Koller* Rn. 15; GroßkommHGB/*Helm* Rn. 138; aA Hof Brüssel 28.6.1969, ETR 1969, 925, *Hill/Messent* S. 270, wonach die Zurückweisung die Hemmung der Vorfrist beendet.

auch über die für die Bearbeitung der Reklamation vereinbarte Zeitspanne hinaus[173] und potentiell ohne zeitliche Begrenzung bestehen.[174]

**39**   **b) Inhalt und Beteiligte.** Die Zurückweisung muss nicht ausdrücklich als solche bezeichnet sein, es muss aber **unmissverständlich** auf die endgültige **Ablehnung des Anspruchs** geschlossen werden können.[175] Dies ist beispielsweise der Fall, wenn in einem Schreiben davon die Rede ist, dass „nach Sach- und Rechtslage eine gerichtliche Klärung notwendig sein dürfte".[176] Ein ausdrücklicher Hinweis dergestalt, dass nunmehr nur noch eine Klage zur Durchsetzung des Anspruchs infrage kommt, ist nicht erforderlich.[177] Nicht ausreichend ist es, wenn der Frachtführer den Anspruchsteller lediglich ersucht, sich mit seiner Versicherung in Verbindung zu setzen,[178] ihm mitteilt, dass die Forderung zur weiteren Bearbeitung an die Versicherer abgegeben sei und in Erwartung von deren Äußerung vorsorglich zurückgewiesen werde[179] oder sich auf sonstige Weise noch verhandlungsbereit zeigt.[180] Ist das Schreiben widersprüchlich, kann auch ein ausdrücklicher Hinweis auf Art. 32 Abs. 2 keine wirksame Zurückweisung begründen.[181] Ebenso wenn der Anspruchsteller an einem Tag zwei Briefe erhält, von denen in einem die Verantwortlichkeit abgelehnt wird, im anderen aber darauf hingewiesen wird, dass die Dokumente an die Versicherung geleitet worden seien und dass auf ein befriedigendes Ergebnis vertraut werde.[182] Wie die Reklamation muss auch die Zurückweisung **von der richtigen Person erklärt** werden, nämlich dem Frachtführer oder seinem Vertreter, etwa einem Haftpflichtversicherer[183] oder einem Versicherungsmakler,[184] um wirksam zu sein. Sie setzt die Verjährung auch nur gegenüber dem Adressaten erneut in Gang, nicht gegenüber sonstigen Beteiligten, auch wenn diese von der Zurückweisung wissen.[185]

**40**   **c) Form.** Zur erforderlichen Schriftform der Zurückweisung wird auf frühere Ausführungen zu ähnlichen Formvorschriften verwiesen, siehe oben Rn. 35 sowie Art. 20 Rn. 9 und Art. 27 Rn. 13. Nach dem Wortlaut von Abs. 2 Satz 1 muss der Frachtführer ferner die der Reklamation **beigefügten Belege zurücksenden.** Ein Teil der Rspr. hält dies auch dann für eine Wirksamkeitsvoraussetzung der Zurückweisung, wenn es sich bei den Belegen um Fotokopien oder Abschriften handelt.[186] Der Zweck der Regelung (Einl. Rn. 18 f.) wird deutlich, wenn man bedenkt, dass zu ihrer Entstehungszeit Fotokopien weitgehend unbekannt waren und Abschriften oftmals umständlich beglaubigt werden

---

[173] Hof Antwerpen 17.10.1979, ETR 1980, 314.
[174] Cour cass. 16.3.1993, BTL 1993, 262: Klage fast 3 Jahre nach Ablieferung; *Rodière* BT 1974, 340 f. Nr. 123.
[175] *Clarke* S. 148 Nr. 45e; *Glöckner* Rn. 26; *Herber/Piper* Rn. 45; GroßkommHGB/*Helm* Rn. 137; *Thume/Demuth* Rn. 76; Hof Brüssel 2.4.1990, ETR 1991, 541 mit Anm. *De Wit* fordert dagegen eine formelle Antwort; vgl. dazu auch Tribunal Supremo de Espana 29.6.1998, ETR 1999, 692.
[176] OLG München 10.10.1990, TranspR 1991, 138.
[177] *Microfine Minerals and Chemicals Ltd. and Walker Chemie GmbH v. Transferry Shipping Co. Ltd.*, ETR 1992, 118, 120 f. (Q. B. D. 1991); GroßkommHGB/*Helm* Rn. 137.
[178] OLG Frankfurt 3.7.1979, TranspR 1982, 76.
[179] Rb. Arnhem 30.6.1988, S. & S. 1989 Nr. 60; *Microfine Minerals and Chemicals Ltd. and Walker Chemie GmbH v. Transferry Shipping Co. Ltd.*, ETR 1992, 118, 120 (Q. B. D. 1991); ähnlich Hof Antwerpen 2.6.2003, ETR 2004, 407.
[180] OLG Düsseldorf 8.11.1979, VersR 1980, 389; *Zerowalt SpA v. International Express Co.*, ETR 1991, 530 (Q. B. D. 1989); zB durch Anforderung von Angaben oder ergänzenden Unterlagen Tribunal Supremo de Espana 29.6.1998, ETR 1999, 692.
[181] OLG Nürnberg 12.4.1991, TranspR 1992, 63.
[182] Rb. Rotterdam 12.5.1978, S. & S. 1979 Nr. 59.
[183] Cour Aix-en-Provence 10.2.1988, BT 1988, 347; vgl. auch Cour Toulouse 26.3.1969, ETR 1971, 131, 135 f.; GroßkommHGB/*Helm* Rn. 134.
[184] Hof 's-Gravenhage 2.4.1976, S. & S. 1977 Nr. 34 = ETR 1976, 767; GroßkommHGB/*Helm* Rn. 134 sofern sich aus der Erklärung die Ablehnung des Frachtführers als Vertretenen ergibt.
[185] OLG Düsseldorf 8.11.1979, VersR 1980, 389; 16.12.1982, VersR 1983, 1132.
[186] Hof van Cassatie Belgien 27.9.1984, R. W. 1984–85, 2133; *Microfine Minerals and Chemicals Ltd. and Walker Chemie GmbH v. Transferry Shipping Co. Ltd.*, ETR 1992, 118, 121 f. (Q. B. D. 1991); Cour Paris 21.12.1978, BT 1979, 84; Kh. Antwerpen 25.3.1983, Rev.dr.com.belge 1984, 298; Hof Antwerpen 2.6.2003, ETR 2004, 407; kritisch *Putzeys* S. 398 Nr. 1149; *Haak* TranspR 2006, 325, 335.

mussten. Daher fügte der Anspruchsteller der Reklamation auch Originaldokumente bei, die er später zum Beweis seiner Ansprüche bei Gericht wieder benötigte. Nach dem Sinn und Zweck der Regelung soll daher der Anspruchsteller wieder in Besitz seiner Originaldokumente gebracht werden, damit er anschließend gerichtlich vorgehen kann. Da heute nur noch in Ausnahmefällen Originale aus der Hand gegeben werden, ist dieser Teil der Vorschrift nach ihrer ratio weitgehend obsolet,[187] und für eine Anwendung auf Fotokopien fehlt der innere Grund. Die Zurückweisung beendet die Hemmung deshalb auch, wenn **beigefügte Fotokopien** nicht zurückgesendet werden.[188] Entscheidend ist, dass der Reklamierende wieder in Besitz derjenigen Dokumente kommt, die er als Originale aus der Hand gegeben hat und die für eine gerichtliche Durchsetzung des Anspruchs erforderlich sind.[189]

**d) Teilanerkenntnis (Abs. 2 Satz 2).** Der Frachtführer kann einen Teil des Anspruchs   **41** anerkennen. Dies muss nicht ausdrücklich, sondern kann konkludent auch dadurch geschehen, dass er den Anspruch nur teilweise zurückweist.[190] Erkennt er umgekehrt nur einen Teilanspruch ausdrücklich an, lässt andere Teilansprüche aber unerwähnt, so genügt dies nicht den Anforderungen der Zurückweisung, siehe Rn. 39.[191] Soweit die Ablehnung des Anspruchs unmissverständlich und unter Beifügung der diesbezüglichen Unterlagen übermittelt wurde, beginnt nach Abs. 2 Satz 2 die Verjährung für den strittigen Teilanspruch wieder zu laufen. Ungeregelt ist die Verjährung des anerkannten Teilanspruchs. Nur in seltenen Fällen wird es sich um ein abstraktes Schuldanerkenntnis iSv. § 781 BGB handeln, das im Wege der Novation an die Stelle der vorherigen Anspruchsgrundlagen tritt und eigenen Verjährungsregeln unterliegt. Im Übrigen beurteilt sich gemäß Abs. 3 nach nationalem Recht, ob das Anerkenntnis zu einer Hemmung oder Unterbrechung der Verjährung führt;[192] vgl. für das deutsche Recht § 212 BGB.

**e) Wiederholte Reklamation (Abs. 2 Satz 4).** Gemäß Abs. 2 Satz 4 kann die Verjäh-   **42** rung, nachdem die Reklamation zurückgewiesen worden ist, nicht durch eine erneute Reklamation gehemmt werden. Eine weitere Reklamation ist daher wirkungslos.[193] Wenn sich nach Zurückweisung der Reklamation neue Tatsachen ergeben, die auf ein Einlenken des Frachtführers hinweisen und zu erneuten Verhandlungen führen, tun die Parteien also gut daran, eine Absprache über die Verjährung zu treffen, siehe Rn. 44; durch eine einseitige erneute Reklamation kann der Lauf der Verjährung nicht mehr aufgehalten werden. Wirkungslos ist nur die zweite Reklamation derselben Person: soweit die Reklamation nur im Verhältnis des Reklamierenden zum Frachtführer wirkt (vgl. Rn. 33), betrifft die Reklamation eines anderen Anspruchsberechtigten nicht denselben Anspruch und kann deshalb die Verjährung seiner Ansprüche hemmen.[194]

---

[187] *Loewe* TranspR 1988, 317 Nr. 49; ähnlich *Clarke* S. 144 Nr. 45b (ii).
[188] BGH 1.10.1975, VersR 1976, 168; offen BGH 21.11.1996, VersR 1997, 385; OLG München 10.10.1990, TranspR 1991, 139; OLG Hamburg 27.5.1982, VersR 1983, 90; OLG Düsseldorf 2.10.1980, VersR 1981, 737; LG Mönchengladbach 16.3.1981, VersR 1982, 340 m. Anm. *Oeynhausen* VersR 1983, 312; OGH Wien 27.4.1987, TranspR 1987, 372; Appelationsgericht Basel-Stadt 12.5.2000, TranspR 2000, 372, 376; Rb. Roermond 15.10.1970, ETR 1971, 839; Sø- og Handelsret 17.6.1982, ETR 1982, 850; Cour Paris 22.5.1975, BT 1975, 320; *Koller* Rn. 15; *Herber/Piper* Rn. 46; *Thume/Demuth* Rn. 79; Großkomm*HGB/Helm* Rn. 144; EBJS/*Bahnsen* Rn. 28; Jabornegg/Artmann/*Csoklich* Rn. 11.
[189] Rb. Roermond 15.10.1970, ETR 1971, 839.
[190] An der erforderlichen Eindeutigkeit zweifelnd Thume/*Demuth* Rn. 83; Jabornegg/Artmann/*Csoklich* Rn. 11; zu einem ausdrücklichen Teilanerkenntnis OLG Celle 13.1.1975, NJW 1975, 1603, 1604 = ETR 1975, 410.
[191] Zustimmend GroßkommHGB/*Helm* Rn. 137.
[192] *Silingardi* S. 292; siehe auch Comm. Liège 6.5.1988, Jur. Anv. 1988, 141.
[193] Vgl. OGH Wien 7.3.1990, ecolex 1990, 284; Corte cass. 29.1.2003, ETR 2003, 520; GroßkommHGB/*Helm* Rn. 147; Thume/*Demuth* Rn. 85.
[194] BGH 24.10.1991, NJW 1992, 1766 = RIW 1992, 399 = IPRax 1992, 332 m. Anm. *Kronke;* OLG München 21.7.1989, TranspR 1989, 324; *Koller* Rn. 17 jeweils unter Berufung auf nationales Recht (§§ 428, 429 Abs. 3, 425 Abs. 2 BGB); dazu krit. *Kronke.*

**43**    **5. Hemmung und Unterbrechung (Abs. 3).** Neben der Verjährungshemmung durch Reklamation nach Abs. 2 ist gemäß Abs. 3 auch eine Hemmung oder Unterbrechung nach dem ergänzenden nationalen Recht möglich.[195] Darüber hinaus ergibt sich aus Abs. 3, dass unbeschadet der Bestimmungen des Abs. 2 die Wirkung der Hemmung oder Unterbrechung nach nationalem Recht, und zwar nach der lex fori, zu bestimmen ist, vgl. schon Rn. 37. Kommt deutsches Recht zur Anwendung, sind für die Hemmung die §§ 203 ff. BGB,[196] für die Unterbrechung bzw. den Neubeginn der Verjährung die §§ 212 f. BGB einschlägig. Bei der Anwendung des nationalen Verjährungsrechts ist der von Abs. 3 eröffnete Anwendungsbereich zu beachten und eine Einschränkung oder Aushöhlung der einheitsrechtlichen Vorschriften des Art. 32 zu vermeiden.

**44**    Hinsichtlich der **Hemmung** der Verjährung sind nach deutschem Recht „**Verhandlungen**" über den Anspruch oder anspruchsbegründende Umstände" (§ 203 BGB) zu beachten; dieser Tatbestand ist infolge des allgemeinen Verweises in Art. 32 Abs. 3 auf die Hemmungstatbestände des angerufenen Gerichts neben Art. 32 Abs. 2 anzuwenden.[197] Nach § 204 BGB tritt eine Hemmung durch die **gerichtliche Geltendmachung** des Anspruchs ein, sofern die Klage durch den materiell Berechtigten erhoben wird.[198] Diese ist nicht nur beim gesetzlichen oder gewillkürten Prozessstandschafter gegeben, sondern auch beim Einziehungsermächtigten.[199] Zu beachten ist, dass durch die Verteidigung gegen eine negative Feststellungsklage eine Hemmung nach § 204 BGB nicht eintritt.[200] Eine im Ausland erhobene Klage entfaltet nur dann Hemmungswirkung, wenn alle Voraussetzungen für die Anerkennung des Urteils im Inland gegeben sind,[201] nach richtiger Auffassung aber auch darüber hinaus, wenn die Einleitung des Verfahrens im Ausland im Hinblick auf die Ernsthaftigkeit des klägerischen Willens zur Rechtsverfolgung einer Verfahrenseinleitung iSv. § 204 BGB gleichwertig ist.[202] Ferner kann die Verjährung kann nach deutschem Recht durch Parteienvereinbarung[203] gehemmt sein (§ 205 BGB), etwa durch Abschluss eines **pactum de non petendo**.[204] Gleiches gilt, soweit die Forderung in einer **Kontokorrentvereinbarung** gebunden ist. Die Verjährung ist in diesem Fall nach § 205 gehemmt, die Frist des Art. 32 Abs. 1 beginnt erst mit Rechnungsabschluss zu laufen.[205]

**45**    Im Hinblick auf eine **Unterbrechung** der Verjährung ist ebenfalls gemäß Abs. 3 die lex fori maßgeblich. Nach deutschem Recht gilt § 212 BGB über den Neubeginn der Verjährung; ein solcher kommt bei Anerkenntnissen und der Vornahme bzw. Beantragung von Vollstreckungshandlungen in Betracht. Im Falle der Teilanerkennung beginnt die Verjährung bezüglich des anerkannten Teils der Forderung nach § 212 BGB neu zu laufen, vgl. schon Rn. 41.

---

[195] BGH 28.2.1975, VersR 1975, 445; zur Unterbrechung der Verjährung durch Klagseinbringung vor einem belgischen Gericht Hof Gent 18.3.1999, ETR 1999, 703.

[196] *Koller* Rn. 8; Thume/*Demuth* Rn. 89 f.; EBJS/*Bahnsen* Rn. 30; aA *Drews* TranspR 2004, 341, 343.

[197] *Koller* TranspR 2001, 426, 427; Thume/*Demuth* Rn. 89; ebenso *Drews* TranspR 2004, 340, 341; EBJS/*Bahnsen* Rn. 30; OGH Wien 28.6.1988, 8 Ob 657/87, RdW 1989, 100; zu § 439 Abs. 3 HGB: BGH 13.3.2008, TranspR 2008, 467, 468 f.; 6.11.2008, TranspR 2009, 24, 25; aA *Harms* TranspR 2001, 294, 297: Art. 32 Abs. 2 verdränge als lex specialis § 203 BGB.

[198] BGH 29.10.2009, TranspR 2010, 200, 203.

[199] OLG Stuttgart 20.4.2011, TranspR 2011, 340, 345.

[200] BGH 8.6.1978, BGHZ 72, 23 = NJW 1978, 1975; Palandt/*Ellenberger,* 72. Aufl. 2013, § 204 BGB Rn. 3.

[201] OLG Düsseldorf 27.2.1986, TranspR 1986, 226; LG Deggendorf 24.11.1981, TranspR 1983, 46; Palandt/*Ellenberger,* 72. Aufl. 2013, § 204 BGB Rn. 3.

[202] So *Schack,* Internationales Zivilverfahrensrecht, 5. Aufl. 2010, Rn. 871–873 mwN; ebenso in einem CMR-Fall Comm. Bruxelles 30.4.1992, Jur.Anv. 1993, 379: maßgeblich sei die manifestierte Absicht der Rechtsdurchsetzung.

[203] OLG München 5.7.1989, TranspR 1990, 16.

[204] Palandt/*Ellenberger,* 72. Aufl. 2013, § 205 BGB Rn. 2; GroßkommHGB/*Helm* Rn. 19.

[205] MüKoHGB/*Langenbucher,* 2. Aufl. 2009, § 355 Rn. 58; Entsprechendes gilt in Frankreich, Cour Paris 24.2.1993 BTL 1994, 52.

## V. Privatautonome Änderungen

Die Verjährungsregelungen der CMR sind gemäß Art. 41 einer Abbedingung durch **46** Parteiabrede entzogen. Der **zwingende Charakter** des Art. 32 ist **vor Entstehung des Anspruchs** fast absolut; nur die Verweisung auf das nationale Recht in Abs. 3 kann der privatautonomen Gestaltung bei Hemmung und Unterbrechung Spielräume eröffnen, wenn sie im nationalen Recht vorgesehen sind; vgl. für Kontokorrentabreden schon Rn. 44. Unmittelbare Parteiabsprachen, vor allem Fristverlängerungen oder -abkürzungen sind dagegen unwirksam.[206] **Nach Entstehung des Anspruchs** gilt der das zwingende Haftungsregime ergänzende Schutzgedanke der Verjährungsvorschrift hingegen nicht: Starre Fristen sollen die Parteien bei aussichtsreichen außergerichtlichen Vergleichsverhandlungen nicht in einen ungewollten gerichtlichen Streit zwingen. Einer Vereinbarung über die Verjährungshemmung oder -unterbrechung, über eine Fristverkürzung und vor allem eine Fristverlängerung zu diesem Zeitpunkt steht die CMR nicht entgegen.[207] Ihre Wirksamkeit beurteilt sich, soweit sie Hemmung und Unterbrechung betrifft, gemäß Abs. 3 nach der lex fori, im Übrigen nach dem Vertragsstatut, siehe Rn. 3 und 4. Zulässig ist ferner der **Verzicht auf die Einrede der Verjährung.**[208] Dieser Verzicht kann zugunsten des wirtschaftlich Berechtigten erklärt werden.[209] Hat ihn der Haftpflichtversicherer des Frachtführers erklärt, ist dieser daran gebunden.[210] In einer Verzichtserklärung ist im Zweifel jedoch nicht ein Stillhalteabkommen zu sehen.[211]

Auch im Rahmen der CMR darf sich der Gläubiger ferner darauf berufen, dass die **47** **Geltendmachung der Verjährung rechtsmissbräuchlich** ist,[212] weil der Schuldner den Gläubiger durch sein Verhalten von der rechtzeitigen Klageerhebung abgehalten habe oder der Gläubiger nach objektiven Maßstäben darauf vertrauen durfte, dass sein Anspruch auch ohne Rechtsstreit befriedigt oder vom Schuldner nur mit Einwendungen gegen die Sache bekämpft werde.[213] Wird mit einer Versicherung über den Anspruch verhandelt, so ist diese von der Geltendmachung der Verjährung ausgeschlossen, wenn der Anspruchsteller darauf vertrauen konnte, dass die Versicherung mit der Zurückstellung der gerichtlichen Geltendmachung einverstanden sei und dem Anspruch nur sachliche Gründe entgegenhalten werden.[214] Gleiches gilt, wenn ein Versicherungsmakler des Frachtführers den Eindruck erweckt, dass die Ansprüche sachlich geprüft werden.[215] Sind beide Parteien von einer Unterbrechung und nicht von einer Hemmung ausgegangen, so ist es nicht rechtsmissbräuchlich, wenn der Schuldner nach Entdeckung des Irrtums im Prozess die Verjährungs-

---

[206] Cour cass. 5.6.1972, BT 1972, 484; OLG Düsseldorf 8.5.1969, ETR 1970, 448; *Hill/Messent* S. 276; GroßkommHGB/*Helm* Rn. 18; *Putzeys* S. 91 Nr. 251 und S. 388 Nr. 1123; *Lamy* 2013 Rn. 823; aA *Clarke* S. 150 f. Nr. 45f: Absprachen unabhängig vom Zeitpunkt wirksam.

[207] Hof 's-Gravenhage 19.11.1991, S. & S. 1992 Nr. 120; OLG Düsseldorf 27.2.1987, TranspR 1987, 223; *Csoklich* S. 56; *Loewe* TranspR 1988, 314 Nr. 32; *Koller* Rn. 20; *Herber/Piper* Rn. 52; GroßkommHGB/*Helm* Rn. 19; *Ferrari/Otte*, Int. Vertragsrecht, Rn. 15; EBJS/*Bahnsen* Rn. 34; *Wetter* LMCLQ 1979, 508; aA *Haak* S. 307 f.: Absprachen unabhängig vom Zeitpunkt unwirksam.

[208] BGH 10.4.2003, TranspR 2003, 303, 305; OLG Düsseldorf 14.7.1983, TranspR 1984, 16; Cour Paris 6.7.1988, BT 1989, 270 (stillschweigender Verzicht).

[209] OLG Düsseldorf 27.2.1987, TranspR 1987, 223, 227.

[210] BGH 10.4.2003, TranspR 2003, 303, 305; OLG Düsseldorf 27.2.1987, TranspR 1987, 223, 224; OLG München 17.7.1991, TranspR 1991, 427, 429.

[211] *Koller* Rn. 20; aA BGH 10.4.2003, TranspR 2003, 303, 305 mit zutr. krit. Anm. *Thume*.

[212] OLG Düsseldorf 27.2.1986, TranspR 1986, 226; OLG Hamburg 9.2.1989, TranspR 1990, 191; OLG Nürnberg 12.4.1991, TranspR 1992, 63; OLG München 17.7.1991, TranspR 1991, 427; *Microfine Minerals and Chemicals Ltd. and Walker Chemie GmbH v. Transferry Shipping Co. Ltd.*, ETR 1992, 118, 123 (Q. B. D. 1991) für estoppel by convention; *Herber/Piper* Rn. 51; *Koller* Rn. 19; siehe auch *Loewe* ETR 1976, 586; GroßkommHGB/*Helm* Rn. 24; *Hill/Messent* S. 276; *Clarke* S. 151 Nr. 45f (i) zur vergleichbaren Rechtsfigur des „estoppel" im englischen Recht.

[213] Vgl. im Anwendungsbereich deutschen Rechts den Hemmungstatbestand nach § 203 BGB; siehe oben Rn. 44.

[214] OGH 28.6.1988, TranspR 1989, 222; in Österreich bewirken Vergleichsverhandlungen eine Ablaufhemmung, es muss nach dem Scheitern der Verhandlungen innerhalb angemessener Frist Klage erhoben werden; vgl. nunmehr nach deutschem Recht § 203 BGB.

[215] OLG Nürnberg 12.4.1991, TranspR 1992, 63.

*Jesser-Huß*      1851

einrede erhebt.[216] Die Mitteilung, dass bezüglich der Forderungsberechtigung des Prozess-
gegners Ermittlungen angestellt würden, begründet noch keinen Vertrauenstatbestand.[217]
Nicht verwehrt ist jedoch dem Absender die Berufung auf Art. 32, der durch Weisungen
die Ablieferung des Gutes verzögert und damit bewirkt, dass der Schaden im Geltungsbereich der CMR entsteht;[218] liegt auf Seiten des Absenders grob schuldhaftes Verhalten vor,
muss er sich die dreijährige Verjährungsfrist entgegenhalten lassen.[219]

## VI. Wirkungen der Verjährung (Abs. 4)

**48**     Art. 32 regelt nicht ausdrücklich, ob das Gericht die Verjährung **von Amts wegen** oder
nur auf Grund einer **Einwendung** zu beachten hat. Aus Art. 41 lässt sich nicht folgern,
dass die Verjährung nach dem Offizialprinzip immer zu beachten sei.[220] Denn ebenso wenig
wie Art. 41 den Gläubiger der Entschädigung zur Rechtsverfolgung und letztlich zur Klage
verpflichtet, ist der Schuldner gehalten, seine Rechtsposition mit allen ihm zu Gebote
stehenden Mitteln zu verteidigen; Art. 41 betrifft im Übrigen nur Absprachen und nicht
einseitige Dispositionen. Eine Berücksichtigung der Verjährung von Amts wegen hieße
nichts anderes, als dass die betreffenden Rechte mit Fristablauf erlöschen. Ein solcher Verfall
ist aber in der CMR gerade nicht vorgesehen. Während die CIM 1952 neben der Verjährungsvorschrift des Art. 46 in Art. 45 eine Verfallregelung enthielt, hat die CMR nur die
Verjährungsregelung (mit Abwandlungen) übernommen. Eine Beachtung des Fristablaufs
von Amts wegen scheidet nach der Vorgeschichte also aus.[221] Zumindest insoweit liegt
hier keine Lücke der CMR vor, die durch nationales Recht zu füllen wäre.[222]

**49**     Gemäß Abs. 4 können verjährte Ansprüche auch nicht im Wege der **Widerklage** (counterclaim, demande reconventionnelle) oder der Einrede (set-off, exception) geltend gemacht
werden. Dabei folgt die deutsche Übersetzung in dem zweiten Punkt dem französischen
Text und verbietet die Geltendmachung im Wege der **Einrede** (exception) und nicht nur
der Aufrechnungseinrede (set-off); in der Sache ist kein großer Unterschied erkennbar.
Nach dem Sinn und Zweck des Abs. 4 soll die Verfolgung verjährter Ansprüche endgültig
ausgeschlossen sein, der Anspruch soll, wenn der Schuldner sich darauf beruft, so behandelt
werden, als ob er mit dem Eintritt der Verjährung erloschen wäre. Abs. 4 schaltet solche
nationalen Regelungen aus, die eine **Aufrechnung** auch noch nach Eintritt der Verjährung
erlauben.[223] Mit verjährten Ansprüchen kann deshalb entgegen § 215 BGB nicht aufgerechnet werden.[224] Einer Aufrechnung gegen verjährte Forderungen steht Abs. 4 aber nicht
entgegen.[225] Abs. 4 betrifft sowohl die Prozessaufrechnung als auch die materiellrechtliche
Aufrechnung außerhalb des Prozesses. Allerdings ist Abs. 4 nicht dahingehend zu verstehen,
dass eine Aufrechnung, die vor der Verjährung des Anspruchs erklärt wird, in einem Prozess,
der erst stattfindet, nachdem die Forderung ohne Aufrechnung schon verjährt wäre, nicht

---

[216] OLG Celle 13.1.1975, VersR 1975, 250.

[217] OLG München 10.10.1990, TranspR 1991, 138, 141.

[218] So aber OLG Frankfurt/Main 20.4.2007, TranspR 2008, 472; diese Entscheidung ablehnend *Koller*
Rn. 19; *Boettge* TranspR 2008, 477, 479.

[219] *Boettge* TranspR 2008, 477, 479.

[220] So das bei *Loewe* TranspR 1988, 315 Nr. 37 in Fn. 93 zitierte Luxemburger Urteil.

[221] Ebenso *Haak* S. 293; *Clarke* S. 124 Nr. 43; *Putzeys* S. 386 Nr. 1116; ebenso im Ergebnis die Nachweise
in der folgenden Fn. nach deutschem bzw. österreichischem Recht.

[222] So aber *Loewe* TranspR 1988, 315 Nr. 37 unter unzutreffender Berufung auf OGH Wien 14.1.1976,
SZ 49/3 = *Greiter* S. 40; dort war in erster Instanz die Verjährungseinrede erhoben worden, und es ging nur
um die Frage, ob diese Einrede in der Berufungsinstanz bekräftigt werden musste, um fortzuwirken; dies und
nicht mehr hielt der OGH für eine prozessrechtliche Frage, die nach der lex fori zu beurteilen sei, vgl. SZ
49/3 S. 17. Wie *Loewe* auch GroßkommHGB/*Helm* Rn. 20; *Koller* Rn. 1; *Herber/Piper* Rn. 2; *Thume/Demuth*
Rn. 2; EBJS/*Bahnsen* Rn. 2.

[223] BGH 7.3.1985, NJW 1985, 2091, 2092; OLG Zweibrücken 4.3.2004, VersR 2004, 97, 98; OGH
Wien 31.1.1991, VersR 1992, 476.

[224] BGH 29.3.1974, VersR 1974, 742; BGH 7.3.1985, NJW 1985, 2091; OLG Hamburg 10.5.1984,
TranspR 1984, 196; OLG Düsseldorf 8.11.1979, VersR 1980, 389 mit Anm. *Demuth* VersR 1980, 774;
11.7.1996, TranspR 1997, 274; OLG Saarbrücken 29.10.1982, TranspR 1983, 148.

[225] *Thume/Demuth* Rn. 98.

mehr geltend gemacht werden kann.[226] Andernfalls würde faktisch ein Aufrechnungsverbot durch Abs. 4 statuiert, was aber nicht Sinn der Vorschrift ist.[227] Weiterhin ist die Geltendmachung eines **Zurückbehaltungsrechts** wegen der verjährten Forderung ausgeschlossen.[228] Falls deutsches Recht zur Anwendung kommt, kann sich der Inhaber eines verjährten Anspruchs daher nicht auf § 273 BGB berufen. Nicht erfasst ist dagegen die Berufung auf **akzessorische Sicherungsrechte** wie das Frachtführerpfandrecht, wenn das maßgebliche nationale Recht (vgl. Art. 13 Rn. 30 und Art. 16 Rn. 21) eine solche Fortwirkung vorsieht, wie dies § 216 BGB tut.[229] Dass Abs. 4 auch dingliche Rechtspositionen einschränkt, ist der Vorschrift nicht zu entnehmen.

## Art. 33 [Schiedsvereinbarung]

**Der Beförderungsvertrag kann eine Bestimmung enthalten, durch die die Zuständigkeit eines Schiedsgerichtes begründet wird, jedoch nur, wenn die Bestimmung vorsieht, daß das Schiedsgericht dieses Übereinkommen anzuwenden hat.**

**Art. 33**

Le contrat de transport peut contenir une clause attribuant compétence à un tribunal arbitral à condition que cette clause prévoie que le tribunal arbitral appliquera la présente Convention.

**Art. 33**

The contract of carriage may contain a clause conferring competence on an arbitration tribunal if the clause conferring competence on the tribunal provides that the tribunal shall apply this Convention.

**Schrifttum:** *Herber,* Transportrecht und Schiedsgerichtsbarkeit, TranspR 1988, 270; *ders.,* Schiedsgerichtsbarkeit im Transportrecht, TranspR 2000, 435; *Lau,* Zur Schiedsgerichtsbarkeit im Transportwesen der Bundesrepublik Deutschland, TranspR 1988, 1; *Loewe,* Die Bestimmungen der CMR über Reklamationen und Klagen, TranspR 1988, 309; *ders.,* Internationale Straßenbeförderung und Schiedsgerichtsbarkeit; Art. 33 CMR, GS Helm 2001, S. 181; *P. Sanders* (Hrsg.), Arbitration and Settlement of International Commercial Disputes Involving the Far East and Arbitration in Combined Transportation (International Council for Commercial Arbitration, Congress Series no. 4), 1989, S. 323.

### I. Bedeutung und Zweck

Die Vorschrift gestattet den Parteien Entscheidungen von Streitigkeiten aus dem Beför- 1 derungsvertrag einem Schiedsgericht zu übertragen. Im Gegensatz zu Gütertransporten mit anderen Verkehrsmitteln – wie etwa im Seerecht – sind **Schiedsabreden im Straßengütertransport selten.** Die Gründe dürften zum einen darin liegen, dass die Streitwerte zumeist niedrig sind, weshalb die Gewinnung von Schiedsrichtern schwer fällt.[1] Zum anderen können die Parteien infolge der strengen Voraussetzungen des Art. 33 den Vorschriften der CMR nicht entgehen.[2] Anders ist die Situation offenbar in Spanien, wo das Wirtschaftsaufsichtsrecht für interne Fälle die Befassung institutioneller Schiedsgerichte vorsieht, die dann auch in grenzüberschreitenden Fällen angerufen werden.[3]

### II. Regelungsinhalt

Art. 33 enthält nur eine rudimentäre Regelung. Die Vorschrift beschränkt sich im 2 Wesentlichen darauf, zu verhindern, dass die Parteien durch eine Schiedsvereinbarung

---

[226] OLG Hamm 18.5.1998, TranspR 1999, 442, 445; OLG Zweibrücken 4.3.2004, VersR 2004, 97, 98; *Koller* Rn. 21; Thume/*Demuth* Rn. 99; *Herber/Piper* Rn. 56; GroßkommHGB/*Helm* Rn. 160; anders OLG Düsseldorf 8.11.1979, VersR 1980, 389.

[227] *Demuth* VersR 1980, 774; *Koller* Rn. 21.

[228] Thume/*Demuth* Rn. 100; *Koller* Rn. 21; GroßkommHGB/*Helm* Rn. 158.

[229] *Koller* Rn. 21; GroßkommHGB/*Helm* Rn. 158; Thume/*Demuth* Rn. 102.

[1] *Herber* TranspR 1988, 271; *ders.* TranspR 2000, 436.

[2] GroßkommHGB/*Helm* Rn. 2; vgl. dazu *Loewe,* GS Helm, S. 187.

[3] *Lederer,* Kabotagetransporte im Straßengüterverkehr in Spanien, 1996, S. 211–215.

die CMR umgehen; aus diesem Grund knüpft die Bestimmung die Wirksamkeit einer entsprechenden Abrede daran, dass die Vertragsparteien das Schiedsgericht **zur Anwendung der CMR verpflichten**. Ohne eine solche Bestimmung verstößt die Schiedsabrede gegen Art. 41 und ist somit nichtig;[4] zum Teil wird es für ausreichend angesehen, wenn die Schiedsabrede auf eine nationale Rechtsordnung verweist, deren Bestandteil die CMR ist.[5] Dagegen spricht jedoch, dass dadurch die Anwendung des Übereinkommens nicht hinreichend gesichert erscheint, setzt es doch ein Verständnis voraus, die CMR als unabhängig vom Parteiwillen geltendes Recht zu qualifizieren. Zudem erscheint es zweifelhaft, ob ein solcher, nur mittelbarer Hinweis jedenfalls durchschaut wird.[6] Dem Zweck des Art. 33 entspricht somit nur eine **ausdrückliche** Verpflichtung des Schiedsgerichts zur Anwendung der CMR,[7] so etwa im Rahmen einer Abrede, die einem genau bezeichneten Schiedsgericht die Anwendung der CMR-Konvention auferlegt.[8] Demzufolge genügt eine Schiedsabrede, die die Schiedsrichter lediglich im Rahmen des nach Billigkeit zu fällenden Urteils verpflichtet, zwingende Vorschriften internationaler Transportverträge – und damit auch die CMR – zu beachten, den Anforderungen nicht.[9] Unter den genannten Voraussetzungen kann auch ein Schiedsgericht in einem Nichtvertragsstaat der CMR wirksam vereinbart werden.[10]

3     Inwieweit für die Schiedsabrede ein **bestimmtes Formerfordernis** besteht, ist umstritten. Verbreitet wird die Auffassung vertreten, dass das jeweils ergänzend anwendbare nationale Recht ausschlaggebend sein soll,[11] wobei zum Teil das Recht desjenigen Staats, in dem das Schiedsgericht tagt,[12] zum Teil das Vertragsstatut[13] für maßgebend erklärt wird. Diese These setzt voraus, dass Art. 33 insoweit lückenhaft ist. Dies ist jedoch zu bezweifeln, es ist vielmehr davon auszugehen, dass die Schiedsabrede im Rahmen des nach Art. 4 **formfrei** gültigen Beförderungsvertrags, auch als Zusatz oder Nachtrag[14] oder im Rahmen von AGB,[15] vereinbart werden kann.[16] Abgesehen von der Beweisbarkeit ergibt sich das Erfordernis einer schriftlichen Vereinbarung aus Art. II und IV UNÜ[17] iVm. § 1061 Abs. 1 ZPO, da eine schriftliche Schiedsabrede Voraussetzung für die Anerkennung und Vollstreckung von Schiedssprüchen ist.[18] Einer Eintragung der Schiedsab-

---

[4] *AB Bofors-UVA CAV Ltd. v. AB Skandia Transport* [1982] 1 Lloyd's L. Rep. 410: ohne solche Bestimmung ist die Schiedsvereinbarung unwirksam; ebenso Cour Paris 27.6.1979, BT 1979, 440; Rb. Rotterdam 10.11.1970, S. & S. 1971 Nr. 61; Hill/*Messent* S. 278; *Herber*/*Piper* Rn. 2; GroßkommHGB/*Helm* Rn. 5; *Koller* Rn. 1; *Loewe*, GS Helm, S. 188; EBJS/*Bahnsen* Rn. 5; Jabornegg/Artmann/*Csoklich* Rn. 1.

[5] So etwa *Basedow* in der Erstauflage.

[6] GroßkommHGB/*Helm* Rn. 5; zustimmend Thume/*Demuth* Rn. 3.

[7] *Haak* S. 284 f.; *Loewe* TranspR 1988, 309, 319; *Herber*/*Piper* Rn. 2; Thume/*Demuth* Rn. 3; EBJS/*Bahnsen* Rn. 5; Ferrari/*Otte*, Int. Vertragsrecht, Rn. 9; *Clarke* S. 166 Nr. 47; unklar Hill/*Messent* S. 278; GroßkommHGB/*Helm* Rn. 3: ausdrücklich schriftlich; OGH Wien 5.5.2010, TranspR 2010, 383 = ETR 2010, 637; OLG Stuttgart 11.11.2009, TranspR 2010, 149, 151.

[8] OGH Wien 5.5.2010, TranspR 2010, 383, 385 = ETR 2010, 637 zur Junta Arbitral del Transporte de Mercanicias de Madrid.

[9] OGH Wien 20.3.2007, TranspR 2007, 326, 327; OLG Hamm 29.6.1998, TranspR 1999, 201 (Art. 23 Abs. 7 Fenex); OLG Köln 2.8.2005, TranspR 2005, 472, 473 (Art. 23 Abs. 7 Fenex idF 4.1.1999, insoweit unverändert); aA *Inco Europe Ltd. v. First Choice Distribution* [1999] 1 All E. R. 820 zur selben Klausel; ebenfalls abweichend OLG Koblenz 22.2.2007, TranspR 2007, 249, 251 f. (Fenex 1.7.2004).

[10] *Herber*/*Piper* Rn. 3; Thume/*Demuth* Rn. 3; Ferrari/*Otte*, Int. Vertragsrecht, Rn. 8.

[11] *Loewe*, GS Helm, S. 189; *Herber*/*Piper* Rn. 4; EBJS/*Bahnsen* Rn. 1; Jabornegg/Artmann/*Csoklich* Rn. 1.

[12] *Clarke* S. 165 Nr. 47; *Herber*/*Piper* Rn. 4; GroßkommHGB/*Helm* Rn. 6; EBJS/*Bahnsen* Rn. 2.

[13] *Koller* Rn. 1.

[14] *Loewe* ETR 1976, 587; GroßkommHGB/*Helm* Rn. 3; Thume/*Demuth* Rn. 2; OLG Hamm 18.5.1998, TranspR 1999, 442 zur Vereinbarung im Rahmen von AGB.

[15] OLG Hamm 29.6.1998, TranspR 1999, 201; LG Gießen 31.7.2008, TranspR 2008, 370.

[16] Überzeugend Thume/*Demuth* Rn. 1; für Formfreiheit auch *Koller* Rn. 1; MüKoZPO/*Gottwald* 3. Aufl. 2008, CMR Rn. 17; Fremuth/Thume/*Thume* Rn. 2; Ferrari/*Otte*, Int. Vertragsrecht, Rn. 3; aA und zu weit gehend Hill/*Messent* S. 277, wonach sich ein Schriftformerfordernis aus dem Wortlaut des Art. 33 ergebe, da die Passage „clause conferring competence" nicht auf eine bloß mündliche Vereinbarung zutreffe.

[17] New Yorker Übereinkommen über die Anerkennung und Vollstreckung ausländischer Schiedssprüche, BGBl. 1961 II S. 121; vgl. dazu EBJS/*Bahnsen* Rn. 3.

[18] Dazu MüKoZPO/*Gottwald*, 3. Aufl. 2008, Art. II UNÜ Rn. 12 f.; vgl. Thume/*Demuth* Rn. 1.

rede in den **Frachtbrief** als Wirksamkeitserfordernis bedarf es jedenfalls nicht. Ein solcher ist jedoch notwendig, wenn aufeinanderfolgende Frachtführer iSd. Art. 34 daran gebunden werden sollen.[19]

Art. 33 gilt nur für Schiedsabreden, die **vor Entstehung des Streitfalls** getroffen werden. Für nachträgliche Vereinbarungen besteht Vertragsfreiheit.[20] Das ergibt sich aus dem Regelungszweck des Art. 41, der allgemein den zwingenden Geltungsbereich des Übereinkommens nur auf Vereinbarungen vor Schadenseintritt bezieht.[21]  **4**

Eine Schiedsgerichtsklausel nach Art. 33 erfasst nach richtiger Ansicht **alle Ansprüche,** die sich aus einer der CMR unterliegenden Beförderung ergeben; eine Beschränkung auf Ansprüche, die sich auf das Übereinkommen selbst gründen, oder auf vertragliche Ansprüche erscheint unsachlich und unpraktikabel, führte sie doch zu einer Aufspaltung des Prozessstoffs dergestalt, dass der eine Teil von einem Schiedsgericht, der andere von der staatlichen CMR-Gerichtsbarkeit entschieden werden müsste.[22] Demzufolge gilt Art. 33 auch für Ansprüche, die sich aus ergänzend anwendbarem nationalen Recht ableiten, aus nicht erfüllten Beförderungsverträgen, für Entgeltansprüche[23] sowie deliktische Ansprüche unter Beachtung des Art. 28.[24] Die Schiedsklausel bindet auch den Empfänger.[25]  **5**

Hinsichtlich der **Wirkungen,** die eine Schiedsabrede entfaltet, herrscht Uneinigkeit.[26] Nach überwiegender Ansicht kann eine Schiedsvereinbarung die Zuständigkeit der Gerichte iSd. Art. 31 CMR ausschließen.[27] Zum Teil wird das aus Art. 33 CMR selbst abgeleitet,[28] andere gelangen unter ergänzender Heranziehung nationalen Rechts zu diesem Ergebnis.[29] Zum Teil wird auch darauf verwiesen, dass es einer Schiedsvereinbarung immanent sei, die staatliche Gerichtsbarkeit auszuschließen.[30] Im Gegensatz dazu steht die Auffassung, dass staatliche Gerichte nach Art. 31 CMR auch bei wirksamen Schiedsvereinbarungen zuständig bleiben. Die Wertung des Art. 31 Abs. 2, wonach den Parteien des Beförderungsvertrages lediglich insoweit Privatautonomie eingeräumt werde, als sie zusätzliche Gerichtsstände wählen können, gelte auch für Art. 33, sodass lediglich eine zusätzliche Schlichtungsform gewählt werden könne.[31] Diese Auffassung ist jedoch abzulehnen: Zum einen findet sie im Wortlaut der CMR keine Deckung,[32] zum anderen ist mit dem Wirksamkeitserfordernis, in der Vereinbarung die Anwendung der CMR ausdrücklich vorzusehen, dem Anliegen zu verhindern, dass die Parteien des Beförderungsvertrages die Anwendung der CMR durch eine Schiedsabrede umgehen wollen, ausreichend Rechnung getragen.  **5a**

Vorschriften über das **Schiedsverfahren** enthält die CMR nicht. Dieses richtet sich – wie auch die Wirkungen der Schiedsabrede – nach den Bestimmungen des jeweils anwendbaren nationalen Rechts, nach deutschem Recht nach den §§ 1025 ff. ZPO. Wendet ein Schiedsgericht die CMR trotz entsprechender Vereinbarung in der Schiedsklausel (vgl. Rn. 2) zur Gänze oder auch nur einzelne Vorschriften nicht oder unrichtig an, berührt dies die Wirksamkeit des Schiedsspruchs nicht;[33] die Möglichkeit der Anrufung ordentlicher  **6**

---

[19] *Loewe,* GS Helm, S. 183.

[20] *Loewe* ETR 1976, 587; *Putzeys* S. 382 Nr. 1109; *Hill/Messent* S. 278; Thume/*Demuth* Rn. 4; *Herber/Piper* Rn. 2; Fremuth/Thume/*Thume* Rn. 3; GroßkommHGB/*Helm* Rn. 7; EBJS/*Bahnsen* Rn. 4; Ferrari/*Otte,* Int. Vertragsrecht, Rn. 17; zweifelnd *Clarke* S. 165 Nr. 47; aA *Silingardi* S. 294.

[21] *Koller* Art. 41 Rn. 1.

[22] Vgl. GroßkommHGB/*Helm* Rn. 4.

[23] Thume/*Demuth* Rn. 7; EBJS/*Bahnsen* Rn. 8.

[24] Thume/*Demuth* Rn. 8; EBJS/*Bahnsen* Rn. 8; aA *Loewe* ETR 1976, 587.

[25] Thume/*Demuth* Rn. 6; Ferrari/*Otte,* Int. Vertragsrecht, Rn. 15.

[26] Problematisierung etwa bei GroßkommHGB/*Helm* Rn. 1; *Haak* S. 282 f.

[27] *Koller* Rn. 1 sowie die Nachweise in Fn. 28 und 29.

[28] OLG Koblenz 22.2.2007, TranspR 2007, 249; LG Gießen 31.7.2008, TranspR 2008, 370, 372.

[29] *Herber/Piper* Rn. 5; für Österreich *Halbartschlager* ecolex 2010, 873, 874 (§ 584 öZPO); für England *Clarke* S. 166 Nr. 47 mwN.

[30] *Glass* LMCQu 1984, 30, 39 Fn. 24.

[31] EBJS/*Bahnsen* Rn. 6; OGH Wien 5.5.2010, TranspR 2010, 383, 387; zust. Thume/*Demuth* Rn. 4a; abl. *Halbartschlager* ecolex 2010, 873, 874; gegen die Anwendung von Art. 31 Abs. 2 CMR OLG Koblenz 22.2.2007, TranspR 2007, 249; LG Gießen 31.7.2008, TranspR 2008, 370, 372.

[32] Dazu OLG Koblenz 22.2.2007, TranspR 2007, 249, 252; *Halbartschlager* ecolex 2010, 873.

[33] Thume/*Demuth* Rn. 9; aA *Loewe* ETR 1976, 587.

Gerichte beurteilt sich ebenfalls nach der jeweiligen nationalen Rechtsordnung.[34] Auch Bestimmungen über die **Vollstreckbarkeit** von Schiedssprüchen fehlen dem Übereinkommen; die Vorschriften des Art. 31 sind nicht entsprechend heranziehen.[35] Die Vollstreckbarkeit folgt dem Recht des angestrebten Vollstreckungsstaats einschließlich der anwendbaren völkerrechtlichen Verträge.[36] In Deutschland sind etwa das UN-Übereinkommen über die Anerkennung und Vollstreckung ausländischer Schiedssprüche[37] bzw. §§ 1060 ff. ZPO zu beachten.[38]

# Kapitel VI. Bestimmungen über die Beförderung durch aufeinanderfolgende Frachtführer

## Art. 34 [Aufeinanderfolgende Straßenfrachtführer]

**Wird eine Beförderung, die Gegenstand eines einzigen Vertrages ist, von aufeinanderfolgenden Straßenfrachtführern ausgeführt, so haftet jeder von ihnen für die Ausführung der gesamten Beförderung; der zweite und jeder folgende Frachtführer wird durch die Annahme des Gutes und des Frachtbriefes nach Maßgabe der Bedingungen des Frachtbriefes Vertragspartei.**

**Chapitre VI. Dispositions relatives au transport effectué par transporteurs successifs**

**Art. 34**

Si un transport régi par un contrat unique est exécuté par des transporteurs routiers successifs, chacun de ceux-ci assume la responsabilité de l'exécution du transport total, le second transporteur et chacun des transporteurs suivants devenant, de par leur acceptation de la marchandise et de la lettre de voiture, parties au contrat, aux conditions de la lettre de voiture.

**Chapter VI. Provisions relating to carriage performed by successive carriers**

**Art. 34**

If carriage governed by a single contract is performed by successive road carriers, each of them shall be responsible for the performance of the whole operation, the second carrier and each succeeding carrier becoming a party to the contract of carriage, under the terms of the consignment note, by reason of his acceptance of the goods and the consignment note.

**Schrifttum:** Siehe Einl. vor Rn. 1 sowie *Anfray*, Pluralité de transporteurs en régime CMR: Etude comparative sur un problème de qualité à défendre, ULR 2003, 733; *Busti*, Trasporto cumulativo nella C. M. R. – Anmerkung zu Cass.it. 19.12.1978 Nr. 6102, Trasporti 21 (1980) 130, 136; *Csoklich*, Anmerkungen zu Art 34 CMR, ÖJZ 2003, 41; *de Fos*, Transporteurs, transporteurs successifs, transporteurs soutraitants au sens de la CMR, ULR 2006, 648; *Endrigkeit*, Nochmals: Unterfrachtführer und Teilfrachtführer in der CMR, VersR 1969, 587; *Fremuth*, Gerichtsstände im grenzüberschreitenden Speditions- und Landfrachtrecht, TranspR 1983, 35; *Hardingham*, Actions against successive carriers under CMR, LMCLQ 1978, 499; *Heuer*, Aufeinanderfolgende Frachtführer nach Art. 34 ff. CMR, TranspR 1984, 169; *Kehl*, Die Haftung des Unterfrachtführers im Straßengüterverkehr, 2004; *Keyzer*, Ondervervoer – opvolgend vervoer (Artikel 3–34 e. v. C.M.R.), ETR 2007, 325; *Koller*, CMR und Speditionsrecht, VersR 1988, 556; *Marchand*, La pluralité des transporteurs routiers selon la CMR, ETR 1995, 577; *Messent*, Successive Carriage, in Theunis S. 166; *Neumann*, Der Spediteur-Frachtführer als aufeinanderfolgender Frachtführer, TranspR 2006, 384; *Tilche*, Transporteurs successifs – Recours et prescription, BTL 1995, 12; *Trappe/Gierke*, „Aufeinanderfolgende" Straßenfrachtführer? (Zu Art. 34 ff. CMR), TranspR 1996, 260; *van Acker*, Beförderung durch aufeinanderfolgende Frachtführer gemäß Art. 34 ff. CMR, ETR 2001, 717; *Wanckel*, Zum Begriff der „aufeinanderfolgen-

---

[34] *Herber/Piper* Rn. 5; *Hill/Messent* S. 278 f.; Thume/*Demuth* Rn. 9; GroßkommHGB/*Helm* Rn. 8.
[35] *Pesce* S. 351; Thume/*Demuth* Rn. 10; im Ergebnis auch GroßkommHGB/*Helm* Rn. 9.
[36] *Koller* Rn. 1; GroßkommHGB/*Helm* Rn. 9.
[37] Vgl. Fn. 17.
[38] Dazu Thume/*Demuth* Rn. 11; GroßkommHGB/*Helm* Rn. 9.

den Frachtführer" iS der Art. 34 ff. CMR – Zugleich eine Anmerkung zum Urteil des OLG Hamburg VersR 1980, 950, VersR 1984, 712.

## Übersicht

|  | Rn. |  | Rn. |
|---|---|---|---|
| **I. Bedeutung und Zweck** | 1–7 | 2. Durchgehender Frachtbrief | 9–11 |
| 1. Vertragsgestaltungen | 1–5 | 3. Annahme des Gutes | 12 |
| 2. Das Modell der CMR | 6, 7 | 4. Eigenleistung des Hauptfrachtführers | 13, 14 |
| **II. Anwendungsvoraussetzungen** | 8–14 |  |  |
| 1. Überblick | 8 | **III. Rechtsfolgen** | 15–17 |

## I. Bedeutung und Zweck

**1. Vertragsgestaltungen.** Der Transport unter Einschaltung mehrerer Transportunter- **1** nehmer kann vertragsrechtlich ganz verschieden ausgestaltet werden. Man denke an eine Beförderung von x über y nach z, die ein Absender A bei Frachtführer $F_1$ in Auftrag gegeben hat. Da $F_1$ ohne besondere Vereinbarung keine höchstpersönliche Erfüllung schuldet, hat er mehrere Optionen:

**(1)** Er kann den gesamten Transport selbst ausführen;

**(2)** Er kann für ein Teilstück (x–y oder y–z) oder für die gesamte Strecke (x–z) die Erfüllung einem anderen Frachtführer $F_2$ übertragen, und zwar durch einen Vertrag, der völlig unabhängig ist von dem Vertrag zwischen $F_1$ und A. In diesem Fall bezeichnet man den Vertrag $F_1$/$F_2$ als Unterfrachtvertrag, der bei Grenzüberschreitung ebenso den Art. 1–33 CMR unterliegt wie der Hauptfrachtvertrag A/$F_1$; ist der vom Unterfrachtvertrag geregelte Teiltransport dagegen innerstaatlich, findet autonomes Frachtrecht Anwendung, bei Maß- geblichkeit deutschen Rechts die §§ 407 ff. HGB. $F_1$ ist im Verhältnis zu A Frachtführer und wird als **Hauptfrachtführer** bezeichnet, der für die gesamte Strecke x–z als Beförderer einstehen muss und für $F_2$ gemäß Art. 3 haftet; gegenüber dem **Unterfrachtführer** $F_2$ hat $F_1$ dagegen die Stellung eines Absenders.

**(3)** $F_1$ kann auch $F_2$ dergestalt mit der Erfüllung eines Teiltransports (x–y oder y–z) oder **2** der Gesamtbeförderung (x–z, siehe Rn. 13 f.) beauftragen, dass $F_2$ als Partei mit in den Vertrag A/$F_1$ eintritt. In diesem Fall schulden $F_1$ und $F_2$ dem A gemeinsam, dh. gesamt- schuldnerisch die Erfüllung des Frachtvertrags für die Strecke x–z, auch wenn im Innenver- hältnis eine klare Aufgabenverteilung dergestalt vorgesehen ist, dass $F_1$ die Strecke x–y und $F_2$ die Strecke y–z bedient. $F_1$ und $F_2$ werden hier als **Samtfrachtführer** bezeichnet. Zwischen $F_1$ und $F_2$ besteht ein Gesamtschuldverhältnis mit internen Ausgleichspflichten und Rückgriffsrechten, deren Entstehung und Umfang von der Inanspruchnahme durch A oder Empfänger E abhängt. Für diese Vertragsgestaltung und nur für sie sind die Art. 34– 40 geschaffen.

**(4)** $F_1$ kann ferner $F_2$ einen Teiltransport (zB y–z) in der Weise übertragen, dass $F_1$ bzgl. **3** dieses Teiltransports als Spediteur auftritt, dh. gegenüber A für Auswahl und Instruktion von $F_2$ haftet, nicht dagegen für die wohlbehaltene Ablieferung des Gutes an E in z. Bei dieser Vertragsgestaltung haben A und $F_1$ jeweils eine doppelte Funktion: A hat bzgl. des Teilstücks x–y, das $F_1$ als Frachtführer ausführt, die Stellung eines *Ab*senders, bzgl. des Teilstücks y–z dagegen die Stellung eines *Ver*senders iSv. § 453 HGB. $F_1$ ist auf dem Teil- stück x–y Frachtführer, für das Teilstück y–z dagegen im Verhältnis zu A Spediteur und im Verhältnis zu $F_2$ Absender. $F_2$ ist auf seinem Teilstück Frachtführer und wird als **Zwi- schenfrachtführer** bezeichnet. Mit dieser Bezeichnung ist allerdings nur eine Charakteri- sierung der gesamten Vertragsgestaltung intendiert und wird nicht etwa auf eine besondere vertragsrechtliche Pflichtenstellung von $F_2$ hingewiesen. Wenn das Teilstück y–z grenzüber- schreitend ist, finden Art. 1–33 CMR Anwendung, sonst die Vorschriften des autonomen Frachtrechts. Die gesamte Vertragsgestaltung unterscheidet sich im Übrigen von den Fällen (1), (2) und (3) dadurch, dass $F_1$ gegenüber A nicht die frachtvertragliche Verantwortung für den Gesamttransport, dh. für die wohlbehaltene Ablieferung des Gutes in z an E trägt.

Da die Rechte von A also geschmälert werden, ist diese Vertragsgestaltung nicht ohne sein nachträgliches Einverständnis möglich, wenn er zunächst mit $F_1$ einen Beförderungsvertrag über die Gesamtstrecke x–z geschlossen hat.

**4**    (5) Unter der gleichen Prämisse einer nachträglichen Zustimmung des A ist es schließlich denkbar, dass $F_1$ nur den Teiltransport x–y selbst ausführt und dann als Stellvertreter des A mit $F_2$ einen Beförderungsvertrag für das Teilstück y–z abschließt. Hier ist $F_1$ bzgl. des zweiten Teilstücks gar nicht Vertragspartei. Vertragsrechtlich stehen vielmehr zwei **Teilfrachtverträge** über die Strecken x–y und y–z nebeneinander, die jeweils von A abgeschlossen werden, der eine mit $F_1$, der andere mit $F_2$. Ob auf den jeweiligen Teilfrachtvertrag die CMR oder autonomes Recht anzuwenden ist, hängt vom grenzüberschreitenden Charakter der einzelnen Teilstrecke ab.

**5**    Welche Vertragsgestaltung gewählt wurde, ist im Streitfall oft nicht leicht festzustellen. Die Beurteilung wird noch dadurch erschwert, dass sich nicht immer klar ermitteln lässt, ob $F_1$ gegenüber A als Frachtführer oder als Spediteur kontrahiert hat; diese Entscheidung ist aber für die Anwendung der CMR essentiell und daher als erste zu treffen, vgl. Art. 1 Rn. 2–8. Zudem können die verschiedenen **Vertragsgestaltungen gemischt** werden. Beispielsweise kann einer von mehreren Samtfrachtführern (Rn. 2) für sein Teilstück oder einen Teil davon einen Unterfrachtführer beauftragen. Der Unterfrachtführer tritt nicht in den Hauptbeförderungsvertrag mit A ein, so dass ihn, den Unterfrachtführer, auch keine gesamtschuldnerische Verpflichtung trifft.

**6**    **2. Das Modell der CMR.** Die CMR regelt in Art. 34 ff. allein das Samtfrachtführermodell, Rn. 2. Art. 34 schafft im Wesentlichen einen Haftungsverband der dem Vertrag beigetretenen Frachtführer nach Maßgabe der CMR (vgl. aber Art. 36), unabhängig davon, ob der einzelne Frachtführer einen grenzüberschreitenden oder innerstaatlichen Transport ausführt. Die CMR lehnt sich auch an dieser Stelle an das **internationale Eisenbahnrecht** an (Art. 26 CIM 1952). Doch waren die wirtschaftsrechtlichen Voraussetzungen im Straßengütertransport zu jeder Zeit ganz andere als im Eisenbahnwesen. Dort hatte bis in die jüngere Vergangenheit jedes Bahnunternehmen auf seinen Gleisen das Transportmonopol. Grenzüberschreitende Eisenbahntransporte waren daher von vornherein nur als sukzessive Transporte unter Einschaltung zweier oder mehrerer Bahngesellschaften denkbar; Option (1), siehe Rn. 1, schied a priori aus. Im Hinblick auf das Trassen- und Traktionsmonopol der Eisenbahnunternehmen bot sich für die vertragliche Organisation des Zusammenwirkens mehrerer Gesellschaften das Samtfrachtführermodell an. Dem gegenüber lag es fern, die französische SNCF bei einem Bahntransport Frankfurt–Paris als Unterfrachtführer und Erfüllungsgehilfen der Deutschen Bahn anzusehen, wäre die Deutsche Bahn jedoch aus rechtlichen Gründen überhaupt nicht imstande, den Vertrag selbst zu erfüllen. Das Modell der auf gleicher Ebene nebeneinander stehenden Gesamtschuldner wurde der **wirtschaftsrechtlichen Vorgabe des Gebietsmonopols** eher gerecht. Zwar verlangt das Samtfrachtführermodell den Vertragsbeitritt der nachfolgenden Frachtführer und damit gegenüber diesen die Offenlegung der Vertragskonditionen, vgl. Art. 37 lit. b. Da sich die Bahnunternehmen untereinander aber nur in geringem Umfang als Wettbewerber begegneten, wurde die Transparenz der Konditionen hingenommen; vgl. im Übrigen zur Rechtslage nach den ER CIM 1999 die Kommentierung dort.

**7**    **Ganz anders im Straßenverkehr:** ein Monopol der Transportunternehmen eines Lands für alle grenzüberschreitenden Straßentransporte in diesem Staat hat es nie gegeben, es hätte sich auch unter den technischen Gegebenheiten der Frühzeit des Lkw-Verkehrs nur um den Preis einer Umladung an der Grenze verwirklichen lassen. Dies bedeutet aber, dass jeder nachfolgende Frachtführer in der Kette ein **potentieller Konkurrent** des Hauptfrachtführers ist. Die durch den Vertragsbeitritt im Samtfrachtführermodell gewonnene Kenntnis der Vertragskonditionen versetzt ihn in die Lage, den Hauptfrachtführer bei Folgeaufträgen des Absenders zu unterbieten. Im Hinblick darauf wird ein Hauptfrachtführer das Samtfrachtführermodell vermeiden und eher separate Unteraufträge vergeben. Auch der Subunternehmer hat kein Interesse am Samtfrachtführermodell. Für ihn besteht kein Anlass, die auf fremde Transportstrecken erweiterte Haftung zu akzeptieren. Die BReg. hielt es daher von Anfang an für „zweifelhaft, ... ob die Bestimmungen des Kapitels VI große praktische Bedeutung erlangen werden".[1] In der Tat sind die Art. 34 ff. im Wesentlichen **toter Buchstabe** geblieben,[2] soweit Gerichte die Anwendungsvoraussetzungen nicht in einer Weise aufgeweicht haben, die dem Wortlaut und Sinn der Vorschriften widersprechen. Die FIATA hat daher die ersatzlose Streichung des VI. Kapitels vorgeschlagen.[3]

## II. Anwendungsvoraussetzungen

**1. Überblick.** Der Anwendungsbereich des Kapitels VI ist für alle in ihm enthaltenen **8** Regelungen einheitlich bestimmt durch die Anwendungsvoraussetzungen von Art. 34, die einen Kompromiss zwischen anfänglich sehr divergierenden Vorschlägen darstellen, siehe zur Vorgeschichte Art. 35 Rn. 1. Fünf Voraussetzungen müssen vorliegen: (1) Die beteiligten Frachtführer sind **alle Straßenfrachtführer;** für den Huckepackverkehr gilt Art. 2,[4] für den echten kombinierten Verkehr mit Umladung des Gutes auf ein anderes Transportmittel sieht die CMR gar keine Regelungen vor, siehe Art. 2 Rn. 8. (2) Dem gesamten Transport liegt ein einheitlicher **durchgehender Beförderungsvertrag** zugrunde;[5] die oben in Rn. 3 und 4 behandelten Vertragsgestaltungen sehen dagegen separate Beförderungsverträge über Teilstrecken vor und werden deshalb von Art. 34 nicht erfasst. (3) Der nachfolgende Frachtführer muss das **Gut angenommen** haben, was durch die Übernahme iSd. Obhutshaftung geschieht.[6] (4) Der durchgehende Beförderungsvertrag muss Gegenstand eines **durchgehenden Frachtbriefs** sein. (5) Der nachfolgende Frachtführer muss den durchgehenden **Frachtbrief angenommen** haben, nicht unbedingt unter Beachtung der Formen des Art. 35. Streit besteht über die genaue Tragweite der Voraussetzungen (3)-(5).

**2. Durchgehender Frachtbrief.** Nachfolgende Frachtführer werden „durch die **9** Annahme ... des Frachtbriefes ... Vertragspartei", und zwar „nach Maßgabe der Bedingungen des Frachtbriefes". Gemeint ist damit nicht ein vom ersten Frachtführer für das Teilstück des nachfolgenden Frachtführers ausgestellter (Teil-)Frachtbrief, sondern der vom Absender über die Gesamtbeförderung ausgestellte durchgehende Frachtbrief.[7] Wo **kein solcher Frachtbrief vorhanden** ist, kommen die Art. 34 ff. nicht zur Anwendung,[8] und ebenso verhält es sich, wenn der durchgehende Frachtbrief zwar existent ist, vom nachfolgenden Frachtführer aber nicht angenommen wird.[9] Der Beitritt des nachfolgenden Frachtführers ist also ein **Formalvertrag,** wie ihn die KVO und das Eisenbahnrecht kannten.[10]

---

[1] Denkschrift der BReg., BT-Drucks. III/1144 S. 46.

[2] *Putzeys* S. 105 Nr. 288 Fn. 200/1: „il n'y a pratiquement jamais de transports successifs"; *Loewe* ETR 1976, 588 Nr. 274.; GroßkommHGB/*Helm* Rn. 1; Thume/*Schmid* Vor Art. 34 Rn. 3; Ferrari/*Otte*, Int. Vertragsrecht, Rn. 2.

[3] *Glöckner* TranspR 1984, 114 f.

[4] Ebenso *Koller* Rn. 2; *Herber/Piper* Rn. 6; *Clarke* S. 168 f. Nr. 50; EBJS/*Boesche* Rn. 4; Ferrari/*Otte*, Int. Vertragsrecht, Rn. 5; aA Queen's Bench Division 6.11.1990, ETR 1991, 98 ff.; GroßkommHGB/*Helm* Rn. 7; *Hill/Messent* S. 297 f.

[5] *Koller* Rn. 2; *Herber/Piper* Rn. 4; GroßkommHGB/*Helm* Rn. 10; Thume/*Schmid* Rn. 3; EBJS/*Boesche* Rn. 4; Ferrari/*Otte,* Int. Vertragsrecht, Rn. 4; Jabornegg/Artmann/*Csoklich* Art. 34–40 Rn. 2; *Hill/Messent* S. 282; *Libouton* J.trib. 1974, 529 Nr. 93; *Rodière* BT 1974, 350 Nr. 127.

[6] *SGS-ATES Componenti Elettronici SpA v. Grappo Ltd.*, [1978] 1 Lloyd's L. Rep. 281, 284; *Clarke* S. 171 f. Nr. 50b; *Busti* Trasporti 21 (1980) 139.

[7] BGH 19.4.2007, TranspR 2007, 416, 417 = ETR 2008, 94, 96.

[8] OLG Wien 13.7.1978, TranspR 1981, 104; OLG Wien 3.9.1992, TranspR 1993, 340, 341; Hof 's-Gravenhage 8.11.1994, S. & S. 1995 Nr. 88; *Lamy* 2013 Rn. 841; *Nickel-Lanz* S. 151 Nr. 199; *Hill/Messent* S. 288; *Herber/Piper* Rn. 10; GroßkommHGB/*Helm* 14 f.; Ferrari/*Otte*, Int. Vertragsrecht, Rn. 12.

[9] BGH 9.2.1984, TranspR 1984, 146, 148; BGH 25.10.1984, NJW 1985, 555, 556; BGH 9.10.1997, TranspR 1998, 247; OGH Wien 10.7.1985, TranspR 1986, 377, 378; Rb. Rotterdam 13.4.1973, S. & S. 1973 Nr. 92 = RDU 1977 I 338; ebenso in Spanien Tribunal Supremo 14.7.1987, ETR 1995, 678, 682; *Haak* S. 109.

[10] Vgl. *Basedow* TranspV S. 228–232.

---

**10**   Darin sehen manche einen **Widerspruch zu Art. 4** und zum Prinzip des Konsensualvertrags, das die CMR sonst beherrsche.[11] Nach dieser Auffassung gilt Art. 4 auch für den Beitritt. Art. 34 lege der Annahme von Gut und Frachtbrief lediglich die Wirkung einer gesetzlichen Vermutung dafür bei, dass es zwischen Absender, vorangehendem und nachfolgendem Frachtführer zum Abschluss des Beitrittsvertrags gekommen ist; der Beitrittsvertrag könne aber auch auf andere Weise zustande kommen und bewiesen werden.[12] So wird in **Frankreich** die Ansicht vertreten, dass schon die Annahme des Gutes allein den Beitritt des nachfolgenden Frachtführers indiziere, wenn dieser nicht durch die Ausstellung eines eigenen Transportdokuments für seine Teilstrecke seinen entgegengesetzten Willen zum Ausdruck gebracht habe.[13] Auch in **Italien** hält die Rechtsprechung einen Beitritt ohne Annahme des durchgehenden Frachtbriefs für möglich. Dazu müsse dargetan werden, dass der vorangehende Frachtführer als Bote des Absenders dem nachfolgenden Frachtführer den Antrag des Absenders auf Beitritt zum Frachtvertrag überbracht habe; dafür spreche indessen keine Vermutung.[14] Letztlich dürfte dieser konstruktive Weg des Beitritts fast immer scheitern, weil das Angebot zum Vertragsbeitritt wohl ausnahmslos vom Hauptfrachtführer ausgeht und der Absender davon im Allgemeinen gar nichts weiß.

**11**   Die propagierte **Lockerung der Formzwänge** des Art. 34 **ist abzulehnen,** da sie vor allem dem Schutz des nachfolgenden Frachtführers dienen: Er soll „nach Maßgabe des Frachtbriefs" aus dem Vertrag verpflichtet werden, was nur möglich ist, wenn er diesen Frachtbrief angenommen hat; lässt man die Verpflichtung ohne Annahme des Frachtbriefs zu, so läuft dies in der Sache darauf hinaus, dass Absender und Hauptfrachtführer einen Vertrag zu Lasten Dritter abschließen können, indem sie mit Wirkung gegen den unwissenden nachfolgenden Frachtführer zB eine bestimmte Art der Ladungsfürsorge vereinbaren. Dahin führt die in Rn. 10 erwähnte französische Auffassung, die dem nachfolgenden Frachtführer im Ergebnis, auch ohne dass er den Frachtbrief annimmt, allein wegen der Übernahme des Gutes gleichsam eine Widerspruchsobliegenheit auferlegt; damit geht die französische Auffassung noch weiter als die Regelung eines CMR-Vorentwurfs, der im Laufe der Beratungen gerade verworfen wurde, siehe Art. 35 Rn. 1. Die Übernahme des Gutes allein ist im Übrigen ohne jede Aussagekraft, weil sie bei allen Vertragsgestaltungen (oben Rn. 1–4) stattfindet. Dass sie für den Willen zum Vertragsbeitritt spricht, steht im Widerspruch zur **Interessenlage des nachfolgenden Frachtführers;** warum sollte er für Transportabschnitte anderer Frachtführer haften wollen, wie dies nach Art. 34, 36 anders als beim reinen Unterfrachtvertrag vorgesehen ist? Die natürliche Interessenlage berechtigt gerade zum Gegenschluss: wenn die besonderen Förmlichkeiten des Art. 34 nicht erfüllt sind, geht der Wille des nachfolgenden Frachtführers im Zweifel nur dahin, einen Unterfrachtvertrag abzuschließen, dh. nur für sich selbst zu haften. Nichts anderes folgt aus Art. 4. Die Vorschrift betrifft den Abschluss des Beförderungsvertrags, nicht den Beitritt Dritter zu einem schon existenten und in seinem Inhalt fremdbestimmten Beförderungsvertrag. Hier hat der Frachtbrief konstitutive Bedeutung.[15]

**12**   **3. Annahme des Gutes.** Art. 34 setzt ferner die Annahme des Gutes voraus und gibt dem Beitritt damit den Charakter eines **Realvertrags.**[16] Auch diese Abweichung vom konsensualvertraglichen Modell des Art. 4 ist aus Haftungserwägungen begründet: wenn

---

[11] Eingehend *Busti* Trasporti 21 (1980) 141 f.

[12] Kh.Brüssel 6.4.1984, ETR 1984, 431, 441; *Busti* Trasporti 21 (1980) 145: „pieno e conclusivo valore"; *Tilche* BTL 1995, 12: „présomption simple"; widersprüchlich *Clarke* S. 171 f. Nr. 50b, der sowohl dieser Ansicht als auch der Position des BGH, oben Fn. 9, zustimmt; vgl. dazu auch *Anfray* ULR 2003, 747 ff.

[13] So die anonyme Anmerkung zu Cour Paris 28.6.1990 und Cass.com. 11.12.1990 in BTL 1991, 13; vgl. auch Cour Versailles 14.9.2004 zitiert in *de Fos* ULR 2006, 648, 650; ähnlich auch in Belgien Kh. Brüssel 11.5.1987, ETR 1988, 720; ähnlich auch das schweizerische BG 2.6.1981, ETR 1995, 668 und 22.11.1983, ETR 1995, 675, allerdings ohne nähere Erörterung.

[14] Corte cass. 19.12.1978, Nr. 6102 Foro it 1979 I 1512, 1517 = Trasporti 21 (1980) 130 m. Anm. *Busti,* der selbst auf nationales Recht zurückgreifen will, S. 146 f.; App. Milano 17.3.1981 Foro pad. 1981 I 40.

[15] *Loewe* ETR 1976, 589 Nr. 274.

[16] Vgl. *Basedow* TranspV S. 230.

der nachfolgende Frachtführer das Gut erst gar nicht in Empfang nimmt, weil es bereits auf einer vorangehenden Teilstrecke in Verlust geraten ist, gibt es keinen Grund, warum er für den Verlust gemäß Art. 34, 36 gesamtschuldnerisch mithaften sollte.[17] Die Annahme des Gutes deckt sich mit der Übernahme iSv. Art. 17, siehe schon Rn. 8 bei Fn. 6. Sie kann auch **unter Vorbehalten** erklärt werden, wie sich aus Art. 35 Abs. 1 Satz 2 ergibt. In dem Vorbehalt eines nachfolgenden Frachtführers „Verpackte Ware – Inhalt unbekannt – keine Haftung" hat der französische Kassationshof die Annahme des Gutes und, da der Vorbehalt im Frachtbrief eingetragen war, auch die Annahme des Frachtbriefs gesehen mit der Folge, dass den Frachtführer im Außenverhältnis doch die gesamtschuldnerische Haftung traf;[18] der Vorbehalt entfaltet seine Wirkung jedoch im Rückgriffsverfahren gemäß Art. 37.

**4. Eigenleistung des Hauptfrachtführers.** Nach einer verbreiteten Auffassung setzen **13** die Art. 34 ff. voraus, dass der Hauptfrachtführer selbst das Gut auf einer Teilstrecke befördert; hat er die Ausführung des gesamten Transports einem anderen überlassen, so haftet er gemäß Art. 3 für den anderen, der Unterfrachtführer, aber nicht nachfolgender Frachtführer iSv. Art. 34 ist.[19] Die praktische Bedeutung dieser Ansicht liegt zum einen in der **Passivlegitimation des Subunternehmers** gegenüber Dritten: der letzte nachfolgende Frachtführer kann gemäß Art. 36 verklagt werden. Zum anderen geht es auch darum, ob der Hauptfrachtführer gegenüber weiteren Subunternehmern, die der zweite Frachtführer eingesetzt hat, **gemäß Art. 37 rückgriffsbefugt** ist. Dies setzt voraus, dass alle Beteiligten dem Haftungsverband angehören, also aufeinanderfolgende Frachtführer sind. Ist der zweite Frachtführer dagegen Unterfrachtführer des ersten und der dritte Frachtführer Unterfrachtführer des zweiten Frachtführers, kann sich der erste Frachtführer nur an seinen Vertragspartner und nicht an die weiteren Subunternehmer halten.

In beiden Situationen führt die **Anwendung von Art.** 34 unabhängig von der Eigenleis- **14** tung des Hauptfrachtführers zu angemessenen Ergebnissen:[20] die Passivlegitimation des abliefernden Frachtführers liegt im Interesse eines umfassenden Rechtsschutzes des Empfängers, siehe schon Art. 13 Rn. 17, und die Anwendung von Art. 37 auf den Rückgriff des Hauptfrachtführers führt zur Regressbeschleunigung. Gegen diese Auffassung spricht auch nicht der Wortlaut des Art. 34. Sie steht im Übrigen im Einklang mit einem Grundprinzip des Vertragsrechts, wonach es für die Übernahme einer bestimmten Vertragsrolle nur auf das Leistungsversprechen und nicht auf tatsächliche Gegebenheiten ankommt. Daraus folgt, dass sich auch das Verhältnis von **Fixkostenspediteur** und ausführendem Frachtführer nach Art. 34 ff. beurteilen kann, wenn die sonstigen Voraussetzungen der Vorschrift vorliegen.[21] Besonders nahe liegt dieser Schluss, wenn man den Fixkostenspediteur ohnehin als Frachtführer iSv. Art. 1 qualifiziert, vgl. Art. 1 Rn. 8. Anders verhält es sich dagegen mit dem **Sammelladungsspediteur** iSv. § 460 Abs. 2 HGB. Er übergibt dem Frachtführer in aller

---

[17] BGH 25.10.1984, NJW 1985, 555, 556; *Hill/Messent* S. 288; *Heuer* TranspR 1984, 169.
[18] Cass.civ. 6.7.1993, Bull.civ. 1993 IV Nr. 291; einschränkend *Clarke* S. 172 Nr. 50b.
[19] OLG Hamburg 3.6.1982, TranspR 1985, 266, 267 mit krit. Anm. *Baumann;* Hof Leeuwarden 22.5.1974, S. & S. 1977 Nr. 41; Rb. Arnhem 3.5.1990, S. & S. 1992 Nr. 79; Cour Agen 29.6.1981, BT 1981, 433; Hof Gent 25.6.1986, ETR 1987, 421; Hof Antwerpen 8.10.1986, Rev.dr.com.belge 1987, 65; Hof van Cassatie Belgien 30.6.1995, ETR 1996, 545; *Loewe* ETR 1976, 589 Nr. 276; *Lamy* 2013 Rn. 841; so auch zu Art. 36 *Tassel,* Anm. zu Cour cass. 3.5.1994, D. M. F. 1994, 641, 643.
[20] Ebenso OGH Wien 4.6.1987, TranspR 1988, 273, 276; Rb. Dordrecht 8.7.1987, S. & S. 1988 Nr. 142; OLG Hamm 2.12.1991, TranspR 1992, 179, 180; OLG Stuttgart 22.7.1982, VersR 1983, 978; 20.4.2011, TranspR 2011, 340, 345; OLG Hamburg 29.5.1980, VersR 1980, 950; OLG Karlsruhe 7.12.1979, VersR 1980, 877; *Ulster-Swift Ltd. v. Taunton Meat Haulage Ltd.,* [1977] 1 Lloyd's L. Rep. 346, 360 per *Megaw, L. J.* (C. A.); *Piper* VersR 1988, 204; GroßkommHGB/*Helm* Rn. 2; *Koller* Rn. 4; *Haak* S. 112; *Herber/Piper* Rn. 7; *Thume/Schmid* Rn. 6; EBJS/*Boesche* Rn. 5; *Ferrari/Otte,* Int. Vertragsrecht, Rn. 6; vgl. auch *Kehl* S. 19 ff.; zur Problematik *Anfray* ULR 2003, 739 ff.; zur holländischen Rspr. *Eckoldt* TranspR 2009, 117, 121; aA *Csoklich* ÖJZ 2003, 45 f.
[21] BGH 25.10.1984, NJW 1985, 555, 556; BGH 19.4.2007, TranspR 2007, 416, 417; *Helm* VersR 1988, 555; *Heuer* TranspR 1984, 171; *Koller* Rn. 5; GroßkommHGB/*Helm* Rn. 9; *Csoklich* ÖJZ 2003, 43; Jabornegg/Artmann/*Csoklich* Art. 34–40 Rn. 2; kritisch *Neumann* TranspR 2006, 384, 385 f.

Regel eine andere Sendung als er vom Versender erhalten hat, so dass er und der Frachtführer nicht bzgl. ein und derselben Sendung aufeinanderfolgende Frachtführer sind.[22]

## III. Rechtsfolgen

**15**    Im Verhältnis zwischen Absender und Hauptfrachtführer ergeben sich aus Art. 34 keine Änderungen. Anders im Verhältnis zwischen Absender bzw. Empfänger und nachfolgenden Frachtführern: Übernehmen Letztere vom jeweils vorangehenden Frachtführer das Gut samt Frachtbrief, so werden sie nach Maßgabe des Frachtbriefs Vertragspartner des Absenders. Unter den Voraussetzungen des Art. 13 werden sie außerdem **Gesamtgläubiger** und **Gesamtschuldner** des Empfängers. Die Rechtsstellung beurteilt sich im Übrigen nach nationalem Recht; so entscheidet das ergänzend anwendbare **Vertragsstatut** (Einl. Rn. 41 ff.), ob die aufeinanderfolgenden Frachtführer gegenüber dem Absender Gesamtgläubiger der Fracht sind und was dies im Einzelnen bedeutet; siehe für das deutsche Recht § 428 BGB. Ihre **Haftung** für Güterschäden und Verspätung ist in Art. 36 geregelt. Bei Güterschäden und Verspätungsschäden haftet jeder der aufeinanderfolgenden Frachtführer für die Ausführung des gesamten Vertrags, auch wenn die Schäden während der Beförderung durch einen anderen Frachtführer eingetreten sind; die Haftung wird gemäß Art. 29 Abs. 1 und Art. 32 Abs. 2 auch verschärft, wenn einen anderen Frachtführer der Vorwurf vorsatzgleichen Verschuldens trifft.[23] Da Art. 36 andere Haftungsfälle, zB wegen Verletzung einer Nachnahmeabrede nicht erfasst,[24] greift auch insofern das Vertragsstatut ein.[25]

**16**    Für den Unterfrachtführer hat der **Frachtbrief** auf Grund seiner konstitutiven Funktion eine ambivalente Bedeutung: Einerseits kann sich der Unterfrachtführer nicht darauf berufen, er habe mit dem Hauptfrachtführer einen Vertrag zu günstigeren Konditionen abgeschlossen. Andererseits wird er durch den Frachtbrief auch geschützt: Die in Art. 6 aufgeführten Angaben müssen im Frachtbrief vermerkt sein, da sie sonst dem Unterfrachtführer nicht entgegengehalten werden können. Während Nachnahmeaufträge, Umladeverbote und Lieferfristen gewöhnlich keiner Eintragung bedürfen, um gegenüber dem Vertragspartner verbindlich zu sein, müssen sie sehr wohl eingetragen sein, um einen nachfolgenden Frachtführer gleichermaßen zu verpflichten.

**17**    Sind die Anwendungsvoraussetzungen des **Art. 34 nicht erfüllt,** so ist jeder Subunternehmer als Unterfrachtführer nur für den von ihm ausgeführten Teiltransport verantwortlich, und zwar grundsätzlich nur gegenüber seinem Auftraggeber, also je nach Falllage dem Hauptfrachtführer oder einem anderen Unterfrachtführer, darüber hinaus auch seinem Empfänger, vgl. Art. 13 Rn. 17, nicht dagegen dem Absender. Der Absender muss sich, will er den Unterfrachtführer in Anspruch nehmen, die Ansprüche des Hauptfrachtführers gegen diesen abtreten lassen. Eine **Gesamthaftung** trifft außerhalb von Art. 34 nur den Hauptfrachtführer, der für jeden Unterfrachtführer gemäß Art. 3 eintreten muss, Art. 3 Rn. 19. Im nationalen deutschen Frachtrecht regelt § 437 HGB die Haftung des ausführenden Frachtführers. Auch bei ergänzender Anwendbarkeit deutschen Rechts ist diese Vorschrift jedoch nicht auf der CMR unterliegende Beförderungsverträge anwendbar, da sie einen vertraglichen Frachtführer voraussetzt, der nach den §§ 425 ff. HGB für Güter- oder Verspätungsschäden einzustehen hat.[26]

---

[22] OLG Schleswig 2.10.2003, VersR 2004, 266, 267; *Heuer* TranspR 1984, 170 f.; *Koller* Rn. 5; *Herber/Piper* Rn. 8; *EBJS/Boesche* Rn. 5; *Ferrari/Otte*, Int. Vertragsrecht, Rn. 7; *Csoklich* ÖJZ 2003, 43; *Jaborneg/Artmann/Csoklich* Art. 34–40 Rn. 2; differenzierend GroßkommHGB/*Helm* Rn. 9; aA Fremuth/Thume/*Thume* Rn. 2: auch für Sammelladung; dieses Problem nicht erkennend und daher verfehlt OGH Wien 29.1.2002, TranspR 2003, 463.

[23] *Hill/Messent* S. 300; *Hardingham* LMCLQ 1978, 504.

[24] Hof 's-Hertogenbosch 18.6.1990, S. & S. 1992 Nr. 70; *Koller* Art. 36 Rn. 1; *Herber/Piper* Art. 36 Rn. 2; Fremuth/Thume/*Thume* Art. 36 Rn. 1; *EBJS/Boesche* Art. 36 Rn. 3; aA *Kehl* S. 21.

[25] Kh. Brüssel 28.2.1975, ETR 1975, 419, 426; Trib.com.Paris 14.3.1978, ETR 1978, 742; *Koller* Rn. 6.

[26] BGH 30.10.2008, TranspR 2009, 130 (131 f.) = VersR 2009, 1141; *Koller* § 437 HGB Rn. 7, 11; zweifelnd *Czerwenka*, Die Anwendung des § 437 HGB bei grenzüberschreitenden Transporten, TranspR 2012, 408 ff.; vgl. im Übrigen die Kommentierung von *Herber* zu § 437 HGB in diesem Band.

## Art. 35 [Ladungskontrolle, Beweiskraft des Frachtbriefs]

**(1)** ¹Ein Frachtführer, der das Gut von dem vorhergehenden Frachtführer übernimmt, hat diesem eine datierte und unterzeichnete Empfangsbestätigung auszuhändigen. ²Er hat seinen Namen und seine Anschrift auf der zweiten Ausfertigung des Frachtbriefes einzutragen. ³Gegebenenfalls trägt er Vorbehalte nach Artikel 8 Absatz 2 auf der zweiten Ausfertigung des Frachtbriefes sowie auf der Empfangsbestätigung ein.

**(2)** Für die Beziehungen zwischen den aufeinanderfolgenden Frachtführern gilt Artikel 9.

### Art. 35

(1) Le transporteur qui accepte la marchandise du transporteur précédent remet à celui-ci un reçu daté et signé. Il doit porter son nom et son adresse sur le deuxième exemplaire de la lettre de voiture. S'il y a lieu, il appose sur cet exemplaire, ainsi que sur le reçu, des réserves analogues à celles qui sont prévues à l'article 8, paragraphe 2.

(2) Les dispositions de l'article 9 s'appliquent aux relations entre transporteurs successifs.

### Art. 35

(1) A carrier accepting the goods from a previous carrier shall give the latter a dated and signed receipt. He shall enter his name and address on the second copy of the consignment note. Where applicable, he shall enter on the second copy of the consignment note and on the receipt reservations of the kind provided for in article 8, paragraph 2.

(2) The provisions of article 9 shall apply to the relations between successive carriers.

**Schrifttum:** Siehe Einl. vor Rn. 1 und bei Art. 34.

### I. Bedeutung und Zweck

Nach dem Vorentwurf der Unidroit/ECE/IRU-Arbeitsgruppe von 1952[1] sollte der **1** Vertragsbeitritt allein von der Annahme des Gutes abhängen, sofern der nachfolgende Frachtführer wusste oder wissen musste, dass die von ihm übernommene Beförderung Teil eines durchgehenden Transports war; die Regelung des heutigen Art. 35 war bereits wortgleich in dem Vorentwurf enthalten (Art. 33). Daraufhin forderten die Niederlande, um einer übermäßigen Inanspruchnahme nachfolgender Frachtführer entgegenzuwirken, dass das Übernahmeverfahren des Art. 35 konstitutive Voraussetzung für den Vertragsbeitritt werden müsse. Sie konnten sich damit zwar nicht durchsetzen, erreichten jedoch die Aufnahme einer zusätzlichen konstitutiven Anwendungsvoraussetzung in Art. 34, der Annahme des durchgehenden Frachtbriefs.[2] Andererseits hat die Diskussion der Vorbereitungsphase dazu geführt, dass den Übernahmeregularien des Art. 35 heute **keine konstitutive Bedeutung** für den Vertragsbeitritt beigelegt wird.[3] Bedeutung hat das Verfahren aber für die Rechtsbeziehungen der aufeinanderfolgenden Frachtführer untereinander.

Der nachfolgende Frachtführer hat **dreierlei zu beachten:** (1) Er händigt dem voran- **2** gehenden Frachtführer eine datierte und unterzeichnete Empfangsbestätigung aus. (2) Er trägt seinen Namen und seine Anschrift in die zweite, das Gut begleitende (Art. 5 Abs. 1 Satz 3) Ausfertigung des Frachtbriefs ein. (3) Er trägt gegebenenfalls Vorbehalte in die zweite Frachtbriefausfertigung sowie in die Empfangsbestätigung ein. Mit dem

---

[1] In Unidroit, L'unification du droit – Annuaire 1947–1952, S. 232, 264: Art. 32.
[2] Zur Vorgeschichte *Loewe* ETR 1976, 589 Nr. 275; *Haak* S. 106 f.
[3] *SGS-ATES Componenti Elettronici v. Grappo Ltd.,* [1978] 1 Lloyd's L. Rep. 281, 284; *Hill/Messent* S. 301; *Clarke* S. 174 Nr. 50b (ii); *Loewe* ETR 1976, 589 f. Nr. 278; *Koller* Rn. 1; *Herber/Piper* Rn. 1; Groß-kommHGB/*Helm* Rn. 2; Thume/*Schmid* Rn. 1; Fremuth/Thume/*Thume* Rn. 1; EBJS/*Boesche* Rn. 1; Ferrari/*Otte,* Int. Vertragsrecht, Rn. 1; Jabornegg/Artmann/*Csoklich* Art. 34–40 Rn. 5; *Lamy* 2013 Rn. 841.

Erfordernis der besonderen Empfangsbestätigung geht Art. 35 über die Verfahrenserfordernisse im Verhältnis zwischen Absender und erstem Frachtführer hinaus, was aber in dem Quittungsbedürfnis des vorangehenden Frachtführers begründet ist: so wie der Absender vom Frachtführer die unterzeichnete und gegebenenfalls mit Vorbehalten versehene erste Ausfertigung des Frachtbriefs erhält, so soll der vorangehende Frachtführer seinerseits vom nachfolgenden Frachtführer eine **Empfangsbestätigung** bekommen, die Auskunft über den Zustand des Gutes bei der Weitergabe gibt. Ungeachtet dieses begründeten Anliegens ist das Verfahren des Art. 35 doch kompliziert, schwerfällig[4] und daher selbst in den wenigen Fällen weithin ungebräuchlich, wo die Voraussetzungen des Art. 34 erfüllt sind.

## II. Regelungsinhalt

3    Art. 35 erklärt Art. 8 Abs. 1 und 2 sowie Art. 9 CMR im Verhältnis aufeinanderfolgender Frachtführer für anwendbar. Zwar ist Art. 8 Abs. 1 CMR in Art. 35 Abs. 1 nicht genannt, doch wird seine Geltung in Art. 8 Abs. 2 und damit auch in Art. 35 vorausgesetzt. Dagegen ist Art. 8 Abs. 3 im Verhältnis der Frachtführer untereinander nicht anwendbar.[5] Stellt der nachfolgende Frachtführer eine **vorbehaltlose Empfangsbestätigung** aus und trägt er auch **keine Vorbehalte im Frachtbrief** ein, so entsteht die Vermutung des Art. 9 Abs. 2 CMR.[6] Der letzte Frachtführer haftet daher für äußerlich erkennbare Schäden, wenn er eine Empfangsbestätigung nicht mit einem Vorbehalt zeichnet, er wird dann als Verursacher des Schadens vermutet,[7] und es obliegt ihm, mit anderen Mitteln den Beweis dafür zu führen, dass der Schaden nicht entstanden ist, während das Gut in seiner Obhut war, siehe näher Art. 9 Rn. 11. Sind dagegen **Vorbehalte auf Frachtbrief und Empfangsbestätigung** vermerkt, so entfällt die Vermutung des Art. 9.

4    Hat der nachfolgende Frachtführer den **Vorbehalt nur in der Empfangsbestätigung** erklärt, so begründet der vorbehaltlose Frachtbrief gemäß Art. 35 Abs. 2 iVm. Art. 9 Abs. 2 zwar die dort geregelte Vermutung, doch wird sie der nachfolgende Frachtführer sie dadurch entkräften können, dass er eine Kopie der an den vorangehenden Frachtführer erteilten Empfangsbestätigung vorlegt oder das Original der Bestätigung vom vorangehenden Frachtführer vorlegen lässt.[8] Wird andererseits der **Vorbehalt nur im Frachtbrief** gemacht und nicht in der Empfangsbestätigung, so hat der nachfolgende Frachtführer zwar seiner Pflicht aus Art. 35 Abs. 1 Satz 3 nicht genügt, doch bleibt dies beweisrechtlich folgenlos, weil Art. 35 Abs. 2 die Verweisung auf Art. 9 nicht von einer ordnungsgemäßen Empfangsbescheinigung abhängig macht und Art. 9 Abs. 2 für die Beweisvermutung nur auf den Frachtbrief abstellt.[9] Wird gar **keine Empfangsbestätigung** ausgestellt, so kann der vorangehende Frachtführer das Gut zurückbehalten und gegebenenfalls Schadensersatz nach nationalem Recht fordern.[10]

5    Erkennt der vorangehende Frachtführer die Vorbehalte an, sind sie für ihn gemäß Art. 8 Abs. 2 Satz 3 verbindlich; er nimmt iS dieser Vorschrift die Stellung des Absenders ein.[11] Seine **Hauptbedeutung** entfaltet ein Vorbehalt **beim Rückgriff** unter den Frachtführern des Haftungsverbands; denn er schließt den Frachtführer, der den Vorbehalt erklärt hat,

---

[4] Vgl. *Lamy* 2013 Rn. 841: „processus d'un grand formalisme, rarement observé en pratique"; *Tilche* BTL 1995, 12: „procédure lourde, passablement obsolète et peu pratiquée".

[5] *Hill/Messent* S. 303; *Loewe* ETR 1976, 590 Nr. 279; *Rodière* BT 1974, 351 Nr. 129; *Koller* Rn. 1; *Herber/Piper* Rn. 4; GroßkommHGB/*Helm* Rn. 2; *Thume/Schmid* Rn. 3; EBJS/*Boesche* Rn. 2; *Ferrari/Otte,* Int. Vertragsrecht, Rn. 2; *Jabornegg/Artmann/Csoklich* Art. 34–40 Rn. 5.

[6] *Rodière* BT 1974, 351 Nr. 129; *Hill/Messent* S. 303.

[7] Cour Paris 8.1.1974, BT 1974, 201.

[8] *Hill/Messent* S. 303; *Koller* Rn. 1; GroßkommHGB/*Helm* Rn. 2.

[9] EBJS/*Boesche* Rn. 2; aA *Koller* Rn. 1; *Herber/Piper* Rn. 2; *Thume/Schmid* Rn. 2; *Ferrari/Otte,* Int. Vertragsrecht, Rn. 8.

[10] Vgl. *Loewe* ETR 1976, 590 Nr. 278; *Ferrari/Otte,* Int. Vertragsrecht, Rn. 3.

[11] *Koller* Rn. 1; *Thume/Schmid* Rn. 3; *Ferrari/Otte,* Int. Vertragsrecht, Rn. 4; gegen Absenderstellung: *Hill/Messent* S. 302; *Herber/Piper* Rn. 3; EBJS/*Boesche* Rn. 2: die Vorbehalte sind aber gültig.

sowie alle folgenden Frachtführer im Ergebnis von der Rückgriffshaftung aus, vgl. Art. 37 lit. b. Bedeutung erlangen kann der Vorbehalt auch **im Außenverhältnis** gegenüber Absender oder Empfänger, wenn der Frachtführer, der den Vorbehalt erklärt hat, gemäß Art. 36 als derjenige (Mittel-)Frachtführer in Anspruch genommen wird, auf dessen Teilstrecke das schädigende Ereignis eingetreten ist. Der darauf gerichtete Beweis obläge zwar dem Kläger, wäre aber im Hinblick auf den Vorbehalt praktisch ausgeschlossen. Diese Außenwirkung des Vorbehalts folgt nicht aus Art. 35 Abs. 2, sondern unmittelbar oder in entsprechender Anwendung aus Art. 9 Abs. 2. Bei Inanspruchnahme gemäß Art. 36 kann sich der nachfolgende Beförderer gegenüber Absender oder Empfänger aus dem gleichen Grunde auch auf Vorbehalte berufen, die der erste Frachtführer gegenüber dem Absender erklärt hat.[12]

### Art. 36 [Außenhaftung der Frachtführer]

**Ersatzansprüche wegen eines Verlustes, einer Beschädigung oder einer Überschreitung der Lieferfrist können, außer im Wege der Widerklage oder der Einrede in einem Verfahren wegen eines auf Grund desselben Beförderungsvertrages erhobenen Anspruchs, nur gegen den ersten, den letzten oder denjenigen Frachtführer geltend gemacht werden, der den Teil der Beförderung ausgeführt hat, in dessen Verlauf das Ereignis eingetreten ist, das den Verlust, die Beschädigung oder die Überschreitung der Lieferfrist verursacht hat; ein und dieselbe Klage kann gegen mehrere Frachtführer gerichtet sein.**

### Art. 36

A moins qu'il ne s'agisse d'une demande reconventionnelle ou d'une exception formulée dans une instance relative à une demande fondée sur le même contrat de transport, l'action en responsabilité pour perte, avarie ou retard ne peut être dirigée que contre le premier transporteur, le dernier transporteur ou le transporteur qui exécutait la partie du transport au cours de laquelle s'est produit le fait ayant causé la perte, l'avarie ou le retard; l'action peut être dirigée à la fois contre plusieurs de ces transporteurs.

### Art. 36

Except in the case of a counterclaim or a set-off raised in an action concerning a claim based on the same contract of carriage, legal proceedings in respect of liability for loss, damage or delay may only be brought against the first carrier, the last carrier or the carrier who was performing that portion of the carriage during which the event causing the loss, damage or delay occurred; an action may be brought at the same time against several of these carriers.

**Schrifttum:** Siehe Einl. vor Rn. 1 und bei Art. 34.

### I. Bedeutung und Zweck

Obwohl gemäß Art. 34 alle aufeinanderfolgenden Frachtführer für die Ausführung des 1 gesamten Vertrags haften, können nicht alle vom Berechtigten belangt werden. Art. 36 schränkt die Passivlegitimation für Klagen des am Gut Berechtigten gegen die beteiligten Frachtführer bei Verlust oder Beschädigung des Gutes sowie Lieferfristüberschreitung ein. Damit wird die Bedeutung der von Art. 34 begründeten **gesamtschuldnerischen Haftung reduziert.** Denn der erste Frachtführer ist durchweg der Vertragspartner des Absenders und ist als solcher ohnehin passivlegitimiert. Der Letzte ist es ebenfalls, ohne dass es dazu der gesamtschuldnerischen Haftung bedarf, siehe Art. 13 Rn. 17. Auch Klagen gegen den verantwortlichen Frachtführer in der Mitte sind oft auf Grund nationalen Deliktsrechts

---

[12] *Pesce* S. 362.

möglich, sofern sich für den Absender oder Empfänger die Verantwortung überhaupt lokalisieren und genau zuweisen lässt.[1] Während die besondere Funktion der Gesamtschuld gerade darin liegt, die Inanspruchnahme aller, auch aller **zwischengeschalteten Frachtführer,** zu erlauben, werden diese – mit Ausnahme des hauptverantwortlichen Frachtführers – dem Zugriff des Klägers durch Art. 36 gerade entzogen.

2      Die Regelung hat ihr Vorbild in Art. 43 § 3 CIM 1952 und dient dem Schutz der relativ unbeteiligten zwischengeschalteten Frachtführer vor Passivprozessen und insbesondere dem **Schutz vor dem forum shopping** des Klägers. Da die Gerichte im Land des Beklagten gemäß Art. 31 Abs. 1 international zuständig sind, hätte die Erstreckung der Passivlegitimation auf weitere zwischengeschaltete Frachtführer zur Folge, dass ein Kläger einen an sich unbeteiligten zwischengeschalteten Frachtführer nur deshalb in Anspruch nimmt, weil er sich von den Gerichten im Staat des Beklagten ein besonders rasches oder günstiges Urteil erwartet. Art. 36 verringert insofern diese mit der Gesamtschuld verbundenen Missbrauchsgefahren. Die zwischengeschalteten Frachtführer sind damit aber nicht aus der Haftung entlassen. Ihre **Zugehörigkeit zum Haftungsverband** äußert sich in doppelter Weise: Im Innenverhältnis der aufeinanderfolgenden Frachtführer sind sie ebenso Rückgriffsschuldner wie die in Art. 36 genannten Frachtführer, und im Außenverhältnis sind sie für Ansprüche des Geschädigten passivlegitimiert, die dieser im Wege der Widerklage oder Einrede geltend macht.

3      Art. 36 betrifft nach seinem systematischen Standort im VI. Kapitel der CMR **nur aufeinanderfolgende Frachtführer** iSv. Art. 34 und nicht etwa auch solche Beförderer, die im Zuge einer anderen Vertragsgestaltung (Art. 34 Rn. 1–4) arbeitsteilig an einer Ortsveränderung mitgewirkt haben. Solche Unterfrachtführer und Zwischenfrachtführer können nicht gemäß Art. 36 verklagt werden.[2]

## II. Regelungsinhalt

4      **1. Anwendungsbereich.** Art. 36 betrifft nur Ersatzansprüche wegen Verlust, Beschädigung oder Überschreitung der Lieferfrist, dh. die **Ansprüche aus Art. 17.** Nicht erfasst sind andere Ansprüche, etwa solche auf Erstattung überzahlter Fracht[3] oder auf Schadensersatz wegen Verletzung einer Nachnahmeabrede.[4] Dies bedeutet nicht, dass in solchen Fällen die Passivlegitimation unmittelbar aus der in Art. 34 verankerten Haftung folgt.[5] Vielmehr lässt Art. 36 erkennen, dass die CMR die materielle Verantwortung der aufeinanderfolgenden Frachtführer und die Möglichkeit ihrer Inanspruchnahme vor Gericht als getrennte Fragen behandelt. Indem Art. 36 die Passivlegitimation nur für einige Ansprüche regelt, bleibt das Problem für die übrigen Ansprüche offen und damit dem ergänzenden nationalen Recht (Einl. Rn. 41 ff.) überlassen, siehe schon Art. 34 Rn. 15. Nicht geregelt ist in Art. 36 ferner die Passivlegitimation bei Rückgriffsprozessen unter aufeinanderfolgenden Frachtführern; sie ist Gegenstand von Art. 37.

5      **2. Anspruchsgegner. Erster Frachtführer** iSv. Art. 36 ist der vom Absender beauftragte Hauptfrachtführer, auch wenn er den Transport zur Gänze weitervergeben hat. Eine eigene Transportleistung des Hauptfrachtführers wird von Art. 34 nicht gefordert, siehe Art. 34 Rn. 13 f., so dass auch der Fixkostenspediteur erster Frachtführer sein kann. Passivlegitimiert ist ferner der **letzte Frachtführer.** Gemeint ist damit der letzte Frachtführer, der durch

---

[1] *Heuer* TranspR 1984, 170.
[2] Kh.Antwerpen 28.1.1985, RDU 1986 II, S. 624, 627; *Dannenberg* VersR 1983, 980; *Clarke* S. 174 f. Nr. 51; EBJS/*Boesche* Rn. 1.
[3] *Hill/Messent* S. 307.
[4] Hof 's-Hertogenbosch 18.6.1990, S. &. S. 1992 Nr. 70; *Koller* Rn. 1; *Herber/Piper* Rn. 2; *Fremuth/Thume/Thume* Rn. 1; EBJS/*Boesche* Rn. 1; *Ferrari/Otte,* Int. Vertragsrecht, Rn. 2; *Jabornegg/Artmann/Csoklich* Art. 34–40 Rn. 6; aA *Kehl* S. 21.
[5] So aber *Nickel-Lanz* S. 153 Nr. 202: jeder Frachtführer passivlegitimiert.

Annahme von Gut und Frachtbrief dem Vertrag tatsächlich beigetreten ist,[6] und nicht etwa der Frachtführer, der nach der Planung des Hauptfrachtführers als letzter Frachtführer das Gut dem Empfänger abliefern sollte.[7] Geht das Gut verloren, bevor es der für die Ablieferung vorgesehene Frachtführer annimmt, ist er noch gar nicht Partei des Vertrags und folglich auch nicht Mitglied des Haftungsverbands. Er steht auch unter keinem Kontrahierungszwang, der seinen künftigen Vertragsbeitritt als sicher erscheinen ließe und es rechtfertigen würde, ihn schon im Vorgriff auf den unausweichlichen Beitritt in die Haftung zu nehmen. Darin unterscheidet er sich von der Empfangsbahn eines internationalen Eisenbahntransportvertrags, die gemäß Art. 5 § 1 CIM 1952 der Beförderungspflicht unterlag und deshalb gemäß Art. 43 § 3 Abs. 2 CIM 1952 auch dann passivlegitimiert war, wenn sie weder Gut noch Frachtbrief angenommen hatte. Im Übrigen wird man das Risiko eines Regresses gegen die vorangehenden Beförderer auch eher einer großen (staatlichen) Bahngesellschaft zumuten können, die mit den Regressschuldnern in ständiger Geschäftsbeziehung steht und daher über Verrechnungsmöglichkeiten verfügt, als einem oftmals mittelständischen und ad hoc eingeschalteten Straßenfrachtführer.[8] Schließlich kann der **schädigende Frachtführer** verklagt werden, dies aber nur wenn der dafür beweisbelastete Kläger dartun und beweisen kann, dass der Schaden gerade während der Transportstrecke des Beklagten eingetreten ist.[9]

**3. Wirkungen der Gesamtschuld.** Die Frachtführer iSd. Art. 34 haften gesamtschuldnerisch, so dass jeder von ihnen im Rahmen des Art. 36 auf den **gesamten Betrag** verklagt werden kann.[10] Das bestätigen auch die Regeln über den Regress unter aufeinanderfolgenden Frachtführern in Art. 37. Allerdings sind dort die sonstigen Wirkungen der Gesamtschuldnerschaft nicht erwähnt, die in manchen nationalen Rechtsordnungen wie etwa im französischen Recht vorgesehen sind. Inwieweit zB der Haftungsausschluss des Art. 30 Abs. 3 oder die Verjährungshemmung gemäß Art. 32 Abs. 2 gegenüber allen Frachtführern der Kette zum Tragen kommt, richtet sich nach dem **ergänzenden Vertragsstatut**, siehe schon Art. 32 Rn. 34.

**4. Klagehäufung und Zuständigkeit.** Der Kläger kann ein und dieselbe Klage gegen mehrere Frachtführer der Kette richten, siehe Halbsatz 2. Dazu mag er sich veranlasst sehen, wenn mehrere schadensursächliche Ereignisse in verschiedenen Beförderungsabschnitten eingetreten sind, wenn das schadensursächliche Ereignis während der Übergabe von einem Frachtführer zum anderen eintrat oder wenn die Gefahr der Zahlungsunfähigkeit desjenigen Frachtführers besteht, während dessen Beförderung die Schadensursache vorgefallen ist.[11] Es besteht dann keine notwendige Streitgenossenschaft, so dass ein klagabweisendes Urteil nicht auch zugunsten der übrigen Frachtführer wirkt.[12] Für jede Klage ergibt sich der Gerichtsstand aus Art. 31. Folglich muss für die Frachtführer nicht immer ein gemeinsamer Gerichtsstand existieren. Dies ist aber jedenfalls der Fall, wenn eine **Gerichtsstandsvereinbarung** in den durchgehenden Frachtbrief eingetragen ist und daher für und gegen alle Beteiligten wirkt; ohne Eintragung sind die nachfolgenden Frachtführer nicht daran gebunden, vgl. Art. 34 („nach Maßgabe des Frachtbriefs").[13]

---

[6] Cour cass. 3.5.1994, ETR 1995, 685; nach Cour cass. 9.7.1996, BTL 1996, 536 ist derjenige Frachtführer, der das Gut zuletzt in seinem Besitz gehabt hat, als Unterfrachtführer (Art. 3) des letzten aufeinanderfolgenden Frachtführers anzusehen, wenn er den Frachtbrief nicht übernommen hat; *Hill/Messent* S. 304; *Loewe* ETR 1976, 590 f. Nr. 280; *Clarke* S. 170 f. Nr. 50a (iii); *Koller* Rn. 2; *Herber/Piper* Rn. 5; Ferrari/*Otte,* Int. Vertragsrecht, Rn. 4; *van Acker* ETR 2001, 717, 722.

[7] So aber *Rodière* BT 1974, 351 Nr. 131; *Busti* Trasporti 21 (1980) 140 Fn. 11.

[8] In den ER CIM 1999 ist der Kontrahierungszwang mittlerweile entfallen; nach Art. 45 § 2 kann aber der zur Ablieferung verpflichtete Beförderer in Anspruch genommen werden, wenn er Gut und Frachtbrief nicht erhalten hat, sofern er mit seiner Zustimmung in den Frachtbrief eingetragen wurde.

[9] *Baumgärtel/Giemulla* Rn. 1.

[10] Hof Gent 20.11.1975, ETR 1976, 231; LG Duisburg 10.5.1968, ETR 1969, 979; *Rodière* BT 1974, 351 Nr. 133; *Hill/Messent* S. 306.

[11] *Rodière* BT 1974, 351 Nr. 131 aE; *Precht/Endrigkeit* Art. 36 Anm. 4.

[12] *Koller* Rn. 3; EBJS/*Boesche* Rn. 4.

[13] *Hill/Messent* S. 306; *Koller* Rn. 4; *Herber/Piper* Rn. 7; *Thume/Schmid* Rn. 5; EBJS/*Boesche* Rn. 4; Ferrari/*Otte,* Int. Vertragsrecht, Rn. 8; *Jabornegg/Artmann/Csoklich* Art. 34–40 Rn. 6; aA *Loewe* ETR 1976, 591 Nr. 282.

## Art. 37 [Rückgriff]

Einem Frachtführer, der auf Grund der Bestimmungen dieses Übereinkommens eine Entschädigung gezahlt hat, steht der Rückgriff hinsichtlich der Entschädigung, der Zinsen und der Kosten gegen die an der Beförderung beteiligten Frachtführer nach folgenden Bestimmungen zu:

a) der Frachtführer, der den Verlust oder die Beschädigung verursacht hat, hat die von ihm oder von einem anderen Frachtführer geleistete Entschädigung allein zu tragen;

b) ist der Verlust oder die Beschädigung durch zwei oder mehrere Frachtführer verursacht worden, so hat jeder einen seinem Haftungsanteil entsprechenden Betrag zu zahlen; ist die Feststellung der einzelnen Haftungsanteile nicht möglich, so haftet jeder nach dem Verhältnis des ihm zustehenden Anteiles am Beförderungsentgelt;

c) kann nicht festgestellt werden, welche der Frachtführer den Schaden zu tragen haben, so ist die zu leistende Entschädigung in dem unter Buchstabe b bestimmten Verhältnis zu Lasten aller Frachtführer aufzuteilen.

### Art. 37

Le transporteur qui a payé une indemnité en vertu des dispositions de la présente Convention a le droit d'exercer un recours en principal, intérêts et frais contre les transporteurs qui ont participé à l'exécution du contrat de transport, conformément aux dispositions suivantes:

a) Le transporteur par le fait duquel le dommage a été causé doit seul supporter l'indemnité, qu'il l'ait payée lui-même ou qu'elle ait été payée par un autre transporteur;

b) Lorsque le dommage a été causé par le fait de deux ou plusieurs transporteurs, chacun d'eux doit payer un montant proportionnel à sa part de responsabilité; si l'évaluation des parts de responsabilité est impossible, chacun d'eux est responsable proportionnellement à la part de rémunération du transport qui lui revient;

c) Si l'on ne peut déterminer quels sont ceux des transporteurs auxquels la responsabilité est imputable, la charge de l'indemnité due est répartie, dans la proportion fixée en b, entre tous les transporteurs.

### Art. 37

A carrier who has paid compensation in compliance with the provisions of this Convention, shall be entitled to recover such compensation, together with interest thereon and all costs and expenses incurred by reason of the claim, from the other carriers who have taken part in the carriage, subject to the following provisions:

a) The carrier responsible for the loss or damage shall be solely liable for the compensation whether paid by himself of by another carrier;

b) When the loss or damage has been caused by the action of two or more carriers, each of them shall pay an amount proportionate to his share of liability; should it be impossible to apportion the liability, each carrier shall be liable in proportion to the share of the payment for the carriage which is due to him;

c) If it cannot be ascertained to which carriers liability is attributable for the loss or damage, the amount of the compensation shall be apportioned between all the carriers as laid down in b) above.

**Schrifttum:** Siehe Einl. vor Rn. 1 und bei Art. 34.

## I. Bedeutung und Zweck

1    Die gesamtschuldnerische **Außenhaftung** der aufeinanderfolgenden Frachtführer gemäß Art. 34, 36 dient dem Schutz der Verladerinteressen. Sie impliziert die volle Haftung von

Frachtführern, deren Verhalten gar nicht oder nur teilweise zur Entstehung des Schadens geführt hat, und muss deshalb durch eine Rückgriffsregelung ergänzt werden, die im **Innenverhältnis** der Frachtführer untereinander zur Haftung des Schadensverursachers führt oder, wenn dieser sich nicht eindeutig ermitteln lässt oder ausfällt, wenigstens eine angemessene Schadensteilung bewirkt. Dies ist die Funktion der Art. 37 und 38, die – im Gegensatz zu den sonstigen Regelungen der CMR, Art. 41 – gemäß Art. 40 durch Vereinbarung der Frachtführer untereinander **abbedungen werden können.** Die Bestimmungen werden ergänzt durch besondere prozessrechtliche Vorschriften für das Rückgriffsverfahren in Art. 39.

## II. Regelungsinhalt

**1. Anwendungsbereich.** Art. 37 ist infolge seiner systematischen Stellung im VI. Kapitel nur auf den Regress unter aufeinanderfolgenden Frachtführern iSv. Art. 34 anzuwenden,[1] nicht hingegen – auch nicht analog – auf Unterfrachtverhältnisse, bei denen es an diesen Voraussetzungen fehlt.[2] Keine Billigung verdient die These englischer Gerichte, die systematische Stellung von Art. 37 und 39 sei kein hinreichender Grund für die Beschränkung des persönlichen Anwendungsbereichs auf **aufeinanderfolgende Frachtführer.**[3] Diese Ansicht ist stark von dem Wunsch nach bestimmten Ergebnissen geprägt, sei es dem Wunsch nach einem späteren Beginn der Verjährung von Regressansprüchen gemäß Art. 39 Abs. 4,[4] siehe dazu schon Art. 32 Rn. 23, sei es von dem Wunsch nach der Eröffnung eines inländischen (englischen) Gerichtsstands für Regressklagen eines englischen Unterfrachtführers.[5]

Dabei wird verkannt, dass ein von der Verladerseite in Anspruch genommener **Unterfrachtführer** vertraglich nur an seinen Auftraggeber (Hauptfrachtführer) gebunden ist und folglich nur bei diesem Regress nehmen kann. Der Hauptfrachtführer hat dabei als vertraglicher Absender auch Fehler sonstiger Subunternehmer zu vertreten, die er für andere Teilerfüllungsakte eingesetzt hat, so etwa die Fehler einer Stauerei. Der Unterfrachtführer kann bei ihr nicht unmittelbar Regress nehmen; denn wer den Frachtbrief nicht annimmt, weil er die erweiterte Haftung scheut, soll auch nicht in den Genuss des unmittelbaren Rückgriffs kommen.[6] Zu Ungereimtheiten führt die Anwendung von Art. 37 auf Unterfrachtführer, wenn sich ihr jeweiliger Anteil an der Schadensverursachung nicht ermitteln lässt und sie daher pro rata nach Maßgabe der Fracht haften; dies macht nur Sinn, wenn sie an der Gesamtfracht des einheitlichen Vertrags beteiligt werden, was bei Unterfrachtführern aber nicht der Fall ist. Eine schwer zu rechtfertigende Einschränkung kann die extensive Auslegung des Art. 37 ferner für den Hauptfrachtführer bedeuten. Wenn er den Transport an A und dieser ihn wiederum an den für die Schädigung verantwortlichen Subunternehmer B, für den A gemäß Art. 3 einstehen muss, untervergeben hat, führt Art. 37 dazu, dass der Hauptfrachtführer nach einer Entschädigungszahlung nur B und nicht seinen Vertragspartner A in Anspruch nehmen kann; dies ist nur gerechtfertigt, wenn der Hauptfrachtführer den A als nachfolgenden Frachtführer gemäß Art. 34 durch Übergabe des durchgehenden Frachtbriefs eingeschaltet hat.[7] Die Beschränkung des persönlichen Anwendungsbereichs auf aufeinanderfolgende Frachtführer iSv. Art. 34 verringert die praktische Bedeutung von

---

[1] BGH 9.2.1984, TranspR 1984, 146, 148 sub II 3; 25.10.1984, NJW 1985, 555, 556; 10.5.1990, TranspR 1990, 418, 419 sub II 1 a; OGH Wien 4.6.1987, TranspR 1988, 273, 276; ebenso *Clarke* S. 175 f. Nr. 52; *Hill/Messent* S. 309; *Koller* Rn. 1; *Herber/Piper* Rn. 1; Thume/*Schmid* Rn. 2 f.; GroßkommHGB/*Helm* Rn. 1; EBJS/*Boesche* Rn. 1; Jabornegg/Artmann/*Csoklich* Art. 34–40 Rn. 7.
[2] OLG München 21.12.1990, VersR 1991, 1311, 1312; OLG Hamburg 22.1.1998, TranspR 1998, 252, 254; Hof Antwerpen 6.6.2005, ETR 2006, 272; *Koller* Rn. 1; Ferrari/*Otte,* Int. Vertragsrecht, Rn. 2.
[3] *Ulster-Swift Ltd. v. Taunton Meat Haulage Ltd.,* [1977] 1 Lloyd's L. Rep. 346, 360 C. A.; *Harrison & Sons Ltd. v. RT Stewart Transport Ltd.,* ETR 1993, 747, 754 f. (Q. B. D. 1992).
[4] So in *Ulster-Swift* (Fn. 3).
[5] So in *Harrison* (Fn. 3).
[6] In OLG München 21.12.1990, TranspR 1991, 96, 97 plastisch als „Rosinenpickerei" bezeichnet.
[7] *Koller* Rn. 1.

Art. 37 erheblich, weil es in der Praxis oft an der Annahme durchgehender Frachtbriefe durch nachfolgende Frachtführer fehlt, siehe Art. 34 Rn. 7.

**4**    **Sachlich** ist der **Anwendungsbereich** von Art. 37 anders als bei Art. 36 nicht auf Ersatzansprüche wegen Verspätung und Güterschäden beschränkt, sondern erstreckt sich auf alle Entschädigungen, die der Frachtführer auf Grund der CMR gezahlt hat,[8] also zB auch wegen Verletzung einer Nachnahmeabrede.[9] Für außervertragliche Ansprüche gilt Art. 28; nur der Regress für Ansprüche, die weder auf Vorschriften der CMR noch auf Art. 28 gestützt werden können, ist nach nationalem Recht zu beurteilen.

**5**    **2. Zahlung durch Regressgläubiger.** Rückgriff kann ein Frachtführer nur nehmen, wenn er im Außenverhältnis eine **Entschädigung tatsächlich gezahlt** hat, andernfalls könnte er sich an der Regresszahlung bereichern, wenn er im Hauptprozess später eine Klageabweisung oder einen Vergleich erreicht. Um sich nicht dem Einwand des Rückgriffsschuldners auszusetzen, er habe sich nicht ernsthaft gegen die Verladeransprüche gewehrt, tut der Regressgläubiger gut daran, Art. 39 Abs. 1 zu beachten. Aus dem Zahlungserfordernis wird man nicht folgern dürfen, dass auch Freistellungsansprüche gegen den oder die verantwortlichen Frachtführer erst nach Zahlung einer Entschädigung an den Kläger des Hauptverfahrens erhoben werden können.[10] Eine derart weite Auslegung des Art. 37 hätte zur Folge, dass der Rückgriffsgläubiger während der Dauer des Regressprozesses, uU also über mehrere Jahre, die von ihm letztlich gar nicht geschuldete Entschädigung vorschießen müsste. Die Zulässigkeit von Garantenklagen auf **Freistellung** ist vielmehr nach dem nationalen Prozessrecht der lex fori zu beurteilen.[11] Damit es später nach einer Zahlung durch den Hauptfrachtführer nicht zum Konflikt mit Art. 37 kommt, kann die Freistellung allerdings nur von den in Art. 37 genannten Regressschuldnern nach Maßgabe dieser Vorschrift verlangt werden.

**6**    **3. Rückgriff auf den/die Schädiger.** Art. 37 kanalisiert die Rückgriffshaftung auf den Schädiger. Ist er bekannt, kann Regress nur gegen ihn genommen werden, lit. a. Nach allgemeinen Grundsätzen der **Beweislast** obliegt es dem Rückgriffsgläubiger darzutun und zu beweisen, dass der Schaden eingetreten ist, während der Rückgriffsbeklagte das Gut in seiner Obhut hatte.[12] Dafür sind hinsichtlich der äußerlich erkennbaren Schäden (vgl. Art. 8 Rn. 7 ff., 11 f. und Art. 9 Rn. 7) die gemäß Art. 9 und 35 zu erklärenden Vorbehalte und Beweisvermutungen bedeutsam.[13] Kann der Schädiger zu Beginn des Verfahrens nicht mit Sicherheit bestimmt werden, kann die Klage gegen alle potentiellen Schädiger gerichtet werden.[14] Die lit. a und b erwähnen zwar nur Verlust und Beschädigung; da aber die Rückgriffsregelung als solche auf alle Entschädigungen anzuwenden ist, die ein Frachtführer auf Grund der CMR zahlt, Rn. 4, wird man den Rechtsgedanken der lit. a und b, die vorrangige Kanalisierung auf den Schädiger, auch auf andere Entschädigungen als die für Güterschäden anzuwenden haben.[15]

**7**    **4. Auffanglösung (lit. c).** Kann der Schaden keinem der Frachtführer zugeordnet werden, haften sie aber als Gesamtschuldner nach Art. 34, so greift die Vermutung der lit. c, dass alle den Schaden gemeinsam verursacht haben und nach Maßgabe ihrer Frachtanteile dafür aufkommen müssen. In der Höhe seines eigenen Anteils am Beförderungsentgelt hat der regressnehmende Frachtführer in diesem Fall also kein Rückgriffsrecht.[16] Die Vermu-

---

[8] *Hill/Messent* S. 308; *Koller* Rn. 2; *Herber/Piper* Rn. 2; *Ferrari/Otte,* Int. Vertragsrecht, Rn. 3; Jabornegg/Artmann/*Csoklich* Art. 34–40 Rn. 7.

[9] *Lamy* 2013 Rn. 843; EBJS/*Boesche* Rn. 2.

[10] Für Freistellungsanspruch Ferrari/*Otte,* Int. Vertragsrecht, Rn. 5; aA *Koller* Rn. 3; *Herber/Piper* Rn. 3; EBJS/*Boesche* Rn. 2.

[11] *Cummins v. Davis Freight,* [1981] 2 Lloyd's L. Rep. 402, 407 C. A.

[12] *Clarke* S. 170 Nr. 50a (ii) zu Art. 36; *Baumgärtel/Giemulla* Rn. 2; Thume/*Schmid* Rn. 7.

[13] Siehe Beispiele bei *Lamy* 2013 Rn. 843.

[14] *Hill/Messent* S. 313; *Clarke* S. 177 Nr. 52b.

[15] Ähnlich *Koller* Rn. 3, *Clarke* S. 177 Nr. 52b Fn. 554; *Hill/Messent* S. 313.

[16] *Glöckner* Rn. 2 sub c.

tung der lit. c kann aber dadurch entkräftet werden, dass ein Frachtführer nachweist, dass der Schaden nicht in seiner Sphäre entstanden ist, in diesem Fall ist der Schaden unter den übrigen Frachtführern gemäß lit. b aufzuteilen.[17]

## Art. 38 [Insolvenz eines Gesamtschuldners]

**Ist ein Frachtführer zahlungsunfähig, so ist der auf ihn entfallende, aber von ihm nicht gezahlte Anteil zu Lasten aller anderen Frachtführer nach dem Verhältnis ihrer Anteile an dem Beförderungsentgelt aufzuteilen.**

### Art. 38

Si l'un des transporteurs est insolvable, la part lui incombant et qu'il n'a pas payée est répartie entre tous les autres transporteurs proportionnellement à leur rémunération.

### Art. 38

If one of the carriers is insolvent, the share of the compensation due from him and unpaid by him shall be divided among the other carriers in proportion to the share of the payment for the carriage due to them.

**Schrifttum:** Siehe Einl. vor Rn. 1 und bei Art. 34.

Art. 38 setzt den in Art. 37 lit. b und c enthaltenen Rechtsgedanken der **subsidiären** **1** **Haftungsgemeinschaft** fort. Sie betrifft nicht nur Schäden unklarer Zuweisung, sondern auch den Fall, dass einer der Frachtführer wegen Insolvenz die ihn treffende Haftung nicht tragen kann. Vorbild der Regelung war Art. 48 § 2 CIM 1952. Anstelle des im internationalen Eisenbahnverkehr verwendeten Verteilungsschlüssels der Tarifkilometer ist in der CMR aber der Anteil am Beförderungsentgelt maßgebend. Die Regelung ist dispositiv, vgl. Art. 40. Sie gilt nur unter Frachtführern iSd. Art. 34 und ist auch nicht analog auf unverbundene Frachtführer anzuwenden.

Die **Zahlungsunfähigkeit** bemisst sich nicht nach den nationalen Vorschriften des **2** Konkursstatuts,[1] sondern autonom nach dem Zweck des Art. 38. Danach ist ein Frachtführer als zahlungsunfähig anzusehen, wenn und soweit ein Zwangsvollstreckungsversuch erfolglos war oder aussichtslos ist.[2] Wird über das Vermögen eines Frachtführers das Konkursverfahren eröffnet, so indiziert dies die Zahlungsunfähigkeit. Es ist dem Regressgläubiger nicht zuzumuten, zunächst nur jenen Teil seiner Schuld zu verlangen, der die voraussichtliche Konkursquote übersteigt, um später, wenn auch diese Quote nicht bezahlt wird, eine zweite Rückgriffsaktion durchzuführen und dann auch die Restschuld pro rata von den anderen Frachtführern einzufordern.[3] Auch wenn der zahlungsunfähige Frachtführer allein für den Schaden verantwortlich war, ist Art. 38 anwendbar und die gesamte Entschädigung zulasten aller übrigen Frachtführer aufzuteilen.[4] Der regressnehmende Frachtführer hat dabei selbst den auf ihn entfallenden Anteil zu tragen.

## Art. 39 [Rückgriffsverfahren]

**(1) Ein Frachtführer, gegen den nach den Artikeln 37 und 38 Rückgriff genommen wird, kann nicht einwenden, daß der Rückgriff nehmende Frachtführer zu Unrecht gezahlt hat, wenn die Entschädigung durch eine gerichtliche Entschei-**

---

[17] Im Ergebnis ebenso, wenn auch zT über lit. c: *Rodière* BT 1974, 352 Nr. 135 aE; *Clarke* S. 178 Nr. 52c; *Nickel-Lanz* S. 154 f. Nr. 203; *Koller* Rn. 5; *Thume/Schmid* Rn. 6; aA Ferrari/*Otte,* Int. Vertragsrecht, Rn. 12.
[1] EBJS/*Boesche* Rn. 2; Ferrari/*Otte,* Int. Vertragsrecht, Rn. 2; aA *Hill/Messent* S. 316.
[2] *Loewe* ETR 1976, 591 f. Nr. 285; *Koller* Rn. 1; *Herber/Piper* Rn. 1; *Thume/Schmid* Rn. 1; *Clarke* S. 178 Nr. 52c; EBJS/*Boesche* Rn. 2; Ferrari/*Otte,* Int. Vertragsrecht, Rn. 2.
[3] Wie hier *Pesce* S. 367 Fn. 27; Ferrari/*Otte,* Int. Vertragsrecht, Rn. 2; aA *Loewe* ETR 1976, 591 f. Nr. 285.
[4] *Lamy* 2013 Rn. 843 sub 4; *Glöckner* Rn. 2; *Herber/Piper* Rn. 1; EBJS/*Boesche* Rn. 2; Ferrari/*Otte,* Int. Vertragsrecht, Rn. 3; *Clarke* S. 178 Nr. 52c.

dung festgesetzt worden war, sofern der im Wege des Rückgriffs in Anspruch genommene Frachtführer von dem gerichtlichen Verfahren ordnungsgemäß in Kenntnis gesetzt worden war und in der Lage war, sich daran zu beteiligen.

(2) ¹Ein Frachtführer, der sein Rückgriffsrecht gerichtlich geltend machen will, kann seinen Anspruch vor dem zuständigen Gericht des Staates erheben, in dem einer der beteiligten Frachtführer seinen gewöhnlichen Aufenthalt, seine Hauptniederlassung oder die Zweigniederlassung oder Geschäftsstelle hat, durch deren Vermittlung der Beförderungsvertrag abgeschlossen worden ist. ²Ein und dieselbe Rückgriffsklage kann gegen alle beteiligten Frachtführer gerichtet sein.

(3) Die Bestimmungen des Artikels 31 Absatz 3 und 4 gelten auch für Urteile über die Rückgriffsansprüche nach den Artikeln 37 und 38.

(4) ¹Die Bestimmungen des Artikels 32 gelten auch für Rückgriffsansprüche zwischen Frachtführern. ²Die Verjährung beginnt jedoch entweder mit dem Tage des Eintrittes der Rechtskraft eines Urteils über die nach den Bestimmungen dieses Übereinkommens zu zahlende Entschädigung oder, wenn ein solches rechtskräftiges Urteil nicht vorliegt, mit dem Tage der tatsächlichen Zahlung.

## Art. 39

(1) Le transporteur contre lequel est exercé un des recours prévus aux articles 37 et 38 n'est pas recevable à contester le bien-fondé du paiement effectué par le transporteur exerçant le recours, lorsque l'indemnité a été fixée par décision de justice, pourvu qu'il ait été dûment informé du procès et qu'il ait été à même d'y intervenir.

(2) Le transporteur qui veut exercer son recours peut le former devant le tribunal compétent du pays dans lequel l'un des transporteurs intéressés a sa résidence habituelle, son siège principal ou la succursale ou l'agence par l'entremise de laquelle le contrat de transport a été conclu. Le recours peut être dirigé dans une seule et même instance contre tous les transporteurs intéressés.

(3) Les dispositions de l'article 31, paragraphes 3 et 4, s'appliquent aux jugements rendus sur les recours prévus aux articles 37 et 38.

(4) Les dispositions de l'article 32 sont applicables aux recours entre transporteurs. La prescription court, toutefois, soit à partir du jour d'une décision de justice définitive fixant l'indemnité à payer en vertu des dispositions de la présente Convention, soit, au cas où il n'y aurait pas eu de telle décision, à partir du jour du paiement effectif.

## Art. 39

(1) No carrier against whom a claim is made under articles 37 and 38 shall be entitled to dispute the validity of the payment made by the carrier making the claim if the amount of the compensation was determined by judicial authority after the first mentioned carrier had been given due notice of the proceedings and afforded an opportunity of entering an appearance.

(2) A carrier wishing to take proceedings to enforce his right of recovery may take his claim before the competent court or tribunal of the country in which one of the carriers concerned is ordinarily resident, or has his principal place of business or the branch or agency through which the contract of carriage was made. All the carriers concerned may be made defendants in the same action.

(3) The provisions of article 31, paragraphs 3 and 4, shall apply to judgements entered in the proceedings referred to in articles 37 and 38.

(4) The provisions of article 32 shall apply to claims between carriers. The period of limitation shall, however, begin to run either on the date of the final judicial decision fixing the amount of compensation payable under the provisions of this Convention, or, if there is no such judicial decision, from the actual date of payment.

**Schrifttum:** Siehe Einl. vor Rn. 1 sowie bei Art. 34.

## I. Bedeutung und Zweck

Die CMR unterscheidet grundlegend zwei Verfahren: den **Verladerprozess** zwischen 1 der Verladerseite und dem oder den Frachtführer(n) einerseits und den **Rückgriffsprozess** unter mehreren aufeinanderfolgenden Frachtführern andererseits. Prozesse der ersten Art unterliegen den Art. 30–33, für Prozesse des zweiten Typs enthält Art. 39 einige recht zusammengewürfelt anmutende Vorschriften. Abs. 1 regelt Fragen der Einrede der fehlenden Außenhaftung des Regressgläubigers, Abs. 2 die internationale Zuständigkeit und Klagenhäufung, Abs. 3 die Vollstreckbarkeit ausländischer Urteile, Abs. 4 die Verjährung.

Die **Verweisung auf Art. 31 und 32** in Abs. 3 und 4 lässt erkennen, dass die Art. 31 2 und 32 ohne eine solche Verweisung im Rückgriffsprozess keine Anwendung finden; besonders wird man aus dem Fehlen einer Verweisung in Abs. 2 schließen müssen, dass eine ergänzende Anwendung von Art. 31 Abs. 1 im Rückgriffsverfahren ausscheidet. Art. 39 ist, wie sich aus der Zusammenschau der Art. 40 und 41 ergibt, **unabdingbar**. Die Vorschrift findet nur zwischen aufeinanderfolgenden Frachtführern iSv. **Art. 34** Anwendung;[1] die entgegengesetzte Auffassung englischer Gerichte ist aus systematischen Gründen und wegen ihrer Wertungskonsequenzen nicht haltbar, siehe schon Art. 37 Rn. 2 f. Für das **Verhältnis des Art. 39 zur EuGVVO** ist auf die oben (Art. 31 Rn. 9 ff.) erläuterten Grundsätze zu verweisen. Die EuGVVO kann in Rückgriffsprozessen zusätzliche Bedeutung erlangen für die Einrede der Rechtshängigkeit; für sie verweist Art. 39 nicht auf Art. 31, so dass insofern eine Lücke besteht. Entsprechendes gilt auch für die Ausländersicherheit gemäß Art. 31 Abs. 5.

## II. Einrede der fehlenden Außenhaftung (Abs. 1)

**1. Hintergrund.** Wer als Gesamtschuldner im Außenverhältnis in Anspruch genommen 3 wird, aber dabei weiß, dass er letztlich bei einem anderen Gesamtschuldner Rückgriff nehmen kann, hat nicht viel Grund, sich gegenüber den fremden Ansprüchen zur Wehr zu setzen. Er kann ohne große Gefahr für sich selbst und gleichsam auf fremde Kosten nachgeben, kann freiwillig zahlen, ein Anerkenntnis abgeben oder im Prozess auf den Einsatz möglicher Verteidigungsmittel verzichten. Es besteht sogar die Gefahr eines kollusiven Zusammenwirkens mit dem Gläubiger auf der Verladerseite. Diese **Interessenlage** wird den Regressschuldner im Rückgriffsprozess oft dazu veranlassen, die Zahlungspflicht des Rückgriffsgläubigers im Außenverhältnis und damit auch die eigene Regresshaftung in Abrede zu stellen; denn nach Art. 37 setzt die Regresshaftung voraus, dass der Rückgriffsgläubiger „auf Grund der Bestimmungen dieses Übereinkommens" eine Entschädigung gezahlt hat, zur Zahlung also verpflichtet war.

**2. Voraussetzungen des Einredeverlusts.** Ausgeschlossen ist die Einrede der fehlen- 4 den Außenhaftung nach Abs. 1 unter drei Voraussetzungen, die kumulativ vorliegen müssen: (1) Die Entschädigung ist im Außenverhältnis durch eine gerichtliche Entscheidung festgesetzt worden. Ein Schiedsspruch genügt, wenn die Schiedsvereinbarung den Anforderungen des Art. 33 entspricht;[2] ebenso ein Urteil aus einem Nichtvertragsstaat, wenn es auf der CMR beruht;[3] diese Einschränkung ergibt sich aus der Verweisung auf Art. 37 f., die nur den Regress solcher Frachtführer regeln, die „auf Grund der Bestimmungen diese Übereinkommens" gezahlt haben. (2) Der Regressschuldner ist von dem gerichtlichen Hauptverfahren ordnungsgemäß in Kenntnis gesetzt worden und (3) war in der Lage,

---

[1] BGH 19.4.2007, TranspR 2007, 416, 417 = ETR 2008, 94, 96; OLG Frankfurt 31.5.1983, TranspR 1983, 155, 156 f.; OLG Düsseldorf 18.10.1984, TranspR 1984, 276, 277; OGH Wien 10.7.1985, TranspR 1986, 377, 378; Hof van Cassatie Belgien 30.6.1995, ETR 1996, 545; *Koller* Rn. 1; *Herber/Piper* Rn. 1; EBJS/*Boesche* Rn. 1.

[2] *Loewe* ETR 1976, 592 Nr. 287; *Clarke* S. 176 Nr. 52 Fn. 545; *Hill/Messent* S. 321; *Koller* Rn. 2; *Herber/Piper* Rn. 5; EBJS/*Boesche* Rn. 3; *Ferrari/Otte,* Int. Vertragsrecht, Rn. 3; *Jabornegg/Artmann/Csoklich* Art. 34–40 Rn. 8.

[3] *Hill/Messent* S. 320; *Koller* Rn. 2; *Herber/Piper* Rn. 4; EBJS/*Boesche* Rn. 3; *Jabornegg/Artmann/Csoklich* Art. 34–40 Rn. 8; *Loewe* ETR 1976, 592 ohne die Einschränkung.

sich daran zu beteiligen. Die Voraussetzungen (2) und (3) sollen das rechtliche Gehör des Regressschuldners gewährleisten, den ein allfälliger Prozessverlust des Regressgläubigers wirtschaftlich treffen würde. Über ihre genaue Tragweite herrscht Unklarheit. Klärung bringen kann der Vergleich mit Bestimmungen des Internationalen Zivilprozessrechts, die mit ähnlicher Funktion das rechtliche Gehör des Beklagten sicherstellen sollen: Art. 34 Nr. 2 EuGVVO, § 328 Abs. 1 Nr. 2 ZPO. Aus dem Vergleich lässt sich entnehmen, dass dem Regressschuldner nicht unbedingt das verfahrenseinleitende Schriftstück des Hauptprozesses zur Kenntnis gebracht werden muss,[4] und ferner, dass es auch keiner formellen Zustellung bedarf. Eine andersartige Information genügt, aber sie muss ordnungsgemäß sein, was sich nur nach nationalem Recht beurteilen lässt; maßgeblich ist die Rechtsordnung des Gerichts des Hauptverfahrens.[5] Nach deutschem Recht ist die **Streitverkündung** möglich, § 72 ZPO. Doch genügt – wie in England[6]– es ebenso, den Regressschuldner auf andere Weise zu informieren, da er dann gemäß § 66 ZPO die Möglichkeit hat, dem Hauptprozess als Streithelfer beizutreten.

**5**　**3. Wirkung des Einredeverlusts.** Nimmt der Regressschuldner trotz ordnungsgemäßer Information nicht die Möglichkeit wahr, sich am Hauptverfahren gegen den Regressgläubiger zu beteiligen, so ist seine Einrede der fehlenden Außenhaftung unbeachtlich. Dass das Gericht des Hauptprozesses für einen Prozess gegen den Regressschuldner nicht zuständig gewesen wäre, ändert daran nichts.[7] Dagegen verliert er nicht das Recht, solche Einwendungen vorzubringen, die seine eigene Haftung gegenüber dem Regressgläubiger betreffen,[8] etwa Einreden aus einer von Art. 37 f. abweichenden Vereinbarung der aufeinanderfolgenden Frachtführer gemäß Art. 40.

### III. Internationale Zuständigkeit (Abs. 2)

**6**　Abs. 2 spricht zwar in der Einzahl von „dem zuständigen Gericht", regelt aber gleichwohl nur die internationale und **nicht die örtliche Zuständigkeit.**[9] Denn die Vorschrift nennt nur Kriterien für die Bestimmung des zuständigen Gerichts*staats,* nicht des einzelnen Gerichts; die innerstaatliche Zuständigkeit beurteilt sich also auch hier nach der lex fori. Die Aufzählung der möglichen Gerichtsstaaten in Abs. 2 ist **abschließend,** obwohl dies hier – anders als in Art. 31 Abs. 1 – nicht besonders hervorgehoben wird.[10] Das argumentum e contrario, das manche zum entgegengesetzten Ergebnis leitet, führt nicht weiter. Auch wenn die Zuständigkeitsregelung in Art. 39 Platz für zusätzliche Zuständigkeitsanknüpfungen lassen sollte, sind diese doch in der CMR nicht vorgesehen. Im Prozessrecht ist eine gesetzliche Verankerung der Zuständigkeiten aber im Hinblick auf das Prinzip des gesetzlichen Richters unverzichtbar.

**7**　Die Zahl der Gerichtsstände ist in Art. 39 Abs. 2 kleiner als in Art. 31 Abs. 1: unbeachtlich sind der Übernahmeort und der Bestimmungsort, und auch die **Prorogation** zusätzlicher Gerichtsstände ist nicht vorgesehen, was in Widerspruch zu der Abdingbarkeit der materiellen Rückgriffsregeln (Art. 37, 38) gemäß Art. 40 steht.[11] Andererseits ist Abs. 2

[4] AA *Pesce* S. 367.
[5] *Koller* Rn. 2; *Herber/Piper* Rn. 3; EBJS/*Boesche* Rn. 2; Theunis/*Messent* S. 176 empfiehlt demgegenüber Beachtung des Rechts des Lands, in dem Rückgriff genommen werden soll; doch steht dieses Land noch nicht immer fest.
[6] *Cummins v. Davis Freight,* [1981] 2 Lloyd's L. Rep. 402, 408 C. A.
[7] *Loewe* ETR 1976, 592 Nr. 286.
[8] *Clarke* S. 176 Nr. 52; *Hill/Messent* S. 321; *Koller* Rn. 2; *Herber/Piper* Rn. 2; EBJS/*Boesche* Rn. 2; Jabornegg/Artmann/*Csoklich* Art. 34–40 Rn. 2.
[9] Ebenso GroßkommHGB/*Helm* Rn. 5.
[10] *Cummins v. Davis Freight,* [1981] 2 Lloyd's L. Rep. 402, 408 C. A. per *Brandon L. J.;* aA *Eveleigh, L. J.,* S. 409, der aber nicht erläutert, auf welche Rechtsgrundlage zusätzliche Zuständigkeiten gestützt sein sollen; wie *Eveleigh, L. J.* auch Theunis/*Messent* S. 179; *Fremuth* TranspR 1983, 39.
[11] *Koller* Rn. 3; *Herber/Piper* Rn. 6; Thume/*Schmid* Rn. 5; EBJS/*Boesche* Rn. 4; Ferrari/*Otte,* Int. Vertragsrecht, Rn. 5; aA *Loewe* ETR 1976, 592 Nr. 288; wohl auch *Fremuth* TranspR 1983, 39; GroßkommHGB/*Helm* Rn. 5.

weiter als Art. 31 Abs. 1, weil der Rückgriffsgläubiger in jedem Staat klagen kann, in dem **„einer der beteiligten Frachtführer"** ansässig ist, er muss also nicht notwendig im Staat des Beklagten prozessieren. Ein Klägergerichtsstand besteht jedoch auch nicht: zu den „beteiligten Frachtführern" iSv. Abs. 2 zählt nicht der Regressgläubiger selbst.[12] In dem ausgewählten Gerichtsstaat kann der Kläger mit ein und derselben Klage gegen alle Rückgriffsschuldner vorgehen, auch gegen solche, die in dem betreffenden Staat weder einen gewöhnlichen Aufenthalt noch ihre Hauptniederlassung noch die relevante Zweigniederlassung oder Geschäftsstelle haben.[13] Zu diesen Anknüpfungsmerkmalen siehe schon Art. 31 Rn. 18–21.

## IV. Vollstreckbarkeit (Abs. 3)

Die Vollstreckung von Gerichtsurteilen, die in einem Vertragsstaat im Rückgriffsverfah- 8 ren ergangen sind, richtet sich nach den gleichen Regeln wie die Vollstreckung sonstiger CMR-Urteile in anderen Vertragsstaaten. Dies wird durch die Verweisung des Abs. 3 auf Art. 31 Abs. 3 und 4 zum Ausdruck gebracht. Die in Art. 31 Abs. 3 enthaltene Verweisung auf Art. 31 Abs. 1 ist in Rückgriffsverfahren als Bezugnahme auf Art. 39 Abs. 2 zu verstehen. Siehe im Übrigen Art. 31 Rn. 34–38.

## V. Verjährung (Abs. 4)

Die Verjährung von Rückgriffsansprüchen unterliegt den gleichen Regeln des Art. 32 9 wie diejenige der CMR-Ansprüche, siehe die Kommentierung zu Art. 32. Abweichend geregelt wird lediglich der **Beginn der Verjährung:** maßgeblich ist gemäß Abs. 4 Satz 2 die Rechtskraft der Entscheidung des Hauptprozesses; der Eintritt der Rechtskraft richtet sich nach der lex fori des Gerichts des Hauptverfahrens. Wo eine solche Entscheidung fehlt, beginnt die Verjährung mit dem Tag der tatsächlichen Zahlung der Entschädigung durch den Regressgläubiger; die Zahlung durch einen Transportversicherer des Absenders oder Empfängers ist unerheblich.[14] Grundsätzlich hat zwar derjenige den Beginn der Verjährung zu beweisen, der sich auf sie beruft, also hier der Regressschuldner. Da sich die relevanten Ereignisse aber im Falle des Art. 39 Abs. 4 ausschließlich in der Sphäre des Regressklägers zutragen, hat er aus Gründen der Beweisnähe die **Beweislast** für das Datum der Zahlung bzw. Rechtskraft, wenn der Regressbeklagte die Einrede der Verjährung erhebt.[15] Abs. 4 ist nur anwendbar auf Regressansprüche aus Art. 37, nicht auf sonstige Ansprüche aus der Durchführung des Transports.[16] Die Vorschrift betrifft auch nur aufeinanderfolgende Frachtführer iSv. Art. 34 und lässt sich nicht entsprechend auf Rückgriffsansprüche von Hauptfrachtführern gegenüber Unterfrachtführern anwenden, siehe näher Art. 32 Rn. 22 f.

## Art. 40 [Abweichende Vereinbarungen]

**Den Frachtführern steht es frei, untereinander Vereinbarungen zu treffen, die von den Artikeln 37 und 38 abweichen.**

---

[12] *Cummins v. Davis Freight,* [1981] 2 Lloyd's L. Rep. 402, 408, 409 C. A.; OGH Wien 11.10.1990, SZ 63/176 = RdW 1991, 206; Oberster Gerichtshof Dänemark 24.3.2000, ETR 2000, 772; *Theunis/Messent* S. 177; *Glöckner* Rn. 3; *Hill/Messent* S. 303; *Herber/Piper* Rn. 7; EBJS/*Boesche* Rn. 4; aA GroßkommHGB/ *Helm* Rn. 5.

[13] *Theunis/Messent* S. 177; *Lamy* 2013 Rn. 846.

[14] OGH Wien 1.7.1982, TranspR 1984, 193.

[15] Hof Gent 20.6.1986, ETR 1986, 371, 372 f.; *Koller* Rn. 5; *Herber/Piper* Rn. 10; *Thume/Schmid* Rn. 7; EBJS/*Boesche* Rn. 6.

[16] *Muller Batavier Ltd. v. Laurent Transport Co. Ltd.,* [1977] 1 Lloyd's L. Rep. 411, 414 für Frachtansprüche; *Theunis/Messent* S. 180.

**Art. 40**

Les transporteurs sont libres de convenir entre eux de dispositions dérogeant aux articles 37 et 38.

**Art. 40**

Carriers shall be free to agree among themselves on provisions other than those laid down in articles 37 and 38.

**Schrifttum:** Siehe Einl. vor Rn. 1 und bei Art. 34.

1    Der beidseitig zwingende Charakter der CMR gemäß Art. 41 betrifft das Verhältnis von Transportwirtschaft und Verladerschaft. Er ist in erster Linie aus dem Bestreben zu erklären, die Bedingungen des intermodalen **Wettbewerbs** mit der Eisenbahn und des intramodalen Wettbewerbs innerhalb des Gewerbes zu nivellieren.[1] Von beiden Ansätzen her bestehen keine Bedenken gegen die Zulassung abweichender privatautonomer Regelungen in Verträgen zwischen Frachtführern. Der Bedarf dafür ist besonders groß bei der Rückgriffsregelung im Innenverhältnis, wo die CMR-Vorschriften praktisch nur schwer zu handhaben sind. Art. 40 lässt daher in Bezug auf Art. 37 und 38 abweichende Vereinbarungen zu, nicht aber in Bezug auf Art. 34–36 und 39. Die Wirksamkeit solcher Vereinbarungen richtet sich nach dem Statut der betreffenden Verträge; kommt deutsches Recht zur Anwendung, so sind auch die §§ 305 ff. BGB zu beachten.[2]

## Kapitel VII. Nichtigkeit von dem Übereinkommen widersprechenden Vereinbarungen

### Art. 41 [Beidseitig zwingendes Recht]

**(1) [1]Unbeschadet der Bestimmungen des Artikels 40 ist jede Vereinbarung, die unmittelbar oder mittelbar von den Bestimmungen dieses Übereinkommens abweicht, nichtig und ohne Rechtswirkung. [2]Die Nichtigkeit solcher Vereinbarungen hat nicht die Nichtigkeit der übrigen Vertragsbestimmungen zur Folge.**

**(2) Nichtig ist insbesondere jede Abmachung, durch die sich der Frachtführer die Ansprüche aus der Versicherung des Gutes abtreten läßt, und jede andere ähnliche Abmachung sowie jede Abmachung, durch die die Beweislast verschoben wird.**

**Chapitre VII. Nullité des stipulations contraires à la Convention**

**Art. 41**

(1) Sous réserve des dispositions de l'article 40, est nulle et de nul effet toute stipulation qui, directement ou indirectement, dérogerait aux dispositions de la présente Convention. La nullité de telles stipulations n'entraîne pas la nullité des autres dispositions du contrat.

(2) En particulier, seraient nulles toute clause par laquelle le transporteur se ferait céder le bénéfice de l'assurance de la marchandise ou toute autre clause analogue, ainsi que toute clause déplaçant de fardeau de la preuve.

**Chapter VII. Nullity of stipulations contrary to the Convention**

**Art. 41**

(1) Subject to the provisions of article 40, any stipulation which would directly or indirectly derogate from the provisions of this Convention shall be null and void. The nullity of such a stipulation shall not involve the nullity of the other provisions of the contract.

(2) In particular, a benefit of insurance in favour of the carrier or any other similar clause, or any clause shifting the burden of proof shall be null and void.

**Schrifttum:** Siehe Einl. vor Rn. 1.

---

[1] *Basedow* TranspV S. 250–253; *Loewe* ETR 1976, 593 Nr. 291.
[2] Vgl. auch Ferrari/*Otte*, Int. Vertragsrecht, Rn. 2.

## I. Bedeutung, Zweck und Würdigung

Durch Art. 41 wird der Inhalt der Konvention gegen abweichende Vereinbarungen 1 immun gemacht. Obwohl das erste Beispiel einer verbotenen Absprache in Abs. 2 den Eindruck erweckt, als seien nur Abweichungen zugunsten des Frachtführers unwirksam, besteht international Einigkeit darüber, dass die CMR **beidseitig zwingend** ist, dh. – mit Ausnahme des Art. 40 – allen abweichenden Vereinbarungen entgegensteht, gleich ob sie den Absender oder den Frachtführer begünstigen.[1] Eine derart starre Regelung findet im nationalen und internationalen Vertragsrecht kaum ihres Gleichen. Sie geht auf das internationale Eisenbahnfrachtrecht[2] zurück.

Im **internationalen Eisenbahnfrachtrecht** lag das Hauptproblem von Anfang an 2 darin, ein Vertragsregime für durchgehende Transporte über die Strecken mehrerer hintereinandergeschalteter Eisenbahnunternehmen zu entwickeln. Wie schon dargelegt (Art. 34 Rn. 6), hat man dafür wegen des Transportmonopols der einzelnen Bahnen auf ihrem Gleisabschnitt das Modell eines einzigen durchgehenden Vertrags gewählt, dem die nachfolgenden Bahnen beitreten. Dieses Modell birgt für die nachfolgenden Bahnen das Risiko, dass sie Pflichten übernehmen, die von der Versandbahn mit dem Absender vereinbart wurden, die sie selbst aber freiwillig gar nicht oder nur gegen Zuschläge übernommen hätten. Tragbar wird dieses Risiko für die nachfolgenden Bahnen nur, wenn sie entweder bei der Übernahme des Gutes von der Versandbahn Abschlussfreiheit haben, das Gut also auch an der Grenze zurückweisen können, oder wenn das Regime der vertraglichen Rechte und Pflichten vorab im Einzelnen festgelegt und gegen jede abweichende Vereinbarung zugunsten des Kunden geschützt ist. Die erste Option war für die verladende Wirtschaft nicht annehmbar, so dass nur die zweite blieb. Während sich also das Verbot von Abweichungen zugunsten des Kunden aus der Koppelung mehrerer Eisenbahnnetze ergab, folgte das Verbot von Abweichungen zulasten des Kunden aus der früheren monopolistischen bzw. marktmächtigen Position der Eisenbahnunternehmen.[3] Dem gegenüber schreibt nunmehr Art. 5 ER CIM 1999 ausdrücklich den einseitig zugunsten des Kunden zwingenden Charakter des Übereinkommens fest; vgl. im Übrigen die Kommentierung ebendort.

Die Übernahme dieses Modells eines beidseitig zwingenden Vertragsrechts in das **inter-** 3 **nationale Straßenfrachtrecht** entbehrt der Grundlage. Es fehlt hier sowohl an der hinreichenden Marktmacht des einzelnen Transportunternehmens als auch an der spezifischen Organisation durchgehender Transporte mittels einheitlichem Vertrag, siehe Art. 34 Rn. 7. In der Vorbereitungsphase der CMR in den fünfziger Jahren stand auch ein ganz anderer Beweggrund im Vordergrund: das stürmische Wachstum des Straßengüterverkehrs seit den dreißiger Jahren bedrohte die Marktanteile der Bahn, siehe Einl. Rn. 1 f., und führte auch innerhalb des Straßentransportgewerbes zu hartem Wettbewerb. In dieser Phase wurden in vielen europäischen Staaten Marktregulierungen in Kraft gesetzt, die den intramodalen und den intermodalen **Wettbewerb** durch Preis- und Konditionenregulierung beschränken sollten. Diesen national erprobten Gedanken sollte die CMR auf die internationale Ebene transponieren. Mit der Deregulierung des Straßengüterverkehrs in verschiedenen europäischen Staaten und auf EG-Ebene (Einl. Rn. 7–8) ist der innere Grund für die Wettbewerbsbeschränkungen im Bereich der Vertragskonditionen entfallen,[4] so dass es gegenwärtig keine rechtspolitische Rechtfertigung mehr gibt für eine derart rigorose Beschränkung der Vertragsfreiheit.

Andererseits ist der **große Rechtsvereinheitlichungserfolg** der CMR, dh. ihr hoher 4 Ratifikationsstand, gerade dem zwingenden Charakter zu verdanken. Art. 41 hat iVm.

---

[1] *Silingardi* S. 17; *Loewe* ETR 1976, 593 Nr. 292; *Rodière* BT 1974, 363 Nr. 146; *Clarke* S. 289 Nr. 92; *Jesser* S. 13 f.; Straube/*Schütz* Rn. 1; GroßkommHGB/*Helm* Rn. 1; *Herber/Piper* Rn. 1; EBJS/*Bahnsen* Rn. 1; Jabornegg/Artmann/*Csoklich* Rn. 1; zur abweichenden – unzutreffenden – Ansicht vgl. Art. 1 Rn. 1.
[2] Vgl. *Mutz* ZIntEisenb 1974, 105 und weitere Nachweise bei *Basedow* TranspV S. 251.
[3] Siehe näher *Basedow* TranspV S. 250.
[4] *Deregulierungskommission*, Marktöffnung und Wettbewerb, 1991, Tz. 160 f. und 190.

dem weiten Anwendungsbereich gemäß Art. 1 dazu geführt, dass die Straßentransportunternehmen auch in Nichtvertragsstaaten seit dem völkerrechtlichen Inkrafttreten der
CMR stets damit rechnen mussten, dass ihre Verträge nach der CMR beurteilt würden.
Sie und ihre Versicherer haben sich deshalb früh auf die CMR eingestellt und die Ratifikation durch immer mehr Staaten gefördert. Art. 41 muss daher, obwohl rechtspolitisch
ein Atavismus, insgesamt als Herzstück der Konvention und ihres Erfolgs bezeichnet
werden.

## II. Verbotene Absprachen

5    **1. Unwirksame Vereinbarungen.** Nach Art. 41 sind alle Vereinbarungen unwirksam,
die von den Bestimmungen der CMR abweichen. Dies setzt voraus, dass die Gegenstände
der betreffenden Vereinbarungen **in der CMR geregelt** sind.[5] Beispielsweise gilt das für
einen vertraglichen Ausschluss der aus Art. 8 folgenden Pflicht des Beförderers zur Überprüfung der Anzahl von Stückgütern[6] sowie für die Verschärfung der Beförderhaftung durch
Abbedingung oder Abschwächung der Haftungsausnahmen gemäß Art. 17 Abs. 2 und 4 bis
hin zur Garantiezusage,[7] ferner für eine Haftungsfreizeichnung, wie sie in den früheren
ADSp[8] bzw. den AÖSp[9] oder in solchen Bedingungen enthalten ist, die die Haftungsausnahmen des Art. 17 Abs. 2 und 4 erweitern.[10] Ebenso steht es, wenn dem Frachtführer
entgegen Art. 11 die Verantwortung für die Genauigkeit und Vollständigkeit der Begleitdokumente auferlegt wird.[11] Unwirksam sind auch Abreden, die den Haftungsumfang verändern, indem sie unter Verletzung der Art. 23 Abs. 1 und Art. 26 Folgeschäden für ersatzpflichtig erklären[12] oder die Haftungshöchstsummen gemäß Art. 23 Abs. 3 absenken[13]
bzw. – ohne Beachtung des Art. 24 – erhöhen. Gleichfalls verstoßen gegen Art. 41 vertragliche Abänderungen der Verjährungsregeln des Art. 32.[14]

6    Nach der besonderen Hervorhebung in **Abs. 2** sind ferner Vereinbarungen nichtig,
die eine **Änderung der Beweislast** bewirken. Soweit die Beweislast in der CMR
geregelt ist, etwa in Art. 18, ergibt sich das ohnehin bereits aus Abs. 1. Nach richtiger
Ansicht geht die Anordnung in Abs. 2 über jene in Abs. 1 hinaus; andernfalls wäre sie
funktionslos.[15] Vereinbarungen dürfen daher keine Beweislastverschiebung für in der
CMR geregelte Ansprüche bewirken.[16] Darüber hinaus sind Abmachungen nichtig,
durch die sich der Frachtführer die Ansprüche aus der **Versicherung** des Gutes abtreten
lässt, und ähnliche Absprachen. Dabei geht es allein um Transportversicherungspolicen,
die die Verladerseite auf ihre Kosten gezeichnet hat und die nicht durch eine Abtretung
der Leistungsansprüche dem Frachtführer zugute kommen sollen;[17] denn dies würde
die in der CMR vorgesehene Verteilung der Schadensabwicklungskosten verschieben.[18]
Nicht verhindert wird aber durch Abs. 2, dass der Frachtführer sich nach Bezahlung
einer Entschädigung an Absender oder Empfänger den Betrag von seinem Haftpflicht-

[5] BGH 9.2.1979, NJW 1979, 2471 = ETR 1980, 84; Trib.com.Paris 15.6.1978, BT 1978, 422; Rb. Breda 16.12.1969, S. & S. 1970 Nr. 30; *Herber/Piper* Rn. 4; *Clarke* S. 290 Nr. 92.
[6] Kh. Antwerpen 31.10.1978, bei *Ponet* S. 609 Rn. 826.
[7] Beispiel: Beförderhaftung auch für Verladung durch Absender, vgl. obiter BGH 28.3.1985, TranspR 1985, 261, 264 sub II 4 a; für eine Garantiezusage auch OLG Frankfurt 21.2.1984, TranspR 1984, 97, 98.
[8] BGH 18.2.1972, ETR 1972, 858; Trib.com. Lyon 1.8.1975, BT 1975, 407.
[9] OGH 17.3.1998, TranspR 1998, 361; vgl. dazu Jabornegg/Artmann/*Csoklich* Rn. 2.
[10] Hof Brüssel 13.1.1972, Jur. Anv. 1972, 11; Kh. Gent 21.5.1974, bei *Ponet* S. 603 Rn. 819.
[11] Cour Paris 27.1.1971, BT 1971, 115.
[12] Rb.'s-Hertogenbosch 2.3.1981/18.12.1981, S. & S. 1983 Nr. 89.
[13] Cour cass. 17.3.1983, BT 1983, 445; Cour Limoges 1.3.1983, BT 1983, 330.
[14] Cour cass. 5.6.1972, BT 1972, 484; OLG Düsseldorf 8.5.1969, ETR 1970, 448; OLG Düsseldorf 13.7.1978, VersR 1978, 1016.
[15] So *Koller* Rn. 1.
[16] OGH 27.9.2000, ZfRV 2000/27; *Herber/Piper* Rn. 5; *Koller* Rn. 1; *Piper*, FS Helm, 2001 S. 289, 290 f.; *Loewe* ETR 1976, 594; EBJS/*Bahnsen* Rn. 18; aA Thume/*Schmid* Rn. 32; Fremuth/Thume/*Thume* Rn. 13; GroßkommHGB/*Helm* Rn. 4; *Hill/Messent* S. 332.
[17] OGH Wien 24.6.1999, TranspR 2000, 370, 372.
[18] *Piper* VersR 1988, 204; vgl. auch *Clarke* S. 292 Nr. 92.

versicherer erstatten lässt.[19] Nichtig sind Klauseln des Beförderungsvertrags, mit denen Frachtführer und Absender die Unabtretbarkeit der Schadensersatzforderung an den Transportversicherer vereinbaren,[20] oder durch die der Absender den Abschluss eines Transportversicherungsvertrags zusagt, in dem sich das Versicherungsunternehmen verpflichtet, keinen Regress gegen den Beförderer zu nehmen.[21] Ein solcher Regressverzicht in der Transportversicherungspolice selbst ist dagegen nicht am Maßstab der CMR zu messen,[22] sondern nach nationalem Versicherungsrecht zu beurteilen. Ist deutsches Versicherungsvertragsrecht maßgeblich, so kommt eine Ausstrahlung des Art. 41 auf die Beurteilung des Regressverzichts nach § 134 BGB nur in Betracht, wenn der Beförderer in irgendeiner Weise Einfluss genommen hat, zB durch direkte Verhandlungen mit den Transportversicherern des Absenders.[23] Fehlt es daran, ist die Regressverzichtsklausel des Versicherungsvertrags nicht zu beanstanden.[24]

**2. Rechtsfolgen.** Nach der ausdrücklichen Anordnung des Abs. 1 Satz 2 beschränkt **7** sich die Nichtigkeitsfolge ausschließlich auf die gegen die CMR verstoßende Klausel; der Beförderungsvertrag bleibt wirksam. An die Stelle der unwirksamen Vereinbarung treten die entsprechenden CMR-Vorschriften.[25]

### III. Wirksame Vereinbarungen

Mit Art. 41 vereinbar sind erstens Absprachen, die sich ausdrücklich im Rahmen **8** spezifischer Ermächtigungen der CMR halten, so über die Haftungshöchstsumme gemäß Art. 24, über ein besonderes Lieferinteresse gemäß Art. 26, über zusätzliche Gerichtsstände (Art. 31 Abs. 1) oder die Einsetzung eines Schiedsgerichts (Art. 33) sowie über den Ausgleich unter aufeinanderfolgenden Frachtführern (Art. 40). Keine Bedenken bestehen unter dem Gesichtspunkt des Art. 41 zweitens gegen Absprachen über Gegenstände, die in der CMR nicht geregelt sind. Dies gilt in weitem Umfang für **primäre Leistungspflichten:** welche Partei zu verpacken, zu beladen, zu verstauen und zu entladen hat, welche Art von Fahrzeug zu stellen ist, welche Kontrollen der Ladung jenseits der Mindestregelung des Art. 8 durchzuführen sind,[26] welche Route der Frachtführer zu nehmen und von welchen Zwischenstationen er Meldung zu machen hat,[27] welche Papiere jenseits des Mindeststandards des Art. 11 die Sendung begleiten und wie damit zu verfahren ist,[28] welche Maßnahmen der Ladungsfürsorge unterwegs erforderlich sind;[29] demzufolge sind Vereinbarungen zulässig, die die Ladungssicherheit betreffen, etwa dass beladene Transportbehältnisse verschlossen auf einem gesicherten Parkplatz oder sonst beaufsichtigt abzustellen sind[30] oder ein deutscher Fahrer zu stellen sei.[31] Umgekehrt muss es

[19] OGH Wien 15.12.1977, VersR 1978, 980; *Herber/Piper* Rn. 6; GroßkommHGB/*Helm* Rn. 31; vgl. auch BGH 10.12.1998, TranspR 1999, 155, 159.
[20] OGH Wien 24.6.1999, TranspR 2000, 370, 372 zu § 37 lit. d AÖSp.
[21] LG Duisburg 18.3.1975, ETR 1975, 527; zustimmend *Silingardi* S. 18 Fn. 42.
[22] Hof van Cassatie Belgien 9.4.1981, Jur.Anv. 1981–82, 317.
[23] Vgl. *Piper* VersR 1988, 204, der eine „Beteiligung" des Beförderers genügen lässt; ähnlich der Fall in Hof van Cassatie Belgien 24.1.1973, Jurisprudence commerciale de Belgique 1973, 201.
[24] So in Cour Paris 26.6.1981, BT 1981, 395; zustimmend *Silingardi* S. 18 Fn. 42; ebenso *Libouton* J.trib. 1972, 405 Nr. 99 und 1974, 530 Nr. 98; *Koller* Rn. 2.
[25] *Herber/Piper* Rn. 2; GroßkommHGB/*Helm* Rn. 1; EBJS/*Bahnsen* Rn. 23; Jabornegg/Artmann/*Csoklich* Rn. 1.
[26] Wie hier für die Zulassung von Parteiabsprachen *Koller* Vor Art. 1 CMR Rn. 35; OLG Karlsruhe 24.3.2011, TranspR 2011, 185, 186; aA *Zapp* TranspR 1991, 371 ff.; Thume/*Schmid* Rn. 14 f.
[27] Trib.com.Paris 15.6.1978, BT 1978, 422: Vertragsstrafe war wirksam vereinbart für den Fall, dass der Frachtführer nicht nach fünf Tagen seinen Standort mitteilte.
[28] Wie hier *Koller* Rn. 1; aA *Zapp* TranspR 1991, 373.
[29] *Clarke* S. 290 Nr. 92; Jabornegg/Artmann/*Csoklich* Rn. 3.
[30] BGH 26.3.2009, TranspR 2009, 76, 77; 30.9.2009, TranspR 2010, 437, 438 = VersR 2011, 819; 29.10.2009, TranspR 2010, 200, 202 Nr. 20; OLG München 5.5.2010, TranspR 2010, 352 = VersR 2010, 1521; OLG Stuttgart 20.4.2011, TranspR 2011, 340, 343; zustimmend *Thume* TranspR 2012, 426 ff.
[31] BGH 20.1.2005, TranspR 2005, 311, 312 = VersR 2006, 814.

auch zulässig sein, für den Frachtführer verminderte Obhutspflichten zu vereinbaren, etwa den Verzicht auf Ein- und Ausgangskontrollen[32] oder den Verzicht auf einen zweiten Fahrer.[33] Zulässig sind schließlich Vereinbarungen über sog. Verbotsgüter, solange sie lediglich die Vertragsfreiheit betreffen[34] und somit nur die Frage betreffen, welche Art von Gütern befördert werden sollen.

**9**     Aber auch im Bereich der sekundären Pflichten ist die Regelung der CMR nicht flächendeckend und sind Parteiabsprachen daher möglich. Dies ist anerkannt für vertragliche **Aufrechnungsverbote,**[35] aber auch für **Standgeldvereinbarungen**[36] sowie für Vertragsklauseln, die festlegen, welche Personen im Betrieb oder in der Familie des Empfängers als **empfangsbevollmächtigt** gelten mit der Folge, dass die Aushändigung des Gutes als Ablieferung iSv. Art. 17 anzusehen ist.[37] Keine Bedenken bestehen ferner dagegen, dass der Beförderer nach einem Schadensfall in einem **Schuldanerkenntnis** die Zahlung einer Entschädigung zusagt, die über den nach Art. 17, 23, 25 geschuldeten Betrag hinausgeht,[38] dass er zu diesem Zeitpunkt auf die Einrede der **Verjährung** verzichtet oder eine sonstige Vereinbarung über die Verjährung trifft, siehe Art. 32 Rn. 46 f. Entgegen der hM regelt die CMR auch nicht **Vertragsstrafen** und steht deshalb entsprechenden Vereinbarungen nicht entgegen, siehe näher Art. 17 Rn. 97.

# Kapitel VIII. Schlußbestimmungen

### Art. 42 [Unterzeichnung, Beitritt]

**(1) Dieses Übereinkommen steht den Mitgliedstaaten der Wirtschaftskommission für Europa sowie den nach Absatz 8 des der Kommission erteilten Auftrages in beratender Eigenschaft zu der Kommission zugelassenen Staaten zur Unterzeichnung oder zum Beitritt offen.**

**(2) Die Staaten, die nach Absatz 11 des der Wirtschaftskommission für Europa erteilten Auftrages berechtigt sind, an gewissen Arbeiten der Kommission teilzunehmen, können durch Beitritt Vertragsparteien des Übereinkommens nach seinem Inkrafttreten werden.**

**(3) ¹Das Übereinkommen liegt bis einschließlich 31. August 1956 zur Unterzeichnung auf. ²Nach diesem Tage steht es zum Beitritt offen.**

**(4) Dieses Übereinkommen ist zu ratifizieren.**

**(5) Die Ratifikation oder der Beitritt erfolgt durch Hinterlegung einer Urkunde beim Generalsekretär der Vereinten Nationen.**

---

[32] *Koller* Rn. 1; Thume/*Harms* Art. 29 Rn. 30; *Thume* TranspR 2012, 426, 429; aA BGH 30.1.2008, TranspR 2008, 122, 124; OLG Düsseldorf 21.11.2007, TranspR 2008, 38, 40.

[33] OLG Wien 26.3.2004, TranspR 2004, 364.

[34] BGH 26.3.2009, TranspR 2010, 76, 77 = ETR 2010, 110; für Zulässigkeit schon OLG Düsseldorf 14.2.2007, I 18 U 137/06; *Datec Electronic v. UPS* ETR 2007, 532 ff. (H.L.); zustimmend *Thume* TranspR 2012, 426 ff.; aA EBJS/*Bahnsen* Rn. 12; zur Problematik von Haftungsausschlüssen bei irrtümlich angenommenen Verbotsgütern *Koller* Rn. 1 Fn. 16.

[35] BGH 14.12.1988, RIW 1989, 389, 390 sub II 3 c; OLG Hamm 18.5.1998, TranspR 1999, 442; LG Cottbus 8.7.2008, TranspR 2008, 368, 369; OGH Wien 31.1.1991, TranspR 1993, 237; im common law gilt ohne vertragliche Vereinbarung schon von Rechts wegen ein Aufrechnungsverbot für Güterschadensansprüche gegen Frachtansprüche, vgl. *R. H. & D. International Ltd. v. I. A. S. Animal Air Services Ltd.,* [1984] 1 W. L. R. 573 Q. B.

[36] LG München 4.6.1987, OLGZ 1987, 471, 473 f.; Thume/*Schmid* Rn. 23; Jabornegg/Artmann/*Csoklich* Rn. 3.

[37] OGH Wien 29.10.1992, TranspR 1993, 424.

[38] Hof 's-Hertogenbosch 5.8.1992, S. &. S. 1993 Nr. 27.

## Chapitre VIII. Dispositions finales
## Art. 42

(1) La présente Convention est ouverte à la signature ou à l'adhésion des pays membres de la Commission économique pour l'Europe et des pays admis à la Commission à titre consultatif conformément au paragraphe 8 du mandat de cette commission.

(2) Les pays susceptibles de participer à certains travaux de la Commission économique pour l'Europe en application du paragraphe 11 du mandat de cette commission peuvent devenir parties contractantes à la présente Convention en y adhérant après son entrée en vigueur.

(3) La Convention sera ouverte à la signature jusqu'au 31 août 1956 inclus. Après cette date, elle sera ouverte à l'adhésion.

(4) La présente Convention sera ratifiée.

(5) La ratification ou l'adhésion sera effectuée par le dépôt d'un instrument auprès du Secrétaire général de l'Organisation des Nations Unies.

## Chapter VIII. Final provisions
## Art. 42

(1) This Convention is open for signature or accession by countries members of the Economic Commission for Europe and countries admitted to the Commission in a consultative capacity under paragraph 8 of the Commission's terms of reference.

(2) Such countries as may participate in certain activities of the Economic Commission for Europe in accordance with paragraph 11 of the Commission's terms of reference may become Contracting Parties to this Convention by acceding thereto after its entry into force.

(3) The Convention shall be open for signature until 31 August 1956 inclusive. Thereafter, it shall be open for accession.

(4) This Convention shall be ratified.

(5) Ratification or accession shall be effected by the deposit of an instrument with the Secretary-General of the United Nations.

**1. Vertragsstaaten und -gebiete.** Mit Oktober 2013 stand die CMR für 55 Staaten 1 völkerrechtlich in Kraft, das Protokoll 1978 (vgl. Art. 23 Rn. 19) in 41 Staaten und das Zusatzprotokoll 2008 über den elektronischen Frachtbrief (vgl. Art. 5 Rn. 16) in 8 Staaten:[1] Albanien (18.10.2006, 12.4.2007 P); Armenien (7.9.2006, 7.9.2006 P); Aserbeidschan (17.12.2006); Belarus (Weißrussland) (4.7.1993, 27.10.2008 P); Belgien (17.12.1962, 4.9.1983 P); Bosnien-Herzegowina (6.3.1992); Bulgarien (18.1.1978, 5.6.2011 e-P); Dänemark (26.9.1965, 28.12.1980 P, 26.9.2013 e-P); Estland (1.8.1993, 17.3.1994 P); Finnland (25.9.1973, 28.12.1980 P); Frankreich (2.7.1961, 13.7.1982 P); Georgien (2.11.1999, 2.11.1999 P); Griechenland (22.8.1977, 14.8.1985 P); Iran (16.12.1998, 16.12.1998 P); Irland (1.5.1991, 1.5.1991 P); Italien (2.7.1961, 16.12.1982 P); Jordanien (11.2.2009, 11.2.2009 P); Kasachstan (15.10.1995); Kirgisistan (1.7.1998, 1.7.1998 P); Kroatien (8.10.1991); Lettland (14.4.1994, 14.4.1994 P, 5.6.2011 e-P); Libanon (20.6.2006, 20.6.2006 P); Litauen (15.6.1993, 15.6.1993 P, 5.6.2011 e-P); Luxemburg (19.7.1964, 28.12.1980 P); Malta (20.3.2008, 20.3.2008 P); Marokko (24.5.1995); Mazedonien (17.9.1991, 18.9.1997 P); Republik Moldau (24.8.1993, 29.8.2007 P); Montenegro (3.6.2006); Mongolei (17.12.2003); Niederlande (2.7.1961, 28.4.1986 P, 5.6.2011 e-P); Norwegen (29.9.1969, 29.11.1984 P); Österreich (2.7.1961, 20.5.1981 P); Polen (11.9.1962, 21.2.2011 P); Portugal (21.12.1969, 20.11.1989 P); Rumänien (23.4.1973, 2.8.1981 P); Russische Föderation (1.12.1983); Schweden (1.7.1969, 29.7.1985 P); Schweiz (28.5.1970, 8.1.1984 P, 5.6.2011 e-P); Serbien (17.4.1992); Slowakei (1.1.1993, 20.5.2008 P); Slowenien (25.6.1991); Spanien (13.5.1974, 9.11.1983 P, 9.8.2011 e-P); Syrien (9.12.2008); Tadschikistan (10.12.1996); Tschechische Republik (1.1.1993, 27.9.2006 P, 13.7.2011 e-P); Tunesien (24.4.1994, 24.4.1994 P); Türkei (31.10.1995, 31.10.1995 P); Turkmenistan (17.12.1996, 17.12.1996 P); Ukraine (17.5.2007); Ungarn (28.7.1970, 16.9.1990 P); Usbekistan (27.12.1995, 25.2.1997 P); Vereinigtes Königreich (19.10.1967, 28.12.1980 P); Zypern (30.9.2003, 30.9.2003 P).

---

[1] Die Mitgliederliste gibt die jeweiligen Daten des Inkrafttretens wieder, basierend auf dem Fundstellennachweis B zum BGBl. II auf den 31.12.2006, S. 402 ergänzt um die auf der Homepage der UNECE veröffentlichten Mitteilungen.

**2**    Die Nachfolgerepubliken der ehemaligen **Tschechoslowakei,** die Tschechische Republik und die Slowakei, haben Erklärungen über die Weiteranwendung abgegeben, ebenso die Nachfolgestaaten des ehemaligen **Jugoslawien:** Bosnien-Herzegowina, Kroatien, Slowenien, Mazedonien und Serbien sowie Montenegro seit seiner Unabhängigkeit von Serbien im Juni 2006. Unterschiede bestehen auch bei den Nachfolgerepubliken der ehemaligen **Sowjetunion.** Die Russische Föderation setzt die völkerrechtlichen Verträge der Sowjetunion für ihren Bereich fort.[2] Belarus (Weißrussland), Estland, Georgien, Kasachstan, Kirgisistan, Lettland, Litauen, die Republik Moldau, Tadschikistan, Turkmenistan, die Ukraine und Usbekistan haben die CMR zu unterschiedlichen Zeitpunkten durch Ratifikation bzw. Beitritt in Kraft gesetzt, so dass die betreffenden Staaten zwischen der Unabhängigkeit bzw. dem Untergang der UdSSR als Völkerrechtssubjekt Ende Dezember 1991[3] und dem jeweiligen Inkrafttreten der CMR nicht als Vertragsstaaten anzusehen sind.

**3**    Gemäß **Art. 46** können die Vertragsstaaten durch Erklärung gegenüber dem Generalsekretär der Vereinten Nationen diejenigen ihrer Hoheitsgebiete bestimmen, in denen die CMR gelten soll; eine entsprechende Möglichkeit eröffnet das Protokoll in Art. 7. So haben die Niederlande die Geltung auf den europäischen Teil des Königreiches beschränkt. Das **Vereinigte Königreich** hat CMR und Protokoll auf Gibraltar, die Insel Man und auf Guernsey erstreckt; beides gilt nicht auf Jersey, siehe Art. 1 Rn. 32.

**4**    **2. Ratifizierungs- und Beitrittsrecht.** Art. 42 nennt drei Gruppen von beitritts- bzw. ratifizierungsberechtigten Staaten: (1) die **Mitglieder der ECE** (Wirtschaftskommission der Vereinten Nationen für Europa – Economic Commission for Europe – ECE);[4] dies waren im Jänner 2013 56 Staaten:[5] Albanien; Andorra; Armenien; Aserbaidschan; Belarus; Belgien; Bosnien-Herzegowina; Bulgarien; Dänemark; Deutschland; die ehemalige jugoslawische Republik Mazedonien; Estland; Finnland; Frankreich; Georgien; Griechenland; Großbritannien; Irland; Island; Israel; Italien; Kanada; Kasachstan; Kirgisistan; Kroatien; Lettland; Liechtenstein; Litauen; Luxemburg; Malta; Monaco; Montenegro; Niederlande; Norwegen; Österreich; Polen; Portugal; Republik Moldawien; Rumänien; Russische Föderation; San Marino; Schweden; Schweiz; Serbien; Slowakei; Slowenien; Spanien; Tadschikistan; Tschechische Republik; Türkei; Turkmenistan; Ukraine; Ungarn; Usbekistan; Vereinigte Staaten von Amerika; Zypern.

**5**    (2) Ratifizierungs- bzw. beitrittsberechtigt sind ferner gemäß Art. 42 Abs. 1 diejenigen Staaten, die gemäß **Absatz 8 des ECE-Auftrags**[6] in beratender Eigenschaft zur ECE zugelassen sind. Abs. 8 des Auftrags betrifft „europäische Staaten, die nicht Mitglieder der Vereinten Nationen sind", wie dies lange bei der Schweiz der Fall war. (3) Beitreten können schließlich Staaten, die nach **Abs. 11 des ECE-Auftrags**[7] berechtigt sind, an gewissen Arbeiten der ECE teilzunehmen. Hier geht es um „Mitglieder der Vereinten Nationen, die nicht der Kommission angehören" und für die Gegenstände der ECE-Beratungen „von besonderem Interesse sind". Weder Art. 42 Abs. 2 CMR noch Abs. 11 des ECE-Auftrags setzen voraus, dass es sich dabei um europäische Staaten handelt, was im Übrigen auch nicht folgerichtig wäre, da zu den Vollmitgliedern der ECE mit Kanada, den USA, Israel und den mittelasiatischen Nachfolgerepubliken der UdSSR ohnehin außereuropäische Staaten zählen. Art. 42 Abs. 2 ist damit das Einfallstor für den Beitritt **außereuropäischer Staaten** zur CMR, der im Falle Tunesiens erstmalig verwirklicht wurde; mittlerweile folgten der Iran, Jordanien, der Libanon, Marokko, die Mongolei und Syrien diesem Beispiel.

---

[2]  Bekanntmachung von 14.8.1992, BGBl. 1992 II, S. 1016; siehe dazu *Seiffert* WiRO 1992, 137 und *Rogov* TranspR 2002, 62.

[3]  Der genaue Tag ist unklar, vgl. *Heintschel v. Heinegg* Neue Zeitschrift für Wehrrecht 1992, 45, 46 ff.

[4]  Über die ECE siehe etwa *Economic Commission for Europe,* The Work of the Economic Commission for Europe 1947–1972, New York 1972 (United Nations Publications – Sales number E. 72.II. E.3); siehe ferner die regelmäßigen Berichte im Yearbook of the United Nations, zB in Bd. 57 (2003) 1016 ff.

[5]  Quelle: http://www.unece.org/oes/member_countries/member_countries.htm vom 1.1.2013.

[6]  Der Auftrag der ECE ist abgedruckt in BAnz. vom 8.8.1957 Nr. 150.

[7]  Siehe Fn. 6.

Dem Art. 42 entspricht für das **Protokoll** von 1978 (vgl. Art. 23 Rn. 19) – mit einigen **6** Änderungen – dessen Art. 3. Das Protokoll kann danach nur von Vertragsstaaten der Konvention durch Ratifikation oder Beitritt in Kraft gesetzt werden. Dasselbe gilt für das Zusatzprotokoll von 2008 über den elektronischen Frachtbrief (vgl. Art. 5 Rn. 16) gemäß dessen Art. 7.

### Art. 43 [Inkrafttreten]

(1) **Dieses Übereinkommen tritt am neunzigsten Tag nach Hinterlegung der Ratifikations- oder Beitrittsurkunden durch fünf der in Artikel 42 Absatz 1 bezeichneten Staaten in Kraft.**

(2) **Dieses Übereinkommen tritt für jeden Staat, der nach Hinterlegung der Ratifikations- oder Beitrittsurkunden durch fünf Staaten ratifiziert oder beitritt, am neunzigsten Tage nach Hinterlegung seiner Ratifikations- oder Beitrittsurkunde in Kraft.**

### Art. 43

(1) La présente Convention entrera en vigueur le quatre-vingt-dixième jour après que cinq des pays mentionnés au paragraphe 1 de l'article 42 auront déposé leur instrument de ratification ou d'adhésion.

(2) Pour chaque pays qui la ratifiera ou y adhérera après que cinq pays auront déposé leur instrument de ratification ou d'adhésion, la présente Convention entrera en vigueur le quatre-vingt-dixième jour qui suivra le dépôt de l'instrument de ratification ou d'adhésion dudit pays.

### Art. 43

(1) This Convention shall come into force on the ninetieth day after five of the countries referred to in article 42, paragraph 1, have deposited their instruments of ratification or accession.

(2) For any country ratifying or acceding to it after five countries have deposited their instruments of ratification or accession, this Convention shall enter into force on the ninetieth day after the said country has deposited its instrument of ratification or accession.

Dem Art. 43 entspricht für das **Protokoll** 1978 (vgl. Art. 23 Rn. 19) dessen Art. 4 und **1** für das Zusatzprotokoll 2008 (vgl. Art. 5 Rn. 16) dessen Art. 8.

### Art. 44 [Kündigung]

(1) **Jede Vertragspartei kann dieses Übereinkommen durch Notifizierung an den Generalsekretär der Vereinten Nationen kündigen.**

(2) **Die Kündigung wird zwölf Monate nach dem Eingang der Notifizierung beim Generalsekretär wirksam.**

### Art. 44

(1) Chaque partie contractante pourra dénoncer la présente Convention par notification adressée au Secrétaire général de l'Organisation des Nations Unies.

(2) La dénonciation prendra effet douze mois après la date à laquelle le Secrétaire général en aura reçu notification.

### Art. 44

(1) Any Contracting Party may denounce this Convention by so notifying the Secretary-General of the United Nations.

(2) Denunciation shall take effect twelve months after the date of receipt by the Secretary-General of the notification of denunciation.

Dem Art. 44 entspricht für das **Protokoll** 1978 (vgl. Art. 23 Rn. 19) dessen Art. 5 und **1** für das Zusatzprotokoll 2008 (vgl. Art. 5 Rn. 16) dessen Art. 9. Die Protokolle können nur zugleich mit der CMR gekündigt werden.

## Art. 45 [Außerkrafttreten]

**Sinkt durch Kündigungen die Zahl der Vertragsparteien nach Inkrafttreten dieses Übereinkommens auf weniger als fünf, so tritt das Übereinkommen mit dem Tage außer Kraft, an dem die letzte dieser Kündigungen wirksam wird.**

| Art. 45 | Art. 45 |
|---|---|
| Si, après l'entrée en vigueur de la présente Convention, le nombre de parties contractantes se trouve, par suite de dénonciations, ramené à moins de cinq, la présente Convention cessera d'être en vigueur à partir de la date à laquelle la dernière de ces dénonciations prendra effet. | If, after the entry into force of this Convention, the number of Contracting Parties is reduced as a result of denunciations, to less than five, the Convention shall cease to be in force from the date on which the last of such denunciations takes effect. |

1    Dem Art. 45 entspricht für das **Protokoll** 1978 (Art. 23 Rn. 19) dessen Art. 6 und für das Zusatzprotokoll 2008 (Art. 5 Rn. 16) dessen Art. 10. Die Protokolle treten danach auch außer Kraft, wenn die CMR außer Kraft tritt.

## Art. 46 [Geltung für Teilgebiete eines Vertragsstaates]

**(1) ¹Jeder Staat kann bei Hinterlegung seiner Ratifikations- oder Beitrittsurkunde oder zu jedem späteren Zeitpunkt durch Notifizierung dem Generalsekretär der Vereinten Nationen gegenüber erklären, daß dieses Übereinkommen für alle oder für einen Teil der Hoheitsgebiete gelten soll, deren internationale Beziehungen er wahrnimmt. ²Das Übereinkommen wird für das Hoheitsgebiet oder die Hoheitsgebiete, die in der Notifizierung genannt sind, am neunzigsten Tage nach Eingang der Notifizierung beim Generalsekretär der Vereinten Nationen oder, falls das Übereinkommen noch nicht in Kraft getreten ist, mit seinem Inkrafttreten wirksam.**

**(2) Jeder Staat, der nach Absatz 1 erklärt hat, daß dieses Übereinkommen auf ein Hoheitsgebiet Anwendung findet, dessen internationale Beziehungen er wahrnimmt, kann das Übereinkommen in bezug auf dieses Hoheitsgebiet gemäß Artikel 44 kündigen.**

| Art. 46 | Art. 46 |
|---|---|
| (1) Tout pays pourra, lors du dépôt de son instrument de ratification ou d'adhésion ou à tout moment ultérieur, déclarer, par notification adressée au Secrétaire général de l'Organisation des Nations Unies, que la présente Convention sera applicable à tout ou partie des territoires qu'il représente sur le plan international. La Convention sera applicable au territoire ou aux territoires mentionnés dans la notification à dater du quatre-vingt-dixième jour après réception de cette notification par le Secrétaire général ou, si à ce jour la Convention n'est pas encore entrée en vigueur, à dater de son entrée en vigueur. | (1) Any country may, at the time of depositing its instrument of ratification or accession or at any time thereafter, declare by notification addressed to the Secretary-General of the United Nations that this Convention shall extend to all or any of the territories for the international relations of which it is responsible. The Convention shall extend to the territory or territories named in the notification as from the ninetieth day after its receipt by the Secretary-General or, if on that day the Convention has not yet entered into force, at the time of its entry into force. |

(2) Tout pays qui aura fait, conformément au paragraphe précédent, une déclaration ayant pour effet de rendre la présente
Convention applicable à un territoire qu'il
représente sur le plan international pourra,
conformément à l'article 44, dénoncer la
Convention en ce qui concerne ledit territoire.

(2) Any country which has made a declaration under the preceding paragraph extending this Convention to any territory for
whose international relations it is responsible may denounce the Convention separately in respect of that territory in accordance
with the provisions of article 44.

Siehe Art. 42 Rn. 3. Dem Art. 46 entspricht für das **Protokoll** 1978 (Art. 23 Rn. 19) **1**
dessen Art. 7.

## Art. 47 [Internationaler Gerichtshof]

**Jede Meinungsverschiedenheit zwischen zwei oder mehreren Vertragsparteien
über die Auslegung oder Anwendung dieses Übereinkommens, die von den Parteien durch Verhandlung oder auf anderem Wege nicht geregelt werden kann,
wird auf Antrag einer der beteiligten Vertragsparteien dem Internationalen
Gerichtshof zur Entscheidung vorgelegt.**

### Art. 47

Tout différend entre deux ou plusieurs
parties contractantes touchant l'interpréta-
tion ou l'application de la présente Convention que les parties n'auraient pu régler par
voie de négociation ou par un autre mode
de règlement pourra être porté, à la requête
d'une quelconque des parties contractantes
intéressées, devant la Cour internationale de
Justice, pour être tranché par elle.

### Art. 47

Any dispute between two or more Contracting Parties relating to the interpretation
or application of this Convention, which
the parties are unable to settle by negotiation
or other means may, at the request of any
one of the Contracting Parties concerned,
be referred for settlement to the International Court of Justice.

Art. 47 berechtigt die Vertragsstaaten dazu, einen anderen Vertragsstaat wegen der fehler- **1**
haften Anwendung oder Nichtanwendung der CMR durch dessen Gerichte vor dem Internationalen Gerichtshof in Den Haag zu verklagen. Dieses supranationale Verfahren steht
nicht den privaten Parteien des Frachtvertrags zu Gebote und ist gerade deshalb **völlig
wirkungslos** geblieben. Die Regierungen sind – wie auch in anderen privatrechtlichen
Angelegenheiten – nicht bereit, die Interessen privater Parteien aus einem Frachtvertrag
zur nationalen Angelegenheit zu erklären und deswegen den Streit mit anderen Vertragsstaaten zu suchen. Siehe schon Einl. Rn. 23. Gegen die Zuständigkeit des Internationalen
Gerichtshofs können die Vertragsstaaten im Übrigen gemäß **Art. 48** einen **Vorbehalt** erklären.

Dem Art. 47 entspricht für das **Protokoll** 1978 (vgl. Art. 23 Rn. 19) dessen Art. 8 und **2**
für das Zusatzprotokoll 2008 (Art. 5 Rn. 16) dessen Art. 11.

## Art. 48 [Vorbehalt gegen Zuständigkeit des IGH]

**(1) ¹Jede Vertragspartei kann bei der Unterzeichnung, bei der Ratifikation oder
bei dem Beitritt zu diesem Übereinkommen erklären, daß sie sich durch den
Artikel 47 des Übereinkommens nicht als gebunden betrachtet. ²Die anderen Vertragsparteien sind gegenüber jeder Vertragspartei, die einen solchen Vorbehalt
gemacht hat, durch den Artikel 47 nicht gebunden.**

**(2) Jede Vertragspartei, die einen Vorbehalt nach Absatz 1 gemacht hat, kann diesen Vorbehalt jederzeit durch Notifizierung an den Generalsekretär der Vereinten Nationen zurückziehen.**

**(3) Andere Vorbehalte zu diesem Übereinkommen sind nicht zulässig.**

### Art. 48

(1) Chaque partie contractante pourra, au moment où elle signera ou ratifiera la présente Convention ou y adhérera, déclarer qu'elle ne se considère pas liée par l'article 47 de la Convention. Les autres parties contractantes ne seront pas liées par l'article 47 envers toute partie contractante qui aura formulé une telle réserve.

(2) Toute partie contractante qui aura formulé une réserve conformément au paragraphe 1 pourra à tout moment lever cette réserve par une notification adressée au Secrétaire général de l'Organisation des Nations Unies.

(3) Aucune autre réserve à la présente Convention ne sera admise.

### Art. 48

(1) Each Contracting Party may, at the time of signing, ratifying, or acceding to, this Convention declare that it does not consider itself as bound by article 47 of the Convention. Other Contracting Parties shall not be bound by article 47 in respect of any Contracting Party which has entered such a reservation.

(2) Any Contracting Party having entered a reservation as provided for in paragraph 1 may at any time withdraw such reservation by notifying the Secretary-General of the United Nations.

(3) No other reservation to this Convention shall be permitted.

1    Vorbehalte nach Art. 48 sind erklärt worden von Bulgarien, Marokko, Polen, Rumänien, der Sowjetunion, der Tschechoslowakei, der Türkei, der Ukraine und Ungarn. Bulgarien, Polen, die Tschechoslowakei und Ungarn haben ihre Vorbehalte zurückgezogen, der Vorbehalt der Sowjetunion ist nunmehr als Vorbehalt der russischen Föderation anzusehen.

2    Dem Art. 48 entspricht für das **Protokoll** 1978 (vgl. Art. 23 Rn. 19) dessen Art. 9. Vorbehalte danach haben Frankreich, Rumänien und die Türkei erklärt.

3    Für das Zusatzprotokoll 2008 (vgl. Art. 5 Rn. 16) ermöglicht einen entsprechenden Vorbehalt dessen Art. 12.

### Art. 49 [Revisionskonferenz]

**(1) ¹Sobald dieses Übereinkommen drei Jahre lang in Kraft ist, kann jede Vertragspartei durch Notifizierung an den Generalsekretär der Vereinten Nationen die Einberufung einer Konferenz zur Revision des Übereinkommens verlangen. ²Der Generalsekretär wird dieses Verlangen allen Vertragsparteien mitteilen und eine Revisionskonferenz einberufen, wenn binnen vier Monaten nach seiner Mitteilung mindestens ein Viertel der Vertragsparteien ihm die Zustimmung zu dem Verlangen notifiziert.**

**(2) ¹Wenn eine Konferenz nach Absatz 1 einberufen wird, teilt der Generalsekretär dies allen Vertragsparteien mit und fordert sie auf, binnen drei Monaten die Vorschläge einzureichen, die sie durch die Konferenz geprüft haben wollen. ²Der Generalsekretär teilt allen Vertragsparteien die vorläufige Tagesordnung der Konferenz sowie den Wortlaut dieser Vorschläge mindestens drei Monate vor der Eröffnung der Konferenz mit.**

**(3) Der Generalsekretär lädt zu jeder nach diesem Artikel einberufenen Konferenz alle in Artikel 42 Absatz 1 bezeichneten Staaten sowie die Staaten ein, die auf Grund des Artikels 42 Absatz 2 Vertragsparteien geworden sind.**

## Art. 49

(1) Après que la présente Convention aura été en vigueur pendant trois ans, toute partie contractante pourra, par notification adressée au Secrétaire général de l'Organisation des Nations Unies, demander la convocation d'une conférence à l'effet de reviser la présente Convention. Le Secrétaire général notifiera cette demande à toutes les parties contractantes et convoquera une conférence de revision si, dans un délai de quatre mois à dater de la notification adressée par lui, le quart au moins des parties contractantes lui signifient leur assentiment à cette demande.

(2) Si une conférence est convoquée conformément au paragraphe précédent, le Secrétaire général en avisera toutes les parties contractantes et les invitera à présenter, dans un délai de trois mois, les propositions qu'elles souhaiteraient voir examiner par la conférence. Le Secrétaire général communiquera à toutes les parties contractantes l'ordre du jour provisoire de la conférence, ainsi que le texte de ces propositions, trois mois au moins avant la date d'ouverture de la conférence.

(3) Le Secrétaire général invitera à toute conférence convoquée conformément au présent article tous les pays visés au paragraphe 1 de l'article 42, ainsi que les pays devenus parties contractantes en application du paragraphe 2 de l'article 42.

## Art. 49

(1) After this Convention has been in force for three years, any Contracting Party may, by notification to the Secretary-General of the United Nations, request that a conference be convened for the purpose of reviewing the Convention. The Secretary-General shall notify all Contracting Parties of the request and a review conference shall be convened by the Secretary-General if, within a period of four months following the date of notification by the Secretary-General, not less than one-fourth of the Contracting Parties notify him of their concurrence with the request.

(2) If a conference is convened in accordance with the preceding paragraph, the Secretary-General shall notify all the Contracting Parties and invite them to submit within a period of three months such proposals as they may wish the Conference to consider. The Secretary-General shall circulate to all Contracting Parties the provisional agenda for the conference together with the texts of such proposals at least three months before the date on which the conference is to meet.

(3) The Secretary-General shall invite to any conference convened in accordance with this article all countries referred to in article 42, paragraph 1, and countries which have become Contracting Parties under article 42, paragraph 2.

**Schrifttum:** *Evans,* Is it possible to revise the CMR? In: Theunis S. 183; *Haak,* Revision der CMR? TranspR 2006, 325.

Zu einer Revisionskonferenz ist es bisher nicht gekommen. Reformbedarf ist zwar in **1** vielen Punkten festgestellt worden.[1] Im Hinblick auf die hochgradige Rechtseinheit, die die CMR gebracht hat, ist allerdings die Gefahr nicht gering zu schätzen, dass ein Änderungsprotokoll zur CMR weniger Zustimmung in der Staatengemeinschaft fände und dass unterschiedliche Ratifikationsstände von Basisübereinkommen und Änderungsprotokoll ähnlich wie im Luftrecht zum **Zerfall der Rechtseinheit** führen.[2]

Dem Art. 49 entspricht für das **Protokoll** 1978 (vgl. Art. 23 Rn. 19) dessen Art. 10 und **2** für das Zusatzprotokoll 2008 (vgl. Art. 5 Rn. 16) dessen Art. 14.

## Art. 50 [Notifikation]

**Außer den in Artikel 49 vorgesehenen Mitteilungen notifiziert der Generalsekretär der Vereinten Nationen den in Artikel 42 Absatz 1 bezeichneten Staaten**

---

[1] Siehe schon oben Einl. Rn. 33 f. mit Nachweisen.
[2] Vgl. *Loewe* ETR 1976, 597 Nr. 300; *Theunis/Evans* S. 194 ff.; nunmehr auch *Haak* TranspR 2006, 325, 327.

sowie den Staaten, die auf Grund des Artikels 42 Absatz 2 Vertragsparteien geworden sind,

a) die Ratifikation und Beitritte nach Artikel 42;
b) die Zeitpunkte, zu denen dieses Übereinkommen nach Artikel 43 in Kraft tritt;
c) die Kündigung nach Artikel 44;
d) das Außerkrafttreten dieses Übereinkommens nach Artikel 45;
e) den Eingang der Notifizierungen nach Artikel 46;
f) den Eingang der Erklärungen und Notifizierungen nach Artikel 48 Absatz 1 und 2.

## Art. 50

Outre les notifications prévues à l'article 49, le Secrétaire général de l'Organisation des Nations Unies notifiera aux pays visés au paragraphe 1 de l'article 42, ainsi qu'aux pays devenus parties contractantes en application du paragraphe 2 de l'article 42:

a) Les ratifications et adhésions en vertu de l'article 42;
b) Les dates auxquelles la présente Convention entrera en vigueur conformément à l'article 43;
c) Les dénonciations en vertu de l'article 44;
d) L'abrogation de la présente Convention conformément à l'article 45;
e) Les notifications reçues conformément à l'article 46;
f) Les déclarations et notifications reçues conformément aux paragraphes 1 et 2 de l'article 48.

## Art. 50

In addition to the notifications provided for in article 49, the Secretary-General of the United Nations shall notify the countries referred to in article 42, paragraph 1, and the countries which have become Contracting Parties under article 42, paragraph 2, of:

a) Ratifications and accessions under article 42;
b) The dates of entry into force of this Convention in accordance with article 43;
c) Denunciations under article 44;
d) The termination of this Convention in accordance with article 45;
e) Notifications received in accordance with article 46;
f) Declarations and notifications received in accordance with article 48, paragraphs 1 and 2.

1     Dem Art. 50 entspricht für das **Protokoll** 1978 (vgl. Art. 23 Rn. 19) dessen Art. 11 und für das Zusatzprotokoll 2008 (vgl. Art. 5 Rn. 16) dessen Art. 15.

## Art. 51 [Depositar] und Schlußformel [Sprachen]

**Nach dem 31. August 1956 wird die Urschrift dieses Übereinkommens beim Generalsekretär der Vereinten Nationen hinterlegt, der allen in Artikel 42 Absatz 1 und 2 bezeichneten Staaten beglaubigte Abschriften übersendet.**

**ZU URKUND DESSEN haben die hierzu gehörig bevollmächtigten Unterzeichneten dieses Übereinkommen unterschrieben.**

**GESCHEHEN zu Genf am neunzehnten Mai neunzehnhundertsechsundfünfzig in einer einzigen Urschrift in englischer und französischer Sprache, wobei jeder Wortlaut gleichermaßen verbindlich ist.**

## Art. 51

Après le 31 août 1956, l'original de la présente Convention sera déposé auprès du Secrétaire général de l'Organisation des Nations Unies, qui en transmettra des copies certifiées conformes à chacun des pays visés aux paragraphes 1 et 2 de l'article 42.

## Art. 51

After 31 August 1956, the original of this Convention shall be deposited with the Secretary-General of the United Nations, who shall transmit certified true copies to each of the countries mentioned in article 42, paragraphs 1 and 2.

EN FOI DE QUOI, les soussignés, à ce dûment autorisés, ont signé la présente Convention.

FAIT à Genève, le dix-neuf mai mil neuf cent cinquante-six, en un seul exemplaire, en langues anglaise et française, les deux textes faisant également foi.

IN WITNESS WHEREOF, the undersigned being duly authorized thereto, have signed this Convention.

DONE at Geneva, this nineteenth day of May one thousand nine hundred and fifty-six, in a single copy in the English and French languages, each text being equally authentic.

Verbindlich sind die **englische** und **französische** Fassung der CMR; zu den diesbezügli- 1 chen Auslegungsproblemen siehe schon Einl. Rn. 20 f. Dem Art. 51 entspricht für das **Protokoll** 1978 (vgl. Art. 23 Rn. 19) dessen Art. 12 und für das Zusatzprotokoll 2008 (vgl. Art. 5 Rn. 16) dessen Art. 16.

## Unterzeichnungsprotokoll

**BEI DER UNTERZEICHNUNG des Übereinkommens über den Beförderungsvertrag im internationalen Straßengüterverkehr haben sich die gehörig bevollmächtigten Unterzeichneten auf folgende Feststellung und Erklärung geeinigt:**
**1. Dieses Übereinkommen gilt nicht für Beförderungen zwischen dem Vereinigten Königreich von Großbritannien und Nordirland einerseits und der Republik Irland andererseits.**
**2. Zu Artikel 1 Absatz 4**
**Die Unterzeichneten verpflichten sich, über ein Übereinkommen über den Beförderungsvertrag für Umzugsgut und ein Übereinkommen über den Beförderungsvertrag für den kombinierten Verkehr zu verhandeln.**
**ZU URKUND DESSEN haben die hierzu gehörig bevollmächtigten Unterzeichneten dieses Protokoll unterschrieben.**
**GESCHEHEN zu Genf am neunzehnten Mai neunzehnhundertsechsundfünfzig in einer einzigen Urschrift in englischer und französischer Sprache, wobei jeder Wortlaut gleichermaßen verbindlich ist.**

### Protocole de signature

AU MOMENT DE PROCEDER A LA SIGNATURE de la Convention relative au contrat de transport international de marchandises par route, les soussignés dûment autorisés, sont convenus des déclarations et précisions suivantes:
1. La présente Convention ne s'applique aux transports entre le Royaume-Uni de Grande-Bretagne et d'Irlande du Nord et la République d'Irlande.
2. Ad article premier, paragraphe 4
Les soussignés s'engagent à négocier des conventions sur le contrat de déménagement et le contrat de transport combiné.
EN FOI DE QUOI les soussignés, à ce dûment autorisés, ont signé le présent Protocole.
FAIT à Genève, le dix-neuf mai mil neuf cent cinquante-six, en un seul exemplaire,

### Protocol of signature

ON PROCEEDING TO SIGN the Convention on the Contract for the International Carriage of Goods by Road, the undersigned, being duly authorized, have agreed on the following statement and explanation:
1. This Convention shall not apply to traffic between the United Kingdom of Great Britain and Northern Ireland and the Republic of Ireland.
2. Ad article 1, paragraph 4
The undersigned undertake to negotiate conventions governing contracts for furniture removal and combined transport.
IN WITNESS WHEREOF, the undersigned, being duly authorized thereto, have signed this Protocol.
DONE at Geneva, this nineteenth day of May one thousand nine hundred and fifty-

en langues anglaise et française, les deux textes faisant également foi.

six, in a single copy in the English and French languages, each text being equally authentic.

## 2. Abschnitt. Internationaler Eisenbahnverkehr

## Eisenbahntransport – Internationales Recht

**Schrifttum:** *Allégret,* Geschichtlicher Überblick der Übereinkommen CIM, CIV, COTIF und der internationalen Eisenbahnverbände, ZIntEisenb 1994, 3; *Amberg,* Allgemeine Würdigung der 8. Revision – Zukunftsaufgaben, ZIntEisenb 1981, 84; *Becker,* Die Haftung der Eisenbahn nach nationalem und internationalem Frachtrecht, 1968 (zit. *Becker*); *Burgmann,* Die Bedeutung eines Einheitsrechts für den internationalen Eisenbahnverkehr, ZIntEisenb 1995, 220; *ders.,* Aufgaben der OTIF im 21. Jahrhundert?, ZIntEisenb 1995, 153; *Calme,* L'évolution du Droit des Transports ferroviaires en Europe, 2008 (zit. *Calme*); *Catharin,* Entwicklungstendenzen im Eisenbahnrecht, ZIntEisenb 2000, 413; *Denkschrift* zum Protokoll 1999 und seiner Anlage, BT-Drucks. 14/8172 v. 31.1.2002, S. 165 ff. (zit. *Denkschrift COTIF 1999*); *Desfougères,* Deregulierung und Rechtssicherheit, ZIntEisenb 2003, 7; *Drazkiewicz,* Entstehung und Aufbau der Organisation für die Zusammenarbeit der Eisenbahnen (OSShD), ZIntEisenb 1959, 247; *Favre,* Die Entwicklung des internationalen Eisenbahnfrachtrechts, ZIntEisenb 1972, 105; *Fischer,* Zu den Auswirkungen des europäischen Wettbewerbsrechts auf den Eisenbahnverkehr, ZIntEisenb 1992, 98; *Freise,* Neue Entwicklungen im Eisenbahnrecht anlässlich des Inkrafttretens des Übereinkommens COTIF 1999, TranspR 2007, 45; *ders.,* Kooperation u. Wettbewerb im internationalen Schienenverkehr, ZIntEisenb 1992, 114; *ders.,* Deutsche Einheit und Eisenbahntransportrecht, TranspR 1991, 165; *ders.,* Das Übereinkommen über den internationalen Eisenbahnverkehr (COTIF), Die Bundesbahn 1984, 825, u. 1985, 17; *Goltermann,* Eisenbahnverkehrsordnung, Kommentar, fortgeführt von *Konow,* 3. Aufl. 1961, Loseblatt, Stand Sept. 1997 (zit. *Goltermann*); *Internationales Eisenbahntransportkomitee CIT,* COTIF-Recht und EG-Recht im internationalen Eisenbahnverkehr, Bern 2006 (zit. *CIT-Studie*); *Kunz,* Kollisionslage im europäischen und internationalen Eisenbahnrecht, TranspR 2012, 309; *ders.,* Das neue Übereinkommen über den internationalen Eisenbahnverkehr (COTIF), TranspR 2005, 329; *Lerche,* Konkurrenz von Einheitsrecht und nationalem Privatrecht, 2007 (zit. *Lerche*); *Matyassy-Mutz,* Das Übereinkommen über den internationalen Eisenbahnverkehr (COTIF) v. 9. Mai 1980, ZIntEisenb 1981, 1; *Mutz,* Objectifs et moyens de l'harmonisation juridique, illustrés d'apres le droit de transport ferroviaire, Revue de Droit Uniforme 2003, 289; *ders.,* La révision 1999 de la Convention relative aux transports internationaux ferroviaires (COTIF), in Études offertes à Barthélemy Mercadal, 2002, S. 477 (zit. FS Mercadal); *ders.,* Schwerpunkte der COTIF-Revision, GS Helm, S. 243; *ders.,* Vers un nouveau droit de transport international ferroviaire, Revue de Droit Uniforme 1996 (3) 442; *ders.,* Le droit de transport international ferroviaire en pleine mutuation, in: Liber amicorum Jaques Putzeys, Ètudes de droit des transports, 1996, S. 549 (zit. FS Putzeys); *ders.,* COTIF – der Weg ins 3. Jahrtausend, TranspR 1994, 173; *ders.,* Die Teilrevision des Übereinkommens über den internationalen Eisenbahnverkehr (COTIF) v. 9.5.1980, TranspR 1992, 126; *ders.,* Le droit des transports internationaux ferroviaires, droit uniforme par excellence, in: International Uniform Law in Practice, 1988; *Zentralamt für den internationalen Eisenbahnverkehr,* Bericht über die vom 30. April bis 9. Mai 1980 abgehaltene 8. Konferenz für die Revision der internationalen Übereinkommen vom 7. Februar 1970 über den Eisenbahnfrachtverkehr (CIM) und über den Eisenbahn-Personen- und -Gepäckverkehr (CIV) sowie des Zusatzübereinkommens zur CIV vom 26. Februar 1966, Bern 1980 (zit. ZA-Bericht 1980); *ders.,* Bericht des Zentralamtes über die Revision des Übereinkommens über den internationalen Eisenbahnverkehr (COTIF) vom 9. Mai 1980, Bern 1999 (zit. ZA-Bericht 1999; zugänglich unter www.otif.org/pdf_).

## Vorbemerkungen

### Übersicht

| | Rn. |
|---|---|
| **I. Entstehungsgeschichte des COTIF** | 1–13 |
| 1. Das Internationale Übereinkommen über den Eisenbahn-Frachtverkehr (IÜG) vom 14.10.1890 | 1 |
| 2. Das Protokoll vom 3. Juni 1999 | 2–7 |
| 3. Aufbau des COTIF 1999 | 8–12 |
| 4. Die „kleine" Revision von 2009 | 12a |
| 5. Texte | 13 |
| **II. Die Organisation (OTIF)** | 14–28 |
| 1. Mitgliedstaaten | 14–16 |
| 2. Ziele | 17–19 |

| | Rn. |
|---|---|
| 3. Organe | 20–27 |
| a) Generalversammlung | 21 |
| b) Verwaltungsausschuss | 22 |
| c) Revisionsausschuss | 23 |
| d) Fachausschuss RID | 24 |
| e) Ausschuss für Erleichterungen im Eisenbahnverkehr | 25 |
| f) Fachausschuss für technische Fragen | 26 |
| g) Generalsekretär | 27 |
| 4. Schiedsgerichtsbarkeit | 28 |
| **III. Revisionsverfahren** | 29–35 |
| 1. Grundsätze | 29–31 |
| 2. Zuständigkeit | 32–35 |

| | Rn. | | Rn. |
|---|---|---|---|
| a) Generalversammlung .............. | 32 | VI. Das Abkommen über den inter- | |
| b) Revisionsausschuss ................ | 33 | nationalen Eisenbahn-Güterverkehr | |
| c) Fachausschüsse ..................... | 34 | (SMGS) ................................... | 44–48 |
| d) Koordinierung .................... | 35 | VII. Nichtstaatliche internationale | |
| IV. Rechtscharakter und Auslegung | 36, 37 | Eisenbahnorganisationen ............. | 49–51 |
| 1. Rechtscharakter ..................... | 36 | 1. Das Internationale Eisenbahntransport- | |
| 2. Auslegung ........................... | 37 | komitee CIT ......................... | 49 |
| V. Verhältnis des COTIF zum EG- | | 2. Der Internationale Eisenbahnverband | |
| Recht ................................. | 38–43 | (UIC) ................................. | 50 |
| | | 3. Sonstige ............................. | 51 |

## I. Entstehungsgeschichte des COTIF

1     **1. Das Internationale Übereinkommen über den Eisenbahn-Frachtverkehr (IÜG) vom 14.10.1890.** Es handelt sich um das erste völkerrechtliche Übereinkommen zur Vereinheitlichung des internationalen Beförderungsrechts. In vorausschauender Weise sah bereits dieses Übereinkommen periodische **Revisionskonferenzen** vor. In insgesamt neun ordentlichen Revisionskonferenzen (1896, 1905, 1923, 1933, 1952, 1961, 1970, 1980 und 1999) gelang es, das Übereinkommen weiter zu entwickeln und damit unter Wahrung der Rechtseinheit an die technischen und wirtschaftlichen Entwicklungen des Eisenbahnverkehrs anzupassen.[1] Aus der achten Revisionskonferenz 1980 ging das **Übereinkommen über den internationalen Eisenbahnverkehr vom 9. Mai 1980** (COTIF – **C**onvention relative aux **t**ransports **i**nternationaux **f**erroviaires) hervor, das am 1.5.1985 in Kraft getreten ist.[2] Hauptziele der achten Revisionskonferenz 1980 waren neben der Modernisierung des eigentlichen Beförderungsrechts und der Revision der Systematik der beförderungsrechtlichen Bestimmungen eine Änderung des Aufbaus und eine Verbesserung des Revisionsverfahrens sowie die Schaffung einer modernen **zwischenstaatlichen Organisation,** der Zwischenstaatlichen Organisation für den internationalen Eisenbahnverkehr (**O**TIF – **O**rganisation intergouvernementale pour les **t**ransports **i**nternationaux **f**erroviaires).[3] In den Jahren **1989/90** erfolgte auf der Grundlage des neu geschaffenen Revisionsverfahrens eine **Teilrevision des COTIF.** Die Beschlüsse des Revisionsausschusses sind am 1.1. und 1.6.1991 in Kraft getreten,[4] das von der Generalversammlung der OTIF am 20.12.1990 unterzeichnete „**Protokoll 1990** betreffend die Änderung des Übereinkommens über den internationalen Eisenbahnverkehr (COTIF) vom 9. Mai 1980" am 1.11.1996.[5]

2     **2. Das Protokoll vom 3. Juni 1999.** Zeitgleich mit der Teilrevision des COTIF in den Jahren 1989/90 begann die Liberalisierung des Eisenbahnsektors in Europa. Sie wurde angestoßen durch das vom Europäischen Parlament wegen Untätigkeit des Rates auf dem Gebiet der Verkehrspolitik erstrittene Urteil des EuGH vom 22.5.1985.[6] Daraufhin erging für den Schienenverkehr die Richtlinie 91/440/EWG vom 29.7.1991 zur Entwicklung der Eisenbahnunternehmen der Gemeinschaft.[7] Sie soll die Anpassung der überkommenen

---

[1] Zur Entstehungsgeschichte des IÜG v. 1890 s. *Becker* S. 26 ff.; eine Übersicht über die wichtigsten Änderungen bis zur sechsten Revisionskonferenz findet sich bei *Favre* ZIntEisenb 1972, 105; zum Revisionsverfahren vgl. *Mutz* TranspR 1992, 126.

[2] BGBl. 1985 II S. 130, 666, 1001.

[3] Zu Einzelheiten der 8. Revision s. *ZA-Bericht 1980* Ziff. 1 bis 8 u. 16 bis 37; *Amberg* ZIntEisenb 1981, 84, *Matyassy/Mutz* ZIntEisenb 1981, 1. – In historischer Sicht s. *Allégret* ZIntEisenb 1994, 3; *Burgmann* ZIntEisenb 1995, 220, 222 f.; *Kunz* TranspR 2005, 329. – Eine kritische Zwischenbilanz zur Tätigkeit der OTIF zehn Jahre nach Inkrafttreten des COTIF 1980 zieht *Burgmann* ZIntEisenb 1995, 153.

[4] BGBl. 1990 II S. 1662; 1991 II S. 679.

[5] BGBl. 1992 II S. 1182; 1996 II S. 2655. Zu Einzelheiten der Teilrevision s. *Mutz* TranspR 1992, 126; außerdem *Allégret* ZIntEisenb 1995, 57, 65 f.

[6] Rechtssache 13/83, Slg 1985, 1513; dazu *Basedow,* Wettbewerb auf den Verkehrsmärkten, 1989, S. 173.

[7] Richtlinie 91/440/EWG des Rates v. 29.7.1991 (ABl. EG L 237 vom 24.8.1991 S. 25), zuletzt geändert durch Richtlinie 2007/58 v. 23.10.2007 (ABl. EG L 315 vom 3.12.2007 S. 44) und inzwischen aufgegangen in der RL 2012/34/EU zur Schaffung eines einheitlichen europäischen Eisenbahnraums (ABl. EU L 343 vom 14.12.2012, S. 32).

Staatsbahnen in der Gemeinschaft an die Erfordernisse des Binnenmarkts erleichtern und ihre Leistungsfähigkeit erhöhen. Zu diesem Zweck sieht die Richtlinie u. a. die Trennung des Betriebs der Eisenbahninfrastruktur von der Erbringung von Eisenbahnverkehrsleistungen vor und ermöglicht so den Verkehr einer Vielzahl von Eisenbahn(verkehrs)unternehmen[8] auf einem Schienennetz. Auf dieser Grundlage gewährt die Richtlinie konkurrierenden Eisenbahnunternehmen schrittweise Zugangsrechte zu den Eisenbahnnetzen der Mitgliedstaaten der Gemeinschaft.[9] Die Umsetzung der Richtlinie 91/440 erfolgte in Deutschland im Rahmen einer umfassenden Neuordnung des Eisenbahnwesens zum 1.1.1994, zu der auch ein neues Allgemeines Eisenbahngesetz (AEG vom 27.12.1993) gehört. Weitere „Eisenbahn-Pakete" des europäischen Gesetzgebers zum Ordnungsrecht der Eisenbahn haben ebenfalls ihren Niederschlag im AEG gefunden, zuletzt durch das Achte Gesetz zur Änderung eisenbahnrechtlicher Vorschriften vom 12.9.2012.[10]

Die Reform des Eisenbahnordnungsrechts löste auch eine umfassende **Revision des inter-**  **3**
**nationalen Eisenbahnverkehrsrechts** aus. Das COTIF 1980 hatte noch Staatsbahnen vor Augen, die in ihrem Heimatland jeweils über ein Netz- und Verkehrsmonopol verfügen und im internationalen Eisenbahnverkehr notwendigerweise als **„aufeinanderfolgende Eisenbahnen"** miteinander kooperieren. Die schrittweise Öffnung der Schienennetze für konkurrierende Eisenbahnunternehmen lässt nun auch zu, dass ein Eisenbahnunternehmen in Europa durchgehende Verkehre über mehrere Schienennetze eigenständig abwickelt und dabei allenfalls **„ausführende Beförderer"** einsetzt, was im COTIF 1980 noch nicht vorgesehen war. Um der neuen Entwicklung des Eisenbahnordnungsrechts rasch Rechnung zu tragen, beschloss ein Ad-hoc-Ausschuss der Mitgliedstaaten der OTIF im November 1993 **Zusatzbestimmungen** zur Interpretation der beiden beförderungsrechtlichen Anhänge CIV und CIM des COTIF für den Fall der „Trennung von Betrieb der Eisenbahninfrastruktur und Erbringung von Verkehrsleistungen durch die Eisenbahnunternehmen".[11]

Nach diesem ersten Schritt begann eine grundlegende Revision des COTIF, die vom  **4**
Zentralamt für den internationalen Eisenbahnverkehr in Bern (dem Sekretariat der OTIF) und dem Revisionsausschuss vorbereitet wurde. Neben institutionellen Änderungen hatte die Revision vor allem das Ziel, die Trennung von Netzbetrieb und Verkehrsabwicklung, die mit der Liberalisierung verbundene Verringerung gemeinwirtschaftlicher Pflichten, die Ausweitung der Vertragsfreiheit auch im internationalen Eisenbahnverkehr und die dem Staatsbahnsystem unbekannte Trennung von Eisenbahnverkehrstätigkeit und Eisenbahnaufsicht im internationalen Eisenbahnrecht umzusetzen.[12] Die Reformarbeiten mündeten 1999 in der fünften Generalversammlung der OTIF in Vilnius in das **Protokoll vom 3. Juni 1999** betreffend die Änderung des Übereinkommens über den internationalen Eisenbahnverkehr (COTIF) vom 9. Mai 1980. Das Protokoll 1999 ist nach der Ratifikation, Annahme oder Genehmigung durch 27 Staaten (das sind mehr als zwei Drittel der 39 Staaten, die zur Zeit der Generalversammlung in Vilnius Mitgliedstaaten der OTIF waren) gemäß Art. 20 § 2 COTIF 1980 am 1.7.2006 in Kraft getreten.[13] Damit ist das COTIF 1980 geändert und hat die Fassung erhalten, die dem Protokoll 1999 als Anlage beigefügt ist **(COTIF 1999).**

---

[8] Das europäische Gemeinschaftsrecht spricht von „Eisenbahnunternehmen", wenn nach deutschem Verständnis (§ 2 AEG) Eisenbahn*verkehrs*unternehmen gemeint sind; „Betreiber der Infrastruktur" nach europäischem Recht sind nach deutscher Terminologie Eisenbahn*infrastruktur*unternehmen bzw. Betreiber der Schienenwege.

[9] Näher zur Richtlinie 91/440 und zu weiteren Rechtsakten der EG zur Ausgestaltung des Ordnungsrechts der Eisenbahn in Europa *Burmeister,* Der Wettbewerb der Eisenbahnen im europäischen Binnenmarkt, 2001, S. 65 ff.; *Calme* S. 28 ff.; *Freise* ZIntEisenb 1992, 114; *Menges,* Die Rechtsgrundlagen für die Strukturreform der Deutschen Bahnen, 1997; *Mutz* TranspR 1994, 173, 174 ff.; *Schmitt* EuZW 1993, 305; *Schmuck* TranspR 1992, 41; *Seitz* EuZW 1994, 33.

[10] Einzelheiten zur europäischen Rechtsentwicklung bei *Freise* TranspR 2003, 265; 2004, 377; *Niekamp* TranspR 2005, 293.

[11] In Deutschland veröffentlicht in VkBl. 1995, 2, u. TranspR 1994, 208; vgl. außerdem *Mutz,* FS Putzeys, S. 549, 553; *ders.* TranspR 1994, 173, 177.

[12] Näher zur Zielsetzung der Revision und zum Verlauf der Arbeiten *Burgmann* ZIntEisenb 1995, 220, 225 f.; *Mutz,* GS Helm, S. 243; *ders.* Revue de Droit Uniforme 1996, 442; *ders.,* FS Putzeys, S. 549; *ders.* TranspR 1994, 173, 179 ff.; *Reinhardt* ZIntEisenb 1993, 11, 12; *ZA-Bericht 1999* S. 9 ff. Ziff. 6 bis 25.

[13] Bekanntmachung v. 2.8.2006, BGBl. II S. 827.

**5**     Für folgende Staaten ist das COTIF 1999 am 1.7.2006 in Kraft getreten: Albanien, Algerien, Bosnien-Herzegowina, Bulgarien, Dänemark, Deutschland,[14] Finnland, Frankreich, Großbritannien, Iran, Kroatien, Lettland, Liechtenstein, Litauen, Luxemburg, Mazedonien, Monaco, Niederlande, Norwegen, Österreich, Polen, Portugal, Rumänien, Schweiz, Serbien, Slowakei, Slowenien, Spanien, Syrien, Tschechien, Tunesien, Türkei, Ungarn. Danach ist das COTIF 1999 für Belgien am 14.8.2007, für die Ukraine am 1.11.2007, für Griechenland am 2.6.2008, für Estland am 1.1.2009, für Russland am 1.2.2010, für Montenegro am 1.7.2010, für Marokko am 28.4.2011, für Armenien am 1.7.2011, für Georgien am 1.5.2012 und für Pakistan am 1.9.2013 in Kraft getreten. **Estland, Georgien, Russland** und die **Ukraine** haben allerdings **nur bestimmte Strecken** der Geltung des internationalen Eisenbahnbeförderungsrechts unterstellt (Art. 1 § 6 CIM u. CIV). Auch wenn der russische Beitritt nur für kurze Streckenabschnitte bei Kaliningrad und St. Petersburg (jeweils im Anschluss an Eisenbahnfährverbindungen von Sassnitz-Mukran nach Baltijsk bzw. Ust-Luga) geschehen ist, ist die Signalwirkung für andere Nachfolgestaaten der früheren Sowjetunion doch beträchtlich. Als nächster Staat bereitet Aserbaidschan den Beitritt vor.

**6**     Folgende Vertragssaaten des COTIF 1980 haben das Protokoll 1999 bis zum 21.12.2007 noch nicht ratifiziert: Irak, Irland, Italien, Libanon und Schweden.[15] Zu den Folgen ausstehender Ratifikationen siehe Rn. 11.

**7**     Auf Frachtverträge des internationalen Eisenbahngüterverkehrs, die noch gemäß CIM 1980 geschlossen wurden, findet auch nach Inkrafttreten des Protokolls 1999 die im Zeitpunkt des Vertragsabschlusses geltende Fassung der CIM 1980 Anwendung (Art. 6 § 8 Protokoll 1999). Hingegen sind die zwingenden Bestimmungen des neuen COTIF-Anhangs CUV zur Wagenverwendung und des neuen Anhangs CUI zur Infrastrukturnutzung im internationalen Eisenbahnverkehr (Rn. 9, 10) auf Verträge, die vor dem Inkrafttreten des Protokolls 1999 geschlossen wurden, ein Jahr nach seinem Inkrafttreten (also ab 1.7.2007) anzuwenden (Art. 6 § 9 Protokoll 1999).[16]

**8**     **3. Aufbau des COTIF 1999.** Das Übereinkommen besteht aus einem **Grundübereinkommen** oder „Übereinkommen selbst" (Art. 7 COTIF),[17] das vor allem organisatorische („institutionelle") Bestimmungen über die Bildung der OTIF als Zwischenstaatlicher Organisation für den internationalen Eisenbahnverkehr sowie deren Ziele, Aufgaben, Aufbau, Tätigkeit und Finanzierung enthält. Außerdem verpflichtet das Übereinkommen die Mitgliedstaaten zu internationaler Zusammenarbeit auf dem Gebiet des Eisenbahnwesens sowie zur Erleichterung und Beschleunigung des internationalen Eisenbahnverkehrs (Art. 3 bis 5 COTIF). Schließlich enthält es **„Gemeinsame Bestimmungen"** insbesondere für die beförderungsrechtlichen Anhänge CIV und CIM (Art. 8 bis 12 COTIF) und zieht auf diese Weise bestimmte Regelungen „vor die Klammer". Auf einzelne „Gemeinsame Bestimmungen" wird bei der Kommentierung der CIM eingegangen (zu Art. 8, Landesrecht, s. Art. 5 CIM Rn. 9, zu Art. 10, Zusatzbestimmungen, s. Art. 5 CIM Rn. 6 ff.).

**9**     Dem Grundübereinkommen ist als integrierender Bestandteil (Art. 7 COTIF) das **Protokoll über die Vorrechte und Immunitäten der OTIF** als Organisation beigefügt. Dessen Vorschriften haben ausschließlich völkerrechtliche Bedeutung. Das internationale Eisenbahnbeförderungsrecht sowie Einheitliche Rechtsvorschriften für weitere Rechtsbereiche finden sich in sieben **Anhängen zum Übereinkommen,** die ebenfalls integrierende Bestandteile des Übereinkommens sind (Art. 6, 7 COTIF):[18]

---

[14] Vertragsgesetz v. 24.8.2002, BGBl. II S. 2140.

[15] Die weitere Entwicklung kann unter www.otif.org zum Stichwort „Liste der Mitgliedstaaten" ermittelt werden.

[16] Vgl. *Denkschrift COTIF 1999* S. 168 f.; *ZA-Bericht 1999* S. 33 Ziff. 9 u. 10.

[17] COTIF-Artikel ohne Jahresangabe sind solche des COTIF in der Fassung des Protokolls von 1999; Entsprechendes gilt für Artikel der CIV oder CIM.

[18] Kurzübersichten zum COTIF 1999 und seinen Anhängen s. *Denkschrift COTIF 1999* S. 165 ff.; *Freise* TranspR 1999, 418; *Kunz* TranspR 2005, 329; *Mutz,* FS Mercadal, S. 477; *ders.,* GS Helm, S. 243; *ZA-Bericht 1999* S. 14 ff.

- **Anhang A.** Einheitliche Rechtsvorschriften für den Vertrag über die internationale Eisenbahnbeförderung von Personen (**CIV** – Règles uniformes concernant le contrat de transport international ferroviaire des voyageurs),
- **Anhang B.** Einheitliche Rechtsvorschriften für den Vertrag über die internationale Eisenbahnbeförderung von Gütern (**CIM** – Règles uniformes concernant le contrat de transport international ferroviaire des marchandises),
- **Anhang C.** Ordnung für die internationale Eisenbahnbeförderung gefährlicher Güter (**RID** – Règlement concernant le transport international ferroviaire des marchandises dangereuses) mit einer **Anlage,** die die materiellen Gefahrgutvorschriften enthält,
- **Anhang D.** Einheitliche Rechtsvorschriften für Verträge über die Verwendung von Wagen im internationalen Eisenbahnverkehr (**CUV**– Règles uniformes concernant les contrats d'utilisation de véhicules en trafic international ferroviaire),
- **Anhang E.** Einheitliche Rechtsvorschriften für den Vertrag über die Nutzung der Infrastruktur im internationalen Eisenbahnverkehr (**CUI** – Règles uniformes concernant le contrat d'utilisation de l'infrastructure en trafic international ferroviaire),
- **Anhang F.** Einheitliche Rechtsvorschriften für die Verbindlicherklärung technischer Normen und für die Annahme einheitlicher technischer Vorschriften für Eisenbahnmaterial, das zur Verwendung im internationalen Verkehr bestimmt ist (**APTU** – Règles uniformes concernant la validation de normes techniques et l'adoption de prescriptions techniques uniformes applicables au matériel ferroviaire destiné à être utilisé en trafic international), mit **Anlagen,** in denen die technischen Normen und Vorschriften insbesondere für Eisenbahnfahrzeuge, Infrastruktureinrichtungen, Sicherungs- und Betriebsleitsysteme und Systeme der Informationstechnologie zusammengefasst werden,
- **Anhang G.** Einheitliche Rechtsvorschriften für die technische Zulassung von Eisenbahnmaterial, das im internationalen Verkehr verwendet wird (**ATMF** – Règles uniformes concernant l'admission technique de matériel ferroviaire utilisé en trafic international).

Die Anhänge A und B enthalten weiterhin das **klassische Eisenbahnbeförderungsrecht**  **10** CIV und CIM. Anhang C umfasst das aus der CIM herausgelöste **Gefahrgutrecht RID,** dessen Anwendung jetzt nicht mehr vom Bestehen eines Eisenbahnfrachtvertrags nach der CIM abhängig ist. Der neue Anhang D trägt dem Umstand Rechnung, dass Eisenbahnen insbesondere im internationalen Verkehr sehr häufig fremde Wagen verwenden, und zwar entweder Wagen anderer Bahnen oder von privaten „Einstellern". Anhang E spiegelt die Trennung von Infrastrukturbetrieb und Verkehrsabwicklung wider, während die Anhänge F und G daraus folgen, dass die Setzung technischer Normen und Vorschriften sowie die technische Zulassung von Eisenbahnmaterial nicht mehr in die Zuständigkeit von Eisenbahnen fallen. Die **Anhänge A, B, D und E** enthalten Einheitliche Rechtsvorschriften für **Verträge,** nämlich für Personenbeförderungs-, Güterbeförderungs-, Wagenverwendungs- und Infrastrukturnutzungsverträge zwischen Rechtssubjekten, die sich auf der Ebene der Gleichordnung, nicht der Über- und Unterordnung begegnen. Diese vier Anhänge sind nach herkömmlichem Verständnis **zivilrechtlicher Natur** (unzutreffend *Kunz,* TranspR 2012, 309, 311, der die Anhänge D und E dem öffentlichen Recht zuordnet). Die **Anhänge C** („Ordnung" für die Gefahrgutbeförderung), **F** (Verbindlicherklärung technischer Normen) und **G** (Technische Zulassung von Eisenbahnmaterial) sind dagegen **öffentlich-rechtlicher Natur.** Auf Verlangen der EU-Kommission hatten zunächst fast alle Mitgliedstaaten der EU **Anwendungsvorbehalte** nach Art. 42 COTIF gegen die **Anhänge E bis G** eingelegt, so dass diese Anhänge in den „Vorbehaltsstaaten" bis zur Rücknahme der Vorbehalte nicht galten (Rn. 43).

Für Staaten, die das COTIF 1999 ohne Vorbehalte nach dessen Art. 42 ratifiziert haben,  **11** gilt das COTIF 1999 in seiner Gesamtheit (Grundübereinkommen und alle Anhänge). Für Vertragsstaaten des COTIF 1980, die das COTIF 1999 **nicht ratifiziert** haben (Rn. 6), gelten Besonderheiten: Diese Staaten bleiben zwar Mitgliedstaaten der OTIF auf der Grund-

lage des COTIF-Grundübereinkommens von 1980;[19] die Anwendung der beförderungsrechtlichen Anhänge CIV und CIM (samt Anlagen RID, RIP, RICo und RIEx) in der
Fassung von 1980 ist jedoch für diese Staaten – im Interesse der Wahrung der internationalen
Rechtseinheit – ausgesetzt, und zwar auch in ihrem Verkehr untereinander (Art. 20 § 3
COTIF 1980). Das neue COTIF 1999 mit seinen Anhängen gilt in diesen Staaten noch
nicht. Allerdings haben diese Staaten nach Art. 20 § 3 Abs. 2 COTIF 1980 die Möglichkeit,
die Aussetzung von CIV und CIM dadurch zu überwinden, dass sie dem Zentralamt mitteilen, dass sie die von der Generalversammlung beschlossenen Änderungen (= CIV und CIM
1999) trotz fehlender Hinterlegung einer Ratifikations-, Annahme- oder Genehmigungsur-
kunde zum Protokoll 1999 doch anwenden werden. Diese Staaten sind dann gegenüber
den anderen Vertragsstaaten des COTIF 1999 an die Neufassungen von CIV und CIM
gebunden. Eine entsprechende Erklärung hatte Griechenland abgegeben, bis seine Ratifikation wirksam wurde. Von Italien und Schweden (oben Rn. 6) liegen derartige Erklärungen
nicht vor. Im **Verkehr mit diesen Ländern** kann die CIM aber nach ihrem Art. 1 § 2
auf Grund Parteivereinbarung **als Gesetz** zur Anwendung kommen. Im Verkehr **zwischen
Italien und Schweden** kann die CIM für durchgehende Frachtverträge nur als **AGB**
Geltung erlangen. Daran hat auch der Beitritt der EU (der Italien und Schweden angehören)
zum COTIF nichts geändert.

**12**   Im Rahmen dieser Kommentierung wird das COTIF-**Grundübereinkommen** auszugsweise abgedruckt und im Rahmen dieser Vorbemerkungen bzw. im Zusammenhang
mit Art. 1 CIM ausschnittsweise behandelt. Abgedruckt und kommentiert werden die
Anhänge B **(CIM)** und D **(CUV)**; der Anhang C **(RID)** wird mit seinen Basis-Artikeln –
ohne die technische Anlage – abgedruckt und kommentiert.

**12a**   **4. Die „kleine" Revision von 2009.** In Vorbereitung des EU-Beitritts und um die
Rücknahme der Anwendungsvorbehalte gegen die drei COTIF-Anhänge E bis G zu fördern, haben in den Jahren 2008 und 2009 Verhandlungen zwischen der EU-Kommission,
dem OTIF-Sekretariat und Vertretern von Mitgliedstaaten stattgefunden, um ein gemeinsames Verständnis der Anhänge E bis G herbeizuführen. Der Revisionsausschuss der OTIF
nahm im Juni 2009 Änderungstexte zu Art. 9 und 27 COTIF (mit Folgeänderungen in
Art. 14 § 6 und Art. 33 § 4 lit. a), zu Art. 3 und 6 CIM (nur redaktionelle Anpassung des
englischen Textes) sowie Änderungen und „Erläuternde Bemerkungen" zu den Anhängen E bis G an, die von der 9. Generalversammlung der OTIF im September 2009 genehmigt wurden und am 1.12.2010 in Kraft getreten sind.[20] In Deutschland wurden die Änderungen des COTIF, der CIM und des Anhangs E (CUI) mit Verordnung vom 4.11.2010
(BGBl. II 1246, 1247) bekanntgegeben. Die Bekanntmachung des Inkrafttretens der Änderungen für Deutschland steht immer noch aus.

**13**   **5. Texte.** Das Übereinkommen ist in deutscher, englischer und französischer Sprache
abgefasst; im Falle von Abweichungen ist der **französische Wortlaut maßgebend** (Art. 45
§ 1 COTIF). Daher ist bei den hier kommentierten Anhängen CIM, RID und CUV die
französische Fassung mit abgedruckt. Auf Antrag eines betroffenen Staates gibt die Organisation amtliche Übersetzungen des Übereinkommens in weiteren Sprachen heraus, sofern
eine dieser Sprachen Amtssprache im Gebiet mindestens zweier Mitgliedstaaten ist (Art. 45
§ 2 COTIF). Dem deutschen Vertragsgesetz vom 24.8.2002 (BGBl. II S. 2140) sind das
Protokoll 1999 sowie das COTIF 1999 in den drei Vertragssprachen beigefügt. Die
**Arbeitssprachen** der Organisation sind deutsch, englisch und französisch; die Generalversammlung kann weitere Arbeitssprachen einführen (Art. 1 § 6 COTIF).

## II. Die Organisation (OTIF)

**14**   **1. Mitgliedstaaten.** Nach Art. 1 COTIF bilden die Parteien dieses Übereinkommens
als Mitgliedstaaten die „Zwischenstaatliche Organisation für den internationalen Eisenbahn-

---

[19] Näher hierzu und zum Folgenden: Beschluss der 7. Generalversammlung der OTIF vom 24.11.2005,
AG 7/9 – Anlage 2.
[20] ZIntEisenb 2010, 1, 27, 55.

verkehr **(OTIF)**" mit Sitz in Bern. Mitgliedstaaten der Organisation sind: Albanien, Algerien, Armenien, Belgien, Bosnien-Herzegowina, Bulgarien, Dänemark, Deutschland, Estland, Finnland, Frankreich, Georgien, Griechenland, Großbritannien, Irak, Iran, Irland, Italien, Kroatien, Lettland, Libanon, Liechtenstein, Litauen, Luxemburg, Marokko, Mazedonien, Monaco, Montenegro, Niederlande, Norwegen, Österreich, Pakistan, Polen, Portugal, Rumänien, Russland, Schweden, Schweiz, Serbien, Slowakei, Slowenien, Spanien, Syrien, Tschechien, Tunesien, Türkei, Ukraine, Ungarn. Insgesamt hat die OTIF inzwischen **49 Mitgliedstaaten** – darunter ein assoziiertes Mitglied (Jordanien) – in Europa, im Nahen und Mittleren Osten sowie in Nordafrika. Die **Europäische Union** ist seit dem 1.7.2011 Mitglied als „regionale Organisation für wirtschaftliche Integration" (Art. 38 COTIF, unten Rn. 16) und koordiniert das Auftreten ihrer Mitgliedstaaten, sofern sie Mitgliedstaaten der OTIF sind, bis hin zur einheitlichen Stimmabgabe in den Gremien der OTIF. Malta und Zypern haben keine Eisenbahn und sind nicht Mitgliedstaaten der OTIF.

Fünf Mitgliedstaaten haben das COTIF 1999 bisher nicht ratifiziert. Sie bleiben aber **15** Mitgliedstaaten der OTIF auf der Grundlage des COTIF 1980, während sie im Verhältnis zum Protokoll 1999 und zum COTIF 1999 **Drittstaaten** sind (oben Rn. 11). Sie haben deshalb in den reformierten Organen der OTIF nur begrenzte Stimmrechte.

Art. 38 COTIF ermöglicht regionalen Organisationen für wirtschaftliche Integration – **16** wie insbesondere der **EU** – den Beitritt zum Übereinkommen. Diese Regelung ähnelt der in Art. 53 MÜ, allerdings mit dem Unterschied, dass das COTIF regionalen Organisationen den Beitritt erst **nach Inkrafttreten** des COTIF ermöglicht, nicht auch (wie das Montrealer Übereinkommen) die Unterzeichnung und Ratifikation des zwar beschlossenen, aber noch nicht in Kraft getretenen Übereinkommens. Nach ihrem Beitritt zum COTIF zum 1.7.2011[21] fasst die EU 27 Mitgliedstaaten der OTIF zusammen und kann damit beherrschenden Einfluss in der Organisation ausüben.

**2. Ziele.** Die Ziele der OTIF sind im COTIF 1999 gegenüber denen des COTIF 1980 **17** erheblich ausgeweitet worden. Dabei hat auch die Tätigkeit vergleichbarer Organisationen im Bereich anderer Verkehrsträger als Vorbild gedient: die Tätigkeit der ICAO im Bereich der Zivilluftfahrt, der IMO (International Maritime Organisation) im Bereich der Seeschifffahrt oder der ZKR (Zentralkommission für die Rheinschifffahrt) im Bereich der Binnenschifffahrt.[22] Bestand der Zweck der OTIF 1980 vor allem darin, internationales Einheitsrecht für die Beförderung von Personen, Gepäck und Gütern im durchgehenden internationalen Eisenbahnverkehr aufzustellen und fortzuentwickeln (= CIV und CIM), so ist 1999 das **Ziel der Organisation** umfassend dahingehend beschrieben worden, den internationalen Eisenbahnverkehr in jeder Hinsicht zu fördern, zu verbessern und zu erleichtern und zu diesem Zweck einheitliche Rechtsordnungen für eine ganze Reihe von Rechtsbereichen aufzustellen und weiterzuentwickeln sowie ihre Anwendung zu überwachen (Art. 2 COTIF). Die in diesem Zusammenhang 1999 geschaffenen Rechtsordnungen sind in Art. 6 COTIF genannt und in den sieben Anhängen zum COTIF niedergelegt (oben Rn. 9). Die Ausweitung der Aufgaben der OTIF ist auch eine Folge der Reduzierung der Aufgaben der Eisenbahnen im Zuge der Umwandlung herkömmlicher Staatsbahnen in Wirtschaftsunternehmen,[23] die keine Zuständigkeit mehr für den Erlass technischer Normen und Vorschriften und die Überwachung ihrer Einhaltung (Eisenbahnaufsicht) besitzen. Die unternehmerische Tätigkeit der Eisenbahnen einschließlich ihrer internationalen Zusammenarbeit auf kommerziellem und betrieblichem Gebiet wird durch die Verlagerung hoheitlicher Aufgaben auf die OTIF jedoch nicht eingeschränkt,[24] sondern im Zuge der Liberalisierung des Eisenbahnsektors erweitert.

---

[21] Schlussdokument der 10. Generalversammlung der OTIF vom 23.6.2011 mit Beitrittsvereinbarung und Erklärungen der EU; näher dazu *Kunz* TranspR 2012, 309, 311.
[22] *Burgmann* ZIntEisenb 1995, 220, 227; *ZA-Bericht 1999* S. 26 f. Ziff. 1 bis 4; S. 36 Ziff. 2.
[23] *ZA-Bericht 1999* S. 36 ff. Ziff. 1, 8 u. 9.
[24] *ZA-Bericht 1999* S. 39 Ziff. 1.

**18**    Die **Mitgliedstaaten** werden verpflichtet, ihre internationale Zusammenarbeit auf dem Gebiet des Eisenbahnwesens grundsätzlich in der OTIF zu konzentrieren und zu diesem Zweck ihre bestehenden multilateralen internationalen Übereinkommen entsprechend anzupassen (Art. 3 § 1 COTIF). Die daraus sich ergebenden Verpflichtungen lassen allerdings die Verpflichtungen unberührt, die bestimmte Mitgliedstaaten der OTIF als Mitglieder der Europäischen Union oder als Vertragsstaaten des Abkommens über den Europäischen Wirtschaftsraum haben (Art. 3 § 2 COTIF). Damit ist das Verhältnis des COTIF 1999 und seiner einheitlichen Rechtsordnungen zum EU-Recht angesprochen (Rn. 38 bis 43).

**19**    Darüber hinaus kann die OTIF nach Art. 4 COTIF auf Beschluss der Generalversammlung von anderen zwischenstaatlichen Organisationen **Aufgaben übernehmen** oder solchen Organisationen **Aufgaben übertragen** und sie kann bestimmte Verwaltungsaufgaben übernehmen, die ihr von Mitgliedstaaten übertragen werden, die bei Umwandlung ihrer Staatsbahnen in Wirtschaftsunternehmen zB keine Eisenbahnaufsicht neu installieren wollen.[25] Nach dem Vorbild des Chicagoer Abkommens vom 7.12.1944 über die Internationale Zivilluftfahrt (Art. 22, 23 und 37) sieht das COTIF 1999 in seinem Art. 5 schließlich auch besondere Verpflichtungen der Mitgliedstaaten selbst zur Erleichterung und Beschleunigung des internationalen Eisenbahnverkehrs vor.

**20**    **3. Organe.** Wie die Aufgaben der Organisation, so ist auch der Kreis ihrer Organe gewachsen (von fünf auf sieben).

**21**    **a) Generalversammlung.** Die Generalversammlung als oberstes Entscheidungsorgan besteht aus Vertretern aller Mitgliedstaaten (Art. 14 COTIF). Sie tritt alle drei Jahre oder auf Antrag eines Drittels der Mitgliedstaaten oder auf Antrag des Verwaltungsausschusses zusammen. Sie bestimmt u. a. die Zusammensetzung des Verwaltungsausschusses und wählt den Generalsekretär, außerdem gibt sie Richtlinien für die Tätigkeit des Verwaltungsausschusses und des Generalsekretärs. Sie setzt den Höchstbetrag der jährlichen Ausgaben der Organisation fest und entscheidet über die Übernahme oder Übertragung von Aufgaben und die zeitlich befristete Einrichtung von Ausschüssen für besondere Aufgaben. Vor allem entscheidet die Generalversammlung über Anträge auf Änderung des Übereinkommens (Rn. 32).

**22**    **b) Verwaltungsausschuss.** Der Verwaltungsausschuss besteht aus einem Drittel der Mitgliedstaaten (Art. 15 COTIF). Seine Aufgabe ist vor allem die administrative und finanzielle Steuerung der Geschäftsführung der Organisation und die Überwachung der Geschäftsführung des Generalsekretärs. Der Verwaltungsausschuss genehmigt das Arbeitsprogramm, den Voranschlag, den Geschäftsbericht und die Jahresrechnung der Organisation.

**23**    **c) Revisionsausschuss.** Der Revisionsausschuss besteht aus den Vertretern aller Mitgliedstaaten (Art. 16, 17 COTIF). Er entscheidet über Anträge auf Änderung des Übereinkommens und prüft diejenigen Änderungsanträge, für deren Entscheidung die Generalversammlung zuständig ist (Rn. 33).

**24**    **d) Fachausschuss RID.** Der Fachausschuss RID besteht ebenfalls aus Vertretern aller Mitgliedstaaten (Art. 16, 18 COTIF). Er entscheidet über Anträge auf Änderung der Ordnung für die internationale Eisenbahnbeförderung gefährlicher Güter (Rn. 34).

**25**    **e) Ausschuss für Erleichterungen im Eisenbahnverkehr.** Die Aufgabenstellung des neuen Ausschusses für Erleichterungen im Eisenbahnverkehr (Art. 16, 19 COTIF) orientiert sich an den im Rahmen der ICAO für die internationale Zivilluftfahrt gesammelten Erfahrungen. Der Ausschuss befasst sich mit allen Fragen der Erleichterung des Grenzübertritts im internationalen Eisenbahnverkehr und empfiehlt Standards, Methoden, Verfahren und Praktiken hierfür. Auch Zollfragen können von dem Ausschuss aufgegriffen werden.[26]

---

[25]  *ZA-Bericht 1999* S. 40 Ziff. 4 u. 5.
[26]  Vgl. *ZA-Bericht 1999* S. 50 Ziff. 5. Zu den vorangegangenen Überlegungen, dem COTIF einen eigenen Anhang über ein vereinfachtes Zolltransitverfahren beizugeben, s. *Burgmann* ZIntEisenb 1998, 370.

**f) Fachausschuss für technische Fragen.** Auch dieser Fachausschuss ist neu entspre- **26** chend der Erweiterung des COTIF um die technischen Anhänge APTU und ATMF. Der Fachausschuss für technische Fragen entscheidet insbesondere über die Validierung technischer Normen für international zu verwendendes Eisenbahnmaterial und über die Annahme einheitlicher technischer Vorschriften (ETV) für Bau, Betrieb, Instandhaltung oder Verfahren in Bezug auf derartiges Material; außerdem beobachtet der Fachausschuss die Anwendung technischer Normen und Vorschriften und prüft ihre Weiterentwicklung (Art. 16, 20 COTIF). Der Fachausschuss kann die ihm von den zuständigen Stellen (Art. 5, 6 APTU) unterbreiteten Anträge auf Validierung technischer Normen und Annahme ein- heitlicher technischer Vorschriften (ETV) nur annehmen oder ablehnen, aber keinesfalls ändern.[27]

**g) Generalsekretär.** Entsprechend der völkerrechtlichen Übung in anderen internatio- **27** nalen Organisationen sieht das COTIF 1999 jetzt einen „Generalsekretär" als ausführendes Organ der OTIF vor (Art. 21 COTIF). Er übernimmt von dem bisherigen „Zentralamt für den internationalen Eisenbahnverkehr (OCTI)" die Besorgung der Sekretariatsgeschäfte der Organisation. Das Zentralamt verliert seine Funktion als eigenständiges Organ der OTIF.[28] Die bisher vom Zentralamt herausgegebene **Zeitschrift (ZIntEisenb)** wird nun von der Organisation unmittelbar fortgeführt (Art. 23 COTIF).

**4. Schiedsgerichtsbarkeit.** Schon das IÜG 1890 betraute das Zentralamt auf Begehren **28** der Parteien mit der Entscheidung von Streitigkeiten der Eisenbahnen untereinander. Anlässlich der 5. Revisionskonferenz 1952 wurde die Schiedsgerichtsbarkeit neu geordnet. Zur Entscheidung ist seitdem ein Schiedsgericht berufen, dessen Richter aus einer jetzt vom Generalsekretär zu führenden Liste von den Parteien zu wählen sind. Entsprechend der Neubestimmung der Organe der OTIF durch das COTIF 1999 hat der Generalsekretär die bisher vom Zentralamt wahrgenommenen Aufgaben einer Gerichtskanzlei übernom- men. Das schiedsgerichtliche Verfahren hat jedoch bisher in der Praxis keine Bedeutung erlangt.[29]

### III. Revisionsverfahren

**1. Grundsätze.** Zur Prüfung von Änderungsanträgen der Mitgliedstaaten und zur Ent- **29** scheidung hierüber sind je nach Änderungsmaterie **vier Organe zuständig,** und zwar die Generalversammlung, der Revisionsausschuss, der Fachausschuss RID und der Fachaus- schuss für technische Fragen. Das Revisionsverfahren ist unterschiedlich je nach Organ, dem ein Änderungsantrag zur Entscheidung vorliegt:[30]

Die von der **Generalversammlung** beschlossenen Änderungen des **Grundüberein- 30 kommens** treten zwölf Monate nach Genehmigung durch *zwei Drittel* der Mitgliedstaaten für alle Mitgliedstaaten in Kraft – mit Ausnahme derjenigen Mitgliedstaaten, die vor Inkraft- treten der Änderungen erklären, dass sie ihnen nicht zustimmen; für Änderungen der **Anhänge** genügt – bei im Übrigen gleichem Verfahren – die Genehmigung durch die *Hälfte* der Mitgliedstaaten (Art. 34 COTIF). Die Generalversammlung kann bei der Beschlussfassung über eine Änderung feststellen, dass die Änderung von solcher Tragweite ist, dass für Mitgliedstaaten, die die Änderung nicht fristgerecht annehmen, die Mitglied- schaft in der OTIF endet. In allen anderen Fällen ist bei Änderung von Anhängen zum Übereinkommen die Anwendung eines geänderten Anhangs in seiner Gesamtheit für dieje- nigen Mitgliedstaaten **ausgesetzt,** die der Änderung rechtzeitig vor ihrem Inkrafttreten widersprochen haben. Die bisher für CIV und CIM geltende Aussetzungsregelung wird damit auch für die neuen Anhänge des COTIF 1999 übernommen. Dies geschieht mit

---

[27] Zur Entstehungsgeschichte dieser Festlegung s. *ZA-Bericht 1999* S. 51 Ziff. 3 bis 5.
[28] *ZA-Bericht 1999* S. 44 Ziff. 2 u. 3.
[29] Einzelheiten zur Schiedsgerichtsbarkeit und zu den Änderungen anlässlich der 8. Revisionskonferenz 1980 s. *Mutz* ZIntEisenb 1988, 73; außerdem *Matyassy/Mutz* ZIntEisenb 1981, 1, 31 bis 35.
[30] Einzelheiten s. *ZA-Bericht 1999* S. 58 ff.

dem Ziel, die Rechtseinheit im internationalen Eisenbahnverkehr dauerhaft zu wahren und Rechtsunsicherheiten zu vermeiden, wie sie im internationalen Luftverkehr durch die Zersplitterung des Warschauer Abkommenssystems bis zum Inkrafttreten des Montrealer Übereinkommens eingetreten sind.[31] Aufgegeben wird hingegen die bisherige Regelung, dass Beschlüsse der Generalversammlung in ein **Protokoll** aufzunehmen sind, das der Ratifikation, Annahme oder Genehmigung durch die Mitgliedstaaten bedarf. Mit der Neuerung ist die Hoffnung verbunden, dass die lange Dauer zwischen der Verabschiedung eines derartigen Protokolls und seinem Inkrafttreten (in den letzten drei Fällen zwischen fünf und sieben Jahren) durch die Verfahrensvereinfachung wieder abgekürzt werden kann.[32]

**31**    In einem **vereinfachten Revisionsverfahren** treten die vom **Revisionsausschuss** beschlossenen Änderungen des Grundübereinkommens oder seiner Anhänge ein Jahr nach ihrer Mitteilung durch den Generalsekretär in Kraft; für das Inkrafttreten der vom **Fachausschuss RID** zum RID oder vom **Fachausschuss für technische Fragen** zum Anhang APTU beschlossenen Änderungen gilt eine Sechsmonatsfrist (Art. 35 COTIF). Erhebt allerdings ein Viertel der Mitgliedstaaten innerhalb von vier Monaten nach der Mitteilung von Änderungsbeschlüssen der drei Ausschüsse Widerspruch, so treten die Änderungen nicht in Kraft. Im Übrigen gilt die für Beschlüsse der Generalversammlung bestehende **Aussetzungsregel** bei der Änderung von Anhängen zum Übereinkommen auch für Beschlüsse der drei Ausschüsse, allerdings mit einer Besonderheit: Bei einem Widerspruch gegen die Validierung einer technischen Norm oder gegen die Annahme einer einheitlichen technischen Vorschrift (ETV) wird nur diese Norm bzw. Vorschrift im Verkehr mit und zwischen den widersprechenden Mitgliedstaaten ausgesetzt, nicht der gesamte Anhang, damit unangefochtene Normen und Vorschriften weiterhin uneingeschränkt zwischen allen Mitgliedstaaten angewendet werden können. – Das vereinfachte Revisionsverfahren hat bereits anlässlich der Teilrevision 1989/90 (oben Rn. 1) seine Wirksamkeit bewiesen.[33]

**32**    **2. Zuständigkeit. a) Generalversammlung.** Die Generalversammlung ersetzt die früheren diplomatischen Konferenzen. Sie entscheidet über alle Änderungen des Grundübereinkommens und seiner Anhänge, soweit nicht die Zuständigkeit eines Ausschusses gegeben ist. Der Generalversammlung vorbehalten sind insbes. die institutionellen Bestimmungen sowie grundlegende Bestimmungen in den Anhängen, vor allem deren Anwendungsbereich und die Haftungsregelungen.

**33**    **b) Revisionsausschuss.** Der Revisionsausschuss soll in der Praxis die Hauptlast der Anpassungen des Beförderungsrechts tragen. Seine Zuständigkeiten sind in Art. 33 § 4 COTIF einzeln aufgezählt. Im Bereich des Haftungs- und Entschädigungsrechts ist der Revisionsausschuss nur ausnahmsweise zuständig, zB für die Themen Schadens- oder Verlustvermutung, Wertangabe, Angabe eines Lieferinteresses, Tatbestandsaufnahmen und Reklamationen in den Anhängen CIV, CIM und CUV.[34]

**34**    **c) Fachausschüsse.** Der **Fachausschuss RID** entscheidet über Änderungen des RID, das überwiegend technischen Charakter hat (Art. 33 § 5 COTIF). Im Interesse einer Harmonisierung mit den für andere Verkehrsträger geltenden Gefahrgutvorschriften werden die Beschlüsse dieses Ausschusses von **Gemeinsamen RID/ADR/ADN-Tagungen** vorbereitet.[35] Der **Fachausschuss für technische Fragen** entscheidet über Anträge auf Änderung der Anlage des Anhangs APTU.

**35**    **d) Koordinierung.** Die Arbeiten der Generalversammlung und der Ausschüsse zur Revision des Übereinkommens und seiner Anhänge sind aufeinander abzustimmen. Einerseits werden alle Änderungsanträge, für deren Behandlung die Generalversammlung zustän-

---

[31] *ZA-Bericht 1999* S. 60 Ziff. 3 (oben).
[32] *ZA-Bericht 1999* S. 59 Ziff. 1, 2.
[33] *Mutz* TranspR 1992, 126, 131.
[34] Vgl. *Denkschrift COTIF 1999* S. 176 zu Art. 33 § 4.
[35] Tagungsberichte jeweils in ZIntEisenb, zB Heft 1/2008, 6 ff., und 3/2008, 32 f.

dig ist, vom Revisionsausschuss vorberaten (Art. 17 COTIF); andererseits kann die Generalversammlung ihre eigene Zuständigkeit feststellen, wenn ein Antrag, über den sie zu entscheiden hat, in unmittelbarem Zusammenhang mit Bestimmungen in Anhängen steht, für deren Änderung ein Ausschuss zuständig ist (**Evokationsrecht,** Art. 33 § 3 COTIF). Darüber hinaus hat jeder Ausschuss, der zur Entscheidung über Anträge auf Änderung bestimmter Vorschriften oder ganzer Anhänge zuständig ist, derartige Anträge der Generalversammlung zur Entscheidung vorzulegen, wenn ein Drittel der im jeweiligen Ausschuss vertretenen Mitgliedstaaten dies verlangt.

## IV. Rechtscharakter und Auslegung

**1. Rechtscharakter.** Das COTIF und seine Anhänge sind zugleich **völkerrechtlicher**   36
**Vertrag** und als **internationales Einheitsrecht** innerstaatliches **Sachrecht** oder – in einzelnen Fällen – **Kollisionsnormen.**[36] Innerhalb ihres Anwendungsbereichs haben das Übereinkommen selbst und die CIM zwingenden Charakter. Sonstige Rechtsvorschriften, einschließlich zwischenstaatlicher Abkommen oder Tarifbestimmungen, sind nur insoweit anwendbar, als es sich um Rechtsfragen handelt, die das Übereinkommen nicht regelt oder für die es ausdrücklich eine abweichende Regelung zulässt (zB Art. 4 CIM). Eine im Übereinkommen oder in der CIM getroffene Regelung ist grundsätzlich **beiderseits zwingend,** dh. sie kann auch durch Vereinbarung der Parteien nicht abbedungen werden (Art. 5 Satz 1 CIM).[37] Nach dem Beispiel des Art. 23 § 2 der Hamburg-Regeln erlaubt jetzt allerdings der 1999 neu aufgenommene Art. 5 Satz 3 CIM, dass der Beförderer seine Haftung oder seine Verpflichtungen gegenüber den Kunden **erweitert** (ähnlich auch Art. 25 MÜ). Im Übrigen gilt der zwingende Charakter nur, soweit die CIM auf den Beförderungsvertrag anwendbar ist.

**2. Auslegung.** Die Vorschriften des Übereinkommens und damit auch die Bestimmun   37
gen der CIM und der CUV sind als **internationales Einheitsrecht** grundsätzlich ohne Rückgriff auf nationale Rechte aus ihrem Zusammenhang heraus unter Berücksichtigung aller juristischen Auslegungsmethoden zu verstehen und anzuwenden. Dabei hat ein die internationale Rechtseinheit förderndes Verständnis der COTIF-Vorschriften Vorrang vor nationalen Sichtweisen (vgl. Art. 8 § 1 COTIF).[38] Dies gilt insbes. zur Regelung sog. **unechter Lücken.** In jedem einzelnen Fall ist mit Vorsicht zu prüfen, ob das Übereinkommen tatsächlich eine Lücke enthält. Lücken können gewollt oder ungewollt sein oder auch nur scheinbar bestehen. Bevor eine Lücke angenommen wird, ist stets zu prüfen, ob nach dem Willen des Gesetzgebers eine Rechtsfrage in der zu beurteilenden Rechtsordnung nicht doch abschließend und damit lückenlos geregelt ist. Stillschweigen des Gesetzgebers kann auch der Ausdruck dafür sein, dass er die betreffende Rechtsfrage im verneinenden Sinn lösen wollte. Die CIM beispielsweise regelt den zulässigen Vertragsinhalt des internationalen Eisenbahnfrachtvertrags grundsätzlich in der Weise, dass nicht typisierte Inhalte oder Rechtsfolgen unzulässig sind. Soweit eine abschließende Regelung nicht beabsichtigt oder nicht erfolgt ist, wird dies idR in den Rechtsvorschriften selbst ausdrücklich gesagt. Vor diesem Hintergrund ist die in Art. 10 COTIF nicht nur Mitgliedstaaten, sondern auch Beförderern eingeräumte Möglichkeit zu sehen, zur **Ausführung** der CIM **Zusatzbestimmungen** zu vereinbaren (Art. 5 CIM Rn. 6).[39] Das internationale Eisenbahnfrachtrecht hat gemeinsam mit dem seerechtlichen Brüsseler Übereinkommen von 1924 (sog. Haager Regeln) die Autoren des Warschauer Abkommens beeinflusst. Vor allem aber bildet die CIM aF das Vorbild für die CMR.[40] Ein „System" des allgemeinen internationalen Trans-

---

[36] GroßkommHGB/*Helm* Art. 1 CIM 1970 Anm. 4; *Mutz* ZIntEisenb 1974, 105, 106; zum Einheitsrecht allgemein *Kropholler* EinhR; *Lerche* S. 39 ff.
[37] Grundlegend *Mutz* ZIntEisenb 1974, 105; zur Geschichte vgl. auch *Basedow* Transportvertrag S. 251 mwN.
[38] *Denkschrift COTIF 1999* S. 171 zu Art. 8 § 1.
[39] Vgl. auch *Mutz* ZIntEisenb 1974, 105, 110.
[40] Denkschrift zur CMR, BT-Drucks. III/1144 S. 33; *Koller* Vor Art. 1 CMR Rn. 1.

portrechts, aus dem Regeln für die Auslegung des internationalen Eisenbahnrechts hergeleitet werden könnten, gibt es hingegen nicht. Die Heranziehung einzelner Bestimmungen anderer internationaler Regelungen zur Auslegung ist grundsätzlich nicht auszuschließen.[41] Sie hat allerdings unter Berücksichtigung der abweichenden Verhältnisse und der jeweiligen Entstehungsgeschichte zu erfolgen (Vorbem. CIM Rn. 7). Dieselbe Einschränkung gilt für die Heranziehung frachtrechtlicher Normen des **Landesrechts,** die durch das internationale Eisenbahnrecht häufig beeinflusst wurden.[42] Zur **Lückenfüllung** durch Landesrecht siehe auch Art. 5 CIM Rn. 9.

## V. Verhältnis des COTIF zum EG-Recht

**38**     Art. 62 CIV 1980 und **Art. 66 CIM 1980** – jeweils angesiedelt im Titel „**Ausnahmebestimmungen**" – sahen unter der Überschrift „**Abweichungen**" vor, dass die Bestimmungen der CIV bzw. CIM keinen Vorrang haben gegenüber den Bestimmungen, die zB die Mitgliedstaaten der EG auf Grund des EG-Vertrags zu treffen haben. Die beiden Vorschriften in CIV und CIM wurden überwiegend als **materiellrechtliche Kollisionsnormen** verstanden, die ein Vorrangverhältnis zwischen zwei Rechtsordnungen festlegen. Danach hatte zwingendes (materielles) Gemeinschaftsrecht – soweit einschlägig – Vorrang vor den materiellrechtlichen Vorschriften des internationalen Eisenbahntransportrechts in CIV und CIM.[43] Die Frage hatte geringe praktische Bedeutung, solange die EG sich darauf beschränkte, für die Eisenbahnen zwar öffentliches Ordnungsrecht, aber kein von CIV und CIM abweichendes Transportrecht zu erlassen.

**39**     Das **COTIF 1999** enthält in seinen transportrechtlichen Anhängen keine den Art. 62 CIV 1980 und Art. 66 CIM 1980 entsprechenden materiellrechtlichen Kollisionsnormen. Stattdessen wird im Grundübereinkommen in **Art. 3 § 1** ausgeführt, dass die Mitgliedstaaten der OTIF sich verpflichten, ihre internationale Zusammenarbeit auf dem Gebiet des Eisenbahnwesens grundsätzlich in der OTIF zu konzentrieren; unberührt bleiben nach **§ 2** jedoch die Verpflichtungen, die die Mitgliedstaaten der OTIF als Mitglieder der EG oder als Vertragsstaaten des EWR haben. Dieser neuen **Vorrangregelung** wurde zunächst vielfach – unbesehen – die gleiche Bedeutung beigemessen wie den früheren Vorrangregelungen in CIV und CIM.[44] Bei näherem Hinsehen erweist sich Art. 3 § 2 COTIF nach Wortlaut, systematischer Stellung und Entstehungsgeschichte jedoch als eine **Organisations- und Kompetenznorm** zur Regelung zwischenstaatlicher Kompetenzkonflikte:[45] Die EU-Mitgliedstaaten sind von der Verpflichtung befreit, ihre Zusammenarbeit auf dem Gebiet des Eisenbahnwesens in der OTIF zu konzentrieren; ihre allgemeine Verpflichtung zur Anwendung und Durchsetzung des materiellen Eisenbahntransportrechts in den Anhängen CIV, CIM, CUV und CUI wird hierdurch nicht berührt. Ein Konflikt zwischen (künftigem) sekundärem Gemeinschaftsrecht auf dem Gebiet des Eisenbahntransportrechts und dem im COTIF enthaltenen Völkerrecht zu diesem Gebiet ist anderweitig zu lösen: **Bis zum Beitritt** der Gemeinschaft zum COTIF (oben Rn. 16) wurde das Verhältnis zwischen COTIF und Gemeinschaftsrecht von **Art. 307 EG** (neu **Art. 351 AEUV**) geregelt. Danach waren die Mitgliedstaaten im Konfliktfall verpflichtet, zugunsten der Durchsetzung des Gemeinschaftsrechts Verträge mit Drittstaaten neu zu verhandeln oder zu kündigen.[46] Dies wäre auf eine erneute Revision des COTIF hinausgelaufen. **Nach dem Beitritt** der EG zum COTIF ist **Art. 300 Abs. 7 EG** (neu **Art. 216 Abs. 2 AEUV**) zu beachten, wonach

---

[41]  *Goltermann* Art. 3 COTIF 1980 Anm. 1b bb (2).

[42]  Für Österreich s. *Graf* ZIntEisenb 1978, 96; *Killmeyer* ZIntEisenb 1988, 113; für die Niederlande s. *Druijff* ZIntEisenb 1962, 154; für Italien s. *Poli/Romitelli* ZIntEisenb 1962, 258; für Norwegen s. *Heier* ZIntEisenb 1993, 114; für Polen s. *Bras* ZIntEisenb 1986, 3; die Unterschiede zum dt. HGB werden jeweils im Rahmen der Kommentierung der einzelnen Artikel der CIM behandelt.

[43]  *Calme* S. 26 (Tz. 50); *Goltermann* Art. 66 CIM 1980 Anm. 1; *Mutz* in der 1. Aufl. Art. 66 CIM 1980 Rn. 1; vgl. auch *CIT-Studie* S. 24 Ziff. 20.

[44]  ZB von *Freise* TranspR 2004, 377, 386 f.

[45]  *CIT-Studie* S. 26 Ziff. 23; *Freise* RRa (Reiserecht aktuell) 2005, 242, 245.

[46]  *CIT-Studie* S. 32.

die von der Gemeinschaft geschlossenen Abkommen mit anderen Staaten oder internationalen Organisationen für die Organe der Gemeinschaft und für die Mitgliedstaaten verbindlich sind. Durch den Beitritt wird das COTIF zum integralen Bestandteil der gemeinschaftlichen Rechtsordnung. Für das Verhältnis zwischen EG-Recht und internationalem Luftverkehrsrecht in Gestalt des Montrealer Übereinkommens hat der EuGH dieses Ergebnis bestätigt.[47]

Bei der Schaffung von Gemeinschaftsrecht zum internationalen Eisenbahnverkehr sind **40** nach dem Beitritt der EG zum COTIF die unmittelbar anwendbaren beförderungsrechtlichen Vorschriften in CIV, CIM, CUV und CUI zu beachten[48] und Konflikte nach Möglichkeit schon auf der Stufe der Rechtsetzung zu vermeiden. Bereits vor dem Beitritt ist dies bei der Schaffung der **EG-Verordnung 1371/2007** vom 23.10.2007 „über die Rechte und Pflichten der Fahrgäste im Eisenbahnverkehr"[49] berücksichtigt worden: Die Verordnung konzentriert sich auf Regelungen über die **Pflichten** (einschließlich **Gewährleistung**) der Eisenbahnunternehmen und verweist in ihrem Art. 11 hinsichtlich der **Haftung** der Eisenbahnunternehmen auf die Vorschriften der **CIV**, die der Verordnung in einem **Anhang** beigegeben sind und dadurch auch europäisches Gemeinschaftsrecht werden.

Innerhalb der **EU-Organe** und mit der **OTIF** wurde lange die Fassung der **Beitrittser-** **41** **klärung der EG** zum COTIF diskutiert.[50] In der **Beitrittsvereinbarung** vom 23.6.2011[51] wird darauf hingewiesen, „dass für die Teile des Übereinkommens (COTIF), die in die Zuständigkeit der (Europäischen) Union fallen, eine Abkopplungsklausel erforderlich ist, um deutlich zu machen, dass die Mitgliedstaaten der Union die sich aus dem Übereinkommen (COTIF) ergebenden Rechte und Pflichten nicht direkt untereinander geltend machen und anwenden können, ... dass das Übereinkommen (jedoch) zwischen der Union und ihren Mitgliedstaaten einerseits und den übrigen Vertragsparteien des Übereinkommens andererseits voll anwendbar ist". Die **Abkopplungsklausel** in Art. 2 der Beitrittsvereinbarung hat folgenden Wortlaut: „Unbeschadet des Ziels und des Zwecks des Übereinkommens, den grenzüberschreitenden Eisenbahnverkehr zu fördern, zu verbessern und zu erleichtern, sowie unbeschadet seiner uneingeschränkten Anwendung gegenüber anderen Vertragsparteien wenden Vertragsparteien des Übereinkommens, die Mitgliedstaaten der Union sind, in ihren Beziehungen untereinander die Rechtsvorschriften der Union an und wenden dementsprechend nicht die Vorschriften aufgrund des Übereinkommens an, außer wenn für den betreffenden Gegenstand keine Unionsvorschriften bestehen."

Wenn also für einen bestimmten **„Gegenstand"** Unionsrecht und COTIF-Recht aufeinandertreffen, haben die EU-Staaten untereinander das Unionsrecht anzuwenden. Bestehen für den betreffenden Gegenstand keine Unionsvorschriften, so wenden die EU-Staaten auch untereinander COTIF-Recht an. In einer **Erklärung zu Art. 2 der Beitrittsvereinbarung** hat die **EU** klargestellt, dass „der Ausdruck „für den betreffenden Gegenstand" ... dahingehend zu verstehen (ist), dass er für den **Einzelfall** gilt, der durch eine Bestimmung des Übereinkommens, einschließlich seiner Anhänge, jedoch nicht durch Gesetzgebungsakte der Union geregelt ist." Für den internationalen Eisenbahngüterverkehr, der unter die CIM fällt, gibt es bisher nur EU-Recht mit **öffentlich-rechtlichem Charakter** (Genehmigungs-, Aufsichts-, Sicherheits-, Netzzugangs-, Wettbewerbsrecht), so dass für die Gegenstände des internationalen Eisenbahngüterbeförderungsrechts (zB Vertragsschluss, Beförderungsdokumente, Aufgabenverteilung zwischen den Parteien des Beförderungsvertrags, nachträgliche Verfügungen, Haftung der Vertragsparteien, usw.) kein EU-Recht besteht und die CIM auch im Verkehr zwischen EU-Staaten uneingeschränkt anwendbar ist. Dieser Befund wird dadurch bestätigt, dass die EU-Kommission von den EU-Staaten nicht verlangt hat, gegen den Anhang CIM einen Anwendungsvorbehalt einzulegen.

---

[47] EuGH 10.1.2006 – C-344/04 (IATA und ELFAA), NJW 2006, 351, 355 Tz. 34 bis 39.
[48] *CIT-Studie* S. 42 Ziff. 41, 42.
[49] Verordnung (EG) Nr. 1371/2007 des Europäischen Parlaments und des Rates 23.10.2007 (ABl. EG L 315 v. 3.12.2007 S. 14).
[50] Vgl. *Kunz* TranspR 2012, 309, 312.
[51] Anlage zum Schlussdokument der 10. Generalversammlung der OTIF vom 22./23. Juni 2011 (AG 10/5).

**42**    Anders verhält es sich mit den Anhängen E bis G des COTIF (**CUI, APTU** und **ATMF**). Hier hat die EU-Kommission im Mai 2006 – noch vor dem Inkrafttreten des COTIF 1999 – die EU-Staaten aufgefordert, gegen diese Anhänge wegen partieller **Unverträglichkeit mit EU-Recht** in verschiedener Hinsicht **Vorbehalte** nach Art. 42 COTIF einzulegen, was nahezu alle EU-Staaten auch getan haben. Im Zuge der kleinen COTIF-Revision von 2009 (oben Rn. 12a) und durch den Beitritt der EU zum COTIF wurden die Voraussetzungen für eine Rücknahme der Vorbehalte geschaffen. Am 1.9.2013 hatten nur Estland, Frankreich, Großbritannien, Norwegen, die Slowakei, Spanien und Tschechien ihre Vorbehalte gegenüber einzelnen COTIF-Anhängen noch nicht zurückgenommen.[52] Im Rahmen einer Kommentierung zum Beförderungsrecht ist vor allem die Aufhebung des Vorbehalts gegen das **Infrastrukturnutzungsrecht der CUI** von Bedeutung, denn die Haftungsordnung der CUI bildet eine notwendige Ergänzung zu den Haftungsvorschriften von CIV, CIM und CUV: Die Art. 51 CIV, 40 CIM und 9 § 2 CUV erklären den Infrastrukturbetreiber zum Erfüllungsgehilfen des Beförderers bzw. Eisenbahnverkehrsunternehmens, so dass das Eisenbahnunternehmen seinen Kunden und Wagenlieferanten auch dann zu haften hat, wenn der Infrastrukturbetreiber für den Schaden verantwortlich ist. Art. 8 CUI regelt in diesen Fällen **international einheitlich** den **Rückgriff des Eisenbahnunternehmens** gegen den Infrastrukturbetreiber, ohne dass auf das jeweilige nationale Haftungsrecht Rücksicht zu nehmen wäre. Wo dieser Rückgriff nach internationalem Einheitsrecht gegenwärtig noch auf Grund eines gegen die CUI eingelegten Vorbehalts gesperrt ist, muss doch auf das jeweils anwendbare Landesrecht zurückgegriffen werden (Art. 40 CIM Rn. 8).

**43**    Dem Infrastrukturnutzungsrechts der CUI steht das Netzzugangsrecht der Gemeinschaft gegenüber. In Kraft befindliches Gemeinschaftsrecht gibt es zur Nutzung der Eisenbahninfrastruktur vor allem in Gestalt der **Richtlinie 2001/14** über die Zuweisung von Fahrwegkapazität der Eisenbahn und die Erhebung von Entgelten für die Nutzung von Eisenbahninfrastruktur.[53] Diese Richtlinie enthält Ordnungsrecht zur Regulierung des Netzzugangs und der Infrastrukturnutzung, während die **CUI** in erster Linie die zivilrechtliche Haftung der Parteien von Infrastrukturnutzungsverträgen ausgestaltet, so dass beide Regelwerke einander ergänzen und sich kaum überschneiden dürften.[54] Da die beförderungsrechtlichen Anhänge des COTIF häufig **auf Landesrecht** verweisen, besteht insoweit auch Gestaltungsspielraum für Unionsrecht. Wenn dies nicht ausreicht, hat die EU im Übrigen die Möglichkeit, auf Grund ihres Beitritts zum COTIF innerhalb der OTIF die Stimmen der beteiligten EU-Mitgliedstaaten zu bündeln und mit Hilfe ihres dominierenden Einflusses (oben Rn. 15) das COTIF-Recht nach ihren Vorstellungen weiterzuentwickeln.

## VI. Das Abkommen über den internationalen Eisenbahn-Güterverkehr (SMGS)

**44**    Das SMGS ist **kein Staatsvertrag,** sondern ein Abkommen der in den beteiligten mittel- und osteuropäischen sowie asiatischen Staaten für den Eisenbahnverkehr zuständigen Ministerien. Sie vertreten die Belange der (Staats-)Eisenbahnen der beteiligten Staaten. Gegenwärtig sind am SMGS 23 Staaten beteiligt: Albanien, Aserbaidschan, Bulgarien, Volksrepublik China, Estland, Georgien, Iran, Kasachstan, Kirgisien, Volksrepublik Korea, Lettland, Litauen, Moldawien, Mongolei, Polen, Russland, Tadschikistan, Turkmenistan, Ukraine, Ungarn, Usbekistan, Vietnam, Weißrussland. Elf dieser Staaten sind auch Vertragsstaaten des COTIF 1999: Albanien, Bulgarien, Iran, Lettland, Litauen, Polen, Ungarn und – mit einzelnen Strecken für den Personen- und/oder Güterverkehr – Estland, Georgien, Russland und die Ukraine.

**45**    Das SMGS ist im Jahre 1951 im Zuge der **Ost-West-Spaltung** entstanden. Seine Vorschriften gehen häufig auf die damals geltende Fassung der CIM zurück; Abweichun-

---

[52] Vgl. unter www.otif.org (Fn. 15).
[53] Richtlinie 2001/14/EG 26.2.2001 (ABl. EG L 75 v. 15.3.2001 S. 29) in der Fassung der Richtlinie 2004/49/EG (ABl. EG L 164 v. 30.4.2004 S. 44), zuletzt geändert durch Richtlinie 2007/58/EG 23.10.2007 (ABl. EG L 315 v. 3.12.2007 S. 44), inzwischen aufgegangen in der RL 2012/34/EU (oben Fn. 7).
[54] Vgl. *CIT-Studie* S. 42 Ziff. 43.

gen beruhen im Wesentlichen auf Anpassungen an das System der zentral gelenkten **Planwirtschaft**.[55] Während die CIM in den Jahrzehnten nach dem Zweiten Weltkrieg schrittweise der Wirtschafts- und Verkehrsentwicklung in Mitteleuropa angepasst wurde, ist das SMGS in der Planwirtschaft stehen geblieben, so dass mit der COTIF-Revision 1999 der Bestand an Gemeinsamkeiten noch weiter geschrumpft ist. Das SMGS wurde zuletzt mit Stand vom 1.9.2011 in deutscher Übersetzung herausgegeben.[56] Die Bedeutung des SMGS hat sich durch das Ausscheiden der ehemaligen DDR mit Wirkung vom 3.10.1990 sowie auf Grund der Kündigung des Abkommens durch die Tschechoslowakei zum 31.12.1991 verringert. Das wirtschaftliche Erstarken Chinas und anderer asiatischer Staaten und die damit verbundenen Bestrebungen, nicht nur den See- oder Luftweg nach Fernost, sondern auch „eurasische" Eisenbahnverbindungen stärker zu nutzen, können dem SMGS neuen Schub geben.

Der Verkehr zwischen CIM- und SMGS-Staaten wird regelmäßig nicht durchgehend **46** nach einer der beiden Rechtsordnungen, sondern „gebrochen" als **CIM/SMGS-Verkehr** durchgeführt. Im Landverkehr Deutschland – Russland beispielsweise werden die Güter von Deutschland bis zur polnisch/weißrussischen Grenze gemäß CIM abgefertigt und dort bis zum russischen Bestimmungsbahnhof gemäß SMGS neu aufgegeben.[57] In Ost-West-Richtung wird entsprechend verfahren. Nach dem (eingeschränkten) Beitritt Russlands zum COTIF (oben Rn. 5) kommt immerhin Eisenbahnfährverkehr über die Ostsee zwischen Sassnitz–Mukran und zwei russischen Häfen durchgehend nach der CIM in Betracht. Alle Versuche, ein einheitliches Eisenbahnfrachtrecht für Europa und Asien zu schaffen, sind wegen der unterschiedlichen ordnungspolitischen Entwicklung der beiden Räume bisher steckengeblieben. Inzwischen ist es auf der Ebene internationaler Eisenbahnorganisationen gelungen, zur Vereinfachung der Verkehrsabwicklung trotz gebrochener Abfertigung wenigstens ein durchgehendes einheitliches Beförderungsdokument **(Einheitsfrachtbrief CIM/SMGS)** zu schaffen, dem die Vereinheitlichung allgemeiner beförderungsvertraglicher Bestimmungen, insbesondere zur Haftung, folgen soll.[58]

Für die Staaten mit **Doppelmitgliedschaft** in COTIF/CIM und SMGS (zB Bulgarien, **47** die drei baltischen Staaten, Polen und Ungarn) ergeben sich komplizierte Rechtsverhältnisse: Ihren durchgehenden Eisenbahngüterverkehr mit reinen COTIF-Staaten haben sie nach der CIM, ihren durchgehenden Eisenbahngüterverkehr mit reinen SMGS-Staaten haben sie nach dem SMGS abzuwickeln. Für ihren direkten Eisenbahngüterverkehr untereinander beansprucht bei den Staaten mit Doppelmitgliedschaft sowohl die CIM als auch das SMGS Anwendung. Seit 1991 lässt das SMGS allerdings der CIM den Vortritt: Nach Art. 2 § 4 SMGS können die Eisenbahnen jener SMGS-Länder, die gleichzeitig an anderen internationalen Abkommen beteiligt sind, die gegenseitige Beförderung von Gütern auf Grund dieser anderen Abkommen durchführen. Die CIM enthält keine vergleichbare Bestimmung; sie geht allerdings an einzelnen Stellen auf das Bestehen eines konkurrierenden Abkommens ein (Art. 1 §§ 6, 7 und Art. 28 § 3 CIM).

Im Jahre 1957 gründeten die SMGS-Mitgliedstaaten die Organisation für die Zusammen- **48** arbeit der Eisenbahnen **(OSShD)** mit Sitz in Warschau.[59] Die OSShD ist nicht nur das Gegenstück zur OTIF in Bern auf zwischenstaatlicher Ebene, sondern auch der Gesprächspartner der Eisenbahnorganisationen UIC und CIT (Rn. 49, 50), etwa bei der Schaffung des Einheitsfrachtbriefs CIM/SMGS.

---

[55] Näher *Spera* ZIntEisenb 1993, 179; zur Anwendung des SMGS auch *Calme* S. 139; *Sadikov* ZIntEisenb 1980, 61.
[56] Hrsg. von logotrans – Logistik- und Transport-Consult GmbH, Wien, ISBN 3-901 472–02–11.
[57] *Freise* TranspR 1991, 156, 172 f.; zur Neuaufgabe auch *Nanassy* ZIntEisenb 1957, 313.
[58] Näher hierzu *Kunz* TranspR 2012, 309, 319 f.; *Trolliet/Evtimov* Zeitschrift der OSShD 2008 (5–6) 23; zu früheren Bemühungen um eine Vereinheitlichung des internationalen Eisenbahnfrachtrechts für das Gebiet Eurasiens siehe *Zolcinski* ZIntEisenb 1994, 86, u. 1995, 52; vgl. außerdem *Zentralamt* ZIntEisenb 1997, 120, u. 1998, 172.
[59] *Drazkiewicz* ZIntEisenb 1959, 247.

## VII. Nichtstaatliche internationale Eisenbahnorganisationen

**49**    **1. Das Internationale Eisenbahntransportkomitee CIT.** Das 1902 gegründete CIT (Comité international des transports ferroviaires) mit Sitz in Bern ist eine internationale privatrechtliche Organisation der Eisenbahnen, die sich insbes. Fragen im Zusammenhang mit dem internationalen Eisenbahnbeförderungsrecht widmet.[60] Dem CIT gehören über 100 Eisenbahnunternehmen an, die im Geltungsbereich des COTIF tätig sind. Die Abschaffung der Beförderungs- und Tarifpflicht im internationalen Eisenbahnverkehr im Zuge der Eisenbahnliberalisierung hat auch die Aufgabenschwerpunkte des CIT verändert: Früher stand die für die praktische Anwendung des COTIF zwischen den Eisenbahnen erforderliche Schaffung von **Einheitlichen Zusatzbestimmungen (DCU)** und von **Besonderen Zusatzbestimmungen (DCS)** im Mittelpunkt der Tätigkeit des CIT, außerdem die Herausgabe verbindlicher interner Dienstanweisungen für die notwendige Zusammenarbeit der (Staats-)Bahnen; heute widmet sich das CIT der Entwicklung von **Muster-Geschäftsbedingungen** und **Musterverträgen** im Verhältnis **Eisenbahnunternehmen – Kunde** für die Abwicklung grenzüberschreitender Eisenbahntransporte (Allgemeine Beförderungsbedingungen CIM – **ABB-CIM** – sowie ein Muster für **Kundenabkommen**). Die **ABB-CIM** sind abgedruckt als **Anh. 1 nach Art. 52 CIM.** Außerdem empfiehlt das CIT Allgemeine Geschäftsbedingungen für die Zusammenarbeit der Eisenbahnunternehmen, das sind die **Allgemeinen Geschäftsbedingungen Zusammenarbeit** (insbes. AGB Gemeinsame Beförderung, AGB Unterbeförderung, AGB Miete, AGB Traktion und AGB Dienstleistungen), gibt **Handbücher** für die Abwicklung des Eisenbahngüterverkehrs heraus (zB Handbuch CIM-Frachtbrief, Handbuch CIM-Frachtbrief kombinierter Verkehr, Handbuch Güterverkehr, Handbuch CIM/SMGS-Verkehr) und betreut das „Abkommen über die Beziehungen zwischen den Beförderern im internationalen Eisenbahn-Güterverkehr **(AIM)**", das insbesondere die Aufteilung der von aufeinanderfolgenden Beförderern an Kunden zu leistenden Entschädigungen regelt (Art. 50 CIM Rn. 7). Schließlich vertritt das CIT die Interessen der Eisenbahn(verkehrs)unternehmen gegenüber den Infrastrukturbetreibern bei der Entwicklung von Allgemeinen Geschäftsbedingungen für die Nutzung der Eisenbahninfrastruktur auf der Grundlage der CUI. Die jeweils gültige Fassung der **„CIT-Produkte"** ist abrufbar unter www.cit-rail.org.

**50**    **2. Der Internationale Eisenbahnverband (UIC).** Die UIC (Union internationale des chemins de fer) ist eine nichtstaatliche internationale Organisation der Eisenbahnen mit Sitz in Paris.[61] Sie wurde 1922 gegründet und hat heute rund 170 Mitglieder aus den Bereichen Eisenbahnverkehrsunternehmen, Infrastrukturbetreiber, Dienstleister des Eisenbahnsektors und Unternehmen des öffentlichen Verkehrs. Ursprünglich hatte die UIC die Aufgabe, Normen für den Eisenbahnsektor zu setzen und die Bedingungen für den Bau und den Betrieb der Eisenbahnen insbesondere grenzüberschreitend zu verbessern. Im Zuge der Bahnliberalisierung mit der Trennung von unternehmerischer Tätigkeit der Eisenbahnen und staatlicher Beaufsichtigung des Eisenbahnsektors – international sichtbar u. a. in der Errichtung einer Europäischen Eisenbahnagentur **(ERA)** in Lille/Valenciennes (Frkr.) auf EU-Ebene[62] – hat die UIC sich neue Schwerpunkte ihrer Tätigkeit gesetzt: Förderung der technischen Kooperation zwischen den UIC-Mitgliedern unter Wahrung ihrer kommerziellen und unternehmerischen Eigenständigkeit (zur Vermeidung von Wettbewerbsverstößen) sowie Erhalt und Ausbau der Einheitlichkeit des gesamten Systems Eisenbahn. In diesem Rahmen arbeitet die UIC mit der Bahnindustrie zusammen, u. a. im Rahmen der **AEIF** (Europäische Vereinigung für die Eisenbahn-Interoperabilität), und schlägt den internationalen Normungsgremien technische Spezifikationen und Normen vor. Schließlich definiert sie weiterhin gemeinsame Bestimmungen und Empfehlungen für ihre Mitglieder in **UIC-Merkblättern.**

---

[60] *Calme* S. 25 f.; zur Zusammenarbeit des CIT mit dem Zentralamt für den internationalen Eisenbahnverkehr s. *Weibel* ZIntEisenb 1993, 31.

[61] *Calme* S. 25 f.

[62] Verordnung (EG) Nr. 881/2004 v. 29.4.2004; vgl. BeckAEG-Komm/*Schweinsberg* S. 116 ff.

**3. Sonstige.** Neben CIT und UIC gibt es noch eine Reihe anderer Eisenbahnorganisa- **51** tionen oder Organisationen, an denen die Eisenbahnen teilnehmen, zB das Bureau International des Containers **(BIC)** oder die Union International Rail-Route **(UIRR).** Aus der UIC heraus hat sich die Gemeinschaft der Europäischen Bahnen und Infrastrukturgesellschaften **(GEB/CER)** gebildet, die in Brüssel die Interessen der Eisenbahnen gegenüber der EU vertritt. Neben der UIC, in der die ehemaligen Staatsbahnen dominieren, besteht die European Rail Freight Association **(ERFA)** in Brüssel, die vor allem neue Güterbahnen vereint. Die Interessen speziell von Eisenbahn-Infrastrukturbetreibern werden außerdem vom Europäischen Verband der unabhängigen Schieneninfrastrukturgesellschaften **(EIM)** in Brüssel und von RailNetEurope **(RNE)** in Wien vertreten. Erwähnung verdienen schließlich noch die internationalen Verbände der Eisenbahnkundschaft, denen Konsultationsrechte bei der OTIF eingeräumt sind (Art. 14 § 7 COTIF) und die bei der Festlegung von einheitlichen Frachtbriefmustern zu beteiligen sind (Art. 6 § 8 CIM), zB **FIATA, IVA** (Internationale Vereinigung der Anschlussgleisbenutzer), **ERFCP** (European Rail Freight Customer Platform) oder **UIP** (Internationale Union von Verbänden der Privatgüterwagen-Besitzer), um nur einige zu nennen.

# 1. Übereinkommen über den internationalen Eisenbahnverkehr (COTIF)

vom 9. Mai 1980 in der Fassung des Änderungsprotokolls vom 3. Juni 1999
(BGBl. 2002 II S. 2140, 2142, und 2006 II S. 827)
mit den Änderungen auf der 24. Tagung des Revisionsausschusses der OTIF am 25. Juni 2009 in Bern
(BGBl. 2010 II S. 1246, 1247)
– Auszug –

## Titel I. Allgemeine Bestimmungen

### Art. 1. Zwischenstaatliche Organisation

§ 1. Die Parteien dieses Übereinkommens bilden als Mitgliedstaaten die Zwischenstaatliche Organisation für den internationalen Eisenbahnverkehr (OTIF), im folgenden „Organisation" genannt.

§ 2. ¹Die Organisation hat ihren Sitz in Bern. ²Die Generalversammlung kann beschließen, ihn an einen anderen Ort in einem der Mitgliedstaaten zu verlegen.

§ 3. ¹Die Organisation besitzt Rechtspersönlichkeit. ²Sie kann insbesondere Verträge schließen, bewegliches und unbewegliches Vermögen erwerben und veräußern sowie klagen und verklagt werden.

§ 4. Die Organisation, die Mitglieder ihres Personals, die von ihr berufenen Sachverständigen und die Vertreter der Mitgliedstaaten genießen die zur Wahrnehmung ihrer Aufgaben erforderlichen Vorrechte und Immunitäten, und zwar zu den Bedingungen, wie sie im Protokoll über die Vorrechte und Immunitäten der Organisation, das dem Übereinkommen beigefügt ist, festgelegt sind.

§ 5. Die Beziehungen zwischen der Organisation und dem Sitzstaat werden in einem Sitzabkommen geregelt.

§ 6. ¹Die Arbeitssprachen der Organisation sind Deutsch, Englisch und Französisch. ²Die Generalversammlung kann weitere Arbeitssprachen einführen.

### Art. 2. Ziel der Organisation

§ 1. Ziel der Organisation ist es, den internationalen Eisenbahnverkehr in jeder Hinsicht zu fördern, zu verbessern und zu erleichtern; zu diesem Zweck wird sie insbesondere
a) einheitliche Rechtsordnungen für folgende Rechtsbereiche aufstellen:
  1. Vertrag über die Beförderung von Personen und Gütern im durchgehenden internationalen Eisenbahnverkehr, einschließlich ergänzender Beförderungen mit anderen Beförderungsmitteln, die Gegenstand eines einzigen Vertrages sind;
  2. Vertrag über die Verwendung von Wagen als Beförderungsmittel im internationalen Eisenbahnverkehr;
  3. Vertrag über die Nutzung der Infrastruktur im internationalen Eisenbahnverkehr;
  4. Beförderung gefährlicher Güter im internationalen Eisenbahnverkehr;
b) auf eine zügige Beseitigung von Hindernissen beim Grenzübertritt im internationalen Eisenbahnverkehr unter Berücksichtigung besonderer öffentlicher Belange hinwirken, soweit diese Hindernisse ihre Ursache im staatlichen Verantwortungsbereich haben;
c) zur Interoperabilität und technischen Harmonisierung im Eisenbahnbereich durch Verbindlicherklärung technischer Normen und Annahme einheitlicher technischer Vorschriften beitragen;

d) ein einheitliches Verfahren für die technische Zulassung von Eisenbahnmaterial, das zur Verwendung im internationalen Verkehr bestimmt ist, aufstellen;

e) die Anwendung und Durchführung aller im Rahmen der Organisation geschaffenen Rechtsvorschriften und ausgesprochenen Empfehlungen überwachen;

f) die in den Buchstaben a) bis e) genannten einheitlichen Rechtsordnungen, Regeln und Verfahren unter Berücksichtigung der rechtlichen, wirtschaftlichen und technischen Veränderungen weiterentwickeln.

§ 2. Die Organisation kann

a) im Rahmen der in § 1 genannten Ziele weitere einheitliche Rechtsordnungen ausarbeiten;

b) einen Rahmen bilden, in dem die Mitgliedstaaten weitere internationale Übereinkommen mit dem Ziel ausarbeiten können, den internationalen Eisenbahnverkehr zu fördern, zu verbessern oder zu erleichtern.

## Art. 3. Internationale Zusammenarbeit

§ 1. [1]Die Mitgliedstaaten verpflichten sich, ihre internationale Zusammenarbeit auf dem Gebiet des Eisenbahnwesens grundsätzlich in der Organisation zu konzentrieren, soweit ein Zusammenhang mit den Aufgaben besteht, die ihr gemäß Artikel 2 und 4 zugewiesen sind. [2]Um dieses Ziel zu erreichen, werden die Mitgliedstaaten alle notwendigen und zweckdienlichen Maßnahmen ergreifen, damit bestehende multilaterale internationale Übereinkommen und Vereinbarungen, deren Vertragsparteien sie sind, entsprechend angepaßt werden, soweit diese Übereinkommen und Vereinbarungen die internationale Zusammenarbeit im Eisenbahnwesen betreffen und anderen zwischenstaatlichen oder nichtstaatlichen Organisationen Aufgaben zuweisen, die sich mit den Aufgaben der Organisation überschneiden.

§ 2. Die Verpflichtungen, die sich aus § 1 für die Mitgliedstaaten, die zugleich Mitglieder der Europäischen Gemeinschaften oder zugleich Vertragsstaaten des Abkommens über den Europäischen Wirtschaftsraum sind, ergeben, lassen die Verpflichtungen, die sie als Mitglieder der Europäischen Gemeinschaften oder als Vertragsstaaten des Abkommens über den Europäischen Wirtschaftsraum treffen, unberührt.

## Art. 4. Übernahme und Übertragung von Aufgaben

§ 1. Auf Beschluß der Generalversammlung kann die Organisation in Einklang mit den in Artikel 2 genannten Zielen Aufgaben, Mittel und Verbindlichkeiten übernehmen, die ihr von anderen zwischenstaatlichen Organisationen auf der Grundlage von Vereinbarungen mit diesen Organisationen übertragen werden.

§ 2. Auf Beschluß der Generalversammlung kann die Organisation Aufgaben, Mittel und Verbindlichkeiten auf andere zwischenstaatliche Organisationen auf der Grundlage von Vereinbarungen mit diesen Organisationen übertragen.

§ 3. [1]Die Organisation kann mit Zustimmung des Verwaltungsausschusses Verwaltungsaufgaben wahrnehmen, die mit ihren Zielen in Zusammenhang stehen und ihr von einem Mitgliedstaat übertragen werden. [2]Die Ausgaben, die sich aus der Wahrnehmung dieser Aufgaben ergeben, gehen zu Lasten des betreffenden Mitgliedstaates.

## Art. 5. Besondere Verpflichtungen der Mitgliedstaaten

§ 1. [1]Die Mitgliedstaaten kommen überein, alle geeigneten Maßnahmen zu ergreifen, um den internationalen Eisenbahnverkehr zu erleichtern und zu beschleunigen. [2]Zu diesem Zweck verpflichtet sich jeder Mitgliedstaat, im Rahmen des Möglichen

a) jedes überflüssige Verfahren zu beseitigen,

b) die noch erforderlichen Formalitäten zu vereinfachen und zu vereinheitlichen,

c) die Grenzkontrollen zu vereinfachen.

§ 2. Zur Vereinfachung und Verbesserung des internationalen Eisenbahnverkehrs kommen die Mitgliedstaaten überein, dazu beizutragen, ein möglichst hohes Maß an Einheitlichkeit bei Vorschriften, Standards, Verfahren und Organisationsmethoden betreffend Eisenbahnfahrzeuge, Eisenbahnpersonal, Eisenbahninfrastruktur und Hilfsdienstleistungen zu erreichen.

§ 3. Die Mitgliedstaaten kommen überein, den Abschluß von Vereinbarungen zwischen Infrastrukturbetreibern zu fördern, die darauf abzielen, den internationalen Eisenbahnverkehr zu optimieren.

## Art. 6. Einheitliche Rechtsvorschriften

§ 1. Sofern keine Erklärungen oder Vorbehalte gemäß Artikel 42 § 1 Satz 1 abgegeben oder eingelegt worden sind, finden im internationalen Eisenbahnverkehr und bei der technischen Zulassung von Eisenbahnmaterial zur Verwendung im internationalen Verkehr Anwendung:

a) die „Einheitlichen Rechtsvorschriften für den Vertrag über die internationale Eisenbahnbeförderung von Personen (CIV)", Anhang A zum Übereinkommen,

b) die „Einheitlichen Rechtsvorschriften für den Vertrag über die internationale Eisenbahnbeförderung von Gütern (CIM)", Anhang B zum Übereinkommen,

c) die „Ordnung für die internationale Eisenbahnbeförderung gefährlicher Güter (RID)", Anhang C zum Übereinkommen,

d) die „Einheitlichen Rechtsvorschriften für Verträge über die Verwendung von Wagen im internationalen Eisenbahnverkehr (CUV)", Anhang D zum Übereinkommen,

e) die „Einheitlichen Rechtsvorschriften für den Vertrag über die Nutzung der Infrastruktur im internationalen Eisenbahnverkehr (CUI)", Anhang E zum Übereinkommen,

f) die „Einheitlichen Rechtsvorschriften für die Verbindlicherklärung technischer Normen und für die Annahme einheitlicher technischer Vorschriften für Eisenbahnmaterial, das zur Verwendung im internationalen Verkehr bestimmt ist (APTU)", Anhang F zum Übereinkommen,

g) die „Einheitlichen Rechtsvorschriften für die technische Zulassung von Eisenbahnmaterial, das im internationalen Verkehr verwendet wird (ATMF)", Anhang G zum Übereinkommen,

h) weitere von der Organisation auf der Grundlage des Artikels 2 § 2 Buchst. a) ausgearbeitete einheitliche Rechtsordnungen, die ebenfalls Anhänge zum Übereinkommen bilden.

§ 2. Die in § 1 genannten Einheitlichen Rechtsvorschriften und Rechtsordnungen sind mit ihren Anlagen Bestandteil des Übereinkommens.

## Art. 7. Begriffsbestimmung „Übereinkommen"

Im folgenden umfaßt der Ausdruck „Übereinkommen" das Übereinkommen selbst, das in Artikel 1 § 4 genannte Protokoll und die in Artikel 6 genannten Anhänge einschließlich ihrer Anlagen.

## Titel II. Gemeinsame Bestimmungen

## Art. 8. Landesrecht

§ 1. Bei Auslegung und Anwendung des Übereinkommens ist seinem Charakter als internationalem Recht und der Notwendigkeit, die Einheitlichkeit zu fördern, Rechnung zu tragen.

§ 2. Soweit im Übereinkommen keine Bestimmungen getroffen sind, gilt Landesrecht.

§ 3. Unter Landesrecht versteht man das Recht des Staates, in dem der Berechtigte seinen Anspruch geltend macht, einschließlich der Kollisionsnormen.

## Art. 9. Rechnungseinheit

§ 1. Die in den Anhängen vorgesehene Rechnungseinheit ist das Sonderziehungsrecht, wie es vom Internationalen Währungsfonds definiert ist.

§ 2. Der in Sonderziehungsrechten ausgedrückte Wert der Landeswährung eines Mitgliedstaates, der zugleich Mitglied des Internationalen Währungsfonds ist, wird nach der vom Internationalen Währungsfonds für seine eigenen Operationen und Transaktionen angewendeten Methode ermittelt.

§ 3. [1]Der in Sonderziehungsrechten ausgedrückte Wert der Landeswährung eines Mitgliedstaates, der nicht zugleich Mitglied des Internationalen Währungsfonds ist, wird auf die von diesem Staat bestimmte Art und Weise berechnet. [2]Diese Berechnung muß in der Landeswährung soweit wie möglich zu demselben Realwert führen, wie er sich aus der Anwendung des § 2 ergeben würde.

§ 4. [1]Immer dann, wenn in ihrer Berechnungsmethode oder im Wert ihrer Landeswährung im Verhältnis zur Rechnungseinheit eine Veränderung eintritt, teilen die Mitgliedstaaten ihre Berechnungsmethode gemäß § 3 dem Generalsekretär mit. [2]Er bringt den übrigen Mitgliedstaaten diese Mitteilung zur Kenntnis.

§ 5. [1]Ein in Rechnungseinheiten ausgedrückter Betrag wird in die Landeswährung des Staates des angerufenen Gerichts umgerechnet. [2]Die Umrechnung erfolgt entsprechend dem Wert der betroffenen Währung am Tag des Urteils oder an dem von den Parteien vereinbarten Tag.

## Art. 10. Zusatzbestimmungen

§ 1. Zur Ausführung der Einheitlichen Rechtsvorschriften CIV und der Einheitlichen Rechtsvorschriften CIM können zwei oder mehrere Mitgliedstaaten oder zwei oder mehrere Beförderer Zusatzbestimmungen vereinbaren, die von diesen Einheitlichen Rechtsvorschriften nicht abweichen dürfen.

§ 2. [1]Die Zusatzbestimmungen gemäß § 1 werden in der durch die Gesetze und Vorschriften jedes Staates vorgesehenen Form in Kraft gesetzt und veröffentlicht. [2]Die Zusatzbestimmungen der Staaten und ihre Inkraftsetzung werden dem Generalsekretär der Organisation mitgeteilt. [3]Er bringt den übrigen Mitgliedstaaten diese Mitteilungen zur Kenntnis.

## Art. 11. Prozeßkaution

Bei Klagen auf Grund der Einheitlichen Rechtsvorschriften CIV, der Einheitlichen Rechtsvorschriften CIM, der Einheitlichen Rechtsvorschriften CUV oder der Einheitlichen Rechtsvorschriften CUI kann eine Sicherheitsleistung für die Kosten des Rechtsstreites nicht gefordert werden.

## Art. 12. Vollstreckung von Urteilen. Arrest und Pfändung

§ 1. [1]Urteile, auch Versäumnisurteile, die auf Grund des Übereinkommens vom zuständigen Gericht gefällt worden und nach den für das urteilende Gericht maßgebenden Gesetzen vollstreckbar geworden sind, werden in jedem der anderen Mitgliedstaaten vollstreckbar, sobald die in dem Staat, in dem die Vollstreckung erfolgen soll, vorgeschriebenen Förmlichkeiten erfüllt sind. [2]Eine sachliche Nachprüfung des Inhaltes ist nicht zulässig. [3]Diese Bestimmungen gelten auch für gerichtliche Vergleiche.

§ 2. § 1 findet keine Anwendung auf nur vorläufig vollstreckbare Urteile und auf Urteile, die dem Kläger wegen seines Unterliegens im Rechtsstreit außer den Kosten eine Entschädigung auferlegen.

§ 3. Stehen einem Beförderungsunternehmen aus einer Beförderung, auf welche die Einheitlichen Rechtsvorschriften CIV oder die Einheitlichen Rechtsvorschriften CIM anzuwenden sind, Forderungen gegen ein anderes Beförderungsunternehmen zu, das nicht demselben Mitgliedstaat angehört, so können diese Forderungen nur auf Grund einer Entscheidung der Gerichte des Mitgliedstaates mit Arrest belegt oder gepfändet werden, dem das Unternehmen angehört, das Gläubiger der zu pfändenden Forderung ist.

§ 4. Forderungen auf Grund von Verträgen, auf welche die Einheitlichen Rechtsvorschriften CUV oder die Einheitlichen Rechtsvorschriften CUI anzuwenden sind, können nur auf Grund der Entscheidung der Gerichte des Mitgliedstaates mit Arrest belegt oder gepfändet werden, dem das Unternehmen angehört, das Gläubiger der zu pfändenden Forderung ist.

§ 5. [1]Eisenbahnfahrzeuge können in einem anderen Mitgliedstaat als demjenigen, in dem der Halter seinen Sitz hat, nur aufgrund einer Entscheidung der Gerichte dieses Staates mit Arrest belegt oder gepfändet werden. [2]Der Ausdruck „Halter" bezeichnet denjenigen, der als Eigentümer oder sonst Verfügungsberechtigter das Eisenbahnfahrzeug dauerhaft als Beförderungsmittel wirtschaftlich nutzt.

## Titel III. Aufbau und Tätigkeit

(**Art. 13 bis 23** nicht abgedruckt)

## Art. 24. Listen der Linien

§ 1. Die jeweils in Artikel 1 der Einheitlichen Rechtsvorschriften CIV und der Einheitlichen Rechtsvorschriften CIM genannten Linien zur See oder auf Binnengewässern, auf denen auf der Grundlage eines einzigen Beförderungsvertrages zusätzlich zu einer Schienenbeförderung Beförderungen durchgeführt werden, werden in zwei Listen eingetragen:
a) Liste der Linien zur See oder auf Binnengewässern CIV,
b) Liste der Linien zur See oder auf Binnengewässern CIM.

§ 2. Eisenbahnstrecken eines Mitgliedstaates, der einen Vorbehalt gemäß Artikel 1 § 6 der Einheitlichen Rechtsvorschriften CIV oder gemäß Artikel 1 § 6 der Einheitlichen Rechtsvorschriften CIM eingelegt hat, werden diesem Vorbehalt entsprechend in zwei Listen eingetragen:
a) Liste der Eisenbahnstrecken CIV,
b) Liste der Eisenbahnstrecken CIM.

§ 3. [1]Die Mitgliedstaaten richten ihre Mitteilungen betreffend die Eintragung oder die Streichung von Linien und Eisenbahnstrecken gemäß den §§ 1 und 2 an den Generalsekretär. [2]Sofern die in § 1 bezeichneten Linien zur See oder auf Binnengewässern Mitgliedstaaten verbinden, werden sie nur im Einverständnis dieser Staaten eingetragen; für die Streichung einer solchen Linie genügt die Mitteilung eines dieser Staaten.

§ 4. Der Generalsekretär teilt allen Mitgliedstaaten die Eintragung oder die Streichung einer Linie oder einer Eisenbahnstrecke mit.

§ 5. [1]Beförderungen auf Linien zur See oder auf Binnengewässern gemäß § 1 und Beförderungen auf Eisenbahnstrecken gemäß § 2 sind dem Übereinkommen nach Ablauf eines Monats, gerechnet vom Tage der Mitteilung des Generalsekretärs über die Eintragung, unterstellt. [2]Sie sind dem Übereinkommen nach Ablauf von drei Monaten, gerechnet vom Tage der Mitteilung des Generalsekretärs über die Streichung, nicht mehr unterstellt, ausgenommen bereits begonnene Beförderungen, die beendet werden müssen.

## Titel IV. Finanzen

(**Art. 25 bis 27** nicht abgedruckt)

**Titel V. Schiedsgerichtsbarkeit**

## Art. 28. Zuständigkeit

§ 1. [1]Streitigkeiten zwischen Mitgliedstaaten über Auslegung oder Anwendung dieses Übereinkommens sowie Streitigkeiten zwischen Mitgliedstaaten und der Organisation über Auslegung oder Anwendung des Protokolls über die Vorrechte und Immunitäten können auf Ersuchen einer der Parteien einem Schiedsgericht unterbreitet werden. [2]Die Parteien bestimmen die Zusammensetzung des Schiedsgerichtes und das schiedsgerichtliche Verfahren nach freiem Ermessen.

§ 2. [1]Andere Streitigkeiten über die Auslegung oder Anwendung dieses Übereinkommens oder anderer gemäß Artikel 2 § 2 im Rahmen der Organisation ausgearbeiteter Übereinkommen können, wenn sie nicht gütlich beigelegt oder der Entscheidung der ordentlichen Gerichte unterbreitet worden sind, im Einverständnis der beteiligten Parteien einem Schiedsgericht unterbreitet werden. [2]Für die Zusammensetzung des Schiedsgerichtes und das schiedsgerichtliche Verfahren gelten die Artikel 29 bis 32.

§ 3. Jeder Staat, der einen Antrag auf Beitritt zum Übereinkommen stellt, kann sich dabei das Recht vorbehalten, die § § 1 und 2 ganz oder teilweise nicht anzuwenden.

§ 4. [1]Der Staat, der einen Vorbehalt gemäß § 3 eingelegt hat, kann jederzeit durch Mitteilung an den Depositar darauf verzichten. [2]Der Verzicht wird einen Monat nach dem Tag wirksam, an dem der Depositar den Mitgliedstaaten davon Kenntnis gegeben hat.

## Art. 29. Schiedsvertrag. Gerichtskanzlei

[1]Die Parteien schließen einen Schiedsvertrag, der insbesondere
a) den Streitgegenstand,
b) die Zusammensetzung des Gerichtes und die für die Ernennung des oder der Schiedsrichter vereinbarten Fristen und
c) den als Sitz des Gerichtes vereinbarten Ort
bestimmt. [2]Der Schiedsvertrag muß dem Generalsekretär mitgeteilt werden, der die Aufgaben einer Gerichtskanzlei wahrnimmt.

## Art. 30. Schiedsrichter

§ 1. [1]Der Generalsekretär stellt eine Liste der Schiedsrichter auf und hält sie auf dem laufenden. [2]Jeder Mitgliedstaat kann zwei seiner Staatsangehörigen in die Liste der Schiedsrichter eintragen lassen.

§ 2. [1]Das Schiedsgericht besteht gemäß dem Schiedsvertrag aus einem, drei oder fünf Schiedsrichtern. [2]Die Schiedsrichter werden unter den Personen gewählt, die in der in § 1 erwähnten Liste eingetragen sind. [3]Sieht der Schiedsvertrag jedoch fünf Schiedsrichter vor, so kann jede Partei einen nicht in der Liste eingetragenen Schiedsrichter wählen. [4]Sieht der Schiedsvertrag einen Einzelschiedsrichter vor, so wird er im gegenseitigen Einverständnis der Parteien gewählt. [5]Sieht der Schiedsvertrag drei oder fünf Schiedsrichter vor, so wählt jede Partei jeweils einen oder zwei Schiedsrichter; diese bezeichnen im gegenseitigen Einverständnis den dritten oder den fünften Schiedsrichter, der den Vorsitz des Schiedsgerichtes führt. [6]Sind die Parteien über die Bezeichnung des Einzelschiedsrichters oder die gewählten Schiedsrichter über die Bezeichnung des dritten oder des fünften Schiedsrichters nicht einig, so wird dieser durch den Generalsekretär bezeichnet.

§ 3. Sofern die Parteien nicht dieselbe Staatsangehörigkeit haben, muß der Einzelschiedsrichter, der dritte oder der fünfte Schiedsrichter eine andere Staatsangehörigkeit haben als die Parteien.

§ 4. Die Beteiligung einer Drittpartei am Streitfall hat keinen Einfluß auf die Zusammensetzung des Schiedsgerichtes.

### Art. 31. Verfahren. Kosten

§ 1. Das Schiedsgericht bestimmt das Verfahren unter Berücksichtigung insbesondere der folgenden Bestimmungen:
a) es untersucht und beurteilt die Streitsache auf Grund des Vorbringens der Parteien, ohne daß es bei seiner Entscheidung über Rechtsfragen an die Auslegung durch die Parteien gebunden ist;
b) es kann nicht mehr oder nichts anderes zusprechen, als der Kläger verlangt, und nicht weniger, als der Beklagte als geschuldet anerkannt hat;
c) der Schiedsspruch wird mit entsprechender Begründung vom Schiedsgericht abgefaßt und den Parteien durch den Generalsekretär zugestellt;
d) vorbehaltlich einer gegenteiligen Bestimmung zwingenden Rechtes an dem Ort, an dem das Schiedsgericht seinen Sitz hat, und vorbehaltlich gegenteiliger Vereinbarungen der Parteien ist der Schiedsspruch endgültig.

§ 2. Die Honorare der Schiedsrichter werden vom Generalsekretär festgelegt.

§ 3. Der Schiedsspruch setzt die Kosten und Auslagen fest und bestimmt, in welchem Verhältnis sie und die Honorare der Schiedsrichter unter die Parteien aufzuteilen sind.

### Art. 32. Verjährung. Vollstreckbarkeit

§ 1. Die Einleitung des schiedsgerichtlichen Verfahrens hat für die Unterbrechung der Verjährung dieselbe Wirkung, wie sie nach dem anzuwendenden materiellen Recht für die Klageerhebung beim ordentlichen Gericht vorgesehen ist.

§ 2. [1]Der Schiedsspruch des Schiedsgerichtes wird in jedem Mitgliedstaat vollstreckbar, sobald die in dem Staat, in dem die Vollstreckung erfolgen soll, vorgeschriebenen Förmlichkeiten erfüllt sind. [2]Eine sachliche Nachprüfung des Inhaltes ist nicht zulässig.

## Titel VI. Änderung des Übereinkommens

(**Art. 33 bis 35** nicht abgedruckt)

## Titel VII. Schlussbestimmungen

(**Art. 36 und 37** nicht abgedruckt)

### Art. 38. Beitritt regionaler Organisationen für wirtschaftliche Integration

§ 1. [1]Der Beitritt zum Übereinkommen steht regionalen Organisationen für wirtschaftliche Integration offen, die über eine für ihre Mitglieder verbindliche Gesetzgebungsbefugnis auf Gebieten, die Gegenstand dieses Übereinkommens sind, verfügen und deren Mitglieder ein oder mehrere Mitgliedstaaten sind. [2]Die Bedingungen dieses Beitrittes werden in einer Vereinbarung zwischen der Organisation und der regionalen Organisation festgelegt.

§ 2. [1]Die regionale Organisation kann die Rechte ausüben, die ihren Mitgliedern auf Grund des Übereinkommens zustehen, soweit sie Gegenstände betreffen, die in die Zuständigkeit der regionalen Organisation fallen. [2]Das gleiche gilt für die Pflichten, die den Mitgliedstaaten auf Grund des Übereinkommens obliegen, ausgenommen die finanziellen Verpflichtungen gemäß Artikel 26.

§ 3. [1]Hinsichtlich der Wahrnehmung des Stimmrechtes und des in Artikel 35 §§ 2 und 4 vorgesehenen Widerspruchsrechtes stehen der regionalen Organisation so viele Stimmen zu, wie die Zahl ihrer Mitglieder beträgt, die zugleich Mitgliedstaaten der Organisation sind. [2]Letztere dürfen ihre Rechte, insbesondere das Stimmrecht, nur in dem Umfange wahrnehmen, wie § 2 es zuläßt. [3]Die regionale Organisation besitzt kein Stimmrecht hinsichtlich des Titels IV.

§ 4. Hinsichtlich der Beendigung der Mitgliedschaft gilt Artikel 41 entsprechend.

**(Art. 39 bis 41** nicht abgedruckt)

### Art. 42. Erklärungen und Vorbehalte zum Übereinkommen

§ 1. [1]Jeder Mitgliedstaat kann jederzeit erklären, daß er bestimmte Anhänge zum Übereinkommen in ihrer Gesamtheit nicht anwenden wird. [2]Im übrigen sind Vorbehalte sowie Erklärungen, einzelne Bestimmungen des Übereinkommens selbst oder der Anhänge nicht anzuwenden, nur zulässig, soweit die Zulässigkeit solcher Vorbehalte und Erklärungen darin ausdrücklich vorgesehen ist.

§ 2. [1]Vorbehalte oder Erklärungen sind an den Depositar zu richten. [2]Sie werden in dem Zeitpunkt wirksam, an dem das Übereinkommen für den betreffenden Staat in Kraft tritt. [3]Erklärungen, die nach diesem Zeitpunkt abgegeben werden, werden am 31. Dezember des auf die Erklärung folgenden Jahres wirksam. [4]Der Depositar unterrichtet die Mitgliedstaaten.

**(Art. 43 und 44** nicht abgedruckt)

### Art. 45. Wortlaut des Übereinkommens

§ 1. [1]Das Übereinkommen ist in deutscher, englischer und französischer Sprache abgefaßt. [2]Im Falle von Abweichungen ist der französische Wortlaut maßgebend.

§ 2. [1]Auf Antrag eines der betroffenen Staaten gibt die Organisation amtliche Übersetzungen des Übereinkommens in weiteren Sprachen heraus, sofern eine dieser Sprachen Amtssprache im Gebiet mindestens zweier Mitgliedstaaten ist. [2]Die Übersetzungen werden in Zusammenarbeit mit den zuständigen Stellen der betroffenen Mitgliedstaaten erarbeitet.

## 2. Einheitliche Rechtsvorschriften für den Vertrag über die internationale Eisenbahnbeförderung von Gütern (CIM – Anhang B zum Übereinkommen)

in der Fassung des Änderungsprotokolls zum COTIF vom 3. Juni 1999 (BGBl. 2002 II S. 2221)

### Règles uniformes concernant le contrat de transport international ferroviaire des marchandises (CIM – Appendice B à la Convention)

**Schrifttum (s. auch vor COTIF):** *Allégret,* Transports internationaux ferroviaires (Paris, 1989, Erg. 1991–2000, zit. *Allégret*); *ders.,* Der rechtliche Aspekt der kombinierten Beförderungen in Bezug auf die Bahn (COTIF und Einheitliche Rechtsvorschriften CIM), ZIntEisenb 1995, 57; *Beier,* Grundsätze eines europäischen transportmittelübergreifenden Schadensrechts für den Gütertransport, 1999 (zit. *Beier*); *Berthier,* Das Problem des Betreibers der Infrastruktur als Drittperson, ZIntEisenb 1995, 206; *Denkschrift* zum Protokoll 1999 und seiner Anlage, BT-Drucks. 14/8172 v. 31.1.2002, S. 165 ff. (zit. *Denkschrift COTIF 1999*); *Emparanza Sobejano/Recalde Castells,* El Contrato de Transporte Internacional de Mercancías por Ferrocarril, 2008 (zit. *Emparanza/Recalde/Bearbeiter*); *Finger,* Eisenbahnverkehrsordnung, Kommentar, fortgeführt von *Eiermann,* 5. Aufl., Loseblatt, Stand Jan. 1999 (zit. *Finger*); *ders.,* Internationaler Eisenbahnverkehr, Kommentar, 2. Aufl. 1965; *Freise,* Das Zusammentreffen von deutschem Multimodalrecht mit internationalem Einheitsrecht bei der Güterbeförderung, TranspR 2014, 1; *ders.,* Das internationale Eisenbahnfrachtrecht als Einheitsrecht für bestimmte Multimodalverkehre, TranspR 2013, 426; *ders.,* Der Güterumschlag im Eisenbahnverkehr, TranspR 2013, 260; *ders.,* Unimodale transportrechtliche Übereinkommen und mulitmodale Beförderungen, TranspR 2012, 1; *ders.,* Das neue internationale Eisenbahnfrachtrecht (CIM 1999), TranspR 1999, 417; *ders.,* Rechts- und Vertragsbeziehungen zwischen Verkehrsinfrastrukturbetreiber und Verkehrsinfrastrukturbenutzer – dargestellt am Beispiel der Eisenbahn –, FG Herber, S. 267; *ders.,* Gedanken zur Reform des internationalen Eisenbahnverkehrsrechts, FS Piper, 1996, S. 829; *ders.,* Ansichten zum OCTI-Entwurf einer neuen CIM, ZIntEisenb, 1995, 198; *Goltermann,* Eisenbahnverkehrsordnung, Kommentar, fortgeführt von *Konow,* 3. Aufl. 1961, Loseblatt, Stand Sept. 1997 (zit. *Goltermann*); *Hartenstein/Reuschle,* Handbuch des Fachanwalts Transport- und Speditionsrecht, 2. Aufl. 2011 (zit. *Hartenstein/Reuschle/Bearbeiter*); *Helm,* Frachtrecht, Güterbeförderung auf der Straße, 1979; *Hübsch,* Haftung des Güterbeförderers und seiner selbständigen und unselbständigen Hilfspersonen für Güterschäden, Schriften zum Transportrecht Heft 19–1997 (zit. *Hübsch*); *Koller,* Die Aktivlegitimation im Recht des internationalen Eisenbahngütertransports, TranspR 2006, 336; *Konow,* Zur Neuregelung der Verletzung der „besonderen" Nebenpflichten in den Einheitlichen Rechtsvorschriften CIM (ER/CIM), ZIutEisenb 1986, 103; *Loening,* Internationales Übereinkommen über den Eisenbahnfrachtverkehr, 1927; *Meindl,* Verträge über private Gleisanschlüsse, 1993; *Mutz,* Die Reform des internationalen Eisenbahntransportrechts im Lichte der CMR, FG Herber, S. 302; *ders.,* Evolution du droit de transport international terrestre : une comparaison des RU CIM et de la CMR, in: Revue de Droit Uniforme 1998 (2/3), 615; *Nanassy,* Das internationale Eisenbahnfrachtrecht, Kommentar, Wien 1956 (zit. *Nanassy*); *Ramming,* Hamburger Handbuch Multimodaler Transport, 2011 (zit. *Ramming*); *Rodière,* Droit des transports, 2. Aufl. Paris 1977; *Spera,* Internationales Eisenbahnrecht, Kommentar, Wien 1986, Loseblatt (zit. *Spera*); *Wick,* Das internationale Eisenbahnfrachtrecht, Kommentar, Wien 1974 (zit. *Wick*); *Yates,* Contracts for the Carriage of Goods, 1993, Loseblatt (zit. *Yates*); *Zentralamt für den internationalen Eisenbahnverkehr,* Bericht über die Revision des Übereinkommens über den internationalen Eisenbahnverkehr (COTIF) vom 9. Mai 1980, Bern 1999 (zit. *ZA-Bericht 1999,* zugänglich unter www.otif.org/pdf_).

### Vorbemerkung: Ziele der CIM-Reform 1999

1. **1. Umsetzung der Liberalisierung des Eisenbahnverkehrs.** Die Reform des internationalen Gütertransportrechts der Eisenbahn trägt den Strukturveränderungen des Eisenbahnsektors Rechnung, insbesondere der Trennung von Infrastrukturvorhaltung und Verkehrsabwicklung sowie der Einführung von Wettbewerb zwischen Eisenbahnverkehrsunternehmen mittels Öffnung der Schienennetze durch die Richtlinie 91/440/EWG (Einl. Rn. 2). Daneben verfolgt die Reform das Ziel, das internationale Eisenbahngütertransportrecht durch Vereinfachungen zu modernisieren und dem für andere Verkehrsträger geltenden Recht, insbesondere der CMR für den internationalen Straßengüterverkehr und – in begrenzterem Maße – den Hamburg-Regeln für den internationalen Seeverkehr anzunähern.[1]

---

[1] *Denkschrift COTIF 1999* S. 194; *Freise* TranspR 1999, 417, 421; *Mutz,* FG Herber, S. 302; *ZA-Bericht 1999* S. 105 f. (Ziff. 6–10), S. 108 (Ziff. 20); *Zentralamt* ZIntEisenb 1997, 175, 176 f.

**a) Neuerungen.** Wesentliche Neuerungen sind:[2]                                   **2**

– **Erweiterung des Anwendungsbereichs** der CIM durch Aufgabe des Systems eingetragener Linien als Voraussetzung für die Anwendung (bisher Art. 1 CIM 1980),

– **mehr Vertragsfreiheit** für die Parteien durch Wegfall von Beförderungs- und Tarifpflicht (Art. 3–6 CIM 1980),

– Ausgestaltung auch des Eisenbahnfrachtvertrags als **Konsensualvertrag,**

– Erweiterung der Kooperationsformen für Eisenbahnen durch Einführung des „**ausführenden Beförderers",**

– Modifizierung der Haftungsvorschriften mit der Tendenz zur **Haftungserweiterung:** der Beförderer kann seine Haftung gegenüber einzelnen oder allen Kunden vertraglich erweitern; außerdem werden Mängel der Eisenbahninfrastruktur oder der Sicherungssysteme dem Eisenbahnbeförderer zugerechnet,

– **Wegfall** der bisherigen **Anlagen I–IV zur CIM:** Die Ordnung für die internationale Eisenbahnbeförderung gefährlicher Güter **(RID)** wird als neuer Anhang C zum COTIF verselbstständigt und gilt als Ordnungsrecht nunmehr auch außerhalb von Eisenbahnfrachtverträgen; die Ordnung für die internationale Eisenbahnbeförderung von Privatwagen **(RIP)** wird durch den neuen Anhang D zum Übereinkommen, CUV, abgelöst; die CUV gilt nicht nur für die Verwendung von Privatgüterwagen, sondern für die Verwendung aller Wagen im internationalen Eisenbahnverkehr, also für Güterwagen und Reisezugwagen der Bahnen und sonstiger Halter; die Ordnungen für die internationale Eisenbahnbeförderung von Containern **(RICo)** und von Expressgut **(RIEx)** passen nicht mehr in eine liberalisierte Eisenbahnwelt ohne Beförderungs- und Tarifpflicht: Die Beförderungsart „Expressgut" ist im internationalen Eisenbahnverkehr seit Jahren aufgegeben und soweit Regelungen zur Containerbeförderung noch benötigt werden, sind sie – wie auch einzelne Vorschriften zur Beförderung von Eisenbahnfahrzeugen als Beförderungsgut – in die CIM selbst integriert (Art. 24, 30 § 3, 32 § 3).

**b) Vereinfachung.** Keine Neuerung, wohl aber eine Vereinfachung stellt es dar, dass    **3** die bisherigen Vorschriften der CIM 1980 zur Rechnungseinheit, zur Zulässigkeit von Zusatzbestimmungen und zur Geltung von Landesrecht (Art. 7, 9 und 10 CIM 1980) in den Titel „Gemeinsame Bestimmungen" des Grundübereinkommens COTIF integriert worden sind, weil sie auch für andere Anhänge des COTIF gelten.

**2. Harmonisierung der CIM mit anderen Gütertransportrechten.** Die COTIF-    **4** Reform 1999 fällt in eine Zeit verstärkter internationaler und nationaler Gesetzgebungstätigkeit auf dem Gebiet des Transportrechts: Im Jahr 1998 wurde die deutsche Transportrechtsreform abgeschlossen und nur wenige Tage vor der Schlussabstimmung über das neue COTIF in Vilnius wurde am 28.5.1999 das Montrealer Übereinkommen zum internationalen Luftverkehr beschlossen. Die Reform der CIM orientiert sich zwar kaum am MÜ, immerhin war die Festsetzung einer Haftungsgrenze von 17 SZR je Kilogramm in Art. 22 MÜ einer der Gründe dafür, auch bei der Eisenbahn im Juni 1999 doch an dieser für sie seit 1970 bestehenden Haftungsgrenze zumindest für den Regelfall festzuhalten und von einer Erhöhung auf 25 SZR abzusehen (vgl. Art. 30 Rn. 6). In erster Linie nimmt sich die CIM 1999 das internationale Recht ihres stärksten Konkurrenten zum Vorbild, also die CMR für den internationalen Straßengüterverkehr, die ihrerseits 1956 unter dem Einfluss der damals geltenden CIM von 1952 und des Warschauer Abkommens zum Luftverkehr entwickelt worden ist.[3] Übereinstimmungen mit dem deutschen Transportrecht 1998 weist die CIM 1999 insbesondere dort auf, wo das HGB Vorschriften der CMR übernommen hat. Die Parallelen zwischen früheren Fassungen der CIM und der deutschen Eisenbahn-Verkehrsordnung (EVO)[4] gehören seit der Aufhebung des Güterverkehrsteils der EVO im Jahre 1998 und der CIM-Reform 1999 der Vergangenheit an.

---

[2] *Denkschrift COTIF 1999* S. 194 f.; *ZA-Bericht 1999* S. 109 ff.; *Zentralamt ZIntEisenb* 1997, 175, 180 f.; zu den zugrunde liegenden Reformerwägungen vgl. *Freise,* FS Piper, S. 829, 835 ff.; *Mutz,* FG Herber, S. 302.
[3] Vgl. *Mutz* Revue de Droit Uniforme 1998, 615, 616 f.
[4] Vgl. die Kommentierung von *Mutz* zur CIM 1980 in der 1. Aufl.

5    **Grenzen einer Harmonisierung** der CIM mit der CMR ergeben sich aus mehreren Gründen, so zB aus unterschiedlichen Produktionsweisen im Eisenbahn- und im Straßengüterverkehr: Im Straßenverkehr ist die tatsächliche Beziehung des Frachtführers/Fahrers zum Beförderungsgut enger als im Eisenbahnverkehr die Beziehung des Beförderers/Lokführers zur Ladung: Der Straßenfrachtführer ist häufiger und intensiver in die Beladung seines Fahrzeugs einbezogen als die Eisenbahn, die insbesondere im Gleisanschlussverkehr vom Gleisanschließer beladene und geschlossene Wagen oder ganze Züge übernimmt, bei denen sie umfangreiches Gut aus betrieblichen Gründen (zB zur Einhaltung des Fahrplans) nicht näher identifizieren kann. Und selbst beim Containertransport ist der Eisenbahnbeförderer nicht so dicht dran am Beförderungsgut wie der Straßenfrachtführer, wenn man die Betriebsabläufe der Eisenbahn berücksichtigt, die an Wochenenden zB zur Folge haben können, dass Züge mit Containern auf weitläufigen Rangierbahnhöfen das Ende der Betriebsruhe abwarten müssen. Ein weiterer Grund für fortbestehende Abweichungen der CIM von der CMR ist darin zu sehen, dass in manchen OTIF-Mitgliedstaaten der Eisenbahn noch immer eine beträchtliche Staatsnähe zugeschrieben wird. Schließlich folgt die CIM an manchen Stellen der CMR nicht, um für die Kunden günstigere Regelungen zu treffen oder um der seit der Schaffung der CMR im Jahre 1956 eingetretenen Entwicklung des allgemeinen Transportrechts Rechnung zu tragen.

6    Vor diesem Hintergrund sind die **Abweichungen der CIM von der CMR** in folgenden Punkten zu sehen:[5]
- Befugnis des Beförderers, seine Verpflichtungen und seine Haftung gegenüber den Vorschriften der CIM zu erweitern (Art. 5),
- Zulassung des elektronischen Frachtbriefs (Art. 6 § 9),
- eingeschränkte Beweiskraft des Frachtbriefs (Art. 12),
- eigenständige Haftung bei Verlust oder unrichtiger Verwendung der dem Frachtbrief beigegebenen Urkunden (Art. 15 § 3),
- gesetzliche Höchstlieferfristen bei fehlender Lieferfristvereinbarung der Parteien (Art. 16),
- erweiterte Zahlungspflicht des Empfängers (Art. 17),
- frühes Verfügungsrecht des Empfängers (Art. 18 § 3),
- beschränkte Haftung des Beförderers bei der Ausführung nachträglicher Verfügungen (Art. 19),
- erweiterte Entscheidungsfreiheit des Beförderers bei Beförderungshindernissen (Art. 20),
- abweichende Ausgestaltung einzelner „bevorrechtigter Haftungsbefreiungsgründe" in Art. 23 § 3, Art. 25, zB bei Beförderungen in „offenen Wagen" oder hinsichtlich der „natürlichen Beschaffenheit des Gutes" oder bei „Beförderung lebender Tiere",
- Beibehaltung der höheren Haftungsgrenzen bei Verlust oder Beschädigung des Gutes (Art. 30 § 2, Art. 32 § 2) und bei Lieferfristüberschreitung (Art. 33),
- keine Erstattung von Verbrauchsabgaben auf verlorene Güter, die im Steueraussetzungsverfahren befördert werden (Art. 30 § 4),
- Sonderregelung der Haftung bei „natürlichem Schwund des Gutes" (Art. 31),
- Sonderbestimmungen für die Beförderung von Wagen als Gut und für die Beförderung von intermodalen Transporteinheiten, insbesondere Containern (Art. 24, 30 § 3 und 32 § 3),
- Einführung des inzwischen weit verbreiteten Rechtsinstituts des „ausführenden Beförderers" (Art. 27),
- Beibehaltung der im Transportrecht gebräuchlichen Formulierung des qualifizierten Verschuldens (Art. 36),
- Bestimmung des Infrastrukturbetreibers zum Erfüllungsgehilfen des Beförderers (Art. 40),
- Tatbestandsaufnahme des Beförderers anstelle einer Schadensanzeige des Kunden (Art. 42, 47),

---

[5] *Denkschrift COTIF 1999* S. 195 f.; *ZA-Bericht 1999* S. 112 Ziff. 40; *Zentralamt* ZIntEisenb 1997, 175, 180 f. (Ziff. 17); zu den Erwägungen während der Reformarbeiten s. *Mutz,* FG Herber, S. 302; *ders.* Revue de Droit Uniforme 1998, 615 ff.

– Ausgestaltung der Haftung im Eisenbahn-Seeverkehr in Anlehnung an die Hamburg-Regeln (Art. 38).

Bei der Kommentierung der einzelnen Bestimmungen der CIM wird jeweils auf Übereinstimmungen mit dem HGB und der CMR bzw. auf Besonderheiten des internationalen Eisenbahntransportrechts hingewiesen.

Bei der **Auslegung der CIM** kann wegen der gemeinsamen Wurzeln und der erklärten **7** Harmonisierungsbestrebungen die Auslegung **übereinstimmender CMR-Vorschriften** mit herangezogen werden.[6] Im Übrigen können Wertungen zu Vorschriften anderer internationaler Übereinkommen nicht einfach für die Interpretation der CIM übernommen werden (Einl. Rn. 37). Soweit die CIM 1999 Regelungen der **CIM 1980** und **früherer Fassungen** übernimmt und Übereinstimmungen mit den früheren Gütertransportvorschriften der deutschen Eisenbahnverkehrsordnung **(EVO)** aufweist, kann die dazu ergangene **Rechtsprechung** und **Literatur** weiterhin herangezogen werden. Das gilt zB für die Haftungsordnung in den Art. 23 ff. (Art. 23 Rn. 1).

## Titel I. Allgemeine Bestimmungen

## Art. 1. Anwendungsbereich

**§ 1. Diese Einheitlichen Rechtsvorschriften gelten für jeden Vertrag über die entgeltliche Beförderung von Gütern auf der Schiene, wenn der Ort der Übernahme des Gutes zur Beförderung und der für die Ablieferung vorgesehene Ort in zwei verschiedenen Mitgliedstaaten liegen. Dies gilt ohne Rücksicht auf den Sitz und die Staatszugehörigkeit der Parteien des Beförderungsvertrages.**

**§ 2. Diese Einheitlichen Rechtsvorschriften gelten auch für Verträge über die entgeltliche Beförderung von Gütern auf der Schiene, wenn der Ort der Übernahme des Gutes zur Beförderung und der für die Ablieferung vorgesehene Ort in zwei verschiedenen Staaten liegen, von denen nur einer Mitgliedstaat ist, und die Parteien des Vertrages vereinbaren, dass der Vertrag diesen Einheitlichen Rechtsvorschriften unterliegt.**

**§ 3. Schließt eine internationale Beförderung, die Gegenstand eines einzigen Vertrages ist, in Ergänzung der grenzüberschreitenden Beförderung auf der Schiene eine Beförderung auf der Straße oder auf Binnengewässern im Binnenverkehr eines Mitgliedstaates ein, so finden diese Einheitlichen Rechtsvorschriften Anwendung.**

**§ 4. Schließt eine internationale Beförderung, die Gegenstand eines einzigen Vertrages ist, in Ergänzung der Beförderung auf der Schiene eine Beförderung zur See oder eine grenzüberschreitende Beförderung auf Binnengewässern ein, so finden diese Einheitlichen Rechtsvorschriften Anwendung, sofern die Beförderung zur See oder auf Binnengewässern auf Linien durchgeführt wird, die in die in Artikel 24 § 1 des Übereinkommens vorgesehene Liste der Linien eingetragen sind.**

**§ 5. Diese Einheitlichen Rechtsvorschriften finden keine Anwendung auf Beförderungen zwischen Bahnhöfen auf dem Gebiet von Nachbarstaaten, wenn die Infrastruktur dieser Bahnhöfe von einem oder mehreren Infrastrukturbetreibern, die einem einzigen dieser Staaten zugehören, betrieben wird.**

**§ 6. Jeder Staat, der Vertragspartei eines anderen mit diesen Einheitlichen Rechtsvorschriften vergleichbaren Übereinkommens über die durchgehende internationale Beförderung von Gütern auf der Schiene ist und der einen Antrag auf Beitritt zum Übereinkommen stellt, kann sich dabei vorbehalten, diese Einheitlichen Rechtsvorschriften nur auf Beförderungen auf einem Teil der in seinem**

---

[6] *Koller* Vor Art. 1 Rn. 6.

Gebiet gelegenen Eisenbahninfrastruktur anzuwenden. Dieser Teil der Eisenbahninfrastruktur muss genau bezeichnet sein und an eine Eisenbahninfrastruktur eines Mitgliedstaates anschließen. Hat ein Staat einen solchen Vorbehalt eingelegt, so gelten diese Einheitlichen Rechtsvorschriften nur,

a) wenn der im Beförderungsvertrag vorgesehene Ort der Übernahme des Gutes zur Beförderung oder der für die Ablieferung vorgesehene Ort sowie der vorgesehene Beförderungsweg zur bezeichneten Eisenbahninfrastruktur gehören, oder

b) wenn die bezeichnete Eisenbahninfrastruktur die Eisenbahninfrastruktur zweier Mitgliedstaaten verbindet und sie im Beförderungsvertrag als Beförderungsweg für einen Transitverkehr vereinbart wurde.

§ 7. Der Staat, der einen Vorbehalt gemäß § 6 eingelegt hat, kann ihn jederzeit durch Mitteilung an den Depositar zurücknehmen. Die Rücknahme wird einen Monat nach dem Tag wirksam, an dem der Depositar die Mitgliedstaaten darüber unterrichtet hat. Der Vorbehalt wird wirkungslos, wenn das in § 6 Satz 1 genannte Übereinkommen für diesen Staat außer Kraft tritt.

## Titre Premier. Généralités

## Art. premier. Champ d'application

§ 1. Les présentes Règles uniformes s'appliquent à tout contrat de transport ferroviaire de marchandises à titre onéreux, lorsque le lieu de la prise en charge de la marchandise et le lieu prévu pour la livraison sont situés dans deux Etats membres différents. Il en est ainsi quels que soient le siège et la nationalité des parties au contrat de transport.

§ 2. Les présentes Règles uniformes s'appliquent également aux contrats de transport ferroviaire de marchandises à titre onéreux, lorsque le lieu de la prise en charge de la marchandise et le lieu prévu pour la livraison sont situés dans deux Etats différents dont l'un au moins est un Etat membre et lorsque les parties au contrat conviennent que le contrat est soumis à ces Règles uniformes.

§ 3. Lorsqu'un transport international faisant l'objet d'un contrat unique inclut, en complément au transport transfrontalier ferroviaire, un transport par route ou par voie de navigation intérieure en trafic intérieur d'un Etat membre, les présentes Règles uniformes s'appliquent.

§ 4. Lorsqu'un transport international faisant l'objet d'un contrat unique inclut, en complément au transport ferroviaire, un transport maritime ou un transport transfrontalier par voie de navigation intérieure, les présentes Règles uniformes s'appliquent si le transport maritime ou le transport par voie de navigation intérieure est effectué sur des lignes inscrites sur la liste des lignes prévue à l'article 24, § 1 de la Convention.

§ 5. Les présentes Règles uniformes ne s'appliquent pas aux transports effectués entre gares situées sur le territoire d'Etats limitrophes, lorsque l'infrastructure de ces gares est gérée par un ou plusieurs gestionnaires d'infrastructure relevant d'un seul et même de ces Etats.

§ 6. Chaque Etat, Partie à une convention concernant le transport international ferroviaire direct de marchandises et de nature comparable aux présentes Règles uniformes, peut, lorsqu'il adresse une demande d'adhésion à la Convention, déclarer qu'il n'appliquera ces Règles uniformes qu'aux transports effectués sur une partie de l'infrastructure ferroviaire située sur son territoire. Cette partie de l'infrastructure ferroviaire doit être définie précisément et être reliée à l'infrastructure ferroviaire d'un Etat membre. Lorsqu'un Etat a fait la déclaration susvisée, ces Règles uniformes ne s'appliquent qu'à la condition:

a) que le lieu de la prise en charge de la marchandise ou le lieu pour la livraison ainsi que l'itinéraire prévus dans le contrat de transport soient situés sur l'infrastructure désignée ou

b) que l'infrastructure désignée relie l'infrastructure de deux Etats membres et qu'elle a été prévue dans le contrat de transport comme itinéraire pour un transport de transit.

§ 7. L'Etat qui a fait une déclaration conformément au § 6, peut y renoncer à tout moment en informant le dépositaire. Cette renonciation prend effet un mois après la date à laquelle le dépositaire en avise les Etats membres. La déclaration devient sans effet, lorsque la convention visée au § 6, première phrase, cesse d'être en vigueur pour cet Etat.

### Übersicht

| | Rn. | | Rn. |
|---|---|---|---|
| **I. Normzweck** | 1 | b) Übernahmeort *oder* Ablieferungsort in einem Mitgliedstaat | 9, 10 |
| **II. Sachlicher und räumlicher Anwendungsbereich der CIM** | 2–22 | 4. Einbeziehung von Vor- und Nachläufen | 11–15a |
| 1. Entgeltliche Beförderung von Gütern | 2–4 | 5. Einbeziehung eingetragener Schifffahrtslinien | 16–18a |
| 2. Durchgehende internationale Beförderung | 5, 6 | 6. Auswirkungen des Verzichts auf das Liniensystem | 19 |
| 3. Berührung von Mitgliedstaaten | 7–10 | 7. Eingeschränkter Beitritt | 20–22 |
| a) Übernahmeort *und* Ablieferungsort in zwei verschiedenen Mitgliedstaaten | 8 | **III. Persönlicher Anwendungsbereich** | 23–25 |
| | | **IV. Vertragliche Anwendung** | 26 |

## I. Normzweck

Art. 1 bestimmt den sachlichen und räumlichen Anwendungsbereich der CIM grundsätz- **1** lich anders als Art. 1 CIM 1980, der noch von der Geltung eines „Liniensystems" ausging. Für den definierten Anwendungsbereich gilt zwingend die durch das Übereinkommen geschaffene „Einheitliche Rechtsordnung", dh. internationales Einheitsrecht (Art. 2 § 1 lit. a COTIF). Jede andere Gesetzgebung wird ausgeschlossen,[1] soweit nicht die CIM auf sie verweist[2] oder bestimmte Fragen offen lässt (Art. 8 COTIF[3] und Einl. Rn. 37). Auch die kollisionsrechtlichen Regelungen des COTIF und der CIM gehen dem Landesrecht vor (vgl. auch Art. 3 Nr. 2 EGBGB). Da das europäische Unionsrecht das Vertragsverhältnis zwischen Güterversendern und Eisenbahnbeförderern nicht regelt (Einl. Rn. 41), gibt es – anders als im Personenverkehr nach der CIV – keine Konflikte zwischen der CIM und EU-Recht. Nach dem Beitritt der EU zum COTIF gilt für die Auslegung und Anwendung der CIM aber auch das Vorlageverfahren nach Art. 267 AEUV.[4]

## II. Sachlicher und räumlicher Anwendungsbereich der CIM

**1. Entgeltliche Beförderung von Gütern.** Die CIM regelt den internationalen Eisen- **2** bahnfrachtvertrag. Andere Verträge im Zusammenhang mit der Beförderung von Gütern, wie zB der Speditionsvertrag oder die Miete von Beförderungsmitteln, werden von der CIM nicht erfasst. Für die Klärung der Frage, welchen Vertrag die Parteien im konkreten Fall geschlossen haben, dient ein Frachtbrief als Beweismittel. Für die Geltung der CIM 1990 ist es allerdings nicht mehr erforderlich, dass die Güter mit einem Frachtbrief aufgeliefert werden (Art. 6 § 2).

„**Gut**" ist jede bewegliche Sache, die zur Beförderung aufgeliefert werden kann, ein- **3** schließlich Tieren und Leichen.[5] Die **Verpackung** gehört zum Gut. Ausgeschlossen sind

---

[1] Trib. de commerce Bruxelles 27.12.1976, ZIntEisenb 1979, 134.
[2] Einl. Rn. 36; *Mutz* ZIntEisenb 1974, 105.
[3] Vgl. *Koller* Vor Art. 1 Rn. 3 u. 6.
[4] BGH 9.10.2013, TranspR 2013, 433, 435 (Rn. 24, 25); *Koller* Rn. 2 mwN.
[5] Anders Art. 1 Abs. 4 CMR; vgl. *Mutz,* FG Herber, S. 302, 304.

die Gegenstände, deren Beförderung durch die CIV geregelt wird, dh. Reise- und Handgepäck sowie von den Reisenden mitgeführte Tiere und in Autoreisezügen beförderte Fahrzeuge (Art. 23–25, 44–47 CIV).

4    In Anlehnung an Art. 1 CMR (vgl. auch § 407 Abs. 2 HGB) findet die neue CIM nur noch auf **entgeltliche** Beförderungen Anwendung. Unentgeltliche Hilfsgütersendungen oder Eisenbahndienstsachen (zB Versendung von Fundsachen durch die Eisenbahn) – soweit bei letzteren überhaupt ein Frachtvertrag abgeschlossen wird[6] – unterliegen nicht der CIM; deren Anwendung kann allerdings vertraglich vereinbart werden, soweit dem nicht zwingendes nationales Recht entgegensteht.[7]

5    **2. Durchgehende internationale Beförderung.** Der Ort der Übernahme des Gutes zur Beförderung und der für die Ablieferung vorgesehene Ort müssen in zwei verschiedenen Staaten liegen. Diese in der Formulierung an Art. 1 CMR angelehnte Voraussetzung für die Anwendung der CIM gilt für alle in den §§ 1–4 genannten Fälle, auch wenn sie in den §§ 3 und 4 verkürzt nur als „internationale Beförderung" bezeichnet werden. Entscheidend ist die vertraglich vorgesehene Beförderung, nicht die tatsächlich zur Ausführung kommende: Geht die Sendung noch im Versandland verloren, so ist die CIM gleichwohl anzuwenden, wenn die übrigen Voraussetzungen des Art 1 vorliegen.[8] Die CIM gilt auch dann, wenn die Sendung auf Grund nachträglicher Verfügung des Absenders oder wegen eines Beförderungshindernisses das Versandland nicht verlässt.

6    Eine internationale Beförderung im Sinne der CIM liegt nicht vor, wenn das Gut im Abgangsland nur bis zur Grenze aufgeliefert und dort mit einem weiteren Frachtvertrag zur Beförderung ans Ziel im Nachbarland **neu aufgeliefert** wird. Es fehlt in diesem Fall an einer „durchgehenden" internationalen Beförderung (vgl. den Begriff in § 6) mit einem einzigen Frachtvertrag. Bei der **„gebrochenen Abfertigung"** liegt die Schnittstelle zwischen den beiden Frachtverträgen häufig nicht genau auf der Staatsgrenze, sondern in einem Bahnhof vor oder hinter der Grenze. Es kann sich dabei um einen **„Gemeinschaftsbahnhof"** von Infrastrukturbetreibern der beiden benachbarten Länder handeln (zB in Salzburg oder Passau) oder um einen Bahnhof, den der Infrastrukturbetreiber eines Landes im Nachbarland allein betreibt (zB Basel Badischer Bahnhof, betrieben von der deutschen DB Netz AG).[9] Obwohl hier Frachtverträge über die Grenze reichen (zB Stuttgart – Salzburg, Wien – Passau oder Mannheim – Basel Bad Bf) ist die CIM auf diese Fälle nicht anwendbar (**§ 5**). Auch die Gemeinschaftsbahnhöfe in Salzburg oder Passau erfüllen die Voraussetzungen des § 5 für die Nichtanwendbarkeit der CIM, weil es bei ihnen neben dem Gemeinschaftsteil für jeden beteiligten Infrastrukturbetreiber auch einen Sonderteil gibt, den der jeweilige Infrastrukturbetreiber allein betreibt.[10] Wird das im Nachbarland angekommene Gut *grenzüberschreitend* neu aufgeliefert (zB von Salzburg nach Budapest oder von Passau nach Rotterdam), so ist auf den neuen Beförderungsabschnitt die CIM anwendbar: Für gebrochene internationale Beförderungen gilt die CIM insoweit, als bestimmte Abschnitte des internationalen Beförderungswegs die Voraussetzungen des Art. 1 erfüllen.[11]

7    **3. Berührung von Mitgliedstaaten.** Die CIM 1980 war nur anwendbar, wenn die Güter mit durchgehendem Frachtbrief zur Beförderung auf einem Weg aufgeliefert wurden, der die Gebiete *mindestens* zweier Mitgliedstaaten berührte und *ausschließlich* Linien umfasste, die in der Liste der Linien CIM eingetragen waren.[12] In der CIM 1999 ist dieses **„Linien-**

---

[6]  AG Essen 13.1.1978, ZIntEisenb 1979, 91.
[7]  *Denkschrift COTIF 1999* S. 196; *ZA-Bericht 1999* S. 114 Ziff. 2.
[8]  Vgl. *Goltermann* Art. 1 CIM 1980 Anm. 1b dd; *Spera* Art. 1 CIM 1980 Anm. 7; *Wick* Art. 1 CIM 1970 Anm. 7 (S. 29 f.).
[9]  Zum Eisenbahnbetrieb auf fremdem Staatsgebiet vgl. *Mutz* ZIntEisenb 1984, 35.
[10]  Vgl. Abkommen Deutschland-Österreich vom 28.10.1955 über die Regelung des Grenzübergangs der Eisenbahnen, BGBl. 1957 II S. 599, insbes. Art. 8, 15.
[11]  Vgl. OLG Hamm 20.10.1977, ZIntEisenb 1979, 26.
[12]  Zum Liniensystem allg. *ZA-Bericht 1999* S. 104 f. Ziff. 3; zur Bedeutung des Liniensystems für den Multimodalverkehr vgl. *Freise* TranspR 1986, 317, 319 f.

**system"** grundsätzlich **aufgehoben** (Ausnahmen siehe Rn. 16). Stattdessen wird der räumliche **Anwendungsbereich** nach modernen Grundsätzen ähnlich wie in der CMR und im MÜ erheblich weiter als bisher gefasst:

**a) Übernahmeort *und* Ablieferungsort in zwei verschiedenen Mitgliedstaaten.**   8
Nach § 1 müssen nicht mehr alle von einer durchgehenden internationalen Eisenbahngüterbeförderung berührten Staaten Vertragsstaaten des COTIF 1999 sein, sondern nur das Abgangsland und das Bestimmungsland. **Transitstaaten** können Nichtvertragsstaaten sein, und zwar auch solche, die zwar Mitgliedstaaten der OTIF sind, aber das COTIF 1999 nicht ratifiziert haben (Einl. Rn. 11). Dies entspricht der Regelung in Art. 1 Abs. 2 MÜ, geht aber nicht so weit wie Art. 1 CMR, der es genügen lässt, wenn entweder der Übernahmeort oder der Ablieferungsort in einem Vertragsstaat liegt.[13] Wenn Übernahmeort und Ablieferungsort in demselben Mitgliedstaat liegen und andere Staaten nur im Transit durchfahren werden, ist die CIM nicht anwendbar.[14] Das gilt zB für innerösterreichische Verkehre (etwa Wien – Innsbruck) über die „Rosenheimer Kurve" in Deutschland.

**b) Übernahmeort *oder* Ablieferungsort in einem Mitgliedstaat. §** 2 bringt eine   9
weitere Annäherung an die CMR: Liegt nur der Übernahmeort oder nur der Ablieferungsort in einem Mitgliedstaat, so ist die CIM gleichwohl anwendbar, wenn die Parteien des Frachtvertrags[15] ihre **Geltung vereinbaren.** Die Vereinbarung kann insbesondere durch Verwendung des CIM-Frachtbriefs erfolgen. Vertragsparteien sind der Absender des Gutes und der oder die (aufeinanderfolgenden) Beförderer (vgl. Art. 3 lit. a), nicht der Empfänger. Durch die Rechtswahl der Parteien wird die CIM in Mitgliedstaaten **anwendbares Gesetzesrecht.** § 2 verdrängt in diesem Fall Landesrecht, falls dieses den Gestaltungsspielraum der Parteien einschränkt.[16] Da die CIM anwendbares Recht ist, unterliegt sie auch in den Fällen des § 2 in Mitgliedstaaten nicht der richterlichen AGB-Kontrolle. In einem Nichtmitgliedstaat können allerdings gesetzliche Beschränkungen der Rechtswahl der Parteien oder zwingende Vorschriften des materiellen Recht dieses Staates dazu führen, dass vor seinen Gerichten die Rechtswahl nicht anerkannt oder die Vorschriften der CIM nur eingeschränkt angewendet werden.[17]

§ 2 macht es möglich, auch im **CIM/SMGS-Verkehr** (Einl. Rn. 46) anstelle der gebro-   10
chenen Abfertigung des Gutes durchgehende Frachtverträge auf der Grundlage der CIM zu schließen.[18] Inwieweit eine solche Rechtswahl den (Staats-)Bahnen in SMGS-Staaten gestattet ist und von ihnen genutzt wird, ist allerdings eine politische Frage. Art. 2 § 2 SMGS 2004 steht der vereinbarten Anwendung der CIM im SMGS-Raum jedenfalls nicht entgegen.[19] Nach dieser Vorschrift wird die Beförderung von Gütern aus SMGS-Ländern im Transit durch SMGS-Länder nach Nicht-SMGS-Ländern (und in der Gegenrichtung) – *sofern kein anderes Abkommen über den direkten internationalen Eisenbahn-Güterverkehr zur Anwendung kommt* – gemäß den Bestimmungen des für den betreffenden internationalen Verkehr von den interessierten Eisenbahnen anzuwendenden Transittarifs durchgeführt.

**4. Einbeziehung von Vor- und Nachläufen. §** 3 unterstellt auch Beförderungen auf   11
der **Straße** oder auf **Binnengewässern** im **Binnenverkehr eines Mitgliedstaates** der CIM, sofern diese Beförderungen Teil einer durchgehenden internationalen Beförderung sind und eine grenzüberschreitende Beförderung auf der Schiene **ergänzen.** Damit werden

---

[13] Zur wechselvollen Entstehungsgeschichte des Art. 1 § 1 vgl. *Mutz,* FG Herber, S. 302, 303 f.; *ZA-Bericht 1999* S. 114 Ziff. 3 und 4; außerdem *Freise,* FS Piper, S. 829, 835 f.
[14] *Denkschrift COTIF 1999* S. 196; *ZA-Bericht 1999* S. 121 Ziff. 3.
[15] Nicht die *Vertragsstaaten!* so auch *Koller* Rn. 3; missverständlich hingegen *Koller* Vor Art. 1 Rn. 2.
[16] *Denkschrift COTIF 1999* S. 196; *Koller* Rn. 3; *Ramming* Rn. 138, 139; vgl. auch *Mankowski* TranspR 2008, 177, 178; aA Emparanza/Recalde/*Emparanza* S. 36, allerdings unter Hinweis auf eine andere Fallgestaltung, nämlich die – von der CMR nicht sanktionierte – Vereinbarung der Vertragsparteien, die CMR auch auf *innerstaatliche* Transporte anzuwenden.
[17] Vgl. *Koller* Vor Art. 1 Rn. 3; *ZA-Bericht 1999* S. 115 Ziff. 7, 8.
[18] *Freise* TranspR 1999, 417, 421 (I.2); *Mutz,* GS Helm, S. 243, 252.
[19] Vgl. auch *ZA-Bericht 1999* S. 115 Ziff. 10.

vor allem die sogenannten Vor- oder Nachläufe zu internationalen Schienenbeförderungen ebenfalls von der CIM erfasst. Der ergänzende Straßen- oder Binnenschiffstransport kann auch **unterwegs** („in der Mitte der Gesamtbeförderung"[20]) stattfinden, was allerdings nur selten vorkommen dürfte. Ob das Gut in den Lkw oder das Binnenschiff **umgeladen** oder mitsamt der intermodalen Ladeeinheit, in die es verladen ist, **umgeschlagen** wird, ist unerheblich.[21]

**11a**    Keinen (eigenständigen) Vor- oder Nachlauf zur Schienenbeförderung stellen **Güterbewegungen** dar, die die Eisenbahn **innerhalb eines Güterbahnhofs** selbst oder durch Subunternehmer mit anderen als Schienenfahrzeugen durchführt oder durchführen lässt, um das Gut von einem Übernahmepunkt zum Eisenbahnwagen bzw. vom Eisenbahnwagen zu einem Übergabepunkt zu bringen.[22] Diese Güterbewegungen (Umschlagsleistungen) gehören schon bzw. noch zur Schienenbeförderung; sie bilden keine eigene Teilstrecke und sind nicht Gegenstand eines (Unter-)Frachtvertrags. Wird für die Güterbewegungen auf dem Bahnhof ein Subunternehmer eingesetzt, so ist er ein gewöhnlicher **Erfüllungsgehilfe** der Eisenbahn, wie zB ein Verpackungsunternehmen; er ist **nicht Unterfrachtführer** und er wird auch **nicht** etwa zum **aufeinanderfolgenden Beförderer** gemäß Art. 26, wenn er das Gut und den Frachtbrief übernimmt und „behandelt" (vgl. Rn. 15). Wieder anders ist die Rechtslage beim Umschlag von intermodalen Transporteinheiten (Art. 3 lit. d) in **Terminals des Kombinierten Verkehrs:** Die Betreiber solcher Terminals sind auf Grund öffentlichen Eisenbahnrechts Eisenbahninfrastrukturunternehmen, die mit den Zugangsberechtigten Terminalbenutzungsverträge schließen und ihre Umschlagsleistungen in Deutschland als Frachtführer nach HGB erbringen.[23]

**11b**    § 3 enthält insgesamt **sechs Voraussetzungen** für die Anwendung der CIM auf ergänzende Straßen- oder Binnenschiffstransporte: Die ergänzte Schienenbeförderung muss grenzüberschreitend sein; die Beförderung auf der Straße oder auf Binnengewässern darf nicht grenzüberschreitend sein, damit Konflikte mit anderen internationalen Übereinkommen zur Güterbeförderung vermieden werden;[24] die Beförderung muss außerdem in einem Mitgliedstaat stattfinden und darf nur ergänzende Bedeutung gegenüber der Schienenbeförderung haben, sie muss also „verhältnismäßig kurz" sein;[25] schließlich muss die Beförderung des Gutes mit den verschiedenartigen Beförderungsmitteln auf Grund eines einzigen Frachtvertrags (also **multimodal,** vgl. § 452 HGB) erfolgen und – unausgesprochen, aber aus dem Zusammenhang zu erschließen – die grenzüberschreitende Beförderung auf der Schiene muss für sich genommen unter § 1 oder § 2 und damit unter die CIM fallen.[26] Ist zB nur das Abgangsland ein Mitgliedstaat und haben die Vertragsparteien die Anwendung der CIM vereinbart, so kann die CIM nur auf den Vorlauf im Abgangsland angewendet werden, nicht auf den Nachlauf im Bestimmungsland, das nicht Mitgliedstaat ist. Schließt sich an eine grenzüberschreitende Schienenbeförderung Innsbruck – Rosenheim im Rahmen eines **einheitlichen Frachtvertrags** eine Weiterbeförderung auf der Straße nach Hamburg an, so stellt die Straßenbeförderung keine Ergänzung der Schienenbeförderung dar, sondern dominiert den Transport; die gesamte multimodale Beförderung auf Schiene und Straße fällt in diesem Fall nicht unter die CIM.[27] Bei **bekanntem Schadensort**

---

[20] *Koller* Rn. 4a; *Ramming* Rn. 147 („Zwischenbeförderung").

[21] Vgl. *Ramming* Rn. 147.

[22] Vgl. *Freise* TranspR 2013, 260, 261 f.

[23] *Freise* TranspR 2013, 260, 263 ff.

[24] BGH 9.10.2013, TranspR 2013, 433, 434 (Rn. 18); *Denkschrift COTIF 1999* S. 197 Abs. 2; vgl. demgegenüber *ZA-Bericht 1999* S. 116 Ziff. 13–15.

[25] BGH aaO (Fn. 24); *Denkschrift COTIF 1999* S. 197; vgl. auch *Freise,* FS Piper, S. 829, 836 ff.; *Koller* Rn. 4a; *Kunz* TranspR 2005, 329, 338; *Ramming* Rn. 148.

[26] AA *Ramming* Rn. 146, der nur verlangt, dass die ergänzende Beförderung mit Lkw oder Binnenschiff in einem Vertragsstaat (der CIM) stattfindet; das hätte allerdings zur Folge, dass der Eisenbahnverkehr aus einem Nichtvertragsstaat der CIM 1999 (gegenwärtig zB noch Schweden) in einen Nichtvertragsstaat (zB Italien) nicht der CIM, sondern dem jeweils anwendbaren Landesrecht unterliegen würde, eine „ergänzende" Zwischenbeförderung des Gutes auf der Straße im Vertragsstaat Deutschland hingegen der CIM.

[27] Vgl. *Freise* TranspR 2012, 1, 4; *Ramming* Rn. 199: Eine abschnittsweise Anknüpfung der einzelnen Teilstrecken ist unzulässig.

(während der internationalen Eisenbahnbeförderung Innsbruck – Rosenheim) und Geltung deutschen Rechts bestimmt sich die Haftung des Multimodalfrachtführers gemäß § 452a HGB aber auch in diesem Fall nach den Haftungsvorschriften der CIM; jedoch nicht, weil die CIM Geltung beansprucht, sondern weil das deutsche Recht die (eingeschränkte) Anwendung der CIM vorsieht. Diese Unterscheidung – Geltungsanspruch der CIM in den Fällen ihres Art. 1 einerseits und eingeschränkte Anwendung der CIM bei bekanntem Schadensort während eines dem HGB-Frachtrecht unterliegenden Multimodaltransports nach Maßgabe des § 452a HGB andererseits – ist bedeutsam für die Frage, ob auf einen Multimodaltransport unter Beteiligung der Eisenbahn die Vorschriften des § 452b HGB hinsichtlich Schadensanzeige und Verjährung anzuwenden sind: Wenn die CIM Geltung beansprucht, weil ihre Anwendungsvoraussetzungen erfüllt sind, ist für eine Anwendung des § 452b HGB anstelle der entsprechenden CIM-Vorschriften kein Raum; wenn nur die Haftungsvorschriften der CIM über § 452a HGB und im Übrigen die §§ 407 ff. HGB anzuwenden sind, richten sich Schadensanzeige und Verjährung hingegen nach § 452b HGB (siehe auch Art. 47 Rn. 16, 17 u. Art. 48 Rn. 21).

§ 3 darf allerdings nicht so eng verstanden werden, dass darunter nur **Hilfstransporte** 12 zu verstehen sind, die deshalb auf der Straße oder auf Binnengewässern stattfinden, weil der Übernahme- oder Ablieferungsort **auf der Schiene nicht erreichbar** ist.[28] Ein solches Verständnis würde die Ermittlung des anwendbaren Rechts von **Bewertungen** abhängig machen, und zwar auch von der Bewertung von Zweckmäßigkeitserwägungen der Vertragspartner, und damit zu **Rechtsunsicherheiten** führen, die erst im Prozess geklärt würden. Auch wenn der Absender oder der Empfänger über einen **Gleisanschluss** verfügt, also auf der Schiene erreichbar ist, kann es je nach **Gutart** oder **Gutmenge** im konkreten Fall zweckmäßig oder sogar wirtschaftlich geboten sein, einen Vor- oder Nachlauf doch auf der Straße durchzuführen. Dies darf die **durchgehende Anwendung der CIM** nicht ausschließen,[29] wenn die in Rn. 11 genannten sechs Voraussetzungen erfüllt sind.

Die Unterstellung ergänzender Binnenbeförderungen mit anderen Verkehrsmitteln unter 13 die Geltung der CIM ist nicht neu, sondern wurde bereits mit dem Änderungsprotokoll von 1990 eingeführt (Einl. Rn. 1). Sie hat den Zweck, einen gravierenden Wettbewerbsnachteil des Schienenverkehrs gegenüber dem Straßenverkehr wenigstens in seinen rechtlichen Auswirkungen abzumildern: Ein flächendeckendes Straßennetz erlaubt auch im internationalen Straßengüterverkehr regelmäßig Haus-Haus-Verkehr aus einer Hand und nach einer einheitlichen Rechtsordnung (CMR). Die Eisenbahn kann Haus-Haus-Verkehr auf der Schiene nur anbieten, wenn Absender und Empfänger jeweils über einen Gleisanschluss verfügen; andernfalls ist ein Vor- oder Nachlauf mit anderen Verkehrsmitteln, regelmäßig mit Kraftfahrzeugen, erforderlich. Die Unterstellung von Vor- und Nachläufen unter die CIM erleichtert es der Eisenbahn, ihre Leistung ebenfalls von Haus zu Haus nach einer einheitlichen Rechtsordnung anzubieten.[30]

Art. 2 § 2 Abs. 2 COTIF in der Fassung des Änderungsprotokolls von 1990 besagte, dass 14 den unter die CIM fallenden Beförderungen auf eingetragenen Linien andere Binnenbeförderungen gleichgestellt sind, die in Ergänzung einer Eisenbahnbeförderung unter Verantwortung der Eisenbahn erfolgen. Gegenüber dieser allgemeinen Fassung ist der Anwendungsbereich des Art 1 § 3 CIM 1999 mit seinen sechs Voraussetzungen eingeschränkt:[31] Der Vor- oder Nachlauf muss in die durchgehende internationale Beförderung mit einem einzigen Frachtvertrag eingeschlossen sein (dazu Art. 7 Rn. 2) und er muss auf der Straße oder auf Binnengewässern erfolgen, wobei in der Praxis nur die Straßenbeförderung größere Bedeutung hat. Fehlt die Einbeziehung des Vor- oder Nachlaufs in den internationalen Eisenbahnbeförderungsvertrag, so ist die CIM nach Art. 1 § 1 auf den verbleibenden Eisenbahnbeförderungsvertrag

[28] BGH aaO (Fn. 24) Rn. 19; *Ramming* Rn. 149; aA *Koller* Rn. 4a.
[29] BGH aaO (Fn. 24) Rn. 19; *Freise* TranspR 2013, 426 (unter 2b).
[30] *Allégret* ZIntEisenb 1995, 57, 66 (Tz. 22); *Kunz* TranspR 2005, 329, 338 (2.); Thume/*Fremuth* Anh III Rn. 62.
[31] AA *Denkschrift COTIF 1999* S. 197 Abs. 3.

anwendbar – mit entsprechenden Haftungsfolgen für die Eisenbahn. Für den vertraglich eigenständigen Vor- oder Nachlauf wird dann nicht nach der CIM gehaftet. Ein **Fixkosten-spediteur,** der mit dem Versender einen durchgehenden Vertrag über eine Haus-Haus-Beförderung schließt, bei der der Hauptlauf aus einer internationalen Eisenbahnbeförderung zwischen COTIF-Staaten besteht, haftet gemäß CIM 1999 für die **gesamte Beförderung** (einschl. Vor- und Nachlauf) nach der **CIM.** Das war noch anders gemäß CIM 1980, wenn der Vor- oder Nachlauf nicht „unter Verantwortung der Eisenbahn" stattfand.[32]

**15**    Lässt der vertragliche Beförderer einen Vor- oder Nachlauf durch **Straßenfrachtführer** oder **Binnenschiffer** ausführen, so sind diese Frachtführer zwar Erfüllungsgehilfen des vertraglichen Beförderers nach Art. 40, sie werden jedoch nicht zu „ausführenden Beförderern", im Sinne des Art. 3 lit. b, weil ihnen nicht eine „Beförderung auf der Schiene" übertragen ist.[33] Die Unterfrachtführer haften daher nicht nach Art. 27 und können auch nicht nach Art. 45 § 6 verklagt werden. Damit wird sichergestellt, dass Straßenfrachtführer und Binnenschiffer **vertraglich** nur der Eisenbahn als ihrem Auftraggeber und nur nach ihrem angestammten Recht, in Deutschland nach dem Landfrachtrecht des HGB, zu haften haben, nicht nach dem ihnen vielleicht unbekannten und strengeren internationalen Eisenbahnrecht der CIM.[34] Zu den Grenzen der **deliktischen** Haftung des Straßenfrachtführers oder Binnenschiffers gegenüber dem Absender oder Empfänger vgl. Art. 41 Rn. 9. Übernimmt ein Unterfrachtführer jedoch offiziell das Gut mitsamt dem Frachtbrief, so wird er zum aufeinanderfolgenden Beförderer gemäß Art. 26 und unterliegt in vollem Umfang den CIM-Vorschriften über die Haftung und die Passivlegitimation, kann sich also nicht mehr auf für ihn günstigeres anderes Recht berufen. Schließlich kommt auch in Betracht, dass der vertragliche Beförderer mit dem Unterfrachtführer die Anwendung der CIM *vereinbart,* um eine einheitliche Haftung aller an der durchgehenden Beförderung Beteiligten zu erreichen; Voraussetzung ist allerdings, dass das jeweilige Landesrecht eine solche Vereinbarung zulässt. In Österreich beispielsweise gilt auch für den innerstaatlichen Straßengütertransport grundsätzlich die CMR und damit deren unabdingbare Haftungsordnung.[35]

**15a**    Die von *Ramming*[36] angenommene **Kollision zwischen CMR und CIM** ist **ausgeschlossen:** Eine der CMR unterliegende internationale Straßengüterbeförderung[37] kommt als Vor- oder Nachlauf zu einer internationalen Eisenbahngüterbeförderung iSd. Art. 1 § 3 CIM nicht in Betracht, weil die Beförderung auf der Straße nicht Binnenverkehr in einem Vertragsstaat des COTIF ist. Lässt der CMR-Frachtführer seinen mit dem Gut beladenen Lkw auf einem Teil der Strecke mit der Eisenbahn befördern, so gilt die CMR trotzdem für die gesamte Beförderung des in dem Lkw verladenen Gutes (Art. 2 Abs. 1 Satz 1 CMR). Mit der Eisenbahn schließt der CMR-Frachtführer bei grenzüberschreitender Nutzung des Schienenverkehrs (Huckepackverkehr, Rollende Landstraße) einen CIM-Frachtvertrag. Entgleist der Zug, ohne dass der CMR-Frachtführer den Unfall mitverursacht hat, so haftet die Eisenbahn dem CMR-Frachtführer als ihrem Vertragspartner für den beschädigten Lkw und das darin verladene Gut nach der CIM, und zwar im Regelfall auf 17 SZR/kg. Der CMR-Frachtführer haftet seinen Ladungsbeteiligten in diesem Fall gemäß Art. 2 Abs. 1 Satz 2 CMR nicht nach der CMR (im Regelfall auf 8,33 SZR/kg), sondern so, wie ihm zwingend selbst gehaftet wird, also nach der CIM und damit auf 17 SZR/kg. So kommen die Ladungsbeteiligten des CMR-Frachtführers dank einer CMR-Vorschrift in den Genuss der höheren CIM-Haftung, ohne dass es eines Rückgriffs auf die Grundsätze der Schadensliquidation im Drittinteresse oder das Recht der Geschäftsbesorgung bedürfte. Eine Kollision

---

[32] OLG Hamburg 4.7.2001, TranspR 2002, 355 f.: multimodaler Transport mit Haftung nach §§ 452, 459, 425 ff. HGB. – Zur heutigen Geltung der CIM auch für Fixkosten- oder Sammelladungsspediteure s. auch *Kunz* TranspR 2005, 329, 337.

[33] *ZA-Bericht 1999* S. 117 Ziff. 22.

[34] *Denkschrift COTIF 1999* S. 197 Abs. 4. Näher hierzu *Freise* TranspR 2007, 45, 48.

[35] Thume/*Jesser-Huß,* Länderbericht Österreich zu Art. 1 CMR (S. 1101 f.).

[36] *Ramming* Rn. 213.

[37] *Ramming* Rn. 213.

zwischen CMR und CIM liegt nicht vor, denn der für die Anwendung der CIM-Haftung maßgebliche Art. 2 Abs. 1 Satz 2 steht in der CMR, nicht in der CIM.

**5. Einbeziehung eingetragener Schifffahrtslinien.** Nach § 4 gilt die CIM schließlich **16** auch dann, wenn im Rahmen eines einzigen Vertrags über eine internationale Beförderung ein Schienentransport durch eine **Seebeförderung** oder eine **grenzüberschreitende Beförderung auf Binnengewässern** ergänzt wird, sofern die Beförderung zur See oder auf Binnengewässern auf **eingetragenen Linien** (Art. 24 § 1 lit. b COTIF) erfolgt. Auch diese Fallgruppe ist gegenüber der früheren Rechtslage nicht neu, da nach Art. 2 § 2 COTIF 1980 der CIM unterfallende Linien außer Eisenbahnlinien auch „Linien zu Lande, zur See und auf Binnengewässern" sein konnten.[38] Diese Fallgruppe zeigt, dass das für die eigentliche Eisenbahnbeförderung aufgegebene Liniensystem bei bestimmten multimodalen Beförderungen für die Nicht-Schienenstrecken noch Bedeutung behält. Eingetragene Kraftfahrtlinien, die es früher durchaus gegeben hat, sind nach der neuen CIM nicht mehr vorgesehen.

Die von § 4 erfassten eingetragenen Schifffahrtslinien für den Güterverkehr sind regelmä- **17** ßig **Eisenbahnfährlinien,** für Deutschland zB die Verbindung von Rostock oder Sassnitz nach Trelleborg und von Sassnitz-Mukran nach Klaipeda als Linien zur See oder von Friedrichshafen über den Bodensee nach Romanshorn als Linie auf Binnengewässern.[39] Da Eisenbahnfährverbindungen Eisenbahnstrecken miteinander verknüpfen und damit regelmäßig zwischen zwei Beförderungsabschnitten der Eisenbahn liegen, ist hier das Bedürfnis nach durchgehender Anwendung einer einheitlichen Rechtsordnung besonders groß.

§ 4 erweitert den Anwendungsbereich der CIM über die in § 3 genannten Fälle hinaus: **18**
– Die Beförderung auf der Schiene braucht nicht grenzüberschreitend zu sein (zB eine Eisenbahnbeförderung im Schienenbinnenverkehr nach Sassnitz, dann mit der Fähre nach Trelleborg und sodann wieder mit der Eisenbahn im innerschwedischen Verkehr);
– die Beförderung auf Binnengewässern ist grenzüberschreitend (zB Friedrichshafen – Romanshorn);
– es werden auch Seetransporte einbezogen, die grenzüberschreitend oder Binnenverkehr sein können (zB Küstenschifffahrt).[40]
Es muss sich aber auch im Rahmen des § 4 um eine *internationale* multimodale Beförderung handeln (die Kombination von Eisenbahnverkehr mit Küstenschifffahrt desselben Staates reicht daher zur Anwendung der CIM nicht aus) und die Beförderung zur See oder auf Binnengewässern muss auf einer eingetragenen Linie erfolgen. Die Aufrechterhaltung des Liniensystems in diesen Fällen mit zumeist internationaler Schiffsbeförderung dient wiederum der Rechtsklarheit und der Vermeidung von Konflikten mit anderen internationalen Übereinkommen über Güterbeförderungen in der See- oder Binnenschifffahrt.[41] Es ist jedoch nicht erforderlich, dass die Schiffsbeförderung auf eingetragenen Linien ergänzenden Charakter zur Eisenbahnbeförderung in dem Sinne hat, in dem dieser Begriff im Rahmen des Art. 1 § 3 verstanden wird, nämlich im Sinne von „untergeordnet".[42] Einem derart eingeschränkten Verständnis steht bereits die Staatspraxis entgegen, die in einzelnen Fällen (insbes. Russland) dazu geführt hat, dass zwar längere Seestrecken, aber nur kurze Schienenverbindungen zwischen Anlegestellen im Hafen und dem zugehörigen Hafenbahnhof der CIM unterstellt worden sind. Im Übrigen schafft die den Mitgliedstaaten vorbehaltene Eintragung einer Schifffahrtslinie samt des die Linie betreibenden Schifffahrtsunternehmens die notwendige Rechtsklarheit hinsichtlich des anwendbaren Rechts. Für eine wertende

---

[38] Vgl. *Allégret* ZIntEisenb 1995, 57, 59 ff.
[39] Eine aktuelle Übersicht über eingetragene Schifffahrtslinien ist erhältlich unter www.otif.org „Veröffentlichungen"; vgl. auch Art. 38 Rn. 3.
[40] *ZA-Bericht 1999* S. 117 Ziff. 19; *Ramming* Rn. 156; aA *Denkschrift COTIF 1999* S. 197 Abs. 2: Seetransport muss international sein. – In die Liste der Schifffahrtslinien CIV für den Personenverkehr hat Deutschland allerdings unter anderen die Schifffahrtslinien Dagebüll – Amrum und Hamburg – Helgoland eintragen lassen, ZIntEisenb 2008, 1.
[41] *ZA-Bericht 1999* S. 117 Ziff. 19; krit. *Denkschrift COTIF 1999* S. 197.
[42] So aber wohl *Ramming* Rn. 156.

Betrachtung ist daneben kein Raum. Voraussetzung für die Anwendung der CIM ist daher lediglich, dass „Eisenbahn-Schiffsverkehr" vorliegt, bei dem der auf der eingetragenen Linie von dem oder einem miteingetragenen Schifffahrtsunternehmen durchgeführte Schiffsverkehr mit Eisenbahnverkehr am Anfang oder am Ende kombiniert ist.

18a    Lediglich bei ausschließlichen Schiffsbeförderungen findet nicht die CIM, sondern Schifffahrtsrecht Anwendung (vgl. Art. 38 Rn. 2). Das Gleiche würde gelten, wenn sich an den Eisenbahn-Schiffsverkehr auf eingetragener Linie nur Eisenbahnverkehr in einem Nicht-Vertragsstaat anschließen würde.[43] Dieser Fall kann aber nicht eintreten, weil alle Staaten, die Eisenbahnfährlinien haben eintragen lassen, Mitgliedstaaten der OTIF sind, so dass auch die der Schiffsbeförderung vorausgehende oder nachfolgende Beförderung mit der Eisenbahn der CIM unterliegt, und sei es nur auf kurzen Strecken (vgl. das Beispiel Russlands in Einl. Rn. 5).

19    **6. Auswirkungen des Verzichts auf das Liniensystem.** Voraussetzung für die Anwendung der CIM 1980 war es, dass die Beförderung mit der Eisenbahn von Anfang bis Ende auf eingetragenen Linien erfolgte. Da Linien nur von Vertragsstaaten angemeldet werden können, mussten sämtliche von der Beförderung berührten Vertragsstaaten Mitgliedstaaten des COTIF sein. Der grundsätzliche Verzicht auf das Liniensystem im COTIF 1999, verbunden mit der weitgehenden Übernahme des Anwendungsprinzips der CMR, bringt für den internationalen *Schienengüterverkehr* erhebliche Ausweitungen des Anwendungsbereichs der CIM, weil nicht mehr alle berührten Staaten Vertragsstaaten des COTIF sein müssen. Im **Multimodalbereich** bleibt der Anwendungsbereich der CIM hingegen prinzipiell unverändert; durch Konkretisierungen wird er im Einzelnen sogar eingeschränkt: **Ergänzende Binnenbeförderungen** werden nur noch einbezogen, wenn sie auf der *Straße* oder auf *Binnengewässern* erfolgen; **eingetragene Linien**, auf denen zusätzlich zu einer Schienenbeförderung unter die CIM fallende Beförderungen durchgeführt werden, können nur noch Linien zur *See* oder auf *Binnengewässern* sein; eingetragene *Kraftfahrtlinien* gibt es nicht mehr.

20    **7. Eingeschränkter Beitritt.** Art. 42 COTIF erlaubt jedem Mitgliedstaat jederzeit, Vorbehalte einzulegen, dass er bestimmte COTIF-Anhänge, zB die CIM oder die CUV, in ihrer *Gesamtheit* nicht anwenden wird. Darüber hinaus erlaubt **Art. 1 § 6 CIM** insbesondere **SMGS-Staaten,** wenn sie zusätzlich zum SMGS auch COTIF/CIM beitreten, den räumlichen Anwendungsbereich der CIM in ihrem Land auf **bestimmte Strecken** zu beschränken, die an die Eisenbahninfrastruktur eines COTIF/CIM-Staates anschließen. Die CIM gilt dann für den Schienengüterverkehr dieses Staates mit COTIF-Staaten, sofern der *Übernahmeort* oder der *Ablieferungsort* des Gutes an diesen Strecken liegt oder diese Strecken beförderungsvertraglich für den *Transitverkehr* zwischen COTIF-Staaten genutzt werden. Zur Vermeidung von Anwendungszweifeln sind die genau zu bezeichnenden CIM-Strecken des SMGS-Staates vom Generalsekretär der OTIF in eine **Liste der Eisenbahnstrecken CIM** einzutragen (Art. 24 § 2 lit. b COTIF). Damit wird das überkommene Liniensystem in Ausnahmefällen auch für bestimmte Eisenbahnstrecken aufrechterhalten.[44]

21    Hinter der Schaffung dieser Sonderregelung stehen nicht nur finanzielle Erwägungen,[45] sondern auch das Bemühen der Staatengemeinschaft der OTIF, SMGS-Staaten, die wegen ihrer wirtschaftlichen Verflechtungen SMGS-Staaten bleiben wollen, gleichwohl die Teilnahme am COTIF für ihre Verkehrsbeziehungen mit COTIF-Staaten zu ermöglichen. Die vorbehaltsweise Einschränkung der CIM-Anwendung entfällt nach **§ 7,** wenn der betreffende Staat aus dem Kreis der SMGS-Staaten ausscheidet.

22    Von der Vorbehaltsmöglichkeit des § 6 haben **Estland, Georgien, Russland** und die **Ukraine** bei ihrem Beitritt Gebrauch gemacht: Estland hat nur die Eisenbahnstrecke Tal-

---

[43] AA *Ramming* Rn. 157.
[44] *ZA-Bericht 1999* S. 54 Ziff. 5.
[45] *Denkschrift COTIF 1999* S. 197 aE; vgl. auch *Reinhardt* ZIntEisenb 1993, 11, 13; *ZA-Bericht 1999* S. 77 Ziff. 8.

linn – Tapa – Valga CIV und CIM unterstellt; Georgien hat die kurzen Eisenbahnstrecken von den Fähranlegern in den Häfen Poti und Batumi zu den jeweiligen Hafenbahnhöfen und eine noch in Betrieb zu nehmende Transitstrecke zwischen Aserbaidschan und der Türkei der CIM unterstellt. Russland hat die kurzen Strecken zwischen den Fährterminals Baltijsk bzw. Ust Luga und den zugehörigen Hafenbahnhöfen der CIM unterstellt; die Ukraine hat im äußersten Westen sieben Strecken mit einer Gesamtlänge von insgesamt 232 km in die Streckenliste CIM eintragen lassen; diese Strecken sind auch für CIM-Verkehre Polen/Slowakei/Ungarn/Rumänien im Transit durch die Ukraine bedeutsam. **Pakistan** hatte die Absicht, bei seinem Beitritt zum 1.9.2013 ebenfalls nur einzelne an den **Iran** grenzende Eisenbahnstrecken der CIM zu unterstellen. Das ließ sich jedoch nicht verwirklichen, da Pakistan kein SMGS-Staat ist und auch nicht Vertragspartei eines anderen mit der CIM vergleichbaren Übereinkommens. Daher ist Pakistan schließlich mit seinem gesamten Streckennetz COTIF/CIM beigetreten.

Angesichts des **engen Anwendungsbereichs** des Art. 1 § 6 – von dem Vorbehaltsrecht können im Grunde nur **SMGS-Staaten** bei ihrem erstmaligen Beitritt zu COTIF/CIM Gebrauch machen – ist die von *Koller* in seiner Rn. 5 vorgestellte Übersicht über Mitgliedstaaten mit und ohne Vorbehalten gemäß Art. 1 § 6 CIM missverständlich; abgesehen von **Estland, Georgien, Russland** und der **Ukraine** kann es sich bei den Staaten mit Vorbehalten nur um Mitgliedstaaten handeln, die nach Art. 42 COTIF Vorbehalte gegenüber einzelnen Anhängen zum COTIF oder – soweit zulässig (vgl. zB Art. 28 § 3 COTIF) – gegenüber einzelnen Bestimmungen gemacht haben.

### III. Persönlicher Anwendungsbereich

Die CIM gilt für Frachtverträge über internationale Schienenbeförderungen und für **23** bestimmte in den Frachtvertrag einbezogene Beförderungen mit anderen Verkehrsmitteln. In personeller Hinsicht unterliegen der CIM die Parteien des Frachtvertrags, das sind zum einen der vertragliche und etwaige aufeinanderfolgende **Beförderer** (Art. 3 lit. a) und zum anderen der **Absender.** Der **Empfänger** erwirbt Rechte gemäß CIM nach Ankunft des Gutes am Ablieferungsort (Art. 17 § 3); schon vorher steht ihm grundsätzlich das Recht zur Änderung des Beförderungsvertrags zu (Art. 18 § 3).

Ein **Unterfrachtführer** unterliegt der CIM nur, wenn ihm der Hauptfrachtführer die **24** Durchführung der Beförderung auf der **Schiene** ganz oder teilweise übertragen und ihn damit zum **ausführenden Beförderer** gemacht hat (Art. 3 lit. b) oder wenn er sich durch Übernahme nicht nur des Gutes, sondern auch des Frachtbriefs (Art. 26), oder durch Vereinbarung mit dem Hauptbeförderer auf die CIM eingelassen hat (oben Rn. 15).

Im Gegensatz zur CIM 1980 spricht die CIM 1999 nicht mehr von der **„Eisenbahn",** **25** um den Frachtführer eines internationalen Eisenbahnfrachtvertrags zu bezeichnen, sondern vom **„Beförderer".** Damit wird den Strukturveränderungen auf dem Eisenbahnsektor Rechnung getragen, die zur Zerlegung der integrierten Eisenbahnen in „Eisenbahnverkehrsunternehmen" und „Infrastrukturbetreiber" (Art. 1 § 5, Art. 40 Satz 2) geführt haben. Der Begriff „Eisenbahn(verkehrs)unternehmen" hat ordnungsrechtliche Bedeutung (vgl. nur §§ 2, 3, 5a, 6, 8, 9 AEG) und wird im Übrigen in Europa nicht einheitlich gebraucht;[46] er schied daher für die Bezeichnung des Frachtführers in der CIM aus. Der schließlich gewählte Begriff „Beförderer" ist gegenüber öffentlich-rechtlichen Anforderungen an Eisenbahnverkehrsunternehmen genauso neutral wie der Begriff „Frachtführer" in § 407 HGB. Er erlaubt es ohne weiteres, auch den Fixkosten- oder Sammelladungsspediteur „hinsichtlich der Beförderung" den Vorschriften der CIM zu unterwerfen.[47] Die tatsächliche **Durchführung von Eisenbahnbeförderungen** auf Eisenbahninfrastrukturen ist allerdings **Eisenbahnverkehrsunternehmen** (§ 2 AEG) bzw. **„Eisenbahnbeförderern"** (Art. 6 § 1 CUI – Anhang E zum COTIF) vorbehalten, die über eine **Betriebsgenehmi-**

---

[46] Vgl. Einl. Fn. 8.
[47] Vgl. demgegenüber noch BGH 17.10.1985, TranspR 1986, 117, 118 (m. Anm. *Herber*).

gung verfügen (§ 6 AEG; Art. 3 lit. c und f sowie Art. 6 CUI). „Unternehmen mit Sitz im Inland, die Güter durch ein Eisenbahnverkehrsunternehmen befördern lassen wollen" (§ 14 Abs. 2 Nr. 2 AEG) – das sind Verlader und Speditionsunternehmen – haben im Übrigen ein eigenes Recht auf Abschluss eines Infrastrukturnutzungsvertrages mit einem Eisenbahninfrastrukturunternehmen.[48]

## IV. Vertragliche Anwendung

**26**    Liegt wenigstens der Abgangsort oder der Ablieferungsort einer internationalen Schienenbeförderung in einem Mitgliedstaat, so führt die von den Parteien vereinbarte Anwendung der CIM zu deren Geltung kraft Gesetzes (oben Rn. 9). In anderen Fällen, zB wenn eine Beförderung mit der Eisenbahn im Binnenland verknüpft ist mit einer Seebeförderung auf einer nicht in die Liste der CIM-Linien zur See eingetragenen Route, richtet sich die Wirksamkeit einer **Vereinbarung** der Parteien zur Anwendung der CIM nach **Landesrecht.**[49] In Deutschland sind dann die §§ 449, 452 ff. HGB zu beachten. In diesen Fällen reicht die bloße Verwendung des CIM-Frachtbriefs als Beförderungsdokument nicht aus, um eine Vereinbarung der CIM-Anwendung anzunehmen[50] (anders in den Fällen des § 2; vgl. oben Rn. 9).

## Art. 2. Öffentlich-rechtliche Vorschriften

**Beförderungen, auf die diese Einheitlichen Rechtsvorschriften Anwendung finden, unterliegen im übrigen den öffentlich-rechtlichen Vorschriften, insbesondere den Vorschriften über die Beförderung gefährlicher Güter sowie den Vorschriften des Zollrechtes und des Tierschutzrechtes.**

## Art. 2. Prescriptions de droit public

Les transports auxquels s'appliquent les présentes Règles uniformes restent soumis aux prescriptions de droit public, notamment aux prescriptions relatives au transport des marchandises dangereuses ainsi qu'aux prescriptions du droit douanier et à celles relatives à la protection des animaux.

## I. Normzweck

**1**    Die Vorschrift stellt klar,[1] dass neben der CIM alle öffentlich-rechtlichen Vorschriften einzuhalten sind, die für internationale Schienengüterbeförderungen gelten. Gefahrgutrecht, Zollrecht und Tierschutzrecht sind nur beispielhaft genannt.

## II. Sonstiges

**2**    Art. 3 § 1 CUV enthält eine vergleichbare Bestimmung, nach der bei der internationalen Wagenverwendung neben der CUV auch die (öffentlich-rechtlichen) Vorschriften über die technische Zulassung von Wagen zum internationalen Verkehr einzuhalten sind. Umgekehrt stellt die Ordnungsvorschrift des Art. 4 RID klar, dass Gefahrgutbeförderungen nicht nur dem RID, sondern auch den allgemeinen nationalen oder internationalen (transportrechtlichen) Vorschriften über die Schienenbeförderung von Gütern unterliegen, in Deutschland also den §§ 407 ff. HGB und im internationalen Verkehr der CIM.

---

[48] VG Köln 17.5.2013, TranspR 2014, 74.
[49] GroßkommHGB/*Helm* Art. 1 CIM 1970 Anm. 15.
[50] *Koller* Rn. 6. – Zur CIM 1961 – noch mit Liniensystem – vgl. Cass. Paris 16.5.1977, ZIntEisenb 1978, 53.
[1] Vgl. *ZA-Bericht 1999* S. 119.

## Art. 3. Begriffsbestimmungen

**Für Zwecke dieser Einheitlichen Rechtsvorschriften bezeichnet der Ausdruck**
a) „Beförderer" den vertraglichen Beförderer, mit dem der Absender den Beförderungsvertrag gemäß diesen Einheitlichen Rechtsvorschriften geschlossen hat, oder einen aufeinanderfolgenden Beförderer, der auf der Grundlage dieses Vertrages haftet;
b) „ausführender Beförderer" einen Beförderer, der mit dem Absender den Beförderungsvertrag nicht geschlossen hat, dem aber der Beförderer gemäß Buchstabe a) die Durchführung der Beförderung auf der Schiene ganz oder teilweise übertragen hat;
c) „Allgemeine Beförderungsbedingungen" die in Form von Allgemeinen Geschäftsbedingungen oder Tarifen in jedem Mitgliedstaat zu Recht bestehenden Bedingungen des Beförderers, die mit Abschluss des Beförderungsvertrages dessen Bestandteil geworden sind;
d) „intermodale Transporteinheit" Container, Wechselbehälter, Sattelauflieger oder sonstige vergleichbare Ladeeinheiten, die im intermodalen Verkehr verwendet werden.

## Art. 3. Définitions

Aux fins des présentes Règles uniformes, le terme:
a) «transporteur» désigne le transporteur contractuel, avec lequel l'expéditeur a conclu le contrat de transport en vertu de ces Règles uniformes, ou un transporteur subséquent, qui est responsable sur la base de ce contrat;
b) «transporteur substitué» désigne un transporteur, qui n'a pas conclu le contrat de transport avec l'expéditeur, mais à qui le transporteur visé à la lettre a) a confié, en tout ou en partie, l'exécution du transport ferroviaire;
c) «Conditions générales de transport» désigne les conditions du transporteur sous forme de conditions générales ou de tarifs légalement en vigueur dans chaque Etat membre et qui sont devenues, par la conclusion du contrat de transport, partie intégrante de celuici;
d) «unité de transport intermodal» désigne les conteneurs, caisses mobiles, semi-remorques ou autres unités de chargement similaires utilisées en transport intermodal.

### I. Normzweck

Den materiellen Bestimmungen der CIM sind Definitionen vorangestellt, um Klarheit **1** über einige auslegungsfähige Begriffe und damit auch über die Reichweite einzelner CIM-Vorschriften zu schaffen. Vorangestellte Definitionen erlauben darüber hinaus eine straffere Fassung der CIM.

### II. Beförderer

**1. Vertragliche und aufeinanderfolgende Beförderer (lit. a).** Die Definition des **2** Begriffs „Beförderer" in lit. a stellt klar, dass hierunter stets der vertragliche und etwaige aufeinanderfolgende Beförderer (Art. 26) zu verstehen sind, jedoch nicht ohne weiteres auch ausführende Beförderer (lit. b). **„Vertraglicher Beförderer"** ist der Beförderer, mit dem der Absender den CIM-Beförderungsvertrag geschlossen hat; der vertragliche Beförderer ist nicht gleichzusetzen mit der früheren **„Versandbahn"** (Art. 55 § 3 CIM 1980), bei der der Eisenbahntransport begonnen hat und die Art. 45 § 1 CIM 1999 jetzt in Anlehnung an Art. 36 CMR als **„ersten"** Beförderer bezeichnet. Da die CIM 1999 den internationalen Eisenbahnfrachtvertrag als **Konsensualvertrag** ausgestaltet (Art. 6 Rn. 1 u. 2), kommt es für den Vertragsschluss und die Bestimmung des vertraglichen Beförderers nicht mehr darauf an, welcher Beförderer **tatsächlich als erster** Gut und Frachtbrief übernommen hat. So kann eine Bahn, deren Beförderungsabschnitt in einer Kette faktisch aufeinanderfolgender Beförderer in der Mitte liegt, doch der vertragliche Beförderer sein, der mit dem Absender den Beförderungsvertrag schließt (Art. 45 Rn. 5). Die Aufnahme von Wettbewerb zwischen Eisenbahnen im Zuge der Abschaffung des Staatsbahnsystems hat zur Folge, dass bisherige Transitbahnen oder Endbahnen („Empfangsbahn", Art. 55 § 3 CIM 1980) im Einzugsbereich bisheriger Versandbahnen eigene Kundenbeziehungen aufbauen und Verkehre akquirieren, die sie dann selbst oder durch eine andere Bahn in Gestalt eines ausführenden oder aufeinanderfolgenden Beförderers beginnen lassen (vgl. die Unterscheidung bei den Frachtbriefangaben in Art. 7 § 1 lit. c und d). Diese auf Grund der Vertragsfreiheit möglichen Vertragsgestaltungen führen zu Schwierigkeiten bei der Bestimmung des passivlegitimierten „ersten" Beförderers iS des Art. 45 § 1 (s. dort Rn. 5). Diese Schwierigkeiten verstärken sich, wenn nicht nur **ein** vertraglicher Beförderer, sondern eine **Beförderergemeinschaft** auftritt,[1] die als rechtlich unselbstständige Personenmehrheit, vertreten durch ein Mitglied, den CIM-Vertrag mit dem Absender schließt und dann durch ihre Mitglieder nacheinander den Transport abwickelt (Art. 26 Rn. 3, Art. 45 Rn. 6 u. 19).

**3**     **2. Ausführender Beförderer.** „Ausführender Beförderer" im Sinne der CIM ist nach **lit. b** nur ein Beförderer, dem der vertragliche oder ein aufeinanderfolgender Beförderer die Durchführung der **Beförderung auf der Schiene** ganz oder teilweise übertragen hat (zur Begründung siehe Art. 1 Rn. 15). Andere Unterfrachtführer, insbesondere Straßenverkehrsunternehmer oder Binnenschiffer, sind nur Hilfspersonen im Sinne des Art. 40.[2] Die Rechtsstellung des ausführenden Beförderers ist in Art. 27 §§ 2–6 geregelt. In bestimmten Fällen, in denen ausführende Beförderer „Beförderern" gleichgestellt sein sollen, wird dies ausdrücklich angeordnet (vgl. Art. 45 §§ 6 und 7). Art. 27 § 2 besagt, dass alle für die Haftung des Beförderers maßgeblichen Bestimmungen der CIM auch für die Haftung des ausführenden Beförderers gelten, soweit es um **seinen Beförderungsabschnitt** geht. Art. 50 zB ist daher auf einen ausführenden Beförderer nur insoweit anwendbar, als die Schadensverursachung ihm für seinen Beförderungsabschnitt zugeordnet werden kann. In die solidarische Haftungsgemeinschaft aufeinanderfolgender Beförderer bei ungeklärter Schadensverursachung ist er nicht mit einbezogen.

### III. Allgemeine Beförderungsbedingungen

**4**     Unter „Allgemeinen Beförderungsbedingungen" fasst **lit. c** Allgemeine Geschäftsbedingungen und Tarife zusammen. **Tarife** der Eisenbahn sind herkömmlicherweise **Allgemeine Geschäftsbedingungen** mit **Preisangaben** (zB in Gestalt von Preisverzeichnissen oder Preistafeln; vgl. auch § 12 Abs. 1 AEG). Solange noch Tarifpflicht galt, mussten die Tarife bestimmte inhaltliche und verfahrensmäßige Anforderungen erfüllen, die in den einzelnen Mitgliedstaaten auch unterschiedlich sein konnten.[3] Besondere Bedeutung kam der Genehmigungs- und Veröffentlichungspflicht zu. Nach Abschaffung der Tarifpflicht im internationalen Eisenbahngüterverkehr durch die CIM 1999 haben diese Erfordernisse an Bedeutung verloren. Die in der CIM 1999 beibehaltene Formulierung „in jedem Mitgliedstaat zu Recht bestehende Bedingungen" zeigt aber, dass die CIM fortbestehende einzelstaatliche Genehmigungs- und Veröffentlichungspflichten achtet.[4] In Deutschland ist die Tarifpflicht (und damit auch die Genehmigungs- und Veröffentlichungspflicht) für den Eisenbahngüterverkehr abgeschafft, aber die Beförderungsentgelte und Beförderungsbedingungen werden auch im Güterverkehr weiterhin unter dem Begriff „Tarife" zusammengefasst (§ 12 Abs. 1 AEG).[5]

---

[1]  Vgl. *Kunz* TranspR 2005, 329, 337.
[2]  *Denkschrift COTIF 1999* S. 198; *ZA-Bericht 1999* S. 120 Ziff. 3.
[3]  Vgl. *Mutz* in der 1. Aufl. zu Art. 6 CIM 1980.
[4]  *ZA-Bericht 1999* S. 120 Ziff. 4.
[5]  Näher dazu BeckAEG-Komm/*Gerstner* § 12 Rn. 25, 27, 28.

Indem lit. c von Allgemeinen Beförderungsbedingungen spricht, die mit Abschluss des 5
Beförderungsvertrags „dessen Bestandteil geworden sind", wird zum Ausdruck gebracht,
dass für die CIM nur solche Beförderungsbedingungen beachtlich sind, die der **AGB-
Kontrolle** nach nationalem Recht standhalten.[6] In Deutschland kommt für die auf Grund
von internationalen Übereinkommen (zB COTIF/CIM) erlassenen Tarife und Ausführungsbestimmungen der Eisenbahnen zwar eine erleichterte Einbeziehung in Beförderungsverträge in Betracht (§ 305a Nr. 1 BGB), die Inhaltskontrolle erfolgt jedoch nach den
allgemeinen Regeln.[7]

Konkret angesprochen und vorausgesetzt werden Allgemeine Beförderungsbedingungen 6
zB in Art. 16 § 3 Satz 2 für die Festsetzung von Zuschlagsfristen eines Beförderers zu den
gesetzlichen Höchstlieferfristen.

Besondere Bedeutung als Allgemeine Beförderungsbedingungen können die vom **CIT** 7
(Einl. Rn. 49) zur Anwendung empfohlenen **ABB-CIM** erlangen (abgedruckt im Anhang
unter Nr. 5). Die DB Schenker Rail AG als größter Schienengüterbeförderer Deutschlands
und Europas hat „**Bestimmungen der DB Schenker Rail AG für den internationalen
Eisenbahnverkehr**" aufgestellt (abgedruckt im Anhang unter Nr. 6), die in ihren Ziff. 1.1,
1.3 und 1.4 auf die **ABB-CIM** und die jeweils gültigen **internationalen Tarife** und
subsidiär auf die „Allgemeinen Leistungsbedingungen **(ALB)** der DB Schenker Rail AG"
verweisen. Letztere korrespondieren mit den „**ALB der Bahnen**", die vom **Verband
Deutscher Verkehrsunternehmen** empfohlen werden.

Nicht mit Allgemeinen Beförderungsbedingungen gleichzusetzen sind die nach Art. 10 8
COTIF zu beurteilenden **Zusatzbestimmungen** mehrerer Beförderer zur Ausführung
der CIM. Beide, Zusatzbestimmungen und Allgemeine Beförderungsbedingungen, dürfen
nicht von der CIM abweichen. Ebenfalls nicht AGB, sondern **Individualvereinbarungen**
sind „**Kundenabkommen**" iS der ABB-CIM Ziff. 1 lit. e, die häufig **Rahmenvereinbarungen** darstellen und im Konfliktfall den ABB-CIM vorgehen (ABB-CIM Ziff. 2.3; vgl.
auch Ziff. 1.5 der Bestimmungen der DB Schenker Rail AG für den internationalen Eisenbahnverkehr).

### IV. Intermodale Transporteinheiten

Die Begriffsbestimmung „Intermodale Transporteinheit" in **lit. d** dient der redaktionel- 9
len Vereinfachung der CIM; sie wird in Art. 7 § 1 lit. l, Art. 23 § 3 lit. a, Art. 30 § 3 und
Art. 32 § 3 verwendet. Den „intermodalen Verkehr" von intermodalen Transporteinheiten
bezeichnen die ABB-CIM als „**Kombinierten Verkehr**".[8]

### Art. 4. Abweichungen

**§ 1. Die Mitgliedstaaten können Abkommen schließen, die Abweichungen von
diesen Einheitlichen Rechtsvorschriften für Beförderungen ausschließlich zwischen zwei beiderseits der Grenze gelegenen Bahnhöfen vorsehen, wenn sich zwischen ihnen und der Grenze kein weiterer Bahnhof befindet.**

**§ 2. Für Beförderungen zwischen zwei Mitgliedstaaten im Transit durch einen
Staat, der nicht Mitgliedstaat ist, können die beteiligten Staaten Abkommen
schließen, die von diesen Einheitlichen Rechtsvorschriften abweichen.**

**§ 3. ¹Die Abkommen gemäß den §§ 1 und 2 sowie ihre Inkraftsetzung werden
der Zwischenstaatlichen Organisation für den internationalen Eisenbahnverkehr
mitgeteilt. ²Der Generalsekretär der Organisation unterrichtet hierüber die Mitgliedstaaten und die interessierten Unternehmen.**

---

[6] *ZA-Bericht 1999* S. 120 Ziff. 5.
[7] Näher dazu *Freise* VersR 2004, 974.
[8] Zur Begriffsbildung auch *Freise* TranspR 1986, 317 f.

## Art. 4. Dérogations

§ 1. Les Etats membres peuvent conclure des accords qui prévoient des dérogations aux présentes Règles uniformes pour les transports effectués exclusivement entre deux gares situées de part et d'autre de la frontière, lorsqu'il n'y a pas d'autre gare entre elles.

§ 2. Pour les transports effectués entre deux Etats membres, transitant par un Etat non membre, les Etats concernés peuvent conclure des accords qui dérogent aux présentes Règles uniformes.

§ 3. Les accords visés aux §§ 1 et 2 de même que leur mise en vigueur sont communiqués à l'Organisation intergouvernementale pour les transports internationaux ferroviaires. Le Secrétaire général de l'Organisation en informe les Etats membres et les entreprises intéressées.

### I. Normzweck

1   Die Vorschrift ermöglicht bei zwei Fallgruppen, Abweichungen von der CIM zu vereinbaren – bis hin zur gänzlichen oder teilweisen Herausnahme bestimmter internationaler Schienengüterverkehre aus dem Geltungsbereich der CIM. Zu Zeiten des Liniensystems gemäß COTIF 1980 konnten solche Ausnahmen dadurch erreicht werden, dass bestimmte Strecken von der Eintragung in die „Liste der Linien CIM" ausgenommen oder dass für bestimmte Verkehre oder Sendungen von der zuständigen Behörde nach Art. 3 § 4 CIM 1980 besondere Vorschriften erlassen wurden; so zB geschehen für den *durchgehenden internationalen Eisenbahnverkehr* und den reinen *Pendelverkehr* („Shuttle") durch den **Ärmelkanaltunnel**.[1] Nach Abschaffung des Liniensystems ist für die Herausnahme derartiger Verkehre aus der (uneingeschränkten) Geltung der CIM ein **Abkommen** der betroffenen Mitgliedstaaten erforderlich. Diese Abkommen können sich – anders als Beförderungsbedingungen der Eisenbahn (Art. 5 Satz 3) – auch *zu Lasten* der Kunden der Eisenbahn auswirken.

### II. Anwendungsfälle

2   **1. Pendelverkehre zwischen gegenüberliegenden Grenzbahnhöfen in Mitgliedstaaten. § 1** erlaubt den Mitgliedstaaten den Abschluss abweichender Abkommen für Beförderungen zwischen zwei einander unmittelbar gegenüberliegenden Grenzbahnhöfen. Ein Bedürfnis für Abweichungen von der CIM kann bei solchen Schienengüterverkehren auftreten, die der Sache nach **„Straßenersatzverkehr"** durch einen Eisenbahntunnel (zB unter dem Ärmelkanal) oder über eine Eisenbahnbrücke sind.

3   **2. Transitverkehre durch Nichtmitgliedstaaten.** Nach Abschaffung des durchgehenden Linienerfordernisses gilt die CIM auch für Verkehre zwischen Mitgliedstaaten der OTIF im Transit durch Nichtmitgliedstaaten (Art. 1 § 1). Die Rücksichtnahme auf Interessen des Transitstaates kann es geraten erscheinen lassen, dass die beteiligten Staaten für derartige Verkehre Abweichungen von der CIM vereinbaren **(§ 2)**. Nach dem Wortlaut des § 2 („beteiligte Staaten") ist das Abkommen zwischen den betroffenen Mitgliedstaaten der OTIF und dem Transitstaat zu schließen. Dies entspricht auch Sinn und Zweck der Vorschrift, derartige Verkehre nach Möglichkeit unter eine einheitliche Rechtsordnung zu stellen und die Bereitschaft des Transitstaates für eine durchgehende Anwendung der CIM zu erreichen.

### III. Sonstiges

4   Zwischenstaatliche Abkommen mit Abweichungen von der CIM sind der OTIF mitzuteilen; deren **Generalsekretär** unterrichtet alle Mitgliedstaaten und die an den betreffenden Verkehren interessierten Unternehmen **(§ 3),** das sind insbesondere die Verbände der Eisen-

---

[1] Näher hierzu *Allégret* ZIntEisenb 1995, 57, 67 ff.; *Freeman* ZIntEisenb 1993, 27; *Ramming* Rn. 141.

bahnen und der Eisenbahnkunden. Der Generalsekretär hat jedoch **kein Prüfungsrecht,** ob die besonderen Abkommen die Voraussetzungen des Art. 4 erfüllen.[2]

## Art. 5. Zwingendes Recht

[1]**Soweit diese Einheitlichen Rechtsvorschriften es nicht ausdrücklich zulassen, ist jede Vereinbarung, die unmittelbar oder mittelbar von diesen Einheitlichen Rechtsvorschriften abweicht, nichtig und ohne Rechtswirkung.** [2]**Die Nichtigkeit solcher Vereinbarungen hat nicht die Nichtigkeit der übrigen Bestimmungen des Beförderungsvertrages zur Folge.** [3]**Dessen ungeachtet kann ein Beförderer seine Haftung und seine Verpflichtungen nach diesen Einheitlichen Rechtsvorschriften erweitern.**

## Art. 5. Droit contraignant

Sauf clause contraire dans les présentes Règles uniformes, est nulle et de nul effet toute stipulation qui, directement ou indirectement, dérogerait à ces Règles uniformes. La nullité de telles stipulations n'entraîne pas la nullité des autres dispositions du contrat de transport. Nonobstant cela, un transporteur peut assumer une responsabilité et des obligations plus lourdes que celles qui sont prévues par les présentes Règles uniformes.

### Übersicht

| | Rn. | | | Rn. |
|---|---|---|---|---|
| I. Normzweck | 1 | 2. Die Gesamtverweisung des Art. 8 § 2 | | |
| II. Inhalt der Regelung | 2–5 | COTIF | | 10, 11 |
| III. Zusatzbestimmungen | 6–8 | 3. Rechtswahl | | 12 |
| IV. Landesrecht | 9–14 | 4. Unechte Lücken | | 13 |
| 1. Verweisung auf bestimmtes Landes- | | 5. Rangfolge | | 14 |
| recht | 9 | | | |

### I. Normzweck

Die Vorschrift stellt klar, dass die CIM – wie bisher und wie in internationalen trans- **1** portrechtlichen Übereinkommen allgemein üblich – grundsätzlich **zwingend** ist **(Satz 1).** Soll eine Regelung abdingbar sein, so muss sich dies aus dem Wortlaut der Vorschrift selbst ergeben (vgl. Art. 52). **Satz 3** lässt allerdings ganz allgemein zu, dass ein Beförderer seine Haftung und seine Verpflichtungen nach der CIM **erweitern** kann (vgl. auch Einl. Rn. 36).

### II. Inhalt der Regelung

Der Wortlaut der Vorschrift lehnt sich an Art. 41 Abs. 1 CMR und an Art. 23 Abs. 1 **2** und 2 der Hamburg-Regeln an. Die CMR eröffnet jedoch nicht die Möglichkeit, dass der Straßenfrachtführer seine Haftung über die Vorschriften der CMR hinaus erweitern kann; sie schützt damit den Straßenfrachtführer vor der Nachfragemacht der verladenden Wirtschaft. Ein vergleichbares Schutzbedürfnis wird für Eisenbahnbeförderer und für Verfrachter in der Seeschifffahrt nicht gesehen.

**Haftungserweiterungen** nach **Satz 3** der Vorschrift beziehen sich nicht nur auf **Haf- 3 tungshöchstsummen** (wie etwa Art. 25 MÜ), sondern können auch in einem Verzicht auf **Haftungsbefreiungsgründe** oder in einer Ausweitung der **Haftungstatbestände** bestehen.[1] Anders als nach deutschem Recht kommt es nicht darauf an, ob der Beförderer

---

[2] *ZA-Bericht 1999* S. 121 Ziff. 4.
[1] Vgl. *Denkschrift COTIF 1999* S. 183 zum gleichlautenden Art. 5 CIV.

seine Haftung in einer Individualvereinbarung oder in AGB ausweitet. Ein Antrag Deutschlands im Rahmen der COTIF-Revision 1999, zum Schutz der Eisenbahnen gegenüber wirtschaftlichem Druck großer Verlader nur Haftungserweiterungen des Beförderers „der Höhe nach" zuzulassen (vgl. § 449 Abs. 2 HGB) wurde nicht angenommen.[2]

**4**  Ob eine **Ausweitung** der Verpflichtungen bzw. der Haftung des Beförderers vorliegt, ist für jede einzelne vertragliche Abweichung von der CIM zu prüfen; ein Gesamtvergleich aller vorgenommenen Änderungen mit abschließender **„Saldierung"** (zB: Erleichterung für den Beförderer beim Haftungsmaßstab – Haftung nur bei nachgewiesenem Verschulden –, dafür aber Erhöhung der Haftungshöchstsumme der Art. 30 § 2 und 33 § 1) ist **unzulässig.**[3] Die CIM lässt allerdings in Art. 33 § 6 zu, dass eine Verkürzung der Lieferfrist mit einer Einschränkung der Haftung verknüpft wird. Gleichzeitig wird aber angeordnet, dass in einem solchen Fall, wenn auch die gesetzlichen Höchstlieferfristen überschritten sind, der Berechtigte mindestens die in Art. 33 genannte gesetzliche Höchstentschädigung beanspruchen kann (Art. 33 Rn. 8).

**5**  Vereinbarte Abweichungen von der CIM, die nicht durch Satz 3 gedeckt sind, sind **nichtig.** Stattdessen gelten für den Vertrag die Vorschriften der CIM, von denen abgewichen werden sollte. Im Übrigen bleibt der Beförderungsvertrag wirksam **(Satz 2).**

### III. Zusatzbestimmungen

**6**  **Art. 10 COTIF** lässt zu, dass **zur Ausführung der CIM** zwei oder mehrere **Mitgliedstaaten** oder zwei oder mehrere **Beförderer** Zusatzbestimmungen vereinbaren, die aber von der CIM **nicht abweichen** dürfen. Damit ist klargestellt, dass die CIM nicht in allen Belangen vollständig ist und dass ergänzende Bestimmungen vereinbart werden dürfen (vgl. auch Einl. Rn. 37). Vor der COTIF-Reform 1999 enthielt Art. 9 CIM 1980 eine vergleichbare Bestimmung.[4]

**7**  **Staatliche Zusatzbestimmungen** sind völkerrechtliche Verträge von Mitgliedstaaten. Von dieser Möglichkeit ist bisher nur selten Gebrauch gemacht worden. Bedeutung erlangt haben die staatlichen Zusatzbestimmungen von 1993 zur Interpretation der beiden beförderungsrechtlichen Anhänge des COTIF 1980 im Falle der Trennung von Infrastrukturbetrieb und Verkehrsabwicklung (Einl. Rn. 3). Gemeinsame **Zusatzbestimmungen von Beförderern** werden regelmäßig im Rahmen des CIT (Einl. Rn. 49) beschlossen.[5] Ihr **Rechtscharakter** richtet sich nach **Landesrecht.**[6] Nach deutschem Recht handelt es sich um **AGB,** die der Inhaltskontrolle unterliegen.

**8**  Nach der Aufhebung von Beförderungspflicht und Tarifzwang erhalten die Zusatzbestimmungen eine neue Bedeutung: Sie dienen nicht mehr dazu, die detaillierten Regelungen der CIM 1980 noch weiter zu verfeinern oder – in ausdrücklich zugelassenen Fällen – zu modifizieren, sondern sie dienen jetzt dazu, die einfacher und flexibler gestaltete und häufig hinter Vereinbarungen der Vertragsparteien zurücktretende CIM 1999 in geeigneten Fällen zu ergänzen und von ihren Entscheidungsspielräumen Gebrauch zu machen (zB in den Fällen der Art. 7 § 3, 16 § 3, 49 § 1). Gemeinsame Zusatzbestimmungen mehrerer Beförderer können aber nicht die (Mit)Entscheidungsrechte der anderen Partei des Frachtvertrags, des Absenders, aufheben oder verdrängen (zB in den Fällen der Art. 6 § 6, 10 § 1, 13 § 1, 16 § 1, 18 § 3, 46 § 1). Die **ABB-CIM** – falls sie überhaupt als Zusatzbestimmungen angesehen werden können, da sie nicht eine Vereinbarung zwischen mehreren Beförderern sind, sondern eine Empfehlung des CIT als Beförderverband an seine Mitglieder – nehmen auf die Absenderrechte Rücksicht: Abweichende Vereinbarungen zwischen den Vertrags-

---

[2]  *Denkschrift COTIF 1999* S. 198.
[3]  *Koller* Rn. 1; aA Generalsekretär der OTIF ZIntEisenb 2010, 104 (Urteilsanm.).
[4]  Zu deren Entstehungsgeschichte siehe *Mutz* ZIntEisenb 1979, 114.
[5]  *Leimgruber* ZIntEisenb 1981, 128.
[6]  *Mutz* ZIntEisenb 1979, 114, 121; vgl. auch *Berthier* ZIntEisenb 1998, 84, mit Anm. des *Zentralamts* auf S. 99 f.

parteien gehen vor (ABB-CIM Nr. 2.3) und viele Einzelregelungen sind ausdrücklich unter den Vorbehalt abweichender Individualvereinbarung gestellt (ABB-CIM Nr. 4.1, 6.1, 6.2, 6.3, 6.5, 8.2, 9.1).

## IV. Landesrecht

**1. Verweisung auf bestimmtes Landesrecht.** Die CIM als **spezielles Frachtrecht** 9
ist **ergänzungsbedürftig.** Zur Bezeichnung der in Einzelfällen heranzuziehenden Vorschriften bedient sie sich verschiedener **Verweisungstechniken:** Soweit möglich wird auf **ein bestimmtes Landesrecht** verwiesen, zB auf die „Gesetze und Vorschriften" des Staates, in dem eine Nachprüfung stattfindet oder bestimmte Feststellungen durch einen Sachverständigen zu treffen sind (Art. 11 § 1, Art. 42 § 3), oder die CIM verweist auf die „Vorschriften" am Bestimmungsort oder am Ort der Ablieferung (Art. 15 § 7, Art. 17 §§ 2, 5) oder auf die „Gesetze, Vorschriften oder Gebräuche" an dem Ort, wo das Gut sich befindet (Art. 22 § 5; vgl. auch Art. 29 § 4). Art. 23 § 3 lit. g spricht von den „maßgebenden Bestimmungen". Gelegentlich verweist die CIM für eine bestimmte Rechtsfrage schlicht auf „Landesrecht" (Art. 48 § 5), ohne ein bestimmtes Landesrecht zu bezeichnen. Darüber hinaus enthält Art. 8 § 2 COTIF eine für das gesamte Übereinkommen einschließlich seiner Anhänge geltende **generelle** und **subsidiäre Verweisungsnorm.**[7]

**2. Die Gesamtverweisung des Art. 8 § 2 COTIF.** Soweit in der CIM keine Bestim- 10
mungen getroffen sind, also auch nicht auf ein bestimmtes Landesrecht verwiesen wird, gilt allgemein **„Landesrecht".** Dazu gehören nicht nur Gesetze, Verordnungen und Verwaltungserlasse, sondern unter bestimmten Umständen auch Tarife.[8] Auch das für die Mitgliedstaaten der EG geltende Gemeinschaftsrecht ist Bestandteil des jeweiligen Landesrechts.[9]

Als maßgebliches Landesrecht wird das Recht des Prozessstaats **(lex fori)** bezeichnet. 11
Art. 8 verweist aber nicht unmittelbar auf das materielle Recht des Prozessstaats (BGB, HGB usw.), sondern zunächst auf die **Kollisionsnormen** (in Deutschland des EGBGB und der Rom I-VO). Von ihnen hängt es ab, ob letztlich deutsches oder ausländisches Sachrecht anzuwenden ist. Soweit nicht die CIM das zuständige Landesrecht bezeichnet (oben Rn. 9), kommt Art. 5 Abs. 1 und 3 Rom I-VO zur Anwendung.

**3. Rechtswahl.** Art. 8 § 3 COTIF verweist auf das Recht des Staates, „in dem der 12
Berechtigte seinen Anspruch geltend macht". Durch das Zusammenspiel der Bestimmungen über die **Passivlegitimation** (Art. 45) und die **Gerichtszuständigkeit** (Art. 46) können Ansprüche unter Umständen in mehr als einem Staat geltend gemacht werden und damit verschiedene Landesrechte anwendbar sein. Angesichts des Grundsatzes der „engsten Beziehung" hat dies in der bisherigen Praxis jedoch kaum Auswirkungen gehabt.[10]

**4. Unechte Lücken.** Ungeachtet der Verweisung auf Landesrecht ist die CIM als inter- 13
nationales Einheitsrecht aus ihrem Zusammenhang heraus unter Berücksichtigung aller juristischen Auslegungsmethoden ohne Rückgriff auf nationale Rechte zu ergänzen (Art. 8 § 1 COTIF).[11]

**5. Rangfolge.** Die für internationale Eisenbahnbeförderungen bestehenden **Zusatzbe-** 14
**stimmungen** und internationalen **Tarife** haben Vorrang vor allgemeinen handelsrechtlichen, zivilrechtlichen und beförderungsrechtlichen Bestimmungen des Landesrechts, soweit diese nicht zwingenden Charakter haben.[12]

[7] *Mutz* ZIntEisenb 1975, 145; *Zentralamt* ZIntEisenb 1978, 156.
[8] *Goltermann* Art. 10 CIM 1980 Anm. 1c; *ZA-Bericht 1999* S. 42 Ziff. 2.
[9] *ZA-Bericht 1999* S. 42 Ziff. 4.
[10] *Spera* Art. 10 COTIF 1980 Anm. 4; *Zentralamt* ZIntEisenb 1978, 156, 161.
[11] Einl. Rn. 37; vgl. außerdem *Goltermann* Art. 10 CIM 1980 Anm. 1b bb; *Mutz* ZIntEisenb 1974, 104, 109 f.; *Nanassy* S. 790.
[12] Vgl. *Goltermann* Art. 10 CIM 1980 Anm. 1b bb; GroßkommHGB/*Helm* Art. 54 CIM 1970 Anm. 4.

## Titel II. Abschluss und Ausführung des Beförderungsvertrages

### Art. 6. Beförderungsvertrag

§ 1. Durch den Beförderungsvertrag wird der Beförderer verpflichtet, das Gut gegen Entgelt zum Bestimmungsort zu befördern und es dort an den Empfänger abzuliefern.

§ 2. ¹Der Beförderungsvertrag ist in einem Frachtbrief nach einem einheitlichen Muster festzuhalten. ²Das Fehlen, die Mangelhaftigkeit oder der Verlust des Frachtbriefes berührt jedoch weder den Bestand noch die Gültigkeit des Vertrages, der weiterhin diesen Einheitlichen Rechtsvorschriften unterliegt.

§ 3. ¹Der Frachtbrief wird vom Absender und vom Beförderer unterschrieben. ²Die Unterschrift kann durch einen Stempelaufdruck, einen maschinellen Buchungsvermerk oder in sonst geeigneter Weise ersetzt werden.

§ 4. Der Beförderer hat die Übernahme des Gutes auf dem Frachtbriefdoppel in geeigneter Weise zu bescheinigen und das Doppel dem Absender zu übergeben.

§ 5. Der Frachtbrief hat nicht die Bedeutung eines Konnossementes.

§ 6. ¹Für jede Sendung ist ein Frachtbrief zu verwenden. ²Soweit zwischen dem Absender und dem Beförderer nichts anderes vereinbart ist, darf ein Frachtbrief nur die Ladung eines einzigen Wagens zum Gegenstand haben.

§ 7. Im Falle einer Beförderung, die das Zollgebiet der Europäischen Gemeinschaft oder das Gebiet, in dem das gemeinsame Versandverfahren angewendet wird, berührt, muss jede Sendung von einem Frachtbrief, der den Erfordernissen des Artikels 7 entspricht, begleitet sein.

§ 8. Die internationalen Verbände der Beförderer legen im Einvernehmen mit den internationalen Verbänden der Kundschaft und den in den Mitgliedstaaten für Zollfragen zuständigen Stellen sowie mit jeder zwischenstaatlichen Organisation, die in einer regionalen Wirtschaftsgemeinschaft besteht und die über eine eigene Gesetzgebungsbefugnis auf dem Gebiet des Zolls verfügt, einheitliche Muster der Frachtbriefe fest.

§ 9. ¹Der Frachtbrief einschließlich des Frachtbriefdoppels kann auch in elektronischen Datenaufzeichnungen bestehen, die in lesbare Schriftzeichen umwandelbar sind. ²Die zur Aufzeichnung und Verarbeitung der Daten verwendeten Verfahren müssen, insbesondere hinsichtlich der Beweiskraft des verkörperten Frachtbriefes, funktional gleichwertig sein.

## Titre II. Conclusion et exécution du contrat de transport

### Art. 6. Contrat de transport

§ 1. Par le contrat de transport, le transporteur s'engage à transporter la marchandise à titre onéreux au lieu de destination et à l'y remettre au destinataire.

§ 2. Le contrat de transport doit être constaté par une lettre de voiture selon un modèle uniforme. Toutefois, l'absence, l'irrégularité ou la perte de la lettre de voiture n'affectent ni l'existence ni la validité du contrat qui reste soumis aux présentes Règles uniformes.

§ 3. La lettre de voiture est signée par l'expéditeur et le transporteur. La signature peut être remplacée par un timbre, une indication de la machine comptable ou toute autre mode approprié.

§ 4. Le transporteur doit certifier sur le duplicata de la lettre de voiture de manière appropriée la prise en charge de la marchandise et doit remettre le duplicata à l'expéditeur.

§ 5. La lettre de voiture n'a pas la valeur d'un connaissement.

§ 6. Une lettre de voiture doit être établie pour chaque envoi. Sauf convention contraire entre l'expéditeur et le transporteur, une même lettre de voiture ne peut concerner que le chargement d'un seul wagon.

§ 7. En cas d'un transport empruntant le territoire douanier de la Communauté européenne ou le territoire, sur lequel est appliquée la procédure de transit commun, chaque envoi doit être accompagné d'une lettre de voiture répondant aux exigences de l'article 7.

§ 8. Les associations internationales des transporteurs établissent les modèles uniformes de lettre de voiture en accord avec les associations internationales de la clientèle et les organismes compétents en matière douanière dans les Etats membres ainsi qu'avec toute organisation intergouvernementale d'intégration économique régionale ayant compétence pour sa propre législation douanière.

§ 9. La lettre de voiture, y compris son duplicata, peut être établie sous forme d'enregistrement électronique des données, qui peuvent être transformées en signes d'écriture lisibles. Les procédés employés pour l'enregistrement et le traitement des données doivent être équivalents du point de vue fonctionnel, notamment en ce qui concerne la force probante de la lettre de voiture représentée par ces données.

### Übersicht

| | Rn. | | Rn. |
|---|---|---|---|
| I. Normzweck | 1 | 1. Einheitliches Muster | 3–5 |
| II. Konsensualvertrag | 2 | 2. Formerfordernisse | 6–9 |
| | | 3. Ausfertigungen des Frachtbriefs | 10 |
| III. Frachtbrief | 3–11 | 4. Wirkungen des Frachtbriefs | 11 |

### I. Normzweck

Die Vorschrift bringt zum Ausdruck, dass nun auch der internationale Eisenbahnfracht- **1** vertrag nicht länger ein Real- und Formalvertrag ist (der durch Übernahme von Gut und Frachtbrief zustande kommt, Art. 11 § 1 CIM 1980), sondern ein **Konsensualvertrag,** der auf der Willenseinigung der Parteien beruht und lediglich in einem **Frachtbrief** festzuhalten ist **(§ 2). § 1** beschreibt nach dem Vorbild des § 407 Abs. 1 HGB die Hauptpflichten des Beförderers. Die Regelung dient im Hinblick auf die Haftungsbestimmungen in Art. 23 § 1, Art. 26 und 27 § 1 der Klarstellung.[1] Die Hauptpflicht des Absenders, die vereinbarte Fracht sowie die vom Vertragsschluss bis zur Ablieferung anfallenden Kosten zu bezahlen, ergibt sich aus Art. 10.

### II. Konsensualvertrag

Die Annahme des Gutes mit dem Frachtbrief ist nicht mehr entscheidend für das Zustan- **2** dekommen des Frachtvertrags. Damit wird der heutigen Praxis bei der Abwicklung des internationalen Eisenbahngüterverkehrs Rechnung getragen: Die Annahme des Gutes und die Annahme des Frachtbriefs erfolgen regelmäßig nicht mehr zur gleichen Zeit. Dies gilt insbesondere im Gleisanschlussverkehr. Rechtlich unbeachtlich ist, in welcher Reihenfolge das Gut übernommen und der Frachtbrief ausgehändigt wird.[2] Die neue Regelung berücksichtigt auch die künftige Entwicklung: Die Verwendung elektronischer Frachtdokumente (§ 9) setzt einen Konsensualvertrag voraus.[3] Da der Frachtvertrag durch Willenseinigung zustande kommt, berühren **Mängel** des Frachtbriefs oder sein **Fehlen** die Gültigkeit des Vertrags nicht (§ 2 in nahezu wörtlicher Übernahme des Art. 4 CMR).

### III. Frachtbrief

**1. Einheitliches Muster.** Der Frachtvertrag ist in einem Frachtbrief nach einheitlichem **3** Muster festzuhalten **(§ 2).** Durch die Verwendung eines einheitlichen Musters soll die

[1] *Denkschrift COTIF 1999* S. 198; *ZA-Bericht 1999* S. 121 f.
[2] *Koller* Rn. 6.
[3] *Denkschrift COTIF 1999* S. 198; *ZA-Bericht 1999* S. 122 Ziff. 4.

Beibehaltung des gemeinschaftlichen/gemeinsamen **vereinfachten Zolltransitverfahrens** der EG/EFTA gewährleistet werden.[4] Aus zollrechtlichen, nicht aus beförderungsrechtlichen Gründen schreibt § 7 für Beförderungen, die bestimmte Zollgebiete berühren, die Verwendung eines einheitlichen „CIM-Frachtbriefs" vor. Die lückenlose Einhaltung dieser Vorschrift liegt auch im Interesse der Eisenbahnen, damit nicht an der Grenze ganze Züge angehalten werden müssen, um einzelne Sendungen auszusortieren, die die zollrechtlichen Anforderungen nicht erfüllen.

4      Die Festlegung einheitlicher Frachtbriefmuster ist den internationalen Verbänden der Beförderer übertragen (**§ 8**). Auf dieser Grundlage hat das **CIT** (Einl. Rn. 49) im Einvernehmen mit den internationalen Verbänden der Eisenbahnkunden, mit den nationalen Zollbehörden und mit der EU-Kommission einen „**CIM-Frachtbrief**" und einen „**CIM-Frachtbrief kombinierter Verkehr**" entwickelt; außerdem – in Zusammenarbeit mit der **OSShD** (Einl. Rn. 48) – einen „**Einheitsfrachtbrief CIM/SMGS**".

5      Die CIM schreibt nicht mehr vor, in welchen **Sprachen** Frachtbriefe zu drucken und auszufüllen sind.[5] Die CIM-Frachtbriefe des CIT sind gemäß Anlage 2 des „**Handbuchs CIM-Frachtbrief (GLV-CIM)**" und gemäß „**Handbuch CIM-Frachtbrief Kombinierter Verkehr (GLV-TC)**" in einer oder mehreren Sprachen zu **drucken,** wobei eine Sprache Deutsch, Englisch oder Französisch sein muss. Entsprechendes gilt für die **Ausfüllung** der Frachtbriefe. Der Absender und der Beförderer können etwas anderes vereinbaren; für Gefahrgutsendungen, die dem RID unterliegen, können nur die von der Sendung berührten Staaten Abweichungen vereinbaren. Nach Ziff. 4.1 der „Bestimmungen der DB Schenker Rail für den internationalen Eisenbahnverkehr" sind Eintragungen des Absenders im CIM-Frachtbrief in deutscher Sprache abzufassen oder es ist eine deutsche Übersetzung beizugeben. Der CIM/SMGS-Frachtbrief nach dem „**Handbuch Frachtbrief CIM/SMGS (GLV CIM/SMGS)**" ist in zwei oder ggf. drei Sprachen zu drucken, wobei eine dieser Sprachen Russisch und eine weitere Deutsch, Englisch oder Französisch sein muss. Angaben, die sowohl den vom Frachtbrief dokumentierten CIM- als auch den SMGS-Frachtvertrag betreffen, sind in Russisch und in Deutsch, Englisch oder Französisch zu machen; Angaben, die nur den CIM-Vertrag betreffen, sind in einer der drei westlichen Sprachen, Angaben, die nur den SMGS-Vertrag betreffen, sind in Russisch zu machen.

6      **2. Formerfordernisse.** § 3 sieht vor, dass der Frachtbrief vom **Absender und** vom **Beförderer** zu **unterschreiben** ist, und folgt damit dem Vorbild des Art. 5 Abs. 1 CMR. Anders als das internationale Straßenfrachtrecht lässt die CIM aber auch einen **maschinellen Buchungsvermerk** als Ersatz für die eigenhändige Unterschrift zu und darüber hinaus jede „sonst geeignete" Vollzugsform. Nach Art. 11 § 1 CIM 1980 diente der Buchungsvermerk nur der Dokumentation der Annahme von Gut und Frachtbrief, nicht jedoch als Ersatz für eine Unterschrift unter dem Frachtbrief.[6] Wiederum nach dem Vorbild der CMR verzichtet die CIM auf Festlegungen, wer den Frachtbrief auszustellen hat. Dies bleibt der **Parteivereinbarung** überlassen. Die ABB-CIM sehen in Ziff. 4.1 vor, dass der Frachtbrief grundsätzlich vom Absender auszufüllen ist. Nach Ziff. 2.1 ihrer „Bestimmungen für den internationalen Eisenbahnverkehr" erstellt DB Schenker Rail den CIM-Frachtbrief und füllt ihn im Auftrag des Kunden aus; Grundlage ist ein vom Kunden zu erteilender Transportauftrag, der die für den Frachtbrief erforderlichen Angaben enthalten muss.

7      Die **Übernahme des Gutes** hat der Beförderer in geeigneter Weise auf dem **Frachtbriefdoppel** zu bescheinigen (**§ 4**). Dies *kann* wie bisher (Art. 11 § 5 CIM 1980) zB durch Anbringen des Tagesstempels oder durch maschinellen Buchungsvermerk geschehen. Eine bestimmte Form ist nicht mehr vorgeschrieben. **Ohne Übergabebescheinigung** begründet das vom Beförderer unterschriebene Frachtbriefdoppel in der Hand des Absenders noch

---

[4]  *ZA-Bericht 1999* S. 123 Ziff. 8.
[5]  *ZA-Bericht 1999* S. 124 Ziff. 16.
[6]  Vgl. *Denkschrift COTIF 1999* S. 199 zu § 3.

**keine Vermutung** für die Übernahme des Gutes durch den Beförderer.[7] Nach Ziff. 11.1 der **ABB–CIM** sind für die Übernahme des Gutes die zwischen dem Absender und dem (ersten) Beförderer geschlossenen **Vereinbarungen** und die am Übernahmeort geltenden **Vorschriften** maßgebend.

Für jede **Sendung** ist ein Frachtbrief zu verwenden (§ 6). Eine „Sendung" bildet beför- **8** derungsrechtlich und regelmäßig auch beförderungstechnisch eine Einheit. Ist eine Sendung über mehrere Güterwagen verteilt, so ist grundsätzlich für die Ladung eines jeden Wagens ein gesonderter Frachtbrief auszustellen (§ 6 Satz 2), damit auch bei Trennung der Wagen und damit der Sendung die beförderungsvertragliche Identifizierung der Güter und ihres Beförderungswegs möglich bleibt. Absender und Empfänger können jedoch etwas anderes vereinbaren, zB dass für einen **Ganzzug** aus mehreren Wagen nur ein Frachtbrief ausgestellt werden soll.

§ 9 gestattet die Verwendung von Frachtbriefen in elektronischen Datenaufzeichnungen. **9** Der **elektronische Frachtbrief** muss dem verkörperten Frachtbrief **funktional gleichwertig** sein. Dies gilt für sämtliche Funktionen des Frachtbriefs, jedoch wird auf das Problem der **Beweiskraft** besonders hingewiesen, weil auf diesem Gebiet in einzelnen Landesrechten die größten Schwierigkeiten bestehen.[8] Ziff. 4.3 der **ABB–CIM** bestimmt, dass die dem „Handbuch CIM-Frachtbrief" des CIT entsprechenden Ausdrucke des elektronischen Frachtbriefs durch die Vertragsparteien als dem Frachtbrief auf Papier gleichwertig anerkannt werden.

**3. Ausfertigungen des Frachtbriefs.** § 4 hält an der im internationalen Wirtschaftsver- **10** kehr eingeführten Terminologie „**Frachtbrief**" und „**Frachtbriefdoppel**" fest. Art. 11 § 2 nennt außerdem noch „das das Gut begleitende Blatt des Frachtbriefs". In der Praxis besteht der CIM-Frachtbrief jedoch nicht nur aus drei Blättern (wie der CMR- und der HGB-Frachtbrief), sondern aus **fünf Blättern** (Ziff. 2.3 der Bestimmungen von Railion für den internationalen Eisenbahnverkehr):

1. Das **Frachtbrief-Original** begleitet das Gut und wird bei der Ablieferung dem Empfänger ausgehändigt;
2. die **Frachtkarte** (das **Empfangsblatt**) begleitet ebenfalls das Gut und verbleibt beim (letzten) Beförderer;
3. der **Empfangsschein Zoll** ist für die zollamtliche Behandlung bestimmt;[9]
4. das **Frachtbriefdoppel** erhält der Absender;
5. der **Versandschein** verbleibt beim (ersten) Beförderer.

Rechtlich gesehen ist nicht nur das erste Frachtbriefblatt ein Frachtbrief-Original, sondern alle fünf Blätter sind Originalausfertigungen ein und derselben Urkunde.[10] Im Gegensatz zur CMR (Art. 5 Abs. 1) und zum HGB (§ 408 Abs. 2) gibt die CIM die Anzahl und Funktionen der einzelnen Frachtbriefblätter nicht vor und legt – abgesehen vom Frachtbriefdoppel – auch nicht fest, wer welches Blatt erhält. Nur soweit einer bestimmten Ausfertigung des Frachtbriefs, dem Frachtbriefdoppel für den Absender, besondere rechtliche Wirkungen zukommen – insbesondere hinsichtlich des Verfügungsrechts über das Gut und hinsichtlich der Voraussetzungen für die Geltendmachung von Ansprüchen – wird in der CIM zwischen „Frachtbrief" und „Frachtbriefdoppel" unterschieden.[11] § 407 Abs. 2 und § 417 Abs. 4 HGB sprechen von der „Absenderausfertigung" statt von einem Frachtbriefdoppel.

**4. Wirkungen des Frachtbriefs.** Die Verwendung eines Frachtbriefs ist nicht mehr **11** Voraussetzung für das Zustandekommen des Frachtvertrags. In einzelnen Fällen können

---

[7] *Koller* Rn. 6.
[8] *ZA-Bericht 1999* S. 125 Ziff. 17.
[9] Zur zollrechtlichen Bedeutung transportrechtlicher Dokumente – auch des CIM-Frachtbriefs – siehe *Weerth* TranspR 2010, 219, 221; *ders.* TranspR 2012, 63.
[10] *Denkschrift COTIF 1999* S. 199 zu § 4.
[11] *ZA-Bericht 1999* S. 124 Ziff. 12.

zusätzliche Eintragungen im Frachtbrief allerdings Voraussetzung für die Geltendmachung bestimmter Ansprüche sein und damit insoweit doch konstitutive Wirkung entfalten (Art. 19, 34, 35, 45 § 2).[12] Eine zwischen dem Absender und dem Beförderer vereinbarte Überweisung der Kosten auf den Empfänger entfaltet diesem gegenüber die aus Art. 10 § 2 abzuleitende Verpflichtungswirkung (Art. 10 Rn. 4) nur, wenn die Kostenüberweisung gemäß Art. 7 § 1 lit. o in den Frachtbrief eingetragen ist.[13] Im Übrigen ist der CIM-Frachtbrief wie andere Frachtbriefe nur noch **Beweisdokument** und **Sperrpapier:**[14] Er dient dem – widerlegbaren – Beweis für den Abschluss und den Inhalt des Frachtvertrags sowie für die Übernahme des Gutes durch den Beförderer (Art. 12) und er muss in Gestalt des Frachtbriefdoppels dem Beförderer vorgelegt werden, wenn dieser nachträgliche Weisungen ausführen soll (Art. 19 § 1). Der Frachtbrief ist jedoch **kein Wertpapier** – im Gegensatz etwa zum Ladeschein nach den §§ 443 ff. HGB. Dies wird in **§ 5** klargestellt durch Abgrenzung gegenüber dem Konnossement.[15]

### Art. 7. Inhalt des Frachtbriefes

**§ 1. Der Frachtbrief muss folgende Angaben enthalten:**
a)　**Ort und Datum der Ausstellung;**
b)　**Namen und Anschrift des Absenders;**
c)　**Namen und Anschrift des Beförderers, der den Beförderungsvertrag geschlossen hat;**
d)　**Namen und Anschrift desjenigen, dem das Gut tatsächlich aufgeliefert wird, wenn dies nicht der Beförderer gemäß Buchstabe c) ist;**
e)　**die Stelle sowie das Datum der Übernahme des Gutes;**
f)　**die Stelle der Ablieferung;**
g)　**Namen und Anschrift des Empfängers;**
h)　**die Bezeichnung der Art des Gutes und der Verpackung, bei gefährlichen Gütern die in der Ordnung für die internationale Eisenbahnbeförderung gefährlicher Güter (RID) vorgesehene Bezeichnung;**
i)　**die Anzahl der Frachtstücke und die zur Identifizierung der Stückgüter erforderlichen besonderen Zeichen und Nummern;**
j)　**die Nummer des Wagens bei Beförderungen im Wagenladungsverkehr;**
k)　**die Nummer des Eisenbahnfahrzeugs, wenn es auf eigenen Rädern rollt und als Beförderungsgut aufgegeben wird;**
l)　**außerdem, bei intermodalen Transporteinheiten, die Art, die Nummer oder die zu ihrer Identifizierung erforderlichen sonstigen Merkmale;**
m)　**die Bruttomasse des Gutes oder die Angabe der Menge in anderer Form;**
n)　**ein genaues Verzeichnis der von den Zoll- und sonstigen Verwaltungsbehörden verlangten Urkunden, die dem Frachtbrief beigegeben sind oder dem Beförderer bei einer näher bezeichneten amtlichen Stelle oder bei einer vertraglich vereinbarten Stelle zur Verfügung stehen;**
o)　**die mit der Beförderung verbundenen Kosten (Fracht, Nebengebühren, Zölle und sonstige Kosten, die vom Vertragsabschluss bis zur Ablieferung anfallen), soweit sie vom Empfänger zu zahlen sind, oder einen anderen Hinweis, dass die Kosten vom Empfänger zu zahlen sind;**
p)　**die Angabe, dass die Beförderung auch bei einer gegenteiligen Abmachung diesen Einheitlichen Rechtsvorschriften unterliegt.**

---

[12] *ZA-Bericht 1999* S. 122 Ziff. 6.
[13] AA *Koller* (Art. 7 Rn. 2 Nr. 15), der gleichwohl die für den Empfänger gravierende Bedeutung der Überweisungs-Vereinbarung zwischen Absender und Beförderer anerkennt (*Koller* Art. 10 Rn. 2 u. 3).
[14] *Koller* Rn. 2 u. 5.
[15] Zur Frage, ob im CIM-Verkehr Ladescheine eingesetzt werden können, siehe *Ramming* Rn. 777 ff., 784 f.

§ 2. Zutreffendenfalls muss der Frachtbrief ferner folgende Angaben enthalten:

a) bei Beförderungen durch aufeinanderfolgende Beförderer den zur Ablieferung des Gutes verpflichteten Beförderer, sofern er seine Zustimmung zur Eintragung in den Frachtbrief erteilt hat;

b) die Kosten, die der Absender übernimmt;

c) den Betrag einer bei der Ablieferung des Gutes einzuziehenden Nachnahme;

d) die Angabe des Wertes des Gutes und des Betrages des besonderen Interesses an der Lieferung;

e) die vereinbarte Lieferfrist;

f) den vereinbarten Beförderungsweg;

g) ein Verzeichnis der dem Beförderer übergebenen, nicht unter § 1 Buchst. n) erwähnten Urkunden;

h) die Angaben des Absenders über die Anzahl und die Bezeichnung der Verschlüsse, die er am Wagen angebracht hat.

§ 3. Die Parteien des Beförderungsvertrages können in den Frachtbrief weitere Angaben eintragen, die sie für zweckmäßig halten.

### Art. 7. Teneur de la lettre de voiture

§ 1. La lettre de voiture doit contenir les indications suivantes:

a) le lieu et la date de son établissement;

b) le nom et l'adresse de l'expéditeur;

c) le nom et l'adresse du transporteur qui a conclu le contrat de transport;

d) le nom et l'adresse de celui auquel la marchandise est remise effectivement s'il n'est pas le transporteur visé à la lettre c);

e) le lieu et la date de la prise en charge de la marchandise;

f) le lieu de livraison;

g) le nom et l'adresse du destinataire;

h) la dénomination de la nature de la marchandise et du mode d'emballage, et, pour les marchandises dangereuses, la dénomination prévue par le Règlement concernant le transport international ferroviaire des marchandises dangereuses (RID);

i) le nombre de colis et les signes et numéros particuliers nécessaires à l'identification des envois de détail;

j) le numéro du wagon, dans le cas de transport par wagons complets;

k) le numéro du véhicule ferroviaire roulant sur ses propres roues, s'il est remis au transport en tant que marchandise;

l) en outre, dans le cas d'unités de transport intermodal, la catégorie, le numéro ou d'autres caractéristiques nécessaires à leur identification;

m) la masse brute de la marchandise ou la quantité de la marchandise exprimée sous d'autres formes;

n) une énumération détaillée des documents requis par les douanes ou d'autres autorités administratives, joints à la lettre de voiture ou tenus à la disposition du transporteur auprès d'une autorité dûment désignée ou auprès d'un organe désigné dansle contrat;

o) les frais afférents au transport (prix de transport, frais accessoires, droits de douane et autres frais survenant à partir de la conclusion du contrat jusqu'à la livraison), dans la mesure où ils doivent être payés par le destinataire ou toute autre indication que les frais sont dus par le destinataire;

p) l'indication que le transport est soumis, nonobstant toute clause contraire, aux présentes Règles uniformes.

§ 2. Le cas échéant, la lettre de voiture doit contenir, en outre, les indications suivantes:

a) en cas de transport par des transporteurs subséquents, le transporteur devant livrer la marchandise, alors que celui-ci a donné son consentement à l'inscription sur la lettre de voiture;

b) les frais que l'expéditeur prend à sa charge;

c) le montant du remboursement à percevoir lors de la livraison de la marchandise;

d) la valeur déclarée de la marchandise et le montant représentant l'intérêt spécial à la livraison;

e) le délai convenu dans lequel le transport doit être effectué;

f) l'itinéraire convenu;

g) une liste des documents non cités au § 1, lettre n) remis au transporteur;

h) les inscriptions de l'expéditeur concernant le nombre et la désignation des sceaux qu'il a apposés sur le wagon.

§ 3. Les parties au contrat de transport peuvent porter sur la lettre de voiture toute autre indication qu'elles jugent utile.

## I. Normzweck

**1**     Die Vorschrift knüpft an die allgemeinen Frachtbrief-Bestimmungen des Art. 6 an. In ihrer **Dreiteilung** und bei der Reihung der erforderlichen Eintragungen lehnt sie sich an Art. 6 CMR an. Die Vorläuferregelung befand sich in Art. 13 CIM 1980. Im Einzelnen zählt Art. 7 auf, welche Angaben der Frachtbrief **in jedem Fall** enthalten muss (§ 1) und welche Angaben er **unter bestimmten Umständen** enthalten muss (§ 2). Außerdem wird den Parteien das Recht eingeräumt, in den Frachtbrief weitere Angaben einzutragen, die sie für **zweckmäßig** halten (§ 3). Wenn einzelne Muss-Angaben fehlen oder unvollständig sind, liegt gleichwohl ein Frachtbrief vor;[1] allerdings kann der Absender – ausnahmsweise auch der Beförderer – für daraus entstehende Kosten und Schäden der anderen Partei ersatzpflichtig sein (Art. 8).

## II. Muss-Inhalt des Frachtbriefs

**2**     Die neue CIM verlangt nicht mehr die Angabe des Versand- und des Bestimmungsbahnhofs, sondern die Eintragung der **Übernahme-** und der **Ablieferungsstelle** (§ 1 lit. e und **f**). Dies verdeutlicht die Einbeziehung von Vor- und Nachläufen insbesondere auf der Straße in den internationalen Eisenbahnfrachtvertrag (Art. 1 Rn. 11) und ermöglicht bei derartigen ergänzenden Beförderungen sowie im Verkehr von und nach Gleisanschlüssen eine genauere Bezeichnung der Stelle, wo das Gut vom Beförderer übernommen und wo es an den Empfänger abgeliefert wird.[2] In diesem Zusammenhang ist auch die Eintragung desjenigen zu sehen, dem das Gut **tatsächlich aufgeliefert** wird (**lit. d):** Das kann insbes. der das Gut im Auftrag der Eisenbahn abholende Straßenfrachtführer oder Binnenschiffer im Rahmen des Vorlaufs zur internationalen Schienenbeförderung, aber auch der erste „aufeinanderfolgende" Beförderer sein (vgl. Art. 3 Rn. 2).

**3**     Neu ist für die CIM außerdem **lit. p,** der Art. 6 Abs. 1 lit. k CMR entspricht und eine Folge des erweiterten Anwendungsbereichs der CIM ist. Wie die CMR beansprucht auch die CIM 1999 ihre Anwendung in Transitstaaten, die nicht Mitgliedstaaten der OTIF sind (Art. 1 § 1 Rn. 8). Diese Staaten sind allerdings nach ihrem eigenen Recht nicht ohne weiteres zur Anwendung der für sie fremden CIM verpflichtet. Um dort gleichwohl die Anwendung der CIM zu erreichen, wird der CIM durch die Frachtbriefangabe gemäß lit. p der Charakter von **vereinbartem Recht** verliehen. Ist nach dem IPR des Nichtmitgliedstaats auf den Vertrag das Recht eines Nichtmitgliedstaats anzuwenden und gestattet dieses Recht derartige Parteivereinbarungen, so hat das in einem Nichtmitgliedstaat angerufene Gericht die CIM anzuwenden.[3]

---

[1] *Denkschrift COTIF 1999* S. 200 zu Art. 7 § 1; *ZA-Bericht 1999* S. 125 Ziff. 1.
[2] *Denkschrift COTIF 1999* S. 200 zu Art. 7 § 1.
[3] *Denkschrift COTIF 1999* S. 200 zu Art. 7 § 1; *ZA-Bericht 1999* S. 125 Ziff. 3.

Neben den auch in anderen Frachtrechten üblicherweise geforderten Angaben (vgl. **4** Art. 6 CMR und § 408 HGB) verlangt die CIM einige zusätzliche Angaben, die wegen der **Besonderheiten des Schienenverkehrs** erforderlich sind. Dies gilt für **§ 1 lit. d** (Name und Anschrift eines vom vertraglichen Beförderer abweichenden Beförderers im Vorlauf, oben Rn. 2), **lit. j, k und l** (Wagen- und Fahrzeugnummern in besonderen Fällen, Identifizierungsmerkmale von intermodalen Transporteinheiten) und **lit. n** (genaues Verzeichnis der Begleitpapiere, die für die amtliche Behandlung des Gutes unterwegs erforderlich sind; mangelhafte Ausstattung einer Sendung mit Begleitpapieren soll nicht den ganzen Zug aufhalten).

Auch bei den nur **in bestimmten Fällen** geforderten Angaben gibt es einzelne Beson- **5** derheiten: Nach **§ 2 lit. a** ist bei aufeinanderfolgender Beförderung der zur Ablieferung des Gutes verpflichtete **(= letzte) Beförderer** anzugeben, sofern er seine Zustimmung zur Eintragung in den Frachtbrief erteilt hat. Seine Eintragung ist Voraussetzung dafür, dass er als Mitglied der Haftungsgemeinschaft aufeinanderfolgender Beförderer selbst dann in Anspruch genommen werden kann, wenn er weder das Gut noch den Frachtbrief erhalten hat (Art. 45 § 2), wenn also das Gut bereits bei der Versandbahn oder bei einer Transitbahn verlorengegangen oder zerstört worden ist. **Lit. f** berücksichtigt die besondere Bedeutung, die im internationalen Schienengüterverkehr dem **Leitungsweg** über bestimmte Grenzübergänge zukommt. **Lit. h** ist aufgenommen worden, weil Angaben über die **Verschlüsse des Absenders am Wagen** für die Sicherheit des Verkehrs durch den Ärmelkanaltunnel bedeutsam sind.[4] Hingegen ist für den internationalen Eisenbahngüterverkehr nicht vorgesehen, dass der Absender im Frachtbrief vorschreiben kann, dass die Güter nicht umgeladen werden dürfen (vgl. demgegenüber Art. 6 Abs. 2 lit. a CMR), oder dass der Absender dem Beförderer im Frachtbrief Weisungen über die Versicherung des Gutes erteilt (Art. 6 Abs. 2 lit. e CMR).

## Art. 8. Haftung für die Angaben im Frachtbrief

**§ 1. Der Absender haftet für alle Kosten und Schäden, die dem Beförderer dadurch entstehen, dass**

a) **die Angaben des Absenders im Frachtbrief unrichtig, ungenau oder unvollständig sind oder nicht an der für sie vorgesehenen Stelle stehen, oder**

b) **der Absender die im RID vorgeschriebenen Angaben unterlassen hat.**

**§ 2. Trägt der Beförderer auf Verlangen des Absenders Angaben in den Frachtbrief ein, wird bis zum Beweis des Gegenteils vermutet, dass der Beförderer hierbei im Namen des Absenders gehandelt hat.**

**§ 3. Enthält der Frachtbrief die in Artikel 7 § 1 Buchst. p) bezeichnete Angabe nicht, so haftet der Beförderer für alle Kosten und Schäden, die dem Verfügungsberechtigten infolge dieser Unterlassung entstehen.**

## Art. 8. Responsabilité pour les inscriptions portées sur la lettre de voiture

§ 1. L'expéditeur répond de tous les frais et dommages supportés par le transporteur du fait:

a) d'inscriptions par l'expéditeur, sur la lettre de voiture, de mentions irrégulières, inexactes, incomplètes ou portées ailleurs qu'à la place réservée à chacune d'elles ou

b) de l'omission par l'expéditeur d'inscriptions prescrites par le RID.

§ 2. Si, à la demande de l'expéditeur, le transporteur inscrit des mentions sur la lettre de voiture, il est considéré, jusqu'à preuve du contraire, comme agissant pour le compte de l'expéditeur.

---

[4] *ZA-Bericht 1999* S. 126 Ziff. 5.

§ 3. Si la lettre de voiture ne contient pas l'indication prévue à l'article 7, § 1, lettre p), le transporteur est responsable de tous les frais et dommages subis par l'ayant droit en raison de cette omission.

## I. Normzweck

1    Die Vorschrift ist Art. 7 CMR nachgebildet und bringt zum Ausdruck, dass der Absender nur für *seine* fehlerhaften oder – in Bezug auf Gefahrgut – vorschriftswidrig unterlassenen Angaben einzustehen hat. In der CIM 1980 regelte Art. 18 die Haftung des Absenders für seine Angaben im Frachtbrief. Außer der Haftung des Absenders nach Art. 8 kommt eine Haftungsbefreiung des Beförderers nach Art. 23 § 3 lit. e in Betracht.

## II. Einzelheiten

2    **1. Haftung des Absenders. a) Haftung für unrichtige Angaben.** Nach neuem Recht ist der Absender nicht mehr ohne weiteres zur Ausstellung des Frachtbriefs verpflichtet; maßgebend ist vielmehr die Parteivereinbarung (Art. 6 Rn. 6). Wenn jedoch Angaben des Absenders im Frachtbrief fehlerhaft sind, haftet er dem Beförderer für alle daraus entstehenden Kosten und Schäden (**§ 1 lit. a**). Dies gilt grundsätzlich auch dann, wenn der Beförderer auf Verlangen des Absenders Angaben in den Frachtbrief einträgt (**§ 2**). Mitarbeiter des Beförderers handeln dabei als Beauftragte des Absenders.[1] Nach Ziff. 2 der Bestimmungen von Railion für den internationalen Eisenbahnverkehr füllt im Regelfall Railion den Frachtbrief im Auftrag des Kunden aus. Trägt der Absender zur Erteilung **nachträglicher Verfügungen** Änderungen in das **Frachtbriefdoppel** ein (Art. 19 § 1), so haftet er für fehlerhafte Angaben bei der Ergänzung des Frachtbriefs ebenfalls nach Art. 8.[2] Füllt der Absender den Frachtbrief aus und lässt er bestimmte Angaben gänzlich weg, so haftet er für diese **fehlenden Angaben** nicht im Rahmen des Art. 8,[3] weil der Beförderer wegen der Erkennbarkeit der Unvollständigkeit des Frachtbriefs insoweit nicht schutzbedürftig ist: Er kann Vervollständigung der Angaben verlangen und notfalls die Durchführung des Transports verweigern. Die Haftung des Absenders bezieht sich im Rahmen des § 1 lit. a auf **gemachte Angaben,** die „in sich unzulänglich" sind.[4]

3    Die Haftung des Absenders setzt **nicht** voraus, dass ihm **Verschulden** zur Last fällt.[5] Eine dem § 414 Abs. 3 HGB entsprechende Einschränkung zugunsten von Verbrauchern in der Rolle des Absenders weist die CIM ebenso wenig auf wie die CMR. Im Übrigen sind im internationalen Eisenbahngüterverkehr kaum noch Verbraucher als Absender anzutreffen. Die Eisenbahn ist **nicht** verpflichtet, die Angaben des Absenders **nachzuprüfen.** Sie trägt auch keine Mitverantwortung, wenn sie unrichtige Eintragungen des Absenders übernimmt. Ausnahmsweise kommt jedoch **Mitverursachung** (vgl. § 414 Abs. 2 HGB) durch den Beförderer in Betracht, wenn er zB die Unrichtigkeit einer Eintragung kannte oder den Absender irregeführt hat.[6]

4    Im Gegensatz zu § 414 Abs. 1 Satz 2 HGB enthält Art. 8 § 1 **keine Haftungsbeschränkung** zugunsten des Absenders (*alle* Kosten und Schäden sind zu ersetzen). Allerdings muss

---

[1] Vgl. Cour d'appel Paris 13.2.1997, ZIntEisenb 1998, 101, 107 (zur CIM 1980); AG Viersen 18.10.1991, ZIntEisenb 1992, 97 (zur EVO).

[2] Vgl. Oberster Gerichtshof Brünn 24.11.1927, ZIntEisenb 1928, 290 f.

[3] *Koller* Rn. 2. – Zu Art. 7 CMR vgl. MüKoHGB/*Jesser-Huß* CMR Art. 7 Rn. 2; Thume/*Teutsch* Art. 7 Rn. 7.

[4] *Koller* Rn. 2. – Zu früheren CIM-Fassungen wurde dagegen eine Haftung des Absenders für fehlende Angaben angenommen wegen seiner Verpflichtung zur vollständigen Ausfüllung des Frachtbriefs, vgl. *Nanassy* S. 145 f. Anm. 5.

[5] *Koller* Rn. 3; vgl. zu früheren CIM-Fassungen GroßkommHGB/*Helm* Art. 7 CIM 1970 Anm. 1; *Nanassy* S. 145 Anm. 4.

[6] *Koller* Rn. 3; vgl. auch *Nanassy* S. 145 Anm. 4 mwN.

der Beförderer beweisen, dass die nachteiligen Folgen durch die fehlerhafte Eintragung verursacht wurden.[7]

**b) Haftung für unterlassene Gefahrgutangaben. § 1 lit. b** knüpft an Art. 7 § 1 lit. h   5
an und unterwirft den Absender einer verschuldensunabhängigen, der Höhe nach nicht beschränkten Haftung gegenüber dem Beförderer für unterlassene Gefahrgutangaben, die nach dem RID vorgeschrieben sind (vgl. auch § 414 Abs. 1 Nr. 3 HGB). Die weiteren Rechte des Beförderers in derartigen Fällen sind in Art. 9 geregelt.

**2. Haftung des Beförderers.** Fehlt im Frachtbrief der – üblicherweise vorgedruckte –   6
Hinweis auf die Anwendbarkeit der CIM (Art. 7 Rn. 3), so haftet der Beförderer dem Verfügungsberechtigten (in erster Linie Absender oder Empfänger) für alle daraus entstehenden Kosten und Schäden **(§ 3)**. Mit dieser Vorschrift soll sichergestellt werden, dass die Beförderer den Hinweis auf die unbedingte Geltung der CIM auch tatsächlich in ihre Frachtbrief-Formulare aufnehmen und damit eine weitestgehende Anwendung der CIM gewährleisten.[8]

## Art. 9. Gefährliche Güter

**Hat der Absender die im RID vorgeschriebenen Angaben unterlassen, so kann der Beförderer das Gut jederzeit, wie es die Umstände erfordern, ausladen, vernichten oder unschädlich machen, ohne dass Ersatz zu leisten ist, sofern er nicht bei Übernahme des Gutes Kenntnis von seiner gefährlichen Beschaffenheit hatte.**

## Art. 9. Marchandises dangereuses

Lorsque l'expéditeur a omis les inscriptions prescrites par le RID, le transporteur peut, à tout moment, selon les circonstances, décharger ou détruire la marchandise ou la rendre inoffensive, sans qu'il y ait matière à indemnisation, sauf s'il a eu connaissance du caractère dangereux de la marchandise lors de sa prise en charge.

### I. Normzweck

In Anlehnung an Art. 22 § 2 CMR und Art. 13 der Hamburg-Regeln legt die Vorschrift   1
die frachtrechtlichen **Befugnisse des Beförderers** fest, wenn der Absender die gemäß RID vorgeschriebenen Angaben unterlassen hat (vgl. auch § 410 Abs. 2 Nr. 1 HGB).

### II. Einzelheiten

Während Art. 8 die **Haftung des Absenders** für unterlassene Gefahrgutangaben regelt,   2
bestimmt Art. 9, wie der **Beförderer** in derartigen Fällen **frachtrechtlich** mit dem Gut **verfahren darf,** um die für ihn missliche Situation zu beenden, ohne für die getroffenen Maßnahmen, etwa die Vernichtung des Gutes, dem Absender ersatzpflichtig zu werden. Die Vorschrift soll dazu beitragen, für den Beförderer die in der Vergangenheit häufiger aufgetretenen Fälle befriedigend zu lösen, in denen Absender Verkehrsträger dazu benutzt haben, gefährliche Abfälle unbemerkt zu entsorgen. Ob und wie der Beförderer von seinen gegenüber dem Absender bestehenden frachtrechtlichen Befugnissen, das Gut auszuladen, zu vernichten oder unschädlich zu machen, im Einzelfall tatsächlich Gebrauch machen darf oder sogar muss, richtet sich allerdings nach den **öffentlich-rechtlichen Gefahrgutvorschriften.**

---

[7] Vgl. Oberster Gerichtshof Brünn 24.11.1927, ZIntEisenb 1928, 290 f.; Schweizerisches Bundesgericht 11.10.1923, ZIntEisenb 1924, 367.
[8] *Denkschrift COTIF 1999* S. 200 zu Art. 8 § 3.

**3**     In dem von den öffentlich-rechtlichen Vorschriften gezogenen Rahmen hat der Beförderer im Übrigen den Grundsatz der **Verhältnismäßigkeit** zu beachten und das gegenüber dem Absender **mildeste Mittel** zu wählen.[1] Verletzt der Beförderer diese Pflicht, macht er sich **schadensersatzpflichtig;** das gilt allerdings nur, wenn ihm **Verschulden** zur Last fällt: Da der Beförderer wegen eines Umstands tätig wird, der in die **Sphäre des Absenders** fällt, ist wie in dem wertungsmäßig gleich gelagerten Fall des Art. 22 § 1 **nicht** von einer **Gefährdungshaftung** nach Art. 23 ff. auszugehen,[2] sondern von einer Verschuldenshaftung, die wie bei der fehlerhaften Ausführung nachträglicher Verfügungen (Art. 19 § 6) nicht über den bei Verlust des Gutes zu leistenden Schadensersatz hinausgeht, sofern nicht bewusste Leichtfertigkeit iS des Art. 36 gegeben ist (vgl. Art. 22 Rn. 5 u. 6).

**4**     Die öffentlich-rechtlichen Gefahrgutvorschriften beanspruchen auch Geltung, wenn der Beförderer bei Übernahme des Gutes **Kenntnis** von dessen gefährlicher Beschaffenheit hatte. In diesem Fall verliert der Beförderer nach Art. 9 lediglich seine frachtrechtlichen Befugnisse gegenüber dem Absender, nicht seine gefahrgutrechtlichen Verpflichtungen gegenüber der Allgemeinheit.

### Art. 10. Zahlung der Kosten

**§ 1. Soweit zwischen dem Absender und dem Beförderer nichts anderes vereinbart ist, sind die Kosten (Fracht, Nebengebühren, Zölle und sonstige Kosten, die vom Vertragsabschluß bis zur Ablieferung anfallen) vom Absender zu zahlen.**

**§ 2. Sind die Kosten auf Grund einer Vereinbarung zwischen dem Absender und dem Beförderer auf den Empfänger überwiesen und hat der Empfänger weder den Frachtbrief eingelöst noch seine Rechte aus dem Beförderungsvertrag gemäß Artikel 17 § 3 geltend gemacht, noch den Beförderungsvertrag gemäß Artikel 18 abgeändert, so bleibt der Absender zur Zahlung der Kosten verpflichtet.**

### Art. 10. Paiement des frais

**§ 1. Sauf convention contraire entre l'expéditeur et le transporteur, les frais (prix de transport, frais accessoires, droits de douane et autres frais survenant à partir de la conclusion du contrat jusqu'à la livraison) sont payés par l'expéditeur.**

**§ 2. Lorsque, en vertu d'une convention entre l'expéditeur et le transporteur, les frais sont mis à la charge du destinataire et que le destinataire n'a pas retiré la lettre de voiture, ni fait valoir ses droits conformément à l'article 17, § 3, ni modifié le contrat de transport conformément à l'article 18, l'expéditeur reste tenu au paiement du frais.**

### I. Normzweck

**1**     Die Vorschrift erläutert, welche Beträge zu den „Kosten" gehören, und weist die Pflicht zu deren Bezahlung dem Absender zu, soweit die Parteien nichts anderes vereinbart haben oder wenn der Empfänger die auf ihn überwiesenen Kosten nicht bezahlt. Wenn die Kosten nicht auf den Empfänger überwiesen sind, ist der Absender ohnehin Kostenschuldner. Art. 15 CIM 1980 enthielt im Hinblick auf die Beförderungspflicht der Eisenbahn eine sehr viel ausführlichere Vorschrift über die Verteilung der Kosten zwischen Absender und Empfänger.

### II. Begriff der Kosten

**2**     Die Kosten setzen sich zusammen aus der vereinbarten **Fracht** für die Beförderung des Gutes und aus **Nebenentgelten** des Beförderers (**§ 1** spricht noch von „Nebengebühren"

---

[1] Vgl. *Koller* Rn. 1.
[2] AA *Koller* Rn. 1.

wie zu Zeiten der Staatsbahnen, die als Verwaltung organisiert waren) für bestimmte Leistungen und Maßnahmen, die von vornherein vereinbart sein oder während des Transports anfallen können, zB Nachbeeisung leicht verderblicher Güter, Instandsetzung der Verpackung, Zurechtladung oder Einlagerung des Gutes usw. Hinzu kommen Aufwendungen und Auslagen, die der Beförderer im Interesse des Gutes durch Zahlungen an Dritte hatte und die ihm zu ersetzen sind. Das gilt insbesondere für die ausdrücklich genannten **Zölle**, aber auch für andere Verwaltungsgebühren, Steuern und Abgaben, die beim Grenzübertritt anfallen können, zB Kosten für veterinärpolizeiliche oder phytosanitäre Untersuchungen. „**Sonstige Kosten**" sind nicht die allgemeinen Betriebskosten des Beförderers, die bereits mit der Fracht abgegolten sind,[1] sondern jeweils nur die Kosten **zusätzlicher Leistungen,** die über die allgemeine Transportabwicklung hinaus bei der Durchführung des konkreten Beförderungsvertrags gesondert anfallen. Nähere Erläuterungen zu den einzelnen Kostenarten enthält Ziff. 8.1 und 8.2 der **ABB-CIM.** Wie sich aus § 1 und insbes. aus Art. 17 § 1 ergibt, sind nicht nur solche Kosten zu bezahlen, die sich aus dem **Frachtbrief** ergeben, sondern alle Kosten, die durch den **Beförderungsvertrag** gedeckt sind.

### III. Kostenschuldner

Wer im Verhältnis Absender/Empfänger die Fracht und die sonstigen Kosten des Transports bezahlen soll, unterliegt nicht mehr der einseitigen Bestimmung durch den Absender (so noch Art. 15 §§ 2 und 4 CIM 1980), sondern ist nach dem Wegfall von Beförderungs- und Tarifpflicht der Eisenbahn zwischen Absender und Beförderer zu **vereinbaren.** Der Beförderer ist nicht mehr verpflichtet, auf Verlangen des Absenders die Frachtzahlung zu stunden und eine Überweisung der Kosten auf den Empfänger hinzunehmen, der möglicherweise nicht dieselbe Zahlungssicherheit bietet wie der Absender.[2] Vereinbarungen über die Zahlung der Kosten können **einzelvertraglich** oder unter Verwendung von **Allgemeinen Beförderungsbedingungen** getroffen werden.[3] Dabei können wie bisher gesetzlich vorgesehene Frankierungsmöglichkeiten weiterhin verwendet werden, es können aber auch andere Klauseln entsprechend den Bedürfnissen des internationalen Handelsverkehrs (zB Incoterms) zum Einsatz kommen. Ziff. 8 der **ABB-CIM** und Ziff. 7 der Bestimmungen von DB Schenker Rail für den internationalen Eisenbahnverkehr enthalten nähere Hinweise zur Zahlung der Kosten.

Wenn die Kosten auf Grund einer Vereinbarung zwischen Absender und Beförderer auf **4** den **Empfänger überwiesen** sind und dies gemäß Art. 7 § 1 lit. o in den Frachtbrief eingetragen ist (Art. 6 Rn. 11), wird der Empfänger Kostenschuldner, sobald er den Frachtbrief „einlöst" (= entgegennimmt) oder gemäß Art. 17 § 3 die Ablieferung oder die Verlustentschädigung[4] verlangt oder gemäß Art. 18 den Beförderungsvertrag abändert **(arg. § 2).** In diesen Fällen erlischt die zunächst noch bestehende Kostenpflicht des Absenders.[5] Wenn der Empfänger sich jedoch nicht auf den Frachtvertrag einlässt, bleibt der **Absender** weiterhin zur Zahlung der Kosten verpflichtet (§ 2, vgl. auch § 421 Abs. 4 HGB). Für die Überweisung der Kosten auf den Empfänger reicht nach Art. 7 § 1 lit. o Fall 2 ein „Hinweis", dass die Kosten vom Empfänger zu zahlen sind. Es ist nicht erforderlich, dass diese Kosten in jedem Fall spezifiziert werden (Art. 7 § 1 lit. o Fall 1). Dem entspricht es, dass der Beförderer die Ablieferung nach Art. 17 § 1 von der Zahlung der aus dem **Beförderungsvertrag** (nicht notwendig aus dem Frachtbrief) hervorgehenden Forderungen abhängig machen kann (vgl. Art. 17 Rn. 7).

---

[1] Vgl. *Koller* Rn. 1.
[2] *Denkschrift COTIF 1999* S. 200; *ZA-Bericht 1999* S. 127 Art. 10 Ziff. 1.
[3] *Koller* Rn. 2.
[4] In diesem Fall nimmt *Koller* (Rn. 2) an, dass der Empfänger nicht zum Kostenschuldner wird, sondern dass sich ggf. seine Entschädigung mindert.
[5] Vgl. *Koller* Rn. 2.

**5**     Sind die Kosten **nicht** auf den Empfänger **überwiesen,** so bleibt der Absender auch dann alleiniger Kostenschuldner, wenn der Empfänger Frachtbrief und Gut annimmt oder die Verlustentschädigung verlangt oder den Beförderungsvertrag abändert. Nach Art. 17 § 1 ist der Beförderer zwar nur gegen Zahlung der Kosten zur Ablieferung an den Empfänger verpflichtet, aus diesem **Zurückbehaltungsrecht** folgt jedoch nicht, dass der Empfänger, der die Ablieferung geschehen lässt oder sie verlangt oder den Vertrag abändert, dadurch zum Kostenschuldner wird (Art. 17 Rn. 6).[6]

## Art. 11. Nachprüfung

§ 1. [1]Der Beförderer ist berechtigt, jederzeit nachzuprüfen, ob die Beförderungsbedingungen eingehalten sind und ob die Sendung mit den Angaben des Absenders im Frachtbrief übereinstimmt. [2]Wenn sich die Nachprüfung auf den Inhalt der Sendung bezieht, erfolgt diese nach Möglichkeit in Anwesenheit des Verfügungsberechtigten; ist dies nicht möglich, zieht der Beförderer zwei unabhängige Zeugen bei, sofern die Gesetze und Vorschriften des Staates, in dem die Nachprüfung stattfindet, nicht etwas anderes bestimmen.

§ 2. [1]Stimmt die Sendung mit den Angaben im Frachtbrief nicht überein oder sind die Bestimmungen für die Beförderung der bedingt zugelassenen Güter nicht eingehalten, so ist das Ergebnis der Nachprüfung in dem das Gut begleitenden Blatt des Frachtbriefes und, soweit der Beförderer noch über das Frachtbriefdoppel verfügt, auch in diesem zu vermerken. [2]In diesem Fall ist das Gut mit den durch die Nachprüfung verursachten Kosten belastet, falls sie nicht sofort beglichen werden.

§ 3. [1]Der Absender kann, wenn er das Gut verlädt, vom Beförderer verlangen, dass dieser den Zustand des Gutes und seiner Verpackung sowie die Richtigkeit der Angaben im Frachtbrief betreffend die Anzahl der Frachtstücke, ihre Zeichen und Nummern sowie die Bruttomasse oder die anders angegebene Menge nachprüft. [2]Der Beförderer ist nur dann verpflichtet, die Nachprüfung vorzunehmen, wenn ihm angemessene Mittel hierfür zur Verfügung stehen. [3]Der Beförderer hat Anspruch auf Ersatz der Kosten der Nachprüfung. [4]Das Ergebnis der Nachprüfung ist im Frachtbrief einzutragen.

## Art. 11. Vérification

§ 1. Le transporteur a le droit de vérifier, à tout moment, si les conditions de transport ont été respectées et si l'envoi répond aux inscriptions portées sur la lettre de voiture par l'expéditeur. Lorsque la vérification porte sur le contenu de l'envoi, celle-ci se fait dans la mesure du possible en présence de l'ayant droit; dans les cas où cela n'est pas possible, le transporteur fait appel à deux témoins indépendants, à défaut d'autres dispositions dans les lois et prescriptions de l'Etat où la vérification a lieu.

§ 2. Si l'envoi ne répond pas aux inscriptions portées sur la lettre de voiture ou si les dispositions relatives au transport des marchandises admises sous condition n'ont pas été respectées, le résultat de la vérification doit être mentionné sur le feuillet de la lettre de voiture qui accompagne la marchandise, et, si le transporteur détient encore le duplicata de la lettre de voiture, également sur celui-ci. Dans ce cas, les frais occasionnés par la vérification grèvent la marchandise, à moins qu'ils n'aient été payés immédiatement.

§ 3. Lorsque l'expéditeur effectue le chargement, il a le droit d'exiger la vérification par le transporteur de l'état de la marchandise et de son emballage ainsi que de l'exactitude des énonciations de la lettre de voiture concernant le nombre de colis, leurs marques et leurs

---

[6] So auch *Koller* Rn. 3.

numéros ainsi que la masse brute ou la quantité autrement indiquée. Le transporteur n'est obligé de procéder à la vérification que s'il a les moyens appropriés pour le faire. Le transporteur peut réclamer le paiement des frais de vérification. Le résultat des vérifications est consigné sur la lettre de voiture.

## I. Normzweck

Die Vorschrift gibt dem Beförderer einerseits ein jederzeitiges **Prüfungsrecht** (§ 1), **1** andererseits unterwirft sie ihn unter bestimmten Umständen einer **Prüfungspflicht** auf Verlangen und im Interesse des Absenders (§ 3), wenn dieser die Beweiskraft des Frachtbriefs sichern will (Art. 12 § 3). Zur Prüfungspflicht des Frachtführers enthält auch die CMR (Art. 8) eine eigenständige Vorschrift, während das HGB Prüfungspflichten des Frachtführers und Rechtsfolgen vorgenommener oder unterlassener Überprüfungen im Rahmen der Vorschrift über die Beweiskraft des Frachtbriefs (§ 409) behandelt. In der CIM 1980 war das Prüfungsrecht in Art. 21 geregelt; hinsichtlich der Prüfungspflicht verwies Art. 22 auf das Landesrecht.

## II. Prüfungsrecht des Beförderers

Keinem Frachtführer ist es verwehrt, sich in angemessener Weise Gewissheit darüber zu **2** verschaffen, ob der Absender die Beförderungsbedingungen eingehalten hat und ob die Sendung mit den Angaben des Absenders im Frachtbrief übereinstimmt. Wenn **§ 1** dieses Recht dem Eisenbahnbeförderer ausdrücklich zuspricht, so geschieht das vor allem mit Blick auf die **Jederzeitigkeit** dieses Rechts, das zur Folge haben kann, dass die Sendung auch **unterwegs** angehalten und überprüft wird. Verdachtsmomente müssen dazu nicht vorliegen; der Beförderer kann die Nachprüfung auch im Rahmen von routinemäßigen **Stichprobenkontrollen** vornehmen.

Zu Zeiten des Tarifzwangs diente die entsprechende Vorschrift in Art. 21 CIM 1980 **3** vor allem der richtigen Frachtberechnung und damit der Wahrung **frachtrechtlicher Belange** der Eisenbahn. Die Vorschrift enthält auch heute **keine bahnpolizeiliche Ermächtigung** und bildet nicht die Rechtsgrundlage für die Prüfung der Einhaltung von Zoll- und sonstigen Verwaltungsvorschriften.[1] Eine **Pflicht zur Nachprüfung** besteht nur im Rahmen des § 3 auf Verlangen des Absenders. Bei der Beförderung gefährlicher Güter können sich Prüfungspflichten allerdings aus dem Gefahrgutrecht ergeben (vgl. zB § 4 GGVSE und die Anlage zum RID).

Wenn der **Inhalt der Sendung** in Abwesenheit des Verfügungsberechtigten überprüft **4** werden soll, sind grundsätzlich **zwei unabhängige Zeugen** beizuziehen. Dadurch darf dem Beförderer aber nicht die Erfüllung öffentlich-rechtlicher Pflichten, insbesondere die Erfüllung betrieblicher Sicherheitspflichten, erschwert werden.[2]

Werden bei der Nachprüfung **Abweichungen** festgestellt, so ist das Ergebnis im Fracht- **5** brief und ggf. auch im Frachtbriefdoppel zu vermerken (**§ 2**). Die durch die Nachprüfung verursachten **Kosten des Beförderers** belasten das Gut, nicht auch die mit der Nachprüfung verbundenen Kosten des Absenders oder des Empfängers. „Das Gut belasten" heißt, dass die Ablieferung des Gutes an den Empfänger von der Bezahlung der Nachprüfungskosten abhängig gemacht werden kann.[3] Der Begriff **„bedingt zugelassene Güter"** stammt aus der Zeit der Beförderungspflicht (Art. 5 CIM 1980) und meint heute vor allem **Gefahrgut,** das nur unter den Bedingungen des RID befördert werden darf. Sind die Gefahrgutbestimmungen nicht eingehalten, so können neben Art. 11 § 2 auch Art. 8 § 1 lit. b und Art. 9 zur Anwendung kommen.

---

[1] So auch *Koller* Rn. 2.
[2] *ZA-Bericht 1999* S. 127 Art. 11 Ziff. 2.
[3] Großkomm*HGB/Helm* Art. 7 CIM 1970 Anm. 3.

### III. Prüfungspflicht des Beförderers

**6**    § 3 regelt die Voraussetzungen, unter denen den Beförderer eine Prüfungspflicht trifft. Die Vorschrift ist im Zusammenhang mit Art. 12 zu sehen: Hat der **Absender** das Gut **verladen,** so beweist der Frachtbrief nach Art. 12 § 3 bestimmte Tatsachen und Angaben nur, wenn der Beförderer sie nachgeprüft und ihre Richtigkeit im Frachtbrief bestätigt hat. Art. 11 und 12 stellen auf die **tatsächliche Verladung** durch den Absender ab, nicht mehr (wie Art. 11 § 4 CIM 1980) auf die Pflicht zur Verladung, die sich heute nach Art. 13 richtet. Art. 13 hat zur Folge, dass im internationalen Schienenverkehr – anders als im Straßenverkehr – das Verladen des Gutes durch den Absender überwiegt, weil internationaler Stückgutverkehr mit der Eisenbahn kaum noch stattfindet. Art. 11 § 3 kommt daher erhebliche Bedeutung zu.

**7**    Der Absender hat bei Selbstverladung ein Interesse daran, dass der Frachtführer diejenigen Nachprüfungen vornimmt, die in diesem Fall zur **Wahrung der Beweiskraft** des Frachtbriefs erforderlich sind. Dementsprechend kann der Absender nach § 3 bei Selbstverladung verlangen, dass der Beförderer folgendes nachprüft:
- den Zustand des Gutes und seiner Verpackung;
- die Frachtbriefangaben zur Anzahl der Frachtstücke sowie zu ihren Zeichen und Nummern;
- die Bruttomasse oder die anders angegebene Menge des Gutes.
- Das Ergebnis der Nachprüfung ist im Frachtbrief einzutragen (§ 3 Satz 4).

**8** Der Beförderer hat – mit Blick auf die Beweiskraft des Frachtbriefs gemäß Art. 12 § 3 – nur den äußeren Zustand von Gut und Verpackung nachzuprüfen. Eine Pflicht, auch den **Inhalt der Frachtstücke** zu überprüfen, besteht nach der CIM nicht (anders Art. 8 Abs. 3 CMR; vgl. außerdem § 409 Abs. 3 HGB). Damit wird Rücksicht genommen auf die besonderen Verhältnisse der Eisenbahn im Wagenladungs- und Ganzzugverkehr.[4] Die Prüfungspflicht ist nach § 3 Satz 2 im Übrigen daran geknüpft, dass dem Beförderer **angemessene Mittel** zur Verfügung stehen (vgl. auch Art. 8 Abs. 2 CMR und § 409 Abs. 2 und 3 HGB). Im **Gleisanschlussverkehr** verfügt oft der Absender über die angemessenen Mittel (zB Gleiswaagen), nicht jedoch der Beförderer, der die vom Gleisanschließer (häufig mit Hilfe seiner eigenen Werksbahn) bereits zusammengestellten Wagengruppen oder Ganzzüge nur noch abholt. Lehnt der Beförderer die Nachprüfung ab, obwohl ihm angemessene Mittel zur Verfügung stehen, oder trägt er das mit den Angaben im Frachtbrief übereinstimmende Ergebnis seiner Nachprüfung nicht in den Frachtbrief ein, so kann er schadensersatzpflichtig werden, weil sein Verhalten zu Lasten des Berechtigten die Beweiskraft des Frachtbriefs gemäß Art. 12 § 3 verhindert.[5]

**9**    Wie die Frachtführer nach CMR und HGB hat auch der Eisenbahnbeförderer Anspruch auf **Ersatz der Kosten** einer von ihm vorgenommenen Nachprüfung (§ 3 Satz 3).

### Art. 12. Beweiskraft des Frachtbriefes

**§ 1. Der Frachtbrief dient bis zum Beweis des Gegenteils als Nachweis für den Abschluss und den Inhalt des Beförderungsvertrages sowie für die Übernahme des Gutes durch den Beförderer.**

**§ 2. Hat der Beförderer das Gut verladen, beweist der Frachtbrief bis zum Beweis des Gegenteils den Zustand des Gutes und seiner Verpackung gemäß den Angaben im Frachtbrief und bei Fehlen solcher Angaben den äußerlich guten Zustand bei der Übernahme des Gutes durch den Beförderer und die Richtigkeit der Angaben im Frachtbrief betreffend die Anzahl der Frachtstücke, ihre Zeichen und Nummern sowie die Bruttomasse oder die anders angegebene Menge.**

---

[4] *ZA-Bericht 1999* S. 128 Ziff. 4; vgl. auch *Koller* Rn. 3.
[5] *Koller* Rn. 3.

**§ 3.** Hat der Absender das Gut verladen, beweist der Frachtbrief bis zum Beweis des Gegenteils den Zustand des Gutes und seiner Verpackung gemäß den Angaben im Frachtbrief und bei Fehlen solcher Angaben den äußerlich guten Zustand und die Richtigkeit der Angaben nach § 2 nur, wenn der Beförderer sie nachgeprüft und das übereinstimmende Ergebnis seiner Nachprüfung im Frachtbrief vermerkt hat.

**§ 4.** ¹Der Frachtbrief dient jedoch nicht als Beweis, wenn er einen mit Gründen versehenen Vorbehalt aufweist. ²Ein Vorbehalt kann insbesondere damit begründet werden, dass dem Beförderer keine angemessenen Mittel zur Verfügung standen, um die Richtigkeit der Angaben im Frachtbrief nachzuprüfen.

## Art. 12. Force probante de la lettre de voiture

§ 1. La lettre de voiture fait foi, jusqu'à preuve du contraire, de la conclusion et des conditions du contrat de transport et de la prise en charge de la marchandise par le transporteur.

§ 2. Lorsque le transporteur a effectué le chargement, la lettre de voiture fait foi, jusqu'à preuve du contraire, de l'état de la marchandise et de son emballage indiqué sur la lettre de voiture, ou à défaut de telles indications, du bon état apparent au moment de la prise en charge par le transporteur et de l'exactitude des énonciations de la lettre de voiture concernant le nombre de colis, leurs marques et leurs numéros ainsi que la masse brute ou la quantité autrement indiquée.

§ 3. Lorsque l'expéditeur a effectué le chargement, la lettre de voiture fait foi, jusqu'à preuve du contraire, de l'état de la marchandise et de son emballage indiqué sur la lettre de voiture ou à défaut de telles indications du bon état apparent et de l'exactitude des mentions énoncées au § 2 uniquement dans le cas où le transporteur les a vérifiées et a inscrit le résultat concordant de sa vérification sur la lettre de voiture.

§ 4. Cependant, la lettre de voiture ne fait pas foi dans le cas où elle comporte une réserve motivée. Une réserve peut être motivée notamment par le fait que le transporteur n'a pas les moyens appropriés de vérifier si l'envoi répond aux inscriptions portées sur la lettre de voiture.

### Übersicht

| | Rn. | | Rn. |
|---|---|---|---|
| I. Normzweck | 1 | IV. Beweiskraft bei Verladung durch | |
| II. Beweiskraft in jedem Fall | 2, 3 | den Absender | 6–14 |
| III. Beweiskraft bei Verladung durch | | | |
| den Beförderer | 4, 5 | V. Sonstiges | 15, 16 |

### I. Normzweck

Die Vorschrift regelt die Beweiskraft des Frachtbriefs unter Berücksichtigung der **Besonderheiten des Eisenbahnverkehrs** und daher teilweise abweichend von Art. 9 CMR und § 409 HGB, aber auch in verschiedener Hinsicht anders als die Vorgängerregelung in Art. 11 §§ 3 und 4 CIM 1980. Nach der CIM hängt der Umfang der Beweiskraft davon ab, ob der Beförderer oder der Absender das Gut verladen hat. Wer die Pflicht zur Verladung hatte (Art. 13), ist in diesem Zusammenhang unbeachtlich (anders noch Art. 11 § 4 CIM 1980); es kommt nur darauf an, wer das Gut *tatsächlich* verladen hat: der Beförderer (bzw. von ihm eingesetzte Subunternehmer) oder der Absender (bzw. von ihm eingeschaltete Dritte). Hat der Beförderer das Gut verladen, so entspricht die Beweiskraft des Frachtbriefs im Ergebnis weitgehend der nach CMR und HGB. – Wenn Art. 12 vom „**Frachtbrief**" spricht, so ist damit das vom Absender und vom Empfänger **unterschriebene** und mit

**Übernahmebescheinigung** versehene Frachtbriefexemplar (Frachtbriefdoppel) iS des Art. 6 §§ 3 und 4 zu verstehen. Ohne Übernahmebescheinigung begründet der Frachtbrief nicht die Vermutung der Übernahme des Gutes durch den Beförderer (Art. 6 Rn. 7).

## II. Beweiskraft in jedem Fall

2    Nach § 1 beweist der Frachtbrief (wie nach Art. 9 Abs. 1 CMR und § 409 Abs. 1 HGB) zunächst einmal das **Zustandekommen** des Frachtvertrags und seinen **Inhalt** sowie – wegen der Übernahmebescheinigung – die **Übernahme des Gutes** durch den Beförderer. Hierbei kommt es nicht darauf an, wer das Gut verladen hat. Der Beweis ist **widerlegbar.** Geht der Frachtbrief verloren, so können der Abschluss des Frachtvertrags und sein Inhalt auch durch **andere Beweismittel** nachgewiesen werden.

3    Zum **Inhalt des Frachtvertrags,** den der Frachtbrief beweist, gehören an sich auch die **Frachtbriefangaben** zum Zustand des Gutes und seiner Verpackung, zur Anzahl der Frachtstücke, zu ihren Zeichen und Nummern sowie zur Bruttomasse oder anders angegebenen Menge. Hinsichtlich dieser Angaben ist die Beweiskraft des Frachtbriefs jedoch in den §§ 2 und 3 gesondert geregelt, und zwar abhängig davon, ob der Beförderer oder der Absender das Gut verladen hat.

## III. Beweiskraft bei Verladung durch den Beförderer

4    Hat der **Beförderer** oder ein von ihm beauftragter **Dritter,** insbesondere ein Straßenfrachtführer oder Binnenschiffer im Vorlauf (Art. 1 Rn. 11), das Gut verladen, so beweist der Frachtbrief nach § 2 – wiederum bis zum Beweis des Gegenteils – den **Zustand des Gutes** und seiner **Verpackung** gemäß den **Angaben im Frachtbrief;** enthält der Frachtbrief hierzu keine Angaben, so beweist er den **äußerlich guten Zustand** von Gut und Verpackung bei der Übernahme durch den Beförderer. Außerdem steht der Frachtbrief in dieser Fallgruppe für die Richtigkeit seiner Angaben über die **Anzahl** der Frachtstücke, ihre **Zeichen** und **Nummern** sowie die **Bruttomasse** oder die **anders angegebene Menge** des Gutes. Die Beweiskraft des Frachtbriefs für den Zustand von Gut und Verpackung **gemäß den Frachtbriefangaben** wurde 1999 eingeführt, weil auch **beschädigte Güter,** zB Unfallfahrzeuge aus dem Straßenverkehr, als Beförderungsgut bei der Eisenbahn aufgeliefert werden[1] und dann im Frachtbrief entsprechend zu kennzeichnen sind. In diesen Fällen wird zur Vermeidung von Missverständnissen nicht vom **äußerlich guten Zustand** des Gutes gesprochen. CMR und HGB kennen eine derartige Differenzierung nicht. Mit der Beweiswirkung zugunsten der Frachtbriefangaben über die **Bruttomasse** oder die anders angegebene Menge des Gutes geht die CIM über Art. 9 Abs. 2 CMR hinaus; § 409 Abs. 3 HGB enthält hingegen die gleiche Vermutungswirkung, wenn der Frachtführer das Rohgewicht oder die anders angegebene Menge des Gutes überprüft und im Frachtbrief vermerkt hat. Zum **Inhalt der Frachtstücke** enthält die CIM weder eine Überprüfungspflicht des Beförderers (Art. 11 Rn. 8) noch eine Beweiswirkung des Frachtbriefs (anders § 409 Abs. 3 HGB).

5    Will der Beförderer dem Frachtbrief **Vermutungswirkungen nehmen,** kann er von sich aus bei der Übernahme den Zustand des Gutes und der Verpackung sowie die Richtigkeit der Frachtbriefangaben nachprüfen und ggf. einen mit Gründen versehenen **Vorbehalt** in den Frachtbrief eintragen. Dann ist die **Beweislage** hinsichtlich solcher Tatsachen **offen,** auf die sich der Vorbehalt bezieht. Ein Vorbehalt ist so konkret zu fassen, dass die Umstände erkennbar sind, auf die er sich bezieht.[2] Er kann allerdings auch damit begründet werden, dass dem Beförderer keine angemessenen Mittel zur Verfügung standen (zB keine Gleiswaage), um die Richtigkeit der Frachtbriefangaben des Absenders nachzuprüfen **(§ 4).** Enthält der Vorbehalt keine Begründung, so ist er unbeachtlich. Weist der Berechtigte

---

[1] Vgl. *ZA-Bericht 1999* S. 129 Ziff. 3.
[2] Vgl. *Denkschrift COTIF 1999* S. 202 zu Art. 12.

nach, dass der Vorbehalt zu Unrecht eingetragen worden ist, kann der Beförderer sich schadensersatzpflichtig machen (vgl. Art. 11 Rn. 8).[3]

### IV. Beweiskraft bei Verladung durch den Absender

Hat der Absender das Gut verladen, so stellt § 3 nach seinem **Wortlaut und Satzbau**   **6** alle Beweiswirkungen von Frachtbriefangaben, die über § 1 hinausgehen, unter den Vorbehalt, dass der Beförderer die Angaben nachgeprüft und im Frachtbrief bestätigt hat.[4] Denn das Wort „nur" in § 3 bezieht sich auf alle in diesem Paragrafen genannten Tatbestände, ohne zwischen ihnen zu differenzieren. Der – allein verbindliche – **französische Text** besagt nichts anderes. Dem umfassend zu verstehenden Vorbehalt des Art. 12 § 3 entspricht Art. 11 § 3, wonach der selbstverladende Absender vom Beförderer verlangen kann, all das nachzuprüfen, was ohne Nachprüfung nicht in den Genuss der Beweisvermutung nach Art. 12 § 3 kommt.

Der **Bericht des Zentralamts** über die COTIF-Revision 1999 und – ihm folgend –   **7** die deutsche **Denkschrift** zum COTIF 1999 verstehen § 3 allerdings anders und gehen – ohne Begründung – davon aus, dass die Beweiskraft des Frachtbriefs auch bei Selbstverladung durch den Absender doch den (guten) äußeren Zustand des Gutes und seiner Verpackung erfasst.[5] Nach diesem Verständnis ist § 3 etwa wie folgt zu lesen: „Hat der Absender das Gut verladen, beweist der Frachtbrief *ebenfalls* bis zum Beweis des Gegenteils den Zustand des Gutes und seiner Verpackung gemäß den Angaben im Frachtbrief und bei Fehlen solcher Angaben den äußerlich guten Zustand; *hingegen beweist der Frachtbrief in diesem Fall* die Richtigkeit der *(übrigen)* Angaben nach § 2 nur, wenn der Beförderer sie nachgeprüft und das übereinstimmende Ergebnis seiner Nachprüfung im Frachtbrief vermerkt hat."

Eine derartige **Abweichung von Wortlauf und Systematik** (Gleichlauf von Art. 12   **8** § 3 mit Art. 11 § 3) kann nicht ohne Begründung vorgenommen werden. Sie ist zunächst in der **Entstehungsgeschichte** der Vorschrift zu suchen: Der **erste Entwurf des Zentralamts** für eine neue CIM vom **5. Mai 1995**[6] sah im damaligen Art. 13 zur Beweiskraft des Frachtbriefs die vollständige **Übernahme des Art. 9 CMR** mit seinen beiden Absätzen vor. Hiergegen wandten sich bei den Revisionsarbeiten neben einer Mehrheit der Staaten auch die Eisenbahnen und ihre Verbände mit dem Argument, den **Besonderheiten des Eisenbahnverkehrs** mit der regelmäßigen Verladung des Gutes durch den Absender und den eingeschränkten Nachprüfungsmöglichkeiten für den Beförderer sei durch Beibehaltung des **Art. 11 § 4 CIM 1980** Rechnung zu tragen („Für Güter, die der Absender … zu verladen hat, dienen … die Angaben im Frachtbrief über die Masse des Gutes oder die Stückzahl nur dann als Beweis gegen die Eisenbahn, wenn sie die Masse oder die Stückzahl nachgeprüft und dies im Frachtbrief vermerkt hat. …"). Der Widerstand richtete sich gegen die Übernahme des Art. 9 Abs. 2 CMR, während die Übernahme des Art. 9 Abs. 1 nicht in Frage gestellt wurde, da er der Sache nach dem Art. 11 § 3 CIM 1980 entsprach; in Gestalt des Art. 12 § 1 CIM 1999 ist diese Grundregel daher auch unangefochten Gesetz geworden.

Die weitere Ausgestaltung der Beweiswirkungen des Frachtbriefs – über § 1 hinaus –   **9** wurde auf der **4. Tagung des Revisionsausschusses der OTIF** im März 1996 ausführlich diskutiert.[7] Ziel war es, beim Umfang der Beweiswirkungen des Frachtbriefs zwischen der Verladung durch den Beförderer (neuer § 2) und der Verladung durch den Absender (neuer § 3) zu unterscheiden. Als Grundlage für die schließlich angenommene Fassung diente ein **Textvorschlag Großbritanniens** mit einer eindeutigen Klärung der Beweiswirkung bei der Verladung durch den Beförderer bzw. durch den Absender:[8]

---

[3] Vgl. *Koller* Rn. 3.
[4] So auch *Koller* Rn. 4; vgl. außerdem Emparanza/Recalde/*Recalde* S. 64, 70 f.
[5] *ZA-Bericht 1999* S. 129 Ziff. 1 und 2; *Denkschrift COTIF 1999* S. 201.
[6] Veröffentlicht in ZIntEisenb 1995, 89, 95 u. 119, 137.
[7] *Niederschrift* über die 4. Tagung des Revisionsausschusses der OTIF vom 25. bis 29.3.1996, S. 7–10.
[8] Anlage 2 zur *Niederschrift* über die 4. Tagung des Revisionsausschusses der OTIF, Sitzungsdokument 5.

„§ 2. Wurde die Verladung vom Beförderer vorgenommen, beweist der Frachtbrief den Zustand des Gutes und seiner Verpackung und die Richtigkeit der Angaben im Frachtbrief betreffend die Anzahl der Frachtstücke, ihre Zeichen und Nummern.

§ 3. Hat der Absender die Verladung vorgenommen, dient der Frachtbrief als Nachweis für die Angaben nach § 1 (es dürfte § 2 gemeint gewesen sein) nur, wenn der Beförderer sie nachgeprüft hat."

Der britische Textvorschlag wurde als in der Struktur zutreffend, in den Aussagen aber unvollständig angesehen und daher unter Zuhilfenahme insbesondere einer **Anregung des Zentralamts**[9] tatbestandlich erweitert. Auch die Anregung des Zentralamts stellt sämtliche Beweiswirkungen eines neuen § 3 unter den Vorbehalt der Nachprüfung durch den Beförderer. Der auf der 4. Tagung des Revisionsausschusses beschlossene Text wurde im weiteren Verlauf der Revisionsarbeiten nicht mehr geändert, sondern entspricht bis auf kleine redaktionelle Bereinigungen der endgültigen Fassung des Art. 12 CIM 1999.

**10**    Für einen einheitlichen Willen des **Revisionsausschusses,** den neuen § 3 so zu verstehen, dass sich die Beweiskraft des Frachtbriefs in jedem Fall auf den Zustand des Gutes und seiner Verpackung beziehen und dass das „nur" in § 3 eingeschränkte Bedeutung haben soll, geben die Sitzungsdokumente nichts her. Das **Zentralamt** hat allerdings das gefundene Ergebnis bereits in seiner Kommentierung der ersten Lesung der CIM[10] und in seinen Erläuternden Bemerkungen zur CIM für die Generalversammlung der OTIF in Vilnius[11] jeweils so dargestellt, wie es später im Bericht über die COTIF-Revision 1999 geschehen ist (oben Rn. 7), ohne dass ihm widersprochen worden wäre. Das Zentralamt hat jedoch seine vom Wortlaut und der Systematik des Art. 12 abweichende Auffassung auch bei diesen früheren Äußerungen nicht begründet und keinen Anstoß zur Klärung gegeben, so dass der Widerspruch im Raum stehen geblieben ist. Die Entstehungsgeschichte der Vorschrift gibt daher keine Veranlassung, vom eindeutigen Wortlaut und von der Systematik des Art. 12 § 3 in Verbindung mit Art. 11 § 3 abzuweichen.

**11**    **Sinn und Zweck** des Art. 12 ist es, die Beweiswirkungen des Frachtbriefs gegenüber Art. 11 §§ 3 und 4 CIM 1980 neu zu regeln und dabei auch eine Beweiswirkung hinsichtlich des Zustands von Gut und Verpackung einzuführen sowie danach zu unterscheiden, wer das Gut verladen hat. Die ratio legis kann jedoch nicht dafür in Anspruch genommen werden, die Beweiswirkung des Frachtbriefs hinsichtlich des Zustands von Gut und Verpackung müsse unabhängig davon bestehen, wer das Gut verladen hat. Wäre das gewollt worden, hätte es nahe gelegen, diese Beweiswirkung entweder nicht in den §§ 2 und 3 zu regeln, sondern mit in Art. 12 § 1 aufzunehmen, oder § 3 so zu formulieren, wie oben in Rn. 7 aufgezeigt. Das ist jedoch nicht geschehen.[12]

**12**    Insgesamt besteht keine Veranlassung, Art. 12 § 3 nicht beim Wort zu nehmen. Sollte die Anwendung dieser Vorschrift in der Praxis zu unbefriedigenden Ergebnissen führen, bleibt es den Eisenbahnbeförderern unbenommen, in ihre Allgemeinen Beförderungsbedingungen aufzunehmen, dass die Beweiskraft des Frachtbriefs über den Wortlaut des Art. 12 § 3 hinaus unabhängig davon, wer das Gut verladen hat, auch den Zustand des Gutes und der Verpackung erfassen soll. Da eine solche Klarstellung für den Beförderer haftungsverschärfende Wirkung hat, ist sie durch Art. 5 Satz 3 gedeckt.

**13**    Vom Zustand des Gutes ist der **Zustand des Wagens** zu unterscheiden, mit dem das Gut befördert wird: Wenn der Wagen, der zwar zur Sendung gehört, aber nicht Gut oder Verpackung ist, beim Empfänger äußerlich beschädigt ankommt, dann ist davon auszugehen, dass er bei der Auflieferung noch unbeschädigt war, sofern nicht der Beförderer einen Vorbehalt im Frachtbrief angebracht hat. Denn über den äußeren Zustand des Wagens hat

---

[9]  Anlage 2 zur *Niederschrift* über die 4. Tagung des Revisionsausschusses der OTIF, Sitzungsdokument 6.
[10]  *Zentralamt* ZIntEisenb 1997, 175, 195 f.
[11]  *OTIF-Dokument* AG 5/3.5 final vom 15.2.1999, Erläuternde Bemerkungen zu Art. 12, S. 25 f.
[12]  Wie sehr schon in der Vergangenheit um die Ausgestaltung der Beweiswirkung des Frachtbriefs bei Verladung des Gutes durch den Absender gerungen wurde, ist nachzulesen bei *Wick* Art. 8 CIM 1970 Anm. 15 (S. 93 f.).

der Beförderer sich bei der Übernahme vom Absender zB im Gleisanschluss ein Bild zu verschaffen. Ist aber davon auszugehen, dass der Wagen unterwegs beschädigt worden ist, so lässt dies im Rahmen freier richterlicher Beweiswürdigung auch Rückschlüsse darauf zu, wann das beschädigt angekommene Gut beschädigt worden ist.

Die CIM 1980 (Art. 11 § 4) sprach bei Verladung des Gutes durch den Absender **14** bestimmten von der Eisenbahn nicht nachgeprüften Frachtbriefangaben des Absenders den Beweiswert nur **gegen die Eisenbahn** ab. Gegenüber dem Absender hatten seine eigenen Angaben volle Beweiskraft.[13] Die Einschränkung „gegen die Eisenbahn" ist in Art. 12 § 3 nicht mehr enthalten. Heute muss der Absender im Rahmen des Art. 8 für seine (unrichtigen) Frachtbriefangaben einstehen.

### V. Sonstiges

Die CIM 1999 äußert sich nicht mehr dazu, welche Auswirkungen es auf die Beweiskraft **15** des Frachtbriefs hat, wenn der Wagen dem Empfänger mit **unversehrten Originalver-schlüssen** des Absenders übergeben wird, der Inhalt des Wagens jedoch nicht mit den Angaben im Frachtbrief übereinstimmt. Nach Art. 11 § 4 Abs. 2 CIM 1980 dienten in diesem Fall die Angaben im Frachtbrief über die Masse oder die Stückzahl nicht als Beweis gegen die Eisenbahn. Entsprechendes gilt heute noch im internationalen Binnenschiffsverkehr gemäß Art. 12 § 3 CMNI. Nunmehr wird es auf die **Umstände des Einzelfalls** ankommen, ob der Beförderer unter Hinweis auf die Unversehrtheit der Originalverschlüsse die Vermutungswir-kung der Frachtbriefangaben entkräften kann. „Unbeachtlich" – wie die Denkschrift zum COTIF 1999 meint[14] – sind unversehrte Verschlüsse jedenfalls nicht.[15] Zur Anbringung von Verschlüssen vgl. im Übrigen Art. 7 § 2 lit. h sowie Ziff. 6.4 ABB-CIM.

Rechtsprechung und Literatur zur Beweiskraft des Frachtbriefs gemäß früheren CIM- **16** Fassungen können im Rahmen des Art. 12 CIM 1999 noch herangezogen werden, soweit sie Fragen betreffen, die durch den Übergang vom Real- zum Konsensualvertrag und durch den Wegfall von Beförderungs- und Tarifpflicht nicht berührt werden:
– Wird die Sendung unterwegs ohne Wissen und nicht unter Aufsicht des Absenders umgeladen, kann das Gut nicht mehr als vom Absender verladen angesehen werden.[16]
– Das Anbringen eines Verwiegestempels im falschen Frachtbrieffeld beeinträchtigt nicht den Beweiswert für das Gewicht des Gutes; der Verwiegestempel dient allerdings nicht als Beweis für die Stückzahl.[17]
– die CIM-Vorschriften über die Beweiskraft des Frachtbriefs gelten nur im frachtrechtli-chen Verhältnis zur Eisenbahn; sie können nicht ohne weiteres im Rahmen anderer Rechtsverhältnisse herangezogen werden, etwa im Rahmen eines Kaufvertrags.

### Art. 13. Verladen und Entladen des Gutes

**§ 1.** **[1]Der Absender und der Beförderer vereinbaren, wem das Verladen und das Entladen des Gutes obliegt. [2]Fehlt eine solche Vereinbarung, trifft die Pflicht zum Verladen und Entladen bei Stückgut den Beförderer, während bei Wagenladungen die Pflicht zum Verladen den Absender und die Pflicht zum Entladen nach der Ablieferung den Empfänger trifft.**

**§ 2.** **[1]Wird das Gut vom Absender verladen, so haftet er für alle Folgen der mangelhaften Verladung und hat dem Beförderer insbesondere den ihm daraus entstandenen Schaden zu ersetzen. [2]Der Beförderer hat die mangelhafte Verla-dung nachzuweisen.**

---

[13] Vgl. auch *Wick* Art. 8 CIM 1970 Anm. 16 (S. 94).
[14] *Denkschrift COTIF 1999* S. 201 vor § 4; zurückhaltender *ZA-Bericht 1999* S. 130 oben.
[15] BGH 9.10.2013, TranspR 2013, 433, 436 (Rn. 36).
[16] Cour d'appel Paris 1.3.1951, ZIntEisenb 1951, 305.
[17] Cour d'appel Rouen 29.4.1982, ZIntEisenb 1983, 115.

## Art. 13. Chargement et déchargement de la marchandise

§ 1. L'expéditeur et le transporteur conviennent à qui incombe le chargement et le déchargement de la marchandise. A défaut d'une telle convention, le chargement et le déchargement incombent au transporteur pour les colis alors que pour les wagons complets, le chargement incombe à l'expéditeur et le déchargement, après la livraison, au destinataire.

§ 2. L'expéditeur est responsable de toutes les conséquences d'un chargement défectueux effectué par lui et doit notamment réparer le dommage subi de ce fait par le transporteur. La preuve du chargement défectueux incombe au transporteur.

### I. Normzweck

1    Die Verladung geht der eigentlichen Beförderung des Gutes voraus. Die Vorschrift überlässt in erster Linie den Vertragsparteien die Festlegung, wer das Gut zu verladen und zu entladen hat. Fehlt eine Vereinbarung der Parteien, so hängt die Verteilung der Verlade- und der Entladepflichten – den Eigenheiten des Eisenbahnverkehrs entsprechend – davon ab, ob es sich um Stückgut oder um Wagenladungen handelt. Art. 20 CIM 1980 verwies hinsichtlich der Verladepflicht in erster Linie auf die für den Versandbahnhof geltenden Vorschriften.

### II. Verladepflichten und Verladevorschriften

2    Da im internationalen Eisenbahnverkehr nach Wegfall der Beförderungspflicht kaum noch Stückgut angenommen wird, trifft die Verladepflicht regelmäßig den **Absender (§ 1).** Sofern er nicht bereits über Güterwagen verfügt – etwa als Halter oder Mieter von Privatgüterwagen –, stellt ihm der Beförderer Güterwagen für seine **Wagenladungen** zur Verfügung. Ein gesonderter **Wagenstellungsvertrag** (Vorbem. CUV Rn. 4) ist dafür nicht mehr erforderlich, seit der Frachtvertrag ein Konsensualvertrag ist, der bereits vor der Übergabe von Gut und Frachtbrief an die Eisenbahn geschlossen und um Vereinbarungen zur Wagenstellung ergänzt werden kann. Allgemeine Bestimmungen über Wagenstellung und Entladen finden sich auch in Ziff. 6 der ABB-CIM. Nach Ziff. 6.2 ist im **kombinierten Verkehr** grundsätzlich der Kunde für den **Umschlag** der intermodalen Transporteinheiten auf den bzw. von dem Eisenbahnwagen verantwortlich.

3    Im Gegensatz zu § 412 Abs. 1 HGB schafft die CIM eine Verpflichtung des **Empfängers** zur Entladung von Wagenladungen. Das gilt allerdings erst **nach der Ablieferung** des Gutes und damit erst dann, wenn der Empfänger sich auf den Frachtvertrag eingelassen hat.[1] Die Einlösung des Frachtbriefs (Art. 17 §§ 1 u. 4) ist nicht Voraussetzung für das Entstehen der Entladepflicht des Empfängers.[2]

4    Art. 13 verweist hinsichtlich der Pflicht zur Verladung und hinsichtlich der bei der Verladung einzuhaltenden Richtlinien nicht mehr auf internationale Tarife oder auf die für den Versandbahnhof geltenden Vorschriften (so noch Art. 20 CIM 1980); gleichwohl sind einschlägige **öffentlich-rechtliche Verladevorschriften** (insbesondere für Gefahrgut) sowie Bestimmungen in **AGB** zu beachten. Ziff. 6 der Bestimmungen von DB Schenker Rail für den internationalen Eisenbahnverkehr verweist in diesem Zusammenhang auf die „**UIC-Verladerichtlinien**", die in die Verladerichtlinien von DB Schenker Rail eingearbeitet sind. Wesentliche Bestimmungen zum Verladen enthalten auch die ABB-CIM in Ziff. 6.

5    Die CIM unterscheidet zwar nicht wie das HGB (§ 412) zwischen **beförderungssicherer** und **betriebssicherer Verladung,** doch ist diese Unterscheidung dem Eisenbahnrecht nicht fremd.[3] Danach hat der zur Beladung Verpflichtete das Gut so zu verladen, dass Schäden am Gut selbst, am Wagen oder an anderen Gütern sowie an den Bahnanlagen

---

[1] Vgl. *Koller* Rn. 2.
[2] So aber *ZA-Bericht 1999* S. 130 Ziff. 3. und – ihm folgend – *Denkschrift COTIF 1999* S. 202.
[3] S. *Goltermann* § 59 EVO Anm. 3a.

bei der Beförderung unterbleiben (**beförderungssichere Verladung**). Daneben ist die Eisenbahn – auch wenn der Absender das Gut verladen hat – zur Wahrung der **Betriebssicherheit** verpflichtet und hat Belademängel (insbesondere Lademaßüberschreitungen), die die Betriebssicherheit gefährden, zu unterbinden.

### III. Haftung

Im Gegensatz zum HGB und zur CMR enthält die CIM eine eigene **Haftungsvorschrift** bei mangelhafter Verladung durch den Absender (**§ 2**). Danach haftet der Absender dem Beförderer für alle aus der mangelhaften Verladung entstandenen Schäden **unbeschränkt**; der Beförderer hat zwar die mangelhafte Verladung nachzuweisen, jedoch **nicht auch Verschulden** des Absenders.[4] Seit der CIM 1961 trifft den Absender für Verlademängel eine verschuldensunabhängige **Kausalhaftung**.[5] 6

Da der Absender für „**alle Folgen**" seiner mangelhaften Verladung zu haften hat, kann der Beförderer ihm gegenüber auch **Schäden Dritter** (zB der Eigentümer anderer beförderter Güter) geltend machen,[6] die er zu ersetzen hat. Hier gelten die gleichen Erwägungen wie sie der Revisionsausschuss im Rahmen des Art. 14 für die Formulierung „**alle ... Schäden und Kosten**" aus Verpackungsfehlern des Absenders angestellt hat (vgl. Art. 14 Rn. 2). 7

Soweit der **Beförderer** für den Schaden **mitverantwortlich** ist, zB weil er nicht gegen Belademängel eingeschritten ist, die die Betriebssicherheit gefährden, kommen die **Mitverschuldensregeln des Landesrechts** zur Anwendung (§ 254 BGB).[7] Der Beförderer haftet jedoch nicht, wenn er bei Beachtung der für ihn geltenden Vorschriften den Belademangel nicht bemerken konnte.[8] 8

Hinsichtlich der Schäden an dem vom Absender verladenen Gut treffen die **Absenderhaftung** und die **Beförderhaftung für Güterschäden** nach Art. 23 ff. aufeinander. Die (mangelhafte) Verladung durch den Absender begründet für den Beförderer einen **Haftungsbefreiungsgrund** nach Art. 23 §§ 2 und 3 lit. c, „soweit" nicht eigene Verantwortung des Beförderers bestehen bleibt. Hat der Beförderer die Verladung oder Entladung vorgenommen, so richtet sich seine Haftung für Güter- und Verspätungsschäden ebenfalls nach den Art. 23 ff. 9

## Art. 14. Verpackung

**Der Absender haftet dem Beförderer für alle durch das Fehlen oder die Mangelhaftigkeit der Verpackung des Gutes verursachten Schäden und Kosten, es sei denn, dass der Mangel offensichtlich oder dem Beförderer bei der Übernahme des Gutes bekannt war und er diesbezüglich keine Vorbehalte gemacht hat.**

## Art. 14. Emballage

L'expéditeur est responsable envers le transporteur de tous les dommages et des frais qui auraient pour origine l'absence ou la défectuosité de l'emballage de la marchandise, à moins que, la défectuosité étant apparente ou connue du transporteur au moment de la prise en charge, le transporteur n'ait pas fait de réserves à son sujet.

---

[4] Vgl. auch *Koller* Rn. 3.
[5] Vgl. Urteilsanmerkung des *Zentralamts* in ZIntEisenb 1962, 171, 173 f., und *Mutz* in der 1. Aufl. Art. 21 CIM 1980 Rn. 3 mwN.
[6] Ebenso *Koller* Rn. 3.
[7] Vgl. *Durand* ZIntEisenb 1964, 117, 119.
[8] Cass. Paris 8.6.1983, ZIntEisenb 1985, 26; vgl. auch *Koller* Rn. 3.

## I. Normzweck

**1**    Die CIM geht davon aus, dass der Absender das Gut ordentlich zu verpacken hat, und regelt in Anlehnung an Art. 10 CMR[1] nur noch die **Haftung des Absenders** für fehlende oder mangelhafte Verpackung des Gutes. Die Verpackungspflicht ist in den ABB-CIM näher geregelt; deren Ziff. 7 kommt dem § 411 HGB nahe. Mit der Haftung des Absenders für **Verpackungsfehler** korrespondiert ein besonderer **Haftungsbefreiungsgrund** für den Beförderer (Art. 23 § 3 lit. b). In der CIM 1980 regelte Art. 19 die Verpackungspflicht des Absenders und seine Haftung für Verpackungsfehler.

## II. Haftung des Absenders

**2**    Der Absender haftet dem Beförderer für **alle** durch Verpackungsfehler verursachten **Schäden und Kosten;** eine Auffächerung der Schäden wie in Art. 10 CMR („Schäden an Personen, am Betriebsmaterial und an anderen Gütern") unterbleibt. Das bedeutet jedoch **nicht,** dass der Absender **nur** für **Schäden des Beförderers** zu haften hätte; vielmehr ist der Beförderer berechtigt, gegenüber dem Absender auch Schäden geltend zu machen, die **Dritte** durch Verpackungsfehler des Absenders erleiden[2] und vom Beförderer ersetzt verlangen. Nach Koller[3] sind Schäden Dritter nur im Rahmen der **Drittschadensliquidation** zu ersetzen. Es erscheint jedoch zweifelhaft, ob das Rechtsinstitut der Drittschadensliquidation das richtige Instrument und der richtige Maßstab für die Haftung des Absenders nach der CIM bei Verpackungsmängeln ist.[4] Art. 14 regelt die Haftung des Absenders **gegenüber dem Beförderer** im Rahmen des Frachtvertrags für alle Schäden und Kosten, die dem Beförderer durch den Verpackungsmangel entstehen. Der Beförderer soll nicht auf Kosten sitzen bleiben, die ihm dadurch entstehen, dass er Dritte wegen der Folgen des Verpackungsmangels entschädigen muss. Kosten, die dem Beförderer nicht entstehen, weil und soweit er für den Schaden eines Dritten nicht zu haften hat, braucht ihm der Absender auch nicht zu ersetzen. Der Beförderer ist nicht die „Clearingstelle" zur Regulierung sämtlicher Schäden, die irgendwelchen Betroffenen durch einen vom Absender zu verantwortenden Verpackungsmangel entstehen können. Der Kreis der Betroffenen kann groß und die Haftung des Beförderers ihnen gegenüber kann sehr unterschiedlich sein: Seinen anderen **Ladungsbeteiligten** haftet der Beförderer für Güter- und Verspätungsschäden nach den Art. 23 ff., soweit er sich nicht auf ein für ihn unabwendbares Ereignis nach Art. 23 § 2 berufen kann; dem **Halter** des von ihm verwendeten Güterwagens haftet der Beförderer nach Art. 4 § 1 CUV für die durch den Verpackungsmangel entstandenen Wagenschäden, sofern ihm nicht der Beweis gelingt, dass der Schaden nicht durch sein Verschulden verursacht worden ist; dem **Betreiber der Schieneninfrastruktur** (und dessen Personal) haftet der Beförderer – wenn der Verpackungsmangel zB zu einer Entgleisung geführt hat – nach Art. 9 § 1 CUI, wenn kein Haftungsbefreiungsgrund gemäß Art. 9 § 2 CUI vorliegt. **Streckenanliegern,** die von der Entgleisung betroffen sind, haftet der Beförderer in Deutschland in seiner Eigenschaft als Eisenbahnbetriebsunternehmer nach § 1 HpflG, da bei einem Verpackungsmangel kein Fall von höherer Gewalt vorliegt. Einem **entgegenkommenden Eisenbahnverkehrsunternehmen,** das mit seinem Zug in den entgleisten Zug fährt, und dessen **Reisenden** haftet der Beförderer in Deutschland ebenfalls nach den §§ 1, 13 HpflG. Ob und wie der Beförderer den Ladungsbeteiligten des in die Unfallstelle gefahrenen Eisenbahnverkehrsunternehmens haftet, soll hier nicht weiter untersucht werden (beachte nur § 1 Abs. 3 Nr. 2 HpflG). Seine eigenen Ladungsbeteiligten, die der Beförderer nach Art. 30/32 § 2 CIM nur begrenzt entschädigt, und Wagenhalter, denen der Beförderer nach Art. 4 § 1 CUV mangels Verschulden gar nicht haftet, müssen ihren (weitergehenden)

---

[1] *ZA-Bericht 1999* S. 130.
[2] *Denkschrift COTIF 1999* S. 130.
[3] *Koller* Rn. 4.
[4] Allgemein zur Drittschadensliquidation in Frachtrechtsfällen einerseits *Koller* TranspR 2013, 220, andererseits *Luther* TranspR 2013, 93.

Schaden selbst direkt gegenüber dem Absender nach **Deliktsrecht** geltend machen und dabei in Kauf nehmen, dass sich der Absender für seine **Verrichtungsgehilfen** entlastet. **Art. 14 CIM** regelt die Haftung des Absenders gegenüber dem Beförderer **einerseits umfassend,** wie die genannten Beispiele zeigen, **andererseits** aber auch **abschließend,** so dass für eine zu anderen Ergebnissen führende Schadensliquidation im Drittinteresse kein Raum ist.

Die Haftung des Absenders entfällt, wenn der Verpackungsfehler **offensichtlich** ist oder 3 der Beförderer das Gut in **Kenntnis** des Verpackungsfehlers **vorbehaltlos** übernommen hat oder wenn das Verpacken kraft Vereinbarung dem Beförderer oblag.[5] In den beiden letztgenannten Fällen kommt eine Haftung des Beförderers für Schäden an dem nicht oder mangelhaft verpackten Beförderungsgut in Betracht (Art. 23 Rn. 37).

Wenn der Frachtbrief unter den Voraussetzungen des Art. 12 §§ 2 und 3 den „äußerlich 4 guten Zustand" der Verpackung beweist, so ist das nicht auch ein Beweis für die „ordnungsgemäße" Verpackung des Gutes: Eine **unbeschädigte** Verpackung, die keinen Anlass zur Anbringung eines Vorbehalts nach Art. 12 § 4 gibt, kann sich – vom Beförderer unerkannt – als für das spezifische Gut doch **unzureichend** und damit **mangelhaft** iS des Art. 14 erweisen, so dass der Absender dafür zu haften hat. Ein vorbehaltloser Frachtbrief ist nur im Hinblick auf den äußeren Zustand der Verpackung ein Indiz,[6] nicht auch im Hinblick auf ihre Ordnungsmäßigkeit. Nur bei vom Beförderer **erkanntem Verpackungsfehler** und gleichwohl unterlassenem Vorbehalt entfällt die Haftung des Absenders für die dem Beförderer entstandenen Schäden und tritt umgekehrt eine Haftung des Beförderers für Schäden am Gut ein (oben Rn. 2).

### III. Sonstiges

Aus **zoll-** oder **sonstigen verwaltungsbehördlichen Vorschriften** kann sich eine 5 besondere Pflicht des Absenders zur Verpackung und Bedeckung der Güter ergeben **(Art. 15 § 8).** Bei Pflichtversäumnis des Absenders kann der Beförderer die Verpackung oder Bedeckung besorgen und das Gut mit den entstandenen Kosten belasten, also die Ablieferung des Gutes von der Bezahlung der Kosten abhängig machen[7] oder sich auf ein Beförderungshindernis berufen.[8]

### Art. 15. Erfüllung verwaltungsbehördlicher Vorschriften

**§ 1. Der Absender hat dem Frachtbrief die Urkunden beizugeben, die für die vor der Ablieferung des Gutes zu erfüllenden zoll- oder sonstigen verwaltungsbehördlichen Vorschriften notwendig sind, oder diese Urkunden dem Beförderer zur Verfügung zu stellen und diesem alle erforderlichen Auskünfte zu erteilen.**

**§ 2. ¹Der Beförderer ist nicht verpflichtet zu prüfen, ob diese Urkunden und Auskünfte richtig und ausreichend sind. ²Der Absender haftet dem Beförderer für alle aus dem Fehlen, der Unvollständigkeit oder Unrichtigkeit der Urkunden und Auskünfte entstehenden Schäden, es sei denn, dass den Beförderer ein Verschulden trifft.**

**§ 3. ¹Der Beförderer haftet für die Folgen des Verlustes oder der unrichtigen Verwendung der im Frachtbrief bezeichneten und diesem beigegebenen oder dem Beförderer ausgehändigten Urkunden, es sei denn, dass der Verlust oder der durch die unrichtige Verwendung dieser Urkunden verursachte Schaden auf Umständen beruht, die der Beförderer nicht vermeiden und deren Folgen er nicht abwenden**

---

[5] Vgl. *Koller* Rn. 2.
[6] *Koller* Rn. 5.
[7] Vgl. GroßkommHGB/*Helm* Art. 7 CIM 1970 Anm. 7.
[8] *Koller* Art. 15 Rn. 5 aE.

konnte. [2]Er hat jedoch keinen höheren Schadensersatz zu leisten als bei Verlust des Gutes.

§ 4. [1]Der Absender kann durch einen Vermerk im Frachtbrief oder der Empfänger durch eine Verfügung gemäß Artikel 18 § 3 verlangen,

a) dass er selbst oder sein Beauftragter der Erfüllung der zoll- oder sonstigen verwaltungsbehördlichen Vorschriften beiwohnt, um alle Auskünfte zu geben und sachdienliche Erklärungen vorzubringen;

b) dass er selbst oder sein Beauftragter die Erfüllung der zoll- oder sonstigen verwaltungsbehördlichen Vorschriften betreibt, soweit die Gesetze und Vorschriften des Staates, in dem sie vorgenommen wird, es zulassen;

c) dass, sofern er selbst oder sein Beauftragter der Erfüllung der zoll- oder sonstigen verwaltungsbehördlichen Vorschriften beiwohnt oder sie betreibt, er die Zölle und andere Kosten zahlt, soweit die Gesetze und Vorschriften des Staates, in dem sie vorgenommen wird, die Zahlung durch ihn zulassen.

[2]In diesen Fällen dürfen weder der Absender noch der verfügungsberechtigte Empfänger, noch ihr Beauftragter das Gut in Besitz nehmen.

§ 5. Hat der Absender für die Erfüllung der zoll- oder sonstigen verwaltungsbehördlichen Vorschriften einen Ort bezeichnet, an dem dies wegen der geltenden Vorschriften nicht möglich ist, oder hat er dafür ein anderes Verfahren vorgeschrieben, das nicht ausführbar ist, so handelt der Beförderer so, wie es ihm für den Berechtigten am vorteilhaftesten zu sein scheint, und teilt dem Absender die getroffenen Maßnahmen mit.

§ 6. Hat der Absender die Zahlung der Zölle übernommen, so darf der Beförderer die Zollbehandlung nach seiner Wahl unterwegs oder am Bestimmungsort betreiben.

§ 7. Löst der Empfänger den Frachtbrief nicht innerhalb der Frist ein, die in den am Bestimmungsort geltenden Vorschriften vorgesehen ist, so kann der Beförderer gemäß § 5 verfahren.

§ 8. [1]Der Absender hat für eine den zoll- oder sonstigen verwaltungsbehördlichen Vorschriften entsprechende Verpackung und Bedeckung der Güter zu sorgen. [2]Hat der Absender die Güter nicht gemäß diesen Vorschriften verpackt oder bedeckt, so kann der Beförderer dies besorgen; die entstandenen Kosten belasten das Gut.

### Art. 15. Accomplissement des formalités administrative

§ 1. En vue de l'accomplissement des formalités, exigées par les douanes ou par d'autres autorités administratives, avant la livraison de la marchandise, l'expéditeur doit joindre à la lettre de voiture ou mettre à la disposition du transporteur les documents nécessaires et lui fournir tous les renseignements voulus.

§ 2. Le transporteur n'est pas tenu d'examiner si ces documents et renseignements sont exacts ou suffisants. L'expéditeur est responsable envers le transporteur de tous les dommages qui pourraient résulter de l'absence, de l'insuffisance ou de l'irrégularité de ces documents et renseignements, sauf en cas de faute du transporteur.

§ 3. Le transporteur est responsable des conséquences de la perte ou de l'utilisation irrégulière du document mentionnés sur la lettre de voiture et qui accompagnent celle-ci ou qui lui ont été confiés, à moins que la perte ou le dommage occasionné par l'utilisation irrégulière de ces documents a eu pour cause des circonstances que le transporteur ne pouvait pas éviter et aux conséquences desquelles il ne pouvait pas obvier. Toutefois, l'éventuelle indemnité n'excède pas celle prévue en cas de perte de la marchandise.

§ 4. L'expéditeur, par une inscription portée sur la lettre de voiture, ou le destinataire qui donne un ordre conformément à l'article 18, § 3, peut demander :
a) d'assister lui-même à l'accomplissement des formalités exigées par les douanes ou par d'autres autorités administratives ou de s'y faire représenter par un mandataire, pour fournir tous les renseignements et formule toutes les observations utiles;
b) d'accomplir lui-même les formalités exigées par les douanes ou par d'autres autorités administratives ou de les faire accomplir par un mandataire, dans la mesure où les lois et prescriptions de l'Etat où elles s'effectuent le permettent;
c) de procéder au paiement des droits de douane et autres frais, lorsque lui-même ou son mandataire assiste à l'accomplissement des formalités exigées par les douanes ou par d'autres autorités administratives ou les accomplit, dans la mesure où les lois et prescriptions de l'Etat où elles s'effectuent le permettent.

Dans ces cas, ni l'expéditeur, ni le destinataire qui a le droit de disposition, ni leur mandataire ne peuvent prendre possession de la marchandise.

§ 5. Si, pour l'accomplissement des formalités exigées par les douanes ou par d'autres autorités administratives, l'expéditeur a désigné un lieu où les prescriptions en vigueur ne permettent pas de les accomplir, ou bien s'il a prescrit, pour ces formalités, tout autre mode de procéder qui ne peut pas être exécuté, le transporteur opère de la façon qui lui paraît être la plus favorable aux intérêts de l'ayant droit, et fait connaître à l'expéditeur les mesures prises.

§ 6. Si l'expéditeur a pris en charge le paiement des droits de douane, le transporteur peut accomplir les formalités douanières à son choix, soit en cours de route, soit au lieu de destination.

§ 7. Toutefois, le transporteur peut procéder conformément au § 5 si le destinataire n'a pas retiré la lettre de voiture dans le délai prévu par les prescriptions en vigueur au lieu de destination.

§ 8. L'expéditeur doit se conformer aux prescriptions des douanes ou d'autres autorités administratives au sujet de l'emballage et du bâchage des marchandises. Si l'expéditeur n'a pas emballé ou bâché les marchandises conformément à ces prescriptions, le transporteur peut y pourvoir; les frais en résultant grèvent la marchandise.

## I. Normzweck

Die Vorschrift fasst die bisherigen Art. 25 und 26 CIM 1980 zusammen. Die verbleibende **1** Regelung ist wie bisher ausführlicher als die Regelung für den internationalen Straßengüterverkehr. Art. 15 bestimmt nicht nur – wie Art. 11 CMR und § 413 HGB –, welche Begleitpapiere der Absender zur Verfügung zu stellen und welche Auskünfte er dem Beförderer zu erteilen hat (§ 1), sondern auch, welche Rechte und Pflichten die Parteien bei der zoll- oder sonstigen verwaltungsbehördlichen Behandlung des Gutes haben (§§ 4–8). Darüber hinaus wird (wie in § 413 Abs. 2 und § 414 Abs. 1 Nr. 4 HGB sowie in Art. 11 Abs. 2 und 3 CMR) die wechselseitige Haftung der Vertragsparteien bei Fehlverhalten im Zusammenhang mit der Bereitstellung und Verwendung von Begleitpapieren geregelt (§§ 2 und 3).

## II. Begleitpapiere und Auskünfte

Die Begleitpapiere (Urkunden) sind entweder dem Frachtbrief beizugeben oder – zB wenn **2** kein papiermäßiger Frachtbrief verwendet wird – dem Beförderer zur Verfügung zu stellen (§ 1 in Anlehnung an Art. 11 Abs. 1 CMR). „Sonstige verwaltungsbehördliche Vorschriften" können zB Gefahrgut-, gesundheitspolizeiliche oder Steuervorschriften sein.[1] Zu den notwendigen Begleitpapieren gehören dementsprechend Zollerklärungen, Herkunftszeugnisse, Begleitscheine für Sprengstoffe und Munition, Einfuhr-, Durchfuhr- und Ausfuhrbewilligun-

---

[1] Vgl. Fremuth/Thume/*Fremuth* § 413 HGB Rn. 6 u. Fremuth/Thume/*Thume* Art. 11 CMR Rn. 2, 3.

gen oder Gesundheitszeugnisse für Tiere und Pflanzen.[2] Die erforderlichen Auskünfte können schriftlich, elektronisch oder auch mündlich erteilt werden, und zwar so rechtzeitig, dass sie im amtlichen Verfahren noch sachgerecht genutzt werden können.[3]

3    Der Beförderer ist zwar nicht verpflichtet, Begleitpapiere und Auskünfte auf Richtigkeit und Vollständigkeit zu prüfen (**§ 2**); war dem Beförderer aber das Fehlen oder die Mangelhaftigkeit der Urkunden oder Auskünfte des Absenders **bekannt,** so entlastet seine Untätigkeit den Absender.[4] Da den Beförderer **keine Prüfungspflicht** trifft, erfolgen Ratschläge und Empfehlungen seiner Mitarbeiter zu den beizugebenden Begleitpapieren **unverbindlich** (§ 675 Abs. 2 BGB) außerhalb des Beförderungsvertrags.[5] Der Abschluss eines **gesonderten Auskunftsvertrags** kann zB dann angenommen werden, wenn der Absender zu erkennen gibt, dass er den Abschluss des Beförderungsvertrags von der vom Beförderer zu bestätigenden Zollfreiheit der Sendung abhängig macht.[6]

### III. Haftung des Absenders

4    Die Haftung des Absenders nach **§ 2 Satz 2** ist eine reine Erfolgshaftung,[7] also eine Haftung ohne Verschulden, von der der Absender nur befreit ist, wenn den Beförderer Verschulden trifft (oben Rn. 3). Wenn der Absender dem Beförderer „**alle Schäden**" zu ersetzen hat, so bezieht sich das wiederum – wie in Art. 14 und Art. 13 § 2 – auch auf Schäden Dritter,[8] soweit sie der Beförderer den Dritten zu ersetzen hatte (Art. 14 Rn. 2). Die Haftung des Absenders erstreckt sich außerdem auch auf die Zahlung von **Wagenstandgeld**[9] oder **Lagergeld.**

### IV. Haftung des Beförderers

5    Bis zur sechsten Revision der CIM im Jahre 1960 haftete die Eisenbahn „wie ein Kommissionär" nach dem jeweiligen Landesrecht[10] für Fehler bei der Verwendung von Begleitpapieren (vgl. noch heute Art. 11 Abs. 3 CMR). Mit der CIM 1960 wurde eine Verschuldenshaftung eingeführt, die 1999 durch eine strengere Haftung ersetzt wurde: Jetzt kann sich der Beförderer bei Verlust oder falscher Verwendung von Begleitpapieren und Urkunden nur noch durch den Nachweis eines **unabwendbaren Ereignisses** entlasten (**§ 3,** vgl. auch § 413 Abs. 2 HGB). Angesichts dieser verschärften Haftung ist daran festzuhalten, dass sowohl die dem Frachtbrief beigegebenen als auch die dem Beförderer anderweitig ausgehändigten Urkunden **im Frachtbrief bezeichnet** sein müssen (Art. 7 § 1 lit. n, § 2 lit. g), wenn eine Haftung des Beförderers für Verwendungsfehler eintreten soll.[11] Angesichts der **Betriebsverhältnisse der Eisenbahn,** die häufig zum Tätigwerden mehrerer aufeinanderfolgender Beförderer und zum Einsatz von Unterfrachtführern im Vor- und Nachlauf führen, kommt der Bezeichnung der Urkunden im Frachtbrief eine unverzichtbare **Beweis- und Warnfunktion** für alle beteiligten Beförderer zu.[12]

6    Der Beförderer haftet für den Schaden, der durch den Verlust oder die fehlerhafte Verwendung der Begleitpapiere verursacht wird, zB für Zollstrafen und -gebühren, für die Kosten der Ersatzbeschaffung von Urkunden oder des Ausladens und der Lagerung der Güter,[13] jedoch

---

[2] *Beier* S. 136; *Wick* Art. 13 CIM 1970 Anm. 2 (S. 144).
[3] Vgl. *Koller* Rn. 2.
[4] *Nanassy* S. 284 Anm. 3 mwN.
[5] AG Karlsruhe 11.8.1989, TranspR 1989, 436, 437.
[6] AG Karlsruhe (Fn. 5).
[7] Bezirksgericht für Handelssachen Wien 22.10.1971, ZIntEisenb 1975, 69, 71; *Koller* Art. 13 Rn. 3; *Nanassy* S. 283 mwN.
[8] AA *Koller* Rn. 3.
[9] Bezirksgericht für Handelssachen Wien (Fn. 7) S. 72.
[10] *Beier* S. 136 Fn. 240; *Wick* Art. 13 CIM 1970 Anm. 9 (S. 147).
[11] Vgl. *Beier* S. 136 mwN; *Wick* Art. 13 CIM 1970 Anm. 11 (S. 147); – aA *Koller* Art. 14 Rn. 4: nur Mitverschulden des Absenders, wenn er die vom Beförderer fehlerhaft verwendeten Urkunden im Frachtbrief nicht aufgeführt hat. Vgl. in diesem Zusammenhang auch Art. 6 Rn. 11 mit Fn. 12.
[12] *Beier* und *Wick* (Fn. 11); außerdem *Mutz* in der 1. Aufl. Art. 25 CIM 1980 Rn. 5.
[13] *Beier* S. 136.

**nicht** für den **entgangenen Gewinn.**[14] Kommt es zu einem Güter- oder Verspätungsschaden, sind darauf ausschließlich die Art. 23 ff. anzuwenden.[15] In jedem Fall, auch wenn nach Art. 15 zu ersetzende (Vermögens-)Schäden mit Güter- und Verspätungsschäden iS des Art. 23 zusammentreffen, ist die Haftung des Beförderers – wie nach CMR und HGB – auf den bei Verlust des Gutes zu leistenden Schadensersatz beschränkt (Art. 30 § 2, ggf. Art. 36).

### V. Sonstiges

Die §§ 4–8 regeln eisenbahnspezifische **Rechte und Pflichten der Beteiligten** (Absender, verfügungsberechtigter Empfänger oder ihre Beauftragten einerseits, Beförderer andererseits). Die Vorschriften entsprechen weitgehend unverändert Art. 26 §§ 3–5, Art. 25 § 4 CIM 1980. Zur Verpackungs- und Bedeckungspflicht des Absenders vgl. Art. 14 Rn. 1 und 4. 7

Vorbehaltlich des § 4 hat der Beförderer das **Recht** und die **Pflicht zur Klarierung,** solange das Gut unterwegs ist, das heißt von der Annahme des Gutes durch den Beförderer bis zur Ablieferung an den Empfänger. Verlangt der Absender oder der Empfänger nach § 4 lit. a, der amtlichen Behandlung beizuwohnen, ist er vom Beförderer entsprechend zu benachrichtigen. Die Pflicht zur Klarierung trifft jedoch auch in diesem Fall den Beförderer. 8

Betreibt der Absender oder der Empfänger die amtliche Behandlung selbst, so hat er für alle sich hieraus ergebenden Folgen selbst einzustehen. Der **Beförderer** wird von seiner Klarierungspflicht **befreit.**[16] Die Erfüllung der zoll- und sonstigen verwaltungsrechtlichen Vorschriften durch den Absender oder den Empfänger setzt voraus, dass dies nach **Landesrecht** zulässig ist. Das ist in Deutschland der Fall. Einer ausdrücklichen Ermächtigung hierzu bedarf es nicht. Auch in Frankreich hat die Eisenbahn **kein Klarierungsmonopol.**[17] 9

## Art. 16. Lieferfristen

**§ 1.** [1]**Die Lieferfrist wird zwischen dem Absender und dem Beförderer vereinbart.** [2]**Fehlt eine Vereinbarung, darf die Lieferfrist jedoch nicht länger sein als diejenige, die sich aus den §§ 2 bis 4 ergibt.**

**§ 2.** [1]**Vorbehaltlich der §§ 3 und 4 betragen die Höchstlieferfristen:**

| | |
|---|---:|
| **a) für Wagenladungen** | |
| **– Abfertigungsfrist** | **12 Stunden,** |
| **– Beförderungsfrist je angefangene 400 km** | **24 Stunden;** |
| **b) für Stückgut** | |
| **– Abfertigungsfrist** | **24 Stunden,** |
| **– Beförderungsfrist je angefangene 200 km** | **24 Stunden.** |

[2]**Die Entfernung bezieht sich auf den vereinbarten, mangels eines solchen auf den kürzestmöglichen Beförderungsweg.**

**§ 3.** [1]**Der Beförderer kann Zuschlagsfristen von bestimmter Dauer für folgende Fälle festsetzen:**

**a) Sendungen, die**
**– über Linien mit unterschiedlicher Spurweite,**
**– zur See oder auf Binnengewässern,**
**– auf einer Straße, wenn keine Schienenverbindung besteht,**
**befördert werden;**
**b) außergewöhnliche Verhältnisse, die eine ungewöhnliche Verkehrszunahme oder ungewöhnliche Betriebsschwierigkeiten zur Folge haben.**

---

[14] Anders noch Ungarisches Oberstes Gericht, ohne Datum, ZIntEisenb 1999, 21, das zu Art. 25 § 3 CIM 1980 (Verschuldenshaftung!) die Auffassung vertrat, dass bei Schäden, die durch den Verlust von Begleitpapieren verursacht werden, die Haftungsregelungen des Titels IV der CIM 1980 (jetzt Titel III der CIM 1999) nicht gelten.
[15] *Beier* S. 136 f.; ebenso *Konow* ZlutEisenb 1986, 103, 109 f. (zur CIM 1980).
[16] OLG Celle 13.11.1968, ZIntEisenb 1970, 45.
[17] Cass. Paris 2.6.1987, Bull. transp. 1987, 410.

[2]Die Dauer der Zuschlagsfristen muss aus den Allgemeinen Beförderungsbedingungen ersichtlich sein.

§ 4. [1]Die Lieferfrist beginnt mit der Übernahme des Gutes; sie verlängert sich um die Dauer des Aufenthaltes, der ohne Verschulden des Beförderers verursacht wird. [2]Die Lieferfrist ruht an Sonntagen und gesetzlichen Feiertagen.

## Art. 16. Délais de livraison

§ 1. L'expéditeur et le transporteur conviennent du délai de livraison. A défaut d'une convention, ce délai ne peut être supérieur à celui résultant des §§ 2 à 4.

§ 2. Sous réserve des §§ 3 et 4, les délais maxima de livraison sont les suivants :
a) pour les wagons complets
   – délai d'expédition                                                    12 heures,
   – délai de transport, par fraction indivisible de 400 km                24 heures;
b) pour les envois de detail
   – délai d'expédition                                                    24 heures,
   – délai de transport, par fraction indivisible de 200 km               24 heures.
Les distances se rapportent à l'itinéraire convenu, à défaut, à l'itinéraire le plus court possible.

§ 3. Le transporteur peut fixer des délais supplémentaires d'une durée déterminée dans les cas suivants:
a) envois empruntant
   – des lignes dont l'écartement des rails est différent,
   – la mer ou une voie de navigation intérieure,
   – une route s'il n'existe pas de liaison ferroviaire;
b) circonstances extraordinaires entraînant un développement anormal du trafic ou des difficultés anormales d'exploitation.
La durée des délais supplémentaires doit figurer dans les Conditions générales de transport.

§ 4. Le délai de livraison commence à courir après la prise en charge de la marchandise; il est prolongé de la durée du séjour occasionné sans faute de la part du transporteur. Le délai de livraison est suspendu les dimanches et jours fériés légaux.

## I. Normzweck

1    Die Liberalisierung des Eisenbahnverkehrs mit Verzicht auf Beförderungs- und Tarifpflicht hat auch zur Folge, dass nach der CIM 1999 in erster Linie zwischen Absender und Beförderer **vereinbarte Lieferfristen** gelten und nur **subsidiär gesetzliche Höchstlieferfristen.** Art. 27 CIM 1980 hatte noch auf durch Vereinbarungen zwischen den **beteiligten Eisenbahnen** bzw. durch **internationale Tarife** und besondere **Beförderungspläne** („garantierte Lieferfristen") **festgesetzte Lieferfristen** abgestellt, die auf keinen Fall länger sein durften als die gesetzlichen Lieferfristen. Die neue Fassung entspricht eher Art. 19 CMR und § 423 HGB, verwendet allerdings **keine unbestimmten Rechtsbegriffe** („vernünftigerweise einem sorgfältigen Frachtführer zuzubilligende Frist", Art. 19 CMR), sondern nennt **konkret berechenbare gesetzliche Fristen.** Diese Fristen können – anders als nach Art. 27 CIM 1980 – durch Vereinbarung der Parteien **auch verlängert** werden. Die Beibehaltung konkreter Abfertigungs- und Beförderungsfristen in § 2 ist unter anderem darauf zurückzuführen, dass internationale Eisenbahngüterbeförderungen trotz der Öffnung der Schienennetze weiterhin häufig von **mehreren aufeinanderfolgenden Beförderern** durchgeführt werden, deren jeweilige Verantwortlichkeit für die Fristüberschreitung im Haftungsfall konkret feststellbar sein muss.[1]

---

[1] Vgl. *Freise* TranspR 2007, 45, 50 f.

## II. Grundsätze

**1. Lieferfristvereinbarung.** Die Lieferfrist wird zwischen dem Absender und dem Beför- 2
derer vereinbart (§ 1), nicht zwischen den Beförderern. Die vereinbarte Lieferfrist ist in den
**Frachtbrief einzutragen** (Art. 7 § 2 lit. e); sie ist gemäß Art. 6 § 2 zwar auch ohne Eintragung gültig,[2] kann dann aber aufeinanderfolgenden Beförderern, die an der Vereinbarung
nicht mitgewirkt haben, nicht entgegengehalten werden (Art. 26 S. 1). Die Vereinbarung
kann auch durch **Tarife** und **Allgemeine Beförderungsbedingungen** zustande kommen.
Ziffer 8 der Bestimmungen von DB Schenker Rail für den internationalen Eisenbahnverkehr
sieht eine Lieferfristvereinbarung vor, die von der gesetzlichen Höchstlieferfrist der CIM für
Wagenladungen ausgeht und bestimmte Fristverkürzungen, die die CIM 1999 gegenüber der
CIM 1980 vorgenommen hat, wieder zurücknimmt (Rn. 8); von dieser Vereinbarung kann
in **internationalen Tarifen** oder im jeweiligen **Kundenabkommen** abgewichen werden
(Ziff. 8.2). In Ziffer 8.3 der Bestimmungen von Db Schenker Rail wird klargestellt, dass
Fahrpläne und Beförderungspläne keine Lieferfristvereinbarung sind. Auch eine vereinbarte
Lieferfrist verlängert sich um Beförderungshindernisse[3] (Rn. 6), sofern nichts anderes verein-
bart ist und der Beförderer die Verzögerung nicht verschuldet hat.

**2. Gesetzliche Höchstlieferfristen.** Die gesetzliche Lieferfrist besteht aus **Abferti-** 3
**gungsfrist** und **Beförderungsfrist** (§ 2); in bestimmten Fällen können noch **Zuschlags-**
**fristen** hinzukommen (§ 3). Es ist unerheblich, ob die Teilfristen eingehalten sind, sofern
die **Gesamtfrist gewahrt** bleibt.[4] Neben der gesetzlichen Höchstlieferfrist gibt es keine
„normale" oder „vernünftige" Beförderungszeit.[5] Der Beförderer darf die gesamte Frist
nützen, selbst wenn eine raschere Beförderung möglich gewesen wäre und den Schaden
(zB Frischeverlust oder Verderb von Lebensmitteln) vermieden hätte.[6] Wenn die Beschaffenheit des Gutes eine raschere Beförderung erfordert, ist dies entsprechend zu vereinbaren,
was nach der CIM 1999 möglich geworden ist.

**3. Zuschlagsfristen.** Zuschlagsfristen gemäß § 3 bilden zusammen mit den Höchstlie- 4
ferfristen des § 2 eine **Gesamtfrist**. Die Festlegung von Zuschlagsfristen erfolgt durch den
Beförderer, **ohne** dass es einer **Vereinbarung** mit dem Kunden bedarf. **Gültigkeitsvo-**
**raussetzung** ist aber, dass einer der in § 3 genannten Fälle vorliegt und dass die Dauer der
Zuschlagsfrist von vornherein aus den Allgemeinen Beförderungsbedingungen ersichtlich
ist. Zuschlagsfristen können also nicht einseitig nach Abschluss des Frachtvertrags und nach
etwaiger Vereinbarung der Lieferfrist festgesetzt werden.[7] Dem tragen die **ABB–CIM** in
ihrer Ziff. 9.1 Rechnung. Die Bestimmungen von DB Schenker Rail für den internationalen Eisenbahnverkehr verweisen in Ziff. 8.1 S. 6 für die Festsetzung von Zuschlagsfristen
auf die ABB–CIM und diese wiederum auf die vor Ort geltenden, **ordnungsgemäß veröf-**
**fentlichten Vorschriften** bzw. **Mitteilungen**.

Von den „**außergewöhnlichen Verhältnissen**", die nach § 3 lit. b zur Festsetzung (und 5
Veröffentlichung) einer Zuschlagsfrist berechtigen und damit die **Wahrung der Lieferfrist**
unter erschwerten Bedingungen ermöglichen, sind „**unabwendbare Umstände**" im Sinne
des Art. 23 § 2 zu unterscheiden, die im Vorhinein nicht bestimmbar sind, bei ihrem Vorliegen
im konkreten Fall aber trotz **Überschreitung der Lieferfrist** die Haftung des Beförderers ausschließen.[8]

**4. Beginn und Lauf der Lieferfrist.** Die gesetzliche Lieferfrist beginnt unmittelbar mit 6
der **Übernahme des Gutes** (§ 4), nicht erst am Tag nach der Annahme des Gutes (so
noch Art. 27 § 6 CIM 1980). Zu den die Lieferfrist verlängernden Aufenthalten ohne

[2] *Koller* Rn. 1.
[3] *Koller* Rn. 1.
[4] Cour d'appel Paris 16.6.1971, ZIntEisenb 1971, 216, 218; *Beier* S. 123; *Nanassy* S. 240 Anm. 1.
[5] Gerichtshof Amsterdam 21.11.1974, ZIntEisenb 1975, 178.
[6] Cour d'appel Paris 29.3.1966, ZIntEisenb 1969, 101; *Beier* S. 123 (unter a).
[7] *Denkschrift COTIF 1999* S. 202; *ZA-Bericht 1999* S. 132 oben; im Ergebnis ebenso *Koller* Rn. 2.
[8] Vgl. *ZA-Bericht 1999* S. 131.

Verschulden des Beförderers gehören zB amtliche Behandlungen gemäß Art. 15 oder Umladen/Zurechtladen des Gutes wegen mangelhafter Verladung durch den Absender oder sonstige **Beförderungshindernisse** (Art. 20, 22 § 1 S. 2). Die Lieferfrist **ruht** zwar weiterhin an Sonntagen und gesetzlichen Feiertagen, jedoch **nicht** mehr an **Samstagen** (anders noch Art. 27 § 8 CIM 1980). Der Ausdruck „verlängert" in § 4 Satz 1 stellt klar, dass die vom Beförderer nicht verschuldeten Aufenthalte nicht nur das Ruhen einer noch nicht abgelaufenen Lieferfrist bewirken, sondern zu Gunsten des Beförderers bei der Berechnung der Lieferfrist selbst zu berücksichtigen sind.

7    Innerhalb der Lieferfrist muss die **Ablieferung des Gutes** erfolgen; anders als nach der CIM 1980 reicht es nicht mehr aus, wenn in bestimmten Fällen der Empfänger nur von der Ankunft des Gutes benachrichtigt wird oder das Gut zu seiner Verfügung bereitgestellt ist, sich aber noch in der Obhut des Beförderers befindet. In der CIM 1999 werden zwar die Abfertigungs- und Beförderungsfristen gegenüber der CIM 1980 nicht verkürzt, aber der frühere Beginn der Lieferfrist, ihr Lauf auch an Samstagen und bis zur Ablieferung des Gutes an den Empfänger haben zur Folge, dass der Beförderer zur Einhaltung der Lieferfrist das Gut jetzt rascher befördern muss als noch zu Zeiten der CIM 1980.

8    Die Bestimmungen von DB Schenker Rail für den internationalen Eisenbahnverkehr enthalten in Ziff. 8 als **regelmäßige Lieferfristvereinbarung** die gesetzliche Höchstlieferfrist für Wagenladungen aus Art. 16 § 2 lit. a CIM; sie **verlängern** die Lieferfrist aber dadurch, dass sie ihr Ruhen auch an Samstagen vorsehen und ihren Ablauf außerhalb der Bedienungszeiten des Bestimmungsbahnhofs ausschließen. Die Geschäftsbedingungen sehen also für den **Regelfall** die **Vereinbarung längerer Lieferfristen** als nach Gesetz vor; **kürzere** Lieferfristen müssen **individuell** vereinbart werden (Ziff. 8.2).

### III. Haftung bei Lieferfristüberschreitung

9    Überschreitet der Beförderer die **vereinbarte** oder – bei Fehlen einer Lieferfristvereinbarung – die nach Art. 16 §§ 2–4 ermittelte **gesetzliche Lieferfrist,** so haftet er für daraus entstehende Schäden nach Art. 23, 33. Bei **Vereinbarung** einer Lieferfrist kann auch eine von der CIM **abweichende Entschädigungsregelung** vereinbart werden, und zwar **auch zu Lasten des Absenders,** wie sich aus Art. 33 § 6 ergibt.[9] Ist in einem solchen Fall jedoch nicht nur die vereinbarte, sondern auch die subsidiäre gesetzliche Lieferfrist überschritten, so braucht sich der Ersatzberechtigte nicht mit einer möglicherweise geringeren vereinbarten Entschädigung zufrieden zu geben, sondern kann die höhere gesetzliche Entschädigung verlangen (Art. 33 § 6 Satz 2).

### Art. 17. Ablieferung

**§ 1. Der Beförderer hat dem Empfänger an dem für die Ablieferung vorgesehenen Ort gegen Empfangsbescheinigung und gegen Zahlung der sich aus dem Beförderungsvertrag ergebenden Forderungen den Frachtbrief zu übergeben und das Gut abzuliefern.**

**§ 2. Eine gemäß den am Ort der Ablieferung geltenden Vorschriften erfolgte**
a) **Übergabe des Gutes an die Zoll- oder Steuerverwaltung in deren Abfertigungs- oder Lagerräumen, wenn diese nicht unter der Obhut des Beförderers stehen,**
b) **Einlagerung des Gutes beim Beförderer oder seine Hinterlegung bei einem Spediteur oder in einem öffentlichen Lagerhaus**
**steht der Ablieferung an den Empfänger gleich.**

**§ 3. ¹Nach Ankunft des Gutes am Ort der Ablieferung kann der Empfänger vom Beförderer die Übergabe des Frachtbriefes und die Ablieferung des Gutes verlangen. ²Ist der Verlust des Gutes festgestellt oder ist das Gut innerhalb der in**

---

[9] Vgl. auch *ZA-Bericht 1999* S. 132 Ziff. 4.

Artikel 29 § 1 vorgesehenen Frist nicht angekommen, so kann der Empfänger seine Rechte aus dem Beförderungsvertrag im eigenen Namen gegen den Beförderer geltend machen.

§ 4. Der Berechtigte kann die Annahme des Gutes auch nach Einlösung des Frachtbriefes und Zahlung der sich aus dem Beförderungsvertrag ergebenden Forderungen so lange verweigern, bis seinem Verlangen auf Feststellung eines behaupteten Schadens Folge geleistet ist.

§ 5. Im Übrigen erfolgt die Ablieferung des Gutes gemäß den am Ort der Ablieferung geltenden Vorschriften.

§ 6. Ist das Gut dem Empfänger ohne vorherige Einziehung einer das Gut belastenden Nachnahme abgeliefert worden, so hat der Beförderer dem Absender den Schaden bis zum Betrag der Nachnahme zu ersetzen, vorbehaltlich seines Rückgriffes gegen den Empfänger.

## Art. 17. Livraison

§ 1. Le transporteur doit remettre la lettre de voiture et livrer la marchandise au destinataire, au lieu de livraison prévu, contre décharge et paiement des créances résultant du contrat de transport.

§ 2. Sont assimilés à la livraison au destinataire, lorsqu'ils sont effectués conformément aux prescriptions en vigueur au lieu de livraison :

a) la remise de la marchandise aux autorités de douane ou d'octroi dans leurs locaux d'expédition ou dans leurs entrepôts, lorsque ceux-ci ne se trouvent pas sous la garde du transporteur;

b) l'entreposage auprès du transporteur de la marchandise ou son dépôt chez un commissionnaire-expéditeur ou dans un entrepôt public.

§ 3. Après l'arrivée de la marchandise au lieu de livraison, le destinataire peut demander au transporteur de lui remettre la lettre de voiture et de lui livrer la marchandise. Si la perte de la marchandise est constatée ou si la marchandise n'est pas arrivée à l'expiration du délai prévu à l'article 29, § 1, le destinataire peut faire valoir en son propre nom, à l'encontre du transporteur, les droits qui résultent pour lui du contrat de transport.

§ 4. L'ayant droit peut refuser l'acceptation de la marchandise, même après réception de la lettre de voiture et paiement des créances résultant du contrat de transport, tant qu'il n'a pas été procédé aux vérifications qu'il a requises en vue de constater un dommage allégué.

§ 5. Pour le surplus, la livraison de la marchandise est effectuée conformément aux prescriptions en vigueur au lieu de livraison.

§ 6. Si la marchandise a été livrée sans encaissement préalable d'un remboursement grevant la marchandise, le transporteur est tenu d'indemniser l'expéditeur à concurrence du montant du remboursement, sauf son recours contre le destinataire.

### Übersicht

| | Rn. | | Rn. |
|---|---|---|---|
| I. Normzweck | 1, 2 | 3. Empfangsbescheinigung | 5 |
| | | 4. Zahlung des Empfängers | 6, 7 |
| II. Einzelheiten | 3–9 | 5. Weitere Rechte des Empfängers | 8, 9 |
| 1. Empfänger | 3 | III. Nichteinziehung einer Nach- | |
| 2. Ablieferungsstelle | 4 | nahme | 10–12 |

### I. Normzweck

Die Bestimmung regelt das Rechtsverhältnis des Beförderers zum frachtbriefmäßigen **1** **Empfänger.** Der Begriff der „Ablieferung" deckt sich mit den gleichlautenden Begriffen in Art. 13 CMR und § 421 HGB. Die **Ablieferung** ist der Vorgang, durch den der Beförderer Besitz und Gewahrsam an dem beförderten Gut im Einvernehmen mit dem Empfänger aufgibt und diesen in die Lage versetzt, die tatsächliche Verfügungsgewalt über das Gut auszuüben.[1] Vor der Ablieferung des Gutes liegt regelmäßig die Übergabe bzw. Einlösung des Frachtbriefs (§ 4). Soweit die CIM keine Regelungen trifft, verweist § 5 auf die am Ort der Ablieferung geltenden Vorschriften.

2  Art. 17 entspricht weitgehend Art. 28 CIM 1980. Die Ablieferung hat nach § 1 allerdings nicht mehr auf dem „Bestimmungsbahnhof" zu erfolgen, sondern an dem „für die Ablieferung vorgesehenen Ort". Art. 17 § 6 entspricht Art. 17 § 3 CIM 1980.

## II. Einzelheiten

3  **1. Empfänger.** Der Beförderer ist dem Absender gegenüber verpflichtet (Art. 6 § 1), das Gut samt Frachtbrief dem im Frachtbrief oder durch nachträgliche Verfügung gemäß Art. 18 bezeichneten Empfänger abzuliefern (**§ 1**). Dieser Ablieferungspflicht des Beförderers entspricht das Recht des Empfängers, nach Ankunft des Gutes am Ablieferungsort die Ablieferung zu verlangen (**§ 3 Satz 1**). Die Übergabe an Nichtberechtigte, etwa an Dritte, deren Name im Frachtbrief nur „nachrichtlich", dh. für den Beförderer unverbindlich, angegeben ist, stellt einen **Verlust des Gutes** dar, für den der Beförderer gemäß Art. 23 haftet.[2] Das gilt nicht für eine zugelassene **„Ersatzablieferung"**[3] gemäß **§ 2** zB bei Beförderungs- oder Ablieferungshindernissen; sie steht der Ablieferung an den Empfänger gleich. Lässt der Beförderer das Gut durch einen ausführenden Beförderer (Art. 3 lit. b, Art. 27) oder einen Unterfrachtführer im Nachlauf (Art. 1 Rn. 15) abliefern, so hat er außerdem dafür zu sorgen, dass der Empfänger auch den Frachtbrief erhält, den der **ausführende Beförderer** bzw. **Unterfrachtführer** allerdings nicht förmlich übernommen haben kann, weil er andernfalls zum schärfer haftenden aufeinanderfolgenden Beförderer geworden wäre (vgl. Art. 26 Rn. 5 u. 6). Die Übergabe des Frachtbriefs kann auch in diesen Fällen unabhängig von der Ablieferung des Gutes (insbes. vorher, vgl. § 4) oder in der Weise geschehen, dass der ausführende Beförderer bzw. Unterfrachtführer bei der Ablieferung des Gutes den Frachtbrief als **Bote** (zB im verschlossenen Umschlag) mitbringt.[4]

4  **2. Ablieferungsstelle.** Der **für die Ablieferung vorgesehene Ort** ergibt sich aus dem **Frachtbrief.** Gemäß Art. 7 § 1 lit. f ist das die konkrete **Ablieferungsstelle,** nicht nur die Gemeinde, zu der die Ablieferungsstelle gehört.[5] Mit der Unterscheidung von Ablieferungsort und Ablieferungsstelle in Art. 17 und Art. 7 folgt die deutsche Fassung der CIM unglücklicherweise der mehrdeutigen deutschen Fassung der CMR (Art. 13 und Art. 6), während das HGB in den §§ 408 und 421 richtigerweise übereinstimmend von der Ablieferungsstelle spricht. Der bei Abweichungen allein maßgebliche franz. Wortlaut der CIM (Art. 45 COTIF) spricht in Art. 7 und 17 übereinstimmend von „lieu de livraison", worunter die Ablieferungsstelle zu verstehen ist. – Wegen der Einbeziehung etwaiger **Vor- und Nachläufe** auf Straßen oder Binnengewässern in den durchgehenden Eisenbahnfrachtvertrag und in die Geltung der CIM (vgl. Art. 1 Rn. 11 f.) wird nicht mehr – wie noch nach Art. 28 CIM 1980 – zwischen dem **Bestimmungsbahnhof** und dem **Ort der Zustellung** unterschieden. Entscheidend ist, bis zu welcher Ablieferungsstelle der Beförderer ausweislich des Frachtbriefs die Beförderung und damit die Haftung für das Gut vertraglich übernommen

---

[1] So bereits RG 16.1.1926, RGZ 112, 341, 342; BGH 14.2.1963, NJW 1963, 1830; BGH 23.10.1981, NJW 1982, 1284; *Finger,* Internationaler Eisenbahnverkehr, Art. 16 CIM 1961 Anm. 1b; Schlegelberger/*Geßler* § 454 HGB Rn. 11.
[2] Vgl. Oberstes Gericht Dänemarks 10.6.1968, ZIntEisenb 1969, 159; Trib. de commerce Paris 26.1.1970, ZIntEisenb 1972, 88; LG Heidelberg 29.2.1984, ZIntEisenb 1987, 65; Schlegelberger/*Geßler* § 454 HGB Rn. 12.
[3] Vgl. *Koller* Rn. 3; *Wick* Art. 16 CIM 1970 Anm. 12 (S. 164).
[4] Vgl. *Koller* Rn. 5.
[5] Vgl. *Koller* Rn. 4; *ZA-Bericht 1999* S. 133 oben. – Unzutreffend demgegenüber *Denkschrift COTIF 1999* S. 203.

hat.[6] Dies kann weiterhin ein Bahnhof sein. Wo in einem **Gleisanschluss** die Ablieferungs-stelle liegt, ist dem jeweiligen Gleisanschlussvertrag zu entnehmen. Wenn der Beförderer die für den Gleisanschließer bestimmten Wagen zur vereinbarten Zeit an der vertraglich bestimmten **Übergabestelle** im Gleisanschluss abstellt, ist die Ablieferung des Gutes erfolgt, auch wenn der Gleisanschließer nicht anwesend ist; er ist jedenfalls in die Lage versetzt, die Verfügungsgewalt über das Gut auszuüben.[7] Ziff. 11.2 der **ABB-CIM** verweist für die Ablieferung allgemein – nicht nur im Gleisanschlussverkehr – auf die zwischen dem Emp-fänger und dem abliefernden Beförderer geschlossenen Vereinbarungen und die am Ablie-ferort geltenden Vorschriften.

**3. Empfangsbescheinigung.** Die Empfangsbescheinigung hat trotz der scheinbar 5 zwingenden Formulierung in § 1 nur **Beweiswirkung.**[8] Art. 13 Abs. 1 CMR macht deutli-cher, dass der Frachtführer **nur gegen Empfangsbescheinigung** zur Ablieferung des Gutes **verpflichtet** ist.

**4. Zahlung des Empfängers.** Der Beförderer ist dem Absender zur Ablieferung des 6 Gutes an den Empfänger nur gegen Zahlung der sich aus dem **Beförderungsvertrag** ergebenden Forderungen verpflichtet. Entsprechend eingeschränkt zu verstehen ist das Recht des Empfängers nach § 3 Satz 1, die Ablieferung zu verlangen. Der Beförderer hat sowohl gegenüber dem Absender als auch gegenüber dem die Ablieferung fordernden Empfänger ein **Zurückbehaltungsrecht,** bis die nach dem Beförderungsvertrag noch offe-nen Forderungen bezahlt werden. Eine Zahlungspflicht des Empfängers entsteht nicht schon dann, wenn er von seinen Rechten aus § 3 Gebrauch macht (anders nach Art. 13 Abs. 2 CMR und § 421 Abs. 2 HGB); hinzukommen muss, dass die **Kosten** gemäß Art. 10 **auf den Empfänger überwiesen** sind und dass dies in den Frachtbrief eingetragen ist (Art. 10 Rn. 4 und 5). Sind die Kosten auf Grund einer in den Frachtbrief aufgenommenen Verein-barung zwischen dem Absender und dem Beförderer auf den Empfänger überwiesen, so wird der **Absender** von der Zahlung der Kosten **befreit,** wenn der Empfänger den Fracht-brief einlöst (dh. entgegennimmt) oder seine Rechte aus Art. 17 § 3 geltend macht oder den Beförderungsvertrag gemäß Art. 18 abändert (arg. Art. 10 § 2). Hierbei handelt es sich um eine **Schuldübernahme** durch den Empfänger, nicht nur um einen **Schuldbeitritt** wie nach § 421 (Abs. 4) HGB.[9] Die **besondere Kostenzahlungsvorschrift** des **Art. 10** hat zur Folge, dass die zu Art. 13 Abs. 2 CMR und § 421 Abs. 2 Satz 1 HGB entwickelten Grundsätze über die Zahlungspflicht des Empfängers[10] nicht ohne weiteres auf die nach der CIM zu beurteilenden Fälle übertragen werden können: Sind die Kosten gemäß Art. 7, 10 auf den Empfänger überwiesen, dann wird er zahlungspflichtig, sobald er den Frachtbrief einlöst und damit die Überweisung der Kosten auf ihn erfährt; sind die Kosten nicht auf den Empfänger überwiesen, dann wird er selbst dann nicht zahlungspflichtig, wenn er seine Rechte aus Art. 17 § 3 geltend macht. Dem Beförderer steht es allerdings frei, von seinem Zurückbehaltungsrecht Gebrauch zu machen, bis der Empfänger freiwillig – oder der Absender – die ausstehenden Kosten bezahlt. Im Übrigen bestehen im Eisenbahnverkehr zwischen dem abliefernden Beförderer und dem Empfänger häufig **zusätzliche Vereinba-rungen** über die **Modalitäten der Ablieferung,** etwa im Gleisanschlussverkehr, die auch Entgeltregelungen enthalten können – unabhängig von den Vereinbarungen des Absenders mit dem (vertraglichen) Beförderer im Frachtvertrag über die Zahlung der Kosten.

Während nach Art. 13 Abs. 2 CMR und § 421 Abs. 2 HGB nur die aus dem **Frachtbrief** 7 hervorgehenden Beträge zu zahlen sind, geht Art. 17 § 1 CIM mit der Bezugnahme auf den **Beförderungsvertrag** bewusst weiter:[11] In der Praxis des Eisenbahnverkehrs sind

---

[6] ZA-Bericht 1999 S. 133 oben; vgl. auch Denkschrift COTIF 1999 S. 202 f.
[7] Vgl. BGH 14.2.1963, NJW 1963, 1830.
[8] Spera Art. 28 CIM 1980 Anm. 6; vgl. auch Goltermann Art. 28 CIM 1980 Anm. 2.
[9] Vgl. Fremuth/Thume/Fremuth § 421 HGB Rn. 21.
[10] Vgl. BGH 11.1.2007, TranspR 2007, 311 (mit Anm. Herber).
[11] ZA-Bericht 1999 S. 132 unten; vgl. auch Denkschrift COTIF 1999 S. 202; Koller Rn. 4.

nicht alle bei der Ablieferung zu zahlenden Forderungen im Frachtbrief eingetragen und bei unrichtigen Einträgen im Frachtbrief muss es dem Beförderer möglich sein, die abweichende Höhe einer Forderung mit Hilfe anderer Beweismittel geltend zu machen. Im Übrigen ergibt sich auch aus den näheren Bestimmungen in § 421 HGB, dass es nicht ausreicht, den Empfänger nur auf die aus dem Frachtbrief hervorgehenden Beträge zu verpflichten.[12] **Schadensersatzansprüche** des Beförderers gegen den Absender nach Art. 8 wegen fehlerhafter Angaben im Frachtbrief gehören jedoch nicht zu den Forderungen aus dem Frachtvertrag, die bei der Ablieferung gegenüber dem Empfänger geltend gemacht werden können; auf diese Verpflichtungen braucht der Empfänger sich nicht einzulassen.[13] Insoweit besteht ihm gegenüber auch kein Zurückbehaltungsrecht.

8   **5. Weitere Rechte des Empfängers.** Steht der Verlust des Gutes fest, so entfällt der Anspruch des Empfängers auf Ablieferung. Stattdessen kann er – wie auch beim Ausbleiben des Gutes – die ihm zustehenden Ersatzansprüche aus dem Beförderungsvertrag (vgl. Art. 44 § 1 lit. b) **im eigenen Namen** geltend machen (**§ 3 Satz 2**). Eine **Abtretung** ist nur erforderlich, soweit der Empfänger Ansprüche geltend machen will, die nur dem Absender zustehen (vgl. Art. 44 § 1 lit. a). Wie Art. 13 Abs. 1 Satz 2 CMR spricht Art. 17 § 3 Satz 2 CIM nur von den Rechten des Empfängers bei **Verlust** oder **Ausbleiben** des Gutes (anders dagegen § 421 Abs. 1 Satz 2 HGB). Bei **Beschädigung** des Gutes oder bei **Lieferfristüberschreitung** ergibt sich die Aktivlegitimation des Empfängers, Rechte aus dem Beförderungsvertrag im eigenen Namen geltend zu machen, jedenfalls aus Art. 44 § 1 lit. b CIM. Für die CMR, die keine dem Art. 44 CIM entsprechende Vorschrift enthält, ist die Ableitung der Aktivlegitimation des Empfängers im Fall der Beschädigung des Gutes umständlicher.[14]

9   Wenn der Empfänger sich durch Einlösung des Frachtbriefs auf den Frachtvertrag eingelassen hat, hat er alle Folgen zu tragen, die sich aus der Verzögerung oder Verweigerung der Annahme des Gutes ergeben.[15] Das gilt nicht, wenn der Empfänger seine Weigerung mit dem Verlangen verbindet, einen von ihm behaupteten Schaden in einer **Tatbestandsaufnahme** nach Art. 42 festzuhalten (**§ 4**). Dadurch vermeidet der Empfänger, dass seine Ersatzansprüche gemäß Art. 47 § 1 erlöschen. Auf die Berechtigung des Verlangens kommt es nicht an.[16] Bis zur Erstellung der Tatbestandsaufnahme über den Zustand des Gutes, seine Masse und ggf. das Fehlen eines Schadens treffen den Beförderer die Folgen der Abnahmeverweigerung des Empfängers.

## III. Nichteinziehung einer Nachnahme

10   Während Art. 17 CIM 1980 **Nachnahme** und **Barvorschuss** noch in einer eigenständigen Vorschrift regelte, enthält die CIM 1999 in Art. 17 **§ 6** nur noch eine Vorschrift über die **Haftung** des Beförderers bei Ablieferung des Gutes ohne Einziehung einer Nachnahme. Hinsichtlich der Ausgestaltung einer den Frachtvertrag ergänzenden Nachnahmeabrede herrscht **Vertragsfreiheit** in den Grenzen des ergänzend anwendbaren Landesrechts.[17] So wird der Betrag der Nachnahme nicht mehr (wie noch nach Art. 17 § 1 CIM 1980) durch den Wert des Gutes begrenzt.[18] Die Nachnahme muss aber **vereinbart** oder gemäß Art. 18 § 1 **nachträglich verfügt** sein und ihr Betrag ist im Frachtbrief einzutragen (Art. 7 § 2 lit. c, bzw. Art. 19 § 1). Ziff. 5 der Bestimmungen von DB Schenker Rail für den internationalen Eisenbahnverkehr lässt die Angabe von Nachnahmen im Transportauftrag bzw. CIM-Frachtbrief nicht zu; die wirksame Belastung des Gutes mit einer Nachnahme setzt daher eine abweichende **Einzelvereinbarung** voraus.

---

[12] Krit. insoweit auch *Basedow* Transportvertrag S. 328 f.
[13] Vgl. GroßkommHGB/*Helm* Art. 7 CIM 1970 Anm. 1 u. Art. 16 CIM 1970 Anm. 4.
[14] Vgl. nur *Koller* Art. 13 CMR Rn. 7 mwN.
[15] *Wick* Art. 16 CIM 1970 Anm. 28 (S. 167 f.); vgl. auch *Koller* Rn. 6.
[16] *Wick* Art. 16 CIM 1970 Anm. 28 (S. 168).
[17] *Beier* S. 134; *Emparanza/Recalde/Juan y Mateu* S. 135; einschränkend *Koller* Rn. 7.
[18] *Koller* Rn. 7.

**Ansprüche aus Nachnahmen** – sei es auf **Auszahlung** der Nachnahme oder auf **11** **Schadensersatz** wegen Nichteinziehung der Nachnahme beim Empfänger – können nur vom **Absender** gerichtlich geltend gemacht werden (Art. 44 § 4), und zwar nur gegen den Beförderer, der das Gut am Versandort übernommen hat, das ist regelmäßig die „Versandbahn" (Art. 45 § 4). Das gilt auch dann, wenn der abliefernde Beförderer am „Empfangsort" die Einziehung der Nachnahme unterlassen oder den eingezogenen Betrag nicht an die Versandbahn abgeführt hat. Die vom Absender in Anspruch genommene Versandbahn muss sich in diesen Fällen mit der Empfangsbahn gemäß Art. 49 auseinandersetzen. Treten im Vor- oder Nachlauf eingesetzte Straßenverkehrsunternehmer oder Binnenschiffer durch förmliche Übernahme von Gut und Frachtbrief gemäß Art 26 als aufeinanderfolgende Beförderer in den CIM-Frachtvertrag ein (Art. 1 Rn. 15) geraten sie in die Position der Versand- bzw. Empfangsbahn.

Die **Nichteinziehung** einer das Gut belastenden Nachnahme stellt die Verletzung einer **12** **Nebenpflicht** des Beförderers dar. Wie bei anderen Nebenpflichtverletzungen (vgl. Art. 8 § 3, Art. 15 § 3) ist die **Haftung** für die Nichteinziehung einer Nachnahme nicht in Titel III über die Haftung des Beförderers für Güter- und Verspätungsschäden geregelt, sondern in Zusammenhang mit der Ablieferung des Gutes in Art. 17[19] (vgl. demgegenüber Art. 21 CMR). Der Beförderer hat dem Absender den durch die Nichteinziehung der Nachnahme entstandenen **nachgewiesenen Schaden** zu ersetzen,[20] höchstens bis zum Betrag der Nachnahme. Das gilt auch im Falle qualifizierten Verschuldens, da Art. 17 § 6 in Art. 36 nicht genannt ist.[21] Der in § 6 vorbehaltene **Rückgriff** des Beförderers **gegen den Empfänger** ist ein eigenständiger **Anspruch kraft Gesetzes** auf Zahlung der Nachnahme und ergibt sich unmittelbar aus der CIM,[22] nicht nur kraft Bereicherungsrechts.[23] Der Empfänger kann sich daher nicht darauf berufen, dass er die Sendung nicht angenommen hätte, wenn bei der Ablieferung des Gutes der Nachnahmebetrag verlangt worden wäre.[24] Der Empfänger hat dem Beförderer die an den Absender gezahlte Entschädigung bis zum Betrag der Nachnahme zu erstatten, unabhängig davon, ob auch der Absender gegen ihn eine entsprechende Forderung hat,[25] ob der Empfänger Eigentümer des Gutes geworden ist[26] oder ob es sich noch in seinem Besitz befindet.

### Art. 18. Verfügungsrecht über das Gut

**§ 1. ¹Der Absender ist berechtigt, über das Gut zu verfügen und den Beförderungsvertrag nachträglich zu ändern. ²Er kann insbesondere verlangen, dass der Beförderer**

**a) das Gut nicht weiterbefördert;**

**b) die Ablieferung des Gutes aussetzt;**

**c) das Gut an einen anderen als den im Frachtbrief angegebenen Empfänger abliefert;**

**d) das Gut an einem anderen als dem im Frachtbrief angegebenen Ort abliefert.**

**§ 2. Das Recht des Absenders zur Änderung des Beförderungsvertrages erlischt, auch wenn er das Frachtbriefdoppel besitzt, in den Fällen, in denen der Empfänger**

**a) den Frachtbrief eingelöst hat;**

**b) das Gut angenommen hat;**

---

[19] *ZA-Bericht 1999* S. 133 Ziff. 4.

[20] *Beier* S. 135; *Koller* Rn. 7.

[21] Vgl. auch *Beier* S. 135; *Emparanza/Recalde/Juan y Mateu* S. 137 f.

[22] *Konow* ZIntEisenb 1987, 61, 62 ff.; ebenso *Koller* Rn. 7; *Wick* Art. 19 CIM 1970 Anm. 13 (S. 186 f.).

[23] So aber LG Köln 23.4.1985, ZIntEisenb 1986, 48, 50 f.; GroßkommHGB/*Helm* Art. 19 CIM 1970 Anm. 1; *Spera* Art. 17 CIM 1980 Anm. 13.

[24] *Wick* Art. 19 CIM 1970 Anm. 13 (S. 187) mwN.

[25] *Koller* Rn. 7.

[26] Trib. de commerce Bruxelles 2.1.1933, ZIntEisenb 1935, 272.

c) seine Rechte gemäß Artikel 17 § 3 geltend gemacht hat;

d) gemäß § 3 verfügungsberechtigt ist; von diesem Zeitpunkt an hat der Beförderer die Verfügungen und die Anweisungen des Empfängers zu befolgen.

§ 3. Das Recht zur Änderung des Beförderungsvertrages steht vorbehaltlich eines gegenteiligen Vermerks des Absenders im Frachtbrief dem Empfänger bereits von der Ausstellung des Frachtbriefes an zu.

§ 4. Das Recht des Empfängers zur Änderung des Beförderungsvertrages erlischt, wenn er

a) den Frachtbrief eingelöst hat;

b) das Gut angenommen hat;

c) seine Rechte gemäß Artikel 17 § 3 geltend gemacht hat;

d) gemäß § 5 vorgeschrieben hat, dass das Gut an einen Dritten abzuliefern ist, und dieser seine Rechte gemäß Artikel 17 § 3 geltend gemacht hat.

§ 5. Hat der Empfänger vorgeschrieben, dass das Gut an einen Dritten abzuliefern ist, so ist dieser nicht berechtigt, den Beförderungsvertrag zu ändern.

## Art. 18. Droit de disposer de la marchandise

§ 1. L'expéditeur a le droit de disposer de la marchandise et de modifier, par des ordres ultérieurs, le contrat de transport. Il peut notamment demander au transporteur:

a) d'arrêter le transport de la marchandise;

b) d'ajourner la livraison de la marchandise;

c) de livrer la marchandise à un destinataire différent de celui inscrit sur la lettre de voiture;

d) de livrer la marchandise à un lieu différent de celui inscrit sur la lettre de voiture.

§ 2. Le droit pour l'expéditeur, même en possession du duplicata de la lettre de voiture, de modifier le contrat de transport s'éteint dans les cas où le destinataire :

a) a retiré la lettre de voiture;

b) a accepté la marchandise;

c) a fait valoir ses droits conformément à l'article 17, § 3;

d) est autorisé, conformément au § 3, à donner des ordres; à partir de ce moment, le transporteur doit se conformer aux ordres et aux instructions du destinataire.

§ 3. Le droit de modifier le contrat de transport appartient au destinataire dès l'établissement de la lettre de voiture, sauf mention contraire inscrite sur cette lettre par l'expéditeur.

§ 4. Le droit pour le destinataire de modifier le contrat de transport s'éteint lorsqu+'il:

a) a retiré la lettre de voiture;

b) a accepté la marchandise;

c) a fait valoir ses droits conformément à l'article 17, § 3;

d) a prescrit conformément au § 5 de livrer la marchandise à un tiers et lorsque celui-ci a fait valoir ses droits conformément à l'article 17, § 3.

§ 5. Si le destinataire a prescrit de livrer la marchandise à un tiers, celui-ci n'est pas autorisé à modifier le contrat de transport.

## I. Normzweck

1    Die Vorschrift regelt die **frachtrechtliche Verfügungsbefugnis** des Absenders und des Empfängers zur **Änderung des Beförderungsvertrags.** Andere Vertragsverhältnisse, zB der die Beförderung auslösende **Kaufvertrag,** bleiben **unberührt.**[1] Es handelt sich nicht um eine sachenrechtliche Verfügung, sondern um **vertragsverändernde Weisungen,** die im Frachtrecht traditionell „Verfügungen" genannt werden (§ 418 HGB Rn. 2). Die Regelung entspricht in vielem Art. 12 Abs. 1–4 CMR sowie § 418 Abs. 1–3 HGB. Von

---

[1] Handelsgericht Brügge 28.8.1969, ZIntEisenb 1970, 199.

CMR und HGB abweichend geregelt – und missglückt – ist das frühe Verfügungsrecht des Empfängers nach § 3.

## II. Einzelheiten

**1. Fallgruppen.** Die Aufzählung möglicher Verfügungen des Absenders in **§ 1** ist **nicht 2 abschließend,** sondern nur beispielhaft („insbesondere").[2] Der Absender kann daher wie bisher (Art. 30 § 1 lit. a und f CIM 1980) zB **einseitig** verfügen, dass das Gut zum Versandbahnhof oder zur Übernahmestelle (Art. 7 § 1 lit. e) zurückbefördert und ihm dort zurückgegeben wird. Außerdem können durch **Vereinbarungen** im Einzelfall oder auf Grund von **Allgemeinen Beförderungsbedingungen** dem Absender oder dem Empfänger weitere Rechte zur Änderung des Beförderungsvertrags eingeräumt werden.[3] Das entspricht der bisherigen Regelung, wonach weitere Verfügungen in den **Zusatzbestimmungen** oder **internationalen Tarifen** der an der Beförderung beteiligten Eisenbahnen zugelassen werden konnten (Art. 30 § 1 Abs. 3, Art. 31 § 1 Abs. 2 CIM 1980). Ist **kein Frachtbrief** ausgestellt, so steht dem **Empfänger** kein Verfügungsrecht zu (arg. Art. 18 § 3), während ein Verfügungsrecht des **Absenders** zwar in Betracht kommt,[4] aber außerhalb des in Art. 19 § 1 vorgesehenen Verfahrens durchzuführen und auf Verlangen des Beförderers zu dokumentieren ist.

**2. Erlöschen des Verfügungsrechts.** Das Verfügungsrecht des **Absenders** bzw. des **3 Empfängers** erlischt, sobald der Empfänger den Frachtbrief eingelöst oder das Gut angenommen oder seine Rechte gemäß Art. 17 § 3 geltend gemacht hat (**§ 2** und **§ 4,** jeweils lit. a–c). Das Verfügungsrecht des **ursprünglichen Empfängers** erlischt folgerichtig außerdem, wenn er einen neuen Empfänger benannt und dieser seine Rechte gemäß Art. 17 § 3 geltend gemacht hat (§ 4 lit. d).

Nach § 2 lit. d **erlischt** das Verfügungsrecht des **Absenders** auch, wenn der **Empfänger 4 verfügungsberechtigt** ist. Das erscheint zunächst konsequent, um **konkurrierende Verfügungsrechte** von Absender und Empfänger zu **vermeiden.** Verfügungsberechtigt ist der Empfänger nach § 3 aber bereits von der Ausstellung des Frachtbriefs an, sofern nicht der Absender dies durch einen **gegenteiligen Vermerk** im Frachtbrief ausgeschlossen hat. Der Absender muss sich also sein Verfügungsrecht in jedem Fall dadurch sichern, dass er das **frühzeitige Verfügungsrecht des Empfängers** im Frachtbrief ausdrücklich **ausschließt oder einschränkt,** zB durch einen Vermerk, dass der Empfänger erst dann verfügungsberechtigt sein soll, wenn das Gut die Grenze des Versandlandes überschritten hat oder wenn es im Bestimmungsland oder am Bestimmungsbahnhof oder an der Ablieferungsstelle – Art. 7 § 1 lit. f – angekommen ist (vgl. auch § 418 Abs. 2 HGB). Ein klarer Vermerk im Frachtbrief zum Verfügungsrecht des Absenders bzw. des Empfängers ist für alle Fälle nötig, in denen die CIM vom „**Verfügungsberechtigten**" spricht und diesem Rechte gibt oder Pflichten auferlegt, so zB in Art. 20 und 22 in Bezug auf Beförderungs- und Ablieferungshindernisse.

Ursprünglich war bei den Arbeiten zur Revision der CIM 1980 vorgesehen worden, **5** bei der Ausgestaltung des Verfügungsrechts Art. 12 Abs. 3 CMR zum Vorbild zu nehmen:[5] Diese Vorschrift gibt dem Empfänger das frühe Verfügungsrecht allerdings nur, wenn der Absender es durch einen entsprechenden Vermerk im Frachtbrief **positiv begründet.** Die Generalversammlung der OTIF in Vilnius verwarf diesen Ansatz und kehrte zum Prinzip der CIM 1980 zurück, wonach der Absender das Verfügungsrecht des Empfängers nicht erst zu schaffen, sondern das unter bestimmten Umständen bestehende Verfügungsrecht des Empfängers auszuschließen hatte, wenn er sein Verfügungsrecht nicht nach Art. 30 § 4 lit. d CIM 1980 verlieren wollte: Die CIM 1980 (Art. 31 § 1) hatte dem Empfänger das

---

[2] *Denkschrift COTIF 1999* S. 203.
[3] *ZA-Bericht 1999* S. 133 Ziff. 1.
[4] *Koller* Rn. 2.
[5] *ZA-Bericht 1999* S. 133 Ziff. 3 zu Art. 18.

Verfügungsrecht für den Fall eingeräumt, dass der Absender weder die auf die Beförderung im Bestimmungsland entfallenden Kosten übernommen noch einen das Verfügungsrecht des Empfängers ausschließenden Vermerk im Frachtbrief angebracht hatte; in diesem Fall wurden Verfügungen des Empfängers dann wirksam, wenn die Sendung in das Zollgebiet des Bestimmungslandes gelangt war. Die CIM 1980 kannte also kein voraussetzungsloses frühes Verfügungsrecht des Empfängers ab Ausstellung des Frachtbriefs, sondern gewährte dem Empfänger das Verfügungsrecht nur für den Fall, dass der Absender durch Nichtübernahme der Beförderungskosten im Bestimmungsland zu verstehen gegeben hatte, dass er dort den Empfänger als für das Gut und seine Beförderung Zuständigen ansah. In der CIM 1999 ist demnach nicht das Modell der CIM 1980 übernommen,[6] sondern das Modell der CMR in sein Gegenteil verkehrt worden:[7] Um überhaupt ein Verfügungsrecht zu haben, muss der Absender das bereits ab Ausstellung des Frachtbriefs bestehende Verfügungsrecht des Empfängers ausschließen.

6    Hat der Absender es versäumt, im Frachtbrief einen gegenteiligen Vermerk zu Lasten des Empfängers anzubringen, dann hilft ihm der Besitz des **Frachtbriefdoppels** auch nicht, das Verfügungsrecht zu erhalten, wie sich aus Art. 18 § 2 ergibt.[8] Als Besitzer des Frachtbriefdoppels kann der Absender lediglich verhindern, dass der Empfänger den Beförderungsvertrag durch nachträgliche Verfügungen ändert, denn zur Durchsetzung nachträglicher Verfügungen ist die Vorlage des Frachtbriefdoppels erforderlich (Art. 19 § 1). Die Vorlage des Frachtbriefdoppels ist damit zwar notwendige Voraussetzung einer nachträglichen Verfügung, sie ist jedoch keine hinreichende Bedingung: Das **Recht zur nachträglichen Vertragsänderung** muss hinzukommen; und dieses Recht steht in bestimmten Stadien des Transports jeweils entweder dem Absender oder dem Empfänger zu, je nachdem, ob der Frachtbrief einen Verfügungsvermerk enthält und welchen Inhalt dieser hat. Da Absender und Empfänger aber jeweils nur alternativ verfügungsberechtigt sind, kann es jedenfalls nicht – wie vom Zentralamt angenommen[9] – zu einem Wettlauf der beiden um das Verfügungsrecht kommen.

7    Die Fehlkonstruktion der CIM 1999 wird für in Deutschland beginnende Transporte der **DB Schenker Rail** durch Ziff. 2.4 ihrer Bestimmungen für den internationalen Eisenbahnverkehr behoben, indem bei fehlender anderslautender Weisung des Absenders in den Frachtbrief eingetragen wird, dass der **Absender allein verfügungsberechtigt** ist, bis die Sendung Deutschland verlassen hat. Danach ist im **Versandland** der **Absender,** im **Bestimmungsland** und auch bereits in **Transitländern** der **Empfänger allein verfügungsberechtigt.** Dies ist bei der Anwendung der CIM zu beachten, wenn auf den Verfügungsberechtigten abgestellt wird.

8    Für nicht bei DB Schenker Rail in Deutschland beginnende internationale Transporte, die unter die **ABB-CIM** fallen, greift deren Ziff. 10.1 die Regelung der CIM auf, dass nachträgliche Verfügungen des Absenders nur zulässig sind, wenn er im Frachtbrief das Verfügungsrecht des Empfängers **ausgeschlossen** hat. Dieser Wortlaut lässt nicht einmal eine **Einschränkung** des Verfügungsrechts des Empfängers zu, während diese Möglichkeit dem Art. 18 § 3 CIM immerhin entnommen werden kann. Die ABB-CIM sehen aber vor, dass **andere Frachtbriefvermerke** zum Verfügungsrecht des Absenders (und damit auch Einschränkungen des Empfängerrechts) insbesondere im **Kundenabkommen** zwischen Absender und Beförderer besonders vereinbart werden können.

9    **3. Formvorschriften.** Abgesehen von Art. 19 § 1 schreibt die CIM für nachträgliche Verfügungen keine besondere Form vor, während die **ABB-CIM** in Ziff. 10.2 für Verfügungen und Anweisungen im Rahmen der Art. 18–22 CIM eine „angemessene schriftliche Form" vorsehen. Das ist nicht gleichbedeutend mit der Schriftform iS des § 126 BGB, so

---

[6] Dies verkennt *Denkschrift COTIF 1999* S. 203.
[7] *ZA-Bericht 1999* S. 133 Ziff. 2 zu Art. 18.
[8] Missverständlich *Denkschrift COTIF 1999* S. 203.
[9] *ZA-Bericht 1999* S. 133 Ziff. 3 zu Art. 18.

dass auch Textform (§ 126b BGB) ausreichend sein dürfte. In den Fällen der Ziff. 10.4 verlangen die ABB-CIM für die nachträgliche Änderung des Beförderungsvertrags die vorherige **Zustimmung der Zollabgangsstelle.**

## Art. 19. Ausübung des Verfügungsrechtes

**§ 1. Will der Absender oder, im Fall des Artikels 18 § 3, der Empfänger den Beförderungsvertrag durch nachträgliche Verfügungen ändern, hat er das Frachtbriefdoppel, in das die Änderungen einzutragen sind, dem Beförderer vorzulegen.**

**§ 2. Der Absender oder, im Fall des Artikels 18 § 3, der Empfänger hat dem Beförderer alle Kosten und Schäden zu ersetzen, die durch die Ausführung der nachträglichen Änderungen entstehen.**

**§ 3. Die Ausführung der nachträglichen Änderungen muss zu dem Zeitpunkt, in dem die Verfügungen denjenigen erreichen, der sie ausführen soll, möglich, zulässig und zumutbar sein und darf insbesondere weder den gewöhnlichen Betrieb des Beförderers beeinträchtigen noch die Absender oder Empfänger anderer Sendungen schädigen.**

**§ 4. Nachträgliche Änderungen dürfen nicht zu einer Teilung der Sendung führen.**

**§ 5. Kann der Beförderer mit Rücksicht auf die Bedingungen des § 3 die erhaltenen Verfügungen nicht ausführen, so hat er unverzüglich denjenigen zu benachrichtigen, der die Änderung verfügt hat.**

**§ 6. [1]Trifft den Beförderer ein Verschulden, so haftet er für die Folgen, die sich daraus ergeben, dass er eine nachträgliche Änderung nicht oder nur mangelhaft ausführt. [2]Er hat jedoch keinen höheren Schadensersatz zu leisten als bei Verlust des Gutes.**

**§ 7. [1]Führt der Beförderer nachträgliche Änderungen des Absenders aus, ohne sich das Frachtbriefdoppel vorlegen zu lassen, so haftet er dem Empfänger für den dadurch verursachten Schaden, wenn dem Empfänger das Frachtbriefdoppel übergeben worden ist. [2]Der Beförderer hat jedoch keinen höheren Schadensersatz zu leisten als bei Verlust des Gutes.**

## Art. 19. Exercice du droit de disposition

§ 1. Lorsque l'expéditeur ou, dans le cas de l'article 18, § 3, le destinataire, veut modifier, par des ordres ultérieurs, le contrat de transport, celui-ci doit présenter au transporteur le duplicata de la lettre de voiture sur lequel doivent être portées les modifications.

§ 2. L'expéditeur, ou dans le cas de l'article 18, § 3, le destinataire, doit dédommager le transporteur des frais et du préjudice qu'entraîne l'exécution des modifications ultérieures.

§ 3. L'exécution des modifications ultérieures doit être possible, licite et raisonnablement exigible au moment où les ordres parviennent à celui qui doit les exécuter et elle ne doit notamment ni entraver l'exploitation normale de l'entreprise du transporteur, ni porter préjudice aux expéditeurs ou destinataires d'autres envois.

§ 4. Les modifications ultérieures ne doivent pas avoir pour effet de diviser l'envoi.

§ 5. Lorsque, en raison des conditions prévues au § 3, le transporteur ne peut exécuter les ordres qu'il reçoit, il doit en aviser immédiatement celui dont émanent les ordres.

§ 6. En cas de faute du transporteur, celui-ci est responsable des conséquences de l'inexécution ou de l'exécution défectueuse d'une modification ultérieure. Toutefois, l'éventuelle indemnité n'excède pas celle prévue en cas de perte de la marchandise.

§ 7. Le transporteur, qui donne suite aux modifications ultérieures demandées par l'expéditeur sans exiger la présentation du duplicata de la lettre de voiture, est responsable du dommage en résultant envers le destinataire si le duplicata de la lettre de voiture a été transmis à ce dernier. Toutefois, l'éventuelle indemnité n'excède pas celle prévue en cas de perte de la marchandise.

## I. Normzweck

1    Während Art. 18 bestimmt, wer ein Verfügungsrecht hat und wann es erlischt, regelt Art. 19 das **Verfahren** bei Ausübung des Verfügungsrechts sowie die **Haftung** von Absender und Empfänger einerseits und des Beförderers andererseits. In der CMR (Art. 12 Abs. 5–7) und im HGB (§ 418 Abs. 4–6) werden die entsprechenden Bestimmungen in der Vorschrift über das Verfügungsrecht selbst mitgeregelt. Die CIM 1980 enthielt Verfahrens- und Formvorschriften – für Absender- und Empfängerverfügungen getrennt – in Art. 30 § 2 und Art. 31 § 2 sowie Kostenerstattungs- und Haftungsvorschriften in Art. 30 § 3 und Art. 32 §§ 2 und 3.

## II. Verfahrens- und Formvorschriften

2    **1. Vorlage des Frachtbriefdoppels.** Der **Verfügungsberechtigte** (Absender oder Empfänger) hat die Änderung des Frachtvertrags in das Frachtbriefdoppel einzutragen und dieses dem Beförderer vorzulegen (**§ 1**). Ist der Verfügungsberechtigte nicht im Besitz des Frachtbriefdoppels, kann er wegen dessen **Sperrwirkung** von seinem Verfügungsrecht keinen Gebrauch machen (Art. 18 Rn. 6). Etwas anderes gilt verständlicherweise bei **Annahmeverweigerung** durch den Empfänger (Art. 21 § 3): Hier kann der Absender Anweisungen auch dann erteilen, wenn er das Frachtbriefdoppel nicht (mehr) besitzt. Die CMR (Art. 12 Abs. 5) macht die Ausübung des Verfügungsrechts durch Absender bzw. Empfänger ebenfalls von der Vorlage des Frachtbriefs abhängig, während § 418 Abs. 4 HGB dies nur vom Absender verlangt. Bei **Ablieferungshindernissen** verzichten auch CMR (Art. 15 Abs. 1) und HGB (§ 419 Abs. 1 Satz 2) auf die Vorlage des Frachtbriefs durch den Absender.

3    **2. Ausführbarkeit.** Der Beförderer ist nicht verpflichtet, beliebige Verfügungen des Berechtigten auszuführen, sondern kann sie unter Angabe berechtigter Gründe zurückweisen (**§§ 3–5** in Anlehnung an Art. 12 Abs. 5 u. 6 CMR). Unzulässig ist eine nachträgliche Verfügung zB dann, wenn sie gegen zwingende Rechtsvorschriften, zB Zollvorschriften, verstößt.[1] Da Frachtbrief und Sendung eine Einheit bilden (Art. 6 Rn. 8), darf eine nachträgliche Verfügung nicht zur Teilung der Sendung führen (§ 4). Andernfalls müsste uU ein Teil der Sendung ohne Frachtbrief zu einem anderen Bestimmungsort befördert werden. Allgemein gilt, dass das Betriebssystem der Eisenbahn, insbesondere die Beförderung der Güter im **Zugverband** und die Bindung an **Fahrplantrassen** der Ausführbarkeit nachträglicher Weisungen des Verfügungsberechtigten engere Grenzen als etwa im Straßenverkehr setzt. Verstößt der Beförderer gegen die Benachrichtigungspflicht des § 5, so wird er gegenüber dem Verfügenden schadensersatzpflichtig.[2] Haftungsgrundlage ist zwar nicht § 6,[3] der Beförderer hat aber auch bei Benachrichtigungsmangel in analoger Anwendung der §§ 6 und 7 (arg. a maiore) keinen höheren Schadensersatz zu leisten als bei Verlust des Gutes.

## III. Haftung

4    **1. Haftung des Verfügenden.** Nach dem Vorbild des Art. 12 Abs. 5 lit. a CMR hat der Verfügende dem Beförderer alle **Kosten** (Art. 10) und **Schäden** zu ersetzen, die durch

---

[1]  ZA-Bericht 1999 S. 134 Ziff. 3. Vgl. dazu auch ABB-CIM Ziff. 10.4 (Anh 1 nach Art. 52).
[2]  Wick Art. 23 CIM 1970 Anm. 9 (S. 217).
[3]  Vgl. CMR Art. 12 Rn. 22.

die Ausführung der Verfügung entstehen (**§ 2**).[4] Der in früheren Fassungen der CIM (vgl. Art. 32 § 2 CIM 1980) zumindest hinsichtlich der Kosten enthaltene **Ausschluss** der Haftung des Verfügenden bei **Verschulden der Eisenbahn** wurde bei der Reform von 1999 anlässlich der Anlehnung an die CMR nicht mit übernommen. Das berechtigt den Beförderer aber nicht, kritiklos schadensträchtige oder unzulässige Weisungen zu befolgen und die daraus resultierenden Kosten und Schäden gegenüber dem Verfügenden geltend zu machen.[5] § 3 enthält nicht nur Maßstäbe für ein **Verweigerungsrecht** des Beförderers, sondern – nach gehöriger Abwägung – auch für eine **Zurückweisungspflicht,** und zwar nicht nur im Interesse des Verfügenden, sondern auch anderer Beteiligter.[6] Verstößt der Beförderer hiergegen **schuldhaft,** so entfällt sein Ersatzanspruch aus § 2, wenn man die **parallele Wertung** in Art. 22 § 1 heranzieht.[7] Darüber hinaus kann ihn eine Schadensersatzpflicht treffen (Rn. 6).

**2. Haftung des Beförderers. a) Zulässige Verfügungen.** Solche Verfügungen hat   **5** der Beförderer gewissenhaft und sorgfältig auszuführen. Verstößt er gegen diese Pflicht, so haftet er nach den **§§ 6 und 7** für den (Vermögens-)Schaden, der sich aus dieser **Nebenpflichtverletzung** ergibt. Für Güter- oder Verspätungsschäden haftet der Beförderer jedoch ausschließlich nach Art. 23 ff.[8] Die Haftung des Beförderers ist der Höhe nach **begrenzt,** obwohl es sich um eine Haftung für **Verschulden** (§ 6) bzw. für eine schwere, regelmäßig schuldhaft begangene[9] Pflichtverletzung (§ 7) handelt. Die CIM folgt hier nicht dem Art. 12 Abs. 7 CMR, sondern hält wie Art. 30 § 3 und Art. 32 § 3 CIM 1980 „angesichts des hohen Risikos bei der Ausführung nachträglicher Verfügungen im Eisenbahnverkehr"[10] dieselbe Haftungsbeschränkung wie bei Verlust des Gutes (Art. 30) für gerechtfertigt. Bei bewusster Leichtfertigkeit des Beförderers sieht Art. 36 allerdings den Wegfall der Haftungsbeschränkung vor.[11] Treffen (Vermögens-)Schäden, für die nach Art. 19 §§ 6 oder 7 gehaftet wird, mit Güter- oder Verspätungsschäden iS des Art. 23 zusammen, so begrenzt die Höhe der Verlustentschädigung die Summe beider Entschädigungsbeträge.[12]

**b) Unzulässige Verfügungen.** Bei Ausführung einer unzulässigen Verfügung (Rn. 4)   **6** kann der Beförderer nach Art. 23 schadensersatzpflichtig werden, jedenfalls gegenüber den Absendern und Empfängern anderer von der schuldhaften Ausführung der Verfügung beeinträchtigter Güter. Er haftet in diesem Fall nicht anders als nach § 6 für die schuldhafte Nichtausführung einer zulässigen Verfügung, also bis zur Höhe der Verlustentschädigung; Ansprüche des Verfügenden können aber nach § 254 oder § 826 BGB abgelehnt werden.[13] Nimmt der Beförderer **zu Unrecht** ein **Verweigerungsrecht** an, droht ihm eine Haftung nach § 6. Neben dem Wegfall des Ersatzanspruchs des Beförderers bei Verschulden und neben seiner Haftung nach § 6 ist kein Raum für die Eröffnung eines weiteren (unbeschränkten) „Gegenanspruchs" des Verfügenden nach nationalem Recht.[14]

## Art. 20. Beförderungshindernisse

**§ 1. Bei einem Beförderungshindernis entscheidet der Beförderer, ob es zweckmäßig ist, das Gut ohne weiteres unter Abänderung des Beförderungsweges wei-**

---

[4] Ebenso *Koller* Art. 19 Rn. 3.
[5] Vgl. *Fremuth/Thume/Fremuth* § 418 HGB Rn. 19. *Koller* (Art. 19 Rn. 3) schließt in diesem Fall zwar nicht die Ersatzpflicht des Verfügenden aus, eröffnet dem Geschädigten aber einen Gegenanspruch ggü. dem Beförderer nach ergänzend anwendbarem nationalen Recht.
[6] AA *Koller* Rn. 4.
[7] Vgl. *Koller* Art. 12 CMR Rn. 3 aE zu der gleichen Fallkonstellation in der CMR.
[8] Vgl. *Beier* S. 131, 133; *Konow* ZIntEisenb 1986, 103, 110 f.
[9] *Beier* S. 132.
[10] *ZA-Bericht 1999* S. 134 Ziff. 6.
[11] Ebenso *Koller* Rn. 5 u. 6.
[12] *Beier* S. 131.
[13] Vgl. *Finger* § 72 EVO Anm. 3d.
[14] AA *Koller* Rn. 3 (siehe auch oben Fn. 5).

terzuleiten, oder ob es im Interesse des Verfügungsberechtigten liegt, ihn um eine Anweisung zu ersuchen, wobei er ihm alle nützlichen Angaben mitteilt, über die er verfügt.

§ 2. ¹Ist die Weiterbeförderung nicht möglich, so ersucht der Beförderer den Verfügungsberechtigten um eine Anweisung. ²Kann der Beförderer innerhalb angemessener Frist keine Anweisungen erhalten, so hat er die Maßnahmen zu ergreifen, die ihm im Interesse des Verfügungsberechtigten die vorteilhaftesten zu sein scheinen.

### Art. 20. Empêchements au transport

§ 1. En cas d'empêchement au transport, le transporteur décide s'il est préférable de transporter d'office la marchandise en modifiant l'itinéraire ou s'il convient, dans l'intérêt de l'ayant droit, de lui demander des instructions en lui fournissant toutes les informations utiles dont il dispose.

§ 2. Si la continuation du transport n'est pas possible, le transporteur demande des instructions à celui qui a le droit de disposer de la marchandise. Si le transporteur ne peut obtenir des instructions en temps utile, il doit prendre les mesures qui lui paraissent les plus favorables aux intérêts de celui qui a le droit de disposer de la marchandise.

## I. Normzweck

1    Wie die CMR (Art. 14–16) regelt die CIM in drei Artikeln (Art. 20–22) Beförderungs- und Ablieferungshindernisse sowie deren Folgen. Das HGB kommt hierfür mit einem Paragraphen (§ 419) aus. Die CIM 1980 enthielt in den Art. 33 und 34 je eine Vorschrift über Beförderungs- und über Ablieferungshindernisse und regelte darin jeweils auch die Folgen.

2    Ein **Beförderungshindernis** im Sinne der CIM stellen alle Ereignisse dar, die nach der Übernahme des Gutes durch den Beförderer und vor der Ankunft des Gutes an der Ablieferungsstelle die Erfüllung des Frachtvertrags verzögern, stören oder verhindern, so dass Güterschäden oder Lieferfristüberschreitung drohen.[1] Dazu gehören zB Streckenunterbrechungen durch Naturereignisse oder aus sonstigen Gründen, selbst wenn sie vom Beförderer verschuldet sind, wie zB Betriebsunfälle.[2] Auch Streiks können ein Beförderungshindernis darstellen.[3] Erfasst werden nicht nur außerbetriebliche, sondern auch betriebliche Ereignisse. Auch behördliche Maßnahmen, zB Ein- und Ausfuhrverbote, können Beförderungshindernisse darstellen. Auf ein **Verschulden** des Beförderers kommt es nicht an,[4] außer bei der Kostenerstattung, Art. 22 § 1.

## II. Einzelheiten

3    **1. Behebbares Hindernis.** Bei einem durch Änderung des Beförderungsweges behebbaren Beförderungshindernis (§ 1) entscheidet der Beförderer, ob er eine **Anweisung des Verfügungsberechtigten** (Absender oder Empfänger, Art. 18) einholt oder ob er das Gut **ohne weiteres** dem Vertragszweck entsprechend umleitet. Die Entscheidung darf erkennbaren Interessen des Verfügungsberechtigten nicht widersprechen.[5] Dies ist jedenfalls dann gewährleistet, wenn der Beförderer die nach seinem Kenntnisstand für den Berechtigten sicherste und am wenigsten belastende Lösung wählt.[6] Die Übernahme einer Sendung

---

[1]  *Koller* Rn. 2.
[2]  *Wick* Art. 24 CIM 1970 Anm. 2 (S. 221 f.).
[3]  Vgl. *Favre* ZIntEisenb 1972, 173, 178; außerdem *Ehmen* TranspR 2007, 354, 356, bei dem allerdings das streikbedingte *Ablieferungshindernis* im Vordergrund steht.
[4]  OLG Frankfurt 24.6.1991, VersR 1992, 1157 (CMR-Fall).
[5]  Vgl. *Koller* Rn. 3.
[6]  *Goltermann* Art. 33 CIM 1980 Anm. 2b aa.

verderblicher Güter (zB Milch) trotz eines angekündigten Streiks und die Beibehaltung des ursprünglichen Leitungswegs trotz möglicher Umleitung über eine vom Streik nicht betroffene Strecke führt zur Haftung der Eisenbahn nach Art. 23 für das durch Lieferfristüberschreitung entwertete oder verdorbene Gut.[7]

Nach Art. 14 Abs. 2 CMR ist der internationale Straßenfrachtführer zu einem eigen- 4 mächtigen Vorgehen bei Vorliegen eines behebbaren Beförderungshindernisses nur berechtigt, wenn er Weisungen des Verfügungsberechtigten innerhalb angemessener Zeit nicht erhalten konnte. Die größere Entscheidungsfreiheit des Eisenbahnbeförderers ist berechtigt im Hinblick auf die Besonderheiten des Eisenbahnbetriebs. Bei ihm kann ein Beförderungshindernis tendenziell schneller eintreten als im Straßenverkehr, der über ein sehr viel dichteres Wegenetz verfügt als die Eisenbahn und bei dem die Notwendigkeit oder Zweckmäßigkeit von Routenänderungen regelmäßig nur als **Erschwerung des Transports,** aber **nicht** als **Beförderungshindernis** einzustufen ist,[8] so dass der Straßenfrachtführer in diesen Fällen ebenfalls keine Weisungen einzuholen braucht. Dabei ist zu beachten, dass nach der CMR (Art. 14 Abs. 1) ein Beförderungshindernis nur vorliegt, wenn die Erfüllung des Vertrags zu den im Frachtbrief festgelegten Bedingungen unmöglich ist oder wird, was bei bloßen Transporterschwernissen nicht der Fall ist.

**2. Nicht behebbares Hindernis.** Bei nicht behebbaren Beförderungshindernissen (§ 2) 5 ist das Ersuchen um Anweisung obligatorisch. Das gilt zB, wenn Zollbehörden den Transport aufhalten.[9] Bei **vorübergehenden Hindernissen** braucht keine Anweisung eingeholt zu werden, falls der Wegfall des Hindernisses absehbar und eine Schädigung des Verfügungsberechtigten nicht zu befürchten ist.[10] Der Absender kann auch **vorsorglich** für den Fall von Beförderungshindernissen im **Frachtbrief** Anweisungen erteilen (Analogie zu Art. 21 § 1). Der Begriff „**Anweisung**" reicht weiter als derjenige der **nachträglichen Verfügung** nach Art. 18, da eine Anweisung nicht voraussetzt, dass der Frachtvertrag geändert wird. Der Beförderer **haftet** bei Nichteinhaltung oder mangelhafter Einhaltung der Pflicht, Anweisungen einzuholen. Das gilt auch, wenn der Beförderer dem Verfügungsberechtigten keine **sachdienlichen Auskünfte** erteilt.[11] Zur **Haftungsgrundlage**, zum **Haftungsmaßstab** und zum **Haftungsumfang** vgl. Art. 21 Rn. 4 u. 5. – § 2 Satz 2 entspricht Art. 14 Abs. 2 CMR; eine Pflicht zum Handeln ergibt sich in derartigen Fällen auch aus der **Sorgfaltspflicht** eines ordentlichen Frachtführers.[12] Welche Maßnahmen im Einzelnen in Betracht kommen, ergibt sich aus Art. 22 §§ 2–6 (vgl. auch § 419 Abs. 3 HGB). Eine Anweisung des Absenders kann – bei ergänzender Heranziehung des deutschen Rechts gemäß Art. 8 § 2 COTIF – auch darin bestehen, dass er den Frachtvertrag **kündigt.** Die Rechtsfolgen des § 415 HGB dürften sich allerdings regelmäßig mit denen des Art. 22 CIM decken.

**3. Wegfall des Beförderungshindernisses.** Fällt das Beförderungshindernis weg, ehe 6 der Beförderer eine beim Verfügungsberechtigten angeforderte Weisung erhält, so ist die Beförderung vertragsgemäß fortzusetzen und der Verfügungsberechtigte unverzüglich davon zu benachrichtigen. Die für den Wegfall eines Ablieferungshindernisses geltende Vorschrift des Art. 21 § 2 ist auf Beförderungshindernisse entsprechend anzuwenden. Fällt das Beförderungshindernis erst weg, nachdem eine Anweisung eingetroffen ist, so hat der Beförderer die wirksam gewordene Weisung auszuführen.[13]

**4. Form und Frist.** Die CIM sieht für die Erteilung von Anweisungen bei Beförde- 7 rungshindernissen keine Form vor und verlangt auch nicht die Vorlage des Frachtbriefdop-

---

[7] Cass. Paris 6.5.1997, ZIntEisenb 1997, 235, 237.
[8] Vgl. OLG München 28.6.1983, TranspR 1984, 186, 187; *Koller* Art. 14 CMR Rn. 3.
[9] AG Karlsruhe 11.8.1989, TranspR 1989, 436, 437 f.
[10] Vgl. *Koller* Rn. 4.
[11] AG Karlsruhe (Fn. 9).
[12] LG Saarbrücken 23.4.1965, ZIntEisenb 1966, 257, mit zustimmender Anm. des Zentralamts (S. 260).
[13] *Koller* Rn. 6.

pels.[14] Die **ABB-CIM** schreiben in **Ziff. 10.2** jedoch vor, dass Anweisungen bei Beförderungshindernissen in bestimmter Weise abzufassen und in **angemessener Schriftform** zu übermitteln sind und dass der Kunde (Verfügungsberechtigte) bei Beförderungshindernissen seiner Anweisung das Frachtbriefdoppel nur beizulegen hat, falls er den Empfänger oder den Ablieferungsort (und damit den Frachtvertrag) ändert. Unter „angemessener Schriftform" ist nicht die Schriftform des § 126 BGB zu verstehen (vgl. Art. 18 Rn. 9). Abweichend von Art. 19 § 4 sind Anweisungen, die zu einer Teilung der Sendung führen, zulässig, wenn sie durchführbar sind.[15]

8      Wie sich aus Art. 20 § 2 ergibt, sind Anweisungen binnen **angemessener Frist** zu erteilen. Die Angemessenheit hängt von den Umständen des Einzelfalls ab. Eine Frist von zwei Tagen wurde als angemessen angesehen, wenn der Absender nach dieser Frist das Gut selbst abholt.[16]

## Art. 21. Ablieferungshindernisse

**§ 1. Bei einem Ablieferungshindernis hat der Beförderer den Absender davon unverzüglich in Kenntnis zu setzen und seine Anweisungen einzuholen, sofern der Absender nicht durch eine Angabe im Frachtbrief verlangt hat, dass ihm das Gut bei Eintritt eines Ablieferungshindernisses ohne weiteres zurückgesandt wird.**

**§ 2. ¹Entfällt das Ablieferungshindernis, bevor Anweisungen des Absenders beim Beförderer eingetroffen sind, so ist das Gut dem Empfänger abzuliefern. ²Der Absender ist davon unverzüglich zu benachrichtigen.**

**§ 3. Verweigert der Empfänger die Annahme des Gutes, so steht dem Absender das Anweisungsrecht auch dann zu, wenn er das Frachtbriefdoppel nicht vorlegen kann.**

**§ 4. Tritt das Ablieferungshindernis ein, nachdem der Empfänger den Beförderungsvertrag gemäß Artikel 18 §§ 3 bis 5 abgeändert hat, so hat der Beförderer diesen Empfänger zu benachrichtigen.**

## Art. 21. Empêchements à la livraison

§ 1. En cas d'empêchement à la livraison, le transporteur doit prévenir sans délai l'expéditeur et lui demander des instructions, sauf si par une inscription sur la lettre de voiture l'expéditeur a demandé que la marchandise lui soit renvoyée d'office s'il survient un empêchement à la livraison.

§ 2. Lorsque l'empêchement à la livraison cesse avant que les instructions de l'expéditeur soient parvenues au transporteur, la marchandise est livrée au destinataire. L'expéditeur doit en être avisé sans délai.

§ 3. En cas de refus de la marchandise par le destinataire, l'expéditeur a le droit de donner des instructions, même s'il ne peut produire le duplicata de la lettre de voiture.

§ 4. Lorsque l'empêchement à la livraison intervient après que le destinataire a modifié le contrat de transport conformément à l'article 18, §§ 3 à 5, le transporteur doit aviser ce destinataire.

---

[14] AA *Koller* Rn. 5, der die für nachträgliche Verfügungen geltenden Schranken des Art. 19 bei Beförderungshindernissen nicht für bedeutsam hält und sich außerdem auf die für Ablieferungshindernisse geltende Vorschrift des Art. 21 § 3 beruft.
[15] Anm. des Zentralamts zum Urteil LG Saarbrücken 23.4.1965, ZIntEisenb 1966, 257, 261.
[16] Vgl. C. d'appel Nîmes 31.3.1971, ZIntEisenb 1972, 164.

## I. Normzweck

Die Vorschrift entspricht im Wesentlichen Art. 34 CIM 1980 und deckt sich weitgehend 1
mit Art. 15 CMR. Sie regelt **Erfüllungshindernisse** im Zusammenhang mit der Ablieferung des Gutes, jedoch nicht den Fall verzögerter oder verweigerter Abnahme des Gutes,
wenn der Empfänger den Frachtbrief bereits eingelöst hat; in diesem Fall gilt Landesrecht
(Art. 8 § 2 COTIF, unten Rn. 3).

## II. Einzelheiten

Für den Eintritt eines Ablieferungshindernisses ist es – anders als nach Art. 15 CMR – 2
nicht erforderlich, dass das Gut an der Ablieferungsstelle angekommen ist. Erklärt der Empfänger schon vorher, dass er die Annahme des Gutes verweigert, so hat der Beförderer nach
Art. 21 vorzugehen. Bei einem Ablieferungshindernis sind grundsätzlich Anweisungen des
**Absenders** einzuholen (**§ 1**); es kommen allerdings auch Anweisungen des (ursprünglichen) **Empfängers** in Betracht, wenn dieser einen Dritten als neuen Empfänger bezeichnet
hat (**§ 4**). **Anweisungen** sind in weiterem Umfang möglich als **nachträgliche Verfügungen** (Art. 20 Rn. 5). Zur Einholung von Anweisungen gehört auch die Erteilung von
**Informationen,** die zweckmäßige Anweisungen erlauben, insbesondere die Angabe, worin
das Hindernis besteht.[1] Behördliche **Beschlagnahme** ist nicht als Ablieferungshindernis,
sondern als Sonderfall des gänzlichen **Verlustes** anzusehen.[2] Eine bloße Verzögerung des
Entschlusses des Empfängers zur Annahme der Sendung ist nicht ohne weiteres als Annahmeverweigerung zu behandeln.[3] Wird in einem solchen Fall ein Ablieferungshindernis
angenommen, so ist **§ 2** zu beachten. Aus **§ 3** ergibt sich, dass außer bei Annahmeverweigerung die Anweisungen stets in das **Frachtbriefdoppel** einzutragen sind. Weitere Formvorschriften enthält die CIM dazu nicht. Die **ABB–CIM** sehen in Ziff. 10.2 bestimmte Formerfordernisse vor.

Verweigert der Empfänger die Abnahme des Gutes, nachdem er den Frachtbrief bereits 3
eingelöst hat, so liegt nicht ein Ablieferungshindernis, sondern **Gläubigerverzug** vor, es
sei denn, der Empfänger hat ein Annahmeverweigerungsrecht nach Art. 17 § 4 (siehe Art. 17
Rn. 9). Steht dem Empfänger ein solches Recht nicht zu, so ist die Verletzung seiner
**Abnahmepflicht** nach Landesrecht zu behandeln, in Deutschland nach § 419 Abs. 3 HGB,[4]
wobei das Recht zur Zurückbeförderung des Gutes zum Absender entfällt, da der Frachtvertrag mit der Einlösung des Frachtbriefs durch den Empfänger gegenüber dem Absender
erfüllt ist. Der Beförderer hat sich in diesem Fall mit dem Empfänger auseinanderzusetzen.

## III. Haftung

Bei Verletzung der Pflicht zur Einholung von Anweisungen, bei ungenügender Informa- 4
tion des Absenders und bei Verzicht auf die Vorlage des Frachtbriefdoppels außerhalb
des § 3 haftet der Beförderer für **Güter- und Verspätungsschäden** im Rahmen seiner
**Frachtführerhaftung** (Art. 23 ff.) und damit regelmäßig der Höhe nach **beschränkt.**
Nach Art. 23 § 2 Fall 2 entfällt die Haftung des Beförderers, soweit der Güter- oder Verspätungsschaden durch eine nicht vom Beförderer verschuldete Anweisung des Berechtigten
verursacht worden ist. Hat der Beförderer hingegen – etwa durch mangelhafte Information
des Absenders – eine zum Schaden führende Anweisung des Absenders ausgelöst, so ist er
von seiner Haftung nach Art. 23 nicht befreit.

Für **sonstige Schäden (Vermögensschäden)** auf Grund der Pflichtverletzung gilt fol- 5
gendes: Art. 20, 21 enthalten zwar keine Verweisung auf Art. 19 mehr (vgl. im Gegensatz
dazu noch Art. 33 § 10 und Art. 34 § 7 CIM 1980, die auf Art. 32 CIM 1980 mit einer auf
die Verlustentschädigung begrenzten Verschuldenshaftung der Eisenbahn verwiesen haben);

---

[1] *Spera* Art. 34 CIM 1980 Anm. 4.
[2] OLG Wien 10.10.1951, mit Anm. des Zentralamts, ZIntEisenb 1953, 208.
[3] Appellationshof Bern 22.6.1933, ZIntEisenb 1935, 17.
[4] Vgl. *Koller* Rn. 2.

gleichwohl ist davon auszugehen, dass der Beförderer für sonstige Schäden im Zusammenhang mit der **Einholung und Ausführung von Weisungen** bei Beförderungs- und Ablieferungshindernissen nur aus **Verschulden** und nur bis zur **Grenze der Verlustentschädigung** haftet (Art. 22 Rn. 6 u. 7).

## Art. 22. Folgen der Beförderungs- und Ablieferungshindernisse

§ 1. [1]Der Beförderer hat Anspruch auf Erstattung der Kosten, die ihm dadurch entstehen, dass er
a) Anweisungen einholt,
b) Anweisungen ausführt,
c) Anweisungen, um die er ersucht hat, nicht oder nicht rechtzeitig erhält,
d) ohne eine Anweisung einzuholen, eine Entscheidung gemäß Artikel 20 § 1 trifft,
es sei denn, diese Kosten sind durch sein Verschulden entstanden. [2]Er kann insbesondere die Fracht über den tatsächlichen Beförderungsweg erheben und die entsprechende Lieferfrist beanspruchen.

§ 2. [1]In den in Artikel 20 § 2 und in Artikel 21 § 1 bezeichneten Fällen kann der
Beförderer das Gut sofort auf Kosten des Verfügungsberechtigten ausladen. [2]Nach
dem Ausladen gilt die Beförderung als beendet. [3]Der Beförderer hat sodann das
Gut für den Verfügungsberechtigten zu verwahren. [4]Er kann es jedoch auch einem
Dritten anvertrauen und haftet dann nur für die sorgfältige Auswahl des Dritten.
[5]Das Gut bleibt mit den sich aus dem Beförderungsvertrag ergebenden Forderungen sowie mit allen anderen Kosten belastet.

§ 3. [1]Der Beförderer kann den Verkauf des Gutes veranlassen, ohne Anweisungen des Verfügungsberechtigten abzuwarten, wenn es sich um verderbliche Güter
handelt oder der Zustand des Gutes eine solche Maßnahme rechtfertigt oder die
Kosten der Verwahrung nicht in einem angemessenen Verhältnis zum Wert des
Gutes stehen. [2]Er kann auch in anderen Fällen den Verkauf des Gutes veranlassen,
wenn er innerhalb einer angemessenen Frist gegenteilige Anweisungen des Verfügungsberechtigten, deren Ausführung ihm billigerweise zugemutet werden kann,
nicht erhält.

§ 4. [1]Ist das Gut verkauft worden, so ist der Erlös nach Abzug der auf dem Gut
lastenden Kosten dem Verfügungsberechtigten zur Verfügung zu stellen. [2]Ist der
Erlös geringer als diese Kosten, so hat der Absender den Unterschied zu zahlen.

§ 5. Art und Weise des Verkaufs bestimmen sich nach den am Ort, an dem sich
das Gut befindet, geltenden Gesetzen und Vorschriften oder nach den Gebräuchen
dieses Ortes.

§ 6. Erteilt der Absender bei Beförderungs- oder Ablieferungshindernissen
innerhalb angemessener Zeit keine Anweisung und kann das Beförderungs- oder
Ablieferungshindernis nicht gemäß §§ 2 und 3 beseitigt werden, so kann der Beförderer das Gut an den Absender auf dessen Kosten zurücksenden oder, sofern dies
gerechtfertigt ist, vernichten.

## Art. 22. Conséquences des empêchements au transport et à la livraison

§ 1. Le transporteur a droit au remboursement des frais que lui cause :
a) sa demande d'instructions,
b) l'exécution des instructions reçues,
c) le fait que les instructions demandées ne lui parviennent pas ou pas à temps,

d) le fait qu'il a pris une décision conformément à l'article 20, § 1, sans avoir demandé des instructions, à moins que ces frais ne soient la conséquence de sa faute. Il peut notamment percevoir le prix de transport applicable par l'itinéraire emprunté et dispose des délais correspondants à ce dernier.

§ 2. Dans les cas visés à l'article 20, § 2 et à l'article 21, § 1, le transporteur peut décharger immédiatement la marchandise aux frais de l'ayant droit. Après ce déchargement, le transport est réputé terminé. Le transporteur assume alors la garde de la marchandise pour le compte de l'ayant droit. Il peut toutefois confier la marchandise à un tiers et n'est alors responsable que du choix judicieux de ce tiers. La marchandise reste grevée des créances résultant du contrat de transport et de tous autres frais.

§ 3. Le transporteur peut faire procéder à la vente de la marchandise sans attendre d'instructions de l'ayant droit lorsque la nature périssable ou l'état de la marchandise le justifie ou lorsque les frais de garde sont disproportionnés par rapport à la valeur de la marchandise. Dans les autres cas, il peut également faire procéder à la vente lorsque, dans un délai raisonnable, il n'a pas reçu de l'ayant droit des instructions contraires dont l'exécution puisse équitablement être exigée.

§ 4. Si la marchandise a été vendue, le produit de la vente, déduction faite des frais grevant la marchandise, doit être mis à la disposition de l'ayant droit. Si le produit est inférieur à ces frais, l'expéditeur doit payer la différence.

§ 5. La façon de procéder en cas de vente est déterminée par les lois et les prescriptions en vigueur au lieu où se trouve la marchandise, ou par les usages de ce lieu.

§ 6. Si, en cas d'empêchement au transport ou à la livraison, l'expéditeur ne donne pas d'instructions en temps utile et si l'empêchement au transport ou à la livraison ne peut être supprimé conformément aux §§ 2 et 3, le transporteur peut renvoyer la marchandise à l'expéditeur ou, si justifié, la détruire, aux frais de ce dernier.

## I. Normzweck

Diese Vorschrift folgt im wesentlichen Art. 16 CMR.[1] Sie bestimmt, welche weiteren **1** Maßnahmen (über Art. 20 und 21 hinaus) der Beförderer ergreifen darf, wenn ein Beförderungs- oder Ablieferungshindernis **dauerhaft** besteht, und wer die entstandenen Kosten trägt.[2] **§ 6** hat keine Parallele in der CMR, sondern sieht – auf Vorschlag Deutschlands[3] – zusätzliche Maßnahmen vor, die angesichts des in jüngerer Zeit vermehrten Aufkommens von **„Problemgut"** erforderlich werden können (vgl. § 419 Abs. 3 Satz 2 u. 4 HGB).

## II. Einzelheiten

**1. Zugelassene Maßnahmen.** Wie nach der CMR kommen zunächst folgende Maß- **2** nahmen in Betracht: **Ausladen** des Gutes, **verwahren**, einem **Dritten anvertrauen** oder **verkaufen**. § 6 sieht außerdem **Zurücksendung** an den Absender oder **Vernichtung** vor; das bezieht sich insbesondere auf (gefährliche) **Abfälle** und andere **unverkäufliche Güter**[4] (hinsichtlich **gefährlicher Güter** siehe auch Art. 9). Dem **Ausladen** des Gutes **(§ 2)** kommt im Eisenbahnverkehr eine besondere Bedeutung zu, wenn zB ein ganzer Zug nicht dadurch aufgehalten werden soll, dass eine bestimmte Sendung auf ein Beförderungshindernis trifft, etwa auf ein Ein- oder Ausfuhrverbot (Art. 20 Rn. 1). Das Ausladen des Gutes in den in § 2 genannten Fällen enthebt den Beförderer aber nicht der Verpflichtung, Weisungen des Verfügungsberechtigten einzuholen. Das ausgeladene Gut muss daher vom Beförderer oder von einem von ihm ausgewählten Dritten zunächst **verwahrt** werden. Da die Beförderung nach dem Ausladen als beendet gilt (§ 2 Satz 2), ist auch die Obhutshaftung

---

[1] *ZA-Bericht 1999* S. 135.
[2] *Denkschrift COTIF 1999* S. 203.
[3] *Denkschrift COTIF 1999* S. 204.
[4] *ZA-Bericht 1999* S. 135 Ziff. 3.

des Beförderers nach Art. 23 beendet und er haftet, wenn er das Gut selbst verwahrt, nach Lagerrecht.[5] Insbesondere verderbliche oder geringwertige Güter dürfen **verkauft** werden (**§§ 3–5**). § 5 verweist für den Verkauf auf die vor Ort geltenden Gesetze, Vorschriften und Gebräuche, für Deutschland also über § 419 Abs. 3 HGB auf § 373 Abs. 2–4 HGB. Da der Verkaufserlös dem Berechtigten zur Verfügung zu stellen ist (§ 4), handelt es sich um eine **Bringschuld** des Beförderers, nicht mehr um eine **Holschuld** wie noch nach der CIM 1980 („zur Verfügung zu halten").[6] Nur äußerstenfalls darf das Gut zurückgesandt oder vernichtet werden (**§ 6**). Bei berechtigter Rückbeförderung des Gutes ist der Absender auch als verpflichtet anzusehen, das Gut wieder anzunehmen (§ 419 HGB Rn. 32).

**3**    **2. Kostentragung.** Die Kosten der Einholung und Ausführung von **Anweisungen** und von **Änderungen des Beförderungswegs (§ 1)** sowie die Kosten der vom Beförderer berechtigterweise getroffenen **Maßnahmen** hat grundsätzlich der **Verfügungsberechtigte** (Absender oder Empfänger, Art. 18) zu tragen. Er erhält auch einen etwaigen **Verkaufserlös**. Sind die Kosten höher als der Verkaufserlös, hat der **Absender** den Unterschied zu zahlen (§ 4). Eine **Zurücksendung** des Gutes nach § 6 erfolgt an den Absender, und zwar auf seine Kosten und ohne Rücksicht darauf, ob er verfügungsberechtigt ist oder nicht. Das Gleiche gilt bei **Vernichtung** des Gutes. Demgegenüber vermeiden es CMR (Art. 16 Abs. 4 Satz 2) und HGB (§ 419 Abs. 3 und 4), den Absender bei der Kostentragung besonders herauszuheben, so dass bei ihrer Geltung jeweils der Verfügungsberechtigte als kostenpflichtig anzusehen ist.

**4**    Mit Rücksicht auf die Besonderheiten des Eisenbahnverkehrs hebt § 1 Satz 2 beispielhaft heraus, dass der Beförderer die **Fracht** über den tatsächlichen (längeren und/oder teureren) **Beförderungsweg** erheben und die entsprechende **Lieferfrist** beanspruchen kann. Letzteres ist wichtig vor dem Hintergrund, dass die gesetzlichen Lieferfristen nach Art. 16 §§ 2–4 **konkret berechnet** und nicht – wie nach CMR und HGB – unter Berücksichtigung der Umstände ermittelt werden (vgl. Art. 16 Rn. 1). In Betracht kommt außerdem ein Anspruch auf **Wagenstandgeld,** wenn der Verfügungsberechtigte nicht unverzüglich die nötigen Anweisungen erteilt oder eine Anweisung sich als unausführbar erweist oder das Anhalten der Sendung bezweckte.[7]

**5**    Art. 22 nennt nur den Anspruch des Beförderers auf **Kostenerstattung;** Ersatz von **Schäden** kann der Beförderer in entsprechender Anwendung des Art. 19 § 2 beanspruchen.[8]

**6**    **3. Haftung des Beförderers.** Der Beförderer hat keinen Anspruch auf **Kostenerstattung** oder **Schadensersatz,** wenn die Kosten oder Schäden durch sein **Verschulden** entstanden sind (§ 1).[9] Dies gilt auch für die Kosten der Maßnahmen in den Fällen der §§ 2–6. Darüber hinaus **haftet** der Beförderer dem Verfügungsberechtigten für die von ihm **schuldhaft** herbeigeführten **Schäden,** zB wegen Lieferfristüberschreitung, wenn wegen seines Verschuldens eine Lieferfristverlängerung nach § 1 Satz 2 nicht in Betracht kommt. Aus Art. 22 § 1 ergibt sich, dass der **Haftungsmaßstab** bei der Bewältigung von Beförderungs- und Ablieferungshindernissen zugunsten des Beförderers verändert ist: Er haftet für Fehler bei der Einholung und Ausführung von Anweisungen und bei den anschließenden Maßnahmen nur für Verschulden und braucht nicht nachzuweisen, dass ein für ihn unabwendbares Ereignis vorgelegen hat[10] (wie bei der Haftung nach Art. 23 ff.). Trifft den Beförderer ein **Mitverschulden,** zB Unterlassung einer ihm obliegenden Kontrolle bei Missachtung der Verladevorschriften durch den Absender, kommt es zur Kostenteilung.[11]

---

[5] Vgl. § 419 HGB Rn. 39; aA *Koller* (Art. 16 CMR Rn. 6) für den Fall, dass der Frachtführer das Gut bis zum Eingehen von Weisungen auslädt.

[6] *ZA-Bericht 1999* S. 135 Ziff. 2.

[7] *Ingold* ZIntEisenb 1981, 40, 54; ebenso *Goltermann* Art. 33 CIM 1980 Anm. 10.

[8] *Koller* Rn. 2.

[9] Zum Wegfall des Anspruchs auf Wagenstandgeld in diesem Fall vgl. *Ingold* ZIntEisenb 1981, 40, 53, u. *Goltermann* (Fn. 7).

[10] Ebenso *Koller* Rn. 2.

[11] Ungarisches Oberstes Gericht, ohne Datum, ZIntEisenb 1994, 102.

Was die **Höhe der Haftung** betrifft, ist davon auszugehen, dass sie wie bei der fehlerhaf- **7** ten Ausführung nachträglicher Verfügungen (Art. 19 § 6) insges. nicht über den bei **Verlust des Gutes** zu leistenden Schadensersatz hinausgeht. Art. 22 enthält zwar wie Art. 20 und Art. 21 (vgl. Art. 21 Rn. 5) keine Verweisung mehr auf die Vorschrift über die Ausführung nachträglicher Verfügungen (anders noch Art. 33 § 10 und Art. 34 § 7 CIM 1980), die **Sachnähe** zwischen nachträglichen Verfügungen einerseits und Anweisungen bei Erfüllungshindernissen andererseits rechtfertigt jedoch auch weiterhin die Gleichbehandlung der damit verbundenen Haftungstatbestände (vgl. auch Art. 19 Rn. 5). Der Wegfall der Verweisung anlässlich der gestrafften Übernahme der Regelungen der Art. 33, 34 CIM 1980 in die CIM 1999 ist als **Versehen des Gesetzgebers** einzustufen. Der Anwendung der Haftungsbegrenzung des Art. 19 §§ 6 und 7 auch im Rahmen der Art. 21 und 22 steht nicht entgegen, dass die Haftungstatbestände der CIM zu Nebenpflichtverletzungen nicht analogiefähig sind (Art. 23 Rn. 5): Das bezieht sich auf **sonstige Pflichtverletzungen,** die in der CIM nicht einmal tatbestandsmäßig angesprochen sind (zur Auslegung der Vorschriften des internationalen Einheitsrechts aus ihrem Zusammenhang heraus siehe auch Einl. Rn. 37). Bei **bewusster Leichtfertigkeit** des Beförderers ist allerdings gemäß Art. 36 wie im Fall des Art. 19 §§ 6 und 7 unbeschränkte Haftung des Beförderers anzunehmen.

## Titel III. Haftung

### Art. 23. Haftungsgrund

**§ 1. Der Beförderer haftet für den Schaden, der durch gänzlichen oder teilweisen Verlust oder durch Beschädigung des Gutes in der Zeit von der Übernahme des Gutes bis zur Ablieferung sowie durch Überschreitung der Lieferfrist entsteht, unabhängig davon, welche Eisenbahninfrastruktur benutzt wird.**

**§ 2. Der Beförderer ist von dieser Haftung befreit, soweit der Verlust, die Beschädigung oder die Überschreitung der Lieferfrist durch ein Verschulden des Berechtigten, eine nicht vom Beförderer verschuldete Anweisung des Berechtigten, besondere Mängel des Gutes (inneren Verderb, Schwund usw.) oder durch Umstände verursacht worden ist, welche der Beförderer nicht vermeiden und deren Folgen er nicht abwenden konnte.**

**§ 3. Der Beförderer ist von dieser Haftung befreit, soweit der Verlust oder die Beschädigung aus der mit einer oder mehreren der folgenden Tatsachen verbundenen besonderen Gefahr entstanden ist:**

**a) Beförderung in offenen Wagen gemäß den Allgemeinen Beförderungsbedingungen oder wenn dies ausdrücklich vereinbart und im Frachtbrief vermerkt worden ist; vorbehaltlich der Schäden, die Güter infolge von Witterungseinflüssen erleiden, gelten Güter in intermodalen Transporteinheiten und in geschlossenen Straßenfahrzeugen, die auf Eisenbahnwagen befördert werden, nicht als in offenen Wagen befördert; benutzt der Absender für die Beförderung der Güter in offenen Wagen Decken, so haftet der Beförderer nur in dem Umfang, wie ihm dies für die Beförderung in offenen Wagen ohne Decken obliegt, selbst dann, wenn es sich hierbei um Güter handelt, die gemäß den Allgemeinen Bedingungen nicht in offenen Wagen befördert werden;**

**b) Fehlen oder Mängel der Verpackung bei Gütern, die ihrer Natur nach bei fehlender oder mangelhafter Verpackung Verlusten oder Beschädigungen ausgesetzt sind;**

**c) Verladen der Güter durch den Absender oder Ausladen durch den Empfänger;**

**d) natürliche Beschaffenheit gewisser Güter, derzufolge sie gänzlichem oder teilweisem Verlust oder Beschädigung, insbesondere durch Bruch, Rost, inneren Verderb, Austrocknen, Verstreuen, ausgesetzt sind;**

e) unrichtige, ungenaue oder unvollständige Bezeichnung oder Numerierung der Frachtstücke;
f) Beförderung lebender Tiere;
g) Beförderung, die gemäß den maßgebenden Bestimmungen oder einer in den Frachtbrief aufgenommenen Vereinbarung zwischen dem Absender und dem Beförderer unter Begleitung durchzuführen ist, wenn der Verlust oder die Beschädigung aus einer Gefahr entstanden ist, die durch die Begleitung abgewendet werden sollte.

## Titre III. Responsabilité

### Art. 23. Fondement de la responsabilité

§ 1. Le transporteur est responsable du dommage résultant de la perte totale ou partielle et de l'avarie de la marchandise survenues à partir de la prise en charge de la marchandise jusqu'à la livraison, ainsi que du dommage résultant du dépassement du délai de livraison, quelle que soit l'infrastructure ferroviaire utilisée.

§ 2. Le transporteur est déchargé de cette responsabilité dans la mesure où la perte, l'avarie ou le dépassement du délai de livraison a eu pour cause une faute de l'ayant droit, un ordre de celui-ci ne résultant pas d'une faute du transporteur, un vice propre de la marchandise (détérioration intérieure, déchet de route, etc.) ou des circonstances que le transporteur ne pouvait pas éviter et aux conséquences desquelles il ne pouvait pas obvier.

§ 3. Le transporteur est déchargé de cette responsabilité dans la mesure où la perte ou l'avarie résulte des risques particuliers inhérents à un ou plusieurs des faits ci-après :
a) transport effectué en wagon découvert en vertu des Conditions générales de transport ou lorsque cela a été expressément convenu et inscrit sur la lettre de voiture; sous réserve des dommages subis par les marchandises à la suite d'influences atmosphériques, les marchandises chargées en unités de transport intermodal et dans des véhicules routiers fermés acheminés par des wagons ne sont pas considérées comme étant transportées en wagon découvert; si, pour le transport des marchandises en wagons découverts, l'expéditeur utilise des bâches, le transporteur assume la même responsabilité que celle qui lui incombe pour le transport en wagons découverts non bâchés, même s'il s'agit des marchandises qui, selon les Conditions générales de transport, ne sont pas transportées en wagons découverts;
b) absence ou défectuosité de l'emballage pour les marchandises exposées par leur nature à des pertes ou des avaries quand elles ne sont pas emballées ou sont mal emballées;
c) chargement des marchandises par l'expéditeur ou déchargement par le destinataire;
d) nature de certaines marchandises exposées, par des causes inhérentes à celle-ci même, à la perte totale ou partielle ou à l'avarie notamment par bris, rouille, détérioration intérieure et spontanée, dessiccation, déperdition;
e) désignation ou numérotation irrégulière, inexacte ou incomplète de colis;
f) transport d'animaux vivants;
g) transport qui, en vertu des dispositions applicables ou de conventions entre l'expéditeur et le transporteur et indiquées sur la lettre de voiture, doit être effectué sous escorte, si la perte ou l'avarie résulte d'un risque que l'escorte avait pour but d'éviter.

### Übersicht

|                                               | Rn.    |                                                   | Rn.    |
|-----------------------------------------------|--------|---------------------------------------------------|--------|
| I. Haftungsordnung der CIM                    | 1–6    | c) Verspätung                                     | 10     |
| II. Haftungsbegründung                        | 7–16   | 2. Haftungszeitraum                               | 11     |
| 1. Haftungstatbestände (§ 1)                  | 7–10   | 3. Haftungsmaßstab                                | 12, 13 |
| a) Verlust                                    | 8      | 4. Zurechnung von Infrastrukturmängeln            |        |
| b) Beschädigung                               | 9      | und -versagen                                     | 14, 15 |

Rn.

5. Verbindlichkeit ......................... 16

**III. Haftungsbefreiungen** .............. 17–44

1. Allgemeines ............................ 17

2. Nicht bevorrechtigte Haftungsbefreiungsgründe ........................... 18–26
   a) Verschulden des Berechtigten ........ 19
   b) Anweisungen des Berechtigten ...... 20
   c) Besondere Mängel des Gutes ........ 21
   d) Unabwendbares Ereignis ............. 22–26

3. Bevorrechtigte Haftungsbefreiungsgründe (§ 3) ........................... 27–44
   a) Allgemeines ......................... 27–29
   b) Beförderung in offenen Wagen (§ 3
      lit. a) ............................. 30–34

Rn.

c) Verpackungsmängel (§ 3 lit. b) ....... 35–37

d) Verladen/Ausladen des Gutes durch
   den Absender/Empfänger (§ 3 lit. c) . 38–40

e) Natürliche Beschaffenheit des Gutes
   (§ 3 lit. d) ........................... 41

f) Ungenügende Bezeichnung oder
   Nummerierung der Frachtstücke (§ 3
   lit. e) ............................... 42

g) Beförderung lebender Tiere (§ 3
   lit. f) ............................... 43

h) Vorgeschriebene oder vereinbarte
   Begleitung des Gutes (§ 3 lit. g) ..... 44

**IV. Beweislast** ......................... 45, 46

1. Haftungsbegründung ................... 45

2. Haftungsbefreiungen .................. 46

## I. Haftungsordnung der CIM

Titel III enthält die Haftungsordnung der CIM für **Güter- und Verspätungsschäden** 1 **(Befördererhaftung ieS).** Sie entspricht in ihren Grundzügen der Haftungsordnung der CIM 1980 (Art. 35 ff.) sowie anderer internationaler und nationaler Gütertransportrechte (insbesondere CMR und HGB, eingeschränkt auch CMNI und MÜ): Der Beförderer haftet für Güter- und Verspätungsschäden einerseits **verschärft,** was den **Haftungsmaß-stab** betrifft (**Obhutshaftung** ohne Verschulden, Art. 23 § 1), andererseits im Regelfall der **Höhe** nach **beschränkt** (Art. 30 §§ 1 und 2, Art. 32, 33).

Zugunsten des Beförderers greifen verschiedene **Haftungsausschluss- und -beschrän-** 2 **kungsgründe** ein (Art. 23 §§ 2 und 3, Art. 31, 39), bei **schwerem Verschulden** entfallen bestimmte Haftungsbeschränkungen und es tritt **unbeschränkte Haftung** ein (Art. 36). Wenn die CIM auf eine Beförderung und einen damit verbundenen Haftungsfall anwendbar ist, dann können auch mit den Ansprüchen aus der CIM **konkurrierende** sonstige (insbesondere außervertragliche) **Ansprüche** nur unter den **Voraussetzungen und Beschränkungen der CIM** geltend gemacht werden (Art. 41). Anders als nach CMR (Art. 41) und HGB (§ 449) kann der Eisenbahnbeförderer seine Haftung nach der CIM **beliebig erweitern** (Art. 5 Satz 3).

Darüber hinaus enthält die Haftungsordnung der CIM einige **eisenbahnspezifische** 3 **Haftungstatbestände** (Art. 24, 38). Die Haftung des Beförderers **für andere** (Art. 40) und die Haftung bei **Beförderermehrheit** (Art. 26, 27) sind grundsätzlich – von einigen eisenbahnspezifischen Besonderheiten abgesehen – wie nach CMR und HGB geregelt, wobei die CIM 1999 abweichend von der CMR auch den **ausführenden Beförderer** und abweichend vom HGB auch den **aufeinanderfolgenden Beförderer** kennt.

Für die Schädigung des Beförderungsgutes **außerhalb der Obhutszeit** (vor der Über- 4 nahme zur Beförderung oder nach der Ablieferung) und für die **eigenständige Schädigung anderer Sachen** des Kunden (**ohne** dass es sich um einen **Folgeschaden** wegen der Beschädigung des Beförderungsgutes in der Obhutszeit handelt) haftet der Beförderer nicht nach der CIM, sondern nach dem jeweils anwendbaren **Landesrecht** (Art. 8 § 2 COTIF).

Weitere Haftungstatbestände aus der Verletzung von **Nebenpflichten** des Beförderers 5 **(Beförderhaftung iwS)** finden sich an anderen Stellen außerhalb des Titels III, vgl. Art. 8 § 3 (unbeschränkte Haftung für fehlenden „CIM-Vermerk"), Art. 15 § 3 (beschränkte Haftung bei unsachgemäßer Verwendung von Begleitpapieren), Art. 17 § 6 (unterlassene Einziehung einer Nachnahme), Art. 19 §§ 6 und 7 (beschränkte Haftung bei fehlerhafter Ausführung nachträglicher Verfügungen), Art. 22 § 2 (unsorgfältige Auswahl eines Verwahrers). Diese Vorschriften sind **nicht analogiefähig.**[1] Sonstiges Fehlverhalten des Beförde-

---

[1] *Koller* Vor Art. 23 Rn. 1. Grundsätzlich zur Beförderhaftung iwS und zum Vorrang der Beförderhaftung ieS beim Zusammentreffen von unterschiedlichen Haftungstatbeständen: *Konow* ZlutEisenb 1986, 103 (zur CIM 1980).

rers, für das die CIM keine Haftungsvorschriften enthält, ist nach dem jeweils anwendbaren Landesrecht zu beurteilen.

**6**    Auch die **Haftung des Absenders** (ausnahmsweise des Empfängers) für Pflichtverletzungen ist außerhalb von Titel III verstreut geregelt, vgl. Art. 8, 13 § 2; 14, 15 § 2; 19 § 2. Auf sonstiges Fehlverhalten des Absenders oder Empfängers ist – wie im Fall des Beförderers – Landesrecht anzuwenden.

## II. Haftungsbegründung

**7**    **1. Haftungstatbestände (§ 1).** Die Befördererhaftung ieS umfasst **Schäden** am Beförderungsgut durch gänzlichen oder teilweisen **Verlust** oder durch **Beschädigung** sowie Schäden am Beförderungsgut und im Vermögen durch **Lieferfristüberschreitung.** Ohne **Schadensnachweis** gibt es keine Entschädigung;[2] das gilt seit der CIM 1970 auch bei Lieferfristüberschreitung[3] (anders bei Verlust, Beschädigung oder verspäteter Ablieferung von **Reisegepäck,** wo der Reisende die Wahl zwischen niedrigerer **Pauschalentschädigung** ohne Schadensnachweis und höherer **Individualentschädigung** hat, Art. 41–43 CIV).

**7a**    Der Beförderer haftet für den **Schaden,** der durch Verlust oder Beschädigung des Gutes während seiner Obhutszeit oder durch Überschreitung der Lieferfrist „entsteht" (ebenso § 425 Abs. 1 HGB). Nach Art. 17 Abs. 1 CMR haftet der Frachtführer für einen Güterschaden, der während seiner Obhutszeit „eintritt", sowie für Überschreitung der Lieferfrist. **Streitig** ist, ob es für die Obhutshaftung des Beförderers ausreicht, dass der bereits vorher verursachte Schaden sich während des Obhutszeitraums „entwickelt" und vom Beförderer nicht in Bann gehalten wird,[4] oder ob die für den Eintritt des Schadens maßgebliche **Ursache während des Obhutszeitraums gesetzt** sein muss.[5] Nach der zweiten Auffassung haftet der Beförderer auch dann nach Art. 23 CIM, wenn die **Schadensursache** von ihm während seiner Obhutszeit gesetzt wurde, der **Schaden** aber erst nach der Ablieferung eingetreten ist. Nur die zweite Auffassung vermag problemlos die Fälle zu lösen, in denen bei der Ablieferung des Gutes (Teil-)Verlust oder Beschädigung äußerlich nicht erkennbar war, dann aber vom Empfänger innerhalb von sieben Tagen nach Ablieferung ein Schaden angezeigt (§ 438 Abs. 2 HGB) bzw. gemäß Art. 47 § 2 lit. b CIM gerügt wird. Es kommt dann für die Haftung des Beförderers nicht darauf an, ob der Schaden bereits während der Obhutszeit eingetreten (und nur nicht erkannt worden) ist oder ob er erst drei oder vier Tage nach der Ablieferung eingetreten, aber bereits während der Obhutszeit vom Beförderer verursacht worden ist. Im Übrigen bleibt es dabei, dass der Beförderer für Schäden, die er **vor der Übernahme** oder **nach der Ablieferung** des Gutes **verursacht,** nicht nach der CIM, sondern nach **Landesrecht** haftet (oben Rn. 4). Mit Hilfe der zweiten Auffassung lässt sich auch zuverlässiger der begrenzten Haftung des ausführenden Beförderers für die von ihm durchgeführte Beförderung Rechnung tragen (Art. 27 Rn. 3a). Schließlich sei erwähnt, dass **Art. 18 Abs. 1 MÜ** mit seinem Wortlaut eher der hier vertretenen zweiten Auffassung entspricht: Der Luftfrachtführer hat den Schaden zu ersetzen, der durch Verlust oder Beschädigung von Gütern entsteht, jedoch nur, wenn das **Ereignis,** durch das der **Schaden verursacht** wurde, während der Luftbeförderung **eingetreten** ist.

**8**    **a) Verlust.** Verlust liegt vor, wenn der Beförderer dauerhaft außerstande ist, das Gut – oder Teile davon – an den bestimmungsmäßigen Empfänger abzuliefern,[6] weil es unauffindbar oder an einen Nichtberechtigten abgeliefert[7] oder hoheitlich beschlagnahmt worden ist (von der Beschlagnahme zu unterscheiden ist die Ersatzablieferung nach Art. 17 § 2 lit. a).

---

[2]  *Beier* S. 101 vor (2).
[3]  *Beier* S. 123.
[4]  So *Koller* § 425 HGB Rn. 40 mwN; vgl. auch *Thume* TranspR 2013, 8, 11.
[5]  So EBJS/*Schaffert* § 425 HGB Rn. 17 mwN; vgl. auch BGH 18.6.2009, TranspR 2009, 327, 329 (Rn. 21 aE.), zum Seefrachtrecht.
[6]  BGH 28.2.1956, VersR 1956, 278, 279; *Beier* S. 92 mwN; *Wick* Art. 27 CIM 1970 Anm. 5 (S. 242).
[7]  BGH 4.2.1966, NJW 1966, 984; LG Heidelberg 29.2.1984, TranspR 1985, 283 f.

Gänzlicher und teilweiser Verlust unterscheiden sich in einigen Rechtsfolgen: Weil bei **Teilverlust** immerhin noch Gut abgeliefert wird, wird diese Fallgestaltung mit der **Beschädigung** des Gutes gleichbehandelt (vgl. Art. 42, 47 § 2 und 48 § 2). Da die **Verpackung** ein Teil der Sendung ist, stellt die Ablieferung einer leeren Kiste Teilverlust dar.[8] Das gilt nicht, wenn die Verpackung vom Beförderer gestellt wird, etwa in Gestalt von **bahneigenen Behältern** oder **Containern**.[9] Kommen derartige Behältnisse leer an, liegt Totalverlust des ursprünglich in dem Behältnis verstauten Beförderungsguts vor. Von welchem Zeitpunkt an Verlust angenommen und Verlustentschädigung gefordert werden kann, ergibt sich aus Art. 29; die Berechnung der Verlustentschädigung richtet sich nach Art. 30.

**b) Beschädigung.** Beschädigung ist jede äußere oder innere **Substanzveränderung**,  9
die zu einer **Wertminderung** führt.[10] Der Verderb von Lebensmitteln stellt zB eine innere Substanzveränderung dar. Wertminderungen ohne Sachsubstanzveränderung, wie etwa ein Preisverfall bei Saisonartikeln, sind keine Beschädigung,[11] können aber als Verspätungsschaden nach Art. 33 ersatzpflichtig sein. Ist nur ein **Teil des Gutes** verloren oder in seiner Substanz beeinträchtigt, kann trotzdem die **gesamte Sendung beschädigt** sein, wenn durch den Teilverlust bzw. die Teilbeschädigung auch die unbeschädigt gebliebenen Teile eine Wertminderung erfahren haben[12] (näher dazu Art. 30 Rn. 4, Art. 32 Rn. 2, 7). Wegen der unterschiedlichen Rechtsfolgen bei vollständigem Verlust einerseits und Teilverlust/ Beschädigung andererseits (oben Rn. 8) bleibt vollständige Entwertung des Gutes durch Beschädigung **(wirtschaftlicher Totalverlust)** ein Fall der **Beschädigung** und ist nicht als gänzlicher Verlust zu behandeln.[13] Denn immerhin ist noch Substanz vorhanden, die abgeliefert werden kann, mag auch der Empfänger die Annahme des zerstörten Gutes verweigern und damit ein Ablieferungshindernis herbeiführen (vgl. dazu Art. 21 § 3). **Teilverlust** und teilweise **Beschädigung** können auch **nebeneinander** vorliegen und gesondert entschädigt werden, so zB wenn bei einem Unfall aus einem umgekippten Güterwagen von einer Sendung mit Kühlschränken zehn in einen Fluss stürzen und zwanzig weitere beschädigt abgeliefert werden. Dabei kommt es nicht darauf an, ob der Teilverlust und die Teilbeschädigung unabhängig voneinander eingetreten sind oder nicht.[14] Die Gesamtentschädigung ist allerdings nicht höher als bei Totalverlust der Sendung (Art. 32 § 2).

**c) Verspätung.** Wegen **Überschreitung der Lieferfrist** haftet der Beförderer nur,  10
wenn er das Gut unter Berücksichtigung des Art. 16, im Fall von Erfüllungshindernissen unter Beachtung des Art. 22 § 1 Satz 2, **verspätet abliefert.** Die Lieferfrist ist überschritten, wenn das Gut nicht vor ihrem Ablauf **abgeliefert** oder gemäß Art. 22 § 2 berechtigterweise **ausgeladen** wird oder wenn nicht **Ersatzablieferung** nach Art. 17 § 2 erfolgt. Verspätete Übernahme des Gutes oder verspäteter Transportbeginn fällt nicht unter Art. 23, sondern ist bei Geltung deutschen Rechts nach den §§ 415–417 HGB zu beurteilen[15] (vgl. auch Art. 20 Rn. 5). Verdirbt Gut, weil es mit Rücksicht auf seine Empfindlichkeit zu lange unterwegs ist, so haftet der Beförderer nicht, wenn er das Gut **innerhalb der Lieferfrist** abliefert; haftungsmäßig bleibt unbeachtlich, dass das Gut möglicherweise nicht verdorben wäre, wenn der Beförderer sich – überobligationsmäßig – mehr beeilt und das Gut früher abgeliefert hätte (Art. 16 Rn. 3).

**2. Haftungszeitraum.** Der **Haftungszeitraum** reicht von der „Übernahme des  11
Gutes" bis zur „Ablieferung" und umfasst damit den Zeitraum, während dessen der Beförderer die **Obhut** über das Gut hat. Die Abkehr vom früheren Wortlaut (Art. 36 CIM 1980:

---

[8] *Beier* S. 93; *Wick* Art. 27 CIM 1970 Anm. 6 (S. 242).
[9] Vgl. *Beier* S. 93 Fn. 21.
[10] Vgl. *Beier* S. 117 mwN; *Wick* Art. 27 CIM 1970 Anm. 7 (S. 243).
[11] *Wick* Art. 27 CIM 1970 Anm. 7 (S. 243).
[12] *Beier* S. 117 f.; *Wick* Art. 27 CIM 1970 Anm. 6 (S. 242 f.).
[13] Vgl. *Beier* S. 118 mwN zu den unterschiedlichen Auffassungen.
[14] AA *Beier* S. 118.
[15] Vgl. *Koller* Rn. 18.

„Annahme zur Beförderung") bedeutet keine Änderung in der Sache, sondern trägt dem Charakter des Beförderungsvertrags als **Konsensualvertrag** und der Terminologie der CMR (Art. 17) Rechnung.[16]

**12**  **3. Haftungsmaßstab.** Wie die CMR-Frachtführerhaftung[17] ist auch die Obhutshaftung des Eisenbahnbeförderers nach § 1 weder reine Kausalhaftung noch Verschuldenshaftung, und zwar auch nicht Verschuldenshaftung mit umgekehrter Beweislast, sondern **Gefähr-dungshaftung**[18] grundsätzlich bis zur Grenze des **unabwendbaren Ereignisses,** wie sich aus **§ 2 (letzter Fall)** ergibt. Nach französischer Rechtsauffassung lastet auf dem Beförderer eine „obligation des résultats" (Erfolgsverbindlichkeit, Erfolgshaftung), nicht nur eine „obligation des moyens" (Sorgfaltsverbindlichkeit).[19]

**13**  Die Haftung des Beförderers ist eine **Vertragshaftung,** die unmittelbar auf Art. 23 beruht. Konkurrierende **außervertragliche Ansprüche** sind zwar nicht ausgeschlossen; sie werden aber durch Art. 41 für den Bereich internationaler Beförderungen den **Voraussetzungen und Beschränkungen der CIM** unterworfen.

**14**  **4. Zurechnung von Infrastrukturmängeln und -versagen.** Die Liberalisierung des Eisenbahnsektors seit dem letzten Jahrzehnt des vergangenen Jahrhunderts hat zur **Trennung** von Infrastrukturbetrieb durch selbstständige staatliche oder private **Infrastrukturbetreiber** (in Deutschland: Eisenbahninfrastrukturunternehmen als Betreiber der Schienenwege, § 2 Abs. 1 und § 3a AEG) einerseits und **Verkehrsabwicklung** auf dem Schienennetz durch **Eisenbahnunternehmen** (in Deutschland: Eisenbahnverkehrsunternehmen, § 2 Abs. 1 AEG) andererseits geführt. Für die anderen Verkehrsträger gilt dieses Prinzip schon immer; für die Eisenbahn ist es jedoch neu, dass ein Beförderer Schienennetze befährt, die ihm nicht gehören. § 1 hat daher im Zuge der CIM-Reform 1999 zur **Klarstellung** den Nachsatz erhalten, dass die Haftung des Beförderers unabhängig davon ist, welche Eisenbahninfrastruktur er benutzt.[20] Dieser Nachsatz bringt bereits zum Ausdruck, dass es für die Haftung des Beförderers unerheblich ist, wenn der Schaden von der ihm nicht gehörenden Infrastruktur ausgelöst wurde (zB durch fehlerhafte Signal- oder Weichenstellung). Unterstrichen wird dieses Ergebnis dadurch, dass der Betreiber der Infrastruktur in Art. 40 Satz 2 zum **Erfüllungsgehilfen** des Beförderers erklärt wird (Art. 40 Rn. 6). Das hat nicht nur zur Folge, dass der Beförderer für das Verhalten des Infrastrukturbetreibers einzustehen hat, sondern auch, dass der Infrastrukturbetreiber den geschädigten Vertragspartnern des Beförderers nicht strenger haftet als der Beförderer selbst (Art. 41 § 2).[21]

**15**  Sofern die Infrastruktur einen Güter- oder Verspätungsschaden auslöst, der sich sowohl für den Beförderer als auch für den Infrastrukturbetreiber als **unabwendbar** erweist, kann sich der Beförderer auf den Haftungsbefreiungsgrund gemäß § 2 (vierter Fall) berufen. Die bei der CIM-Reform 1999 ursprünglich vorgesehene **reine Kausalhaftung** des Beförderers für die Beschaffenheit der Infrastruktur[22] wurde nicht verwirklicht (Rn. 26).

**16**  **5. Verbindlichkeit.** Die Befördererhaftung ist nicht mehr beiderseits zwingend wie noch nach der CIM 1980, sondern **„halbzwingend"** zugunsten des Kunden: Der Beförderer kann seine Verpflichtungen und seine Haftung nach der CIM 1999 zwar nicht weiter einschränken, wohl aber **erweitern** (Art. 5 Satz 3).

---

[16] *Denkschrift COTIF 1999* S. 204 zu Art. 23 § 1; *ZA-Bericht 1999* S. 137 Ziff. 3.
[17] Dazu Thume/*Thume* Art. 17 CMR Rn. 4 ff. – Für eine übereinstimmende Interpretation von Art. 23 § 2 CIM und Art. 17 Abs. 2 CMR auch *Koller* Rn. 3.
[18] Vgl. OLG Celle 21.9.1988, TranspR 1989, 57, 58; vgl. auch *Beier* S. 94 f. mwN; – zur Entstehungsgeschichte des Haftungsmaßstabs sowie zu rechtspolitischen Überlegungen *Mutz* ZIntEisenb 1975, 62 ff. u. 79 ff., insbes. 87 ff.
[19] *Allégret* Fasc. 685 Ziff. 10.
[20] *Denkschrift COTIF 1999* S. 204 zu Art. 23 § 1; *ZA-Bericht 1999* S. 137 Ziff. 7.
[21] *ZA-Bericht 1999* S. 137 Ziff. 5 und 6.
[22] *ZA-Bericht 1999* S. 137 Ziff. 4.

### III. Haftungsbefreiungen

**1. Allgemeines.** Das System der **Haftungsbefreiungsgründe** mit seiner Unterschei- **17** dung von **einfachen (nicht bevorrechtigten)** und **besonderen (bevorrechtigten)** Haftungsbefreiungsgründen[23] in den **§§ 2 und 3** entspricht dem System der CMR (Art. 17 Abs. 2 und 4) und des HGB (§§ 425 Abs. 2; 426, 427). Das Vorliegen einfacher Haftungsbefreiungsgründe gemäß § 2 hat der Beförderer zu beweisen (Art. 25 § 1); die besonderen Haftungsbefreiungsgründe gemäß § 3 unterliegen besonderen Beweisregeln, die für den Beförderer günstiger sind (Art. 25 §§ 2 und 3). Die einfachen Befreiungsgründe schließen die Haftung des Beförderers für Güter- und Verspätungsschäden aus, die besonderen Befreiungsgründe gelten nur für Güterschäden (anders § 427 HGB für das deutsche Recht).

**2. Nicht bevorrechtigte Haftungsbefreiungsgründe.** § 2 nennt vier mögliche **18** Gründe für eine Befreiung des Beförderers von seiner frachtrechtlichen Haftung. Mit dem vorangestellten Wort „soweit" wird zum Ausdruck gebracht, dass in allen vier Fällen je nach Verursachungsbeitrag der Beteiligten auch **Schadensteilung** in Betracht kommt[24] (vgl. §§ 425 Abs. 2; 426 HGB und die umständlichere Formulierung in Art. 17 Abs. 5 CMR). Dabei bleibt die dem Beförderer zuzurechnende reine Betriebsgefahr der Eisenbahn außer Betracht.[25] Mit dem Ausdruck „**Berechtigter**" ist der **Absender** oder der **Empfänger** gemeint, je nachdem, wer nach Art. 18 verfügungsberechtigt ist.[26] Nach anderer Auffassung ist Berechtigter, wer nach Art. 44 berechtigt (aktivlegitimiert) ist, Ansprüche aus dem Beförderungsvertrag klageweise geltend zu machen.[27] Der Beförderer kann sich jedenfalls auf das Verschulden beider Personen berufen, ohne Rücksicht darauf, wer von ihnen am Ende Ansprüche tatsächlich geltend macht. Der Beförderer kann also gegenüber dem klagenden Empfänger ein Verschulden des Absenders, etwa bei der Ausstellung des Frachtbriefs, einwenden. Entscheidend ist in diesem Fall, dass der Absender im Zeitpunkt der schadensverursachenden Handlung verfügungsberechtigt war.[28]

**a) Verschulden des Berechtigten.** Verschulden des Berechtigten ist jedes **schuldhafte** **19** **Verhalten** (nach den Maßstäben des jeweils anwendbaren Landesrechts), das für den Eintritt oder die Höhe des Güter- oder Verspätungsschadens **ursächlich** ist. Das Verschulden muss nicht mit der Verletzung von Vertragspflichten verbunden sein.[29] Verschulden des Berechtigten kann mit anderen Haftungsbefreiungsgründen der §§ 2 und 3 zusammentreffen.[30] Der Beförderer kann sich dann auf denjenigen Befreiungsgrund berufen, der ihm die geringsten Beweisschwierigkeiten bereitet; das wird regelmäßig ein bevorrechtigter Befreiungsgrund iS des § 3 sein.

**b) Anweisungen des Berechtigten.** Derartige Anweisungen sind nicht nur nachträgli- **20** che Verfügungen nach Art. 18 oder Anweisungen nach Art. 20, 21, sondern **alle Anordnungen** des Absenders bzw. des Empfängers in Bezug auf das Transportgut,[31] sofern der Anordnende im Zeitpunkt der Anordnung verfügungsberechtigt war. Der Beförderer ist jedoch nur dann von der Haftung befreit, wenn er die Anweisung des Berechtigten **nicht verschuldet** hat, also nicht durch eigenes schuldhaftes Verhalten den Berechtigten veranlasst hat, die schadensverursachende Anweisung zu erteilen.

---

[23] *Wick* Art. 27 CIM 1970 Anm. 9 (S. 243 f.).
[24] *ZA-Bericht 1999* S. 137 f. Ziff. 8; vgl. auch *Koller* Rn. 1 u. 4 sowie Cour d'appel Aix-en-Provence 9.3.1977, ZIntEisenb 1978, 55, 59 f. (zur CIM 1970).
[25] *Beier* S. 113 Fn. 145 mwN; aA *Becker* S. 103.
[26] Vgl. *Goltermann* Art. 36 CIM 1980 Anm. 3; GroßkommHGB/*Helm* Art. 27 CIM 1970 Anm. 9; *Koller* Rn. 4; *Spera* Art. 36 CIM 1980 Anm. 10.
[27] Vgl. *Wick* Art. 27 CIM 1970 Anm. 10 (S. 244); zur CMR vgl. Thume/*Thume* Art. 17 CMR Rn. 81.
[28] Vgl. Fremuth/Thume/*Thume* Art. 17 CMR Rn. 27.
[29] Vgl. Thume/*Thume* Art. 17 CMR Rn. 82.
[30] Vgl. Thume/*Thume* Art. 17 CMR Rn. 84.
[31] Vgl. *Spera* Art. 36 CIM 1980 Anm. 11; *Wick* Art. 27 CIM 1970 Anm. 11 (S. 244); zweifelnd *Koller* Rn. 6.

**21**  **c) Besondere Mängel des Gutes.** Solche Mängel liegen vor, wenn das Gut von der *normalen* Beschaffenheit gleichartiger Güter abweicht und daher besonders anfällig für den Eintritt von Schäden während eines *gewöhnlichen* Eisenbahntransports ist.[32] Das gilt zB, wenn mit Lackierungsschäden aufgelieferte fabrikneue Kraftfahrzeuge bei der Ablieferung Rostschäden aufweisen. Kommen hingegen unlackierte Eisenträger mit Rostschäden an, so handelt es sich um ein Gut, das *von Natur aus* einer Beschädigung durch Rost ausgesetzt ist,[33] so dass nicht § 2, sondern § 3 lit. d anwendbar ist (Rn. 41). **„Innerer Verderb"** zielt vor allem auf Fäulnis, Verschimmeln, Gefrieren usw. von leicht verderblichen Gütern ab. Unter **Schwund** versteht man Mengenverluste infolge Verdunsten oder Austrocknen, Rinnverluste, Verstreuen usw. ohne ungewöhnliche äußere Einwirkungen. Der Schwund kann auf einem **besonderen Mangel** des Gutes beruhen (zB ungenügende Dichtheit der Behälter für flüssiges Gut, Haftungsbefreiung des Beförderers nach § 2) oder auf der **natürlichen Beschaffenheit** des Gutes (von dem als Schüttgut verladenen Getreide oder Sand rinnt ein Teil durch die nicht völlig abzudichtenden Ritzen des vereinbarungsgemäß eingesetzten hölzernen Güterwagens, Haftungsbefreiung nach § 3 lit. d). Ist der Schwund jedoch auf **vertragswidrige Transportabwicklung**[34] zurückzuführen (die Behälter für Flüssigkeiten erhalten bei einem Rangierunfall unterwegs Risse; der Beförderer stellt abredewidrig Wagen, die für das zu befördernde Schüttgut ungeeignet sind), so ist der Beförderer weder nach § 2 noch nach § 3 lit. d von der Haftung befreit. Wie die Beispiele zeigen, fällt die Abgrenzung des Haftungsbefreiungsgrunds „besonderer Mangel" von dem bevorrechtigten Haftungsbefreiungsgrund der „natürlichen Beschaffenheit" in § 3 lit. d in der Praxis nicht leicht.[35] Der Beförderer wird sich wegen der geringeren Ansprüche an die Beweisbarkeit nach Möglichkeit auf den bevorrechtigten Haftungsbefreiungsgrund der natürlichen Beschaffenheit berufen. Bei **schwundgefährdeten Gütern** kommt iÜ nicht nur ein Haftungsausschluss nach Art. 23 §§ 2 und 3 in Betracht, sondern auch eine Haftungsbeschränkung nach Art. 31.

**22**  **d) Unabwendbares Ereignis.** Für den Beförderer nicht vermeidbare Umstände mit unabwendbaren Folgen werden zusammengefasst als **„unabwendbares Ereignis"** bezeichnet. Dieser Befreiungsgrund ist leichter erfüllt als die **„höhere Gewalt"**, die **von außen** kommen (**„betriebsfremd"**) und für den Eisenbahnverkehr **atypisch** sein muss,[36] wie etwa der Bruch eines nahe gelegenen Staudamms, der die Gleise unterspült. **Unabwendbar** ist ein Ereignis, wenn es samt seinen schädigenden Folgen auch durch Anwendung **äußerster wirtschaftlich zumutbarer Sorgfalt** nicht verhindert werden kann (vgl. § 426 HGB). Dieser **Sorgfaltsmaßstab** ist schärfer als der nach allgemeiner Vertragshaftung. Er entspricht etwa dem franz. Begriff der „force majeure".[37] Unvorhersehbarkeit ist nicht gefordert.[38]

**23**  In der älteren eisenbahnrechtlichen Literatur ist der Begriff des unabwendbaren Ereignisses umstritten. *Nanassy* und *Wick*[39] vertreten die Auffassung, dass kein materieller Unterschied zur höheren Gewalt im deutschrechtlichen Sinn besteht und daher nur betriebsfremde, außergewöhnliche Umstände befreiend wirken. Zu erklären ist diese abweichende

---

[32] Vgl. zur CMR Thume/*Thume* Art. 17 CMR Rn. 90.

[33] Thume/*Thume* Art. 17 CMR Rn. 91.

[34] *Koller* Rn. 5.

[35] Vgl. *Wick* Art. 27 CIM 1970 Anm. 12 (S. 244 f.) mwN.

[36] BGH 15.3.1988, TranspR 1988, 278, 279 f.; vgl. auch *Mutz* ZIntEisenb 1975, 62, 65, 68.

[37] *Becker* S. 111; *Mutz* ZIntEisenb 1975, 62, 67; GroßkommHGB/*Helm* Art. 27 CIM 1970 Anm. 7.

[38] *Allégret* Fasc. 685 Ziff. 27; *Rodière* Ziff. 542; s. aber Cour d'appel Versailles 2.7.2009, ZIntEisenb 2010, 18: Die Beschädigung fabrikneuer Kfz auf offenen Eisenbahnwagen während eines Hagelgewitters war weder unvorhersehbar (das Gewitterrisiko wurde von Meteorologen angekündigt), noch war sie unvermeidbar, sondern wäre bei rechtzeitiger Ablieferung des Gutes nicht entstanden; der Beförderer kann daher keine Haftungsbefreiung wegen „höherer Gewalt" geltend machen. Dieses Urteil wurde bestätigt durch Cass. Paris 16.11.2010, ZIntEisenb 2010, 104.

[39] *Nanassy* S. 531 ff.; *Wick* Art. 27 CIM 1970 Anm. 15 (S. 245 ff.); vgl. außerdem *Allégret* Fasc. 685 Ziff. 31, der ebenfalls betriebsinterne Umstände nicht als haftungsbefreiend ansieht.

Meinung aus der Entwicklungsgeschichte der CIM, die zunächst jahrzehntelang – wie § 82 Abs. 1 der deutschen EVO bis 1998 – nur die höhere Gewalt als Befreiungsgrund für Güterschäden zuließ.[40] Mit dem Übergang von der „höheren Gewalt" zum „unabwendbaren Ereignis" war jedoch eine Annäherung an die CMR und eine **Haftungsminderung** für die Eisenbahn beabsichtigt.[41]

Ob ein **Streik** ein unabwendbares Ereignis darstellt, hängt von den Umständen ab.[42] **24** *Plötzliche* Streikmaßnahmen **Dritter** sind für die Eisenbahn regelmäßig unabwendbar[43] und als Beförderungs- oder Ablieferungshindernis (Art. 20–22) zu behandeln (vgl. Art. 20 Rn. 3). *Angekündigten* Streikmaßnahmen Dritter hat die Eisenbahn rechtzeitig angemessen zu begegnen, indem sie für die betroffenen Verkehrsverbindungen Güter nicht mehr zur Beförderung annimmt, sofern ihr nicht Ausweichrouten oder -maßnahmen zur Verfügung stehen. Für bereits auf dem Weg befindliche Güter sind Vorsorgemaßnahmen zu treffen. Verstößt die Eisenbahn gegen diese Pflicht, liegt kein unabwendbares Ereignis vor. **Rechtmäßige Streikmaßnahmen** ihrer **Bediensteten** (Art. 40) sind für die Eisenbahn nicht schon deshalb abwendbar, weil sie nur auf die Forderungen einzugehen braucht, um für ihre Kunden Güter- und Verspätungsschäden zu vermeiden. Art. 9 Abs. 3 GG gewährt dem Arbeitgeber aus Gründen der arbeitskampfrechtlichen „Waffengleichheit" das Recht, die Forderungen seiner streikenden Arbeitnehmer abzulehnen, ohne deshalb gegenüber Dritten oder Kunden für seine Unnachgiebigkeit zu haften.[44] Da rechtmäßige Arbeitskampfmaßnahmen ihrer Bediensteten die Eisenbahn in aller Regel nicht unvorbereitet treffen, hat sie im Interesse ihrer Kunden rechtzeitig angemessene Maßnahmen zu treffen, nicht anders als bei angekündigten Streikmaßnahmen Dritter. Die rechtlich schwierigste Fallgruppe bilden **rechtswidrige Streiks** der eigenen Bediensteten (wilde Streiks, Sympathiestreiks, Generalstreiks), für die die Eisenbahn bei rein vertragsrechtlicher Betrachtung über Art. 40, 36 wegen schweren Verschuldens ihrer Bediensteten sogar unbeschränkt zu haften hätte[45] – es sei denn, man geht davon aus, dass rechtswidrige Streiks nicht „in Ausübung der Verrichtungen" der Bediensteten geschehen, so dass die Eisenbahn für ihre Bediensteten gar nicht nach Art. 40 zu haften hat.[46] Dies liegt nahe, da auch rechtswidrige Streiks häufig organisiert und von außerhalb des Betriebs beeinflusst werden. Auch bei rechtswidrigen Streiks der eigenen Bediensteten ist daher anzunehmen, dass die Eisenbahn einer Haftung für Güter- und Verspätungsschäden entgeht, wenn sie rechtzeitig nach Kenntnis die erforderlichen und ihr wirtschaftlich zumutbaren Vorsorge- und Abhilfemaßnahmen trifft.

Die hier angeführten Grundsätze finden in der **Rechtsprechung** zur Haftung der Eisen- **25** bahn bei **Streiks** ihre Bestätigung: So hat die franz. Cour de Cassation nach nationalem Recht bzw. nach Art. 36 CIM 1980 ein unabwendbares Ereignis („force majeure") angenommen, wenn Dauer und Ausmaß des angekündigten Streiks unvorhersehbar waren und Ersatzbeförderungen auf der Straße wegen der großen Mengen blockierter Güter nicht in Betracht kamen.[47] In einem anderen Fall wurde hingegen Haftung der Eisenbahn angenommen, da nicht bewiesen war, dass die Blockade von Zügen mit verderblichen Gütern durch örtliche Bauerndemonstrationen unabwendbar gewesen sei.[48]

Wie das HGB enthält auch die CIM **keine** dem Art. 17 Abs. 3 CMR entsprechende **26** Vorschrift mit einer **reinen Kausalhaftung** für **Fahrzeugmängel**.[49] Im Eisenbahnverkehr

---

[40] *Mutz* ZIntEisenb 1975, 62 ff. u. 79 ff.
[41] *Mutz* ZIntEisenb 1975, 62, 67 (2.6); 79, 83 (6.1).
[42] *Ehmen* TranspR 2007, 354; *Favre* ZIntEisenb 1972, 173, 175 f.
[43] *Ehmen* TranspR 2007, 354, 360 unter V; vgl. auch *Staudinger* EuZW 2008, 751, 755 unter VI (zum Eisenbahnpersonenverkehr), und BGH 21.8.2012, TranspR 2013, 76 (zum Luftverkehr).
[44] *Ehmen* TranspR 2007, 354 f., 357 mwN.
[45] *Ehmen* TranspR 2007, 354, 357, 360.
[46] Vgl. zu § 278 BGB u. § 428 HGB *Ehmen* TranspR 2007, 354, 357 mwN.
[47] Cass. Paris 11.1.2000, ZIntEisenb 2001, 63 f.; vgl. auch C. d'appel Paris 16.6.1971, ZIntEisenb 1971, 216, und 6.11.1952, ZIntEisenb 1954, 295.
[48] Cass. Paris 26.4.2000, ZIntEisenb 2001, 64 ff.; vgl. außerdem Art. 20 Rn. 3 mit Fn. 7.
[49] Den rechtspolitischen Erwägungen von *Mutz* ZIntEisenb 1975, 79, 90, eine dem Art. 17 Abs. 3 CMR entsprechende Vorschrift in die CIM zu übernehmen, ist weder die CIM-Revision von 1980 noch die von 1999 gefolgt.

hat dies Bedeutung sowohl für die vom Beförderer verwendeten **Fahrzeuge** als auch für die von ihm benutzte **Infrastruktur.** Fahrzeug- oder Infrastrukturmängel können im Einzelfall ein unabwendbares Ereignis darstellen, für das der Beförderer nicht zu haften hat.[50] Verwendet der Beförderer **von ihm angemietete fremde Fahrzeuge,** ändert das nichts an seiner Verpflichtung aus § 4 Abs. 3 AEG, seinen „Betrieb sicher zu führen". Dementsprechend haftet der Beförderer seinem Kunden auch in diesem Fall nach der CIM und kann gegen den schuldigen Fahrzeughalter Regress nehmen, zB nach Art. 7 CUV. Übergibt der **Absender** dem Beförderer als **Beförderungsmittel** (nicht als Beförderungsgut, dazu Art. 24) ein von ihm (dem Absender) beladenes eigenes oder angemietetes Fahrzeug, so kommt bei einem schadenverursachenden Fahrzeugmangel je nach **vertraglicher Aufgabenverteilung** zwischen den Beteiligten hinsichtlich Fahrzeugunterhaltung und -instandhaltung **im Innenverhältnis** (§ 4 AEG bleibt für das Außenverhältnis wiederum unberührt) Haftungsbefreiung des Beförderers, Schadensteilung oder alleinige Haftung des Beförderers in Betracht.

27    **3. Bevorrechtigte Haftungsbefreiungsgründe (§ 3). a) Allgemeines.** Die Ausgestaltung der einzelnen Haftungsbefreiungsgründe in § 3 nimmt grundsätzlich – von einzelnen Besonderheiten abgesehen – Art. 17 Abs. 4 CMR zum Vorbild[51] (vgl. auch § 427 HGB). Nur der letzte bevorrechtigte Befreiungsgrund in **lit. g** ist **eisenbahnspezifisch** und findet in CMR und HGB keine Entsprechung. Dem franz. Recht sind bei Binnenbeförderungen derartige Befreiungsgründe fremd.[52] Der Grund für die erleichterte Haftungsbefreiung des Beförderers ergibt sich aus der mit allen genannten Tatbeständen verbundenen **„besonderen Gefahr"** für das Gut, die in der **Sphäre des Kunden** liegt.

28    Der Beförderer ist von seiner Haftung für Verlust oder Beschädigung des Gutes nicht schon deshalb befreit, weil einer der Tatbestände des § 3 vorliegt.[53] Vielmehr muss hinzukommen, dass der eingetretene Güterschaden aus einer dieser Ursachen **entstehen konnte,** und zwar gerade wegen der besonderen Gefahr, der das Gut ausgesetzt war. Dann wird im Rahmen des Art. 25 §§ 2 und 3 **vermutet,** dass der Schaden aus dieser Gefahr entstanden ist, sofern nicht der Berechtigte den **Gegenbeweis** führt. **„Soweit"** der Güterschaden auf ein **Verschulden des Beförderers** zurückzuführen ist (die reine Betriebsgefahr der Eisenbahn reicht wiederum nicht aus, vgl. oben Rn. 18), scheidet die Berufung auf einen bevorrechtigten Haftungsbefreiungsgrund aus und es kommt wie bei den einfachen Haftungsbefreiungsgründen **Schadensteilung** oder **volle Haftung** des Beförderers in Betracht. Dabei ist den Umständen des Einzelfalls gebührend Rechnung zu tragen.[54]

29    Die **CIV** für den internationalen Eisenbahnpersonen- und -gepäckverkehr nennt in ihrem Art. 36 § 3 nur wenige bevorrechtigte Haftungsbefreiungsgründe, was zB für den **Autoreisezugverkehr** bedeutsam ist.[55]

30    **b) Beförderung in offenen Wagen (§ 3 lit. a).** Die **„O-Wagen-Gefahr"** ist im internationalen Eisenbahnrecht außerordentlich kompliziert geregelt. **Drei Fallgruppen** sind zu unterscheiden: Im **allgemeinen Wagenladungsverkehr** (außerhalb des kombinierten oder intermodalen Verkehrs) liegen die Dinge noch einfach **(Fallgruppe 1):** Zwischen den Parteien des Beförderungsvertrags vereinbarte und im Frachtbrief vermerkte[56] Beförderung des Gutes in offenen Wagen wirkt bei darauf zurückführbaren Schäden haf-

---

[50] *Koller* Rn. 3; vgl. Fremuth/Thume/*Fremuth* § 426 HGB Rn. 13, 17, 18. S. auch OGH Wien 17.2.2010, Az. 20b 222/09z: keine Haftung des Eisenbahnverkehrsunternehmens gegenüber dem Infrastrukturbetreiber für einen nicht vorhersehbaren und nicht vermeidbaren *Achsbruch* an einem Güterwagen, wenn nach den AGB des Infrastrukturbetreibers die Haftungsgrundsätze von CIM und CUI anzuwenden sind, nicht die (strengere) Gefährdungshaftung nach § 9 Abs. 1 (österr.) EKHG („Versagen der Einrichtungen").
[51] Vgl. *ZA-Bericht 1999* S. 138 Ziff. 11.
[52] *Allégret* Fasc. 685 Ziff. 77. Siehe dazu den in Fn. 38 geschilderten Fall.
[53] OLG Celle 4.2.1999, TranspR 1999, 395, 396 f.
[54] OLG Celle 21.9.1988, TranspR 1989, 57; Cour d'appel Aix-en-Provence 9.3.1977, ZIntEisenb 1978, 55; *Becker* S. 129 ff.; *Goltermann* Art. 36 CIM 1980 Anm. 4a bb; *Nanassy* S. 527.
[55] Vgl. BGH 12.12.2013 – I ZR 65/13 – juris –; LG Hildesheim 13.2.2003, TranspR 2003, 196, 197.
[56] OLG Hamburg 8.2.1996, TranspR 1996, 389, 390.

tungsbefreiend zugunsten des Beförderers, sofern es sich nicht um „außergewöhnlich großen Verlust" oder um „Verlust ganzer Frachtstücke" handelt (Art. 25 § 3; vgl. auch Art. 18 Abs. 3 CMR und § 427 Abs. 2 HGB). Als Gefahren, denen Güter in offenen Wagen besonders ausgesetzt sind, gelten in erster Linie **Witterungseinflüsse** wie Nässe, Hitze oder Frost,[57] ferner **äußere Einwirkungen mechanischer Art** wie Hagel- oder Steinschlag,[58] Beschädigung durch Funkenflug oder Brandstiftung,[59] Graffitti-Schmierereien oder Berühren der Oberleitung.[60] Hingegen liegt O-Wagen-Gefahr nicht vor, wenn für das Gut keine **Gefahrerhöhung** gegenüber einem Transport in geschlossenen Wagen bestanden hat.[61]

Eisenbahnwagen, die zwar über ein festes Dach verfügen, aber **nicht allseits voll** **31** **geschlossen** sind, sind nach der CIM als offene Wagen anzusehen.[62] Eisenbahnwagen, die nur mit einer **Plane** bedeckt oder umhüllt sind, sind bei Geltung der CIM **offene Wagen** (anders § 427 Abs. 1 Nr. 1 HGB für den Binnenverkehr und Art. 17 Abs. 4 lit. a CMR für den internationalen Straßengüterverkehr). Diese für den Schienenbeförderer günstigere Regelung berücksichtigt, dass gerade im internationalen Eisenbahnverkehr längere Standzeiten an den Grenzen nicht auszuschließen sind und das Eisenbahnpersonal dem Gut im Zug nicht so nahe ist wie der Lkw-Fahrer dem Gut in seinem Fahrzeug. Der Haftungsbefreiungsgrund greift auch dann, wenn das Gut auf Grund seiner Abmessungen gar nicht in geschlossenen Wagen hätte befördert werden können.[63] Umstritten ist, ob **Diebstahlsgefahr** zu den mit der Beförderung in offenen Wagen verbundenen besonderen Gefahren gehört.[64] Entscheidend ist, ob im Einzelfall wegen der Beförderung in offenen Wagen gefahrerhöhende Umstände wie etwa die leichtere Erkennbarkeit des Gutes vorliegen.[65] Das ist zB bei offenen Spezialwagen für den Transport **fabrikneuer Pkw** anzunehmen.[66] Die Berücksichtigung der Diebstahlsgefahr findet iÜ ihre Grenze in den in Art. 25 § 3 genannten Fällen des außergewöhnlich großen Verlusts oder des Verlusts ganzer Frachtstücke (Art. 25 Rn. 5).

Deckt der Absender die in offenen Wagen beförderten Güter mit **Decken** ab **(Fall-** **32** **gruppe 3),** so schließt das die O-Wagen-Gefahr nicht aus; das gilt auch dann, wenn die Güter nach den Allgemeinen Beförderungsbedingungen an sich nicht in offenen Wagen befördert werden (sollen), der Absender sie jedoch in offene Wagen verlädt, weil er annimmt, sie seien durch Decken oder Planen ausreichend geschützt. Hinsichtlich der Haftung des Beförderers werden also Beförderungen in offenen Wagen mit Decken der Beförderung in offenen Wagen ohne Decken gleichgestellt.[67]

Befinden sich die Güter **in intermodalen Transporteinheiten,** zB in Containern, **33** Wechselbehältern oder Sattelaufliegern (Art. 3 lit. d), oder **in geschlossenen Straßenfahrzeugen,** die auf (offenen) Eisenbahnwagen befördert werden **(Fallgruppe 2),** so gelten die **Güter** in den Transporteinheiten bzw. Straßenfahrzeugen **nicht** als in **offenen Wagen** befördert, es sei denn, sie erleiden Schäden infolge von Witterungseinflüssen (insbesondere Nässeschäden). Für die **Straßenfahrzeuge** ist ausdrücklich gesagt, dass sie **geschlossen** sein müssen, wenn für das darin beförderte Gut die O-Wagen-Gefahr entfallen soll. Damit lässt die CIM eine Berufung auf die O-Wagen-Gefahr in größerem Umfang zu als die CMR, die in Art. 17 Abs. 4 lit. a nur für „offene, nicht mit Planen gedeckte Fahrzeuge" die O-Wagen-Gefahr anerkennt. Die Verwendung eines Planen-Lkw schließt nach der

---

[57] *Wick* Art. 27 CIM 1970 Anm. 18 (S. 247) mwN.
[58] LG Hannover 23.7.1998, TranspR 1998, 405.
[59] OLG Düsseldorf 16.10.1975, VersR 1976, 666.
[60] OLG Düsseldorf 1.10.1992, TranspR 1993, 56, 57; OGH Wien 8.7.1993, ZIntEisenb 1996, 130, 136.
[61] BGH 16.12.1955, BGHZ 19, 276, 281; vgl. auch OLG Celle 4.2.1999, TranspR 1999, 395; OLG Düsseldorf 1.10.1992, TranspR 1993, 56, 57.
[62] *Koller* Rn. 7; *ders.* VersR 1994, 384, 388.
[63] OLG Celle 21.9.1988, TranspR 1989, 57, u. 15.2.1989, TranspR 1989, 273; OGH Wien 8.7.1993, ZIntEisenb 1996, 130, 136 f.; *Koller* Rn. 7.
[64] Vgl. *Wick* Art. 27 CIM 1970 Anm. 18 (S. 248).
[65] OLG Celle 21.9.1988, TranspR 1989, 57, 58.
[66] C. Pau 19.11.1986, Bull. transp. 1988, 104; *Dubischar* S. 75. Zum frz. Binnenverkehr siehe den in Fn. 38 geschilderten Fall.
[67] *Koller* Rn. 7; *ZA-Bericht 1999* S. 138 Ziff. 10.

CMR (und nach dem HGB) eine Berufung des Frachtführers auf die O-Wagen-Gefahr aus; wird dieser Lkw jedoch im Huckepackverkehr auf einem offenen Eisenbahnwagen befördert, so ist er nicht „geschlossen" im Sinne der CIM, so dass beim Diebstahl einzelner elektronischer Geräte aus dem Planen-Lkw während des Schienentransports eine Berufung des Eisenbahnbeförderers auf die O-Wagen-Gefahr in Betracht kommt.[68] Wegen der unten in Rn. 31 genannten Besonderheiten des Eisenbahnverkehrs hat der Revisionsausschuss zur Vorbereitung der CIM 1999 für das internationale Eisenbahngüterbeförderungsrecht nicht die CMR-Vorschrift übernommen, nach der mit Planen umhüllte Fahrzeuge nicht als offene Fahrzeuge angesehen werden.[69]

Für **intermodale Transporteinheiten** fehlt der Zusatz, dass sie „geschlossen" sein müssen, wenn die O-Wagen-Gefahr entfallen soll. Eine Gesamtbetrachtung von § 3 lit. a zeigt allerdings, wie zurückhaltend die CIM mit dem Ausschluss der O-Wagen-Gefahr umgeht: Mit **Planen** gedeckte oder umhüllte Eisenbahnwagen bleiben offene Wagen und auch die Verwendung von **Wagendecken** beseitigt die O-Wagen-Gefahr nicht. Unter diesen Umständen ist nach Sinn und Zweck von § 3 lit. a davon auszugehen, dass nicht nur die auf offenen Wagen verladenen Straßenfahrzeuge **geschlossen** sein müssen, sondern auch **intermodale Transporteinheiten** auf offenen Wagen, wenn für das in diesen Einheiten verstaute Gut die O-Wagen-Gefahr entfallen soll.[70] Wenn intermodale Transporteinheiten mit Planen gedeckt sind, so reicht das zum Ausschluss der O-Wagen-Gefahr für das in ihnen befindliche Gut nicht aus.[71]

34    Erleiden die intermodalen Transporteinheiten oder Straßenfahrzeuge auf offenen Eisenbahnwagen **selbst** Schäden (zB Graffiti-Schmierereien), so unterliegen sie der O-Wagen-Gefahr auch dann, wenn sie geschlossen sind.[72]

35    **c) Verpackungsmängel (§ 3 lit. b).** Art. 14 regelt die **Haftung des Absenders** für Verpackungsmängel, während Art. 23 § 3 für diesen Fall einen **Haftungsbefreiungsgrund** zugunsten des **Beförderers** enthält. Grundsätzlich muss die Verpackung Schutz vor den Gefahren bieten, die dem Gut bei einem **normalen Transportverlauf** mit der Eisenbahn drohen.[73] Dazu gehören Erschütterungen und Umladungen, außerdem Verschmutzungen und Zerkratzungen oder Witterungseinflüsse, insbes. bei Beförderung in offenen Wagen. Zu den gewöhnlichen Gefahren des Eisenbahnbetriebs gehören auch **normale Rangierstöße**,[74] zB mit Auflaufgeschwindigkeiten bis 12 km/h.[75] Die franz. Rechtsprechung ist demgegenüber kundenfreundlicher: Wird ein Rangierstoß von den Puffern der Wagen nicht folgenlos für das Gut aufgefangen, so wird dies als Beweis dafür angesehen, dass es sich nicht um einen normalen Rangierstoß gehandelt hat.[76]

36    Es kommt nicht darauf an, ob die Verpackung **handelsüblich** ist, sondern dass sie Schutz vor den üblichen Gefahren beim Eisenbahntransport bietet. Die Eisenbahnen haben verschiedene **Einheitsverpackungen** als sicher anerkannt und zur Verwendung empfohlen. Bei Verwendung einer solchen Verpackung durch den Absender kann sich der Beförderer nicht auf den Haftungsbefreiungsgrund mangelhafter Verpackung berufen.[77] Eine Verpackung ist nicht mangelhaft, wenn der Aufdruck über die Art des Gutes einen erheblichen

---

[68] Hartenstein/Reuschle/*Polanetzki* Kap. 13 Rn. 93; aA *Koller* Rn. 7.

[69] ZA-Bericht 1999 S. 138 Ziff. 10.

[70] Vgl. *Freise* ZIntEisenb 1995, 198, 200 f.; ebenso *Koller* Rn. 7.

[71] Wie hier *Denkschrift COTIF 1999* S. 204; unentschieden *ZA-Bericht 1999* S. 138 Ziff. 9. Vgl. auch AG Frankfurt/M. 13.10.1989, TranspR 1990, 196 f. (zur EVO).

[72] LG Berlin 9.3.2000, TranspR 2000, 311, 312; *Denkschrift COTIF 1999* S. 204; *ZA-Bericht 1999* S. 138 Ziff. 9.

[73] OLG Düsseldorf 20.3.1997, TranspR 1998, 167, 168 (zur EVO); AG Karlsruhe 20.9.1991, TranspR 1993, 300 (zur EVO).

[74] OLG Hamm 13.2.1989, TranspR 1989, 432.

[75] OLG Düsseldorf 30.3.1997, TranspR 1998, 167, 168 (zur EVO); OLG Hamburg 1.4.1977, ZIntEisenb 1978, 85, 88, mit Anm. des Zentralamts.

[76] Vgl. Urteilsanm. des Zentralamts in ZIntEisenb 1978, 85; außerdem Cour d'appel Paris 22.4.1953, ZIntEisenb 1954, 118, 120.

[77] Vgl. OLG Koblenz 28.3.2011, VersR 2012, 508, zum MÜ.

Anreiz zum Diebstahl schaffen kann.[78] Hingegen kann eine Verpackung schon dann mangelhaft sein, wenn sie bereits **gebraucht** war.[79]

Nach Art. 19 CIM 1980 war die Eisenbahn nicht verpflichtet, den Absender auf die **37** mangelnde Eignung der von ihm gewählten Verpackung hinzuweisen.[80] Sie konnte sich auf den Haftungsausschluss aber dann nicht berufen, wenn ihr Bediensteter die Verpackung selbst vorgenommen und eine vom Absender gewünschte und vorgesehene bessere Verpackung mit dem Hinweis auf eine mögliche Beeinträchtigung der Beförderung ausdrücklich abgelehnt hatte.[81] Die CIM 1999 hat Art. 19 CIM 1980 über die Verpackung des Gutes nicht übernommen, sondern ist in Art. 14 dem Vorbild des Art. 10 CMR gefolgt. Unter diesen Umständen ist die auf Art. 19 CIM 1980 bezugnehmende Rechtsprechung zur Unbeachtlichkeit unterlassener Unterrichtung des Absenders über seinen Verpackungsfehler[82] nur noch bedingt verwertbar, wenn zu entscheiden ist, in welchem Umfang dem Beförderer der Haftungsbefreiungsgrund fehlerhafter Verpackung durch den Absender zugute kommt. Jetzt ist davon auszugehen, dass der Beförderer den Absender bzw. den Verfügungsberechtigten zu **unterrichten** und erforderlichenfalls Anweisungen einzuholen hat, wenn er bei der Übernahme des Gutes oder unterwegs Verpackungsfehler **erkennt**.[83] Unterlässt der Beförderer die Unterrichtung, trifft ihn **Mitverschulden** an dem eingetretenen Güterschaden. Da die Pflicht zum Verladen der Güter bei fehlender abweichender Vereinbarung der Parteien regelmäßig den Absender trifft (Art. 13 Rn. 2), dürfte es im Eisenbahnverkehr sehr viel seltener als im Straßenverkehr vorkommen, dass der Beförderer Verpackungsfehler erkennt. Dass der Verpackungsfehler **offensichtlich** ist, also bei **Besichtigung** ohne weiteres erkannt werden kann, reicht im Eisenbahnverkehr angesichts der Systemunterschiede gegenüber einem Transport mit dem Lkw nicht aus, um ein Mitverschulden des Beförderers zu begründen.[84]

**d) Verladen/Ausladen des Gutes durch den Absender/Empfänger (§ 3 lit. c).** **38** Die CIM 1999 unterscheidet nicht mehr zwischen dem Selbstverladen als solchem und dem mangelhaften Verladen (anders noch Art. 36 § 3 lit. c und d CIM 1980), sondern fasst in Anlehnung an Art. 17 § 4 lit. c CMR alle die Verladung (und Entladung) betreffenden besonderen Haftungsbefreiungsgründe in einer Vorschrift zusammen.[85] Da nach Art. 13 bei fehlender Vereinbarung der Parteien die Güter regelmäßig vom Absender zu verladen und vom Empfänger zu entladen sind (Art. 13 Rn. 2), kommt dem zugehörigen Haftungsbefreiungsgrund für den Beförderer im Eisenbahnverkehr erhöhte praktische Bedeutung zu.

Zum **Verladen** gehört nicht nur das Verbringen des Gutes in den Eisenbahnwagen, **39** sondern auch die ordnungsgemäße Verstauung im Wageninnern.[86] Übernehmen **Bedienstete des Beförderers** auf Verlangen des Absenders oder des Empfängers deren Ladeaufgaben, kann sich der Beförderer gleichwohl auf den Haftungsbefreiungsgrund berufen, wenn die Bediensteten **aus Gefälligkeit** tätig werden. Das Gleiche gilt, wenn der Beförderer Mitarbeiter zur Verfügung stellt, die unter der Leitung und Aufsicht des Absenders/Empfängers oder seines Beauftragten Ladetätigkeiten ausführen und dabei **in den Betrieb** des Absenders/Empfängers **eingegliedert** sind.[87]

Wie die CMR stellt die CIM allein auf die Tatsache ab, dass Selbstverladung oder **40** Selbstentladung vorliegt; auf die Verletzung etwaiger vertraglicher oder rechtlicher Pflichten

---

[78] OLG Frankfurt 7.11.1985, TranspR 1986, 231, u. OLG München 19.11.1985, TranspR 1986, 234 (jeweils zur Beförderung von Expressgut nach EVO).

[79] OLG Frankfurt 15.11.1984, TranspR 1986, 276 (zur EVO).

[80] LG Kassel 11.1.1990, TranspR 1990, 195, 196; AG Karlsruhe 8.3.1991, TranspR 1993, 299.

[81] LG Mainz 18.4.1989, ZIntEisenb 1994, 60, 61.

[82] Vgl. OLG Hamm 13.1.1989; TranspR 1989, 432, 433; LG Kassel 11.1.1990, TranspR 1990, 195, 196.

[83] Vgl. zu Art. 17 Abs. 4 lit. b CMR *Koller* Rn. 38; Thume/*Thume* Rn. 141.

[84] Vgl. zur CMR *Koller* Art. 17 CMR Rn. 38 mit Fn. 312.

[85] *Denkschrift COTIF 1999* S. 204 zu Art. 23 § 3, *ZA-Bericht 1999* S. 138 Ziff. 11.

[86] *Wick* Art. 27 CIM 1970 Anm. 26 (S. 250); vgl. auch *Koller* Rn. 9.

[87] Vgl. *Wick* Art. 27 CIM 1970 Anm. 27 (S. 250); zur CMR *Koller* Art. 17 CMR Rn. 40; Thume/*Thume* Art. 17 CMR Rn. 151 u. 155.

durch den Absender oder den Empfänger kommt es nicht an.[88] Allerdings muss die Selbst-
verladung/Selbstentladung **gefahrerhöhend** für das Gut gewirkt haben und mögliche
Ursache für den eingetretenen Schaden sein.[89] Dies setzt voraus, dass die Verladung/Entla-
dung **objektiv mangelhaft** war, so dass sie das Gut nicht vor den Gefahren geschützt
hat, mit denen im Eisenbahnverkehr normalerweise zu rechnen ist. Die Überprüfung der
Anordnung der Güter im Wagen durch den Beförderer entlastet den Absender nur, wenn
dieses Tätigwerden besonders vereinbart war.[90] Hält der Absender die von den Eisenbahnen
mit Blick auf die Anforderungen des Eisenbahnverkehrs aufgestellten **Beladevorschriften**
(Art. 13 Rn. 4) nicht ein, so liegt ein Verlademangel vor, der zur Haftungsbefreiung des
Beförderers führt.[91] Besteht neben dem Verlademangel eine im Transportvorgang begrün-
dete Schadensursache oder verdrängt ein **Transportfehler** den Verlademangel, dann tritt
Mithaftung oder Alleinhaftung des Beförderers ein.[92]

**41**   **e) Natürliche Beschaffenheit des Gutes (§ 3 lit. d).** Dieser Befreiungsgrund entspricht Art. 17 Abs. 4 lit. d CMR und § 427 Abs. 1 Nr. 4 HGB. Die Haftungsbefreiung
setzt voraus, dass das Beförderungsgut *von Natur aus* besonders empfindlich und der Schaden
auf die **besondere Empfindlichkeit** des Gutes zurückführbar ist.[93] Weist das Gut hingegen
schon bei der Auflieferung **Mängel** auf, die zu einem Transportschaden führen, so kommt
Haftungsbefreiung nach § 2 in Betracht (oben Rn. 21). Die Voraussetzungen des § 3 lit. d
sind zB erfüllt, wenn im Winter **frostempfindliches Gut** vom Absender zur Beförderung
in normalen, nicht temperaturgeregelten Güterwagen aufgeliefert wird und unterwegs
Frostschäden erleidet[94] oder wenn bei Sommerhitze **leicht verderbliche Lebensmittel**
ungekühlt zu befördern sind und daraufhin noch innerhalb der Lieferfrist verderben. Die
Bereitstellung eines normalen Güterwagens zur Beförderung von empfindlichem Gut führt
nur dann zum (Mit-)Verschulden des Beförderers, wenn dieser dem Absender **zugesichert**
hat, dass der Transport des empfindlichen Gutes unter den obwaltenden Umständen gefahrlos durchgeführt werden kann. In diesem Fall ist das auf der Empfindlichkeit des Gutes
beruhende Risiko **ausnahmsweise** vom Beförderer zu tragen.[95] Auf die besondere Empfindlichkeit des Gutes kann sich der Beförderer nicht berufen, wenn das Gut eine normale
Transportabwicklung unbeschädigt überstanden hätte, im konkreten Fall aber deshalb verdorben ist, weil der Beförderer die Lieferfrist überschritten hat.[96] Wäre der Schaden auch
bei anderen, nicht empfindlichen Gütern eingetreten, ist die „natürliche Beschaffenheit"
des geschädigten Gutes ohne Bedeutung und § 3 lit. d nicht anwendbar.

**42**   **f) Ungenügende Bezeichnung oder Nummerierung der Frachtstücke (§ 3
lit. e).** Dieser Befreiungsgrund, der in der CIM 1980 vornehmlich für Gefahrgut galt,
wurde verallgemeinert und in seinem Wortlaut dem Art. 17 Abs. 4 lit. e CMR sowie § 427
Abs. 1 Nr. 5 HGB angenähert. Die ungenügende Bezeichnung muss den Schadenseintritt
erleichtert haben, zB zur Ablieferung an einen unberechtigten, nicht mehr auffindbaren
Dritten geführt haben. Auf ein Verschulden des Absenders kommt es nicht an. Hat der
Beförderer den Fehler des Absenders erkannt und sich gleichwohl nach der falschen
Bezeichnung gerichtet, entfällt seine Haftungsbefreiung.[97] – Im Übrigen kommt neben der
Haftungsbefreiung des Beförderers auch eine Haftung des Absenders nach Art. 8 in Betracht;
bei falscher Bezeichnung von Gefahrgut kann der Beförderer nach Art. 9 verfahren.

---

[88] *Koller* Rn. 9; zur CMR vgl. Thume/*Thume* Art. 17 CMR Rn. 148.
[89] Vgl. LG Wuppertal 15.5.1968, ZIntEisenb 1969, 117, 118; *Koller* Rn. 9.
[90] Trib. de commerce Bruxelles 27.12.1976, ZIntEisenb 1979, 134, 136.
[91] Ungarisches Oberstes Gericht, Urt. ohne Datum, ZIntEisenb 1993, 80, 81.
[92] Vgl. OLG Köln 23.9.1997, TranspR 1998, 169, 170.
[93] Vgl. *Wick* Art. 27 CIM 1970 Anm. 38 (S. 253).
[94] Vgl. LG Essen 10.12.1982, TranspR 1985, 282 (zur EVO).
[95] LG Essen 10.12.1982, TranspR 1985, 282 (zur EVO).
[96] Vgl. *Koller* Art. 17 CMR Rn. 50 mwN.
[97] OLG Düsseldorf 12.2.1981, VersR 1982, 303 (zur CMR).

**g) Beförderung lebender Tiere (§ 3 lit. f).** Dieser Befreiungsgrund findet sich eben- **43**
falls in CMR und HGB, dort allerdings mit der ausdrücklichen Einschränkung, dass der
Frachtführer sich auf die besondere Tiergefahr nur berufen kann, wenn er alle ihm nach
den Umständen obliegenden Maßnahmen getroffen und besondere Weisungen beachtet hat
(Art. 18 Abs. 5 CMR, § 427 Abs. 5 HGB). Zu den typischen Gefahren von Tiertransporten
gehören das Verhungern oder Verdursten der Tiere, ihr Ersticken oder Entweichen oder
Verletzungen untereinander. Diesen Gefahren kann durch Füttern und Tränken unterwegs,
durch die Sicherstellung ausreichender Lüftung, durch Schließen der Türen und Überwachung beim Umladen usw. begegnet werden. Die Eisenbahn ist **beförderungsvertraglich**
grundsätzlich nicht verpflichtet, lebende Tiere zur Verhütung der genannten Schäden zu
beaufsichtigen und zu versorgen.[98] Das lässt ihre Beförderungsweise mit der im Vergleich
zum Straßenverkehr größeren Distanz zwischen Zugpersonal und Beförderungsgut regelmäßig nicht zu. Bei Tiertransporten mit der Eisenbahn hat daher grundsätzlich der **Absender**
für **Begleitung** und **Unterwegsbetreuung** zu sorgen. Ständig gestiegene **tierschutz-**
**rechtliche Anforderungen** an Tiertransporte[99] haben allerdings dazu geführt, dass kaum
noch Tiertransporte im Güterverkehr mit der Eisenbahn stattfinden.

**h) Vorgeschriebene oder vereinbarte Begleitung des Gutes (§ 3 lit. g).** Hierbei **44**
handelt es sich um einen nur im internationalen Eisenbahngüterverkehr vorkommenden
Haftungsbefreiungsgrund, der früher bei Tiertransporten Bedeutung hatte und heute zB
noch bei auf eigenen Rädern rollenden Eisenbahnfahrzeugen als Beförderungsgut (etwa bei
der Überführung fabrikneuer oder musealer Lokomotiven in einem Güterzug zum Erwerber bzw. ins Museum) bedeutsam ist. Auch zur Verhütung des Diebstahls von wertvollem
Beförderungsgut kann Begleitung vereinbart werden.[100] Wenn die Begleitung durch AGB
oder individuell **vereinbart** wurde, ist sie in den Frachtbrief einzutragen, auch wenn Art. 7
§§ 1 und 2 keinen gesonderten Eintrag vorsieht (vgl. aber Art. 7 § 3). Für die Geltendmachung des Haftungsbefreiungsgrundes kommt es nicht darauf an, ob der Absender den
vorgesehenen Begleiter tatsächlich gestellt hat.[101] Voraussetzung ist aber, dass der Schaden
aus einer Gefahr entstanden ist, die durch die Begleitung abgewendet werden sollte, wenn
also zB trotz vorgesehener Begleitung unterwegs doch Gut gestohlen wird oder wenn
wegen Fehlhandlungen des Begleiters das als Beförderungsgut im Zug befindliche Eisenbahnfahrzeug entgleist. Aufgabe des Begleiters ist es aber nicht, darauf zu achten, dass die
Leute des Beförderers ihre Pflichten erfüllen. Der Beförderer kann sich daher nicht auf den
Haftungsbefreiungsgrund berufen, wenn seine Mitarbeiter das zu befördernde Fahrzeug
betriebstechnisch falsch in den Zug einreihen, ohne dass der Begleiter des Fahrzeugs dagegen
einschreitet.[102]

### IV. Beweislast

**1. Haftungsbegründung.** Für die Begründung der Haftung des Beförderers gelten die **45**
allgemeinen Grundsätze:[103] Den **Anspruchsteller** trifft die Beweislast, dass während der
**Obhutszeit** des Beförderers ein Güterschaden oder durch **Überschreitung der Lieferfrist**
ein Güter- oder Vermögensschaden entstanden ist. Für den Beweis, dass das Gut bei Übernahme durch den Beförderer noch **vollzählig** und **schadenfrei** war, kann sich der
Anspruchsteller im Rahmen des Art. 12 auf die (bei Selbstverladung allerdings sehr eingeschränkte) **Beweiskraft des Frachtbriefs** berufen. Nach vorbehaltloser Annahme des
Gutes können nur noch äußerlich nicht erkennbare Schäden geltend gemacht werden,

---

[98] *Wick* Art. 27 CIM 1970 Anm. 51 (S. 256).
[99] Für die EU vgl. VO 1/2005/EG 22.12.2004 über den Schutz von Tieren beim Transport (ABl. EG
L 3 v. 5.1.2005 S. 1) u. *Brandt* TranspR 2008, 230; für Deutschland vgl. Tierschutztransportverordnung v.
11.2.2009 u. Viehverkehrsverordnung idF v. 3.3.2010.
[100] *Wick* Art. 27 CIM 1970 Anm. 56 (S. 257 f.); vgl. auch *Koller* Rn. 12.
[101] *Wick* Art. 27 CIM 1970 Anm. 55 (S. 257).
[102] *Wick* Art. 27 CIM 1970 Anm. 56 (S. 258) mwN.
[103] Vgl. auch *Koller* Rn. 2 u. 18.

wenn der Berechtigte wiederum beweist, dass der Schaden während der Obhutszeit des Beförderers eingetreten ist (Art. 47 § 2 lit. b).

46   **2. Haftungsbefreiungen.** Will der Beförderer seine **Haftung ausschließen** oder – im Falle von Mitverursachung oder Mitverschulden – **einschränken** (oben Rn. 18, 28), gelten die **besonderen Beweislastregeln** des Art. 25.

### Art. 24. Haftung bei Beförderung von Eisenbahnfahrzeugen als Gut

**§ 1. Bei Beförderungen von Eisenbahnfahrzeugen, die auf eigenen Rädern rollen und als Gut aufgegeben worden sind, haftet der Beförderer für den Schaden, der durch Verlust oder Beschädigung des Eisenbahnfahrzeuges oder seiner Bestandteile in der Zeit von der Übernahme bis zur Ablieferung sowie durch Lieferfristüberschreitung entsteht, sofern er nicht beweist, dass der Schaden nicht durch sein Verschulden verursacht worden ist.**

**§ 2. Der Beförderer haftet nicht für den Verlust loser Bestandteile, die an den Fahrzeuglängsseiten nicht angeschrieben oder in einem im Fahrzeug angebrachten Verzeichnis nicht angegeben sind.**

### Art. 24. Responsabilité en cas de transport de véhicules ferroviaires en tant que marchandise

§ 1. Dans le cas de transport de véhicules ferroviaires roulant sur leurs propres roues et remis au transport en tant que marchandise, le transporteur répond du dommage résultant de la perte ou de l'avarie du véhicule ou de ses pièces survenue à partir de la prise en charge jusqu'à la livraison ainsi que du dommage résultant du dépassement du délai de livraison, à moins qu'il ne prouve que le dommage ne résulte pas de sa faute.

§ 2. Le transporteur ne répond pas du dommage résultant de la perte des accessoires qui ne sont pas inscrits sur les deux côtés du véhicule ou non mentionnés sur l'inventaire qui l'accompagne.

### I. Normzweck

1   Art. 24 enthält eine besondere eisenbahntypische Haftungsbestimmung für den Fall, dass **Eisenbahnfahrzeuge** (Triebfahrzeuge oder Wagen) als **Beförderungsgut** aufgeliefert und für die Beförderung **nicht** auf Eisenbahnwagen **verladen** werden, sondern **auf ihren eigenen Rädern rollend** zum Bestimmungsort gefahren werden.[1]

2   Bei **Eisenbahnwagen,** die auf eigenen Rädern in einem Zug mitrollen, ist zu unterscheiden, ob sie als **Beförderungsgut** aufgeliefert oder ob sie der Eisenbahn als **Beförderungsmittel** zur Verfügung gestellt worden sind.[2] Im ersten Fall kommt das Beförderungsrecht der **CIM** zur Anwendung, im zweiten Fall das Wagenverwendungsrecht der **CUV** (Art. 1 CUV Rn. 3). Ob über einen Wagen ein Beförderungsvertrag oder ein Wagenverwendungsvertrag geschlossen worden ist, ergibt sich aus dem **übereinstimmenden Parteiwillen**[3] und äußerlich aus den verwendeten **Dokumenten:** Ist über den Wagen ein **Frachtbrief** ausgestellt, so wird er als Gut befördert; ist ein **Wagenbrief** ausgestellt, so wird der Wagen als Beförderungsmittel verwendet und der Vertrag ist nach der CUV zu beurteilen. Ein Güterwagen kann nicht nur leer, sondern auch **beladen** als Beförderungsgut

---

[1]  Zur Entstehungsgeschichte dieser Vorschrift siehe *ZA-Bericht 1999* S. 138 f.

[2]  Vgl. *ZA-Bericht 1999* S. 139 Ziff. 3; s. auch die Bestimmungen von DB Schenker Rail für den internationalen Eisenbahnverkehr Ziff. 1.2.1; außerdem – zum Straßenverkehr – *Schmidt,* Sattelanhänger und ähnliche Transportmittel als Beförderungsgut, TranspR 2013, 59.

[3]  Vgl. *Denkschrift COTIF 1999* S. 204.

aufgeliefert werden;[4] im zweiten Fall bildet er mit den in ihm verstauten Gütern **eine Sendung**. Für die „Beförderung" (gemeint ist „Verwendung") von leeren Güterwagen als **Beförderungsmittel** verweisen auch die Bestimmungen von DB Schenker Rail für den internationalen Eisenbahnverkehr in Ziff. 1.2 auf die Geltung der CUV. Diese Bestimmungen gelten in diesem Fall nur, sofern sie sich auch auf die Verwendung von Güterwagen als Beförderungsmittel oder auf den CUV-Wagenbrief beziehen (so in Ziff. 2–4, 7.2 und 8.4).

## II. Einzelheiten

Bei der Beförderung selbstrollender Fahrzeuge ist der **Haftungsmaßstab** zugunsten des **3** Beförderers **verändert**: Seine Haftung für Verlust, Beschädigung oder Lieferfristüberschreitung entfällt nicht erst bei Vorliegen eines unabwendbaren Ereignisses, sondern bereits bei fehlendem **Verschulden (§ 1)**. Darin kommt zum Ausdruck, dass der Absender selbstrollender Fahrzeuge mehr eigene Verantwortung und ein höheres Risiko für dieses spezielle Beförderungsgut zu tragen hat als im Fall normalen Beförderungsgutes.[5] Für verlustgefährdete **lose Fahrzeugbestandteile** ist die Haftung des Beförderers weiter eingeschränkt **(§ 2)**. Aber nicht nur der Haftungsmaßstab ist in diesen Fällen verändert, sondern auch die **Höhe der Entschädigung** für **Verlust** oder **Beschädigung** des Fahrzeugs (Art. 30 § 3, Art. 32 § 3), während die Entschädigung für **Lieferfristüberschreitung** nach den allgemeinen Regeln (Art. 33) zu ermitteln ist.

Wird ein **beladener Güterwagen** als selbstrollendes Beförderungsgut aufgeliefert – was in **4** der Praxis eine große Ausnahme darstellen dürfte – so ist zwischen der Befördererhaftung für den **Wagen** nach Art. 24 und seiner Haftung für das in oder auf dem Wagen **verladene Gut** nach Art. 23 zu unterscheiden, auch wenn Wagen und Gut eine einheitliche Sendung bilden.

## Art. 25. Beweislast

**§ 1. Der Beweis, dass der Verlust, die Beschädigung oder die Überschreitung der Lieferfrist durch eine der in Artikel 23 § 2 erwähnten Tatsachen verursacht worden ist, obliegt dem Beförderer.**

**§ 2. [1]Legt der Beförderer dar, dass der Verlust oder die Beschädigung nach den Umständen des Falles aus einer oder mehreren der in Artikel 23 § 3 erwähnten besonderen Gefahren entstehen konnte, so wird vermutet, dass der Schaden daraus entstanden ist. [2]Der Berechtigte hat jedoch das Recht nachzuweisen, dass der Schaden nicht oder nicht ausschließlich aus einer dieser Gefahren entstanden ist.**

**§ 3. Die Vermutung gemäß § 2 gilt im Falle des Artikels 23 § 3 Buchst. a) nicht bei außergewöhnlich großem Verlust oder bei Verlust ganzer Frachtstücke.**

## Art. 25. Charge de la preuve

§ 1. La preuve que la perte, l'avarie ou le dépassement du délai de livraison a eu pour cause un des faits prévus à l'article 23, § 2 incombe au transporteur.

§ 2. Lorsque le transporteur établit que la perte ou l'avarie a pu résulter, étant donné les circonstances de fait, d'un ou de plusieurs des risques particuliers prévus à l'article 23, § 3, il y a présomption qu'elle en résulte. L'ayant droit conserve toutefois le droit de prouver que le dommage n'a pas eu pour cause, totalement ou partiellement, l'un de ces risques.

---

[4] *Denkschrift COTIF 1999* S. 204; *ZA-Bericht 1999* S. 139 Ziff. 3; vgl. auch *Schmidt* TranspR 2013, 59, 61 (unter 3).

[5] Dies verkennt *Kunz* TranspR 2005, 329, 339. Zu den Schwierigkeiten, bei Geltung des allgemeinen Frachtrechts in diesen Fällen eine Verschuldenshaftung des Frachtführers zu installieren, siehe *Schmidt* TranspR 2013, 59, 61 ff.

§ 3. La présomption selon le § 2 n'est pas applicable dans le cas prévu à l'article 23, § 3, lettre a) s'il y a perte d'une importance anormale ou perte de colis.

## I. Normzweck

1    Nahezu wortgleich mit dem bisherigen Art. 37 CIM 1980 fasst Art. 25 die Regeln zur **Beweislastverteilung** bei Geltendmachung von **Haftungsbefreiungsgründen** durch den Beförderer zusammen. Die Vorschrift entspricht Art. 18 Abs. 1–3 CMR, während § 427 Abs. 2 HGB nur mit Art. 25 §§ 2 und 3 CIM korrespondiert und allgemeine Beweisregeln als selbstverständlich voraussetzt. Art. 25 kommt erst zur Anwendung, wenn der Anspruchsteller die zur Begründung der Haftung erforderlichen Beweise erbracht hat (Art. 23 Rn. 45).

## II. Nichtbevorrechtigte Haftungsbefreiungsgründe (§ 1)

2    Nach allgemeinen Beweisgrundsätzen hat derjenige, der aus einem Sachverhalt Rechte ableitet, das Vorliegen dieses Sachverhalts zu beweisen. Der **Anspruchsteller** hat daher die anspruchsbegründenden Tatsachen des Art. 23 § 1 zu beweisen, der **Beförderer** das Vorliegen eines Befreiungsgrundes nach Art. 23 § 2. Der Beförderer hat den **konkreten Kausalzusammenhang** zwischen Befreiungsgrund und Schaden nachzuweisen. Bleibt die Schadensursache **unklar,** haftet der Beförderer. Vom Anspruchsteller zu beweisendes[1] **(Mit-)Verschulden des Beförderers** schränkt die Haftungsbefreiung ein oder hebt sie ganz auf; der Anspruchsteller kann sich jedoch nicht auf die reine Betriebsgefahr der Eisenbahn berufen (Art. 23 Rn. 18).

## III. Bevorrechtige Haftungsbefreiungsgründe (§§ 2 und 3)

3    **1. Beweisanforderungen an den Beförderer.** Legt der Beförderer die **Möglichkeit** dar, dass der Schaden aus einer der in Art. 23 § 3 genannten **„besonderen Gefahren"** entstanden ist, wird der Kausalzusammenhang zwischen Gefahr und Schadenseintritt **vermutet** (Ausnahme in § 3). Der Beförderer muss dabei nur das Vorliegen einer der besonderen Gefahren beweisen (zB bedingungsgemäße Beförderung in offenen Wagen oder Verpackungsfehler oder Selbstverladung durch den Absender oder besonders empfindliches Gut),[2] hingegen nicht, dass der Schaden tatsächlich aus der besonderen Gefahr entstanden ist.[3] Hierin liegt die „Bevorrechtigung" der Befreiungsgründe des Art. 23 § 3. Die Möglichkeit des Kausalzusammenhangs muss aber im konkreten Einzelfall („nach den Umständen des Falles") und nicht nur theoretisch gegeben sein.[4] Dabei genügt die bloße **„Darlegung",** so dass die Beweisanforderungen schwächer sind als bei einem Vollbeweis.[5] Nach *Koller* hat der Beförderer zu beweisen bzw. darzulegen, dass der Eintritt des Schadens auf Grund der besonderen Gefahr „nicht (ganz) unwahrscheinlich" war.[6]

4    **2. Beweisanforderungen an den Berechtigten.** Die zugunsten des Beförderers wirkende **Vermutung** des Kausalzusammenhangs zwischen besonderer Gefahr und Schadenseintritt ist **widerlegbar:** Der Berechtigte (Absender oder Empfänger, Art. 23 Rn. 18) kann beweisen, dass der Schaden im konkreten Fall ganz oder teilweise auf eine **andere Ursache** als die vermutete zurückzuführen ist oder dass der Schaden jedenfalls **nicht** oder nicht ausschließlich aus der **vermuteten Ursache** entstanden ist oder entstehen konnte.[7] Treffen ein

---

[1]  *Koller* Rn. 2.
[2]  OGH Wien 8.7.1993, ZIntEisenb 1996, 130, 135; *Spera* Art. 37 CIM 1980 Anm. 4; *Wick* Art. 28 CIM 1970 Anm. 4 (S. 259).
[3]  OLG Hamburg 8.2.1996, TranspR 1996, 389, 391; OGH Wien 8.7.1993, ZIntEisenb 1996, 130, 135 f.; Trib. de commerce Bruxelles 19.3.1968, ZIntEisenb 1969, 178, 179; *Wick* Art. 28 CIM 1970 Anm. 5 (S. 260).
[4]  LG Köln 14.2.1984, ZIntEisenb 1984, 114, 117; OGH Wien 8.7.1993, ZIntEisenb 1996, 130, 135.
[5]  Thume/*Thume* Art. 18 CMR Rn. 48; missverständlich *Wick* Art. 28 CIM 1970 Anm. 4 (S. 259 f.) u. – ihm folgend – *Spera* Art. 37 CIM 1980 Anm. 4.
[6]  *Koller* Rn. 3–8.
[7]  OLG Hamburg 8.2.1996, TranspR 1996, 389, 391.

bevorrechtigter Haftungsbefreiungsgrund und schuldhafte Mitverursachung des Schadens durch den Beförderer zusammen, kommt Schadensteilung in Betracht (Art. 23 Rn. 28).[8]

**3. Besonderheiten.** Die Vermutung, dass der Schaden aus der **O-Wagen-Gefahr** entstanden ist, gilt nicht bei außergewöhnlich großem Verlust oder bei Verlust ganzer Frachtstücke (**§ 3**). Mit dieser Sonderregel wird insbesondere die Diebstahlsgefahr zwischen dem Geschädigten und dem Beförderer aufgeteilt: Wird Gut in größerer Menge oder ganzen Frachtstücken von offenen Wagen gestohlen, so geht die CIM davon aus, dass der Dieb sich auch bei Verladung des Gutes in einen geschlossenen Wagen nicht vom Diebstahl hätte abhalten lassen. Der Beförderer muss daher auch vortragen und ggf. beweisen, dass kein außergewöhnlich großer Verlust oder Verlust ganzer Frachtstücke vorliegt.[9] Entsprechende Regeln enthalten Art. 18 Abs. 4 CMR und § 427 Abs. 2 Satz 2 HGB. Der Ausschluss der Vermutung, dass der Diebstahl auf die O-Wagen-Gefahr zurückzuführen ist, hat nicht zur Folge, dass für größeren Ladungsdiebstahl von offenen Wagen immer der Beförderer einzustehen hat. Vielmehr bleibt dem Beförderer die **Möglichkeit des Vollbeweises,** dass der große Ladungsverlust doch auf die Beförderung in offenen Wagen zurückzuführen ist.[10] Außerdem kommen die allgemeinen Befreiungsgründe des Art. 23 § 2 oder andere bevorrechtigte Befreiungsgründe wie etwa Verpackungs- oder Verladefehler in Betracht.

CMR (Art. 18 Abs. 3 und 4) und HGB (§ 427 Abs. 3–5) enthalten weitere **Zurückdrän-** **gungen** von bevorrechtigten Haftungsbefreiungsgründen; entsprechende Vorschriften kennt die CIM nicht, weil sie für den internationalen Eisenbahngüterverkehr nicht passen oder keine praktische Bedeutung hätten. So werden **Kühl-** oder **Thermowagen** regelmäßig nicht vom Eisenbahnbeförderer, sondern vom **Absender** gestellt, so dass diesen auch etwaige Instandhaltungs- oder Verwendungsfehler treffen. Die in CMR und HGB genannten **„besonderen Weisungen"** des Absenders im Hinblick auf die Beförderung des Gutes scheiden im internationalen Eisenbahnverkehr regelmäßig aus, weil eine **individuelle Behandlung** einzelner Sendungen und Wagen in gemischten Zügen **nicht möglich** ist. Für homogene **Ganzzüge** mit bestimmten Gütern können zu Lasten des Beförderers **besondere Vereinbarungen** geschlossen werden, die den gesetzlichen Haftungsbefreiungen der CIM vorgehen (Art. 5 Satz 3).

## Art. 26. Aufeinanderfolgende Beförderer

[1]**Wird eine Beförderung, die Gegenstand eines einzigen Beförderungsvertrages ist, von mehreren aufeinanderfolgenden Beförderern durchgeführt, so tritt jeder Beförderer dadurch, dass er das Gut mit dem Frachtbrief übernimmt, in den Beförderungsvertrag nach Maßgabe dieses Frachtbriefes ein und übernimmt die sich daraus ergebenden Verpflichtungen.** [2]**In diesem Fall haftet jeder Beförderer für die Ausführung der Beförderung auf der ganzen Strecke bis zur Ablieferung.**

## Art. 26. Transporteurs subséquents

Lorsqu'un transport faisant l'objet d'un contrat de transport unique est effectué par plusieurs transporteurs subséquents, chaque transporteur prenant en charge la marchandise avec la lettre de voiture participe au contrat de transport conformément aux stipulations de la lettre de voiture et assume les obligations qui en découlent. Dans ce cas, chaque transporteur répond de l'exécution du transport sur le parcours total jusqu'à la livraison.

---

[8] *Becker* S. 129; *Koller* Rn. 3.
[9] *Koller* Rn. 3; Thume/*Thume* Art. 18 CMR Rn. 52.
[10] Thume/*Thume* Art. 18 CMR Rn. 53.

## I. Normzweck

1    Die Vorschrift regelt die auch nach der Liberalisierung des Eisenbahnverkehrs und nach der Öffnung der Schienennetze für intramodalen Wettbewerb immer noch überwiegende Fallgestaltung, dass eine durchgehende internationale Eisenbahngüterbeförderung von mehreren **einander gleichstehenden aufeinanderfolgenden Beförderern** (Art. 3 lit. a) durchgeführt wird, die eine **Beförderungs- und Haftungsgemeinschaft** bilden.[1] In der auf dem Staatsbahnsystem beruhenden CIM 1980 (Art. 35) war die aufeinanderfolgende Beförderung die einzige Abwicklungsform für den internationalen Eisenbahngüterverkehr; die **ausführende Beförderung** hat erst mit Art. 27 CIM 1999 Eingang in das internationale Eisenbahntransportrecht gefunden. Die CMR enthält in Art. 34 ff. Bestimmungen über die Beförderung durch aufeinanderfolgende Frachtführer, die ihre Wurzel in der bei Schaffung der CMR geltenden Fassung der CIM haben, für den internationalen Straßengüterverkehr allerdings nie größere praktische Bedeutung erlangten.[2] Das HGB nennt die Beförderung durch mehrere Frachtführer in § 441 im Zusammenhang mit der Geltendmachung von Rechten der einzelnen Frachtführer in einer „Kette von aufeinanderfolgenden Transportunternehmen",[3] kennt also immerhin eine aufeinanderfolgende Beförderung im Unterschied zur ausführenden Beförderung iS des § 437 HGB.

## II. Einzelheiten

2    **1. Aufeinanderfolgende Beförderung. a) Realvertragliche Gestaltung.** Art. 26 geht davon aus, dass „aufeinanderfolgende Beförderung" **im Rechtssinne** (und damit in Abgrenzung zur ausführenden Beförderung iS des Art. 27) **realvertraglich** zustande kommt,[4] indem ein in die Abwicklung eines einzigen (durchgehenden) Beförderungsvertrags eingeschalteter Beförderer „das Gut mit dem Frachtbrief übernimmt." Die förmliche Übernahme von Gut und Frachtbrief (vgl. Rn. 5) hat danach ohne weiteres zur Folge, dass der betreffende Beförderer zum aufeinanderfolgenden Beförderer iS des Art. 26 und mit den dort genannten Rechtsfolgen wird. Das gilt auch dann, wenn dieser Beförderer vom vertraglichen Beförderer (Art. 3 lit. a) zunächst nur als „ausführender Beförderer" (Art. 3 lit. b) oder nur als „Unterfrachtführer" (Art. 40) im Vor- oder Nachlauf auf der Straße oder auf Binnengewässern (Art. 1 § 3) eingeschaltet worden ist.[5]

3    **b) Konsensualvertragliche Gestaltung.** Nach der Beendigung des Staatsbahnsystems und dem Wegfall von Betriebs- und Beförderungspflicht ist eine Bahn, die einen von ihr zugesagten internationalen Eisenbahntransport nicht von Anfang bis Ende selbst durchführen kann, auf **Kooperationen** angewiesen. Dies kann durch den Einsatz **ausführender Beförderer** geschehen (Art. 27) oder in der Weise, dass mehrere Beförderer miteinander vereinbaren, dass sie durchgehende internationale Eisenbahntransporte als aufeinanderfolgende Beförderer gemeinschaftlich abwickeln werden. Für derartige Verträge zwischen Beförderern über gemeinsame Beförderung im internationalen Eisenbahngüterverkehr hat das CIT Allgemeine Geschäftsbedingungen aufgestellt (**AGB Gemeinsame Beförderung,** vgl. Einl. Rn. 49). Diese Geschäftsbedingungen sehen vor, dass jeder beteiligte Beförderer den Frachtbrief und die Begleitpapiere übernimmt, sie „behandelt" und gemäß den anzuwendenden Bestimmungen und Anweisungen weiterleitet; dabei hat jeder Beförderer die Leistungen zu erbringen, die ihm gemäß Frachtbrief übertragen sind. Die Vereinbarung gemeinsamer (aufeinanderfolgender) Beförderung kann auf die beteiligten Beförderer beschränkt sein (interne Wirkung), sie kann aber auch mit den jeweiligen **Absendern** in der

---

[1] Vgl. *Freise* TranspR 2007, 45, 46; *ZA-Bericht 1999* S. 140 Art. 26 Ziff. 1.
[2] Vgl. *Neumann* TranspR 2006, 384; außerdem *Heuer* TranspR 1984, 169.
[3] *Koller* § 441 HGB Rn. 1.
[4] *ZA-Bericht 1999* S. 140 Ziff. 3.
[5] Dieses Ergebnis wird als selbstverständlich angenommen, vgl. *Denkschrift COTIF 1999* S. 205 Art. 26 (Abs. 1); *Koller* TranspR 2006, 336, 337 (unter 2), 339; – zu § 432 HGB aF vgl. *Fremuth/Thume,* Frachtrecht, 1997, § 432 HGB Rn. 1; zur CMR vgl. *Heuer* TranspR 1984, 169.

Weise geschlossen werden, dass ein Beförderer den Beförderungsvertrag mit dem Absender zugleich im Namen der weiteren beteiligten Beförderer schließt. In diesem Fall sind alle wirksam vertretenen Beförderer **vertragliche Beförderer** iS des Art. 3 lit. a mit entsprechenden Auswirkungen auf die Passivlegitimation (Art. 45 Rn. 6).

Zum konsensualvertraglichen Verständnis der aufeinanderfolgenden Beförderung passt **4** die in Art. 45 § 2 getroffene Regelung:[6] Danach kann der aufeinanderfolgende Beförderer, der mit seiner Zustimmung als zur Ablieferung verpflichteter Beförderer in den Frachtbrief eingetragen worden ist (das ist die frühere „Empfangsbahn"), aus dem Beförderungsvertrag in Anspruch genommen werden, auch wenn er weder das Gut noch den Frachtbrief erhalten hat (also nicht realvertraglich aufeinanderfolgender Beförderer geworden ist). Andere auf Grund **interner Vereinbarung** zwischen Bahnen in eine Beförderergemeinschaft eingetretene Beförderer (insbes. Transitbeförderer) haften nicht von vornherein gesamtschuldnerisch für die Ausführung der Beförderung auf der ganzen Strecke. Vielmehr hängt die Reichweite ihrer Haftung zunächst davon ab, was sie untereinander vereinbart haben. Erst wenn ein solcher Beförderer im Zuge der Transportabwicklung das Gut mit dem Frachtbrief übernimmt, entfaltet Art. 26 Satz 2 seine weitreichende Wirkung und verdrängt wegen Art. 5 etwaige vertragliche Haftungsbeschränkungen des aufeinanderfolgenden Beförderers. Aber auch dann ist zu beachten, dass diese weitreichende Haftung bei der Regelung der **Passivlegitimation** in Art. 45 wieder eingeschränkt wird (Rn. 7).

**2. Rechtsfolgen.** Durch die förmliche Übernahme von Gut und Frachtbrief tritt jeder **5** Beförderer **nach Maßgabe des Frachtbriefs** in den Beförderungsvertrag ein und haftet für die Ausführung der Beförderung **auf der ganzen Strecke bis zur Ablieferung.** Dies unterscheidet den aufeinanderfolgenden Beförderer vom ausführenden Beförderer, der nach Art. 27 § 2 nur für die von ihm durchgeführte Beförderung haftet. An der **förmlichen Übernahme** des Frachtbriefs fehlt es, wenn ein beteiligter Beförderer diesen im verschlossenen Umschlag als Bote mitnimmt, ohne von ihm Kenntnis zu nehmen,[7] insbes. ohne ihn zu behandeln und ohne darin aufgeführte Anweisungen (oben Rn. 3) auszuführen.

Durch die Übernahme von Gut und Frachtbrief wird auch ein **Straßenfrachtführer 6** oder **Binnenschiffer** iS des Art. 1 § 3 zum aufeinanderfolgenden Beförderer mit den entsprechenden Rechtsfolgen aus Art. 26. Denn diese beiden Frachtführer werden zwar durch Art. 3 lit. b davor bewahrt, als ausführende Beförderer nach Art. 27 behandelt zu werden, Art. 26 erfasst jedoch „jeden Beförderer".[8]

Der vertragliche und die aufeinanderfolgenden Beförderer bilden zwar eine **Beförde- 7 rungs- und Haftungsgemeinschaft,** in der jeder Beförderer für die Ausführung der Beförderung auf der ganzen Strecke haftet; dies hat jedoch nicht zur Folge, dass ein Geschädigter jeden dieser Beförderer in Anspruch nehmen könnte. Vielmehr sind **passivlegitimiert** nach Art. 45 § 1 nur der **erste** (= **vertragliche**), der **letzte** oder derjenige Beförderer, auf dessen **Beförderungsabschnitt** die den Anspruch begründende Tatsache eingetreten ist. Eine **Transitbahn** in der Befördererkette kann also nur unter bestimmten Voraussetzungen verklagt werden.[9] Die weitreichende Haftung aufeinanderfolgender Beförderer wird bei der Regelung der Passivlegitimation wieder zurückgenommen (Art. 45 Rn. 9).

Als „**letzter Beförderer**" iS des Art. 45 § 1 ist derjenige Beförderer anzusehen, der das **8** Gut an den Empfänger abgeliefert und ihm den Frachtbrief übergeben hat; das kann die **Empfangsbahn** sein oder ein nach Art. 26 in den Beförderungsvertrag eingetretener **Straßenfrachtführer** oder **Binnenschiffer** am Ende der Befördererkette. In eingeschränkter Fortführung des Art. 55 § 3 Abs. 2 CIM 1980 sieht Art. 45 § 2 vor, dass ein **mit seiner Zustimmung** als abliefernder Beförderer in den Frachtbrief eingetragener Beförderer (Art. 7 § 2 lit. a) auch dann passivlegitimiert ist, wenn er weder das Gut noch den Frachtbrief

---

[6] Vgl. *ZA-Bericht 1999* S. 140 Ziff. 3 aE.
[7] AA wohl *Koller* Rn. 3.
[8] Vgl. *Koller* Rn. 1; *ders.* TranspR 2006, 336, 337.
[9] *Koller* TranspR 2006, 336, 337.

erhalten hat. Diese Regelung knüpft an die frühere Solidargemeinschaft der (Staats–)Bahnen an[10] und erleichtert insbesondere dem Empfänger die Geltendmachung seiner Rechte, wenn das Gut bereits unterwegs bei einer Transitbahn in Verlust geraten oder zerstört worden ist.

## Art. 27. Ausführender Beförderer

**§ 1. Hat der Beförderer die Durchführung der Beförderung ganz oder teilweise einem ausführenden Beförderer übertragen, gleichviel, ob er auf Grund des Beförderungsvertrags dazu berechtigt war oder nicht, so bleibt der Beförderer dennoch für die gesamte Beförderung verantwortlich.**

**§ 2. [1]Alle für die Haftung des Beförderers maßgeblichen Bestimmungen dieser Einheitlichen Rechtsvorschriften gelten auch für die Haftung des ausführenden Beförderers für die von ihm durchgeführte Beförderung. [2]Artikel 36 und 41 sind anzuwenden, wenn ein Anspruch gegen die Bediensteten und anderen Personen, deren sich der ausführende Beförderer bei der Durchführung der Beförderung bedient, geltend gemacht wird.**

**§ 3. [1]Eine besondere Vereinbarung, wonach der Beförderer Verpflichtungen übernimmt, die ihm nicht durch diese Einheitlichen Rechtsvorschriften auferlegt werden, oder auf Rechte verzichtet, die ihm durch diese Einheitlichen Rechtsvorschriften gewährt werden, berührt den ausführenden Beförderer nur, wenn er dem ausdrücklich schriftlich zugestimmt hat. [2]Unabhängig davon, ob der ausführende Beförderer eine solche Zustimmung erklärt hat, bleibt der Beförderer an die sich aus einer solchen besonderen Vereinbarung ergebenden Verpflichtungen oder Verzichtserklärungen gebunden.**

**§ 4. Wenn und soweit sowohl der Beförderer als auch der ausführende Beförderer haften, haften sie als Gesamtschuldner.**

**§ 5. Der Gesamtbetrag der Entschädigung, der von dem Beförderer, dem ausführenden Beförderer sowie ihren Bediensteten und anderen Personen, deren sie sich bei der Durchführung der Beförderung bedienen, erlangt werden kann, übersteigt nicht die in diesen Einheitlichen Rechtsvorschriften vorgesehenen Höchstbeträge.**

**§ 6. Dieser Artikel lässt die Rechte des Beförderers und des ausführenden Beförderers, untereinander Rückgriff zu nehmen, unberührt.**

## Art. 27. Transporteur substitué

§ 1. Lorsque le transporteur a confié, en tout ou en partie, l'exécution du transport à un transporteur substitué, que ce soit ou non dans l'exercice d'une faculté qui lui est reconnue dans le contrat de transport, le transporteur n'en demeure pas moins responsable de la totalité du transport.

§ 2. Toutes les dispositions des présentes Règles uniformes régissant la responsabilité du transporteur s'appliquent également à la responsabilité du transporteur substitué pour le transport effectué par ses soins. Les articles 36 et 41 s'appliquent lorsqu'une action est intentée contre les agents et toutes autres personnes au service desquelles le transporteur substitué recourt pour l'exécution du transport.

§ 3. Toute convention particulière par laquelle le transporteur assume des obligations qui ne lui incombent pas en vertu des présentes Règles uniformes ou renonce à des droits qui lui sont conférés par ces Règles uniformes est sans effet à l'égard du transporteur substitué

---

[10] Vgl. *ZA-Bericht 1999* S. 140 Ziff. 3.

qui ne l'a pas acceptée expressément et par écrit. Que le transporteur substitué ait ou non accepté cette convention, le transporteur reste néanmoins lié par les obligations ou les renonciations qui résultent de ladite convention particulière.

§ 4. Lorsque et pour autant que le transporteur et le transporteur substitué sont responsables, leur responsabilité est solidaire.

§ 5. Le montant total de l'indemnité dû par le transporteur, le transporteur substitué ainsi que leurs agents et les autres personnes au service desquelles ils recourent pour l'exécution du transport, n'excède pas les limites prévues aux présentes Règles uniformes.

§ 6. Le présent article ne porte pas atteinte aux droits de recours pouvant exister entre le transporteur et le transporteur substitué.

**Übersicht**

|                                                  | Rn. |                                                       | Rn. |
|--------------------------------------------------|-----|-------------------------------------------------------|-----|
| **I. Normzweck**                                 | 1   | 2. Haftung des ausführenden Beförderers               | 3–9 |
| **II. Einzelheiten**                             | 2–11| 3. Haftung des vertraglichen Beförderers              | 10  |
| 1. Begriff des ausführenden Beförderers          | 2   | 4. Passivlegitimation des ausführenden Beförderers    | 11  |

**I. Normzweck**

Art. 27 führt erstmals eine Regelung über die **vertragsrechtliche Haftung** des ausführ-   **1** renden Beförderers in das internationale Eisenbahnfrachtrecht ein.[1] Eine gleichlautende Bestimmung enthält Art. 38 CIV für die Gepäckbeförderung im internationalen Eisenbahnpersonenverkehr. Mangels einer entsprechenden Vorschrift in der CMR orientiert sich Art. 27 an Art. 10 der Hamburg-Regeln. Das deutsche Recht enthält eine vergleichbare Bestimmung in § 437 HGB. Auch im internationalen Eisenbahnrecht soll die Vorschrift über den ausführenden Beförderer dem Geschädigten den **direkten Zugriff** auf den tatsächlichen Schädiger ermöglichen, sein **Risiko der Insolvenz** des vertraglichen Beförderers verringern sowie umständliche und kostenträchtige **prozessuale Auseinandersetzungen** bei Einschaltung von Unterbeförderern vermeiden helfen.[2] Da die **CMR** keine ausführenden, sondern **nur Unterfrachtführer** kennt, sind bestimmte Feststellungen, die im Rahmen der CMR zu Unterfrachtführern getroffen worden sind, im Rahmen der CIM nicht ohne weiteres auf ausführende Beförderer, sondern allenfalls auf ergänzend tätige Straßenfrachtführer und Binnenschiffer anzuwenden (vgl. zB Art. 41 Rn. 12, Art. 46 Rn. 4).

**II. Einzelheiten**

**1. Begriff des ausführenden Beförderers.** Dem Art. 27 liegt die Begriffsbestimmung   **2** des **Art. 3 lit. b** zugrunde. „**Ausführender Beförderer**" ist danach ein Beförderer, dem der vertragliche oder ein aufeinanderfolgender Beförderer die Durchführung der **Beförderung auf der Schiene** ganz oder teilweise übertragen hat. Daraus folgt, dass ein **Straßenfrachtführer** oder **Binnenschiffer** im Vor- oder Nachlauf zu einer Schienenbeförderung (Art. 1 § 3) **nicht** ausführender Beförderer eines internationalen Eisenbahnfrachtvertrags sein kann. Weiter folgt aus Art. 3 lit. b, dass ein ausführender Beförderer nicht seinerseits einen weiteren ausführenden Beförderer einsetzen kann,[3] sondern allenfalls einen Unterfrachtführer als Erfüllungsgehilfen nach Art. 40. Im Zusammenhang mit Art. 26 ergibt sich, dass ein ausführender Beförderer zwar das Gut, nicht jedoch – jedenfalls nicht förmlich – den Frachtbrief übernimmt. Andernfalls tritt er als aufeinanderfolgender Beförderer in den mit dem Absender geschlossenen ursprünglichen Frachtvertrag ein (vgl. Art. 26 Rn. 2 u. 5). Ausführender Beförderer im Sinne der CIM ist also ein **Eisenbahnverkehrsunternehmen,** dem der vertragliche oder ein aufeinanderfolgender Beförderer die Durchführung

---

[1] Zur Entstehungsgeschichte siehe *ZA-Bericht 1999* S. 140.
[2] Vgl. Fremuth/Thume/*Fremuth* § 437 HGB Rn. 1 und 2; *Koller* § 437 HGB Rn. 1.
[3] *Freise* TranspR 2007, 45, 48.

der Schienenbeförderung des Gutes ganz oder teilweise übertragen hat, ohne ihm auch den Frachtbrief förmlich zu übergeben.

**3**    **2. Haftung des ausführenden Beförderers.** Der ausführende Beförderer haftet (nur) für die **von ihm durchgeführte Beförderung (§ 2).** Der Schaden muss daher wenigstens teilweise **auf seine Beförderungstätigkeit zurückzuführen** und damit von ihm **zu verantworten** sein.[4] Es reicht für eine Haftung des ausführenden Beförderers nicht aus, dass der Schaden, für den etwa der vertragliche Beförderer die alleinige Ursache gesetzt hat, *zeitlich* während des Beförderungsabschnitts des ausführenden Beförderers eintritt (Art. 23 Rn. 7a).[5] Andererseits ist der ausführende Beförderer nicht von der Haftung frei, wenn er während seiner Tätigkeit die Ursache für den Schaden gesetzt hat, dieser aber erst eintritt, nachdem der ausführende Beförderer seine Beförderung beendet und das Gut an einen anderen Beförderer weitergegeben oder dem Empfänger abgeliefert hat. So haftet der ausführende Beförderer für den Verspätungsschaden, wenn er die auf seinen Beförderungsabschnitt entfallende anteilige Lieferfrist überschreitet und der ihm folgende letzte Beförderer daher zB nur noch verdorbenes Gut an den Empfänger abliefern kann (vgl. Art. 33 Rn. 4).

**3a**    Lässt man es für die Haftung des ausführenden Beförderers genügen, dass der **Schaden** während seines Beförderungsabschnitts **eingetreten** ist, während die **Schadensursache bereits vom vertraglichen Beförderer gesetzt** worden ist, dann kann dem Art. 27 § 2 Satz 1 mit seiner eingeschränkten Haftung des ausführenden Beförderers nur dadurch (notdürftig) Rechnung getragen werden, dass man dem ausführenden Beförderer erlaubt, sich auch gegenüber dem geschädigten **Ladungsbeteiligten** auf die Haftungsbefreiungsgründe des Art. 23 §§ 2 und 3 zu berufen, selbst wenn ihm diese Entlastungsgründe der Sache nach nur gegenüber dem **vertraglichen Beförderer** zustehen.[6]

**4**    Der ausführende Beförderer ist **Erfüllungsgehilfe** (Art. 40 Fall 2) des vertraglichen oder eines aufeinanderfolgenden Beförderers, allerdings ein Erfüllungsgehilfe **mit spezieller gesetzlicher Haftung.** Aus der Gehilfenstellung des ausführenden Beförderers folgt, dass sein Auftraggeber und dessen Leute nicht seine Gehilfen sind.[7] Wäre es anders, drohte dem ausführenden Beförderer eine dem § 2 zuwiderlaufende Haftung über die von ihm durchgeführte Beförderung hinaus. Um dies zu vermeiden, dürfen auch sonstige an dem Gesamttransport beteiligte (aufeinanderfolgende) Beförderer nicht als Gehilfen des von einem von ihnen eingeschalteten ausführenden Beförderers angesehen werden.[8] Der ausführende Beförderer kann sich daher auf **Haftungserleichterungen und -befreiungen** (insbes. Art. 23 §§ 2 u. 3), die in Bezug auf seine Beförderungstätigkeit vorliegen, auch dann berufen, wenn sie in Bezug auf die Tätigkeit des vertraglichen oder von aufeinanderfolgenden Beförderern im Rahmen des Gesamttransports nicht gegeben sind.[9]

**5**    Der ausführende Beförderer haftet dem Geschädigten nicht nur aus Delikt, sondern direkt nach den für die Befördererhaftung **maßgeblichen Bestimmungen der CIM** (§ 2), obwohl er keinen Beförderungsvertrag mit dem Absender geschlossen und – im Gegensatz zu einem aufeinanderfolgenden Beförderer – auch nicht realvertraglich in den vom vertraglichen Beförderer mit dem Absender geschlossenen Beförderungsvertrag eingetreten ist.[10] **Alle** für die Befördererhaftung maßgeblichen CIM-Vorschriften gelten auch für den ausführenden Beförderer. Ihn trifft daher nicht nur die **Beförderer haftung für Güter- und Verspätungsschäden,** sondern auch die Haftung für **Nebenpflichtverletzungen** (Art. 23 Rn. 1 u. 5). Bei schwerem eigenen Verschulden oder schwerem Verschulden seiner Leute

---

[4] Näher hierzu *Koller* TranspR 2006, 336, 338; vgl. außerdem *Freise* TranspR 2007, 45, 48.
[5] Unentschieden Koller Rn. 5: Unklar ist, inwieweit sich der ausführende Beförderer Verursachungsbeiträge des vertraglichen Beförderers zurechnen lassen muss.
[6] Vgl. *Thume* TranspR 2013, 8, 12 (unter 2.2).
[7] Ebenso *Koller* Rn. 5.
[8] *Koller* Rn. 5.
[9] Vgl. die Beispiele bei *Koller* Rn. 5.
[10] *Denkschrift COTIF 1999* S. 205.

haftet auch der ausführende Beförderer im Rahmen des Art. 36 unbeschränkt; auf der anderen Seite können deliktische Ansprüche, die mit der CIM-Haftung konkurrieren, auch gegen den ausführenden Beförderer nur unter Beachtung des Art. 41 geltend gemacht werden. Die Anwendung der Art. 36 und 41 auf die ausführende Beförderung ist nicht auf die Fälle beschränkt, in denen die **Leute** des ausführenden Beförderers in Anspruch genommen werden; vielmehr ist § 2 Satz 2 wie folgt zu lesen: „Artikel 36 und 41 sind *auch* anzuwenden, wenn …“.

Nach dem individuellen **Beförderungsvertrag** mit etwaigen den Beförderer belasten-  **6** den Vereinbarungen, die der vertragliche Beförderer mit dem Absender geschlossen hat, haftet der ausführende Beförderer nur, wenn er ausdrücklich schriftlich zugestimmt hat (**§ 3**). In diesem Fall kann ein **Schuldbeitritt** des ausführenden Beförderers angenommen werden.[11]

Da der ausführende Beförderer nur für die von ihm zu verantwortenden Schäden und  **7** nur für die von ihm mitgetragenen vertraglichen Haftungserweiterungen einzustehen hat, kann seine Haftung hinter der des vertraglichen (oder eines aufeinanderfolgenden) Beförderers zurückbleiben. So kann der ausführende Beförderer im konkreten Fall beschränkt, der vertragliche Beförderer hingegen wegen schweren Verschuldens unbeschränkt haften. Zwar enthält Art. 27 keine dem § 437 Abs. 2 HGB entsprechende ausdrückliche Bestimmung; gleichwohl ist davon auszugehen, dass auch nach der CIM der ausführende Beförderer dem Geschädigten alle **Einwendungen** entgegen halten kann, die dem vertraglichen Beförderer aus dem Beförderungsvertrag zustehen (Umkehrschluss aus Art. 27 § 3, nach dem den ausführenden Beförderer nur belastende Vereinbarungen des vertraglichen Beförderers unberührt lassen).

Da die frachtrechtliche Beförderhaftung auf den ausführenden Beförderer erstreckt  **8** wird, werden auch **seine Leute** haftungsrechtlich den Leuten des vertraglichen Beförderers gleichgestellt (§ 2 Satz 2): Werden sie persönlich zB deliktisch in Anspruch genommen, können sie sich ebenfalls auf die Haftungsvoraussetzungen und -beschränkungen der CIM berufen, haften andererseits bei eigenem schweren Verschulden auch unbeschränkt.

Eine **gesamtschuldnerische Haftung** des ausführenden Beförderers mit dem vertragli-  **9** chen Beförderer kommt nur insoweit in Betracht, als sich ihre Haftungsbeiträge decken (**§ 4**). Im konkreten Fall zur Anwendung kommende **Entschädigungshöchstbeträge** der CIM sind zu beachten, auch wenn neben dem Beförderer noch ein ausführender Beförderer haftet (**§ 5**).

**3. Haftung des vertraglichen Beförderers.** Der vertragliche (oder aufeinanderfol-  **10** gende) Beförderer haftet selbstverständlich auch bei Einschaltung eines ausführenden Beförderers weiterhin für die **gesamte Beförderung (§ 1)** und für die von ihm **vereinbarten Haftungserweiterungen (§ 3 Satz 2).** Art. 40 wird durch Art. 27 nicht verdrängt. Der Auftraggeber des ausführenden Beförderers haftet daher auch dann unbeschränkt, wenn nur dem ausführenden Beförderer ein qualifiziertes Verschulden iS des Art. 36 zur Last fällt. Im umgekehrten Verhältnis gilt das nicht (oben Rn. 4). Etwaige **Rückgriffsrechte** des Beförderers oder des ausführenden Beförderers – insbes. auf der Grundlage des zwischen ihnen bestehenden Vertrags – bleiben unberührt (**§ 6**). Das gilt zB, wenn der vertragliche Beförderer vom Geschädigten in Anspruch genommen wird, obwohl der ausführende Beförderer den Schaden letztlich zu verantworten hat.

**4. Passivlegitimation des ausführenden Beförderers.** Der ausführende Beförderer  **11** ist passivlegitimiert, soweit die CIM auf ihn Anwendung findet (Art. 45 § 6). Gemäß Art. 27 § 2 haftet der ausführende Beförderer für die **von ihm durchgeführte Beförderung** nach den für die Beförderhaftung maßgeblichen Bestimmungen der CIM. Insoweit ist er auch passivlegitimiert.

---

[11] Zu dieser Problematik *Koller* § 437 HGB Rn. 3 ff. mwN.

**Art. 28. Schadensvermutung bei Neuaufgabe**

**§ 1.** Wurde eine gemäß diesen Einheitlichen Rechtsvorschriften aufgegebene Sendung gemäß denselben Rechtsvorschriften neu aufgegeben und wird nach dieser Neuaufgabe ein teilweiser Verlust oder eine Beschädigung festgestellt, so wird vermutet, dass der teilweise Verlust oder die Beschädigung während des letzten Beförderungsvertrages eingetreten ist, sofern die Sendung im Gewahrsam des Beförderers verblieben und unverändert in dem Zustand neu aufgegeben worden ist, in dem sie am Ort der Neuaufgabe angekommen ist.

**§ 2.** Diese Vermutung gilt auch dann, wenn der der Neuaufgabe vorangehende Beförderungsvertrag diesen Einheitlichen Rechtsvorschriften nicht unterstellt war, sofern sie bei direkter Aufgabe vom ursprünglichen Versandort bis zum Ort der endgültigen Ablieferung anzuwenden gewesen wären.

**§ 3.** Diese Vermutung gilt ferner, wenn der der Neuaufgabe vorangehende Beförderungsvertrag einem anderen mit diesen Einheitlichen Rechtsvorschriften vergleichbaren Übereinkommen über die durchgehende internationale Beförderung von Gütern auf der Schiene unterstellt war und dieses Übereinkommen eine gleiche Rechtsvermutung zugunsten von Sendungen enthält, die gemäß diesen Einheitlichen Rechtsvorschriften aufgegeben wurden.

**Art. 28. Présomption de dommage en cas de réexpédition**

**§ 1.** Lorsqu'un envoi expédié conformément aux présentes Règles uniformes a fait l'objet d'une réexpédition soumise à ces mêmes Règles et qu'une perte partielle ou une avarie est constatée après cette réexpédition, il y a présomption qu'elle s'est produite sous l'empire du dernier contrat de transport, si l'envoi est resté sous la garde du transporteur et a été réexpédié tel qu'il est arrivé au lieu de réexpédition.

**§ 2.** Cette présomption est également applicable lorsque le contrat de transport antérieur à la réexpédition n'était pas soumis aux présentes Règles uniformes, si celles-ci avaient été applicables en cas d'expédition directe entre le premier lieu d'expédition et le dernier lieu de destination.

**§ 3.** Cette présomption est en outre applicable lorsque le contrat de transport antérieur à la réexpédition était soumis à une convention concernant le transport international ferroviaire direct de marchandises et de nature comparable aux présentes Règles uniformes, et lorsque cette convention contient une même présomption de droit en faveur des envois expédiés conformément à ces Règles uniformes.

### I. Normzweck

1    Die Vorschrift übernimmt mit geringen redaktionellen Änderungen Art. 38 CIM 1980 in der seit 1991 geltenden Fassung. Sie enthält eine eisenbahnrechtliche Sonderregelung zur Haftung bei **aufeinanderfolgenden Frachtverträgen,** die beide der CIM oder auch **unterschiedlichen Frachtrechtsordnungen** unterliegen. Für diese Fälle sieht Art. 28 unter bestimmten Umständen eine **widerlegbare Vermutung** hinsichtlich des **Zeitpunkts des Schadeneintritts** und damit hinsichtlich des haftenden Beförderers vor.[1] Damit soll dem endgültigen Empfänger der Beweis erspart bleiben, dass der Schaden bei der Abwicklung des letzten Beförderungsvertrags entstanden ist.

---

[1] Zur Entstehungsgeschichte und rechtspolitischen Begründung s. Veröffentlichung des Sekretariats der OTIF in ZIntEisenb 2008, 1, 2; *Matyassy* ZIntEisenb 1966, 181 ff. u. 211 ff.; *Nanassy* ZIntEisenb 1954, 235.

## II. Einzelheiten

**1. Anwendungsfälle.** Die Vermutung gilt, wenn auf eine **CIM-Beförderung** eine **2** weitere CIM-Beförderung folgt (**§ 1**); ferner wenn an eine **Binnenbeförderung** (zB nach HGB) eine CIM-Beförderung anschließt und bei **durchgehendem Beförderungsvertrag** die CIM auf die gesamte Beförderung anzuwenden wäre (**§ 2**). Die mit Wirkung vom 1.1.1991 erstmals in die CIM 1980 eingefügte Vorschrift des **§ 3** schafft die Möglichkeit, die Vermutung auch anzuwenden, wenn eine CIM-Beförderung auf eine **SMGS-Beförderung** (Einl. Rn. 44) folgt. Das Erfordernis der **Reziprozität im SMGS** ist seit dem 1.7.2008 für bestimmte Fälle erfüllt (Art. 23 § 10 SMGS neu), so dass § 3 jetzt auch auf den CIM/SMGS-Verkehr Anwendung findet, wenn ein **CIM/SMGS-Frachtbrief** verwendet wird.[2]

Nicht anwendbar ist die Regelung, wenn auf eine CIM-Beförderung eine **Binnenbe-** **3** **förderung** folgt. In diesem Fall gilt **Landesrecht**,[3] wobei die Landesrechte regelmäßig keine dem Art. 28 CIM entsprechende Rechtsvermutung kennen. Im Übrigen gilt die Vermutung nur bei **unbekanntem Schadensort;** ist der Schadensort bekannt, so wird nach dem Recht gehaftet, das für den Beförderungsvertrag gilt, während dessen Abwicklung der Schaden eingetreten ist.[4] Der oder die Beförderer des letzten Beförderungsvertrags können ihre Haftung daher abwenden, wenn sie beweisen, dass der Schaden nicht während des letzten Beförderungsvertrags entstanden ist. Wenn die Sendung nach der Ankunft am Ort der Neuaufgabe bis zur Neuaufgabe nicht im Gewahrsam des Beförderers geblieben oder wenn sie in verändertem Zustand (zB aufgeteilt oder umverpackt) neu aufgeliefert worden ist, so gilt die Vermutung des Art. 28 nicht (§ 1 letzter Halbsatz). Der Empfänger muss dann beweisen, dass der Schaden während des letzten Beförderungsvertrags entstanden ist, ggf. unter Berufung auf die Beweiswirkung des (letzten) Frachtbriefs.

**2. Rechtsfolgen.** Die Vermutung des Art. 28 bezieht sich auf das **Tatbestandsele-** **4** **ment,** dass der Schaden während der letzten Beförderung entstanden ist; die Vermutung hat zur Folge, dass der oder den letzten (CIM-)Transport durchführenden Beförderer haften und der oder die Beförderer des vorangegangenen Beförderungsabschnitts (nach CIM, Landesrecht oder SMGS) entlastet werden. Art. 28 regelt jedoch **nicht** die Ausgestaltung der **Haftung.** Diese ist nach Art. 23 ff. zu beurteilen.[5] Für die **Geltendmachung der Ansprüche** und die **Verjährung** gelten die Bestimmungen der CIM (Art. 44, 47 § 3; 48 § 1 lit. d). Für bestehende Ansprüche aus einem dem CIM-Frachtvertrag vorausgehenden Frachtvertrag wird eine zweijährige Verjährungsfrist festgesetzt (in Art. 48 § 1 lit. d). Ist eine Binnenbeförderung nach HGB vorgeschaltet, so gilt für die Verjährung der Ansprüche aus dem HGB-Frachtvertrag abweichend von § 439 Abs. 1 HGB eine zweijährige Verjährungsfrist.[6] – In den Fällen des Art. 23 § 10 SMGS, wenn der letzte Beförderungsvertrag unter das SMGS fällt („West-Ost-Verkehr"), richten sich die Haftung sowie das Erlöschen und die Verjährung der Ansprüche nach dem SMGS.

## Art. 29. Vermutung für den Verlust des Gutes

**§ 1. Der Berechtigte kann das Gut ohne weiteren Nachweis als verloren betrachten, wenn es nicht binnen 30 Tagen nach Ablauf der Lieferfrist dem Empfänger abgeliefert oder zu seiner Verfügung bereitgestellt worden ist.**

**§ 2. [1]Der Berechtigte kann bei Empfang der Entschädigung für das verlorene Gut schriftlich verlangen, dass er unverzüglich benachrichtigt wird, wenn das Gut**

---

[2] Einzelheiten s. Veröffentlichung des Sekretariats der OTIF in ZIntEisenb 2008, 1, 3.
[3] Handelsgericht Antwerpen 16.10.1967, ZIntEisenb 1969, 62, mit Anm. des Zentralamts.
[4] Vgl. LG Karlsruhe 20.9.1991, TranspR 1992, 363, 365: Haftung nach dem für den ersten Frachtvertrag geltenden SMGS; Trib. de commerce Paris 27.6.2008, Bull. transp. 2008, 469, 470.
[5] Vgl. *Chimenti* ZIntEisenb 1958, 120, 125.
[6] Vgl. zur Verjährung auch LG Lübeck 9.10.1979, ZIntEisenb 1981, 76, 78.

binnen einem Jahr nach Zahlung der Entschädigung wieder aufgefunden wird. [2]Der Beförderer stellt eine Bescheinigung über dieses Verlangen aus.

§ 3. [1]Der Berechtigte kann binnen 30 Tagen nach Empfang der Nachricht gemäß § 2 verlangen, dass ihm das Gut gegen Bezahlung der sich aus dem Beförderungsvertrag ergebenden Forderungen und gegen Rückzahlung der erhaltenen Entschädigung, gegebenenfalls abzüglich der in der Entschädigung enthaltenen Kosten abgeliefert wird. [2]Er behält jedoch seine Ansprüche auf Entschädigung wegen Überschreitung der Lieferfrist gemäß Artikel 33 und 35.

§ 4. Wird das in § 2 erwähnte Verlangen nicht gestellt oder ist keine Anweisung in der in § 3 vorgesehenen Frist erteilt worden oder wird das Gut später als ein Jahr nach Zahlung der Entschädigung wieder aufgefunden, so verfügt der Beförderer darüber gemäß den am Ort, an dem sich das Gut befindet, geltenden Gesetzen und Vorschriften.

### Art. 29. Présomption de perte de la marchandise

§ 1. L'ayant droit peut, sans avoir à fournir d'autres preuves, considérer la marchandise comme perdue quand elle n'a pas été livrée au destinataire ou tenue à sa disposition dans les trente jours qui suivent l'expiration des délais de livraison.

§ 2. L'ayant droit, en recevant le paiement de l'indemnité pour la marchandise perdue, peut demander par écrit à être avisé sans délai dans le cas où la marchandise est retrouvée au cours de l'année qui suit le paiement de l'indemnité. Le transporteur donne acte par écrit de cette demande.

§ 3. Dans les trente jours qui suivent la réception de l'avis visé au § 2, l'ayant droit peut exiger que la marchandise lui soit livrée contre paiement des créances résultant du contrat de transport et contre restitution de l'indemnité reçue, déduction faite, le cas échéant, des frais qui auraient été compris dans cette indemnité. Néanmoins, il conserve ses droits à indemnité pour dépassement du délai de livraison prévu aux articles 33 et 35.

§ 4. A défaut soit de la demande visée au § 2, soit d'instructions données dans le délai prévu au § 3, ou encore si la marchandise est retrouvée plus d'un an après le paiement de l'indemnité, le transporteur en dispose conformément aux lois et prescriptions en vigueur au lieu où se trouve la marchandise.

### I. Normzweck

1    Die Vorschrift dient – wie vor ihr Art. 39 CIM 1980 – der **raschen Klärung der Ansprüche,** wenn das Gut nach Ablauf der Lieferfrist nicht binnen weiterer 30 Tagen abgeliefert wird. Art. 20 CMR und § 424 HGB enthalten entsprechende Bestimmungen.

### II. Einzelheiten

2    **1. Rechtscharakter.** Die Vorschrift enthält nicht nur eine Beweiserleichterung[1] zugunsten des Ersatzberechtigten (Absender oder Empfänger), sondern eine **unwiderlegliche Vermutung,**[2] dass das Gut nach bestimmter Frist verloren ist. Daher kann der Berechtigte nach Fristablauf Schadensersatz wegen Verlusts des Gutes auch dann verlangen, wenn ihm das Gut doch noch zur Ablieferung angedient wird.[3] Der Berechtigte hat die **Wahl,**[4] ob er sich auf die **Verlustfiktion** berufen oder ob er das Gut annehmen und lediglich

---

[1] In diesem Sinne allerdings *Allégret* Fasc. 685 Ziff. 83 unter Berufung auf zwei ältere franz. Urteile.
[2] *Beier* S. 93; *Wick* Art. 30 CIM 1970 Anm. 2 (S. 266).
[3] Vgl. *Matyassy* ZIntEisenb 1968, 22, 29.
[4] OLG Düsseldorf 23.11.1989, TranspR 1990, 63; OLG Frankfurt 5.11.1985, TranspR 1986, 282 (jeweils zur CMR); vgl. auch *Beier* S. 93; *Wick* Art. 30 CIM 1970 Anm. 3 (S. 266).

Ansprüche wegen Lieferfristüberschreitung geltend machen will. Wie sich aus § 2 ergibt, kann der Berechtigte von der Berufung auf die Verlustvermutung auch wieder abrücken und zum Anspruch auf Ablieferung mit Verspätungsentschädigung zurückkehren. Die Vermutung gilt auch bei **Teilverlust.**[5]

**2. Benachrichtigung bei Wiederauffinden des Gutes.** Die **§§ 2 und 3** tragen vor 3 allem dem Umstand Rechnung, dass der Berechtigte häufig nicht den vollen Wert des verlorenen Gutes ersetzt erhält (vgl. Art. 30 § 2) und daher ein Interesse haben kann, das später wieder aufgefundene Gut gegen Rückzahlung der Verlustentschädigung abgeliefert zu bekommen. Das gilt umso mehr, als er in diesem Fall noch Ansprüche auf Entschädigung wegen Lieferfristüberschreitung geltend machen kann (**§ 3 Satz 2**).

**3. Verfügungsrecht des Beförderers.** In den Fällen des **§ 4** kann der Beförderer über 4 das Gut verfügen, und zwar nach dem Recht des Staates, in dem sich das Gut befindet. (ebenso Art. 20 Abs. 4 CMR), nicht mehr nach dem Recht des Staates, dem der Beförderer angehört (so noch Art. 39 § 4 CIM 1980).[6] In der Praxis ist damit keine Rechtsänderung verbunden, denn zu Staatsbahnzeiten befanden sich das Gut und die zuständige Eisenbahn in aller Regel in demselben Staat, so dass ebenfalls das Recht des Staates galt, in dem sich das Gut befand.

Befindet sich das wiederaufgefundene Gut in Deutschland, so gilt § 424 Abs. 4 HGB: 5 Danach kann der Beförderer über das Gut **frei verfügen** und einen etwaigen **Erlös behalten.**[7] Es ist allerdings **streitig,** ob der Beförderer – schon vor der Verfügung – **kraft Gesetzes Eigentümer** des wiederaufgefundenen Gutes wird[8] oder ob er es im Rahmen freier Verfügung zumindest auf sich übertragen kann.[9]


**Art. 30. Entschädigung bei Verlust**

**§ 1. Bei gänzlichem oder teilweisem Verlust des Gutes hat der Beförderer ohne weiteren Schadensersatz eine Entschädigung zu zahlen, die nach dem Börsenpreis, allenfalls nach dem Marktpreis, und mangels beider, nach dem gemeinen Wert von Gütern gleicher Art und Beschaffenheit an dem Tag und an dem Ort, an dem das Gut übernommen worden ist, berechnet wird.**

**§ 2. Die Entschädigung beträgt höchstens 17 Rechnungseinheiten je fehlendes Kilogramm Bruttomasse.**

**§ 3. ¹Bei Verlust eines auf eigenen Rädern rollenden und als Beförderungsgut aufgegebenen Eisenbahnfahrzeuges, einer intermodalen Transporteinheit oder ihrer Bestandteile ist die Entschädigung ohne weiteren Schadensersatz auf den gemeinen Wert des Fahrzeugs, der intermodalen Transporteinheit oder ihrer Bestandteile am Tag und am Ort des Verlustes beschränkt. ²Sind der Tag oder der Ort des Verlustes nicht feststellbar, ist die Entschädigung auf den gemeinen Wert am Tag und am Ort der Übernahme beschränkt.**

**§ 4. Der Beförderer hat außerdem Fracht, entrichtete Zölle und sonstige im Zusammenhang mit der Beförderung des verlorenen Gutes gezahlte Beträge mit Ausnahme der Verbrauchsabgaben auf Gütern, die im Steueraussetzungsverfahren befördert werden, zu erstatten.**

---

[5] *Beier* S. 94 mwN; *Wick* Art. 30 CIM 1970 Anm. 2 (S. 266).
[6] Dazu auch *Denkschrift COTIF 1999* S. 205.
[7] *Thume/Demuth* Art. 20 CMR Rn. 25.
[8] *Für* Eigentumserwerb Fremuth/Thume/*Fremuth* § 424 HGB Rn. 26; dagegen *Koller* § 424 HGB Rn. 29 f., MüKoHGB/*Jesser-Huß* CMR Art. 20 Rn. 11.
[9] Vgl. BGH 25.10.2001, TranspR 2002, 198, 199 (zur CMR).

## Art. 30. Indemnité en cas de perte

§ 1. En cas de perte totale ou partielle de la marchandise, le transporteur doit payer, à l'exclusion de tous autres dommages-intérêts, une indemnité calculée d'après le cours à la bourse, à défaut d'après le prix courant sur le marché et, à défaut de l'un et de l'autre, d'après la valeur usuelle des marchandises de mêmes nature et qualité, aux jour et lieu où la marchandise a été prise en charge.

§ 2. L'indemnité n'excède pas 17 unités de compte par kilogramme manquant de masse brute.

§ 3. En cas de perte d'un véhicule ferroviaire, roulant sur ses propres roues et remis au transport en tant que marchandise, ou d'une unité de transport intermodal, ou de leurs pièces, l'indemnité est limitée, à l'exclusion de tous autres dommages-intérêts, à la valeur usuelle du véhicule ou de l'unité de transport intermodal ou de leurs pièces, aux jour et lieu de la perte. S'il est impossible de constater le jour ou le lieu de la perte, l'indemnité est limitée à la valeur usuelle aux jour et lieu de la prise en charge.

§ 4. Le transporteur doit restituer, en outre, le prix de transport, les droits de douane acquittés et les autres sommes déboursées en relation avec le transport de la marchandise perdue, à l'exception des droits d'accises portant sur des marchandises circulant en suspension de tels droits.

### I. Normzweck

1    Während die Art. 23–25 den Haftungsgrund, die Haftungsausschüsse und damit auch den Haftungsmaßstab im internationalen Eisenbahngüterverkehr bestimmen, legen die Art. 30 ff. den **Umfang der Entschädigung** im Falle der Haftung des Beförderers fest. Art. 30 selbst befasst sich nur mit der **Entschädigung bei Verlust.** Die Vorschrift entspricht im Wesentlichen Art. 40 CIM 1980 und früheren CIM-Fassungen, die auch Vorbild für Art. 23 Abs. 1–4 CMR geworden sind.[1] Das Wort „allenfalls" in § 1 ist zu verstehen als „andernfalls" (vgl. Art. 40 CIM 1980). Im deutschen Recht sind die entsprechenden Bestimmungen zur Verlustentschädigung in den §§ 429–432 zu finden.

### II. Einzelheiten

2    **1. Wertersatz (§ 1).** Wie allgemein im Transportrecht wird auch nach Art. 30, abweichend vom allgemeinen Schadensersatzrecht (CMR Art. 23 Rn. 1), **Ersatz des Güterwerts in Geld** geschuldet, und zwar berechnet nach dem gemeinen Wert, den gleichartige Güter am **Übernahmeort** zur **Übernahmezeit** haben. Bei **Neuaufgabe** des Gutes ist der Ort und der Zeitpunkt der Neuaufgabe maßgebend, sofern nicht die Rechtsvermutung nach Art. 28 widerlegt wird.[2] Wertsteigerungen des Gutes unterwegs bis zum Bestimmungsort werden im Rahmen der Regelhaftung nicht ersetzt, wohl aber **bestimmte Kosten** im Zusammenhang mit der Beförderung (§ 4), die wegen des Verlusts des Gutes **vergeblich aufgewendet** worden sind.[3] **Nicht** ersetzt werden nach Art. 30 der **entgangene Gewinn** und verlustbedingte **Folgeschäden** des Berechtigten, zB Produktionsausfall des Empfängers.[4] Dies kommt in den Worten **„ohne weiteren Schadensersatz"** zum Ausdruck (vgl. auch § 432 Satz 2 HGB). Der im konkreten Fall vom Absender als Verkäufer vereinbarte **Verkaufspreis** darf nur als Indiz herangezogen werden; die CIM enthält keine dem § 429 Abs. 3 Satz 2 HGB entsprechende Vermutungsregel. Ein **„Ab-Werk"-Preis** kann allerdings prima facie als Marktpreis angesehen werden (vgl. CMR Art. 23 Rn. 12). Das Abstellen auf den **objektiven Wert,** ohne Rücksicht auf besondere subjektive Beziehungen des

---

[1] Vgl. *Koller* Art. 23 CMR Rn. 3.
[2] *Spera* Art. 40 CIM 1980 Anm. 10; *Wick* Art. 31 CIM 1970 Rn. 10 (S. 272).
[3] KG 11.8.2000, TranspR 2001, 310, 311.
[4] BGH 26.6.2003, TranspR 2003, 453, 454.

Geschädigten zum Gut, führt zu einer **pauschalierten Entschädigung,** die geringer, in Sonderfällen aber auch höher als das subjektive Interesse des Geschädigten sein kann.[5]

**2. Entschädigungshöchstbetrag (§ 2).** Die Entschädigung beträgt höchstens **17 Son- 3 derziehungsrechte** (Art. 9 COTIF) je fehlendes Kilogramm des Gutes. Dieser Höchstbetrag galt nach Art. 22 Abs. 3 MÜ zunächst auch für die Haftung des Luftfrachtführers bei der Beförderung von Gütern (seit dem 1.1.2010 gelten 19 SZR), während nach Art. 23 Abs. 3 CMR und § 431 HGB der Entschädigungshöchstbetrag nur halb so hoch ist. Damit wird im deutschen Eisenbahnbinnenverkehr im Regelfall auf einen geringeren Höchstbetrag gehaftet als im internationalen Eisenbahngüterverkehr. Die Relationen zu den anderen internationalen transportrechtlichen Übereinkommen und damit zum Recht der Wettbewerber der Eisenbahn haben den Ausschlag dafür gegeben, dass der Entschädigungshöchstbetrag in der CIM 1999 am Ende doch nicht gegenüber der CIM 1980 erhöht wurde. Bis zur abschließenden Generalversammlung der OTIF in Vilnius 1999 war vorgesehen gewesen, den Entschädigungshöchstbetrag der CIM 1980 um 50 % auf 25 Sonderziehungsrechte zu erhöhen.[6]

**Teilweiser Verlust** liegt vor, wenn ein abgegrenzter, gewichtsmäßig bestimmbarer Teil 4 des Beförderungsgutes nicht abgeliefert werden kann und der abgelieferte Teil dadurch weder eine Wertminderung noch eine Qualitätseinbuße erleidet.[7] Teilweiser Verlust liegt daher zB vor, wenn von zehn Kühlschränken nur sieben abgeliefert werden können, hingegen nicht, wenn von einer zerlegten und in zehn Kisten verpackten Maschine nur sieben Kisten ankommen und eine Vervollständigung der Maschine nicht ohne weiteres möglich ist (Art. 32 Rn. 7). Wenn ein abgrenzbarer Teil der Sendung verloren ist und der Rest beschädigt abgeliefert wird, ist die Entschädigung getrennt für den verlorenen und für den beschädigten Teil der Sendung zu berechnen[8] (Art. 23 Rn. 9). Bei teilweisem Verlust ist das **Fehlgewicht** für die Berechnung des Höchstbetrags maßgebend.[9]

Die Entschädigungshöchstbeträge sind **von Amts wegen** zu berücksichtigen.[10] Zur 5 **Umrechnung** und **Verzinsung** von Entschädigungsbeträgen s. Art. 37.

**3. Entschädigung für beförderte Eisenbahnfahrzeuge oder intermodale Trans- 6 porteinheiten (§ 3).** Die Vorschrift sieht für Sonderfälle abweichende Entschädigungsregelungen vor. Denn es erscheint wenig sachgerecht, die Entschädigung für beförderte **Lokomotiven** oder **Eisenbahnwagen** (Art. 24), für Container, Wechselbehälter, Sattelauflieger oder vergleichbare **Ladeeinheiten** (Art. 3 lit. d) an einem Börsen- oder Marktpreis oder am Gewicht des Fahrzeugs oder der Ladeeinheit auszurichten.[11] Da zB in den Fällen der Verlustvermutung (Art. 29) Tag und Ort des Verlusts kaum konkret feststellbar sind, wird die Entschädigung ersatzweise auf den gemeinen Wert am Tag und Ort der Übernahme des Fahrzeugs bzw. der Ladeeinheit durch den Beförderer beschränkt.[12] Die Regelung entspricht Art. 4 § 3 CUV, so dass für als Gut **beförderte Eisenbahnwagen** die gleichen Entschädigungsgrundsätze gelten wie für Wagen, die als Beförderungsmittel **verwendet** werden.

**4. Erstattung der Fracht und sonstiger Kosten (§ 4).** Da dem Geschädigten nur der 7 Wert des Gutes am **Abgangsort** ersetzt wird, also ohne Beförderungskosten, ist die **gezahlte Fracht** gesondert zu erstatten. Außerdem sind **Zölle** für das verlorene Gut zu erstatten, soweit sie **bereits entrichtet** sind. Damit wird gegenüber dem Wortlaut von Art. 40 § 3 CIM 1980 (und auch gegenüber dem Wortlaut von CMR und HGB) klargestellt, dass Zölle, um erstattungsfähig zu sein, bereits **im Zusammenhang mit der Beför-**

---

[5] *Beier* S. 98, 100 f.
[6] Ausführlich hierzu *ZA-Bericht 1999* S. 141 ff.; außerdem *Denkschrift COTIF 1999* S. 205.
[7] Vgl. *Fremuth/Thume/Fremuth* § 425 HGB Rn. 13.
[8] OLG München 27.2.1981, VersR 1982, 334 (zur CMR); OLG Hamburg 25.1.1985, TranspR 1985, 185 (zur CMR).
[9] Cour d'appel Paris 14.10.1968, ZIntEisenb 1969, 153, 157.
[10] LG Essen 18.5.1982, ZIntEisenb 1982, 170, 171.
[11] *Denkschrift COTIF 1999* S. 205 f.
[12] *ZA-Bericht 1999* S. 143 Ziff. 5.

derung gezahlt sein müssen und **nicht** erst **wegen des Verlusts des Gutes** angefallen sein dürfen.[13] **Verbrauchsabgaben (Steuern),** die auf Gütern lasten, die im **Steueraussetzungsverfahren** befördert werden, sind hingegen nicht zu erstatten,[14] da sie bei unbeeinträchtigter Transportabwicklung vom Empfänger zu bezahlen sind, während sie den Absender nur bei Verlust des Gutes und dementsprechend unterbliebener Ablieferung an den Empfänger treffen. Die unterschiedliche Behandlung von Zöllen und Verbrauchsabgaben bei der Erstattungspflicht wird wie folgt begründet:[15] Die Eisenbahnunternehmen werden im **Zollverfahren** von den Zollbehörden als „Hauptverpflichtete" eingestuft und haben daher bei Unregelmäßigkeiten oder Verstößen gegen Zollvorschriften gemeinsam mit dem Absender oder Empfänger für die Zahlung der Zölle zu haften. Unter diesen Umständen ist es sachgerecht, dass das Eisenbahnunternehmen, das für den Verlust (insbesondere Diebstahl) des Gutes zu haften hat, dem Geschädigten neben der Fracht auch die entrichteten Zollgebühren erstatten muss. Die **Verbrauchsabgaben** betreffen hingegen Güter, die wie etwa Alkohol oder Tabakwaren einem besonderen Fiskalregime unterliegen, bei dem das Eisenbahnunternehmen nicht die Stellung des „Hauptverpflichteten" gegenüber den Abgabebehörden hat. In diesem Fall ist es nicht verpflichtet, solche Verbrauchsabgaben zu erstatten, da es sich hierbei um einen **Folgeschaden** des Berechtigten wegen des Verlusts des Gutes handelt.

8       Nach § 4 sind auch **nicht zu ersetzen** Schadensfeststellungskosten des Geschädigten (anders § 430 HGB), Anwaltskosten, Transport-, Bergungs- und Entsorgungskosten sowie Reparatur- und Wiederbeschaffungskosten, die erst durch den Verlust oder die Beschädigung (Art. 32 § 4) des Gutes entstanden sind **(schadensbedingte Kosten);** anders hingegen, wenn sie schon im Zusammenhang mit dem Transport selbst entstanden sind **(transportbedingte Kosten).** Hier gilt nichts Anderes als im Rahmen des Art. 23 Abs. 4 CMR.[16] Soweit die genannten Kosten im Rahmen der **Schadensminderung** und **Schadensbehebung** beim Geschädigten angefallen sind (zB Bergungs-, Transport- oder Reparaturkosten), können sie als **Indiz für die Höhe der Wertminderung** des beschädigten Gutes herangezogen werden[17] (Art. 32 Rn. 5). Ein gesonderter Erstattungsanspruch nach Art. 30/32 § 4 entsteht dadurch jedoch nicht.[18]

### Art. 31. Haftung bei Schwund

**§ 1. Bei Gütern, die infolge ihrer natürlichen Beschaffenheit durch die Beförderung in der Regel einem Schwund ausgesetzt sind, haftet der Beförderer ohne Rücksicht auf die Länge der durchfahrenen Strecke nur für den Teil des Schwundes, der die folgenden Prozentsätze überschreitet:**

a) **zwei Prozent der Masse bei flüssigen oder in feuchtem Zustand aufgegebenen Gütern;**

b) **ein Prozent der Masse bei trockenen Gütern.**

**§ 2. Auf die Einschränkung der Haftung gemäß § 1 kann sich der Beförderer nicht berufen, wenn nachgewiesen wird, dass der Verlust nach den Umständen des Falles nicht auf die Ursachen zurückzuführen ist, die für die zugelassenen Prozentsätze maßgebend gewesen sind.**

---

[13] *ZA-Bericht 1999* S. 143 Ziff. 6. Vgl. auch *Beier* S. 102 mwN zum Verständnis des Art. 40 § 3 CIM 1980; außerdem ausf. *Konow* ZIntEisenb 1987, 112, 114 f., 117.

[14] In diesem Sinne bereits zu Art. 40 § 3 CIM 1980 ausf. KG 11.8.2000, TranspR 2001, 310, 312. Das Urteil des Kammergerichts wurde vom BGH bestätigt: Urt. 26.6.2003, TranspR 2003, 453, 454 f. = ZIntEisenb 2004, 16, 19 f., mit zust. Anm. des Zentralamts (S. 20). – AA hingegen die franz. Rspr.: C. d'appel Paris 13.9.2000, ZIntEisenb 2001, 14, 16, mit abl. Anm. des Zentralamts (S. 16 f.).

[15] *Denkschrift COTIF 1999* S. 206; *ZA-Bericht 1999* S. 143 f. Ziff. 7.

[16] Vgl. OLG Düsseldorf 21.11.2012, TranspR 2013, 115, 117; Hartenstein/Reuschle/*Koch*/*Shariatmadari* Kap. 11 Rn. 145; *Koller* Art. 23 CMR Rn. 10.

[17] Vgl. OLG Düsseldorf (Fn. 16) mwN.

[18] Vgl. Thume/*Thume/Riemer* Art. 25 CMR Rn. 18.

**§ 3.** Werden mehrere Frachtstücke mit demselben Frachtbrief befördert, so wird der Schwund für jedes Frachtstück berechnet, sofern dessen Masse beim Versand entweder im Frachtbrief einzeln angegeben ist oder auf andere Weise festgestellt werden kann.

**§ 4.** Bei gänzlichem Verlust des Gutes oder bei Verlust einzelner Frachtstücke wird bei der Berechnung der Entschädigung kein Abzug für Schwund vorgenommen.

**§ 5.** Durch diesen Artikel werden die Artikel 23 und 25 nicht berührt.

## Art. 31. Responsabilité en cas de déchet de route

§ 1. En ce qui concerne les marchandises qui, en raison de leur nature, subissent généralement un déchet de route par le seul fait du transport, le transporteur ne répond que de la partie du déchet qui dépasse, quel que soit le parcours effectué, les tolérances ci-dessous :
a) deux pour cent de la masse pour les marchandises liquides ou remises au transport à l'état humide;
b) un pour cent de la masse pour les marchandises sèches.

§ 2. La restriction de responsabilité prévue au § 1 ne peut être invoquée s'il est prouvé, étant donné les circonstances de fait, que la perte ne résulte pas des causes qui justifient la tolérance.

§ 3. Dans le cas où plusieurs colis sont transportés avec une seule lettre de voiture, le déchet de route est calculé pour chaque colis lorsque sa masse au départ est indiquée séparément sur la lettre de voiture ou peut être constatée d'une autre manière.

§ 4. En cas de perte totale de la marchandise ou en cas de perte de colis, il n'est fait aucune déduction résultant du déchet de route pour le calcul de l'indemnité.

§ 5. Cet article ne déroge pas aux articles 23 et 25.

### I. Normzweck

Art. 31 enthält eine Rechtsvermutung, die eine Sonderregelung zu den Haftungsbefreiungsgründen in Art. 23 §§ 2 und 3 und zur Beweislastverteilung in Art. 25 darstellt. CMR und HGB kennen eine derartige Sonderregelung zur Haftung für Schwund nicht. Die CIM 1980 enthielt eine entsprechende Vorschrift in Art. 41.   1

### II. Einzelheiten

**1. Wirkung der Rechtsvermutung.** Bei von Natur aus **schwundgefährdeten** 2 **Gütern** (zB Obst und Gemüse, Kohle oder Torf) haftet der Beförderer von vornherein nicht für den nach der Lebenserfahrung zu erwartenden Schwund, den die Vorschrift in **§ 1** durch einen bestimmten Prozentanteil der Masse des Gutes angibt. Steht fest oder ist vom Beförderer bewiesen, dass das Beförderungsgut üblicherweise schwundgefährdet ist, so braucht der Beförderer – anders als nach Art. 25 § 2 bei bevorrechtigten Haftungsbefreiungsgründen – nicht den Beweis zu führen, dass der Schwund auch im konkreten Fall aus der Schwundgefährdung entstehen konnte.[1] Die Qualifikation des Gutes als schwundgefährdet ist zunächst Beweis genug dafür, dass der Verlust einer bestimmten Menge des Gutes auf die Schwundgefahr zurückzuführen ist. Daher hat der Ersatzberechtigte nach **§ 2** zu beweisen, dass der Verlust nicht auf die Schwundgefahr zurückzuführen ist, wenn er vollen Ersatz begehrt.[2] Bei der Bestimmung der naturgegebenen Schwundgefahr ist von einer wirtschaftlich vernünftigen, handelsüblichen Verpackung und von der üblichen Art der Beförderung (zB in offenen Wagen, in loser Schüttung) auszugehen, bei der in der Regel

---

[1] *Beier* S. 115 Fn. 149; *Wick* Art. 32 CIM 1970 Anm. 2 (S. 274).
[2] Zu den Beweisanforderungen s. Justice de Paix Mons 1.2.1949, ZIntEisenb 1952, 24 f.

ein Gewichtsverlust eintritt. Unbeachtlich bleibt, dass durch eine aufwändigere, aber unwirtschaftliche und daher unübliche Verpackung oder Beförderungsart (zB in luftdicht verschlossenen Behältern oder Wagen) ein Schwund vermieden werden könnte.[3]

3      Die Festsetzung **durchschnittlicher Schwundsätze** dient der Vermeidung von Auseinandersetzungen im Einzelfall. Der Beförderer ist von der Haftung für den Gewichtsverlust **bis zu den Normsätzen** auch dann befreit, wenn der tatsächliche Gewichtsverlust den Normalsatz übersteigt. Will sich der Beförderer wegen eines **größeren Mengenverlusts** auf die Schwundgefahr berufen, muss er einen besonderen Mangel des Gutes (Art. 23 § 2) oder den bevorrechtigten Haftungsbefreiungsgrund der natürlichen Beschaffenheit des Gutes (Art. 23 § 3 lit. f) geltend machen (Art. 31 § 5).[4] Im zweiten Fall hat er darzulegen, dass auch der größere Gewichtsverlust aus der natürlichen Beschaffenheit des Gutes entstehen konnte (Art. 25 § 2). Ähnlich wie Art. 25 § 3 bei der Offenen-Wagen-Gefahr geht Art. 31 § 4 bei der Schwundgefahr davon aus, dass sie dann keine Rolle gespielt hat, wenn gänzlicher Verlust des Gutes oder Verlust einzelner Frachtstücke vorliegt. Die in § 3 getroffene Regelung soll eine Benachteiligung des Ersatzberechtigten verhindern, die sich dann ergeben würde, wenn übermäßiger Mengenverlust bei einem Frachtstück mit unterdurchschnittlichem Mengenverlust bei anderen Frachtstücken verrechnet werden könnte.[5] Die Anwendung dieser Vorschrift setzt aber voraus, dass die einzelnen Frachtstücke auch für sich allein als Sendung hätten aufgeliefert werden können.[6]

4      **2. Güterarten.** Die Vorschrift unterscheidet bei der Bestimmung des durchschnittlichen Schwundsatzes zwischen **flüssigen** oder in **feuchtem** Zustand aufgelieferten Gütern einerseits und **trockenen** Gütern andererseits. Der Schwundgefahr durch Verrinnen, Verdunsten oder Eintrocknen des Gutes kommt danach die größere Bedeutung zu. Die Anwendung der Zwei-Prozent-Regel kann der Berechtigte durch den Nachweis abwenden, dass die Güter tatsächlich nicht in feuchtem Zustand aufgeliefert wurden.

### Art. 32. Entschädigung bei Beschädigung

§ 1. [1]Bei Beschädigung des Gutes hat der Beförderer ohne weiteren Schadensersatz eine Entschädigung zu zahlen, die der Wertminderung des Gutes entspricht. [2]Der Berechnung dieses Betrages ist der Prozentsatz zugrunde zu legen, um den der gemäß Artikel 30 ermittelte Wert des Gutes am Bestimmungsort gemindert ist.

§ 2. Die Entschädigung übersteigt nicht
a) den Betrag, der im Fall ihres gänzlichen Verlustes zu zahlen wäre, wenn die ganze Sendung durch die Beschädigung entwertet ist;
b) den Betrag, der im Falle des Verlustes des entwerteten Teiles zu zahlen wäre, wenn nur ein Teil der Sendung durch die Beschädigung entwertet ist.

§ 3. [1]Bei Beschädigung eines auf eigenen Rädern rollenden und als Beförderungsgut aufgegebenen Eisenbahnfahrzeuges, einer intermodalen Transporteinheit oder ihrer Bestandteile ist die Entschädigung auf die Instandsetzungskosten ohne weiteren Schadensersatz beschränkt. [2]Die Entschädigung übersteigt nicht den Betrag, der im Fall des Verlustes zu zahlen wäre.

§ 4. Der Beförderer hat außerdem in dem in § 1 bezeichneten Verhältnis die in Artikel 30 § 4 erwähnten Kosten zu erstatten.

---

[3] *Beier* S. 115 mit Fn. 152; vgl. auch Art. 23 Rn. 21.
[4] Vgl. *Wick* Art. 32 CIM 1970 Anm. 5 und 12 (S. 275 f.).
[5] *Beier* S. 116; *Wick* Art. 32 CIM 1970 Anm. 9 u. 10.
[6] *Beier* S. 116 Fn. 158.

## Art. 32. Indemnité en cas d'avarie

§ 1. En cas d'avarie de la marchandise, le transporteur doit payer, à l'exclusion de tous autres dommages-intérêts, une indemnité équivalente à la dépréciation de la marchandise. Son montant est calculé en appliquant à la valeur de la marchandise définie conformément à l'article 30, le pourcentage de dépréciation constaté au lieu de destination.

§ 2. L'indemnité n'excède pas:

a) le montant qu'elle aurait atteint en cas de perte totale, si la totalité de l'envoi est dépréciée par l'avarie;

b) le montant qu'elle aurait atteint en cas de perte de la partie dépréciée, si une partie seulement de l'envoi est dépréciée par l'avarie.

§ 3. En cas d'avarie d'un véhicule ferroviaire, roulant sur ses propres roues et remis au transport en tant que marchandise, ou d'une unité de transport intermodal, ou de leurs pièces, l'indemnité est limitée, à l'exclusion de tous autres dommages-intérêts, au coût de la remise en état. L'indemnité n'excède pas le montant dû en cas de perte.

§ 4. Le transporteur doit restituer, en outre, dans la proportion déterminée au § 1, les frais prévus à l'article 30, § 4.

### Übersicht

| | Rn. | | Rn. |
|---|---|---|---|
| I. Normzweck | 1 | 3. Beschädigungen infolge Lieferfristüberschreitung | 9 |
| II. Einzelheiten | 2–11 | 4. Entschädigung für beförderte Eisenbahnfahrzeuge oder intermodale Transporteinheiten (§ 3) | 10 |
| 1. Berechnung der Entschädigung | 2–6 | | |
| 2. Beschädigung eines Teils der Sendung | 7, 8 | 5. Erstattung der Fracht und sonstiger Kosten (§ 4) | 11 |

### I. Normzweck

Die Vorschrift regelt wie der frühere Art. 42 CIM 1980 die Entschädigung bei Beschädigungen (qualitativen Einbußen) des Gutes insgesamt oder einzelner Teile. Für die Ermittlung der **Wertminderung** und hinsichtlich des **Entschädigungshöchstbetrags** wird auf Art. 30 verwiesen. Wie Art. 30 enthält auch Art. 32 eine Sonderregel für die Entschädigung von Schäden an selbstrollenden Eisenbahnfahrzeugen als Beförderungsgut sowie an intramodalen Transporteinheiten. Vergleichbar zu Art. 32 CIM geht die CMR in Art. 25 vor, während das HGB die Entschädigung für Verlust und Beschädigung in § 431 zusammenfasst.   1

### II. Einzelheiten

**1. Berechnung der Entschädigung.** Die Entschädigung entspricht der **Wertminderung,** die das Gut durch die Beschädigung erfahren hat **(§ 1).** Der Ersatz ist in **Geld** zu leisten (Art. 30 Rn. 2); Weder steht dem Beförderer zu, die Wiederherstellung des Gutes vorzunehmen, noch kann sie ihm abverlangt werden.[1] Hat der Verlust eines Teils der Sendung auch den Wert des verbliebenen Teils gemindert, so wird nicht wegen Teilverlusts, sondern wegen Beschädigung der gesamten Sendung entschädigt (Art. 30 Rn. 4). Ist hingegen nur ein **Teil** der Sendung **beschädigt,** während der abgrenzbare Rest der Sendung unbeschädigt und vollwertig geblieben ist (von 10 Kühlschränken werden zB drei beschädigt und sieben unbeschädigt abgeliefert), so wird die Wertminderung nur für den beschädigten Teil der Sendung ermittelt und entschädigt (**§ 2** und unten Rn. 7). Aus **§ 2** lit. a ergibt sich, dass auch bei **vollständiger Entwertung** des beschädigten Gutes – es werden völlig verdorbene Lebensmittel abgeliefert oder nur noch wertlose Trümmer des Beförderungsgutes **(wirtschaftlicher Totalverlust)** – **Beschädigung** vorliegt und **nicht Verlust** des   2

---

[1] *Wick* Art. 33 CIM 1970 Anm. 3 (S. 277).

Gutes (Art. 23 Rn. 9). Das hat Bedeutung in den Fällen, in denen gänzlicher Verlust und Beschädigung unterschiedliche Rechtsfolgen haben (Art. 42; 47 § 2; 48 § 2).

3    Der Entschädigungsbetrag ist nach § 1 Satz 2 wie folgt zu berechnen: Aus dem Unterschied des Wertes des beschädigten Gutes gegenüber dem angenommenen Wert des unbeschädigten Gutes am **Bestimmungsort** wird der **Prozentsatz der Wertminderung** ermittelt. Dieser Prozentsatz wird sodann auf den Wert des Gutes zurzeit und am Ort der **Übernahme zur Beförderung** angewendet.[2] Liegt also der Wert des beschädigten Gutes am Bestimmungsort um 10 % unter dem Wert, den das Gut in unbeschädigtem Zustand an diesem Ort hätte, so beträgt die Entschädigung 10 % des Wertes, den das Gut am Übernahmeort hatte.

4    Die Berechnung der Entschädigung erfolgt auch nach Art 25 CMR in **zwei Schritten;** dabei sind allerdings jeweils nur die Werte am **Übernahmeort** zu vergleichen.[3] Doch in der Praxis, jedenfalls der deutschen Gerichte, wird regelmäßig der Prozentsatz der Wertminderung am *Bestimmungsort* auf den Wert des Gutes am *Abgangsort* angewendet, um den Entschädigungsbetrag zu ermitteln.[4] Das entspricht dem in der CIM vorgesehenen Verfahren. – Zur **Umrechnung** und **Verzinsung** von Entschädigungsbeträgen siehe Art. 37.

5    Die Ermittlung der **Wertminderung** erfolgt **objektiv, abstrakt,** so dass die tatsächlich angefallenen Kosten der **Schadensminderung** und **Schadensbehebung** einschließlich etwaiger Transportkosten zum Zwecke der Schadensbehebung nicht maßgeblich sind.[5] Diese Kosten können allerdings als Indiz für die Höhe der Wertminderung herangezogen werden[6] (vgl. auch die Vermutungsregel in § 429 Abs. 2 Satz 2 HGB und Rn. 8 zu Art. 30).

6    „**Weiteren Schadensersatz**" als die objektive Wertminderung des beschädigten Gutes bis zum Höchstbetrag von 17 Sonderziehungsrechten je beschädigtes Kilogramm der Sendung hat der Beförderer nicht zu leisten; damit entfällt der Ersatz des **entgangenen Gewinns** ebenso wie der Ersatz von **Folgeschäden,** die auf Grund der Beschädigung des Beförderungsgutes an anderen **Gütern** (insbesondere als „Ansteckungs"- oder Vermischungsschaden) oder am **Vermögen** des Ersatzberechtigten (zB als Betriebsunterbrechungsschaden) eintreten. Etwas anderes gilt im Falle schweren Verschuldens des Beförderers (Art. 36) oder bei vereinbarter Wertangabe oder Angabe des Interesses an der Lieferung (Art. 34, 35). Wie bei der Verlustentschädigung nach Art. 30 sind auch bei der Entschädigung wegen Beschädigung zusätzlich zur Wertminderung des Gutes **sonstige** im Zusammenhang mit der Beförderung entstandene **Kosten** (anteilig) zu erstatten (**§ 4** und unten Rn. 11).

7    **2. Beschädigung eines Teils der Sendung.** Ist nur ein **abgrenzbarer Teil** der Sendung beschädigt, so richtet sich die Entschädigung nach der Wertminderung, die dieser Teil der Sendung erfahren hat **(§ 2 lit. b).** Für die Berechnung der im Regelfall geltenden Höchstentschädigung ist dann nur die Bruttomasse (einschließlich einer etwa unbeschädigt gebliebenen Verpackung) des beschädigten Teils der Sendung maßgebend. „Teil der Sendung" sind nicht nur gesonderte Packstücke (zB drei von zehn einzeln verpackten Kühlschränken),[7] sondern auch Gegenstände, die nach wirtschaftlicher Betrachtungsweise selbstständige Bedeutung und Funktion haben. Das ist eine „Tatfrage", die nach der **Verkehrsanschauung** zu beantworten ist. Ist eine Maschine in Einzelteile zerlegt und in mehrere Kisten verpackt, von denen nur einzelne beschädigt sind, so hängt die Berechnung der Entschädigung davon ab, ob die unbeschädigten Teile ihren **Wert behalten** haben, zB

---

[2] Berechnungsbeispiele bei *Spera* Art. 42 CIM 1980 Anm. 6 u. 8 und bei *Wick* Art. 33 CIM 1970 Anm. 6 (S. 277 f.); vgl. auch CMR Art. 25 Rn. 5.
[3] Vgl. *Koller* Art. 25 CMR Rn. 3; MüKoHGB/*Jesser-Huß* CMR Art. 25 Rn. 2 u. 6; Thume/*Thume* CMR Art. 25 Rn. 5.
[4] *Koller* Art. 25 CMR Rn. 3; Thume/*Thume* Art. 25 CMR Rn. 5; vgl. auch CMR Art. 25 Rn. 9 *(Jesser-Huß)*.
[5] OGH Wien 19.9.1922 ZIntEisenb 1924, 7, 9 f.; *Spera* Art. 42 CIM 1980 Anm. 5; vgl. auch *Koller* Art. 25 CMR Rn. 3; aA CMR Art. 25 Rn. 10 *(Jesser-Huß)*.
[6] *Beier* S. 119; *Wick* Art. 33 CIM 1970 Anm. 4 (S. 277); vgl. auch Thume/*Thume* CMR Art. 25 Rn. 18.
[7] Vgl. *Wick* Art. 33 CIM 1970 Anm. 9 (S. 278 f.).

weil die beschädigten Teile leicht ersetzt werden können (Teilbeschädigung gemäß § 2 lit. b),[8] oder ob wegen der Beschädigung einzelner Teile auch die **unbeschädigt gebliebennen Teile entwertet** sind (§ 2 lit. a).

Treffen **mehrere Teilbeschädigungen** zusammen oder liegen **Teilverlust und Teil-** 8 **beschädigung** nebeneinander vor, so ist der Gesamtbetrag der Entschädigung in keinem Fall höher als bei gänzlichem Verlust des Gutes. Dies ergibt sich aus Art. 32 § 2, der eine **absolute Schadensobergrenze**[9] festlegt (s. auch § 3 Satz 2 und Art. 33 § 5).

**3. Beschädigungen infolge Lieferfristüberschreitung.** Klarer als andere Transport- 9 rechte regelt die CIM den Fall, dass eine Lieferfristüberschreitung zur Beschädigung des Gutes führt. In diesem Fall wird nach Art. 33 **nicht** wegen **Beschädigung, sondern** wegen **Lieferfristüberschreitung** entschädigt.

**4. Entschädigung für beförderte Eisenbahnfahrzeuge oder intermodale Trans-** 10 **porteinheiten (§ 3).** Wie Art. 30 § 3 für die Verlustentschädigung, so enthält auch Art. 32 eine Sonderregelung für den Fall, dass als Beförderungsgut aufgelieferte Eisenbahnfahrzeuge oder intermodale Transporteinheiten beschädigt werden.[10] Maßstab für die Entschädigung ist in diesem Fall nicht die Wertminderung, sondern es sind die **Instandsetzungskosten,** die äußerstenfalls bis zur Höhe der Verlustentschädigung gemäß Art. 30 § 3 zu ersetzen sind. „Weiterer Schaden", insbesondere **Nutzungsausfall,**[11] wird nicht ersetzt. Damit entspricht die Entschädigung derjenigen, die im Falle der Beschädigung von **als Beförderungsmittel verwendeten Wagen** nach Art. 4 § 4 CUV zu bezahlen ist.[12]

**5. Erstattung der Fracht und sonstiger Kosten (§ 4).** Fracht, Zölle und sonstige aus 11 Anlass der Beförderung gezahlte Beträge sind im Falle der Beschädigung des Gutes ebenfalls **anteilig** zu erstatten. Maßgebend ist der **Prozentsatz der Wertminderung** des gesamten Gutes am **Bestimmungsort** (oben Rn. 3); in Höhe dieses Prozentsatzes sind die aus Anlass der Beförderung angefallenen Kosten zu erstatten. In den in § 3 genannten Fällen der Beschädigung beförderter Eisenbahnfahrzeuge oder intermodaler Transporteinheiten kommt es für die Entschädigung allerdings nicht auf die Wertminderung, sondern auf die **Instandsetzungskosten** an. Die Verweisung in § 4 auf § 1 passt in den Fällen des § 3 nicht. Auch wenn § 3 seiner Stellung im Gefüge des Art. 32 nach von § 4 mitumfasst wird, so ist doch davon auszugehen, dass bei Ersatz der Instandsetzungskosten (einschließlich Kosten der Beförderung zum und vom Reparaturwerk) die vom Absender aufgewendeten sonstigen Kosten im Zusammenhang mit der Beförderung nicht vergeblich gewesen sind, so dass eine auch nur teilweise Erstattung dieser Kosten ausscheidet.

### Art. 33. Entschädigung bei Überschreitung der Lieferfrist

**§ 1. Ist durch die Überschreitung der Lieferfrist ein Schaden, einschließlich einer Beschädigung, entstanden, so hat der Beförderer eine Entschädigung zu zahlen, die höchstens das Vierfache der Fracht beträgt.**

**§ 2. Bei gänzlichem Verlust des Gutes wird die Entschädigung gemäß § 1 nicht neben der Entschädigung gemäß Artikel 30 geleistet.**

**§ 3. Bei teilweisem Verlust des Gutes beträgt die Entschädigung gemäß § 1 höchstens das Vierfache der auf den nicht verlorenen Teil der Sendung entfallenden Fracht.**

---

[8] *Wick* Art. 33 CIM 1970 Anm. 9 (S. 278 f.) Nach *Koller* (Rn. 1) werden „Teile der Sendung" beschädigt, wenn es sich nach der Verkehrsanschauung um Gegenstände handelt, die eine selbstständige Bedeutung und Funktion haben und als solche übernommen worden sind.
[9] Vgl. *Beier* S. 120, 129; *Koller* Art. 25 CMR Rn. 6.
[10] Zur Entstehungsgeschichte s. *ZA-Bericht 1999* S. 144.
[11] Ebenso *Koller* Rn. 1.
[12] *Denkschrift COTIF 1999* S. 206.

**§ 4.** Bei einer Beschädigung des Gutes, die nicht Folge der Lieferfristüberschreitung ist, wird die Entschädigung gemäß § 1 gegebenenfalls neben der Entschädigung gemäß Artikel 32 geleistet.

**§ 5.** In keinem Fall ist die Entschädigung gemäß § 1 zuzüglich der Entschädigungen gemäß Artikel 30 und 32 insgesamt höher als die Entschädigung bei gänzlichem Verlust des Gutes.

**§ 6.** ¹Ist gemäß Artikel 16 § 1 die Lieferfrist durch Vereinbarung festgesetzt, so kann darin eine von § 1 abweichende Entschädigungsregelung vorgesehen werden. ²Sind in diesem Fall die Lieferfristen gemäß Artikel 16 §§ 2 bis 4 überschritten, so kann der Berechtigte entweder die Entschädigung gemäß der genannten Vereinbarung oder die in den §§ 1 bis 5 vorgesehene Entschädigung verlangen.

### Art. 33. Indemnité en cas de dépassement du délai de livraison

§ 1. Si un dommage, y compris une avarie, résulte du dépassement du délai de livraison, le transporteur doit payer une indemnité qui n'excède pas le quadruple du prix de transport.

§ 2. En cas de perte totale de la marchandise, l'indemnité prévue au § 1 ne se cumule pas avec celle prévue à l'article 30.

§ 3. En cas de perte partielle de la marchandise, l'indemnité prévue au § 1 n'excède pas le quadruple du prix de transport de la partie non perdue de l'envoi.

§ 4. En cas d'avarie de la marchandise ne résultant pas du dépassement du délai de livraison, l'indemnité prévue au § 1 se cumule, s'il y a lieu, avec celle prévue à l'article 32.

§ 5. En aucun cas, le cumul de l'indemnité prévue au § 1 avec celles prévues aux articles 30 et 32 ne donne lieu au paiement d'une indemnité excédant celle qui serait due en cas de perte totale de la marchandise.

§ 6. Lorsque, conformément à l'article 16, § 1, le délai de livraison est établi par convention, celle-ci peut prévoir d'autres modalités d'indemnisation que celles prévues au § 1. Si, dans ce cas, les délais de livraison prévus à l'article 16, §§ 2 à 4 sont dépassés, l'ayant droit peut demander soit l'indemnité prévue par la convention précitée, soit celle prévue aux §§ 1 à 5.

### I. Normzweck

1    Art. 33 entspricht Art. 43 CIM 1980 in der Fassung des Protokolls 1990. Die CIM sieht eine eigenständige Vorschrift über die Entschädigung bei Lieferfristüberschreitung vor und regelt in dieser Bestimmung mehrere Fragen, so zB das Zusammentreffen von Lieferfristüberschreitung mit (Teil-)Verlust und Beschädigung. Die CMR (Art. 23 Abs. 5) und das HGB (§ 431 Abs. 3) fassen die Entschädigungsvorschrift zur Lieferfristüberschreitung sehr viel kürzer und betten sie in umfassendere Entschädigungsvorschriften ein. CMR und HGB lassen in ihrer Kürze allerdings einige Fragen offen,[1] die in der CIM geklärt sind.

### II. Einzelheiten

2    **1. Überschreitung der Lieferfrist.** Die **vereinbarte** bzw. nach Art. 16 § 2 ermittelte **gesetzliche Lieferfrist** muss überschritten sein. Ausschlaggebend ist die **Gesamtfrist** (Art. 16 Rn. 3). Eine Entschädigung kann nicht beansprucht werden, wenn lediglich Teilfristen (zB von einem beteiligten Beförderer) überschritten worden sind, die Gesamtfrist bei der Ablieferung des Gutes aber eingehalten wurde. Haben die Parteien eine **längere** als die gesetzliche **Lieferfrist vereinbart,** zB weil der Absender in den Genuss einer **Frachtermäßigung** kommen will, so liegt keine Lieferfristüberschreitung vor, wenn der

---

[1] Vgl. *Koller* § 425 HGB Rn. 91 u. Art. 23 CMR Rn. 17 mwN; MüKoHGB/*Jesser-Huß* CMR Art. 17 Rn. 92 ff.; Thume/*Thume/Riemer* Art. 23 CMR Rn. 45 ff.

Beförderer die vereinbarte Lieferfrist eingehalten, die (in diesem Fall nicht zum Tragen kommende) gesetzliche Höchstlieferfrist hingegen überschritten hat. Da der Absender ein berechtigtes finanzielles oder wirtschaftliches Interesse an einer vertraglichen Verlängerung der Lieferfrist haben kann (Frachtermäßigung oder Einsatz der Eisenbahn als langsam rollendes Lager für unempfindliche Güter), kann in einem solchen Fall nicht von einer nach Art. 5 nichtigen Haftungseinschränkung des Beförderers gesprochen werden.[2] Vielmehr liegt ein vom Normalfall abweichendes **besonderes Beförderungskonzept** mit einer darauf zugeschnittenen Haftungsregelung vor. Dies ist bei der Auslegung des § 6 zu beachten (Rn. 8). Der Beförderer kann sich bei Überschreitung der Lieferfrist zwar auf die Haftungsbefreiungsgründe des Art. 23 § 2, nicht jedoch auf die bevorrechteten Befreiungsgründe des Art. 23 § 3 berufen (anders nach § 427 HGB im Binnenverkehr); letztere betreffen vorwiegend typische Güterschadenrisiken, weniger Verspätungsrisiken.[3]

**2. Verspätungsschaden.** Durch die Überschreitung der Lieferfrist muss ein **Schaden** 3 entstanden sein. Die noch in der CIM 1970 enthaltene schadensunabhängige Pauschalentschädigung in Höhe eines Zehntels der Fracht wurde bereits bei der Revision 1980 aufgegeben.[4] Der Beförderer kann aber nach Art. 5 Satz 3 seine Haftung erweitern, indem er zB für die Überschreitung **garantierter Lieferfristen** eine Pauschalentschädigung verspricht.

Als **Verspätungsschaden** kommen **nicht nur Vermögensschäden** in Betracht (zB 4 wegen zwischenzeitlich eingetretenen Preisverfalls in Bezug auf das verspätet abgelieferte Gut oder wegen Produktionsausfalls, weil das benötigte Ersatzteil verspätet abgeliefert wird),[5] sondern auch **Substanzschäden am Beförderungsgut** (§ 1 ist zu lesen: einschließlich einer Beschädigung *des Beförderungsguts*). Werden also leicht verderbliche Güter wegen Lieferfristüberschreitung verdorben abgeliefert, so liegt nach internationalem Eisenbahnrecht ein Verspätungsschaden vor, der nach Art. 33 zu ersetzen ist, nicht als Beschädigung nach Art. 32.[6] Dabei ist zu beachten, dass die Ablieferung völlig verdorbener Güter nicht Verlust, sondern Beschädigung des Gutes darstellt (Art. 32 Rn. 2) und daher Verspätungsschaden sein kann.

**3. Zusammentreffen von (Teil-)Verlust und Lieferfristüberschreitung (§§ 2 und 5 3).** Wenn überhaupt kein Gut abgeliefert wird, kann nicht von Lieferfristüberschreitung gesprochen werden.[7] Folgerichtig sieht § 2 bei **gänzlichem Verlust des Gutes** (nicht gleichzusetzen mit Totalbeschädigung) eine Entschädigung ausschließlich wegen Verlusts nach Art. 30 vor. Bei **teilweisem Verlust** kommt eine Entschädigung wegen Lieferfristüberschreitung nur für den verspätet abgelieferten Teil der Sendung in Betracht (§ 3). Unberührt bleibt in diesem Fall die Verlustentschädigung nach Art. 30 für den verlorenen Teil der Sendung. Verlustentschädigung und Entschädigung wegen Lieferfristüberschreitung für den abgelieferten Teil der Sendung übersteigen zusammen nicht die Entschädigung, die bei gänzlichem Verlust des Gutes zu bezahlen wäre **(§ 5).**

**4. Zusammentreffen von Lieferfristüberschreitung und Beschädigung (§ 4).** Das 6 Beförderungsgut kann eine Beschädigung erleiden und **außerdem** kann es zu einem Verspätungsschaden kommen, ohne dass die beiden Schäden im Zusammenhang stehen. Beispiele: Bei der Ablieferung des bereits verspätet angekommenen Gutes wird es vom Beförderer zusätzlich noch beschädigt; oder das unterwegs durch einen übermäßigen Rangierstoß beschädigte Gut wird aus einem anderen Grund am Ende auch noch verspätet abgeliefert. In diesen Fällen ist sowohl der **Substanzschaden** als auch der **Verspätungsschaden** zu

---

[2] Vgl. *Denkschrift COTIF 1999* S. 206; *Koller* Art. 33 Rn. 3.
[3] *Beier* S. 123; vgl. auch CMR Art. 17 Rn. 91.
[4] *Beier* S. 123.
[5] Weitere Fälle bei *Beier* S. 124.
[6] *Beier* S. 128; dies war lange umstritten, vgl. *Favre/Matyassy* ZIntEisenb 1973, 43; *Wick* Art. 34 CIM 1970 Anm. 14 (S. 281).
[7] Beier S. 128 f.; *Wick* Art. 34 CIM 1970 Anm. 12 (S. 281).

ersetzen.[8] Wird das Gut jedoch bei einem **Unfall beschädigt** und führt der Unfall zu einer Transportverzögerung mit der Folge **verspäteter Ablieferung** des beschädigten Gutes, so wird zwar der Substanzschaden am Beförderungsgut ersetzt, nicht jedoch ein zusätzlicher Verspätungsschaden, weil dieser als **Güterfolgeschaden** nach Art. 32 § 1 nicht ersatzfähig ist ("ohne weiteren Schadensersatz").

**7**    **5. Entschädigungshöchstbetrag.** Die Entschädigung für Lieferfristüberschreitung beträgt höchstens das Vierfache der Fracht für die abgelieferte Sendung bzw. für den abgelieferten Teil der Sendung (§§ 1 und 3). Dies gilt auch dann, wenn ein Teil der Sendung rechtzeitig abgeliefert wird; allerdings kann dann der zu ersetzende Schaden geringer sein. Hierbei handelt es sich um die **Fracht ieS**, also ohne Nebengebühren, Zölle und sonstige Kosten gemäß Art. 10.[9] Der Anspruch des Beförderers auf die Fracht für das abgelieferte Gut bleibt bestehen, weil Art. 30 § 4 nur für Verlust (und Beschädigung) gilt.[10] Der Höchstbetrag der CIM liegt höher als die entsprechenden Beträge der CMR (einfache Fracht) und des HGB (dreifache Fracht). Das ist auch im Zusammenhang damit zu sehen, dass auch verspätungsbedingte Substanzschäden des Gutes als Verspätungsschaden zu entschädigen sind und dem Höchstbetrag des Art. 33 § 1 unterfallen. Getreu dem allgemeinen Grundsatz, dass die Entschädigung für gänzlichen Verlust des Gutes eine **absolute Schadensobergrenze** darstellt (Art. 32 Rn. 8), legt **§ 5** fest, dass beim Zusammentreffen von Entschädigungen wegen **Teilverlusts** oder **Beschädigung des Gutes** mit Entschädigungen wegen **Lieferfristüberschreitung** die Entschädigung insgesamt nicht höher ist als bei gänzlichem Verlust des Gutes.[11] Liegt jedoch **nur Lieferfristüberschreitung** vor (ohne Beeinträchtigung der Sachsubstanz des Beförderungsgutes), so beträgt die Höchstentschädigung wegen des Verspätungsschadens das Vierfache der Fracht, auch wenn dieser Betrag den gemeinen Wert des Gutes (zB eines Ersatzteils für eine ausgefallene Maschine) übersteigt. Eine höhere Entschädigung als im Regelfall kommt im Übrigen bei Angabe des Lieferinteresses (Art. 35) oder bei schwerem Verschulden (Art. 36) in Betracht, nicht jedoch im Falle eines **absoluten Fixgeschäfts** (Weihnachtsbäume werden erst am 27. Dezember abgeliefert).[12] Ein solches Geschäft kann aber Gegenstand einer **Lieferfristvereinbarung** iSd. § 6 sein.[13]

**8**    **6. Überschreitung einer vereinbarten Lieferfrist (§ 6).** Durch Vereinbarung kann die Lieferfrist gegenüber den gesetzlichen Höchstlieferfristen des Art. 16 § 2 **verkürzt oder verlängert** werden. Dabei kann auch eine **besondere Entschädigungsregelung** vorgesehen werden, zB eine **schadensunabhängige Pauschalentschädigung (Vertragsstrafe)** oder – bei Verkürzung der gesetzlichen Lieferfrist – eine **niedrigere Höchstentschädigung** als das Vierfache der Fracht. Ist in einem solchen Fall nicht nur die vereinbarte, sondern auch die gesetzliche Lieferfrist überschritten, so kann der Berechtigte entweder die vereinbarte oder die in Art. 33 vorgesehene gesetzliche Entschädigung verlangen. Dieses **Wahlrecht** hat zB dann Bedeutung, wenn die Parteien eine niedrige Pauschalentschädigung ohne Schadensnachweis vereinbart haben. Der Berechtigte hat dann die Möglichkeit, gegen Schadensnachweis die höhere gesetzliche Verspätungsentschädigung zu verlangen. Absender und Empfänger genießen auf diese Weise einen **Mindestschutz**, wenn selbst die gesetzlich festgelegte Lieferfrist nicht eingehalten wurde.[14] Eine **Lieferfristvereinbarung** entfaltet ihre Wirkung also je nach Fallgestaltung:[15] Ist die vereinbarte Lieferfrist **eingehalten**, erhält der Berechtigte keinen Ersatz für Verspätungsschaden, auch wenn die gesetzliche Lieferfrist überschritten ist; ist die vereinbarte Lieferfrist **überschritten**, erhält der Berechtigte die vereinbarte Verspätungsentschädigung, auch wenn die gesetzliche Lieferfrist eingehalten ist;

---

[8] *Beier* S. 128; *Wick* Art. 34 CIM 1970 Anm. 14 (S. 282).
[9] *Beier* S. 126.
[10] Vgl. *Koller* Art. 23 CMR Rn. 19.
[11] Vgl. *Wick* Art. 34 CIM 1970 Anm. 15 (S. 282 f.) mit Zusammenstellung der möglichen Fallgruppen.
[12] Vgl. *Koller* § 425 HGB Rn. 9a.
[13] Vgl. auch *Koller* Art. 23 CMR Rn. 20.
[14] *Denkschrift COTIF 1999* S. 206.
[15] Missverständlich *Koller* Rn. 3 (Satz 2).

sind vereinbarte und gesetzliche Lieferfrist überschritten, kann der Berechtigte nach der für ihn günstigsten Entschädigungsregelung vorgehen.

## Art. 34. Entschädigung bei Wertangabe

**¹Der Absender und der Beförderer können vereinbaren, dass der Absender im Frachtbrief einen Wert des Gutes angibt, der den in Artikel 30 § 2 vorgesehenen Höchstbetrag übersteigt. ²In diesem Fall tritt der angegebene Betrag an die Stelle dieses Höchstbetrages.**

## Art. 34. Dédommagement en cas de déclaration de valeur

L'expéditeur et le transporteur peuvent convenir que l'expéditeur déclare, sur la lettre de voiture, une valeur de la marchandise excédant la limite prévue à l'article 30, § 2. Dans ce cas, le montant déclaré se substitue à cette limite.

### I. Normzweck

Die Regelung wurde aus Art. 24 CMR übernommen, allerdings ohne den missverständlichen Hinweis auf die Zahlung eines „zu vereinbarenden" Zuschlags zur Fracht.[1] Da die Tarifpflicht weggefallen ist,[2] steht es den Vertragsparteien frei, für die mit der Wertangabe verbundene **Haftungserweiterung des Beförderers** einen vom Kunden zu zahlenden Zuschlag zu vereinbaren. Die Vereinbarung einer Wertangabe ist aber auch dann wirksam, wenn kein Zuschlag vereinbart worden ist. Der Beförderer ist ausreichend dadurch geschützt, dass der Absender die Wertangabe **nicht einseitig** vornehmen und die Haftung des Beförderers nicht einseitig verschärfen kann. Die Bestimmungen von DB Schenker Rail für den internationalen Eisenbahnverkehr schließen in ihrer Ziff. 5 Wertangaben für das Gut aus.    **1**

### II. Einzelheiten

Haben die Parteien eine Wertangabe vereinbart – mit oder ohne Zuschlag –, so tritt der vom Absender im Frachtbrief (Art. 7 § 2 lit. d) angegebene Wert an die Stelle der in Art. 30 § 2 genannten Höchstentschädigung von 17 Sonderziehungsrechten je fehlendes oder beschädigtes Kilogramm der Bruttomasse. Ersetzt wird aber auch in diesem Fall nur der tatsächlich entstandene und vom Berechtigten nachgewiesene Schaden gemäß dem Wert der verlorenen oder beschädigten Güter am Ort und zurzeit der Übernahme des Gutes durch den Beförderer.[3] Anders als die Angabe des Interesses an der Lieferung (Art. 35) hat die Wertangabe keine Auswirkungen auf die Entschädigung bei Lieferfristüberschreitung. Es wird lediglich der Entschädigungsbetrag des Art. 30 § 2 für die Fälle des Verlusts oder der Beschädigung angehoben.    **2**

## Art. 35. Entschädigung bei Angabe des Interesses an der Lieferung

**¹Der Absender und der Beförderer können vereinbaren, dass der Absender, für den Fall des Verlustes oder der Beschädigung und für den Fall der Überschreitung der vereinbarten Lieferfrist, durch Eintragung eines bezifferten Betrages in den Frachtbrief ein besonderes Interesse an der Lieferung angibt. ²Bei Angabe eines Interesses an der Lieferung kann außer den in Artikel 30, 32 und 33 vorgesehenen Entschädigungen der Ersatz des weiteren nachgewiesenen Schadens bis zur Höhe des angegebenen Betrages verlangt werden.**

---

[1] *ZA-Bericht 1999* S. 145 Ziff. 1; vgl. auch *Koller* Rn. 1.
[2] Hierauf weist *Denkschrift COTIF 1999* S. 206 zu Art. 35 hin.
[3] *ZA-Bericht 1999* S. 145.

## Art. 35. Dédommagement en cas de déclaration d'intérêt à la livraison

L'expéditeur et le transporteur peuvent convenir que l'expéditeur inscrive, sur la lettre de voiture, le montant en chiffres d'un intérêt spécial à la livraison, pour le cas de perte ou d'avarie et pour celui du dépassement du délai de livraison. En cas de déclaration d'intérêt à la livraison, il peut être demandé outre les indemnités prévues aux articles 30, 32 et 33, la réparation du dommage supplémentaire prouvé jusqu'à concurrence du montant déclaré.

### I. Normzweck

**1**     Die Angabe des Interesses an der Lieferung **erhöht die Haftung** nach den Art. 30, 32 und 33. Die Vorschrift fasst die Bestimmungen der Art. 16 und 46 CIM 1980 zusammen und deckt sich in der Sache mit Art. 26 CMR. Angesichts der weggefallenen Tarifpflicht unterbleibt auch hier – wie bei Art. 34 – ein Hinweis auf einen zu vereinbarenden Zuschlag zur Fracht. Die Parteien sind aber nicht gehindert, einen solchen Zuschlag zu vereinbaren (Art. 34 Rn. 1).[1] Die Bestimmungen von DB Schenker Rail für den internationalen Eisenbahnverkehr schließen in ihrer Ziff. 5 die Angabe des Lieferinteresses aus.

### II. Einzelheiten

**2**     Im Gegensatz zur Wertangabe nach Art. 34 wirkt die Vereinbarung eines besonderen Lieferinteresses auch im Fall der Lieferfristüberschreitung; das gilt aber nur, wenn es sich um eine **vereinbarte Lieferfrist** gemäß Art. 16 § 1 Satz 1 handelt. Die Vereinbarung des Lieferinteresses erhöht die Haftung des Beförderers für Verlust, Beschädigung oder Lieferfristüberschreitung; sie erhöht nicht nur – wie Art. 34 – den Höchstbetrag von 17 Sonderziehungsrechten in Art. 30 § 2. Bei Angabe des Lieferinteresses ist der Geschädigte daher nicht an die Entschädigungsgrenze des Art. 30 § 1 gebunden, sondern kann auch **entgangenen Gewinn** geltend machen.[2] Wie sich aus Art. 35 Satz 2 ergibt, wird aber vorausgesetzt, dass der Beförderer nach Art. 30, 32 oder 33 überhaupt (beschränkte) Entschädigung zu leisten hat. Dann kann der Berechtigte die in den genannten Vorschriften geregelte **Normalentschädigung** und zusätzlich bis zur Höhe des angegebenen Lieferinteresses den **weiteren nachgewiesenen Schaden** geltend machen.[3] Es ist **Vereinbarungssache,** ob der angegebene Betrag des Lieferinteresses die Obergrenze für die Normalentschädigung plus die zusätzliche Entschädigung bilden oder nur den zusätzlichen Schadensersatzanspruch betreffen soll; der Wortlaut des Art. 35 Satz 2 ist in dieser Hinsicht nicht eindeutig.[4] Wenn der Beförderer sich jedoch auf einen Haftungsbefreiungsgrund berufen kann, dann entfällt auch der Ersatz weiteren Schadens nach Art. 35. Andererseits bedarf es einer Berufung auf Art. 35 nicht, wenn der Beförderer nach Art. 36 unbeschränkt haftet. Er hat dann Schadensersatz auch über den angegebenen Betrag des Lieferinteresses hinaus zu leisten.

**3**     Ebenso wenig wie Art. 26 CMR äußert sich die CIM dazu, was alles als **„weiterer Schaden"** im Rahmen des Art. 35 geltend gemacht werden kann.[5] Die Entschädigungsgrenzen der Art. 30 § 1 und 32 § 1 („ohne weiteren Schadensersatz") greifen jedenfalls nicht. Jedoch ergibt sich aus dem Zweck der Vorschrift, dem Interesse des Berechtigten an der rechtzeitigen Ablieferung des (unbeschädigten) Gutes Rechnung zu tragen, dass im Falle der Beschädigung des Gutes zwar der Güterschaden (einschl. entgangenem Gewinn oder nutzlosem Aufwand, oben Rn. 2) bis zur Höhe des angegebenen Lieferinteresses, **nicht** jedoch auch **Güterfolgeschäden** an anderen Sachen des Empfängers („Ansteckungsschäden") zu ersetzen sind.[6]

---

[1] *ZA-Bericht 1999* S. 145.
[2] *Beier* S. 106; *Wick* Art. 36 CIM 1970 Anm. 4 (S. 287). – Zur CMR vgl. CMR Art. 26 Rn. 10.
[3] *Beier* S. 106.
[4] Zu den unterschiedlichen Auffassungen s. *Beier* S. 106.
[5] Vgl. *Koller* Art. 26 CMR Rn. 4.
[6] OLG Düsseldorf 2.12.1982, VersR 1983, 749 (zu Art. 26 CMR: Mangelfolgeschaden nicht zu ersetzen); – aA *Beier* S. 106; *Koller* Rn. 1; CMR Art. 26 Rn. 10, 11 *(Jesser-Huß)*.

## Art. 36. Verlust des Rechtes auf Haftungsbeschränkung

Die in Artikel 15 § 3, Artikel 19 §§ 6 und 7, Artikel 30, 32 bis 35 vorgesehenen Haftungsbeschränkungen finden keine Anwendung, wenn nachgewiesen wird, dass der Schaden auf eine Handlung oder Unterlassung des Beförderers zurückzuführen ist, die entweder in der Absicht, einen solchen Schaden herbeizuführen, oder leichtfertig und in dem Bewusstsein begangen wurde, dass ein solcher Schaden mit Wahrscheinlichkeit eintreten werde.

## Art. 36. Déchéance du droit d'invoquer les limites de responsabilité

Les limites de responsabilité prévues à l'article 15, § 3, à l'article 19, §§ 6 et 7 et aux articles 30, 32 à 35 ne s'appliquent pas, s'il est prouvé que le dommage résulte d'un acte ou d'une omission que le transporteur a commis, soit avec l'intention de provoquer un tel dommage, soit témérairement et avec conscience qu'un tel dommage en résultera probablement.

### I. Normzweck

Art. 36 enthält **keinen eigenständigen Haftungsgrund**, sondern den **Wegfall von** in **1** anderen Vorschriften vorgesehenen **Haftungsbeschränkungen**. Die Bestimmung entspricht Art. 44 CIM 1980 in der Fassung des Protokolls 1990 und gibt den heute im Transportrecht allgemein geltenden Grundsatz zum Verlust der Haftungsbeschränkung bei **schwerem Verschulden** wieder (vgl. Art. 4 § 5 lit. e der Visby-Rules, Art. 8 der Hamburg-Regeln, Art. 13 des Athener Übereinkommens, Art. 21 CMNI, Art. 25 WA 1955, Art. 22 Abs. 5 MÜ für die Haftung außerhalb der Güterbeförderung, Art. 29 CMR, § 435 HGB). Die Formulierungen unterscheiden sich allerdings in Einzelheiten; für einen bestimmten Verkehrsträger ergangene Entscheidungen können daher nicht ungeprüft auf andere Verkehrsträger übertragen werden (Rn. 3).[1]

### II. Einzelheiten

**1. Absicht oder „bewusste Leichtfertigkeit". a) Absicht.** „Absicht" bedeutet **2** zunächst eine auf Schadenszufügung zielende Handlung oder Unterlassung und geht damit über den in § 435 HGB – in Anlehnung an die deutsche Fassung des Art. 29 CMR – genannten „Vorsatz" begrifflich hinaus, da **Vorsatz** nicht auf Schadenszufügung sein muss.[2] Heute wird der Begriff der Absicht jedoch weiter ausgelegt und darunter auch der bloß **bedingte Vorsatz** (ohne Schädigungsabsicht) verstanden.[3] Damit wird vermieden, dass ein zwischen der Absicht im eigentlichen Sinne und der bewussten Leichtfertigkeit liegendes schweres Verschulden (nämlich der bedingte Vorsatz) als Haftungsverschärfungsgrund ausfällt.[4]

**b) Bewusste Leichtfertigkeit.** Die „bewusste Leichtfertigkeit" enthält zwei Tatbe- **3** standsmerkmale: zum einen das objektive Merkmal eines **leichtfertigen Verhaltens**, das häufig mit **objektiver** oder **bewusster grober Fahrlässigkeit** gleichgesetzt, von anderen aber als ein den Rahmen der groben Fahrlässigkeit überschreitender, **dem Vorsatz angenäherter Sorgfaltsverstoß** verstanden wird.[5] Hinzu kommen muss das **subjektive Bewusstsein der Schadenswahrscheinlichkeit**, wobei Art. 36 CIM das Bewusstsein verlangt, dass „ein solcher Schaden" mit Wahrscheinlichkeit eintreten werde. Die CIM folgt

---

[1] Eine Betrachtung zu Art. 36 CIM im Lichte des Art. 25 WA 1955 unternimmt *Clarke*, GS Helm, S. 27 ff.
[2] Vgl. *Beier* S. 108 Fn. 116; *Koller* Art. 29 CMR Rn. 2.
[3] Vgl. zur CMR CMR Art. 29 Rn. 3.
[4] Vgl. *Beier* S. 108 Fn. 116.
[5] Vgl. einerseits *Koller* § 435 HGB Rn. 6 mwN. und andererseits *Helm* FG Herber S. 88, 90.

damit den Formulierungen im internationalen Schifffahrtsrecht, während das internationale Luftrecht und § 435 HGB auf das Bewusstsein abstellen, dass **„ein Schaden"** mit Wahrscheinlichkeit eintreten werde. Dieses Bewusstsein ist im Zweifel eher anzunehmen als das von der CIM geforderte konkretere Bewusstsein[6] (Rn. 5). Wegen der Schwierigkeit, das Vorliegen eines subjektiven Schädigungsbewusstseins zu beweisen, geht die Rechtsprechung davon aus, dass bei Vorliegen eines besonders schweren Pflichtverstoßes der Schluss auf ein entsprechendes Schädigungsbewusstsein gerechtfertigt ist.[7] Das Bewusstsein des Schädigers hinsichtlich der Wahrscheinlichkeit des Schadenseintritts ist dann ebenfalls objektiv zu bewerten, ohne dass bewiesen werden muss, dass es subjektiv beim Schädiger vorgelegen hat.[8] Die haftungsverschärfende Wirkung der bewussten Leichtfertigkeit tritt allerdings nur ein, wenn zwischen dem besonders schweren Pflichtverstoß und dem eingetretenen Schaden ein Zusammenhang (**„Verstoßzusammenhang"**) besteht.[9] Daran fehlt es, wenn der Schaden, dessen Ersatz begehrt wird, nicht auf den schweren Pflichtverstoß, sondern auf eine andere Ursache zurückzuführen ist. Das gilt zB, wenn der Beförderer leicht verderbliches Gut tagelang in der Sommerhitze stehen lässt, so dass es beim Weitertransport bereits erheblich gelitten hat, dies am Ende aber keine Rolle mehr spielt, weil auf Grund eines Betriebsunfalls die Wagen mit dem verderblichen Gut in eine Schlucht stürzen, so dass das Gut verloren ist. In diesem Fall kann der Berechtigte nicht eine verspätungsbedingte Totalbeschädigung des Gutes wegen bewusster Leichtfertigkeit des Beförderers in voller Höhe geltend machen, sondern muss sich wegen Art. 33 § 2 mit der (begrenzten) Verlustentschädigung nach Art. 30 begnügen. Dabei ist zu beachten, dass auf einen **Betriebsunfall** zurückzuführende Schäden regelmäßig nicht bewusst leichtfertig verursacht werden.[10]

4     **2. Wegfall der Haftungsbeschränkungen.** Art. 36 zählt die Vorschriften auf, deren **Haftungsbeschränkungen** nicht anwendbar sind, wenn dem Beförderer schweres Verschulden zur Last fällt. Dazu gehören nicht nur die Entschädigungsvorschriften im Rahmen der **Befördererhaftung ieS** (Art. 30, 32–35), sondern auch Vorschriften über die Haftung des Beförderers bei Verletzung von **Nebenpflichten,** soweit diese Bestimmungen Haftungsbeschränkungen zugunsten des Beförderers vorsehen (Art. 15, 19). CMR und HGB formulieren umfassender: Nach Art. 29 CMR kann sich der Frachtführer nicht auf die Bestimmungen des Kapitels über die Frachtführerhaftung berufen, „die seine Haftung *ausschließen* oder *begrenzen* oder die *Beweislast umkehren*". Art 36 CIM lässt hingegen die Art. 23 und 25 mit den allgemeinen und bevorrechtigten Haftungsbefreiungsgründen zugunsten des Beförderers unberührt. Es ist daher grundsätzlich nicht ausgeschlossen, dass ein Haftungsbefreiungsgrund und schweres Verschulden des Beförderers zusammentreffen, so dass **Schadensteilung** stattfindet (Art. 23 Rn. 18, 28, 37).[11]

5     Da Art. 36 sich auf Art. 30 insgesamt bezieht (nicht nur auf dessen § 2), entfällt bei schwerem Verschulden des Beförderers nicht nur die betragsmäßige Entschädigungsgrenze von 17 Sonderziehungsrechten je Kilogramm, sondern es entfallen auch die sonstigen aus Art. 30 sich ergebenden Haftungseinschränkungen, insbesondere die im Normalfall geltende Beschränkung der Ersatzpflicht auf den **objektiven Güterschaden** unter Ausschluss von **subjektiven Schäden** und **Güterfolgeschäden.** Stattdessen gilt, da Art. 36 keinen eigenen Schadensbegriff enthält, das allgemeine Schadensersatzrecht des ergänzend anwendbaren Landesrechts, nach deutschem Recht also die §§ 249 ff. BGB.[12] Es ist allerdings nicht auszuschließen, dass das für die unbeschränkte Haftung des Beförderers erforderliche Bewusstsein,

---

[6] Vgl. *Koller* § 435 HGB Rn. 14; CMR Art. 29 Rn. 15.
[7] BGH 11.11.2004, TranspR 2006, 161, 164, u. 25.3.2004, TranspR 2004, 309, 310; vgl. auch CMR Art. 29 Rn. 15.
[8] Vgl. *Beier* S. 108 f.; krit. demgegenüber *Koller* § 435 HGB Rn. 14.
[9] Vgl. *Thume/Harms* Art. 29 CMR Rn. 31.
[10] LG Dresden 18.6.1999, TranspR 1999, 397, 398 („Rangierunfall"); vgl. auch BGH 12.1.2012, TranspR 2012, 107, 110 (Rn. 28).
[11] Vgl. *Beier* S. 110; *Koller* § 435 HGB Rn. 19a; CMR Art. 29 Rn. 36, 37 *(Jesser-Huß).*
[12] BGH 9.10.2013, TranspR 2013, 433, 437 (Rn. 37); vgl. auch *Thume* TranspR 2008, 78, 79, mwN; – zu den anerkannten (subjektiven) Schäden s. *Beier* S. 109.

dass **ein solcher Schaden** mit Wahrscheinlichkeit eintreten werde, nur in Bezug auf den Güterschaden zu bejahen ist, nicht hingegen in Bezug auf einen Güterfolgeschaden beim Empfänger, von dessen Produktionsabläufen sich der Beförderer gar keine Vorstellungen machen konnte. Gerade in Bezug auf Güterfolgeschäden gilt daher nach der CIM **kein „Nichts–oder–Alles–Prinzip"**, je nachdem, ob einfache Verantwortlichkeit oder schweres Verschulden des Beförderers vorliegt.[13]

Wird der Schaden des Berechtigten wegen schweren Verschuldens des Beförderers nicht **6** nach Art. 30 § 1, sondern nach dem Wert des Gutes am Bestimmungsort und unter Einschluss des entgangenen Gewinns berechnet, so entfällt ein Anspruch des Berechtigten auf Erstattung der Fracht nach Art. 30 § 4[14] (vgl. Art. 30 Rn. 2 u. 7). Allgemein gilt, dass der Ersatzberechtigte, der sich auf schweres Verschulden des Beförderers beruft und vollen Ersatz seines Schadens begehrt, **kein Wahlrecht** zwischen der Entschädigung nach allgemeinem Schadensersatzrecht und nach Art. 30 ff. CIM hat.[15] Er hat vielmehr die Höhe seines Schadens konkret nachzuweisen und kann sich nicht damit begnügen, den (im Einzelfall vielleicht höheren) objektiven Wertersatz nach Art. 30, 32 zu verlangen. Ein Wahlrecht besteht allerdings insoweit, als der Ersatzberechtigte darauf **verzichten** kann, schweres Verschulden des Beförderers (oder seiner Leute) geltend zu machen. Dann kommt nicht allgemeines Schadensersatzrecht (zB §§ 249 ff. BGB) zur Anwendung, sondern es bleibt bei der Anwendung der Art. 30 ff. CIM, allerdings mit allen Einzelregelungen, insbesondere mit der betragsmäßigen Beschränkung der Haftung von Güterschäden auf 17 SZR/kg und von Verspätungsschäden auf die vierfache Fracht.[16]

Andere als die in Art. 36 genannten Haftungsbeschränkungen entfallen nicht, wenn **7** schweres Verschulden geltend gemacht wird. Das gilt zB für die in Art. 37 § 2 vorgenommene Begrenzung der **Verzinsung** der Entschädigung auf 5 %.[17] Über Art. 36 hinaus gibt es allerdings weitere Vorschriften, die die Rechtsstellung des Geschädigten verbessern, wenn schweres Verschulden des Beförderers vorliegt, vgl. Art. 47 § 2 lit. d zum **Erlöschen** und Art. 48 § 1 lit. c zur **Verjährung** von Entschädigungsansprüchen.

**3. Schweres Verschulden der Leute und Gehilfen des Beförderers.** Wie die Ham- **8** burg-Regeln und die CMNI lässt Art. 36 unbeschränkte Haftung des Beförderers dann eintreten, wenn schweres Verschulden des **Beförderers** vorliegt. CMR, internationales Luftrecht und HGB erklären den Wegfall der Haftungserleichterungen des Frachtführers hingegen auch bei schwerem Verschulden **seiner Leute und Gehilfen.** Für die CIM gilt im Ergebnis nichts anderes, da der Beförderer nach Art. 40 für seine Leute und Gehilfen, und das heißt auch, für ihr **jeweiliges Verschulden,** einzustehen hat, soweit sie **in Ausübung ihrer Verrichtungen** handeln. Bei einem Handeln in Schädigungsabsicht kann es daran fehlen (Art. 23 Rn. 24), jedoch nicht bei bewusst leichtfertigem Verhalten der Leute oder Gehilfen im Rahmen ihrer dienstlichen Tätigkeit. Die unbeschränkte Haftung der Leute und Gehilfen bei eigenem schweren Verschulden ergibt sich im Übrigen aus Art. 41 § 2.

**Art. 37. Umrechnung und Verzinsung**

**§ 1. Müssen bei der Berechnung der Entschädigung in ausländischer Währung ausgedrückte Beträge umgerechnet werden, so sind sie nach dem Kurs am Tag und am Ort der Zahlung der Entschädigung umzurechnen.**

**§ 2. Der Berechtigte kann auf die Entschädigung Zinsen in Höhe von fünf Prozent jährlich verlangen, und zwar vom Tag der Reklamation gemäß Artikel 43**

---

[13] Anders wohl nach der CMR: CMR Art. 29 Rn. 29; aA auch *Koller* Rn. 1.
[14] BGH 9.10.2013, TranspR 2013, 433, 437 Rn. 38.
[15] Vgl. *Thume* TranspR 2008 78, 84; – aA *Beier* S. 109.
[16] Vgl. BGH 3.3.2005 VersR 2005, 1557, 1558 (unter II 4); *Thume* TranspR 2008, 78, 80 f.
[17] *Beier* S. 110.

oder, wenn keine Reklamation vorangegangen ist, vom Tag der Klageerhebung an.

**§ 3.** Legt der Berechtigte dem Beförderer die zur abschließenden Behandlung der Reklamation erforderlichen Belege nicht innerhalb einer ihm gestellten angemessenen Frist vor, so ist der Lauf der Zinsen vom Ablauf dieser Frist an bis zur Übergabe dieser Belege gehemmt.

### Art. 37. Conversion et intérêts

§ 1. Lorsque le calcul de l'indemnité implique la conversion des sommes exprimées en unités monétaires étrangères, celle-ci est faite d'après le cours aux jour et lieu du paiement de l'indemnité.

§ 2. L'ayant droit peut demander des intérêts de l'indemnité, calculés à raison de cinq pour cent l'an, à partir du jour de la réclamation prévue à l'article 43 ou, s'il n'y a pas eu de réclamation, du jour de la demande en justice.

§ 3. Si l'ayant droit ne remet pas au transporteur, dans un délai convenable qui lui est fixé, les pièces justificatives nécessaires pour la liquidation définitive de la réclamation, les intérêts ne courent pas entre l'expiration du délai fixé et la remise effective de ces pièces.

## I. Normzweck

1    Die Vorschrift übernimmt Art. 47 CIM 1980 in der Fassung des Protokolls 1990 mit Ausnahme der damaligen Bagatellgrenze in § 3. Zwei Fragen werden geregelt: Die Umrechnung von Entschädigungsbeträgen (§ 1) und die Verzinsung von Entschädigungsforderungen gegen den Beförderer (§§ 2 und 3). Art. 27 CMR enthält eine entsprechende Regelung in Anlehnung an eine frühere Fassung der CIM. **Ansprüche des Beförderers** unterliegen nicht Art. 37, sondern den jeweils anwendbaren nationalen Zinsvorschriften.[1]

## II. Einzelheiten

2    **1. Umfang der Verzinsungspflicht. § 2** erfasst nicht nur Entschädigungen auf Grund der **Beförderhaftung ieS** (Art. 23), sondern alle auf Grund des **Frachtvertrags** zu zahlenden Entschädigungsbeträge, insbesondere bei Verletzung von **Nebenpflichten.**[2] Die Verzinsungspflicht gilt auch für die „Erstattungsbeträge" des Art. 30 § 4.[3] Für alle der CIM unterfallenden Ansprüche ist die Regelung **abschließend,** so dass weitergehende Ansprüche wegen **Verzugsschadens** nicht geltend gemacht werden können.[4] Etwas anderes gilt ggf. für nicht von der CIM erfasste Ansprüche, etwa Ansprüche auf Ersatz von Prozesskosten, die nach ergänzend anwendbarem Landesrecht zu beurteilen sind.[5] Die Zinspflicht beginnt am Tag des Eingangs der Reklamation.[6] Geschuldet werden **einfache Zinsen,** ohne Zinseszinsen.[7] Der Zinssatz beträgt 5 % jährlich für alle Forderungen auf der Grundlage der CIM; höhere oder niedrigere Zinssätze nach Landesrecht sind unbeachtlich.[8]

3    **2. Formvorschriften.** Die Verzinsung erfolgt nur auf Verlangen; erforderlich ist eine **Reklamation** oder **Klageerhebung,** wobei das **Zinsbegehren ausdrücklich** kundgetan

---

[1] Vgl. *Beier* S. 110 Fn. 125.
[2] *Wick* Art. 38 CIM 1970 Anm. 3 (S. 293); vgl. auch *Beier* S. 110 mwN.
[3] Vgl. *Beier* S. 110 Fn. 128.
[4] Vgl. LG Frankfurt 1.2.1989, TranspR 1989, 363, 364; LG Köln 14.2.1984, ZIntEisenb 1984, 114, 117; s. auch *Wick* Art. 38 CIM 1970 Anm. 3 (S. 293).
[5] *Fischer* TranspR 1991, 321, 324.
[6] *Nanassy* S. 657; ihm folgend *Spera* Art. 47 CIM 1980 Anm. 5.
[7] C. d'appel Paris 6.7.1953, ZIntEisenb 1955, 9, 12, mit Anm. *Durand* S. 13 f. unter IV; *Beier* S. 111.
[8] LG Köln ZIntEisenb 1984, 114, 117; Cass. Paris 3.11.1988, Bull. transp. 1989, 184; *Beier* S. 111; *Wick* Art. 38 CIM 1970 Anm. 3 (S. 293).

werden muss;[9] ein formloses Verlangen reicht nicht aus. Die Hemmung der Verzinsung gemäß § 3 soll den Beförderer vor ungerechtfertigten Zinslasten schützen, die vom Berechtigten (Absender oder Empfänger) verursacht werden.[10]

**3. Verjährung.** Die Verjährung des **Zinsanspruchs** richtet sich nach Art. 48, da zu    **4** den **Ansprüchen aus dem Beförderungsvertrag** alle Ansprüche gehören, die in diesem Vertrag ihren Rechtsgrund haben.[11] Eine **Hemmung** der Verjährung wird durch Einreichung der für eine Reklamation nach Art. 43 erforderlichen **Belege** bewirkt, das sind insbesondere der **Originalfrachtbrief** oder das **Frachtbriefdoppel**. Die Verzinsung einer Entschädigung ist zwar auch bei schwerem Verschulden des Beförderers (oder seiner Hilfspersonen) auf 5 % beschränkt (Art. 36 Rn. 7), der Zinsanspruch verjährt in einem solchen Fall allerdings erst in zwei Jahren, nicht schon nach einem Jahr (Art. 48 § 1 Satz 2 lit. c).

## Art. 38. Haftung im Eisenbahn-Seeverkehr

**§ 1.** Bei Eisenbahn-Seebeförderungen über Linien zur See gemäß Artikel 24 § 1 des Übereinkommens kann jeder Mitgliedstaat, indem er die Aufnahme eines entsprechenden Vermerkes in die Liste der diesen Einheitlichen Rechtsvorschriften unterstellten Linien verlangt, die Gründe für die Befreiung von der Haftung gemäß Artikel 23 um die nachstehenden Gründe, jedoch nur in ihrer Gesamtheit, ergänzen:
a) Feuer, sofern der Beförderer beweist, dass es weder durch sein Verschulden noch durch Verschulden des Kapitäns, der Schiffsbesatzung, des Lotsen oder der in seinem Dienst stehenden Personen entstanden ist;
b) Rettung oder Versuch der Rettung von Leben oder Eigentum zur See;
c) Verladung des Gutes auf Deck, sofern der Absender seine Einwilligung dazu im Frachtbrief gegeben hat und sofern das Gut nicht in Eisenbahnwagen befördert wird;
d) Gefahren oder Unfälle der See oder anderer schiffbarer Gewässer.

**§ 2.** Der Beförderer kann sich auf die in § 1 genannten Haftungsbefreiungsgründe nur berufen, wenn er beweist, dass der Verlust, die Beschädigung oder die Überschreitung der Lieferfrist auf der Seestrecke vom Beginn des Einladens der Güter in das Schiff bis zu ihrer Ausladung aus dem Schiff entstanden ist.

**§ 3.** Beruft sich der Beförderer auf die in § 1 genannten Haftungsbefreiungsgründe, haftet er dennoch, wenn der Berechtigte nachweist, dass der Verlust, die Beschädigung oder die Überschreitung der Lieferfrist auf einem Verschulden des Beförderers, des Kapitäns, der Schiffsbesatzung, des Lotsen oder der im Dienste des Beförderers stehenden Personen beruht.

**§ 4.** [1]Wird eine Seestrecke durch mehrere Unternehmen bedient, die in die Liste der Linien gemäß Artikel 24 § 1 des Übereinkommens eingetragen sind, so müssen für alle Unternehmen die gleichen Haftungsvorschriften gelten. [2]Sind diese Unternehmen auf Antrag mehrerer Mitgliedstaaten in die Liste eingetragen worden, so muss außerdem über die Anwendung dieser Haftungsvorschriften vorher ein Einverständnis unter diesen Staaten erzielt werden.

**§ 5.** [1]Die gemäß §§ 1 und 4 getroffenen Maßnahmen sind dem Generalsekretär mitzuteilen. [2]Sie treten frühestens nach Ablauf von 30 Tagen in Kraft, gerechnet vom Tag der vom Generalsekretär an die anderen Mitgliedstaaten gerichteten

---

[9] LG Frankfurt 1.2.1989, TranspR 1989, 363, 364; *Beier* S. 111.
[10] Einzelheiten bei *Beier* S. 113.
[11] LG Frankfurt 1.2.1989, TranspR 1989, 363, 364. (zu Art. 47/58 CIM 1980).

**Mitteilung über diese Maßnahmen.** [3]**Unterwegs befindliche Sendungen werden von diesen Maßnahmen nicht betroffen.**

### Art. 38. Responsabilité en trafic fer-mer

§ 1. Dans les transports fer-mer empruntant les lignes maritimes visées à l'article 24, § 1 de la Convention, chaque Etat membre peut, en demandant que la mention utile soit portée sur la liste des lignes soumises aux présentes Règles uniformes, ajouter l'ensemble des causes d'exonération ci-après mentionnées à celles prévues à l'article 23:

a) incendie, à condition que le transporteur fasse la preuve qu'il n'a pas été causé par son fait ou sa faute, par ceux du capitaine, des marins, du pilote ou de ses préposés;

b) sauvetage ou tentative de sauvetage de vies ou de biens en mer;

c) chargement de la marchandise sur le pont du navire, à condition qu'elle ait été chargée sur le pont avec le consentement de l'expéditeur donné sur la lettre de voiture et qu'elle ne soit pas sur wagon;

d) périls, dangers ou accidents de la mer ou d'autres eaux navigables.

§ 2. Le transporteur ne peut se prévaloir des causes d'exonération visées au § 1 que s'il fait la preuve que la perte, l'avarie ou le dépassement du délai de livraison est survenu sur le parcours maritime, depuis le chargement de la marchandise à bord du navire jusqu'à son déchargement du navire.

§ 3. Lorsque le transporteur se prévaut des causes d'exonération visées au § 1, il reste néanmoins responsable si l'ayant droit fait la preuve que la perte, l'avarie ou le dépassement du délai de livraison est dû à une faute du transporteur, du capitaine, des marins, du pilote ou des préposés du transporteur.

§ 4. Lorsqu'un même parcours maritime est desservi par plusieurs entreprises inscrites sur la liste des lignes conformément à l'article 24, § 1 de la Convention, le régime de responsabilité applicable à ce parcours doit être le même pour toutes ces entreprises. En outre, lorsque ces entreprises ont été inscrites sur la liste à la demande de plusieurs Etats membres l'adoption de ce régime doit au préalable faire l'objet d'un accord entre ces Etats.

§ 5. Les mesures prises en conformité des §§ 1 et 4 sont communiquées au Secrétaire général. Elles entrent en vigueur, au plus tôt, à l'expiration d'un délai de trente jours à partir du jour auquel le Secrétaire général les notifie aux autres Etats membres. Les envois en cours de route ne sont pas affectés par lesdites mesures.

## I. Normzweck

1      Diese Sondervorschrift des internationalen Eisenbahnfrachtrechts wurde 1952 auf Wunsch des Vereinigten Königreichs von Großbritannien aufgenommen, um den Beitritt dieses Staates zur CIM zu ermöglichen.[1] Ursprünglich enthielt die Vorschrift **sechs zusätzliche Haftungsbefreiungsgründe** (neben den allgemeinen und besonderen Haftungsbefreiungsgründen des heutigen Art. 23 §§ 2 und 3) für den Fall, dass der Schaden auf einer entsprechend **eingetragenen Seestrecke** eingetreten ist. Die sechs Haftungsbefreiungsgründe waren aus dem Brüsseler Übereinkommen vom 25.8.1924 zur Vereinheitlichung von Regeln über Konnossemente (**„Haager Regeln"**) übernommen worden. Im Zuge der COTIF-Revision 1999 wurde die Liste der zusätzlichen seerechtlichen Haftungsbefreiungsgründe den **Hamburg-Regeln** angenähert und auf **vier** verringert.[2] Die CMR enthält zwar keine vergleichbare Vorschrift, regelt aber den „Huckepack-" bzw. „Roll-on/Roll-off-Verkehr" von Straßenfahrzeugen mit vier anderen Verkehrsträgern in ihrem Art. 2.

---

[1]  Ausführlich zur Entstehungsgeschichte *Allégret* ZIntEisenb 1995, 57 u. 64 f.; *Nanassy* S. 868 f.
[2]  *Denkschrift COTIF 1999* S. 206 f.; *ZA-Bericht 1999* S. 146.

## II. Einzelheiten

**1. Voraussetzungen (§§ 1 und 4).** Die Anwendung eines seerechtlichen Haftungsbe- **2** freiungsgrunds im Eisenbahn-Seeverkehr setzt voraus, dass es sich um eine Eisenbahn-Seebeförderung handelt, die auf einer in die „Liste der Linien zur See oder auf Binnengewässern CIM" gemäß Art. 24 COTIF **eingetragenen Seeschifffahrtslinie** durch ein **miteingetragenes Schifffahrtsunternehmen** stattfindet und auf die gemäß Art. 1 § 4 CIM die **CIM anwendbar** ist. Außerdem muss der Mitgliedstaat, der die Seestrecke in die Liste eintragen lässt oder eintragen ließ, einen **Vermerk** anbringen lassen, dass die Haftungsbefreiungsgründe des Art. 23 auf der eingetragenen Seestrecke um den Katalog der seerechtlichen Haftungsbefreiungsgründe des Art. 38 ergänzt werden sollen (**§ 1**). Eine **Eisenbahn-Seebeförderung** ist gegeben, wenn eine durchgehende internationale Beförderung über Eisenbahnstrecken und eingetragene Seeschifffahrtslinien stattfindet. Die Schiffsbeförderung kann dabei zwischen zwei Eisenbahnbeförderungen liegen (das ist der eigentliche **Eisenbahnfährverkehr**), sie kann aber auch am Anfang oder am Ende des Gesamttransports stattfinden.[3] Bei **ausschließlicher Seebeförderung,** ohne vorangehende oder nachfolgende Eisenbahnbeförderung, findet nicht die CIM, sondern ausschließlich Seerecht Anwendung (vgl. Art. 1 § 4), auch wenn es sich um eine von einer Eisenbahn betriebene Fähre handelt.[4]

Sind für die Bedienung einer Schifffahrtsverbindung (insbesondere Eisenbahnfährlinie) **3** **mehrere Beförderungsunternehmen** in die Liste der Linien eingetragen, so müssen die Haftungsbefreiungsgründe für **alle** eingetragenen Unternehmen gleichermaßen gelten (**§ 4**). Wird die Eintragung einer Schifffahrtsverbindung (samt den sie betreibenden Unternehmen) von **mehreren Mitgliedstaaten** beantragt, so kann ein Vermerk über die Anwendung der zusätzlichen seerechtlichen Haftungsbefreiungsgründe nur **mit Einverständnis aller** beteiligten Mitgliedstaaten eingetragen werden. Zwar muss jede einzelne Linie von den jeweils beteiligten Staaten einheitlich behandelt werden; es ist aber nicht erforderlich, dass ein Mitgliedstaat mit sämtlichen ihn betreffenden Seeschifffahrtslinien einheitlich verfährt; er kann vielmehr für einzelne Fährlinien den Vermerk über die Geltung ergänzender seerechtlicher Haftungsbefreiungsgründe anbringen lassen, für andere Verbindungen hingegen nicht.[5] Deutschland hat für alle seine gegenwärtig eingetragenen Seeschifffahrtslinien einen derartigen Vermerk anbringen lassen.[6]

**2. Katalog der seerechtlichen Haftungsbefreiungsgründe.** Die 1999 verbliebenen **4** vier Haftungsbefreiungsgründe in § 1 orientieren sich an den **Hamburg-Regeln.** Praktische Bedeutung im Eisenbahnfährverkehr haben dabei im Grunde nur noch zwei Befreiungsgründe: „Feuer" und „Rettung von Leben oder Eigentum zur See".[7] Entfallen sind die in den Haager Regeln enthaltenen Befreiungsgründe „nautisches Verschulden" und „nachträgliche Seeuntüchtigkeit des Schiffes". Die Haftung im Eisenbahnseeverkehr ist daher auch bei Geltung des Art. 38 (nach Anbringung des entsprechenden Vermerks bei der jeweiligen Seeverbindung) strenger als nach den Haager Regeln von 1924 und den Haag-Visby-Regeln von 1968.[8] Hier wird auf eine nähere Kommentierung der einzelnen Haftungsbefreiungsgründe verzichtet und stattdessen auf das seerechtliche Schrifttum verwiesen.[9]

**3. Beweislastverteilung (§§ 2, 3).** Der **Beförderer** hat nach § 2 nachzuweisen, dass **5** der Güterschaden oder die Verspätung **auf der Seestrecke entstanden** ist; er hat dann

---

[3] *Allégret* ZIntEisenb 1995, 57, 62 (Ziff. 14); *Kunz* TranspR 2005, 329, 338 (2.).
[4] *Allégret* ZIntEisenb 1995, 57, 62 (Ziff. 15).
[5] *Wick* Art. 63 CIM 1970 Anm. 3 (S. 390).
[6] Vgl. „Listen der Linien 1999", Abschnitt „Deutschland", zugänglich unter www.otif.org „Veröffentlichungen", Listen der Linien.
[7] Vgl. *Matyassy* ZIntEisenb 1978, 126, 137, 139 f.
[8] *ZA-Bericht 1999* S. 146.
[9] Ausführlicher Emparanza/Recalde/*Pütz* S. 224 ff.; *Ramming* Rn. 165 ff.

nach allgemeinen Beweisregeln außerdem nachzuweisen, dass ein **Haftungsbefreiungs-grund** des § 1 lit. a–d in tatsächlicher Hinsicht **vorliegt.** Im Fall des lit. a (Schaden durch Feuer) hat der Beförderer sich schließlich auch noch zu **exkulpieren,** während in den drei anderen Fällen der **Berechtigte,** um den Haftungsbefreiungsgrund abzuwehren, den Nachweis zu erbringen hat, dass der Beförderer oder die für ihn Tätigen den Güterschaden oder die Verspätung **verschuldet** haben (§ 3). Ist der Schaden auf der Eisenbahnstrecke entstanden oder ist der Schadensort unbekannt, bleibt es bei der rein eisenbahnrechtlichen Haftung.[10]

## Art. 39. Haftung bei nuklearem Ereignis

**Der Beförderer ist von der ihm gemäß diesen Einheitlichen Rechtsvorschriften obliegenden Haftung befreit, wenn der Schaden durch ein nukleares Ereignis ver-ursacht worden ist und wenn gemäß den Gesetzen und Vorschriften eines Staates über die Haftung auf dem Gebiet der Kernenergie der Inhaber einer Kernanlage oder eine ihm gleichgestellte Person für diesen Schaden haftet.**

### Art. 39. Responsabilité en cas d'accident nucléaire

Le transporteur est déchargé de la responsabilité qui lui incombe en vertu des présentes Règles uniformes lorsque le dommage a été causé par un accident nucléaire et qu'en application des lois et prescriptions d'un Etat réglant la responsabilité dans le domaine de l'énergie nucléaire, l'exploitant d'une installation nucléaire ou une autre personne qui lui est substituée est responsable de ce dommage.

## I. Normzweck

1    Art. 39 entspricht Art. 49 CIM 1980. Die Vorschrift betrifft die **Haftung** des Beförderers **aus dem Frachtvertrag** bei Schäden durch nukleare Ereignisse. Sie dient der Vermeidung von Konflikten im Zusammenhang mit der im Atomrecht, insbesondere in den internatio-nalen Atomhaftungskonventionen, üblichen **Kanalisierung der Haftung** auf den Inhaber der Kernanlage.[1]

## II. Einzelheiten

2    **1. Begriff.** Das **nukleare Ereignis** wird nicht definiert, sondern in seiner atomrechtli-chen Bedeutung vorausgesetzt (vgl. § 2 Abs. 4 AtG). In der Sache sind darunter Ereignisse zu verstehen, die auf die radioaktiven Eigenschaften von Stoffen zurückzuführen sind.[2]

3    **2. Voraussetzungen.** Damit der Beförderer von seiner frachtrechtlichen Haftung befreit wird, müssen tatsächlich Haftungsansprüche auf Grund **besonderer Vorschriften** über die Haftung auf dem Gebiet der Kernenergie gegen den Inhaber der Kernanlage gegeben sein, zB nach dem **Pariser Übereinkommen** vom 29.7.1960 über die Haftung gegenüber Dritten auf dem Gebiet der Kernenergie oder nach dem **Wiener Übereinkommen** vom 21.5.1963 über die zivilrechtliche Haftung für nukleare Schäden (in der jeweils geltenden Fassung).[3] Auch Vorschriften des **Landesrechts** über eine spezielle Atomhaftung, in Deutschland zB die **§§ 25 und 26 AtG,** bilden eine geeignete Rechtsgrundlage. Eine Haftung des Anlageninhabers oder des Besitzers des Stoffes nach **allgemeinem Zivilrecht** (zB §§ 823 ff. BGB) schließt die Haftung des Eisenbahnbeförderers **nicht** ohne weiteres aus. In einem solchen Fall kommt aber eine Haftungsbefreiung auf Grund des Art. 23 §§ 2

---

[10] Thume/*Fremuth,* 2. Aufl. 2007, S. 1119 (Anh III, § 452 HGB).
[1] Emparanza/Recalde/*Pütz* S. 235; *Gueullette* ZIntEisenb 1961, 31.
[2] *Wildhaber* ZIntEisenb 1963, 259, 261.
[3] *Bischoff* ZIntEisenb 1970, 180 ff. u. 202 ff.; *Spera* Art. 49 CIM 1980 Anm. 2.

und 3 in Betracht (unvermeidbare Umstände, innere Beschaffenheit des Gutes, mangelhafte Verpackung usw.).

**3. Verschulden.** Der Beförderer ist in den Fällen des Art. 39 auch bei Verschulden von **4** seiner frachtrechtlichen Haftung gegenüber Geschädigten **befreit.**[4] Dies entspricht dem Grundsatz der **Kanalisierung der Haftung** im Atomrecht. Ob der Ersatzpflichtige gegen den Beförderer **Rückgriff** nehmen kann, richtet sich nach den atomrechtlichen Vorschriften.[5]

## Art. 40. Personen, für die der Beförderer haftet

[1]**Der Beförderer haftet für seine Bediensteten und für andere Personen, deren er sich bei der Durchführung der Beförderung bedient, soweit diese Bediensteten und anderen Personen in Ausübung ihrer Verrichtungen handeln.** [2]**Die Betreiber der Eisenbahninfrastruktur, auf der die Beförderung erfolgt, gelten als Personen, deren sich der Beförderer bei der Durchführung der Beförderung bedient.**

## Art. 40. Personnes dont répond le transporteur

Le transporteur est responsable de ses agents et des autres personnes au service desquelles il recourt pour l'exécution du transport lorsque ces agents ou ces autres personnes agissent dans l'exercice de leurs fonctions. Les gestionnaires de l'infrastructure ferroviaire sur laquelle est effectué le transport sont considérés comme des personnes au service desquelles le transporteur recourt pour l'exécution du transport.

### I. Normzweck

Die Vorschrift knüpft an Art. 50 CIM 1980 an und übernimmt darüber hinaus den im **1** Transportrecht allgemein geltenden Grundsatz, dass die Haftung des Beförderers für seine Leute und für Hilfspersonen voraussetzt, dass diese „in Ausübung ihrer Verrichtungen" gehandelt haben (vgl. § 428 HGB, Art. 3 CMR, Art. 30, 41 MÜ).[1] Neu ist auch Art. 40 Satz 2 als Folge der rechtlich/organisatorischen Trennung von Infrastrukturbetrieb und Verkehrsabwicklung auf der Infrastruktur, die den Kunden die Durchsetzung ihrer Rechte nicht erschweren soll (Rn. 5).

Entfallen ist Art. 50 Abs. 2 CIM 1980, wonach die Leute der Eisenbahn, wenn sie **2** auf Verlangen eines anderen Beteiligten Verrichtungen besorgen, die der Eisenbahn nicht obliegen, als Beauftragte dessen gelten, für den sie tätig sind. Durch die Streichung soll vermieden werden, dass der Beförderer auch bei Verschulden seiner Leute nicht haftet.[2] Das bedeutet jedoch nicht, dass der Beförderer für **Gefälligkeiten** einzustehen hat, die seine Leute dem Absender oder Empfänger „bei Gelegenheit" ihrer Verrichtungen erweisen.[3] In diesem Zusammenhang ist auch Art. 8 § 2 zu beachten.

### II. Einzelheiten

**1. Geltungsumfang.** Art. 40 gilt ungeachtet seiner systematischen Stellung in Titel III **3** nicht nur für die **Beförderhaftung ieS,** sondern für **jegliche Haftung aus dem internationalen Eisenbahnbeförderungsvertrag.**[4] Die Vorschrift gilt hingegen nicht für Haf-

---

[4] *Goltermann* Art. 49 CIM 1980 Anm. 1b bb.; *Spera* Art. 49 CIM 1980 Anm. 7.
[5] *Goltermann* Art. 49 CIM 1980 Anm. 1b bb.
[1] *ZA-Bericht 1999* S. 147 Ziff. 4.
[2] *ZA-Bericht 1999* S. 147 Ziff. 3.
[3] Vgl. OLG Hamm 19.6.2008 TranspR 2008, 405.
[4] Vgl. *Becker* S. 134 mwN (zur CIM 1980).

tungstatbestände außerhalb der CIM, die sich nach **Landesrecht** richten,[5] zB bei Auskunftserteilung vor Vertragsschluss[6] oder bei Haftung der Eisenbahn als Lagerhalter.

**4**    **2. Andere Personen.** „Andere Personen" sind die **Erfüllungsgehilfen** des Beförderers
bei der Durchführung der konkreten Beförderung. Nur auf sie bezieht sich der Relativsatz
„deren er sich bei der Durchführung der Beförderung bedient".[7] Die Gehilfenhaftung
der Eisenbahn für „andere Personen" wurde zB auch auf das Ausladen des Gutes durch
„Zolldienstmänner" erstreckt.[8] Bei **Bediensteten (Leuten)** des Beförderers genügt zur
Auslösung der Beförderhaftung irgendein Zusammenhang zwischen ihrer dienstlichen
Tätigkeit und der schädigenden Handlung, sofern diese jedenfalls in Ausübung ihrer Ver-
richtungen geschieht (das Reinigungspersonal stößt zB mit seinen Gerätschaften abgestelltes
Beförderungsgut um).

**5**    Zu den **Erfüllungsgehilfen** des Schienenbeförderers gehören auch **Straßenverkehrsunternehmer** und **Binnenschiffer,** die im Vor- oder Nachlauf zur internationalen Eisenbahnbeförderung als Subunternehmer eingesetzt werden. Wegen der Fassung des Art. 3
lit. b („Beförderung auf der Schiene") sind sie **nicht ausführende Beförderer,** so dass der
Schienenbeförderer für sie nicht nach Art. 27 § 1 haftet, sondern nach Art. 40 (Art. 3 Rn. 3).
Ein Straßenfrachtführer oder Binnenschiffer kann allerdings durch die formelle Übernahme
von Gut und Frachtbrief zum **aufeinanderfolgenden Beförderer** werden, auf den dann
Art. 26 anzuwenden ist.

**6**    **3. Infrastrukturbetreiber als Erfüllungsgehilfe des Beförderers.** Das Verhältnis des
Verkehrsunternehmers zum Betreiber der von ihm benutzten Infrastruktur (Straßenbaulast-
träger, Flughafenbetreiber usw.) wird in den Vorschriften des Transportrechts üblicherweise
nicht besonders geregelt. Ob der Verkehrsunternehmer für die Beschaffenheit der Infrastruktur und für das Verhalten des Infrastrukturbetreibers einzustehen hat, hängt davon ab,
wie seine Haftungsbefreiungen im Einzelnen ausgestaltet sind. So kann Fehlverhalten des
Infrastrukturbetreibers für den Verkehrsunternehmer ein unabwendbares Ereignis sein
(§ 426 HGB, Art. 17 Abs. 2 CMR).[9]

**7**    Die Eisenbahn war jedoch bis zur Trennung von Infrastrukturbetrieb und Verkehrsabwicklung im Zuge der Liberalisierung des Eisenbahnsektors für ihren Fahrweg selbst verantwortlich und konnte ihre Verkehrshaftung nicht unter Berufung auf Mängel des Infrastruk-
turbetriebs abwenden. Im **Interesse der Bahnkunden** wird diese Verantwortlichkeit des
Eisenbahnbeförderers für den Infrastrukturbetrieb auch nach der Trennung der Funktionen
aufrechterhalten, indem Art. 40 Satz 2 den **Infrastrukturbetreiber** zum **Erfüllungsgehilfen des Beförderers** erklärt[10] (vgl. auch Art. 23 Rn. 14, 15). Der Beförderer haftet jedoch
nur insoweit für den Infrastrukturbetreiber, als er sich dessen „bei der Durchführung der
Beförderung bedient", soweit also der Infrastrukturbetreiber eine dem Beförderer obliegende beförderungsvertragliche Aufgabe, nämlich mit dem Gut eine Zugfahrt zu unternehmen, dadurch ermöglicht, dass er eine Fahrplantrasse bereithält sowie Weichen und Signale

---

[5] AA *Koller*, Rn. 2, unter Hinweis darauf, dass Art. 40 CIM, anders als Art. 3 CMR („Der Frachtführer haftet,
*soweit dieses Übereinkommen anzuwenden ist,* für Handlungen und Unterlassungen seiner Bediensteten ..."), seinen
Geltungsbereich nicht beschränkt. Es ist allerdings davon auszugehen, dass auch Art. 40 CIM, ohne dass dies
eines besonderen Hinweises bedurfte, ebenfalls nur zur Anwendung kommt, „soweit dieses Übereinkommen
(die CIM) anzuwenden ist". Dem steht nicht entgegen, dass Art. 41 § 1 die ausdrückliche Einschränkung enthält:
„... auf welche Einheitlichen Rechtsvorschriften Anwendung finden"; hier ist die ausdrückliche Erwähnung
angebracht, weil Art. 41 § 1 mit den Worten beginnt: „In allen Fällen ...".
[6] LG Essen 1.12.1982, ZIntEisenb 1983, 69, 72 f.
[7] Vgl. *Becker* S. 133.
[8] Zivilgericht Mailand 12.3.1964, ZIntEisenb 1965, 144, 150 ff.
[9] Vgl. OLG Celle 7.9.2000, TranspR 2001, 119, 121 (CMR); Thume/*Thume* Art. 17 CMR Rn. 120.
[10] *Denkschrift COTIF 1999* S. 205; vgl. auch *Freise* ZIntEisenb 1995, 198, 199 f.; *ders.,* FS Piper, S. 829,
841 ff.; *Mercadal/Letacq* ZIntEisenb 1995, 7, 10 f. – Zu den Schwierigkeiten, die sich ergeben hätten, wenn
der Infrastrukturbetreiber als *Drittperson* eingestuft worden wäre, s. *Berthier* ZIntEisenb 1995, 206. Die Rechts-
sprechung in Deutschland hat dieses Ergebnis auch für den Personenverkehr bestätigt: BGH 17.1.2012, NJW
2012, 1083, 1084 (Rn. 10, 14).

für die Zugfahrt stellt. **Der Rückgriff des Beförderers** gegen den Infrastrukturbetreiber, wenn dieser für den Schaden (mit)verantwortlich ist, wird im COTIF-Anhang E **(CUI)** geregelt: Nach Art. 8 CUI haftet der Betreiber der Infrastruktur dem Beförderer für Schäden, die dieser während der Nutzung der Infrastruktur erleidet und die ihre Ursache in der Infrastruktur haben (zB falsche Weichenstellung oder Signalfehler). Zu ersetzen sind auch **Vermögensschäden,** die sich daraus ergeben, dass der Beförderer seinen Kunden **Entschädigungen gemäß CIV oder CIM** zu leisten hat.

Auf den Binnenverkehr in Mitgliedstaaten des COTIF kommt Art. 8 CUI als internationale Rechtsvorschrift nicht zur Anwendung. Der Rückgriff des Beförderers gegen den Infrastrukturbetreiber richtet sich in diesem Fall nach **Landesrecht,** in Deutschland bei Personenschäden von Reisenden zB nach § 13 HpflG. Schäden am **Beförderungsgut** fallen allerdings nicht unter das Haftpflichtgesetz (§ 1 Abs. 3 Nr. 2 HpflG), so dass der Beförderer einen Rückgriff gegen den Infrastrukturbetreiber wegen Entschädigungsleistungen an Güterverkehrskunden auf vertraglicher (AGB) oder deliktischer Grundlage betreiben muss. **8**

Die Bestimmung des Infrastrukturbetreibers zum Erfüllungsgehilfen des Beförderers hat für den Infrastrukturbetreiber zur Folge, dass er sich nach Art. 41 § 2 ebenfalls auf die für den Beförderer geltenden Haftungsausschlüsse und -beschränkungen der CIM berufen kann, wenn Kunden des Beförderers ihn wegen Infrastrukturmängeln nach Landesrecht direkt in Anspruch nehmen.[11] **9**

## Art. 41. Sonstige Ansprüche

**§ 1. In allen Fällen, auf welche diese Einheitlichen Rechtsvorschriften Anwendung finden, kann gegen den Beförderer ein Anspruch auf Schadensersatz, auf welchem Rechtsgrund er auch beruht, nur unter den Voraussetzungen und Beschränkungen dieser Einheitlichen Rechtsvorschriften geltend gemacht werden.**

**§ 2. Das gleiche gilt für Ansprüche gegen die Bediensteten und anderen Personen, für die der Beförderer gemäß Artikel 40 haftet.**

## Art. 41. Autres actions

§ 1. Dans tous les cas où les présentes Règles uniformes s'appliquent, toute action en responsabilité, à quelque titre que ce soit, ne peut être exercée contre le transporteur que dans les conditions et limitations de ces Règles uniformes.

§ 2. Il en est de même pour toute action exercée contre les agents et les autres personnes dont le transporteur répond en vertu de l'article 40.

### Übersicht

|                                              | Rn.     |                                                          | Rn.     |
|----------------------------------------------|---------|----------------------------------------------------------|---------|
| I. Normzweck                                 | 1, 2    | 2. Ansprüche gegen Bedienstete und Erfüllungsgehilfen    | 6–8     |
| II. Geltungsumfang                           | 3–12    | 3. Rechtsstellung von Unterfrachtführern                 | 9–12    |
| 1. Ansprüche gegen den Beförderer            | 3–5     | a) Inanspruchnahme aus Delikt                            | 9, 10   |
|                                              |         | b) Inanspruchnahme aus dem Unterfrachtvertrag            | 11, 12  |

### I. Normzweck

Die Vorschrift deckt sich mit Art. 51 CIM 1980 und entspricht im Wesentlichen Art. 28 CMR und § 434 Abs. 1, § 436 HGB. Einem Antrag Deutschlands, eine dem § 434 Abs. 2 HGB entsprechende Vorschrift in die CIM 1999 aufzunehmen, wurde nicht gefolgt.[1] **1**

---

[11] *ZA-Bericht 1999* S. 146 Ziff. 1.
[1] *ZA-Bericht 1999* S. 147, Art. 41 Ziff. 1.

**2**    Art. 41 stellt sicher, dass das auf **Interessenausgleich** bedachte System von Haftungsverschärfungen und -beschränkungen in der CIM nicht durch Berufung auf andere Rechtsvorschriften unterlaufen wird.[2] Die Lösung von **Anspruchskonkurrenzen** geschieht durch
Gleichbehandlung der konkurrierenden Ansprüche.[3] § 2 bezieht das **Personal** und die
**Erfüllungsgehilfen** des Beförderers in diesen Schutz ein, um eine Umgehung und Aushöhlung der Haftungserleichterungen des Beförderers durch Geltendmachung direkter Haftung
der Leute zu verhindern.[4]

## II. Geltungsumfang

**3**    **1. Ansprüche gegen den Beförderer.** § 1 gilt für den vertraglichen und den aufeinanderfolgenden **Beförderer** (Art. 3 lit. a) sowie gemäß Art. 27 § 2 auch für den **ausführenden
Beförderer.**[5] Subunternehmer in Gestalt von **Straßenverkehrsunternehmern** oder
**Binnenschiffern** sind nach der Definition des Art. 3 lit. b nicht ausführende Beförderer,
sondern Erfüllungsgehilfen des Beförderers (Art. 3 Rn. 3) und fallen daher nicht unter § 1,
sondern unter § 2.

**4**    Die weite Fassung („in allen Fällen") hat zur Folge, dass der Schutz des Art. 41 nicht
nur für die **Befördererhaftung ieS,** sondern für **alle Ansprüche gemäß CIM** gilt.[6]
Art. 28 CMR und § 434 HGB sind in dieser Hinsicht enger gefasst. Es muss sich aber auch
im Rahmen des Art. 41 um Fälle handeln, „auf welche diese Einheitlichen Rechtsvorschriften (CIM) Anwendung finden". Die Formulierung „auf welchem Rechtsgrund er auch
beruht" bewirkt, dass Anspruchsgrundlagen aller Art erfasst werden, sofern die CIM auf
den Haftungsfall anwendbar ist. Es kommt nicht darauf an, ob die Anspruchsgrundlagen
vertraglich, außervertraglich, deliktisch, gesetzlich oder ähnlich definiert sind.[7] Zu den
„Voraussetzungen und Beschränkungen" gehören auch die Bestimmungen über die **Aktivlegitimation** (Art. 44).[8] Dies ist bei Auseinanderfallen von formaler Anspruchsberechtigung
und Schaden zu beachten.

**5**    § 1 erfasst nicht nur außervertragliche Ansprüche des nach der CIM Ersatzberechtigten
(**Absender** oder **Empfänger**), dessen außervertragliche Ansprüche mit vertraglichen
Ansprüchen gemäß CIM konkurrieren, sondern auch außervertragliche Ansprüche **Dritter
in Bezug auf das Beförderungsgut,** denen keine Ansprüche gemäß CIM zustehen; dies
betrifft insbes. den **Eigentümer** des Beförderungsguts, wenn er nicht als Absender aufgetreten ist.[9] Auf Schäden an **anderen Sachen,** die nicht Beförderungsgut sind und deren
Schädigung auch **nicht Folgeschaden** eines Güterschadens ist (Art. 32 Rn. 6), findet die
CIM und damit auch Art. 41 keine Anwendung. Sowohl Absender und Empfänger als auch
Dritte können Schäden an anderen Sachen (die Rangierabteilung fährt zB bei der Abholung
von beladenen Wagen aus einem Gleisanschluss das Werkstor ein) und erst recht **Personenschäden,** die sie bei der Abwicklung des Güterverkehrs der Eisenbahn erleiden, außerhalb
der CIM ohne Rücksicht auf deren Voraussetzungen und Beschränkungen geltend machen.
Das gilt auch, wenn das zu befördernde Gut vor der Übernahme oder das beförderte Gut
nach der Ablieferung beschädigt wird. Die von *Koller* (Rn. 1) geforderte restriktive Auslegung des Art. 41 CIM in Parallele zu Art. 28 CMR ist bereits in Art. 41 selbst angelegt.

**6**    **2. Ansprüche gegen Bedienstete und Erfüllungsgehilfen.** § 2 gewährt direkt in
Anspruch genommenen Bediensteten und Erfüllungsgehilfen des Beförderers die gleichen
Haftungserleichterungen wie dem Beförderer selbst.[10] Diese Regelung entspricht Art. 28

---

[2] *Denkschrift COTIF 1999* S. 205.
[3] *Hübsch* S. 130 f.; *Lerche* S. 123.
[4] *Hübsch* S. 177; *Spera* Art. 51 CIM 1980 Anm. 6.
[5] AA *Koller* Rn. 1.
[6] Dok. der 7. Revisionskonferenz Bd. I, Rn. 146.
[7] Vgl. *Lerche* S. 123.
[8] *v. Tegelen* ZIntEisenb 1966, 178, 180.
[9] *ZA-Bericht 1999* S. 147 Ziff. 2; zu möglichen Fallgruppen s. *Hübsch* S. 228.
[10] Dies verkennt *Kunz* TranspR 2005, 329, 339 (linke Sp.).

Abs. 2 CMR, während § 436 HGB nur den Leuten, nicht auch anderen Hilfspersonen des Beförderers die Haftungserleichterung gewährt (vgl. die Differenzierung in § 428 HGB). Reicht die **vertragliche Haftung** der direkt in Anspruch genommenen Hilfsperson gegenüber dem Beförderer als ihrem Dienstherrn oder Auftraggeber nicht so weit wie die CIM-Haftung des Beförderers gegenüber dem Geschädigten, so hat die Hilfsperson über § 2 hinaus regelmäßig auch noch einen **Freistellungsanspruch** gegenüber dem Beförderer.[11]

Nach Art 27 § 2 Satz 2 können sich auch die Bediensteten und Hilfspersonen des **ausführ-** **7** **renden Beförderers** auf Art. 41 berufen (Parallele in § 437 Abs. 4 HGB). Die Leute **anderer Gehilfen** eines Beförderers genießen nicht den Schutz des Art. 41, sondern müssen bei direkter Inanspruchnahme durch Absender oder Empfänger von ihrem Dienstherrn oder Auftraggeber wiederum **Freistellung** im Rahmen ihres mit diesem bestehenden Vertrags verlangen.

In § 2 wird nicht ausdrücklich klargestellt, dass Bedienstete und Hilfspersonen sich auf **8** die Haftungserleichterungen nach der CIM nur berufen können, wenn ihnen nicht Vorsatz oder bewusste Leichtfertigkeit zur Last fällt (anders Art. 29 Abs. 2 CMR, § 436 Satz 2 HGB). Die Bezugnahme auf die „Voraussetzungen und Beschränkungen" der CIM in § 1 hat jedoch zur Folge, dass auch Art. 36 gegenüber Bediensteten und Hilfspersonen des Beförderers wirkt. Für die Gehilfen eines ausführenden Beförderers wird dies in Art. 27 § 2 Satz 2 ausdrücklich bestimmt.

### 3. Rechtsstellung von Unterfrachtführern. a) Inanspruchnahme aus Delikt. Sub- **9**
unternehmer eines Eisenbahnbeförderers, die nicht ausführende Beförderer im Sinne des Art. 27 sind (oben Rn. 3), fallen unter Art. 40 und 41 § 2. Bei direkter Inanspruchnahme durch den geschädigten Absender oder Empfänger (als Eigentümer) aus Delikt können sie sich im Rahmen der Regelhaftung der CIM zB auf die Entschädigungsgrenzen der Art. 30 § 2 und 32 § 2 (17 SZR/kg) sowie des Art. 33 (vierfache Fracht bei Verspätung) berufen. Eine weitergehende Beschränkung ihrer eigenen Frachtführerhaftung nach innerstaatlichem Recht (bei Geltung deutschen Rechts zB auf 8,33 SZR/kg bzw. die dreifache Fracht, § 431 HGB) können sie dem Geschädigten nicht entgegenhalten. Dieser darf nach Art. 8 § 2 COTIF darauf vertrauen, dass die nach Art. 41 CIM zu beachtenden Grundsätze des internationalen Einheitsrechts nicht durch beliebiges Landesrecht verdrängt werden. Die von *Koller* unter Berufung auf § 434 Abs. 2 HGB vorgenommene, zu einem gegenteiligen Ergebnis kommende Interessenabwägung zugunsten des Straßenfrachtführers oder Binnenschiffers in Deutschland[12] hat hinter dem in Art. 8 COTIF zum Ausdruck kommenden allgemeinen Grundsatz des Völkerrechts zurückzustehen. Die Art. 3 lit. b zugrunde liegende Intention des internationalen Gesetzgebers, Straßenverkehrsunternehmen und Binnenschiffer im Rahmen einer internationalen Eisenbahnbeförderung für ihren Streckenabschnitt nicht nach internationalem Eisenbahnrecht, sondern nach ihrem angestammten Transportrecht haften zu lassen (Art. 1 Rn. 15) wird durch Art. 41 nicht aufgehoben: ihre vertragliche Haftung gegenüber ihrem Auftraggeber, dem Eisenbahnbeförderer, richtet sich nach dem jeweiligen nationalen Transportecht. Bei direkter Inanspruchnahme durch den Geschädigten aus Delikt haben als Unterbeförderer eingeschaltete Straßenfrachtführer und Binnenschiffer gegen den Eisenbahnbeförderer einen **Freistellungsanspruch** in Höhe des Differenzbetrags, um den ihre eigene Frachtführerhaftung die weitergehende Haftung des Eisenbahnbeförderers unterschreitet. In dieser Hinsicht sind sie nicht anders zu behandeln als sonstige Hilfspersonen des Schienenbeförderers oder seiner Erfüllungsgehilfen (oben Rn. 6 u. 7).[13] Das **Risiko der Insolvenz des Schienenbeförderers** tragen in allen Freistellungsfällen allerdings nicht die geschädigten Absender oder Empfänger, sondern die direkt in Anspruch genommenen und auf Freistellung angewiesenen Hilfspersonen ein-

---

[11] Zum arbeitsrechtlichen Freistellungsanspruch s. *Hübsch* S. 36.
[12] *Koller* Rn. 2; *ders.* TranspR 2006, 336, 339 (Abs. 1 aE).
[13] Vgl. BGH 24.10.1991, TranspR 1992, 177, 178; *Freise* TranspR 2007, 45, 49.

schließlich Unterfrachtführern des Schienenbeförderers.[14] Nur unter besonderen Bedingungen kann es vorkommen, dass die Geschädigten sich eine (gegenüber dem Beförderer bestehende) beschränkte Vertragshaftung der direkt aus Delikt in Anspruch genommenen Hilfspersonen entgegenhalten lassen müssen.[15]

10    Abgesehen von Fällen der Insolvenz des Schienenbeförderers ist im Übrigen kaum damit zu rechnen, dass geschädigte Absender oder Empfänger einen Unterfrachtführer in Anspruch nehmen. Wegen der andernfalls bestehenden haftungsrechtlichen und prozessualen Risiken (vgl. Art. 45 Rn. 8, 12 u. 20) ist vielmehr davon auszugehen, dass sich ein geschädigter Absender regelmäßig an seinen vertraglichen Beförderer und ein geschädigter Empfänger regelmäßig an die das Gut abliefernde „Empfangsbahn" hält.

11    **b) Inanspruchnahme aus dem Unterfrachtvertrag.** Der **Absender** im Rahmen des CIM-Beförderungsvertrags (Urversender) hat aus dem Unterfrachtvertrag des Schienenbeförderers mit dem Straßenverkehrsunternehmer oder Binnenschiffer **keinen Anspruch.** Denn Absender im Rahmen des Unterfrachtvertrags ist der Schienenbeförderer. Der im CIM-Beförderungsvertrag bestimmte und im CIM-Frachtbrief genannte **Empfänger** hat demgegenüber nach der Rechtsprechung des BGH[16] die Möglichkeit, Rechte nicht nur nach der CIM (Art. 17 § 3, Art. 44 § 1 lit. b, § 3) gegenüber dem Schienenbeförderer geltend zu machen, sondern auch gegen den Unterfrachtführer unter Berufung auf den Unterfrachtvertrag vorzugehen, den der Schienenbeförderer zur Bewältigung des **Nachlaufs** zB auf der Straße mit einem Straßenverkehrsunternehmer geschlossen hat.[17] Der Unterfrachtführer ist nicht nur Gehilfe des Schienenbeförderers bei der Erfüllung dessen Pflicht zur Ablieferung des Gutes nach Art. 17 § 1 CIM an den Empfänger des CIM-Beförderungsvertrags, sondern er erfüllt damit auch eine eigene Pflicht (in Deutschland aus § 407 Abs. 1 HGB) zur Ablieferung des Gutes an denselben Empfänger, aber gemäß dem dem nationalen Recht unterliegenden Unterfrachtvertrag mit dem Schienenbeförderer als Absender. Macht der **„doppelte" Empfänger** Ansprüche aus dem Unterfrachtvertrag gegen den Unterfrachtführer des Schienenbeförderers geltend, dann können ihm die Haftungsausschlüsse und -beschränkungen gemäß dem auf den Unterfrachtvertrag anwendbaren Recht entgegengehalten werden (in Deutschland insbesondere § 431 HGB). Beschränkt sich der Empfänger hingegen darauf, **außervertragliche Ansprüche** gegen den Unterfrachtführer geltend zu machen (etwa als Eigentümer des Beförderungsgutes), dann steht dessen Rolle als Gehilfe des Schienenbeförderers im Vordergrund und es kommen die unter a) genannten Grundsätze zum Tragen. Diese Unterscheidung hat auch im Rahmen des Art. 46 für den **Gerichtsstand** Bedeutung (Art. 46 Rn. 4).

12    *Koller* gesteht dem Empfänger nur dann einen eigenständigen Anspruch aus § 421 Abs. 1 Satz 2 HGB gegen den **Unterfrachtführer** zu, wenn keine Konkurrenz mit § 437 HGB vorliegt, der Unterfrachtführer also **nicht** zugleich **ausführender Frachtführer** ist.[18] Diese Voraussetzung ist laut BGH erfüllt, wenn der Hauptfrachtvertrag **ausländischem Recht** (oder **internationalem Einheitsrecht**) unterliegt.[19] Fällt eine internationale Schienenbeförderung unter die CIM, ist demnach § 437 HGB auf die Haftung des in Deutschland ergänzend im Vor- oder Nachlauf tätigen Straßenfrachtführers oder Binnenschiffers nicht anwendbar und es kommt nach dieser Ansicht ein Schadensersatzanspruch des Empfängers aus § 421 Abs. 1 Satz 2 HGB gegen den Unterfrachtführer in Betracht. Setzt der vertragliche oder ein aufeinanderfolgender Beförderer in Deutschland allerdings einen **ausführenden Schienenbeförderer** (Art. 3 lit. b CIM) ein, zB für die Teilstrecke Plattling – Zwiesel eines durchgehenden

---

[14] Dazu *Hübsch* S. 322 f.
[15] Vgl. *Koller* § 436 HGB Rn. 9.
[16] Vgl. BGH 14.6.2007, BGHZ 172, 330 = TranspR 2007, 425, 427 (zu WA 1955 u. CMR); BGH 13.6.2012, TranspR 2012, 456, 458 (Rn. 27).
[17] Krit. gegenüber der Rechtsprechung *Herber* TranspR 2013, 1, 2 ff. mwN; siehe auch *Freie* RdTW 2013, 41, 44 f. (unter (2)); differenzierend *Koller* TranspR 2013, 52, 54.
[18] *Koller* § 425 HGB Rn. 65 mwN.
[19] BGH 13.6.2012, TranspR 2012, 456, 458 (Rn. 26), für einen Fall, in dem der Hauptfrachtvertrag dem MÜ unterlag; krit. *Czerwenka* TranspR 2012, 408.

Schienentransports von Rotterdam in den Bayerischen Wald, so ist § 437 HGB auch nicht anwendbar, so dass ein Anspruch des Empfängers aus § 421 Abs. 1 Satz 2 HGB gegen den abliefernden ausführenden Beförderer zwar nicht mit § 437 HGB kollidiert, wohl aber mit Art. 27 CIM, der die Haftung des ausführenden Beförderers bei Geltung der CIM regelt. Jedenfalls auch bei dieser Variante ist ein Anspruch des Empfängers aus § 421 Abs. 1 Satz 2 HGB gegen den ausführenden Beförderer in Deutschland ebenfalls abzulehnen.

## Titel IV. Geltendmachung von Ansprüchen

### Art. 42. Tatbestandsaufnahme

**§ 1. Wird ein teilweiser Verlust oder eine Beschädigung vom Beförderer entdeckt oder vermutet oder vom Verfügungsberechtigten behauptet, so hat der Beförderer je nach Art des Schadens den Zustand des Gutes, seine Masse und, soweit möglich, das Ausmaß und die Ursache des Schadens sowie den Zeitpunkt seines Entstehens unverzüglich und, wenn möglich, in Gegenwart des Berechtigten in einer Tatbestandsaufnahme festzuhalten.**

**§ 2. Dem Berechtigten ist eine Abschrift der Tatbestandsaufnahme unentgeltlich auszuhändigen.**

**§ 3. [1]Erkennt der Berechtigte die Feststellungen in der Tatbestandsaufnahme nicht an, so kann er verlangen, dass der Zustand und die Masse des Gutes sowie die Ursache und der Betrag des Schadens von einem durch die Parteien des Beförderungsvertrages oder ein Gericht bestellten Sachverständigen festgestellt werden. [2]Das Verfahren richtet sich nach den Gesetzen und Vorschriften des Staates, in dem die Feststellung erfolgt.**

## Titre IV. Exercice des droits

### Art. 42. Procès-verbal de constatation

§ 1. Lorsqu'une perte partielle ou une avarie est découverte ou présumée par le transporteur ou que l'ayant droit en allègue l'existence, le transporteur doit dresser sans délai et, si possible, en présence de l'ayant droit un procès-verbal constatant, suivant la nature du dommage, l'état de la marchandise, sa masse et, autant que possible, l'importance du dommage, sa cause et le moment où il s'est produit.

§ 2. Une copie du procès-verbal de constatation doit être remise gratuitement à l'ayant droit.

§ 3. Lorsque l'ayant droit n'accepte pas les constatations du procès-verbal, il peut demander que l'état et la masse de la marchandise ainsi que la cause et le montant du dommage soient constatés par un expert nommé par les parties au contrat de transport ou par voie judiciaire. La procédure est soumise aux lois et prescriptions de l'Etat où la constatation a lieu.

## I. Normzweck

Die CIM hält an dem aus der Staatsbahnzeit stammenden Instrument der **Tatbestands-** **1** **aufnahme durch den Beförderer** zur Ermittlung von Beeinträchtigungen des Gutes (Art. 52 CIM 1980) fest. Andere Transportrechtsordnungen erklären demgegenüber die **Schadensanzeige des Empfängers** zum maßgeblichen Instrument des Schadensnachweises (Art. 31 MÜ, Art. 23 CMNI, § 438 HGB, vgl. auch Art. 30 CMR). Aus diesem unterschiedlichen Vorgehen ergeben sich für die Durchsetzung von Entschädigungsansprüchen auch unterschiedliche Rechtsfolgen (Rn. 4). Ein Vorstoß Deutschlands, die Tatbestandsaufnahme durch ein flexibleres Verfahren nach dem Beispiel des Art. 30 CMR zu ersetzen, wurde bei der CIM-Reform 1999 nicht aufgegriffen.[1]

2    Die Tatbestandsaufnahme dient dazu, Art, Ausmaß und Ursache eines eingetretenen **Schadens** festzuhalten, **nicht** dazu, die **Fehlerfreiheit** des Gutes festzustellen.[2] In der Tatbestandsaufnahme geht es um die **Feststellung des Sachverhalts** und um **Beweissicherung, nicht** um Untersuchung der **Verschuldensfrage.**[3]

## II. Einzelheiten

3    **1. Pflicht zur Erstellung einer Tatbestandsaufnahme (§ 1).** Wie die Stellung des Art. 42 am Anfang des Titels IV der CIM zeigt, bildet die Tatbestandsaufnahme die erste Stufe bei der Geltendmachung von Ansprüchen wegen **Teilverlusts** und **Beschädigung** des Gutes; bei **Totalverlust** oder **Lieferfristüberschreitung** ist eine Tatbestandsaufnahme nicht erforderlich. Der Beförderer hat **von sich aus** tätig zu werden, wenn er eine Beeinträchtigung des Gutes entdeckt oder vermutet. Sowohl die Erstellung als auch die schuldhafte Unterlassung einer Tatbestandsaufnahme durch den Beförderer hat zur Folge, dass die Ansprüche des Ersatzberechtigten nicht erlöschen (Art. 47 § 2 lit. a). Damit steht der internationale Eisenbahnbeförderer bei der Ermittlung und Feststellung von Schäden stärker in der Pflicht als andere international tätige Frachtführer oder ein Frachtführer nach deutschem Recht. Die in der deutschen Rechtsprechung betonte **sekundäre Darlegungslast** des Frachtführers im Schadensersatzprozess des Ladungsbeteiligten[4] kann es für den Frachtführer aber geraten erscheinen lassen, von sich aus eine der Tatbestandsaufnahme vergleichbare **Dokumentation** zu erstellen. Die Pflicht zur Erstellung einer Tatbestandsaufnahme setzt allerdings voraus, dass der Beförderer über **tatsächliche Kenntnisse** verfügt, die auf eine Beeinträchtigung des Gutes schließen lassen. Fahrlässige Unkenntnis vom Schadenseintritt reicht nicht aus, um die Rechtsfolgen schuldhaft unterlassener Tatbestandsaufnahmen eintreten zu lassen.[5] Dabei ist zu berücksichtigen, dass den Eisenbahnbeförderer wegen der betrieblichen Besonderheiten des Eisenbahnverkehrs keine Verpflichtung zu regelmäßiger Ladungskontrolle trifft.[6]

4    Der Beförderer hat eine Tatbestandsaufnahme außerdem dann zu erstellen, wenn der Berechtigte eine Beeinträchtigung des Gutes **behauptet.** Berechtigt ist der über das Gut **Verfügungsberechtigte,** also entweder der Absender oder der Empfänger (Art. 18, 44). Die bloße Behauptung reicht aus; sie kann **formlos** erfolgen und braucht **nicht begründet** zu werden. Die vom Berechtigten einzuhaltenden **Fristen** ergeben sich aus Art. 47 § 2.

5    Die Tatbestandsaufnahme ist **unverzüglich** zu erstellen, also auch unterwegs, vom jeweiligen Beförderer. Insbes. bei einzelnen Wagenladungen, die sich mit anderen Wagenladungen in einem Zugverband befinden, der aus betrieblichen Gründen nicht lange angehalten werden kann, ist die **Zuziehung des Berechtigten** häufig nicht möglich. Zur etwaigen Zuziehung des **Infrastrukturbetreibers** äußert sich die CIM bewusst nicht. Das Verhältnis des Beförderers zu seinen Hilfspersonen ist nicht Gegenstand der CIM.[7] Ist nicht nur Beförderungsgut beschädigt, sondern auch der zu seiner Beförderung **verwendete Wagen,** so bedarf es unter Umständen einer getrennten Feststellung des Schadens für das Gut einerseits und den Wagen andererseits (vgl. Art. 18 AVV, Anh. Nr. 7 nach Art. 12 CUV).

6    **2. Stellung des Berechtigten (§ 2).** Die Tatbestandsaufnahme ist nach Möglichkeit in **Gegenwart des Berechtigten** zu erstellen (oben Rn. 5). Er hat Anspruch auf eine **Abschrift der Tatbestandsaufnahme,** jedoch nicht auf Bekanntgabe des Ermittlungser-

---

[1]  *ZA-Bericht 1999* S. 147.
[2]  OLG Hamburg 15.9.1988, TranspR 1989, 98, 101.
[3]  Cour d'appel Paris 22.4.1953, ZIntEisenb 1954, 118, 119.
[4]  Vgl. BGH 19.7.2012, VersR 2013, 1151.
[5]  OLG Hamburg 8.2.1996, TranspR 1996, 389, 391.
[6]  OLG Hamburg 8.2.1996, (Fn. 4).
[7]  *ZA-Bericht 1999* S. 148 oben.

gebnisses des Beförderers. Ein Recht auf Einsichtnahme in die Unterlagen des Beförderers steht ihm nicht zu.[8]

**3. Beweiswert (§ 3).** Die Angaben in der Tatbestandsaufnahme unterliegen der **freien** 7 **Beweiswürdigung.**[9] Der Berechtigte behält die Möglichkeit, die Angaben später zu widerlegen, selbst wenn er die Tatbestandsaufnahme unterschrieben[10] und kein Sachverständigengutachten verlangt hat.[11] Eine fehlerhafte Tatbestandsaufnahme führt nicht zur **Beweislastumkehr;** es können daraus jedoch für den Beförderer ungünstige Schlüsse gezogen werden.[12] Die Tatbestandsaufnahme ist mangelhaft, wenn sie keine Angaben über die **Schadensursache** enthält.[13]

## Art. 43. Reklamationen

**§ 1. Reklamationen aus dem Beförderungsvertrag sind schriftlich an den Beförderer zu richten, gegen den die Ansprüche gerichtlich geltend gemacht werden können.**

**§ 2. Reklamationen können von den Personen eingereicht werden, die zur gerichtlichen Geltendmachung von Ansprüchen gegen den Beförderer berechtigt sind.**

**§ 3. ¹Reicht der Absender eine Reklamation ein, so hat er das Frachtbriefdoppel vorzulegen. ²Andernfalls muss er die Zustimmung des Empfängers beibringen oder nachweisen, dass dieser die Annahme des Gutes verweigert hat.**

**§ 4. Reicht der Empfänger eine Reklamation ein, so hat er den Frachtbrief vorzulegen, wenn dieser ihm übergeben worden ist.**

**§ 5. Der Frachtbrief, das Frachtbriefdoppel und die sonstigen Belege, die der Berechtigte der Reklamation beigeben will, sind im Original oder in Abschrift, auf Verlangen des Beförderers in gehörig beglaubigter Form, vorzulegen.**

**§ 6. Bei der Regelung der Reklamation kann der Beförderer die Vorlage des Frachtbriefes, des Frachtbriefdoppels oder der Bescheinigung über die Nachnahme im Original verlangen, um darauf die abschließende Regelung zu vermerken.**

## Art. 43. Réclamations

§ 1. Les réclamations relatives au contrat de transport doivent être adressées par écrit au transporteur contre qui l'action judiciaire peut être exercée.

§ 2. Le droit de présenter une réclamation appartient aux personnes qui ont le droit d'actionner le transporteur.

§ 3. L'expéditeur, pour présenter la réclamation, doit produire le duplicata de la lettre de voiture. A défaut, il doit produire l'autorisation du destinataire ou apporter la preuve que celui-ci a refusé la marchandise.

§ 4. Le destinataire, pour présenter la réclamation, doit produire la lettre de voiture si elle lui a été remise.

---

[8] GroßkommHGB/*Helm* Art. 45 CIM 1970 Anm. 2.
[9] OLG Hamburg 15.9.1988, TranspR 1989, 98, 100.
[10] Cour d'appel Paris 14.10.1968, ZIntEisenb 1969, 153, 156, mit Anm. *Tinayre* S. 157 f.
[11] Cour d'appel Paris 7.7.1982, ZIntEisenb 1983, 45, 48, 50, u. 22.4.1953, ZIntEisenb 1954, 118, 119, 121 f.; *Koller* Rn. 1.
[12] OLG Hamburg 15.9.1988, TranspR 1989, 98, 100; Ungarisches Oberstes Gericht, ohne Datum, ZIntEisenb 1990, 78, 80.
[13] Ungarisches Oberstes Gericht (Fn. 11).

§ 5. La lettre de voiture, le duplicata et les autres pièces que l'ayant droit juge utile de joindre à la réclamation doivent être présentés soit en originaux, soit en copies, le cas échéant, dûment certifiées conformes si le transporteur le demande.

§ 6. Lors du règlement de la réclamation, le transporteur peut exiger la présentation en original de la lettre de voiture, du duplicata ou du bulletin de remboursement en vue d'y porter la constatation du règlement.

## I. Normzweck

**1**    Art. 43 entspricht Art. 53 CIM 1980 und wurde lediglich redaktionell angepasst. Ein Anliegen Deutschlands, die Vorschrift durch eine Regelung wie in Art. 30 CMR zu ersetzen, wurde bei der CIM-Revision 1999 nicht aufgegriffen.[1]

**2**    Die Reklamation bildet nach der Tatbestandsaufnahme eine weitere, allerdings nicht obligatorische (Rn. 3) Stufe der Geltendmachung von Ansprüchen, nämlich der **außergerichtlichen Geltendmachung** von Ansprüchen aus dem Beförderungsvertrag. Es können **alle** Ansprüche aus der CIM geltend gemacht werden, nicht nur Ansprüche aus der **Frachtführerhaftung ieS**. Die Reichweite der Reklamation geht daher erheblich über die Tatbestandsaufnahme hinaus, die sich nur auf Teilverlust und Beschädigung des Gutes bezieht. Die Reklamation bewirkt den Lauf der **Verzinsung** (Art. 37), verhindert das **Erlöschen von Ansprüchen** bei Überschreitung der Lieferfrist (Art. 47 § 2 lit. c) und hemmt die **Verjährung** (Art. 48 § 3). Hinsichtlich der Hemmung der Verjährung kennen auch die CMR und das HGB-Frachtrecht das Instrument der Reklamation (Art. 32 Abs. 2 CMR, § 439 Abs. 3 HGB).

## II. Bedeutung

**3**    Die Reklamation ist **fakultativ** und nicht Voraussetzung dafür, dass die Ansprüche gerichtlich geltend gemacht werden können.[2] Anträge, die Reklamation für obligatorisch zu erklären, wurden bei der sechsten und siebten Revision der CIM abgelehnt. Bei unmittelbarer Einreichung der gerichtlichen Klage sind allerdings Kostenfolgen nach § 93 ZPO bei sofortigem Anerkenntnis durch den Beförderer nicht auszuschließen. In der Praxis ermöglicht das Reklamationsverfahren u. a. auch die Berücksichtigung kundendienstlicher Überlegungen des Beförderers bei der Behandlung des Streitfalls.[3]

## III. Voraussetzungen

**4**    **1. Aktivlegitimation.** Die Aktivlegitimation richtet sich nach Art. 44. Inwieweit Drittpersonen auf Grund **Forderungsübergangs** eine Reklamation einreichen können, hängt vom **Landesrecht** ab (Art. 8 § 2 COTIF). Nach **deutschem Recht** sind Reklamationen von Drittpersonen gültig, wenn diese durch Rechtsnachfolge oder wirksame Abtretung in die Rechte der nach Art. 44 Berechtigten eingetreten sind.[4] Das französische Recht ist strenger und verlangt bei Zession die Verständigung des Schuldners der abgetretenen Forderung (Art. 1690 C. C.).[5] Bei Fehlen einer wirksamen Forderungsabtretung ist die Reklamation unwirksam und hemmt nicht die Verjährung.[6] Wer reklamiert, muss im Zeitpunkt der Reklamation forderungsberechtigt sein, damit die Reklamation ihre Rechtswirkung entfaltet.[7]

---

[1] *Denkschrift COTIF 1999* S. 205; *ZA-Bericht 1999* S. 148.

[2] *Patassy* ZIntEisenb 1983, 24, 28.

[3] *Mutz* in Le droit uniforme international dans la pratique, S. 448, 453.

[4] BGH 16.3.1979, ZIntEisenb 1982, 117, 119 f.; *Goltermann* Art. 53 CIM 1980 Anm. 3; GroßkommHGB/ *Helm* Art. 41 CIM 1970 Anm. 4; vgl. auch BGH 8.7.2004, TranspR 2005, 253 (zu Art. 32 CMR).

[5] Cass. Paris 15.7.1986, ZIntEisenb 1988, 46, 47; Cour d'appel Paris 21.11.1985, ZIntEisenb 1987, 46, 49.

[6] OLG Köln 15.2.1977, ZIntEisenb 1977, 106, 109 f.; C. d'appel Paris 30.9.1970, Bull. transp. 1970, 417.

[7] BGH 24.10.1991, TranspR 1992, 177, 179 (CMR-Fall).

**2. Passivlegitimation.** Die Passivlegitimation richtet sich nach Art. 45. Die Reklamation  5
kann danach auch gegen den ausführenden Beförderer gerichtet werden (Art. 45 § 6 iVm.
Art. 27 § 2) und – unter den Voraussetzungen des Art. 45 § 2 – gegen den für die Ablieferung
vorgesehenen Beförderer, selbst wenn er weder Gut noch Frachtbrief erhalten hat. Die Adressierung der Reklamation an einen bestimmten Beförderer hindert den Berechtigten nicht, später die gerichtliche Klage gegen einen anderen passivlegitimierten Beförderer zu erheben
(arg. Art. 45 § 7). Die Reklamation bei einem passivlegitimierten Beförderer wirkt zu Lasten
auch der anderen an dem Transport beteiligten Beförderer.[8] Wird die Reklamation jedoch bei
einem nicht passivlegitimierten Beförderer eingereicht, entfaltet sie keine rechtlichen Wirkungen.[9]

**3. Formvorschriften. a) Schriftform.** Die Reklamation muss **schriftlich** erfolgen  6
(§ 1). Legt man den Anforderungen an die Schriftform das Landesrecht zugrunde,[10] sind in
Deutschland die §§ 126, 126a BGB zu beachten.[11] Für die CMR, die in Art. 32 Abs. 2 zur
Verjährungshemmung ebenfalls eine schriftliche Reklamation verlangt, wird allerdings keine
Verweisung auf das Landesrecht angenommen und deshalb jede Form der Lesbarkeit als
ausreichend erachtet.[12] Angesichts der in der CIM-Reform von 1999 zum Ausdruck
gekommenen Bestrebungen, die CIM stärker mit der CMR zu harmonisieren (Vorbem.
CIM Rn. 4) sollten die Anforderungen an eine schriftliche Reklamation nach der CIM
nicht strenger ausfallen als nach der CMR.[13]

**b) Inhalt.** Aus der Reklamation muss ersichtlich sein, dass ein **Schadensersatzan-**  7
**spruch** geltend gemacht wird; eine „vorsorgliche Geltendmachung" ist nur als **Ankündi-**
**gung** und damit nicht als wirksame Reklamation zu werten.[14] Ein **Nachforschungsauf-**
**trag,** auch wenn sein Eingang durch den Beförderer bestätigt wird,[15] oder ein **Antrag auf**
**Schadensfeststellung** nach Art. 42 oder Art. 47 § 2 lit. b stellen ebenfalls keine wirksame
Reklamation dar. Auch die **Tatbestandsaufnahme,** die den Schaden feststellt, ist allein
noch keine wirksame Reklamation, die die Verjährung hemmt.[16] Nach **ABB-CIM** Ziff. 12
ist die Reklamation zu **begründen.** Die Anforderungen dürfen allerdings nicht überspitzt
werden. Eine ziffernmäßige Festlegung ist nicht erforderlich.[17]

**c) Belege (§§ 3–6).** Zum Nachweis seiner Ansprüche hat der **Absender** das **Fracht-**  8
**briefdoppel** (Art. 6 Rn. 10),[18] der **Empfänger** den **Frachtbrief** vorzulegen. Verfügt der
Absender nicht über das Frachtbriefdoppel, braucht er wegen dessen **Sperrwirkung**
(Art. 19 § 1) die Zustimmung des Empfängers oder den – notfalls gerichtlichen – Nachweis
der Annahmeverweigerung (§ 3). Die Beigabe **sonstiger Belege** zum Nachweis des
Anspruchs steht nach dem Wortlaut des § 5 dem Reklamierenden frei. Nach der Interessenlage bildet die Beigabe der Belege, die zum Nachweis des Anspruchs **erforderlich** sind,
allerdings eine **Obliegenheit** des Berechtigten, deren Verletzung zur Zurückweisung der
Reklamation führen kann.[19] Nach **ABB-CIM** Ziff. 12 sind der Reklamation alle Belege
beizugeben, die nötig sind, um den Anspruch zu beweisen, insbesondere was den Wert des
Gutes betrifft. Zur Rückgabepflicht s. Art. 48 Rn. 17.

---

[8] RG EE 24, 291; *Loening* S. 899.
[9] *Wick* Art. 41 CIM 1970 Anm. 5 (S. 302).
[10] Vgl. *Wick* Art. 41 CIM 1970 Anm. 4 (S. 301).
[11] *Koller* Rn. 1.
[12] Thume/*Demuth* Art. 32 CMR Rn. 64; *Koller* Art. 32 CMR Rn. 11.
[13] So bereits *Mutz* in der 1. Auflage dieses Kommentars zu Art. 53 CIM 1980.
[14] OLG Köln 15.2.1977, ZIntEisenb 1977, 106, 110; aA *Koller* Rn. 1.
[15] LG Köln 4.8.1981, ZIntEisenb 1982, 32, 34.
[16] Cass. belge vom 8.4.1988, Pasicrisie belge 1988 I 918.
[17] Vgl. *Goltermann* Art. 53 CIM 1980 Anm. 2a.
[18] Zur Vorlage des Frachtbriefdoppels eingehend *Fischer* ZIntEisenb 1976, 20, und *Milisavljevic* ZIntEisenb
1980, 2.
[19] Vgl. LG Dresden 18.6.1999, TranspR 1999, 397, 398.

9    Alle Belege sind im **Original oder** in **Abschrift** vorzulegen; für die abschließende positive[20] Regelung der Reklamation kann der Beförderer die Vorlage der Originale verlangen (§§ 5 und 6), um sicherzustellen, dass die Leistung nicht ein weiteres Mal bei einem anderen passivlegitimierten Beförderer geltend gemacht wird. Unklar ist, ob bei Fehlen von Originalen die Zahlung verweigert werden kann. Weist der Berechtigte nach, dass ihm die Vorlage der Originalurkunden unmöglich ist, muss in anderer geeigneter Weise sichergestellt werden, dass die Leistung nicht erneut erfolgreich beansprucht werden kann. Eine Leistungsverweigerung nur unter Berufung auf § 6 wird als „ermessenswidrig" angesehen.[21] In diesem Zusammenhang ist bedeutsam, dass nach Art. 44 § 5 Satz 3 bei gerichtlicher Geltendmachung von Ansprüchen der Absender erforderlichenfalls auch den Nachweis erbringen kann, dass der Frachtbrief fehlt oder in Verlust geraten ist (Art. 44 Rn. 8). Entsprechendes hat im Rahmen der Reklamation zu gelten.

10    **4. Frist.** Die Frist zur Einreichung der Reklamation beträgt bei **Überschreitung der Lieferfrist** sechzig Tage (Art. 47 § 2 lit. c); in anderen Fällen ist die Reklamation innerhalb der **Verjährungsfrist** einzureichen (Art. 48 § 3). Die Frist ist nur dann eingehalten, wenn die Reklamation bei einem passivlegitimierten Beförderer erfolgt (oben Rn. 5).

### Art. 44. Zur gerichtlichen Geltendmachung von Ansprüchen berechtigte Personen

**§ 1. Vorbehaltlich der §§ 3 und 4 sind zur gerichtlichen Geltendmachung von Ansprüchen aus dem Beförderungsvertrag berechtigt**
a) **der Absender bis zu dem Zeitpunkt, in dem der Empfänger**
   1. **den Frachtbrief eingelöst,**
   2. **das Gut angenommen oder**
   3. **die ihm gemäß Artikel 17 § 3 oder Artikel 18 § 3 zustehenden Rechte geltend gemacht hat;**
b) **der Empfänger von dem Zeitpunkt an, in dem er**
   1. **den Frachtbrief eingelöst,**
   2. **das Gut angenommen oder**
   3. **die ihm gemäß Artikel 17 § 3 oder Artikel 18 § 3 zustehenden Rechte geltend gemacht hat.**

**§ 2. Das dem Empfänger zustehende Klagerecht erlischt jedoch, sobald die vom Empfänger gemäß Artikel 18 § 5 bezeichnete Person den Frachtbrief eingelöst, das Gut angenommen oder die ihr gemäß Artikel 17 § 3 zustehenden Rechte geltend gemacht hat.**

**§ 3. Zur gerichtlichen Geltendmachung von Ansprüchen auf Erstattung von Beträgen, die auf Grund des Beförderungsvertrages gezahlt worden sind, ist nur berechtigt, wer die Zahlung geleistet hat.**

**§ 4. Zur gerichtlichen Geltendmachung von Ansprüchen aus Nachnahmen ist nur der Absender berechtigt.**

**§ 5. ¹Der Absender hat bei der gerichtlichen Geltendmachung der Ansprüche das Frachtbriefdoppel vorzulegen. ²Andernfalls muss er die Zustimmung des Empfängers beibringen oder nachweisen, dass dieser die Annahme des Gutes verweigert hat. ³Erforderlichenfalls hat der Absender das Fehlen oder den Verlust des Frachtbriefes zu beweisen.**

**§ 6. Der Empfänger hat bei der gerichtlichen Geltendmachung der Ansprüche den Frachtbrief vorzulegen, wenn er ihm übergeben worden ist.**

---

[20] Vgl. *Wick* Art. 41 CIM 1970 Anm. 17 (S. 304 f.).
[21] Vgl. *Goltermann* Art. 53 CIM 1980 Anm. 5b bb; im Ergebnis ähnlich GroßkommHGB/*Helm* Art. 41 CIM 1970 Anm. 3; *Hammerschmiedova* ZIntEisenb 2010, 90, 91 f.

## Art. 44. Personnes qui peuvent actionner le transporteur

§ 1. Sous réserve des §§ 3 et 4, les actions judiciaires fondées sur le contrat de transport appartiennent:
a) à l'expéditeur jusqu'au moment où le destinataire a
 1. retiré la lettre de voiture,
 2. accepté la marchandise ou
 3. fait valoir les droits qui lui appartiennent en vertu de l'article 17, § 3 ou de l'article 18, § 3;
b) au destinataire à partir du moment où il a
 1. retiré la lettre de voiture,
 2. accepté la marchandise ou
 3. fait valoir les droits qui lui appartiennent en vertu de l'article 17, § 3 ou de l'article 18, § 3.

§ 2. Le droit du destinataire d'exercer une action judiciaire est éteint dès que la personne désignée par le destinataire conformément à l'article 18, § 5a retiré la lettre de voiture, accepté la marchandise ou fait valoir les droits qui lui appartiennent en vertu de l'article 17, § 3.

§ 3. L'action judiciaire en restitution d'une somme payée en vertu du contrat de transport n'appartient qu'à celui qui a effectué le paiement.

§ 4. L'action judiciaire relative aux remboursements n'appartient qu'à l'expéditeur.

§ 5. L'expéditeur, pour exercer les actions judiciaires, doit produire le duplicata de la lettre de voiture. A défaut, il doit produire l'autorisation du destinataire ou apporter la preuve que celui-ci a refusé la marchandise. Au besoin, l'expéditeur doit prouver l'absence ou la perte de la lettre de voiture.

§ 6. Le destinataire, pour exercer les actions judiciaires, doit produire la lettre de voiture si elle lui a été remise.

### I. Normzweck

Die Vorschrift regelt die **Klagebefugnis (Aktivlegitimation).** Fehlen die jeweils **1** genannten Voraussetzungen, ist die Klage als **unzulässig** abzuweisen.

Art. 44 entspricht im Wesentlichen dem Art. 54 CIM 1980.[1] Neu gegenüber Art. 54 **2** § 4 ist allerdings die Ergänzung des Art. 44 § 5 um einen Satz 3 (Rn. 8). Eine Streichung dieses Artikels mit dem Ziel der Übernahme des Systems der CMR wurde im Rahmen der COTIF-Revision 1999 abgelehnt: Die Klagebefugnis nach den §§ 1 und 2 soll weiterhin zweifelsfrei mit dem Verfügungsrecht über das Gut zusammenfallen.[2]

### II. Anspruchsarten

**1. Ansprüche aus dem Beförderungsvertrag.** Die **§§ 1** und **2** erfassen **sämtliche 3 Ansprüche** aus dem Beförderungsvertrag, soweit sie nicht unter die §§ 3 und 4 fallen. Erfasst werden nicht nur Ansprüche aus der **Beförderhaftung ieS** (Art. 23 Rn. 1), sondern zB auch Ansprüche aus Art. 15 § 3 oder wegen unrichtiger Durchführung einer nachträglichen Verfügung oder wegen Unterlassung der Benachrichtigung bei Beförderungs- oder Ablieferungshindernissen.[3] Zu den Ansprüchen aus dem Beförderungsvertrag gehören auch nach subsidiär anwendbarem **Landesrecht** bestehende Ansprüche aus **schuldhafter Vertragsverletzung,** zB wegen Verletzung der Pflicht zur Stellung eines entladefähigen Kesselwagens.[4]

Die **Klagebefugnis** ist an das **Verfügungsrecht** über das Gut gekoppelt und steht daher **4** entweder dem **Absender** oder dem **Empfänger** zu. Eine **Doppellegitimation** wie nach

---

[1] *ZA-Bericht 1999* S. 148.
[2] *ZA-Bericht 1999* S. 148. Zu den Unsicherheiten bei Anwendung der CMR vgl. Thume/*Thume* Vor Art. 17 CMR Rn. 7–12; *Koller* Art. 13 CMR Rn. 8.
[3] *Wick* Art. 42 CIM 1970 Anm. 8 (S. 308); vgl. auch *Koller* TranspR 2006, 336, 338, zu dem insoweit gleichlautenden Art. 45 § 1 CIM.
[4] Vgl. BGH 14.11.1991, TranspR 1992, 273, 275.

§ 421 HGB und nach der CMR ist im Rahmen der CIM **ausgeschlossen**. Etwas anderes gilt in den Fällen, in denen **unterschiedliche Ansprüche** aus demselben Beförderungsvertrag geltend gemacht werden, zB wenn der Absender wegen einer Nachnahme, der Empfänger hingegen wegen eines Transportschadens klagt.[5] Will der Absender das Klagerecht des Empfängers ausüben, muss er eine formgerechte **Zession** des Empfängers nachweisen.[6] Die Konzentration der Klagebefugnis beim Absender oder Empfänger schließt nicht aus, dass der jeweils Klagebefugte im Wege der **Drittschadensliquidation** Schäden des jeweils nicht mehr oder noch nicht klagebefugten Ladungsbeteiligten geltend macht.[7]

**5**   **2. Erstattungsansprüche. § 3** bezieht sich auf Ansprüche auf Richtigstellung erhobener Kosten, wenn zB der Frachtsatzzeiger eines Tarifs vom Beförderer falsch angewendet wurde. Diese Bestimmung hat mit dem Wegfall der Tarifpflicht und des Art. 29 CIM 1980 erheblich an Bedeutung verloren. Sie ist zB anwendbar auf den Anspruch des Empfängers auf Erstattung eines zu viel erhobenen Nachnahmebetrags (Rn. 6), hingegen nicht auf die Erstattung der Fracht, entrichteter Zölle und sonstiger anlässlich der Beförderung gezahlter Beträge nach den Art. 30 § 4 und 32 § 4, da diese Erstattungen im Zusammenhang mit der Befördererhaftung ieS stehen und unter § 1 fallen. In den Fällen des § 3 ist klageberechtigt der Absender oder der Empfänger, je nachdem, wer den Betrag **tatsächlich bezahlt** hat, nicht derjenige, der nach dem Frachtbrief zahlungspflichtig war. Bei Zahlung durch Dritte steht das Klagerecht demjenigen zu, in dessen Namen gezahlt wurde.[8]

**6**   **3. Nachnahmen. § 4** betrifft **Ansprüche des Absenders** auf Auszahlung einer Nachnahme und auf Schadensersatz wegen Ablieferung des Gutes ohne Einziehung der Nachnahme (Art. 17 § 6). Für die Rückforderung eines beim Empfänger zu viel erhobenen Betrags gilt § 3.[9]

### III. Klagebefugnis Dritter

**7**   Zur Geltendmachung der Ansprüche nach Art. 44 sind nur der **im Frachtbrief eingetragene Absender oder Empfänger** bzw. der **neue Empfänger** nach Art. 18 § 4 lit. d berechtigt. Nicht berechtigt sind zB eine nur nachrichtlich („zur Verfügung") bezeichnete Firma,[10] der Eigentümer des Gutes,[11] der Verkäufer des Gutes[12] oder der tatsächliche Empfänger,[13] wenn diese Personen selbst nicht frachtbriefmäßige Absender oder Empfänger sind. Das Klagerecht muss aber vom Absender oder Empfänger nicht selbst ausgeübt werden; **Rechtsnachfolge** oder **Forderungsübergang** sind möglich. Ob und in welcher Form Rechte an Dritte übergehen, richtet sich nach **Landesrecht** (Art. 8 § 2 COTIF).[14] Nach französischem Recht ist eine **Zession** dem Frachtführer anzuzeigen (Art. 43 Rn. 4). Der Beförderer kann sich jedoch nicht auf die Unterlassung der Mitteilung berufen, wenn er schon vor der Klageerhebung Kenntnis von der Abtretung hatte und damit einverstanden war.[15]

### IV. Formvorschriften

**8**   Wie bei der Reklamation (Art. 43 Rn. 8), hat bei gerichtlicher Geltendmachung der Ansprüche der Absender das Frachtbriefdoppel, der Empfänger einen ihm übergebenen Frachtbrief vorzulegen (§§ 5 u. 6). In Ermangelung des Frachtbriefdoppels muss der Absender

---

[5] *Wick* Art. 42 CIM 1970 Anm. 9 (S. 308).
[6] Cour d'appel Lyon 12.2.1971, ZIntEisenb 1973, 209, 210.
[7] Vgl. *Koller* Rn. 4.
[8] *Spera* Art. 54 CIM 1980 Anm. 5.
[9] Vgl. Schweizerisches Bundesgericht v. 11.11.1919, ZIntEisenb 1920, 107, 109.
[10] Trib. de commerce Lille 6.7.1946, ZIntEisenb 1947, 468, mit Anm. des Zentralamts.
[11] Cour d'appel Bruxelles 22.5.1959, ZIntEisenb 1962, 54, mit Anm. des Zentralamts.
[12] Trib. de commerce Paris 29.9.1971, ZIntEisenb 1972, 261.
[13] Cass. Paris 15.7.1986, ZIntEisenb 1988, 46.
[14] Vgl. BGH 16.3.1979, ZIntEisenb 1982, 117, 119 f.; *ZA-Bericht* 1999 S. 148.
[15] Cass. Paris 15.7.1986, ZIntEisenb 1988, 46, 47.

die Zustimmung des Empfängers beibringen oder die Annahmeverweigerung durch den Empfänger nachweisen. Da seit der COTIF-Reform 1999 für das Zustandekommen und die Gültigkeit des Beförderungsvertrags ein Frachtbrief nicht mehr zwingend erforderlich ist (Art. 6 Rn. 2), enthält § 5 Satz 3 jetzt auch eine Bestimmung für den Fall, dass ein Frachtbrief von vornherein nicht ausgestellt wurde oder in Verlust geraten ist. Die unterbliebene Vorlage des Frachtbriefdoppels schließt die Klagebefugnis des Absenders jedenfalls nicht von vornherein aus. Da § 5 als Formvorschrift vor allem **Beweiszwecken** dient, kann der Absender den Nachweis der im Frachtbrief enthaltenen Angaben und sein Verfügungsrecht auch durch **andere Beweismittel** führen.[16] Entsprechendes gilt, wenn der Empfänger im Rahmen des § 6 nicht in der Lage ist, den ihm übergebenen Frachtbrief vorzulegen. Die Bestimmungen der §§ 5 und 6 setzen den Grundsatz der freien Beweiswürdigung nicht außer Kraft.[17]

Anders als bei der Reklamation sind bei der gerichtlichen Geltendmachung von Ansprüchen die jeweiligen Belege im **Original** vorzulegen. Art. 44 enthält keine dem Art. 43 § 5 entsprechende Vorschrift, wonach bei der Reklamation die Belege (zunächst) auch in Abschrift eingereicht werden können. **9**

## Art. 45. Beförderer, gegen die Ansprüche gerichtlich geltend gemacht werden können

**§ 1.** Vorbehaltlich der §§ 3 und 4 können Ansprüche aus dem Beförderungsvertrag nur gegen den ersten, den letzten oder denjenigen Beförderer geltend gemacht werden, der den Teil der Beförderung durchgeführt hat, in dessen Verlauf die den Anspruch begründende Tatsache eingetreten ist.

**§ 2.** Ist bei Beförderungen durch aufeinanderfolgende Beförderer der zur Ablieferung verpflichtete Beförderer mit seiner Zustimmung im Frachtbrief eingetragen, können Ansprüche gemäß § 1 auch dann gegen ihn gerichtlich geltend gemacht werden, wenn er weder das Gut noch den Frachtbrief erhalten hat.

**§ 3.** Ansprüche auf Erstattung von Beträgen, die auf Grund des Beförderungsvertrages gezahlt worden sind, können gegen den Beförderer gerichtlich geltend gemacht werden, der den Betrag erhoben hat, oder gegen den Beförderer, zu dessen Gunsten der Betrag erhoben worden ist.

**§ 4.** Ansprüche aus Nachnahmen können nur gegen den Beförderer geltend gemacht werden, der das Gut am Versandort übernommen hat.

**§ 5.** Im Wege der Widerklage oder der Einrede können Ansprüche auch gegen einen anderen als die in den §§ 1 bis 4 genannten Beförderer geltend gemacht werden, wenn sich die Klage auf denselben Beförderungsvertrag gründet.

**§ 6.** Soweit diese Einheitlichen Rechtsvorschriften auf den ausführenden Beförderer Anwendung finden, können die Ansprüche auch gegen ihn gerichtlich geltend gemacht werden.

**§ 7.** Hat der Kläger die Wahl unter mehreren Beförderern, so erlischt sein Wahlrecht, sobald die Klage gegen einen der Beförderer erhoben ist; dies gilt auch, wenn der Kläger die Wahl zwischen einem oder mehreren Beförderern und einem ausführenden Beförderer hat.

## Art. 45. Transporteurs qui peuvent être actionnés

**§ 1.** Les actions judiciaires fondées sur le contrat de transport peuvent être exercées, sous réserve des §§ 3 et 4, uniquement contre le premier ou le dernier transporteur ou contre

---

[16] Vgl. OLG Düsseldorf 18.1.1996, TranspR 1997, 284 f.
[17] *Hammerschmiedova* ZIntEisenb 2010, 90, 92, mit krit. Anmerkung zu dem Urteil eines tschechischen Gerichts; vgl. auch *Koller* Rn. 4.

celui qui exécutait la partie du transport au cours de laquelle s'est produit le fait générateur de l'action.

§ 2. Lorsque, dans le cas de transports exécutés par des transporteurs subséquents, le transporteur devant livrer la marchandise est inscrit avec son consentement sur la lettre de voiture, celui-ci peut être actionné conformément au § 1, même s'il n'a reçu ni la marchandise, ni la lettre de voiture.

§ 3. L'action judiciaire en restitution d'une somme payée en vertu du contrat de transport peut être exercée contre le transporteur qui a perçu cette somme ou contre celui au profit duquel elle a été perçue.

§ 4. L'action judiciaire relative aux remboursements peut être exercée uniquement contre le transporteur qui a pris en charge la marchandise au lieu d'expédition.

§ 5. L'action judiciaire peut être exercée contre un transporteur autre que ceux visés aux §§ 1 à 4, lorsqu'elle est présentée comme demande reconventionnelle ou comme exception dans l'instance relative à une demande principale fondée sur le même contrat de transport.

§ 6. Dans la mesure où les présentes Règles uniformes s'appliquent au transporteur substitué, celui-ci peut également être actionné.

§ 7. Si le demandeur a le choix entre plusieurs transporteurs, son droit d'option s'éteint dès que l'action judiciaire est intentée contre l'un d'eux; cela vaut également si le demandeur a le choix entre un ou plusieurs transporteurs et un transporteur substitué.

## Übersicht

|  | Rn. |  | Rn. |
|---|---|---|---|
| I. Normzweck | 1, 2 | 1. Vertraglicher und aufeinanderfolgende Beförderer (§§ 1, 2) | 4–12 |
| II. Anspruchsarten | 3 | 2. Ausführender Beförderer (§ 6) | 13, 14 |
|  |  | 3. Widerklagen und Einreden (§ 5) | 15–17 |
| III. Passivlegitimierte Beförderer | 4–17 | IV. Wahlrecht des Klägers | 18–20 |

## I. Normzweck

1    Art. 45 regelt die **Passivlegitimation** für Klagen gegen bestimmte am Transport beteiligte Beförderer. Hinsichtlich der in Frage kommenden Arten von Ansprüchen besteht eine Symmetrie zu Art. 44.

2    Die Vorschrift entspricht in ihren Grundzügen Art. 55 CIM 1980. In der Terminologie des § 1 findet eine gewisse Annäherung an Art. 36 CMR statt, indem nicht mehr von der „Versandbahn" und der „Empfangsbahn", sondern vom **„ersten"** und vom **„letzten"** **Beförderer** gesprochen wird.[1] Es bleibt allerdings zu klären, ob der „erste" bzw. „letzte" Beförderer" in der CIM mit dem „ersten" bzw. „letzten Frachtführer" in der CMR identisch ist (Rn. 4, 5 u. 10). Anders als die CMR erlaubt Art. 45 CIM weiterhin **keine Klagehäufung.**[2]

## II. Anspruchsarten

3    Art. 45 nennt in den **§§ 1, 3** und **4** die gleichen Anspruchsarten wie Art. 44 in den entsprechenden Paragrafen. **Ansprüche aus dem Beförderungsvertrag** (Art. 44 Rn. 3) können gegen bestimmte Beförderer geltend gemacht werden (Rn. 4 ff.), **Erstattungsansprüche** (Art. 44 Rn. 5) gegen den den Betrag erhebenden oder den begünstigten Beförderer und Ansprüche aus **Nachnahmen** gegen den Beförderer, der das Gut am Versandort übernommen hat; letzterer muss nicht der vertragliche Beförderer sein (Rn. 7).

---

[1] *Denkschrift COTIF 1999* S. 207.
[2] *Denkschrift COTIF 1999* S. 207 f.; *ZA-Bericht 1999* S. 148 Ziff. 1.

### III. Passivlegitimierte Beförderer

**1. Vertraglicher und aufeinanderfolgende Beförderer (§§ 1, 2).** Ansprüche aus 4
dem Beförderungsvertrag, insbesondere aus der Befördererhaftung, können **wahlweise**
(Rn. 18) gegen unterschiedliche Beförderer geltend gemacht werden. Nach der Definition
des Art. 3 lit. a kommen der **vertragliche** Beförderer sowie **aufeinanderfolgende** Beförderer iS des Art. 26 in Betracht, die eine **Haftungsgemeinschaft** bilden.[3] Der vertragliche
Beförderer wird zumeist der **erste** Beförderer sein; unter dem **letzten** Beförderer ist der
das Gut abliefernde aufeinanderfolgende Beförderer zu verstehen (Art. 26 Rn. 8). Damit
hält die CIM 1999 an dem bereits in der frühen Staatsbahnzeit aufgestellten Grundsatz
des internationalen Eisenbahntransportrechts fest, dass die Kunden der Eisenbahn für die
Geltendmachung von Verkehrshaftungsansprüchen einen **bequemen Schuldner** haben
sollen: der Absender den in seinem Land ansässigen ersten Beförderer, der Empfänger den
in seinem Land ansässigen abliefernden Beförderer,[4] und dies jeweils ohne Rücksicht darauf,
welcher am Transport beteiligte Beförderer den Schaden im konkreten Fall verursacht hat.
Dieser Gedanke kommt auch in Art. 36 CMR zum Ausdruck.[5]

Nach der Abschaffung des Staatsbahnsystems mit seinem Verkehrsmonopol zugunsten 5
der jeweiligen Staatsbahn kann es allerdings auch vorkommen, dass der **vertragliche Beförderer nicht auch** der **erste tatsächliche Beförderer** ist (Art. 3 Rn. 2). Das gilt zB,
wenn eine schweizerische Bahn, um im Verkehr zwischen Nordeuropa und Italien aus der
traditionellen Rolle als bloße Transitbahn herauszukommen, in Holland oder Deutschland
selbst Kundenbeziehungen aufbaut, durchgehende Eisenbahnbeförderungsverträge in die
Schweiz oder nach Italien abschließt und dann Gut und Frachtbrief beim Absender von
einer **Partnerbahn** abholen lässt. **Erster tatsächlicher Beförderer** und rechtlich doch nur
**aufeinanderfolgender Beförderer** iS des Art. 26 ist dann die das Gut mit dem Frachtbrief
abholende Bahn, nicht die den Beförderungsvertrag mit dem Absender schließende schweizerische Bahn. Wenn das Gut aus ungeklärten Umständen nicht beim Empfänger ankommt,
steht der Absender vor der Frage, welcher Beförderer passivlegitimiert ist: der tatsächlich
erste oder der vertragliche Beförderer? In derartigen Fällen ist Art. 45 § 1 wegen des Übergangs der CIM 1999 vom Real- zum Konsensualvertrag so zu lesen, dass der Absender den
**ersten beförderungsvertraglich** mit ihm in Beziehung getretenen Beförderer zu verklagen hat, während ein anderer das Gut und den Frachtbrief abholender Beförderer nur dann
passivlegitimiert ist, wenn er derjenige Beförderer ist, in dessen Beförderungsabschnitt die
den Anspruch begründende Tatsache eingetreten ist (zB Entgleisung beim Verlassen des
Gleisanschlusses des Absenders). Auch im Rahmen des Art. 36 CMR wird davon ausgegangen, dass „erster Frachtführer" der vom Absender beauftragte „Hauptfrachtführer" ist, auch
wenn er den Transport weiter vergeben hat und keine eigene Transportleistung erbringt.[6]
Im internationalen Straßengüterverkehr werden allerdings regelmäßig Unterfrachtführer
eingesetzt, nicht aufeinanderfolgende Frachtführer iS des Art. 34 CMR, so dass sich die
Passivlegitimation des vertraglichen Frachtführers nicht erst nach Art. 36 CMR, sondern
bereits nach Art. 13 CMR ergibt (CMR Art. 36 Rn. 1).

Wird der Beförderungsvertrag mit dem Absender von einer rechtlich unselbstständigen 6
**Beförderermehrheit** geschlossen, bei der ein Beförderer die weiteren Beförderer gegenüber dem Absender vertritt, so sind alle dieser Befördergemeinschaft angehörenden Beförderer **vertragliche** und in diesem Sinne **erste Beförderer** und damit passivlegitimiert
gemäß Art. 45 § 1.

Wegen des eindeutigen Wortlauts des **§ 4** können Ansprüche aus **Nachnahmen** nicht 7
gegen den vertraglichen Beförderer geltend gemacht werden, wenn dieser nicht auch der
tatsächlich erste, das Gut am Versandort übernehmende Beförderer ist.

---

[3] Vgl. *Wick* Art. 43 CIM 1970 Anm. 2 (S. 312).
[4] Vgl. *Wick* Art. 43 CIM 1970 Anm. 14 (S. 314).
[5] Vgl. Thume/*Schmid* Art. 36 CMR Rn. 3.
[6] *Koller* Art. 36 CMR Rn. 2; MüKoHGB/*Jesser-Huß* CMR Art. 36 Rn. 5.

8    Wird im Vor- oder Nachlauf zu einer internationalen Schienenbeförderung ein **Straßen-verkehrsunternehmer** oder **Binnenschiffer** als Unterfrachtführer und damit Erfüllungs-gehilfe des Schienenbeförderers eingesetzt (Art. 40 Rn. 5), so ändert sich nichts daran, dass der Berechtigte den ersten (vertraglichen) Schienenbeförderer oder den letzten (abliefern-den) Schienenbeförderer in Anspruch nehmen kann. Die von *Koller*[7] aufgezeigten Probleme für den Empfänger, seine Rechte durchzusetzen, lassen sich entschärfen, wenn der Empfän-ger vom abliefernden aufeinanderfolgenden Beförderer nach Art. 17 § 3 auch die Übergabe des Frachtbriefs verlangt oder – wenn ausnahmsweise kein Frachtbrief ausgestellt ist – sich beim Absender vergewissert, ob eine mit diesem **vereinbarte aufeinanderfolgende Beförderung** außerhalb des Art. 26 vorliegt (Art. 26 Rn. 3 u. 4) und wie weit sie reicht. Nur wenn außer dem vertraglichen Beförderer ausschließlich ausführende Beförderer und Unterfrachtführer tätig geworden sind, bleibt dem Empfänger nur die Möglichkeit, den im Ausland ansässigen vertraglichen Beförderer zu verklagen – oder denjenigen ausführenden (Schienen-)Beförderer, dem die Verantwortung für den Schaden zweifelsfrei nachgewiesen werden kann.

9    Ein **Transitbeförderer** in der Rolle eines aufeinanderfolgenden Beförderers haftet zwar nach Art. 26 für die Ausführung der Beförderung auf der ganzen Strecke bis zur Ablieferung; er kann jedoch nur dann auf Schadensersatz verklagt werden, wenn die den Anspruch begründende Tatsache **in seinem Beförderungsabschnitt** eingetreten ist. Die weitrei-chende Haftung eines aufeinanderfolgenden Beförderers nach Art. 26 stellt sich daher als eine Art „**Vorratshaftung**" dar, die nur dann erfolgreich geltend gemacht werden kann, wenn eine weitere Voraussetzung erfüllt ist, nämlich die Verursachung des Schadens auf seinem Beförderungsabschnitt oder die Ablieferung des Gutes durch diesen Beförderer oder die Erhebung einer Klage auf Grund desselben Beförderungsvertrags durch diesen Beförde-rer (dazu Rn. 15). Als Beförderer, in dessen Beförderungsabschnitt „die den Anspruch begründende Tatsache eingetreten ist", ist derjenige Transitbeförderer zu verstehen, der den **Schaden verursacht** hat, so dass gegen ihn nach Art. 50 § 1 lit. a Rückgriff genommen werden kann (Rn. 10).[8] Wird ein Beförderer mit der Behauptung in Anspruch genommen, er habe den Schaden verursacht, und kann er diese Behauptung widerlegen, so ist er nicht passivlegitimiert.[9]

10   Als „**letzter Frachtführer**" iS des Art. 36 CMR wird derjenige Frachtführer angesehen, der als letzter durch die Übernahme von Gut und Frachtbrief dem Frachtvertrag tatsächlich beigetreten ist,[10] und zwar unabhängig davon, ob er auch der abliefernde Frachtführer wird. Als „**letzter Beförderer**" iS des Art. 45 § 1 CIM ist hingegen derjenige aufeinanderfol-gende Beförderer anzusehen, der das Gut dem Empfänger **abliefert**.[11] Für diese Auslegung spricht die Entstehungsgeschichte des Art. 45, dessen Vorläuferregelungen (zuletzt Art. 55 CIM 1980) nicht die letzte, sondern die Empfangsbahn als passivlegitimiert bezeichnen. „**Empfangsbahn**" war diejenige Eisenbahn, die den **Bestimmungsbahnhof** betrieb, der in den Frachtbrief einzutragen war.[12] Nur gegenüber dieser Bahn greift das Argument, dass der Empfänger für seine Schadensersatzansprüche einen bequemen Schuldner haben soll, der in seinem Land ansässig ist. Gegenüber einem **Transitbeförderer**, bei dem der Transport vorzeitig und unplanmäßig zu Ende geht, gilt dieses Argument nicht. Ein Transitbeförderer soll dann in Anspruch genommen werden können, wenn er den **Schaden verursacht** hat und ohnehin **Letzthaftender** nach Art. 50 § 1 lit. a ist. Auf diese Weise können Rückgriffs-

---

[7] *Koller* TranspR 2006, 336, 337 f.
[8] Widersprüchlich *Wick* Art. 43 CIM 1970 Anm. 12 (S. 313) einerseits u. Art. 49 CIM 1970 Anm. 6 (S. 347) andererseits.
[9] Trib. de commerce Bruxelles 13.3.1969, ZIntEisenb 1972, 132.
[10] Cass. Paris 3.5.1994, ETR 1995, 685, 687; vgl. auch *ZA-Bericht 1999* S. 140 Ziff. 3 sowie *Koller* Art. 36 CMR Rn. 2 mit Fn. 7.
[11] *ZA-Bericht 1999* S. 140 Ziff. 3; aA *Denkschrift COTIF 1999* S. 205 und wohl auch *Koller* TranspR 2006, 336 f.
[12] Vgl. *Wick* Art. 43 CIM 1970 Anm. 11 (S. 313).

verfahren zwischen den beteiligten Beförderern vermieden werden.[13] Dieses Ergebnis ist bedeutsam in den Fällen, in denen der Transport bei einem Transitbeförderer zu Ende geht, weil der **vorangegangene Beförderer** einen Schaden verursacht hat, zB leicht verderbliche Lebensmittel abredewidrig nicht gekühlt oder vor der Weiterfahrt solange hat herumstehen lassen, dass sie vom nächsten Beförderer als völlig verdorben und eine Gefahr für andere in demselben Wagen verladene Güter bildend entsorgt werden müssen. In einem solchen Fall sind passivlegitimiert der erste Beförderer und der verantwortliche Transitbeförderer, hingegen nicht der tatsächlich letzte mit dem Gut befasste Beförderer. Der nach dem Frachtvertrag vorgesehene letzte Beförderer, der das Gut an den Empfänger abliefern sollte, es aber nicht mehr erhalten hat, ist in diesem Fall nach § 2 nur dann passivlegitimiert, wenn er mit seiner Zustimmung im Frachtbrief eingetragen ist:

**§ 2** greift den aus der Staatsbahnzeit stammenden Grundsatz einer umfassenden solidari-   **11** schen Haftungsgemeinschaft aller am Transport beteiligten aufeinanderfolgenden Bahnen bis hin zur Empfangsbahn auf, schwächt diesen Grundsatz allerdings mit Blick auf die Liberalisierung des Eisenbahnsektors und die Einführung von Wettbewerb zwischen den Eisenbahnen ab: Gegen den für die Ablieferung vorgesehenen Beförderer, der weder das Gut noch den Frachtbrief erhalten hat, können gleichwohl (Schadensersatz-)Ansprüche aus dem Beförderungsvertrag gerichtlich geltend gemacht werden, wenn er mit seiner **Zustimmung** gemäß Art. 7 § 2 lit. a im Frachtbrief eingetragen ist. In diesem Fall bleibt dem Empfänger der bequeme Schuldner, den er früher in Gestalt der Empfangsbahn immer hatte, erhalten und es ist Sache dieses Schuldners, bei dem für die vorzeitige Beendigung des Transports verantwortlichen Beförderer nach Art. 50 Rückgriff zu nehmen. § 2 erfasst im Übrigen auch Fälle, in denen der zur Ablieferung vorgesehene Beförderer nur den **Frachtbrief oder** nur das **Gut** erhalten hat.[14]

Im Vor- oder Nachlauf eingesetzte **Straßenverkehrsunternehmer** oder **Binnenschif-**   **12** **fer** sind nur dann nach Art. 45 passivlegitimiert, wenn sie durch formelle Übernahme von Gut und Frachtbrief als aufeinanderfolgende Beförderer in den Beförderungsvertrag eingetreten sind (Art. 26 Rn. 6).[15]

**2. Ausführender Beförderer (§ 6).** Nach Art. 27 § 2 gelten alle für die **Haftung des**   **13** **Beförderers** maßgeblichen Bestimmungen der CIM auch für die Haftung des ausführenden Beförderers hinsichtlich der von ihm durchgeführten Beförderung. Da Art. 45 im Titel IV der CIM über die **Geltendmachung von Ansprüchen** steht, wurde es mit Blick auf Art. 3 lit. a („Beförderer" ist nur der vertragliche oder ein aufeinanderfolgender Beförderer) für zweckdienlich erachtet, in Art. 45 § 6 festzuhalten, dass auch der ausführende Beförderer passivlegitimiert ist, soweit die CIM – wie nach Art. 27 § 2 – auf ihn anwendbar ist.[16] Ein ausführender Beförderer ist daher wie ein aufeinanderfolgender Beförderer (oben Rn. 9) passivlegitimiert für Schäden, die auf **seine Beförderungstätigkeit** zurückzuführen sind (Art. 27 Rn. 3 u. 9). Wegen Art. 27 § 2 haftet der ausführende Beförderer auch nach Art. 17 § 6, wenn er das Gut ohne Einziehung einer **Nachnahme** abgeliefert hat. Es ist allerdings zweifelhaft, ob Art. 45 § 6 auch in diesem Fall eine Passivlegitimation des ausführenden Beförderers begründet,[17] da § 4 für Ansprüche aus Nachnahmen nur den ersten Beförderer passivlegitimiert, nicht einmal den abliefernden aufeinanderfolgenden Beförderer iS des Art. 3 lit. a. Unter diesen Umständen ist davon auszugehen, dass dem auf Ersatz in Anspruch zu nehmenden ersten Beförderer nur die Möglichkeit bleibt, nach Art. 27 § 6 gegen den fehlerhaft handelnden ausführenden Beförderer Rückgriff zu nehmen.

Im Vor- oder Nachlauf eingesetzte **Straßenverkehrsunternehmer** oder **Binnenschif-**   **14** **fer** kommen nicht als ausführende (Schienen-)Beförderer in Betracht (Art. 3 Rn. 3), so dass sie nicht nach Art. 45 § 6 passivlegitimiert sein können.

---

[13] Vgl. Thume/*Schmid* Art. 36 CMR Rn. 3.
[14] Vgl. *Wick* Art. 43 CIM 1970 Anm. 13 (S. 314).
[15] *Freise* TranspR 2007, 45, 49 (vor 7); *Koller* TranspR 2006, 336, 337 (unter 2).
[16] *ZA-Bericht 1999* S. 149 Ziff. 4.
[17] Bejahend *Koller* Rn. 3 u. TranspR 2006, 336, 338.

**15**    3. **Widerklagen und Einreden (§ 5). Andere** als die in den §§ 1–4 genannten **Beförderer** sind nur dann passivlegitimiert, wenn sie erst im Wege der Widerklage oder der Einrede in Anspruch genommen werden. Ein solcher Fall liegt zB vor, wenn ein nach den §§ 1–4 nicht passivlegitimierter Transitbeförderer den Absender auf Schadensersatz wegen Beschädigung von Betriebsanlagen oder Fahrzeugen auf Grund mangelhafter Verladung des Gutes verklagt und der Absender daraufhin im Wege der Widerklage auf Grund desselben Beförderungsvertrags einen Anspruch wegen teilweisen Verlusts des Gutes gegen diesen Beförderer geltend macht.[18] Hier gewinnt die latente **solidarische Haftung** aller an einem internationalen Eisenbahntransport beteiligten aufeinanderfolgenden Beförderer für die ganze Strecke aktuelle Bedeutung: Ein Transitbeförderer haftet nach Art. 26 auch für die Schäden, die nicht er, sondern seine Vor- oder Nachmänner verursacht haben. Diese Haftung kann zwar vom Geschädigten auf Grund gesetzlicher Verfahrensökonomie in Art. 45 §§ 1–4 nicht eigenständig gerichtlich geltend gemacht werden, wohl aber im Zuge der **Gegenwehr,** wenn der nicht selbst für den Schaden verantwortliche Transitbeförderer von sich aus auf Grund desselben Beförderungsvertrags andere Ansprüche gegen den Geschädigten gerichtlich geltend macht.[19]

**16**    Widerklage oder Einrede können nur gegenüber dem vertraglichen, einem aufeinanderfolgenden oder einem ausführenden Beförderer (§ 6) erhoben werden, jedoch nicht gegenüber einem im Vor- oder Nachlauf tätigen Straßenverkehrsunternehmer oder Binnenschiffer, der nicht durch Übernahme von Gut und Frachtbrief aufeinanderfolgender Beförderer geworden oder mit seiner Zustimmung als zur Ablieferung bestimmter (letzter) Beförderer in den Frachtbrief eingetragen worden ist[20] (oben Rn. 12 u. 14).

**17**    § 5 erweitert den Kreis der passivlegitimierten Beförderer. Der Berechtigte kann daher **wählen,** ob er gegen einen der in den §§ 1–4 genannten Beförderer selbst aktiv gerichtlich vorgehen oder sich nach § 5 in einem gegen ihn angestrengten Prozess mit einer Widerklage oder Einrede zur Wehr setzen will.[21]

### IV. Wahlrecht des Klägers

**18**    Sind mehrere Beförderer nach den §§ 1–6 passivlegitimiert, so hat der Anspruchsberechtigte nach § 7 die **Wahl,** welchen von ihnen er verklagen will. Die bei einem der passivlegitimierten Beförderer eingereichte **Reklamation** beseitigt das Wahlrecht nicht, sondern erlaubt dem Berechtigten weiterhin, später einen anderen Passivlegitimierten zu verklagen. Erst wenn gegen einen passivlegitimierten Beförderer **Klage erhoben** wird, erlischt das Wahlrecht (Rn. 20).

**19**    Die Klage kann nur gegen **einen** Beförderer gerichtet werden;[22] eine **Klagehäufung** ist **nicht zugelassen.** Das gilt auch, wenn **mehrere Beförderer** als **vertragliche Beförderer** aufgetreten sind (Art. 3 Rn. 2 und oben Rn. 6). Diese von Art. 36 CMR abweichende Regelung wird damit begründet, dass auch nach der Privatisierung der Eisenbahnen bei Eisenbahntransporten die Gefahr der Zahlungsunfähigkeit einzelner beteiligter Beförderer geringer zu veranschlagen ist als bei Straßentransporten.[23] Zwischen den beteiligten Beförderern besteht im Übrigen **notwendige Streitgenossenschaft;** ein klageabweisendes Urteil wirkt auch zugunsten der übrigen Beförderer.[24]

**20**    Das **Wahlrecht** des Anspruchsberechtigten **erlischt** nur, wenn er Klage gegen einen **passivlegitimierten** Beförderer erhebt.[25] Hat der Berechtigte zB einen **Transitbeförderer** in der Annahme verklagt, das Transportgut sei auf dem Beförderungsabschnitt dieses

---

[18] Vgl. *Wick* Art. 43 CIM 1970 Anm. 18 (S. 315).
[19] *Wick* Art. 43 CIM 1970 Anm. 17 (S. 315).
[20] *Koller* Rn. 2 und – zum ausführenden Beförderer – Rn. 3.
[21] *Koller* Rn. 2; *Wick* Art. 43 CIM 1970 Anm. 18 (S. 316).
[22] Vgl. Trib. de commerce Seine 6.1.1949, ZIntEisenb 1950, 118, 119.
[23] *Denkschrift COTIF 1999* S. 207 f.; *ZA-Bericht 1999* S. 148 Ziff. 1; vgl. auch *Koller* Art. 36 CMR Rn. 3.
[24] *Wick* Art. 43 CIM 1970 Anm. 15 (S. 314 f.); anders nach der CMR, vgl. *Koller* Art. 36 CMR Rn. 3.
[25] *Denkschrift COTIF 1999* S. 208 (oben).

Beförderers in Verlust geraten, und wird die Klage mangels Passivlegitimation dieses Beförderers abgewiesen, so kann der Berechtigte immer noch den vertraglichen Beförderer oder den für den Verlust verantwortlichen Transitbeförderer verklagen,[26] sofern der Anspruch noch nicht nach Art. 48 **verjährt** ist. Das Gleiche gilt, wenn der Berechtigte einen **ausführenden Beförderer** verklagt und im Prozess festgestellt wird, dass dieser den Schaden nicht während der von ihm durchgeführten Beförderung verursacht hat. Der einschränkende Wortlaut des Art. 43 § 6 („soweit") schließt in diesem Fall in Verbindung mit Art. 27 § 2 eine Passivlegitimation des ausführenden Beförderers aus, so dass der Anspruchsberechtigte noch von seinem Wahlrecht Gebrauch machen kann. Zur Vermeidung der Verjährungsgefahr tut der Anspruchsberechtigte aber gut daran, von vornherein einen zweifelsfrei passivlegitimierten Beförderer zu verklagen, also den ersten (vertraglichen) oder den letzten (abliefernden) aufeinanderfolgenden Beförderer. Der Berechtigte braucht jedoch nicht zu befürchten, dass sein Wahlrecht sogar dann erlischt, wenn er einen nicht passivlegitimierten Beförderer verklagt.[27] § 7 ist zur Klarstellung wie folgt zu lesen: „... sobald die Klage gegen einen *dieser* Beförderer erhoben ist ...".

## Art. 46. Gerichtsstand

**§ 1. [1]Auf diese Einheitlichen Rechtsvorschriften gegründete Ansprüche können vor den durch Vereinbarung der Parteien bestimmten Gerichten der Mitgliedstaaten oder vor den Gerichten eines Staates geltend gemacht werden, auf dessen Gebiet**

a) **der Beklagte seinen Wohnsitz oder gewöhnlichen Aufenthalt, seine Hauptniederlassung oder die Zweigniederlassung oder Geschäftsstelle hat, durch die der Beförderungsvertrag geschlossen worden ist, oder**

b) **der Ort der Übernahme des Gutes oder der für die Ablieferung vorgesehene Ort liegt.**
**[2]Andere Gerichte können nicht angerufen werden.**

**§ 2. Ist ein Verfahren bei einem nach § 1 zuständigen Gericht wegen eines auf diese Einheitlichen Rechtsvorschriften gegründeten Anspruches anhängig oder ist durch ein solches Gericht in einer solchen Streitsache ein Urteil erlassen worden, so kann eine neue Klage wegen derselben Sache zwischen denselben Parteien nicht erhoben werden, es sei denn, dass die Entscheidung des Gerichtes, bei dem die erste Klage erhoben worden ist, in dem Staat nicht vollstreckt werden kann, in dem die neue Klage erhoben wird.**

## Art. 46. For

§ 1. Les actions judiciaires fondées sur les présentes Règles uniformes peuvent être intentées devant les juridictions des Etats membres désignées d'un commun accord par les parties ou devant la juridiction de l'Etat sur le territoire duquel :
a) le défendeur a son domicile ou sa résidence habituelle, son siège principal ou la succursale ou l'agence qui a conclu le contrat de transport, ou
b) le lieu de la prise en charge de la marchandise ou celui prévu pour la livraison est situé.
D'autres juridictions ne peuvent être saisies.

§ 2. Lorsqu'une action fondée sur les présentes Règles uniformes est en instance devant une juridiction compétente aux termes du § 1, ou lorsque dans un tel litige un jugement a été prononcé par une telle juridiction, il ne peut être intenté aucune nouvelle action judiciaire pour la même cause entre les mêmes parties à moins que la décision de la juridic-

---

[26] *Wick* Art. 43 CIM 1970 Anm. 15 (S. 315).
[27] Anders *Koller* Rn. 3 u. TranspR 2006, 336, 338.

tion devant laquelle la première action a été intentée ne soit pas susceptible d'être exécutée dans l'Etat où la nouvelle action est intentée.

## I. Normzweck

1    Art. 46 regelt Fragen des internationalen Prozessrechts, und zwar die **internationale Zuständigkeit.** Die örtliche und sachliche Zuständigkeit innerhalb des jeweiligen Mitgliedstaats richtet sich nach dessen **Landesrecht** (Art. 8 COTIF).[1] Die Vorschrift gilt für alle Ansprüche aus dem Beförderungsvertrag iS des Art. 44 §§ 1, 3 und 4; sie hat – wie Art. 31 CMR[2] – **Vorrang** vor den Bestimmungen der EG-VO 44/2001 – neu EU-VO 1215/2012 – (**EuGVVO** oder auch **Brüssel I-VO**), des EG-Übereinkommens über die gerichtliche Zuständigkeit (…) von 1968 (**EuGVÜ**[3] oder auch **Brüsseler Übereinkommen**) und des entsprechenden Übereinkommens von **Lugano** von 1988/2007.[4]

2    Art. 46 wendet sich von der früheren, durch das Staatsbahnsystem geprägten Regelung in Art. 56 CIM 1980 ab und übernimmt im Wesentlichen die Regelung des Art. 31 Abs. 1 und 2 CMR.[5] Damit ist der frühere Vorbehalt zugunsten von Gerichtsstandsregelungen in zweiseitigen Staatsverträgen oder in Eisenbahnkonzessionen entfallen.[6]

## II. Einzelheiten

3    **1. Anwendungsbereich (§ 1).** Art. 46 ist zwingend (Art. 8 COTIF) und gilt – wie Art. 31 CMR in Bezug auf die CMR (CMR Art. 31 Rn. 3) – für **alle Streitigkeiten** aus einer **der CIM unterliegenden Beförderung,** nicht nur für *auf die CIM gegründete Ansprüche.*[7] Der Gerichtsstand des § 1 ist daher zB auch maßgebend für gegen den Beförderer gerichtete „sonstige Ansprüche" iS des Art. 41, die nicht auf die CIM gestützt werden, aber den Voraussetzungen und Beschränkungen der CIM unterliegen. Der engere Wortlaut des Art. 46 § 1 stammt noch aus Art. 56 CIM 1980, der so verstanden wurde, dass er für **Ansprüche aus dem Frachtvertrag** (vgl. Art. 44 § 1) galt.[8] Die mit der Neufassung des Art. 46 erklärtermaßen vollzogene Hinwendung zur CMR (oben Rn. 2) rechtfertigt eine weite Auslegung dieser Vorschrift.

4    Folgt man der Rechtsprechung des BGH zu Art. 31 CMR,[9] dann gilt Art. 46 CIM auch für deliktische Ansprüche gegen **Erfüllungsgehilfen** des Beförderers in Gestalt von **Unterfrachtführern** (insbesondere Straßenverkehrsunternehmen und Binnenschiffer), die sich bei direkter Inanspruchnahme aus Delikt nach Art. 41 § 2 auf die Haftungsbeschränkungen der CIM berufen können. In der Entscheidung vom 20.11.2008 macht der BGH allerdings eine Einschränkung für den Fall, dass der Unterfrachtvertrag nicht der CMR, sondern – als Binnenbeförderung – nationalem Recht unterliegt: Dann soll die Anwendung des Art. 31 CMR auf gegen den Unterfrachtführer gerichtete deliktische Ansprüche nur dann gerechtfertigt sein, wenn der Unterfrachtführer wusste oder zumindest hätte wissen können, dass er im Rahmen einer der CMR unterliegenden Gesamtbeförderung tätig wird.[10] Art. 46 gilt auch nicht, wenn der Empfänger des Gutes den Straßenfrachtführer oder Binnenschiffer nach **§ 421 Abs. 1 Satz 2 HGB** aus einem zwischen dem Eisenbahnbeförderer als Absender und dem Unterfrachtführer geschlossenen HGB-Frachtvertrag in

---

[1] Vgl. CMR Art. 31 Rn. 16.
[2] Vgl. EuGH 4.5.2010, TranspR 2010, 236.
[3] *ZA-Bericht 1999* S. 149 Ziff. 1.
[4] *Ramming* Rn. 909.
[5] *Denkschrift COTIF 1999* S. 208.
[6] *ZA-Bericht 1999* S. 149 Ziff. 1.
[7] AA *Ramming* Rn. 905.
[8] Vgl. *Mutz* in der 1. Auflage dieses Kommentars zu Art. 56 CIM 1980 Rn. 1.
[9] Vgl. BGH 20.11.2008, TranspR 2009, 26, 27 f., u. 9.10.2003, TranspR 2004, 166, 168 (zur CMR); CMR Art. 31 Rn. 5; *Thume/Demuth* Art. 31 CMR Rn. 9.
[10] BGH 20.11.2008 (Fn. 9) Rn. 25; dazu *Eichel* TranspR 2010, 426, 428; vgl. auch *Koller* Art. 31 CMR Rn. 1a.

Anspruch nimmt[11] (Art. 41 Rn. 11). Bei einem ausführenden Schienenbeförderer iSd. Art. 3 lit. b und Art. 27 kann diese Einschränkung nicht gelten, auch wenn dieser Beförderer – mangels offener Übernahme des Frachtbriefs (andernfalls wäre er ja aufeinanderfolgender Beförderer gemäß Art. 26) – weder weiß noch wissen kann, dass er im Rahmen einer internationalen Schienenbeförderung tätig wird.[12]

Zweifelhaft ist, ob Art. 46 gilt, wenn die CIM nur über die **§§ 458–460 HGB** oder über eine andere Verweisungsnorm zum Tragen kommt.[13]

**2. Gerichtsstand kraft Gesetzes. § 1** bestimmt in seinen **lit. a und b** zwei gesetzliche 5 Gerichtsstände, die – u. a. wegen Art. 1 § 2 – auch außerhalb von Mitgliedstaaten der OTIF liegen können.[14] Die gesetzlichen Gerichtsstände werden nicht durch Parteivereinbarung aufgehoben, sondern bestehen **alternativ** („oder") neben einem vereinbarten Gerichtsstand. Wenn eine Parteivereinbarung Vorrang vor gesetzlichen Regelungen haben soll, wird dies in der CIM klar zum Ausdruck gebracht (vgl. Art. 10, 13 § 1, 16 § 1 CIM u. Art. 11 § 2 CUV). Falls keine Parteivereinbarung besteht, können nur die gesetzlich bestimmten Gerichte angerufen werden (§ 1 Satz 2).

Die Anknüpfungspunkte in lit. a und b entsprechen denen in Art. 31 Abs. 1 CMR; die 6 Begriffe „Zweigniederlassung oder Geschäftsstelle" stimmen mit den in Art. 5 Ziff. 5 EuGVÜ genannten Anknüpfungsmerkmalen überein, so dass zur Auslegung die Rechtsprechung des EuGH herangezogen werden kann.[15] Da Art. 46 zwar die internationale Zuständigkeit regelt, aber nicht das örtlich und sachlich zuständige Gericht innerhalb eines Mitgliedstaates bestimmt (oben Rn. 1), kann die internationale Zuständigkeit „ins Leere laufen". So kann in Deutschland ein ausländischer Fixkostenspediteur, der nach der CIM haftet, nicht bei dem für den deutschen **Übernahmeort** örtlich zuständigen Gericht verklagt werden (außer es gilt materielles deutsches Recht und damit auch § 30 Abs. 1 ZPO). Es gibt keine dem Art. 1a des Gesetzes zur CMR vom 5.7.1989 entsprechende Rechtsvorschrift zur CIM, durch die ein Gerichtsstand des Übernahmeorts begründet würde.

**3. Vereinbarter Gerichtsstand.** Die Ausweitung der **Vertragsfreiheit** im Zuge der 7 COTIF-Reform 1999 erlaubt es den Parteien nunmehr, **zusätzlich** zu den gesetzlichen Gerichtsständen auch Gerichtsstände zu vereinbaren. Hierbei muss es sich allerdings um **Gerichte der Mitgliedstaaten** der OTIF handeln. Wie zu Art. 31 CMR ist davon auszugehen, dass die Parteien nicht die Zuständigkeit **bestimmter Gerichte** in einem Mitgliedstaat vereinbaren können, sondern nur die **Gerichtsbarkeit allgemein** in bestimmten Mitgliedstaaten für zuständig erklären können.[16] Dass im Einzelnen örtlich und sachlich zuständige Gericht in dem bestimmten Mitgliedstaat ist nach dessen nationalem Recht zu ermitteln.

**4. Anderweitige Anhängigkeit und Rechtskraft. § 2** entspricht Art. 31 Abs. 2 CMR 8 und regelt die Einrede der Anhängigkeit (nicht notwendig Rechtshängigkeit)[17] eines Verfahrens und der Rechtskraft eines Urteils. Wie sich aus der Ausnahmeregelung am Schluss des § 2 („es sei denn …") ergibt, betrifft die Vorschrift nur Verfahren und Urteile in **unterschiedlichen Staaten.** Bei innerstaatlicher Konkurrenz von Verfahren bzw. Urteilen ist nach nationalem Prozessrecht zu verfahren.[18]

Die Bestimmungen des Art. 31 Abs. 3–5 CMR sind zwar nicht in die CIM, wohl aber 9 in Art. 12 §§ 1 und 2 sowie Art. 11 COTIF 1999 übernommen worden und können bei deren Anwendung herangezogen werden.[19]

---

[11] Ebenso *Koller* Rn. 1.
[12] Vgl. den Fall in Art. 41 Rn. 12.
[13] Vgl. *Koller* Art. 31 CMR (Fn. 7); MüKo HGB/*Jesser-Huß* CMR Art. 31 Rn. 7 u. 8.
[14] Vgl. *Koller* Art. 31 CMR Rn. 2; aA Thume/*Demuth* Art. 31 CMR Rn. 14.
[15] *ZA-Bericht 1999* S. 149 Ziff. 2 unter Hinweis auf EuGH 22.11.1978, in der Rechtssache 33/78.
[16] *Koller* Art. 31 CMR Rn. 5; Thume/*Demuth* Art. 31 CMR Rn. 29.
[17] Vgl. Thume/*Demuth* Art. 31 CMR Rn. 57.
[18] Vgl. Thume/*Demuth* Art. 31 CMR Rn. 56.
[19] Vgl. insoweit *Koller* Art. 31 CMR Rn. 9–11; Thume/*Demuth* Art. 31 CMR Rn. 61–72.

## Art. 47. Erlöschen der Ansprüche

§ 1. Mit der Annahme des Gutes durch den Berechtigten sind alle Ansprüche gegen den Beförderer aus dem Beförderungsvertrag bei teilweisem Verlust, Beschädigung oder Überschreitung der Lieferfrist erloschen.

§ 2. Die Ansprüche erlöschen jedoch nicht
a) bei teilweisem Verlust oder bei Beschädigung, wenn
   1. der Verlust oder die Beschädigung vor der Annahme des Gutes durch den Berechtigten gemäß Artikel 42 festgestellt worden ist;
   2. die Feststellung, die gemäß Artikel 42 hätte erfolgen müssen, nur durch Verschulden des Beförderers unterblieben ist;
b) bei äußerlich nicht erkennbarem Schaden, der erst nach der Annahme des Gutes durch den Berechtigten festgestellt worden ist, wenn er
   1. die Feststellung gemäß Artikel 42 sofort nach der Entdeckung des Schadens und spätestens sieben Tage nach der Annahme des Gutes verlangt und
   2. außerdem beweist, dass der Schaden in der Zeit zwischen der Übernahme des Gutes und der Ablieferung entstanden ist;
c) bei Überschreitung der Lieferfrist, wenn der Berechtigte binnen 60 Tagen seine Ansprüche gegen einen der in Artikel 45 § 1 genannten Beförderer geltend gemacht hat;
d) wenn der Berechtigte nachweist, dass der Schaden auf eine Handlung oder Unterlassung zurückzuführen ist, die entweder in der Absicht, einen solchen Schaden herbeizuführen, oder leichtfertig und in dem Bewusstsein begangen wurde, dass ein solcher Schaden mit Wahrscheinlichkeit eintreten werde.

§ 3. Ist das Gut gemäß Artikel 28 neu aufgegeben worden, so erlöschen die Ansprüche bei teilweisem Verlust oder bei Beschädigung aus einem der vorangehenden Beförderungsverträge, als handelte es sich um einen einzigen Vertrag.

## Art. 47. Extinction de l'action

§ 1. L'acceptation de la marchandise par l'ayant droit éteint toute action contre le transporteur, née du contrat de transport, en cas de perte partielle, d'avarie ou de dépassement du délai de livraison.

§ 2. Toutefois, l'action n'est pas éteinte :
a) en cas de perte partielle ou d'avarie, si
   1. la perte ou l'avarie a été constatée conformément à l'article 42 avant l'acceptation de la marchandise par l'ayant droit;
   2. la constatation qui aurait dû être faite conformément à l'article 42 n'a été omise que par la faute du transporteur;
b) en cas de dommage non apparent dont l'existence est constatée après l'acceptation de la marchandise par l'ayant droit, si celui-ci
   1. demande la constatation conformément à l'article 42 immédiatement après la découverte du dommage et au plus tard dans les sept jours qui suivent l'acceptation de la marchandise, et
   2. prouve, en outre, que le dommage s'est produit entre la prise en charge de la marchandise et la livraison;
c) en cas de dépassement du délai de livraison, si l'ayant droit a, dans les soixante jours, fait valoir ses droits auprès de l'un des transporteurs visés à l'article 45, § 1;
d) si l'ayant droit prouve que le dommage résulte d'un acte ou d'une omission commis soit avec l'intention de provoquer un tel dommage, soit témérairement et avec conscience qu'un tel dommage en résultera probablement.

§ 3. Si la marchandise a été réexpédiée conformément à l'article 28, les actions en cas de perte partielle ou d'avarie nées de l'un des contrats de transport antérieurs s'éteignent comme s'il s'agissait d'un contrat unique.

**Übersicht**

| | Rn. | | Rn. |
|---|---|---|---|
| I. Normzweck | 1, 2 | 3. Tatbestandsaufnahme | 6–9 |
| II. Einzelheiten | 3–17 | 4. Lieferfristüberschreitung | 10 |
| 1. „Erlöschen" (§ 1) | 3 | 5. Schweres Verschulden (§ 2 lit. d) | 11 |
| 2. Annahme des Gutes | 4, 5 | 6. Neuaufgabe (§ 3) | 12–15 |
| | | 7. Verhältnis zu § 452b HGB | 16, 17 |

## I. Normzweck

Die Vorschrift regelt das **Erlöschen** der Ansprüche aus der **Befördererhaftung ieS,** 1 nämlich bei teilweisem Verlust oder Beschädigung des Gutes oder bei Überschreitung der Lieferfrist. Bei vollständigem Verlust ist Art. 29 zu beachten. Ansprüche aus der **Beförder-ererhaftung iwS** (Art. 23 Rn. 5) und Ansprüche des Beförderers gegen den Absender oder den Empfänger unterliegen der **Verjährung** nach Art. 48.[1]

Art. 47 entspricht Art. 57 CIM 1980. Wie bereits bei der Behandlung der Tatbestandsauf- 2 nahme (Art. 42 Rn. 1) wurde auch bei Art. 47 anlässlich der COTIF-Revision dem Vorschlag Deutschlands nicht gefolgt, das System des Art. 30 CMR zu übernehmen, wonach die vorbehaltlose Annahme des Gutes lediglich die **widerlegbare Vermutung** begründet, dass der Empfänger das Gut in gehörigem Zustand erhalten hat.[2] Der gegenüber Art. 30 CMR andersartige Schutz des Bahnkunden in Art. 47 § 2 CIM iVm. der Pflicht des Beförderers zur Erstellung einer Tatbestandsaufnahme nach Art. 42 CIM wurde vom Revisionsausschuss als ausreichend angesehen (dazu auch unten Rn. 16).

## II. Einzelheiten

**1. „Erlöschen" (§ 1).** Erlöschen bedeutet den Untergang des Anspruchs, der danach 3 nicht mehr geltend gemacht werden kann. Eine versehentliche Befriedigung erfolgt ohne Rechtsgrund, so dass das Geleistete zurückverlangt werden kann.[3] Eine rasche **abschließende Behandlung** der Ansprüche soll der besonderen Betriebsweise der Eisenbahn Rechnung tragen und den Aufwand für die Beweissicherung gering halten.

**2. Annahme des Gutes.** Die Annahme des Gutes durch den Berechtigten korrespon- 4 diert mit der **Ablieferung** durch den Beförderer, sofern nicht eine „Ersatzablieferung" nach Art. 17 § 2 erfolgt. Im Falle einer Ersatzablieferung treten die Rechtswirkungen des Art. 47 § 1 nicht ein.[4] **Berechtigter** ist der zur Empfangnahme des Gutes Berechtigte (Empfangsberechtigter). Das ist regelmäßig der im Frachtbrief angegebene **Empfänger** oder ein durch nachträgliche Verfügung gemäß Art. 18 § 1 lit. c oder § 5 bestimmter **anderer Empfänger.**[5] Der „Berechtigte" ist nicht gleichzusetzen mit dem „Verfügungsberechtigten" (Art. 20, 22, 42).

Die Annahme setzt voraus, dass der Empfänger neben der tatsächlichen Entgegennahme 5 des Gutes die Ablieferung als im Wesentlichen vertragsgemäß anerkennt.[6] Die vorbehaltlose Annahme des Gutes durch den Empfänger gilt als stillschweigende Erklärung, dass der Beförderer den Frachtvertrag **ordnungsgemäß erfüllt** hat.[7] Vorläufige Inbesitznahme zur

---

[1] Vgl. *Wick* Art. 46 CIM 1970 Anm. 5 (S. 324); *Koller* Rn. 1.
[2] *ZA-Bericht 1999* S. 150.
[3] Vgl. *Wick* Art. 46 CIM 1970 Anm. 6 (S. 324 f.).
[4] *Koller* Rn. 2; *Wick* Art. 46 CIM 1970 Anm. 3 (S. 323 f.).
[5] Vgl. *Wick* Art. 46 CIM 1970 Anm. 4 (S. 324); *Koller* Rn. 1.
[6] GroßkommHGB/*Helm* § 429 Rn. 12, § 436 Rn. 7.
[7] C. d'appel Angers 23.5.1979, ZIntEisenb 1980, 80; *Allégret* Fasc. 686 Ziff. 90 mwN.

*Freise*                                        2061

Besichtigung und Ermittlung etwaiger Schäden stellt keine Annahme dar.[8] Damit er das Erlöschen seiner Ansprüche vermeiden kann, steht dem Berechtigten nach Art. 17 § 4 das Recht zu, die Annahme des Gutes so lange zu verweigern, bis seinem Verlangen auf Erstellung einer Tatbestandsaufnahme (Rn. 6) Folge geleistet ist.

6    **3. Tatbestandsaufnahme.** Gemäß § 2 erlöschen die Ansprüche nicht, wenn **vor der Annahme** des Gutes durch den Empfänger eine förmliche Tatbestandsaufnahme nach Art. 42 erstellt worden oder wegen alleinigen („nur", frz. „ne...que") Verschuldens des Beförderers unterblieben ist. Trifft den Verfügungsberechtigten ein Mitverschulden am Unterbleiben der Tatbestandsaufnahme, ist § 2 lit. a Nr. 2 nicht anwendbar.[9] **Verschulden** des Beförderers liegt vor, wenn er seiner Pflicht zur Erstellung einer Tatbestandsaufnahme (Art. 42 Rn. 3) fahrlässig nicht nachgekommen ist. Das ist zB der Fall, wenn der Beförderer eine Sendung ohne weiteres ausliefert, die in einem unterwegs durch einen Rangierunfall stark beschädigten Wagen verladen war. Diese dem Beförderer bekannte Tatsache lässt auf eine Beeinträchtigung des Gutes schließen. Fahrlässige Unkenntnis der schadensträchtigen Umstände reicht hingegen nicht aus.[10] Für das schuldhafte Unterlassen der Tatbestandsaufnahme ist der Berechtigte beweispflichtig.[11]

7    Bei äußerlich nicht erkennbaren Schäden kann die Erstellung einer Tatbestandsaufnahme auch noch **nach der Annahme** des Gutes verlangt werden; in diesem Fall ist die Einhaltung der Sieben-Tage-Frist zwingend.[12] Äußerlich nicht erkennbar sind solche Schäden, die im ordnungsmäßigen Geschäftsgang bei Prüfung des **äußeren Zustands** von Gut und Verpackung nicht wahrgenommen werden können.[13] Die rechtzeitige Übermittlung einer **Schadensanzeige** reicht aus, auch wenn sie nicht mit dem formellen Antrag auf Erstellung einer Tatbestandsaufnahme verbunden ist (arg. Art. 43 § 1).[14] Entscheidend ist, dass der Beförderer auf Grund der Schadensanzeige eine Tatbestandsaufnahme zu erstellen hat.

8    § 2 lit. a und b stellt auf eine förmliche Tatbestandsaufnahme nach Art. 42 ab. Wird stattdessen eine gerichtliche Feststellung vorgenommen, so reicht dies nicht aus, um das Erlöschen der Ansprüche zu verhindern. Auch ein Vorgehen nach Art. 42 § 3 setzt voraus, dass zunächst die Erstellung einer Tatbestandsaufnahme durch den Beförderer betrieben wird.[15] Ist auf Grund der Tatbestandsaufnahme **zweifelhaft,** ob eine Beeinträchtigung des Gutes vorliegt und ob sie während der Obhutszeit des Beförderers eingetreten ist, so erlöschen etwaige Ansprüche noch nicht. Maßgebend sind dann die nachfolgenden genaueren Untersuchungen und Feststellungen.

9    Die Bedeutung der Tatbestandsaufnahme zur Wahrung der Rechte gegenüber dem Beförderer in den Fällen von Teilverlust und Beschädigung lässt sich wie folgt **zusammenfassen:** Hat der Beförderer nicht von sich aus eine Tatbestandsaufnahme erstellt, so muss der Berechtigte zur Wahrung seiner Rechte die Erstellung einer Tatbestandsaufnahme bei **äußerlich erkennbaren Schäden** vor der Annahme des Gutes verlangen (Art. 47 § 2 lit. a Nr. 1). Bei **äußerlich nicht erkennbaren Schäden** kann die Tatbestandsaufnahme noch innerhalb von sieben Tagen nach Ablieferung des Gutes verlangt werden (Art. 47 § 2 lit. b). In diesem Fall hat der Berechtigte außerdem zu beweisen, dass der Schaden während der Obhutszeit des Beförderers entstanden (dh. verursacht worden) ist (Art. 23 Rn. 7a). Ist eine Tatbestandsaufnahme nicht rechtzeitig verlangt worden, so hilft dem Berechtigten nur der Nachweis, dass der Beförderer sie in Kenntnis schadensträchtiger Umstände **schuldhaft**

---

[8] LG Dresden 18.6.1999, TranspR 1999, 397, 398.
[9] Ein Mitverschulden des Berechtigten führt nicht zum Erlöschen seiner Ansprüche, wenn es für das Unterlassen der Tatbestandsaufnahme durch den Beförderer nicht kausal geworden ist (*Koller* Rn. 2 unter a), weil auch in diesem Fall „nur" das Verschulden des Beförderers zur Unterlassung der Tatbestandsaufnahme geführt hat.
[10] Vgl. *Wick* Art. 46 CIM 1970 Anm. 16 (S. 327).
[11] Ebenso *Koller* Rn. 2.
[12] AG Essen 6.4.1984, ZIntEisenb 1984, 96; Cour d'appel Paris 25.6.1973, ZIntEisenb 1975, 22, 24.
[13] Vgl. OLG Düsseldorf 11.3.1993, TranspR 1993, 298 f.; *Wick* Art. 46 CIM 1970 Anm. 17 (S. 327).
[14] Vgl. *Wick* Art. 46 CIM 1970 Anm. 19 (S. 327).
[15] *Wick* Art. 46 CIM 1970 Anm. 14 u. 19 (S. 326 f.).

**unterlassen** hat (Art. 47 § 2 lit. a Nr. 2) oder dass der Schaden auf Grund **qualifizierten Verschuldens** des Beförderers eingetreten ist (Art. 47 § 2 lit. d).

**4. Lieferfristüberschreitung.** Bei Lieferfristüberschreitung erlöschen die Ansprüche **10** nicht, wenn der Berechtigte sie binnen sechzig Tagen gegen einen passivlegitimierten Beförderer **geltend macht** (**§ 2 lit. c).** Eine Tatbestandsaufnahme ist in diesem Fall nicht erforderlich. Die Geltendmachung von Ansprüchen ist in Titel IV der CIM geregelt; als Mittel der Geltendmachung kommen schriftliche **Reklamationen** (Art. 43) und **gerichtliche Geltendmachung** (Art. 44) in Betracht. Ansprüche wegen Überschreitung der Lieferfrist hat der Berechtigte daher mit diesen Mitteln geltend zu machen, andernfalls erlöschen die Ansprüche nach Ablauf der Frist.[16] Die Einhaltung der für Reklamationen und gerichtliche Geltendmachung vorgesehenen **Formvorschriften** (Art. 43 Rn. 6–9, Art. 44 Rn. 8 u. 9) kann dem Berechtigten durchaus zugemutet werden – angesichts der langen Dauer der ihm eingeräumten Frist, die fast dreimal länger ist als die Frist nach Art. 30 Abs. 3 CMR für den internationalen Straßengüterverkehr. Die Reklamation ist fristgemäß, wenn sie spätestens am letzten Tag der sechzigtägigen Frist bei einem passivlegitimierten Beförderer eingeht.

**5. Schweres Verschulden (§ 2 lit. d).** Bei **vorsätzlicher** oder **bewusst leichtfertiger** **11** Verursachung des Güter- oder Verspätungsschadens durch den Beförderer erlöschen die Ansprüche nicht, sondern unterliegen einer **zweijährigen Verjährungsfrist** (Art. 48 § 1 lit. c). Das qualifizierte Verschulden des Beförderers hat der Berechtigte nachzuweisen.

**6. Neuaufgabe (§ 3).** Bei Neuaufgabe des Gutes unter Einhaltung der Bedingungen **12** des Art. 28 wird **vermutet,** dass ein nach der Neuaufgabe festgestellter teilweiser Verlust oder eine Beschädigung erst während der Ausführung des **letzten Beförderungsvertrags** eingetreten ist. Wird diese Vermutung vom Beförderer **widerlegt,** so kann ein Entschädigungsanspruch nur auf Grund des **vorangegangenen Beförderungsvertrags** erhoben werden. Mit der Neuaufgabe des Gutes ist der vorangegangene Frachtvertrag allerdings beendet und das Gut somit in Bezug auf diesen Frachtvertrag abgeliefert. Diese **erste Ablieferung** kann aber nicht als vorbehaltlos entgegengenommen behandelt werden, da bei dieser Fallgestaltung eine Besichtigung des Gutes unterbleibt. Aus diesem Grund ist die Sonderregelung des Art. 47 § 3 getroffen worden mit der Folge, dass für das Erlöschen der genannten Ansprüche aus einem vorangehenden Beförderungsvertrag die Verhältnisse des letzten Beförderungsvertrag maßgebend sind:[17] Hat der letzte Empfänger die Recht aus Art. 47 § 3 lit. a oder b geltend gemacht, dann erlöschen auch die Ansprüche aus einem vorangegangenen Beförderungsvertrag nicht. Hat der letzte Empfänger das Gut hingegen anstandslos angenommen, dann erlöschen auch die Ansprüche aus dem vorangegangenen Vertrag.

Anders als Art. 57 § 3 CIM 1980 verlangt Art. 47 § 3 jetzt nicht mehr, dass der voran- **13** gegangene Beförderungsvertrag ein CIM-Vertrag gewesen sein muss. Vielmehr kommen **alle Anwendungsfälle** des Art. 28 (dort Rn. 2) in Betracht.

Nur für das **Erlöschen der Ansprüche** aus einem vorangegangenen Beförderungsver- **14** trag gilt die Sonderregel des § 3, dass dafür die Verhältnisse des letzten Beförderungsvertrags maßgebend sind. In jeder anderen Beziehung sind die Verhältnisse des betroffenen vorangehenden Beförderungsvertrags maßgebend; das ist insbesondere bei der Frage nach der Aktiv- und der Passivlegitimation zu beachten.[18]

Die Sonderregel des § 3 gilt **nicht** für Ansprüche wegen **Lieferfristüberschreitung.** **15** Wegen einer bei der vorangehenden Beförderung eingetretenen Lieferfristüberschreitung kann nur der zugehörige Empfänger aus diesem Vertrag Ansprüche gelten machen, und

---

[16] Vgl. *Wick* Art. 46 CIM 1970 Anm. 12 (S. 326); aA *Koller* Art. 47 Rn. 3.
[17] *Wick* Art 46 CIM 1970 Anm. 27 (S. 330).
[18] *Wick* Art. 46 CIM 1970 Anm. 27 Abs. 3 (S. 330).

zwar gemäß § 2 lit. c binnen 60 Tagen nach dem Tag der Neuaufgabe an einen auf Grund dieses Vertrags passivlegitimierten Beförderer.[19]

**16**   **7. Verhältnis zu § 452b HGB.** Ist auf einen **Multimodalvertrag** nach **Art. 1 § 3** (Einbeziehung von Vor- oder Nachläufen auf der Straße oder auf Binnenwasserstraßen) oder nach **Art. 1 § 4** (Einbeziehung von Eisenbahnfährverkehr auf eingetragenen Schifffahrtslinien) die **CIM anzuwenden,** so ist (bei Geltung deutschen Rechts) für eine Anwendung des **§ 452b HGB** mit seinen Sonderregeln zur Schadensanzeige und zur Verjährung **kein Raum**[20] (vgl. Art. 1 Rn. 11b). Die für das Warschauer Abkommen zu einem anderen Ergebnis führende Entscheidung des BGH[21] ist auf die CIM nicht übertragbar und geht im Übrigen nicht auf den Vorrang des von Deutschland übernommenen internationalen Einheitsrechts ein.[22]

**17**   § 452b HGB ist jedoch dann auf einen Multimodalvertrag unter Einschluss einer internationalen Schienenbeförderung anzuwenden, wenn die **Anwendungsvoraussetzungen der CIM nicht erfüllt** sind (zB wenn eine internationale Schienenbeförderung von Innsbruck nach Duisburg mit einem *internationalen* Straßen- oder Binnenschifftransport von Duisburg nach Rotterdam in einem Vertrag zusammengefasst ist). Dann gilt nach **§ 452 HGB** das **allgemeine Frachtrecht der §§ 407 ff. HGB** mit den **Besonderheiten der §§ 452a ff. HGB.** Steht fest, dass der Schaden während der internationalen Schienenbeförderung eingetreten ist, so bestimmt sich die Haftung des Multimodalfrachtführers gemäß § 452a HGB abweichend von den Vorschriften des Ersten Unterabschnitts (§§ 407 ff. HGB) nach den Haftungsvorschriften der CIM (insbes. Art. 23 ff. CIM). Die *Geltendmachung von Ansprüchen* richtet sich in diesem Fall jedoch nicht nach der CIM (Art. 42 ff.), sondern nach den §§ 438, 439 HGB, modifiziert durch § 452b HGB.[23]

## Art. 48. Verjährung

**§ 1.** [1]**Ansprüche aus dem Beförderungsvertrag verjähren in einem Jahr.** [2]**Die Verjährungsfrist beträgt jedoch zwei Jahre bei Ansprüchen**
a) **auf Auszahlung einer Nachnahme, welche der Beförderer vom Empfänger eingezogen hat;**
b) **auf Auszahlung des Erlöses eines vom Beförderer vorgenommenen Verkaufs;**
c) **wegen eines Schadens, der auf eine Handlung oder Unterlassung zurückzuführen ist, die entweder in der Absicht, einen solchen Schaden herbeizuführen, oder leichtfertig und in dem Bewusstsein begangen wurde, dass ein solcher Schaden mit Wahrscheinlichkeit eintreten werde;**
d) **aus einem der der Neuaufgabe vorangehenden Beförderungsverträge in dem in Artikel 28 vorgesehenen Fall.**

**§ 2.** [1]**Die Verjährung beginnt bei Ansprüchen**
a) **auf Entschädigung wegen gänzlichen Verlustes mit dem dreißigsten Tag nach Ablauf der Lieferfrist;**
b) **auf Entschädigung wegen teilweisen Verlustes, Beschädigung oder Überschreitung der Lieferfrist mit dem Tag der Ablieferung;**
c) **in allen anderen Fällen mit dem Tag, an dem der Anspruch geltend gemacht werden kann.**

---

[19] *Wick* Art. 46 CIM 1970 Anm. 26 (S. 330).
[20] Näher dazu *Freise* TranspR 2014, 1 ff., 9; vgl. auch *Ramming* Rn. 682–689; *ders.* TranspR 2009, 267, 268 unter 2 (Urteilsanm. zu BGH 2.4.2009, TranspR 2009, 262, zum WA); aA *Koller* Rn. 1, unter Berufung auf den historischen Gesetzgeber des Transportrechtsreformgesetzes; zurückhaltender *ders.* LMK 2009, 285016 (ebenfalls Anm. zu BGH 2.4.2009, TranspR 2009, 262).
[21] BGH 2.4.2009, TranspR 2009, 262, 264 (Rn. 20, 21).
[22] *Müller-Rostin* TranspR 2008, 241, 242 (unter 4), 243 (re. Sp.); *Ramming* TranspR 2009, 267, 268 (unter 2); aA *Koller* TranspR 2001, 69, 70 f.
[23] *Freise* TranspR 2014, 1, 5 f.

²Der als Beginn der Verjährung bezeichnete Tag ist in keinem Fall in der Frist inbegriffen.

§ 3. ¹Die Verjährung wird durch eine schriftliche Reklamation gemäß Artikel 43 bis zu dem Tag gehemmt, an dem der Beförderer die Reklamation schriftlich zurückweist und die beigefügten Belege zurücksendet. ²Wird der Reklamation teilweise stattgegeben, so beginnt die Verjährung für den noch streitigen Teil der Reklamation wieder zu laufen. ³Wer sich auf die Einreichung einer Reklamation oder auf die Erteilung einer Antwort und die Rückgabe der Belege beruft, hat dies zu beweisen. ⁴Weitere Reklamationen, die denselben Anspruch betreffen, hemmen die Verjährung nicht.

§ 4. Verjährte Ansprüche können auch nicht im Wege der Widerklage oder der Einrede geltend gemacht werden.

§ 5. Im Übrigen gilt für die Hemmung und die Unterbrechung der Verjährung Landesrecht.

## Art. 48. Prescription

§ 1. L'action née du contrat de transport est prescrite par un an. Toutefois, la prescription est de deux ans s'il s'agit de l'action :
a) en versement d'un remboursement perçu du destinataire par le transporteur ;
b) en versement du produit d'une vente effectuée par le transporteur ;
c) en raison d'un dommage résultant d'un acte ou d'une omission commis soit avec l'intention de provoquer untel dommage, soit témérairement et avec conscience qu'un tel dommage en résultera probablement;
d) fondée sur l'un des contrats de transport antérieurs à la réexpédition, dans le cas prévu à l'article 28.

§ 2. La prescription court pour l'action :
a) en indemnité pour perte totale : du trentième jour qui suit l'expiration du délai de livraison ;
b) en indemnité pour perte partielle, avarie ou dépassement du délai de livraison : du jour où la livraison a eu lieu ;
c) dans tous les autres cas : du jour où le droit peut être exercé.
Le jour indiqué comme point de départ de la prescription n'est jamais compris dans le délai.

§ 3. La prescription est suspendue par une réclamation écrite conformément à l'article 43, jusqu'au jour où le transporteur rejette la réclamation par écrit et restitue les pièces qui y sont jointes. En cas d'acceptation partielle de la réclamation, la prescription reprend son cours pour la partie de la réclamation qui reste litigieuse. La preuve de la réception de la réclamation ou de la réponse et celle de la restitution des pièces sont à la charge de la partie qui invoque ce fait. Les réclamations ultérieures ayant le même objet ne suspendent pas la prescription.

§ 4. L'action prescrite ne peut plus être exercée, même sous forme d'une demande reconventionnelle ou d'une exception.

§ 5. Par ailleurs, la suspension et l'interruption de la prescription sont réglées par le droit national.

## Übersicht

| | Rn. | | Rn. |
|---|---|---|---|
| I. Normzweck | 1, 2 | 1. Regelfall | 8 |
| II. Der Verjährung unterliegende | | 2. Sonderfälle | 9–13 |
| Ansprüche | 3–7 | a) Herausgabeansprüche | 10 |
| | | b) Qualifiziertes Verschulden | 11 |
| III. Dauer der Verjährungsfrist | 8–13 | c) Neuaufgabe | 12, 13 |

|                                              Rn. |                                              Rn. |
| --- | --- |
| IV. **Beginn der Verjährungsfrist** ....... 14 | 2. Dauer ................................. 16–18 |
| V. **Hemmung der Verjährung** ......... 15–18 |  |
| 1. Voraussetzung ......................... 15 | VI. **Landesrecht** ......................... 19, 20 |

## I. Normzweck

1     Art. 48 bestimmt, welche Ansprüche der **kurzen frachtrechtlichen Verjährung** unterliegen (soweit sie nicht nach Art. 47 erloschen sind), wann die Verjährungsfrist beginnt, wie lange sie dauert und unter welchen Voraussetzungen die Verjährung gehemmt wird. Art. 32 CMR ist einer Vorläuferbestimmung des Art. 48 weitgehend nachgebildet.

2     Die Vorschrift übernimmt Art. 58 CIM 1980 in seinen Grundzügen, jedoch ist die kasuistische Regelung über den Beginn der Verjährung in § 2 vereinfacht worden.[1] Im Zuge der Revisionsarbeiten wurde ein Antrag auf Angleichung der Verjährungsfristen an die des Art. 32 CMR (bei qualifiziertem Verschulden drei statt nur zwei Jahre) nicht angenommen.[2] Wenn die CIM bei einem Multimodaltransport nicht auf Grund eigenen Geltungsanspruchs gemäß Art. 1 §§ 3 oder 4 zur Anwendung kommt, sondern nur gemäß § 452a HGB mit ihren Haftungsvorschriften zu berücksichtigen ist, dann richtet sich die Verjährung der Ansprüche nicht nach Art. 48, sondern nach den §§ 439, 452b Abs. 2 HGB.[3]

## II. Der Verjährung unterliegende Ansprüche

3     **Ansprüche aus dem Beförderungsvertrag (§ 1)** betreffen nicht nur die **Beförderer-haftung ieS** (Art. 23 Rn. 1), sondern erfassen auch **alle** anderen Ansprüche des Absenders oder Empfängers, die sich aus der **CIM** ergeben (**Beförderhaftung iwS,** Art. 23 Rn. 5), zB Ansprüche aus Art. 8 § 3, 15 § 3, 19 §§ 6 und 7 oder wegen unrichtiger Frachterhebung durch den Beförderer. Entscheidend ist, dass die Ansprüche dem Beförderungsvertrag entspringen.[4] Aus § 1 Satz 2 ergibt sich, dass auch Ansprüche auf **Auszahlung** einer **Nachnahme** oder eines **Verkaufserlöses** (Art. 22 § 4) als Ansprüche aus dem Beförderungsvertrag behandelt werden (beachte Rn. 10).

4     Die Vorschrift gilt auch für **Ansprüche des Beförderers** gegen den Absender oder Empfänger, zB aus Art. 8 § 1, 13 § 2, 14, 15 § 2, 19 § 2 sowie für Ansprüche auf Rückzahlung geleisteter Entschädigungen bei Wiederauffinden des Gutes, Art. 29 § 3.[5]

5     Zu den Ansprüchen aus dem Beförderungsvertrag gehören auch Ansprüche, die sich aus **subsidiär** anwendbarem Landesrecht ergeben (Art. 44 Rn. 3). Auch sie unterliegen der frachtrechtlichen Verjährung nach Art. 48.

6     Hingegen verjähren nach **Landesrecht** (Art. 8 COTIF) Ansprüche, die sich auf Maßnahmen des Beförderers **nach Beendigung des Beförderungsvertrags** (Art. 22 § 2 Satz 2) beziehen, zB bei anschließender **Verwahrung** oder **Einlagerung** des Gutes (Art. 22 § 2 Satz 3 u. 4).

7     Ansprüche der **Beförderer untereinander** gemäß Titel V (Art. 49, 50) unterliegen ebenfalls der Verjährung nach **Landesrecht.**[6]

## III. Dauer der Verjährungsfrist

8     **1. Regelfall.** Die **regelmäßige Verjährungsfrist** beträgt **ein Jahr,** wie nach Art. 32 CMR und § 439 HGB. Zugrunde liegt die allgemeine Erwägung, dass frachtrechtliche

---

[1] *ZA-Bericht 1999* S. 170 Ziff. 1.
[2] *ZA-Bericht 1999* S. 170 Ziff. 2.
[3] Vgl. Art. 47 Rn. 16, 17; weitergehend *Koller* Art. 48 Rn. 2, der § 452b Abs. 2 HGB auch in den Fällen des Art. 1 §§ 3 oder 4 CIM gelten lassen will.
[4] *Koller* Art. 48 Rn. 2 unter Hinweis auf österr. OGH 26.8.2004, ETR 2005, 395, 399; vgl. auch *Wick* Art. 47 CIM 1970 Anm. 2 (S. 332).
[5] Trib. de Première Instance Hassel 11.10.1967, ZIntEisenb 1968, 253.
[6] *Wick* Art. 47 CIM 1970 Anm. 2 (S. 332); differenzierend *Koller* Art. 48 Rn. 2.

Ansprüche zwischen den am Beförderungsvertrag beteiligten Parteien alsbald abschließend behandelt werden sollen.[7]

**2. Sonderfälle.** In den **vier Sonderfällen** des § 1 Satz 2 beträgt die Verjährungsfrist **9** seit der CIM 1970 **zwei Jahre** statt vorher drei. Die Praxis hatte gezeigt, dass auch in diesen Fällen nur selten Reklamationen später als im ersten Jahr nach der Ablieferung des Gutes eingereicht wurden.[8]

**a) Herausgabeansprüche.** Bei den Herausgabeansprüchen der **lit. a und b** soll die **10** längere Verjährungsfrist sicherstellen, dass der Beförderer nicht am Ende zulasten des Berechtigten ungerechtfertigt bereichert ist.[9] Auch im Fall des Verlusts des eingezogenen Betrags verjährt der Anspruch des Berechtigten auf Ersatz des dadurch entstandenen Schadens erst nach zwei Jahren.[10] Hat der Beförderer die Nachnahme jedoch **gar nicht eingezogen,** so kommt § 1 lit. a nicht zur Anwendung, so dass der gemäß Art. 17 § 6 in diesem Fall bestehende Schadensersatzanspruch des Absenders nach der regelmäßigen Frist von einem Jahr verjährt.[11]

**b) Qualifiziertes Verschulden.** In den Fällen qualifizierten Verschuldens **(lit. c)** ver- **11** jähren die – nach Art. 36 unbeschränkten – Schadensersatzansprüche ebenfalls erst nach zwei Jahren. Die Beweislast für das qualifizierte Verschulden trägt der Anspruchsteller.[12]

**c) Neuaufgabe.** Bei einer Neuaufgabe nach Art. 28 verjähren Ansprüche wegen teil- **12** weisen Verlusts oder Beschädigung des Gutes erst in zwei Jahren, wenn sie auf einen der Neuaufgabe **vorangehenden Beförderungsvertrag** gestützt werden **(lit. d).** Da dieser Beförderungsvertrag bereits mit der Ablieferung an den Zwischenempfänger beendet ist, ein unter diesen Vertrag fallender Schaden wegen Teilverlusts oder Beschädigung möglicherweise aber erst später bei der Ablieferung an den Endempfänger festgestellt wird, ist der Anspruchsberechtigte aus dem vorangehenden Beförderungsvertrag in Bezug auf die Dauer der Verjährungsfrist schutzbedürftiger als der Berechtigte aus einem einzigen, durchgehenden Beförderungsvertrag. Dass die Ansprüche aus einem vorangehenden Vertrag wegen Teilverlusts oder Beschädigung nicht bereits bei der vorbehaltlosen Beendigung dieses Vertrags erlöschen, ergibt sich aus Art. 47 § 3 (siehe Art. 47 Rn. 12).

Der **Schutzgedanke** des § 1 lit. d ist **nicht betroffen,** wenn Ansprüche aus dem **letzten** **13** **Beförderungsvertrag**[13] oder wenn **andere Ansprüche** als solche wegen Teilverlusts oder Beschädigung geltend gemacht werden (zB wegen Lieferfristüberschreitung, vgl. dazu auch Art. 47 Rn. 15) oder wenn Teilverlust oder Beschädigung während des vorangehenden Transports bereits **vor der Neuaufgabe** des Gutes in einer Tatbestandsaufnahme festgehalten worden sind. In allen diesen Fällen gilt die reguläre einjährige Verjährungsfrist.[14]

### IV. Beginn der Verjährungsfrist

Gemäß **§ 2** beginnt die Verjährung eines Anspruchs grundsätzlich an dem Tag, an dem **14** der Anspruch (erstmalig) geltend gemacht werden kann **(lit. c).** Das ist der Tag, an dem der einredefreie Anspruch **fällig** geworden ist.[15] Diesem Grundsatz entspricht es, wenn die Verjährung bei Ansprüchen wegen **gänzlichen Verlusts** „mit" dem dreißigsten Tag nach Ablauf der Lieferfrist beginnt **(lit. a),** denn von diesem Zeitpunkt an kann der Berechtigte das Gut als verloren betrachten (Art. 29) und Verlustentschädigung beanspruchen. **§ 2**

---

[7] *Wick* Art. 47 CIM 1970 Anm. 3 (S. 332).
[8] *Wick* Art. 47 CIM 1970 Anm. 4 (S. 332).
[9] *Wick* Art. 47 CIM 1970 Anm. 5 u. 6 (S. 333).
[10] *Koller* Rn. 4.
[11] *Wick* Art. 47 CIM 1970 Anm. 5 Abs. 2 (S. 333).
[12] LG Dresden 18.6.1999, TranspR 1999, 397, 398.
[13] LG Lübeck 9.10.1979, ZIntEisenb 1981, 76, 78.
[14] *Goltermann* Art. 58 CIM 1980 Anm. 2; *Spera* Art. 58 CIM 1980 Anm. 9; *Wick* Art. 47 CIM 1970 Anm. 9 Abs. 2 (S. 334).
[15] *Koller* Rn. 3; vgl. auch *Wick* Art. 47 CIM 1970 Anm. 23 (S. 339).

**Satz 2** stellt sicher, dass die Berechnung der Verjährungsfrist am 31. Tag nach Ablauf der Lieferfrist beginnt,[16] so dass keine Überschneidung mit Art. 29 („binnen 30 Tagen") stattfindet. Entsprechendes gilt für den Beginn der Verjährung in den Fällen von **lit. b.**

## V. Hemmung der Verjährung

15  **1. Voraussetzung.** Voraussetzung für die Hemmung der Verjährung ist nach **§ 3 Satz 1** die Einreichung einer **wirksamen,** form- und fristgerechten **Reklamation**[17] gemäß Art. 43 (siehe dort Rn. 6 ff.). Eine Tatbestandsaufnahme gemäß Art. 42, die den Schaden feststellt, ist für sich betrachtet noch keine Reklamation, die die Verjährung hemmt (Art. 42 Rn. 7).

16  **2. Dauer.** Die Dauer der Hemmung wird ebenfalls durch § 3 Satz 1 bestimmt: Die Hemmung **endet** mit dem Tag der schriftlichen Zurückweisung der Reklamation; außerdem müssen die der Reklamation beigefügten **Belege** mit zurückgesandt werden. Das muss nicht zeitgleich geschehen; die Verjährung läuft aber erst dann weiter, wenn beide Voraussetzungen erfüllt sind. Wird der Reklamation **teilweise stattgegeben,** so läuft die Verjährung nur für den noch streitigen Teil weiter (§ 3 Satz 2 und unten Rn. 20).

17  Früher wurde angenommen, dass im Interesse der Rechtssicherheit **alle** eingereichten Belege zurückgegeben werden mussten, um die Hemmung zu beenden.[18] Auf den Beweiswert komme es nicht an, denn es könne nicht im Voraus entschieden werden, ob ein Beleg für die Klageerhebung von Bedeutung sei oder nicht. Die jüngere **Rechtsprechung** geht von einem engeren Verständnis des Begriffs „Belege" aus und verlangt die Rückgabe derjenigen Belege, die **für die gerichtliche Geltendmachung des Anspruchs unentbehrlich** sind.[19] Angesichts der zunehmenden Verwendung von **Fotokopien** bei der außergerichtlichen Geltendmachung von Ansprüchen ist davon auszugehen, dass der Reklamierende im Besitz der Originaldokumente ist, mit denen er seine Rechte auch ohne Rückgabe der Fotokopien gerichtlich geltend machen kann.[20] Für die Beendigung der Verjährungshemmung ist es daher ausreichend, dass die eingereichten **Originalunterlagen** zurückgegeben werden. Mit der jüngeren Rechtsprechung ist § 3 Satz 1 seinem Sinne und Zweck nach so zu verstehen, dass diejenigen Belege zurückzugeben sind, die für die gerichtliche Geltendmachung des Anspruchs unentbehrlich sind. Das gilt regelmäßig für die eingereichten Originalbelege, hingegen nicht für unbeglaubigte Fotokopien.[21] **Unwesentliche** Belege brauchen nicht mit zurückgegeben zu werden; Fehleinschätzungen gehen dabei allerdings zu Lasten des Beförderers, so dass die Verjährung in einem solchen Fall weiterhin gehemmt bleibt.

18  Beruft sich der Anspruchsberechtigte auf die Hemmung der Verjährung, so hat er die form- und fristgerechte Einreichung der Reklamation zu beweisen; den Beförderer trifft die Beweislast für die Beendigung der Hemmung durch Erteilung einer (abschlägigen) Antwort und die Rückgabe der Belege **(§ 3 Satz 3).** Wird nach Zurückweisung der Reklamation zu einem abgewiesenen Anspruch eine **weitere Reklamation** erhoben, so hemmt diese die Verjährung nicht erneut **(§ 3 Satz 4).** Das gilt auch dann, wenn die Reklamation bei einer anderen Stelle eingereicht wird.[22]

## VI. Landesrecht

19  Die rechtliche Wirkung der Verjährung ist in der **CIM nicht abschließend** geregelt. Art. 48 § 4 legt lediglich fest, dass verjährte Ansprüche auch nicht im Wege der Widerklage

---

[16] *Wick* Art. 47 CIM 1970 Anm. 24 (S. 339).
[17] *Wick* Art. 47 CIM 1970 Anm. 26 (S. 339 f.).
[18] GroßkommHGB/*Helm* § 94 EVO Anm. 4; *Nanassy* S. 756; *Spera* Art. 58 CIM 1980 Anm. 27; *Wick* Art. 47 CIM 1970 Anm. 27 (S. 340).
[19] OLG Hamburg 27.5.1982, VersR 1983, 90; OLG Stuttgart 22.2.1967, ZIntEisenb 1968, 75, mit Anm. des Zentralamts S. 81 f.; LG Köln 4.8.1981, ZIntEisenb 1982, 32, 35; in diesem Sinne auch *Goltermann* § 94 EVO Anm. 4b bb (2) (c); *Koller* Rn. 5.
[20] *Finger* § 94 EVO Anm. 5k.
[21] Vgl. *Koller* Art. 32 CMR Rn. 15 (S. 1189 mwN).
[22] *Wick* Art. 47 CIM 1970 Anm. 28 (S. 340).

oder der Einrede geltend gemacht werden können – selbst wenn sich die jeweiligen Ansprüche einmal unverjährt gegenüber gestanden haben.[23] Aus dem Wort „auch" ergibt sich, dass diese Vorschrift keine erschöpfende Aufzählung der rechtlichen Wirkungen der Verjährung enthält.[24]

§ 5 bestimmt, dass für die Hemmung und die Unterbrechung der Verjährung **im Übri- 20 gen** Landesrecht gilt (Art. 8 COTIF). Bei Geltung deutschen Rechts sind **ergänzend** zu Art. 48 §§ 3 und 4 die §§ 203 ff. BGB zu beachten.[25] Nach § 209 BGB ist die Hemmung der Verjährung grundsätzlich eine **Fortlaufhemmung**. In diesem Sinn ist auch Art. 48 § 3 Satz 2 zu verstehen: Die Verjährung läuft wieder weiter; sie beginnt nicht etwa neu zu laufen.[26] Die **Unterbrechung** (Neubeginn) der Verjährung richtet sich im Falle deutschen Rechts nach § 212 BGB.

## Titel V. Beziehungen der Beförderer untereinander

## Titre V. Rapports des transporteurs entre eux

## Vorbemerkung

Titel V betrifft nicht das Verhältnis der Eisenbahnbeförderer zu ihren Kunden, sondern 1 das **Abrechnungs- und Rückgriffsverhältnis** der Beförderer untereinander. Dabei ist zu beachten, dass gemäß Art. 3 lit. a unter „Beförderern" nur **vertragliche** und **aufeinander- folgende Beförderer** zu verstehen sind, nicht auch ausführende Beförderer im Sinne des Art. 3 lit. b.[1] Das hat insbesondere im Rahmen des Art. 50 Bedeutung. Aufeinanderfolgende Beförderer können aber auch Straßenverkehrsunternehmer und Binnenschiffer (Art. 26 Rn. 6) oder die Betreiber von eingetragenen Schifffahrtslinien gemäß Art. 1 § 4 sein. Abgesehen von Art. 51 enthält Titel V **dispositives Recht.**

Das Kapitel über die Beziehungen der Eisenbahnen untereinander hatte zu Zeiten der 2 Staatsbahnen mit ihrem Netz- und Verkehrsmonopol sowie ihrer Kooperationspflicht auf Grund von Betriebs- und Beförderungspflichten große Bedeutung. Es trug dem Umstand Rechnung, dass Eisenbahnen ihren Kunden als **solidarische Beförderer** und **Haftungsge- meinschaft** gegenübertraten. Heute ist die Bedeutung dieses Titels geringer, da auf Grund der Netzöffnungen für den intramodalen Wettbewerb durchgehender internationaler Eisenbahngüterverkehr auch von einem einzigen (vertraglichen) Beförderer erbracht werden kann, gegebenenfalls unter Einschaltung von Subunternehmern in Gestalt von ausführenden Beförderern, die nicht unter diesen Titel fallen. Aufeinanderfolgende Beförderer müssen nicht mehr zwangsläufig eingeschaltet werden.

Aus den Vorschriften des Titels V können die Kunden der Eisenbahn (Absender, Emp- 3 fänger) keine Rechte für sich ableiten; ebenso wenig können die Beförderer sich gegenüber ihren Kunden auf die Vorschriften dieses Titels berufen.[2] Die Unabhängigkeit der Entschädigungsverfahren der Kunden gegenüber den Rückgriffsverfahren zwischen den Beförderern kommt auch in Art. 51 § 6 zum Ausdruck (siehe Art. 51 Rn. 5).

## Art. 49. Abrechnung

**§ 1. [1]Jeder Beförderer, der bei der Auf- oder Ablieferung des Gutes die Kosten oder sonstige sich aus dem Beförderungsvertrag ergebende Forderungen eingezogen hat oder hätte einziehen müssen, ist verpflichtet, den beteiligten Beförderern**

---

[23] OLG Hamm 20.10.1977, ZIntEisenb 1979, 73.
[24] *Wick* Art. 47 CIM 1970 Anm. 29 (S. 341).
[25] Vgl. BGH 29.10.2009, TranspR 2010, 201, 203 Rn. 34 ff. (zu Art. 32 Abs. 3 CMR).
[26] Vgl. auch *Wick* Art. 47 CIM 1970 Anm. 25 sowie 26 Abs. 3 u. 4 (S. 339 f.).
[1] Emparanza/Recalde/*Zurimendi Isla* S. 339.
[2] Vgl. *Wick* Vor Art. 48 CIM 1970 (S. 342).

den ihnen zukommenden Anteil zu zahlen. [2]Die Art und Weise der Zahlung wird durch Vereinbarungen zwischen den Beförderern geregelt.

**§ 2. Artikel 12 gilt auch für die Beziehungen zwischen aufeinanderfolgenden Beförderern.**

### Art. 49. Décompte

§ 1. Tout transporteur qui a encaissé soit au départ, soit à l'arrivée, les frais ou autres créances résultant du contrat de transport ou qui aurait dû encaisser ces frais ou autres créances, doit payer aux transporteurs intéressés la part qui leur revient. Les modalités de paiement sont fixées par convention entre les transporteurs.

§ 2. L'article 12 s'applique également aux relations entre transporteurs subséquents.

### I. Normzweck

1    Die Vorschrift regelt die Aufteilung der von der „Versandbahn" beim Absender oder von der „Empfangsbahn" beim Empfänger einzuziehenden Beträge auf alle beteiligten (auf-einanderfolgenden) Beförderer. Art. 49 § 1 übernimmt Art. 59 § 1 CIM 1980; § 2 entspricht Art. 35 Abs. 2 CMR.

### II. Einzelheiten

2    Insbesondere aus Art. 10 und 17 Abs. 1 in Verbindung mit den Frachtbriefvermerken gemäß Art. 7 § 1 lit. o, § 2 lit. b und c ergeben sich die vom Absender bzw. Empfänger zu zahlenden Beträge, die auf die beteiligten Beförderer zu verteilen sind, soweit sie ihnen jeweils zustehen. Nähere Angaben zu den Kosten und ihrer Bezahlung im Verhältnis Beför-derer – Kunde enthält Ziff. 8 der **ABB-CIM**. Die **Kreditierung** von Forderungen gegen-über Absender oder Empfänger geschieht auf Risiko des Beförderers, der die Forderung einzuziehen hatte.[1] Entsprechendes gilt, wenn ein Beförderer die Einziehung von Forderun-gen **versäumt**. Gemäß Ziff. 8.3 der ABB-CIM kann ein Beförderer vom Kunden Voraus-zahlung der Kosten oder Sicherheitsleistung verlangen, wenn er vermeiden will, dass er nach Befriedigung der anderen Beförderer auf den Kosten sitzen bleibt. Der abliefernde Beförderer hat nur die Forderungen einzuziehen, mit denen das angekommene Gut gemäß Beförderungsvertrag gegenüber dem **Empfänger** belastet ist. Seine Einziehungspflicht erstreckt sich nicht auf Beträge, die gemäß Frachtbriefvermerk der **Absender** übernommen, aus irgendeinem Grund aber nicht bezahlt hat. Für diese Beträge hat die Versandbahn einzustehen.[2]

3    **§ 1 Satz 2** verweist wegen der Einzelheiten der Abrechnung und des Zahlungsausgleichs zwischen den Beförderern auf deren **Vereinbarungen**. Einschlägig ist das **UIC-Merkblatt 304** (Einl. Rn. 50).

4    **§ 2** legt fest, dass die **Beweiskraft des Frachtbriefs**, die gemäß Art. 12 zunächst zwi-schen der Eisenbahn und ihren Kunden wirkt, auch im Verhältnis der aufeinanderfolgenden Beförderer zueinander gilt.

### Art. 50. Rückgriffsrecht

**§ 1. Hat ein Beförderer gemäß diesen Einheitlichen Rechtsvorschriften eine Entschädigung gezahlt, so steht ihm ein Rückgriffsrecht gegen die Beförderer, die an der Beförderung beteiligt gewesen sind, gemäß den folgenden Bestimmun-gen zu:**

---

[1] *Koller* Rn. 1.
[2] Vgl. *Wick* Art. 48 CIM 1970 Anm. 13 (S. 344).

a) der Beförderer, der den Schaden verursacht hat, haftet ausschließlich dafür;
b) haben mehrere Beförderer den Schaden verursacht, so haftet jeder für den von
   ihm verursachten Schaden; ist eine Zuordnung nicht möglich, so wird die
   Entschädigung unter den Beförderern gemäß Buchstabe c) aufgeteilt;
c) kann nicht bewiesen werden, welcher der Beförderer den Schaden verursacht
   hat, wird die Entschädigung auf sämtliche Beförderer aufgeteilt, mit Ausnahme derjenigen, die beweisen, dass der Schaden nicht von ihnen verursacht
   worden ist; die Aufteilung erfolgt im Verhältnis der den Beförderern zustehenden Anteile am Beförderungsentgelt.

§ 2. Bei Zahlungsunfähigkeit eines dieser Beförderer wird der auf ihn entfallende, aber von ihm nicht gezahlte Anteil unter allen anderen Beförderern, die an
der Beförderung beteiligt gewesen sind, im Verhältnis des ihnen zustehenden
Anteils am Beförderungsentgelt aufgeteilt.

## Art. 50. Droit de recours

§ 1. Le transporteur qui a payé une indemnité en vertu des présentes Règles uniformes,
a un droit de recours contre les transporteurs ayant participé au transport conformément
aux dispositions suivantes:
a) le transporteur qui a causé le dommage en est seul responsable;
b) lorsque le dommage a été causé par plusieurs transporteurs, chacun d'eux répond du
   dommage qu'il a causé; si la distinction est impossible, l'indemnité est répartie entre eux
   conformément à la lettre c);
c) s'il ne peut être prouvé lequel des transporteurs a causé le dommage, l'indemnité est
   répartie entre tous les transporteurs ayant participé au transport, à l'exception de ceux
   qui prouvent que le dommage n'a pas été causé par eux; la répartition est faite proportionnellement à la part du prix de transport qui revient à chacun des transporteurs.

§ 2. Dans le cas d'insolvabilité de l'un de ces transporteurs, la part lui incombant et non
payée par lui est répartie entre tous les autres transporteurs ayant participé au transport,
proportionnellement à la part du prix de transport qui revient à chacun d'eux.

### I. Normzweck

Art. 50 regelt den Rückgriff zwischen aufeinanderfolgenden Beförderern, wenn einer **1**
von ihnen eine **Entschädigung** auf Grund der **CIM** gezahlt hat. Die Vorschrift entspricht
Art. 60 CIM 1980. Die in Art. 61 CIM 1980 enthaltenen besonderen Bestimmungen über
die Aufteilung der Entschädigung bei Lieferfristüberschreitung sind weggefallen, so dass
jetzt auch bei Lieferfristüberschreitung die allgemeine gesetzliche Rückgriffsregelung des
Art. 50 gilt. Die in Art. 50 § 1 getroffene Regelung war 1956 Vorbild für Art. 37 CMR;
§ 2 entspricht Art. 38 CMR.

### II. Einzelheiten

**1. Von der Haftungsgemeinschaft zur konkreten Verantwortlichkeit (§ 1). 2**
Während Art. 26 eine **Haftungsgemeinschaft** aller an einer durchgehenden Beförderung
beteiligten aufeinanderfolgenden Beförderer begründet (jeder von ihnen haftet im Rahmen
dieser **Solidargemeinschaft** für die **gesamte Beförderung**), nimmt Art. 45 hinsichtlich
der **Passivlegitimation** bereits eine Einschränkung vor: Verklagt werden können nur der
erste (vertragliche) Beförderer, der letzte (abliefernde) Beförderer oder der für den Schaden
verantwortliche Transitbeförderer (Art. 45 Rn. 4 ff., 9 ff.). Für den Schaden nicht verantwortliche Transitbeförderer können nicht verklagt werden. Art. 50 § 1 bringt schließlich
im Verhältnis der Beförderer untereinander – aber für den Kunden nicht mehr von Bedeutung – das **Verursachungsprinzip** zur Geltung: Im Verhältnis der Beförderer untereinan-

der ist **Letzthaftender** der Beförderer, der den Schaden verursacht hat, gegebenenfalls die Beförderer, die den Schaden verursacht haben. Wer beweisen kann, dass der Schaden nicht von ihm verursacht worden ist, braucht sich an der Entschädigungsleistung nicht zu beteiligen.

3    Maßgebend ist die **Verursachung** des Schadens. Es kommt nicht darauf an, wo der Schaden eingetreten ist, noch weniger darauf, wo er entdeckt oder festgestellt worden ist (Art. 45 Rn. 10). Ist der Schaden durch **Zufall** eingetreten, ohne dass ein Haftungsbefreiungsgrund geltend gemacht werden kann, so ist die Entschädigung entsprechend § 1 lit. c von allen beteiligten Beförderern anteilig aufzubringen,[1] und zwar ohne dass ein Beförderer sich darauf berufen könnte, dass der Schaden nicht von ihm verursacht worden ist.

4    Art. 50 regelt nur den **Rückgriff** bei Entschädigungen, die **gemäß CIM** geleistet worden sind. Entschädigungsleistungen auf Grund **anderer Rechtsvorschriften,** aus **Kulanz** oder auf Grund **außergerichtlicher Vereinbarungen,** die über die Haftung gemäß CIM hinausgehen, fallen nicht unter Art. 50. In einem solchen Fall sind nur die Beförderer gebunden, die der Entschädigungsleistung und ihrer Höhe zugestimmt haben.[2] Für den Rückgriff nach **gerichtlicher Festsetzung** der Entschädigung gilt Art. 51 § 1.

5    Die Vorschrift kommt auch nur zur Anwendung, wenn ein Beförderer eine Entschädigung **gezahlt hat.** Der von einem Kunden in Anspruch genommene Beförderer kann die Leistung der Entschädigung nicht davon abhängig machen, dass auch die anderen beteiligten Beförderer ihren Anteil an der Entschädigung aufbringen.

6    **2. Zahlungsunfähigkeit.** Nach der Liberalisierung des Eisenbahnsektors und der damit verbundenen Gründung zahlreicher neuer Eisenbahnverkehrsunternehmen kann der – zu Staatsbahnzeiten noch unwahrscheinliche – Fall eher eintreten, dass ein Beförderer wegen **Zahlungsunfähigkeit** seinen Anteil an der Entschädigung nicht leistet. Dann haben nach § 2 alle anderen beteiligten Beförderer den nicht gezahlten Anteil im Verhältnis ihres Anteils am Beförderungsentgelt aufzubringen.

7    **3. Abweichende Vereinbarungen.** Nach Art. 52 können die Beförderer Vereinbarungen treffen, die von den Bestimmungen des Art. 50 abweichen. Dies ist im „Abkommen über die Beziehungen zwischen den Beförderern im internationalen Eisenbahn-Güterverkehr **(AIM)**" vom 1. Juli 2006 geschehen; das AIM wird vom **CIT** (Einl. Rn. 49) verwaltet. Das AIM regelt das Verfahren bei der Behandlung von **Reklamationen** sowie die **Verteilung der bezahlten Entschädigungsbeträge** auf die beteiligten Beförderer. Es ist nur im Verhältnis der Beförderer untereinander verbindlich. Das AIM betont von jeher auch für den **Rückgriff** stärker als die CIM den Gedanken der **solidarischen Schadenstragung** aller beteiligten Beförderer. Es hält außerdem an dem noch bis zur CIM 1980 geltenden Prinzip fest, dass die beteiligten Beförderer Entschädigungen jeweils im Verhältnis ihrer Anteile an der gesamten **Beförderungsstrecke** zu tragen haben, nicht nach ihren Anteilen am Beförderungsentgelt (wie jetzt nach Art. 50). Die unterschiedliche Höhe der von den einzelnen Beförderern bei der Berechnung der Fracht für ihren Streckenanteil zugrunde gelegten Kilometersätze wirkt sich daher bei der Aufteilung der zu leistenden Entschädigungen nicht aus.

8    Für den Rückgriff zwischen einem Beförderer und dem von ihm eingesetzten **ausführenden Beförderer** ist weder Art. 50 noch das AIM anwendbar, vielmehr ist Art. 27 zu beachten; gemäß Art. 27 § 6 kommt ergänzend **Landesrecht** zur Anwendung.

## Art. 51. Rückgriffsverfahren

**§ 1. [1]Ein Beförderer, gegen den gemäß Artikel 50 Rückgriff genommen wird, kann die Rechtmäßigkeit der durch den Rückgriff nehmenden Beförderer geleisteten Zahlung nicht bestreiten, wenn die Entschädigung gerichtlich festgesetzt**

---

[1] *Wick* Art. 49 CIM 1970 Anm. 6 (S. 347).
[2] *Wick* Art. 49 CIM 1970 Anm. 3 (S. 346).

worden ist, nachdem dem erstgenannten Beförderer durch gehörige Streitverkündung die Möglichkeit gegeben war, dem Rechtsstreit beizutreten. ²Das Gericht der Hauptsache bestimmt die Fristen für die Streitverkündung und für den Beitritt.

§ 2. Der Rückgriff nehmende Beförderer hat sämtliche Beförderer, mit denen er sich nicht gütlich geeinigt hat, mit ein und derselben Klage zu belangen; andernfalls erlischt das Rückgriffsrecht gegen die nicht belangten Beförderer.

§ 3. Das Gericht hat in ein und demselben Urteil über alle Rückgriffe, mit denen es befasst ist, zu entscheiden.

§ 4. Der Beförderer, der sein Rückgriffsrecht gerichtlich geltend machen will, kann seinen Anspruch vor dem zuständigen Gericht des Staates erheben, in dem einer der beteiligten Beförderer seine Hauptniederlassung oder die Zweigniederlassung oder Geschäftsstelle hat, durch die der Beförderungsvertrag geschlossen worden ist.

§ 5. Ist die Klage gegen mehrere Beförderer zu erheben, so hat der klagende Beförderer die Wahl unter den gemäß § 4 zuständigen Gerichten.

§ 6. Rückgriffsverfahren dürfen nicht in das Entschädigungsverfahren einbezogen werden, das der aus dem Beförderungsvertrag Berechtigte angestrengt hat.

## Art. 51. Procédure de recours

§ 1. Le bien-fondé du paiement effectué par le transporteur exerçant un recours en vertu de l'article 50 ne peut être contesté par le transporteur contre lequel le recours est exercé, lorsque l'indemnité a été fixée judiciairement et que ce dernier transporteur, dûment assigné, a été mis à même d'intervenir au procès. Le juge, saisi de l'action principale, fixe les délais impartis pour la signification de l'assignation et pour l'intervention.

§ 2. Le transporteur qui exerce son recours doit former sa demande dans une seule et même instance contre tous les transporteurs avec lesquels il n'a pas transigé, sous peine de perdre son recours contre ceux qu'il n'aurait pas assignés.

§ 3. Le juge doit statuer par un seul et même jugement sur tous les recours dont il est saisi.

§ 4. Le transporteur qui désire faire valoir son droit de recours peut saisir les juridictions de l'Etat sur le territoire duquel un des transporteurs participant au transport a son siège principal ou la succursale ou l'agence qui a conclu le contrat de transport.

§ 5. Lorsque l'action doit être intentée contre plusieurs transporteurs, le transporteur qui exerce le droit de recours peut choisir entre les juridictions compétentes selon le § 4, celle devant laquelle il introduira son recours.

§ 6. Des recours ne peuvent pas être introduits dans l'instance relative à la demande en indemnité exercée par l'ayant droit au contrat de transport.

## I. Normzweck

Art. 51 enthält einige zwingende Verfahrensvorschriften, um das Rückgriffsverfahren zu **1** vereinfachen und zu beschleunigen und es vom Entschädigungsverfahren des Kunden zu trennen. Die Vorschrift hat mit Ausnahme des § 4 ihr Vorbild in Art. 62 und 63 § 2 CIM 1980;[1] Art. 51 § 4 betreffend die gerichtliche Zuständigkeit orientiert sich hingegen an Art. 39 Abs. 2 Satz 1 CMR.

---

[1] *Denkschrift COTIF 1999* S. 208; *ZA-Bericht 1999* S. 151 Ziff. 1, 3 u. 4.

## II. Einzelheiten

2    § 1 Satz 1 entspricht Art. 39 Abs. 1 CMR. Nach § 1 Satz 2 ist das Prozessrecht am Ort des angerufenen Gerichts maßgebend.[2]

3    Wenn das Rückgriffsrecht gegenüber allen widersprechenden Beförderern gewahrt werden soll, ist nach **§ 2** eine **Klagehäufung** gegenüber allen Beförderern erforderlich, mit denen sich der klagende Beförderer nicht gütlich geeinigt hat (anders Art. 39 Abs. 2 Satz 2 CMR: „kann"). Gegen diejenigen Beförderer, die nicht mit der Rückgriffsklage belangt worden sind, erlischt das Rückgriffsrecht. Das gilt auch dann, wenn der klagende Beförderer einen beteiligten Beförderer nicht mitverklagt hat, weil er zB **irrtümlich** angenommen hat, sich mit diesem Beförderer gütlich geeinigt zu haben.[3]

4    Das Gericht kann nur über diejenigen Rückgriffe entscheiden, mit denen es befasst worden ist (**§ 3**). Stellt sich während des Prozesses heraus, dass der Sache nach auch nicht belangte Beförderer einen Beitrag zur Entschädigung zu leisten hätten, so fällt deren Anteil dem Rückgriff nehmenden Beförderer zur Last (arg. § 2). Das Gericht hat **endgültig** zu entscheiden, ein Teilurteil oder Zwischenurteil nur über die anhängig gemachten Rückgriffe genügt nicht.[4]

5    Trotz seiner Stellung in Art. 51 betrifft § 6 nicht das Rückgriffsverfahren, sondern das **Entschädigungsverfahren** des Kunden. Die Vorschrift wurde gleichwohl auch in die CIM 1999 wieder aufgenommen, um Verzögerungen der Entschädigungsverfahren auszuschließen und eine Verschlechterung der verfahrensmäßigen Stellung der Kunden der Eisenbahn zu vermeiden.[5]

## Art. 52. Vereinbarungen über den Rückgriff

**Den Beförderern steht es frei, untereinander Vereinbarungen zu treffen, die von den Artikeln 49 und 50 abweichen.**

## Art. 52. Conventions au sujet des recours

Les transporteurs sont libres de convenir entre eux de dispositions dérogeant aux articles 49 et 50.

## I. Normzweck

1    Die Vorschrift erlaubt den Beförderern, ihre Beziehungen untereinander (von denen die Kunden nicht betroffen sind) **frei** zu **gestalten**. Art. 49 und 50 kommen daher nur zur Anwendung, soweit nicht durch Vereinbarung der Beförderer von ihnen abgewichen wird. Das Rückgriffs**verfahren** gemäß Art. 51 ist hingegen zwingend. Die Beförderer können daher zB nicht wirksam vereinbaren, dass Rückgriffsverfahren abweichend von Art. 51 § 6 doch in die Entschädigungsverfahren der Kunden einbezogen werden sollen.[1]

## II. Einzelheiten

2    Art. 52 geht zurück auf Art. 64 CIM 1980 (vgl. auch Art. 40 CMR), erweitert die Gestaltungsfreiheit der Beförderer aber auf Art. 49 über die **Abrechnung** unter den Beförderern, auch wenn die Überschrift des Art. 52 weiterhin nur von Vereinbarungen über den **Rückgriff** spricht. Die Beförderer können demnach von Art. 49 insgesamt abweichen und

---

[2] *Wick* Art. 51 CIM 1970 Anm. 8 (S. 352).
[3] *Koller* Rn. 1.
[4] Str.: vgl. *Wick* Art. 51 CIM 1970 Anm. 9 (S. 353) mwN; aA *Koller* Rn. 1.
[5] *ZA-Bericht 1999* S. 151 Ziff. 4.
[1] Zu dieser Problematik unter früheren Fassungen der CIM vgl. *Wick* Art. 51 CIM 1970 Anm. 11 Abs. 2 (S. 353 f.) u. Art. 53 CIM 1970 Anm. 4 (S. 355).

sind nicht darauf beschränkt, gemäß Art. 49 § 1 Satz 2 nur die Art und Weise der Zahlung zu regeln.

Die Beförderer haben von der Ermächtigung des Art. 52 in weitem Umfang Gebrauch  **3** gemacht, und zwar durch das „Abkommen über die Beziehungen zwischen den Beförderern im internationalen Eisenbahn-Güterverkehr – **AIM**" (vgl. Art. 50 Rn. 7).

# 3. Ordnung für die internationale Eisenbahnbeförderung gefährlicher Güter (RID – Anhang C zum Übereinkommen)

in der Fassung des Änderungsprotokolls zum COTIF vom 3. Juni 1999 (BGBl. 2002 II S. 2256) und mit den Änderungen zum 1.1.2011, vorgenommen vom Fachausschuss RID der OTIF (abrufbar unter www.otif.org/Veröffentlichungen)

## Règlement concernant le transport international ferroviaire des marchandises dangereuses (RID – Appendice C à la Convention)

**Schrifttum (s. auch vor COTIF bzw. vor CIM):** *Freise,* Haftung für Schäden beim Gefahrguttransport mit der Eisenbahn, ZIntEisenb 1985, 112; *ders.,* Verschärfung der Haftung bei Beförderung gefährlicher Güter?, ZIntEisenb 1983, 101; *Kafka,* RID einst. u. jetzt, ZIntEisenb 1993, 57; *ders.,* Neue Entwicklungen im Gefahrguttransport (RID), ZIntEisenb 1987, 4; *Krejcik,* Gefahrgut und Sicherheit, ZIntEisenb 1988, 94; *Kunz* (Hrsg.). Eisenbahnrecht (Vorschriftensammlung mit Erläuterungen), Band IV Abschn. D 1f, Erläuterungen zum RID (zit. *Kunz* Eisenbahnrecht); *Uhlik,* Die Beförderung gefährlicher Güter mit der Eisenbahn – Entwicklungsgeschichte des RID, ZIntEisenb 1978, 45; *Visser,* Aktuelle Probleme des RID, ZIntEisenb 1993, 51.

## Vorbemerkung

1    Die erste internationale Regelung der Beförderung gefährlicher Güter erfolgte bereits im Rahmen des Berner Übereinkommens über den internationalen Eisenbahn-Frachtverkehr vom 14. Oktober 1890.[1] Damals handelte es sich um rein **frachtvertragliche Bedingungen,** die den Absendern gefährlicher Güter auferlegt waren und die die Sicherheit von Personen und Vermögenswerten im Eisenbahnbetrieb wahren sollten. Bei Nichteinhaltung der Bedingungen war die Eisenbahn berechtigt, die Beförderung dieser Güter – trotz ihrer im Übrigen bestehenden Beförderungspflicht – abzulehnen und im Schadensfall Ersatz vom Absender zu fordern.[2] Im Laufe der Jahrzehnte sind aus den Regelungen privatrechtlichen Inhalts Schutzvorschriften auch gegenüber der Allgemeinheit geworden, die heute eher als **öffentlich-rechtliche Vorschriften** einzuordnen sind.[3]

2    Angesichts dieser Entwicklung war es nicht mehr angebracht, die frachtrechtliche Einordnung des RID als **Anlage I zur CIM 1980** aufrechtzuerhalten und seine Anwendung vom Bestehen eines CIM-Frachtvertrags unter Verwendung eines CIM-Frachtbriefs abhängig zu machen. Diese Einschränkung hatte in der Vergangenheit dazu geführt, dass der (Rück-)Transport leerer ungereinigter bahneigener Kesselwagen, in denen zuvor gefährliche Güter befördert worden waren, nicht dem RID unterstand.[4] **Sicherheitsbestimmungen** zum Schutz von Menschen, Umwelt und Gütern müssen jedoch an **objektive Tatbestände,** nämlich an die Schienenbeförderung von als gefährlich klassifizierten Stoffen und Gegenständen[5] anknüpfen, ohne dass es auf das Bestehen und die Reichweite von Beförderungsverträgen ankommt. Dementsprechend richteten sich die Verpflichtungen des RID schon unter der CIM 1980 nicht mehr nur an die Parteien des Frachtvertrags, sondern in bestimmten Fällen auch an die **Belader** und **Entlader** gefährlicher Güter im Eisenbahnverkehr, selbst wenn diese nicht als Absender oder Empfänger am Frachtvertrag beteiligt waren.

3    Die **Richtlinie 96/49/EG** vom 23. Juli 1996 **(RID-Rahmenrichtlinie)** hat dieser Entwicklung Rechnung getragen und das RID für die Mitgliedstaaten der Europäischen Gemeinschaften allgemein für anwendbar erklärt, und zwar grundsätzlich **auch für innerstaatliche Gefahrgutbeförderungen** mit der Eisenbahn sowie unabhängig sowohl von

---

[1] Hierzu und zum Folgenden *Denkschrift COTIF 1999* S. 208 f.; Emparanza/Recalde/*Mundo Guinot* S. 343 ff.; *ZA-Bericht 1999* S. 152 ff.
[2] *Mutz* TranspR 1994, 173, 180 Tz. 55.
[3] *Kunz* Eisenbahnrecht D 1f S. 3.
[4] *Kunz* Eisenbahnrecht D 1f S. 3; *Mutz* TranspR 1994, 173, 180 Tz. 58.
[5] Zur Klassifikation gefährlicher Güter s. Emparanza/Recalde/*Mundo Guinot* S. 349 ff.

einem CIM-Beförderungsvertrag als auch vom verwendeten Beförderungsdokument. Diese Konzeption sieht auch das COTIF 1999 für alle OTIF-Staaten vor, indem ein **eigenständiger Anhang C** zum Übereinkommen geschaffen wurde. Dieses **RID 1999** besteht aus einem **juristischen Teil** mit sechs Artikeln und einer **technischen Anlage,** die ständiger Weiterentwicklung möglichst im Gleichklang mit anderen internationalen gefahrgutrechtlichen Übereinkommen, insbesondere mit dem Europäischen Übereinkommen über die internationale Beförderung gefährlicher Güter auf der Straße **(ADR),** unterliegt. Die technische Anlage zum RID 1999 wird im allgemeinen Sprachgebrauch selbst als „RID" bezeichnet; ihr letzter Stand gilt ab 1.1.2013.

Die Richtlinie 96/49/EG (oben Rn. 3) wird durch die **Richtlinie 2008/68/EG** vom 4 24.9.2008 über die Beförderung gefährlicher Güter im Binnenland abgelöst. Die neue Richtlinie gilt für die Beförderung gefährlicher Güter auf der Straße, mit der Eisenbahn oder auf Binnenwasserstraßen innerhalb eines Mitgliedstaats oder zwischen Mitgliedstaaten. Sie trägt damit auch dem Übereinkommen über die internationale Beförderung gefährlicher Güter auf Binnenwasserstraßen **(ADN)** Rechnung. Die RL 2008/68 bewirkt keine Änderungen der einzelnen internationalen Übereinkommen ADN, ADR und RID selbst, sondern stellt in der EU die Regelwerke für die Beförderung gefährlicher Güter auf die gleiche Stufe und vereinheitlicht die Übernahme der in den Regelwerken vorgenommenen Fortschreibungen in die EU-Gesetzgebung.

## Art. 1. Anwendungsbereich

**§ 1. Diese Ordnung gilt für**
a) **die internationale Beförderung gefährlicher Güter auf der Schiene auf dem Gebiet der RID-Vertragsstaaten,**
b) **die Schienenbeförderung ergänzende Beförderungen, auf die die Einheitlichen Rechtsvorschriften CIM anzuwenden sind, vorbehaltlich der für Beförderungen mit einem anderen Verkehrsträger geltenden internationalen Vorschriften, einschließlich der in der Anlage zu dieser Ordnung erfassten Tätigkeiten.**
**§ 2. Gefährliche Güter, deren Beförderung gemäß der Anlage ausgeschlossen ist, dürfen im internationalen Verkehr nicht befördert werden.**

## Art. premier. Champ d'application

§ 1. Le présent Règlement s'applique:
a) aux transports internationaux ferroviaires des marchandises dangereuses sur le territoire des Etats parties au RID,
b) aux transports en complément du transport ferroviaire auxquels les Règles uniformes CIM sont applicables, sous réserve des prescriptions internationales régissant les transports par un autre mode de transport,
ainsi qu'aux activités visées par l'Annexe du présent Règlement.
§ 2. Les marchandises dangereuses, dont l'Annexe exclut de transport, ne doivent pas faire l'objet d'un transport international.

## Erläuterungen

Die Anwendung des RID 1999 setzt nicht voraus, dass die Beförderung der CIM unter- 1 liegt; es muss sich lediglich um eine internationale Schienenbeförderung handeln, die das Gebiet von mindestens zwei Mitgliedstaaten der OTIF berühren soll **(§ 1 lit. a).**[1] In diesem

---

[1] *Denkschrift COTIF 1999* S. 209; *ZA-Bericht 1999* S. 157 Ziff. 1.

Fall werden nicht nur die **Beförderung** (Ortsveränderung) selbst, sondern auch alle mit der Beförderung verbundenen und in der Anlage geregelten **Tätigkeiten** erfasst, insbesondere das Ein- und Ausladen der gefährlichen Güter und die davor und danach vorgesehenen **Sicherheitsmaßnahmen.**[2] Der Begriff der „**Beförderung**" umfasst gemäß Definition in der technischen Anlage auch **transportbedingte Aufenthalte** vor, während und nach der Ortsveränderung sowie das **zeitweilige Abstellen** gefährlicher Güter beim Umschlag.[3]

2    Das RID gilt nach **§ 1 lit. b** auch für **ergänzende Beförderungen** zur Schienenbeförderung, sofern die CIM auf die gesamte Beförderung anwendbar ist. Das gilt für Vor- oder Nachläufe im Binnenverkehr auf der **Straße** oder auf **Binnengewässern** (Art. 1 § 3 CIM) sowie für Schiffsbeförderungen auf **eingetragenen Linien** (Art. 1 § 4 CIM).[4] Bezüglich des anderen Verkehrsmittels haben aber die für den jeweiligen Verkehrsträger geltenden internationalen Vorschriften Vorrang vor dem RID. Dies gilt bei ergänzenden Beförderungen auf der Straße oder auf Binnengewässern für das **ADR** bzw. die Ordnung über die Beförderung gefährlicher Güter auf dem Rhein **(ADNR)** oder das Europäische Übereinkommen über die internationale Beförderung von gefährlichen Gütern auf Binnenwasserstraßen **(ADN)**.[5] Mit der in § 1 lit. b getroffenen Regelung wird auch eine Normenkollision zwischen dem RID und den für den **Seeverkehr** geltenden Gefahrgutvorschriften vermieden.[6]

3    § 2 enthält eine Klarstellung, wie sie auch in anderen internationalen gefahrgutrechtlichen Übereinkommen zu finden ist.[7] Grundsätzlich ist die Beförderung verboten, sobald eine für das betreffende gefährliche Gut geltende Vorschrift der Anlage nicht erfüllt ist. Absolute Beförderungsverbote für ein bestimmtes Gut (ggf. nur in einer bestimmten Form) sind in der Anlage nur in seltenen Ausnahmefällen vorgesehen.

### Art. 1bis. Begriffsbestimmungen

**Für Zwecke dieser Ordnung und ihrer Anlage bezeichnet der Ausdruck „RID-Vertragsstaat" jeden Mitgliedstaat der Organisation, der zu dieser Ordnung keine Erklärung gemäß Artikel 42 § 1 Satz 1 des Übereinkommens abgegeben hat.**

### Art. 1bis. Définitions

Aux fins du présent Règlement et de son Annexe le terme «État partie au RID» désigne tout État membre de l'Organisation n'ayant pas fait, conformément à l'Article 42, § 1, première phrase, de la Convention, de déclaration relative à ce Règlement.

### Erläuterungen

1    Die Vorschrift wurde eingefügt, da einzelne neue Mitgliedstaaten der OTIF (Russland, Pakistan) unter anderem gegenüber dem RID einen Anwendungsvorbehalt eingelegt haben, so dass sie zwar die CIM, aber nicht das RID anwenden. Für Russland gilt im Eisenbahngüterverkehr weiterhin die Anlage 2 des SMGS als internationales Gefahrgutrecht.

### Art. 2. Freistellungen

**[1]Diese Ordnung findet ganz oder teilweise keine Anwendung auf Beförderungen von gefährlichen Gütern, deren Freistellung in der Anlage vorgesehen ist.**

---

[2]  *ZA-Bericht 1999* S. 157 Ziff. 2; *Emparanza/Recalde/Mundo Guinot* S. 366 f.
[3]  *Kunz* Eisenbahnrecht D 1f S. 3.
[4]  Vgl. *ZA-Bericht 1999* S. 157 Ziff. 3.
[5]  *Kunz* Eisenbahnrecht D 1f S. 4.
[6]  *Kunz* Eisenbahnrecht D 1f S. 4; *ZA-Bericht 1999* S. 157 Ziff. 4 u. 5.
[7]  *ZA-Bericht 1999* S. 158 Ziff. 6.

[2]**Freistellungen sind nur zulässig, wenn die Menge oder die Art und Weise der freigestellten Beförderungen oder die Verpackung die Sicherheit der Beförderung gewährleisten.**

## Art. 2. Exemptions

Le présent Règlement ne s'applique pas, en tout ou en partie, aux transports de marchandises dangereuses dont l'exemption est prévue à l'Annexe. Des exemptions peuvent uniquement être prévues lorsque la quantité, la nature des transports exemptés ou l'emballage garantissent la sécurité du transport.

## Erläuterung

Die Vorschrift stellt klar, dass bestimmte Beförderungen gefährlicher Güter weiterhin in **1** der technischen Anlage von der Geltung des RID ganz oder teilweise freigestellt werden können. Art. 2 selbst verzichtet darauf, konkrete Freistellungsfälle[1] aufzuzählen, sondern gibt nur einen allgemeinen Hinweis darauf, welche Formen von Freistellungen unter Berücksichtigung der Sicherheit der Beförderung zulässig sind,[2] zB begrenzte Mengen im Rahmen von Unternehmenstätigkeiten auf Baustellen, Notfallbeförderungen oder Beförderungen in Kleinverpackungen.

## Art. 3. Einschränkungen

**Jeder RID-Vertragsstaat behält das Recht, die internationale Beförderung gefährlicher Güter auf seinem Gebiet aus anderen Gründen als denen der Sicherheit während der Beförderung zu regeln oder zu verbieten.**

## Art. 3. Restrictions

Chaque Etat partie au RID conserve le droit de réglementer ou d'interdire le transport international des marchandises dangereuses sur son territoire pour des raisons autres que la sécurité durant le transport.

## Erläuterung

Wie andere gefahrgutrechtliche Vorschriften und Übereinkommen belässt auch das RID **1** den Mitgliedstaaten der OTIF das Recht, internationale Eisenbahnbeförderungen gefährlicher Güter zu regeln oder zu verbieten, wenn dies aus anderen Gründen als denen der Beförderungssicherheit geschieht. Bedeutung erlangt diese Bestimmung auch im Umkehrschluss, wonach für durch das RID abgedeckte Materien, zB Verpackungen gefährlicher Güter, keine strengeren nationalen Bestimmungen zulässig sind.

## Art. 4. Andere Vorschriften

**Die Beförderungen, für die diese Ordnung gilt, unterliegen im übrigen den allgemeinen nationalen oder internationalen Vorschriften über die Schienenbeförderung von Gütern.**

---

[1] Siehe dazu *ZA-Bericht 1999* S. 158 f. Ziff. 1.
[2] *ZA-Bericht 1999* S. 159 Ziff. 2.

**Art. 4. Autres prescriptions**

Les transports auxquels s'applique le présent Règlement restent soumis aux prescriptions nationales ou internationales applicables de façon générale au transport ferroviaire de marchandises.

## Erläuterung

1      Da das RID nicht mehr eine Anlage zur CIM bildet, sondern im COTIF 1999 selbststän-dig als **Anhang** neben der CIM steht (Vorbem. RID Rn. 2 u. 3), stellt Art. 4 klar, dass außer dem RID jeweils auch das allgemeine nationale oder internationale Eisenbahngüter-transportrecht anzuwenden ist. Entsprechende Vorschriften finden sich auch in anderen gefahrgutrechtlichen Regelwerken.[1]

### Art. 5. Zugelassene Zugart. Beförderung als Handgepäck, Reisegepäck oder in oder auf Fahrzeugen

**§ 1. Gefährliche Güter dürfen nur in Güterzügen befördert werden, ausgenom-men**
a) **gefährliche Güter, die gemäß der Anlage mit ihren jeweiligen Höchstmengen und unter besonderen Bedingungen zur Beförderung in anderen als Güterzü-gen zugelassen sind;**
b) **gefährliche Güter, die als Handgepäck, Reisegepäck oder in oder auf Fahrzeu-gen im Sinne von Artikel 12 der Einheitlichen Rechtsvorschriften CIV unter Beachtung der besonderen Bedingungen der Anlage befördert werden.**

**§ 2. Gefährliche Güter dürfen als Handgepäck nur mitgeführt sowie als Reisege-päck oder in oder auf Fahrzeugen zur Beförderung aufgegeben oder befördert werden, wenn sie den besonderen Bedingungen der Anlage entsprechen.**

### Art. 5. Type de trains admis. Transport comme colis à main, bagages enregist-rés ou à bord des véhicules

§ 1. Les marchandises dangereuses ne peuvent être transportées que dans des trains mar-chandises, à l'exemption:
a) des marchandises dangereuses admises au transport conformément à l'Annexe en respec-tant les quantités maximales pertinentes et les conditions particulières de transport dans des trains autres que des trains marchandises;
b) des marchandises dangereuses transportées aux conditions particulières des l'Annexe comme colis à main, bagages enregistrés ou dans ou sur des véhicules au sens de l'arti-cle 12 des Règles uniformes CIV.

§ 2. Les marchandises dangereuses ne peuvent être emportées comme colis à main ou être expédiées ou transportées en tant que bagages enregistrés ou à bord des véhicules que lorsqu'elles répondent aux conditions particulières de l'Annexe.

## Erläuterung

1      Die Vorschrift enthält Ausnahmen von dem Grundsatz, dass gefährliche Güter nur in **Güterzügen** befördert werden dürfen. Eine Beförderung in anderen Zügen, insbesondere

---

[1] *Denkschrift COTIF 1999* S. 209.

in **Reisezügen,** ist nur unter Einhaltung der **Besonderen Bedingungen** der technischen Anlage zum RID zulässig. § 2 richtet sich direkt an den **Reisenden** und konkretisiert die bereits in Art. 12 § 4 CIV enthaltene Vorschrift, dass auch bei der Beförderung gefährlicher Güter im Schienenpersonenverkehr das RID mit den in der technischen Anlage enthaltenen Besonderen Bedingungen einzuhalten ist. Demnach dürfen gefährliche Güter als Hand- oder Reisegepäck oder in oder auf Fahrzeugen (Auto im Reisezug) nur dann befördert werden, wenn auf ihre Beförderung bestimmte Freistellungsvorschriften der Anlage anwendbar sind.

## Art. 6. Anlage

**Die Anlage ist Bestandteil dieser Ordnung.**

## Art. 6. Annexe

L'Annexe fait partie intégrante du présent Règlement.

## Erläuterung

Die Vorschrift dient der Klarstellung, dass die technische Anlage integrierender Bestand-  1 teil des RID ist. Die Zusammenfassung der zahl- und umfangreichen technischen Regeln zur Gefahrgutbeförderung auf der Schiene in einer äußerlich getrennten Anlage erleichtert die Handhabung und kontinuierliche Weiterentwicklung des RID und erlaubt redaktionelle Vereinfachungen.[1]

---

[1] *Kunz* Eisenbahnrecht D 1f S. 6; *ZA-Bericht 1999* S. 161.

# 4. Einheitliche Rechtsvorschriften für Verträge über die Verwendung von Wagen im internationalen Eisenbahnverkehr (CUV – Anhang D zum Übereinkommen)

in der Fassung des Änderungsprotokolls zum COTIF vom 3. Juni 1999 (BGBl. 2002 II S. 2258)

## Règles uniformes concernant les contrats d'utilisation de véhicules en trafic international ferroviaire (CUV – Appendice D à la Convention)

**Schrifttum** (überw. historisch; weitere Lit. s. vor COTIF bzw. vor CIM): *Allégret,* Die Rechtslage der Privatwagen nach franz. Recht, ZIntEisenb 1983, 37; *Baker,* Die rechtliche Situation der Privatwagen im Vereinigten Königreich, ZIntEisenb 1984, 76; *Compère,* La situation juridique des wagons de particuliers en droit belge, ZIntEisenb 1982, 107; *Eiermann,* Die Rechtsstellung der Privatgüterwagen aus der Sicht des deutschen Rechts, ZIntEisenb 1982, 66; *Freise,* Neugestaltung der Haftung auf dem Güterwagensektor, ZIntEisenb 2000, 240; *ders.,* Privatwageneinsteller und Gleisanschließer – Kunden, Partner, Wettbewerber der Eisenbahn im Güterverkehr, TranspR 1994, 57; *Held,* Private Güterwagen im Eisenbahnverkehr, 1993; *Ingold,* Die Rechtslage der Privatwagen im schweizerischen Recht und im RIP, ZIntEisenb 1983, 87; *Lehman,* Wagenrecht: „Einstellungsvertrag" wird vom „Verwendungsvertrag" abgelöst, ZIntEisenb 2005, 67; *Puetz,* Derecho de vagones, Madrid 2012 (zit. *Puetz*); *Quevedo Queipo de Llano,* Die Rechtslage der Privatwagen, ZIntEisenb 1983, 122; *Sanda,* Haftung für Schäden durch Privatwagen im internationalen Verkehr, ZIntEisenb 1965, 239.

## Vorbemerkungen

1      Eisenbahnen setzen regelmäßig neben eigenen auch **fremde Wagen** ein, um Reisende und Güter **durchgehend** (ohne Umsteigen bzw. Umladen) vom Abgangs- zum Zielort zu befördern.[1] Das gilt vor allem – aber nicht nur – im **internationalen Verkehr,** denn zu Staatsbahnzeiten waren durchgehende internationale Beförderungen überhaupt nur in der Weise durchführbar, dass jede Staatsbahn an ihrer Netzgrenze den internationalen Zug an die nächste Staatsbahn weitergab. Die der ersten Bahn gehörenden Wagen wurden von den folgenden Bahnen weiterverwendet, waren für diese Bahnen also zwangsläufig fremde Wagen. Damit ergab sich schon frühzeitig die Notwendigkeit, die Verwendung fremder **Bahnwagen** vertraglich zu regeln, was in zwei 1922/1923 auf **Eisenbahnebene** geschlossenen „Übereinkommen über die gegenseitige Benutzung der Güterwagen im internationalen Verkehr **(RIV)**" und „Übereinkommen über die gegenseitige Benutzung der Personen- und Gepäckwagen im internationalen Verkehr **(RIC)**" geschah.

2      Daneben entwickelte sich ebenfalls schon frühzeitig der Einsatz von Privatwagen, insbesondere von **Privatgüterwagen** („P-Wagen"), die keiner Eisenbahn gehören, sondern von **Eisenbahnkunden** entweder selbst angeschafft oder bei **Wagenvermietgesellschaften** meist für einen längeren Zeitraum angemietet werden. Auf diese Weise können sich insbesondere Großversender von Gütern von der Wagengestellung durch die Eisenbahn **unabhängig** machen und – da sie durch den Einsatz eigener bzw. angemieteter Wagen den Eisenbahnen die Vorhaltung von Bahnwagen ersparen – einen **Frachtnachlass** („P-Wagen-Abschlag") kassieren.[2]

3      Privatwagen mussten bis zur COTIF-Reform 1999 in den Wagenpark einer Eisenbahn **eingestellt** sein, damit sie im internationalen Verkehr verwendet werden konnten. Die Einstellung geschah durch einen **Einstellungsvertrag,** den der Eigentümer des Wagens **(„Einsteller")** mit einer Eisenbahn schloss.[3] Der Einstellungsvertrag regelte insbesondere technische Zulassung, Betrieb, Benutzung, Instandhaltung und Instandsetzung des Wagens sowie die wechselseitige Haftung von Einsteller und Eisenbahn. Von den internationalen

---

[1] Hierzu und zum Folgenden *Denkschrift COTIF 1999* S. 210; *Freise* TranspR 1999, 417, 418/420; *ders.* TranspR 2007, 45, 51 ff.; *Puetz* S. 35 ff.; *ZA-Bericht 1999* S. 162 ff.
[2] Vgl. *Freise* (Bespr. *Held*) TranspR 1994, 57 f.
[3] Ausführlich zur Rechtsnatur des Einstellungsvertrags *Puetz* S. 121 ff.

Verbänden **UIC** und **UIP** (Vorbem. COTIF Rn. 46 u. 47) erstellte „Allgemeine Einheitliche Bedingungen **(AEB)** für die Inbetriebnahme und die Nutzung von P-Wagen" (UIC-Merkblatt 433) legten international einheitliche AGB für Einstellungsverträge fest.

Der **Einstellungsvertrag** des Einstellers mit einer Eisenbahn ist zu unterscheiden von **4** dem **Mietvertrag,** den der Wageneigentümer als Vermieter mit einem Güterversender als Mieter seines Wagens schließt.[4] Der Einstellungsvertrag regelt die **betriebliche** Seite des Einsatzes eines Privatwagens bei der Eisenbahn, während der Mietvertrag die **wirtschaftliche** Nutzung des Wagens durch den Mieter regelt. Der Wagenmietvertrag, den der Güterversender mit einem Wageneigentümer schließt, tritt an die Stelle des **Wagenstellungsvertrags** (Art. 13 Rn. 2), den der Güterversender mit einer **Eisenbahn** schließt, wenn er sich bereits vor Abschluss des Frachtvertrags über die Güterbeförderung Güterwagen zur Verfügung stellen lässt, um sie nach seinen Dispositionen zu beladen oder gegebenenfalls auch unbeladen – ohne Abschluss eines Frachtvertrags – wieder an die Eisenbahn zurückzugeben. Wenn der Güterversender sich den Eisenbahnwagen selbst besorgt, reduzieren sich seine Beziehungen zur Eisenbahn auf den **CIM-Frachtvertrag.** Insgesamt besteht ein **vertragliches Dreieck** aus Einstellungsvertrag, Mietvertrag und Frachtvertrag zwischen dem Wageneigentümer (Einsteller), der einstellenden Bahn und dem Wagenmieter, wobei jeder Beteiligte mit jedem der beiden anderen Beteiligten jeweils einen Vertrag hat. Diese Dreiecksbeziehung kommt auch in der bis zur COTIF-Reform 1999 geltenden „Ordnung für die internationale Eisenbahnbeförderung von Privatwagen **(RIP)**" zum Ausdruck, die als **Anlage II zur CIM 1980** eine Rechtsgrundlage für den Einsatz von Privatgüterwagen bildete. In mancher Hinsicht, so insbesondere hinsichtlich Verwendungsbeschränkungen (Art. 3 RIP) und für die Haftung des Einstellers gegenüber der Eisenbahn (Art. 12 § 6 RIP), verwies das RIP auf den Einstellungsvertrag.

Die **Liberalisierung des Eisenbahnsektors** zu Ende des letzten Jahrhunderts hat auch **5** eine Reform der rechtlichen und vertraglichen Grundlagen des Einsatzes fremder Wagen erforderlich gemacht: Die unterschiedliche vertragliche Behandlung von Bahnwagen und Privatwagen in RIV und RIC einerseits und AEB andererseits, die technische Zulassung von Privatwagen durch bisherige Staatsbahnen und der nach Art. 2 RIP bestehende Zwang, für den internationalen Verkehr vorgesehene Privatgüterwagen in den Wagenpark einer Eisenbahn einzustellen, war mit dem **Wettbewerbsrecht** der Europäischen Gemeinschaften nicht mehr vereinbar.[5] Das RIP 1980 wurde daher im Rahmen der COTIF-Revision 1999 durch ein neues **Wagenrecht CUV** abgelöst, dem folgende **Prinzipien** zugrunde liegen:[6]

– **einheitliche Geltung** für die internationale Verwendung von **Bahnwagen** und **Privatwagen,** seien es Güterwagen oder Reisezugwagen;
– klare Unterscheidung zwischen der in der CUV geregelten **Verwendung** von Wagen als **Beförderungsmittel** und der von der **CIM** (Art. 24, 30 § 3, 32 § 3 CIM) erfassten **Beförderung** von Wagen als **Beförderungsgut;**
– Beschränkung der CUV auf die Regelung des **Wagenverwendungsvertrags** zwischen dem **Halter** des Wagens und dem den Wagen verwendenden **Eisenbahnverkehrsunternehmen;** der **Wagenmietvertrag** des Güterversenders mit dem Wagenhalter und der **CIM-Frachtvertrag** mit dem Eisenbahnunternehmen („Beförderer") über die Beförderung des in dem Wagen verladenen Gutes bleiben unberührt;
– Ausklammerung **öffentlich-rechtlicher Fragen,** insbesondere zur **technischen Zulassung** von Wagen (Art. 3 § 1);[7] hierfür gilt der COTIF-Anhang ATMF bzw. das jeweilige Landesrecht;
– Verzicht auf das Erfordernis der Einstellung von Privatwagen in den Wagenpark eines Eisenbahnverkehrsunternehmens; **Einstellungsverträge** bleiben aber neben dem

---

[4] Zum Wagenmietvertrag vgl. *Puetz* S. 108 ff.
[5] *ZA-Bericht 1999* S. 162 f. Ziff. 3; vgl. auch *Freise* (Bespr. *Held*) TranspR 1994, 57, 58; *Mutz* TranspR 1994, 173, 178 f.
[6] Vgl. *Denkschrift COTIF 1999* S. 210; *ZA-Bericht 1999* S. 165 ff. Ziff. 14, 21, 26, 27.
[7] Artikel ohne Zusatz sind im Folgenden Artikel der CUV.

Wagenverwendungsvertrag möglich (Art. 3 § 1 lit. b), zB als **Serviceverträge** oder **Instandhaltungsverträge** des Halters mit einem Eisenbahnunternehmen;
– Konzentration auf die Regelung der wechselseitigen **Haftung der Vertragsparteien,** der **Verjährung** und des **Gerichtsstands.**

6 Das frühere Eisenbahn-Übereinkommen über die Verwendung von Bahngüterwagen **(RIV)** und die Allgemeinen Bedingungen für Einstellungsverträge – **AEB** – (oben Rn. 1 u. 3) sind mit Inkrafttreten des COTIF 1999 am 1. Juni 2006 durch einen wiederum von UIC und UIP ausgehandelten „Allgemeinen Vertrag über die Verwendung von Güterwagen **(AVV)**" abgelöst worden[8] (abgedruckt im **Anhang** nach Art. 12 CUV unter Nr. 7). Der AVV gilt für die Wagenverwendung im nationalen wie im internationalen Eisenbahngüterverkehr und konkretisiert, ergänzt und modifiziert die weitgehend – selbst im Bereich der Haftung – dispositiven Vorschriften der CUV. Der AVV ist ein **multilateraler Vertrag,** dem bereits kurz nach seiner Verabschiedung mehrere hundert Wagenhalter und Eisenbahnverkehrsunternehmen beigetreten sind, so dass er mehrere hunderttausend Güterwagen im COTIF-Raum erfasst. Der AVV kann durch **abweichende Vereinbarungen** einzelner Vertragsparteien bilateral verdrängt werden (Art. 2.3 AVV). Die Bestimmungen von DB Schenker Rail für den internationalen Eisenbahnverkehr verweisen in ihrer Ziff. 1.2.1 für die Wagenverwendung auf den AVV, soweit nicht Abweichungen festgelegt sind.

## Art. 1. Anwendungsbereich

**Diese Einheitlichen Rechtsvorschriften gelten für zwei- oder mehrseitige Verträge über die Verwendung von Eisenbahnwagen als Beförderungsmittel zur Durchführung von Beförderungen nach den Einheitlichen Rechtsvorschriften CIV und nach den Einheitlichen Rechtsvorschriften CIM.**

## Art. premier. Champ d'application

Les présentes Règles uniformes s'appliquent aux contrats bi- ou multilatéraux concernant l'utilisation de véhicules ferroviaires en tant que moyen de transport pour effectuer des transports selon les Règles uniformes CIV et selon les Règles uniformes CIM.

### Übersicht

| | Rn. | | Rn. |
|---|---|---|---|
| **I. Normzweck** | 1 | 2. Wagenverwendungsvertrag | 3 |
| | | 3. Vertragsparteien | 4–9 |
| **II. Einzelheiten** | 2–11 | 4. Andere Verträge | 10 |
| 1. Erfasste Wagenarten | 2 | 5. Instandhaltungspflichten | 11 |

### I. Normzweck

1     Die Vorschrift legt den Anwendungsbereich der CUV fest. Die Bezugnahme auf CIV und CIM stellt klar, dass nur die Verwendung von Wagen im **internationalen Eisenbahnverkehr** erfasst wird[1] – wie sich auch bereits aus dem Titel der CUV ergibt. Bisher hat kein Vertragsstaat des COTIF die Notwendigkeit gesehen, ein nationales Wagenverwendungsrecht zu schaffen und dabei etwa auf die Regelungen der CUV zurückzugreifen. Der **AVV** (Vorbem. CUV Rn. 6) als Ausführungsvertrag zur CUV gilt für **nationale** und für **internationale** Wagenverwendungen im COTIF-Bereich (Art. 1.1 AVV) und überträgt damit CUV-Grundsätze auch auf den Binnenverkehr der Eisenbahnen.

---

[8] Vgl. *Puetz* S. 51.
[1] *Denkschrift COTIF 1999* S. 210; *ZA-Bericht 1999* S. 169 Ziff. 6.

## II. Einzelheiten

**1. Erfasste Wagenarten.** Die Vorschrift gilt zur Sicherstellung **wettbewerbsrechtli-  2 cher Gleichbehandlung** (Vorbem. CUV Rn. 5) für Verwendungsverträge über alle Arten von Güterwagen und Reisezugwagen, seien es **Bahnwagen** oder **Privatwagen**. Bei letzteren kommt es nicht darauf an, ob sie mit einem **gesonderten Einstellungsvertrag** (Vorbem. CUV Rn. 3) in den Wagenpark eines Eisenbahnverkehrsunternehmens eingestellt sind oder als „**Ad-hoc-Wagen**" eingesetzt werden.[2] Was unter einem „Wagen" zu verstehen ist, wird in Art. 2 lit. b näher bestimmt.

**2. Wagenverwendungsvertrag.** Die CUV gilt nur für Verträge über die Verwendung  3 von Eisenbahnwagen als **Beförderungsmittel**. Werden Eisenbahnwagen – leer oder beladen – als **selbstrollendes Beförderungsgut** aufgeliefert, handelt es sich um einen Frachtvertrag, der im internationalen Verkehr der CIM unterliegt, nicht der CUV (Art. 24 CIM Rn. 1). Maßgebend für die Einordnung des Vertrags ist die **Zweckbestimmung**.[3] Es handelt sich nicht um Wagenverwendung, sondern um Güterbeförderung, wenn zB neue Wagen vom Herstellerwerk zum Erwerber oder ausgemusterte Wagen zur Verschrottung gefahren werden.[4] Hierfür hat der Absender der Wagen **Fracht** zu bezahlen. Im Zweifel ergibt sich aus den regelmäßig ausgestellten **Dokumenten (Frachtbrief CIM** oder **Wagenbrief CUV,** Art. 14.2 AVV), ob ein im Zug befindlicher Wagen als Gut befördert oder als Beförderungsmittel verwendet wird. Auch der „Leer-Rücklauf" entladener Wagen gehört zur Wagenverwendung,[5] andernfalls müsste ständig zwischen den Rechtsregimen zur Wagenverwendung (CUV) und zur Güterbeförderung (CIM) mit ihren unterschiedlichen Haftungsregeln gewechselt werden. Wenn im Rahmen von Wagenverwendungen gelegentlich davon gesprochen wird, ein (insbesondere leerer) Wagen werden „befördert" (vgl. Art. 9.3 oder 14.2 AVV), so ist das rechtlich untechnisch zu verstehen.

**3. Vertragsparteien.** Vertragsparteien eines Wagenverwendungsvertrags sind derjenige,  4 der einen Wagen als Beförderungsmittel **zur Verfügung stellt** (vgl. Art. 3 § 1 und Art. 7) und derjenige, der den Wagen als Beförderungsmittel **verwendet**. Letzterer ist leicht zu identifizieren: Es ist das Eisenbahnverkehrsunternehmen, dem der Wagen zur Verwendung überlassen wird (vgl. Art. 4 § 1). Als Beförderungsmittel zur Verfügung gestellt wird ein Wagen entweder vom **Halter** oder von einem **Eisenbahnverkehrsunternehmen,** das einen fremden Wagen als Beförderungsmittel verwendet bzw. verwendet hat und ihn anschließend an ein anderes Eisenbahnverkehrsunternehmen zur Verwendung weitergibt (vgl. Art. 8). Die Begriffe „Halter" und „Eisenbahnverkehrsunternehmen" sind in Art. 2 näher definiert. Halter eines **Bahnwagens** ist ein Eisenbahnverkehrsunternehmen (die „Eigentumsbahn"), Halter eines **Privatwagens** ist der Eigentümer oder dauerhafte wirtschaftliche Nutzer des Wagens (Art. 2 lit. c).

Bei einem **zweiseitigen Wagenverwendungsvertrag** stehen sich grundsätzlich der  5 Wagenhalter und ein den Wagen verwendendes Eisenbahnverkehrsunternehmen gegenüber. Diese **Grundform** vertraglicher Wagenverwendung kommt in der Praxis allerdings nur selten vor, da die vielseitigen Einsatzmöglichkeiten von Wagen im internationalen Verkehr **mehrseitige Vertragslösungen** erfordern.[6] Eine Ausweitung der Vertragsbeziehungen kann in der Weise geschehen, dass bei einem zweiseitigen Wagenverwendungsvertrag der Halter das Eisenbahnverkehrsunternehmen **ermächtigt,** den Wagen auch anderen Eisenbahnverkehrsunternehmen zur Verfügung zu stellen (Art. 8). Das erste den Wagen

---

[2] *Denkschrift COTIF 1999* S. 210 (unter „Allgemeines" Abs. 3); *Freise* ZIntEisenb 2000, 240, 261; *ZA-Bericht 1999* S. 165 Ziff. 14.

[3] *Denkschrift COTIF 1999* S. 210; *ZA-Bericht 1999* S. 169 Ziff. 3. Näher hierzu *Freise* ZIntEisenb 2000, 240, 242 ff.

[4] *Freise* TranspR 2007, 45, 51 f.

[5] *Freise* TranspR 2007, 45, 52; anders noch *ZA-Bericht 1999* S. 166 Ziff. 21 aE, aber überholt durch Art. 1.3 und 14.2 AVV.

[6] Zu den verschiedenen Möglichkeiten der Vertragsgestaltung auch *Freise* ZIntEisenb 2000, 240, 261 ff.

verwendende Eisenbahnverkehrsunternehmen schließt dann weitere Verwendungsverträge mit anderen Eisenbahnverkehrsunternehmen ab, gegebenenfalls unter Beachtung der Vorgaben des Halters (vgl. Art. 8 lit. a u. b).

6    Ein Halter kann aber auch von vornherein einen **mehrseitigen** Wagenverwendungsvertrag mit anderen Eisenbahnverkehrsunternehmen schließen, die dann zur Verwendung seines Wagens und zur Weitergabe untereinander berechtigt sind. Die CUV versteht den Wagenverwendungsvertrag jedenfalls als zwei- oder mehrseitigen Vertrag[7] und spricht daher nicht vom Halter als Vertragspartei, sondern ganz allgemein vom **„Zurverfügungsteller"** (Art. 3 u. 7), worunter der Halter des Wagens oder ein diesen Wagen verwendendes und ihn dann weitergebendes Eisenbahnverkehrsunternehmen zu verstehen ist.

7    Der **AVV** mit seinen mehreren hundert teilnehmenden Wagenhaltern und Eisenbahnverkehrsunternehmen bildet einen umfassenden mehrseitigen Wagenverwendungsvertrag **(Poolvertrag)**. Die beteiligten **Halter** haben zwar untereinander keine wechselseitigen Rechte und Pflichten hinsichtlich einer Wagenverwendung; jeder von ihnen hat aber Vertragsbeziehungen zu einer **Vielzahl von beteiligten Eisenbahnverkehrsunternehmen:** Wird ein Wagen für eine durchgehende Beförderung von mehreren Eisenbahnverkehrsunternehmen verwendet, so bilden diese Unternehmen eine **Verwendungskette** mit besonderen Haftungsbeziehungen zum Halter des Wagens (Art. 24 AVV). Auch außerhalb von Verwendungsketten, wenn Eisenbahnverkehrsunternehmen unabhängig voneinander den Wagen eines Halters nacheinander für unterschiedliche Verkehre verwenden, bleiben für jedes Eisenbahnverkehrsunternehmen auch nach seiner Wagenverwendung noch **latente vertragliche Haftungsbeziehungen** zum Halter bestehen (Art. 24.2 AVV).

8    **Eisenbahnverkehrsunternehmen** sind nicht nur als **Verwender** fremder Wagen Partei eines Wagenverwendungsvertrags, sondern auch als **Zurverfügungsteller** von Wagen iS von Art. 3 und 7. In diese Rolle geraten sie nicht nur als **Halter** ihrer eigenen Bahnwagen, die sie anderen Eisenbahnverkehrsunternehmen zur Verfügung stellen, sondern auch als **Vorverwender** fremder Wagen, die sie anschließend an andere Eisenbahnverkehrsunternehmen weitergeben. In dieser Eigenschaft kann ein Eisenbahnverkehrsunternehmen nach Art. 7 haftpflichtig werden für Schäden, die ein von ihm verwendeter fremder Wagen nach der Weitergabe an das nächste Eisenbahnverkehrsunternehmen bei diesem verursacht (vgl. auch Art. 27 AVV). Wird der Wagen eines Halters bei einem verwendenden Eisenbahnverkehrsunternehmen zB auf Grund eines übermäßigen Rangierstoßes (Art. 23 CIM Rn. 35) betriebsuntauglich und wirkt sich dies beim nächsten verwendenden Eisenbahnverkehrsunternehmen schädigend aus, so haftet für den Schaden nicht der Halter des Wagens, sondern das für den Schaden verantwortliche **vorverwendende Eisenbahnverkehrsunternehmen.**

9    Die **freizügige Verwendung** von Wagen durch eine Vielzahl von Eisenbahnverkehrsunternehmen in Europa und darüber hinaus im gesamten OTIF-Raum kann im Grunde nur durch einen umfassenden multilateralen Wagenverwendungsvertrag wie den **AVV** gewährleistet werden, der die vielfältigen Vertragsbeziehungen **poolt** und dadurch vereinheitlicht und im Ergebnis eine **Quasi-Rechtsordnung** darstellt. Der Pool-Charakter des AVV lässt weder Raum für den Einsatz der Wagen von außenstehenden, nicht dem AVV beigetretenen Wagenhaltern bei AVV-Mitgliedern noch für die Weitergabe der Wagen von AVV-Haltern an Eisenbahnverkehrsunternehmen, die nicht dem AVV beigetreten sind. Art. 16 und 17 AVV regeln diese Fälle in einer Weise, die den Belangen der AVV-Mitglieder Rechnung trägt.

10    **4. Andere Verträge.** Vom Wagenverwendungsvertrag zu unterscheiden ist der **Mietvertrag,** den ein **Güterversender** mit dem Halter eines Güterwagens schließt, um sich die dauerhafte **Nutzung** des fremden Wagens für seine Güterverkehre mit der Eisenbahn zu sichern (Vorbem. CUV Rn. 2 u. 4).[8] Außerdem ist vom Wagenverwendungsvertrag

---

[7]  *ZA-Bericht 1999* S. 169 Ziff. 5.
[8]  Missverständlich *ZA-Bericht 1999* S. 169 Ziff. 4.

auch der **Einstellungsvertrag** zu unterscheiden (Vorbem. CUV Rn. 3), den einzelne Halter von Privatwagen beibehalten, um ihren Wagen – bei Aufrechterhaltung ihrer Haltereigenschaft – in den **Wagenpark** eines Eisenbahnverkehrsunternehmens einzugliedern und von dem einstellenden Unternehmen bestimmte Aufgaben erledigen zu lassen, die – wie insbesondere die **Wageninstandhaltung** – nach dem Wagenverwendungsvertrag (vgl. Art. 7 AVV) dem Halter obliegen. Anstelle eines gesonderten Einstellungsvertrags können die Parteien eines Wagenverwendungsvertrags auch vereinbaren, dass das verwendende Eisenbahnverkehrsunternehmen zusätzlich bestimmte Serviceaufgaben für den Halter ausführen soll.[9] Im Rahmen des AVV kann dies durch eine bilaterale Vereinbarung gemäß Art. 2.3 zwischen dem Halter und dem hauptsächlichen Verwender seines Wagens geschehen.

**5. Instandhaltungspflichten.** Da viele Wagenhalter ihre Güterwagen nicht selbst **11** instandhalten, sondern diese Aufgabe **Instandhaltungsunternehmen** übertragen, wurde aufgrund **EU-Rechts**[10] zur Wahrung der Betriebssicherheit im Eisenbahnwesen die „**für die Instandhaltung zuständige Stelle**“ (**ECM,** entity in charge of maintenance) geschaffen und mit **eigenen Sicherheitspflichten** belegt (§§ 4a, 7g AEG). Wenn Eisenbahnen oder Halter von Eisenbahnfahrzeugen die Instandhaltung ihrer Fahrzeuge nicht selbst wahrnehmen, sondern der für die Instandhaltung zuständigen Stelle „eines Dritten“ übertragen (§ 4a Abs. 1 AEG), dann bleiben sie gleichwohl für den sicheren Betrieb ihrer Fahrzeuge verantwortlich (§ 4 Abs. 3 Nr. 1, § 4a Abs. 2 AEG). Dementsprechend ist in Art. 7 Abs. 2 AVV festgelegt, dass der Halter eines Wagens als die für die Instandhaltung des Wagens zuständige Stelle angesehen wird und deren Verantwortlichkeiten hat. Unbeschadet dieser Verantwortung von Eisenbahnen und Fahrzeughaltern sind aber auch die für die Instandhaltung zuständigen Stellen (Unternehmen) verpflichtet, die von ihnen zur Instandhaltung übernommenen Fahrzeuge in betriebssicherem Zustand zu halten (§ 4a Abs. 2 AEG). Aus dieser öffentlich-rechtlichen Pflichtenstellung ergibt sich, dass selbstständige Instandhaltungsstellen **Erfüllungsgehilfen von Eisenbahnen** (insbes. Eisenbahnverkehrsunternehmen) und **Wagenhaltern** in Bezug auf die Instandhaltung von deren Eisenbahnfahrzeugen sind und dabei auch eigene Pflichten wahrnehmen.

## Art. 2. Begriffsbestimmungen

**Für Zwecke dieser Einheitlichen Rechtsvorschriften bezeichnet der Ausdruck**
a) „**Eisenbahnverkehrsunternehmen**“ **jedes private oder öffentlich-rechtliche Unternehmen, das zur Beförderung von Personen oder Gütern berechtigt ist und die Traktion sicherstellt;**
b) „**Wagen**“ **auf eigenen Rädern auf Eisenbahnschienen rollende Fahrzeuge ohne eigenen Antrieb;**
c) „**Halter**“ **denjenigen, der als Eigentümer oder sonst Verfügungsberechtigter einen Wagen dauerhaft als Beförderungsmittel wirtschaftlich nutzt;**
d) „**Heimatbahnhof**“ **den Ort, der am Wagen angeschrieben ist und an den der Wagen gemäß den Bedingungen des Vertrages über die Verwendung gesandt werden kann oder muss.**

## Art. 2. Définitions

Aux fins du présentes Règles uniformes le terme:
a) «entreprise de transport ferroviaire» désigne toute entreprise à statut privé ou public qui est autorisée à transporter des personnes ou des marchandises, la traction étant assurée par celle-ci;

---

[9] Vgl. *ZA-Bericht 1999* S. 168 Ziff. 2.
[10] RL2008/110/EG 16.12.2008 (ABl. EG L 345 v. 23.12.2008 S. 62); VO (EU) 445/2011 der Kommission 10.5.2011 (ABl. EU L 122 v. 10.5.2011 S. 22).

b) «véhicule» désigne tout véhicule, apte à circuler sur ses propres roues sur des voies ferrées, non pourvu de moyen de traction;

c) «détenteur» désigne celui qui exploite économiquement, de manière durable, un véhicule en tant que moyen de transport, qu'il en soit propriétaire ou qu'il en ait le droit de disposition;

d) «gare d'attache» désigne le lieu qui est inscrit sur le véhicule et auquel ce véhicule peut ou doit être renvoyé conformément aux conditions du contrat d'utilisation.

## I. Normzweck

1    Art. 2 klärt einige Begriffe, die für die CUV von Bedeutung sind, im Rahmen des COTIF 1980 hingegen noch keine Rolle gespielt haben.

## II. Einzelheiten

2    **1. Eisenbahnverkehrsunternehmen.** Die Definition des „Eisenbahnverkehrsunternehmens" **(lit. a)** geht auf die entsprechende Definition des „Eisenbahnunternehmens" in der Ursprungsfassung der Richtlinie 91/440 des europäischen Gemeinschaftsrechts zurück (Vorbem. COTIF Rn. 2). Das Gemeinschaftsrecht hat im Hinblick auf die Trennung von Infrastrukturbetrieb und Verkehrsabwicklung das Begriffspaar „Betreiber der Infrastruktur" und „Eisenbahnunternehmen" eingeführt. Die CUV setzt den Begriff des Infrastrukturbetreibers als bekannt voraus und erklärt den Infrastrukturbetreiber in Art. 9 § 2 – ähnlich wie Art. 40 CIM und Art. 51 CIV – zum Erfüllungsgehilfen des Eisenbahnverkehrsunternehmens, sofern die Parteien des Wagenverwendungsvertrags nichts anderes vereinbaren.

3    **Eisenbahnverkehrsunternehmen** iS der CUV sind regelmäßig **Beförderer** iS von CIM und CIV. Wenn die einzelnen Anhänge des COTIF gleichwohl unterschiedliche Begriffe verwenden, so macht dies deutlich, dass jeweils **unterschiedliche Funktionen** desselben Unternehmens gemeint sind: einmal die verkehrliche Tätigkeit der Beförderung von Reisenden bzw. Gütern auf Grund von Beförderungsverträgen und zum anderen die betriebliche Tätigkeit der Verwendung fremder Wagen zum Zwecke der Beförderung von Reisenden bzw. Gütern (vgl. Vor Art. 1 Rn. 5).

4    **2. Wagen.** Bei der Definition des „Wagens" **(lit. b)** wird klargestellt, dass es sich nur um Fahrzeuge **ohne eigenen Antrieb** handelt. Diese Klarstellung geschieht, weil im französischen Text der Begriff „véhicule" weiterreicht und auch Fahrzeuge mit eigenem Antrieb (nach deutschem Verständnis „Triebfahrzeuge") erfasst, was im Rahmen der CUV jedoch ausgeschlossen werden soll.[1]

5    **3. Halter.** Der Begriff des „Halters" **(lit. c)** wurde in das COTIF 1999 eingeführt, um eine einheitliche **rechtliche Zuordnung von Eisenbahnfahrzeugen** zu einer bestimmten Person vornehmen zu können. Während Art. 2 den Halter eines **Wagens** definiert, bestimmen Art. 12 § 5 COTIF und Art. 2 lit. n ATMF (Vorbem. COTIF Rn. 9 u. 10) nach den gleichen Kriterien den Halter eines **Eisenbahnfahrzeugs** (wozu auch Fahrzeuge mit eigenem Antrieb gehören). Die Anknüpfung der Haltereigenschaft an die **dauerhafte wirtschaftliche Nutzung** des Wagens (bzw. Eisenbahnfahrzeugs) als Beförderungsmittel folgt dem Vorbild des **Straßenverkehrsrechts**.[2] Der Halter braucht nicht (rechtlicher) Eigentümer des Wagens zu sein; auch ein **Leasingnehmer** oder dauerhafter **Mieter** kommt als Wagenhalter in Betracht.[3] Entscheidend ist die dauerhafte wirtschaftliche Nutzung des Wagens, die im alleinigen **Zugriffs- und Dispositionsrecht** des Halters zum Ausdruck kommt (Art. 9, 14 AVV). Die großen Wagenvermietgesellschaften behalten sich diese Rechtsposition auch dann vor, wenn sie ihre Wagen langfristig an Güterversender vermieten. Ihre Haltereigenschaft geht

---

[1]  *ZA-Bericht 1999* S. 169 Ziff. 2.
[2]  *Denkschrift COTIF 1999* S. 210 f.; *ZA-Bericht 1999* S. 169 Ziff. 3 unten.
[3]  Vgl. RL 2008/110/EG 16.12.2008 (ABl. EG L 345 v. 23.12.2008 S. 62), Erwägung 4, sowie Art. 3 lit. s RL 2004/49/EG idF der RL 2008/110. Zur Stellung des Wageneigentümers siehe auch *Puetz* S. 95 ff.

daher nicht auf den Wagenmieter über. Wenn hingegen zB Eisenbahnverkehrsunternehmen Privatwagen dauerhaft anmieten, um ihren Wagenpark aufzustocken, dann bleibt kein Verfügungsrecht beim Vermieter zurück, so dass die Haltereigenschaft auf das Eisenbahnverkehrsunternehmen übergeht. Eisenbahnverkehrsunternehmen sind daher nicht nur Halter ihrer eigenen Bahnwagen, sondern auch der von ihnen dauerhaft angemieteten fremden Wagen.

Da den Halter als wirtschaftlichen Nutznießer des Wagens auch **Pflichten** treffen 6 (Rn. 7), muss jederzeit klar sein, wer Halter eines Wagens ist. Art. 3 § 1 lit. a verlangt daher, dass die Bezeichnung des Halters **am Wagen angeschrieben** ist. Dies geschieht im offiziellen **„Halterfeld"**, während langfristige Mieter zu Werbezwecken an anderen Stellen inoffiziell angeschrieben sein können. Das europäische Gemeinschaftsrecht verlangt darüber hinaus, dass in jedem Mitgliedstaat Fahrzeughalter in einem amtlichen **Fahrzeugregister** eingetragen werden.[4] Das deutsche AEG sieht in § 5 Abs. 1e Nr. 7, § 25a die Führung eines entspr. Fahrzeugeinstellungsregisters durch das Eisenbahn-Bundesamt vor. In **Zweifelsfällen** kann derjenige als Halter in die Pflicht genommen werden, der in einem amtlichen Fahrzeugregister eingetragen bzw. am Wagen im Halterfeld angeschrieben ist.

Als wirtschaftlicher Nutznießer des Wagens ist der Halter auch verantwortlich für die 7 technische **Zulassung** und die **Registrierung** des Wagens sowie für seine **Instandhaltung,** auch wenn er diese von besonderen Instandhaltungsunternehmen oder von Eisenbahnverkehrsunternehmen in ihren Werken vornehmen lässt[5] (Art. 1 Rn. 11). Hierbei handelt es sich nicht nur um eine **vertragliche Pflicht** (vgl. Art. 7 AVV), sondern auch um eine Pflicht nach dem jeweils geltenden **Landesrecht,** in Deutschland nach § 4 Abs. 1 bis 3, §§ 4a, 32 AEG. Unter **nichtselbstständiger Teilnahme am Eisenbahnbetrieb** iSd. § 32 AEG ist insbesondere die Überlassung von Wagen zur Verwendung durch Eisenbahnverkehrsunternehmen zu verstehen, wenn der Halter sich den Zugriff und die Disposition in Bezug auf seine Wagen vorbehält, sich also nicht auf die Rolle des Finanziers von Wagenmaterial der Eisenbahn beschränkt.

Die CUV geht nicht davon aus, dass eine der Parteien des Wagenverwendungsvertrags 8 immer ein Halter sein muss. Bei einem **zweiseitigen** Wagenverwendungsvertrag ist das zwar regelmäßig der Fall (vgl. Art. 8); bei einem **multilateralen** Vertrag wie dem AVV treten dagegen auch Eisenbahnverkehrsunternehmen, die den fremden Wagen zunächst verwendet haben (**„Vorverwender"**), als derjenige auf, *der einen Wagen auf Grund eines Wagenverwendungsvertrags zur Verfügung stellt* (vgl. Art. 3 § 1, Art. 7 § 1 CUV). Die in Art. 3 § 1 genannten Pflichten sind allerdings dergestalt, dass sie vom **Halter** bei der **ersten Zurverfügungstellung** des Wagens zu erfüllen sind (vgl. Art. 7, 8 AVV), während Eisenbahnverkehrsunternehmen als spätere „Zurverfügungsteller" nur noch prüfen, ob diese Pflichten vom Halter eingehalten worden sind.

**4. Heimatbahnhof.** Einen „Heimatbahnhof" **(lit. d)** haben insbes. Bahnwagen, aber 9 auch diejenigen Privatwagen, die weiterhin mittels eines zusätzlichen Einstellungsvertrags (Vorbem. CUV Rn. 3 bis 5 aE) in den Wagenpark eines Eisenbahnverkehrsunternehmens eingegliedert sind. Die Angabe eines Heimatbahnhofs ist **freiwillig** (arg. Art. 3 § 1 lit. c: „gegebenenfalls"); sie ist **hilfreich,** wenn nach einem Lastlauf über den entladenen Wagen keine Disposition getroffen wird und das Eisenbahnverkehrsunternehmen vor der Frage steht, was mit dem Wagen geschehen soll (Art. 14.3 AVV).

## Art. 3. Zeichen und Anschriften an Wagen

**§ 1. Wer einen Wagen aufgrund eines Vertrages nach Artikel 1 zur Verfügung stellt, hat unbeschadet der Vorschriften über die technische Zulassung von Wagen zum Einsatz im internationalen Verkehr dafür zu sorgen, dass am Wagen angeschrieben sind:**

---

[4] Art. 33 RL 2008/57/EG 17.6.2008 (ABl. EG L 191 v. 18.7.2008 S. 1).
[5] Vgl. RL 2008/110/EG (oben Fn. 3), Erwägung 3, sowie Art. 14a RL 2004/49/EG nF.

a) **die Bezeichnung des Halters;**
b) **gegebenenfalls die Bezeichnung des Eisenbahnverkehrsunternehmens, in dessen Wagenpark der Wagen eingegliedert ist;**
c) **gegebenenfalls die Bezeichnung des Heimatbahnhofs;**
d) **andere im Vertrag über die Verwendung des Wagens vereinbarte Kennzeichen und Anschriften.**

§ 2. **Zusätzlich zu den Zeichen und Anschriften nach § 1 können auch Mittel zur elektronischen Identifikation angebracht werden.**

### Art. 3. Signes et inscriptions sur les véhicules

§ 1. Nonobstant les prescriptions relatives à l'admission technique des véhicules à la circulation en trafic international, celui qui, en vertu d'un contrat visé à l'article premier, confie un véhicule doit s'assurer que sont inscrits sur le véhicule :
a) l'indication du détenteur;
b) le cas échéant, l'indication de l'entreprise de transport ferroviaire au parc de véhicules de laquelle le véhicule est incorporé;
c) le cas échéant, l'indication de la gare d'attache;
d) d'autres signes et inscriptions convenus dans le contrat d'utilisation.

§ 2. Les signes et les inscriptions prévus au § 1 peuvent être complétés par des moyens d'identification électronique.

### I. Normzweck

1    Art. 3 sieht in **Ergänzung öffentlich-rechtlicher Vorschriften** über die technische Zulassung und den Wageneinsatz für die **vertragliche Wagenverwendung** die Anbringung bestimmter Hinweise und Anschriften an Eisenbahnwagen für den internationalen Verkehr vor und bestimmt, wer diese Anschriften anzubringen hat.[1]

### II. Einzelheiten

2    **1. Halter.** Der Halter (**§ 1 lit. a**) muss aus Gründen der **Rechtssicherheit** und des **Vertrauensschutzes** am Wagen angeschrieben sein,[2] auch wenn zunehmend öffentliche **Fahrzeugregister** eingerichtet werden, in die ebenfalls die Halter von Eisenbahnfahrzeugen eingetragen werden. In Notfällen, etwa bei Unfällen, kann der Halter über die regelmäßig mit angeschriebenen Telefon- und Faxnummern rasch verständigt werden. Ist im offiziellen Halterfeld eines Wagens nicht der Halter, sondern zB der Mieter des Wagens angeschrieben, so kommt eine Haftung des Angeschriebenen als **„Halter kraft Rechtsscheins"** in Betracht.

3    **2. Eingliederung/Einstellung.** Die **Eingliederung in einen Wagenpark** eines Eisenbahnverkehrsunternehmens (**lit. b**) kommt in Betracht bei **Bahnwagen** und bei solchen **Privatwagen,** für die weiterhin ein gesonderter **Einstellungsvertrag** (Vor Art. 1 Rn. 3–5 aE) abgeschlossen wird. Die Angabe entfällt bei „Ad-hoc-Wagen" (Art. 1 Rn. 2).[3]

4    **3. Heimatbahnhof.** Die Angabe eines Heimatbahnhofs (**lit. c**) entfällt insbesondere bei Privatwagen, die nicht in den Wagenpark eines Eisbahnverkehrsunternehmens eingegliedert sind, sondern als „Ad-hoc-Wagen" eingesetzt werden.[4]

5    **4. Kennzeichnung.** Der Wagenverwendungsvertrag kann **vereinbarte Kennzeichen und Anschriften (lit. d)** vorsehen. Dabei sind öffentlich-rechtliche Vorgaben und

---

[1] *Denkschrift COTIF 1999* S. 211; *ZA-Bericht 1999* S. 170 Ziff. 1 u. 4 (unten).
[2] *Denkschrift COTIF 1999* S. 211; *ZA-Bericht 1999* S. 170 Ziff. 2.
[3] *Freise* ZIntEisenb 2000, 240, 261.
[4] *Denkschrift COTIF 1999* S. 211; *ZA-Bericht 1999* S. 170 Ziff. 5.

Beschränkungen zu beachten.[5] Die Parteien können zB vereinbaren, dass ein Privatgüterwagen weiterhin – wie früher in Art. 2 RIP vorgeschrieben – als „P-Wagen" gekennzeichnet werden soll.[6]

**5. Pflicht zur Anbringung.** Nicht nur die Anschrift des **Halters** am Wagen ist obliga- 6 torisch, sondern auch die Angabe des **einstellenden Eisenbahnverkehrsunternehmens** gemäß lit. b oder die Angabe des **Heimatbahnhofs** gemäß lit. c, „wenn der Fall gegeben ist", wenn also zB ein Einstellungsvertrag die Eingliederung des Privatwagens in den Wagenpark eines Eisenbahnverkehrsunternehmens vorsieht oder wenn ein Heimatbahnhof bestimmt worden ist. In diesen Fällen steht den Parteien des Verwendungsvertrags die Anbringung der entsprechenden Anschrift nicht mehr frei. Im Falle eines „Heimatbahnhofs" könnte man allerdings die Auffassung vertreten, dass nach der Definition in Art. 2 lit. d die Anschrift am Wagen **konstitutiv** ist, so dass ohne Anschrift am Wagen ohnehin kein Heimatbahnhof festgelegt ist und damit auch nicht angeschrieben zu werden braucht. Dies steht allerdings nicht im Einklang mit Wortlaut und Systematik des Art. 3 § 1 lit. c, wonach bei Bestehen eines Heimatbahnhofs für den Wagen dieser dann auch anzuschreiben ist.

Die Pflicht zur Anbringung vorgesehener Anschriften trifft nach § 1 denjenigen, der 7 einen Wagen auf Grund eines Wagenverwendungsvertrags zur Verfügung stellt. Das ist im Regelfall der **Halter,** der dieser Pflicht nachzukommen hat, ehe er den Wagen **zum ersten Mal** zur Verwendung als Beförderungsmittel hergibt (vgl. auch Art. 2 Rn. 8).

**6. Elektronische Identifikation (§ 2).** Zur Erleichterung der automatischen Fahrzeu- 8 gerfassung, insbesondere zur Laufverfolgung und Standortermittlung, können am Wagen auch Mittel zur elektronischen Identifikation angebracht werden.

## Art. 4. Haftung bei Verlust oder Beschädigung eines Wagens

**§ 1. Das Eisenbahnverkehrsunternehmen, dem der Wagen zur Verwendung als Beförderungsmittel zur Verfügung gestellt worden ist, haftet für den Schaden, der durch Verlust oder Beschädigung des Wagens oder seiner Bestandteile entstanden ist, sofern es nicht beweist, dass der Schaden nicht durch sein Verschulden verursacht worden ist.**

**§ 2. Das Eisenbahnverkehrsunternehmen haftet nicht für den Verlust loser Bestandteile, die an den Wagenlängsseiten nicht angeschrieben oder in einem im Wagen angebrachten Verzeichnis nicht angegeben sind.**

**§ 3. [1]Bei Verlust des Wagens oder seiner Bestandteile ist die Entschädigung ohne weiteren Schadensersatz auf den gemeinen Wert des Wagens oder seiner Bestandteile am Ort und im Zeitpunkt des Verlustes beschränkt. [2]Sind der Tag oder der Ort des Verlustes nicht feststellbar, ist die Entschädigung auf den gemeinen Wert am Tag und am Ort der Übernahme des Wagens zur Verwendung beschränkt.**

**§ 4. [1]Bei Beschädigung des Wagens oder seiner Bestandteile ist die Entschädigung auf die Instandsetzungskosten ohne weiteren Schadensersatz beschränkt. [2]Die Entschädigung übersteigt nicht den Betrag, der im Fall des Verlustes zu zahlen wäre.**

**§ 5. Die Parteien des Vertrages können Vereinbarungen treffen, die von den §§ 1 bis 4 abweichen.**

## Art. 4. Responsabilité en cas de perte ou d'avarie d'un véhicule

§ 1. A moins qu'elle ne prouve que le dommage ne résulte pas de sa faute, l'entreprise de transport ferroviaire à qui le véhicule a été confié pour utilisation en tant que moyen

---

[5] *Denkschrift COTIF 1999* S. 211; *ZA-Bericht 1999* S. 170 Ziff. 1.
[6] *ZA-Bericht 1999* S. 170 Ziff. 3.

de transport répond du dommage résultant de la perte ou de l'avarie du véhicule ou de ses accessoires.

§ 2. L'entreprise de transport ferroviaire ne répond pas du dommage résultant de la perte des accessoires qui ne sont pas inscrits sur les deux côtés du véhicule ou qui ne sont pas mentionnés sur l'inventaire qui l'accompagne.

§ 3. En cas de perte du véhicule ou de ses accessoires, l'indemnité est limitée, à l'exclusion de tous autres dommages-intérêts, à la valeur usuelle du véhicule ou de ses accessoires au lieu et au moment de la perte. S'il est impossible de constater le jour ou le lieu de la perte, l'indemnité est limitée à la valeur usuelle aux jour et lieu où le véhicule a été confié pour utilisation.

§ 4. En cas d'avarie du véhicule ou de ses accessoires, l'indemnité est limitée, à l'exclusion de tous autres dommages-intérêts, aux frais de mise en état. L'indemnité n'excède pas le montant dû en cas de perte.

§ 5. Les parties au contrat peuvent convenir des dispositions dérogeant aux §§ 1 à 4.

**Übersicht**

| | Rn. | | Rn. |
|---|---|---|---|
| I. **Normzweck** | 1 | 3. Ersatzpflichtiger und Ersatzberechtigter | 9, 10 |
| II. **Einzelheiten** | 2–15 | 4. Schäden außerhalb des Verwendungs- | |
| 1. Verlust oder Beschädigung | 2–6 | zeitraums | 11–14 |
| 2. Fristüberschreitung | 7, 8 | 5. Abweichende Vereinbarungen | 15 |

## I. Normzweck

**1**     Die Vorschrift bildet zusammen mit den weiteren Haftungsvorschriften der Art. 5 bis 10 das **Herzstück der CUV.** Das Haftungssystem der CUV[1] unterscheidet **zwei Haftungstatbestände** bei der Verwendung von Wagen: die Haftung für Schäden **an** verwendeten Wagen (Art. 4–6) und die Haftung für Schäden **durch** verwendete Wagen (Art. 7).[2] Obgleich es sich um Haftungsbestimmungen handelt, sind diese Vorschriften in der CUV weitgehend dispositiv ausgestaltet (vgl. Art. 4 § 5, Art. 6 § 4, Art. 7 § 2, Art. 9 § 2).[3] Der AVV enthält in seinen Art. 22 f. und 27 eine Haftungsordnung, die sich weitgehend an der CUV orientiert und damit die Angemessenheit und Ausgewogenheit der gesetzlichen Haftungsordnung bestätigt.

## II. Einzelheiten

**2**     **1. Verlust oder Beschädigung.** Das einen fremden Wagen **verwendende Eisenbahnverkehrsunternehmen** haftet für Verlust oder Beschädigung dieses Wagens nach § 1 in gleicher Weise wie der **Beförderer** eines auf eigenen Rädern rollenden und als Beförderungsgut aufgelieferten Wagens nach Art. 24 § 1 CIM, nämlich für **vermutetes Verschulden.** Die gemeinsame Klammer für die übereinstimmende Haftungsregelung bildet das frühere **Privatwagenrecht** (Art. 12 § 1 RIP), während für **Bahnwagen** gemäß RIV und RIC (Vorbem. CUV Rn. 1) eine andere Haftungsregelung galt.[4] Ein sachlicher Grund für den Verzicht auf eine Gefährdungshaftung in der CUV besteht darin, dass der ersatzberechtigte Halter auch am Eisenbahnbetrieb teilnimmt (vgl. § 32 AEG) und aus der Bereitstellung oder Vermietung seines Wagens einen finanziellen Nutzen zieht, so dass es gerechtfertigt ist, ihn am Risiko des Eisenbahnbetriebs teilnehmen zu lassen. Der **AVV** wiederholt diesen Haftungsgrundsatz in Art. 22.1 und konkretisiert in Art. 22.2 einzelne **Haftungsausschlussgründe.**

---

[1] Vgl. dazu den Überblick bei *Freise* TranspR 2007, 45, 52 f.

[2] Zu letzterer *Freise* ZIntEisenb 2000, 240, 266 ff.

[3] Zu den Gründen für die Abdingbarkeit siehe *Freise* TranspR 2007, 45, 52, und ZIntEisenb 2000, 240, 260.

[4] *ZA-Bericht 1999* S. 171 Ziff. 1 (oben) u. Ziff. 3.

Wenn ein Wagen eine **Beschädigung** aufweist, wird zwischen dem Halter und dem 3
verwendenden Eisenbahnverkehrsunternehmen häufig darüber gestritten, ob es sich um
einen **Verschleißschaden** auf Grund allmählicher Abnutzung im Betrieb oder um einen
**Gewaltschaden** auf Grund plötzlicher, nicht betriebsüblicher Gewalteinwirkung auf den
Wagen handelt. Verschleißschäden sind vom Halter, Gewaltschäden sind vom Eisenbahnverkehrsunternehmen zu tragen. Zur Erleichterung der Schadensabwicklung und zur Vermeidung kostenträchtiger Streitigkeiten sieht Art. 22.4 AVV – von Art. 4 § 5 CUV
gedeckt – die Anwendung eines **Schadenskatalogs** mit typisierten Verschleiß- und
Gewaltschäden sowie **Bagatellgrenzen** für die Geltendmachung von Schäden und in
bestimmten Fällen einen veränderten **Haftungsmaßstab** vor.

Für verlustgefährdet **lose Fahrzeugbestandteile** schließt § 2 die Haftung des Wagen- 4
verwenders in gleicher Weise aus wie Art. 24 § 2 CIM die Haftung des Beförderers bei auf
eigenen Rädern rollenden Eisenbahnfahrzeugen als Beförderungsgut. Art. 22.3 AVV sieht
allerdings – wiederum gedeckt durch Art. 4 § 5 CUV – in diesen Fällen eine Verschuldenshaftung des den Wagen verwendenden Eisenbahnverkehrsunternehmens vor (zur Entschädigungshöhe in diesem Fall siehe Art. 20.3 AVV).

Die **Höhe der Entschädigung** ist bei **Verlust** des Wagens oder seiner Bestandteile auf 5
den **gemeinen Wert** beschränkt **(§ 3)**; bei **Beschädigung** werden die **Instandsetzungskosten** bis zur Höhe des gemeinen Werts des Wagens ersetzt **(§ 4)**. Dies entspricht wiederum der Haftung des Beförderers für selbstrollende Fahrzeuge nach Art. 30 § 3 und 32
§ 3 CIM. Da insbesondere in den Fällen der Verlustvermutung (Art. 6) Tag und Ort des
Verlusts kaum feststellbar sind, erklärt § 3 Satz 2 ersatzweise den Tag und den Ort der
Übernahme als maßgeblich für die Ermittlung des gemeinen Werts (vgl. auch Art. 30
§ 3 Satz 2 CIM).[5] Der **AVV** sieht in Art. 23.1 ein Verfahren für die Berechnung der
Verlustentschädigung vor und verweist in Art. 23.2 Satz 1 für die Entschädigung bei Beschädigung ebenfalls auf die Instandsetzungskosten.

Über den gemeinen Wert bzw. die Instandsetzungskosten hinaus ist nach Art. 4 **kein** 6
**weiterer Schadensersatz** zu leisten. **Folgeschäden,** insbesondere Vermögensschäden wie
Nutzungsausfall und entgangener Gewinn, werden nach der CUV ebenso wenig ersetzt
wie nach der CIM bei der Beförderhaftung.[6] Der **AVV** sieht allerdings in seinem Art. 23.2
bei Beschädigung des Wagens auch Ersatz für den **Nutzungsausfall** als weiteren Schadensersatz vor, soweit der Ausfall des Wagens nicht auf Gründen beruht, die in die Sphäre des
Halters fallen. Zur Berechnung der Nutzungsausfallentschädigung wird auf Art. 13 AVV
verwiesen, der die Haftung für Fristüberschreitungen regelt. Die Entschädigung wegen
Beschädigung darf einschließlich Nutzungsausfallentschädigung den Betrag nicht übersteig-
gen, der im Falle des Verlusts des Wagens zu zahlen wäre (Art. 13.3 AVV).

**2. Fristüberschreitung.** Die CUV kennt keine Haftung des verwendenden Eisenbahn- 7
verkehrsunternehmens für die Überschreitung von **Beförderungsfristen** (systematisch
zutreffender: **Verwendungsfristen**). Hierin liegt ein wesentlicher Unterschied zur Haftung
bei der Beförderung von selbstrollenden Eisenbahnfahrzeugen, da nach Art. 24 CIM der
Beförderer in diesen Fällen auch für Lieferfristüberschreitung haftet. Art. 13 AVV setzt
jedoch frühere Regelungen des Privatwagensektors fort und führt – getrennt nach beladenen
und leeren Güterwagen – auch für die Wagenverwendung Beförderungsfristen ein, die
sich bei Fehlen besonderer Vereinbarungen an den **gesetzlichen Höchstlieferfristen** des
Art. 16 § 2 CIM orientieren.

Eine Haftung des **Halters** für Fristüberschreitungen ist weder in der CUV noch im 8
AVV vorgesehen. Verspätete Bereitstellung eines Wagens kann in erster Linie den **Mieter**
des Wagens treffen, der mit diesem Wagen Güter versenden will. Eine Haftung des Halters
als Wagenvermieter ist daher im **Wagenmietvertrag** zu regeln.

---

[5] *ZA-Bericht 1999* S. 171 Ziff. 2.
[6] *ZA-Bericht 1999* S. 171 Ziff. 5.

**9**   **3. Ersatzpflichtiger und Ersatzberechtigter.** Art. 4 CUV nennt als **Ersatzpflichtigen** das Eisenbahnverkehrsunternehmen, dem der Wagen zur Verwendung als Beförderungsmittel zur Verfügung gestellt worden ist, also das **verwendende Eisenbahnverkehrsunternehmen.** Bei einem **zweiseitigen** Wagenverwendungsvertrag gibt es nur ein verwendendes Eisenbahnverkehrsunternehmen, während bei einem **mehrseitigen** Vertrag je nach Einsatzgebiet des Wagens eine Vielzahl von Eisenbahnverkehrsunternehmen in Betracht kommt, die den Wagen in einer **Verwendungskette** oder unabhängig voneinander verwendet haben können. Anders als die CIM in ihrem Art. 26 für aufeinanderfolgende Beförderer sieht die CUV **keine Haftungsgemeinschaft** aufeinanderfolgender Wagenverwender vor. Die Einleitung des Art. 4 § 1 („*Das* Eisenbahnverkehrsunternehmen" und nicht „*Ein* Eisenbahnverkehrsunternehmen … haftet") spricht dafür, dass die CUV bei mehrseitigen Wagenverwendungsverträgen von einer Haftung des letzten verwendenden Eisenbahnverkehrsunternehmens ausgeht. Wenn dieses Eisenbahnverkehrsunternehmen sich entlasten kann, stellt sich allerdings die Frage, ob vorverwendende Eisenbahnverkehrsunternehmen in Anspruch genommen werden können. Der AVV als umfassender mehrseitiger Wagenverwendungsvertrag beantwortet diese Frage: Nach Art. 22.1 AVV haftet in erster Linie das letzte verwendende Eisenbahnverkehrsunternehmen, in dessen Gewahrsam sich der Wagen befindet. Wenn diese Bahn sich entlasten kann, kommt nach Art. 24 AVV eine Haftung der Vorverwender in Betracht, und zwar unterschieden nach Vorverwendern in derselben Verwendungskette („aufeinanderfolgende Verwendung", vergleichbar der aufeinanderfolgenden Beförderung nach der CIM) und früheren Verwendern des Wagens. Während die CIM von einer solidarischen Haftungsgemeinschaft aufeinanderfolgender Beförderer ausgeht, liegt dem **AVV** das Prinzip einer **„gestaffelten Haftung"** zugrunde: Je weiter ein Vorverwender vom letzten, aktuellen Verwender des Wagens entfernt ist, desto schwieriger wird es, ihn für Schäden am Wagen in Haftung zu nehmen.

**10**   Art. 4 CUV sagt nicht, wer **Ersatzberechtigter** bei Verlust oder Beschädigung des Wagens ist. Da es sich um eine **Haftung aus Vertrag** handelt, ist ersatzberechtigt der **Vertragspartner** des verwendenden Eisenbahnverkehrsunternehmens,[7] also derjenige, der den Wagen auf Grund des Verwendungsvertrags zur Verfügung gestellt hat (vgl. Art. 3 § 1 und Art. 7 § 1). Das kann insbesondere der **Halter** des Wagens oder ein **vorverwendendes Eisenbahnverkehrsunternehmen** sein. Auf das **Eigentum am Wagen** kommt es im Rahmen der CUV-Haftung ebenso wenig an wie auf das Eigentum am Beförderungsgut im Rahmen der CIM-Haftung. Außerhalb des Verwendungsvertrags stehende **Dritte** können keine Ansprüche auf Grund der CUV geltend machen. Die hinsichtlich des Ersatzberechtigten offene Formulierung des Art. 4 ist in redaktioneller Parallelität zu Art. 23 CIM bewusst gewählt,[8] allerdings enthält die CUV keine dem Art. 44 CIM vergleichbare Konkretisierung der Anspruchsberechtigung. Eine solche Konkretisierung ist bei **mehrseitigen** Verwendungsverträgen hilfreich und wird vom **AVV** in seinem Art. 22.1 in der Weise vorgenommen, dass das verwendende Eisenbahnverkehrsunternehmen dem Halter als dem letztlich Geschädigten haftet, nicht zwischengeschalteten vorverwendenden Eisenbahnverkehrsunternehmen. Der rechtliche Eigentümer eines Wagens, der mit dem Halter nicht identisch ist (zB ein Leasinggeber), ist aber auch nach dem AVV außenstehender Dritter und nach diesem Vertrag nicht ersatzberechtigt.

**11**   **4. Schäden außerhalb des Verwendungszeitraums.** Wird ein Güterwagen beschädigt oder geht er verloren, während er sich beim **Absender** oder **Empfänger** des Beförderungsguts befindet (insbesondere in einem **Gleisanschluss**), so fällt dies nicht unter Art. 4, weil Absender oder Empfänger als solche nicht Parteien des Verwendungsvertrags sind. Während seines Aufenthalts beim Absender oder Empfänger iS des Beförderungsvertrags befindet sich der Wagen regelmäßig (von besonderen Vertragsgestaltungen abgesehen, vgl. Rn. 13) nicht im Gewahrsam eines Eisenbahnverkehrsunternehmens und wird nicht von

---

[7] *ZA-Bericht 1999* S. 171 Ziff. 4.
[8] *ZA-Bericht 1999* S. 171 Ziff. 4.

einem solchen verwendet. Bei Geltung des **AVV** machen dessen Art. 1.3 und 1.4 deutlich, welchen Zeitraum die Wagenverwendung durch ein dem AVV angehörendes Eisenbahnverkehrsunternehmen umfasst. Art. 22.1 AVV knüpft bei der Bezeichnung des Haftungszeitraums des verwendenden Eisenbahnverkehrsunternehmens hieran an.[9]

Wird der Wagen beim Absender oder Empfänger des Beförderungsguts beschädigt, so **12** richtet sich deren Haftung nach ihren Rechtsbeziehungen zum Wagenhalter: Als Haftungsgrundlage kommt dann insbesondere der **Wagenmietvertrag** oder eine außervertragliche Haftung aus **Delikt** in Betracht.

Verfügt ein großer Versender oder Empfänger von Gütern über eine eigene **Werksbahn** **13** und wird ein fremder Wagen beschädigt, während er sich im Gewahrsam dieser Werksbahn befindet, so kommt es für die Haftung darauf an, ob die Werksbahn lediglich als **Gehilfe** des Absenders oder Empfängers im Rahmen des **Beförderungsvertrags** tätig geworden ist oder ob sie als Eisenbahnverkehrsunternehmen aufgetreten ist, das eigenständig **Wagenverwendungsverträge** schließt und vielleicht sogar dem AVV beigetreten ist. Im ersten Fall ändert sich nichts an der Haftung des Absenders bzw. Empfängers (oben Rn. 11), im zweiten Fall haftet die Werksbahn als erster bzw. letzter Verwender des Wagens in einer **Verwendungskette** mit den Eisenbahnverkehrsunternehmen, die den Hauptlauf ausführen sollen bzw. ausgeführt haben (Art. 1 Rn. 7).

Werden Wagen beschädigt, die der Halter mangels Beschäftigung aus dem Verkehr **14** genommen und bei einem **Infrastrukturbetreiber** auf dessen Gleisen abgestellt hat, so richtet sich die Haftung des Infrastrukturbetreibers nicht nach Art. 4, sondern nach seinen besonderen vertraglichen Beziehungen mit dem Halter auf Grund des **Wagenabstellvertrags,** der kein Verwendungsvertrag iS der CUV ist.

**5. Abweichende Vereinbarungen.** Von der in § 5 eingeräumten Möglichkeit, **15** abweichende **Haftungsvereinbarungen** zu treffen, ist im **AVV** für bestimmte Fallgestaltungen in mehrfacher Hinsicht Gebrauch gemacht worden: hinsichtlich des **Haftungsmaßstabs** (Art. 22.4 AVV zweiter Anstrich), hinsichtlich **Haftungserweiterungen** (Art. 22.3 und 23.2 Satz 2 AVV), hinsichtlich der **Entschädigungshöhe** (Art. 23.1 AVV) sowie hinsichtlich der **Ersatzberechtigung** und der **Ersatzverpflichtung** (Art. 22.1 und Art. 24 AVV). Insgesamt ergibt sich, dass die Haftungsregelung des AVV bei Verlust oder Beschädigung des Wagens oder bei Fristüberschreitung für den Wagenhalter günstiger ist als die Haftungsregelung der CUV.

## Art. 5. Verlust des Rechtes auf Haftungsbeschränkung

**Die in Artikel 4 §§ 3 und 4 vorgesehenen Haftungsbeschränkungen finden keine Anwendung, wenn nachgewiesen wird, dass der Schaden auf eine Handlung oder Unterlassung des Eisenbahnverkehrsunternehmens zurückzuführen ist, die entweder in der Absicht, einen solchen Schaden herbeizuführen, oder leichtfertig und in dem Bewusstsein begangen wurde, dass ein solcher Schaden mit Wahrscheinlichkeit eintreten werde.**

## Art. 5. Déchéance du droit d'invoquer les limites de responsabilité

Les limites de responsabilité prévues à l'article 4, §§ 3 et 4 ne s'appliquent pas, s'il est prouvé que le dommage résulte d'un acte ou d'une omission que l'entreprise de transport ferroviaire a commis, soit avec l'intention de provoquer un tel dommage, soit témérairement et avec conscience qu'un tel dommage en résultera probablement.

---

[9] Vgl. zum Haftungszeitraum auch *Puetz* S. 260 ff.

## Erläuterungen

1     Die in Art. 4 §§ 3 und 4 enthaltenen **Haftungsbeschränkungen** entfallen bei **qualifiziertem Verschulden** (vgl. Art. 36 CIM). Damit erstreckt sich in diesem Fall die Entschädigung bei Verlust oder Beschädigung des Wagens über den gemeinen Wert bzw. die Instandsetzungskosten hinaus auch auf **weiteren Schadensersatz,** insbesondere auf den Ersatz von **Vermögensfolgeschäden** wie den Schaden wegen **Nutzungsausfalls.** Nach dem **AVV** (Art. 22.1 iVm. Art. 23.2 Satz 2) wird eine Nutzungsausfallentschädigung allerdings bereits in allen Fällen des **vermuteten** (selbst leichten) **Verschuldens** des verwendenden Eisenbahnverkehrsunternehmens gewährt, so dass Art. 5 bei Geltung des AVV kaum Bedeutung zukommt.

2     Art. 5 begründet im Übrigen keine Ersatzpflicht über den **nachgewiesenen Schaden** hinaus. Art. 4 § 3 Satz 2 behält seine Bedeutung auch bei qualifiziertem Verschulden des Eisenbahnverkehrsunternehmens, so dass der Halter bei **wirtschaftlichem Totalschaden** seines Wagens nicht übermäßige Instandsetzungskosten ersetzt bekommt, sondern nur eine am **Zeitwert** des Wagens orientierte Entschädigung.[1]

3     Schließlich bietet Art. 5 auf Grund seines **engen Anwendungsbereichs** (erfasst werden nur die Haftungsbeschränkungen des Art. 4 §§ 3 und 4) keine Handhabe, den **Haftungsausschluss des Art. 4 § 2** zu überwinden oder eine in der CUV nicht angelegte Haftung für reine Vermögensschäden (Verspätungsschäden) bei **Fristüberschreitung** zu begründen. Der **AVV** sieht in diesen Fällen allerdings bereits bei vermutetem Verschulden des Eisenbahnverkehrsunternehmens (Art. 22.3 AVV) bzw. bei Nachweis seiner Verantwortlichkeit (Art. 13.3 AVV) eine Haftung vor.

4     Im Gegensatz zu anderen Haftungsvorschriften der CUV ist Art. 5 **zwingend.**[2] Die Parteien können daher nicht vereinbaren, dass die Haftungsbeschränkungen des Art. 4 §§ 3 und 4 selbst bei qualifiziertem Verschulden des Eisenbahnverkehrsunternehmens gelten sollen.

## Art. 6. Vermutung für den Verlust eines Wagens

**§ 1.** [1]**Der Berechtigte kann den Wagen ohne weiteren Nachweis als verloren betrachten, wenn er beim Eisenbahnverkehrsunternehmen, dem er den Wagen zur Verwendung als Beförderungsmittel zur Verfügung gestellt hat, die Nachforschung verlangt hat und der Wagen ihm binnen dreier Monate nach Eingang seines Verlangens nicht zur Verfügung gestellt worden ist oder wenn er keinen Hinweis auf den Standort des Wagens erhalten hat.** [2]**Diese Frist verlängert sich um die Dauer der Stilllegung des Wagens, die durch einen vom Eisenbahnverkehrsunternehmen nicht zu vertretenden Umstand oder durch Beschädigung entstanden ist.**

**§ 2. Wird der als verloren betrachtete Wagen nach Zahlung der Entschädigung wieder aufgefunden, so kann der Berechtigte binnen sechs Monaten nach Empfang der Nachricht über das Wiederauffinden vom Eisenbahnverkehrsunternehmen, dem er den Wagen zur Verwendung als Beförderungsmittel zur Verfügung gestellt hat, verlangen, dass ihm der Wagen gegen Rückzahlung der Entschädigung kostenlos am Heimatbahnhof oder an einem sonst vereinbarten Ort übergeben wird.**

**§ 3. Wurde das in § 2 erwähnte Verlangen nicht gestellt oder wird der Wagen später als ein Jahr nach Zahlung der Entschädigung wieder aufgefunden, so verfügt das Eisenbahnverkehrsunternehmen, dem der Berechtigte den Wagen zur Verwendung als Beförderungsmittel zur Verfügung gestellt hat, darüber gemäß den am Ort, an dem sich der Wagen befindet, geltenden Gesetzen und Vorschriften.**

---

[1]   Vgl. Palandt/*Grüneberg* § 249 BGB Rn. 23.
[2]   *ZA-Bericht 1999* S. 172 Ziff. 2 (oben).

**§ 4. Die Parteien des Vertrages können Vereinbarungen treffen, die von den §§ 1 bis 3 abweichen.**

### Art. 6. Présomption de perte d'un véhicule

§ 1. L'ayant droit peut, sans avoir à fournir d'autres preuves, considérer un véhicule comme perdu lorsqu'il a demandé à l'entreprise de transport ferroviaire à laquelle il a confié le véhicule pour utilisation en tant que moyen de transport, de faire rechercher ce véhicule et si ce véhicule n'a pas été mis à sa disposition dans les trois mois qui suivent le jour de l'arrivée de sa demande ou bien lorsqu'il n'a reçu aucune indication sur le lieu où se trouve le véhicule. Ce délai est augmenté de la durée d'immobilisation du véhicule pour toute cause non imputable à l'entreprise de transport ferroviaire ou pour avarie.

§ 2. Si le véhicule considéré comme perdu est retrouvé après le paiement de l'indemnité, l'ayant droit peut, dans un délai de six mois à compter de la réception de l'avis l'en informant, exiger de l'entreprise de transport ferroviaire à laquelle il a confié le véhicule pour utilisation en tant que moyen de transport, que le véhicule lui soit remis, sans frais et contre restitution de l'indemnité, à la gare d'attache ou à un autre lieu convenu.

§ 3. Si la demande visée au § 2 n'est pas formulée ou si le véhicule est retrouvé plus d'un an après le paiement de l'indemnité, l'entreprise de transport ferroviaire à laquelle l'ayant droit a confié le véhicule pour utilisation en tant que moyen de transport en dispose conformément aux lois et prescriptions en vigueur au lieu où se trouve le véhicule.

§ 4. Les parties au contrat peuvent convenir des dispositions dérogeant aux §§ 1 à 3.

### Erläuterungen

Die Vorschrift regelt die Vermutung für den Verlust eines Wagens und die daran 1 geknüpften Rechtsfolgen für alle Wagen einheitlich, und zwar nach dem Vorbild des früheren Art. 13 RIP für Privatgüterwagen und in teilweiser Anlehnung an Art. 29 CIM für Beförderungsgut. Anstelle der 30-Tage-Frist des Art. 29 § 1 CIM gilt in der CUV eine **Dreimonatsfrist,** die sich an der entsprechenden Frist in Art. 13 RIP orientiert.[1] Auch die Frist für die Geltendmachung eines Rückgabebegehrens in § 2 ist mit sechs Monaten erheblich länger als die entsprechende Frist von dreißig Tagen in Art. 29 § 3 CIM. **Berechtigter** im Sinne des Art. 6 ist, wer den Wagen auf Grund des Verwendungsvertrags zur Verfügung gestellt hat,[2] bei einem zweiseitigen Verwendungsvertrag also der Halter oder ein vorverwendendes Eisenbahnverkehrsunternehmen (vgl. Art. 1 Rn. 5 u. 8).

Der **AVV** als multilateraler Verwendungsvertrag erklärt in seinem Art. 20 folgerichtig 2 nur den **Halter** (als letztlich Geschädigten) zum Berechtigten im Sinne der Verlustvermutungsregelung und übernimmt die **Fristen der CUV** für die Verlustvermutung und für die Geltendmachung des Rückgabeverlangens. Da der AVV im Gegensatz zur CUV auch eine **Entschädigung für Nutzungsausfall** bei Fristüberschreitung vorsieht, trifft Art. 20.4 Satz 3 AVV eine Regelung für den Fall, dass der Wagen am Ende nicht verloren ist, sondern dem Halter nur verspätet zurückgegeben wird.

### Art. 7. Haftung für Schäden, die durch einen Wagen verursacht werden

**§ 1. Wer den Wagen auf Grund eines Vertrages nach Artikel 1 zur Verwendung als Beförderungsmittel zur Verfügung gestellt hat, haftet für die durch den Wagen verursachten Schäden, sofern ihn ein Verschulden trifft.**

---

[1] *ZA-Bericht 1999* S. 172 Ziff. 1 zu Art. 6.
[2] *ZA-Bericht 1999* S. 172 Ziff. 3 zu Art. 6.

**§ 2. Die Parteien des Vertrages können Vereinbarungen treffen, die von § 1 abweichen.**

### Art. 7. Responsabilité des dommages causés par un véhicule

§ 1. Celui qui, en vertu d'un contrat visé à l'article premier, a confié le véhicule pour utilisation en tant que moyen de transport répond du dommage causé par le véhicule lorsqu'une faute lui est imputable.

§ 2. Les parties au contrat peuvent convenir des dispositions dérogeant au § 1.

### I. Normzweck

1    Art. 7 regelt den zweiten großen Haftungstatbestand des Wagenverwendungsrechts, nämlich die **vertragliche Haftung** für Schäden *durch* den Wagen, also für Schäden, die der Wagen während der Verwendung durch ein Eisenbahnverkehrsunternehmen anrichtet. Mit dieser Vorschrift unterscheidet sich die CUV von der CIM, die für Schäden, die das Beförderungsgut anrichtet, keine allgemeine Haftungsvorschrift aufweist, sondern nur einzelne verstreute Haftungsbestimmungen.[1]

### II. Einzelheiten

2    **1. Haftpflichtiger.** Haftpflichtiger ist nach § 1 derjenige, der den schädigenden Wagen auf Grund eines Verwendungsvertrags zur Verfügung gestellt hat. Das kann der **Halter** sein oder ein **vorverwendendes Eisenbahnverkehrsunternehmen** (so Art. 27.1 AVV; vgl. auch Art. 1 Rn. 6 bis 8). Die Haftung des Halters kann sich insbesondere aus unterlassener Instandhaltung ergeben, die Haftung eines Vorverwenders insbesondere aus einer Beschädigung des Wagens während seiner Verwendung, wenn daraus eine Betriebsgefährdung und beim nächsten Verwender ein Schaden entsteht. Mangelhafte Instandhaltung des Wagens durch eine **externe Instandhaltungsstelle** (Art. 1 Rn. 11) wird dem Halter zugerechnet. Die große Verbreitung des **AVV** als mehrseitigen Verwendungsvertrags erleichtert die Annahme vertraglicher Beziehungen zwischen dem geschädigten Eisenbahnverkehrsunternehmen und dem Halter sowie den Vorverwendern des Wagens. Dadurch erübrigen sich komplizierte vertragliche Konstruktionen in Gestalt von Subrogationen oder Anspruchsabtretungen, die bei zweiseitigen Wagenverwendungsverträgen gebraucht werden, um vertragliche Ansprüche des geschädigten Wagenverwenders auch gegenüber dem Halter oder entfernten Vorverwendern zu begründen.[2]

3    **2. Haftungsmaßstab.** Die Vorschrift sieht für alle Wagentypen (Bahnwagen oder Privatwagen) einheitlich eine **reine Verschuldenshaftung** vor: Dem Wagenhalter oder Vorverwender muss im Rahmen des Verwendungsvertrags nach allgemeinen Beweisgrundsätzen ein **schuldhaftes Fehlverhalten nachgewiesen** werden. Wenn dies gelingt, kommt es nicht mehr darauf an, wie viele weitere Verwender zwischen dem Schädiger und dem geschädigten Eisenbahnverkehrsunternehmen stehen. Dies entspricht der Regelung des AVV (Art. 24.2) zur Haftung eines entfernten Vorverwenders für Schäden *am* Wagen (Art. 4 Rn. 9). Es dürfte in der Praxis allerdings nur schwer gelingen, dem Halter oder einem Vorverwender des Wagens eine schuldhafte Verursachung des Schadens nachzuweisen, der im Betrieb des den Wagen aktuell verwendenden Eisenbahnverkehrsunternehmens eingetreten ist:[3] Regelmäßig stellt sich die Frage, welchen Verursachungsbeitrag Betriebshandlungen – oder Unterlassungen – des aktuellen Wagenverwenders oder des Infrastrukturbetreibers als seines Erfüllungsgehilfen (Art. 9 § 2) geleistet haben. In Betracht kommen

---

[1] *Freise* TranspR 2007, 45, 52. Zur Haftung für Schäden durch Wagen siehe auch *Puetz* S. 307 ff.
[2] Vgl. *Denkschrift COTIF 1999* S. 211 f.; *ZA-Bericht 1999* S. 173 Ziff. 2 u. 3.
[3] Vgl. den instruktiven Fall BGH 27.1.1967, ZIntEisenb 1969, 31, 32, 35 ff. (zu früheren Einstellungsbedingungen für Privatgüterwagen).

übermäßige Beanspruchung des Wagens oder schlechter Zustand der Infrastruktur. Zur Klarstellung enthält der **AVV** in Art. 27.2 eine **Mitverschuldensregel** und in Art. 27.3 eine Bestimmung für den Fall, dass ein außerhalb des Vertrags stehender Dritter für den Schaden (mit)verantwortlich ist. Der Nachweis **fehlenden eigenen Verschuldens** verhilft dem verwendenden Eisenbahnverkehrsunternehmen noch nicht zu Ersatzansprüchen gegen den Halter oder Vorverwender und entlastet es auch nicht gegenüber etwaigen geschädigten Dritten, wenn es selbst aus **Gefährdung** haftet (vgl. bei Geltung deutschen Rechts § 1 HpflG).

Die CUV-Verschuldenshaftung des **Halters** für Schäden, die sein Wagen anrichtet, deckt **4** sich mit der Haftungslage nach deutschem Recht, das den bloßen Halter eines Eisenbahnfahrzeugs nur aus Vertrag oder Delikt haften lässt, hingegen **nicht** aus **Gefährdung** nach dem HpflG. Und auch wenn der Halter – wie im Falle eines Bahnwagens – zugleich **Eisenbahnverkehrsunternehmen** ist, haftet er für Schäden, die sein Wagen während der Verwendung durch andere Eisenbahnverkehrsunternehmen anrichtet, nicht aus Gefährdung. **Betriebsunternehmer** iS des § 1 HpflG ist jeweils die Eisenbahn (Eisenbahnverkehrsunternehmen und Infrastrukturbetreiber),[4] **bei deren Betrieb** der *Unfall* (§ 1 Abs. 2 HpflG) eintritt. Das ist im Fall der Schädigung durch einen Wagen das Eisenbahnverkehrsunternehmen, das den Wagen im Unfallzeitpunkt in seinem Betrieb verwendet. Eisenbahnverkehrsunternehmen, die den Wagen vorher verwendet und möglicherweise die Unfallursache gesetzt haben, sind zwar auch Betriebsunternehmer iS des § 1 HpflG, der Unfall ist aber nicht **beim Betrieb ihrer Eisenbahn** eingetreten, so dass sie nicht aus § 1 HpflG in Anspruch genommen werden können. Die Haftungslage nach dem **Haftpflichtgesetz** ist anders als die Haftungslage nach der **CIM** bei der Beschädigung von Beförderungsgut: Nach der CIM kommt es bei aufeinanderfolgender oder ausführender Beförderung darauf an, welcher Beförderer den Schaden **verursacht** hat, unabhängig davon, in welchem Beförderungsabschnitt der Schaden eingetreten ist (Art. 45 CIM Rn. 9 u. 13). Das Haftpflichtgesetz kann in diesen Fällen nicht herangezogen werden, da es nach seinem § 1 Abs. 3 Nr. 2 für Beförderungsgut nicht gilt.

**3. Haftungsumfang.** Als Verschuldenshaftung ist die Haftung nach Art. 7 **unbe-** **5** **schränkt:**[5] Das gilt sowohl für die erfassten **Schadensarten** (Personenschäden, Sachschäden, Vermögensfolgeschäden, auch Umweltschäden),[6] als auch für die **Schadenshöhe:** Das durch den Wagen geschädigte Eisenbahnverkehrsunternehmen kann gegenüber seinem schuldhaft handelnden Vertragspartner (Halter oder Vorverwender des Wagens) alle Schäden geltend machen, die es **selbst erlitten** (insbesondere Sachschäden an seinen Betriebsmitteln wie Lokomotiven oder Wagen) oder **anderen kraft Gesetzes zu ersetzen** hat, insbesondere aus Gefährdungshaftung für seinen Eisenbahnbetrieb. In Betracht kommen zB Personenschäden von Reisenden, eigenen Mitarbeitern oder Dritten, Sachschäden des Infrastrukturbetreibers, für die das schuldlose Eisenbahnverkehrsunternehmen miteinzustehen hat (§ 13 Abs. 2 HpflG)[7] oder von Dritten. Für Schäden an von ihm **beförderten Gütern** hat das den schädigenden Wagen verwendende Eisenbahnverkehrsunternehmen dann einzustehen, wenn das schuldhafte Fehlverhalten des Halters oder Vorverwenders des Wagens im konkreten Fall für den Beförderer nicht als **unabwendbares Ereignis** gemäß Art. 23 § 2 CIM oder – bei Geltung des deutschen Transportrechts – § 426 HGB anerkannt wird. Auch wegen der von ihm ersetzten **Schäden anderer** hat das den Wagen verwendende Eisenbahnverkehrsunternehmen einen eigenen Anspruch gegen den schuldhaft handelnden Halter oder Vorverwender und ist nicht auf Ausgleichsregelungen unter Gesamtschuldnern – wie etwa § 13 Abs. 4 HpflG, §§ 840, 426 BGB) angewiesen. Immerhin ist festzuhalten, dass der Halter oder Vorverwender bei schuldhaftem Fehlverhalten geschädig-

---

[4]  BGH 17.2.2004, TranspR 2004 256.
[5]  *ZA-Bericht 1999* S. 174 Ziff. 6 aE.
[6]  *ZA-Bericht 1999* S. 173 Ziff. 5.
[7]  Vgl. BGH 17.2.2004, TranspR 2004, 256.

ten Dritten auch unmittelbar für Personen- und Sachschäden und – bei entsprechender spezialgesetzlicher Anspruchsgrundlage – selbst für Vermögensschäden einzustehen hat. Art. 7 CUV weitet also die Haftung des Halters oder Vorverwenders nicht aus, sondern **erleichtert** dem den schädigenden Wagen verwendenden Eisenbahnverkehrsunternehmen, das von den Geschädigten regelmäßig anstelle des schuldigen Unternehmens in Anspruch genommen wird, den **Rückgriff** gegen den letztverantwortlichen Halter oder Vorverwender. Art. 27 § 1 AVV sieht darüber hinaus einen **vertraglichen Freistellungsanspruch** des verwendenden Eisenbahnverkehrsunternehmens gegenüber dem schuldigen Halter oder Vorverwender vor.

6    **4. Schädigung außerhalb des Verwendungszeitraums.** Richtet ein Güterwagen Schäden an, während er sich beim **Absender** oder **Empfänger** des Beförderungsguts befindet (insbesondere in einem **Gleisanschluss**), so fällt dies nicht unter Art. 7, weil Absender und Empfänger nicht Parteien des Verwendungsvertrags sind (Art. 4 Rn. 11). Solange ein Wagen sich beim Absender oder Empfänger befindet, findet grundsätzlich keine Verwendung iS der CUV statt (vgl. Art. 1.3 u. 1.4 AVV). Absender und Empfänger müssen Schäden, die die gestellten leeren oder beladenen fremden Wagen bei ihnen verursachen, gegenüber dem frachtvertraglichen **Beförderer** geltend machen, etwa unter Berufung auf die Verletzung von **Nebenpflichten aus dem Beförderungsvertrag** oder dem **Wagenstellungsvertrag,** wonach der Beförderer einwandfreie Wagen zu stellen und einzusetzen hat. Ist der Absender oder Empfänger zugleich **Mieter** des schadenstiftenden Wagens, so kann er aus dem **Wagenmietvertrag** Schadensersatzansprüche gegen den **Wagenhalter** als Vermieter haben.[8]

7    Verfügt der Absender oder Empfänger über eine eigene **Werksbahn** (Art. 4 Rn. 13) und richtet der fremde Wagen einen Schaden an, während er sich in deren Gewahrsam befindet, so kommt es für die Haftungsbeziehungen darauf an, ob die Werksbahn lediglich **Gehilfe** des Absenders oder Empfängers bei der Abwicklung des **Güterbeförderungsvertrags** ist oder ob sie selbst als den Wagen verwendendes Eisenbahnverkehrsunternehmen auftritt. Im ersten Fall bleibt es bei der Haftung des schuldigen Halters oder Eisenbahnverkehrsunternehmens aus dem Miet- bzw. Beförderungsvertrag mit dem Absender oder Empfänger oder aus Delikt; im zweiten Fall kommt die eigenständig als Wagenverwender auftretende Werksbahn als Anspruchsberechtigter gemäß Art. 7 CUV in Betracht (vgl. die Parallele bei der Beschädigung des Wagens, Art. 4 Rn. 13).

8    **5. Abweichende Vereinbarungen (§ 2).** Da vor dem Inkrafttreten der CUV die Haftung für Schäden durch **Bahnwagen** nach RIV und RIC ganz anders geregelt war als die Haftung für Schäden durch **Privatwagen** in den Allgemeinen Einstellungsbedingungen AEB (UIC-Merkblätter 433 und 992),[9] war dem § 2 bei seiner Schaffung die Rolle zugedacht, eine Aufrechterhaltung der beiden divergierenden Haftungsordnungen auf vertraglicher Grundlage auch nach dem Inkrafttreten des COTIF 1999 möglich zu machen. Die Entwicklung ist jedoch darüber hinweggegangen: Der umfassende multilaterale Wagenverwendungsvertrag **AVV** übernimmt in seinem Art. 27.1 für alle Wagenarten einheitlich den Haftungsgrundsatz des Art. 7 CUV und spricht in Art. 27.4 – zur aufwandsmindernden Vereinfachung und Beschleunigung der Betriebsabläufe und der Schadensabwicklung – lediglich die **Empfehlung** aus, **Kleinschäden** bis zu einer Höhe von 17.000 Euro je Schadensereignis gegenüber dem verantwortlichen Halter oder Vorverwender wegen der schwierigen Beweisführung gar nicht erst geltend zu machen. Railion Deutschland als größter Verwender fremder Wagen in Deutschland ist dieser Empfehlung bisher allerdings nicht gefolgt.

9    **6. Wegfall etwaiger Haftungsbeschränkungen.** Da Art. 7 bei nachgewiesenem Verschulden des Schädigers eine **unbeschränkte Haftung** für Schäden durch Wagen vorsieht,

---

[8] Zur Haftung des *Absenders* für Schäden, die ein von ihm eingesetzter Privatgüterwagen verursacht, s. *Sanda* ZIntEisenb 1965, 239, 241 ff.
[9] Vgl. *ZA-Bericht 1999* S. 173 f. Ziff. 6 u. 7; ausführlich *Freise* ZIntEisenb 2000, 240, 244 ff.

bedarf es in diesem Fall keiner Vorschrift über den Wegfall von Haftungsbeschränkungen bei qualifiziertem Verschulden. Art. 5 bezieht sich daher von vornherein nur auf Art. 4 mit seinen Beschränkungen der Haftung für Schäden *an* Wagen. Was bei **vertraglichen Beschränkungen** der Haftung für Schäden durch Wagen zu gelten hat, braucht gegenwärtig nicht näher untersucht zu werden, da der **AVV** in dieser Hinsicht nur eine **Empfehlung** ausspricht (oben Rn. 8), die überdies nicht gilt, wenn dem Schädiger Vorsatz oder grobe Fahrlässigkeit zur Last fällt.

## Art. 8. Subrogation

**Sieht der Vertrag über die Verwendung von Wagen vor, dass das Eisenbahnverkehrsunternehmen den Wagen anderen Eisenbahnverkehrsunternehmen zur Verwendung als Beförderungsmittel zur Verfügung stellen darf, so kann das Eisenbahnverkehrsunternehmen mit Zustimmung des Halters mit den anderen Eisenbahnverkehrsunternehmen vereinbaren,**
a) **dass es, vorbehaltlich seiner Rückgriffsrechte, hinsichtlich ihrer Haftung für Verlust und Beschädigung des Wagens oder seiner Bestandteile gegenüber dem Halter an ihre Stelle tritt;**
b) **dass nur der Halter gegenüber den anderen Eisenbahnverkehrsunternehmen für durch den Wagen verursachte Schäden haftet, jedoch nur das Eisenbahnverkehrsunternehmen, das Vertragspartner des Halters ist, zur Geltendmachung der Ansprüche der anderen Eisenbahnverkehrsunternehmen berechtigt ist.**

## Art. 8. Subrogation

Lorsque le contrat d'utilisation de véhicules prévoit que l'entreprise de transport ferroviaire peut confier le véhicule à d'autres entreprises de transport ferroviaire pour utilisation en tant que moyen de transport, l'entreprise de transport ferroviaire peut, avec l'accord du détenteur, convenir avec les autres entreprises de transport ferroviaire :
a) que, sous réserve de son droit de recours, elle leur est subrogée en ce qui concerne leur responsabilité, envers le détenteur, en cas de perte ou d'avarie du véhicule ou de ses accessoires;
b) que seul le détenteur est responsable, envers les autres entreprises de transport ferroviaire, des dommages causés par le véhicule, mais que seule l'entreprise de transport ferroviaire qui est le partenaire contractuel du détenteur est autorisée à faire valoir les droits des autres entreprises de transport ferroviaire.

## Erläuterung

Die Vorschrift soll die Möglichkeit schaffen, auch bei dem Zusammentreffen und der 1 Hintereinanderschaltung einer Vielzahl von **zweiseitigen** Wagenverwendungsverträgen die **Haftungsbeziehungen** zwischen den Beteiligten, insbesondere zwischen dem Halter des beschädigten oder schädigenden Wagens und noch dem letzten Verwender dieses Wagens, **einfach** zu gestalten, auch wenn die Vertragsverhältnisse zwischen ihnen außerordentlich kompliziert sind.[1] Die in Art. 8 beschriebenen Vertragsgestaltungen knüpfen an die Regelungen an, die früher ausschließlich für Privatgüterwagen in Art. 12 RIP kraft Gesetzes und in den Allgemeinen Einstellungsbedingungen AEB vertraglich angeordnet waren.[2] Der **AVV** als multilateraler Wagenverwendungsvertrag mit mehreren hundert teilnehmenden Wagenhaltern und fremde Wagen verwendenden Eisenbahnverkehrsunterneh-

---

[1] Vgl. *Denkschrift* COTIF 1999 S. 212.
[2] *ZA-Bericht 1999* S. 175 Ziff. 5.

men macht die in Art. 8 CUV beschriebenen Vertragskonstruktionen entbehrlich, da nach dem AVV alle teilnehmenden Wagenhalter mit allen teilnehmenden Eisenbahnverkehrsunternehmen, die ihre Wagen verwenden (und diese Eisenbahnverkehrsunternehmen auch untereinander), vertragliche Beziehungen haben. Die im RIP und im früheren Merkblatt 433 vorgesehene besondere Rechts- und Pflichtenstellung der einstellenden Bahn gegenüber den anderen einen Privatgüterwagen verwendenden Bahnen, die auch in Art. 8 wieder aufscheint, ist heute, nach der Liberalisierung des Eisenbahnsektors und der Schaffung von Wettbewerb zwischen den Eisenbahnverkehrsunternehmen, wettbewerbsrechtlich nicht mehr haltbar, so dass nicht anzunehmen ist, dass Art. 8 CUV jemals angewendet wird und praktische Bedeutung erlangt.

### Art. 9. Haftung für Bedienstete und andere Personen

**§ 1. Die Parteien des Vertrages haften für ihre Bediensteten und für andere Personen, deren sie sich zur Erfüllung des Vertrages bedienen, soweit diese Bediensteten und anderen Personen in Ausübung ihrer Verrichtungen handeln.**

**§ 2. Haben die Parteien des Vertrages nichts anderes vereinbart, so gelten die Betreiber der Eisenbahninfrastruktur, auf der das Eisenbahnverkehrsunternehmen den Wagen als Beförderungsmittel verwendet, als Personen, deren sich das Eisenbahnverkehrsunternehmen bedient.**

**§ 3. Die §§ 1 und 2 gelten auch bei Subrogation nach Artikel 8.**

### Art. 9. Responsabilité pour les agents et autres personnes

§ 1. Les parties au contrat sont responsables de leurs agents et des autres personnes au service desquelles elles recourent pour l'exécution du contrat, lorsque ces agents ou ces autres personnes agissent dans l'exercice de leurs fonctions.

§ 2. Sauf convention contraire entre les parties au contrat, les gestionnaires de l'infrastructure, sur laquelle l'entreprise de transport ferroviaire utilise le véhicule en tant que moyen de transport, sont considérés comme des personnes au service desquelles l'entreprise de transport ferroviaire recourt.

§ 3. Les §§ 1 et 2 s'appliquent également en cas de subrogation conformément à l'article 8.

### I. Normzweck

1    Die Vorschrift wiederholt für das Wagenverwendungsrecht den allgemeinen Grundsatz des Transportrechts, dass auch für Bedienstete und Erfüllungsgehilfen zu haften ist.

### II. Einzelheiten

2    **1. Haftung für Andere. § 1** entspricht den Art. 40 CIM, 51 CIV und 18 CUI. Während die Regelungen in CIV und CIM nur für *eine* Vertragspartei gelten, nämlich den *Beförderer* (nicht den Absender bzw. den Reisenden), erfassen die Art. 9 CUV und 18 CUI jeweils **beide Vertragsparteien,** die CUV also sowohl das **verwendende Eisenbahnverkehrsunternehmen** als auch den **Wagenhalter** und etwaige **Vorverwender** des zur Verfügung gestellten Wagens. Mit dieser – letztlich nur klarstellenden – Ausweitung des Anwendungsbereichs auf die Bediensteten und Erfüllungsgehilfen beider Vertragsparteien wird den wirtschaftlichen Verhältnissen bei der Wagenverwendung und der Infrastrukturnutzung Rechnung getragen, bei der sich jeweils vergleichbar strukturierte und arbeitsteilig gegliederte Wirtschaftssubjekte gegenüberstehen: bei der Wagenverwendung zB Wagenvermietgesellschaften oder Großversender von Gütern mit eigenen Güterwagen sowie Eisenbahnverkehrsunternehmen (letztere auf beiden Seiten des Vertrags). Im Übrigen ist

auch unter der CIM davon auszugehen, dass den Absender von Gütern, wenn er ein Wirtschaftsunternehmen mit Bediensteten ist, nach allgemeinen Rechtsgrundsätzen ebenfalls für diese und für seine Erfüllungsgehilfen einzustehen hat.

**2. Infrastrukturbetreiber.** § 2 erklärt auch im Rahmen der Wagenverwendung den **3** Infrastrukturbetreiber zum Erfüllungsgehilfen des einen fremden Wagen verwendenden Eisenbahnverkehrsunternehmens. Anders als Art. 40 CIM und Art. 51 CIV lässt die CUV aber **abweichende Vereinbarungen** der Parteien des Wagenverwendungsvertrags zu. Darin kommt zum Ausdruck, dass auch **Wagenhalter,** die nicht selbst Eisenbahnverkehrsunternehmen sind, **am Eisenbahnbetrieb teilnehmen** (Art. 2 Rn. 7) und wie ihre Vertragspartner, die Eisenbahnverkehrsunternehmen, von der Zerlegung der Eisenbahn in Infrastrukturbetrieb und Verkehrsabwicklung betroffen sind – jedenfalls unmittelbarer als etwa Güterversender oder Reisende. Es wäre also auch in Betracht gekommen, im Verhältnis Wagenhalter und verwendende Eisenbahnverkehrsunternehmen den Infrastrukturbetreiber als **außenstehenden Dritten** zu behandeln.[1]

Der **AVV** enthält **keine abweichende Vereinbarung** gegenüber Art. 9 CUV, sondern **4** schweigt zur Rolle des Infrastrukturbetreibers. Daher bleibt bei Anwendung dieses Vertrags die Regelung des Art. 9 § 2 unverändert. Bei Wagenverwendungen im **internationalen Verkehr** gemäß CIM und CIV gilt der Infrastrukturbetreiber daher als Erfüllungsgehilfe des Eisenbahnverkehrsunternehmens, während im **Binnenverkehr,** auf den die CUV nicht anwendbar ist (vgl. Art. 1), das jeweilige **Landesrecht** zu beachten ist.

**3. § 3.** Da der Subrogation nach Art. 8 angesichts des nahezu flächendeckend geltenden **5** **multilateralen AVV** keine praktische Bedeutung zukommt, findet auch der – ohnehin nur der Klarstellung dienende –[2] Art. 9 § 3 so gut wie keine Anwendung.

## Art. 10. Sonstige Ansprüche

**§ 1. In allen Fällen, auf die diese Einheitlichen Rechtsvorschriften Anwendung finden, kann ein Anspruch auf Schadensersatz wegen Verlust oder Beschädigung des Wagens oder seiner Bestandteile, auf welchem Rechtsgrund der Anspruch auch beruht, gegen das Eisenbahnverkehrsunternehmen, dem der Wagen zur Verwendung als Beförderungsmittel zur Verfügung gestellt worden ist, nur unter den Voraussetzungen und Beschränkungen dieser Einheitlichen Rechtsvorschriften sowie unter denen des Verwendungsvertrages geltend gemacht werden.**

**§ 2. § 1 gilt auch bei Subrogation nach Artikel 8.**

**§ 3. Das gleiche gilt für Ansprüche gegen die Bediensteten und anderen Personen, für die das Eisenbahnverkehrsunternehmen, dem der Wagen zur Verwendung als Beförderungsmittel zur Verfügung gestellt worden ist, haftet.**

## Art. 10. Autres actions

§ 1. Dans tous les cas où les présentes Règles uniformes s'appliquent, toute action en responsabilité pour perte ou avarie du véhicule ou de ses accessoires, à quelque titre que ce soit, ne peut être exercée contre l'entreprise de transport ferroviaire à laquelle le véhicule a été confié pour utilisation en tant que moyen de transport que dans les conditions et limitations de ces Règles uniformes et de celles du contrat d'utilisation.

§ 2. Le § 1 s'applique également en cas de subrogation conformément à l'article 8.

---

[1] Vgl. auch *ZA-Bericht 1999* S. 176 Ziff. 2 (oben).
[2] *ZA-Bericht 1999* S. 176 Ziff. 3 (oben).

§ 3. Il en est de même pour toute action exercée contre les agents et les autres personnes dont répond l'entreprise de transport ferroviaire à laquelle le véhicule a été confié pour utilisation en tant que moyen de transport.

## I. Normzweck

**1**  Art. 10 verhindert, dass bei Verlust oder Beschädigung eines verwendeten Wagens die zugunsten des verwendenden Eisenbahnverkehrsunternehmens in Art. 4 §§ 3 und 4 oder darüber hinaus im Wagenverwendungsvertrag vorgesehenen Haftungsbeschränkungen umgangen werden, indem der Ersatzberechtigte seinen Schadensersatzanspruch auf eine andere, insbesondere außervertragliche Rechtsgrundlage stützt, die zu einem höheren Schadensersatz führen würde.[1] Die Vorschrift nimmt die Art. 41 CIM, 52 CIV und 19 CUI zum Vorbild, geht aber über diese insoweit hinaus, als nicht nur die **gesetzlichen** Haftungsvoraussetzungen und -beschränkungen der CUV als Grenze für die Durchsetzung außervertraglicher Ansprüche genannt werden, sondern auch die Voraussetzungen und Beschränkungen des **Verwendungsvertrags.**

## II. Einzelheiten

**2**  **1. Erfasste Anspruchsteller.** § 1 hindert **nicht nur** den **Vertragspartner** des verwendenden Eisenbahnverkehrsunternehmens, einen über Art. 4 oder die Regelung im Verwendungsvertrag hinausgehenden Schadensersatz geltend zu machen, sondern auch **Dritte,** die am Verwendungsvertrag nicht beteiligt sind, aber mit einer Partei dieses Vertrags in einer wirtschaftlichen Beziehung stehen, die ihrerseits einen **sachlichen Zusammenhang** mit dem Verwendungsvertrag aufweist.[2] Das gilt zB für den **zivilrechtlichen Eigentümer** des Wagens, der mit dem Halter nicht identisch ist (etwa als Leasinggeber), oder für die **Parteien nachfolgender** gesonderter (zweiseitiger) **Verwendungsverträge.** Bei Geltung des **AVV** sind dessen sämtliche Teilnehmer untereinander nicht Dritte, sondern Vertragspartner, so dass ihnen Art. 10 CUV ohne weiteres entgegengehalten werden kann.

**3**  **2. Erfasste Schadensfälle. a) Schäden an verwendeten Wagen.** § 1 erfasst nur die Schadensfälle des Art. 4, da nur dort **gesetzliche Haftungsbeschränkungen** vorgesehen sind. Weitergehende **vertragliche Beschränkungen** der Haftung für Verlust oder Beschädigung eines verwendeten Wagens schränken ebenfalls konkurrierende außervertragliche Ansprüche entsprechend ein. Der **AVV** enthält allerdings in Art. 22 und 23 **vertragliche Haftungserweiterungen** zu Lasten der verwendenden Eisenbahnverkehrsunternehmen (Art. 4 Rn. 15), so dass Art. 10 CUV hinsichtlich vertraglicher Haftungsbeschränkungen nur sehr geringe Bedeutung hat. In der Praxis stellt sich eher die Frage, ob geschädigten **Dritten,** insbesondere dem rechtlichen Eigentümer eines verlorenen oder beschädigten Wagens, bei der Geltendmachung außervertraglicher Ansprüche über Art. 10 die Haftungsbeschränkungen des Art. 4 entgegengehalten werden können oder ob auch die Dritten sich auf die vertraglichen Haftungserweiterungen des AVV berufen können und eine Begrenzung ihrer außervertraglichen Ansprüche nur insoweit hinnehmen müssen, als diese noch über die Ansprüche gemäß AVV hinausgehen. Die Frage dürfte allerdings nur theoretische Bedeutung haben, da die wichtigste Haftungserweiterung des AVV, die Gewährung einer Nutzungsausfallentschädigung, dem Wagenhalter als wirtschaftlichem Nutzer des Wagens zugute kommt, während sein Leasinggeber als rechtlicher Eigentümer des Wagens bei dessen Beschädigung keinen Nutzungsausfallschaden erleidet.

**4**  **b) Schäden durch verwendete Wagen.** Für Schäden, die durch den verwendeten Wagen verursacht werden, enthält Art. 7 eine unbeschränkte Verschuldenshaftung, so dass Art. 10 auf diese Fälle nicht erstreckt zu werden brauchte. **Vertragliche** Beschränkungen der Haftung für Schäden durch den verwendeten Wagen wirken nur gegenüber den Ver-

---

[1] *Denkschrift COTIF 1999* S. 212.
[2] *ZA-Bericht 1999* S. 176 Ziff. 1 (unten).

tragsparteien, können außenstehenden Dritten jedoch nicht entgegengehalten werden.[3] Der **AVV** spricht im Übrigen in seinem Art. 27.4 nur eine **Empfehlung** zur eingeschränkten Geltendmachung von Schadensersatzansprüchen aus, die nicht verbindlich ist, auch wenn ein den Wagen verwendendes Eisenbahnverkehrsunternehmen nach Gutdünken einseitig davon Gebrauch macht.

**3. Subrogation (§ 2).** Da mit dem AVV ein multilateraler Wagenverwendungsvertrag **5** umfassend zur Anwendung kommt, hat die Verweisung auf Art. 8 im Rahmen des Art. 10 ebenso wenig praktische Bedeutung wie im Zusammenhang mit Art. 9.

**4. Bedienstete und Gehilfen.** § 3 entspricht den Regelungen in den Art. 41 § 2 CIM, **6** 52 § 2 CIV und 19 § 3 CUI. Auch Bedienstete und Erfüllungsgehilfen des verwendenden Eisenbahnverkehrsunternehmens können sich daher, wenn sie wegen Verlusts oder Beschädigung des verwendeten Wagens direkt in Anspruch genommen werden, auf den Haftungsausschluss in Art. 4 § 2 und – sofern ihnen nicht qualifiziertes Verschulden iS des Art. 5 zur Last fällt – auf die Haftungsbeschränkungen in Art. 4 §§ 3 und 4 berufen. Die im **AVV** vorgenommenen **vertraglichen Haftungserweiterungen** brauchen sie sich allerdings nicht entgegenhalten zu lassen.

## Art. 11. Gerichtsstand

**§ 1. Ansprüche aus einem auf Grund dieser Einheitlichen Rechtsvorschriften geschlossenen Vertrag können vor den durch Vereinbarung der Parteien des Vertrages bestimmten Gerichten geltend gemacht werden.**

**§ 2.** [1]**Haben die Parteien nichts anderes vereinbart, sind die Gerichte des Mitgliedstaates zuständig, in dem der Beklagte seinen Sitz hat.** [2]**Hat der Beklagte keinen Sitz in einem Mitgliedstaat, sind die Gerichte des Mitgliedstaates zuständig, in dem der Schaden entstanden ist.**

## Art. 11. For

§ 1. Les actions judiciaires nées d'un contrat conclu en vertu des présentes Règles uniformes peuvent être exercées devant la juridiction désignée d'un commun accord entre les parties au contrat.

§ 2. Sauf convention contraire entre les parties, la juridiction compétente est celle de l'Etat membre où le défendeur a son siège. Si le défendeur n'a pas de siège dans un Etat membre, la juridiction compétente est celle de l'Etat membre où le dommage s'est produit.

## Erläuterungen

Die Vorschrift gibt den Parteien des Wagenverwendungsvertrags die Möglichkeit, den **1** Gerichtsstand zu **vereinbaren (§ 1).** Dabei können die Parteien auch Gerichte in **Nichtmitgliedstaaten** der OTIF wählen.[1] Allerdings können die Parteien nur die **Gerichtsbarkeit allgemein** bestimmen, während das im Einzelnen örtlich und sachlich zuständige Gericht nach dem nationalen Recht des gewählten Staates zu ermitteln ist (vgl. Art. 46 CIM Rn. 7). Wenn die Parteien einen Gerichtsstand vereinbart haben, dann **sind** die Ansprüche aus dem Verwendungsvertrag dort geltend zu machen. Das Wort „können" in § 1 ist missverständlich, da den Parteien keine Alternative eröffnet ist, wie sich aus § 2 und einem Vergleich mit dem anders konzipierten Art. 46 § 1 CIM ergibt. Art. 32 **AVV** trifft

---

[3] *Denkschrift COTIF 1999* S. 212 f.; *ZA-Bericht 1999* S. 177 Ziff. 3.
[1] *ZA-Bericht 1999* S. 177.

eine Gerichtsstandsvereinbarung in der Weise, dass die Gerichte am **Sitz des Beklagten** zuständig sind, sofern die Parteien nicht zweiseitig etwas anderes vereinbart haben.

2    Nur wenn die Parteien nichts anderes vereinbart haben, sind nach § 2 die Gerichte des **OTIF-Mitgliedstaats** zuständig, in dem der Beklagte seinen Sitz hat, hilfsweise die Gerichte des **Mitgliedstaats,** in dem der Schaden entstanden ist. Da der AVV eine Gerichtsstandsvereinbarung der Parteien enthält, kommt Art. 11 § 2 CUV nicht zur Anwendung: Nach Art. 32 AVV sind die Gerichte am Sitz des Beklagten auch dann grundsätzlich zuständig, wenn der Beklagte seinen Sitz nicht in einem OTIF-Mitgliedstaat hat.

## Art. 12. Verjährung

**§ 1. Ansprüche nach Artikel 4 und 7 verjähren in drei Jahren.**

**§ 2. Die Verjährung beginnt**

a) **für Ansprüche nach Artikel 4 mit dem Tag, an dem der Verlust oder die Beschädigung des Wagens festgestellt worden ist, oder mit dem Tag, an dem der Berechtigte den Wagen gemäß Artikel 6 § 1 oder § 4 als verloren betrachten darf;**

b) **für Ansprüche nach Artikel 7 mit dem Tag, an dem der Schaden eingetreten ist.**

## Art. 12. Prescription

§ 1. Les actions fondées sur les articles 4 et 7 sont prescrites par trois ans.

§ 2. La prescription court:

a) pour les actions fondées sur l'article 4, du jour où la perte ou l'avarie du véhicule a été constatée ou du jour où l'ayant droit pouvait considérer le véhicule comme perdu conformément à l'article 6, § 1 ou § 4;

b) pour les actions fondées sur l'article 7, du jour où le dommage s'est produit.

### Erläuterungen

1    Die CUV legt eine Verjährungsfrist von **drei Jahren** fest und folgt damit der früheren Regelung für Privatgüterwagen in Art. 12 § 7 RIP. Von einer Verkürzung der Frist auf zwei Jahre, das ist die längste in der CIM (Art. 48) vorgesehene Verjährungsfrist, wurde abgesehen mit der Begründung, dass Ansprüche aus einem Verwendungsvertrag nicht mit Ansprüchen aus einem Beförderungsvertrag vergleichbar seien.[1]

2    Hinsichtlich des **Verjährungsbeginns** unterscheidet § 2 zwischen den Ansprüchen wegen Verlusts oder Beschädigung des verwendeten Wagens und Ansprüchen wegen Schäden, die durch den verwendeten Wagen verursacht worden sind. Wenn zum Verlust des verwendeten Wagens keine zeitliche Feststellung getroffen worden ist, beginnt die Verjährung gemäß § 2 lit. a mit dem Tag, an dem der Berechtigte den Wagen als verloren betrachten darf.

---

[1]   *ZA-Bericht 1999* S. 177 Ziff. 1.

# Anhang

## 5. Allgemeine Beförderungsbedingungen für den internationalen Eisenbahngüterverkehr (ABB-CIM)

– Stand 1.7.2006 –
(künftige Änderungen abrufbar unter www.cit-rail.org/Güterverkehr/Vertragsgrundlagen)

### 1. Definitionen

Für Zwecke dieser Allgemeinen Beförderungsbedingungen (ABB-CIM) bezeichnet der Begriff:

a) „CIM" – die Einheitlichen Rechtsvorschriften für den Vertrag über die internationale Eisenbahnbeförderung von Gütern, Anhang B zum Übereinkommen über den internationalen Eisenbahnverkehr (COTIF 1999),

b) „Beförderer" – den vertraglichen oder den aufeinander folgenden Beförderer,

c) „ausführender Beförderer" – einen Beförderer, der mit dem Absender den Beförderungsvertrag nicht abgeschlossen hat, dem aber der Beförderer gemäß Buchstabe b) die Durchführung der Beförderung auf der Schiene ganz oder teilweise übertragen hat,

d) „Kunde" – den Absender und/oder den Empfänger gemäß Frachtbrief,

e) „Kundenabkommen" – den Vertrag, der zwischen dem Kunden oder einem Dritten einerseits und dem Beförderer andererseits abgeschlossen wird und der eine oder mehrere den Einheitlichen Rechtsvorschriften CIM unterstehende Beförderungen regelt,

f) „CIT" – das Internationale Eisenbahntransportkomitee, ein Verein nach schweizerischem Recht mit Rechtspersönlichkeit und Sitz in Bern, dessen Ziel insbesondere die einheitliche Anwendung und Umsetzung des internationalen Eisenbahnbeförderungsrechts nach Maßgabe des COTIF ist,

g) „Handbuch CIM-Frachtbrief (GLV-CIM)" – das Dokument des CIT, das Anleitungen zur Verwendung des Frachtbriefs enthält; es steht ebenfalls auf der Webseite www.cit-rail.org zur Verfügung.

h) „Kombinierter Verkehr" – den intermodalen Verkehr von intermodalen Transporteinheiten, bei dem der überwiegende Teil der Strecke mit der Eisenbahn, dem Binnen- oder Seeschiff bewältigt und der Vor- oder Nachlauf mit einem anderen Verkehrsträger durchgeführt wird.

### 2. Geltungsbereich

**2.1** Die ABB-CIM regeln das Rechtsverhältnis zwischen Beförderer und Kunde bei Beförderungen, die den Einheitlichen Rechtsvorschriften CIM unterstehen; sie finden ebenfalls im Fall der Erweiterung des Anwendungsbereiches von Artikel 1 CIM und in allen von den Vertragsparteien vereinbarten Fällen Anwendung.

**2.2** Mit Abschluss des Beförderungsvertrages werden die ABB-CIM dessen Bestandteil.

**2.3** Abweichende Vereinbarungen zwischen den Vertragsparteien gehen den ABB-CIM vor.

**2.4** Allgemeine Geschäftsbedingungen des Kunden gelten nur insoweit, als die Vertragsparteien das ausdrücklich vereinbart haben.

### 3. Durchführung der Beförderung

**3.1** Der Beförderer kann die Durchführung der Beförderung ganz oder teilweise einem oder mehreren ausführenden Beförderern übertragen. Vor der Beförderung muss der Beförderer nur auf ausdrücklichen Wunsch des Kunden Angaben zum ausführenden Beförderer machen.

**3.2** Im Fall von Verkehrsbeschränkungen kann die Durchführung der Beförderung ganz oder teilweise eingestellt werden. Diese Verkehrsbeschränkungen werden dem betroffenen Kunden unverzüglich in angemessener schriftlicher Form mitgeteilt.

### 4. Frachtbrief

**4.1** Sofern nichts anderes vereinbart ist, obliegt das Ausfüllen des Frachtbriefes dem Absender.

**4.2** Angaben zur Verwendung des Frachtbriefes enthält das GLV-CIM.

**4.3** Gemäß Artikel 6 § 9 CIM kann der Frachtbrief in elektronischen Datenaufzeichnungen bestehen. Die Einzelheiten der Verwendung eines elektronischen Frachtbriefs werden zwischen den Vertragsparteien in einer besonderen Vereinbarung geregelt. Die dem GLV-CIM entsprechenden Ausdrucke des elektronischen Frachtbriefs werden durch die Vertragsparteien als dem Frachtbrief auf Papier gleichwertig anerkannt.

### 5. Wagenstellung durch den Beförderer

**5.1** Bestellt der Kunde beim Beförderer die Stellung von Wagen, intermodalen Transporteinheiten und Lademitteln, haftet er für die Richtigkeit, die Genauigkeit und die Vollständigkeit seiner Angaben, insbesondere was die Übereinstimmung seiner Bestellung mit der vorgesehenen Beförderung betrifft.

**5.2** Der Beförderer stellt die Wagen, intermodalen Transporteinheiten oder geeigneten Lademittel im Rahmen der vertraglichen Bestimmungen und der verfügbaren Kapazitäten. Das gestellte Material befindet sich in einem technischen Zustand und einem Grad der Sauberkeit, der die vorgesehene Verwendung erlaubt. Der Kunde hat das gestellte Material auf erkennbare Mängel zu überprüfen. Er teilt dem Beförderer alle Mängel unverzüglich mit.

**5.3** Der Kunde verwendet das gestellte Material nur im Rahmen der vorgesehenen Beförderungen.

**5.4** Der Kunde haftet für alle Schäden (Verlust und Beschädigung) am gestellten Material, die durch ihn selbst oder einen durch ihn beauftragten Dritten verursacht wurden.

### 6. Verladen und Entladen

**6.1** Sofern nicht etwas anderes vereinbart ist, obliegt das Verladen des Gutes dem Absender und das Entladen dem Empfänger.

**6.2** Sofern nicht etwas anderes vereinbart ist, umfasst im kombinierten Verkehr die Verlade- und Entladepflicht des Kunden gemäß Punkt 6.1 auch den Umschlag der intermodalen Transporteinheit auf den bzw. vom Wagen.

**6.3** Unter Vorbehalt zwingender gesetzlicher Bestimmungen oder abweichender Vereinbarung gelten für die Wahl des Wagentyps, das Beladen, das Entladen des Gutes und die Rückgabe des Wagens bzw. der intermodalen Transporteinheit die Vorschriften des Beförderers. Der Kunde ist insbesondere verpflichtet, die Wagen bzw. die intermodalen Transporteinheiten in angemessen sauberem Zustand zurückzugeben.

**6.4** Der Absender bringt an gedeckten Wagen die Verschlüsse an, sofern dies im Landesrecht vorgesehen oder zwischen Beförderer und Absender vereinbart wurde.

Der Absender hat an Großcontainern, Wechselbehältern, Sattelaufliegern oder sonstigen dem kombinierten Verkehr dienenden intermodalen Transporteinheiten geschlossener Bauart, die beladen zur Beförderung übergeben werden, die Verschlüsse anzubringen. Für bestimmte Verkehre kann durch eine Vereinbarung zwischen Beförderer und Absender auf den Verschluss verzichtet werden.

**6.5** Sofern hinsichtlich Be- und Entladefristen nichts anderes vereinbart ist, gelten die Vorschriften des Beförderers.

**6.6** Die Ladestelle und die Zufahrtswege sind, soweit diese durch den Kunden verunreinigt wurden, von ihm unverzüglich auf eigene Kosten zu reinigen.

## 7. Verpackung

Der Absender hat das Gut, soweit dessen Natur eine Verpackung erfordert, so zu verpacken, dass es gegen gänzlichen oder teilweisen Verlust und gegen Beschädigung während der Beförderung geschützt ist und weder Personen verletzen noch Betriebsmittel oder andere Güter beschädigen kann. Im Übrigen muss die Verpackung den eventuellen besonderen Verpackungsbestimmungen des Beförderers entsprechen.

## 8. Kosten

**8.1** Die vom Kunden zu zahlenden Kosten umfassen:
a) die Fracht, dh. alle Kosten, mit denen eine Beförderungsleistung oder eine beförderungsnahe Leistung zwischen dem Ort der Übernahme und dem Ort der Ablieferung abgegolten wird;
b) die Nebengebühren, d.h. die Kosten für eine vom Beförderer erbrachte Zusatzleistung;
c) die Zölle, d.h. die Zölle, die Steuern sowie die übrigen von den Zoll- und Verwaltungsbehörden erhobenen Beträge;
d) die sonstigen Kosten, die vom Beförderer aufgrund entsprechender Belege abgerechnet werden.

Das Verzeichnis der gängigen Kosten und deren Codes sind aufgeführt im GLV-CIM.

**8.2** Sofern für die Berechnung der Kosten keine Vereinbarungen bestehen, gelten die Preislisten, Tarife und Bedingungen des Beförderers, der gemäß Beförderungsvertrag die jeweilige Leistung erbringt.

**8.3** Wer welche Kosten übernimmt, wird durch einen Vermerk im Frachtbrief gemäß GLV-CIM bestimmt. Das Kundenabkommen kann die ausschließliche Verwendung dieser Vermerke oder andere Vermerke vorsehen.

Der Beförderer kann vom Kunden Vorauszahlung der Kosten oder sonstige Sicherheiten verlangen.

**8.4** Falls die Frachtberechnung eine Währungsumrechnung erfordert, ist folgender Umrechnungskurs anzuwenden:
– derjenige des Tages der Übernahme des Gutes für Kosten zu Lasten des Absenders
– derjenige des Tages der Bereitstellung des Gutes für Kosten zu Lasten des Empfängers.

## 9. Lieferfristen

**9.1** Falls die Lieferfrist zwischen dem Absender und dem Beförderer vereinbart wurde, gelten die Zuschlagsfristen unter Punkt 9.2 nicht.

**9.2** Für Sendungen, die
a) über Linien mit unterschiedlicher Spurweite,
b) zur See oder auf Binnengewässern,
c) auf einer Straße, wenn keine Schienenverbindung besteht,
befördert werden, wird die Dauer der Zuschlagsfristen zu den Lieferfristen gemäß Artikel 16 CIM nach den vor Ort geltenden, ordnungsgemäß veröffentlichten Vorschriften festgelegt.

**9.3** Im Fall von außergewöhnlichen Umständen, die eine ungewöhnliche Verkehrszunahme oder ungewöhnliche Betriebsschwierigkeiten zur Folge haben, regelt sich die Dauer der Zuschlagsfristen nach den ordnungsgemäß veröffentlichten Mitteilungen des Beförderers oder dessen zuständigen Behörden.

## 10. Nachträgliche Verfügungen und Anweisungen

**10.1** Verfügungen des Absenders zur nachträglichen Änderung des Beförderungsvertrages sind nur zulässig, wenn er im Frachtbrief vermerkt hat: «Empfänger nicht verfügungsberechtigt». Andere Frachtbriefvermerke können insbesondere im Kundenabkommen besonders vereinbart werden.

**10.2** Verfügungen des Kunden (Artikel 18 und 19 CIM) und Anweisungen bei Beförderungs- und Ablieferungshindernissen (Artikel 20, 21 und 22 CIM) sind gemäß GLV-CIM abzufassen sowie in angemessener schriftlicher Form (Brief, Telefax, E-Mail, usw.) zu übermitteln.

*Freise*

Der Kunde muss seinen nachträglichen Verfügungen oder nachträglichen Anweisungen das Frachtbriefdoppel beilegen. Bei Beförderungshindernissen ist das Frachtbriefdoppel nur beizulegen, falls der Kunde den Empfänger oder den Ablieferungsort ändert.

**10.3** Um Zeit zu gewinnen, kann der Kunde gleichzeitig den Beförderer und den ausführenden Beförderer benachrichtigen.

**10.4** Im Fall einer Änderung des Beförderungsvertrages, die zur Folge hat, dass eine Beförderung, die außerhalb eines bestimmten Zollgebietes (z.B. Europäische Union) enden sollte, innerhalb dieses Zollgebiets endet oder umgekehrt, kann die Änderung nur mit der vorhergehenden Zustimmung der Zollabgangsstelle ausgeführt werden.

### 11. Übernahme zur Beförderung und Ablieferung

**11.1** Maßgebend für die Übernahme des Gutes zur Beförderung und für die Bedienung des Terminals bzw. der Ladestelle oder des Gleisanschlusses im Versand sind die zwischen dem Absender und dem Beförderer, der gemäß Beförderungsvertrag das Gut zur Beförderung übernimmt, geschlossenen Vereinbarungen. Im Übrigen erfolgt die Übernahme nach den am Übernahmeort geltenden Vorschriften.

**11.2** Maßgebend für die Ablieferung des Gutes und für die Bedienung des Terminals bzw. der Ladestelle oder des Gleisanschlusses im Empfang sind die zwischen dem Empfänger und dem Beförderer, der gemäß Beförderungsvertrag das Gut abliefert, geschlossenen Vereinbarungen. Im Übrigen erfolgt die Ablieferung nach den am Ablieferort geltenden Vorschriften.

### 12. Reklamationen

Reklamationen (Artikel 43 CIM) sind zu begründen. Es sind ihnen alle Belege beizugeben, die nötig sind, um den Anspruch zu beweisen, insbesondere was den Wert des Gutes betrifft.

### 13. Streitfälle

Im Streitfall streben die Vertragsparteien eine gütliche Lösung an; dazu können sie ein Schlichtungs-, Mediations- oder Schiedsverfahren, insbesondere dasjenige, das unter Titel V des COTIF vorgesehen ist, vereinbaren.

### 14. Vertraulichkeit

Wenn im Verlauf der Verhandlungen von einer Partei eine Information als vertraulich gegeben wurde, ist die andere Partei verpflichtet, diese Information nicht offen zu legen oder sie nicht zu anderen Zwecken als denen, zu denen sie gegeben wurde, zu benutzen, unabhängig davon, ob ein Vertrag in der Folge geschlossen wird oder nicht.

## 6. Bestimmungen der DB Schenker Rail AG für den internationalen Eisenbahnverkehr

(Stand 1.7.2007, künftige Änderungen abrufbar unter www.dbschenker.com/de/rail/alb)

### 1. Geltungsbereich Vertragsgrundlagen

1.1 Für Beförderungsverträge mit der DB Schenker Rail AG (DB Schenker Rail) im grenzüberschreitenden Eisenbahngüterverkehr gelten die „Einheitlichen Rechtsvorschriften für den Vertrag über die internationale Eisenbahnbeförderung von Gütern (CIM)" und die „Allgemeine Beförderungsbedingungen für den internationalen Eisenbahngüterverkehr – ABB-CIM" (siehe Anlage), sofern die folgenden Bestimmungen keine abweichenden Regelungen enthalten oder soweit nicht zwingendes Recht entgegensteht.

1.2.1 Ein Güterwagen kann je nach Vereinbarung als Beförderungsgut (Güterbeförderungsvertrag) oder als Beförderungsmittel (Wagenverwendungsvertrag) befördert werden. Für die Verwendung eines Wagens als Beförderungsmittel durch DB Schenker Rail, insbesondere für die Beförderung im Rahmen eines Wagenverwendungsvertrags, gelten die Bestimmungen des „Allgemeiner Vertrag über die Verwendung von Güterwagen (AVV)", soweit die „Preise und Konditionen der DB Schenker Rail AG, Bestimmungen für Privatgüterwagen/Wagen anderer Halter (PKL-Güterwagenverwendung)" keine Abweichungen enthalten. Die jeweils gültige Fassung des AVV und der „PKL-Güterwagenverwendung" sind im Internet unter „www.dbschenker.com/de/rail/alb" abrufbar.

1.2.2 Der Transportkunde bzw. das übergebende Eisenbahnverkehrsunternehmen (EVU) sichert zu, DB Schenker Rail nur Wagen zu übergeben, deren Halter dem AVV beigetreten sind oder DB Schenker Rail so zu stellen, als handele es sich um derartige Wagen. Satz 1 gilt nicht, wenn vereinbart ist, dass DB Schenker Rail den Wagen für den Transport als Beförderungsmittel zur Verfügung stellt oder der übergebene Wagen selbst als Beförderungsgut auf eigenen Rädern befördert werden soll.

1.3 Im Rahmen ihres Geltungsbereichs werden die im besonderen Verzeichnis der Länderverbindungen (siehe www.dbschenker.com/de/rail/alb) aufgeführten jeweils gültigen internationalen Tarife angewendet.

1.4 Sofern die in den Ziffern 1.1 bis 1.3 genannten Bedingungen keine Regelungen enthalten oder auf die Vorschriften bzw. Bedingungen des Beförderers verweisen, gelten die für den Inlandsverkehr gültigen Geschäftsbedingungen/Tarife/Preislisten desjenigen Beförderers, der nach dem Beförderungsvertrag für den jeweiligen Streckenabschnitt zuständig ist. Für die DB Schenker Rail sind das die „Allgemeinen Leistungsbedingungen (ALB) der DB Schenker Rail AG" (siehe www.dbschenker.com/de/rail/alb).

1.5 Die Konditionen des Kundenabkommens gelten für den einzelnen Beförderungsvertrag vorrangig.

1.6 In der aufeinanderfolgenden Beförderung ist der erste Beförderer der vertragliche Beförderer im Sinne des Art. 3 CIM. Wenn in den Bedingungen und Tarifen von „Beförderer" gesprochen wird, ist ausschließlich der vertragliche oder der aufeinanderfolgende Beförderer gemeint.

### 2. Transportauftrag, Verfügungsrecht

2.1 Für Sendungen mit Übernahmeort in Deutschland erstellt DB Schenker Rail den CIM-Frachtbrief bzw. den CUV-Wagenbrief und füllt ihn im Auftrag des Kunden aus. Grundlage ist ein vom Kunden zu erteilender Transportauftrag. Der Transportauftrag muss die für den CIM-Frachtbrief bzw. den CUV-Wagenbrief erforderlichen Angaben enthalten. Sofern nicht anders vereinbart, ist der Transportauftrag dem Kundenservice der DB Schenker Rail schriftlich zu erteilen, so dass er spätestens zwei Stunden vor der Abholung des Güterwagens dort eingegangen ist.

**2.2** Für das Ausfüllen des Transportauftrags/CIM-Frachtbriefs mit den gemäß Vereinbarung einzutragenden Daten gilt Anlage 2 des „Handbuch CIM-Frachtbrief (GLV-CIM)", für den Transportauftrag/CUV-Wagenbrief in Anlage 1 des „Handbuch CUV-Wagenbrief GLW-CUV)". Die beiden Handbücher sind einsehbar unter www.dbschenker.com/de/rail/alb.

**2.3** Sofern der Kunde nach Vereinbarung den CIM-Frachtbrief bzw. CUV-Wagenbrief selbst ausfüllt, ist das fünfteilige Formular gemäß Anlage 4 des „Handbuch CIM-Frachtbrief (GLV-CIM)" bzw. Anlage 3a des „Handbuch CUV-Wagenbrief (GLW-CUV)" zu verwenden.

**2.4** Für den CIM-Beförderungsvertrag gilt bezüglich des Verfügungsrechts folgende Regelung: Wenn der Absender keine andere mit DB Schenker Rail vereinbarte Weisung zur Angabe des Verfügungsrechts im CIM-Frachtbrief erteilt, gilt dies als Auftrag an DB Schenker Rail, in den Frachtbrief einzutragen: *„Absender alleine verfügungsberechtigt, bis die Sendung Versandland gemäß Feld 16 bzw. Feld 56 des CIM-Frachtbriefs verlassen hat."*

Versandland in diesem Sinne ist das Land, in dem die Beförderung laut CIM-Frachtbrief beginnt. Hiervon abweichende Angaben im CIM-Frachtbrief zum Verfügungsrecht hat der Absender schriftlich zu beauftragen.

**2.5** Bei Übernahmeort außerhalb Deutschlands richten sich Erstellen, Ausfüllen und Übergabe des CIM-Frachtbriefs bzw. des CUV-Wagenbriefs nach den Bedingungen des jeweiligen ersten Beförderers.

**2.6** Der Kunde haftet für seine Eintragungen im Transportauftrag/CIM-Frachtbrief bzw. Transportauftrag/CUV-Wagenbrief entsprechend Art. 8 CIM.

### 3. Ungereinigte leere Umschließungsmittel

**3.1** Für die Rückgabe ungereinigter leerer Umschließungsmittel gemäß RID, wie insbesondere Kesselwagen und Tankcontainer, die Rückstände gefährlicher Güter enthalten und die nicht zugleich mit Transportauftrag/CIM-Frachtbrief bzw. Transportauftrag/CUV-Wagenbrief übergeben werden, hat der Empfänger des Lastlaufs dem Beförderer für jedes Umschließungsmittel eine schriftliche Erklärung nach Punkt 15 des GLV CIM abzugeben.

**3.2** Die Erklärung nach Ziffer 3.1 erstellt DB Schenker Rail im Auftrag des Empfängers, wenn der vorangegangene Lastlauf in Deutschland endete. Dazu sind vom Empfänger folgende Angaben an DB Schenker Rail zu übermitteln:
– Absender (Empfänger des Volltransports),
– Wagennummer bzw. Bezeichnung des Umschließungsmittels,
– die für das ungereinigte leere Umschließungsmittel vorgeschriebenen Angaben gemäß RID.

### 4. Sprachenregelung

**4.1** Angaben im Transportauftrag bzw. Eintragungen des Absenders im CIM-Frachtbrief oder CUV-Wagenbrief, nachträgliche Verfügungen und Weisungen, Mitteilungen und Reklamationen an DB Schenker Rail sind in deutscher Sprache abzufassen bzw. ist eine deutsche Übersetzung beizugeben.

**4.2** Zu nachträglichen Verfügungen und zu Weisungen bei Ablieferungs- oder Beförderungshindernissen ist außerdem eine Übersetzung in einer der amtlichen Landessprachen desjenigen Beförderers beizugeben, der die Verfügung/Weisung ausführen soll.

### 5. Nachnahme, Wertangaben, Interesse an der Lieferung

Die Angabe der Nachnahme, die Wertangabe für das Gut (Art. 34 CIM) oder die Angabe des Interesses an der Lieferung (Art. 35 CIM) im Transportauftrag/CIM-Frachtbrief sind nicht zugelassen.

## 6. Verladerichtlinien

Es gelten die Verladerichtlinien des Beförderers, insbesondere die UIC-Verladerichtlinien. Sie sind in den „Verladerichtlinien der DB Schenker Rail AG" eingearbeitet.

## 7. Zahlungsvermerke, Zahlung der Kosten

**7.1** Zur Fracht zählen ausschließlich die Kosten der direkt mit der Beförderung in Zusammenhang stehenden Leistungen, die in Teil A des „Verzeichnis der Kosten" aufgeführt sind (Anlage 3 des Handbuch CIM-Frachtbrief [GLV-CIM]).

**7.2** Wenn kein Zahlungsvermerk vereinbart und im Transportauftrag/CIM-Frachtbrief bzw. Transportauftrag/CUV-Wagenbrief vermerkt ist, werden die Kosten vom Absender getragen. Im CIM-Frachtbrief bzw. CUV-Wagenbrief wird dann der Zahlungsvermerk „*DDP*" bzw. „*Franko aller Kosten*" eingetragen. Die Bedeutung dieses und der anderen gängigen Zahlungsvermerke enthält die spezielle Übersicht „Vermerke über die Zahlung der Kosten" im Handbuch CIM-Frachtbrief (GLV-CIM) bzw. Handbuch CUV-Wagenbrief (GLV-CUV).

## 8. Lieferfristvereinbarung

**8.1** Die Lieferfrist für die Güterbeförderung beträgt 12 Stunden Abfertigungsfrist zuzüglich einer Beförderungsfrist von 24 Stunden je angefangene 400 km gemäß dem „Einheitlichen Entfernungszeiger für den internationalen Güterverkehr DIUM" der UIC (Tfv. Nr. 8700). Die Lieferfrist beginnt mit der Annahme des Gutes. Sie ruht an Samstagen, Sonntagen und gesetzlichen Feiertagen. Die Lieferfrist verlängert sich um die Dauer des Aufenthalts, der ohne Verschulden des Beförderers verursacht wird. Würde die Lieferfrist zu einem Zeitpunkt außerhalb der für die Ablieferstelle geltenden Bedienungszeiten des Bestimmungsbahnhofs enden, so endet sie mit der vereinbarten bzw. für die Ablieferstelle geltenden nächstfolgenden Bedienung. Für die Zuschlagfristen gelten die Ziffern 9.2 und 9.3 der ABB-CIM.

**8.2** Über die gültigen internationalen Tarife oder Kundenabkommen können von Ziffer 8.1 abweichende Lieferfristen gelten.

**8.3** Dem Kunden mitgeteilte Fahrpläne und Beförderungspläne sind keine Lieferfristvereinbarungen.

**8.4** Die im Wagenverwendungsvertrag mit DB Schenker Rail geltenden Beförderungsfristen sind in den „Preise und Konditionen der DB Schenker Rail AG, Bestimmungen für Privatgüterwagen/Wagen anderer Halter (PKL-Güterwagenverwendung)" geregelt.

## 7. Allgemeiner Vertrag für die Verwendung von Güterwagen
## – AVV –

(Ausgabe vom 1.1.2013 – ohne Anlagen –; künftige Änderungen abrufbar unter www.gcubureau.org)

### Präambel

Die Verwendung von Güterwagen als Beförderungsmittel durch Eisenbahnverkehrsunternehmen (EVU) erfordert die Schaffung von Vertragsbestimmungen, die die Rechte und Pflichten der Vertragspartner festlegen.

Zum Zwecke der Steigerung der Effizienz und der Wettbewerbsfähigkeit des Schienengüterverkehrs vereinbaren die in der Anlage 1 genannten Halter und EVU die Anwendung der Bestimmungen des nachstehenden

ALLGEMEINEN VERTRAGES FÜR DIE VERWENDUNG VON GÜTERWAGEN (AVV)

## Kapitel I. Gegenstand, Anwendungsbereich, Kündigung, Weiterentwicklung des Vertrages, Ausscheiden als Vertragspartei

### Art. 1. Gegenstand

**1.1** Dieser Vertrag einschließlich seiner Anlagen regelt die Bedingungen der Überlassung von Güterwagen zur Verwendung als Beförderungsmittel durch EVU in nationalen und internationalen Eisenbahngüterverkehren im Anwendungsbereich des geltenden COTIF.

Die kommerziellen Bedingungen der Wagenverwendung sind nicht Gegenstand dieses Vertrages.

**1.2** Die Bestimmungen dieses Vertrages gelten zwischen Haltern von Wagen und EVU als Wagenverwendern.

**1.3** Die Verwendung umfasst den Lastlauf und den Leerlauf sowie die Fälle, in denen sich der Wagen im Gewahrsam eines vertraglichen EVU befindet.

**1.4** Die Verwendung und der Gewahrsam beginnen mit der Übernahme des Wagens durch das EVU und enden mit der Übergabe des Wagens an den Halter oder an einen sonstigen Berechtigten, z.B. ein anderes vertragliches EVU, an den vertraglichen Empfänger des beförderten Gutes oder an einen zur Entgegennahme des Wagens berechtigten Gleisanschließer.

### Art. 2. Anwendungsbereich

**2.1** Der Vertrag geht im internationalen Eisenbahnverkehr den Einheitlichen Rechtsvorschriften CUV (Anhang D COTIF 1999) und in nationalen Eisenbahnverkehren den gegebenenfalls anwendbaren nationalen Vorschriften vor, soweit dies jeweils zulässig ist.

**2.2** Ein Beitritt wird zum ersten Tag des nächsten Monats wirksam, wenn die Beitrittserklärung dem AVV-Büro mindestens zwei Wochen vorher zugegangen ist.

**2.3** Die Bestimmungen dieses multilateralen Vertrags gelten zwischen den Vertragsparteien, soweit sie untereinander nichts anderes vereinbart haben.

**2.4** Das AVV-Büro erstellt ein Verzeichnis der Vertragsparteien (Anlage 1 auf der Webseite www.gcubureau.org) und aktualisiert es monatlich, jeweils zum 01. des betreffenden Monats.

## Art. 3. Kündigung

**3.1.** Jede Vertragspartei kann ihre Teilnahme an dem Vertrag durch schriftliche Erklärung gegenüber dem AVV-Büro mit einer Frist von mindestens sechs Monaten zum Ende eines Kalenderjahres kündigen. Das AVV-Büro veröffentlicht eine eingegangene Kündigung und das Datum ihres Wirksamwerdens für die Vertragsparteien der Liste aus Artikel 2.4, die monatlich vom AVV-Büro herausgegeben wird.

**3.2** Darüber hinaus kann jede Vertragspartei, die einem Antrag auf Änderung des Vertrages widersprochen hat, mit einer Frist von sechs Wochen seit Annahme des Änderungsantrages durch die Mehrheit der Vertragsparteien durch schriftliche Erklärung gegenüber dem AVV-Büro ihre Teilnahme an dem Vertrag mit Wirkung zum Inkrafttreten der Änderung kündigen.

## Art. 4. Weiterentwicklung des Vertrages

Die Vertragsparteien des AVV geben sich zur Weiterentwicklung des Vertrages eine Geschäftsordnung (Anlage 8). Das AVV-Büro erhält die redaktionelle und koordinierende Aufgabe der Weiterentwicklung des AVV-Vertrages.

## Art. 5. Ausscheiden als Vertragspartei

Wenn eine Vertragspartei mit der Bezahlung der nach Anlage 8, Abschnitt I Ziffer 12, auf sie entfallenden Vorauszahlungen und Kosten des AVV-Büros mit einem Betrag von mehr als 100 EUR trotz Zahlungsaufforderung länger als sechs Monate im Rückstand ist und nach einer erneuten Zahlungsaufforderung den ausstehenden Betrag nicht binnen zwei Monaten nach Absendung dieser Aufforderung ausgleicht, wird ihr Ausscheiden aus dem Kreis der Vertragsparteien im monatlichen Verzeichnis gemäß Art. 2.4 bekannt gegeben. Damit ist sie Dritter im Sinne der Art. 16 und 17. Das AVV-Büro veröffentlicht eine eingegangene Kündigung und das Datum ihres Wirksamwerdens für die Vertragsparteien der Liste aus Artikel 2.4, die monatlich vom AVV-Büro herausgegeben wird. Damit ist sie Dritter im Sinne der Artikel 16 und 17.

## Art. 6. bleibt frei

# Kapitel II. Pflichten und Rechte des Halters

## Art. 7. Technische Zulassung und Instandhaltung der Wagen

**7.1** Der Halter hat dafür zu sorgen, dass seine Wagen nach den geltenden europäischen Vorschriften technisch zugelassen sind und während ihrer Einsatzzeit technisch zugelassen bleiben.

**7.2** Der Halter hat den verwendenden EVU auf Verlangen den Nachweis zu erbringen, dass die Instandhaltung seiner Wagen den geltenden Regelwerken entspricht. Für Zwecke dieses Vertrages und gegenüber den übrigen Vertragsparteien wird der Halter eines Wagens als die für die Instandhaltung des Wagens zuständige Stelle angesehen und hat deren Verantwortlichkeiten.

**7.3** Der Halter ermächtigt die EVU, alle erforderlichen Kontrollen, insbesondere die in Anlage 9 vorgesehenen, an seinen Wagen vorzunehmen.

**7.4** Der Halter muss rechtzeitig vor dem Einsatz neuer oder umgebauter Güterwagen/ Komponenten an Güterwagen den betroffenen Verwendern die für den sicheren Eisenbahnbetrieb nötigen Informationen in elektronischer Form bereitstellen. Diese Informationen umfassen die technischen Daten des Wagens, die Kurzbeschreibung von allfälligen Handlungsanweisungen für den Technischen Wagendienst und den Betrieb. Nötig sind die Informationen immer dann, wenn die Güterwagen/Komponenten nicht der Anlage 9 AVV entsprechen.

### Art. 8. Wagenanschriften. Identifizierung der Wagen

Unbeschadet der geltenden Vorschriften tragen die Wagen folgende Anschriften:
– die Angabe des Halters
– die Anschriften und Zeichen an Güterwagen gemäß Anlage 11
– gegebenenfalls den Heimatbahnhof oder eine geographische Zone.

### Art. 9. Zugriffsrecht des Halters

9.1 Der Halter hat das Zugriffsrecht auf seine Wagen. Der Halter kann im Rahmen dieses Vertrages durch von ihm hierzu befugte Dritte handeln. Im Zweifel gehen die Anweisungen des Halters jeder Anweisung eines Dritten vor, der behauptet, vom Halter hierzu befugt zu sein.

9.2 Außer bei Sicherheitserfordernissen ist allein der Halter berechtigt, den EVU Anweisungen für die Verwendung seiner Wagen zu erteilen.

9.3 Der Halter erteilt den EVU rechtzeitig die für die Beförderung leerer Wagen erforderlichen Anweisungen.

9.4 Dem Ersuchen eines Halters, bestimmten vertraglichen oder dritten EVU seine Wagen nicht zu übergeben, ist zu entsprechen.

## Kapitel III. Pflichten und Rechte des EVU

### Art. 10. Übernahme der Wagen

Unter dem Vorbehalt, dass der Halter seine Pflichten gemäß Kapitel II einhält, übernehmen die EVU die Wagen im Rahmen ihres kommerziellen Angebots.

### Art. 11. Zurückweisung der Wagen

Ein EVU kann Wagen zurückweisen, wenn
– eine zuständige Behörde die Übernahme verboten hat
– es dem EVU aus betrieblichen Gründen vorübergehend unmöglich ist, sie zu übernehmen
– außergewöhnliche Umstände, die vom EVU unabhängig sind (insbesondere im Falle höherer Gewalt), ihrer Übernahme vorübergehend entgegenstehen
– der Zustand des Wagens nicht den technischen und Instandhaltungsvorschriften sowie den geltenden Verladerichtlinien entspricht
– andere substanitielle Gründe den sicheren Betrieb der Wagen gefährden können; diese Gründe sind dem Halter mitzuteilen.
Seine eigenen Wagen darf ein EVU nicht zurückweisen, wenn diese leer und lauffähig sind.

### Art. 12. Behandlung der Wagen

Jedes EVU hat die Wagen sorgfältig und pfleglich zu behandeln und die vorgeschriebenen Kontrollen gemäß Anlage 9 vorzunehmen. Es hat insbesondere sicherheitsrelevante Kontrollen in demselben Umfang an allen Wagen, unabhängig von deren Halter, durchzuführen. Die Kosten dieser üblichen Kontrollen werden dem Halter nicht gesondert in Rechnung gestellt.

## Art. 13. Beförderungsfrist der Wagen und Haftung

**13.1** Die Beförderungsfristen für die beladenen Wagen hängen von der Lieferfrist des beförderten Ladeguts ab. Die Beförderungsfristen für die leeren Wagen sind Gegenstand einer Vereinbarung. Fehlt eine solche Vereinbarung, gelten die Fristen des Art. 16 der CIM für Wagenladungen.

**13.2** Das verwendende EVU haftet für Fristüberschreitungen nicht, wenn diese zurückzuführen sind auf:
– ein Verschulden des Halters
– einen Auftrag des Halters, der nicht infolge eines Verschuldens des verwendenden EVU erteilt wurde
– einen Mangel am Wagen oder an der Ladung
– Umstände, welche das verwendende EVU nicht vermeiden und deren Folgen es nicht abwenden konnte
– eine berechtigte Zurückweisung des Wagens oder der Sendung gemäß Artikel 11.

**13.3** Werden diese Fristen überschritten, so kann der Halter von dem verantwortlichen EVU Ersatz für den Nutzungsausfall des Wagens verlangen. Sofern nichts anderes vereinbart ist, ergibt sich die Höhe der Nutzungsausfallentschädigung aus Anlage 6. Diese Entschädigung zusammen mit der Entschädigung wegen Beschädigung nach Art. 23.2 darf den Betrag nicht übersteigen, der im Falle des Verlustes zu tragen wäre. Die Entschädigung wird auf eine nach Artikel 20.3 oder Artikel 23.1 gewährte Verlustentschädigung angerechnet.

## Art. 14. Disposition leerer Wagen

**14.1** Das EVU führt im Rahmen seines kommerziellen Angebots die Anweisungen des Halters für die Beförderung leerer Wagen aus.

**14.2** Für die Beförderung leerer Wagen werden folgende Dokumente nach Anlage 3 verwendet:
– Wagenbrief,
– Frankaturrechnung,
– Nachträgliche Verfügung,
– Benachrichtigung über ein Beförderungshindernis,
– Benachrichtigung über ein Übergabehindernis
Die Behandlungsmodalitäten dieser Dokumente sind in dem vom Internationalen Eisenbahntransportkomitee (CIT) herausgegebenen Handbuch CUV-Wagenbrief (GLW-CUV) enthalten.

**14.3** Hat der Halter nicht spätestens bis zur Rücknahme eines entladenen Wagens durch das EVU Anweisungen erteilt, ist das EVU verpflichtet, den Wagen an seinen Heimatbahnhof oder eine geographische Zone oder an einen im Voraus vereinbarten Bahnhof zurückzusenden.

## Art. 15. Informationen an den Halter

**15.1** Das verwendende EVU liefert dem Halter Informationen, die für den Betrieb und die Instandhaltung der Wagen erforderlich sind.

**15.2** Die EVU liefern den Haltern der von ihnen verwendeten Wagen im Rahmen ihrer jeweiligen Betriebs- und Erfassungssysteme Informationen über die tatsächliche Laufleistung der Wagen.

## Art. 16. Übergabe eines Wagens an Dritte

Das EVU, das einem Dritten einen Wagen ohne Zustimmung des Halters zur Verfügung stellt, haftet dem Halter für daraus entstandene Schäden. Die Haftung des Dritten bleibt unberührt.

## Art. 17. Übernahme von Wagen dritter Halter

Dieser Vertrag gilt auch für Wagen, die nicht dem AVV beigetretenen Haltern gehören und von einem vertraglichen EVU übernommen werden.

In diesem Falle gilt das EVU, das den Wagen übernommen hat, den anderen Vertragsparteien gegenüber als Halter des Wagens.

# Kapitel IV. Feststellung und Behandlung der Schäden am Wagen im Gewahrsam eines EVU

## Art. 18. Schadensfeststellung

**18.1** Wird die Beschädigung eines Wagens oder der Verlust bzw. die Beschädigung von am Wagen angeschriebenen losen Wagenbestandteilen von einem EVU entdeckt oder vermutet oder vom Halter behauptet, so hat das EVU die Art der Beschädigung oder des Verlustes und, soweit möglich, die Ursache des Schadens sowie den Zeitpunkt seines Entstehens unverzüglich und nach Möglichkeit in Gegenwart des Halters in einem Schadensprotokoll (Anlage 4) festzuhalten.

**18.2** Kann der Wagen trotz der Beschädigung bzw. des Verlusts von Teilen weiterhin genutzt werden, so kann auf die Anwesenheit des Halters bei den Feststellungen verzichtet werden.

**18.3** Dem Halter ist unverzüglich eine Kopie des Schadensprotokolls zu übermitteln.

**18.4** Wenn der Halter die Feststellungen im Schadensprotokoll nicht anerkennt, kann er verlangen, dass Art, Ursache und Ausmaß des Schadens von einem durch die Vertragsparteien oder durch ein Gericht bestellten Sachverständigen festgestellt werden. Das Verfahren richtet sich nach dem Recht des Staates, in dem die Feststellung erfolgt.

**18.5** Kann der Wagen aufgrund seiner Beschädigung bzw. des Verlusts von Teilen nicht weiterbefördert oder -verwendet werden, übermittelt das EVU ferner dem Halter unverzüglich zumindest folgende Angaben:
- Wagennummer
- Zustand des Wagens (beladen oder leer)
- Datum und Ort der Aussetzung
- Aussetzungsgrund
- Angabe der bearbeitenden Stelle
- voraussichtliche Dauer der Nichtverfügbarkeit des Wagens (bis zu sechs Werktagen; mehr als sechs Werktage).

## Art. 19. Behandlung der Schäden

**19.1** Das EVU sorgt für die Herstellung der Lauffähigkeit des Wagens nach den Bestimmungen der Anlage 10. Wenn die Kosten den Betrag von 750 EUR[1] übersteigen, ist vorher, außer bei Bremssohlenwechsel oder bei Anwendung von Anlage 13 durch das EVU, die Zustimmung des Halters einzuholen. Äußert sich der Halter nicht innerhalb von 2 Werktagen (ausgenommen Samstage), wird die Reparatur durchgeführt.

[1] Ab dem 1.4.2013 erhöht sich der Betrag auf 850 EUR.

**19.2** Wenn die Reparaturkosten die nach Anlage 5 berechnete Entschädigung überschreiten, gilt der Wagen als wirtschaftlich nicht reparabel.

**19.3** Wenn die Schäden die Lauffähigkeit des Wagens nicht beeinträchtigen, aber seine Verwendung erschweren, kann das EVU Arbeiten zur Wiederherstellung der Verwendungsfähigkeit bis zu einem Höchstbetrag von 750 EUR[2] ohne Zustimmung des Halters ausführen.

Das EVU kann durch Vereinbarung mit dem Halter ermächtigt werden, zusätzliche Arbeiten auszuführen.

**19.4** Nach Beendigung der Instandsetzungsarbeiten und sofern der Halter keine besonderen Anweisungen erteilt hat, sendet das EVU den Wagen an seinen ursprünglich vorgesehenen Bestimmungsbahnhof.

**19.5** In allen Fällen, in denen das EVU die Instandsetzungsarbeiten in Anwendung der Bestimmungen der Anlage 10 oder der Anlage 13 selbst ausführt oder ausführen lässt, muss es dies mit der gebotenen Sorgfalt tun und auf zugelassene Werkstätten und/oder Mitarbeiter zurückgreifen und zugelassene Materialien verwenden. Das EVU muss den Halter über die ausgeführten Arbeiten unterrichten.

**19.6** Das Ersatzteilmanagement ist in Anlage 7 geregelt.

**19.7** Die Kostentragung richtet sich nach Kapitel V.

### Art. 20. Behandlung verlorener Wagen und verlorener loser Bestandteile

**20.1** Ein Wagen gilt als verloren, wenn er dem Halter nicht innerhalb von drei Monaten nach Eingang seines Nachforschungsverlangens bei dem EVU, dem er den Wagen zur Verfügung gestellt hat, bereitgestellt wird oder wenn er keinen Hinweis auf den Standort des Wagens erhält. Diese Frist verlängert sich um die Dauer der Stilllegung des Wagens, die durch einen vom EVU nicht zu vertretenden Umstand oder durch Beschädigung entstanden ist.

**20.2** Ein am Wagen angeschriebenes, loses Bestandteil gilt als verloren, wenn es nicht mit dem Wagen zurückgegeben wird.

**20.3** Ist ein EVU haftbar, zahlt es dem Halter
– für einen verlorenen Wagen eine Entschädigung, die sich gemäß Anlage 5 berechnet
– für verlorene Bestandteile eine Entschädigung in Höhe ihres Wertes.

**20.4** Der Halter kann bei Empfang der Entschädigung schriftlich verlangen, dass er unverzüglich benachrichtigt wird, wenn der Wagen (oder das Bestandteil) wieder aufgefunden wird. In diesem Fall kann der Halter innerhalb von sechs Monaten nach seiner Benachrichtigung verlangen, dass ihm der Wagen (oder das Bestandteil) gegen Rückzahlung der Entschädigung übergeben wird. Der Zeitraum zwischen der Zahlung der Entschädigung für den Verlust des Wagens und deren Rückerstattung durch den Halter gibt kein Anrecht auf Zahlung einer Entschädigung für Nutzungsausfall.

### Art. 21. Behandlung der Drehgestelle

Die Bestimmungen dieses Kapitels gelten entsprechend für die Behandlung der Drehgestelle.

## Kapitel V. Haftung bei Verlust oder Beschädigung eines Wagens

### Art. 22. Haftung des verwendenden EVU

**22.1** Das EVU, in dessen Gewahrsam sich ein Wagen befindet, haftet dem Halter für den Schaden, der durch Verlust oder Beschädigung des Wagens oder seiner Bestandteile

---

[2] Ab dem 1.4.2013 erhöht sich der Betrag auf 850 EUR.

entstanden ist, sofern es nicht beweist, dass der Schaden nicht durch sein Verschulden verursacht worden ist.

**22.2** Ein Verschulden des EVU liegt insbesondere dann nicht vor, wenn es beweist, dass einer der folgenden Gründe gegeben ist:
– Umstände, welche das EVU nicht vermeiden und deren Folgen es nicht abwenden konnte
– Verschulden eines Dritten
– mangelnde Instandhaltung durch den Halter, wenn das EVU nachweist, dass es den Wagen fehlerlos betrieben und überwacht hat
– Verschulden des Halters.
Bei Mitverschulden des EVU wird der Schaden von den Verantwortlichen gemäß ihrem jeweiligen Anteil an der Schadensentstehung getragen.

Ein Halter kann sich nicht auf den versteckten Mangel eines eigenen Wagens berufen, um zu beweisen, dass er den Schaden nicht verschuldet hat.

**22.3** Das EVU haftet nicht
– für Verlust und Beschädigung loser Bestandteile, die an den Wagenlängsseiten nicht angeschrieben sind
– für Verlust und Beschädigung von Zubehör (Abfüllschläuche, Werkzeuge etc.)
sofern ihm nicht Verschulden nachgewiesen wird.

**22.4** Zur Erleichterung der Schadensabwicklung und um dem normalen Verschleiß der Güterwagen, der Qualität ihrer Instandhaltung und ihrer Verwendung durch Dritte Rechnung zu tragen, wird der Schadenskatalog für Güterwagen gemäß Anlage 12 wie folgt angewendet:
– Schäden, die dem Halter zugeordnet sind, werden vom Halter getragen; unabhängig davon ist der Halter berechtigt, bei Schäden, die den Betrag von 850 EUR übersteigen, ein EVU in Regress zu nehmen, wenn er dem EVU ein Verschulden an dem Schaden nachweisen kann,
– Schäden, die den EVU zugeordnet sind und den Betrag von 850 EUR nicht übersteigen, werden vom verwendenden EVU getragen,
– Schäden, die den EVU zugeordnet sind und den Betrag von 850 EUR[1] übersteigen, werden nach Artikel 22.1 abgewickelt.

## Art. 23. Höhe der Entschädigung

**23.1** Bei Verlust des Wagens oder seiner Bestandteile wird die Höhe der Entschädigung nach Anlage 5 berechnet.

**23.2** Bei Beschädigung des Wagens oder seiner Bestandteile ist die Entschädigung auf die Instandsetzungskosten beschränkt. Ersatz für den Nutzungsausfall wird nach Art. 13.3 gewährt. Werden für Instandsetzungsarbeiten Ersatzteile beim Halter angefordert, so wird der Nutzungsausfall zwischen dem Tag der Anforderung und dem Tag des Eintreffens der Teile unterbrochen. Die Entschädigung übersteigt nicht den Betrag, der im Falle des Verlustes zu zahlen wäre.

## Art. 24. Haftung von Vorverwendern

**24.1** Ist das EVU, in dessen Gewahrsam sich der Wagen befindet, von der Haftung frei, so haftet dem Halter für Beschädigung des Wagens sowie für Verlust oder Beschädigung von Bestandteilen jeder Vorverwender in der letzten noch nicht abgeschlossenen Verwendungskette (Lastlauf oder Leerlauf) nach Art. 22, wenn die ihm in der Verwendungskette nachgefolgten EVU sich nach Art. 22 entlasten konnten.

---

[1] Ab dem 1.4.2013 erhöht sich der Betrag auf 850 EUR.

**24.2** Ein früherer Vorverwender außerhalb der letzten Verwendungskette haftet dem Halter nur, wenn dieser ihm die Verursachung des Schadens nachweist und er sich nicht nach Art. 22 entlasten kann.

### Art. 25. Schadensminderungspflicht

Bei der Behandlung von Schäden an Wagen werden die Vertragspartner die allgemeinen Grundsätze der Schadensminderungspflicht beachten.

### Art. 26. Schadensregulierung

Das verwendende EVU oder die Werkstatt als sein Erfüllungsgehilfe stellt dem Halter die Kosten für die Instandsetzung des Wagens in Rechnung – ausgenommen jene Kosten, für die das verwendende EVU nach Art. 22 haftet. Wenn der Vorverwender für den Schaden haftet, richtet der Halter an ihn eine Rechnung in Höhe der Instandsetzungskosten, die ihm von dem verwendenden EVU oder der Werkstatt in Rechnung gestellt wurden. Der Halter kann gemäß Artikel 13 Ersatz für den Nutzungsausfall verlangen.

## Kapitel VI. Haftung für Schäden, die durch einen Wagen verursacht werden

### Art. 27. Haftungsprinzip

**27.1** Der Halter oder ein diesem Vertrag unterliegender Vorverwender des Wagens haftet für die durch den Wagen verursachten Schäden, sofern ihn ein Verschulden trifft. Der Schuldige stellt das verwendende EVU von Ansprüchen Dritter frei, wenn das verwendende EVU kein Verschulden trifft.
**27.2** Bei Mitverschulden des verwendenden EVU wird die Entschädigung von den Verantwortlichen gemäß ihrem jeweiligen Anteil an der Schadensverursachung getragen.
**27.3** Ist ein Dritter für den Schaden allein oder mitverantwortlich, so werden die Vertragsparteien sich bei der Regulierung des Schadensfalles in erster Linie an den Dritten halten.
**27.4** Zur Vereinfachung und Beschleunigung der Abläufe kann das verwendende EVU von einer Kleinschadenregelung Gebrauch machen und in seinen Allgemeinen Geschäftsbedingungen einen Betrag[1] per Schadenereignis nennen, bis zu dem Schäden nicht gegenüber dem Halter oder dem Vorverwender geltend gemacht werden, auch wenn diese für den Schaden verantwortlich sind. Dies gilt nicht, wenn dem Halter oder Vorverwender Vorsatz oder grobe Fahrlässigkeit zur Last fällt.
**27.5** Ein EVU kann die Mitversicherung von Haltern in seiner Betriebshaftpflichtversicherung ermöglichen.
**27.6** Soweit die Haftung des Halters nicht im Rahmen des Artikels 27.4 und 27.5 gedeckt ist, ist der Halter verpflichtet, eine Haftpflichtversicherung entsprechend den nationalen Gesetzgebungen nachzuweisen.

## Kapitel VII. Haftung für Bedienstete und andere Personen

### Art. 28. Haftungsprinzip

Die Vertragsparteien haften für ihre Bediensteten und für andere Personen, deren sie sich zur Erfüllung des Vertrages bedienen, soweit diese Bediensteten und anderen Personen in Ausübung ihrer Verrichtungen handeln.

---

[1] Den EVU wird empfohlen, diesen Betrag auf 17 000 EUR festzulegen.

# Kapitel VIII. Sonstige Bestimmungen

### Art. 29. Verladerichtlinien

Die EVU sind verpflichtet, dafür zu sorgen, dass Verlader die geltenden UIC-Verlade-richtlinien einhalten.

### Art. 30. Abrechnungen und Zahlungen

Für alle Abrechnungen und Zahlungen ist der EURO (ISO-Kode: EUR) als Währungs-einheit zu verwenden.

### Art. 31. Schadensersatzpflicht

Verletzt eine Vertragspartei schuldhaft eine ihr nach diesem Vertrag obliegende Pflicht, so hat sie einem dadurch geschädigten Vertragspartner den entstandenen unmittelbaren Schaden zu ersetzen.

### Art. 32. Gerichtsstand

Haben die Parteien nichts anderes vereinbart, sind die Gerichte am Sitz des Beklagten zuständig.

### Art. 33. Verjährung

**33.1** Ansprüche nach Kapitel III verjähren in einem Jahr. Ansprüche nach den Kapiteln V und VI verjähren in drei Jahren.
**33.2** Die Verjährung beginnt
a)  für Ansprüche nach Kapitel III mit dem Tag des Ablaufs der vereinbarten oder entspre-chend CIM berechneten Fristen
b)  für Ansprüche nach Kapitel V mit dem Tag, an dem der Verlust oder die Beschädigung festgestellt worden ist, oder mit dem Tag, an dem der Berechtigte den Wagen oder Bestandteile gemäß Artikel 20 als verloren betrachten darf
c)  für Ansprüche nach Kapitel VI mit dem Tag, an dem der Schaden eingetreten ist.

### Art. 34. Sprachen

Der vorliegende Vertrag ist in Englisch, Deutsch und Französisch abgefasst, wobei jede Fassung gleichermaßen verbindlich ist.
Die Korrespondenz zwischen zwei AVV-Parteien mit unterschiedlichen Landessprachen muss in einer der offiziellen AVV-Sprachen erstellt werden. Die Felder des Formulars aus Anlage 4 müssen daher in mindestens einer der drei o.g. Sprachen abgefasst sein, Rechnun-gen können auch in der Landessprache des Ausgabeortes erstellt werden.

### Art. 35. Inkrafttreten

Dieser Vertrag tritt am 01.07.2006 in Kraft.

# 1. Übereinkommen zur Vereinheitlichung bestimmter Vorschriften über die Beförderung im internationalen Luftverkehr vom 28. Mai 1999 (Montrealer Übereinkommen – MÜ)[1]

**Schrifttum:** ICAO-Documentation „Conference for the Unification of Certain Rules for International Carriage by Air", Vol. I: Minutes, Vol. II: Documents, Vol. III: Preparatory Material, Doc 9775-DC/2, Montreal 2002 (CD-ROM * ISBN 92-9194–005–4); Denkschrift zu dem Gesetz zu dem Übereinkommen vom 28. Mai 1999 zur Vereinheitlichung bestimmter Vorschriften über die Beförderung im internationalen Luftverkehr, BR-Drucks. 826/03 vom 7.11.2003 = BT-Drucks. 15/2285 vom 22.12.2003; ABB-Fracht (Allgemeine Beförderungsbedingungen für Fracht der Lufthansa Cargo AG, Stand: Januar 2010, abdruckt unter 1. Teil, Anh. B 5 – S. a.: www.lufthansa-cargo.de). *Adenauer*, Gesundheit und Luftverkehr, FestG Ruhwedel, 2004, S. 1; *Aufner*, Neuerungen im Luftfahrt-Haftpflichtrecht, *(österr.)* ZVR 2002, 328; *Baby*, Le projet de modernisation de la Convention de Varsovie: l'evolution souhaitée des limits de réparation du transporteur aérien résistera-t-elle à la cinquième juridiction, Rev. fr. dr. aérien, 1999, 5; *Basedow*, Der Transportvertrag – Studien zur Privatrechtsangleichung auf regulierten Märkten –, 1987; *ders.*, Hundert Jahre Transportrecht – Vom Scheitern der Kodifikationsidee und ihrer Renaissance, ZHR 1997, 186; *Batra*, International Air Law (Including the Warsaw Convention 1929 and the Montreal Convention 1999), New Delhi, 2003; *ders.*, Modernizing of the Warsaw System – Montreal 1999, Journ.Air.L.Com. 2000, 429; *Bethkenhagen*, Die Entwicklung des Luftrechts bis zum Luftverkehrsgesetz von 1922, 2004; *Böckstiegel*, Rechtsvereinheitlichung durch „International Instruments" unterschiedlicher Rechtsqualität – Der lange Weg vom Warschauer Abkommen 1929 zum Montrealer Übereinkommen 1999, FS Schiedermair, 2001, S. 889; *Boettge*, Das Luftfrachtrecht nach dem Montrealer Übereinkommen, VersR 2005, 908; *Bollweg*, Das Montrealer Übereinkommen: Rückblick – Überblick – Ausblick, ZLW 2000, 439; *ders.*, Die Vorauszahlungspflicht in der Luftverkehrshaftung, FG Ruhwedel, 2004, S. 57; *ders.*, Luftverkehrshaftung im Umbruch, ZGS 2004, 1; *ders.*, 100. Ratifikation des Montrealer Übereinkommens, RRa 2011, 61; *Bollweg/Hellmann*, Das neue Schadensersatzrecht. Einführung – Erläuterungen – Materialien, 2002; *Bollweg/Schnellenbach*, Die Neuordnung der Luftverkehrshaftung, ZEuP 2007, 798; *Braun*, Das frachtrechtliche Leistungsstörungsrecht nach dem Transportrechtsreformgesetz – Eine Untersuchung der frachtrechtlichen Leistungsstörungstatbestände der §§ 407 ff. HGB unter besonderer Berücksichtigung der Bezüge zum Bürgerlichen Recht, Schriftenreihe zum Transportrecht, Bd. 29, 2002; *Bulgherini*, La nuova disciplina del trasporto aereo internazionale: l'impronta multidisciplinare e la dimensione pubblicistica del diritto della navigazione, Dir. Mar. 2000, 3; *Cheng*, The 1999 Montreal Convention on International Carriage by Air, (Part I) ZLW 2000, 287, (Part II) ZLW 2000, 484; *ders.*, The Labyrinth of the Law of International Carriage by Air, ZLW 2001, 155; *ders.*, A New Era in the Law of International Carriage by Air – From Warsaw (1929) to Montreal (1999), Int. Comp.L.Q 53 (2004), 833; *Clarke*, Contracts of Carriage by Air, London 2002; *ders.*, Will the Montreal Convention be able to replace the Warsaw System and what will the changes be?, TranspR 2003, 436; *Combelles*, Accidents aériens, enquêtes, règlements et usage en France, Rev.fr. dr. aérien, 2002, 5; *Delebecque*, La Convention de Montréal du 28 mai 1999 pour l'unification de certaines règles relatives au transport aérien international ou le nouveau droit du transport aérien, J. droit int. (Paris), 2005, 263; *Dempsey/Milde*, International Air Carrier Liability: The Montreal Convention of 1999, Montreal 2005; *Dettling-Ott*, Internationales und schweizerisches Lufttransportrecht, Zürich 1993; *dies.*, Das Übereinkommen von Montreal: Ausgewählte Vorschriften zum neuen Recht, *(schweiz.)* ASDA/SVLR-Bull. 2000, 25; *dies.*, Das Inkrafttreten des Montrealer Übereinkommens in der Schweiz und die neue Lufttransportverordnung, *(schweiz.)* ASDA/SVLR-Bull. 2005, 58; *Diederiks-Verschoor*, An Introduction to Air Law, 8. Aufl., Den Haag 2006; *dies.*, Current Practice and Developments in Air Cargo: Comparison of the Warsaw Convention 1929 and the Montreal Convention 1999, FS Böckstiegel, 2001, S. 26; *dies.*, Transport of Animals by Air, ZLW 2004, 47; *Ehlers*, Montrealer Protokolle Nr. 3 und 4, Warschauer Haftungssystem und neuere Rechtsentwicklung, 1985; *ders.*, Forum non conveniens, FG Ruhwedel, 2004, S. 99; *Fearon*, La nouvelle Convention de Montréal de 1999: une vision américaine, Rev.fr.dr.aérien 1999, 401; *Fitz-Gerald*, The four Montreal Protocols to amend the Warsaw regime governing international carriage by air, Journ.Air.L.Com 1976, 273; *Folliot*, La modernisation du système *Dimbeck*, Der Luftbeförderungsvertrag und seine Haftung nach österreichischem Recht, in: Köln.Kompd.d.LuftR., Bd. 3 („Wirtschaftsrechtliche Aspekte des Luftverkehrs"), 2010, 80; *Eckhardt*, Die Rechtsstellung des Empfängers im Frachtrecht, 1999; *Fröhlich*, Leistungsstörungen im Luftverkehr, 2002; *Gates*, La convention de Montréal de 1999, Rev.fr.dr.aérien 1999, 439; *Giemulla*, Hdb. des

---

[1] ICAO-Doc. 9740; ABl. EG Nr. L 194 vom 18. Juli 2001, S. 38; BGBl. 2004 II S. 457 vom 14. April 2004. S. a.: Bek. über das Inkrafttreten des Übereinkommens zur Vereinheitlichung bestimmter Vorschriften über die Beförderung im internationalen Luftverkehr vom 16. September 2004 (BGBl. II S. 1371) sowie Bek. über das Inkrafttreten des Übereinkommens vom 28. Mai 1999 zur Vereinheitlichung bestimmter Vorschriften über die Beförderung im internationalen Luftverkehr (Montrealer Übereinkommen) und der Artikel 1 und 2 des Gesetzes zur Harmonisierung des Haftungsrechts im Luftverkehr vom 24. Mai 2004 (BGBl. I S. 1027).

Luftverkehrsrechts, 4. Aufl. 2013; *Giemulla/Schmid,* Frankfurter Kommentar zum Luftverkehrsrecht (LoseBlSlg), (FrankfKomm/*Bearbeiter*), 4 Bände, Bd. I 1 – LuftVG, Bd. 3 – Montrealer Übereinkommen; *Giemulla/Schmid,* Die Haftung der „Leute" des Luftfrachtführers, FG Herber, 1999, S. 257; *Giemulla/Schmid/van Schyndel,* Wörterbuch zum Luftverkehrsrecht (Deutsch/Englisch/Französisch/Russisch), 1997; *Giemulla/Schmid/von Elm,* Recht der Luftfahrt, TextSlg., 4. Aufl. 2003; *Götting,* Code-Sharing – Rechtliche Betrachtung einer Kooperationsform im Luftverkehr, Diss. Frankfurt/M. 2003; *Goldhirsch,* The Warsaw Convention Annotated: e Legal Handbook, Dordrecht, 2. Aufl. 2000; *Gonzalez-Lebrero,* Montréal 1999 à une optique espagnole, Rev.fr.dr.aérien 1999, 447; *A. Gran,* Die IATA aus der Sicht deutschen Rechts – Organisation, Agenturverträge und Allgemeine Geschäftsbedingungen, Diss. Frankfurt/M. 1998; *Guerreri,* Liability in Contract and Tort under Aircraft Lease Agreements, Air & Sp.L. 2001, 56; *Guldimann,* Internationales Lufttransportrecht, Zürich 1965; *Haanappel,* Die International Air Transport Association (IATA), in Köln.Kompd.d.LuftR., Bd. 1 („Grundlagen"), 2008, 87; *Hackert,* Die Reichweite der Haftungsbegrenzung bei sonstigem Vermögensschäden gemäß § 433 HGB, Schriftenreihe zum Transportrecht, Bd. 26, 2001; *Harms/Schuler-Harms,* Die Haftung des Luftfrachtführers nach dem Montrealer Übereinkommen, TranspR 2003, 369; *Hayashida,* Jurisdiction in Aviation Cases, ZLW 1993, 250; *Heinoenen,* The Warsaw Convention Jurisdicition and the Internet, Journ.Air.L.Com. 2000, 453; *Helm,* Frachtrecht II: CMR, 2. Aufl. 2002; *Hempel,* Der Luftbeförderungsvertrag nach schweizerischem Recht, in Köln.Kompd.d.LuftR., Bd. 3 („Wirtschaftsrechtliche Aspekte des Luftverkehrs"), 2010, 75; *Hermida,* The New Montral Convention: The International Passenger's Perspective, Air & Sp.L. 2001, 150; *Hobe/von Ruckteschell,* Kölner Kompendium des Luftrechts (Köln.Kompd.d.LuftR.), Bd. 1 („Grundlagen"), 2008; Bd. 2 („Luftverkehr"), 2009; Bd. 3 („Wirtschaftsrechtliche Aspekte des Luftverkehrs"), 2010; *Holding,* Canadian Manual of International Air Carriage, Q. C. 2005; *IATA,* Essential Documents on International Air Carrier Liability, 2. Aufl. 2004 (CD-ROM); *ICAO* (International Civil Aviation Organization), www.icao.int.; *Kadletz,* Haftung und Versicherung im internationalen Lufttransportrecht, 1998; *ders.,* Das neue Montrealer Übereinkommen vom 28.5.1999 über den internationalen Luftbeförderungsvertrag („Neues Warschauer Abkommen"), VersR 2000, 927; *Kasp/Mile,* Air Carrier Liability under the Warsaw Convention, Journ.Air.L.Com. 2001, 1551; *Kehrberger,* Die „faute lourde" des Art. 25 WA/HP, FestG Ruhwedel, 2004, 167; *Kim,* Draft Convention on the Modernization and Consolidation of the Warsaw System decided by the Special Group of ICAO, The Korean Journal of Air and Space Law, 1999, 93 (mit *koreanischer Übersetzung* des Übk); *Kirsch,* Der Luftbeförderungsvertrag, in: Köln.Kompd.d.LuftR., Bd. 3 („Wirtschaftsrechtliche Aspekte des Luftverkehrs"), 2010, 1; *Klußmann/Malik,* Lexikon der Luftfahrt, 2004; *Knöfel,* Der ausführende Frachtführer – eine Rechtsfigur im Schnittpunkt von Transportrecht und allgemeinem Schuldrecht, FestG Herber, 1999, 96; *Koller,* Transportrecht (Komm.), 8. Aufl. 2013; *ders.,* Schadensverhütung und Schadensausgleich bei Güter- und Verspätungsschäden nach dem Montrealer Übereinkommen, TranspR 2004, 228; *Koning,* Aansprakelijkheid in het luchtvervoer – Goederenvervoer onder de verdragen van Warschau en Montreal, Diss. Rotterdam 2007; *dies.,* „Trucking onder Warschau en Montreal", *(niederl.)* NTHR 2004, 93; *Kurth,* Neuordnung des „Warschauer Systems" – Das Montrealer Abkommen" und die „Montrealer Protokolle" Nr. 1, 2 und 4, *(schweiz.)* ASDA/SVLR-Bull. 1999, 6; *Leffers,* Conséquences jurisprudentielles probables de l'évolution du régime de responsabilité du transporteur aérien en Allemagne, Rev.fr.dr.aérien 1999, 457; *Littger/Kirsch,* Die Haftung im internationalen Luftverkehr nach Inkrafttreten des Montrealer Übereinkommens, ZLW 2003, 563; *Mateesco-Matte,* The most recent revision of the Warsaw Convention: the Montreal Protocols of 1975, E. T. L. 1976, 822; *Mauritz,* Current Legal Developments: The International Conference on Air Law, Montreal, May 1999, Air & Sp.L. 1999, 153; *McGilchrist,* Four new Protocols to the Warsaw Convention, LMCLQ 1976, 186; *Mendes/Eyskens,* The Montreal Convention: analysis of some aspects of the attempted modernization and consolidation of the warsaw system, Journ.Air.L.Com. 2001, 1155; *Milde,* Liability in international carriage by air: the new Montreal Convention, Uniform Law Review (UNIDROIT), 4/1999, 835; *ders.,* The Warsaw System of Liability in International Carriage by Air: History, Merits and Flaws … and the New „non-Warsaw" Convention of 28. may 1999, Ann.Air.Sp.L. 1999, 155; *Müller-Rostin,* Das „neue Warschauer Abkommen" im Überblick, TranspR 1999, 291; *ders.,* Diplomatische Konferenz über die Modernisierung des Warschauer Abkommens, ZLW 1999, 324; *ders.,* Die internationale Luftrechtskonferenz von Montreal zur Reform des Warschauer Abkommens (10.– 28. Mai 1999), ZLW 2000, 36; *ders.,* Neuregelungen im internationalen Luftfrachtverkehr: Montrealer Protokoll Nr. 4 und Montrealer Übereinkommen, TranspR 2000, 234; *ders.,* in: Fremuth/Thume, Kommentar zum Transportrecht, 2000, WA; *ders.,* Die Unverbrüchlichkeit der Haftungsgrenzen bei Frachtschäden im Montrealer Protokoll Nr. 4 und im Montrealer Übereinkommen, GS Helm, 2001, S. 227; *ders.,* Redaktionelle Unzulänglichkeiten im Übereinkommen von Montreal von 1999 über den internationalen Luftbeförderungsvertrag, VersR 2001, 683; *ders.,* Der Luftverkehr unter der Geißel des Terrorismus, FG Ruhwedel, 2004, S. 197; *Neumann,* Prozessuale Besonderheiten im Transportrecht, TranspR 2006, 429; *Niehuus,* Die europäische Neuordnung des Warschauer Haftungssystems, 2000; *Paulin,* Présentation de la Convention de Montréal, Rev.fr.dr.aérien, 2004, 260; *Ott,* Die Luftfrachtbeförderung im nationalen und internationalen Bereich, Diss. München 1990; *Pickelmann,* Draft Convention for the Unification of Certain Rules for International Carriage by Air, Journ.AirL.Com. 1998, 273; *Pinto,* Riflessioni sulla nuova Convenzione di Montreal des 1999 sul trasporto aereo, Dir.Mar. 2000, 798; *Pradhan,* The fifth jurisdiction under the Montreal Liability Convention: wandering American or wandering everybody, Journ.AirL.Com. 2003, 717; *Reuschle,* Montrealer Übereinkommen, (Komm.), 2. Aufl. 2011; *Rodriguez,* Recent Developments in Aviation Liability Law, Journ.AirL.Com. 2001, 21; *Röbbert,* Die internationale Luftrechtskonferenz in Montreal vom 3. bis 25. September 1975, ZLW 1976, 5; *Roßmann,* Die Berechtigung zum Schadensersatz für Schäden am Frachtgut nach §§ 421 I, 425 HGB, 2004; *Ruhwedel,* Der Luftbeförderungsvertrag – Ein Grundriss des deutschen und internationalen Rechts der Personen-

und Güterbeförderung auf dem Luftweg, 3. Aufl. 1998; *ders.,* Transportrechtsreformgesetz und Frachtgutbeförderung auf dem Luftweg, TranspR 1999, 369; *ders.,* Das störende Eigentum am Frachtgut, FG Herber, 1999, S. 163; *ders.,* Das „neue" gesetzliche Pfandrecht des Frachtführers, GS Helm, 2001, S. 323; *ders.,* Das Montrealer Übereinkommen zur Vereinheitlichung bestimmter Vorschriften über die Beförderung im internationalen Luftverkehr vom 28.5.1999, TranspR 2001, 189; *ders.,* Haftungsbegrenzungen und deren Durchbrechung im Luftrecht, TranspR 2004, 137; *ders.,* Die „Luftfahrtunternehmen der Gemeinschaft" und das Montrealer Übereinkommen, TranspR 2004, Heft 3 (Sonderbeilage), S. XXXIV; *ders.,* Der „elektronische" Luftfrachtbrief, TranspR 2004, 421; *ders.,* Neue Entwicklungen im Lufttransportrecht vor dem Hintergrund des Inkrafttretens des Montrealer Übereinkommens, TranspR 2006, 421; *ders.,* Der neue „Wert" einer Wertdeklaration im internationalen Luftfrachtrecht, FS Thume, 2008, S. 239; *ders.,* Montrealer Übereinkommen vs. Warschauer System, TranspR 2008, 89; *Ryff,* Das Montrealer Übereinkommen, *(schweiz.)* ASDA/SVLR-Bull. 2000, 8; *Saenger,* Harmonisierung des internationalen Luftprivatrechts, – Vom IATA-Intercarrier Agreement zur Neufassung des Warschauer Abkommens in der Montrealer Konvention –, NJW 2000, 169; *Schäffer,* Der Schutz des zivilen Luftverkehrs vor Terrorismus – Der Beitrag der ICAO, 2007; *Schiller,* De la Convention de Varsovie à la Convention de Montréal: Quelques aspects du nouveau régime de responsabilité sous l'angle du droit suisse, Rev.fr.dr.aérien 1999, 467; *ders.,* Vom Warschauer zum Montrealer Abkommen – Einige Aspekte der neuen Haftungsordnung im Lufttransport, SchwJZ 2000, 184; *Schladebach,* Der Luftbeförderungsvertrag, in: Köln.Kompd.d.LuftR., Bd. 3 („Wirtschaftsrechtliche Aspekte des Luftverkehrs"), 2010, 61; *Schleicher/Reymann/Abraham,* Das Recht der Luftfahrt, Bd. I, 1960; *Schmid,* Die Arbeitsteilung im modernen Luftverkehr und ihr Einfluss auf die Haftung des Luftfrachtführers, Diss. Frankfurt/M. 1983; *ders.,* Neues Haftungsregime für internationale Luftbeförderungen, RRa 1999, 131; *Schmid/Müller-Rostin,* In-Kraft-Treten des Montrealer Übereinkommens von 1999, NJW 2003, 3516; *Schobel,* Die Haftungsbegrenzung des Luftfrachtführers nach dem Warschauer Abkommen, Diss. Erlangen-Nürnberg 1992; *Schönwerth,* Die Auswirkung des Transportrechtsreform-Gesetzes auf das Luftfahrtrecht, FG Ruhwedel, 2004, S. 247; *Schollmeyer,* Die Harmonisierung des Haftungsrechts zwischen Warschau, Montreal und Brüssel, IPRax 2004, 78; *Schwenk/Giemulla,* Handbuch des Luftverkehrsrechts, 3. Aufl. 2005; *Sekiguchi,* The Passenger Liability of the New Deal, But New Wine Must be Put Into Fresh Wineskins, Ann.Air.Sp.L. 1997, 249; *ders.,* The Refinement of the Draft Convention for the Unification of Certain Rules for International Carriage by Air, The Korean Journal of Air an Space Law 1999, 143; *Thume,* Verlust – Zerstörung – Beschädigung, Gedanken zum Güterschaden im Transportrecht, GS Helm, 2001, S. 341; *Tompkins,* Hosaka v. United Airlines, Air & Sp.L. 2003, 54; *Weber,* The Modernization and Consolidation of the Warsaw System on Air Carrier Liability, FS Böckstiegel, 2001, S. 247; *ders.,* International Civil Aviation Organization (ICAO), in: Köln.Kompend.d. LuftR, Bd. 1 („Grundlagen"), 2008, 32; *Weber/Jakob,* The modernization of the Warsaw system: The Montreal Convention of 1999, Air & Sp.L. 1999, 333; *Whalen,* The New Warsaw Convention: The Montreal Convention, Air & Sp.L 2000, 12; *Widmann,* Kommentar zum Transportrecht, 3. Aufl. 1999; *Wiedemann,* Die Haftungsbegrenzung des Warschauer Abkommens, Diss. Frankfurt/M. 1987; *von Ziegler,* Time flies: Die Zeit beim Frachtguttransport im Luftverkehr, *(schweiz.)* ASDA/SVLR-Bull. 2002, 30.

# Einleitung

## Übersicht

| | Rn. | | Rn. |
|---|---|---|---|
| **I. Inhaltliche Schwerpunkte des Montrealer Übereinkommens** | 1–12 | 6. Inkrafttreten des MÜ am 4. November 2003 | 19 |
| 1. Das Montrealer Übereinkommen als neuer völkerrechtlicher Vertrag im internationalen Luftverkehr | 1 | 7. Europäische Mitgliedstaaten des MÜ | 20 |
| | | **III. Montrealer Übereinkommen und Völkerrecht** | 21, 22 |
| 2. Ziel des Übereinkommens | 2 | 1. Ablösung des „Warschauer Systems" durch das MÜ (1) | 21 |
| 3. Regelungsgegenstand | 3–8 | 2. Ablösung des „Warschauer Systems" durch das MÜ (2) | 22 |
| 4. Inkrafttreten | 9 | | |
| 5. Abgelöste Abkommen | 10 | **IV. Montrealer Übereinkommen und EU-Recht** | 23–27 |
| 6. Einheitsrecht | 11 | 1. Vorbildfunktion der VO (EG) Nr. 2027/97 für das MÜ | 23 |
| 7. Originalsprachen | 12 | |  |
| **II. Vorgeschichte des Montrealer Übereinkommens** | 13–20 | 2. „Luftfahrtunternehmen der Gemeinschaft" | 24, 25 |
| 1. Initiative der *ICAO* | 14 | 3. MÜ und EU-Recht | 26 |
| 2. Motive für ein neues Übereinkommen | 15 | 4. Ergänzung des MÜ durch EU-Recht | 27 |
| 3. Der Verbraucherschutz als Hauptziel eines neuen Übereinkommens | 16 | **V. Montrealer Übereinkommen und deutsches Luftbeförderungsrecht** | 28–31 |
| 4. Verabschiedung des neuen Übereinkommens (MÜ) am 28. Mai 1999 | 17 | 1. Gesetz zur Harmonisierung des Haftungsrechts im Luftverkehr | 28–30 |
| 5. Die *EU* als zeichnungsberechtigter Partner des MÜ | 18 | | |

|  | Rn. |  | Rn. |
|---|---|---|---|
| 2. Ergänzung des MÜ durch die §§ 407 ff. HGB | 31 | 1. „Lex fori" | 56 |
|  |  | 2. Prozessrecht | 57 |
| **VI. Die Ergebnisse des Montrealer Übereinkommens im Überblick** | 32–47 | 3. Internationale und örtliche Zuständigkeiten von Gerichten | 58 |
| 1. Rechtspolitische Aspekte | 32 | 4. MÜ und „lex fori" | 59 |
| 2. Ablösung des „Warschauer Systems" durch das MÜ im Detail | 33–47 | 5. MÜ und IPR | 60 |
|  |  | 6. Rechtswahl | 61–64 |
| **VII. Die Auslegung des Montrealer Übereinkommens** | 48–54 | 7. Keine Verdrängung des MÜ durch Rechtswahl | 65 |
| 1. Auslegung sowie Ergänzung des MÜ | 49 | 8. Fehlende Rechtswahl | 66 |
| 2. Rechtsprechung und Schrifttum zum „Warschauer System" als Auslegungsvorgaben | 50 | 9. Ausnahme des Art. 5 Abs. 3 Rom I-VO | 67 |
| 3. Textbezogene Auslegungen | 51 | 10. Ergänzung des MÜ durch allgemeine Vorschriften des HGB und des BGB | 68 |
| 4. Generelle Orientierung einer Auslegung an dem Gedanken des MÜ als Einheitsrecht | 52 | **IX. Übereinkommen zur Vereinheitlichung bestimmter Vorschriften über die Beförderung im internationalen Luftverkehr, gezeichnet in Montreal am 28. Mai 1999 – Montrealer Übereinkommen –** | 69 |
| 5. Einzelne Auslegungskriterien | 53, 54 |  |  |
| **VIII. Das neben dem Montrealer Übereinkommen geltende nationale Recht** | 55–68 |  |  |

## I. Inhaltliche Schwerpunkte des Montrealer Übereinkommens

**1**     **1. Das Montrealer Übereinkommen als neuer völkerrechtlicher Vertrag im internationalen Luftverkehr.** Das Montrealer Übereinkommen vom 28. Mai 1999 (MÜ) ist ein multilateraler völkerrechtlicher Vertrag.[1] Seinem Art. 53 Abs. 1 zufolge ist der Beitritt zu diesem Vertragswerk für interessierte Staaten weder politisch noch zahlenmäßig oder mit Rücksicht auf ihre geographische Lage in irgendeiner Weise eingeschränkt. Es liegt vielmehr „für alle Staaten zur Unterzeichnung auf". Damit übernimmt es die Intention des vorausgegangenen Warschauer Abkommens vom 12. Oktober 1929 sowohl in dessen ursprünglicher Fassung wie auch in der Fassung seiner Novellierung durch das Haager Protokoll vom 28. September 1955 (Rn. 10), dh. im Einzelnen des Art. 38 Abs. 1 WA 1929/1955.

**2**     **2. Ziel des Übereinkommens.** Das Übereinkommen selbst regelt – wie zuvor schon das WA 1929/1955 – verschiedene grundsätzliche Rechtsfragen der vertraglichen Beförderung im internationalen Luftverkehr. Sein Ziel ist es, für seine Mitgliedsstaaten in diesem Bereich ein internationales Einheitsrecht zu schaffen.

**3**     **3. Regelungsgegenstand.** Im Gegensatz zu vergleichbaren anderen Abkommen des Transportrechts, wie namentlich der CMR,[2] der CIM[3] oder der CMNI,[4] beschränkt das MÜ seinen Anwendungsbereich hierbei nicht allein auf Gütertransporte. Vielmehr bezieht

---

[1] Als solcher unterliegt er den Regeln über die Auslegung von völkerrechtlichen Verträgen, wie sie in den Art. 31 ff. der Wiener Vertragsrechtskonvention vom 23. Mai 1969 (BGBl. 1985 II S. 926) niedergelegt sind.

[2] Convention relative au contrat de transport international de marchandises par route (CMR) – Übereinkommen über den Beförderungsvertrag im Internationalen Straßengüterverkehr vom 19. Mai 1956 (BGBl. 1961 II S. 1119) idF des Protokolls vom 5. Juli 1978 (BGBl. 1980 II S. 721, 733). S. hierzu auch die Erl. im vorl. KommBd.

[3] Convention internationale concernant le transport des marchandises par chemin de fer (CIM) – Einheitliche Rechtsvorschriften für den Vertrag über die internationale Eisenbahnbeförderung von Gütern, Anhang B zum Übereinkommen vom 9. Mai 1980 über den Internationalen Eisenbahnverkehr (COTIF), (BGBl. 1985 II S. 144, 224), idF des Änderungsprotokolls vom 3. Juni 1999 (BGBl. 2002 II S. 2149–2183) – (CIM 1999). S. hierzu auch die Erl. im vorl. KommBd.

[4] Convention relative au Contrat de Transport de Marchandises en Navigation Intérieur (CMNI). Geschehen zu *Budapest* am 22. Juni 2001. G vom 17. März 2007 (BGBl. 2007 II S. 298). S. hierzu auch die Erl. in diesem Band.

es gleichrangig auch Rechtsfragen mit ein, die in entsprechender Weise bei der vertraglichen Beförderung von *Fluggästen* und deren *Reisegepäck* auftreten können.

– Einen inhaltlichen **Schwerpunkt** des Übereinkommens bilden zunächst die **Transport-** **4** **dokumente,** die ein Beförderer als „**Luftfrachtführer**"[5] seinen **Vertragspartnern,** dh. den **Fluggästen** (Art. 3 und Art. 17 MÜ: „Reisenden") bzw. den **Absendern**[6] von **Frachtgut,**[7] „auszuhändigen" hat (Art. 3 ff. MÜ). Beim **Frachtgut**transport kann er iE zwischen einem „**Luftfrachtbrief**" (Art. 4 Abs. 1 MÜ – Art. 5 Abs. 1 WA 1929/1955) oder nunmehr auch einer „**Empfangsbestätigung über die Güter**" (Art. 4 Abs. 2 MÜ) wählen. Der Letzteren muss allerdings stets eine „**andere**" – zB elektronische – „**Aufzeichnung**" vorauszugehen (Art. 4 Abs. 2 MÜ).

– Den Dokumentationsvorschriften folgen – wie im WA 1929/1955 – Regeln über die **5** frachtrechtlichen **Weisungsbefugnisse** des vorgenannten **Absenders gegenüber** dem „**Luftfrachtführer**" (Art. 12 ff. MÜ). Sie ermöglichen es dem Absender, den im Luft-frachtvertrag abgesprochenen Transportablauf bis zur „Ablieferung" (Art. 13 MÜ) der Güter an den Empfänger[8] kurzfristig noch in vier einzelnen Details *einseitig* abzuändern.

– Im **Mittelpunkt** des **Übereinkommens** steht die **Vertragshaftung** des genannten **6** „**Luftfrachtführers**" (**Art. 17 ff. MÜ**). Sie umfasst haftungsrechtlich alle **Personen-, Sach- und Verspätungsschäden,** die er im Hinblick auf die vereinbarte Beförderung zu verantworten hat. Diese Haftung ist bei *Güter*schäden (Art. 18 MÜ) nunmehr allein *objektiver* Art. Bei *Verspätungs*schäden (Art. 19 MÜ) handelt es sich bei ihr hingegen weiterhin um eine *Verschuldens*haftung mit diesbezüglicher Beweislastumkehr, wie dies zuvor auch schon in Art. 19 WA 1929/1955 vorgesehen war. Bei **Güter-** und **Güterver-spätungsschäden** ist die **Haftung** des Luftfrachtführers im Gegensatz zum WA 1929/ 1955 jetzt allerdings regelmäßig **auf 19 Sonderziehungsrechte je Kilogramm des Frachtguts beschränkt** (Art. 22 Abs. 3 MÜ). Nur eine „Wertdeklaration"[9] oder eine besondere Vertragsabsprache (Art. 25 MÜ) ermöglichen hier noch Ausnahmen.

– Zu dem Kreis der **Anspruchsberechtigten** zählen iE – wie nach dem WA 1929/1955 – die **Fluggäste** des Luftfrachtführers und bei Gütertransporten sowohl der **Absender** wie auch der **Empfänger,** wobei dieser als durch den Frachtvertrag **begünstigter Dritter** anzusehen ist (Art. 13 MÜ – Art. 13 WA 1929/1955). Falls diese Personen sich als Geschädigte gezwungen sehen, den Ersatz ihres Schadens gegen den Luftfrachtführer **gerichtlich** zu verfolgen, haben sie eine solche **Klage** weiterhin innerhalb einer **Ausschlussfrist von zwei Jahren** anhängig zu machen (Art. 35 MÜ – Art. 29 WA 1929/ 1955). Hierzu stehen ihnen wie nach dem bisherigen Abkommensrecht bei *Frachtgut*schä-den enumerativ nur **vier Gerichtsstände** zur Verfügung (Art. 33 Abs. 1 MÜ – Art. 28 Abs. 1 WA 1929/1955). Zuvor sind dem Luftfrachtführer wiederum **Beschädigungen** und **Verspätungen** dieser *Güter* fristgemäß anzuzeigen (Art. 31 MÜ – Art. 26 WA 1929/1955)

– Der **Begriff** des „**Luftfrachtführers**" wird durch die **Art. 39 ff.** MÜ im personellen **7** und damit zugleich auch im haftungsrechtlichen Sinne schließlich noch „**verdoppelt**". Art. 39 MÜ bestimmt insoweit, dass unter „Luftfrachtführer" nicht nur der in den Art. 17 ff. MÜ angesprochene **Vertragspartner** eines Fluggastes bzw. eines **Absenders** zu verstehen ist. Innerhalb des Haftungssystems der Art. 17 ff. MÜ gilt dieser Begriff vielmehr **zusätzlich** auch für denjenigen, der den abgeschlossenen Beförderungsvertrag im Einvernehmen mit dem (**„vertraglichen**") **Luftfrachtführer** sodann **tatsächlich durchführt.**[10]

Er gilt hinsichtlich seines *eigenen* Beförderungsbeitrags rechtsbegrifflich als der „ausführende" **8** Luftfrachtführer (Art. 39 ff. MÜ). Aufgrund dieser Begriffserweiterung stehen dem Geschä-

---

[5] Zum „Luftfrachtführer" s. Art 1 MÜ Rn. 14 ff.
[6] Zum „Absender" s. Art. 1 MÜ Rn. 20.
[7] Zum Begriff der „Güter" s. Art. 4 MÜ Rn. 5.
[8] Zum „Empfänger" s. Art. 1 MÜ Rn. 26.
[9] S. *Ruhwedel,* FS Thume, 2008, S. 239.
[10] Zum „ausführenden Luftfrachtführer" s. Art. 1 MÜ Rn. 24.

digten im Rahmen der Haftungstatbestände der Art. 17 ff. MÜ und zeitlich bezogen auf den „ausgeführten" Teil der Beförderung im Ergebnis zwei „Luftfrachtführer" als gleichwertige Haftungssubjekte gegenüber (Art. 40 MÜ). Hierbei erleichtert im Weiteren ein zusätzlicher Gerichtsstand dem Geschädigten das Geltendmachen seines Schadensersatzanspruchs auch in prozessualer Hinsicht, da der „ausführende" Luftfrachtführer auch seinerseits, und zwar bei dem Gericht des Ortes verklagt werden kann, an dem er selbst seinen Wohnsitz oder seine Hauptniederlassung hat (Art. 46 MÜ).

Damit ist das völkerrechtlich selbständige Zusatzabkommen zum WA 1929/1955 von Guadalajara vom 18. September 1961 inhaltlich nunmehr unmittelbar in das MÜ integriert (Rn. 34).

9 **4. Inkrafttreten.** Das Übereinkommen ist am 4. November 2003 in Kraft getreten.[11] Es ersetzt im Verhältnis zu seinen Ratifikationsstaaten,[12] zu denen mit Wirkung vom *28. Juni 2004* neben anderen, damals gleichzeitig beigetretenen *europäischen* Staaten auch Deutschland[13] zählt,[14] im Rahmen seines völkerrechtlichen Anwendungsbereichs alle ihm vorausgegangenen entsprechenden luftrechtlichen Abkommen (Art. 55 Abs. 1 MÜ). Das Übereinkommen gilt inzwischen nicht nur für alle damaligen, sondern auch für alle noch neu hinzugetretenen Staaten der EU (Art. 1 MÜ Rn. 64). Auf der Grundlage des Art. 24 MÜ hat seither ein vereinfachtes Novellierungsverfahren stattgefunden, das für alle Vertragsstaaten die Haftungshöchstbeträge eines Luftfrachtführers mit Wirkung zum 30. Dezember 2009 erhöht hat (Art. 24 MÜ Rn. 1). Bei Güterschäden gilt statt des Betrages von 17 SZR/kg nunmehr der von 19 SZR/kg.

10 **5. Abgelöste Abkommen.** Zu den vorgenannten und durch das MÜ abgelösten Abkommen (Art. 55 MÜ) gehören für *Deutschland* das „Warschauer Abkommen"[15] vom 12. Oktober 1929 (WA 1929),[16] das Warschauer Abkommen in der Fassung des „Haager Protokoll"[17] vom 28.9.1955 (WA/HP 1955)[18] sowie das Zusatzabkommen zum Warschauer Abkommen von Guadalajara[19] vom 18. September 1961 (ZAG).[20] Das „Montrealer Protokoll Nr. 4"[21] vom 28. September 1975, das die frachtrechtlichen Bestimmungen des

---

[11] Bek. über das Inkrafttreten des Übereinkommens zur Vereinheitlichung bestimmter Vorschriften über die Beförderung im internationalen Luftverkehr vom 16. September 2004, BGBl. II S. 1371.

[12] Überblick unten Art. 1 MÜ Rn. 64. Zum aktuellen Stand der Ratifikationen: www.icao.int >> Bureaux' Activities >> Legal Bureaux >> Treaty Collection, sowie Fundstellennachweis B zum BGBl. II (Veröffentlichung jeweils zum Jahresende).

[13] **Österreich:** Bundesgesetz, mit dem das Luftfahrtgesetz und das Bundesgesetz über den zwischenstaatlichen Luftverkehr 1997 geändert werden, vom 23. Juni 2006, BGBl. I Nr. 88/2006; **Schweiz:** Verordnung über den Lufttransport (LTrV) vom 17. August 2005, AS 2005/1245.

[14] Gesetz zu dem Übereinkommen vom 28. Mai 1999 zur Vereinheitlichung bestimmter Vorschriften über die Beförderung im internationalen Luftverkehr (Montrealer Übereinkommen) vom 6. April 2004 (BGBl. II S. 458). S. a.: Bek. über das Inkrafttreten des Übereinkommens zur Vereinheitlichung bestimmter Vorschriften über die Beförderung im internationalen Luftverkehr vom 16. September 2004, BGBl. II S. 1371.

[15] Art. 55 Abs. 1 Buchst. a MÜ: Abkommen zur Vereinheitlichung von Regeln über die Beförderung im internationalen Luftverkehr, abgeschlossen in Warschau am 12. Oktober 1929 (RGBl. 1933 II S. 1039); ICAO-Doc. 7838. Insgesamt: 151 Vertragsstaaten.

[16] Voraufl. dieses KommBd. (1997), S. 1943 ff.

[17] Art. 55 Abs. 1 Buchst. b MÜ: Protokoll zur Änderung des Abkommens zur Vereinheitlichung von Regeln über die Beförderung im internationalen Luftverkehr vom 12. Oktober 1929, abgeschlossen in Den Haag am 28. September 1955 (BGBl. 1958 II S. 291); ICAO-Doc. 7632. Insgesamt: 136 Vertragsstaaten.

[18] Erstaufl. dieses KommBd. (1997), S. 1943 ff.

[19] Art. 55 Abs. 1 Buchst. c MÜ: Zusatzabkommen zum Warschauer Abkommen zur Vereinheitlichung von Regeln über die von einem anderen als dem vertraglichen Luftfrachtführer ausgeführte Beförderung im internationalen Luftverkehr, abgeschlossen in Guadalajara am 18. September 1961 (BGBl. 1963 II S. 1159); ICAO-Doc. 8181. Insgesamt: 84 Vertragsstaaten.

[20] Erstaufl. dieses KommBd. (1997), S. 2153 ff.

[21] Art. 55 Abs. 1 Buchst. e MÜ: Montreal Protocol Nr. 4 (1975) – Amending Warsaw Convention of 1929 as amended by The Hague Protocol of 1955; ICAO Doc. 9148. Zu den 53 Ratifikationsstaaten dieses Montreal Protocol Nr. 4 (1975) iE unten Art. 55 MÜ Rn. 10, sowie: www.icao.int. >> Bureaux' Activities >> Legal Bureaux >> Treaty Collection.

MÜ inhaltlich bereits vorweggenommen[22] hatte, ist zwar am 14. Juni 1998 in Kraft getreten; wurde aber von *Deutschland* nicht ratifiziert.

**6. Einheitsrecht.** Ebenso wie alle zuvor genannten Luftfahrtabkommen enthält auch **11** das neue Montrealer Übereinkommen von 1999 internationales Einheitsrecht. Seine Anwendbarkeit im einzelnen Fall erübrigt daher die Suche nach den andernfalls geltenden *nationalen* Rechtsnormen. Deren oftmals schwierige Bestimmung auf dem Umweg über das jeweilige IPR bleibt daher im völkerrechtlichen und inhaltlichen Anwendungsbereich des MÜ erfreulicherweise erspart.

**7. Originalsprachen.** Als Folge der Ratifikation des MÜ durch *Deutschland* ist sein **12** Inhalt zugleich deutsches materielles Recht geworden. Insoweit liegt auch eine amtliche deutschsprachige Übersetzung[23] vor. Doch ist der Text des Übereinkommens[24] rechtlich nur verbindlich in seinen Originalsprachen[25] *Arabisch, Chinesisch, Englisch,*[26] *Französisch,*[27] *Russisch* und *Spanisch.*

## II. Vorgeschichte des Montrealer Übereinkommens

Der für den internationalen Lufttransport geradezu epochale Stellenwert des neuen Über- **13** einkommens zeigt sich bei einem kurzen Rückblick auf dessen Vorgeschichte.

**1. Initiative der *ICAO*.** Zur Vorbereitung des Übereinkommens fand auf Einladung **14** der *International Civil Aviation Organization (ICAO)* in *Montreal* vom 10. bis 28. Mai 1999 eine diplomatische Konferenz statt,[28] deren Ziel es war, einige als besonders wichtig angesehenen Rechtsfragen des internationalen Lufttransports in einem völkerrechtlichen Abkommen neu zu regeln. Anlass hierfür war die einhellige Meinung, dass das vorgenannte „Warschauer Abkommen" von 1929 (Rn. 10) und seine Folgeabkommen den praktischen Gegebenheiten und rechtlichen Bedürfnissen des modernen Lufttransports in weiten Teilen nicht mehr genügten.

**2. Motive für ein neues Übereinkommen.** So war bei Abfassung des Warschauer **15** Abkommens im Jahre 1929 die Luftfahrt nicht nur ein völlig neuer Wirtschaftszweig. Aufgrund ihres jungen Entwicklungsstands zeigte sie verständlicherweise noch zahlreiche technische Unzulänglichkeiten. Als „infant industry" war ihr wirtschaftliches Überleben dementsprechend nur bei einem haftungsrechtlichen Schutz gewährleistet, der Schadensersatzansprüche ihrer Kunden selbst noch bei Katastrophenfällen wirksam abfangen konnte. Eines der Hauptanliegen des Warschauer Abkommens musste es aus dieser Sicht sein, die Haftung bei Luftbeförderungen möglichst weitreichend zu begrenzen, um sie auf diese Weise letztlich auch versicherungsfähig zu gestalten. Haftungsrechtliche Überlegungen solch grundle-

---

[22] Erstaufl. dieses KommBd. (1997), S. 1943 ff. S. auch *Ehlers,* Montrealer Protokoll Nr. 3 und 4 – Warschauer Haftungssystem und neuere Rechtsentwicklung, 1985; *Koller* S. 1666 ff.

[23] Die *deutschsprachige* Übersetzung wurde von *Deutschland, Österreich* und der *Schweiz* auf den beiden Übersetzungskonferenzen am 25./26 November 1999 *(Wien)* und am 3./4. Februar 2000 *(Bern)* erarbeitet. Ihre Veröffentlichung erfolgte für die *EU* durch „Beschluss des Rates vom 5. April 2001 über den Abschluss des Übereinkommens zur Vereinheitlichung bestimmter Vorschriften über die Beförderung im internationalen Luftverkehr (Übereinkommen von Montreal) durch die Europäische Gemeinschaft" (ABl. EG Nr. L 194 vom 18. Juli 2001, S. 39). Diese Übersetzung ist auch Inhalt des *deutschen* „Gesetz zu dem Übereinkommen vom 28. Mai 1999 zur Vereinheitlichung bestimmter Vorschriften über die Beförderung im internationalen Luftverkehr (Montrealer Übereinkommen)" vom 6. April 2004 (BGBl. II S. 458).

[24] Für das WA 1929 ist dessen *französischer* Text maßgebend, für das WA 1955 sowie das ZAG 1961 sind hingegen die *französischen, englischen* und *spanischen* Textfassungen gültig. Vgl. auch Voraufl. dieses KommBd. (1997), WA 1955, Art. 1 Rn. 3.

[25] Vgl. den abschließenden Protokollvermerk nach Art. 57 MÜ.

[26] Wiedergegeben im BGBl. 2004 II S. 458 sowie in der nachfolgenden Kommentierung.

[27] Wiedergegeben im BGBl. 2004 II S. 458 sowie in der nachfolgenden Kommentierung.

[28] Zum Konferenzverlauf: ICAO-Documentation – International Conference on Air Law (Doc 9775-DC/2) – Vol. I: Minutes, Vol. II: Documents, Vol. III: Preparatory Material, Montreal 2002 (CD-ROM ★ ISBN 92-9194–005–4). Vgl. auch den Konferenzbericht von: *Müller-Rostin* ZLW 2000, 36.

gender Art sind in Anbetracht der hohen Betriebssicherheit des modernen Luftverkehrs zunehmend in den Hintergrund getreten.

**16**   **3. Der Verbraucherschutz als Hauptziel eines neuen Übereinkommens.** Angesichts dessen konnte sich die Montrealer Konferenz im Jahre 1999 einem neuen wirtschaftspolitischen Ziel der Luftfahrt zuwenden und, – wie in der Präambel des Abkommens (Rn. 69) später auch besonders zum Ausdruck gebracht –, auf internationaler Ebene nunmehr andererseits eine Verbesserung des Verbraucherschutzes im Luftverkehr anstreben. Insoweit galt das Interesse der an der Konferenz beteiligten Staaten vor allem der Frage eines *„angemessenen Schadensersatzes"* bei Personen-, Sach- und Verspätungsschäden im internationalen Luftverkehr, und zwar *„nach dem Grundsatz des vollen Ausgleichs".*[29] So wurde namentlich die bisherige summenmäßige Beschränkung der Haftung des Luftfrachtführers im Falle von *Personen*schäden (Art. 22 Abs. 1 WA 1929/1955) mit Art. 21 des neuen Übereinkommens vollständig aufgegeben.

**17**   **4. Verabschiedung des neuen Übereinkommens (MÜ) am 28. Mai 1999.** Die Konferenz schloss am 28. Mai 1999 mit der Verabschiedung einer *„Convention for the Unification of certain Rules for International Carriage bei Air"*, die auch sogleich von 52 der insgesamt 118 an der Konferenz teilnehmenden Staaten gezeichnet[30] wurde.

**18**   **5. Die *EU* als zeichnungsberechtigter Partner des MÜ.** Zeichnungsberechtigt war nach dem Übereinkommen auch die Europäische Union (EU) selbst, der als einer „Organisation der regionalen Wirtschaftsintegration" („Regional Economic Integration Organization") und insoweit als eigenständiger Vertragspartei nach Art. 53 Abs. 2 des Übereinkommens ein eigenes Beitrittsrecht zukam. Dieses Recht hat die *EU* nach der vorausgegangenen Konsultation und legislativen Entschließung des Europäischen Parlaments[31] durch ihren Rat ausgeübt und hierbei zugleich eine *deutsche Übersetzung* des Übereinkommens verabschiedet.[32]

**19**   **6. Inkrafttreten des MÜ am 4. November 2003.** Die neue völkerrechtliche Übereinkunft, abgekürzt Montrealer Übereinkommen (MÜ), ist auf der Grundlage des Art. 53 Abs. 6 MÜ am 4. November 2003 in Kraft getreten (Rn. 9), nachdem die *U.S.A.* das Übereinkommen als *30. Staat* ratifiziert[33] hatten und hiernach die in Art. 53 Abs. 6 MÜ vorgesehene Frist von 60 Tagen abgelaufen war.

**20**   **7. Europäische Mitgliedstaaten des MÜ.** Für den Rechtsbereich der *Europäischen Union* strebte diese noch zusätzlich an,[34] dass sowohl die *EU* als Ganzes wie auch ihre damals 15 einzelnen Mitgliedstaaten das Übereinkommen „gleichzeitig" ratifizieren, „damit

---

[29] Präambel Abs. 3 (unten Rn. 69).

[30] Wegen des aktuellen Zeichnungs- und Ratifikationsstands: www.icao.int. >> Bureaux' Activities >> Legal Bureaux >> Treaty Collection.

[31] Billigung (Verfahren ohne Aussprache) vom 16.1.2001 (A5-0001/2001) unter Bezug auf KOM [2000] 446, ABl. EG Nr. C 337 vom 28.11.2000, S. 225.

[32] Die Unterzeichnung des Übereinkommens durch die Gemeinschaft ist auf Grund des Vorschlags der Kommission vom 9.9.1999 (KOM [1999] 435 endgültig) am 9.12.1999 geschehen. Ihr folgte der „Beschluss des Rates vom 5. April 2001 über den Abschluss des Übereinkommens zur Vereinheitlichung bestimmter Vorschriften über die Beförderung im internationalen Luftverkehr (Übereinkommen von Montreal) durch die Europäischen Gemeinschaft" (ABl. EG 2001 Nr. L 194 S. 38).

[33] Die Ratifikationsurkunde der *Europäischen Gemeinschaft* hatte hierbei nach Art. 53 Nr. 6 MÜ neben den Urkunden der damals 15 *EU*-Mitgliedstaaten für das Inkrafttreten des Übereinkommens keinen eigenen Zählwert.

[34] Aufgrund von Art. 80 Abs. 2 EG-Vertrag fiel der *EU* eine eigene Zuständigkeit auch für den *Luftverkehr* zu, nachdem sie für den Bereich der Haftung von Luftfahrtunternehmen für Personenschäden von Fluggästen die Verordnung (EG) Nr. 2027/97 vom 9. Oktober 1997 (ABl. EG Nr. L 258 S. 1) erlassen hatte. Als Folge der damit zugleich aufgeteilten Gesetzgebungskompetenzen zwischen der *EU* einerseits und ihren einzelnen Mitgliedstaaten andererseits war das Montrealer Übereinkommen im Ergebnis von allen Beteiligten gemeinsam zu ratifizieren. Dies bedeutete verfahrensrechtlich, dass bis zur letzten Ratifikation aus dem Kreis der Mitgliedstaaten zu warten war, bis die Ratifikationsurkunden schließlich alle zusammen hinterlegt werden konnten. *Griechenland* (22.7.2002) und *Portugal* (28.2.2003) hatten das MÜ bereits vorher ratifiziert.

das Übereinkommen ordnungsgemäß und nahtlos in der gesamten Gemeinschaft umgesetzt" werden konnte. Dieses Ziel ist in der Tat auch erreicht worden. Das MÜ ist für alle damaligen Staaten der *EU* zeitgleich am 28. Juni 2004 in Kraft getreten.[35] Nach der Erweiterung der *EU* haben nach und nach auch alle neuen Staaten der *EU* dieses Übereinkommen vollzählig ratifiziert. Auch die *Schweiz* ist dem MÜ (5. September 2005) beigetreten. Zum Ratifikationsstand insgesamt: Art. 1 MÜ Rn. 64.

### III. Montrealer Übereinkommen und Völkerrecht

**1. Ablösung des „Warschauer Systems" durch das MÜ (1).** Das Übereinkommen   **21** verfolgt im Einzelnen das Ziel einer Modernisierung und Konsolidierung des „Warschauer Systems" in seiner Gesamtheit. Es soll dem internationalen Luftverkehr auf der Basis des bisherigen Warschauer Abkommens (WA) vom 12. Oktober 1929 WA[36] wie zugleich auch hinsichtlich dessen verschiedenen Folgeabkommen eine neu konzipierte Rechtsgrundlage bieten. Insoweit integriert das neue Übereinkommen nicht nur dieses WA in seiner Erstfassung aus dem Jahre 1929 und seiner teilweise novellierten Fassung durch das Haager Protokoll (WA/HP) vom 28. September 1955,[37] sondern zugleich auch sein Zusatzabkommen von Guadalajara (ZAG) vom 18. September 1961.[38]

**2. Ablösung des „Warschauer Systems" durch das MÜ (2).** Auch die nur zum   **22** Teil in Kraft getretenen Ergänzungsprotokolle zum Warschauer Abkommen in Gestalt des Protokolls von Guatemala City vom 8. März 1971[39] sowie der Montrealer Protokolle Nr. 1–4 vom 25. September 1975[40] sind in das neue Übereinkommen inhaltlich mit eingebunden. Damit wird dieses „Warschauer System" letztlich in seiner Gesamtheit durch das neue Montrealer Übereinkommen abgelöst. Inzwischen gehören alle großen Luftfahrtnationen und -regionen (über 100 Staaten) zu den Vertragsstaaten des MÜ, so dass dieses Übereinkommen im Ergebnis bereits für ca. 90 % aller Luftbeförderungen anwendbar ist. Zu den Ratifikationsständen vgl. iE unten: Art. 1 MÜ Rn. 64 und Art. 55 MÜ Rn. 6 ff.

### IV. Montrealer Übereinkommen und EU-Recht

**1. Vorbildfunktion der VO (EG) Nr. 2027/97 für das MÜ.** Nicht zuletzt war es die   **23** Aufgabe dieses Übereinkommens, im Rahmen des Personenluftverkehrs bezüglich *Personen*schäden von Fluggästen das auf diesem Gebiet grundlegend neue Konzept der VO (EG) Nr. 2027/97 über die Haftung von Luftfahrtunternehmen bei Unfällen vom 9. Oktober 1997[41] als ein wegweisendes Haftungsmodell unmittelbar auch in das Übereinkommen selbst

---

[35] S.: Bek. über das Inkrafttreten des Übereinkommens zur Vereinheitlichung bestimmter Vorschriften über die Beförderung im internationalen Luftverkehr vom 18. September 2004, BGBl. II S. 137.

[36] S. Art. 55 Abs. 1 Buchst. a MÜ. Zum Ratifikationsstand: Art. 55 MÜ Rn. 8.

[37] S. Art. 55 Abs. 1 Buchst. b MÜ. Zum Ratifikationsstand: Art. 55 MÜ Rn. 8. Die *USA* sind diesem Protokoll nicht beigetreten.

[38] S. Art. 55 Abs. 1 Buchst. c MÜ. Zum Ratifikationsstand: Art. 55 MÜ Rn. 9.

[39] S. Art. 55 Abs. 1 Buchst. d MÜ. Das Protokoll von Guatemala City [ICAO – Doc. 8932] konnte mangels einer ausreichenden Zahl an Ratifikationen nicht in Kraft treten. Wiedergabe seines Textes bei: *Giemulla/Schmid*, Frankfurter Kommentar zum Luftverkehrsrecht, Bd. 3 (WarschAbk.), Anhang II-1.

[40] S. Art. 55 Abs. 1 Buchst. e MÜ. Die Montrealer Protokolle Nr. 1 und 2 [ICAO – Doc. 9145 – 9146] sind am 15.2.1996 und das Protokoll Nr. 4 [ICAO – Doc. 9148] ist am 14.6.1998 in Kraft getreten; jedoch jeweils nicht im Verhältnis zu *Deutschland*, das nicht zu den Ratifikationsstaaten der Protokolle gehört. Zu den Ratifikationsständen im Einzelnen Art. 55 MÜ Rn. 6 ff. Das vorgenannte Montrealer Protokoll Nr. 4 (1975) hat im frachtrechtlichen Bereich weite Teile des heutigen Montrealer Übereinkommens (1999) bereits vorweggenommen. Wiedergabe der Texte bei: *Giemulla/Schmid*, Frankfurter Kommentar zum Luftverkehrsrecht, Bd. 3 (WarschAbk.), Anhang II-3/6. Text auch bei: *Ehlers*, Montrealer Protokoll Nr. 3 und 4, Warschauer Haftungssystem und neuere Rechtsentwicklung, 1985; *Koller* S. 1666; 1. Aufl. MüKoHGB/*Kronke* WA 1955.

[41] ABl. EG Nr. L 285 vom 17. Oktober 1997. Wiedergabe in TranspR 1998, 41 sowie bei: *Giemulla/Schmid/von Elm*, Recht der Luftfahrt, 4. Aufl. 2003, S. 305, sowie unter: www.europa.eu.int/eur-lex [Dokument 397R2027]. Bericht über die VO (EG) Nr. 2027/97: *Clark* Air & Sp.L. 2001, 137; *Giemulla/Schmid* Air & Sp.L. 1998, 98; *Ruhwedel* TranspR 1998, 13.

zu integrieren. Insoweit hatte das europäische Recht für das Konzept des Übereinkommens hinsichtlich der Abwicklung von *Personen*schäden eine bedeutsame Vorbildfunktion. Art. 21 MÜ übernahm hier in vollem Umfang den haftungsrechtlichen Kerngedanken der VO (EG) 2027/97 einer bei *Personen*schäden summenmäßig unbeschränkten Haftung des Luftfrachtführers, die für diesen bei Ersatzansprüchen bis zu 100 000 Sonderziehungsrechten zugleich auch endgültig ist, falls kein Mitverschulden auf Seiten des Geschädigten vorliegt.

24   **2. „Luftfahrtunternehmen der Gemeinschaft".** Umgekehrt ist das europäische Recht im Rahmen des Personenluftverkehrs auch wiederum an das Montrealer Übereinkommen inhaltlich angepasst worden. So hat die VO (EG) Nr. 889/2002 vom 13. Mai 2002[42] die vorgenannte Verordnung (EG) Nr. 2027/97 über *die Haftung von Luftfahrtunternehmen bei Unfällen* nicht lediglich aktualisiert. Sie hat den Anwendungsbereich dieser VO (EG) vielmehr durch eine ausdrückliche Bezugnahme auf das Montrealer Übereinkommen zugleich auch in der Sache ganz wesentlich erweitert.

25   Im Einzelnen hat die VO (EG) Nr. 889/2002 die Haftungstatbestände des Montrealer Übereinkommens bezüglich *Reisegepäckschäden* (Art. 17 Abs. 2 MÜ) sowie *Verspätungsschäden* bei *Fluggästen* oder deren *Reisegepäck* (Art. 19 MÜ) mit ihrem Art. 3 Abs. 1 der VO (EG) in den Geltungsbereich dieser VO (EG) als ein dort bislang noch unbekanntes Haftungselement neu miteinbezogen.

26   **3. MÜ und EU-Recht.** Auf diese Weise soll europarechtlich[43] gewährleistet sein, dass einheitliche Haftungsregelungen schlechterdings zugunsten sämtlicher *Fluggäste* und deren *Reisegepäck* gelten, sofern nur die Beförderung durch ein „Luftfahrtunternehmen der Gemeinschaft"[44] erfolgt ist. Auf die Anwendbarkeit des Montrealer Übereinkommens selbst kommt es hier daher nicht mehr an.[45] Es gelten vielmehr dessen Haftungstatbestände bei Schädigungen von Fluggästen oder ihrem Reisegepäck sowie bei deren Verspätungen unmittelbar schon auf Grund der eigenen Rechtsgrundlage der VO (EG) selbst, und zwar hier zusätzlich auch bei Beförderungen allein innerhalb eines einzelnen EU-Staates oder zwischen EU-Staaten und Nicht-Ratifikationsstaaten des MÜ. Mit dieser Zielrichtung einer „Europäisierung" der Haftungstatbestände des MÜ bei Flügen mit einem „Luftfahrtunternehmen der Gemeinschaft" ist die VO (EG) Nr. [2027/97] 889/2002 nach ihrem Art. 2 für alle *EU*-Staaten gleichzeitig mit dem Montrealer Übereinkommen selbst, dh. am *28. Juni 2004,* in Kraft getreten.[46] Wenn ein Fluggast sein Reisegepäck nicht „aufgibt" (Art. 17 Abs. 4 MÜ), sondern es stattdessen als „cargo" befördern lässt (Art. 18 MÜ Rn. 27), gerät er damit allerdings in den grundlegend anders strukturierten Haftungsrahmen der Art. 18 ff. MÜ.

27   **4. Ergänzung des MÜ durch EU-Recht.** Neben der vorgenannten VO (EG) Nr. [2027/97] 889/2002, die für den Personenluftverkehr die Haftung von Luftfahrtunternehmen der Gemeinschaft europarechtlich festschreibt, besteht im Zusammenhang mit der *Fluggast*beförderung noch eine weitere bedeutende EG-Verordnung. Deren Ziel ist es,[47]

---

[42] ABl. EG 2002 Nr. L 140 S. 2.

[43] S. im Weiteren: *Schmidt-Bendun,* Haftung der Eisenbahnverkehrsunternehmen – Auf dem Weg zu einem harmonisierten Eisenbahn- und Luftverkehrsrecht in Europa, 2007.

[44] Nach Art. 2 Abs. 1 Buchst. b der Verordnung (EG) Nr. 889/2002 des Europäischen Parlaments und des Rates vom 13. Mai 2002 (ABl. EG Nr. L 140 S. 2) ist ein „Luftfahrtunternehmen der Gemeinschaft" ein Luftfahrtunternehmen mit einer von einem Mitgliedstaat im Einklang mit der Verordnung (EWG) Nr. 2407/92 erteilten Betriebsgenehmigung.

[45] Vgl. *Ruhwedel,* Die „Luftfahrtunternehmen der Gemeinschaft" und das Montrealer Übereinkommen, TranspR 2004, Heft 3 (Sonderbeilage), S. XXXIV.

[46] Vgl. auch Abschnitt III der Bekanntmachung über das Inkrafttreten des Übereinkommens zur Vereinheitlichung bestimmter Vorschriften über die Beförderung im internationalen Luftverkehr vom 16. September 2004 (BGBl. II S. 1371).

[47] Schrifttum: *Bollweg* RRa 2007, 242; *Führich* MDR 2007, Heft 7 (Sonderbeilage); *Haanappel* ZLW 2005, 22; *Lehmann* NJW 2007, 1500; *Müller-Rostin* NZV 2007, 221; *Rösler* ZHR 2006, 336; *Schladebach* EuR 2006, 773; *Schmid* RRa 2004, 198; *ders.* ZLW 2005, 373; *ders.* NJW 2006, 1841; *ders.* NJW 2007, 261; *ders.* Air & Sp.L 2007, 376; *Staudinger* DAR 2007, 477; *ders.* NJW 2007, 3392; *Staudinger/Schmidt-Bendun* NJW 2004, 1897; *Staudinger/Schmidt-Bendun* VersR 2004, 971; *Tonner* RRa 2004, 59; *ders.* NJW 2006, 1854; *Wagner* VuR 2006, 337; *Weise/Schubert* TranspR 2006, 340.

solche Flugverspätungen und -ausfälle finanziell zu kompensieren, die nicht unter den Schadenstatbestand des Art. 19 MÜ (WA 1929/1955) fallen können, wegen ihrer persönlichen und nachhaltigen Auswirkungen auf den von ihnen betroffenen Fluggast rechtspolitisch aber gleichwohl entschädigungsbedürftig erscheinen. Es handelt sich um die Verordnung (EG) Nr. 261/2004 über eine gemeinsame Regelung für Ausgleichs- und Unterstützungsleistungen für Fluggäste im Fall der Nichtbeförderung und bei Annullierung oder großer Verspätung von Flügen und zur Aufhebung der Verordnung (EWG) Nr. 295/91.[48] Ebenso auch nur für Fluggäste gilt im Weiteren die Verordnung (EG) Nr. 1107/2006 über die Rechte von behinderten Flugreisenden und Flugreisenden mit eingeschränkter Mobilität.[49] Primär zugunsten des Personenluftverkehrs besteht schließlich auch die Verordnung (EG) Nr. 2111/2005 über die Erstellung einer gemeinschaftlichen Liste der Luftfahrtunternehmen, gegen die in der Gemeinschaft eine Betriebsuntersagung ergangen ist, sowie über die Unterrichtung von Fluggästen über die Identität des ausführenden Luftfahrtunternehmens.[50] S. zu dem letzteren: Art. 39 MÜ Rn. 40. Zur Versicherungspflicht von „Luftfahrtunternehmen der Gemeinschaft": Art. 50 MÜ Rn. 13 ff. Gemäß Art. 3 der Verordnung (EWG) Nr. 2409/92 des Rates über Flugpreise und Luftfrachtraten[51] werden die von den Luftfahrtunternehmen der Gemeinschaft in Rechnung gestellten Charterpreise, Sitztarife und Frachtraten „von den Parteien des Beförderungsvertrags frei vereinbart".

## V. Montrealer Übereinkommen und deutsches Luftbeförderungsrecht

**1. Gesetz zur Harmonisierung des Haftungsrechts im Luftverkehr.** Auf der **28** Ebene des nationalen *deutschen* Rechts ist von grundlegender Bedeutung das „Gesetz zur Harmonisierung des Haftungsrechts im Luftverkehr" vom 6.4.2004.[52] Es ist – abgestimmt mit der VO (EG) Nr. 889/2002 (Rn. 24) – nach seinem Art. 4 ebenfalls *zeitgleich mit dem MÜ,* dh. am *28. Juni 2004,* für *Deutschland* in Kraft getreten. Seine Anwendbarkeit auf den einzelnen Luftfrachtvertrag beurteilt sich nach den internationalprivatrechtlichen Kriterien der Art. 3 f. Rom I-VO[53] (Rn. 61 ff.).

Zum einen enthält dieses Gesetz in seinem Art. 1 das „Gesetz zur Durchführung des **29** Übereinkommens vom 28. Mai 1999 zur Vereinheitlichung bestimmter Vorschriften über die Beförderung im internationalen Luftverkehr (Montrealer-Übereinkommen-Durchfüh-

[48] Verordnung (EG) Nr. 261/2004 des Europäischen Parlaments und des Rates vom 11. Februar 2004 über eine gemeinsame Regelung für Ausgleichs- und Unterstützungsleistungen für Fluggäste im Fall der Nichtbeförderung und bei Annullierung oder großer Verspätung von Flügen und zur Aufhebung der Verordnung (EWG) Nr. 295/91 (ABl. EG 2004 Nr. L 46/04 S. 1). Die International Air Transport Association (IATA) und die European Low Fares Airline Association (ELFAA) hatten diese VO (EG) vor dem High Court of Justice *(England & Wales)* mit der Begründung angefochten, dass sie mit ihren Bestimmungen über Verspätung und Annullierung gegen das MÜ verstoße. Generalanwalt *Geelhoed* hatte beim EuGH am 8.9.2005 vorgeschlagen, die VO (EG) als gültig anzusehen. Vgl. insoweit: RRa 2005, 273. Der EuGH hat mit Urteil vom 10.1.2006 (NJW 2006, 351 = NZV 2006, 221 = EuZW 2006, 112) die Gültigkeit der Art. 5, 6 und 7 der VO (EG) Nr. 261/2004 bestätigt. S. hierzu auch: BGH 12.7.2006, NJW-RR 2006, 1719, zur VO EWG Nr. 295/91 vom 4.2.1991. S. ferner: Vorlagebeschluss des BGH vom 17. Juli 2007 (X ZR 95/06) an den EuGH zur Auslegung von Art. 2 lit. I, 5 Abs. 1 lit. c der Verordnung (EG) Nr. 264/2004 des Europäischen Parlaments und des Rates vom 11. Februar 2004, NJW 2007, 3437 = TranspR 2007, 363 = RRa 2007, 233.
[49] Verordnung (EG) Nr. 1107/2006 des Europäischen Parlaments und des Rates vom 5. Juli 2006 über die Rechte von behinderten Flugreisenden und Flugreisenden mit eingeschränkter Mobilität, ABl. EG 2006 Nr. L 204 S. 1.
[50] Verordnung (EG) Nr. 2111/2005 vom 14. Dezember 2005, ABl. EG 2005 Nr. L 344. Hierzu *Kohlhase* ZLW 2006, 22; *Lindner* RRa 2006, 58.
[51] VO (EWG) vom 23. Juli 1993, ABl. EG 1992 Nr. L 240 S. 15.
[52] BGBl. 2004 I S. 550. S. a. Bek. über das Inkrafttreten des Übereinkommens vom 28. Mai 1999 zur Vereinheitlichung bestimmter Vorschriften über die Beförderung im internationalen Luftverkehr (Montrealer Übereinkommen) und der Artikel 1 und 2 des Gesetzes zur Harmonisierung des Haftungsrechts im Luftverkehr vom 24.5.2004 (BGBl. I S. 1027).
[53] Im Rechtsbereich der *EU* gelten ab dem 17. Dezember 2009 Art. 3 f. der Verordnung (EG) Nr. 593/2008 des Europäischen Parlaments und des Rates vom 17. Juni 2008 über das auf vertragliche Schuldverhältnisse anzuwendende Recht („Rom I"), ABl. EG Nr. L 177 vom 4.7.2008.

rungsgesetz – MontÜG)". Dieses Gesetz[54] verweist in seinem § 2 hinsichtlich der „Haftung bei Güterschäden" und des nach Art. 18 MÜ insoweit zu leistenden *Schadensersatzes* auf § 429 HGB. Wegen der *Umrechnung des Sonderziehungsrechts* des Internationalen Währungsfonds iSd. des Art. 23 MÜ nimmt es in § 3 Bezug auf § 431 Abs. 4 HGB. Und schließlich sieht es in seinem § 4 im Hinblick auf die Schadensersatzpflicht eines „Luftfahrtunternehmen der Gemeinschaft", eines „Luftfahrzeugbetreiber" bzw. eines „Luftfrachtführers" (Art. 17 ff., 50 MÜ) jeweils eine *„Versicherungspflicht"* vor.

30    Zum anderen betrifft sein Art. 2 sodann „Änderungen des Luftverkehrsgesetzes". Hier konnten sich wegen der schon bisherigen Ausrichtung der §§ 44 ff. LuftVG nur noch auf *Personen-* und *Reisegepäck-* bzw. diesbezüglicher *Verspätungs*schäden konsequenterweise keine Folgewirkungen für das Güterfrachtrecht einstellen. Dieses bleibt damit im *nationalen* Bereich weiterhin der subsidiären Geltung allein der §§ 407 ff. HGB unterstellt (Art. 1 MÜ Rn. 51 ff.). Das Vorbild für die vorerwähnten „Änderungen" des LuftVG waren iE, wie schon bei der Anpassung der oben[55] erwähnten VO (EG) Nr. 889/2002, auch hier wiederum die einschlägigen Bestimmungen des MÜ selbst. Auch das 2. LuftHaftRHG vom 5.8.2010 (BGBl. I S. 1126) regelt keine Güterschäden.

31    **2. Ergänzung des MÜ durch die §§ 407 ff. HGB.** Demgegenüber bestehen im Rahmen von Gütertransporten auf dem Luftweg für die Abwicklung von *Frachtgut*schäden, abgesehen vom Versicherungsrecht,[56] neben dem MÜ keine entsprechenden zusätzlichen EU-Regelungen. Bei Anwendbarkeit *deutschen* Rechts (Art. 3 f. Rom I-VO[57]) wird das MÜ hier vielmehr primär durch die *nationalen* frachtrechtlichen Bestimmungen der §§ 407 ff. HGB[58] ergänzt (Art. 1 MÜ Rn. 51 ff.). Für diese Vorschriften ist ihrerseits charakteristisch, dass sie normativ – anders als die oben (Rn. 24) zitierte VO (EG) Nr. 889/2002 – nicht aus dem luftrechtlichen Montrealer Übereinkommen übernommen sind. Das mit der Abfassung der §§ 407 ff. HGB verfolgte legislative[59] Ziel war vielmehr deren bewusste inhaltliche Anlehnung an die landfrachtrechtliche CMR.[60] Diese rechtliche Vorgabe hat den Gesetzgeber im Ergebnis aber nicht davon abgehalten, auch die Gütertransporte *„mit Luftfahrzeugen"* (§ 407 Abs. 3 HGB) gleichwohl in die Gesetzesregelung der §§ 407 ff. HGB miteinzubeziehen. Dies hat zwar hinsichtlich der Sach- und Interessenlagen der am Lufttransport Beteiligten, dh. „Luftfrachtführer", „Absender" bzw. „Empfänger", zu keinen rechtlichen oder funktionellen Schwierigkeiten geführt. Doch ist die in Art. 29 CMR für den Landfrachtführer vorgesehene unbeschränkte Haftung im Falle seines qualifizierten Verschuldens dabei durch § 435 HGB auch für (Luft-) Frachtführer mitübernommen wor-

---

[54] Geändert durch Art. 1 G zur Anpassung luftversicherungsrechtlicher Vorschriften vom 19.4.2005 (BGBl. I S. 1070). Nunmehr: „Gesetz zur Durchführung des Übereinkommens vom 28. Mai 1999 zur Vereinheitlichung bestimmter Vorschriften über die Beförderung im internationalen Luftverkehr und zur Durchführung der Versicherungspflicht zur Deckung der Haftung für Güterschäden nach der Verordnung (EG) Nr. 785/2004 (Montrealer-Übereinkommen-Durchführungsgesetz – MontÜG)". Art. 336 der 9. ZuständigkeitsanpassungsVO vom 31.10.2006 (BGBl. I S. 2407) hat in § 4 Abs. 3 S. 1 MontÜG den Text „und Wohnungswesen" durch die Worte „und Stadtentwicklung" ersetzt. Abdruck des MontÜG unten mit Art. 57 MÜ. Vgl. für *Österreich:* Bundesgesetz, mit dem das Luftfahrtgesetz und das Bundesgesetz über den zwischenstaatlichen Luftverkehr 1997 geändert werden, vom 23. Juni 2006, (BGBl. Nr. 88/2006); für die *Schweiz:* Verordnung über den Lufttransport (LTrV) vom 17. August 2005 (AS 2005/1245).
[55] S. oben Rn. 24.
[56] Vgl. insoweit: Art. 7 VO (EWG) Nr. 2407/92 des Rates über die Erteilung von Betriebsgenehmigungen an Luftfahrtunternehmen vom 23. Juli 1992 (ABl. EG 1992 Nr. L 240 S. 1) sowie die VO (EG) Nr. 785/2004 des Europäischen Parlaments und des Rates vom 21. April 2004 über Versicherungsanforderungen an Luftfahrtunternehmen und Luftfahrzeugbetreiber (ABl. EG 2004 Nr. L 138 S. 1). S. a. G zur Anpassung luftversicherungsrechtlicher Vorschriften vom 19.4.2005 (BGBl. I S. 1070).
[57] Im Rechtsbereich der *EU* gelten ab dem 17. Dezember 2009: Art. 3 f. der Verordnung (EG) Nr. 593/2008 des Europäischen Parlaments und des Rates vom 17. Juni 2008 über das auf vertragliche Schuldverhältnisse anzuwendende Recht („Rom I"), Abl. EG Nr. L 177 vom 4.7.2008.
[58] Vgl. hierzu: Baumbach/Hopt/*Merkt* §§ 407 ff. HGB; *Koller* §§ 407 ff. HGB, sowie die Erl. in diesem KommBd.
[59] BR-Drucks. 368/97 vom 23.5.1997, S. 24, Buchst. b.
[60] Vgl. zu diesem Übk. die Erl. im vorl. KommBd.

den. Vgl. demgegenüber Art. 18 MÜ Rn. 98. Eine unbeschränkte Haftung iS dieser §§ 435 f. HGB kann iE bei Verspätungsschäden im Zusammenhang mit einem „Trucking" in Betracht kommen (Art. 19 MÜ Rn. 22).

## VI. Die Ergebnisse des Montrealer Übereinkommens im Überblick

**1. Rechtspolitische Aspekte.** Rechtspolitisch bildet das *Übereinkommen von Montreal* **32** auf dem Gebiet nicht nur der *Personen-*, sondern auch auf dem der *Reisegepäck-* und der *Güter*beförderung das abschließende Ergebnis von sieben Jahrzehnten völker-, europa- und schließlich auch AGB-rechtlichen[61] Teilentwicklungen, die in ihm als einem Gesamtkonzept des internationalen Luftprivatrechts homogen aufgegangen sind. Im Mittelpunkt des Übereinkommens steht hierbei ein neuer, und zwar auf weltweite Geltung angelegter Rechtsrahmen für die Haftung von Luftfrachtführern, – in der Praxis meistenteils zugleich auch „Luftfahrtunternehmen" (Art. 1 Abs. 1 MÜ) –, für *Personen-, Sach-* (Reisegepäck bzw. Frachtgut) oder *Verspätungsschäden* bei Beförderungen im internationalen Luftverkehr schlechthin.

**2. Ablösung des „Warschauer Systems" durch das MÜ im Detail.** Die mit dem **33** Übereinkommen von Montreal gerade gegenüber dem „Warschauer System" (Rn. 21) erzielten Neuerungen zeigen sich dabei in folgenden Details:

– Das **Zusatzabkommen** zum **Warschauer Abkommen** zur Vereinheitlichung von **34** Regeln über die von einem anderen als dem vertraglichen Luftfrachtführer ausgeführte Beförderung im internationalen Luftverkehr, gezeichnet am 18. September 1961 in **Guadalajara** (ZAG),[62] ist in das MÜ als dessen Kapitel V *(Art. 39–48 MÜ)* vollinhaltlich übernommen worden. Sowohl für die *Personen-* bzw. *Reisegepäckbeförderung* wie auch für den **Gütertransport** gelten daher insoweit künftig nur noch die *Art. 39 ff. MÜ.* Sie führen im Einzelnen – wie bisher – in diesen Transportbereichen zu einer rechtsbegrifflichen Verdoppelung des Haftungssubjekts „Luftfrachtführer". Dieser haftet nicht nur als ein „vertraglicher" Luftfrachtführer, sondern, bezogen auf seinen *eigenen tatsächlichen* Beförderungsteil, gleichwertig als ein „ausführender" Luftfrachtführer, und zwar für alle Schäden iS der *Art. 17 ff. MÜ.* Beide „Luftfrachtführer" sind iE Gesamtschuldner *(Art. 41 MÜ).* Neben die vier Gerichtsstände des *Art. 33 Abs. 1 MÜ* tritt insoweit durch *Art. 46 MÜ* zusätzlich auch ein **Gerichtsstand** an dem Wohnsitz bzw. der Hauptniederlassung dieses „ausführenden" Luftfrachtführers kumulativ hinzu.

– Bei **Tod** oder **körperlicher Verletzung** von **Fluggästen**[63] *haftet der Luftfrachtführer* **35** *generell unbegrenzt.* Diese Haftung ist – außer im Falle einer Schadensmitverursachung *(Art. 20 MÜ)* auf Seiten des Geschädigten – bei Schadensersatzansprüchen bis zur Höhe von *100 000 Sonderziehungsrechten (SZR)* je Person nicht nur verschuldensunabhängig, sondern zu Lasten des Luftfrachtführers als dessen summenmäßig absolut zwingendes Haftungsminimum ausgestaltet *(Art. 21 Abs. 1 MÜ).* Zur Rezeption dieses Haftungstatbestandes zusätzlich auch in das Recht der *EU* für deren „Luftfahrtunternehmen der Gemeinschaft": oben Rn. 24.

– Im Falle der **Verspätung** von **Fluggästen** haftet der Luftfrachtführer zwar nach *Art. 19* **36** *MÜ* für die insoweit eingetretenen Verspätungsschäden. Doch ist seine Haftung nach *Art. 22 Abs. 1 MÜ* hier prinzipiell auf *4150 SZR* je Reisenden beschränkt. Aber selbst

---

[61] Von besonderer Bedeutung war hier das „IATA-Intercarrier Agreement on Passenger Liability" (ILA). Es enthält eine AGB-Textvorlage für eine freiwillige vertragliche Aufhebung der Luftfrachtführer in den Art. 17 ff. WA zugestandenen Haftungsbeschränkung bei *Personen*schäden. Damit nahm es die Regelung der Art. 17 ff. MÜ inhaltlich vorweg. Das ILA wird ergänzt durch das „IATA-Agreement on Measures to Implement the IATA-Intercarrier Agreement" (MIA). Beide AGB- (Muster-) Texte wurden auf der IATA-Jahrestagung in *Kuala Lumpur* am 31.10.1995 verabschiedet und sind seither in Gebrauch. Wiedergabe der Texte in: TranspR 1997, 43. Bericht über das IATA-Intercarrier Agreement on Passenger Liability: *Ruhwedel* TranspR 1997, 1.
[62] S. Art. 55 Abs. 1 Buchst. c MÜ.
[63] Vgl. hierzu § 1 des Montrealer-Übereinkommen-Durchführungsgesetz – MontÜG – vom 6.4.2004 (BGBl. I S. 550); geändert durch G vom 19.4.2005 (BGBl. I S. 1070); geändert durch Art. 336 VO vom 31.10.2006 (BGBl. I S. 2407); zuletzt geändert durch Art. 5 G. vom 24.8.2009 (BGBl. I S. 2942). Abdruck des MontÜG unten nach Art. 57 MÜ. Die Vorschrift verweist auf die §§ 35, 36, 38 und 45 Abs. 3 LuftVG.

diese Haftung entfällt schließlich noch, wenn der Luftfrachtführer „nachweist, dass er und seine Leute alle zumutbaren Maßnahmen zur Vermeidung des Schadens getroffen haben oder dass es ihm oder ihnen nicht möglich war, solche Maßnahmen zu treffen" *(Art. 19 MÜ)*. Umgekehrt trifft den Luftfrachtführer nach *Art. 22 Abs. 5 MÜ* andererseits eine vollkommen unbeschränkte Haftung, „wenn nachgewiesen wird, dass der Schaden durch eine Handlung oder Unterlassung des Luftfrachtführers oder seine Leute verursacht worden ist, die entweder in der Absicht, Schaden herbeizuführen oder leichtfertig und in dem Bewusstsein begangen wurde, dass wahrscheinlich ein Schaden eintreten wird; im Fall einer Handlung oder Unterlassung der Leute ist außerdem nachzuweisen, dass diese in Ausführung ihrer Verrichtungen gehandelt haben". Zur Rezeption dieses Haftungstatbestandes zusätzlich auch in das Recht der *EU* für deren „Luftfahrtunternehmen der Gemeinschaft": oben Rn. 24.

**37** – Bei **Sachschäden** an **Reisegepäck** kann sich die in *Art. 17 Abs. 2 MÜ* vorgesehene Haftung des Luftfrachtführers ganz oder teilweise reduzieren, wenn auf Seiten des Anspruchstellers eine „Mitverschulden" iS des *Art. 20 MÜ* nachzuweisen ist. Die Haftung entfällt hier sogar vollends, „wenn und soweit der Schaden auf die Eigenart des Reisegepäcks oder einen ihm innewohnenden Mangel zurückzuführen ist". Im Falle von „nicht aufgegebenem Reisegepäck, einschließlich persönlicher Gegenstände **(Bordgepäck)**, ist der Luftfrachtführer im Weiteren nur noch für einen Schaden haftbar, der „auf sein Verschulden oder auf das Verschulden seiner Leute zurückzuführen ist". Ansonsten wird nach *Art. 17 Abs. 4 MÜ* grundsätzlich nicht mehr zwischen aufgegebenem und anderem (Hand-) Gepäck eines Fluggastes unterschieden. Dies hat im Einzelnen zur Folge, dass auch das Höchstmaß der Haftung des Luftfrachtführers bei diesen Gegenständen nach *Art. 22 Abs. 2 MÜ* einheitlich ist und hier prinzipiell der Höhe nach insgesamt nur *1000 SZR* beträgt. Zur Rezeption dieses Haftungstatbestandes zusätzlich auch in das Recht der *EU* für deren „Luftfahrtunternehmen der Gemeinschaft": oben Rn. 24.

**38** – Dieser Maximalbetrag erfasst nach der vorgenannten Vorschrift bei **Reisegepäck** grundsätzlich auch den Fall eines diesbezüglichen **Verspätungsschadens**. Doch kann der Luftfrachtführer sich hier nach *Art. 19 MÜ* sogar von jeglicher Haftung befreien, „wenn er nachweist, dass er und seine Leute alle zumutbaren Maßnahmen zur Vermeidung des Schadens getroffen haben oder dass es ihm oder ihnen nicht möglich war, solche Maßnahmen zu treffen". Zur Rezeption dieses Haftungstatbestandes zusätzlich auch in das Recht der *EU* für deren „Luftfahrtunternehmen der Gemeinschaft": oben Rn. 24.

**39** – Umgekehrt haftet der Luftfrachtführer bei der Beförderung von **Reisegepäck** für „**Zerstörung, Verlust, Beschädigung** oder **Verspätung**" *ohne* die *Beschränkung des Art. 22 Abs. 2 MÜ* auf den dortigen Betrag von *1000 SZR,* wenn im Sinne des *Art. 22 Abs. 5 MÜ* „nachgewiesen wird, dass der Schaden durch eine Handlung oder Unterlassung des Luftfrachtführers oder seiner Leute verursacht worden ist, die entweder in der Absicht, Schaden herbeizuführen, oder leichtfertig und in dem Bewusstsein begangen wurde, dass wahrscheinlich ein Schaden eingetreten wird; im Falle einer Handlung oder Unterlassung der Leute ist außerdem nachzuweisen, dass diese in Ausführung ihrer Verrichtungen gehandelt haben".

**40** – Bei **Substanzschäden** an **Frachtgütern**[64] **(Art. 18 MÜ)** *haftet* der Luftfrachtführer demgegenüber ohne jede Ausnahme stets unabhängig von irgendeinem Verschulden auf seiner Seite. Zum Ausgleich hierfür entfällt seine Haftung nach *Art. 18 Abs. 2 MÜ* andererseits bis zu ihrem vollen Umfang, wenn und soweit er beweist, dass der eingetretene Schaden durch einen der in dieser Bestimmung genannten externen Umstände entstanden ist, die Schadensursache, also beispielsweise in der „Eigenart der Güter", „mangelhafter Verpackung", „Kriegshandlung" usw., zu suchen ist.

---

[64] Vgl. hierzu: § 2 des Montrealer-Übereinkommen-Durchführungsgesetz – MontÜG – vom 6.4.2004 (BGBl. I S. 550); geändert durch G vom 19.4.2005 (BGBl. I S. 1070); geändert durch Art. 336 VO vom 31.10.2006 (BGBl. I S. 2407); zuletzt geändert durch Art. 5 G. vom 24.8.2009 (BGBl. I S. 2942). Abdruck des MontÜG unten nach Art. 57 MÜ. Die Vorschrift verweist auf § 429 HGB.

– Ansonsten ist die *Haftung* des Luftfrachtführers bei **Güterschäden** *stets beschränkt,* und zwar auf den maximalen Betrag von *19 SZR je Kilogramm* des beförderten Gutes *(Art. 22 Abs. 3 MÜ).* Eine weiterreichende Haftung tritt selbst dann nicht ein, wenn auf Seiten des Luftfrachtführers grobe Fahrlässigkeit oder möglicherweise sogar Vorsatz vorliegen sollte. Absender oder Empfänger als Geschädigte können eine höhere Haftungssumme infolgedessen nur dann erwarten, wenn dem Luftfrachtführer gegenüber zuvor eine „Wertdeklaration" *(Art. 22 Abs. 3 MÜ)* abgegeben[65] oder mit ihm eine höher liegende Haftungssumme *(Art. 25 MÜ)* besonders vereinbart worden ist. 41

– **Verspätungsschäden** bei **Frachtgütern (Art. 19 MÜ).** Der vorgenannte Maximalbetrag von *19 SZR je Kilogramm des beförderten Gutes* gilt nach *Art. 22 Abs. 3 MÜ* auch im Falle von güterbezogenen *Verspätungsschäden.* Und ebenso wie bei **Verspätungsschäden** im Zusammenhang mit „Reisegepäck" kann sich der Luftfrachtführer auch bei einer „Verspätung" von „Gütern" nach *Art. 19 MÜ* letztlich jeglicher Haftung entziehen, „wenn er nachweist, dass er und seine Leute alle zumutbaren Maßnahmen zur Vermeidung des Schadens getroffen haben oder dass es ihm oder ihnen nicht möglich war, solche Maßnahmen zu treffen". 42

– **Schadensberechnungen** und **Ersatzleistungen** orientieren sich nicht mehr länger an dem „Poincaré-Franc" iS des Art. 22 Abs. 5 WA 1955. Sie richten sich vielmehr nun in allen Haftungsteilbereichen, dh. sowohl bei der *Personen-*, der *Reisegepäck-* wie bei der *Güter*beförderung, nach dem **Sonderziehungsrecht**[66] des Internationalen Währungsfonds *(Art. 23 MÜ).* 43

– Bei Luftfahrzeugunfällen, die den *Tod* oder eine *Körperverletzung* von **Fluggästen** zur Folge haben, hat der Luftfrachtführer allen insoweit schadensersatzberechtigten natürlichen Personen **unverzüglich** eine **Vorauszahlung** als **Soforthilfe** zu leisten, die sich des näheren nach dem jeweils maßgeblichen *nationalen* (bzw. *EU-*[67]) Recht bestimmt *(Art. 28 MÜ).* Im Zusammenhang mit *Frachtgutschäden* besteht keine entsprechende Vorauszahlungspflicht, und zwar weder nach dem MÜ, noch nach dem Recht der EU oder nach den §§ 407 ff. HGB. 44

– Der Luftfrachtführer soll staatlicherseits in die Pflicht genommen werden, eine angemessene **Versicherung** nach dem – auch hier – maßgeblichen *nationalen*[68] (bzw. *EU-*[69]) Recht abzuschließen, die seine im Übereinkommen vorgesehene Haftung abdeckt *(Art. 50 MÜ).* Dies gilt nicht zuletzt auch für seine in *Art. 18–19 MÜ* vorgesehene Haftung für *Schäden* durch Zerstörung, Verlust oder Beschädigung von *Gütern* sowie für *Schäden* infolge deren *Verspätung.* 45

– **Schadensersatzklagen** aus Anlass des *Todes* oder der *Körperverletzung* eines **Fluggastes** können *(zusätzlich)* auch bei *Gerichten eines Staates* erhoben werden, in dem der Fluggast im Zeitpunkt des Unfalls seinen *ständigen Wohnsitz* hatte und in das oder aus dem der Luftfrachtführer Fluggäste im Luftverkehr gewerbsmäßig befördert *(Art. 33 Abs. 2 MÜ).* 46

---

[65] Hierzu: *Ruhwedel,* FS Thume, 2008, S. 239.

[66] Vgl. hierzu: § 3 des Montrealer-Übereinkommen-Durchführungsgesetz – MontÜG – vom 6.4.2004 (BGBl. I S. 550); geändert durch G vom 19.4.2005 (BGBl. I S. 1070); geändert durch Art. 336 VO vom 31.10.2006 (BGBl. I S. 2407); zuletzt geändert durch Art. 5 G. vom 24.8.2009 (BGBl. I S. 2942). Abdruck des MontÜG unten nach Art. 57 MÜ. Die Vorschrift verweist auf § 431 Abs. 4 HGB sowie auf § 49b LuftVG.

[67] Art. 5 VO (EG) Nr. 889/2002 vom 13. Mai 2002 (ABl. EG Nr. L 140 S. 2). Hierzu: *Bollweg,* FG Ruhwedel, 2004, S. 57; *R. Schmid* TranspR 2005, 346.

[68] Vgl. §§ 50 und 51 LuftVG sowie § 4 des Montrealer-Übereinkommen-Durchführungsgesetz – MontÜG – vom 6.4.2004 (BGBl. I S. 550) – wiedergegeben unten nach Art. 57 MÜ. S. auch Gesetz zur Anpassung luftversicherungsrechtlicher Vorschriften vom 19.4.2005 (BGBl. I S. 1070).

[69] Vgl. insoweit Art. 7 VO (EWG) Nr. 2407/92 des Rates über die Erteilung von Betriebsgenehmigungen an Luftfahrtunternehmen vom 23. Juli 1992 (ABl. EG Nr. L 240 S. 1); Art. 3 Abs. 2 VO (EG) Nr. 2027/97 des Rates über die Haftung von Luftfahrtunternehmen bei der Beförderung von Fluggästen und deren Gepäck im Luftverkehr vom 9. Oktober 1997 (ABl. EG Nr. L 528 S. 1), idF der Änderung durch die VO (EG) Nr. 889/2002 des Europäischen Parlaments und des Rates vom 13. Mai 2002 (ABl. EG Nr. L 140 S. 2.) sowie die VO (EG) Nr. 785/2004 des Europäischen Parlaments und des Rates über Versicherungsanforderungen an Luftfahrtunternehmen und Luftfahrzeugbetreiber vom 21. April 2004 (ABl. EG Nr. L 138).

Einen solchen – zusätzlichen – **Gerichtsstand** gewährt das MÜ hingegen nicht im Zusammenhang mit *Frachtgutschäden*.

47   – Die **Dokumentation** bei der Beförderung von Fluggästen, ihrem Reisegepäck oder von **Frachtgut** ist insgesamt vereinfacht und modernisiert. Im Falle des *Frachtguttransports* kann insbesondere ein **„elektronischer" Luftfrachtbrief** verwendet werden *(Art. 4 Abs. 2 MÜ)*.

## VII. Die Auslegung des Montrealer Übereinkommens

48   Ungeachtet aller vorgenannten Modernisierungen des „Warschauer Systems" erhebt auch das neue Montrealer Übereinkommen nicht den Anspruch, das Recht des Luftbeförderungsvertrags abschließend zu regeln. Hatte zuvor schon das Warschauer Abkommen (1929) solche Erwartungen mit seiner Überschrift „Convention pour l'Unification de *certaines* Règles ..." von vornherein nicht aufkommen lassen, so folgt ihm darin entsprechend auch das Montrealer Übereinkommen mit seinem *(engl.* Original-) Titel: „Convention for the Unification of *Certain* Rules ...".

49   **1. Auslegung sowie Ergänzung des MÜ.** Es verbleiben daher auch hier Tatbestände, die durch eine Auslegung konkretisiert werden müssen. Dies betrifft beispielsweise den bereits erwähnten Begriff der „Verspätung" iS des Art. 19 MÜ (Art. 19 MÜ Rn. 12). Auch lassen sich im weiteren Rechtsfragen finden, die das MÜ in keiner Weise anspricht. Dies gilt namentlich für die Fälle der „Nichtbeförderung" (Art. 19 MÜ Rn. 48). Hier stellt sich infolgedessen das weitere Problem, welches nationales Recht neben dem Montrealer Übereinkommen sodann ergänzend heranzuziehen ist.

50   **2. Rechtsprechung und Schrifttum zum „Warschauer System" als Auslegungsvorgaben.** Mit beiden Regelungsdefiziten steht das Montrealer Übereinkommen indessen in der Tradition des vorausgegangenen Warschauer Abkommens, so dass die hierzu in Rechtsprechung und Schrifttum bereits erarbeiteten Rechtsgrundsätze auch weiterhin Beachtung finden können.[70]

51   **3. Textbezogene Auslegungen.** Im Falle einer *textbedingten* Auslegungsschwierigkeit kann nicht die *deutsche* Übersetzung dieses Übereinkommens maßgeblich sein. Für die Interpretation des MÜ sind vielmehr seine Texte in ihren – untereinander gleichwertigen – Originalsprachen heranzuziehen. Dies sind nach Art. 57 MÜ iE: *Arabisch, Chinesisch, Englisch, Französisch, Russisch* und *Spanisch*.

52   **4. Generelle Orientierung einer Auslegung an dem Gedanken des MÜ als Einheitsrecht.** Bei der Auslegung ist sodann stets zu berücksichtigen, dass das MÜ ein selbständiges Einheitsrecht enthält und insoweit der Rechtsvereinheitlichung dienen soll. Mit der angestrebten Vereinheitlichung des materiellen Rechts wird das Ziel verfolgt, die Prüfung der kollisionsrechtlichen Frage, welches *nationale* Recht anzuwenden ist, überflüssig zu machen und den Beteiligten die Anwendung „fremden" Rechts zu ersparen.[71]

53   **5. Einzelne Auslegungskriterien.** Diesem Vereinheitlichungszweck entspricht es, das Übereinkommen aus sich heraus auszulegen und gegebenenfalls zu ergänzen. Erforderlich ist dementsprechend stets eine Interpretation, die zwar vom Wortlaut ausgeht, aber auch, insbesondere wenn die Entstehungsgeschichte keinen Aufschluss gibt, den logisch-systematischen Zusammenhang der einzelnen Bestimmungen und vor allem ihren Sinn und Zweck berücksichtigt. Insofern dürfen innerstaatliche Rechtsbegriffe nicht unbesehen übernom-

---

[70] So auch: FrankfKomm/*Giemulla* Bd. 3 MÜ Einl. Rn. 73.
[71] Zum WA 1929/1955: BGH 19.3.1976, NJW 1976, 1583 = VersR 1976, 778. *Basedow* TranspR 1994, 338; *Brandi-Dorn* TranspR 1996, 45; *Drion* Journ.AirL.Com. 1952, 423; *Risch,* Divergenzen in der Rechtsprechung zum Warschauer Abkommen und die Mittel zur Sicherung der einheitlichen Auslegung des vereinheitlichten Luftprivatrechts, Diss. München 1973; *Schiller* TranspR 1996, 173; *Trompenaars,* Pluriforme unification en uniform interpretatie, Deventer 1989; *Winkler* NVwZ 1994, 450.

men werden, weil sonst das Ziel der Rechtsvereinheitlichung gefährdet würde. Die Auslegung ist vielmehr im Sinne des Einheitsrechts selbst mit dem Ziel einer möglichst gleichmäßigen Anwendung in allen Vertragsstaaten.[72] Insoweit handelt es sich beim Montrealer Übereinkommen wie zur schon beim WA 1929/1955 um ein autonomes Vertragswerk.

Hierbei ist eine Vorschrift dieses Übereinkommens nach dem mit ihr verfolgten Zweck **54** („purposive construction") und nicht buchstäblich („literal") auszulegen. Bei der Auslegung eines internationalen Übereinkommens, das Rechtsvereinheitlichung bezweckt, kann das Gericht auch auf die diesbezüglichen Vorarbeiten[73] zurückgreifen, wenn der Konventionstext mehrdeutig oder unklar ist oder das durch wörtliche Auslegung erreichte Ergebnis dem Zweck der Vorschrift zuwiderläuft. Beim Rückgriff auf Konferenzberichte ist zu beachten, dass sie öffentlich zugänglich sind sowie den Willen des Konventionsgebers eindeutig und unzweifelhaft wiedergeben. Ein auf Rechtseinheit gerichtetes internationales Übereinkommen ist unter Beachtung der Rechtsprechung der Gerichte der Vertragsstaaten und der ausländischen Literatur auszulegen. Konferenzberichte, ausländische Urteile und ausländische Literatur sind nur Hilfen bei der vom Gericht allein zu entscheidenden Auslegung des Vertragstextes.[74] Da das MÜ auch von der *EU* ratifiziert worden ist (oben Rn. 18), fällt es zugleich in die Kategorie des Gemeinschaftsrechts. Dies hat iE zur Folge, dass bei Auslegungsfragen ein Vorabentscheidungsverfahren iSd. Art. 267 AEUV (ex-Art. 234 EG) stattfindet und somit der EuGH über die jeweils strittige Auslegung des MÜ zu befinden hat.[75]

### VIII. Das neben dem Montrealer Übereinkommen geltende nationale Recht

Wie aus seiner Überschrift „Vereinheitlichung *bestimmter* Vorschriften" (engl. Original- **55** text: „Unification of *Certain* Rules") erkennbar ist, regelt das MÜ den Luftbeförderungsvertrag nicht in seiner Gesamtheit. Gegenstand der Übereinkommensregelung sind vielmehr nur einzelne, besonders wichtige Detailfragen dieses Vertrags. Infolgedessen stellt sich bei allen auftretenden, im MÜ nicht angesprochenen Rechtsproblemen, wie zum Beispiel im Falle einer „Nichtbeförderung" (Art. 19 MÜ Rn. 48), regelmäßig die Frage, nach welcher nationalen Rechtsordnung diese zu beurteilen sind.

**1. „Lex fori".** Das MÜ enthält bezüglich solcher Regelungslücken nur eine sehr rudi- **56** mentäre Entscheidungsvorgabe, wenn es für einzelne Fälle auf das Recht des jeweils angerufenen Gerichts („lex fori") verweist.[76] Dies betrifft iE: Art. 22 Abs. 6 MÜ (Ersatz der vom Kläger aufgewendeten Gerichtskosten und sonstiger Ausgaben für den Rechtsstreit einschließlich Zinsen); Art. 33 Abs. 4 MÜ (Prozessrecht des angerufenen Gerichts), Art. 35

---

[72] Zum WA 1929/1955: BGH 19.3.1976, NJW 1976, 1583 = VersR 1976, 778; BGH 17.10.1978, VersR 1979, 778; BGH 28.11.1978, BGHZ 72, 389, 393 = NJW 1979, 496, 497; BGH 16.6.1982, BGHZ 84, 339, 343 = NJW 1983, 518 (m. Anm. *Giemulla* S. 1953) = VersR 1983, 146 (m. Anm. *Wagner*) = IPRax 1984, 13 (m. Anm. *Nagel*); BGH 14.2.1989, LM LuftVG Nr. 24 = NJW-RR 1989, 723 = TranspR 1989, 275, 276 = NZV 1989, 266 = VersR 1989, 522 = ZLW 1989, 252, 254; LG Frankfurt/M. 7.3.1973, ZLW 1973, 306; HandelsG Zürich 11.11.1983, ZLW 1984, 252, 254; Cour de Cassation de Belgique 22.1.1977, Rev. fr. dr. aérien 1977, 193; Supreme Court of New South Wales, Court of Appeal *(Australien)* 20.7.1990, ETR 1991, 391, 400: „If the treaty text calls for interpretation, this ought to be done on the basis of elements that actually pertain to the treaty, notably its object, its purpose and its context as well as its preparatory work and genesis. The purpose of drawing up an international convention, designed to become a species of international legislation, will be wholly frustrated if the courts of each state were to interpret it in accordance with concept that are specific to there own legal system". (Zugleich inhaltlich identische Textpassage des vorzitierten Urteils der Cour de Cassation de Belgique 22.1.1977, Rev. fr. dr. aérien 1977, 197: „Si ce texte est obscure …").

[73] S. insoweit zum MÜ: ICAO-Documentation „Conference for the Unification of Certain Rules for International Carriage by Air", Vol. I: Minutes, Vol. II: Documents, Vol. III: Preparatory Material, Doc 9775-DC/2, Montreal 2002 (CD-ROM ★ ISBN 92-9194–005–4).

[74] House of Lords 10.7.1980 in re: *Fothergill* v. *Monarch Airlines Ltd.* („Fluggepäckschaden"; Art. 18 ff. WA 1929/1955), GRUR Int. 1982, 133. S. auch *Müller-Rostin* VersR 2001, 683.

[75] Vgl. *Basedow*, FS Schlechtriem, 2003, S. 165, 185; *Koller* Vor Art. 1 MÜ Rn. 3.

[76] Eine solche Verweisung besteht nicht mehr wie noch nach: Art. 21 WA (Berücksichtigung eines Mitverschuldens des Geschädigten), Art. 22 I WA (Festsetzung der Entschädigung in Form einer Geldrente) und Art. 25 WA (1929) („Dem Vorsatz gleichstehende Fahrlässigkeit").

Abs. 2 MÜ (Ausschlussfrist für Klagen gegen den Luftfrachtführer) und Art. 45 MÜ (Streitverkündung). Diese Rechtsverweisungen sind dabei ihrerseits durch Art. 49 MÜ festgeschrieben und daher zwingender Natur. Insofern können die Parteien für die vorgenannten Verweisungstatbestände nicht die Anwendbarkeit eines am Ort des angerufenen Gerichts nicht geltenden Rechts vereinbaren.

**57**    **2. Prozessrecht.** Von besonderer Bedeutung ist hier, dass der vorgenannte Art. 33 Abs. 4 MÜ ebenso wie nachfolgend auch Art. 45 MÜ gerade wegen des „Verfahrens" auch auf diese „lex fori" verweisen. Damit bleibt aus dem Anwendungsbereich des MÜ das Prozessrecht in seiner Gesamtheit ausgeklammert. Infolgedessen kann das jeweils angerufene Gericht – vor allem auch bei Schadensfällen iSd. Art. 17 ff. MÜ – unmittelbar auf der Grundlage des bei ihm geltenden Prozessrechts tätig werden. Dies ist bei einer Zuständigkeit *deutscher* Gerichte das Recht der Verordnung (EG) Nr. 44/2001 über die gerichtliche Zuständigkeit und die Anerkennung und Vollstreckung von Entscheidungen in Zivil- und Handelssachen vom 22.12.2000[77] sowie das Verfahrensrecht der *(deutschen)* Zivilprozessordnung (ZPO).

**58**    **3. Internationale und örtliche Zuständigkeiten von Gerichten.** Die Regelung der gerichtlichen Zuständigkeiten selbst ergibt sich indessen gerade bei Schadensfällen iSd. Art. 17 ff. MÜ wiederum unmittelbar und hier zudem auch abschließend aus dem MÜ, dh. aus Art. 33 Abs. 1–3 und aus Art. 46 MÜ[78] (s. dort).

**59**    **4. MÜ und „lex fori".** Abgesehen von den vorstehend dargestellten Verweisungen des MÜ auf die „lex fori" als das jeweils ergänzend geltende Recht enthält das MÜ weder unmittelbar noch mittelbar eine allgemeine Aussage darüber, welches *nationale* Recht in allen übrigen Fällen ergänzend Anwendung finden soll.[79]

**60**    **5. MÜ und IPR.** Die genannten Verweisungen auf die „lex fori" betreffen ihrerseits nur spezielle Einzelfragen und lassen deshalb nicht auf einen allgemeinen Rechtsgedanken schließen. Die im MÜ nicht geregelten Fragen können infolgedessen nicht schlechthin jeweils nach dem Recht des angerufenen Gerichts entschieden werden. Für solche vom MÜ nicht geregelte Rechtstatbestände verbleibt es vielmehr bei den allgemeinen Grundsätzen des *(deutschen)* IPR.[80]

**61**    **6. Rechtswahl.** Im Rechtsbereich der EU insgesamt gilt hier das Prinzip der Parteiautonomie, so dass stets eine Vereinbarung über das auf den einzelnen Vertrag anzuwendende Recht möglich ist.[81]

---

[77] „Brüssel I Verordnung". ABl. EG Nr. L 12/2001 vom 16.1.2001. Die VO (EG) ist am 1.3.2002 in Kraft getreten. Nach ihrem Art. 76 gilt diese VO (EG) „unmittelbar in den Mitgliedstaaten" der EU. Sie ist als Akt der Gemeinschaft an die Stelle des „Brüsseler Übereinkommens" über die gerichtliche Zuständigkeit und die Vollstreckung gerichtlicher Entscheidungen in Zivil- und Handelssachen vom 27.9.1968 – EuGVÜ – (BGBl. 1972 II S. 773) getreten. Gleiches gilt für das dem „Brüsseler Übereinkommen" parallele „Übereinkommen von Lugano" vom 16.9.1988 – LugÜ – (BGBl. 1995 II S. 221).

[78] Ergänzend gilt innerhalb der *EU* auch insoweit die Verordnung (EG) Nr. 44/2001 über die gerichtliche Zuständigkeit und die Anerkennung und Vollstreckung von Entscheidungen in Zivil- und Handelssachen vom 22.12.2000 (EuGVVO – „Brüssel I-Verordnung"). S. die vorangegangene Fn.

[79] Zum WA 1929/1955: LG München 17.7.1975, ZLW 1977, 155, 156; bestätigt durch OLG München 3.2.1977, 15 U 4368/75.

[80] Schrifttum: Münchener Kommentar zum Bürgerlichen Gesetzbuch, Bd. 10, Art. 1–46 EGBGB, Internationales Privatrecht, 6. Aufl. 2014; *Jayme/Hausmann,* Internationales Privat- und Verfahrensrecht, 16. Aufl. 2012; *Kegel/Schurig,* Internationales Privatrecht, 9. Aufl. 2004 (mit Nachtrag); *Kretschmer,* Das Internationale Privatrecht der zivilen Verkehrsluftfahrt, 2003; *Kropholler,* Internationales Privatrecht, 6. Aufl. 2006; *Rauscher,* Internationales Vertragsrecht. EGBGB, CISG, CMR, FactÜ, 2007; *Reithmann/Martiny* (Hrsg.), Internationales Vertragsrecht, 7. Aufl. 2010; *Schulze* ZRP 2006, 155; *von Bar/Mankowski,* Internationales Privatrecht, Bd. 1: Allgemeine Lehren, 2. Aufl. 2003.

[81] Art. 3 Rom I-VO. Zum WA 1929/1955: BGH 9.6.2004, NJW-RR 2004 = TranspR 2004, 369 = VersR 2005, 811; LG München 15.7.1975, ZLW 1977, 155; Cour d'Appel de Bruxelles 12.6.1967, ETR 1968, 444.

Art. 3 Rom I-VO, der inhaltlich auf Art. 3 Abs. 1 des EG-Übereinkommens von Rom **62**
über das auf vertragliche Schuldverhältnisse anzuwendende Recht vom 19.6.1980[82] zurückgeht, sieht hierzu im Einzelnen vor:

„Der Vertrag unterliegt dem von den Parteien gewählten Recht. Die Rechtswahl muss
ausdrücklich sein oder sich mit hinreichender Sicherheit aus den Bestimmungen des Vertrages oder aus den Umständen des Falles ergeben. Die Parteien können die Rechtswahl für
ihren ganzen Vertrag oder nur einen Teil desselben treffen."

Mit Rücksicht auf diesen Wortlaut braucht eine solche Rechtswahl[83] zwischen den Ver- **63**
tragsparteien nicht stets besonders abgesprochen werden. Sie kann vielmehr auch stillschweigend geschehen.[84] Allerdings genügt hierfür im Allgemeinen nicht allein eine rügelose Einlassung des Beklagten. Eine stillschweigende Einigung über die Wahl der Rechtsordnung des
heimischen Rechts des Geschädigten ist aber dann anzunehmen, wenn ein völkerrechtlicher
Vertrag – wie das Montrealer Übereinkommen – nur die Haftungsgrundlage regelt, aber den
Teilbereich des Haftungsumfangs dem jeweiligen nationalen Recht überlässt.[85]

Die Wahl einer *ausländischen* Rechtsordnung ergibt sich iE „eindeutig" (Art. 3 Abs. 1 **64**
Rom I-VO) „aus den Bestimmungen" des von den Parteien geschlossenen Vertrags, wenn
mehrere Vertragsbestimmungen an Bestimmungen des *ausländischen* Rechts anknüpfen.[86]
Nicht zuletzt beurteilt sich das Zustandekommen und die Wirksamkeit einer Rechtswahlvereinbarung nach dem Recht, das anzuwenden wäre, wenn der Vertrag oder die Bestimmung wirksam wäre.[87]

**7. Keine Verdrängung des MÜ durch Rechtswahl.** Wenn die Rechtswahl zu dem **65**
Ergebnis führt, dass das Montrealer Übereinkommen im einzelnen Streitfall rechtlich nicht
mehr einschlägig ist, hat dies nach Art. 49 MÜ die Nichtigkeit der betreffenden Vereinbarung zur Folge. Dies entspricht dem bisherigen Abkommensrecht des Art. 32 WA 1929/
1955.

**8. Fehlende Rechtswahl. Art. 5 Abs. 1 Rom I-VO.** Haben die Parteien des Luft- **66**
frachtvertrags keine Rechtswahl getroffen, so ist nach Art. 5 Abs. 1 Rom I-VO bei Güterbeförderungsverträgen das Recht des Staates anzuwenden,[88] in dem der Beförderer im Zeitpunkt des Vertragsschlusses „seinen gewöhnlichen Aufenthalt hat, sofern sich in diesem
Staat auch[89] der Übernahmeort oder der Ablieferungsort oder der gewöhnliche Aufenthalt

---

[82] ABl. EG 1983 Nr. L 058 S. 14; konsolidierte Fassung: ABl. EG 1998 Nr. C 027 S. 34. Im Rechtsbereich
der **EU** gelten ab dem 17. Dezember 2009: Art. 3 f. der Verordnung (EG) Nr. 593/2008 des Europäischen
Parlaments und des Rates vom 17. Juni 2008 über das auf vertragliche Schuldverhältnisse anzuwendende
Recht **(„Rom I-Verordnung"),** ABl. EG Nr. L 177 vom 4.7.2008.

[83] Vgl. im Einzelnen: MüKoBGB/*Martiny,* Bd. 10, 6. Aufl. 2014, Art. 27 EGBGB; *Staudinger/Magnus*
(2005), Art. 27 EGBGB Rn. 140–142. S. hierzu auch: Art. 17 ABB-Fracht (2006): „Streitigkeiten aus oder
im Zusammenhang mit diesen Beförderungsbedingungen unterliegen deutschem Recht".

[84] Hierzu: BGH 28.1.1997, LM Art. 27 EGBGB 1986 Nr. 4 = NJW-RR 1997, 686 = MDR 1997,
439 = WM 1997, 560 (Zur konkludenten Wahl *deutschen* Rechts); BGH 19.1.2000, LM Art. 27 EGBGB
Nr. 9 *(Dörner)* = NJW-RR 2000, 1002 = MDR 2000, 692 = WM 2000, 1643 (Zur Auslegung einer
Rechtswahlvereinbarung: BGH 9.6.2004, NJW-RR 2004 = TranspR 2004, 369 = VersR 2005, 811 (Zu
Art. 18 WA 1929/1955). Schrifttum: *Basedow,* Rechtswahl und Gerichtsstandsvereinbarungen nach neuem
Recht, 1987; *Frings* ZLW 1977, 8; *Kegel/Schurig,* Internationales Privatrecht, 9. Aufl. 2004; *Kretschmer,* Das
internationale Privatrecht der zivilen Verkehrsluftfahrt, 2003; *Mankowski* RiW 2003, 2; *ders.* TranspR 1993,
213; *Reithmann/Martiny,* Internationales Vertragsrecht, 16. Aufl. 2012; *Sand* ZLW 1969, 205; *Schack* NJW
1984, 2736; *Scheuch,* Luftbeförderungsvertrag und Chartervertrag unter besonderer Berücksichtigung des IPR,
Diss. Zürich 1979.

[85] Zum WA 1929/1955: BGH 9.6.2004, NJW-RR 2004, 1482 = TranspR 2004, 369 = VersR 2005,
811.

[86] OLG Köln 8.1.1993, MDR 1993, 315 = RIW/AWD 1993, 414.

[87] OLG Naumburg 19.6.2003, NJOZ 2004, 14.

[88] Vgl. im Einzelnen MüKoBGB/*Martiny,* Bd. 10, 6. Aufl, 2014, Art. 28 EGBGB.

[89] Zum vergleichbaren IPR des EGBGB: Die Hauptniederlassung des Beförderers alleine kann daher nicht
die Vermutung des Art. 28 Abs. 4 EGBGB auslösen: OLG Düsseldorf 21.4.1994, TranspR 1995, 350. Zum
Verhältnis von Art. 28 Abs. 2 zu Art. 28 Abs. 4 EGBGB: OLG Frankfurt/M. 23.12.1992, NJW-RR 1993,
809 = TranspR 1993, 104, 105 = ZLW 1993, 318; OLG Frankfurt/M. 18.4.2007, TranspR 2007, 367,
371 = NJOZ 2007, 4701.

des Absenders befindet. Sind diese Voraussetzungen nicht erfüllt, so ist das Recht des Staates des von den Parteien vereinbarten Ablieferungsorts anzuwenden." Als Güterbeförderungsverträge gelten für die Anwendung dieses Absatzes auch Charterverträge für eine einzige Reise und andere Verträge, die in der Hauptsache der Güterbeförderung dienen". Dies bedeutet im Einzelnen, dass bei Frachtgutbeförderungen durch ein Luftfahrtunternehmen mit Sitz in *Deutschland* stets *deutsches* Recht anzuwenden ist, wobei es nicht darauf ankommt, ob die Beförderung von oder nach *Deutschland* erfolgt. Bei der Frachtgutbeförderung durch ein Luftfahrtunternehmen mit *ausländischem* Sitz aus oder in dessen Heimatland gilt hingegen dessen Rechtsordnung.

**67**     **9. Ausnahme des Art. 5 Abs. 3 Rom I-VO.** Ergibt sich hingegen und ausnahmsweise aus der **Gesamtheit der Umstände,** dass der Vertrag im Falle fehlender Rechtswahl eine offensichtlich engere Verbindung zu einem anderen als dem nach Abs. 1 … bestimmten Staat aufweist, so ist das Recht dieses anderen Staates anzuwenden.[90]

**68**     **10. Ergänzung des MÜ durch allgemeine Vorschriften des HGB und des BGB.** Wegen des im Einzelfall anzuwendenden *deutschen* Vertragsrechts der §§ 407 ff. HGB,[91] der (Art. 2 EGHGB) §§ 631 ff. BGB und des § 675 BGB s. unten Art. 1 MÜ Rn. 49 ff. Eine Liste der Mitgliedstaaten des MÜ findet sich unten in Art. 1 MÜ Rn. 64.

## IX. Übereinkommen zur Vereinheitlichung bestimmter Vorschriften über die Beförderung im internationalen Luftverkehr, gezeichnet in Montreal am 28. Mai 1999 – Montrealer Übereinkommen –

*(ÜBERSETZUNG)*[92]

**69**     Die VERTRAGSSTAATEN DIESES ÜBEREINKOMMENS –
IN ANERKENNUNG des bedeutenden Beitrags, den das am 12. Oktober 1929 in Warschau unterzeichnete Abkommen zur Vereinheitlichung von Regeln über die Beförderung im internationalen Luftverkehr (im folgenden als „Warschauer Abkommen" bezeichnet) und andere damit zusammenhängende Übereinkünfte zur Harmonisierung des internationalen Luftprivatrechts geleistet haben;
IN DER ERKENNTNIS, dass es notwendig ist, das Warschauer Abkommen und die damit zusammenhängende Übereinkünfte zu modernisieren und zusammenzuführen;
IN ANERKENNUNG der Bedeutung des Schutzes der Verbraucherinteressen bei der Beförderung im internationalen Luftverkehr und eines angemessenen Schadensersatzes nach dem Grundsatz des vollen Ausgleichs;
IN BEKRÄFTIGUNG des Wunsches nach einer geordneten Entwicklung des internationalen Luftverkehrs und einer reibungslosen Beförderung von Reisenden, Reisegepäck und Gütern in Übereinstimmung mit den Grundsätzen und Zielen des am 7. Dezember 1944 in Chicago beschlossenen Abkommens über die Internationale Zivilluftfahrt;
IN DER ÜBERZEUGUNG, dass gemeinsames Handeln der Staaten zur weiteren Harmonisierung und Kodifizierung bestimmter Vorschriften über die Beförderung im internationalen Luftverkehr durch ein neues Übereinkommen das beste Mittel ist, um einen gerechten Interessenausgleich zu erreichen –
SIND WIE FOLGT ÜBEREINGEKOMMEN:[93]

---

[90] OLG Frankfurt/M. 18.4.2007, TranspR 2007, 367 (m. Anm. *Müller-Rostin*) = NJOZ 2007, 4701; BGH 22.10.2009, NJW-RR 2010, 548 = TranspR 2009, 479: Zur „engsten Verbindung" iSd. insoweit vergleichbaren Art. 28 Abs. 1 EGBGB bei einem Luftfrachttransport von *Mailand* nach *Kopenhagen* (2003) durch ein *deutsches* Luftfahrtunternehmen als Luftfrachtführer.
[91] S. auch Baumbach/Hopt/*Merkt* §§ 407 ff. HGB; *Koller* §§ 407 ff. HGB, sowie die Erl. in diesem KommBd.
[92] Zur *deutschsprachigen* Übersetzung oben Einl. Rn. 12.
[93] Vgl. die nachfolgend wiedergegebenen und erläuterten Art. 1–57 dieses Übereinkommens.

## Convention for the Unification of Certain Rules for International Carriage by Air, done at Montreal on 28 May 1999[1]

The STATES PARTIES TO THIS CONVENTION

RECOGNIZING the significant contribution of the Convention for the Unification of Certain Rules Relating to International Carriage by Air signed in Warsaw on 12 October 1929, hereinafter referred to as the „Warsaw Convention", and other related instruments to the harmonization of private international air law;

RECOGNIZING the need to modernize and consolidate the Warsaw Convention and related instruments;

RECOGNIZING the importance of ensuring protection of the interests of consumers in international carriage by air and the need for equitable compensation based on the principle of restitution;

REAFFIRMING the desirability of an orderly development of international air transport operations and the smooth flow of passengers, baggage and cargo in accordance with the principles and objectives of the Convention on International Civil Aviation, done at Chicago on 7 December 1944;

CONVINCED that collective State action for further harmonization and codification of certain rules governing international carriage by air through a new Convention is the most adequate means of achieving an equitable balance of interests;

HAVE AGREED AS FOLLOWS:

## Convention pour l'unification de certaines règles relatives au transport aérien international, fait à Montréal le 28 mai 1999

RECONNAISSANT l'importante contribution de la Convention pour l'unification de certaines règles relatives au transport aérien international, signée à Varsovie le 12 octobre 1929, ci-après appelée la „Convention de Varsovie" et celle d'autres instruments connexes à l'harmonisation du droit aérien international privé,

RECONNAISSANT la nécessité de moderniser et de refondre la Convention de Varsovie et les instruments connexes,

RECONNAISSANT l'importance d'assurer la protection des intérêts des consommateurs dans le transport aérien international et la nécessité d'une indemnisation équitable fondée sur le principe de réparation,

RÉAFFIRMANT l'intérêt d'assurer le développement d'une exploitation ordonnée du transport aérien international et un acheminement sans heurt des passagers, des bagages et des marchandises, conformément aux principes et aux objectifs de la Convention relative à l'aviation civile internationale faite à Chicago le 7 décembre 1944,

CONVAINUS que l'adoption de mesures collectives par les États en vue d'harmoniser davantage et de codifier certaines règles régissant le transport aérien international est le meilleur moyen de réaliser un équilibre équitable des intérêts,

LES ÉTATS PARTIES À LA PRÉSENTE CONVENTION SONT CONVENUS DE CE QUI SUIT:

## Kapitel I. Allgemeine Bestimmungen

### Art. 1 Anwendungsbereich

**(1) [1]Dieses Übereinkommen gilt für jede internationale Beförderung von Personen, Reisegepäck oder Gütern, die durch Luftfahrzeuge gegen Entgelt erfolgt. [2]Es**

---

[1] ICAO-Document 9740. Das Übereinkommen ist in *arabischer, chinesischer, englischer, französischer, russischer* und *spanischer* Sprache abgefasst, wobei jede dieser Sprachfassungen gleichermaßen verbindlich ist. Nachfolgend sind der *engl.* und der *franz.* Originaltext wiedergegeben, wie er auch im deutschen Ratifikationsgesetz vom 6.4.2004 (BGBl. II S. 458) enthalten ist.

gilt auch für unentgeltliche Beförderungen durch Luftfahrzeuge, wenn sie von einem Luftfahrtunternehmen ausgeführt werden.

(2) [1]Als „internationale Beförderung" im Sinne dieses Übereinkommens ist jede Beförderung anzusehen, bei der nach den Vereinbarungen der Parteien der Abgangsort und der Bestimmungsort, gleichviel ob eine Unterbrechung der Beförderung oder ein Fahrzeugwechsel stattfindet oder nicht, in den Hoheitsgebieten von zwei Vertragsstaaten liegen oder wenn diese Orte zwar im Hoheitsgebiet nur eines Vertragsstaats liegen, aber eine Zwischenlandung in dem Hoheitsgebiet eines anderen Staates vorgesehen ist, selbst wenn dieser Staat kein Vertragsstaat ist. [2]Die Beförderung zwischen zwei Orten innerhalb des Hoheitsgebiets nur eines Vertragsstaats ohne eine Zwischenlandung im Hoheitsgebiet eines anderen Vertragsstaates gilt nicht als internationale Beförderung im Sinne dieses Übereinkommens.

(3) Ist eine Beförderung von mehreren aufeinanderfolgenden Luftfrachtführern auszuführen, so gilt sie, gleichviel ob der Beförderungsvertrag in der Form eines einzigen Vertrags oder einer Reihe von Verträgen geschlossen worden ist, bei der Anwendung dieses Übereinkommens als eine einzige Beförderung, sofern sie von den Parteien als einheitliche Leistung vereinbart worden ist; eine solche Beförderung verliert ihre Eigenschaft als internationale Beförderung nicht dadurch, dass ein Vertrag oder eine Reihe von Verträgen ausschließlich im Hoheitsgebiet desselben Staates zu erfüllen ist.

(4) Dieses Übereinkommen gilt auch für Beförderungen nach Kapitel V vorbehaltlich der darin enthaltenen Bedingungen.

### Chapitre I. Généralités
### Art. 1 Champ d'application

1. La présente convention s'applique à tout transport international de personnes, bagages ou marchandises, effectué par aéronef contre rémunération. Elle s'applique également aux transports gratuits effectués par aéronef par une entreprise de transport aérien.

2. Au sens de la présente convention, l'expression transport international s'entend de tout transport dans lequel, d'après les stipulations des parties, le point de départ et le point de destination, qu'il y ait ou non interruption de transport ou transbordement, sont situés soit sur le territoire de deux États parties, soit sur le territoire d'un seul État partie si une escale est prévue sur le territoire d'un autre État, même si cet État n'est pas un État partie. Le transport sans une telle escale entre deux points du territoire d'un seul État partie n'est pas considéré comme international au sens de la présente convention.

3. Le transport à exécuter par plusieurs transporteurs successifs est censé constituer

### Chapter I. General Provisions
### Art. 1 Scope of Application

1. This Convention applies to all international carriage of persons, baggage or cargo performed by aircraft for reward. It applies equally to gratuitous carriage by aircraft performed by an air transport undertaking.

2. For the purposes of this Convention, the expression international carriage means any carriage in which, according to the agreement between the parties, the place of departure and the place of destination, whether or not there be a break in the carriage or a transhipment, are situated either within the territories of two States Parties, or within the territory of a single State Party if there is an agreed stopping place within the territory of another State, even if that State is not a State Party. Carriage between two points within the territory of a single State Party without an agreed stopping place within the territory of another State is not international carriage for the purposes of this Conven tion.

3. Carriage to be performed by several successive carriers is deemed, for the purpo-

pour l'application de la présente conven tion un transport unique lorsqu'il a été envisagé par les parties comme une seule opération, qu'il ait été conclu sous la forme d'un seul contrat ou d'une série de contrats, et il ne perd pas son caractère international par le fait qu'un seul contrat ou une série de cont-rats doivent être exécutés intégralement dans le territoire d'un même État.

4. La présente convention s'applique aussi aux transports visés au Chapitre V, sous réserve des dispositions dudit chapitre.

ses of this Convention, to be one undivided carriage if it has been regarded by the parties as a single operation, whether it had been agreed upon under the form of a single con-tract or of a series of contracts, and it does not lose its international character merely because one contract or a series of contracts is to be performed entirely within the terri-tory of the same State.

4. This Convention applies also to car-riage as set out in Chapter V, subject to the terms contained therein.

Ähnliche Bestimmungen: Art. 1 WA 1929; Art. 1 WA 1955; Art. 1 WA/MP Nr. 4 (1975); Art. 1 Abs. 1 CMR (1956/1978), Art. 1 § 1 CIM 1999; Art. 2 HambR (1978); Art. 2 CMNI (2001) und Art. 1 ABB-Fracht (2010).

**Schrifttum:** *Berger-Walliser,* Luftbeförderungsbedingungen und AGB-Kontrolle im deutschen, französi-schen und internationalem Privatrecht, Bielefeld 2001; *Dettling-Ott,* Die Anwendbarkeit des sektoriellen Luftverkehrsabkommens zwischen der Schweiz und der Europäischen Gemeinschaft, *(schweiz.)* ASDA/SVLR-Bull. 2002, 38; *Diederiks-Verschoor,* Die gesetzlichen Regelungen für die Luftbeförderung von Tieren, ZLW 2004, 47; *Dimbeck,* Der Luftbeförderungsvertrag nach österreichischem Recht, in: Köln.Kompd.d.LuftR., Bd. 3 („Wirtschaftsrechtliche Aspekte des Luftverkehrs"), 2010, 80; *Eisenbarth,* Die Vereinbarkeit der IATA-Beförderungsbedingungen mit dem AGB-Gesetz unter Berücksichtigung des Warschauer Abkommens, des Luftverkehrsgesetzes und des Reisevertragsgesetzes, Köln 1986; *A. Gran,* Die IATA aus der Sicht deutschen Rechts – Organisation, Agenturverträge und Allgemeine Geschäftsbedingungen, Frankfurt/M. 1998; *ders.,* Die Beförderungsbedingungen im Luftfrachtverkehr, TranspR 1999, 173; *Haanappel,* Die International Air Transport Association (IATA), in: Köln.Kompd.d.LuftR., Bd. 1 („Grundlagen"), 2008, 87; *Hempel,* Der Luftbeförderungsvertrag nach schweizerischem Recht, in: Köln.Kompd.d.LuftR., Bd. 3 („Wirtschaftsrechtli-che Aspekte des Luftverkehrs"), 2010, 75; *Kehrberger,* IATA und IATA-Agentur. Rechtliche und organisatori-sche Struktur, TranspR 1996, 131; *Kirsch,* Der Luftbeförderungsvertrag, in: Köln.Kompd.d.LuftR., Bd. 3 („Wirtschaftsrechtliche Aspekte des Luftverkehrs"), 2010, 1; *Müller/Gyarmati,* Gewerbsmäßigkeit im schwei-zerischen Luftrecht, *(schweiz.)* ASDA/SVLR-Bull. 2004, 14; *Ramming,* Zur Anwendung des Montrealer Protokolls Nr. 4 durch deutsche Gerichte, TranspR 2011, 169; *Reuschle,* MÜ, Art. 1; *Ruhwedel,* Der Luftbeför-derungsvertrag – Ein Grundriss des deutschen und internationalen Rechts der Personen- und Güterbeförde-rung auf dem Luftweg, 3. Aufl. 1998; *ders.,* Die Türkei und das „Montrealer Übereinkommen" vom 28. Mai 1999, FS Hüseyin Ülgen, Istanbul 2007, Bd. I, S. 971; *Schladebach,* Der Luftbeförderungsvertrag, in: Köln.Kompd.d.LuftR., Bd. 3 („Wirtschaftsrechtliche Aspekte des Luftverkehrs"), 2010, 61; *Specht,* Die IATA. Eine Organisation des grenzüberschreitenden Luftlinienverkehrs und ihre Allgemeinen Beförderungsbedin-gungen, Frankfurt/M. 1973.

## Übersicht

| | Rn. | | | Rn. |
|---|---|---|---|---|
| I. Das Übereinkommen | 1–4 | b) „Unternehmer" (§ 14 BGB)/„Luft- | | |
| II. Anwendungsbereich des Überein- | | fahrtunternehmen der Gemeinschaft" | | |
| kommens | 5–8 | (VO EG Nr. 889/2002) | | 16 |
| 1. Zwei Kriterien | 5–7 | c) Beweisrechtliche Vermutungen des | | |
| a) Verträge zur Beförderung von Perso- | | Art. 11 MÜ | | 17 |
| nen, deren Reisegepäck und Gütern | 6 | d) „Aufeinanderfolgende" Luftfrachtfüh- | | |
| b) „Internationale Beförderung" | 7 | rer | | 18 |
| 2. Einbeziehen des „ausführenden" Luft- | | e) ABB-Fracht | | 19 |
| frachtführers | 8 | 2. Der Absender | | 20 |
| III. Der Beförderungsvertrag | 9–12 | 3. Der Spediteur | | 21, 22 |
| 1. Zwingende Voraussetzung | 9, 10 | V. Vertragsfremde Transportbetei- | | |
| 2. Rechtsgrundlagen | 11 | ligte | | 23–27 |
| 3. Form | 12 | 1. Der „ausführende" Luftfrachtführer | | 24, 25 |
| IV. Die Vertragspartner | 13–22 | 2. Der Empfänger | | 26 |
| 1. Der Luftfrachtführer | 14–19 | 3. „Notify" | | 27 |
| a) Natürliche und juristische Personen | 15 | VI. Der Transport von „Gütern" | | 28, 29 |

                                                    Rn.                                                              Rn.

**VII. Transport durch „Luftfahrtunter-**                          **X. Das nationale (deutsche) Luftfracht-**
**nehmen"** ...............................   30–34              **recht** .............................   47–63

1. Luftfahrtunternehmen (Abs. 1) .........   30, 31             1. MontÜG ............................   49, 50

2. Gegen Entgelt (Abs. 1) ................   32–34              2. Die §§ 407 ff. HGB ................   51–53
                                                                   a) § 407 Abs. 1 HGB .............   52
**VIII. Das „Luftfahrzeug" als Trans-**                            b) § 407 Abs. 2 HGB .............   53
**portmittel** .............................   35, 36           3. Recht des BGB ....................   54–58
                                                                   a) Vorrang des MÜ bei der Abwicklung
**IX. „Internationale Beförderung"** ....   37–46                     luftfahrttypischer Schadenstatbe-
                                                                      stände .........................   55
1. Innerstaatliche Beförderungen .......   37, 38                  b) Gewährleistungsrecht der §§ 633 ff.
                                                                      BGB ...........................   56, 57
2. „Internationale Beförderung" ..........   39, 40                c) Luftfrachtvertrag als „Geschäftsbesor-
                                                                      gung" (§ 675 BGB) .............   58
3. Keine Anwendbarkeit des MÜ .........   41                    4. Die VO (EG) Nr. 261/2004 ..........   59

4. Unterbrechung der Beförderung oder                           5. AGB ..............................   60–63
   ein Fahrzeugwechsel (Abs. 2) ..........   42                    a) Einbeziehung .................   61, 62
                                                                   b) Inhaltskontrolle .............   63
5. Vereinbarungen der Parteien (Abs. 2) ..   43–46
   a) Nichterreichen des Bestimmungsorts   44                   **XI. Die einzelnen Mitgliedsstaaten des**
   b) Zwischenlandungen .................   45                   **Montrealer Übereinkommens** ..........   64
   c) Mehrere aufeinanderfolgende Luft-
      frachtführer (Abs. 3) ................   46

## I. Das Übereinkommen

1   Das Montrealer Übereinkommen (MÜ) vom 28. Mai 1999 „gilt" (Abs. 1) als völkerrechtlicher Vertrag seit dem 4. November 2003.[1] Nach Art. 55 MÜ hat es für seine Ratifikationsstaaten[2] Vorrang für deren dort bisher einschlägigen Abkommen über die „Beförderung
im internationalen Luftverkehr". Dies sind für *Deutschland* das Warschauer Abkommen
(WA) idF vom 12. Oktober 1929[3] bzw. idF des Haager Protokolls (WA/HP) vom 28. September 1955[4] sowie das Zusatzabkommen zum WA von Guadalajara (ZAG) vom 18. September 1961.[5] S. deren Erl. in der Voraufl. dieses KommBd. (1997), S. 1943 ff.

2   Mit seiner Ratifikation[6] durch Deutschland,[7] die zum *28. Juni 2004* wirksam geworden
ist, und die mit den Ratifikationen der übrigen damaligen[8] *EU*-Staaten zeitlich abgestimmt
war (Einl. MÜ Rn. 20), ist der Inhalt des MÜ zugleich auch materielles *deutsches* Recht

---

[1] S.: Bek. über das Inkrafttreten des Übereinkommens zur Vereinheitlichung bestimmter Vorschriften
über die Beförderung im internationalen Luftverkehr vom 16. September 2004 (BGBl. II S. 1371).

[2] Überblick unten Rn. 64. Zum aktuellen Stand der Ratifikationen: www.icao.int > „Bureaus' Activities"
> „Legal Bureaux" > „Treaty Collection", sowie Fundstellennachweis B zum BGBl. II (Veröffentlichung
jeweils zum Jahresende).

[3] Art. 55 Abs. 1 Buchst. a MÜ: Abkommen zur Vereinheitlichung von Regeln über die Beförderung im
internationalen Luftverkehr, abgeschlossen in Warschau am 12. Oktober 1929 (RGBl. 1933 II 1039); ICAO-
Doc. 7838.

[4] Art. 55 Abs. 1 Buchst. b MÜ: Protokoll zur Änderung des Abkommens zur Vereinheitlichung von
Regeln über die Beförderung im internationalen Luftverkehr vom 12. Oktober 1929, abgeschlossen in Den
Haag am 28. September 1955 (BGBl. 1958 II S. 291); ICAO-Doc. 7632.

[5] Art. 55 Abs. 1 Buchst. c MÜ: Zusatzabkommen zum Warschauer Abkommen zur Vereinheitlichung
von Regeln über die von einem anderen als dem vertraglichen Luftfrachtführer ausgeführte Beförderung im
internationalen Luftverkehr, abgeschlossen in Guadalajara am 18. September 1961 (BGBl. 1963 II S. 1159);
ICAO-Doc. 8181. Art. 39 MÜ Rn. 1.

[6] G zu dem Übereinkommen vom 28. Mai 1999 zur Vereinheitlichung bestimmter Vorschriften über die
Beförderung im internationalen Luftverkehr (Montrealer Übereinkommen) vom 6. April 2004 (BGBl. II
S. 458).

[7] Bek. über das Inkrafttreten des Übereinkommens vom 28. Mai 1999 zur Vereinheitlichung bestimmter
Vorschriften über die Beförderung im internationalen Luftverkehr (Montrealer Übereinkommen) und der
Artikel 1 und 2 des Gesetzes zur Harmonisierung des Haftungsrechts im Luftverkehr vom 24. Mai 2004
(BGBl. I S. 1027). **Österreich:** Bundesgesetz, mit dem das Luftfahrtgesetz und das Bundesgesetz über den
zwischenstaatlichen Luftverkehr 1997 geändert werden, vom 23. Juni 2006, BGBl. I Nr. 88/2006; **Schweiz:**
Verordnung über den Lufttransport (LTrV) vom 17. August 2005, AS 2005/1245. Hierzu: *Dettling-Ott,* Das
Inkrafttreten des Montrealer Übereinkommens in der Schweiz und die neue Lufttransportverordnung,
*(schweiz.)* ASDA/SVLR-Bull. 2005, 58.

[8] Nach der Erweiterung der *EU* haben schrittweise alle neuen *EU*-Staaten sowie auch die *Schweiz* das
MÜ ratifiziert. S. iE unten Rn. 64.

geworden. Nach Art. 3 Abs. 2 EGBGB geht es den in diesem Gesetz enthaltenen Kollisionsregeln vor, wozu primär die Art. 3 f. Rom I-VO zählen.

Mit jeder weiteren Ratifikation des Montrealer Übereinkommens durch Vertragsstaaten **3** des bisherigen Warschauer Abkommens[9] ist dieses Abkommen sowohl in seiner Fassung des Jahres 1929 wie auch in der des Haager Protokolls von 1955 gemäß Art. 55 MÜ nach und nach abgelöst worden. Dies gilt in gleicher Weise auch für das vorerwähnte Zusatzabkommen zum WA von Guadalajara[10] des Jahres 1961 sowie für das Montrealer Protokoll Nr. 4 (WA/MP Nr. 4–1975)[11] vom 25. September 1975,[12] die – zusammengefasst – als „Warschauer System" bezeichnet werden.

Im Ergebnis tritt das Montrealer Übereinkommen inzwischen fast in vollem Umfang an **4** die Stelle dieses „Warschauer Systems". Es ist bereits für ca. 90 % aller Luftbeförderungen anwendbar. Nicht zuletzt haben auch sämtliche der *EU* neu hinzu getretenen Staaten dieses Übereinkommen gleichfalls ratifiziert (unten Rn. 64).

## II. Anwendungsbereich des Übereinkommens

**1. Zwei Kriterien.** Abs. 1 richtet den Anwendungsbereich dieses MÜ im Anschluss an **5** Art. 1 Abs. 1 WA 1929/1955 nach insgesamt zwei Kriterien aus.

**a) Verträge zur Beförderung von Personen, deren Reisegepäck und Gütern.** **6** Verträge zur Beförderung von Personen, deren Reisegepäck oder von Gütern auf dem Luftweg. Der Anwendungsbereich des MÜ ist zum einen *vertraglich-gegenständlich* definiert. Es erfasst Verträge (Rn. 9 ff.), die auf die entgeltliche Beförderung (Rn. 32, 51) von Personen, deren Reisegepäck (Art. 18 MÜ Rn. 5, Art. 19 MÜ) oder von Gütern (Rn. 28 f.) durch Luftfahrzeuge (Rn. 35) gerichtet sind. *Unentgeltliche* Beförderungen fallen hier nur dann unter die Geltung des Übereinkommens, wenn der befördernde Vertragspartner als „*Luftfahrtunternehmen*" organisiert ist (Abs. 1).

**b) „Internationale Beförderung".** Zum anderen ist der Anwendungsbereich des **7** Übereinkommens zusätzlich auch *vertraglich-räumlich* bestimmt. Es gilt iE nur für solche dieser Verträge, die eine „internationale Beförderung" zum Gegenstand haben (Rn. 37 f.). Das letztere Tatbestandsmerkmal wird in Abs. 2 des näheren umschrieben und in Abs. 3 begrifflich auf die Fälle ausgeweitet, in denen die vorgesehene Beförderung nicht „in der Form eines einzigen Vertrags", sondern in „einer Reihe von Verträgen" abgesprochen worden ist, wie dies bei „aufeinanderfolgenden Luftfrachtführern" (Art. 36 MÜ) geschieht.

**2. Einbeziehen des „ausführenden" Luftfrachtführers.** Abs. 4 stellt klar, dass das **8** Übereinkommen auch „für Beförderungen nach Kapitel V" gilt. Dies ist insofern von Bedeutung, als der in Kapitel V angesprochene „ausführende" Luftfrachtführer im Gegensatz zu dem „vertraglichen" Luftfrachtführer (Art. 39 MÜ) und auch anders als nach den Voraussetzungen der vorgenannten Absätze 1 bis 3 mit den Fluggästen bzw. den Absendern von Frachtgut gerade keinen Beförderungsvertrag abschließt (Rn. 24). Seine Haftung gegenüber diesen Personen war daher bislang auch in dem Zusatzabkommen (vgl. oben Rn. 1) zum Warschauer Abkommen von Guadalajara (1961) separat geregelt. Vgl. Art. 39 MÜ Rn. 1 (Art. 55 Abs. 1 Buchst. c MÜ).

## III. Der Beförderungsvertrag

**1. Zwingende Voraussetzung.** Das Erfordernis eines Beförderungsvertrags als Voraus **9** setzung für die Anwendbarkeit des Montrealer Übereinkommens ist in Abs. 1 nicht ähnlich

---

[9] Ratifikationsstand unten Art. 55 MÜ Rn. 8.

[10] Ratifikationsstand unten Art. 55 MÜ Rn. 9.

[11] Ratifikationsstand unten Art. 55 MÜ Rn. 10. *Deutschland* hat dieses Protokoll Nr. 4, das die frachtrechtlichen Bestimmungen des MÜ bereits vorweggenommen hatte, nicht ratifiziert. Textwiedergabe bei: *Ehlers*, Montrealer Protokolle Nr. 3 und 4 …, 1985, 128; *Koller*, S. 1666; MüKoHGB/*Kronke*, Bd. 7 (Transportrecht), 1. Aufl. 1997, WA 1955.

[12] Vgl. Art. 55 Abs. 1 Buchst. e MÜ.

deutlich zum Ausdruck gebracht, wie dies vergleichsweise in Art. 1 CMR geschehen ist. Doch ergibt sich das Ziel des Montrealer Übereinkommens, für seine Mitgliedsstaaten die Rechtswirkungen eines solchen Luftbeförderungsvertrags, und zwar in Gestalt von internationalem Einheitsrecht, festzuschreiben, aus verschiedenen ausdrücklich *vertragsbezogenen* Vorschriften des MÜ. In ihnen zeigt sich als Gesamtbild, dass das MÜ ebenso – wie bisher schon das WA 1929/1955 – von dem Bestehen eines Beförderungsvertrags zwischen dem Beförderer selbst („Luftfrachtführer") und seinen Partnern, dh. dem „Fluggast" („Reisenden") bzw. dem Absender von Frachtgut konkludent ausgeht.

**10**    Zu den diesbezüglichen Vorschriften zählen unter anderem: Art. 1 Abs. 2 MÜ („ … nach den *Vereinbarungen* der Parteien …"), Art. 1 Abs. 3 MÜ („ … gleichviel ob der *Beförderungsvertrag* …"), Art. 9 MÜ („ …berührt weder den Bestand noch die Wirksamkeit des *Frachtvertrags;*"), Art. 11 Abs. 1 MÜ („ … Vermutung für den Abschluss des *Vertrags,* …"), Art. 12 Abs. 1 MÜ („ … alle Verpflichtungen aus dem *Frachtvertrag* erfüllt, …"), Art. 25 MÜ („ … kann sich im *Beförderungsvertrag* …"), Art. 26 MÜ („Jede Bestimmung des *Beförderungsvertrags,* …"), Art. 27 MÜ („ … den Abschluss eines *Beförderungsvertrags* zu verweigern"), Kap V („Luftbeförderungen durch einen anderen als den *vertraglichen* Luftfrachtführer") usw.

**11**    **2. Rechtsgrundlagen.** Die rechtliche Ausgestaltung dieser Vertragsbeziehungen findet sich zunächst unmittelbar im MÜ selbst. Soweit dieses keine Sonderregelungen enthält, gelten für den Luftfrachtvertrag bei Anwendbarkeit *deutschen* Rechts (Art. 3 ff. Rom I-VO[13]) das Montrealer-Übereinkommen-Durchführungsgesetz – MontÜG,[14] die frachtvertraglichen Bestimmungen der §§ 407 ff. HGB (Rn. 51 ff.) sowie die Vorschriften über den Werkvertrag (Art. 2 EGHGB, §§ 631 ff. BGB) (Rn. 54) und die Geschäftsbesorgung (Art. 2 EGHGB, § 675 BGB) (Rn. 58). Schließlich sind die in den Frachtvertrag gemäß den §§ 305 ff. BGB wirksam einbezogenen AGB des Luftfrachtführers gleichfalls von Bedeutung. S. zu diesen unten Rn. 60 f.

**12**    **3. Form.** Das MÜ stellt für diesen Beförderungsvertrag keine Formerfordernisse, wie zB Schriftlichkeit, auf. Auch die Nichtbeachtung der Vorschriften der Art. 3 ff. MÜ über die dort vorgesehenen Beförderungsurkunden (Flugschein, Luftfrachtbrief bzw. Empfangsbescheinigung über die Güter) berührt nach Art. 9 MÜ[15] „weder den Bestand noch die Wirksamkeit des Beförderungsvertrags". Im Ergebnis ist der Luftbeförderungsvertrag daher ein reiner Konsensualvertrag,[16] der schon allein durch die übereinstimmenden Willenserklä-

---

[13] Im Rechtsbereich der *EU* gilt ab dem 17. Dezember 2009 die VO (EG) Nr. 593/2008 des Europäischen Parlaments und des Rates vom 17. Juni 2008 über das auf vertragliche Schuldverhältnisse anzuwendende Recht (Rom I), ABl. EG Nr. L 177 S. 6. Art. 3 VO (EG) geht ebenso wie schon Art. 27 EGBGB von dem Grundsatz der Rechtswahlfreiheit der Vertragsparteien aus. Mangels einer solchen Rechtswahl gilt nach Art. 5 Abs. 1 VO (EG) für *Güterbeförderungsverträge das Recht des Staates, „in dem der Beförderer seinen gewöhnlichen Aufenthalt hat, sofern sich in diesem Staat auch der Übernahmeort oder der Ablieferungsort oder der gewöhnliche Aufenthalt des Absenders befindet. Sind diese Voraussetzungen nicht erfüllt, so ist das Recht des Staates des von den Parteien vereinbarten Ablieferungsorts anzuwenden."*

[14] Verkündet als Art. 1 des G zur Harmonisierung des Haftungsrechts im Luftverkehr vom 6. April 2004, BGBl. I S. 550: Gesetz zur Durchführung des Übereinkommens vom 28. Mai 1999 zur Vereinheitlichung bestimmter Vorschriften über die Beförderung im internationalen Luftverkehr (Montrealer-Übereinkommen-Durchführungsgesetz – MontÜG); geändert durch das Gesetz zur Anpassung luftversicherungsrechtlicher Vorschriften vom 19.4.2005 (BGBl. I S. 1070). Art. 336 der 9. ZuständigkeitsanpassungsVO vom 31.10.2006 (BGBl. I S. 2407) hat in § 4 Abs. 3 S. 1 MontÜG den Text „und Wohnungswesen" durch die Worte „und Stadtentwicklung" ersetzt. Text des MontÜG unten nach Art. 57 MÜ.

[15] Vgl. demgegenüber die inhaltlich vollständig anders ausgerichtete Vorschrift des Art. 9 WA 1929/1955, die in diesem Zusammenhang auch noch eine *summenmäßig unbeschränkte* Haftung des Luftfrachtführers vorsieht.

[16] Vgl. schon: BGH 19.3.1976, NJW 1976, 1583 = VersR 1976, 778. So kann der Frachtführer mit einem Versender von Transportgut auch dann einen einheitlichen Luftbeförderungsvertrag im Sinne von Art. 1 Abs. 1 MÜ abschließen, wenn ein nicht unwesentlicher Teil des Transports im Wege einer Oberflächenbeförderung per Lkw und nicht per Luftfracht erfolgen soll: BGH 10.5.2012, TranspR 2012, 466. Ein Beförderungsvertrag iSd. Art. 1 MÜ kann auch bei einer Vereinbarung nicht über Beförderung selbst, sondern über die bloße Ortsveränderung vorliegen: OLG Stuttgart 10.6.2009, TranspR 2020, 37. S. im Weiteren *Borges,* Verträge im elektronischen Geschäftsverkehr, 2. Aufl. 2008.

rungen der beiden an ihm beteiligten Parteien zustande kommt. Art. 27 MÜ räumt dem Luftfrachtführer schließlich sogar auch Vertragsfreiheit ein, was iE den *Abschluss* und den *Inhalt* dieses Vertrages anbetrifft. Doch kann diese Vertragsfreiheit über die in den Art. 26, Art. 47 und Art. 49 MÜ zwingend vorgegebenen Grenzen inhaltlich nicht hinausgehen. Gemäß Art. 3 der Verordnung (EWG) Nr. 2409/92 des Rates über Flugpreise und Luftfrachtraten[17] werden die von den Luftfahrtunternehmen der Gemeinschaft in Rechnung gestellten Charterpreise, Sitztarife und Frachtraten „von den Parteien des Beförderungsvertrags frei vereinbart". S. insoweit aber für den Fluglinienverkehr: § 21 Abs. 2 *(deutsches)* LuftVG.

### IV. Die Vertragspartner

Abgeschlossen wird dieser Vertrag auf der einen Seite von einer natürlichen oder juristischen[18] Person, die eine Beförderung durch ein „Luftfahrzeug" (Abs. 1) als eigene Leistung[19] verspricht. Sie wird schon allein durch dieses vertragliche Versprechen rechtsbegrifflich unmittelbar auch zu einem „Luftfrachtführer". Zum „ausführenden" Luftfrachtführer unten Rn. 23 ff. **13**

**1. Der Luftfrachtführer.** Für die Anwendbarkeit des MÜ ist iE unerheblich, ob der Luftfrachtführer auch ein „Luftfahrtunternehmen" (Abs. 1) betreibt, sofern nur die jeweilige Beförderung „gegen Entgelt erfolgt" (Abs. 1) (Rn. 32 ff.). Auch ist im Weiteren begrifflich nicht entscheidend, ob der Luftfrachtführer etwa *Eigentümer, Leasingnehmer* oder schlechterdings nur *Halter* des eingesetzten „Luftfahrzeugs" (Abs. 1) ist. Selbst wenn er seinerseits keine eigene Beförderungsleistung erbringt, wie beispielsweise ein *„Reiseveranstalter"* (§ 651a BGB), ist dies für den Rechtsbegriff des „Luftfrachtführers" ohne Belang.[20] **14**

**a) Natürliche und juristische Personen.** Daher kann letztlich jede beliebige natürliche oder juristische Person allein durch die Vertragsabsprache einer Beförderung auf dem Luftweg auch dann zum „Luftfrachtführer" werden, wenn auf ihrer Seite noch nicht einmal eine diesbezügliche „Gewerblichkeit" (anders als zB: § 1 HGB beim Begriff des „Kaufmann") vorliegt. So kann nach Art. 2 Abs. 1 MÜ auch ein staatseigener Betrieb „Luftfrachtführer" sein, sofern der betreffende Staat das MÜ ratifiziert und der Betrieb selbst eine juristische Persönlichkeit hat („flag carrier"). **15**

**b) „Unternehmer" (§ 14 BGB)/„Luftfahrtunternehmen der Gemeinschaft" (VO EG Nr. 889/2002).** Ebenso wenig ist begrifflich von Belang, ob der betreffende „Luftfrachtführer" zugleich ein „Unternehmer" iSd. § 14 Abs. 1 BGB/§ 310 Abs. 1 BGB ist. In diesem Punkt unterscheidet sich der Luftfrachtführer zugleich auch von einem „Luftfahrtunternehmen der Gemeinschaft" iSd. VO (EG) Nr. 2027/97 über die Haftung von Luftfahrtunternehmen bei Unfällen idF der VO (EG) Nr. 889/2002 vom 13. Mai 2002.[21] Diese „Luftfahrtunternehmen" definieren sich formal und ausschließlich danach, ob sie „mit einer von einem Mitgliedstaat im Einklang mit der Verordnung (EWG) Nr. 2407/92 erteilten gültigen Betriebsgenehmigung" ausgestattet sind (Art. 2 Abs. 1 Buchst. b VO). Der **16**

[17] VO (EWG) Nr. 2409/92 vom 23. Juli 1992, ABl. EG Nr. L 240 S. 15.
[18] Vgl. Art. 2 Abs. 1 MÜ.
[19] Zum WA 1929/1955: BGH 24.6.1969, BGHZ 52, 194 = NJW 1969, 2008, 2011 = ZLW 1970, 199 (Charterer); BGH 10.5.1974, VersR 1974, 766 (Swissair); BGH 16.2.1979, BGHZ 74, 162 = NJW 1979, 2474; BGH 7.5.1981, BGHZ 80, 280, 284 = NJW 1981, 1664 (Lufttransportunternehmen); BGH 5.7.1983, BGHZ 88, 70, 72 = NJW 1983, 2445 Luftsportverein); BGH 15.11.1988, TranspR 1989, 153 = ZIP 1989, 118, 120 (Lufttransportunternehmen); BGH 14.2.1989, NJW-RR 1989, 723 = TranspR 1989, 275 = LM LuftVG Nr. 24 = VersR 1989, 522 = ZLW 1989, 252 (Lufttransportunternehmen); OGH Wien 28.8.1986, ZLW 1989, 280; OLG Düsseldorf 14.3.1991, TranspR 1991, 235, 237 (Internationaler Kurierdienst).
[20] Zum WA 1929/1955: OLG Karlsruhe 25.2.2005, TranspR 2005, 367, 368.
[21] VO (EG) Nr. 889/2002 des Europäischen Parlaments und des Rates vom 13. Mai 2002 zur Änderung der VO (EG) Nr. 2027/97 des Rates über die Haftung von Luftfahrtunternehmen bei Unfällen (ABl. EG Nr. L 140 S. 2).

„Luftfrachtführer" versteht sich hingegen allein aus der privatrechtlichen Perspektive der *Partei* eines *Luftbeförderungsvertrags*.

**17**    **c) Beweisrechtliche Vermutungen des Art. 11 MÜ.** Ist ein Luftfrachtbrief (Art. 4 Abs. 1 MÜ) oder eine Empfangsbestätigung über Güter (Art. 4 Abs. 2 MÜ) ausgestellt worden, gilt hier die beweisrechtliche Vermutung des Art. 11 Abs. 1 MÜ, dass der darin im Zusammenhang mit dem „Abschluss des Vertrages" eingetragene Beförderer jeweils auch „Luftfrachtführer" ist.[22] Er muss sich somit bis zum Beweis des Gegenteils rechtlich auch als solcher behandeln lassen.[23]

**18**    **d) „Aufeinanderfolgende" Luftfrachtführer.** Falls die „Beförderung von mehreren aufeinanderfolgenden Luftfrachtführern auszuführen" ist (Abs. 3), tritt nach Art. 36 Abs. 1 MÜ die Fiktion ein, dass „jeder Luftfrachtführer, der Reisende, Reisegepäck oder Güter annimmt", schon auf Grund dieser Tatsache für seinen Beförderungsabschnitt auch „als Partei des Beförderungsvertrags" „gilt".[24] Er schuldet dementsprechend die einzelne Teilbeförderung daher auch selbst als „Luftfrachtführer" und unterliegt insoweit dann unter anderem auch dessen Haftung nach den Art. 17 ff. MÜ.

**19**    **e) ABB-Fracht.** Nach den vertragsbezogenen Begriffsbestimmungen der ABB-Fracht (2010) ist „Luftfrachtführer", „der den Luftfrachtbrief ausgebende Luftfrachtführer bzw. bei Verwendung einer anderen Aufzeichnung im Sinne von Art. 3 Ziffer 3 diejenige Person, die in der anderen Aufzeichnung als Luftfrachtführer bezeichnet wird, sowie jeder, der die Fracht unter dem Luftfrachtbrief befördert". S. Anhang nach Art. 57 MÜ.

**20**    **2. Der Absender.**[25] Dem Luftfrachtführer stehen auf der anderen Seite als seine Vertragspartner entweder ein Fluggast (Art. 3 und Art. 17 MÜ: „Reisender") oder ein Absender von Frachtgut (Art. 12 MÜ, Art. 5 Rom I-VO[26], § 407 Abs. 2 HGB) gegenüber. Dem letzteren[27] schuldet der Luftfrachtführer, „das Gut an den Bestimmungsort zu befördern und dort an den Empfänger abzuliefern" (§ 407 Abs. 1 HGB). Der Absender ist nach § 407 Abs. 2 HGB seinerseits verpflichtet, dem Luftfrachtführer die vereinbarte Fracht zu zahlen. Diese Zahlung wird nicht „sofort" (§ 271 BGB), sondern nach § 420 Abs. 1 HGB erst „bei Ablieferung des Gutes" fällig.[28] Bietet der Luftfrachtführer dem Empfänger die Übergabe des Gutes an, hat er seine Pflichten aus dem Frachtvertrag mit der Folge des Fälligwerdens seines Vergütungsanspruchs gegenüber dem Absender auch dann vollständig erfüllt, wenn es zur Übergabe des Gutes infolge Annahmeverweigerung des Empfängers nicht kommt.[29]

---

[22] OLG Düsseldorf 11.11.1993, VersR 1994, 1498.
[23] Vgl. hierzu im Einzelnen BGH 9.10.1979, VersR 1980, 129 = MDR 1980, 219 = ZLW 1980, 45; BGH 22.4.1982, BGHZ 84, 101 = NJW 1983, 516 = VersR 1982, 896 = ZLW 1092, 378; BGH 15.11.1988, NJW-RR 1989, 252, 253 = TranspR 1989, 151; BGH 21.9.2000, BGHZ 145, 170 = NJW-RR 2001, 396 = TranspR 2001, 29 = VersR 2001, 526 = WM 2001, 86 = ZLW 2001, 254 = LM WarschAbk. Nr. 26 (m. Anm. *Dubischar*); BGH 9.6.2004, NJW-RR 2004, 1482 = TranspR 2004, 369; Bezirksgericht Zürich 16.5.1989, TranspR 1992, 109.
[24] OLG Hamburg 9.8.1984, VersR 1985, 158: Übernimmt ein nicht im Luftfrachtbrief ausgewiesener Luftfrachtführer die Durchführung eines Teils der Beförderung, so ist er kein „nachfolgender" Luftfrachtführer (iSd. Art. 36 MÜ), sondern „ausführender" Luftfrachtführer (iSd. Art. 39 MÜ); AG Hannover 6.4.2000, TranspR 2000, 313 = RRa 2000, 230 (m. Anm. *Ruhwedel*): Bittet eine Fluggesellschaft eine andere, vergessenes Handgepäck ihres Passagiers mitzunehmen, so begründet dies im Zweifel keinen Beförderungsvertrag.
[25] S. zum Schrifttum die Angaben unter Art. 12 MÜ.
[26] S. auch oben Fn. 13.
[27] BGH 21.9.2000, BGHZ 145, 170 = NJW-RR 2001, 396 = TranspR 2001, 29 = VersR 2001, 526: Der bei Ausfüllung eines internationalen Luftfrachtbriefs ausdrücklich als Absender (shipper) Bezeichnete wird grundsätzlich selbst dann Vertragspartei des Luftfrachtvertrags, wenn der für ihn handelnde „Agent" ein Speditionsunternehmen betreibt.
[28] So entsprechend auch das hier früher einschlägige Recht der §§ 641, 646 BGB: BGH 27.10.1988, NJW-RR 1989, 160, 162 = TranspR 1989, 60; OLG Düsseldorf 29.4.1993, NJW-RR 1994, 1122. Anders: Art. 4 Ziff. 4 Buchst. c ABB-Fracht (2010): „Alle Frachten, Gebühren und sonstige Beträge sind bei der Übernahme der Güter durch den Luftfrachtführer fällig und zahlbar. Sie können jedoch vom Luftfrachtführer auch anlässlich jeder Dienstleistung auf Grund des Luftfrachtbriefes nachgenommen werden."
[29] BGH 27.10.1988, NJW-RR 1989, 160 = TranspR 1989, 60 = Vers 1989, 213 = ZLW 1989, 368.

Im Einzelnen kann der Absender vom Luftfrachtführer auch verlangen, dass dieser ihm entweder die „dritte" Ausfertigung eines ausgestellten „Luftfrachtbriefs" (Art. 7 Abs. 2 MÜ) oder alternativ eine „Empfangsbestätigung über die Güter" (Art. 4 Abs. 2 MÜ) „aushändigt". Im Gegenzug hat der Luftfrachtführer gegenüber dem Absender nunmehr nach Art. 6 MÜ *(neu)* einen eigenen Anspruch darauf, dass dieser ihm ergänzend noch eine „Urkunde" mit Angaben zur „Art der Güter" übergibt, soweit dies für die Einhaltung behördlicher Vorschriften erforderlich ist. Zudem hat der Absender dem Luftfrachtführer gemäß Art. 16 Abs. 1 MÜ während der gesamten Transportdauer bis zur Aushändigung der Güter an den Empfänger auch weiterhin noch alle sachdienlichen Auskünfte und Urkunden zu erteilen, die aus behördlicher Sicht für die Beförderung des Gutes bis zum Empfänger jeweils erforderlich sind oder werden. Der Absender wiederum kann dem „vertraglichen" Luftfrachtführer gemäß Art. 12 Abs. 1, Art. 42 MÜ sogar noch nach Abschluss des Frachtvertrags, und zwar bis zur Ablieferung der Güter an den Empfänger, vier verschiedene einseitige „Weisungen" zur Abänderung des zuvor vertraglich vereinbarten Transportablaufs erteilen. Bei Substanz- oder Verspätungsschäden iS der Art. 18 f. MÜ hat der Absender sodann auch die erforderliche Aktivlegitimation, um deren Ersatz gegenüber dem Luftfrachtführer geltend machen zu können (Art. 18 MÜ Rn. 87 ff.).

**3. Der Spediteur.** Ein Spediteur (§ 453 Abs. 1 HGB) bietet demgegenüber nicht eine **21** *eigene* Transportleistung an, sondern verspricht nur, eine solche zu „besorgen". Insoweit kann er begrifflich auch nicht „Luftfrachtführer" sein. Vereinbaren die Parteien in ihrem Vertrag hingegen schwerpunktmäßig den *Transport* von Gütern, ist hier bereits von einem Frachtvertrag und nicht mehr von einem diesen überlagernden Speditionsvertrag auszugehen.[30] Der Spediteur, der behauptet, dass er lediglich einen Speditionsvertrag abgeschlossen habe und daher nur das „Besorgen" (§ 453 Abs. 1 HGB) der Beförderung, aber nicht diese selbst schulde, hat insoweit die Darlegungs- und Beweislast.[31]

Der Spediteur allerdings, der zunächst nur einen Speditionsvertrag iSd. § 453 Abs. 1 **22** HGB, und zwar über das „Besorgen" eines *Luft*transports, abgeschlossen hat, wird kraft Gesetzes gleichwohl und unmittelbar zum „Luftfrachtführer", falls auf seiner Seite ein „Selbsteintritt"[32] (§ 458 HGB), eine – gesetzlich gleichfalls als Selbsteintritt gewertete – „Sammelladung"[33] (§ 460 HGB) oder eine „Spedition zu festen Kosten"[34] (§ 459 HGB) zu verzeichnen ist. Als weitere Folge unterliegt sodann auch er unter anderem der – zwingenden – frachtvertraglichen Haftung der Art. 18 f. MÜ (Art. 26 MÜ). Im Rahmen seiner Vertragsfreiheit iSd. Art. 27 MÜ kann er hier schließlich auch die ADSp rechtswirksam[35] mit „einbeziehen" (unten Rn. 60).

---

[30] OLG Düsseldorf 5.11.1992, TranspR 1993, 99 = VersR 1994, 201; OLG Düsseldorf 21.4.1994, TranspR 1995, 350; OLG München 22.12.1995, TranspR 1996, 346 = RIW/AWD 1997, 71: Zur Abgrenzung zwischen Speditions- und (Luft) Frachtvertrag bei Abholung des Transportguts beim Absender und Schadenseintritt während der Luftbeförderung; OLG Düsseldorf 11.7.1996, NJW-RR 1997, 230 = TranspR 1997, 238. Zur Abgrenzung des Speditions- vom Frachtvertrag iE: OLG München 31.7.1992, NJW-RR 1983, 166; OLG Düsseldorf 1.4.1993, VersR 1994, 1254; OLG Karlsruhe 9.2.1996, TranspR 1996, 436; OLG München 13.6.1997, VersR 1991, 341; LG Bonn 18.2.1996, VersR 1987, 982. *Koller* NJW 1988, 1756.

[31] Vgl. OLG München 21.2.1992, VersR 1993, 81 = OLGE 1993, 94 (zu § 1 KVO).

[32] BGH 22.4.1982, BGHZ 84, 101 = NJW 1983, 516 = ZLW 1982, 378; OLG Hamburg 10.9.1974, VersR 1975, 660; OLG Frankfurt/M. 10.1.1978, NJW 1978, 2458 = MDR 1978, 582; LG Hamburg 1.9.1987, TranspR 1988, 113; BGH 10.2.1982, BGHZ 83, 96 (zur CMR).

[33] BGH 10.2.1982, BGHZ 83, 96 = NJW 1982, 1946 = IPRax 1982, 225 (zur CMR); OLG Düsseldorf 31.5.1979, VersR 1979, 774; OLG Hamburg 27.3.1980, VersR 1980, 827; *K. Schmidt*, GS Helm, 2001, S. 849.

[34] BGH 10.10.1985, BGHZ 96, 136 = NJW 1986, 1434 = TranspR 1986, 70 = ZLW 1986, 259; OLG Frankfurt/M. 28.11.1978, Az. 5 U 129/77; OLG Frankfurt/M. 10.7.1979, ZLW 1980, 77; OLG Hamburg 27.3.1980, VersR 1980, 827; OLG Frankfurt/M. 27.1.1989, ZLW 1990, 224, 228; OLG Hamburg 5.10.1989, VersR 1992, 985: Eine Fixkostenvereinbarung kann auch dann vorliegen, wenn fixe Kosten für die (Luft-) Fracht gesondert neben anderen Kosten für weitere speditionelle Leistungen vereinbart werden.

[35] BGH 3.3.2011, TranspR 2011, 220 = VersR 2011, 1332 = MDR 2011, 792; AG Hamburg 4.4.2007, TranspR 2007, 328 (mit krit. Anm. *Boettge* TranspR 2007, 306); *Herzog* TranspR 2001, 244.

## V. Vertragsfremde Transportbeteiligte

23   Nicht zu den Vertragsparteien gehören hingegen der „ausführende Luftfrachtführer" (Rn. 24 f.) und der „Empfänger" des Frachtguts (Rn. 26). Gleichwohl sind sie mit den Art. 39 ff. MÜ bzw. Art. 13 MÜ in das Regelsystem des MÜ normativ mit einbezogen.

24   **1. Der „ausführende" Luftfrachtführer.** Der „ausführende Luftfrachtführer"[36] (Art. 39 MÜ/§ 437 HGB/§ 48b LuftVG) führt die vom Fluggast bzw. vom Absender des Frachtguts mit dem (vertraglichen) Luftfrachtführer vereinbarte Beförderung auf Grund dessen internen Einverständnisses und an dessen Stelle insgesamt oder auf einem Teilabschnitt eigenverantwortlich und unmittelbar selbst durch.[37] Infolgedessen wird er in den Art. 39 ff. MÜ diesem „vertraglichen Luftfrachtführer" haftungsrechtlich, dh. letztlich aber nur im Rahmen der Art. 17 ff. MÜ, für seinen eigenen Beförderungsabschnitt auch gleichgestellt. Hierdurch erlangt er andererseits insbesondere nicht selbst die Rechtsposition einer Partei des jeweiligen Beförderungsvertrags, zumal oftmals weder der Fluggast noch der Absender von dem diesbezüglichen „internen Einverständnis" des „vertraglichen" Luftfrachtführers irgendwelche Kenntnis haben. Dies unterscheidet den „ausführenden" von dem „nachfolgenden" Luftfrachtführer. Seine Beförderungteilleistung ist von den Parteien des Luftbeförderungsvertrags von vornherein als Bestandteil einer „einheitlichen Leistung vereinbart" (Art. 1 Abs. 3 MÜ). Daher „gilt" der „nachfolgende" Luftfrachtführer insoweit konsequenterweise auch „als Partei des Beförderungsvertrags" (Art. 36 Abs. 1 MÜ). Als solche unterliegt er dann auch den in den Frachtvertrag bereits einbezogenen AGB, was für den nur „ausführenden" Luftfrachtführer nicht gelten kann. Vgl. auch Art. 41 Abs. 2 MÜ. Wegen Einzelheiten: unten Art. 39 MÜ Rn. 25 ff.

25   In der Praxis begegnet ein solcher „ausführender Luftfrachtführer" namentlich in den Fällen eines „Code-Sharing".[38] Hier bietet ein Luftfahrtunternehmen Flüge unter seinem eigenen IATA-Code[39] (beispielsweise „LH") an, führt den einzelnen Flug aber nicht selbst durch. Stattdessen wird ein mit ihm kooperierendes anderes Luftverkehrsunternehmen mit seinem eigenen Fluggerät tätig. Auf diese Weise kann dieses wiederum an den in bilateralen Staatsverträgen ausgehandelten Landerechten des Code-Inhabers („designated carrier") mit teilhaben.

26   **2. Der Empfänger.** Der Empfänger[40] (Art. 13 MÜ/§ 421 HGB) ist gleichfalls keine Vertragspartei, sondern lediglich ein durch den Luftfrachtvertrag begünstigter Dritter.[41] Durch eine einseitige „Weisung" kann der Absender ihn nach Art. 12 Abs. 1 MÜ bis zur Ablieferung der Güter personell noch beliebig austauschen oder sogar vollständig ausgrenzen. Es handelt sich iE um diejenige Person, an die der Luftfrachtführer nach dem Inhalt des Frachtvertrags das Gut „abzuliefern" hat (§ 407 Abs. 1 HGB).[42] Insoweit hat der Empfänger allerdings selbst keinen Anspruch gegen den Luftfrachtführer, „das Gut zum Bestimmungsort zu befördern" (§ 407 Abs. 1 HGB). Ihm steht hier nach Art. 13 Abs. 2 MÜ lediglich der Anspruch zu, dass der Luftfrachtführer ihm „das Eintreffen der Güter unverzüglich

---

[36] S. zum Schrifttum die Angaben unter Art. 39 MÜ.
[37] OLG Hamburg 9.8.1984, VersR 1985, 158: Übernimmt ein nicht im Luftfrachtbrief ausgewiesener Luftfrachtführer die Durchführung eines Teils der Beförderung, so ist er kein „nachfolgender" Luftfrachtführer (iSd. Art. 36 MÜ), sondern „ausführender" Luftfrachtführer (iSd. Art. 39 MÜ); LG Darmstadt 20.1.2010, TranspR 2010, 194: Wird ein Luftfrachtführer, der kraft Reisevertrags als ausführender vorgesehen war, durch einen anderen Luftfrachtführer ersetzt, so ist dieser ausführender.
[38] Hierzu: *Götting,* Code-Sharing – Rechtliche Betrachtung einer Kooperationsform im Luftverkehr, Diss. Frankfurt/M. 2003; *Lübben,* Code Sharing (& Co), in: Kölner Kompendium des Luftrechts, Bd. 1 („Grundlagen"), 2008, S. 128; *Schladebach/Bärmann* NZV 2006, 291; *Schwenk/Giemulla,* HdB des Luftverkehrsrechts, S. 646 ff., 680 ff.
[39] Vgl. auch Art. 7 VO (EWG) Nr. 2408/92 vom 23.7.1992, ABl. Nr. L 240. S. a. IATA-Resolution 762.
[40] S. zum Schrifttum die Angaben unter Art. 13 MÜ.
[41] Vgl. OLG Frankfurt/M. 10.5.1977, BB 1977, 1071 = ZLW 1977, 230; OLG Frankfurt/M. 12.7.1993, RIW 1994, 68; OLG Köln 19.8.2003, TranspR 2004, 120; LG Frankfurt/M. 23.9.1992, ZLW 1995, 357, 359.
[42] Vgl. OLG Hamburg 27.3.1980, VersR 1980, 1075.

anzuzeigen" habe. Nach Art. 13 Abs. 1 MÜ ist er als Empfänger unter den dort näher genannten Voraussetzungen sodann andererseits aber berechtigt, „nach dem Eintreffen der Güter am Bestimmungsort vom Luftfrachtführer die Ablieferung der Güter ... zu verlangen". Bietet der Luftfrachtführer dem Empfänger die Übergabe des Gutes an, hat er seine Pflichten aus dem Transportvertrag mit der Folge des Fälligwerdens seines Vergütungsanspruchs auch dann vollständig erfüllt, wenn es zur Übergabe des Gutes infolge Annahmeverweigerung des Empfängers nicht kommt.[43] Falls die transportierten Güter „während der Luftbeförderung" (Art. 18 Abs. 1 MÜ) *zerstört, verloren gegangen* oder *beschädigt* worden sind, kann statt des Absenders auf Grund des Art. 13 Abs. 3 MÜ auch der Empfänger den diesbezüglichen Schadensersatzanspruch iSd. Art. 18 Abs. 1 MÜ geltend machen. Die entsprechende Aktivlegitimation hat der Empfänger auch im Hinblick auf den Ersatz seiner *Verspätungs*schäden iSd. Art. 19 MÜ. S. im Einzelnen Art. 18 MÜ Rn. 88 ff.

**3. „Notify".** Völlig außerhalb des Luftfrachtvertrags steht schließlich die „notify-Per- **27** son". Sie ist von der Ankunft des Gutes lediglich zu benachrichtigen (vgl. § 408 Abs. 1 Nr. 5 HGB: „Meldeadresse") und hat ihrerseits keine eigenen frachtvertraglichen Rechte. Ihr steht insbesondere kein Anspruch auf „die Ablieferung der Güter" (Art. 13 Abs. 1 MÜ) zu.[44] Im Falle eines *Dokumentenakkreditivs* lässt sich regelmäßig die finanzierende Bank selbst als „Empfänger" einsetzen, wogegen der Käufer lediglich als „notify address" benannt ist. Weist ein Luftfrachtbrief als Empfänger einen Spediteur aus, so ist auch dieser selbst und nicht das unter „notify" angegebene Unternehmen „Empfänger".[45]

## VI. Der Transport von „Gütern"

Nach Abs. 1 kann der Luftbeförderungsvertrag außer auf die Beförderung von Personen **28** und deren Reisegepäck ebenso auch auf den Transport von „Gütern" gerichtet sein. Allerdings enthält das MÜ weder an dieser Stelle noch im Zusammenhang insbesondere mit der Haftung für *Güter*schäden nach Art. 18 MÜ eine Definition dieses Begriffs. Insoweit wiederholt sich hier das entsprechende Defizit des WA 1929/1955. Auch ist im MÜ kein Hinweis entsprechend dem hier vergleichbaren Art. 1 Abs. 4 CMR („Leichen", „Umzugsgüter") darüber zu finden, dass bestimmte „Güter" aus dem Regelungsrahmen des Übereinkommens insgesamt herausgenommen sind. Nur die „Beförderung von *Postsendungen*" ist nach Art. 2 Abs. 3 MÜ der Geltung des Übereinkommens insgesamt entzogen (Art. 2 MÜ Rn. 11).

Mangels einer eigenen Begriffsbestimmung sind daher „Güter" iSd. MÜ schlechterdings **29** alle körperlichen Gegenstände, auf die sich der Frachtvertrag bezieht,[46] und die andererseits nicht zum „Reisegepäck" im Sinne von Art. 17 Abs. 4 MÜ gehören. Zu den „Gütern" zählen infolgedessen auch Leichen oder lebende Tiere.[47] In Anbetracht der dem Luftfrachtführer in Art. 27 MÜ eingeräumten Vertragsfreiheit steht es ohnehin grundsätzlich in dessen eigenem Belieben, ob und welche Güter er vertraglich zum Transport annimmt. Ein Fluggast wiederum muss sein „Reisegepäck" nicht in jedem Falle „aufgeben" (Art. 17 Abs. 4 MÜ), sondern kann es, beispielsweise wegen dessen Sperrigkeit oder Übergewichts, ebenso auch als „cargo" befördern lassen. Vgl. im Einzelnen Art. 18 MÜ Rn. 27. Zu den sicher-

---

[43] BGH 27.10.1988, NJW-RR 1989, 160 = TranspR 1989, 60 = VersR 1989, 213 = ZLW 1989, 368.
[44] OLG Düsseldorf 13.11.1980, VersR 1982, 1098; OLG Hamburg 12.6.1981, VersR 1082, 375; OLG Düsseldorf 2.3.1989, TranspR 1989, 423 = VersR 1989, 1319; OLG Düsseldorf 11.11.1993, TranspR 1995, 30 = VersR 1994, 1498 = ZLW 1995, 347 = IPRax 1995, 402 = RIW 1995, 251 (LS); Cour de Cassation de France 15.5.1991, ETR 1991, 553; Rechtbank van Koophandel te Brussel 16.1.1993, ETR 1993, 776.
[45] OLG Hamburg 27.3.1980, VersR 1980, 1075.
[46] Hierzu: Begriffsbestimmungen der ABB-Fracht (2010): „Gut/Güter sind alle Gegenstände, die in einem Luftfahrzeug befördert werden oder befördert werden sollen, einschließlich Postsendungen soweit die Beförderungsbedingungen auf Grund der geltenden internationalen Abkommen auf solche anwendbar sind. Auch unbegleitetes Gepäck und Tiere, die auf Grund eines Luftfrachtbriefs befördert werden, sind Güter in diesem Sinne."
[47] Zum WA 1929/1955: OLG Frankfurt/M. 3.6.1976, ZLW 1977, 152 (Zierfische); OLG Düsseldorf 12.1.1978, VersR 1978, 964 (chinesische Sonnenvögel); LG Frankfurt/M. 7.3.1973, ZLW 1973, 306 (Küken).

heitspolizeilichen Vorgaben vgl.: VO (EG) Nr. 300/2008 des Eruopäischen Parlaments und des Rates vom 11. März 2008 (L 97/73) über gemeinsame Vorschriften für die Sicherheit in der Zivilluftfahrt und zur Aufhebung der VO (EG) Nr. 2320/2002 sowie die VO Nr. 185/2010 der Kommission vom 4. März 2010 (L 55/1) zur Festlegung von detaillierten Maßnahmen für die Durchführung der gemeinsamen Grundstandards in der Luftsicherheit.

## VII. Transport durch „Luftfahrtunternehmen"

30    **1. Luftfahrtunternehmen (Abs. 1).** Falls der Transport mit einem „Luftfahrtunternehmen" (Abs. 1) als „Luftfrachtführer" vereinbart worden ist, kommt es für die Anwendbarkeit des Übereinkommens im Weiteren nicht darauf an, ob diese Beförderungsleistung iE „unentgeltlich" oder „gegen Entgelt erfolgt" (Abs. 1). Letzteres dürfte im Transportwesen die Regel sein. Sollte der Luftfrachtführer im Einzelfall „Kaufmann" iSd. §§ 1 ff. HGB sein oder eine „Handelsgesellschaft" iSd. § 6 HGB betreiben, ergibt sich die Entgeltlichkeit seines Gütertransports bei Anwendbarkeit *deutschen* Rechts (Art. 3 ff. Rom I- VO[48]) bereits aus den §§ 343, 354 Abs. 1 HGB.

31    Doch bleibt in diesem Zusammenhang schon der Begriff des „Luftfahrtunternehmens" im MÜ undefiniert. Im Interesse einer international möglichst einheitlichen Auslegung dieses Begriffes sollte hier auf eine entsprechend international ausgerichtete Orientierungsgrundlage zurückgegriffen werden. Dies erscheint möglich, wenn unter „Luftfahrtunternehmen" (Abs. 1) vor allem solche Unternehmen verstanden werden, die ihrerseits Mitglieder der „International Air Transport Association"[49] (IATA) sind. Ein ähnlich international vereinheitlichender Aspekt lässt sich im Weiteren auch gewinnen, wenn für die Auslegung dieses Begriffes die „Luftfahrtunternehmen der Gemeinschaft"[50] in Betracht gezogen werden. Nicht zuletzt können mit Rücksicht auf die 3 ff. Rom I-VO[51] auch die Vorschriften der §§ 49c Abs. 1, 21 Abs. 1 LuftVG ein entsprechendes Auslegungskriterium abgeben.

32    **2. Gegen Entgelt (Abs. 1).** Auch die weitere Anwendungsvoraussetzung des MÜ in Abs. 1, dass die Beförderung, wenn schon nicht durch ein Luftfahrtunternehmen, dann aber jedenfalls „gegen Entgelt erfolgt" (engl. Originaltext: „for reward"), bleibt ohne Definition.

33    Jedenfalls sind der Anwendbarkeit des MÜ damit primär solche Luftbeförderungen vorenthalten, die allein aus Gefälligkeit oder aus humanitären Gründen stattfinden.

34    Im Weiteren sollte hier berücksichtigt werden, dass die Haftung des Luftfrachtführers nach Art. 22 Abs. 3 MÜ zwar summenmäßig beschränkt, nach Art. 26 MÜ andererseits aber zwingend ist. Aus diesem Grund bietet es sich an, im Interesse des Absenders (Rn. 20) bzw. des Empfängers (Rn. 26) den Begriff der „Entgeltlichkeit" im Schadensfall *weit* auszulegen, um diesen Personen als Geschädigten die Ansprüche zumindest nach den Art. 18 f. MÜ abgesichert zukommen lassen zu können. Auf diese Weise lässt sich letztlich zugleich auch zu ihren Gunsten die zusätzliche Haftung eines „ausführenden" Luftfrachtführers (Art. 39 MÜ) mitaktivieren. Daher ist bei der Auslegung des Begriffs der „Entgeltlichkeit" weniger auf das Interesse des Absenders an einer kostenlosen Frachtgutbeförderung als vielmehr darauf abzustellen, ob der Transport einem wirtschaftlichen (kommerziellen) Interesse des Luftfrachtführers entspricht. Das mit der Beförderung vom Luftfrachtführer ver-

---

[48] S. auch oben Fn. 13.
[49] Sitze in *Genf* und *Montreal*. S. im Einzelnen: www.iata.org.>membership. S. auch: LG Frankfurt/M. 17.6.2003, RRa 2005, 80 (m. Anm. *Steppler*): Als *ausländische* juristische Person *kanadischen* Rechts besitzt die IATA Rechts- und Parteifähigkeit. S. auch: *Gran,* Die IATA aus der Sicht deutschen Rechts – Organisation. Agenturverträge und Allgemeine Geschäftsbedingungen, Diss. Frankfurt/M. 1998; *Haanappel,* Die International Air Transport Association (IATA), Kölner Kompendium des Luftrechts, Bd. 1, 2008, 87; *Kehrberger* TranspR 1996, 131; *Specht,* Die IATA. Eine Organisation des grenzüberschreitenden Luftlinienverkehrs und ihre Allgemeinen Beförderungsbedingungen, Frankfurt/M. 1973; *Steppler,* Tarifbildung und IATA-Interlining im Luftverkehr – Eine wettbewerbsrechtliche Betrachtung, 2007.
[50] Vgl. hierzu: Art. 2 Abs. 1 Buchst. b VO (EG) Nr. 889/2002 vom 13. Mai 2002, ABl. EG Nr. L 140 S. 2. Danach sind „Luftfahrtunternehmen der Gemeinschaft" Luftfahrtunternehmen mit einer von einem Mitgliedstaat im Einklang mit der Verordnung (EWG) Nr. 2407/92 erteilten gültigen Betriebsgenehmigung.
[51] S. auch oben Fn. 13.

folgte vermögenswerte Interesse braucht hierbei nicht nur auf Geld gerichtet zu sein, sondern kann auch in Dienst- oder Arbeitsleistungen bestehen. So kann beispielsweise im
*Personen*luftverkehr die Beförderung eines Rechtsanwalts im Privatflugzeug seines Mandanten zu dem Ort, an dem der Anwalt für seinen Mandanten tätig werden soll, auch wenn
sie ohne Bezahlung erfolgt, eine „entgeltliche" Leistung sein. Schon eine Beteiligung an
den Selbstkosten des Luftfrachtführers nimmt dem Vertrag den Charakter der Unentgeltlichkeit.[52] S. auch unten Rn. 51.

### VIII. Das „Luftfahrzeug" als Transportmittel

Die vereinbarte Beförderung muss zudem iE durch ein „Luftfahrzeug" (Abs. 1) erfolgen.  **35**
Nur bei einem solchen Verkehrsmittel können die hier typischerweise und in den Art. 17 ff.
MÜ schadensersatzrechtlich kompensierten Luftfahrtrisiken auftreten. Bei einer „gemischten Beförderung", die nur zum Teil durch Luftfahrzeuge, zum Teil durch „andere Verkehrs-
mittel" ausgeführt wird („multimodaler Transport" – § 452 HGB), gilt das Übereinkommen
nach Art. 38 Abs. 1 MÜ daher konsequenterweise nur für den Teilabschnitt der jeweiligen
Luftbeförderung. Allein beim „Luftfrachtersatzverkehr" iSd. „Artikels 18 Absatz 4" (Art. 38
Abs. 1 MÜ) bleibt bei Güterschäden das MÜ ohne Rücksicht auf das statt eines Luftfahrzeugs eingesetzte Transportmittel (zB Lkw) haftungsrechtlich uneingeschränkt anwendbar.
Das Gegenteil gilt hier wiederum für Verspätungsschäden im Zusammenhang mit einem
solchen Luftfrachtersatzverkehr (Art. 19 MÜ Rn. 22). Hier entscheidet das gewählte Ver-
kehrsmittel nach Art. 38 Abs. 1 MÜ weiterhin zugleich auch über das insoweit maßgebliche
Haftungssystem – der CMR, der §§ 425 ff. HGB usw.

Der Begriff des „Luftfahrzeugs" (Abs. 1) selbst ist ebenso wie im vorausgegangenen WA  **36**
1929/1955 auch im MÜ nicht erläutert. Aus Abs. 1 ergibt sich lediglich, dass das von den
Parteien in Betracht gezogene Transportmittel für eine „Beförderung von Personen oder
Gütern" (Abs. 1) auf dem Luftweg als geeignet angesehen wird. *Öffentlich-rechtliche* Zulas-
sungsvorschriften, wie beispielsweise § 2 *(deutsches)* LuftVG, verhindern freilich, dass der
Luftfrachtführer im Rahmen seiner ihm in Art. 27 MÜ eingeräumten Vertragsfreiheit und
seines in (Art. 3 ff. Rom I-VO[53]) § 315 BGB vorgesehenen Leistungsbestimmungsrechts
jedes „beliebige" Verkehrsmittel für einen Lufttransport verwendet. Auch die Haftungstatbestände der Art. 17 ff. MÜ dürften insoweit präventiv wirken.

### IX. „Internationale Beförderung"

**1. Innerstaatliche Beförderungen.** Nicht zuletzt darf die zwischen Luftfrachtführer  **37**
und Absender (bzw. Fluggast) vertraglich abgesprochene Luftbeförderung nicht allein innerstaatlicher Art sein. Es muss sich vielmehr um eine „internationale Beförderung" (Abs. 1)
handeln, wenn diese dem Anwendungsbereich des MÜ unterfallen soll. Entsprechendes
gilt im Rahmen von Art. 1 Abs. 1 WA 1929/1955 für das dem MÜ vorausgegangene und
je nach Ratifikationsstand des MÜ weiterhin noch parallel existierende „Warschauer System" (oben Rn. 3). Demgegenüber gelten bei einer rein *innerstaatlichen* Frachtgutbeförderung auf dem Luftweg und der Anwendbarkeit *deutschen* Rechts (Art. 3 ff. Rom I-VO[54])
allein die Vorschriften der §§ 407 ff. HGB (Rn. 51).

Ob ein Luftbeförderungsvertrag der Regelung des MÜ unterliegt, hängt daher von der  **38**
zwischen den Vertragsparteien vereinbarten Flugroute ab.

**2. „Internationale Beförderung".** Als „internationale Beförderung" ist nach der  **39**
Legaldefinition des Abs. 2 (Art. 1 Abs. 2 WA 1929/1955) hier iE diejenige anzusehen, bei
der nach der Vereinbarung der Parteien des Luftbeförderungsvertrags sowohl der Abgangsort

---

[52] Hierzu allgemein: BGH 14.11.1967, VersR 1968, 94 = BB 1968, 189 = ZLW 1968, 145; BGH
24.6.1969, BGHZ 52, 194 = NJW 1969, 2008 = VersR 1969, 942 = ZLW 1970, 199; BGH 2.4.1974,
BGHZ 62, 256 = NJW 1974, 1617 = VersR 1974, 902 = ZLW 1975, 57.
[53] S. auch oben Fn. 13.
[54] S. auch oben Fn. 13.

wie zugleich auch der Bestimmungsort jeweils auf dem Hoheitsgebiet eines Vertragsstaates des Montrealer Übereinkommens liegen. Beide Orte sind nach Art. 5 MÜ im „Luftfrachtbrief" (Art. 4 Abs. 1 MÜ) oder in der alternativ ausgestellten „Empfangsbestätigung über Güter" (Art. 4 Abs. 2 MÜ) zu dokumentieren. Sie haben sodann nach Art. 11 Abs. 1 MÜ, der sich allgemein auf „den Abschluss des Vertrags" bezieht, auch ihrerseits die Vermutung ihrer Richtigkeit für sich. Sollte sich der Abgangs- oder der Bestimmungsort auf dem Gebiet eines Nicht-Mitgliedstaates des MÜ befinden, kann für den einzelnen Beförderungsvertrag ersatzweise immer noch das Warschauer Abkommen 1929/1955 (Rn. 1) gelten, wenn dessen eigenen Anwendungsvoraussetzungen iSd. des Art. 1 WA 1929/1955 im Einzelfall erfüllt sind. Zum Ratifikationsstand des – inzwischen *weltweit* geltenden – WA 1929/1955: unten Art. 55 MÜ Rn. 7 ff. Die vertraglich vereinbarte Lufttransportstrecke (*Mailand – Kopenhagen* 2003) bestimmt im Weiteren auch, in welcher konkreten Fassung das Warschauer Abkommen Platz greift, weshalb sich gegebenenfalls auch ein *deutsches* Luftfahrtunternehmen als Luftfrachtführer auf die Haftungsbeschränkung des WA/MP Nr. 4 (1975) (oben Rn. 3) berufen kann,[55] obwohl *Deutschland* diese Abkommensfassung nicht ratifiziert hat.

**40**      Vertragsstaaten des „Montrealer Übereinkommens" (ICAO Doc 9740)[56] sind nach der Dokumentation der *International Civil Aviation Organization (ICAO)* (Stand: 1. Januar 2014) insgesamt 103 Staaten,[57] darunter alle Staaten der *EU* sowie die *Schweiz*. Vgl. iE die Übersicht unten Rn. 64. Im Gegensatz hierzu kann das WA 1929 immerhin ca. 150 Ratifikationen vorweisen. Die hier noch sichtbare geringere Akzeptanz des MÜ dürfte sich daraus erklären,[58] dass Art. 21 MÜ im Gegensatz zu Art. 22 Abs. 1 WA 1929/1955 nunmehr eine prinzipiell *un*beschränkte Haftung des Luftfrachtführers im Falle von *Personen*schäden bei Fluggästen vorsieht. Dies kann namentlich bei ärmeren Staaten, zumal wenn diese selbst ein Luftfahrtunternehmen (*„flag carrier"*) betreiben (Art. 2 Abs. 1 MÜ), das Interesse an einem Beitritt zum MÜ offenbar beeinträchtigen.

**41**      **3. Keine Anwendbarkeit des MÜ.** Bei zwischenstaatlichen Luftbeförderungen, die im *geographisch-politischen* Sinne *international* sind, kann das MÜ auf den Luftbeförderungsvertrag gleichwohl keinen Einfluss haben, wenn zwar der Abgangs-, nicht aber zugleich auch der vertraglich vorgesehene Bestimmungsort – oder umgekehrt – nach der Vereinbarung der Parteien auf dem Gebiet eines der vorgenannten Vertragsstaaten des Montrealer Übereinkommens liegt.

**42**      **4. Unterbrechung der Beförderung oder ein Fahrzeugwechsel (Abs. 2).** Sind sowohl Abflugstaat (zB *Deutschland*) wie der im Beförderungsvertrag vorgesehene Ankunftsstaat (zB *Canada*) Mitglieder des MÜ, so ist für den Luftbeförderungsvertrag das MÜ ohne weitere vertragliche Absprachen, dh. stets unmittelbar, maßgeblich. Hierbei wird seine Anwendbarkeit auch nicht durch eine Unterbrechung der Beförderung oder einen Fahrzeugwechsel ausgeschlossen (Abs. 2).

**43**      **5. Vereinbarungen der Parteien (Abs. 2).** Das MÜ stellt in Abs. 2 für die Frage der „internationalen Beförderung" (wie zuvor schon Art. 1 Abs. 2 WA 1929/1955) allein auf die „Vereinbarungen der Parteien" ab.

**44**      **a) Nichterreichen des Bestimmungsorts.** Eine „internationale Beförderung" liegt infolgedessen auch dann noch vor, wenn das Luftfahrzeug den vorgesehenen, in einem

---

[55] BGH 22.10.2009, TranspR 2009, 479 = NJW-RR 2010, 548 (m. Anm. *Ramming,* TranspR 2011, 169); OLG Frankfurt/M 18.4.2007, TranspR 2007, 367 (m. Anm. *Müller-Rostin*) = NJOZ 2007, 4701; BGH 22.10.2009, NJW-RR 548 = TranspR 2009, 479.

[56] S. wegen der Vertragsstaaten des „Warschauer Abkommen" von 1929/1955, des „Abkommens von Guadalajara" von 1971 sowie des „Montrealer Protokolls" Nr. 4 von 1975 unten Art. 55 MÜ Rn. 7 ff.

[57] Aktueller Stand: www.icao.int. „Key activities" > BUREAUX' ACTIVITIES > Legal Bureaux > Treaty Collection. S. auch: Fundstellennachweis B, – Völkerrechtliche Vereinbarungen –; Beilage zum BGBl., Teil II (Erscheinungstermin jeweils am Ende eines Kalenderjahres).

[58] AA *Bollweg/Schnellenbach* ZEuP 2007, 798, 801.

Vertragsstaat des MÜ (WA 1929/1955) liegenden Bestimmungsort, zB wegen Absturzes, Treibstoffmangels usw., nicht erreicht oder aus irgendwelchen Gründen (Wetter, technische Mängel usw.) auf einen Flughafen eines Nicht-Vertragsstaates ausweicht. Umgekehrt führt es allerdings nicht zur Anwendbarkeit des MÜ (WA 1929/1955), wenn der Luftfrachtführer, der in einem Vertragsstaat des MÜ gestartet ist, wegen eines technischen Defekts am Luftfahrzeug eine im Luftbeförderungsvertrag nicht vorgesehene Zwischenlandung in einem anderen Staat vornehmen muss, der im Gegensatz zu dem ursprünglich vorgesehenen Staat seinerseits ein Vertragsstaat des MÜ (WA 1929/1955) ist. Die allein vertragsbezogene Anknüpfung des MÜ (WA) führt im weiteren dazu, dass auch weder die Staatszugehörigkeit des benutzten Luftfahrzeugs noch der Wohn- oder Geschäftssitz des Luftfrachtführers für die Frage der Anwendbarkeit des MÜ (WA 1929/1955) von Belang ist.

**b) Zwischenlandungen.** Um eine „internationale Beförderung" im Sinne des MÜ **45** handelt es sich nach Abs. 2 ferner, wenn der vertraglich vorgesehene Abgangsort und Bestimmungsort auf dem Gebiet nur eines Vertragsstaates des MÜ liegen, aber eine Zwischenlandung[59] auf dem Gebiet eines anderen Staates vorgesehen ist, der selbst nicht zu den Mitgliedstaaten des MÜ gehört. Diese Bestimmung hat insofern etwas an Bedeutung verloren, als heute bereits über 100 Staaten das MÜ ratifiziert haben, so dass Zwischenlandungen in Nicht-Vertragsstaaten des MÜ schon eher selten sind. Hat dieser Zwischenlandestaat allerdings nur das WA, und zwar in dessen Fassung aus dem Jahre 1929 oder dem Jahre 1955, ratifiziert, so gilt für den Luftbeförderungsvertrag gleichwohl das Montrealer Übereinkommen, wenn Abgangs- und Bestimmungsort wiederum auf dem Gebiet eines Vertragsstaates des Montrealer Übereinkommens liegen. Beschränkt sich die Beförderung hingegen allein auf das Gebiet eines einzelnen Staates, dh. ist sie rein innerstaatlicher Art (zB Flug von Frankfurt/M. nach Hamburg), so ist mangels einer „internationalen Beförderung" das MÜ gemäß Abs. 2 nicht anwendbar.

**c) Mehrere aufeinanderfolgende Luftfrachtführer (Abs. 3).** Eine „internationale **46** Beförderung" iSd. MÜ bleibt tatbestandlich auch dann noch erhalten, wenn die Beförderung in *personeller* Hinsicht durch mehrere aufeinanderfolgende Luftfrachtführer (Abs. 3) durchgeführt wird (Art. 36 MÜ), sofern die Parteien des Luftbeförderungsvertrags die Gesamtbeförderung von vornherein als „einheitliche Leistung vereinbart" haben (Abs. 3). Dabei ist im Weiteren auch unerheblich, ob dieser Beförderungsvertrag in der Form eines einzigen Vertrags oder einer Reihe von Verträgen geschlossen worden ist. Ebenso unerheblich ist auch, ob einer dieser Verträge oder eine Reihe von ihnen ausschließlich im Gebiet ein und desselben Staates zu erfüllen ist (Abs. 3). Wegen der Formfreiheit des Luftbeförderungsvertrags (oben Rn. 12) braucht die Vereinbarung der „einheitlichen Leistung" des Weiteren nicht schriftlich, namentlich nicht auf Beförderungsdokumenten wie einem Luftfrachtbrief (Art. 4 Abs. 1 MÜ) oder einer Empfangsbestätigung über die Güter (Art. 4 Abs. 2 MÜ), zu erfolgen.

### X. Das nationale (deutsche) Luftfrachtrecht

Das MÜ regelt – wie das vorausgegangene WA 1929/1955 – den Luftbeförderungsvertrag **47** nicht in seiner Gesamtheit. Das Ziel des MÜ besteht nach seiner Überschrift vielmehr nur darin, „bestimmte Vorschriften" (engl. Originaltext: *„Certain* Rules") „über die Beförderung im internationalen Luftverkehr" zu vereinheitlichen.

Das hier daher notwendigerweise ergänzend anzuwendende *(nationale)* Recht richtet sich **48** sodann iE nach den Vorschriften des Internationalen Privatrechts (IPR).[60] Für den *deutschen*

---

[59] Mit Rücksicht auf diese Regelung gehört nach Art. 5 Buchst. b MÜ die Angabe eines solchen Zwischenlandepunktes zum obligatorischen Inhalt eines Luftfrachtbriefs oder einer Empfangsbestätigung über Güter. Das Fehlen seiner Angabe ist indessen nach Art. 9 MÜ weder für den Luftfrachtvertrag selbst noch für die Anwendbarkeit des MÜ auf diesen Vertrag von Nachteil.

[60] Schrifttum: Münchener Kommentar zum Bürgerlichen Gesetzbuch, Bd. 10, Art. 1–46 EGBGB, Internationales Privatrecht, 6. Aufl. 2014; *Jayme/Hausmann,* Internationales Privat- und Verfahrensrecht, 16. Aufl. 2012; *Kegel-Schurig,* Internationales Privatrecht, 9. Aufl. 2004 (mit Nachtrag); *Kropholler,* Internationales Privatrecht, 6. Aufl. 2006.

Rechtsbereich sind dies die Bestimmungen der 3 ff. Rom I-VO. Im Rechtsbereich der *EU* gilt insoweit ab dem 17. Dezember 2009 die Verordnung (EG) Nr. 593/2008 des Europäischen Parlaments und des Rates vom 17. Juni 2008 über das auf vertragliche Schuldverhältnisse anzuwendende Recht (Rom I-Verordnung).[61] S. hierzu auch oben: Einl. MÜ Rn. 61 ff.

**49**    **1. MontÜG.** Soweit im Rahmen dieser Bestimmungen *deutsches* Recht anwendbar ist, gilt hier zunächst das Gesetz zur Durchführung des Übereinkommens vom 28. Mai 1999 zur Vereinheitlichung bestimmter Vorschriften über die Beförderung im internationalen Luftverkehr und zur Durchführung der Versicherungspflicht zur Deckung der Haftung für Güterschäden nach der Verordnung (EG) Nr. 785/2004 (Montrealer-Übereinkommen-Durchführungsgesetz – MontÜG).[62]

**50**    Dieses Gesetz trifft Folgeregelungen für den Umfang der Schadensersatzpflicht des Luftfrachtführers nach Art. 18 MÜ (§ 2 MontÜG), für die Umrechnung des Sonderziehungsrechts iSd. Art. 23 Abs. 1 MÜ (§ 3 MontÜG) sowie für die in Art. 50 MÜ als Grundsatz vorgesehene Versicherung eines Luftfrachtführers für seine im MÜ näher bestimmte Haftung bezüglich *Personen-, Gepäck-, Güter-* und *Verspätungs*schäden (§ 4 MontÜG).

**51**    **2. Die §§ 407 ff. HGB.** Die §§ 407 ff. HGB. Bei Anwendbarkeit *deutschen* Rechts sind sodann iE die frachtvertraglichen Bestimmungen der §§ 407 ff. HGB[63] einschlägig. Diese Vorschriften gelten gemäß § 407 Abs. 3 Nr. 1 HGB ausdrücklich auch für Beförderungen „mit Luftfahrzeugen". Auch hiernach ist der (Luft-) Frachtvertrag an keine (Schrift-) Form gebunden (oben Rn. 12).[64] Sowohl seine elektronische Abfassung (Art. 4 Abs. 2 MÜ) wie auch eine nur mündliche Absprache sind daher jeweils rechtsverbindlich. Der Luftfrachtführer, der ein „gewerbliches Unternehmen" betreibt, „das nach Art und Umfang einen in kaufmännischen Weise eingerichteten Geschäftsbetrieb erfordert", ist insoweit zugleich auch „Kaufmann" iSd. § 1 HGB. Das Entsprechende gilt nach § 6 HGB für „Handelsgesellschaften". Die einzelnen Luftfrachtverträge gehören sodann zum „Betrieb" des „Handelsgewerbes" (§ 343 HGB) und sind damit gemäß § 354 Abs. 1 HGB auch „entgeltlich" (Abs. 1).

**52**    **a) § 407 Abs. 1 HGB.** Nach § 407 Abs. 1 HGB ist der (Luft-) Frachtführer dem Absender gegenüber verpflichtet, das Gut zum Bestimmungsort zu transportieren und dort an den Empfänger abzuliefern. Der Empfänger selbst hat insoweit keinen eigenen Beförderungsanspruch iSd. § 407 Abs. 1 HGB. Doch ist er gemäß Art. 13 Abs. 1 MÜ immerhin berechtigt, „nach Eintreffen der Güter am Bestimmungsort vom Luftfrachtführer die Ablieferung der Güter", und zwar „gegen Zahlung der geschuldeten Beträge und gegen Erfüllung der Beförderungsbedingungen zu verlangen". Außerdem hat er nach Art. 13 Abs. 2 MÜ Anspruch darauf, dass der Luftfrachtführer ihm zuvor das Eintreffen der Güter am Bestimmungsort unverzüglich anzeigt. Beide Ansprüche des Empfängers stehen allerdings unter dem Vorbehalt, dass der Luftfrachtführer vom Absender zuvor keine gegenteilige „Weisung" erhalten hat (Art. 12 MÜ Rn. 33).

**53**    **b) § 407 Abs. 2 HGB.** Gemäß § 407 Abs. 2 HGB ist im Gegenzug der Absender als der Vertragspartner des (Luft-) Frachtführers verpflichtet, die vereinbarte Fracht zu zahlen.[65]

---

[61] ABl. EG 2008 Nr. L 177 S. 6.

[62] Verkündet als Art. 1 des G zur Harmonisierung des Haftungsrechts im Luftverkehr vom 6. April 2004 (BGBl. I S. 550); geändert durch G zur Anpassung luftversicherungsrechtlicher Vorschriften vom 19.4.2005 (BGBl. I S. 1070); geändert durch Art. 336 VO vom 31.10.2006 (BGBl. I S. 2407); zuletzt geändert durch Art. 5 G. vom 24.8.2009 (BGBl. I S. 2942). Text: unten nach Art. 57 MÜ S. a.: Bek. über das Inkrafttreten des Übereinkommens vom 28. Mai 1999 zur Vereinheitlichung bestimmter Vorschriften über die Beförderung im internationalen Luftverkehr (Montrealer Übereinkommen) und der Artikel 1 und 2 des Gesetzes zur Harmonisierung des Haftungsrechts im Luftverkehr vom 24.5.2004 (BGBl. I S. 1027).

[63] Die §§ 407 ff. HGB sind durch das Transportrechtsreformgesetz (TRG) vom 25. Juni 1998 (BGBl. I S. 1588) neugefasst und im Einzelnen auf die CMR (Erl. in diesem KommBd.) abgestimmt worden. S. hierzu Baumbach/Hopt/*Merkt* §§ 407 ff. HGB; *Koller* §§ 407 ff. HGB, sowie die Erl. im vorliegenden KommBd.

[64] „Der Frachtvertrag ist wie in der CMR als Konsensualvertrag ausgestaltet": Reg.Begr. zum Transportrechtsreformgesetz (TRG) vom 25.6.1998 (BGBl. I S. 1588), BR-Drucks. 13/8445 S. 25.

[65] Art. 3 VO (EWG) Nr. 2409/92 des Rates über Flugpreise und Luftfrachtraten vom 23. Juli 1992, ABl. EG Nr. L 240 S. 15 lautet: „Die von den Luftfahrtunternehmen in Rechnung gestellten Charterpreise, Sitztarife und Frachtraten werden von den Parteien frei vereinbart."

Erfüllungsort ist der Ort des Unternehmenssitzes des Absenders oder auch der Ort seiner Niederlassung.[66] Die Zahlung ist nicht „sofort" (§ 271 BGB), sondern nach § 420 Abs. 1 HGB erst bei Ablieferung des Gutes fällig.[67] Bietet der Luftfrachtführer dem Empfänger die Übergabe des Gutes an, hat er seine Pflichten aus dem Frachtvertrag mit der Folge des Fälligwerdens seines Vergütungsanspruchs auch dann vollständig erfüllt, wenn es zur Übergabe des Gutes infolge Annahmeverweigerung des Empfängers nicht kommt.[68] Zuvor hat der (Luft-) Frachtführer wegen dieser und anderer durch den Frachtvertrag begründeten Geldforderungen[69] nach § 441 HGB ein Pfandrecht[70] an dem Transportgut. Der Absender wiederum kann nach näherer Maßgabe des § 415 HGB den Frachtvertrag jederzeit kündigen. Zum Weisungsrecht des Absenders: Art. 12 MÜ Rn. 3.

**3. Recht des BGB.** Sofern die vorgenannten Bestimmungen der §§ 407 ff. HGB keine **54** Sonderregelungen enthalten, kann nach Art. 2 EGHGB für den (Luft-) Frachtvertrag schließlich noch ergänzend auf die §§ 631 ff. BGB über den Werkvertrag[71] zurückgegriffen werden. Der vom „Luftfrachtführer" insoweit geschuldete werkvertragliche „Erfolg" besteht in dem durch den Transport bewirkten Ortswechsel.[72] Auch als „Werkvertrag" ist der Luftfrachtvertrag schließlich wiederum formfrei.

**a) Vorrang des MÜ bei der Abwicklung luftfahrttypischer Schadenstatbestände.** **55** Zu dem werkvertraglich geschuldeten „Erfolg" gehört nicht zuletzt auch, dass die vereinbarte Beförderung sicher und pünktlich geschieht. Der Luftfrachtführer, der diese Vertragspflichten verletzt, hat einen hierdurch entstandenen Schaden – gemäß Art. 29 MÜ ausschließlich – nach den Art. 18 bzw. 19 und Art. 22 Abs. 3 MÜ zu ersetzen.

**b) Gewährleistungsrecht der §§ 633 ff. BGB.** Daneben greift allerdings zusätzlich **56** auch das Gewährleistungsrecht der §§ 633 ff. BGB ein, das im Gegensatz zum Kaufrecht des § 434 BGB ebenso auch für *unkörperliche* Vertragsleistungen, wie hier für einen *Gütertransport*,

---

[66] OLG Dresden 24.11.1998, TranspR 1999, 62 = VersR 1999, 1258 = RiW 1999, 968 (CMR).

[67] So entsprechend auch das hier früher einschlägige Recht der §§ 641, 646 BGB: BGH 27.10.1988, NJW-RR 1989, 160, 162 = TranspR 1989, 60; OLG Düsseldorf 29.4.1993, NJW-RR 1994, 1122; AG Remscheid 21.5.2012, TranspR 2013, 28. Anders: Art. 4 Ziff. 4 Buchst. c ABB-Fracht (2010): „Alle Frachten, Gebühren und sonstige Beträge sind bei der Übernahme der Güter durch den Luftfrachtführer fällig und zahlbar. Sie können jedoch vom Luftfrachtführer auch anlässlich jeder Dienstleistung auf Grund des Luftfrachtbriefes nachgenommen werden."

[68] BGH 27.10.1988, NJW-RR 1989, 160 = TranspR 1989, 60 = Vers 1989, 213 = ZLW 1989, 368.

[69] BGH 18.4.2002, BGHZ 150, 326 = NJW-RR 2002, 1417 = TranspR 2002, 292 = LM § 131 InsO Nr. 4 (m. Anm. *Dubischar*): Erteilt der Schuldner innerhalb des Zeitraums des § 131 Abs. 1 Nr. 1 InsO einem Frachtführer unter Überlassung des Transportguts einen neuen Frachtauftrag, gilt der Erwerb des Frachtführerpfandrechts auch für offene unbestrittene Altforderungen aus früheren Transportgeschäften als kongruent; BGH 21.4.2005, NJW-RR 2005, 916 = TranspR 2005, 309 = VersR 2006, 527: Insolvenzanfechtung des Erwerbs eines Frachtführerpfandrechts (Inkonnexe Forderungen aus früheren Transportverträgen) – zugleich Ergänzung zu BGHZ 150, 326.

[70] Hierzu: BGH 10.6.2010, TranspR 2010, 303 = NJW-RR 2010, 1546 = VersR 2011, 902: gutgläubiger Erwerb; OLG Karlsruhe 20.2.2004, TranspR 2004, 467 = NJOZ 2004, 4172: Dem Frachtführer steht ein Pfandrecht am Gut wegen inkonnexer Forderungen (Forderungen aus anderen, früheren Frachtverträgen) nur dann zu, wenn der Absender Eigentümer des Gutes ist oder wenn der Eigentümer den Absender zu einer entsprechenden Verpfändung ermächtigt hatte. Schrifttum: *Andresen* TranspR 2004, Heft 3, Sonderbeilage, S. V; *Baumbach/Hopt/Merkt* § 441 HGB; *Bräuer* TranspR 2006, 197; *Brüning-Wildhagen,* Pfandrechte und Zurückbehaltungsrechte im Transportrecht. Ein Vergleich zwischen altem und neuem Recht, Schriftenreihe zum Transportrecht, Bd. 25, 2000; *Dittler* NJW 2004, 813; *Koller* § 441 HGB; *Risch* TranspR 2005, 108; *Ruhwedel,* GS Helm, 2001, S. 323; *Schmidt,* Das Pfandrecht der §§ 441, 464 HGB im internationalen Kontext, TranspR 2011, 56 – sowie die Erl. des § 441 HGB im vorliegenden KommBd.

[71] StRspr.: BGH 24.6.1969, NJW 1969, 2014, 2015; BGH 21.12.1973, BGHZ 62, 71, 75 = NJW 1974, 202; BGH 28.9.1978, NJW 1979, 495; BGH 25.10.1984, TranspR 1985, 235; BGH 15.11.1988, NJW-RR 1989, 252 = TranspR 1989, 151, 153 = MDR 1989, 350; OLG Frankfurt/M. 25.4.1983, TranspR 1984, 297, 298; OLG Düsseldorf 31.7.1986, TranspR 1986, 341, 342; OLG Düsseldorf 19.5.1993, TranspR 1995, 29 = ZLW 1995, 345; OLG Düsseldorf 11.11.1993, TranspR 1995, 30, 31 = VersR 1994, 1498 = ZLW 1995, 347; OLG Köln 4.3.1994, NJW-RR 1995, 353 (LS) = TranspR 1995, 72 = ZLW 1996, 97; OLG Köln 20.11.1996, VersR 1997, 1558; OLG Frankfurt/M. 6.11.2002, NJW 2003, 905 = TranspR 2003, 199 = NZV 2003, 133; LG Frankfurt/M. 9.8.1993, NJW-RR 1993, 1270 = TranspR 1994, 243.

[72] OLG Köln 20.11.1996, VersR 1997, 1558 (zu § 425 HGB aF).

gilt. Danach kann der Absender bzw. der Empfänger des Gutes den Frachtanspruch des Luftfrachtführers (§ 407 Abs. 2 HGB) bei Mangelhaftigkeit des Transports „mindern" (§ 638 BGB). Dieses Recht besteht beispielsweise in den Fällen einer erheblichen *Verspätung*[73] des Transports. Als vertragliches Gewährleistungsrecht wird es hierbei im Einzelnen nicht[74] durch das Schadensersatzrecht des MÜ verdrängt. Vgl. auch Art. 19 MÜ Rn. 47 ff.

57      Eine bloße „Mangelhaftigkeit" des Transports liegt hingegen nicht mehr vor, wenn der vereinbarte Flug vom Luftfrachtführer, zB wegen Überbuchung der Frachtmaschine, schlechterdings nicht durchgeführt wird. Bei einer solchen „Nichterfüllung" des Werkvertrags hat der Luftfrachtführer nicht etwa nur einen geminderten Frachtanspruch. Er ist vielmehr seinerseits nach den §§ 275, 280 ff. BGB zum vollen Schadensersatz gemäß den §§ 249 ff. BGB verpflichtet.[75] Eine solche „Nichtbeförderung" ist insbesondere auch keine „Verspätung" iSd. Art. 19 MÜ. Sie ist vielmehr innerhalb des MÜ, das unter den Vertragsbeteiligten allein *luftfahrttypische* Risiken ausgleichen will, ihrerseits an keiner Stelle tatbestandlich erfasst. Eine „Nichtbeförderung" unterliegt deshalb auch nicht der Ausschließlichkeitsregelung des Art. 29 MÜ. S. auch Art. 19 MÜ Rn. 47 ff.

58      **c) Luftfrachtvertrag als „Geschäftsbesorgung" (§ 675 BGB).** Im Hinblick auf die heute organisatorisch meist komplexe Abwicklung eines Lufttransports hat der mit dem Luftfrachtführer hierüber abgeschlossene Werkvertrag regelmäßig auch eine „Geschäftsbesorgung" iS des § 675 BGB zum Gegenstand. Nach den in dieser Bestimmung in Bezug genommenen Vorschriften über das Auftragsrecht trifft den Luftfrachtführer daher unter anderem auch eine *Auskunfts-* und *Rechenschaftspflicht* (§ 666 BGB), die nicht zuletzt in einem gegen ihn anhängigen Schadensersatzprozess von beweisrechtlicher[76] Bedeutung sein kann. Zudem obliegt dem Luftfrachtführer nach § 675 BGB iVm. § 667 BGB eine *Herausgabepflicht* bezüglich aller von ihm bei der Vertragsabwicklung erlangten Gegenstände, wie insbesondere *Frachtgüter* und *aufgegebenes Reisegepäck*.

59      **4. Die VO (EG) Nr. 261/2004.** Für den Lufttransport von Frachtgut gilt hingegen nicht – und auch nicht entsprechend – die VO (EG) Nr. 261/2004 des Europäischen Parlaments und des Rates vom 11. Februar 2004 über eine gemeinsame Regelung für Ausgleichs- und Unterstützungsleistungen für Fluggäste im Fall der Nichtbeförderung und bei Annullierung oder großer Verspätung von Flügen und zur Aufhebung der VO (EWG) Nr. 295/91.[77] Diese VO war *europarechtlich* konzipiert worden, um bei der Beförderung von Fluggästen solche Flugverspätungen und -ausfälle finanziell zu kompensieren, die nicht

---

[73] Zum *Personenluftverkehr* für die Zeit vor Inkrafttreten der unten unter Rn. 59 zitierten Verordnung (EG) Nr. 262/2004: LG Frankfurt/M. 9.8.1993, NJW-RR 1993, 1270 = TranspR 1994, 243 (Verzögerung von 2 Tagen); AG Frankfurt/M. 28.6.1995, NJW-RR 1996, 238 = TranspR 1996, 347 = ZLW 1996, 110 (Verzögerung von 11 Stunden bei Flug *Deutschland/Australien*); AG Bad Homburg 4.4.2001, ZLW 2001, 21 (Verzögerung um 8 Stunden und 50 Minuten).

[74] Zum WA 1929/1955: OLG Celle 24.5.1995, RRa 1995, 163; LG Hannover 19.4.1985, NJW 1985, 2903; LG Frankfurt/M. 28.10.1985, NJW-RR 1986, 216; LG Frankfurt/M. 9.8.1993, NJW-RR 1993, 1270, 1271 = TranspR 1994, 243; AG Frankfurt/M. 9.7.1991, MDR 1992, 451; AG Frankfurt/M. 28.6.1995, NJW-RR 1996, 238 = TranspR 1996, 347 = ZLW 1996, 110 = RRa 1995, 230; AG Bad Homburg 28.6.2000, NJW-RR 2001, 989 = TranspR 2000, 379 = ZLW 2001, 125 = RRa 2001, 13; AG Frankfurt/M. 29.5.2001, RRa 2002, 22; AG Bad Homburg 1.11.2001, RRa 2002, 88; AG Bad Homburg 4.4.2001, ZLW 2001, 620; AG Hannover 2.11.2001, RRa 2002, 80. Zu Art. 19 MÜ: LG Frankfurt/M. 5.6.2007, RRa 2007, 269 (m. Anm. *Bollweg* S. 242).

[75] Zu Art. 19 WA 1929/1955: BGH 28.9.1978, NJW 1979, 495 = ZLW 1979, 134; OLG Frankfurt/M. 24.11.1988, MDR 1989, 165 = ZLW 1989, 178; OLG Frankfurt/M. 18.2.2004, NJW-RR 2005, 66 = RRa 2005, 78; OLG Koblenz 29.3.2006, NJW-RR 2006, 1356; LG Frankfurt/M. 12.1.1987, VersR 1987, 1121 = ZLW 1988, 91; AG Bad Homburg 13.3.1998, ZLW 2000, 133; AG Bad Homburg 28.6.2002, ZLW 2001, 125.

[76] Hierzu im Einzelnen: BGH 3.11.1994, BGHZ 127, 275 = NJW 1995, 1490 = TranspR 1995, 253, 256 (m. Anm. *Blanck*) = MDR 1995, 807 = BB 1995, 744 (betr. die Darlegungs- und Beweislast bei einem besonders groben Verschulden des Luftfrachtführers – jetzt – iSd. Art. 22 Abs. 5 MÜ).

[77] ABl. EG 2004 Nr. L 46/04 S. 1. Schrifttum: Art. 19 MÜ Rn. 6. Die International Air Transport Association (IATA) und die European Low Fares Airline Association (ELFAA) hatten diese VO (EG) vor dem High Court of Justice *(England & Wales)* mit der Begründung angefochten, dass sie mit ihren Bestimmungen über Verspätung und Annullierung gegen das MÜ verstoße. Generalanwalt *Geelhoed* hatte dem EuGH

unter den Schadenstatbestand des Art. 19 WA 1929/1955 bzw. des Art. 19 MÜ fallen konnten (Art. 19 MÜ Rn. 22), wegen ihrer *personenbezogenen* und nachhaltigen Auswirkungen rechtspolitisch aber gleichwohl entschädigungsbedürftig erschienen.

**5. AGB.** Abschließend wird der Inhalt des Luftfrachtvertrags auch durch die in ihn **60** wirksam einbezogenen Allgemeinen Geschäftsbedingungen (AGB) des Luftfrachtführers mitgestaltet.[78] Bei ihnen handelt es sich in der Praxis um die „IATA Cargo Services Conference Resolution – Recommended Practice", die auf die IATA-Empfehlung Nr. 1601 zurückgehen.[79] Die „Allgemeinen Beförderungsbedingungen für Fracht der Lufthansa Cargo AG" (Januar 2010) berücksichtigen insoweit bereits das geltende Montrealer Übereinkommen.[80] Abdruck unten nach Art. 57 MÜ im Anhang. Die rechtswirksame Einbeziehung dieser oder anderer[81] vom Luftfrachtführer verwendeter Allgemeiner Geschäftsbedingungen wird nach Art. 11 Abs. 1 MÜ bis zum Beweis des Gegenteils vermutet, wenn diese Beförderungsbedingungen im Luftfrachtbrief (Art. 4 Abs. 1 MÜ) oder in der Empfangsbestätigung über die Güter (Art. 4 Abs. 2 MÜ) iSd. Art. 11 Abs. 1 MÜ „darin niedergelegt sind". Insoweit kommt es hier im Weiteren nicht mehr auf die „AGB-Festigkeit" solcher Klauseln iSd. § 449 Abs. 2 HGB an.[82]

**a) Einbeziehung.** Wenn der Luftfrachtführer seine AGB allerdings gegenüber einem **61** „Unternehmer" iSd. § 14 BGB, dh. namentlich[83] gegenüber einem *Spediteur* (§ 453 HGB) oder einem *Großversender,* verwendet, ist die Einbeziehung dieser AGB in den Luftfrachtvertrag schon materiellrechtlich erheblich erleichtert.

Die allgemeinen und verhältnismäßig strengen Einbeziehungsvoraussetzungen des § 305 **62** Abs. 2 BGB finden nach § 310 Abs. 1 BGB hier gerade keine Anwendung. Insoweit kann nach *deutschem* Recht auch eine *stillschweigende* rechtsgeschäftliche Unterwerfung unter die AGB des Luftfrachtführers seitens eines solchen „Unternehmers" stattfinden. Eine laufende Geschäftsbeziehung[84] bietet hierfür schon ein Indiz. Auch genügt zur Einbeziehung Allge-

---

am 8.9.2005 vorgeschlagen, die VO (EG) als gültig anzusehen. Vgl. insoweit RRa 2005, 273. Der EuGH hat mit Urteil vom 10.1.2006 (NJW 2006, 351 = NZV 2006, 221 = EuZW 2006, 112) die Gültigkeit der Art. 5, 6 und 7 der VO (EG) Nr. 261/2004 bestätigt. Mit Vorlagebeschluss des BGH vom 17.7.2007, Az. X ZR 95/06, ist der EuGH zur Auslegung von Art. 2 lit. l, 5 Abs. 1 lit. c dieser VO (EG) angerufen worden. Vgl. insoweit NJW 2007, 3437 = TranspR 2007, 363 = RRa 2007, 233.

[78] Hierzu: *Berger-Walliser,* Luftbeförderungsbedingungen und AGB-Kontrolle im deutschen, französischen und internationalen Privatrecht, Diss. Bielefeld 2001; *Eisenbarth,* Die Vereinbarkeit der IATA-Beförderungsbedingungen mit dem AGB-Gesetz unter Berücksichtigung des Warschauer Abkommens, des Luftverkehrsgesetzes und des Reisevertragsgesetzes, Diss. Köln 1986; *A. Gran,* Die IATA aus der Sicht deutschen Rechts. Organisation, Agenturverträge und Allgemeine Geschäftsbedingungen, Diss. Frankfurt/M. 1998; *ders.* TranspR 1999, 173; *Haanappel,* Die International Air Transport Association (IATA), in: Kölner Kompendium des Luftrechts, Bd. 1 („Grundlagen"), 2008, 87; *Kehrberger* TranspR 1996, 131; *Specht,* Die IATA. Eine Organisation des grenzüberschreitenden Luftlinienverkehrs und ihre Allgemeinen Beförderungsbedingungen, Diss. Frankfurt/M. 1973; *Ulmer/Brandner/Hensen,* AGB-Recht, Komm. zu den §§ 305–310 BGB, 11. Aufl. 2011.

[79] Abdruck: MüKoHGB/*Kronke,* Bd. 7 (Transportrecht), 1. Aufl. 1997, S. 2172.

[80] S. auch: IATA – Cargo Services Conference Resolutions Manual, 26. Aufl. 2005 (The fundamental air cargo reference manual); IATA – Air Waybill Handbook, 28. Aufl. 2005 (The reference guide for completion of air waybills); IATA/ATA – Cargo Interchange Message Procedures Manual (Cargo-IMP), 26. Aufl. 2006 (Uniformity, accuracy and economy of Cargo data exchange); IATA – European Air Cargo Programme Handbook (EACP), (CD-ROM), 5. Aufl. 2007.

[81] Zur Einbeziehung der *ADSp* in den Luftfrachtvertrag: BGH 3.3.2011, TranspR 2011, 220 = VersR 2011, 1332 = MDR 2011, 792; AG Hamburg 4.4.2007, TranspR 2007, 328 (m. krit. Anm. *Boettge* TranspR 2007, 303). Entsprechend: OLG Düsseldorf 21.11.2007, TranspR 2008, 38 (Pakettransportunternehmen).

[82] Zum individuellen Aushandeln von Beförderungsbedingungen: HansOLG Hamburg 16.11.2006, TranspR 2007, 240.

[83] LG Frankfurt/M. 7.3.2003, RRa 2004, 133: Auch geschäftlich reisende Vielflieger sind „Unternehmer", so dass zur Einbeziehung der Allgemeinen Geschäftsbeziehung eine stillschweigend erklärte Willensübereinstimmung ausreicht, die in dem Erwerb des Flugscheins liegt (§§ 310 Abs. 1 S. 1, 14 BGB).

[84] BGH 6.12.1990, NJW-RR 1991, 570 = VersR 1991, 480 = LM § 2 AGBG Nr. 12 (Paketdienstunternehmen); KG 18.12.1996, WuW 1997, 655 = AfP 1998, 74 (Bezug von Presseerzeugnissen); BGH 1.6.2005, NJW-RR 2005, 1518 = RiW 2005, 776 = MDR 2006, 46 = LMK 2005, 155248 *Mankowski* (Kauf von Sportartikeln).

meiner Geschäftsbedingungen unter „Unternehmern", dass eine Partei deutlich macht, dass sie den Vertrag nur unter Geltung ihrer AGB schließen will. Unter „Unternehmern" ist es nicht erforderlich, dass die Vertragspartner die AGB tatsächlich kennt.[85] Daher ist eine Einbeziehung von AGB auch dann wirksam, wenn eine Vertragspartei auf die Geltung ihrer im *Internet* unter eine bestimmten Adresse abrufbaren AGB hinweist und der andere (Unternehmens-) Vertragspartner sich weder an der angegebenen Internetadresse über den Inhalt der AGB informiert noch die Übersendung der AGB in Schriftform anfordert.[86] Die einschränkende beweisrechtliche Vermutungswirkung des Art. 11 Abs. 1 MÜ („die darin niedergelegt sind") hat hier infolgedessen keine Funktion mehr.

63    **b) Inhaltskontrolle.** Die Klauseln der AGB unterliegen auch nach ihrer rechtswirksamen Einbeziehung zusätzlich noch einer Inhaltskontrolle iSd. §§ 307 ff. BGB.[87] Falls der Luftfrachtführer den Frachtvertrag auch hier wiederum mit einem „Unternehmer" (§ 14 Abs. 1 BGB) abgeschlossen hat, sind die von ihm darin verwendeten AGB nach § 310 Abs. 1 BGB nur in eingeschränktem Umfang einer solchen Inhaltskontrolle zugänglich. Für diese Kontrolle ist iE allein § 307 BGB mit dessen Ergänzung in § 310 Abs. 1 S. 2 BGB maßgeblich. Die Klauselverbote der §§ 308, 309 BGB gelten hier hingegen nicht.

## XI. Die einzelnen Mitgliedsstaaten des Montrealer Übereinkommens

64   CONVENTION FOR THE UNIFICATION OF CERTAIN RULES FOR INTER-
NATIONAL CARRIAGE BY AIR DONE AT MONTREAL ON 28 MAY 1999

**Entry into force:**    The Convention entered into force on 4 November 2003★.
**Status:**              103 parties. [Stand: 1. Januar 2014]

| State | Date of signature | Date of deposit of instrument of ratification, acceptance (A), approval (AA) or accession (a) | Date of entry into force |
|---|---|---|---|
| Albania |  | 20/10/04 (a) | 19/12/04 |
| Argentina (22) |  | 16/12/09 (a) | 14/2/10 |
| Armenia |  | 16/04/10 (a) | 15/6/10 |
| Australia |  | 25/11/08 (a) | 24/1/09 |
| Austria (10) |  | 29/4/04 (a) | 28/6/04 |
| Bahamas | 28/5/99 |  |  |
| Bahrain |  | 2/2/01(a) | 4/11/03 |
| Bangladesh | 28/5/99 |  |  |
| Barbados |  | 2/1/02 (a) | 4/11/03 |
| Belgium (1)(15) | 28/5/99 | 29/4/04 | 28/6/04 |
| Belize | 28/5/99 | 24/8/99 | 4/11/03 |
| Benin | 28/5/99 | 30/3/04 | 29/5/04 |
| Bolivia (Plurinational State of) | 28/5/99 |  |  |
| Bosnia and Herzegovina |  | 9/3/07 (a) | 8/5/07 |
| Botswana |  | 28/3/01 (a) | 4/11/03 |
| Brazil | 3/8/99 | 19/5/06 | 18/7/06 |
| Bulgaria |  | 10/11/03 (a) | 9/1/04 |

[85] OLG Naumburg 19.6.2003, NJOZ 2004, 14; LG Köln 15.4.2003, CR 2003, 484.
[86] OLG Bremen 11.2.2004, NJOZ 2004, 2854.
[87] Zu Klauseln, die der IATA-Empfehlung 1724 (*Personen*luftverkehr) folgen: BGH 20.1.1983, BGHZ 86, 284 = NJW 1983, 1322 = TranspR 1983, 116; BGH 5.12.2006, NJW 2007, 997 = TranspR 2007, 27 = LMK 2007, 213130 (m. Anm. *Koller*) = RRa 2007, 74 (m. Anm. *Kappus*) („Klauselinfektion"); 451; BGH 20.5.2010, TranspR 2010, 451 = NJW 2010, 2719; OLG Köln 11.4.2003, RRa 2003, 234; LG Köln 29.1.2003, RRa 2003, 84 = CR 2003, 697; AG Wunsiedel 24.9.2002, ZLW 2003, 274.

| State | Date of signature | Date of deposit of instrument of ratification, acceptance (A), approval (AA) or accession (a) | Date of entry into force |
|---|---|---|---|
| Burkina Faso | 28/5/99 | | |
| Cambodia | 28/5/99 | | |
| Cameroon | 27/9/01 | 5/9/03 | 4/11/03 |
| Canada (6) | 1/10/01 | 19/11/02 | 4/11/03 |
| Cape Verde | | 23/8/04 (a) | 22/10/04 |
| Central African Republic | 25/9/01 | | |
| Chile (21) | 28/5/99 | 19/3/09 | 18/5/09 |
| China (18) | 28/5/99 | 1/6/05 | 31/7/05 |
| Colombia | 15/12/99 | 28/3/03 | 4/11/03 |
| Congo | | 19/12/11 (A) | 17/2/12 |
| Cook Islands | | 22/5/07 (a) | 21/7/07 |
| Costa Rica | 20/12/99 | 9/6/11 | 8/8/11 |
| Côte d'Ivoire | 28/5/99 | | |
| Croatia | | 23/1/08 (a) | 23/3/08 |
| Cuba | 28/5/99 | 14/10/05 | 13/12/05 |
| Cyprus | | 20/11/02 (a) | 4/11/03 |
| Czech Republic (3) | 28/5/99 | 16/11/00 | 4/11/03 |
| Denmark (1)(11) | 28/5/99 | 29/4/04 | 28/6/04 |
| Dominican Republic | 28/5/99 | 21/9/07 | 20/11/07 |
| Ecuador | | 27/6/06 (a) | 26/8/06 |
| Egypt | | 24/2/05 (A) | 25/4/05 |
| El Salvador | | 7/11/07 (a) | 6/1/08 |
| Estonia | 4/2/02 | 10/4/03 | 4/11/03 |
| Finland (4) | 9/12/99 | 29/4/04 | 28/6/04 |
| France (1) | 28/5/99 | 29/4/04 | 28/6/04 |
| Gabon | 28/5/99 | | |
| Gambia | | 10/3/04 | 9/5/04 |
| Georgia | | 20/12/10 (a) | 18/2/11 |
| Germany (1)(12) | 28/5/99 | 29/4/04 | 28/6/04 |
| Ghana | 28/5/99 | | |
| Greece (1) | 28/5/99 | 22/7/02 | 4/11/03 |
| Hungary | | 8/11/04 (a) | 7/1/05 |
| Iceland | 28/5/99 | 17/6/04 | 16/8/04 |
| India | | 1/5/09 (a) | 30/6/09 |
| Ireland (1) | 16/8/00 | 29/4/04 | 28/6/04 |
| Israel (24) | | 19/1/11 (a) | 20/3/11 |
| Italy (1) | 28/5/99 | 29/4/04 | 28/6/04 |
| Jamaica | 28/5/99 | 7/7/09 | 5/9/09 |
| Japan (8) | | 20/6/00 (A) | 4/11/03 |
| Jordan | 5/10/00 | 12/4/02 | 4/11/03 |
| Kenya | 28/5/99 | 07/1/02 | 4/11/03 |
| Kuwait | 28/5/99 | 11/6/02 | 4/11/03 |
| Latvia | | 17/12/04 (A) | 15/2/05 |
| Lebanon | | 15/3/05 (a) | 14/5/05 |
| Lithuania (17) | 28/5/99 | 30/11/04 | 29/1/05 |
| Luxembourg (2) | 29/2/00 | 29/4/04 | 28/6/04 |
| Madagascar | 28/5/99 | 28/12/06 | 26/2/07 |
| Malaysia (20) | | 31/12/07 (a) | 29/2/08 |
| Maldives | | 31/10/05 (a) | 30/12/05 |

| State | Date of signature | Date of deposit of instrument of ratification, acceptance (A), approval (AA) or accession (a) | Date of entry into force |
|---|---|---|---|
| Mali | | 16/1/08 (a) | 16/3/08 |
| Malta | 28/5/99 | 5/5/04 | 4/7/04 |
| Mauritius | 28/5/99 | | |
| Mexico | 28/5/99 | 20/11/00 | 4/11/03 |
| Monaco | 28/5/99 | 18/8/04 | 17/10/04 |
| Mongolia | | 5/10/04 (a) | 4/12/04 |
| Montenegro (23) | | 15/1/10 (a) | 16/3/10 |
| Morocco | | 15/4/10 (a) | 14/6/10 |
| Mozambique | 28/5/99 | | |
| Namibia | 28/5/99 | 27/9/01 | 4/11/03 |
| Netherlands (14) | 30/12/99 | 29/4/04 | 28/6/04 |
| New Zealand (5) | 13/7/01 | 18/11/02 | 4/11/03 |
| Niger | 28/5/99 | | |
| Nigeria | 28/5/99 | 10/5/02 | 4/11/03 |
| Norway | | 29/4/04 (a) | 28/6/04 |
| Oman | | 28/5/07 (a) | 27/7/07 |
| Pakistan | 28/5/99 | 19/12/06 | 17/2/07 |
| Panama | 28/5/99 | 13/9/02 | 4/11/03 |
| Paraguay | 17/3/00 | 29/3/01 | 4/11/03 |
| Peru | 7/9/99 | 11/4/02 | 4/11/03 |
| Poland | 28/5/99 | 17/1/06 | 18/3/06 |
| Portugal (1) | 28/5/99 | 28/2/03 | 4/11/03 |
| Qatar (16) | | 15/11/04 (a) | 14/1/05 |
| Republic of Korea | | 30/10/07 (a) | 29/12/07 |
| Republic of Moldova | | 17/3/09 (a) | 16/5/09 |
| Romania | 18/11/99 | 20/3/01 | 4/11/03 |
| Saint Vincent and the Grenadines | | 29/3/04 (a) | 28/5/04 |
| Saudi Arabia | 28/5/99 | 15/10/03 | 14/12/03 |
| Senegal | 28/5/99 | | |
| Serbia | | 3/2/10 (a) | 4/4/10 |
| Seychelles | | 13/9/10 (a) | 12/11/10 |
| Singapore (19) | | 17/9/07 (a) | 16/11/07 |
| Slovakia | 28/5/99 | 11/10/00 | 4/11/03 |
| Slovenia | 28/5/99 | 27/3/02 | 4/11/03 |
| South Africa | 28/5/99 | 22/11/06 | 21/1/07 |
| Spain (13) | 14/1/00 | 29/4/04 | 28/6/04 |
| Sudan | 28/5/99 | | |
| Swaziland | 28/5/99 | | |
| Sweden (1) | 27/8/99 | 29/4/04 | 28/6/04 |
| Switzerland | 28/5/99 | 7/7/05 | 5/9/05 |
| Syrian Arab Republic | | 18/7/02 (a) | 4/11/03 |
| The former Yugoslav Republic of Macedonia | | 15/5/00 (a) | 4/11/03 |
| Togo | 28/5/99 | | |
| Tonga | | 20/11/03 (a) | 19/1/04 |
| Turkey (25) | 28/5/99 | 25/1/11 | 26/3/11 |
| Ukraine | | 6/3/09 (a) | 5/5/09 |
| United Arab Emirates | | 7/7/00 (a) | 4/11/03 |

| State | Date of signature | Date of deposit of instrument of ratification, acceptance (A), approval (AA) or accession (a) | Date of entry into force |
| --- | --- | --- | --- |
| United Kingdom (1) | 28/5/99 | 29/4/04 | 28/6/04 |
| United Republic of Tanzania | | 11/2/03 (a) | 4/11/03 |
| United States (7) | 28/5/99 | 5/9/03 | 4/11/03 |
| Uruguay | 9/6/99 | 4/02/08 | 4/4/08 |
| Vanuatu | | 9/11/05 (a) | 8/1/06 |
| Zambia | 28/5/99 | | |
| Regional Economic Integration Organisations | | | |
| European Union (9) | 9/12/99 | 29/4/04 (AA) | 28/6/04 |

\* As a result of the first review of limits of liability conducted by ICAO in accordance with Article 24, the rounded revised limits, effective as of 30 December 2009, in Special Drawing Rights (SDRs), are:
- 19 SDRs per kilogramme in the case of destruction, loss, damage or delay in relation to the carriage of cargo (Article 22, paragraph 3)
- 1 131 SDRs for each passenger in case of destruction, loss, damage or delay with respect to baggage (Article 22, paragraph 2)
- 4 694 SDRs for each passenger in relation to damage caused by delay in the carriage of persons (Article 22, paragraph 1)
- 113 100 SDRs for each passenger for damage sustained in case of death or bodily injury of a passenger (for the first tier) (Article 21, paragraph 1)

(1) Upon signature of the Convention, this State, Member State of the European Community, declared that, "in accordance with the Treaty establishing the European Community, the Community has competence to take actions in certain matters governed by the Convention".
(2) On 3 October 2000, ICAO received from Luxembourg the following declaration: "The Grand Duchy of Luxembourg, Member State of the European Community, declares that in accordance with the Treaty establishing the European Community, the Community has competence to take actions in certain matters governed by the Convention".
(3) Upon deposit of its instrument of ratification, the Czech Republic notified ICAO that "as a Member of the International Monetary Fund, [the Czech Republic] shall proceed in accordance with Article 23, paragraph 1 of the Convention".
(4) By a Note dated 13 July 2000, Finland transmitted a declaration dated 7 July 2000 signed by the Minister for Foreign Trade, setting forth the wording quoted in note (1) above.
(5) Upon deposit of its instrument of accession (deemed to be an instrument of ratification), New Zealand declared "that this accession shall extend to Tokelau".
(6) At the time of ratification, Canada made the following declaration: "Canada declares, in accordance with Article 57 of the Convention for the Unification of Certain Rules for International Carriage by Air, done at Montreal on 28 May 1999 and signed by Canada on 1 October 2001, that the Convention does not apply to the carriage of persons, cargo and baggage for its military authorities on aircraft registered in or leased by Canada, the whole capacity of which has been reserved by or on behalf of such authorities [Article 57(b)]."
(7) The instrument of ratification of the United States contains the following declaration: "Pursuant to Article 57 of the Convention, the United States of America declares that the Convention shall not apply to international carriage by air performed and operated

directly by the United States of America for non-commercial purposes in respect to
the functions and duties of the United States of America as a sovereign State."

(8)  By a Note dated 24 October 2003 signed by the Minister for Foreign Affairs, Japan
informed ICAO "that, in accordance with Article 57(a) of the Convention for the
Unification of Certain Rules for International Carriage by Air, done at Montreal on
28 May 1999, the Government of Japan declares that this Convention shall not apply
to international carriage by air performed and operated directly by the Government
of Japan for non-commercial purposes in respect to its functions and duties as a sovereign State."

(9)  On 9 February 2010, the Council of the European Union deposited with ICAO a
note verbale referring to the entry into force, on 1 December 2009, of the Treaty of
Lisbon amending the Treaty on European Union and the Treaty establishing the
European Community, and stating: "As a consequence, as from 1 December 2009,
the European Union has replaced and succeeded the European Community . . . and
has exercised all rights and assumed all obligations of the European Community whilst
continuing to exercise existing rights and assume obligations of the European Union."
The note further states "that, as from 1 December 2009, the European Community
has been replaced and succeeded by the European Union in respect of the Convention
for the Unification of Certain Rules for International Carriage by Air for which the
International Civil Aviation Organization is the depositary and to which the European
Community, replaced from 1 December 2009 by the European Union, is a contracting
party."
The instrument of approval by the European Community deposited on 29 April 2004
contains the following declaration: "Declaration concerning the competence of the
European Community with regard to matters governed by the Convention of 28 May
1999 for the unification of certain rules for international carriage by air (the Montreal
Convention):

1.  The Montreal Convention provides that Regional Economic Integration Organisations constituted by sovereign States of a given region, which have competence in
respect of certain matters governed by this Convention, may become parties to it.

2.  The current Member States of the European Community are the Kingdom of
Belgium, the Kingdom of Denmark, the Federal Republic of Germany, the Helle-
nic Republic, the Kingdom of Spain, the French Republic, Ireland, the Italian
Republic, the Grand Duchy of Luxembourg, the Kingdom of the Netherlands,
the Republic of Austria, the Portuguese Republic, the Republic of Finland, the
Kingdom of Sweden and the United Kingdom of Great Britain and Northern
Ireland.

3.  This declaration is not applicable to the territories of the Member States in which
the Treaty establishing the European Community does not apply and is without
prejudice to such acts or positions as may be adopted under the Convention by
the Member States concerned on behalf of and in the interests of those territories.

4.  In respect of matters covered by the Convention, the Member States of the European Community have transferred competence to the Community for liability for
damage sustained in case of death or injury of passenger. The Member States have
also transferred competence for liability for damage caused by delay and in the case
of destruction, loss, damage or delay in the carriage of baggage. This includes
requirements on passenger information and a minimum insurance requirement.
Hence, in this field, it is for the Community to adopt the relevant rules and
regulations (which the Member States enforce) and within its competence to enter
into external undertakings with third States or competent organisations★.

5.  The exercise of competence which the Member States have transferred to the
Community pursuant to the EC Treaty is, by its nature, liable to continuous
development. In the framework of the Treaty, the competent institutions may

take decisions which determine the extent of the competence of the European
Community. The European Community therefore reserves the right to amend the
present declaration accordingly, without this constituting a prerequisite for the
exercise of its competence with regard to matters governed by the Montreal Convention. _____ *Sources:

1) Council Regulation (EC) No 2027/97 of 9 October 1997 on air carrier liability
   in the event of accidents, Official Journal of the European Union, L 285,
   17.10.1997, p. 1;
2) Regulation (EC) No 889/2002 of the European Parliament and of the Council
   of 13 May 2002 amending Council Regulation (EC) No 2027/97 on air carrier
   liability in the event of accidents, Official Journal of the European Union, L
   140, 30.5.2002, p. 2."

(10) The instrument of accession by Austria contains the following declaration:
"The Republic of Austria declares according to Article 57 of the Convention for the
Unification of Certain Rules for International Carriage by Air of 28 May 1999 that
this Convention shall not apply to:

a) international carriage by air performed and operated directly by the Republic of
   Austria for non-commercial purposes in respect to its functions and duties as a
   sovereign State;
b) the carriage of persons, cargo and baggage for the military authorities on aircraft
   registered in or leased by the Republic of Austria, the whole capacity of which
   has been reserved on behalf of such authorities."

(11) The instrument of ratification by Denmark contains a declaration that until later decision, the Convention will not be applied to the Faroe Islands.

(12) The instrument of ratification by Germany was accompanied by the following declaration:
"In accordance with Article 57 of the Convention of for the Unification of Certain
Rules for International Carriage by Air of 28 May 1999, the Federal Republic of
Germany declares that the Convention shall not apply to international carriage by air
performed and operated directly by the Federal Republic of Germany for non-commercial purposes in respect to its functions and duties as a sovereign State or to the
carriage of persons, cargo and baggage for the military authorities of the Federal
Republic of Germany on aircraft registered in or leased by the Federal Republic of
Germany, the whole capacity of which has been reserved by or on behalf of such
authorities."

(13) The instrument of ratification by Spain contains the following declarations:
"The Kingdom of Spain, Member State of the European Community, declares that
in accordance with the Treaty establishing the European Community, the Community
has competence to take actions in certain matters governed by the Convention."
"In accordance with the provisions of Article 57, the Convention shall not apply to:

a) international carriage by air performed and operated directly by Spain for non-
   commercial purposes in respect to its functions and duties as a sovereign State;
b) the carriage of persons, cargo and baggage for its military authorities on aircraft
   registered in or leased by Spain, the whole capacity of which has been reserved by
   or on behalf of such authorities."

(14) The instrument of ratification by the Kingdom of the Netherlands states that the
ratification is for the Kingdom in Europe.
By a Note dated 29 April 2004 from the Ministry of Foreign Affairs, the Netherlands
transmitted to ICAO the following declaration: "The Kingdom of the Netherlands,
Member State of the European Community, declares that in accordance with the
Treaty establishing the European Community, the Community has competence to
take actions in certain matters governed by the Convention".

(15) By a Note dated 15 July 2004 from the Minister of Foreign Affairs, Belgium transmitted to ICAO the following declaration in accordance with Article 57:
"the Convention does not apply to:
a) international carriage by air performed and operated directly by Belgium for non-commercial purposes in respect to its functions and duties as a sovereign State;
b) the carriage of persons, cargo and baggage for its military authorities on aircraft registered in or leased by Belgium, the whole capacity of which has been reserved by or on behalf of such authorities."

(16) In its instrument of accession, Qatar confirmed the application of the following declaration in accordance with Article 57:
"the Convention does not apply to:
a) international carriage by air performed and operated directly by that State Party for non-commercial purposes in respect to its functions and duties as a sovereign State, and/or
b) the carriage of persons, cargo and baggage for its military authorities on aircraft registered in or leased by that State Party, the whole capacity of which has been reserved by or on behalf of such authorities."

(17) The instrument of ratification by Lithuania contains the following declarations:
". . . in accordance with Article 57 . . ., the Seimas of the Republic of Lithuania declares that this Convention shall not apply to international carriage by air performed and operated directly by the Republic of Lithuania for non-commercial purposes in respect to its functions and duties as a sovereign State; and also shall not apply to the carriage of persons, cargo and baggage for its military authorities on aircraft registered in or leased by the Republic of Lithuania, the whole capacity of which has been reserved by or on behalf of such authorities."
". . . in accordance with the Treaty establishing the European Community, the Seimas of the Republic of Lithuania declares that the Community has competence to take actions in certain matters governed by the Convention."

(18) (A) The instrument of ratification by China contains the following declaration:
"The Convention does not apply in the Hong Kong Special Administrative Region of the People's Republic of China until notified otherwise by the Government of the People's Republic of China."
(B) In addition, the Representative of China on the Council of ICAO made the following declaration at the time of deposit of the instrument of ratification:
"The Convention applies in the Macao Special Administrative Region of the People's Republic of China." © By a letter dated 20 October 2006, the Representative of China on the Council of ICAO made the following statement on behalf of the Government of the People's Republic of China (PRC):
"Article 153 of the Basic Law of the Hong Kong Special Administrative Region of the PRC provides that the application to the Hong Kong Special Administrative Region of the PRC of international agreements to which the PRC is or becomes a party shall be decided by the Central People's Government in accordance with the circumstances and needs of the Region and after seeking the views of the Government of the Region.
In consultation with the Government of the Hong Kong Special Administrative Region, the Government of the PRC has decided to apply the Convention in the Hong Kong Special Administrative Region of the PRC from the date of December 15, 2006."

(19) The instrument of accession by Singapore contains the following declaration in accordance with Article 57: "the Convention shall not apply to:
a) international carriage by air performed and operated directly by the Republic of Singapore for non-commercial purposes in respect to its functions and duties as a sovereign State; and

b) the carriage of persons, cargo and baggage for its military authorities on aircraft registered in or leased by the Republic of Singapore, the whole capacity of which has been reserved by or on behalf of such authorities."

(20) The instrument of accession by Malaysia is accompanied by the following reservation: "Malaysia, in accordance with Article 57 (b) of the Montreal Convention, declares that the Convention shall not apply to the carriage of persons, cargo and baggage for its military authorities on aircraft registered in or leased by Malaysia, the whole capacity of which has been reserved by or on behalf of such authorities."

(21) The instrument of ratification by Chile contains the following reservation in accordance with Article 57 (b): "The Republic of Chile declares that the Convention shall not apply to the carriage of persons, cargo and baggage for its military authorities on aircraft registered in or leased by that State Party, the whole capacity of which has been reserved by or on behalf of such authorities."

(22) The instrument of accession by Argentina contains the following "interpretative declaration": "For the Argentine Republic, the term 'bodily injury' in Article 17 of this treaty includes mental injury related to bodily injury, or any other mental injury which affects the passenger's health in such a serious and harmful way that his or her ability to perform everyday tasks is significantly impaired."

(23) The instrument of accession by Montenegro contains the following reservation in accordance with Article 57: "this Convention shall not apply to:
a) international carriage by air performed and operated directly by Montenegro for non-commercial purposes in respect to its functions and duties as a sovereign State;
b) the carriage of persons, cargo and baggage for its military authorities on aircraft registered in or leased by Montenegro, the whole capacity of which has been reserved by or on behalf of such authorities."

(24) The instrument of accession by Israel contains the following reservation in accordance with Article 57: "The Convention shall not apply to:
a) international carriage by air performed and operated directly by the State of Israel for non-commercial purposes in respect to its functions and duties as a sovereign State; and/or
b) the carriage of persons, cargo and baggage for its military authorities on aircraft registered in or leased by the State of Israel, the whole capacity of which has been reserved by or on behalf of such authorities."

(25) The instrument of ratification by Turkey contains the following reservation in accordance with Article 57:
"The said Convention shall not apply to international carriage by air performed and operated directly by the Republic of Turkey for non-commercial purposes in respect to its functions and duties as a Sovereign State and to the carriage of persons, cargo and baggage for Turkish military authorities on aircraft registered in or leased by the Republic of Turkey, the whole capacity of which has been reserved by or on behalf of such authorities."


## Art. 2 Staatlich ausgeführte Beförderung und Beförderung von Postsendungen

**(1) Dieses Übereinkommen gilt auch für die Beförderungen, die der Staat oder eine andere juristische Person des öffentlichen Rechts ausführt, wenn die Voraussetzungen des Artikels 1 vorliegen.**

**(2) Bei der Beförderung von Postsendungen haftet der Luftfrachtführer nur gegenüber der zuständigen Postverwaltung nach Maßgabe der auf die Beziehungen zwischen Luftfrachtführern und Postverwaltungen anwendbaren Vorschriften.**

**(3) Mit Ausnahme des Absatzes 2 gilt dieses Übereinkommen nicht für die Beförderung von Postsendungen.**

## Art. 2 Transport effectué par l'État et transport d'envois postaux

1. La présente convention s'applique aux transports effectués par l'État ou les autres personnes juridiques de droit public, dans les conditions prévues à l'article 1.

2. Dans le transport des envois postaux, le transporteur n'est responsable qu'envers l'administration postale compétente conformément aux règles applicables dans les rapports entre les transporteurs et les administrations postales.

3. Les dispositions de la présente convention autres que celles du paragraphe 2 ci-dessus ne s'appliquent pas au transport des envois postaux.

## Art. 2 Carriage Performed by State and Carriage of Postal Items

1. This Convention applies to carriage performed by the State or by legally constituted public bodies provided it falls within the conditions laid down in Article 1.

2. In the carriage of postal items, the carrier shall be liable only to the relevant postal administration in accordance with the rules applicable to the relationship between the carriers and the postal administrations.

3. Except as privided in paragraph 2 of this Article, the provisions of this Convention shall not apply to the carriage of postal items.

Ähnliche Bestimmungen: Art. 2 WA 1929; Art. 2 WA 1955; Art. 2 WA/MP Nr. 4 (1975), Art. 1 Abs. 4 Buchst. a CMR (1956/1978) und § 663b HGB.

**Schrifttum:** *Baumann,* Staatsluftzeuge, in: Kölner Kompendium des Luftrechts, Bd. 1 („Grundlagen"), 2008, 458; *Grimme,* Die Haftung für den Verlust und die Beschädigung von Postsendungen im nationalen und internationalen Verkehr, TranspR 2004, 160; *Helmrich,* Haftungsrechtliche Gesichtspunkte bei Verlust und Beschädigung von Briefen und briefähnlichen Sendungen, TranspR 2007, 188; *Reuschle,* MÜ, Art. 2; *Rode,* Haftungsrahmen nach dem Weltpostvertrag, TranspR 2005, 301.

### Übersicht

|  | Rn. |  | Rn. |
|---|---|---|---|
| **I. Normzweck** | 1 | a) Inhaltliche Erweiterung gegenüber dem bisherigen Art. 2 WA/HP 1955 | 7 |
| **II. Der „Staat" als „Luftfrachtführer"** | 2–5 | b) Die Neuregelung des Art. 2 im Einzelnen | 8, 9 |
| 1. Beförderungen durch einen „Staat" | 2 | c) „ordre public" | 10 |
| 2. Verhältnis zu Art. 57 | 3–5 | d) Subsidiäre Geltung nationalen Transportrechts | 11 |
| **III. Luftpostsendungen** | 6–16 | e) § 449 Abs. 2 HGB | 12 |
| 1. Abs. 2 | 6–12 | 2. Luftpostsendungen und EU-Recht | 13–16 |

### I. Normzweck

1    Im Anschluss an Art. 1, der den *vertraglich/gegenständlichen* und den *vertraglich/räumlichen* Anwendungsbereich des Übereinkommens regelt, präzisiert Art. 2 diesen Anwendungsbereich zusätzlich noch in *zwei verschiedenen* Details. Diese betreffen die Beförderung zum einen durch staatliche Luftfahrtunternehmen (Rn. 3 ff.) und zum anderen von Luftpostsendungen (Rn. 6 ff.). Inhaltlich knüpft Art. 2 an die bisherige Regelung des Art. 2 WA 1929/1955 an.

### II. Der „Staat" als „Luftfrachtführer"

2    **1. Beförderungen durch einen „Staat".** Abs. 1 bedarf hier zunächst einer inhaltlichen Abgrenzung zu Art. 57. Nach dieser Bestimmung dürfen die Vertragsstaaten des MÜ die zwei Vorbehalte machen, dass „dieses Übereinkommen nicht gilt für

**a)** die Beförderung im internationalen Luftverkehr, die unmittelbar von diesem Vertragsstaat zu nicht gewerblichen Zwecken im Hinblick auf seine Aufgaben und Pflichten als souveräner Staat ausgeführt und betrieben wird;

**b)** die Beförderung von Personen, Gütern und Reisegepäck für seine militärischen Dienststellen mit diesem Vertragsstaat eingetragenen oder von ihm gemieteten Luftfahrzeugen, die ausschließlich diesen Dienststellen vorbehalten sind."

Von diesen Vorbehalten für Beförderungen *„zu nicht gewerblichen Zwecken"* sowie *„für seine militärische Dienststellen"* haben bisher auch einige Vertragsstaaten gemacht. Hierzu zählen unter anderem: *Canada, Deutschland, Japan, Spanien,* die *U.S.A.* usw. (Vgl. oben Art. 1 Rn. 64 und die dortigen Angaben der *ICAO*).

**2. Verhältnis zu Art. 57.** Abs. 1 ist von dem vorgenannten Art. 57 inhaltlich völlig **3** losgelöst zu betrachten. Der Absatz stellt im Anschluss an Art. 2 WA 1929/1955 vielmehr allein heraus, dass das Montrealer Übereinkommen in seiner Gesamtheit unter den Anwendungsvoraussetzungen des Art. 1 auch für den Fall gilt, dass einer der Vertragsstaaten des MÜ seinerseits als Luftfrachtführer[1] tätig wird.

Dies entsprach häufig den betrieblichen Gegebenheiten zu Beginn der Luftfahrt, als die **4** Mittel zum Aufbau einer Luftflotte nicht ohne weiteres auf dem privaten Kapitalmarkt aufgebracht werden konnten. Hier trat der Staat selbst zunächst als Kapitalgeber und nachfolgend auch als Luftfahrtunternehmer auf. Damit waren für ihn die beiden Vorteile verbunden, dass er in Krisenfällen stets auf „seine" Luftfahrzeuge zurückgreifen konnte und dass „seine" Luftfahrzeuge im Ausland für ihn auch repräsentierend auftreten konnten („flag carrier").

Abs. 1, der insoweit und im Gegensatz auch zu dem oben (Rn. 2) genannten Art. 57 **5** Buchst. a allein den *kommerziellen*[2] Flugverkehr eines Vertragsstaates erfasst, dehnt den Anwendungsbereich dieser Vorschrift zusätzlich auf den Fall aus, dass der Vertragsstaat nicht selbst, sondern statt seiner ein staatseigenes Luftfahrtunternehmen als Luftfrachtführer tätig wird. Im Hinblick auf die rechtliche Wirksamkeit seiner Beförderungsverträge muss dieses Unternehmen dann allerdings auch mit einer eigenen juristischen Persönlichkeit ausgestattet sein (engl. Originaltext: „legally constituted public bodies"),[3] damit es entweder im eigenen Namen oder in Vollmacht des jeweiligen Vertragsstaates rechtsgeschäftlich unmittelbar selbst tätig werden kann.

### III. Luftpostsendungen

**1. Abs. 2.** Abs. 2 spricht sodann die Beförderung von Postsendungen an. Dies geschieht **6** indessen allein zum Zweck der Feststellung, dass der Luftfrachtführer hier im Schadensfalle nur gegenüber der zuständigen Postverwaltung zu haften hat. Hieran anschließend bestimmt Abs. 3, dass für die Beförderung solcher Postsendungen das MÜ ansonsten nicht anwendbar ist. Letzteres entspricht auch dem bisherigen Abkommensrecht des Art. 2 Abs. 2 WA 1929 und des Art. 2 Abs. 2 WA 1955.

**a) Inhaltliche Erweiterung gegenüber dem bisherigen Art. 2 WA/HP 1955.** **7** Abs. 2 hat damit die Regelung des bisherigen Art. 2 Abs. 2 WA 1955 partiell erweitert. Dort war eine Anwendbarkeit des Abkommens „auf die Beförderung von Brief- und Paketpost" schlechterdings ausgeschlossen. Diese abkommensrechtliche Ausgrenzung von Postbeförderungen bleibt nach Abs. 3 ebenso auch für den Geltungsbereich des Montrealer Übereinkommens als eine Regel ohne Ausnahme beibehalten.

**b) Die Neuregelung des Art. 2 im Einzelnen.** Neu ist hingegen die postrechtliche **8** Teilregelung des Abs. 2, wonach der Luftfrachtführer bei der Beförderung von Postsendungen „nur gegenüber der zuständigen Postverwaltung" „haftet". Ausgeschlossen ist hiermit im Ergebnis also eine – deliktische – Haftung des Luftfrachtführers unmittelbar gegenüber den Postkunden selbst. Mit dieser Novellierung entspricht Abs. 2 dem Art. 2 Abs. 2 des – für *Deutschland* nicht in Kraft getretenen – Montrealer Protokolls Nr. 4 zum WA vom 25. September 1975.[4]

---

[1] Zum „Luftfrachtführer" s. Art. 1 Rn. 14 ff.
[2] Die in Abs. 1 ausdrücklich in Bezug genommenen „… Voraussetzungen des Artikels 1 …" gehen primär von einer Beförderung „gegen Entgelt" aus. Vgl. demgegenüber: Art. 57 Buchst. a.
[3] Die Delegation der *russischen Föderation* hatte auf der Konferenz in Montreal (1999) insoweit eine Klarstellung angeregt: ICAO-Documentation „Conference for the Unification of Certain Rules for International Carriage by Air", Vol. III: Preparatory Material, S. 295, Nr. 2.3, Doc 9775-DC/2, Montreal 2002.
[4] Art. 55 Abs. 1 Buchst. e MÜ. ICAO – Doc 9148. Textwiedergabe bei: *Ehlers*, Montrealer Protokolle Nr. 3 und 4 …, 1985, 128; *Koller* S. 1666; *MüKoHGB/Kronke*, Bd. 7 (Transportrecht), 1. Aufl. 1997, WA 1955. Diese Fassung des WA, die die frachtrechtlichen Vorschriften des MÜ bereits vorweggenommen hatte,

**9**     Diese Neuerung war seinerzeit damit begründet worden,[5] dass dem Luftfrachtführer die Möglichkeit fehle, Postsendungen zu kontrollieren und entsprechende Versicherungen abzuschließen. Im Weiteren ist hier auch nicht zu übersehen, dass die Postkunden bereits durch den Weltpostvertrag (WPV)[6] und das Postpaketübereinkommen (PPÜ)[7] hinreichend geschützt sind.[8] So gelten die Haftungsbestimmungen des WPV und des PPÜ unmittelbar zwischen der nationalen Postverwaltung und dem Absender.[9] Sie sind ihrerseits abschließender Natur.[10] Hier normieren Art. 35 Abs. 1 WPV und Art. 26 Abs. 1 PPÜ[11] iE eine Haftung der zuständigen Postverwaltung gegenüber ihren Kunden bei Verlust, Beraubung oder Beschädigung von Einschreibesendungen und Paketen sowie bei Verlust von Sendungen mit Auslieferungsnachweis. Der im Montrealer Übereinkommen verwendete Begriff der „Postverwaltung" (engl. Originaltext: „postal administrations") ist in demselben Sinne zu verstehen[12] wie der des Weltpostvertrags sowie des Postpaketübereinkommens. Nicht erfasst werden dementsprechend private Zustelldienste.

**10**     **c) „ordre public".** Soweit Art. 34 des Weltpostvertrags vom 14. September 1994[13] zu Lasten des (Luft-) Postkunden eine Haftungslimitierung vorsieht, ist diese rechtlich nicht zu beanstanden. Der BGH[14] hat hierzu entschieden, dass eine solche Haftungsbeschränkung weder gegen Art. 14 GG noch gegen den „ordre public" der Bundesrepublik Deutschland verstößt. Eine derartige Haftungsregel lasse nämlich „das Eigentum des Geschädigten und seinen Bestand unberührt". Es sei dem Gesetzgeber gerade in dem „das Verhältnis Privater regelnden Schadensersatzrecht sogar ein weiter Spielraum zuzubilligen, eine angemessene und gerechte Regelung zu finden".

**11**     **d) Subsidiäre Geltung nationalen Transportrechts.** Da das Montrealer Übereinkommen nach Abs. 3 auf die Beförderung von Postsendungen, außer im Falle des Abs. 2, insgesamt nicht anwendbar ist, gilt hier das jeweils einschlägige *nationale* Transportrecht. Für einen Luftfrachtvertrag, der die Beförderung von Postsendungen zum Gegenstand hat, sind mithin bei Anwendbarkeit *deutschen* Rechts (Art 3 ff. Rom I-VO),[15] und zwar auf Grund der zwischenzeitlichen Privatisierung der Postdienste grundsätzlich die §§ 407 ff. HGB maßgebend.[16] Jedes Postgut ist zugleich auch „Gut" iSd. § 407 HGB.[17] Vgl. hierzu die Erl. im vorl. KommBd.

ist am 14.6.1998 in Kraft getreten, jedoch nicht im Verhältnis zu *Deutschland,* das nicht zu den Ratifikationsstaaten gehört. Vgl. zu den letzteren: Art. 55 Rn. 10.

[5] Vgl. *Ehlers,* Montrealer Protokolle Nr. 3 und 4 …, 109, unter Hinweis auf „Legal Committee, 21st, Minutes, S. 97, Nr. 9.

[6] Hierzu: die Erl. im vorliegenden KommBd. sowie G zu den Verträgen *(Peking)* vom 15. September 1999 des Weltpostvereins vom 18.6.2002 (BGBl. II S. 1446). Bek. vom 31.3.2003 (BGBl. II S. 327): Inkrafttreten der Verträge für Deutschland am 8. November 2002. Die vom Weltpostkongress in *Bukarest* im Jahre 2004 beschlossenen Änderungen bzw. Neufassungen der Verträge treten nach ihrer Ratifizierung in Kraft.

[7] S. die vorstehende Fn. Mit dem Sechsten Zusatzprotokoll zur Satzung des Weltpostvereins wurden die Bestimmungen des bisherigen Postpaketübereinkommens in den Weltpostvertrag übernommen (Art. 22 Abs. 3). Hierzu: BT-Drucks. 14/7977, S. 83.

[8] Denkschrift, BT-Drucks. 15/2285 S. 36.

[9] OLG Köln 15.10.2002, TranspR 2003, 159 (m. Anm. *Grimme).*

[10] LG Bonn 20.12.2001, TranspR 2002, 443: Die Haftung der Postverwaltungen im internationalen Postverkehr ist im Weltpostvertrag, der insbesondere den §§ 407 ff. HGB und der CMR vorgeht, abschließend geregelt.

[11] OLG Karlsruhe 25.7.2001, TranspR 2002, 210: An der Anwendbarkeit des Postpaketübereinkommens hat sich durch die Reform des deutschen Transportrechts und durch die Privatisierung der Deutschen Post nichts geändert.

[12] Denkschrift, BT-Drucks. 15/2285 S. 36.

[13] BGBl. 1998 II S. 2135.

[14] BGH 28.1.2003, BGHZ 153, 327, 335 f. = NJW 2003, 1602 = TranspR 2003, 238; BGH 3.3.2005, NJW-RR 2005, 1058, 1060 = TranspR 2005, 307, 308; BGH 22.9.2005, TranspR 2006, 468 (§ 3 PostG, Art. 26 PPÜ).

[15] Im Rechtsbereich der *EU* gelten ab dem 17. Dezember 2009: Art. 3 f. der Verordnung (EG) Nr. 593/2008 des Europäischen Parlaments und des Rates vom 17. Juni 2008 über das auf vertragliche Schuldverhältnisse anzuwendende Recht („Rom I"), ABl. EG Nr. L 177 vom 4.7.2008.

[16] BGH 14.6.2006, NJW-RR 2007, 96 = TranspR 2006, 348 = VersR 2007, 273; BGH 26.4.2007, TranspR 2007, 464, 465. Baumbach/Hopt/*Merkt* §§ 407 ff. HGB; *Koller* §§ 407 ff. HGB.

[17] ABB-Fracht (2010): „Gut/Güter sind alle Gegenstände, die in einem Luftfahrzeug befördert werden oder befördert werden sollen, einschließlich Postsendungen soweit die Beförderungsbedingungen auf Grund der geltenden internationalen Abkommen auf solche anwendbar sind. …".

**e) § 449 Abs. 2 HGB.** Doch war hier gesetzgeberisch den mit der massenweisen 12
Abwicklung solcher Transporte verbundenen besonderen Haftungsrisiken Rechnung zu
tragen. Deshalb können sich der Luftfrachtführer (und ein Spediteur) nach § 449 Abs. 2
HGB (und § 466 Abs. 2 HGB) bei der „Beförderung von Briefen und briefähnlichen Sendungen" von ihrer Haftung nach den §§ 425 ff. HGB (bzw. § 461 HGB) nicht nur durch
Individualvereinbarung, sondern ebenso auch auf Grund von AGB freizeichnen. Zudem
besteht bei Brief- und Einschreibesendungen kein Gebot durchgängiger Schnittstellenkontrollen, so dass insoweit auch ein qualifiziertes Verschulden iSd. § 435 HGB außer Betracht
zu bleiben hat.[18]

**2. Luftpostsendungen und EU-Recht.** Art. 3 Abs. 2 VO (EG) Nr. 785/2004 des 13
Europäischen Parlaments und des Rates vom 21. April 2004 über Versicherungsanforderungen an Luftfahrtunternehmen und Luftfahrzeugbetreiber[19] sieht vor, dass für die Beförderung von Postsendungen die Versicherungsanforderungen gelten, die in der VO (EWG)
Nr. 2407/92[20] und in den nationalen Rechtsvorschriften niedergelegt sind.

Die vorgenannte VO (EWG) Nr. 2407/92 enthält folgende Bestimmung: 14

Art. 7. *Ein Luftfahrtunternehmen muss gegen die im Rahmen seiner Haftpflicht zu ersetzenden
Schäden, die insbesondere Fluggästen, an Gepäck, an Fracht, an Post und Dritten durch Unfälle
entstehen können, versichert sein.*

Nach Art. 3 der vorerwähnten VO (EG) Nr. 785/2004 ist „Luftfahrtunternehmen der 15
Gemeinschaft" „ein Luftfahrtunternehmen mit einer von einem Mitgliedstaat im Einklang
mit der VO (EWG) Nr. 2407/92 erteilten gültigen Betriebsgenehmigung". Hiernach ist im
weiteren ein „Luftfahrzeugbetreiber" „die Person oder Rechtspersönlichkeit, die ständige
Verfügungsgewalt über die Nutzung oder den Betrieb eines Luftfahrzeugs hat, jedoch kein
Luftfahrtunternehmen ist; die als Eigentümer des Luftfahrzeugs eingetragene natürliche oder
juristische Person gilt als Betreiber, es sei denn, sie kann nachweisen, dass eine andere
Person das Luftfahrzeug betreibt".

Beide Begriffe sind damit inhaltlich weitaus enger angelegt als der des „Luftfrachtführers" 16
(Abs. 2), der schon dann dieser begrifflichen Eigenschaft unterfällt, wenn er mit einem
Fluggast bzw. einem Absender von Frachtgut lediglich einen – formlosen – *Vertrag* zur
Beförderung auf dem Luftweg abgeschlossen hat (Art. 1 Rn. 15 ff.).

## Kapitel II. Urkunden und Pflichten der Parteien betreffend die Beförderung von Reisenden, Reisegepäck und Gütern

### Art. 3 Reisende und Reisegepäck

(nicht abgedruckt)

### Art. 4 Güter

**(1) Bei der Beförderung von Gütern ist ein Luftfrachtbrief auszuhändigen.**

**(2) ¹Anstelle eines Luftfrachtbriefs kann jede andere Aufzeichnung verwendet
werden, welche die Angaben über die auszuführende Beförderung enthält. ²Wer-
den derartige andere Aufzeichnungen verwendet, so muss der Luftfrachtführer
dem Absender auf dessen Verlangen eine Empfangsbestätigung über die Güter
aushändigen, die es ermöglicht, die Sendung genau zu bestimmen und auf die in
diesen Aufzeichnungen enthaltenen Angaben zurückzugreifen.**

---

[18] BGH 14.6.2006, NJW-RR 2007, 96 = TranspR 2006, 348 = VersR 2007, 273; BGH 26.4.2007,
TranspR 2007, 464.
[19] ABl. EG 2004 Nr. L 138 S. 1.
[20] Verordnung (EWG) Nr. 2407/92 des Rates vom 23. Juli 1992 über die Erteilung von Betriebsgenehmigungen an Luftfahrtunternehmen, ABl. EG Nr. L 240 S. 1.

| Chapitre II. Documents et obligations des Parties relatifs au transport des passagers, des bagages et des marchandises | Chapter II. Documentation and Duties of the Parties Relating to the Carriage of Passengers, Baggage and Cargo |

**Art. 4 Marchandises**

1. Pour le transport de marchandises, une lettre de transport aérien est émise.

2. L emploi de tout autre moyen constatant les indications relatives au transport à exécuter peut se substituer à l'émission de la lettre de transport aérien. Si de tels autres moyens sont utilisés, le transporteur délivre à l'ex péditeur, à la demande de ce dernier, un récépissé de marchandises permettant L identification de l'expédition et l'accès aux indications enregistrées par ces autres moyens.

**Art. 4 Cargo**

1. In respect of the carriage of cargo, an air waybill shall be delivered.

2. Any other means which preserves a record of the carriage to be performed may be substituted for the delivery of an air waybill. If such other means are used, the carrier shall, if so requested by the consignor, deliver to the consignor a cargo receipt permitting identification of the consignment and access to the information contained in the record preserved by such other means.

Ähnliche Bestimmungen: Art. 5 WA 1929/1955; Art. 5 WA/MP Nr. 4 (1975); § 408 HGB (Luft- und andere Binnentransporte); Art. 4 CMR (1956/1978); Art. 6 § 2 CIM 1999; Art. 14, 18 HambR (1978); Art. 11 ff. CMNI (2001) und Art. 3 ABB-Fracht (2006).

**Schrifttum:** *IATA* – Air Waybill Handbook, 28. Aufl. 2005; *IATA* – Air Waybill Specifications, 29. Aufl. 2007 [mit der Resolution 600 b(II)]; *IATA/ATA,* Cargo Interchange Message Produceres Manual (Cargo-IMP), 26. Aufl. 2006; *Corneale,* La prenotazione elettronica di spazio aereo, Arch.giur. 1988, 137; *Czerwenka,* Bedarf es einer Revision der CMR zur Einführung des elektronischen Frachtbriefs im internationalen Straßenverkehr?, TranspR 2004, Heft 3 (Sonderbeilage), S. IX; *Eidam,* Typische Risiken des elektronischen Rechtsgeschäftsverkehrs, 2005; *Fogliani,* Il ruolo della lettera di transporto aereo, Arch.giur. 1988, 117; *Franken,* Dingliche Sicherheiten und Dokumente des kombinierten Transports, Diss. Köln 1982; *Geis,* Die Gesetzgebung zum elektronischen Geschäftsverkehr und die Konsequenzen für das Transportrecht, TranspR 2002, 89; *Georgiades,* Aperçu critique sur la lettre de transport aérien, Rev.fr.dr.aérien 1966, 387; *Graf v. Westphalen,* AGB-rechtliche Erwägungen zu den neuen Einheitlichen Richtlinien und Gebräuchen für Dokumenten-Akkreditive – Revision 1993, RIW/AWD 1994, 453; *Gran,* Die IATA aus der Sicht deutschen Rechts – Organisation, Agenturverträge und Allgemeine Geschäftsbedingungen, Diss. Frankfurt/M. 1998; *Grönfors,* Verfügungsrecht und Kreditsicherheit beim Luftgütertransport ohne Dokument, FS Alex Meyer, 1975, S. 103; *Koller,* Rechtsnatur und Rechtswirkungen frachtrechtlicher Sperrpapiere, TranspR 1994, 181; *Meyer-Witting/Dübbers,* Elektronisches Dokumentenmanagement im Transportgewerbe – Neue Chance oder prozessrechtliches Risiko?, TranspR 2001, 203; *Müglich,* Probleme des Einsatzes neuer Informationstechniken im Transportrecht, TranspR 2000, 145; *ders.,* Tracking & Tracing – Informationsrechtliche Aspekte der elektronischen Sendungsverfolgung, TranspR 2003, 280; *Nielsen,* Richtlinien für Dokumentenakkreditive, 2. Aufl. 2001; *ders.,* Einheitliches Transportdokument, FS Trinkner, 1995, S. 633; *ders.,* Auswirkungen der Transportrechtsreform auf die Änderungsfähigkeit von Transportdokumenten bei der Im- und Exportfinanzierung, TranspR 1999, 424; *Reuschle,* MÜ, Art. 4; *Ruhwedel,* Der Luftfrachtbrief, TranspR 1983, 1; *ders.,* Der „elektronische" Luftfrachtbrief, TranspR 2004, 421; *Schoner,* Der Luftfrachtbrief, TranspR 1979, 80; *Schuback,* Die Entwicklung der elektronisch übermittelten Bill of Lading, TranspR 1999, 41; *Schütze,* Das Dokumentenakkreditiv im Internationalen Handelsverkehr, 3. Aufl. 1999; *Schweickhardt,* Lettre de transport aérien ou connaissement aérien?, Rev.fr.dr.aérien 1951, 19; *Siegrist,* Vorschläge zur Regelung der Haftung, Versicherung und Dokumentation im multimodalen Transport, 1993; *Stapel,* Die einheitlichen Richtlinien und Gebräuche für Dokumentenakkreditive der Internationalen Handelskammer in der Fassung von 1993, 1998; *Weber, Johann-Ahrend,* Warenpapiere ohne Traditionsfunktion, 1978; *Wessels,* Die Gestaltung des Luftfrachtbriefs nach gegenwärtigem und künftigem Recht, Int.Verkehrsw. 1977, 167.

## Übersicht

| | Rn. | | Rn. |
|---|---|---|---|
| **I. Normzweck** | 1 | 3. Elektronische und andere Dokumentationen | 4 |
| **II. Regelungsgehalt** | 2–4 | **III. „Güter"** | 5, 6 |
| 1. Keine Ausstellung eines Transportdokuments | 2 | **IV. Der Luftfrachtbrief** | 7–28 |
| 2. Ersatzlose inhaltliche Abänderung des bisherigen Art. 9 WA 1929/1955 | 3 | 1. „Ausstellen" und „Aushändigen" eines Luftfrachtbriefs | 8 |

Rn.                                                    Rn.

2. Funktionen eines Luftfrachtbriefs und
   seiner drei Ausfertigungen .............. 9–13
   a) Luftfrachtbrief und Luftfrachtvertrag . 10
   b) IATA – Air Waybill (AWB) ......... 11
   c) Drei Ausfertigungen des Luftfracht-
      briefs ................................. 12
   d) Funktion der drei Ausfertigungen ... 13

3. Rechtsqualität des Luftfrachtbriefs ...... 14–17
   a) Die Beweisfunktion ................. 15
   b) Urkundenbeweis (Art. 11) .......... 16
   c) Keine Begebbarkeit des Luftfracht-
      briefs ................................. 17

4. Das Luftfrachtbriefdritt ................. 18–23
   a) Sperrwirkung – Weisungsrecht des
      Absenders (Art. 12 Abs. 1) .......... 19, 20
   b) Dokumentenakkreditiv .............. 21
   c) Zurückbehaltungsrecht .............. 22
   d) Erwerb des Eigentums am Frachtgut 23

5. Dokumentenfehler ................... 24–28
   a) Unrichtige, ungenaue oder unvollstän-
      dige Angaben im Luftfrachtbrief ..... 25
   b) Keine unbeschränkte Haftung mehr
      bei Dokumentenfehlern .............. 26
   c) Luftfrachtbrief und Schadensersatzan-
      sprüche (§ 280 Abs. 1 BGB) ........ 27
   d) Art. 51 ............................. 28

V. Die „andere Aufzeichnung"
(Abs. 2) ................................... 29–33
1. FWB ................................... 29
2. Unrichtige, ungenaue oder unvollständige Angaben in der „anderen Aufzeichnung" .................................. 30
3. Freight waybill message (FWB) ........ 31
4. Cargo Interchange Message Procedures
   (Cargo-IMP) .......................... 32
5. CARGO-IMP ........................ 33

VI. Die „Empfangsbestätigung über
die Güter" (Abs. 2) ..................... 34–38
1. Zusätzliches Aushändigen einer „Empfangsbestätigung über die Güter" (cargo
   receipt) ................................. 34
2. Unrichtige, ungenaue oder unvollständige Angaben in der „Empfangsbestätigung" .................................. 35
3. Die „Empfangsbestätigung" als Papierdokument ................................ 36
4. „Empfangsbestätigung" und Eigentum
   des Absenders ......................... 37
5. „Empfangsbestätigung" und Weisungsrecht des Absenders (Art. 12 Abs. 1) ... 38

VII. Der Empfänger ................... 39

## I. Normzweck

Aufgrund der Abs. 1 und 2 besteht ein frachtvertraglicher „Anspruch" darauf, dass als **1** Transportdokument entweder ein „Luftfrachtbrief" (engl. Originaltext: „air waybill") („AWB") oder eine „Empfangsbestätigung über die Güter" (engl. Originaltext: „cargo receipt") „ausgehändigt" wird (engl. Originaltext: „deliver"). In diesem Zusammenhang hat dann im Weiteren der Absender[1] seinerseits ausdrücklich einen vertraglichen Anspruch gegenüber dem Luftfrachtführer,[2] dass dieser ihm entweder die „dritte Ausfertigung" dieses Luftfrachtbriefs „aushändigt" (Art. 7 Abs. 2 S. 3) oder dies in Gestalt der vorgenannten „Empfangsbestätigung über die Güter" geschieht. Inhaltlich knüpft Art. 4 an die Regelung des bisherigen Art. 5 WA 1929/1955 an.

## II. Regelungsgehalt

**1. Keine Ausstellung eines Transportdokuments.** Die Nichtbeachtung der Vor- **2** schriften des Art. 4 berührt nach Art. 9 allerdings „weder den Bestand noch die Wirksamkeit" des Frachtvertrags. Deshalb bleibt bei einem Nicht-"Aushändigen" (Abs. 1 bzw. 2) eines vom Luftfrachtführer gemäß Art. 7 Abs. 4 ausgestellten „Luftfrachtbriefs", dh. dessen „dritter Ausfertigung" (Art. 7 Abs. 2 S. 3) bzw. einer insoweit alternativ ausgestellten „Empfangsbestätigung über die Güter" (Abs. 2), das MÜ seinerseits weiterhin uneingeschränkt anwendbar. Dies gilt sowohl für die Haftungssanktionen des Art. 10, die Beweisregeln des Art. 11 bezüglich ausgestellter, aber nicht „ausgehändigter" Frachtdokumente wie insbesondere auch für die summenmäßige Haftungsbeschränkung des Luftfrachtführers nach Art. 22 Abs. 3 bei *Sach-* und *Verspätungs*schäden iS der Art. 18 f.

**2. Ersatzlose inhaltliche Abänderung des bisherigen Art. 9 WA 1929/1955.** Die **3** Regelung des bisherigen Art. 9 WA 1955, wonach der Luftfrachtführer sich im Falle der *Nichtausstellung* eines *Luftfrachtbriefs* oder bei *dessen Unvollständigkeit* hinsichtlich eines Hin-

---

[1] Zum „Absender" s. Art. 1 Rn. 20.
[2] Zum „Luftfrachtführer" s. Art. 1 Rn. 14 ff.

weises iSd. Art. 8 Buchst. c WA 1955 nicht mehr auf die Haftungsbegrenzung des Art. 22 Abs. 2 WA 1955 berufen konnte,[3] ist ersatzlos entfallen (Rn. 26). Gemäß Art. 22 Abs. 3 haftet der Luftfrachtführer bei *Güter-* und bei *Güterverspätungs*schäden jetzt generell nur noch beschränkt auf 19 SZR/je Kilogramm. Nur eine Wertdeklaration (Art. 22 Abs. 3) oder eine besondere Vereinbarung iSd. Art. 25 zwischen Absender und Luftfrachtführer über einen höheren Haftungsbetrag können diesen Betrag noch anheben.

**4**   **3. Elektronische und andere Dokumentationen.** In Anbetracht der beiden vorgenannten Entwicklungen zur generellen Formfreiheit des „Luftfrachtbriefs" (Abs. 1) kann dieser heute nun problemlos auch als ein elektronisches Dokument erstellt werden, wenn der Absender auf das „Aushändigen" eines „Luftfrachtbriefdritts" (Rn. 18 ff.) verzichtet und der Luftfrachtführer von seiner Vertragsfreiheit (Art. 27) Gebrauch macht. Das Dokument kann sich als „home air waybill" inhaltlich dann orientieren an Art. 5, an Art. 6 CMR, an § 408 HGB o. ä. Um Missbräuchen mit einem solchen Dokument vorzubeugen, sollte es allerdings mit einer qualifizierten elektronischen Signatur nach dem Signaturgesetz[4] versehen sein.[5] Vgl. im Einzelnen § 126a BGB. Unter dieser Voraussetzung hat es sodann auch den vollen Beweiswert eines elektronischen Dokuments iSd. § 371a Abs. 1 ZPO.

### III. „Güter"

**5**   Das MÜ enthält im Zusammenhang mit Art. 4 wie auch für seinen Anwendungsbereich schlechthin keinen selbständigen Begriff der „Güter". In diesem Punkt wiederholt sich das entsprechende Defizit des WA 1929/1955. Auch ist im MÜ kein Hinweis entsprechend Art. 1 Abs. 4 CMR („Leichen", „Umzugsgüter") darüber zu finden, dass bestimmte „Güter" aus dem Regelungsrahmen des Übereinkommens insgesamt herausgenommen sind. Nur die *„Beförderung von Postsendungen"* ist nach Art. 2 Abs. 3 der Geltung des Übereinkommens prinzipiell entzogen (Art. 2 Rn. 11).

**6**   Mangels einer eigenen Begriffsbestimmung sind daher „Güter" iSd. MÜ schlechterdings alle körperlichen Gegenstände, auf die sich der Frachtvertrag bezieht,[6] und die andererseits nicht zum „Reisegepäck" im Sinne von Art. 17 Abs. 4 gehören. Zu den „Gütern" zählen infolgedessen auch Leichen oder lebende Tiere.[7] In Anbetracht der dem Luftfrachtführer in Art. 27 eingeräumten Vertragsfreiheit steht es ohnehin grundsätzlich in dessen eigenen Belieben, ob und welche Güter er transportvertraglich annimmt. Ein Fluggast wiederum muss sein „Reisegepäck" nicht in jedem Falle „aufgeben" (Art. 17 Abs. 4), sondern kann es, beispielsweise wegen dessen Sperrigkeit oder Übergewichts, ebenso auch als „cargo" befördern lassen. Vgl. auch Art. 18 Rn. 27.

### IV. Der Luftfrachtbrief

**7**   Die Art. 4–11 regeln bezüglich der Beförderung dieser „Güter" mehrere Rechtsfragen der sich insoweit anbietenden Dokumentation. Diese wiederum kann vorgenommen werden entweder in Gestalt eines „Luftfrachtbriefs" (Abs. 1) oder alternativ durch „jede andere Aufzeichnung" (Rn. 29 ff.), wobei der Luftfrachtführer auf Verlangen des Absenders diesem zusätzlich noch eine „Empfangsbestätigung über die Güter" (Rn. 34 ff.) auszuhändigen hat (Abs. 2).

---

[3] Vgl. zuletzt noch OLG Karlsruhe 25.2.2005, TranspR 2005, 367.

[4] G über Rahmenbedingungen für elektronische Signaturen (Signaturgesetz – SigG) vom 16. Mai 2001 (BGBl. I S. 1970).

[5] S. hierzu: *Ruhwedel* TranspR 2004, 421.

[6] Hierzu Begriffsbestimmungen der ABB-Fracht (2010): „Gut/Güter sind alle Gegenstände, die in einem Luftfahrzeug befördert werden oder befördert werden sollen, einschließlich Postsendungen soweit die Beförderungsbedingungen auf Grund der geltenden internationalen Abkommen auf solche anwendbar sind. Auch unbegleitetes Gepäck und Tiere, die auf Grund eines Luftfrachtbriefs befördert werden, sind Güter in diesem Sinne.".

[7] Zum WA 1929/1955: OLG Frankfurt/M. 3.6.1976, ZLW 1977, 152 (Zierfische); OLG Düsseldorf 12.1.1978, VersR 1978, 964 (chinesische Sonnenvögel); LG Frankfurt/M. 7.3.1973, ZLW 1973, 306 (Küken).

**1. „Ausstellen" und „Aushändigen" eines Luftfrachtbriefs.** Aus Art. 7 Abs. 2 S. 3  **8**
lässt sich schlüssig nur ableiten, dass der Absender gegenüber dem Luftfrachtführer einen
frachtvertraglichen Anspruch auf „Aushändigung" der „dritten Ausfertigung" des Luftfrachtbriefs hat. Demgegenüber hatte nach dem Wortlaut des Art. 5 Abs. 1 WA 1955 der
Luftfrachtführer noch umgekehrt gegenüber dem Absender einen Anspruch auf „Ausstellung und Aushändigung" eines solchen Luftfrachtbriefs in seiner Gesamtheit. Im Gegenzug
konnte der Absender vom Luftfrachtführer die „Annahme dieser Urkunde" verlangen.
Stattdessen formuliert Abs. 1 im Anschluss an Art. 5 Abs. 1 WA/MP Nr. 4 (1975) nunmehr
ohne Hinweis auf die Vertragsparteien: „Bei der Beförderung ist ein Luftfrachtbrief auszuhändigen". Doch geht Art. 8 Buchst. a als selbstverständlich davon aus, dass die Ausstellung
(eines) oder mehrerer Luftfrachtbriefe nach wie vor dem Luftfrachtführer vom Absender
geschuldet wird.[8] Selbst wenn der „Luftfrachtbrief auf Verlangen des Absenders vom Luftfrachtführer ausgestellt" wird, was sehr häufig der Fall ist,[9] so ändert auch dies nichts an
der vorerwähnten Ausgangslage. Es wird nach Art. 7 Abs. 4 vielmehr konsequenterweise
vermutet, dass sodann „der Luftfrachtführer im Namen des Absenders gehandelt hat". Hier
ergänzt sich bei Geltung deutschen Rechts die vorgenannte Stellvertreterposition des Luftfrachtführers (§§ 164 ff. BGB) in seinem internen Verhältnis zum Absender durch das Auftragsrecht der §§ 675, 662 ff. BGB.[10] Auf dessen Grundlage können nicht zuletzt auch
Schadensersatzansprüche des Absenders gegen den Luftfrachtführer wegen positiver Vertragsverletzung (Art. 3 ff. Rom I-VO[11] § 280 Abs. 1 BGB) entstehen,[12] wenn der Luftfrachtführer beispielsweise einen verloren gegangenen Luftfrachtbrief nicht ersetzt oder
wegen der fehlerhaften Ausfüllung des Dokuments durch den Luftfrachtführer das Frachtgut
verloren geht. Vgl. auch Art. 10 Abs. 3 für den Fall einer fehlerhaften „anderen Aufzeichnung" und der ihr nachfolgenden „Empfangsbestätigung".

**2. Funktionen eines Luftfrachtbriefs und seiner drei Ausfertigungen.** Der Luft-  **9**
frachtbrief (Abs. 1) („air waybill" – „AWB") hat hierbei die Funktion einer Urkunde, die
möglichst alle für die Parteien des Luftfrachtvertrags wichtigen und ihren Gütertransport
auf dem Luftweg betreffenden Daten in einem gesonderten Schriftstück zusammenfassen
soll.[13] Art. 8 WA (1929) sah zu diesem Zweck insgesamt *siebzehn* Einzeleintragungen in
das Papier vor. Nach dem neuen Recht des MÜ braucht der Luftfrachtbrief insoweit jetzt
nur noch *fünf* individuelle Eintragungen zu enthalten. Sie betreffen die *personenbezogenen
Daten des Absenders,* des *Luftfrachtführers* und des *Empfängers* sowie nach Art. 5 im Weiteren
auch die für den Transport vorgesehene *Flugroute* und das *Gewicht der Güter.* Die letzteren
Daten geben einem Luftfrachtführer auf den „ersten Blick"[14] Auskunft darüber, ob der
Luftfrachtvertrag „international" iS der Art. 1 (Art. 18 MÜ) ist und wie hoch seine nach
Art. 22 Abs. 3 am Gewicht des Gutes orientierte Haftung zu veranschlagen ist.

---

   [8] So auch Art. 3 Nr. 1 ABB-Fracht (2010).
   [9] Art. 3 Nr. 5 ABB-Fracht (2010): „Der Luftfrachtführer kann den Luftfrachtbrief auf ausdrücklichen oder
stillschweigenden Wunsch des Absenders ausfüllen; in diesem Fall wird bis zum Beweis des Gegenteils vermutet, dass der Luftfrachtführer im Auftrag des Absenders gehandelt hat." LG Darmstadt 29.11.2011, TranspR
2012, 471: Wird über den Transport einer Sendung ein Luftfrachtbrief ausgestellt, findet das jeweils einschlägige Luftverkehrsabkommen (hier: das MÜ) Anwendung.
   [10] Im Einzelnen Art. 3 Nr. 5 ABB-Fracht (vorstehend).
   [11] Im Rechtsbereich der *EU* gelten ab dem 17. Dezember 2009: Art. 3 f. der Verordnung (EG) Nr. 593/
2008 des Europäischen Parlaments und des Rates vom 17. Juni 2008 über das auf vertragliche Schuldverhältnisse anzuwendende Recht („Rom I"), ABl. EG Nr. L 177 vom 4.7.2008.
   [12] S. OLG Stuttgart 1.10.1963, ZLW 1966, 63, 69; OLG Frankfurt/M. 20.4.1989, VersR 1990, 1031 =
ZLW 1989, 381. Vgl. im Weiteren auch Art. 10 Abs. 3.
   [13] Hierzu OLG Karlsruhe 25.2.2005, TranspR 2005, 367, 368. Vgl. auch die ABB-Fracht – 2006 –
(Begriffsbestimmungen): „Luftfrachtbrief ist die vom Absender oder in seinem Namen ausgefüllte, als „Luftfrachtbrief" bezeichnete Urkunde; sie erbringt den Beweis für den Vertrag zwischen Absender und Luftfrachtführer über die Beförderung von Gütern auf Strecken des Luftfrachtführers."
   [14] ICAO-Documentation Nr. 9775-DC/2, Volume I – Minutes, S. 208, Nr. 6: Schon bei der Frachtbriefregelung des Art. 8 WA 1955 zeigte sich das Bestreben, „to make the air waybill as simple as possible so that
the air waybill dealing with matters relating to the liability of carriers should contain only matters that served
to indicate the application of the Convention, …".

**10**   **a) Luftfrachtbrief und Luftfrachtvertrag.** Insoweit ist der Luftfrachtbrief nach seiner Unterzeichnung durch den Absender und den Luftfrachtführer zugleich auch eine Dokumentation des Luftfrachtvertrags[15] schlechthin.

**11**   **b) IATA – Air Waybill (AWB).** Der Luftfrachtbrief[16] wird in der Praxis generell in vierzehn, nach Form und Inhalt übereinstimmenden Papierurkunden erstellt. Für deren Aufmachung in ihrer Gesamtheit hat die „International Air Transport Association (IATA)"[17] ein formularmäßig ausgestaltetes Einheitsdokument geschaffen. Es wird weltweit als Standardformular für den Transport von Luftfrachtgütern als „IATA-AWB" verwendet. Dies geschieht im Weiteren auch unabhängig davon, ob es sich um internationale oder nationale Lufttransporte handelt.

**12**   **c) Drei Ausfertigungen des Luftfrachtbriefs.** Im völkerrechtlichen Sinne besteht der Luftfrachtbrief – unabhängig von der vorgenannten Anzahl seiner tatsächlichen Vervielfältigungen – gemäß Art. 7 Abs. 1 aus insgesamt „drei Ausfertigungen". Von ihnen stellt eine jede rechtsbegrifflich das Original schlechthin dar. Diese rechtliche Verdreifachung der Urkunde trägt dem Umstand Rechnung, dass alle drei am Luftfrachtvertrag beteiligten Personen, dh. der *Absender,* der *Luftfrachtführer* und der *Empfänger* als *begünstigter* Dritter, gleichermaßen eine beweisrechtlich vollwertige Urkunde über ihre Vertragsbeteiligung in den Händen haben sollen.

**13**   **d) Funktion der drei Ausfertigungen.** So muss der Luftfrachtführer im Streitfall seinen Anspruch auf Zahlung der vereinbarten Fracht und den diesem zugrunde liegenden *Frachtvertrag* nachweisen können („Erste Ausfertigung"). Der Empfänger wiederum kann mit Hilfe seiner Ausfertigung des Frachtbriefs seine *Empfangsberechtigung* bezüglich des Frachtguts unter Beweis stellen („Zweite Ausfertigung"), wobei diese – zweite – Ausfertigung im Gegensatz zum bisherigen Abkommensrecht das Gut nicht mehr begleiten muss (arg. e Art. 7 Abs. 2 Satz 2). Und der Absender schließlich benötigt seinerseits eine *Quittung* darüber, dass er dem Luftfrachtführer das Gut zum Transport tatsächlich übergeben hat („Dritte Ausfertigung" oder „Luftfrachtbriefdritt") (Rn. 18 ff.).

**14**   **3. Rechtsqualität des Luftfrachtbriefs.** Darin zeigt sich zugleich, dass der Luftfrachtbrief im rechtlichen Sinne nur eine Beweisurkunde iS von § 416 ZPO sowie eine Quittung iS des § 368 BGB darstellt.[18]

**15**   **a) Die Beweisfunktion.** Diese Beweisfunktion wird durch die Detailregelungen des Art. 11 über den konkreten Umfang und die Grenzen der Beweiswirkung eines Luftfracht-

---

[15] Zu Art. 5 WA 1955: OLG Karlsruhe 25.2.2005, TranspR 2005, 367.

[16] Neben diesem Luftfrachtbrief oder an seiner Stelle kann nach § 444 HGB beim (Luft-) Transport auch ein **Ladeschein** ausgestellt werden. Dieser wiederholt zwar gemäß § 444 I HGB den Inhalt des (Luft-) Frachtbriefs. Doch ist er im Gegensatz zu diesem nicht ein bloßes Beweispapier. Er stellt vielmehr ein dem seerechtlichen Konnossement entsprechendes Wertpapier dar, welches die Verpflichtung des Frachtführers, das Gut abzuliefern, selbständig verbrieft. Schuldrechtlich ist er zudem nach § 444 Abs. 3 HGB für das Rechtsverhältnis zwischen Luftfrachtführer und Empfänger maßgeblich. Sachenrechtlich verbrieft er nach § 448 HGB als Traditionspapier das Transportgut in der Weise, dass die Übergabe des Dokuments, namentlich im Zusammenhang mit § 929 oder § 1205 BGB, der Übergabe des Guts selbst gleichsteht. Den Ladeschein stellt der Luftfrachtführer aus, was mangels gegenteiliger Absprachen, freiwillig (§ 444 Abs. 1 HGB „kann") geschieht. Im gegenwärtigen Luftfrachtverkehr ist dieses Dokument nicht gebräuchlich. In Anbetracht der durch Art. 4 Abs. 2 MÜ geschaffenen und in der Praxis auch wahrgenommenen Möglichkeit der Ausstellung eines „elektronischen" Luftfrachtbriefs wird sich hieran vermutlich auch künftig nichts ändern.

[17] Vgl. *Gran,* Die IATA aus der Sicht deutschen Rechts – Organisation, Agenturverträge und Allgemeine Geschäftsbedingungen, Diss. Frankfurt/M. 1998; *Haanappel,* Die International Air Transport Association (IATA), in: Kölner Kompendium des Luftrechts, Bd. 1 („Grundlagen"), 2008, S. 87; *Kehrberger* TranspR 1996, 131; *Specht,* Die IATA. Eine Organisation des grenzüberschreitenden Luftlinienverkehrs und ihre Allgemeinen Beförderungsbedingungen, Diss. Frankfurt/M. 1973.

[18] BGH 15.11.1988, NJW-RR 1989, 252, 253 = TranspR 1989, 151, 153 = ZIP 1989, 118 = ETR 1989, 623. Vgl. auch OLG Köln 20.6.1997, NJW-RR 1999, 112 (L) = TranspR 1998, 303 = VersR 1998, 1006 (§ 15 KVO).

briefs nochmals besonders unterstrichen.[19] Nicht zuletzt erhöht die in Art. 10 Abs. 2 vorgesehene Haftung des Absenders im Falle von unzutreffenden „Angaben" im Luftfrachtbrief „über die Güter" mittelbar auch die beweisrechtliche Qualität dieses Papiers selbst, zumal gerade diese „Angaben" zugleich auch an der Richtigkeitsvermutung des Art. 11 Abs. 2 teilhaben. Da andererseits die oben genannte „zweite Ausfertigung" das Gut nicht mehr begleiten muss, verliert der Luftfrachtbrief hier wiederum auch seine bisherige Funktion als „Instruktionspapier".

**b) Urkundenbeweis (Art. 11).** Bei der internationalen und der örtlichen Zuständigkeit **16** (Gerichtsstand)[20] eines *deutschen* Gerichts und der hier maßgeblichen *deutschen* Zivilprozessordnung als „lex fori" ist der Luftfrachtbrief als Mittel eines Urkundenbeweises gemäß § 420 ZPO in Gestalt einer seiner drei urschriftlichen Ausfertigungen in den Prozess einzubringen. Wenn der Luftfrachtbrief in Gestalt eines *elektronischen* Dokuments (§ 126a BGB) erstellt worden ist, bedarf er einer qualifizierten *elektronischen* Signatur, um gemäß § 371a Abs. 1 ZPO als vollwertiges Beweismittel dienen zu können.

**c) Keine Begebbarkeit des Luftfrachtbriefs.** Anders als das *Konnossement* des See- **17** frachtrechts (§§ 642 ff. HGB) ist der Luftfrachtbrief weder ein Inhaber-, noch ein Order- oder sogar ein Traditionspapier. Die diesbezüglichen und dort auch nur rudimentären Regelungsansätze des Art. 15 Abs. 3 WA 1955, den Luftfrachtbrief zu einem „begebbaren" Wertpapier weiterzuentwickeln, sind in das MÜ nicht übernommen worden. Solche wertpapierrechtlichen Überlegungen waren wegen der im Gegensatz zum Seefrachtverkehr recht kurzfristigen Abwicklung von Luftfrachttransporten schon bei der Abfassung des WA/ MP Nr. 4 (1975) als überflüssig angesehen worden.[21]

**4. Das Luftfrachtbriefdritt.** Nach Art. 7 Abs. 2 S. 3 hat der Absender gegenüber dem **18** Luftfrachtführer ausdrücklich einen Anspruch auf „Aushändigung" dieses (Teil-) Dokuments. Kann der Luftfrachtführer hier nicht nachweisen, dass die Voraussetzungen des Art. 51 (s. dort) vorgelegen haben, hat er bei Anwendbarkeit *deutschen* Rechts (Art. 3 ff. ROM I-VO[22]) einen durch das „Nicht-Aushändigen" eingetretenen Schaden gemäß § 280 Abs. 1 BGB zu regulieren. Er kann sich im Hinblick auf den neuen Art. 9 hier jedenfalls nicht darauf berufen, dass mangels eines solchen Transportdokuments auch der „Bestand" oder „die Wirksamkeit des Beförderungsvertrags" (Art. 9) beeinträchtigt seien. Mit dem „Aushändigen" des Dokuments an den Absender erwirbt dieser bei Anwendbarkeit *deutschen* Sachenrechts (Art. 43 EGBGB) gemäß § 929 BGB gleichzeitig auch das Eigentum an ihm.

**a) Sperrwirkung – Weisungsrecht des Absenders (Art. 12 Abs. 1).** Neben der **19** genannten Beweisfunktion (Rn. 14 ff.) des Luftfrachtbriefs ist mit dieser „dritten Ausfertigung", dem sog. „Luftfrachtbriefdritt", *de facto* zusätzlich auch eine Sperrwirkung verbunden. Sie zeigt sich, wenn der Luftfrachtführer nach Vertragsschluss noch „Weisungen des Absenders" (Art. 12 Abs. 3) zur Änderung des vorgesehenen Transportablaufs nachkommen

---

[19] Vgl. hierzu im Einzelnen: BGH 15.11.1988, NJW-RR 1989, 252, 253 = TranspR 1989, 151; BGH 21.9.2000, BGHZ 145, 170 = NJW-RR 2001, 396 = TranspR 2001, 29 = VersR 2001, 526 = WM 2001, 86 = ZLW 2001, 254 = LM WarschAbk. Nr. 26 (m. Anm. *Dubischar*); BGH 9.6.2004, NJW-RR 2004, 1482 = TranspR 2004, 369.

[20] Vgl. hierzu Art. 33 und Art. 46 sowie ergänzend Art. 5 Nr. 1b („Erfüllungsort") und Art. 5 Nr. 5 („Agentur oder einer sonstigen Niederlassung") der VO (EG) Nr. 44/2001 des Rates vom 22. Dezember 2000 über die gerichtliche Zuständigkeit und die Anerkennung und Vollstreckung von Entscheidungen in Zivil- und Handelssachen (ABl. EG Nr. L 12 vom 16.1.2001) (EuGVVO). Die EuGVVO ist an die Stelle des EuGVÜ vom 27.9.1998 (BGBl. 1972 II S. 773) getreten und gilt in allen *EU*-Mitgliedstaaten unmittelbar (Art. 76 EuGVVO). Das *deutsche* Recht regelt die internationale Zuständigkeit der einheimischen Gerichte mittelbar durch eine stillschweigende Verweisung auf die den Gerichtsstand betreffenden Vorschriften der §§ 12 ff. ZPO. Im Einzelnen: Musielak/*Heinrich* ZPO, 11. Aufl. 2014, § 12 ZPO Rn. 15 („Grundsatz der Doppelfunktionalität der örtlichen Zuständigkeitsnormen").

[21] Vgl. *Ehlers,* Montrealer Protokolle Nr. 3 und 4 …, S. 85. S. zum WA/MP Nr. 4: Art. 55 Abs. 1 Buchst. e MÜ.

[22] S. auch oben Fn. 11.

soll; er beispielsweise vom Absender aufgefordert wird, das Transportgut zurückzuhalten oder an einen anderen als den im Luftfrachtbrief benannten Empfänger abzuliefern. Befolgt der Luftfrachtführer eine solche „Weisung", ohne die Vorlage der dem Absender „übergebenen Ausfertigung des Luftfrachtbriefs oder der Empfangsbestätigung über die Güter zu verlangen" (Art. 12 Abs. 3), hat er für alle hierauf adäquat kausal zurückgehenden Schäden Ersatz in unbeschränkter Höhe[23] zu leisten. Auf sein Verschulden kommt es in diesem Zusammenhang nicht an.

**20**    Das insoweit unkalkulierbare Haftungsrisiko dürfte den Luftfrachtführer deshalb regelmäßig davon abhalten, irgendwelche transportbezogenen „Weisungen des Absenders" zu befolgen, wenn dieser ihm weder ein Luftfrachtbriefdritt noch alternativ eine „Empfangsbestätigung" (Abs. 2) vorweisen kann. Ein andernfalls möglicher Schadensersatzanspruch steht im Einzelnen „dem rechtmäßigen Besitzer des Luftfrachtbriefs", dh. des Luftfrachtbriefdritts, „oder der Empfangsbestätigung über die Güter" (Art. 12 Abs. 3) zu.

**21**    **b) Dokumentenakkreditiv.** Insofern hat das Luftfrachtbriefdritt nicht nur zugunsten seines „rechtmäßigen Besitzers" eine Legitimationsfunktion, sondern wegen der Haftungssanktion des Art. 12 Abs. 3 für alle übrigen, insoweit nicht legitimierten Personen eine entsprechende Sperrfunktion. Gerade durch diese strikte Anbindung des Luftfrachtbriefdritts an seinen „rechtmäßigen Besitzer" (Art. 12 Abs. 3) wird dieses Dokument schließlich auch zu einem tauglichen Papier für das Dokumenten-Akkreditiv. Dementsprechend erwähnt Art. 27 Buchst. a Nr. v. der „Einheitlichen Richtlinien und Gebräuche für Dokumenten-Akkreditive 1993 (ERA 500)"[24] das Luftfrachtbriefdritt auch ausdrücklich als andienungsfähig, wenn es „das für den Absender bestimmte Original zu sein scheint, selbst wenn das Akkreditiv einen vollen Satz Originale oder ähnliches vorschreibt …". Insoweit kann das Luftfrachtbriefdritt in rein tatsächlicher Hinsicht letztlich kreditsichernde Aufgaben wahrnehmen, die im Seehandelsverkehr entsprechend dem Konnossement zufallen. So spielt das Luftfrachtbriefdritt im Dokumentengeschäft der Banken in der Tat auch eine bedeutende Rolle. Hier wird es im Einzelnen beim Dokumentenakkreditiv, dem klassischen Instrument der Zahlungssicherung im Außenhandel, als Nachweis der Versendung des Luftfrachtguts eingesetzt.[25]

**22**    **c) Zurückbehaltungsrecht.** Im Weiteren ermöglicht die mit dem Luftfrachtbriefdritt faktisch verbundene Sperrwirkung bei der Abwicklung eines Kaufvertrags dem Käufer auch regelmäßig ein Zurückbehaltungsrecht iS des § 58 Abs. 1 CISG,[26] wenn der Verkäufer ihm weder die Ware selbst noch ein vorhandenes Luftfrachtbriefdritt oder eine hierfür ersatzweise ausgestellte Empfangsbestätigung zur Verfügung stellt.[27] Bei der Vereinbarung der Klausel „Kasse gegen Dokumente" („cash against documents = D/C") schließlich liegt insoweit eine Fälligkeitsregelung vor, die eine Vorleistungspflicht des Verkäufers betreffend die Urkundenvorlage und des Käufers bezüglich der Zahlung, und zwar ohne Untersuchung der Ware, entstehen lässt. Diese Klausel begründet – anders als bei der Nachnahme („cash on delivery = C.O.D.") – keine Geldeinziehungsbefugnis des abliefernden Frachtführers.[28]

**23**    **d) Erwerb des Eigentums am Frachtgut.** Für die Frage des Rechtserwerbs am Frachtgut steht die Übergabe des Luftfrachtbriefdritts mangels dessen Eigenschaft eines Traditionspapiers nicht der Übergabe des Frachtguts selbst gleich. Die Traditionspapiere sind

---

[23] Vgl. insoweit BGH 19.3.1976, NJW 1976, 1583 (m. Anm. *Kropholler*) sowie § 418 Abs. 6 S. 2 HGB: „Die Vorschriften über die Beschränkung der Haftung finden keine Anwendung."

[24] IntHK-Publikation Nr. 500. Abdruck: Baumbach/Hopt Handelsrechtliche Nebengesetze, Abschnitt V, Nr. 11 – mit Anhang zu den ERA 500 für die Vorlage elektronischer Dokumente (el.ERA).

[25] *Ehlers*, Montrealer Protokolle Nr. 3 und 4 …, S. 86. S. a. Art. 27 Buchst. a Nr. ii. ERA.

[26] Convention on Contracts for the International Sale of Goods v. 11.4.1980 (BGBl. 1989 II S. 588, ber. 1990 II S. 1699).

[27] Vgl. auch: BGH 3.4.1996, BGHZ 132, 290, 304 = NJW 1996, 2364, 2367 = WM 1996, 1594 = LM CISG Nr. 3 (m. Anm. *Magnus*).

[28] Vgl. OLG Frankfurt/M. 27.1.1989, NJW-RR 1990, 101 = TranspR 1990, 68 = IPRax 1990, 301 (m. Anm. *Koller*); LG Nürnberg-Fürth 24.10.1995, TranspR 1996, 290.

als sachenrechtliche Ausnahmetatbestände in den §§ 448, 475g und § 650 HGB vielmehr abschließend geregelt und beziehen nicht auch das Luftfrachtbriefdritt mit ein. Dessen Übergabe an den Empfänger ist daher letztlich nur ein Indiz dafür, dass der vertragliche[29] Herausgabeanspruch des Absenders gegenüber dem Luftfrachtführer iS des § 931 BGB abgetreten und auf diese Weise das Eigentum am Frachtgut bei Anwendbarkeit *deutschen* Sachenrechts (Art. 43 Abs. 1 EGBGB) gemäß den §§ 929, 931 BGB übergegangen ist. Mit der Übergabe des Luftfrachtbriefdritts an den Empfänger geht gemäß Art. 43 Abs. 1 EGBGB, § 854 BGB auch der „rechtmäßige Besitz" (Art. 12 Abs. 3 MÜ) auf den Empfänger über.

**5. Dokumentenfehler.** Das gänzliche Fehlen oder die Unvollständigkeit des Luftfracht-   24
briefs sowie der Gebrauch eines anderen Dokuments als des IATA-AWB (Rn. 11) haben auf die rechtliche Wirksamkeit des jeweiligen Frachtvertrags keinen Einfluss. Wenn Art. 9 hierzu nochmals besonders hervorhebt, dass eine solche Nichtbeachtung der Bestimmungen über Beförderungsurkunden „weder den Bestand noch die Wirksamkeit des Beförderungsvertrags" berühren, wird letztlich Selbstverständliches zum Ausdruck gebracht. Dieses rechtliche Ergebnis versteht sich schon aus der Rechtsnatur des Luftfrachtvertrags als eines reinen Konsensualvertrags (Art. 1 Rn. 12).

**a) Unrichtige, ungenaue oder unvollständige Angaben im Luftfrachtbrief.** Des-   25
halb kann im Einzelnen weder das Fehlen der persönlichen Daten von *Luftfrachtführer, Empfänger* oder *Absender* noch eine im Luftfrachtbrief nicht konkretisierte *Flugroute* oder eine etwa unterbliebene Angabe des *Gewichts* der Güter die Wirksamkeit des Frachtvertrags materiellrechtlich in Frage stellen. Doch darf hierbei nicht übersehen werden, dass der Absender nach Art. 10 Abs. 2 dem Luftfrachtführer andererseits den Schaden zu ersetzen hat, den dieser oder ein Dritter, dem der Luftfrachtführer haftet, dadurch erleidet, dass die vom Absender oder in seinem Namen gemachten Angaben und Erklärungen über die Güter, namentlich deren *Gewicht*, unrichtig, ungenau oder unvollständig sind. Ebenso wie die Haftung des Luftfrachtführers nach Art. 12 Abs. 3 beim – voreiligen – Befolgen von „Weisungen des Absenders" nach Vertragsschluss ist hier nun die eigene Haftung des Absenders nach Art. 10 Abs. 1 und 2 gleichfalls sowohl verschuldensunabhängig wie in der Höhe grundsätzlich[30] unlimitiert. Dies wiederum gilt nach Art. 10 Abs. 3 entsprechend, wenn der Luftfrachtführer die Transportdokumentation in Gestalt einer „anderen Aufzeichnung" und einer „Empfangsbestätigung" (Art. 4 Abs. 2) selbst und eigenverantwortlich übernommen hat.

**b) Keine unbeschränkte Haftung mehr bei Dokumentenfehlern.** Letztlich ist im   26
Luftfrachtbrief – anders als nach Art. 9 WA 1929/1955 – auch kein Hinweis mehr auf die nach Art. 22 Abs. 3 nur beschränkte Haftung des Luftfrachtführers erforderlich. Während das Fehlen eines solchen Hinweises unter dem Regime des Art. 9 WA (1929/1955) seinerzeit noch unmittelbar und ausnahmslos eine *summenmäßig unbeschränkte* Haftung des Luftfrachtführers auslöste, gehört der nur eingeschränkte Haftungsmodus des Luftfrachtführers nach Art. 22 Abs. 3 jetzt zum völkerrechtlichen Standard des MÜ schlechthin. Auf diese Haftungsbeschränkung brauchen „Absender" und „Empfänger" deshalb nicht mehr länger im Luftfrachtbrief besonders hingewiesen zu werden. Auch das Fehlen einer solchen Eintragung im Luftfrachtbrief bleibt daher nach dem MÜ folgenlos. Insofern kann sich das noch vor dem Hintergrund des Art. 9 WA 1929/1955 diskutierte[31] Problem des „unvollständig ausgefüllten Luftfrachtbriefs" heute nicht mehr stellen.

**c) Luftfrachtbrief und Schadensersatzansprüche (§ 280 Abs. 1 BGB).** Anderer-   27
seits kann aber gerade das in dem neuen Art. 9 hervorgehobene Fortbestehen des Luftfrachtvertrags auch bei Fehlen oder Unvollständigkeit des Luftfrachtbriefs dazu führen, dass in

---

[29]  Vgl.: Art. 3 ff. Rom I-VO, §§ 407 ff. HGB, Art. 2 EGHGB, §§ 631 ff., § 675 und § 667 BGB.
[30]  Bei Anwendbarkeit *deutschen* Rechts (Art. 3 ff. Rom I-VO) ist allerdings § 414 Abs. 1 HGB einschlägig. S. auch *Helm*, FG Herber, 1999, S. 88.
[31]  Vgl. hierzu: *Müller-Rostin* TranspR 1991, 277 mwN.

diesem Zusammenhang bei Anwendbarkeit *deutschen* Rechts[32] (Art. 3 ff. Rom I-VO[33]) Schadensersatzansprüche wegen positiver Vertragsverletzung (§ 280 Abs. 1 BGB) entstehen. So ist beispielsweise ein Schadensersatzanspruch des Absenders gegen den Luftfrachtführer auf der Grundlage des § 280 Abs. 1 BGB gegeben, wenn dieser dem Absender an Stelle des verloren gegangenen Luftfrachtbriefs kein Ersatzdokument ausstellt[34] oder ihm von vornherein kein Luftfrachtbriefdritt „aushändigt" (Art. 7 Abs. 2 S. 3).

**28**   **d) Art. 51.** Die Vorschriften der Art. 3 bis 5 sowie 7 und 8, dh. unter anderem auch die über den Luftfrachtbrief, sind schließlich nach Art. 51 insgesamt nicht auf Beförderungen anzuwenden, die unter außergewöhnlichen Umständen und nicht im Rahmen des gewöhnlichen Luftverkehrs stattfinden.[35] S. unten Art. 51 MÜ.

## V. Die „andere Aufzeichnung" (Abs. 2)

**29**   **1. FWB.** „Anstelle eines Luftfrachtbriefs" (Abs. 1) kann nach Abs. 2 „jede andere Aufzeichnung verwendet werden, welche die Angaben über die auszuführende Beförderung enthält" (engl. Originaltext: „any other means which preserves a record"). Mit diesem Text wird die entsprechende Regelung von Art. 5 des – von *Deutschland*[36] nicht ratifizierten – Montrealer Protokolls Nr. 4 von 1975 in das MÜ übernommen. Der dortige Vorbehalt, dass von der herkömmlichen Dokumentation durch einen Luftfrachtbrief nur abgewichen werden darf, wenn der Absender der jeweils „anderen Aufzeichnung" zustimmt (engl. Originaltext: „with the consent of the consignor"), ist in Abs. 2 nicht übernommen worden. Dieses Erfordernis wurde auf der Konferenz in Montreal (1999) vielmehr bewusst fallengelassen, um dem Luftfrachtführer die Nutzung elektronischer Dokumentationen zugänglicher zu machen.[37]

**30**   **2. Unrichtige, ungenaue oder unvollständige Angaben in der „anderen Aufzeichnung".** Doch hat der Luftfrachtführer nach der neuen Vorschrift des Art. 10 Abs. 3 nun selbst mit einem Schadensersatzanspruch des Absenders wegen aller adäquat kausalen Folgeschäden zu rechnen, wenn er seinerseits güterbezogene „Angaben und Erklärungen" in die „andere Aufzeichnung" aufnimmt, die „unrichtig, ungenau oder unvollständig sind". Dieser Anspruch ist verschuldensunabhängig und der Höhe nach unbegrenzt. Die im „Kapitel III" enthaltene Bestimmung des Art. 26 über die „Unwirksamkeit von Vertragsbestimmungen" kann nach dem Aufbau des MÜ für diese Vorschrift allerdings keine Geltung haben.

**31**   **3. Freight waybill message (FWB).** In der Praxis des Luftfrachtverkehrs hat sich für die „andere Aufzeichnung" (Abs. 2) inzwischen unter der Federführung der IATA[38] und

---

[32] BGH 9.6.2004, NJW-RR 2004, 1482, 1484 = TranspR 2004, 369: Eine Rechtswahl iSd. Art. 27 EGBGB (Art. 3 Rom I-VO) liegt nicht bereits in der rügelosen Einlassung des Beklagten. Doch kommt hier eine stillschweigende Einigung über die Wahl der Rechtsordnung des heimischen Rechts des Geschädigten in Betracht.

[33] S. auch oben Fn. 11.

[34] Vgl. OLG Stuttgart 1.10.1963, ZLW 1966, 63, 69.

[35] Im Einzelnen *Guldimann,* Internationales Lufttransportrecht, S. 184, unter Hinweis auf Warschau Prot. S. 57 ff.: Die „außergewöhnlichen Umstände" können auf das Wetter, die Streckenführung, die Infrastruktur oder auch auf zeitliche Elemente zurückgehen. „Nicht im Rahmen des gewöhnlichen Luftverkehrs" liegt beispielsweise das Abholen von Fracht eines irgendwo notgelandeten Linienflugzeugs. Insgesamt muss die Ausstellung eines Luftfrachtdokuments im Zusammenhang mit der betreffenden Beförderung „als widersinnig" erscheinen.

[36] Hierzu Art. 55 Abs. 1 Buchst. e. Vgl. wegen der einzelnen Ratifikationsstaaten des zwischen diesen am 14. Juni 1998 in Kraft getretenen MP Nr. 4 (1975): www.icao.int. >> Bureaus' Activities >> Legal Bureaux >> Treaty Collection, sowie unten: Art. 55 MÜ Rn. 6 ff. Text bei: *Ehlers,* Montrealer Protokolle Nr. 3 und 4, Warschauer Haftungssystem und neuere Rechtsentwicklung, 1985; *Koller* S. 1666; MüKoHGB/*Kronke,* Bd. 7, WA 1955.

[37] ICAO-Documentation Nr. 9775-DC/2, Volume I – Minutes, S. 60 – zu Art. 4 (Nr. 6).

[38] „International Air Transport Association", Sitze in *Genf/Montreal.* Hierzu: *Gran,* Die IATA aus der Sicht deutschen Rechts, Diss. Frankfurt/M. 1998; *Haanappel,* Die International Air Transport Association (IATA), in: Kölner Kompendium des Luftrechts, Bd. 1 („Grundlagen"), 2008, 87; *Kehrberger* TranspR 1996, 131; *Specht,* Die IATA. Eine Organisation des grenzüberschreitenden Luftlinienverkehrs und ihre Allgemeinen Beförderungsbedingungen, Diss. Frankfurt/M. 1973.

unter erheblichem Kostenaufwand der hieran beteiligten Carrier das Institut des „elektronischen" Luftfrachtbriefs (freight waybill message – FWB) etabliert,[39] das wegen seiner einfacheren Handhabung und erheblichen Zeitersparnis die bisherige Papierdokumentation zunehmend verdrängt.

**4. Cargo Interchange Message Procedures (Cargo-IMP).** Die Grundlagen für das **32** System des „Electronic Shipment Identifier" finden sich in zwei IATA-Resolutionen:[40]
1. IATA-Resolution 670 („Cargo Interchange Message Procedures – **IATA CARGO – IMP**").
2. IATA-Resolution 671 („Changes to Cargo Interchange Message Procedures – CARGO – IMP) mit ihrem Anhang A (Cargo *Electronic Data Interchange [EDI]* – Message Request Form).

**5. CARGO-IMP.** Die CARGO-IMP sichern beim transportbezogenen Datenaus- **33** tausch im Luftfrachtverkehr eine *exakte Uniformität,* eine *wechselseitige Verständlichkeit,* eine *optimale Genauigkeit* und eine *höchstmögliche Wirtschaftlichkeit.* Als System stehen die CARGO-IMP nur einem geschlossenen Kundenkreis zur Verfügung, der aus insoweit besonders lizenzierten Carriern, Brokern, Forwardern und sonstigen Kunden besteht. Auch Zollbehörden können in dieses System miteingebunden sein. Diese individuelle System-Integration der Beteiligten gewährleistet bei der Nutzung der FWB zugleich auch dessen *maximale Betriebs-* und *Fälschungssicherheit.* Insoweit bedarf es hier nicht zusätzlich noch einer „qualifizierten elektronischen Signatur" (Rn. 4).

## VI. Die „Empfangsbestätigung über die Güter" (Abs. 2)

**1. Zusätzliches Aushändigen einer „Empfangsbestätigung über die Güter" 34 (cargo receipt).** Soweit die Parteien des Luftfrachtvertrags sich dieser FWB (Rn. 31) oder irgendeiner sonstigen „anderen Aufzeichnung" iS des Abs. 2 bedienen, „muss der Luftfrachtführer dem Absender auf dessen Verlangen eine „Empfangsbestätigung über die Güter" (engl. Originaltext: „cargo receipt") aushändigen, die es ermöglicht, die Sendung genau zu bestimmen und auf die in diesen Aufzeichnungen enthaltenen Angaben zurückzugreifen". Insoweit vermittelt die Empfangsbestätigung zugleich auch den Zugang zu den im FWB oder einer sonstigen „anderen Aufzeichnung" enthaltenen Daten. Bezieht sich der Frachtvertrag auf „mehrere Frachtstücke" (Art. 8) und ist der Frachtbrief durch eine „andere Aufzeichnung" (Art. 4 Abs. 2), zB durch einen FWB, ersetzt worden, so kann der Absender vom Luftfrachtführer insoweit auch „die Aushändigung einzelner Empfangsbestätigungen verlangen" (Art. 8 Buchst. b).

**2. Unrichtige, ungenaue oder unvollständige Angaben in der „Empfangsbestä- 35 tigung".** Hierbei macht sich der Luftfrachtführer bei Anwendbarkeit *deutschen* Rechts (Art 3 ff. Rom I-VO[41]) gemäß § 280 Abs. 1 BGB schadensersatzpflichtig, wenn er dem vom Absender verlangten „Aushändigen" einer solchen Empfangsbestätigung nicht Folge leistet. Nach der neuen Vorschrift des Art. 10 Abs. 3 besteht einer Schadensersatzpflicht im Weiteren auch dann, wenn die „Empfangsbestätigung" und/oder bereits die „andere Aufzeichnung" hinsichtlich der Angaben über die Güter „unrichtig, ungenau oder unvollständig" ist. Diese Haftung für alle adäquat kausalen Folgeschäden ist sowohl verschuldensunabhängig wie auch summenmäßig unlimitiert. Von der im „Kapitel III" enthaltenen Bestimmung des Art. 26 über die „Unwirksamkeit von Vertragsbestimmungen" wird die Vorschrift ihrer Textposition nach allerdings nicht erfasst.

**3. Die „Empfangsbestätigung" als Papierdokument.** Wie das Tatbestandsmerkmal **36** „aushändigen" bzw. „Aushändigung" (Art. 4 Abs. 2; Art. 8 Buchst. b; engl. Originaltext:

---

[39] Vgl. *Ruhwedel* TranspR 2004, 421.
[40] Wiedergegeben im „IATA/ATA Cargo Interchange Message Procedures Manual (Cargo-IMP)", 26. Aufl., 21. Dezember 2006 – 1. Oktober 2007.
[41] S. auch oben Fn. 11.

„deliver") zeigt, handelt es sich nach dem Konzept des MÜ ebenso wie beim „Luftfrachtbrief"
(Abs. 1) auch hier um ein *Papier*dokument.[42] Dies wird auch bei der Beweisvermutung des
Art. 11 Abs. 2 erkennbar, wenn hier eine „Nachprüfung" des Luftfrachtführers „auf ... der
Empfangsbestätigung vermerkt" sein muss, was eine Urkunde in *Papier*form voraussetzt. Daher
ist bei der internationalen und örtlichen Zuständigkeit (Gerichtsstand)[43] eines *deutschen*
Gerichts und der hier maßgeblichen *deutschen* Zivilprozessordnung als „lex fori" die „Emp-
fangsbestätigung über die Güter" als Mittel eines Urkundenbeweises gemäß § 420 ZPO im
Prozess auch prinzipiell in Urschrift vorzulegen. Soweit die „Empfangsbestätigung über die
Güter" als *elektronisches* Dokument erstellt ist, bedarf sie einer qualifizierten elektronischen
Signatur, um nach § 371a Abs. 1 ZPO als Urkundenbeweis gelten zu können.

**37**   **4. „Empfangsbestätigung" und Eigentum des Absenders.** Die „Empfangsbestätigung" kann iE die Funktion der beim Papier-Luftfrachtbrief vorgesehenen „dritten Ausfertigung" (Art. 7 Abs. 2 S. 3), dh. des „Luftfrachtbriefdritts" (oben Rn. 18 ff.), übernehmen.
Mit dem „Aushändigen" des Dokuments an den Absender erwirbt dieser bei Anwendbarkeit
*deutschen* Sachenrechts (Art. 43 EGBGB) gemäß § 929 BGB gleichzeitig auch das Eigentum
an ihm.

**38**   **5. „Empfangsbestätigung" und Weisungsrecht des Absenders (Art. 12 Abs. 1).**
Als Dokument ist diese Empfangsbestätigung für den Absender deshalb von besonderer
Bedeutung, weil er erst mit ihr in die Lage versetzt ist, das Gut anhand der gespeicherten
Daten während des Transportablaufs zu identifizieren. Insbesondere kann er nur mit Hilfe
der Empfangsbestätigung sein Weisungsrecht nach Art. 12 Abs. 1 ausüben (oben Rn. 19). An
dessen Wahrnehmung wiederum muss ihm vor allem dann gelegen sein, wenn es bei dem
Lufttransport zu Unregelmäßigkeiten kommt oder der Empfänger vor der Auslieferung des
Gutes insolvent wird und daher eine Übergabe des Gutes an ihn tunlichst unterbunden
werden soll. Schließlich begründet nach Art. 11 nicht die „andere Aufzeichnung" (Art. 4
Abs. 2) für sich allein, sondern nur zusammen mit ihr die zusätzliche „Empfangsbestätigung"
die widerlegbare Vermutung für den Abschluss des Luftfrachtvertrages und die Annahme der
Güter. Insofern ist die „andere Aufzeichnung" in ihrer Funktion dem „Luftfrachtbrief"
(Abs. 1) nicht gleichgestellt.

### VII. Der Empfänger

**39**   Nach dem bisherigen Recht des Art. 13 Abs. 1 WA 1929/1955 konnte der Empfänger[44]
nach Ankunft des Gutes am Bestimmungsort neben der „Ablieferung des Gutes" zugleich
auch „die Aushändigung des Luftfrachtbriefs ... verlangen". Diesen Anspruch kennt Art. 13
Abs. 1 nicht mehr, da das MÜ von der Möglichkeit einer auch papierfreien Dokumentation
des Lufttransportes ausgeht. Wegen der Rechte des Empfängers vgl. im Einzelnen die Erl.
zu Art. 13.

### Art. 5 Inhalt des Luftfrachtbriefs und der Empfangsbestätigung über Güter

**Der Luftfrachtbrief und die Empfangsbestätigung über Güter müssen enthalten:**
**a) die Angabe des Abgangs- und Bestimmungsorts;**

---

[42] S. auch: ICAO-Documentation Nr. 9775-DC/2, Volume I – Documents, S. 74 (DCW Doc. Nr. 9).
Danach regte die *IATA* auf der Montrealer Konferenz (1999) ohne Erfolg an: „the Convention should clarify
that the „cargo receipt" may consist of any electronic record and need not be a paper document".
[43] Vgl. hierzu Art. 33 und Art. 46 sowie ergänzend Art. 5 Nr. 1b („Erfüllungsort") und Art. 5 Nr. 5
(„Agentur oder einer sonstigen Niederlassung") der VO (EG) Nr. 44/2001 DES RATES vom 22. Dezember
2000 über die gerichtliche Zuständigkeit und die Anerkennung und Vollstreckung von Entscheidungen in
Zivil- und Handelssachen (ABl. EG 2001 Nr. L 12) (EuGVVO). Die EuGVVO ist an die Stelle des EuGVÜ
vom 27.9.1998 (BGBl. 1972 II S. 773) getreten und gilt in allen *EU*-Mitgliedstaaten unmittelbar (Art. 76
EuGVVO). Das *deutsche* Recht regelt die internationale Zuständigkeit der einheimischen Gerichte mittelbar
durch eine stillschweigende Verweisung auf die den Gerichtsstand betreffenden Vorschriften der §§ 12 ff.
ZPO. (Grundsatz der Doppelfunktionalität der örtlichen Zuständigkeitsnormen).
[44] Zum „Empfänger" Art. 1 Rn. 26.

**b) falls Abgangs- und Bestimmungsort im Hoheitsgebiet desselben Vertragsstaats liegen, jedoch eine oder mehrere Zwischenlandungen im Hoheitsgebiet eines anderen Staates vorgesehen sind, die Angabe von zumindest einem dieser Zwischenlandepunkte;**

**c) die Angabe des Gewichts der Sendung.**

| | |
|---|---|
| **Art. 5 Contenu de la lettre de transport aérien ou du récépissé de marchandises** | **Art. 5 Contents of Air Waybill or Cargo Receipt** |

La lettre de transport aérien ou le récé-pissé de marchandises contiennent:

a) l indication des points de départ et de destination;

b) si les points de départ et de destination sont situés sur le territoire d'un même État partie et qu'une ou plusieurs escales sont prévues sur le territoire d'un autre État, l'indication d'une de ces escales;

c) la mention du poids de l'expédition.

The air waybill or the cargo receipt shall include:

a) an indication of the places of departure and destination;

b) if the places of departure and destination are within the territory of a single State Party, one or more agreed stopping places being within the territory of another State, an indication of at least one such stopping place; and

c) an indication of the weight of the consignment.

Ähnliche Bestimmungen: Art. 8 WA 1929; Art. 8 WA 1955; Art. 8 WA/MP Nr. 4 (1975); § 408 HGB (Luft- und andere Binnentransporte); Art. 6 CMR; Art. 7 CIM 1999; Art. 11 Abs. 5 CMNI (2001); § 643 HGB und Art. 3 Nr. 1 ABB-Fracht (2010).

## Übersicht

|  | Rn. |  | Rn. |
|---|---|---|---|
| **I. Normzweck** | 1 | 4. Das „Gewicht" der Sendung | 10, 11 |
| **II. Regelungsgehalt** | 2, 3 | 5. „Art" der Güter | 12 |
| 1. Nichtbeachtung von Formen und Inhalten bei der Dokumentation | 2 | 6. Zusätzliche Dokumentation der „Art" der Güter | 13 |
| 2. „Güter" | 3 | 7. Wertdeklaration | 14–17 |
| **III. Die einzelnen Angaben im Luftfrachtbrief oder in der Empfangsbestätigung** | 4–21 | a) Unterlassene Wertdeklaration und vorausgegangenes Abkommensrecht | 15 |
| 1. Art. 4 MÜ und vorausgegangenes Abkommensrecht | 4 | b) Unterlassene Wertdeklaration und Art. 20 MÜ | 16 |
| 2. Die Personen von „Absender", „Luftfrachtführer" und „Empfänger" | 5 | c) Unterlassene Wertdeklaration und Art. 21 WA 1929/1955 | 17 |
| 3. Abgangs- und Bestimmungsort sowie Zwischenlandepunkte | 6–9 | 8. Vertragliche Anhebung des Haftungshöchstbetrags (Art. 25 MÜ) | 18 |
| a) Flugroute und MÜ | 7 | 9. Die „notify"-Person | 19 |
| b) Bestimmungsort und Gerichtsstand | 8 | 10. Eintragungen über die Fracht | 20 |
| c) Beweisrechtliche Vermutungen des Art. 11 MÜ | 9 | 11. Beliebige inhaltliche Erweiterbarkeit der Dokumentation | 21 |

## I. Normzweck

Art. 5 regelt für den Fall der Güterbeförderung auf dem Luftweg den Mindestinhalt einer **1** diesbezüglichen Transportdokumentation. Diese geschieht der Form nach entweder durch einen Luftfrachtbrief (Art. 4 Abs. 1) oder bei einer „anderen Aufzeichnung" durch eine dem Absender vom Luftfrachtführer auf Verlangen auszuhändigenden „Empfangsbestätigung über die Güter" (Art. 4 Abs. 2). In beiden Fällen ist für die Dokumentation derselbe Inhalt vorgesehen. Inhaltlich knüpft Art. 5 an die bisherige Regelung des Art. 8 WA 1929/1955 an.

## II. Regelungsgehalt

**2**   **1. Nichtbeachtung von Formen und Inhalten bei der Dokumentation.** Die Nichtbeachtung der Vorschrift berührt nach Art. 9 „weder den Bestand noch die Wirksamkeit" des Frachtvertrags. Deshalb bleibt bei einer fehlenden oder unkorrekten Transportdokumentation das MÜ seinerseits weiterhin uneingeschränkt anwendbar. Dies gilt insbesondere sowohl für die Haftungssanktionen des Art. 10, die grundsätzliche beweisrechtliche Anwendbarkeit des Art. 11 wie ebenso auch für die Haftungsbeschränkung des Luftfrachtführers nach Art. 22 Abs. 3 bei Sach- und Verspätungsschäden iS der Art. 18 f. auf prinzipiell 19 SZR/kg je Frachtgut.

**3**   **2. „Güter".** Zum Begriff der „Güter" vgl. Art. 4 Rn. 5 f.

## III. Die einzelnen Angaben im Luftfrachtbrief oder in der Empfangsbestätigung

**4**   **1. Art. 4 MÜ und vorausgegangenes Abkommensrecht.** Im Verhältnis zu der Urfassung dieser Bestimmung, dh. zu Art. 8 WA 1929, sind die neuen Inhaltsanforderungen an diese Dokumentation außerordentlich gering. Wie schon nach Art. 8 WA/MP Nr. 4 (1975)[1] sind darin individuell nur noch zu benennen: der Abgangs- und der Bestimmungsort, ein etwaiger Zwischenlandeort sowie das Gewicht der Sendung. Dies sind die Minimalien, die einem Luftfrachtführer schon „auf den ersten Blick"[2] Auskunft geben können zunächst über die Anwendbarkeit des MÜ schlechthin, und zwar über eine „internationale Beförderung" iS der Vorschrift des Art. 1 Abs. 2, wie sie dort iE vorgegeben ist durch den „Abgangsort" und den Bestimmungsort" „in den Hoheitsgebieten von zwei Vertragsstaaten" bzw. den Ort einer „Zwischenlandung in dem Hoheitsgebiet eines anderen Vertragsstaates". Unter diesen Gegebenheiten entscheidet dann das „Gewicht" des Gutes nach Art. 22 Abs. 3 im Weiteren auch über die prinzipiell nur beschränkte Haftung des Luftfrachtführers auf jeweils 19 SZR/kg pro „Gut".

**5**   **2. Die Personen von „Absender", „Luftfrachtführer" und „Empfänger".** Unerwähnt bleiben in Art. 5 die Personen des *Absenders*,[3] des *Luftfrachtführers*[4] sowie des *Empfängers*.[5] Dies ist bemerkenswert, weil die Beweisvermutung des Art. 11 Abs. 1 MÜ („Abschluss des Vertrags") sich gerade auch auf die Frage erstreckt, wer von den am Luftbeförderungsvertrag Beteiligten als *Absender, Frachtführer* und *Empfänger* anzusehen ist.[6] Der Vorschlag, deren Daten gleichfalls in die generelle Transportdokumentation mit aufzunehmen, wurde auf der Konferenz in Montreal (1999) zurückgestellt,[7] weil andernfalls ein formaler Widerspruch zu dem entsprechenden und hier inhaltlich gleichfalls offengebliebenen Art. 8 WA/MP Nr. 4 (1975) entstanden wäre. Da indessen ohne die Identifizierung und Fixierung dieses Personenkreises ein Frachtvertrag schwerlich durchzuführen ist, muss die entsprechende Personenbenennung in den einzelnen Luftfrachtdokumenten als praktisch selbstverständlich vorausgesetzt werden. Diese Folgerung jedenfalls ergibt sich auch im Hinblick auf die nachfolgende Vorschrift des Art. 7 Abs. 2 und 3, wo diese drei Vertragsbeteiligten nun ausdrücklich erwähnt sind. Der in der Praxis des Luftfrachtverkehrs allgemein gebräuchliche IATA-AWB (Art. 4 Rn. 11) lässt in diesem Punkt ohnehin keine Fragen offen.

---

[1]  Vgl. Art. 55 Abs. 1 Buchst. e.

[2]  ICAO-Documentation Nr. 9775-DC/2, Volume I – Minutes, S. 208, Nr. 6: Schon bei der Frachtbriefregelung des Art. 8 WA 1955 zeigte sich das Bestreben, „to make the air waybill as simple as possible so that the air waybill dealing with matters relating to the liability of carriers should contain only matters that served to indicate the application of the Convention, ...".

[3]  Zum „Absender" Art. 1 Rn. 20.

[4]  Zum „Luftfrachtführer" Art. 1 Rn. 14 ff.

[5]  Zum „Empfänger" Art. 1 Rn. 26. Vgl. demgegenüber die insoweit detaillierten Regelungen in Art. 6 Abs. 1 CMR und den §§ 408, 643 HGB.

[6]  So BGH 15.11.1988, NJW-RR 1989, 252, 253; BGH 21.9.2000, BGHZ 145, 170 = NJW-RR 2001, 396 = TranspR 2001, 29 = VersR 2001, 526 = WM 2001, 86 = ZLW 2001, 254 = LM WarschAbk. Nr. 26 (m. Anm. *Dubischar*); OLG Frankfurt/M. 21.4.1998, TranspR 1999, 24.

[7]  ICAO-Documentation Nr. 9775-DC/2, Volume III – Preparatory Material, S. 166, Nr. 4:71.

**3. Abgangs- und Bestimmungsort sowie Zwischenlandepunkte.** Der unter Abs. a  **6** genannte Abgangs- sowie der Bestimmungsort richten sich allein „nach den Vereinbarungen der Parteien" (Art. 1 Abs. 1). „Bestimmungsort" insbesondere ist grundsätzlich der Ort der vertraglich vereinbarten letzten Landung, an dem das Frachtgut das Luftfahrzeug endgültig verlässt.[8] Im Falle eines von vornherein gebuchten Hin- und Rückflugs, beispielsweise bei Messeexponaten, ist der Abgangsort zugleich auch der Bestimmungsort selbst.[9]

**a) Flugroute und MÜ.** Der von den Parteien gewählte Abgangs- und der Bestim- **7** mungsort entscheiden in ihrer Kombination nicht zuletzt auch darüber, ob auf den jeweiligen Luftfrachtvertrag das MÜ anwendbar ist, dh. ob eine „internationale Beförderung" iSd. Art. 1 Abs. 2 (bzw. des Art. 1 Abs. WA 1929/1955) vorliegt. Hierzu: Art. 1 Rn. 37 ff. Eine Anwendbarkeit ist hier nur zu bejahen, wenn sich *beide* Orte im Hoheitsgebiet von *verschiedenen* Vertragsstaaten des MÜ befinden. Insoweit bedarf es gerade im Hinblick hierauf nach Abs. a auch einer exakten Dokumentation der vereinbarten Flugroute. Liegen hingegen sowohl Abgangs- und Bestimmungsort im Hoheitsgebiet *desselben* Staates, so ist das MÜ nach Art. 1 Abs. 2 (bzw. des Art. 1 Abs. WA 1929/1955) nur anwendbar, wenn „eine Zwischenlandung im Hoheitsgebiet eines anderen Staates vorgesehen ist, selbst wenn dieser Staat kein Vertragsstaat ist". Für die Dokumentation des letzteren und auch weniger häufigen Anwendungsfall des MÜ zu sorgen, ist die Aufgabe von Abs. b. Das Fehlen einer Angabe über den vorgesehenen Zwischenlandepunkt ist nach Art. 9 MÜ allerdings weder für den Luftfrachtvertrag selbst noch für die Anwendbarkeit des MÜ auf diesen Vertrag von Nachteil. Auch nach dem bisherigen Recht des WA 1929/1955 blieb die unterlassene Eintragung eines solchen Zwischenlandeorts hinsichtlich der Anwendbarkeit dieses Abkommens folgenlos, wenn sich die „internationale Beförderung" (Art. 1 Abs. 1 WA 1929/1955) bereits aus den Positionen von Abgangs- und Bestimmungsort selbst ergab.[10]

**b) Bestimmungsort und Gerichtsstand.** Soweit Abgangs- und Bestimmungsort zur **8** Anwendbarkeit des MÜ führen, folgt hieraus auch im Weiteren auch eine Anwendbarkeit von Art. 33 Abs. 1. Diese Vorschrift eröffnet als (vierten) Gerichtsstand den des „Bestimmungsortes". Auch insofern bedarf es dessen besonderer Dokumentierung.

**c) Beweisrechtliche Vermutungen des Art. 11 MÜ.** Die in Abs. a als obligatorisch **9** vorgesehen Angaben über den *„Abgangs-"* und den *„Bestimmungsort"* gehören inhaltlich zum Bestandteil des abgeschlossenen „Vertrags" und haben aus diesem Grund auch Anteil an der Beweiskraft der Transportdokumentation iSd. Art. 11 Abs. 1.[11]

**4. Das „Gewicht" der Sendung.** Für den Luftfrachtführer selbst ist gerade die in **10** Abs. c vorgesehene Angabe auch „des Gewichts der Sendung" von besonderem Interesse. Im Falle von Transportschäden liegt seine Maximalhaftung nach Art. 22 Abs. 3 bei lediglich 19 SZR für das Kilogramm (Art. 22 Rn. 4). Diese Haftungsvergünstigung kann er hinsichtlich des einzelnen Transportguts problemlos zusätzlich absichern, wenn ein entsprechender Gewichteintrag in den „Luftfrachtbrief" bzw. in die „Empfangsbestätigung über die Güter" aufgenommen wird. Sodann ergibt sich nach Art. 11 Abs. 2 die zwar widerlegbare, aber immerhin zusätzliche „Vermutung", dass diese Angabe zum „Gewicht" ihre „Richtigkeit" hat.[12]

---

[8] Vgl. insoweit BGH 23.3.1976, NJW 1976, 1586 = VersR 1976, 787 = ZLW 1976, 255; OLG Düsseldorf 24.3.1975, VersR 1975, 645; OLG Hamm 24.10.2002, TranspR 2003, 201 (m. Anm. *Koller* TranspR 2003, 285); LG Stuttgart 19.8.1997, TranspR 1998, 196 (m. Anm. *Leffers*) = VersR 1999, 127 (LS).

[9] BGH 23.3.1976, NJW 1976, 1586 = VersR 1976, 787 = ZLW 1976, 255; OLG Hamburg 2.9.1982, VersR 1983, 484 = RIW 1983, 874 = TranspR 1984, 44; OLG Frankfurt/M. 25.4.1983, TranspR 1984, 21 = ZLW 1984, 177 = MDR 1984, 318; OLG Frankfurt/M. 31.1.1984, TranspR 1984, 297; BayObLG 22.1.2001, NJW-RR 2001, 1258; BayObLG 30.3.2001, NJW-RR 2001, 1325.

[10] S. U. S. District Court (N. D.Ill.) *Al Marine Adjusters* v. *Forwarding System,* 1999 WL 199588 (1999); *Brink's* v. *South African Airways,* 93 F.3 d 1022 (1996); *Tai Ping* v. *Northwest Airlines,* 94 F.3 d 29 (1996).

[11] So zu Art. 11 Abs. 1 WA 1929/1955: OLG Hamm 24.10.2002, TranspR 2003, 201, 202.

[12] Vgl. OLG Frankfurt/M. 30.8.2004, TranspR 2004, 471, 472.

**11**    Falls das „Gewicht der Sendung" als eines „Muss"-Bestandteils der Transportdokumentation nicht oder nicht richtig angegeben ist, stellt dies zugleich eine „Unvollständigkeit" bzw. „Unrichtigkeit" iSd. Art. 10 Abs. 2 bzw. des Abs. 3 dar, was zu einer Haftung des Absenders bzw. Luftfrachtführers für alle hieraus resultierenden Folgeschäden führt. Diese Haftung hat die rechtliche Besonderheit, dass sie zwar abdingbar ist (vgl. Art. 26), aber weder ein Verschulden voraussetzt noch in ihrer Höhe summenmäßig limitiert[13] ist. Deshalb haben der „Absender" (Art. 10 Abs. 1 und 2) bzw. der „Luftfrachtführer" (Art. 10 Abs. 3) alle Veranlassung, der Vollständigkeit des in Art. 5 vorgesehenen Mindestinhalts der Transportdokumentation insoweit besondere Aufmerksamkeit zu schenken.[14]

**12**    **5. „Art" der Güter.** Auf der Konferenz in Montreal (1999) wurde im weiteren und verhältnismäßig ausführlich diskutiert,[15] ob in die jeweilige Transportdokumentation neben dem „Gewicht" zusätzlich auch die „Art" (engl. Originaltext: „nature") des Frachtguts in Art. 5 mit aufgenommen werden sollte. Dies war im Gegensatz zu anderen Transportbereichen[16] im Luftfrachtrecht erst- und letztmals in Art. 8 Buchst. g WA (1929) vorgesehen gewesen. Eine Wiederaufnahme dieses Gütermerkmals in die neue frachtrechtliche Dokumentationsregelung des Art. 5 MÜ (1999) bot sich nicht nur im Hinblick auf Transporte von gefährlichen Gütern, sondern auch zur Vereinfachung der Zollabwicklung an. Zudem muss dem Luftfrachtführer in aller Regel daran gelegen sein, dass zumindest die besondere „Eigenart" der Güter dokumentiert wird, die ihm nach Art. 18 Abs. 2 Buchst. a im Schadensfall zur vollständigen Haftungsbefreiung verhelfen kann. Indessen wurde der Gedanke eines Einbeziehens der „Art" der Güter hier nicht weiterverfolgt, weil man ein inhaltliches Auseinandergehen des bereits in Kraft getretenen und eben dieses Gütermerkmal nicht mehr enthaltenden Art. 8 WA/MP Nr. 4 (1975)[17] einerseits und des neuen Art. 5 andererseits vermeiden wollte. Dementsprechend entschied man sich, die Angaben über die „Art" der Güter an dieser Stelle zu separieren und zum Gegenstand einer besonderen Vorschrift, dem jetzigen Art. 6, zu machen.[18]

**13**    **6. Zusätzliche Dokumentation der „Art" der Güter.** Da die Regelung des Art. 5 nur den Mindestinhalt der Transportdokumentation benennt, nicht aber eine in sich abgeschlossene Regelung darstellt, ist es den Parteien des Luftfrachtvertrags im Ergebnis ohnehin unbenommen, in ihre Dokumentation zusätzlich auch alle ihnen jeweils zweckmäßig erscheinenden Angaben zur „Art" oder der „Eigenart" (Art. 18 Abs. 2 Buchst. a) des Frachtguts mitaufzunehmen. Diese Angaben unterliegen dann allerdings im Falle ihrer Unrichtigkeit, Ungenauigkeit oder Unvollständigkeit auch der Haftungssanktion des Art. 10. Letztlich kann der Luftfrachtführer nach Art. 6 vom Absender solche „Angaben zur Art der Güter" sogar seinerseits ausdrücklich verlangen, die im Einzelfall „zur Einhaltung der Vorschriften der Zoll-, der Polizei- oder anderer Behörden" „notwendig" sind. Falls der Luftfrachtführer in seinen Beförderungsbedingungen bestimmte Arten von Gütern („Verbotsgüter) vom Transport generell ausschließt, sieht die Rechtsprechung[19] hierin einen Verstoß gegen Art. 23 Abs. 1 WA (Art. 26 MÜ), der zur Nichtigkeit der Klausel führt. Eine AGB-Klausel, die mit dem „Verbotsgut" zugleich auch eine Haftungsfreistellung des Luftfrachtführers verbindet, verstößt im Falle von Reisegepäck gegen Art. 17 Abs. 2.[20]

---

[13] Bei Anwendbarkeit *deutschen* Rechts (Art. 3 ff. Rom I-VO) kann sich für den Absender eine Haftungsbeschränkung aus § 414 Abs. 1 Nr. 2 HGB ergeben.
[14] Art. 3 Nr. 3 ABB-Fracht (2010): „Enthält der mit den Gütern übergebene Luftfrachtbrief nicht alle erforderlichen Einzelheiten, oder enthält er Fehler, so ist der Luftfrachtführer berechtigt, aber nicht verpflichtet, ihn nach bestem Können zu vervollständigen oder zu berichtigen".
[15] ICAO-Documentation Nr. 9775-DC/2, Volume I – Minutes, S. 60 ff. (zu Art. 5 MÜ).
[16] Art. 6 Abs. 1 Buchst. f CMR (Straßengüterverkehr); § 643 Nr. 8 HGB (Seetransporte); Art. 11 Abs. 5 Buchst. c CMNI (grenzüberschreitende Binnenschiffstransporte) und § 408 Abs. 1 Nr. 6 HGB (innerdeutsche Transporte).
[17] Vgl. Art. 55 Abs. 1 Buchst. e.
[18] ICAO-Documents Nr. 9775-DC/2, Volume II – Documents, S. 238, Nr. 22.
[19] HandelsG Wien 10.5.2001, TranspR 2002, 118 (m. Anm. *Grimme*). Kritisch: *R. Schmid* ZLW 2003, 55.
[20] BGH 5.12.2006, NJW 2007, 997 = TranspR 2007, 27 = LMK 2007, 213130 (m. Anm. *Koller*) = RRa 2007, 78 (m. Anm. *Kappus*).

**7. Wertdeklaration.** Im Weiteren können die Vertragsparteien ihre Transportdoku- **14** mentation nicht zuletzt auch in Gestalt einer Wertdeklaration (Art. 22 Rn. 8 ff.) ergänzen. Sie hat ohnehin schriftlich[21] zu erfolgen, damit ein „nachfolgender" (Art. 36) oder ein „ausführender" (Art. 41 Abs. 2) Luftfrachtführer von ihr Kenntnis nehmen kann. Ihre Vereinbarung führt zu dem haftungsrechtlichen Ergebnis, dass der Luftfrachtführer sich im einzelnen Schadensfall nicht mehr länger auf die in Art. 22 Abs. 3 vorgesehene Beschränkung seiner Haftung auf 19 SZR je Kilogramm berufen kann (Art. 22 Abs. 3: „diese Beschränkung gilt nicht, …"). Stattdessen wird der eingetretene Schaden auf der Grundlage des für das jeweilige Frachtgut deklarierten Wertes abgerechnet. Doch ist zu beachten, dass die Angabe allein des *(Versicherungs-) Werts* in der Transportdokumentation nicht schon eine Wertdeklaration iSd. vorgenannten Art. 22 Abs. 3 darstellt.[22] Ebenso wenig kann der Vermerk „Valuable Cargo" bereits als eine solche Wertdeklaration gelten.[23] Aber auch im Falle einer wirksamen Deklaration steht dem Luftfrachtführer immer noch der Beweis offen, dass der deklarierte Wert „höher ist als das tatsächliche Interesse des Absenders am Bestimmungsort" (Art. 22 Abs. 3).

**a) Unterlassene Wertdeklaration und vorausgegangenes Abkommensrecht.** **15** Wenn der Absender den Wert des Transportguts hingegen nicht deklariert, obwohl er weiß, dass dieses bei einer entsprechenden Angabe besonderen Sicherungen unterstellt wird, so hatte er sich das daraus folgende „Mitverschulden" nach dem bisherigem Abkommensrecht des Art. 21 WA 1929/1955 als schadensursächlich anrechnen zu lassen. Insoweit geriet er in einen „Selbstwiderspruch", wenn er einerseits den hohen Wert des Gutes nicht deklariert hatte, andererseits aber auf der Grundlage des Art. 25 WA 1929/1955 einen *vollen* Schadensersatz verlangte.[24]

**b) Unterlassene Wertdeklaration und Art. 20 MÜ.** Das MÜ enthält zwar in Art. 20 **16** eine entsprechende Vorschrift über ein Mitverschulden auf Seiten des Anspruchstellers. Doch ist die Haftung des Luftfrachtführers bei Güter- und Güterverspätungsschäden nach Art. 22 Abs. 3 nun ganz generell auf 19 SZR/kg beschränkt. Daher kann die unterlassene oder eine zu niedrige Wertdeklaration auch nicht mehr einen Widerspruch zu späteren Ansprüchen auf einen *vollen* Schadensersatz auslösen. Insofern ist hier die Frage des „Selbstwiderspruchs" bzw. des Mitverschuldens gegenstandslos geworden. Aus diesen Gründen kann in dem Unterlassen einer Wertdeklaration durch den Geschädigten auch kein „Mitverschulden" iSd. Art. 20 gesehen werden.[25]

**c) Unterlassene Wertdeklaration und Art. 21 WA 1929/1955.** Auch nach dem *bis-* **17** *herigen* Recht des Art. 21 WA 1929/1955 konnten fehlende Angaben des Absenders zum Wert des Transportguts zu seiner Mithaftung nur dann führen, wenn dies für die Entstehung des Schadens kausal war, was der Luftfrachtführer darlegen und gegebenenfalls beweisen musste. Dazu gehörte, dass der Luftfrachtführer vorträgt, welche Maßnahmen, insbesondere

[21] OLG Köln 16.2.1990, NJW-RR 1990, 527 = TranspR 1990, 199 = ZLW 1990, 219.
[22] Hierzu: OLG Frankfurt/M. 16.4.1996, NJW-RR 1997, 1060 = TranspR 1998, 123 = ZLW 1997, 281; OLG Frankfurt/M. 30.8.2004, TranspR 2004, 471, 472.
[23] OLG Frankfurt/M. 15.10.1991, TranspR 1993, 61, 64 (m. Anm. *Müller-Rostin*) = ZLW 1993, 208.
[24] Vgl. im Einzelnen BGH 15.11.2001, BGHZ 149, 337, 353 = NJW 2002, 3106 = TranspR 2002, 295 = VersR 2002, 1440; BGH 15.11.2001, TranspR 2002, 458; BGH 13.2.2003, NJW-RR 2003, 751 = TranspR 2003, 255, 258 = NJOZ 2003, 871; BGH 8.5.2003, NJW-RR 2003, 1473 = TranspR 2003, 317 (m. Anm. *Ettrich* TranspR 2003, 443); BGH 5.6.2003, NJW 2003, 3626, 3629; BGH 9.10.2003, TranspR 2004, 175 = NJOZ 2004, 2240; BGH 23.10.2003, NJW-RR 2004, 394 = TranspR 2004, 177; BGH 2.12.2004, NJOZ 2005, 3169, 3172; BGH 19.5.2005, TranspR 2006, 114 = NJOZ 2006, 856; BGH 19.1.2006, NJW-RR 2006, 822 = VersR 2006, 953; BGH 30.3.2006, BGHZ 167, 64 = NJW-RR 2006, 1210, 1213 = TranspR 2006, 254 = VersR 2007, 226 = LMK *(Schmidt)* 2006, 185529; BGH 13.7.2006, NJW-RR 2007, 179; BGH 16.11.2006, NJW 2007, 1809, 1812 = TranspR 2007, 161 = VersR 2007, 1533; OLG Frankfurt/M. 28.5.1997, TranspR 2000, 45; OLG Frankfurt/M. 1.7.2004, NJW-RR 2004, 1485 = TranspR 2004, 464, 467; OLG Hamburg 8.3.2001, TranspR 2001, 443; OLG Düsseldorf 13.12.2006, TranspR 2007, 23; LG Hamburg 9.9.2002, TranspR 2003, 166.
[25] Hierzu im Einzelnen *Ruhwedel*, FS Thume, 2008, S. 244.

welche zusätzlichen Sicherheitsvorkehrungen er bei einer konkreten Wertangabe ergriffen hätte und dass diese Maßnahmen die Wahrscheinlichkeit des Verlustes spürbar reduziert hätten.[26]

18    **8. Vertragliche Anhebung des Haftungshöchstbetrags (Art. 25 MÜ).** Falls der Luftfrachtführer sich entschließen sollte, dem Absender auf der Grundlage des Art. 25 im Beförderungsvertrag einen höheren Haftungshöchstbetrag zuzugestehen, als dieser sich nach dem MÜ errechnet, sollte diese Vereinbarung ebenso in den „Luftfrachtbrief" bzw. in die „Empfangsbestätigung" eingetragen werden, wie entsprechend auch ein voller „Verzicht" (Art. 25) auf jeglichen Haftungshöchstbetrag oder auf die „Einwendungen" iSd. Art. 27 MÜ. Andernfalls könnte der Empfänger des Gutes (Art. 13) diesbezüglich in Beweisschwierigkeiten geraten.

19    **9. Die „notify"-Person.** Ähnlich lässt sich in der Transportdokumentation auch eine „notify-Person" (§ 408 Abs. 1 Nr. 5 HGB: „Meldeadresse") benennen. Diese ist nicht „Empfänger" iSd. Art. 13 MÜ, sondern nur von dem Eintreffen der Güter zu benachrichtigen. Sie hat dementsprechend auch keinen Anspruch auf „die Ablieferung der Güter" (Art. 13 Abs. 1).[27] Im Falle eines *Dokumentenakkreditivs* lässt sich regelmäßig die finanzierende Bank selbst als „Empfänger" einsetzen, wogegen der Käufer lediglich als „notify address" benannt ist. Weist ein Luftfrachtbrief als Empfänger einen Spediteur aus, so ist auch dieser selbst und nicht das unter „notify" angegebene Unternehmen „Empfänger".[28]

20    **10. Eintragungen über die Fracht.** Schließlich steht es des Parteien des Luftfrachtvertrags auch frei, in der Transportdokumentation Einträge vorzunehmen über die vereinbarte Fracht[29] und die bis zur Ablieferung anfallenden Kosten sowie einen Vermerk über die Frachtzahlung, insbesondere über einen Nachnahmebetrag.[30]

21    **11. Beliebige inhaltliche Erweiterbarkeit der Dokumentation.** Im Ergebnis gilt daher auch im internationalen Luftfrachtrecht der Grundsatz, den Art. 6 Abs. 3 CMR[31] für internationale Gütertransporte zu Lande ausdrücklich formuliert: „Die Parteien dürfen in den Frachtbrief noch andere Angaben eingetragen, die sie für zweckmäßig halten". Dies gilt unter anderem auch für die Flugnummer oder die Abflugzeit.[32]

### Art. 6 Angaben zur Art der Güter

[1]**Falls notwendig, kann vom Absender verlangt werden, zur Einhaltung der Vorschriften der Zoll-, der Polizei- oder anderer Behörden eine Urkunde mit Angaben zur Art der Güter auszuhändigen.** [2]**Diese Bestimmung begründet für den Luftfrachtführer keine Verpflichtung, Verbindlichkeit oder Haftung.**

---

[26] OLG Köln 26.3.2002, NJW-RR 2002, 1682 = TranspR 2003, 111 = VersR 2003, 269; LG Hamburg 9.9.2002, TranspR 2003, 166.

[27] OLG Düsseldorf 13.11.1980, VersR 1982, 1989; OLG Hamburg 12.6.1981, VersR 1082, 375; OLG Düsseldorf 2.3.1989, TranspR 1989, 423 = VersR 1989, 1319; OLG Düsseldorf 11.11.1993, TranspR 1995, 30 = VersR 1994, 1498 = ZLW 1995, 347 = IPRax 1995, 402 = RIW 1995, 251 (LS); Cour de Cassation de France 15.5.1991, ETR 1991, 553; Rechtbank van Koophandel te Brussel 16.1.1993, ETR 1993, 776.

[28] OLG Hamburg 27.3.1980, VersR 1980, 1075.

[29] Vgl. insoweit Art. 3 Nr. 1 ABB-Fracht (2006): „Die Fracht und gegebenenfalls festgesetzte Gebühren muss der Luftfrachtführer in den Luftfrachtbrief einsetzen."

[30] Nach Art. 3 Nr. 6 ABB-Fracht (2010) ist „im Falle von Gütersendungen gegen Nachnahme … ausschließlich der Absender für die Eintragung des Nachnahmebetrags in den Luftfrachtbrief verantwortlich. Der Luftfrachtführer haftet nicht für die Unterlassung der Einziehung des Nachnahmebetrages, wenn dieser nicht oder nicht richtig vom Absender eingetragen ist".

[31] Vgl. auch § 408 Abs. 1 HGB.

[32] OLG Düsseldorf 13.12.1990, TranspR 1991, 106 = VersR 1991, 603: Bei der Beförderung von Frachtgut sind die Regeln über die Verzögerung und nicht die Regeln über die Unmöglichkeit anzuwenden, wenn im Frachtbrief nur eine Flugnummer, nicht aber das Datum des Fluges vermerkt ist.

## Art. 6 Document relatif à la nature de la marchandise

L'expéditeur peut être tenu pour accomplir les formalités nécessaires de douane, de police et d'autres autorités publiques d'émettre un document indiquant la nature de la marchandise. Cette disposition ne crée pour le transporteur aucun devoir, obligation ni responsabilité.

## Art. 6 Document Relating to the Nature of the Cargo

The consignor may be required, if necessary, to meet the formalities of customs, police and similar public authorities, to deliver a document indicating the nature of the cargo. This provision creates for the carrier no duty, obligation or liability resulting therefrom.

Ähnliche Bestimmungen: Art. 8 Buchst. g WA 1929; § 408 Abs. 1 Nr. 6 HGB (Luft- und andere Binnentransporte); Art. 6 Abs. 1 Buchst. f CMR (1956/1978); Art. 7 § 1 Buchst. h CIM 1999; Art. 11 Abs. 4 Buchst. e CMNI (2001) und § 643 Nr. 8 HGB.

### I. Normzweck

Art. 6 erweitert den nach Art. 5 obligatorischen Inhalt eines „Luftfrachtbriefs" bzw. einer **1** „Empfangsbestätigung über die Güter" um die Möglichkeit von Angaben auch zur „Art" der Güter. Eine entsprechende Vorschrift war im WA 1929/1955 noch nicht enthalten.

### II. Regelungsgehalt

**1. Nichtbeachtung von Formen und Inhalten bei der Dokumentation.** Die **2** Nichtbeachtung der Vorschrift berührt nach Art. 9 „weder den Bestand noch die Wirksamkeit" des Frachtvertrags. Deshalb bleibt bei einer fehlenden oder unkorrekten Transportdokumentation das MÜ seinerseits weiterhin uneingeschränkt anwendbar. Dies gilt insbesondere sowohl für die Haftungssanktionen des Art. 10, die Beweisregeln des Art. 11 wie ebenso auch für die absolute Haftungsbeschränkung des Luftfrachtführers[1] nach Art. 22 Abs. 3 bei Sach- und Verspätungsschäden iS der Art. 18 f. auf grundsätzlich 19 SZR/kg je Frachtgut.

**2. Die Ausgangssituation auf der Konferenz in Montreal (1999).** Da auf der Kon- **3** ferenz in Montreal (1999) das Vorhaben zu scheitern drohte, die „Art der Güter" (engl. Originalfassung: „nature of the cargo") als einen weiteren Bestandteil des Art. 5 zum generellen Mindestinhalt eines Luftfrachtbriefs (Art. 4 Abs. 1) bzw. einer Empfangsbestätigung (Art. 4 Abs. 2) zu erheben, einigte man sich schließlich auf eine insoweit verselbständigte eigene Vorschrift.[2] Auf diese Weise konnte regelungstechnisch sichergestellt werden, dass der Mindestinhalt eines Luftfrachtbriefs bzw. einer Empfangsbestätigung bei der Frage von Angaben zur „Art" der Güter nicht danach divergiert, ob im Einzelfall das WA/MP Nr. 4 (1975)[3] (Art. 8 WA/MP Nr. 4) oder aber alternativ das MÜ (Art. 5) anzuwenden ist.

**3. Das Erfordernis einer eigenständigen Dokumentation der „Art" der Güter. 4** Die aus diesem Grund von Art. 5 abgelöste und eigenständige Dokumentation von Angaben zur „Art" der Güter (Leichen; gefährliche,[4] verderbliche oder zerbrechliche Güter; elektronische Medien; lebende Tiere;[5] Chemikalien usw.) findet sich als Regelungstatbestand nunmehr in dem obigen – neuen – Art. 6. Damit gehören diese Angaben zur „Art" der Güter in keinem der beiden völkerrechtlichen Anwendungsfällen mehr zum festen Inhalt eines Luftfrachtbriefs bzw. einer Empfangsbestätigung über die Güter. Vielmehr kann der Luftfrachtführer mangels einer vorausgegangenen Einigung mit dem Absender[6] von diesem nur „falls notwendig" und

---

[1] Zum „Luftfrachtführer" Art. 1 Rn. 14 ff.
[2] ICAO-Documentation Nr. 9775-DC/2, Volume II – Documents, S. 237 f., Nr. 22.
[3] Vgl. Art. 55 Abs. 1 Buchst. e.
[4] Vgl. hierzu ergänzend: Annex 18 to the *Convention on International Civil Aviation* („The Safe Transport of Dangerous Goods by Air").
[5] S. auch *IATA* – Live Animals Regulation (LAR), 32. Aufl. 2005.
[6] Zum „Absender" Art. 1 Rn. 20.

auch hier nur im Hinblick auf insoweit möglicherweise in Betracht kommende „Behörden"
verlangen, „eine Urkunde mit Angaben zur Art der Güter auszuhändigen". Eine solche Beurkundung kann dann entweder selbständig oder der Einfachheit halber im Luftfrachtbrief bzw.
in der Empfangsbestätigung über die Güter selbst erfolgen.

5    **a) Die „Notwendigkeit" (Art. 6 MÜ) einer eigenständigen Dokumentation der
„Art" der Güter.** Im Einzelnen ist dieses Verlangen einer Beurkundung aber nur dann
als „notwendig" berechtigt, wenn der Luftfrachtführer sie einfordert „zur Einhaltung der
Vorschriften der Zoll-, der Polizei- oder anderer Behörden".[7] Die eigenen Interessen des
Luftfrachtführers an einer solchen Beurkundung (Frachtraumberechnung usw.) sind damit
nicht angesprochen. Da der Luftfrachtführer hinsichtlich der von ihm verlangten Angaben
über die „Art" der Güter weitgehend den diesbezüglichen Informationen des Absenders
vertrauen muss, begründet die neue Vorschrift insoweit folgerichtig „für den Luftfrachtführer keine Verpflichtung, Verbindlichkeit oder Haftung".

6    **b) Das Verhältnis von Art. 6 MÜ zu Art. 16 MÜ.** Die letzteren Worte wiederholen
zugleich den entsprechenden Textinhalt von Art. 16 Abs. 2 und sollen damit den eigenständigen Regelungscharakter des Art. 6 bezüglich der Angaben zur „Art" der Güter nochmals
deutlich machen. Insbesondere war insoweit keine Änderung bezüglich Art. 11 und Art. 16
beabsichtigt.[8]

7    **c) Regelungshierarchie der Art. 5, 6 und 16 MÜ.** Die danach bestehende Parallel-
geltung der Art. 5 und 6 bezüglich des *Inhalts der Luftfrachtdokumente* einerseits und der
*Informationspflicht* des Absenders nach Art. 16 andererseits führt im Einzelnen zu folgender
Regelungshierarchie:

**aa) Art. 5.** Art. 5 regelt den Mindestinhalt eines Luftfrachtbriefs bzw. einer Empfangsbestätigung über Güter. Dieser Inhalt besteht aus den Angaben zum *Absender,* zum *Luftfrachtführer* und zum *Empfänger* sowie zur *Flugroute* und zu dem *Gewicht* der Güter.

**bb) Art. 6.** Art. 6 eröffnet die Möglichkeit, dass neben dem vorgenannten „Gewicht"
der Güter zusätzlich auch deren „Art" in den Luftfrachtbrief bzw. in die Empfangsbestätigung mit aufgenommen wird. Sofern die Parteien des Luftfrachtvertrags sich bezüglich
dieser Eintragung nicht einigen können, kann der Luftfrachtführers eine Angabe hierüber
schließlich, aber auch nur, verlangen, sofern eine solche Eintragung notwendig ist „zur
Einhaltung der Vorschriften der Zoll-, der Polizei- oder anderen Behörden".

**cc) Art. 16.** Unabhängig von dem tatsächlichen Vorhandensein oder dem konkreten
Inhalt (zB „Art der Güter") eines Luftfrachtbriefs bzw. einer Empfangsbestätigung über die
Güter, ist der Absender nach Art. 16 in jedem Fall aber „verpflichtet, alle Auskünfte zu
erteilen und alle Urkunden zur Verfügung zu stellen, die vor Aushändigung der Güter an
den Empfänger zur Erfüllung der Vorschriften der Zoll-, der Polizei- und anderer Behörden
erforderlich sind".

8    **d) Die zusätzliche Informationsfunktion der „Auskünfte" und „Urkunden"
(Art. 16 MÜ).** Die vorgenannte Verpflichtung des Art. 16 dient nicht einer dem Transport
vorausgehenden Dokumentation seiner einzelnen Details wie in den Fällen von Art. 4 und
5. Sie bezweckt vielmehr eine möglichst reibungslose Abwicklung des Luftfrachtvertrags,
und zwar bis zum endgültigen Abschluss des Transports. Würde der Absender den in Art. 16
genannten zusätzlichen Informationspflichten nicht nachkommen, könnte im Einzelfall
problematisch werden, ob dem Luftfrachtführer eine vertragsgemäße „Aushändigung der
Güter an den Empfänger" (Art. 16 Abs. 1) gelingt bzw. das Recht des Empfängers, „nach
Eintreffen der Güter am Bestimmungsort vom Luftfrachtführer die Ablieferung (zu) verlan-

---

[7] Hierzu Art. 5 Nr. 3 ABB-Fracht (2010): „Die Beförderung, Ausfuhr oder Einfuhr dürfen nicht durch
Gesetze des Landes, von welchem, in welches oder über welches der Flug erfolgt, verboten sein; …".
[8] ICAO-Documentation Nr. 9775-DC/2, Volume II – Documents, S. 238, Nr. 22: „There would be no
changes to articles 10 and 15" (jetzige Art. 11 und 16 MÜ).

gen" (Art 13 Abs. 1), tatsächlich realisiert werden kann. Als Vorsorge sieht Art. 16 deshalb im Hinblick auf die jeweils geltenden Behördenvorschriften eine diesbezügliche vertragliche Mitwirkungspflicht des Absenders vor. Er hat hier bis zum definiten Ende des vereinbarten Transports geeignete „Auskünfte zu erteilen" bzw. „Urkunden zur Verfügung zu stellen".

**e) Unrichtige, ungenaue oder unvollständige Angaben (Art. 10 MÜ) im Luft-** **9** **frachtbrief (Art. 4 Abs. 1 MÜ) oder in der „Empfangsbestätigung" (Art. 4 Abs. 2 MÜ).** Die Angaben des Absenders zur „Art" der Güter unterliegen im Fall ihrer Aufnahme in den „Luftfrachtbrief" (Art. 4 Abs. 1) bzw. die „Empfangsbestätigung über die Güter" (Art. 4 Abs. 2) nicht der Richtigkeitsvermutung des Art. 11. Doch lösen sie im Fall ihrer „Unrichtigkeit", „Ungenauigkeit" oder „Unvollständigkeit" nach Art. 10 Abs. 1, 2 gleichwohl eine Haftung des Absenders gegenüber dem Luftfrachtführer für alle hierauf adäquat kausal zurückgehenden Folgeschäden aus. Diese Haftung ist verschuldensunabhängig und grundsätzlich auch unlimitiert. Bei subsidiärer Anwendbarkeit *deutschen* Rechts (Art. 3 ff. Rom I-VO[9]) tritt nach den § 414 Abs. 1 S. 2, § 408 Abs. 1 Nr. 6 HGB eine Haftungsbeschränkung[10] auf 8,33 SZR je Kilogramm des Rohgewichts der Sendung ein.

## Art. 7 Luftfrachtbrief

**(1) Der Luftfrachtbrief wird vom Absender in drei Ausfertigungen ausgestellt.**

**(2)** [1]**Die erste Ausfertigung trägt den Vermerk „für den Luftfrachtführer"; sie wird vom Absender unterzeichnet.** [2]**Die zweite Ausfertigung trägt den Vermerk „für den Empfänger"; sie wird vom Absender und vom Luftfrachtführer unterzeichnet.** [3]**Die dritte Ausfertigung wird vom Luftfrachtführer unterzeichnet und nach Annahme der Güter dem Absender ausgehändigt.**

**(3) Die Unterschrift des Luftfrachtführers und diejenige des Absenders können gedruckt oder durch einen Stempel ersetzt werden.**

**(4) Wird der Luftfrachtbrief auf Verlangen des Absenders vom Luftfrachtführer ausgestellt, so wird bis zum Beweis des Gegenteils vermutet, dass der Luftfrachtführer im Namen des Absenders gehandelt hat.**

## Art. 7 Description de la lettre de transport aérien

1. La lettre de transport aérien est établie par l'expéditeur en trois exemplaires originaux.

2. Le premier exemplaire porte la mention «pour le transporteur»; il est signé par l'expéditeur. Le deuxième exemplaire porte la mention «pour le destinataire»; il est signé par l'expéditeur et le transporteur. Le troisième exemplaire est signé par le transporteur et remis par lui à l'expéditeur après acceptation de la marchandise.

3. La signature du transporteur et celle de l'expéditeur peuvent être imprimées ou remplacées par un timbre.

## Art. 7 Description of Air Waybill

1. The air waybill shall be made out by the consignor in three original parts.

2. The first part shall be marked "for the carrier"; it shall be signed by the consignor. The second part shall be marked "for the consignee"; it shall be signed by the consignor and by the carrier. The third part shall be signed by the carrier who shall hand it to the consignor after the cargo has been accepted.

3. The signature of the carrier and that of the consignor may be printed or stamped.

---

[9] Im Rechtsbereich der *EU* gelten ab dem 17. Dezember 2009: Art. 3 f. VO (EG) Nr. 593/2008 des Europäischen Parlaments und des Rates vom 17. Juni 2008 über das auf vertragliche Schuldverhältnisse anzuwendende Recht („Rom I"), ABl. EG Nr. L 177 vom 4.7.2008.

[10] Hierzu Baumbach/Hopt/*Merkt* § 414 HGB; *Helm,* FG Herber, 1999, S. 88; *Koller* § 414 HGB.

4. Si, à la demande de l'expéditeur, le transporteur établit la lettre de transport aérien, ce dernier est considéré, jusqu'à preuve du contraire, comme agissant au nom de l'expéditeur.

4. If, at the request of the consignor, the carrier makes out the air waybill, the carrier shall be deemed, subject to proof to the contrary, to have done so on behalf of the consignor.

Ähnliche Bestimmungen: Art. 6 WA 1929/1955; Art. 6 WA/MP Nr. 4 (1975); § 408 Abs. 2 HGB (Luft- und andere Binnentransporte); Art. 5 CMR (1956/1978); Art. 6 § 3 CIM 1999; Art. 11 CMNI (2001); § 642 HGB und Art. 3 Nr. 1 ABB-Fracht (2010).

## Übersicht

|  | Rn. |  | Rn. |
|---|---|---|---|
| **I. Normzweck** | 1 | 3. Die „erste Ausfertigung" | 7 |
| **II. Regelungsgehalt** | 2 | 4. Die „zweite Ausfertigung" | 8–10 |
| **III. Ausstellen und Aushändigen des Luftfrachtbriefs** | 3, 4 | a) Die „zweite Ausfertigung" kein zwingendes Begleitpapier mehr | 9 |
| 1. Ausstellen der drei Ausfertigungen durch den Absender (Abs. 1) | 3 | b) Die „zweite Ausfertigung" als zweckdienliches Begleitpapier | 10 |
| 2. IATA – Air Waybill | 4 | 5. Das „Luftfrachtbriefdritt" | 11, 12 |
| **IV. Die „drei Ausfertigungen" des Luftfrachtbriefs** | 5–14 | 6. Beweiswirkungen | 13 |
| 1. Inhaltsgleichheit der Ausfertigungen | 5 | 7. Ausstellen der drei Ausfertigungen durch den Luftfrachtführer (Abs. 4) | 14 |
| 2. Kein „Aushändigen" mehr „mit dem Gut" zusammen | 6 | **V. Die Haftung des Absenders** | 15 |

## I. Normzweck

1    Art. 7 stellt – im Anschluss an Art. 6 WA 1929/1955 – sicher, dass der Luftfrachtbrief (Art. 4 Abs. 1) nicht nur in *einem einzigen* Original, sondern von vornherein in drei urkundlich einander gleichwertigen Originalen („Ausfertigungen") ausgestellt wird. Diese Verdreifachung des Originals dient den Interessen der in Abs. 2 genannten drei Vertragsbeteiligten. So erhält der „Luftfrachtführer"[1] eine Urkunde über den von ihm mit dem Absender[2] abgeschlossenen Luftfrachtvertrag („erste Ausfertigung"). Der „Empfänger"[3] kann am Ende des Transports dem Luftfrachtführer eine Urkunde über seine Empfangsberechtigung bezüglich des Frachtguts vorweisen („zweite Ausfertigung"). Und der Absender erhält eine Quittung über die Annahme des Gutes zum Transport durch den Luftfrachtführer („dritte Ausfertigung").

## II. Regelungsgehalt

2    Nichtbeachtung von Formen und Inhalten bei der Dokumentation. Die Nichtbeachtung der Vorschrift berührt nach Art. 9 allerdings „weder den Bestand noch die Wirksamkeit" des Frachtvertrags. Deshalb bleibt bei einer fehlenden oder unkorrekten Transportdokumentation das MÜ seinerseits weiterhin uneingeschränkt anwendbar. Dies gilt insbesondere sowohl für die Haftungssanktionen des Art. 10, die Beweisregeln des Art. 11 wie ebenso auch für die absolute Haftungsbeschränkung des Luftfrachtführers nach Art. 22 Abs. 3 bei Sach- und Verspätungsschäden iS der Art. 18 f.

## III. Ausstellen und Aushändigen des Luftfrachtbriefs

3    **1. Ausstellen der drei Ausfertigungen durch den Absender (Abs. 1).** Der „Luftfrachtbrief" (Abs. 1), dh. das in Art. 4 Abs. 1 benannte Papierdokument, soll grundsätzlich vom Absender ausgestellt werden, da in erster Linie dieser selbst und nicht der Luftfrachtführer über die notwendigen Ausgangsdaten verfügt. Da der Luftfrachtbrief in seiner modernen

---

[1] Zum „Luftfrachtführer" Art. 1 Rn. 14 ff.
[2] Zum „Absender" Art. 1 Rn. 20.
[3] Zum „Empfänger" Art. 1 Rn. 26.

Ausgestaltung indessen ein verhältnismäßig kompliziertes Dokument darstellt und verschiedene Rubriken enthält, die der Luftfrachtführer leichter als der Absender auszufüllen in der Lage ist,[4] wird die Ausstellung des Dokuments in der Praxis sehr häufig vom Luftfrachtführer übernommen. Für diesen Fall stellt Abs. 4 bis zum Beweis des Gegenteils die Vermutung auf, „dass der Luftfrachtführer im Namen des Absenders gehandelt hat".

**2. IATA – Air Waybill.** Die „Ausstellung" des Luftfrachtbriefs als Dokument geschieht 4 regelmäßig in der äußerlichen Gestalt des „IATA–Air Waybill" (Art. 4 Rn. 11). Andere Dokumentationsformen oder das völlige Fehlen eines Luftfrachtbriefs bzw. einer seiner „drei Ausfertigungen" (Abs. 1) haben nach Art. 9 keine Bedeutung für die Wirksamkeit des Luftfrachtvertrags. Es steht hier insoweit nur die Sanktionsdrohung des Art. 10 im Hintergrund. Doch dürften wegen der Beweisfunktion des Luftfrachtbriefs nach Art. 11 sowohl der Absender wie auch der Luftfrachtführer ein besonderes Interesse an der Ausstellung eines solchen Dokuments haben. Hierbei wird der Absender generell auch an einem „Aushändigen" (Abs. 2 S. 3) der „dritten Ausfertigung" des Luftfrachtbriefs interessiert sein.

### IV. Die „drei Ausfertigungen" des Luftfrachtbriefs

**1. Inhaltsgleichheit der Ausfertigungen.** Der Luftfrachtbrief wird iE in Form von 5 „drei" inhaltsgleichen Ausfertigungen (Abs. 1) erstellt, die sodann jede für sich rechtsbegrifflich „das" Original schlechthin sind. Diese begriffliche Verdreifachung des Frachtbriefs soll es ermöglichen, dem *Absender* als Aussteller, dem *Luftfrachtführer* als dessen Vertragspartner sowie dem *Empfänger* als den durch den Frachtvertrag begünstigten Dritten jeweils ein eigenes Dokument über ihre Frachtvertragsbeteiligung zukommen zu lassen. Dementsprechend ist der Luftfrachtbrief auch gekennzeichnet nach seiner *ersten, zweiten* und *dritten* Ausfertigung (Abs. 2).

**2. Kein „Aushändigen" mehr „mit dem Gut" zusammen.** Anders als nach Art. 6 6 Abs. 1 WA 1929/1955 ist es nach Abs. 1 nicht mehr erforderlich, dass diese drei Ausfertigungen dem Luftfrachtführer, und zwar *zusammen* „mit dem Gut, ausgehändigt" werden. Die Missachtung dieser Formalie blieb schon nach dem bisherigen Abkommensrecht folgenlos. Eine solche Verknüpfung wäre in Anbetracht der modernen Bürokommunikation auch ein eher hinderliches Junktim und im Falle der Ausstellung des Luftfrachtbriefs durch den Luftfrachtführer selbst (Abs. 4) ohnehin gegenstandslos. Art. 7 (Abs. 2) sieht in seiner Neufassung durch das MÜ daher nur noch vor, dass allein die „dritte Ausfertigung" und diese wiederum umgekehrt dem „Absender" „ausgehändigt" wird.

**3. Die „erste Ausfertigung".** Die „erste Ausfertigung" trägt nach Abs. 2 S. 1 den 7 Vermerk „für den Luftfrachtführer". Sie wird vom *Absender* unterzeichnet. Dieser kann seine Unterschrift nach Abs. 3 rechtswirksam auch durch *Druck* oder *Stempel* ersetzen. Diese Ausfertigung dient den eigenen Beweisinteressen des Luftfrachtführers, der hierdurch einen schriftlichen Beleg über den – von ihm noch abzuschließenden – Frachtvertrag erhält. Insoweit stellt die „erste Ausfertigung" zunächst auch nur ein Angebot des Absenders zum Abschluss eines solchen Vertrages dar. Art. 3 Nr. 7 ABB-Fracht (2006) sieht hierzu vor: „Luftfrachtbriefe, deren Eintragungen abgeändert oder radiert sind, braucht der Luftfrachtführer nicht anzunehmen."

**4. Die „zweite Ausfertigung".** Die „zweite Ausfertigung" (Abs. 2 S. 2) trägt den 8 Vermerk „für den Empfänger". Sie wird sowohl vom *Absender* wie vom *Luftfrachtführer* als den beiden Vertragsparteien unterzeichnet. Spätestens mit der Unterzeichnung durch den Luftfrachtführer kommt auch der Luftfrachtvertrag zwischen ihm und dem Absender zustande. Hierbei kann der Luftfrachtführer nach Abs. 3 seine Unterschrift gleichfalls sowohl durch *Druck* wie auch durch einen *Stempel* ersetzen. Diese „zweite Ausfertigung" wird

---

[4] Vgl. zB: Art. 3 Nr. 1 ABB-Fracht (2010): „Die Fracht und gegebenenfalls festgesetzte Gebühren muss der Luftfrachtführer in den Luftfrachtbrief einsetzen bzw. einsetzen lassen."

damit nicht nur zur Vertragsurkunde. Sie richtet sich im weiteren und funktionell auch als Informationspapier an den im Luftfrachtbrief benannten oder vom Absender gemäß Art. 12 Abs. 1 später noch anderweitig bestimmten Empfänger. Bei ihm handelt es sich auch im Luftfrachtrecht um denjenigen, an das Gut abgeliefert werden soll (Art. 13).[5]

**9**  **a) Die „zweite Ausfertigung" kein zwingendes Begleitpapier mehr.** Nach dem bisherigen Recht, dh. nach Art. 6 Abs. 2 WA 1929/1955, hatte diese „zweite Ausfertigung" das Gut während dessen Transports, und zwar bis zum Empfänger, als „Informationspapier" zu „begleiten". Auf diese Weise sollte der Empfänger schließlich die Details über das Frachtgut und den Transportvertrag erfahren können, um sodann seinerseits die „Zahlung der geschuldeten Beträge" iSd. Art. 13 Abs. 1 WA 1929/1955 auf sich zu nehmen. Dieses Erfordernis einer Frachtgutbegleitung stellt Art. 7 MÜ nicht mehr auf.[6] Es wird hier vielmehr davon ausgegangen, dass der Empfänger auch in anderer Weise, beispielsweise postalisch, per Fax oder E-Mail, von der Gütersendung unterrichtet werden kann.[7] In Anbetracht dessen konnte darauf verzichtet werden, in Art. 7 die Zweitausfertigung des Luftfrachtbriefs weiterhin als ein obligatorisches Begleitpapier des Frachtguts zu definieren.

**10**  **b) Die „zweite Ausfertigung" als zweckdienliches Begleitpapier.** Doch ist andererseits zu berücksichtigen, dass die „zweite Ausfertigung" gerade mit ihrer Begleitung des Frachtguts auch dessen jeweilige unmittelbare Identifizierung, beispielsweise durch Zoll-, Polizei- oder andere Behörden (Art. 16 Abs. 1), ermöglicht. Wenn Absender und Luftfrachtführer daher im Einzelfall eine zollamtliche Beschlagnahme o. ä. befürchten müssen, die auf eben diese fehlende Identifizierbarkeit des Frachtguts zurückgeht, sollten sie die „zweite Ausfertigung" des Luftfrachtbriefs weiterhin als „Begleitpapier" einsetzen. Abs. 2 steht dem nicht entgegen. Gemäß Art. 16 Abs. 1 hätte der Absender bei diesem Vorgang sogar auch seinerseits mitzuwirken.

**11**  **5. Das „Luftfrachtbriefdritt".** Die „dritte Ausfertigung" (Abs. 2 S. 3), das sog. „Luftfrachtbriefdritt" (Art. 4 Rn. 18 ff.), „wird vom *Luftfrachtführer* unterzeichnet und nach Annahme der Güter dem Absender ausgehändigt".[8] Dieser hat demnach auch einen frachtvertraglichen Anspruch auf dieses „Aushändigen" bzw. einen Schadensersatzanspruch – bei Anwendbarkeit *deutschen* Rechts (Art. 3 ff. Rom I-VO[9]) nach § 280 Abs. 1 BGB – falls das „Aushändigen" gegen seinen Willen unterbleiben sollte. Nach Abs. 3 kann der Luftfrachtführer auch bei dieser Ausfertigung seine Unterschrift durch *Druck* oder *Stempel* ersetzen. Abweichend von Art. 6 Abs. 3 WA 1955 sieht Art. 7 nicht mehr vor, dass der Luftfrachtführer das Dokument noch „vor Verladung des Gutes in das Luftfahrzeug unterzeichnen" muss.

**12**  Auch diese „dritte Ausfertigung" ist eine Beweisurkunde iSd. § 416 ZPO. Sie hat zudem die Funktion einer Quittung (§§ 368 ff. BGB),[10] und zwar über den Empfang des konkreten Transportguts seitens des Luftfrachtführers. Nach ihrer „Aushändigung" (Abs. 2) an den Absender sollte der Luftfrachtführer dessen Weisungen über Änderungen des Transportablaufs nur noch befolgen, wenn der Absender ihm zugleich auch dieses zuvor erhaltene

---

[5] OLG Hamburg 27.3.1980, VersR 1980, 1075. Nach den Begriffsbestimmungen der ABB-Fracht (2010) ist Empfänger „diejenige Person oder Unternehmung, deren Name oder Bezeichnung im Luftfrachtbrief in dem dafür vorgesehenen Feld eingetragen ist und an die der Luftfrachtführer die Güter vorbehaltlich anderer Weisungen zu übergeben hat".

[6] Vgl. hingegen Art. 5 Abs. 1 CMR.

[7] Denkschrift, BT-Drucks. 15/2285 S. 36 zu Art. 7 MÜ.

[8] Im Gegensatz zum Frachtbrief der Art. 4 f. CMR brauchen daher nicht alle Ausfertigungen des Luftfrachtbriefs von beiden Parteien des Luftfrachtvertrags unterzeichnet werden: OLG Hamm 24.10.2002, TranspR 2003, 201.

[9] Im Rechtsbereich der *EU* gelten ab dem 17. Dezember 2009: Art. 3 f. VO (EG) Nr. 593/2008 des Europäischen Parlaments und des Rates vom 17. Juni 2008 über das auf vertragliche Schuldverhältnisse anzuwendende Recht („Rom I"), ABl. EG Nr. L 177 vom 4.7.2008.

[10] BGH 15.11.1988, NJW-RR 1989, 252, 253 = TranspR 1989, 151, 153 = ZIP 1989, 118 = ETR 1989, 623. Vgl. auch: OLG Köln 20.6.1997, NJW-RR 1999, 112 (LS) = TranspR 1998, 303 = VersR 1998, 1006 (§ 15 KVO).

„Luftfrachtbriefdritt" vorlegt. Andernfalls trifft den Luftfrachtführer nach Art. 12 Abs. 3 das Risiko einer schuldunabhängigen und summenmäßig unbeschränkten[11] Haftung. Insofern wirkt das Luftfrachtbriefdritt bezüglich solcher „Weisungen" als ein personenbezogenes Sperrpapier (Art. 4 Rn. 19 ff.). Vor diesem Hintergrund ist es zudem auch ein Legitimationspapier. Namentlich legitimiert es nach seiner Übertragung auf den Empfänger diesen „nach Eintreffen der Güter am Bestimmungsort vom Luftfrachtführer die Ablieferung der Güter ... verlangen" (Art. 13 Abs. 1) zu können (§ 370 BGB). Bereits vor diesem „Eintreffen" kann es im Rahmen eines Dokumenten-Akkreditivs als Kreditsicherungsmittel dienen (Art. 4 Rn. 21). Zudem hat ein Käufer des Transportguts nach § 58 Abs. 1 CISG gegenüber dem Verkäufer ein Zurückbehaltungsrecht (Art. 4 Rn. 22), wenn dieser ihm weder das Gut noch das ausgestellte „Luftfrachtbriefdritt" aushändigen kann.

**6. Beweiswirkungen.** Die rechtsbegriffliche und funktionelle Verdreifachung „des" **13** Luftfrachtbriefs hat beweisrechtlich zur Folge, dass der Luftfrachtbrief nicht nur „die widerlegbare Vermutung über den Abschluss des Vertrages" iSd. Art. 11 Abs. 1 erbringt. Die Beweiswirkung dieser Vorschrift erstreckt sich ebenso auch darauf, wer als „Absender" oder als „Frachtführer" oder als „Empfänger" anzusehen ist.[12] Übernimmt ein nicht im Luftfrachtbrief ausgewiesener Luftfrachtführer die Durchführung eines Teils der Beförderung, so ist er kein „nachfolgender" Luftfrachtführer (Art. 36), sondern „ausführender" Luftfrachtführer iSd. Art. 39.[13]

**7. Ausstellen der drei Ausfertigungen durch den Luftfrachtführer (Abs. 4).** Die **14** „Ausstellung" des Luftfrachtbriefs in Gestalt seiner „drei Ausfertigungen", die nach Abs. 1 prinzipiell dem „Absender" zugewiesen ist, kann, wie Abs. 4 klarstellt, problemlos auch vom Luftfrachtführer selbst vorgenommen werden, wenn der Absender dies „verlangt".[14] In diesem Fall wird „bis zum Beweis des Gegenteils" vermutet, „dass der Luftfrachtführer im Namen des Absenders gehandelt hat". Aus der Sicht des *deutschen* Rechts wird dem Luftfrachtführer, der dem „Verlangen" des Absenders auf Ausstellung des Luftfrachtbriefs nachkommt, konkludent eine rechtsgeschäftliche Vertretungsmacht iS der §§ 164 ff. BGB eingeräumt. Ihr entspricht im Innenverhältnis zwischen Luftfrachtführer und Absender bei Anwendbarkeit *deutschen* Rechts (Art. 3 ff. Rom I-VO[15]) ein Auftragsverhältnis iS der §§ 675, 662 ff. BGB. Für dieses Rechtsverhältnis sieht das MÜ im Falle der Ausstellung eines *Luftfrachtbriefs* keine besonderen Haftungsnormen zu Lasten des Luftfrachtführers vor. Doch kann sich hier nach *deutschem* Recht seine Haftung aus § 280 Abs. 1 BGB ergeben.

## V. Die Haftung des Absenders

Wegen der Haftung des Absenders für „seine" „Angaben und Erklärungen" im „Luft- **15** frachtbrief" (Art. 4 Abs. 1) sowie in einer „anderen Aufzeichnung" und einer „Empfangsbestätigung über die Güter" (Art. 4 Abs. 2) vgl. Art. 10 Rn. 4 ff.

## Art. 8 Mehrere Frachtstücke

**Handelt es sich um mehrere Frachtstücke,**
**a) so kann der Luftfrachtführer vom Absender die Ausstellung einzelner Luft-**
**frachtbriefe verlangen;**

---

[11] Vgl. auch § 418 Abs. 6 (letzter Satz) HGB.
[12] Vgl. hierzu im Einzelnen BGH 15.11.1988, NJW-RR 1989, 252, 253 = TranspR 1989, 151; BGH 21.9.2000, BGHZ 145, 170 = NJW-RR 2001, 396 = TranspR 2001, 29 = VersR 2001, 526 = WM 2001, 86 = ZLW 2001, 254 = LM WarschAbk. Nr. 26 (m. Anm. *Dubischar*); BGH 9.6.2004, NJW-RR 2004, 1482 = TranspR 2004, 369.
[13] Vgl. insoweit OLG Hamburg 9.8.1984, VersR 1985, 158.
[14] Art. 3 Nr. 5 ABB-Fracht (2010): „Der Luftfrachtführer kann den Luftfrachtbrief auf ausdrücklichen oder stillschweigenden Wunsch des Absenders ausfüllen; in diesem Fall wird bis zum Beweis des Gegenteils vermutet, dass der Luftfrachtführer im Auftrag des Absenders gehandelt hat."
[15] S. auch oben Fn. 9.

b)  **so kann der Absender vom Luftfrachtführer die Aushändigung einzelner Empfangsbestätigungen verlangen, wenn andere Aufzeichnungen im Sinne des
Artikels 4 Absatz 2 verwendet werden.**

### Art. 8 Documents relatifs à plusieurs colis

Lorsqu'il y a plusieurs colis:

(a)  le transporteur de marchandises a le droit de demander à l'expéditeur l'établissement de lettres de transport aérien distinctes;

(b)  l expéditeur a le droit de demander au transporteur la remise de récépissés de marchandises distincts, lorsque les autres moyens visés au paragraphe 2 de l'article 4 sont utilisés.

### Art. 8 Documentation for Multipple Packages

When there is more than one package:

(a)  the carrier of cargo has the right to require the consignor to make out separate air waybills;

(b)  the consignor has the right to require the carrier to deliver separate cargo receipts when the other means referred to in paragraph 2 of Article 4 are used.

Ähnliche Bestimmungen: Art. 7 WA 1929/1955; Art. 7 WA/MP Nr. 4 (1975); Art. 5 Abs. 2 CMR (1956/1978); Art. 6 § 6 CIM 1999 und Art. 3 Nr. 1 ABB-Fracht (2010).

## I. Normzweck

1    Art. 8 regelt das Dokumentieren eines Transportes für den Fall, dass ein Absender[1] an den Empfänger[2] „mehrere Frachtstücke" zusammen versenden will. Auch hier können die Güter grundsätzlich alle in einem einzigen „Luftfrachtbrief" (Art. 4 Abs. 1) bzw. in einer einheitlichen „Empfangsbestätigung über Güter" (Art. 4 Abs. 2) gemeinschaftlich dokumentiert werden. In beiden dieser Fälle begründen die vorgenannten Frachtdokumente nach Art. 11 Abs. 2 sodann die jeweils widerlegbare Vermutung der „Richtigkeit" der „Anzahl der Frachtstücke". Inhaltlich knüpft Art. 8 an die bisherige Regelung des Art. 7 WA 1929/1955 an.

## II. Regelungsgehalt

2    **1. Zweckmäßigkeit der Ausstellung mehrerer Luftfrachtbriefe (Art. 4 Abs. 1) bzw. Empfangsbestätigungen (Art. 4 Abs. 2).** Im Hinblick auf das Weisungsrecht des Absenders iSd. Art. 12 Abs. 1 bezüglich eines einzelnen Frachtgutes, die Haftung eines Luftfrachtführers[3] nach Art. 18 für jeweils „eines" der Güter (Rn. 5) sowie den organisatorischen Überblick des Luftfrachtführers über die Kapazität seines Frachtraums kann es indessen insgesamt zweckmäßiger sein, wenn für jedes Gut auch ein separates Transportdokument erstellt wird.

3    **2. Nichtbeachtung von Formen und Inhalten bei der Dokumentation.** Die Nichtbeachtung der Vorschrift berührt nach Art. 9 allerdings „weder den Bestand noch die Wirksamkeit" des Frachtvertrags. Deshalb bleibt bei einer fehlenden oder unkorrekten Transportdokumentation das MÜ seinerseits weiterhin uneingeschränkt anwendbar. Dies gilt insbesondere sowohl für die Haftungssanktionen des Art. 10, die Beweisregeln des Art. 11 wie ebenso auch für die absolute Haftungsbeschränkung des Luftfrachtführers nach Art. 22 Abs. 3 bei Sach- und Verspätungsschäden iS der Art. 18 f. auf 19 SZR/kg.

## III. Einheitliche Transportdokumente für „mehrere Frachtstücke"

4    **1. Kein Einfluss einer mehrfachen Dokumentation auf die Haftung.** Haftungsrechtlich sind mit einer Zusammenfassung mehrerer Güter in einem einzigen Transportdo-

---

[1]  Zum „Absender" Art. 1 Rn. 20.
[2]  Zum „Empfänger" Art. 1 Rn. 26.
[3]  Zum „Luftfrachtführer" Art. 1 Rn. 14 ff.

kument keine nachteiligen Konsequenzen verbunden, soweit es um die Anzeigeobliegenheit des Empfängers nach Art. 31 geht. Selbst wenn im Schadensfall lediglich ein einziges
aus einer Mehrzahl von Gütern in Verlust gerät, handelt es sich hierbei nicht um eine
anzeigebedürftige „Beschädigung" iSd. Art. 31 Abs. 2, sondern vielmehr um einen „Verlust". Er erfordert vor dem Hintergrund dieser Bestimmung zum Einhalten der Klagefrist
iSd. Art. 31 Abs. 4 daher auch keine rechtswahrende Schadensanzeige.[4]

**2. Art. 22 Abs. 4.** Beeinträchtigt die *Zerstörung,* der *Verlust,* die *Beschädigung* oder die   5
*Verspätung* eines Teiles der Güter oder eines darin enthaltenen Gegenstands den Wert
anderer Frachtstücke, die in demselben Luftfrachtbrief oder derselben Empfangsbestätigung
oder, wenn diese nicht ausgestellt wurden, in den anderen Aufzeichnungen iS des Art. 4
Abs. 2 aufgeführt sind, so ist nach Art. 22 Abs. 4 das Gesamtgewicht dieser Frachtstücke
für die Feststellung, bis zu welchem Betrag der Luftfrachtführer haftet, maßgebend.

## IV. Separate Transportdokumente für „mehrere Frachtstücke"

**1. Keine rechtlichen Vorgaben für eine Mehrfachdokumentation.** Die Vorschrift   6
des Art. 8 hebt im Anschluss an die genannten Art. 4 Abs. 1 und Abs. 2 zur Klarstellung
hervor, dass auf der anderen Seite sowohl der „Luftfrachtbrief" wie auch die „Empfangsbestätigung über die Güter" entsprechend der Zahl der zu befördernden Güter auch ihrerseits
vervielfacht werden können. Bestimmte Kriterien für diesen Vorgang enthält das MÜ nicht.
Es wird hier in aller Regel das diesbezügliche eigene Dokumentationsinteresse des Luftfrachtführers ausschlaggebend sein.

**2. Art. 8 Buchst. b.** Wenn der Luftfrachtführer sich in diesem Zusammenhang dafür   7
entscheiden sollte, für jedes der in Betracht kommenden Güter jeweils auch eine eigenständige „andere Aufzeichnung" (Art. 4 Abs. 2) zu erstellen, so hat der Absender dementsprechend nach Art. 8 seinerseits Anspruch darauf, dass ihm diesbezüglich auch „einzelne Empfangsbestätigungen" ausgehändigt werden. Andernfalls wäre es ihm kaum möglich, „die
Sendung genau zu bestimmen und auf die in diesen anderen Aufzeichnungen enthaltenen
Angaben zurückzugreifen" (Art. 4 Abs. 2). Namentlich könnte er hier nicht von seinem
Weisungsrecht iSd. Art. 12 Abs. 1 bezüglich eines konkreten einzelnen Guts Gebrauch
machen. So sieht beispielsweise Art. 7 Nr. 2 ABB-Fracht (2010) in diesem Zusammenhang
sogar ausdrücklich vor, dass sich die Weisung nur „auf die gesamte unter einem Luftfrachtbrief zu befördernde Gütersendung erstrecken" darf.

**3. ABB-Fracht 2010.** Art. 3 Nr. 1 ABB-Fracht (2010) enthält im Hinblick auf „meh-   8
rere Frachtstücke" zudem die weitere Regelung: „Der Luftfrachtführer kann verlangen,
dass der Absender getrennte Luftfrachtbriefe ausfüllt oder in seinem Namen ausfüllen lässt,
wenn es sich um mehr als ein Packstück handelt, oder wenn die Gütersendung nicht
geschlossen in einem Flugzeug befördert werden kann, oder wenn sie nicht ohne Verstoß
gegen Regierungsvorschriften oder Bestimmungen des Luftfrachtführers mit einem einzigen
Luftfrachtbrief befördert werden kann."

## Art. 9 Nichtbeachtung der Bestimmungen über Beförderungsurkunden

**Die Nichtbeachtung der Artikel 4 bis 8 berührt weder den Bestand noch die
Wirksamkeit des Beförderungsvertrags; dieser unterliegt gleichwohl den Vorschriften dieses Übereinkommens einschließlich derjenigen über die Haftungsbeschränkung.**

---

[4] Zu Art. 26 Abs. 2 WA 1929/1955: BGH 22.4.1982, BGHZ 84, 101 = NJW 1983, 516; OLG Frankfurt/
M. 13.6.1978, VersR 1978, 928, OLG Frankfurt/M. 28.4.1981, MDR 1981, 850; OLG Frankfurt/M.
11.11.1986, TranspR 1987, 68; OLG Hamburg 18.2.1988, TranspR 1988, 201 = VersR 1988, 1158 = ZLW
1988, 362; LG Stuttgart 21.2.1992, TranspR 1993, 141 = ZLW 1994, 240; LG Frankfurt/M. 23.9.1992,
ZLW 1995, 357.

### Art. 9 Non-compliance with Documentary Requirements

L inobservation des dispositions des articles 4 à 8 n'affecte ni l'existence ni la validité du contrat de transport, qui n'en sera pas moins soumis aux règles de la présente convention, y compris celles qui portent sur la limitation de responsabilité.

### Art. 9 Inobservation des dispositions relatives aux documents obliga toires

Non-compliance with the provisions of Articles 4 to 8 shall not affect the existence or the validity of the contract of carriage, which shall, nonetheless, be subject to the rules of this Convention including those relating to limitation of liability.

Ähnliche Bestimmungen: Art. 9 WA/MP Nr. 4 (1975); Art. 4 CMR (1956/1978); Art. 6 § 2 CIM 1999; Art. 11 Abs. 5 CMNI (2001) und Art. 12 ABB-Fracht (2010).

## I. Normzweck

1    Eine Art. 9 entsprechende Bestimmung war im WA 1929/1955 noch nicht vorhanden. Sie trat in das „Warschauer System" (Einl. MÜ Rn. 21 f.) erstmals mit Art. 9 WA/MP Nr. 4 (1975) ein. Sowohl dieser Art. 9 WA/MP Nr. 4 (1975) wie auch der jetzige Art. 9 tauschen den Inhalt des bisherigen Art. 9 WA 1929/1955 komplett aus. Die neue Vorschrift räumt dem Frachtvertrag hierbei iE einen absoluten Bestandsschutz ein, soweit die in den vorausgegangenen Art. 4 bis 8 MÜ benannten Details der Transportdokumentation im Einzelfall ganz oder teilweise unberücksichtigt geblieben sind. Auch die Anwendbarkeit des MÜ selbst auf den jeweils in Betracht kommenden Beförderungsvertrag wird von solchen Dokumentationsmängeln nicht in Frage gestellt.

## II. Regelungsgehalt

2    Nichtbeachtung von Formen und Inhalten bei der Dokumentation. Die Einzelheiten der Dokumentierung eines Lufttransports wie die Wahl keines[1] oder eines anderen als der beiden Transportdokumente iSd. Art. 4 Abs. 1 und 2, Unzulänglichkeiten des Dokumenteninhalts (Art. 5), der Angaben zur Art der Güter (Art. 6), der Zahl der Ausfertigungen eines Luftfrachtbriefs (Art. 7) usw., sind damit insgesamt nicht rechtserheblich und daher für die Wirksamkeit des Frachtvertrags folglich auch nicht von Belang. Hierin zeigt sich erneut, dass der Luftfrachtvertrag ein reiner Konsensualvertrag ist (Art. 1 Rn. 12).

## III. Übereinkommensrecht

3    **1. Dokumentenfehler und MÜ.** Konsequenterweise „unterliegt" deshalb auch ein solchermaßen unvollständig oder fehlerhaft dokumentierter Frachtvertrag weiterhin uneingeschränkt „den Vorschriften" des MÜ. So bleibt hier insbesondere auch die Haftung des Absenders[2] nach Art. 10 Abs. 1 und 2 bzw. des Luftfrachtführers[3] nach Art. 10 Abs. 3 im Falle von Fehldokumentationen bezüglich der Güter bestehen. Auch nehmen „die Angaben in dem Luftfrachtbrief und der Empfangsbestätigung" im Rahmen des Art. 11 auch im Weiteren an der dort näher bestimmten beweisrechtlichen Vermutungswirkung teil. Und das entsprechende gilt schließlich für den Fortbestand der „Haftungsbeschränkung" zugunsten des Luftfrachtführers nach Art. 22 Abs. 3 bei Schäden am Transportgut oder durch dessen Verspätung (Art. 18 f.). Diese Haftung bleibt ganz generell auf 19 SZR je Kilogramm reduziert.

4    **2. Art. 9 und Art. 9 WA 1929/1955.** Damit stellt die gegenüber Art. 9 WA 1929/ 1955 inhaltlich neue Vorschrift des Art. 9[4] eine bedeutsame Kehrtwende im Zusammenhang

---

[1] Die Wahl kann beispielsweise auf einen „Ladeschein" iSd. § 444 HGB oder auf ein elektronisches Dokument iS des § 126a BGB und des § 371a ZPO fallen.

[2] Zum „Absender" Art. 1 Rn. 20.

[3] Zum „Luftfrachtführer" Art. 1 Rn. 14 ff.

[4] So schon: Art. 9 WA/MP Nr. 4 (1975) = Art. 55 Abs. 1 Buchst. e MÜ.

von Haftung und Dokumentation bei Güterbeförderungen auf dem Luftweg dar. Sowohl Art. 9 WA 1929 wie auch Art. 9 WA 1955 hatten hier noch vorgesehen, dass den Luftfrachtführer die Sanktion einer unbeschränkten Haftung trifft, wenn entweder ein Gütertransport *ohne Luftfrachtbrief* erfolgt oder wenn dieses Dokument seinerseits *keinen Hinweis* auf die nach Art. 22 Abs. 2 WA 1929/1955 nur *beschränkte Haftung* des *Luftfrachtführers* enthält.

**3. Keine unbeschränkte Haftung des Luftfrachtführers mehr bei Dokumenten-    5 fehlern.** Eine solche zusätzliche Sanktion ist nach dem neuen Haftungskonzept des MÜ bei Frachtgutschäden nicht mehr denkbar. Hier sieht Art. 22 Abs. 3 vielmehr schon übereinkommensrechtlich und unmittelbar als absolutes Haftungsmaximum selbst vor, dass der Luftfrachtführer „für Zerstörung, Verlust, Beschädigung oder Verspätung nur bis zu einem Betrag von 19 Sonderziehungsrechte (SZR) für das Kilogramm" zu haften hat. Dieses Limit lässt sich allein durch eine Wertdeklaration (Art. 22 Abs. 3) oder eine besondere Vereinbarung (Art. 25) überwinden. Folgerichtig wird der neugefasste Art. 9 daher auch nicht mehr beim Tatbestand der „Beförderungen unter außergewöhnlichen Umständen" (Art. 51) mitzitiert.

**4. Die generelle Haftungsbeschränkung des Art. 22 Abs. 3.** Mit Rücksicht auf die    6 nach Art. 22 Abs. 3 von vornherein stets nur beschränkte Haftung des Luftfrachtführers kann die Transportdokumentation der Art. 4 ff. nicht mehr die Funktion haben, den Absender oder den Empfänger auf eine solche nur limitierte Haftung des Luftfrachtführers noch besonders und zudem schriftlich hinzuweisen. Und es kann in Anbetracht dessen nach Art. 9 im Weiteren nun auch auf das Vorhandensein eines „Luftfrachtbriefs" bzw. einer „Empfangsbestätigung über Güter" für die Frage der Wirksamkeit des Luftfrachtvertrags sogar insgesamt verzichtet werden. Mit dieser Regelung schließt sich Art. 9 im Ergebnis der entsprechenden Vorschrift des Art. 4 CMR an.

## IV. Frachtvertragsrecht

Mittelbar folgt aus Art. 9, dass der Luftfrachtvertrag insgesamt formfrei ist. Er kann    7 daher auch und allein in einer „anderen Aufzeichnung" (Art. 4 Abs. 2), dh. nur elektronisch, dokumentiert sein. Dieser Formfreiheit schließt sich in Art. 27 die Freiheit des Luftfrachtführers an, „den Abschluss eines Beförderungsvertrags zu verweigern", „auf Einwendungen, die ihm nach dem Übereinkommen zur Verfügung stehen, zu verzichten oder Vertragsbedingungen festzulegen, die nicht im Widerspruch zu diesem Übereinkommen stehen".

Die damit dort neben der Formfreiheit nicht nur zusätzlich angesprochene Abschluss-,    8 sondern insbesondere auch die Inhaltsfreiheit, erlaubt es dem Luftfrachtführer andererseits vor allem aber, in den einzelnen dokumentierten Luftbeförderungsvertrag ergänzend auch Allgemeine Geschäftsbedingungen (IATA-Bedingungen)[5] ausdrücklich miteinzubeziehen (Art. 1 Rn. 60; Art 11 Rn. 15). Diese haben hierbei aber dem zwingenden Recht der Art. 26, Art. 47 und Art. 49 zu genügen. Doch kann der Luftfrachtführer sich nach Art. 25 andererseits in dem einzelnen Luftfrachtvertrag problemlos auch „höheren als die in diesem Übereinkommen vorgesehenen Haftungshöchstbeträgen unterwerfen oder auf Haftungshöchstbeträge verzichten". Auch hier bedarf es faktisch einer besonderen Dokumentation entweder durch einen Luftfrachtbrief (Art. 4 Abs. 1) oder in Gestalt einer „anderen Aufzeichnung" (Art. 4 Abs. 2). Dies gilt entsprechend auch für eine vom Absender beabsichtigte

---

[5] Vgl. die IATA – Cargo Services Conference Resolution – Recommended Practice 1601; IATA – Air Waybill Handbook, 28. Aufl. 2005; IATA – Air Waybill Specifications, 28. Aufl. 2005 [mit der Resolution 600 b(II)]. IATA/ATA Cargo Interchange Message Procedures Manual (C-IMP), 26. Aufl. 2006. S. auch: *A. Gran*, Die IATA aus der Sicht deutschen Rechts – Organisation, Agenturverträge und Allgemeine Geschäftsbedingungen, Diss. Frankfurt/M. 1998; *Haanappel*, Die International Air Transport Association (IATA), in: Kölner Kompendium des Luftrechts, Bd. 1 („Grundlagen"), 2008, 87; *Kehrberger*, TranspR 1996, 131; *Specht*, Die IATA. Eine Organisation des grenzüberschreitenden Luftlinienverkehrs und ihre Allgemeinen Beförderungsbedingungen, Diss. Frankfurt/M. 1973. S. auch die in der Anlage zu dieser Kommentierung wiedergegebenen ABB-Fracht der Lufthansa Cargo AG.

„Wertdeklaration" iSd. Art. 22 Abs. 3 oder einen „Verzicht" des Luftfrachtführers auf „Einwendungen, die ihm nach dem Übereinkommen zur Verfügung stehen (Art. 27). Nicht zuletzt kann auch die Beweiswirkung des Art. 11 Abs. 2 nur einsetzen, wenn das Dokument entweder eines „Luftfrachtbriefs" oder im Anschluss an eine „andere Aufzeichnung" das einer „Empfangsbestätigung über die Güter" (Art. 4 Abs. 2) vorliegt. Zudem sollte auch eine besondere Dokumentierung von Abgangs- und Bestimmungsort (Art. 5) erfolgen, damit das Vorliegen einer „internationalen Beförderung" iSd. Art. 1 Abs. 1 und damit auch die Anwendbarkeit des MÜ in dessen Gesamtheit beweisbar wird. Der Luftfrachtführer müsste zudem ein besonders Interesse an der Dokumentierung des „Gewichts der Sendung" (Art. 5) haben, weil dieses nach Art. 22 Abs. 3 auch über das Maß der Begrenzung seiner Haftung entscheidet. Und im Weiteren kann ein „ausführender" Luftfrachtführer einer etwaigen „Wertdeklaration" (Art. 22 Abs. 3) nur „zustimmen" (Art. 41 Abs. 2), wenn sie ihm seinerseits dokumentarisch bekannt geworden ist. Auch ein „nachfolgender Luftfrachtführer", der kraft der Fiktion des Art. 36 Abs. 1 jeweils selbst zur „Partei des Beförderungsvertrags" wird, dürfte vom Inhalt dieses Vertrages nähere Kenntnis nehmen wollen. Und schließlich müsste auch der Empfänger[6] über den Inhalt des Luftfrachtvertrags informiert sein, damit er ohne Risiko die „Zahlung der geschuldeten Beträge" (Art. 13 Abs. 1) leisten kann.

## Art. 10 Haftung für die Angaben in den Urkunden

(1) [1]Der Absender haftet für die Richtigkeit der Angaben und Erklärungen über die Güter, die von ihm oder in seinem Namen in den Luftfrachtbrief eingetragen werden, sowie der von ihm oder in seinem Namen dem Luftfrachtführer gegenüber gemachten Angaben oder Erklärungen zur Aufnahme in die Empfangsbestätigung über die Güter oder in die anderen Aufzeichnungen im Sinne des Artikels 4 Absatz 2. [2]Dies gilt auch, wenn die für den Absender handelnde Person zugleich der Beauftragte des Luftfrachtführers ist.

(2) Der Absender hat dem Luftfrachtführer den Schaden zu ersetzen, den dieser oder ein Dritter, dem der Luftfrachtführer haftet, dadurch erleidet, dass die vom Absender oder in seinem Namen gemachten Angaben und Erklärungen unrichtig, ungenau oder unvollständig sind.

(3) Vorbehaltlich der Absätze 1 und 2 hat der Luftfrachtführer dem Absender den Schaden zu ersetzen, den dieser oder ein Dritter, dem der Absender haftet, dadurch erleidet, dass die Angaben und Erklärungen, die vom Luftfrachtführer oder in seinem Namen in die Empfangsbestätigung über die Güter oder in die anderen Aufzeichnungen im Sinne des Artikels 4 Absatz 2 aufgenommen wurden, unrichtig, ungenau oder unvollständig sind.

## Art. 10 Responsabilité pour les indications portées dans les documents

1. L'expéditeur est responsable de l'exactitude des indications et déclarations concernant la marchandise inscrites par lui ou en son nom dans la lettre de transport aérien, ainsi que de celles fournies et faites par lui ou en son nom au transporteur en vue d'être insérées dans le récépissé de marchandises ou pour insertion dans les données enregistrées par les autres moyens prévus au paragra-

## Art. 10 Responsibility for Particulars of Documentation

1. The consignor is responsible for the correctness of the particulars and statements relating to the cargo inserted by it or on its behalf in the air waybill or furnished by it or on its behalf to the carrier for insertion in the cargo receipt or for insertion in the record preserved by the other means referred to in paragraph 2 of Article 4. The foregoing shall also apply where the person

---

[6] Zum „Empfänger" Art. 1 Rn. 26.

phe 2 de l'article 4. Ces dispositions s'appliquent aussi au cas où la personne agissant au
nom de l'expéditeur est également l'agent
du transporteur.

2. L'expéditeur assume la responsabilité
de tout dommage subi par le transporteur
ou par toute autre personne à l'égard de
laquelle la responsabilité du transporteur est
engagée, en raison d'indications et de
déclarations irrégulières, inexactes ou
incomplètes fournies et faites par lui ou en
son nom.

3. Sous réserve des dispositions des paragraphes 1 et 2 du présent article, le transporteur assume la responsabilité de tout dommage subi par l'expéditeur ou par toute
autre personne à l'égard de laquelle la
responsabilité de l'expéditeur est engagée,
en raison d'indications et de déclarations
irrégulières, inexactes ou incomplètes insérées par lui ou en son nom dans le récépissé
de marchandises ou dans les données enregistrées par les autres moyens prévus au paragraphe 2 de l'article 4.

acting on behalf of the consignor is also the
agent of the carrier.

2. The consignor shall indemnify the carrier against all damage suffered by it, or by
any other person to whom the carrier is
liable, by reason of the irregularity, incorrectness or incompleteness of the particulars
and statements furnished by the consignor
or on its behalf.

3. Subject to the provisions of paragraphs 1 and 2 of this Article, the carrier
shall indemnify the consignor against all
damage suffered by it, or by any other person to whom the consignor is liable, by reason of the irregularity, incorrectness or
incompleteness of the particulars and statements inserted by the carrier or on its behalf
in the cargo receipt or in the record preserved by the other means referred to in paragraph 2 of Article 4.

Ähnliche Bestimmungen: Art. 10 WA 1929/1955; Art. 10 WA/MP Nr. 4 (1975); § 414
Abs. 1 Nr. 2 HGB (Luft- und andere Binnentransporte); Art. 7 CMR (1956/1978); Art. 8
CIM 1999; Art. 8 CMNI (2001); § 656 Abs. 2 HGB und Art. 3 Nr. 6 ABB–Fracht (2010).

Schrifttum: *Helm,* Die beschränkte Kausalhaftung von Absender, Versender und Einlagerer, FG Herber,
1999, S. 88; *Reuschle,* MÜ, Art. 10.

## Übersicht

|  | Rn. |  | Rn. |
|---|---|---|---|
| **I. Normzweck** | 1 | b) „Erklärungen" | 8 |
| **II. Regelungsgehalt** | 2, 3 | 4. Abwicklung eines Schadenfalls | 9 |
| 1. „Güter" | 2 | 5. Unterbliebene Transportdokumenta- | |
| 2. Die Person des „Eintragenden" | 3 | tion | 10–13 |
| **III. Die Haftung des Absenders** | 4–14 | a) „Unrichtig" | 11 |
| 1. Haftungsgrundlagen | 4 | b) „Ungenau" | 12 |
| 2. Haftungsumfang | 5 | c) „Unvollständig" | 13 |
| 3. Haftungsinhalt | 6–8 | 6. Die Schadensersatzpflicht des Absenders | |
| a) Inhaltliche Abgrenzung zu Art. 11 | | im Fall einer „anderen Aufzeichnung" | |
| Abs. 2 | 7 | (Art. 4 Abs. 2) | 14 |
| | | **IV. Die Haftung des Luftfrachtfüh-** | |
| | | **rers** | 15–17 |

## I. Normzweck

Abs. 1 und 2 begründen für den Absender,[1] der im Rahmen eines Luftfrachtvertrags **1**
einen Luftfrachtbrief (Art. 4 Abs. 1) ausgestellt hat, zusätzlich auch eine haftungsrechtliche
Verantwortlichkeit für die „Richtigkeit" der darin enthaltenen „Angaben und Erklärungen
über die Güter". Diese Haftung besteht sodann ganz entsprechend, wenn die Angaben
und Erklärungen des Absenders über die Güter nicht in einen „Luftfrachtbrief", sondern
stattdessen in eine „andere Aufzeichnung" und/oder der ihr folgenden „Empfangsbestäti-

---

[1] Zum „Absender" Art. 1 Rn. 20.

gung über die Güter" (Art. 4 Abs. 2) Eingang gefunden haben. Für den letzteren Fall sieht (der neue) Abs. 3 spiegelsymmetrisch und alternativ eine Haftung des Luftfrachtführers[2] vor, wenn die betreffende Transportdokumentation auf dessen eigene Initiative und nicht auf die des Absenders zurückgegangen sein sollte. Inhaltlich knüpft Art. 10 an die bisherige Regelung des Art. 10 WA 1929/1955 an.

## II. Regelungsgehalt

2     **1. „Güter".** Zum Begriff der „Güter" Art. 4 Rn. 5.

3     **2. Die Person des „Eintragenden".** Die „Angaben und Erklärungen" (Abs. 1) brauchen vom Absender nicht persönlich in den Luftfrachtbrief „eingetragen" zu sein. Ebenso wie gemäß Art. 7 Abs. 4 schon der Luftfrachtbrief selbst statt vom Absender alternativ auch vom Luftfrachtführer ausgestellt werden kann, der insoweit „im Namen des Absenders" handelt, übernimmt Abs. 1 diese Alternative entsprechend auch für die „Eintragung" der vorgenannten „Angaben und Erklärungen über die Güter". Auch hier kann der Luftfrachtführer anstelle des Absenders, und zwar wieder unmittelbar „in seinem Namen" (Abs. 1), für diesen selbst tätig werden. Infolgedessen bleibt auch dann, „wenn die für den Absender handelnde Person zugleich der Beauftragte des Luftfrachtführers ist" (Abs. 1 S. 2), wie dies namentlich bei einer IATA-Agentur der Fall ist, der Absender ungeachtet dessen weiterhin und allein[3] für die „Richtigkeit" der betreffenden „Angaben und Erklärungen über die Güter" verantwortlich. Dementsprechend hat er für die diesbezüglichen Schadensfolgen nach Abs. 2 auch zu haften.

## III. Die Haftung des Absenders

4     **1. Haftungsgrundlagen.** Die Haftung nach Art. 10 unterscheidet sich grundlegend von der in Art. 18 geregelten Haftung des Luftfrachtführers für *transportbedingte* Schäden. Zwar ist die Haftung nach Art. 10 gleichfalls vertraglicher Art und auch verschuldensunabhängig. Sie unterfällt aber nicht der summenmäßigen Limitierung iSd. Art. 22 Abs. 3 und sie ist ferner auch abdingbar, weil die diesbezügliche Sperrvorschrift des Art. 26 über die zwingenden Haftungsregeln des Übereinkommens nur für die Bestimmungen des Kapitel III des MÜ gelten kann.

5     **2. Haftungsumfang.** Wenn auf den einzelnen Luftfrachtvertrag auf der Grundlage der Art. 3 ff. Rom I-VO *deutsches* Recht anwendbar ist (Einl. MÜ Rn. 61 ff.), hat der Absender nach § 414 Abs. 1 Nr. 2 HGB[4] für Schäden aus der „Unrichtigkeit oder Unvollständigkeit der in den Frachtbrief aufgenommenen Angaben" ohnehin nur bis zu einem Betrag von 8,33 Rechnungseinheiten für jedes Kilogramm des Rohgewichts der Sendung Ersatz zu leisten". Wegen der vorgenannten „Rechnungseinheiten" vgl. § 431 Abs. 4 HGB,[5] § 3 MontÜG[6] und unten Art. 23 MÜ.

---

[2] Zum „Luftfrachtführer" Art. 1 Rn. 14 ff.

[3] ICAO-Documentation Nr. 9775-DC/2, Volume I – Minutes, S. 65 f. (Nr. 14): „The president indicated that the history of this provision had stemmed from a proposal made by the Delegate of the United Kingdom in the Legal Committee. The preceding sentence referred to the consignor being responsible for the correctness of the particulars either by the consignor itself or on its behalf and those provisions would apply where the person acting on behalf of the consignor was also the agent of the carrier".

[4] Hierzu Baumbach/Hopt/*Merkt* § 414 HGB; *Helm,* FG Herber, 1999, S. 88, *Koller* § 414 HGB.

[5] S. Baumbach/Hopt/*Merkt* § 431 HGB; *Koller* § 431 HGB.

[6] Montrealer-Übereinkommen-Durchführungsgesetz – MontÜG vom 6.4.2004 (BGBl. I S. 550). Verkündet als Art. 1 des G zur Harmonisierung des Haftungsrechts im Luftverkehr vom 6.4.2004 (BGBl. I S. 550); geändert durch G zur Anpassung luftversicherungsrechtlicher Vorschriften vom 19.4.2005 (BGBl. I S. 1070). Text: unten nach Art. 57 MÜ. S. a.: Bek. über das Inkrafttreten des Übereinkommens vom 28. Mai 1999 zur Vereinheitlichung bestimmter Vorschriften über die Beförderung im internationalen Luftverkehr (Montrealer Übereinkommen) und der Art. 1 und 2 des Gesetzes zur Harmonisierung des Haftungsrechts im Luftverkehr vom 24.5.2004 (BGBl. I S. 1027).

**3. Haftungsinhalt.** Inhaltlich betrifft die Haftung sodann keine Transportrisiken, wie   **6** „Zerstörung, Verlust oder Beschädigung von Gütern" (Art. 18), sondern knüpft ausschließlich an den Tatbestand einer Unrichtigkeit von „Angaben und Erklärungen" über die „Güter" an. Deshalb ist hier in Anlehnung an das frühere[7] Konnossementsrecht des § 656 Abs. 2 HGB der besondere Terminus einer „Skripturhaftung" im Gespräch.[8]

**a) Inhaltliche Abgrenzung zu Art. 11 Abs. 2.** Während Art. 8 WA 1929 im Einzel-   **7** nen noch insgesamt *siebzehn* solcher „Angaben" aufzählte, nimmt die Vorschrift des Art. 10 zu den Tatbestandsmerkmalen der „Angaben und Erklärungen über die Güter" ihrerseits nicht Stellung. Doch lässt ihr inhaltlicher Zusammenhang mit der beweisrechtlichen Folgevorschrift des Art. 11 Abs. 2 erschließen, dass solche Angaben und Erklärungen „über die Güter" zumindest aus „Angaben" „zu Gewicht, Maßen und Verpackung sowie zu der Anzahl der Frachtstücke" bestehen oder auch den „Menge", den „Rauminhalt" oder den „Zustand" der Güter betreffen können.

**b) „Erklärungen".** Der in Abs. 1 daneben und auch zusätzlich verwendete Begriff der   **8** „Erklärungen" zeigt im weiteren, dass der Haftungstatbestand von Abs. 1 und 2 inhaltlich nicht durch die vorgenannte Beweisregelung des Art. 11 Abs. 2, dh. bezüglich der dort ausdrücklich angesprochenen „Angaben", seinerseits schon präjudiziert ist. In demselben Umfang vielmehr, wie der Inhalt eines Luftfrachtbriefs über die Mindestvorgaben des Art. 5 hinaus von den Parteien des Luftfrachtvertrags nach ihren jeweiligen Interessen noch ausgeweitet werden kann (Art. 5 Rn. 21), können zusätzlich auch beliebige güterbezogene „Angaben und Erklärungen" in das Dokument mit aufgenommen werden. Als solche unterstehen sie sodann allerdings auch der Haftungssanktion von Abs. 1 und 2. So ist beispielsweise anzunehmen, dass fehlerhafte Angaben zu der „Art der Güter" (Art. 6 MÜ), zur „Eigenart der Güter" (Art. 18 Abs. 2 Buchst. b), zu einem „Nachnahmebetrag"[9] oder auch eine unrichtige „Wertdeklaration" (Art. 22 Abs. 3, 2. HS) jeweils eine Haftung nach Abs. 1, 2 auslösen können.

**4. Abwicklung eines Schadenfalls.** Anspruchsberechtigt ist in den Fällen der Abs. 1   **9** und 2 der Luftfrachtführer.[10] Er kann hier schadensersatzrechtlich alle Vermögensnachteile abrechnen, die adäquat kausal auf die Unrichtigkeit der „Angaben und Erklärungen" des Absenders im Luftfrachtbrief zurückgehen. Bei Anwendbarkeit *deutschen* Rechts (Art. 3 ff. Rom I-VO[11]) zählt zu den ersatzfähigen Schäden auch ein „entgangener Gewinn" iSd. § 252 BGB. Zudem ist der Luftfrachtführer im Weiteren auch in der Lage, nicht nur seinen eigenen Schaden als unmittelbar Geschädigter geltend zu machen. Abrechnungsfähig ist vielmehr auch ein Schaden, der bei einem „Dritten", namentlich beim Empfänger, eingetreten ist, und den der Luftfrachtführer im Verhältnis zu diesem „Dritten" haftungsrechtlich regulieren könnte. Insofern steht hier das Rechtsinstitut der „Drittschadensliquidation" im Hintergrund.

**5. Unterbliebene Transportdokumentation.** Die Schadensersatzpflicht des Absen-   **10** ders als Passivlegitimierten knüpft daran an, dass die ihm zuzurechnenden Angaben oder Erklärungen im Luftfrachtbrief über die Güter „unrichtig, ungenau oder unvollständig" sind. Da diese Angaben oder Erklärungen im Luftfrachtbrief „eingetragen" (Abs. 1) sein müssen, umfasst der Haftungstatbestand des Abs. 1 und 2 konsequenterweise nicht die Fälle, in denen die Ausstellung eines Luftfrachtbriefs insgesamt unterblieben ist. Hier kann

---

[7] Das Gesetz zur Änderung von Vorschriften des Handelsgesetzbuchs (Seefrachtgesetz) vom 10.8.1937 (RGBl. I 891) hat diese Skripturhaftung aufgehoben.
[8] Hierzu: *Ehlers*, Montrealer Protokolle Nr. 3 und 4, …, 1985, S. 85, mwN.
[9] Art. 3 Nr. 6 ABB-Fracht (2010) sieht ergänzend vor: „Im Falle von Gütersendungen gegen Nachnahme ist ausschließlich der Absender für die Eintragung des Nachnahmebetrags in den Luftfrachtbrief verantwortlich. Der Luftfrachtführer haftet nicht für die Unterlassung der Einziehung des Nachnahmebetrags, wenn dieser nicht oder nicht richtig vom Absender eingetragen ist."
[10] Zum „Luftfrachtführer" Art. 1 Rn. 14 ff.
[11] S. auch oben Fn. 4.

ein Schadensersatzanspruch bei Anwendbarkeit deutschen Rechts (Art. 3 ff. Rom I-VO[12]) nur auf der Grundlage einer positiven Vertragsverletzung nach § 280 BGB gegeben sein,[13] es sei denn, dass ausnahmsweise die Voraussetzungen des Art. 51 vorliegen. Der Frachtvertrag selbst bleibt jedenfalls trotz Fehlens des Dokuments nach Art. 9 weiterhin von Bestand.

11    **a) „Unrichtig".** „Unrichtig" (engl. Originaltext: „irregularity") iSd. Abs. 2 sind Angaben und Erklärungen, die bezüglich des jeweiligen Frachtguts mit der tatsächlichen Sachlage nicht übereinstimmen. Dies ist beispielsweise der Fall, wenn in den Luftfrachtfrachtbrief für das Gut ein zu niedriges „Gewicht" (Art. 5 Buchst. c) eingetragen worden ist.

12    **b) „Ungenau".** Als „ungenau" (engl. Originaltext: „incorrectness") sind Angaben und Erklärungen anzusehen, die zwar prinzipiell „richtig" sind, aber im Detail noch transportbezogene Informationsbedürfnisse des Luftfrachtführers offen lassen. Dies kann beispielsweise gelten für nicht exakt berechnete Angaben über die „Menge" oder den „Rauminhalt" der Güter (Art. 11 Abs. 2).

13    **c) „Unvollständig".** „Unvollständig" (engl. Originaltext: „incompleteness") ist schließlich ein Luftfrachtbrief, wenn die in Art. 11 benannten Angaben zu „Gewicht, Maßen und Verpackung sowie zu der Anzahl der Frachtstücke" im konkreten Einzelfall abweichend von den frachtvertraglichen Vereinbarungen der Parteien vollständig fehlen sollten. Auch das vom Luftfrachtführer verwendete Frachtbbriefformular selbst kann die erforderliche „Vollständigkeit" inhaltlich vorgeben.

14    **6. Die Schadensersatzpflicht des Absenders im Fall einer „anderen Aufzeichnung" (Art. 4 Abs. 2).** Die vorstehenden Grundsätze gelten nach Abs. 1 prinzipiell ebenso auch für den Fall, dass zur Dokumentation des Lufttransports anstelle eines Luftfrachtbriefs eine „andere Aufzeichnung" gewählt und in diesem Zusammenhang vom Luftfrachtführer eine „Empfangsbestätigung über die Güter" ausgehändigt worden ist (Art. 4 Abs. 2).

### IV. Die Haftung des Luftfrachtführers

15    Da indessen die vorgenannten, mit Art. 4 Abs. 2 neu eingeführten Frachtdokumente einer „anderen Aufzeichnung" sowie einer „Empfangsbestätigung über die Güter" ganz regelmäßig durch den Luftfrachtführer selbst und zudem auch mit Hilfe seines Rechnersystems erstellt werden, musste die in den Abs. 1 und 2 vorgesehene Haftung des „Absenders" konsequenterweise hier spiegelbildlich auf eine solche des „Luftfrachtführers" umgestellt werden.

16    Diese Aufgabe übernimmt der neue und Art. 10 Abs. 3 WA/MP Nr. 4 (1975) entsprechende Abs. 3. Hiernach haftet anstelle des Absenders der Luftfrachtführer, wenn er selbst die „andere Aufzeichnung" falsch programmiert oder schließlich auch eine fehlerhafte „Empfangsbescheinigung" ausgestellt hat und hieraus ein Schaden entstanden ist. Die in diesen Dokumentationen enthaltenen Angaben zur „Art" der Güter (Art. 6) begründen für den Luftfrachtführer hingegen keine Haftung, wenn sie ihm vom Absender selbst, und zwar „zur Einhaltung der Vorschriften der Zoll-, der Polizei- oder anderer Behörden" übermittelt worden sind (Art. 6 S. 2).

17    Die Haftung des Luftfrachtführers nach Abs. 3 ist vertraglich beschränkbar oder auch vollständig abdingbar, wenn man davon ausgeht, dass Art. 26 unter der „Haftung des Luftfrachtführers" nur die Haftungstatbestände des dortigen „Kapitel III", dh. der Art. 17 ff., anspricht. Bei subsidiärer Anwendbarkeit *deutschen* Rechts (Art. 3 ff. Rom I-VO[14]) ist die Haftung zudem in – entsprechender – Anwendung des § 414 Abs. 1 Nr. 2 HGB[15] der Höhe nach limitiert. Sie ist beschränkt auf einen Betrag von 8,33 Rechnungseinheiten für

---

[12] S. auch oben Fn. 4.
[13] Vgl. hierzu OLG Stuttgart 1.10.1963, ZLW 1966, 63 ff.
[14] S. auch oben Fn. 4.
[15] Hierzu Baumbach/Hopt/*Merkt* § 414 HGB; *Helm,* FG Herber, 1999, S. 88; *Koller* § 414 HGB.

jedes Kilogramm des Rohgewichts der Sendung. Wegen der vorgenannten „Rechnungsein-heiten" vgl. § 431 Abs. 4 HGB, § 3 MontÜG[16] sowie unten Art. 23 MÜ.

## Art. 11 Beweiskraft der Urkunden

**(1) Der Luftfrachtbrief und die Empfangsbestätigung über die Güter begründen die widerlegbare Vermutung für den Abschluss des Vertrags, die Annahme der Güter und die Beförderungsbedingungen, die darin niedergelegt sind.**

**(2) Die Angaben in dem Luftfrachtbrief und der Empfangsbestätigung über die Güter zu Gewicht, Maßen und Verpackung sowie zu der Anzahl der Frachtstücke begründen die widerlegbare Vermutung ihrer Richtigkeit; die Angaben über Menge, Rauminhalt und Zustand der Güter begründen diese Vermutung gegen-über dem Luftfrachtführer nur insoweit, als er diese Angaben in Gegenwart des Absenders nachgeprüft hat und dies auf dem Luftfrachtbrief oder der Empfangsbe-stätigung vermerkt ist, oder wenn es sich um Angaben handelt, die sich auf den äußerlich erkennbaren Zustand der Güter beziehen.**

### Art. 11 Valeur probante des documents

1. La lettre de transport aérien et le récé-pissé de marchandises font foi, jusqu'à preuve du contraire, de la conclusion du contrat, de la réception de la marchandise et des conditions du transport qui y figurent.

2. Les énonciations de la lettre de trans-port aérien et du récépissé de marchandises, relatives au poids, aux dimensions et à l'emballage de la marchandise ainsi qu'au nombre des colis, font foi jusqu'à preuve du contraire; celles relatives à la quantité, au volume et à l'état de la marchandise ne font preuve contre le transporteur que si la véri-fication en a été faite par liu en présence de l'expéditeur, et constatée sur la lettre de transport aérien, ou s'il s'agit d'énonciations relatives à l'état apparent de la marchandise.

### Art. 11 Evidentiary Value of Documentation

1. The air waybill or the cargo receipt is *prima facie* evidence of the conclusion of the contract, of the acceptance of the cargo and of the conditions of carriage mentioned the-rein.

2. Any statements in the air waybill or the cargo receipt relating to the weight, dimensions and packing of the cargo, as well as those relating to the number of packages, are *prima facie* evidence of the facts stated; those relating to the quantity, volume and condition of the cargo do not constitute evi-dence against the carrier except so far as they both have been, and are stated in the air waybill or the cargo receipt to have been, checked by it in the presence of the con sig-nor, or relate to the apparent condition of the cargo.

Ähnliche Bestimmungen: Art. 11 WA 1929/1955, Art. 11 WA/MP Nr. 4 (1975); § 409 HGB (Luft- und andere Binnentransporte); Art. 9 CMR (1956/1978); Art. 12 CIM 1999; Art. 11 Abs. 3 CMNI (2001) und § 656 Abs. 2 HGB.

**Schrifttum:** *Reuschle,* MÜ, Art. 11; *Roßnagel,* Elektronische Dokumente als Beweismittel – Neufassung der Beweisregeln durch das Justizkommunikationsgesetz, NJW 2006, 806; *Ruhwedel,* Der „elektronische" Luftfrachtbrief, TranspR 2004, 421.

---

[16] Montrealer-Übereinkommen-Durchführungsgesetz – MontÜG vom 6.4.2004 (BGBl. I S. 550); geän-dert durch Art. 1 G zur Anpassung luftversicherungsrechtlicher Vorschriften vom 19.4.2005 (BGBl. I S. 1070). Nunmehr: „Gesetz zur Durchführung des Übereinkommens vom 28. Mai 1999 zur Vereinheitlichung bestimmter Vorschriften über die Beförderung im internationalen Luftverkehr und zur Durchführung der Versicherungspflicht zur Deckung der Haftung für Güterschäden nach der VO (EG) Nr. 785/2004 (Montrea-ler-Übereinkommen-Durchführungsgesetz – MontÜG)". Art. 336 der 9. ZuständigkeitsanpassungsVO vom 31.10.2006 (BGBl. I S. 2407) hat in § 4 Abs. 3 S. 1 MontÜG den Text „und Wohnungswesen" durch die Worte „und Stadtentwicklung" ersetzt. Text des MontÜG unten nach Art. 57 MÜ.

## Übersicht

|  | Rn. |  | Rn. |
|---|---|---|---|
| **I. Normzweck** | 1, 2 | c) Beförderungsbedingungen „die darin niedergelegt sind" | 15–18 |
| **II. Regelungsgehalt** | 3 | 2. Gewicht, Maße und Verpackung sowie Anzahl der Frachtstücke | 19–22 |
| **III. Der Urkundenbeweis** | 4–9 | a) Gewicht | 20 |
| 1. „Luftfrachtbrief" oder „Empfangsbestätigung über die Güter" (Art. 4 Abs. 1 und 2 MÜ) | 4–6 | b) Verpackung | 21 |
|  |  | c) Art, Anzahl und Umfang der Frachtgüter | 22 |
| 2. Die „Empfangsbestätigung über die Güter" (Art. 4 Abs. 2 MÜ) | 7, 8 | 3. Menge, Rauminhalt und Zustand der Frachtgüter | 23, 24 |
| 3. Die „andere Aufzeichnung" (Art. 4 Abs. 2 MÜ) | 9 | **V. Widerlegen der beweisrechtlichen Vermutung** | 25–27 |
| **IV. Die Beweisthemen** | 10–24 | 1. Gegenbeweis | 25 |
| 1. Reichweite des Beweises | 11–18 | 2. Rechtsfolgen eines Widerlegens der beweisrechtlichen Vermutung | 26 |
| a) Abschluss des Frachtvertrags | 12, 13 | 3. In Abs. 2 nicht benannte Tatbestände | 27 |
| b) Annahme der Güter | 14 |  |  |

## I. Normzweck

1    Art. 11 entscheidet – im Anschluss an Art. 11 WA 1929/1955 – weder unmittelbar noch mittelbar darüber, welches nationale Prozessrecht im konkreten frachtrechtlichen Streitfall anzuwenden ist. Hiermit nimmt die Vorschrift letztlich die Bestimmung des Art. 33 Abs. 4 inhaltlich schon vorweg, wo wegen des „Verfahrens" ohnehin nicht auf die nationale Prozessordnung eines „Vertragsstaates" des MÜ, sondern abschließend auf das „Recht des angerufenen Gerichts" („lex fori") verwiesen wird. Auch Art. 11 lässt das Verfahrensrecht als solches daher konsequenterweise unerwähnt.

2    Damit entspricht Art. 11 schließlich dem Gesamtkonzept des MÜ, wonach das Prozessrecht als Regelungsmaterie dort inhaltlich schlechterdings ausgeklammert bleibt. Insoweit sind innerhalb des MÜ im *forensischen* Bereich daher neben den vorgenannten Beweisregeln des Art. 11, der Streitverkündung nach Art. 45 allein noch die Gerichtsstände der Art. 33 und Art. 46 funktionell mit angesprochen. Und auch diese gelten als „ausschließliche" Gerichtstände wiederum lediglich für die Schadensersatzansprüche iS der Art. 17 ff.

## II. Regelungsgehalt

3    Inhaltlich setzt Art. 11 allerdings voraus, dass nach dem für das Prozessgericht geltenden Verfahrensrecht („lex fori") ein Urkundenbeweis überhaupt statthaft ist. Bei der internationalen[1] Zuständigkeit eines *deutschen* Gerichts und der hieraus folgenden Anwendbarkeit *deutschen* Prozessrechts sind insoweit die §§ 416 ff. ZPO heranzuziehen.[2] Soweit der „Luftfrachtbrief" oder die „Empfangsbestätigung über die Güter" als elektronische Dokumente abgefasst sein sollten, bedürfen sie nach § 371a ZPO einer qualifizierten elektronischen Signatur, um die Beweiskraft einer privaten Urkunde erhalten zu können (Rn. 7 f.).

---

[1] S. hierzu im Einzelnen Art. 33 und Art. 46. Wegen Klagen, die *nicht* auf Schadensersatz iS der Art. 17 ff. gerichtet sind, vgl. Art. 5 Nr. 1b („Erfüllungsort") und Art. 5 Nr. 5 („Agentur oder einer sonstigen Niederlassung") der VO (EG) Nr. 44/2001 des Rates vom 22. Dezember 2000 über die gerichtliche Zuständigkeit und die Anerkennung und Vollstreckung von Entscheidungen in Zivil- und Handelssachen (ABl. EG Nr. L 12 vom 16.1.2001) (EuGVVO). Die EuGVVO ist an die Stelle des EuGVÜ vom 27.9.1998 (BGBl. 1972 II S. 773) getreten und gilt in allen EU-Mitgliedstaaten unmittelbar (Art. 76 EuGVVO). Das deutsche Recht regelt die internationale Zuständigkeit der einheimischen Gerichte mittelbar durch eine stillschweigende Verweisung auf die den Gerichtsstand betreffenden Vorschriften der §§ 12 ff. ZPO. Im Einzelnen *Musielak* (Kommentar zur ZPO) 11. Aufl. 2014, § 12 ZPO Rn. 15 („Grundsatz der Doppelfunktionalität der örtlichen Zuständigkeitsnormen").

[2] S.: BGH 15.11.1988, NJW-RR 1989, 252, 253 = TranspR 1989, 151, 153 = ZIP 1989, 118 = ETR 1989, 623.

### III. Der Urkundenbeweis

**1. „Luftfrachtbrief" oder „Empfangsbestätigung über die Güter" (Art. 4 Abs. 1 4 und 2 MÜ).** Der Urkundenbeweis kann iE entweder mit Hilfe eines Luftfrachtbriefs (Art. 4 Abs. 1) (*„air waybill – AWB"*) oder im Falle einer alternativ gewählten „anderen Aufzeichnung" durch die „Empfangsbestätigung über die Güter (Art. 4 Abs. 2) (*„cargo receipt"*) geführt werden. Die beweisrechtliche Gleichstellung beider Dokumente in Abs. 1 zeigt, dass das MÜ hier gleichermaßen jeweils von *Papier*dokumenten[3] ausgeht. Auch der Text des Abs. 2, wonach die Nachprüfung der Angaben über Menge, Rauminhalt und Zustand der Güter durch den Luftfrachtführer „auf ... der Empfangsbestätigung vermerkt" sein soll, weist schlüssig auf eine *Papier*fassung dieses Dokuments hin.

Dementsprechend hat der Absender[4] gegen den Luftfrachtführer[5] auf Grund des Art. 7 5 Abs. 2 bzw. des Art. 4 Abs. 2 auch den erkennbar *sach*bezogenen Anspruch, dass dieser ihm entweder ein Luftfrachtbriefdritt oder eine Empfangsbestätigung über die Güter *„aushändigt"* (engl. Originaltext: *„deliver"*).

Beide Frachtdokumente sind Privaturkunden iSd. § 416 ZPO. Die Beweisführung im 6 Prozess geschieht daher gemäß § 420 ZPO durch Vorlage entweder einer der drei „Ausfertigungen" des Luftfrachtbriefs (Art. 7) oder der dem Absender ausgehändigten Empfangsbestätigung über die Güter, und zwar generell in Urschrift.

**2. Die „Empfangsbestätigung über die Güter" (Art. 4 Abs. 2 MÜ).** Falls die 7 „Empfangsbestätigung über die Güter" abweichend von der in Art. 4 vorgesehenen Papierfassung in anderer Gestalt, namentlich in *elektronischer* Form, *dokumentiert* und anschließend *ausgedruckt* worden ist, hat dies nach Art. 9 jedenfalls keinen Einfluss auf die Wirksamkeit des Frachtvertrags selbst. Doch hat das angerufene Gericht hier die *Beweiskraft* des *Ausdrucks* besonders zu prüfen und ihn insoweit nach „freier Überzeugung" iSd. §§ 286 Abs. 1, 419 ZPO zu werten. So kommt beispielsweise *E-Mail-Ausdrucken* im Hinblick auf den Abschluss eines anspruchsbegründenden Vertrages kein Beweiswert zu, da selbst bei Gewissheit über den Absender die zugrunde liegenden Dateien von Dritten durch Abänderung einzelner Wörter oder Sätze manipuliert werden können.[6] Werden hingegen die Grundsätze eines *ordnungsgemäßen Dokumentenmanagements* eingehalten, spricht der erste Anschein für die Unverfälschtheit der in *Computerausdrucken* verkörperten Schriftstücke.[7]

Soweit die „Empfangsbestätigung über die Güter" andererseits den Anforderungen des 8 § 371a Abs. 1 ZPO genügt, steht ihrer Akzeptanz als Beweismittel hier nichts mehr im Wege. Danach finden auf private elektronische Dokumente, die mit einer qualifizierten elektronischen Signatur[8] versehen sind, „die Vorschriften über die Beweiskraft privater Urkunden entsprechende Anwendung. Der Anschein der Echtheit einer in elektronischer Form vorliegenden Erklärung, der sich auf Grund der Prüfung nach dem Signaturgesetz ergibt, kann nur durch Tatsachen erschüttert werden, die ernstliche Zweifel daran begründen, dass die Erklärung vom Signaturschlüssel-Inhaber abgegeben worden ist".

**3. Die „andere Aufzeichnung" (Art. 4 Abs. 2 MÜ).** Die „andere Aufzeichnung" 9 (Art. 4 Abs. 2) (engl. Originaltext: „any other means ..."), die der „Empfangsbestätigung über die Güter" funktionell vorausgeht, ist in Art. 11 nicht ihrerseits als Beweismittel vorge-

---

[3] ICAO-Documentation Nr. 9775-DC/2, Volume II – Documents, S. 74 (DCW Doc Nr. 9). Danach regte die *IATA* auf der Montrealer Konferenz (1999) ohne Resonanz an: „the Convention should clarify that the cargo receipt may consist of any electronic record and need not be a paper document".

[4] Zum „Absender" Art. 1 Rn. 20.

[5] Zum „Luftfrachtführer" Art. 1 Rn. 14 ff.

[6] AG Bonn 25.10.2001, NJW-RR 2002, 1363.

[7] S. *Vehslage* K & R 2002, 531.

[8] S. § 5 G über Rahmenbedingungen für elektronische Signaturen (Signaturgesetz – SigG) vom 16. Mai 2001 (BGBl. I S. 876). Hierzu in Einzelnen *Roßnagel* NJW 2001, 1817. Das SigG war veranlasst worden durch die am 19.1.2000 in Kraft getretene Richtlinie 1999/93 des Europäischen Parlaments und Rates über gemeinschaftliche Rahmenbedingungen für elektronische Signaturen vom 13.12.1999 (ABl. EG 2000 Nr. L 13 S. 12).

sehen. Sie existiert namentlich in Gestalt der von der *IATA* initiierten „freight waybill message – FWB" (Art. 4 Rn. 31)[9] auch nur als eine elektronische, dh. unkörperliche Dateneinheit. Insofern kann mit ihr nach *deutschem* Prozessrecht der Beweis ohnehin nicht durch „die Vorlegung der Urkunde angetreten" (§ 420 ZPO) werden. Ihr Inhalt ist bei einer Beweiserhebung deshalb in aller Regel nur mittelbar zu erschließen, und zwar wenn und soweit die „Empfangsbestätigung über die Güter" „es ermöglicht", … „auf die in diesen anderen Aufzeichnungen enthaltenen Angaben zurückzugreifen" (Art. 4 Abs. 2). Ansonsten bleibt die „andere Aufzeichnung" ein reines Betriebsinternum.

### IV. Die Beweisthemen

10   Sowohl der „Luftfrachtbrief" (Art. 4 Abs. 1) wie die „Empfangsbestätigung über die Güter" (Art. 4 Abs. 2) erbringen im Einzelnen den (widerlegbaren) Beweis für insgesamt drei verschiedene Gruppen von Beweisthemen:

11   **1. Reichweite des Beweises.** Für den Abschluss des Frachtvertrags (Rn. 12), die Annahme der Güter (Rn. 14) und die Beförderungsbedingungen, die darin niedergelegt sind (Rn. 15).

12   **a) Abschluss des Frachtvertrags.** Die Vermutung des Abschlusses eines Frachtvertrags. Dokumentiert ein vom Frachtführer erstellter Frachtbrief in Übereinstimmung mit dem schriftlichen Transportauftrag einen multimodalen Transport, so spricht viel dafür, dass hierdurch Abschluss und Inhalt des Transportvertrags richtig wiedergegeben sind. Daran ändert auch die Bezeichnung des Frachtbriefs als Luftfrachtbrief (Air Waybill) nichts. Es obliegt dem Frachtführer, die Überzeugung des Gerichts von der materiellen Richtigkeit der Urkunde zu erschüttern, wenn er einen reinen Luftbeförderungsvertrag nur bis zum Zielflughafen (hier: *New York*) und nicht bis zum angegebenen Empfänger (hier: in *Pennsylvania*) behaupten will.[10] Die Vermutung des Abs. 1 erstreckt sich iE nicht allein auf den *Vertrag* als solchen.[11] Vielmehr bezieht sich die Beweiswirkung nach dieser Vorschrift ebenso auch darauf, wer als Absender, als Luftfrachtführer oder als Empfänger[12] anzusehen ist.[13] Im Gegensatz zum CMR-Frachtbrief müssen nicht alle Ausfertigungen des Luftfrachtbriefs von sämtlichen Beteiligten unterzeichnet werden.[14] Der bei Ausfüllung eines internationalen Luftfrachtbriefs ausdrücklich als *Absender (Shipper)* Bezeichnete wird grundsätzlich selbst dann Vertragspartei des Luftfrachtvertrags, wenn der für ihn handelnde „Agent" ein *Speditionsunternehmen* betreibt.[15] Ein den Luftfrachtführer beauftragender *Spediteur* handelt im Zweifel auch dann im eigenen Namen, wenn er den Versender bekannt gibt und als *Absender* im Luftfrachtbrief bezeichnet.[16] Ist in einem Luftfrachtbrief ein bestimmter *Luftfrachtführer* angegeben, so begründet dies den widerlegbaren Beweis, dass dieser als *vertraglicher* Luftfrachtführer tätig geworden ist.[17] Übernimmt ein nicht im Luftfrachtbrief ausgewiesener Luftfrachtführer die Durchführung eines Teils der Beförderung, so ist er kein nachfolgender

---

[9] Hierzu im Einzelnen *Ruhwedel* TranspR 2004, 421.

[10] OLG Stuttgart 26.11.2003, BeckRS 2003, 30334298.

[11] Einschränkend die ABB-Fracht (Begriffsbestimmungen) (2010): „Luftfrachtbrief ist die von dem Absender oder in seinem Namen ausgefüllte, als „Luftfrachtbrief" bezeichnete Urkunde; sie erbringt den Beweis für den Vertrag zwischen Absender und Luftfrachtführer über die Beförderung von Gütern."

[12] Zum „Empfänger" Art. 1 Rn. 26.

[13] Vgl. hierzu im Einzelnen BGH 15.11.1988, NJW-RR 1989, 252, 253 = TranspR 1989, 151; BGH 21.9.2000, BGHZ 145, 170 = NJW-RR 2001, 396 = TranspR 2001, 29 = VersR 2001, 526 = WM 2001, 86 = ZLW 2001, 254 = LM WarschAbk. Nr. 26 (m. Anm. *Dubischar*); BGH 9.6.2004, NJW-RR 2004, 1482 = TranspR 2004, 369.

[14] OLG Hamm 24.10.2002, TranspR 2003, 201.

[15] BGH 21.9.2000, BGHZ 145, 170 = NJW-RR 2001, 396 = TranspR 2001, 29 = VersR 2001, 526 = WM 2001, 86 = ZLW 2001, 254 = LM WarschAbk. Nr. 26 (m. Anm. *Dubischar*); BGH 9.6.2004, NJW-RR 2004, 1482 = TranspR 2004, 369 = VersR 2005, 811.

[16] OLG Frankfurt/M. 21.4.1998, TranspR 1999, 24 = RIW 1999, 619.

[17] OLG Düsseldorf 11.11.1993, VersR 1994, 1498.

Luftfrachtführer iSd. des WA 1929/1955,[18] sondern *ausführender* Luftfrachtführer iSd. Zusatzabkommens von Guadalajara.[19] Weist ein Luftfrachtbrief den Kläger nicht als *Empfänger* des Guts, sondern nur als *„notify"* aus, so kann dieser aus eigenem Recht den Luftfrachtführer nicht auf vertraglichen Schadensersatz in Anspruch nehmen. *Empfänger* ist auch im Luftfrachtrecht nur derjenige, an den das Gut abgeliefert werden soll. Seine Bezeichnung liegt regelmäßig in seiner Eintragung im Luftfrachtbrief.[20]

Die nach Art. 5 Buchst. a für den Luftfrachtbrief (Art. 4 Abs. 1) bzw. für die Empfangsbe- **13** stätigung über die Güter (Art. 4 Abs. 2) obligatorisch vorgesehenen Angaben über den Abgangs- und den Bestimmungsort gehören inhaltlich gleichfalls zum Bestandteil des abgeschlossenen „Vertrags". Aus diesem Grund haben sie auch Anteil an der Vermutungswirkung des Abs. 1.[21] Dasselbe hat für einen gemäß Art. 5 Buchst. b angegebenen *„Zwischenlandepunkt"* zu gelten.

**b) Annahme der Güter.** Nach Abs. 1 erbringen die Frachtdokumente sodann den **14** (widerlegbaren) Beweis auch für die „Annahme der Güter". Insofern haben der Luftfrachtbrief bzw. die Empfangsbestätigung über die Güter eine Quittungsfunktion. Vgl. hierzu nach *deutschem* Recht die §§ 368 ff. BGB. Mit der „Annahme der Güter" beginnt zugleich auch die „Obhut" des Luftfrachtführers, die sodann nach Art. 18 Abs. 1 und 3 zu seiner nachfolgenden Haftung für „Zerstörung, Verlust oder Beschädigung" dieser Güter führt. Vgl. im Einzelnen Art. 18 Rn. 41 ff.

**c) Beförderungsbedingungen „die darin niedergelegt sind".** Die Beweiswirkung **15** hinsichtlich der „Beförderungsbedingungen" hat grundsätzlich zur Folge, dass diese, dh. namentlich die ABB-Fracht, in den jeweiligen Frachtvertrag als „einbezogen" vermutet werden, ohne dass es insoweit auf die materiellrechtliche Wirksamkeit dieser „Einbeziehung" iSd. §§ 305 Abs. 2, 310 Abs. 1 BGB (Art. 3 ff. Rom I-VO[22]) ankäme. Auch die Frage der „AGB-Festigkeit" dieser Bedingungen vor dem Hintergrund des § 449 Abs. 2 HGB ist hier insoweit nicht von Belang. Doch bleibt eine „Inhaltskontrolle" der Beförderungsbedingungen nach den §§ 307, 310 Abs. 1 BGB (Art. 3 ff. Rom I-VO[23]) grundsätzlich noch möglich.[24]

**aa) „die darin niedergelegt sind".** Allerdings erstreckt sich die beweisrechtliche Ver- **16** mutungswirkung des Abs. 1 im Anschluss an Art. 11 Abs. 1 WA/MP Nr. 4 (1975) nur auf solche „Beförderungsbedingungen", „die darin" (dh. im Frachtvertrag) „niedergelegt sind" (engl. Originaltext: „conditions of carriage mentioned therein"; franz. Originaltext: „conditions du transport qui y figurent"). Art. 11 Abs. 1 WA 1929/1955 hatte dieses einschränkende Tatbestandsmerkmal „die darin niedergelegt sind" noch nicht enthalten. Hieraus ist zu folgern, dass nach dem neuen Frachtrecht des MÜ „Allgemeine Geschäftsbedingungen, auf die im Luftfrachtbrief oder in der Empfangsbestätigung bloß verwiesen wird", außerhalb der Beweisregel des Abs. 1 stehen und damit auch nicht als einbezogen vermutet werden.[25]

---

[18] Jetzt: Art. 36.

[19] Jetzt: Art. 39 ff. Im Einzelnen OLG Hamburg 9.8.1984, VersR 1985, 158.

[20] OLG Düsseldorf 11.11.1993, VersR 1994, 1498.

[21] So zu Art. 11 Abs. 1 WA 1929/1955: OLG Hamm 24.10.2002, TranspR 2003, 201, 202.

[22] Im Rechtsbereich der *EU* gelten ab dem 17. Dezember 2009: Art. 3 f. VO (EG) Nr. 593/2008 des Europäischen Parlaments und des Rates vom 17. Juni 2008 über das auf vertragliche Schuldverhältnisse anzuwendende Recht („Rom I"), ABl. EG Nr. L 177 vom 4.7.2008.

[23] S. die vorausgegangene Fn.

[24] So zum vorausgegangenen AGB-Gesetz BGH 20.1.1983, BGHZ 86, 284 = NJW 1983, 1322 = TranspR 1983, 116 (Klauseln der ABB-Flugpassage). Zu den §§ 305 ff. BGB BGH 5.12.2006, NJW 2007, 997 = TranspR 2007, 27 = LMK 2007, 213130 (m. Anm. *Koller*) = RRa 2007, 74 (m. Anm. *Kappus*) („Klauselinfektion"); OLG Köln 11.4.2003, RRa 2003, 234; LG Köln 29.1.2003, RRa 2003, 84; AG Wunsiedel 24.9.2002, ZLW 2003, 274.

[25] Denkschrift, BT-Drucks. 15/2285 S. 40 (zu Art. 11); *Koller* Rn. 1; *Reuschle* Rn. 18. AA FrankfKomm/ *Müller-Rostin* Rn. 16 f.

**17**     **bb) § 310 Abs. 1 BGB.** Wenn der Luftfrachtführer seine AGB, zB die *ABB-Fracht,* allerdings gegenüber einem anderen „Unternehmer" (§ 14 BGB) verwendet, namentlich gegenüber einem Spediteur (§ 453 HGB) oder einem Großversender, so ist nach den gemäß den Art. 3 ff. Rom I-VO[26] anzuwendenden *deutschen* AGB-Recht die materiellrechtliche Frage der „Einbeziehung" kaum noch problematisch. Die allgemeinen und verhältnismäßig strengen Einbeziehungsvoraussetzungen des § 305 Abs. 2 BGB finden nach § 310 Abs. 1 BGB hier gerade keine Anwendung. Insoweit kann nach *deutschem* Recht auch eine still-schweigende rechtsgeschäftliche Unterwerfung unter die AGB des Luftfrachtführers seitens eines anderen „Unternehmers" stattfinden. Eine laufende Geschäftsbeziehung[27] bietet hier-für schon ein Indiz. Auch genügt zur Einbeziehung Allgemeiner Geschäftsbedingungen unter „Unternehmern", dass eine Partei deutlich macht, dass sie den Vertrag nur unter Geltung ihrer AGB schließen will. Unter „Unternehmern" ist es nicht erforderlich, dass die Vertragspartner die AGB tatsächlich kennt.[28] Daher ist eine Einbeziehung von AGB auch dann wirksam, wenn eine Vertragspartei auf die Geltung ihrer im *Internet* unter einer bestimmten Adresse abrufbaren AGB hinweist und der andere (Unternehmens-) Vertrags-partner sich weder an der angegebenen Internetadresse über den Inhalt der AGB informiert noch die Übersendung der AGB in Schriftform anfordert.[29]

**18**     **cc) Rechtsfolge des § 310 Abs. 1 BGB.** Die einschränkende beweisrechtliche Vermu-tungswirkung des Abs. 1 („die darin niedergelegt sind") hat hier infolgedessen keine Funk-tion mehr.

**19**     **2. Gewicht, Maße und Verpackung sowie Anzahl der Frachtstücke.** Der Beweis für die Richtigkeit der Angaben in dem Luftfrachtbrief und der Empfangsbestätigung über die Güter zu Gewicht, Maßen und Verpackung sowie zu der Anzahl der Frachtstücke.

**20**     **a) Gewicht.** Die Angabe zum „Gewicht" der Sendung gehört nach Art. 5 Abs. c zum obligatorischen Mindestinhalt eines „Luftfrachtbriefs" (Art. 4 Abs. 1) bzw. einer „Empfangs-bestätigung über die Güter" (Art. 4 Abs. 2). Eine fehlerhafte Angabe über das „Gewicht" führt infolgedessen grundsätzlich auch zur Haftung des Absenders bzw. des Luftfrachtführers nach Art. 10 Abs. 2 bzw. Abs. 3 für alle hierauf adäquat kausal zurückgehenden Folgeschäden. Für den Luftfrachtführer ist die Angabe zum „Gewicht" aber nicht nur von besonderer Bedeutung, weil diese vorliegend an der Beweiswirkung des Abs. 1 teilhat.[30] Das „Gewicht" bestimmt vor allem auch die absolute Haftungsgrenze des Luftfrachtführers, da dieser nach Art. 22 Abs. 3 allenfalls bis zur Höhe von 19 SZR je Kilogramm des Gutes haften muss (Art. 22 Rn. 4). Ausnahmen gelten hier nur im Falle einer vorausgegangenen „Wertdeklara-tion" (Art. 22 Abs. 3) oder einer vorherigen besonderen „Vereinbarung" (Art. 25). Fehlt im „Luftfrachtbrief" die Gewichtsangabe vollständig, so hat dies nach Art. 9 zwar keinen Einfluss auf die Wirksamkeit des Luftfrachtvertrags. Doch trifft den Luftfrachtführer hinsichtlich des im Verhältnis zur Behauptung des Absenders niedrigeren Gewichts die Beweislast, da es Sache des Luftfrachtführers ist, das tatsächliche Gewicht zu bestimmen und zu notieren.[31]

**21**     **b) Verpackung.** Die Angaben[32] zur „Verpackung" sind von besonderem Interesse, wenn der Luftfrachtführer nach Art. 18 Abs. 2 zu seiner Enthaftung geltend macht, dass der Güterschaden durch „mangelhafte Verpackung der Güter durch eine andere Person als der Luftfrachtführer oder seine Leute" „verursacht" worden ist (Art. 18 Rn. 81). Bei

---

[26] S. auch oben Fn. 22.
[27] BGH 6.12.1990, NJW-RR 1991, 570 = VersR 1991, 480 = LM § 2 AGBG Nr. 12 (Paketdienst); KG 18.12.1996, WuW 1997, 655 = AfP 1998, 74 (Bezug von Presseerzeugnissen); BGH 1.6.2005, NJW-RR 2005, 1518 = IPRax 2006, 594 = RiW 2005, 776 = LMK 2005, 155248/*Mankowski* (Kauf von Sportartikeln).
[28] OLG Naumburg 19.6.2003, NJOZ 2004, 14; LG Köln 15.4.2003, (85 O 15/03) CR 2003, 484.
[29] OLG Bremen 11.2.2004, NJOZ 2004, 2854.
[30] Vgl. OLG Frankfurt/M. 30.8.2004, TranspR 2004, 471, 472.
[31] LG Frankfurt/M. 21.8.1990, TranspR 1991, 32 f. = ZLW 1991, 191.
[32] Zur Reichweite der Beweiswirkung eines Luftfrachtbriefs iSd. Art. 11 WA 1929/1955: BGH 9.6.2004, NJW-RR 2004, 1482 = TranspR 2004, 369 = VersR 2005, 811.

Anwendbarkeit *deutschen* Rechts (Art. 3 ff. Rom I-VO[33]) kann hier § 411 HGB eine erste Orientierungshilfe abgeben. Danach hat der Absender „das Gut, soweit dessen Natur unter Berücksichtigung der vereinbarten Beförderung eine Verpackung erfordert, so zu verpacken, dass es vor Verlust und Beschädigung geschützt ist und dass auch dem Frachtführer keine Schäden entstehen. Der Absender hat das Gut ferner, soweit dessen vertragsgemäße Behandlung dies erfordert, zu kennzeichnen". Vor allem in den Fällen, in denen die Verpackung des Guts dieser Norm nicht entspricht oder entsprechen kann, ist der Absender[34] gehalten, dies im Frachtdokument durch eine entsprechende Angabe kenntlich zu machen.

**c) Art, Anzahl und Umfang der Frachtgüter.** Es gehört zu den Vertragspflichten **22** des Luftfrachtführers, an Hand der Angaben des Auftraggebers zur „Art, Anzahl und Umfang" des Ladeguts (hier: ein großes Symphonieorchester) ein ausreichendes Frachtvolumen bereit zu halten.[35] Kommt es zu einer Flugverspätung, weil der Luftfrachtführer nicht genügend Frachtraum kalkuliert hat, liegt hier keine „Verspätung" iS des Art. 19 WA 1929/1955 (Art. 19 MÜ), sondern eine Nichterfüllung des ursprünglichen Vertrags vor.[36] Im Schadensersatzprozess wegen Verlusts des Transportguts kann im Rahmen des § 286 ZPO der Beweis für die Anzahl der übergebenen Frachtstücke und den Zustand des Gutes von dem Anspruchsberechtigten grundsätzlich durch eine von dem Frachtführer ausgestellte Übernahmequittung geführt werden.[37]

**3. Menge, Rauminhalt und Zustand der Frachtgüter.** Die Richtigkeit der Angaben **23** in dem Luftfrachtbrief und der Empfangsbestätigung über Menge, Rauminhalt und Zustand der Güter wird gegenüber dem Luftfrachtführer (widerlegbar) nur insoweit vermutet, als er diese Angaben in Gegenwart des Absenders nachgeprüft hat und dies auf dem Luftfrachtbrief oder der Empfangsbestätigung vermerkt[38] ist,[39] oder wenn es sich um Angaben handelt, die sich auf den äußerlich erkennbaren Zustand beziehen. Die Beweiswirkung der Angaben zum „äußerlich erkennbaren Zustand des Guts" entspricht derjenigen des Art. 9 Abs. 2 CMR.[40] Darunter ist der Zustand zu verstehen, der sich mit den Mitteln und der Sorgfalt überprüfen lässt, die einem CMR-Frachtführer zur Verfügung stehen.

Eine Verpflichtung zur Überprüfung der angelieferten Ware trifft den Luftfrachtführer **24** nicht.[41] Für die Vermutungswirkung des Abs. 2 ist deshalb letztlich nur das Vorhandensein des insoweit angebrachten Vermerks entscheidend. Der auf dem Luftfrachtbrief hier generell wiedergegebene Vermerk „Received in apparent good order and condition" bezieht sich dabei iE allein auf den äußeren (Verpackung), nicht aber auf den inneren Zustand der Ware.[42]

---

[33] S. auch oben Fn. 22.
[34] Vgl. Art. 3 Nr. 4 ABB-Fracht (2010): „Sind Verfassung und Zustand der Güter und/oder der Verpackung äußerlich erkennbar mangelhaft, so hat der Absender im Luftfrachtbrief einen entsprechenden Vermerk zu machen. Unterlässt er dies oder ist die Angabe ungenau, so kann der Luftfrachtführer einen entsprechenden Vermerk oder eine Berichtigung einsetzen."
[35] OLG Köln 4.3.1994, NJW-RR 1995, 353 = TranspR 1995, 72.
[36] OLG Frankfurt/M. 24.11.1987, MDR 1989, 165 = RIW 1989, 226 = ZLW 1989, 178.
[37] BGH 24.10.2002, NJW-RR 2003, 754 = TranspR 2003, 156.
[38] Art. 3 Nr. 4 ABB-Fracht (2010): „Sind Verfassung und Zustand der Güter und/oder der Verpackung äußerlich erkennbar mangelhaft, so hat der Absender im Luftfrachtbrief einen entsprechenden Vermerk zu machen. Unterlässt er dies oder ist die Angabe ungenau, so kann der Luftfrachtführer auf dem Luftfrachtbrief einen entsprechenden Vermerk oder eine Berichtigung setzen."
[39] Zu Art. 11 WA 1929/1955: BGH 9.6.2004, NJW-RR 2004, 1482 = TranspR 2004, 369 = VersR 2005, 811.
[40] BGH 9.6.2004, NJW-RR 2004, 1482 = TranspR 2004, 369 = VersR 2005, 811.
[41] OLG Frankfurt/M. 15.11.1983, TranspR 1984, 20 = RIW 1984, 69 = MDR 1984, 236; LG Frankfurt/M. 6.1.1987, TranspR 1987, 389 = RIW 1987, 392 = ZLW 1988, 85: Wenn der Luftfrachtführer nach Art. 16 Abs. 2 WA 1929/1955 (= Art. 16 Abs. 2 MÜ) schon nicht verpflichtet sei, die vom Absender erteilten Auskünfte und Papiere auf ihre Richtigkeit und Vollständigkeit zu prüfen, dann brauche er auch die Ware nicht zu untersuchen. Vgl. auch Art. 5 Nr. 7 ABB-Fracht (2010): „Der Luftfrachtführer ist berechtigt, jedoch nicht verpflichtet, den Inhalt aller Gütersendungen zu überprüfen."
[42] BGH 24.6.1987, WM 1987, 1342; OLG Frankfurt/M. 12.7.1993, RIW 1994, 68, 69; LG Frankfurt/M. 6.1.1987, TranspR 1987, 389 = RIW 1987, 392 = ZLW 1988, 85. S. auch: RG 8.7.1933, RGZ 141, 315, 317 (Konnossement); BGH 28.5.1962, VersR 1982, 660, 661 (Konnossement).

Macht deshalb ein Empfänger wegen des „inneren Zustands" der Sendung (verwelkte Blumen, verdorbenes Obst usw.) einen Schadensersatzanspruch gegen den Luftfrachtführer geltend, so trägt er folglich auch die Beweislast dafür, dass dieser das Gut in einem noch nicht beschädigten Zustand übernommen hat.[43] Vgl. auch Art. 18 Rn. 66 ff.

## V. Widerlegen der beweisrechtlichen Vermutung

**25**   **1. Gegenbeweis.** Die vorgenannten beweisrechtlichen Vermutungen sind ohne[44] Ausnahme „widerlegbar". Bei Anwendbarkeit *deutschen* Prozessrechts als „lex fori" führen diese Vermutungen im Rahmen des § 286 ZPO nicht zu einer Beweislastumkehr. Sie bilden vielmehr nur einen Anwendungsfall des Anscheinsbeweises.[45] Inwieweit „Durchstreichungen, Radierungen, Einschaltungen oder sonstige äußere Mängel" die Beweiskraft einer oder aller Ausfertigungen des „Luftfrachtbriefs" oder der „Empfangsbestätigung über die Güter" ganz oder teilweise aufheben oder mindern, entscheidet ein *deutsches* Gericht gemäß § 419 ZPO „nach freier Überzeugung". Daneben können zum Widerlegen der Vermutungen von Abs. 1 und 2 nicht nur andere Urkunden, sondern schlechthin alle im Zivilprozess zugelassenen Beweismittel in das Verfahren eingebracht werden. Dies gilt neben dem genannten *Urkundenbeweis* – einschließlich elektronischer Dokumente (§ 371a ZPO) – ebenso auch für den Beweis durch *Augenschein,* den *Zeugenbeweis,* den Beweis durch *Sachverständige* und den Beweis durch *Parteivernehmung.*

**26**   **2. Rechtsfolgen eines Widerlegens der beweisrechtlichen Vermutung.** Sollte das Gericht als Ergebnis seiner „freien Beweiswürdigung" (§ 286 ZPO) eine der in Abs. 1 oder 2 vorgegebenen Vermutungen als widerlegt erachten, ergibt sich bezüglich dieses Tatbestands („Vertragsschluss", „Annahme der Güter" usw.) die volle Beweislast desjenigen, der unabhängig von dem Transportdokument den betreffenden Tatbestand generell darzulegen und zu beweisen hätte. Dies ist beispielsweise bei einer Klage auf Zahlung der vereinbarten Fracht (§ 407 Abs. 2 HGB) der Luftfrachtführer hinsichtlich des „Vertragsschlusses" und bei dem eingeklagten Schadensersatz wegen des Verlusts von Frachtgut (Art. 18 Abs. 1) der Absender bzw. der Empfänger bezüglich der „Annahme der Güter".

**27**   **3. In Abs. 2 nicht benannte Tatbestände.** Sofern der „Luftfrachtbrief" oder die „Empfangsbestätigung über die Güter" Angaben enthält, die in Art. 11 nicht erwähnt sind, beispielsweise zu „Beförderungsbedingungen", die im Frachtvertrag nur in Bezug genommen, aber *nicht* „darin niedergelegt sind" (Abs. 1), zur „Art der Güter" (Art. 6), zu der „Eigenart der Güter" (Art. 18 Abs. 2 Buchst. a) oder zum deklarierten Wert (Art. 22 Abs. 3), so werden diese von der Richtigkeitsvermutung des Art. 11 nicht miterfasst. Ihr Beweiswert bestimmt sich nach dem jeweils anzuwendenden nationalen Verfahrensrecht. Für ein *deutsches* Gericht und nach seiner „lex fori" unterliegen der „Luftfrachtbrief" und die „Empfangsbestätigung über die Güter" als Privaturkunden iSd. § 416 ZPO hinsichtlich ihrer inhaltlichen Richtigkeit der „freien Beweiswürdigung" iSd. § 286 ZPO. Insoweit begründen die Urkunden eine den Gegenbeweis zugängliche Vermutung, dass die in ihnen enthaltenen Erklärungen auch inhaltlich richtig sind.[46] Dies gilt entsprechend auch für elektronische Dokumente iSd. § 371a ZPO.

---

[43] Zu Art. 18 WA 1929/1955: BGH 9.6.2004, NJW-RR 2004, 1482 = TranspR 2004, 369 = VersR 2005, 811; OLG Frankfurt/M. 15.11.1983, RIW/AWD 1984, 69 = MDR 1984, 236; LG Frankfurt/M. 6.1.1987, TranspR 1987, 389 = RIW 1987, 392 = ZLW 1988, 85. Materiellrechtlich folgt diese Beweislast aus dem Umstand, dass ein Beladen durch den Frachtführer generell nicht zum Inhalt seines Frachtvertrags zählt. S. auch: § 412 HGB.

[44] Nach dem reinen Wortlaut des Art. 11 Abs. 2 S. 2 WA 1929/1955 konnte zweifelhaft sein, ob „die Angaben über Menge, Raumgehalt und Zustands des Gutes" gleichfalls widerlegbar waren.

[45] Vgl. BGH 30.9.1993, BGHZ 123, 311 = NJW 1993, 3258 = WM 1994, 78 = MDR 1994, 211 = LM § 249(Ba) BGB Nr. 33 *(Lauda).*

[46] Vgl. hierzu OLG Düsseldorf 12.10.1995, NJW-RR 1996, 361 (mwN); OLG Köln 20.6.1997, NJW-RR 1999, 112.

## Art. 12 Verfügungsrecht über die Güter

(1) [1]Der Absender ist unter der Bedingung, dass er alle Verpflichtungen aus dem Frachtvertrag erfüllt, berechtigt, über die Güter in der Weise zu verfügen, dass er sie am Abgangs- oder Bestimmungsflughafen sich zurückgeben, unterwegs während einer Landung aufhalten, am Bestimmungsort oder unterwegs an eine andere Person als den ursprünglich bezeichneten Empfänger abliefern oder zum Abgangsflughafen zurückbringen lässt. [2]Dieses Recht kann nur insoweit ausgeübt werden, als dadurch der Luftfrachtführer oder die anderen Absender nicht geschädigt werden; der Absender ist zur Erstattung der durch die Ausübung dieses Rechts entstehenden Kosten verpflichtet.

(2) Ist die Ausführung der Weisungen des Absenders unmöglich, so hat der Luftfrachtführer ihn unverzüglich zu verständigen.

(3) Kommt der Luftfrachtführer den Weisungen des Absenders nach, ohne die Vorlage der diesem übergebenen Ausfertigung des Luftfrachtbriefs oder der Empfangsbestätigung über die Güter zu verlangen, so haftet er unbeschadet seines Rückgriffsanspruchs gegen den Absender dem rechtmäßigen Besitzer des Luftfrachtbriefs oder der Empfangsbestätigung über die Güter für den daraus entstehenden Schaden.

(4) [1]Das Recht des Absenders erlischt mit dem Zeitpunkt, in dem das Recht des Empfängers nach Artikel 13 entsteht. [2]Es lebt jedoch wieder auf, wenn der Empfänger die Annahme der Güter verweigert oder wenn er nicht erreicht werden kann.

## Art. 12 Droit de disposer de la marchandise

1. L'expéditeur a le droit, à la condition d'exécuter toutes les obligations résultant du contrat de transport, de disposer de la marchandise, soit en la retirant à l'aéroport de départ ou de destination, soit en l'arrêtant en cours de route lors d'un atterrissage, soit en la faisant livrer au lieu de destination ou en cours de route à une personne autre que le destinataire initialement désigné, soit en demandant son retour à l'aéroport de départ, pour autant que l'exercice de ce droit ne porte préjudice ni au transporteur, ni aux autres expéditeurs et avec l'obligation de rembourser les frais qui en résultent.

2. Dans le cas où l'exécution des instructions de l'expéditeur est impossible, le transporteur doit l'en aviser immédiatement.

3. Si le transporteur exécute les instructions de disposition de l'expéditeur, sans exiger la production de l'exemplaire de la lettre de transport aérien ou du récépissé de la marchandise délivré à celui-ci, il sera responsable, sauf son recours contre l'expéditeur, du préjudice qui pourra être causé par ce fait à celui qui est régulièrement en possession de la

## Art. 12 Right of Disposition of Cargo

1. Subject to its liability to carry out all its obligations under the contract of carriage, the consignor has the right to dispose of the cargo by withdrawing it at the airport of departure or destination, or by stopping it in the course of the journey on any landing, or by calling for it to be delivered at the place of destination or in the course of the journey to a person other than the consignee originally designated, or by requiring it to be returned to the airport of departure. The consignor must not exercise this right of disposition in such a way as to prejudice the carrier or other consignors and must reimburse any expenses occasioned by the exercise of this right.

2. If it is impossible to carry out the instructions of the consignor, the carrier must so inform the consignor forthwith.

3. If the carrier carries out the instructions of the consignor for the disposition of the cargo without requiring the production of the part of the air waybill or the cargo receipt delivered to the latter, the carrier will be liable, without prejudice to its right of recovery from the consignor, for any damage which may be caused thereby to any person

lettre de transport aérien ou du récépissé de la marchandise.

4. Le droit de l'expéditeur cesse au moment où celui du destinataire commence, conformément à l'article 13. Toutefois, si le destinataire refuse la marchandise, ou s'il ne peut être joint, l'expéditeur reprend son droit de disposition.

who is lawfully in possession of that part of the air waybill or the cargo receipt.

4. The right conferred on the consignor ceases at the moment when that of the consignee begins in accordance with Article 13. Nevertheless, if the consignee declines to accept the cargo, or cannot be communicated with, the consignor resumes its right of disposition.

**Ähnliche Bestimmungen:** Art. 12 WA 1929/1955; Art. 12 WA/MP Nr. 4 (1975); § 418 HGB (Luft- und andere Binnentransporte); Art. 12 CMR (1956/1978); Art. 18 CIM 1999, Art. 14 CMNI (2001); Art. 7 ABB-Fracht (2010) und § 9 ADSp 2003.

**Schrifttum:** *Faesch,* Das Verfügungsrecht des Absenders und des Empfängers im Luftfrachtverkehr, Int-TranspZ 1955, 2332; *Giemulla,* HdB des Luftverkehrsrechts, 4. Aufl. 2013, S. 369; *Grönfors,* Verfügungsrecht und Kreditsicherheit beim Luftgütertransport ohne Dokumente, FS Alex Meyer, 1975, S. 103; *Koller,* Rechtsnatur und Rechtswirkungen frachtrechtlicher Sperrpapiere, TranspR 1994, 181; *Meyer-Rehfueß,* Das frachtvertragliche Weisungsrecht, 1995; *Müller-Rostin,* Verfügungsrechte und Anspruchsberechtigung von Absender und Empfänger nach dem Warschauer Abkommen, TranspR 1989, 1; *Reuschle,* MÜ, Art. 12.

## Übersicht

|  | Rn. |  | Rn. |
|---|---|---|---|
| **I. Normzweck** | 1 | 2. Nichterfüllung der Verpflichtungen aus dem Frachtvertrag | 20–23 |
| **II. Regelungsgehalt** | 2–7 | a) Die Formulierung des Abs. 1 | 21 |
| 1. Der „Absender" als Normadressat | 2 | b) Die Auslegung des Abs. 1 | 22 |
| 2. Die einseitigen „Weisungen" des Absenders zur Abänderung des Frachtvertrags | 3, 4 | c) Die Auslegung des Abs. 1 im Einzelnen | 23 |
| 3. Reichweite des Weisungsrechts | 5, 6 | 3. Weisungen mit Schadensgefahr | 24, 25 |
| 4. Keine sachenrechtliche Folgewirkung | 7 | 4. Unmöglichkeit der Ausführung einer Weisung | 26 |
| **III. Ziel, Form und Adressat der Weisung** | 8–10 | **VI. Weisungswidriges Handeln des Luftfrachtführers** | 27, 28 |
| 1. „Weisung" und Frachtvertrag | 8 | 1. Schadensersatzpflicht nach § 280 Abs. 1 BGB | 27 |
| 2. Form der „Weisung" | 9 | 2. Schadensersatzpflicht nach den Art. 18 f. MÜ | 28 |
| 3. Der „ausführende" Luftfrachtführer als Adressat einer „Weisung" ungeeignet | 10 | **VII. Kostenerstattungspflicht des Absenders** | 29 |
| **IV. Inhalt des Weisungsrechts** | 11–13 | **VIII. Vertragliche Erweiterungen des Weisungsrechts des Absenders** | 30 |
| 1. Umfang des Weisungsrechts | 12 |  |  |
| 2. In Abs. 1 nicht benannte „Weisungen" | 13 | **IX. Ende und Wiederaufleben des Weisungsrechts** | 31–34 |
| **V. Unverbindlichkeit von Weisungen** | 14–26 | 1. Eintreffen des Gutes am Bestimmungsort | 32 |
| 1. Fehlende Legitimation des Absenders | 15–19 |  |  |
| a) Keine Haftungsbeschränkung iSd. § 433 HGB | 16 | 2. Identität von Bestimmungsort und Bestimmungsflughafen | 33 |
| b) Legitimationsfunktion eines Luftfrachtbriefs (Art. 4 Abs. 1 MÜ) bzw. einer Empfangsbestätigung über die Güter (Art. 4 Abs. 2 MÜ) | 17 | 3. Annahmeverweigerung durch den Empfänger | 34 |
| c) Art. 15 Abs. 2 MÜ | 18 |  |  |
| d) Abs. 3 | 19 |  |  |

## I. Normzweck

**1**     **Absender und Luftfrachtführer.** In dem Drei-Personen-Verhältnis von *Luftfrachtführer,*[1] *Absender*[2] und *Empfänger*[3] stellt Art. 12 auf die Rechtsbeziehungen des *Absenders* zum *Luft-*

---

[1] Zum „Luftfrachtführer" Art. 1 Rn. 14 ff.
[2] Zum „Absender" Art. 1 Rn. 20.
[3] Zum „Empfänger" Art. 1 Rn. 26.

*frachtführer* ab. Der Vorschrift folgen sodann die entsprechenden Bestimmungen des Art. 13 über das Rechtsverhältnis des *Empfängers* zu diesem *Luftfrachtführer* und schließlich des Art. 15 über das Rechtsverhältnis von *Absender* und *Empfänger* untereinander. Art. 12 selbst übernimmt den Inhalt des bisherigen Art. 12 WA 1929/1955. Abs. 3 trägt hierbei dem Umstand Rechnung, dass die Transportdokumentation künftig nicht nur durch das Ausstellen eines Luftfrachtbriefs (Art. 4 Abs. 1), sondern auch in Gestalt einer „anderen Aufzeichnung" mit dem zusätzlichen Aushändigen einer „Empfangsbestätigung über die Güter" (Art. 4 Abs. 2) erfolgen kann. Im Hinblick auf Art. 15 Abs. 2 enthält die Bestimmung dispositives Recht. Inhaltlich übernimmt Art. 12 die bisherige Regelung des Art. 12 WA 1929/1955.

## II. Regelungsgehalt

**1. Der „Absender" als Normadressat.** Normadressat ist der Absender (engl. Original- **2** text: „consignor"). Bei ihm handelt es sich um diejenige natürliche oder juristische Person,[4] die mit dem Luftfrachtführer vereinbart hat, „das Gut zum Bestimmungsort zu befördern und dort an den Empfänger abzuliefern" (Art. 3 ff. Rom I-VO[5], § 407 Abs. 1 HGB). „Der Absender wird verpflichtet, die vereinbarte Fracht zu zahlen" (§ 407 Abs. 2 HGB). Außerdem hat der Absender dem Luftfrachtführer nach Art. 16 alle Auskünfte und Urkunden zu erteilen, die aus behördlicher Sicht für den Transport des Gutes bis zu dessen Aushändigung an den Empfänger erforderlich sind. Im Falle von Schäden iS der Art. 18 f. hat der Absender – neben dem Empfänger (Art. 13) – die erforderliche Aktivlegitimation, um deren Ersatz gegen den Luftfrachtführer geltend machen zu können (unten Art. 18 Rn. 87 ff.).

**2. Die einseitigen „Weisungen" des Absenders zur Abänderung des Frachtver- 3 trags.** Abs. 1 räumt dem Absender iE das Recht ein, den im Luftfrachtvertrag vorgesehenen Transportablauf auch noch nach der Übergabe des Gutes an den Luftfrachtführer durch insgesamt vier verschiedene einseitige „Verfügungen" im Nachhinein abzuändern. Insbesondere kann der Absender das Gut „sich zurückgeben" lassen. Bei Anwendbarkeit *deutschen* Rechts (Art. 3 ff. Rom I-VO[6]) kann darin im Einzelfall zugleich auch eine Kündigung des Frachtvertrags liegen, die nach § 415 Abs. 1 HGB „jederzeit" erfolgen darf und deren Rechtsfolgen in § 415 Abs. 2 und 3 HGB näher bestimmt sind.

Bei diesem „Verfügungsrecht über Güter" (engl. Originaltext: „Right of Disposition of **4** Cargo") handelt es sich nicht um ein solches des Sachenrechts. Es wird mit ihm nicht das *Recht* am *Frachtgut selbst* geändert, übertragen oder aufgehoben. Vielmehr hat der Absender vom Abschluss des Frachtvertrags an gegenüber dem Luftfrachtführer das *vertragsbezogene* Recht, den Transport des Gutes in einzelnen, in Abs. 1 näher genannten vier Punkten korrigieren zu dürfen. Die von Seiten des Absenders hierzu notwendigen Maßnahmen sollten deshalb nicht als „Verfügungen", sondern im Anschluss an Abs. 2 präziser als „Weisungen" (engl. Originaltext: „instructions") bezeichnet werden.

**3. Reichweite des Weisungsrechts.** Abs. 1 umschreibt dieses vertragliche Weisungs- **5** recht des Absenders im Einzelnen und regelt gewisse Nebenfolgen. Abs. 2 verpflichtet den Luftfrachtführer, den Absender unverzüglich zu verständigen, wenn das Ausführen seiner Weisungen unmöglich ist. Abs. 3 verleiht dem Luftfrachtbrief (Art. 4 Abs. 1) sowie der Empfangsbestätigung über die Güter (Art. 4 Abs. 2) bezüglich solcher Weisungen eine Legitimationsfunktion und schützt damit Dritte, die durch eine Weisung des Absenders geschädigt werden könnten. Abs. 4 regelt das Erlöschen und das Wiederaufleben des Weisungsrechts des

---

[4] BGH 21.9.2000, BGHZ 145, 170 = NJW-RR 2001, 396 = TranspR 2001, 29 = VersR 2001, 526: Der bei Ausfüllung eines internationalen Luftfrachtbriefs ausdrücklich als Absender (shipper) Bezeichnete wird grundsätzlich selbst dann Vertragspartei des Luftfrachtvertrags, wenn der für ihn handelnde „Agent" ein Speditionsunternehmen betreibt.

[5] Im Rechtsbereich der *EU* gelten ab dem 17. Dezember 2009: Art. 3 f. VO (EG) Nr. 593/2008 des Europäischen Parlaments und des Rates vom 17. Juni 2008 über das auf vertragliche Schuldverhältnisse anzuwendende Recht („Rom I"), ABl. EG Nr. L 177 vom 4.7.2008.

[6] S. die vorausgegangene Fn.

Absenders. Einen Übergang des Weisungsrechts vom Absender auf den Empfänger sieht Art. 12 nicht vor. Der Letztere hat nach Art. 13 Abs. 1 und unter den dortigen Voraussetzungen vielmehr nur einen Anspruch auf „Ablieferung" des Gutes und einen Anspruch auf eine vorherige unverzügliche Anzeige von dessen Eintreffen am Bestimmungsort.

**6**    Im Hintergrund dieser Regelungen steht der Gedanke, dass Absender und Empfänger sich regelmäßig nicht allein als Transportbeteiligte gegenüberstehen.[7] Namentlich in den Fällen eines Versendungskaufs (vgl. für das *deutsche* Recht: § 447 BGB) erfolgt der Transport an den Empfänger vielmehr im Anschluss an einen zwischen Absender und Empfänger zuvor abgeschlossenen Kaufvertrag. Falls sich hier auf Seiten des Käufers/Empfängers nachfolgend Zahlungsschwierigkeiten einstellen sollten, kann der Verkäufer als Absender hierauf auch dann noch interessengerecht reagieren, wenn das Kaufobjekt sich bereits auf dem Transportweg befindet. Er kann hier durch die genannten „Weisungen" vor allem verhindern, dass das Gut am Bestimmungsort an einen zahlungsunwilligen oder vielleicht sogar insolventen Käufer/Empfänger abgeliefert wird.

**7**    **4. Keine sachenrechtliche Folgewirkung.** Die Vorschrift berührt insoweit weder den Gefahrübergang noch die Eigentumsübertragung.[8]

### III. Ziel, Form und Adressat der Weisung

**8**    **1. „Weisung" und Frachtvertrag.** Abs. 1 berechtigt den Absender iE, durch seine „Weisungen" den Frachtvertrag[9] als solchen einseitig[10] zu ändern. Hierzu hat er mit dem Luftfrachtführer vorher keine zusätzliche „Vereinbarung" wie im Falle des Art. 15 Abs. 2 zu treffen. Auch bedarf es dazu keiner Zustimmung des Empfängers, da dieser nicht seinerseits Partei des Frachtvertrags, sondern nur ein durch diesen Vertrag begünstigter Dritter ist (Art. 13 Rn. 7 f.).[11] Es reicht vielmehr die einseitige Erklärung gegenüber dem Luftfrachtführer zur Wirksamkeit einer solchen „Weisung" aus. Dies entspricht im *deutschen* Vertragsrecht der Regelung des § 315 Abs. 2 BGB. Der Frachtvertrag kann von Seiten des Luftfrachtführers anschließend auch nur noch mit diesem *neuen* Inhalt „erfüllt" werden.

**9**    **2. Form der „Weisung".** Hinsichtlich der Form der „Weisung" ist zu berücksichtigen, dass schon der Beförderungsvertrag selbst nach Art. 9 keiner Schrift- oder sonstigen Form unterworfen ist. Dies hat dann ebenso für die in Art. 12 vorgesehene vertragsbezogene „Weisung" zu gelten, zumal das MÜ insoweit auch selbst kein besonderes Formerfordernis aufstellt. Die Weisung kann daher auch *mündlich* erteilt werden.

**10**    **3. Der „ausführende" Luftfrachtführer als Adressat einer „Weisung" ungeeignet.** Falls der (vertragliche) Luftfrachtführer den mit dem Absender vereinbarten Transport einem „ausführenden" Luftfrachtführer (Art. 39 ff.) zu dessen Durchführung überlassen hat, kann der Absender eine von ihm beabsichtigte „Weisung" auch weiterhin nur gegenüber seinem „vertraglichen" Luftfrachtführer verbindlich erteilen. Eine statt dessen (nur) an den „ausführenden" Luftfrachtführer ergangene Weisung ist für beide „Luftfrachtführer" nach Art. 42 unwirksam und bleibt daher rechtlich auch ohne (Haftungs-) Folgen.

### IV. Inhalt des Weisungsrechts

**11**    Da das Weisungsrecht den Inhalt des ursprünglichen Luftfrachtvertrags modifiziert, muss es inhaltlich exakt umrissen sein. Es steht dem Absender deshalb nicht unbeschränkt zur Verfügung, sondern kann den Frachtvertrag nur in insgesamt vier Varianten – einseitig – abändern.

---

[7] Voraufl. MüKoHGB/*Kronke* Art. 12 WA 1955 Rn. 1.
[8] Voraufl. MüKoHGB/*Kronke* Art. 12 WA 1955 Rn. 2; *Reuschle* Rn. 4.
[9] In diesem Punkt deutlicher: Art. 18 § 1 CIM 1999: „Der Absender ist berechtigt, über das Gut zu verfügen und den Beförderungsvertrag nachträglich zu ändern."
[10] So auch *Reuschle* Rn. 1.
[11] Zum „Empfänger" Art. 1 Rn. 26.

**1. Umfang des Weisungsrechts.** Insoweit kann der Absender das Gut im Einzelnen   12
– am **Abgangs-** oder **Bestimmungsflughafen** sich **zurückgeben** lassen;
– unterwegs **während** einer **Landung anhalten;**[12]
– am Bestimmungsort oder unterwegs an eine **andere Person** als den **ursprünglich bezeichneten Empfänger** abliefern lassen oder
– zum **Abgangsflughafen zurückbringen** lassen.

**2. In Abs. 1 nicht benannte „Weisungen".** Anderen als den vier vorgenannten Wei-   13
sungen braucht der Luftfrachtführer nicht nachzukommen. Er macht sich bei Anwendbarkeit *deutschen* Rechts (Art. 3 ff. Rom I-VO[13]) dann im weiteren auch nicht gegenüber dem Absender nach § 280 Abs. 1 BGB schadensersatzpflichtig. Dies gilt vor allem für eine Weisung des Absenders, das Gut an einen anderen als den frachtvertraglich vorgesehenen Bestimmungsort zu befördern. Da eine solche Änderung vor dem Hintergrund des Art. 1 Abs. 3 (Art. 1 Abs. 3 WA) eine Unanwendbarkeit des MÜ (bzw. des WA 1929/1955) zur Folge haben kann, bedarf es hierzu einer mit dem Luftfrachtführer besonders getroffenen „Vereinbarung" iSd. Art. 15 Abs. 2 (Art. 15 Abs. 2 WA 1929/1955). Ebenso muss auch die Einziehung einer Nachnahme besonders vereinbart werden (Art. 3 ff. Rom I-VO[14], § 422 HGB).

### V. Unverbindlichkeit von Weisungen

Aber auch Weisungen iSd. Art. 12 braucht der Luftfrachtführer im Einzelnen nicht zu   14
befolgen,
– wenn der Absender die ihm übergebene (dritte) Ausfertigung des Luftfrachtbriefs oder die Empfangsbestätigung über die Güter nicht vorlegt **(Abs. 3)** (Rn. 15 ff.);
– wenn der Absender nicht alle Verpflichtungen aus dem Frachtvertrag erfüllt **(Abs. 1)** (Rn. 20 ff.);
– wenn mit den Weisungen für den Luftfrachtführer selbst oder für die Absender anderer Güter ein Schaden verbunden ist **(Abs. 1)** (Rn. 24 f.),
– ebenso braucht der Luftfrachtführer solchen Weisungen nicht nachzukommen, deren Ausführung ohnehin unmöglich ist. Hierüber hat er allerdings den Absender unverzüglich zu verständigen **(Abs. 2)** (Rn. 26) und
– schließlich sind Weisungen unwirksam, die statt an den „vertraglichen" (Art. 1 Rn. 14 ff.) allein an den „ausführenden" (Art. 1 Rn. 24) Luftfrachtführer gerichtet worden sind (Art. 42 Rn. 3).

**1. Fehlende Legitimation des Absenders.** Jede der in Abs. 1 näher bezeichneten   15
Weisungen eines Absenders sollte der Luftfrachtführer nur dann befolgen, wenn ihm der Absender zugleich auch die ihm überlassene (dritte) Ausfertigung des Luftfrachtbriefs (Art. 4 Abs. 1, Art. 7 Abs. 2 S. 3) oder die Empfangsbestätigung über die Güter (Art. 4 Abs. 2) vorlegt. Andernfalls geht der Luftfrachtführer das Haftungsrisiko ein, dass er für alle in diesem Zusammenhang, dh. einem anderen – rechtmäßigem – Inhaber dieser Transportdokumente, entstandenen Schäden Ersatz zu leisten hat (Abs. 3). Diese Haftung ist nicht nach Art. 22 limitiert.[15] Auch kommt es auf ein Verschulden des Luftfrachtführers hier nicht an.

**a) Keine Haftungsbeschränkung iSd. § 433 HGB.** Bei Anwendbarkeit *deutschen*   16
Rechts (Art. 3 ff. Rom I-VO[16]) greift hier im Weiteren auch nicht die Haftungsbeschrän-

---

[12] BGH 9.10.1964, NJW 1964, 2348: Keine Haftung des Luftfrachtführers nach Art. 18 WA, wenn er in Ausführung einer Anhalteverfügung des Absenders das Gut auf einem Zwischenlandeplatz auslädt und das Gut wegen Fehlens der von der dortigen Zollbehörde geforderten Papiere für Einfuhr oder Durchfuhr beschlagnahmt wird.
[13] S. auch oben Fn. 5.
[14] S. auch oben Fn. 5.
[15] Vgl. insoweit BGH 19.3.1976, NJW 1976, 1583 (m. Anm. *Kropholler*) = VersR 1976, 778 = ZLW 1977, 79, sowie § 418 Abs. 6 HGB.
[16] S. auch oben Fn. 5.

kung des § 433 HGB ein, da diese „Beschränkung" für den entsprechenden Haftungstatbe-stand des § 418 Abs. 6 HGB (letzter Satz) speziell ausgenommen ist. Dabei stand der Gedanke im Hintergrund, dass die Missachtung eines Sperrpapiers den Handel mit den beförderten Gütern gefährdet und deshalb besonders schwerwiegend ist.[17] Somit haftet der Luftfrachtführer nach Abs. 3 letztlich in unbeschränkter Höhe.

17    **b) Legitimationsfunktion eines Luftfrachtbriefs (Art. 4 Abs. 1 MÜ) bzw. einer Empfangsbestätigung über die Güter (Art. 4 Abs. 2 MÜ).** Mit Rücksicht auf dieses hohe Haftungsrisiko haben der Luftfrachtbrief bzw. die Empfangsbestätigung über die Güter für ihren jeweiligen Besitzer iE eine Legitimationsfunktion und für alle übrigen Personen, die diese Dokumente bei einer „Weisung" nicht präsentieren können, eine entsprechende Sperrfunktion. Die „andere Aufzeichnung" iSd. Art. 4 Abs. 2 hat in diesem Zusammenhang keine eigenständige Bedeutung.

18    **c) Art. 15 Abs. 2 MÜ.** Im Gegensatz zu seiner Haftung nach den Art. 17 ff., 26 ist die Haftung des Luftfrachtführers nach Abs. 3 aber nicht zwingend. Eine abweichende Vereinbarung muss indessen nach Art. 15 Abs. 2 auf dem Luftfrachtbrief oder auf der Emp-fangsbestätigung über das Gut vermerkt werden, damit sie als Haftungsausschluss oder -beschränkung wirksam ist. Bei Anwendbarkeit *deutschen* Rechts (Art. 3 ff. Rom I-VO[18]) steht § 418 Abs. 6 S. 2 HGB einer „Beschränkung der Haftung" entgegen.

19    **d) Abs. 3.** Ein Rückgriffsrecht des Luftfrachtführers gegen den Absender bleibt in Abs. 3 ausdrücklich vorbehalten. Mangels einer besonderen Regelung innerhalb des MÜ selbst, richtet sich dieses nach dem gemäß Art. 3 ff. Rom I-VO[19] auf den Beförderungsvertrag anwendbaren nationalen Recht. Bei Anwendbarkeit *deutschen* Rechts kann insoweit eine Haftung des Absenders nach § 280 Abs. 1 BGB in Betracht kommen.

20    **2. Nichterfüllung der Verpflichtungen aus dem Frachtvertrag.** Jede der in Abs. 1 näher bezeichneten Weisungen steht unter der „Bedingung", dass der Absender „alle Ver-pflichtungen aus dem Frachtvertrag erfüllt" (Abs. 1) (engl. Originaltext: „Subject to its liability to carry out all its obligations under the contract of carriage, …"). Gemeint sind hier vor allem die dem Luftfrachtführer bei Anwendbarkeit *deutschen* Rechts (Art, 3 ff. Rom I-VO[20]) nach § 407 Abs. 2 HGB vom Absender geschuldete Fracht sowie der Ersatz von notwendigen Aufwendungen (§ 420 Abs. 1 HGB).[21]

21    **a) Die Formulierung des Abs. 1.** Doch ist die Formulierung des Abs. 1 insgesamt missverständlich. Es kann nach der inhaltlichen Ausrichtung des Frachtvertrags nach Leis-tung („Transport") und Gegenleistung („Fracht") schwerlich ihr Ziel sein, den Absender im Zusammenhang mit einer Weisung nunmehr einer Vorleistungspflicht hinsichtlich seiner Frachtschuld zu unterstellen, wenn eine solche Vorleistung nicht zuvor vereinbart worden war. Bei Anwendbarkeit *deutschen* Rechts (Art 3 ff. Rom I-VO[22]) jedenfalls ergibt sich aus § 420 Abs. 1 HGB ausdrücklich, dass die Fracht erst „bei Ablieferung des Gutes zu zahlen" ist.

22    **b) Die Auslegung des Abs. 1.** Richtig dürfte deshalb die Auslegung des Abs. 1 dahin-gehend sein, dass bezüglich des Weisungsrechts des Absenders iSd. Abs. 1 nur die „in diesem Zeitpunkt fälligen Verpflichtungen" gemeint sind.[23] Insofern besteht bei Anwendbarkeit *deutschen* Rechts sodann eine Übereinstimmung mit § 418 Abs. 1 HGB. Auch hiernach

---

[17] Reg.Begr. zum TRG, BR-Drucks. 368/97 S. 50 (zu § 418 HGB).
[18] S. auch oben Fn. 5.
[19] S. auch oben Fn. 5.
[20] S. auch oben Fn. 5.
[21] Zum WA 1929/1955: BGH 27.10.1988, NJW-RR 1989, 160 = TranspR 1989, 60, 63 = VersR 1989, 212, 214 = WM 1989, 148 = LM § 640 BGB Nr. 10 = ZLW 1989, 368 (lässt Lagergeld offen).
[22] S. auch oben Fn. 5.
[23] S. Fn. 21, sowie: *Guldimann* Art. 12 WA Rn. 15; Voraufl. MüKoHGB/*Kronke* Art. 12 WA 1955 Rn. 4; *Reuschle* Rn. 23. AA FrankfKomm/*Müller-Rostin* Rn. 20.

kann der Frachtführer das Befolgen einer Weisung nicht von einer Vorauszahlung der Fracht insgesamt, sondern nur „von einem Vorschuss abhängig machen". Insoweit stellt Abs. 1 daher letztlich nur klar,[24] dass der Absender trotz seiner Weisung auch künftig noch „alle Verpflichtungen aus dem Frachtvertrag zu erfüllen" hat, namentlich die für ihn in § 407 Abs. 2 HGB vorgesehene Frachtzahlung weiterhin schuldig bleibt.

**c) Die Auslegung des Abs. 1 im Einzelnen.** Eine solche Auslegung würde dann auch **23** mit dem Inhalt des Art. 14 übereinstimmen, wo es sowohl für den Absender wie für den Empfänger gleichermaßen heißt: „sofern sie die Verpflichtungen aus dem Frachtvertrag erfüllen" (Art. 14). Letzteres betrifft indessen auch hier wieder allein die Zahlung einer noch ausstehenden Fracht sowie die Erstattung von notwendigen Aufwendungen. Wenn der Empfänger insoweit nicht vorleistungspflichtig sein kann (Art. 13 Rn. 17), hat dies entsprechend auch für die „Weisungen" des Absenders zu gelten. Das MÜ behandelt das Weisungsrecht des Absenders (Art. 12) und den Anzeige- bzw. Ablieferungsanspruch des Empfängers (Art. 13) in den Art. 12 bis 14 vielmehr durchgehend gleichgewichtig.

**3. Weisungen mit Schadensgefahr.** Einer der in Abs. 1 näher bezeichneten Weisun- **24** gen kann der Luftfrachtführer sich jedenfalls widersetzen, wenn mit ihrem Befolgen für ihn selbst oder für die Absender anderer Güter ein Schaden verbunden wäre. Hierzu reicht es nicht aus, dass die Weisung „den gewöhnlichen Betrieb"[25] des Luftfrachtführers beeinträchtigt oder „Nachteile für den Betrieb seines Unternehmens"[26] mit sich bringt. Nur die Gefahr eines Schadens zählt hier iE, wobei dieser sich für den Luftfrachtführer konkret darstellen muss, und zwar als Schadensgefahr für ihn selbst und/oder für die Absender anderer mittransportierter Sendungen. Eine solche Gefahr kann sich beispielsweise zeigen, wenn der Absender das Gut „zum Abgangsflughafen zurückbringen" (Abs. 1) lassen will, obwohl dieses bereits verdorben ist oder bis zu seiner dortigen Ankunft zu verderben droht. Es könnten sodann das Luftfahrzeug selbst oder die mit ihm transportierten Güter anderer Absender in Mitleidenschaft gezogen werden. Eine Schädigung ist im Weiteren auch zu erwarten, wenn sich durch das Ausladen des Gutes der Abflug verzögert. Der Absender, der den Luftfrachtführer anweist, das Gut zurückzugeben oder anzuhalten, hat iE zu beweisen, dass die Gefahr einer solchen auf der Weisung beruhenden Schädigung nicht besteht.[27]

Die Interessen des Empfängers bleiben in diesem Zusammenhang hingegen unerwähnt. **25** Sie sind iE auf seinen Ablieferungs- und den vorangehenden Anzeigeanspruch iSd. Art. 13 reduziert.

**4. Unmöglichkeit der Ausführung einer Weisung.** Schließlich wird jede der in **26** Abs. 1 genannten Weisungen gegenstandslos, wenn ihre Ausführung unmöglich ist. Doch hat der Luftfrachtführer in diesem Falle den Absender hierüber unverzüglich (engl. Originaltext: „forthwith") zu verständigen.[28] Bei Anwendbarkeit *deutschen* Rechts (Art. 3 ff. Rom I-VO[29]) bestimmt sich diese Unmöglichkeit nach § 275 Abs. 1 BGB. Danach ist die Leistung ausgeschlossen, soweit diese für den Schuldner oder für jedermann unmöglich ist. Dies ist beispielsweise der Fall, wenn das Gut zerstört oder in Verlust geraten ist oder der nach Vertragsschluss durch eine „Weisung" des Absenders neu bestimmte Empfänger „nicht

---

[24]  So auch zu Art. 12 WA 1929/1955: *Guldimann* Rn. 15. S. auch: Art. 7 Nr. 3 ABB-Fracht der Lufthansa Cargo AG (2010): „Der Absender ist haftbar und verpflichtet, dem Luftfrachtführer für jeden Verlust oder Schaden, den dieser infolge der Ausübung des Verfügungsrechts erlitten hat, Ersatz zu leisten. Der Absender muss dem Luftfrachtführer alle durch die Ausübung seines Verfügungsrechts entstandenen Kosten erstatten."

[25]  Anders Art. 12 Abs. 5 Buchst. b CMR; Art. 19 § 3 CIM 1999.

[26]  Anders § 418 Abs. 1 HGB.

[27]  Zu Art. 12 WA 1929/1955: BGH 9.10.1964, NJW 1964, 2348, 2349 = ZLW 1965, 167: Zur Frage der Haftung des Luftfrachtführers, wenn er in Ausführung einer Anhalteverfügung des Absenders das Gut auf einem Zwischenlandeplatz auslädt und das Gut wegen Fehlens der von der dortigen Zollbehörde geforderten Papiere für Einfuhr oder Durchfuhr beschlagnahmt wird. *Guldimann* Rn. 16.

[28]  Hierzu: OLG Hamburg 9.3.2000, TranspR 2000, 253: Frachtführer konnte Weisungen wegen behördlicher Auflagen nicht befolgen (CMR).

[29]  S. auch oben Fn. 5.

erreicht werden kann" (Abs. 4). Eine „Unmöglichkeit" liegt ferner auch dann vor, wenn die „Weisung" des Absenders sich nur auf einen Teil der Sendung bezieht, diese im konkreten Fall aber nicht aufteilbar ist, weil anders als nach Art. 8 nicht mehrere Luftfrachtbriefe bzw. Empfangsbestätigungen über die Güter[30] ausgehändigt worden sind. „Unverzüglich" geschieht das Verständigen in solchen Fällen sodann nur, wenn es von Seiten des Luftfrachtführers „ohne schuldhaftes Zögern" (§ 121 Abs. 1 BGB) erfolgt.

### VI. Weisungswidriges Handeln des Luftfrachtführers

27      **1. Schadensersatzpflicht nach § 280 Abs. 1 BGB.** Liegt keine der oben genannten Ausnahmen vor, so hat der Luftfrachtführer die ihm vom Absender nach Abs. 1 erteilte „Weisung" zu befolgen. Eine besondere Vorschrift über seine andernfalls einsetzende Schadensersatzpflicht, wie die des Art. 12 Abs. 7 CMR, ist im Luftfrachtrecht nicht vorhanden. Insoweit macht sich der Luftfrachtführer bei Anwendbarkeit *deutschen* Rechts (Art. 3 ff. Rom I-VO[31]) iE nach § 280 Abs. 1 BGB schadensersatzpflichtig.[32] In diesem Zusammenhang kann der Luftfrachtführer aber nach § 280 Abs. 1 S. 2 BGB den Nachweis zu führen versuchen, dass er das Nichtbefolgen der Weisung „nicht zu vertreten hat". Auch kann er im Rahmen der §§ 675, 665 BGB geltend machen, dass der Absender „bei Kenntnis der Sachlage" die geschehene „Abweichung" von der Weisung gebilligt hätte. Im Übrigen ist die Haftung des Luftfrachtführers nach § 433 HGB hier ohnehin „auf das Dreifache des Betrages" begrenzt, „der bei Verlust des Gutes zu zahlen wäre" (arg. e § 418 Abs. 6 HGB).

28      **2. Schadensersatzpflicht nach den Art. 18 f. MÜ.** Wenn das Nichtbefolgen einer Weisung des Absenders allerdings zu „Zerstörung", „Verlust", „Beschädigung" oder zu einer „Verspätung" des Gutes führt, haftet der Luftfrachtführer hier dem Absender bzw. dem Empfänger unter den Voraussetzungen der Art. 18 und 19 jeweils auf Grund dieser besonderen Bestimmungen. Diese Haftung ist nach Art. 26 zwingender Natur, andererseits aber nach Art. 22 Abs. 3 auf 19 SZR/kg beschränkt.

### VII. Kostenerstattungspflicht des Absenders

29      Falls der Luftfrachtführer eine der in Abs. 1 genannten Weisungen befolgt, hat er gegen den Absender mit Rücksicht auf die insoweit vollzogene Änderung des ursprünglichen Frachtvertrags einen Anspruch auf „Erstattung" der durch die Ausübung des Weisungsrechts des Absenders entstandenen „Kosten"[33] (engl. Originaltext: „any expenses occasioned by the exercise of this right"). Wenn nach den Art. 3 ff. Rom I-VO[34] im Einzelfall *deutsches* Recht anwendbar ist, konkretisiert § 418 Abs. 1 S. 4 HGB diesen Kostenerstattungsanspruch mit dem Ergebnis, dass der Frachtführer „vom Absender Ersatz seiner durch die Ausführung der Weisung entstehenden Aufwendungen sowie eine angemessene Vergütung verlangen" kann. Zu diesen „Aufwendungen" gehören nach den Art. 2 EGHGB, §§ 675, 670 BGB allerdings nur solche, die der Luftfrachtführer „den Umständen nach für erforderlich halten" durfte.

---

[30] Nach Art. 7 Nr. 2 ABB-Fracht (2010) darf sich die Weisung ohnehin nur „auf die gesamte unter einem Luftfrachtbrief zu befördernde Gütersendung erstrecken".

[31] S. auch oben Fn. 5.

[32] Vgl. OLG Düsseldorf 31.7.1986, TranspR 1986, 341: Nichtbefolgung der Weisung, mit der Beförderung auf Abruf durch den Empfänger zu warten. Statt dessen Andienung dort, wo mangels Einfuhrlizenz kein Abruf erfolgte; BGH 27.10.1988, NJW-RR 1989, 160 = TranspR 1989, 60 = VersR 1989, 213 = LM § 640 BGB Nr. 10 = ZLW 1989, 368: Zur Frage einer Beweiserleichterung oder Beweislastumkehr zugunsten des Absenders von Luftfrachtgut bei der Geltendmachung von Schadensersatzansprüchen, wenn der Luftfrachtführer die erst auf Abruf eines Dritten zu bewirkende Beförderung allein auf telefonische, nicht auf schriftliche oder fernschriftliche Weisung ausführt.

[33] Vgl. auch OLG Köln 26.8.1994, NJW 1995, 671 = TranspR 1995, 68 (Rücktransport von Frachtgut wegen verweigerter Zollabfertigung).

[34] S. auch oben Fn. 5.

## VIII. Vertragliche Erweiterungen des Weisungsrechts des Absenders

Art. 12 schließt mit Rücksicht auf die dem Luftfrachtführer in Art. 27 prinzipiell einge- **30** räumten Vertragsfreiheit nicht aus, dass dieser dem Absender über den Katalog des Abs. 1 hinaus noch weitere Zugeständnisse bezüglich einer nachvertraglichen und einseitigen Umgestaltung des Transportablaufs einräumt. Wie sich aus Art. 15 Abs. 2 hierzu ergibt, kann dies aber nur im Wege einer „Vereinbarung" geschehen. Diese muss sodann „auf dem Luftfrachtbrief oder auf der Empfangsbestätigung über das Gut vermerkt werden". Wenn diese „Vereinbarung" den einseitigen Wechsel des Bestimmungsortes betrifft, ist hier jeweils erneut zu prüfen, ob das Montrealer Übereinkommen bzw. das WA 1929/1955 auf den neu bestimmten Beförderungsvertrag nach Art. 1 bzw. Art. 1 WA 1929/1955 weiterhin anwendbar ist.

## IX. Ende und Wiederaufleben des Weisungsrechts

Das Weisungsrecht geht zu keinem Zeitpunkt auf den Empfänger über,[35] sondern endet **31** in der Person des Absenders und lebt allenfalls auch bei diesem wieder auf.

**1. Eintreffen des Gutes am Bestimmungsort.** Sein Ende findet das Weisungsrecht **32** iE nicht bereits mit der Ankunft des Gutes am Bestimmungsflughafen. Vielmehr kann der Luftfrachtführer nach Abs. 1 auch hier noch das Gut „sich zurückgeben" lassen. Auch endet das Weisungsrecht andererseits nicht erst dann, wenn der Empfänger sein Recht auf „Ablieferung der Güter" nach Art. 13 Abs. 1 geltend macht, sondern vielmehr schon dann, wenn dieses Recht nach Art. 13 „entsteht" (Abs. 4). Dies ist prinzipiell der Zeitpunkt des „Eintreffen der Güter am Bestimmungsort" (Art. 13 Abs. 1).[36]

**2. Identität von Bestimmungsort und Bestimmungsflughafen.** Wenn „Bestim- **33** mungsflughafen" (Art. 12 Abs. 1) und „Bestimmungsort" (Art. 13 Abs. 1) identisch sein sollten, kann es hier daher zu einer Konkurrenz zwischen der Weisungsbefugnis des Absenders einerseits und dem Ablieferungsanspruch des Empfängers andererseits kommen. Diese Konkurrenzsituation löst Art. 13 Abs. 1 zugunsten des Absenders, wenn es dort heißt: „Sofern der Absender nicht von seinem Recht nach Artikel 12 Gebrauch gemacht hat, … ". Insoweit hat der Ablieferungsanspruch des Empfängers gegenüber dem Weisungsrecht des Absenders zurückzutreten. Der Anspruch auf Ablieferung ist im Hinblick auf die Aus- übung dieses Weisungsrecht daher von vornherein nur bedingt entstehungsfähig. Vgl. im *deutschen* Recht: § 158 Abs. 2 BGB. Dies entspricht auch der eingangs erwähnten Intention dieser Vorschrift, den Absender vor einem insolventen Empfänger und dessen Ablieferungs- anspruch bis zum Ende des Transportablaufs in Schutz zu nehmen (Rn. 6). Faktisch kann der Absender sein Weisungsrecht hier ohnehin dadurch wahren, dass er entgegen Art. 13 Abs. 2 dem Empfänger schon „das Eintreffen der Güter" nicht anzeigt. Doch hat er in diesem Fall dem Empfänger bei Anwendbarkeit *deutschen* Rechts (Art. 3 ff. Rom I-VO[37]) gemäß § 280 Abs. 1 BGB den hierdurch entstandenen Schaden zu ersetzen.

**3. Annahmeverweigerung durch den Empfänger.** Falls der Empfänger zunächst die **34** Ablieferung der Güter verlangt, dann aber deren Annahme, beispielsweise wegen eines Transportschadens, verweigert[38] oder wenn der Empfänger nicht erreichbar ist, lebt das Weisungsrecht des Absenders wieder in seinem bisherigen Umfang auf (Abs. 4).

---

[35] Anders Art. 12 Abs. 2 CMR; Art. 18 § 3 CIM 1999 und § 418 Abs. 2 HGB. Ähnlich Art. 14 Abs. 3 CMNI (2001): „Der Absender kann durch einen entsprechenden Vermerk im Frachtbrief … auf sein Verfü- gungsrecht zugunsten des Empfängers verzichten".

[36] Nach Art. 7 Nr. 5 ABB-Fracht (2010) erlischt das Weisungsrecht des Absenders „mit dem Zeitpunkt des Eintreffens der Güter am Bestimmungsort. Verweigert der Empfänger die Annahme der Güter oder – im Anwendungsbereich des Warschauer Abkommens von 1929 bzw. 1955 – des Luftfrachtbriefs oder ist er nicht erreichbar, so lebt das Verfügungsrecht des Absenders wieder auf".

[37] S. auch oben Fn. 5.

[38] In diesem Fall wird der Anspruch des Luftfrachtführers auf seine Fracht (§ 407 Abs. 2 HGB) gleichwohl fällig: BGH 27.10.1988, NJW-RR 1989, 160 = TranspR 1989, 60 = VersR 1989, 213 = ZLW 1989, 368.

## Art. 13 Ablieferung der Güter

**(1)** Sofern der Absender nicht von seinem Recht nach Artikel 12 Gebrauch gemacht hat, ist der Empfänger berechtigt, nach Eintreffen der Güter am Bestimmungsort vom Luftfrachtführer die Ablieferung der Güter gegen Zahlung der geschuldeten Beträge und gegen Erfüllung der Beförderungsbedingungen zu verlangen.

**(2)** Sofern nichts anderes vereinbart ist, hat der Luftfrachtführer dem Empfänger das Eintreffen der Güter unverzüglich anzuzeigen.

**(3)** Hat der Luftfrachtführer den Verlust des Gutes anerkannt oder sind die Güter nach Ablauf von sieben Tagen seit dem Tag, an dem sie hätten eintreffen sollen, nicht eingetroffen, so kann der Empfänger die Rechte aus dem Frachtvertrag gegen den Luftfrachtführer geltend machen.

## Art. 13 Livraison de la marchandise

1. Sauf lorsque l'expéditeur a exercé le droit qu'il tient de l'article 12, le destinataire a le droit, dès l'arrivée de la marchandise au point de destination, de demander au transporteur de lui livrer la marchandise contre le paiement du montant des créances et contre l'exécution des conditions de transport.

2. Sauf stipulation contraire, le transporteur doit aviser le destinataire dès l'arrivée de la marchandise.

3. Si la perte de la marchandise est reconnue par le transporteur ou si, à l'expiration d'un délai de sept jours après qu'elle aurait dû arriver, la marchandise n'est pas arrivée, le destinataire est autorisé à faire valoir vis-à-vis du transporteur les droits résultant du contrat de transport.

## Art. 13 Delivery of the Cargo

1. Except when the consignor has exercised its right under Article 12, the consignee is entitled, on arrival of the cargo at the place of destination, to require the carrier to deliver the cargo to it, on payment of the charges due and on complying with the conditions of carriage.

2. Unless it is otherwise agreed, it is the duty of the carrier to give notice to the consignee as soon as the cargo arrives.

3. If the carrier admits the loss of the cargo, or if the cargo has not arrived at the expiration of seven days after the date on which it ought to have arrived, the consignee is entitled to enforce against the carrier the rights which flow from the contract of carriage.

**Ähnliche Bestimmungen:** Art. 13 WA 1929/1955; Art. 13 WA/MP Nr. 4 (1975); § 421 HGB (innerdeutsche Luft- und andere Binnentransporte); Art. 13 CMR (1956/1978); Art. 17 § 3 CIM 1999; Art. 10 CMNI (2001) und Art. 8 ABB-Fracht (2010).

**Schrifttum:** *Bodis/Remiorz,* Der Frachtzahlungsanspruch gegen den Empfänger nach § 421 Abs. 2 HGB, TranspR 2005, 438; *Eckhardt,* Die Rechtsstellung des Empfängers im Frachtrecht, 1999; *Gröhe,* Der Transportvertrag als Vertrag zu Gunsten Dritter – Zur Passivlegitimation des Unterfrachtführers, ZEuP 1993, 141; *Koller,* Die Inanspruchnahme des Empfängers für Beförderungskosten durch Frachtführer oder Spediteur, TranspR 1993, 41; *Müller-Rostin,* Verfügungsrechte und Anspruchsberechtigung von Absender und Empfänger nach dem WA, TranspR 1989, 1; *ders.,* Die Anspruchsberechtigung für Güterschäden nach dem Warschauer Abkommen, TranspR 1995, 89; *Sieg,* Verträge mit Drittbegünstigung im Transportwesen, TranspR 1996, 317; *Reuschle,* MÜ, Art. 13; *Thume,* Keine Rechte des Empfängers nach Art. 13 Abs. 1 CMR und § 435 HGB gegen den Unterfrachtführer?, TranspR 1991, 85; *ders.,* Die Stellung des Empfängers im neuen Frachtrecht, FG Herber, 1999, S. 153; *ders.,* Probleme bei der Ablieferung des Frachtguts, TranspR 2012, 85; *Tunn,* Rechtsstellung des Empfängers im Frachtrecht, TranspR 1996, 401; *Valder,* Frachtzahlung durch den Empfänger, FS Thume, 2008, S. 263; *Widmann,* Ablieferung von Gütern nach der Neufassung des HGB, TranspR 2001, 72.

### Übersicht

|  | Rn. |  | Rn. |
|---|---|---|---|
| **I. Normzweck** .......................... | 1, 2 | **II. Regelungsgehalt** ...................... | 3–12 |
| 1. Empfänger und Luftfrachtführer ........ | 1 | 1. Der „Empfänger" als Normadressat .... | 3 |
| 2. Die Ablieferung an den Empfänger .... | 2 | 2. Frachtdokumente ........................ | 4 |

|                                                  | Rn. |                                                    | Rn. |
|---|---|---|---|
| 3. Ersetzung des Empfängers | 5 | **V. Die Wirkung von Klauseln auf den** | |
| 4. Die „notify"-Person | 6 | **Ablieferungsanspruch** | 19–22 |
| 5. Der Empfänger als Nicht-Partei des | | 1. „Kasse gegen Dokumente" | 19 |
| Frachtvertrags | 7 | 2. Nachnahmevereinbarung | 20 |
| 6. Der Empfänger als begünstigter Dritter | 8–12 | 3. „prepaid as per charter agreement" | 21 |
| **III. Unverzügliches Anzeigen des Ein-** | | 4. „Erfüllung der Beförderungsbedingun- | |
| **treffens der Güter (Abs. 2)** | 13 | gen" (Abs. 1) | 22 |
| **IV. Zahlung der geschuldeten** | | **VI. „Verlust" (Abs. 3) und andere die** | |
| **Beträge** | 14–18 | **Güter betreffende Schäden** | 23–25 |
| 1. Die Zahlung der „geschuldeten | | 1. Aktivlegitimation des Empfängers bei | |
| Beträge" durch den Absender | 14 | „Verlust" | 23, 24 |
| 2. Keine Pflicht des Empfängers zur Zah- | | a) Aktivlegitimation des Empfängers | 23 |
| lung der „geschuldeten Beträge" | 15 | b) Aktivlegitimation des Empfängers bei | |
| 3. Zahlung der „geschuldeten Beträge" | | sonstigen Transportschäden | 24 |
| Zug um Zug gegen Ablieferung des | | 2. Aktivlegitimation sowohl des Empfän- | |
| Gutes | 16–18 | gers wie auch des Absenders | 25 |

# I. Normzweck

**1. Empfänger und Luftfrachtführer.** In dem Drei-Personen-Verhältnis von *Luftfracht-* **1** *führer,*[1] *Absender*[2] und *Empfänger*[3] stellt Art. 13 auf die Rechtsbeziehungen des *Empfängers* zum *Luftfrachtführer* ab. Der Vorschrift geht die ihr entsprechende Bestimmung des Art. 12 über das Rechtsverhältnis des *Absenders* zu diesem *Luftfrachtführer* voraus und es folgt ihr abschließend Art. 15 zum Rechtsverhältnis von *Absender* und *Empfänger* untereinander.

**2. Die Ablieferung an den Empfänger.** Art. 13 selbst regelt die dem Luftfrachtführer **2** obliegende Ablieferung des Gutes am Bestimmungsort an den dortigen Empfänger. Dass der Luftfrachtführer zuvor – insoweit allerdings auch nur dem Absender gegenüber – verpflichtet ist, „das Gut an den Bestimmungsort zu befördern", ergibt sich bei Anwendbarkeit *deutschen* Rechts (Art. 3 ff. Rom I-VO[4]) aus § 407 Abs. 1 HGB. Inhaltlich entspricht die Vorschrift des Art. 13 weitgehend der des Art. 13 WA 1929/1955. Abweichend von dessen Regelung kann der Empfänger nach Abs. 1 bei Ankunft des Gutes nicht mehr „die Aushändigung des Luftfrachtbriefs" (Art. 13 Abs. 1 WA) verlangen. Die Vorschrift berücksichtigt damit, dass eine Luftbeförderung bei Anwendbarkeit des MÜ auch ohne *Papier*dokument erfolgen kann und in einem solchen Fall dem Frachtführer die Vorlage einer Aufzeichnung auf Papier nicht möglich ist.[5] Im Hinblick auf Art. 15 Abs. 2 enthält die Vorschrift dispositives Recht. Inhaltlich übernimmt Art. 13 die bisherige Regelung des Art. 13 WA 1929/ 1955.

# II. Regelungsgehalt

**1. Der „Empfänger" als Normadressat.** Normadressat ist der Empfänger (engl. Ori- **3** ginaltext: „consignee"). Er ist die nach Abs. 1 berechtigte – natürliche oder juristische – Person, an die der Luftfrachtführer nach dem Inhalt des Luftfrachtvertrags das Gut abzuliefern hat (Art. 3 ff. Rom I-VO,[6] § 407 Abs. 1 HGB).[7] Zuvor hat der Luftfrachtführer ihm nach Abs. 2 „das Eintreffen der Güter unverzüglich anzuzeigen". Im Falle von Schäden iS der Art. 18 f. hat der Empfänger – neben dem Absender (Art. 12) – gleichfalls die erforderli-

---

[1] Zum „Luftfrachtführer" Art. 1 Rn. 14 ff.
[2] Zum „Absender" Art. 1 Rn. 20.
[3] Zum „Empfänger" Art. 1 Rn. 26.
[4] Im Rechtsbereich der *EU* gelten ab dem 17. Dezember 2009: Art. 3 f. VO (EG) Nr. 593/2008 des Europäischen Parlaments und des Rates vom 17. Juni 2008 über das auf vertragliche Schuldverhältnisse anzuwendende Recht („Rom I"), ABl. EG Nr. L 177 vom 4.7.2008.
[5] Denkschrift, BT-Drucks. 15/2285 S. 40.
[6] S. Fn. 4.
[7] Zum WA 1929/1955: OLG Hamburg 27.3.1980, VersR 1980, 1075.

che Aktivlegitimation, um deren Ersatz gegen den Luftfrachtführer geltend machen zu können (Rn. 23 ff.; Art. 18 Rn. 88 ff.).

**4**    **2. Frachtdokumente.** Ist ein Luftfrachtbrief (Art. 4 Abs. 1) ausgestellt worden, liegt die Bestimmung dieser Person regelmäßig in ihrer dortigen Eintragung.[8] Das Entsprechende gilt bei ihrer Benennung in einer Empfangsbestätigung über die Güter (Art. 4 Abs. 2). Doch können diese Eintragungen nach Art. 11 Abs. 1 gegebenenfalls als unrichtig widerlegt werden. Wenn die Transportdokumentation nicht in Papierform erfolgt ist, lässt sich die Person des Empfängers durch einen Rückgriff auf die „andere Aufzeichnung" (Art. 4 Abs. 2) feststellen. Für die Richtigkeit, Genauigkeit und Vollständigkeit der dortigen Angaben und Erklärungen ist der Luftfrachtführer dem Absender nach Art. 10 Abs. 3 ohne Rücksicht auf ein Verschulden haftbar. Insoweit hat er dem Absender nicht nur dessen eigenen, sondern auch den Schaden zu ersetzen, den ein Dritter erleidet, dem der Absender seinerseits haftet. Dies ist regelmäßig wiederum der Empfänger.

**5**    **3. Ersetzung des Empfängers.** Der Absender kann durch eine einseitige und formlose „Weisung" iSd. Art. 12 Abs. 1 den Frachtvertrag bis zur Ablieferung des Gutes (Art. 12 Rn. 33) noch nachträglich abändern und statt des dort bislang vorgesehenen Empfängers eine andere Person zum – endgültigen – Empfänger bestimmen. Die im „Luftfrachtbrief" oder in der „Empfangsbestätigung über die Güter" als „Empfänger" benannte Person hat sodann materiellrechtlich weder einen Benachrichtigungs- noch einen Ablieferungsanspruch iSd. Art 13.

**6**    **4. Die „notify"-Person.** Eine in den Frachtdokumenten zusätzlich benannte „notify"-Person (§ 408 Abs. 1 Nr. 5: „Meldeadresse") kann jedenfalls nicht ein solcher „Empfänger" sein.[9] Sie ist nur von der Ankunft des Gutes am Bestimmungsort zu benachrichtigen, hat aber keine eigenen Rechte aus dem Luftfrachtvertrag. Ihr steht insbesondere kein Anspruch auf „die Ablieferung der Güter" (Art. 13 Abs. 1) zu.[10] Im Falle eines *Dokumentenakkreditivs* lässt sich regelmäßig die finanzierende Bank selbst als „Empfänger" einsetzen, wogegen der Käufer lediglich als „notify address" benannt ist. Weist ein Luftfrachtbrief als Empfänger einen Spediteur aus, so ist auch dieser selbst und nicht das unter „notify" angegebene Unternehmen „Empfänger".[11]

**7**    **5. Der Empfänger als Nicht–Partei des Frachtvertrags.** Ist der Empfänger – wie im Regelfall – mit dem Absender nicht identisch, gehört er auch nicht selbst zu den Parteien des Luftfrachtvertrags. Dies hat zur Folge, dass er vom Luftfrachtführer iE nicht verlangen kann, „das Gut an den Bestimmungsort zu befördern" (§ 407 Abs. 1 HGB). Andererseits kann der Luftfrachtführer von ihm ebenso wenig fordern, „die vereinbarte Fracht zu zahlen" (§ 407 Abs. 2 HGB). Diese schuldet vielmehr nach wie vor der mit dem Luftfrachtführer vertraglich allein verbundene „Absender". Zur Sicherung seiner diesbezüglichen Forderung steht dem Luftfrachtführer nach § 441 HGB im Weiteren auch ein Pfandrecht[12] an dem Frachtgut zu.

**8**    **6. Der Empfänger als begünstigter Dritter.** Durch Art. 13 erhält der mit dem Absender nicht identische Empfänger allerdings die Position eines begünstigten Dritten.[13]

---

[8]  Zum WA 1929/1955: OLG Hamburg 27.3.1980, VersR 1980, 1075. BGH 13.7.2000, NJW-RR 2000, 1631 = TranspR 2001, 298 (CMR). Art. 8 Abs. 1 ABB-Fracht (2006).

[9]  OLG Düsseldorf 13.11.1980, VersR 1982, 1389; OLG Düsseldorf 2.3.1989, VersR 1989, 1319 = TranspR 1989, 423; OLG Düsseldorf 11.11.1993, TranspR 1995, 30 = VersR 1994, 1498.

[10]  OLG Düsseldorf 13.11.1980, VersR 1982, 1989; OLG Hamburg 12.6.1981, VersR 1082, 375; OLG Düsseldorf 2.3.1989, TranspR 1989, 423 = VersR 1989, 1319; OLG Düsseldorf 11.11.1993, TranspR 1995, 30 = VersR 1994, 1498 = ZLW 1995, 347 = IPRax 1995, 402 = RIW 1995, 251 (LS); Cour de Cassation de France 15.5.1991, ETR 1991, 553; Rechtbank van Koophandel te Brussel 16.1.1993, ETR 1993, 776.

[11]  OLG Hamburg 27.3.1980, VersR 1980, 1075.

[12]  Hierzu im Einzelnen Art. 1 Rn. 53.

[13]  Zum WA 1929/1955: OLG Frankfurt/M. 10.5.1977, BB 1977, 1071 = ZLW 1977, 230; OLG Frankfurt/M. 12.7.1993, RIW 1994, 68; OLG Köln 19.8.2003, TranspR 2004, 120; LG Frankfurt/M. 23.9.1992, ZLW 1995, 357, 359.

Er kann danach seinerseits gegenüber dem Luftfrachtführer in einem bestimmten Rahmen „vertragliche" Rechte geltend machen. Insoweit ist er insbesondere berechtigt, die Ablieferung der beförderten Güter am Bestimmungsort an sich zu verlangen (Abs. 1) und eine vorausgehende unverzügliche Anzeige von deren dortigem Eintreffen (Abs. 2) beanspruchen zu können. Zu seiner Aktivlegitimation für Schadensersatzansprüche iS der Art. 18 f.: unten Rn. 23 ff.

Der Begriff des „Bestimmungsorts" entspricht auf Grund des vertragsbezogenen Konzepts **9** des MÜ dem des Art. 1 Abs. 2. Somit kommt es auch hier wiederum allein auf die „Vereinbarungen der Parteien" an. Ganz regelmäßig handelt es sich hier um den Ort der vertraglich vereinbarten letzten Landung, an dem nach dem Frachtvertrag das Frachtgut das Luftfahrzeug endgültig verlässt.[14]

An diesem Ort besteht für den Empfänger ein eigener Ablieferungsanspruch nach Art. 13 **10** indessen nur unter den beiden Voraussetzungen:

– dass der **Absender** zuvor keine **gegenteilige Weisung** iSd. **Art. 12 Abs. 1** erteilt hat (Art. 12 Rn. 12) und
– dass der **Empfänger** die **„Zahlung der geschuldeten Beträge"** (Rn. 14 ff.) und die **„Erfüllung der Beförderungsbedingungen"** (Rn. 22) leistet.

Erst dann, wenn beide Voraussetzungen erfüllt sind, namentlich die „geschuldeten Beträge" **11** bezahlt sind, ist der Empfänger auf Grund des Abs. 1 berechtigt, wenn schon nicht den Transport insgesamt, dann aber immerhin „nach dem Eintreffen der Güter am Bestimmungsort vom Luftfrachtführer die Ablieferung der Güter zu verlangen". Hier hat der Luftfrachtführer bei Anwendbarkeit *deutschen* Rechts bis zur „Zahlung der geschuldeten Beträge" ein Zurückbehaltungsrecht nach § 273 BGB.

Die vorgenannte „Ablieferung" (Rn. 8) besteht darin, dass der Luftfrachtführer den zur **12** Beförderung erlangten Gewahrsam am Frachtgut mit ausdrücklicher oder stillschweigender Einwilligung des Empfängers aufgibt und diesen in den Stand setzt, die tatsächliche Gewalt über das Gut auszuüben.[15] Zu diesem Zeitpunkt endet auch die für die Haftung des Luftfrachtführers nach Art. 18 Abs. 3 maßgebliche „Obhut". Die Darlegungs- und Beweislast für die ordnungsgemäße Ablieferung trägt der Luftfrachtführer.[16] Vgl. auch Art. 18 Rn. 72.

### III. Unverzügliches Anzeigen des Eintreffens der Güter (Abs. 2)

Zur Vorbereitung dieser „Ablieferung" hat der Luftfrachtführer „dem Empfänger das **13** Eintreffen der Güter unverzüglich anzuzeigen" (Abs. 2). Auch hierauf hat der Empfänger als aus dem Frachtvertrag begünstigter Dritter einen selbständigen Anspruch. „Unverzüglich" ist die *deutsche* Übersetzung des engl. Originaltextes: „as soon as the cargo arrives". Wenn der Luftfrachtführer seine diesbezügliche Anzeigepflicht verletzt, hat der Empfänger gegen ihn bei Anwendbarkeit *deutschen* Rechts (Art. 3 ff. Rom I-VO,[17] Art. 2 EGHGB)

---

[14]  Zu WA 1929/1955: BGH 23.3.1976, NJW 1976, 1586 = VersR 1976, 787 = ZLW 1976, 255 (Sukzessivbeförderung); OLG Hamburg 2.9.1982, TranspR 1984, 44 = VersR 1983, 484; OLG Frankfurt/M. 25.4.1983, TranspR 1984, 21 = MDR 1984, 318 = ZLW 1984, 177; OLG Frankfurt/M. 31.1.1984, TranspR 1984, 297, 298; OLG Hamm 24.10.2002, TranspR 2003, 201; LG Stuttgart 19.8.1997, TranspR 1999, 196 (m. Anm. *Leffers*) = VersR 1999, 127 (LS).

[15]  OLG Hamburg 30.1.1986, VersR 1987, 813 (CMR); OLG Hamburg 14.5.1996, TranspR 1997, 101 (CMR); OLG Köln 22.9.2000, NJW-RR 2001, 1256 (CMR); HansOLG Bremen 15.3.2001, TranspR 2001, 259, 260 (§ 425 Abs. 1 HGB); LG Hamburg 6.11.2000, TranspR 2001, 303 (§ 425 Abs. 1 HGB).

[16]  BGH 13.7.2000, TranspR 2001, 298: Der dem Frachtführer obliegende Nachweis der ordnungsgemäßen Ablieferung kann nicht durch einen Stempelaufdruck auf dem Frachtbrief erbracht werden, wenn dieser die Firma des Empfängers nicht erkennen lässt und es an weiteren Angaben wie Ort, Datum und Unterschrift fehlt (CMR); OLG Frankfurt/M. 27.1.1989, NJW-RR 1990, 101 = TranspR 1990, 68, 70 = IPRax 1990, 301 (m. Anm. *Koller*) = ZLW 1990, 224; OLG Düsseldorf 14.3.2007, TranspR 2007, 193: Eine Bestimmung in den allgemeinen Geschäftsbedingungen eines Frachtführers, durch die dieser sich ausbedingt, die Sendung statt an den vertragsmäßigen Empfänger auch an dessen „Nachbarn" zustellen zu dürfen, ist nach § 307 BGB unwirksam (§ 425 Abs. 1 HGB); LG Hamburg 14.5.1996 TranspR 1998, 164 (CMR); LG Frankfurt/M. 22.9.1999, TranspR 2000, 368 (CMR). Vgl. auch: Art. 8 ABB-Fracht (2010), Abdruck in Anlage nach Art. 57 MÜ.

[17]  S. oben Fn. 4.

gemäß § 280 Abs. 1 BGB einen Schadensersatzanspruch. Ein Anspruch nach Art. 19 scheidet hier dagegen aus, weil die Verspätung der Benachrichtigung nicht „bei der Luftbeförderung", dh. nicht „zwischen Start und Landung" (Art. 19 Rn. 22), eingetreten ist.

## IV. Zahlung der geschuldeten Beträge

**14**    **1. Die Zahlung der „geschuldeten Beträge" durch den Absender.** Der Anspruch des Empfängers auf Ablieferung (Abs. 1) hat iE vor allem zur Voraussetzung, dass die „Zahlung der geschuldeten Beträge"[18] erfolgt. Doch richtet sich der diesbezügliche Zahlungsanspruch des Luftfrachtführers bei Anwendbarkeit *deutschen* Rechts (Art. 3 ff. Rom I-VO[19]) gemäß § 407 Abs. 2 HGB gerade nicht gegen den Empfänger, sondern allein gegen den Absender als den Vertragspartner des Luftfrachtführers. Nur der Absender schuldet dem Luftfrachtführer die vereinbarte Fracht, Barauslagen und sonstige „Beträge" (Abs. 1). Auch wenn dieser Anspruch des Luftfrachtführers nach § 420 Abs. 1 HGB schließlich erst „bei der Ablieferung" fällig wird, er sich damit also zeitlich mit der Fälligkeit des Ablieferungsanspruchs des Empfänger nach Abs. 1 zeitlich deckt, besteht der Zahlungsanspruch weiterhin nur gegenüber dem Absender.[20] Dies gilt entsprechend auch für die in den Luftfrachtvertrag wirksam einbezogenen „Beförderungsbedingungen" (Abs. 1) (unten Rn. 22).

**15**    **2. Keine Pflicht des Empfängers zur Zahlung der „geschuldeten Beträge".** Somit kann der Empfänger, wenn er mit dem Absender nicht identisch ist, auch keine Vertragspflicht haben, die etwa noch ausstehenden Beförderungskosten zu bezahlen.[21] Eine solche Verpflichtung folgt im Weiteren auch nicht aus einer Geschäftsführung ohne Auftrag (§§ 677 ff. BGB),[22] einer ungerechtfertigten Bereicherung (§§ 812 ff. BGB) oder aus § 354 HGB.[23] Ebenso wenig bekundet der Empfänger mit der bloßen Entgegennahme des Frachtguts zugleich auch ein – stillschweigendes – Geltendmachen seines Ablieferungsanspruchs. Zur Entstehung seiner Zahlungspflicht bedarf es vielmehr einer davon zu unterscheidenden Willenserklärung des Empfängers.[24] Haben Absender und Frachtführer hingegen vereinbart, dass die Fracht ausschließlich mit dem Absender abzurechnen und nicht vom Empfänger einzufordern sei, so entfällt eine Zahlungspflicht des Empfängers auch dann, wenn der Frachtbrief keinen entsprechenden Freivermerk enthält.[25] Falls sich andererseits aber der Empfänger gegenüber dem Absender zur Tragung der Frachtkosten verpflichtet hat, kann

---

[18] OLG Köln 5.9.1997, TranspR 1998, 478 = VersR 1978, 1175: Erstellt der Luftfrachtführer einen Kostenvoranschlag nach § 650 BGB (hier: über die Höhe der voraussichtlichen Luftfrachtkosten von Artistenmaterial) nicht mit der erforderlichen Sorgfalt, kann er dem Besteller nach den Grundsätzen des Verschuldens bei Vertragsschluss schadensersatzpflichtig sein. Vgl. hierzu: § 311 Abs. 2 BGB nF.

[19] S. oben Fn. 4.

[20] BGH 27.10.1988, NJW-RR 1989, 160 = TranspR 1989, 60 = VersR 1989, 213 = ZLW 1989, 368: Bietet der Luftfrachtführer dem Empfänger die Übergabe des Gutes an, hat er seine Pflichten aus dem Frachtvertrag mit der Folge des Fälligwerdens seines Vergütungsanspruchs auch dann vollständig erfüllt, wenn es zur Übergabe des Gutes infolge Annahmeverweigerung des Empfängers nicht kommt.

[21] LG Köln 11.5.1970, ZLW 1971, 49. Die Rechnungserteilung an den Empfänger der Ware rechtfertigt für sich allein nicht den Schluss darauf, dass dieser Vertragspartner des Speditions- oder Frachtvertrags ist: OLG Düsseldorf 11.7.1996, NJW-RR 1997, 230. Auch entstehen zwischen dem vom Absender beauftragten Frachtführer und dem Empfänger durch das Abladen des weiterhin auf Paletten gelagerten Transportguts und das spätere Abholen der Paletten durch den Frachtführer keine vertraglichen Rechtsbeziehungen: OLG Celle 27.10.1993, TranspR 1994, 247. Selbst der Empfänger, der weiß, dass das Beförderungsunternehmen beauftragt ist, die Fracht bei ihm einzuziehen, verpflichtet sich mit der Entgegennahme des nicht von einem Frachtbrief begleiteten Guts nur dann zur Zahlung der Fracht an das Beförderungsunternehmen, wenn er sich dazu ausdrücklich verpflichtet hat oder für ihn die Höhe der Fracht etwa erkennbar war: OLG München 9.10.1992, NJW-RR 1993, 743 = TranspR 1993, 75 = VersR 1993, 1508.

[22] OLG Düsseldorf 11.12.1980, NJW 1981, 1910. Anders zum Auslagenersatzanspruch des Frachtführers: OLG München 9.4.1997, VersR 1999, 598.

[23] OLG Düsseldorf 27.11.1980, VersR 1981, 556.

[24] Zu § 421 Abs. 2 HGB: BGH 11.1.2007, BGHZ 171, 84 = NJW-RR 2007, 1326 = TranspR 2007, 311 (m. Anm. *Herber*) = VersR 2007, 1585 = Urt.Anm. *Valder*, FS Thume, 2008, S. 263; OLG Düsseldorf 17.11.2004, TranspR 2005, 209 (m. krit. Anm. *Fremuth*). Hierzu auch: *Bodis/Remiorz* TranspR 2005, 438.

[25] Zu § 436 HGB (vor dem TRG): BGH 23.1.1970, NJW 1970, 604.

sich der Frachtführer den diesbezüglichen Erstattungs- oder Befreiungsanspruch des Absenders gegen den Empfänger abtreten lassen. Der Anspruch erlischt, sobald der Anspruch des Frachtführers gegen den Absender auf Zahlung des Frachtlohns verjährt ist.[26]

**3. Zahlung der „geschuldeten Beträge" Zug um Zug gegen Ablieferung des** **16** **Gutes.** Die Aufgabe des Abs. 1 besteht deshalb darin, den Ablieferungsanspruch des Empfängers mit der vom Absender geschuldeten Frachtzahlung zeitlich so zu kombinieren, dass Ablieferung und Zahlung der „Beträge" Zug-um-Zug erfolgen. Weder der Luftfrachtführer noch der Empfänger sollen eine Vorleistungspflicht haben.

Mit Rücksicht hierauf entsteht eine eigene Zahlungspflicht des Empfängers, wenn dieser **17** sich vom Luftfrachtführer einen – vorhandenen – Luftfrachtbrief (Art. 4 Abs. 1), eine – vorhandene – Empfangsbestätigung über die Güter (Art. 4 Abs. 2) aushändigen oder aber das Gut selbst abliefern lässt (Abs. 1). Bei dieser Rechtsfolge einer eigenen Zahlungsschuld des Empfängers handelt es sich weder um einen Eintritt in den Frachtvertrag, noch um eine Vertragsübernahme, sondern um einen gesetzlichen Schuldbeitritt[27] des Empfängers. Dieser Eintritt ist spätestens in der auch von einem äußerlich erkennbaren Geschäftswillen getragenen[28] Übernahme des Gutes durch den Empfänger zu sehen. Verweigert der Empfänger hingegen schon die Annahme des Gutes, wird der Frachtlohnanspruch gleichwohl nach (Art. 3 ff. Rom I-VO[29]) § 420 Abs. 1 HGB fällig. Alleiniger Schuldner bleibt hier dann aber nach wie vor der Absender. Seine bereits bestehende vertragliche Schuldnerstellung wird in § 421 Abs. 4 HGB insoweit ausdrücklich aufrechterhalten. Kommt es hingegen zur Annahme des abzuliefernden Gutes, so decken sich von jetzt an die Zahlungspflichten von Absender und Empfänger inhaltlich und beide Vertragsbeteiligte sind nunmehr Gesamtschuldner iS der §§ 421 ff. BGB.[30]

Der Empfänger hat den geschuldeten Frachtbetrag iE zeitlich übereinstimmend mit der **18** Geltendmachung seines Anspruchs nach Abs. 1, dh. gleichfalls „bei Ablieferung des Gutes zu zahlen" (§ 420 Abs. 1 HGB). Insofern decken sich die Fälligkeiten des Ablieferungsanspruchs des Empfängers einerseits und des Frachtzahlungsanspruchs des Luftfrachtführers andererseits, so dass der von Abs. 1 angestrebten Zug-um-Zug-Leistung bis zuletzt vollständig Sorge getragen ist.

## V. Die Wirkung von Klauseln auf den Ablieferungsanspruch

**1. „Kasse gegen Dokumente".** Die Klausel *Kasse gegen Dokumente* („cash against **19** documents = D/C") ist in Bezug auf den erteilten Auftrag als Handelsklausel eine echte Fälligkeitsregelung, die eine Vorleistungspflicht des Verkäufers betreffend die Urkundenvorlage und des Käufers bezüglich der Zahlung ohne Untersuchung der Ware begründet. Diese Klausel vermittelt – anders als bei Nachnahme – keine Geldeinziehungsbefugnis des abliefernden Frachtführers.[31] Auch entsteht insoweit für den Schuldner kein über § 407 BGB hinausgehender Vertrauensschutz.[32]

**2. Nachnahmevereinbarung.** Im Falle einer *Nachnahmevereinbarung* („cash on delivery = **20** C.O.D.") darf der Luftfrachtführer das Gut an den Empfänger jedoch nur abliefern, wenn er zugleich den noch ausstehenden Betrag einzieht. Vgl. auch § 422 Abs. 1 HGB. Die Annahme

---

[26] OLG Hamm 15.9.1988, NJW-RR 1989, 742.

[27] RG 16.6.1909, RGZ 71, 342, 354; RG 8.3.1919, RGZ 95, 122, 123.

[28] So auch (zu § 421 Abs. 2 HGB): BGH 11.1.2007, BGHZ 171, 84 = NJW-RR 2007, 1326 = TranspR 2007, 311 (m. Anm. *Herber*) = VersR 2007, 1585 = Anm. *Valder,* FS Thume, 2008, S. 263; OLG Düsseldorf 17.11.2004, TranspR 2005, 209 (m. krit. Anm. *Fremuth*). Hierzu auch: *Bodis/Remiorz* TranspR 2005, 438.

[29] S. oben Fn. 4.

[30] RG 27.2.1914, RGZ 84, 237, 239; RG 3.11.1928, RGZ 122, 226; Baumbach/Hopt/*Merkt* § 421 HGB Rn. 5; *Koller* § 421 HGB Rn. 35.

[31] OLG Frankfurt/M. 27.1.1989, TranspR 1990, 68 = NJW-RR 1990, 101 = IPRax 1990, 301 (m. Anm. *Koller*) = ZLW 1990, 224; LG Nürnberg-Fürth 24.10.1995, TranspR 1996, 290.

[32] BGH 5.3.1997, BGHZ 135, 39 = TranspR 1998, 38 = NJW 1997, 1775 = LM BGB § 407 Nr. 27 (m. Anm. *Pfeiffer*).

eines Verrechnungsschecks anstelle eines Barbetrags stellt grundsätzlich keine ordnungsgemäße Nachnahmeerhebung dar.[33] Verstößt der Luftfrachtführer gegen eine derartige Nachnahme-vereinbarung, macht er sich bei Anwendbarkeit *deutschen* Rechts gemäß § 422 Abs. 3 HGB gegenüber dem Absender auch dann schadensersatzpflichtig, wenn ihn kein Verschulden trifft. Die genannte Klausel „cash on delivery" enthält ferner auch einen Aufrechnungsausschluss.[34]

21     **3. „prepaid as per charter agreement".** Ist hingegen im Luftfrachtbrief die Klausel *„prepaid as per charter agreement"* enthalten, so bedeutet dies nach der Verkehrssitte, dass der Empfänger bei der Übergabe der Sendung keine Fracht zahlen soll.[35] In diesem Fall kann der Empfänger die Ablieferung des Gutes auch ohne die in Art. 13 Abs. 1 genannte Bezahlung noch ausstehender Frachtkosten verlangen. Ein solcher Vermerk „prepaid" auf einem dem IATA-Muster entsprechenden Luftfrachtbrief hat außerdem zur Folge, dass der Luftfrachtführer dem Empfänger die Ware am Zielflughafen aushändigen kann, ohne auf die Frachtzahlung achten zu müssen.[36]

22     **4. „Erfüllung der Beförderungsbedingungen" (Abs. 1).** Mangels einer unmittelba-ren Vertragsbeziehung zwischen Luftfrachtführer und Empfänger können die ABB-Fracht als „Beförderungsbedingungen", die der Luftfrachtführer gegenüber dem Absender verwen-det hat, nicht auch im Verhältnis des Luftfrachtführers zum Empfänger mit einbezogen sein. Wenn Abs. 1 den Ablieferungsanspruch des Empfängers nicht nur von der Zahlung der „geschuldeten Beträge" (Rn. 14), sondern auch von der „Erfüllung der Beförderungsbe-dingungen" abhängig macht, scheint dies für die gegenteilige Ansicht zu sprechen. Praktisch geht es hier indessen nur um die Erfüllung von Zoll- und ähnlichen Vorschriften.[37] Diese konnten dem Empfänger nach dem bisherigen Recht des Art. 13 Abs. 1 WA 1929/1955 auch bekannt sein, da dort noch „die Aushändigung des Luftfrachtbriefs" vorgesehen war, der solche „Beförderungsbedingungen" mitenthalten konnte. Nachdem dieses Erfordernis in Art. 13 entfallen ist, bleibt unklar, wie der Empfänger von diesen „Beförderungsbedin-gungen" überhaupt Kenntnis erhalten soll, wenn kein Luftfrachtbrief und keine Empfangs-bestätigung über die Güter ausgehändigt worden sind oder in diesen gegebenenfalls die „Beförderungsbedingungen" nicht „niedergelegt sind" (Art. 11 Abs. 1). Ein Vertrag zu Lasten Dritter kann hier jedenfalls nicht in Betracht kommen.

## VI. „Verlust" (Abs. 3) und andere die Güter betreffende Schäden

23     **1. Aktivlegitimation des Empfängers bei „Verlust". a) Aktivlegitimation des Empfängers.** Wenn es zu einer Ablieferung wegen des „Verlusts" des Gutes nicht kommt, kann der frachtvertraglich vorgesehene Empfänger nach Maßgabe des Abs. 3 auch in diesem Zusammenhang wieder „die Rechte aus dem Frachtvertrag gegen den Luftfrachtführer geltend machen". Hier hat er nun die Aktivlegitimation, an Stelle seines bisher zu verwirkli-chenden Ablieferungsanspruchs Schadensersatz nach Art. 18 Abs. 1 verlangen zu können. Von dem Tatbestand eines solchen „Verlustes" ist auszugehen, wenn der Luftfrachtführer den Verlust „anerkannt" hat oder wenn die „Güter nach Ablauf von sieben Tagen seit dem Tag, an dem sie hätten eintreffen sollen, nicht eingetroffen" sind (Abs. 3). Nach Art. 52 bedeuten „Tage" im Sinne dieses Übereinkommens „Kalendertage, nicht Werktage".

24     **b) Aktivlegitimation des Empfängers bei sonstigen Transportschäden.** Eine sol-che Aktivlegitimation steht dem Empfänger aber nicht nur bei „Verlust" (Abs. 3) des Gutes

---

[33] Zu Art. 21 CMR: BGH 10.2.1982, BGHZ 83, 96 = NJW 1982, 1946; BGH 25.10.1995, TranspR 1996, 118 = NJW-RR 1996, 353 = NJW 1996, 1286 (LS) = MDR 1996, 483 = VersR 1996, 736 = WM 1996, 457 = LM § 412 HGB Nr. 7 (m. Anm. *Koller*). § 422 Abs. 1 HGB: „ ...in bar oder in Form eines gleichwertigen Zahlungsmittels einzuziehen ist".
[34] BGH 19.9.1984, NJW 1985, 550 = IPRax 1986, 19 (m. Anm. *Lebuhn*).
[35] OLG Düsseldorf 31.7.1986, TranspR 1986, 341, 342. Vgl. auch: OLG Rostock 27.11.1996, TranspR 1997, 113.
[36] LG Frankfurt/M. 27.3.1992, TranspR 1992, 414. Vgl. ergänzend auch: *Ramming* VersR 1994, 522.
[37] Zu Art. 13 WA 1929/1955 *Guldimann* Art. 13 WA Rn. 14.

zu, sondern ebenso auch in den Fällen einer Zerstörung, Beschädigung (Art. 18 Abs. 1) oder einer Verspätung (Art. 19). Dies jedenfalls setzt Art. 36 Abs. 3 im Zusammenhang mit einem Sukzessivtransport stillschweigend voraus. Bei subsidiärer Anwendbarkeit *deutschen* Rechts nach den Art. 3 ff. Rom I-VO[38] ergibt sich eine diesbezügliche Aktivlegitimation ohnehin schon aus § 421 Abs. 1 HGB. Hier sind die Schadenstatbestände der „Beschädigung" und der „Verspätung" ausdrücklich mit aufgeführt. Insoweit hat der Empfänger im Weiteren dann allerdings auch seinerseits die Anzeigefrist des Art. 31 und die Klageausschlussfrist des Art. 35 zu beachten. Der Empfänger, der Schadensersatz wegen Zerstörung, Beschädigung oder Verspätung des Frachtguts verlangt, muss aber beweisen können, dass das schädigende Ereignis „während der Luftbeförderung" eingetreten ist (Art. 18 Rn. 66; Art. 19 Rn. 46). Eine Leistung des Transportversicherers auf den seinem Versicherungsnehmer (Absender) wegen des Verlustes des Transportguts entstandenen Schaden führt jedenfalls nicht zum Erlöschen der Ansprüche des frachtbriefmäßigen Empfängers der Ware gegen den Frachtführer (aus Art. 13 Abs. 1 S. 2 CMR).[39]

**2. Aktivlegitimation sowohl des Empfängers wie auch des Absenders.** Aktivlegi-   **25** timation des Absenders (Art. 18 Rn. 87). Zweifelhaft kann sein, ob sowohl der Absender (Art. 12) wie auch Empfänger (Art. 13) den Schaden geltend machen können oder ob mit dem Entstehen des Ablieferungsanspruchs des Empfängers iSd. Abs. 1 auch die Anspruchsberechtigung des Absenders für Sachschadensersatzansprüche auf diesen übergeht.[40] Bei ergänzender Anwendbarkeit *deutschen* Rechts nach den Art. 3 ff. Rom I-VO[41] ist diese Streitfrage durch § 421 Abs. 1 HGB geklärt: „der Absender bleibt zur Geltendmachung dieser Ansprüche befugt". Aber auch Art. 12 Abs. 4 lässt nicht erkennen, dass der Absender mit dem Erlöschen seines einseitigen transportbezogenen Weisungsrechts zusätzlich auch die Aktivlegitimation für seine Schadensersatzansprüche verliert. Daher bleibt der Absender namentlich dann, wenn der Empfänger seinen Schadensersatzanspruch nicht geltend macht, – trotz Ablieferung des Gutes – seinerseits noch schadensersatzberechtigt.[42] Wegen der zwischen Absender und Empfänger nach *deutschem* Recht insoweit bestehenden Gesamtgläubigerschaft iSd. § 428 BGB läuft der Luftfrachtführer zudem nicht Gefahr, nach einem Schadensausgleich zugunsten des einen noch von dem anderen Anspruchsteller erfolgreich belangt werden zu können.[43]

**Art. 14 Geltendmachung der Rechte des Absenders und des Empfängers**

**Der Absender und der Empfänger können, gleichviel ob sie für eigene oder fremde Rechnung handeln, die ihnen nach den Artikeln 12 und 13 zustehenden Rechte im eigenen Namen geltend machen, sofern sie die Verpflichtungen aus dem Frachtvertrag erfüllen.**

**Art. 14 Possibilité de faire valoir les dro-
its de l'expéditeur et du destinataire**

L'expéditeur et le destinataire peuvent
faire valoir tous les droits qui leur sont respec-

**Art. 14 Enforcement of the Rights of
Consignor and Consignee**

The consignor and the consignee can
respectively enforce all the rights given to

[38] S. oben Fn. 4.
[39] BGH 6.7.2006, NJW-RR 2006, 1544 = TranspR 2006, 363.
[40] S. auch *Müller-Rostin* TranspR 1989, 1 ff.; *ders.* TranspR 1995, 89.
[41] S. oben Fn. 4.
[42] Vgl. BGH 12.12.1973, NJW 1974, 412 (CMR); BGH 10.4.1974, NJW 1974, 1614 = MDR 1974, 733 (CMR); OGH Wien 12.4.1984, TranspR 1985, 344 (CMR); OLG Frankfurt/M. 12.7.1977, NJW 1978, 502 = MDR 1977, 1042 = DB 1978, 92; OLG Köln 20.11.1980, ZLW 1982, 167, 173; OLG Hamburg 9.8.1984, TranspR 1984, 299, 300. *Reuschle* Rn. 4; FrankfKomm/*Müller-Rostin* Rn. 37.
[43] Vgl. BGH 6.7.1979, BGHZ 75, 92, 94 = VersR 1979, 1105, 1106 (CMR); BGH 6.5.1981, TranspR 1982, 41, 42 = VersR 1981, 929, 930; BGH 28.4.1988, TranspR 1988, 338 = VersR 1988, 825. So auch *Reuschle* Rn. 85.

tivement conférés par les articles 12 et 13, chacun en son nom propre, qu'il agisse dans son propre intérêt ou dans l'intérêt d'autrui, à condition d'exécuter les obligations que le contrat de transport impose.

them by Articles 12 and 13, each in its own name, whether it is acting in its own interest or in the interest of another, provided that it carries out the obligations imposed by the contract of carriage.

Ähnliche Bestimmungen: Art. 14 WA 1929/1955; Art. 14 WA/MP Nr. 4 (1975) und § 421 Abs. 1 S. 3 HGB.

**Schrifttum:** Denkschrift zu dem Gesetz zu dem Übereinkommen vom 28. Mai 1999 ..., BT-Drucks. 15/2285, 40.

## I. Normzweck

1    **1. Dispositives Recht.** Die Bestimmung entspricht Art. 14 WA 1929/1955 und ist im Hinblick auf Art. 15 Abs. 2 MÜ dispositiver Art.

2    **2. „Absender" und „Empfänger" als Normadressaten.** In dem Drei-Personen-Verhältnis von *Luftfrachtführer*,[1] *Absender*[2] und *Empfänger*[3] stellt Art. 14 auf die Rechtsbeziehungen sowohl des *Absenders* (Art. 12) wie auch des *Empfängers* (Art. 13) ab, und zwar jeweils im Hinblick auf ihren gemeinsamen Luftfrachtführer. Art. 14 formalisiert und präzisiert hierbei die „Rechte" von Absender bzw. Empfänger gegenüber diesem Luftfrachtführer, wie sie in den vorausgegangenen Vorschriften der Art. 12 und 13 für jeden einzelnen von ihnen bereits statuiert sind. Insofern werden beider „Rechte" gegenüber dem Luftfrachtführer durch Art. 14 nochmals besonders kanalisiert. Damit dient die Vorschrift letztlich nur einer Klarstellung der eigenen Aktivlegitimation sowohl des Absenders wie im weiteren auch des Empfängers.[4] Inhaltlich übernimmt Art. 14 die bisherige Regelung des Art. 14 WA 1929/1955.

## II. Regelungsgehalt

3    **1. „Rechte" des Absenders (Art. 12 MÜ) sowie des Empfängers (Art. 13 MÜ).** Die Bestimmung erfasst nur die Frage des – formalen – „Geltendmachens", und zwar hier wiederum nur der in Art. 12 und 13 benannten Rechte. Insoweit geht es an dieser Stelle allein um das dem Absender nach Art. 12 zustehende „Weisungsrecht" sowie die in Art. 13 für den Empfänger vorgesehenen Rechte auf eine „unverzügliche Anzeige des Eintreffens der Güter" bzw. auf deren „Ablieferung" an ihn. Nur diese „Rechte" können „geltend gemacht" werden.

4    **2. Kein Unterschied, ob Absender oder Empfänger im eigenen oder fremden Interesse handeln.** Hierzu hebt Art. 14 im Einzelnen hervor, dass diese „Rechte" vom „Absender" bzw. vom „Empfänger" auch dann wahrgenommen werden können, wenn diese Personen nicht auf „eigene", sondern auf „fremde Rechnung" handeln. Diese Feststellung ist sinnvoll für die Fälle der verdeckten Stellvertretung, wie namentlich im Falle der

---

[1] Zum „Luftfrachtführer" Art. 1 Rn. 14 ff.
[2] Zum „Absender" Art. 1 Rn. 20.
[3] Zum „Empfänger" Art. 1 Rn. 26.
[4] ICAO-Documentation „Conference for the Unification of Certain Rules for International Carriage by Air", Vol. I: Minutes, Doc 9775-DC/2, Montreal 2002, S. 67, Nr. 25: „The Delegate of Greece suggested there was a correlation between Articles 12, 13 and 14 and that they should be considered together. There were provisions in Article 14 which should not be considered independently especially when referring to the rights of the consignee and those of the consignor. The issue was wether the rights which arose in relation to the delivery of the cargo as against the carrier in Article 12 were affected by the relations between the cosignor and the consignee, or the derivative rights of other parties from the consignor and consignee." Nr. 26: This observation would be referred to the Drafting Committee.

Kommission[5] oder der Spedition.[6] Hier handeln die jeweiligen Unternehmer zwar generell[7] im eigenen Namen, aber stets auf fremde Rechnung, dh. des Kommittenten bzw. des Versenders. Ungeachtet des letztgenannten Umstands können solche Unternehmer nach Art. 14 dann auch hier stets das Weisungsrecht als „Absender" (Art. 12) sowie die Anzeige- und Ablieferungsansprüche als „Empfänger" (Art. 13) jeweils für sich selbst reklamieren. Insoweit räumt Art. 14 diesbezügliche Zweifel[8] aus. § 421 Abs. 1 S. 3 HGB formuliert dieses Regelungsziel etwas einfacher mit den Worten: „Dabei macht es keinen Unterschied, ob Empfänger oder Absender im eigenen oder fremden Interesse handeln."

**3. Der Frachtlohnanspruch des Luftfrachtführers.** Die „Verpflichtungen aus dem **5** Frachtvertrag" (Art. 14) bleiben auch bei einem Handeln auf „fremde Rechnung" in jedem Fall aber erhalten. Deshalb ist es für den Frachtanspruch (§ 407 Abs. 2 HGB) des Luftfrachtführers auch hier wiederum iE gleichgültig, ob auf der Absenderseite eine „Weisung" (Art. 12) erteilt wurde oder ob auf der Empfängerseite die „Ablieferung" (Art. 13) begehrt wird.

**a) Frachtlohnschuld trotz „Weisung" (Art. 12 MÜ).** Im ersteren Fall steht eine **6** „Weisung" ohnehin unter „der Bedingung", dass der Absender „alle Verpflichtungen aus dem Frachtvertrag erfüllt" (Art. 12 Abs. 1). Der Absender bleibt also trotz seiner „Weisung" weiterhin den vollen Frachtlohn schuldig (§ 407 Abs. 2 HGB).

**b) Frachtlohnschuld bei „Ablieferung" (Art. 13 MÜ).** Im letzten Fall besteht der **7** Frachtanspruch entsprechend auch noch solange fort, bis der Luftfrachtführer entweder vom *Absender* als seinem Vertragspartner (Art. 3 ff. Rom I-VO,[9] § 407 Abs. 2 HGB) oder vom *Empfänger* im Rahmen des Art. 13, dh. bei der „Ablieferung" des Gutes, seinen Frachtlohn erhalten hat.[10] Sodann erlischt das hier bestehende Schuldverhältnis bei Anwendbarkeit *deutschen* Rechts nach § 362 Abs. 1 BGB.

**4. Keine personelle Austauschbarkeit der „Rechte" von Absender und Empfän-** **8** **ger.** Es wäre ein logischer Widerspruch,[11] Art. 14 im weiteren dahin auslegen zu wollen, dass nach seiner Intention auf Seiten des Absenders *Empfängerrechte,* dh. das Recht auf „Ablieferung", und auf Seiten des Empfängers *Absenderrechte,* dh. ein „Weisungsrecht", entstehen sollen.

## Art. 15 Rechtsverhältnisse zwischen Absender und Empfänger oder Dritten

**(1) Die Rechtsverhältnisse zwischen dem Absender und dem Empfänger sowie die Rechtsverhältnisse Dritter, die ihre Rechte vom Absender oder vom Empfänger herleiten, werden durch die Art. 12, 13 und 14 nicht berührt.**

---

[5] Vgl. im *deutschen* Recht die §§ 383 ff. HGB.

[6] Vgl. im *deutschen* Recht die §§ 453 ff. HGB.

[7] S. zum *deutschen* Recht § 454 Abs. 3 HGB: Der Spediteur kann den Vertrag bei bestehender Vollmacht auch im Namen des *Versenders* abschließen. OLG Frankfurt/M. 21.4.1998, TranspR 1999, 24 = RiW 1999, 619: Ein den Luftfrachtführer beauftragender Spediteur handelt im Zweifel auch dann im eigenen Namen, wenn er den Versender bekannt gibt und als Absender im Luftfrachtbrief bezeichnet.

[8] Vgl. zB OLG Düsseldorf 14.12.1995, TranspR 1996, 155 = VersR 1997, 472: Allein die Rechnungserteilung über Fracht weist nicht entscheidend auf eine Auftragserteilung durch den Rechnungsempfänger hin, da im Speditionsalltag häufig nicht zwischen den Vertragspartnern direkt abgerechnet wird.

[9] Im Rechtsbereich der *EU* gelten ab dem 17. Dezember 2009: Art. 3 f. VO (EG) Nr. 593/2008 des Europäischen Parlaments und des Rates vom 17. Juni 2008 über das auf vertragliche Schuldverhältnisse anzuwendende Recht („Rom I"), ABl. EG Nr. L 177 vom 4.7.2008.

[10] BGH 27.10.1988, NJW-RR 1989, 160 = TranspR 1989, 60 = Vers 1989, 213 = ZLW 1989, 368: Bietet der Luftfrachtführer dem Empfänger die Übergabe des Gutes an, hat er seine Pflichten aus dem Frachtvertrag mit der Folge des Fälligwerdens seines Vergütungsanspruchs auch dann vollständig erfüllt, wenn es zur Übergabe des Gutes infolge Annahmeverweigerung des Empfängers nicht kommt.

[11] So auch *Guldimann* Art. 14 WA Rn. 5.

**(2) Jede von den Artikeln 12, 13 und 14 abweichende Vereinbarung muss auf dem Luftfrachtbrief oder auf der Empfangsbestätigung über das vermerkt werden.**

| | |
|---|---|
| **Art. 15 Rapports entre l'expéditeur et le destinataire ou rapports entre les tierces parties** | **Art. 15 Relations of Consignor and Consignee or Mutual Relations of Third Parties** |
| 1. Les articles 12, 13 et 14 ne portent préjudice ni aux rapports entre l'expéditeur et le destinataire, ni aux rapports mutuels des tierces parties dont les droits proviennent de l'expéditeur ou du destinataire. | 1. Articles 12, 13 and 14 do not affect either the relations of the consignor and the consignee with each other or the mutual relations of third parties whose rights are derived either from the consignor or from the consignee. |
| 2. Toute clause dérogeant aux dispositions des articles 12, 13 et 14 doit être inscrite dans la lettre de transport aérien ou dans le récépissé de marchandises. | 2. The provisions of Articles 12, 13 and 14 can only be varied by express provision in the air waybill or the cargo receipt. |

Ähnliche Bestimmungen: Art. 15 WA 1929/1955 und Art. 15 WA/MP Nr. 4 (1975).

## I. Normzweck

1    In dem Drei-Personen-Verhältnis von *Luftfrachtführer,*[1] *Absender*[2] und *Empfänger*[3] stellt Abs. 1 auf die internen Rechtsbeziehungen von *Absender* (Art. 12) und *Empfänger* (Art. 13) *untereinander* ab. Der Vorschrift gehen die ihr entsprechenden Bestimmungen des Art. 12 über das Rechtsverhältnis des *Absenders* zum Luftfrachtführer und des Art. 13 über das Rechtsverhältnis des *Empfängers* zu diesem Luftfrachtführer voraus. Abs. 2 stellt sodann für Parteivereinbarungen, die von den vorgenannten Bestimmungen der Art. 12 bis 14 abzuweichen beabsichtigen, ein gemeinsames Formerfordernis auf. Damit wiederholt Art. 15 insgesamt den Inhalt des ursprünglichen Art. 15 WA 1929, enthält andererseits aber nicht mehr den durch Art. 15 Abs. 3 WA 1955 damals neu eingefügten Hinweis auf die Möglichkeit eines „begebbaren" Luftfrachtbriefs.

## II. Regelungsgehalt

2    **1. „Absender" und „Empfänger" als Normadressaten.** Normadressaten sind sowohl der Absender (Art. 12) wie auch der Empfänger (Art. 13). Die Vorschrift schließt sich funktionell an die vorausgegangenen Art. 12 bis 14 an. Insoweit verfolgt die Bestimmung iE das Ziel, die dort einem Absender bzw. einem Empfänger im Verhältnis zum Luftfrachtführer eingeräumten Rechte demgegenüber für das Binnenverhältnis zwischen Absenders und Empfänger ausdrücklich auszuschließen. Die „Rechte" iS der Art. 12 bis 14 sollen daher keinesfalls für das interne Rechtsverhältnis von Absender und Empfänger zueinander ebenfalls einschlägig sein.

3    **2. Weiterbestehen der frachtvertraglichen Rechte von „Absender" und „Empfänger".** Auch Abs. 1 geht wiederum davon aus, dass das „Weisungsrecht" des Absenders nach Art. 12 nur im Verhältnis des Absenders zum *Luftfrachtführer* gilt. Entsprechend sind ebenso auch die „Rechte" des Empfängers nach Art. 13 „auf unverzügliche Anzeige des Eintreffens der Güter und deren Ablieferung" wiederum nur im Verhältnis des Empfängers zu diesem *Luftfrachtführer* zu sehen. Ähnlich beziehen sich dann auch die Rechte der in Art. 14 genannten „Absender" und „Empfänger", die jeweils (nur) für „Rechnung" der hinter ihnen stehenden Personen, dh. für „Dritte", gehandelt haben, auch hier allein auf ihr Verhältnis zum *Luftfrachtführer.*

---

[1] Zum „Luftfrachtführer" Art. 1 Rn. 14 ff.
[2] Zum „Absender" Art. 1 Rn. 20.
[3] Zum „Empfänger" Art. 1 Rn. 26.

**3. Keine Geltung der Art. 12 bis 14 im Binnenverhältnis von Absender und** 4
**Empfänger.** Daraus folgt als Gesamtergebnis, dass die in den Art. 12 bis 14 vorgesehenen
Rechte ausschließlich zwischen dem jeweiligen Absender bzw. dem jeweiligen Empfänger
einerseits und ihrem gemeinsamen Luftfrachtführer andererseits gelten. Die Binnenbeziehungen zwischen Absender und Empfänger, in aller Regel handelt es sich um einen Kaufvertrag,
bleiben auf diese Weise von den Bestimmungen der Art. 12 bis 14 ausnahmslos unberührt.
Dies entspricht auch dem Gesamtkonzept des MÜ, das nach seiner Überschrift nur „bestimmte
Vorschriften über die Beförderung" „vereinheitlichen" soll. Gerade in diesem Punkt stehen
sich Absender und Empfänger rechtlich ohnehin nicht als Parteien eines Beförderungsvertrags
gegenüber. Der Empfänger ist vielmehr nur ein durch den Luftbeförderungsvertrag begünstigter, aber letztlich vertragsexterner, Dritter (Art. 1 Rn. 26).

### III. Formerfordernis

**1. Ausdrückliche Hervorhebung.** Abs. 2 entspricht weitgehend dem bisherigen 5
Art. 15 Abs. 2 WA 1929/1955. Ergänzend zu dessen Regelung sieht diese Bestimmung
vor, dass alle von den Vorschriften der Art. 12 bis 14 abweichenden Vereinbarungen nicht
nur auf einem „Luftfrachtbrief" (Art. 4 Abs. 1), sondern ebenso auch auf einer statt dessen
ausgestellten „Empfangsbestätigung über die Güter" (Art. 4 Abs. 2) vermerkt werden müssen.

**2. Unterbliebene Transportdokumentation.** Falls keines der beiden Papierdoku- 6
mente ausgestellt worden ist, bleibt diese Formvorschrift funktionslos. Dies ist für die
Rechtsposition des *Absenders,* der sein „Weisungsrecht" über den Umfang des Art. 12 Abs. 1
hinaus ausdehnen möchte, nicht gravierend. Er kann mit dem Luftfrachtführer zumeist
ohnehin auf der Ebene der „anderen Aufzeichnung" (Art. 4 Abs. 2) unmittelbar kommunizieren und diesbezügliche Daten austauschen. Der *Empfänger* hingegen, der nach Art. 13
Abs. 1 – im Gegensatz zu Art. 13 Abs. 1 WA 1929/1955 – keinen Anspruch mehr auf die
Aushändigung eines Luftfrachtbriefs (oder einer Empfangsbestätigung über die Güter) hat,
müsste beim Geltendmachen seines „Ablieferungsanspruchs" iS dieses Art. 13 Abs. 1 über
das Bestehen einer solchen „Vereinbarung" (Abs. 2) besonders in Kenntnis gesetzt werden.
Andernfalls wäre die interne „Vereinbarung" zwischen Absender und Luftfrachtführer für
ihn rechtlich ohne Belang.

**3. Begebbarer Luftfrachtbrief.** Wie zuvor schon Art. 15 WA/MP Nr. 4 (1975)[4] ver- 7
zichtet auch das MÜ auf eine dem Art. 15 Abs. 3 WA 1955 entsprechende Regelung,
wonach das Übereinkommen „der Ausstellung eines begebbaren Luftfrachtbriefs nicht entgegensteht". Der ersatzlose Wegfall der ohnehin nur deklaratorischen Bestimmung war
schon bei Art. 15 WA/MP Nr. 4 (1975) darauf zurückzuführen, dass infolge der relativ
kurzen Transportdauer begebbaren Wertpapieren im Luftfrachtverkehr kaum Bedeutung
zukommt.[5] Das schließt aber nicht aus, dass nach *nationalem* Recht ein begebbares Luftfrachtpapier ausgestellt wird, also bei Anwendbarkeit *deutschen* Rechts (Art. 3 ff. Rom I-
VO)[6] der Luftfrachtführer einen Ladeschein iS der §§ 444 ff. HGB ausstellt.[7] S. hierzu deren
Erl. in diesem KommBd.

## Art. 16 Vorschriften der Zoll-, der Polizei und anderer Behörden

**(1) [1]Der Absender ist verpflichtet, alle Auskünfte zu erteilen und alle Urkunden
zur Verfügung zu stellen, die vor Aushändigung der Güter an den Empfänger zur**

---

[4] Hierzu Art. 55 Abs. 1 Buchst. e sowie Einl. MÜ Rn. 10.
[5] Die *IATA* vertrat seinerzeit die Ansicht, dass ein *begebbarer* Luftfrachtbrief sogar Verwirrungen und
Verspätungen bewirken würde. Vgl. im Einzelnen *Ehlers,* Montrealer Protokolle Nr. 3 und 4, Warschauer
Haftungssystem und neuere Rechtsentwicklung, 1985, 85.
[6] Im Rechtsbereich der *EU* gelten ab dem 17. Dezember 2009: Art. 3 f. VO (EG) Nr. 593/2008 des
Europäischen Parlaments und des Rates vom 17. Juni 2008 über das auf vertragliche Schuldverhältnisse
anzuwendende Recht („Rom I"), ABl. EG Nr. L 177 vom 4.7.2008.
[7] Denkschrift, BT-Drucks. 15/2285 S. 40.

Erfüllung der Vorschriften der Zoll-, der Polizei- und anderer Behörden erforderlich sind. [2]Der Absender haftet dem Luftfrachtführer für den Schaden, der durch das Fehlen, die Unvollständigkeit oder die Unrichtigkeit dieser Auskünfte und Urkunden entsteht, es sei denn, dass den Luftfrachtführer oder seine Leute ein Verschulden trifft.

(2) Der Luftfrachtführer ist nicht verpflichtet, diese Auskünfte und Urkunden auf ihre Richtigkeit und Vollständigkeit zu prüfen.

### Art. 16 Formalités de douane, de police ou d'autres autorités publiques

1. L'expéditeur est tenu de fournir les renseignements et les documents qui, avant la remise de la marchandise au destinataire, sont nécessaires à l'accomplissement des formalités de douane, de police ou d'autres autorités publiques. L expéditeur est responsable envers le transporteur de tous dommages qui pourraient résulter de l'absence, de l'insuffisance ou de l'irrégularité de ces renseignements et pièces, sauf le cas de faute de la part du transporteur ou de ses préposés ou mandataires.

2. Le transporteur n'est pas tenu d'examiner si ces renseignements et documents sont exacts ou suffisants.

### Art. 16 Formalities of Customs, Police or Other Public Authorities

1. The consignor must furnish such information and such documents as are necessary to meet the formalities of customs, police and any other public authorities before the cargo can be delivered to the consignee. The consignor is liable to the carrier for any damage occasioned by the absence, insufficiency or irregularity of any such information or documents, unless the damage is due to the fault of the carrier, its servants or agents.

2. The carrier is under no obligation to enquire into the correctness or sufficiency of such information or documents.

Ähnliche Bestimmungen: Art. 16 WA 1929/1955; Art. 16 WA/MP Nr. 4 (1975); § 413 HGB (Luft- und andere Binnentransporte); Art. 11 CMR (1956/1978); Art. 15 CIM 1999; Art. 6 Abs. 2 CMNI (2001) und Art. 6 Nr. 1 ABB-Fracht (2010).

#### Übersicht

|  | Rn. |  | Rn. |
|---|---|---|---|
| I. Normzweck | 1 | 5. „Vor Aushändigung der Güter an den Empfänger" | 6 |
| II. Regelungsgehalt | 2–6 | III. Die Haftung | 7–11 |
| 1. Abgrenzung zu Art. 6 | 2 | 1. Haftungsumfang | 8 |
| 2. „Absender" als Normadressat | 3 | 2. Aktivlegitimation | 9 |
| 3. Gefährliche Güter | 4 | 3. Haftungsbeschränkung | 10 |
| 4. Umfang der Informationspflicht des Absenders | 5 | 4. Verschulden des Luftfrachtführers oder seiner Leute | 11 |

### I. Normzweck

1    Art. 16 betrifft – im Anschluss an Art. 16 WA 1929/1955 – das Rechtsverhältnis des Absenders[1] zum Luftfrachtführer.[2] Während Art. 12 die „Rechte" dieses Absenders im Verhältnis zum Luftfrachtführer benennt, dh. iE das einseitige Weisungsrecht des Absenders bezüglich des Transportablaufs konkretisiert, greift Art. 16 die dem Absender gegenüber dem Luftfrachtführer andererseits obliegenden frachtvertraglichen „Pflichten" auf. Die Vorschrift entspricht weitgehend Art. 16 WA 1929/1955. Sie weicht von dieser Bestimmung nur in ihrem Abs. 1 und dort auch nur teilweise ab. Während Art. 16 Abs. 1 WA 1929/1955 noch verlangt, dass der Absender die „notwendigen Begleitpapiere" dem „Luftfrachtbrief" beizugeben hat, begnügt sich Abs. 1 damit, das Zurverfügungstellen „aller erforderlichen Urkunden" zu verlangen. Der Zeitpunkt, zu dem diese Urkunden zu übergeben sind,

---

[1]  Zum „Absender" Art. 1 Rn. 20.
[2]  Zum „Luftfrachtführer" Art. 1 Rn. 14 ff.

präzisiert die Vorschrift nicht. Durch diese flexiblere Formulierung trägt sie der Tatsache Rechnung, dass ein Transport auch ohne einen solchen „Luftfrachtbrief" durchgeführt werden kann.[3] Die Pflicht, „die vereinbarte Fracht zu zahlen", trifft den Absender bei Anwendbarkeit *deutschen* Rechts (Art. 3 ff. Rom I-VO[4]) ohnehin schon nach § 407 Abs. 2 HGB. Diese Zahlung ist nicht „sofort" (§ 271 BGB), sondern nach § 420 HGB erst „bei der Ablieferung des Gutes" fällig. Zur Aktivlegitimation des Absenders im Falle von Sach- oder Verspätungsschäden iS der Art. 18 f. vgl. unten Art. 18 Rn. 87 ff.

## II. Regelungsgehalt

**1. Abgrenzung zu Art. 6.** Im Gegensatz zu Art. 6, der nur der inhaltlichen Vervollstän- 2 digung der Transportdokumente hinsichtlich der Angaben über die „Art" der Güter dient, soll Art. 16 insgesamt sicherstellen, dass der einzelne Transport von Anfang an bis zur „Aushändigung der Güter an den Empfänger" (Abs. 1) möglichst in keiner Weise durch Eingriffe der öffentlichen Hand beeinträchtigt werden kann. Die dem Transport von dieser Seite drohenden Schwierigkeiten zu erkunden und durch entsprechende „Auskünfte" bzw. „Urkunden" zu beheben, ist Sache des Absenders.

**2. „Absender" als Normadressat.** Normadressat ist – wie im Zusammenhang mit 3 Art. 12 – der Absender (Begriff: Art. 12 Rn. 2). Abs. 1 verpflichtet ihn zur Erteilung der „Auskünfte" und zum Verfügungstellen der „Urkunden", die (in Ergänzung eines – vorhan-denen – Luftfrachtbriefs – oder einer – vorhandenen – Empfangsbestätigung) unter *öffentlich-rechtlichen* Gesichtspunkten zur reibungslosen Durchführung des Transportes erforderlich sind. Abs. 2 entlastet den Luftfrachtführer von der Pflicht zur Prüfung dieser Auskünfte und Urkunden.

**3. Gefährliche Güter.** Bei ergänzender Anwendbarkeit *deutschen* Rechts (Art. 3 ff. 4 Rom I-VO)[5] hat der Luftfrachtführer im Weiteren nach § 410 Abs. 1 HGB auch ein Recht auf Information über gefährliche Eigenschaften des zu befördernden Gutes sowie über zu ergreifende Vorsichtsmaßnahmen.

**4. Umfang der Informationspflicht des Absenders.** Da die „Auskünfte" und 5 „Urkunden" (Abs. 1) gewährleisten sollen, dass der Transport vor in öffentlich-rechtlichen Vorschriften liegenden Hindernissen verschont bleibt, sind aus dieser Sicht die genannten „Vorschriften der Zoll-, der Polizei- und anderer Behörden" (Abs. 1) namentlich im Hin-blick auf den Begriff der „anderen Behörden" möglichst weit auszulegen. Es kommt inso-weit jede Behörde in Betracht, die am Abgangs-, am Zwischenlande- oder am Bestim-mungsort die Sendung auf ihre spezifische öffentlich-rechtliche Akzeptanz überprüfen kann. Bei den „Urkunden" selbst handelt es sich daher beispielsweise um Zoll- oder Steuererklä-rungen, Einfuhrgenehmigungen, Ursprungszeugnisse, Devisengenehmigungen, Gesund-heitszertifikate für Tiere, Leichenpässe usw. Zu den sicherheitspolizeilichen Vorgaben vgl.: VO (EG) Nr. 300/2008 des Europäischen Parlaments und des Rates vom 11. März 2008 (L 97/73) über gemeinsame Vorschriften für die Sicherheit in der Zivilluftfahrt und zur Aufhebung der VO (EG) Nr. 2320/2002 sowie die VO Nr. 185/2010 der Kommission vom 4. März 2010 (L 55/1) zur Festlegung von detaillierten Maßnahmen für die Durchfüh-rung der gemeinsamen Grundstandards in der Luftsicherheit.

**5. „Vor Aushändigung der Güter an den Empfänger".** Auch der anschließend 6 benannte Tatbestand „vor Aushändigung der Güter" ist wiederum weit auszulegen. Entspre-chend der Intention des Art. 16, den Transport in seiner Gesamtheit vor öffentlich-rechtli-chen Hindernissen zu bewahren, beziehen sich sowohl die Auskunftspflicht wie auch die

---

[3] Denkschrift, BT-Drucks. 15/2285 S. 40.
[4] Im Rechtsbereich der *EU* gelten ab dem 17. Dezember 2009: Art. 3 f. VO (EG) Nr. 593/2008 des Europäischen Parlaments und des Rates vom 17. Juni 2008 über das auf vertragliche Schuldverhältnisse anzuwendende Recht („Rom I"), ABl. EG Nr. L 177 vom 4.7.2008.
[5] S. die vorstehende Fn. 4.

Pflicht zum Verfügungstellen von Urkunden auf jede einzelne Phase des Transports. Die Pflichten beginnen daher schon mit dem Abschluss des Frachtvertrags, durch den der Auftraggeber zum „Absender" (Abs. 1) wird. Bei Anwendbarkeit *deutschen* Rechts (Art. 3 ff. Rom I- VO[6]) ist dieser Zeitpunkt nach § 305 Abs. 2 Nr. 1 BGB auf die „Aufnahme von Vertragsverhandlungen" vorverlegt. Die beiden vorgenannten Pflichten des Absenders enden erst mit der „Aushändigung der Güter an den Empfänger" (Abs. 1), da erst zu diesem Zeitpunkt auch der vom Luftfrachtführer nach (Art. 3 ff. Rom I-VO[7]) § 407 Abs. 1 HGB geschuldete Leistungserfolg eintritt. Die „Aushändigung der Güter" (Abs. 1) wird meistenteils mit deren „Ablieferung" iSd. Art. 13 Abs. 1 zusammenfallen.

### III. Die Haftung

7      Die beiden Pflichten zur Erteilung von Auskünften und zum Verfügungstellen von Urkunden obliegen allein dem Absender. Er ist in der Lage, Kenntnis von dem konkreten Inhalt der Sendung zu haben und sich über deren öffentlich-rechtliche Qualifizierung am Abgangs-, Zwischenlande- oder am Bestimmungsort im Voraus informieren zu können.[8]

8      **1. Haftungsumfang.** Aus diesem Grund auch haftet der Absender dem Luftfrachtführer für alle Schäden, die aus dem Fehlen, der Unzulänglichkeit oder Unrichtigkeit dieser Auskünfte und Urkunden entstehen. Der eingetretene konkrete Schaden muss hierbei adäquat kausal auf eine der vorgenannten Ursachen zurückgehen. Unter dieser Voraussetzung haftet der Absender nunmehr auch unmittelbar, dh. ohne dass es auf ein Verschulden auf seiner Seite ankäme. Infolgedessen haftet er „bis zur Aushändigung der Güter" (Abs. 1) auch dann, wenn die einschlägigen öffentlich-rechtlichen Vorschriften erst zuvor noch kurzfristig geändert worden sein sollten oder wenn die vom Absender zur Verfügung gestellten „Urkunden" ohne Verschulden des Luftfrachtführers während des Transports abhanden gekommen sein sollten.[9]

9      **2. Aktivlegitimation.** Die Haftung des Absenders besteht nur gegenüber dem Luftfrachtführer. Neben Vermögenseinbußen, die dieser selbst und unmittelbar erlitten hat, sind Schäden Dritter nur insoweit zu ersetzen, als der Frachtführer seinerseits hierfür in Anspruch genommen wird. Die Beweislast für die einzelnen Haftungs- und Schadenstatbestände obliegt dem Luftfrachtführer.

10      **3. Haftungsbeschränkung.** Untersteht der Frachtvertrag der subsidiären Geltung *deutschen* Rechts (Art. 3 ff. Rom I-VO)[10], ist die Haftung des Absenders nach § 413 Abs. 2 HGB „auf den Betrag begrenzt, der bei Verlust des Gutes zu zahlen wäre".

11      **4. Verschulden des Luftfrachtführers oder seiner Leute.** Der Absender ist von dieser Haftung sogar in vollem Umfang frei, wenn „dem Luftfrachtführer oder seinen Leuten (Art. 19 Rn. 33 ff.) ein „Verschulden" zur Last fällt. Der Begriff des „Verschuldens" (engl. Originaltext: „fault") umfasst das Verschulden schlechthin und damit auch den subjektiven Tatbestand einer nur *leichten* Fahrlässigkeit. Die Beweislast für das Vorliegen eines solchen Verschuldens obliegt allerdings dem Absender. Gemäß Abs. 2 ist der Luftfrachtführer in diesem Zusammenhang auf der anderen Seite aber nicht als verpflichtet anzusehen, seinerseits die Auskünfte und Urkunden auf ihre Richtigkeit und Vollständigkeit zu prüfen.

---

[6] S. Fn. 4.

[7] S. Fn. 4.

[8] BGH 9.10.1964, NJW 1964, 2348: Keine Haftung des Luftfrachtführers nach Art. 18 WA, wenn er in Ausführung einer Anhalteverfügung des Absenders das Gut auf einem Zwischenlandeplatz auslädt und das Gut wegen Fehlens der von der dortigen Zollbehörde geforderten Papiere für Einfuhr oder Durchfuhr beschlagnahmt wird.

[9] *Guldimann* Art. 16 WA Rn. 6.

[10] S. Fn. 4.

**Kapitel III. Haftung des Luftfrachtführers und Umfang des Schadensersatzes**

**Art. 17** (betrifft Personen- und Reisegepäckschäden.)

**Art. 18 Beschädigung von Gütern**

(1) Der Luftfrachtführer hat den Schaden zu ersetzen, der durch Zerstörung, Verlust oder Beschädigung von Gütern entsteht, jedoch nur, wenn das Ereignis, durch das der Schaden verursacht wurde, während der Luftbeförderung eingetreten ist.

(2) Der Luftfrachtführer haftet jedoch nicht, wenn und soweit er nachweist, dass die Zerstörung, der Verlust oder die Beschädigung der Güter durch einen oder mehrere der folgenden Umstände verursacht wurde:
a) die Eigenart der Güter oder ein ihnen innewohnenden Mangel;
b) mangelhafte Verpackung der Güter durch eine andere Person als den Luftfrachtführer oder seine Leute;
c) eine Kriegshandlung oder ein bewaffneter Konflikt;
d) hoheitliches Handeln in Verbindung mit der Einfuhr, Ausfuhr oder Durchfuhr der Güter.

(3) Die Luftbeförderung im Sinne des Absatzes 1 umfasst den Zeitraum, während dessen die Güter sich in der Obhut des Luftfrachtführers befinden.

(4) ¹Der Zeitraum der Luftbeförderung umfasst nicht die Beförderung zu Land, zur See oder auf Binnengewässern außerhalb eines Flughafens. ²Erfolgt jedoch eine solche Beförderung bei Ausführung des Luftbeförderungsvertrags zum Zweck der Verladung, der Ablieferung oder der Umladung, so wird bis zum Beweis des Gegenteils vermutet, dass der Schaden durch ein während der Luftbeförderung eingetretenes Ereignis verursacht worden ist. ³Ersetzt ein Luftfrachtführer ohne Zustimmung des Absenders die von den Parteien vereinbarte Luftbeförderung ganz oder teilweise durch eine andere Art der Beförderung, so gilt diese als innerhalb des Zeitraums der Luftbeförderung ausgeführt.

**Chapitre III. Responsabilité du transporteur et étendue de l'indemnisation du préjudice**

**Art. 18 Dommage causé à la marchandise**

1. Le transporteur est responsable du dommage survenu en cas de destruction, perte ou avarie de la marchandise par cela seul que le fait qui a causé le dommage s'est produit pendant le transport aérien.

2. Toutefois, le transporteur n'est pas responsable s'il établit, et dans la mesure où il établit, que la destruction, la perte ou l'avarie de la marchandise résulte de l'un ou de plusieurs des faits suivants:
a) la nature ou le vice propre de la marchandise;
b) l'emballage défectueux de la marchandise par une personne autre que le transporteur ou ses préposés ou mandataires;

**Chapter III. Liability of the Carrier and Extent of Compensation for Damage**

**Art. 18 Damage to Cargo**

1. The carrier is liable for damage sustained in the event of the destruction or loss of, or damage to, cargo upon condition only that the event which caused the damage so sustained took place during the carriage by air.

2. However, the carrier is not liable if and to the extent it proves that the destruction, or loss of, or damage to, the cargo resulted from one or more of the following:
(a) inherent defect, quality or vice of that cargo;
(b) defective packing of that cargo performed by a person other than the carrier or its servants or agents;

c) un fait de guerre ou un conflit armé;

d) un acte de l'autorité publique accompli en relation avec l'entrée, la sortie ou le transit de la marchandise.

3. Le transport aérien, au sens du para graphe 1 du présent article, comprend la période pendant laquelle la marchandise se trouve sous la garde du transporteur.

4. La période du transport aérien ne couvre aucun transport terrestre, maritime ou par voie d'eau intérieure effectué en dehors d'un aéroport. Toutefois, lorsqu'un tel transport est effectué dans l'exécution du contrat de transport aérien en vue du chargement, de la livraison ou du transbor dement, tout dommage est présumé, sauf preuve du contraire, résulter d'un fait sur venu pendant le transport aérien. Si, sans le consentement de l'expéditeur, le trans porteur remplace en totalité ou en partie le transport convenu dans l'entente conclue entre les parties comme étant le transport par voie aérienne, par un autre mode de transport, ce transport par un autre mode sera considéré comme faisant partie de la période du transport aérien.

(c) an act of war or an armed conflict;

(d) an act of public authority carried out in connection with the entry, exit or transit of the cargo.

3. The carriage by air within the meaning of paragraph 1 of this Article comprises the period during which the cargo is in the charge of the carrier.

4. The period of the carriage by air does not extend to any carriage by land, by sea or by inland waterway performed outside an airport. If, however, such carriage takes place in the performance of a contract for carriage by air, for the purpose of loading, delivery or transhipment, any damage is presumed, subject to proof to the contrary, to have been the result of an event which took place during the carriage by air. If a carrier, without the consent of the consignor, substitutes carriage by another mode of transport for the whole or part of a carriage intended by the agreement between the parties to be carriage by air, such carriage by another mode of transport is deemed to be within the period of carriage by air.

Ähnliche Bestimmungen: Art. 18 WA 1929/1955; Art. 18 WA/MP Nr. 4 (1975); § 425 Abs. 1 HGB (Luft- und andere Binnentransporte); Art. 17 CMR (1956/1978); Art. 23 CIM 1999; Art. 4 HambR (1978); Art. 16 CMNI (2001); § 606 HGB und Art. 12 ABB-Fracht (2010).

Schrifttum: *Aufner,* Neuerungen im Luftfahrt-Haftpflichtrecht, *(österr.)* ZVR 2002, 328; *Balfour,* Die Haftung des Luftfrachtführers, in: Kölner Kompendium des Luftrechts, Bd. 3 („Wirtschaftsrechtliche Aspekte des Luftverkehrs"), 2010,179; *Bästlein/Bästlein,* Beweisfragen in Rechtsstreitigkeiten gegen den HGB-Frachtführer wegen Güterschäden, TranspR 2003, 413; *Bollweg/Schnellenbach,* Die Neuordnung der Luftverkehrshaftung, ZEuP 2007, 798; *Braun,* Das frachtrechtliche Leistungsstörungsrecht nach dem Transportrechtsreformgesetz – Eine Untersuchung der frachtrechtlichen Leistungsstörungstatbestände der §§ 407 ff. HGB unter besonderer Berücksichtigung der Bezüge zum Bürgerlichen Recht, Schriftenreihe zum Transportrecht, Bd. 29, 2002; *Brinkmann,* Frachtgüterschäden im internationalen Straßen- und Lufttransport, TranspR 2006, 146; *ders.,* Der Luftfrachtersatzverkehr – die Haftung beim Trucking nach dem Montrealer Übereinkommen, 2009; *Clarce,* Carriers' Liability in Cross-Border Air Cargo Substitute Transportation, TranspR 2005, 182; *ders.,* Die Haftung des Luftfrachtführers, in: Köln.Kompd.d.LuftR, Bd. 3 („Wirtschaftsrechtliche Aspekte des Luftverkehrs"), 2010, 111; *Dempsey,* Carrier Liability for Loss and Damage of International Air Freight: Plaintiffs's and Defendants' Elements of Proof, Ann.Air.Sp.L. 2004, 91; *ders.,* Die Haftung des Luftfrachtführers, in: Kölner Kompendium des Luftrechts, Bd. 3 („Wirtschaftsrechtliche Aspekte des Luftverkehrs"), 2010, 97; *Dirnbeck,* Die Haftung des Luftfrachtführers nach österreichischem Recht, in: Köln.Kompd.d.LuftR, Bd. 3 („Wirtschaftsrechtliche Aspekte des Luftverkehrs"), 2010, 231; *Ehlers,* Montrealer Protokolle Nr. 3 und 4, Warschauer Haftungssystem und neuere Rechtsentwicklung, 1985, 89; *Eichler,* Die Haftung nach dem österreichischen Luftfahrtgesetz, ZLW 2001, 500; *A. Gran,* Das Volumengewicht – Grundlage der limitierten Haftung nach dem Warschauer Abkommen, TranspR 1998, 343; *Grimme,* Die Haftung für den Verlust und die Beschädigung von Postsendungen im nationalen und internationalen Verkehr, TranspR 2004, 160; *Harakas,* The Warsaw Convention: Recent Cases Affecting Air Carrier Liability, Ann.Air.Sp.L. 2004, 423; *Harms/Schüler-Harms,* Die Haftung des Luftfrachtführers nach dem Montrealer Übereinkommen, TranspR 2003, 369; *Helmrich,* Haftungsrechtliche Gesichtspunkte bei Verlust und Beschädigung von Briefen und briefähnlichen Sendungen, TranspR 2007, 188; *Hempel,* Die Haftung des Luftfrachtführers nach schweizerischem Recht, in: Köln.Kompd.d.LuftR, Bd. 3 („Wirtschaftsrechtliche Aspekte des Luftverkehrs"), 2010, 228; *Hübsch,* Die Bedeutung des Warschauer Abkommens für die deliktische Haftung des Luftfrachtführers bei Personen- und Sachschäden, TranspR 1996, 367; *Kadletz,* Third Parties' Rights Against Air Carriers and Multimodal Transport Operators, Ann.Air.Sp.L. 1999, 83; *Kirchhof,* Umschlag im Luftrecht, TranspR 2013, 265; *Kirsch,* Die Haftung des internationalen Luftfrachtführers nach dem Warschauer Abkommen im Anwendungsbereich des

Montrealer Protokolls Nr. 4, TranspR 2002, 435; *Koller,* Schadensverhütung und Schadensausgleich bei Güter- und Verspätungsschäden nach dem Montrealer Übereinkommen, TranspR 2004, 181; *ders.,* Unbeschränkte Haftung des Luftbeförderers nach dem Montrealer Übereinkommen von 1999?, TranspR 2005, 177; *Koning,* Aansprakelijkheid in het luchtvervoer – Goederenvervoer onder de verdragen van Warschau en Montreal, Rotterdam, 2007; *dies.,* Trucking onder Warschau en Montreal, *(niederl.)* NTHR 2004, 93; *Kuhn,* Die Haftung für Schäden an Frachtgütern, Gepäck und Luftpostsendungen nach dem Warschauer Haftungssystem und den §§ 44–52 LuftVG, Köln 1987; *Leffers,* Zu den Grenzen der Haftungsbeschränkung für Gepäckverlust und -beschädigung im internationalen Luftverkehr, RRa 2005, 157; *Littger/Kirsch,* Die Haftung im internationalen Luftverkehr nach Inkrafttreten des Montrealer Übereinkommens, ZLW 2003, 563; *ders.,* Die Haftung des Luftfrachtführers, in: Kölner Kompendium des Luftrechts, Bd. 3 („Wirtschaftsrechtliche Aspekte des Luftverkehrs"), 2010, 97; *Margo/Batista,* Die Haftung des Luftfrachtführers, in: Köln.Kompd.d.LuftR, Bd. 3 („Wirtschaftsrechtliche Aspekte des Luftverkehrs"), 2010, 114; *Meng, Jing,* Air Carrier's Liability in China, ZLW 2003, 206; *Montanaro,* Die Haftung des Spediteurs für Schäden an Gütern unter besonderer Berücksichtigung des Lufttransports und der Allgemeinen Bedingungen des Schweizerischen Spediteurverbandes, Diss. Zürich 2001; *Mühlbauer,* Der Haftungsanspruch wegen Verlustes von Reisegepäck und die Durchbrechung von Haftungslimits im Luftverkehr – Vergleich zur Rechtslage bei Frachtgutschäden, TranspR 2003, 185; *Müller-Rostin,* Die Anspruchsberechtigung für Güterschäden nach dem Warschauer Abkommen, TranspR 1995, 89; *ders.,* Neuregelungen im internationalen Luftfrachtverkehr: Montrealer Protokoll Nr. 4 und Montrealer Übereinkommen, TranspR 2000, 234; *ders.,* Die Unverbrüchlichkeit der Haftungsgrenzen bei Frachtschäden im Montrealer Protokoll Nr. 4 und im Montrealer Übereinkommen, GS Helm, 2001, S. 227; *ders.,* Der Luftverkehr unter der Geißel des Terrorismus, FG Ruhwedel, 2004, S. 197; *Nase/Humphrey,* Die Haftung des Luftfrachtführers nach dem Montrealer Übereinkommen und die Ratifikation des Übereinkommens durch Australien, ZLW 2006, 364; *Naumann,* Die Haftung des Luftfrachtführers für den Verlust wertvollen Gepäcks nach dem Montrealer Übereinkommen, TranspR 2010, 415; *Neumann,* Prozessuale Besonderheiten im Transportrecht, TranspR 2006, 429; *Reuschle,* MÜ, Art. 18; *Rodriguez,* Recent Developments in Aviation Liability Law, Journ.Air.L.Comm. 2000, 21; *Rose,* Die Haftung des Frachtführers gegenüber dem Dritteigentümer, 2005; *Reuschle,* MÜ, Art. 18; *Ruhwedel,* Das Montrealer Übereinkommen zur Vereinheitlichung bestimmter Vorschriften über die Beförderung im internationalen Luftverkehr vom 28.5.1999, TranspR 2001, 189, 196; *ders.,* Das störende Eigentum am Frachtgut, FG Herber, 1999, S. 163; *ders.,* Haftungsbegrenzung und deren Durchbrechung im Luftrecht, TranspR 2004, 137; *ders.,* Neue Entwicklungen im Lufttransportrecht vor dem Hintergrund des Inkrafttretens des Montrealer Übereinkommens, TranspR 2006, 421; *ders.,* Montrealer Übereinkommen vs. Warschauer System, TranspR 2008, 89; *Saur,* Die Änderung der Haftungsgrundsätze im Fracht-, Speditions- und Lagerrecht durch das Transportrechtsreformgesetz, 1999; *Schmid,* Die Arbeitsteiligkeit im modernen Luftverkehr und ihr Einfluss auf die Haftung des Luftfrachtführers, Diss. Frankfurt/M. 1983; *Schmidt,* Vereinbarte Verpackung durch den Transportunternehmer: Nebenpflicht im Rahmen der §§ 407 ff. HGB oder werkvertragliche Hauptleistungspflicht?, TranspR 2010, 88; *Staudinger,* Die Haftung des Luftfrachtführers, in: Kölner Kompendium des Luftrechts, Bd. 3 („Wirtschaftsrechtliche Aspekte des Luftverkehrs"), 2010, 187; *Thume,* Die Ansprüche des geschädigten Dritten im Frachtrecht, TranspR 2010, 45; *ders.,* Haftung für Umschlagschäden – wer haftet wem und wie?, TranspR 2014, 179; *Tomkins,* Die Haftung des Luftfrachtführers, in: Kölner Kompendium des Luftrechts, Bd. 3 („Wirtschaftsrechtliche Aspekte des Luftverkehrs"), 2010, 135.

## Übersicht

| | Rn. | | Rn. |
|---|---|---|---|
| **I. Normzweck** | 1–3 | 3. Neues Abkommensrecht | 11–14 |
| 1. Art. 18 als zweiter Grundstein im Haftungssystem des MÜ | 1 | a) Rechtsvorteile für den Absender | 12 |
| | | b) Rechtsvorteile für den „ausführenden" Luftfrachtführer | 13 |
| 2. Geschlossenheit des Haftungssystems | 2 | c) Keine Vertragsbeziehungen zwischen Absender und „ausführendem" Luftfrachtführer | 14 |
| 3. Der „ausführende" Luftfrachtführer als im System zusätzlich Haftender | 3 | | |
| **II. Regelungsumfeld** | 4–6 | **V. Grundlagen der Haftung des „vertraglichen" und des „ausführenden" Luftfrachtführers** | 15–26 |
| 1. Innerdeutsche Lufttransporte | 4 | | |
| 2. Reisegepäckschäden | 5 | 1. Transporttypische Schadensrisiken | 15 |
| 3. Luftpostsendungen | 6 | 2. Kein Verschulden | 16 |
| **III. Regelungsgehalt** | 7, 8 | 3. „Leute" | 17 |
| 1. Güterschäden | 7 | 4. „Leute" und „Dritte" | 18 |
| 2. Haftungsvoraussetzungen | 8 | 5. Keine Exkulpationsmöglichkeit | 19 |
| **IV. Zusätzliche Haftung des „ausführenden" Luftfrachtführers** | 9–14 | 6. Zwingende Haftung | 20 |
| 1. Der „ausführende" Luftfrachtführer | 9 | 7. Höchstbetrag der Haftung | 21 |
| 2. Bisheriges Abkommensrecht | 10 | 8. Endgültigkeit der Höchsthaftung | 22, 23 |

|  | Rn. |
|---|---|
| 9. Art. 20 | 24 |
| 10. „Trucking" | 25 |
| 11. Keine Anspruchskonkurrenzen | 26 |
| **VI. Die einzelnen Schadenstatbe-** | |
| **stände des Abs. 1** | 27–33 |
| 1. „Güter" | 27 |
| 2. Der rechtliche Sonderstatus einer | |
| „Beschädigung" | 28 |
| 3. Schadenstatbestände | 29–33 |
| a) Zerstörung | 29 |
| b) Verlust | 30–32 |
| c) Die „Beschädigung" im Einzelnen | 33 |
| **VII. Der Haftungszeitraum** | 34–65 |
| 1. „während der Luftbeförderung" | |
| (Abs. 3) | 35 |
| 2. Definition des Begriffs | 36–38 |
| a) Bisheriges und neues Abkommens- | |
| recht | 37 |
| b) „auf einem Flughafen" (Art. 18 | |
| Abs. 2 WA 1929/1955) | 38 |
| 3. Die „Obhut" | 39–48 |
| a) „Obhut" | 40 |
| b) Beginn der „Obhut" | 41 |
| c) Ende der „Obhut" | 42 |
| d) „Obhut" und „Dritte" | 43–47 |
| e) Neues Abkommensrecht | 48 |
| 4. Schadensereignis | 49–53 |
| a) Abs. 4 S. 1 | 50 |
| b) Abs. 4 S. 2 | 51 |
| c) Vor- und Nachtransporte | 52 |
| d) Multimodaler Transport | 53 |
| 5. „Trucking" (Abs. 4 S. 3) | 54–60 |
| a) Bisheriges Abkommensrecht | 56 |
| b) Neues Abkommensrecht | 57–59 |
| c) „Trucking" gegen den Willen des | |
| Absenders | 60 |
| 6. Haftungszeitraum bei einem multimo- | |
| dalen (kombinierten) Transport | |
| (Art. 38) | 61–65 |
| a) Bekannter Schadensort | 64 |
| b) Unbekannter Schadensort | 65 |
| **VIII. Beweislast** | 66–73 |
| 1. Während der Luftbeförderung | 66 |
| 2. Annahme der Güter | 67 |

|  | Rn. |
|---|---|
| 3. Gewicht, Maße, Verpackung und | |
| Anzahl der Güter | 68 |
| 4. Zustand der Güter | 69 |
| 5. Darlegungslast des Luftfrachtführers | 70, 71 |
| 6. Ablieferung der Güter | 72 |
| 7. Schäden nach der Ablieferung | 73 |
| **IX. Die Haftungsausschlussgründe** | |
| **des Abs. 2** | 74–84 |
| 1. „Eigenart der Güter" | 79, 80 |
| 2. „Mangelhafte Verpackung" | 81, 82 |
| 3. „Kriegshandlungen" | 83 |
| 4. „hoheitliches Handeln" | 84 |
| **X. Passivlegitimation und Aktivlegi-** | |
| **timation** | 85–91 |
| 1. Vorgaben des MÜ | 85 |
| 2. Aktivlegitimation für Schadensersatz- | |
| ansprüche | 86–91 |
| a) Des Absenders | 87 |
| b) Der Empfänger | 88 |
| c) Aktivlegitimation des Absenders | |
| sowie auch des Empfängers | 89 |
| d) Spediteur | 90 |
| e) Schäden Dritter | 91 |
| **XI. Umfang des Schadensersatzes** | 92–96 |
| 1. Umfang des zu leistenden Schadenser- | |
| satzes | 92 |
| 2. G zur Harmonisierung des Haftungs- | |
| rechts im Luftverkehr | 93 |
| 3. MontÜG | 94, 95 |
| 4. Generelle Haftungsbeschränkung | |
| (Art. 22 Abs. 3) | 96 |
| **XII. Endgültigkeit der Haftungs-** | |
| **summe** | 97–99 |
| 1. Haftungserhöhung nur bei „Wertde- | |
| klaration" oder vertraglicher Vereinba- | |
| rung | 97 |
| 2. Keine Haftungserhöhung bei grobem | |
| Verschulden | 98 |
| 3. Unverbrüchlichkeit der Haftungsbe- | |
| grenzung | 99 |
| **XIII. Haftpflichtversicherung des** | |
| **Luftfrachtführers** | 100 |

## I. Normzweck

**1** **1. Art. 18 als zweiter Grundstein im Haftungssystem des MÜ.** Art. 18 bildet – im Anschluss an Art. 18 WA 1929/1955 – neben Art. 17 MÜ (*Personen-* und *Gepäck*schäden) und dem ihm nachfolgenden Art. 19 MÜ *(Verspätungsschäden)* den *zweiten* Grundstein eines in sich geschlossenen Haftungssystems. Es ist in dieser Vorschrift bezüglich Güterschäden[1]

---

[1] Anders als noch Art. 18 WA 1929/1955 erfasst Art. 18 nicht zusätzlich auch die Haftung des Luftfrachtführers für Zerstörung, Verlust oder Beschädigung von *„aufgegebenem Reisegepäck"*. Diese Haftungstatbestände
sind im neuen Abkommensrecht funktionell nunmehr der Fluggastbeförderung zugeordnet und daher insoweit
gleichfalls in Art. 17 (Abs. 2) MÜ mit angesprochen. Die Haftungsregeln des Art. 17 MÜ gelten ihrerseits –
abkommensunabhängig – für alle „Luftfahrtunternehmen der Gemeinschaft", und zwar auf der Grundlage
von Art. 3 Abs. 1 der VO (EG) Nr. 2027/97 des Rates vom 9. Oktober 1997 idF der VO (EG) Nr. 889/
2002 des Europäischen Parlaments und des Rates vom 13. Mai 2002 (ABl. EG Nr. L 140 S. 2). Klauseln in
AGB, die gegen Art. 17 Abs. 2 MÜ bzw. gegen die vorgenannte VO verstoßen, sind bei Anwendbarkeit

haftungstatbestandlich und in Art. 22 Abs. 3 hinsichtlich des vom Luftfrachtführer[2] sodann maximal geschuldeten Haftungsbetrags des näheren festgeschrieben. Haftungssubjekt ist hier iE zunächst nur der „vertragliche" Luftfrachtführer (vgl. aber unten Rn. 9). Zur Aktivlegiti-mation des „Absenders" (Art. 12)[3] bzw. des „Empfängers" (Art. 13)[4] vgl. unten Rn. 86 ff.

**2. Geschlossenheit des Haftungssystems.** Als System genießen die Art. 17 ff. einen    2 besonderen Bestandsschutz. Dieser zeigt sich im Einzelnen in Art. 26 gegenüber vertraglichen Abänderungen zu Gunsten des Luftfrachtführers, in Art. 29 gegenüber zu Lasten des Luftfracht-führers in Betracht kommenden sonstigen Schadensersatznormen und in Art. 30 gegenüber – mittelbaren – Inanspruchnahmen des Luftfrachtführers auf dem Umweg über seine „Leute". Darüber hinaus verhindert Art. 49, dass das System durch eine dem Schadensereignis vorausge-gangene Rechtswahl oder eine entsprechende Gerichtsstandsvereinbarung insgesamt und im Voraus ausgeschaltet wird. Auch die nur begrenzte Zahl der für Streitigkeiten auf Grund der Art. 17 ff. international und örtlich – ausschließlich – zuständigen Gerichte in Art. 33 und in Art. 46 soll dieses System zusätzlich noch, und zwar in forensischer Hinsicht absichern.

**3. Der „ausführende" Luftfrachtführer als im System zusätzlich Haftender.** Die    3 Art. 39 ff. beziehen in dieses System sodann neben dem „vertraglichen" Luftfrachtführer iSd. Art. 17 ff. als zweites Haftungssubjekt zusätzlich auch den „ausführenden" Luftfrachtführer[5] deckungsgleich mit ein. Allerdings gilt dieser personell erweiterte Anwendungsbereich des MÜ tatbestandsmäßig nur hinsichtlich solcher Schäden, die während dessen eigener Beför-derungstätigkeit aufgetreten sind (Rn. 9 ff.).

## II. Regelungsumfeld

**1. Innerdeutsche Lufttransporte.** Wenn der für den Schadensfall in Betracht kom-    4 mende Gütertransport keine „internationale Beförderung" iSd. Art. 1 Abs. 2 bzw. des Art. 1 Abs. 2 WA 1929/1955 darstellt, richtet sich die Haftung des Luftfrachtführers für *Güter*schä-den nicht nach Art. 18, sondern bei Anwendbarkeit *deutschen* Rechts (Art. 3 ff. Rom I-VO[6]) nach den §§ 425 ff. HGB. Dies betrifft iE rein innerdeutsche (Luft-) Transporte. Hier kann es nach § 435 HGB[7] im Gegensatz zu Art. 22 Abs. 3 nach wie vor noch zu einer *unbeschränkten* Haftung des Luftfrachtführers kommen. Vgl. zu den genannten Vorschriften des HGB die Erl. im vorliegenden KommBd.

**2. Reisegepäckschäden.** Wegen Schäden an aufgegebenem Reisegepäck[8] vgl. die    5 Art. 17 Abs. 2–5 und Art. 22 Abs. 2, 5. Wegen diesbezüglicher Verspätungsschäden: Art. 19.

---

*deutschen* Rechts nach § 307 Abs. 1 BGB unwirksam: BGH 5.12.2006, NJW 2007, 997 = TranspR 2007, 27 = LMK 2007, 213130 (m. Anm. *Koller*) = RRa 2007, 74 (m. Anm. *Kappus*).
  [2] Zum „Luftfrachtführer" Art. 1 Rn. 14 ff.
  [3] Zum „Absender" Art. 1 Rn. 20.
  [4] Zum „Empfänger" Art. 1 Rn. 26.
  [5] Zum „ausführenden" Luftfrachtführer Art. 1 Rn. 24 f.
  [6] Im Rechtsbereich der *EU* gelten ab dem 17. Dezember 2009: Art. 3 f. VO (EG) Nr. 593/2008 des Europäischen Parlaments und des Rates vom 17. Juni 2008 über das auf vertragliche Schuldverhältnisse anzuwendende Recht („Rom I"), ABl. EG Nr. L 177 vom 4.7.2008.
  [7] Hierzu auch Baumbach/Hopt/*Merkt* § 435 HGB; *Koller* § 435 HGB.
  [8] Rspr. zum Ersatz von *Reisegepäckschäden* (Auswahl): Aktivlegitimation eines Reisenden für Schadensersatz-anspruch bei Verlust fremden Reisegepäcks, EuGH 22.11.2012, TranspR 2013, 201; Die Berechtigung für einen Anspruch aus Art. 17 Abs. 2 Satz 2 MÜ kann nicht an die Dokumentation der Gepäckausgabe durch einen Gepäckschein geknüpft werden: BGH 15.3.2011, TranspR 2011, 30; Zur Wirksamkeit von Beförderungs- und Haftungsausschlussklauseln hinsichtlich Reisegepäcks in *Allgemeinen Geschäftsbedingungen* des Luftfrachtführers: BGH 5.12.2006, NJW 2007, 997 = TranspR 2007, 27 = Ra 2007, 74. Zur Art. 18 Abs. 1 WA 1929/1955 (jetzt Art. 17 Abs. 2 MÜ): AG Bad Homburg 26.8.1997, RRa 1998, 5: In der Entgegennahme des Gepäcks am Abfer-tigungsschalter ist dessen Annahme durch den Luftfrachtführer zu sehen, wodurch das Gepäck in seine *Obhut* übergegangen ist. Zu Art. 17 Abs. 2: OLG Stuttgart 29.3.2006, NJW-RR 2007, 566: zur *Haftung* nach *Art. 17 Abs. 2* bei Beschädigung von aufgegebenem Reisegepäck. Zu Art. 25 WA 1929/1955 (jetzt Art. 22 Abs. 5): OLG Köln 15.2.2005, NJW-RR 2005, 1060 = VersR 2005, 1104 = RRa 2005, 181: Wird ein als Fluggepäck aufgegebener Reisekoffer in der Obhut der Fluggesellschaft gewaltsam geöffnet und kommt dabei ein Teil des Kofferinhalts abhanden, so bestehen hinreichende Anhaltspunkte dafür, dass die fehlenden Gegenstände durch

Für „Luftfahrtunternehmen der Gemeinschaft" gilt hier zudem die VO (EG) Nr. 889/2002 vom 13. Mai 2002 (ABl. EG 2002 Nr. L 140 S. 2). S. oben: Einl MÜ Rn. 24.

**6** **3. Luftpostsendungen.** Bei einer internationalen Beförderung von Luftpostsendungen, dh. von Briefpost und Postpaketen, ist das Montrealer Übereinkommen nach Art. 2 Abs. 3 (vgl. dort) insgesamt nicht anwendbar. Hier enthalten der Weltpostvertrag (WPV) sowie das Postpaketübereinkommen (PPÜ)[9] innerhalb ihrer Anwendungsbereiche das vorrangige und speziellere Recht. Art. 2 Abs. 2 schließt hierbei aus, dass ein Postkunde den Luftfrachtführer unmittelbar in Anspruch nehmen kann (Art. 2 Rn. 8).

### III. Regelungsgehalt

**7** **1. Güterschäden.** Die Vorschrift des Art. 18 regelt als ein Kernstück des MÜ die *frachtvertragliche* Haftung des Luftfrachtführers (Begriff oben: Art. 1 Rn. 14 ff.) für Schäden an den von ihm transportierten Gütern. Dies ist neben der in Art. 19 angesprochenen „Verspätung" der wichtigste Teilbereich von Leistungsstörungen bei der Abwicklung eines Luftfrachtvertrags.

**8** **2. Haftungsvoraussetzungen.** Art. 18 erfordert für seine Anwendbarkeit stets den Tatbestand einer „internationalen Beförderung" iSd. Art. 1 Abs. 2 (bzw. iSd. Art. 1 Abs. 2 WA 1929/1955). Eine hiernach und unter den einzelnen Voraussetzungen des Art. 18 eintretende Haftung des Luftfrachtführers kann von diesem gemäß Art. 26 nicht im Voraus abbedungen werden. Bei einer bloßen „Beschädigung" von Gütern sowie bei deren „Verspätung" (Art. 19) ist eine solche Haftung im Weiteren nur abrufbar, wenn dem Luftfrachtführer gegenüber zuvor eine fristgerechte Schadensanzeige iSd. Art. 31 Abs. 2 erfolgt ist. Sodann kann eine gegen den Luftfrachtführer gerichtete Schadensersatzklage nach Art. 35 im Falle einer solchen Beschädigung und auch bei allen anderen Güterschäden sowie bei „Verspätungen" (Art. 19) nur binnen einer Ausschlussfrist von zwei Jahren erhoben werden. Wie die Vorgaben in Art. 1 Abs. 2 (*„Vereinbarungen der Parteien"*), Art. 1 Abs. 3 (*„ob der Beförderungsvertrag in der Form eines einzigen Vertrags"*), Art. 11 Abs. 1 (*„Vermutung für den Abschluss des Vertrages"*), Art. 27 (*„den Abschluss eines Beförderungsvertrags zu verweigern"*) usw. zu erkennen geben, ist diese Haftung des Luftfrachtführers ihrer Rechtsnatur nach vertraglicher Art. Der Tod des „vertraglichen" Luftfrachtführers lässt die gegen ihn entstandenen Ersatzansprüche nach Art. 32 unberührt.

### IV. Zusätzliche Haftung des „ausführenden" Luftfrachtführers

**9** **1. Der „ausführende" Luftfrachtführer.** Die Bestimmungen der Art. 39 ff. haben indessen zur Folge, dass diese Vertragshaftung in gleicher Weise, und zwar zusätzlich, auch

vorsätzliches oder zumindest *leichtfertiges* Verhalten der Leute der Fluggesellschaft abhanden gekommen sind. In einem solchen Fall ist es Sache der Fluggesellschaft, im Rahmen ihrer sog. *sekundären Darlegungslast* konkrete Angaben zum Schadenshergang zu machen und andere Schadensursachen aufzuzeigen. Andernfalls haftet sie nach Art. 25 WA 1929/1955 unbeschränkt. OLG Köln 11.8.1998, TranspR 1999, 107 = ZLW 1999, 163: Dem Vorwurf eines für Fehlverladungen ursächlichen *Organisationsmangels* kann der Luftfrachtführer doch Teilnahme am weltweit verbreiteten *„Tracing"*-Verfahren begegnen. OLG Köln 17.3.2004, VersR 2006, 141: Nimmt der Luftfrachtführer am *„Tracing*-System" teil, kann von einem *groben Verschulden* beim Verlust von Reisegepäck *nicht* ausgegangen werden. LG Köln 11.12.2002, TranspR 2003, 204: Zum Begriff der *„Leichtfertigkeit"* und zur Verteilung der Darlegungslast im Rahmen des Art. 25 WA bei Verlust von Reisegepäck. AG Köln 21.2.2002, NZV 2003, 45: Auch ein Teilverlust von Gepäckstücken ist als *„Beschädigung"* anzusehen und deshalb dem *Luftfrachtführer* nach Art. 26 WA 1929/1955 *anzuzeigen*. Schrifttum: *Mühlbauer* TranspR 2003, 185; *Naumann*, TranspR 2010, 415; *Reuschle* Art. 17 Rn. 30 ff. und Art. 22 Rn. 18 ff. S. auch die Fachzeitschrift *ReiseRecht aktuell* (RRa), Jg. 1994 ff. (CD-ROM).

[9] G zu den Verträgen *(Peking)* vom 15. September 1999 des Weltpostvereins vom 18.6.2002 (BGBl. II S. 1446). Hierzu Bek. vom 31.3.2003 (BGBl. II S. 327). Die vom Weltpostkongress in *Bukarest* im Jahre 2004 beschlossenen Änderungen bzw. Neufassungen treten nach ihrer Ratifizierung in Kraft. Mit dem Sechsten Zusatzprotokoll zur Satzung des Weltpostvereins wurden die Bestimmungen des bisherigen Postpaketübereinkommens in den Weltpostvertrag übernommen (Art. 22 Abs. 3). Hierzu: BT-Drucks. 14/7977 S. 83. OLG Karlsruhe 25.7.2001, TranspR 2002, 210: An der Anwendbarkeit des Postpaketübereinkommens hat sich durch die Reform des deutschen Transportrechts und durch die Privatisierung der Deutschen Post nichts geändert. Vgl. auch: *Grimme* TranspR 2004, 160; *Helmrich* TranspR 2007, 188; *Rode* TranspR 2005, 301.

den „*ausführenden*" Luftfrachtführer[10] trifft, wenn das Schadensereignis im Laufe seines eigenen Transports eingetreten ist.

**2. Bisheriges Abkommensrecht.** Mit dieser Regelung lösen die Vorschriften des MÜ  **10**
funktionell das geltende völkerrechtliche „Zusatzabkommen zum Warschauer Abkommen"
von Guadalajara vom 18. September 1961 ab (Art. 55 Abs. 1 Buchst. c).[11] Der mit diesem
Zusatzabkommen seinerzeit in das internationale Luftprivatrecht neu eingeführte Rechtsbegriff des „ausführenden" Luftfrachtführers ist dadurch gekennzeichnet, dass dieser „Luftfrachtführer", so beispielsweise der Partner bei einem Code-Sharing (Art. 39 Rn. 11), mit dem
Absender gerade keinen Beförderungsvertrag abgeschlossen hat, wie dies für eine Anwendbarkeit des Art. 18 WA 1929/1955 bzw. des Art. 18 MÜ ansonsten unerlässlich ist. Auch
ist der zwischen dem „ausführenden" und dem „vertraglichen" Luftfrachtführer im weiteren
abgeschlossene Unterfrachtvertrag nach der Rspr. *deutscher* Gerichte[12] ferner kein Vertrag
zu Gunsten Dritter, dh. des Absenders. Dieser kann dementsprechend auch keine eigenen
Ansprüche vertraglicher Art gegen den „ausführenden" Luftfrachtführer haben.

**3. Neues Abkommensrecht.** Demgegenüber reicht es abkommensrechtlich für die  **11**
(„vertragliche") Mithaftung des „ausführenden" Luftfrachtführers iSd. Art. 17 ff. im Verhältnis zum Fluggast bzw. zum Absender oder Empfänger von Frachtgut nunmehr aus,
dass der „ausführende" auf Grund eines *internen Einvernehmens* seitens des „vertraglichen"
Luftfrachtführers „berechtigt" ist, die von diesem mit dem Absender vereinbarte Beförderung seinerseits ganz oder zum Teil „auszuführen" (Art. 39 Rn. 23 f.). Sobald er diese
„Berechtigung" faktisch wahrnimmt,[13] bleibt er nicht mehr länger ein „Unterfrachtführer".
Seine haftungsrechtliche Gleichstellung mit dem „vertraglichen" Luftfrachtführer in den
Art. 39 ff. qualifiziert ihn als einen „ausführenden" Luftfrachtführer vielmehr fiktiv zu einem
„Quasi-Vertragspartner" des Absenders.

**a) Rechtsvorteile für den Absender.** Dieser wiederum ist damit vorteilhafterweise  **12**
nicht mehr länger auf allein *deliktische* Ansprüche gegen den „ausführenden" Luftfrachtführer
angewiesen, sondern kann nicht nur gegenüber dem „vertraglichen" Luftfrachtführer
(Art. 17), sondern gemäß Art. 40 MÜ auch ihm gegenüber („vertragliche") Ansprüche
*unmittelbar* nach den Art. 17 ff. geltend machen. Voraussetzung hierfür ist allerdings, dass
der Schaden sich im Einzelnen konkret bei der vom „ausführenden" Luftfrachtführer vorgenommenen Beförderung ereignet hat.

**b) Rechtsvorteile für den „ausführenden" Luftfrachtführer.** Der „ausführende"  **13**
Luftfrachtführer seinerseits darf sich nach Art. 40 dann auch gegenüber dem Absender, und
zwar ohne Rücksicht auf das zwischen ihnen fehlende Vertragsverhältnis, gleichwohl auf
alle Haftungsvoraussetzungen und -beschränkungen des MÜ berufen, die auch für den
„vertraglichen" Luftfrachtführer gelten. Dies sind neben den Haftungsvoraussetzungen des
Abs. 1 (Rn. 29 ff.) im Weiteren die Haftungsausschlussgründe des Abs. 2 (Rn. 74 ff.), der
Ablauf der Anzeigefrist iSd. Art. 31 und das Verstreichen der Ausschlussfrist für eine Klage
iSd. Art. 35. Der Tod des „ausführenden" Luftfrachtführers lässt die gegen ihn entstandenen
Ersatzansprüche nach Art. 32 unberührt.

**c) Keine Vertragsbeziehungen zwischen Absender und „ausführendem" Luft-**  **14**
**frachtführer.** Allerdings hat die Regelung der Art. 39 ff. nicht die Folge, dass der „ausfüh-

---

[10] Zum „ausführenden" Luftfrachtführer: Art. 1 Rn. 24 f.
[11] S. Vorauflage S. 2153.
[12] StRspr.: BGH 24.9.1987, TranspR 1988, 108 = VersR 1988, 244; BGH 28.4.1988, TranspR 1988,
338, 339 = VersR 1988, 825, 826; BGH 10.5.1990, TranspR 1990, 418 = VersR 1991, 238, 239; BGH
24.10.1991, TranspR 1992, 177 = VersR 1992, 640; OLG Düsseldorf 29.12.1993, TranspR 1994, 442. Diese
Rspr. ist in jüngster Zeit korrigiert worden: BGH 14.6.2007, NJW 2008, 289 (m. Anm. *Ramming*) = TranspR
2007, 425 (m. Anm. *Thume*) = RiW 2007, 425.
[13] OLG Hamburg 9.8.1984, VersR 1985, 158: Übernimmt ein nicht im Luftfrachtbrief ausgewiesener
Luftfrachtführer die Durchführung eines Teils der Beförderung, so ist er kein „nachfolgender" Luftfrachtführer
(iSd. Art. 36), sondern „ausführender" Luftfrachtführer (iSd. Art. 39).

rende" Luftfrachtführer über den Anwendungsbereich des MÜ hinausgehend etwa zum vollen Vertragspartner des Absenders wird. Daher sind die vom vertraglichen Luftfrachtführer in dessen Frachtvertrag mit dem Absender einbezogenen AGB für ihn insoweit ohne Funktion. Für das nationale *deutsche* (Luft-) Frachtrecht vgl. § 437 HGB und dessen Erl. im vorliegenden KommBd.

## V. Grundlagen der Haftung des „vertraglichen" und des „ausführenden" Luftfrachtführers

15    **1. Transporttypische Schadensrisiken.** Inhaltlich bezieht sich die Haftung des „vertraglichen" und des „ausführenden" Luftfrachtführers nach Abs. 1 auf die bei einem (Luft-) Transport generell typischen Sachschäden. Dies sind die „Zerstörung", der „Verlust" oder die „Beschädigung" des Gutes. Hinsichtlich dieser Schäden untersteht der Luftfrachtführer, wie Abs. 3 zeigt, einer spezifischen „Obhutshaftung", die im Frachtrecht allgemein statuiert ist[14] (vgl. die eingangs zitierten „Ähnlichen Bestimmungen"). Wegen Schäden auf Grund einer „Verspätung" des Lufttransports s. hingegen den nachfolgenden Art. 19. Die Erstattungsfähigkeit von (Verzugs-) „Zinsen" ist in Art. 22 Abs. 6 (neu) vorgesehen.

16    **2. Kein Verschulden.** Im Gegensatz zu dem Regelungskonzept der Art. 18 und 20 WA 1929/1955 setzt die neu gestaltete Haftung des Art. 18 auf Seiten des Luftfrachtführers kein (vermutetes) Verschulden mehr voraus. Sie ist vielmehr nun allein objektiver Art. Es handelt sich um eine strikte Obhutshaftung.[15] Sie ist iE eine *verschuldensunabhängige* Haftung des Luftfrachtführers für alle Schäden bezüglich des Gutes, die während der Zeit, in der sich dieses in seiner „Obhut" (Abs. 3) befunden hat, verursacht wurden. Dieses stringente Haftungssystem wird andererseits aber wieder abgeschwächt durch die Normierung eng umschriebener Haftungsausschlussgründe (Abs. 2) (Rn. 74 ff.), durch die Zulassung des Einwands des „Mitverschuldens" auf Seiten des Geschädigten (Art. 20) sowie durch die Festlegung von Haftungshöchstbeträgen (Art. 22 Abs. 3 und 4).

17    **3. „Leute".** Mit dem Fortfall des (vermuteten) Verschuldens als Haftungsvoraussetzung geht einher, dass dem Luftfrachtführer im Rahmen des Art. 18 künftig auch nicht mehr das (vermutete) Verschulden seiner „Leute" (Begriff unten: Art. 19 Rn. 33 ff.) zugerechnet werden kann, wie dies bisher in Art. 20 WA 1929/1955 vorgesehen war. Das dort vorausgesetzte Einstehenmüssen des Luftfrachtführers auch für das Verschulden seiner „Leute" gilt im Zusammenhang mit „Gütern" jetzt ausdrücklich nur noch bei Art. 19, dh. bei der *Verspätungs*haftung des Luftfrachtführers.

18    **4. „Leute" und „Dritte".** Im Falle von *Güter*schäden iSd. Art. 18 haftet der Luftfrachtführer jetzt unabhängig davon, ob er selbst oder seine „Leute" oder irgendwelche „Dritte" (arg. e Art. 21 Abs. 2 Buchst. b)[16] den Schaden verursacht haben. Auch kann sich hier nicht mehr die Anschlussfrage stellen, ob er bzw. die „Leute" insoweit letztlich erwiesenermaßen schuldlos und ob die Leute zudem „in Ausführung ihrer Verrichtungen gehandelt haben" (so noch: Art. 20 und Art. 25 WA 1929/1955). Wenn allerdings die „Zerstörung", der „Verlust" oder die „Beschädigung" (Art. 18) des Frachtguts auf das Verhalten der „Leute" des Luftfrachtführers oder auf irgendwelche „Dritte" zurückzuführen ist, lässt der in das MÜ inhaltlich neu eingefügte Art. 37 dem Luftfrachtführer hier ausdrücklich noch die Möglichkeit eines Regresses gegen den vorgenannten Personenkreis offen.

19    **5. Keine Exkulpationsmöglichkeit.** Zum anderen ist dem Luftfrachtführer auf Grund seiner neuen – *objektiv* ausgestalteten – Haftung nun auch die Möglichkeit genommen, sich bei außergewöhnlichen Schadensfällen noch weiterhin „exkulpieren" und auf

---

[14] Die dem Frachtrecht eigene Obhutshaftung geht in ihrer langen Rechtstradition bis auf die Rezeptumshaftung des römischen Rechts zurück: „Nautae, caupones, stabularii, ut restituant ..." (Edikt D. 4, 9, 1 pr; Ulpian: eodem titulo, 3, 5).
[15] Denkschrift, BT-Drucks. 15/2285 S. 42 (zu Art. 18).
[16] Betr. *Personen*schäden.

diese Weise von einer Haftung vollständig freikommen zu können. Diese Gelegenheit bestand gleichfalls nach dem vorgenannten Art. 20 WA 1929/1955, wo hinsichtlich etwaiger Güterschäden ein Verschulden sowohl des Luftfrachtführers selbst wie auch ein solches seiner „Leute" zwar beweisrechtlich vermutet wurde, aber vom Luftfrachtführer andererseits auch widerlegt werden konnte. Infolgedessen sind jetzt diejenigen Schadensfälle, in denen hier nach dem bisherigen Recht eine solche haftungsbefreiende Exkulpation in Betracht zu ziehen war, wie beispielsweise im Falle von „Kriegsereignissen",[17] im neuen Recht des Abs. 2 als selbständige und objektive Haftungsausschlussgründe (s. hier: „bewaffneter Konflikt") gesondert und zugleich auch enumerativ erfasst. Vgl. im Einzelnen unten Rn. 74 ff.

**6. Zwingende Haftung.** In allen übrigen Transportschadensfällen ist die Haftung des  **20** Luftfrachtführers nicht nur verschuldensunabhängig, sondern weiterhin vor allem auch zwingender Natur. So ist nach Art. 26 jede Bestimmung des Beförderungsvertrags, durch welche die Haftung des Luftfrachtführers ausgeschlossen oder der in dem Übereinkommen festgesetzte Haftungshöchstbetrag herabgesetzt werden soll, „nichtig". Vgl. im Einzelnen unten Art. 26.

**7. Höchstbetrag der Haftung.** Als Ausgleich hierfür wiederum ist die Haftung des  **21** Luftfrachtführers – wie schon bisher – summenmäßig beschränkt. Allerdings orientiert sich die Wertgrenze seiner Haftung nicht mehr an dem „Poincaré-Franc" des Art. 22 Abs. 5 WA 1955. An die Stelle dieser Währungseinheit ist nunmehr nach Art. 23 das Sonderziehungsrecht (SZR) des Internationalen Währungsfonds (IWF)[18] getreten. Im Einzelnen haftet der Luftfrachtführer nach Art. 22 Abs. 3 bei Güter- und bei Güterverspätungsschäden nur bis zur Höhe von maximal 19 SZR für das Kilogramm des beförderten Gutes. Vgl. im Einzelnen unten die Art. 22 und 23.

**8. Endgültigkeit der Höchsthaftung.** Wurde die entsprechende Haftungsbeschrän-  **22** kung nach dem bisherigen Recht des Art. 9 bzw. des Art. 25 WA 1929/1955 indessen in vollem Umfang hinfällig, wenn kein Luftfrachtbrief ausgestellt worden war oder dieser wiederum keinen Hinweis auf die nur beschränkte Haftung des Luftfrachtführers enthielt oder den Luftfrachtführer selbst der Vorwurf eines besonders gravierenden Verschuldens auf seiner Seite traf, so bestehen solche Ausnahmen nach dem Recht des MÜ nun in keinem Falle mehr.

Nach dem neuen Abkommensrecht ist die vorgenannte beschränkte Haftung des Luft-  **23** frachtführers auf maximal 19 SZR/je kg vielmehr abschließender Natur. Sie gilt nicht nur nach Art. 22 Abs. 3 zusätzlich auch bei Verspätungsschäden iSd. Art. 19. Diese Beschränkung besteht im Gegensatz zu Art. 25 WA 1929/1955[19] sogar auch dann noch fort, wenn der Luftfrachtführer oder seine „Leute" grob fahrlässig oder sogar vorsätzlich gehandelt haben sollten. Durch Art. 30 Abs. 3 sind insoweit zusätzlich auch die „Leute" selbst abgesichert, sofern sie „in Ausführung ihrer Verrichtungen gehandelt" haben. Einen höheren Haftungsbetrag kann der Geschädigte daher letztlich nur noch erwarten, wenn in den Luftfrachtvertrag eine „Wertdeklaration" (Art. 22 Abs. 3: „diese Beschränkung gilt nicht, … ") aufgenommen oder eine höhere Schadensersatzleistung iSd. Art. 25 besonders ausgehandelt worden ist. Vgl. im Einzelnen unten Rn. 97 ff.

**9. Art. 20.** Umgekehrt muss der Geschädigte sogar noch mit einer Herabsetzung seines  **24** nach Art. 22 Abs. 3 ohnehin schon stark reduzierten Schadensersatzanspruchs rechnen, wenn im einzelnen Schadensfall die Voraussetzung des Art. 20, dh. ein schadensbezogenes „Mitverschulden" auf seiner Seite, gegeben ist. Vgl. im Einzelnen unten Art. 20.

---

[17] Hier eine Exkulpation ausdrücklich bejahend: OLG Frankfurt/M. 23.12.1992, NJW-RR 1993, 809 = TranspR 1993, 103 = ZLW 1993, 318 (Einmarsch irakischer Truppen in Kuwait im Jahre 1990).
[18] Vgl. auch: § 3 des MontÜG vom 6.4.2004 (BGBl. I S. 550), geändert durch G vom 19.4.2005 (BGBl. I S. 1070), der auf § 431 Abs. 4 HGB und auf § 49b LuftVG verweist. Abdruck unten nach Art. 57 MÜ.
[19] Hierzu im Einzelnen: *Kehrberger*, FG Ruhwedel, 2004, S. 167.

**25**    **10. „Trucking".** Abs. 4 stellt klar, dass die vorerwähnten Haftungsregeln auch dann noch gelten, wenn die vereinbarte Luftfrachtbeförderung nicht auf dem Luftweg, sondern mit Hilfe eine anderen Art der Beförderung, beispielsweise mit einem Lkw („Trucking"), durchgeführt worden ist. Auf die insoweit an sich erforderliche Zustimmung des Absenders kommt es in diesem Zusammenhang nicht an, so dass auch vertragswidrige Ersatzbeförderungen den Haftungsregeln der Art. 18 ff. unterliegen. Vgl. im Einzelnen unten Rn. 55 ff.

**26**    **11. Keine Anspruchskonkurrenzen.** Alle vorgenannten Haftungsgrundsätze haben nach Art. 29 den Charakter der Endgültigkeit. So kann ein „Anspruch auf Schadensersatz, auf welchem Rechtsgrund er auch beruht, sei es in diesem Übereinkommen, ein Vertrag, eine unerlaubte Handlung oder ein sonstiger Rechtsgrund", nur unter den Voraussetzungen und mit den Beschränkungen geltend gemacht werden, die in diesem Übereinkommen vorgesehen sind. Vgl. im Einzelnen unten Art. 29.

### VI. Die einzelnen Schadenstatbestände des Abs. 1

**27**    **1. „Güter".** Dem nach Abs. 1 geltend gemachten Ersatzanspruch muss ein Schaden an „Gütern" (engl. Originaltext: „cargo") vorausgegangen sein. Doch enthält das MÜ weder an dieser Stelle noch in anderem Zusammenhang eine Definition dieses Begriffs. Insoweit wiederholt sich hier das entsprechende Defizit des WA 1929/1955. Auch ist im MÜ kein Hinweis entsprechend Art. 1 Abs. 4 CMR („Leichen", „Umzugsgüter") darüber zu finden, dass bestimmte „Güter" aus dem Regelungsrahmen des Übereinkommens insgesamt herausgenommen sind. Nur die „Beförderung von Postsendungen" ist nach Art. 2 Abs. 3 MÜ der Geltung des Übereinkommens prinzipiell entzogen (Art. 2 Rn. 11). Mangels einer eigenen Begriffsbestimmung sind daher „Güter" iSd. MÜ schlechterdings alle körperlichen Gegenstände, auf die sich der Frachtvertrag bezieht,[20] und die andererseits nicht zum „Reisegepäck" im Sinne von Art. 17 Abs. 4 gehören. Zu den „Gütern" zählen infolgedessen auch Leichen oder lebende Tiere.[21] In Anbetracht der dem Luftfrachtführer in Art. 27 eingeräumten Vertragsfreiheit steht es ohnehin grundsätzlich in dessen Belieben, ob und welche Güter er transportvertraglich annimmt. Ein Fluggast wiederum muss sein „Reisegepäck" nicht in jedem Falle „aufgeben" (Art. 17 Abs. 4), sondern er kann es, beispielsweise wegen dessen Sperrigkeit oder Übergewichts, alternativ auch als „cargo" befördern lassen. In diesem Fall beurteilt sich die Haftung des Luftfrachtführers für dessen „Zerstörung, Verlust oder Beschädigung" nicht mehr länger nach Art. 17 Abs. 2 (oben Fn. 8), sondern nur noch nach den Art. 18 und 22 Abs. 3.[22]

**28**    **2. Der rechtliche Sonderstatus einer „Beschädigung".** Die bloße „Beschädigung" von Gütern (Rn. 33). Beim Geltendmachen eines Schadensersatzanspruchs iSd. Abs. 1 ist hinsichtlich der Einzelnen Schadenstatbestände zunächst sorgfältig danach zu unterscheiden, ob der in Betracht kommende Güterschaden jeweils in einer „Zerstörung" bzw. einem „Verlust" einerseits oder aber in einer bloßen „Beschädigung" (Rn. 33) andererseits besteht. Im Falle des letztgenannten Schadens hat der Empfänger nach Art. 31 Abs. 2 unverzüglich nach Entdeckung dieses Schadens, jedenfalls aber binnen vierzehn Tagen nach der Annahme des Gutes, „dem Luftfrachtführer Anzeige zu erstatten". Wird diese Anzeigefrist versäumt, so ist nach Art. 31 Abs. 4 „jede Klage gegen den Luftfrachtführer

---

[20] Hierzu: Begriffsbestimmungen der ABB-Fracht (2010): „Gut/Güter sind alle Gegenstände, die in einem Luftfahrzeug befördert werden oder befördert werden sollen, einschließlich Postsendungen soweit die Beförderungsbedingungen auf Grund der geltenden internationalen Abkommen auf solche anwendbar sind. Auch unbegleitetes Gepäck und Tiere, die auf Grund eines Luftfrachtbriefs befördert werden, sind Güter in diesem Sinne."

[21] Zum WA 1929/1955: OLG Frankfurt/M. 3.6.1976, ZLW 1977, 152 (Zierfische); OLG Düsseldorf 12.1.1978, VersR 1978, 964 (chinesische Sonnenvögel); LG Frankfurt/M. 7.3.1973, ZLW 1973, 306 (Küken).

[22] OLG Celle 20.2.2007, NJOZ 2008, 522: Untersagt ein Luftfrachtführer einem Reisenden die Mitnahme von Handgepäck *(Saxophon)* erst im Rahmen eines Zwischenaufenthalts und kommt es während des Anschlussflugs auf Grund unzureichender Verpackung des Handgepäcks zu dessen Beschädigung, verstößt die Berufung des Luftfrachtführers auf den Haftungsausschluss gemäß Art. 18 Abs. 2 Buchst. b gegen Treu und Glauben.

ausgeschlossen, es sei denn, dass dieser arglistig gehandelt hat". Allerdings kann der Luftfrachtführer im Rahmen seiner Vertragsfreiheit auf das Erstatten einer solchen Anzeige auch „verzichten" (Art. 27). Die Anzeige selbst hat nach Art. 31 Abs. 3 „schriftlich" zu erfolgen.[23] Sie muss den Schadenssachverhalt im Einzelnen konkret mitteilen. Ferner muss sie erkennen lassen, gegen wen die Ansprüche geltend gemacht werden. Eine Vereinbarung, durch die eine Frist für die Schadensanzeige im Weiteren auch für den Fall eines „Verlusts" von Frachtgut gesetzt wird, galt nach dem bisherigen Art. 23 Abs. 1 WA 1929/1955 als „nichtig".[24] Wegen Einzelheiten der „Anzeige" unten Art. 31.

**3. Schadenstatbestände.** Zu den Schadenstatbeständen des Abs. 1 im Einzelnen:

**a) Zerstörung.** Eine „Zerstörung" (engl. Originaltext: „destruction") liegt nicht nur **29** bei einer Substanzvernichtung vor. Auch eine so gravierende Beschädigung der Sache, dass diese nicht mehr ihrer Zweckbestimmung entsprechend genutzt werden kann, ist als Zerstörung anzusehen.[25]

**b) Verlust.** Um einen „Verlust" (engl. Originaltext: „loss") von Gütern handelt es sich, **30** wenn der Luftfrachtführer außerstande ist, dem gemäß Art. 13 Abs. 1 bestehenden Anspruch des Empfängers auf „Ablieferung der Güter" nachzukommen.[26] So liegt ein „Verlust" beispielsweise auch dann vor, wenn der Luftfrachtführer die Sendung an einen *unrichtigen Empfänger* ausgeliefert hat und sie von diesem nicht mehr wiederzuerlangen ist.[27] Auch die *weisungswidrige Aushändigung einer Sendung* durch den Empfangsspediteur gegen die Übergabe eines Schecks einer englischen Bausparkasse, dessen Fälschung sich nachträglich herausstellt, anstatt gegen die Übergabe eines bankbestätigten Schecks („certified bank draft") führt zu einem „Verlust" der Sendung.[28] Schließlich ist auch ein „Verlust" anzunehmen, wenn der Luftfrachtführer die tatsächliche Verfügungsgewalt über das *Gut* verloren hat, weil dieses ihm auf dem angeflogenen Flughafen „*außer Kontrolle*" geraten ist und daher von ihm nicht „abgeliefert" werden kann.[29]

Ähnlich wie im internationalen Straßengütertransport (Art. 20 Abs. 1 CMR) oder im **31** nationalen *deutschen* Transportrecht (§ 424 HGB) ist der Verlusttatbestand auch im Luftfrachtrecht des MÜ formalisiert. Gemäß Art. 13 Abs. 3 kann der Empfänger „die Rechte aus dem Frachtvertrag gegen den Luftfrachtführer geltend machen", wenn entweder dieser den Verlust anerkannt hat. Ansonsten stehen ihm diese Ansprüche nach Ablauf von sieben Tagen zu, gerechnet von dem Tage an, an dem das Gut hätte eintreffen sollen.[30] Für die Fristberechnung ist Art. 52 maßgeblich, wonach „Tage" im Sinne des MÜ „Kalendertage, nicht Werktage" sind.

Über den Verlust hat der Luftfrachtführer dem Absender auf dessen Verlangen eine beson- **32** dere Bescheinigung auszustellen, wenn dieser einer solchen zu Beweiszwecken bedarf.[31]

---

[23] Zum WA 1929/1955: BGH 9.6.2004, NJW-RR 2004, 1482 = TranspR 2004, 369, 371 = VersR 2005, 811; OLG Hamburg 18.2.1988, TranspR 1988, 201; OLG Celle 21.5.2004, NJW-RR 2004, 1411 = TranspR 2005, 214 (Multimodaltransport).

[24] BGH 11.11.1982, VersR 1983, 454.

[25] Zum WA 1929/1955: LG Frankfurt/M. 5.11.1990, TranspR 1991, 143 = ZLW 1991, 194.

[26] Zum WA 1929/1955: OLG Frankfurt/M. 14.7.1977, ZLW 1978, 53 = RIW/AWD 1978, 197; LG Frankfurt/M. 20.9.1985, TranspR 1985, 432, 433 = ZLW 1986, 154, OLG Düsseldorf 30.3.1995, VersR 1996, 1394; OLG Köln 17.3.2004, VersR 2006, 141 = ZLW 2005, 458, 460; OLG Düsseldorf 2.11.2005, NJW 2006, 1071, 1075.

[27] Zum WA 1929/1955: OLG Frankfurt/M. 14.7.1977, ZLW 1978, 53 = RIW/AWD 1978, 197; OLG Frankfurt/M. 27.1.1989, NJW-RR 1990, 101 = TranspR 1990, 68 = IPRax 1990, 301 (m. Anm. *Koller*) = ZLW 1990, 224; LG Frankfurt/M. 23.9.1992, ZLW 1995, 357, 360; OLG Düsseldorf 1.7.1993, TranspR 1995, 77 = RIW/AWD 1995, 417.

[28] Zu Art. 18 WA 1929/1955: OLG Nürnberg 18.4.2001, TranspR 2001, 262 (m. Anm. *Thume* S. 433) = VersR 2001, 1009 = NJOZ 2002, 45.

[29] Zum WA 1929/1955: OLG Köln 2.12.2003, NJOZ 2005, 4288, 4289.

[30] Vgl. auch: BGH 24.10.2002, NJW-RR 2003, 754 = TranspR 2003, 156: Im Schadensersatzprozess wegen Verlusts des Transportguts kann im Rahmen des § 286 ZPO der Beweis für die Anzahl der übergebenen Frachtstücke und den Zustand des Gutes von dem Anspruchsberechtigten grundsätzlich durch eine von dem Frachtführer ausgestellte Übernahmequittung geführt werden.

[31] Zum WA 1929/1955: OLG Frankfurt/M. 3.8.1982, RiW 1982, 913 = ZLW 1983, 59.

**33**    **c) Die „Beschädigung" im Einzelnen.** Eine „Beschädigung" (engl. Originaltext: „damage") liegt bei jeder Beeinträchtigung der Sachsubstanz vor. Die Abgrenzung zwischen einem – nach Art. 31 Abs. 2 nicht anzeigebedürftigen – „Verlust" und einer „Beschädigung" kann im Einzelfall schwierig sein. Dies gilt vor allem für den Fall eines Teilverlusts. Er kann sich je nach Sachlage als Beschädigung oder als Verlust darstellen. Die Entscheidung ist jeweils auf der Grundlage des Luftfrachtbriefs (Art. 4 Abs. 1) bzw. der Empfangsbestätigung über die Güter (Art. 4 Abs. 2) zu treffen, die inhaltliche Bestandteile des Luftfrachtvertrags sind. Dabei kommt es darauf an, ob das in Verlust geratene Frachtgut im Luftfrachtbrief bzw. in der Empfangsbestätigung als selbständige Einheit erscheint.[32] Insoweit ist ein Teilverlust grundsätzlich nicht als Beschädigung,[33] sondern als ein nach dem MÜ nicht anzeigebedürftiger Verlust anzusehen, wenn von mehreren selbständigen Frachtstücken, die in einem Luftfrachtbrief bzw. in einer Empfangsbestätigung zusammengefasst sind, einige fehlen. Wenn dagegen mehrere Frachtstücke als eine gesamte Beförderungseinheit erscheinen, so ist bei Nichtauslieferung eines oder mehrerer dieser Frachtstücke eine „Beschädigung" anzunehmen.[34] Der teilweise Verlust des Inhalts eines *Reisegepäckstücks* stellt eine Beschädigung iSd. Art. 31 Abs. 2 dar, die einer Anzeigepflicht unterliegt, die auch durch die Kenntnis des Luftfrachtführers von einer Beschädigung des Gepäckstücks nicht entfällt.[35]

## VII. Der Haftungszeitraum

**34**    Die vorgenannten Schadenstatbestände von „Zerstörung", „Verlust" oder „Beschädigung" können iE nur dann eine Haftung des Luftfrachtführers nach Abs. 1 auslösen, wenn das Ereignis, durch das der Schaden verursacht wurde, „während der Luftbeförderung eingetreten ist" (Abs. 1) (Rn. 36 ff.) und der Luftfrachtführer andererseits keinen Haftungsausschlussgrund (Abs. 2) (Rn. 74 ff.) nachweisen kann.

**35**    **1. „während der Luftbeförderung" (Abs. 3).** Haftungszeitraum „während der Luftbeförderung" (Abs. 3). Der Luftfrachtführer hat nach Abs. 1 bezüglich des Frachtguts nur für ein solches Schadensereignis einzustehen, das „während der Luftbeförderung eingetreten ist" (engl. Originaltext: „during the carriage by air").

**36**    **2. Definition des Begriffs.** Der letztere Tatbestand wird sodann in Abs. 3 näher definiert. Es handelt sich um „den Zeitraum, während dessen die Güter sich in der Obhut des Luftfrachtführers befinden" (engl. Originaltext: „the period during which the cargo is in the charge of the carrier").

**37**    **a) Bisheriges und neues Abkommensrecht.** Im Gegensatz zu dem bisherigen Art. 18 Abs. 2 WA 1929/1955 ist dieser Haftungszeitraum nicht mehr länger auf diejenige Zeitspanne beschränkt, während deren die Güter sich „auf einem Flughafen"[36] oder „an Bord eines Luftfahrzeugs" befinden.

---

[32] Zum WA 1929/1955: BGH 22.4.1982, BGHZ 84, 101 = NJW 1983, 516 = RiW 1982, 840 = ZLW 1982, 378; OLG Hamburg 18.2.1988, TranspR 1988, 378.

[33] AA AG Köln 21.2.2002, NZV 2003, 45: Auch ein Teilverlust von Gepäckstücken ist als „Beschädigung" anzusehen und deshalb dem Luftfrachtführer nach Art. 26 WA 1929/1955 anzuzeigen; OLG Frankfurt/M. 9.1.2007 (8 U 184/06): Verlust von Gepäckinhalt begründet die Pflicht zur unverzüglichen Anzeige iSd. Art. 31 Abs. 2; U. S. District Court (S. D. N.Y) 2001 WL 669252 (*Chandra* vs. *Val-Ex, Simat* and *Delvag*) (2001): Werden Pakete oder Container ausgeliefert, bei denen ein Teil fehlt, ein anderer aber noch vorhanden ist, so liegt kein „Verlust", sondern eine „Beschädigung" (Art. 18 WA) vor. So auch: U. S. Court of Appeals (3rd Cir), 737 F.2 d 788 (*Onyeansi* vs. *PANAM*) (1992).

[34] Zum WA 1929/1955: BGH (Fn. 32); OLG Frankfurt/M. 13.6.1978, VersR 1978, 928; OLG Frankfurt/M. 28.4.1981, MDR 1981, 850; OLG Frankfurt/M. 11.11.1986, TranspR 1987, 68.

[35] OLG Frankfurt/M. 9.1.2007, RRa 2007, 79.

[36] Zur (bisherigen) Beschränkung der Haftung nach Art. 18 WA 1929/1955 auf den Flughafenbereich ausdrücklich: LG Hamburg 15.4.2002, TranspR 2003, 162 (m. Anm. *Herber*), hier: Zubringerdienste und Umladungen außerhalb eines Flughafens; Florida District Court of Appeals, 27 Avi 17, 724 – *Aeroflorial* v. *Rodricargo Express*: Geht Frachtgut verloren, während es in einem Lagerhaus des Consolidators eingelagert ist, das ca. 2 km außerhalb des Flughafens steht, so findet das WA keine Anwendung; High Court of Australia

**b) „auf einem Flughafen"** (Art. 18 Abs. 2 WA 1929/1955). Vielmehr wird nun **38** insbesondere auch derjenige Zeitraum haftungsrechtlich miterfasst, während dessen die Güter in einem *außerhalb* des Flughafengeländes befindlichen Lager des Luftfrachtführers *zwischengelagert* werden. Mit dieser räumlichen Haftungserweiterung kommt Abs. 3 der Entwicklung in der Luftfrachtpraxis entgegen.[37] Wegen des ständig steigenden Frachtgutaufkommens mussten Luftfrachtführer immer häufiger auf Frachtlager außerhalb des Flughafengeländes ausweichen. Sie hafteten sodann für Güterschäden zwar grundsätzlich weiterhin, aber nur auf der Grundlage des jeweiligen Vertragsstatuts. Dies konnte *deutsches* oder ein sonstiges nationales Lagerrecht sein. Im Interesse der internationalen Vereinheitlichung der Luftfrachtführerhaftung auch in diesem Arbeitsbereich des Frachtguttransports gibt Abs. 3 deshalb die bisherige räumliche Beschränkung der Obhutshaftung des Luftfrachtführers auf den Flughafenbereich auf und stellt hier nur noch allgemein auf das Bestehen einer „Obhut" des Luftfrachtführers ab, für die aber weiterhin das Synonym „während der Luftbeförderung" (Abs. 1) verwendet wird.

**3. Die „Obhut".** Mit der letztgenannten Texteinheit wird somit nicht auf die Luftbe- **39** förderung im engen technischen Sinne abgestellt. Der Begriff ist stattdessen im räumlich-zeitlichen Sinne dahin ausgeweitet, dass das Schadensereignis in einem Augenblick aufgetreten sein muss, während dessen das Gut sich allgemein in der „Obhut" (Abs. 3) des Luftfrachtführers befunden hat. Hierbei darf die „Obhut" selbst nicht gleichgesetzt werden mit Besitz oder Gewahrsam.[38] So ist für die Obhut auch nicht eine körperliche Inbesitznahme durch den Luftfrachtführer und andererseits ein Ausschluss aller Einwirkungsmöglichkeiten des Anlieferers erforderlich.[39]

**a) „Obhut".** Die „Obhut" ist vielmehr als ein Rechtsbegriff zu verstehen. **40**

**b) Beginn der „Obhut".** Sie beginnt[40] für den Luftfrachtführer mit der „Annahme" **41** (engl. Originaltext: „acceptance") (Art. 7 Abs. 2, Art. 11 Abs. 1) des Gutes zur Beförderung. Dies ist der Augenblick, in dem das Gut sich mit seinem Willen derart in seinem Einwirkungsbereich befindet, dass er in der Lage ist, das Gut gegen Verlust oder Beschädigung zu schützen.[41] Insoweit dauert seine „Obhut" auch noch so lange an, wie er nachfolgend fähig ist, das Frachtgut weiterhin gegen Verlust oder Beschädigung zu schützen. Dazu ist ein körperlicher Gewahrsam nicht erforderlich.[42]

---

9.3.2004, DMC/SandT/04/24 – *Siemens* v. *Schenker* (m. krit. Anm.: *O'Reilly*, Journ.AirL.Com. 70/3, 393): Keine Anwendbarkeit von Art. 22 WA, weil das Frachtgut nach seinem Entladen auf dem Flughafen in *Melbourne* auf dem nachfolgenden Landtransport zu dem etwa 4 km entfernten Lagerhaus vom Lkw gefallen und erst hier beschädigt worden war. Wirksame Haftungsbeschränkung durch eine „house air waybill"? Zum zwischenzeitlichen Wegfall der Haftungsbegrenzung auf den Flughafenbereich nach Art. 18 MÜ: BGH 24.2.2010, TranspR 2011, 436 = VersR 2012, 205 = MDR 2011, 1231; OLG Düsseldorf 21.4.2010, TranspR 2010, 456.

[37] ICAO-Documentation Nr. 9775-DC/2, Volume I – Minutes, S. 82: „The Observer from IATA noted that a number of airports there was no space available within the perimeter for construction of warehouses and that it was sometimes essential to transfer cargo by road to warehouses situated nearby but not technically on airport property." S. auch Denkschrift, BT-Drucks. 15/2285 S. 42 (Zu Art. 18). OGH (Wien) 19.1.2011, TranspR 2011, 264 (m- Anm. *Müller-Rostin*); BGH 24.2.2011, TranspR 2011, 436 = VersR 2012, 205 = MDR 2011, 1231 (Abhandenkommen von Luftfrachtgut aus einem außerhalb des Flughafengeländes liegenden Lagerhaus des Luftfrachtführers).

[38] Zu Art. 18 WA 1929/1955: BGH 21.9.2000, BGHZ 145, 170 = NJW-RR 2001, 396 = TranspR 2001, 29.

[39] Zu Art. 18 WA 1929/1955: BGH 27.10.1978, NJW 1979, 289 = VersR 1979, 83 = ZLW 1980, 61.

[40] Zu Art. 18 WA 1929/1955: OLG Köln 2.12.2003, NJOZ 2005, 4288, 4291.

[41] Zu Art. 18 WA 1929/1955: BGH 27.10.1978, NJW 1979, 289 = VersR 1979, 83 = ZLW 1980, 61 (Herunterstürzen einer Maschine bei deren Umladen von einem Lkw auf ein Luftfahrzeug mit Hilfe eines Lifters); OLG Nürnberg 29.5.1987, ZLW 1988, 184 (In dieser Entscheidung hatte ein zu verladendes Pferd im Zeitpunkt des Schadenseintritts weder unter der Führung und Aufsicht des Absenders gestanden, wogegen der Luftfrachtführer auf die „nicht tote Ware" noch „keine tatsächliche Einwirkungsmöglichkeit" gehabt hatte. Das Merkmal „während der Luftbeförderung" war somit zu verneinen.); AG Bad Homburg 26.8.1997, RRa 1998, 5 (In der Entgegennahme des Gepäcks am Abfertigungsschalter ist dessen Annahme durch den Luftfrachtführer zu sehen, wodurch das Gepäck in seine Obhut übergegangen ist.).

[42] Zu Art. 18 MÜ: BGH 24.2.2011, TranspR 2011 = VersR 2012, 205 (Beförderung von Luftfrachtgut zu einem außerhalb des Flughafens gelegenen Lager des Luftfrachtführers). Zu Art 18 WA 1929/1955: BGH

**42**   **c) Ende der „Obhut".** In jedem Fall endet die vorgenannte „Obhut" sodann mit der „Ablieferung der Güter" (Art. 13 Rn. 12) an den Empfänger.[43,44] Hat der Luftfrachtführer die Beförderung der Sendung allerdings nur bis zur Übergabe an einen am Zielort ansässigen Empfangsspediteur des Versenders zu bewirken, dann endet seine Obhut und damit auch seine Haftung mit der Auslieferung an diesen.[45]

**43**   **d) „Obhut" und „Dritte".** Demgegenüber endet die Obhut nicht stets schon dann, wenn der Luftfrachtführer das Gut in die Hände eines Dritten (Lagerunternehmen, Zollbehörde usw.) gibt.

**44**   **aa) Rspr. des BGH.** Nach einer Grundsatzentscheidung des BGH[46] hängt es hier von den Umständen des jeweiligen Einzelfalles ab, ob und in welchem Umfang der Luftfrachtführer insoweit noch die erforderliche Einwirkungsmöglichkeit hat. „Im Grundsatz kann auch ein geringerer Grad von Einwirkungsmöglichkeit ausreichen, wenn der Schaden in einem zu den Kernbereichen der Luftbeförderung gehörenden Teilabschnitt eingetreten ist. Denn der Absender darf darauf vertrauen, dass der Luftfrachtführer zumindest in den vertragstypischen Tätigkeitsfeldern der Luftbeförderung für eine sorgfältige Vertragserfüllung einstehen will.

**45**   Übergibt der Luftfrachtführer das Frachtgut freiwillig in die Hand eines Dritten, so wird die Obhut des Luftfrachtführers zumindest im Kernbereich der Luftbeförderung im Regelfall bereits deshalb fortbestehen, weil der Dritte seinerseits in Erfüllung seiner dem Luftfrachtführer gegenüber bestehenden Vertragspflichten zum sorgsamen Umgang mit dem Frachtgut verpflichtet ist. Insoweit wird die obhutsbegründende Einwirkungsmöglichkeit durch das rechtliche Band der Vertragsbeziehung vermittelt.

21.9.2000, BGHZ 145, 170 = NJW-RR 2001, 396 = TranspR 2001, 29 (Das Abhandenkommen von Frachtgut bei einem Bodenverkehrsunternehmen in St. Petersburg war noch „während der Luftbeförderung" geschehen.); OLG Frankfurt/M. NJW 1975, 1604 (Die Obhut des Luftfrachtführers an übernommenen Gütern kann auch dann fortbestehen, wenn er diese zum Zwecke der Weiterbeförderung durch eine andere Luftverkehrsgesellschaft an einen auf dem Flughafen arbeitenden Bodenverkehrsdienst übergeben hat.); OLG Frankfurt/M. 12.7.1977, NJW 1978, 502 = MDR 1977, 1024 = VersR 1978, 159 (Auch die Lagerung von Frachtgut nach der Landung bis zur Auslieferung an den Empfänger gehört zur Luftbeförderung.); OLG Köln 17.3.2004, ZLW 2005, 458, 460; OLG Köln 15.2.2005, NJW-RR 2005, 1060, 1061 (Bei Reisegepäck umfasst die Obhut des Luftfrachtführers auch den Entladevorgang bis zur Aushändigung.); OLG Düsseldorf 2.11.2006, TranspR 2007, 30 (Der Luftfrachtführer hat das Gut nach Einlagerung in einem Lager am Bestimmungsort auch dann noch in seiner Obhut, wenn dem Empfänger vom Lagerhalter bereits die für die Zollabfertigung erforderlichen Unterlagen übergeben worden sind. Erst nach Freigabe durch den Zoll kann der Empfänger die tatsächliche Verfügungsgewalt ausüben, das Gut auf Beschädigungen prüfen und bei Beanstandung unter Rückgängigmachung der Zollabfertigung dem Frachtführer zurückgeben.). In der Tendenz abweichend: OLG Hamburg 25.6.1981, VersR 1982, 375 (Aus Art. 18 WA 1929/1955 ergibt sich auch bei weiter Auslegung nicht, dass die Haftung des Luftfrachtführers bei einer Landung auf einem anderen Flughafen als dem Zielflughafen bis zur Ablieferung am Zielflughafen andauert); OLG München 26.1.2011, TranspR 2011, 147 (keine Haftung des Luftfrachtführers nach Art. 18 MÜ bei Schäden außerhalb seiner Obhutszeit); *Food Services of Hampton Roads, Inc.* v. *Maersk Logistics,* 2006 WL 2506537, S. D. N.Y. 2006 (Einbringen von Frachtgut in das auf dem Flughafengelände befindliche Lager der Luftfrachtführer); *Kaur* v. *All Nippon,* 2006 WL 997329, N. D. Cal 2006 (wie vor). Zu § 425 Abs. 1 HGB: BGH 12.1.2012, NJW-RR 2012, 364 = TranspR 2012, 107.

[43] Zu Art. 18 WA 1929/1955: OLG Köln 2.12.2003, NJOZ 2005, 4288, 4291.

[44] Art. 8 Nr. 1 ABB-Fracht (2010):
„a) Sofern im Luftfrachtbrief nicht ausdrücklich etwas anderes vorgesehen ist, erfolgt die Auslieferung der Sendung an den im Empfängerfeld des Luftfrachtbriefs bezeichneten Empfänger. Die Auslieferung an den Empfänger gilt als erfolgt, wenn die Sendung gemäß den geltenden Gesetzen oder Zollvorschriften an eine Zoll- oder andere zuständige Behörde ausgeliefert worden ist, wenn der Luftfrachtführer dem Empfänger eine Ermächtigung übergeben hat, die diesem die Möglichkeit gibt, die Freigabe der Sendung zu erwirken, und wenn er die in Ziff. 2 dieses Artikels („Anzeige der Ankunft") geforderte Mitteilung über die Ankunft abgesendet hat.
b) Die Auslieferung der Sendung durch den Luftfrachtführer erfolgt nur gegen schriftliche Quittung des Empfängers und nach Erfüllung aller sonstigen Bestimmungen des Luftfrachtbriefs und dieser Beförderungsbedingungen."

[45] LG Darmstadt 9.2.2004, ZLW 2005, 464, 466.

[46] Zu Art 18 WA 1929/1955: BGH 21.9.2000, BGHZ 145, 170 = NJW-RR 2001, 396 = TranspR 2001, 29.

Die Obhut endet lediglich dann, wenn der Luftfrachtführer den Gewahrsam ohne eigene  **46**
Mitwirkung – beispielsweise durch staatlichen Hoheitsakt einer Zollbehörde – verliert und
keine tatsächliche oder rechtliche Einwirkungsmöglichkeiten auf das Frachtgut besitzt."

**bb) Bisheriges Abkommensrecht.** Unter dem Regime der bisherigen Art. 18, 20 WA  **47**
1929/1955 und des dort verwendeten „Leute-" Begriffs sowie angesichts der vormaligen
Beschränkung der Haftung auf Frachtgutschäden auf einem „Flughafen" (Art. 18 Abs. 2 WA
1929/1955) wurden dem Luftfrachtführer Schadensereignisse haftungsrechtlich zugerechnet
bei:
– Übergabe des Gutes zwecks Weiterbeförderung an einen auf dem Flughafen arbeitenden
  Bodenverkehrsdienst;[47]
– Aushändigung des Gutes an ein auf dem Flughafen befindliches Lagerunternehmen,[48]
  Frachtannahmebüro[49] oder Unternehmen des Luftfrachtumschlags;[50]
– Beteiligung eines „handling agent" einer vom Luftfrachtführer unabhängigen örtlichen
  Fluggesellschaft im Cargo-Center;[51]
– Übergabe des Frachtguts an ein ausländisches Monopolunternehmen des Bodenverkehrs-
  umschlags;[52]
– Einlagerung von außer Kontrolle geratenem Reisegepäck oder Frachtgut bei einem auf
  einem Flughafen eingerichteten „Fundbüro"[53]
– und schließlich Transportübernahme durch einen Unterfrachtführer.[54]

**e) Neues Abkommensrecht.** An diesen Ergebnissen lässt sich auch unter der Perspek-  **48**
tive von Abs. 1 und 3 grundsätzlich weiterhin festhalten. Lediglich die vorgenannte Transportübernahme durch einen *Unterfrachtführer* ist nach Art. 39 anders zu beurteilen. Hiernach
ist ein Unterfrachtführer generell als ein „ausführender Luftfrachtführer" zu qualifizieren,
der sodann im Rahmen des Art. 40 haftungsrechtlich dem „vertraglichen Luftfrachtführer"
gleichgestellt ist. Daher hat er neben dem „vertraglichen" Luftfrachtführer gleichfalls nach
den Art. 17 ff. für den Schaden (mit-) einzustehen, soweit dieser sich auf seinem eigenen
Beförderungsabschnitt ereignet hat.

**4. Schadensereignis.** Entsprechend dem Gedanken der „Obhut" als Grundlage der in  **49**
Abs. 1 vorgesehenen Haftung für Güterschäden braucht das Schadensereignis als solches im
Gegensatz zu Art. 17 Abs. 1 nicht ein Unfall sein. Insoweit reicht jedes beliebige Ereignis
(engl. Originaltext: „event") aus.[55] Auch Schadensursachen wie *Diebstahl* oder solche, die,
wie zum Beispiel *Kondensfeuchtigkeit, Vibrationen, hoher Geräuschpegel* usw., allein durch länge-
res Einwirken den Schaden hervorrufen, schließen eine Anwendung des Abs. 1 nicht aus.
Desgleichen ist hier – anders wiederum als nach Art. 17 Abs. 1 – auch nicht erforderlich,
dass der Schaden gerade auf ein flugbetriebsbedingtes Geschehen zurückgeht.[56] Maßgeblich
ist vielmehr allein, ob die Schadensursache während der „Luftbeförderung" (Abs. 1) wirk-

---

[47] OLG Frankfurt/M. 21.5.1975, NJW 1975, 1604 = ZLW 1975, 218.
[48] OLG Frankfurt/M. 12.7.1977, NJW 1978, 502 = AWD 1977, 650; OLG Köln 20.11.1980, ZLW
1982, 167, 171; OLG Frankfurt/M. 30.4.2004, NJW-RR 2004, 1107; OLG Düsseldorf 2.11.2006, TranspR
2007, 30.
[49] OLG Frankfurt/M. 10.1.1978, NJW 1978, 2457 = MDR 1978, 852.
[50] LG Stuttgart 21.2.1992, TranspR 1993, 141.
[51] OLG Nürnberg 9.4.1992, TranspR 1992, 276. Vgl. auch OLG Düsseldorf 11.11.1993, ZLW 1995,
347.
[52] BGH 21.9.2000, BGHZ 145, 170 = NJW-RR 2001, 396 = TranspR 2001, 29. Vorinstanz: OLG
Frankfurt/M. 21.4.1998, TranspR 1999, 24 = RiW 1999, 619.
[53] Zu Art. 18 WA 1929/1955: OLG Köln 2.12.2003, NJOZ 2005, 4288, 4291.
[54] OLG Düsseldorf 12.1.1978, VersR 1978, 964; LG Frankfurt/M. 20.9.1985, TranspR 1985, 432, 434 =
ZLW 1986, 154. Vgl. insoweit jetzt Art. 39 („ausführender" Luftfrachtführer).
[55] So auch: *Koller* Rn. 3; Frankf Komm/*Müller-Rostin* Rn. 3; *Reuschle* Rn. 32.
[56] Zu Art. 18 WA 1929/1955: BGH 9.10.1964, NJW 1964, 2348, 2349 = MDR 1965, 24 (Beschlagnahme); BGH 27.10.1978, NJW 1979, 289 = VersR 1979, 83 = ZLW 1980, 61 (Herabfallen des Gutes vom
Lifter); OLG Köln 20.11.1980, ZLW 1982, 167 (Zollamtliche Vernichtung).

sam geworden ist, dh. während des Zeitraums, als die Güter sich in der „Obhut des Luftfrachtführers" (Abs. 3) befunden haben.

**50** **a) Abs. 4 S. 1.** Auch wenn diese „Obhut" hier schon oder noch bestehen sollte, umfasst
der „Zeitraum der Luftbeförderung" andererseits „nicht die Beförderung zu Land, zur See
oder auf Binnengewässern außerhalb eines Flughafens" (Abs. 4). Für diese Bereiche gelten
die jeweils einschlägigen transportrechtlichen Sonderregelungen. Dies sind im Geltungsbereich *deutschen* Rechts die CMR,[57] die CIM 1999,[58] die CMNI[59] sowie die §§ 407 ff. HGB
(nationale Gütertransporte mit Lkw, Eisenbahn oder Binnenschiffen) und die §§ 556 ff.
HGB (Seefrachtgeschäfte). Vgl. im weiteren unten Rn. 54.

**51** **b) Abs. 4 S. 2.** Anders ist die – prozessuale – Beweissituation hier nur, wenn eine solche
Beförderung „zum Zweck der Verladung, der Ablieferung oder der Umladung" geschieht
(engl. Originaltext: „… for the purpose of loading, delivery or transhipment, …").[60] In
diesem Fall wird nach Abs. 4 S. 2 „bis zum Beweis des Gegenteils vermutet", dass der
Schaden schon oder noch durch ein „während der Luftbeförderung" eingetretenes Ereignis
verursacht worden ist. Sodann haftet der Luftfrachtführer auch selbst, und zwar nach Abs. 1.
Doch kann er, um sich von dieser Haftung zu befreien, nach Abs. 4 S. 2 den Beweis
erbringen, dass der Schaden bei dem betreffenden Vor- oder Nachtransport durch einen
anderen Transportunternehmer verursacht worden ist. Dieser haftet sodann seinerseits und
zwar nach dem für sein Transportmittel maßgeblichen Recht, dh. nach der CMR, der
CIM 1999, der CMNI oder den §§ 407 ff. HGB.

**52** **c) Vor- und Nachtransporte.** Die Haftung von Transportunternehmern, die das auf
dem Luftweg eingetroffene Frachtgut dem Empfänger lediglich zurollen oder die es nur
vom Absender zum Flughafen bringen, lässt sich hingegen nicht[61] auf Abs. 1 gründen, da
„Luftfrachtführer" iS dieses Absatzes nur sein kann, wer sich zu einer „internationalen
Beförderung" auf dem *Luftweg* verpflichtet hat (Art. 1). Diese Voraussetzung stellt Art. 38
Abs. 1 auch nochmals besonders heraus, wenn es hier ausdrücklich heißt, dass bei einer
solchen „gemischten Beförderungen, die zum Teil durch Luftfahrzeuge, zum Teil durch

---

[57] Übereinkommen über den Beförderungsvertrag im Internationalen Straßengüterverkehr (CMR) vom
19. Mai 1956 (BGBl. 1961 II S. 1119) idF des Protokolls vom 5. Juli 1978 (BGBl. 1980 II S. 721, 733). S.
hierzu die Erl. in diesem KommBd.
[58] Einheitliche Rechtsvorschriften für den Vertrag über die internationale Eisenbahnbeförderung von
Gütern (CIM); Anhang B zum 2. Änderungsprotokoll vom 3. Juni 1999 (BGBl. 2002 II S. 2149). S. hierzu
auch die Erl. in diesem KommBd.
[59] Budapester Übereinkommen vom 22. Juni 2001 über die Güterbeförderung in der Binnenschifffahrt,
(BGBl. 2007 II S. 298). S. hierzu auch die Erl. in diesem KommBd.
[60] BGH 13.6.2012, TranspR 2012, 456 (m. Anm. *Koller,* TranspR 2013, 52): Von einem Zubringerdienst
im Sinne von Art. 18 Abs. 4 Satz 2 MÜ ist nur dann auszugehen wenn der Oberflächenbeförderung lediglich
eine reine Hilfsfunktion für die Luftbeförderung zukommt. Unterbleibt eine Luftbeförderung auf einer Teilstrecke, obwohl eine solche technisch und verbindungsmäßig möglich wäre, hat die Oberflächenbeförderung
keine Hilfsfunktion mehr, sondern einen die Luftbeförderung ersetzenden eigenständigen Charakter. BGH
10.5.2012, TranspR 2012, 466: Damit ein Geschädigter in der Lage ist, die Vermutung gemäß Art. 18 Abs. 4
Satz 2 MÜ zu widerlegen, ist der Frachtführer nach Treu und Glauben (§ 242 BGB) gehalten, zu den
näheren Umständen eines Verlustes soweit wie möglich und zumutbar im Einzelnen vorzutragen. Kommt
der Frachtführer dieser ihm obliegenden sekundären Darlegungslast nicht in ausreichendem Maße nach, ist vom
Vortrag des Anspruchstellers auszugehen, dass der Verlust während einer Oberflächenbeförderung eingetreten
ist. LG Bonn 20.2.2003, TranspR 2003, 170: Zur Abgrenzung von Multimodaltransport und bloßem Zubringerdienst zur Luftbeförderung. Das OLG Frankfurt/M. 30.8.2004, TranspR 2004, 471 = VersR 2006, 675
geht hier schon der Sache nach nicht von einem multimodalen, dh. einer gemischten Beförderung (iSd.
Art. 31 Abs. 1 WA 1955), aus. Stattdessen verwendet das Urteil den Begriff eines „bloßen Akzessoriums der
Luftbeförderung". OLG Karlsruhe 21.2.2006, TranspR 2007, 203: Wird ein Paket vor der Luftbeförderung
zunächst im Straßengüterverkehr zum Flughafen transportiert, liegt nur dann ein Zubringerdienst im Sinne
von Art. 18 Abs. 3 Satz 3 WA 1955 vor, wenn es sich – vom Ort der Übernahme aus betrachtet – um den
nächstgelegenen Flughafen handelt.
[61] Zu Art. 18 WA 1929/1955: OLG Stuttgart 2.7.1979, ZLW 1980, 437, 440; OLG Düsseldorf 8.3.1984,
TranspR 1985, 351 = VersR 1984, 533.

andere Verkehrsmittel ausgeführt wird, … dieses Übereinkommen vorbehaltlich des Artikels 18 Abs. 4 nur für die Luftbeförderung im Sinne des Artikels 1" gilt.

**d) Multimodaler Transport.** Allerdings eröffnet Art. 38 Abs. 2 in diesem Zusammen-  53
hang die rechtsgeschäftliche Möglichkeit, dass die Parteien des einzelnen Luftfrachtvertrags solche „Vor- oder Nachtransporte" auch dann in ihre Vertragsgestaltung inhaltlich mit einbeziehen können, wenn sie durch „andere Verkehrsmittel" als Luftfahrzeuge durchgeführt werden. Insoweit harmoniert Art. 38 Abs. 2 zugleich auch mit der Vorschrift des § 452 HGB über den multimodalen Transport. Es muss hier allerdings bei Vertragsschluss „hinsichtlich der Luftbeförderung" das MÜ als solches „beachtet" (Art. 38 Abs. 2) werden. Vgl. insoweit auch: Art. 10 ABB-Fracht („Vortransport und Nachtransport").

**5. „Trucking" (Abs. 4 S. 3).** Haftungszeitraum während des „Trucking" (Abs. 4 S. 3).  54
Nicht mehr das Umfeld eines solchen „Vor- oder Nachtransports", sondern ein grundsätzlich anderes Transportkonzept verfolgt der Luftfrachtführer indessen, wenn er die Güterbeförderung statt auf dem vereinbarten Luftweg ganz oder teilweise „durch eine andere Art der Beförderung" (engl. Originaltext: „by another mode of transport") ersetzt. Dies betrifft in der Praxis ganz regelmäßig die Beförderung von Luftfrachtgütern ersatzweise durch einen Lkw („Trucking"). Nach den eben erwähnten Vorgaben des Art. 1 und des Art. 38 Abs. 1, die ausdrücklich eine „Luftbeförderung" voraussetzen, wäre hier die Anwendbarkeit der Haftungsregeln des MÜ *per se* ausgeschlossen. Doch macht Art. 38 Abs. 1 gerade für diese Transportmodalität eine wichtige Ausnahme, wenn er hier die Vorschrift des Art. 18 Abs. 4 von seiner generellen, ansonsten nur auf eine solche „Luftbeförderung" bezogenen Regelung besonders ausnimmt.

„Ersetzt" nämlich nach der letzteren Bestimmung „ein Luftfrachtführer ohne Zustim-  55
mung des Absenders die von den Parteien vereinbarte Luftbeförderung ganz oder teilweise durch eine andere Art, so gilt diese als innerhalb des Zeitraums der Luftbeförderung ausgeführt" (Abs. 4 S. 3). Verspätungsschäden iSd. Art. 19 sind hier allerdings nach dem Regelungsgehalt des Art. 38 Abs. 1 weiterhin allein unter der Perspektive einer „gemischten Beförderung" zu sehen, so dass das MÜ je nach Transportmittel (Lkw, Eisenbahn usw.) gegebenenfalls nicht mehr einschlägig ist. Sollte der Luftfrachtführer statt eines Luftfahrzeugs ersatzweise einen Lkw eingesetzt haben („Trucking"), kann ein hier auftretender Verspätungsschaden im Weiteren nicht nach Art. 19 reguliert werden, da Art. 19 im Gegensatz zu Art. 18 Abs. 4 S. 3 keine entsprechende Haftungserweiterungsklausel bezüglich dieser Transportart enthält. Bei subsidiärer Geltung *deutschen* Rechts (Art. 3 ff. Rom I-VO[62]) sind hier vielmehr die §§ 425 ff. HGB einschlägig, die neben dem Gütersach- auch den Güterverspätungsschaden (§ 425 Abs. 1 HGB: „Überschreitung der Lieferfrist") ersetzbar gestaltet haben. Die Haftung des (Luft-) Frachtführers ist hier nicht auf den Betrag von 19 SZR/kg (Art. 22 Abs. 3), sondern auf nur 8,33 SZR/kg (§ 431 HGB) beschränkt. Allerdings entfällt diese Limitierung auf der anderen Seite vollständig, wenn im Einzelfall die Voraussetzungen der §§ 435 f. HGB erfüllt sind. Vgl. deren Erl. in diesem KommBd.

**a) Bisheriges Abkommensrecht.** Mit der völkerrechtlichen Erstreckung des Art. 18  56
unter anderem auch auf das „Trucking", dh. den Luftfrachtersatzverkehrs durch einen Lkw, findet die gegenteilige Rechtsprechung des BGH[63] ihr Ende, wonach die Haftung beim Luftfrachtersatzverkehr nach der *CMR* zu beurteilen sei. Der Luftfrachtführer sollte insoweit das spezifische Transportrisiko tragen, das mit dem von ihm unter Verletzung des Vertrages

[62] S. auch oben Fn. 6.
[63] BGH 17.5.1989, NJW 1990, 639 = TranspR 1989, 278 = ZLW 1990, 108. Hierzu anderseits OLG Bremen 10.7.1986, VersR 1986, 1120; OLG Düsseldorf 21.1.1993, TranspR 1993, 246; OLG Hamburg 31.12.1986, TranspR 1987, 143 = VersR 1988, 1078; LG Hamburg 19.6.1989, TranspR 1989, 278. Nach dieser OLG-Rechtspr. sollte das Recht des vereinbarten Beförderungsmittels, dh. hier Art. 18 WA 1929/1955, und nicht das des tatsächlich verwendeten Beförderungsmittels maßgeblich sein, weil der Absender nicht damit zu rechnen brauche, dass durch die Wahl eines anderen Beförderungsmittels seitens des Luftfrachtführers dessen spezifische Haftung nach Art. 18 WA 1929/1955 ausgeschlossen werde.

gewählten Beförderungsmittel verbunden war und diejenige Haftungsordnung gegen sich
gelten lassen, in die er sich durch die Wahl des Beförderungsmittels selbst hineingestellt hatte.

**57**  **b) Neues Abkommensrecht.** Nunmehr unterliegt auch das „Trucking" nach dem
insoweit neuen Recht des MÜ der *luftfrachtrechtlichen* Haftungsregel des Abs. 1, weil es nach
der Fiktion von Art. 38 Abs. 1 und Art. 18 Abs. 4 seinerseits „innerhalb des Zeitraums
der Luftbeförderung" geschieht. Dies hat die rechtlich hervorhebenswerte Folge, dass bei
Frachtgutschäden entgegen Art. 29 CMR sowohl der Luftfrachtführer selbst wie aber auch
die Lkw-Unternehmer als seine „Leute" (Art. 30 Abs. 3 „… bei der Beförderung von
*Gütern,* …") nach Art. 22 Abs. 3 stets nur noch beschränkt auf 19 SZR/kg haften. Und dies
gilt bemerkenswerterweise selbst dann noch, wenn der betreffende Schaden *grob fahrlässig*
(Verkehrsunfall) oder sogar *vorsätzlich* (Diebstahl/Unterschlagung) herbeigeführt worden ist
(vgl. im Einzelnen unten Rn. 99).

**58**  Diese Ausdehnung der Luftfrachtführerhaftung des Abs. 1 in Abs. 4 auch auf den Luftfracht*ersatz*verkehr ist dabei keineswegs eine *quantité négligable.* Eine solche Abfertigung von
Lkws im Luftfracht*ersatz*verkehr beträgt innerhalb Europas zurzeit etwa 40 bis 60 % des
Luftfrachtaufkommens schlechthin. Das Unternehmen *Air France Cargo* beispielsweise zentriert gegenwärtig im Flughafen „Frankfurt-Hahn" seinen gesamten deutschen Luftfracht*ersatz*verkehr, und zwar als Schnittstelle des interkontinentalen Luftfrachtumschlags von Paris.
Nahezu der gesamte Luftfrachtverkehr zwischen London und Paris läuft per Luftfracht*ersatz*-
verkehr. Auch das Beladen von Trucks, die im Nachtsprung von Frankfurt/M. nach Amsterdam per Luftfracht*ersatz*verkehr fahren, zeigt immer größere Dimensionen.[64]

**59**  Auf die Initiative der *International Air Transport Association (IATA)*[65] ist es zurückzuführen,
dass diese Haftungsregelung für das „Trucking" selbst dann noch gilt, wenn der Luftfrachtführer
das Transportgut „ohne Zustimmung des Absenders" (engl. Originaltext: „without the consent
of the consignor") (Abs. 4) statt in ein Luftfahrzeug auf einen Lkw oder in ein anderes Beförderungsmittel verladen hat. Die *IATA* konnte die Teilnehmer der Montrealer Konferenz (1999)
davon überzeugen, dass eine solche Regelung im Interesse der Klarheit und der Beständigkeit
der Rechtsanwendung wünschenswert sei.[66] Dementsprechend „gilt" das „Trucking" jetzt
generell „als innerhalb des Zeitraums der Luftbeförderung ausgeführt" (Abs. 4), was eine Haftung des Luftfrachtführers auch hier nach Abs. 1 und der Lkw-Unternehmer selbst unter der
Beschränkung des Art. 30 Abs. 3 möglich macht. Führt die Ersatzbeförderung zu einer „Verspätung" lässt sich der hieraus resultierende Schaden nicht nach Art. 19, sondern nur nach
jeweils anwendbaren Landesrechts abrechnen (hierzu Art. 19 Rn. 22).

**60**  **c) „Trucking" gegen den Willen des Absenders.** Wenn der Luftfrachtführer die
betreffende Ersatzbeförderung indessen nicht nur „ohne Zustimmung des Absenders" (Abs. 4),
sondern sogar *gegen* dessen und für den Luftfrachtführer auch erkennbaren Willen durchführt,
kann der Luftfrachtführer sich nicht mehr auf die Freiheit einer eigenen Leistungsbestimm-
barkeit berufen, wie sie bei Anwendbarkeit *deutschen* Rechts (Art. 3 ff. Rom I-VO[67]) in § 315
BGB vorgesehen ist. Ein solches Verhalten begründet bei Anwendbarkeit *deutschen* Rechts vielmehr eine Haftung des Luftfrachtführers wegen positiver Vertragsverletzung iSd. § 280 Abs. 1

---

[64] Hierzu im Einzelnen *Ruhwedel* TranspR 2004, 137, 138; *ders.* TranspR 2006, 421, 425.

[65] Sitze in *Genf* und *Montreal.* Hierzu *Gran,* Die IATA aus der Sicht deutschen Rechts, Diss. Frankfurt/
M. 1998; *Haanappel,* Die International Air Transport Association (IATA), in: Kölner Kompendium des
Luftrechts, Bd. 1 („Grundlagen"), 2008, 87; *Kehrberger* TranspR 1996, 131; *Specht,* Die IATA. Eine Organisation des grenzüberschreitenden Luftlinienverkehrs und ihre Allgemeinen Beförderungsbedingungen, Frank-
furt/M. 1973.

[66] ICAO-Documentation Nr. 9775-DC/2, Volume I – Minutes –, S. 82 f. („This was in light of the
prevalence of intermodal transport arrangements offered by the air transport industry, which sometimes were
offered with the consent of the consignor, sometimes were unknown to the consignor and sometimes might
vary depending on the day of the week the shipment happened to be transported or other such factors. Beeing
of the view that shippers who tendered cargo to an air carrier for transport would typically understand that
the draft Convention would apply to such carriage, IATA favoured extending the purview of the draft
Convention to all such carriage as being in the interest of clarity and consistency").

[67] S. auch oben Fn. 6.

BGB für alle hieraus resultierenden Schäden. Alternativ kommt hier auch eine Haftung nach § 678 BGB (Art. 39 Abs. 1 EGBGB) in Betracht, falls der Ersatztransport solchermaßen „mit dem wirklichen oder mutmaßlichen Willen" des Absenders „im Widerspruch" gestanden hat und der Luftfrachtführer „dies erkennen" musste. Ein „sonstiges Verschulden" (§ 678 BGB) des Luftfrachtführers ist im letzteren Fall unerheblich. Solcher Ansprüche geht der Absender andererseits aber verlustig, wenn er der vertragswidrigen Beförderung nachträglich noch zustimmen sollte. Eine derartige Genehmigung lässt den abgeschlossenen Luftfrachtvertrag als solchen indessen unberührt. Namentlich führt die Genehmigung nicht zu dem Ergebnis, dass aus dem vorausgegangenen Luftbeförderungsvertrag ein „Vertrag über die entgeltliche Beförderung von Gütern auf der Straße" (Art. 1 Abs. 1 CMR) hervorgeht. Kommt es während eines vereinbarten Lufttransports, auf den das Montrealer Übereinkommen anwendbar ist *(U.S.A. – Deutschland),* nach Abflug und vor Erreichen des Zielflughafens *(Köln)* nach einer Zwischenlandung *(Paris)* zu einem ungeklärten Sendungsverlust, trägt für die Behauptung, ab dem Orte der Zwischenlandung sei die Weiterbeförderung im grenzüberschreitenden Straßenverkehr erfolgt und der Güterverlust auf dieser Strecke eingetreten, so dass das Haftungsregime der CMR anwendbar sei, derjenige die Beweislast, der dies behauptet.[68]

**6. Haftungszeitraum bei einem multimodalen (kombinierten) Transport 61 (Art. 38).** Ein besonderes Rechtsanwendungsproblem bezüglich der Haftung des Luftfrachtführers zeigt sich im Zusammenhang mit dem multimodalen (kombinierten) Transport. Hier lässt der Luftfrachtführer die vereinbarte Beförderung nicht ganz oder teilweise durch ein anderes Unternehmen der *Luftfahrt* durchführen. Die letztere Konstellation ist schon mit dem Rechtsinstitut des „ausführenden Luftfrachtführers" (Art. 39) abkommensrechtlich erfasst und führt dort zu einer gesamtschuldnerischen Haftung des „vertraglichen" und des „ausführenden" Luftfrachtführers nach näherer Maßgabe des Art. 40.

Beim „multimodalen Transport" hingegen, dh. bei der „gemischten Beförderung" iSd. 62 Art. 38 Abs. 1, erfolgt die Beförderung zwar regelmäßig auf der Grundlage eines einzigen Vertrages, aber nur zum Teil durch Luftfahrzeuge, zum Teil aber durch andere Verkehrsmittel. Geschieht die letztgenannte Beförderung nur „zum Zweck der *Verladung, der Ablieferung* oder *Umladung,* wird hier bis zum Beweis des Gegenteils vermutet, dass der Schaden durch ein während der Luftbeförderung eingetretenes Ereignis verursacht worden ist" (Abs. 4) (oben Rn. 51).[69]

Geschieht die einzelne Beförderung hingegen nicht mehr allein zu dem vorgenannten 63 „Zweck der Verladung" usw., sondern als selbständige Transporteinheit, so kann sie beweisrechtlich auch nicht mehr der „Luftbeförderung" (Abs. 4) zugeschlagen werden und damit zugleich auch eine diesbezügliche Haftung des Luftfrachtführers nach Abs. 1 auslösen.

**a) Bekannter Schadensort.** Sofern insoweit allerdings bei einem solchen Multimodal- 64 transport der Schadensort bekannt ist, zeigt sich die Haftungssituation hier im Ergebnis ohnehin unproblematisch. Wenn nämlich der Schaden allein bei der Beförderung durch ein solches „anderes" Verkehrsmittel eingetreten ist, gilt – mit Ausnahme des „Trucking" iSd. Abs. 4 (oben Rn. 54 ff.) – auf Grund des Art. 38 Abs. 1 nicht mehr das Haftungsrecht des Montrealer Übereinkommens, sondern die mit dem anderen Transportmittel verbundene besondere Haftungsordnung,[70] dh. die CMR (Straßengüterverkehr), die CIM 1999

---

[68] OLG Köln 6.3.2007, BeckRS 2007, 04383.
[69] Zur Abgrenzung von Multimodaltransport und bloßem Zubringerdienst zur Luftbeförderung: LG Bonn 20.2.2003, TranspR 2003, 170. Das OLG Frankfurt/M. 30.8.2004, TranspR 2004, 471, geht hier schon der Sache nach nicht von einem multimodalen, dh. einer gemischten Beförderung iSd. Art. 31 Abs. 1 WA 1955 (= Art. 38 Abs. 1 MÜ), aus. Stattdessen verwendet das Urteil den Begriff eines „bloßen Akzessoriums der Luftbeförderung". OLG Karlsruhe 21.2.2006, TranspR 2007, 203: Wird ein Paket vor der Luftbeförderung zunächst im Straßengüterverkehr zum Flughafen transportiert, liegt nur dann ein Zubringerdienst im Sinne von Art. 18 Abs. 3 Satz 3 WA 1955 vor, wenn es sich – vom Ort der Übernahme aus betrachtet – um den nächstgelegenen Flughafen handelt.
[70] BGH 22.2.2001, NJW-RR 2001, 1543 (Haftung beim Abhandenkommen von Transportgut im multimodalen Verkehr); BGH 3.11.2005, NJW-RR 2006, 616 = TranspR 2006, 41 (multimodaler Transport

(Eisenbahntransporte), die CMNI (grenzüberschreitende Binnenschiffstransporte) oder die §§ 407 ff. HGB (Binnentransporte). Vgl. insoweit auch § 452a HGB und die Erl. zu dieser Vorschrift im vorliegenden KommBd.

**65**    **b) Unbekannter Schadensort.** Ist der Schadensort hingegen unbekannt, so lassen sich die Schadensfälle hier regelmäßig auf der Grundlage des Art. 38 Abs. 1 iVm. Abs. 4 abwickeln. Nach der letzteren Vorschrift ist eine Beförderung auch dann „als innerhalb des Zeitraums der Luftbeförderung ausgeführt", wenn „ein Luftfrachtführer ohne Zustimmung des Absenders die von den Parteien vereinbarte Luftbeförderung ganz oder teilweise durch eine andere Art der Beförderung" „ersetzt". Auch in diesem Fall haftet der Luftfrachtführer nach Abs. 1. Voraussetzung ist nur, dass von den Parteien des Frachtvertrags insoweit eine „Luftbeförderung" „vereinbart" worden war (Art. 1 Abs. 2), wobei dann das im Schadensfall verwendete Transportmittel (Lkw, Eisenbahn, Schiff) haftungsrechtlich ohne Belang ist.[71] S. ergänzend auch die §§ 452 f. HGB und die Erl. in diesem KommBd. für den Fall, dass ein einheitlicher Multimodalvertrag abgeschlossen worden sein sollte.

## VIII. Beweislast

**66**    **1. Während der Luftbeförderung.** Der Absender[72] oder der Empfänger[73] als Geschädigte müssen hinsichtlich des durch „Zerstörung", „Verlust" oder „Beschädigung" eingetretenen Schadens darlegen und beweisen,[74] dass dieser Schaden „während der Luftbeförderung" (Abs. 1) eingetreten ist. Insoweit ist dem Luftfrachtführer im Vorhinein nachzuweisen, dass ihm das Gut in einwandfreiem Zustand ausgehändigt worden war.[75] Bei einer bloßen „Beschädigung" des Gutes muss der geschädigte Absender bzw. Empfänger im Streitfall zusätzlich beweisen, dass er die in Art. 31 MÜ insoweit vorgesehene schriftliche Schadensanzeige fristgemäß „übergeben oder abgesandt" hat. Besteht zwischen den Parteien des Frachtvertrags Streit darüber, ob der beim Empfänger nicht angekommene Teil der Sendung überhaupt in die Obhut des Frachtführers gelangt ist, kann nicht auf die Grundsätze des Anscheinsbeweises zurückgegriffen werden. Da die Parteien über den Grund der Haftung streiten, scheidet auch eine Anwendung des § 287 ZPO aus. Der Anspruchsteller hat daher in einem solchen Fall den vollen Beweis dafür zu erbringen, dass der nicht beim Empfänger angekommene Teil der Sendung in die Obhut des Frachtführers gelangt ist.[76]

**67**    **2. Annahme der Güter.** Nach Art. 11 Abs. 1 begründen hier der Luftfrachtbrief (Art. 4 Abs. 1) bzw. die Empfangsbestätigung über die Güter (Art. 4 Abs. 2) die widerlegbare Ver-

---

unter Einschluss einer Seestrecke); BGH 29.6.2006, NJW-RR 2006, 1694 (zur Frage, welches Recht auf einen Vertrag über einen grenzüberschreitenden multimodalen Transport anzuwenden ist); OLG Köln 10.7.2001, VersR 2002, 1126 (Keine einheitliche Haftungsordnung im multimodalen Verkehr); OLG Stuttgart 21.1.2004, VersR 2006, 289 (Haftung des Multimodalbeförderers bei unbekanntem Schadensort). Baumbach/Hopt/*Merkt* § 452 HGB; *Herber* TranspR 2006, 435; *Kirchhof* TranspR 2007, 133; *Koller* § 452 HGB.
[71] Vgl. auch die vorangegangene Fn.
[72] Zum „Absender" Art. 1 Rn. 20.
[73] Zum „Empfänger" Art. 1 Rn. 26.
[74] BGH 12.12.1985, NJW-RR 1986, 515 = TranspR 1986, 278, 280 = VersR 1986, 381 (CMR); BGH 8.6.1988, NJW-RR 1988, 1369 = TranspR 1988, 370 = VersR 1988, 952 (zu Art. 17 CMR); BGH 16.11.1995, NJW-RR 1996, 545 = TranspR 1996, 72, 74 = VersR 1996, 913 (zu § 407 HGB aF); LG Frankfurt/M. 6.1.1987, TranspR 1987, 389 = RiW 1987, 392 = ZLW 1988, 85 (zu Art. 18 WA 1929). Zur Frage einer Beweiserleichterung oder Beweislastumkehr zugunsten des Absenders von Luftfrachtgut bei der Geltendmachung von Schadensersatzansprüchen, wenn der Luftfrachtführer die erst auf Abruf eines Dritten zu bewirkende Beförderung allein auf telefonische, nicht auf schriftliche oder fernschriftliche Weisung ausführt: BGH 27.10.1988, NJW-RR 1989, 160 = TranspR 1989, 60 = VersR 1989, 213 = MDR 1989, 233 = WM 1989, 148 = ZLW 1989, 368 = LM § 640 BGB Nr. 10.
[75] Zu Art. 18 WA 1929/1955: BGH 9.6.2004, NJW-RR 2004, 1482 = TranspR 2004, 369 = VersR 2005, 811; OLG Frankfurt/M. 15.11.1983, RiW/AWD 1984, 69 = MDR 1984, 236; LG Frankfurt/M. 6.1.1987, TranspR 1987, 389 = RiW 1987, 392 = ZLW 1988, 85. Materiellrechtlich folgt diese Beweislast aus dem Umstand, dass ein Beladen durch den Frachtführer generell nicht zum Inhalt seines Frachtvertrags zählt. S. auch § 412 HGB.
[76] BGH 26.4.2007, NJW-RR 2008, 119 = TranspR 2007, 418 = RiW 2007, 870 (zu Art. 17 CMR).

mutung zunächst nur für „die Annahme der Güter" als solche. Mit ihr beginnt die „Obhut" (Abs. 3) des Luftfrachtführers.

**3. Gewicht, Maße, Verpackung und Anzahl der Güter.** Nach Art. 11 Abs. 2 **68** begründen die vorgenannten Frachtdokumente im Weiteren aber auch die widerlegbare Vermutung ihrer Richtigkeit bezüglich der darin enthaltenen „Angaben" „über die Güter zu Gewicht, Maßen und Verpackung sowie zur Anzahl der Frachtstücke".

**4. Zustand der Güter.** Indessen begründen nach Art. 11 Abs. 2 S. 2 die „Angaben" **69** über den „Zustand der Güter" im Luftfrachtbrief bzw. in der Empfangsbestätigung über die Güter gegenüber dem Luftfrachtführer die widerlegbare Vermutung ihrer Richtigkeit hingegen nur insoweit, „als er diese Angaben in Gegenwart des Absenders nachgeprüft hat und dies auf dem Luftfrachtbrief oder der Empfangsbestätigung vermerkt ist, oder wenn es sich um Angaben handelt, die sich auf den äußerlich erkennbaren Zustand der Güter beziehen". Der auf dem Luftfrachtbrief bzw. in der Empfangsbestätigung enthaltene Vermerk „Received in apparent good order and condition" bezieht sich hierbei allein auf den äußeren (Verpackung), nicht aber auf den inneren Zustand der Ware.[77] Die Beweiskraft von Lichtbildern für Transportschäden ist hierbei eingeschränkt.[78]

**5. Darlegungslast des Luftfrachtführers.** Gelingt dem geschädigten Absender bzw. **70** Empfänger im letzteren Zusammenhang der Beweis der Schadensfreiheit des Gutes im Zeitpunkt dessen „Annahme" (vgl. Art. 7 Abs. 2, Art. 11 Abs. 1) durch den Luftfrachtführer, so legt die für den Luftfrachtführer damit zugleich auch begründete „Obhut" (Abs. 3) den Gedanken nahe, dass dieser nun seinerseits durch substantiierten Vortrag darzulegen hat, dass der betreffende Schaden gerade nicht „während der Luftbeförderung", dh. nicht unter seiner „Obhut" (Abs. 3), eingetreten ist.[79]

Mit diesem beweisrechtlichen Erfordernis lässt sich in Rechnung stellen, dass nach der **71** „Annahme" der Güter durch den Luftfrachtführer faktisch nur noch eine Herkunft der Schadensursache aus dem seiner unmittelbaren Einflussnahme, Herrschaft und „Obhut" unterliegenden Bereich in Betracht kommen kann. Da dieser Obhutsbereich des Luftfrachtführers nach Abs. 3 zudem nicht mehr an den Grenzen des „Flughafens" (Art. 18 Abs. 2 WA 1929/1955) endet und nach Abs. 4 S. 3 auch den Luftfrachtersatzverkehr mit einschließt, wird der Luftfrachtführer seiner Haftung nach Abs. 1 insoweit kaum noch entgehen können. Jedenfalls kann der Luftfrachtführer den Gewahrsam an in seiner Obhut zu Schaden gekommenen Sachen dann nicht mit Nichtwissen bestreiten, wenn er den Schaden vor der Ablieferung durch seine Leute selbst entdeckt und seinerseits umgehend einen Sachverständigen mit der Schadensfeststellung beauftragt hat.[80]

**6. Ablieferung der Güter.** Die Ablieferung (Art. 13 Abs. 1), die das Ende der „Obhuts- **72** zeit" (Abs. 3) bedeutet, ist vom Luftfrachtführer dazulegen und zu beweisen.[81] Zur „Ablieferung" gehören zwei Elemente:[82] Zum einen ist notwendig, dass der Empfänger in die Lage versetzt wird, den unmittelbaren Besitz auszuüben, wobei der Frachtführer seinen Besitz aufgegeben haben muss. Zum anderen muss der Empfänger den Willen haben, die Sachherrschaft zu übernehmen.

---

[77] RG 8.7.1933, RGZ 141, 315, 317 (Konnossement); BGH 28.5.1962, VersR 1982, 660, 661 (Konnossement), BGH 24.6.1987, WM 1987, 1342; OLG Frankfurt/M. 12.7.1993, RiW 1994, 68, 69; LG Frankfurt/M. 6.1.1987, TranspR 1987, 389 = RiW 1987, 392 = ZLW 1988, 85.
[78] BGH 1.10.1986, NJW 1987, 590 = VersR 1987, 91; BGH 8.5.2002, NJW-RR 2002, 1102 = VersR 2002, 845.
[79] Vgl. hierzu auch BGH 24.10.2002, NJW-RR 2003, 754 = TranspR 2003, 156 = MDR 2003, 649.
[80] Zu § 425 Abs. 1 HGB OLG Düsseldorf 16.11.2005, TranspR 2006, 30 = NJOZ 2006, 403.
[81] S. zB OLG Hamm 2.12.1991, TranspR 1992, 179 (CMR); OLG Köln 3.3.1999, TranspR 2001, 122, 123 (CMR); LG Hamburg 14.5.1996, TranspR 1998, 164 (CMR). Art. 8 Nr. 1 Buchst. b ABB-Fracht (2010): „Die Auslieferung der Sendung durch den Luftfrachtführer erfolgt nur gegen schriftliche Quittung des Empfängers und …".
[82] HansOLG Bremen 15.3.2001, TranspR 2001, 259, 260 (§ 425 Abs. 1 HGB).

**73**    **7. Schäden nach der Ablieferung.** Die Beweislast dafür, dass der Schaden nicht nach der Ablieferung entstanden ist, trägt der Absender bzw. der Empfänger.[83] Wichtig ist vor allem die Beweislage hinsichtlich des Zustands der Güter bei deren Ablieferung. Die vorbehaltlose Annahme der Güter durch den Empfänger begründet nach Art. 31 Abs. 1 die widerlegbare Vermutung, dass diese Güter vollständig, nicht verspätet und unbeschädigt sowie – falls vorhanden – entsprechend den anderen Aufzeichnungen iSd. Art. 4 Abs. 2 abgeliefert worden sind.

### IX. Die Haftungsausschlussgründe des Abs. 2

Ähnliche Bestimmungen: Art. 18 Abs. 3 WA/MP Nr. 4 (1975); § 427 HGB (Luft- und andere Binnentransporte); Art. 17 Abs. 4 CMR (1956/1978); Art. 23 § 3 CIM 1999; Art. 18 CMNI (2001); § 608 HGB und Art. 12 Nr. 2 ABB–Fracht (2010).

**74**    Auch wenn sich die „*Zerstörung*", der „*Verlust*" oder die „*Beschädigung*" des Transportguts „während der Luftbeförderung" (Abs. 1 und Abs. 3) ereignet hat, haftet der Luftfrachtführer gleichwohl nicht, falls einer oder sogar mehrere der in Abs. 2 aufgezählten vier Haftungsausschlussgründe gegeben sind. Deren Aufzählung in Abs. 2 ist enumerativ. Insbesondere kommt daneben nicht auch noch die Möglichkeit einer Berufung des Luftfrachtführers auf das Vorliegen von „höherer Gewalt" in Betracht.

**75**    Nach Art. 27 kann der Luftfrachtführer auf das Geltendmachen solcher Haftungsausschlussgründe allerdings auch „verzichten" (engl. Originaltext: „waiving any defences available under the Convention, …").

**76**    Mit der Einführung der vier Haftungsausschlussgründe in Abs. 2 hat das MÜ den Wegfall der im bisherigen Recht für Art. 18 und Art. 20 WA 1929/1955 noch vorgesehenen Exkulpationsmöglichkeit des Luftfrachtführers kompensiert. Ebenso wie bei der bisherigen Exkulpation iSd. des Art. 20 WA 1929/1955 trägt der Luftfrachtführer aber auch in diesem Zusammenhang wiederum die entsprechende Beweislast.[84]

**77**    Er hat das Vorliegen eines dieser Gründe sowie deren Kausalität für den Schaden darzulegen und zu beweisen. Doch ist insoweit andererseits nicht entscheidend, dass der in Frage stehende Umstand die *ausschließliche* Schadensursache war. Vielmehr ist eine Haftung des Luftfrachtführers nach Abs. 2 schon dann grundsätzlich in Zweifel zu ziehen, wenn er beweisen kann, dass einer der dortigen schadenstiftenden Umstände für den Schaden *mitursächlich* gewesen ist. Wie die Worte „wenn und soweit" (Abs. 2) (engl. Originaltext: „if and to extent") klarstellen, kann er sodann allerdings auch nur eine anteilige Haftungsbefreiung erwarten.[85] Darin unterscheidet sich Abs. 2 von Art. 18 Abs. 3 WA/MP Nr. 4 (1975).[86]

**78**    Die Regelung des Abs. 2 ist nicht auf „Reisegepäck" iSd. Art. 17 Abs. 2 übertragbar.[87] Sie versteht sich allein vor dem Hintergrund, dass – im Gegensatz zu den in Art. 17 Abs. 2 erfassten Reisegepäckschäden – bei Frachtgutschäden alle der in Abs. 2 im Einzelnen aufgeführten Schadensursachen völlig außerhalb des eigenen Verantwortungs- und Risikobereichs des Luftfrachtführers liegen.

**79**    **1. „Eigenart der Güter".** „(a) die Eigenart der Güter oder ein ihnen innewohnenden Mangel" (engl. Originaltext: „inherent defect, quality or vice of that cargo"). Mit diesem Enthaftungstatbestand übernimmt die Vorschrift die bisherige Regelung des Art. 23 Abs. 2

---

[83] Zu Art. 18 WA 1929/1955: BGH 9.6.2002, NJW-RR 2004, 1482 = TranspR 2004, 369 = VersR 2005, 811. Zur CMR: BGH 8.6.1988, TranspR 1988, 370 = VersR 1988, 952.

[84] OLG Stuttgart 29.3.2006, NJW-RR 2007, 566, 567 = NZV 2007, 422 (LS).

[85] Denkschrift, BT-Drucks. 15/2285 S. 42 (zu Art. 18). S. auch *Koller* TranspR 2004, 181, 184.

[86] Der ergänzende Textvorschlag wurde auf der Montrealer Konferenz (1999) von der *englischen* Arbeitsgruppe begründet mit: „The reason for this proposal is that it is unreasonable for the carrier to be burded with the liability for damage to cargo to the extent it is attributable to any of the listed causes – (ICAO-Documentation „Conference for the Unification of Certain Rules for International Carriage by Air" – Doc 9775-DC/2, Vol. III Preparatory Material, p. 349).

[87] OLG Stuttgart 29.3.2006, NJW-RR 2007, 566, 567 = NZV 2007, 422 (LS). Unklar: OLG Celle 22.1.2007, BeckRS 2007, 08735.

WA 1955, die den Luftfrachtführer allerdings nicht von seiner Haftung unmittelbar freistellte, sondern ihm insoweit nur die Möglichkeit einer vertraglichen Freizeichnung zuerkannte.[88]

Die Bestimmung, die im Wesentlichen dem seefrachtrechtlichen Terminus „inherent **80** quality or vice of the good" (§ 608 Abs. 1 Nr. 7 HGB) entspricht, kann im Luftfrachtverkehr vor allem für verderbliche Güter (Obst, Blumen usw.) einschlägig sein.[89]

**2. „Mangelhafte Verpackung".** „(b) mangelhafte Verpackung der Güter durch eine **81** andere Person als den Luftfrachtführer oder seine Leute" (engl. Originaltext: „defective packing of that cargo performed by a person other than the carrier or its servants or agents").[90] Soweit nach den Art. 3 ff. Rom I-VO[91] neben dem MÜ ergänzend *deutsches* Recht herangezogen werden kann, beurteilt sich die Frage der ordnungsgemäßen „Verpackung" nach § 411 HGB.

Hiernach ist ohnehin der Absender selbst für die Verpackung verantwortlich. Er hat iE **82** „das Gut, soweit dessen Natur unter Berücksichtigung der vereinbarten Beförderung eine Verpackung erfordert, so zu verpacken, dass es vor Verlust und Beschädigung geschützt ist und dass auch dem Frachtführer keine Schäden entstehen".[92] Insoweit kommt es darauf an, ob die gewählte Verpackung geeignet und ausreichend ist, die Ware gegen die vorhersehbaren Gefahren und Einwirkungen während des konkreten Transports zu schützen.[93] Wenn mit einer mehrfachen Umladung des Gutes zu rechnen ist, muss eine beförderungssichere Verpackung auch den Schutz gegen Witterungseinflüsse, insbesondere gegen Regen, umfassen, zumal wenn das Transportgut in besonderem Maße gegen Feuchtigkeit empfindlich ist.[94] Bei der Beurteilung der Handelsüblichkeit einer Transportverpackung ist auf den Abladeort zur Abladezeit abzustellen.[95] Lichtbilder, die eine angeblich unzureichende Verpackung im Inneren eines Containers beweisen sollen, müssen sogleich nach dem Öffnen des Containers aufgenommen worden sein.[96] Nach dem bisherigen Abkommensrecht

---

[88] S. ergänzend hierzu: BGH 5.12.2006, NJW 2007, 997 = TranspR 2007, 27 = LMK 2007, 213130 (m. Anm. *Koller*) = RRa 2007, 78 (m. Anm. *Kappus*): Gegen Art. 17 Abs. 2 Satz 2 und § 307 Abs. 1 BGB verstößt eine AGB-Klausel folgenden Inhalts: „Der Luftfrachtführer haftet für Schäden an zerbrechlichen oder verderblichen Gegenständen (Computern oder sonstigen elektronischen Geräten), Schmuck, Silbersachen, Geld, Wertpapieren, Sicherheiten oder anderen Wertsachen, Geschäftspapieren oder Mustern, Reisepässen oder Personalausweisen, welche im aufgegebenen Gepäck des Fluggastes enthalten sind, gleichgültig, ob mit oder ohne Wissen des Luftfrachtführers, nur, wenn er diese grobfahrlässig oder vorsätzlich verursacht hat; die Vorschriften des [Warschauer] Abkommens bleiben unberührt."

[89] S. hierzu auch: *IATA* – Perishable Cargo Handling Manual, 7. Aufl. 2007.

[90] OLG Celle 20.2.2007, NJOZ 2008, 522: Untersagt ein Luftfrachtführer einem Reisenden die Mitnahme von Handgepäck *(Saxophon)* erst im Rahmen eines Zwischenaufenthalts und kommt es während des Anschlussflugs auf Grund unzureichender Verpackung des Handgepäcks zu dessen Beschädigung, verstößt die Berufung des Luftfrachtführers auf den Haftungsausschluss gemäß Art. 18 Abs. 2 Buchst. b MÜ gegen Treu und Glauben. Vgl. im Weiteren: *Koller* VersR 1993, 519; *Thume* TranspR 1990, 41.

[91] S. auch oben Fn. 6.

[92] Vgl. auch BGH 9.6.2004, NJW-RR 2004, 1482, 1484 = TranspR 2004, 369, 372 = VersR 2005, 811 (Bei einem hohen Warenwert kann die Verwendung einer palettengroßen Versandkiste aus Wellpappe mit einem PE-Innensack angemessen sein, in dem die Kartons unter Zugabe von Trockenmittelbeuteln eingeschweißt sind). S. auch: Art. 5 Nr. 2 ABB-Fracht (2010): „Der Absender hat das Gut in für die sichere Luftbeförderung geeigneter Weise so zu verpacken, dass es vor Verlust, Beschädigung oder Verderb geschützt ist und keinen Personen- oder Sachschaden verursachen kann. Der Absender hat bei der Versendung raub- oder diebstahlgefährdeten Gutes eine neutrale, den Inhalt nicht anzeigende Verpackung zu wählen. Jedes Packstück muss leserlich und dauerhaft mit dem Namen und der vollen Postanschrift des Absenders und Empfänger versehen sein."

[93] Vgl. auch OLG München 13.11.2002, NJW-RR 2003, 903 = TranspR 2003, 321: Bei der Handelsüblichkeit einer Transportverpackung (Ziff. 1.4.1.5 der ADS Güterversicherung 73/84) ist unter Würdigung aller Umstände des Einzelfalls, insbesondere der Art und Empfindlichkeit des zu transportierenden Gutes sowie der auf dem konkreten Transportweg zu erwartenden Belastungen zu ermitteln. Hier: Lufttransport nach Nowosibirsk.

[94] BGH 9.6.2004, NJW-RR 2004, 1482, 1484 = TranspR 2004, 369, 372 = VersR 2005, 811. OLG Koblenz 28.3.2011, TranspR 2013, 33: Der Frachtführer trägt die Beweislast dafür, dass die transportierte Ware ungenügend verpackt und der eingetretene Schaden kausal auf einer ungenügenden Verpackung beruht.

[95] OLG Frankfurt/M. 30.8.2000, VersR 2002, 354.

[96] BGH 8.5.2002, NJW-RR 2002, 1102 = VersR 2002, 845. Zur Beweiskraft von Lichtbildern für Transportschäden vgl. auch: BGH 1.10.1986, NJW 1987, 590 = NJW-RR 1987, 338.

traf den Absender, der Frachtgut unzulänglich verpackt hatte, lediglich der Vorwurf eines „Mitverschuldens" iSd. Art. 21 WA 1929/1955.[97] Zum Begriff der „Leute" s. unten Art. 19 Rn. 33 ff.

**83** **3. „Kriegshandlungen".** „(c) eine Kriegshandlung oder ein bewaffneter Konflikt" (engl. Originaltext. „an act of war or an armed conflict"). Hierzu zählen alle bewaffneten Auseinandersetzungen, auch wenn nicht ein Krieg im völkerrechtlichen Sinn erklärt worden ist. S. dazu auch das Urt. des OLG Frankfurt/M.[98] zum Einmarsch *irakischer* Truppen in Kuwait im Jahre 1990.

**84** **4. „hoheitliches Handeln".** „(d) hoheitliches Handeln in Verbindung mit der Einfuhr, Ausfuhr oder Durchfuhr der Güter" (engl. Originaltext: „an act of public authority carried out in connection with the entry, exit or transit of the cargo"). In diesem Zusammenhang kommen unter anderem in Betracht: zollrechtliche Beschlagnahmen, Embargo, Blockaden oder Quarantänebeschränkungen. So trifft den Luftfrachtführer beispielsweise keine Haftung, wenn er in Ausführung einer Anhalteverfügung des Absenders das Gut auf einem Zwischenlandeplatz auslädt und das Gut wegen Fehlens der von der dortigen Zollbehörde geforderten Papiere für Einfuhr und Durchfuhr beschlagnahmt wird.[99]

### X. Passivlegitimation und Aktivlegitimation

**85** **1. Vorgaben des MÜ.** Ein nach Abs. 1 begründeter Schadensersatzanspruch, der durch keinen der vorgenannten Haftungsausschlussgründe des Abs. 2 hinfällig geworden ist, richtet sich im Einzelnen gegen den „vertraglichen" (Art. 17 ff.) Luftfrachtführer als den primär Passivlegitimierten. Diese Passivlegitimation erfasst sodann aber auch den „ausführenden" (Art. 39 f.) Luftfrachtführer, falls der geltend gemachte Schaden sich auf dessen eigenen Beförderungsabschnitt ereignet haben sollte. Für den Fall eines Sukzessivtransportes legt Art. 36 Abs. 3 die Passivlegitimationen der Einzelnen aufeinander folgenden Luftfrachtführer noch zusätzlich und im Detail fest. Beim Tod des „vertraglichen", eines „nachfolgenden" (Art. 36) oder eines „ausführenden" (Art. 39) Luftfrachtführers geht der gegen sie nach Art. 18 bestehende Schadensersatzanspruch nicht unter, sondern er richtet sich gemäß Art. 32 nunmehr gegen deren jeweiligen „Rechtsnachfolger". Bei Anwendbarkeit *deutschen* Rechts (Art. 25 Abs. 1 EGBGB) handelt es sich bei diesem um den (die) gesetzlichen oder testamentarischen Erben iS der §§ 1922 und 1967 BGB.

**86** **2. Aktivlegitimation für Schadensersatzansprüche.** Eine Aktivlegitimation für diesen Schadensersatzanspruch ist weder in den Art. 18 f. noch in den Art. 39 ff. ausdrücklich vorgesehen. Auch Art. 12 gibt hierüber keine Auskunft. Diese Vorschrift legt vielmehr nur die vier einseitigen Weisungsrechte eines Absenders fest, die dieser bezüglich des Transports des Frachtguts dem Luftfrachtführer gegenüber auch noch *nachvertraglich* ausüben kann.

**87** **a) Des Absenders.** Die Aktivlegitimation liegt aber in erster Linie beim Absender (Begriff oben Art. 1 Rn. 20) als dem Vertragspartner des Luftfrachtführers,[100] der in Abs. 4 S. 3 für den Fall einer Ersatzbeförderung insoweit auch besonders benannt ist. Ähnlich geht auch Art. 36 Abs. 3 – bei einer aufeinander folgenden Beförderung – ausdrücklich von der Aktivlegitimation des Absenders aus. Insoweit bietet diese Bestimmung für Art. 18 zugleich

---

[97] BGH 9.6.2004, NJW-RR 2004, 1482, 1484 = TranspR 2004, 369, 372 = VersR 2005, 811; OLG Köln 26.3.1996, NW-RR 1996, 1183 = TranspR 1996, 379 = VersR 1997, 88.

[98] OLG Frankfurt/M. 23.12.1992, NJW-RR 1993, 809 = TranspR 1993, 103 = ZLW 1993, 318.

[99] Zu Art. 18 WA 1929/1955: BGH 9.10.1964, NJW 1964, 2348 = ZLW 1965, 167.

[100] Zu Art. 18 WA 1929/1955: OLG Köln 20.11.1980, ZLW 1982, 167, 172; Schweiz. Bundesgericht 6.6.2002, BGE 128 III 390; *Müller-Rostin* TranspR 1995, 89. Zur Frage einer Beweiserleichterung oder Beweislastumkehr zugunsten des Absenders von Luftfrachtgut bei der Geltendmachung von Schadensersatzansprüchen, wenn der Luftfrachtführer die erst auf Abruf eines Dritten zu bewirkende Beförderung allein auf telefonische, nicht auf schriftliche oder fernschriftliche Weisung ausführt: BGH 27.10.1988, NJW-RR 1989, 160 = TranspR 1989, 60 = VersR 1989, 213 = MDR 1989, 233 = WM 1989, 148 = ZLW 1989, 368 = LM § 640 BGB Nr. 10.

auch eine Gesetzesanalogie an.[101] Allerdings geht die Anspruchsberechtigung des Absenders nach § 67 VVG bzw. § 86 VVG (nF) auf den Versicherer über, falls und soweit dieser den entstandenen Schaden auf Grund des abgeschlossenen Versicherungsvertrags ersetzt. Der Übergang erfolgt kraft Gesetzes. Einer Abtretung bedarf es daher nicht.[102]

**b) Der Empfänger.** Da der Luftfrachtvertrag im Hinblick auf Art. 13 zugleich auch **88** einen Vertrag zu Gunsten Dritter, dh. des Empfängers (Begriff oben Art. 1 Rn. 26), darstellt,[103] kommen zusätzlich auch dem Empfänger eigene frachtvertragliche Rechte zu. Er kann daher vom Luftfrachtführer zunächst schon verlangen, dass dieser ihm das „Eintreffen der Güter" am Bestimmungsort „unverzüglich" anzeigt (Art. 13 Abs. 2). Des Weiteren kann er sodann „nach dem Eintreffen der Güter am Bestimmungsort vom Luftfrachtführer die Ablieferung der Güter gegen Zahlung der geschuldeten Beträge ... verlangen" (Art. 13 Abs. 1), sofern der Absender dem Luftfrachtführer nicht zuvor eine anders lautende „Weisung" (Art. 12 Rn. 33) erteilt hat. Beim „Verlust" dieser Güter kann der Empfänger schließlich nach Maßgabe des Art. 13 Abs. 3 auch hier wiederum „die Rechte aus dem Frachtvertrag gegen den Luftfrachtführer geltend machen", dh. nunmehr Schadensersatz nach Abs. 1 verlangen. Eine solche Aktivlegitimation steht dem Empfänger entsprechend auch für die Fälle der „Zerstörung", der „Beschädigung" (Abs. 1) oder der „Verspätung" (Art. 19) der Güter zu. Dies jedenfalls setzt Art. 36 Abs. 3 im Zusammenhang mit einem Sukzessivtransport stillschweigend voraus (vgl. auch § 421 Abs. 1 HGB). Insoweit hat der Empfänger allerdings auch die Anzeigefrist des Art. 31 und die Klageausschlussfrist des Art. 35 zu beachten. Eine Leistung des Transportversicherers auf den seinem Versicherungsnehmer(Absender) wegen des Verlustes des Transportguts entstanden Schaden führt nicht zum Erlöschen der Ansprüche des frachtbriefmäßigen Empfängers (aus Art. 13 Abs. 1 S. 2 CMR).[104]

**c) Aktivlegitimation des Absenders sowie auch des Empfängers.** Absender und **89** Empfänger. Zweifelhaft kann sein, ob sowohl Absender wie Empfänger den Schaden geltend machen können oder ob mit dem Entstehen des Ablieferungsanspruchs des Empfängers iSd. Art. 13 Abs. 1 auch die Anspruchsberechtigung für Sachschadensersatzansprüche auf diesen übergeht.[105] Bei ergänzender Anwendbarkeit *deutschen* Rechts nach Art. 3 ff. Rom I-VO[106] ist diese Streitfrage durch § 421 Abs. 1 HGB geklärt: „der Absender bleibt zur Geltendmachung dieser Ansprüche befugt". Aber auch Art. 12 Abs. 4 lässt nicht erkennen, dass der Absender mit dem Erlöschen seines einseitigen transportbezogenen Weisungsrechts zusätzlich auch die Aktivlegitimation für seine Schadensersatzansprüche verliert. Daher bleibt der Absender namentlich dann, wenn der Empfänger seinen Schadensersatzanspruch nicht geltend macht, – trotz Ablieferung des Gutes – seinerseits noch schadensersatzberechtigt.[107] Wegen der zwischen Absender und Empfänger nach *deutschem* Recht insoweit bestehenden Gesamtgläubigerschaft iSd. § 428 BGB läuft der Luftfrachtführer zudem nicht

---

[101] *Schweiz.* Bundesgericht 6.6.2002 BGE 128 III 390 (Ziff. 4.2.3).

[102] Zu den entsprechenden Gesetzesbestimmungen in *Frankreich, Italien,* der *Schweiz, Schweden, Norwegen, Dänemark, Finnland, Belgien* und den *Niederlanden: Neumann,* Prozessuale Besonderheiten im Transportrecht, TranspR 2006, 429. OLG Frankfurt/M. 6.11.2002, TranspR 2003, 211: Voraussetzung für eine *cessio legis* gemäß § 67 VVG ist ein zum Zeitpunkt des Versicherungsfalls bestehendes Versicherungsverhältnis. Zur Versicherungspflicht von Luftfrachtführern vgl. die Erl. unten zu Art. 50 Rn. 10 ff.

[103] Zu Art. 18 WA 1929/1955: OLG Frankfurt/M. 10.5.1977, BB 1977, 1071 = ZLW 1977, 230. Der Luftfrachtvertrag stellt hingegen einen Vertrag zu Gunsten der mit dem Empfänger nicht identischen „*notfiy*" – Person dar. Diese ist von der Ankunft des Gutes lediglich zu benachrichtigen und infolgedessen keine eigenen frachtvertraglichen Rechte; zum WA 1929/1955: OLG Düsseldorf 13.11.1980, VersR 1982, 1389; OLG Düsseldorf 2.3.1989, VersR 1989, 1319 = TranspR 1989, 423; OLG Düsseldorf 11.11.1993, TranspR 1995, 30.

[104] BGH 6.7.2006, NJW-RR 2006, 1544 = TranspR 2006, 363.

[105] Zum WA 1929/1955: *Müller-Rostin* TranspR 1989, 1 ff.

[106] S. auch oben Fn. 6.

[107] Vgl. BGH 12.12.1973, NJW 1974, 412 (CMR); BGH 10.4.1974, NJW 1974, 1614 = MDR 1974, 733 (CMR); OGH (Wien) 12.4.1984, TranspR 1985, 344 (CMR); OLG Frankfurt/M. 12.7.1977, NJW 1978, 502 = MDR 1977, 1042 = DB 1978, 92; OLG Köln 20.11.1980, ZLW 1982, 167, 173; OLG Hamburg 9.8.1984, TranspR 1984, 299, 300; OLG Stuttgart 10.6.2009, TranspR 2010, 37. *Reuschle* Rn. 85.

Gefahr, nach einem Schadensausgleich zugunsten des einen noch von dem anderen Anspruchsinhaber erfolgreich in Anspruch genommen werden zu können.[108] Eine Leistung des Transportversicherers auf den seinem Versicherungsnehmer (Absender) wegen des Verlustes des Transportguts entstandenen Schaden führt nicht zum Erlöschen der Ansprüche des frachtbriefmäßigen Empfängers der Ware gegen den Frachtführer (aus Art. 13 Abs. 1 S. 2 CMR).[109]

**90**     **d) Spediteur.** Soweit der Schaden weder beim Absender noch beim Empfänger eingetreten ist, weil sie als Spediteure (§ 453 Abs. 1 HGB) tätig geworden sind und daher zwar im eigenen Namen, aber für Rechnung ihres Auftraggebers, dh. des „Versenders" bzw. des „Empfängers" gehandelt haben, können sie dessen Schaden im Wege der Drittschadensliquidation geltend machen.[110] Diese rechtliche Möglichkeit ist – übereinstimmend mit Art. 14 WA 1929/1955 – in Art. 14 besonders aufgezeigt. Insoweit ist der Spediteur bei Anwendbarkeit *deutschen* Rechts (Art. 3 ff. Rom I-VO[111]) nach § 454 Abs. 1 Nr. 3 HGB auch zur „Sicherung von Schadensersatzansprüchen des Versenders" besonders verpflichtet. Zudem haftet der Spediteur dem Versender sogar selbst, und zwar auf Schadensersatz in Höhe des Preises der verkauften Ware, wenn der Versender einen Luftfrachtbrief mit der Klausel „Zahlung gegen Dokumente" ausgestellt hatte und der Spediteur die Ware ausgeliefert hat, ohne hierbei die Dokumente herauszuverlangen.[112]

**91**     **e) Schäden Dritter.** Falls der Schaden bei einem Dritten eingetreten ist, der außerhalb des Luftfrachtvertrags steht, zB beim Eigentümer in den Fällen eines Eigentumsvorbehalts, einer Sicherungsübereignung oder eines Leasinggeschäfts, so besteht nach dem MÜ für diesen, der weder ein Vertragspartner des Luftfrachtführers noch ein begünstigter Dritter iSd. Art. 13 Abs. 1 ist, auch keine[113] Aktivlegitimation für Ersatzansprüche hinsichtlich „seines" Gutes. Bei einer subsidiären Anwendbarkeit *deutschen* Rechts (Art. 3 ff. Rom I-VO[114]) lässt sich dieses Rechtsproblem allerdings auf der Grundlage des § 434 HGB angehen.[115]

## XI. Umfang des Schadensersatzes

**92**     **1. Umfang des zu leistenden Schadensersatzes.** Art. 18 enthält keine Regelung zum Umfang des vom „vertraglichen" oder von dem „ausführenden" Luftfrachtführers zu ersetzenden Schadens.[116] Anders als Art. 35 Abs. 2 verweist die Vorschrift insbesondere nicht auf das Recht am Ort des „angerufenen Gerichts". Auch Art. 22 Abs. 6 trifft insoweit lediglich eine Regelung bezüglich anfallender Gerichtskosten. Daher ist an dieser Stelle ergänzend das nach dem Internationalen Privatrecht anwendbare nationale Recht heranzuziehen.

**93**     **2. G zur Harmonisierung des Haftungsrechts im Luftverkehr.** Soweit hier nach den Art. 3 ff. Rom I-VO[117] *deutsches* Recht zugrunde gelegt werden kann, gilt Art. 1 des Gesetzes zur Harmonisierung des Haftungsrechts im Luftverkehr vom 6.4.2004.[118]

**94**     **3. MontÜG.** Die vorgenannte Bestimmung enthält ihrerseits das Montrealer-Übereinkommen-Durchführungsgesetz – MontÜG.[119]

---

[108] Vgl. BGH 6.7.1979, BGHZ 75, 92, 94 = VersR 1979, 1105, 1106 (CMR); BGH 6.5.1981, TranspR 1982, 41, 42 = VersR 1981, 929, 930; BGH 28.4.1988, TranspR 1988, 338 = VersR 1988, 825.

[109] BGH 6.7.2006, NJW-RR 2006, 1544.

[110] S. auch OLG Stuttgart 29.3.2006, NJW-RR 2007, 566, 569.

[111] S. auch oben Fn. 6.

[112] Cour de Cassation de France 8.1.1985, ETR 1985, 305.

[113] So auch: *Reuschle* Rn. 88.

[114] S. auch oben Fn. 6.

[115] Hierzu: *Ruhwedel,* FG Herber, 1999, S. 163.

[116] Zu Art. 18 WA 1929/1955: BGH 9.6.2004, NJW-RR 2004, 1482, 1484 = TranspR 2004, 369, 372 = VersR 2005, 811.

[117] S. auch oben Fn. 6.

[118] BGBl. 2004 I S. 550.

[119] Geändert durch Art. 1 G zur Anpassung luftversicherungsrechtlicher Vorschriften vom 19.4.2005 (BGBl. I S. 1070). Nunmehr: „Gesetz zur Durchführung des Übereinkommens vom 28. Mai 1999 zur Vereinheitlichung bestimmter Vorschriften über die Beförderung im internationalen Luftverkehr und zur Durchfüh-

Das MontÜG lautet unter anderem:

### § 2 Haftung bei Güterschäden

Werden Güter zerstört, beschädigt oder gehen sie verloren, bestimmt sich die Art des nach Artikel 18 des Montrealer Übereinkommens zu leistenden Schadensersatzes nach § 429 des Handelsgesetzbuchs.

Die letztgenannte Vorschrift des HGB hat den folgenden Wortlaut:[120]

### § 429 Wertersatz

(1) Hat der Frachtführer für gänzlichen oder teilweisen Verlust des Gutes Schadensersatz zu leisten, so ist der Wert am Ort und zur Zeit der Übernahme der Beförderung zu ersetzen.

(2) Bei Beschädigung des Gutes ist der Unterschied zwischen dem Wert des unbeschädigten Gutes am Ort und zur Zeit der Übernahme zur Beförderung und dem Wert zu ersetzen, den das beschädigte Gut am Ort und zur Zeit der Übernahme gehabt hätte. Es wird vermutet, dass die zur Schadensminderung und Schadensbehebung aufzuwendenden Kosten dem nach Satz 1 zu ermittelnden Unterschiedsbetrag entsprechen.

(3) Der Wert des Gutes bestimmt sich nach dem Marktpreis, sonst nach dem gemeinen Wert von Gütern gleicher Art und Beschaffenheit. Ist das Gut unmittelbar vor Übernahme zur Beförderung verkauft worden, so wird vermutet, dass der in der Rechnung des Verkäufers ausgewiesene Kaufpreis abzüglich darin enthaltener Beförderungskosten der Marktpreis ist.

Mit der Verweisung des § 2 MontÜG auf den vorzitierten § 429 HGB ist die bisherige 95 Streitfrage entschieden, ob der Luftfrachtführer im Rahmen seiner Abkommenshaftung eine volle Naturalrestitution iS der §§ 249 ff. BGB schuldet[121] oder in Anwendung der transportrechtlichen Sonderregelungen des HGB lediglich Wertersatz zu leisten hat. Die Entscheidung des Gesetzgebers ist hier zugunsten des Wertersatzes gefallen,[122] wobei nach dem Sachzusammenhang auch die handelsrechtlichen Annexregelungen der §§ 430 und 432 S. 1 HGB über den Ersatz der zusätzlichen „Schadensfeststellungs-" und „sonstigen Kosten" als inhaltlich miteinbezogen zu betrachten sind.[123] Das Gericht kann die Schadenshöhe nach § 287 Abs. 1 ZPO schätzen.[124] Bei Anwendbarkeit *deutschen* Rechts (Rn. 4) umfasst die vertragliche Haftung des Frachtführers außer bei Vorliegen eines qualifizierten Verschuldens iSd. § 435 HGB keine Folgeschäden. Diese sind gemäß § 432 S. 2 HGB als „weitere Schäden ... nicht zu ersetzen". Insoweit sind hier auch außervertragliche Ansprüche gegen den Frachtführer ausgeschlossen.[125]

**4. Generelle Haftungsbeschränkung (Art. 22 Abs. 3).** Der vom Luftfrachtführer in 96 diesem Umfang zu leistende Schadensersatz ist allerdings nach dem Montrealer Übereinkommen im Weiteren noch summenmäßig beschränkt. Nach Art. 22 Abs. 3 haftet der

---

rung der Versicherungspflicht zur Deckung der Haftung für Güterschäden nach der VO (EG) Nr. 785/2004 (Montrealer-Übereinkommen-Durchführungsgesetz − MontÜG)". Art. 336 der 9. ZuständigkeitsanpassungsVO vom 31.10.2006 (BGBl. I S. 2407) hat in § 4 Abs. 3 S. 1 MontÜG den Text „und Wohnungswesen" durch die Worte „und Stadtentwicklung" ersetzt. Zuletzt wurde das MontÜG geändert durch Art. 5 G vom 24.8.2009 (BGBl. I S, 2942). Text des MontÜG unten nach Art. 57 MÜ.

[120] Vgl. hierzu die Erl. in diesem KommBd. sowie Baumbach/Hopt/*Merkt* § 429 HGB; *Koller* § 429 HGB.

[121] So noch BGH 9.6.2004, NJW-RR 2004, 1482, 1484 = TranspR 2004, 369, 372 = VersR 2005, 811; BGH 3.7.2008, NJW-RR 2009, 103 = TranspR 2008, 412 = MDR 2009, 95; *Koller* TranspR 2004, 181.

[122] Hierzu näher: Reg.Begr. zum „Gesetz zur Harmonisierung des Haftungsrechts im Luftverkehr"; BT-Drucks. 15/2285 S. 31, zu § 2 – Haftung bei Güterschäden.

[123] OLG Koblenz 28.3.2011, TranspR 2013, 33: Zur Berechnung der Haftungshöchstgrenzen nach Art. 22 Abs. 3 MÜ. So im Ergebnis auch schon zu Art. 18 WA 1929/1955: BGH 9.6.2004, NJW-RR 2004, 1482, 1484 = TranspR 2004, 369, 372 = VersR 2005, 811; OLG Frankfurt/M. 12.7.1977, NJW 1978, 502 = VersR 1978, 159 = MDR 1977, 1024; OLG Frankfurt/M. 29.5.2002, NJW-RR 2003, 22 = VersR 2003, 321; LG Frankfurt/M. 5.3.1982, RiW 1982, 437 = ZLW 1983, 63, 69; LG Stuttgart 21.2.1992, TranspR 1993, 141 = ZLW 1994, 240, 242. *Reuschle* Rn. 95, geht in diesem Zusammenhang von einem „Redaktionsversehen des Gesetzgebers" aus.

[124] Zu Art. 18 WA 1929/1955: OLG Frankfurt/M. 29.5.2002, NJW-RR 2003, 22 = VersR 2003, 321.

[125] BGH 5.10.2006, TranspR 2006, 454 (m. Anm. *Heuer*) = VersR 2007, 86 (m. Anm. *Böttge*) = NZV 2007, 135.

Luftfrachtführer für „Zerstörung", „Verlust", Beschädigung" (oder „Verspätung" – Art. 19) nur bis zu einem Betrag von 19 Sonderziehungsrechten (Art. 23) für das Kilogramm.

## XII. Endgültigkeit der Haftungssumme

97    **1. Haftungserhöhung nur bei „Wertdeklaration" oder vertraglicher Vereinbarung.** Dieser Haftungshöchstbetrag kann nur dann überschritten werden, wenn der Absender mit dem Luftfrachtführer eine Wertdeklaration (Art. 22 Abs. 3: „diese Beschränkung gilt nicht") oder eine höhere Haftungssumme iSd. Art. 25 vereinbart hat. Andererseits kann dieser Haftungsbetrag aber sogar noch niedriger ausfallen, wenn der Luftfrachtführer dem Geschädigten ein „Mitverschulden" iSd. Art. 20 nachzuweisen vermag.

98    **2. Keine Haftungserhöhung bei grobem Verschulden.** Dementsprechend gilt diese Haftungsbeschränkung des Art. 22 Abs. 3 MÜ andererseits bemerkenswerterweise selbst dann noch, wenn dem Luftfrachtführer oder seinen Leuten hinsichtlich der Schadensverursachung ein besonders gravierendes Verschulden, dh. grobe Fahrlässigkeit oder sogar Vorsatz, vorzuwerfen ist. Mit diesem Ergebnis steht das MÜ in deutlichem Widerspruch zu der Bestimmung des bisherigen Art. 25 WA 1929/1955 sowie der im Transportwesen allgemein verfestigten Rechtstradition,[126] wonach ein gravierendes Verschulden auf Seiten des Frachtführers stets zu dessen unbeschränkter Haftung führt. Dass diese Haftungsbeschränkung letztlich sogar für die Fälle von „Vorsatz" gilt, macht sie besonders fragwürdig, da für den praktisch wichtigen Schadensfall *Diebstahl* berichtet wird, dass in vier von fünf Fällen Arbeitnehmer des Beförderers beteiligt sind.[127] Hinzu tritt die rechtsethische Wertung des § 276 Abs. 3 BGB, wonach einem Schuldner die Haftung für Vorsatz nicht im Voraus erlassen werden kann.

99    **3. Unverbrüchlichkeit der Haftungsbegrenzung.** Doch dürfte die im MÜ getroffene Regelung einer Unverbrüchlichkeit der Haftungsbegrenzung bei Frachtgutschäden rechtspolitisch aus mehreren Gründen letztlich hinnehmbar zu sein.[128]
– Der Undurchbrechlichkeit des Haftungslimits steht auf der anderen Seite eine prinzipiell **zwingende Haftung** des **Luftfrachtführers** ausgleichend gegenüber. So hat dessen Haftung, von den einzelnen Ausnahmetatbeständen des Art. 18 Abs. 2 abgesehen, stets einen endgültigen Status. Dies wiederum mag im Sinne eines „quid pro quo" einen durchaus annehmbaren Preis für das von IATA-Luftfahrtgesellschaften in Abänderung des WA 1929/1955 bereits im Montrealer Protokoll Nr. 4 (1975)[129] verwirklichte Ziel einer nur beschränkten Luftfrachtführerhaftung darstellen. Immerhin zeigt die Zahl von inzwischen 53 Ratifikationen[130] dieses Montrealer Protokolls Nr. 4, dass dessen ausbalanciertes Haftungsmodell mittlerweile auf breiter völkerrechtlicher Basis akzeptiert ist. Insoweit dürften etwaige Bedenken wegen eines Verstoßes dieses Haftungskonzepts gegen den „ordre public" des *deutschen* Rechts zurückzustellen sein.
– Eine vergleichbare Haftungslimitierung enthält nicht zuletzt auch **Art. 34** des **Weltpostvertrags** vom 14. September 1994.[131] Hier ist der BGH[132] davon ausgegangen, dass eine solche Haftungsbeschränkung weder gegen Art. 14 GG noch gegen den „ordre public"

---

[126] Vgl.: Art. 29 CMR (1956/1978), Art. 36 CIM 1999, Art. 21 CMNI (2001), Art. 4 § 5 Buchst. e VisbyR (1968), Art. 8 Abs. 1 HambR (1978), Art. 13 Athener Übereinkommen über die Beförderung von Reisenden und ihr Gepäck auf See (1974); §§ 435, 607 Abs. 4 und § 660 Abs. 3 HGB.

[127] *Basedow,* Der Transportvertrag, 1987, S. 396.

[128] So auch Denkschrift, BT-Drucks. 15/2285 S. 45 (Zu Art. 22); *Koller* TranspR 2005, 177; *Ruhwedel* TranspR 2004, 137.

[129] Vgl. Art. 55 Abs. 1 Buchst. e MÜ. Textwiedergabe bei: *Ehlers,* Montrealer Protokolle Nr. 3 und 4 …, 1985, 128; *Koller* S. 1666; MüKoHGB/*Kronke,* Bd. 7 (Transportrecht), 1. Aufl. 1997, WA 1955.

[130] Aktueller Stand unter: www.icao.int >> Bureaus' Activities >> Legal Bureaux >> Treaty Collection.

[131] BGBl. 1998 II S. 2135.

[132] BGH 28.1.2003, BGHZ 153, 327, 335 f. = NJW 2003, 1602 = TranspR 2003, 238; BGH 3.3.2005, NJW-RR 2005, 1058, 1060 = TranspR 2005, 307, 308; BGH 22.9.2005, TranspR 2006, 468 (§ 3 PostG, Art. 26 PPÜ).

der Bundesrepublik Deutschland verstößt. Eine derartige Haftungsregel lasse nämlich „das Eigentum des Geschädigten und seinen Bestand unberührt". Es sei dem Gesetzgeber gerade in dem „das Verhältnis Privater regelnden Schadensersatzrecht sogar ein weiter Spielraum zuzubilligen, eine angemessene und gerechte Regelung zu finden".

- Die Parteien eines Luftfrachtvertrags, dh. der Luftfrachtführer und generell ein Spediteur, sind als Unternehmer zudem meist **rechtskundige Partner,** die sich durch die Eindeckung eines Versicherungsschutzes auf die vorskizzierte Rechtslage problemlos einstellen können, und dies oftmals mit einer Transportversicherung nicht nur „während der Luftbeförderung" (Art. 18 Abs. 1), sondern vielmehr sogleich „von Haustür zu Haustür" auch tatsächlich tun.

- Der Absender, der sich mit der Haftungsbeschränkung auf 19 SZR/kg nicht zufrieden geben will, hat die rechtliche Möglichkeit, mit Hilfe einer **Wertdeklaration** (Art. 22 Abs. 3) und eines Frachtzuschlages oder durch eine **Vereinbarung iSd. Art. 25** den realen Haftungswert des beförderten Gutes in den Frachtvertrag einzubringen. Damit hat er es stets auch selbst in der Hand zu entscheiden, ob und in welcher Höhe der Luftfrachtführer im Schadensfall wertdeckend Ersatz zu leisten hat.

- Nicht zuletzt werden durch die strikte Haftungsbegrenzung auch die nach dem bisherigen Recht des Art. 25 WA 1929/1955 möglichen und aus der Sicht der **Prozessökonomie** aufwändigen Rechtsstreitigkeiten[133] und Beweiserhebungen über das Vorliegen eines gravierenden und damit die Haftungsbegrenzung durchbrechenden Verschuldens erfreulicherweise vermieden. Auch das Problem der unterschiedlichen Auslegung[134] dieses „gravierenden" Verschuldens (*„grobe Fahrlässigkeit", „wilful misconduct", „faute lourde"* usw.) durch die Gerichte der einzelnen Vertragsstaaten ist damit nicht mehr aktuell.

- Das rechtlich-ethisch begründete Verbot des **§ 276 Abs. 3 BGB,** wonach ein Schuldner sich für Vorsatz nicht im Voraus freistellen lassen kann, gilt nur für das eigene vorsätzliche Verhalten des Schuldners, **nicht** aber auch **für** das seiner **Erfüllungsgehilfen** („Leute"). Für deren vorsätzliches Tun oder Unterlassen kann sich der Schuldner („Frachtführer") durchaus freizeichnen und damit seine Haftung gerade für die vorgenannten zahlreichen Fälle von Frachtgutdiebstahl innerhalb seines Betriebsbereichs rechtswirksam beschränken oder sogar ausschließen.

## XIII. Haftpflichtversicherung des Luftfrachtführers

Wegen der Versicherungspflicht des „vertraglichen" (Art. 17 ff.) sowie des „ausführen-  **100** den" (Art. 39 ff.) Luftfrachtführers bezüglich ihrer Haftung für Güter- (Art. 18) und Güterverspätungsschäden (Art. 19) vgl. unten Art. 50 und die dortigen Erl. Bei der Versicherung iSd. Art. 50 handelt es sich um eine Haftpflichtversicherung. Dies unterscheidet sie von einer Transportversicherung als einer Versicherung von Gütern, die als solche grundsätzlich allein das Sacherhaltungsinteresse des versicherten Eigentümers des transportierten Gutes erfasst.[135] Bei Anwendbarkeit *deutschen* Rechts sind iE die §§ 100 ff. VVG (nF) einschlägig.

## Art. 19 Verspätung

**¹Der Luftfrachtführer hat den Schaden zu ersetzen, der durch Verspätung bei der Luftbeförderung von Reisenden, Reisegepäck oder Gütern entsteht. ²Er haftet jedoch nicht für den Verspätungsschaden, wenn er nachweist, dass er und seine Leute alle zumutbaren Maßnahmen zur Vermeidung des Schadens getroffen**

---

[133] Vgl. zB BGH 21.9.2000, BGHZ 145, 170 = NJW-RR 2001, 396 = TranspR 2001, 29 (mwN).
[134] Hierzu im Einzelnen *Kehrberger,* FG Ruhwedel, 2004, S. 167; *Ruhwedel* TranspR 2004, 137, 139.
[135] Vgl. zu dieser Unterscheidung: BGH 7.5.2003, NJW-RR 2003, 1107 = TranspR 2003, 320 = VersR 2003, 1171 = MDR 2003, 988.

**haben oder dass es ihm oder ihnen nicht möglich war, solche Maßnahmen zu ergreifen.**

| **Art. 19 Retard** | **Art. 19 Delay** |
|---|---|
| 1. Le transporteur est responsable du dommage résultant d'un retard dans le transport aérien de passagers, de bagages ou de marchandises. Cependant, le transporteur n'est pas responsable du dommage causé par un retard s'il prouve que lui, ses préposés et mandataires ont pris toutes les mesures qui pouvaient raisonnablement s'imposer pour éviter le dommage, ou qu'il leur était impossible de les prendre. | 1. The carrier is liable for damage occasioned by delay in the carriage by air of passengers, baggage or cargo. Nevertheless, the carrier shall not be liable for damage occasioned by delay if it proves that it and its servants and agents took all measures that could reasonably be required to avoid the damage or that it was impossible for it or them to take such measures. |

Ähnliche Bestimmungen: Art. 19 WA 1929/1955; Art. 20 WA 1929/1955; Art. 20 WA/ MP Nr. 4 (1975); § 425 Abs. 1 HGB (Luft- und andere Binnentransporte); §§ 46, 47 Abs. 2 LuftVG (innerdeutsche Luftbeförderungen von Personen und deren Gepäck); Art. 17 Abs. 1 CMR (1956/1978); Art. 23 CIM 1999; Art. 16 Abs. 1 CMNI (2001) und Art. 12 Abs. 5 ABB-Fracht (2010).

**Schrifttum:** *Baumann,* Darlegungslast und Recherchepflicht im Transportrecht, TranspR 2014, 187; *Beck,* Die Regelung von Slots (Zeitnischen) im Luftverkehrsrecht – Vergabe, Übertragung und Anfechtung in der Schweiz und der EG unter rechtsvergleichender Berücksichtigung US-amerikanischer Normen, 2008; *Diedericks-Verschoor,* The liability for delay in air transport, Air & Sp.L. 2001, 300; *Fernández/Belén,* La responsabilidad del transportista aéreo por cancelacón del vuelo, Revista Europea de Derecho de la Navegación Maritima y Aeronàutica, (Madrid), 2005, 3181; *Fröhlich,* Leistungsstörungen im Luftverkehr, Verspätung und Nichtbeförderung zwischen internationalem und nationalem Recht, 2002; *Giemulla/Brautlacht,* Schadensersatzansprüche wegen vorzeitigen Abbruchs einer Luftbeförderung, TranspR 1988, 360; *Harakas,* The Warsaw Convention: Recent Cases Affecting Air Carrier Liability, Ann.Air Sp.L. 2004, 423; *Heim,* Haftung des Luftfrachtführers für verspätete Auslieferung, JR 1957, 375; *Job/Odier,* La responsabilité du transport aérien de personnes pour cause de retard (à propos de l'arrêt de la Cour d'Appel de Paris du 28 juin 2002), Rev. fr. dr. aérien, 2004, 3; *Kehrberger,* Die „faute lourde" des Art. 25 WA/HP, FG Ruhwedel, 2004, S. 167; *Koller,* Schadensverhütung und Schadensausgleich bei Güter- und Verspätungsschäden nach dem Montrealer Übereinkommen, TranspR 2004, 181; *Mapelli,* Air Carrier's Liability in Cases of Delay, Ann.Air Sp.L. 1976, 109; *Rihs,* Wer haftet für Flugverspätungen?, *(österr.)* ZVR 2012, 141; *de Rode-Verschoor,* La responsabilité du transporteur aérien pour retard. Rev. gén. Air 1957, 253; *Müller-Rostin,* Flugannullierungen wegen Sperrung des Luftraums – die Rechte der Fluggäste und der Absender von Luftfracht, TranspR 2011, 129; *Reuschle,* MÜ, Art. 19; *Ruhwedel,* Das Montrealer Übereinkommen zur Vereinheitlichung bestimmter Vorschriften über die Beförderung im internationalen Luftverkehr vom 28.5.1999, TranspR 2001, 189, 198; *ders.,* Neue Entwicklungen im Lufttransportrecht vor dem Hintergrund des Inkrafttretens des Montrealer Übereinkommens, TranspR 2006, 421; *ders.,* Montrealer Übereinkommen vs. Warschauer System, TranspR 2008, 89; *Schmid,* Die Arbeitsteiligkeit im modernen Luftverkehr und ihr Einfluss auf die Haftung des Luftfrachtführers – Der Begriff „Leute" im sog. Warschauer Abkommen –, Diss. Frankfurt/M. 1983; *ders.,* Verspätung und Nichtbeförderung im Luftverkehr, TranspR 1985, 369; *Staudinger,* Wider die Qualifikation des Luftbeförderungsvertrags als absolutes Fixgeschäft sowie die Relevanz des Mängelrechts, RRa 2005, 249; *Sundberg,* Quelques aspects de la responsabilité pour retard en droit aérien, Rev. fr. dr. aérien, 1966, 139; *Tetzlaff,* Die Haftung von Flughafenbetreibern gegenüber Luftfahrtunternehmen und Fluggästen im Falle von Flugverspätungen, TranspR 2011, 134; *Trappe,* Zum Verspätungsschaden im Luftrecht, VersR 1975, 596; *von Ziegler,* Time flies: Die Zeit beim Frachtguttransport im Luftverkehr, *(schweiz.)* ASDA/SVLR-Bull. 2002, 30; *Wieske,* Haftung für Lieferfristprobleme im Fracht-, Speditions-, Lager- und Logistikrecht, TranspR 2013, 272.

## Übersicht

| | Rn. | | Rn. |
|---|---|---|---|
| **I. Normzweck** .......................... | 1–3 | **II. EU-Recht** ........................... | 4–6 |
| 1. Art. 19 als dritter Grundstein im Haftungssystem des MÜ | 1 | 1. „Luftfahrtunternehmen der Gemeinschaft" ................................ | 4, 5 |
| 2. Geschlossenheit des Haftungssystems ... | 2 | 2. Die VO (EG) Nr. 261/2004 ........... | 6 |
| 3. Der „ausführende" Luftfrachtführer als im System zusätzlich Haftender ......... | 3 | **III. Regelungsgehalt** ..................... | 7–9 |

|  | Rn. |  | Rn. |
|---|---|---|---|
| 1. Die Haftung bei der Verspätung von Gütertransporten | 7 | 4. Beweisführung auch hinsichtlich der „Leute" des Luftfrachtführers | 31–41 |
| 2. Haftungshöchstbeträge | 8 | a) Die eigene Haftung der „Leute" | 32 |
| 3. Haftungsvoraussetzungen | 9 | b) Der Begriff der „Leute" innerhalb des MÜ | 33–39 |
| **IV. Die „Verspätung bei der Luftbeförderung"** | 10–26 | c) Beispiele für den Begriff der „Leute" iS des MÜ | 40 |
| 1. „Verspätung" als typisches Risiko der Luftfahrt | 10 | d) Der „Unterfrachtführer" als „ausführender" Luftfrachtführer | 41 |
| 2. Haftungskonzept des Art. 19 | 11 | **VI. Umfang des Schadensersatzes** | 42–45 |
| 3. Diskussion zur „Verspätung" auf der Montrealer Konferenz (1999) | 12 | 1. Umfang des zu leistenden Schadensersatzes | 43 |
| 4. Ergebnis der Diskussion | 13 | 2. Wertersatz | 44 |
| 5. Auslegung durch die Gerichte | 14–23 | 3. Haftungsbeschränkung | 45 |
| a) Nicht rechtzeitiges Ankommen am Bestimmungsort | 15 | **VII. Beweislast** | 46 |
| b) Die „Rechtzeitigkeit" | 16–18 | **VIII. Minderung (§ 638 BGB) sowie Schadensersatz wegen Nichterfüllung (§§ 275 Abs. 1, 283 BGB)** | 47–55 |
| c) „Bei der Luftbeförderung" („Zwischen Start und Landung") | 19–23 | 1. Art. 19 als „lex specialis" nur innerhalb des Haftungssystems des MÜ | 48 |
| 6. Beispiele einer „Verspätung bei der Luftbeförderung" | 24 | 2. Anspruch auf Zahlung der Fracht (§ 407 Abs. 2 HGB) | 49 |
| 7. Beispiele einer Verspätung nicht „bei der Luftbeförderung" | 25 | 3. Werkmangel | 50 |
| 8. Tatbestand einer Nichterfüllung des Frachtvertrags | 26 | 4. „Nichterfüllung" | 51 |
| **V. Entlastungsbeweis** | 27–41 | 5. § 419 HGB | 52–55 |
| 1. Prinzip der Verschuldenshaftung mit Beweislastumkehr | 28 | **IX. Passivlegitimation und Aktivlegitimation** | 56 |
| 2. Keine Entlastung durch pauschales Prozessvorbringen | 29 | **X. Haftpflichtversicherung des Luftfrachtführers** | 57 |
| 3. Inhalt der Beweisführung | 30 |  |  |

# I. Normzweck

**1. Art. 19 als dritter Grundstein im Haftungssystem des MÜ.** Art. 19 bildet – im **1** Anschluss an Art. 19 WA 1929/1955 – neben Art. 17 (*Personen-* und *Gepäck*schäden) und Art. 18 (*Güter*schäden) den *dritten* Grundstein eines in sich geschlossenen Haftungssystems. Es ist in dieser Vorschrift bezüglich Verspätungsschäden tatbestandlich sowohl für „*Reisende*", ihr „*Reisegepäck*" wie nicht zuletzt auch für „*Güter*"[1] einheitlich zusammengefasst. Bei Gütertransporten ist der vom Luftfrachtführer[2] sodann geschuldete maximale Haftungsbetrag auch wiederum einheitlich festgelegt. Es gilt nach Art. 22 Abs. 3 sowohl für *Güter*- wie für *Güterverspätungs*schäden ein jeweils maximaler Haftungsbetrag von 19 SZR/kg. Haftungssubjekt ist hier iE zunächst nur der „vertragliche" Luftfrachtführer (vgl. aber auch Rn. 3). Zur Aktivlegitimation des „Absenders" (Art. 12)[3] bzw. des „Empfängers" (Art. 13)[4] vgl. oben Art. 18 Rn. 87 ff.

**2. Geschlossenheit des Haftungssystems.** Als System genießen die Art. 17 ff. einen **2** besonderen Bestandsschutz. Dieser zeigt sich in Art. 26 gegenüber vertraglichen Abänderungen zugunsten des Luftfrachtführers, in Art. 29 gegenüber zu Lasten des Luftfrachtführers in Betracht kommenden sonstigen Schadensersatznormen und in Art. 30 gegenüber – mittelbaren – Inanspruchnahmen des Luftfrachtführers auf dem Umweg über seine „Leute". Art. 49 verhindert schließlich, dass das System durch eine dem Schadensereignis vorausgegangene Rechtswahl oder eine entsprechende Gerichtsstandsvereinbarung insgesamt und

---

[1] Zum Begriff der „Güter" Art. 18 Rn. 27.
[2] Zum „Luftfrachtführer" Art. 1 Rn. 14 ff.
[3] Zum „Absender" Art. 1 Rn. 20.
[4] Zum „Empfänger" Art. 1 Rn. 26.

im Voraus ausgeschaltet wird. Auch die nur begrenzte Zahl der für Streitigkeiten nach den Art. 17 ff. international und örtlich – ausschließlich – zuständigen Gerichte in Art. 33 und in Art. 46 soll das System zusätzlich noch, und zwar in forensischer Hinsicht abstützen.

**3**     **3. Der „ausführende" Luftfrachtführer als im System zusätzlich Haftender.** Die Art. 39 ff. beziehen in dieses System sodann neben dem „vertraglichen" Luftfrachtführer iSd. Art. 17 ff. als zweites Haftungssubjekt zusätzlich auch den „ausführenden" Luftfrachtführer[5] deckungsgleich mit ein. Allerdings gilt dieser personell erweiterte Anwendungsbereich des MÜ tatbestandsmäßig nur hinsichtlich solcher Schäden, die während dessen eigener Beförderungstätigkeit aufgetreten sind (oben Art. 18 Rn. 9 ff.).

## II. EU-Recht

**4**     **1. „Luftfahrtunternehmen der Gemeinschaft".** Art. 19 hat bei einer Beförderung von Fluggästen und deren Gepäck eine zusätzliche Geltungsebene auf der Grundlage des EU-Rechts, wenn die betreffende Beförderung durch ein „Luftfahrtunternehmen der Gemeinschaft"[6] geschieht. Diese Rechtsfolge ergibt sich aus Art. 3 Abs. 1 VO (EG) Nr. 889/2002 des Europäischen Parlaments und des Rates vom 13. Mai 2002 zur Änderung der VO (EG) Nr. 2027/97 des Rates über die Haftung von Luftfahrtunternehmen bei Unfällen.[7] Nach dieser Bestimmung „gelten" „für die Haftung eines Luftfahrtunternehmens der Gemeinschaft für Fluggäste und deren Gepäck … alle einschlägigen Bestimmungen des Übereinkommens von Montreal". Diese Haftung ist iE indessen allein (EU-) unternehmensbezogen. Sie besteht daher im Gegensatz zu dem Geltungskonzept von Art. 1 Abs. 2 unabhängig davon, welche konkrete *Flugroute* im Beförderungsvertrag *vereinbart* worden ist.[8]

**5**     Wenn hingegen die in Betracht stehende Beförderung von Fluggästen und deren Gepäck nicht durch ein „Luftfahrtunternehmen der Gemeinschaft" erfolgt ist und im Weiteren auch keine „internationale Beförderung" iS des Art. 1 Abs. 2 bzw. des Art. 1 Abs. 2 WA 1929/1955 vorliegt, richtet sich bei Anwendbarkeit *deutschen* Rechts (Art. 3 ff. Rom I-VO[9]) die Haftung des Luftfrachtführers für Verspätungsschäden bei der *Personen-* und *Gepäck*beförderung nach den §§ 46, 47 Abs. 2 LuftVG. Die Haftung eines „Luftfahrtunternehmens der Gemeinschaft" für Verspätungsschäden beim Gütertransport ist hingegen nicht[10] gemeinschaftsrechtlich gesondert kodifiziert. Sie bestimmt sich für diese Unternehmen wie auch ansonsten für (Luft-) „Frachtführer" bei Anwendbarkeit *deutschen* Rechts (Art. 3 ff. Rom I-VO[11]) nach den §§ 425 ff. HGB („Lieferfristüberschreitung").[12] Vgl. hierzu die Erl. im vorliegenden KommBd.

**6**     **2. Die VO (EG) Nr. 261/2004.** Für den Lufttransport von Frachtgut gilt insbesondere nicht – und auch nicht entsprechend – die VO (EG) Nr. 261/2004 des Europäischen Parlaments und des Rates vom 11. Februar 2004 über eine gemeinsame Regelung für Ausgleichs- und Unterstützungsleistungen für Fluggäste im Fall der Nichtbeförderung und bei Annullierung oder großer Verspätung von Flügen und zur Aufhebung der VO (EWG)

---

[5] Zum „ausführenden" Luftfrachtführer Art. 1 Rn. 24 f.

[6] Nach Art. 2 Abs. 1 Buchst. b VO (EG) Nr. 889/2002 des Europäischen Parlaments und des Rates vom 13. Mai 2002 (ABL. EG Nr. L 140 S. 2) ist ein „Luftfahrtunternehmen der Gemeinschaft" ein Luftfahrtunternehmen mit einer von einem Mitgliedstaat im Einklang mit der VO (EWG) Nr. 2407/92 erteilten gültigen Betriebsgenehmigung.

[7] ABl. EG 2002 Nr. L 140 S. 2.

[8] S. auch *Ruhwedel* TranspR 2004, Heft 3, Sonderbeilage, S. XXXIV.

[9] Im Rechtsbereich der *EU* gelten ab dem 17. Dezember 2009: Art. 3 f. VO (EG) Nr. 593/2008 des Europäischen Parlaments und des Rates vom 17. Juni 2008 über das auf vertragliche Schuldverhältnisse anzuwendende Recht („Rom I"), ABl. EG Nr. L 177 vom 4.7.2008.

[10] Auch die VO (EG) Nr. L 785/2004 des Europäischen Parlaments und des Rates über Versicherungsanforderungen an Luftfahrtunternehmen und Luftfahrzeugbetreiber vom 21. April 2004 (ABl. EG Nr. L 138) bezieht sich nach ihrem Erwägungsgrund Nr. 14 nicht auf *Verspätungs*schäden von Gütern.

[11] S. auch oben Fn. 9.

[12] Hierzu auch Baumbach/Hopt/*Merkt* §§ 425 ff. HGB; *Koller* §§ 425 ff. HGB.

Nr. 295/91.[13,14] Diese VO war *europarechtlich* konzipiert worden, um bei der Beförderung von Fluggästen solche Flugverspätungen und -ausfälle finanziell zu kompensieren, die nicht unter den Schadenstatbestand des Art. 19 WA 1929/1955 bzw. des Art. 19 fallen konnten (Rn. 22), wegen ihrer *personenbezogenen* Auswirkungen rechtspolitisch aber gleichwohl ausgleichsbedürftig schienen.

### III. Regelungsgehalt

**1. Die Haftung bei der Verspätung von Gütertransporten.** Art. 19 regelt die *ver-* **7** *tragliche* Haftung des Luftfrachtführers[15] für Schäden, die entweder durch eine Verspätung von „Reisenden" oder deren „Reisegepäck" entstanden sind, oder die auf eine „Verspätung" beim Transport von „Gütern"[16] zurückgehen. Dies ist neben den in Art. 18 MÜ angesprochenen Güterschäden der zweitwichtigste Teilbereich von Leistungsstörungen bei der Abwicklung eines Luftfrachtvertrags. Die Erstattungsfähigkeit von (Verzugs-) „Zinsen" ist in Art. 22 Abs. 6 (neu) vorgesehen.

**2. Haftungshöchstbeträge.** Je nach Beförderungsgegenstand iSd. Art. 19 bestehen **8** gemäß Art. 22 MÜ unterschiedliche Haftungshöchstbeträge bei *Personen-* und bei *Gepäck*-schäden. Doch ist sowohl bei Güter- (Art. 18 MÜ) wie auch bei Güter*verspätungs*schäden (Art. 19 MÜ) die Haftung nach Art. 22 Abs. 3 MÜ einheitlich auf 19 SZR/kg reduziert.

**3. Haftungsvoraussetzungen.** Die Anwendbarkeit des Art. 19 erfordert wie die des **9** Art. 18 MÜ iE eine „internationale Beförderung"[17] iSd. Art. 1 Abs. 2 MÜ (bzw. iSd. Art. 1 Abs. 2 WA 1929/1955). Auch ist die Haftung nach Art. 19 wie diejenige nach Art. 18 MÜ gemäß 26 MÜ gleichfalls zwingender Natur. Sie setzt allerdings stets eine fristgerechte Schadensanzeige gegenüber dem Luftfrachtführer iSd. Art. 31 Abs. 2 MÜ voraus. Sodann muss auch hier eine nachfolgende Schadensersatzklage gemäß Art. 35 MÜ wiederum binnen einer Ausschlussfrist von zwei Jahren gegen den Luftfrachtführer erhoben werden. Wie die Vorgaben in Art. 1 Abs. 2 MÜ (*„Vereinbarungen der Parteien"*), Art. 1 Abs. 3 MÜ (*„ob der Beförderungsvertrag in der Form eines einzigen Vertrags"*), Art. 11 Abs. 1 MÜ (*„Vermutung für den Abschluss des Vertrages"*), Art. 27 MÜ (*„den Abschluss eines Beförderungsvertrags zu verweigern"*) usw. zu erkennen geben, ist auch die Haftung gemäß Art. 19 ihrer Rechtsnatur nach vertraglicher Art. Der Tod des „vertraglichen" (Art. 17) bzw. des „ausführenden" (Art. 39) oder eines „nachfolgenden" (Art. 36) Luftfrachtführers lässt die gegen sie entstandenen Ersatzansprüche nach Art. 32 unberührt.

### IV. Die „Verspätung bei der Luftbeförderung"

**1. „Verspätung" als typisches Risiko der Luftfahrt.** Art. 19 trägt dem Umstand **10** Rechnung, dass neben dem *„Unfall"* (Art. 17) und den Schadenstatbeständen von *„Zerstö-*

---

[13] ABl. EG 2004 Nr. L 46 S. 1. Der EuGH hat mit Urteil vom 10.1.2006 (NJW 2006, 351 = NZV 2006, 221) die Gültigkeit der Art. 5, 6 und 7 der VO (EG) Nr. 261/2004 bestätigt. Zur vorausgegangenen VO (EWG) Nr. 295/91 vom 4.2.1991: BGH 12.7.2006, NJW-RR 2006, 1719. AG Frankfurt/M. 11.1.2007, VersR 2007, 714: Voraussetzungen des Ausgleichsanspruchs eines Fluggastes nach der Verordnung (EG) Nr. 261/2004 wegen Nichtbeförderung durch ein Luftfahrtunternehmen mit Sitz außerhalb der EU. S. ferner: Vorlagebeschluss des BGH vom 17. Juli 2007 (X ZR 95/06) an den EuGH zur Auslegung von Art. 2 lit. I, 5 Abs. 1 lit. c der Verordnung (EG) Nr. 264/2004 des Europäischen Parlaments und des Rates vom 11. Februar 2004, NJW 2007, 3437 = TranspR 2007, 363 = RRa 2007, 233.

[14] Schrifttum: *Bollweg* RRa 2007, 242; *Führich* MDR 2007, Heft 7 (Sonderbeilage); *Haanappel* ZLW 2005, 22; *Lehmann* NJW 2007, 1500; *Müller-Rostin* NZV 2007, 221; *Rösler* ZHR 2006, 336; *Schladebach* EuR 2006, 773; *Schmid* RRa 2004, 198; *ders.* ZLW 2005, 373; *ders.* NJW 2006, 1841; *ders.* Air & SpL 2007, 376; *Staudinger* DAR 2007, 477; *ders.* NJW 2007, 3392; *Staudinger/Schmidt-Bendun* NJW 2004, 1897; *Staudinger/Schmidt-Bendun* VersR 2004, 971; *Tonner* RRa 2004, 59; *ders.* NJW 2006, 1854; *Wagner* VuR 2006, 337; *Weise/Schubert* TranspR 2006, 340.

[15] Zum „vertraglichen" Luftfrachtführer Art. 1 Rn. 14 ff.; zum „ausführenden" Luftfrachtführer Art. 1 Rn. 24; zum „nachfolgenden" Luftfrachtführer Art. 1 Rn. 18.

[16] Zum Begriff der „Güter" Art. 18 Rn. 27.

[17] Zu Art. 19 WA 1929/1955 BayObLG 22.1.2001, NJW-RR 2001, 1258.

*rung, Verlust oder Beschädigung von Gütern"* (Art. 18) auch die „Verspätung" ein typisches Risiko des Flugverkehrs darstellt, dessen reibungsloser Ablauf von vielen Unwägbarkeiten (zB der Wetterlage) beeinflusst wird".[18] Das Erfordernis eines luftfahrttypischen Risikos ergibt sich hier iE allein schon aus den Tatbestandselementen „bei der Luftbeförderung". Dieser Tatbestand ist nicht erfüllt, wenn – aus welchen Gründen auch immer – die vereinbarte Beförderung ihrerseits von Anfang an unterbleiben sollte. Der Tatbestand einer solchen Nichtbeförderung beurteilt sich daher auch nicht[19] nach Art. 19, sondern nach dem Leistungsstörungsrecht des jeweils anwendbaren Vertragsstatuts (unten Rn. 51 ff.).

11    **2. Haftungskonzept des Art. 19.** Die Vorschrift des Art. 19 entspricht insgesamt dem Konzept der Haftung des Luftfrachtführers für Verspätungsschäden, wie sie auch bisher schon in den Art. 19 und 20 WA 1929/1955 ausgestaltet war. Insoweit handelt es sich – im Gegensatz zum Ersatz von *Güter*schäden nach Art. 18 – inhaltsgleich weiterhin um eine Haftung des Luftfrachtführers wegen des bei ihm selbst sowie bei seinen „Leuten" (Begriff unten Rn. 33 ff.) hinsichtlich der Verspätung *vermuteten Verschuldens*. Durch eine Exkulpation bezüglich dieses Verschuldens kann der Luftfrachtführer sich von seiner Haftung auch nach wie vor befreien. Die in Art. 20 WA 1929/1955 für eine solche Exkulpation noch vorgesehenen *„erforderlichen"* „Maßnahmen zur Vermeidung des Schadens" (*„necessary* measures to avoid the damage") (Art. 20 WA) sind jetzt ersetzt durch den Text *„zumutbare* Maßnahmen zur Vermeidung des Schadens" („measures that could *reasonably be required* to avoid the damage") (Rn. 30). Damit sollte den Interessen des Luftfrachtführers in stärkerem Maße als bisher Rechnung getragen werden.[20] In Anbetracht des solchermaßen noch allein *verschuldensorientierten* Haftungskonzepts des Art. 19 kann bei einer Anwendung dieser Vorschrift nicht zusätzlich auch auf die Haftungsausschlussgründe des Art. 18 Abs. 2 zurückgegriffen werden, da diese Ausschlussgründe in einem inhaltlich abschließenden Verbund mit der dort bereits vorgesehenen *objektiven* und *strikten* Haftung des Luftfrachtführers (Art. 18 Rn. 16) zu sehen sind.

12    **3. Diskussion zur „Verspätung" auf der Montrealer Konferenz (1999).** Ebenso wie im Zusammenhang mit Art. 19 WA 1929/1955 ist allerdings auch bei der Abfassung des Art. 19 davon abgesehen worden, den Begriff der „Verspätung" (engl. Originaltext: „delay") inhaltlich einzugrenzen. Entsprechende Anregungen auf der diplomatischen Konferenz in Montreal (1999) konnten wegen der Schwierigkeiten einer umfassenden Definition nicht umgesetzt werden.

13    **4. Ergebnis der Diskussion.** Zur Diskussion stand vor allem der Text:[21] *„For the purpose of this Convention, delay means the failure to carry passengers or deliver baggage or cargo to their immediate or final destination within the time which it would be reasonable to expect from a diligent carrier to do so, having regard to all the relevant circumstances".*

14    **5. Auslegung durch die Gerichte.** Da diese Formulierung wegen der mit ihr verbundenen Interpretationsprobleme auf der Konferenz in Montreal (1999) keine ausreichende Mehrheit finden konnte, muss die Auslegung des Begriffs „Verspätung" („delay") im Streitfall daher auch weiterhin durch die Gerichte erfolgen.[22]

15    **a) Nicht rechtzeitiges Ankommen am Bestimmungsort.** Eine „Verspätung" iSd. Vorschrift ist nach der *deutschen* Rechtsprechung[23] anzunehmen, wenn das befördernde

---

[18] Zu Art. 19 WA 1929/1955: BGH 28.9.1978, NJW 1979, 495 = MDR 1979, 221 = ZLW 1979, 134.

[19] Zu Art. 19 WA 1929/1955: OLG Frankfurt/M. 18.2.2004, NJW-RR 2005, 65, 66 = RRa 2005, 78; OLG Koblenz 29.3.2006, NJW-RR 2006, 1356 = NZV 2006, 606 = RRa 2006, 224; OLG München 16.5.2007, NJW-RR 2007, 1428 = RRa 2007, 182; LG Berlin 10.6.1981, NJW 1982, 343; AG Düsseldorf 12.8.1999, TranspR 2000, 263; AG Simmern 10.6.2005, RRa 2005, 279 (m. Anm. *Staudinger* S. 249).

[20] ICAO-Documentation Nr. 9775-DC/2, Volume I – Minutes, S. 138, Nr. 29.

[21] ICAO-Documentation Nr. 9775-DC/2, Volume I – Minutes, S. 83, Nr. 10 ff.

1 ICAO-Documentation Nr. 9775-DC/2, Volume I Minutes, S. 83, Nr. 10.

[22] „ ... to leave the matter to be determined by the courts on a case-by-case basis": ICAO-Documentation Nr. 9775-DC/2, Volume I – Minutes, S. 83, Nr. 11; Denkschrift, BT-Drucks. 15/2285 S. 43 (zu Art. 19).

[23] Zum WA 1929/1955: OLG Frankfurt/M. 25.4.1983, TranspR 1984, 21 = ZLW 1984, 177; OLG Frankfurt/M. 23.12.1992, NJW-RR 1993, 809 = TranspR 1993, 104 = ZLW 1993, 318; OLG Köln 2.12.2003, NJOZ 2005, 4288, 4289.

Luftfahrzeug nicht rechtszeitig am Bestimmungsort eintrifft.[24] Dies gilt auch für ein Luftfahrzeug, das der Luftfrachtführer wegen Überbuchung des vorgesehenen Flugzeugs ersatzweise einsetzt.[25]

**b) Die „Rechtzeitigkeit".** Für die Frage der „Rechtzeitigkeit" kommt es iE auf den **16** Inhalt des Luftfrachtvertrags an.[26] Der wiederum ergibt sich generell aus dem vom Luftfrachtführer angenommenen Luftfrachtbrief[27] (Art. 4 Abs. 1) bzw. aus der „anderen Aufzeichnung" und der sich ihr anschließenden „Empfangsbestätigung über die Güter" (Art. 4 Abs. 2). Soweit der Frachtvertrag ausdrücklich oder stillschweigend auf einen Flugplan Bezug nimmt, ist die dort angegebene Ankunftszeit vereinbart. Doch ist nicht jede Abweichung vom Flugplan bereits als „Verspätung" iSd. Art. 19 anzusehen. Es muss sich um eine „erhebliche"[28] Verzögerung handeln. Im Rahmen einer Frachtgutbeförderung können die in der Sache gleichliegenden Bestimmungen der Art. 19 CMR und § 423 HGB über die „Lieferfrist" eine brauchbare Orientierungshilfe abgeben. Auch diese „Lieferfrist" bemisst sich in erster Linie nach der konkreten Vereinbarung der Parteien. Sofern eine solche fehlt, ist die Zeitdauer maßgebend, „die einem sorgfältigen Frachtführer unter Berücksichtigung der Umstände vernünftigerweise zuzubilligen ist".

Bei der Bestimmung der „Rechtzeitigkeit" hat man zudem in Rechnung zu stellen, dass **17** der Absender das Luftfahrzeug als Verkehrsmittel gerade deshalb wählt, um eine beschleunigte Beförderung zum Zielort zu erreichen, so dass die Ankunftszeit für ihn von grundlegender Bedeutung ist. Insoweit ist auch der Begriff der „Verspätung" eher streng aufzufassen.

AGB-Klauseln, welche die vorher festgelegten Flugzeiten als unverbindlich deklarieren, **18** stellen bei Anwendbarkeit *deutschen* Rechts (Art. 3 ff. Rom I-VO[29]) regelmäßig einen Verstoß gegen § 307 BGB dar und sind daher unwirksam.[30]

**c) „Bei der Luftbeförderung" („Zwischen Start und Landung").** Eine nicht **19** rechtzeitige Ankunft am Bestimmungsort kann eine Haftung nach Art. 19 allerdings nur dann auslösen, wenn diese Verzögerung „bei der Luftbeförderung" (engl. Originaltext: „occasioned by delay in the carriage by air") aufgetreten ist. Dieses in Art. 19 zusätzlich erwähnte Erfordernis lässt sich inhaltlich indessen nicht mit dem Text „während der Luftbeförderung" iSd. Art. 18 Abs. 1 und 3 gleichsetzen, da es dort Ausdruck der güterbezogenen „Obhut" (Art. 18 Abs. 3) des Luftfrachtführers ist. Ein solcher sachspezifischer Obhutsgedanke kann indessen für die in Art. 19 ebenfalls mit angesprochenen *„Reisenden"* schwerlich ebenso einschlägig sein.

**aa) Auslegungskriterium für den maßgeblichen Haftungszeitraum.** Demgegen- **20** über bietet es sich an, die Tatbestandseinheit „bei der Luftbeförderung" (Art. 19) vor dem Hintergrund der insoweit textlich übereinstimmenden Vorschrift des Art. 38 Abs. 1 zu werten. Danach gilt das Montrealer Übereinkommen in seiner Gesamtheit ohnehin nur für die „Luftbeförderung (engl. Originaltext: „carriage by air") und nicht auch für „gemischte Beförderungen" (engl. Originaltext: „combined carriage"). Aus dieser Sicht nimmt Art. 19 mit den Worten „bei der Luftbeförderung" diese generelle sachliche Eingrenzung des

---

[24] Hierzu: Denkschrift, BT-Drucks. 15/2285 S. 43 (zu Art. 19); *Guldimann* Art. 19 WA Rn. 4; *Reuschle* Rn. 6; FrankfKomm/*Schmid* Rn. 6. Vgl. ergänzend: Art. 12 Abs. 5 ABB-Fracht 2010 (Anlage nach Art. 57 MÜ).

[25] OLG Frankfurt/M. 25.4.1983, TranspR 1984, 21 = ZLW 1984, 177.

[26] Denkschrift, BT-Drucks. 15/2285 S. 43 (zu Art. 19).

[27] Zum WA 1929/1955: OLG Frankfurt/M. 23.12.1992, NJW-RR 1993, 809 = TranspR 1993, 103, 105 = ZLW 1993, 318.

[28] Zu Art. 19 WA 1929/1955: OLG Frankfurt/M. 18.2.2004, NJW-RR 2005, 65, 66 = RRa 2005, 78.

[29] S. auch oben Fn. 9.

[30] Zu Klauseln, die der IATA-Empfehlung 1724 (*Personenluftverkehr*) folgen: BGH 20.1.1983, BGHZ 86, 284 = NJW 1983, 1322 = TranspR 1983, 116; BGH 5.12.2006, NJW 2007, 997 = TranspR 2007, 27 = LMK 2007, 213130 (m. Anm. *Koller*) = RRa 2007, 78 (m. Anm. *Kappus*); LG Köln 29.1.2003, RRa 2003, 84 = CR 2003, 697; AG Wunsiedel 24.9.2002, ZLW 2003, 274.

Anwendungsbereichs des Übereinkommens durch Art. 38 Abs. 1 für den Einzelfall der „Verspätung" (Art. 19) nur vorweg.

**21**     **bb) Auslegungskriterium für den maßgeblichen Haftungszeitraum.** Mit einer solch identischen Auslegung der beiden Begriffe „Luftbeförderung" würde nicht nur eine einheitliche Interpretation des MÜ im Sachzusammenhang der beiden Vorschriften des Art. 19 und des Art. 38 Abs. 1 erreicht. Die Richtigkeit dieses Gedankens zeigt sich im weiteren auch darin, dass bei der Abfassung des MÜ mit dem Erwähnen des den *Ersatzverkehr* betreffenden *Art. 18 Abs. 4* in dem vorgenannten Art. 38 Abs. 1 der haftungsrechtliche Kontext der „gemischten Beförderung" bzw. der „Luftbeförderung" einerseits und der luftrechtlichen Beförderungshaftung des Luftfrachtführers iSd. Art. 18 andererseits durchaus gesehen worden ist.

**22**     **cc) Zwischen Start und Landung.** Insoweit besteht hier erkennbar eine gedankliche Brücke zwischen diesem Art. 38 Abs. 1 und der Luftfrachtführerhaftung (Art. 18 f.) als solcher. Daher ist die „Luftbeförderung" (Art. 19) in Anlehnung an den Text dieses Art. 38 Abs. 1 hier ebenfalls nur im engen technischen Sinne zu verstehen. Stellt man zudem noch in Rechnung, dass im Falle einer solchen „gemischten Beförderung" iS. des vorgenannten Art. 38 Abs. 1 bei einer Transportkette „Lkw/Luftfahrzeug/Lkw" das – zeitlich nur schwer bestimmbare – Be- bzw. Entladen des Luftfahrzeugs kaum zur Definition der „Luftbeförderung" mit beitragen kann, erscheint es aus Gründen der rechtlichen Bestimmbarkeit demgegenüber angezeigt, die „Luftbeförderung" (Art. 19) erst mit dem Start beginnen und schon mit der Landung des Luftfahrzeugs enden zu lassen. Nur während dieser Zeitspanne auch können die für die Luftfahrt typischen Risiken tatsächlich auch aktuell werden (Art. 1 Rn. 35).[31] Sollte der Luftfrachtführer statt eines Luftfahrzeugs ersatzweise einen Lkw eingesetzt haben („Trucking"), kann ein hier auftretender Verspätungsschaden nicht nach Art. 19 reguliert werden, da Art. 19 im Gegensatz zu Art. 18 Abs. 4 S. 3 keine entsprechende Haftungserweiterungsklausel bezüglich dieser Transportart enthält. Bei subsidiärer Geltung *deutschen* Rechts (Art. 3 ff. Rom I-VO[32]) sind hier vielmehr die §§ 425 ff. HGB einschlägig, die neben dem Gütersach- auch den Güterverspätungsschaden (§ 425 Abs. 1 HGB: „Überschreitung der Lieferfrist") ersetzbar gestaltet haben. Die Haftung des (Luft-) Frachtführers ist hier nicht auf den Betrag von 19 SZR/kg (Art. 22 Abs. 3), sondern nur auf 8,33 SZR/kg (§ 431 HGB) beschränkt. Allerdings entfällt diese Limitierung auf der anderen Seite vollständig, wenn im Einzelfall die Voraussetzungen der §§ 435 f. HGB erfüllt sind. Vgl. deren Erl. im diesem KommBd.

**23**     **dd) Ursache der Verspätung.** Wenn der Tatbestand des Art. 19 „bei der Luftbeförderung" begrifflich allein auf die Zeitspanne zwischen Start und Landung beschränkt bleibt (Rn. 22), kann die konkrete Ursache der Verspätung dahinter zurücktreten. Die Verspätung als solche muss also nicht mit den typischen Risiken gerade des Luftverkehrs im Zusammenhang stehen.[33] Dem Luftfrachtführer verbleibt insoweit ohnehin noch die Möglichkeit einer Exkulpation (Art. 19: „Er haftet jedoch nicht …").

**24**     **6. Beispiele einer „Verspätung bei der Luftbeförderung".** So ist beispielsweise eine „Verspätung" (Art. 19) anzunehmen, wenn:
– der Flug wegen einer Feuermeldung an Bord abgebrochen und später anderweitig fortgesetzt worden ist;[34]

---

[31] AA *Reuschle* Rn. 28, der auf die gesamte dem Luftfrachtführer nach dem Luftbeförderungsvertrag obliegende Tätigkeit abstellt. S. auch: FrankfKomm/*Müller-Rostin* Rn. 27, der den Tatbestand „bei der Luftbeförderung" eher in inhaltlicher Anlehnung an die „Überschreitung der Lieferfrist" (§ 425 Abs. 1 HGB) interpretieren möchte.

[32] S. auch oben Fn. 9.

[33] Hierzu OLG Frankfurt/M. 18.2.2004, NJW-RR 2005, 65 = RRa 2005, 78; *Koller* Art. 19 WA 1955 Rn. 8.

[34] Zum WA 1929/1955 (zweifelnd) OLG Frankfurt/M. 18.2.2004, NJW-RR 2005, 65 = RRa 2005, 78.

- eine unplanmäßige Zwischenlandung stattgefunden hat;[35]
- eine Sonderkontrolle des Bundesgrenzschutzes durchgeführt worden ist;[36]
- schlechte Witterungsverhältnisse die Ankunft des Flugzeugs verzögert haben.[37]

**7. Beispiele einer Verspätung nicht „bei der Luftbeförderung".** Hingegen ist das **25** Tatbestandsmerkmal „bei der Luftbeförderung" nicht erfüllt, wenn:
- die Luftbeförderung wegen einer „Überbuchung" erst später stattgefunden hat. Eine solche Überbuchung ist schon dem Wortsinn nach keine „Verspätung;[38]
- der Luftfrachtführer für den vereinbarten Lufttransport keinen ausreichenden Frachtraum zur Verfügung gestellt hat und daher auf ein später abfliegendes Ersatzflugzeug zurückzugreifen muss;[39]
- der Flug wegen eines Streiks des Wartungspersonals des Luftfrachtführers ausgefallen war;[40]
- ein Triebwerkschaden den Start verzögert hat;[41]
- vor dem Start ein Defekt am Tankdeckelverschluss behoben werden musste;[42]
- ein technischer Fehler in der Bordelektronik einen pünktlichen Start verhindert hat;[43]
- der Luftfrachtführer seine Fluggäste nicht befördert, sondern „stehen gelassen" hat[44]
- wenn die Verspätung während des „Trucking" (Art. 18 Rn. 55) aufgetreten ist, da Art. 38 Abs. 1 nur Art. 18, nicht aber auch **Art. 19** modifiziert (Rn. 22).

**8. Tatbestand einer Nichterfüllung des Frachtvertrags.** In den vorgenannten Fällen **26** ist allerdings in Betracht zu ziehen, dass der Luftfrachtvertrag nach *deutschem* Recht generell ein absolutes Fixgeschäft darstellt. Daher kann eine „Verspätung" alsbald in eine „Nichterfüllung" des Luftfrachtvertrags umschlagen. Der Luftfrachtführer schuldet hier dementsprechend nach den § 275 Abs. 1, §§ 280 ff. BGB Schadensersatz wegen Nichterfüllung (Rn. 55).

## V. Entlastungsbeweis

Auch wenn die betreffende Verspätung sich „bei der Luftbeförderung" (Art. 19), dh. **27** zwischen Start und Landung (Rn. 22), eingestellt hat, haftet der Luftfrachtführer für den hierauf zurückgehenden Schaden gleichwohl nicht, wenn er nachweist, „dass er und seine Leute alle zumutbaren Maßnahmen zur Vermeidung des Schadens getroffen haben oder dass es ihm oder ihnen nicht möglich war, solche Maßnahmen zu ergreifen" (Art. 19).

**1. Prinzip der Verschuldenshaftung mit Beweislastumkehr.** Mit diesem Wortlaut **28** greift Art. 19 die Regelung des bisherigen Art. 20 WA 1929/1955 auf. Auch die neue Vorschrift basiert damit bei Verspätungsschäden – im Gegensatz zu Güterschäden iSd. Art. 18 (Art. 18 Rn. 16) – auf dem Prinzip einer Verschuldenshaftung des Luftfrachtführers mit Umkehr der Beweislast bezüglich dieses Verschuldens. Soweit ein *deutsches* Gericht mit

---

[35] AG Bad Homburg 28.7.1993, TranspR 1994, 309.
[36] LG Frankfurt/M. 14.11.1990, NJW-RR 1991, 955 = TranspR 1991, 146 (m. Anm. *Schmid*) = ZLW 1991, 188.
[37] Vgl. insoweit auch BGH 28.9.1978, NJW 1979, 495 = MDR 1979, 221 = ZLW 1979, 134.
[38] Zu Art. 19 WA 1929/1955: BGH 28.9.1978, NJW 1979, 495 = MDR 1979, 221 = ZLW 1979, 134; OLG Frankfurt/M. 18.2.2004, NJW-RR 2005, 66 = RRa 2005, 78.
[39] Zum WA 1929/1955: OLG Frankfurt/M. 24.11.1988, MDR 1989, 165 = RIW 1989, 226 = ZLW 1989, 178.
[40] Zum WA 1929/1955: LG Frankfurt/M. 12.1.1987, TranspR 1989, 101, VersR 1987, 1121 = ZLW 1988, 91.
[41] Zum WA 1929/1955: OLG Düsseldorf 13.6.1996, NJW-RR 1997, 1022 = TranspR 1997, 150 = RRa 1997, 84 (m. Anm. *Schmid*).
[42] Zum WA 1929/1955: OLG Frankfurt/M. 20.2.1997, TranspR 1997, 373.
[43] Zum WA 1929/1955: LG Bonn 14.1.1998, RRa 1998, 121 (m. Anm. *Ruhwedel*).
[44] OLG Koblenz 29.3.2006, NJW-RR 2006, 1356 = NZV 2006, 606 = RRa 2006, 224; OLG München 16.5.2007, NJW-RR 2007, 1428 = RRa 2007, 182.

der Klage gegen den Luftfrachtführer befasst ist, gilt im Hinblick auf Art. 33 Abs. 4 *deutsches* Verfahrensrecht als „lex fori". Deshalb hat das Gericht bei seiner Entscheidung darüber, ob der Luftfrachtführer seiner Beweislast gerecht geworden ist oder aber nicht, von dem in § 286 ZPO niedergelegten Grundsatz der „freien Beweiswürdigung" auszugehen. Hierbei wird der Luftfrachtführer der ihm nach Art. 19 obliegenden Beweislast nur gerecht, wenn er jeden vernünftigen Zweifel hinsichtlich seines eigenen Verschuldens oder des seiner Leute zur Überzeugung des Gerichts ausräumen kann. Auch ein „non liquet" geht zu seinen Lasten.

29    **2. Keine Entlastung durch pauschales Prozessvorbringen.** Das *bloß pauschale* Berufen auf einen nicht näher benannten technischen Mangel führt nicht zu einer Entlastung iS dieser Vorschrift. Der Luftfrachtführer muss vielmehr darlegen und beweisen, dass ihn kein, auch kein leichtes Verschulden an der Verspätung trifft. Er muss insbesondere vortragen, welche Schadensverhütungsmaßnahmen er vor und während des Fluges getroffen hat.[45] Der Entlastungsbeweis ist jedenfalls dann als geführt zu betrachten, wenn die eingetretene Verspätung auf eine Anweisung der *Deutschen Flugsicherung GmbH* (DFS) zurückzuführen ist. Über deren Anordnungen darf sich der Luftfrachtführer bzw. sein Luftfahrzeugführer nicht hinwegsetzen.[46]

30    **3. Inhalt der Beweisführung.** Die Beweisführung selbst bezieht sich auf die in Art. 19 angesprochenen „zumutbaren Maßnahmen" (engl. Originaltext: „measures that could *reasonably be required* to avoid the damage"). Dem steht die frühere Fassung (des Art. 20 WA 1929/1955) gegenüber, wonach dem Luftfrachtführer noch der Beweis oblag, dass er alle „erforderlichen Maßnahmen" (engl. Originaltext: „*necessary* measures to avoid the damage") getroffen hatte. Die letzteren „Maßnahmen" wurden in der Gerichtspraxis nicht aus der Sicht des Luftfrachtführers oder seiner Leute beurteilt, sondern allein objektiv betrachtet.[47] Dies musste zu dem forensischen Ergebnis führen, dass dem Luftfrachtführer nur in seltenen Ausnahmefällen die in Art. 20 WA 1929/1955 vorgesehene Exkulpation gelingen konnte.[48] Mit dem Abstellen des Art. 19 nunmehr auf die gerade für den Luftfrachtführer „zumutbaren Maßnahmen" hat sich für diesen die Beweissituation erheblich verbessert. Er hat nun eine durchaus reale Chance, seiner Verspätungshaftung nach Art. 19 zu entgehen, wenn er solchermaßen nachweist, dass irgendwelche Maßnahmen zur Vermeidung des Schadens „unzumutbar" waren oder es sogar unmöglich gewesen war, solche Maßnahmen überhaupt zu ergreifen. Eine derartige Beweiserleichterung war auch das Ziel der Montrealer Konferenz (1999).[49]

31    **4. Beweisführung auch hinsichtlich der „Leute" des Luftfrachtführers.** Es bleibt allerdings zu berücksichtigen, dass dieser Beweis der „Unzumutbarkeit" bzw. der „Unmöglichkeit" (Art. 19) vom Luftfrachtführer nicht nur hinsichtlich seiner eigenen Person, sondern insbesondere auch bezüglich seiner „Leute" (Art. 19) zu führen ist. Damit zeigt diese Vorschrift mittelbar, dass der Luftfrachtführer haftungsrechtlich in gleichem Maße auch für die durch seine „Leute"[50] schuldhaft verursachten Verspätungsschäden mitverantwortlich ist. Ein solches Verschulden der „Leute" wird dabei wie schon auf Seiten des Luftfrachtfüh-

---

[45] Zu Art. 19 WA 1929/1955: AG Wiesloch 2.5.2003, NJOZ 2004, 305 = ZLW 2003, 666 (m. Anm. *Wauer*). OLG Köln 11.8.1998, TranspR 1999, 107 = ZLW 1999, 163: Bei Schäden hinsichtlich des *Reisegepäcks* kann der Luftfrachtführer dem Vorwurf eines für Fehlverladungen ursächlichen Organisationsmangels durch Teilnahme am weltweit verbreiteten *Tracing*-Verfahren begegnen; OLG Köln 17.3.2004, VersR 2006, 141 = ZLW 2005, 458: Bei einem Verlust von *Reisegepäck* kann die Entlastung durch die Teilnahme am *Tracing*-Verfahren möglich sein. S. auch Art. 18 Rn. 5.

[46] Zu Art. 20 WA 1929/1955: LG Berlin 7.10.2002, ZLW 2003, 272.

[47] *Guldimann* Art. 20 WA Rn. 4.

[48] Hierzu *Ruhwedel,* Der Luftbeförderungsvertrag, Rn. 636.

[49] ICAO-Documentation Nr. 9775-DC/2, Volume I – Minutes, S. 138, Nr. 29.

[50] Schrifttum: *Giemulla/Schmid,* Die Haftung der „Leute" des Luftfrachtführers, FG Herber, 1999, S. 257, *Schmid,* Die Arbeitsteilung im modernen Luftverkehr und ihr Einfluss auf die Haftung des Luftfrachtführers, Diss. Frankfurt/M. 1983.

rers selbst nach Art. 19 stets vermutet. Nicht entscheidend ist hier, dass die Leute „in Ausführung ihrer Verrichtung gehandelt haben" (arg. e Art. 30 Abs. 1 MÜ).

**a) Die eigene Haftung der „Leute".** Wegen der eigenen Haftung der „Leute" vgl. **32** die Erl. unten zu Art. 30 (Rn. 7).

**b) Der Begriff der „Leute" innerhalb des MÜ.** Der Begriff der „Leute" (engl. Origi- **33** naltext: „its servants and agents") wird indessen weder in Art. 19 noch in Art. 30 definiert. Die Haftungserstreckung des Luftfrachtführers auch auf ein Fremdverschulden, dh. seiner „Leute", entspricht im Frachtrecht allerdings ohnehin einer allgemeinen Regel. Sie findet sich ähnlich auch in § 428 HGB, § 607 Abs. 1 HGB, Art. 3 CMR (1956/1978), Art. 40 CIM 1999, Art. 17 CMNI (2001) und in Art. 5 Abs. 1 HambR (1978).

**aa) „Leute" und allgemeines Haftungsprinzip.** Insgesamt ist sie, wie auch schon in **34** § 278 BGB, Ausdruck eines allgemeinen Haftungsprinzips, wonach das Delegieren einzelner, von einem Schuldner zur Vertragserfüllung geschuldeter Leistungen nicht zu Lasten seines Gläubigers gehen darf. Mit dem insoweit eingesetzten Korrektiv der Haftungserstreckung auch auf etwaige Gehilfen („Leute") des Schuldners bei deren vertragsbezogenen Leistungen wird diese Arbeitsteilung[51] zu Gunsten der betroffenen Gläubiger haftungstechnisch neutralisiert. Der Schuldner soll sich, was eine *weite*[52] Auslegung des Begriffs „Leute" nahe legt, durch die von ihm genutzte Arbeitsteilung nicht von seinen Vertragsverpflichtungen und einer hierauf bezogenen Haftung selbständig freistellen können. Dies ist auch der Grund der in Art. 19 vorausgesetzten Haftung des Luftfrachtführers zugleich auch für seine „Leute".

**bb) „Leute" und BGH-Urt. vom 14.2.1989.** Den Personenkreis dieser „Leute" hat **35** der BGH[53] in seinem Grundsatzurteil vom 14.2.1989 für den Bereich des Luftbeförderungsrechts im Einzelnen mit folgenden, auch noch für den Geltungsbereich des MÜ im Kern maßgeblichen, Schwerpunkten umschrieben:

Es sind als „Leute", und zwar „abweichend von der Bedeutung desselben Begriffs in **36** den in den §§ 701, 702 BGB und §§ 431, 607 HGB [aF] nicht nur solche Personen zu verstehen, die in den Diensten des betreffenden Unternehmens stehen oder zu seiner Familie gehören. Im Lufttransportrecht werden ... die Leute weitgehend den Erfüllungsgehilfen iS von § 278 BGB gleichgestellt mit der Folge, dass zu ihnen auch solche Personen zu zählen sind, die zwar nicht auf Grund eines Anstellungsvertrags in dem Betrieb des Luftfrachtführers tätig sind, also nicht im engeren Sinne zu seinem Personal gehören, deren er sich aber im Rahmen des Luftbeförderungsvertrags zur Erfüllung der ihm gegenüber seinen Vertragspartnern obliegenden Aufgaben bedient"

Nach der Begriffsbestimmung des BGH gehören zu dem Kreis der „Leute" iE nicht nur **37** die „Arbeitnehmer" des Luftfrachtführers, wie insbesondere die Luftfahrzeugbesatzung oder das Wartungspersonal. Einbezogen sind vielmehr ebenso auch „selbständige Unternehmer",[54] die in einer ihnen vom Luftfrachtführer übertragenen Funktion bei der Abwicklung des Luftbeförderungsvertrags tätig werden und „von den Weisungen des Luftfrachtführers abhängig sind".[55]

---

[51] Vgl. insoweit auch: BGH 27.6.1985, BGHZ 95, 128 = NJW 1985, 2475.

[52] Zum WA 1929/1955: OLG Karlsruhe 21.2.2006, TranspR 2007, 203, 206.

[53] BGH 14.2.1989, NJW-RR 1989, 723 = TranspR 1989, 275, 277 = ZLW 1989, 252. Vgl. auch: OLG Frankfurt/M. 21.5.1975, NJW 1975, 1604 = ZLW 1975, 218; OLG Frankfurt/M. 12.7.1977, NJW 1978, 502 = AWD 1977, 650; OLG Frankfurt/M. 10.1.1978, NJW 1978, 2457 = MDR 1978, 582 = RIW/AWD 1978, 197; OLG Köln 20.11.1980, ZLW 1982, 167, 171; OLG Nürnberg 9.4.1992, TranspR 1992, 276; LG Frankfurt/M. 14.10.1990, TranspR 1991, 146 = ZLW 1991, 188; LG Stuttgart 21.2.1992, TranspR 1993, 141; OLG Köln 9.1.1997, TranspR 1997, 234 = NZV 1998, 157 (m. abl. Anm. *Schmid*) = ZLW 1998, 117.

[54] So ausdrücklich auch: OLG Köln 9.1.1997, TranspR 1997, 234 = NZV 1998, 157 (m. abl. Anm. *Schmid*) = ZLW 1998, 117.

[55] BGH wie vorstehend: BGH 14.2.1989, NJW-RR 1989, 723 = TranspR 1989, 275, 277 = ZLW 1989, 252.

**38**    cc) „Leute" und BGH–Urt. vom 21.9.2000. Im dem letzteren Punkt der „Weisungsabhängigkeit" hat der BGH[56] seinen Maßstab indessen in einer weiteren Grundsatzentscheidung vom 21.9.2000 nicht unwesentlich erweitert. Danach sind unter „Leuten" iS des
Art. 20 WA (Art. 19 MÜ) in der Regel auch *Monopolunternehmen* zu verstehen, deren sich
der Luftfrachtführer bei der ihm aufgetragenen Luftbeförderung arbeitsteilig bedient. *„Auf
eine nähere Weisungsbefugnis des Luftfrachtführers kommt es nicht an".*[57]

**39**    Mit einer solchen weiten Auslegung trägt der BGH letztlich zugleich der internationalen
Tendenz Rechnung, den persönlichen Anwendungsbereich der Vorschrift des Art. 20 WA
1929/1955 (Art. 19 MÜ) *großzügig*[58] zu umschreiben.

**40**    c) Beispiele für den Begriff der „Leute" iS des MÜ. Als „Leute" iSd. Art. 19 sind
anzusehen:[59]
- ein Monopolunternehmen, dessen sich der Luftfrachtführer zur Ausführung der ihm
  aufgetragenen Luftbeförderung auf dem Flughafengelände arbeitsteilig bedient;[60]
- ein am Flughafen arbeitender Bodenverkehrsdienst, der das Gut zur Weiterbeförderung
  durch eine andere Luftverkehrsgesellschaft übernommen hat;[61]
- ein Lagerunternehmen auf dem Flughafen;[62]
- ein Frachtannahmebüro;[63]
- eine Luftfrachtumschlagsgesellschaft;[64]
- ein Cargo-Center, das für den Luftfrachtführer das „handling" betreibt;[65]
- das Bodenpersonal des Luftfrachtführers;[66]
- Flughafenpersonal, dessen sich der Luftfrachtführer zur Gepäckabfertigung bedient;[67]
- ein „Fundbüro" auf einem Flughafen, in das außer Kontrolle geratenes Reisegepäck oder
  Frachtgut eingelagert worden ist;[68]
- ein Subunternehmer, ein Mitarbeiter des Sicherungsdienstes oder ein Mitarbeiter der
  staatlichen Zollbehörde.[69]

**41**    d) Der „Unterfrachtführer" als „ausführender" Luftfrachtführer. Der *Unterfracht-
führer* unterfiel gleichfalls dem Begriff der „Leute" des Luftfrachtführers.[70] Durch die
Art. 39 ff. hat er demgegenüber nun die Rechtsposition eines „ausführenden Luftfrachtfüh-
rers" erhalten, der für den Teilbereich seiner Beförderung als eine Quasi-Vertragspartei des
Absenders dementsprechend nach den Art. 40, 18 ff. auch selbständig haftet. Auch der
*Flughafenunternehmer* ist nicht immer zu den „Leuten" des Luftfrachtführers zu zählen.[71]

---

[56] BGH 21.9.2000, BGHZ 145, 170 = NJW-RR 2001, 396 = TranspR 2001, 29 = LM WarschAbk
Nr. 26 (m. Anm. *Dubischar*); OLG Frankfurt/M. 21.4.1998, TranspR 1999, 24 (Vorinstanz).

[57] BGH – wie vor.

[58] Vgl. insoweit: BGH 21.9.2000, BGHZ 145, 170 = NJW-RR 2001, 396, 398 = TranspR 2001, 29,
31 = LM WarschAbk Nr. 26 (m. Anm. *Dubischar*); OLG Frankfurt/M. 30.4.2004, NJW-RR 2004, 1107,
1108; OLG Karlsruhe 21.2.2006, TranspR 2007, 203.

[59] Wegen Einzelheiten: *Ruhwedel,* Der Luftbeförderungsvertrag, Rn. 583 f.

[60] Zu Art. 19 WA 1929/1955: BGH 21.9.2000, BGHZ 145, 170 = NJW-RR 2001, 396 = TranspR
2001, 29 = LM WarschAbk Nr. 26 (m. Anm. *Dubischar*).

[61] Zum WA 1929/1955 OLG Frankfurt/M. 21.5.1975, NJW 1975, 1604 = ZLW 1975, 218.

[62] Zum WA 1929/1955: OLG Frankfurt/M. 12.7.1977, NJW 1978, 503 = MDR 1977, 1024 = DB
1978, 92; OLG Frankfurt/M. 30.4.2004, NJW-RR 2004, 1107, 1108; OLG Düsseldorf 2.11.2006, TranspR
2007, 30.

[63] Zum WA 1929/1955: OLG Frankfurt/M. 10.1.1978, NJW 1978, 2457 = MDR 1978, 852.

[64] Zum WA 1929/1955: LG Stuttgart 21.2.1992, TranspR 1993, 141; LG Frankfurt/M. 16.1.1996,
TranspR 1996, 424.

[65] OLG Nürnberg 9.4.1992, TranspR 1992, 276; OLG Stuttgart 10.6.2009, TranspR 2010, 37. Vgl. auch:
OLG Düsseldorf 11.11.1993, TranspR 1995, 30 = ZLW 1995, 347.

[66] OLG Stuttgart 24.2.1993, TranspR 1995, 74.

[67] Zu Art. 18 WA 1929/1955: OLG Köln 15.2.2005, NJW-RR 2005, 1060, 1061.

[68] Zu Art. 18 WA 1929/1955: OLG Köln 2.12.2003, NJOZ 2005, 4288.

[69] Zu Art. 25 WA 1929/1955: OLG Karlsruhe 21.2.2006, TranspR 2007, 203.

[70] OLG Düsseldorf 12.1.1978, VersR 1978, 964; LG Frankfurt/M. 20.9.1985, TranspR 1985, 432, 434 =
ZLW 1986, 154; LG Stuttgart 21.2.1992, TranspR 1993, 141.

[71] OGH (Wien) 16.11.2012, TranspR 2013, 128 (m. Anm. *Sigl*) – (Räumung der Start- und Landepisten);
OLG Köln 9.1.1997, TranspR 1997, 234 = NZV 1998, 157 (m. Anm. *Schmid*) = ZLW 1998, 117: Glatteisbil

## VI. Umfang des Schadensersatzes

Wenn dem Luftfrachtführer der in Art. 19 vorgesehene Entlastungsbeweis hinsichtlich **42**
seiner eigenen Person bzw. seiner „Leute" nicht gelingt, hat er den durch die Verspätung
entstandenen Schaden zu ersetzen.

**1. Umfang des zu leistenden Schadensersatzes.** Art. 19 enthält ebenso wie Art. 18 **43**
MÜ indessen keine Regelung zum Umfang des insoweit zu ersetzenden Schadens. Anders
als Art. 35 Abs. 2 verweist die Vorschrift insbesondere nicht auf das Recht am Ort des
„angerufenen Gerichts". Auch Art. 22 Abs. 6 trifft insoweit lediglich eine Regelung bezüglich der anfallenden Gerichtskosten. Daher ist an dieser Stelle ergänzend das nach dem
Internationalen Privatrecht (IPR) anwendbare *nationale* Recht heranzuziehen.

**2. Wertersatz.** Soweit hier nach den Art. 3 ff. Rom I-VO[72] *deutsches* Recht zugrunde **44**
gelegt werden kann, ist festzustellen, dass das Montrealer-Übereinkommen-Durchführungsgesetz – MontÜG[73] in seinem § 2 zwar eine Anschlussregelung für *Güter*schäden iSd. Art. 18
enthält, wenn es insoweit auf § 429 HGB, dh. den „Wertersatz", verweist. An einer entsprechenden Verweisungsvorschrift für *Verspätungs*schäden iSd. Art. 19 fehlt es hingegen im
MontÜG.[74] Man wird hier aber davon auszugehen haben, dass die Vorschriften der §§ 429 f.
HGB über den „Wertersatz" und die „Schadensfeststellungskosten" an dieser Stelle gleichfalls maßgeblich sind, da die Bestimmungen der §§ 407 ff. HGB ohnehin (subsidiär) auch
für Beförderungen „mit Luftfahrzeugen" (§ 407 Abs. 3 Nr. 1 HGB) gelten.

**3. Haftungsbeschränkung.** Allerdings wird die vorgenannte Schadensersatzpflicht des **45**
Luftfrachtführers im Weiteren noch dadurch erheblich eingeschränkt, dass Art. 22 Abs. 3
nicht nur seine Haftung für *Güter*schäden, sondern entsprechend[75] auch diejenige für *Verspä-*
*tungs*schäden auf 19 SZR/kg beschränkt. Diese Haftungsbegrenzung kann ebenso wie die
nach Art. 18 auch hier selbst im Falle eines *groben Verschuldens* auf Seiten des Luftfrachtführers
nicht durchbrochen werden, da die diesbezügliche Ausnahmevorschrift des Art. 22 Abs. 5
die vorgenannte Bestimmung des Art. 22 Abs. 3 nicht mit einbezieht. Es ist im Gegenteil
sogar noch eine weitere Reduzierung des Haftungsbetrags zu erwarten, wenn die Voraussetzungen eines „Mitverschuldens" des Geschädigten iSd. Art. 20 gegeben sind. Wegen der
rechtspolitischen Bedenken: Art. 18 Rn. 98 f.

## VII. Beweislast

Der geschädigte Absender (Art. 1 Rn. 20) bzw. Empfänger (Art. 1 Rn. 26) haben iE **46**
darzulegen und zu beweisen, dass die in Betracht kommende „Verspätung" „bei der Luftbeförderung", dh. zwischen Start und Landung (Rn. 22), eingetreten und für den gegebenen
Schaden kausal gewesen ist. Der Luftfrachtführer hat sich sodann hinsichtlich des auf seiner
Seite insoweit vermuteten Verschuldens zu exkulpieren (Art. 19).

---

dung auf dem Flugvorfeld. Zur „Flughafensicherheit": VO (EG) Nr. 2320/2002 des Europäischen Parlaments
und des Rates vom 16. Dezember 2002 zur Festlegung gemeinsamer Vorschriften für die Sicherheit in der
Zivilluftfahrt (ABl. EG 2002 Nr. L 355).

[72] S. auch oben Fn. 9.

[73] Art. 1 G zur Harmonisierung des Haftungsrechts im Luftverkehr vom 6.4.2004 (BGBl. I S. 550). Geändert durch Art. 1 G zur Anpassung luftversicherungsrechtlicher Vorschriften vom 19.4.2005 (BGBl. I S. 1070).
Nunmehr: „Gesetz zur Durchführung des Übereinkommens vom 28. Mai 1999 zur Vereinheitlichung
bestimmter Vorschriften über die Beförderung im internationalen Luftverkehr und zur Durchführung der
Versicherungspflicht zur Deckung der Haftung für Güterschäden nach der VO (EG) Nr. 785/2004 (Montrealer-Übereinkommen-Durchführungsgesetz – MontÜG)". Art. 336 der 9. ZuständigkeitsanpassungsVO vom
31.10.2006 (BGBl. I S. 2407) hat in § 4 Abs. 3 S. 1 MontÜG den Text „und Wohnungswesen" durch die
Worte „und Stadtentwicklung" ersetzt. Text des MontÜG unten nach Art. 57 MÜ.

[74] Vgl. zu „Verspätungsschäden" iSd. Art. 19 WA 1929/1955 auch: LG Berlin 7.10.2002, ZLW 2003,
272.

[75] „.... the quantification of liability for damage caused by delay and for damage caused in relation to the
carriage of baggage and of cargo was the result of a great deal of examination": ICAO-Documentation
Nr. 9775-DC/2, Volume I -Minutes, S. 203, Nr. 11.

## VIII. Minderung (§ 638 BGB) sowie Schadensersatz wegen Nichterfüllung (§§ 275 Abs. 1, 283 BGB)

**47**     Art. 19 regelt nur einen einzigen spezifischen Fall der *Leistungsstörung* bezüglich des Luftbeförderungsvertrags, nämlich den der „Verspätung bei der Luftbeförderung" (Rn. 22). Hier beansprucht die Vorschrift nach Art. 29 auch nur insoweit Exklusivität, als sie diesbezüglich zugleich einen „Anspruch auf Schadensersatz" vorsieht, und zwar gerichtet gegen den „Luftfrachtführer" wegen dessen und seiner „Leute" insoweit vermuteten Verschuldens.

**48**     **1. Art. 19 als „lex specialis" nur innerhalb des Haftungssystems des MÜ.** Insofern bleiben durch Art. 19 solche Rechte unberührt, die nicht auf „Schadensersatz" gerichtet sind, wie eine Minderung des vertraglichen Anspruchs des Luftfrachtführers auf seinen Frachtlohn (Rn. 49). Unberührt bleiben durch Art. 19 aber auch Schadensersatzansprüche, soweit sie nicht „bei der Luftbeförderung" (Rn. 22) entstanden, sondern auf den Tatbestand einer Nichterfüllung des Frachtvertrags durch den Luftfrachtführer zurückzuführen sind (Rn. 51 ff.).

**49**     **2. Anspruch auf Zahlung der Fracht (§ 407 Abs. 2 HGB).** Der vorgenannte Anspruch des Luftfrachtführers auf den vereinbarten Frachtlohn wird im Montrealer Übereinkommen nur in Art. 13 Abs. 1 („Zahlung der Beträge") und dort auch nicht selbst geregelt, sondern nur als bereits bestehend vorausgesetzt. Seine Rechtsgrundlage muss daher in dem neben dem MÜ geltenden nationalen Vertragsrecht gesucht werden. Soweit nach den Art. 3 ff. Rom I-VO[76] hier *deutsches* Recht einschlägig ist, ergibt sich dieser Frachtanspruch aus § 407 Abs. 2 HGB. Nach dieser Vorschrift, die auch für Beförderungen „mit Luftfahrzeugen" (§ 407 Abs. 3 HGB) gilt, ist der Absender „verpflichtet, die vereinbarte Fracht zu zahlen". Zusätzlich verpflichtet § 420 Abs. 3 HGB den Absender, neben dieser Fracht dem Frachtführer noch eine angemessene Vergütung zu zahlen, wenn eine „Verzögerung" beim Transportablauf „dem Risikobereich des Absenders zuzurechnen" ist. Unbeantwortet bleibt hier die Frage, welchen Einfluss auf die Frachtzahlung eine „Verzögerung" hat, die nicht dem Risikobereich des Absenders (§ 420 Abs. 3 HGB), sondern – wie auch Art. 19 voraussetzt – umgekehrt der Sphäre des Luftfrachtführers zuzurechnen ist. In diesem Fall liegt es nahe, aus der Regelung des § 420 Abs. 3 HGB den Umkehrschluss zu ziehen, dass sich dann im Interesse der Parteiengleichheit konsequenterweise der Frachtführer seinerseits eine „angemessene" Herabsetzung seiner Frachtforderung gefallen lassen muss.

**50**     **3. Werkmangel.** Wenn schließlich im Zusammenhang mit dem Transport eine Zeitverzögerung eingetreten ist, die als „erheblich"[77] bezeichnet werden kann, so ist hinsichtlich der Rechtsfolgen zunächst zu berücksichtigen, dass der Frachtvertrag nach *deutschem* Recht einen Werkvertrag iSd. §§ 631 ff. BGB darstellt (oben Art. 1 Rn. 54). Auf seiner Grundlage schuldet der Luftfrachtführer nicht nur eine sichere, sondern – wie Art. 19 zeigt –, auch eine pünktliche Beförderung. Ein verzögerter Transport, gleich aus welchen Gründen, stellt daher eine Schlechterfüllung der Hauptleistung des Luftfrachtführers im Rahmen des Werkvertrags dar. Insoweit bedeutet eine „erhebliche" Verzögerung des Transports zugleich auch einen „Mangel" iSd. § 638 BGB (§ 634 BGB aF), der den Absender bzw. den Empfänger zu einer Minderung der Fracht berechtigt.[78] Insofern bedarf es hier nicht des Nachweises

---

[76] S. auch oben Fn. 9.

[77] Hierzu: OLG Frankfurt/M. 18.2.2004, NJW-RR 2005, 65, 66 = RRa 2005, 78; LG Frankfurt/M. 9.8.1993, NJW-RR 1993, 1270.

[78] Zum *Personenluftverkehr* vor Inkrafttreten der oben unter Rn. 6 benannten VO (EG) Nr. 261/2004: OLG Celle 24.5.1995, RRa 1995, 163; LG Frankfurt/M. 9.8.1993, NJW-RR 1993, 1270 = TranspR 1994, 243 (Verzögerung von 2 Tagen); LG Hannover 19.4.1985, NJW 1985, 2903; AG Frankfurt/M. 28.6.1995, NJW-RR 1996, 238 = TranspR 1996, 347 = ZLW 1996, 110 (Verzögerung von 11 Stunden bei Flug *Deutschland/Australien*); AG Bad Homburg 4.4.2001, ZLW 2001, 21 (Verzögerung um 8 Stunden und 50 Minuten). AA *Koller* § 407 HGB Rn. 112. Anders zur CMR, die im Gegensatz zum MÜ eine zwingende und abschließende Regelung der Lieferfristüberschreitung enthält: OLG Düsseldorf 9.3.1995, NJW-RR 1995, 1120, 1121.

eines „Schadens" wie im Falle der §§ 425 Abs. 1, 423 HGB bei der Lieferfristüberschreitung. Das MÜ seinerseits steht dieser Gewährleistung nicht[79] entgegen. Die Minderung selbst ist nach § 638 Abs. 3 S. 2 BGB, soweit erforderlich, jeweils durch Schätzung zu ermitteln. Die Höhe des Minderungsanspruchs hat das angerufene Gericht nach allgemeinen Grundsätzen im Rahmen freier richterlicher Überzeugung gemäß § 287 ZPO festzustellen. Es sind jeweils die Umstände des Einzelfalls zu beachten.[80]

**4. „Nichterfüllung".** An dieser Stelle ist allerdings im Weiteren noch zu berücksichtigen, **51** dass der Luftfrachtvertrag nicht nur einen Werkvertrag iSd. §§ 631 ff. BGB darstellt, sondern darüber hinausgehend regelmäßig[81] auch als ein „absolutes Fixgeschäft"[82] anzusehen ist.[83] Der Luftfrachtführer schuldet den Transport nicht „irgendwann", sondern zu dem von den Parteien abgesprochenen Termin. Hierbei ist die Einhaltung des Abflug- und des Ankunftstermins als Leistungszeiten für den Absender – auch aus Gründen der Transportlogistik – zumeist so wesentlich, dass eine verspätete Leistung keine Erfüllung mehr darstellt. Der Frachtvertrag soll also in aller Regel mit der zeitgerechten Leistung „stehen und fallen".[84]

**5. § 419 HGB.** Bei Anwendbarkeit *deutschen* Rechts (Art. 3 ff. Rom I-VO[85]) schließt **52** dann auch die Vorschrift des § 419 HGB (Beförderungs- und Ablieferungshindernisse) nicht aus, dass der Absender bei einer erheblichen Überschreitung des Ankunftstermins vom Luftfrachtführer nach den §§ 275 Abs. 1, 283 BGB vollen Schadensersatz iSd. §§ 249 ff. BGB verlangen oder gemäß § 323 Abs. 2 Nr. 2 BGB von dem Frachtvertrag zurücktreten kann.

Insoweit geht Art. 19 als „lex specialis" nur dann vor, wenn die einzelne Zeitüberschreitung **53** „bei der Luftbeförderung", dh. zwischen Start und Landung (Rn. 22), eingetreten ist. Alle übrigen Tatbestände einer Transportverzögerung sind dann regelmäßig unter der Perspektive des Charakters eines Luftfrachtvertrags als eines Fixgeschäfts zu sehen, so dass hier in aller Regel der Tatbestand einer Nichterfüllung des Vertrags anzunehmen ist.

Beispiele für eine „Nichterfüllung" des Luftbeförderungsvertrags. Es betrifft iE die bereits **54** oben benannten Fälle (Rn. 25), dh.:
– die Luftbeförderung wegen einer „Überbuchung" erst später stattgefunden hat. Eine solche Überbuchung ist schon dem Wortsinn nach keine „Verspätung;[86]
– der Luftfrachtführer für den vereinbarten Lufttransport keinen ausreichenden Frachtraum zur Verfügung gestellt hat und daher auf ein später abfliegendes Ersatzflugzeug zurückzugreifen muss;[87]

[79] Zu Art. 19 WA 1929/1955: BGH 24.6.1969, NJW 1969, 2014 = VersR 1969, 949 = ZLW 1970, 214; OLG Düsseldorf 12.1.1978, VersR 1978, 964, 965; OLG Celle 24.5.1995, RRa 1995, 163; LG Frankfurt/M. 9.8.1993, NJW-RR 1994, 1270 = TranspR 1994, 243; AG Frankfurt/M. 28.6.1995, NJW-RR 1996, 238 = TranspR 1996, 347 = ZLW 1996, 110 = RRa 1995, 230; AG Bad Homburg 4.4.2001, ZLW 2001, 620; AG Bad Homburg 1.11.2001, RRa 2002, 88. Zu Art. 19 MÜ: LG Frankfurt/M. 5.6.2007, RRa 2007, 269 (m. Anm. *Bollweg* S. 242). AA *Koller* Art. 19 MÜ, Art. 19 WA 1955, Rn. 9 (mwN).
[80] LG Frankfurt/M. 9.8.1993, NJW-RR 1993, 1270.
[81] Wenn im Luftfrachtbrief nur eine Flugnummer, aber nicht das Datum des Fluges vermerkt ist, sind die Regeln über die Verzögerung und nicht die Regeln über die Unmöglichkeit anzuwenden: OLG Düsseldorf 13.12.1990, VersR 1991, 603.
[82] OLG Frankfurt/M. 24.11.1987, MDR 1989, 165 = RIW 1989, 226 = ZLW 1989, 178 = EWiR Art. 19 WA 1/89 (m. Anm. *Rabe*); OLG Düsseldorf 13.12.1990, TranspR 1991, 106, 107 = VersR 1991, 603. *Reuschle* Rn. 9.
[83] Dies gilt entsprechend auch für die Luftbeförderung von *Personen:* stRspr.: OLG Frankfurt/M. 31.1.1984, TranspR 1984, 376; OLG Frankfurt/M. 1.11.1991, TranspR 1992, 366 (m. Anm. *Kaiser*); OLG Düsseldorf 13.6.1996, TranspR 1997, 150 = RRa 1997, 84; AG Hamburg 30.1.1996, RRa 1996, 133; AG Bad Homburg 28.6.2000, NJW-RR 2001, 989 = TranspR 2000, 379 = RRa 2001, 379; AG Köln 20.9.2001, NJW 2002, 833. Vgl. im Einzelnen *Ruhwedel,* Der Luftbeförderungsvertrag, Rn. 153.
[84] Vgl. insoweit allgemein: BGH 18.4.1989, BGHZ 110, 96 = NJW-RR 1989, 1373.
[85] S. auch oben Fn. 9.
[86] Zu Art. 19 WA 1929/1955: BGH 28.9.1978, NJW 1979, 495 = MDR 1979, 221 = ZLW 1979, 134; OLG Frankfurt/M. 18.2.2004, NJW-RR 2005, 66 = RRa 2005, 78. S. auch: OLG Köln 2.12.2003, NJOZ 2005, 4288, 4289.
[87] Zum WA 1929/1955: OLG Frankfurt/M. 24.11.1988, MDR 1989, 165 = RIW 1989, 226 = EWiR Art. 19 WA 1/89 (m. Anm. *Rabe*) = ZLW 1989, 178.

– der Flug wegen eines Streiks des Wartungspersonals des Luftfrachtführers ausgefallen war;[88]
– ein Triebwerkschaden den Start verzögert hat;[89]
– vor dem Start ein Defekt am Tankdeckelverschluss behoben werden musste;[90]
– ein technischer Fehler in der Bordelektronik einen pünktlichen Start verhindert hat;[91]
– der Luftfrachtführer den Flug ausfallen lassen hat.[92]

**55** Solche Überschreitungen der vertraglichen Leistungszeit gehören nicht zum Haftungszeitraum des Art. 19, dh. nicht zu der Zeit zwischen Start und Landung (Rn. 22). Sie führen wegen der hier vorliegenden Nichterfüllung des Frachtvertrags vielmehr auf Grund der § 275 Abs. 1, §§ 280 ff. BGB zu einer – vollen[93] – Haftung des Luftfrachtführers, und zwar nach Maßgabe der §§ 249 ff. BGB. Da diese Haftung im Gegensatz zu derjenigen nach Art. 19 nicht zwingend ist, kann sie aber vertraglich modifiziert werden. Soweit dies auf der Grundlage von AGB geschehen soll, ist bei Anwendbarkeit *deutschen* Rechts die AGB-Sperre des § 449 Abs. 2 HGB zu berücksichtigen.

### IX. Passivlegitimation und Aktivlegitimation

**56** Wegen der Passiv- und der Aktivlegitimation der am Luftfrachtvertrag beteiligten Parteien vgl. oben Art. 18 Rn. 85 ff.

### X. Haftpflichtversicherung des Luftfrachtführers

**57** Wegen der Versicherungspflicht des Luftfrachtführers hinsichtlich seiner Haftung für Verspätungsschäden s. unten Art. 50 Rn. 10.

### Art. 20 Haftungsbefreiung

**[1]Weist der Luftfrachtführer nach, dass die Person, die den Schadensersatzanspruch erhebt, oder ihr Rechtsvorgänger den Schaden durch eine unrechtmäßige Handlung oder Unterlassung, sei es auch nur fahrlässig, verursacht oder dazu beigetragen hat, so ist der Luftfrachtführer ganz oder teilweise von seiner Haftung gegenüber dieser Person insoweit befreit, als diese Handlung oder Unterlassung den Schaden verursacht oder dazu beigetragen hat. [2]Verlangt eine andere Person als der Reisende wegen dessen Tod oder Körperverletzung Schadensersatz, so ist der Luftfrachtführer ganz oder teilweise von seiner Haftung insoweit befreit, als er nachweist, dass eine unrechtmäßige Handlung oder Unterlassung des Reisenden, sei es auch nur fahrlässig, den Schaden verursacht oder dazu beigetragen hat.**

---

[88] Zum WA 1929/1955: LG Frankfurt/M. 12.1.1987, TranspR 1989, 101, VersR 1987, 1121 = ZLW 1988, 91.

[89] Zum WA 1929/1955: OLG Düsseldorf 13.6.1996, NJW-RR 1997, 1022 = TranspR 1997, 150 = RRa 1997, 84 (m. Anm. *Schmid*).

[90] Zum WA 1929/1955: OLG Frankfurt/M. 20.2.1997, TranspR 1997, 373.

[91] Zum WA 1929/1955: LG Bonn 14.1.1998, RRa 1998, 121 (m. Anm. *Ruhwedel*).

[92] Zu Art. 19 WA 1929/1955: OLG Frankfurt/M. 18.2.2004, NJW-RR 2005, 65, 66 = RRa 2005, 78; OLG Koblenz 29.3.2006, NJW-RR 2006, 1356 = NZV 2006, 606 = RRa 2006, 224; OLG München 16.5.2007, NJW-RR 2007, 1428 = RRa 2007, 182. Vgl. insoweit auch: BayObLG 30.3.2001, NJW-RR 2001, 1325.

[93] Dieses Ergebnis wird im Bereich des *Personen*luftverkehrs vermieden durch die Verordnung (EG) Nr. 261/2004 des europäischen Parlaments und des Rates vom 11. Februar 2004 über eine gemeinsame Regelung für Ausgleichs- und Unterstützungsleistungen für Fluggäste im Fall der Nichtbeförderung und bei Annullierung oder großer Verspätung von Flügen und zur Aufhebung der Verordnung (EWG) Nr. 295/91 (ABl. EG 2004 Nr. L 46). S. oben Rn. 6. Der EuGH hat mit Urteil vom 10.1.2006 (NJW 2006, 351 = EuZW 2006, 112) die Gültigkeit der Art. 5, 6 und 7 der VO (EG) Nr. 261/2004 bestätigt. Zur vorausgegangenen VO (EWG) Nr. 295/91 vom 4.2.1991: BGH 12.7.2006, NJW-RR 2006, 1719. Zur Abgrenzung von „Verspätung" iSd. Art 19 WA und „Nichtbeförderung" iSd. VO (EG) Nr. 261/2004: OLG Koblenz 29.3.2006, NJW-RR 2006, 1356 = NZV 2006, 606 = RRa 2006, 224.

**³Dieser Artikel gilt für alle Haftungsbestimmungen in diesem Übereinkommen einschließlich Artikel 21 Absatz 1.**

## Art. 20 Exonération

Dans le cas où il fait la preuve que la négligence ou un autre acte ou omission préjudiciable de la personne qui demande réparation ou de la personne dont elle tient ses droits a causé le dommage ou y a contribué, le transporteur est exonéré en tout ou en partie de sa responsabilité à l'égard de cette personne, dans la mesure où cette négligence ou cet autre acte ou omission préjudiciable a causé le dommage ou y a contribué. Lorsqu'une demande en réparation est introduite par une personne autre que le passager, en raison de la mort ou d'une lésion subie par ce dernier, le transporteur est également exonéré en tout ou en partie de sa responsabilité dans la mesure où il prouve que la négligence ou un autre acte ou omission préjudiciable de ce passager a causé le dommage ou y a contribué. Le présent article s'applique à toutes les dispositions de la convention en matière de responsabilité, y compris le paragraphe 1 de l'article 21.

## Art. 20 Exoneration

If the carrier proves that the damage was caused or contributed to by the negligence or other wrongful act or omission of the person claiming compensation, or the person from whom he or she derives his or her rights, the carrier shall be wholly or partly exonerated from its liability to the claimant to the extent that such negligence or wrongful act or omission caused or contributed to the damage. When by reason of death or injury of a passenger compensation is claimed by a person other than the passenger, the carrier shall likewise be wholly or partly exonerated from its liability to the extent that it proves that the damage was caused or contributed to by the negligence or other wrongful act or omission of that passenger. This Article applies to all the liability provisions in this Convention, including paragraph 1 of Article 21.

Ähnliche Bestimmungen: Art. 21 WA 1929/1955; Art. 21 WA/MP Nr. 4 (1975); § 254 BGB; § 425 Abs. 2 HGB (Luft- und andere Binnentransporte); Art. 17 Abs. 2 CMR (1956/1978), Art. 23 § 2 CIM 1999; Art. 18 CMNI (2001) und Art. 12 Nr. 6 ABB-Fracht (2010).

### Übersicht

| | Rn. | | Rn. |
|---|---|---|---|
| I. Normzweck | 1 | 1. Unterlassene Wertdeklaration und neues Abkommensrecht | 7 |
| II. Regelungsgehalt | 2–5 | 2. Art. 21 WA 1929/1955 | 8 |
| 1. „Verzicht" auf die Haftungsbefreiung | 2 | V. Mitverschulden und fehlerhafte Transportdokumentation | 9 |
| 2. Innerdeutsche Lufttransporte | 3 | VI. Die „mitschuldige Person" | 10–14 |
| 3. Verhältnis des Art. 20 zu Art. 21 WA 1929/1955 | 4 | 1. Zwingende Berücksichtigung eines „Mitverschuldens" | 10 |
| 4. Verhältnis des Art. 20 zu Art. 18 MÜ | 5 | 2. Der „Mitschuldige" | 11 |
| III. Mitverschulden und Haftungsfreistellungen nach Art. 18 Abs. 2 | 6 | 3. „by the negligence or other wrongful act or omission" | 12, 13 |
| IV. Mitverschulden und unterlassene Wertdeklaration | 7, 8 | 4. Die Prozessfolge | 14 |

## I. Normzweck

Art. 20 räumt dem Luftfrachtführer[1] die Möglichkeit ein, von der ihm nach den **1** Art. 17 ff. obliegenden Haftung teilweise oder sogar auch vollständig freizukommen. Hierzu muss er ein „(Mit-)Verschulden" auf der Gegenseite nachweisen können. Im Falle der *Güter*beförderung treten zu der Vorschrift des Art. 20 die selbständigen Enthaftungstatbe-

---

[1] Zum „Luftfrachtführer" Art. 1 Rn. 14 ff.

stände des Art. 18 Abs. 2 („Eigenart der Güter" usw.) noch ergänzend hinzu (Rn. 5). Inhaltlich knüpft Art. 20 an die bisherige Regelung des Art. 21 WA 1929/1955 an.

## II. Regelungsgehalt

2    1. „Verzicht" auf die Haftungsbefreiung. Nach Art. 27 kann der Luftfrachtführer auf das Geltendmachen eines solchen Mitverschuldens (Art. 20) oder der Enthaftungstatbestände des Art. 18 Abs. 2 auch „verzichten" (engl. Originaltext: „waiving any defences available under the Convention, …").

3    2. Innerdeutsche Lufttransporte. Bei rein innerdeutschen (Luft-)Transporten ist die Art. 20 ähnliche Bestimmung des § 425 Abs. 2 HGB[2] heranzuziehen, die den Rechtsgedanken des § 254 BGB aufgreift. Der auch hiernach beachtliche Einwand eines „Mitverschuldens" des Geschädigten kann vom (Luft-)Frachtführer selbst dann noch vorgebracht werden, wenn ihm seinerseits ein qualifiziertes Verschulden iSd. § 435 HGB vorzuwerfen ist.[3]

4    3. Verhältnis des Art. 20 zu Art. 21 WA 1929/1955. Die bisherige Vorschrift des Art. 21 WA 1929/1955 hatte wegen der Möglichkeit, bei der Abrechnung von Schäden iSd. Art. 17 ff. WA ein etwaiges „Mitverschulden" auf Seiten des Geschädigten mit einzubeziehen, noch auf das Recht des jeweils angerufenen Gerichts („lex fori") verwiesen. Diese Regelung war prinzipiell auch ausreichend, da innerhalb der meisten Rechtssysteme – wie im deutschen Recht gemäß § 254 BGB – ein Mitverschulden des Geschädigten ohnehin berücksichtigt werden kann.[4] Demgegenüber enthält Art. 20 hierzu nun eine abkommensrechtlich eigenständige Regelung. Auf diese Weise ist zugleich eine weitere Vereinheitlichung des internationalen Luftbeförderungsrechts erreicht. In ihrem Wortlaut folgt die Bestimmung dem Art. VII des – nicht in Kraft getretenen – Ergänzungsprotokolls zum Warschauer Abkommen von *Guatemala City* vom 8. März 1971.[5]

5    4. Verhältnis des Art. 20 zu Art. 18 MÜ. Da die Art. 17 ff. dem Tatbestand des *Verschuldens* als Voraussetzung für eine Haftung des Luftfrachtführers einen unterschiedlichen Stellenwert einräumen, war der Hinweis in Art. 20 unumgänglich, dass dieser Artikel … „für alle Haftungsbestimmungen in diesem Übereinkommen" gilt. Die Vorschrift des Art. 20 ist daher nicht nur für Art. 19 (Verspätungsschäden) einschlägig, wo ein „Verschulden" des „Luftfrachtführers" oder seiner „Leute" nach wie vor noch „vermutet" wird. Sie betrifft insbesondere auch die Vorschrift des Art. 18 (Güterschäden), die ein *Verschulden* auf Seiten des Luftfrachtführers für die Fragen seiner Haftung oder Nichthaftung vollständig außer Betracht lässt (Art. 18 Rn. 16).

## III. Mitverschulden und Haftungsfreistellungen nach Art. 18 Abs. 2

6    Wenn man Art. 20 den Enthaftungstatbeständen des Art. 18 Abs. 2 gegenüber stellt, zeigt sich im Weiteren, dass Art. 20 neben den dortigen Enthaftungstatbeständen keine große praktische Bedeutung hat. So wurde in der Rspr.[6] zum Luftfrachtrecht – soweit ersichtlich – als „Mitverschulden" (Art. 21 WA 1929/1955) bislang im Wesentlichen nur die ungeeignete Verpackung gewertet. Gerade dieser Tatbestand (eines „Mitverschuldens") ist nun

---

[2] Hierzu Baumbach/Hopt/*Merkt* § 425 HGB; *Koller* § 425 HGB.
[3] BGH 5.6.2003, NJW 2003, 3626 = TranspR 2003, 467, 471; BGH 17.6.2004, NJW-RR 2005, 265 = TranspR 2004, 399, 401; BGH 2.12.2004, NJOZ 2005, 3169, 3173; BGH 1.12.2005, TranspR 2006, 205, 206; BGH 29.6.2006, NJW-RR 2006, 1694, 1696; BGH 13.7.2006, NJW-RR 2007, 179 = TranspR 2006, 448; BGH 15.2.2007, NJW-RR 2007, 1110 = TranspR 2007, 164; BGH 3.5.2007, Az. I ZR 85/05, TranspR 2007, 419; BGH 3.5.2007, Az. I ZR 98/05, TranspR 2007, 412; BGH 3.5.2007, Az. I ZR 106/05, TranspR 2007, 421; BGH 3.5.2007 Az. I ZR 175/05 TranspR 2007, 414.
[4] Denkschrift, BT-Drucks. 15/2285 S. 43 (zu Art. 20).
[5] Vgl. unten Art. 55 Abs. 1 Buchst. d MÜ. ICAO-Doc. 8932.
[6] Vgl. BGH 1.10.1986, NJW 1987, 590 = NJW-RR 1987, 338; LG Hamburg 3.12.1992, TranspR 1995, 76.

aber in Art. 18 Abs. 2 Buchst. b („mangelhafte Verpackung") selbständig erfasst und führt danach schon unmittelbar zu einer Enthaftung des Luftfrachtführers.

## IV. Mitverschulden und unterlassene Wertdeklaration

**1. Unterlassene Wertdeklaration und neues Abkommensrecht.** Daneben wurde **7** es als ein „Mitverschulden" des Absenders[7] auch betrachtet, wenn dieser keine „Wertdeklaration" (Art. 22 Abs. 3) abgegeben hatte.[8] Hier geriet er in einen „Selbstwiderspruch", wenn er einerseits den hohen Wert des Gutes nicht deklariert hatte, andererseits aber auf der Grundlage von Art. 25 WA 1929/1955 den *vollen* Schadensersatz abrechnen wollte. Da Art. 22 Abs. 3 im Falle sowohl von Güter- wie auch Güterverspätungsschäden Ersatzansprüche ohnehin nur noch in Höhe von 19 SZR/kg zugesteht, kann sich dieses Problem nicht mehr stellen. Insofern kann dem Absender auch nicht mehr der Vorwurf eines Mitverschuldens im Falle einer unterbliebenen Wertdeklaration gemacht werden.[9]

**2. Art. 21 WA 1929/1955.** Auch nach dem *bisherigen* Recht des *Art. 21 WA 1929/* **8** *1955* konnten fehlende Angaben des Absenders zum Wert des Transportguts zu seiner Mithaftung nur dann führen, wenn dies für die Entstehung des Schadens kausal war, was der Luftfrachtführer darlegen und gegebenenfalls beweisen musste. Dazu gehörte, dass der Luftfrachtführer vorträgt, welche Maßnahmen, insbesondere welche zusätzlichen Sicherheitsvorkehrungen er bei einer konkreten Wertangabe ergriffen hätte und dass diese Maßnahmen die Wahrscheinlichkeit des Verlustes spürbar reduziert hätten.[10]

## V. Mitverschulden und fehlerhafte Transportdokumentation

Unrichtige Angaben im „Luftfrachtbrief" (Art. 4 Abs. 1) oder in der „anderen Aufzeich- **9** nung" bzw. in der „Empfangsbestätigung über die Güter" (Art. 4 Abs. 2), die auf den Absender zurückgehen, belasten diesen nicht etwa nur mit dem Vorwurf eines „Mitverschuldens". Insoweit begründet Art. 10 Abs. 1 für den Absender vielmehr eine verschuldensunabhängige und unlimitierte Kausalhaftung für alle hierauf zurückgehenden Schäden. Bei Anwendbarkeit *deutschen* Rechts nach den Art. 3 ff. Rom I-VO[11] ist die Haftung des Absenders allerdings gemäß § 414 Abs. 1 HGB auf einen „Betrag von 8,33 Rechnungseinheiten für jedes Kilogramm des Rohgewichts der Sendung" beschränkt. Wegen der „Rechnungseinheit" vgl. § 431 Abs. 4 HGB (in diesem KommBd.) und unten Art. 23 sowie § 3 MontÜG (Anlage 1 nach Art. 57).

---

[7] Zum „Absender" Art. 1 Rn. 20.

[8] Vgl. BGH 15.11.2001, Az. I ZR 158/99, BGHZ 149, 337, 353 = NJW 2002, 3106 = TranspR 2002, 295 = VersR 2002, 1440; BGH 15.11.2001, Az. I ZR 221/99, TranspR 2002, 458; BGH 13.2.2003, NJW-RR 2003, 751 = TranspR 2003, 255, 258 = NJOZ 2003, 871; BGH 8.5.2003, NJW-RR 2003, 1473 = TranspR 2003, 317 (m. Anm. *Ettrich* TranspR 2003, 443); BGH 5.6.2003, NJW 2003, 3626, 3629; BGH 9.10.2003, TranspR 2004, 175 = NJOZ 2004, 2240; BGH 23.10.2003, NJW-RR 2004, 394 = TranspR 2004, 177; BGH 2.12.2004, NJOZ 2005, 3169, 3172; BGH 19.5.2005, TranspR 2006, 114 = NJOZ 2006, 856; BGH 19.1.2006, NJW-RR 2006, 822 = VersR 2006, 953; BGH 30.3.2006, BGHZ 167, 64 = NJW-RR 2006, 1210, 1213 = TranspR 2006, 254 = VersR 2007, 226 = LMK *(Schmidt)* 2006, 185529; BGH 13.7.2006, NJW-RR 2007, 179 = TranspR 2006, 448 (Verbotsgut); BGH 16.11.2006, NJW 2007, 1809, 1812 = TranspR 2007, 161 = VersR 2007, 1533; BGH 15.2.2007, NJW-RR 2007, 1110 = TranspR 2007, 164 = VersR 2008, 97 (Verbotsgut); OLG Frankfurt/M. 28.5.1997, TranspR 2000, 45; OLG Frankfurt/M. 1.7.2004, NJW-RR 2004, 1485 = TranspR 2004, 464, 467; OLG Hamburg 8.3.2001, TranspR 2001, 443; OLG Düsseldorf 13.12.2006, TranspR 2007, 23; LG Hamburg 9.9.2002, TranspR 2003, 166; OLG Köln 26.3.2002, NJW-RR 2002, 1682 = TranspR 2003, 111 = VersR 2003, 269; LG Hamburg 9.9.2002, TranspR 2003, 166.

[9] Hierzu *Ruhwedel*, FS Thume, 2008, 239.

[10] OLG Köln 26.3.2002, NJW-RR 2002, 1682 = TranspR 2003, 111 = VersR 2003, 269; LG Hamburg 9.9.2002, TranspR 2003, 166.

[11] Im Rechtsbereich der *EU* gelten ab dem 17. Dezember 2009: Art. 3 f. VO (EG) Nr. 593/2008 des Europäischen Parlaments und des Rates vom 17. Juni 2008 über das auf vertragliche Schuldverhältnisse anzuwendende Recht („Rom I"), ABl. EG Nr. L 177 vom 4.7.2008.

## VI. Die „mitschuldige Person"

10    **1. Zwingende Berücksichtigung eines „Mitverschuldens".** Die Haftungsminderung nach Art. 20 ist im weiteren – anders als nach Art. 21 WA 1929/1955 („kann") –
völkerrechtlich nunmehr zwingend vorgeschrieben.

11    **2. Der „Mitschuldige".** Als Person, auf deren „Mitverschulden" im Schadensfall
sodann iE abzustellen ist, hatte der bisherige Art. 21 WA 1929/1955 den „Geschädigten"
(engl. Text: „injured person") benannt. Stattdessen führt Art. 20 jetzt – formal – die Person
ein, „die den Schadensersatzanspruch erhebt" (engl. Originaltext: „person claiming compensation"). Durch die abweichende Formulierung soll die bislang unterschiedlich beant-
wortete Frage, wer „Geschädigter" im Sinne des Übereinkommens ist, ihre Antwort finden.
Zugleich soll gewährleistet sein, dass ein Mitverschulden etwa auch eines Spediteurs, der
mit dem Luftfrachtführer einen Frachtvertrag abgeschlossen hat, jedoch Schadensersatzansprüche nur im Wege der Drittschadensliquidation geltend macht, gleichfalls zu berücksichtigen ist.[12]

12    **3. „by the negligence or other wrongful act or omission".** Gegenüber dieser –
den Anspruch geltend machenden – Person muss dem Luftfrachtführer der Nachweis gelingen, dass diese selbst oder ihr „Rechtsvorgänger"[13] (engl. Originaltext: „the person from
whom he or she derives his or her rights") „den Schaden durch eine unrechtmäßige Handlung oder Unterlassung, sei es auch nur fahrlässig, verursacht oder dazu beigetragen hat".
Bei Anwendbarkeit *deutschen* Rechts (Art. 3 ff. Rom I-VO[14]) beurteilt sich die „Fahrlässigkeit" nach § 276 Abs. 2 BGB. Danach handelt „fahrlässig", „wer die im Verkehr erforderliche Sorgfalt außer Acht lässt".

13    Der *engl.* Originaltext lautet hier: „the damage was caused or contributed by the negligence or other wrongful act or omission". Diese Formulierung wurde auf der Montrealer
Konferenz (1999) wegen ihrer besseren Präzision und Klarheit statt des Begriffs „*fault*"
gewählt.[15] Der vom Luftfrachtführer insoweit zu erbringende Beweis entspricht inhaltlich
der Formulierung des Art. 21 Abs. 2 Buchst. a für den Fall von *Personen*schäden. Daher
brauchte Art. 20 (letzter Satz) für diese Schäden zusätzlich auch nur noch Art. 21 Abs. 1
aufzulisten. Die Wortwahl „or *other* wrongful act" ist irreführend, da „*negligence*" und
„*wrongful act*" unterschiedliche Zurechnungselemente sind, dh. sie einerseits ein subjektives
und andererseits ein rein objektives Merkmal enthalten.[16]

14    **4. Die Prozessfolge.** Wenn der Luftfrachtführer den genannten Beweis führen kann,
ist er von seiner Haftung gegenüber der den Anspruch geltend machenden Person ganz
oder teilweise, dh. insoweit befreit, als die in Betracht kommende Handlung oder Unterlassung den Schaden verursacht oder dazu beigetragen hat (engl. Originaltext: „the carrier
shall be wholly or partly exonerated from its liability to the claimant to the extent that such
negligence or wrongful act or omission caused or contributed to the damage").


**Art. 21** betrifft Personenschäden


**Art. 22 Haftungshöchstbeträge bei Verspätung sowie für Reisegepäck und Güter**

**(1) Für Verspätungsschäden im Sinne des Artikels 19 haftet der Luftfrachtführer
bei der Beförderung von Personen nur bis zu einem Betrag von 4694 Sonderziehungsrechten je Reisenden.**

---

[12] Denkschrift, BT-Drucks. 15/2285 S. 43 (zu Art. 20); *Ehlers,* Montrealer Protokolle Nr. 3 und 4 …,
S. 91.
[13] Vgl. im *deutschen* Recht insoweit § 67 VVG = § 86 VVG (nF).
[14] S. oben Fn. 11.
[15] ICAO-Documentation Nr. 9775-DC/2, Volume I – Minutes, S. 82 Nr. 5.
[16] *Ehlers,* Montrealer Protokoll Nr. 3 und 4 …, S. 92.

(2) [1]Bei der Beförderung von Reisegepäck haftet der Luftfrachtführer für Zerstörung, Verlust, Beschädigung oder Verspätung nur bis zu einem Betrag von 1131 Sonderziehungsrechten je Reisenden; diese Beschränkung gilt nicht, wenn der Reisende bei der Übergabe des aufgegebenem Reisegepäcks an den Luftfrachtführer das Interesse an der Ablieferung am Bestimmungsort betragsmäßig angegeben und den verlangten Zuschlag entrichtet hat. [2]In diesem Fall hat der Luftfrachtführer bis zur Höhe des angegebenen Betrags Ersatz zu leisten, sofern er nicht nachweist, dass dieser höher ist als das tatsächliche Interesse des Reisenden an der Ablieferung am Bestimmungsort.

(3) [1]Bei der Beförderung von Gütern haftet der Luftfrachtführer für Zerstörung, Verlust, Beschädigung oder Verspätung nur zu einem Betrag von 19 Sonderziehungsrechten für das Kilogramm; diese Beschränkung gilt nicht, wenn der Absender bei der Übergabe des Frachtstücks an den Luftfrachtführer das Interesse an der Ablieferung am Bestimmungsort betragsmäßig angegeben und den verlangten Zuschlag entrichtet hat. [2]In diesem Fall hat der Luftfrachtführer bis zur Höhe des angegebenen Betrags Ersatz zu leisten, sofern er nicht nachweist, dass dieser höher ist als das tatsächliche Interesse des Absenders an der Ablieferung am Bestimmungsort.

(4) [1]Im Fall der Zerstörung, des Verlusts, der Beschädigung oder der Verspätung eines Teiles der Güter oder irgendeines darin enthaltenen Gegenstands ist für die Feststellung, bis zu welchem Betrag der Luftfrachtführer haftet, nur das Gesamtgewicht der betroffenen Frachtstücke maßgebend. [2]Beeinträchtigt jedoch die Zerstörung, der Verlust, die Beschädigung oder die Verspätung eines Teiles der Güter oder eines darin enthaltenen Gegenstands den Wert anderer Frachtstücke, die in demselben Luftfrachtbrief oder derselben Empfangsbestätigung oder, wenn diese nicht ausgestellt wurden, in den anderen Aufzeichnungen im Sinne des Artikels 4 Absatz 2 aufgeführt sind, so ist das Gesamtgewicht dieser Frachtstücke für die Feststellung, bis zu welchem Betrag der Luftfrachtführer haftet, maßgebend.

(5) Die Absätze 1 und 2 finden keine Anwendung, wenn nachgewiesen wird, dass der Schaden durch eine Handlung oder Unterlassung des Luftfrachtführers oder seiner Leute verursacht worden ist, die entweder in der Absicht, Schaden herbeizuführen, oder leichtfertig und in dem Bewusstsein begangen wurde, dass wahrscheinlich ein Schaden eintreten wird; im Fall einer Handlung oder Unterlassung der Leute ist außerdem nachzuweisen, dass diese in Ausführung ihrer Verrichtungen gehandelt haben.

(6) [1]Die in Artikel 21 und in diesem Artikel festgesetzten Haftungsbeschränkungen hindern das Gericht nicht, zusätzlich nach seinem Recht einen Betrag zuzusprechen, der ganz oder teilweise den vom Kläger aufgewendeten Gerichtskosten und sonstigen Ausgaben für den Rechtsstreit, einschließlich der Zinsen, entspricht. [2]Dies gilt nicht, wenn der zugesprochene Schadensersatz ohne Berücksichtigung der Gerichtskosten und der sonstigen Ausgaben für den Rechtsstreit, den Betrag nicht übersteigt, den der Luftfrachtführer dem Kläger schriftlich innerhalb einer Frist von sechs Monaten seit dem Ereignis, das den Schaden verursacht hat, oder, falls die Klage nach Ablauf dieser Frist erhoben worden ist, vor ihrer Erhebung angeboten hat.

**Art. 22 Limites de responsabilité relatives aux retards, aux bagages et aux marchandises**

1. En cas de dommage subi par des passagers résultant d'un retard, aux termes de

**Art. 22 Limits of Liability in Relation to Delay, Baggage and Cargo**

1. In the case of damage caused by delay as specified in Article 19 in the carriage of

l'article 19, la responsabilité du transporteur est limitée à la somme de 4694 droits de tirage spéciaux par passager.

2. Dans le transport de bagages, la responsabilité du transporteur en cas de destruction, perte, avarie ou retard est limitée à la somme de 1131 droits de tirage spéciaux par passager, sauf déclaration spéciale d'intérêt à la livraison faite par le passager au moment de la remise des bagages enregistrés au transporteur et moyennant le paiement éventuel d'une somme supplémentaire. Dans ce cas, le transporteur sera tenu de payer jusqu'à concurrence de la somme déclarée, à moins qu'il prouve qu'elle est supérieure à l'intérêt réel du passager à la livraison.

3. Dans le transport de marchandises, la responsabilité du transporteur, en cas de destruction, de perte, d'avarie ou de retard, est limitée à la somme de 19 droits de tirage spéciaux par kilogramme, sauf déclaration spéciale d'intérêt à la livraison faite par l'expéditeur au moment de la remise du colis au transporteur et moyennant le paiement d'une somme supplémentaire éventuelle. Dans ce cas, le transporteur sera tenu de payer jusqu'à concurrence de la somme déclarée, à moins qu'il prouve qu'elle est supérieure à l'intérêt réel de l'expéditeur à la livraison.

4. En cas de destruction, de perte, d'avarie ou de retard d'une partie des marchandises, ou de tout objet qui y est contenu, seul le poids total du ou des colis dont il s'agit est pris en considération pour déterminer la limite de responsabilité du transporteur. Toutefois, lorsque la destruction, la perte, l'avarie ou le retard d'une partie des marchandises, ou d'un objet qui y est contenu, affecte la valeur d'autres colis couverts par la même lettre de transport aérien ou par le même récépissé ou, en l'absence de ces documents, par les mêmes indications consignées par les autres moyens visés à l'article 4, paragraphe 2, le poids total de ces colis doit être pris en considération pour déterminer la limite de responsabilité.

5. Les dispositions des paragraphes 1 et 2 du présent article ne s'appliquent pas s'il est prouvé que le dommage résulte d'un acte ou d'une omission du transporteur, de ses préposés ou de ses mandataires, fait soit avec l'intention de provoquer un dommage, soit

persons, the liability of the carrier for each passenger is limited to 4694 Special Drawing Rights.

2. In the carriage of baggage, the liability of the carrier in the case of destruction, loss, damage or delay is limited to 1131 Special Drawing Rights for each passenger unless the passenger has made, at the time when the checked baggage was handed over to the carrier, a special declaration of interest in delivery at destination and has paid a supplementary sum if the case so requires. In that case the carrier will be liable to pay a sum not exceeding the declared sum, unless it proves that the sum is greater than the passenger's actual interest in delivery at destination.

3. In the carriage of cargo, the liability of the carrier in the case of destruction, loss, damage or delay is limited to a sum of 19 Special Drawing Rights per kilogramme, unless the consignor has made, at the time when the package was handed over to the carrier, a special declaration of interest in delivery at destination and has paid a supplementary sum if the case so requires. In that case the carrier will be liable to pay a sum not exceeding the declared sum, unless it proves that the sum is greater than the consignor's actual interest in delivery at destination.

4. In the case of destruction, loss, damage or delay of part of the cargo, or of any object contained therein, the weight to be taken into consideration in determining the amount to which the carrier's liability is limited shall be only the total weight of the package or packages concerned. Nevertheless, when the destruction, loss, damage or delay of a part of the cargo, or of an object contained therein, affects the value of other packages covered by the same air waybill, or the same receipt or, if they were not issued, by the same record preserved by the other means referred to in paragraph 2 of Article 4, the total weight of such package or packages shall also be taken into consideration in determining the limit of liability.

5. The foregoing provisions of paragraphs 1 and 2 of this Article shall not apply if it is proved that the damage resulted from an act or omission of the carrier, its servants or agents, done with intent to cause damage or recklessly and with knowledge that

témérairement et avec conscience qu'un dommage en résultera probablement, pour autant que, dans le cas d'un acte ou d'une omission de préposés ou de mandataires, la preuve soit également apportée que ceuxci ont agi dans l'exercice de leurs fonctions.

6. Les limites fixées par l'article 21 et par le présent article n'ont pas pour effet d'enlever au tribunal la faculté d'allouer en outre, conformément à sa loi, une somme correspondant à tout ou partie des dépens et autres frais de procès exposés par le de mandeur, intérêts compris. La disposition précédente ne s'applique pas lorsque le montant de l'indemnité allouée, non compris les dépens et autres frais de procès, ne dépasse pas la somme que le transporteur a offerte par écrit au demandeur dans un délai de six mois à dater du fait qui a causé le dommage ou avant l'introduction de l'instance si celleci est postérieure à ce délai.

damage would probably result; provided that, in the case of such act or omission of a servant or agent, it is also proved that such servant or agent was acting within the scope of its em ployment.

6. The limits prescribed in Article 21 and in this Article shall not prevent the court from awarding, in accordance with its own law, in addition, the whole or part of the court costs and of the other expenses of the litigation incurred by the plaintiff, including interest. The foregoing provision shall not apply if the amount of the damages awarded, excluding court costs and other expenses of the litigation, does not exceed the sum which the carrier has offered in writing to the plaintiff within a period of six months from the date of the occurrence causing the damage, or before the commencement of the action, if that is later.

Ähnliche Bestimmungen: Art. 22 WA 1929; Art. 22 WA 1955; Art. 22 WA/MP. Nr. 4 (1975); § 431 HGB (Luft- und andere Binnentransporte); Art. 23 CMR (1956/1978); Art. 30 ff. CIM 1999; Art. 6 HambR (1978); Art. 20 CMNI (2001); § 660 HGB und Art. 13 ABB-Fracht (2010).

**Schrifttum:** *D. Gran,* Das Volumengewicht – Grundlage der limitierten Haftung des Luftfrachtführers nach Maßgabe des Warschauer Abkommens, TranspR 1998, 343; *Kehrberger,* Die „faute lourde" des Art. 25 WA/HP, FestG Ruhwedel, 2004, S. 167; *Reuschle,* MÜ, Art. 22; *Ruhwedel,* Haftungsbegrenzungen und deren Durchbrechung im Luftrecht, TranspR 2004, 137; *ders.,* Der neue „Wert" einer Wertdeklaration im internationalen Luftfrachtrecht, FS Thume, 2008, S. 239; *Schobel,* Die Haftungsbegrenzung des Luftfrachtführers nach dem Warschauer Abkommen, Erlangen-Nürnberg 1992; *Wiedemann,* Die Haftungsbegrenzung des Warschauer Abkommens, Frankfurt/M. 1987.

## Übersicht

|  | Rn. |  | Rn. |
|---|---|---|---|
| I. Normzweck | 1 | 5. Rechtswirksamkeit gegenüber dem (vertraglichen) Luftfrachtführer | 12 |
| II. Regelungsgehalt | 2–7 | 6. Rechtswirksamkeit gegenüber einem nachfolgenden Luftfrachtführer | 13 |
| 1. Vereinbarungen über Haftungshöchstbeträge (Art. 25) | 2 | 7. Rechtswirksamkeit gegenüber einem „ausführenden" Luftfrachtführer | 14 |
| 2. Sonderziehungsrecht (SZR) statt Poincaré-Franc | 3 | 8. Kein Kontrahierungszwang des (vertraglichen) Luftfrachtführers | 15 |
| 3. Kilogramm statt Volumengewicht. EU-Recht | 4 | 9. Wertdeklaration und bisheriges Abkommensrecht | 16–18 |
| 4. „Gesamtgewicht" (Abs. 4) | 5 | a) Wertdeklaration und neues Abkommensrecht | 17 |
| 5. Keine Haftungserhöhung bei Dokumentenfehlern | 6 | b) Art. 21 WA 1929/1955 | 18 |
| 6. Keine Haftungserhöhung bei grobem Verschulden | 7 | 10. Gegenbeweis des Luftfrachtführers | 19 |
| III. Wertdeklaration | 8–19 | IV. Vertragsverletzungen | 20, 21 |
| 1. Schriftlichkeitserfordernis | 8 | V. Teilschäden | 22 |
| 2. Haftungsfolge einer Wertdeklaration | 9 | VI. Kosten der Rechtsverfolgung | 23 |
| 3. Unzulänglicher Inhalt | 10 | VII. Zinsen | 24 |
| 4. Einverständnis des Luftfrachtführers | 11 |  |  |

# I. Normzweck

**1**    Art. 22 schließt sich funktionell an die Vorschriften der Art. 17 ff. an, wo die Haftung des Luftfrachtführers[1] zunächst nur hinsichtlich der einzelnen Schadenstatbestände detailliert festgeschrieben und nach Art. 26 sodann auch zwingend ausgestaltet ist. Dem folgt Art. 22 mit dem zusätzlichen Festlegen diesbezüglicher und nach Art. 26 gleichfalls zwingender Mindesthaftungssummen. Diese sind bei Frachtgutschäden allerdings gleichzeitig auch die Haftungshöchstbeträge, die sowohl für den Luftfrachtführer selbst wie auch für seine „Leute" (Art. 30 Abs. 3) maßgeblich sind (Rn. 7). Inhaltlich knüpft Art. 22 an die bisherige Regelung des Art. 22 WA 1929/1955 an. Die Haftungsbeträge sind auf der Grundlage des Art. 24 MÜ mit Wirkung vom 30.12.2009 erhöht worden (Art. 24 Rn. 3).

# II. Regelungsgehalt

**2**    **1. Vereinbarungen über Haftungshöchstbeträge (Art. 25).** Mit seiner Regelung lässt Art. 22 auf der anderen Seite aber die Möglichkeit offen, dass der Luftfrachtführer dem Absender[2] bei Abschluss ihres Frachtvertrags rechtswirksam höhere Haftungsbeträge oder sogar eine völlig unlimitierte Haftung zugestehen kann. Dies sieht Art. 25 als *neue* Vorschrift innerhalb des Haftungssystems jetzt auch ausdrücklich vor. In die gleiche Richtung geht ebenso Abs. 3, wonach der vom Luftfrachtführer geschuldete Haftungsbetrag auch dann höher ausfallen kann, „wenn der Absender bei der Übergabe des Frachtstücks an den Luftfrachtführer das Interesse an der Ablieferung am Bestimmungsort betragsmäßig angegeben und den verlangten Zuschlag entrichtet hat" („Wertdeklaration") (Rn. 8 ff.).

**3**    **2. Sonderziehungsrecht (SZR) statt Poincaré-Franc.** Die zwingenden Mindesthaftungssummen sind in Art. 22 nicht mehr länger in Goldstandards, dh. iSd. ehemaligen *Poincaré-Franc* (Art. 22 Abs. 5 WA 1955), definiert. An dessen Stelle ist als neue Rechnungseinheit das Sonderziehungsrecht (SZR) des Internationalen Währungsfonds getreten. Damit dient nunmehr dieses SZR – ganz entsprechend wie die vormaligen Goldfranken – der weltweit einheitlichen Fixierung des Schadensersatzes, den ein Luftfrachtführer im Falle seiner Haftung nach den Art. 17 ff. zu leisten hat. Wegen Einzelheiten vgl. die Erl. zu Art. 23.

**4**    **3. Kilogramm statt Volumengewicht. EU-Recht.** Abs. 3 sieht insoweit vor, dass der Luftfrachtführer „bei der Beförderung von Gütern" „für Zerstörung, Verlust, Beschädigung" (Art. 18) oder bei „Verspätung" (Art. 19) nur bis zu einem Betrag von 19 Sonderziehungsrechten für das Kilogramm „haftet". Dieser Haftungsrahmen ist sodann auch übernommen in Art. 6 Abs. 3 VO (EG) Nr. 785/2004 des Europäischen Parlaments und des Rates über Versicherungsanforderungen an Luftfahrtunternehmen und Luftfahrzeugbetreiber vom 21. April 2004.[3] Vgl. im Einzelnen die Erl. zu Art. 50. Da Abs. 3 nicht – wie vergleichsweise Art. 5 Buchst. c oder Art. 11 Abs. 2 – auf das „Gewicht" (engl. Originaltext: „weight") schlechthin, sondern ausdrücklich auf das „Kilogramm" (engl. Originaltext: „per kilogramme") abstellt, muss es sehr fraglich sein, ob hier alternativ auch das „Volumengewicht"[4] zur Bestimmung des Haftungsmindestbetrags herangezogen werden kann.[5] Entscheidend dürfte in diesem Zusammenhang vielmehr das „gewogene" Gewicht („Gross Weight") sein.

---

[1] Zum „Luftfrachtführer" Art. 1 Rn. 14 ff.; zum „ausführenden" Luftfrachtführer Art. 1 Rn. 24.

[2] Zum „Absender" Art. 1 Rn. 20.

[3] ABl. EG Nr. L 138 vom 30.4.2004.

[4] Es handelt sich um eine primär für die Frachtberechnung maßgebliche Rechnungseinheit iSd. der IATA-Resolution 502 (Formel: Länge x Breite x Höhe in cm, dividiert durch 6.000).

[5] So: LG Frankfurt/M. 8.5.2002, TranspR 2002, 447. Offenlassend: OLG Frankfurt/M. 18.4.2007, TranspR 2007, 367, 372 = NJOZ 2007, 4701. S. auch: BGH 22.10.2009, NJW-RR 2010 = TranspR 2009, 479; OLG Koblenz 28.3.2011, TranspR 2013, 33: Zur Berechnung des Haftungshöchstbetrags nach Art. 22 Abs. 3 MÜ. *D. Gran* TranspR 1998, 343; *Reuschle* Art. 5 Rn. 6.

**4. „Gesamtgewicht" (Abs. 4).** Vorbehaltlich der Regelung des Abs. 4 ist im Rahmen 5 des Abs. 3 auf das Gewicht[6] der gesamten Sendung abzustellen. Dieses Gewicht ist nach Art. 5 Buchst. c auch in den „Luftfrachtbrief" (Art. 4 Abs. 1) oder in die „Empfangsbestätigung über Güter" (Art. 4 Abs. 2) einzutragen. Die diesbezüglichen Eintragungen begründen sodann nach Art. 11 Abs. 2 „die widerlegbare Vermutung ihrer Richtigkeit".

**5. Keine Haftungserhöhung bei Dokumentenfehlern.** Besonders hervorzuheben 6 ist, dass die Haftungsgrenze des Abs. 3 nicht mehr – wie bisher – hinfällig wird, wenn *kein Luftfrachtbrief* (Art. 4 Abs. 1) *ausgestellt* worden ist oder dieser selbst *keinen Hinweis* auf die nur *beschränkte Haftung* des *Luftfrachtführers* enthalten hat (anders noch: Art. 9 WA 1929/ 1955).

**6. Keine Haftungserhöhung bei grobem Verschulden.** Insbesondere bleibt diese 7 Haftungsgrenze auch dann unangefochten, wenn dem Luftfrachtführer oder seinen „Leuten" (Art. 30) der *Vorwurf* eines *besonders gravierenden Verschuldens,* wie beispielsweise Diebstahl oder Unterschlagung, zu machen ist (anders noch Art. 25 WA 1929/1955). Auch bei solchen Schadensfällen bleibt die Haftungsgrenze für den Luftfrachtführer von nun an konstant. Dies gilt auf Grund des Art. 30 Abs. 3 („…, außer bei der Beförderung von Gütern, …") auch bei einer unmittelbaren Inanspruchnahme seiner „Leute". Diesen kann bei ihrer Haftungsbeschränkung gleichfalls nicht mehr mit Erfolg entgegengehalten werden, dass ihre Handlung oder Unterlassung geschehen ist, „entweder in der Absicht, Schaden herbeizuführen, oder leichtfertig und in dem Bewusstsein begangen wurde, dass wahrscheinlich ein Schaden eintreten wird" (Abs. 5). Auf dieses Privileg kann schließlich sogar auch ein Lkw-Unternehmer zurückgreifen, der die „Luftbeförderung" auf dem Wege eines Luftfracht-Ersatzverkehrs (Art. 18 Abs. 4 S. 3) durchgeführt hat. Wegen der rechtspolitischen Aspekte vgl. im Einzelnen Art. 18 Rn. 99 f. Bei Anwendbarkeit allein *nationalen deutschen* Rechts ist die Haftung des (Luft-) Frachtführers und seiner „Leute" gemäß § 431 HGB zwar auf nur auf 8,33 SZR/kg beschränkt. Doch wird dieses Limit andererseits nach § 435 HGB stets hinfällig, wenn dem (Luft-) Frachtführer oder seinen „Leuten" der Vorwurf zu machen ist, dass sie „vorsätzlich oder leichtfertig und in dem Bewusstsein, dass ein Schaden mit Wahrscheinlichkeit eintreten werde," gehandelt haben. Vgl. im Einzelnen die Erl. in diesem KommBd. Die §§ 425 ff. HGB gelten, wenn die „Überschreitung der Lieferfrist" (§ 425 Abs. 1 HGB) nicht mehr einer „Verspätung" (Art. 19) zuzuordnen ist (Art. 19 Rn. 22).

### III. Wertdeklaration

**1. Schriftlichkeitserfordernis.** Im Rahmen des Abs. 3 kann der Absender allerdings 8 einen höheren Haftungsbetrag erwarten, wenn er von der Möglichkeit der dort vorgesehenen Wertdeklaration Gebrauch gemacht und den vom Luftfrachtführer insoweit verlangten Zuschlag gezahlt hat. Diese Wertdeklaration hat iE schriftlich[7] zu erfolgen, damit sie einem „nachfolgenden" (Art. 36) oder einem „ausführenden" (Art. 39) Luftfrachtführer gleichfalls zur Kenntnis gelangen und der Letztere ihr auch „zustimmen" (Art. 41 Abs. 2 S. 3) kann. Ansonsten bliebe dessen eigene Haftung bei dem Standard des Abs. 3, dh. bei 19 SZR/kg, stehen (Rn. 14).

**2. Haftungsfolge einer Wertdeklaration.** Eine rechtswirksame Wertdeklaration führt 9 zu dem haftungsrechtlichen Ergebnis, dass der Luftfrachtführer sich im einzelnen Schadensfall nicht mehr länger auf die in Abs. 3 vorgesehene Beschränkung seiner Haftung auf 19 SZR je Kilogramm berufen kann (Abs. 3: „diese Beschränkung gilt nicht, …"). Stattdessen wird der eingetretene Schaden auf der Grundlage des für das jeweilige Frachtgut deklarierten Wertes abgerechnet.

---

[6] S. zum „Volumengewicht": *D. Gran* TranspR 1998, 343; *Reuschle* Art. 5 Rn. 6.
[7] OGH (Wien) 26.9.2012, TranspR 2013, 204 (m. Anm. *Kornfeld*) – („eindeutig und ziffernmäßig bestimmt"); OLG Köln 16.2.1990, NJW-RR 1990, 527 = TranspR 1990, 199 = ZLW 1990, 219.

**10**    **3. Unzulänglicher Inhalt.** Doch ist zu beachten, dass die Angabe allein des *(Versicherungs-) Werts* oder des *Zollwertes* in der Transportdokumentation nicht bereits eine Wertdeklaration iSd. vorgenannten Abs. 3 darstellt.[8] Namentlich aus dem *Zollwert* allein lässt sich ein Interesse des Absenders an einer gesteigerten Haftung des Luftfrachtführers nicht ableiten. Auch der Vermerk „Valuable Cargo" kann nicht als Wertdeklaration gelten.[9] Das Verwenden der Klausel „NVD" (no value declared) spricht sogar für das Fehlen einer solchen Wertdeklaration.[10]

**11**    **4. Einverständnis des Luftfrachtführers.** Die dem (vertraglichen) Luftfrachtführer gegenüber erklärte „Wertdeklaration" ist hier kein einseitiger Rechtsakt des Fluggastes (Abs. 2) bzw. des Absenders (Abs. 3). Wie die dortigen Hinweise auf den vom Luftfrachtführer „verlangten Zuschlag" deutlich machen, handelt es sich vielmehr um eine einvernehmliche, dh. eine vertragliche, Erhöhung der jeweiligen Mindesthaftungssummen.

**12**    **5. Rechtswirksamkeit gegenüber dem (vertraglichen) Luftfrachtführer.** Diese „Wertdeklaration" kann mit Rücksicht auf Art. 41 Abs. 2 nur gegenüber dem (vertraglichen) Luftfrachtführer abgegeben werden.

**13**    **6. Rechtswirksamkeit gegenüber einem nachfolgenden Luftfrachtführer.** Doch hat eine solche „Wertdeklaration" andererseits auch dem „nachfolgenden" Luftfrachtführer gegenüber Rechtswirkung, da dieser nach Art. 36 Abs. 1 „als Partei des Beförderungsvertrags" „gilt".

**14**    **7. Rechtswirksamkeit gegenüber einem „ausführenden" Luftfrachtführer.** Hingegen ist für den „ausführenden" Luftfrachtführer (Art. 39) eine gegenüber dem „vertraglichen" Luftfrachtführer erfolgte „Wertdeklaration" zunächst ohne Bedeutung, da er im Gegensatz zu dem „nachfolgenden" Luftfrachtführer nicht auch selbst „als Partei des Beförderungsvertrags" „gilt", sondern nach Art. 40 nur „den Vorschriften dieses Übereinkommens" untersteht. Hieraus erklärt sich auch hinsichtlich der „Wertdeklaration" die ausdrückliche Feststellung in Art. 41 Abs. 2, dass „eine betragsmäßige Angabe des Interesses an der Lieferung nach Artikel 22 … gegenüber dem ausführenden Luftfrachtführer nur mit seiner Zustimmung wirksam" (ist). Ohne eine solche „Zustimmung" geht die Haftung des ausführenden Luftfrachtführers über den generellen Standard des Abs. 3, dh. nicht über 19 SZR/kg, hinaus.

**15**    **8. Kein Kontrahierungszwang des (vertraglichen) Luftfrachtführers.** Sieht man die „Wertdeklaration" als Teil einer besonderen Vereinbarung zwischen Fluggast bzw. Absender und Luftfrachtführer an (Rn. 11), so kann der Letztere eine solche Abrede andererseits auch gänzlich verweigern. Da für ihn nach Art. 27 ohnehin kein prinzipieller Kontrahierungszwang besteht, hat er auch keinen rechtlich zwingenden Anlass, den abzuschließenden Vertrag mit dem Inhalt einer haftungserhöhenden „Wertdeklaration" zu akzeptieren. Zudem ist es dem Fluggast oder dem Absender unbenommen, ihnen angemessen erscheinende, höhere Schadensersatzbeträge auf dem Weg einer eigenen Transportversicherung zu erreichen[11] (Rn. 20). Hier „entrichten" sie statt des vom Luftfrachtführer ansonsten „verlangten Zuschlags" (Abs. 3) die jeweilige Versicherungsprämie unmittelbar an den Versicherer selbst.[12]

**16**    **9. Wertdeklaration und bisheriges Abkommensrecht.** Wenn der Absender den Wert des Transportguts hingegen nicht deklariert, obwohl er weiß, dass dieses bei einer

---

[8] Hierzu OLG Frankfurt/M. 16.4.1996, NJW-RR 1997, 1060 = TranspR 1998, 123 = ZLW 1997, 281; OLG Frankfurt/M. 30.8.2004, TranspR 2004, 471, 472.
[9] OLG Frankfurt/M. 15.10.1991, TranspR 1993, 61, 64 (m. Anm. *Müller-Rostin*) = ZLW 1993, 208.
[10] OLG Frankfurt/M. 16.4.1996, NJW-RR 1997, 1060 = TranspR 1998, 123 = ZLW 1997, 281.
[11] Dies ist wohl der in der Praxis gängige Weg: *Boettge* VersR 2005, 908, Fn. 72.
[12] S. *Ruhwedel*, FS Thume, 2008, S. 239.

entsprechenden Angabe besonderen Sicherungen unterstellt wird, so hatte er sich das daraus folgende „Mitverschulden" nach dem bisherigem Abkommensrecht des Art. 21 WA 1929/ 1955 als schadensursächlich anrechnen zu lassen. Insoweit geriet er in einen „Selbstwiderspruch", wenn er einerseits den hohen Wert des Gutes nicht deklariert hatte, andererseits aber auf der Grundlage des Art. 25 WA 1929/1955 einen *vollen* Schadensersatz verlangte[13] (Art. 20 Rn. 7).

**a) Wertdeklaration und neues Abkommensrecht.** Das MÜ enthält zwar in Art. 20   **17** eine entsprechende Vorschrift über ein Mitverschulden auf Seiten des Anspruchstellers. Doch ist die Haftung des Luftfrachtführers bei Güter- und Güterverspätungsschäden nach Abs. 3 nun ganz generell auf 19 SZR/kg beschränkt. Daher kann die unterlassene oder eine zu niedrige Wertdeklaration auch nicht mehr einen Widerspruch zu späteren Ansprüchen auf einen *vollen* Schadensersatz auslösen. Insofern ist im *neuen* internationalen Luftfrachtrecht die Frage des „Selbstwiderspruchs" bzw. des Mitverschuldens gegenstandslos geworden. Aus diesen Gründen kann in dem Unterlassen einer Wertdeklaration durch den Geschädigten auch kein „Mitverschulden" iSd. Art. 20 MÜ gesehen werden.

**b) Art. 21 WA 1929/1955.** Allerdings konnten auch nach dem *bisherigen* Recht des   **18** Art. 21 WA 1929/1955 fehlende Angaben des Absenders zum Wert des Transportguts zu seiner Mithaftung nur dann führen, wenn dies für die Entstehung des Schadens kausal war, was der Luftfrachtführer darlegen und gegebenenfalls beweisen musste. Dazu gehörte, dass der Luftfrachtführer vorzutragen hatte, welche Maßnahmen, insbesondere welche zusätzlichen Sicherheitsvorkehrungen er bei einer konkreten Wertangabe ergriffen hätte und dass diese Maßnahmen die Wahrscheinlichkeit des Verlustes spürbar reduziert hätten.[14]

**10. Gegenbeweis des Luftfrachtführers.** Auch im Falle einer wirksamen „Wertdekla-   **19** ration" steht dem Luftfrachtführer schließlich immer noch der Beweis offen, dass der deklarierte Wert „höher ist als das tatsächliche Interesse des Absenders an der Ablieferung am Bestimmungsort" (Abs. 3 S. 2).

### IV. Vertragsverletzungen

Abs. 3 gilt nicht für den Fall, dass der Luftfrachtführer entgegen einer mit dem Absen-   **20** der getroffenen Vereinbarung nachfolgend keine Transportversicherung zugunsten des Versenders oder des Empfängers abschließt. Bei dieser handelt es sich nicht um eine Haftpflichtversicherung iSd. Art. 50, sondern um eine Güterversicherung, die das Sacherhaltungsinteresse des versicherten Eigentümers des transportierten Gutes erfasst.[15] Bei der genannten Vereinbarung kommt ein gesonderter Geschäftsbesorgungsvertrag zustande, der den Luftfrachtführer – unabhängig von den Haftungsbeschränkungen des MÜ – zum Schadensersatz verpflichtet, wenn er die Transportversicherung nicht eindeckt oder nach Eintritt eines Schadensfalles weder die für die Geltendmachung der

---

[13] Vgl. BGH 15.11.2001, I ZR 158/99, BGHZ 149, 337, 353 = NJW 2002, 3106 = TranspR 2002, 295 = VersR 2002, 1440; BGH 15.11.2001, I ZR 221/99, TranspR 2002, 458; BGH 13.2.2003, NJW-RR 2003, 751 = TranspR 2003, 255, 258 = NJOZ 2003, 871; BGH 8.5.2003, NJW-RR 2003, 1473 = TranspR 2003, 317 (m. Anm. *Ettrich* TranspR 2003, 443); BGH 5.6.2003, NJW 2003, 3626, 3629; BGH 9.10.2003, TranspR 2004, 175 = NJOZ 2004, 2240; BGH 23.10.2003, NJW-RR 2004, 394 = TranspR 2004, 177; BGH 2.12.2004, NJOZ 2005, 3169, 3172; BGH 19.5.2005, TranspR 2006, 114 = NJOZ 2006, 856; BGH 19.1.2006, NJW-RR 2006, 822 = VersR 2006, 953; BGH 30.3.2006, BGHZ 167, 64 = NJW-RR 2006, 1210, 1213 = TranspR 2006, 254 = VersR 2007, 226 = LMK *(Schmidt)* 2006, 185529; BGH 13.7.2006, NJW-RR 2007, 179; BGH 16.11.2006, NJW 2007, 1809, 1812 = TranspR 2007, 161 = VersR 2007, 1533; OLG Frankfurt/M. 28.5.1997, TranspR 2000, 45; OLG Frankfurt/M. 1.7.2004, NJW-RR 2004, 1485 = TranspR 2004, 464, 467; OLG Hamburg 8.3.2001, TranspR 2001, 443; OLG Düsseldorf 13.12.2006, TranspR 2007, 23; LG Hamburg 9.9.2002, TranspR 2003, 166.
[14] OLG Köln 26.3.2002, NJW-RR 2002, 1682 = TranspR 2003, 111 = VersR 2003, 269; LG Hamburg 9.9.2002, TranspR 2003, 166.
[15] Hierzu BGH 7.5.2003, NJW-RR 2003, 1107 = TranspR 2003, 320 = VersR 2003, 1171 = MDR 2003, 988.

Versicherungsleistung erforderlichen Informationen erteilt noch sich selbst um die Schadensregelung kümmert.[16]

21    Abs. 3 gilt ferner auch nicht für die Dokumentenhaftung des Luftfrachtführers nach Art. 10 Abs. 3 sowie für seine Haftung nach Art. 12 Abs. 3 bei einem voreiligen Befolgen von Weisungen des Absenders. Beide Vorschriften stehen legislativ ohnehin außerhalb des Regelungsrahmens des den Art. 22 mit enthaltenden Kapitel III des MÜ und können daher auch nicht von Abs. 3 erfasst sein.

### V. Teilschäden

22    Nach Abs. 4 ist für die Berechnung des in Abs. 3 festgelegten Haftungshöchstbetrags von 19 SZR/kg bei Teilzerstörung, -verlust, -beschädigung oder -verspätung einer aus mehreren Frachtstücken bestehenden Sendung nur auf das Gesamtgewicht der betroffenen Gegenstände abzustellen.[17] Andere Frachtstücke der Sendung sind bei der Berechnung des Gesamtgewichts nur dann mit zu berücksichtigen, wenn auch sie von dem Schadensereignis mitbetroffen worden sind. Als Sendung in dem vorgenannten Sinne werden dabei nach Abs. 4 S. 2 alle Güter angesehen, die in demselben „Luftfrachtbrief" (Art. 4 Abs. 1) bzw. in derselben „Empfangsbestätigung über die Güter" oder bei deren Fehlen in der „anderen Aufzeichnung" (Art. 4 Abs. 2) aufgeführt sind.

### VI. Kosten der Rechtsverfolgung

23    Abs. 6 bestimmt, unter welchen Voraussetzungen das streitbefasste Gericht dem Kläger über den Haftungshöchstbetrag – hier des Abs. 3 – hinaus zusätzlich noch Kosten der Rechtsverfolgung zusprechen darf. Die Vorschrift entspricht im wesentlichen Art. 22 Abs. 4 WA 1955. Wenn nach der „lex fori" *deutsches* Verfahrensrecht anzuwenden ist, hat der Luftfrachtführer „als unterliegende Partei" dem Absender bzw. dem Empfänger des Frachtguts die Kosten des Rechtsstreits nach und in dem Umfang von § 91 ZPO zu ersetzen. Die letztere Vorschrift wird durch Abs. 6 allerdings zugunsten des Luftfrachtführers verdrängt, wenn dieser dem Kläger schriftlich und innerhalb von sechs Monaten nach dem Schadensereignis einen Schadensersatzbetrag angeboten hatte, der dem später im Urteil zuerkannten Betrag entspricht. Auf eine Annahme dieses Angebots durch den Kläger oder dessen Rechtsvorgänger kommt es nicht an.[18] Die Frist von sechs Monaten verlängert sich, wenn die Schadensersatzklage gegen den Luftfrachtführer erst nach deren Ablauf erhoben worden ist. In beiden Fällen bezieht die Regelung auch die Zinsen mit ein (Rn. 24).

### VII. Zinsen

24    Prinzipiell neu in Art. 22 (Abs. 6) ist die Bezugnahme auf „Zinsen".[19] Damit soll klargestellt werden, dass auch Zinsen zu den Beträgen gehören, die *nicht* auf die Haftungshöchstsumme anzurechnen sind.

### Art. 23 Umrechnung von Rechnungseinheiten

(1) [1]**Die in diesem Übereinkommen angegebenen Beträge von Sonderziehungsrechten beziehen sich auf das vom Internationalen Währungsfonds festgelegte**

---

[16] Zu Art. 22 WA 1955: OLG Frankfurt/M. 16.4.1996, NJW-RR 1997, 1060 = TranspR 1998, 123 = ZLW 1997, 281.

[17] OLG Düsseldorf 2.11.2005, NJOZ 2006, 1071: Bei der Berechnung des Haftungshöchstbetrags nach § 431 HGB ist das Gewicht von Teilen der Ladung, die der Versender später wieder erlangt, nicht vom maßgeblichen Rohgewicht der Sendung abzuziehen.

[18] LG Darmstadt 4.8.2009, NZV 2010, 82.

[19] Die Erstattungsfähigkeit von Verzugszinsen wurde bisher verneint vom LG Frankfurt/M. 5.3.1982, ZLW 1983, 63, 69 = RIW 1982, 437. Anders hingegen OLG Frankfurt/M. 18.4.2007, TranspR 2007, 367, 373 = NJOZ 2007, 4701.

**Sonderziehungsrecht.** ²Die Umrechnung dieser Beträge in Landeswährungen erfolgt im Fall eines gerichtlichen Verfahrens nach dem Wert dieser Währungen in Sonderziehungsrechten im Zeitpunkt der Entscheidung. ³Der in Sonderziehungsrechten ausgedrückte Wert der Landeswährung eines Vertragsstaats, der Mitglied des Internationalen Währungsfonds ist, wird nach der vom Internationalen Währungsfonds angewendeten Bewertungsmethode berechnet, die im Zeitpunkt der Entscheidung für seine Operationen und Transaktionen gilt. ⁴Der in Sonderziehungsrechten ausgedrückte Wert der Landeswährung eines Vertragsstaats, der nicht Mitglied des Internationalen Währungsfonds ist, wird auf eine von diesem Staat bestimmte Weise errechnet.

(2) ¹Dessen ungeachtet können Staaten, die nicht Mitglieder des Internationalen Währungsfonds sind und deren Recht die Anwendung des Absatzes 1 nicht zulässt, bei der Ratifikation oder dem Beitritt oder jederzeit danach erklären, dass die Haftung des Luftfrachtführers in gerichtlichen Verfahren in ihrem Hoheitsgebiet im Fall des Artikels 21 auf 1 500 000 Rechnungseinheiten je Reisenden begrenzt ist, im Fall des Artikels 22 Absatz 1 auf 62 500 Werteinheiten je Reisenden, im Fall des Artikels 22 Absatz 2 auf 15 000 Werteinheiten je Reisenden und im Fall des Artikels 22 Absatz 3 auf 250 Werteinheiten für das Kilogramm. ²Eine Rechnungseinheit entspricht 65 1/2 Milligramm Gold von 900/1000 Feingehalt. ³Diese Beträge können in einen abgerundeten Betrag der Landeswährung umgerechnet werden. ⁴Die Umrechnung der Beträge in die Landeswährung erfolgt nach dem Recht des betreffenden Staates.

(3) ¹Die Berechnung nach Absatz 1 Satz 4 und die Umrechnung nach Absatz 2 ist so vorzunehmen, dass soweit wie möglich die Beträge in den Artikeln 21 und 22 demselben Realwert in der Landeswährung des Vertragsstaats entsprechen, wie er sich aus der Anwendung des Absatzes 1 Sätze 1 bis 3 ergeben würde. ²Die Vertragsstaaten unterrichten den Verwahrer bei der Hinterlegung der Ratifikations-, Annahme-, Genehmigungs- oder Beitrittsurkunde von der Berechnungsweise nach Absatz 1 oder dem Ergebnis der Umrechnung nach Absatz 2 sowie von jeder Änderung derselben.

### Art. 23 Conversion des unités monétaires

1. Les sommes indiquées en droits de tirage spéciaux dans la présente convention sont considérées comme se rapportant au droit de tirage spécial tel que défini par le Fonds monétaire international. La conversion de ces sommes en monnaies nationales s'effectuera, en cas d'instance judiciaire, suivant la valeur de ces monnaies en droit de tirage spécial à la date du jugement. La valeur, en droit de tirage spécial, d'une monnaie nationale d'un État partie qui est membre du Fonds monétaire international, est calculée selon la méthode d'évaluation appliquée par le Fonds monétaire international à la date du jugement pour ses propres opérations et transactions. La valeur, en droit de tirage spécial, d'une monnaie nationale d'un État partie qui n'est pas membre du Fonds monétaire international, est calculée de la façon déterminée par cet État.

### Art. 23 Conversion of Monetary Units

1. The sums mentioned in terms of Special Drawing Right in this Convention shall be deemed to refer to the Special Drawing Right as defined by the International Monetary Fund. Conversion of the sums into national currencies shall, in case of judicial proceedings, be made according to the value of such currencies in terms of the Special Drawing Right at the date of the judgement. The value of a national currency, in terms of the Special Drawing Right, of a State Party which is a Member of the International Monetary Fund, shall be calculated in accordance with the method of valuation applied by the International Monetary Fund, in effect at the date of the judgement, for its operations and transactions. The value of a national currency, in terms of the Special Drawing Right, of a State Party which is not a Member of the International Mone-

2. Toutefois, les États qui ne sont pas membres du Fonds monétaire international et dont la législation ne permet pas d'appliquer les dispositions du paragraphe 1 du présent article, peuvent, au moment de la ratification ou de l'adhésion, ou à tout moment par la suite, déclarer que la limite de responsabilité du transporteur prescrite à l'article 21 est fixée, dans les procédures judiciaires sur leur territoire, à la somme de 1 500 000 unités monétaires par passager; 62 500 unités monétaires par passager pour ce qui concerne le paragraphe 1 de l'article 22; 15 000 unités monétaires par passager pour ce qui concerne le paragraphe 2 de l'article 22; et 250 unitésmonétaires par kilogramme pour ce quiconcerne le paragraphe 3 de l'article 22. Cette unité monétaire correspond à soixantecinq milligrammes et demi d'or autitre de neuf cents millièmes de fin. Lessommes peuvent être converties dans la monnaie nationale concernée en chiffresronds. La conversion de ces sommes en mon naie nationale s'effectuera confor mément à la législation de l'État en cause.

3. Le calcul mentionné dans la dernière phrase du paragraphe 1 du présent article et la conversion mentionnée au paragraphe 2 du présent article sont effectués de façon à exprimer en monnaie nationale de l'État partie la même valeur réelle, dans la mesure du possible, pour les montants prévus aux articles 21 et 22, que celle qui découlerait de l'application des trois premières phrases du paragraphe 1 du présent article. Les États parties communiquent au dépositaire leur méthode de calcul conformément au paragraphe 1 du présent article ou les résultats de la conversion conformément au paragraphe 2 du présent article, selon le cas, lors du dépôt de leur instrument de ratification, d'acceptation ou d'approbation de la présente convention ou d'adhésion à celleci et chaque fois qu'un changement se produit dans cette méthode de calcul ou dans ces résultats.

tary Fund, shall be calculated in a manner determined by that State.

2. Nevertheless, those States which are not Members of the International Monetary Fund and whose law does not permit the application of the provisions of paragraph 1 of this Article may, at the time of ratification or accession or at any time thereafter, declare that the limit of liability of the carrier prescribed in Article 21 is fixed at a sum of 1 500 000 monetary units per passenger in judicial proceedings in their territories; 62 500 monetary units per passenger with respect to paragraph 1 of Article 22; 15 000 monetary units per passenger with respect to paragraph 2 of Article 22; and 250 monetary units per kilogramme with respect to paragraph 3 of Article 22. This monetary unit corresponds to sixty-five and a half milligrammes of gold of millesimal fineness nine hundred. These sums may be converted into the national currency concerned in round figures. The conversion of these sums into national currency shall be made according to the law of the State concerned.

3. The calculation mentioned in the last sentence of paragraph 1 of this Article and the conversion method mentioned in paragraph 2 of this Article shall be made in such manner as to express in the national currency of the State Party as far as possible the same real value for the amounts in Articles 21 and 22 as would result from the application of the first three sentences of paragraph 1 of this Article. States Parties shall communicate to the depositary the manner of calculation pursuant to paragraph 1 of this Article, or the result of the conversion in paragraph 2 of this Article as the case may be, when depositing an instrument of ratification, acceptance, approval of or accession to this Convention and whenever there is a change in either.

Ähnliche Bestimmungen: Art. 22 Abs. 4 WA 1929; Art. 22 Abs. 5 WA 1955; Art. 22 Abs. 4 WA/MP Nr. 3 (1975); Art. 22 Abs. 6 MP Nr. 4 (1975); § 431 Abs. 4 HGB (Luft- und andere Binnentransporte); Art. 23 Nr. 7 CMR (1956/1978); Art. 30 § 2 CIM 1999; Art. 26 HambR (1978); Art. 28 CMNI (2001); § 660 HGB und Art. 13 ABB-Fracht (2010).

## Übersicht

|  | Rn. |  | Rn. |
|---|---|---|---|
| **I. Normzweck** | 1 | 5. SZR und Luftbeförderungsrecht | 6–8 |
| **II. Regelungsgehalt** | 2–9 | 6. SZR und Transportrecht | 9 |
| 1. Internationale Einheitlichkeit der Haftungsbeschränkung des Luftfrachtführers | 2 | **III. Die Umrechnung des SZR** | 10–17 |
|  |  | 1. „Zeitpunkt der Entscheidung" | 10 |
| 2. Nicht-Vertragsstaaten des Internationalen Währungsfonds | 3 | 2. Außergerichtliche Schadensregulierung | 11–17 |
|  |  | a) Das MontÜG und § 431 Abs. 4 HGB | 12–15 |
| 3. Ehemaliger „Poincaré-Franc" | 4 | b) § 431 Abs. 4 HGB und § 49b LuftVG | 16, 17 |
| 4. Der aktuelle Kurs eines SZR | 5 |  |  |

## I. Normzweck

Abs. 1 definiert den in den vorausgegangenen Art. 21 und 22 verwendeten Begriff des **1** „Sonderziehungsrechts" (SZR) (engl. Originaltext: „Special Drawing Right" – SDR) des Internationalen Währungsfonds (IWF). Das SZR dient in den genannten Bestimmungen der rechnerischen Fixierung des maximalen Schadensersatzes, den ein Luftfrachtführer[1] im Falle seiner Haftung nach den Art. 17 ff. zu leisten hat. Inhaltlich knüpft Art. 23 an die bisherige Regelung des Art. 22 Abs. 5 WA 1955 an.

## II. Regelungsgehalt

**1. Internationale Einheitlichkeit der Haftungsbeschränkung des Luftfrachtführers.** Mit der Definition des SZR innerhalb des Übereinkommens selbst bezweckt Art. 23 – **2** wie bisher schon entsprechend Art. 22 WA 1929/1955 – eine mit Rücksicht auf die weltweite Dimension des Luftverkehrs möglichst internationale Einheitlichkeit der Haftungsbeschränkungen des Luftfrachtführers bei *Personen-, Gepäck-, Güter-* und *Verspätungsschäden.* Eine solche weltweit einheitliche Limitierung erfolgte im Rahmen des Art. 22 WA 1929/ 1955 noch auf der Grundlage des „Poincaré-Franc", dh. einer Rechnungseinheit von 651/ 2 Milligramm Gold von 900/1000 Feingehalt (Art. 22 Abs. 4 WA 1929).

**2. Nicht-Vertragsstaaten des Internationalen Währungsfonds.** Abs. 1 Satz 4 sowie **3** die Abs. 2 und 3 enthalten Umrechnungsregeln für solche Staaten, die – ausnahmsweise – nicht zu den Vertragsstaaten des IWF gehören. Hier erfolgt die Umrechnung grundsätzlich nach dem nationalen Recht und Modus des betreffenden Staates.

**3. Ehemaliger „Poincaré-Franc".** Die Ersetzung des Poincaré-Franc (Art. 22 WA **4** 1929/1955) durch das SZR (Art. 23) erfolgte mit Rücksicht auf die modernen Entwicklungen im Weltwährungssystem. Wegen der zunehmenden Verdrängung des Goldes[2] als wichtigstes Zahlungs- und Reservemedium in diesem System hatte der am 27.12.1945 mit Sitz in Washington, D. C., gegründete Internationale Währungsfonds (IWF)[3] (engl. Originaltext: „International Monetary Fund" – IMF) schon 1969 das Sonderziehungsrecht (SZR) als ein neues globales Reserveinstrument geschaffen.[4] Seit dem 1.7.1974 wird das SZR mit Hilfe eines „Währungskorbs" berechnet, dessen Währungszusammensetzung und Gewichtung alle fünf Jahre überprüft wird. Dieser „Währungskorb" enthält feste Beträge der vier wichtigsten Weltwährungen, dh. des britischen Pfund, des Euro, des US-Dollar und des Yen. Dem IWF als internationaler Organisation gehören über 180 Mitgliedsstaaten, darunter

---

[1] Zum „Luftfrachtführer" Art. 1 Rn. 14 ff.; zum „ausführenden" Luftfrachtführer: Art. 1 Rn. 24.
[2] Aufhebung der Goldkonvertibilität des US-Dollars, Abschaffung des offiziellen Goldpreises und Beseitigung der Funktion des Goldes als gemeinsame Bezugsgröße für die Wechselkurse.
[3] Internet-Seite: www.imf.org.
[4] Wegen Einzelheiten vgl.: *Ehlers,* Montrealer Protokolle Nr. 3 und 4 ..., 36 ff.; MüKoHGB/Kronke, Bd. 7 (Transportrecht), 1. Aufl. 1997, Art. 22 WA 1955 Rn. 39.

auch *Deutschland,*[5] an. Der amtliche Kurs des Sonderziehungsrechts wird vom IWF (werk-) täglich neu berechnet und bekannt gemacht.

**5**   **4. Der aktuelle Kurs eines SZR.** Der Kurs des SZR wird in *Deutschland* veröffentlicht im *„Bundesanzeiger".* Sein Wert liegt zurzeit[6] in einer Schwankungsbreite um 1,2 Euro. Das SZR ist iE kein Zahlungsmittel, sondern wie der vormalige „Poincaré-Franc" des Art. 22 WA 1929/1955 nur eine künstliche Rechnungseinheit, deren Umrechnungskurs zur jeweiligen Landeswährung erst ermittelt werden muss.

**6**   **5. SZR und Luftbeförderungsrecht.** Entsprechend der geschilderten währungspolitischen Entwertung des Goldes auf dem Weltmarkt entschied man sich im Jahre 1975 auf der 9. Luftrechtskonferenz der ICAO in Montreal,[7] die Errechnung auch der vom Luftfrachtführer nach den Art. 17 ff. WA geschuldeten Ersatzleistungen völkerrechtlich nicht mehr länger auf der Grundlage von Gold vorzunehmen.

**7**   Stattdessen wurde mit der Verabschiedung der luftrechtlichen Montrealer Protokolle Nr. 3[8] und Nr. 4[9] hier als neue Rechnungseinheit das Sonderziehungsrecht des Internationalen Währungsfonds eingeführt. Diesem Abrechnungsmodus[10] schließt sich nun auch Art. 23 an. Damit wird der ursprünglich mit dem Einführen des „Poincaré-Franc" angestrebte Zustand hergestellt, dass die Entschädigung, die wegen eines bei einer Luftbeförderung entstandenen Schadens nach den Art. 17 ff. zu zahlen ist, nicht von den Schwankungen einer einzelnen Währung abhängig ist. Sie hat zudem in allen Vertragsstaaten des Übereinkommens stets annähernd den gleichen Wert.[11]

**8**   Stabilisierend wirkt hier im weiteren auch, dass das MÜ – im Gegensatz zu Art. 9 und Art. 25 WA 1929/1955 – bei Güter- und Güterverspätungsschäden (Art. 18 und 19) nicht mehr die klägerisch-individuelle Durchbrechung der hier entsprechenden Haftungslimitierung kennt, und zwar noch nicht einmal in den Fällen eines gravierenden Verschuldens auf Seiten des Luftfrachtführers (Art. 18 Rn. 98 f.).

**9**   **6. SZR und Transportrecht.** Der Berechnungsfaktor des SZR gilt iE nicht nur im internationalen Luftfahrtrecht, sondern ebenso auch bei den entsprechenden Haftungsbeschränkungen in anderen Transportrechtsbereichen, wie namentlich im *internationalen Postverkehr,*[12] im *Seehandel* (Art. 26 HambR von 1978, § 660 HGB), im *internationalen Straßengüterverkehr* (Art. 23 Nr. 7 CMR 1956/1978),[13] im *internationalen Eisenbahnverkehr* (Art. 30 § 2 CIM 1999),[14] bei *grenzüberschreitenden Binnenschiffstransporten* (Art. 28 CMNI 2001)[15] sowie bei *deutschen Binnentransporten* (§ 431 Abs. 4 HGB).[16]

---

[5] BGBl. 1968 II S. 1225. Die Goldparität des SZR ist auf Grund der 2. Änderung und Ergänzung des Übereinkommens über den IWF (BGBl. 1978 II S. 13) weggefallen.

[6] Tagesaktuelle Werte des SZR in EURO unter: www.bundesanzeiger.de oder www.imf.org.

[7] Hierzu: *Ehlers,* Montrealer Protokolle Nr. 3 und 4 …, 23 ff.; MüKoHGB/Kronke, Bd. 7 (Transportrecht), 1. Aufl. 1997, Art. 22 WA 1955 Rn. 39.

[8] Additional Protocol Nr. 3 from 25.9.1975. Amending Warsaw Convention of 1929 as amended by the Hague Protocol of 1955 and Guatemala City Protocol of 1971 (ICAO-Doc 9147). Diese Fassung des Warschauer Abkommens ist bisher nicht in Kraft getreten. S. hierzu auch Art. 55 Abs. 1 Buchst. e.

[9] Additional Protocol Nr. 4 from 25.9.1975. Amending Warsaw Convention of 1929 as amended by the Hague Protocol of 1955 (ICAO-Doc 9148). Diese Fassung des Warschauer Abkommens ist am 14.6.1998 in Kraft getreten. Sie wurde bisher von 53 Staaten ratifiziert. *Deutschland* gehört nicht zu den Vertragsstaaten. S. hierzu auch Art. 55 Abs. 1 Buchst. e sowie Einl. MÜ Rn. 22.

[10] Mit der Ratifikation des MÜ durch *Deutschland* ist für Flüge von oder nach anderen Vertragsstaaten des MÜ gegenstandslos geworden die: „Vierte Verordnung über den Umrechnungssatz für französische Franken bei Anwendung des Ersten Abkommens zur Vereinheitlichung des Luftprivatrechts" vom 4.12.1973 (BGBl. I S. 1815).

[11] Denkschrift, BT-Drucks. 15/2285 S. 44 (zu Art. 22).

[12] Art. 34 f. Weltpostvertrag vom 15. September 1999 (BGBl. 2002 II S. 1446). Bek. vom 31.3.2003 (BGBl. II S. 327). S. hierzu auch die Erl. in diesem KommBd.

[13] S. hierzu auch die Erl. in diesem KommBd.

[14] Art. 9 des Übereinkommens über den internationalen Eisenbahnverkehr (COTIF) vom 9.5.1980 idF des Änderungsprotokolls vom 3.6.1999. S. hierzu auch die Erl. in diesem KommBd.

[15] S. hierzu auch die Erl. in diesem KommBd.

[16] S. hierzu auch die Erl. in diesem KommBd.

### III. Die Umrechnung des SZR

**1. „Zeitpunkt der Entscheidung".** Abs. 1 Satz 2 stellt für eine Umrechnung des SZR  **10**
„in Landeswährungen" auf die Anhängigkeit eines „gerichtlichen Verfahrens" (engl. Originaltext: „in case of judical proceedings") und hier wiederum auf den „Zeitpunkt der Entscheidung" ab. Auf diese Weise ist sichergestellt, dass der Wert eines Schadensersatzanspruchs auch im Falle eines Prozesses bis zu einem möglichst spät liegenden Zeitpunkt stabil bleibt. Dieser Aspekt ist namentlich in Staaten von Bedeutung, deren Währungen großen Wechselkursschwankungen unterliegen.[17] Maßgebend ist iE der Tag der Verkündung des letztinstanzlichen Urteils, so dass es, wenn ein Revisionsgericht entscheidet, auf dessen Urteil ankommt.[18] Monetär sollte beim Umrechnungskurs aber nicht formal auf den Moment der „Verkündung"[19] selbst abgestellt werden, sondern realistischerweise „auf den Tag, an dem die mündliche Verhandlung im Erkenntnisverfahren geschlossen wird"[20] (*engl.* Originaltext: „at the date of the judgment"; *franz.* Originaltext: „à la date du jugement").

**2. Außergerichtliche Schadensregulierung.** Welcher Zeitpunkt im Fall einer außer-  **11**
gerichtlichen Regulierung des Schadens maßgeblich sein soll, ist im MÜ hingegen nicht geregelt. Insoweit ist bei Anwendbarkeit *deutschen* Rechts (Art 3 ff. Rom I-VO) das Gesetz zur Harmonisierung des Haftungsrechts im Luftverkehr vom 6. April 2004[21] maßgeblich.

**a) Das MontÜG und § 431 Abs. 4 HGB.** Das MontÜG enthält in seinem Art. 1 das  **12**
Gesetz zur Durchführung des Übereinkommens vom 28. Mai 1999 zur Vereinheitlichung bestimmter Vorschriften über die Beförderung im internationalen Luftverkehr (Montrealer-Übereinkommen-Durchführungsgesetz – MontÜG).[22]
§ 3 MontÜG lautet:                                                **13**

#### § 3 Umrechnung des Sonderziehungsrechts des Internationalen Währungsfonds

Soweit sich aus Artikel 23 Abs. 1 des Montrealer Übereinkommens nicht etwas anderes ergibt, bestimmt sich die Umrechnung der im Montrealer Übereinkommen in Sonderziehungsrechten ausgedrückten Haftungshöchstbeträge für Schäden wegen Zerstörung, Verlust, Beschädigung oder verspäteter Ablieferung von Gütern nach § 431 Abs. 4 des Handelsgesetzbuchs, für andere Schäden nach § 49b des Luftverkehrsgesetzes.

Die in dem vorstehenden § 3 MontÜG zitierten Gesetzesbestimmungen beziehen sich  **14**
in § 431 Abs. 4 HGB auf Gütertransporte und in § 49b LuftVG auf die Luftbeförderung von Personen und deren Gepäck.
Die letztgenannten Vorschriften des § 431 Abs. 4 HGB bzw. des § 49b LuftVG haben  **15**
folgenden Wortlaut:

---

[17] Denkschrift, BT-Drucks. 15/2285 S. 46 (zu Art. 23).
[18] Zu Art. 23 CMR: BGH 5.6.1981, LM CMR Nr. 20 = TranspR 1981, 130, 131 = VersR 1981, 1030, 1031; BGH 6.2.1997, NJW-RR 1997, 1121, 1122 = TranspR 1997, 335, 337 = VersR 1997, 1298.
[19] Zu Art. 23 CMR: BGH (wie vor).
[20] Zu Art. 22 WA/MP Nr. 4 (1975): OLG Frankfurt/M. 18.4.2007, TranspR 2007, 367 = NJOZ 2007, 4701: (LS) „Welchen Wert 17 (19) Sonderziehungsrechte iSd. Art. 22 WA/HP/MP 4 in der Landeswährung des Vertragsstatuts entsprechen, ergibt sich aus dem Umrechnungskurs SZR zur Landeswährung am Tag, an dem die mündliche Verhandlung im Erkenntnisverfahren geschlossen wird".
[21] BGBl. 2004 I S. 549.
[22] Geändert durch Art. 1 G zur Anpassung luftversicherungsrechtlicher Vorschriften vom 19.4.2005 (BGBl. I S. 1070). Nunmehr: „Gesetz zur Durchführung des Übereinkommens vom 28. Mai 1999 zur Vereinheitlichung bestimmter Vorschriften über die Beförderung im internationalen Luftverkehr und zur Durchführung der Versicherungspflicht zur Deckung der Haftung für Güterschäden nach der Verordnung (EG) Nr. 785/2004 (Montrealer-Übereinkommen-Durchführungsgesetz – MontÜG)". Art. 336 der 9. ZuständigkeitsanpassungsVO vom 31.10.2006 (BGBl. I S. 2407) hat in § 4 Abs. 3 S. 1 MontÜG den Text „und Wohnungswesen" durch die Worte „und Stadtentwicklung" ersetzt. Letzte Änderung des MontÜG durch Art. 5 G vom 24.8.2009 (BGBl. I S. 2942). Abdruck des MontÜG unten nach Art. 57 MÜ. Vgl. für *Österreich:* Bundesgesetz, mit dem das Luftfahrtgesetz und das Bundesgesetz über den zwischenstaatlichen Luftverkehr 1997 geändert werden, vom 23. Juni 2006, (BGBl. Nr. 88/2006); für die *Schweiz:* Verordnung über den Lufttransport (LTrV) vom 17. August 2005 (AS 2005/1245).

#### § 431 Abs. 4 HGB. Haftungshöchstbetrag

(4) Die in den Absätzen 1 und 2 genannte Rechnungseinheit ist das Sonderziehungsrecht des Internationalen Währungsfonds. Der Betrag wird in Euro entsprechend dem Wert des Euro gegenüber dem Sonderziehungsrecht am Tag der Übernahme des Gutes zur Beförderung oder an dem von den Parteien vereinbarten Tag umgerechnet. Der Wert des Euro gegenüber dem Sonderziehungsrecht wird nach der Berechnungsmethode ermittelt, die der Internationale Währungsfonds an dem betreffenden Tag für seine Operationen und Transaktionen anwendet.

#### § 49b LuftVG. Umrechnung von Rechnungseinheiten

Die in den §§ 45 bis 47 genannte Rechnungseinheit ist das Sonderziehungsrecht des Internationalen Währungsfonds. Der Betrag wird in Euro gegenüber dem Sonderziehungsrecht zum Zeitpunkt der Zahlung oder, wenn der Anspruch Gegenstand eines gerichtlichen Verfahrens, zum Zeitpunkt der die Tatsacheninstanz abschließenden Entscheidung umgerechnet. Der Wert des Euro gegenüber dem Sonderziehungsrecht wird nach der Berechnungsmethode ermittelt, die der Internationale Währungsfonds an dem betreffenden Tag für seine Operationen und Transaktionen anwendet.

16     **b) § 431 Abs. 4 HGB und § 49b LuftVG.** Während Abs. 1 Satz 2 sich darauf beschränkt, die Umrechnung des Sonderziehungsrechts nur für die Fälle der Anhängigkeit eines gerichtlichen Verfahrens festzuschreiben, treffen die vorzitierten § 431 Abs. 4 HGB und § 49b LuftVG entsprechende Zeitbestimmungen für außergerichtliche Schadensregulierungen.

17     Der maßgebliche Zeitpunkt für die Umrechnung ist beim Gütertransport im Rahmen des § 431 Abs. 4 HGB der Wert des SZR am Tag der Übernahme des Gutes zur Beförderung oder der von den Parteien vereinbarte Tag. Diese „Übernahme zur Beförderung" bestimmt sich haftungsrechtlich allerdings nicht nach § 425 Abs. 1 HGB und dessen insoweit übereinstimmenden Wortlaut, sondern bei einer „internationalen Beförderung" (Art. 1 Abs. 2) weiterhin nach Art. 18 Abs. 1 und 3 (Art. 18 Rn. 41). Bei der Beförderung von Fluggästen und deren Gepäck handelt es sich nach § 49b LuftVG bei dem für die Umrechnung maßgeblichen Zeitpunkt um den der Zahlung. Ähnlich wie bei Abs. 1 S. 2 entscheidet auch hier im Übrigen der Zeitpunkt der die Tatsacheninstanz abschließenden Entscheidung.

### Art. 24 Überprüfung der Haftungshöchstbeträge

(1) ¹Unbeschadet des Artikels 25 und vorbehaltlich des Absatzes 2 werden die Haftungshöchstbeträge nach den Artikeln 21, 22 und 23 vom Verwahrer nach jeweils fünf Jahren überprüft; die erste Überprüfung ist am Ende des fünften Jahres vorzunehmen, das auf das Inkrafttreten dieses Übereinkommens folgt, oder, wenn das Übereinkommen nicht innerhalb von fünf Jahren ab dem Tag, an dem es erstmals zur Unterzeichnung aufliegt, in Kraft tritt, innerhalb des ersten Jahres nach Inkrafttreten; der Überprüfung ist ein Inflationsfaktor zugrunde zu legen, welcher der kumulierten Inflationsrate seit der vorherigen Überprüfung oder, beim ersten Mal, seit Inkrafttreten des Übereinkommens entspricht. ²Die für die Bestimmung des Inflationsfaktors zu verwendende Inflationsrate ist der gewogene Mittelwert der jährlichen Zuwachs- oder Rückgangsraten der Verbraucherpreisindizes der Staaten, deren Währungen das in Artikel 23 Absatz 1 genannte Sonderziehungsrecht bilden.

(2) ¹Ergibt die in Absatz 1 genannte Überprüfung, dass der Inflationsfaktor 10 vom Hundert übersteigt, so notifiziert der Verwahrer den Vertragsstaaten die angepassten Haftungshöchstbeträge. ²Jede Anpassung tritt sechs Monate nach ihrer Notifikation an die Vertragsstaaten in Kraft. ³Teilt innerhalb von drei Monaten nach der Notifikation an die Vertragsstaaten eine Mehrheit der Vertragsstaaten ihre Ablehnung mit, so tritt die Anpassung nicht in Kraft; in diesem Fall unterbreitet der Verwahrer die Angelegenheit einer Zusammenkunft der Vertragsstaaten.

[4]Der Verwahrer notifiziert allen Vertragsstaaten unverzüglich das Inkrafttreten jeder Anpassung.

(3) [1]Unbeschadet des Absatzes 1 ist das in Absatz 2 genannte Verfahren auf Verlangen eines Drittels der Vertragsstaaten jederzeit anzuwenden, wenn der in Absatz 1 genannte Inflationsfaktor seit der vorherigen Überprüfung oder, wenn eine solche nicht erfolgt ist, seit Inkrafttreten des Übereinkommens, 30 vom Hundert überstiegen hat. [2]Weitere Überprüfungen nach dem in Absatz 1 beschriebenen Verfahren werden nach jeweils fünf Jahren vorgenommen, erstmals am Ende des fünften Jahres, das auf eine Überprüfung nach diesem Absatz folgt.

## Art. 24 Révision des limites

1. Sans préjudice des dispositions de l'article 25 de la présente convention et sous réserve du paragraphe 2 cidessous, les limites de responsabilité prescrites aux articles 21, 22 et 23 sont révisées par le dépositaire tous les cinq ans, la première révision intervenant à la fin de la cinquième année suivant la date d'entrée en vigueur de la présente convention, ou si la convention n'entre pas en vigueur dans les cinq ans qui suivent la date à laquelle elle est pour la première fois ouverte à la signature, dans l'année de son entrée en vigueur, moyennant l'application d'un coefficient pour inflation correspondant au taux cumulatif de l'inflation depuis la révision précédente ou, dans le cas d'une première révision, depuis la date d'entrée en vigueur de la convention. La mesure du taux d'inflation à utiliser pour déterminer le coefficient pour inflation est la moyenne pondérée des taux annuels de la hausse ou de la baisse des indices de prix à la consommation des états dont les monnaies composent le droit de tirage spécial cité au paragraphe 1 de l'article 23.

2. Si la révision mentionnée au paragraphe précédent conclut que le coefficient pour inflation a dépassé 10 %, le dépositaire notifie aux états parties une révision des limites de responsabilité. Toute révision ainsi adoptée prend effet six mois après sa notification aux états parties. Si, dans les trois mois qui suivent cette notification aux états parties, une majorité des états parties notifie sa désapprobation, la révision ne prend pas effet et le dépositaire renvoie la question à une réunion des états parties. Le dépositaire notifie immédiatement à tous les états parties l'entrée en vigueur de toute révision.

3. Nonobstant le paragraphe 1 du présent article, la procédure évoquée au paragra-

## Art. 24 Review of Limits

1. Without prejudice to the provisions of Article 25 of this Convention and subject to paragraph 2 below, the limits of liability prescribed in Articles 21, 22 and 23 shall be reviewed by the Depositary at five-year intervals, the first such review to take place at the end of the fifth year following the date of entry into force of this Convention, or if the Convention does not enter into force within five years of the date it is first open for signature, within the first year of its entry into force, by reference to an inflation factor which corresponds to the accumulated rate of inflation since the previous revision or in the first instance since the date of entry into force of the Convention. The measure of the rate of inflation to be used in determining the inflation factor shall be the weighted average of the annual rates of increase or decrease in the Consumer Price Indices of the States whose currencies comprise the Special Drawing Right mentioned in paragraph 1 of Article 23.

2. If the review referred to in the preceding paragraph concludes that the inflation factor has exceeded 10 per cent, the Depositary shall notify States Parties of a revision of the limits of liability. Any such revision shall become effective six months after its notification to the States Parties. If within three months after its notification to the States Parties a majority of the States Parties register their disapproval, the revision shall not become effective and the Depositary shall refer the matter to a meeting of the States Parties. The Depositary shall immediately notify all States Parties of the coming into force of any revision.

3. Notwithstanding paragraph 1 of this Article, the procedure referred to in para-

phe 2 du présent article est applicable à tout moment, à condition qu'un tiers des états parties exprime un souhait dans ce sens et à condition que le coefficient pour inflation visé au paragraphe 1 soit supérieur à 30 % de ce qu'il était à la date de la révision précédente ou à la date d'entrée en vigueur de la présente convention s'il n'y a pas eu de révision antérieure. Les révisions ultérieures selon la procédure décrite au paragraphe 1 du présent article interviennent tous les cinq ans à partir de la fin de la cinquième année suivant la date de la révision inter venue en vertu du présent paragraphe.

graph 2 of this Article shall be applied at any time provided that one-third of the States Parties express a desire to that effect and upon condition that the inflation factor referred to in paragraph 1 has exceeded 30 per cent since the previous revision or since the date of entry into force of this Convention if there has been no previous revision. Subsequent reviews using the procedure described in paragraph 1 of this Article will take place at five-year intervals starting at the end of the fifth year following the date of the reviews under the present paragraph.

**Schrifttum:** *Reuschle,* MÜ, Art. 24.

# I. Normzweck

1     **Art. 24** hat weder im WA 1929/1955 noch im übrigen Völkerrecht eine entsprechende Vorgängervorschrift. Die neue Bestimmung trägt iE dem Gedanken Rechnung, dass die in Art. 17 (Personen- und Gepäckschäden), Art. 18 (Güterschäden) und Art. 19 (Verspätungsschäden) dem Luftfrachtführer gemäß **Art. 22 MÜ** auferlegte **strikte Haftung** durch künftige inflationäre Entwicklungen **entwertet** werden könnte. Damit wäre zugleich auch das ausgewogene Haftungskonzept des MÜ insgesamt beeinträchtigt. Dementsprechend war hier eine wirksame Vorsorge zu treffen. Insoweit allein auf künftige Novellierungen des Übereinkommens selbst zu setzen, erschien indessen nicht ratsam.

2     Die Erfahrungen in den vorausgegangenen Jahrzehnten waren in diesem Punkt nicht positiv. So konnte das im Jahre 1929 formulierte Warschauer Abkommen erst im Jahre 1955 durch das Haager Protokoll von 1955 (WA 1929/1955) haftungsrechtlich novelliert werden. Auch erreichte die Zahl der Ratifikationsstaaten der neuen Abkommensfassung bedauerlicherweise nicht die der ersten Fassung. Ein ähnliches Schicksal erlitten die Montrealer Protokolle Nr. 1–4, die sogar erst im Jahre 1975 verabschiedet werden konnten. Sie traten zudem nur für wenige Vertragsstaaten des WA 1929/1955 überhaupt in Kraft. Vor diesem Hintergrund musste eine praktikablere völkerrechtliche Lösung gefunden werden, die einerseits eine zeitaufwendige Novellierung des gesamten Abkommens verfahrensrechtlich entbehrlich machte, andererseits aber die Struktur des Abkommens nicht missachtete. Art. 24 regelt deshalb für diesen haftungsrechtlichen Teilbereich des MÜ ein vereinfachtes Novellierungsverfahren. Dieses ist iE nicht mehr länger an die Einstimmigkeit aller Vertragsstaaten des MÜ gebunden. Gleichwohl ist sein haftungsrechtliches Ergebnis aber für alle diese Staaten völkerrechtlich unmittelbar verbindlich.

# II. Regelungsgehalt

3     Dieses vereinfachte Novellierungsverfahren, das periodisch stattzufinden hat, ist inzwischen erstmals abgewickelt worden. Mit Notifikation vom 30. Juni 2009 (State Letter 09/047) hat die Internationale Zivilluftfahrtorganisation (ICAO) gemäß **Abs. 2** mitgeteilt,[1] dass nach dem dort vorgesehenen vereinfachten Verfahren eine Anpassung der Höchstgrenzen einer Haftung des Luftfrachtführers für Passagier- und Güterschäden nach den Art. 17 ff. MÜ an die inzwischen zu verzeichnende Teuerungsrate von 13,1 Prozent erfolgen soll. Nachdem eine Mehrheit der Vertragsstaaten der notifizierten Erhöhung nicht widersprochen hat, traten nach der weiteren Notifikation der ICAO vom 4. November 2009 (State Letter 09/087) die neuen Höchsthaftungssätze am **30. Dezember 2009** in Kraft. Um diese

---

[1] S. BT-Drucks. 17/1293 vom 31.3.2010.

Änderung des MÜ in das *deutsche* Recht zu übernehmen, ist am 14. Dezember 2009 eine Rechtsverordnung nach Art. 2 des Vertragsgesetzes zum MÜ vom 6. April 2004 (BGBl. 2004 II 458) erlassen worden.[2]

Seither gilt als Haftungshöchstbetrag iSd. **Art. 22 Abs. 3 MÜ** bei *Zerstörung, Verlust,* 4 *Beschädigung* oder *Verspätung* von **Gütern** im Rahmen der **Art. 18 f. MÜ** nicht mehr länger der Betrag von 17 SZR/kg (WA 1929/1955), sondern der von **19 SZR/kg.**

Eine entsprechende Haftungskorrektur erfolgte auch bezüglich Personen- und Reisegepäckschäden iSd. Art. 17 MÜ. Insoweit sind sodann nachfolgend sowohl das EU-Gemeinschaftsrecht wie durch das 2. LuftHaftRHG[3] auch die Vorschriften der §§ 45 f. des *deutschen* LuftVG korrigiert worden.

## Art. 25 Vereinbarungen über Haftungshöchstbeträge

**Ein Luftfrachtführer kann sich im Beförderungsvertrag höheren als die in diesem Übereinkommen vorgesehenen Haftungshöchstbeträgen unterwerfen oder auf Haftungshöchstbeträge verzichten.**

### Art. 25 Stipulation de limites

Un transporteur peut stipuler que le contrat de transport peut fixer des limites de responsabilité plus élevées que celles qui sont prévues dans la présente convention, ou ne comporter aucune limite de responsabilité.

### Art. 25 Stipulation on Limits

A carrier may stipulate that the contract of carriage shall be subject to higher limits of liability than those provided for in this Convention or to no limits of liability whatso ever.

**Schrifttum:** *Brinkmann,* Zum Konflikt von Ziff. 27 ADSp und der Haftungsbeschränkung nach dem Montrealer Übereinkommen, TranspR 2010, 216; *Ruhwedel,* Der neue „Wert" einer Wertdeklaration im internationalen Luftfrachtrecht, FS Thume, 2008, S. 239.

## I. Normzweck

Art. 25 nimmt den in Art. 27 zugunsten des Luftfrachtführers[1] aufgestellten Grundsatz 1 seiner Vertragsfreiheit („Verzichten auf Einwendungen") in einem haftungsrechtlichen Teilbereich vorweg. Der Luftfrachtführer kann die für ihn in Art. 22 Abs. 3 und 4 bei Frachtgutschäden vorgesehenen Haftungshöchstbeträge nach Art. 26 zwar nicht herabsetzen. Insofern sind sie Ausdruck einer für ihn zwingenden Mindesthaftung. Doch kann er die Beträge andererseits gemäß Art. 25 der Höhe nach dem Absender[2*] gegenüber unbeschränkt erweitern oder sogar völlig ignorieren. In Anbetracht des geringen Haftungshöchstbetrags von 19 SZR/kg, den Art. 22 Abs. 3 als Ersatzleistung bei Güter- (Art. 18) und bei Güterverspätungsschäden (Art. 19) vorsieht, und der – im Gegensatz zu § 435 HGB – auch im Falle eines groben Verschuldens auf Seiten des Luftfrachtführers ihm gegenüber nicht hinfällig wird (Art. 18 Rn. 98), muss sich für den Absender beim Transport gerade hochwertiger Frachtgüter regelmäßig die Frage ihrer besseren Schadensabsicherung stellen.

## II. Regelungsgehalt

**1. Die Alternative zwischen „Vereinbarung" (Art. 25) oder „Wertdeklaration"** 2 **(Art. 22 Abs. 3).** Das MÜ selbst bietet hierzu zwei Wege an: Zum einen kann der Absender gemäß Art. 22 Abs. 3 „bei der Übergabe des Frachtstücks an den Luftfrachtführer das

---

[2] VO über die Inkraftsetzung der angepassten Haftungshöchstbeträge des Montrealer Übereinkommens. Vom 14. Dezember 2009 (BGBl. 2009 II S. 1258). Die Anpassung der Haftungshöchstbeträge auf 19 SZR erfolgte danach zum 30.12.2009.

[3] Zweites G zur Harmonisierung des Haftungsrechts im Luftverkehr vom 5.9.2010 (BGBl. I S. 1126).

[1] Zum „Luftfrachtführer" Art. 1 Rn. 14 ff.

[2*] Zum „Absender" Art. 1 Rn. 20.

Interesse an der Ablieferung am Bestimmungsort betragsgemäß angeben" („Wertdeklaration"). Je nach Vertragsgestaltung wird sie für den Luftfrachtführer allerdings erst dann verbindlich, wenn der Absender den „verlangten Zuschlag entrichtet hat". Sodann hat ihm der Luftfrachtführer „bis zur Höhe des angegebenen Betrags Ersatz zu leisten". Im Ergebnis steht dem Luftfrachtführer hier aber immer noch der Beweis offen, dass dieser Betrag „höher ist als das tatsächliche Interesse des Absenders an der Ablieferung am Bestimmungsort" (Art. 22 Abs. 3).

**3**     Erste praktische Erfahrungen mit dem MÜ zeigen indessen, dass die Luftfrachtführer solche Wertdeklarationen fast ausnahmslos ablehnen und stattdessen auf die Möglichkeit der Transportversicherung verweisen.[3]

**4**     **2. Wirksames Heraufsetzen der Haftungshöchstbeträge bzw. wirksamer Verzicht auf Haftungsbegrenzungen (Art. 25).** Deshalb bietet sich zum anderen die in Art. 25 hier zusätzlich vorgesehene Möglichkeit an, den in Art. 22 Abs. 3 vorgesehenen Haftungshöchstbetrag von 19 SZR/kg vertraglich entweder anzuheben oder auf einen solchen Haftungshöchstbetrag sogar völlig zu verzichten. Beide Haftungsvergünstigungen sind vor allem eine Frage des Verhandlungsgeschicks und der wirtschaftlichen Stärke des Absenders, der als Großkunde des Luftfrachtführers möglicherweise über die hierzu erforderliche Durchsetzungskraft verfügt. Die Vereinbarung kann *nach* oder bereits *vor* „Eintritt des Schadens" (arg. e Art. 49) getroffen werden. Sie kann auch Inhalt von in den Luftfrachtvertrag wirksam einbezogenen AGB sein (Art. 1 Rn. 60 ff.). Dies betrifft beispielsweise Art. 27 ADSp für den Fall, dass der Spediteur sich als „Luftfrachtführer" behandeln lassen muss (Art. 1 Rn. 22). Hier kann er auf Grund seiner für ihn dann in Art. 27 vorgesehenen Vertragsfreiheit, auf die „Einwendung" seiner nach Art. 22 Abs. 3 summenmäßig nur beschränkten Haftung im Rahmen des Art. 27 ADSp auch „verzichten", falls ihm ein qualifiziertes Verschulden vorzuwerfen ist.[4]

**5**     **a) Keine Wirksamkeit von Haftungsherabsetzungen (Art. 26).** Eine Herabsetzung des Haftungshöchstbetrags (Art. 22 Abs. 3) im Luftbeförderungsvertrag scheitert hingegen ebenso wie eine vertraglich angestrebte Abmilderung der Haftungtatbestände der Art. 17 ff. als solchen in jedem Fall an der Bestimmung des Art. 26.

**6**     **b) Keine Wirksamkeit von Heraufsetzungen oder Verzicht gegenüber dem „ausführenden" Luftfrachtführer.** Dem „ausführenden" Luftfrachtführer[5] gegenüber ist eine solche Anhebung oder Ausschaltung der Haftungshöchstbeträge nur wirksam, wenn er dazu seine „Zustimmung" (Art. 41 Abs. 2) erteilt hat. Einer solchen bedarf es andererseits nicht im Falle einer „aufeinanderfolgenden Beförderung" (Art. 36), da hier jeder der in der Transportkette befördernden Luftfrachtführer „als Partei des Beförderungsvertrags" gilt (Art. 36 Abs. 1).

**7**     **c) Keine Wirksamkeit von Heraufsetzungen ober Verzicht gegenüber den „Leuten".** Gegenüber den „Leuten" (Art. 30) des Luftfrachtführers sind dessen Vereinbarungen mit dem Absender über einen höheren „Haftungshöchstbetrag" oder einen vollständigen „Verzicht" auf einen solchen hingegen nicht verbindlich, da der Luftfrachtvertrag kein Vertrag „zu Lasten Dritter" sein kann. Dies folgt auch aus Art. 41 Abs. 2, wonach der „ausführende" Luftfrachtführer, den zwischen vertraglichem Luftfrachtführer und Absender abgesprochenen Haftungserweiterungen seine „Zustimmung" zu erteilen hat, wenn diese auch ihm gegenüber wirksam werden sollen (Rn. 6).

---

[3]   S. *Boettge* VersR 2005, 908 (Fn. 72); *Ruhwedel*, FS Thume, 2008, S. 239.
[4]   BGH 3.3.2011, TranspR 2011, 220 = VersR 2011, 1332 = MDR 2011, 792; AG Hamburg 4.4.2007, TranspR 2007, 328 (m. krit. Anm. *Boettge* TranspR 2007, 303). Entsprechend: OLG Düsseldorf 21.11.2007, TranspR 2008, 38 (Pakettransportunternehmen).
[5]   Zum „ausführenden" Luftfrachtführer Art. 1 Rn. 24.

## Art. 26 Unwirksamkeit von Vertragsbestimmungen

**Jede Bestimmung des Beförderungsvertrags, durch welche die Haftung des Luftfrachtführers ausgeschlossen oder der in diesem Übereinkommen festgesetzte Haftungshöchstbetrag herabgesetzt werden soll, ist nichtig; ihre Nichtigkeit hat nicht die Nichtigkeit des gesamten Vertrags zur Folge; dieser unterliegt gleichwohl diesem Übereinkommen.**

### Art. 26 Nullité des dispositions contractuelles

Toute clause tendant à exonérer le transporteur de sa responsabilité ou à établir une limite inférieure à celle qui est fixée dans la présente convention est nulle et de nul effet, mais la nullité de cette clause n'entraîne pas la nullité du contrat qui reste soumis aux dispositions de la présente convention.

### Art. 26 Invalidity of Contractual Provisions

Any provision tending to relieve the carrier of liability or to fix a lower limit than that which is laid down in this Convention shall be null and void, but the nullity of any such provision does not involve the nullity of the whole contract, which shall remain subject to the provisions of this Convention.

Ähnliche Bestimmungen: Art. 47 MÜ; Art. 49 MÜ; Art. 23 (Abs. 2) WA 1929 (1955); Art. 23 WA/MP Nr. 4 (1975); § 449 HGB (Luft- und andere Binnentransporte); § 49c LuftVG (innerdeutsche Luftbeförderungen von Personen und deren Gepäck); Art. 41 CMR (1956/1978); Art. 5 CIM 1999; Art. 5 CIV 1999; Art. 23 HambR (1978); Art. 25 CMNI (2001); § 662 HGB und Art. 18 ABB-Fracht (2010).

### I. Normzweck

**1. Normzusammenhang.** Art. 26 immunisiert – im Anschluss an Art. 23 WA 1929/ **1** 1955 – das Haftungssystem der Art. 17 ff. gegenüber zugunsten des Luftfrachtführers[1] abweichenden Vertragsabsprachen. Damit tritt die Vorschrift funktionell an die Seite von Art. 29, wo dieses System zugunsten des Luftfrachtführers vor konkurrierenden Rechtsnormen in Schutz genommen ist und von Art. 30, der eine Umgehung des Haftungssystems auf dem Umweg einer Inanspruchnahme der „Leute" des Luftfrachtführers verhindert. Art. 49 vereitelt schließlich eine völlige Ausschaltung dieses Systems im Wege einer dem Schadensereignis vorausgehenden Rechtswahl oder einer entsprechenden Gerichtsstandsvereinbarung, soweit sie den durch Art. 33 bzw. Art. 46 vorgegebenen und ausschließlichen gerichtlichen Zuständigkeiten zuwiderläuft.

**2. Die Vertragsfreiheit des Art. 25.** Das Haftungssystem ist nur insofern nicht voll- **2** kommen geschlossen, als dem Luftfrachtführer in Art. 25 ausdrücklich gestattet ist, sich im Beförderungsvertrag höheren als den in diesem Übereinkommen vorgesehenen Haftungshöchstbeträgen zu unterwerfen oder auf Haftungshöchstbeträge sogar ganz zu verzichten. Ein höherer Haftungsbetrag lässt sich im Weiteren auch erzielen, wenn der Absender[2] bezüglich des Gutes eine Wertdeklaration[3] abgegeben und den vom Luftfrachtführer verlangten Zuschlag entrichtet hat (Art. 22 Abs. 3). Für den „ausführenden" Luftfrachtführer[4] ist eine solche Haftungserhöhung allerdings nur wirksam, wenn er ihr anschließend „zustimmt" (Art. 41 Abs. 2). Ein Spediteur, der einen internationalen Lufttransport selbst durchführt (Art. 1 Rn. 22), kann mit Rücksicht auf Art. 25 und 27 auf die Haftungsbegrenzung des Art. 22 Abs. 3 für die Fälle eines besonders groben Verschuldens auf seiner Seite

---

[1] Zum „Luftfrachtführer": Art. 1 MÜ Rn. 14 ff.
[2] Zum „Absender": Art. 1 MÜ Rn. 20.
[3] Hierzu: *Ruhwedel*, Der neue „Wert" einer Wertdeklaration im internationalen Luftfrachtrecht, FS Thume, 2008, S. 239.
[4] Zum „ausführenden" Luftfrachtführer: Art. 1 MÜ Rn. 24.

entsprechend auch vollständig „verzichten", wie dies in Ziff. 27 ADSp (2003) iE geschehen ist.[5]

## II. Regelungsgehalt

**3**    **1. Inhaltliche Abweichung von Art. 23 Abs. 2 WA 1955.** Der Inhalt des bisherigen Art. 23 Abs. 2 WA 1955, der dem Luftfrachtführer im Hinblick auf Schäden aus der „Eigenart der beförderten Güter oder einem ihnen anhaftenden Mangel" nur die individuelle Möglichkeit einer vertraglichen Haftungsfreizeichnung einräumte, ist jetzt in der Regelung des Art. 18 Abs. 2 (Buchst. a) MÜ mit aufgegangen. Dort ist die Haftung des Luftfrachtführers für Schäden dieser Art nunmehr schon von vornherein und insgesamt ausgeschlossen. Allerdings hat der Luftfrachtführer sodann auch die diesbezügliche Beweislast (Art. 18 Rn. 76 ff.).

**4**    **2. Ausrichtung der Norm auf die Art. 17 ff. MÜ.** Von der Nichtigkeitssanktion des Art. 26 sind zunächst alle Absprachen im Beförderungsvertrag betroffen, die die Haftung des Luftfrachtführers nach den Art. 17–19 tatbestandlich zu erleichtern suchen (engl. Originaltext: „tending to relieve the carrier of liability"). Dies betrifft im Einzelnen seine Haftung bei Tod und Körperverletzung von Fluggästen („Reisenden"), bei Schäden hinsichtlich ihres Reisegepäcks (Art. 17), bei „Zerstörung, Verlust oder Beschädigung von Gütern" (Art. 18) sowie bei deren „Verspätungen" (Art. 19). Diesbezüglich sind alle haftungsausschließenden oder -mindernden Absprachen unmittelbar nichtig, ohne dass es hierzu noch irgendeiner Rechtshandlung seitens der anderen Vertragspartei, wie beispielsweise einer besonderen Anfechtung o. ä., bedürfte. Dies gilt ebenso auch für nur mündliche oder sog. Nebenabreden. Sie bedürfen im Rahmen des „Beförderungsvertrags" (Art. 26) im Hinblick auf Art. 9 keiner Schriftform.

**5**    **a) Abschließende Regelung der Norm.** Insgesamt ist davon auszugehen, dass im Anschluss an das WA 1929/1955[6] auch im MÜ die dort vorgesehenen Schadensersatzansprüche der Art. 17 ff. in ihren rechtlichen Voraussetzungen abschließend geregelt sind, dh. alle Voraussetzungen zu Grund, Höhe und Möglichkeiten einer Inanspruchnahme des Luftfrachtführers enthalten.

**6**    **b) Einzelne Tatbestände.** Im Einzelnen sind daher Vereinbarungen nichtig,
– die eine *Anzeigeobliegenheit* entgegen Art. 31 auch für die Fälle von *„Zerstörung"* oder *„Verlust"* (Art. 18 Abs. 1) vorsehen;[7]
– die zugunsten des Luftfrachtführers einen *Haftungsausschluss* für *Verspätungsschäden* (Art. 19) enthalten;[8]
– die bestimmte *Güter* von der *Luftbeförderung ausnehmen;*[9]
– die zugunsten des Luftfrachtführers die in Art. 31 Abs. 2 für Sachbeschädigungen vorgesehene *Anzeigefrist verkürzen;*[10]
– die für den Fall der Nichteinhaltung einer möglicherweise bestehenden Anzeigefrist den *Haftungsausschluss* des Luftfrachtführers vorsehen;[11]

---

[5] AG Hamburg 4.4.2007, TranspR 2007, 328 (m. krit. Anm. *Boettge* TranspR 2007, 303).
[6] Zu Art. 23 (Abs. 1) WA 1929/1955: BGH 22.4.1982, BGHZ 84, 101 = NJW 1983, 516 = VersR 1982, 896 = ZLW 1982, 378; BGH 11.11.1982, VersR 1983, 336 (m. Anm. *Wodrich* S. 454).
[7] Zu Art. 23 (Abs. 1) WA 1929/1955: BGH 22.4.1982, BGHZ 84, 101 = NJW 1983, 516 = VersR 1982, 896 = ZLW 1982, 378; OLG Frankfurt/M. 11.11.1986, TranspR 1987, 68; OLG Hamburg 18.2.1988, TranspR 1988, 201 = VersR 1988, 1158 = ZLW 1988, 361; LG Frankfurt/M. 5.3.1982, RIW 1982, 137 = ZLW 1983, 63, 69; LG Frankfurt/M. 5.11.1990, TranspR 1991, 143, 144 = ZLW 1991, 194; LG Stuttgart 21.2.1992, TranspR 1993, 141 = ZLW 1994, 240; LG Frankfurt/M. 23.9.1992, ZLW 1995, 360; Rechtbank van Koophandel te Brussel 4.2.1987, ETR 1987, 468.
[8] Zu Art. 23 (Abs. 1) WA 1929/1955: LG Frankfurt/M. 27.11.1996, TranspR 1997, 235.
[9] Zu Art. 23 (Abs. 1) WA 1929/1955: HandelsG Wien 10.5.2001, TranspR 2002, 118 (m. Anm. *Grimme*) = ZLW 2003, 55 (m. Anm. *Schmid*). S. auch Art. 27 Rn. 6.
[10] Zu Art. 23 (Abs. 1) WA 1929/1955: OLG Frankfurt/M. 10.5.1977, BB 1977, 1071, 1072 = MDR 1977, 846 ZLW 1977, 230.
[11] Zu Art. 23 (Abs. 1) WA 1929/1955: OLG Frankfurt/M. 27.1.1982, VersR 1982, 778.

– die die Haftung des Luftfrachtführers nach Art. 17 Abs. 2 S. 2 für Schäden durch Zerstörung, Verlust oder Beschädigung von aufgegebenem Reisegepäck einschränken.[12]

**c) Nichtigkeitsfolge.** Wenn hiernach eine Haftung des Luftfrachtführers im Einzelfall 7
tatbestandlich gleichwohl (fort-)besteht, ergreift die Nichtigkeitssanktion des Art. 26 sodann
auch alle sonstigen Vertragsabsprachen, die (nur) auf eine Herabsetzung der in den Art. 21 f.
vorgesehenen Haftungsbeträge abzielen. Auch hier tritt eine unmittelbare Nichtigkeit der
einzelnen Absprache ein. Demgegenüber ist – wie erwähnt (Rn. 2) – eine Heraufsetzung
des in Art. 22 Abs. 3 vorgesehenen Mindestbetrags oder ein völliger Verzicht des Luftfrachtführers auf irgendeinen festen Haftungsbetrag nach Art. 25 ohne weiteres möglich. Insofern
handelt es sich bei dem „Haftungshöchstbetrag" des Art. 26 im Ergebnis um eine zwingende
Mindesthaftung.

**d) Der Luftfrachtvertrag im Einzelnen.** Der Luftbeförderungsvertrag selbst bleibt 8
von einer solchen (Teil-)Nichtigkeit unberührt (2. HS). Anders als nach dem *deutschen*
Recht des § 139 BGB kommt es hierbei iE nicht darauf an, ob der Luftfrachtführer den
Vertrag auch ohne dessen nichtigen Teil abgeschlossen hätte. Auch unterliegt dieser Vertrag weiterhin der Geltung des MÜ. Dies entspricht der insoweit parallelen Regelung des
Art. 9, wo der Fortbestand der Übereinkommensordnung gleichfalls besonders abgesichert
wird, falls sich entsprechend Probleme bei den Beförderungsdokumenten iSd. Art. 3 ff.
zeigen sollten.

## Art. 27 Vertragsfreiheit

**Dieses Übereinkommen hindert den Luftfrachtführer nicht daran, den
Abschluss eines Beförderungsvertrags zu verweigern, auf Einwendungen, die ihm
nach dem Übereinkommen zur Verfügung stehen, zu verzichten oder Vertragsbedingungen festzulegen, die nicht im Widerspruch zu diesem Übereinkommen
stehen.**

### Art. 27 Liberté de contracter

Rien dans la présente convention ne peut
empêcher un transporteur de refuser la conclusion d'un contrat de transport, de renoncer aux moyens de défense qui lui sont don-
nés en vertu de la présente convention ou
d'établir des conditions qui ne sont pas en
contradiction avec les dispositions de la présente convention.

### Art. 27 Freedom to Contract

Nothing contained in this Convention
shall prevent the carrier from refusing to
enter into any contract of carriage, from
waiving any defences available under the
Convention, or from laying down conditions which do not conflict with the provisions of this Convention.

**Ähnliche Bestimmungen:** Art. 33 WA 1929/1955; Art. 33 WA/MP Nr. 4 (1975) und
Art. 19 ABB-Fracht (2010).

**Schrifttum:** *Berger-Walliser,* Luftbeförderungsbedingungen und AGB-Kontrolle im deutschen, französischen und internationalen Privatrecht, Diss. Bielefeld 2001; *Eisenbarth,* Die Vereinbarkeit der IATA-Beförderungsbedingungen mit dem AGB-Gesetz unter Berücksichtigung des Warschauer Abkommens, des Luftverkehrsgesetzes und des Reisevertragsgesetzes, Köln 1986; *A. Gran,* Die IATA aus der Sicht deutschen Rechts –
Organisation, Agenturverträge und Allgemeine Geschäftsbedingungen, Frankfurt/M. 1998; *ders.,* Die Beförderungsbedingungen im Luftfrachtverkehr, TranspR 1999, 173; *Haanappel,* Die International Air Transport
Association (IATA), in: Köln.Kompd.d.LuftR, Bd. 1 („Grundlagen"), 2008, 87; *Ruhwedel,* Der neue „Wert"
einer Wertdeklaration im internationalen Luftfrachtrecht, FS Thume, 2008, S. 239; *Specht,* Die IATA. Eine
Organisation des grenzüberschreitenden Luftlinienverkehrs und ihre Allgemeinen Beförderungsbedingungen,
Frankfurt/M. 1973.

---

[12] BGH 5.12.2006, NJW 2007, 997 = TranspR 2007, 27 = LMK 2007, 213130 (m. Anm. *Koller*) = RRa
2007, 78 (m. Anm. *Kappus*) („Klauselinfektion").

**Übersicht**

| | Rn. | | Rn. |
|---|---|---|---|
| I. Normzweck | 1–4 | 1. Abschlussfreiheit | 5, 6 |
| 1. Formfreiheit | 1 | 2. Einwendungsverzicht | 7–9 |
| 2. Abschlussfreiheit | 2 | 3. Festlegen von AGB | 10–15 |
| 3. Inhaltsfreiheit | 3 | a) Das vertragliche „Einbeziehen" von | |
| 4. Einwendungsverzicht und Festlegen von | | AGB | 11 |
| AGB | 4 | b) Die Vermutungswirkung des Art. 11 | |
| II. Regelungsgehalt | 5–15 | Abs. 1 | 12–14 |
| | | c) Die „Inhaltskontrolle" von AGB | 15 |

## I. Normzweck

**1    1. Formfreiheit.** Wie sich bereits aus Art. 9 ergibt, ist die Wirksamkeit eines Luftbeförderungsvertrags von keiner Form abhängig. Insoweit bedarf es hier iE weder einer Schriftlichkeit des Vertrags, eines „Luftfrachtbriefs" (Art. 4 Abs. 1) noch einer „anderen Aufzeichnung" sowie auch keiner „Empfangsbestätigung über die Güter" (Art. 4 Abs. 2), um diesen Vertrag rechtsverbindlich werden zu lassen. Wegen des diesbezüglichen Urkundenbeweises vgl. Art. 11 Rn. 11 ff.

**2    2. Abschlussfreiheit.** Diese Formfreiheit ergänzt Art. 27 um den Grundsatz der Abschlussfreiheit. Danach legt das MÜ dem Luftfrachtführer[1] mit keiner seiner Bestimmungen einen Kontrahierungszwang auf (Rn. 5). Auch durch Art. 50 MÜ werden nicht die Einzelnen Luftfrachtführer ihrerseits, sondern nur die Vertragsstaaten des MÜ selbst verpflichtet, dafür zu sorgen, dass „ihre" Luftfrachtführer „sich zur Deckung ihrer Haftung nach diesem Übereinkommen angemessen … versichern".

**3    3. Inhaltsfreiheit.** Neben den vorgenannten Form- und Abschlussfreiheiten wird dem Luftfrachtführer in Art. 27 zusätzlich auch noch die Freiheit des Vertragsinhalts selbst gewährleistet. Der Luftfrachtführer muss hierbei allerdings – unausgesprochen – das zwingende Recht der Art. 26 (Haftung des – vertraglichen – Luftfrachtführers), Art. 47 (Haftung des – vertraglichen und des ausführenden – Luftfrachtführers) und Art. 49 (Rechtswahl und Gerichtsstandsvereinbarungen) respektieren. Gemäß Art. 3 VO (EWG) Nr. 2409/92 des Rates über Flugpreise und Luftfrachtraten vom 23. Juli 1992[2] werden die von den Luftfahrtunternehmen der Gemeinschaft in Rechnung gestellten Charterpreise, Sitztarife und Frachtraten „von den Parteien des Beförderungsvertrags frei vereinbart".

**4    4. Einwendungsverzicht und Festlegen von AGB.** Im Rahmen seiner insoweit nicht unerheblich eingeschränkten Freiheit zur Vertragsgestaltung kann der Luftfrachtführer sodann andererseits aber auf Einwendungen verzichten, die ihm nach dem MÜ zustehen (Rn. 7), und er kann nicht zuletzt auch auf das MÜ inhaltlich abgestimmte Vertragsbedingungen festlegen (Rn. 10 ff.). Dass der Luftfrachtführer im Weiteren auch vertragliche Zugeständnisse hinsichtlich der Höhe seiner Haftung machen kann, folgt schon aus Art. 25.

## II. Regelungsgehalt

**5    1. Abschlussfreiheit.** Art. 27 stellt nur klar, dass dem Luftfrachtführer jedenfalls nach den Vorschriften des MÜ nicht das Recht genommen ist, „den Abschluss eines Beförderungsvertrags zu verweigern". Gleiches gilt auch für die Entgegennahme einer „Wertdeklaration" (Art. 22 Rn. 15). Andererseits kann dem Luftfrachtführer aber auf der Ebene *nationalen* Rechts ein Kontrahierungszwang prinzipiell auferlegt sein. Dies betrifft beispielsweise den „Fluglinienverkehr" iSd. § 21 Abs. 2 und 4 LuftVG. Hiernach sind „Luftfahrtunterneh-

---

[1] Zum „Luftfrachtführer" Art. 1 Rn. 14 ff.
[2] ABl. EG Nr. L 240 vom 24.8.1992 S. 1.

men, die Linienverkehr betreiben, ... außer im Falle der Unzumutbarkeit jedermann gegenüber verpflichtet, Beförderungsverträge abzuschließen ...".[3]

Auch wenn der Luftfrachtführer den Luftfrachtvertrag bereits abgeschlossen hat, kann er **6** dessen Durchführung gleichwohl noch ablehnen, wenn sich nachträglich herausstellen sollte, dass das betreffende Frachtgut nicht den Voraussetzungen des in den Vertrag wirksam einbezogenen Art. 5 („Annahme der Güter zur Beförderung") der ABB-Fracht (Art. 3 IATA-Conditions of Carriage for Cargo – Recommended Practice 1601) genügen sollte. Dies betrifft unter anderem die Beförderung, Ausfuhr oder Einfuhr von Gütern, die durch Gesetze des Landes, von welchem oder über welches der Flug erfolgt, verboten ist, oder von Gütern, die das Luftfahrzeug, Personen oder Sachen gefährden.[4]

**2. Einwendungsverzicht.** Art. 27 stellt im weiteren klar, dass der Luftfrachtführer auf **7** jegliche ihm nach dem Übereinkommen zustehenden „Einwendungen" ohne weiteres verzichten kann (engl. Originaltext: „Nothing in this Convention shall prevent the Carrier ... from waiving any defences available under the Convention, ..."). Das Protokoll[5] der Montrealer Konferenz (1999) vermerkt zu diesem in das Übereinkommen neu eingefügten Textteil: „the phrase ..., a statement of the obvious, consistent with practice, ...". Ein solcher Verzicht kann sodann iE bereits „vor Eintritt des Schadens" (arg. e Art. 49) vereinbart werden.

Zu diesen verzichtbaren „Einwendungen" gehören namentlich die „Haftungsausschluss- **8** gründe" iSd. Art. 18 Abs. 2, die „Haftungsbefreiung" iSd. Art. 20, der Ablauf der Frist für eine „Schadensanzeige" iSd. Art. 31 Abs. 2 sowie der Ablauf der Frist für eine Schadensersatzklage iSd. Art. 35 Abs. 1. Der Einwendungsverzicht kann auch Inhalt von in den Luftfrachtvertrag wirksam einbezogenen AGB sein (Art. 1 Rn. 60 ff.). Dies betrifft beispielsweise Ziff. 27 ADSp für den Fall, dass der Spediteur sich als „Luftfrachtführer" behandeln lassen muss (Art. 1 Rn. 22). Hier kann er auf Grund seiner für ihn dann in Art. 27 vorgesehenen Vertragsfreiheit, auf die „Einwendung" seiner nach Art. 22 Abs. 3 summenmäßig nur beschränkten Haftung im Rahmen der Ziff. 27 ADSp auch „verzichten".[6]

Dieser Verzicht auf „Einwendungen" wirkt grundsätzlich nur für und gegen den Luftfracht- **9** führer, der ihn mit dem Absender[7] im Einzelnen vereinbart hat („vertraglicher" Luftfrachtführer). Überlässt dieser den mit dem Absender abgesprochenen Transport ganz oder teilweise einem „ausführenden" Luftfrachtführer (Art. 39),[8] hängt es von dessen „Zustimmung" (Art. 41 Abs. 2) ab, ob der betreffende „Verzicht" auch ihm gegenüber „wirksam" wird.

**3. Festlegen von AGB.** Schließlich gestattet Art. 27 dem Luftfrachtführer, „Vertragsbe- **10** dingungen festzulegen, die nicht im Widerspruch zu diesem Übereinkommen stehen". Dies

---

[3] AG Bad Homburg 29.10.2002, RRa 2003, 178: Ein Luftfrachtführer kann die Beförderung eines Fluggastes verweigern, wenn auf Grund der körperlichen Verfassung des Passagiers ein erhebliches Risiko einer Thrombose-Erkrankung besteht. AG Bad Homburg 3.12.2003, RRa 2003, 27: Verweigert der Luftfrachtführer den Transport eines Tieres wegen Überschreitung des zulässigen Gewichts, so stellt das keinen Mangel iSd. §§ 633, 281 BGB dar. AG Offenbach 3.2.2005, RRa 2005, 185: Bei einer internationalen Luftbeförderung kann die Luftfahrtgesellschaft die Beförderung von Übergepäck davon abhängig machen, dass der Fluggast eine Übergepäck-Rate zahlt. Die Zahlung der erhobenen Übergepäck-Rate kann nach Aufgabe des Übergepäcks und dessen Beförderung nicht gemäß § 812 BGB zurückverlangt werden.

[4] BGH 5.12.2006, NJW 2007, 997 = TranspR 2007, 27 = LMK 2007, 213130 (m. Anm. *Koller*) = RRa 2007, 78 (m. Anm. *Kappus*): Gegen Art. 17 Abs. 2 S. 2 MÜ und § 307 Abs. 1 BGB verstößt die AGB-Klausel „Im aufzugebenden Gepäck des Fluggastes dürfen zerbrechliche oder verderbliche Gegenstände, Computer oder sonstige elektronische Geräte, Geld, Juwelen, Edelmetalle, Wertpapiere, Effekten und andere Wertsachen und ferner Geschäftspapiere und Muster nicht enthalten sein; der Luftfrachtführer darf die Beförderung als aufzugebendes Gepäck verweigern".

[5] ICAO-Documentation „Conference for the Unification of Certain Rules for International Carriage by Air", Vol. I – Minutes, Doc 9775-DC/2, S. 203 Nr. 14.

[6] BGH 22.7.2010, TranspR 2011, 80 (m. Anm. *Zarth* GWR 2011, 32); BGH 3.3.2011, VersR 2011, 1332 = MDR 2011, 792; AG Hamburg 4.4.2007, TranspR 2007, 328 (m. krit. Anm. *Boettge* TranspR 2007, 303). S. auch: OLG Düsseldorf 21.11.2007, TranspR 2008, 38: Verzicht auf die Haftungsbeschränkung des MÜ durch *AGB* eines *Paketdienstunternehmens*.

[7] Zum „Absender" Art. 1 Rn. 20.

[8] Zum „ausführenden" Luftfrachtführer Art. 1 Rn. 24 f.

ist der eigentliche Kernpunkt der in Art. 27 angesprochenen Vertragsfreiheit. Insoweit bildet diese Vorschrift zugleich die Grundlage für die in der Praxis des Luftverkehrs neben dem MÜ bestehenden und nicht minder bedeutsamen IATA-Bedingungen.[9] Bei der Güterbeförderung auf dem Luftweg sind hier einschlägig die ihnen entsprechenden „Allgemeinen Beförderungsbedingungen für Fracht" (ABB-Fracht 2010); Abdruck unten im Anhang nach Art. 57.[10]

**11**   **a) Das vertragliche „Einbeziehen" von AGB.** Das „Festlegen" (Art. 27) (engl. Originaltext: „laying down") solcher „Vertragsbedingungen" erhebt diese indessen nicht gleichzeitig auch zum Inhalt des einzelnen Luftfrachtvertrags. Hierzu bedarf es deren besonderer rechtsgeschäftlichen „Einbeziehung" in den jeweiligen Vertrag. Sie erfolgt nach *deutschem* Recht (Art. 3 ff. Rom I-VO[11]) gemäß den §§ 305, 310 Abs. 1 BGB.[12]

**12**   **b) Die Vermutungswirkung des Art. 11 Abs. 1.** Doch begründen hier nach Art. 11 Abs. 1 der Luftfrachtbrief und die Empfangsbestätigung über die Güter iS des Beweisrechts die widerlegbare Vermutung für „die Beförderungsbedingungen, die darin niedergelegt sind" (im Einzelnen Art. 11 Rn. 15 ff.).

**13**   Diese beweisrechtliche Vermutungswirkung des Art. 11 Abs. 1 ist im Anschluss an Art. 11 Abs. 1 WA/MP Nr. 4 (1975) allerdings nun ausdrücklich beschränkt allein auf solche „Beförderungsbedingungen", „die darin" (dh. im Frachtvertrag) „niedergelegt sind" (engl. Originaltext: „conditions of carriage mentioned therein"; franz. Originaltext: „conditions du transport qui y figurent"). Art. 11 Abs. 1 WA 1929/1955 hatte dieses einschränkende Tatbestandsmerkmal „die darin niedergelegt sind" noch nicht enthalten. Hieraus ist zu folgern, dass nach dem neuen Frachtrecht des MÜ Allgemeine Geschäftsbedingungen, auf die im Luftfrachtbrief oder in der Empfangsbestätigung bloß verwiesen wird, außerhalb der Beweisregel des Art. 11 Abs. 1 stehen und damit auch nicht als einbezogen vermutet werden.[13]

**14**   Wenn der Luftfrachtführer seine AGB,[14] zB die *ABB-Fracht,* indessen gegenüber einem anderen „Unternehmer" (§ 14 BGB) verwendet, namentlich[15] gegenüber einem Spediteur oder einem Großversender, so ist nach dem gemäß den Art. 3 ff. Rom I-VO[16] anzuwendenden *deutschen* AGB-Recht die materiellrechtliche Frage der „Einbeziehung" kaum noch problematisch. Die allgemeinen und verhältnismäßig strengen Einbeziehungsvoraussetzungen des § 305 Abs. 2 BGB finden nach § 310 Abs. 1 BGB hier gerade keine Anwendung. Insoweit kann nach *deutschem* Recht auch eine *stillschweigende* rechtsgeschäftliche Unterwer-

---

[9] Vgl. *IATA* – Air Waybill Handbook, 28. Aufl. 2005; *IATA* – Air Waybill Specifications, 29. Aufl. 2007 [mit der Resolution 600 b(II) – Air Waybill – Conditions of Contract]; *IATA* – Cargo Services Conference Resolution – Recommended Practice 1601. Hierzu: LG Frankfurt/M. 17.6.2003, RRa 2005, 80 (m. Anm. *Steppler*): Als *ausländische* juristische Person *kanadischen* Rechts besitzt die *IATA* (International Air Transport Association) Rechts- und Parteifähigkeit. S. auch *A. Gran,* Die IATA aus der Sicht deutschen Rechts – Organisation, Agenturverträge und Allgemeine Geschäftsbedingungen, Diss. Frankfurt/M. 1998; *Haanappel,* Die International Air Transport Association (IATA), in: Kölner Kompendium des Luftrechts, Bd. 1 („Grundlagen"), 2008, 87; *Kehrberger* TranspR 1996, 131; *Specht,* Die IATA. Eine Organisation der grenzüberschreitenden Luftlinienverkehrs und der Allgemeinen Beförderungsbedingungen, Diss. Frankfurt/M. 1973; *Steppler,* Tarifbildung und IATA-Interlining – Eine wettbewerbsrechtliche Betrachtung, 2007.

[10] Art. 19 ABB-Fracht (2010) lautet: „Bestimmungen des Beförderungsvertrages oder dieser Beförderungsbedingungen können durch Agenten, Angestellte, Vertreter oder Erfüllungsgehilfen des Luftfrachtführers wirksam nicht geändert oder ausgeschlossen werden".

[11] Im Rechtsbereich der *EU* gelten ab dem 17. Dezember 2009: Art. 3 f. VO Nr. 593/2008 des Europäischen Parlaments und des Rates über das auf vertragliche Schuldverhältnisse anzuwendende Recht (Rom I), Abl. (EG) Nr. L 177/2008, S. 6.

[12] S. oben Art. 1 Rn. 60 f.

[13] Denkschrift, BT-Drucks. 15/2285 S. 40 (Zu Artikel 11); *Koller* Art. 11 Rn. 1; *Reuschle* Art. 11 Rn. 18. AA FrankfKomm/*Müller-Rostin* Art. 11 Rn. 16 f.

[14] Zur Einbeziehung der ADSp: AG Hamburg 4.4.2007, TranspR 2007, 328, bzw. von AGB eines Paketdienstunternehmens: OLG Düsseldorf 21.11.2007, TranspR 2008, 38.

[15] LG Frankfurt/M. 7.3.2003, RRa 2004, 133: Auch geschäftlich reisende Vielflieger sind „Unternehmer", so dass zur Einbeziehung der Allgemeinen Geschäftsbeziehungen eine stillschweigend erklärte Willensübereinstimmung ausreicht, die in dem Erwerb des Flugscheins liegt (§§ 310 Abs. S. 1, 14 BGB).

[16] S. oben Fn. 11.

fung unter die AGB des Luftfrachtführers seitens eines anderen „Unternehmers" stattfinden. Eine laufende Geschäftsbeziehung[17] bietet hierfür schon ein Indiz. Auch genügt zur Einbeziehung Allgemeiner Geschäftsbedingungen unter „Unternehmern", dass eine Partei deutlich macht, dass sie den Vertrag nur unter Geltung ihrer AGB schließen will. Unter „Unternehmern" ist es nicht erforderlich, dass die Vertragspartner die AGB tatsächlich kennt.[18] Die einschränkende beweisrechtliche Vermutungswirkung des Art. 11 Abs. 1 („die darin niedergelegt sind") hat hier infolgedessen keine Funktion mehr.

c) Die „Inhaltskontrolle" von AGB. Allerdings bleibt eine „Inhaltskontrolle" der **15** Beförderungsbedingungen nach den §§ 307, 310 Abs. 1 BGB (Art. 3 ff. Rom I-VO[19]) grundsätzlich noch möglich.[20] Falls der Luftfrachtführer den Frachtvertrag auch hier wieder mit einem „Unternehmer" (§ 14 Abs. 1 BGB) abgeschlossen hat, sind die von ihm darin verwendeten AGB nach § 310 Abs. 1 BGB nur in eingeschränktem Umfang einer solchen Inhaltskontrolle zugänglich. Für diese Kontrolle ist iE allein § 307 BGB mit dessen Ergänzung in § 310 Abs. 1 S. 2 BGB maßgeblich. Die Klauselverbote der §§ 308, 309 BGB gelten hier hingegen nicht.

**Art. 28** betrifft Personenschäden

## Art. 29 Grundsätze für Ansprüche

**[1]Bei der Beförderung von Reisenden, Reisegepäck und Gütern kann ein Anspruch auf Schadensersatz, auf welchem Rechtsgrund er auch beruht, sei es dieses Übereinkommen, ein Vertrag, eine unerlaubte Handlung oder ein sonstiger Rechtsgrund, nur unter den Voraussetzungen und mit der Beschränkung geltend gemacht werden, die in diesem Übereinkommen vorgesehen sind; die Frage, welche Personen zur Klage berechtigt sind und welche Rechte ihnen zustehen, wird hierdurch nicht berührt. [2]Bei einer derartigen Klage ist jeder eine Strafe einschließende, verschärfte oder sonstige nicht kompensatorische Schadensersatz ausgeschlossen.**

### Art. 29 Principe des recours

Dans le transport de passagers, de bagages et de marchandises, toute action en dommages-intérêts, à quelque titre que ce soit, en vertu de la présente convention, en raison d'un contrat ou d'un acte illicite ou pour toute autre cause, ne peut être exercée que dans les conditions et limites de responsabilité prévues par la présente convention, sans préjudice de la détermination des personnes qui ont le droit d'agir et de leurs droits

### Art. 29 Basis of Claims

In the carriage of passengers, baggage and cargo, any action for damages, however founded, whether under this Convention or in contract or in tort or otherwise, can only be brought subject to the conditions and such limits of liability as are set out in this Convention without prejudice to the question as to who are the persons who have the right to bring suit and what are their respective rights. In any such action, puni-

---

[17] BGH 6.12.1990, NJW-RR 1991, 570 = VersR 1991, 480 = LM § 2 AGBG Nr. 12 (Paketdienst); KG 18.12.1996, WuW 1997, 655 = AfP 1998, 74 (Bezug von Presseerzeugnissen); BGH 1.6.2005, NJW-RR 2005, 1518 = IPRax 2006, 594 = RiW 2005, 776 = LMK 2005, 155248/*Mankowski* (Bezug von Sportartikeln).
[18] LG Köln 15.4.2003, CR 2003, 484.
[19] S. oben Fn. 11.
[20] So zum vorausgegangenen AGB-Gesetz: BGH 20.1.1983, BGHZ 86, 284 = NJW 1983, 1322 = TranspR 1983, 116 (Klauseln der ABB-Flugpassage). Zu den jetzigen §§ 305 ff. BGB: BGH 5.12.2006, NJW 2007, 997 = TranspR 2007, 27 = LMK 2007, 213130 (m. Anm. *Koller*) = RRa 2007, 78 (m. Anm. *Kappus*); BGH 20.5.2010, TranspR 2010, 451 = NJW 2010, 2719; OLG Köln 12.9.2003, RRa 2003, 275; LG Köln 29.1.2003, RRa 2003, 84 = ZLW 2004, 271; AG Wunsiedel 24.9.2002, ZLW 2003, 274.

respectifs. Dans toute action de ce genre, on ne pourra pas obtenir de dommagesintérêts punitifs ou exemplaires ni de dommages à un titre autre que la réparation.

tive, exemplary or any other noncompensatory damages shall not be recoverable.

Ähnliche Bestimmungen: Art. 24 WA 1929/1955; Art. 24 WA/MP Nr. 4 (1975); § 434 HGB (Luft- und andere Binnentransporte); § 48 Abs. 1 LuftVG (innerdeutsche Luftbeförderungen von Personen und deren Gepäck); Art. 28 CMR (1956/1978); Art. 41 CIM 1999; Art. 7 Abs. 1 HambR (1978); § 607a HGB; Art. 22 CMNI (2001); Art. 12 ABB-Fracht (2010) und § 26 ADSp (2003).

**Schrifttum:** *Fröhlich,* Leistungsstörungen im Luftverkehr, Verspätung und Nichtbeförderung zwischen internationalem und nationalem Recht, 2002; *Hackert,* Die Reichweite der Haftungsbegrenzung bei sonstigen Vermögensschäden gemäß § 433 HGB, Schriftenreihe zum Transportrecht, Bd. 26, 2001; *Hübsch,* Die Bedeutung des Warschauer Abkommens für die deliktische Haftung des Luftfrachtführers bei Personen- und Sachschäden, TranspR 1996, 367; *Koller,* Die Haftungsbegrenzung bei sonstigen Vermögensschäden nach dem Transportrechtsreformgesetz, FG Herber, 1999, S. 106; *Müller,* Punitive Damages und deutsches Schadensersatzrecht, VersR 2003, 1514; *Müller-Rostin,* Die Anspruchsberechtigung für Güterschäden nach dem Warschauer Abkommen, TranspR 1995, 98; *Nodoushani,* Die Gefahr der Punitive Damages für deutsche Unternehmen, VersR 2005, 1313; *Reuschle,* MÜ, Art. 29; *Roesch,* Kann im Frachtrecht bei Güterschäden über Vertragsverletzung oder unerlaubter Handlung die Haftungsbestimmungen der einzelnen anzuwendenden frachtrechtlichen Regelungen hinaus Ersatz aus positiver beansprucht werden?, VersR 1980, 314; *Ruhwedel,* Das störende Eigentum am Frachtgut, FG Herber, 1999, S. 163; *ders.,* Das „neue" gesetzliche Pfandrecht des Frachtführers, GS Helm, 2001, S. 323; *ders.,* Die „Luftfahrtunternehmen der Gemeinschaft" und das Montrealer Übereinkommen, TranspR 2004, Heft 3 (Sonderbeilage), S. XXXIV; *Schönwerth/Müller-Rostin,* Unmittelbare Ansprüche des Eigentümers von Gepäck und Fracht gegen den Luftfrachtführer, ZLW 1993, 21; *Giemulla,* HdB des Luftverkehrsrechts, 4. Aufl. 2013, S. 356; *Seitz,* Funktion und Dogmatik US-amerikanischer punitive damages. Punitive damages, multiple damages und deutscher ordre public, NJW 2001, 134.

Übersicht

| | Rn. | | Rn. |
|---|---|---|---|
| **I. Normzweck** | 1–3 | **III. Inhaltliche Reichweite des Art. 29** | 8–24 |
| 1. Normzusammenhang | 1 | 1. Vorschriften innerhalb des MÜ | 8 |
| 2. Ziel der Norm bezügl. der Haftung der „Leute" | 2 | 2. Vorschriften außerhalb des MÜ | 9–14 |
| | | a) Vertragliche Ansprüche | 10 |
| 3. Ziel der Norm bezügl. konkurrierender Schadensersatznormen | 3 | b) § 433 HGB | 11 |
| | | c) Deliktische Ansprüche | 12 |
| | | d) Dritteigentümer | 13 |
| **II. Regelungsgehalt** | 4–7 | e) Sonstige Ansprüche | 14 |
| 1. Art. 29, Art. 24 WA 1929/1955 und Art. 24 WA/MP Nr. 4 (1975) | 4 | 3. Aktivlegitimation | 15–18 |
| 2. Ziel des Art. 29 im Einzelnen | 5 | 4. EU-Recht | 19–24 |
| | | a) Die VO (EG) Nr. 785/2004 | 19, 20 |
| 3. Die Regelungen des Art. 29 im Einzelnen | 6 | b) VO (EG) Nr. 889/2002 | 21, 22 |
| | | c) VO (EG) Nr. 261/2004 | 23 |
| 4. Die rechtlichen Grenzen des Art. 29 | 7 | d) VO (EG) Nr. 2111/2005 | 24 |

## I. Normzweck

**1**      **1. Normzusammenhang.** Art. 29 ist – im Anschluss an Art. 24 WA 1929/1955 – wie die Vorschrift des nachfolgenden Art. 30 vor dem Hintergrund zu sehen, dass die Art. 17 ff. sowohl hinsichtlich der einzelnen Haftungstatbestände, dh. bei *Personen-, Reisegepäck-, Güter-* und *Verspätungsschäden,* wie auch bezüglich der Höhe der hier vom Luftfrachtführer[1] nach den Art. 21 f. zu erbringenden Ersatzleistungen ein in sich geschlossenes System darstellen sollen. Durch die Nichtigkeitssanktion gegenteiliger Vertragsabsprachen wird es insoweit durch Art. 26 auch besonders geschützt. Art. 49 verhindert schließlich, dass das System durch eine dem Schadensereignis vorausgegangene Rechtswahl oder eine entsprechende Gerichtsstandsvereinbarung insgesamt und im Voraus ausgeschaltet wird.

---

[1] Zum „Luftfrachtführer" Art. 1 Rn. 14 ff.

**2. Ziel der Norm bezügl. der Haftung der „Leute".** Dieses System ist zum einen   **2**
aber dadurch gefährdet, dass der Geschädigte statt des Luftfrachtführers dessen „Leute" in
Anspruch nimmt und der Luftfrachtführer ihnen sodann aus arbeitsrechtlichen oder sonstigen Gründen eine Rückvergütung ihrer jeweiligen Schadensersatzleistungen schuldet. Die
Gefahr einer solchermaßen weiterreichenden Luftfrachtführerhaftung bannt die nachfolgende Vorschrift des Art. 30, wenn sie die Haftung dieser „Leute" kurzerhand auf die des
Luftfrachtführers selbst nivelliert.

**3. Ziel der Norm bezügl. konkurrierender Schadensersatznormen.** Die andere   **3**
Gefahr besteht darin, dass der Geschädigte auf Schadensersatznormen außerhalb des MÜ
ausweicht und diese gegen den Luftfrachtführer zusätzlich oder alternativ geltend macht.
Dies im Interesse des Luftfrachtführers zu verhindern, ist die Aufgabe des vorliegenden
Art. 29.

## II. Regelungsgehalt

**1. Art. 29, Art. 24 WA 1929/1955 und Art. 24 WA/MP Nr. 4 (1975).** Art. 29   **4**
greift hierbei auf den Inhalt der bisherigen Vorschrift des Art. 24 WA 1929/1955 zurück
und bereinigt gleichzeitig deren etwas unübersichtlichen[2] Wortlaut. Insoweit bedeutet
Art. 29 auch gegenüber der – für *Deutschland* nicht in Kraft getretenen – Neufassung dieser
Vorschrift durch das Montrealer Protokoll Nr. 4 (1975)[3] eine weitere gesetzestechnische
Verbesserung.

**2. Ziel des Art. 29 im Einzelnen.** Ziel des Art. 29 ist es iE, im Anschluss an den   **5**
vormaligen Art. 24 WA entsprechend auch für die Haftungsordnung des MÜ einen absoluten Vorrang zu schaffen, soweit neben den Art. 17 ff. gegen den Luftfrachtführer noch
sonstige Schadensersatznormen[4] in Betracht kommen können. Abgesichert sind damit
bei Substanz- und Verspätungsschäden bezüglich des Frachtguts nicht nur die einzelnen
Haftungstatbestände der Art. 18 und 19 selbst, sondern bei Frachtgutschäden vor allem
auch die Haftungsfreistellungen des Luftfrachtführers nach Art. 18 Abs. 2, die als solche
enumerativ und abschließend sind. Dies gilt im Weiteren auch für die absolute Mindesthaftungssumme von 19 SZR/kg nach Art. 22 Abs. 3. Von dieser Summe kann nur nach
oben und sodann auch nur durch eine Wertdeklaration iSd. Art. 22 Abs. 3 (; diese
Beschränkung gilt nicht, …") oder durch eine besondere Vereinbarung zwischen Absender und Luftfrachtführer, dh. gemäß Art. 25, abgewichen werden.

**3. Die Regelungen des Art. 29 im Einzelnen.** S. 1 regelt iE das Verhältnis der nach   **6**
den Art. 17 ff. bestehenden Schadensersatzansprüche zu den Schadensersatzansprüchen
innerhalb des *Übereinkommens selbst* wie insbesondere zu denen nach *nationalem* Recht. Alle
diese Ansprüche unterliegen den Voraussetzungen und Beschränkungen des Übereinkommens. Damit wird zur Wahrung der internationalen Einheitlichkeit der Haftung vor allem
sichergestellt, dass sich die Luftfrachtführer in den Vertragsstaaten keiner weitergehenden
Haftung auf Grund *nationalen* Rechts ausgesetzt sehen können.[5] S. 2 schließt bei Personen-,
Güter- und Gepäckschäden sowie auch bei Verspätungsschäden die Geltendmachung von

---

[2] *Guldimann* Art. 24 WA Rn. 2: „Das gegenseitige Verhältnis der beiden Absätze ist ziemlich verworren: …".

[3] ICAO – Document 9148. Abdruck bei: *Ehlers,* Montrealer Protokolle Nr. 3 und 4 …, 1985, 134; *Koller*
S. 1666; MüKoHGB/*Kronke,* Bd. 7 (Transportrecht), 1. Aufl. 1997, Art. 24 WA 1955 Rn. 42. S. auch Art. 55
Abs. 1.

[4] ICAO-Documentation „Conference for the Unification of Certain Rules for International Carriage by
Air", Vol. I – Minutes, Doc 9775-DC/2, Montreal 2002, S. 235, Nr. 10: „The purpose behind Article 28
*(Entw.)* was to ensure that, in circumstances in which the Convention applied, it was not possible to circumvent
its provisions by bringing an action for damages in the carriage of passengers, baggage and cargo in contract
or in tort or otherwise. Once the Convention applied, its conditions and limits of liability were applicable".

[5] Denkschrift, BT-Drucks. 15/2285 S. 46.

Ansprüchen auf Schadensersatz mit Strafcharakter („punitive damages")[6] oder sonstige nicht-kompensatorische Ansprüche aus. Die US-amerikanische Rspr.[7] hatte auch bisher schon bei einem dem WA unterliegenden Haftungsfall keine „punitive damages" zugesprochen.

**7**     **4. Die rechtlichen Grenzen des Art. 29.** S. 1 räumt iE nur der Haftungsordnung der Art. 17 ff. und auch dieser nur insoweit Exklusivität ein, als es im Einzelfall um Ansprüche auf „Schadensersatz" geht. Sinn und Zweck des Art. 29 machen dabei deutlich, dass *nationales* bzw. *EU*-Recht hier andererseits nur dann ausgeschlossen sind, wenn alle Haftungsvoraussetzungen der vorgenannten Vorschriften im konkreten Fall tatsächlich und vollständig gegeben sind. Bei allen anderen Fallkonstellationen hat Art. 29 keine Sperrwirkung.[8]

Nicht unter den Vorbehalt des Art. 29 fallen daher Ansprüche gegen den Luftfrachtführer

– auf **Erfüllung** des **Frachtvertrags,** dh. auf Beförderung des Gutes zum Bestimmungsort und auf Ablieferung dort an den Empfänger (vgl. im *deutschen* Recht: Art. 3 ff. Rom I-VO,[9] § 407 Abs. 1 HGB);

– auf **Ablieferung** des **Frachtguts** an den **Empfänger** (Art. 13 Abs. 1 MÜ; Art. 3 ff. Rom I-VO[10] § 421 Abs. 1 HGB);

– auf **Schadensersatz** wegen **Nichterfüllung** des **Frachtvertrags** („non-fulfilment of a contract of carriage");[11]

– auf **Rückerstattung** von **Frachtlohn** einschließlich dessen **Minderung** („refund");[12]

– auf **Herausgabe** des **Frachtguts** wegen „ungerechtfertigter Bereicherung (vgl. im *deutschen* Recht: Art. 38 EGBGB, § 812 Abs. 1 BGB), wenn der **Luftfrachtvertrag unwirksam** sein sollte;

– auf **Herausgabe** des **„Erlangten"** bei ungerechtfertigter Bereicherung (Art. 38 EGBGB, § 816 Abs. 1 BGB), falls der Luftfrachtführer die ihm zur Beförderung überlassenen Güter unter Annahme eines gesetzlichen **Pfandrechts**[13] (Art. 3 ff, Rom I-VO, § 441 HGB, § 1257 BGB) unberechtigt versteigern lässt oder sonst veräußert;[14]

– wegen **Frachtgutschäden außerhalb** des **Obhutszeitraums** des Art. 18 Abs. 3 und 4 S. 3;

– aus **Verspätungen,** die vor oder nach „der Luftbeförderung" (Art. 19 Rn. 22) entstehen;[15]

---

[6] Hierzu: International Chamber of Commerce (ICC) in: ICAO-Documentation „Conference for the Unification of Certain Rules for International Carriage by Air", Vol. II: Documents, Doc 9775-DC/2, Montreal 2002; S. 123: ICC – Policy Statement on ICAO's Revision to the Warsaw Liability System: „the explicit exclusion of punitive damages is welcome". BVerfG – Beschl. vom 7.12.1994 – BVerfGE 91, 335: „Die Gewährung von Rechtshilfe durch Zustellung einer Klage, mit der Ansprüche auf Strafschadensersatzrecht nach US-amerikanischem Recht (punitive damages) geltend gemacht werden, verletzt nicht die allgemeine Handlungsfreiheit in Verbindung mit dem Rechtsstaatsprinzip".

[7] U. S. District Court (S. D. N.Y.), *(Laor v. Air France)* (1998), 31 F. Supp. 2 d 347 (1998). Vgl. auch: U. S. Supreme Court 116 S.Ct. 629 = 516 U. S. 217/227 = 133 L.Ed. 596 (1996).

[8] Vgl. auch: Denkschrift, BT-Drucks. 15/2285 S. 47.

[9] Im Rechtsbereich der *EU* gelten ab dem 17. Dezember 2009: Art. 3 f. VO (EG) Nr. 593/2008 des Europäischen Parlaments und des Rates vom 17. Juni 2008 über das auf vertragliche Schuldverhältnisse anzuwendende Recht („Rom I"), ABl. EG Nr. L 177 vom 4.7.2008.

[10] S. die vorausgegangene Fn. 9.

[11] ICAO-Documentation „Conference for the Unification of Certain Rules for International Carriage by Air", Vol. I – Minutes, Doc 9775-DC/2, Montreal 2002, S. 235, Nr. 9, sowie zum WA 1929/1955: OLG Frankfurt/M. 24.11.1988, MDR 1989, 165 = RIW 1989, 226 = ZLW 1989, 178; OLG Frankfurt/M. 18.2.2004, NJW-RR 2005, 65 = RRa 2005, 78; OLG Koblenz 29.3.2006, NJW-RR 2006, 1356 = NZV 2006, 606 = RRa 2006, 234 („Stehenlassen" von Fluggästen).

[12] Vgl. die vorstehende Fn. sowie zum WA 1929/1955: BGH 24.6.1969, NJW 1969, 2014 = VersR 1969, 949 = ZLW 1970, 214; OLG Düsseldorf 12.1.1978, VersR 1978, 964, 965; OLG Celle 24.5.1995, RRa 1995, 163; LG Frankfurt/M. 9.8.1993, NJW-RR 1994, 1270 = TranspR 1994, 243; AG Frankfurt/M. 28.6.1995, NJW-RR 1996, 238 = TranspR 1996, 347 = ZLW 1996, 110 = RRa 1995, 230; AG Bad Homburg 1.11.2001, RRa 2002, 88. AA *Koller* Art. 19 MÜ, Art. 19 WA 1955 Rn. 9 (mwN).

[13] Hierzu *Ruhwedel,* GS Helm, 2001, S. 323.

[14] Hierzu: Denkschrift, BT-Drucks. 15/2285 S. 47.

[15] *Guldimann* Art. 24 WA Rn. 6.

– auf **Schadensersatz** wegen fehlerhafter **Angaben** und **Erklärungen** in der „**Empfangsbestätigung über die Güter**" oder in der „**anderen Aufzeichnung**" (Art. 10 Abs. 3 MÜ);[16]
– auf **Schadensersatz** wegen Befolgens einer **Absenderweisung** ohne Vorlage des Luftfrachtbriefdritts oder der Empfangsbestätigung über die Güter (Art. 12 Abs. 3 MÜ);[17]
– auf Schadensersatz bezüglich „**punitive damages**" (S. 2);
– auf **Ausgleichs-** und **Unterstützungsleistungen** für **Fluggäste** im Fall der **Nichtbeförderung** und bei **Annullierung** oder **großer Verspätung** von **Flügen** nach der **VO (EG) Nr. 261/2004).** S. iE unten: Rn. 23.

### III. Inhaltliche Reichweite des Art. 29

**1. Vorschriften innerhalb des MÜ.** Soweit andererseits die Tatbestandsvoraussetzun- **8** gen der Art. 18 und 19 hinsichtlich eines Substanz- oder Verspätungsschadens im Zusammenhang mit dem transportierten Frachtgut im Einzelfall gegeben sind, modifiziert Art. 29 alle sonstigen Rechtsgrundlagen, mit deren Hilfe gegen den Luftfrachtführer gleichfalls Schadensersatz beansprucht werden könnte. Hier verlangt Art. 29 mit dem Hinweis „sei es in diesem Übereinkommen, ..." auch eine präzise Trennung zwischen den beiden Haftungstatbeständen der Art. 18 und 19 als solchen, was bei einem zunächst durch „Verspätung" (Art. 19), dann aber am Frachtgut selbst eingetretenen Schaden (Art. 18) bedeutsam sein kann.[18] Praktisch führen beide Tatbestände nach Art. 23 Abs. 3 im Ergebnis aber gleichermaßen zu einer Höchsthaftung des Luftfrachtführers von maximal 19 SZR/kg.

**2. Vorschriften außerhalb des MÜ.** Der völkerrechtliche Vorrang des MÜ gilt bei **9** der Frachtgutbeförderung iE bei den Schadenstatbeständen der Zerstörung, des Verlusts oder der Beschädigung von Gütern (Art. 18) sowie der Verspätung von Gütern (Art. 19). Die hier ansonsten noch einschlägigen Anspruchsgrundlagen des *nationalen* Rechts bleiben insoweit zwar bestehen,[19] da sie nach Art. 29 (weiterhin) „geltend gemacht werden" können, wenn auch „nur unter den Voraussetzungen und mit den Beschränkungen" des MÜ (engl. Originaltext: „can only be brought subject to the conditions and such limits of liability as are set out in this Convention ...". Doch werden solche *nationalen* Schadensersatzansprüche durch Art. 29 im Hinblick auf die „Voraussetzungen" und die „Beschränkungen" des MÜ letztlich insgesamt[20] harmonisiert und nivelliert. In Anbetracht dessen wird ein Kläger kaum ein Interesse daran haben können,[21] zur Begründung seiner Schadensersatzklage außer auf die einschlägigen Art. 18 und 19 auch noch auf irgendwelche *nationale* Rechtsvorschriften zurückzugreifen.

**a) Vertragliche Ansprüche.** Während Art. 28 CMR und § 434 HGB beim Straßengü- **10** tertransport ein solches Nivellieren nur auf „außervertragliche Ansprüche" erstrecken, erfasst Art. 29 in Erweiterung des Textes von Art. 24 WA 1929/1955 (franz. Originaltext: „ ..., à quelque titre que ce soit, ...") ausdrücklich auch Schadensersatzansprüche unter anderem aus „Vertrag" (engl. Originaltext: „in contract"). Bei Anwendbarkeit *deutschen* Rechts (Art. 3 ff. Rom I-VO[22]) betrifft dies iE die Rechtsinstitute der „culpa in contrahendo", dh. des Verschuldens bei Vertragsschluss (§ 311 Abs. 2 Nr. 1 BGB), der positiven Vertragsverlet-

---

[16] So auch *Reuschle* Art. 29 Rn. 10.
[17] So auch *Reuschle* Art. 29 Rn. 10.
[18] Vgl. beispielsweise: OLG Frankfurt/M. 23.12.1992, NJW-RR 1993, 809 = TranspR 1993, 103 = ZLW 1993, 318.
[19] So auch *Reuschle* Rn. 6. Vgl. iE Denkschrift, BT-Drucks. 15/2285 S. 47, mwN.
[20] Zu Art. 24 WA 1929/1955: BGH 24.6.1969, BGHZ 52, 194, 213 = NJW 1969, 2008; BGH 2.4.1974, NJW 1974, 1716, LG Paderborn 14.5.1997, TranspR 1999, 112 = ZLW 2000, 129 = RRa 1999, 144 (LS), bestätigt durch OLG Hamm 28.1.1998, 32 U 117/97, (m. Anm.: *Giemulla/Schmid*, FG Herber, 1998, S. 257).
[21] Zu dem vergleichbaren und durch Art. 28 CMR ausgelösten Ergebnis: *Helm*, Frachtrecht II – CMR, 2. Aufl. 2002, Art. 28 CMR Rn. 2.
[22] S. oben Fn. 9.

zung (§ 280 BGB)[23] sowie die Vorschriften der §§ 425 ff. HGB, soweit diese Bestimmungen gegenüber dem MÜ als Völkerrecht nicht ohnehin subsidiärer Natur sind. Auch hier können die jeweiligen Schadensersatzansprüche nur „unter den Voraussetzungen und mit den Beschränkungen" des MÜ geltend gemacht werden.

**11**    **b) § 433 HGB.** Unberührt von Art. 29 bleibt hier hingegen die bei Anwendbarkeit *deutschen* Rechts (Art. 3 ff. Rom I-VO[24]) gegebenenfalls einschlägige Vorschrift des § 433 HGB. Sie betrifft gerade nicht die in den Art. 17 f. angesprochenen *Personen-* und *Sach*schäden, sondern klammert solche ausdrücklich aus. Ihre Regelung gilt für allgemeine Vermögensschäden im Zusammenhang mit dem Gütertransport,[25] wobei die diesbezügliche Haftung des (Luft-) Frachtführers auf das Dreifache des Betrages begrenzt ist, der bei Verlust zu zahlen wäre.

**12**    **c) Deliktische Ansprüche.** Miteinbezogen in das Nivellierungskonzept des Art. 29 sind sodann im Weiteren auch Schadensersatzansprüche aus „unerlaubter Handlung" (Art. 29) (engl. Originaltext: „tort"). Diese definieren sich bei Anwendbarkeit *deutschen* Rechts[26] (Art. 40 f. EGBGB) nach den Vorschriften über unerlaubte Handlungen iSd. §§ 823 ff. BGB. Insoweit ist iE maßgeblich das Recht des Tatorts oder – auf Verlangen des Verletzten – das Recht des Erfolgsorts. Deliktische Ersatzansprüche aus einer internationalen Luftbeförderung im Besonderen unterliegen indessen wegen der Beteiligtenidendität idR kraft akzessorischer Anknüpfung gemäß Art. 41 Abs. 2 Nr. 1 EGBGB dem maßgeblichen Vertragsstatut. Bei Delikten während des Fluges („Borddelikte") gilt prinzipiell das Recht des Hoheitszeichens des Luftfahrzeugs als Tatortrecht iSd. Art. 40 EGBGB.[27]

**13**    **d) Dritteigentümer.** Unberührt von Art. 29 bleiben dabei allerdings Schadensersatzansprüche eines Eigentümers von Frachtgut, wenn dieser nicht selbst als Absender oder als Empfänger in den Luftfrachtvertrag miteingebunden ist.[28] Es sind dies die Fälle, in denen das Eigentum am Frachtgut wegen eines Eigentumsvorbehalts, einer Sicherungsübereignung oder wegen eines Leasingvertrags einem vertragsfremden Dritten zusteht. Seine Rechtsposition als Eigentümer kann hier nicht durch den Frachtvertrag zwischen beliebigen Vertragsparteien und ohne sein Zutun beeinträchtigt werden, da ein Vertrag zu Lasten Dritter nicht zu akzeptieren ist. Daher stehen einem solchen Eigentümer im Falle der „Zerstörung", des „Verlusts" oder der „Beschädigung" (Art. 18) „seines" Frachtguts gemäß den Art. 40

---

[23] OLG Köln 2.12.2003, NJOZ 2005, 4288: Zur Abgrenzung der Haftungstatbestände der Art. 18 und 19 WA vom nationalen Leistungsstörungsrecht in dem Fall, dass aufgegebenes Reisegepäck nicht zum Zielflughafen befördert wird, sondern außer Kontrolle gerät und schließlich zum Abflughafen zurückgelangt; HansOLG Hamburg 28.2.2002, TranspR 2003, 21: Führt bei einem Transport die Verletzung einer Haupt- oder Nebenpflicht während des Obhutszeitraums zu einem Güterschaden, stellt § 425 HGB die Spezialregel gegenüber dem Rechtsinstitut der positiven Vertragsverletzung dar.

[24] S. oben Fn. 9.

[25] Hierzu BGH 5.10.2006, TranspR 2006, 454, 456 (m. Anm. *Heuer*) = VersR 2007, 86 (m. Anm. *Böttge*). *Koller*, FG Herber, 1999, S. 106.

[26] Im Rechtsbereich der *EU* ist zu berücksichtigen die VO (EG) Nr. 864/2007 des Europäischen Parlaments und des Rates vom 11. Juli 2007 über das auf außervertragliche Schuldverhältnisse anzuwendende Recht („Rom II-Verordnung"), ABl. EG Nr. L 199/40 vom 31.7.2007, S. 40. Diese VO (EG) gilt nach ihrem Art. 32 ab dem 11. Januar 2009. Hierzu: *Junker* NJW 2007, 3675. Art. 18 Buchst. c des Vorschlags der Kommission vom 22.7.2003 [KOM (2003), 427 endg.] hatte noch vorgesehen: *„Für die Zwecke dieser Verordnung sind dem Hoheitsgebiet eines Staates gleichgestellt: c) ein im Luftraum befindliches Luftfahrzeug, das von diesem Staat oder in dessen Namen registriert oder im Luftfahrzeugregister eingetragen worden ist oder dessen Eigentümer Angehöriger dieses Staates ist."*

[27] OLG Frankfurt/M. 13.2.1997, TranspR 1998, 362 = ZLW 1997, 542 = RRa 1997, 139: Versprühen von Desinfektionsmittel an Bord; LG Paderborn 14.5.1997, TranspR 1999, 112 = ZLW 2000, 129 = RRa 1999, 144 (LS): In dem zu entscheidenden Fall hatten allerdings „der Ersatzpflichtige und der Verletzte zurzeit des Haftungsereignisses ihren gewöhnlichen Aufenthalt in demselben Staat" – Art. 40 Abs. 2 EGBGB; LG Frankfurt/M. 16.12.2005, NJW-RR 2006, 704, 705 = NZV 2006, 379 = RRa 2006, 86 (Verschütten von heißem Kaffee an Bord). AA OLG Hamm 28.1.1998, ZLW 2002, 111: Verletzung eines Fluggastes durch Cateringwagen (m. Anm.: *Giemulla/Schmid*, FG Herber, 1998, S. 258).

[28] S. *Guldimann* Art. 24 WA Rn. 10; *Reuschle* Rn. 13; *Ruhwedel*, FG Herber, 1999, S. 163.

EGBGB,[29] §§ 823 ff. BGB unmittelbare und unlimitierte Schadensersatzansprüche gegen den jeweiligen Luftfrachtführer als „Schädiger" zu. Wenn auf den einzelnen Frachtvertrag nach den Art. 3 ff. Rom I-VO[30] *deutsches* Recht anwendbar ist, wird der (Luft-) Frachtführer durch die Regelung des § 434 Abs. 2 HGB gleichwohl noch begünstigt. Vgl. die Erl. dieser Vorschrift im vorl. KommBd.

**e) Sonstige Ansprüche.** Demgegenüber werden Schadensersatzansprüche gegen den **14** Luftfrachtführer durch Art. 29 wieder abkommensrechtlich nivelliert, die sich auf einen „sonstigen Rechtsgrund" (engl. Originaltext: „or otherwise") zurückführen lassen. Insoweit kann der Luftfrachtführer nicht zusätzlich in Anspruch genommen werden beispielsweise unter Bezug auf seine Eigenschaft als „Luftfahrzeughalter" (vgl. im *deutschen* Recht: § 33 LuftVG) oder als „Flugzeugführer".[31]

**3. Aktivlegitimation.** „Die Frage, welche Personen zur Klage berechtigt sind und **15** welche Rechte ihnen zustehen, wird hierdurch nicht berührt." (2. HS).

Mit diesem Text wird aus dem Regelungskonzept des MÜ die Frage ausdrücklich heraus- **16** genommen, welche Personen die erforderliche Aktivlegitimation haben, um gegen den Luftfrachtführer Schadensersatzansprüche iS der Art. 17–19 erfolgreich geltend machen zu können. Die vorgenannte Formulierung bezog sich in Art. 24 Abs. 2 WA 1929/1955 nur auf Art. 17 WA 1929/1955 und den hier geregelten Personenschaden. Dies wurde dort als zweckmäßig angesehen, weil namentlich bei der Tötung eines Fluggastes der Kreis der Ersatzberechtigten durchaus nicht in allen Rechtsordnungen gleich bestimmt wird (Hinterbliebene, Erben, Nachlass usw.).[32] Insoweit musste die Aktivlegitimation bezüglich der Ansprüche von Hinterbliebenen realistischerweise dem jeweils anwendbaren *nationalen* Recht überlassen bleiben.[33]

Art. 24 WA idF des Montrealer Protokolls Nr. 4 (1975)[34] hat dagegen „die Frage, welche **17** Personen zur Klage berechtigt sind und welche Rechte ihnen zustehen" zusätzlich auch für die Fälle einer „Beförderung von Gütern" als „nicht berührt" erklärt. Diese weiterreichende Ausgrenzung der Frage der Aktivlegitimation auch bei Güterschäden übernimmt auch Art. 29. Insoweit hatte man auf der Konferenz in Montreal (1999) die Frage der Aktivlegitimation ganz bewusst für sämtliche Schadenstatbestände der Art. 17–19 ausklammern wollen: „... *the substance of who might bring an action did not belong to Article 29 at all, but belonged elsewere and earlier in the Convention. Unless the Conference were to introduce a new provision designed to spell out in extenso who may bring an action and who may not, it did not seem appropriate to mention it in Article 29".*[35]

Im Zusammenhang mit den Schadenstatbeständen der Art. 17 ff. ergibt sich indessen die **18** Aktivlegitimation des Klägers in den Fällen eines Güter- (Art. 18) oder eines Güterverspätungsschadens (Art. 19) ohnehin problemlos aus dem Regelungsgehalt der Art. 12 f. und Art. 36 Abs. 3.[36] Hieraus folgt die Aktivlegitimation im Falle solcher Schäden iE für den Absender als den Vertragspartner des Luftfrachtführers bzw. für den Empfänger als den durch den Luftfrachtvertrag nach Maßgabe des Art. 13 begünstigten Dritten. S. Art. 18 Rn. 86 ff. Die Schadensersatzansprüche iS der Art. 17 ff. und die diesbezügliche Aktivlegitimation der geschädigten Fluggäste bzw. Absender oder Empfänger von Frachtgut gehen

---

[29] S. oben Fn. 26.
[30] S. auch oben Fn. 9.
[31] Zu Art. 24 WA 1929/1955: BGH 2.4.1974, NJW 1974, 1617 = VersR 1974, 902.
[32] *Guldimann* Art. 24 WA Rn. 12.
[33] So auch zum MÜ: Denkschrift, BT-Drucks. 15/2285 S. 48: „dass sich im Hinblick auf Personenschäden die Aktivlegitimation allein aus dem anwendbaren nationalen Recht, namentlich dem Schadensersatz- und Unterhaltsrecht, ergibt".
[34] ICAO – Document 9148. Abdruck bei: *Ehlers,* Montrealer Protokolle Nr. 3 und 4 ..., 1985, 134; *Koller* S. 1666; MüKoHGB/*Kronke,* Bd. 7, 1. Aufl. 1997, WA 1955.
[35] ICAO-Documentation „Conference for the Unification of Certain Rules for International Carriage by Air", Vol. I – Minutes, Doc 9775-DC/2, Montreal 2002, S. 189, Nr. 22.
[36] S. *Schweiz.* Bundesgericht 6.6.2002, BGE 128 III 190 (Ziff. 4.2.3); *Müller-Rostin* TranspR 1995, 98.

nach Art. 32 nicht dadurch unter, dass der „vertragliche oder der „ausführende" (Art. 39 ff.)
Luftfrachtführer noch vor ihrem Ausgleich „stirbt".

**19**    **4. EU-Recht. a) Die VO (EG) Nr. 785/2004.** Die EU hat bislang weder für Güter-
noch für Güterverspätungsschäden eigenständige Schadensersatznormen aufgestellt.
Gemeinschaftsrecht besteht für diese Schäden nur im Bereich des Versicherungsrechts.[37]
Hierzu war der EU durch Art. 50 auch der erforderliche legislative Freiraum eingeräumt.
Normadressat ist hier iE nicht der „Luftfrachtführer" iS der Art. 17 ff., sondern es sind
die „Luftfahrtunternehmen der Gemeinschaft" und die „Luftfahrzeugbetreiber". Wegen
Einzelheiten vgl. Art. 50 Rn. 8.

**20**    Im Zusammenhang mit dem Personenluftverkehr und den dort auftretenden Personen-,
Sach- und Verspätungsschäden hat die EU hingegen die Regelungen des MÜ sogar gezielt
ergänzt.

**21**    **b) VO (EG) Nr. 889/2002.** Es handelt sich hier zum einen um die VO (EG) Nr. 2027/
97 des Rates über die Haftung von Luftfahrtunternehmen bei der Beförderung von Fluggästen und deren Gepäck im Luftverkehr vom 9. Oktober 1997[38] idF der Änderung auf Grund
der VO (EG) Nr. 889/2002 des Europäischen Parlaments und des Rates vom 13. Mai
2002.[39] Diese VO (EG) setzt nach ihrem Art. 1 „die einschlägigen Bestimmungen des
Übereinkommens von Montreal über die Beförderung von Fluggästen und deren Gepäck
im Luftverkehr um" und trifft zusätzliche Bestimmungen für den Fall deren Verspätung.

**22**    Normadressat ist auch hier nicht der „Luftfrachtführer" iS der Art. 17 ff., sondern es sind
die „Luftfahrtunternehmen der Gemeinschaft" als solche.[40] Dies hat zur Folge, dass die in
dieser VO (EG) in Bezug genommenen „einschlägigen Bestimmungen des Übereinkommens von Montreal über die Beförderung von Fluggästen und deren Gepäck" auch dann
für den einzelnen Luftbeförderungsvertrag maßgeblich sind, wenn das Montrealer Übereinkommen wegen eines Fluges zwischen Nicht-Vertragsstaaten des MÜ seinerseits nicht
anwendbar ist. Insofern haben die Flugzeuge dieser Luftfahrtunternehmen die Haftungsordnung des MÜ bei der Personenbeförderung gewissermaßen „selbst mit an Bord". Dies gilt
iE nicht nur für nationale, sondern auch für internationale Flüge gleichermaßen. Allerdings
tritt die VO (EG) im letzteren Fall als nachrangiges EU-Recht zurück, wenn das MÜ bzw.
das WA als Völkerrecht gemäß Art. 1 bzw. Art. 1 WA für den einzelnen Luftbeförderungsvertrag unmittelbar zur Anwendung kommen.

**23**    **c) VO (EG) Nr. 261/2004.** Zum anderen handelt es sich um die VO (EG) Nr. 261/
2004 des Europäischen Parlaments und des Rates vom 11. Februar 2004 über eine gemeinsame Regelung für Ausgleichs- und Unterstützungsleistungen für Fluggäste im Fall der
Nichtbeförderung und bei Annullierung oder großer Verspätung von Flügen und zur Aufhebung der Verordnung (EWG) Nr. 295/91.[41] Diese VO (EG) steht in keiner Konkurrenz
zu den in Art. 29 geregelten Schadensersatzansprüchen.[42] Die Gültigkeit der Art. 5, 6 und
7 VO (EG) Nr. 261/2004 wurde vom EuGH[43] daher auch akzeptiert.[44] S. im Weiteren
Art. 19 Rn. 6.

---

[37] VO (EG) Nr. 785/2004 des Europäischen Parlaments und des Rates über Versicherungsanforderungen
an Luftfahrtunternehmen und Luftfahrzeugbetreiber vom 21. April 2004 (ABl. EG Nr. L 138).

[38] ABl. EG Nr. L 285 vom 17.10.1997.

[39] ABl. EG Nr. L 140 vom 30.5.2002.

[40] Nach Art. 2 Abs. 1 Buchst. b dieser VO (EG) ist ein „Luftfahrtunternehmen der Gemeinschaft" „ein
Luftfahrtunternehmen mit einer von einem Mitgliedstaat im Einklang mit der VO (EWG) Nr. 2407/92
erteilten gültigen Betriebsgenehmigung". S. *Ruhwedel*, Die „Luftfahrtunternehmen der Gemeinschaft" und
das Montrealer Übereinkommen, TranspR 2004, Heft 3 (Sonderbeilage), S. XXXIV.

[41] ABl. EG Nr. L 46 vom 17.2.2004.

[42] OLG Koblenz 29.3.2006, NJW-RR 2006, 1356 = NZV 2006, 606 = RRa 2006, 224; OLG München
16.5.2007, NJW-RR 2007, 1428 = RRa 2007, 182. S. hierzu auch den detaillierten Schlussantrag des
Generalanwalts beim EuGH, *L. A. Geelhoed*, vom 8.9.2005 (C-344/04), RRa 2005, 273.

[43] EuGH 10.1.2006, C-344/04, NJW 2006, 351 = NZV 2006, 221 = EuZW 2006, 112.

[44] S. hierzu Vorlagebeschluss des BGH vom 17. Juli 2007 (X ZR 95/06) an den EuGH zur Auslegung
von Art. 2 lit. I, 5 Abs. 1 lit. c VO (EG) Nr. 264/2004 des Europäischen Parlaments und des Rates vom
11. Februar 2004: NJW 2007, 3437 = TranspR 2007, 363 = RRa 2007, 233.

**d) VO (EG) Nr. 2111/2005.** Schließlich handelt es sich um die VO (EG) Nr. 2111/ **24** 2005 des Europäischen Parlaments und des Rates vom 14. Dezember 2005 über die Erstellung einer gemeinschaftlichen Liste der Luftfahrtunternehmen, gegen die in der Gemeinschaft eine Betriebsuntersagung ergangen ist, sowie über die Unterrichtung von Fluggästen über die Identität des ausführenden Luftfahrtunternehmens.[45]

## Art. 30 Leute des Luftfrachtführers – Mehrheit von Ansprüchen

**(1) Wird einer der Leute des Luftfrachtführers wegen eines Schadens in Anspruch genommen, der unter dieses Übereinkommen fällt, so kann er sich auf die Haftungsvoraussetzungen und -beschränkungen berufen, die nach diesem Übereinkommen für den Luftfrachtführer gelten, sofern er nachweist, dass er in Ausführung seiner Verrichtungen gehandelt hat.**

**(2) Der Betrag, der in diesem Fall von dem Luftfrachtführer und seinen Leuten als Ersatz insgesamt zu leisten ist, darf die genannten Haftungsgrenzen nicht übersteigen.**

**(3) Die Absätze 1 und 2 finden, außer bei der Beförderung von Gütern, keine Anwendung, wenn nachgewiesen wird, dass der Schaden durch eine Handlung oder Unterlassung der Leute des Luftfrachtführers verursacht worden ist, die entweder in der Absicht, Schaden herbeizuführen, oder leichtfertig und in dem Bewusstsein begangen wurde, dass wahrscheinlich ein Schaden eintreten wird.**

### Art. 30 Préposés, mandataires – Montant total de la reparation

1. Si une action est intentée contre un préposé ou un mandataire du transporteur à la suite d'un dommage visé par la présente convention, ce préposé ou mandataire, s'il prouve qu'il a agi dans l'exercice de ses fonctions, pourra se prévaloir des conditions et des limites de responsabilité que peut invoquer le transporteur en vertu de la présente convention.

2. Le montant total de la réparation qui, dans ce cas, peut être obtenu du transporteur, de ses préposés et de ses mandataires, ne doit pas dépasser lesdites limites.

3. Sauf pour le transport de marchandises, les dispositions des paragraphes 1 et 2 du présent article ne s'appliquent pas s'il est prouvé que le dommage résulte d'un acte ou d'un acte ou d'une omission du préposé ou du mandataire, fait soit avec l'intention de provoquer un dommage, soit témérairement et avec conscience qu'un dommage en résultera probablement.

### Art. 30 Servants, Agents – Aggregation of Claims

1. If an action is brought against a servant or agent of the carrier arising out of damage to which the Convention relates, such servant or agent, if they prove that they acted within the scope of their employment, shall be entitled to avail themselves of the conditions and limits of liability which the carrier itself is entitled to invoke under this Convention.

2. The aggregate of the amounts recoverable from the carrier, its servants and agents, in that case, shall not exceed the said limits.

3. Save in respect of the carriage of cargo, the provisions of paragraphs 1 and 2 of this Article shall not apply if it is proved that the damage resulted from an act or omission of the servant or agent done with intent to cause damage or recklessly and with knowledge that damage would probably result.

Ähnliche Bestimmungen: Art. 25 A WA 1955; Art. 25 A Abs. 3 WA/MP Nr. 4 (1975); § 436 HGB (Luft- und andere Binnentransporte); § 48 Abs. 2 LuftVG (innerdeutsche Luftbeförderungen von Personen und deren Gepäck); Art. 28 Abs. 2, Art. 29 Abs. 2 CMR

---

[45] ABl. EG Nr. L 344/15 vom 27.12.2005. Zum „ausführenden Luftfrachtführer": Art. 1 Rn. 24 und Art. 39 Rn. 40 f. Schrifttum: *Kohlhase* ZLW 2006, 22; *Lindner* RRa 2006, 58.

(1956/1978); Art. 41 Abs. 2 CIM 1999, Art. 52 Abs. 2 CIV 1999 (Internationale Eisenbahnbeförderung von Gütern bzw. Personen); Art. 7 Abs. 2 HambR (1978); § 607a HGB (Seefrachtvertrag); Art. 11 des Athener Übereinkommen über die Beförderung von Reisenden
und ihrem Gepäck auf See (1974); Art. 8 der Anlage zu § 664 HGB (Beförderung von
Reisenden und ihrem Gepäck auf See); Art. 17 CMNI 2001 (grenzüberschreitender Binnenschiffstransport) und Art. 12 Nr. 2 Buchst. i ABB-Fracht (2010).

**Schrifttum:** *Giemulla/Schmid*, Die Haftung der „Leute" des Luftfrachtführers, FG Herber, 1999, S. 258;
*Helm*, Der arbeitsrechtliche Freistellungsanspruch bei schadensgeneigter Tätigkeit und seine Auswirkungen
auf die beschränkte Unternehmerhaftung, insbesondere im Verkehrsrecht, AcP 1961, 134; *Hübsch*, Haftung
des Güterbeförderers und seiner selbständigen und unselbständigen Hilfspersonen für Güterschäden, 1997;
*Koller*, Für welche Art von Ansprüchen gilt Art. 30 MÜ?, TranspR 2013, 365; *Müller-Rostin*, Neuregelung
der Haftung für Luftfrachtschäden in Abfertigungsverträgen – wirklich eine Verbesserung zugunsten der
Luftverkehrsgesellschaften, FS Thume, 2008, S. 223; *Reuschle*, MÜ, Art. 30; *Schmid*, Die Arbeitsteilung im
modernen Luftverkehr und ihr Einfluss auf die Haftung des Luftfrachtführers, Frankfurt/M. 1983; *ders.*, Der
Begriff der „Leute" im sog. Warschauer Abkommen, TranspR 1984, 1; *ders.*, La notion de „préposés" dans
la Convention de Varsovie, Rev. fr. dr. aérien 1986, 165; *ders.*, Rechte und Pflichten des Piloten, 1996; *ders.*,
Pilot-in-Command or Computer-in-Command?, ZLW 2000, 347; *Schmid/Roßmann*, Das Arbeitsverhältnis
der Besatzungsmitglieder in Luftfahrtunternehmen, 1997; *Storm*, The employee in airlaw, ETR 1982, 149.

**Übersicht**

|  | Rn. |  | Rn. |
|---|---|---|---|
| **I. Normzweck** | 1, 2 | 5. Die eigene Haftung seiner „Leute" | 7–16 |
| 1. Gerichtsstand bei Klagen gegen die „Leute" des Luftfrachtführers | 1 | a) Die Haftungsgrundlage | 8 |
| 2. Normzusammenhang | 2 | b) Das Tatortprinzip | 9 |
| **II. Regelungsgehalt** | 3–18 | c) Die §§ 823 ff. BGB als Anspruchs-grundlagen | 10 |
| 1. Art. 30 im Rahmen des Haftungssystems des MÜ | 3 | d) Grundsätzliche rechtliche Folgen | 11 |
| 2. Gefährdung des Systems durch Konkurrenznormen (Art. 29) | 4 | e) Die Situation im allgemeinen Transportrecht | 12 |
| 3. Gefährdung des Systems durch eine Inanspruchnahme der „Leute" (Art. 30) | 5 | f) Art. 30 und allgemeines Transportrecht | 13, 14 |
|  |  | g) Handeln der „Leute" in Ausführung ihrer Verrichtungen | 15, 16 |
| 4. Die Haftung des Luftfrachtführers auch für seine „Leute" | 6 | 6. Die eigene Haftung des Luftfrachtführers | 17, 18 |

# I. Normzweck

1    **1. Gerichtsstand bei Klagen gegen die „Leute" des Luftfrachtführers.** Vorab ist
darauf hinzuweisen, dass eine Klage auf Schadensersatz gegen die „Leute"[1] des Luftfrachtführers[2] nicht ausschließlich bei den Gerichten des Art. 33 oder des Art. 46 erhoben werden
muss.[3] Die in diesen Vorschriften benannten Gerichte sind vielmehr nur, dann aber auch
*ausschließlich,* international und auch örtlich zuständig bei Klagen auf Schadensersatz iS
der Art. 17 ff. gegen den „vertraglichen" bzw. den „ausführenden" Luftfrachtführer selbst
(Art. 33 Rn. 13 ff.).

2    **2. Normzusammenhang.** Art. 30 übernimmt den Inhalt des bisherigen Art. 25 A WA,
der bei der Novellierung des WA durch das Haager Protokoll vom 28. September 1955
(Einl. MÜ Rn. 10) in die bis dahin bestehende Abkommensfassung neu eingefügt worden
war. In den Text dieses Art. 25 A WA 1955 sind hierbei im Weiteren neu eingefügt die
Worte: „so kann er sich auf die Haftungsvoraussetzungen und -beschränkungen berufen, …
" (engl. Originaltext: „the conditions and limits of liability …"). Dieser Zusatz dient iE der
Textangleichung an den entsprechenden Wortlaut des Art. 30 vorangehenden Art. 29 (engl.
Originaltext dort: „the conditions and such limits of liability …").

---

[1]  Zu den „Leuten" Art. 19 Rn. 33 ff.
[2]  Zum „Luftfrachtführer" Art. 1 Rn. 14 ff.
[3]  Zu Art. 28 WA 1929/1955: BGH 6.10.1981, NJW 1982, 524 = VersR 1982, 44 = ZLW 1982, 63.

## II. Regelungsgehalt

**1. Art. 30 im Rahmen des Haftungssystems des MÜ.** Wie schon die im MÜ voran- **3**
gegangene Vorschrift des Art. 29 ist auch Art. 30 vor dem Hintergrund zu sehen, dass
die Art. 17 ff. sowohl hinsichtlich der einzelnen Haftungstatbestände, dh. bei *Personen-,*
*Reisegepäck-, Güter-* und *Verspätungsschäden,* wie auch bezüglich der Höhe der hier vom
Luftfrachtführer zu erbringenden Ersatzleistungen ein in sich geschlossenes System darstellen
sollen. Durch die Nichtigkeitssanktion gegenteiliger Vertragsabsprachen wird es insoweit
durch Art. 26 auch besonders geschützt. Art. 49 verhindert schließlich, dass das System
durch eine dem Schadensereignis vorausgegangene Rechtswahl oder eine entsprechende
Gerichtsstandsvereinbarung insgesamt ausgeschaltet wird.

**2. Gefährdung des Systems durch Konkurrenznormen (Art. 29).** Dieses System **4**
ist zum einen aber dadurch gefährdet, dass der Geschädigte auf Schadensersatznormen außerhalb des MÜ ausweicht und diese gegen den Luftfrachtführer zusätzlich oder alternativ
geltend macht. Dies im Interesse des Luftfrachtführers zu verhindern, ist die Aufgabe des
vorausgegangenen Art. 29.

**3. Gefährdung des Systems durch eine Inanspruchnahme der „Leute" (Art. 30).** **5**
Eine weitere Gefahr für das System besteht darin, dass der Geschädigte statt des Luftfrachtführers dessen „Leute" in Anspruch nimmt und der Luftfrachtführer ihnen sodann aus
arbeitsrechtlichen oder sonstigen Gründen eine Rückvergütung ihrer Schadensersatzleistungen schuldet. Die Gefahr einer solchermaßen – mittelbar – ausfernden Luftfrachtführerhaftung begegnet Art. 30, wenn hier die Haftung dieser „Leute" kurzerhand auf die des Luftfrachtführers selbst nivelliert wird. Zum Begriff der „Leute" vgl. oben Art. 19 Rn. 33 ff.

**4. Die Haftung des Luftfrachtführers auch für seine „Leute".** Zwar ergibt sich in **6**
diesem Zusammenhang aus den Vorschriften der Art. 19 (Verspätungsschaden), Art. 21
Abs. 2 Buchst. a (Personenschaden) und Art. 22 Abs. 5 (Schaden am Reisegepäck sowie
Schäden durch dessen Verspätung und der von Fluggästen), dass der Luftfrachtführer nicht
nur für sein eigenes Fehlverhalten haftet. Er ist im Weiteren auch für die von seinen
„Leuten" zu verantwortenden Schäden (mit-) haftbar.

**5. Die eigene Haftung seiner „Leute".** Doch war und ist die eigene Haftung dieser **7**
„Leute" weder im WA 1929/1955[4] noch im MÜ angesprochen. Auch Art. 30 regelt insoweit
nicht die Haftungsgrundlage, nach der die „Leute" des Luftfrachtführers neben diesem für den
von ihnen verursachten Schaden ihrerseits einzustehen haben. Die Vorschrift setzt vielmehr
das Bestehen ihrer Haftung bereits voraus. Art. 30 ermöglicht den „Leuten" deshalb allein, sich
grundsätzlich auch auf dieselben „Haftungsvoraussetzungen und -beschränkungen" berufen
zu können, wie diese nach dem MÜ bereits für den Luftfrachtführer selbst bestehen.

**a) Die Haftungsgrundlage.** Die Haftungsgrundlage bezüglich der „Leute" ist infolge- **8**
dessen außerhalb des Übereinkommens zu suchen. Sie findet sich mangels eigener vertraglicher Beziehungen der „Leute" zu den Fluggästen bzw. den Absendern[5] oder Empfängern[6]
von Frachtgut regelmäßig im Recht der „unerlaubten Handlungen" (engl. Originaltext:
„tort"), die in Art. 29 als solche auch ausdrücklich miterwähnt sind: Art. 29 Rn. 12.

**b) Das Tatortprinzip.** Maßgeblich für diese Tatbestände ist insoweit im *deutschen* **9**
Rechtsbereich nach Art. 40 Abs. 1 EGBGB[7] grundsätzlich das Recht des Tatorts bzw. –

---

[4] Zu Art. 25 A WA 1955: BGH 6.10.1981, NJW 1982, 524 = VersR 1982, 44 = ZLW 1982, 63; OLG
Hamm 28.1.1998, ZLW 2002, 111 (m. Anm.: *Giemulla/Schmid,* FG Herber, 1998, S. 258) – Vorinstanz: LG
Paderborn 14.5.1997, TranspR 1999, 112 = ZLW 2000, 129 = RRa 1999, 144 (LS).
[5] Zum „Absender" Art. 1 Rn. 20.
[6] Zum „Empfänger" Art. 1 Rn. 26.
[7] Im Rechtsbereich der *EU* ist künftig zu berücksichtigen die VO (EG) Nr. 864/2007 des Europäischen Parlaments und des Rates vom 11. Juli 2007 über das auf außervertragliche Schuldverhältnisse anzuwendende Recht
(„Rom II-Verordnung"), ABl. EG Nr. L 199/40 vom 31.7.2007, S. 40. Diese VO (EG) gilt nach ihrem Art. 32
ab dem 11. Januar 2009. Hierzu: *Junker* NJW 2007, 3675. Art. 18 Buchst. c des Vorschlags der Kommission vom
22.7.2003 [KOM (2003), 427 endg.] hatte noch vorgesehen: *„Für die Zwecke dieser Verordnung sind dem Hoheitsgebiet*

auf Verlangen des Verletzten – das Recht des Erfolgsorts. Bei Delikten während des Fluges gilt prinzipiell das Recht des Hoheitszeichens des Luftfahrzeugs als Tatortrecht iSd. Art. 40 Abs. 1 EGBGB.[8] Deliktische Ersatzansprüche aus einer internationalen Luftbeförderung unterliegen indessen im Hinblick auf die Beteiligtenidendität idR kraft akzessorischer Anknüpfung gemäß Art. 41 Abs. 2 Nr. 1 EGBGB dem maßgeblichen Vertragsstatut.

10    **c) Die §§ 823 ff. BGB als Anspruchsgrundlagen.** Wenn nach den vorgenannten Grundsätzen *deutsches* Recht anwendbar ist, richtet sich die eigene Haftung der „Leute" nach den §§ 823 ff. BGB.

11    **d) Grundsätzliche rechtliche Folgen.** Dies hätte iE folgende Konsequenzen: Würde einer der „Leute" des Luftfrachtführers insoweit wegen eines Frachtgutschadens unmittelbar in Anspruch genommen, so haftete er dem Geschädigten im Gegensatz zum Luftfrachtführer grundsätzlich unabhängig von den einzelnen Tatbeständen der Art. 18 Abs. 1 und Art. 19, dh. generell für alle von ihm adäquat-kausal und schuldhaft verursachten Verletzungen von „Eigentum" und „sonstigen Rechten" (§ 823 Abs. 1 BGB) und für alle sich hieraus ergeben-den Schadensfolgen. Vor allem könnten die „Leute" sich nicht *per se* gleichfalls auch auf die für den Luftfrachtführer geltenden Haftungsausschlussgründe des Art. 18 Abs. 2 berufen. Ihre Haftung bestünde zudem prinzipiell auch in unbeschränkter Höhe. Dabei könnten die „Leute" dem Geschädigten iE auch nicht[9] ihren etwaigen arbeitsrechtlichen Freistellungsan-spruch haftungsmindernd entgegenhalten. Andererseits könnten sie im Wege des Regresses aber den Luftfrachtführer, jedenfalls soweit er ihr Arbeitgeber ist, meistenteils gleichwohl mit dem von ihnen geleisteten Schadensersatzbetrag rückbelasten und damit dessen eigene Haftungslimitierung bezüglich der Enthaftungstatbestände des Art. 18 Abs. 2 und der Haf-tungshöchstsumme des Art. 22 Abs. 3 konterkarieren.

12    **e) Die Situation im allgemeinen Transportrecht.** Dies ist ein allgemeines Rechts-problem im Transportwesen.[10] Hier haften Transportunternehmer ihren Vertragspartnern bei Beförderungsschäden generell nur (summenmäßig) beschränkt. Damit besteht für diese Partner andererseits aber der rechtsstrategische Anreiz, statt des Unternehmers selbst kurzer-hand seine „Leute" in Anspruch zu nehmen, die mangels einer eigenen Vertragsbeziehung zu den Geschädigten diesen deliktisch und damit auch unbeschränkt haften.

13    **f) Art. 30 und allgemeines Transportrecht.** Das Problem wird in den einzelnen Transportsparten in identischer Weise dadurch gelöst, dass die Haftung der jeweiligen „Leute" an die eigene und beschränkte Haftung des Transportunternehmers gesetzlich angeglichen wird.[11] Auch Art. 30 beschreitet diesen Weg: Jeder von den „Leuten" des Luftfrachtführers haftet sowohl tatbestandsmäßig wie auch hinsichtlich des Haftungshöchst-betrags nicht anders als der Luftfrachtführer selbst. Dies bedeutet iE: er kann bei einem Frachtgut- bzw. einem Frachtgutverspätungsschaden nur unter den engen Voraussetzungen des Art. 18 und des Art. 19 überhaupt auf Schadensersatz in Anspruch genommen werden. Insbesondere kommen ihm die Haftungsausschlusstatbestände des Art. 18 Abs. 2 als „Haf-

---

*eines Staates gleichgestellt: c) ein im Luftraum befindliches Luftfahrzeug, das von diesem Staat oder in dessen Namen registriert oder im Luftfahrzeugregister eingetragen worden ist oder dessen Eigentümer Angehöriger dieses Staates ist."*
   [8] OLG Frankfurt/M. 13.2.1997, TranspR 1998, 362 = ZLW 1997, 542 = RRa 1997, 139: Versprühen von Desinfektionsmittel an Bord; LG Paderborn 14.5.1997, TranspR 1999, 112 = ZLW 2000, 129 = RRa 1999, 144 (LS): In dem zu entscheidenden Fall hatten allerdings „der Ersatzpflichtige und der Verletzte zurzeit des Haftungsereignisses ihren gewöhnlichen Aufenthalt in demselben Staat" – Art. 40 Abs. 2 EGBGB; LG Frankfurt/M. 16.12.2005, NJW-RR 2006, 704, 705 = NZV 2006, 704 = RRa 2006, 86 (Verschütten von heißem Kaffee an Bord). AA OLG Hamm 28.1.1998, ZLW 2002, 111: Verletzung eines Fluggastes durch Cateringwagen (m. Anm.: *Giemulla/Schmid,* FG Herber, 1998, S. 258).
   [9] BGH 19.9.1989, BGHZ 108, 305 = NJW 1989, 3273 = VersR 1989, 1197; BGH 21.12.1993, NJW 1994, 852 (m. Anm. *Schönwerth*) = TranspR 1994, 162 = ZLW 1995, 168.
   [10] Hierzu schon *Helm* AcP 1961, 134.
   [11] S. hierzu die unter dem Text des Art. 30 MÜ zitierten „Ähnliche Bestimmungen". Vgl. auch OLG Karlsruhe 1.4.2004, VersR 2005, 697 = RRa 2005, 229: Die Haftung der Leute des Luftfrachtführers ist nach § 48 Abs. 2 LuftVG in gleicher Weise beschränkt wie diejenige des Luftfrachtführers selbst.

tungsvoraussetzungen" (Abs. 1) gleichfalls zugute. Dies gilt sodann auch für den Lkw-Unternehmer, der im Rahmen eines Luftfracht-Ersatzverkehrs iSd. Art. 18 Abs. 4 S. 3 das Luftfrachtgut auf der Straße befördert hat. Auch die Fristen für eine Schadensanzeige (Art. 31) wie für eine Schadensersatzklage (Art. 35) sind gegenüber den „Leuten" gleichfalls einzuhalten, da ansonsten auch hier noch eine Reflexwirkung zu Lasten des Luftfrachtführers eintreten könnte.

Selbst wenn der Geschädigte gegen den einzelnen Schädiger unter den „Leuten" des **14** Luftfrachtführers bis zu diesem Punkt erfolgreich vorgegangen sein sollte, stößt er dann schließlich auf den maximalen Haftungsbetrag des Art. 22 Abs. 3, wonach die Haftung auch hier auf 19 SZR/kg limitiert ist. Der auf dieser Basis errechnete Betrag gilt sodann nach Abs. 2 zugleich auch als endgültige Haftungssumme, falls neben den „Leuten" zugleich auch der Luftfrachtführer selbst wegen des Frachtgut- oder des Frachtgutverspätungsschadens nach den Art. 18 f. in Anspruch genommen werden sollte.

**g) Handeln der „Leute" in Ausführung ihrer Verrichtungen.** Allerdings bestehen **15** diese Haftungsvergünstigungen für die „Leute" nur unter der Voraussetzung, dass der betreffende Schädiger „in Ausführung seiner Verrichtungen gehandelt hat" (Abs. 1) (engl. Originaltext: „... acted within the scope of their employment, ...").[12] Dies hat er selbst iE darzulegen und auch zu beweisen. Falls ihm dieser Beweis misslingen sollte, kann er sich weder auf die „Haftungsvoraussetzungen", darunter die Haftungsfreistellungen nach Art. 18 Abs. 2, noch auf die „Haftungsbeschränkungen" iSd. Art. 22 Abs. 3 oder den Ablauf der in den Art. 31 Abs. 2 und in 35 vorgesehenen Fristen berufen. Er haftet dann vielmehr wie ein beliebiger „Dritter", dh. ohne die Möglichkeit eines Rückgriffs auf die im MÜ für den Luftfrachtführer vorgesehenen einzelnen Haftungsvorteile, und damit nicht zuletzt auch in unbeschränkter Höhe (Rn. 11).

Das in Abs. 1 zusätzlich genannte Kriterium für die Haftungsgleichstellung der „Leute" **16** mit dem Luftfrachtführer „in Ausführung seiner Verrichtungen" bezieht sich inhaltlich auf solche Handlungen und Unterlassungen der „Leute", die noch in den Rahmen ihrer gewöhnlichen Obliegenheiten fallen. Jenseits dieser Grenze liegende Tätigkeiten, die nur noch in einem äußeren Zusammenhang mit diesen Obliegenheiten stehen, sind hier nicht mehr relevant. Dementsprechend bleiben Schädigungen allein „bei Gelegenheit"[13] der Dienstverrichtungen für die Haftung auf Seiten der „Leute" ohne Belang. Dies gilt beispielsweise für Handlungen des Bodenpersonals des Luftfrachtführers, die allein streikbezogen sind.[14] Andererseits können aber selbst vorsätzlich begangene strafbare Handlungen, zB eine Unterschlagung, durchaus auch in „in Ausführung seiner Verrichtungen" begangen sein.[15] Die „Haftungsbeschränkung" des Abs. 1 wird nicht dadurch gegenstandslos, dass der Luftfrachtführer sich mit dem Absender über einen höheren Haftungsbetrag oder den Verzicht auf einen solchen Betrag geeinigt hat (Art. 25), da der Luftfrachtvertrag kein Vertrag „zu Lasten Dritter" sein kann. Auch für den „ausführenden" Luftfrachtführer[16] werden solche Haftungserweiterungen nur wirksam, wenn er hierzu seine „Zustimmung" (Art. 41 Abs. 2) erteilt hat.

**6. Die eigene Haftung des Luftfrachtführers.** Die vorgenannten „Haftungsvoraus- **17** setzungen und -beschränkungen" (Abs. 1) bestehen indessen für den Luftfrachtführer hier

---

[12] So entsprechend auch Art. 22 Abs. 5, Art. 41 und Art. 43.
[13] Zur Abgrenzung der Haftungsmerkmale „in Ausführung ihrer Verrichtungen" und bei „Gelegenheit" im Zusammenhang mit der Luftbeförderung: BGH 14.2.1989, NJW 1989, 723 = TranspR 1989, 275, 278 = VersR 1989, 522 = ZLW 1989, 252.
[14] Vgl. OLG Stuttgart 24.2.1993, TranspR 1995, 74.
[15] Vgl. BGH 17.3.1981, VersR 1981, 732, 733 (CMR – Diebstahl); BGH 27.6.1985, NJW-RR 1986, 248 (CMR -Alkoholschmuggel); BGH 3.7.2008, TranspR 2008, 412, 416 (WA 1955 – Diebstahl); OLG Hamburg 9.7.1981, VersR 1983, 352 (§ 278 BGB – Fehler beim Verladen); OLG Hamburg 14.5.1996, TranspR 1997, 100, 101 (CMR – Unzureichende Bewachung); OLG Köln 19.6.2007, VersR 2008, 419 (§ 278 BGB – Diebstahl); LG Köln 3.9.2004, Az. 16 O 433/03 – (§ 278 BGB – Diebstahl); Cour de Cassation 21.7.1987, ETR 1988, 764 (Diebstahl); LG Frankfurt/M. 16.1.1996, TranspR 1996, 424 = ZLW 1997, 548 (Art. 25 WA – Diebstahl).
[16] Zum „ausführenden" Luftfrachtführer Art. 1 Rn. 24.

andererseits gleichwohl fort, dh. unabhängig davon, ob der Schädiger unter den „Leuten"
in „Ausführung seiner Verrichtungen gehandelt hat" oder nicht. Dies gilt sogar noch für
den Fall, dass „bei der Beförderung von Gütern" (Abs. 3) der zu den „Leuten" gehörende
Täter den Schaden sogar absichtlich herbeigeführt hat oder leichtfertig und in dem Bewusstsein gehandelt hat, dass wahrscheinlich ein Schaden eintreten wird.

**18**     Der Luftfrachtführer haftet bei Güter- und Güterverspätungsschaden somit in jedem Fall
immer nur begrenzt auf seine eigenen „Haftungsvoraussetzungen und -beschränkungen".
Insoweit ist er iE abgesichert nicht nur durch Art. 29, sondern zusätzlich auch durch Abs. 3.
Entsprechend macht Art. 19 bei der eigenen Haftung des Luftfrachtführers für Verspätungsschäden daher auch keinen Unterschied, ob der zu den „Leuten" gehörende Schädiger, für
den der Luftfrachtführer dort mitzuhaften hat, seinerseits „in Ausführung seiner Verrichtungen" gehandelt hat oder nicht. Der Luftfrachtführer haftet für ihn ausnahmslos, aber doch
nur im obigen Sinne begrenzt, stets mit.

## Art. 31 Fristgerechte Schadensanzeige

**(1) Nimmt der Empfänger aufgegebenes Reisegepäck oder Güter vorbehaltlos
an, so begründet dies die widerlegbare Vermutung, dass sie unbeschädigt und
entsprechend dem Beförderungsschein oder den anderen Aufzeichnungen im
Sinne des Artikels 3 Absatz 2 und Artikels 4 Absatz 2 abgeliefert worden sind.**

**(2) ¹Im Fall einer Beschädigung muss der Empfänger unverzüglich nach Entde-
ckung des Schadens, bei aufgegebenem Reisegepäck jedenfalls binnen sieben und
bei Gütern binnen vierzehn Tagen nach der Annahme, dem Luftfrachtführer
Anzeige erstatten. ²Im Fall einer Verspätung muss die Anzeige binnen einundzwanzig Tagen, nachdem das Reisegepäck oder die Güter dem Empfänger zur
Verfügung gestellt worden sind, erfolgen.**

**(3) Jede Beanstandung muss schriftlich erklärt und innerhalb der dafür vorgese-
henen Frist übergeben oder abgesandt werden.**

**(4) Wird die Anzeigefrist versäumt, so ist jede Klage gegen den Luftfrachtführer
ausgeschlossen, es sei denn, dass dieser arglistig gehandelt hat.**

### Art. 31 Délais de protestation

1. La réception des bagages enregistrés et
des marchandises sans protestation par le
destinataire constituera présomption, sauf
preuve du contraire, que les bagages et marchandises ont été livrés en bon état et conformément au titre de transport ou aux indications consignées par les autres moyens
visés à l'article 3, paragraphe 2, et à l'article 4, paragraphe 2.

2. En cas d'avarie, le destinataire doit
adresser au transporteur une protestation
im mé diatement après la découverte de
l'avarie et, au plus tard, dans un délai de
sept jours pour les bagages enregistrés et de
quatorze jours pour les marchandises à dater
de leur réception. En cas de retard, la protestation devra être faite au plus tard dans les
vingt et un jours à dater du jour où le bagage
ou la marchandise auront été mis à sa disposition.

### Art. 31 Timely Notice of Complaints

1. Receipt by the person entitled to delivery of checked baggage or cargo without
complaint is *prima facie* evidence that the
same has been delivered in good condition
and in accordance with the document of
carriage or with the record preserved by the
other means referred to in paragraph 2 of
Article 3 and paragraph 2 of Article 4.

2. In the case of damage, the person entitled to delivery must complain to the carrier
forthwith after the discovery of the damage,
and, at the latest, within seven days from
the date of receipt in the case of checked
baggage and fourteen days from the date of
receipt in the case of cargo. In the case of
delay, the complaint must be made at the
latest within twenty-one days from the date
on which the baggage or cargo have been
placed at his or her disposal.

3. Toute protestation doit être faite par réserve écrite et remise ou expédiée dans le délai prévu pour cette protestation.

4. À défaut de protestation dans les délais pré vus, toutes actions contre le transporteur sont irrecevables, sauf le cas de fraude de celui-ci.

3. Every complaint must be made in writing and given or dispatched within thetimes aforesaid.

4. If no complaint is made within the times aforesaid, no action shall lie against the carrier, save in the case of fraud on its part.

**Ähnliche Bestimmungen:** Art. 26 WA 1929/1955; Art. 26 WA/MP Nr. 4 (1975); § 438 HGB (Luft- und andere Binnentransporte); Art. 30 CMR (1956/1978); Art. 43 CIM 1999; Art. 19 HambR (1978), Art. 23 CMNI (2001) und § 611 HGB.

**Schrifttum:** *Demuth,* Die Schadensanzeige des § 438 HGB im Vergleich zu den Vorbehalten des Art. 30 CMR, GS Helm, 2001, S. 49; *Ehlers,* Die Verfahrensregeln des Warschauer Abkommens – Schadensanzeige, Gerichtsstand und Ausschlussfrist – Artikel 26, 28, 29, TranspR 1996, 183; *FitzGerald,* The provisions Concerning Notice for Loss, Damage or Delay and Limitation of Actions in the United Nations Convention on International Multimodal Transport of Goods, Ann.Air Sp L. 1983, 41; *Koller,* Reklamation und Verjährung sowie Ausschlussfristen bei internationalen Lufttransporten mit gekoppelten Zubringerdiensten, TranspR 2001, 69; *Mankiewicz,* Application of Article 26 (2) of the Warsaw Convention as Amended at The Hague to Partial Loss of Contents of Registered Baggage, ZLW 1981, 119; *Reuschle,* MÜ, Art. 31.

### Übersicht

| | Rn. | | Rn. |
|---|---|---|---|
| **I. Normzweck** | 1–3 | 3. Die Anzeigeobliegenheit gegenüber dem „Luftfrachtführer" | 14–16 |
| **II. Regelungsgehalt** | 4–6 | 4. Anzeigefrist | 17–19 |
| **III. Die Vermutungswirkung** | 7–9 | 5. Fristberechnung | 20, 21 |
| **IV. Die Anzeige** | 10–22 | 6. Der verdeckte Mangel | 22 |
| 1. Anzeigen nur bei „Beschädigungen" und „Verspätungen" | 11, 12 | **V. Schriftlichkeit der Anzeige** | 23–29 |
| | | 1. Das Erfordernis der Schriftlichkeit | 23, 24 |
| 2. Anzeige nicht allein durch den „Empfänger" | 13 | 2. Inhalt der Anzeige | 25–29 |
| | | **VI. Anzeigeversäumnis** | 30–32 |

## I. Normzweck

Art. 31 regelt die sowohl für den „Empfänger" (Art. 13)[1] wie aber auch für den „Absen- **1** der" (Art. 12)[2] rechtswahrende Schadensanzeige bei und nach der Annahme von „aufgegebenem Reisegepäck" (Art. 17 Abs. 2–5) bzw. von „Gütern" (Art. 18) sowie bei deren „Verspätungen" (Art. 19). Bei Personenschäden besteht nach dem MÜ keine entsprechende Anzeigeobliegenheit.

Nach Art. 27 kann der Luftfrachtführer[3] auf das Erfordernis einer – schriftlichen – Scha- **2** densanzeige (Abs. 3) oder deren Fristgemäßheit (Abs. 2) allerdings auch „verzichten" (engl. Originaltext: „waiving any defences available under the Convention, …").

Für die gegen den (Luft-) Frachtführer bei Anwendbarkeit allein nationalen *deutschen* **3** Rechts (Art. 3 ff. Rom I-VO) aus § 425 Abs. 1 HGB abgeleiteten Schadensersatzansprüche, dh. bei Güter- oder Güterverspätungsschäden auf *deutschen* (Luft-) Binnentransporten, ergibt sich die entsprechende Anzeigeobliegenheit des Empfängers oder des Absenders aus § 438 HGB.[4] S. hierzu die Erl. in diesem KommBd.

## II. Regelungsgehalt

Abs. 1 knüpft eine Vermutung an die vorbehaltlose Annahme des aufgegebenen Reisege- **4** päcks bzw. der Güter. Abs. 2 stellt Anzeigefristen auf. Abs. 3 schreibt die Form der Anzeige

---

[1] Zum „Empfänger" Art. 1 Rn. 26.
[2] Zum „Absender" Art. 1 Rn. 20.
[3] Zum „Luftfrachtführer" Art. 1 Rn. 14 ff.
[4] Hierzu Baumbach/Hopt/*Merkt* § 438 HGB; *Koller* § 438 HGB.

vor und Abs. 4 ordnet die Folgen der Fristversäumnis an. Die Bestimmung wird in *prozessualer* Hinsicht ergänzt durch die in Art. 35 vorgesehene zweijährige Ausschlussfrist für etwa nachfolgende Schadensersatzklagen.

5  Die Vorschrift soll die alsbaldige Abwicklung von Schadensfällen sichern. Sie soll den Luftfrachtführer insbesondere vor etwaigen Beweisverschlechterungen mit zunehmendem Zeitablauf schützen sowie dessen Bedürfnis nachkommen, zeitnah zum ausgeführten Transport über den Umfang etwaiger Ersatzverpflichtungen abschließend informiert zu sein.[5]

6  Die „Annahme" der „Güter", die zugleich auch die Vermutungswirkung des Abs. 1 in Gang setzt, wird ganz regelmäßig mit der vom Luftfrachtführer nach Art. 13 Abs. 1 seinerseits geschuldeten „Ablieferung der Güter" zeitlich zusammenfallen. Sie ist der Vorgang, durch welchen der Empfänger (oder sein Empfangsbevollmächtigter) die tatsächliche Verfügungsgewalt über das Gut übernimmt, während der Luftfrachtführer seinen bisherigen Gewahrsam aufgibt (Art. 13 Rn. 12).

## III. Die Vermutungswirkung

7  Nach Abs. 1 wird hier zu Lasten des Empfängers von Gütern (bzw. Reisegepäck) die Vermutung aufgestellt, dass die transportierten Güter (bzw. das Reisegepäck) vertragsgemäß, dh. insbesondere vollständig, unbeschädigt und ohne Verspätung, abgeliefert worden sind, sofern der Empfänger sie vorbehaltlos angenommen hat.

8  Gegenüber Art. 26 Abs. 1 WA 1929/1955 ist hier der Hinweis auf die *„andere Aufzeichnung"* iSd. Art. 4 Abs. 2 *neu* eingefügt. Diese „Aufzeichnung" schreibt ebenso wie ein Luftfrachtbrief (Art. 4 Abs. 1) oder die ihr nachfolgende „Empfangsbestätigung über die Güter" (Art. 4 Abs. 2) bereits ihrerseits den Inhalt des Luftfrachtvertrags des näheren fest und sie kann unter anderem auch Auskunft geben über die für den Bestimmungsort vereinbarte und sodann im Rahmen von Art. 19 maßgebliche pünktliche Ankunftszeit. Insofern muss der Empfänger im Streitfall „auf die in diesen anderen Aufzeichnungen enthaltenen Angaben zurückgreifen" (Art. 4 Abs. 2). Hat der Absender die Güter sich nach Art. 12 Abs. 1 „zurückgeben" lassen, hat er hier eine entsprechende Anzeigeobliegenheit.

9  Durch eine Schadensanzeige (Abs. 2) wird die Vermutung der vertragsgemäßen Ablieferung (Abs. 1) „ausgeschaltet".[6] Die vorausgegangene Ablieferung selbst (Art. 13 Abs. 1), die das Ende der in Art. 18 Abs. 3 definierten „Obhut" des Luftfrachtführers bedeutet, ist von diesem darzulegen und zu beweisen.[7] Vgl. auch: Art. 18 Rn. 72 f.

## IV. Die Anzeige

10  Abs. 2 sieht Anzeigefristen nur für die Fälle von Beschädigungen (vgl. Art. 18 Rn. 33) und Verspätungen (Art. 19)[8] vor. Keine[9] Anzeigefristen bestehen demgegenüber bei der Zerstörung (Art. 18 Rn. 29) oder dem Verlust (Art. 18 Rn. 30) von Gütern. In diesen Fällen darf angenommen werden, dass der Luftfrachtführer hier ohnehin schon informiert

---

[5] Vgl. zum Entwurf von § 438 HGB idF des Transportrechtsreformgesetz: BT-Drucks. 13/8445 S. 75.

[6] Zu § 438 Abs. 1 HGB: LG Memmingen 1.8.2001, NJW-RR 2002, 458 = VersR 2002, 1533.

[7] S. zB OLG Hamm 2.12.1991, TranspR 1992, 179 (CMR); OLG Köln 3.3.1999, TranspR 2001, 122, 123 (CMR); LG Hamburg 14.5.1996, TranspR 1998, 164 (CMR). Art. 8 Nr. 2 Buchst. b ABB-Fracht (2010): „Die Auslieferung der Sendung durch den Luftfrachtführer erfolgt nur gegen schriftliche Quittung des Empfängers und ...".

[8] OLG Düsseldorf 13.12.1990, VersR 1991, 603: Bei der Beförderung von Luftfrachtgut sind die Regeln über die Verzögerung und nicht über die Unmöglichkeit anzuwenden, wenn im Frachtbrief nur eine Flugnummer, nicht aber das Datum des Fluges vermerkt ist. OLG Frankfurt/M 24.11.1987, MDR 1989, 165: Wird Frachtgut nicht mit dem ausdrücklich dafür vorgesehenen und vereinbarten Flug befördert, weil der Luftfrachtführer nicht genügend Frachtraum für das Gut freigehalten hat, so liegt sofern die Beförderung bei späterer Gelegenheit ausgeführt wird, keine Verspätung (Art. 19 WA) vor, sondern Nichterfüllung des ursprünglichen Vertrages.

[9] Zu Art. 26 WA 1929/1955: OLG Frankfurt/M. 30.8.2004, TranspR 2004, 471, 474: Keine Notwendigkeit einer Anzeige im Falle eines Totalverlustes des Transportgutes.

ist und daher sofort auch das Notwendige zur Sicherung seiner Beweissituation veranlassen kann.[10]

**1. Anzeigen nur bei „Beschädigungen" und „Verspätungen".** Die Beschränkung **11** der Anzeigeobliegenheit neben Verspätungen nur auf Beschädigungen versteht sich daraus, dass der Luftfrachtführer wegen der häufig großen Zahl zu transportierender Güter und der Gleichartigkeit der Beförderungsvorgänge hier ohne eine besondere Anzeige seitens des Empfängers oftmals in Beweisschwierigkeiten geraten könnte.[11] Dies sind aus seiner Sicht iE die Enthaftungstatbestände des Art. 18 Abs. 2, bei denen dem Luftfrachtführer zu seinen Gunsten der Beweis möglich ist, dass die Schadensursache nicht bei ihm selbst, sondern beispielsweise in der „Eigenart der Güter" oder einer „mangelhaften Verpackung" zu suchen ist. Gleiches gilt für die Beweismöglichkeit des Luftfrachtführers, ein etwaiges „Mitverschulden" (Art. 20) auf Seiten des Geschädigten haftungsmindernd ins Feld zu führen.

Hier ist andererseits abgrenzend festzustellen, dass eine etwaige vertragliche Vereinbarung **12** von Anzeigefristen auch für Zerstörungs- und Verlusttatbestände gegen Art. 26 und gegen Art. 47 verstößt und daher nichtig ist.[12] Die Androhung eines Anspruchsverlusts bei Versäumung einer solchen Frist wäre eine Vertragsklausel, mit welcher „die Haftung des Luftfrachtführers ausgeschlossen" ist (Art. 26; engl. Originaltext: „provision tending to relieve the carrier of liability"). Auch eine vertragliche Verkürzung der für den Fall der Güterbeschädigung in Abs. 2 ausdrücklich vorgesehenen 14-Tagefrist bedeutet gleichfalls einen Verstoß gegen Art. 26 und ist ebenfalls „nichtig".[13] Insoweit kommt es bei Anwendbarkeit *deutschen* Rechts (Art. 3 ff. Rom I-VO[14]) und der Aufnahme solcher Klauseln in die AGB des Luftfrachtführers nicht mehr auf die „AGB-Sperre" des § 449 Abs. 2 HGB an.

**2. Anzeige nicht allein durch den „Empfänger".** Nicht erforderlich ist, dass der **13** Empfänger die Schadensanzeige persönlich erstattet.[15] Es reicht vielmehr die Schadensanzeige auch eines Dritten aus, wenn dieser auf Veranlassung des Empfängers tätig wird.[16] Bei nach Art. 3 ff. Rom I-VO[17] subsidiärer Anwendbarkeit *deutschen* (Luft-) Frachtrechts kann nach § 438 Abs. 1 HGB ebenso der „Absender" diese Anzeige rechtswirksam abgeben. Auch kann die im Luftfrachtbrief (Art. 4 Abs. 1) oder in der „Empfangsbestätigung über die Güter" (Art. 4 Abs. 2) als „notify" bezeichnete Person eine von ihr bei der Entgegennahme der Güter festgestellte Beschädigung dem Luftfrachtführer wirksam anzeigen,[18] obwohl sie ihrerseits keine eigenen Rechte aus dem Frachtvertrag abzuleiten vermag.

**3. Die Anzeigeobliegenheit gegenüber dem „Luftfrachtführer".** Auf der anderen **14** Seite ist es indessen notwendig, dass die Anzeige direkt an den Luftfrachtführer oder an

---

[10] So schon: *Guldimann* Art. 26 WA Rn. 11.

[11] BGH 14.3.1985, TranspR 1986, 22, 23; OLG Düsseldorf 13.12.1990, TranspR 1991, 106, 108 = VersR 1991, 603; OLG Nürnberg 9.4.1992, TranspR 1992, 276, 278; OLG München 10.8.1994, NJW-RR 1995, 672 = TranspR 1995, 118, 119 = ZLW 1996, 99, 101.

[12] Zu Art. 26 WA 1929/1955: BGH 22.4.1982, BGHZ 84, 101 = NJW 1983, 516 = ZLW 1982, 378; BGH 11.11.1982, VersR 1983, 336; OLG Frankfurt/M. 27.1.1982, VersR 1982, 778; OLG Frankfurt/M. 11.11.1986, TranspR 1987, 68; Rechtbank van Koophandel te Brussel 4.2.1987, ETR 1987, 468; OLG Hamburg 18.2.1988, TranspR 1988, 201 = ZLW 1988, 361 = VersR 1988, 1158; LG Frankfurt/M. 5.11.1990, TranspR 1991, 143, 144 = ZLW 1991, 194; LG Stuttgart 21.2.1992, TranspR 1993, 141 = ZLW 1994, 240; LG Frankfurt/M. 23.9.1992, ZLW 1995, 357, 360. Demgegenüber geht das AG Hamburg 26.2.1980, MDR 1980, 851, davon aus, dass im internationalen Luftverkehr nicht nur die Beschädigung, sondern auch der Verlust von Reisegepäck dem Luftfrachtführer schriftlich anzuzeigen ist.

[13] Zu Art. 26 WA 1929/1955: OLG Frankfurt/M. 10.5.1977, MDR 1977, 846 = BB 1977, 1071, 1072 = ZLW 1977, 230.

[14] S. oben Fn. 4.

[15] Zu Art. 31 MÜ: LG Frankfurt a. M. 25.5.2010, TranspR 2010, 461. Zu Art. 26 WA 1929/1955: OLG München 30.12.1994, TranspR 1995, 300; LG Darmstadt 9.2.2004, ZLW 2005, 464, 467.

[16] Zu Art. 26 WA 1929/1955: BGH 14.3.1985, TranspR 1986, 22, 23; OLG München 30.12.1994, TranspR 1995, 300; LG Frankfurt/M. 7.3.1973, ZLW 1973, 306, 308. S. a.: LG Frankfurt/M. 25.5.2010, TranspR 2010, 461 (m. Anm. *Vyvers*).

[17] S. oben Fn. 4.

[18] Zu Art. 26 WA 1929/1955: OLG Hamburg 18.2.1988, TranspR 1988, 201, 203 = VersR 1988, 1158 = ZLW 1988, 361.

einen seiner insoweit *Empfangsbevollmächtigten* gerichtet wird.[19] Als bevollmächtigt zur Entgegennahme der Anzeige sind hierbei im Einzelnen sowohl der „Agent"[20] des Luftfrachtführers wie auch der Empfangs- bzw. der Weiterleitungsspediteur[21] anzusehen. Die Benachrichtigung an einen beliebigen Angestellten des Luftfrachtführers oder auch die bloße Feststellung des Schadens durch die Zollbehörde reichen deshalb nicht aus,[22] zumal es der vorrangige Zweck der Anzeigeobliegenheit ist, den Luftfrachtführer unmittelbar in die Lage zu versetzen, den die Wahrscheinlichkeit einer Haftung begründenden Umstand zu untersuchen und mit der Schadensbegrenzung zu beginnen.[23] Wenn sich der Luftfrachtführer im Empfangsland einer gleichnamigen *Schwesterfirma* bedient, muss er eine an diese gerichtete Schadensmeldung dann gegen sich gelten lassen, wenn beide im Verkehr als einheitliche Organisation auftreten.[24]

**15** Soweit der „vertragliche" Luftfrachtführer den Transport ganz oder teilweise einem „ausführenden" Luftfrachtführer (Art. 39) überlassen hat, kann die Schadensanzeige nach Art. 42 auch diesem gegenüber wirksam abgegeben werden. Dies entspricht zugleich auch dem Gedanken der Schadensnähe dieses Luftfrachtführers.[25]

**16** Bei einem Sukzessivtransport (Art. 36) ist zu berücksichtigen, dass die Parteien hier hinsichtlich der gesamten Transportstrecke eine „einheitliche Leistung" (Art. 1 Abs. 3) vereinbart haben, so dass eine Schadensanzeige schon an den ersten Luftfrachtführer ausreichend sein muss. Im Weiteren ist davon auszugehen, dass ebenso die Anzeige an einen der aufeinanderfolgenden Luftfrachtführer genügt, da jeder von ihnen „für den Teil der Beförderung, der unter seiner Leitung ausgeführt wird, als Partei des Beförderungsvertrags" gilt (Art. 36 Abs. 1). Soweit nach Art. 3 ff. Rom I-VO[26] ergänzend *deutsches* (Luft-) Frachtrecht anwendbar ist, stellt § 438 Abs. 5 HGB klar, dass die Anzeige auch dem (Luft-) Frachtführer gegenüber wirksam abgegeben werden kann, „der das Gut abliefert". Falls die aufeinanderfolgenden Luftfrachtführer zur Erledigung eines Kundenauftrags untereinander selbständige Frachtverträge abgeschlossen haben, ist auch in ihrem Verhältnis zueinander eine *Verspätung* fristgemäß und schriftlich anzuzeigen.[27]

**17** **4. Anzeigefrist.** Die Schadensanzeige hat prinzipiell unverzüglich nach Entdeckung des Schadens (engl. Originaltext: „forthwith after the discovery") zu erfolgen. Hilfsweise bleibt bei Gütern noch eine anschließende Frist von vierzehn Tagen nach deren Annahme. Im Fall einer Verspätung muss die Anzeige binnen einundzwanzig Tagen, nachdem das Reisegepäck oder die Güter dem Empfänger zur Verfügung gestellt worden sind, erfolgen (Abs. 2).

**18** Die Anzeige kann allerdings unterbleiben, wenn die Beschädigung vom Luftfrachtführer oder von seinen Leuten bereits festgestellt worden ist.[28] Das Gleiche hat zu gelten, wenn

---

[19] Zu Art. 26 WA 1929/1955: AG Düsseldorf 2.2.2000, TranspR 2000, 264 (Anzeige eines Kofferschadens an Bedienstete eines nicht näher bekannten Luftfahrtunternehmens).

[20] Zu Art. 26 WA 1929/1955: OLG Düsseldorf 13.12.1990, TranspR 1991, 106, 108 = VersR 1991, 603; zugleich auch zu dem Problem, dass der Agent des Luftfrachtführers mit dem Empfangsspediteur identisch ist.

[21] Zu Art. 26 WA 1929/1955: LG Stuttgart 21.2.1992, TranspR 1993, 141, 142 = ZLW 1994, 240.

[22] Zu Art. 26 WA 1929/1955: OLG Frankfurt 3.6.1976, ZLW 1977, 152, 153.

[23] U. S. District Court (S. D. N.Y), *Chandra* v. *Val-Ex, Simat and Delvag,* 2001 WL 669252.

[24] Zu Art. 26 WA 1929/1955: LG Offenburg 14.1.1986, TranspR 1986, 151.

[25] Zum Zusatzabkommen zum WA von Guadalajara (1961) – Art. 55 Abs. 1 Buchst. c MÜ: OLG Hamburg 18.2.1988, TranspR 1988, 201, 202 = VersR 1988, 1158 = ZLW 1988, 361; LG Frankfurt/M. 15.11.1974, ZLW 1975, 354, 357.

[26] S. oben Fn. 4.

[27] Zu den Art. 19, 30 Abs. 3 CMR: OLG Frankfurt/M. 6.7.2004, NJOZ 2004, 4166.

[28] Zu Art. 31 MÜ: OLG München 16.3.2011, TranspR 2011, 199. Zu Art. 26 WA 1929/1955: BGH 14.3.1985, TranspR 1986, 22; OLG Hamburg 18.2.1988, TranspR 1988, 201 204 = VersR 1988, 1158 = ZLW 1988, 361; OLG Düsseldorf 13.12.1990, TranspR 1991, 106, 108 = VersR 1991, 603; OLG Nürnberg 9.4.1992, TranspR 1992, 276, 278; OLG München 10.8.1994, NJW-RR 1995, 672 = TranspR 1995, 118, 119 = ZLW 1996, 99; OLG München 3.2.1995, TranspR 1996, 242, 243, OLG Frankfurt/M. 8.10.1996, TranspR 1997, 287 = ZLW 1998, 245. AA: U. S. Court of Appeals (3 d Cir), *Onyeanusi* v. *PanAm,* (1992), 952 F. 2 d 788.

nicht der Luftfrachtführer selbst, sondern sein Abfertigungsagent den Schaden bereits festgehalten hat.[29] In diesen Fällen ist es dem Luftfrachtführer nach den Grundsätzen von Treu und Glauben verwehrt, sich auf das Fehlen einer rechtzeitigen Anzeige zu berufen.[30] Für die Kenntnis des Luftfrachtführers reicht es aus, wenn er Tatsachen vor Augen hat, die das Vorliegen eines Schadens wahrscheinlich erscheinen lassen. Auf die Kenntnis des genauen Schadensumfangs kommt es nicht an.[31]

Das Erfordernis einer fristgemäßen schriftlichen Anzeige an den Luftfrachtführer über **19** eine *Verspätung* kann indessen nicht deshalb entfallen, weil der vom Versender beauftragte Spediteur und frachtbriefmäßige Absender zugleich Agent des Luftfrachtführers ist.[32] Letztlich muss im Fall einer *Gepäckbeschädigung* die einwöchige Anzeigefrist des Art. 31 auch dann beachtet werden, wenn das betreffende Gepäckstück zunächst als verloren gemeldet wird, dann aber wieder auftaucht.[33]

**5. Fristberechnung.** In Anbetracht der in Abs. 2 für die Beschädigungsanzeige ansons- **20** ten vorgesehenen kurzen Fristen von *sieben* Tagen bei „aufgegebenem Reisegepäck bzw. vierzehn Tagen bei „Frachtgut" wird sich hier nicht selten die Frage ihrer exakten Berechnung stellen. Dies gilt im Falle einer Verspätung (Art. 19) letztlich auch für die Frist von einundzwanzig Tagen „nachdem das Reisegepäck oder die Güter dem Empfänger zur Verfügung gestellt worden sind". Eine diesbezügliche Zeitregelung enthält das MÜ nur insofern, als nach Art. 52 der Ausdruck „Tage" im Sinne des Übereinkommens (nicht nur) „Werktage", sondern (alle) „Kalendertage" (engl. Originaltext: „calendar days") umfasst. Für die weiteren Berechnungsmodalitäten ist dementsprechend auf das neben dem MÜ geltende nationale Recht zurückzugehen. Soweit gemäß den Art. 3 ff. Rom I-VO[34] *deutsches* Recht anwendbar ist, greifen hier bei der Frachtgutbeförderung (auch) auf dem Luftweg gemäß § 438 HGB, Art. 2 EGHGB die Bestimmungen der §§ 186 ff. BGB ein.[35]

Dies bedeutet unter anderem, dass bei Ablauf der Frist an einem Sonntag, einem staatlich **21** anerkannten allgemeinen Feiertag oder an einem Sonnabend gemäß § 193 BGB erst der nächste Werktag die Anzeigefrist beendet. Der Fristbeginn geschieht mit der Annahme des aufgegebenen Reisegepäcks durch den Fluggast bzw. des Frachtgutes durch den Empfänger und berechnet sich nach § 187 BGB. Abs. 3 verlangt in seiner diesbezüglichen Neufassung nicht zwingend die „Übergabe" (engl. Originaltext: „given") der Anzeige innerhalb dieser Frist. Es reicht daneben ebenso noch auch aus, dass der Absender – wie nach dem bisherigem Abkommensrecht des Art. 26 Abs. 3 WA 1929/1955 – die Anzeige mit ihrer konkreten Beanstandung nur fristgemäß „abgesandt"[36] hat (engl. Originaltext: „dispatched"). Die Beweislast für das rechtzeitige Absenden trägt hierbei der Empfänger bzw. der Absender des Gutes. Vgl. zu deren Aktivlegitimation Art. 18 Rn. 87 ff.

**6. Der verdeckte Mangel.** Problematisch sind die Fälle eines verdeckten Mangels, bei **22** dem sich die vorhandene Beschädigung nicht innerhalb der vorgesehenen Anzeigefristen unmittelbar erkennen lässt (zB im Falle der Beeinträchtigung von Arzneimitteln durch

---

[29] Zu Art. 26 WA 1929/1955: OLG Hamburg 9.2.1984, TranspR 1985, 117; OLG Düsseldorf 13.12.1990, TranspR 1991, 106 = VersR 1991, 603.

[30] Zu Art. 26 WA 1929/1955: BGH 14.3.1985, TranspR 1986, 22; OLG Hamburg 9.2.1984, TranspR 1985, 117; OLG Hamburg 18.2.1988, TranspR 1988, 201, 204 = ZLW 1988, 361 = VersR 1988, 1158; OLG Düsseldorf 13.12.1990, TranspR 1991, 106 = VersR 1991, 603; OLG Nürnberg 9.4.1992, TranspR 1992, 276, 278; OLG München 10.8.1994, NJW-RR 1995, 672 = TranspR 1995, 118, 119 = ZLW 1996, 99; OLG München 3.2.1995, TranspR 1996, 242, 243; OLG Frankfurt/M. 8.10.1996, TranspR 1997, 287 = ZLW 1998, 245.

[31] Zu Art. 26 WA 1929/1955: LG Frankfurt/M. 27.5.1986, TranspR 1986, 292.

[32] Zu Art. 26 WA 1929/1955: OLG Düsseldorf 13.12.1990, VersR 1991, 603.

[33] Zu Art. 26 WA 1955: AG Rüsselsheim 27.11.2003, RRa 2004, 88 (m. Anm. *Ruhwedel*).

[34] S. oben Fn. 4.

[35] Hierzu: AG Hamburg 26.2.1980, MDR 1980, 851.

[36] So ausdrücklich zu Art. 26 WA 1929/1955: OLG Hamburg 18.2.1988, TranspR 1988, 201, 204 = VersR 1988, 1158 = ZLW 1988, 361; U. S. Court of Appeals (9th Cir.): *Nissen Fire & Marine Insurance* v. *Fritz and Tower Air*, 210 F.3 d 1099 (2000). Vgl. für das *deutsche* Recht: § 438 Abs. 4 S. 3 HGB.

Sonneneinstrahlung beim Umladen o. ä.). § 377 Abs. 3 HGB sieht für einen vergleichbaren Interessenkonflikt beim Handelskauf vor, dass eine unverzügliche Anzeige auch erst nach Entdeckung des Mangels zur Rechtswahrung ausreichend ist. Da im MÜ ein solcher Zusatz fehlt, wird man die dort geregelten Anzeigefristen indessen als absolute Fristen anzusehen haben. Soweit auf den Luftfrachtvertrag nach den Art. 3 ff. Rom I-VO[37] *deutsches* (Luft-) Frachtrecht ergänzend anwendbar ist, geht hier auch § 438 Abs. 2 HGB („wenn der Verlust oder die Beschädigung äußerlich nicht erkennbar war") von der Endgültigkeit der Frist aus.

### V. Schriftlichkeit der Anzeige

**23**    **1. Das Erfordernis der Schriftlichkeit.** Nach Abs. 3 muss die Beanstandung schriftlich (engl. Originaltext: „must be made in writing") erklärt werden. Eine bloß mündliche Erklärung reicht nicht aus.[38] Ebenso kann eine nur telefonische Information des Luftfrachtführers das Erfordernis der Schriftform nicht ersetzen.[39] Die Notwendigkeit einer schriftlichen Anzeige kann schließlich auch nicht dadurch ausgeglichen werden, dass Mitarbeitern des Luftfrachtführers vor Ort Kenntnis vom Schadensfall gegeben wird.[40] Vielmehr soll das Schriftlichkeitserfordernis stets zusätzlich sicherstellen, dass die Anzeige an die zuständige Stelle des Luftfrachtführers gelangt, damit dieser auch insoweit Gelegenheit erhält, im Hinblick auf seine etwaige Haftung und deren nach Art. 18 Abs. 2 möglichen Ausschluss der konkreten Schadensursache sachgerecht nachzugehen.[41]

**24**    Doch genügt andererseits bei einer nach Art. 3 ff. Rom I-VO[42] subsidiären Anwendbarkeit *deutschen* (Luft-) Frachtrechts gemäß § 438 Abs. 4 HGB auch eine Anzeige „mit Hilfe einer telekommunikativen Einrichtung", zB per *Telefax,*[43] oder die Übergabe von *„schriftlichen Unterlagen".*[44] Auch bedarf es nach § 438 Abs. 4 HGB einer *Unterschrift* nicht, wenn aus der Anzeige der Aussteller in anderer Weise erkennbar ist.

**25**    **2. Inhalt der Anzeige.** Dabei ist iE erforderlich, dass der Empfänger dem Luftfrachtführer den Schadenssachverhalt konkret mitteilt.[45] Hier hat die Anzeige bereits im Wesentlichen die Schäden zu benennen, die später auch geltend gemacht werden.[46] Auch muss die Anzeige erkennen lassen, gegen wen[47] Ansprüche geltend gemacht werden. Es genügt aber, dass die Schäden aus der Sicht des Empfängers der Anzeige hinreichend erkennbar sind.[48] Ausreichend kann es auch sein, wenn der Anspruchsberechtigte in einer *substantiierten Rüge*

---

[37] S. oben Fn. 4.

[38] Zu Art. 31 MÜ: OLG Frankfurt a. M. 25.6. 2012, TranspR 2013, 246; OLG Stuttgart 29.3.2006, NJW-RR 2007, 566 = NZV 2007, 427 (LS). Zu Art. 26 WA 1929/1955: LG Frankfurt/M. 7.3.1973, ZLW 1973, 306, 308; Tribunal d'Arrondissement du Luxembourg 9.12.1988, Rev. fr. dr. aérien 1989, 453. *Leshem,* Article 26 (3) of the Warsaw Convention: the extent of judical interpretation (Anm. zu einem Urt. des Tel Aviv District Court von 1989: *telefonische* Anzeige), AirL 1990, 100. Vgl. für das *deutsche* (Luft-) Frachtrecht: § 438 Abs. 4 HGB.

[39] U. S. District Court (D. D. NY), *Lokken* v. *Federal Express,* (2000), 2000 WL 193121. Hoge Raad (Niederlande), *Condor Farms* v. *Iberia,* Air & Sp.L 2000, 88, Nr. 8.

[40] Zu Art. 26 WA 1929/1955: OLG Celle 21.5.2004, NJW-RR 2004, 1411 = TranspR 2005, 214.

[41] Zu Art. 26 WA 1929/1955: BGH 14.3.1985, TranspR 1986, 22, 23; OLG Frankfurt/M. 3.6.1976, ZLW 1977, 152; OLG Düsseldorf 13.12.1990, TranspR 1991, 106, 108 = VersR 1991, 603; OLG Nürnberg 9.4.1992, TranspR 1992, 276, 278; OLG Frankfurt/M. 12.7.1993, RIW 1994, 68; OLG München 10.8.1994, NJW-RR 1995, 672 = TranspR 1995, 118, 119 = ZLW 1996, 99, 101; LG Frankfurt/M. 7.3.1973, ZLW 1973, 306, 308.

[42] S. oben Fn. 4.

[43] Zu Art. 26 WA 1929/1955: OLG Frankfurt/M. 12.7.1993, RIW 1994, 68; OLG München 10.8.1994, (Urteilstatbestand), NJW-RR 1995, 672 = TranspR 1995, 118 = ZLW 1996, 99, 100.

[44] Zu Art. 26 WA 1929/1955: OLG München 10.8.1994, NJW-RR 1995, 672 = TranspR 1996, 118.

[45] Zu Art. 26 WA 1929/1955: BGH 9.6.2004, NJW-RR 2004, 1482 = TranspR 2004, 369 = VersR 2005, 811 = MDR 2005, 41; LG Darmstadt 9.2.2004, ZLW 2005, 464.

[46] Zu Art. 26 WA 1929/1955: OLG Celle 6.3.2003, ZLW 2004, 105.

[47] BGH (Fn. 45); OLG Hamburg 18.2.1988, TranspR 1988, 201, 202 = VersR 1988, 1158 = ZLW 1988, 361.

[48] BGH (Fn. 45).

die wesentlichen Einzelheiten seiner Beanstandung mitteilt.[49] Insoweit genügt es, wenn eine genaue Beschreibung des betreffenden Frachtguts, der ungefähre Zeitpunkt der Beschädigung und die wesentlichen Umstände der Beanstandung schriftlich fixiert sind.[50] Eine nur vorsorgliche Schadensmeldung mit allein vorläufiger Beanstandung erfüllt indessen nicht das Erfordernis einer substantiierten Anzeige.[51] Nimmt der Anzeigende durch Angabe der Nummer des Luftfrachtbriefs auf diesen Bezug, so kann er sich in der Anzeige diejenigen wesentlichen Angaben ersparen, die aus dem Luftfrachtbrief hervorgehen.[52] Vgl. auch: § 438 Abs. 1 S. 2 HGB: „Die Anzeige muss den Schaden hinreichend deutlich kennzeichnen".

Als ausreichend wurde in der Rspr. beispielsweise die Mitteilung angesehen: *„gem. Ihrer* **26** *Information wurde bei Verladung ogSd. die Kiste H 020 821 gestürzt. Für einen eventuell entstandenen Schaden halten wir Sie vorab haftbar"*[53] oder *„Verpackung durchnässt"* bzw. *„Verpackung beschädigt"*.[54] Keine ordnungsgemäße Schadensanzeige liegt vor, wenn die Auslieferungsbestätigung nur den Stempelaufdruck trägt „Verpackungsschaden/S." und handschriftlich hinzugefügt ist „2, 3 oder 4 Kartons".[55] Ebenso wenig handelt es sich um eine inhaltlich ausreichende Schadensanzeige, wenn sich auf einer Fotokopie des Luftfrachtbriefs der allgemeine Vermerk „break-down" findet.[56] Bei der Entgegennahme einer äußerlich beschädigten Sendung, bei der rund 20 % der Ware fehlen, genügt ein (schriftlicher) Hinweis auf die Beschädigung und Offenheit der Sendung nicht den Anforderungen an eine hinreichend deutliche Schadensanzeige zur Ausschaltung der Vermutung der vertragsmäßigen Anlieferung.[57]

Die Feststellung eines Schadens durch Tatbestandsaufnahme des Luftfrachtführers oder **27** seiner Leute entlastet den Absender oder Empfänger nicht von der Obliegenheit der Schadensanzeige, wenn die Feststellung des Schadens nur auf die Verpackung und nicht auf den Inhalt der Sendung bezogen ist.[58] Ebenso wenig steht ein Schadensprotokoll durch den Luftfrachtführer einer Anzeige iSd. Art. 31 dann nicht gleich, wenn dieses nur die allgemeine Bezeichnung *„Schaden"* oder *„Beschädigung"* enthält.[59]

Im weiteren fehlt es an der zu fordernden wesentlichen Übereinstimmung von Schadens- **28** anzeige und dem im späterem Prozess geltend gemachten Schaden, wenn ausweislich der Schadensanzeige 6 von 93 Kolli beschädigt gewesen sein sollen, der Kläger aber im späteren Prozess geltend macht, 7 Einzelteile seien beschädigt und ferner befänden sich an 20 bis 25 unterschiedlichen Stellen von Möbeln, die zerlegt gewesen seien, Schäden.[60] Hat der Versicherungsnehmer oder sein Spediteur dem Luftfrachtführer den betreffenden Schaden genügend substantiiert angezeigt, ist der Versicherer seinerseits auch weiterhin zur Leistung verpflichtet.[61]

Bei Schäden an „aufgegebenem Reisegepäck" (Abs. 2) genügt für die Schadensanzeige **29** durch die einzelnen *Versicherungsnehmer* eine schriftliche, aber nicht notwendigerweise unterschriebene Anzeige. Diese muss die Schäden aus der Sicht des Versicherungsnehmers hinreichend bestimmen. Es genügt hier, dass die Anzeige bei einer Stelle abgegeben wird,

---

[49] Zu Art. 26 WA 1929/1955: OLG Frankfurt/M. 3.6.1976, ZLW 1977, 152; OLG Frankfurt/M. 10.5.1977, MDR 1977, 846 = BB 1977, 1071 = ZLW 1977, 230.

[50] Zu Art. 26 WA 1929/1955: OLG München 10.8.1994, NJW-RR 1995, 672 = TranspR 1995, 118, 119 = ZLW 1996, 99, 101.

[51] Zu Art. 26 WA 1929/1955: OLG Köln 11.6.1982, ZLW 1983, 167. Dies gilt umso mehr, als der Empfänger ohnehin gehalten ist, das bei ihm eingetroffene Frachtgut von allen Seiten zu untersuchen: OLG Düsseldorf 18.3.1993, NJW-RR 1993, 1061 = TranspR 1993, 287 = VersR 1994, 1210.

[52] Zu Art. 26 WA 1929/1955: OLG Frankfurt/M. 15.1.1980, ZLW 1980, 146.

[53] Zu Art. 26 WA 1929/1955: OLG Nürnberg 9.4.1992, TranspR 1992, 276.

[54] Zu Art. 26 WA 1020/1955: BGH 9.6.2004, NJW-RR 2004, 1482, 1483 = TranspR 2004, 369 = VersR 2005, 811.

[55] LG Darmstadt 9.2.2004, ZLW 2005, 464, 467.

[56] Zu Art. 26 WA 1929/1955: LG München I 17.2.1999, TranspR 2000, 184.

[57] Zu § 438 Abs. 1 HGB: LG Memmingen 1.8.2001, NJW-RR 2002, 458 = VersR 2002, 1533.

[58] Zu Art. 26 WA 1929/1955: OLG Frankfurt/M. 8.10.1996, TranspR 1997, 287.

[59] Zu Art. 26 Abs. 2 WA 1955: LG München I 17.2.1999, TranspR 2000, 184 = ZLW 2000, 547.

[60] Zu Art. 26 WA 1929/1955: OLG Celle 6.3.2003, TranspR 2003, 314 = ZLW 2004, 105.

[61] OLG Köln 27.2.1986, VersR 1987, 900.

die von dem Luftfrachtführer als Vertretung anerkannt ist, beispielsweise bei einer befreundeten Fluggesellschaft an einem Flughafen, an dem der Luftfrachtführer kein eigenes Büro unterhält.[62] Eine Schadensanzeige ist hier auch erforderlich, wenn Reisegepäck zunächst als verloren gemeldet und später – beschädigt – wieder aufgefunden wird.[63] Wird einem Fluggast das Reisegepäck verspätet ausgehändigt, muss er den teilweisen Verlust von Gegenständen spätestens innerhalb der Frist des Abs. 2 beim Reiseveranstalter geltend machen.[64]

### VI. Anzeigeversäumnis

30      Unterbleibt eine fristgemäße und schriftliche Anzeige, so ist nach Abs. 4 „jede Klage gegen den Luftfrachtführer ausgeschlossen" (engl. Originaltext: „no action shall lie against the carrier"). Dieser Klageausschluss besteht *nicht* aus *prozessualen* Gründen. Seine Aufgabe ist es vielmehr, den Luftfrachtführer davor zu bewahren, nach Ablauf der Frist noch mit Schadensersatzansprüchen rechnen und sich sodann um eine durch Zeitablauf schwierig gewordene Aufklärung des Schadenshergangs bemühen zu müssen. Dementsprechend ist davon auszugehen, dass eine Klage unter der Voraussetzung des Abs. 4 *nicht* schon als solche *unzulässig* wird. Vielmehr hat der der Luftfrachtführer nach Fristablauf eine von Amts wegen zu berücksichtigende materiellrechtliche Einwendung gegen den eingeklagten Anspruch.[65]

31      Die Fristversäumnis bleibt allerdings ohne Folge, wenn der Luftfrachtführer auf dieses Erfordernis nach Art. 27 „verzichtet" oder er iSd. Abs. 4 „arglistig gehandelt hat" (engl. Originaltext: „in the case of fraud on its part"). Das letztgenannte Verhalten liegt indessen nur dann vor, wenn der Luftfrachtführer den Empfänger in irgendeiner Weise bewusst daran gehindert hat, die Anzeige in der vorgeschriebenen Frist zu erstatten. Ging der Empfänger allein auf Grund von unzutreffenden Erklärungen eines Angestellten des Luftfrachtführers von der irrigen Annahme aus, dass er seiner Anzeigepflicht Genüge getan hätte, so ist die Berufung des Luftfrachtführers auf das Erfordernis einer frist- und ordnungsgemäßen Anzeige zwar treuwidrig, nicht aber arglistig. Die Treuwidrigkeit kann im Zusammenhang mit der Klagefrist des Art. 35 beachtlich sein, bei der Frist des Abs. 4 ist indessen ausdrücklich „Arglist" („fraud") gefordert.[66] Eine solche hatte der U. S. District Court (E. D. Pa)[67] vor dem Hintergrund bejaht, dass einem Rollstuhlfahrer wegen eines Schadens an seinem Fahrzeug auf dem Hinflug erklärt worden war, er könne diesen Schaden auch noch später bei der Rückkehr an seinem Heimatflughafen reklamieren.

32      Die Beweislast für den Tatbestand des *Fristablaufs* trägt der Luftfrachtführer; wogegen die Voraussetzungen für einen *„Verzicht"* (Art. 27) oder eine *„Arglist"* (Abs. 4) von dem Empfänger bzw. dem Absender des Frachtguts als Kläger und Aktivlegitimierte (Art. 18 Rn. 87 ff.) zu beweisen sind.

### Art. 32 Tod des Schadensersatzpflichtigen

**Stirbt die zum Schadensersatz verpflichtete Person, so kann der Anspruch auf Schadensersatz nach diesem Übereinkommen gegen ihre Rechtsnachfolger geltend gemacht werden.**

---

[62] Zu Art. 26 WA 1929/1955: OLG Frankfurt/M. 29.5.2002, NJW-RR 2003, 22 = VersR 2003, 321. Eine Anzeige an Bedienstete *irgendeines* Flugunternehmens reicht hingegen nicht aus: AG Düsseldorf 2.2.2000, TranspR 2000, 264.

[63] Zu Art. 26 WA 1929/1955: AG Rüsselsheim 27.11.2003, RRa 2004, 88 (m. Anm. *Ruhwedel*). Zur rechtzeitigen Schadensanzeige eines Fluggastes bei Beschädigung eines Koffers: AG Düsseldorf 2.2.2000, TranspR 2000, 264.

[64] Zu Art. 26 WA 1929/1955: AG Düsseldorf 2.6.1997, RRa 1997, 227.

[65] BGH 14.3.1985, TranspR 1986, 22, 23; OLG Frankfurt/M. 10.5.1977, MDR 1977, 846 = BB 1977, 1071 = ZLW 1977, 230; OLG Düsseldorf 13.12.1990, TranspR 1991, 106, 107 = VersR 1991, 603.

[66] Vgl. zu Art. 26 WA 1929/1955: OLG Frankfurt/M. 3.6.1976, ZLW 1977, 152; OLG Düsseldorf 13.12.1990, TranspR 1991, 106, 108 = VersR 1991, 603.

[67] S. District Court (E. D. Pa), 2001 WL 1018438 (*Dillon v. United Airlines*).

**Art. 32 Décès de la personne responsable**

En cas de décès de la personne responsable, une action en responsabilité est recevable, conformément aux dispositions de la pré sente convention, à l'encontre de ceux qui représentent juridiquement sa succession.

**Art. 32 Death of Person Liable**

In the case of the death of the person liable, an action for damages lies in accordance with the terms of this Convention against those legally representing his or her estate.

Ähnliche Bestimmungen: At. 27 WA 1929/1955; Art. 27 WA/MP Nr. 4 (1975) und Art. 25 EGBGB iVm. den §§ 1922, 1967 BGB.

## I. Normzweck

**1. Eine natürliche Person als „Luftfrachtführer".** Art. 32 stellt – im Anschluss an **1** Art. 27 WA 1929/1955 – klar, dass sämtliche nach den Art. 17 ff. begründeten Schadensersatzansprüche auch über den Tod des jeweiligen Luftfrachtführers hinaus erhalten bleiben. Ähnlich wie in den nachfolgenden Vorschriften des Art. 33 Abs. 1 und des Art. 46 setzt Art. 32 dabei stillschweigend voraus, dass der im Zeitpunkt des Schadensereignisses bestehende Luftbeförderungsvertrag von einer *natürlichen* Person als Luftfrachtführer[1] abgeschlossen oder zumindest „ausgeführt"[2] (Art. 36 und Art. 39) worden ist. Während die genannten Art. 33 und 46 in diesem Zusammenhang den „Wohnsitz" dieser Person zugleich zum „Gerichtsstand" erheben, entscheidet Art. 32 über das Schicksal der gegen diese Person als „Luftfrachtführer" nach den Art. 17 ff. entstandenen Schadensersatzansprüche im Hinblick darauf, dass dieser „Luftfrachtführer" noch vor Leistung des von ihm geschuldeten Schadensersatzes „stirbt".

**2. Weiterbestehen der nach den Art. 17 ff. entstandenen Schadensersatzansprü- 2 che.** Für diesen Fall stellt Art. 32 sicher, dass alle nach den Art. 17 ff. begründeten Schadensersatzansprüche beim Tode dieses Luftfrachtführers nicht schlechterdings untergehen.[3] Dies gilt beispielsweise im *deutschen* Recht für einen Unterhaltsanspruch. Gemäß § 1615 BGB *erlischt* dieser Anspruch „mit dem Tode des Berechtigten oder des Verpflichteten". Gerade eine solche Rechtsfolge wird durch Art. 32 auf Seiten sowohl des „vertraglichen", des „nachfolgenden" (Art. 36) wie auch des „ausführenden" (Art. 39) Luftfrachtführers als der jeweils „zum Schadensersatz verpflichteten Person" explizit ausgeschlossen. Art. 32 ist iE nicht anwendbar, wenn einer der vorgenannten „Luftfrachtführer" keine *natürliche* Person, sondern als *juristische* Person (GmbH, AG usw.) organisiert ist. Eine solche Person kann iSd. Art. 32 weder „sterben" (engl. Originaltext: „in the case of death") noch kann sie nach ihrer insoweit vergleichbaren körperschaftlichen Auflösung und der nachfolgenden Liquidation ihres Vermögens einen „Rechtsnachfolger" haben.

## II. Regelungsgehalt

**1. Rechtsnachfolger des „Luftfrachtführers".** Art. 32 entscheidet über das Schicksal **3** eines Schadensersatzanspruchs iS der Art. 17 ff. nicht abschließend, sondern nur rudimentär in der Weise, dass diese Ansprüche mit dem Tode des Luftfrachtführers jedenfalls nicht erlöschen, sondern – weiterhin – stets gegen dessen „Rechtsnachfolger geltend gemacht werden" können. Über die Identität dieses Rechtsnachfolgers selbst trifft das MÜ keine eigene Entscheidung. Sie bleibt dem hier jeweils anwendbaren *nationalen* Recht vorbehalten.

---

[1] Zum „vertraglichen" Luftfrachtführer Art. 1 Rn. 14 ff.
[2] Zu den „aufeinanderfolgenden" Luftfrachtführern Art. 1 Rn. 18. Zum „ausführenden" Luftfrachtführer: Art. 1 Rn. 24.
[3] So *Guldimann* Art. 27 WA Rn. 2, unter Hinweis auf das *englische* Recht, wonach Schadensersatzansprüche des Geschädigten aus „tort" mit dem Tode des Ersatzpflichtigen erlöschen.

4    **2. IPR.** Im *deutschen* Rechtsraum unterliegt nach Art. 25 Abs. 1 EGBGB die Rechtsnachfolge von Todes wegen „dem Recht des Staates, dem der Erblasser im Zeitpunkt seines
Todes angehörte". S. auch: VO (EU) Nr. 650/2012 vom 4.7.2012 (L 201/107). Die VO
gilt ab dem 17.8.2015.

5    **3. Die Universalsukzession im *deutschen* Erbrecht.** Wenn danach *deutsches* Recht
anwendbar ist, bestimmt sich die (Gesamt-) Rechtsnachfolge nach § 1922 BGB: „Mit dem
Tode einer Person (Erbfall) geht deren Vermögen (Erbschaft) als Ganzes auf eine oder
mehrere Personen (Erben) über".

6    **4. Die „Nachlassverbindlichkeiten" in *deutschen* Erbecht.** Der Erbe des verstorbenen Luftfrachtführers haftet iE gemäß § 1967 BGB für alle „Nachlassverbindlichkeiten".
Zu diesen gehören unter anderem auch Schadensersatzansprüche iS der Art. 17 ff., die zu
Lebzeiten des verstorbenen „vertraglichen" bzw. des „nachfolgenden" oder des „ausführenden" Luftfrachtführers gegen diese bereits begründet waren. Falls dieser Luftfrachtführer
*mehrere* Erben hinterlassen hat, haften diese für die Erfüllung der vorgenannten Schadensersatzansprüche gemäß § 2058 BGB als Gesamtschuldner. Da der oder die Erbe(n) des verstorbenen Luftfrachtführers gleichfalls nur begrenzt auf 19 SZR/kg (Art. 22 Abs. 3) haften,
wird sich für sie nur sekundär die Frage nach der Beschränkung ihrer Erbenhaftung durch
Nachlassverwaltung oder Nachlassinsolvenz gemäß § 1975 BGB stellen.

7    **5. Die Unternehmensnachfolge im *deutschen* Recht.** Für das Rechtsschicksal der
nach den Art. 17 ff. entstandenen Ansprüche bei einer Rechtsnachfolge unter Lebenden
enthält das MÜ keine entsprechende Regelung. Hier ist für die Haftung des Erwerbers
eines „Handelsgeschäfts" des Luftfrachtführers die Vorschrift des § 25 HGB einschlägig,
wenn das *(deutsche)* HGB das Recht am Sitz des Unternehmens darstellt. Doch muss ein
Luftfrachtführer rechtsbegrifflich nicht stets auch ein „Kaufmann" iSd. §§ 1 ff. HGB sein
(Art. 1 Rn. 15). Die Anerkennung *ausländischer* Insolvenzverfahren im Inland setzt jedenfalls
voraus, dass das Gericht des Verfahrensstaates aus *deutscher* Sicht zur Abwicklung der Insolvenz zuständig ist und keine ausschließliche Zuständigkeit *deutscher* Gerichte besteht.[4]


## Art. 33 Gerichtsstand

**(1) Die Klage auf Schadensersatz muss im Hoheitsgebiet eines der Vertragsstaa-
ten erhoben werden, und zwar nach Wahl des Klägers entweder bei dem Gericht
des Ortes, an dem sich der Wohnsitz des Luftfrachtführers, seine Hauptniederlassung oder seine Geschäftsstelle befindet, durch die der Vertrag geschlossen worden
ist, oder bei dem Gericht des Bestimmungsorts.**

**(2) Die Klage auf Ersatz des Schadens, der durch Tod oder Körperverletzung
eines Reisenden entstanden ist, kann bei einem der in Absatz 1 genannten Gerichte
oder im Hoheitsgebiet eines Vertragsstaats erhoben werden, in dem der Reisende
im Zeitpunkt des Unfalls seinen ständigen Wohnsitz hatte und in das oder aus
dem der Luftfrachtführer Reisende im Luftverkehr gewerbsmäßig beförderte, und
zwar entweder mit seinen eigenen Luftfahrzeugen oder aufgrund einer geschäfti-
chen Vereinbarung mit Luftfahrzeugen eines anderen Luftfrachtführers, und in
dem der Luftfrachtführer sein Gewerbe von Geschäftsräumen aus betreibt, deren
Mieter oder Eigentümer er selbst oder ein anderer Luftfrachtführer ist, mit dem
er eine geschäftliche Vereinbarung geschlossen hat.**

**(3) Im Sinne des Absatzes 2 bedeutet**
**a) „geschäftliche Vereinbarung" einen Vertrag zwischen Luftfrachtführern über
die Erbringung gemeinsamer Beförderungsdienstleistungen für Reisende im
Luftverkehr mit Ausnahme eines Handelsvertretervertrags,**

---

[4] LG Frankfurt/M. 24.5.2005, TranspR 2006, 462 (Zum „Universalitätsprinzip").

b) „ständiger Wohnsitz" den Hauptwohnsitz und gewöhnlichen Aufenthalt des Reisenden im Zeitpunkt des Unfalls. Die Staatsangehörigkeit des Reisenden ist in dieser Hinsicht nicht entscheidend.

(4) Das Verfahren richtet sich nach dem Recht des angerufenen Gerichts.

## Art. 33 Juridiction compétente

1. L action en responsabilité devra être portée, au choix du demandeur, dans le territoire d'un des États Parties, soit devant le tribunal du domicile du transporteur, du siège principal de son exploitation ou du lieu où il possède un établissement par le soin duquel le contrat a été conclu, soit devant le tribunal du lieu de destination.

2. En ce qui concerne le dommage résultant de la mort ou d'une lésion corporelle subie par un passager, l'action en responsabilité peut être intentée devant l'un des tribunaux mentionnés au paragraphe 1 du présent article ou, eu égard aux spécificités du transport aérien, sur le territoire d'un État partie où le passager a sa résidence principale et permanente au moment de l'accident et vers lequel ou à partir duquel le transporteur exploite des services de transport aérien, soit avec ses propres aéronefs, soit avec les aéronefs d'un autre transporteur en vertu d'un accord commercial, et dans lequel ce transporteur mène ses activités de transport aérien à partir de locaux que luimême ou un autre transporteur avec lequel il a conclu un accord commercial loue ou possède.

3. Aux fins du paragraphe 2:

a) „accord commercial" signifie un accord autre qu'un accord d'agence conclu entre des transporteurs et portant sur la prestation de services communs de transport aérien de passagers;

b) „résidence principale et permanente» désigne le lieu unique de séjour fixe et permanent du passager au moment de l'accident. La nationalité du passager ne sera pas le facteur déterminant à cet égard.

4. La procédure sera régie selon le droit du tribunal saisi de l'affaire.

## Art. 33 Jurisdiction

1. An action for damages must be brought, at the option of the plaintiff, in the territory of one of the States Parties, either before the court of the domicile of the carrier or of its principal place of business, or where it has a place of business through which the contract has been made or before the court at the place of destination.

2. In respect of damage resulting from the death or injury of a passenger, an action may be brought before one of the courts mentioned in paragraph 1 of this Article, or in the territory of a State Party in which at the time of the accident the passenger has his or her principal and permanent residence and to or from which the carrier operates services for the carriage of passengers by air, either on its own aircraft, or on another carrier's aircraft pursuant to a commercial agreement, and in which that carrier conducts its business of carriage of passengers by air from premises leased or owned by the carrier itself or by another carrier with which it has a commercial agreement.

3. For the purposes of paragraph 2,

a) „commercial agreement" means an agreement, other than an agency agreement, made between carriers and relating to the provision of their joint services for carriage of passengers by air;

b) „principal and permanent residence" means the one fixed and permanent abode of the passenger at the time of the accident. The nationality of the passenger shall not be the determining factor in this regard.

4. Questions of procedure shall be governed by the law of the court seised of the case.

Ähnliche Bestimmungen: Art. 28 WA 1929/1955; (Art. 28 WA Guatemala-City – 1971); Art. 28 WA/MP Nr. 4 (1975); Art. 46 MÜ; § 440 HGB (innerdeutsche Luft- und andere Binnentransporte); § 56 LuftVG (innerdeutsche Luftbeförderungen von Personen und deren Gepäck); Art. 31 Abs. 1 CMR (1956/1978); Art. 46 CIM 1999; Art. 21 HambR (1978) und Art. 17 ABB-Fracht (2010).

**Schrifttum:** *Cohen*, Warsaw Convention – Jurisdiction – Art. 28 (1) of the Warsaw Convention Does Not Relate to Venue, But Rather To Jurisdiction in the International or „Treaty Sense", Journ.Air L.Com. 1972, 573;

*Crans,* Article 28 of the Warsaw Convention, Air L. 1987, 78; *Craus,* Article 28 of the Warsaw Convention, Air L. 1987, 178; *Dasser,* Lugano Übereinkommen, Bern 2007; *Ehlers,* Die Verfahrensregeln des Warschauer Abkommens, TranspR 1996, 183; *ders.,* Forum non-conveniens. Neuere Entwicklungen in der amerikanischen Rechtsprechung und das Verhältnis zum Warschauer Haftungssystem, FG Ruhwedel, 2004, S. 99; *Giemulla/Mölls,* Die selbständige Agentur – eine „Geschäftsstelle minderer Art", NJW 1983, 1953; *Greenfield,* Expanding Jurisdiction Under Article 28 of the Warsaw Convention, Journ.Int.L.Econ. 1978, 509; *Heere,* Problems of Jurisdiction in Air and Outer Space, Air & SpL 1999, 70; *Heinz,* Die Sicherungsbeschlagnahme von Luftfahrzeugen, Frankfurt/M. 1988; *Ignatova,* Art. 5 Nr. 1 EuGVVO – Chancen und Perspektiven der Reform des Gerichtsstands am Erfüllungsort, 2005; *Koller,* Die örtliche Zuständigkeit bei internationalen Gütertransporten mit Luftfahrzeugen, TranspR 2003, 285; *Kronke,* Zur internationalen und örtlichen Zuständigkeit deutscher Gerichte für Haftungsansprüche aus dem grenzüberschreitenden Luftfrachtgeschäft sowie zur Haftung des Luftfrachtführers bei nicht feststellbarem Schadensort, IPRax 1993, 109; *Lehmann,* Wo verklagt man Billigflieger wegen Annullierung, Überbuchung oder Verspätung von Flügen?, NJW 2007, 1500; *Mankowski,* Der europäische Erfüllungsortsgerichtsstand des Art. 5 Nr. 1 lit. b EuGVVO und Transportverträge, TranspR 2008, 67; *McKenry,* Judical Jurisdiction Under the Warsaw Convention, Journ.Air L.Com. 1963, 205; *Mettler,* Gerichtspflichtigkeit von Luftfrachtführern mit Sitz im EU-Ausland, TranspR 2013, 55; *Mumelter,* Der Gerichtsstand des Erfüllungsortes im Europäischen Zivilprozessrecht, 2007; *Nagel,* Internationale Zuständigkeit bei Beteiligung ausländischer Fluggesellschaften, IPRax 1984, 13; *Pisani,* The Warsaw System and Public Policy within the Recognation and Enforcement Stage of a Foreign Judgment, ZLW 2001, 187; *Prodhan,* The fifth jurisdiction under the Montreal Liability Convention: wandering American or wandering everybody, Journ.Air L.Com. 2003, 717; *Ravaud,* La notion d'établissement au sens de l'article 28 de la convention de Varsovie, Rev. fr. dr. aérien 1985, 159; *Reifarth,* Zur Anwendbarkeit des Art. 28 des Warschauer Abkommens auf die „Leute" des Luftfrachtführers, IPRax 1983, 107; *Reuschle,* MÜ, Art. 33; *Rodriguez,* Beklagtenwohnsitz und Erfüllungsort im Europäischen IZVR, Zürich 2005; *Romang,* Zuständigkeit und Vollstreckbarkeit im internationalen Luftprivatrecht, Winterthur 1958; *Schiller,* Gerichtsstand der Geschäftsstelle nach Art. 28 WA, ZLW 1984, 259; *Staudinger,* Der Gerichtsstand des Erfüllungsortes bei der Luftbeförderung nach der Brüssel I-VO, RRa 2007, 155; *M. Vollkommer/G. Vollkommer,* Auswirkungen und Impulse des Transportrechtsreformgesetzes von 1998 auf das Prozessrecht, GS Helm, 2001, S. 365; *Wegner,* Der Gerichtsstand der „Geschäftsstelle" nach Art. 28 Abs. 1 des Warschauer Abkommens, VersR 1982, 243; *Wenzler,* Art. 28 Abs. 1 Warschauer Abkommen in der Rechtsprechung US-amerikanischer Gerichte, TranspR 1990, 414.

## Übersicht

|  | Rn. |  | Rn. |
|---|---|---|---|
| I. Normzweck | 1 | 3. Abdingbarkeit der Art. 33 und Art. 46 nach „Eintritt des Schadens" (Art. 49) | 15 |
| II. Regelungsgehalt | 2–5 | 4. Klagen vor Gerichten in (Nicht-)„Vertragsstaaten" | 16 |
| 1. Gerichtliche Zuständigkeit nur in Vertragsstaaten des MÜ | 2, 3 | 5. Die Gerichtsstände des Art. 33 Abs. 1 | 17–28 |
| 2. Weiterer Gerichtsstand bei *Personen*schäden | 4, 5 | a) Wohnsitz des Luftfrachtführers | 18 |
| III. Streitgegenstände außerhalb der Art. 17 ff. | 6–12 | b) Hauptniederlassung des Luftfrachtführers | 19 |
| 1. Klagen auf Erfüllung des Fachtvertrags | 7 | c) Geschäftsstelle des Luftfrachtführers | 20–23 |
| 2. Klagen wegen Dokumentenfehlern, Nichtbefolgens von „Weisungen" oder gegen die „Leute" | 8 | d) Bestimmungsort des Fluges | 24–28 |
| 3. §§ 425 ff. HGB | 9 | 6. Die zusätzlichen Gerichtsstände des Art. 46: Wohnsitz oder Hauptniederlassung des „ausführenden" Luftfrachtführers | 29, 30 |
| 4. EuGVVO | 10, 11 | 7. Die „forum non-conveniens"-Doctrin | 31–33 |
| 5. Klagen außerhalb der EuGVVO | 12 | V. Das Prozessrecht | 34–37 |
| IV. Klagen auf Schadensersatz iS der Art. 17 ff. | 13–33 | VI. Die Zwangsvollstreckung | 38–41 |
| 1. Ausschließlichkeit der Gerichtsstände der Art. 33 und Art. 46 | 13 | 1. „lex fori" | 38 |
| 2. Die Art. 33 und Art. 46 als zwingendes Recht | 14 | 2. Gerichte innerhalb der EU | 39 |
|  |  | 3. Gerichte außerhalb der EU | 40 |
|  |  | 4. Zwangsvollstreckung im EU-Ausland | 41 |

## I. Normzweck

**1**    Art. 33 bestimmt die *internationale* und die *örtliche* Zuständigkeit derjenigen Gerichte, die seitens des geschädigten Fluggastes (Art. 17 – „Reisender") bzw. Absenders[1] oder Empfän-

---

[1] Zum „Absender" Art. 1 Rn. 20.

gers[2] bei deren Schadensersatzklagen gegen den Luftfrachtführer[3] prinzipiell angerufen werden *„müssen"*, wenn ein Haftungstatbestand iSd. Art. 17 ff. gerichtlich verfolgt werden soll. Art. 46 ergänzt diese Regelung des Art. 33 für den Fall, dass der insoweit geltend gemachte Schaden bei der Beförderung durch einen „ausführenden" Luftfrachtführer[4] aufgetreten ist. Wegen der *zweijährigen* Ausschlussfrist für diese Klagen vgl. Art. 35.

## II. Regelungsgehalt

**1. Gerichtliche Zuständigkeit nur in Vertragsstaaten des MÜ.** Die Reduzierung  **2** der zuständigen Gerichte auf solche allein von „Vertragsstaaten" (Abs. 1) soll die Anwendung des MÜ bereits in forensischer Hinsicht sicherstellen (Rn. 16). Daneben nimmt Abs. 1, wie schon Art. 28 Abs. 1 WA 1929/1955, Rücksicht auch auf eine sachgerechte Anbindung der gerichtlichen Zuständigkeiten an die lokale Orientierung sowohl des Luftfrachtführers selbst wie aber auch an diejenige seiner Vertragsbeteiligten als die im Einzelfall Geschädigten. Hierbei wird nicht allgemein auf Gerichte des einzelnen Vertragsstaats schlechthin abgestellt, sondern es werden exakt die Gerichte unter anderem des „Wohnsitzes" des Luftfrachtführers (Abs. 1) bzw. des Reisenden (Abs. 2) oder des „Bestimmungsortes" (Abs. 1) als solchen benannt, was für eine Festlegung auch der „örtlichen"[5] Zuständigkeit durch Art. 33 spricht. Diese Einschätzung trägt zugleich auch dem Gedanken des Verbraucherschutzes Rechnung, wie er in Abs. 3 der Präambel zum MÜ sogar explizit hervorgehoben ist (Einl. MÜ Rn. 69).

Im Ergebnis stehen einem Kläger hier insgesamt vier Gerichtsstände in beliebiger Aus-  **3** wahl zur Verfügung (Abs. 1). Jeder der vier Gerichtsstände kommt nach Art. 34 Abs. 2 im Falle der Beförderung von Gütern auch als Ort eines Schiedsverfahrens in Betracht.

**2. Weiterer Gerichtsstand bei *Personen*schäden.** Ergänzend zu Abs. 1 sind die Abs. 2  **4** und 3 im Verhältnis zum WA 1929/1955 in den Text des MÜ inhaltlich neu[6] eingefügt worden. Sie gewähren dem Kläger im Falle eines *Personen*schadens (Art. 17) einen weiteren – *fünften* – Gerichtsstand, der selbständig neben die bisherigen *vier* Gerichtsstände des Abs. 1 tritt. Insoweit steht insbesondere hier die Überlegung eines besseren Verbraucherschutzes im Vordergrund.[7]

Der Kläger darf mit seiner Schadensersatzklage indessen nicht gleich mehrere der in  **5** Art. 33 genannten Gerichte befassen, sondern kann diese nur einzeln und insoweit auch nur alternativ (engl. Originaltext: „either" ... „or") anrufen.

## III. Streitgegenstände außerhalb der Art. 17 ff.

Abs. 1 gilt iE – wie schon entsprechend Art. 28 Abs. 1 WA 1929/1955 – (nur) für Klagen  **6** gegen den Luftfrachtführer bezüglich der in den Art. 17 ff. genannten Schäden, dh. *Personen*- und *Gepäck*schäden (Art. 17), *Güter*schäden (Art. 18) sowie *Verspätungs*schäden (Art. 19).

---

[2] Zum „Empfänger" Art. 1 Rn. 26.

[3] Zum „Luftfrachtführer" Art. 1 Rn. 14 ff.

[4] Zum „ausführenden" Luftfrachtführer Art. 1 Rn. 24.

[5] Ebenso auch: FrankfKomm/*Dettling-Ott* Rn. 23; *Reuschle* Rn. 9. AA LG Düsseldorf 29.6.2004, ZLW 2004, 666; *Koller* TranspR 2003, 285 mwN.

[6] Abs. 2 entspricht im Wesentlichen der Vorschrift des Art. 28 Abs. 2 WA idF des (nicht in Kraft getretenen) Protokolls von Guatemala-City vom 8. März 1971 (ICAO-Doc 8932). Vgl. Art. 55 Abs. 1 Buchst. d.

[7] ICAO-Documentation „Conference for the Unification of Certain Rules for International Carriage by Air" (1999), Doc 9775-DC/2, Vol. I Minutes, S. 44 Nr. 25:
„In addition, the United States believed that essential elements of a new agreement must include the following:
– First, an expansion of the four bases of jurisdiction to allow claimants to sue in a fifth jurisdiction; i.e State of the passenger's principal and permanent residence. The United States believed this change was a matter of fundamental fairness, ensuring that two victims, similarly situated, had similar access to justice. Work thus far had produced a clear and reasonable standard which, as number of countries had stated, protected small domestic carriers from additional litigation when the test of sufficient contacts with the were not met. The United States also believed that the doctrine of forum non-convenience would provide discipline against unwarranted forum shopping.
– Second, ...".

Falls der (vertragliche) Luftfrachtführer die Beförderung ganz oder teilweise einem anderen, dh. einem „ausführenden Luftfrachtführer" (Art. 39) überlässt, gewinnt der Kläger gegen diesen nach Art. 46 noch weitere Gerichtsstände hinzu (unten Rn. 29 f.).

**7**   **1. Klagen auf Erfüllung des Fachtvertrags.** Abs. 1 gilt hingegen nicht für Klagen, mit denen die Erfüllung des Luftfrachtvertrags begehrt wird. Dies betrifft zum einen Klagen, mit denen der Luftfrachtführer die vom Absender geschuldete „Fracht" (Art. 3 ff. Rom I-VO[8], § 407 Abs. 2 HGB) oder den Ersatz von „Aufwendungen" (Art. 3 ff. Rom I-VO, § 420 Abs. 1 HGB) verlangt. Auf der anderen Seite gilt Abs. 1 auch nicht für Klagen, die gegen den Luftfrachtführer auf Schadensersatz wegen Nichtbeförderung[9] gerichtet sind oder die wegen Schlechterfüllung[10] des Frachtvertrags erhoben werden. Insbesondere ist Abs. 1 nicht anwendbar bei Klagen, die Ausgleichsansprüche auf der Grundlage der Verordnung (EG) Nr. 261/2004 (Art. 19 Rn. 6) zum Gegenstand haben. Diese VO (EG) stellt vielmehr ein selbständige, vom MÜ unabhängige Rechtsquelle im (Personen-) Luftverkehr dar.[11]

**8**   **2. Klagen wegen Dokumentenfehlern, Nichtbefolgens von „Weisungen" oder gegen die „Leute".** Abs. 1 unterliegen ferner auch nicht[12] Klagen aus Anlass einer fehlerhaften Transportdokumentation (Art. 10 Abs. 3) oder eines voreiligen Befolgens von Weisungen des Absenders (Art. 12 Abs. 3) und schließlich erfasst Abs. 1 auch nicht Schadensersatzansprüche unmittelbar gegen die „Leute" (Art. 30) (Art. 19 Rn. 33 ff.) des Luftfrachtführers.[13] S. im Weiteren auch Art. 29 Rn. 7.

**9**   **3. §§ 425 ff. HGB.** Letztlich unterfallen Abs. 1 auch nicht Klagen, die gegen den Luftfrachtführer wegen *Güter-* oder *Verspätungs*schäden (§ 425 Abs. 1 HGB) im Zusammenhang mit *deutschen* Inlandsflügen angestrengt werden. Hier sind grundsätzlich die allgemeinen örtlichen Zuständigkeitsbestimmungen der §§ 12 ff. ZPO sowie bei *Güter*schäden auch der Gerichtsstand des § 440 HGB einschlägig. Vgl. hierzu die Erl. im vorliegenden KommBd. Wenn Ersatzansprüche wegen Schäden an *Personen* (§ 45 LuftVG), deren *Verspätung* (§ 46 LuftVG) oder bezüglich ihres *Gepäcks* (§ 47 LuftVG) hinsichtlich *deutscher* Inlandsflüge eingeklagt werden, findet sich hier eine zusätzliche Gerichtsstandsregelung in § 56 LuftVG.[14] In allen diesen Fällen (Rn. 7–9) sind demzufolge auch Gerichtsstandsvereinbarungen unter den gewöhnlichen Voraussetzungen[15] zulässig.

---

[8] Im Rechtsbereich der *EU* gelten ab dem 17. Dezember 2009: Art. 3 f. VO (EG) Nr. 593/2008 des Europäischen Parlaments und des Rates vom 17. Juni 2008 über das auf vertragliche Schuldverhältnisse anzuwendende Recht („Rom I"), ABl. EG Nr. L 177 vom 4.7.2008.

[9] Zu Art. 28 WA 1929/1955: BayObLG 30.3.2001, NJW-RR 2001, 1325 (Klage wegen Nichtbeförderung). OLG Frankfurt/M. 24.11.1987, MDR 1989, 165: Wird Frachtgut nicht mit dem ausdrücklich dafür vorgesehenen Flug befördert, weil der Luftfrachtführer nicht genügend Frachtraum für das Gut freigehalten hat, so liegt sofern die Beförderung bei späterer Gelegenheit ausgeführt wird, keine Verspätung (Art. 19 WA) vor, sondern Nichterfüllung des ursprünglichen Vertrages. OLG Koblenz 29.3.2006, NJW-RR 2006, 1356 = NZV 2006, 606 = RRa 2006, 234: Der Luftfrachtführer hatte seine Fluggäste nicht befördert, sondern am Flughafen „stehen gelassen". Zu Art. 33 Abs. 1 OLG München 16.5.2007, NJW-RR 2007, 1428: Flugannullierung.

[10] Zu Art. 28 WA 1929/1955: OLG München 20.9.1982, RIW 1983, 127 = ZLW 1983, 60 (Klage wegen Schlechterfüllung des Beförderungsvertrags).

[11] Hierzu EuGH 10.1.2006, NJW 2006, 351 = NZV 2006, 221; BGH 12.7.2006, NJW-RR 2006, 1719 = RRa 2007 36; OLG Koblenz 29.3.2006, NJW-RR 2006, 1356 = NZV 2006, 606; OLG München 16.5.2007, NJW-RR 2007, 1428 = RRa 2007, 182; FrankfKomm/*Dettling-Ott* Rn. 19; *Lehmann* NJW 2007, 1500.

[12] So auch *Reuschle* Rn. 12. AA FrankfKomm/*Dettling-Ott* Rn. 15.

[13] Zu Art. 28 WA 1929/1955: BGH 6.10.1981, NJW 1982, 524 = JuS 1982, 862 = RIW 1982, 49 = ZLW 1982, 63.

[14] IdF des G zur Harmonisierung des Haftungsrechts im Luftverkehr vom 6.4.2004, BGBl. I S. 550.

[15] Vgl. hierzu Art. 23 VO (EG) Nr. 44/2001 vom 22.12.2000 (ABl. EG Nr. L 12/2001 vom 16.1.2001) – EuGVVO – sowie § 38 Abs. 2 ZPO. Art. 17 ABB-Fracht der Lufthansa-Cargo AG sieht vor: „Bei Anwendbarkeit des Abkommens kann eine Klage auf Schadensersatz nur im Hoheitsgebiet eines der Vertragsstaates und zwar nach der Wahl des Klägers entweder bei dem Gericht des Ortes erhoben werden, an dem sich die Hauptniederlassung des Luftfrachtführers oder seine Geschäftsstelle befindet, durch der Vertrag geschlossen wurde, oder bei dem Gericht des Bestimmungsortes".

**4. EuGVVO.** Bei solchen, nicht unter das MÜ fallenden Klagen ist für die Fragen der **10**
*internationalen* und der *örtlichen* Zuständigkeit innerhalb des EU-Bereichs maßgebend die
Verordnung (EG) Nr. 44/2001 über die gerichtliche Zuständigkeit und die Anerkennung
und Vollstreckung von Entscheidungen in Zivil- und Handelssachen vom 22.12.2000
(EuGVVO – „Brüssel I-Verordnung").[16] Nach ihrem Art. 76 gilt diese VO (EG) „unmittelbar in den Mitgliedstaaten" der EU.[17] Art. 23 EuGVVO geht hierbei von der Priorität
einer etwaigen Gerichtsstandsvereinbarung aus, die dann iE den in dieser VO (EG) näher
bestimmten Voraussetzungen[18] zu genügen hat.

Mangels einer solchen Gerichtsstandsvereinbarung ist nach Art. 2 Abs. 1 EuGVVO **11**
der allgemeine Gerichtsstand am Wohnsitz des Beklagten eröffnet. Hierbei haben gemäß
Art. 60 EuGVVO iE „Gesellschaften und juristische Personen ... für die Anwendung
dieser Verordnung ihren Wohnsitz an dem Ort, an dem sich ihr satzungsmäßiger Sitz,
ihre Hauptverwaltung oder ihre Hauptniederlassung befindet". Gemäß Art. 5 EuGVVO
kann insoweit eine Person, die ihren Wohnsitz im Hoheitsgebiet eines Mitgliedstaates
hat, in einem anderen Mitgliedstaat verklagt werden. Dies gilt unter anderem nach Nr. 5
EuGVVO für die Zuständigkeit von Klagen „wenn es sich um Streitigkeiten aus dem
Betrieb einer Zweigniederlassung, einer Agentur oder einer sonstigen Niederlassung
handelt, vor dem Gericht des Ortes, an dem sich diese befindet". Dies gilt im Weiteren
nach Art. 5 Nr. 1 lit. a EuGVVO auch für die gerichtliche Zuständigkeit, „wenn ein
Vertrag oder Ansprüche aus Vertrag den Gegenstand des Verfahrens bilden, vor dem
Gericht des Ortes, an dem die Verpflichtung erfüllt worden ist oder zu erfüllen wäre".[19]
Im Verfahren vor einem *deutschen* Gericht bestimmt sich dieser Erfüllungsort nach *deut-*
*schem* Kollisionsrecht.[20] Einen besonderen Gerichtsstand sieht Art. 6 Nr. 1 EuGVVO
abschließend für die Fälle einer Streitgenossenschaft vor. Bei Schadensersatzklagen auf
der Grundlage der Art. 17 ff. tritt er allerdings hinter die insoweit vorrangigen Gerichtsstandsregelungen der Art. 33 und Art. 46 zurück. Alles überlagert schließlich der

---

[16] ABl. EG Nr. L 12/2001 vom 16.1.2001. Zuletzt geändert durch die VO (EG) Nr. 1791/2006 (ABl. EG
Nr. L 363 vom 20.12.2006, S. 1). Reform der EuGVVO durch die VO (EU) Nr. 1215/2012 vom 12. Dezember
2012 (ABl. L 351 vom 20.12.2012). Die VO tritt nach ihrem Art. 81 EuGGVO (n. F.) am 10. Januar 2015 in
Kraft. S. auch: Verordnung (EG) Nr. 861/2007 des Europäischen Parlaments und des Rates vom 11. Juli 2007
zur Einführung eines europäischen Verfahrens für geringfügige Forderungen, ABl. EG Nr. L 199/2007 vom
31.7.2007. Das Verfahren betrifft Klagen, deren Streitwert im Zeitpunkt des Eingangs beim zuständigen Gericht –
ohne Zinsen, Kosten und Auslagen – den Betrag von 2.000 Euro nicht überschreitet.

[17] Damit tritt diese VO (EG) als Akt der Gemeinschaft an die Stelle des „Brüsseler Übereinkommens"
über die gerichtliche Zuständigkeit und die Vollstreckung gerichtlicher Entscheidungen in Zivil- und Handelssachen vom 27.9.1968 – EuGVÜ – (BGBl. 1972 II S. 773). Erwägung Nr. 5 der VO (EG) nimmt hierbei
auch Bezug auf das zu diesem „Brüsseler Übereinkommen" parallele „Übereinkommen von Lugano" vom
16.9.1988 – LugÜ – (BGBl. 1995 II S. 221). Zur Konkurrenz von Art. 28 WA und der VO (EG) Nr. 44/
2001 s. auch: OLG Koblenz 29.3.2006, NJW-RR 2006, 1356 = NZV 2006, 606 = RRa 2006, 234 (Nichtbeförderung von Fluggästen).

[18] Die Gerichtsstandsvereinbarung gilt, wenn (1) der Vertrag Bezüge zu mindestens zwei Staaten aufweist,
sei es aus dem Sachverhalt, sei es aus der Person der Parteien, (2) eine der Parteien ihren Wohnsitz in der
*EU* hat, (3) die Zuständigkeit eines Gerichts in einem *EU*-Staat vereinbart ist und (4) sich die Vereinbarung
auf ein konkretes Rechtsverhältnis bezieht.

[19] OLG Koblenz 29.3.2006, NJW-RR 2006, 1356 = NZV 2006, 606 = RRa 2006, 224: Zur Zuständigkeit *deutscher* Gerichte und der Anwendung *deutschen* Rechts (BGB) auf Fälle von Nichtbeförderung
(Luftverkehr) vor dem Jahr 2005; OLG München 16.5.2007, NJW-RR 2007, 1428 = RRa 2007, 182 =
DAR 2007, 463: Zuständig für eine Klage auf der Grundlage der VO (EG) Nr. 261/2004 auf Ausgleichs-
leistung wegen Flugannullierung (S.: Art. 19 Rn. 6) ist gemäß Art. 5 Nr. 1 lit. b EuGVVO das Gericht
des Ortes, an dem der örtliche Schwerpunkt der Dienstleistung gewesen wäre. Für eine Luftbeförderung
von *München* nach *Vilnius* liegt der Schwerpunkt der Dienstleistung an dem Sitz des Luftfahrtunternehmens, hier *Riga;* AG Geldern 28.11.2007, NJOZ 2008, 309: Für den Anspruch auf eine Ausgleichszahlung
wegen Annullierung (VO EG Nr. 261/2004) (S.: Art. 19 Rn. 6) eines bei einer *irischen* Fluggesellschaft
gebuchten Flugs von einem Flughafen in *England* nach einem Flughafen in *Deutschland* ist das Gericht
als Gerichtsstand des Erfüllungsortes zuständig, in dessen Sprengel der deutsche Flughafen liegt. S. auch:
*Ignatova,* Art. 5 Nr. 1 EuGVVO – Chancen und Perspektiven der Reform des Gerichtsstands am Erfüllungsort, 2005; *Mankowski* TranspR 2008, 67; *Rodriguez,* Beklagtenwohnsitz und Erfüllungsort im Europäischen IZVR, Zürich 2005.

[20] BGH 1.6.2005, NJW-RR 2005, 1518 = RiW 2005, 776 = IPRax 2006, 594 = MDR 2006, 46.

Gerichtsstand der rügelosen Einlassung iSd. Art. 24 EuGVVO. Falls der Beklagte die internationale Unzuständigkeit nicht rechtzeitig rügt, begründet dies die Zuständigkeit des iE angerufenen Gerichts.

**12**    **5. Klagen außerhalb der EuGVVO.** In den weder von Art. 33 Abs. 1 bzw. Art. 46 noch von der vorgenannten EuGVVO erfassten Fällen ist zu beachten, dass das *deutsche* Recht die internationale Zuständigkeit der einheimischen Gerichte mittelbar durch eine stillschweigende Verweisung auf die Vorschriften der §§ 12 ff. ZPO über den Gerichtsstand regelt. Soweit nach diesen Vorschriften ein *deutsches* Gericht *örtlich* zuständig ist, ist es nach deutschem Recht zugleich auch *international,* dh. im Verhältnis zu *ausländischen* Gerichten, zuständig.[21] Dies gilt entsprechend auch im Hinblick auf die besonderen örtlichen Zuständigkeitsregelungen des § 440 HGB[22] im Falle eines Gütertransports auf dem Luftweg sowie des § 56 LuftVG bei einer Luftbeförderung von Personen und ihrem Gepäck.

## IV. Klagen auf Schadensersatz iS der Art. 17 ff.

**13**    **1. Ausschließlichkeit der Gerichtsstände der Art. 33 und Art. 46.** Für „die" Klagen (Abs. 1), die gegen den (vertraglichen und/oder den ausführenden) Luftfrachtführer im Zusammenhang mit einer „internationalen Beförderung" iSd. Art. 1 Abs. 2 erhoben werden und die sich auf den Ersatz der in Art. 17 ff. genannten Schäden beziehen, gelten hingegen ausschließlich[23] die Vorschriften der Art. 33 und Art. 46. Diese Ausschließlichkeit ergibt sich zusätzlich auch aus § 56 Abs. 3 LuftVG (*Personen-* und *Gepäck*schäden), mittelbar aus den §§ 440, 452 HGB (*Güter*schäden) sowie aus Art. 71 VO (EG) Nr. 44/2001.[24] Insoweit sind die Art. 33 und Art. 46 im Verhältnis zu den vorgenannten *deutschen* und *europäischen* Rechtsquellen „leges speciales".

**14**    **2. Die Art. 33 und Art. 46 als zwingendes Recht.** Die Zuständigkeitsregelungen des Art. 33 und des Art. 46 sind nach Art. 49 zudem auch zwingender Natur. Sie können „vor Eintritt des Schadens" (Art. 49) (engl. Originaltext: „… entered into before the damage occurred …") weder durch eine Gerichtsstandsvereinbarung noch durch eine gegenläufige Rechtswahl abbedungen werden. Schiedsklauseln haben nach Art. 34 auch nur Gültigkeit, sofern sie die Güterbeförderung betreffen und in Schriftform abgefasst sind (engl. Originaltext: „be in writing").

**15**    **3. Abdingbarkeit der Art. 33 und Art. 46 nach „Eintritt des Schadens" (Art. 49).** Doch können die Parteien sich *nach* „dem Schadensfall" (Art. 49) ohnehin auf die Zuständigkeit des angerufenen Gerichts einigen.[25] Auch kann das angerufene *deutsche* Gericht im Weiteren durch eine rügelose Einlassung des Beklagten *international* zuständig

---

[21] BGH 14.6.1995, BGHZ 44, 46; OLG Düsseldorf 11.5.1978, MDR 1978, 930. Im Einzelnen Musielak/ *Heinrich* ZPO, 11. Aufl. 2014, § 12 Rn. 15 („Grundsatz der Doppelfunktionalität der örtlichen Zuständigkeitsnormen").

[22] Vgl. auch *Koller* TranspR 2003, 285.

[23] Zu Art. 28 WA 1929/1955: BayObLG 22.1.2001, NJW-RR 2001, 1325. S. auch: OGH (Wien) 11.5.2000, ZfRV 2001, 73. Zu Art. 33 MÜ: OGH (Wien) 19.1.2011, TranspR 2011, 264 (m. Anm. *Müller-Rostin*).

[24] VO (EG) Nr. 44/2001 des Rates vom 22. Dezember 2000 über die gerichtliche Zuständigkeit und die Anerkennung und Vollstreckung von Entscheidungen in Zivil- und Handelssachen, ABl. EG Nr. L 12/2001 vom 16.1.2001 (EuGVVO – „Brüssel I-Verordnung"). Reform der EuGVVO durch die VO (EU) Nr. 1215/ 2012 vom 12. Dezember 2012 (ABl. L 351 vom 20.12.2012). Die VO tritt nach ihrem Art. 81 EuGGVO (n. F.) am 10. Januar 2015 in Kraft.

[25] LG Frankfurt/M. 8.5.2002, TranspR 2002, 447 (zu Art. 32 WA/MP Nr. 4). AG Geldern 20.4.2011, TranspR 2011, 263 = NJW-RR 2011, 1503: Vorher kann namentlich der Gerichtsstand des Bestimmungsflughafens iSd. Art. 33 MÜ aus der Verspätung des Fluges (Art. 19 MÜ) nicht abbedungen werden. OGH (Wien) 19.1.2011, TranspR 2011, 264 (m. Anm. *Müller-Rostin*): Ebenso ist nach Art. 49 MÜ eine Zuständigkeitsvereinbarung über einen nicht in Art. 33 MÜ bezeichneten Gerichtsstand vor Eintritt des Schadens nichtig.

werden.[26] Andererseits ist in der Rüge der *örtlichen* Unzuständigkeit im Zweifel auch die Rüge der *internationalen* Unzuständigkeit enthalten.[27]

**4. Klagen vor Gerichten in (Nicht-)„Vertragsstaaten".** Eine Klage gegen den Luft- **16** frachtführer auf Grund der Art. 17 ff. „muss" sowohl nach Art. 33 Abs. 1 wie auch nach Art. 46 in jedem Fall in dem Gebiet eines Vertragsstaates des MÜ erhoben werden. Durch dieses prozessuale Erfordernis soll erreicht werden, dass das im Einzelfall angegangene Gericht bei der Urteilsfindung jeweils auch das von seinem Staat ratifizierte MÜ als „sein" Recht anzuwenden hat und damit letztlich die Anwendung des Abkommensrechts selbst sichergestellt ist. Zudem tragen die Gerichtstände des Art. 33 und des Art. 46 in besonderem Maße auch der lokalen gerichtlichen Orientierung des Frachtführers selbst wie auch der seiner Fluggäste und des Absenders bzw. des Empfängers von Frachtgut Rechnung. Diese Personen können somit nicht beliebig irgendwo auf der Welt klagen oder verklagt werden. Die insoweit vielmehr erforderliche internationale Zuständigkeit beispielsweise eines *deutschen* Gerichts ist von diesem in jedem Verfahrenszug von Amts wegen zu prüfen.[28] Hat das Gericht des ersten Rechtszugs seine internationale Zuständigkeit zu Unrecht angenommen, ist wegen dieses Fehlers das Rechtsmittel der Berufung gegeben, da § 513 Abs. 2 ZPO nur die Zuständigkeitsverteilung unter den *deutschen* Gerichten, nicht aber diejenige zwischen *deutschen* und *ausländischen* Gerichten einer Nachprüfung durch das Berufungsgericht entzieht.[29] Macht der Kläger, zB um die summenmäßige Haftungsbeschränkung des Luftfrachtführers (Art. 22 Abs. 3 bzw. Art. 22 WA 1929/1955) zu umgehen, den Rechtsstreit auf dem Gebiet eines Nicht-Vertragsstaates des MÜ bzw. des WA anhängig, so hat das dort angegangene Gericht nach dem Kollisionsrecht seines Staates zu entscheiden, ob die dem Luftfrachtführer nach dem MÜ bzw. dem WA zustehende Einrede der internationalen Unzuständigkeit durchgreift. Findet auf einen internationalen Luftfrachttransport das WA 1929/1955 idF des WA/MP Nr. 4 (1975) sachlich-rechtlich Anwendung, so eröffnet Art. 28 WA 1929/1955 bei einer „internationalen Beförderung" (Art. 1 WA/MP Nr. 4) einen Gerichtsstand auch in einem Staat, der wie *Deutschland* (Einl. MÜ Rn. 10), nur das WA 1929/1955, nicht aber auch das WA/MP Nr. 4 (1975) ratifiziert hat.[30]

**5. Die Gerichtsstände des Art. 33 Abs. 1.** Der Kläger hat nach Abs. 1 die Auswahl **17** unter insgesamt vier verschiedenen Gerichtsständen.

**a) Wohnsitz des Luftfrachtführers.** Zum einen kann der Kläger seine Klage bei dem **18** Gericht des Ortes erheben, wo der Luftfrachtführer seinen Wohnsitz hat. Der engl. Originaltext: „domicile of the carrier" wählt damit bewusst die inhaltliche Anknüpfung an die bisherige französische Formulierung des Art. 28 WA 1929/1955 „domicile du transporteur".[31]

---

[26] BGH 21.11.1996, BGHZ 134, 127 = NJW 1997, 397 = MDR 1997, 288 = WM 1996, 2295 = VersR 1997, 209 = LM § 38 ZPO Nr. 32 (m. Anm. *Geimer*); OLG Köln 23.10.1985, OLGZ 1986, 210. Die Rügemöglichkeit besteht bis zur ersten mündlichen Verhandlung. Rügeloses Verhandeln vor einem ausländischen Gericht begründet dann nicht selbständig die internationale (Anerkennungs-) Zuständigkeit, wenn der fremde Staat nach seinem eigenen Recht unabhängig davon international zuständig ist: BGH 3.12.1992, BGHZ 120, 334 = NJW 1993, 1073 = MDR 1993, 473 = WM 1993, 524.

[27] BGH 1.6.2005, NJW-RR 2005, 1518 = RiW 2005, 776 = LMK 2005, 1555248/*Mankowski* (zur EuGVVO).

[28] BGH 14.6.1965, BGHZ 44, 46 = NJW 1965, 1665; BGH 2.7.1991, BGHZ 115, 90, 91 = NJW 1991, 3092; BGH 21.11.1996, BGHZ 134, 127, 129; BGH 17.12.1998, NJW 1999, 1395 = WM 1999, 226, 227; OLG Naumburg 19.6.2003, NJOZ 2004, 14; OGH (Wien) 19.1.2011, TranspR 2011, 264 (m. Anm. *Müller-Rostin*).

[29] BGH 16.12.2003, NJW 2004, 1456 = NJW-RR 2004, 791; OLG Naumburg 19.6.2003, NJOZ 2004, 14; Saarländisches OLG 17.1.2007, TranspR 2007, 488, 489; OLG Frankfurt/M. 18.4.2007, TranspR 2007, 367 (m. Anm. *Müller-Rostin*) = NJOZ 2007, 4701. S. auch: BGH 22.10.2009, NJW-RR 2010, 548 = TranspR 2009, 479.

[30] OLG Frankfurt/M. 18.4.2007, TranspR 2007, 367 (m. Anm. *Müller-Rostin*) = NJOZ 2007, 4701. S. auch: BGH 22.10.2009, NJW-RR 2010, 548 = TranspR 2009, 479.

[31] ICAO-Documentation „Conference for the Unification of Certain Rules for International Carriage by Air" (1999), Doc 9775-DC/2, Vol. III Preparatory Material, Attachment A, S. 70, Nr. 5.4.21. Diese Begriffsangleichung geschah zur Abgrenzung des in etwa gleichlautenden Textes in Art. 33 Abs. 2: „the passenger has his or her principal and permanent residence".

Sie hatte in das WA 1929 seinerzeit Eingang gefunden,[32] weil auch *natürliche* Personen als Luftfrachtführer in Betracht kommen können. Da das MÜ den fraglichen Begriff allerdings ebenso wenig wie das WA 1929/1955 definiert, richtet sich dessen Auslegung nach dem Recht des angegangenen Gerichts („lex fori").[33] Bei einer Anrufung *deutscher* Gerichte bestimmt sich somit – auch für Ausländer – der Wohnsitz begrifflich nach den §§ 7 ff. BGB.[34]

**19**    **b) Hauptniederlassung des Luftfrachtführers.** Im weiteren kann der Kläger seine Klage auch bei dem Gericht des Ortes erheben, wo sich die Hauptniederlassung des Luftfrachtführers befindet. In der *deutschen* Übersetzung des Art. 28 WA 1929/1955 hieß es insoweit: „Hauptbetriebsleitung". Der *engl.* Originaltext des Art. 33 lautet: „its principal place of business". Hierunter ist der Ort zu verstehen, an dem die tatsächliche Leitung der Geschäfte des Luftfrachtführers konzentriert ist.[35]

**20**    **c) Geschäftsstelle des Luftfrachtführers.** Darüber hinaus kann der Kläger seine Klage gegen den Luftfrachtführer auch bei dem Gericht des Ortes anhängig machen, wo sich diejenige Geschäftsstelle des Luftfrachtführers befindet, durch die der Vertrag abgeschlossen worden ist (engl. Originaltext: „where it has a place of business through which the contract has been made").[36]

**21**    Bei der Interpretation dieses Textes ist in Betracht zu ziehen, dass das Montrealer Übereinkommen in seiner Präambel Nr. 3 als einen Schwerpunkt seines Konzeptes voranstellt: „In Anerkennung der Bedeutung des Schutzes der Verbraucherinteressen bei der Beförderung im internationalen Luftverkehr …" (engl. Originaltext: „Recognizing the importance of ensuring protection of the interests of consumers in international carriage by air …"): Einl. MÜ Rn. 69.

**22**    Aus dieser Sicht ist nicht nur die weit reichende Wahlmöglichkeit des Klägers zwischen den verschiedenen Gerichtsständen des Abs. 1, des Abs. 2 sowie des Art. 46 zu betrachten. Diese Sicht bestimmt vielmehr auch den Begriff der „Geschäftsstelle" selbst. Der diesbezügliche Wahlgerichtsstand setzt deshalb auch iE nicht voraus, dass die betreffende Geschäftsstelle in den Betrieb des Luftfrachtführers rechtlich oder zumindest organisatorisch eingegliedert ist. Er wird vielmehr auch am Sitz einer – selbständigen – (IATA-) Agentur begründet, wenn sich eine ausländische Fluggesellschaft für den Abschluss von Luftfrachtverträgen regelmäßig einer solchen Agentur bedient.[37] Unerheblich muss dann im weiteren auch sein, ob diese Fluggesellschaft im Inland daneben bereits eine *eigene Niederlassung* unterhält.[38]

**23**    Diesem Gerichtsstand des Abs. 1 kommt große Bedeutung zu, da rund 90 % des deutschen Luftfrachtaufkommens über IATA-Agenturen abgewickelt werden. Durch diese wird damit zugleich auch ein Gerichtsstand in *Deutschland* begründet, was auf der anderen Seite den Vorzug hat, dass der Kläger nicht auf irgendwelche abgelegenen Gerichtsstände verwiesen ist, wo die Durchsetzung seiner Rechte rechtlich und praktisch schwierig, in jedem Fall aber kostspieliger ist.

**24**    **d) Bestimmungsort des Fluges.** Schließlich kann der Kläger seine Klage gegen den Luftfrachtführer wahlweise auch bei dem Gericht des Bestimmungsortes erheben. Der

---

[32] *Guldimann* Art. 28 WA Rn. 4.

[33] BGH 12.6.1975, WM 1975, 915. Vgl. hierzu auch: Art. 59 VO (EG) Nr. 44/2001 vom 22. Dezember 2000 (EuGVVO), ABl. EG Nr. L 12/2001 vom 16.1.2001.

[34] Auf der Konferenz in *Montreal* (1999) hat der Vertreter der „Latin American Association of Air and Space Law" hierzu angemerkt: „In almost all Latin American countries, persons and companies could have more than one domicile" (ICAO-Documentation „Conference for the Unification of Certain Rules for International Carriage by Air", Doc 9775-DC/2, Vol. I – Minutes, S. 49, Nr. 19).

[35] Denkschrift, BT-Drucks. 15/2285 S. 49.

[36] Eingehend zu Art. 28 WA 1929/1955: BGH 16.6.1982, BGHZ 84, 339 = NJW 1983, 1953 = VersR 1983, 146.

[37] Zu Art. 28 WA 1929/1955: BGH 16.6.1982, BGHZ 84, 339 = NJW 1983, 1953 = VersR 1983, 146; OLG Hamburg 18.11.1982, VersR 1983, 1056; LG Düsseldorf 29.6.2004, ZLW 2004, 666.

[38] Zu Art. 28 WA 1929/1955 und in Ergänzung des vorzitierten BGH-Urteils: AG Wiesloch 2.5.2003, NJOZ 2004, 305 = ZLW 2003, 666 (m. Anm. *Wauer*). AA LG Düsseldorf 29.6.2004, ZLW 2004, 666.

Begriff des „Bestimmungsorts" in Abs. 1 entspricht inhaltlich dem des Art. 1 Abs. 2 MÜ.[39]

Dies bedeutet, dass der „Bestimmungsort" allein von den Vereinbarungen der Parteien **25** des Luftbeförderungsvertrags abhängt. Es ist demnach grundsätzlich der Ort der vertraglich vereinbarten letzten Landung,[40] an dem nach dem Beförderungsvertrag der Fluggast bzw. das Frachtgut das Luftfahrzeug endgültig verlässt. Bei einem von vornherein als eine einheitliche Leistung vereinbarten Hin- und Rückflug (Messeexponaten usw.) ist der für den Gerichtsstand maßgebende Bestimmungsort dementsprechend der Abflugort selbst.[41]

Da bei Ausstellung eines Luftfrachtbriefs (Art. 4 Abs. 1) oder einer Empfangsbestätigung **26** über die Güter (Art. 4 Abs. 2) deren Inhalt jeweils zum Inhalt des Luftbeförderungsvertrags selbst wird, ist der in ihnen gemäß Art. 5 Buchst. a eingetragene „Bestimmungsort" regelmäßig auch derjenige iSd. Abs. 1. Insoweit wird er auch als Bestandteil des abgeschlossenen „Vertrags" von der Beweiswirkung des Art. 11 Abs. 1 miterfasst. Falls für den in den vorgenannten Dokumenten bestimmten Flughafen als solchen ein anderes Gericht örtlich zuständig ist als für die dem Flughafen benachbarte Stadt (zB: *Paris/Orly*), ist von einer Zuständigkeit des „Flughafengerichts" auszugehen.[42]

Soweit die Beförderung durch mehrere aufeinander folgende Luftfrachtführer (Art. 36) **27** ausgeführt wird, ist zu beachten, dass hier die Fiktion des Art. 1 Abs. 3 eingreift, wonach es sich um eine „einzige" Beförderung handelt, sofern sie von den Parteien als einheitliche Leistung vereinbart worden ist. In einem solchen Fall ist als „Bestimmungsort" auch im Sinne von Abs. 1 der Zielort der als Einheit zu betrachtenden Sukzessiv-Beförderung anzusehen, wobei im Falle eines als einheitliche Leistung vereinbarten Hin- und Rückflugs (Messeausstellungen usw.) wiederum der Abflugort der Bestimmungsort ist.[43]

Insofern legt der erste Luftfrachtführer daher zugleich für alle nachfolgenden Luftfracht- **28** führer den Bestimmungsort und damit auch den vorgenannten Gerichtsstand fest.

**6. Die zusätzlichen Gerichtsstände des Art. 46: Wohnsitz oder Hauptniederlas-** **29** **sung des „ausführenden" Luftfrachtführers.** Weitere Gerichtsstände gewinnt der Kläger, wenn ein („vertraglicher") Luftfrachtführer die von ihm als eigene Leistung versprochene Luftbeförderung nicht selbst durchführt, sondern diese mit seinem Einvernehmen gemäß Art. 39[44] von einem anderen („ausführenden") Luftfrachtführer durchgeführt wird. Diese Kombination eines *vertraglichen* mit einem *ausführenden* Luftfrachtführer zeigt sich vor allem beim Code-Sharing. Hier bietet ein Luftfahrtunternehmen Flüge unter seinem eigenen IATA-Code[45] (beispielsweise „LH") an, führt den einzelnen Flug aber nicht selbst durch. Statt dessen wird ein mit ihm kooperierendes anderes Luftverkehrsunternehmen mit seinem eigenen Fluggerät tätig. Auf diese Weise kann dieses wiederum an den in bilateralen Luftfahrtabkommen ausgehandelten Landerechten des Code-Inhabers mit teilhaben. Im Personenluftver-

---

[39] Zu Art. 28 WA 1929/1955: BGH 23.3.1976, NJW 1976, 1586 = VersR 1976, 787 = ZLW 1976, 255. Im Gegensatz zu Art. 31 Abs. 1 Buchst. b CMR wirkt im Luftfrachtrecht der Ausgangsort nicht gerichtsstandsbegründend.

[40] Zu Art. 28 WA 1929/1955: OLG Hamm 24.10.2002, TranspR 2003, 201 (m. Anm. *Koller* S. 285). Zum Begriff des „Flugantritts" iSd. VO (EG) Nr. 261/2004: AG Berlin (Mitte) 14.12.2005, NJW-RR 2006, 920.

[41] Zu Art. 28 WA 1929/1955: BGH 23.3.1976, NJW 1976, 1586 = VersR 1976, 787 = ZLW 1976, 255; OLG Hamburg 2.9.1982, TranspR 1984, 44 = VersR 1983, 484; OLG Frankfurt/M. 25.4.1983, TranspR 1984, 21, 23 = MDR 1984, 318 = ZLW 1984, 177; OLG Frankfurt/M. 31.1.1984, TranspR 1984, 297, 298; BayObLG 30.3.2001, NJW-RR 2001, 1325.

[42] Vgl. auch BGH 24.7.1996, NJW 1996, 3013 = MDR 1997, 91 = LM § 38 ZPO Nr. 31: Zuständigkeit von LG München I als das für das Gemeindegebiet der Landeshauptstadt zuständige Gericht bei der Gerichtsstandsvereinbarung „München". S. auch: *Giemulla*, HdB des Luftverkehrsrechts, 373.

[43] Zu Art. 28 WA 1929/1955: BGH 23.3.1976, NJW 1976, 1586 = VersR 1976, 787 = ZLW 1976, 255; OLG Hamburg 2.9.1982, TranspR 1984, 44 = VersR 1983, 484 = RIW 1983, 874; OLG Frankfurt/ M. 25.4.1983, TranspR 1984, 21, 23 MDR 1984, 318 = ZLW 1984, 177; OLG Frankfurt/M. 31.1.1984, TranspR 1984, 297, 298.

[44] Die Art. 39 ff. ersetzen nach Art. 55 Abs. 1 Buchst. c das Zusatzabkommen zum Warschauer Abkommen von Guadalajara vom 18.9.1961 (BGBl. 1963 II S. 1159). S. Art. 39 Rn. 1.

[45] Vgl. auch Art. 7 VO (EWG) Nr. 2408/92 vom 23.7.1992 (ABl. Nr. L 240). S. auch: IATA-Resolution 762.

kehr findet sich eine entsprechende Konstellation, wenn ein Reiseveranstalter mangels eigenen
Fluggeräts die mit den Fluggästen vereinbarten Luftbeförderungen nicht selbst durchführt,
sondern sich hierzu – üblicherweise – eines Luftfahrtunternehmens bedient.

**30**    Soweit im Schadenszeitpunkt „der ausführende Luftfrachtführer die Beförderung vorgenommen hat" (Art. 45), gilt neben Art. 33 zusätzlich auch Art. 46. Danach kann der Kläger
seine Schadensersatzansprüche iSd. Art. 17 ff. wahlweise entweder bei einem der Gerichte
einklagen, bei denen eine Klage gegen den vertraglichen Luftfrachtführer nach Art. 33
erhoben werden kann, und/oder bei dem Gericht des Ortes, wo der ausführende Luftfrachtführer seinen Wohnsitz hat (oben Rn. 18) oder wo sich seine Hauptniederlassung befindet
(oben Rn. 19). Bei Anwendbarkeit nur nationalen *deutschen* Rechts, dh. bei *Inlands*flügen,
ergibt sich ein entsprechender zusätzlicher Gerichtsstand für die Klagen gegen den ausführenden (Luft-) Frachtführer aus § 440 Abs. 2 HGB (Güterbeförderung) und aus § 56 Abs. 2
S. 2 LuftVG (Luftbeförderung von Personen). Gemäß Art. 45 kann der Kläger den vertraglichen und den ausführenden Luftfrachtführer an ihren jeweiligen Gerichtsständen auch
*gemeinsam* verklagen. Insoweit tritt keine doppelte Rechtshängigkeit ein. Diese zusätzliche
Wahlmöglichkeit besteht allerdings immer nur bezüglich solcher Schäden iS der Art. 17 ff.
„soweit der ausführende Luftfrachtführer die Beförderung vorgenommen hat" (Art. 45).
Um hier sodann letztlich aber einander widerstreitende Urteile zu vermeiden, sollte der
nur einzeln verklagte Luftfrachtführer dem anderen Luftfrachtführer nach Abs. 4, Art. 45
und den §§ 72 ff. ZPO „den Streit verkünden".

**31**    **7. Die „forum non-conveniens"-Doctrin.** Keinen Einfluss auf die Gerichtsstände der
Art. 33 und Art. 46 hat die „forum non-conveniens" – doctrine. Diese entwickelte sich
während des 19. Jahrhunderts in der Rechtsprechung *Schottlands* und führte in den Staaten
des „common law" (*Australien, Canada, England* usw.) zu einem inzwischen allgemein akzeptierten Rechtsinstitut. Auf seiner Grundlage kann ein Gericht, dessen Zuständigkeit zunächst
gegeben ist, den bei ihm anhängig gemachten Rechtsstreit gleichwohl an ein anderes Gericht
verweisen, wenn diese Maßnahme für die Prozessführung sachdienlich erscheint. Für die
letztgenannte Voraussetzung hat der Beklagte die Beweislast. Die Prozessverweisung führt zu
keinem Klageverbrauch und bindet andererseits das alternativ benannte Gericht nicht.

**32**    Obwohl das Warschauer Abkommen von 1929 in Art. 28 Abs. 1 WA insgesamt vier
Gerichtsstände abschließend vorgegeben hatte, waren im Bereich des „common law" immer
wieder Fälle zu beobachten, in denen Gerichte dem Institut des „forum non-conveniens"
den Vorrang eingeräumt haben.

**33**    Besondere Beachtung verdient deshalb die Entscheidung des Ninth Circuit Court of
Appeals (Cal.) in Sachen *Katsuko Hosaka* et al. v. *United Airlines* et al[46]. Das Gericht hat
nach einer eingehenden Textanalyse der Art. 28 und 29 des WA sowie einer historischen
und teleologischen Untersuchung des WA keine Anhaltspunkte dafür finden können, dass
neben den Gerichtsständen des Art. 28 WA noch Raum für eine Anwendung des Prinzips
des „forum non-conveniens" sein könne. Dementsprechend hat es das Institut des „forum
non-conveniens" als mit dem WA unvereinbar erklärt. Ein gegen diese Entscheidung einge-
legtes Rechtsmittel ist vom U. S. Supreme Court nicht angenommen worden. Damit ist
diese Rechtsfrage gleichzeitig auch für die Art. 33 und Art. 46 mitbeantwortet.[47]

## V. Das Prozessrecht

**34**    Ebenso wie das WA 1929/1955 verzichtet auch das MÜ auf eigene prozessrechtliche
Vorschriften. Es verweist vielmehr in Abs. 4 wegen der maßgeblichen gerichtlichen Verfah-

---

[46] 305 F.3 d 989 (9th Cir. 2002), Air & Sp L. 2003, 26. Hierzu: *Ehlers,* FG *Ruhwedel,* 2004, S. 99. S. zu
dieser Doktrin im Weiteren auch: FrankfKomm/*Dettling-Ott* Rn. 82.
[47] Zur Unbeachtlichkeit der „forum non-conveniens"-Doktrin im Zusammenhang mit dem EuGVÜ vom
27.9.1968: EuGH 1.3.2005, EuZW 2005, 345 = IPRax 2005, 244 (Unfall in *Jamaika*) (m. Anm. *Bruns* JZ
2005, 890; *Heinze/Dutta* IPRax 2005, 224). Diese Entscheidung ist inhaltlich übertragbar auch auf die neuere
EuGVVO (Rn. 10).

rensgrundsätze abschließend auf die „lex fori". Dem schließt sich inhaltlich auch Art. 45 an. Ansonsten kennt das MÜ auch nur vereinzelt Instrumente des *Prozessrechts*. Dies ist der *Urkundenbeweis* iSd. Art. 11, der auf der Grundlage eines „Luftfrachtbriefs" (Art. 4 Abs. 1) bzw. einer „Empfangsbestätigung über die Güter" (Art. 4 Abs. 2) geführt werden kann. Zum anderen handelt es sich um die *Streitverkündung* iSd. Art. 45.

Wenn ein *deutsches* Gericht mit einer Klage auf Schadensersatz iS der Art. 17 ff. befasst **35** ist, hat es auf der Grundlage der Verordnung (EG) Nr. 44/2001 vom 22. Dezember 2000 (EuGVVO),[48] des GVG sowie der ZPO als der jeweiligen „lex fori" zu verfahren. Dies bedeutet unter anderem, dass der Kläger den Rechtsstreit gemäß Art. 27 ff. EuGVVO bzw. § 261 Abs. 3 Nr. 1 ZPO nicht vor einem *europäischen* bzw. *deutschen* Gericht nochmals anhängig machen kann, wenn er im Hinblick auf die verschiedenen gerichtlichen Zuständigkeiten des Art. 33 und des Art. 46 mit dem Rechtsstreit bereits ein anderes Gericht befasst hat. Der Einwand *ausländischer* Rechtshängigkeit greift nur bei Identität des Streitgegenstandes und der Parteien durch, wobei es nicht auf die formale Identität der Anträge, sondern auf die „Kernpunkte" beider Streitigkeiten ankommt.[49] Im Übrigen wird der Kläger berücksichtigen, dass das angerufene Gericht nach dem MÜ nicht nur das Verfahrensrecht des eigenen Staates, sondern im Falle des Art. 22 Abs. 6 auch über Fragen der Verfahrenskosten nach dem eigenen Recht entscheiden darf. Insoweit ist dem Kläger hier noch eine Möglichkeit des „forum shopping" geblieben. Bei *grenzüberschreitenden* Rechtssachen des Zivil- und des Handelsrechts kann innerhalb der EU bei geringfügigen Forderungen, falls deren Streitwert – ohne Zinsen, Kosten und Auslagen – bei Klageerhebung den Betrag von 2000 EUR nicht überschreitet, alternativ auch die VO (EG) Nr. 861/2007 des Europäischen Parlaments und des Rates vom 11. Juli 2007 zur Einführung eines europäischen Verfahrens für geringfügige Forderungen[50] in Betracht kommen. Die Anerkennung ausländischer Insolvenzverfahren im Inland setzt voraus, dass das Gericht des Verfahrensstaates aus *deutscher* Sicht auch zur Abwicklung der Insolvenz zuständig ist und keine ausschließliche Zuständigkeit *deutscher* Gerichte besteht.[51]

Nach rechtskräftigem Abschluss des Verfahrens kann der Luftfrachtführer einer erneuten **36** Klage des Klägers bei einem anderen Gerichtsstand – namentlich des Art. 33 und des Art. 46 – die Einrede der materiellen Rechtskraft des vorausgegangenen Urteils („res iudicata") entgegenhalten. Existenz und Rechtskraft einer *ausländischen* Entscheidung sind im Zivilprozess nicht von Amts wegen zu ermitteln, sondern unterliegen dem Beibringungsgrundsatz.[52]

Zu den in Abs. 4 angesprochenen Grundsätzen des „Verfahrens" zählt auch die sachliche **37** Zuständigkeit innerhalb der einzelnen Gerichtsbarkeit. Soweit ein *deutsches* Gericht zur Streitentscheidung angerufen worden ist, beurteilt sich seine sachliche Zuständigkeit daher unmittelbar nach dem GVG. Insofern bestehen im Zusammenhang mit dem MÜ keine Besonderheiten. Ob eine bei einem Landgericht gebildete „Kammer für Handelssachen" (§§ 94 f. GVG) zuständig ist, bedarf der Prüfung im Einzelfall, da der Luftfrachtführer rechtsbegrifflich nicht zwingend jeweils auch „Kaufmann" iS der §§ 1 ff. HGB sein muss (Art. 1 Rn. 15).

## VI. Die Zwangsvollstreckung

**1. „lex fori".** Die Zwangsvollstreckung aus einem gegen den Luftfrachtführer ergange- **38** nen Urteil ist im MÜ gleichfalls nicht geregelt, sondern im Hinblick auf Abs. 4 ebenfalls

---

[48] ABl. EG 2001 Nr. L 12. Reform der EuGVVO durch die VO (EU) Nr. 1215/2012 vom 12. Dezember 2012 (ABl. L 351 vom 20.12.2012). Die VO tritt nach ihrem Art. 81 EuGGVO (n. F.) am 10. Januar 2015 in Kraft.

[49] BGH 11.12.1997, NJW 1997, 870, 872 = ZIP 1997, 519, 521; OLG Schleswig 15.2.2007, NJOZ 2007, 2055, 2060 (U. S. A.).

[50] ABl. EG 2007 Nr. L 199. Hierzu *Haibach* EuZW 2008, 137.

[51] LG Frankfurt/M. 24.5.2005, TranspR 2006, 461 (zum „Universalitätsprinzip").

[52] OLG Schleswig 15.2.2007, NJOZ 2007, 2055, 2059 (U. S. A.).

der „lex fori" unterstellt. Diese Zwangsvollstreckung wirft keine besonderen Probleme auf, wenn sie auf Grund des Urteils eines *deutschen* Gerichts in *Deutschland* selbst erfolgt. In diesem Fall finden die Vorschriften des 8. Buches der ZPO Anwendung, dh. es gelten die §§ 704 ff. ZPO. Hiernach findet die Zwangsvollstreckung primär statt „aus Endurteilen, die rechtskräftig oder für vorläufig vollstreckbar erklärt sind".

**39**    **2. Gerichte innerhalb der EU.** Die Zwangsvollstreckung von in einem Mitgliedstaat der EU ergangenen Entscheidungen richtet sich nach den Art. 38 ff. EuGVVO („Brüssel I-Verordnung").[53] Nach ihrem Art. 76 gilt die EuGVVO „unmittelbar in den Mitgliedstaaten" der EU.[54] S. hier im weiteren auch die VO (EG) Nr. 1393/2007 des Europäischen Parlaments und des Rates vom 13.11.2007 über die Zustellung gerichtlicher und außergerichtlicher Schriftstücke in Zivil- und Handelssachen in den Mitgliedstaaten und zur Aufhebung der VO (EG) Nr. 1348/2000 des Rates (EuZVO).[55] S. schließlich die VO (EG) Nr. 805/2004 des Europäischen Parlaments und des Rates vom 21. April 2004 zur Einführung eines europäischen Vollstreckungstitels für unbestrittene Forderungen.[56]

**40**    **3. Gerichte außerhalb der EU.** Für die Zwangsvollstreckung aus Urteilen von Nicht-EU-Gerichten innerhalb *Deutschlands* gelten die allgemeinen Grundsätze über die Anerkennung und Vollstreckung ausländischer Urteile. Die Vollstreckung solcher Urteile in *Deutschland* richtet sich in erster Linie nach multilateralen bzw. bilateralen Abkommen und in Ermangelung zwischenstaatlicher Abkommen nach den §§ 722, 723 bzw. § 328 ZPO. Nach § 722 Abs. 1 ZPO findet die Zwangsvollstreckung aus einem *ausländischen* Urteil nur statt, wenn ihre Zulässigkeit durch ein Vollstreckungsurteil ausgesprochen ist. In einem Rechtsstreit vor einem *deutschen* Gericht auf Vollstreckbarkeitserklärung eines *ausländischen* Urteils (§ 722 ZPO) ist grundsätzlich auch neues Vorbringen beider Seiten zur Zuständigkeitsfrage zu beachten.[57] Das Vollstreckungsurteil ist ohne Prüfung der Gesetzmäßigkeit der Entscheidung zu erlassen (§ 723 Abs. 1 ZPO).

**41**    **4. Zwangsvollstreckung im EU-Ausland.** Die Vollstreckung *deutscher* Schuldtitel im *Ausland* richtet sich, falls zwischenstaatliche Anerkennungs- und Vollstreckungsabkommen nicht vorhanden sind, nach dem in Betracht kommenden ausländischen Recht. Soll die Zwangsvollstreckung in einem ausländischen Staate erfolgen, dessen Behörden im Wege der *Rechtshilfe* die Urteile deutscher Gerichte vollstrecken, so hat nach § 791 Abs. 1 ZPO auf Antrag des Gläubigers das Prozessgericht des ersten Rechtszuges die zuständige Behörde des Auslandes um die Zwangsvollstreckung zu ersuchen. Kann die Vollstreckung durch einen Bundeskonsul erfolgen, so ist nach § 791 Abs. 2 ZPO das Ersuchen an diesen zu richten.

### Art. 34 Schiedsverfahren

**(1) [1]Die Parteien des Vertrags über die Beförderung von Gütern können nach Maßgabe dieses Artikels vereinbaren, dass Streitigkeiten über die Haftung des**

---

[53] ABl. EG 2001 Nr. L 12. Die VO (EG) ist am 1.3.2002 in Kraft getreten. Reform der EuGVVO durch die VO (EU) Nr. 1215/2012 vom 12. Dezember 2012 (ABl. L 351 vom 20.12.2012). Die VO tritt nach ihrem Art. 81 EuGGVO (n. F.) am 10. Januar 2015 in Kraft.

[54] Damit tritt diese VO (EG) als Akt der Gemeinschaft an die Stelle des „Brüsseler Übereinkommens" über die gerichtliche Zuständigkeit und die Vollstreckung gerichtlicher Entscheidungen in Zivil- und Handelssachen vom 27.9.1968 – EuGVÜ – (BGBl. 1972 II S. 773). Erwägung Nr. 5 der VO (EG) nimmt hierbei auch Bezug auf das zu diesem „Brüsseler Übereinkommen" parallele „Übereinkommen von Lugano" vom 16.9.1988 – LugÜ – (BGBl. 1995 II S. 221).

[55] ABl. EG 2007 Nr. L 324 S. 79 ff.

[56] ABl. EG 2004 Nr. L 143 S. 15 ff. Art. 27 dieser VO (EG) sieht vor, dass diese Verordnung nicht die Möglichkeit berührt, „die Anerkennung und Vollstreckung einer Entscheidung über eine unbestrittene Forderung, eines gerichtlichen Vergleichs oder eines öffentlichen Urkunde gemäß der Verordnung (EG) Nr. 44/2001 zu betreiben". Vgl. auch: *Gerling*, Die Gleichstellung ausländischer mit inländischen Vollstreckungstiteln durch die Verordnung zur Einführung eines Europäischen Vollstreckungstitels für unbestrittene Forderungen, Frankfurt/M. 2006.

[57] BGH 25.11.1993, BGHZ 124, 237 = NJW 1994, 237 = EuZW 1994, 283 = MDR 1994, 1240.

**Luftfrachtführers nach diesem Übereinkommen in einem Schiedsverfahren beigelegt werden. ²Eine derartige Vereinbarung bedarf der Schriftform.**

**(2) Das Schiedsverfahren wird nach Wahl des Anspruchstellers an einem der in Artikel 33 genannten Gerichtsstände durchgeführt.**

**(3) Der Schiedsrichter oder das Schiedsgericht hat dieses Übereinkommen anzuwenden.**

**(4) Die Absätze 2 und 3 gelten als Bestandteil jeder Schiedsklausel oder -vereinbarung; abweichende Bestimmungen sind nichtig.**

## Art. 34 Arbitrage

1. Sous réserve des dispositions du présent article, les parties au contrat de transport de fret peuvent stippuler que tout différend relatif à la responsabilité du transporteur en vertu de la présente convention sera réglé par arbitrage. Cette entente sera consignée par écrit.

2. La procédure d'arbitrage se déroulera, au choix du demandeur, dans l'un des lieux de compétence des tribunaux prévus à l'ar ticle 33.

3. L'arbitre ou le tribunal arbitral appliquera les dispositions de la présente convention.

4. Les dispositions des paragraphes 2 et 3 du présent article seront réputées faire partie de toute clause ou de tout accord arbitral, et toute disposition contraire à telle clause ou à tel accord arbitral sera nulle et de nul effet.

## Art. 34 Arbitration

1. Subject to the provisions of this Article, the parties to the contract of carriage for cargo may stippulate that any dispute relating to the liability of the carrier under this Convention shall be settled by arbitration. Such agreement shall be in writing.

2. The arbitration proceedings shall, at the option of the claimant, take place within one of the jurisdictions referred to in Ar ticle 33.

3. The arbitrator or arbitration tribunal shall apply the provisions of this Convention.

4. The provisions of paragraphs 2 and 3 of this Article shall be deemed to be part of every arbitration clause or agreement, and any term of such clause or agreement which is in consistent therewith shall be null and void.

Ähnliche Bestimmungen: Art. 32 S. 2 WA 1929/1955; Art. 32 S. 2 WA/MP Nr. 4 (1975) und Art. 22 HambR (1978).

### I. Normzweck

Im Anschluss an Art. 32 S. 2 WA 1929/1955 räumt auch Art. 34 den Parteien eines **1** Lufttransportvertrags die Möglichkeit ein, Streitigkeiten im Zusammenhang mit der Luftfrachtführerhaftung iS der Art. 17 ff. nicht ausnahmslos vor ein ordentliches Gericht (Art. 33) bringen zu müssen. Die Parteien können stattdessen auch ein Schiedsverfahren wählen. Diese Verfahrensalternative ist allerdings ausschließlich beschränkt auf Verträge über die Beförderung von „Gütern" (Art. 18 Rn. 27). Auf der Konferenz in *Montreal* (1999) wurde zwar eingehend erörtert, ob man Schiedsverfahren ebenso auch bei *Personen*schäden (Art. 17) zulassen solle.[1] Dies wurde im Ergebnis aber abgelehnt,[2] weil man Fluggäste insoweit als nicht genügend geschäftskundige Partner des Luftfrachtführers[3] einschätzte.

---

[1] ICAO-Documentation, Doc 9775-DC/2, Vol. III – Preparatory Material, S. 83 Buchst. f: „Some delegates welcomed this possibility which, in their view, would further promote the interest of the consumer who then would not necessarily have to resort to lengthy court proceedings. Others were of the view that arbitration is primarily appropriate for the settlement of disputes between two commercial entities and not suitable in matters involving a passenger on one side and the air carrier on the other."

[2] ICAO-Documentation, (Fn. 1), S. 178, Report on Agenda Item 4, Nr. 4:174: „In arbitration proceedings, it was important that there was no significant disparity in the economic power of the parties. While in the cargo field the parties were in virtually all cases commercial companies, disparity existed in the field of passenger transportation."

[3] Zum „Luftfrachtführer" Art. 1 Rn. 14 ff.

Bezüglich *Personen*schäden liegt die Gerichtsbarkeit daher weiterhin allein bei den *ordentlichen Gerichten.*

## II. Regelungsgehalt

**2**  **1. Zulässigkeit eines Schiedsverfahrens.** Art. 34 erlaubt damit den Parteien nur eines Luftfrachtvertrags, Streitfragen bezüglich der Haftung des Luftfrachtführers iSd. Art. 18 ff. im Wege eines Schiedsgerichtsverfahrens zu klären. Eine solche Schiedsvereinbarung kann rechtswirksam allerdings auch schon „vor Eintritt eines Schadens" getroffen werden (arg. e Art. 49).

**3**  **2. „Schriftform".** Nach Abs. 1 S. 2 bedarf diese Vereinbarung in jedem Fall aber der Schriftform (engl. Originaltext: „Such agreement shall be in writing"). Dieses Formerfordernis ist gegenüber der bisherigen Vorschrift des Art. 32 WA 1929/1955 neu eingeführt worden und auch besonders zu beachten, da Art. 9 für die Wirksamkeit des Luftbeförderungsvertrags als solchen weder eine Schrift- noch irgendeine andere Form voraussetzt. Eine Schiedsgerichtsklausel wird auch bei längerer Geschäftsverbindung nicht dadurch Vertragsbestandteil, dass der Versender auf Frachtbriefen, die vom Frachtführer nicht unterzeichnet sind, regelmäßig eine solche Klausel abdruckt.[4]

**4**  Die Schriftform selbst ist in Art. 34 nicht definiert. Wenn nach Abs. 2 und des dort genannten Art. 33 eine Gerichtszuständigkeit in *Deutschland* begründet ist, kann der Schiedsrichter oder das Schiedsgericht nach seiner „lex fori", dh. nach der *deutschen* ZPO, verfahren. Insoweit ist die Form einer Schiedsvereinbarung in § 1031 ZPO detailliert vorgeschrieben. Nach § 1031 Abs. 1 ZPO muss die Schiedsvereinbarung grundsätzlich „entweder in einem von den Parteien unterzeichneten Dokument oder in zwischen ihnen gewechselten Schreiben, Fernkopien, Telegrammen oder anderen Formen der Nachrichtenübermittlung, die einen Nachweis der Vereinbarung sicherstellen, enthalten sein". Nach § 1031 Abs. 6 ZPO wird der Mangel der Form „durch die Einlassung auf die schiedsgerichtliche Verhandlung zur Hauptsache geheilt".

**5**  **3. Mängel des Schiedsverfahrens.** Nicht heilbar ist ein Mangel iSd. Abs. 4. Insofern sind und bleiben alle Bestimmungen in einer Schiedsklausel oder -vereinbarung nichtig, die die Durchführung des Schiedsverfahren entgegen Abs. 2 an einen irgendeinen sonstigen Gerichtsort verlegen oder für dieses Verfahren entgegen Abs. 3 die Anwendbarkeit des MÜ ausschließen sollen. Die EuGVVO Nr. 1215/2012 vom 12. Dezember 2012 (ABl. L 351 vom 20.12.2012) „sollte" nach ihrer Präambel („Erwägung") Ziff. 12 „nicht für die Schiedsgerichtsbarkeit gelten".

**6**  **4. Art. 47 MÜ.** Insgesamt schreibt Abs. 2, wie schon Art. 32 S. 2 WA 1929/1955, vor, dass das Schiedsverfahren im Bezirk der in Art. 33 bezeichneten Gerichte und damit „im Hoheitsgebiet eines der Vertragsstaaten" (Art. 33) stattfindet. Ergänzt wird diese Vorschrift durch Abs. 3, wonach der Schiedsrichter oder das Schiedsgericht das Montrealer Übereinkommen anzuwenden hat. Beide Vorschriften sollen verhindern, dass auf dem Wege einer Schiedsvereinbarung die Regelung des Art. 49 umgangen wird. Dort sind iE Vereinbarungen für nichtig erklärt, die das Montrealer Übereinkommen im Wege der Rechtswahl auszuschalten suchen oder die von Art. 33 und von Art. 46 abweichende Gerichtsstände festlegen sollen.

**7**  **5. §§ 1025 ff. ZPO.** Wenn der „Gerichtsstand" (Abs. 2) und damit der Ort des schiedsrichterlichen Verfahrens iSd. § 1043 Abs. 1 ZPO in *Deutschland* liegt, bestimmt sich das Verfahren als solches nach den §§ 1025 ff. ZPO. Die Anerkennung und Vollstreckbarkeitserklärung *ausländischer* Schiedssprüche erfolgt gemäß § 1025 Abs. 4 ZPO auf der Grundlage der §§ 1061 bis 1065 ZPO. Die EuGVVO Nr. 1215/2012 vom 12. Dezember 2012 (ABl. L 351 vom 20.12.2012) „sollte" nach ihrer Präambel („Erwägung") Ziff. 12 „nicht für die Schudsgerichtsbarkeit gelten".

---

[4] OLG Hamm 18.5.1998, TranspR 1999, 442.

## Art. 35 Ausschlussfrist

(1) Die Klage auf Schadensersatz kann nur binnen einer Ausschlussfrist von zwei Jahren erhoben werden; die Frist beginnt mit dem Tag, an dem das Luftfahrzeug am Bestimmungsort angekommen ist oder an dem es hätte ankommen sollen oder an dem die Beförderung abgebrochen worden ist.

(2) Die Berechnung der Frist richtet sich nach dem Recht des angerufenen Gerichts.

### Art. 35 Délai de recours

1. L'action en responsabilité doit être intentée, sous peine de déchéance, dans le délai de deux ans à compter de l'arrivée à destination, ou du jour où l'aéronef aurait dû arriver, ou de l'arrêt du transport.

2. Le mode du calcul du délai est déterminé par la loi du tribunal saisi.

### Art. 35 Limitation of Actions

1. The right to damages shall be extinguished if an action is not brought within a period of two years, reckoned from the date of arrival at the destination, or from the date on which the aircraft ought to have arrived, or from the date on which the carriage stopped.

2. The method of calculating that period shall be determined by the law of the court seised of the case.

Ähnliche Bestimmungen: Art. 29 WA 1929/1955; Art. 29 WA/MP Nr. 4 (1975); § 439 HGB (Luft- und andere Binnentransporte); Art. 32 CMR (1956/1978); Art. 48 CIM 1999; Art. 20 HambR (1978); Art. 24 CMNI (2001); § 612 HGB und Art. 15 ABB-Fracht (2010).

**Schrifttum:** *Boyer,* Le délai de l'article 29 de la Convention de Varsovie – un combat douteux de la Cour de cassation, Rev. fr. dr. aérien 1981, 282, 372, 431; *Drews,* Zur Frage der Hemmung der Verjährung im Transportrecht, TranspR 2004, 340; *Ehlers,* Die Verfahrensregeln des Warschauer Abkommens, Schadensanzeige, Gerichtsstand und Ausschlussfrist, TranspR 1996, 183; *D. Gran,* Unterbrechung der Klagefrist des Warschauer Abkommens durch Streitverkündung, TranspR 1996, 263; *Guldimann,* Internationales Lufttransportrecht, Zürich 1965, Art. 29 WA; *Harms,* Schuldrechtsreform und Transportrecht – Der Einfluss der neuen Regeln zur Verjährung auf das Transportrecht, TranspR 2001, 294; *Hughes/Couturier,* Art. 29 of the Warsaw Convention, Air L. 1985, 109; *Koller,* Reklamation und Verjährung sowie Ausschlussfristen bei internationalen Zubringerleistungen, TranspR 2001, 69; *Reuschle,* MÜ, Art. 35.

### Übersicht

| | Rn. | | Rn. |
|---|---|---|---|
| **I. Normzweck** | 1–3 | 7. Art. 35 und Art. 27 | 12 |
| 1. Ausschlussfrist von zwei Jahren | 1 | 8. Qualifiziertes Verschulden des Luft- | |
| 2. Kein zwingendes Recht | 2 | frachtführers (Gepäckschäden) | 13 |
| 3. § 439 Abs. 1 HGB | 3 | 9. „Treu und Glauben" | 14 |
| **II. Regelungsgehalt** | 4, 5 | 10. Treuwidriges Verhalten des Luftfracht- | |
| 1. Beschränkung des Art. 35 auf die Haf- | | führers | 15 |
| tungstatbestände der Art. 17 bis 19 | 4 | 11. Unzulässige Rechtsausübung | 16 |
| 2. Andere Haftungstatbestände | 5 | 12. Unschädlichkeit des Fristablaufs | 17 |
| **III. Die Ausschlussfrist** | 6–17 | **IV. Die Fristberechnung** | 18, 19 |
| 1. „echte" Ausschlussfrist | 6 | 1. Beginn | 18 |
| 2. Ablauf der Ausschlussfrist | 7 | 2. Berechnung | 19 |
| 3. Entstehen einer materiellrechtlichen Ein- | | | |
| wendung | 8 | **V. Wahrung der Frist** | 20–23 |
| 4. Inhaltlich zwingende Normvorgabe | 9 | 1. Klage | 20 |
| 5. Nichtigkeit | 10 | 2. Mahnbescheid | 21 |
| 6. Art. 35 als „lex specialis" im Verhältnis | | 3. Streitverkündung | 22 |
| zu nationalen Verjährungsvorschriften | | 4. Insolvenzverfahren | 23 |
| (§ 439 und § 452b Abs. 2 HGB) | 11 | | |

## I. Normzweck

**1** **1. Ausschlussfrist von zwei Jahren.** Im Anschluss an Art. 29 WA 1929/1955 kann auch nach Abs. 1 die Klage auf Schadensersatz gegen den Luftfrachtführer[1] nur binnen einer Ausschlussfrist von zwei Jahren erhoben werden. Dies gilt auch dann, wenn der Kläger dem Luftfrachtführer die *Beschädigung* oder die *Verspätung* des Frachtguts gemäß Art. 31 Abs. 2 zuvor schon *form- und fristgerecht angezeigt* hatte. Ist hingegen schon letzteres nicht geschehen, so ist die Klage bereits nach Art. 31 Abs. 4 „ausgeschlossen". Die Klage selbst „muss" bei einem nach Art. 33 bzw. Art. 46 international und örtlich zuständigem Gericht erhoben werden (hierzu oben Art. 33 Rn. 16).

**2** **2. Kein zwingendes Recht.** Andererseits kann der Luftfrachtführer gemäß Art. 27 nicht nur auf das Erfordernis einer *fristgemäßen Schadensanzeige* iSd. vorgenannten Art. 31 Abs. 2, sondern ebenso auch auf das einer rechtzeitigen Klageerhebung (Abs. 1) durchaus „verzichten" (engl. Originaltext: „waiving any defences available under the Convention, … ").

**3** **3. § 439 Abs. 1 HGB.** Für die gegen den (Luft-) Frachtführer aus § 425 Abs. 1 HGB abgeleiteten Schadensersatzansprüche sieht § 439 Abs. 1 HGB demgegenüber nur eine *Verjährungsfrist*, und zwar von grundsätzlich *einem Jahr*, vor.[2] S. hierzu die Erl. in diesem KommBd.

## II. Regelungsgehalt

**4** **1. Beschränkung des Art. 35 auf die Haftungstatbestände der Art. 17 bis 19.** Wenn Abs. 1 auf „die" innerhalb von zwei Jahren zu erhebende Klage abstellt, so kann es sich nach der Aufbaustruktur des MÜ nur um solche Klagen handeln, die ebenso wie die Vorschrift des Art. 35 selbst im 3. Kapitel des Übereinkommens angelegt sind.[3] Dies sind im Einzelnen Klagen auf Ersatz von *Personen-* und *Gepäckschäden* (Art. 17), von *Güterschäden* (Art. 18) sowie von *Verspätungsschäden* (Art. 19).

**5** **2. Andere Haftungstatbestände.** Die Frist gilt daher nicht für die klageweise Geltendmachung von Ansprüchen des Art. 10 Abs. 3 *(fehlerhafte Transportdokumentation)* oder des Art. 12 Abs. 3 *(voreiliges Befolgen von Weisungen des Absenders);* zumal diese Ansprüche auch materiellrechtlich ganz entsprechend nicht den im 3. Kapitel des MÜ vorgesehenen Haftungsbeschränkungen des Art. 22 unterliegen.[4] Die Vorschrift des Art. 35 gilt ferner nicht für Schadensersatzansprüche wegen *Nicht- oder mangelhafter Beförderung*.[5] S. auch Art. 29 Rn. 7.

## III. Die Ausschlussfrist

**6** **1. „echte" Ausschlussfrist.** Bei der Frist des Abs. 1 handelt es sich, wie schon unmittelbar aus dem Wortlaut der Bestimmung ersichtlich ist, um eine echte Ausschlussfrist.[6] Im

---

[1] Zum „Luftfrachtführer": Art. 1 Rn. 14 ff.; zu den „nachfolgenden" Luftfrachtführern: Art. 1 Rn. 18; zum „ausführenden" Luftfrachtführer: Art. 1 Rn. 24.

[2] Hierzu Baumbach/Hopt/*Merkt* § 439 HGB; *Koller* § 439 HGB sowie die Erl. im vorl. KommBd.

[3] Zu Art. 28 WA 1929/1955: BayObLG 30.3.2001, NJW–RR 2001, 1325.

[4] Vgl. zu Art. 29 WA 1929/1955: BGH 19.3.1976, NJW 1976, 1583 = VersR 1976, 7787 = ZLW 1977, 79.

[5] Vgl. insoweit auch zum WA 1929/1955: OLG München 20.9.1982, RIW 1983, 127 = ZLW 1983, 60 (Klage wegen Schlechterfüllung); OLG Frankfurt/M. 24.11.1987, MDR 1989, 165 (Klage wegen Nichterfüllung); BayObLG 30.3.2001, NJW–RR 2001, 1325 (Klage wegen Nichterfüllung); OLG Koblenz 29.3.2006, NJW–RR 2006, 1356 = NZV 2006, 606 = RRa 2006, 224 (Nichterfüllung: Stehenlassen von Fluggästen).

[6] Zu Art. 29 WA 1929/1955: BGH 17.4.1958, BGHZ 27, 101, 106 = VersR 1958, 401; BGH 7.5.1963, NJW 1963, 1405; BGH 22.4.1982, BGHZ 84, 101 = NJW 1983, 516 = ZLW 1982, 378; BGH 22.2.2001, NJW–RR 2001, 1543, 1545; BGH 24.3.2005, TranspR 2005, 317; BGH 6.10.2005, TranspR 2006, 39; OLG Frankfurt/M. 12.7.1977, NJW 1978, 502 = MDR 1977, 1024 = DB 1978, 92; OLG Köln 20.11.1980, ZLW 1982, 167, 174; OLG Frankfurt/M. 15.9.1999, TranspR 2000, 183 = ZLW 2001, 471, 473. Zur Abgrenzung zwischen Ausschlussfrist und Verjährungstatbestand: BGH 15.12.1978, BGHZ 73, 99, 101 = NJW 1979, 651.

Gegensatz zum Tatbestand der Verjährung ist bei der Ausschlussfrist des Abs. 1 der *Fristablauf von Amts wegen* zu berücksichtigen.[7]

**2. Ablauf der Ausschlussfrist.** Doch wird nach Ablauf der Ausschlussfrist nicht die   7
Klage als solche unzulässig. Ähnlich wie im Falle der Befristung der Schadensanzeige nach
Art. 31 Abs. 4 (oben Art. 31 Rn. 30) liegt der Zweck der Vorschrift vielmehr im *materiell-rechtlichen* Bereich. Sie bezweckt die baldige sachlich-rechtliche Klärung der Ansprüche und
dient dem Interesse des Luftfrachtführers, der davor bewahrt werden soll, nach Fristablauf
noch mit Schadensersatzansprüchen rechnen zu müssen. Hierbei soll die Ausschlussfrist
neben der Verhinderung von Beweisschwierigkeiten im Weiteren auch Rechtsberuhigung
schaffen und den Rechtsfrieden sichern.[8]

**3. Entstehen einer materiellrechtlichen Einwendung.** Entsprechend dieser Aufgabe   8
entsteht nach Fristablauf nicht eine prozesshindernde Einrede (vgl. § 280 ZPO), sondern
eine von Amts wegen zu beachtende *materiellrechtliche* Einwendung des Luftfrachtführers,
welche den gegen ihn gerichteten Anspruch zum Erlöschen bringt. Geriert sich der Zessionar eines Ersatzanspruchs wegen eines Lufttransportschadens schon vor Abtretung als
Anspruchsinhaber, so wirkt ein nur ihm gegenüber erklärter Verzicht auf den Einwand des
Abs. 1 nicht gegenüber dem tatsächlichen Gläubiger.[9]

**4. Inhaltlich zwingende Normvorgabe.** Die zweijährige Ausschlussfrist des Abs. 1   9
gehört zu den iS der Art. 26 und 47 zwingenden Regelungen.[10]

**5. Nichtigkeit.** Eine *Verkürzung* dieser Frist im Luftbeförderungsvertrag ist daher nach   10
den Art. 26 und 47 „nichtig".

**6. Art. 35 als „lex specialis" im Verhältnis zu nationalen Verjährungsvorschrif-   11
ten (§ 439 und § 452b Abs. 2 HGB).** Im Weiteren würde es dem Schutzzweck dieser
Normen auch widersprechen, falls der Luftfrachtführer nach *nationalem* Recht die Verjährungseinrede – beispielsweise gemäß § 439 Abs. 1 HGB (1 Jahr) – bereits vor Ablauf der
Ausschlussfrist von zwei Jahren mit Erfolg erheben könnte. Hier würde nicht nur eine
erhebliche Rechtsunsicherheit entstehen, wenn die Anspruchsteller mit kürzeren *nationalen*
Verjährungsfristen rechnen müssten und sich nicht auf die Ausschöpfung der Ausschlussfrist
des Art. 35 verlassen könnten. Vor allem widerspräche es auch dem Zweck des Art. 35, die
Frist zur Wahrung des Rechts des Geschädigten *international* zu vereinheitlichen und einer
Zersplitterung über unterschiedliche *nationale* Verjährungsvorschriften entgegenzuwirken.[11]
Aus diesen Gründen auch verdrängt Art. 35 als *lex specialis* die *nationalen* Vorschriften des
allgemeinen Frachtrechts über die Verjährung.[12] Dies gilt bei Anwendbarkeit *deutschen*
Rechts (Art. 3 ff. Rom I-VO[13]) auch für die Verjährungseinrede des § 439 Abs. 1 HGB
nach einem bzw. drei Jahren. Ebenso wenig ist für den Ablauf der Ausschlussfrist von Belang,
ob der Geschädigte mit dem Luftfrachtführer Verhandlungen über die Schadensabwicklung

---

[7] Denkschrift, BT-Drucks. 15/2285 S. 50. Zu Art. 29 WA 1929/1955: BGH 7.5.1963, NJW 1963, 1405;
OLG Frankfurt/M. 12.7.1977, NJW 1978, 502 = MDR 1977, 1024 = DB 1978, 92; OLG Köln 20.11.1980,
ZLW 1982, 167, 174.
[8] Zu Art. 29 WA 1929/1955: BGH 7.5.1963, NJW 1963, 1405; BGH 22.4.1982, BGHZ 84, 101 = NJW
1983, 516 = VersR 1982, 896 = ZLW 1982, 378; BGH 6.10.2005, TranspR 2006, 39.
[9] Zu Art. 29 WA 1929/1955: LG München I 25.2.1992, TranspR 1995, 31 = ZLW 1995, 355.
[10] Zu Art. 29 WA 1929/1955: BGH 17.4.1958, BGHZ 27, 101 = VersR 1958, 401; Rechtbank van
Koophandel te Brussel 4.2.1987, ETR 1987, 468.
[11] Zu Art. 29 WA 1929/1955: BGH 6.10.2005, NJW-RR 2006, 619 = VersR 2006, 1664 = TranspR
2006, 39.
[12] Zu Art. 29 WA 1929/1955: BGH 22.2.2001, NJW-RR 2001, 1543, 1545; BGH 24.3.2005, NJW-
RR 2005, 1122 = TranspR 2005, 317. AA LG Frankfurt/M. 8.3.2000, TranspR 2001, 35 (m. Anm. *Otte*);
LG Darmstadt 20.6.2000, TranspR 2001, 34.
[13] Im Rechtsbereich der *EU* gelten ab dem 17. Dezember 2009: Art. 3 f. VO (EG) Nr. 593/2008 des
Europäischen Parlaments und des Rates vom 17. Juni 2008 über das auf vertragliche Schuldverhältnisse
anzuwendende Recht („Rom I"), ABl. EG Nr. L 177 vom 4.7.2008.

aufgenommen hat.[14] Im Fall einer „gemischten Beförderung" iSd. Art. 38 verdrängt Art. 35 die Vorschrift des § 452b Abs. 2 HGB, die insoweit lediglich eine „Verjährung" (§ 439 HGB) von Schadensersatzansprüchen vorsieht.

**12**    **7. Art. 35 und Art. 27.** Umgekehrt widerspricht es aber nicht dem Regelungsgehalt des Art. 35, wenn der Luftfrachtführer mit dem Geschädigten eine Vereinbarung trifft, wonach er den Einwand des Rechtsverlusts iS des Abs. 1 bis zu einem bestimmten Zeitpunkt nicht geltend machen werde.[15] Insoweit ist unter Berücksichtigung der Grundsätze von Treu und Glauben auch eine *vertragliche Verlängerung* der Klagefrist möglich.[16] Dies folgt nunmehr schon aus Art. 27, wonach der Luftfrachtführer „auf Einwendungen, die ihm nach dem Übereinkommen zur Verfügung stehen", sogar insgesamt „verzichten" kann. Im Übrigen gelten für die Einhaltung der Klagefrist des Abs. 1 wegen der Gleichheit der Interessenlage entsprechend auch die Bestimmungen über die *Unterbrechung* der *Verjährung* jedenfalls bei einverständlicher Fristverlängerung.[17]

**13**    **8. Qualifiziertes Verschulden des Luftfrachtführers (Gepäckschäden).** Die Klagefrist des Art. 35 gilt bei Zerstörung, Verlust oder Beschädigung von Reisegepäck nach den Art. 17 Abs. 2 und Art. 22 Abs. 5 auch bei einem qualifizierten Verschulden des Luftfrachtführers oder seiner Leute.[18] Bei Güterschäden iSd. Art. 18 bleibt die Frage eines solchen „qualifizierten Verschuldens" des Luftfrachtführers schadensersatzrechtlich ohnehin vollständig ausgeklammert (Art. 18 Rn. 98).

**14**    **9. „Treu und Glauben".** Wie alle Prozesshandlungen,[19] so steht auch die Berufung des Luftfrachtführers auf die Ausschlussfrist des Art. 35 unter dem Gebot von Treu und Glauben.[20]

**15**    **10. Treuwidriges Verhalten des Luftfrachtführers.** Im Gegensatz zum Tatbestand des Art. 31 Abs. 4 („Schadensanzeige") wird im Zusammenhang mit Art. 35 das treuwidrige Verhalten des Luftfrachtführers nicht erst dann rechtlich relevant, wenn es bereits die Grenze der „Arglist" erreicht hat.

**16**    **11. Unzulässige Rechtsausübung.** Es lassen sich aus diesem Grund hier trotz der Wesensverschiedenheit von Ausschlussfrist und Verjährungsfrist durchaus auch die für die *Verjährung* geltenden Regeln entsprechend anwenden.[21] Dies gilt namentlich für die Einrede der unzulässigen Rechtsausübung.[22] Eine solche liegt beispielsweise vor, wenn der Luftfrachtführer den Geschädigten davon abgehalten hat, fristgemäß Klage zu erheben[23] oder der Luftfrachtführer die Aktivlegitimation des Klägers entgegen früheren Verhaltens nach Ablauf der Ausschlussfrist in Abrede stellt[24] oder wenn der Luftfrachtführer – möglicherweise unbeabsichtigt – dem Geschädigten nach verständigem Ermessen ausreichenden Anlass gegeben hat, von einer Fristwahrung durch Klageerhebung abzusehen, weil der Geschädigte entsprechend dem Verhalten des Luftfrachtführers darauf vertrauen durfte, seine Ansprüche würden, wenn nicht befriedigt, so doch nur mit sachlichen Einwendungen bekämpft werden.[25]

---

[14] Hierzu OLG Köln 11.1.2005, TranspR 2005, 415 = VersR 2006, 244 = RRa 2005, 178 (m. Anm. *Kehrberger*).

[15] Zu Art. 29 WA 1929/1955: BGH 22.4.1982, BGHZ 84, 101 = NJW 1983, 516 = VersR 1982, 896 = ZLW 1982, 378 = RIW/AWD 1982, 840 (m. Anm. *Schöner*).

[16] Zu Art. 29 WA 1929/1955: OLG Frankfurt/M. 15.9.1999, TranspR 2000, 183 = ZLW 2001, 471.

[17] Zu Art. 29 WA 1929/1955: Differenzierend: BGH 6.10.2005, TranspR 2006, 39. S. a.: OLG Frankfurt/M. 15.9.1999, TranspR 2000, 183 = ZLW 2001, 471.

[18] Zu Art. 29 WA 1929/1955: OLG Frankfurt/M. 15.9.1999, TranspR 2000, 183 = ZLW 2001, 471.

[19] Vgl.: BGH 14.10.1959, BGHZ 31, 77, 83 = NJW 1960, 194.

[20] Zu Art. 29 WA 1929/1955: BGH 7.5.1963, NJW 1963, 1405; OLG Frankfurt/M. 25.4.1983, TranspR 1984, 21 = ZLW 1984, 177.

[21] Zu Art. 29 WA 1929/1955: BGH 15.12.1978, BGHZ 73, 99, 101 = NJW 1979, 651; BGH 22.4.1982, BGHZ 84, 101 = NJW 1983, 516 = VersR 1982, 896 = ZLW 1982, 378.

[22] Zu Art. 29 WA 1929/1955: BGH 22.4.1982, BGHZ 84, 101 = NJW 1983, 516 = VersR 1982, 896 = ZLW 1982, 378. Zur Verjährung des § 439 HGB aF: BGH 13.4.1989, NJW-RR 1989, 1270.

[23] Zu Art. 29 WA 1929/1955: BGH 7.5.1963, NJW 1963, 1405 = MDR 1963, 668.

[24] Zu Art. 29 WA 1929/1955: OLG Frankfurt/M. 12.7.1977, NJW 1978, 502 = MDR 1977, 1024.

[25] Zu Art. 29 WA 1929/1955: OLG Frankfurt/M. 25.4.1983, TranspR 1984, 21 = ZLW 1984, 177.

**12. Unschädlichkeit des Fristablaufs.** In solchen Fällen ist der Ablauf der Ausschluss-   17
frist unschädlich.[26] Der Luftfrachtführer muss sich so behandeln lassen, als ob der Geschädigte die Frist gewahrt hat.[27] Bietet indessen der auf Schadensersatz in Anspruch genommene Luftfrachtführer Zahlung gegen eine Abfindungserklärung an, so ist das nicht als ein
Anerkenntnis anzusehen, das es ihm nach Treu und Glauben verwehrte, sich auf den Ablauf
der Klagefrist zu berufen.[28]

## IV. Die Fristberechnung

**1. Beginn.** Die Zweijahresfrist *beginnt* nach Abs. 1 „mit dem Tage, an dem das Luftfahr-   18
zeug am Bestimmungsort angekommen ist oder an dem es hätte ankommen sollen oder
an dem die Beförderung abgebrochen worden ist". „Bestimmungsort" ist der vertraglich
vereinbarte Endpunkt des Transportes. Hierbei ist auf die tatsächliche Ankunft des Frachtguts abzustellen.[29] Konnte das Luftfahrzeug den Bestimmungsort hingegen nicht erreichen,
so ist für den Fristbeginn ersatzweise der im Luftbeförderungsvertrag insoweit ausdrücklich
oder stillschweigend vorgesehenen Ankunftstermin maßgeblich (engl. Originaltext. „the
date on which the aircraft ought to have arrived"). In jedem Fall aber führt der „Abbruch
der Beförderung" (engl. Originaltext: „the date on which the carriage stopped") vor Erreichen des Bestimmungsorts zum Anlaufen der Klagefrist.

**2. Berechnung.** Für die Berechnung der mit diesem Tage beginnenden Frist verweist   19
Abs. 2 auf das *innerstaatliche* Recht des angerufenen Gerichts („lex fori"). Ein *deutsches* Gericht
hat daher die Fristenvorschriften der §§ 187 ff. BGB zugrunde zu legen.[30] Für den Fristbeginn
ist nicht maßgeblich, zu welchem Zeitpunkt der Empfänger körperlichen Gewahrsam an der
Ware erhält, sondern (spätestens) der Zugang der Ankunftsmitteilung bei dem im Luftfrachtbrief oder in der Empfangsbestätigung über die Güter angegebenen Empfänger.[31]

## V. Wahrung der Frist

**1. Klage.** Wird die nach Art. 35 erforderliche Klage vor einem *deutschen* Gericht erho-   20
ben, so ist mit Rücksicht auf Abs. 2 für die Fristwahrung gemäß § 167 ZPO als „lex fori"
schon die *Einreichung der Klageschrift* bei Gericht ausreichend, sofern die Zustellung der Klage
„demnächst" erfolgt.[32] Insofern kommt es auf die absolute Dauer nicht an. Entscheidend
ist allein, dass der Kläger nicht selbst mehr als nur unwesentliche Verzögerungen verursacht
hat, die er bzw. sein Prozessbevollmächtigter bei sachgerechter Prozessführung hätte vermeiden können.[33] Eine der klagenden Partei zuzurechnende Verzögerung der Klagezustellung
um bis zu *14 Tagen* ist regelmäßig als geringfügig und damit im Rahmen des § 167 ZPO
(§ 270 Abs. 3 ZPO aF) unschädlich anzusehen.[34] Auch die Zustellung *19 Tage* nach Fristablauf ist noch „demnächst" iS des § 167 ZPO (§ 270 Abs. 3 ZPO aF).[35] Die Klage ist ferner
auch dann mit Unterbrechungswirkung „demnächst" zugestellt, wenn der Kläger innerhalb
von *vier Wochen* unaufgefordert den Prozesskostenvorschuss eingezahlt hat.[36] Die Zustel-

---

[26] Zu Art. 29 WA 1929/1955: BGH 7.5.1963, NJW 1963, 1405 = MDR 1963, 668.

[27] Zu Art. 29 WA 1929/1955: BGH 7.5.1963, NJW 1963, 1405 = MDR 1963, 668.

[28] Zu Art. 29 WA 1929/1955: OLG Frankfurt/M. 4.7.1984, MDR 1984, 944.

[29] Zu Art. 29 WA 1929/1955: LG Stuttgart 19.8.1997, VersR 1999, 127 (Ls.). Urteilsanm.: *Leffers* TranspR
1998, 196. *Guldimann* Art. 29 WA Rn. 10.

[30] Zu Art. 29 WA 1929/1955: BGH 6.10.2005, TranspR 2006, 39; LG Frankfurt/M. 20.9.1985, TranspR
1986, 345, 347 = ZLW 1986, 154; AG Hamburg 26.2.1980, MDR 1980, 851.

[31] Zu Art. 29 WA 1929/1955: LG Stuttgart 19.8.1997, VersR 1999, 127 (Ls.). Urteilsanm: *Leffers* TranspR
1998, 196. Abweichend: Cour de Cassation 3.6.1997, AirL 1998, 41: Die Frist beginnt mit der tatsächlichen
Auslieferung des Gutes an den Empfänger.

[32] Zu Art. 29 WA 1929/1955: LG Frankfurt/M. 21.8.1990, ZLW 1991, 191, 192.

[33] BGH 5.2.2003, VersR 2003, 489; OLG Düsseldorf 29.11.2006, TranspR 2007, 33, 34.

[34] BGH 1.12.1993, NJW 1994, 1073 = MDR 1994, 508 = WM 1994, 439.

[35] OLG Hamm 4.10.1991, NJW-RR 1992, 480.

[36] OLG Düsseldorf 5.9.2002, NJW-RR 2003, 573.

lung[37] einer Klage unter Verstoß gegen Art. 5 Abs. 3 HZÜ[38] ist ein nach § 295 ZPO heilbarer Zustellungsmangel.[39] Unerheblich ist im Weiteren, ob die Klage auf behördlichem oder postalischem Weg zugestellt worden ist. Insofern besteht hier keine Rangordnung.[40]

21     **2. Mahnbescheid.**[41] Eine der Klageeinreichung entsprechende Fristwahrung ermöglicht nach § 693 Abs. 2 ZPO auch der Antrag auf Erlass eines Mahnbescheids.[42] Der Stellung dieses Antrags muss dann in angemessener Zeit die Zahlung des zweiten Teils des Kostenvorschusses folgen, da sonst die Sache nicht an das zuständige Prozessgericht abgegeben wird.[43] Die Ausschlussfrist wird durch die Einleitung des Mahnverfahrens dann nicht gewahrt, wenn die Sache erst sieben Monate nach Erhebung des Widerspruchs an das zuständige Streitgericht abgegeben wird.[44]

22     **3. Streitverkündung.** Eine Streitverkündung kann bei Anwendbarkeit *deutschen* Rechts (Art. 3 ff. Rom I-VO[45]) zwar nach § 204 Abs. 1 Nr. 6 BGB (§ 209 Abs. 2 Nr. 4 BGB aF) eine *Verjährung* hemmen. Sie ist indessen nicht in der Lage, die Ausschlussfrist des Art. 35 zu unterbrechen. Die Streitverkündung steht der Klageerhebung iSd. Art. 35 infolgedessen nicht gleich.[46] Wegen einer Streitverkündung von vertraglichem und ausführendem Luftfrachtführer untereinander s. ergänzend Art. 45.

23     **4. Insolvenzverfahren.** Auch die Anmeldung der Schadensersatzforderung im Insolvenzverfahren soll die Frist des Art. 35 nicht wahren können.[47]

### Art. 36 Aufeinander folgende Beförderungen

**(1) Jeder Luftfrachtführer, der Reisende, Reisegepäck oder Güter annimmt, ist bei Beförderungen im Sinne des Artikels 1 Absatz 3, die nacheinander durch mehrere Luftfrachtführer ausgeführt werden, den Vorschriften dieses Übereinkommens unterworfen; er gilt für den Teil der Beförderung, der unter seiner Leitung ausgeführt wird, als Partei des Beförderungsvertrags.**

**(2) Bei einer solchen Beförderung kann der Reisende oder die sonst anspruchsberechtigte Person nur den Luftfrachtführer in Anspruch nehmen, der die Beförderung ausgeführt hat, in deren Verlauf der Unfall oder die Verspätung eingetreten ist, es sei denn, dass der erste Luftfrachtführer durch ausdrückliche Vereinbarung die Haftung für die ganze Reise übernommen hat.**

**(3) ¹Bei Reisegepäck oder Gütern kann der Reisende oder der Absender den ersten, der Reisende oder der Empfänger, der die Auslieferung verlangen kann, den letzten, und jeder von ihnen denjenigen Luftfrachtführer in Anspruch neh-**

---

[37] S. für den Bereich der *EU*: VO (EG) Nr. 1393/2007 des Europäischen Parlaments und des Rates vom 13.11.2007 über die Zustellung gerichtlicher und außergerichtlicher Schriftstücke in Zivil- und Handelssachen in den Mitgliedstaaten und zur Aufhebung der VO (EG) Nr. 1348/2000 des Rates (EuZVO), ABl. EG 2007 Nr. L 324 S. 79 ff.

[38] Haager Zustellungsübereinkommen vom 15.11.1965 (BGBl. 1977 II S. 1453). Im Bereich der *EU* gilt insoweit die in der vorausgegangenen Fn. genannte VO Nr. 1393/2007.

[39] OLG Köln 26.3.2002, NJW-RR 2002, 1682 = TranspR 2003, 111 = VersR 2003, 269.

[40] EuGH 9.2.2006, NJW 2006, 975 = EuZW 2006, 186.

[41] S. hierzu auch: VO (EG) Nr. 1896/2006 des Europäischen Parlaments und des Rates vom 12.12.2006 zur Einführung eines Europäischen Mahnverfahrens (EuMVVO), ABl. EG 2006 Nr. L 339 S. 1, sowie die VO (EG) Nr. 861/2007 des Europäischen Parlaments und des Rates vom 11.7.2007 zur Einführung eines europäischen Verfahrens für geringfügige Forderungen (EuVgerFVO), ABl. EG 2007 Nr. L 199 S. 1.

[42] Zu Art. 29 WA 1929/1955: LG Frankfurt/M. 5.3.1982, ZLW 1983, 63, 69.

[43] Zu Art. 29 WA 1929/1955: LG Frankfurt/M. 21.7.1993, NJW-RR 1995, 865 = VersR 1995, 1078.

[44] Zu Art. 29 WA 1929/1955: AG Frankfurt/M. 28.12.2005, RRa 2006, 132.

[45] S. oben Fn. 13.

[46] Zu Art. 29 WA 1929/1955: BGH 6.10.2005, NJW-RR 2006, 619 = VersR 2006, 1664 = TranspR 2006, 39. AA LG Frankfurt/M. 25.8.1995, TranspR 1996, 117 = ZLW 1996, 446; LG Frankfurt/M. 5.12.2001, TranspR 2002, 117. Hierzu *D. Gran* TranspR 1996, 263.

[47] *Linders* vs. *MN Airlines* 2006 WL 167611 (E. D. Mo. 2006).

men, der die Beförderung ausgeführt hat, in deren Verlauf die Zerstörung, der Verlust oder die Beschädigung erfolgt oder die Verspätung eingetreten ist. ²Diese Luftfrachtführer haften dem Reisenden oder dem Absender oder Empfänger als Gesamtschuldner.

### Art. 36 Transporteurs successifs

1. Dans les cas de transport régis par la définition du paragraphe 3 de l'article 1, à exécuter par divers transporteurs successifs, chaque transporteur acceptant des voyageurs, des bagages ou des marchandises est soumis aux règles établies par la présente convention, et est censé être une des parties du contrat de transport, pour autant que ce contrat ait trait à la partie du transport effectuée sous son contrôle.

2. Au cas d'un tel transport, le passager ou ses ayants droit ne pourront recourir que contre le transporteur ayant effectué le transport au cours duquel l'accident ou le retard s'est produit, sauf dans le cas où, par stipulation expresse, le premier transporteur aura assuré la responsabilité pour tout le voyage.

3. S'il s'agit de bagages ou de marchandises, le passager ou l'expéditeur aura recours contre le premier transporteur, et le destinataire ou le passager qui a le droit à la délivrance contre le dernier, et l'un et l'autre pourront, en outre, agir contre le transporteur ayant effectué le transport au cours duquel la destruction, la perte, l'avarie ou le retard se sont produits. Ces transporteurs seront solidairement responsables envers le passager, ou l'expéditeur ou le destinataire.

### Art. 36 Successive Carriage

1. In the case of carriage to be performed by various successive carriers and falling within the definition set out in paragraph 3 of Article 1, each carrier which accepts passengers, baggage or cargo is subject to the rules set out in this Convention and is deemed to be one of the parties to the contract of carriage in so far as the contract deals with that part of the carriage which is performed under its supervision.

2. In the case of carriage of this nature, the passenger or any person entitled to compensation in respect of him or her can take action only against the carrier which performed the carriage during which the accident or the delay occurred, save in the case where, by express agreement, the first carrier has assumed liability for the whole journey.

3. As regards baggage or cargo, the passenger or consignor will have a right of action against the first carrier, and the passenger or consignee who is entitled to delivery will have a right of action against the last carrier, and further, each may take action against the carrier which performed the carriage during which the destruction, loss, damage or delay took place. These carriers will be jointly and severally liable to the passenger or to the consignor or consignee.

Ähnliche Bestimmungen: Art. 30 WA 1929/1955; Art. 30 WA/MP Nr. 4 (1975); § 441 HGB (Luft- und andere Binnentransporte); § 48a LuftVG (innerdeutsche Luftbeförderungen von Personen und deren Gepäck); Art. 34 CMR (1956/1978); Art. 38 CIV 1999, Art. 26 CIM 1999 (internationale Eisenbahnbeförderungen von Personen bzw. Gütern) und Art. 11 ABB-Fracht (2010).

**Schrifttum:** *Booysen,* When is a Domestic Carrier legally involved in International Carriage in Terms of the Warsaw Convention?, ZLW 1990, 329; *Boulos,* Responsabilité des transporteurs successifs de marchandises, Rev. fr. dr. aérien 1960, 33; *Diederiks-Verschoor,* Considerations on Carriage by Air Executed by Various Successive Carriers, E. T. L. 1970, 143; *Guldimann,* Wer ist „erster" Luftfrachtführer?, Zur Auslegung des Art. 30 Abs. 3 des Warschauer Abkommens, ZLW 1960, 121; *McGilchrist,* When May Domestic Carriage be Characterised as International, LMCLQ 1982, 660; *Reuschle,* MÜ, Art. 36.

## Übersicht

| | Rn. | | | Rn. |
|---|---|---|---|---|
| I. Normzweck | 1 | 3. Anspruchsgegner | | 4 |
| II. Regelungsprobleme | 2–4 | III. Lösungsweg des Art. 36 | | 5–26 |
| 1. Mehrgliedriger Lufttransport | 2 | 1. Unmittelbare Ansprüche gegen jeden | | |
| 2. Rechtsproblem | 3 | nachfolgenden Luftfrachtführer | | 5 |

| | Rn. | | | Rn. |
|---|---|---|---|---|
| 2. Die Einzelregelungen in Art. 38 und in | | c) Formerfordernisse | | 15 |
| Art. 1 Abs. 3 | 6–9 | d) Erkennbarkeit | | 16, 17 |
| a) Fiktion einer „einzigen" Beförde- | | 5. Vertragseintritt | | 18–22 |
| rung | 7 | a) Rspr | | 19 |
| b) Fiktion einer „Partei des Beförde- | | b) Anderes Abkommensrecht | | 20 |
| rungsvertrags" | 8, 9 | c) Kenntnis des Luftfrachtführers | | 21, 22 |
| 3. Die Einbeziehung von AGB | 10 | 6. Nachfolgender und „ausführender" Luft- | | |
| 4. Die Vereinbarung einer „einheitlichen | | frachtführer | | 23 |
| Leistung" (Art. 1 Abs. 3) | 11–17 | 7. „Unter der Leitung" des nachfolgenden | | |
| a) Voraussetzung eines „einzigen Beför- | | Luftfrachtführers | | 24 |
| derungsvertrags" | 12 | 8. Die Passivlegitimation | | 25, 26 |
| b) Ausrichtung des Vertrags auf eine | | **IV. Der Rückgriff** | | 27 |
| „einheitliche Leistung" | 13, 14 | | | |

## I. Normzweck

**1**     Art. 36 regelt – im Anschluss an Art. 30 WA 1929/1955 – den Fall einer Sukzessivbeförderung. Diese erfolgt iE im Rahmen einer Kette von Teilbeförderungen durch mehrere
aufeinanderfolgende Luftfrachtführer[1] (engl. Originaltext. „by various successive carriers").
Hier besteht von vornherein ein Gegensatz zum „vertraglichen" Luftfrachtführer, der eine
Beförderung möglicherweise nur verspricht, wogegen ein Dritter sie sodann ganz oder
teilweise effektiv „ausführt"[2] (Art. 39 ff.). Bei einer „Aufeinanderfolge von Beförderungen"[3] führt jeder Einzelne der hieran beteiligen Luftfrachtführer die vereinbarte Beförderung auch tatsächlich durch, allerdings immer nur auf einer Teilstrecke.[4] Aus diesem Grund
ist in Art. 39 der Fall einer solchen „aufeinanderfolgenden Beförderung" aus der vorerwähnten rechtlichen Kombination des „vertraglichen/ausführenden" Luftfrachtführers auch ausdrücklich ausgenommen.

## II. Regelungsprobleme

**2**     **1. Mehrgliedriger Lufttransport.** Der Tatbestand eines mehrgliedrigen Lufttransports
ist im internationalen Luftverkehr häufig anzutreffen. Er kann sich hier namentlich aus den
geographischen oder nationalen Besonderheiten der vorgesehenen Flugroute, den völkerrechtlich bilateral ausgehandelten Landerechte der einzelnen Luftfahrtunternehmen („designed carrier"), der Notwendigkeit eines Zubringerdienstes oder durch „hub-and-spoke"-
Betriebssysteme ergeben.

**3**     **2. Rechtsproblem.** In diesem Zusammenhang stellt sich das rechtliche Ausgangsprob-
lem, dass der Fluggast bzw. der Absender[5] von Frachtgut sich lediglich zu dem ersten
Luftfrachtführer in einem Vertragsverhältnis befindet. Sämtliche nachfolgenden Beförderungsabschnitte wären sodann Gegenstand selbständiger Beförderungsverträge (Unterfrachtverträge) der beteiligten Luftfrachtführer untereinander, die diese Verträge jeweils im eigenen Namen miteinander abschließen würden. Der Fluggast bzw. der Absender hätte sodann
im Schadensfall *vertragliche Ansprüche allein* gegen den *ersten Luftfrachtführer*. Alle nachfolgenden Luftfrachtführer wären nur Unterfrachtführer und sie würden jeweils nur ihrem unmittelbaren Vorgänger vertraglich haften, wobei die Anwendbarkeit des MÜ im Hinblick auf
Art. 1 Abs. 2 („internationale Beförderung") von der Zufälligkeit der vereinbarten Teilstrecke abhinge.

**4**     **3. Anspruchsgegner.** Eine mangelnde Bestimmbarkeit des genauen Schadensortes
könnte bei Frachtgutschäden noch zusätzliche beweisrechtliche Schwierigkeiten bezüglich

---

[1]  Zum „Luftfrachtführer" Art. 1 Rn. 14 ff.
[2]  Zum „ausführenden Luftfrachtführer" Art. 1 Rn. 24.
[3]  Zum WA 1929/1955: BGH 9.10.1981, Az. I ZR 98/79, VRS Bd. 62, 357: Zum Begriff des nachfolgenden Luftfrachtführers (Ergänzung zum Urteil vom 20.5.1974 – I ZR 25/73).
[4]  Hierzu LG Frankfurt/M. 20.9.1985, TranspR 1985, 432, 433 = ZLW 1986, 154.
[5]  Zum „Absender" Art. 1 Rn. 20.

des (vermeintlichen) Anspruchsgegners bereiten. Dieser wiederum würde zur Sicherung seiner etwaigen und nach Art. 37 auch durchaus realisierbaren Regressansprüche anderen vorausgegangenen Lufttransportunternehmern vielleicht rein vorsorglich den Streit verkünden[6] und damit (vielleicht unnötigerweise) einen weiteren Prozess in Gang setzen.

### III. Lösungsweg des Art. 36

**1. Unmittelbare Ansprüche gegen jeden nachfolgenden Luftfrachtführer.** Vor 5 diesem unbefriedigendem Hintergrund musste das MÜ – wie zuvor schon das WA 1929/ 1955 – im Interesse eines gerechten Schadensausgleichs zugunsten der Geschädigten darauf abzielen, einem Fluggast oder einem Absender bzw. Empfänger[7] von Frachtgut vertragliche Ansprüche unmittelbar auch gegen alle dem ersten Luftfrachtführer etwa noch nachfolgenden Beförderer einzuräumen, wobei diese Vertragskonstellation im weiteren noch *ipso iure* dem Regime des Montrealer Übereinkommens zu unterwerfen war.

**2. Die Einzelregelungen in Art. 38 und in Art. 1 Abs. 3.** Dieses Ziel erreicht das 6 MÜ – wie vorher bereits das WA 1929/1955 – durch zwei sich einander ergänzende Einzelregelungen.

**a) Fiktion einer „einzigen" Beförderung.** Die Anwendbarkeit des MÜ als solche stellt 7 Art. 1 Abs. 3 dadurch sicher, dass die Beförderungsteilleistungen der einzelnen Luftfrachtführer begrifflich zu einer „einzigen" Beförderung zusammengezogen werden. Ob diese Beförderungsteilleistungen jeweils Gegenstand einzelner selbständiger Verträge unter den beteiligten Luftfrachtführern waren oder nicht, wird hierbei für unerheblich erklärt. Entscheidend ist vielmehr nur, dass Abgangsort und Bestimmungsort des Fluges in seiner Gesamtheit auf Hoheitsgebieten von Vertragsstaaten des MÜ liegen. In diesem Fall ist die Flugroute zugleich auch „international" iSd. Art. 1 Abs. 3 und die Anwendbarkeit des Übereinkommens selbst insoweit auch gesichert.

**b) Fiktion einer „Partei des Beförderungsvertrags".** Durch diese rechtliche Fiktion 8 wird die logische Vorgabe für eine weitere, sodann in Abs. 1 enthaltenen Fiktion bezüglich des Luftbeförderungsvertrags selbst erzielt.

Danach „gilt" jeder der aufeinanderfolgenden Luftfrachtführer als „Partei des Beförde- 9 rungsvertrags". Damit unterliegt er als „Partei" und als (nachfolgender) „Luftfrachtführer" dann konsequenterweise auch den Regeln des durch Art. 1 Abs. 3 insoweit zuvor schon aktivierten Montrealer Übereinkommens, und zwar mit all dessen Vorzügen und Nachteilen für die jeweiligen Fluggäste bzw. die Absender und Empfänger von Frachtgut.[8]

**3. Die Einbeziehung von AGB.** Soweit der Erste „Luftfrachtführer" im Rahmen 10 seiner in Art. 27 vorgesehenen Vertragsfreiheit dem Luftbeförderungsvertrag „Vertragsbedingungen" (Art. 27), zB die ABB-Fracht,[9] zugrunde gelegt hat, sind diese im Falle ihrer rechtswirksamen Einbeziehung in den (ersten) Vertrag für jeden nachfolgenden Luftfrachtführer „als Partei des Beförderungsvertrags" (Abs. 1) gleichfalls Vertragsbestandteil.

**4. Die Vereinbarung einer „einheitlichen Leistung" (Art. 1 Abs. 3).** Doch ist als 11 wesentliche Voraussetzung für das Eingreifen der beiden Teilregelungen über die Geltung des MÜ (Art. 1 Abs. 3) (Rn. 7) und die Eigenschaft eines nachfolgenden Luftfrachtführers als „Vertragspartei" (Abs. 1) (Rn. 8) zum einen zu beachten, dass der Erste Luftfrachtführer mit dem Fluggast oder Absender die Beförderung von vornherein als eine „einheitliche Leistung" (Art. 1 Abs. 3) vereinbart haben muss.

---

[6] Zum *deutschen* Prozessrecht als „lex fori" (Art. 33 und Art. 46): §§ 66 ff. ZPO.
[7] Zum „Empfänger" Art. 1 Rn. 26.
[8] Zum WA 1929/1955: BGH 23.3.1976, NJW 1976, 1586, 1587 = VersR 1976, 787 = ZLW 1976, 255; OLG Hamburg 2.9.1982, TranspR 1984, 44 = VersR 1983, 484.
[9] Vgl. deren Abdruck nach Art. 57.

**12**    **a) Voraussetzung eines „einzigen Beförderungsvertrags".** Die Gesamtbeförderung, die unter anderem auch in einem Hin- und Rückflug bestehen kann, muss mithin den Gegenstand eines einzigen Beförderungsvertrags bilden.[10] Die Rechtslage gleicht insoweit den Regelungen des Art. 34 CMR und des Art. 26 CIM 1999.

**13**    **b) Ausrichtung des Vertrags auf eine „einheitliche Leistung".** Im Weiteren muss Inhalt des Vertrags sein, dass die als „einheitliche Leistung" geschuldete „Beförderung durch mehrere aufeinanderfolgende Luftfrachtführer auszuführen" „ist" (Art. 1 Abs. 3).

**14**    Übernimmt der Luftfrachtführer die Beförderung für die gesamte Strecke als alleinige Pflicht und setzt er später für einen Teil der Strecke auf Grund seiner eigenen Entscheidung einen weiteren Beförderer ein, dann wird dieser mangels einer diesbezüglichen vertraglichen Absprache der Parteien des Luftbeförderungsvertrags nicht „nachfolgender" Luftfrachtführer. Aufgrund der vom (vertraglichen) Luftfrachtführer mit ihm über den Lufttransport getroffenen „Vereinbarung" (Art. 39) wird er vielmehr nur „ausführender" Luftfrachtführer.[11] Als solcher ist er aber nicht „Partei des Beförderungsvertrags" iSd. Abs. 1 (Art. 1 Rn. 24).

**15**    **c) Formerfordernisse.** Für das Erfordernis der vertraglichen Vereinbarung einer „Aufeinanderfolge" von Luftfrachtführern bei einer als einheitliche Leistung gewollten Beförderung ist es zwar sehr wünschenswert, aber andererseits formal nicht notwendig, dass im Flugschein, im Luftfrachtbrief (Art. 4 Abs. 1) oder in der Empfangsbestätigung über die Güter (Art. 4 Abs. 2) bereits sämtliche nachfolgenden Luftfrachtführer mitaufgeführt sind. Da der Luftbeförderungsvertrag für sein Zustandekommen keiner Form (Art. 1 Rn. 12) und nach Art. 9 namentlich keiner Beförderungsdokumente bedarf, kommt es für die Frage der Vereinbarung einer „einheitlichen Leistung" (Art. 1 Abs. 3) letztlich nur auf die – gegebenenfalls auch mündliche – Absprache der Parteien an, was die Beweislast allerdings nicht erleichtert.

**16**    **d) Erkennbarkeit.** Haben die Parteien des Luftbeförderungsvertrags sich in irgendeiner erkennbaren Weise auf eine bestimmte durchgehende Transportstrecke mit *Luftfrachtführerwechsel* verständigt, ist dem vorgenannten Erfordernis der vereinbarten „einheitlichen Leistung" (Art. 1 Abs. 3) bereits Genüge getan.

**17**    Sofern sich die Vereinbarung der „einheitlichen Leistung" unmittelbar aus der Aufmachung des Luftfrachtbriefs (Art. 4 Abs. 1) oder der Empfangsbestätigung über die Güter (Art. 4 Abs. 2) ergibt, erbringt jede der beiden Urkunden nach Art. 11 Abs. 1 zugleich den – widerlegbaren – Beweis für die Vereinbarung einer solchen „einheitlichen Leistung" iSd. Art. 1 Abs. 3. Die beweisrechtliche Vermutungswirkung des Art. 11 Abs. 1 erfasst sodann im Weiteren auch „die Beförderungsbedingungen", die im Luftfrachtbrief bzw. in der Empfangsbestätigung über die Güter „niedergelegt sind" (Art. 11 Abs. 1), und zwar auch im Rechtsverhältnis zu dem „nachfolgenden" Luftfrachtführer.

**18**    **5. Vertragseintritt.** Jeder nachfolgende Luftfrachtführer, der auf der als „einheitliche Leistung" vereinbarten Strecke Reisende, Gepäck oder Güter „annimmt" (Abs. 1) (engl. Originaltext: „which accepts … cargo"), wird iE allein hierdurch schon zur Partei des Beförderungsvertrags. Bei diesem Vorgang handelt es sich um eine gesetzliche Fiktion, dh. um einen Vertragseintritt kraft Gesetzes. Der Vorgang entspricht im *deutschen* Vertragsrecht vergleichsweise der Sonderrechtsnachfolge eines Käufers nach dem Grundsatz „Kauf bricht nicht Miete" (§ 566 Abs. 1 BGB) oder der Rechtsnachfolge eines Arbeitgebers bei einem „Betriebsübergang" (§ 613a BGB).

---

[10]  Zum WA 1929/1955: BGH 20.5.1974, VersR 1974, 1094 = MDR 1974, 995; BGH 23.3.1976, NJW 1976, 1586 = VersR 1976, 787 = ZLW 1976, 255; BGH 9.10.1981, RIW 1982, 522; OLG Frankfurt/M. 10.5.1977, BB 1977, 1071 = ZLW 1977, 230; OLG Hamburg 2.9.1982, TranspR 1984, 44 = RIW 1083, 874 = VersR 1983, 484.

[11]  Zu Art. 1 WA 1929/1955: OLG Hamburg 9.8.1984, TranspR 1984, 299, 300 = VersR 1985, 158: Übernimmt ein nicht im Luftfrachtbrief ausgewiesener Luftfrachtführer die Durchführung eines Teils der Beförderung, so ist er kein nachfolgender Luftfrachtführer iSd. Warschauer Abkommens, sondern nur ausführender Luftfrachtführer iSd. Zusatzabkommens von Guadalajara. S. zu diesem Abkommen: Art. 39 Rn. 1.

**a) Rspr.** Insofern bedarf es nicht der von *BGH*,[12] *OLG Frankfurt/M.*[13] und *OLG Hamburg*[14] befürworteten rechtsgeschäftlichen Konstruktion eines Vertrags jeweils der Einzelnen nachfolgenden Luftfrachtführer mit dem Absender, „den es angeht". Die in Abs. 1 enthaltene gesetzliche Fiktion eines Vertragsbeitritts knüpft lediglich an den Tatbestand der „Annahme" von Fluggästen, Reisegepäck oder Gütern durch einen Luftfrachtführer an.    **19**

**b) Anderes Abkommensrecht.** Im Gegensatz zu den Voraussetzungen eines entsprechenden gesetzlichen Vertragseintritts nach Art. 34 CMR (Straßengütertransport) und Art. 26 CIM 1999 (internationaler Eisenbahntransport) ist es im Rahmen des Abs. 1 hingegen nicht erforderlich, dass der nachfolgende Luftfrachtführer außer den Gütern zusätzlich auch noch einen Luftfrachtbrief „annimmt", sofern ein solcher überhaupt ausgestellt worden ist und die Parteien sich nicht ohnehin allein auf eine „andere Aufzeichnung" (Art. 4 Abs. 2) verständigt haben.    **20**

**c) Kenntnis des Luftfrachtführers.** Fraglich kann sein, ob der nachfolgende Luftfrachtführer überhaupt irgendeine Kenntnis[15] davon gehabt haben muss, dass er im Rahmen einer als „einheitliche Leistung" vereinbarten Beförderung tätig wird.    **21**

Abgesehen davon, dass bei den Gegebenheiten des internationalen Luftverkehrs (Rn. 2) jeder Beförderer ohnehin damit rechnen muss, dass er im Rahmen einer Gesamtbeförderung als Teilbeförderer tätig wird, wird man es für den gesetzlichen Vertragseintritt iSd. Abs. 1 als ausreichend ansehen können, dass der Beförderer sich lediglich zur Beförderung des betreffenden Fluggastes, Reisegepäcks oder der Güter bewusst entschließt, dh. die Fluggäste bzw. die Güter willentlich „annimmt", was bei der Übernahme eines etwa vorhandenen Luftfrachtbriefs[16] (Art. 4 Abs. 1) mit einem erkennbar entfernter liegendem Bestimmungsort unproblematisch ist. Die weiteren Rechtsfolgen des fingierten Vertragseintritts und der Anwendbarkeit des MÜ ergeben sich sodann unmittelbar und ohne seinen Einfluss aus Abs. 1.    **22**

**6. Nachfolgender und „ausführender" Luftfrachtführer.** Durch diesen gesetzlich fingierten Vertragseintritt unterscheidet sich der „nachfolgende" von dem „ausführenden" Luftfrachtführer (Art. 39), der gerade nicht zur Partei des Luftbeförderungsvertrags wird. Er tritt nicht in den bereits bestehenden Luftfrachtvertrag (mit) ein, sondern wird dem (vertraglichen) Luftfrachtführer nur innerhalb des MÜ und in dem durch dieses begrenzten Rechtsrahmen der Haftung nach den Art. 17 ff. zur Seite gestellt (Art. 1 Rn. 24). Infolgedessen gelten für ihn auch nicht die vom „vertraglichen" Luftfrachtführer in den Luftfrachtvertrag bereits einbezogenen AGB.    **23**

**7. „Unter der Leitung" des nachfolgenden Luftfrachtführers.** Im Gegensatz zum Landfrachtrecht des Art. 34 CMR oder zum internationalen Eisenbahnrecht des Art. 26 CIM 1999 gilt die gesetzliche Fiktion des Vertragseintritts eines „nachfolgenden" Luftfrachtführers nach Abs. 1 dann allerdings nur unter räumlicher und zeitlicher Beschränkung auf den unter „Leitung" des vom jeweiligen Luftfrachtführer durchgeführten Beförderungsabschnitts (engl. Originaltext: „.... in so far as the contract deals with that part of the carriage which is performed under its supervision").    **24**

**8. Die Passivlegitimation.** „Bei Reisegepäck oder Gütern kann sodann nach Abs. 3 „der Reisende oder der Absender (Art. 12) den ersten, der Reisende oder der Empfänger (Art. 13) der die Auslieferung verlangen kann, den letzten, und jeder von ihnen denjenigen Luftfrachtführer in Anspruch nehmen, der die Beförderung ausgeführt hat, in deren Verlauf die Zerstörung, der Verlust oder die Beschädigung erfolgt oder die Verspätung eingetreten    **25**

---

[12] Zum WA 1929/1955: BGH 9.10.1981, VersR 1982, 60 = RIW 1982, 522.
[13] Zum WA 1929/1955: OLG Frankfurt/M. 10.5.1977, BB 1977, 1071 = ZLW 1977, 230.
[14] Zum WA 1929/1955: OLG Hamburg 9.8.1984, TranspR 1984, 299, 300.
[15] Zum WA 1929/1955: BGH 20.5.1974, VersR 1974, 1094 = MDR 1974, 995.
[16] Vgl.: Art. 11 ABB-Fracht (2010): „Eine Beförderung, welche auf Grund eines Luftfrachtbriefs von mehreren aufeinanderfolgenden Luftfrachtführern auszuführen ist, gilt als eine einheitliche Beförderung".

ist. Diese Luftfrachtführer „haften dem Reisenden oder dem Absender oder dem Empfänger als Gesamtschuldner" (Abs. 3).

26    Die vorgenannte Regelung ermöglicht dem Geschädigten einen leichteren Zugriff auf den tatsächlichen Schädiger. Zugleich wird eine unbillige Belastung des letzteren durch die Begrenzung des Umfangs seiner Verpflichtung vermieden.[17] Der Tod eines „nachfolgenden" und nach den Art. 17 ff. ersatzpflichtigen Luftfrachtführers lässt die gegen ihn insoweit entstandenen Ersatzansprüche gemäß Art. 32 unberührt.

## IV. Der Rückgriff

27    Die Gestaltung des Rückgriffs eines von mehreren als Gesamtschuldner (Abs. 3) in Anspruch genommenen Luftfrachtführers wird nach Art. 37 dem jeweils anwendbaren *nationalen* Recht überlassen. Soweit nach Art. 2 EGHGB[18] *deutsches* Handelsrecht anwendbar ist, bleibt hier § 442 HGB zu berücksichtigen. Die Verjährungsfrist von *einem* Jahr bestimmt sich nach § 439 HGB. IE gelten für den Rückgriff die Bestimmungen der (Art. 2 EGHGB) § 426 Abs. 1 und Abs. 2 BGB. Vgl. im Weiteren auch den nachfolgenden Art. 37.

## Art. 37 Rückgriffsrecht gegenüber Dritten

**Dieses Übereinkommen berührt nicht die Frage, ob die nach seinen Bestimmungen schadensersatzpflichtige Person gegen eine andere Person Rückgriff nehmen kann.**

### Art. 37 Droit de recours contre des tiers

La présente convention ne préjuge en aucune manière la question de savoir si la personne tenue pour responsable en vertu de ses dispositions a ou non un recours contre toute autre personne.

### Art. 37 Right of Recourse against Third Parties

Nothing in this Convention shall prejudice the question whether a person liable for damage in accordance with its provisions has a right of recourse against any other person.

Ähnliche Bestimmungen: Art. 30 A (des nicht in Kraft getretenen) Änderungsprotokolls zum WA 1929/1955 von Guatemala–City vom 8. März 1971 (Art. 55 Abs. 1 Buchst. d MÜ – ICAO-Doc. 8931); Art. 30 A WA/MP Nr. 4 (1975); Art. 48 MÜ und Art. X ZAG.

**Schrifttum:** *Diederichsen,* Rechtsprechung des BGH zum Regress im Schadensrecht, VersR 2006, 293. *Koller,* Die Regressklage von Transportunternehmen, TranspR 2011, 39.

## I. Normzweck

1    Art. 37 ist gegenüber dem Inhalt des WA 1929/1955 in das MÜ neu aufgenommen worden. Die Bestimmung stellt klar, dass die Vorschriften des MÜ nicht auch in das Binnenverhältnis eingreifen, das zwischen dem nach den Art. 17 ff. schadensersatzpflichtigen Luftfrachtführer[1] einerseits und einer ihm sodann intern ausgleichspflichtigen *dritten* Person („Leute",[2] Arbeitnehmer o. ä.) andererseits besteht. In seiner Funktion ähnelt Art. 37 damit der Bestimmung des Art. 15 Abs. 1, wo ganz entsprechend das interne Verhältnis zwischen „Absender" (Art. 12 MÜ) und „Empfänger"(Art. 13) einer Anwendung des MÜ vorenthal-

---

[17] AG Düsseldorf 20.3.1998, TranspR 1998, 473: Ist nicht feststellbar, auf welcher Teilstrecke ein Koffer abhanden gekommen ist, so haften die beteiligten Luftfrachtführer gesamtschuldnerisch, § 830 Abs. 1 S. 2 BGB analog.
[18] Im Rechtsbereich der *EU* gelten ab dem 17. Dezember 2009: Art. 3 f. VO (EG) Nr. 593/2008 des Europäischen Parlaments und des Rates vom 17. Juni 2008 über das auf vertragliche Schuldverhältnisse anzuwendende Recht („Rom I"), ABl. EG Nr. L 177 vom 4.7.2008.
[1] Zum „Luftfrachtführer" Art. 1 Rn. 14 ff.; zu den „nachfolgenden" Luftfrachtführern Art. 1 Rn. 18; zum „ausführenden" Luftfrachtführer Art. 1 Rn. 24.
[2] Zu den „Leuten" Art. 19 Rn. 31 ff.

ten bleibt. Eine entsprechende Regelung findet sich schließlich auch in Art. 48 (Art. X ZAG) für das Binnenverhältnis von „vertraglichem" und „ausführendem" Luftfrachtführer (Art. 39 ff.), das *per se* gleichfalls nicht dem Regime des MÜ unterliegt.

## II. Regelungsgehalt

**1. „eine andere Person".** Art. 37 bringt im Grunde Selbstverständliches zum Aus- **2** druck, wenn man auf das Regelungsziel des MÜ abstellt. Dieses soll die Haftung des Luftfrachtführers bei der *Personen*beförderung allein im Verhältnis zu den *Fluggästen* (Art. 17 und 19) und beim Frachtguttransport ausschließlich im Verhältnis zum Absender[3] bzw. zum Empfänger[4] des Gutes (Art. 18 und 19) erfassen. Aus dieser Sicht ist für „eine andere Person" (Art. 37) im Übereinkommen regelungstechnisch ohnehin kein Platz.

**2. Anwendbarkeit insbesondere bei Art. 18.** Der Sinn des Art. 37 erschließt sich **3** indessen, wenn man berücksichtigt, dass der Luftfrachtführer – anders als gemäß Art. 18 und 20 WA 1929/1955 – nach Art. 18 für Güterschäden nunmehr unabhängig davon zu haften hat, ob der Schaden durch ihn selbst oder durch seine „Leute" (arg. e Art. 19) oder durch irgendwelche „Dritte" (arg. e Art. 21 Abs. 2 Buchst. b) verursacht worden ist (Art. 18 Rn. 18). Insoweit war dem Luftfrachtführer daher eine hier sodann etwa bestehende Regressmöglichkeit gegenüber diesen beiden Personenkreisen vorsorglich und ausdrücklich offen zu halten.[5] Dies geschieht in Art. 37. Ebenso war bei dieser Vorschrift in Betracht zu ziehen, dass bei einer „aufeinanderfolgenden Beförderung" (Art. 36) der nach Art. 36 Abs. 3 aktivlegitimierte „Absender" oder „Empfänger" möglicherweise einen derjenigen Luftfrachtführer innerhalb der Transportkette in Anspruch nimmt, der im Einzelfall gerade nicht der Schädiger gewesen war. Einem solchen der „nachfolgenden" Luftfrachtführer muss sodann die Möglichkeit gegeben sein, den tatsächlichen Schädiger in der Transportkette letztlich noch in Regress nehmen zu können. Dieser Regressgedanke wiederholt sich entsprechend auch in Art. 48 im Verhältnis des „vertraglichen" und des „ausführenden" Luftfrachtführers zueinander.

**3. Regressnormen.** Über die Rechtsgrundlage eines solchen Regresses trifft das MÜ **4** hingegen keine Aussage. Sie kann iE *arbeitsrechtlicher, speditionsrechtlicher,* allgemein *vertraglicher* oder auch *deliktischer* Art sein. Das *IPR* hat hier vorab zu entscheiden, auf welche *nationale* Rechtsordnung im Einzelfall sodann zurückzugreifen ist. S. auch Art. 36 Rn. 27.

## Kapitel IV. Gemischte Beförderung
### Art. 38 Gemischte Beförderung

(1) **Bei gemischter Beförderung, die zum Teil durch Luftfahrzeuge, zum Teil durch andere Verkehrsmittel ausgeführt wird, gilt dieses Übereinkommen vorbehaltlich des Artikels 18 Absatz 4 nur für die Luftbeförderung im Sinne des Artikels 1.**

(2) **Bei gemischter Beförderung sind die Parteien durch dieses Übereinkommen nicht gehindert, Bedingungen für die Beförderung durch andere Verkehrsmittel in den Luftbeförderungsvertrag aufzunehmen, sofern hinsichtlich der Luftbeförderung dieses Übereinkommen beachtet wird.**

### Chapitre IV. Transport intermodal
### Art. 38 Transport intermodal

1. Dans le cas de transport intermodal effectué en partie par air et en partie par tout

### Chapter IV. Combined Carriage
### Art. 38 Combined Carriage

1. In the case of combined carriage performed partly by air and partly by any other

---

[3] Zum „Absender" Art. 1 Rn. 20.
[4] Zum „Empfänger" Art. 1 Rn. 26.
[5] So: *Ehlers,* Montrealer Protokolle Nr. 3 und 3, ..., 96, unter Hinweis auf das Protokoll von Guatemala-City: Legal Committee, 17th, S. 26, Nr. 15.

autre moyen de transport, les dispositions de la présente convention ne s'appliquent, sous réserve du paragraphe 4 de l'article 18, qu'au transport aérien et si celui-ci répond aux conditions de l'article 1.

2. Rien dans la présente convention n'empêche les parties, dans le cas de transport intermodal, d'insérer dans le titre de transport aérien des conditions relatives à d'autres modes de transport, à condition que les stipulations de la présente convention soient respectées en ce qui concerne le transport par air.

mode of carriage, the provisions of this Convention shall, subject to paragraph 4 of Article 18, apply only to the carriage by air, provided that the carriage by air falls within the terms of Article 1.

2. Nothing in this Convention shall prevent the parties in the case of combined carriage from inserting in the document of air carriage conditions relating to other modes of carriage, provided that the provisions of this Convention are observed as regards the carriage by air.

Ähnliche Bestimmungen: Art. 31 WA 1929/1955; Art. 31 WA/MP Nr. 4 (1975) und § 452 HGB.

**Schrifttum:** *Bartels,* Der Teilstreckenvertrag beim Multimodal-Vertrag, TranspR 2005, 203; *Drews,* Zum anwendbaren Recht beim multimodalen Transport, TranspR 2003, 12; *ders.,* Der multimodale Transport im historischen Zusammenhang, TranspR 2006, 177; *ders.,* Der multimodale Transport – eine Bestandsaufnahme, TranspR 2010, 327; *Erbe/Schlinger,* Der Multimodal-Vertrag im schweizerischen Recht, TranspR 2005, 421; *Freise,* Unimodale transportrechtliche Übereinkommen und multimodale Beförderungen, TranspR 2012, 1; *Hartenstein,* Die Bestimmung des Teilstreckenrechts im Multimodaltransport, TranspR 2005, 9; *Herber,* Seefrachtvertrag und Multimodalvertrag, 2. Aufl. 2000; *ders.,* Neue Entwicklungen im Recht des Multimodaltransports, TranspR 2006, 435; *Kirchhof,* Der Luftfrachtvertrag als multimodaler Vertrag im Rahmen des Montrealer Übereinkommens, TranspR 2007, 133; *ders.,* Wo endet die „Luft" im Sinne des Montrealer Übereinkommens?, TranspR 2010, 321; *Koller,* Beweislastverteilung beim multimodalen Luftbeförderungsvertrag, TranspR 2013, 14; *ders.,* Reklamation und Verjährung sowie Ausschlussfristen bei internationalen Lufttransporten mit gekoppelten Zubringerleistungen, TranspR 2001, 69; *Luther,* Die Haftung in der Frachtführerkette, TranspR 2013, 93; *Mast,* Der multimodale Transportvertrag nach deutschem Recht, Mannheim 2002; *Müller-Rostin,* Multimodalverkehr und Luftrecht, TranspR 2012, 14; *ders.,* Keine haftungsbeschränkende Wirkung des Art. 38 Abs. 1 MÜ, TranspR 2012, 324; *Ramming,* Internationalprivatrechtliche Fragen des Multimodal-Frachtvertrags und des Multimodal-Ladescheins, TranspR 2007, 279; *Reuschle,* MÜ, Art. 38; *Rogert,* Einheitsrecht und Kollisionsrecht im internationalen multimodalen Gütertransport, Hamburg 2005.

## Übersicht

|  | Rn. |  | Rn. |
|---|---|---|---|
| **I. Normzweck** | 1 | 6. Multimodalvertrag und Konzept des Art. 38 | 7 |
| **II. Regelungsgehalt** | 2–14 | 7. Das „Trucking" im Einzelnen | 8–14 |
| 1. An- bzw. Abtransport von Gütern | 2 | a) Bisherige Rspr. des BGH | 9 |
| 2. „Trucking" | 3 | b) „Trucking" in der Praxis | 10 |
| 3. „Aufeinanderfolgende Beförderung" | 4 | c) „ohne Zustimmung des Absenders" | 11 |
| 4. „Anderes Verkehrsmittel" | 5 | d) „Trucking" und grobes Verschulden | 12 |
| 5. Multimodalvertrag | 6 | e) „Trucking" gegen den Willen des Absenders | 13, 14 |

## I. Normzweck

1   Die Vorschrift regelt – im Anschluss an Art. 31 WA 1929/1955 – den Sachverhalt, dass zur Durchführung eines Luftbeförderungsvertrags eine Transportkette aufgebaut wird und in dieser nicht (nur) „Luftfahrzeuge" (Art. 1 Rn. 35), sondern (auch) „andere Verkehrsmittel" eingesetzt werden.

## II. Regelungsgehalt

2   **1. An- bzw. Abtransport von Gütern.** In dem letzteren Fall gelten für den einzelnen Beförderungsabschnitt nicht mehr die Bestimmungen des MÜ, sondern die für das jeweilige „andere Verkehrsmittel" bestehenden Rechtsvorschriften. Dies betrifft der Sache nach zunächst nur den An- bzw. Abtransport von Luftfrachtgütern durch Lkw, soweit hier nicht

nach Art. 18 Abs. 4 S. 2 bis zum Beweis des Gegenteils vermutet wird,[1] dass es sich hier gleichwohl schon oder noch um eine „Luftbeförderung" gehandelt hat. Hier geht es iE um die meist
kurzen Transporte bei „der Verladung, der Ablieferung oder der Umladung" des Gutes. Demgegenüber soll Art. 38 die Tatbestände von größer angelegten Transportabschnitten durch
„Nicht-Luftfahrzeuge" erfassen. Zum (un-) bekannten Schadensort: Art. 18 Rn. 64 f.

**2. „Trucking".** In seiner gegenüber Art. 31 WA 1929/1955 neuen Fassung nimmt **3**
Art. 38 dabei andererseits aber den zwischen Absender[2] und Luftfrachtführer[3] (nicht) abgesprochenen Luftfrachtersatzverkehr („Trucking") (Art. 18 Abs. 4 S. 3) von seiner Grund-
satzregelung sogar insgesamt aus, so dass in diesem Zusammenhang für Lkw-Transporte
nun gleichwohl die *luftrechtliche* Haftungsordnung der Art. 18 ff. gilt[4] (Rn. 8). Der Haftungstatbestand der Verspätung iSd. Art. 19 bleibt hingegen von der (Neu-) Regelung des Abs. 1
weiterhin unangetastet (Art. 19 Rn. 22).

**3. „Aufeinanderfolgende Beförderung".** Die in Art. 38 geregelte „gemischte Beför- **4**
derung" ist begrifflich und inhaltlich von der „aufeinanderfolgenden Beförderung" (Art. 36)
zu unterscheiden. Bei dem letzteren Beförderungsmodus besteht zwar gleichfalls eine Transportkette; es werden hierbei aber nur Luftfahrzeuge als „Verkehrsmittel" (Art. 38 Abs. 1)
eingesetzt. Daher haben die Vorschriften der Art. 1 Abs. 3 und Art. 36 im Falle einer solchen
Aufeinanderfolge von mehreren Luftfrachtführern allein dafür Sorge zu tragen, dass jeder
der an dieser Transportfolge beteiligten einzelnen Luftfrachtführer stets auch den Vorschriften des MÜ (mit-) unterworfen ist.

**4. „Anderes Verkehrsmittel".** Gerade in diesem Punkt geht Art. 38 im Anschluss an **5**
Art. 31 WA 1929/1955 den genau umgekehrten Weg. Sobald innerhalb der Transportkette
kein Luftfahrzeug, sondern ein anderes Verkehrsmittel eingesetzt wird, gilt für den betreffenden Beförderungsabschnitt nun auch nicht mehr das MÜ. Dies entspricht zugleich auch
dem allgemeinen Konzept dieses Übereinkommens, das nach Art. 1 Abs. 1 ohnehin nur
für Beförderungen „durch Luftfahrzeuge" Geltung beansprucht.

**5. Multimodalvertrag.** Für diese Verdrängung des MÜ im Falle „anderer Verkehrsmit- **6**
tel" (Art. 38 Abs. 1) ist es ebenso wie auch bei den „aufeinanderfolgenden Luftfrachtführern"
(Art. 36) dann ohne Belang, „ob der Beförderungsvertrag in der Form eines einzigen Vertrags
oder eine Reihe von Verträgen geschlossen worden ist" (Art. 1 Abs. 3). Sollten die Parteien
die „Form eines einzigen Vertrags" (§ 452 HGB – „Multimodalvertrag") wählen wollen,
ebnet ihnen Art. 38 Abs. 2 hierzu ausdrücklich den rechtlichen Weg. Hiernach können die
Parteien bei ihrer Vertragsgestaltung auch die Bedingungen für die Beförderung durch die
jeweils „anderen Verkehrsmittel" in den „Luftbeförderungsvertrag" gleichfalls mit aufnehmen
(engl. Originaltext: „inserting in the document of air carriage"). Doch haben sie hinsichtlich
der „Luftbeförderung" wiederum das Montrealer Übereinkommen zu beachten (Art. 38
Abs. 2). Diesem Inhaltszwang trägt auch § 452 HGB[5] Rechnung, wenn dort der Multimodalvertrag ausdrücklich unter den Vorbehalt gestellt wird, dass „anzuwendende internationale
Übereinkommen nichts anderes bestimmen". Dies gilt namentlich für die Ausschlussfrist des
Art. 35, die an die Stelle der in § 452b Abs. 2 HGB vorgesehenen bloßen „Verjährung" von

---

[1] Das OLG Frankfurt/M. 30.8.2004, TranspR 2004, 471, geht hier schon der Sache nach nicht von einem
multimodalen, dh. einer gemischten Beförderung iSd. Art. 31 Abs. 1 WA 1955, aus. Stattdessen verwendet das
Urteil den Begriff eines „bloßen Akzessoriums der Luftbeförderung". OLG Karlsruhe 21.2.2006, TranspR 2007,
203: Wird ein Paket vor der Luftbeförderung zunächst im Straßengüterverkehr zum Flughafen transportiert, liegt
nur dann ein Zubringerdienst im Sinne von Art. 18 Abs. 3 Satz 3 WA 1955 vor, wenn es sich – vom Ort der
Übernahme aus betrachtet – um den nächstgelegenen Flughafen handelt. Zur Abgrenzung von Multimodaltransport und einem reinen Zubringerdienst zur Luftbeförderung s. auch: LG Bonn 20.2.2003, TranspR 2003, 170.
S. auch: Art. 10 ABB-Fracht (2010) „Vortransport und Nachtransport" (Anlage nach Art. 57).
[2] Zum „Absender" Art. 1 Rn. 20.
[3] Zum „Luftfrachtführer" Art. 1 Rn. 14 ff.
[4] Vgl. *Ruhwedel* TranspR 2004, 137; *ders.* TranspR 2006, 421, 425.
[5] Vgl. deren Erl. im vorliegenden KommBd. sowie: Baumbach/Hopt/*Merkt* § 452 HGB; *Koller* § 452
HGB.

Schadensersatzansprüchen tritt. Dokumentiert im Weiteren ein vom Frachtführer erstellter Frachtbrief in Übereinstimmung mit dem schriftlichen Transportauftrag einen multimodalen Transport, so spricht viel dafür, dass hierdurch Abschluss und Inhalt des Transportvertrags richtig wiedergegeben sind. Daran ändert auch die Bezeichnung des Frachtbriefs als Luftfrachtbrief (Air Waybill) nichts. Es obliegt dem Frachtführer, die Überzeugung des Gerichts von der materiellen Richtigkeit der Urkunde zu erschüttern, wenn er einen reinen Luftbeförderungsvertrag nur bis zum Zielflughafen (hier: *New York*) und nicht bis zum angegebenen Empfänger (hier: in *Pennsylvania*) behaupten will.[6]

**7**   **6. Multimodalvertrag und Konzept des Art. 38.** Nach dem Konzept des Art. 38 unterliegen iE solche Beförderungsabschnitte, auf denen ein „anderes Verkehrsmittel" eingesetzt worden ist, nur dem für das jeweilige „Verkehrsmittel" maßgeblichen Recht. Dies sind im Straßengüterverkehr die CMR,[7] bei internationalen Eisenbahntransporten die CIM 1999[8] und bei allen Binnentransporten innerhalb Deutschlands die §§ 407 ff. HGB.[9] Bei grenzüberschreitenden Binnenschiffstransporten ist das Budapester Übereinkommen vom 22. Juni 2001 über die Güterbeförderung in der Binnenschifffahrt (CMNI)[10] zu berücksichtigen.

**8**   **7. Das „Trucking" im Einzelnen.** Von diesem Grundkonzept weicht Art. 38 gegenüber seiner Vorgängervorschrift des Art. 31 WA 1929/1955 sodann in nicht unerheblichem Maße ab, wenn es hier heißt, „vorbehaltlich des Artikels 18 Absatz 4". An der zitierten Stelle findet sich die nachfolgende Gesetzesfiktion: „Ersetzt ein Luftfrachtführer ohne Zustimmung des Absenders die von den Parteien vereinbarte Luftbeförderung ganz oder teilweise durch eine andere Art der Beförderung, so gilt diese als innerhalb des Zeitraums der Luftbeförderung ausgeführt".

**9**   **a) Bisherige Rspr. des BGH.** Mit dieser völkerrechtlichen Regelung unter anderem des „Trucking", dh. des Luftfrachtersatzverkehrs durch einen Lkw, findet die gegenteilige Rechtsprechung des BGH[11] ihr Ende, wonach die Haftung beim Luftfrachtersatzverkehr nach der *CMR* zu beurteilen sei. Der Luftfrachtführer müsse insoweit das spezifische Transportrisiko tragen, das mit dem von ihm unter Verletzung des Vertrages gewählten Beförderungsmittel verbunden sei und diejenige Haftungsordnung gegen sich gelten lassen, in die er sich durch die Wahl des Beförderungsmittels selbst hineingestellt habe. Nunmehr unterliegt auch das „Trucking" stets der luftfrachtrechtlichen Haftungsregel des Art. 18, weil es

---

[6] OLG Stuttgart 26.11.2003, BeckRS 2003, 30334298.

[7] Vgl. deren Erl. im vorliegenden KommBd.

[8] Vgl. deren Erl. im vorliegenden KommBd.

[9] BGH 22.2.2001, NJW-RR 2001, 1543 (Haftung beim Abhandenkommen von Transportgut im multimodalen Verkehr); BGH 3.11.2005, NJW-RR 2006, 616 = TranspR 2006, 41 (Multimodaler Transport unter Einschluss einer Seestrecke); BGH 29.6.2006, NJW-RR 2006, 1694 = TranspR 2006, 466 (Zur Frage, welches Recht auf einen Vertrag über einen grenzüberschreitenden multimodalen Transport anzuwenden ist); OLG Hamburg 11.1.1996, TranspR 1997, 267 (Zur Frage, wann die Grundsätze zum multimodalen Transport anzuwenden sind und wann eine Luftfrachtersatzbeförderung vorliegt); OLG Köln 10.7.2001, TranspR 2001, 464 = VersR 2002, 1126 (Keine einheitliche Haftungsordnung im multimodalen Verkehr); OLG Düsseldorf 12.12.2001, TranspR 2002, 33 (Die Grundsätze über die sekundäre Darlegungslast des Spediteurs/Frachtführers gelten auch nach Inkrafttreten des Transportrechtsreformgesetzes unverändert fort); HansOLG Hamburg 16.5.2002, TranspR 2002, 355 (Bei einem Schadensfall mit unbekanntem Schadensort haftet der Frachtführer eines multimodalen Transports im Rahmen eines multimodalen Transports von *Deutschland* in die *kirgisische Republik* nach § 452 HGB; OLG Köln 30.7.2002, TranspR 2003, 116 (Den multimodalen Frachtführer trifft die Beweislast, dass ein Schaden während einer nicht verkehrsbedingten Einlagerung entstanden ist); OLG Stuttgart 21.1.2004, VersR 2006, 289 (Haftung des Multimodalbeförderers bei unbekanntem Schadensort). Baumbach/Hopt/*Merkt,* §§ 407 ff. HGB; *Koller* Art. 38.

[10] Convention de Budapest relative au Contrat de Transport de Marchandises en Navigation Intérieur (CMNI). Geschehen zu Budapest am 22. Juni 2001. Zustimmungsgesetz vom 17. März 2007 (BGBl. II S. 298). Vgl. die Erl. im vorliegenden KommBd.

[11] BGH 17.5.1989, NJW 1990, 639 = TranspR 1989, 278 = ZLW 1990, 108. Hierzu andererseits: OLG Bremen 10.7.1986, VersR 1986, 1120; OLG Düsseldorf 21.1.1993, TranspR 1993, 246; OLG Hamburg 31.12.1986, TranspR 1987, 143 = VersR 1988, 1078; LG Hamburg 19.6.1989, TranspR 1989, 278. Nach dieser OLG-Rechtspr. sollte das Recht des vereinbarten Beförderungsmittels, dh. hier Art. 18 WA 1929/

nach den Fiktionen von Art. 31 Abs. 1 und Art. 18 Abs. 4 seinerseits „innerhalb des Zeitraums der Luftbeförderung" geschieht.

**b) „Trucking" in der Praxis.** Diese Ausdehnung der Luftfrachtführerhaftung des   **10**
Art. 18 auch auf den Luftfracht*ersatz*verkehr ist dabei keineswegs eine *quantité négligable*. Eine solche Abfertigung von Lkws im Luftfracht*ersatz*verkehr beträgt innerhalb Europas zurzeit etwa 40 bis 60 % des Luftfrachtaufkommens schlechthin. Das Unternehmen *Air France Cargo* beispielsweise zentriert gegenwärtig im Flughafen „Frankfurt-Hahn" seinen gesamten deutschen Luftfracht*ersatz*verkehr, und zwar als Schnittstelle des interkontinentalen Luftfrachtumschlags von Paris. Nahezu der gesamte Luftfrachtverkehr zwischen London und Paris läuft per Luftfracht*ersatz*verkehr. Auch das Beladen von Trucks, die im Nachtsprung von Frankfurt/M. nach Amsterdam per Luftfracht*ersatz*verkehr fahren, zeigt immer größere Dimensionen.[12] Ähnlich werden Sendungen von den kleineren Flughäfen wie Osnabrück, Stuttgart, Nürnberg und anderen nach Frankfurt/M. regelmäßig per Lkw befördert und erst ab Frankfurt/M. ins Flugzeug verladen.[13]

**c) „ohne Zustimmung des Absenders".** Auf die Initiative der *International Air Trans-*   **11**
*port Association (IATA)*[14] ist es zurückzuführen, dass die Haftungsregelung des Art. 18 für das „Trucking" selbst dann noch gilt, wenn der Luftfrachtführer das Transportgut „ohne Zustimmung des Absenders" (engl. Originaltext: „without the consent of the consignor") (Art. 18 Abs. 4) statt in ein Luftfahrzeug auf einen Lkw oder in ein anderes Beförderungsmittel verladen hat. Die *IATA* konnte die Teilnehmer der Montrealer Konferenz (1999) davon überzeugen, dass eine solche Regelung im Interesse der Klarheit und der Beständigkeit der Rechtsanwendung wünschenswert sei.[15]

**d) „Trucking" und grobes Verschulden.** Dementsprechend „gilt" das „Trucking"   **12**
jetzt ganz generell „als innerhalb des Zeitraums der Luftbeförderung ausgeführt" (Art. 18 Abs. 4). Damit ist eine Haftung des Luftfrachtführers auch bei fehlender „Zustimmung des Absenders" (Art. 18 Abs. 4) nur noch nach Art. 18 Abs. 1 möglich und eine solche nach der CMR andererseits ausgeschlossen. Dies bedeutet im Ergebnis, dass der Luftfrachtführer – im Gegensatz zu Art. 29 CMR – selbst im Falle einer vorsätzlichen oder grobfahrlässigen Verursachung des Sachschadens des Gutes nicht unbeschränkt, sondern nach Art. 22 Abs. 3 nur noch in Höhe von maximal 19 SZR/kg zu haften hat. Vgl. oben Art. 18 Rn. 98 f. Sollte der Luftfrachtführer statt eines Luftfahrzeugs ersatzweise einen Lkw. eingesetzt haben („Trucking"), kann ein hier auftretender Verspätungsschaden im Weiteren nicht nach Art. 19 reguliert werden, da Art. 19 im Gegensatz zu Art. 18 Abs. 4 S. 3 keine entsprechende Haftungserweiterungsklausel bezüglich dieser Transportart enthält. Bei subsidiärer Geltung *deutschen* Rechts (Art. 3 ff. Rom I-VO[16]) sind hier vielmehr die §§ 425 ff. HGB einschlägig, die neben dem

1955, und nicht das des tatsächlich verwendeten Beförderungsmittels maßgeblich sein, weil der Absender nicht damit zu rechnen brauche, dass durch die Wahl eines anderen Beförderungsmittels seitens des Luftfrachtführers dessen spezifische Haftung nach Art. 18 WA 1929/1955 ausgeschlossen werde.
[12] Hierzu *Ruhwedel* TranspR 2004, 137, 138; *ders.* TranspR 2006, 421, 425.
[13] *Kirchhof* TranspR 2007, 133, 138.
[14] Sitze in *Genf* und *Montreal.* Hierzu: *Gran,* Die IATA aus der Sicht deutschen Rechts – Organisation, Agenturverträge und Allgemeine Geschäftsbedingungen, Diss. Frankfurt/M. 1998; *Haanappel,* Die International Air Transport Association (IATA), in: Kölner Kompendium des Luftrechts, Bd. 1 („Grundlagen"), 2008, 87; *Kehrberger* TranspR 1996, 131; *Specht,* Die IATA. Eine Organisation des grenzüberschreitenden Luftlinienverkehrs und ihre Allgemeinen Beförderungsbedingungen, Frankfurt/M. 1973.
[15] ICAO-Documentation Nr. 9775-DC/2, Volume I – Minutes, S. 82 f. („This was in light of the prevalence of intermodal transport arrangements offered by the air transport industry, which sometimes were offered with the consent of the consignor, sometimes were unknown to the consignor and sometimes might vary depending on the day of the week the shipment happened to be transported or other such factors. Beeing of the view that shippers who tendered cargo to an air carrier for transport would typically understand that the draft Convention would apply to such carriage, IATA favoured extending the purview of the draft Convention to all such carriage as being in the interest of clarity and consistency").
[16] Im Rechtsbereich der *EU* gelten ab dem 17. Dezember 2009: Art. 3 f. VO (EG) Nr. 593/2008 des Europäischen Parlaments und des Rates vom 17. Juni 2008 über das auf vertragliche Schuldverhältnisse anzuwendende Recht („Rom I"), ABl. EG Nr. L 177 vom 4.7.2008.

Gütersach- auch den Güterverspätungsschaden (§ 425 Abs. 1 HGB: „Überschreitung der Lieferfrist") ersetzbar gestaltet haben. Die Haftung des (Luft-) Frachtführers ist hier nicht auf den
Betrag von 19 SZR/kg (Art. 22 Abs. 3), sondern auf nur 8,33 SZR/kg (§ 431 HGB)
beschränkt. Allerdings entfällt diese Limitierung auf der anderen Seite vollständig, wenn im Einzelfall die Voraussetzungen der §§ 435 f. HGB erfüllt sind. Vgl. deren Erl. im diesem KommBd.

**13**    **e) „Trucking" gegen den Willen des Absenders.** Wenn der Luftfrachtführer die
betreffende Ersatzbeförderung indessen nicht nur „ohne Zustimmung des Absenders" (Art. 18
Abs. 4), sondern sogar *gegen* dessen und für den Luftfrachtführer auch erkennbaren Willen
durchführt, kann dieses Verhalten bei Anwendbarkeit *deutschen* Rechts (Art. 3 ff. Rom I-
VO[17]) eine Haftung des Luftfrachtführers wegen positiver Vertragsverletzung iSd. § 280
Abs. 1 BGB für alle hieraus resultierenden Schäden begründen. Alternativ kommt hier auch
eine Haftung nach § 678 BGB (Art. 39 Abs. 1 EGBGB) in Betracht, falls der Ersatztransport
solchermaßen „ mit dem wirklichen oder mutmaßlichen Willen" des Absenders „im Widerspruch" gestanden hat und der Luftfrachtführer „dies erkennen" musste. Ein „sonstiges Verschulden" (§ 678 BGB) des Luftfrachtführers ist hier unerheblich. Solcher Ansprüche geht der
der Absender sodann verlustig, wenn er der vertragswidrigen Beförderung nachträglich noch
zustimmen sollte. Eine derartige Genehmigung lässt den abgeschlossenen Luftfrachtvertrag als
solchen allerdings unberührt. Namentlich führt die Genehmigung nicht zu dem Ergebnis, dass
aus dem vorausgegangenen Luftbeförderungsvertrag ein „Vertrag über die entgeltliche Beförderung von Gütern auf der Straße" (Art. 1 Abs. 1 CMR) hervorgeht.

**14**    Kommt es während eines vereinbarten Lufttransports, auf den das Montrealer Übereinkommen anwendbar ist *(U.S.A. – Deutschland),* nach Abflug und vor Erreichen des Zielflughafens *(Köln)* nach einer Zwischenlandung *(Paris)* zu einem ungeklärten Sendungsverlust,
trägt für die Behauptung, ab dem Orte der Zwischenlandung sei die Weiterbeförderung
im grenzüberschreitenden Straßenverkehr erfolgt und der Güterverlust auf dieser Strecke
eingetreten, so dass das Haftungsregime der CMR anwendbar sei, derjenige die Beweislast,
der dies behauptet.[18]

### Kapitel V. Luftbeförderungen durch einen anderen als den vertraglichen Luftfrachtführer

### Art. 39 Vertraglicher Luftfrachtführer – Ausführender Luftfrachtführer

**[1]Dieses Kapitel gilt, wenn eine Person (im Folgenden als „vertraglicher Luft-
frachtführer" bezeichnet) mit einem Reisenden oder einem Absender oder den
Reisenden oder den Absender handelnden Person einen diesem Übereinkommen
unterliegenden Beförderungsvertrag geschlossen hat und eine andere Person (im
Folgenden als „ausführender Luftfrachtführer" bezeichnet) aufgrund einer Vereinbarung mit dem vertraglichen Luftfrachtführer berechtigt ist, die Beförderung
ganz oder zum Teil auszuführen, ohne dass es sich hinsichtlich dieses Teiles um
eine aufeinander folgende Beförderung im Sinne dieses Übereinkommens handelt.
[2]Die Berechtigung wird bis zum Beweis des Gegenteils vermutet.**

| Chapitre V. Transport aérien effectué par une personne autre que le transporteur contractuel | Chapter V. Carriage by Air Performed by a Person other than the Contracting Carrier |
|---|---|
| **Art. 39 Transporteur contractuel – Transporteur de fait** | **Art. 39 Contracting Carrier – Actual Carrier** |
| Les dispositions du présent chapitre s'appliquent lorsqu'une personne (ciaprès | The provisions of this Chapter apply when a person (hereinafter referred to as |

---

[17] S. oben Fn. 16.
[18] OLG Köln 6.3.2007, BeckRS 2007, 04383.

dé nommée «transporteur contractuel») conclut un contrat de transport régi par la présente convention avec un passager ou un expéditeur ou avec une personne agissant pour le compte du passager ou de l'expéditeur, et qu'une autre personne (ciaprès dénommée «transporteur de fait») effectue, en vertu d'une autorisation donnée par le transporteur contractuel, tout ou partie du transport, mais n'est pas, en ce qui concerne cette partie, un transporteur successif au sens de la présente convention. Cette autorisation est présumée, sauf preuve contraire.

„the contracting carrier") as a principal makes a contract of carriage governed by this Convention with a passenger or consignor or with a person acting on behalf of the passenger or consignor, and another person (hereinafter referred to as „the actual carrier") performs, by virtue of authority from the contracting carrier, the whole or part of the carriage, but is not with respect to such part a successive carrier within the meaning of this Convention. Such authority shall be presumed in the absence of proof to the contrary.

Ähnliche Bestimmungen: Zusatzabkommen zum WarschAbk. von Guadalajara (1961) (ZAG); § 437 HGB (innerdeutsche Luft- und andere Binnentransporte); § 48b LuftVG (innerdeutsche Luftbeförderungen von Personen und deren Gepäck); Art. 27 CIM 1999 und Art. 39 CIV 1999 (internationale Eisenbahnbeförderung von Gütern bzw. Personen); Art. 10 der Hamburg Regeln von 1978 (Seebeförderung von Gütern); Art. 4 Abs. 2 CMNI 2001 (Grenzüberschreitende Güterbeförderung auf Binnenschiffen); Art. 2 S. 2 des Athener Übereinkommens vom 13. Dezember 1974 über die Beförderung von Reisenden und ihrem Gepäck auf See; Art. 3 der Anlage zu § 664 HGB (Beförderung von Reisenden und ihrem Gepäck auf See) und Art. 14 ABB-Fracht (2010).

**Schrifttum:** *Abeyratne,* The liability of an actual carrier in the carriage of goods by air and in multimodal transport transactions, Air L. 1988, 128; *Bachem,* Code-Sharing im internationalen Luftverkehr, Diss. Köln 2003; *Becher,* Einige Bemerkungen zum Tokioter Entwurf, ZLR 1958, 313; *Caplan,* Guadalajara Convention of 1961, J.Bus.L. 1962, 278; *Carroz/Dutoit,* La Convention de Varsovie et le transporteur non-contractuel, RGA 1958, 277; *Conti,* Code-Sharing: Neues Interesse für das Guadalajara-Abkommen?, *(schweiz.)* ASDA/SVLR-Bull. 2001, Nr. 130, S. 24; *ders.,* Code-Sharing and Air Carrier Liability, Air & Sp.L. 2001, 4; *Franklin,* Code-Sharing and Passenger Liability, Air & Sp. L. 1999, 128; *Gazdik,* The Conflicts and State Obligations Under the Warsaw Convention, the Hague Protocoll and the Guadalajara Convention, Journ.Air L.Com. 1962, 373; *Giemulla/van Schyndel,* Rechtsprobleme des „Code-Sharing", TranspR 1997, 253; *Götting,* Code-Sharing – Rechtliche Betrachtung einer Kooperationsform im Luftverkehr, Diss. Frankfurt/M. 2002; *Goldstein/Outers,* Le projet de convention pour L'unification de certaines regles rélatives au transport aérien international effectué par une personne autre que le transporteur contractuel, Rev.fr.dr.aérien 1961, 15; *le Goff,* La Convention Complémentaire de Varsovie et la Conférence de Guadalajara, Rev.fr.dr.aérien 1963, 21); *Herber,* Wer ist ausführender Verfrachter?, TranspR 2011, 359; *Iatrou,* The Impact of Airline Alliances on Partners' Traffic, Ann.Air.Sp.L. 2004, 207; *Kienzle,* Die Haftung des Carriers und des Actual Carrier nach den Hamburg-Regeln, 1993; *Knöfel,* Der ausführende Luftfrachtführer – eine Rechtsfigur im Schnittpunkt von Transportrecht und allgemeinem Schuldrecht, in: *Thume,* Transport- und Vertriebsrecht 2000, FG Herber, 1999, S. 96; *Knorre,* Zur Haftung des ausführenden Frachtführers nach § 437 HGB, TranspR 1999, 99; *Koller,* Transportrecht, Die Anwendbarkeit des § 437 HGB bei internationalen Lufttransporten, TranspR 2000, 355; *Lübben,* Code Sharing (& Co), in: Kölner Kompendium des Luftrechts, Bd. 1 („Grundlagen"), 2008, 128; *Marchand,* Transport successif et transport de fait en droit aérien international, ETR 1997, 25; *Müller-Rostin,* Haftung und Versicherung beim Code-Sharing, NZV 2002, 68; *Naveau,* Les alliances entre compagnies aériennes. Aspects juridiques et conséquences sur l'organisation du secteur, Paris 1999; *Pelichet,* Responsabilité civile en cas d'affretement et de location d'aéronef au regard des conventions internationales, 1963; *Ramming,* Neues vom ausführenden Frachtführer, VersR 2007, 1190; *Reuschle,* MÜ, Art. 39; *Riese,* Die internationale Luftprivatrechtskonferenz und das Charterabkommen von Guadalajara vom 18.9.1961, ZLW 1962, 1; *Schindler,* Die vertragliche Haftung des ausführenden Frachtführers im Frachtrecht des HGB, GS Helm, 2001, S. 331; *R. Schmid,* Das Zusatzabkommen von Guadalajara und seine Bedeutung für das deutsche Reisevertragsrecht, TranspR 1994, 421; *Schmidt-Räntsch,* Die Ausführung der Luftbeförderung durch einen Dritten, FS Otto Riese, 1964, S. 479; *ders.,* Einige Fragen zur Anwendung des Zusatzabkommens von Guadalajara, FS Alex Meyer, 1975, S. 217; *Seyffert,* Die Haftung des ausführenden Frachtführers im neuen deutschen Frachtrecht, Hamburg 2000, Schriftenreihe zum Transportrecht, Bd. 23, 2000; *Stein,* Code-Sharing und Open Skies – Herausforderungen für die europäische Wettbewerbs- und Luftfahrtpolitik, ZLW 2001, 135; *Thomas,* Nochmals: Rechtsprobleme des „Code-Sharing", TranspR 1998, 151; *Thume,* Die Haftung des ausführenden Frachtführers, VersR 2000, 1071; *Wagner,* Die Haftung des ausführenden Frachtführers nach dem Transportrechtsreformgesetz, ZHR 163 (1999) 679; *Walther,* Der ausführende Luftfrachtführer und seine Haftung nach dem Zusatzabkommen vom 18. September 1961, Frankfurt/M. 1968; *Zapp,* Ansprüche

gegen den ausführenden Frachtführer bei internationalen Lufttransporten, TranspR 2000, 239; *Zunarelli,* La nozione di vettore (Contracting carrier and actual carrier), Milano 1987; *ders.,* Le figure del contracting carrier e del performing carrier nelle convenzioni di Guadalajara, Dir. Mar. 1986, 315.

**Übersicht**

|  | Rn. |  | Rn. |
|---|---|---|---|
| **I. Normzweck** .......................... | 1 | 1. Fallkonstellation wie bei Art. 36 ........ | 15 |
| **II. Regelungsgehalt** .................... | 2–5 | 2. Das Vertragsmodell ..................... | 16 |
| 1. Übernahme des ZAG in das MÜ ...... | 2 | 3. Das Abkommensmodell ................. | 17 |
| 2. Bisherige Rechtspraxis ................. | 3 | **V. Die Haftung des „ausführenden"** | |
| 3. Vorgeschichte des ZAG ................ | 4 | **Luftfrachtführers** ....................... | 18–42 |
| 4. Ziel des ZAG ......................... | 5 | 1. Das Ergebnis des Abkommensmodells . | 18 |
| **III. Regelungsumfeld** ................... | 6–14 | 2. Der „ausführende" Luftfrachtführer kein | |
| 1. Neuere Rechtsentwicklungen .......... | 6 | Vertragspartner des Absenders .......... | 19 |
| 2. Die Kombination „vertraglicher"/„aus- | | 3. Der „vertragliche" Luftfrachtführer .... | 20 |
| führender" Frachtführer ................ | 7 | 4. Das „Einvernehmen" des „vertragli- | |
| 3. Vorgeschichte ......................... | 8 | chen" mit dem „ausführenden" Luft- | |
| 4. Ziel des Rechtsbegriffs „ausführender" | | frachtführer ............................ | 21–24 |
| Frachtführer ........................... | 9 | a) Normauslegung ..................... | 22 |
| 5. Der „Dritte" .......................... | 10–13 | b) Kein Vertrag erforderlich .......... | 23 |
| a) Code-Sharing ....................... | 11 | c) „Vermutung" des Art. 39 .......... | 24 |
| b) *Deutsches* Reiseveranstaltungsrecht ... | 12 | 5. Die Rechtskombination von „vertragli- | |
| c) Unterfrachtführer ................... | 13 | chem" und „ausführendem" Luftfracht- | |
| 6. Ergebnisse der bisherigen Rechtspraxis . | 14 | führer im Detail ....................... | 25–42 |
| **IV. Regelungsvorgaben** ................. | 15–17 | **VI. Die Aktivlegitimation** .............. | 43 |

## I. Normzweck

**1**    Die Bestimmungen des Kapitel V (Art. 39 bis 48) übernehmen[1] den Inhalt des geltenden[2] und auch von *Deutschland* ratifizierten[3] „Zusatzabkommen zum Warschauer Abkommen zur Vereinheitlichung von Regeln über die von einem anderen als dem vertraglichen Luftfrachtführer ausgeführte Beförderung im internationalen Luftverkehr", abgeschlossen in Guadalajara am 18. September 1961 (ZAG).[4]

## II. Regelungsgehalt

**2**    **1. Übernahme des ZAG in das MÜ.** Die Übernahme des vorgenannten Zusatzabkommens unmittelbar in den Inhalt des MÜ selbst beendet ein bisher bestehendes Anwendungsproblem hinsichtlich dieses Abkommens. Das Problem ergab sich iE daraus, dass manche Staaten das WA nur idF von 1929 (Art. 55 Abs. 1 Buchst. a) und andere Staaten das WA idF auch von 1955 (Art. 55 Abs. 1 Buchst. b) ratifiziert hatten. Aber es waren diese Staaten nicht insgesamt und einheitlich zugleich auch Mitglieder dieses – separaten – Zusatzabkommens von Guadalajara (Art. 55 Abs. 1 Buchst. c).

**3**    **2. Bisherige Rechtspraxis.** Daher musste bei Rechtsstreitigkeiten nicht nur danach entschieden werden, welche der beiden vorgenannten Fassungen des WA im Einzelfall maßgeblich war. Ergänzend war dann immer noch zu prüfen, ob im weiteren auch noch das Zusatzabkommen – je nach Stand seiner Ratifikationen – gleichfalls mit streitentscheidend war. Solche völkerrechtlichen Divergenzen werden durch den hinsichtlich der Haftung des „vertraglichen" und des „ausführenden" Luftfrachtführers nunmehr harmonisierten

---

[1] S. Art. 55 Abs. 1 Buchst. c.

[2] S. zum aktuellen Stand der Ratifikationen: www.icao.int. >> Bureaux' Activities >> Legal Bureaux >> Treaty Collection: ICAO-Doc. 8181.

[3] BGBl. 1963 II S. 1159.

[4] Abdruck und Kommentierung dieses Zusatzabkommens in der Voraufl. dieses KommBd., (1997), S. 2153 ff.

Übereinkommenstext für die Vertragsstaaten des MÜ künftig vermieden. Bei einer Anwendbarkeit des MÜ gilt schlechterdings auch das (bisherige) ZAG als ein neuer inhaltlicher Bestandteil dieses Übereinkommens unmittelbar auch selbst.

**3. Vorgeschichte des ZAG.** Das Zusatzabkommen von Guadalajara (Rn. 1) war sei- **4** nerzeit erforderlich geworden,[5] weil im *anglo-amerikanischen* Rechtsraum im Zusammenhang mit *Charterverträgen* die Streitfrage entstanden war, ob „Luftfrachtführer" iSd. „Warschauer Abkommens" von 1929 (nur) derjenige ist, der den Luftbeförderungsvertrag selbst abgeschlossen hat („contractual carrier").[6] Oder ob als „Luftfrachtführer" (auch) derjenige in Betracht kommen konnte, der den einzelnen Luftbeförderungsvertrag letztlich (nur) ausführte („actual carrier").[7] Wegen der einem „Luftfrachtführer" nach den Art. 17 ff. WA obliegenden zwingenden Haftung bei *Personen-, Sach-* und *Verspätungs*schäden war diese Streitfrage von erheblicher praktischer Bedeutung.

**4. Ziel des ZAG.** Das vorgenannte Zusatzabkommen von 1961 hat diese Streitfrage **5** dergestalt gelöst, dass es im Rahmen des „Warschauer Abkommens" sowohl den einen Luftbeförderungsvertrag abschließenden Luftfrachtführer („contractual carrier"), wie – zusätzlich auch – den diesen Luftbeförderungsvertrag schließlich „ausführenden" Luftfrachtführer („actual carrier") jeweils zum „Luftfrachtführer" schlechthin erklärt hat. Damit war im *anglo-amerikanischen* Rechtsbereich die hier insoweit vorausgegangene Streitfrage des „richtigen" Luftfrachtführers prozessual und materiellrechtlich gegenstandslos geworden. Im *kontinental-europäischen* Raum hatte sich eine solche Frage in der Praxis dagegen nicht gestellt, da hier ohnehin nur diejenige natürliche oder juristische Person als „Luftfrachtführer" gewertet wurde, die als Partei eines Luftbeförderungs-Vertrags anzusehen war.[8] Einer Ergänzung dieser Rechtsfigur durch einen (zusätzlichen) „ausführenden" Luftfrachtführer hatte es hier daher nicht bedurft.

## III. Regelungsumfeld

**1. Neuere Rechtsentwicklungen.** Aus dieser Sicht etwas unerwartet wurden diese **6** beiden Rechtsbegriffe des „vertraglichen" und des „ausführenden" Frachtführers im Bereich des Transportrechts nachfolgend aber nicht nur legislativ neu aufgegriffen, sondern sodann auch noch in ihrem Begriffsinhalt zusätzlich verselbständigt.

**2. Die Kombination „vertraglicher"/„ausführender" Frachtführer.** So findet **7** sich das Rechtsgebilde „vertraglicher/ausführender Frachtführer" heute nun auch bei innerdeutschen Beförderungen von (Luft-) Frachtgütern (§ 437 HGB) sowie von Fluggästen (48b LuftVG), bei der internationalen Eisenbahnbeförderung von Gütern (Art. 27 CIM 1999) und Personen (Art. 39 CIV 1999), bei grenzüberschreitenden Binnenschiffstransporten (Art. 4 Abs. 2 CMNI 2001) und nicht zuletzt auch bei der Güter-[9] und der Personenbeförderung[10] zur See.

**3. Vorgeschichte.** Der erste Denkanstoß in diese Richtung hatte sich im internationalen **8** Luftverkehr durch die Abwicklung von Luftbeförderungsverträgen in Gestalt von *„Code-Sharing"* (Rn. 11) ergeben. In *Deutschland* kamen sodann Probleme des *Reiseveranstaltungsrecht* (Rn. 12) und der höchstrichterlichen *Rechtsprechung* zum *Unterfrachtvertrag* (Rn. 13) rechtspolitisch noch hinzu.

---

[5] Zur Entstehungsgeschichte des Zusatzabkommens von Guadalajara: *Guldimann* S. 203.
[6] Zum „Luftfrachtführer" Art. 1 Rn. 14 ff.
[7] Zum „ausführenden" Luftfrachtführer Art. 1 Rn. 24.
[8] Hierzu *Guldimann* S. 210.
[9] Art. 10 der Hamburg Regeln von 1978.
[10] Art. 2 S. 2 des Athener Übereinkommens vom 13. Dezember 1974 über die Beförderung von Reisenden und ihrem Gepäck auf See, sowie Art. 3 der Anlage zu § 664 HGB (Beförderung von Reisenden und ihrem Gepäck auf See).

**9**    **4. Ziel des Rechtsbegriffs „ausführender" Frachtführer.** In allen diesen Fällen galt
es, einen am (Luft-) Beförderungsvertrag nicht selbst beteiligten „Dritten" *(Beförderer)* in
ein vertragliches Haftungssystem mit einzubinden, das zwischen einem (Luft-) Frachtführer[11] und seinen Fluggästen bzw. den Absendern[12] von Frachtgut bereits bestanden hatte.
Nur auf diese Weise ließ sich für die im Einzelfall geschädigten Fluggäste oder Absender
von Frachtgut gegenüber diesem „Dritten" *(Beförderer)* im Ergebnis eine befriedigende und
effektive Haftungslösung *vertraglicher* Natur schaffen.

**10**    **5. Der „Dritte".** Die gemeinsame Besonderheit bestand in den vorgenannten Fällen
darin, dass der in den jeweiligen Beförderungsvorgang miteinbezogene „Dritte" *(Beförderer)*
im Schadensfall nicht nur generell der unmittelbare Schädiger war, sondern dass er zumeist
auch ein *selbständiges* Transport-Unternehmen betrieb. Angesichts dessen musste es oftmals
zweifelhaft sein, ob dieser „Dritte" *(Beförderer)* haftungsrechtlich überhaupt noch zu den
„Leuten" (Begriff: Art. 19 Rn. 33 ff.) gezählt werden konnte, für deren Fehlverhalten der
Hauptbeförderer sodann ohnehin mitzuhaften gehabt hätte. Letzteres bestimmen ausdrücklich die Vorschriften von Art. 20 WA 1929/1955, § 428 HGB, § 607 HGB, Art. 3 CMR
(1956/1978), Art. 40 CIM 1999 und von Art. 17 CMNI (2001). In diesem Zusammenhang
war namentlich in *Frankreich* iE umstritten gewesen, ob ein „handling agent" als ein *selbständiger* Subunternehmer gleichfalls noch zu den „Leuten" („préposés") des Luftfrachtführers
iSd. Art. 20 WA 1929/1955 gehören konnte. Die *Cour de Cassation* hat diese Frage erst
verhältnismäßig spät bejaht.[13]

**11**    **a) Code-Sharing.** Bei dem vorgenannten Code-Sharing[14] (Rn. 8) überlässt ein Luftfahrtunternehmen als Inhaber eines IATA-Codes die mit dem Fluggast oder dem Absender
von Frachtgut vereinbarte Luftbeförderung einem anderen *selbständigen* Luftfahrtunternehmen als einem *„Dritten"* zu dessen eigener Durchführung. Auf diese Weise kann das „ausführende" Unternehmen an den mit dem betreffenden Code verbundenen Rechtsvorteilen
partizipieren. Bei diesen wiederum handelt es sich vor allem um die in bilateralen Luftfahrtabkommen ausgehandelten Landerechte für die hier jeweils besonders „benannten" Luftfahrtunternehmen („designated carrier"). Ein *Vertragsverhältnis* zwischen den Fluggästen
bzw. den Absendern von Frachtgut zu dem an die Stelle des (vertraglichen) „Luftfrachtführers" tretenden und iE auch nur „ausführenden" Luftfahrtunternehmen entsteht hierdurch
nicht.

**12**    **b) *Deutsches* Reiseveranstaltungsrecht.** Im *deutschen* Reiseveranstaltungsrecht (Rn. 8)
war dieser *„Dritte"* gleichfalls ein *selbständiges* Luftfahrtunternehmen. Hier hatte der „Reisende" mit dem „Reiseveranstalter" (§ 651a BGB) im Rahmen einer Flugpauschalreise
zwar unmittelbar unter anderem auch einen Luftbeförderungsvertrag abgeschlossen. Doch
etwaige eigene *vertragliche* Beförderungs- oder Schadensersatzrechte ebenso auch gegen das

---

[11]  Zum „Luftfrachtführer" Art. 1 Rn. 14 ff.

[12]  Zum „Absender" Art. 1 Rn. 20.

[13]  Cour de Cassation *„Air France c. Zagure et Royal Air Maroc"*, Rev. fr. dr. aérien 1996, 448 = Air & Sp.
L. 1998, 44, Nr. 22.

[14]  Art. 7 VO (EWG) Nr. 2408/92 des Rates über den Zugang von Luftfahrtunternehmen der Gemeinschaft zu Strecken des innergemeinschaftlichen Luftverkehrs vom 23.7.1992 (ABl. EG Nr. L 240 vom
24.8.1992, S. 8): „Die betroffenen Mitgliedstaaten erteilen Luftfahrtunternehmen der Gemeinschaft die
Erlaubnis, Flugdienste betrieblich zu verbinden und die gleiche Flugnummer zu verwenden." S. die detaillier-
ten Ausführungen hierzu bei: *Schwenk/Giemulla*, HdB des Luftverkehrsrechts, 3. Auf. 2005, 646 ff., 680 ff.
S. auch: *Conti*, Code-Sharing: Neues Interesse für das Guadalajara-Abkommen?, *(schweiz.)* ASDA/SVLR-
Bulletin 2001, Nr. 130, S. 24; *ders.*, Code-Sharing and Air Carrier Liability, Air & Sp.L. 2001, 4; *Lübben*,
Code Sharing (& Co), in: Kölner Kompendium des Luftrechts, Bd. 1 („Grundlagen"), 2008, 128; *Schladebach/
Bärmann* NZV 2006, 294. S. ergänzend auch: VO (EG) Nr. 2111/2005 des Europäischen Parlaments und
des Rates vom 14. Dezember 2005 über die Erstellung einer gemeinschaftlichen Liste der Luftfahrtunternehmen, gegen die in der Gemeinschaft eine Betriebsuntersagung ergangen ist, sowie über die Unterrichtung
von Fluggästen über die Identität des ausführenden Luftfahrtunternehmens (ABl. EG 2005 Nr. L 344). Nach
den „Begriffsbestimmungen" der ABB-Fracht (2010) ist Code-Sharing „die gleichzeitige Verwendung einer
nicht operativen Flugnummer neben der operativen Flugnummer eines anderen Luftfrachtführers, der die
Beförderung durchführt".

„ausführende" Luftfahrtunternehmen ließen sich nur über den nicht immer überzeugenden[15] Umweg eines „Vertrages zugunsten Dritter" (§ 328 BGB) konstruieren.[16]

**c) Unterfrachtführer.** Im Falle eines Unterfrachtvertrags (Rn. 8) versagte die *deutsche* 13 Rspr.[17] dem Absender solche eigenen *vertraglichen* Ansprüche gegen den Unterfrachtführer sogar vollends, weil der von diesem mit dem Hauptfrachtführer abgeschlossene Frachtvertrag eben kein entsprechender „Vertrag zu Gunsten Dritter" (§ 328 BGB) sei.

**6. Ergebnisse der bisherigen Rechtspraxis.** Die Fluggäste bzw. die Absender oder 14 die Empfänger von Frachtgut haben bei allen vorgenannten Sachverhalten gegenüber dem Dritten *(Beförderer),* der im Schadensfall regelmäßig zugleich auch ihr Schädiger ist, im Ergebnis *keine eigenen vertraglichen* Ansprüche. Dies bleibt unbefriedigend, da *deliktische* Ansprüche gegen den jeweiligen „Dritten" *(Beförderer)* hier verständlicherweise keinen annehmbaren Ausgleich bieten können.

## IV. Regelungsvorgaben

**1. Fallkonstellation wie bei Art. 36.** Aus der Perspektive des internationalen Luftbe- 15 förderungsrechts handelt es sich dabei letztlich um dasselbe haftungsrechtliche Grundproblem, wie es sich für die „Väter" des Warschauer Abkommens im Jahre 1929 schon für das Verhältnis des Fluggastes bzw. des Absenders von Frachtgut zu einem dem Luftfrachtführer „nachfolgenden" Beförderer gestellt hatte. Die Lösung dieses Problems bestand seinerzeit darin, den „nachfolgenden" Beförderer kurzerhand selbst „als eine der Parteien des Beförderungsvertrags" zu definieren (Art. 30 Abs. 1 WA 1929 = Art. 36 Abs. 1).

**2. Das Vertragsmodell.** Gerade dieses „Vertragsmodell" wird im Zusammenhang mit 16 dem „ausführenden" Beförderer in Art. 39 allerdings ausdrücklich ausgeschlossen. Insoweit ist in dieser Vorschrift sogar besonders hervorgehoben: „ohne dass es sich hinsichtlich dieses Teiles um eine aufeinanderfolgende Beförderung ... handelt".

**3. Das Abkommensmodell.** Statt dessen wird im Anschluss an das Zusatzabkommen 17 von Guadalajara (Art. 55 Abs. 1 Buchst. c) in Art. 39 nur das inhaltlich eingeschränkte Ziel verfolgt, den „ausführenden" Beförderer allein hinsichtlich des Regelungsgehalts des Montrealer Übereinkommens dem bereits vorhandenen „vertraglichen" Luftfrachtführer rechtlich und zusätzlich an die Seite zu stellen. Er tritt insoweit nicht in den jeweiligen Beförderungsvertrag ein. Vielmehr wird er als „ausführender" Luftfrachtführer nur dem Montrealer Übereinkommen als solchem (mit-) unterworfen (Abkommensmodell). Damit haftet er indessen den Geschädigten letzten Endes auch seinerseits unmittelbar nach den Vertragshaftungsbestimmungen der Art. 17 ff.

## V. Die Haftung des „ausführenden" Luftfrachtführers

**1. Das Ergebnis des Abkommensmodells.** Im Ergebnis entspricht die vorgenannte 18 haftungsrechtliche Gleichstellung von „vertraglichem Luftfrachtführer" und *Beförderer* (= „ausführender Luftfrachtführer") im internationalen und nationalen[18] Luftverkehr jetzt

---

[15] Nur auf den jeweiligen Einzelfall abstellend: LG Frankfurt/M. 21.4.1986, TranspR 1986, 305 = ZIP 1986, 586.

[16] S.: BGH 24.6.1969, BGHZ 52, 194, 201 = NJW 1969, 2008 = ZLW 1970, 199; BGH 17.1.1985, BGHZ 93, 271 = NJW 1985, 1457 = TranspR 1985, 231; BGH 20.3.1986, TranspR 1986, 244 = VersR 1986, 552.

[17] S. BGH 24.9.1987, TranspR 1988, 108 = VersR 1988, 244; BGH 28.4.1988, TranspR 1988, 338, 339 = VersR 1988, 825, 826; BGH 10.5.1990, NJW-RR 1990, 1508 = TranspR 1990, 418 = VersR 1991, 238, 239; BGH 24.10.1991, BGHZ 116, 15 = NJW 1992, 1766 = TranspR 1992, 177 = VersR 1992, 640; OLG Düsseldorf 29.12.1993, TranspR 1994, 442. Diese Rspr. ist in jüngster Zeit korrigiert worden: BGH 14.6.2007, NJW 2008, 289 (m. Anm. *Ramming*) = TranspR 2007, 425 (m. Anm. *Thume*) = RiW 2007, 425.

[18] Vgl. insoweit: § 437 HGB (Luft-Gütertransporte); § 48b LuftVG (Beförderungen von Fluggästen und deren Gepäck). Diese Vorschriften begründen für den „ausführenden" Luftfrachtführer allerdings nur eine Mithaftung neben dem „vertraglichen" Luftfrachtführer **(Haftungsmodell).**

generell der rechtlichen Situation beim Delegieren von Beförderungsleistungen, und zwar im Zusammenhang mit einem „Code-Sharing" (Rn. 11), mit Luftbeförderungen im Rahmen des Reiseveranstaltungsrechts (Rn. 12) sowie bei Transporten durch „Unterfrachtführer" (Rn. 13). Hier sind die jeweiligen *Beförderer* als „ausführende" Luftfrachtführer für den Fluggast bzw. den Absender oder Empfänger von Frachtgut zusätzlich neben dem „vertraglichen" Luftfrachtführer deckungsgleiche Anspruchsgegner. Gegen sie bestehen als Quasi-Vertragspartner jeweils *(„vertragliche")* Direktansprüche der Geschädigten.

**19**     **2. Der „ausführende" Luftfrachtführer kein Vertragspartner des Absenders.** Allerdings werden die Fluggäste bzw. die Absender von Frachtgut hierbei – im Gegensatz zu dem in Art. 36 Abs. 1 angesprochenen „nachfolgenden" Luftfrachtführer – nicht auch selbst zu Vertragspartnern des „ausführenden" Luftfrachtführers. Infolgedessen sind die vom „vertraglichen" Luftfrachtführer in seinen Luftbeförderungsvertrag mit dem Absender einbezogenen AGB dann im weiteren auch nur ihm gegenüber, aber nicht zusätzlich auch im Verhältnis der Fluggäste bzw. Absender zu dem „ausführenden" Luftfrachtführer verbindlich.

**20**     **3. Der „vertragliche" Luftfrachtführer.** Alleiniger Vertragspartner der Fluggäste bzw. der Absender von Frachtgut ist und bleibt vielmehr nach wie vor ihr „vertraglicher" Luftfrachtführer.

**21**     **4. Das „Einvernehmen" des „vertraglichen" mit dem „ausführenden" Luftfrachtführer.** Der „ausführende" Luftfrachtführer führt die vom vertraglichen Luftfrachtführer vereinbarte Luftbeförderung im Weiteren auch nicht etwa als dessen rechtsgeschäftlicher Vertreter, sondern lediglich im Einvernehmen mit ihm durch. Der *engl.* Originaltext lautet hier dementsprechend: „by virtue of authority from the contracting carrier" (Art. 39).

**22**     **a) Normauslegung.** Diesem Regelungsgehalt wird die einschlägige *deutsche* Übersetzung mit ihrem Wortlaut „auf Grund einer *Vereinbarung* mit dem vertraglichen Luftfrachtführer" nicht gerecht. Insoweit hatte vielmehr schon die Vorbildbestimmung für Art. 39, nämlich Art. 1 Buchst. c des Zusatzabkommens von Guadalajara, in ihrem völkerrechtlich verbindlichen[19] *französischen* Text für das Verhältnis des „ausführenden" zum „vertraglichen" Luftfrachtführer nur vorgesehen: „en vertu d'une autorisation donée par le transporteur contractuel". Gerade dieser Text wiederholt sich denn auch in der jetzigen *französischen* und insoweit gleichfalls wieder verbindlichen[20] Fassung des Art. 39.

**23**     **b) Kein Vertrag erforderlich.** Aufgrund dieser Interpretation ist iE davon auszugehen, dass zwischen dem „vertraglichen" und dem „ausführenden" Luftfrachtführer bezüglich der Transportübernahme kein besonderer Vertrag erforderlich ist. Insbesondere bedarf es nicht eines separaten Unterfrachtvertrags. Der (vertragliche) Luftfrachtführer soll in diesem Zusammenhang lediglich davor geschützt werden, dass irgendein Dritter den vereinbarten Transport eigenmächtig an sich zieht. Bereits das *einseitige*[21] Einvernehmen des „vertraglichen" Luftfrachtführers bezüglich der jeweils anderweitigen Beförderung reicht aus dieser Sicht daher aus, um den einzelnen Beförderer zu einem „ausführenden Luftfrachtführer" zu erheben.

**24**     **c) „Vermutung" des Art. 39.** Ein solches Einvernehmen des „vertraglichen" Luftfrachtführers wird bis zum Beweis des Gegenteils sodann auch prozessual „vermutet" (Art. 39). In rein tatsächlicher Hinsicht ist es deshalb zunächst nebensächlich, ob dieses Einvernehmen überhaupt und gegebenenfalls vor oder aber erst nach dem Transport vorgelegen hat. Jedenfalls hat ein „Luftfrachtführer", dessen versprochene Transportleistung ein „Dritter" eigenmächtig durchgeführt hat, alle Veranlassung, ein vom Geschädigten insoweit

---

¹⁹  Schlussklausel des ZAG.
²⁰  Schlussklausel des MÜ.
²¹  So auch FrankfKomm/*Dettling-Ott* Rn. 31; *Guldimann* S. 212 Rn. 11; *Koller* Art. 39, Art. I ZAG Rn. 6; *Reuschle* Rn. 16.

reklamiertes „*Einvernehmen*" – falls nicht vorhanden – zu widerlegen. Andernfalls gerät er zusammen mit dem betreffenden Beförderer nach den Art. 40 f. unwillentlich in einen gemeinsamen Haftungsverbund.

**5. Die Rechtskombination von „vertraglichem" und „ausführendem" Luft-** 25
**frachtführer im Detail.** Die Rechtskombination von „vertraglichem/ausführendem Luftfrachtführer" baut sich – zusammengefasst – damit in folgenden Stufen auf:

– Eine natürliche oder juristische Person vereinbart mit einem Fluggast oder einem **Absen-** 26
 **der** von **Frachtgut** für sich selbst als die maßgebliche Vertragspartei[22, 23] eine **(Güter-)**
 **Beförderung** auf dem Luftweg. Als Vertragspartei wird sie damit rechtlich zum (vertraglichen) „Luftfrachtführer" iSd. der Art. 17 ff., falls dieses Übereinkommen nach **Art. 1**
 seinerseits auf den Luftbeförderungsvertrag anwendbar ist.

– Dieser Vertrag wird anschließend aber nicht von dem vorgenannten (vertraglichen) 27
 „Luftfrachtführer" selbst erfüllt. Stattdessen übernimmt an seiner Stelle *de facto* ein **„Drit-**
 **ter"** die vereinbarte Luftbeförderung, und zwar entweder insgesamt oder auf einem
 Teilabschnitt.

– Der **„Dritte" tritt** damit – im Gegensatz zum „nachfolgenden" Luftfrachtführer iSd. 28
 Art. 36 – **nicht** in die zwischen dem „vertraglichen" Luftfrachtführer und den Fluggästen
 bzw. den **Absendern** von **Frachtgut** bestehenden **Beförderungsverträge ein.** Die in
 diese Verträge bereits einbezogenen **AGB** sind für ihn deshalb **funktionslos.**

– Dieser **„Dritte"** ist insbesondere auch **kein „nachfolgender" Luftfrachtführer** iSd. 29
 vorzitierten Art. 36. Denn anders als ein „nachfolgender" ist der „ausführende" Luftfrachtführer nicht von vornherein in das vertragliche Gesamtkonzept einer von den
 Parteien als „einheitliche Leistung" (Art. 1 Abs. 3) vereinbarten Beförderung bereits miteingebunden. Dementsprechend wird ein solcher „nachfolgender" Luftfrachtführer in
 **Art. 39** von dessen Regelung über den „ausführenden" Luftfrachtführer auch ausdrücklich ausgenommen. Übernimmt ein *nicht* im Luftfrachtbrief ausgewiesener Luftfrachtführer die Durchführung eines Teils der Beförderung, so ist er kein „nachfolgender", sondern
 ein „ausführender" Luftfrachtführer.[24]

– Der **„Dritte"** zählt als „ausführender" Luftfrachtführer **begrifflich** im Weiteren auch 30
 **nicht** zu den **„Leuten"** des (vertraglichen) Luftfrachtführers, da deren Status in **Art. 43**
 gesondert erfasst ist. So nimmt er insbesondere nicht die Rechtsposition eines bloßen
 „Unterfrachtführers" ein.

– Der **„Dritte"** darf sich als „ausführender" Luftfrachtführer schließlich auch nicht in den 31
 betreffenden Beförderungsvorgang, zB als ein Geschäftsführer ohne Auftrag (vgl. im
 *deutschen* Recht: § 677 BGB), einfach nur hineingedrängt haben. Er muss die **Beförde-**
 **rung** vielmehr **im Einvernehmen** mit dem „vertraglichen" **Luftfrachtführer** (engl.
 Originaltext: „by virtue of authority from the contracting carrier") **„ausführen".** Unter
 dieser Voraussetzung, die beweisrechtlich besonders vermutet wird, **qualifiziert** ihn
 seine **Beförderungstätigkeit** rechtlich **unmittelbar** auch zu einem **„ausführenden**
 **Luftfrachtführer".**

– Nach Art. 40 untersteht dieser „Dritte" als „ausführender" Luftfrachtführer sodann neben 32
 dem „vertraglichen" Luftfrachtführer – aber andererseits nur für den von ihm tatsächlich
 übernommenen Beförderungsabschnitt – gleichfalls „den Vorschriften dieses Übereinkommens".

– Dementsprechend **haftet** der „Dritte" als „ausführender Luftfrachtführer" für Schadens- 33
 ereignisse, die im Verlaufe seines eigenen Beförderungsabschnitts eingetreten sind, ebenso
 wie der „vertragliche" Luftfrachtführer, dh. **gleichfalls** nach den **Art. 17 ff.** Beim Trans-

---

[22] *Engl.* Originaltext: „as a principal".
[23] „Therefore, in circumstances in which a contract of carriage was entered into by an agent (for example,
a ticket agent), the provisions foreshadowed in Chapter V … would not apply": ICAO-Documentation
„Conference for the Unification of Certain Rules for International Carriage by Air", Vol. I: Minutes, Doc
9775-DC/2, S. 229.
[24] Zu Art. 1 Abs. 3 WA 1929/1955: OLG Hamburg 9.8.1984, VersR 1985, 158.

port von Gütern haftet er daher ebenso auch für **Substanzschäden** nach **Art. 18** und für **Verspätungsschäden** nach **Art. 19.**

**34** – Ganz entsprechend wie beim „vertraglichen" ist die **Haftung** auch des „**Dritten**" als „ausführender" Luftfrachtführers für *Güter-* und *Güterverspätungs*schäden bezüglich seines Beförderungsabschnitts andererseits aber **ausgeschlossen,** wenn ein **Haftungsausschlussgrund** iSd. **Art. 18 Abs. 2** vorliegt, eine **Schadensanzeige** iSd. **Art. 31** unterblieben ist oder die **Klagefrist** des **Art. 35** nicht eingehalten wurde. Nach **Art. 22 Abs. 3** ist auch seine eigene maximale Haftung auf **19 SZR/kg beschränkt.** Eine **Wertdeklaration** des Absenders iSd. Art. 22 Abs. 3 ist nach Art. 41 Abs. 2 ihm gegenüber nur wirksam, wenn er ihr „zugestimmt" hat.

**35** – Zwischen beiden „Luftfrachtführern" besteht nach **Art. 41** insoweit eine **Gesamtschuldnerschaft,**[25] wenn und soweit im Verlaufe der **eigenen Beförderung** des „ausführenden" Luftfrachtführers ein Schaden iS der Art. 17 ff. aufgetreten ist.

**36** – Die hier sowohl gegen den „vertraglichen" wie gegen den „ausführenden" Luftfrachtführer gegebenen **Schadensersatzansprüche** werden im Außenverhältnis nach **näherer Maßgabe des Art. 44 egalisiert.** Da beide „Luftfrachtführer" bei **Güter-** und bei **Güterverspätungsschäden** nach Art. 22 Abs. 3 stets nur bis zur Höhe von **19 SZR/kg** zu haften haben, bedarf es hier keines solchen Egalisierens.

**37** – Der **Geschädigte** kann nach **Art. 45** die beiden „Luftfrachtführer" **einzeln** oder **zusammen verklagen.** Ein allein verklagter „Luftfrachtführer" kann dem anderen sodann den **Streit verkünden** (Art. 45, §§ 72 ff. ZPO).

**38** – Hinsichtlich solcher **Schadensersatzklagen** werden die beiden „Luftfrachtführer" nach **Art. 33** und **Art. 46** einheitlichen **Gerichtsständen** unterworfen.

**39** – Das **Innenverhältnis** von „vertraglichem" und „ausführendem" Luftfrachtführer bleibt nach **Art. 48 von** der Regelung des **MÜ ausgenommen.** Dies betrifft nicht zuletzt auch die „Rechte auf **Rückgriff** oder **Schadensersatz**" des jeweils in Anspruch genommenen „vertraglichen" bzw. „ausführenden" Luftfrachtführers gegenüber dem vom geschädigten Fluggast bzw. **Absender** oder **Empfänger** nicht belangten anderen „Luftfrachtführer".

**40** – Ausgeklammert bleibt hier ebenso auch die Frage der Notwendigkeit einer **Zustimmung**[26] des Fluggastes bzw. des **Absenders** von **Frachtgut** zum **Überlassen** der von ihnen mit dem „vertraglichen" Luftfrachtführer vereinbarten **Beförderung** an einen „**Dritten**", dh. an den „**ausführenden**" **Luftfrachtführer.** Diese Frage ist iE nach dem konkreten Inhalt des einzelnen Beförderungsvertrages zu entscheiden. Insoweit braucht ein Luftfrachtführer die von ihm versprochene Beförderung aber generell nicht selbst durchzuführen, sondern kann sich der Hilfe Dritter bedienen.[27] Auch schuldet er nicht „die Beförderung mit einem bestimmten, für diesen Flug vorgesehenen Fluggerät, sondern mit irgendeinem Flugzeug".[28]

**41** – Nach Art. 10 VO (EG) Nr. 2111/2005 des Europäischen Parlaments und des Rates vom 14. Dezember 2005[29] unterrichtet der Vertragspartner eines **Fluggastes** diesen bei der Buchung über die **Identität** der/des **ausführenden Luftfahrtunternehmen(s),** und zwar unabhängig vom genutzten Buchungsweg.

**42** – **Art. 39** (bzw. das ZAG) **gilt nicht** für den Fall, dass ein Lufttransport nach *Deutschland* aus einem **Nicht-Mitgliedsstaat** des MÜ bzw. des WA 1929/1955 *(Taiwan)* erfolgt.

---

[25] Zu Art. III ZAG: OLG Frankfurt/M. 10.7.1979, ZLW 1980, 77; LG Frankfurt/M. 15.11.1974, ZLW 1975, 354. *Guldimann* S. 217 Rn. 1; *Koller* Art. 41, Art. III ZAG Rn. 4; *Reuschle* Art. 41 Rn. 1.

[26] Vgl. hierzu die Parallelvorschriften des Art. 39 § 1 CIV 1999 und des Art. 27 § 1 CIM 1999: „… gleichviel, ob er auf Grund des Beförderungsvertrags dazu berechtigt war oder nicht, …".

[27] BGH 31.1.1990, NJW-RR 1990, 465; *Ruhwedel* TranspR 2006, 421, 428.

[28] OLG Düsseldorf 13.6.1996, NJW-RR 1997, 930 = TranspR 1997, 150 = VersR 1997, 150 = RRa 1997, 84 (m. Anm. *Schmid*).

[29] VO (EG) Nr. 2111/2005 des Europäischen Parlaments und des Rates vom 14. Dezember 2005 über die Erstellung einer gemeinschaftlichen Liste der Luftfahrtunternehmen, gegen die in der Gemeinschaft eine Betriebsuntersagung ergangen ist, sowie über die Unterrichtung von Fluggästen über die Identität des ausführenden Luftfahrtunternehmens und zur Aufhebung des Artikels 9 der Richtlinie 2004/36/EG, ABl. EG 2005 Nr. L 344. Hierzu: *Kohlhase* ZLW 2006, 22; *Lindner* RRa 2006, 58.

Hier ist iE das nach den Art. 3 ff. Rom I-VO[30] zu bestimmende *nationale* Recht maßgeblich.[31] Bei Anwendbarkeit *deutschen* Rechts ist auf § 437 HGB abzustellen.

### VI. Die Aktivlegitimation

Die Vorschriften des Kapitel V des MÜ, dh. die Art. 39 ff., stellen mit der Rechtsfigur **43** des „ausführenden" Luftfrachtführers dem „vertraglichen" Luftfrachtführer nur ein übereinkommensrechtlich zusätzliches und gleichwertiges Haftungssubjekt an die Seite. Sie erweitern infolgedessen auch nur den Bereich der Passivlegitimation. Die damit auch den „ausführenden" Luftfrachtführer – bezüglich seiner eigenen Transporttätigkeit – treffenden Ersatzansprüche iS der Art. 17 ff. stehen hierbei indessen nach wie vor den Vertragspartnern des „vertraglichen" Luftfrachtführers zu. Dies sind bei einem Gütertransport auch hier weiterhin der Absender bzw. der Empfänger des Frachtguts (Art. 18 Rn. 86 f.).

## Art. 40 Haftung des vertraglichen und des ausführenden Luftfrachtführers

**Führt ein ausführender Luftfrachtführer eine Beförderung, die nach dem in Artikel 39 genannten Beförderungsvertrag diesem Übereinkommen unterliegt, ganz oder zum Teil aus, so unterstehen, soweit dieses Kapitel nichts anderes bestimmt, sowohl der vertragliche als auch der ausführende Luftfrachtführer den Vorschriften dieses Übereinkommens, der erstgenannte für die gesamte im Vertrag vorgesehene Beförderung, der zweitgenannte nur für Beförderung, die er ausführt.**

### Art. 40 Responsabilité respective du transporteur contractuel et du transporteur de fait

Sauf disposition contraire du présent chapitre, si un transporteur de fait effectue tout ou partie du transport qui, conformément au contrat visé à l'article 39, est régi par la présente convention, le transporteur contractuel et le transporteur de fait sont soumis aux règles de la présente convention, le premier pour la totalité du transport envisagé dans le contrat, le second seulement pour le transport qu'il effectue.

### Art. 40 Respective Liability of Contracting and Actual Carriers

If an actual carrier performs the whole or part of carriage which, according to the contract referred to in Article 39, is governed by this Convention, both the contracting carrier and the actual carrier shall, except as otherwise provided in this Chapter, be subject to the rules of this Convention, the former for the whole of the carriage contemplated in the contract, the latter solely for the carriage which it performs.

Ähnliche Bestimmung: Art. II ZAG und Art. 14 ABB-Fracht (2010).

### Übersicht

| | Rn. | | Rn. |
|---|---|---|---|
| **I. Normzweck** | 1 | 2. Normauslegung | 3, 4 |
| **II. Regelungsgehalt** | 2–4 | **III. Die Rechtsfolgen des Art. 40** | 5–15 |
| 1. Zusätzliches Haftungssubjekt | 2 | 1. Der „ausführende" Luftfrachtführer und das MÜ | 5 |

---

[30] Im Rechtsbereich der *EU* gelten ab dem 17. Dezember 2009: Art. 3 f. VO (EG) Nr. 593/2008 des Europäischen Parlaments und des Rates vom 17. Juni 2008 über das auf vertragliche Schuldverhältnisse anzuwendende Recht („Rom I"), ABl. EG Nr. L 177 vom 4.7.2008.
[31] OLG Köln 16.1.2007, VersR 2007, 1149; OLG Düsseldorf 17.1.2007, TranspR 2007, 239 = VersR 2007, 1147: Zur Berufung des ausführenden Frachtführers auf Haftungsfreistellungen des nach *ausländischem* Recht haftenden (Haupt-) Frachtführers. Nach § 639 des *taiwanischen* Zivilgesetzes (TZG) haftet der Frachtführer für den Verlust wertvoller Güter (*engl.* „valuables", hier: Computer-Arbeitsspeicher) nur, wenn ihm Art und Wert der Güter bei der Übergabe mitgeteilt werden. Letzteres war in den zu entscheidenden und rechtlich gleichgelagerten Fällen nicht geschehen.

| | Rn. | | Rn. |
|---|---|---|---|
| 2. Ansprüche außerhalb des MÜ | 6 | a) Haftungsunterschiede | 9, 10 |
| 3. Rechtsvorteile für den „ausführenden" Luftfrachtführer | 7 | b) „soweit dieses Kapitel nichts anderes bestimmt," | 11 |
| 4. Keine deckungsgleiche Haftung beider Luftfrachtführer | 8–15 | c) Inanspruchnahme des „vertraglichen" Luftfrachtführers | 12–15 |

## I. Normzweck

**1**   Die Vorschrift folgt nach Funktion und Inhalt der Bestimmung des Art. II ZAG. Ihr Ziel besteht somit entsprechend darin, neben dem „vertraglichen" Luftfrachtführer[1] zusätzlich auch den jeweiligen Beförderer als einen „ausführenden" Luftfrachtführer[2] gleichfalls in den Anwendungsbereich des Übereinkommens mit einzubeziehen. Dies geschieht insoweit aber nur in zeitlicher Beschränkung auf die Phase seiner rein tatsächlichen Beförderungstätigkeit. Die logische Voraussetzung für dieses Einbeziehen besteht im weiteren darin, dass der von dem „vertraglichen" Luftfrachtführer mit seinen Fluggästen oder den Absendern[3] von Frachtgut abgeschlossene „Beförderungsvertrag" (Art. 39) seinerseits bereits der Anwendbarkeit des MÜ untersteht. Dies beurteilt sich für diesen Vertrag nach wie vor weiterhin auf der Grundlage der Art. 1 und 2.

## II. Regelungsgehalt

**2**   **1. Zusätzliches Haftungssubjekt.** Nach der Intention des V. Kapitels des MÜ (Art. 39–Art. 47) sollen den Fluggästen bzw. den Absendern (Art. 12) oder den Empfängern (Art. 13)[4] von Frachtgut sowohl gegenüber dem „vertraglichen" wie insbesondere aber auch gegenüber dem „ausführenden" Luftfrachtführer gleichermaßen „vertragliche" Ansprüche iS der Art. 17 ff. zukommen. Daher sind die Bestimmungen dieses Kapitels gemäß Art. 48 andererseits konsequenterweise nicht auch auf das Innenverhältnis der beiden „Luftfrachtführer" zueinander anwendbar.

**3**   **2. Normauslegung.** Die Bezugnahme des Art. 40 auf den „Beförderungsvertrag" hat hier anders als nach Art. 36 iE nicht die Aufgabe, den „ausführenden" Luftfrachtführer rechtsbegrifflich „als eine Partei des Beförderungsvertrags" (Art. 36 Abs. 1) erscheinen zu lassen.

**4**   Vielmehr erschöpft sich die Funktion dieser Vorschrift allein darin, den einzelnen Beförderer als einen „ausführenden" Luftfrachtführer ebenfalls dem Montrealer Übereinkommen, und zwar in dessen Gesamtheit,[5] zu unterstellen. Dies geschieht hier, obwohl der „ausführende" Luftfrachtführer selbst mit den Fluggästen bzw. den Absendern von Frachtgut gerade keinen Beförderungsvertrag abgeschlossen hat und daher an sich außerhalb des Anwendungsbereichs des nur für „vertragliche" Luftfrachtführer geltenden MÜ bleiben müsste. Diese Anwendungslücke, und nur diese, wird durch Art. 39 insgesamt und mit seinem dortigen Hinweis auf den „Beförderungsvertrag" im Besonderen geschlossen. Es handelt sich bei diesem „Beförderungsvertrag" daher lediglich um den Vertrag, den der Absender zuvor schon mit dem „vertraglichen" Luftfrachtführer abgeschlossen hatte und der seinerseits den Anwendungsvoraussetzungen der Art. 1 und 2 genügen muss.

## III. Die Rechtsfolgen des Art. 40

**5**   **1. Der „ausführende" Luftfrachtführer und das MÜ.** Die Einbindung des „ausführenden" Luftfrachtführers in das MÜ hat zur Folge, dass dieser Beförderer nun gleichfalls

---

[1] Zum „vertraglichen" Luftfrachtführer Art. 1 Rn. 14 ff.

[2] Zum „ausführenden" Luftfrachtführer Art. 1 Rn. 24.

[3] Zum „Absender" Art. 1 Rn. 20.

[4] Zum „Empfänger" Art. 1 Rn. 26.

[5] Dementsprechend hat auch der „ausführende" Luftfrachtführer einen Luftfrachtbrief oder eine Empfangsbestätigung über die Güter gemäß Art. 4 „auszuhändigen". Vgl. zu Art. 5 WA 1955: OLG Karlsruhe 25.2.2005, TranspR 2005, 367. Doch kann die Missachtung dieser Pflicht nach Art. 9 weder den Bestand noch die Wirksamkeit des Beförderungsvertrags beeinträchtigen. Auch ist das Nicht-Aushändigen dieser Dokumente – anders als entsprechend noch nach Art. 9 WA 1929/1955 – nicht mit einer haftungsrechtlichen Sanktion belegt.

nach den Art. 17 ff. zu haften hat, wenn er oder seine „Leute" (Art. 41 Abs. 1) einen der dort genannten Tatbestände eines Personen-, Gepäck-, Güter- oder Verspätungsschadens verwirklicht haben. Zu Aktivlegitimation von Absender bzw. Empfänger des Frachtguts vgl. Art. 18 Rn. 86 ff.

**2. Ansprüche außerhalb des MÜ.** Für alle sonstigen Ansprüche, wie beispielsweise **6** auf *Vertragserfüllung* iSd. § 407 Abs. 1 HGB oder auf *Schadensersatz wegen Nichterfüllung des Frachtvertrags,* gilt diese haftungsrechtliche Erweiterung nicht, da die beiden vorgenannten Ansprüche außerhalb des MÜ angesiedelt sind.

**3. Rechtsvorteile für den „ausführenden" Luftfrachtführer.** Auf der anderen Seite **7** hat nun auch der „ausführende" Luftfrachtführer den Rechtsvorteil, dass er bei *Güter-* und *Güterverspätungs*schäden gemäß Art. 22 Abs. 3 nur noch bis zu einem maximalen Betrag von 19 SZR/kg zu haften hat. Soweit der „vertragliche" Luftfrachtführer dem Absender in diesem Punkt, dh. im Rahmen einer „Vereinbarung" (Art. 25) oder einer „Wertdeklaration" (Art. 22 Abs. 3), günstigere Haftungszusagen gemacht haben sollte, gelten diese für den „ausführenden" Luftfrachtführer erst von dem Zeitpunkt an, zu dem er ihnen „zugestimmt" (Art. 41 Abs. 2) hat. In jedem Fall kann er andererseits aber unter den einzelnen Voraussetzungen des Art. 18 Abs. 2 („Eigenart der Güter", „mangelhafte Verpackung" usw.) ebenso wie der „vertragliche" Luftfrachtführer auch für sich selbst sogar eine völlige Freistellung von seiner Haftung erreichen. Auch steht im der Einwand des „Mitverschuldens" (Art. 20) zu.

**4. Keine deckungsgleiche Haftung beider Luftfrachtführer.** Die vorstehend skiz- **8** zierte Einbeziehung des „ausführenden" Luftfrachtführers in das Übereinkommen erfolgt im Verhältnis zum „vertraglichen" Luftfrachtführer indessen nicht absolut deckungsgleich.

**a) Haftungsunterschiede.** Während der „vertragliche" Luftfrachtführer entsprechend **9** dem von ihm abgeschlossenen Beförderungsvertrag während der gesamten Vertragsabwicklung den Vorschriften des MÜ unterstellt bleibt, gilt das nicht im gleichen Maße auch für den „ausführenden" Luftfrachtführer. Er ist dem MÜ nur für die Zeitspanne unterworfen, während deren er die „Beförderung" „ausführt".

Diese Beschränkung bietet sich auch als plausibel an, da der „ausführende" Luftfrachtfüh- **10** rer nur eben während dieses Zeitabschnitts tatsächlich in der Lage ist, selbst oder durch seine „Leute" (Art. 41 Abs. 1) einen Schaden iSd. Art. 17 ff. zu verursachen. Infolgedessen wird dem „vertraglichen" Luftfrachtführer nach Art. 41 Abs. 1 das Fehlverhalten des „ausführenden" Luftfrachtführers und das seiner „Leute", die in Ausführung ihrer Verrichtung gehandelt haben, entsprechend auch nur für die Zeitspanne seines tatsächlichen Beförderungsabschnitts zugerechnet. Wenn der „vertragliche" Luftfrachtführer also nach Art. 10 Abs. 3 zu haften hat, weil er ein Transportdokument „unrichtig, ungenau oder unvollständig" abgefasst hat, so liegt dieser Haftungstatbestand regelmäßig noch vor dem Zeitpunkt des „Ausführens". Insoweit kann den „ausführenden" Luftfrachtführer hier dementsprechend auch keine zusätzliche eigene Haftung treffen.

**b) „soweit dieses Kapitel nichts anderes bestimmt,".** Der Zusatz in Art. 40 „soweit **11** dieses Kapitel nichts anderes bestimmt", ist eine gesetzestechnische Selbstverständlichkeit. Er lässt den erforderlichen Raum für die nachfolgenden Detailregelungen. Zu diesen zählt vor allem der in Art. 46 hinsichtlich des „ausführenden" Luftfrachtführers (zusätzlich) ausgewiesene Gerichtsstand.

**c) Inanspruchnahme des „vertraglichen" Luftfrachtführers.** Der geschädigte **12** Absender (Art. 12) bzw. Empfänger (Art. 13) wird wegen eines Schadens, den er nach den Art. 17 ff. abzurechnen beabsichtigt, ganz regelmäßig zunächst seinen „vertraglichen" Luftfrachtführer in Anspruch zu nehmen suchen, da ihm dessen Unternehmens- und Transportdaten auf Grund des Luftfrachtbriefs (Art. 4 Abs. 1) oder der Empfangsbestätigung über die Güter (Art. 4 Abs. 2) bereits bekannt sein dürften.

**13**    **aa) Inanspruchnahme des „ausführenden" Luftfrachtführers.** Wenn der Geschädigte hingegen, zB wegen der Insolvenz seines „vertraglichen" Luftfrachtführers, beabsichtigt, auf der Grundlage von Art. 45 (auch) den „ausführenden" Luftfrachtführer zu belangen, hat er iE nachzuweisen,
– dass mit dem „vertraglichen" Luftfrachtführer ein Beförderungsvertrag abgeschlossen worden ist, der nach Art. 1 der Geltung des MÜ unterliegt;
– dass die diesbezügliche Beförderung ganz oder teilweise nicht durch den „vertraglichen" Luftfrachtführer selbst, sondern insoweit durch das im Einzelfall in Anspruch genommene Lufttransportunternehmen durchgeführt worden ist und
– dass ein Schaden iSd. Art. 17 ff. eingetreten und gerade während dieses Beförderungsabschnitts entstanden ist.

**14**    **bb) Verteidigung des „ausführenden" Luftfrachtführers.** Der in Anspruch genommene „Luftfrachtführer" kann in diesem Zusammenhang
– die **Vermutung** des Art. 39 **widerlegen** und den Beweis zu führen versuchen, dass ihm für den jeweiligen Transport seitens des „vertraglichen" Luftfrachtführers **keine „Berechtigung"** zugestanden habe.

**15**    Wenn er mit dem letzteren Vorbringen erfolgreich sein sollte, ist er nicht mehr länger ein „ausführender Luftfrachtführer" und er unterliegt als Schädiger dann auch nicht mehr den Vorschriften des MÜ. Da nach der *deutschen* Rechtsprechung[6] auch ein – etwa vorhandener – Unterfrachtvertrag zwischen „vertraglichem" Luftfrachtführer und dem einzelnen Beförderer kein Vertrag zu Gunsten Dritter (§ 328 BGB) ist, haftet der jeweilige Beförderer dem geschädigten Absender bzw. Empfänger des Gutes hier nur noch auf der Grundlage des Deliktsrechts. Dies kann sich für ihn zunächst als vorteilhaft darstellen. Doch unterliegt seine Haftung dann andererseits auch keiner summenmäßigen Beschränkung mehr, wie sie Art. 22 Abs. 3 bei *Güter-* und *Güterverspätungsschäden* in Höhe von 19 SZR/kg – auch – für den „ausführenden" Luftfrachtführer bereithält. Zudem sind die Enthaftungstatbestände des Art. 18 Abs. 2 sodann gegenstandslos.

**Art. 41 Wechselseitige Zurechnung**

**(1) Die Handlungen und Unterlassungen des ausführenden Luftfrachtführers und seiner Leute, soweit diese in Ausführung ihrer Verrichtungen handeln, gelten bezüglich der von dem ausführenden Luftfrachtführer ausgeführten Beförderung auch als solche des vertraglichen Luftfrachtführers.**

**(2) ¹Die Handlungen und Unterlassungen des vertraglichen Luftfrachtführers und seiner Leute, soweit diese in Ausführung ihrer Verrichtungen handeln, gelten bezüglich der von dem ausführenden Luftfrachtführer ausgeführten Beförderung auch als solche des ausführenden Luftfrachtführers. ²Der ausführende Luftfrachtführer kann jedoch durch solche Handlungen oder Unterlassungen nicht einer Haftung unterworfen werden, welche die in den Artikeln 21, 22, 23 und 24 genannten Beträge übersteigt. ³Eine besondere Vereinbarung, wonach der vertragliche Luftfrachtführer Verpflichtungen eingeht, die nicht durch dieses Übereinkommen auferlegt werden, oder ein Verzicht auf Rechte oder Einwendungen nach diesem Übereinkommen oder eine betragsmäßige Angabe des Interesses an der Lieferung nach Artikel 22 ist gegenüber dem ausführenden Luftfrachtführer nur mit seiner Zustimmung wirksam.**

**Art. 41 Attribution mutuelle**

1. Les actes et omissions du transporteur de fait ou de ses préposés et mandataires

**Art. 41 Mutual Liability**

1. The acts and omissions of the actual carrier and of its servants and agents acting

---

[6] S. BGH 24.9.1987, TranspR 1988, 108 = VersR 1988, 244; BGH 28.4.1988, TranspR 1988, 338, 339 = VersR 1988, 825, 826; BGH 10.5.1990, TranspR 1990, 418 = VersR 1991, 238, 239; BGH 24.10.1991, TranspR 1992, 177 = VersR 1992, 640; OLG Düsseldorf 29.12.1993, TranspR 1994, 442. Diese Rspr. ist in jüngster Zeit korrigiert worden: BGH 14.6.2007, TranspR 2007, 425 (m. Anm. *Thume*).

agissant dans l'exercice de leurs fonctions, relatifs au transport effectué par le transporteur de fait, sont réputés être également ceux du transporteur contractuel.

2. Les actes et omissions du transporteur contractuel ou de ses préposés et mandataires agissant dans l'exercice de leurs fonctions, relatifs au transport effectué par le transporteur de fait, sont réputés être également ceux du transporteur de fait. Toutefois, aucun de ces actes ou omissions ne pourra soumettre le transporteur de fait à une responsabilité dépassant les montants prévus aux articles 21, 22, 23 et 24. Aucun accord spécial aux termes duquel le transporteur contractuel assume des obligations que n'impose pas la présente convention, aucune renonciation à des droits ou moyens de défense prévus par la présente convention ou aucune déclaration spéciale d'intérêt à la livraison, visée à l'article 22 de la présente convention, n'auront d'effet à l'égard du transporteur de fait, sauf consentement de ce dernier.

within the scope of their employment shall, in relation to the carriage performed by the actual carrier, be deemed to be also those of the contracting carrier.

2. The acts and omissions of the contracting carrier and of its servants and agents acting within the scope of their employment shall, in relation to the carriage performed by the actual carrier, be deemed to be also those of the actual carrier. Nevertheless, no such act or omission shall subject the actual carrier to liability exceeding the amounts referred to in Articles 21, 22, 23 and 24. Any special agreement under which the contracting carrier assumes obligations not imposed by this Convention or any waiver of rights or defences conferred by this Convention or any special declaration of interest in delivery at destination contemplated in Article 22 shall not affect the actual carrier unless agreed to by it.

Ähnliche Bestimmung: Art. III ZAG; § 437 HGB und Art. 14 ABB-Fracht (2010).

## Übersicht

| | Rn. | | | Rn. |
|---|---|---|---|---|
| **I. Normzweck** | 1, 2 | | b) Haftungslimitierung | 6 |
| 1. Das Schadensereignis | 1 | | c) Haftungsgleichheit bei Güterschäden | 7 |
| 2. Prozessuales Vorgehen | 2 | | d) Divergenzen bei der Haftung beider | |
| | | | Luftfrachtführer | 8, 9 |
| **II. Regelungsgehalt** | 3–14 | | 3. Haftung auch für die „Leute" | 10–13 |
| 1. Maßgeblicher Beförderungsabschnitt | 3 | | a) Art. 18 und die „Leute" | 11 |
| 2. Haftungsbesonderheiten | 4–9 | | b) Art. 19 und die „Leute" | 12, 13 |
| a) Abs. 2 | 5 | | 4. Schadensausgleich im Innenverhältnis | 14 |

## I. Normzweck

**1. Das Schadensereignis.** Die Vorschrift rechnet – Art. III ZAG folgend – transportbe- **1** zogene Schädigungen durch einen der beiden „Luftfrachtführer" jeweils auch dem anderen „Luftfrachtführer" als haftungsbegründend iSd. Art. 17 ff. zu. Dies geschieht wechselseitig, so dass es zunächst unerheblich ist, ob der Schaden auf Seiten des „vertraglichen"[1] oder aber des „ausführenden"[2] Luftfrachtführers verursacht wurde. Jeder haftet für den anderen mit, wodurch die Haftung beider von vornherein auf eine Gesamtschuldnerschaft[3] angelegt ist. Doch lebt die hierzu erforderliche *eigene* Haftung des „ausführenden" Luftfrachtführers iS der Art. 17 ff. erst und auch nur solange auf, soweit es sich um Schäden während der „von dem ausführenden Luftfrachtführer ausgeführten Beförderung" (Abs. 1) handelt.[4]

---

[1] Zum „vertraglichen" Luftfrachtführer Art. 1 Rn. 14 ff.

[2] Zum „ausführenden" Luftfrachtführer Art. 1 Rn. 24.

[3] Denkschrift, BT-Drucks. 15/2285 S. 51. FrankfKomm/*Dettling-Ott* Rn. 1; *Koller* Art. 41, Art. III ZAG Rn. 4; *Reuschle* Rn. 10.

[4] AG Düsseldorf 20.3.1998, TranspR 1998, 473: Ist nicht feststellbar, auf welcher Teilstrecke ein Koffer abhanden gekommen ist, so haften die beteiligten Luftfrachtführer gesamtschuldnerisch, § 830 Abs. 1 S. 2 BGB analog.

**2**   **2. Prozessuales Vorgehen.** Wie Art. 45 in prozessualer Hinsicht besonders hervorhebt, kann ein Geschädigter unter der letztgenannten Voraussetzung eine nach den Art. 17 ff. mögliche Schadensersatzklage anschließend gegen den „ausführenden" und den „vertraglichen" Luftfrachtführer entweder gemeinsam oder auch gesondert erheben. Wegen deren Gerichtsstände vgl. Art. 33 und Art. 46.

## II. Regelungsgehalt

**3**   **1. Maßgeblicher Beförderungsabschnitt.** Besonders zu beachten bleibt indessen, dass Art. 41 den schon in Art. 40 hervorgehobenen Grundsatz übernimmt, wonach diese Gesamthaftung nur bezüglich der von dem „ausführenden" Luftfrachtführer „ausgeführten Beförderung gilt." Nur bei Schäden iS der Art. 17 ff. während dieses Zeitraums laufen daher ihrer beider Haftungen parallel. Für Transportschäden auf etwaigen restlichen Beförderungsabschnitten haftet der „vertragliche" Luftfrachtführer infolgedessen nur noch alleine oder aber zusammen mit einem weiteren „ausführenden" Luftfrachtführer.

**4**   **2. Haftungsbesonderheiten.** Ansonsten gelten für den „ausführenden" im Verhältnis zum „vertraglichen" Luftfrachtführer die folgenden Besonderheiten:

**5**   **a) Abs. 2.** Nach dem vorangegangenen Abs. 1 hat zunächst der „vertragliche" Luftfrachtführer für die Handlungen und Unterlassungen des „ausführenden" Luftfrachtführers und dessen Leute einzustehen. Daran anknüpfend regelt Abs. 2 sodann spiegelbildlich den gegenteiligen Fall. Hier wird *umgekehrt* der „ausführende" Luftfrachtführer für die Handlungen und Unterlassungen des „vertraglichen" Luftfrachtführers auch seinerseits mitverantwortlich gemacht. Doch ist diese Zurechnung ebenso wie in Abs. 1 auch hier zeitlich beschränkt. Sie gilt nur „bezüglich der von dem ausführenden Luftführer ausgeführten Beförderung". Im Ergebnis gelten die beiden Regeln des Abs. 1 und 2 daher nur, wenn der geltend gemachte Schaden nicht nur einen Tatbestand der Art. 17 ff. erfüllt, sondern auch aus der jeweils tatsächlichen Beförderung stammt.[5] Da das Gut während dieser Zeit ohnehin unter der „Obhut" (Art. 18 Abs. 3) des „ausführenden" Luftfrachtführers steht, dürfte für den „vertraglichen" Luftfrachtführer oder seine Leute hier praktisch kaum noch Gelegenheit bestehen, auch ihrerseits noch einen Schaden iSd. des Art. 18 zu verursachen. Das Entsprechende gilt für den Fall der „Verspätung" iSd. Art. 19, da dieses Haftungsmerkmal auf die Zeit zwischen „Start und Landung" beschränkt ist (Art. 19 Rn. 22). Somit geht die Zurechnungsnorm des Abs. 2 meistenteils ins Leere.

**6**   **b) Haftungslimitierung.** Zum Schutz des „ausführenden" Luftfrachtführer sieht Abs. 2 vor, dass dieser durch Handlungen und Unterlassungen seitens des „vertraglichen" Luftfrachtführers „nicht einer Haftung unterworfen werden, welche die in den Art. 21, 22, 23 und 24 genannten Beträge übersteigt". Eine solche Haftungsbarriere kann sichtbar werden, wenn dem „vertraglichen" Luftfrachtführer im Hinblick auf einen Verspätungs- oder Reisegepäckschaden ein besonders grobes Verschulden iSd. Art. 22 Abs. 5 nachgewiesen wird.

**7**   **c) Haftungsgleichheit bei Güterschäden.** Bei *Güter-* und *Güterverspätungs*schäden ist die Haftungsgrenze indessen für beide „Luftfrachtführer" ohnehin stets gleich, weil hier ohne Rücksicht auf irgendein Verschulden die strikte Haftungslimitierung des Art. 22 Abs. 3 von maximal 19 SZR/kg gilt (Art. 18 Rn. 97 ff.). Da diese Haftungsbeschränkung ebenso wie nach Art. 30 auch hier gemäß Art. 43 entsprechend für die „Leute" des „ausführenden" Luftfrachtführers gilt, kann dieser infolgedessen selbst im Wege eines Regresses von dieser Seite nicht auf einen höheren Haftungsbetrag in Anspruch genommen werden.

**8**   **d) Divergenzen bei der Haftung beider Luftfrachtführer.** In Anbetracht dessen, dass der „ausführende" im Gegensatz zum „nachfolgenden" (Art. 36) Luftfrachtführer in

---

[5] So auch *Guldimann* Art. III ZAG Rn. 4.

den vom „vertraglichen" Luftfrachtführer mit den Fluggästen bzw. den Absendern von Gütern abgeschlossenen Vertrag nicht selbst eintritt, gelten etwaige haftungsrechtliche Besonderheiten dieses Vertrages nur, wenn er ihnen „zustimmt" (Abs. 2).

So ist eine „Vereinbarung" iSd. Art. 25, die der „vertragliche" Luftfrachtführer mit **9** dem Absender über einen höheren als den nach dem MÜ vorgesehenen Haftungshöchstbetrag von 19 SZR/kg getroffen hat, dem „ausführenden" Luftfrachtführer gegenüber „nur mit seiner Zustimmung wirksam" (Abs. 2). Ansonsten bleibt es für ihn bei dem Haftungslimit des Art. 22 Abs. 3, dh. bei 19 SZR/kg. Das Entsprechende gilt auch, wenn der Absender des Frachtguts mit dem „vertraglichen" Luftfrachtführer eine „Wertdeklaration" (Art. 22 Abs. 3) vereinbart oder einen „Verzicht auf Rechte oder Einwendungen" gemäß Art. 27 abgesprochen hat (Abs. 2). Auch hier bedarf es einer besonderen Zustimmung des „ausführenden" Luftfrachtführers, damit die jeweilige Absprache der Vertragsparteien schließlich auch ihm gegenüber Verbindlichkeit erlangt. Dies gilt unter anderem für die Fälle einer Verlängerung der in Art. 31 vorgesehenen Anzeigefrist oder der in Art. 35 bestimmten Klagefrist. Falls andererseits ein Mitverschulden auf Seiten des Geschädigten (Art. 20) oder ein Enthaftungstatbestand iSd. Art. 18 Abs. 2 vorliegt, kann der „ausführende" Luftfrachtführer diese Einwendungen bereits nach Art. 40 auch seinerseits geltend machen.

**3. Haftung auch für die „Leute".** Jeder der beiden „Luftfrachtführer" haftet iE nicht **10** nur für seine eigenen schadensverursachenden „Handlungen und Unterlassungen" (Art. 41). In den Bereich ihrer Haftung miteinbezogen sind vielmehr prinzipiell auch schadensstiftende Handlungen und Unterlassungen jeweils ihrer Leute (Begriff oben Art. 19 Rn. 33 ff.).

**a) Art. 18 und die „Leute".** Da die Haftung eines Luftfrachtführers nach Art. 18 für **11** Güterschäden im Gegensatz zu Art. 18 WA 1929/1955 ohnehin nicht mehr bei dem Rechtsbegriff der „Leute" ansetzt, sondern nur noch allgemein auf das Bestehen einer „Obhut" des Luftfrachtführers abstellt (Art. 18 Rn. 17 f.), ist der „Leute"-Begriff im Zusammenhang mit dem vorstehenden Art. 41 auch hier insoweit gleichfalls funktionslos.

**b) Art. 19 und die „Leute".** Demgegenüber ist die Mithaftung eines Luftfrachtführers **12** auch für seine „Leute" im Rahmen von Art. 19, dh. bei Güterverspätungsschäden, nach wie vor aktuell.

Der Zusatz, dass die Leute hier im weiteren „in Ausführung ihrer Verrichtung" (engl. **13** Originaltext: „within the scope of their employment") gehandelt haben müssen, stimmt mit Art. III ZAG überein. Innerhalb des Übereinkommens greift dieser Zusatz ein Tatbestandsmerkmal des Art. 30 Abs. 1 auf (Art. 30 Rn. 16).

**4. Schadensausgleich im Innenverhältnis.** Das Innenverhältnis zwischen dem „ver- **14** traglichen" und dem „ausführenden" Luftfrachtführer bleibt nach Maßgabe des Art. 48 von den Vorschriften der Art. 39 ff. grundsätzlich unberührt. Die hier eingreifenden Ausgleichsmechanismen können (fracht-)vertraglicher Art sein. Das MÜ selbst liefert hierzu keine Vorgaben, da die in Art. 39 genannte „Vereinbarung" bei näherem Hinsehen nur ein „Einvernehmen" des „vertraglichen" Luftfrachtführers mit dem Tätigwerden des „ausführenden" Luftfrachtführers darstellt (Art. 39 Rn. 23).

## Art. 42 Beanstandungen und Weisungen

**¹Beanstandungen oder Weisungen, die nach diesem Übereinkommen gegenüber dem Luftfrachtführer zu erklären sind, werden wirksam, gleichviel ob sie an den vertraglichen Luftfrachtführer oder an den ausführenden Luftfrachtführer gerichtet werden. ²Die Weisungen nach Artikel 12 werden jedoch nur wirksam, wenn sie an den vertraglichen Luftfrachtführer gerichtet werden.**

### Art. 42 Notification des ordres et protestations

Les instructions ou protestations à notifier au transporteur, en application de la présente convention, ont le même effet qu'elles soient adressées au transporteur contractuel ou au transporteur de fait. Toutefois, les instructions visées à l'article 12 n'ont d'effet que si elles sont adressées au transporteur contractuel.

### Art. 42 Addressee of Complaints and Instructions

Any complaint to be made or instruction to be given under this Convention to the carrier shall have the same effect whether addressed to the contracting carrier or to the actual carrier. Nevertheless, instructions referred to in Article 12 shall only be effective if addressed to the contracting carrier.

Ähnliche Bestimmungen: Art. IV ZAG; Art. 12 sowie Art. 31 MÜ und Art. 7 ABB-Fracht (2010).

## I. Normzweck

1    Das Einführen der Rechtsfigur des „ausführenden" Luftfrachtführers zunächst in das Warschauer Haftungssystem über das ZAG und nun auch unmittelbar in den Text des MÜ selbst (Art. 39 ff.) musste die Frage aufwerfen, ob die dort abkommensrechtlich jeweils gegenüber dem (vertraglichen) Luftfrachtführer zu erklärenden „Beanstandungen und Weisungen" künftig alternativ auch gegenüber dem „ausführenden" Luftfrachtführer wirksam abgegeben werden können. Letzteres wird im Anschluss an Art. IV ZAG in Art. 42 generell bejaht und nur für den Fall der von einem Absender beabsichtigten „Weisungen" iSd. Art. 12 MÜ – als einzige Ausnahme – ausdrücklich verneint.

## II. Regelungsgehalt

2    **1.** Im Ergebnis kann daher vor allem die in Art. 31 Abs. 1 vorausgesetzte Beanstandung eines Güterschadens oder einer Verspätung nicht nur beim „vertraglichen",[1] sondern ebenso auch gegenüber dem „ausführenden"[2] Luftfrachtführer wirksam erfolgen. Dies ist für den Empfänger besonders vorteilhaft, falls der „ausführende" Luftfrachtführer entweder den gesamten Transport oder zumindest dessen Endphase übernommen hat und daher das Gut auch selbst an den Empfänger „abliefert" (Art. 13 Abs. 1). Dieser hat damit die Gelegenheit, den von ihm festgestellten Schaden nun auch sofort und unmittelbar reklamieren zu können.

3    **2.** Falls im Weiteren die „Anzeige" einer Beschädigung oder einer Verspätung iSd. Art. 31 Abs. 2 erforderlich werden sollte, ist auch hier jeder der beiden Luftfrachtführer *per se* der richtige Adressat. Die Möglichkeit einer Anzeige unmittelbar auch dem „ausführenden" Luftfrachtführer gegenüber entspricht auch hier wiederum dem Gedanken seiner Schadensnähe.[3]

4    **3.** Ausdrücklich ausgenommen von dieser gemeinsamen Zuständigkeit beider Luftfrachtführer sind die Fälle der von einem Absender ins Auge gefassten „Weisungen nach Artikel 12". Dies sind die Fälle, in denen dem Absender nach Art. 12 Abs. 1 das Recht eingeräumt ist, den Ablauf des Transports durch einseitige Abänderungen des Luftfrachtvertrags auch noch nachträglich korrigieren zu dürfen. Sie betreffen iE die Rückgabe oder die Rückbeförderung des Gutes, eine Unterbrechung der Beförderung oder die Ablieferung des Gutes an einen anderen als den im Luftfrachtbrief oder in der Empfangsbestätigung über die Güter vorgesehenen Empfänger. Diesbezügliche Weisungen können wirksam allein dem „vertraglichen" Luftfrachtführer gegenüber erfolgen.

5    **4.** Dessen Alleinzuständigkeit ist hier indessen schon aus praktischen Gründen zweckmäßig. Da der Absender oftmals nicht weiß und auch nicht wissen kann, ob der „vertragliche"

---

[1] Zum „vertraglichen" Luftfrachtführer Art. 1 Rn. 14 ff.
[2] Zum „ausführenden" Luftfrachtführer Art. 1 Rn. 24.
[3] Zum ZAG: OLG Hamburg 18.2.1988, TranspR 1988, 201, 202 = VersR 1988, 1158 = ZLW 1988, 361; LG Frankfurt/M. 15.11.1974, ZLW 1975, 354, 357.

Luftfrachtführer das Gut selbst transportiert oder es von (irgend-) einem „ausführenden" Luftfrachtführer befördern lässt, wird hier im Interesse des Absenders und mit Rücksicht auf dessen ohnehin meist recht kurzfristig angelegten „Weisungen" (Art. 12 Abs. 1) der „vertragliche" Luftfrachtführer als sein alleiniger und definitiver Adressat fixiert. Damit ist der weitere Vorzug verbunden, dass dieser „vertragliche" Luftfrachtführer, der seinerseits ganz regelmäßig über den jeweiligen Aufenthaltsort des Gutes informiert sein dürfte, den entsprechenden transportbezogenen „Weisungen" des Absenders letztlich auch am effektivsten nachkommen kann.

## Art. 43 Leute des Luftfrachtführers

**Soweit der ausführende Luftfrachtführer die Beförderung vorgenommen hat, können sich sowohl seine als auch die Leute des vertraglichen Luftfrachtführers, sofern sie nachweisen, dass sie in Ausführung ihrer Verrichtungen gehandelt haben, auf die Haftungsvoraussetzungen und -beschränkungen berufen, die nach diesem Übereinkommen für den Luftfrachtführer gelten, zu dessen Leuten sie gehören; dies gilt nicht, wenn der Nachweis erbracht wird, dass sie in einer Weise gehandelt haben, welche die Berufung auf die Haftungsbeschränkungen nach diesem Übereinkommen ausschließt.**

## Art. 43 Préposés et mandataires

En ce qui concerne le transport effectué par le transporteur de fait, tout préposé ou mandataire de ce transporteur ou du transporteur contractuel, s'il prouve qu'il a agi dans l'exercice de ses fonctions, peut se prévaloir des conditions et des limites de responsabilité applicables, en vertu de la présente convention, au transporteur dont il est le préposé ou le mandataire, sauf s'il est prouvé qu'il a agi de telle façon que les limites de responsabilité ne puissent être invoquées conformément à la présente convention.

## Art. 43 Servants and Agents

In relation to the carriage performed by the actual carrier, any servant or agent of that carrier or of the contracting carrier shall, if they prove that they acted within the scope of their employment, be entitled to avail themselves of the conditions and limits of liability which are applicable under this Convention to the carrier whose servant or agent they are, unless it is proved that they acted in a manner that prevents the limits of liability from being invoked in accordance with this Convention.

Ähnliche Bestimmungen: Art. V ZAG und § 437 Abs. 4 HGB.

## I. Normzweck

Die Vorschrift übernimmt inhaltlich den Kern der Regelung des Art. V ZAG. In ihrer **1** Funktion ergänzt sie innerhalb des MÜ die Bestimmung des Art. 30. Während dort die maximale Haftung der „Leute" eines „vertraglichen" Luftfrachtführers[1] auf dessen eigene Maximalhaftung fixiert ist, übernimmt Art. 43 die entsprechende Aufgabe im Hinblick auf die Leute des „ausführenden" Luftfrachtführers.[2] Auch diese sollen nicht über die eigene Haftung „ihres" Luftfrachtführers hinaus in Anspruch genommen werden können. Zum Begriff der „Leute" Art. 19 Rn. 33 ff.

## II. Regelungsgehalt

**1.** Die Aufgabe der beiden vorgenannten Bestimmungen liegt darin, die Haftung aller am **2** Transport Beteiligten von vornherein gleichzuschalten. Auf diese Weise wird im Ergebnis sichergestellt, dass keiner der beiden „Luftfrachtführer" auf dem Umweg eines arbeitsrechtli-

---

[1] Zum „vertraglichen" Luftfrachtführer Art. 1 Rn. 14 ff.
[2] Zum „ausführenden" Luftfrachtführer Art. 1 Rn. 24.

chen Freistellungsanspruchs oder irgendeiner anderen Regressmöglichkeit seiner „Leute" letztlich doch noch über seine eigene Haftung hinaus finanzielle Leistungen aufzubringen hat.

3    **2.** Da die eigene Haftung des „ausführenden" Luftfrachtführers transportzeitlich ohnehin „nur für die Beförderung, die er ausführt" (Art. 40), besteht, setzt Art. 43 diese Regelung konsequenterweise fort mit den Worten: „Soweit der ausführende Luftfrachtführer die Beförderung vorgenommen hat, …". Bezogen auf diesen Zeitraum können sich sodann sowohl die eigenen Leute des „ausführenden" Luftfrachtführers wie aber auch die Leute des „vertraglichen" Luftfrachtführers auf die jeweils gegebenen Voraussetzungen und Beschränkungen der Luftfrachtführerhaftung berufen.

4    **3.** Im Verhältnis zu der Vorgängerbestimmung des Art. V ZAG ist in Art. 43 neu aufgenommen, dass sich die Leute nun auch auf die eben genannten „Voraussetzungen" der Haftung des Luftfrachtführers mitberufen können.

5    **4.** Beim Gütertransport gehören zu diesen „Voraussetzungen" die einzelnen Haftungsmerkmale der Art. 18 f. und im weiteren, dass keiner der Haftungsausschlussgründe des Art. 18 Abs. 2 vorliegt, die Schadensanzeige gemäß Art. 31 erfolgt und dass die Ausschlussfrist für eine Klage gegen den Luftfrachtführer nach Art. 35 noch nicht abgelaufen ist.[3]

6    **5.** Die hier im weiteren auch noch beachtliche „Beschränkungen" der Haftung eines Luftfrachtführers bestehen nach Art. 22 Abs. 3 im Falle eines Gütertransport sowohl bei Substanz- wie bei Verspätungsschäden der Höhe nach in einem maximalen Schadensersatzbetrag von 19 SZR/kg. Diese absolute Grenze gilt dementsprechend auch für die jeweiligen „Leute" sowohl des „ausführenden" als auch des „vertraglichen" Luftfrachtführers.

7    **6.** Diese Grenze wird im Falle eines Gütertransports auch dann nicht durchbrochen, wenn den Leuten ein besonders gravierendes Verschulden hinsichtlich ihres Schadensbeitrags vorzuwerfen ist. „Bei der Beförderung von Gütern" (Art. 30 Abs. 3) ist danach unerheblich, ob „der Schaden durch eine Handlung oder Unterlassung der Leute des Luftfrachtführers verursacht worden ist, die entweder in der Absicht, Schaden herbeizuführen, oder leichtfertig und in dem Bewusstsein begangen wurde, dass wahrscheinlich Schaden eintreten werde". Eine solche Ausnahme kennt Art. 22 Abs. 5 nur bei Verspätungsschäden von *Personen* und bei Sach- bzw. Verspätungsschäden bezüglich *Reisegepäck*. Im Falle von Güterschäden hingegen gilt diese Haftungsgrenze selbst noch im Zusammenhang mit dem Luftfrachtersatzverkehr iSd. Art. 18 Abs. 4 S. 3. Wegen Verspätungsschäden beim Luftfrachtersatzverkehr vgl. Art. 19 Rn. 22.

8    **7.** Um sich auf die vorgenannten „Voraussetzungen" oder „Beschränkungen" berufen zu können, müssen die Leute allerdings den Nachweis erbringen, „dass sie in Ausführung ihrer Verrichtungen gehandelt haben" (Art. 43) (vgl. hierzu: Art. 30 Rn. 15 f.).

## Art. 44 Betrag des gesamten Schadensersatzes

**Soweit der ausführende Luftfrachtführer die Beförderung vorgenommen hat, darf der Betrag, den dieser Luftfrachtführer, der vertragliche Luftfrachtführer und ihre Leute, sofern diese in Ausführung ihrer Verrichtungen gehandelt haben, als Schadensersatz zu leisten haben, den höchsten Betrag nicht übersteigen, der nach diesem Übereinkommen von dem vertraglichen oder dem ausführenden Luftfrachtführer als Schadensersatz beansprucht werden kann; keine der genannten Personen haftet jedoch über den für sie geltenden Höchstbetrag hinaus.**

| **Art. 44 Cumul de la réparation** | **Art. 44 Aggregation of Damages** |
|---|---|
| En ce qui concerne le transport effectué par le transporteur de fait, le montant total | In relation to the carriage performed by the actual carrier, the aggregate of the |

---

[3] Denkschrift, BT-Drucks. 15/2285 S. 45.

de la réparation qui peut être obtenu de ce transporteur, du transporteur contractuel et de leurs préposés et mandataires quand ils ont agi dans l'exercice de leurs fonctions, ne peut pas dépasser l'indemnité la plus élevée qui peut être mise à charge soit du transporteur contractuel, soit du transporteur de fait, en vertu de la présente convention, sous réserve qu'aucune des personnes mentionnées dans le présent article ne puisse être tenue pour responsable audelà de la limite applicable à cette personne.

amounts recoverable from that carrier and the contracting carrier, and from their servants and agents acting within the scope of their employment, shall not exceed the highest amount which could be awarded against either the contracting carrier or the actual carrier under this Convention, but none of the persons mentioned shall be liable for a sum in excess of the limit applicable to that person.

Ähnliche Bestimmung: Art. VI ZAG.

## I. Normzweck

**1.** Die Vorschrift übernimmt das Regelungskonzept des Art. VI ZAG. Damit ist der Anwendungsbereich auch dieser Vorschrift wiederum auf die transportbezogene Zeitspanne beschränkt, „soweit der ausführende Luftfrachtführer die Beförderung vorgenommen hat". **1**

**2.** Für diesen Zeitraum stimmt Art. 44 sodann iE die gesamtschuldnerische Haftung von „ausführendem" und „vertraglichem" Luftfrachtführer einerseits und der in Art. 22 MÜ vorgesehenen summenmäßigen Haftungslimitierung andererseits aufeinander ab. Hierbei soll im Ergebnis der Geschädigte – wie im *deutschen* Recht nach § 421 BGB – den Ersatz des entstandenen Schadens nur einmal verlangen können, auch wenn sowohl der „ausführende"[1] wie auch der „vertragliche"[2] Luftfrachtführer und möglicherweise auch deren „Leute"[3] im Einzelfall haftbar sind. Von jedem von ihnen kann der Geschädigte seinen Schadensersatz nur bis zu dem höchsten Haftungsbetrag verlangen, der für einen von ihnen überhaupt in Betracht kommt. Zugleich kann aber jeder Haftende nur bis zu dem von ihm selbst zu leistenden Betrag in Anspruch genommen werden, was die gesamtschuldnerische Haftung insoweit einschränkt. **2**

**3.** Eine solche individuelle Abrechnung von Haftungsbeträgen kann im Zusammenhang mit Art. 22 Abs. 5 notwendig werden, wenn nur einem der beiden „Luftfrachtführer" hinsichtlich der dort genannten Verspätungs- oder Gepäckschäden ein besonders grobes Verschulden, wie beispielsweise bei einem Gepäckdiebstahl, vorzuwerfen ist. Im Falle eines Güterschadens- (Art. 18) oder eines Güterverspätungsschadens (Art. 19) hat Art. 44 hingegen praktisch keine Funktion. Hier ist die Haftung sowohl für den „ausführenden" (Art. 40 MÜ) wie auch für den „vertraglichen" Luftfrachtführer durch Art. 22 Abs. 3 gleichermaßen und endgültig auf den Betrag von 19 SZR/kg festgesetzt. Dies gilt nach Art. 30 Abs. 3 auch für deren „Leute". Infolgedessen sind hier auch keine personenbezogenen Höchsthaftungsbeträge bezüglich der einzelnen Gesamtschuldner abzurechnen. Wegen Verspätungsschäden beim „Trucking" vgl. Art. 19 Rn. 22. **3**

## Art. 45 Beklagter

**¹Soweit der ausführende Luftfrachtführer die Beförderung vorgenommen hat, kann eine Klage auf Schadensersatz nach Wahl des Klägers gegen diesen Luftfrachtführer, den vertraglichen Luftfrachtführer oder beide, gemeinsam oder gesondert, erhoben werden. ²Ist die Klage nur gegen einen dieser Luftfrachtführer**

[1] Zum „vertraglichen" Luftfrachtführer Art. 1 Rn. 14 ff.
[2] Zum „ausführenden" Luftfrachtführer Art. 1 Rn. 24.
[3] Zum Begriff der „Leute" Art. 19 Rn. 33 ff.

erhoben worden, so hat dieser das Recht, den anderen Luftfrachtführer aufzufordern, sich an dem Rechtsstreit zu beteiligen; Rechtswirkungen und Verfahren richten sich nach dem Recht des angerufenen Gerichts.

### Art. 45 Notification des actions en responsabilité

Toute action en responsabilité, relative au transport effectué par le transporteur de fait, peut être intentée, au choix du demandeur, contre ce transporteur ou le transporteur contractuel ou contre l'un et l'autre, conjointement ou séparément. Si l'action est intentée contre l'un seulement de ces transporteurs, ledit transporteur aura le droit d'appeler l'autre transporteur en intervention devant le tribunal saisi, les effets de cette intervention ainsi que la procédure qui lui est applicable étant réglés par la loi de ce tribunal.

### Art. 45 Addressee of Claims

In relation to the carriage performed by the actual carrier, an action for damages may be brought, at the option of the plaintiff, against that carrier or the contracting carrier, or against both together or separately. If the action is brought against only one of those carriers, that carrier shall have the right to require the other carrier to be joined in the proceedings, the procedure and effects being governed by the law of the court seised of the case.

Ähnliche Bestimmung: Art. VII ZAG.

**Schrifttum:** *Geier,* Die Streitgenossenschaft im internationalen Verhältnis, 2005; *Neumann,* Die Streitverkündung im Haftungsprozess gegen den Frachtführer, TranspR 2005, 51.

### I. Normzweck

1    Die Vorschrift entspricht Art. VII ZAG. Sie setzt auf der Ebene des Prozessrechts die Vorgabe des Art. 40 um, dass zwischen dem „ausführenden"[1] und dem „vertraglichen"[2] Luftfrachtführer grundsätzlich eine Gesamtschuldnerschaft entsteht. Insoweit ist aber auch hier wiederum zu berücksichtigen, dass der nach den Art. 17 ff. relevante Schaden gerade während der Beförderungstätigkeit des „ausführenden" Luftfrachtführers entstanden sein muss.

### II. Regelungsgehalt

2    **1.** Entsprechend dieser Gesamtschuldnerschaft hat der Kläger prozessrechtlich nun die Wahl, ob er seine Klage auf Schadensersatz iS der Art. 17 ff. entweder gegen den „ausführenden" und/oder den „vertraglichen" Luftfrachtführer erhebt. Wenn er nur einen der beiden „Luftfrachtführer" verklagen sollte, ist diesem ausdrücklich „das Recht" zugestanden, „den anderen Luftfrachtführer aufzufordern, sich an dem Rechtsstreit zu beteiligen". Da sich hier „Rechtswirkungen und Verfahren" – ähnlich wie zuvor schon bei Art. 33 Abs. 4 – „nach dem Recht des angerufenen Gerichts" (lex fori) richten, handelt es sich bei diesem „Recht" im Fall einer Klage vor einem *deutschen* Gericht um die Möglichkeit einer Streitverkündung („Nebenintervention") iSd. §§ 66 ff. ZPO.

3    **2.** Die Klage selbst kann der Kläger – gleichfalls wieder nach seiner Wahl – entweder bei einem der in Art. 33 genannten Gerichten erheben, die ohnehin schon für Klagen gegen den „vertraglichen" Luftfrachtführer zuständig sind. Oder er kann im Hinblick auf die Transportbeteiligung des „ausführenden" Luftfrachtführers seine Klage alternativ auch bei einem gerade für diesen nach Art. 46 zuständigen Gericht anhängig machen und somit das Gericht an dessen „Wohnsitz" oder „Hauptniederlassung" (Art. 46) wählen. Dies würde zugleich dem Gedanken der Schadensnähe dieses „Luftfrachtführers" entsprechen und möglicherweise auch notwendig werdende Beweisaufnahmen vereinfachen.

---

[1] Zum „ausführenden" Luftfrachtführer Art. 1 Rn. 24.
[2] Zum „vertraglichen" Luftfrachtführer Art. 1 Rn. 14 ff.

**3.** Weder Art. 33 noch Art. 46 schließen im weiteren aber aus, dass der Kläger den   4
„ausführenden" und den „vertraglichen" Luftfrachtführer an nach Art. 33 bzw. nach Art. 46
MÜ zwar jeweils zuständigen, im Ergebnis aber örtlich verschiedenen Gerichten verklagt.[3]
Wie sich im *deutschen* Recht für Gesamtschuldner aus § 425 Abs. 2 BGB entnehmen lässt,
tritt hier sodann keine doppelte Rechtshängigkeit ein. Infolgedessen können die beiden
Klagen iE auch einander widersprechende Urteile zur Folge haben. Eine solche Gefahr
besteht nicht schon wegen der einem Kläger wahlweise zur Verfügung stehenden unterschiedlichen Gerichtsständen schlechthin. Sie zeigt sich vor allem auch im Hinblick auf die
vielleicht gegensätzlichen Ergebnisse der dort jeweils abgeschlossenen gerichtlichen Beweisaufnahmen. So ist es namentlich denkbar, dass ein Gericht die *„mangelhafte Verpackung"* als
Tatbestand eines Haftungsausschlusses iSd. Art. 18 Abs. 2 im einzelnen Schadensfall bejaht,
ein vom Kläger gegen den anderen Luftfrachtführer angerufenes – zweites – Gericht hier
indessen zu einem gegenteiligen Ergebnis kommt. Der unterlegene Luftfrachtführer würde
sodann gegen den anderen Luftfrachtführer letztlich Regress zu nehmen suchen. Diese
Möglichkeit wird ihm in Art. 48 sogar auch ausdrücklich offen gehalten.

**4.** Um solche nachteiligen Prozessergebnisse zu verhindern, sollte der einzeln verklagte   5
„Luftfrachtführer" von seinem „Recht" (Art. 45) (Art. 48) auf Streitverkündung Gebrauch
machen (§§ 66 ff. der *deutschen* ZPO: „Nebenintervention"). S. hier im Weiteren auch
die Verordnung (EG) Nr. 1393/2007 des Europäischen Parlaments und des Rates vom
13.11.2007 über die Zustellung gerichtlicher und außergerichtlicher Schriftstücke in Zivil-
und Handelssachen in den Mitgliedstaaten und zur Aufhebung der Verordnung (EG)
Nr. 1348/2000 des Rates (EuZVO).[4]

**5.** Im Rahmen des Art. 48 und bei Anwendbarkeit *deutschen* Rechts hat nach § 425   6
Abs. 2 BGB ein „rechtskräftiges Urteil" allerdings immer nur Einzelwirkung bezüglich des
von ihm betroffenen Gesamtschuldners, dh. entweder für/gegen den „ausführenden" oder
für/gegen den „vertraglichen" Luftfrachtführer. Sollte der Kläger seine Klage indessen gegen
ein und denselben „Luftfrachtführer" gleich bei mehreren nach Art. 33 und Art. 46 zuständigen Gerichten anhängig zu machen suchen, so stünden dieser Absicht die Art. 27 ff.
EuGVVO[5] sowie § 261 Abs. 3 Nr. 1 ZPO entgegen. Die Streitverkündung seitens eines
geschädigten Fluggastes, Absenders oder Empfängers gegenüber einem vertraglichen oder
ausführenden Luftfrachtführer hat keinen Einfluss auf den Ablauf der Ausschlussfrist iSd.
Art. 35 (Art. 35 Rn. 22).

## Art. 46 Weiterer Gerichtsstand

**Eine Klage auf Schadensersatz nach Artikel 45 kann nur im Hoheitsgebiet eines
der Vertragsstaaten, und zwar nach Wahl des Klägers entweder bei einem der
Gerichte erhoben werden, bei denen eine Klage gegen den vertraglichen Luft-
frachtführer nach Artikel 33 erhoben werden kann, oder bei dem Gericht des
Ortes, an dem der ausführende Luftfrachtführer seinen Wohnsitz oder seine
Hauptniederlassung hat.**

### Art. 46 Juridiction annexe

Toute action en responsabilité, prévue à
l'article 45, doit être portée, au choix du
demandeur, sur le territoire d'un des États

### Art. 46 Additional Jurisdiction

Any action for damages contemplated in
Article 45 must be brought, at the option of
the plaintiff, in the territory of one of the

---

[3] Art. 6 Nr. 1 VO (EG) Nr. 44/2001 vom 22. Dezember 2000 (ABl. EG 2001 Nr. L 12), der einen
besonderen Gerichtsstand der Streitgenossenschaft vorsieht, kann als dem MÜ nachrangiges Recht nicht
verbindlich sein. Art. 27 VO (EG) Nr. 44/2001 wiederum regelt den Fall, dass der betreffende Anspruch
zwischen „denselben" Parteien anhängig gemacht wird.
[4] ABl. EG 2007 Nr. L 324 S. 79.
[5] VO (EG) Nr. 44/2001 vom 22.12.2000, ABl. EG 2001 Nr. L 12.

parties, soit devant l'un des tribunaux où une action peut être intentée contre le transporteur contractuel, conformément à l'article 33, soit devant le tribunal du domicile du transporteur de fait ou du siège principal de son exploitation.

States Parties, either before a court in which an action may be brought against the contracting carrier, as provided in Article 33, or before the court having jurisdiction at the place where the actual carrier has its domicile or its principal place of business.

Ähnliche Bestimmungen: Art. VIII ZAG und § 440 Abs. 2 HGB.

**Schrifttum:** *Ramming,* Zum Anwendungsbereich der Vorschrift des § 440 Abs. 2 HGB über den Gerichtsstand des jeweils anderen Frachtführers, TranspR 2001, 159.

## I. Normzweck

1     Die Bestimmung entspricht Art. VIII ZAG. Sie bezieht sich allein auf Schadensersatzklagen. Diese wiederum müssen sich an Art. 45 ausrichten. Dies bedeutet zusammengefasst, dass bezüglich des geltend gemachten Schadens nicht nur die Haftungsgrundlagen der Art. 17 ff. einschlägig sein müssen. Der Schaden muss vor allem auch exakt dann entstanden sein, während „der ausführende Luftfrachtführer[1] die Beförderung vorgenommen hat" (Art. 45). Wenn dies der Fall gewesen ist, aktiviert Art. 46 eine weitere gerichtliche Zuständigkeit für eine Klage auch unmittelbar gegen den „ausführenden" Luftfrachtführer selbst. Art. 6 Nr. 1 VO (EG) Nr. 44/2001 vom 22. Dezember 2000[2] kann als dem MÜ nachrangiges Recht hier nicht maßgeblich sein.

## II. Regelungsgehalt

2     **1.** Sofern beide Voraussetzungen erfüllt sind, hat der Kläger nunmehr die Auswahl unter den Gerichtsständen, die – wie bisher schon – für den „vertraglichen" Luftfrachtführer[3] nach Art. 33 maßgeblich sind. Zu diesen treten dann die Gerichtsstände des Art. 46 zu einer weiteren Auswahl des Klägers noch hinzu. Die Wahl des Klägers ist in jedem Fall aber darauf beschränkt, dass das von ihm angerufene Gericht „im Hoheitsgebiet eines der Vertragsstaaten" des MÜ liegen muss (hierzu oben Art. 33 Rn. 16).

3     **2.** Unter dieser Voraussetzung kann der Kläger seine Schadensersatzklage sodann – alternativ – anhängig machen bei dem Gericht des Ortes, das für den „vertraglichen" Luftfrachtführer zuständig ist (Art. 33 Abs. 1),[4] dh.
– an dem sich sein **Wohnsitz** befindet (Art. 33 Rn. 18);
– an dem sich seine **Hauptniederlassung** befindet (Art. 33 Rn. 19);
– an dem sich seine **Geschäftsstelle** befindet, durch die **Beförderungsvertrag geschlossen** worden ist (Art. 33 Rn. 20 ff.);
– bei dem Gericht des **Bestimmungsortes** (Art. 33 Rn. 24 ff.).

4     **3.** Zum anderen kann der Kläger nach Art. 46 seine Klage – zusätzlich – auch bei dem Gericht des Ortes erheben, an dem der „ausführende" Luftfrachtführer
– seinen **Wohnsitz** (Art. 33 Rn. 18) oder
– seine **Hauptniederlassung** (Art. 33 Rn. 19) hat.

5     **4.** Die Vereinbarung eines „Schiedsverfahrens" iSd. Art. 34 gilt nur im Verhältnis des Absenders zum „vertraglichen" Luftfrachtführer als den beiden „Parteien des Vertrages über die Beförderung von Gütern" (Art. 34), zu denen der „ausführende" Luftfrachtführer seinerseits nicht gehört (Art. 1 Rn. 23 ff.). Er kann dieser Vereinbarung in entsprechender Anwendung des Art. 41 Abs. 2 S. 3 aber nachträglich noch „zustimmen".

---

[1] Zum „ausführenden" Luftfrachtführer Art. 1 Rn. 24.
[2] ABl. EG 2001 Nr. L 12.
[3] Zum „vertraglichen" Luftfrachtführer Art. 1 Rn. 14 ff.
[4] S. dort. Der weitere Gerichtsstand des Art. 33 *Abs. 2* gilt nur für *Personen*schäden.

## Art. 47 Unwirksamkeit vertraglicher Bestimmungen

**Jede vertragliche Bestimmung, durch welche die Haftung des vertraglichen oder des ausführenden Luftfrachtführers nach diesem Kapitel ausgeschlossen oder der maßgebende Haftungshöchstbetrag herabgesetzt werden soll, ist nichtig; ihre Nichtigkeit hat nicht die Nichtigkeit des gesamten Vertrags zur Folge; dieser unterliegt weiterhin den Bestimmungen dieses Kapitels.**

### Art. 47 Nullité des dispositions contractuelles

Toute clause tendant à exonérer le transporteur contractuel ou le transporteur de fait de leur responsabilité en vertu du présent chapitre ou à établir une limite inférieure à celle qui est fixée dans le présent chapitre est nulle et de nul effet, mais la nullité de cette clause n'entraîne pas la nullité du contrat qui reste soumis aux dispositions du présent chapitre.

Ähnliche Bestimmung: Art. IX ZAG.

### Art. 47 Invalidity of Contractual Provisions

Any contractual provision tending to relieve the contracting carrier or the actual carrier of liability under this Chapter or to fix a lower limit than that which is applicable according to this Chapter shall be null and void, but the nullity of any such provision does not involve the nullity of the whole contract, which shall remain subject to the provisions of this Chapter.

### I. Normzweck

Die Vorschrift hat ihr Vorbild in Art. IX Abs. 1 und 2 ZAG. Die in dem dortigen Abs. 3 **1** ausdrücklich vorgesehene Nichtigkeit aller dem ZAG widersprechenden Rechtswahlklauseln und Gerichtsstandsvereinbarungen ist nunmehr sowohl für den „ausführenden" wie auch – im Anschluss an den bisherigen Art. 32 WA 1929/1955 – für den „vertraglichen" Luftfrachtführer in Art. 49 inhaltlich zusammengefasst.

### II. Regelungsgehalt

**1.** Im Zusammenhang mit Art. 47 ist zunächst zu berücksichtigen, dass Art. 27 zugunsten **2** des „vertraglichen" Luftfrachtführers[1] von dessen prinzipieller Vertragsfreiheit ausgeht. Allerdings schränkt Art. 26 diese Vertragsfreiheit dort für diejenigen Fälle unmittelbar und auch zwingend ein, in denen der „vertragliche" Luftfrachtführer im Vorhinein vereinbaren möchte, dass seine in den Art. 17 ff. vorgesehene Haftung ausgeschlossen oder unter deren in Art. 21 f. festgesetzten Höchstbetrag herabgesetzt werden soll. Solche Klauseln sind nichtig. Diesbezügliche Absprachen der Vertragsparteien nach Schadenseintritt sind hingegen gültig.

**2.** Da der „ausführende" Luftfrachtführer nicht in den von dem „vertraglichen" Luft- **3** frachtführer mit den Fluggästen oder den Absendern von Frachtgut abgeschlossenen Beförderungsvertrag selbst als Partei eintritt (Art. 1 Rn. 24 f.), musste in Art. 47 klargestellt werden, dass auch er sich gegenüber diesen Fluggästen oder Absendern von seiner Übereinkommenshaftung weder dem Grund noch der Höhe nach freizeichnen kann. Irgendein „Haftungsrevers" o. ä. wäre rechtlich gegenstandslos. Flankierend hierzu ist es ebenso auch dem „vertraglichen" Luftfrachtführer nach Art. 47 verwehrt, sich bezüglich seiner Mithaftung nach Art. 40 für den „ausführenden" Luftfrachtführer während dessen Beförderungsabschnitts insgesamt oder der Höhe nach freistellen zu lassen.

**3.** Damit sind sowohl für den „ausführenden" wie für den „vertraglichen" Luftfrachtfüh- **4** rer bei Güter- und bei Güterverspätungsschäden vor allem die Haftungstatbestände der Art. 18 und 19 zwingend festgeschrieben. Dies gilt im Weiteren aber auch für eine Ausweitung der Schadensanzeige iSd. Art. 31 auf andere Schadenstatbestände und für eine Verkür-

---

[1] Zum „vertraglichen" Luftfrachtführer Art. 1 Rn. 14 ff.

zung der Ausschlussfrist iSd. Art. 35. Der in Art. 22 Abs. 3 hier vorgesehene Haftungsbetrag von 19 SZR/kg darf gleichfalls von beiden „Luftfrachtführern" vertraglich nicht unterschritten werden. Alle diesbezüglichen Klauseln sind nichtig. Im Übrigen bleibt die Wirksamkeit des Beförderungsvertrags unberührt. Er unterliegt weiterhin den Bestimmungen des Kapitels V.

**5**   **4.** Art. 47 gilt nicht für die in Art. 39 genannte „Vereinbarung" zwischen „vertraglichem" und „ausführenden" Luftfrachtführer. Das Binnenverhältnis zwischen ihnen bleibt gemäß Art. 48 aus dem Regelungsbereich des Übereinkommens ausgenommen und folgt damit seinen eigenen Regelungsmechanismen. Wenn auf deren Grundlage allerdings festzustellen ist, dass auch hier ein dem Art. 1 unterliegender Luftfrachtvertrag besteht, hat dieser sich sodann seinerseits an den Kriterien des Art. 26 zu orientieren.

## Art. 48 Innenverhältnis von vertraglichem und ausführendem Luftfrachtführer

**Dieses Kapitel, mit Ausnahme des Artikels 45, berührt nicht die Rechte und Pflichten der Luftfrachtführer untereinander, einschließlich der Rechte auf Rückgriff oder Schadensersatz.**

### Art. 48 Rapports entre transporteur contractuel et transporteur de fait

Sous réserve de l'article 45, aucune disposition du présent chapitre ne peut être interprétée comme affectant les droits et obligations existant entre les transporteurs, y compris tous droits à un recours ou dédommagement.

### Art. 48 Mutual Relations of Contracting and Actual Carriers

Except as provided in Article 45, nothing in this Chapter shall affect the rights and obligations of the carriers between themselves, including any right of recourse or indemnification.

Ähnliche Bestimmung: Art. X ZAG.

**Schrifttum:** *Diederichsen,* Rechtsprechung des BGH zum Regress im Schadensersatzrecht, VersR 2006, 293; *Koller,* Die Regressklage von Transportunternehmen, TranspR 2011, 389.

### I. Normzweck

**1**   Ähnlich wie bei Art. 37 (Art. 37 Rn. 2) ist auch Art. 48 vor dem Hintergrund zu sehen, dass die Art. 17 ff. nur solche Schadensersatzansprüche erfassen sollen, die von *Fluggästen* bzw. den *Absendern*[1] oder *Empfängern*[2] von *Frachtgut* gegenüber dem jeweiligen Luftfrachtführer[3] geltend gemacht werden.

### II. Regelungsgehalt

**2**   **1.** Die Haftungsnormen der Art. 17 ff. können hingegen keine unmittelbare Geltung beanspruchen, wenn es um das interne Rechtsverhältnis des „vertraglichen" und des „ausführenden" Luftfrachtführers untereinander geht. Für dieses Verhältnis ist zunächst allein die in Art. 39 genannte „Vereinbarung" zwischen „vertraglichem" und „ausführendem" Luftfrachtführer maßgeblich.

**3**   **2.** Da diese „Vereinbarung" bei näherem Hinsehen auch nur ein „*Einvernehmen*" des „vertraglichen" Luftfrachtführers hinsichtlich der Beförderungsleistung durch den „ausführenden" Luftfrachtführer darstellt (Art. 39 Rn. 22 f.), ist das Binnenverhältnis zwischen bei-

---

[1] Zum „Absender" Art. 1 Rn. 20.
[2] Zum „Empfänger" Art. 1 Rn. 26.
[3] Zum „vertraglichen" Luftfrachtführer: Art. 1 Rn. 14 ff.; zu den „nachfolgenden" Luftfrachtführern: Art. 1 Rn. 18; zum „ausführenden" Luftfrachtführer: Art. 1 Rn. 24.

den „Luftfrachtführern" innerhalb des MÜ noch nicht einmal ansatzweise näher angesprochen.

**3.** Daher erschöpft sich die Regelung des Art. 49 schließlich allein darin, dass weder **4** der „vertragliche" noch der „ausführende" Luftfrachtführer gegen den jeweils anderen Luftfrachtführer *per se* Schadensersatzansprüche iS der Art. 17 ff. haben.

**4.** Dies schließt auf der anderen Seite aber nicht aus, dass das zwischen beiden bestehende **5** Binnenverhältnis seinerseits durchaus die Rechtsgrundlage für einen „Rückgriff oder Schadensersatz" (Art. 48) abgeben kann, wenn es über das vorgenannte „*Einvernehmen*" rechtlich hinausgeht. Dies trifft beispielsweise zu, wenn zwischen dem „vertraglichen" und dem „ausführenden" Luftfrachtführer ausdrücklich ein Frachtvertrag iS der §§ 407 ff. HGB abgeschlossen worden ist. Für solche Fälle trifft Art. 48 die vorsorgliche Regelung, dass die hier dann etwa bestehenden Binnenansprüche durch das MÜ nicht berührt werden. Auf dieser Ebene kommen sodann ebenso auch Schadensersatzansprüche iSd. Art. 18 in Betracht, wenn hier die diesbezüglichen Anwendungsvoraussetzungen gegeben sind (hierzu Art. 18 Rn. 8).

**5.** Art. 48 hebt in diesem Zusammenhang sodann das Fortbestehen der Möglichkeit einer **6** „Streitverkündung" iSd. Art. 45 ausdrücklich hervor. Diese bleibt dem in Anspruch genommenen „vertraglichen" bzw. „ausführenden" Luftfrachtführer als Prozessinstrument in jedem Fall erhalten, unabhängig davon, welche materiellrechtlichen Beziehungen unter ihnen jeweils bestehen. Auf diese Weise soll weitgehend sichergestellt sein, dass bei Klagen auf Schadensersatz iS der Art. 17 ff. gegen die beiden „Luftfrachtführer" nicht einander widersprechende Urteile ergehen können. Eine solche Gefahr besteht nicht zuletzt im Hinblick auf die einem Kläger nach den Art. 33 und 46 wahlweise zur Verfügung stehenden unterschiedlichen Gerichtsständen und den vielleicht verschiedenen Ergebnissen der dort jeweils abgeschlossenen gerichtlichen Beweisaufnahmen, zB hinsichtlich einer „mangelhaften Verpackung" iSd. Art. 18 Abs. 2. Hier würde der unterlegene Luftfrachtführer gegen den anderen Luftfrachtführer schließlich auch noch Regress zu nehmen suchen, was ihm nach Art. 48 auch ausdrücklich offen bleibt. Solchen Nachteiligkeiten sollte mit einer Streitverkündung im Einzelfall Rechnung getragen werden können. Vgl. auch die Erl. zu Art. 45 Rn. 4.

## Kapitel VI. Sonstige Bestimmungen

### Art. 49 Zwingendes Recht

**Alle Bestimmungen des Beförderungsvertrags und alle vor Eintritt des Schadens getroffenen besonderen Vereinbarungen, mit denen die Parteien durch Bestimmung des anzuwendenden Rechts oder durch Änderung der Vorschriften über die Zuständigkeit von diesem Übereinkommen abweichen, sind nichtig.**

### Chapitre VI. Autres dispositions
### Art. 49 Obligation d'application

Sont nulles et de nul effet toutes clauses du contrat de transport et toutes conventions particulières antérieures au dommage par lesquelles les parties dérogeraient aux règles de la présente convention soit par une détermination de la loi applicable, soit par une modification des règles de compétence.

### Chapter VI. Mandatory Application
### Art. 49 Other Provisions

Any clause contained in the contract of carriage and all special agreements entered into before the damage occurred by which the parties purport to infringe the rules laid down by this Convention, whether by deciding the law to be applied, or by altering the rules as to jurisdiction, shall be null and void.

Ähnliche Bestimmungen: Art. 32 WA 1929/1955 und Art. 32 WA/MP Nr. 4 (1975).

## I. Normzweck

1    **1.** Die Vorschrift greift weitgehend den Inhalt des bisherigen Art. 32 WA 1929/1955 auf. Die dortige Regelung über „Schiedsklauseln" findet sich nunmehr in Art. 34.

2    **2.** Der Vorgängervorschrift des Art. 32 WA 1929/1955 folgend besteht das Ziel auch des Art. 49 darin, das Haftungssystem der Art. 17 ff. als unüberwindlich auszugestalten. Damit tritt die Vorschrift funktionell an die Seite von Art. 26, Art. 29 und Art. 30. In diesen Vorschriften wird das Haftungssystem bereits abgeschirmt vor Vertragsabsprachen, die den Luftfrachtführer über die Mindestgrenzen des MÜ hinausgehend begünstigen sollen (Art. 26), vor einem möglichen Ausweichen des Geschädigten auf konkurrierende Haftungsnormen (Art. 29) sowie vor der mittelbaren Inanspruchnahme des Luftfrachtführers auf dem Umweg über seine „Leute" (Art. 30).

3    **3.** Art. 49 immunisiert das Haftungssystem des MÜ zusätzlich auch noch gegenüber Parteivereinbarungen, mit denen durch eine Rechtswahl (engl. Originaltext: „by deciding the law to be applied") (Rn. 5) oder durch eine Gerichtsstandsvereinbarung (engl. Originaltext: „by altering the rules as to jurisdiction") (Rn. 6) von dem Montrealer Übereinkommen abgewichen werden soll. Solche Vereinbarungen sind in jedem Fall nichtig. Unerheblich ist, ob sie innerhalb oder aber außerhalb des einzelnen Luftbeförderungsvertrags stattgefunden haben.

## II. Regelungsgehalt

4    **1.** Wesentliche Voraussetzung für die Nichtigkeitssanktion des Art. 49 ist, dass die betreffende „Vereinbarung" bereits „vor Eintritt des Schadens" getroffen worden ist (engl. Originaltext: „... entered into before the dammage occurred ...").

5    **a)** Ist dies der Fall, so sind hiernach Vereinbarungen nichtig, mit denen die Rechtsordnung eines Staates vereinbart wird, der das Montrealer Übereinkommen nicht ratifiziert hat. Hier wären die Gerichte des betreffenden Staates völkerrechtlich nicht gezwungen, das Montrealer Übereinkommen im einzelnen Streitfall anzuwenden. Das MÜ wäre dort kein geltendes Recht und es könnte letztlich nur über eine diesbezügliche Parteivereinbarung in den einzelnen Luftbeförderungsvertrag effektiv mit einbezogen werden.

6    **b)** Eine Nichtigkeit tritt im Weiteren auch ein, wenn die Parteien einen Gerichtsstand wählen, der nicht „im Hoheitsgebiet eines der Vertragsstaates" (Art. 33 Abs. 1) liegt und außerdem nicht in Art. 33 sowie Art. 46 als solcher besonders aufgeführt ist. Auch hier wäre die Anwendbarkeit des Montrealer Übereinkommens in Frage gestellt. Zudem würde damit auch die Ausschließlichkeit der im MÜ vorgesehenen Gerichtsstände umgangen. Diese Ausschließlichkeit versteht sich iE aus der sorgfältigen *völkerrechtlichen* Auswahl der einzelnen zuständigen Gerichte im Hinblick auf die lokalen-geographischen Interessen der iS der Art. 17 ff. *Geschädigten* als Kläger einerseits und des („vertraglichen" und/oder „ausführenden") *Luftfrachtführers* als Beklagter (Art. 45) andererseits. Vgl. auch Art. 33 Rn. 6 ff. zu Gerichtsständen bei Rechtsstreitigkeiten *außerhalb* der Art. 17 ff.

7    **2.** Nach „Eintritt des Schadensfalls" getroffene „Vereinbarungen" der vorgenannten Art sind rechtlich hingegen nicht zu beanstanden.

8    **a)** Art. 3 Abs. 1 Rom I-VO,[1] der inhaltlich auf Art. 3 Abs. 1 des EG-Übereinkommens von Rom über das auf vertragliche Schuldverhältnisse anzuwendende Recht vom 19.6.1980[2] zurückgeht, sieht hierzu im Einzelnen vor:

---

[1] Im Rechtsbereich der *EU* gelten ab dem 17. Dezember 2009: Art. 3 f. VO (EG) Nr. 593/2008 des Europäischen Parlaments und des Rates vom 17. Juni 2008 über das auf vertragliche Schuldverhältnisse anzuwendende Recht („Rom I"), ABl. EG Nr. L 177 vom 4.7.2008.
[2] ABl. EG 1983 Nr. L 58 S. 14; konsolidierte Fassung: ABl. EG 1998 C 027 S. 34.

*„Der Vertrag unterliegt dem von den Parteien gewählten Recht. Die Rechtswahl muss ausdrücklich erfolgen oder sich eindeutig aus den Bestimmungen des Vertrages oder aus den Umständen des Falles ergeben. Die Parteien können die Rechtswahl für ihren ganzen Vertrag oder nur einen Teil desselben treffen."*

**b)** Infolgedessen braucht eine solche Rechtswahl[3] zwischen den Vertragsparteien „nach 9 Eintritt des Schadens" nicht ausdrücklich abgesprochen werden. Sie kann vielmehr auch stillschweigend geschehen.[4] Allerdings genügt hierfür im Allgemeinen nicht allein eine rügelose Einlassung des Beklagten. Eine stillschweigende Einigung über die Wahl der Rechtsordnung des heimischen Rechts des Geschädigten ist aber dann anzunehmen, wenn ein völkerrechtlicher Vertrag wie das Montrealer Übereinkommen nur die Haftungsgrundlage regelt, aber den Teilbereich des Haftungsumfangs dem jeweiligen nationalen Recht überlässt.[5]

**c)** Die Wahl einer *ausländischen* Rechtsordnung ergibt sich iE „eindeutig" (Art. 3 Abs. 1 10 Rom I-VO) aus den Bestimmungen des von den Parteien geschlossenen Vertrags, wenn mehrere Vertragsbestimmungen an Bestimmungen des *ausländischen* Rechts anknüpfen.[6]

**3.** Eine Schiedsvereinbarung iSd. Art. 34 kann auch schon vor „Eintritt des Schadensfal- 11 les" getroffen werden, da in der dortigen Bestimmung eine entsprechende zeitliche Einschränkung wie in Art. 49 fehlt.

## Art. 50 Versicherung

**[1]Die Vertragsstaaten verpflichten ihre Luftfrachtführer, sich zur Deckung ihrer Haftung nach diesem Übereinkommen angemessen zu versichern. [2]Der Vertragsstaat, in den ein Luftfrachtführer eine Beförderung ausführt, kann einen Nachweis über einen angemessenen Versicherungsschutz zur Deckung der Haftung nach diesem Übereinkommen verlangen.**

### Art. 50 Assurance

Les États parties exigent que leurs transporteurs contractent une assurance suffisante pour couvrir la responsabilité qui leur incombe aux termes de la présente convention. Un transporteur peut être tenu, par l'État partie à destination duquel il exploite des services, de fournir la preuve qu'il maintient une assurance suffisante couvrant sa responsabilité au titre de la présente convention.

### Art. 50 Insurance

States Parties shall require their carriers to maintain adequate insurance covering their liability under this Convention. A carrier may be required by the State Party into which it operates to furnish evidence that it maintains adequate insurance covering its liability under this Convention.

**Schrifttum:** *Bollweg,* Die Vorauszahlungspflicht in der Luftverkehrshaftung – oder „Bis dat, qui cito dat", FG Ruhwedel, 2004, S. 197; *ders.,* Neues luftverkehrsrechtliches Drittschadensübereinkommen – eine Patentlösung für den Wegfall von Terrorversicherungen?, ZGS 2005, 222; *Ehlers,* Transportversicherung – Güterversicherung – Versicherung politischer Gefahren, TranspR 2006, 7; *ders.,* Auswirkungen der Reform

---

[3] Vgl. MüKoBGB/*Martiny,* 4. Aufl. 2006, Art. 27 EGBGB.
[4] Hierzu BGH 28.1.1997, LM Art. 27 EGBGB 1986 Nr. 4 = NJW-RR 1997, 686 = MDR 1997, 439 = WM 1997, 560 (Zur konkludenten Wahl *deutschen* Rechts); BGH 19.1.2000, LM Art. 27 EGBGB 1986 Nr. 9 *(Dörner)* = NJW-RR 2000, 1002 = MDR 2000, 692 = WM 2000, 1643 (Zur Auslegung einer Rechtswahlvereinbarung); BGH 9.6.2004, NJW-RR 2004 = TranspR 2004, 369 = VersR 2005, 811 (Zu Art. 18 WA 1929/1955). *Basedow,* Rechtswahl und Gerichtsstandsvereinbarungen nach neuem Recht, 1987; *Frings* ZLW 1977, 8; *Mankowski* RiW 2003, 2; *Sand* ZLW 1969, 205; *Schack* NJW 1984, 2736; *Scheuch,* Luftbeförderungsvertrag und Chartervertrag unter besonderer Berücksichtigung des IPR, Diss. Zürich 1979.
[5] Zum WA 1929/1955: BGH 9.6.2004, NJW-RR 2004, 1482 = TranspR 2004, 369 = VersR 2005, 811.
[6] OLG Köln 8.1.1993, MDR 1993, 315 = RIW/AWD 1993, 414.

des Versicherungsvertragsgesetzes (VVG) auf das Transportversicherungsrecht, TranspR 2007, 5; *Flach,* Auswirkungen des neuen Versicherungsvertragsrechts auf die Transportversicherungssparten, TranspR 2008, 56; *Geigel/Mühlbauer,* Der Haftpflichtprozess, 25. Aufl. 2008, Kap. 29 Rn. 163; *Kadletz,* Haftung und Versicherung im internationalen Lufttransportrecht, 1998; *de la Motte,* Schaden und Schadensfall in Haftung und Versicherung, GS Helm, 2001, S. 213; *Müller-Rostin,* Der Luftverkehr unter der Geißel des Terrorismus, FG Ruhwedel, 2004, S. 197; *ders.,* Haftung und Versicherung beim Code Sharing, NZV 2002, 68; *ders.,* Art. 50 Montrealer Übereinkommen – eine unscheinbare, aber bedeutungsvolle Vorschrift zur Pflichtversicherung für Luftfrachtführer, VersR 2004, 832; *ders.,* Article 50 Montreal Convention. A Provision with Considerable Consequences, ZLW 2004, 551; *ders.,* Luftfahrtversicherung – wichtiger denn je!, ZLW 2005, 356; *ders.,* Versicherungen des gewerblichen Luftverkehrs, TranspR 2006, 49; *ders.,* Versicherung, in: Köln-Kompd.d.LuftR, Bd. 3 (Wirtschaftsrechtliche Aspekte des Luftverkehrs), S. 391; *Reiff,* Sinn und Bedeutung von Pflichthaftpflichtversicherungen, TranspR 2006, 15; *Reuschle,* MÜ, Art. 50; *Rod,* Aviation Insurance: the law and practice of aviation insurance, including hovercraft and spacewaft insurance, London, 3. Aufl. 2000; *Schlöpke,* Interdependenzen von Haftung und Versicherung, 2005; *Schmid,* Die Vorauszahlungspflicht des Luftfrachtführers bei Passagierunfällen im Rahmen von Luftbeförderungsverträgen, TranspR 2005, 346; *Schünemann,* Das Rechtsprodukt „Versicherung". Ein Phantom im Spannungsfeld von Privatautonomie und juristischer Konstruktion, GS Helm, 2001, S. 865; *Thume,* Transportrechtliche Erfahrungen mit dem neuen VVG, TranspR 2012, 125; *ders.,* Geldtransporte und ihre Versicherung, TranspR 2010, 362.

## Übersicht

|  | Rn. |  | Rn. |
|---|---|---|---|
| **I. Normzweck** | 1–7 | 2. Ergänzung durch EU-Recht | 13–19 |
| 1. Ziel der Montrealer Konferenz (1999) | 1 | a) Art. 7 VO (EWG) Nr. 2407/92 | 14, 15 |
| 2. Analyse auf Seiten der Konferenzteilnehmer | 2 | b) VO (EG) Nr. 785/2004 | 16–19 |
| 3. Entwurf eines (neuen) Art. 45 | 3–6 | **III. Nachweis eines angemessenen Versicherungsschutzes** | 20–22 |
| 4. Keine Versicherungspflicht auf der Grundlage des Übereinkommens selbst | 7 | 1. Deutsches Recht | 21 |
|  |  | 2. Ergänzung durch EU-Recht | 22 |
| **II. Regelungsgehalt** | 8–19 | **IV. Deutsches Versicherungsvertragsrecht** | 23, 24 |
| 1. MontÜG | 10–12 | 1. Rechtswahl | 23 |
| a) Zur Versicherungspflicht | 11 | 2. §§ 100 ff. VVG | 24 |
| b) LuftVZO | 12 |  |  |

## I. Normzweck

**1**   **1. Ziel der Montrealer Konferenz (1999).** Es war das Ziel des Montrealer Übereinkommens, das Warschauer Haftungssystem nicht nur zu konsolidieren, sondern auch zu modernisieren (Einl. MÜ Rn. 21 f.). Diesem Gedanken entsprach es, dem Luftfrachtführer[1] hinsichtlich seiner Haftung nach den (Art. 17 ff. WA 1929/1955) Art. 17 ff. zusätzlich auch eine eigene Versicherungspflicht aufzuerlegen. Auf diese Weise sollte vermieden werden, dass geschädigte Fluggäste bzw. Absender[2] oder Empfänger[3] von Frachtgut im Falle einer Insolvenz des Luftfrachtführers oder in ähnlichen Krisensituationen ohne Entschädigung bleiben könnten.[4]

**2**   **2. Analyse auf Seiten der Konferenzteilnehmer.** Die Montrealer Konferenz (1999) ging hierbei von folgender Analyse aus:[5]

„*States impose under national laws and regulations insurance requirements on their carriers whereas some States impose under bilaterial air services agreements insurance requirements on carriers from other States operating into their territories.*"

**3**   **3. Entwurf eines (neuen) Art. 45.** Vor diesem Hintergrund wurde in den Entwurf des MÜ ein – neuer – Art. 45 aufgenommen, der folgenden Wortlaut hatte:

---

[1] Zum „Luftfrachtführer" Art. 1 Rn. 14 ff.; zu den „nachfolgenden" Luftfrachtführern Art. 1 Rn. 18; zum „ausführenden" Luftfrachtführer Art. 1 Rn. 24.

[2] Zum „Absender" Art. 1 Rn. 20.

[3] Zum „Empfänger" Art. 1 Rn. 26.

[4] ICAO-Documentation „Conference for the Unification of Certain Rules for International Carriage by Air", Vol. III – Preparatory Material, Doc. 9775-DC/2, Montreal 2002, S. 255 (Report on Agenda Item 2, Nr. 2:122).

[5] ICAO-Documentation (Fn. 4) S. 72 (Attachment A, Nr. 5.4.1931 „New Article – Insurance").

*„Every carrier is required to maintain insurance or other form of financial security, including* **4**
*guarantee, covering his liability for such damage as may arise under this Convention in such amount,*
*of such type and in such terms as the national State of the carrier may specify. The carrier may be*
*required by the State into which he operates to provide evidence that this condition has been fulfilled*
*by producing appropriate certificate or certificates from the State concerned. "*

Dem folgte indessen alsbald die Erkenntnis,[6] „that the matter of adequate insurance cover **5**
and effective verification thereof deserved further study in the work to be carried out".

Im Verlauf der Konferenz wurde sodann sogar vorgetragen,[7] dass die Vorschrift des **6**
Art. 45 (Entw.) insgesamt gestrichen werden sollte, weil sie gegenüber der bestehenden
Praxis, die sehr gut arbeite, nichts Neues bringe. Sie könne mehr schädlich als nutzbringend
sein. Dem wurde aber – mit Erfolg – entgegnet, dass dieser Art. 45 des Entwurfs aufrecht zu
halten sei, weil die Vorschrift den Schutz des Passagiers bezwecke, was einem fundamentalen
Anliegen der Modernisierung des Abkommensrechts entspreche.[8]

**4. Keine Versicherungspflicht auf der Grundlage des Übereinkommens selbst.** **7**
Allerdings sollte eine Versicherungspflicht des Luftfrachtführers nicht innerhalb des Übereinkommens selbst vorgeschrieben werden. Das Protokoll[9] vermerkt hierzu: „The majority
of the Group believed that this was a subject best left to governments to deal with in their
relationship with carriers and not embodied in a new instrument, ...".

## II. Regelungsgehalt

Das Ergebnis dieser Erwägungen findet sich in der nun vorliegenden Fassung des Art. 50. **8**
Danach sind abkommensrechtlich nicht die Luftfrachtführer selbst[10] zu einer Versicherungsdeckung verpflichtet. Stattdessen heißt es: „Die Vertragsstaaten verpflichten ihre[11]
Luftfrachtführer, sich ... zu versichern" (engl. Originaltext: „State Parties shall require their
carriers ..."). Damit steht Art. 50 in einem auffälligen Widerspruch zu dem Gesamtkonzept
des MÜ, das als Normadressaten ansonsten nur den „Luftfrachtführer", den „Reisenden",
den „Absender" sowie auch den „Empfänger" kennt. So gesehen bildet Art. 50 in der Tat
einen „Fremdkörper"[12] im Übereinkommen.

Während Art. 27 dem Luftfrachtführer ausdrücklich die Möglichkeit offen hält, „den **9**
Abschluss eines Beförderungsvertrags zu verweigern", geht Art. 50 hinsichtlich des vom
Luftfrachtführer abzuschließenden Haftpflichtversicherungsvertrags den umgekehrten Weg,
dh. in die Richtung eines Kontrahierungszwangs. Dieser wird auf die Luftfrachtführer
unmittelbar über die einzelnen Mitgliedstaaten des MÜ selbst ausgeübt.

---

[6] ICAO-Documentation (Fn. 4) S. 16, Appendix A, Nr. 6.37.
[7] ICAO-Documentation (Fn. 4) S. 247, Report on Agenda Item 2, Nr. 2:67.
[8] ICAO-Documentation (Fn. 4) S. 247, Report on Agenda Item 2, Nr. 2.67: „There followed a broad
discussion as to whether this provision should be maintained or deleted. Some participants were of the opinion
that it should maintained and the square brackets removed, because its aim was the protection of the passenger
which is a fundamental feature of the envisaged modernized instrument. Some other participants expressed
the view that this provision should be deleted, because it did not bring anything new into the current practice,
which has worked very well, and could be more harmful than beneficial."
[9] ICAO-Documentation (Fn. 4) S. 16, Appendix A, Nr. 6.37.
[10] Dessen ungeachtet konnten die Parteien eines Luftfrachtvertrags auch schon unter dem Regime des
WA 1929/1955 vereinbaren, dass der Luftfrachtführer eine Transportversicherung zugunsten des Versenders
oder des Empfängers abschließen soll. Insoweit kommt jeweils ein gesonderter Geschäftsbesorgungsvertrag
zustande, der den Luftfrachtführer – unabhängig von den Haftungsbeschränkungen des WA – zum Schadensersatz verpflichtet, wenn er die Transportversicherung nicht eindeckt oder nach Eintritt des Schadensfalls weder
die für die Geltendmachung der Versicherungsleistung erforderlichen Informationen erteilt noch sich selbst
um die Schadenregulierung kümmert; vgl. insoweit zum WA 1955: OLG Frankfurt/M. 16.4.1996, NJW-
RR 1997, 1050 = TranspR 1998, 123 = ZLW 1997, 281.
[11] ICAO-Documentation (Fn. 4) S. 247, Report on Agenda Item 2, Nr. 2.69: Die Fassung des Entw.
lautete: „national State of the carrier" (s. o. im Text). Das Wort „national" wurde zur Klarstellung gestrichen.
„The Secretary explained that this reference should be considered linked to the State of the Operator rather
than to the State of Registry".
[12] *Müller-Rostin* VersR 2004, 832.

10     **1. MontÜG.** *Deutschland* als Vertragsstaat des MÜ (Art. 1 Rn. 2) hat die Versicherungs-pflicht „seiner" (Art. 50) Luftfrachtführer vollzogen im Gesetz zur Durchführung des Über-einkommens vom 28. Mai 1999 zur Vereinheitlichung bestimmter Vorschriften über die Beförderung im internationalen Luftverkehr und zur Durchführung der Versicherungs-pflicht zur Deckung der Haftung für Güterschäden nach der Verordnung (EG) Nr. 785/2004 (Montrealer-Übereinkommen-Durchführungsgesetz – MontÜG).[13] Bei dieser Versi-cherung handelt es sich um eine Haftpflichtversicherung. Dies unterscheidet sie von einer Transportversicherung als einer Versicherung von Gütern, die als solche grundsätzlich allein das Sacherhaltungsinteresse des versicherten Eigentümers des transportierten Gutes erfasst.[14]

11     **a) Zur Versicherungspflicht.** Die maßgebliche Vorschrift des MontÜG lautet hier:

### § 4 Versicherungspflicht

(1) Unbeschadet der Vorschriften der Verordnung (EG) Nr. 2027/97 des Rates vom 9. Oktober 1997 über die Haftung von Luftfahrtunternehmen bei Unfällen (ABl. EG Nr. L 285 S. 1), geändert durch die Verordnung (EG) Nr. 889/2002 des Europäischen Parlaments und des Rates vom 13. Mai 2002 (ABl. EG Nr. L 140 S. 2), und der Verordnung (EG) Nr. 785/2004 des Europäischen Parla-ments und des Rates vom 21. April 2004 über Versicherungsanforderungen an Luftfahrtunterneh-men und Luftfahrzeugbetreiber (ABl. EU Nr. L 138 S. 1), in der jeweils geltenden Fassung, bestimmt sich die Pflicht des Luftfrachtführers, zur Deckung seiner Haftung nach dem Montrealer Übereinkommen für die Tötung, die Körperverletzung und die verspätete Beförderung von Reisen-den sowie für die Zerstörung, die Beschädigung, den Verlust und die verspätete Beförderung von Reisegepäck eine Haftpflichtversicherung zu unterhalten, nach den §§ 50 und 51 des Luftverkehrs-gesetzes sowie den Vorschriften der Luftverkehrs-Zulassungs-Ordnung über die Versicherungs-pflicht des Luftfrachtführers.

(2) Unbeschadet der Vorschriften der Verordnung (EG) Nr. 785/2004 ist der Luftfrachtführer verpflichtet, zur Deckung seiner Haftung nach dem Montrealer Übereinkommen für die Zerstörung, die Beschädigung, den Verlust und die verspätete Ablieferung von Gütern während der von ihm geschuldeten oder der von ihm für den vertraglichen Luftfrachtführer ausgeführten Luftbeförderung eine Haftpflichtversicherung zu unterhalten.

(3) Das Bundesministerium für Verkehr, Bau und Stadtentwicklung wird ermächtigt, durch Rechtsverordnung mit Zustimmung des Bundesrates die Einzelheiten über den Abschluss, die Aufrechterhaltung, den Inhalt, den Umfang, die zulässigen Ausschlüsse und den Nachweis der nach Absatz 2 und, soweit sie die Deckung der Haftung für die Zerstörung, die Beschädigung und den Verlust von Gütern betreffen, der nach Verordnungen der Europäischen Gemeinschaft zu unterhaltenden Haftpflichtversicherung, einschließlich der Mindestversicherungssumme, zu regeln. Soweit Versicherungsnachweise bei Landesbehörden zu hinterlegen sind, bleibt die Bestimmung der zuständigen Behörde dem Landesrecht vorbehalten.

Von der vorzitierten Ermächtigungsgrundlage des § 4 Abs. 3 MontÜG ist im Wege einer Neufassung der §§ 104 und 106 Luftverkehrs-Zulassungs-Ordnung (LuftVZO) Gebrauch gemacht worden.[15]

12     **b) LuftVZO.** Die Erstere Vorschrift der LuftVZO lautet:

### § 104 Versicherung für Güterschäden

(1) Der Haftpflichtversicherungsvertrag für Güterschäden muss die Haftung des Luftfrachtführers auf Schadensersatz nach dem Montrealer Übereinkommen wegen der in § 4 Abs. 2 des Montrea-ler-Übereinkommen-Durchführungsgesetzes genannten Schäden bei der von ihm geschuldeten oder der von ihm für einen vertraglichen Luftfrachtführer ausgeführten Luftbeförderung decken.

---

[13] S. Art. 1 des G zur Harmonisierung des Haftungsrechts im Luftverkehr vom 6. April 2004 (BGBl. I S. 550, 1027); geändert durch G zur Anpassung luftversicherungsrechtlicher Vorschriften vom 19.4.2005 (BGBl. I S. 1070); zuletzt geändert durch Art. 336 VO vom 31.10.2006 (BGBl. I S. 2407). Abdruck unten nach Art. 57.

[14] Vgl. zu dieser Unterscheidung: BGH 7.5.2003, NJW-RR 2003, 1107 = TranspR 2003, 320 = VersR 2003, 1171 = MDR 2003, 988. Eine Leistung des Transportversicherers auf den seinem Versicherungsnehmer (Absender) wegen des Verlustes des Transportguts entstandenen Schaden führt nicht zum Erlöschen der Ansprüche des frachtbriefmäßigen Empfängers der Ware gegen den Frachtführer (aus Art. 13 Abs. 1 S. 2 CMR): BGH 6.7.2006, NJW-RR 2006, 1544.

[15] Neunte ÄndVO vom 27.7.2005 (BGBl. I S. 2275).

(2) Der Haftpflichtversicherungsvertrag nach Absatz 1 muss spätestens bei der Übernahme des Gutes vorliegen.

(3) [1]Die Mindesthöhe der Versicherungssumme beläuft sich für den Luftfrachtführer, der ein Luftfahrzeug betreibt oder führt, auf 19 Rechnungseinheiten je Kilogramm des beförderten Gutes. [2]Für einen Luftfrachtführer, der ein Luftfahrzeug weder betreibt noch führt, beläuft sich die Mindesthöhe der Versicherungssumme auf 600 000 Euro je Schadensereignis. [3]Dieser Luftfrachtführer kann eine Begrenzung der Leistungen des Versicherers für alle innerhalb eines Versicherungsjahres verursachten Schäden vereinbaren; die Jahreshöchstleistung muss jedoch mindestens das Zweifache der Mindestversicherungssumme betragen.

(4) Soweit sich aus Artikel 23 Abs. 1 des Montrealer Übereinkommens nicht etwas anderes ergibt, gilt für die Umrechnung der Rechnungseinheit nach Absatz 3 § 431 Abs. 4 des Handelsgesetzbuchs entsprechend.

**2. Ergänzung durch EU–Recht.** Die oben zitierten § 4 Abs. 1 und 2 MontÜG lassen **13** die – vorrangige – Verordnung (EWG) Nr. 2407/92 des Rates vom 23. Juli 1992 über die Erteilung von Betriebsgenehmigungen an Luftfahrtunternehmen (ABl. EG Nr. L 240, S. 1) ausdrücklich „unbeschadet".

**a) Art. 7 VO (EWG) Nr. 2407/92.** Die hier einschlägige Vorschrift dieser VO (EWG) **14** Nr. 2407/92 lautet:

**Art. 7.**

Ein Luftfahrtunternehmen muss gegen die im Rahmen seiner Haftpflicht zu ersetzenden Schäden, die insbesondere Fluggästen, an Gepäck, an Fracht, an Post und Dritten durch Unfälle entstehen können, versichert sein.[16]

„Luftfahrtunternehmen" ist nach Art. 2 dieser VO (EWG) „ein Lufttransportunternehmen **15** men mit einer gültigen Betriebsgenehmigung". Insofern geht dieser Begriff von ganz anderen Kriterien[17] aus, als dies hinsichtlich des „Luftfrachtführers" (Art. 50) der Fall ist. Er erfüllt diesen Rechtsbegriff schon allein dadurch, dass er mit einem Fluggast oder einem Absender von Frachtgut – formlos – einen Luftbeförderungsvertrag abschließt (Art. 1 Rn. 14 ff.). Die „Luftfahrtunternehmen" iSd. der VO (EWG) 2407/92 definieren sich hingegen allein über ihre „Betriebsgenehmigung". Doch bleiben sodann in dieser VO (EWG) Mindesthöhen und Bedingungen für die ihnen vorgeschriebene Haftpflichtversicherung ungeregelt.

**b) VO (EG) Nr. 785/2004.** Diese Lücke füllt – gleichfalls auf der Rechtsebene der **16** EU – die VO (EG) Nr. 785/2004 des Europäischen Parlaments und des Rates über Versicherungsanforderungen an Luftfahrtunternehmen und Luftfahrzeugbetreiber vom 21. April 2004.[18] Nr. 6 der Gründe dieser VO (EG) nimmt ausdrücklich auf Art. 50 Bezug. IE soll die VO (EG) im Rahmen einer gemeinsamen Verkehrspolitik und zur Förderung des Verbraucherschutzes einen angemessenen Mindestversicherungsschutz für die Haftung der Luftfahrtunternehmen[19] in Bezug auf Fluggäste, Reisegepäck, Güter und Dritte gewährleisten.

**aa) Mindestversicherungssummen.** Nach Art. 6 Abs. 3 VO (EG) beträgt die Min- **17** destversicherungssumme hinsichtlich der Haftung für Güter 19 Sonderziehungsrechte je Kilogramm bei gewerblichen Flügen. Dies entspricht der maximalen Haftung eines Luftfrachtführers nach Art. 22 Abs. 3. Hinsichtlich der Haftung für Reisegepäck beträgt die

---

[16] Zur Vermittlung einer Luftfahrtversicherung mit einem Versicherungsunternehmen ohne Zulassung für die EU: OLG Hamburg 3.7.2002, VersR 2002, 1507 (§ 144a VAG ist Schutzgesetz iSd. § 823 Abs. 2 BGB). Es ist mit § 5 RBerG vereinbar, wenn der Versicherer eines Luftfrachtführers schon vor dessen Entschädigung regressiert: OLG Köln 30.7.2002, TranspR 2003, 116.

[17] Hierzu *Ruhwedel* TranspR 2004, Heft 3 (Sonderbeilage), S. XXXIV.

[18] ABl. EG 2004 Nr. L 138.

[19] Nach Art. 3 VO (EG) Nr. 785/2004 sind „Luftfahrtunternehmen" ein Lufttransportunternehmen mit einer gültigen Betriebsgenehmigung, „Luftfahrtunternehmen der Gemeinschaft" ein Luftfahrtunternehmen mit einer von einem Mitgliedstaat im Einklang mit der Verordnung (EWG) Nr. 2407/92 erteilten gültigen Betriebsgenehmigung.

Mindestversicherungssumme 1000 Sonderziehungsrechte je Fluggast bei gewerblichen Flügen (Art. 6 Abs. 2 der VO), was in der Höhe des Versicherungsbetrags mit Art. 22 Abs. 2
übereinstimmt. Gemäß Art. 3 VO (EG) gilt „in Bezug auf Güter und aufgegebenes Reise-
päck die Dauer der Beförderung von Reisegepäck und Gütern ab dem Zeitpunkt der
Übergabe an das Luftfahrtunternehmen bis zum Zeitpunkt der Aushändigung an den Empfangsberechtigten".

**18**   **bb) Mindestversicherungssummen bei Postsendungen.** Gemäß Art. 1 Abs. 2 der
VO (EG) gelten für die Beförderung von Postsendungen die Versicherungsanforderungen,
die in der Verordnung (EWG) Nr. 2407/92 (Rn. 14) und in den nationalen Rechtsvorschriften der Mitgliedstaaten niedergelegt sind. Vgl. im weiteren oben die Erl. zu Art. 2
(Rn. 6 ff.).

**19**   **cc) Güterverspätungsschäden.** Wie sich aus Erwägungsgrund Nr. 14 der VO (EG)
ergibt, deckt diese VO nicht die Haftung für Schäden ab, die sich aus der Verspätung von
Gütern bzw. von Reisenden und ihrem Gepäck ergeben. Insoweit ist auf *nationales* Recht
zurückzugreifen. Vgl. hier wegen Verspätungsschäden bei Gütern die Vorschrift des § 4
Abs. 2 MontÜG (oben Rn. 11) bzw. bei Fluggästen und deren Gepäck die Bestimmungen
des § 4 Abs. 1 MontÜG (oben Rn. 11) iVm. den §§ 50 f. LuftVG.

## III. Nachweis eines angemessenen Versicherungsschutzes

**20**   Gemäß Art. 50 S. 2 kann der Vertragsstaat, in den ein Luftfrachtführer eine Beförderung
ausführt, einen Nachweis über einen angemessenen Versicherungsschutz zur Deckung der
Haftung nach diesem Übereinkomme verlangen. Der Tatbestand „eine Beförderung ausführt" ist begrifflich nicht deckungsgleich mit dem eines „ausführenden Luftfrachtführers"
iSd. Art. 39 ff. (engl. Originaltext: „actual carrier"), sondern stellt nur auf das Faktum des
„Einfliegens" in den jeweiligen Vertragsstaat ab (engl. Originaltext: „into witch it operates")

**21**   **1. Deutsches Recht.** Auf der Grundlage des § 4 Abs. 3 MontÜG ist neben dem oben
zitierten § 104 LuftVZO als Annexregelung auch § 106 LuftVZO[20] neugefasst worden.
Diese Vorschrift regelt den in Art. 50 S. 2 vorgesehenen Nachweis eines angemessenen
Versicherungsschutzes und hat folgenden Wortlaut:

**§ 106 Versicherungsbestätigung**

(1) [1]Der Versicherer ist verpflichtet, dem Versicherungspflichtigen bei Beginn des Versicherungsschutzes eine Versicherungsbestätigung kostenlos zu erteilen, die das Bestehen eines Haftpflichtver-
sicherungsvertrages und die Einhaltung der jeweils maßgeblichen Mindestdeckung bestätigt. [2]Die
Bestätigung muss Umfang und Dauer der Versicherung angeben. [3]Liegt Gruppenversicherung vor,
kann die Bestätigung mit Ermächtigung des Versicherers vom Versicherungsnehmer selbst ausgestellt werden, wobei der Name und die Anschrift des Versicherers anzugeben sind.

(2) Bei dem Betrieb von Luftfahrzeugen ist als Versicherungsnachweis eine Bestätigung über
die Haftpflichtversicherung für Drittschäden mitzuführen, die den Anforderungen des Absatzes 1
genügt.

(3) [1]Bei der aus Vertrag geschuldeten Luftbeförderung von Fluggästen und ihres Gepäcks sowie
von Gütern ist als Versicherungsnachweis eine Bestätigung über die Haftpflichtversicherung für
Fluggastschäden oder Güterschäden mitzuführen, die den Anforderungen des Absatzes 1 genügt.
[2]Erfolgt die Luftbeförderung durch einen ausführenden Luftfrachtführer, ist nur die Bestätigung
über die Versicherung seiner Haftung mitzuführen.

(4) Die zuständigen Stellen können jederzeit die Vorlage der nach den Absätzen 2 und 3 mitzu-
führenden Versicherungsbestätigung, die Vorlage des Versicherungsscheins sowie den Nachweis
über die Zahlung des letzten Beitrags verlangen.

**22**   **2. Ergänzung durch EU-Recht.** Im Rahmen des EU-Rechts weisen nach Art. 5
Abs. 1 VO (EG) Nr. 785/2004 Luftfahrtunternehmen der Gemeinschaft und auf Verlangen
auch Luftfahrzeugbetreiber die Einhaltung der in dieser Verordnung aufgestellten Versiche-

---

[20] Neunte ÄndVO vom 27.7.2005 (BGBl. I S. 2275).

rungsanforderungen nach, indem sie bei den zuständigen Behörden des betreffenden Mitgliedstaates ein Versicherungszertifikat oder einen anderweitigen Nachweis der gültigen Versicherungsdeckung hinterlegen.

„Überfliegen gemeinschaftsfremde Luftfahrtunternehmen oder in Drittländern eingetragene Luftfahrzeuge das Hoheitsgebiet eines Mitgliedstaats, ohne dass hierbei ein Start oder eine Landung in einem der Mitgliedstaaten erfolgt, so können die Mitgliedstaaten, deren Hoheitsgebiet überflogen wird, im Einklang mit dem Völkerrecht fordern, dass ein Nachweis dafür erbracht wird, dass die in dieser Verordnung aufgestellten Versicherungsanforderungen eingehalten werden, zum Beispiel, indem sie Stichproben durchführen".[21]

## IV. Deutsches Versicherungsvertragsrecht

**1. Rechtswahl.** Der Luftfrachtführer und sein Versicherer können ihren Haftpflichtversicherungsvertrag durch Rechtswahl dem *deutschen* Recht unterstellen. Das Rechtswahlverbot des Art. 49 hat hier keine Funktion, da Art. 50 die Versicherungspflicht von Luftfrachtführern dem Geltungsbereich des MÜ vorenthält und sie sogar ausdrücklich der Kompetenz der einzelnen Vertragsstaaten des MÜ zuweist. **23**

**2. §§ 100 ff. VVG.** Bei der Wahl *deutschen* Rechts für den einzelnen Versicherungsvertrag, die sich ihrerseits nach den Art. 27, 37 Abs. 4 EGBGB[22] richtet, sind für den Luftfrachtführer als Versicherungsnehmer iE die Vorschriften der § 149 ff. VVG[23] maßgeblich. Nach dem 1.1.2008 sind diese Vorschriften ersetzt durch die §§ 100 ff. VVG (nF).[24] Hiernach ist der Versicherer bei der Haftpflichtversicherung verpflichtet, den Versicherungsnehmer von Ansprüchen freizustellen, die von einem Dritten auf Grund der Verantwortlichkeit des Versicherungsnehmers für eine während der Versicherungszeit eintretende Tatsache geltend gemacht werden, und unbegründete Ansprüche abzuwehren. Nach § 115 VVG (nF) kann dieser „Dritte" die ihm zustehenden Ansprüche auch selbst und unmittelbar gegen den Versicherer geltend machen. Eine Klagefrist, wie sie bislang in § 13 Abs. 3 VVG (aF) vorgesehen war, besteht nicht mehr. **24**

## Art. 51 Beförderung unter außergewöhnlichen Umständen

**Die Bestimmungen der Artikel 3 bis 5, 7 und 8 über die Beförderungsurkunden sind nicht auf Beförderungen anzuwenden, die unter außergewöhnlichen Umständen und nicht im Rahmen des gewöhnlichen Luftverkehrs ausgeführt werden.**

### Art. 51 Transport effectué dans des circonstances extraordinaires

Les dispositions des articles 3 à 5, 7 et 8 relatives aux titres de transport ne sont pas applicables au transport effectué dans des

### Art. 51 Carriage Performed in Extraordinary Circumstances

The provisions of Articles 3 to 5, 7 and 8 relating to the documentation of carriage shall not apply in the case of carriage perfor-

---

[21] Nr. 18 der Gründe der VO (EG) Nr. 785/2004.

[22] Vgl. für Versicherungsverträge auch: BGH 9.12.1998, BGHZ 140, 167 = NJW 1999, 950 = VersR 1999, 347 (m. Anm. *Wandt*). Ist das zu deckende Risiko außerhalb der EU belegen, so können die Art. 3 ff. Rom I-VO uneingeschränkt Anwendung finden. Im Rechtsbereich der *EU* gelten ab dem 17. Dezember 2009: Art. 3 f. VO (EG) Nr. 593/2008 des Europäischen Parlaments und des Rates vom 17. Juni 2008 über das auf vertragliche Schuldverhältnisse anzuwendende Recht („Rom I"), ABl. EG Nr. L 177 vom 4.7.2008.

[23] G über den Versicherungsvertrag vom 30. Mai 1908 (RGBl. S. 263), zuletzt geändert durch Art. 6 G zur Änderung der Vorschriften über Fernabsatzverträge bei Finanzdienstleistungen vom 2.12.2004 (BGBl. I S. 3102).

[24] G zur Reform des Versicherungsvertragsrechts vom 23. November 2007 (BGBl. 2007 I S. 2631). Hierzu iE: BT-Drucks. 16/3945: Entwurf eines Gesetzes zur Reform des Versicherungsvertragsrechts sowie dessen Reg.Begr.

circonstances extraordinaires en dehors de
toute opération normale de l'exploitation
d'un transporteur.

med in extraordinary circumstances outside
the normal scope of a carrier's business.

Ähnliche Bestimmungen. Art. 34 WA 1929; Art. 34 WA 1955 und Art. 34 WA/MP
Nr. 4 (1975).

## I. Normzweck

1    Im Anschluss an Art. 34 WA 1929/1955 stellt auch Art. 51 den Luftfrachtführer[1] von
den Verpflichtungen frei, seinen Fluggästen Flugscheine und Gepäckbelege (Art. 3) bzw.
den Absendern von Frachtgut Luftfrachtbriefe oder Empfangsbescheinigungen über die
Güter (Art. 4) „auszuhändigen". Insbesondere kann der Absender hier keine „Aushändigung" der „dritten Ausfertigung" des Luftfrachtbriefs mehr verlangen (Art. 7 Abs. 2).
Zudem hat der Luftfrachtführer im Zusammenhang mit den vorgenannten Frachtdokumenten im weiteren auch nicht mehr auf deren abkommensrechtlich korrekten Inhalt (Art. 5)
sowie deren formrichtige Ausstellung (Art. 7 und 8) Rücksicht zu nehmen.

## II. Regelungsgehalt

2    Die vorskizzierte Regelung steht allerdings unter dem besonderen Vorbehalt, dass die
in Betracht kommende Beförderung „unter außergewöhnlichen Umständen und nicht im
Rahmen des gewöhnlichen Luftverkehrs ausgeführt" worden ist.

3    **1.** Der **historische Wert** der Vorgängervorschriften des Art. 51, dh. der Art. 34 WA
1929 und Art. 34 WA 1955, hatte darin gelegen, dass der Luftfrachtführer bei einem Nichtausstellen von Flugscheinen, von Fluggepäckscheinen bzw. von Luftfrachtbriefen gemäß
den Art. 3, 4 und 9 WA 1929/1955 in eine summenmäßig völlig unbeschränkte Haftung
geriet.

4    **2.** Gerade dieses Ergebnis sollte mit den genannten Vorgängervorschriften zugunsten
des Luftfrachtführers für die Fälle vermieden werden, in denen schon die Beförderung
selbst „unter außergewöhnlichen Umständen und nicht im Rahmen des gewöhnlichen
Luftverkehrs" gestartet worden war, wie etwa bei Rettungsflügen. Hier hatte der Luftfrachtführer in aller Regel ohnehin keine Zeit mehr für irgendwelche transportrechtlichen Dokumentationen gehabt.[2]

5    **3.** Der **Gegenwartswert** von Art. 51 ist jetzt in zweifacher Hinsicht zu vernachlässigen.

6    **a)** Zum einen kennt das neue Recht des MÜ gemäß den Art. 3 Abs. 5 und Art. 9 nicht
mehr das Junktim einer „Aushändigung" von Transportdokumenten einerseits und einer
andernfalls eintretenden unbeschränkten Haftung des Luftfrachtführers auf der anderen
Seite.

7    **b)** Zum anderen verweist Art. 51 bezeichnenderweise nicht auch auf Art. 9. In dessen
Vorgängervorschrift des Art. 9 WA 1929/1955 war vorgesehen gewesen, dass der Luftfrachtführer die bereits erwähnte Sanktion einer unbeschränkten Haftung auf sich nimmt,
wenn er das Gut verladet, ohne einen Luftfrachtbrief auszustellen, oder aber einen Luftfrachtbrief aushändigt, der keinen Hinweis auf seine nur beschränkte Haftung als Luftfrachtführer enthält.

8    Dieser Textinhalt ist durch den neuen Art. 9 insgesamt ausgetauscht worden. Hier heißt
es nun: „Die Nichtbeachtung der Artikel 4 bis 8 berührt weder den Bestand noch die

---

[1]  Zum „vertraglichen" Luftfrachtführer Art. 1 Rn. 14 ff.
[2]  Vgl. *Guldimann*, Internationales Lufttransportrecht, S. 184, unter Hinweis auf Warschau Protokoll
S. 57 ff.: Die Ausstellung eines Luftfrachtdokuments im Zusammenhang mit der betreffenden Beförderung
muss „als widersinnig" erscheinen.

Wirksamkeit des Beförderungsvertrags; dieser unterliegt gleichwohl den Vorschriften dieses Übereinkommens einschließlich derjenigen über die Haftungsbeschränkung".

**4.** Wenn solchermaßen im Rahmen eines Lufttransports das Nichtausstellen eines „Luft-   **9** frachtbriefs" (Art. 4 Abs. 1) oder einer „Empfangsbestätigung über die Güter" (Art. 4 Abs. 2) ohnehin keine abkommensrechtlichen Folgen mehr hat, dann ist die Regelung des Art. 51 praktisch weitgehend überflüssig.

**5.** Die Bedeutung des **Art. 51 beschränkt sich** daher auf die einzelnen Fälle, in denen   **10** der Absender oder der Empfänger des Frachtguts gegen den Luftfrachtführer haftungsrechtlich vorgehen wollen, weil er weder einen „Luftfrachtbrief", dh. eine „dritte Ausfertigung" dieses Briefes (Art. 7 Abs. 2), noch eine „Empfangsbestätigung über die Güter" „ausgehändigt" hat. Kann der Luftfrachtführer hier nicht nachweisen, dass die Voraussetzungen des Art. 51 vorgelegen haben, hat er bei Anwendbarkeit *deutschen* Rechts (Art. 3 ff. Rom I-VO[3]) einen insoweit eingetretenen Schaden gemäß § 280 Abs. 1 BGB zu regulieren. Er kann sich im Hinblick auf den neuen Art. 9 hierbei jedenfalls nicht darauf berufen, dass mangels solcher Transportdokumente auch der „Bestand" oder „die Wirksamkeit des Beförderungsvertrags" (Art. 9) beeinträchtigt seien.

## Art. 52 Bestimmung des Begriffs „Tage"

**Der Begriff „Tage" im Sinne dieses Übereinkommens bedeutet Kalendertage, nicht Werktage.**

### Art. 52 Définition du terme «jour»

Lorsque dans la présente convention il est question de jours, il s'agit de jours courants et non de jours ouvrables.

### Art. 52 Definition of Days

The expression „days" when used in this Convention means calendar days, not working days.

Ähnliche Bestimmungen: Art: 35 WA 1929/1955 und Art. WA/MP Nr. 4 (1975).

## I. Normzweck

**1.** Da das Montrealer Übereinkommen – wie zuvor schon das WA 1929/1955 – das   **1** Ziel verfolgt, für Fragen der zwischenstaatlichen Luftbeförderung ein internationales Einheitsrecht zu schaffen (Einl. MÜ Rn. 11), musste es – im Anschluss an Art. 35 WA 1929/1955 – nicht zuletzt auch für die im Übereinkommen benannten „Tage" einen eigenen Begriff fixieren.

**2.** Solche „Tage" sind iE maßgeblich in Art. 13 Abs. 3 („Verlust" von Gütern); Art. 17   **2** Abs. 3 („Verlust" von aufgegebenem Gepäck), Art. 31 (Fristgerechte Schadensanzeige gegenüber dem Luftfrachtführer) und Art. 35 (Beginn der Ausschlussfrist für Klagen gegen den Luftfrachtführer).

**3.** Die dort jeweils in Bezug genommenen „Tage" sind nicht „Werktage", sondern   **3** fortlaufende Kalendertage, so dass „jeder Tag zählt".

**4.** Nach den Begriffsbestimmungen der ABB-Fracht (2010)[1] sind Tage „volle Kalender-   **4** tage, einschließlich der Sonntage und gesetzlichen Feiertage; bei Feststellung einer Gültigkeitsdauer wird der Tag der Ausgabe des Beförderungsdokuments oder der Tag des Flugbeginns nicht mitgerechnet".

---

[3] Im Rechtsbereich der *EU* gelten ab dem 17. Dezember 2009: Art. 3 f. VO (EG) Nr. 593/2008 des Europäischen Parlaments und des Rates vom 17. Juni 2008 über das auf vertragliche Schuldverhältnisse anzuwendende Recht („Rom I"), ABl. EG Nr. L 177 vom 4.7.2008.
[1] Abdruck unten nach Art. 57 MÜ in der Anlage.

## Kapitel VII. Schlussbestimmungen

### Art. 53 Unterzeichnung, Ratifikation und Inkrafttreten

(1) [1]Dieses Übereinkommen liegt am 28. Mai 1999 in Montreal für die Staaten zur Unterzeichnung auf, die an der Internationalen Konferenz über Luftrecht vom 10. bis zum 28. Mai 1999 in Montreal teilgenommen haben. [2]Nach dem 28. Mai 1999 liegt das Übereinkommen am Sitz der Internationalen Zivilluftfahrt-Organisation in Montreal für alle Staaten zur Unterzeichnung auf, bis es nach Absatz 6 in Kraft tritt.

(2) [1]Dieses Übereinkommen liegt ebenso für Organisationen der regionalen Wirtschaftsintegration zur Unterzeichnung auf. [2]Im Sinne dieses Übereinkommens bedeutet eine „Organisation der regionalen Wirtschaftsintegration" eine von souveränen Staaten einer bestimmten Region gebildete Organisation, die für bestimmte, durch dieses Übereinkommen geregelte Gegenstände zuständig ist und gehörig befugt ist, dieses Übereinkommen zu unterzeichnen und es zu ratifizieren, anzunehmen, zu genehmigen oder ihm beizutreten. [3]Eine Bezugnahme auf einen „Vertragsstaat" oder „Vertragsstaaten" in diesem Übereinkommen mit Ausnahme des Artikels 1 Absatz 2, Artikels 3 Absatz 1 Buchstabe b, Artikels 5 Buchstabe b, der Artikel 23, 33 und 46 sowie des Artikels 57 Buchstabe b gilt gleichermaßen für eine Organisation der regionalen Wirtschaftsintegration. [4]Die Bezugnahmen in Artikel 24 auf „eine Mehrheit der Vertragsstaaten" und „ein Drittel der Vertragsstaaten" gelten nicht für eine Organisation der regionalen Wirtschaftsintegration.

(3) Dieses Übereinkommen bedarf der Ratifikation durch die Staaten und Organisationen der regionalen Wirtschaftsintegration, die es unterzeichnet haben.

(4) Staaten oder Organisationen der regionalen Wirtschaftsintegration, die dieses Übereinkommen nicht unterzeichnen, können es jederzeit annehmen oder genehmigen oder ihm beitreten.

(5) Die Ratifikations-, Annahme-, Genehmigungs- oder Beitrittsurkunden werden bei der Internationalen Zivilluftfahrt-Organisation hinterlegt; diese wird hiermit zum Verwahrer bestimmt.

(6) [1]Dieses Übereinkommen tritt am sechzigsten Tag nach Hinterlegung der dreißigsten Ratifikations-, Annahme-, Genehmigungs- oder Beitrittsurkunde beim Verwahrer zwischen den Staaten in Kraft, die eine solche Urkunde hinterlegt haben. [2]Eine von einer Organisation der regionalen Wirtschaftsintegration hinterlegte Urkunde wird insoweit nicht gezählt.

(7) Für andere Staaten und für andere Organisationen der regionalen Wirtschaftsintegration tritt dieses Übereinkommen sechzig Tage nach Hinterlegung der Ratifikations-, Annahme-, Genehmigungs- oder Beitrittsurkunde in Kraft.

(8) Der Verwahrer notifiziert allen Unterzeichnern und Vertragsstaaten umgehend

a) jede Unterzeichnung dieses Übereinkommens und deren Zeitpunkt;
b) jede Hinterlegung einer Ratifikations-, Annahme-, Genehmigungs- oder Beitrittsurkunde und den Zeitpunkt der Hinterlegung;
c) den Zeitpunkt des Inkrafttretens dieses Übereinkommens;
d) den Zeitpunkt, zu dem eine nach diesem Übereinkommen vorgenommene Anpassung der Haftungshöchstbeträge in Kraft tritt;
e) jede Kündigung nach Artikel 54.

**Chapitre VII. Dispositions protocolaires**

### Art. 53 Signature, ratification et entrée en vigueur

1. La présente convention est ouverte à Montréal le 28 mai 1999 à la signature des États participant à la Conférence internationale de droit aérien, tenue à Montréal du 10 au 28 mai 1999. Après le 28 mai 1999, la Convention sera ouverte à la signature de tous les États au siège de l'Organisation de l'aviation civile internationale à Montréal jusqu'à ce qu'elle entre en vigueur conformément au paragraphe 6 du présent ar ticle.

2. De même, la présente convention sera ouverte à la signature des organisations régionales d'intégration économique. Pour l'application de la présente convention, une «organisation régionale d'intégration économique» est une organisation constituée d'États souverains d'une région donnée qui a compétence sur certaines matières régies par la Convention et qui a été dûment autorisée à signer et à ratifier, accepter, approuver ou adhérer à la présente convention. Sauf au paragraphe 2 de l'article 1, au paragraphe 1, alinéa b), de l'article 3, à l'alinéa b) de l'article 5, aux articles 23, 33, 46 et à l'alinéa b) de l'article 57, toute mention faite d'un «État partie» ou «d États parties» s'applique également aux organisations régionales d'inté gration économique. Pour l'application de l'article 24, les mentions faites d'«une majorité des États parties» et d'«un tiers des États parties» ne s'appliquent pas aux organisations régionales d'intégration économique.

3. La présente convention est soumise à la ratification des États et des organisations d'intégration économique qui l'ont signée.

4. Tout État ou organisation régionale d'intégration économique qui ne signe pas la présente convention peut l'accepter, l'approuver ou y adhérer à tout moment.

5. Les instruments de ratification, d'acceptation, d'approbation ou d'adhésion seront déposés auprès de l'Organisation de l'aviation civile internationale, qui est désignée par les présentes comme dépositaire.

6. La présente convention entrera en vigueur le soixantième jour après la date du dépôt auprès du dépositaire du trentième

**Chapter VII. Final Clauses**

### Art. 53 Signature, Ratification and Entry into Force

1. This Convention shall be open for signature in Montreal on 28 May 1999 by States participating in the International Conference on Air Law held at Montreal from 10 to 28 May 1999. After 28 May 1999, the Convention shall be open to all States for signature at the Headquarters of the International Civil Aviation Organization in Montreal until it enters into force in accordance with paragraph 6 of this Article.

2. This Convention shall similarly be open for signature by Regional Economic Integration Organisations. For the purpose of this Convention, a „Regional Economic Integration Organisation" means any organisation which is constituted by sovereign States of a given region which has competence in respect of certain matters governed by this Convention and has been duly authorized to sign and to ratify, accept, approve or accede to this Conven tion. A reference to a „State Party" or „States Parties" in this Convention, otherwise than in paragraph 2 of Article 1, para graph 1(b) of Article 3, paragraph (b) of Article 5, Articles 23, 33, 46 and para graph (b) of Article 57, applies equally to a Regional Economic Integration Organisation. For the purpose of Article 24, the references to „a majority of the States Parties" and „onethird of the States Parties" shall not apply to a Regional Economic Integration Organisa tion.

3. This Convention shall be subject to ratification by States and by Regional Economic Integration Organisations which have signed it.

4. Any State or Regional Economic Integration Organisation which does not sign this Convention may accept, approve or accede to it at any time.

5. Instruments of ratification, acceptance, approval or accession shall be deposited with the International Civil Aviation Organiza tion, which is hereby designated the De positary.

6. This Convention shall enter into force on the sixtieth day following the date of deposit of the thirtieth instrument of ratifica-

instrument de ratification, d'acceptation, d'approbation ou d'adhésion et entre les États qui ont déposé un tel instrument. Les instruments déposés par les organisations régionales d'intégration économique ne seront pas comptées aux fins du présent paragraphe.

7. Pour les autres États et pour les autres organisations régionales d'intégration économique, la présente convention prendra effet soixante jours après la date du dépôt d'un instrument de ratification, d'acceptation, d'approbation ou d'adhésion.

a) chaque signature de la présente convention ainsi que sa date;

b) chaque dépôt d'un instrument de ratifi-cation, d'acceptation, d'approbation ou d'adhésion ainsi que sa date;

c) la date d'entrée en vigueur de la présente convention;

d) la date d'entrée en vigueur de toute révision des limites de responsabilité établies en vertu de la présente convention;

e) any denunciation under Article 54.

tion, acceptance, approval or accession with the Depositary between the States which have deposited such instrument. An instrument deposited by a Regional Economic Integration Organisation shall not be counted for the purpose of this paragraph.

7. For other States and for other Regional Economic Integration Organisations, this Convention shall take effect sixty days following the date of deposit of the instrument of ratification, acceptance, approval or acces sion.

(a) each signature of this Convention and date thereof;

(b) each deposit of an instrument of ratification, acceptance, approval or accession and date thereof;

(c) the date of entry into force of this Convention;

(d) the Date of the coming into force of any revision of the limits of liability established under this Convention;

(e) The Depositary shall promptly notify all signatories and States Parties of:

## Art. 54 Kündigung

**(1) Jeder Vertragsstaat kann dieses Übereinkommen durch eine an den Verwahrer[1] gerichtete schriftliche Notifikation kündigen.**

**(2) Die Kündigung wird einhundertachtzig Tage nach Eingang der Notifikation beim Verwahrer wirksam.**

### Art. 54 Dénonciation

1. Tout État partie peut dénoncer la présente convention par notification écrite adressée au dépositaire.

2. La dénonciation prendra effet cent quatrevingts jours après la date à laquelle le dépositaire aura reçu la notification.

### Art. 54 Denunciation

1. Any State Party may denounce this Convention by written notification to the Depositary.

2. Denunciation shall take effect one hundred and eighty days following the date on which notification is received by the Depositary.

## Art. 55 Verhältnis zu anderen mit dem Warschauer Abkommen zusammenhängenden Übereinkünften

**Dieses Übereinkommen geht allen Vorschriften vor, die für die Beförderung im internationalen Luftverkehr gelten**
1. **zwischen Vertragsparteien dieses Übereinkommens aufgrund dessen, dass diese Staaten gemeinsam Vertragsparteien folgender Übereinkünfte sind:**
   a) **Abkommen zur Vereinheitlichung von Regeln über die Beförderung im internationalen Luftverkehr, unterzeichnet in Warschau am 12. Oktober 1929 (im Folgenden als „Warschauer Abkommen" bezeichnet);**

[1] [Amtl. Anm.:] Für Deutschland: Verwahrer.

b) **Protokoll zur Änderung des Abkommens zur Vereinheitlichung von Regeln über die Beförderung im internationalen Luftverkehr, unterzeichnet in Warschau am 12. Oktober 1929, beschlossen in Den Haag am 28. September 1955 (im Folgenden als „Haager Protokoll" bezeichnet);**

c) **Zusatzabkommen zum Warschauer Abkommen zur Vereinheitlichung von Regeln über die von einem anderen als dem vertraglichen Luftfrachtführer ausgeführte Beförderung im internationalen Luftverkehr, unterzeichnet in Guadalajara am 18. September 1961 (im Folgenden als „Abkommen von Guadalajara" bezeichnet);**

d) **Protokoll zur Änderung des am 12. Oktober 1929 in Warschau unterzeichneten Abkommens zur Vereinheitlichung von Regeln über die Beförderung im internationalen Luftverkehr in der Fassung des Haager Protokolls vom 28. September 1955, unterzeichnet in Guatemala-Stadt am 8. März 1971 (im Folgenden als „Protokoll von Guatemala-Stadt" bezeichnet);**

e) **Zusatzprotokolle Nr. 1 bis 3 und Protokoll von Montreal Nr. 4 zur Änderung des Warschauer Abkommens in der Fassung des Haager Protokolls oder des Warschauer Abkommens in der Fassung des Haager Protokolls und des Protokolls von Guatemala-Stadt, unterzeichnet in Montreal am 25. September 1975 (im Folgenden als „Protokolle von Montreal" bezeichnet), oder**

2. **innerhalb des Hoheitsgebiets eines einzelnen Vertragsstaats dieses Übereinkommens aufgrund dessen, dass dieser Staat Vertragspartei einer oder mehrerer der in Ziffer 1[1] Buchstaben a bis e genannten Übereinkünfte ist.**

---

### Art. 55 Relation avec les autres instruments de la Convention de Varsovie

La présente convention l'emporte sur toutes règles s'appliquant au transport international par voie aérienne:

1. entre États parties à la présente convention du fait que ces États sont communément parties aux iave;nstruments suivants:

a) Convention pour l'unification de certaines règles relatives au transport aérien internationgal, signée à Varsovie le 12 octobre 1929 (appelée ciaprès la Convention de Varsovie);

b) Protocole portant modification de la Convention pour l'unification de certaines règles relatives au transport aérien international signée à Varsovie le 12 octobre 1929, fait à La Haye le 28 septembre 1955 (appelé ci-après le Protocole de La Haye);

c) Convention complémentaire à la Convention de Varsovie, pour l'unification de certaines règles relatives au transport aérien international effectué par une personne autre que le transporteur contractuel, signée à Guadalajara le 18 septembre

### Art. 55 Relationship with other Warsaw Convention Instruments

This Convention shall prevail over any rules which apply to international carriage by air:

1. between States Parties to this Convention by virtue of those States commonly being Party to

(a) the Convention for the Unification of Certain Rules Relating to International Carriage by Air Signed at Warsaw on 12 October 1929 (hereinafter called the Warsaw Convention);

(b) the Protocol to Amend the Convention for the Unification of Certain Rules Relating to International Carriage by Air Signed at Warsaw on 12 October 1929, Done at The Hague on 28 September 1955 (hereinafter called The Hague Protocol);

(c) the Convention, Supplementary to the Warsaw Convention, for the Unification of Certain Rules Relating to International Carriage by Air Performed by a Person Other than the Contracting Carrier, signed at Guadalajara on 18

---

[1] [Amtl. Anm.:] Für Deutschland: unter Nummer 1.

1961 (appelée ci-après la Convention de Guadalajara);

d) Protocole portant modification de la Convention pour l'unification de certaines règles relatives au transort aérien international signée à Varsovie le 12 octobre 1929 amendée par le Protocole fait à La Haye le 28 septembre 1955, signé à Guatemala le 8 mars 1971 (appelé ciaprès le Protocole de Guate mala);

e) Protocoles additionnels n$^{os}$ 1 à 3 et Protocole de Montréal n° 4 portant modification de la Convention de Varsovie amendée par le Protocole de La Haye ou par la Convention de Varsovie amendée par le Protocole de La Haye et par le Protocole de Guatemala, signés à Montréal le 25 septembre 1975 (appelés ci-après les Protocoles de Montréal); ou

2. dans le territoire de tout État partie à la présente convention du fait que cet État est partie à un ou plusieurs des instruments mentionnés aux alinéas a) à e) ci-dessus.

September 1961 (hereinafter called the Guadalajara Convention);

(d) the Protocol to Amend the Convention for the Unification of Certain Rules Relating to International Carriage by Air Signed at Warsaw on 12 October 1929 as Amended by the Protocol Done at The Hague on 28 September 1955 Signed at Guatemala City on 8 March 1971 (hereinafter called the Guatemala City Protocol);

(e) Additional Protocol Nos. 1 to 3 and Montreal Protocol No. 4 to amend the Warsaw Convention as amended by The Hague Protocol or the Warsaw Convention as amended by both The Hague Protocol and the Guatemala City Protocol Signed at Montreal on 25 September 1975 (hereinafter called the Montreal Protocols); or

2. within the territory of any single State Party to this Convention by virtue of that State being Party to one or more of tthe instruments referred to in sub-paragraphs (a) to (e) above.

1    Vgl. zu dem unter Buchst. a genannten „Warschauer Abkommen" (ICAO-Doc. 7838) die Vorauflage (1997) dieses Kommentars, S. 1943 ff. Zur Ratifikation durch *Deutschland*: RGBl. 1933 II S. 1039. S. zum neueren Ratifikationsstand die nachfolgende Aufstellung der *ICAO* (Rn. 8).

2    Vgl. zu dem unter Buchst. b genannten „Haager Protokoll" (ICAO-Doc. 7632) die Vorauflage (1997) dieses Kommentars, S. 1943 ff. Zur Ratifikation durch *Deutschland*: BGBl. 1958 II S. 291. S. zum neueren Ratifikationsstand die nachfolgende Aufstellung der *ICAO* (Rn. 8).

3    Vgl. zu dem unter Buchst. c genannten „Abkommen von Guadalajara" (ICAO-Doc. 8181) die Vorauflage (1997) dieses Kommentars, S. 2153 ff. Zur Ratifikation durch *Deutschland*: BGBl. 1963 II S. 1159. S. zum neueren Ratifikationsstand die nachfolgende Aufstellung der *ICAO* (Rn. 9).

4    Das unter Buchst. c genannte „Protokoll von Guatemala-Stadt" (ICAO-Doc. 8932) konnte mangels einer ausreichenden Zahl von Ratifikationen nicht in Kraft treten.

5    Die unter Buchst. d genannten Zusatzprotokolle Nr. 1 und 2 (ICAO-Doc. 9145–9146) sind am 15.2.1996 und das Montrealer Protokoll Nr. 4 (ICAO-Doc. 9148) ist am 14.6.1998 in Kraft getreten. *Deutschland* hat keines dieser Protokolle ratifiziert. Das Zusatzprotokoll Nr. 3 (ICAO-Doc. 9147) konnte mangels einer ausreichenden Zahl von Ratifikationen nicht in Kraft treten. Das Montrealer Protokoll Nr. 4 hatte die frachtrechtlichen Regelungen des MÜ bereits weitgehend vorweggenommen, war indessen nur unter 53 Staaten (nicht für *Deutschland*) in Kraft getreten. S. zu dessen Ratifikationsstand iE die nachfolgende Aufstellung der *ICAO* (Rn. 10). Vgl. zum Inhalt des Montrealer Protokoll Nr. 4 iE die Vorauflage (1997) dieses Kommentars, S. 1943 ff., jeweils unter den einzelnen Überschriften „Reform".

6    Zum aktuellen Ratifikationsstand aller vorgenannten Abkommen: www.icao.int. „Key Activities" > „Bureaus' Activities" > „Legal Bureaux" > „Treaty Collection".

7    Am 1. Dezember 2008 ergaben sich für die in Abs. 1 genannten Abkommen folgende Ratifikationsstände:

CONTRACTING PARTIES TO THE CONVENTION FOR THE UNIFICATION 8
OF CERTAIN RULES RELATING TO INTERNATIONAL CARRIAGE BY AIR
SIGNED AT WARSAW ON 12 OCTOBER 1929 AND THE PROTOCOL MODI-
FYING THE SAID CONVENTION SIGNED AT THE HAGUE ON
28 SEPTEMBER 1955

| Convention | Entry into force | The Convention entered into force on 13 February 1933. |
|---|---|---|
| | Status: | 151 Parties. |
| Protocol | Entry into force | The Protocol entered into force on 1 August 1963. |
| | Status: | 136 Parties. |

This list, including the footnotes and reservations, reproduces the information received from the depositary, the Government of the Republic of Poland.

| States | WARSAW CONVENTION | | | THE HAGUE PROTOCOL | | |
|---|---|---|---|---|---|---|
| | Signature | Ratification, Adherence or Succession (s) | Date of entry into force | Signature | Ratification, Adherence or Succession (s) | Date of entry into force |
| Afghanistan | | 20/2/69 | 21/5/69 | | 20/2/69 | 21/5/69 |
| Algeria | | 2/6/64 | 31/8/64 | | 2/6/64 | 31/8/64 |
| Angola | | 10/3/98 | 8/6/98 | | 10/3/98 | 8/6/98 |
| Argentina | | 21/3/52 | 19/6/52 | | 12/6/69 | 10/9/69 |
| Armenia | | 25/11/98 | 23/2/99 | | | |
| Australia | 12/10/29 | 1/8/35 | 30/10/35 | 12/7/56 | 23/6/59 | 1/8/63 |
| Austria | 12/10/29 | 28/9/61 | 27/12/61 | | 26/3/71 | 24/6/71 |
| Azerbaijan | | 24/1/00 | 23/4/00 | | 24/1/00 | 23/4/00 |
| Bahamas | | 23/5/75(s) | 10/7/73 | | 23/5/75(s) | 10/7/73 |
| Bahrain | | 12/3/98 | 10/6/98 | | 12/3/98 | 10/6/98 |
| Bangladesh | | 1/3/79(s) | 26/3/71 | | 1/3/79(s) | 26/3/71 |
| Barbados | | 29/1/70(s) | 30/11/66 | | | |
| Belarus | | 26/9/59 | 25/12/59 | 9/4/60 | 17/1/61 | 1/8/63 |
| Belgium | 12/10/29 | 13/7/36 | 11/10/36 | 28/9/55 | 27/8/63 | 25/11/63 |
| Benin | | 27/1/62(s) | 1/8/60 | | 27/1/62(s) | 1/8/63 |
| Bolivia | | 29/12/98 | 29/3/99 | | | |
| Bosnia and Herzegovina | | 3/3/95(s) | 6/3/92 | | 3/3/95(s) | 6/3/92 |
| Botswana | | 21/3/77(s) | 30/9/66 | | | |
| Brazil | 12/10/29 | 2/5/31 | 13/2/33 | 28/9/55 | 16/6/64 | 14/9/64 |
| Brunei Darussalam | | 28/2/84(s) | 1/1/84 | | | |
| Bulgaria | | 25/6/49 | 23/9/49 | | 14/12/63 | 13/3/64 |
| Burkina Faso | | 9/12/61 | 9/3/62 | | | |
| Cambodia | | 12/12/96 | 12/3/97 | | 12/12/96 | 12/3/97 |
| Cameroon | | 2/9/61(s) | 1/1/60 | | 2/9/61(s) | 1/8/63 |
| Canada | | 10/6/47 r | 8/9/47 | 16/8/56 | 18/4/64 | 17/7/64 |
| Cape Verde | | 7/2/02 | 8/5/02 | | 7/2/02 | 8/5/02 |
| Chile | | 2/3/79 r | 31/5/79 | | 2/3/79 | 31/5/79 |
| China | | 20/7/58 | 18/10/58 | | 20/8/75 | 18/11/75 |
| Colombia | | 15/8/66 | 13/11/66 | | 15/8/66 | 13/11/66 |
| Comoros | | 11/6/91 | 9/9/91 | | | |
| Congo | | 19/1/62 r(s) | 15/8/60 | | 19/1/62 r(s) | 1/8/63 |
| Costa Rica | | 10/5/84 | 8/8/84 | | 10/5/84 | 8/8/84 |
| Côte d'Ivoire | | 22/2/62(s) | 7/8/60 | | 22/2/62(s) | 1/8/63 |

| States | WARSAW CONVENTION | | | THE HAGUE PROTOCOL | | |
|---|---|---|---|---|---|---|
| | Signature | Ratification, Adherence or Succession (s) | Date of entry into force | Signature | Ratification, Adherence or Succession (s) | Date of entry into force |
| Croatia | | 14/7/93(s) | 8/10/91 | | 14/7/93(s) | 8/10/91 |
| Cuba | | 21/7/64 r | 19/10/64 | | 30/8/65 | 28/11/65 |
| Cyprus | | 8/5/63(s) | 16/8/60 | | 23/7/70 | 21/10/70 |
| Czech Republic | | 29/11/94(s) | 1/1/93 | | 29/11/94(s) | 1/1/93 |
| Democratic People's Republic of Korea | | 1/3/61 | 30/5/61 | | 4/11/80 | 2/2/81 |
| Democratic Republic of the Congo | | 1/12/62(s) | 30/6/60 | | | |
| Denmark | 12/10/29 | 3/7/37 | 1/10/37 | 16/3/57 | 3/5/63 | 1/8/63 |
| Dominican Republic | | 25/2/72 | 25/5/72 | | 25/2/72 | 25/5/72 |
| Ecuador | | 1/12/69 | 1/3/70 | | 1/12/69 | 1/3/70 |
| Egypt | | 6/9/55 | 5/12/55 | 28/9/55 | 26/4/56 | 1/8/63 |
| El Salvador | | | | 28/9/55 | 17/9/56 | 1/8/63 |
| Equatorial Guinea | | 20/12/88 | 19/3/89 | | | |
| Estonia | | 16/3/98 | 14/6/98 | | 16/3/98 | 14/6/98 |
| Ethiopia | | 14/8/50 r | 12/11/50 | | | |
| Fiji | | 15/3/72(s) | 10/10/70 | | 15/3/72(s) | 10/10/70 |
| Finland | | 3/7/37 | 1/10/37 | | 25/5/77 | 23/8/77 |
| France | 12/10/29 | 15/11/32 | 13/2/33 | 28/9/55 | 19/5/59 | 1/8/63 |
| Gabon | | 15/2/69 | 16/5/69 | | 15/2/69 | 16/5/69 |
| Germany | 12/10/29 | 30/9/33 | 29/12/33 | 28/9/55 | 27/10/60 | 1/8/63 |
| Ghana | | 11/8/97 | 9/11/97 | | 11/8/97 | 9/11/97 |
| Greece | 12/10/29 | 11/1/38 | 11/4/38 | 28/9/55 | 23/6/65 | 21/9/65 |
| Grenada | | | | | 15/8/85 | 13/11/85 |
| Guatemala | | 3/2/97 | 4/5/97 | | 28/7/71 | 26/10/71 |
| Guinea | | 11/9/61 | 10/12/61 | | 9/10/90 | 7/1/91 |
| Honduras | | 27/6/94 | 25/9/94 | | | |
| Hungary | | 29/5/36 | 27/8/36 | 28/9/55 | 4/10/57 | 1/8/63 |
| Iceland | | 21/8/48 | 19/11/48 | 3/5/63 | 3/5/63 | 1/8/63 |
| India | | 9/2/70(s) | 15/8/47 | | 14/2/73 | 15/5/73 |
| Indonesia | | 21/2/52(s) | 17/8/45 | | | |
| Iran (Islamic Republic of) | | 8/7/75 | 6/10/75 | | 8/7/75 | 6/10/75 |
| Iraq | | 28/6/72 | 26/9/72 | | 28/6/72 | 26/9/72 |
| Ireland | | 20/9/35 | 19/12/35 | 28/9/55 | 12/10/59 | 1/8/63 |
| Israel | | 8/10/49 | 6/1/50 | 28/9/55 | 5/8/64 | 3/11/64 |
| Italy | 12/10/29 | 14/2/33 | 15/5/33 | 28/9/55 | 4/5/63 | 2/8/63 |
| Japan | 12/10/29 | 20/5/53 | 18/8/53 | 2/5/56 | 10/8/67 | 8/11/67 |
| Jordan | | 8/12/69(s) | 25/5/46 | | 15/11/73 | 13/2/74 |
| Kazakhstan | | | | | 30/8/02 | 28/11/02 |
| Kenya | | 7/10/64(s) | 12/12/63 | | 6/7/99 | 4/10/99 |
| Kuwait | | 11/8/75 | 9/11/75 | | 11/8/75 | 9/11/75 |
| Kyrgyzstan | | 9/2/00 | 9/5/00 | | 9/2/00 | 9/5/00 |
| Lao People's Democratic Republic | | 9/5/56(s) | 19/7/49 | 28/9/55 | 9/5/56 | 1/8/63 |
| Latvia | 12/10/29 | 15/11/32 | 13/2/33 | | 2/10/98 | 31/12/98 |
| Lebanon | | 20/4/62(s) | 22/11/43 | | 10/5/78 | 8/8/78 |

| States | WARSAW CONVENTION | | | THE HAGUE PROTOCOL | | |
|---|---|---|---|---|---|---|
| | Signature | Ratification, Adherence or Succession (s) | Date of entry into force | Signature | Ratification, Adherence or Succession (s) | Date of entry into force |
| Lesotho | | 12/5/75(s) | 4/10/66 | | 17/10/75 | 15/1/76 |
| Liberia | | 2/5/42 | 31/7/42 | | | |
| Libyan Arab Jamahiriya | | 16/5/69 | 14/8/69 | | 16/5/69 | 14/8/69 |
| Liechtenstein | | 9/5/34 | 7/8/34 | 28/9/55 | 3/1/66 | 3/4/66 |
| Lithuania | | | | | 21/11/96 | 19/2/97 |
| Luxembourg | 12/10/29 | 7/10/49 | 5/1/50 | 28/9/55 | 13/2/57 | 1/8/63 |
| Madagascar | | 27/8/62(s) | 26/6/60 | | 27/8/62(s) | 1/8/63 |
| Malawi | | 27/10/77 | 25/1/78 | | 9/6/71 | 7/9/71 |
| Malaysia | | 16/12/70(s) | 16/9/63 | | 20/9/74 r | 19/12/74 |
| Maldives | | 13/10/95 | 11/1/96 | | 13/10/95 | 11/1/96 |
| Mali | | 26/1/61 | 26/4/61 | 16/8/62 | 30/12/63 | 29/3/64 |
| Malta | | 19/2/86(s) | 21/9/64 | | | |
| Mauritania | | 6/8/62 | 4/11/62 | | | |
| Mauritius | | 17/10/89 | 15/1/90 | | 17/10/89 | 15/1/90 |
| Mexico | | 14/2/33 | 15/5/33 | 28/9/55 | 24/5/57 | 1/8/63 |
| Monaco | | | | | 9/4/79 | 8/7/79 |
| Mongolia | | 30/4/62 | 29/7/62 | | | |
| Morocco | | 5/1/58 | 5/4/58 | 31/5/63 | 17/11/75 | 15/2/76 |
| Myanmar | | 2/1/52(s) | 4/1/48 | | | |
| Nauru | | 16/11/70(s) | 31/1/68 | | 16/11/70(s) | 31/1/68 |
| Nepal | | 12/2/66 | 13/5/66 | | 12/2/66 | 13/5/66 |
| Netherlands | 12/10/29 | 1/7/33 | 29/9/33 | 28/9/55 | 21/9/60 | 1/8/63 |
| New Zealand | | 6/4/37 | 5/7/37 | 19/3/58 | 16/3/67 | 14/6/67 |
| Niger | | 8/3/62(s) | 3/8/60 | | 8/3/62(s) | 1/8/63 |
| Nigeria | | 15/10/63(s) | 1/10/60 | | 1/7/69 | 29/9/69 |
| Norway | 12/10/29 | 3/7/37 | 1/10/37 | | 3/5/63 | 1/8/63 |
| Oman | | 6/8/76 | 4/11/76 | | 4/8/87 | 2/11/87 |
| Pakistan | | 30/12/69(s) | 14/8/47 | 8/8/60 | 16/1/61 | 1/8/63 |
| Panama | | 12/11/96 | 10/2/97 | | 12/11/96 | 10/2/97 |
| Papua New Guinea | | 12/12/75(s) | 16/9/75 | | 12/12/75 | 16/9/75 |
| Paraguay | | 28/8/69 | 26/11/69 | | 28/8/69 | 26/11/69 |
| Peru | | 5/7/88 | 3/10/88 | | 5/7/88 | 3/10/88 |
| Philippines | | 9/11/50 r | 7/2/51 | 28/9/55 | 30/11/66 | 28/2/67 |
| Poland | 12/10/29 | 15/11/32 | 13/2/33 | 28/9/55 | 23/4/56 | 1/8/63 |
| Portugal | | 20/3/47 | 18/6/47 | 28/9/55 | 16/9/63 | 15/12/63 |
| Qatar | | 22/12/86 | 22/3/87 | | 22/12/86 | 22/3/87 |
| Republic of Korea | | | | | 13/7/67 | 11/10/67 |
| Republic of Moldova | | 20/3/97 | 19/6/97 | | 20/3/97 | 19/6/97 |
| Romania | 12/10/29 | 8/7/31 | 13/2/33 | 28/9/55 | 3/12/58 | 1/8/63 |
| Russian Federation | 12/10/29 | 20/8/34 | 18/11/34 | 28/9/55 | 25/3/57 | 1/8/63 |
| Rwanda | | 16/12/64(s) | 1/7/62 | | 27/12/90 | 27/3/91 |
| Saint Vincent and the Grenadines | | 3/12/01(s) | 27/10/79 | | 3/12/01 | 3/3/02 |
| Samoa | | 20/1/64(s) | 1/1/62 | | 16/10/72 | 14/1/73 |
| Saudi Arabia | | 27/1/69 | 27/4/69 | | 27/1/69 | 27/4/69 |
| Senegal | | 19/6/64 | 17/9/64 | | 19/6/64 | 17/9/64 |
| Serbia and Montenegro | | 18/7/01(s) | 27/4/92 | | 18/7/01(s) | 27/4/92 |

| States | WARSAW CONVENTION | | | THE HAGUE PROTOCOL | | |
|---|---|---|---|---|---|---|
| | Signature | Ratification, Adherence or Succession (s) | Date of entry into force | Signature | Ratification, Adherence or Succession (s) | Date of entry into force |
| Seychelles | | 24/6/80 | 22/9/80 | | 24/6/80 | 22/9/80 |
| Sierra Leone | | 2/4/68(s) | 27/4/61 | | | |
| Singapore | | 4/9/71 | 3/12/71 | | 6/11/67 | 4/2/68 |
| Slovakia | | 24/3/95(s) | 1/1/93 | | 24/3/95(s) | 1/1/93 |
| Slovenia | | 7/8/98(s) | 25/6/91 | | 7/8/98(s) | 25/6/91 |
| Solomon Islands | | 9/9/81(s) | 7/7/78 | | 9/9/81(s) | 7/7/78 |
| South Africa | 12/10/29 | 22/12/54 | 22/3/55 | | 18/9/67 | 17/12/67 |
| Spain | 12/10/29 | 31/3/30 | 13/2/33 | | 6/12/65 | 6/3/66 |
| Sri Lanka | | 2/5/51(s) | 4/2/48 | | 21/2/97 | 22/5/97 |
| Sudan | | 11/2/75 | 12/5/75 | | 11/2/75 | 12/5/75 |
| Suriname | | 30/6/03 | 28/9/03 | | 19/10/04 | 17/1/05 |
| Swaziland | | | | | 20/7/71 | 18/10/71 |
| Sweden | | 3/7/37 | 1/10/37 | 28/9/55 | 3/5/63 | 1/8/63 |
| Switzerland | 12/10/29 | 9/5/34 | 7/8/34 | 28/9/55 | 19/10/62 | 1/8/63 |
| Syrian Arab Republic | | 3/6/64(s) | 2/3/59 | | 3/6/64(s) | 1/8/63 |
| The former Yugoslav Republic of Macedonia | | 1/9/94(s) | 17/9/91 | | 1/9/94(s) | 17/9/91 |
| Togo | | 2/7/80 | 30/9/80 | | 2/7/80 | 30/9/80 |
| Tonga | | 21/2/77(s) | 4/6/70 | | 21/2/77 | 22/5/77 |
| Trinidad and Tobago | | 10/5/83(s) | 31/8/62 | | 10/5/83 | 8/8/83 |
| Tunisia | | 15/11/63 | 13/2/64 | | 15/11/63 | 13/2/64 |
| Turkey | | 25/3/78 | 23/6/78 | | 25/3/78 | 23/6/78 |
| Turkmenistan | | 21/12/94 | 20/3/95 | | | |
| Uganda | | 24/7/63 | 22/10/63 | | | |
| Ukraine | | 14/8/59 | 12/11/59 | 15/1/60 | 23/6/60 | 1/8/63 |
| United Arab Emirates | | 4/4/86 | 3/7/86 | | 18/10/93 | 16/1/94 |
| United Kingdom | 12/10/29 | 14/2/33 | 15/5/33 | 23/3/56 | 3/3/67 | 1/6/67 |
| United Kingdom for the following territories: – Bermuda – British Antarctic Territory – Cayman, Turks, and Caicos Islands – Akrotiri and Dhekelia – Falkland Islands and Dependencies – Hong Kong – Montserrat – St. Helena and Ascension | | 3/12/34 | 3/3/35 | | 3/3/67 | 1/6/67 |
| United Republic of Tanzania | | 7/4/65 | 6/7/65 | | | |
| United States | | 31/7/34 r | 29/10/34 | 28/6/56 | 15/9/03 | 14/12/03 |
| Uruguay | | 4/7/79 | 2/10/79 | | | |
| Uzbekistan | | 27/2/97 | 28/5/97 | | 27/2/97 | 28/5/97 |
| Vanuatu | | 26/10/81 | 24/1/82 | | 26/10/81 | 24/1/82 |
| Venezuela | | 15/6/55 | 13/9/55 | 28/9/55 | 26/8/60 r | 1/8/63 |

| States | WARSAW CONVENTION | | | THE HAGUE PROTOCOL | | |
|---|---|---|---|---|---|---|
| | Signature | Ratification, Adherence or Succession (s) | Date of entry into force | Signature | Ratification, Adherence or Succession (s) | Date of entry into force |
| Viet Nam | | 11/10/82 | 9/1/83 | | 11/10/82 | 9/1/83 |
| Yemen | | 6/5/82 | 4/8/82 | | 6/5/82 | 4/8/82 |
| Zambia | | 25/3/70(s) | 24/10/64 | | 25/3/70 | 23/6/70 |
| Zimbabwe | | 27/10/80(s) | 18/4/80 | | 27/10/80 | 25/1/81 |

# RESERVATIONS

## CANADA
Canada has deposited the following reservation: "Article 2, paragraph l, of the present Convention shall not apply to international air transport effected directly by Canada".

## CHILE
The document of adherence of Chile contains the reservation provided for in the Additional Protocol to Article 2 of the Warsaw Convention of 1929.

## CONGO
Congo has deposited the following reservation: "The Government of the Congo (Brazzaville) wishes to state that, in application of the Additional Protocol (Article 2) and of Article XXVI of The Hague Protocol, it will not apply these texts
– to international air transport effected directly by the State,
– to the carriage of persons, cargo and baggage for its military authorities on aircraft registered in the Congo, the whole capacity of which has been reserved by or on behalf of such authorities".

## CUBA
Cuba has deposited the following reservation: "Article 2, paragraph 1, of the Convention shall not apply to international air transport effected directly by Cuba".

## ETHIOPIA
Ethiopia has deposited the following reservation: "Article 2, paragraph 1, of the Convention shall not apply to international air transport effected directly by Ethiopia".

## MALAYSIA
Malaysia deposited at the time of its adherence to the Hague Protocol the following reservation: "... in accordance with Article XXVI of the Protocol, the Convention for the Unification of Certain Rules Relating to International Carriage by Air, signed at Warsaw on 12 October 1929, as amended by this Protocol shall not apply to the carriage of persons, cargo and baggage for the military authorities of Malaysia on aircraft, registered in Malaysia, the whole capacity of which has been reserved by or on behalf of such authorities".

## PHILIPPINES
The Philippines has deposited the following reservation: "Article 2, paragraph 1, of the Convention shall not apply to international air transport effected by the Republic of the Philippines".

## UNITED STATES
The United States of America has deposited the following reservation: "Article 2, paragraph 1, of the present Convention shall not apply to international air transport which may be effected by the United States of America or any territory or possession under its jurisdiction".

## VENEZUELA
The Government of Venezuela has filed the following reservation: "Pursuant to the provisions of Article XXVI of the said Protocol, the Government of the Republic of Venezuela has declared that the Convention as amended by the Protocol shall not apply to the carriage

of persons, goods and baggage performed for the military authorities of the Republic of Venezuela on board aircraft which are registered in Venezuela and whose entire capacity has been reserved by or on the behalf of these authorities".

**9** CONVENTION, SUPPLEMENTARY TO THE WARSAW CONVENTION, FOR THE UNIFICATION OF CERTAIN RULES RELATING TO INTERNATIONAL CARRIAGE BY AIR PERFORMED BY A PERSON OTHER THAN THE CONTRACTING CARRIER SIGNED AT GUADALAJARA ON 18 SEPTEMBER 1961

> **Entry into force:**    The Convention entered into force on 1 May 1964.
> **Status:**         84 Parties
> This list is based on information received from the depositary, the Government of Mexico

| States | Date of signature | Date of deposit of instrument of ratifica tion or accession; date of note of succes sion or of its deposit (s) | Effective date |
|---|---|---|---|
| Australia | 19 June 1962 | 1 November 1962 | 1 May 1964 |
| Austria | | 21 December 1965 | 21 March 1966 |
| Azerbaijan | | 20 January 2000 | 19 April 2000 |
| Bahamas | | 15 May 1975 (s) | 10 July 1973 |
| Bahrain | | 12 March 1998 | 10 June 1998 |
| Belarus | 18 September 1961 | 17 October 1983 | 14 January 1984 |
| Belgium | 28 November 1961 | 6 May 1969 | 4 August 1969 |
| Bosnia and Herzegovina | | 21 March 1995 (s) | 6 March 1992 |
| Brazil | 18 September 1961 | 8 February 1967 | 9 May 1967 |
| Burkina Faso | | 2 July 1992 | 30 September 1992 |
| Canada | | 1 September 1999 | 30 November 1999 |
| Cape Verde | | 16 August 2004 | 14 November 2004 |
| Chad | | 9 March 1971 | 7 June 1971 |
| China | | – | – |
| Colombia | | 2 May 1966 | 31 July 1966 |
| Croatia | | 7 October 1993 (s) | 8 October 1991 |
| Cuba | 29 January 1963 | | |
| Cyprus | | 31 August 1970 | 29 November 1970 |
| Czech Republic | | 5 December 1994 (s) | 1 January 1993 |
| Denmark | | 20 January 1967 | 20 April 1967 |
| Egypt | | 4 May 1964 | 2 August 1964 |
| El Salvador | | 11 January 1980 | 10 April 1980 |
| Estonia | | 21 April 1998 | 20 July 1998 |
| Fiji | | 18 January 1972 (s) | 10 October 1970 |
| Finland | | 26 May 1977 | 23 August 1977 |
| France | 18 September 1961 | 24 January 1964 | 1 May 1964 |
| Gabon | | 18 February 1971 | 19 May 1971 |
| Germany | 18 September 1961 | 2 March 1964 | 31 May 1964 |
| Ghana | | 21 July 1997 | 19 October 1997 |
| Greece | | 19 September 1973 | 17 December 1973 |
| Grenada | | 30 August 1985 | 28 November 1985 |
| Guatemala | 18 September 1961 | 24 June 1971 | 22 September 1971 |
| Guinea | | 13 November 1998 | 11 February 1999 |
| Holy See | 18 September 1961 | | |
| Honduras | 18 September 1961 | | |
| Hungary | 18 September 1961 | 23 November 1964 | 21 February 1965 |
| Iceland | | 12 July 2004 | 10 October 2004 |
| Indonesia | 6 July 1962 | | |
| Iran (Islamic Republic of) | | 17 July 1975 | 15 October 1975 |
| Iraq | | 27 July 1972 | 25 October 1972 |
| Ireland | | 19 January 1966 | 19 April 1966 |
| Israel | | 27 November 1980 | 25 February 1981 |
| Italy | | 15 May 1968 | 13 August 1968 |
| Jamaica | | 3 October 1964 | 1 January 1965 |
| Kuwait | | 18 August 1975 | 16 November 1975 |

| States | Date of signature | Date of deposit of instrument of ratification or accession; date of note of succession or of its deposit (s) | Effective date |
|---|---|---|---|
| Lebanon | | 21 February 1967 | 22 May 1967 |
| Lesotho | | 20 October 1975 | 18 January 1976 |
| Libyan Arab Jamahiriya | | 22 May 1969 | 20 August 1969 |
| Lithuania | | 9 December 1996 | 9 March 1997 |
| Luxembourg | | 23 August 1968 | 21 November 1968 |
| Malawi | | 28 October 1977 | 25 January 1978 |
| Mali | | 2 February 1999 | 3 May 1999 |
| Mauritania | | 29 March 1979 | 27 June 1979 |
| Mauritius | | 15 October 1990 | 13 January 1991 |
| Mexico | 18 September 1961 | 16 May 1962 | 1 May 1964 |
| Morocco | | 5 November 1975 | 3 February 1976 |
| Netherlands | 18 September 1961 | 25 February 1964 | 25 May 1964 |
| New Zealand | | 19 May 1969 | 17 August 1969 |
| Niger | | 14 July 1964 | 12 October 1964 |
| Nigeria | | 16 July 1969 | 14 October 1969 |
| Norway | 15 February 1962 | 20 January 1967 | 20 April 1967 |
| Pakistan | | 21 July 1965 | 19 October 1965 |
| Papua New Guinea | | 3 December 1975 | 2 March 1976 |
| Paraguay | | 2 October 1969 | 31 December 1969 |
| Peru | | 15 July 1988 | October 1988 |
| Philippines | 18 September 1961 | 5 April 1966 | 4 July 1966 |
| Poland | 25 October 1961 | 16 December 1964 | 16 March 1965 |
| Republic of Moldova | | 26 May 1997 | 24 August 1997 |
| Romania | | 21 April 1965 | 20 July 1965 |
| Russian Federation | 18 September 1961 | 22 September 1983 | |
| Rwanda | | 11 June 1971 | 9 September 1971 |
| Saudi Arabia | | 18 May 1973 | 16 August 1973 |
| Serbia and Montenegro | | 17 July 2001 (s) | 27 April 1992 |
| Seychelles | | 19 June 1980 | 17 September 1980 |
| Slovakia | | 11 July 1994 (s) | 1 January 1993 |
| Slovenia | | 19 August 1998 (s) | 25 June 1991 |
| Solomon Islands | | 17 September 1981 (s) | 7 July 1978 |
| South Africa | | 4 January 1974 | 4 April 1974 |
| Swaziland | | 12 July 1971 | 10 October 1971 |
| Sweden | 18 September 1961 | 20 January 1967 | 20 April 1967 |
| Switzerland | 18 September 1961 | 1 February 1964 | 1 May 1964 |
| The former Yugoslav of Macedonia Republic | | 8 October 1997 (s) | 17 November 1991 |
| Togo | | 27 June 1980 | |
| Tunisia | | 6 May 1970 | 4 August 1970 |
| Ukraine | 18 September 1961 | 17 October 1983 | 14 January 1984 |
| United Kingdom | 18 September 1961 | 4 September 1962 | 1 May 1964 |
| Uzbekistan | | 26 February 1997 | 27 May 1997 |
| Venezuela | 5 June 1962 | | |
| Zambia | | 1 March 1971 | 30 May 1971 |
| Zimbabwe | | 27 April 1982 (s) | 18 April 1980 |

**10   MONTREAL PROTOCOL NO. 4 TO AMEND THE CONVENTION FOR THE UNIFICATION OF CERTAIN RULES RELATING TO INTERNATIONAL CARRIAGE BY AIR SIGNED AT WARSAW ON 12 OCTOBER 1929 AS AMENDED BY THE PROTOCOL DONE AT THE HAGUE ON 28 SEPTEMBER 1955SIGNED AT MONTREAL ON 25 SEPTEMBER 1975**

| | |
|---|---|
| **Entry into force:** | The Protocol entered into force on 14 June 1998 |
| **Status:** | 53 Parties |

This list, including the footnotes and reservations, reproduces the information received from the depositary, the Government of the Republic of Poland.

| State | Date of signature | Date of deposit of Instrument of Ratification or Accession(a) or Succession(s) | Effective date |
|---|---|---|---|
| Argentina | 14 March 1990 | 14 March 1990 | 14 June 1998 |
| Australia | 24 April 1991 | 13 January 1997 | 14 June 1998 |
| Azerbaijan | | 24 January 2000 (a) | 23 April 2000 |
| Bahrain | | 21 January 1999 (a) | 21 April 1999 |
| Barbados | 25 September 1975 | | |
| Belgium | 25 September 1975 | 19 March 2003 | 17 June 2003 |
| Bosnia and Herzegovina | | 3 March 1995 (s) | 14 June 1998 |
| Brazil | 25 September 1975 | 27 July 1979 r | 14 June 1998 |
| Canada | 30 December 1975 | 27 August 1999 r | 25 November 1999 |
| Chile | 23 November 1984 | | |
| Colombia | 20 May 1982 | 20 May 1982 | 14 June 1998 |
| Croatia | | 14 July 1993 (s) | 14 June 1998 |
| Cyprus | 10 November 1992 | 10 November 1992 | 14 June 1998 |
| Democratic Republic of the Congo | 25 September 1975 | | |
| Denmark | 1 December 1976 | 4 May 1988 | 14 June 1998 |
| Ecuador | | 12 February 1999 (a) | 12 May 1999 |
| Egypt | 25 September 1975 | 17 November 1978 | 14 June 1998 |
| Estonia | 25 November 1997 | 16 March 1998 | 14 June 1998 |
| Ethiopia | 14 July 1987 | 14 July 1987 | 14 June 1998 |
| Finland | 2 May 1978 | 4 May 1988 | 14 June 1998 |
| France | 30 December 1975 | | |
| Ghana | 25 September 1975 | 11 August 1997 | 14 June 1998 |
| Greece | 10 November 1988 | 12 November 1988 | 14 June 1998 |
| Guatemala | 25 September 1975 | 3 February 1997 | 14 June 1998 |
| Guinea | | 12 February 1999 (a) | 12 May 1999 |
| Honduras | | 14 June 1998 (a) | 12 September 1998 |
| Hungary | 29 June 1987 | 30 June 1987 | 14 June 1998 |
| Iceland | | 28 June 2004 (a) | 26 September 2004 |
| Ireland | 27 June 1989 | 27 June 1989 | 14 June 1998 |
| Israel | 27 November 1987 | 16 February 1988 | 14 June 1998 |
| Italy | 15 May 1978 | 2 April 1985 | 14 June 1998 |
| Japan | | 20 June 2000 (a) | 18 September 2000 |
| Jordan | | 22 July 1999 (a) | 20 October 1999 |
| Kenya | | 6 July 1999 (a) | 4 October 1999 |
| Kuwait | 21 March 1995 | 8 November 1996 | 14 June 1998 |
| Lebanon | | 4 August 2000 (a) | 2 November 2000 |
| Mauritius | | 14 June 1998 (a) | 12 September 1998 |
| Morocco | 18 October 1984 | | |
| Nauru | | 14 June 1998 (a) | 12 September 1998 |
| Netherlands | 19 May 1982 | 7 January 1983 | 14 June 1998 |
| New Zealand | | 3 December 1999 (a) | 2 March 2000 |
| Niger | | 14 June 1998 (a) | 12 September 1998 |
| Norway | 21 October 1977 | 4 May 1988 | 14 June 1998 |
| Oman | | 14 June 1998 (a) | 12 September 1998 |
| Portugal | 25 September 1975 | 7 April 1982 | 14 June 1998 |
| Qatar | 28 August 1987 | | |
| Senegal | 18 August 1976 | | |
| Serbia and Montenegro | | 18 July 2001 (s) | 14 June 1998 |

Staaten mit mehreren Rechtsordnungen

**Art. 56 MÜ**

| State | Date of signature | Date of deposit of Instrument of Ratification or Accession(a) or Succession(s) | Effective date |
|---|---|---|---|
| Singapore | | 14 June 1998 (a) | 12 September 1998 |
| Slovenia | | 7 August 1998 (s) | 14 June 1998 |
| Spain | 30 September 1981 | 8 January 1985 | 14 June 1998 |
| Sweden | 12 December 1977 | 4 May 1988 | 14 June 1998 |
| Switzerland | 25 September 1975 | 9 December 1987 r | 14 June 1998 |
| The former Yugoslav Republic of Macedonia | | 1 September 1994 (s) | 14 June 1998 |
| Togo | 21 August 1985 | 5 May 1987 | 14 June 1998 |
| Turkey | | 14 June 1998 (a) | 12 September 1998 |
| United Arab Emirates | | 20 March 2000 (a) | 18 June 2000 |
| United Kingdom | 25 September 1975 | 5 July 1984 | 14 June 1998 |
| United States | 25 September 1975 | 4 December 1998 | 4 March 1999 |
| Uzbekistan | | 14 June 1998 (a) | 12 September 1998 |
| Venezuela | 25 September 1975 | | |

# RESERVATIONS

**BRAZIL**

The instrument of ratification contains a reservation in accordance with Article XXI (1) a) thereof.

**CANADA**

At the time of ratification, pursuant to Article XXI (1) a) of Montreal Protocol No. 4, the Government of Canada made the following reservation: Canada declares that the Warsaw Convention as amended at The Hague, 1955 and by Protocol No. 4 of Montreal, 1975, shall not apply to the carriage of persons, baggage and cargo for Canada's military authorities on aircraft, registered in Canada, the whole capacity of which has been reserved by or on behalf of such authorities.

**SWITZERLAND**

The instrument of ratification by the Government of Switzerland contains a declaration that this Protocol is ratified with a reservation in accordance with Article XXI (1) b) thereof.

## Art. 56 Staaten mit mehreren Rechtsordnungen

(1) Umfasst ein Staat zwei oder mehr Gebietseinheiten, in denen auf die durch dieses Übereinkommen geregelten Gegenstände unterschiedliche Rechtsordnungen angewendet werden, so kann er bei der Unterzeichnung, der Ratifikation, der Annahme, der Genehmigung oder dem Beitritt erklären, dass dieses Übereinkommen sich auf alle seine Gebietseinheiten oder nur auf eine oder mehrere derselben erstreckt; er kann seine Erklärung jederzeit durch eine neue Erklärung ersetzen.

(2) Die Erklärungen werden dem Verwahrer notifiziert und müssen ausdrücklich angeben, auf welche Gebietseinheiten sich das Übereinkommen erstreckt.

(3) Hinsichtlich eines Vertragsstaats, der eine solche Erklärung abgegeben hat,
a) sind Bezugnahmen auf die „Landeswährung" in Artikel 23 als Bezugnahmen auf die Währung der betreffenden Gebietseinheit dieses Staates zu verstehen und
b) ist die Bezugnahme auf das „nationale Recht" in Artikel 28 als Bezugnahme auf das Recht der betreffenden Gebietseinheit dieses Staates zu verstehen.

*Ruhwedel*

2415

## Art. 56 États possédant plus d'un régime juridique

1. Si un État comprend deux unités terri toriales ou davantage dans lesquelles des régimes juridiques différents s'appliquent aux questions régies par la présente convention, il peut, au moment de la signature, de la ratification, de l'acceptation, de l'approbation ou de l'adhésion, déclarer que ladite convention s'applique à toutes ses unités territoriales ou seulement à l'une ou plusieurs d'entre elles et il peut à tout moment modifier cette déclaration en en soumettant une nouvelle.

2. Toute déclaration de ce genre est communiquée au dépositaire et indique expressément les unités territoriales auxquelles la Convention s'applique.

3. Dans le cas d'un État partie qui a fait une telle déclaration:

a) les références, à l'article 23, à la «monnaie nationale» sont interprétées comme signifiant la monnaie de l'unité territoriale pertinente dudit État;

b) à l'article 28, la référence à la «loi nationale» est interprétée comme se rapportant à la loi de l'unité territoriale pertinente dudit État.

## Art. 56 States with more than one System of Law

1. If a State has two or more territorial units in which different systems of law are applicable in relation to matters dealt with in this Convention, it may at the time of signature, ratification, acceptance, approval or accession declare that this Convention shall extend to all its territorial units or only to one or more of them and may modify this declaration by submitting another declaration at any time.

2. Any such declaration shall be notified to the Depositary and shall state expressly the territorial units to which the Convention applies.

3. In relation to a State Party which has made such a declaration:

a) references in Article 23 to "national currency" shall be construed as referring to the currency of the relevant territorial unit of that State; and

b) the reference in Article 28 to "national law" shall be construed as referring to the law of the relevant territorial unit of that State.

## Art. 57 Vorbehalte

Zu diesem Übereinkommen dürfen keine Vorbehalte angebracht werden; allerdings kann ein Vertragsstaat jederzeit durch eine an den Verwahrer gerichtete Notifikation erklären, dass dieses Übereinkommen nicht gilt für

a) die Beförderung im internationalen Luftverkehr, die unmittelbar von diesem Vertragsstaat zu nicht gewerblichen Zwecken im Hinblick auf seine Aufgaben und Pflichten als souveräner Staat ausgeführt und betrieben wird;

b) die Beförderung von Personen, Gütern und Reisegepäck für seine militärischen Dienststellen mit in diesem Vertragsstaat eingetragenen oder von ihm gemieteten Luftfahrzeugen, die ausschließlich diesen Dienststellen vorbehalten sind.

ZU URKUND DESSEN haben die unterzeichneten, hierzu gehörig befugten Bevollmächtigten dieses Übereinkommen unterschrieben.

GESCHEHEN zu Montreal am 28. Mai 1999 in arabischer, chinesischer, englischer, französischer, russischer und spanischer Sprache, wobei jeder Wortlaut gleichermaßen verbindlich ist. Dieses Übereinkommen wird im Archiv der Internationalen Zivilluftfahrt-Organisation hinterlegt; beglaubigte Abschriften werden vom Verwahrer allen Vertragsstaaten dieses Übereinkommens sowie allen Vertragsstaaten des Warschauer Abkommens, des Haager Protokolls, des Abkommens von Guadalajara, des Protokolls von Guatemala-Stadt und der Protokolle von Montreal übermittelt.

## Art. 57 Réserves

Aucune réserve ne peut être admise à la présente convention, si ce n'est qu'un État partie peut à tout moment déclarer, par notification adressée au dépositaire, que la présente convention ne s'applique pas:

a) aux transports aériens internationaux effectués et exploités directement par cet État à des fins non commerciales relativement à ses fonctions et devoirs d'État souverain;

b) au transport de personnes, de bagages et de marchandises effectué pour ses autorités militaires à bord d'aéronefs immatriculés dans ou loués par ledit État partie et dont la capacité entière a été réservée par ces autorités ou pour le compte de cellesci.

En foi de quoi les plénipotentiaires soussignés, dûment autorisés, ont signé la pré sente convention.

Fait à Montréal le 28ᵉ jour du mois de mai de l'an mil neuf cent quatre-vingt-dix-neuf dans les langues française, anglaise, arabe, chinoise, espagnole et russe, tous les textes faisant également foi. La présente convention restera déposée aux archives de l'Organisation de l'aviation civile internationale, et le dépositaire en transmettra des copies certifiées conformes à tous les États parties à la Convention de Varsovie, au Protocole de La Haye, à la Convention de Guadalajara, au Protocole de Guatemala et aux Protocoles de Montréal.

## Art. 57 Reservations

No reservation may be made to this Convention except that a State Party may at any time declare by a notification addressed to the Depositary that this Convention shall not apply to:

a) international carriage by air performed and operated directly by that State Party for non-commercial purposes in respect to its functions and duties as a sovereign State; and/or

b) the carriage of persons, cargo and baggage for its military authorities on aircraft registered in or leased by that State Party, the whole capacity of which has been reserved by or on behalf of such authorities.

In witness whereof the undersigned Plenipotentiaries, having been duly authorized, have signed this Convention.

Done at Montreal on the 28th day of May of the year one thousand nine hundred and ninety-nine in the English, Arabic, Chinese, French, Russian and Spanish languages, all texts being equally authentic. This Convention shall remain deposited in the archives of the International Civil Aviation Organization, and certified copies thereof shall be transmitted by the Depositary to all States Parties to this Convention, as well as to all States Parties to the Warsaw Convention, The Hague Protocol, the Guadalajara Convention, the Guatemala City Protocol, and the Montreal Protocols.

**1.** Art. 57 schließt zwar grundsätzlich aus, dass bei der Ratifikation des Montrealer Übereinkommens von einem Beitrittsstaat irgendwelche Vorbehalte erklärt werden. Doch gestattet es diese Vorschrift andererseits, durch eine an die Internationale Zivilluftfahrt-Organisation (ICAO) als „Verwahrer" gerichtete Notifikation zu erklären, dass das Übereinkommen nicht für Beförderungen in militärischen Luftfahrzeugen oder für unmittelbar von dem Vertragsstaat ausgeführte Beförderungen zur Erfüllung hoheitlicher Aufgaben gilt. **1**

**2.** Wegen der in Art. 57 unter „GESCHEHEN" aufgeführten Luftfahrtabkommen vgl. deren einzelnen Benennungen in Art. 55 Abs. 1. **2**

**3.** Im Gegensatz zu Art. 57 ist in Art. 2 Abs. 1 demgegenüber der Fall geregelt, dass ein Vertragsstaat als solcher oder eine ihm zuzuordnende juristische Person des öffentlichen Rechts ihrerseits als „Luftfrachtführer" iS der Art. 17 ff. auftreten. Zu diesem Begriff: Art. 1 Rn. 15 ff. **3**

**4.** Wegen der von den einzelnen Vertragsstaaten im Zusammenhang mit ihren Ratifikationen erklärten Vorbehalte vgl. oben Art. 1 Rn. 64. S. dort auch den nachfolgenden Text: **4**
"The instrument of ratification by Germany was accompanied by the following declaration:

In accordance with Article 57 of the Convention for the Unification of Certain Rules for International Carrriage by Air of 28 May, the Federal Republic of Germany declares that the Convention shall not apply to international carriage by air performed and operated directly by the Federal Republic of Germany for non-commercial purposes in respect to its functions and duties as a sovereign State or to the carriage of persons, cargo and baggage for the military authorities of the Federal Republic of Germany on aircraft registered in or leased by the Federal Republic of Germany, the whole capacity of which has been reserved by or behalf of such authorities."

# 2. Gesetz zur Durchführung des Übereinkommens vom 28. Mai 1999 zur Vereinheitlichung bestimmter Vorschriften über die Beförderung im internationalen Luftverkehr und zur Durchführung der Versicherungspflicht zur Deckung der Haftung für Güterschäden nach der Verordnung (EG) Nr. 785/2004 (Montrealer-Übereinkommen-Durchführungsgesetz – MontÜG)

vom 6. April 2004 (BGBl. I S. 550, 1027)
geändert durch Verordnung vom 19. April 2005 (BGBl. I S. 1070);
Verordnung vom 7. November 2006 (BGBl. I S. 2452);
zuletzt geändert durch Art. 5 G vom 24. August 2009 (BGBl. I S. 2942)

## § 1 Haftung bei Personenschäden

(1) Wird ein Reisender getötet oder körperlich verletzt, bestimmen sich die Person des Ersatzberechtigten, der Gegenstand der Ersatzpflicht sowie die Art der Ersatzleistung in den Fällen des Artikels 17 Abs. 1 des Übereinkommens vom 28. Mai 1999 zur Vereinheitlichung bestimmter Vorschriften über die Beförderung im internationalen Luftverkehr (BGBl. 2004 II S. 458) (Montrealer Übereinkommen) nach den §§ 35, 36 und 38 des Luftverkehrsgesetzes.

(2) Übersteigen im Falle der Ersatzleistung nach Artikel 17 Abs. 1 des Montrealer Übereinkommens die Entschädigungen, die mehreren Ersatzberechtigten wegen der Tötung oder Körperverletzung eines Reisenden zu leisten sind, insgesamt den in Artikel 21 Abs. 2 des Übereinkommens festgesetzten Betrag und ist eine weitergehende Haftung nach dieser Vorschrift ausgeschlossen, so ist § 45 Abs. 3 des Luftverkehrsgesetzes entsprechend anzuwenden.

(3) Sind in den Fällen des Absatzes 1 deutsche Gerichte nach Artikel 33 Abs. 2 des Montrealer Übereinkommens für Klagen zuständig, bestimmt sich die örtliche Zuständigkeit nach § 56 Abs. 3 Satz 2 des Luftverkehrsgesetzes.

## § 2 Haftung bei Güterschäden

Werden Güter zerstört, beschädigt oder gehen sie verloren, bestimmt sich die Art des nach Artikel 18 des Montrealer Übereinkommens zu leistenden Schadensersatzes nach § 429 des Handelsgesetzbuchs.

## § 3 Umrechnung des Sonderziehungsrechts des Internationalen Währungsfonds

Soweit sich aus Artikel 23 Abs. 1 des Montrealer Übereinkommens nicht etwas anderes ergibt, bestimmt sich die Umrechnung der im Montrealer Übereinkommen in Sonderziehungsrechten ausgedrückten Haftungshöchstbeträge für Schäden wegen Zerstörung, Verlust, Beschädigung oder verspäteter Ablieferung von Gütern nach § 431 Abs. 4 des Handelsgesetzbuchs, für andere Schäden nach § 49b des Luftverkehrsgesetzes.

## § 4 Versicherungspflicht

(1) Unbeschadet der Vorschriften der Verordnung (EG) Nr. 2027/97 des Rates vom 9. Oktober 1997 über die Haftung von Luftfahrtunternehmen bei Unfällen (ABl. EG Nr. L

285 S. 1), geändert durch die Verordnung (EG) Nr. 889/2002 des Europäischen Parlaments und des Rates vom 13. Mai 2002 (ABl. EG Nr. L 140 S. 2), und der Verordnung (EG) Nr. 785/2004 des Europäischen Parlaments und des Rates vom 21. April 2004 über Versicherungsanforderungen an Luftfahrtunternehmen und Luftfahrzeugbetreiber (ABl. EU Nr. L 138 S. 1), in der jeweils geltenden Fassung, bestimmt sich die Pflicht des Luftfrachtführers, zur Deckung seiner Haftung nach dem Montrealer Übereinkommen für die Tötung, die Körperverletzung und die verspätete Beförderung von Reisenden sowie für die Zerstörung, die Beschädigung, den Verlust und die verspätete Beförderung von Reisegepäck eine Haftpflichtversicherung zu unterhalten, nach den §§ 50 und 51 des Luftverkehrsgesetzes sowie den Vorschriften der Luftverkehrs-Zulassungs-Ordnung über die Versicherungspflicht des Luftfrachtführers.

(2) Unbeschadet der Vorschriften der Verordnung (EG) Nr. 785/2004 ist der Luftfrachtführer verpflichtet, zur Deckung seiner Haftung nach dem Montrealer Übereinkommen für die Zerstörung, die Beschädigung, den Verlust und die verspätete Ablieferung von Gütern während der von ihm geschuldeten oder der von ihm für den vertraglichen Luftfrachtführer ausgeführten Luftbeförderung eine Haftpflichtversicherung zu unterhalten.

(3) [1]Das Bundesministerium für Verkehr, Bau und Stadtentwicklung wird ermächtigt, durch Rechtsverordnung mit Zustimmung des Bundesrates die Einzelheiten über den Abschluss, die Aufrechterhaltung, den Inhalt, den Umfang, die zulässigen Ausschlüsse und den Nachweis der nach Absatz 2 und, soweit sie die Deckung der Haftung für die Zerstörung, die Beschädigung und den Verlust von Gütern betreffen, der nach Verordnungen der Europäischen Gemeinschaft zu unterhaltenden Haftpflichtversicherung, einschließlich der Mindestversicherungssumme, zu regeln. [2]Soweit Versicherungsnachweise bei Landesbehörden zu hinterlegen sind, bleibt die Bestimmung der zuständigen Behörde dem Landesrecht vorbehalten.

## § 5 Bußgeldvorschriften

(1) Ordnungswidrig handelt, wer vorsätzlich oder fahrlässig
1. entgegen § 4 Abs. 2 oder
2. entgegen Artikel 4 Abs. 1 in Verbindung mit Artikel 6 Abs. 3 der Verordnung (EG) Nr. 785/2004 des Europäischen Parlaments und des Rates vom 21. April 2004 über Versicherungsanforderungen an Luftfahrtunternehmen und Luftfahrzeugbetreiber (ABl. EU Nr. L 138 S. 1), soweit die Versicherung zur Deckung der Haftung für die Zerstörung, die Beschädigung und den Verlust von Gütern betroffen ist,

jeweils in Verbindung mit einer Rechtsverordnung nach § 4 Abs. 3 Satz 1, eine Haftpflichtversicherung nicht unterhält.

(2) Die Ordnungswidrigkeit kann mit einer Geldbuße bis zu fünfzigtausend Euro geahndet werden.

(3) Verwaltungsbehörde im Sinne des § 36 Abs. 1 Nr. 1 des Gesetzes über Ordnungswidrigkeiten ist, soweit dieses Gesetz nicht von Landesbehörden ausgeführt wird, das Luftfahrtbundesamt.

## § 6 Zeitlicher Anwendungsbereich

Die Vorschriften des Montrealer Übereinkommens sind nur anzuwenden, wenn der Luftbeförderungsvertrag nach dem Zeitpunkt geschlossen wurde, zu dem das Montrealer Übereinkommen für die Bundesrepublik Deutschland in Kraft getreten ist.

## Budapester Übereinkommen über den Vertrag über die Güterbeförderung in der Binnenschifffahrt (CMNI)[1]

vom 22. Juni 2001 (BGBl. 2007 II S. 298)

Die Vertragsstaaten dieses Übereinkommens –

in Erwägung der Empfehlungen der Schlussakte der Konferenz für die Sicherheit und Zusammenarbeit in Europa vom 1. August 1975 für die Harmonisierung der Rechtsvorschriften im Interesse der Förderung des Verkehrs durch die Mitgliedstaaten der Zentralkommission für die Rheinschifffahrt und der Donaukommission in Zusammenarbeit mit der Wirtschaftskommission der Vereinten Nationen für Europa –

in Erkenntnis der Notwendigkeit und Zweckmäßigkeit einheitlicher Vorschriften über Verträge über die Güterbeförderung in der Binnenschifffahrt –

haben beschlossen, zu diesem Zweck ein Übereinkommen zu schließen und haben demgemäß Folgendes vereinbart:

## Budapest Convention on the Contract for the Carriage of Goods by Inland Waterway (CMNI)[1*]

The States Parties to this Convention,

Considering the recommendations of the Final Act of the Conference on Security and Cooperation in Europe of 1 August 1975 for the harmonization of legal regimes with a view to the development of transport by member States of the Central Commission for the Navigation of the Rhine and the Danube Commission in collaboration with the United Nations Economic Commission for Europe,

Having recognized the necessity and desirability of establishing by common agreement certain uniform rules concerning contracts for the carriage of goods by inland waterway,

Have decided to conclude a Convention for this purpose and have thereto agreed as follows:

## Convention de Budapest relative au contrat de transport de marchandises en navigation intérieure (CMNI)[1**]

Les Etats Contractants à la présente Convention,

Considérant les recommandations de l'Acte final de la Conférence sur la Sécurité et la Coopération en Europe du 1er août 1975 en vue de l'harmonisation des régimes juridiques dans l'intérêt du développement des transports par les Etats membres de la Commission Centrale pour la Navigation du Rhin et de la Commission du Danube en collaboration avec la Commission Economique des Nations Unies pour l'Europe,

Conscients de la nécessité et de l'utilité de fixer des règles uniformes en matière de contrat de transport de marchandises par navigation intérieure,

Ont décidé de conclure une Convention à cet effet et sont par conséquent convenus de ce qui suit:

---

[1] Angenommen von der gemeinsam von der ZKR, der Donaukommission und der UN/ECE einberufenen diplomatischen Konferenz, die vom 25. September bis zum 3. Oktober 2000 in Budapest stattgefunden hat.

[1*] Adopted by the Diplomatic Conference Organized Jointly by CCNR, the Danube Commission and UN/ECE, held in Budapest from 25 September to 3 October 2000.

[1**] Adoptée par la Conférence diplomatique organisée conjointement par la CCNR, la Commission du Danube et la CEE-ONU qui s'est tenue à Budapest du 25 septembre au 3 octobre 2000.

# Vorbemerkung

**Schrifttum:** *Auchter,* La Convention de Budapest (CMNI), European Transport Law 2002, 245; *Czerwenka,* Das Budapester Übereinkommen über den Vertrag über die Güterbeförderung in der Binnenschifffahrt (CMNI), TranspR 2001, 277; Denkschrift, BR-Drucks. 563/06, S. 31; *Didier,* Risikozurechnung bei Leistungsstörungen im Gütertransportrecht, 2001; *Freise,* Unimodale transportrechtliche Übereinkommen und multimodale Beförderungen, TranspR 2012, 1; *Hacksteiner,* Implementation des Budapester Übereinkommens über den Vertrag für die Güterbeförderung in der Binnenschifffahrt (CMNI), TranspR 2009, 145; *Hartenstein,* Grenzüberschreitende Transporte in der Binnenschifffahrt, TranspR 2007, 385; *ders.,* Haftungsfragen im Budapester Binnenschifffahrtsübereinkommen (CMNI), TranspR 2012, 441; *Hartenstein/Reuschle,* Handbuch des Fachanwalts Transport- und Speditionsrecht, 2. Aufl. 2011; *Hoeks,* Multimodal Transport Law, 2009; *Holland,* Die CMNI im Überblick, Schifffahrt, Hafen Bahn und Technik, Anwendungsvoraussetzungen der CMNI, Heft 4/2007; Regelungsbereich der CMNI, Schifffahrt, Hafen Bahn und Technik, Heft 6/2007, Rechte und Pflichten der Vertragsparteien, Schifffahrt, Hafen Bahn und Technik, Hefte 6/2008, 8/2008; *Hübner,* Inkrafttreten der CMNI – Auswirkungen für das deutsche Binnenschifffahrtsrecht, Vorträge zum Binnenschifffahrtsrecht, Duisburg 2006, 6; *Jaegers,* Zum Inkrafttreten der CMNI, TranspR 2007, 141; *ders.,* „Problemstellungen im Haftungsrecht nach Einführung der CMNI, Zeitschrift für Binnenschifffahrt (ZfB) 2007, Heft Nr. 7/8, 63; *ders.,* Zum Anwendungsbereich der CMNI, ZfB 2008, Nr. 1/2 S. 71 (Slg. 1670); *ders.,* CMNI: Zum Anwendungsbereich und zu Problemstellungen in Kuhlen, Haftung des Binnenschifffahrts- im Vergleich zum Seerecht, 2009, 85; *Koller,* Transportrecht, 8. Aufl. 2013; *Korioth,* Haftung und Haftungsausschlüsse des Binnenschiffsfrachtführers im künftigen internationalen Binnenschiffsfrachtrecht, in: Transport- und Vertriebsrecht 2000, Festgabe Herber, 1999, S. 293; *ders.,* Harmonisierung des Europäischen Binnenschifffahrtsrechts und die Auswirkungen auf die Schifffahrtspraxis, ZfB (2001) Nr. 12, S. 57 (Slg. 1843) und ZfB 2002 Nr. 1, S. 53 (Slg. 1847); *ders.,* Binnenschifffahrtsrecht, 2008; *ders.,* Internationale Verlade- und Transportbedingungen 2010 (IVTB), in Schäfer, Internationale Aspekte der Binnenschifffahrt, 2012; *Krins,* Der Umfang des zwingende Charakters des deutschen Transportrechts, 2012; *Mankowski,* Entwicklungen im Internationalen Privat- und Prozessrecht für Transportverträge in Abkommen und speziellen EG-Verordnungen, TranspR 2008, 177; *K. Otte,* Vorwirkung des CMNI durch Vereinbarung in Bedingungswerken – Umsetzung und Auswirkungen, in Riedel/Wiese (Hrsg.), Problem des Binnenschifffahrtsrechts X (2004), S. 53; *ders.,* Füllung der Lücken des CMNI durch einheitliche europäische Vertragsbedingungen?, in Riedel/Kuhlen/Otte, Probleme des Binnenschifffahrtsrechts XI (2006), 55; *Rabe,* Seehandelsrecht, 4. Aufl. 2000; *Ramming,* Die CMNI – erste Fragen der Rechtsanwendung, TranspR 2006, 373; *ders.,* Weitere Rechtsfragen zur CMNI – Bedienstete, Beauftragte, ausführender Frachtführer, TranspR 2008, 107; *ders.,* Zur Bemessung des Höchstbetrages nach Art. 20 Abs. 1 und 2 CMNI, TranspR 2008, 189; *ders.,* Hamburger Handbuch zum Binnenschifffahrtsfrachtrecht, 2009; *ders.,* Probleme des § 449 Abs. 1 und 2 HGB – insbesondere Leistungsbeschreibungen, TranspR 2010, 397; *ders.,* Hamburger Handbuch Multimodaler Transport, 2011; *ders.,* Die Haftung des Beförderers, der selbständigen Subunternehmer und der Schiffsbesatzung, in Kuhlen, Haftung des Binnenschifffahrts- im Vergleich zum Seerecht, 2009; *Remé,* Drittschadenshaftung und der Begriff des „nautischen Verhaltens beim Betrieb des Schiffes", in Probleme des Binnenschifffahrtsrechts XI (2006), S. 87; *P. Schmidt,* Das Pfandrecht der §§ 441, 464 HGB im internationalen Kontext, TranspR 2011, 56; *Thume,* Probleme bei der Ablieferung des Frachtguts, TranspR 2012, 85; *Vartian,* Füllung der Lücken des CMNI durch einheitliche europäische Vertragsbedingungen?, in Riedel/Kuhlen/Otte, Probleme des Binnenschifffahrtsrechts XI (2006), 37; *v. Waldstein/Holland,* Binnenschifffahrtsrecht, 5. Aufl. 2007; *Wirtz,* Die CMNI und ihre Bedeutung für die Binnenschifffahrt, ZfB 2008, 68; *Wieske,* Die Verwendung der Kapitel I bis IV des Budapester Übereinkommens über den Vertrag über die Güterbeförderung in der Binnenschifffahrt (CMNI) als Modell europäischer Binnenschifffahrtsbedingungen, TranspR 2003, 383.

## Übersicht

| | Rn. | | Rn. |
|---|---|---|---|
| I. Allgemeine Bemerkungen | 1–6 | 2. Materielles Recht | 30–55 |
| 1. Entstehungsgeschichte des Übereinkommens | 1–5 | a) Lade- und Löschzeiten, Lade- und Löschort, Überliegezeit, Liegegelder, Ablieferungshindernisse | 30, 31 |
| 2. Inhalt und Grundkonzeption des Übereinkommens | 6 | b) Berechnung der Frachten, Verteilung der Schifffahrtskosten, Kleinwasserzuschläge, Beförderungshindernisse, Kündigungsrecht des Absenders | 32–35a |
| II. Geregelte Bereiche | 7–26 | | |
| 1. Materielles Recht | 10–18 | | |
| 2. Auslegung und planwidrige Lücken | 19–21 | c) Haftung des Frachtführers für Verlust oder Beschädigung der Güter vor Einladen in das Schiff oder nach Ausladen aus demselben | 36, 37 |
| 3. Kollisionsrecht | 22–26 | | |
| III. Planmäßige Lücken und einheitliche privatautonome Schließung durch vertragsergänzende Einbeziehung von Sachrecht | 27–60 | d) Dingliche Sicherung der Ansprüche des Frachtführers | 38–40 |
| 1. Prozessrecht | 29 | | |

|  | Rn. |
|---|---|
| e) Hemmung und Unterbrechung der Verjährung von Ansprüchen aus dem Frachtvertrag | 41–43 |
| f) Unterzeichnung der Frachturkunde | 44 |
| g) Große Haverei | 45 |
| h) Frachtansprüche des Frachtführers im Fall der Leistung einer Entschädigung für Verlust oder Beschädigung von Gütern | 46, 47 |
| i) Begriff des Schwunds | 48 |

|  | Rn. |
|---|---|
| j) Haftung des Frachtführers bei Befolgung von Weisungen ohne Vorlage der Frachturkunde | 49, 50 |
| k) Ablehnung der Befolgung von Weisungen des Absenders bzw. Empfängers durch den Frachtführer | 51 |
| l) Einziehung der Nachnahme durch den Frachtführer | 52 |
| m) Keinen Bedarf zu Schließung der Lücken | 53–55 |
| 3. Voraussetzungen eines internationalen Bedingungswerkes | 56–60 |

## I. Allgemeine Bemerkungen

**1. Entstehungsgeschichte des Übereinkommens.** Das Recht der Güterbeförderung **1** ist in weiten Teilen international vereinheitlicht. Als Vorbilder für das Budapester Übereinkommen über den Vertrag über die Güterbeförderung in der Binnenschifffahrt vom 3.10.2000 (CMNI)[1] dienten die für die Straßen-, Schienen-, Luft- und Seebeförderungen geltenden internationalen Übereinkommen.[2]

Das Defizit einer fehlenden Rechtseinheit im internationalen Binnenschifffahrtsrecht **2** wurde zuvor seit langem beklagt. Die internationalen Bemühungen um eine erste Vereinheitlichung des Binnenschifffahrtsfrachtrechts reichen gut fünfzig Jahre zurück.[3] Bereits am 6.2.1959 wurde ein vom UNIDROIT[4] vorgelegter und von der UN/ECE überarbeiteter Entwurf eines Übereinkommens über den Güterbeförderungsvertrag in der Binnenschifffahrt (CMN)[5] beschlossen, der jedoch aufgrund von Meinungsverschiedenheiten der Rheinanliegerstaaten über die Haftung des Frachtführers für Schäden durch nautisches Verschulden sowie aufgrund des Widerstandes der beteiligten Wirtschaftskreise nie zur Zeichnung aufgelegt wurde. Auch Versuche einer Wiederbelebung des CMN in den Jahren 1967 und 1973 scheiterten, sodass die Arbeiten daran 1975 völlig eingestellt wurden.

---

[1] Abkürzung für Convention de Budapest relative au contract de transport de marchandises en navigation intérieure. Abrufbar auf der Website der UN/ECE unter http://www.unece.org/trans/main/sc3/cmniconf/cmnidoc/finalconf02 d.pdf und http://www.transportrecht.org/dokumente/CMNI.pdf. – Angenommen gemeinsam von der von der ZKR, der Donaukommission und der UN/ECE einberufenen diplomatischen Konferenz, die vom 25. September bis zum 3. Oktober 2000 in Budapest stattgefunden hat. Zur Entstehungsgeschichte *Czerwenka* TranspR 2001, 277 ff.; *Auchter* European Transport Law 2002, 545 ff.

[2] Das Internationale Abkommen zur einheitlichen Feststellung einzelner Regeln über Konnossemente vom 25. August 1924 (RGBl. 1939 II S. 1049; sog. Haager Regeln),
– die Haager Regeln in der Fassung des von Deutschland zwar nicht ratifizierten, jedoch in das Handelsgesetzbuch eingearbeiteten Protokolls vom 23. Februar 1968 zur Änderung des am 25. August 1924 in Brüssel unterzeichneten Internationalen Abkommens zur Vereinheitlichung von Regeln über Konnossemente sowie des Protokolls vom 21. Dezember 1979 zur Änderung des Internationalen Abkommens vom 25. August 1924 zur Vereinheitlichung von Regeln über Konnossemente in der Fassung des Änderungsprotokolls vom 23. Februar 1968 (sog. Visby-Regeln (HVR)),
– das von der Bundesrepublik Deutschland nicht ratifizierte, jedoch für 29 Staaten der Welt geltende Übereinkommen der Vereinten Nationen vom 31. März 1978 über die Beförderung von Gütern auf See (sog. Hamburg-Regeln (HHR)),
– das Übereinkommen vom 19. Mai 1956 über den Beförderungsvertrag im internationalen Straßengüterverkehr (CMR) (BGBl. 1961 II S. 1119) sowie das Protokoll vom 5. Juli 1978 zum Übereinkommen über den Beförderungsvertrag im internationalen Straßengüterverkehr (CMR) (BGBl. 1980 II S. 721, 733),
– die Einheitlichen Rechtsvorschriften für den Vertrag über die internationale Eisenbahnbeförderung von Gütern (CIM – Anhang B zum Übereinkommen vom 9. Mai 1980 über den internationalen Eisenbahnverkehr (COTIF) in der Fassung des Protokolls vom 3. Juni 1999 betreffend die Änderung des Übereinkommens von 1980 (BGBl. 2002 II S. 2140, 2221, im Folgenden: ER CIM 1999) sowie
– das Übereinkommen vom 28. Mai 1999 zur Vereinheitlichung bestimmter Vorschriften über die Beförderung im internationalen Luftfrachtverkehr (BGBl. 2004 II S. 458; Montrealer Übereinkommen (MÜ)).

[3] Ausführlich bei *Czerwenka* TranspR 2001, 277.

[4] International Institute für the Unification of Private Law.

[5] Abkürzung für Convention relative au contract de transport de marchandises en navigation intérieure.

**3**    Im Jahr 1993 erarbeitete ein Expertenteam auf Initiative des Vereins für Europäische Binnenschifffahrt und Wasserstraßen e. V. einen Entwurf für ein Übereinkommen über die Güterbeförderung auf Binnenwasserstraßen (CMNI) und leitete diesen im gleichen Jahr der Zentralkommission für die Rheinschifffahrt (ZKR) zur weiteren Beratung zu. Die ZKR richtete daraufhin zusammen mit der Donaukommission und der UN/ECE eine Regierungssachverständigengruppe ein, die den Auftrag erhielt, diesen Entwurf zu beraten. Diese Gruppe nahm im Jahr 1996 ihre Beratungen auf, die im Februar 1999 abgeschlossen wurden. Auf Einladung der Regierung der Republik Ungarn fand sodann vom 25. September bis 3. Oktober 2000 in Budapest eine Diplomatische Konferenz statt. Nach Beratung wurde der Text des Übereinkommens am 3.10.2000 in Budapest in deutscher, englischer, französischer und russischer Sprache verabschiedet. Zusätzlich wurde auf Wunsch Belgiens vereinbart, dass nach der Konferenz noch eine authentische niederländische Fassung erstellt wird. Nachdem alle authentischen Sprachfassungen vorlagen, wurde das Übereinkommen am 22. Juni 2001 für ein Jahr zur Zeichnung aufgelegt.

**4**    Wenngleich bereits zu Beginn der Zeichnungsfrist elf Staaten die CMNI zeichneten[6] und kurz darauf noch fünf weitere Zeichnungen dazu kamen,[7] dauerte es noch, bis Kroatien im Dezember 2004 als fünfter Staat nach Ungarn, Rumänien, der Schweiz und Luxemburg die CMNI ratifiziert hatte, bis die CMNI gem. Art. 34 am 1. April 2005[8] erstmals in den Ratifikationsstaaten völkerrechtlich in Kraft trat.[9] Zum Ratifikationsstand siehe nachfolgende Tabelle (Rn. 5). Ratifikation der Signatarstaaten Polen, Portugal, Ukraine sowie von Österreich stehen noch aus.

| Geltungsbereich des Übereinkommens am 1. Dezember 2008 | | | | |
|---|---|---|---|---|
| (★ Vorbehalte und Erklärungen) | | | | |
| *Vertragsstaaten* | *Ratifikation* | | *Inkrafttreten* | |
| Belgien | 5. August | 2008 | 1. Dezember | 2008 |
| Bulgarien | 19. April | 2006 | 1. August | 2006 |
| Deutschland[10,11] | 10. Juli | 2007 | 1. November | 2007 |
| Frankreich[12] | 11. Mai | 2007 | 1. September | 2007 |
| Kroatien | 7. Dezember | 2004 | 1. April | 2005 |
| Luxemburg | 25. Mai | 2004 | 1. April | 2005 |
| Moldawien | 21. April | 2008 | 1. August | 2008 |
| Niederlande | 20. Juni | 2006 | 1. Oktober | 2006 |
| Polen | | | | |
| Portugal | | | | |
| Rumänien | 3. April | 2004 | 1. April | 2005 |
| Russische Föderation | 11. April | 2007 | 1. August | 2007 |
| Schweiz★ | 13. Mai | 2004 | 1. April | 2005 |
| Slowakei | 27. November | 2007 | 1. März | 2008 |
| Serbien★ | 10. Juni 2010 | | | |
| Tschechische Republik | 14. November | 2005 | 1. März | 2006 |
| Ungarn | 7. Mai | 2002 | 1. April | 2005 |
| Ukraine | | | | |

[6] Belgien, Bulgarien, Frankreich, Kroatien, Niederlande, Portugal, Schweiz, Slowakei, Tschechische Republik und Ungarn.

[7] Luxemburg, Moldawien, Polen, Rumänien und Ukraine.

[8] Liste der Vertragsstaaten und Ratifikationsstand unter www.unece.org/trans/main/sc3/sc3_cmni_legalinst.html.

[9] Hinterlegung der Ratifikationsurkunde in Budapest am 10.7.2007.

[10] Das Übereinkommen wurde ratifiziert in der Bundesrepublik Deutschland durch G v. 17.3.2007 (BGBl. II S. 298).

[11] Mit Gesetz vom 17.3.2007, BGBl. II S. 298.

[12] Mit Gesetz vom 5.2.2007, J. O. Nr. 56 v. 7.3.2007, 4323.

Die Vertragsstaaten können **Vorbehalte** zum sachlichen und räumlichen Anwendungs- 5
bereich und zu materiellrechtlichen Einzelregelungen machen. Danach kann erklärt werden
die Nichtanwendbarkeit der CMNI auf bestimmte Wasserstraßen des erklärenden Vertragsstaates (Art. 30), die Anwendbarkeit auf rein innerstaatliche Beförderungen oder auf unentgeltliche (nationale oder internationale) Beförderungen (Art. 31) oder die Berücksichtigung
der Haftungsbefreiung für nautisches Verschulden von Gesetzes wegen (Art. 32). Erklärt
wurden Vorbehalte bisher von der Schweiz[13] und von Serbien[14].

**2. Inhalt und Grundkonzeption des Übereinkommens.** Das Übereinkommen ist 6
inhaltlich stark von Regelungen nationaler Rechte und von den bereits bestehenden internationalen Übereinkommen geprägt. In der Gesamtschau sorgt die CMNI für eine rechtliche Vereinheitlichung und Vereinfachung grenzüberschreitender Beförderungen mit dem
Binnenschiff und erhöht dadurch in ihrem räumlichen und sachlichen Anwendungsbereich
die Rechtssicherheit. Für die deutsche Binnenschifffahrt hat die CMNI daneben besondere
Bedeutung: Nach deutschem Recht sind zahlreiche gesetzliche Haftungsbestimmungen –
auch für Transporte mit Auslandsberührung und für Kabotagen auf deutschem Territorium
sogar bei Geltung ausländischen Frachtrechts – zwingend anwendbar (§ 449 Abs. 1–4 nF
HGB). Dadurch entfällt die Möglichkeit, allein aufgrund von Verlade- und Transportbedingungen eine davon abweichende, den ausländischen Rechten gleichstehende Haftungsordnung zu erreichen. Die Rheinanliegerstaaten und Belgien besitzen – mit Ausnahme von
Frankreich – gerade eine binnenschifffahrtsrechtliche Konzeption, die weitgehend den seerechtlichen Bedingungen entspricht. Die mit Inkrafttreten des deutschen Transportrechtsreformgesetzes 1998 bewirkte rechtliche Schlechterstellung gegenüber den ausländischen
Schifffahrtstreibenden, die grenzüberschreitend, insbesondere im Stromgebiet des Rheins
tätig sind (keine Privilegierung nautischen Verschuldens), wird durch die CMNI beseitigt.

## II. Geregelte Bereiche

Sachlicher Anwendungsbereich. Die CMNI regelt sowohl materiell-, kollisionsrechtliche 7
und völkerrechtliche Aspekte des Binnenschifffahrtsfrachtvertrags. Die materiell-rechtlichen
Fragen werden in den Kapiteln 1–7 geregelt; die Kapitel 8–10 enthalten teilweise kollisionsrechtliche und völkerrechtliche Bestimmungen.

Die CMNI ist gem. Art. 2 Abs. 1 Satz 1 anwendbar auf **entgeltliche Frachtverträge**
(Stückgutfrachtverträge und Frachtcharter),[15] mit denen die Güterbeförderung auf Binnenwasserstraßen übernommen wird, und auf Rechtsverhältnisse ausgestellter **Konnossemente.** Nicht erfasst sind im Grundsatz solche Speditionsverträge, für die Frachtvertragsrecht (aufgrund normativer Anordnung) nicht anwendbar ist (s. Rn. 18, 19).

**Räumlicher Anwendungsbereich.** Wie für internationales Einheitsrecht üblich, 8
bestimmt die CMNI ihren Anwendungsbereich autonom (Art. 2 CMNI). Anknüpfungspunkt ist das Vorliegen eines Frachtvertrages über eine **internationale Beförderung** auf
Binnenwasserstraßen, dh. dass Ladehafen bzw. Übernahmeort und Löschhafen bzw. Ablieferungsort in unterschiedlichen Staaten gelegen sind, von denen mindestens einer die CMNI
ratifiziert hat.[16] Binnenwasserstraßen sind räumlich näher abzugrenzen (s. Rn. 12, 13; Art. 2
Rn. 1–14). Unberücksichtigt bleiben nach Art. 2 Abs. 3 Staatszugehörigkeit, Registerort

---

[13] Serbien erklärt gemäß Artikel 31 Buchstabe a, dass es die Vorschriften des Übereinkommens auf Transportverträge anwendet, nach denen sich der Ladehafen oder Übernahmeort und der Löschhafen oder Ablieferungsort im Hoheitsgebiet der Republik Serbien befinden. Quelle: http://www.ccr-zkr.org/files/conventi-
ons/etatRatifications_de.pdf (Eingesehen: 17.12.2013).
[14] Erklärung zu Artikel 30 Absatz 1: Die Schweiz wendet das Übereinkommen nicht auf ihre nationalen
Wasserstraßen einschließlich Grenzgewässer an, mit Ausnahme des Rheins zwischen der schweizerischen
Grenze und Rheinfelden.
Erklärung zu Artikel 31 Buchstabe a: Die Schweiz wendet das Übereinkommen auch auf die Beförderung
von Gütern auf dem Rhein zwischen der schweizerischen Grenze und Rheinfelden an. Quelle: http://
www.ccr-zkr.org/files/conventions/etatRatifications_de.pdf (Eingesehen: 17.12.2013).
[15] *Jaegers* TranspR 2007, 141, 145 (frachtvertragliche Reise- und Zeitcharter).
[16] Ausführlich dazu *Czerwenka* TranspR 2001, 277, 278.

und Heimathafen des Schiffes. Unbeachtlich ist auch seine Einordnung als Binnenschiff oder Seeschiff. Ferner ist nicht relevant der Wohnsitz, Sitz oder Aufenthalt von Absender, Frachtführer und Empfänger.[17]

8a  Neben diesem primären internationalen Anwendungsbereich bietet Art. 31 CMNI den Vertragsstaaten die Möglichkeit, die CMNI auch auf **innerstaatliche Frachtverträge** in ihrem Hoheitsgebiet für anwendbar zu erklären, wovon etwa Ungarn und Rumänien im Zuge der Ratifikation bereits Gebrauch gemacht haben.

9  Ist die CMNI wegen Art. 2, 31 in toto nicht objektiv anwendbar, kann ihre Geltung auch durch Vertrag **privatautonom vereinbart** werden. Ist Ausgangspunkt einer solchen vertraglichen Vereinbarung die Geltung des nationalen Sachrechts als Vertragsstatut, so sind allerdings außerdem dessen zwingende gesetzlichen Haftungsbestimmungen zu beachten (im deutschen Recht etwa über § 449 HGB). Findet sich die vertragliche Vereinbarung von CMNI-Bestimmungen gar in Klauselwerken (etwa in Verlade- und Transportbedingungen, dazu unten 3.), ist die wirksame Einbeziehung der CMNI über die Klauselwerke nach dem (wiederum über Kollisionsrecht des Forums) berufenen[18] Vertragsstatut zu überprüfen, bei Geltung deutschen Rechts also nach den Maßstäben der Klauselkontrolle in den §§ 305 ff. BGB. Eine AGB-mäßige Einbeziehung von CMNI-Bestimmungen, die von gesetzlichen Haftungsbestimmungen des deutschen Sachrechts abweichen, ist nach § 449 Abs. 1 nur durch Individualvereinbarung möglich. Eine Ausnahme im Wege AGB-mäßiger Abbedingung sieht § 449 Abs. 2 nF HGB wie bisher nur für einen Haftungskorridor oder bei Verschlechterungen für den AGB-Verwender vor. Hier ist der Vergleich mit der Regelung in Art. 20 CMNI anzustellen.

10  **1. Materielles Recht.** Die CMNI enthält ausführliche und vielfach in sich abgeschlossene **frachtrechtliche Regelungen.** Diese lassen nur noch wenig Raum für daneben anwendbares nationales Frachtrecht. Die privatrechtlichen Bestimmungen der CMNI sind anders als die CMNI nicht in das HGB bzw. in das BinSchG eingearbeitet. Vielmehr werden sie, wie auch schon die eingangs genannten Übereinkommen (ausgenommen die Haager und die Haag-Visby Regeln), als selbständiges Regelwerk neben dem dann nachrangig anwendbaren deutschen Frachtrecht stehen.

11  Die **Regelungen der CMNI** lassen sich nach ihren Inhalten in mehrere Bereiche einteilen.

12  **Rechte und Pflichten** der an der Ausführung des Frachtvertrags beteiligten Personen sind in den Art. 3–7, 9 und 10 CMNI geregelt. **Normadressaten** sind neben dem (vertraglichen) Frachtführer, dem Absender und dem Empfänger auch der ausführende Frachtführer, der sowohl dem mit ihm kontrahierenden Frachtführer als auch – im Falle des Direktanspruchs des Urabsenders gegen ihn – mit dem vertraglichen Hauptfrachtführer praktisch gleichgestellt wird (Art. 4 CMNI). Geregelt sind Übernahme, Beförderung und fristgemäße Ablieferung der Güter an den vorgesehenen Empfänger Ablieferung (Art. 3 und 10 CMNI), des Weiteren die mangels vertraglicher Vereinbarung einzuhaltende Lieferfrist (Art. 5 CMNI) sowie die Pflichten des Absenders (Art. 6 CMNI) insbesondere zur Kennzeichnung, Verpackung und Ladung der Güter. Daneben finden sich in der CMNI Sonderregelungen für gefährliche oder umweltschädliche Güter (Art. 7 CMNI). Nach Art. 9 hat der Frachtführer bei bestimmten Pflichtverletzungen des Absenders ein Rücktrittsrecht vom Frachtvertrag.

13  Die Art. 11–13 CMNI enthalten Regelungen über Art, Inhalt und Funktion der **Frachturkunden.** Bis zum Beweis des Gegenteils dienen Frachturkunden als Nachweis für den Abschluss und den Inhalt des Frachtvertrages sowie für die Übernahme der Güter. Hierzu begründen sie insbesondere die Vermutung, dass die Güter so zur Beförderung übernommen worden sind, wie sie in der Frachturkunde beschrieben werden (Art. 11 Abs. 3 CMNI).

---

[17] CNMI-Denkschrift S. 33 (Vorbild ist Art. 2 Abs. 2 der Hamburg Regeln); *Ramming,* HdB Binnenschifffahrtsrecht, Rn. 310.

[18] Und nicht über Art. 29 CMNI, so aber *von Waldstein/Holland* Binnenschiffahrtsrecht Art. 1 CMNI Rn. 7.

Den vorgesehenen Regelfall dürfte die Ausstellung einer „einfachen" Frachturkunde bilden. Ein Konnossement ist nur aufgrund ausdrücklicher Vereinbarung auszustellen (Art. 11 Abs. 1 CMNI).

Die Art. 14 und 15 CMNI regeln das **Verfügungsrecht** des Absenders bzw. des Empfän- **14** gers über die Güter. Wer sein Verfügungsrecht ausübt, hat dem Frachtführer sämtliche durch Ausführung der Weisung entstehenden Kosten und Schäden zu ersetzen (Art. 15 lit. c CMNI).

Kernbereich sind die Regelungen der CMNI über die **Haftung** der an der Ausführung **15** des Frachtvertrages beteiligten Personen (Art. 16–22 und Art. 8 CMNI). Die CMNI statuiert hier grundsätzlich eine verschuldensabhängige, der Höhe nach beschränkte Obhutshaftung des Frachtführers, von der der Frachtführer befreit ist, wenn der Schaden auf Umständen beruht die ein *sorgfältiger* Frachtführer nicht hätte vermeiden können.[19] Die Haftung des Frachtführers ist jedoch eingeschränkt durch eine Reihe von Haftungsausschlussgründen (Art. 18 CMNI) und mit der Möglichkeit des Entlastungsbeweises (Art. 16 Abs. 1). Besondere Beachtung verdient die Möglichkeit der vertraglichen Haftungsfreizeichnung für nautisches Verschulden. Sie befreit nicht ex lege von der Haftung, kann jedoch – ebenso wie Feuer und Explosion – als Haftungsausschlussgrund von den Parteien vertraglich vereinbart werden. Darüber hinaus ist die Haftung des Frachtführers auch durch Haftungshöchstbeträge begrenzt (Art. 20 Abs. 1 CMNI). Diese entsprechen – mit Modifikationen zum Containertransport[20] – den Haftungshöchstbeträgen der Haag-Visby-Regeln für das Seefrachtrecht.[21] Dem Frachtführer gleichgestellt ist der ausführende Frachtführer bei Verlust, Beschädigung oder verspäteter Ablieferung der zur Beförderung übernommenen Güter (Art. 16 Abs. 1 iVm. Art. 4 Abs. 2 CMNI). Der Absender wiederum haftet dem Frachtführer verschuldensunabhängig und unbeschränkt für Schäden, die diesem durch unrichtige oder unvollständige Angaben oder Begleitpapiere entstehen (Art. 8 CMNI). In der Gesamtschau ist das Haftungsregime nach der CMNI für den Frachtführer günstiger als das nach HGB.

Anzeigefristen. In den Art. 23 und 24 CMNI enthält die CMNI **Fristen** für die **Scha- 16 densanzeige** sowie für die **Verjährung** von Ansprüchen aus dem Frachtvertrag. Die Verjährungsfrist für sämtliche Ansprüche aus dem Frachtvertrag grundsätzlich beträgt 1 Jahr.

Art. 25 CMNI setzt der **Vertragsfreiheit** der Parteien Grenzen: Von Ausnahmen abge- **17** sehen ist jede Beschränkung oder Ausweitung der in der CMNI geregelten Haftung des Frachtführers, Umkehrung der Beweislast, Verkürzung der Anzeige- oder Verjährungsfristen sowie Abtretung von Ansprüchen aus der Versicherung der Güter an den Frachtführer nichtig.

Soweit der Anwendungsbereich reicht, **verdrängt** die CMNI das nationale Binnenschiff- **18** fahrtsfrachtrecht,[22] das im deutschen Recht in den §§ 407 ff. HGB und in § 26 BinSchG geregelt ist. Vertraglich können aber – formfrei, wie der Frachtvertragsschluss selbst – Abweichungen vereinbart werden, solange die in Art. 25 gesetzten Grenzen eingehalten sind.

**2. Auslegung und planwidrige Lücken.** Unklarheiten des Übereinkommens sind **19** durch Auslegung anhand der gleichermaßen verbindlichen verschiedenen sprachlichen Fassungen zu beseitigen. Primat ist üblicherweise die aus Wortlaut, Gesamtzusammenhang, Teleologie und Entstehungsgeschichte ableitbare staatsvertragsautonome Auslegung ohne Rückgriff auf das nationale Recht der Vertragsstaaten, aber unter Berücksichtigung von Rechtsprechung und Wissenschaft zur Auslegung der CMNI. Diese Auslegung verwirklicht den Zweck der mit Einheitsrecht beabsichtigten einheitlichen Rechtsanwendung und verhindert das Auseinanderlaufen der Auslegung anhand von verschiedenen Maßstäben, die dem ergänzend anwendbaren Sachrecht oder schlicht dem Recht des angerufenen Forums

---

[19] Mithin ein im Vergleich zu § 426 HGB (Nichthaftung des *idealen* Frachtführers) milderer Sorgfaltsmaßstab.

[20] 1500 Sonderziehungsrechte (SZR) für den Container und zusätzlich 25 000 SZR für dessen Inhalt.

[21] 666,67 SZR für jede Packung oder Ladungseinheit oder 2 SZR pro kg, je nachdem, welcher Betrag höher ist.

[22] Denkschrift, BR-Drucks. 563/06 S. 32.

entnommen werden.[23] Entscheidend ist daher der aus Regelungszweck, Gesamtinhalt, Systematik und Entstehungsgeschichte zu ermittelnde Wille der Signatarstaaten unter gleichzeitiger Berücksichtigung der sich dazu in ihnen entwickelnden Rechtsprechung und Wissenschaft. Gleiches gilt für die Ausfüllung unbestimmter Rechtsbegriffe.[24]

**20**   Das Übereinkommen ist in deutscher, englischer, französischer, niederländischer und russischer Sprache abgefasst, wobei **jeder Wortlaut** gleichermaßen **verbindlich** ist. Bei voneinander abweichenden Textfassungen ist von einer intendierten Bedeutung auszugehen ist.[25] Es ist dann die Auslegung heranzuziehen, die die verschiedenen Textfassungen bestmöglich miteinander in Einklang bringt.[26] Die Auslegung des Frachtvertraginhaltes bestimmt sich nach dem über Art. 29 aufzufindenden Vertragsstatut.[27]

**21**   Ergeben sich auch nach dem Ergebnis der Auslegung Lücken, weil Fragen unbewusst nicht geregelt wurden (planwidrige Lücken), sind diese durch Analogie- und Umkehrschluss[28] oder durch das ergänzend anwendbare nationale Recht zu schließen. Normkonflikte sind durch teleologische Reduktion zu beseitigen. Beide methodischen Schritte haben wiederum den Zweck des Übereinkommens bestmöglich zu verwirklichen.

**22**   **3. Kollisionsrecht.** Bei seiner Umsetzung in staatliches Recht **verdrängt** die CMNI nach der lex posterior-Regel die in seinem Regelungsbereich geltenden nationalen Vorschriften. Wenngleich die CMNI eine wesentliche Vereinheitlichung des europäischen Binnenschifffahrtsfrachtrechts bewirkt, weist sie doch auch deutliche Lücken auf. So wird eine Reihe von Fragen in der CMNI entweder gar nicht erwähnt oder ausdrücklich den Regelungen des jeweils anwendbaren nationalen Rechts überlassen. Diese Lücken setzen damit der Vereinheitlichungswirkung der CMNI merkbare Grenzen. Die Gründe für diese Lücken sind vielfältig: Teils konnte keine Einigung über die betreffenden Punkte erzielt werden, teils scheiterte eine Einigung aufgrund von Zeitmangel, teils hielt man eine Vereinheitlichung nicht für notwendig. Außerhalb dieses Regelungsbereiches bleibt – in den bereits aufgezeigten Lücken – nach wie vor nationales Recht anwendbar.

**23**   In kollisionsrechtlicher Hinsicht regelt das Übereinkommen selbst, welches nationale Sachrecht auf bestimmte, vom Übereinkommen nicht erfasste Einzelfragen anzuwenden ist. Sie sind gem. Art. 1 Nr. 9 CMNI Sachnormverweisungen und gehen dem Kollisionsrecht des Rechts des angerufenen Forums vor.[29]

**24**   Kollisionsnormen für bewusst nicht erfasste Einzelfragen finden sich in den Art. 2 Abs. 1 und 3, Art. 16 und 19 Abs. 5, Art. 24 Abs. 3, Art. 26, 27 Abs. 1. So bestimmt sich die dingliche Sicherung der Ansprüche des Frachtführers nach dem Recht jenes Staates, in dem sich die Güter befinden, die Frage, ob die Unterschrift unter die Frachturkunde auch gedruckt, perforiert, gestempelt, mit Zeichen oder mit sonstigen mechanischen oder elektronischen Mitteln gefertigt werden kann, nach dem Recht jenes Staates, in dem die Urkunde ausgestellt wird.

**25**   Für alle sonstigen nicht geregelten Bereiche verweist Art. 29 Abs. 1–3 CMNI allgemein auf anwendbares nationales Recht. Art. 29 ist im Wesentlichen dem Europäischen Schuldvertragsübereinkommen (EVÜ)[30] nachgebildet. Grundsätzlich ist die von den Parteien

---

[23] Vgl. Art. 31 und 32 Wiener Vertragsrechtsübk. v. 23.5.1969, BGBl. 1985 II S. 926.
[24] Wie hier bereits *von Waldstein/Holland* Binnenschifffahrtsrecht Art. 1 CMNI Rn. 6.
[25] So schon BGH Urt. v. 10.10.1991, NJW 1992, 621, 622 (für die CMR); ebenso *von Waldstein/Holland* Binnenschifffahrtsrecht Art. 1 CMNI Rn. 5.
[26] Vgl. Art. 33 Wiener Vertragsrechtsübk.
[27] *Koller* Art. 1 CMNI Rn. 3. Zum wirksamen Abschluss des Frachtvertrags vgl. unten Art. 1 CMNI Rn. 13.
[28] So *von Waldstein/Holland* Binnenschifffahrtsrecht Art. 1 CMNI Rn. 6.
[29] Im deutschen IPR gehen die Kollisionsnormen der CMNI nur für dort geregelte kollisionsrechtliche Fragen gem. Art. 3 Ziff. 2 EGBGB den Rom I-VO und Rom II-VO vor.
[30] Übereinkommen von Rom über das auf vertragliche Schuldverhältnisse anzuwendende Recht vom 19. Juni 1980, auch Europäisches Schuldvertragsübereinkommen (EVÜ), ABl. Nr. C 27 vom 26. Januar 1998, S. 34 ff.
Im Juni 2008 haben das Europäische Parlament und der Rat die Rom I-VO erlassen. Die Rom I-VO tritt an die Stelle des EVÜ und ist auf internationale Verträge anzuwenden, die ab 18. Dezember 2009 geschlossen werden.

getroffene Rechtswahl maßgeblich. Mangels Rechtswahl ist das Recht jenes Staates anzuwenden, zu dem der Frachtvertrag die engste Beziehung aufweist. Hierbei wird vermutet,
dass der Frachtvertrag die engste Beziehung mit dem Staat aufweist, in dem der Frachtführer
seine Hauptniederlassung hat, sofern in diesem Staat auch der Ladehafen bzw. Übernahmeort oder der Löschhafen bzw. Ablieferungsort liegt.

Nicht in der CMNI geregelte *kollisionsrechtliche* Fragen werden auch weiterhin vom   **26**
Kollisionsrecht des angerufen Forums beherrscht. Dies sind im deutschen Kollisionsrecht
etwa die Art. 6, 7, EGBGB (wegen Art. 1 Abs. 2 lit. a Rom I-VO, einschr. aber Art. 13
Rom I-VO) sowie Art. 3 ff. Rom I-VO (vormals Art. 27 EGBGB aF), sowie die Art. 10,
12, 13, 9 Rom I-VO (Art. 31 ff., 34 EGBGB aF).

## III. Planmäßige Lücken und einheitliche privatautonome Schließung durch vertragsergänzende Einbeziehung von Sachrecht

Lückenschließung auf der Basis des anwendbaren Sachrechts oder auf der Basis von   **27**
individuellen Parteivereinbarungen verstärkt im Geltungsbereich der CMNI die Gefahr der
Rechtszersplitterung.

Die Idee wiederum, drohender Rechtszersplitterung im nicht geregelten Bereich mittels   **28**
eines internationalen Bedingungswerks (wie schon die deutschen IVTB, die niederländischen
CBRB, und die schweizerischen SRTB) zu begegnen, stößt an Grenzen. Denn als rein privatrechtliche Vereinbarung vermögen einheitliche Vertragsbedingungen das nationale Recht nur
insoweit zu ersetzen, als dessen Normen dispositiver Natur sind. Die einzelnen nationalen
Rechtsordnungen enthalten jedoch in unterschiedlichem Ausmaß zwingende oder **AGB**-feste
Bestimmungen, die durch allgemeine Vertragsbedingungen nicht abänderbar sind und unabhängig von ihnen zur Anwendung kommen. Insoweit ist die Verwirklichung einheitlicher
europäischer Vertragsbedingungen schwierig. Im Folgenden werden CMNI-Lücken dargestellt. Eine komplette Durchmusterung des Rechts aller CMNI-Vertragsstaaten auf AGB-feste
Regelungen verbietet sich hier.[31] Lediglich die vom diesbezüglich ohnehin strengsten, deutschen Recht aufgestellten Bestimmungen seien erwähnt.

**1. Prozessrecht.** Anders als die CMR ist in der CMNI keine Regelung zur internatio-   **29**
nalen Zuständigkeit der Gerichte der Vertragsstaaten getroffen. Vorschriften über die internationale Zuständigkeit finden sich in den EuGVVO, EuGVÜ, Luganer Übereinkommen
und ZPO. Derogationsfreiheit und Prorogationsfreiheit sind nicht beschränkt. Hiernach
kann der *Gerichtsstand frei vereinbart werden*.

**2. Materielles Recht.** Die CMNI regelt nicht (oder nur ansatzweise) den Abschluss des
Frachtvertrages, die Pflicht zur Zahlung von Fracht und Zuschlägen, Lade- und Löschzeiten,
die Pflicht zur Zahlung von Liegegeld, Folgen von Beförderungs- und Ablieferungshindernissen, Folgen von Störungen bei der Ausführung des Frachtvertrages, Zurückbehaltungsrechte und Pfandrechte, Nachnahme, Landschäden und große Haverei. Insoweit kommt das
jeweils über Art. 29 berufene anwendbare nationale Recht zur Anwendung. Im Einzelnen:

**a) Lade- und Löschzeiten, Lade- und Löschort, Überliegezeit, Liegegelder,**   **30**
**Ablieferungshindernisse.** In der CMNI **nicht geregelt** sind Beginn, Dauer und Ende
der Lade- und Löschzeiten, Ort der Ladung und Löschung, Überliegezeiten und die dafür
zu bezahlenden Liegegelder sowie die Rechtsfolgen bei Auftreten eines Ablieferungshindernisses.[32] Das Übereinkommen enthält nur Regelungen für den Fall solcher besonderer
Beförderungs- oder Ablieferungshindernisse für gefährliche oder umweltschädliche Güter,

---

[31] So schon *Vartian* in Riedel/Kuhlen/Otte, Probleme des Binnenschifffahrtsrechts XI (2006), 37 ff.
[32] Eine einheitliche Regelung dieser Fragen war im ersten Zusatzprotokolls zur CMNI über die Lade-
und Löschzeiten und Liegegelder in der Binnenschifffahrt vorgesehen. Dieser Protokollentwurf Nr. 1 wurde
jedoch im Zuge der Diplomatischen Konferenz in Budapest ersatzlos gestrichen, da keine Zeit zu dessen
Beratung blieb und eine international einheitliche Regelung in diesen Punkten für nicht notwendig erachtet
wurde.

die sich aus der Gefährlichkeit der Güter oder aus behördlichen Auflagen und Anordnungen ergeben. All dies sind – vielleicht mit Ausnahme der Bestimmungen bzgl. Ablieferungshindernissen – Punkte, die üblicherweise von den Parteien des Frachtvertrages individuell oder zumindest im Rahmen von AGB vertraglich vereinbart werden.

31    Im deutschen Recht erlaubt die „Verordnung über die Lade- und Löschzeiten sowie das Liegegeld in der Binnenschifffahrt" (BinSchLV) ausdrücklich Parteivereinbarungen. Subsidiär werden nach dem Gewicht der Ladung gestaffelte Lade- und Löschzeiten festgelegt. Das Liegegeld, das dem Frachtführer bei einem nicht von ihm zu vertretenden Überschreiten der Lade- und Löschzeiten gebührt, berechnet sich nach der gesamten Tragfähigkeit des Schiffes. Im Fall eines Ablieferungshindernisses – wie insbesondere Annahmeverweigerung durch den Empfänger – hat der Frachtführer primär die Anweisung des Absenders (österreichisches Recht) bzw. des Verfügungsberechtigten (deutsches Recht) einzuholen und zu befolgen. Das deutsche Recht lässt dem Frachtführer hier Handlungsspielraum, indem dieser berechtigt (und verpflichtet) ist, jene Maßnahmen zu ergreifen, die im Interesse des Verfügungsberechtigten am besten erscheinen. Beispielhaft werden hier die eigenständige Entladung und Verwahrung der Güter sowie bei verderblichen Waren deren Verkauf genannt.[33] Insgesamt ist festzustellen, dass in den im Protokollentwurf Nr. 1 geregelten Punkten im deutschen Recht keine zwingenden bzw. AGB-feste Bestimmungen einer Regelung durch einheitliche Vertragsbedingungen entgegenstehen.

32    **b) Berechnung der Frachten, Verteilung der Schifffahrtskosten, Kleinwasserzuschläge, Beförderungshindernisse, Kündigungsrecht des Absenders.** Protokollentwurf Nr. 2 enthielt Regelungen zur Berechnung der Frachten, zur Verteilung der Schifffahrtskosten auf Frachtführer, Absender und Empfänger, zur Frage der Kleinwasserzuschläge, zu vor, während oder am Ende der Fahrt eintretenden Beförderungshindernissen sowie zum Recht des Absenders, den Frachtvertrag zu kündigen, einschließlich der im Fall einer solchen Kündigung zu zahlenden Entschädigung.[34]

33    Art. 6 Abs. 1 CMNI verpflichtet den Absender pauschal zur „Zahlung der nach dem Frachtvertrag geschuldeten Beträge". Was darunter diesen zu verstehen ist, sagt die CMNI nicht.

34    Die Zahlung der Fracht als Hauptleistungspflicht des Absenders wird naturgemäß von den Vertragsparteien vertraglich geregelt. Dementsprechend bestehen hier auch nur wenige gesetzliche Bestimmungen, die primär Sonderfälle regeln, wie etwa den Anteil der Fracht, der dem Frachtführer bei Auftreten eines Beförderungs- oder Ablieferungshindernisses gebührt. Auch diese knüpfen aber wieder an die vereinbarte Fracht an, sodass insbesondere die Höhe derselben ausschließlich der Vereinbarung der Vertragsparteien unterliegt. Zur damit eng verbundenen Frage der Verteilung der Schifffahrtskosten auf die Vertragsparteien enthält das deutsche Recht keine Regelung.[35]

35    Vor oder während der Reise auftretende Beförderungs- und Ablieferungshindernisse behandelt das deutsche Recht gleich und verpflichtet den Frachtführer zur Einholung von Anweisungen des Verfügungsberechtigten bzw. zum Ergreifen jener Maßnahmen, die im Interesse des Verfügungsberechtigten am besten erscheinen.[36]

---

[33] Zu österreichischem Recht etwa *Vartian* S. 49. Hier kann der Frachtführer – wenn die Einholung nicht möglich oder die Anweisung nicht durchführbar – die Güter selbst löschen und in einem Lagerhaus oder auf andere sichere Weise einlagern. Verderbliche Güter dürfen bei Gefahr im Verzug auch ohne vorherige Androhung versteigert bzw. freihändig verkauft werden.

[34] Auch diese Punkte blieben jedoch – mit Ausnahme der erwähnten Sonderregelungen für Beförderungs- und Ablieferungshindernisse bei gefährlichen oder umweltschädlichen Gütern – letztlich zur Regelung an die jeweils anwendbare nationale Rechtsordnung verwiesen, da ebenso wie der Protokollentwurf Nr. 1 auch der Protokollentwurf Nr. 2 aufgrund von Zeitmangel und angesichts der einhelligen Meinung der Konferenzteilnehmer, eine international einheitliche Regelung sei hier nicht notwendig, im Zuge der Diplomatischen Konferenz in Budapest ersatzlos gestrichen wurde.

[35] Österreichisches Recht beispielsweise weist mangels vertraglicher Vereinbarung die Kosten der Schifffahrt (etwa Schleusen- und Hafengebühren) dem Frachtführer zu, die die Ladung betreffenden Kosten (etwa Kran- und Wiegegelder) hingegen dem Absender zu, *Vartian* S. 50.

[36] Bei einem zufälligen dauernden Beförderungshindernis lässt zB das österreichische Recht den Frachtvertrag automatisch außer Kraft treten. Der Absender hat bei einem nicht von ihm zu vertretenden zeitweiligen

International unterschiedlich geregelt ist das Recht des Absenders, den Frachtvertrag zu **35a** kündigen. Das deutsche Recht gibt hier dem Absender ein jederzeitiges Kündigungsrecht. Der Frachtführer kann– sofern die Kündigung nicht auf Gründen beruht, die seinem Risikobereich zuzurechnen sind – nach seiner Wahl entweder die volle Fracht sowie den Ersatz aller Aufwendungen unter Anrechnung des Ersparten oder anderweitig Erworbenen, oder pauschal ein Drittel der Fracht verlangen.[37] Insgesamt bestehen – ebenso wie hinsichtlich des Protokollentwurfs Nr. 1 – auch in den im Protokollentwurf Nr. 2 geregelten Fragen weder im österreichischen noch im deutschen Recht zwingende bzw. AGB-feste Bestimmungen, die einer Regelung dieser Fragen durch einheitliche Vertragsbedingungen entgegenstehen würden.

**c) Haftung des Frachtführers für Verlust oder Beschädigung der Güter vor Ein-** **36** **laden in das Schiff oder nach Ausladen aus demselben.** Die Haftung des Frachtführers für Verlust oder Beschädigung der Güter ordnet die CMNI nur für den Zeitraum der Beförderung – also den Zeitraum zwischen Einladen der Güter in das Schiff und Ausladen aus demselben – an. Die Frage der Haftung des Frachtführers für Verlust oder Beschädigung der Güter außerhalb des Beförderungszeitraums, in denen er die Güter in seiner Obhut hat, ist hingegen durch Art. 16 Abs. 2 CMNI ausdrücklich zur Regelung an das jeweils auf den Frachtvertrag anwendbare nationale Recht verwiesen.[38]

In beiden Fällen haftet der Frachtführer nach deutschem Recht grundsätzlich für die **37** gesamte Zeit zwischen vertragsgemäßer Empfangnahme der Güter und deren Ablieferung an den Empfänger.[39] Die Haftung des Frachtführers umfasst hier somit auch die Zeiträume vor dem Laden bzw. nach dem Löschen. Die entsprechende Regelung ist aufgrund der Anordnung des § 449 Abs. 1 nF HGB AGB-fest.[40] Eine Regelung dieser Frage durch einheitliche europäische Vertragsbedingungen scheint daher aus deutscher Sicht verschlossen.

**d) Dingliche Sicherung der Ansprüche des Frachtführers.** Die dingliche Sicherung **38** von Ansprüchen des Frachtführers für die Fracht und von übrigen auf den Gütern lastenden Forderungen ist ausdrücklich aus dem Regelungsbereich der CMNI ausgenommen. Dies betrifft auch Beiträge zur großen Haverei. Die CMNI weist diese Frage unabhängig von dem auf den Frachtvertrag allgemein anzuwendenden Recht gem. Art. 29 Abs. 4 iVm. Art. 10 Abs. 1 dem Recht jenes Staates zu, in dem sich die Güter befinden (lex rei sitae).

Dingliche Sicherung kommt häufig erst am vereinbarten Ablieferungsort der Güter zum **39** Einsatz; viele nationale Rechtsordnungen lassen solche Sicherungsrechte jedoch bereits vor der Ablieferung entstehen. Dies ist sinnvoll im Fall einer vom Verfügungsberechtigten angeordneten vorzeitigen Ablieferung der Güter bzw. bei einer Ablieferung an einem anderen als dem ursprünglich vereinbarten Ort. Die Unterschiede bei der dinglichen Sicherung von Ansprüchen des Frachtführers sind in den einzelnen nationalen Rechtsordnungen wie auch in den Bedingungswerken IVTB, SRTB und CBRB groß. Die mag zugleich ein Grund für die fehlende Vereinheitlichung in der CMNI sein.

Der Frachtführer hat grundsätzlich wegen aller Ansprüche aus dem Frachtvertrag ein **40** Pfandrecht an den Gütern und/oder Zurückbehaltungsrecht. Diese bestehen, solange der

---

Beförderungshindernis ein Rücktrittsrecht vom Frachtvertrag gegen Ersatz der Kosten des Frachtführers und Bezahlung des der bisherigen Beförderung entsprechenden Anteils der Fracht, *Vartian* S. 50.

[37] Nach österreichischem Recht etwa kann der Absender vor Antritt der Reise vom Frachtvertrag zurücktreten gegen Zahlung einer Entschädigung in Höhe eines Drittels der Fracht. Nach Antritt der Reise kann der Absender die Wiederausladung der Güter nur gegen Bezahlung der vollen Fracht sowie aller sonstigen Forderungen des Frachtführers verlangen, *Vartian* S. 50.

[38] Dies hat seinen Grund darin, dass auf der Diplomatischen Konferenz in Budapest keine Einigung darüber erzielt werden konnte, ob – wie etwa von Seiten der Schweiz gefordert – die CMNI eine Haftungsfreizeichnung für Landschäden zulassen sollte. So kam man überein, die Regelung dieses Punktes dem jeweiligen nationalen Gesetzgeber zu überlassen. Dazu näher *Czerwenka* TranspR 2001, 277, 279.

[39] Ebenso in Österreich, *Vartian* S. 52.

[40] Im österreichischen Recht ist diese Haftungsregelung grundsätzlich einer Vereinbarung durch die Vertragsparteien auch mittels AGB zugänglich, *Vartian* S. 52.

Frachtführer die Güter in seinem Besitz hat oder über diese mittels Konnossement, Ladeschein oder Lagerschein verfügen kann. Dingliche Sicherung besteht auch dann noch, wenn der Frachtführer das Pfandrecht innerhalb von drei Tagen nach der Ablieferung gerichtlich geltend macht und die Güter noch im Besitz des Empfängers sind. Diese Bestimmung ist nach deutschem Recht grundsätzlich einer Vereinbarung durch die Vertragsparteien zugänglich, solange sie sich im Rahmen der von den nationalen Rechtsordnungen zur Verfügung gestellten dinglichen Rechte – insbesondere Pfand- und Zurückbehaltungsrecht – halten (Typenzwang).

**41**    **e) Hemmung und Unterbrechung der Verjährung von Ansprüchen aus dem Frachtvertrag.** Während Verjährungsfristen und Rückgriffsanspruch einheitlich geregelt werden, verweist die CMNI hinsichtlich der Hemmung und Unterbrechung der Verjährung auf das jeweilige nationale Frachtvertragsstatut. Lediglich für den Fall eines Verteilungsverfahrens zur Durchführung der Haftungsbeschränkung für alle aus einem Schadensereignis stammenden Ansprüche bestimmt die CMNI, dass die Anmeldung eines Anspruchs in einem solchen Verfahren die Verjährung unterbricht.

**42**    Der gleiche Befund ergibt sich in zahlreichen nationalen Binnenschifffahrtsfrachtrechten und in den IVTB, SRTB und CBRB. Auch dort ist üblicherweise nur die Verjährungsfrist besonders geregelt und die Hemmung und Unterbrechung der Verjährung jedoch nur in Ausnahmefällen. Damit folgt die CMNI in diesem Punkt der auch bei den bisherigen Vereinheitlichungsversuchen angewandten Praxis.

**43**    Für Hemmung und Unterbrechung der Verjährung von Ansprüchen aus dem Frachtvertrag finden sich bereits ausdrückliche zwingende Bestimmungen, die einer vertraglichen Regelung entgegenstehen. Die Verjährungsfrist beträgt im deutschen Recht – außer bei Vorsatz – grundsätzlich ein Jahr.[41] Die Verjährung wird durch eine schriftliche Erklärung des Absenders oder Empfängers, mit der dieser Ersatzansprüche geltend macht, so lange gehemmt, bis der Frachtführer die Erfüllung dieses Anspruchs schriftlich ablehnt. Die Verjährungsregeln des deutschen Frachtrechts sind gemäß § 439 Abs. 4 HGB AGB-fest.[42] Eine Verkürzung oder Verlängerung der Verjährung ist nur durch individuell ausgehandelte Vereinbarung möglich. Gleiches gilt für Hemmung und Unterbrechung. Eine Schließung dieser Lücke durch einheitliche europäische Vertragsbedingungen ist daher nicht möglich.

**44**    **f) Unterzeichnung der Frachturkunde.** Für die Frachturkunde bestimmt Art. 11 Abs. 2 CMNI ausdrücklich, dass die Unterschriften sowohl handschriftlich als auch auf andere Art gefertigt werden können. Denkbar sind etwa Druck, Perforation, Stempel, Zeichen oder sonstige mechanische oder elektronische Mittel. Voraussetzung ist, dass die Fertigungsart nach dem Recht des Staates, in dem die Urkunde ausgestellt wird, nicht verboten ist. In den einzelnen nationalen Rechtsordnungen unterscheiden sich die entsprechenden Vorschriften hierzu zT erheblich. Allgemeine Vertragsbedingungen als privatrechtliche Vereinbarung können weder zwingende nationale Vorschriften ändern, noch die Regelung des CMNI einzuschränken. Als Mittel zur Vereinheitlichung kommen sie daher nicht in Betracht.

**45**    **g) Große Haverei.** Die Regelung der großen Haverei, insbesondere der Beitragspflichten und der Schadensberechnung, wurde in der CMNI ausgespart. Sie berührt Frachtrecht und Binnenschifffahrtsrecht allgemein, geht indes weit über den Bereich des Frachtrechts und damit über den Regelungsbereich der CMNI hinaus. Die Unterschiede in den nationalen Regelungen sind groß; die Materie ist relativ umfangreich. Eine Vereinheitlichung über die Einführung eines einheitlichen europäischen Havereirechts dürfte den Rahmen des Binnenschifffahrtsfrachtrechts sprengen und deutlich über den Regelungsbereich der CMNI

---

[41] Ebenso etwa die österreichische Verjährungsregelung. Sie bezieht sich dabei allerdings nur auf Ansprüche gegen den Frachtführer wegen Verlust, Minderung oder Beschädigung von Gütern oder Lieferfristüberschreitung, die entsprechende deutsche Bestimmung hingegen umfasst sämtliche Ansprüche aus dem Frachtvertrag.
[42] Während beispielsweise das österreichische Recht hinsichtlich der Verjährung grundsätzliche einer Vereinbarung durch die Vertragsparteien zugänglich ist.

hinausgehen. Auch die IVTB, SRTB und CBRB enthalten lediglich Hinweise auf das jeweils anwendbare Havereirecht. Somit scheint – sofern dies gewollt ist – in Vertragsbedingungen allenfalls die Festlegung besonderer Handlungspflichten des Frachtführers im Falle einer Haverei möglich.

**h) Frachtansprüche des Frachtführers im Fall der Leistung einer Entschädigung 46 für Verlust oder Beschädigung von Gütern.** Die CMNI regelt nicht die Frage, ob der Entschädigung für Güterverlust oder -beschädigung leistende Frachtführer einen Anspruch auf Frachtzahlung oder auf Zahlung sonst nach dem Frachtvertrag zu zahlender Beträge hat. Das Übereinkommen bestimmt lediglich, dass die Frachtansprüche des Frachtführers durch die Entschädigungsbestimmung des Art. 19 CMNI nicht berührt werden. Ob und in welchem Umfang diese Frachtansprüche bestehen, richtet sich nach der im Frachtvertrag getroffenen Vereinbarung bzw. mangels einer solchen Vereinbarung nach dem jeweils anwendbaren Vertragsstatut. § 432 HGB bestimmt, dass der Frachtführer im Fall der Haftung für Verlust oder Beschädigung von Gütern auch die Fracht zu erstatten hat.[43] Die Bestimmung des deutschen Rechts ist dabei AGB-fest ausgestaltet, sodass hier eine Regelung mittels einheitlicher europäischer Vertragsbedingungen ausscheidet.

Auch sonst nimmt die CMNI die Frachten und die sonstigen dem Frachtführer nach 47 dem Frachtvertrag zu zahlenden Beträge aus ihrem Regelungsbereich aus.

**i) Begriff des Schwunds.** Für die Frage, bis zu welchem Ausmaß eine bei der Ablieferung 48 festgestellte Mindermenge an Gütern als normaler Schwund, für den der Frachtführer nicht haftet, anzusehen ist, verweist Art. 19 Abs. 4 primär auf die im Frachtvertrag getroffene Vereinbarung und nur subsidiär auf die Vorschriften und Gebräuche des jeweiligen Handels. Die Ausrichtungen der einzelnen nationalen Rechtsordnungen und internationalen Bedingungswerke[44] sind teils verladerfreundlich, teils befördererfreundlich. Wegen dieser unterschiedlichen Konzeptionen ist offenbar nicht einmal ein Verweis auf nationales Recht als einheitliche Lösung akzeptiert worden. Im deutschen Recht finden sich diesbezüglich keine Bestimmungen. Eine Regelung dieser Frage in einheitlichen Vertragsbedingungen ist daher möglich.

**j) Haftung des Frachtführers bei Befolgung von Weisungen ohne Vorlage der 49 Frachturkunde.** Eine weitere Lücke findet sich im Bereich des Verfügungsrechts des Absenders oder Empfängers über die Güter. Zwar bestimmt die CMNI, dass zur Ausübung des Verfügungsrechts die Vorlage der Frachturkunde erforderlich ist, es trifft jedoch keine Regelung hinsichtlich der Haftung des Frachtführers für den Fall der Befolgung von Weisungen, die sich nicht auf Verfügungsrechte stützen. Hier finden sich in den nationalen Rechtsordnungen teilweise unterschiedliche Regelungen, die jedoch größtenteils darin übereinstimmen, dass der Frachtführer für dadurch entstandene Schäden zu haften hat. Die Unterschiede betreffen hier hauptsächlich die Höhe der Haftung bzw. ihre Beschränkung.

Auch diese Haftungsfrage ist zwingenden nationalen Norman unterworfen. Das deutsche 50 Recht ist hier streng. Es ordnet eine Haftung des Frachtführers gegenüber dem rechtmäßigen Besitzer bzw. Berechtigten nicht nur im Fall der Ausstellung eines Konnossements an, sondern auch dann, wenn eine einfache Frachturkunde ausgestellt wurde. Diese Haftungsbestimmung ist darüber hinaus nach § 449 Abs. 1 nF HGB AGB-fest.[45] Somit ist diese Frage einer Regelung durch einheitliche internationale Vertragsbedingungen nicht zugänglich.

---

[43] Während etwa im österreichischen Recht der sich aus dem allgemeinen Gewährleistungsrecht ergebende Anspruch auf Entgeltminderung besteht, der innerhalb der allgemeinen Grenzen – insbesondere der Unzulässigkeit einer Freizeichnung für Vorsatz und krass grobe Fahrlässigkeit – einer vertraglichen Vereinbarung zugänglich ist, *Vartian* S. 52.

[44] *Otte*, „Vorwirkung" des CMNI durch Vereinbarung in Bedingungswerken – Umsetzung und Auswirkungen, in Riedel/Wiese, Probleme des Binnenschifffahrtsrechts X, 53, 55 f.

[45] Das österreichische Frachtrecht normiert dann, wenn ein Konnossement (hier Ladeschein genannt) ausgestellt worden ist, eine Haftung des Frachtführers gegenüber dem rechtmäßigen Besitzer des Konnossements. Wenngleich nicht ausdrücklich zwingend, kann sie doch vertraglich nur mit Wirkung zwischen den Vertragsparteien beschränkt werden, nicht jedoch gegenüber Dritten, *Vartian* S. 53.

**51**    **k) Ablehnung der Befolgung von Weisungen des Absenders bzw. Empfängers durch den Frachtführer.** Für die Frage, ob und unter welchen Voraussetzungen der Frachtführer die Befolgung einer an sich innerhalb des Weisungsrechts des Absenders bzw. Empfängers liegende Weisung ablehnen kann, findet sich in der CMNI ebenfalls keine Regelung. Sie wird in den nationalen Rechten unterschiedlich geregelt. § 418 Abs. 1 HGB etwa bindet den Frachtführer grundsätzlich nur an solche Weisungen, deren Ausführung weder Nachteile für den Betrieb seines Unternehmens noch Schäden für die Absender oder Empfänger anderer Sendungen mit sich bringt.[46] In beiden Fällen schützen diese Bestimmungen – zumindest auch – die Interessen Dritter Vertragsunbeteiligter, deren Güter ebenfalls mit dem betreffenden Schiff befördert werden. Eine Einschränkung des Rechts des Frachtführers, die Befolgung von Weisungen abzulehnen, ist somit höchstens hinsichtlich des den Frachtführer und dessen Eigentum schützenden Teils der genannten Bestimmungen möglich. Soweit ein Ablehnungsrecht zum Schutz Dritter geltend gemacht werden kann, würde seine frachtvertragliche Beschränkung unzulässig drittbelastend wirken. Vertragliche Ausweitungen des Ablehnungsrechts gegenüber den am Frachtvertrag Beteiligten sind dagegen möglich. Eine Regelung dieser Frage durch einheitliche Vertragsbedingungen ist somit nur in Form einer Ausweitung des Ablehnungsrechts gegenüber den Regelungen aller beteiligter Rechtsordnungen möglich.

**52**    **l) Einziehung der Nachnahme durch den Frachtführer.** Die Frage der Einziehung einer auf den Gütern haftenden Nachnahme durch den Frachtführer und die damit verbundene Haftung des Frachtführers im Fall der Nichteinziehung derselben ist in der CMNI nicht geregelt. Deutsches Frachtrecht verpflichtet den Frachtführer zur Einziehung der Nachnahme gesetzlich. Es bestimmt hier eine verschuldensunabhängige Haftung. Der Frachtführer haftet AGB-fest (§ 449 Abs. 1 nF HGB) verschuldensunabhängig bis zur Höhe des Nachnahmebetrags,[47] sodass eine Regelung dieser Frage durch einheitliche europäische Vertragsbedingungen ausscheidet.

**53**    **m) Keinen Bedarf zu Schließung der Lücken.** Schließlich finden sich Regelungslücken zu Fragen, bei denen nationale Rechtsordnungen zu unterschiedlich sind und für die auch in den IVTB, SRTB oder CBRB spezielle Regelungen nicht zu finden sind. Dies legt den Schluss nahe, dass hier kein besonderer Vereinheitlichungsbedarf besteht, weshalb diesen Lücken wohl keine allzu große Bedeutung beizumessen ist.

**54**    Ergänzend über Art. 29 (Vertragsbezug) anzuknüpfendes nationales Recht etwa beherrscht Ansprüche aus: Wirksamer Abschluss des Frachtvertrages (Art. 10, 12, 13 Rom I-VO, vormals Art. 31 ff. EGBGB aF),[48] Verschulden vor Vertragsschluss, Verletzung von Schutzpflichten, Haftpflichtversicherung, Aufwendungsersatz (von Art. 8 Abs. 1 und Art. 15 lit. B nicht erfasste Fälle), Aufrechnung, Zession, Kündigung, Rücktritt, Weisung (über Art. 9 und 13 f. hinaus), Fragen der Erfüllung und des Erfüllungsortes, andere als in Artt. 16 ff. genannte Leistungsstörungen[49] und die Übernahme zusätzlicher Pflichten (Bsp. Qualitätsabreden).

**55**    Gesondert anzuknüpfen sind Ansprüche aus unerlaubter Handlung (Deliktsstatut Art. 40 iVm. Art. 41, 42 EGBGB), aus ungerechtfertigter Bereicherung (Bereicherungsstatut, Art. 38 iVm. Art. 41, 42 EGBGB), aus GoA, Art. 39 iVm. Art. 41, 42 EGBGB sowie dingliche Herausgabeansprüche (Sachenrechtsstatut, Art. 43, 45, 46 EGBGB).

---

[46] Das österreichische Frachtrecht etwa schließt lediglich das Recht des Absenders, die Wiederausladung zu verlangen, dann aus, wenn nur ein Teil des Schiffs verfrachtet ist oder Stückgüter von 10 t oder mehr transportiert werden und das Wiederausladen eine Verzögerung der Reise oder Umladen bzw. Umstauen erforderlich machen würde, sofern nicht die Genehmigung aller übrigen Absender beigebracht und das Schiff nicht gefährdet wird.

[47] Während jedoch beispielsweise das österreichische Frachtrecht keine ausdrückliche Regelung der Haftung des Frachtführers im Fall der Nichteinziehung enthält, *Vartian* S. 53.

[48] *Czerwenka* TranspR 2001, 277, 279; *Koller* Art. 1 CMNI Rn. 3.

[49] Vgl. *Czerwenka* TranspR 2001, 277, 279.

**3. Voraussetzungen eines internationalen Bedingungswerkes.** Die dargestellten 56
Lücken der CMNI können unter Beachtung der **AGB**-Festigkeit der nationalen Rechte
der Signatarstaaten durch die Verwendung europäisch einheitlicher Vertragsbedingungen
(AGB) geschlossen werden. Die Beachtung aller Signatarstaaten ist freilich aufwendig und
dem Binnenschifffahrtsaufkommen unter Umständen nicht angepasst. Denkbar ist daher die
Ausrichtung an den Rechten der wichtigsten Binnenschifffahrtstaaten.

Bedarf besteht. Schon die IVTB, SRTB und CBRB weisen eine im Vergleich zur 57
CMNI teils deutlich höhere Regelungsdichte auf und umfassen etliche dort nicht geregelte
Bereiche. In ähnlicher Weise zeigen die nicht umgesetzten Protokollentwürfe Nr. 1 und
Nr. 2 zur CMNI Vereinheitlichungsbedarf bei den in ihnen enthaltenen Materien. Eine
einheitliche Schließung dieser Lücken reduziert Rechtszersplitterung und Unübersichtlichkeit des Binnenschifffahrtsfrachtrechts und damit verbundene Rechtsrisiken für Versender
und Beförderer.

Die Form der Umsetzung mittels allgemeiner Geschäftsbedingungen emanzipiert vom 58
internationalen Rechtsetzungsprozess und könnte ggf. schneller erfolgen. Freilich kann die
Kompatibilität mit staatlichem Recht nicht dauerhaft gesichert, sondern durch staatlichen
Rechtssetzungsakt in Gestalt änderungsfester Regeln leicht untergraben werden.

Die bekannten und bereits etablierten Bedingungswerke IVTB, SRTB und CBRB, die 59
allesamt zumindest zum Teil der CMNI widersprechende Bestimmungen enthalten, müssen
nun an die Regelungen der CMNI angepasst werden. Dazu ist freilich eine Vereinigung
der teilweise gegenläufigen Regelungen der IVTB, SRTB und CBRB sowie der dahinter
stehenden Interessen notwendig. Die SRTB sind verladerfreundlich, die CBRB befördererfreundlich. Einheitliche europäische Vertragsbedingungen bedürfen der Akzeptanz sowohl
von Befördererseite als auch von Verladerseite. Zudem besteht für einheitliche Vertragsbedingungen kein Anwendungszwang. Der Einigungsaufwand auf ein Werk mit hohem
Akzeptanzwert zwischen den wichtigsten nationalen und internationalen Binnenschifffahrts-
organisationen dürfte daher noch beträchtlich sein.[50]

Zusammenfassend lässt sich also feststellen: Eine vollständige Schließung der gezeigten 60
Lücken der CMNI aufgrund der in den einzelnen nationalen Rechtsordnungen bestehenden
unterschiedlichen zwingenden bzw. AGB-festen Bestimmungen ist nicht möglich. Die
zwingenden bzw. AGB-festen Bestimmungen konzentrieren sich hauptsächlich im Bereich
des Haftungsrechts. Demgegenüber ist der Bereich der gegenseitigen Leistungspflichten und
insbesondere der von den Protokollentwürfen Nr. 1 und Nr. 2 geregelte Fragenkreis einer
Vereinheitlichung durch internationale Vertragsbedingungen zugänglich und damit zumindest eine teilweise Schließung der Lücken der CMNI möglich.[51] Zum Verhältnis der CMNI
zu anderen Bestimmungen vgl. unten bei Art. 29.

## Kapitel I. Allgemeine Bestimmungen

**Art. 1 Begriffsbestimmungen**

**In diesem Übereinkommen**
**1. bedeutet „Frachtvertrag" jeder Vertrag, gleichgültig wie er bezeichnet wird,
in dem sich ein Frachtführer gegen Bezahlung der Fracht verpflichtet, Güter
auf Binnenwasserstraßen zu befördern;**

---

[50] Nach der Vorlage der IVTB im Juni 1999 arbeitet der Fachausschuss Binnenschifffahrtsrecht des VBW
zur Zeit an einer Neufassung dieses Bedingungswerkes. Es soll sich noch stärker an die CMNI anlehnen und
dadurch Anreize schaffen, damit eine breitere Anwendung auch seitens der Binnenschifffahrtsunternehmen
aus den anderen europäischen Staaten erfolgt.
[51] Wenngleich auch diese noch einer Überarbeitung bedürfen, da deren Regelungen in einigen Punkten
mit der CMNI im Widerspruch stehen, bieten sie doch eine gute Ausgangsbasis. *Czerwenka* TranspR 2001,
277, 279.

2. bedeutet „Frachtführer" jede Person, von der oder in deren Namen ein Frachtvertrag mit einem Absender abgeschlossen worden ist;

3. bedeutet „ausführender Frachtführer" jede andere Person als ein Bediensteter oder ein Beauftragter des Frachtführers, welcher der Frachtführer die Ausführung der Beförderung ganz oder teilweise übertragen hat;

4. bedeutet „Absender" eine Person, von der oder in deren Namen oder für die ein Frachtvertrag mit einem Frachtführer abgeschlossen worden ist;

5. bedeutet „Empfänger" die zur Empfangnahme der Güter berechtigte Person;

6. bedeutet „Frachturkunde" eine Urkunde, durch die ein Frachtvertrag und die Übernahme oder das Verladen der Güter durch einen Frachtführer bewiesen wird und die in der Form eines Konnossementes oder eines Frachtbriefs oder jeder anderen im Handel gebräuchlichen Urkunde ausgestellt wird;

7. schließt der Begriff „Güter" weder geschleppte oder geschobene Schiffe noch Gepäck und Fahrzeuge der beförderten Personen ein; sind die Güter in einem Container, auf einer Palette oder in oder auf einem ähnlichen Beförderungsgerät zusammengefasst oder sind sie verpackt, so umfasst der Begriff „Güter" auch diese Beförderungsgeräte oder die Verpackung, falls sie vom Absender gestellt werden;

8. schließt der Begriff „schriftlich", sofern die betroffenen Personen nichts anderes vereinbart haben, den Fall ein, dass die Information in elektronischen, optischen oder ähnlich beschaffenen Kommunikationsmitteln enthalten ist, einschließlich, aber nicht hierauf begrenzt, Telegramm, Telekopie, Telex, elektronische Post oder elektronischer Datenaustausch (EDI), vorausgesetzt, die Information ist in der Weise verfügbar, dass sie für eine spätere Bezugnahme verwendet werden kann;

9. sind unter dem nach diesem Übereinkommen anzuwendenden Recht eines Staates die in diesem Staat geltenden Rechtsnormen unter Ausschluss derjenigen des Internationalen Privatrechts zu verstehen.

## Chapitre I. Dispositions générales

### Art. 1 Définitions

Au sens de la présente Convention,

1. «contrat de transport» désigne tout contrat, quelle que soit sa dénomination, par lequel un transporteur s'engage contre paiement d'un fret, à transporter des marchandises par voies d'eau intérieures;

2. «transporteur» désigne toute personne par laquelle ou au nom de laquelle un contrat de transport a été conclu avec un expéditeur;

3. «transporteur substitué» désigne toute personne, autre que le préposé ou le mandataire du transporteur, à laquelle l'exécution du transport ou d'une partie du transport a été confiée par le transporteur;

4. «expéditeur» désigne toute personne par laquelle ou au nom de laquelle ou pour le compte de laquelle un contrat de transport a été conclu avec un transporteur;

## Chapter I. General provisions

### Art. 1 Definitions

In this Convention,

1. "Contract of carriage" means any contract, of any kind, whereby a carrier undertakes against payment of freight to carry goods by inland waterway;

2. "Carrier" means any person by whom or in whose name a contract of carriage has been concluded with a shipper;

3. "Actual carrier" means any person, other than a servant or an agent of the carrier, to whom the performance of the carriage or of part of such carriage has been entrusted by the carrier;

4. "Shipper" means any person by whom or in whose name or on whose behalf a contract of carriage has been concluded with a carrier;

5. «destinataire» désigne la personne habilitée à prendre livraison des marchandises;
6. «document de transport» désigne un document faisant preuve d'un contrat de transport et constatant la prise en charge ou la mise à bord des marchandises par un transporteur, établi sous la forme d'un connaissement ou d'une lettre de voiture ou de tout autre document en usage dans le commerce;
7. «marchandises» ne comprend ni les bateaux remorqués ou poussés ni les bagages et véhicules des passagers; lorsque les marchandises sont réunies dans un conteneur, sur une palette ou dans ou sur un dispositif de transport similaire ou lorsqu'elles sont emballées, le terme «marchandises» s'entend également dudit dispositif de transport ou dudit emballage s'il est fourni par l'expéditeur;
8. l expression «par écrit», à moins que les personnes concernées n'en disposent autrement, comprend la situation dans laquelle l'information est transmise par un moyen électronique, optique ou tout autre moyen de communication similaire, y compris mais non exclusivement, par télégramme, télécopie, télex, courrier électronique ou par échange de données informatisées (EDI), pour autant que l'information reste accessible pour être utilisée ultérieurement comme référence;
9. la loi d'un Etat applicable conformément à la présente Convention désigne les règles de droit en vigueur dans ledit Etat à l'exclusion des règles du droit international privé.

5. "Consignee" means the person entitled to take delivery of the goods;
6. "Transport document" means a document which evidences a contract of carriage and the taking over or loading of goods by a carrier, made out in the form of a bill of lading or consignment note or of any other document used in trade;
7. "Goods" does not include either towed or pushed vessels or the luggage or vehicles of passengers; where the goods are consolidated in a container, on a pallet or in or on a similar article of transport or where they are packed, "goods" includes such article of transport or packaging if supplied by the shipper;
8. "In writing" includes, unless otherwise agreed between the parties concerned, the transmission of information by electronic, optical or similar means of communication, including, but not limited to, telegram, facsimile, telex, electronic mail or electronic data interchange (EDI), provided the information is accessible so as to be usable for subsequent reference.
9. The law of a State applicable in accordance with this Convention means the rules of law in force in that State other than its rules of private international law.

**Übersicht**

| | Rn. | | | Rn. |
|---|---|---|---|---|
| I. Allgemeines | 1 | 4. Absender, Ziff. 4 | | 41 |
| II. Definitionen | 2–51 | 5. Empfänger, Ziff. 5 | | 42 |
| 1. Frachtvertrag, Ziff. 1 | 2–20 | 6. Frachturkunde, Ziff. 6 | | 43–47 |
| 2. Frachtführer, Ziff. 2 | 21–23 | 7. Beförderungsgerät, Ziff. 7 | | 48, 49 |
| 3. Ausführender Frachtführer, Ziff. 3 | 24–40 | 8. Schriftlichkeit, Ziff. 8 | | 50 |
| | | 9. Sachnormverweisung, Ziff. 9 | | 51 |

## I. Allgemeines

Art. 1 des Übereinkommens enthält die in internationalen Übereinkommen üblichen **1** Begriffsbestimmungen zur Verdeutlichung des Regelungsgegenstandes und zur Straffung des Übereinkommenstextes. In Bezug auf die Begriffe Frachtvertrag, Frachtführer, Absender oder Empfänger ergeben sich keine Besonderheiten zum geltenden Recht.

## II. Definitionen

**2**  **1. Frachtvertrag, Ziff. 1.** Nummer 1 definiert den Begriff „Frachtvertrag" in herkömmlicher Weise (vgl. § 407 HGB): Frachtvertrag im Sinne des Übereinkommens ist danach ein Vertrag, in dem sich ein Frachtführer gegen Bezahlung der Fracht verpflichtet, Güter auf Binnenwasserstraßen zu befördern. Der Begriff ist vertragsautonom auszulegen. Ein Rückgriff auf über Art. 29 ermittelbares nationales Recht[1] ist nicht notwendig und fördert nur die Zersplitterung in einer zentralen Rechtsfrage. Mehrere Reisen im Rahmen eines Frachtvertrags sind möglich.[2] Erfasst sind nur die reinen Schiffstransporte.[3]

**3**  Zu Transporten per Schiff auf verschiedenen Gewässern ohne Umladung vgl. Art. 2 Abs. 2 CMNI.

**4**  Erfolgt der Transport des Gutes nach Vertrag auf verschiedenen Gewässern mit Umladung von einem Schiff auf ein anderes oder ist die Umladung in das Ermessen des Frachtführers gestellt,[4] so ist die CMNI nicht anwendbar (arg. e Art. 2 Abs. 2), es sei denn, es liegt ein Fall von Art. 3 Abs. 4 Buchst. a oder b vor.

**5**  Diese **Anknüpfung** an Binnenwasserstraßen ist **auflockerbar:** Transporte **auf See- und Binnenwasserstraßen ohne Umladung** sind nach Art. 2 Abs. 2 zulässig und der CMNI unterworfen. Andererseits sind nach **Art. 30** bestimmte Binnenwasserstraßen bei entsprechender Erklärung eines Vertragsstaats **(Vorbehalt)** sowie auf korrespondierende Erklärungen anderer Vertragsstaaten von der Geltung der CMNI ausnehmbar (vgl. Art. 30 Abs. 1 und 3). Sind mit und ohne Vorbehalt versehene Strecken ohne Umladung miteinander verbunden, ist die CMNI anwendbar, wenn nicht die mit Vorbehalt versehene Strecke die Längere ist (vgl. Art. 30 Abs. 2).

**6**  Möglich ist die Bestimmung des Beförderungsmittels durch den Frachtführer erst *nach* Abschluss des Frachtvertrages, etwa nach den §§ 315 ff. BGB. Erklärt der Frachtführer ausdrücklich oder schlüssig durch Handeln, dass die Beförderung grenzüberschreitend über Binnengewässer erfolgen soll, ist die CMNI anwendbar.[5]

**7**  Die CMNI knüpft an die vertragliche **Vereinbarung** grenzüberschreitender Beförderung auf Binnengewässern. Die **vertragswidrige Beförderung über Land** ändert an der Anknüpfung nichts; die CMNI bleibt anwendbar.[6] Gleiches gilt, wenn die tatsächliche Beförderung von der vertraglichen abweicht (die Beförderung endet vor Passieren der Staatsgrenze) oder gar nicht stattfindet (die Güter werden nicht verladen).

**8**  Anders liegen die Dinge, wenn der Frachtführer eine vertragliche Befugnis zum Einsatz eines anderen Verkehrsmittels wahrnimmt (aufgrund vertraglicher Änderungsbefugnis gem. § 311 Abs. 1 BGB oder aufgrund Bestimmung der Leistung gem. §§ 315 ff. BGB),[7] wenn der Absender eine rechtmäßige Weisung gem. § 418 HGB, Art. 14, 15 CMNI gegeben hat, die der Frachtführer befolgt,[8] oder wenn sich die vertraglichen Pflichten des Frachtführers in anderer Weise ändern.

**9**  Vertragsänderungen sind im Verhältnis zu Konnossementsberechtigten nur wirksam nach Aufnahme in das Konnossement. Geschieht dies nicht, kann es in Ansehung der Geltung der CMNI zu Abweichungen zwischen Frachtvertrag und wertpapierrechtlichen Ansprüchen aus dem Konnossement kommen.[9]

---

[1]  So *Jaegers* TranspR 2007, 141, 144 f.
[2]  *von Waldstein/Holland* Binnenschifffahrtsrecht Rn. 8.
[3]  Dies wird sich in der Regel aus dem Frachtvertrag wörtlich oder im Wege der Vertragsauslegung ergeben. Soweit eine solche Auslegung nicht möglich ist, kann der Frachtführer zwischen verschiedenen Beförderungsmöglichkeiten frei wählen. Bei Wahl des Binnenschiffes ist unter den weiteren Voraussetzungen von Art. 2 die CMNI anwendbar, *von Waldstein/Holland* Binnenschifffahrtsrecht Rn. 8.
[4]  *Koller* Art. 2 Rn. 3.
[5]  *von Waldstein/Holland* Art. 1 Rn. 8; *Ramming,* HdB Binnenschifffahrtsrecht, Rn. 317.
[6]  *Ramming,* HdB Binnenschifffahrtsrecht, Rn. 320.
[7]  *Jaegers* ZfB 2008 Nr. 1/2, S. 71, 72, *Ramming,* HdB Binnenschifffahrtsrecht, Rn. 318, 320; von Waldstein/*Holland* Art. 2 Rn. 3.
[8]  *Ramming,* HdB Binnenschifffahrtsrecht, Rn. 318, 320, von Waldstein/*Holland* Art. 2 Rn. 3.
[9]  *Ramming,* HdB Binnenschifffahrtsrecht, Rn. 320.

Auf **multimodale Beförderungen** in toto und unmittelbar ist die CMNI hingegen **10** nicht anwendbar. Hat der Vertrag eine Haus-Zu-Haus-Beförderung unter Einbeziehung einer Beförderung auf der Straße, auf der Schiene oder auch in der Luft zum Gegenstand, handelt es sich nicht um einen Frachtvertrag im Sinne des Übereinkommens (in Abweichung von Art. 2 CMR, Art. 1 § 3 und § 4 CIM 1999, Art. 18 Abs. 3 WA, Art. 18 Abs. 4 S. 1 und 2 MÜ).[10] Das gilt im Grundsatz auch für die Binnenschiffsteilstrecke einer solchen multimodalen Beförderung.[11] Dh. die CMNI kommt kraft ihrer eigenen Anwendungsnormen auf Binnengewässer-Teilstrecken einer multimodalen Beförderung im Verhältnis Absender – Hauptfrachtführer nicht zur Anwendung.[12] Die CMNI gilt nur für Frachtverträge und Konnossemente über unimodale Beförderungen über Binnengewässer.[13] Regelungen nach der Art von Art. 31 WA und Art. 38 MÜ hat die CMNI gerade nicht. Multimodale Beförderungen sind vielmehr – mangels Einheitsrechts und vereinheitlichten Kollisionsrechts – anhand der Kollisionsnormen des Internationalen Privatrechts des angerufenen Gerichts gesondert anzuknüpfen und werden vom dadurch berufenen nationalen Recht beherrscht. Die CMNI kann hier allenfalls wieder etwa im Rahmen von § 452 S. 1 als sog. *hypothetisches Teilstreckenstatut*[14] und von § 452a HGB als kollisionsrechtliche Bestimmung des hypothetischen Teilstreckenstatuts[15] für den Teil auf der Binnenwasserstraße zur Anwendung kommen. Bei sachlichen Lücken erfolgt die Ermittlung des ergänzend geltenden Sachrechts – für deutsches Kollisionsrecht klargestellt mit der Vorrangregelung in Art. 3 Ziff. 2 EGBGB – nach Art. 29 CMNI und nicht nach Rom I-VO und Rom II-VO.[16] Für die Füllung kollisionsrechtlicher Lücken vgl. Vor Art. 1 Rn. 26.

Wird etwa ein mit Gütern beladener Lkw auf einem Binnenschiff transportiert (es kommt **11** also nicht zur Umladung der Güter), so handelt es sich um einen RoRo- oder Huckepack-Transport, für den im Verhältnis des Straßenfrachtführers zum Absender der Güter insgesamt Art. 2 CMR gilt. Freilich ordnet Art. 2 Abs. 1 Satz 2 CMR die Haftung des Straßenfrachtführers nach dem Recht des anderen Verkehrsmittels dann an, wenn Verlust der Güter, ihre Beschädigung oder Lieferfristüberschreitung erwiesenermaßen nur durch ein Ereignis verursacht wurde, das nur oder während der Beförderung mit dem anderen Verkehrsmittel eingetreten sein kann. Hiernach ist eine Haftung des Straßenfrachtführers nach der CMNI möglich.

Im Verhältnis des Straßenfrachtführers und des Binnenschifffrachtführers bleibt es hinge- **12** gen auf jeden Fall bei der Anwendbarkeit von Binnenschiffsfrachtrecht und damit – bei Vorliegen seiner räumlichen und sachlichen Anwendungsvoraussetzungen – der CMNI.

Erforderlich ist die nach Vertrag vorgesehene Beförderung auf **Binnenwasserstraßen**. **13** Der Begriff der Binnenwasserstraßen (inland waterways; voies d'eau intérieurs) wird von der CMNI nicht definiert, ebenso wenig wie die Binnengewässer von den Seegewässern abzugrenzen sind. Gemeint sind in der CMNI sinngemäß Binnengewässer im Sinne von § 407 Abs. 3 Satz 1 Nr. 1 HGB, die von Seegewässern abzugrenzen sind. Sie sind mangels

---

[10] CMNI-Denkschrift S. 32; *Czerwenka* TranspR 2001, 277, 278; Denkschrift, BR-Drucks. 563/06 S. 32; *Koller* Rn. 1; v. *Waldstein/Holland* Rn. 8; *Ramming* TranspR 2006, 373, 376; *Freise* TranspR 2012, 1, 5. (Parallele CIM; Gegensatz Art. 38 MÜ).

[11] Vgl. vorige Note.

[12] *Ramming*, HdB Binnenschifffahrtsrecht, Rn. 354; *ders.* TranspR 2006, 373, 376 f., – Für den Unterfrachtführer, der das Gut grenzüberschreitend auf Binnengewässern befördert, kann im Verhältnis zu seinem Absender (= Hauptfrachtführer) allerdings die CMNI zur Anwendung kommen. – Zum umgekehrten Fall rein nationaler Beförderung des Unterfrachtführers vgl. Art. 4 Rn. 29 ff.

[13] *Ramming*, HdB Binnenschifffahrtsrecht, Rn. 354.

[14] *Ramming*, HdB Binnenschifffahrtsrecht, Rn. 355; *ders.* TranspR 2006, 373, 377 (sub III 3.); Bsp.: Bekannter Schadensort auf grenzüberschreitendem Binnenwasserstraßenlaufweg im Rahme eines multimodalen Transports. Nach § 452a HGB (falls dt. Recht Vertragsstatut ist) bestimmt sich die Haftung nach den Rechtsvorschriften, die bei isolierter Betrachtung des unimodalen Laufwegs Binnenwasserstraße auf dieser Teilstrecke anzuwenden *wären*. Hier ist innerhalb der Sachnorm eine zweite kollisionsrechtliche Prüfung anzustellen, krit. *Basedow*, FS Herber, 1999, S. 15 ff.; zum Ganzen auch *K. Otte*, Liber Amicorum Gerhard Kegel, 2002, S. 141 ff.

[15] *Ramming*, HdB Binnenschifffahrtsrecht, Rn. 355; *ders.* TranspR 2007, 279, 291 (sub 2b), 297 (sub a).

[16] *Ramming*, HdB Binnenschifffahrtsrecht, Rn. 330, 355, 569–572, vgl. unten bei Art. 29 Rn. 6 ff., 10 ff.

CMNI-Regelung nach dem über Art. 29 ermittelten Sachrecht der Vertragsstaaten der CMNI autonom von den Seewasserstraßen abzugrenzen[17]

14    Der Begriff der Binnenwasserstraße hat im deutschen Recht seinen Ursprung im Wegerecht (§ 1 Abs. 1 Nr. 1 WaStrG). Eine Abgrenzung der Binnen- und Seegewässer voneinander erfolgt dort aber auf der Grundlage des **Flaggenrechts.** Das Flaggenrecht setzt die Grenzen der Seefahrt auf der Basis von vier alternativen Tatbeständen (§ 1 Abs. 1, § 22 Abs. 1 Nr. 1 FlRG, § 1 FlRV).[18] Die völkerrechtliche Einordnung der Gewässer (dh. die Festlegung des Meeres nach Art. 3 ff. Seerechtsübereinkommen) spielt insoweit keine Rolle, ebenso wenig die verkehrsrechtliche Einordnung als See- oder Binnenschifffahrtstraße.[19] Die anhand objektiver Kriterien festlegbaren Abgrenzungstatbestände Nr. 1, 3 und 4 gelten auch für ausländische Gewässer. Nr. 2 hingegen gilt nur für deutsche Binnengewässer.[20] Da die CMNI vertragsautonom auszulegen ist, können trotz der nach Art. 29 erfolgenden Anknüpfung an die lex causae Abgrenzungen für eigene Wasserstraßen des betreffenden Staates nicht Maß geben.[21] Für die CMNI maßgeblich sind daher nur die Nr. 1, 3 und 4. Wasserstraßen, die einer Seeordnung unterliegen, sind keine Binnenwasserstraßen.[22] In der Regel sind es Flüsse, Seen sowie Kanäle.

15    Es sind – abweichend von Art. 1b HVR – auch solche Frachtverträge erfasst, für die kein Konnossement ausgestellt wurde. Der Frachtvertrag unterliegt wie im deutschen Frachtrecht keiner besonderen Form. Nachträgliche Abänderungen sind möglich. Dieser Formfreiheit widerspricht auch nicht die Pflicht zur Ausstellung einer Frachturkunde gemäß Art. 11 Abs. 1 Satz 2.

16    Die CMNI ist nicht anwendbar auf unentgeltliche Transporte und nicht auf Schlepp- oder Schubverträge. Der Begriff der Entgeltlichkeit ist weit zu verstehen: Denkbar sind nicht-geldliche Gegenleistungen. Der Frachtvertrag muss **entgeltlicher** Vertrag sein. Vorbehalte zur Erweiterung des Anwendungsbereichs auf unentgeltliche Verträge sind von den Mitgliedsstaaten bisher nicht erklärt. Die Begründung wertpapierrechtlicher Verpflichtungen aus der Ausstellung und Begebung eines Konnossements erfolgt ohne Vereinbarung einer Gegenleistung, mithin unentgeltlich.[23]

17    Sollten sich Gegenleistungen auf eine Mehrheit von Transporten beziehen,[24] erscheint der einzelne Transport nicht notwendigerweise unentgeltlich. Deutsches Recht hat von der nach Art. 31b bestehenden Möglichkeit, dem Regime des CMNI auch unentgeltliche Beförderungen zu unterwerfen – anders als das niederländische Recht – keinen Gebrauch gemacht.[25]

18    Die CMNI regelt nicht, ob auch **Speditionsverträge** (Organisation von Beförderungen) über die Besorgung von Transporten mit dem Binnenschiff unter das Übereinkommen fallen,[26] wie es etwa die §§ 458, 459 HGB für Speditionsverträge zu festen Kosten (Fixkos-

---

[17] Zur Abgrenzung nach deutschem Recht vgl. *von Waldstein/Holland* Binnenschifffahrtsrecht § 1 BinSchG Rn. 16 ff.; *dies.* Rn. 8.
[18] § 1 FlRV:
Als Grenzen der Seefahrt im Sinne des § 1 des Flaggenrechtsgesetzes werden bestimmt:
1. die Festland- und Inselküstenlinie bei mittlerem Hochwasser,
2. die seewärtige Begrenzung der Binnenwasserstraßen,
3. bei an der Küste gelegenen Häfen die Verbindungslinie der Molenköpfe und
4. bei Mündungen von Flüssen, die keine Binnenwasserstraßen sind, die Verbindungslinie der äußeren Uferausläufe.
[19] OLG Celle Urt. v. 12.4.1988, VersR 1990, 1297, 1298.
[20] Zum Ganzen *Ramming,* HdB Binnenschifffahrtsrecht, Rn. 14–18.
[21] *Ramming,* HdB Binnenschifffahrtsrecht, Rn. 316, 14–18; **aA** *Czerwenka* TranspR 2001, 277, 278; *von Waldstein/Holland* Art. 2 Rn. 7.
[22] Näher *Koller* § 407 HGB Rn. 20 unter Hinweis auf BGH Urt. v. 13.3.1980, BGHZ 76, 201, 204 (§ 1 der 3. DurchführungsVO zum FlaggenG v. 3.8.1951, „natürliche Betrachtungsweise"); Begr. Zum RegE TRG, BT-Drucks. 13/8445; *Herber,* Seehandelsrecht, 7. Vgl. heute die FlaggenrechtsVO v. 4.7.1990, BGBl. I S. 1389.
[23] *Ramming,* HdB Binnenschifffahrtsrecht, Rn. 313 (aus Sicht des deutschen Wertpapierstatuts).
[24] Art. 1 CMR Rn. 11; *von Waldstein/Holland* Binnenschifffahrtsrecht Rn. 8.
[25] Denkschrift, BR-Drucks. 563/06 S. 48.
[26] *Ramming* TranspR 2006, 373, 374; *Jaegers* TranspR 2007, 141, 144; *Ramming,* HdB Binnenschifffahrtsrecht, Rn. 312; *Koller* Art. 1 CMNI Rn. 1; *v. Waldstein/Holland* Art. 1 CMNI Rn. 8.

tenspediteur) und für den Selbsteintritt vorsehen.[27] Dem widerspricht die eindeutige Festlegung des Übereinkommens auf Frachtverträge, die Definition des Frachtvertrags in Art. 1 Nr. 1 und eine vertragsautonome Auslegung des Frachtvertragsbegriffs. Selbst für eine vertragsautonome Auslegung der Fixkostenspedition als Frachtvertrag, wie es für die CMR angenommen wird,[28] ist danach kein Raum.[29, 30]

Was ein „Schiff" ist, bestimmt sich nach dem gem. Art. 29 anwendbaren nationalen **19** Recht.[31] Die Qualifizierung des Schiffes als See- oder Binnenschiff hat keine Bedeutung. Gleiches gilt für Staatsangehörigkeit, Registerort oder Heimathafen.

Die CMNI regelt nicht die Voraussetzungen eines wirksamen Zustandekommens des **20** Frachtvertrages. Abschluss und Anfechtbarkeit des Frachtvertrages bestimmen sich – weil die Anwendbarkeit der CMNI und damit der Verweisungsnorm des Art. 29 erst nach Abschluss eines wirksamen Frachtvertrages ergeben – nach dem über Kollisionsrecht des Forums (bspw. Art. 10 Rom I-VO) bestimmten Wirkungsstatut.[32]

**2. Frachtführer, Ziff. 2.** Nach Nummer 2 ist „Frachtführer" als derjenige, der sich **21** gegenüber dem Absender (Art. 1 Nr. 4) vertraglich verpflichtet, gegen Zahlung von Fracht Güter auf Binnenwasserstraßen zu befördern. Er ist nicht nur vertraglicher Hauptfrachtführer, sondern auch der Unterfrachtführer und der ausführende Frachtführer. Vertragsschließender Absender iSv. Art. 1 Nr. 2 ist dann stets der mit ihm einen Frachtvertrag abschließende Frachtführer. Für den ausführenden Frachtführer stellt diesen Rollenwechsel klar Art. 4 Abs. 1 Satz 2.

Offene Stellvertretung („in deren Namen") ist zulässig und macht den Vertretenen zum **22** Frachtführer. Ihre Wirksamkeit bestimmt sich nach dem Recht des Wirkungslandes.[33] Verdeckte Stellvertretung (Duldungsvollmacht; Anscheinsvollmacht) ist ausweislich des klaren Wortlauts folglich nicht zulässig und macht stets den verdeckten Stellvertreter zum Frachtführer.[34]

Der Frachtführer muss – abweichend vom deutschen Recht – nicht Gewerbetreibender **23** sein.[35] In welcher Rechtsbeziehung er zum Schiff steht, ist ohne Bedeutung.[36] Er kann das Schiff selbst führen, muss es aber nicht. Auch ist nicht notwendig, dass er die Beförderung selbst durchführt. Hiermit kann ein Unterfrachtführer betraut sein. Nicht notwendig ist schließlich seine Eigentümerstellung.

**3. Ausführender Frachtführer, Ziff. 3.** Nummer 3 definiert den Begriff „ausführen- **24** der Frachtführer" als eine Person, der vom Frachtführer die Ausführung der Beförderung durch Frachtvertrag[37] ganz oder teilweise übertragen wurde, und unterscheidet ihn vom weisungsunterworfenen Bediensteten und Beauftragten des Frachtführers. Die Denkschrift begründet diese Definition mit der Anlehnung an Definitionen, die sich bereits in geltenden see- und luftrechtlichen Übereinkommen finden. So verweist sie etwa auf Art. 1 Abs. 1 Buchstabe a des Athener Übereinkommens von 1974 über die Beförderung von Reisenden und ihrem Gepäck auf See (im Folgenden: Athener Übereinkommen), auf Art. 1 Nr. 2

---

[27] Dafür *Hartenstein* TranspR 2007, 385, 389. Vgl. die Diskussion mwN bei Art. 2 Rn. 17, 18.
[28] BGH Urt. v. 19.4.2007, TranspR 2007, 416 f.; OLG München 23.7.1996, TranspR 1997, 33, 34; 31.3.1998, 353, 355; OLG Hamm 14.6.1999, TranspR 2000, 29.
[29] So offenbar jetzt *Ramming*, HdB Binnenschifffahrtsrecht, Rn. 312; vor ihm schon *Koller* TranspR Art. 1 CMNI Rn. 1.
[30] *Ramming* TranspR 2006, 373 ff.; *Jaegers* TranspR 2007, 141, 144 f. verweist auf die abweichende Rechtslage im niederländischen Recht. OLG Stuttgart v. 20.4.2011, TranspR 2011, 340, 344; *Koller* Art. 34 CMR Rn. 5.
[31] *Ramming*, HdB Binnenschifffahrtsrecht, Rn. 314.
[32] *Koller* Rn. 1.
[33] *Palandt/ Thorn*, BGB, Anh. zu Art. 32 EGBGB Rn. 1 f.; *Koller* Rn. 2.
[34] *Koller* Rn. 2.
[35] *von Waldstein/Holland* Binnenschifffahrtsrecht Rn. 9.
[36] Denkschrift, 32; *von Waldstein/Holland* Binnenschifffahrtsrecht Rn. 9; *Ramming* TranspR 2006, 373, 376.
[37] Zur Abgrenzung von Speditionsvertrag, und zur Gleichsetzung mit dem Frachtvertrag nach dem deutschen Vertragsstatut (§§ 458–460 HGB) vgl. *Ramming* TranspR 2008, 107, 109, 110.

HHR, Art. I Buchstabe c des Zusatzabkommens vom 18. September 1961 zum Warschauer Abkommen zur Vereinheitlichung von Regeln über die von einem anderen als dem vertraglichen Luftfrachtführer ausgeführte Beförderung im internationalen Luftverkehr (BGBl. 1963 II S. 1159, im Folgenden: Zusatzabkommen zum Warschauer Abkommen) sowie auf die Art. 39 ff. MÜ. Wie nach dem Athener Übereinkommen und den Hamburg-Regeln beruhe die Differenzierung zwischen den Begriffen „ausführender Frachtführer" und „Beauftragter" auf dem Verständnis, dass Beauftragte im Sinne des Übereinkommens nur solche Personen sind, die weisungsabhängig sind.[38]

25      Außer der Legaldefinition finden sich Regelungen über den ausführenden Frachtführer in den Art. 4, 8 Abs. 1, Art. 17 Abs. 2, Art. 18 Abs. 1, Art. 20 Abs. 5 und Art. 21. An ihnen wird deutlich, dass die Legaldefinition in Art. 1 Nummer 3 nicht hinreichend klar zwischen ausführendem Frachtführer und Unterfrachtführer unterscheidet und damit das Geschehen in geschachtelten Frachtführerverhältnissen bzw. in Frachtführerketten, in denen Kettenglieder den Transport nicht oder nur teilweise ausführen, nicht ausreichend würdigt.[39]

26      Maßgeblich ist der Regelungszusammenhang von Art. 1 Nr. 3 mit Art. 4. Dem Absender wird über Art. 4 Abs. 2 Satz 2 ein Direktanspruch gegen den ausführenden Frachtführer deshalb mit gleichem Inhalt wie gegen seinen vertraglichen Frachtführer (zB Art. 16 ff.) gewährt, weil der Schaden in der Obhut (iSv. Art. 16 Abs. 1) des ausführenden Frachtführers verursacht wurde, der die Beförderung tatsächlich ausführt und der die tatsächliche und rechtliche Verantwortung für Schiff und Ladung hat (rechtliche Verfügungsmacht?) und weil umständliche Streitverkündungen der Frachtführerkette entlang vermieden werden sollen, wenn statt des schadensverursachenden Frachtführers der vertragliche Hauptfrachtführer und von diesem sein Unter-Frachtführer usw. verklagt wird. Weiterer Grund für einen Direktanspruch dürften die beim ausführenden Frachtführer vorhandenen Vermögenswerte (in Gestalt des Beförderungsmittels) als Haftungsmasse sein.

27      Im Einzelnen ist nach der Wortfassung gerade in Frachtführerketten nicht hinreichend klar, wer als ausführender Frachtführer in Betracht kommt,[40] wer gegenüber wem einen Direktanspruch hat und welches Verhalten in Bezug auf Pflichtverstöße bei der Ladungsfürsorge wem zurechenbar ist. Die Modellvielfalt mit dogmatischen Begründungsversuchen im Schrifttum ist groß.[41]

28      Nach *Koller* fordert die Norm nicht, dass der ausführende Frachtführer den Transport tatsächlich durchführt.[42] Ihrem Wortlaut nach soll nur der vom Hauptfrachtführer eingesetzte Unter-Frachtführer ausführender Frachtführer sein, selbst wenn dann von diesem ein weiterer Unter-Frachtführer eingeschaltet werde. Art. 4 Abs. 1 S. 1 passe zu dieser Deutung, denn er gehe davon aus, dass Frachtführer und ausführender Frachtführer in unmittelbarer Vertragsbeziehung ständen. Hiergegen ist einzuwenden, dass aus den Wortfassungen gerade nicht ableitbar ist, dass nur der vom vertraglichen Hauptfrachtführer unmittelbar eingesetzte Unter-Frachtführer ausführender Frachtführer ist, und dass nicht der die Beförderung letztlich durchführende Frachtführer betroffen ist. So sprechen denn Art. 4 Abs. 2 S. 2 und Art. 17 Abs. 2 auch von „durchgeführter" Beförderung. Das räumt auch *Koller* ein. Er will diesen Widerspruch zu Art. 1 Ziff. 3 dadurch auflösen, dass *jeder* Unter-Frachtführer in der Frachtführerkette als ausführender Frachtführer zu qualifizieren ist,[43] der Direktanspruch nur des ersten (!) Absenders (Urabsenders[44]) bzw. des Empfängers aus § 4 Abs. 2 S. 2 iVm.

---

[38] Kritisch dazu unten Art. 17 Rn. 11.

[39] So bereits sehr kritisch *von Waldstein/Holland* Binnenschifffahrtsrecht Rn. 10; *Ramming* TranspR 2006, 373, 379; *Rabe* Seehandelsrecht Art. 3 Anlage § 664 HGB Rn. 2 (zu Art. 1 Nr. 1b und Art. 3 der Anlage zu § 664 HGB).

[40] *Koller* Rn. 3; *von Waldstein/Holland* Binnenschifffahrtsrecht Rn. 10 (unter Hinweis auf die gleiche Problematik im Athener Übereinkommen).

[41] *Czerwenka* TranspR 2001, 277, 288; *Koller* Art. 1 CMNI Rn. 3 mwN; zuletzt ausführlich *Ramming* TranspR 2008, 107 ff.

[42] *Koller* Art. 1 CMNI Rn. 3.

[43] **AA** *Ramming* TranspR 2008, 107, 109 (l. Sp. Vor 2.a); *von Waldstein/Holland* Rn. 10.

[44] So für die CMNI auch *von Waldstein/Holland* Binnenschifffahrtsrecht Rn. 10; *Ramming* TranspR 2008, 107, 108 (zunächst in Bezug auf traditionelle Grundsätze der Zurechnung).

Art. 16 aber nur gegen den den Transport wirklich ausführenden (letzten) Frachtführer in der Kette bestehen soll.[45]

Nach *Ramming* ist ausführender Frachtführer iS der CMNI und abweichend vom herkömmlichen Verständnis „nicht notwendigerweise" der die Beförderung mit eigenem Beförderungsmittel tatsächlich Ausführende. Vielmehr sei ausführender Frachtführer „ausschließlich" der Unter-Frachtführer, der die vom vertraglichen Frachtführer geschuldete Beförderung ganz oder teilweise auf Grund eines Frachtvertrages *übernimmt*.[46] Er sei nicht „Beauftragter" iS der CMNI.[47] Übertragen werde ihm die Beförderung vom vertraglichen Frachtführer, arg. e Art. 4 Abs. 2 S. 1 und Art. 1 Ziff. 3. **29**

Hiergegen ist einzuwenden: Beide Normen gehen nur vom „Frachtführer" aus. Frachtführer iSv. Art. 1 Ziff. 2 ist der mit einem Absender Kontrahierende. Absender muss nicht der Urabsender sein, arg. e. Art. 4 Abs. 1 S. 2; Frachtführer iSv. Art. 1 Ziff. 2 muss nicht der vertragliche Hauptfrachtführer sein, arg. e. Art. 4 Abs. 1 S. 1. Auch Art. 4 Abs. 1 S. 1 spricht von Vertrag mit einem Frachtführer.[48] **30**

In einer Frachtführerkette haftet nach *Ramming* der Unter-Unter-Frachtführer direkt nur gegenüber dem Absender des Unter-Frachtführers. Eine unmittelbare Haftung des Unter-Unter-Frachtführers gegenüber dem ursprünglichen Absender/endgültigem Empfänger bestehe nicht. Art. 4 Abs. 2 S. 1[49] erlaube den Direktanspruch des ursprünglichen Absenders (Urabsender) nur gegen den von seinem vertraglichen Frachtführer unmittelbar beauftragten Unter-Frachtführer. Das aber widerspreche dem Grundgedanken der besonderen Haftung des ausführenden Frachtführers. *Ramming* bezeichnet die Qualifizierung des ausführenden Frachtführer als den die Beförderung tatsächlich Ausführenden als wünschenswert, jedoch im Rahmen der CMNI wegen des klaren Wortlauts der Art. 1 Nr. 3, Art. 4 Abs. 1 S. 1 als nicht der Auslegung zugänglich. Meines Erachtens ist das ein Missverständnis. **31**

Von *Holland* wird empfohlen, in geschachtelten, mehr als zweigliedrigen „Frachtführerketten"[50] den Begriff des ausführenden Frachtführers entsprechend zu reduzieren und die Zwischenglieder (Unterfrachtführer) dem Urabsender nicht neben dem Hauptfrachtführer als Gesamtschuldner direkt haften zu lassen. Ausführender Frachtführer ist danach – insoweit mE zutreffend – nur der tatsächlich die Beförderung Ausführende, gleich ob er vom Hauptfrachtführer (zweites Glied der Kette) oder von einem Unterfrachtführer x-tes Glied der Kette) eingesetzt wurde.[51] **32**

Solche Differenzierung zwischen Hauptfrachtführer, Unterfrachtführer und ausführendem Frachtführer rührt damit zutreffend grundsätzlich nicht an der rechtlichen Qualifikation des in der Schachtelung (Kette) stehenden Unter-Frachtführers: Gegenüber *seinem* Auftraggeber ist der Unter-Frachtführer Frachtführer im Sinne der CMNI, gegenüber dem von ihm Beauftragten ist er Absender im Sinne der CMNI (bei Erfüllung der Anwendungsvoraussetzungen nach den Art. 1 und 2).[52] Der Unter-Frachtführer haftet seinem Auftraggeber ausschließlich nach dem unmittelbar mit diesem abgeschlossenen Frachtvertrag.[53] Der ausführende Frachtführer haftet auch einem zwischengeschalteten Unter-Frachtführer auf der Grundlage des Art. 4. Die Vorschriften über den ausführenden Frachtführer sollen danach (gemeint ist offenbar in Ansehung des Direktanspruchs des Absenders) aber auf den zwi- **33**

---

[45] *Koller* ebd.; Art. 4 CMNI Rn. 3.

[46] *Ramming* TranspR 2008, 107, 109 (l. Sp. Vor 2.a); *ders.*, HdB Binnenschiffahrtsrecht, Rn. 327, 525; *Jaegers* in Kuhlen, Haftung, S. 87.

[47] *Ramming* TranspR 2008, 107, 108 (r. Sp.).

[48] Anders Art. 39 MÜ („auf Grund einer Vereinbarung mit einem vertraglichen Luftfrachtführer").

[49] S. 2 ist offenbar gemeint.

[50] Nicht zu verwechseln mit mehreren aufeinanderfolgenden ausführenden Frachtführern auf hintereinanderliegenden Teilstrecken.

[51] Vgl. *von Waldstein/Holland* Binnenschifffahrtsrecht Rn. 10; auch die Denkschrift folgert aus Art. 4 Abs. 2 S. 2 und Art. 17 Abs. 2, dass der ausführende Frachtführer die Beförderung tatsächlich durchgeführt haben muss. IErg. auch *Koller* Art. 1 CMNI Rn. 3.

[52] So schon *von Waldstein/Holland* Binnenschifffahrtsrecht Rn. 12.

[53] Meines Erachtens ist zu überlegen, ob der schuldhaft schadensursächliche Unter-Frachtführer dem Geschädigten auch direkt haften sollte.

schengeschalteten Unter-Frachtführer in der Frachtführerkette, der die Beförderung nicht selbst ausführt, nicht anwendbar sein.

34    *Wessen* Direktanspruch gegen den ausführenden Frachtführer ist dann gemeint, wer ist *aktiv*legimiert? Denkbar ist ein Direktanspruch nicht nur des geschädigten Urabsenders, sondern – alternativ dazu – jedes in der Kette Geschädigten, wenn der Urabsender nicht mehr Geschädigter ist. Der den Direktanspruch vermittelnde Art. 4 Abs. 2 S. 2 ist allgemein gehalten: Der ausführende Frachtführer haftet wie ein Frachtführer. Der ausführende Frachtführer (etwa als Unter-Unter-Frachtführer) haftet also *vertraglich* seinem Auftraggeber (dem Unter-Frachtführer) und nach der Logik des Art. 4 Abs. 2 *direkt* dem Auftraggeber des diesen beauftragenden Hauptfrachtführers (also dem Urabsender) und dem durch den Hauptfrachtvertrag begünstigten Endempfänger sowie dem Auftraggeber (der Hauptfracht-führer oder ein ihm nachfolgender Unter-Frachtführer) des ihn beauftragenden Unter-Frachtführers und dem aus seinem Vertragsverhältnis begünstigten Empfänger. Liquidierbar ist der Schaden aber nur einmal.

35    In Anspruchsgrundlagenkonkurrenz dazu steht ein (über Art. 4 und 14 VO (EG) Nr. 864/2007 bzw. Art. 40–42 EGBGB gesondert anzuknüpfender **deliktischer Ersatzanspruch** des geschädigten Absenders oder Empfängers. Art. 4 Abs. 2 S. 2 CMNI richtet qua *conventione* nur den *vertraglichen* Ersatzanspruch des geschädigten Absenders direkt gegen den ausführenden Frachtführer, entfaltet also keine Art. 3 Abs. 2 S. 1 EGBGB entsprechende Sperrwirkung der CMNI gegenüber nichtvertraglichen Ansprüchen aus autonomen Sach-recht.[54]

36    Wie steht es freilich mit der Passivlegitimation? Schädigt nicht der tatsächlich die Beför-derung Durchführende (er hat die Obhut), sondern ein vorhergehender Unter-Frachtführer, etwa durch fehlerhafte Weisung, so ist der tatsächlich die Beförderung Durchführende schuldlos. Der Direktanspruch gegen ihn läuft leer. Ob der schuldhaft schädigende Unter-Frachtführer (ohne Obhut) Passivlegitimierter des Direktanspruchs sein soll, bleibt unklar. Eine Analogie zu Art. 17 Abs. 2 soll helfen: Der Hauptfrachtführer soll für das Verhalten eines jeden in der Kette stehenden Unter-Frachtführers (und deren Bediensteter und Beauf-tragter) einzustehen haben.[55] In gleicher Weise sei einem Unterfrachtführer das Verhalten der von ihm eingeschalteten und nachfolgenden weiteren Glieder einer Frachtführerkette zuzurechnen.

37    Das leuchtet nicht ein: Einer Analogie zu Art. 17 Abs. 2 bedürfte es unter der Prämisse, dass jedes Kettenmitglied ausführender Frachtführer sein soll, gar nicht. Zweitens löst die Zurechnung nach Art. 17 Abs. 2 nicht das Problem, eines der Kettenglieder (vor dem letzten Kettenglied) zum Passivlegitimierten des Direktanspruchs des Urabsenders zu machen. In Frage käme eine Analogie zu Art. 4 Abs. 2 Satz 2: Auch der schuldhaft die Schädigung verursachende Unter-Frachtführer (der keine Obhut hat) ist dem Direktanspruch des Absen-ders ausgesetzt. Dieser Analogie möchte ich zustimmen.

38    Auf hintereinanderliegenden Teilstrecken sind – hier herrscht Übereinstimmung – aufei-nanderfolgende ausführende Frachtführern denkbar.[56] Sie haften nur für die jeweils in ihrer Obhut entstandenen Schäden.[57]

39    Entsprechend sind Unterfrachtführer zu behandeln, die das Gut auf dem Weg zum die Beförderung vornehmenden ausführenden Frachtführer in Zwischenobhut nehmen. Da sich der Güterschaden oder Güterverlust auch in ihrer Obhut ereignet haben kann, müssten sie ausführenden Frachtführern in Ansehung des Direktanspruchs gleichstehen.

---

[54]  **AA** *Ramming* TranspR 2008, 107, 110, der die Sperrwirkung der CMNI nur auf den Direktanspruch gegen den mit dem vertraglichen Frachtführer verbundenen ausführenden Frachtführer (enger Begriff) beschränkt. Folgerichtig wird dort ein Direktanspruch nach § 437 HGB wegen fehlender Haftung der Fracht-führer nach §§ 425 ff. HGB abgelehnt. – Bei hier vertretener Auslegung des ausführenden Frachtführers (tatsächliche Beförderung) bleibt es bei der CMNI als lex specialis.

[55]  So *Koller* Rn. 3.

[56]  *Ramming* TranspR 2008, 107, 108; *von Waldstein/Holland* Binnenschifffahrtsrecht Rn. 11; *Koller* Rn. 3.

[57]  Anders als bei Art. 34 CMR beim durchgehenden Frachtbrief.

Zur Zurechnung der Glieder der Frachtführerkette gegenüber dem vertraglichen Haupt- 40
frachtführer vgl. Art. 17 Rn. 4 ff.

**4. Absender, Ziff. 4.** Nummer 4 definiert den Begriff „Absender". Dies ist der Ver- 41
tragspartner-Auftraggeber des Binnenschiffsfrachtführers, dh. in Frachtführerketten auch der
Auftraggeber des Unterfrachtführers und des ausführenden Frachtführers. Seine Pflichten
und Haftung ergeben sich aus den Artt. 6 bis 8.

**5. Empfänger, Ziff. 5.** Nummer 5 definiert den Begriff „Empfänger". Unter Empfän- 42
ger versteht das Übereinkommen die Person, an die das Gut nach dem Inhalt des Frachtvertrags und ggf. nach einer Weisung des Verfügungsberechtigten (Art. 14, Art. 15) abzuliefern
ist. Sie ist zur Empfangnahme der Güter berechtigt. Ablieferungsverlangen des Empfängers
löst gemäß Art. 10 Abs. 1 die Pflicht zur Frachtzahlung und aller auf den Gütern lastenden
Forderungen aus. Personenidentität mit dem Absender ist möglich.[58]

**6. Frachturkunde, Ziff. 6.** Nummer 6 definiert den Begriff „Frachturkunde". Hierun- 43
ter fällt nach dem Übereinkommen jede Urkunde, welche Abschluss und Inhalt des Frachtvertrags und die Übernahme oder gar das Verladen der Güter bestätigt. Dies kann zum
einen der Frachtbrief (consignment note, lettre de voiture), zum andern aber auch ein
Konnossement sein, ferner eine andere im Handel gebräuchliche Urkunde. Definiert sind
nur der Oberbegriff Frachturkunde (Art. 11) und Konnossement (Art. 13). Die Nennungen
sind beispielhaft. Konnossement ist ein Wertpapier, welches den Auslieferungsanspruch
der Güter am Bestimmungsort verbrieft. Dazu zählt auch der nach deutschem Recht bei
Binnenschiffstransporten zugelassene Ladeschein, der in der Binnenschifffahrt üblicherweise
als Konnossement bezeichnet wird.[59] Form, Inhalt und Funktion ergeben sich aus den
Artt. 11–13.

Allerdings sind weder Frachtbrief noch die sonst im Handel gebräuchliche Urkunde 44
definiert.

Der Begriff der Frachturkunde ist weiter („jede") und erfasst alle Formen der Beweisur- 45
kunden und Bestätigungen. Inhaltlich erscheint eine Orientierung an Art. 11 hilfreich.
Da der Frachtvertrag selbst formlos abgeschlossen werden kann, ist die Ausstellung einer
Frachturkunde kein Wirksamkeitserfordernis, Art. 11 Abs. 1 Satz 2. Keinesfalls sind Frachtvertrag und Frachturkunde identisch.[60]

Sonst im Handel gebräuchliche Urkunden sollten jedenfalls Quittungsfunktion haben.[61] 46

Güter als beweglicher Gegenstand einer Beförderung selbst werden nicht definiert. Num- 47
mer 7 stellt nur klar, dass in den Fällen, in denen die Güter in einem vom Absender gestellten
Beförderungsgerät, zusammengefasst oder verpackt sind, unter den Begriff „Güter" auch
das Beförderungsgerät fällt. Dazu zählen etwa Container, Palette und sonstige Verpackung
beförderter Güter.

**7. Beförderungsgerät, Ziff. 7.** Nummer 7 bestimmt des Weiteren, dass weder 48
geschleppte noch geschobene Schiffe unter den Begriff „Güter" fallen. Nicht vom Übereinkommen erfasst werden mithin Schub- und der Schleppverträge.[62] Auf diese ist nationales
Recht anwendbar.[63] Nicht (im Wasser) geschleppte oder geschobene, sondern an Deck

---

[58] Zu den Pflichten des Empfängers bei Herausgabeverlangen siehe Art. 6 und 10.
[59] Daher bestand auf der Diplomatischen Konferenz Einvernehmen, allein den in der Praxis üblichen und
nach schweizerischem Rheinschifffahrtsrecht vor allein gesetzlich vorgesehenen Begriff „Konnossement" zu
verwenden, Denkschrift, BR-Drucks. 563/06 S. 33.
[60] *von Waldstein/Holland* Binnenschifffahrtsrecht Rn. 15.
[61] *Koller* Rn. 6.
[62] Abweichend die deutsch-rechtliche Auffassung, BGH Urt. v. 24.5.1956, VersR 1956, 367; *Vortisch/
Bemm* BinSchR 4. Aufl. § 26 Rn. 23; *Koller*, § 407 HGB Rn. 19. – Im deutschen Recht wurde bisher das
Vorliegen eines Frachtvertrages dann angenommen, wenn ein Schwimmkörper ohne eigene Besatzung durch
das schleppende Schiff zu einem anderen Ort verbracht wird, während das Verschleppen eines Schiffes mit
Besatzung als Werkvertrag eingeordnet wird. Dagegen umfasst der Begriff Güter auch die Beförderungsgeräte
(insbesondere Container) oder die Verpackung, falls sie vom Absender gestellt werden.
[63] Vgl. *von Waldstein/Holland* Binnenschifffahrtsrecht § 407 HGB Rn. 25.

transportierte Schiffe sind als Güter taugliche Gegenstände einen Binnenschiffsfrachtvertra-ges.[64] Stellt der Frachtführer allerdings die Schub- oder Schleppleichter selbst und werden in diese von ihm oder von Dritten Güter verladen, deren Beförderung der Frachtführer vertraglich übernommen hat, so kann auf diese Güter die CMNI anwendbar sein.[65]

49     Das Übereinkommen erstreckt sich auch nicht auf Gepäck und Fahrzeuge von beförder-ten Personen. Die Haftung des Beförderers für Verlust oder Beschädigung richtet sich nach den Vorschriften über den Personenbeförderungsvertrag, vgl. Art. 1 Nr. 3 und 5 (a) AthenÜ, § 77 BinSchG iVm. § 664 HGB mit Anhang, Art. 1 Nr. 2 und 5 (a) Anlage HGB

50     **8. Schriftlichkeit, Ziff. 8.** Nummer 8 definiert den Begriff „schriftlich". Vorbilder sind die UNCITRAL-Modellgesetze zur elektronischen Signatur (2001)[66] und zum elektroni-schen Geschäftsverkehr (1996)[67] zur elektronischen Signatur von 2001 und zum elektroni-schen Geschäftsverkehr von 1996 zurück. Der weite Schriftlichkeitsbegriff ist weniger streng als § 126 BGB. Ausreichend ist jede nicht verkörperte Erklärung, die nach ihrer Abgabe bzw. Versendung jederzeit technisch (nicht notwendig schriftlich) darstellbar ist, um auf sie im Rechtsverkehr wirksam Bezug nehmen zu können. Nach Art. 1 Nr. 9 reicht hierfür ein Fax, eine E-Mail oder SMS aus. Danach genügt also technische Aufzeichnung und Reproduzierbarkeit.[68]

51     **9. Sachnormverweisung, Ziff. 9.** Nummer 9 stellt nur klar, dass es sich bei den kollisi-onsrechtlichen Verweisungen im Übereinkommen (etwa Art. 24 CMNI) um Sachnormver-weisungen handelt, sodass Rück- oder Weiterverweisungen ausgeschlossen sind. Die Rege-lung entspricht Art. 15 des Europäischen Schuldvertragsübereinkommen (EVÜ) und Art. 35 EGBGB. Davon zu unterscheiden ist Art. 29 CMNI, der zur Füllung von Lücken des Überein-kommens Verweisungsregeln zur Bestimmung des anwendbaren nationalen Rechts enthält.[69]

### Art. 2 Anwendungsbereich

(1) [1]Dieses Übereinkommen ist auf alle Frachtverträge anzuwenden, nach denen der Ladehafen oder Übernahmeort und der Löschhafen oder Ablieferungs-ort in zwei verschiedenen Staaten liegen, von denen mindestens einer Vertragspar-tei dieses Übereinkommens ist. [2]Sieht der Vertrag wahlweise mehrere Löschhäfen oder Ablieferungsorte vor, so ist der Löschhafen oder Ablieferungsort maßgebend, an dem die Güter tatsächlich abgeliefert wurden.

(2) Hat der Frachtvertrag die Beförderung von Gütern ohne Umladung sowohl auf Binnenwasserstraßen als auch auf Gewässern, die einer Seeordnung unterlie-gen, zum Gegenstand, so ist dieses Übereinkommen auch auf diesen Vertrag unter den Voraussetzungen des Absatzes 1 anzuwenden, es sei denn,
a) ein Seekonnossement ist nach dem anwendbaren Seerecht ausgestellt oder
b) die auf einer Seeordnung unterliegenden Gewässern zurückzulegende Strecke ist die größere.

(3) Dieses Übereinkommen ist ohne Rücksicht auf die Staatszugehörigkeit, den Registerort oder Heimathafen des Schiffes oder dessen Einordnung als See- oder Binnenschiff sowie ohne Rücksicht auf die Staatsangehörigkeit, den Wohnsitz, Sitz oder Aufenthalt des Frachtführers, Absenders oder Empfängers anzuwenden.

---

[64] *von Waldstein/Holland* Binnenschifffahrtsrecht Rn. 16; *Ramming* TranspR 2006, 373, 376.
[65] *Ramming,* HdB Binnenschifffahrtsrecht, Rn. 314.
[66] UNCITRAL Model Law on Electronic Signatures with Guide to Enactment 2001.
[67] UNCITRAL Model Law on Electronic Commerce with Guide to enactment 1996, 36 (Nr. 50).
[68] Denkschrift, BR-Drucks. 563/06 S. 35. *Koller* Rn. 7 (Ziff. 8) (auch Aufzeichnung auf Anrufbeantwor-tern); *von Waldstein/Holland* Binnenschifffahrtsrecht Rn. 17 (Darstellbarkeit auf einem Bildschirm, nicht ausge-druckte E-Mail).
[69] Übereinkommen vom 19. Juni 1980 über das auf vertragliche Schuldverhältnisse anzuwendende Recht (BGBl. 1986 II S. 809).

## Art. 2 Champ d'application

1. La présente Convention est applicable à tout contrat de transport selon lequel le port de chargement ou le lieu de prise en charge et le port de déchargement ou le lieu de livraison sont situés dans deux Etats différents dont au moins l'un est un Etat Partie à la présente Convention. Si le contrat prévoit un choix de plusieurs ports de déchargement ou de lieux de livraison, le port de déchargement ou le lieu de livraison dans lequel les marchandises ont été effectivement livrées sera déterminant.

2. Si le contrat de transport a pour objet un transport de marchandises sans transbordement effectué à la fois sur des voies d'eau intérieures et sur des eaux soumises à une réglementation maritime, la présente Convention est également applicable à ce contrat dans les conditions visées au paragraphe 1, sauf si

a) un connaissement maritime a été établi conformément au droit maritime applicable, ou si

b) la distance à parcourir sur les eaux soumises à une réglementation maritime est la plus longue.

3. La présente Convention est applicable quels que soient la nationalité, le lieu d'immatriculation, le port d'attache ou l'appartenance du bateau à la navigation maritime ou à la navigation intérieure et quels que soient la nationalité, le domicile, le siège ou le lieu de séjour du transporteur, de l'expéditeur ou du destinataire.

## Art. 2 Scope of application

1. This Convention is applicable to any contract of carriage according to which the port of loading or the place of taking over of the goods and the port of discharge or the place of delivery of the goods are located in two different States of which at least one is a State Party to this Convention. If the contract stipulates a choice of several ports of discharge or places of delivery, the port of discharge or the place of delivery to which the goods have actually been delivered shall determine the choice.

2. This Convention is applicable if the purpose of the contract of carriage is the carriage of goods, without transshipment, both on inland waterways and in waters to which maritime regulations apply, under the conditions set out in paragraph 1, unless:

(a) a maritime bill of lading has been issued in accordance with the maritime law ap pl icable, or

(b) the distance to be travelled in waters to which maritime regulations apply is the greater.

3. This Convention is applicable regardless of the nationality, place of registration or home port of the vessel or whether the vessel is a maritime or inland navigation vessel and regardless of the nationality, domicile, registered office or place of residence of the carrier, the shipper or the consignee.

## Übersicht

| | Rn. | | Rn. |
|---|---|---|---|
| I. Räumlicher Anwendungsbereich . | 1–14 | 3. Erfasste Vertragsarten ............... | 17–19 |
| II. Sachlicher Anwendungsbereich .. | 15–19a | 4. Keine Abwählbarkeit im Ganzen ..... | 19a |
| 1. Verhältnis zu Seefrachtrecht .......... | 15 | III. Zeitlicher Anwendungsbereich . | 20 |
| 2. Nicht relevante Anknüpfungspunkte . | 16 | IV. Negative Feststellungsklage ..... | 21 |

## I. Räumlicher Anwendungsbereich

Die Vorschrift regelt den Anwendungsbereich des Übereinkommens. Der objektive **1** Anwendungsbereich des Übereinkommens ist weit. Die **vertragliche Vereinbarung** von Lade- und Löschhafen bzw. Übernahme- und Ablieferungsort in verschiedenen Staaten, von denen einer CMNI-Vertragsstaat ist, ist maßgeblich.[1] Dh. der **nach Frachtvertrag maßgebliche** Ladehafen oder Übernahmeort und Löschhafen oder Ablieferungsort müssen in zwei verschiedenen Staaten liegen, von denen mindestens *einer* Vertragspartei des Überein-

---

[1] OLG Karlsruhe (Schifffahrtsobergericht) Urt. v. 19.5.2011 – 22 U 3/10 BSch, Rn. 47, TranspR 2011, 238–244 = VersR 2012, 1011–1014 = ZfB 2011, Nr. 9, 73–79; vgl. *Fink von Waldstein* TranspR 2013, 269 ff.

kommens ist.[2] Erforderlich und ausreichend ist also, dass die internationale Beförderung einen Bezug zu wenigstens *einem* Vertragsstaat des Übereinkommens aufweist. Erfasst ist damit auch die internationale Beförderung zwischen einem Vertragsstaat und einem Nichtvertragsstaat. Auf diese Weise können Transporte durch Nichtvertragsstaaten komplett dem Übereinkommen unterfallen, wenn sie von oder nach angrenzenden Vertragsstaaten durchgeführt werden.[3]

2    **Angeordneter Abbruch** vor Grenzüberschreitung **oder angeordnete Umleitung** im Inland lassen die Anwendbarkeit der CMNI aber unberührt.[4] Einseitig angeordnete Umleitung eines vertraglich vereinbarten Inlandstransports ins Ausland machen umgekehrt die CMNI nicht ohne weiteres nachträglich anwendbar.[5] Dies würde durch einseitigen Akt zur rückwirkenden Änderung des beiderseits vorhergesehenen Regelungsregimes führen. Rechtmäßige (nach vorgesehene Art. 14 und 15) Weisungen dürfen an der ursprünglichen Anwendbarkeit der CMNI nichts ändern, denn nicht alle potentielle Ablieferungsorte werden a priori vertraglich bestimmt sein.[6] Zulässig ist schließlich eine vertragliche Änderung (nicht einseitige Kündigung oder Rücktritt) des ursprünglichen Vertragsinhalts mit der Folge eines Wechsels des Regelungsregimes.[7]

3    Sieht der Beförderungsvertrag wahlweise mehrere Löschhäfen oder Ablieferungsorte vor, so ist nach Abs. 1 Satz 2 auf den Löschhafen oder Ablieferungsort abzustellen, an dem die Güter *tatsächlich* gelöscht oder abgeliefert wurden. Die Tragweite der Vorschrift ist unklar. Ist im Grundsatz allein die vertragliche Vereinbarung der Grenzüberschreitung mit Vertragsstaatsberührung für die räumliche Anwendbarkeit der CMNI maßgeblich, welcher Abbruch oder Umleitung *vor* Grenzübertritt nicht schaden können, so engt die nachträgliche Anknüpfung der Anwendbarkeit an den Ort der tatsächlichen Löschung oder Ablieferung diesen Grundsatz prinzipwidrig wieder ein. *Ramming* weist zu Recht darauf hin, dass der Absender den Ablieferungsort (ebenso wie den Übernahmeort) frei festlegen kann, ohne dass überhaupt zuvor ein solcher Ort vertraglich bestimmt worden ist, bzw. frei festlegen kann, falls ein anderer Ort vertraglich bestimmt worden ist. Die im Wortlaut von Abs. 1 Satz 2 beschriebene ex-post-Anknüpfung macht die Anwendung der CMNI für die Ladungsbeteiligten auch nicht klar vorhersehbar.[8]

4    Bei Reiseabbruch vor Erreichen ist der angesteuerte Löschhafen maßgeblich. Die Darlegungs- und Beweislast dafür trägt der Frachtführer.

5    Bei vertragswidriger Ansteuerung eines anderen als des vertraglich bezeichneten Hafens unterliegt der Frachtführer nach Wahl des Absenders entweder dem Recht, das anwendbar ist, oder dem Recht das anwendbar wäre, wenn er den vertraglich bezeichneten Löschhafen angesteuert hätte.[9]

6    Auf eine bloße **Grenzüberschreitung lediglich der Fahrstrecke** allein kommt es aber nicht an.[10] Rein innerstaatliche Beförderungen unterliegen nicht der CMNI, selbst wenn die Beförderung zum Teil über ausländische Gewässer führt.[11] In einem solchen Fall liegen Ladehafen oder Übernahmeort und Löschhafen oder Ablieferungsort nach dem Frachtver-

---

[2] Entspricht Art. 1 Abs. 1 CMR und Art. 1 (a) und (b) Hamburg Regeln. Anders Art. 1 Abs. 2 Warschau-Abk, Art. 1 Abs. 2 MÜ, Art. 1 § 1 und 2 CIM 1999 (sowohl der Ort der Übernahme als auch der der Ablieferung müssen sich in verschiedenen Vertragsstaaten befinden).

[3] Zum Ratifikationsstand am 31.12.2008: Vgl. Vor Art. 1 Rn. 5.

[4] *Koller* Rn. 2; Art. 1 CMR Rn. 6; *Jaegers* ZBinSchR 2008, 71; *Ramming* TranspR 2006, 373, 374.

[5] Art. 1 CMR Rn. 34; von Waldstein/*Holland* Binnenschifffahrtsrecht Rn. 2; *Koller* Art. 1 CMR Rn. 6.

[6] *Ramming* TranspR 2006, 373, 374.

[7] So schon von Waldstein/*Holland* Binnenschifffahrtsrecht Rn. 2; *Koller* Rn. 3 (von CMNI-Vertrag auf HGB-Vertrag).

[8] *Ramming* TranspR 2006, 373, 375 (3. aE); *ders.*, HdB Binnenschifffahrtsrecht, Rn. 321 (den Sinn der Norm erklärt auch er nicht).

[9] von Waldstein/*Holland* Binnenschifffahrtsrecht Rn. 2 mwN.

[10] Beispiel bei *Jaegers* TranspR 2007, 141, 143 (Transport mit niederl. Schiff. von Meppen an der Ems über niederländische Gewässer nach Duisburg); *Koller* Art. 1 CMR Rn. 6; von Waldstein/*Holland* Binnenschifffahrtsrecht Rn. 2.

[11] *Jaegers* TranspR 2007, 141, 143; *ders.* ZfB 2008 Nr. 1/2 S. 71 (sub 1) [von Meppen nach Duisburg via Niederlande]; v. Waldstein/*Holland* Art. 2 Rn. 2 [auf Rhein von Karlsruhe nach Kehl via franz. Staatsgebiet]; *Ramming*, HdB Binnenschifffahrtsrecht, Rn. 319.

trag im gleichen Staat. Die Beförderung zwischen beiden Punkten im gleichen Staat ist nicht notwendig international. Und für Deutschland ist der Anwendungsbereich des Übereinkommens nicht gem. Art. 31a auf rein inländische Transporte erstreckt.[12]

**Ladehafen** ist der Hafen der Güterübernahme durch den Frachtführer, **Löschhafen** der **7** Hafen der nach Frachtvertrag durchzuführenden Ablieferung nach Durchführung der Beförderung. Der in Art. 2 Abs. 1 ebenfalls genannte Übernahme- und Ablieferungsort erweitert die Anwendbarkeit des Übereinkommens um in der Infrastruktur nicht*hafen*gleiche Anknüpfungspunkte, also etwa Liegeplätze oder Verladeeinrichtungen, an denen Güter übernommen oder abgeliefert werden können. Es kommen nur solche Orte für die Übernahme oder die Ablieferung in Betracht, die (noch) unmittelbar an einer Binnenwasserstraße oder an einer einer Seeordnung unterliegenden Gewässer, aber eben außerhalb des eigentlichen Hafens, liegen.[13] Ladehafen und Übernahmeort sowie Löschhafen und Ablieferungsort können zusammen- aber auch auseinanderfallen.[14] Im zweiten Fall übernimmt der Frachtführer die Güter, bevor er sie in das Schiff einladen lässt und/oder liefert sie ab, nachdem sie aus dem Schiff ausgeladen sind. Weitergehende Vor- bzw. Anschlussbeförderungen mit andersartigen Beförderungsmitteln sollen dadurch aber nicht von der CMNI erfasst werden (in Abweichung von Art. 2 CMR, Art. 1 § 3 und § 4 CIM 1999, Art. 18 Abs. 3 WA, Art. 18 Abs. 4 S. 1 und 2 MÜ).[15]

Übernahme- und Ablieferungsort müssen sich beide aus dem gleichen Vertrag ergeben.[16] **8** Nicht anwendbar ist die CMNI daher dann, wenn die Beförderung auf Grund mehrerer Frachtverträge durchgeführt wird, deren Übernahme- und Ablieferungsorte jeweils nicht Staatsgrenzen überschreiten.[17]

Für das angerufene Forum ist entscheidend, ob der **Forumstaat selbst Vertragsstaat 9** ist. In diesem Fall ist die CMNI *über Art. 2* (also bei **Vorliegen der Anwendungsvoraussetzungen,** Art. 2, 30–32) *direkt* Bestandteil der *eigenen* Rechtsordnung (Bsp. Deutschland). Sie ist in diesem Fall zwingend (wegen Art. 25 Abs. 1) auch dann zu beachten, wenn Frachtvertragsstatut das Recht eines Nichtvertragsstaats ist.[18]

Bei **Nichtvorliegen der Anwendungsvoraussetzungen** der CMNI nach Art. 2, 30– **10** 32 (Bsp.: Geschädigter mit Sitz in einem CMNI-Vertragsstaat verklagt Frachtführer mit Sitz in anderem CMNI-Vertragsstaat wegen Schäden auf einem Transport zwischen zwei Nicht-CMNI-Staaten) reicht *allein* der Verweis auf das Recht eines Vertragsstaats für die Anwendung des Übereinkommens nicht aus.[19] In diesem Fall bestimmt sich das anwendbare Frachtvertragsrecht auch vor dem **Forum eines Vertragsstaates** nicht nach dem Übereinkommen und folglich auch nicht nach dessen Art. 29. Folglich ist **autonomes Kollisionsrecht** anzuwenden. Gelangt das Forum dann über sein Kollisionsrecht[20] zu staatlichem Recht eines CMNI-Vertragsstaates (etwa zu deutschem Recht), gilt nicht wiederum die CMNI als Bestandteil des Rechts des CMNI-Vertragsstaates, wenn die Anwendungsvoraussetzungen der CMNI dort nicht vorliegen: Da es an einer Art. 1 Abs. 1 CISG (Wiener UN-Kaufrecht[21]) entsprechenden Regelung in der CMNI fehlt, wäre Sachrecht (bei deutschem Sachrecht das HGB) anzuwenden.[22]

---

[12] Denkschrift, BT-Drucks. 563/06 S. 47 f.

[13] *Koller* Rn. 2; *Ramming* TranspR 2006, 373, 375 f.; *ders.*, HdB Binnenschifffahrtsrecht, Rn. 319; *Freise* TranspR 2012, 15; *Trost* in Hartenstein/Reuschle, HdB Transport- und Speditionsrecht, Kap. 15 Rn. 10; weitergehend wohl von Waldstein/*Holland* Binnenschifffahrtsrecht Rn. 2.

[14] von Waldstein/*Holland* Binnenschifffahrtsrecht Rn. 2; aA *Ramming* TranspR 2006, 373, 374.

[15] Ebenso erfasst die CMNI nicht Multimodal-Beförderungen als Ganzes, s. oben bei Art. 1.

[16] von Waldstein/*Holland* Binnenschifffahrtsrecht Rn. 2.

[17] von Waldstein/*Holland* Binnenschifffahrtsrecht Rn. 2; Art. 1 CMR Rn. 35.

[18] von Waldstein/*Holland* Binnenschifffahrtsrecht Rn. 1.

[19] *Hübner,* Inkrafttreten der CMNI, 6; *Jaegers* TranspR 2007, 141, 143; Einl. CMR Rn. 35; von Waldstein/ *Holland* Binnenschifffahrtsrecht Rn. 1.

[20] In Deutschland die Art. 27, 28 oder demnächst die Rom-I-Verordnung, Verordnung (EG) Nr. 593/ 2008 des Europ. Parlaments und des Rates vom 17.6.2008 über das auf vertragliche Schuldverhältnisse anzuwendende Recht (Rom I), ABl. L 177 v. 4.7.2008, S. 6 ff.

[21] Übereinkommen der Vereinten Nationen über Verträge über den internationalen Warenkauf vom 11. April 1980, CISG, für Deutschland in Kraft seit dem 1.1.1990, BGBl. 1989 II S. 588.

[22] So schon *Hartenstein* TranspR 2007, 385, 391.

**11**     Das **Forum eines Nichtvertragsstaats** hingegen gelangt über sein Kollisionsrecht nur zu – unvereinheitlichtem – Sachrecht. Ist dies das **Sachrecht eines Vertragsstaats** (Bsp. Deutschland), so kann die **CMNI** auf diese Weise wieder zur Anwendung kommen.

**12**     Die CMNI regelt nicht die Frage ihrer **kompletten Abwählbarkeit**. Wählen die Parteien eines Transports mit klarem Bezug zu einem CMNI-Vertragsstaat das Recht eines Nichtvertragsstaats, so stellt dies eine **Umgehung** der Regelung der CMNI dar. Eine solche Rechtswahlvereinbarung ist **nichtig**. Das gewählte Recht des Nichtvertragsstaats kann in einem solchen Fall aus der CMNI heraus nur im Rahmen von Art. 29 berücksichtigt werden.[23]

**13**     Art. 25 gestattet aber möglicherweise einen Umkehrschluss hin auf **partielle Änderbarkeit**. Wenn es dort nämlich heißt, mit Ausnahme von Art. 20 Abs. 4 sei jede Vereinbarung über *Haftungsveränderungen* nichtig, ergibt sich daraus die privatautonome Änderbarkeit aller *anderen* nichthaftungsbezogenen Vorschriften der CMNI.[24]

**14**     Die CMNI verweist zu ihrer **Lückenfüllung** in Art. 29 umfassend auf die Anwendung des Rechts des Staates, das die Parteien gewählt haben (Abs. 1) bzw. das sich durch objektive Anknüpfung gemäß Abs. 2 und 3 ergibt. Damit ist eine **autonome Auslegung** des Übereinkommens für *die von ihm geregelten Fragen* nicht per se verwehrt, aber eine Lückenfüllung nicht geregelter Fragen durch erweiternde autonome Auslegung oder Analogieschluss im Übereinkommen ist unzulässig.

## II. Sachlicher Anwendungsbereich

**15**     **1. Verhältnis zu Seefrachtrecht.** Abs. 2 beendet den Streit, wann **Seefrachtrecht** oder Binnenschifffahrtsrecht zur Anwendung kommt. Grundsätzlich werden Beförderungen auf Wasserstraßen unter seefrachtrechtlichem Regime nicht von Binnenschifffahrtsrecht und damit nicht von der CMNI erfasst. Vom Anwendungsbereich des Übereinkommens wird nach Abs. 2 grundsätzlich auch eine Beförderung von solchen Gütern erfasst, die sich **ohne Umladung teils auf Binnen-, teils auf Seewasserstraßen** vollzieht, solange nicht ein Seekonnossement ausgestellt worden ist (Buchstabe a) oder die Seestrecke länger als die auf Binnenwasserstraßen[25] zurückzulegende Strecke (Buchstabe b). In den normierten Ausnahmefällen ist regelmäßig Seefrachtrecht anzuwenden. Die Regelung entspricht § 450 HGB.[26] Anknüpfungspunkte sind objektivierte, leicht nach nachprüfbare Kriterien und nicht der Charakter der Reise oder die Überwindung von Seegefahren.[27] Die hier (wie in § 450 HGB) genannte Alternative der Verwendung eines Konnossements hat allerdings keine eigenständige Bedeutung, denn ein Seekonnossement liegt immer nur bei überwiegender Beförderung auf Seegewässern vor. Dann aber greift schon Ziff. 2.[28]

**16**     **2. Nicht relevante Anknüpfungspunkte.** Abs. 3 scheidet eine Reihe nicht maßgeblicher Anknüpfungspunkte aus und führt zur Vereinfachung der Anknüpfung. Ob ein Beförderungsvertrag nach Art. 2 Abs. 1 und 2 unter den Anwendungsbereich des Übereinkommens fällt, hängt nach Abs. 3 weder von der Staatszugehörigkeit, dem Registerort oder dem Heimathafen des Schiffes oder dessen Einordnung als See- oder Binnenschiff noch von der Staatsangehörigkeit, dem Wohnsitz, dem Sitz oder Aufenthalt des Frachtführers, Absenders oder Empfängers ab. Die Vorschrift entspricht damit Art. 2 Abs. 2 HHR. Die genannten Kriterien können jedoch als **Indizien** zur Bestimmung der nationalen Rechtsordnung nach Art. 29 oder nach autonomem Kollisionsrecht (Art. 5 Rom I-VO, vormals Art. 28 Abs. 4 EGBGB) hinzugezogen werden.

---

[23] *Jaegers* TranspR 2007, 141, 143.
[24] *Hartenstein* TranspR 2007, 386, 389 (kritisch zu der dadurch leidenden Übersichtlichkeit).
[25] Dazu vgl. Art. 1 Ziff. 1, Rn. 2. Zu Abweichungen durch Erklärung des Vertragsstaats gem. Art. 30 Abs. 1 siehe dort.
[26] CMNI-Denkschrift S. 33.
[27] Vgl. *Ramming*, HdB Binnenschifffahrtsrecht, Rn. 326; 105–109.
[28] *Ramming*, HdB Binnenschifffahrtsrecht, Rn. 108, 326; *ders.* TranspR 2005, 138, 139–143.

**3. Erfasste Vertragsarten.** Die CMNI regelt nicht, ob auch **Speditionsverträge** über  **17**
die Besorgung von Transporten mit dem Binnenschiff unter das Übereinkommen fallen,[29]
wie es etwa die §§ 458, 459 HGB für Speditionsverträge zu festen Kosten (Fixkostenspediteur) und für den Selbsteintritt vorsehen.[30] Die nach deutschem Recht (§ 459 HGB) und
nach der deutschen Rechtsprechung übliche Gleichstellung mit dem **Fixkostenspediteur**
(dh. Gleichstellung ohne Betrachtung des Hintergrunds, vor dem der Vertrag geschlossen
wird) wird von der deutschen Rechtsprechung auch in der CMR vorgenommen,[31] ist aber
für die CMR-Vertragsstaaten nicht ausreichend durch rechtsvergleichende Untersuchungen
belegt.[32] Anders als die autonom auszulegende (Art. 1 CMR Rn. 8) CMR erlaubt die
CMNI über Art. 29 aber großzügig die Lückenfüllung durch ergänzend anwendbares nationales Vertragsstatut. Ein gezielter Rückgriff über Art. 29 CMNI etwa auf die im deutschen
Recht übliche Auslegung des Fixkostenspeditionsvertrages als Frachtvertrag ist gleichwohl
nur möglich bei Regelungslücken des Übereinkommens. Eine solche Lücke liegt wegen
der autonomen Festlegung des Frachtvertragsbegriffs gerade nicht vor.

Gelangt man indes über Art. 29 CMNI oder etwa nur über autonomes Kollisionsrecht  **18**
der Art. 3 ff. Rom I-VO (weil die CMNI ja sachlich eigentlich nicht auf Spediteure
anwendbar ist, die nach § 459 HGB nur „wie" ein Frachtführer haften) etwa zu deutschem
Sachrecht und damit auch zu § 459 HGB, würde man über eine Gleichstellung der Spediteurshaftung mit der des Frachtführers dann – bei Anwendbarkeit der CMNI auf den
Frachtvertrag im Übrigen – wieder zur Anwendung der CMNI gelangen.[33]

Gleiches gilt für den **Sammelladungsspediteur** nach § 460 HGB[34] sowie für Raumfracht-  **19**
und Stückgutfrachtverträge, für Reisecharter und Stückgutverträge.[35] Bei Zeitcharterverträgen
ist entscheidend, inwieweit der mietvertragliche Charakter (Überlassung eines Schiffes auf Zeit)
dominiert oder ein frachtvertragsrechtlich – bei Überlassung der Besatzung – der dienstvertragliche Teil des Vertrages geprägt ist. Letzteres dürfte davon abhängen, wie stark das Weisungsrecht des die nautisch-technische Leitung der Besatzung innehabenden Vercharterers ist, weil
er dann an Pflichten zur Ladungsfürsorge und zur Beförderung mitbeteiligt ist. Vercharterung
ohne Besatzung (Bare-Boat-Charter) ist nach diesen Maßstäben reiner Mietvertrag.[36]

**4. Keine Abwählbarkeit im Ganzen.** Die CMNI ist beidseitig zwingendes Recht  **19a**
dergestalt, dass sie von den Parteien eines Frachtvertrages nicht insgesamt abgewählt werden
kann.[37] Vgl. unten bei Art. 25 Rn. 2.

### III. Zeitlicher Anwendungsbereich

Auf Frachtverträge, die *vor* **Inkrafttreten** der CMNI für einen Staat geschlossen wurden,  **20**
und Konnossemente, die vor diesem Zeitpunkt ausgestellt worden sind, ist das Übereinkommen vor Gerichten dieses Staates nicht anwendbar. Der Zeitpunkt des Inkrafttretens für
einen Staat richtet sich nach Art. 34 Abs. 2. Erst dann wird es für diesen Staat geltendes
Recht. Auf die Ratifikation des Übereinkommens als Zeitpunkt völkerrechtlicher Verbindlichkeit kommt es daher nicht an,[38] ebenso wenig auf das zeitlich früher einsetzende Inkrafttreten des deutschen Zustimmungsgesetzes (str. in Rspr.). Die rechtliche Unabhängigkeit

---

[29] *Ramming,* HdB Binnenschifffahrtsrecht, Rn. 312; *Koller* Art. 1 CMNI Rn. 1; *von Waldstein/Holland*
Art. 1 CMNI Rn. 8.

[30] Dafür *Hartenstein* TranspR 2007, 385, 389; vgl. Art. 1 Rn. 18.

[31] BGH v. 19.4.2007, TranspR 2007, 416. OLG München 23.7.1996, TranspR 1997, 33, 34; 31.3.1998,
353, 355; OLG Hamm 14.6.1999, TranspR 2000, 29; OLG Stuttgart v. 20.4.2011, TranspR 2011, 340, 344;
*Koller* Art. 34 CMR Rn. 5.

[32] *Ramming* TranspR 2006, 373 ff.; *Jaegers* TranspR 2007, 141, 144 f. verweist auf die abweichende Rechtslage im niederländischen Recht.

[33] Kritisch *Jaegers* TranspR 2007, 141, 144; *Ramming* TranspR 2006, 95, 96; TranspR 2006, 373, 374.

[34] *Jaegers* TranspR 2007, 141, 145.

[35] *Jaegers* TranspR 2007, 141, 145.

[36] Zum Ganzen *Jaegers* TranspR 2007, 141, 145.

[37] *Hartenstein* TranspR 2012, 441, 443.

[38] Abw. von *Waldstein/Holland* Rn. 1, 8 (mit der Ratifikation).

von Frachtvertrag und Konnossement kann bewirken, dass unterschiedliche Wirksamkeits-
zeitpunkte von Vertragsschluss bzw. Ausstellung vor oder nach Inkrafttreten der CMNI
zu Anwendbarkeit bzw. Nichtanwendbarkeit der CMNI führen.[39] Übergangsregelungen
enthält die CMNI nicht. Daher ist Art. 170 EGBGB anwendbar. Die **Verjährung** von
Ansprüchen wiederum richtet sich nach den Bestimmungen des Art. 169 EGBGB.[40]

### IV. Negative Feststellungsklage

21   Die CMNI regelt nicht die Gerichtszuständigkeit. Die CMNI hat keine Art. 31 CMR entsprechende Norm, die nach Lesart des BGH den Art. 27 EuGVVO specialiter verdrängt.[41]
Daher gilt die Rechtsprechung des BGH zu Art. 31 CMR hier nicht,[42] nach der eine negative
Feststellungsklage des Frachtführers im Zusammenhang mit einer gegen ihn erhobenen Forderung nicht möglich sein soll, sondern Art. 27 EuGVVO unmittelbar und die ihn (bzw. die Vor-
gängernorm Art. 21 EuGVÜ) auslegende EuGH-Rechtsprechung zur prozessualen Waffengleichheit und zum Vorrang einer zuerst erhobenen negativen Feststellungsklage:[43] Die zuerst
erhobene negative Feststellungsklage hat im Wege der Rechtshängigkeitsreinrede Vorrang vor
der später erhobenen Leistungsklage.[44] Eine Beeinflussung der Anwendung der CMNI durch
**Forum Shopping** vermittels negativer Feststellungsklage ist daher möglich.

### Kapitel II. Rechte und Pflichten der Vertragsparteien

### Art. 3 Übernahme, Beförderung und Ablieferung der Güter

**(1) Der Frachtführer hat die Güter zu befördern und fristgemäß am Ablieferungsort
in demselben Zustand, in dem er sie erhalten hat, an den Empfänger
abzuliefern.**

**(2) Sofern nicht etwas anderes vereinbart wird, erfolgt die Übernahme der Güter
und ihre Ablieferung im Schiff.**

**(3) ¹Der Frachtführer bestimmt das zu verwendende Schiff. ²Er hat vor und bei
Antritt der Reise die gehörige Sorgfalt anzuwenden, damit das Schiff im Hinblick
auf die zu befördernden Güter in ladetüchtigem Zustand, fahrtüchtig, gemäß den
geltenden Bestimmungen ausgerüstet und bemannt ist und über die erforderlichen
nationalen und internationalen Genehmigungen für die Beförderung der betroffenen Güter verfügt.**

**(4) Der Frachtführer darf, wenn die Beförderung mit einem bestimmten Schiff
oder Schiffstyp vereinbart ist, die Güter ohne Zustimmung des Absenders nur
dann ganz oder teilweise in ein anderes Schiff oder in ein Schiff anderen Typs
verladen oder umladen,**

**a) wenn Umstände wie etwa niedrige Wasserstände, Schiffszusammenstöße oder
andere Schifffahrtshindernisse eintreten, die zum Zeitpunkt des Abschlusses
des Frachtvertrags unvorhersehbar waren und die die Verladung oder Umladung der Güter zur Durchführung des Frachtvertrags erforderlich machen,**

---

[39] *Ramming,* HdB Binnenschifffahrtsrecht, Rn. 328.
[40] *Ramming,* HdB Binnenschifffahrtsrecht, Rn. 328.
[41] BGH 20.11.2003, TranspR 2004. 74, 77 = VersR 2004, 24 und BGH 20.11.2003, TranspR 2004,
77 ff. = NJW-RR 2004, 397 ff.; zustimmend *Herber;* kritisch *K. Otte* TranspR 2004, 347 ff.; ihm folgend
OGH Wien 17.2.2006, TranspR 2006, 257; *Jaegers* TranspR 2007, 141, 143 f.
[42] Nunmehr für die CMR auch überholt durch EuGH Urt. v. 19.12.2013 – Rs. 452/12, EuZW 2014,
220 – Noppinhoa Insuranc.
[43] EuGH 8.12.1987, IPRax 1989, 157 ff. – *Gubisch ./. Palumbo;* EuGH 6.12.1994, IPRax 1996, 108 ff. –
*Tatry ./. Maciej Rataj;* dazu *K. Otte,* Umfassende Streitentscheidung durch Beachtung von Sachzusammenhän-
gen, 1998, 8, 158, 360 ff.
[44] Alle hierzu erhobenen Bedenken (*K. Otte* (Fn. 41, 42)) greifen folglich auch im Kontext der CMNI.

**und wenn der Frachtführer Weisungen des Absenders in angemessener Frist nicht erlangen kann, oder**

**b) wenn dies der Ortsübung in dem Hafen, in dem sich das Schiff befindet, entspricht.**

**(5) Der Frachtführer hat, vorbehaltlich der Pflichten des Absenders, sicherzustellen, dass durch das Laden, Stauen und Befestigen der Güter die Sicherheit des Schiffes nicht gefährdet wird.**

**(6) Der Frachtführer ist nur dann befugt, Güter auf Deck des Schiffes oder in offenen Schiffen zu befördern, wenn dies mit dem Absender vereinbart worden ist oder im Einklang mit den Gebräuchen des betreffenden Handels steht oder aufgrund geltender Vorschriften erforderlich ist.**

## Chapitre II. Droits et obligations des parties contractantes

### Art. 3 Prise en charge, transport et livraison des marchandises

1. Le transporteur doit transporter les marchandises au lieu de livraison dans les délais impartis et les livrer au destinataire dans l'état dans lequel elles lui ont été confiées.

2. Sauf s'il en a été convenu autrement, la prise en charge des marchandises et leur livraison ont lieu à bord du bateau.

3. Le transporteur décide du bateau à utiliser. Il est tenu, avant le voyage et au départ de celui-ci, de faire preuve de la diligence requise afin que, compte tenu des marchandises à transporter, le bateau soit en état de recevoir la cargaison, en état de navigabilité, pourvu du gréement et de l'équipage prescrits par les réglementations en vigueur et muni des autorisations nationales et internationales nécessaires pour le transport des marchandises concernées.

4. Lorsqu'il a été convenu d'effectuer le transport avec un bateau ou type de bateau déterminé, le transporteur ne peut charger ou transborder les marchandises en tout ou en partie sur un autre bateau ou type de bateau sans l'accord de l'expéditeur:

a) qu'en présence de circonstances telles que des basses eaux, abordages ou autres obstacles à la navigation qui étaient imprévisibles au moment de la conclusion du contrat de transport et qui exigent le chargement ou le transbordement des marchandises pour l'exécution du contrat de transport et si le transporteur ne peut, dans un délai approprié,

## Chapter II. Rights and obligations of the Contracting Parties

### Art. 3 Taking over, carriage and delivery of the goods

1. The carrier shall carry the goods to the place of delivery within the specified time and deliver them to the consignee in the condition in which they were handed over to him.

2. Unless otherwise agreed, the taking over and delivery of the goods shall take place on board the vessel.

3. The carrier shall decide which vessel is to be used. He shall be bound, before and at the beginning of the voyage, to exercise due diligence to ensure that, taking into account the goods to be carried, the vessel is in a state to receive the cargo, is seaworthy and is manned and equipped as prescribed by the regulations in force and is furnished with the necessary national and international authorizations for the carriage of the goods in question.

4. Where it has been agreed that the carriage shall be performed by a specific vessel or type of vessel, the carrier shall be entitled to load or transship the goods in whole or in part on to another vessel or on to another type of vessel without the consent of the shipper, only:

(a) in circumstances, such as low water or collision or any other obstacle to navigation, which were unforeseeable at the time when the contract of carriage was concluded and in which the loading or transshipment of the goods is necessary in order to perform the contract of carriage, and when the carrier is unable to obtain within an appro-

obtenir des instructions de l'expéditeur, ou

b) si cela est conforme aux usages du port dans lequel se trouve le bateau.

5. Sous réserve des obligations incombant à l'expéditeur, le transporteur doit garantir que le chargement, l'arrimage et le calage des marchandises n'affectent pas la sécurité du bateau.

6. Le transporteur ne peut transporter les marchandises en pontée ou en cales ouvertes que si cela a été convenu avec l'expéditeur ou est conforme aux usages du commerce considéré ou est exigé par les prescriptions en vigueur.

priate period of time instructions from the shipper, or

(b) when it is in accordance with the practice prevailing in the port where the vessel is located.

5. Except as provided by the obligations incumbent on the shipper, the carrier shall ensure that the loading, stowage and securing of the goods do not affect the safety of the vessel.

6. The carrier is entitled to carry the goods on deck or in open vessels only if it has been agreed with the shipper or if it is in accordance with the usage of the particular trade or is required by the statutory regulations.

## Übersicht

|  | Rn. |  | Rn. |
|---|---|---|---|
| **I. Allgemeines** | 1 | 2. Lade- und Fahrtüchtigkeit sowie Bemannung des Schiffes | 13–20 |
| **II. Art. 3 Abs. 1** | 2–8 | 3. Begleitdokumente und Genehmigungen | 21 |
| 1. Beförderungs- und Ablieferungspflicht | 2–7a | **V. Art. 3 Abs. 4** | 22–25 |
| a) Beförderung zum Ablieferungsort | 5 | **VI. Verladung, Art. 3 Abs. 5** | 26, 27 |
| b) Güter, Zustand der abzuliefernden Güter | 6 | **VII. Beförderungen auf Deck, Art. 3 Abs. 6** | 28–36 |
| c) Fristgemäße Ablieferung der Güter | 7, 7a | 1. Vereinbarung über die Deckverladung | 30–32 |
| 2. Vorbildnormen | 8 | 2. „Gebräuche des betreffenden Handelns" und „gesetzliche Vorschriften" | 33, 34 |
| **III. Art. 3 Abs. 2** | 9, 10 | 3. Rechtsfolgen der offenen bzw. Decksverladung | 35, 36 |
| **IV. Art. 3 Abs. 3** | 11–21 |  |  |
| 1. Bestimmung des zu verwendenden Schiffes | 11, 12 |  |  |

## I. Allgemeines

1     Wird nicht anderes vereinbart, ist der Absender nach Art. 6 Abs. 4 zum Verladen und Verstauen des Gutes verpflichtet. Art. 3 umschreibt die **vertraglichen Pflichten des Frachtführers der Beförderung und fristgerechten Ablieferung der Güter, das Schiff als grundsätzlichen Übernahmeort** und die Sicherstellung der Betriebssicherheit des Schiffes auch nach seiner Beladung. Der Wortlaut ist zum einen an die Hamburg-Regeln[1] – vgl. Art. 9 Abs. 1 – und zum anderen an die Visby-Regeln[2] – Art. 2 und 3 § 1 – angelehnt. Im Übrigen regelt Art. 3 auch das beschränkte **Umladungsrecht** des Frachtführers und die ebenfalls beschränkte Befugnis zur **Deckbeförderung** der Güter bei Vereinbarung eines bestimmten Schiffs- oder Schiffstyps. Die zum Teil detaillierte Beschreibung der vertraglichen Pflichten und Rechten des Frachtführers bringt eine erhebliche Rechtsklarheit mit sich. Art. 3 greift nur ein, wenn die Beförderung auf vertraglicher Basis erfolgt, dh. ein Frachtvertrag (Art. 1 Nr. 1) vorliegt, so dass Beförderungen, die nur gefälligkeitshalber erfolgen, nicht erfasst werden. Die CMNI regelt die vertraglichen Pflichten des Frachtführers nicht abschließend. Soweit keine Regelung getroffen ist, können sich weitere Leistungs- und Schutzpflichten aus dem über Art. 29 ergänzend anwendbaren nationalen Recht ergeben.

---

[1] Hamburg-Regeln: United nations convention on the carriage of goods by sea, vom 31. März 1978, abgedr. in *Rabe*, Seehandelsrecht, 4. Aufl., Anhang IV zu § 663b.

[2] Haager-Visby Regeln: Internationales Abkommen zur Vereinheitlichung von Regeln über Konnossemente in der Fassung des Änderungsprotokolls vom 23. Februar 1968, abgedr. in *Rabe*, Seehandelsrecht, 4. Aufl., Anhang III zu § 663b.

## II. Art. 3 Abs. 1

**1. Beförderungs- und Ablieferungspflicht.** Nach Abs. 1 trifft den Frachtführer **2** (Art. 1 Nr. 2)[3] die Pflicht, das ihm vom Absender zur Beförderung übergebene Gut zum Ablieferungsort zu befördern *(Beförderungspflicht)* und – abweichend vom deutschen Recht (§ 407 Abs. 1 HGB) – fristgemäß und vollständig im übernommenen Zustand dort an den Empfänger abzuliefern *(Ablieferungspflicht)*. **Beförderungs- und Ablieferungspflicht** sind die **Hauptpflichten** des Frachtführers: Der Frachtvertrag muss sich hauptsächlich darauf richten, dass das Gut unbeschädigt und vollständig beim Empfänger am Zielort abgeliefert wird. Damit steht die Ablieferungspflicht im eigentlichen Zentrum des Pflichtenkreises.

Die Beförderungspflicht darf nicht bloß eine Nebenpflicht des auszuführenden Vertrages **3** sein.[4] Dies ergibt sich mittelbar aus Art. 1 Nr. 1, wonach als Frachtvertrag jeder Vertrag angesehen wird, in dem sich – gleichgültig wie er bezeichnet wird – ein Frachtführer gegen Bezahlung der Fracht verpflichtet, Güter auf Binnenwasserstraßen zu befördern.

Durch den Abschluss eines Frachtvertrages übernimmt *der Frachtführer* die Beförderungs- **4** und Ablieferungspflicht. Übernahme dieser Pflichten bedeutet jedoch nicht, dass die Transportleistung im eigenen Betrieb mit eigenen Leuten und Fahrzeugen vorgenommen werden muss. Vielmehr ist der Frachtführer – vorbehaltlich abweichender Abrede – befugt, den Transport durch einen **ausführenden Frachtführer** durchführen zu lassen, der dann als sog. Subunternehmer im Auftrag des (Haupt-)Frachtführers tätig wird (vgl. Art. 4).[5] Die beförderungs- und Ablieferungspflicht trifft daher alle Glieder der Frachtführerkette.

**a) Beförderung zum Ablieferungsort.** Aus der Formulierung *„hat (…) am Abliefe-* **5** *rungsort (…) abzuliefern"* ergibt sich, dass der Frachtführer nicht einzelne Beförderungshandlungen, sondern eine **Ortsveränderung** schuldet. Allgemein wird nach deutschem Rechtsverständnis die Beförderung eines Gutes als „zielgerichtetes, ortsveränderndes Verbringen vom Abgangs- zum Bestimmungsort"[6] definiert. Das setzt Bewegung voraus. Übernahme und Ablieferung der Güter dürften diese gewöhnlich begrenzen. Diese Definition der geschuldeten Leistung des Frachtführers kann auch im Rahmen der CMNI angewendet werden. Grundsätzlich unerheblich ist dabei die Entfernung zwischen dem Ort der Übernahme des Gutes und dem Ablieferungsort.[7] Die Ortsveränderung zu bewirken ist auch im Rahmen der CMNI die vertragliche Hauptpflicht des Frachtführers, der geschuldete Erfolg seiner Leistung.[8]

**b) Güter, Zustand der abzuliefernden Güter.** Der Begriff der Güter ist sinngemäß **6** weit auszulegen. Er umfasst hauptsächlich Handelswaren, darüber hinaus aber auch bewegliche Sachen aller Art und unabhängig von ihrem Wert.[9] Das Gut muss sich in demselben Zustand befinden, wie es der Frachtführer vor Antritt der Beförderung von dem Absender erhalten hat.[10] Zu den Gütern gehören weder geschleppte oder geschobene Schiffe noch Gepäck und Fahrzeuge der beförderten Personen (vgl. Art. 1 Nr. 7). Keine Güter sind selbstverständlich Personen, aber auch Informationen und sonstige Dienstleistungen sowie auch diejenigen Sachen, die der Frachtführer zur Beförderung einsetzt (zB Zubehör, Container, Binnenschiff).[11]

---

[3] *Frachtführer* ist jede Person, von der oder in deren Namen ein Frachtvertrag mit einem Absender (und sei es in der Frachtführerkette) abgeschlossen worden ist. Anders als nach § 407 ff. HGB, muss der Frachtführer nach der CMNI nicht auf Grund eines Frachtvertrages im Rahmen eines gewerblichen Unternehmens handeln. Insoweit ist der Frachtführerbegriff in der CMNI weitergefasst.

[4] Der Frachtvertrag ist zB von der bloßen Miete des Binnenschiffes abzugrenzen; vgl. dazu zum deutschen allg. Transportrecht *Koller* § 407 HGB Rn. 13.

[5] *Fremuth/Thume* § 407 HGB Rn. 36.

[6] RG 26.11.1887, RGZ 20, 47, 51; 5.10.1901, RGZ 49, 92, 93.

[7] *Fremuth/Thume* § 407 HGB Rn. 45.

[8] *Thume/Teutsch* Art. 4 CMR Rn. 14.

[9] *Thume/Teutsch* Art. 4 CMR Rn. 15; *Loewe* ETR 1976, 503, 511 – ebenfalls zur CMR. Zum Problemkreis der gefährlichen Güter im internationalen Binnenschiffstransport siehe insbesondere Art. 7.

[10] *Czerwenka* TranspR 2001, 279.

[11] *Koller* § 407 HGB Rn. 14; *Fischer* TranspR 1995, 326, 333.

**7**    **c) Fristgemäße Ablieferung der Güter.** Im Übrigen bestimmt Art. 3 Abs. 1, dass der Frachtführer die Güter fristgemäß abzuliefern hat. In diesem Zusammenhang ist auf Art. 5 zu verweisen, wonach der Frachtführer die Güter grundsätzlich innerhalb der vertraglich vereinbarten Frist oder, bei Fehlen einer solchen, innerhalb der Frist abzuliefern hat, die einem sorgfältigen Frachtführer unter Berücksichtigung der Umstände der Schiffsreise und bei unbehinderter Schifffahrt zuzubilligen ist. Damit ist die **Lieferfrist** gemeint, die der Frachtführer einzuhalten hat. Andernfalls haftet der Frachtführer für Schäden, die infolge der Fristüberschreitung entstehen, nach Art. 16 Abs. 1, sofern er nicht nachweisen kann, dass die Verzögerung auf von ihm nicht vermeidbaren Umstände beruht. Der Haftungshöchstbetrag für Lieferfristüberschreitungen beläuft sich auf das Einfache der Fracht (Art. 20 Abs. 3).

**7a**    Die **Ablieferung** selbst ist in Art. 10 Abs. 2 beschrieben. Danach genügt bloße **Bereitstellung** für den Empfänger in Übereinstimmung mit dem Frachtvertrag, Handelsbräuchen (ggf. Incoterms)oder den im Löschhafen anzuwendenden Vorschriften. Das braucht keine Besitzübergabe zu sein, wenngleich die Inbesitznahme durch den Empfänger in der Regel die Ablieferung an diesen darstellen dürfte. Die Umschreibung hat Art. 4 Abs. 2 (b) (ii) und (iii) der Hamburg Regeln zum Vorbild. Die Ablieferung an den Empfänger kann durch Übergabe an Behörden oder Dritte substituiert werden, wenn dies vorgeschrieben ist, Art. 10 Abs. 2 S. 2.

**8**    **2. Vorbildnormen.** Art. 3 Abs. 1 ist im Wesentlichen Art. 895 des niederländischen Bürgerlichen Gesetzbuches nachgebildet.[12] Deshalb beschränkt sich Art. 3 Abs. 1 nicht nur darauf, die Hauptpflichten des Frachtführers zu beschreiben, – wie etwa § 407 Abs. 1 HGB – sondern regelt auch zugleich, dass der Frachtführer die Güter rechtzeitig und unbeschädigt abzuliefern hat.

### III. Art. 3 Abs. 2

**9**    Absatz 2 bestimmt, dass die **Übernahme** des zu befördernden Gutes und seine **Ablieferung im Schiff** zu erfolgen haben, es sei denn die Vertragsparteien haben etwas anderes vereinbart (sogleich Rn. 10). Übernahme meint Erlangung des unmittelbaren oder mittelbaren Besitzes an den Gütern. Laden, Stauen und Befestigen des Gutes im Schiff müssen – als grds. Aufgabe des Absenders, Art. 6 Abs. 4 – beendet sein. Art. 3 Abs. 2 steht im engen Zusammenhang mit zwei weiteren Normen der CMNI: Art. 6 Abs. 4 und Art. 16. Dabei stellt Art. 3 Abs. 2 klar, dass der Zeitraum, in dem der Frachtführer die Obhut über das Gut hat – der sog. **Obhutszeitraum** und damit Haftungszeitraum (vgl. Art. 16 Abs. 1) – grundsätzlich nur derjenige, in dem sich das Transportgut im Binnenschiff befindet.[13] Dies gilt wiederum nur dann, wenn die Vertragsparteien keine von Art. 6 Abs. 4 abweichende Abrede dahingehend getroffen haben, dass das Laden und Löschen der Güter nicht zu den Aufgaben des Absenders bzw. Empfängers gehört.

**10**    Durch eine vertragliche Abrede, welche ausdrücklich oder konkludent erfolgen kann, können die Vertragsparteien bestimmen, dass die Übernahme des Gutes und/oder seine Ablieferung durch den Frachtführer *außerhalb* des **Schiffes** oder **am Terminal** erfolgen, Art. 6 Abs. 4. Dies wird der Fall sein, wenn der Frachtführer auch das Laden, Stauen und Befestigen der Güter vertraglich übernommen hat. Eine solche Regelung verschiebt allerdings den Obhutszeitraum zu Lasten des Frachtführers, so dass sein Haftungsrisiko dadurch erhöht wird. Deshalb gilt im Zweifel eine solche Abweichung von Art. 3 Abs. 2 als nicht vereinbart.[14] Erfolgt die Übernahme des Gutes mit der Folge eines Landtransports außerhalb von Hafen oder Übernahmeort, ist die CMNI nicht mehr anwendbar.[15]

---

[12]  Denkschrift, BR-Drucks. 563/06 S. 34.
[13]  Denkschrift, BR-Drucks. 563/06 S. 34.
[14]  Vgl. zum Seehandelsrecht (§ 606 S. 2 HGB): *Herber* Seehandelsrecht S. 315.
[15]  *Koller* Rn. 2.

### IV. Art. 3 Abs. 3

**1. Bestimmung des zu verwendenden Schiffes.** Art. 3 Abs. 3 S. 1 stellt klar, dass **11** grundsätzlich der Frachtführer frei darüber zu bestimmen hat, welche **Schiffsart** für die Ausführung der Beförderung einzusetzen ist.[16] Je nach Güterart kann der Frachtführer sich für den Einsatz verschiedener Schiffstypen entscheiden – wie etwa für Motortankschiffe für den Transport von flüssigen oder gasförmigen Gütern, für Motorgüterschiffe für die Beförderung von festen Stoffen, für Schubschiffe oder sonstige Spezialschiffe. Die Bestimmung des einzusetzenden Schiffstyps ist nämlich in der Regel eine unternehmerische Entscheidung des Beförderers. Nur er hat den Überblick über seine Schiffe und nur er kann entscheiden, welches im Einzelfall – auch aus wirtschaftlichen und organisatorischen Gründen – einzusetzen ist.

Die Vertragsparteien können jedoch einen **bestimmten Schiffstyp** im Frachtvertrag – **12** nach Lage der Dinge auch stillschweigend bzw. konkludent[17] – vereinbaren.[18] Dies wird insbesondere dann der Fall sein, wenn die im Einzelfall gegebenen Eigenschaften der zu befördernden Güter die Bestimmung eines spezifischen Schiffstyps erforderlich machen. Dann muss sich der Frachtführer an diese Vereinbarung halten. Andernfalls haftet er nach Art. 16 Abs. 1 für den dadurch entstandenen Schaden. An dieser Stelle wird die **Risiko- und Pflichtenverteilung** im Rahmen des Frachtvertrages deutlich: Grundsätzlich hat der Frachtführer darüber zu entscheiden, welches Transportmittel für die konkrete Beförderung geeignet ist. Sobald die Güter eine transportbezogene Besonderheit aufweisen, hat der Absender den Frachtführer zu informieren (Art. 7 und 8). Gegebenenfalls ist die Vereinbarung eines besonderen Binnenschiffes notwendig. Die Vereinbarung eines besonderen Schiffs ist nur bindend, wenn es für die Beförderung der Güter gerade auf seine Eigenschaft bzw. Ausstattung ankommt. Frachturkundliche Festlegungen sind entsprechend auszulegen.[19] Abweichungen von der Vereinbarung eines Schiffstyps ohne Zustimmung des Absenders gestattet nur Art. 3 Abs. 4 (dazu Rn. 22 ff.).

**2. Lade- und Fahrtüchtigkeit sowie Bemannung des Schiffes.** Nach Art. 3 Abs. 3 **13** S. 2 hat der Frachtführer **vor und bei Antritt und während**[20] **der Reise** die gehörige Sorgfalt anzuwenden, damit das Schiff im Hinblick auf die zu befördernden Güter in ladetüchtigem Zustand, fahrtüchtig, bestimmungsgemäß ausgerüstet und bemannt ist. Diese Regelung entspricht Art. 3 § 1 HR und HVR sowie dem § 8 Abs. 1 BinSchG. Die Pflicht besteht unabhängig von seinem Schiffsbestimmungsrecht nach Abs. 3 S. 1.[21] Das Schiff ist **fahruntüchtig,** wenn ihm die Fähigkeit fehlt, die geplante Reise mit den zu befördernden Gütern gefahrlos durchzuführen.[22] Die Anknüpfung an die betroffenen Güter stellt die Pflicht zur Stellung eines fahrtüchtigen Schiffes als Ausprägung der Pflicht zur Ladungsfürsorge dar. Ihre Verletzung führt daher nur im Fall von Ladungsschäden zu den Rechtsfolgen der Art. 16 ff.; ein eigenständiger Haftungstatbestand ergibt sich aus der Verletzung der Pflicht nicht.[23]

Allerdings muss der Frachtführer die notwendigen Schadensverhütungsmaßnahmen nicht **14** selbst vornehmen. Er ist jedoch gehalten, die Ausführungen seiner Anordnungen zu überwachen.

---

[16] Als **Schiff** ist allgemein ein „schwimmfähiges mit einem Hohlkörper versehenes Fahrzeug von nicht unbedeutender Größe, das dazu bestimmt ist, auf Wasser fortbewegt zu werden und Personen oder Sachen zu tragen" gemeint, vgl. *Goette* Binnenschifffahrtsfrachtrecht § 26 Rn. 13.

[17] Etwa Flüssiggut nur in Tankschiffen.

[18] Dazu muss allerdings kein Eintrag in die Frachturkunde erfolgen, vgl. Art. 11.

[19] von Waldstein/*Holland* Binnenschifffahrtsrecht Rn. 5.

[20] *Ramming,* HdB Binnenschifffahrtsrecht, Rn. 392 („Pflicht zur [Wieder-]Herstellung der Fahrtüchtigkeit während der Reise" als Ausdruck „der generellen Pflicht zur Ladungsfürsorge").

[21] *Ramming,* HdB Binnenschifffahrtsrecht, Rn. 390.

[22] OLG Köln 3.7.1998, TranspR 2000, 130, 131 zu § 8 Abs. 1 BinSchG.

[23] *Ramming,* HdB Binnenschifffahrtsrecht, Rn. 391.

**15** Kann der Mangel nach Reiseantritt jedoch vor Verdichtung der Gefahr durch normale Schiffsbedienung rechtzeitig entdeckt und behoben werden[24] und ist damit bei normaler Schiffsbedienung auch zu rechnen, ist das Schiff nicht von Anfang an fahr- und lade untüchtig.

**16** Nicht Art. 25 Abs. 2 lit. c) kann sich der Frachtführer für vor Beginn der Reise bestehende Mängel des (eigenen oder fremden) Schiffes, die trotz gehöriger Sorgfalt nicht zu entdecken waren, vertraglich freizeichnen.

**17** In Anlehnung an Art. 3 § 1 Haager-Visby-Regeln wird dem Frachtführer somit die Pflicht auferlegt, für ein **see- und ladungstüchtiges** Schiff zu sorgen. Im Gegensatz zu § 412 Abs. 1 HGB trennt Art. 3 Abs. 3 nicht ausdrücklich zwischen Beförderungs- und Betriebssicherheit. Vielmehr ist allein von der **Ladungssicherheit** die Rede. Erst im Zusammenhang mit Abs. 5 und Art. 6 Abs. 4 wird klar, dass der Frachtführer insgesamt dafür zu sorgen hat, dass durch das Laden – das dem Absender obliegt – die **Schiffssicherheit** nicht gefährdet wird. Somit legen Abs. 3 S. 2 und Abs. 5 dem Frachtführer die Pflicht auf, für die Schiffssicherheit – dh. die Betriebssicherheit iSd. § 412 Abs. 1 HGB – zu sorgen und darüber hinaus ein fahr- und ladungstüchtiges Schiff zur Verfügung zu stellen. Ursache für Fahr- und Ladeuntüchtigkeit können bestimmte Schiffseigenschaften (betr. nur Ladetüchtigkeit), technische Defekte oder Bedienungsfehler sein.

**18** **Reiseantritt** bedeutet jedes Verlassen der Ladestelle (Ablegen) mit dem Ziel der Beförderung zum Ablieferungsort. Die Verfolgung von Zwischenzielen (Übernachtung auf dem Strom zur Einsparung von Hafengebühren) ist zulässig. Bei frachtvertraglich (in einem Vertrag) vorgesehener Übernahme oder Ablieferung von Gütern *eines* Vertragspartners (Absenders) an verschiedenen Ladestellen liegt Reiseantritt mit Verlassen der ersten Ladestelle vor.[25] Bei Bedienung unterschiedlicher Vertragspartner (Absender) an verschiedenen Ladestellen erfolgt jeweils neuer Reiseantritt an jeder Ladestelle.[26]

**19** Sind die erforderlichen Schadensverhütungsmaßnahmen aus tatsächlichen Gründen nicht realisierbar, hat der Frachtführer **Weisungen** von dem Absender einzuholen.

**20** Als **Haftungsmaßstab** legt Art. 3 Abs. 3 S. 2 die *„gehörige Sorgfalt"* fest. Fraglich ist, was damit gemeint ist. Dazu schweigt die Denkschrift.[27] Dennoch ist nicht ohne weiteres davon auszugehen, dass die Verfasser des Übereinkommens einen anderen Maßstab als den in Art. 16 Abs. 1 enthaltenen, normieren wollten.[28] Vielmehr ist auch hier – um die Einheitlichkeit der Auslegung zu bewahren – der Maßstab eines **sorgfältigen Frachtführers** anzulegen.[29]

**21** **3. Begleitdokumente und Genehmigungen.** Im Übrigen muss der Frachtführer dafür sorgen, dass er über die erforderlichen nationalen und internationalen Genehmigungen für die Beförderung der betroffenen Güter verfügt. Die erforderlichen Begleitpapiere hingegen hat der Absender bei der Übergabe der Güter dem Frachtführer zur Verfügung zu stellen (vgl. Art. 6 Abs. 2 S. 2).

## V. Art. 3 Abs. 4

**22** Nach Art. 3 Abs. 3 S. 1 darf grundsätzlich – wie oben Rn. 11 bereits erläutert – der Frachtführer den einzusetzenden Schiffstyp frei bestimmen. Allerdings können die Parteien ein bestimmtes Beförderungsmittel **vereinbaren,** insbesondere wenn der Absender darauf besteht. Absatz 4 normiert nun, unter welchen Voraussetzungen der Beförderer eine solche schiffstypbestimmende Abrede ohne Zustimmung des Absenders nicht einhalten muss. Dabei sieht Art. 3 Abs. 4 zwei Möglichkeiten vor: Nach Buchstabe a ist ein Abweichen

---

[24] So schon BGH 11.7.1983, ZfB 1983, 389; 17.1.1974, 236; von Waldstein/*Holland* Binnenschifffahrtsrecht Rn. 9.

[25] von Waldstein/*Holland* Binnenschifffahrtsrecht Rn. 9.

[26] BGH 14.12.1972, ZfB 1973, 225; von Waldstein/*Holland* Binnenschifffahrtsrecht Rn. 9.

[27] Vgl. Denkschrift, BR-Drucks. 563/06 S. 34.

[28] *Koller* Rn. 4 („überflüssig").

[29] **AA** *Koller* Rn. 5 (unerheblich, ob zu vertiefen).

von der Vereinbarung zulässig, wenn bei Vertragsschluss **unvorhersehbare Umstände,** wie zB Niedrigwasser, Schifffahrtshindernisse oder sogar ein Schiffszusammenstoß (Liste nicht abschließend), vorliegen, welche eine **Verladung oder Umladung** der Transportgüter in ein nicht vereinbarungsgemäßes Schiff zur Durchführung des Frachtvertrages notwendig machen, und wenn Weisungen des Absenders (Art. 14, 15) für den Frachtführer in angemessener Zeit nicht zu erlangen sind. Nach Buchstabe b kann der Frachtführer außerdem dann von der Vereinbarung abweichen, wenn dies der **Ortsübung** in dem Hafen entspricht, in dem sich das Schiff befindet.

Damit setzt Art. 3 Abs. 4 lit. a zunächst ein tatsächliches Element voraus. Es müssen 23 **Schifffahrtshindernisse** gegeben sein, die zum Zeitpunkt des Vertragsschlusses unvorhersehbar waren, dh. die erst nachträglich eintreten. Ein Hindernis ist dann unvorhersehbar, wenn dessen Eintritt kein umsichtig handelnder Frachtführer unter den jeweils gegebenen Umständen auf Grund der Lebens- und Berufserfahrung bei Vertragsschluss in Rechnung stellen würde.[30] Dabei umschreibt Abs. 4 lit. a nur zwei Regelbeispiele von Schiffshindernissen – nämlich niedrige Wasserstände und Schiffszusammenstöße. Damit soll klargestellt werden, dass es sich um solche Umstände handeln muss, die weder dem Frachtführer (Schiffssicherheit) noch dem Absender (Beförderungssicherheit) zuzurechnen sind.[31]

In diesem Zusammenhang ist darauf hinzuweisen, dass der Frachtführer vor der Ver- 24 oder Umladung versuchen muss, eine **Weisung** des Absenders zu erlangen. Erst wenn der Absender innerhalb einer **angemessenen Frist** keine Weisung erteilt, kann der Frachtführer von seinem Recht auf Um- bzw. Verladung Gebrauch machen (vgl. Art. 14).[32] Der Zusatz *„ohne Zustimmung des Absenders"* soll also nicht suggerieren, dass der Frachtführer ohne Hinzuziehung des Verfügungsberechtigten handeln darf. Außerdem wird in den meisten Fällen die Einholung von Weisungen des Absender ohnehin für den Frachtführer von Vorteil sein, weil in der Regel jener über bessere güterbezogene Kenntnisse verfügt und somit besser einschätzen kann, wie mit den Güter in Extremsituationen zu verfahren ist.

Pflichtwidrige Verwendung eines anderen Schiffs oder Umladung in ein solches macht 25 den Frachtführer für daraus entstehende Schäden ersatzpflichtig gemäß Art. 16 (Güterschäden, Verzögerungsschäden). Sonstige Schäden (außer Folgeschäden) sind nach der lückenfüllenden lex causae (über Art. 29) zu ersetzen. Gleiches gilt für etwaige Erstattungsansprüche des Frachtführers infolge berechtigten Verhaltens.

## VI. Verladung, Art. 3 Abs. 5

Der Frachtführer hat gem. Art. 3 Abs. 5 dafür zu sorgen, dass durch das Laden, Stauen 26 und Befestigen der Güter – mit anderen Worten: durch die *Verladung* – die Sicherheit des Schiffes nicht gefährdet wird. Damit rechnet Art. 3 Abs. 5 ausdrücklich die Schiffssicherheit dem Frachtführer zu. Im Zusammenhang mit Abs. 3 S. 2 muss der Beförderer ohnehin für die **See-, Lade- und Schiffssicherheit** (Lade- und Fahrtüchtigkeit) vor, bei Antritt und während der Reise einstehen. Demgegenüber trifft den Absender nach Art. 6 Abs. 4 die Pflicht, für die Verladung des Gutes, und somit für dessen **Beförderungssicherheit** der Güter zu sorgen. Hat der Frachtführer hingegen die Pflicht zur Verladung, Stauung und Befestigung in Abweichung von Art. 6 Abs. 4 vertraglich übernommen, hat er für die Sicherheit des Schiffes ohnehin schon aus diesem Grunde zu sorgen.

Art. 3 Abs. 5 übernimmt somit dem Grunde nach die in § 412 Abs. 1 S. 2 HGB veran- 27 kerte Pflichtenverteilung und schafft somit Rechtsklarheit. Außerdem trägt diese Norm dem Gedanken Rechnung, dass der Frachtführer grundsätzlich der Fachmann für die Eigenschaften seines Beförderungsmittels ist und dass die Schiffssicherheit demzufolge in seinem Verantwortungsbereich fällt. Das Schiff muss somit auch nach der Verladung durch den

---

[30] von Waldstein/*Holland* Binnenschiffahrtsrecht Art. 2 CMNI Rn. 7; *Koller* Rn. 5; etwas enger *Czerwenka* TranspR 2001, 277, 280.
[31] **AA** *Koller* Rn. 5 (Zurechnung und Vertretenmüssen des Hindernisses durch Frachtführer oder Absender gleichwohl möglich).
[32] Denkschrift, BR-Drucks. 563/06 S. 34. Zur Angemessenheit der Frist vgl. etwa § 419 HGB.

Absender während der Beförderung jeder Verkehrslage gewachsen sein, mit der er auf der in Aussicht genommenen Strecke zu rechnen hat. Die auf das Binnenschiff geladenen Transportgüter dürfen insbesondere nicht dessen Stabilität beeinträchtigen. Der Frachtführer muss für die Tüchtigkeit der Gerätschaften zum Laden und Löschen sowie dafür sorgen, dass das Schiff nicht schwerer beladen wird, als die Tragfähigkeit desselben und die im Einzelfall gegebenen Wasserstandsverhältnisse es gestatten.[33] Erkennt der Frachtführer, dass das Gut nicht beförderungssicher verladen ist und wird dadurch auch die Schiffssicherheit gefährdet, so muss er von dem Absender Weisungen einholen. Das Verhalten der Schiffsbesatzung wird ihm über § 278 BGB zugerechnet.[34]

### VII. Beförderungen auf Deck, Art. 3 Abs. 6

28    Nach Art. 3 Abs. 6 ist der Frachtführer nur dann berechtigt, Transportgüter auf Deck des Schiffes oder in offenen Schiffen zu befördern, wenn dies mit dem Absender **ausdrücklich vereinbart** worden ist[35] oder im Einklang mit dem **Handelsgebrauch** steht oder **auf Grund geltender Vorschriften erforderlich** ist. Grundsätzlich ist es also – wie im Seerecht (§ 566 HGB) – nicht erlaubt. Das Gut ist auf Deck verladen, wenn es nicht in geschlossenen Räumen des Schiffs gestaut ist. Dazu gehört auch die Stauung des Gutes in Schiffen ohne Verdeck. Die Güter sind jedoch dann nicht auf Deck verladen, wenn sie sich in Schiffsräumen befinden, die zu den Deckaufbauten zählen, sofern diese mit dem Schiffskörper fest verbunden und allseitig genügend geschützt sind.[36]

29    Somit enthält Art. 3 Abs. 6 in Anlehnung an Art. 9 Abs. 1 Hamburg-Regeln eine Norm, die näher bestimmt, unter welchen Voraussetzungen eine Deckverladung keine vertragliche Pflichtverletzung darstellt. Im Gegensatz zu den Hamburg-Regeln sieht Abs. 5 keine besondere Vorschrift für die Haftung des Frachtführers bei vertragswidriger Deckladung vor. Der Frachtführer hat auch bei Decksverladung uneingeschränkt für die Schiffs- und Ladungssicherheit des Schiffes zu sorgen. Nach den Hamburg-Regeln besteht eine Haftung des Frachtführers für Verlust oder Schäden an dem Gut. Darüber hinaus verliert er das Recht, seine Haftung zu beschränken (Art. 9 Abs. 3 und Abs. 4 HR). Wegen Fehlens einer ausdrücklichen Regelung ergeben sich die Rechtsfolgen bei einer nicht zulässigen Decksverladung im Geltungsbereich des CMNI nach allgemeinen Grundsätzen, so dass sich die Haftung des Frachtführers für dadurch verloren gegangene oder beschädigte Deckladung aus Art. 16 ergibt. Der Haftungsausschluss nach Art. 18 Abs. 1 lit. c kommt dem Frachtführer jedoch nur dann zu Gute, wenn der Absender mit einer Deckbeförderung einverstanden war oder die Handelsbräuche eine solche erforderlich machen oder geltende Rechtsvorschriften – etwa Gefahrgutregelungen – eine Deckverladung ausdrücklich vorschreiben. Unter Umständen kann der Frachtführer sogar nach Art. 21 unbeschränkt haften.

30    **1. Vereinbarung über die Deckverladung.** Die nur *ausdrücklich* erlaubte Vereinbarung von Decks- oder offenen Beförderungen beschreibt ein klares Regel-Ausnahme-Verhältnis. Primat ist das grundsätzliche Verbot der Verwendung offener Schiffe, Art. 3 Abs. 6. Auch die englische und französische Wortfassung lassen die Notwendigkeit ausdrücklicher Abweichungen klar erkennen („has been agreed with the shipper"; „que si cela a été convenu avec l'expediteur"). Dazu passt die weitere (enge) Anknüpfung nicht ausdrücklich konsentierter offener Beförderung „nur" an den Handelsbrauch (hier ggf. auch ohne Zustimmung des Absenders) und geltende Vorschriften.

31    Ist ein offenes Schiff im Vertrag bestimmt, liegt die Zustimmung des Absenders vor. Sie kann auch durch vertragliche Bestimmung des Schiffstyps erfolgen, weil Schiffstypen eine

---

[33] Siehe dazu auch § 8 Abs. 2 BinSchG.
[34] *Ramming,* HdB Binnenschifffahrtrecht, Rn. 394, 454–464.
[35] Denkschrift S. 34 (Abs. 6); **aA** *Koller* TranspR Rn. 7; *Ramming,* HdB Binnenschifffahrtrecht, Rn. 386 (ggf. auch stillschweigend).
[36] *Koller* § 427 HGB Rn. 4; vgl. auch *Ramming* TranspR 2001, 53, 56, wonach bei vom Frachtführer gestellten, geschlossenen Containern, die auf dem Deck geladen sind, dies nicht der Fall sein soll.

offene oder eine nicht-offene Verladung determinieren können. Aus diesem Grund ist die Bestimmung des Schiffstyps auch bei der nach Abs. 4 ausnahmsweise zugelassenen Umladung in ein Schiff anderen Typs zu beachten.

Eine ausdrückliche Vereinbarung über die Deckverladung muss – im Gegensatz zu Art. 17 Abs. 4 lit. a CMR – nicht in der Frachturkunde eingetragen sein. Art. 11 Abs. 5 S. 1 lit. g sieht zwar einen Vermerk vor. Dennoch berührt das Fehlen des Vermerks nicht die Wirksamkeit der Vereinbarung und begründet kein Verschulden des Frachtführers.[37] Da es für den Frachtführer jedoch ohne entsprechenden Vermerk sehr schwierig sein wird, das Bestehen der ausdrücklichen Vereinbarung nachzuweisen, sollte zu seinen Gunsten ein Eintrag in die Frachturkunde stets erfolgen. Die Frachturkunde gilt nämlich, bis zum Gegenbeweis, als Nachweis für den Inhalt des Frachtvertrages (vgl. Art. 11 Abs. 3). 32

**2. „Gebräuche des betreffenden Handelns" und „gesetzliche Vorschriften".** 33
Art. 3 Abs. 6 sagt nicht, auf wessen Übung es ankommt, ob auf die Übung einer Branche, des konkreten Beförderers oder vielmehr auf eine lokale Gruppe von Frachtführern. Der Denkschrift zufolge soll mit der Bezugnahme auf die „Gebräuche des betreffenden Handels" denjenigen Fällen Rechnung getragen werden, in denen sich der offene Transport oder die Deckverladung etwa nach Art des Gutes, so etwa im Containerverkehr, als Selbstverständlichkeit darstellt.[38]

Im Übrigen bestimmt Art. 3 Abs. 6, dass eine Beförderung auf Deck auch dann erlaubt ist, 34 wenn dies nach gesetzlichen Vorschriften erforderlich ist. Dies können öffentlich-rechtliche Vorschriften der „berührten" Staaten sein, etwa das Recht des Flaggenstaates des Schiffes, jeweils des Staates, in dem Übernahmeort oder Ablieferungsort belegen sind, oder alternativ das Recht des Transitstaates, durch den die Beförderung führt.[39] Zu den gesetzlichen Vorschriften zählen unter anderem Gefahrgutvorschriften, die eine Verladung an Deck oder im offenen Schiff vorsehen.

**3. Rechtsfolgen der offenen bzw. Decksverladung.** Grundsätzlich trifft die **Pflicht** 35 **zur Verladung** den Absender, Art. 6 Abs. 4. Das grundsätzliche Verbot offener Verladung gem. Art. 3 Abs. 6 betrifft den Frachtführer aber in jedem Fall, dh. wenn er vertraglich oder in nachträglich eingeholter Abstimmung mit dem Absender die Verladung übernimmt.[40]

Für infolge erlaubter Decksverladung entstandener **Ladungsschäden** haftet der Fracht- 36 führer gem. Art. 16 Abs. 1 lit. c) nicht.[41] Für infolge unerlaubter Decksverladung entstandener Ladungsschäden haftet er nach den Art. 16 ff. Im Übrigen haftet der Frachtführer für **weitere Folgen** unerlaubter Decksverladung (etwa Aufwand notwendiger Umladung) nach den über Art. 29 sachrechtlich anwendbaren Haftungsvorschriften, im Falle deutschen Sachrechts nach § 280 BGB.[42]

## Art. 4 Ausführender Frachtführer

**(1)** [1]**Der zwischen einem Frachtführer und einem ausführenden Frachtführer abgeschlossene Vertrag im Sinne der Definition von Artikel 1 Nummer 1 ist als ein Frachtvertrag im Sinne dieses Übereinkommens anzusehen.** [2]**In Bezug auf diesen Frachtvertrag gelten alle den Absender betreffenden Bestimmungen für den Frachtführer und alle den Frachtführer betreffenden Bestimmungen für den ausführenden Frachtführer.**

---

[37] LG Hamburg 30.6.1998, TranspR 1998, 366; *Rabe* Seehandelsrecht § 566 HGB R. 6; von Waldstein/ *Holland* Binnenschifffahrtsrecht Rn. 15.
[38] BR-Drucks. 563/06 S. 41.
[39] *Ramming*, HdB Binnenschifffahrtsrecht, Rn. 386.
[40] **Abw.** *Ramming*, HdB Binnenschifffahrtsrecht, Rn. 387 (Relevanz des Art. 3 Abs. 6 nur, „wenn das Laden der Güter Sache des Frachtführers ist.").
[41] Vgl. *Koller* Rn. 5.
[42] *Ramming*, HdB Binnenschifffahrtsrecht, Rn. 387.

(2) ¹Hat der Frachtführer die Ausführung der Beförderung ganz oder teilweise einem ausführenden Frachtführer übertragen, gleichviel, ob die Übertragung in Ausübung eines im Frachtvertrag eingeräumten Rechts oder nicht erfolgte, so haftet der Frachtführer dennoch für die gesamte Beförderung gemäß den Bestimmungen dieses Übereinkommens. ²Alle für die Haftung des Frachtführers geltenden Bestimmungen dieses Übereinkommens gelten auch für die Haftung des ausführenden Frachtführers für die von ihm durchgeführte Beförderung.

(3) Der Frachtführer hat den Absender in jedem Fall zu unterrichten, wenn er die Ausführung der Beförderung ganz oder teilweise einem ausführenden Frachtführer überträgt.

(4) ¹Vereinbarungen mit dem Absender oder dem Empfänger, durch die der Frachtführer seine Haftung gemäß den Bestimmungen dieses Übereinkommens erweitert, wirken gegen den ausführenden Frachtführer nur, soweit er ihnen ausdrücklich und schriftlich zugestimmt hat. ²Der ausführende Frachtführer kann alle Einwendungen geltend machen, die dem Frachtführer aus dem Frachtvertrag zustehen.

(5) ¹Wenn und soweit sowohl der Frachtführer als auch der ausführende Frachtführer haften, haften sie als Gesamtschuldner. ²Rückgriffsrechte zwischen ihnen werden durch die Bestimmungen dieses Artikels nicht berührt.

### Art. 4 Transporteur substitué

1. Le contrat répondant à la définition de l'article 1 paragraphe 1 conclu entre un transporteur et un transporteur substitué constitue un contrat de transport au sens de la présente Convention. Dans le cadre de ce contrat, toutes les dispositions de la présente Convention relatives à l'expéditeur s'appliquent au transporteur et celles relatives au transporteur au transporteur substitué.

2. Lorsque le transporteur a confié l'exécution du transport ou d'une partie du transport à un transporteur substitué, que ce soit ou non dans l'exercice d'un droit qui lui est reconnu dans le contrat de transport, le transporteur demeure responsable de la totalité du transport, conformément aux dispositions de la présente Convention. Toutes les dispositions de la présente Convention régissant la responsabilité du transporteur s'appliquent également à la responsabilité du transporteur substitué pour le transport effectué par ce dernier.

3. Le transporteur est tenu, dans tous les cas, d'informer l'expéditeur lorsqu'il confie l'exécution du transport ou d'une partie du transport à un transporteur substitué.

4. Tout accord avec l'expéditeur ou le destinataire étendant la responsabilité du transporteur conformément aux dispositions de la présente Convention ne lie le transporteur substitué que dans la mesure où ce der-

### Art. 4 Actual carrier

1. A contract complying with the definition set out in article 1, paragraph 1, concluded between a carrier and an actual carrier constitutes a contract of carriage within the meaning of this Convention. For the purpose of such contract, all the provisions of this Convention concerning the shipper shall apply to the carrier and those concerning the carrier to the actual carrier.

2. Where the carrier has entrusted the performance of the carriage or part thereof to an actual carrier, whether or not in pursuance of a liberty under the contract of carriage to do so, the carrier nevertheless remains responsible for the entire carriage according to the provisions of this Convention. All the provisions of this Convention governing the responsibility of the carrier also apply to the responsibility of the actual carrier for the carriage performed by him.

3. The carrier shall in all cases inform the shipper when he entrusts the performance of the carriage or part thereof to an actual carrier.

4. Any agreement with the shipper or the consignee extending the carrier's responsibility according to the provisions of this Convention affects the actual carrier only to the extent that he has agreed to it expressly

nier l'a accepté expressément et par écrit. Le transporteur substitué peut faire valoir toutes les objections opposables par le transporteur en vertu du contrat de transport.

5. Lorsque et dans la mesure où le transporteur et le tansporteur substitué répondent, ils répondent solidairement. Aucune disposition du présent article ne porte atteinte aux droits de recours entre eux.

and in writing. The actual carrier may avail himself of all the objections invocable by the carrier under the contract of carriage.

5. If and to the extent that both the carrier and the actual carrier are liable, their liability is joint and several. Nothing in this article shall prejudice any right of recourse as between them.

## Übersicht

| | Rn. | | Rn. |
|---|---|---|---|
| I. Allgemeines | 1 | VII. Einwendungen | 11–17 |
| II. Verhältnis Frachtführer – ausführender Frachtführer | 2, 3 | VIII. Umfang der Haftung | 18–20 |
| III. Verhältnis Geschädigter/Auftraggeber – Hauptfrachtführer | 4 | IX. Kette von Frachtführern | 21–26 |
| IV. Verhältnis Geschädigter – ausführender Frachtführer | 5 | 1. Direktanspruch des Urabsenders | 22, 23 |
| V. Informationspflicht | 6–8 | 2. Einwendung des ausführenden Frachtführers | 24–26 |
| VI. Haftungserweiternde Vereinbarungen | 9, 10 | X. Zurechnung | 27, 28 |
| | | XI. Räumlicher Anwendungsbereich | 29–33 |

## I. Allgemeines

Mit Art. 4 wird in Anlehnung an das internationale See- und Luftrecht (Art. 4 Athener **1** Übereinkommen, Art. 10 HHR, das Zusatzabkommen zum Warschauer Abkommen sowie Art. 39 ff. MÜ[1]) eine Regelung über die Haftung des „ausführenden Beförderers" eingeführt. Zweck der Regelung ist es, dem Geschädigten einen leichteren **unmittelbaren Zugriff** auf den tatsächlichen Schädiger zu ermöglichen. Zugleich soll eine unbillige Belastung des Schädigers dergestalt, dass er an den Haftungsbeschränkungen der CMNI partizipiert, vermieden werden. In der Sache entspricht Art. 4 im Wesentlichen § 437 HGB,[2] der nur knapper und weniger erklärend formuliert. Erfasst sind die in Art. 16 Abs. 1 geregelten Schadensarten.

## II. Verhältnis Frachtführer – ausführender Frachtführer

Ein Frachtvertrag zwischen dem Frachtführer und demjenigen, welcher der die Beförde- **2** rung ausführende Frachtführer im Sinne von Art. 1 Nr. 3 ist, fällt nach **Abs. 1 Satz 1** unter das Übereinkommen. *In diesem Vertragsverhältnis* ist nach **Satz 2** der vertragliche Frachtführer als Absender im Sinne des Übereinkommens anzusehen und der ausführende Frachtführer als Frachtführer im Sinne des Übereinkommens, während der vertragliche Frachtführer im Vertragsverhältnis mit seinem Absender wiederum Frachtführer bleibt. Folglich haftet der vertragliche (Haupt-)Frachtführer auch dem ausführenden Frachtführer wie ein Absender nach Art. 8. Der ausführende Frachtführer haftet dem vertraglichen Frachtführer seinerseits für die auf der übernommenen Strecke (in seiner Obhut) entstandenen Verluste, Güterschäden und Lieferfristüberschreitungen wie ein Frachtführer nach Art. 16 ff.[3] Diese Sichtweise ist auf alle weiteren Unterfrachtverhältnisse anwendbar. Zur Klarstellung im Verhältnis zu Haupt- und Unterfrachtführer vgl. oben Art. 1 Nr. 3, dort Rn. 17–33.

Nach **Abs. 5 Satz 1** haften vertraglicher und ausführender Frachtführer den Geschädig- **3** ten für Güterverlust, Güterschaden oder Lieferfristüberschreitung **gesamtschuldnerisch**

---

[1] Denkschrift, BR-Drucks. 563/06 S. 34.
[2] Denkschrift, BR-Drucks. 563/06 S. 34; kritisch *Koller* Rn. 1.
[3] von Waldstein/*Holland* Binnenschifffahrtsrecht Rn. 2.

in dem Umfang gemeinsamer Haftung („wenn und insoweit"). Der Ausgleich im Innenverhältnis erfolgt nach **Satz 2** nach der Regelung des insoweit nach Art. 29 zu bestimmenden
anwendbaren nationalen Rechts, im Falle deutschen Rechts also nach den §§ 421 ff. BGB.

### III. Verhältnis Geschädigter/Auftraggeber – Hauptfrachtführer

**4**    **Abs. 2 Satz 1** soll klarstellend nur deutlich machen, dass der Frachtführer, der sich zur
Durchführung der Beförderung eines Dritten bedient, gegenüber dem Absender weiterhin
dazu verpflichtet ist, dass die *gesamte* Beförderung vertragsgemäß durchgeführt wird.[4] Dies
ist auch dann der Fall, wenn ihm der Einsatz eines Unterfrachtführers vertraglich besonders
gestattet war.[5] Für die Handlungen und Unterlassungen des ausführenden Frachtführers
und dessen Erfüllungsgehilfen haftet der Frachtführer gemäß Art. 17 Abs. 2 des Übereinkommens seinem Absender als **vertraglicher Frachtführer** iSv. Art. 1 Nr. 1. Es kommt
für die Haftung des Hauptfrachtführers für die gesamte Beförderung auch nicht darauf an,
dass der von ihm eingeschaltete Frachtführer die Beförderung überhaupt oder in dem
übernommenen Umfang selbst durchführt.[6] Der **vertragliche Frachtführer** haftet für alle
Schäden, die durch das Verhalten *aller* seiner Unterfrachtführer, derer Beauftragter und
Bediensteter eingetreten sind. Rechte gegen den Auftraggeber sind auch den Unterfrachtvertrag nicht herleitbar.

### IV. Verhältnis Geschädigter – ausführender Frachtführer

**5**    Nach **Abs. 2 Satz 2** wird der **ausführende Frachtführer** den Haftungsregelungen des
Übereinkommens nur unterworfen, *soweit er die Beförderung durchführt*.[7] Er haftet folglich
nur für die in seiner Obhut (relevant bei Teilstrecken) entstandenen Schäden. Für in der Zeit
seines Tätigwerdens aufgetretenen Schäden[8] gelten alle für die Haftung des vertraglichen
Beförderers im Verhältnis zum Absender oder zum Empfänger maßgeblichen Bestimmungen des Übereinkommens auch für den ausführenden Frachtführer, und zwar auch dann,
wenn der ausführende Frachtführer nicht in den vom vertraglichen Frachtführer mit seinem
Vertragspartner (Absender) geschlossenen Vertrag eintritt. Abs. 2 S. 2 begründet den Direktanspruch gegen den ausführenden Frachtführer. Während sich die Haftung eines Unterfrachtführers nach dem gesetzlichen Modell nur aus dem mit seinem unmittelbaren Auftraggeber geschlossenen Frachtvertrag (für die ganze übernommene Strecke) herleiten lässt,
haftet der ausführende Frachtführer bei Verschulden seinem Auftraggeber aus **Vertrag**
und dem Geschädigten über den **Direktanspruch** gem. Abs. 2 S. 2.[9] Aktivlegitimierter
Geschädigter kann der Urabsender, der Empfänger oder ein geschädigtes[10] Kettenglied in
der Frachtführerkette sein.[11] Ebenso sollte analog Art. 4 Abs. 2 S. 2 ein Direktanspruch
auch gegen den Schädiger in der Frachtführer-Kette zu bejahen sein.[12]

### V. Informationspflicht

**6**    Der Frachtführer ist nach **Abs. 3** verpflichtet, den Absender von der vollständigen oder
teilweisen Übertragung der Beförderung auf den ausführenden Frachtführer zu **unterrichten**. Dies soll dem Absender ermöglichen, seine Ansprüche gegebenenfalls auch direkt
gegenüber dem ausführenden Frachtführer geltend zu machen.[13] Im Falle vertraglich einge-

---

[4]  Denkschrift, BR-Drucks. 563/06 S. 34.
[5]  von Waldstein/*Holland* Binnenschifffahrtsrecht Rn. 10.
[6]  *Koller* Rn. 2.
[7]  *Czerwenka* TranspR 2001, 277, 282; Denkschrift BR-Drucks. 563/06 S. 34; *Koller* Rn. 3.
[8]  Unscharf insoweit die Denkschrift BR-Drucks. 563/06 S. 34 r. Sp. („für die Zeit seines Tätigwerdens").
[9]  von Waldstein/*Holland* Binnenschifffahrtsrecht Art. 1 CMNI Rn. 12.
[10]  Ggf. nach Inanspruchnahme durch den Urabsender.
[11]  Vgl. dazu die Diskussion bei Art. 1 Rn. 24 ff.
[12]  Eingehend dazu Art. 1 Rn. 32–37.
[13]  Denkschrift, BR-Drucks. 563/06 S. 35.

räumter Vorbehalte soll der Absender außerdem die Möglichkeit zur Erhebung von **Widerspruch** gegen den Einsatz eines Unterfrachtführers haben.

Diese in § 437 HGB nicht vorgesehene Informationspflicht trifft auch ausführende   **7** Frachtführer, wenn sie für einen Teil der von ihnen vertraglich übernommenen Strecke ihrerseits wiederum Unterfrachtführer als ausführende Frachtführer beauftragt haben.[14]

Führt die **Verletzung dieser Informationspflicht** zu Güter- oder Verspätungsschäden,   **8** sind die Art. 16 ff. unmittelbar anwendbar. Der Ersatz weitergehender Schäden ist nicht geregelt. Sonstige Vermögensschäden sind nach kollisionsrechtlich (Art. 29) zu bestimmendem Vertragsstatut zu liquidieren, im Falle deutschen Rechts nach §§ 280 ff. BGB.[15] Folgeschäden sind nach deutschem Recht nicht ersetzbar.

## VI. Haftungserweiternde Vereinbarungen

Die Verträge zwischen den Beteiligten sind rechtlich selbständig. Vereinbarungen zwi-   **9** schen Auftraggeber und Frachtführer haben auf das Vertragsverhältnis zwischen Frachtführer und ausführendem Frachtführer keinen Einfluss. Der ausführende Frachtführer ist an solche besonderen Vereinbarungen grundsätzlich nicht gebunden, durch die der vertragliche Frachtführer gegenüber dem Absender oder dem Empfänger seine Haftung gemäß den Bestimmungen dieses Übereinkommens erweitert, **Abs. 4 Satz 1. Haftungserweiternde Vereinbarungen** sollen sich nur dann zu Lasten des ausführenden Frachtführers auswirken können, wenn er ihnen ausdrücklich schriftlich (Art. 1 Nr. 8) zugestimmt hat. Abs. 4 Satz 1 ist damit Ausdruck des Verbots von Verträgen zu Lasten Dritter, das sich auch in anderen internationalen Übereinkommen findet, etwa in Art. 10 Abs. 3 Satz 1 HHR, Art. 41 Abs. 2 Satz 3 MÜ sowie in § 437 Abs. 1 Satz 2 HGB.[16]

Vertragliche Erweiterungen der Haftung von Frachtführer und ausführendem Frachtfüh-   **10** rer sind ohnehin nach Art. 25 unwirksam und nichtig, der Anwendungsbereich von Art. 4 Abs. 4 Satz 1 daher klein. Der Anwendungsbereich dieses Haftungserweiterungsverbots ist jedoch seinerseits durch Art. 25 Abs. 1 zugleich begrenzt. Denn Haftungshöchstbeträge dürfen jedoch ausweislich der Regelung in Art. 20 Abs. 4 lit. b angehoben werden.[17]

## VII. Einwendungen

**Abs. 4 Satz 2** räumt dem ausführenden Frachtführer das Recht ein, gegen den Direktan-   **11** spruch des Absenders oder des Empfängers neben eigenen Einwendungen alle jene **Einwendungen** geltend zu machen, die dem vertraglichen Frachtführer aus dem **Frachtvertrag mit dem Absender** zustehen.

Der Begriff Einwendungen iSv. Abs. 4 Satz 2 (engl. „objections") erfasst alle Typen von   **12** **Einwendungen** (rechtshindernde, rechtsvernichtende) und bei vertragsautonomer Auslegung auch **Einreden** (Verjährung, Stundung, Zurückbehaltungsrecht).[18] Die wichtigsten zur Haftungsbefreiung führenden Einwendungen finden sich in Art. 16 Abs. 1 HS 2 und in Art. 18. Für die in Art. 18 aufgeführten Verhaltensweisen kann nicht nur auf den (Ur-) Absender (= erster Auftraggeber des vertragsschließenden Hauptfrachtführers), sondern auch auf den unmittelbaren Auftraggeber des ausführenden Frachtführers abgestellt werden.

Den gleichen Einwendungserhalt gibt es auch im Verhältnis zu Empfängern. Soweit das   **13** Verhalten des Empfängers als Schadensursache und Haftungsgrund maßgeblich ist (etwa nach Art. 18 Abs. 1 lit. a), soll sich der ausführende Frachtführer auf das Verhalten des Empfängers seines Frachtvertrages und auf das Verhalten des Empfängers des Hauptfrachtvertrages des vertragsschließenden Frachtführers mit dem (Ur-Absender) in gleicher Weise berufen können.

---

[14] Vgl. ebenso *Koller* Rn. 5.
[15] *Koller* Rn. 5.
[16] Denkschrift, BR-Drucks. 563/06 S. 35.
[17] von Waldstein/*Holland* Binnenschifffahrtsrecht Rn. 6.
[18] von Waldstein/*Holland* Binnenschifffahrtsrecht Rn. 7.

**14**    **Vertragliche Haftungsprivilegierungen** aus dem **Verhältnis zu** *seinem* **Auftragge-**
**ber** kann der ausführende Frachtführer dem Absender nicht entgegenhalten, denn diese
hat der Absender nicht veranlasst (kein Vertrag zu Lasten Dritter). Der nicht privilegiert
vom Absender in Anspruch genommene ausführende Frachtführer kann indes uU Rückgriffsansprüche gegen seinen Auftraggeber geltend machen, weil seine im Verhältnis zum
Auftraggeber bestehende Privilegierung durch den Direktanspruch leerläuft. Fraglich ist, ob
diese für das deutsche Recht erhobene Forderung auch im Rahmen der CMNI gelten
kann.

**15**    Verzicht auf Einwendungen oder Einreden durch den Auftraggeber des ausführenden
Frachtführers gegenüber dem Absender wirkt nicht zu Lasten des ausführenden Frachtführers.

**16**    Eine getrennte Betrachtung der Einreden wie im deutschen Recht des Gesamtschuldaus-
gleichs (Wirkung nur zugunsten der betreffende Gesamtschuldner, § 425 BGB) findet nicht
statt. Art. 4 Abs. 4 Satz 2 geht der abweichenden Ausgestaltung des Gesamtschuldverhältnis-
ses nach Vertragsstatut insoweit spezialiter vor.

**17**    Somit besteht einmal eine besondere Ausprägung des **Verbotes von Verträgen zu**
**Lasten Dritter** und zum anderen eine **Ausprägung des Vertrages zugunsten eines**
**Dritten.**

### VIII. Umfang der Haftung

**18**    Der **Umfang der Haftung** des Frachtführers bestimmt sich nach den Art. 19–22. Liefert
der ausführende Frachtführer die Güter verspätet ab, so wird der zu zahlende Haftungshöchstbetrag – in der Kette Absender – Hauptfrachtführer – ausführender Frachtführer –
anhand der zwischen ihm und dem Hauptfrachtführer vereinbarten Fracht berechnet. Die
im Hauptfrachtvertrag zwischen Hauptfrachtführer und Absender vereinbarte Fracht gibt
dafür nicht Maß, denn der ausführende Frachtführer kennt diesen Vertragsinhalt in der
Regel nicht. Außerdem muss davon ausgegangen werden, dass die im Hauptfrachtvertrag
vereinbarte Fracht die vom ausführenden Frachtführer und seinen Auftraggeber vereinbarte
Fracht deshalb übersteigt, weil dieser Unterfrachtvertrag nur die Beförderung über eine
Teilstrecke zum Gegenstand haben kann.[19]

**19**    Zu beachten ist auch Art. 20 Abs. 5, der bei einer Mehrheit von Gesamtschuldnern mit
dem Haftungshöchstbetrag des Hauptfrachtvertrags eine Obergrenze vorgibt.

**20**    Bedeutung hat schließlich in diesem Zusammenhang Art. 21, der dem ausführenden
Frachtführer das Recht zur Haftungsbeschränkung nimmt, wenn diesen bei der Schadens-
verursachung ein **qualifiziertes Verschulden** trifft (absichtlich oder leichtfertig in dem
Bewusstsein, dass ein solcher Schaden mit Wahrscheinlichkeit eintreten werde. Eine
Zurechnung groben Verschuldens findet aber weder von Seiten seines Auftraggebers-
Frachtführers noch von Seiten seiner Bediensteten oder Beauftragten statt (vgl. Rn. 27).

### IX. Kette von Frachtführern

**21**    Das Übereinkommen lässt im Zusammenspiel von Direktanspruch und Einwendung
offenbar die Fallgestaltung der Frachtführerkette unbeachtet. Denn Art. 4 geht – wie im
deutschen Recht § 437 HGB – von dem Fall dreier Beteiligter aus, nämlich von einem
Absender, dem Hauptfrachtführer und dem Unterfrachtführer als ausführenden Frachtführer. In der Praxis hingegen wird bei der Ausführung eines Frachtvertrages häufig nicht
nur ein Hauptfrachtführer und der Unterfrachtführer als ausführender Frachtführer tätig.
Vielmehr werden ein oder mehrere Unterfrachtführer vor dem ausführenden Frachtführer
eingesetzt. Dadurch entsteht eine Kette von Frachtführern, die erst beim ausführenden
Frachtführer endet.[20]

---

[19]  von Waldstein/*Holland* Binnenschifffahrtsrecht Rn. 8; vgl. dazu *Koller* § 437 HGB Rn. 33.
[20]  Vgl. dazu wiederum die Diskussion oben bei Art. 1 Rn. 24 ff.

**1. Direktanspruch des Urabsenders.** Abs. 2 Satz 2 begründet in Verbindung mit den 22
Haftungsbestimmungen des Übereinkommens immer einen **Direktanspruch des Ur-Absenders** gegen den jeweils ausführenden Frachtführer. Bei einer Mehrheit von Fracht-führern über den Grundfall hinaus (also in einer Vertragskette) haftet jeder Unterfrachtführer seinem Auftraggeber (als seinem Absender) unabhängig davon, ob der Güterschaden verur-sacht wurde, während er das Gut in seiner unmittelbaren Obhut hatte oder ein weiterer mit ihm kontrahierender Unterfrachtführer.[21] Indes ist das Verhältnis des **Direktanspruchs des Urabsenders** gegen den ausführenden Frachtführer und dessen Einwendungen unklar. Denn die Einwendungen stammen im Grundtypus aus dem Rechtsverhältnis des Haupt-frachtführers gegen den Urabsender.

Da der ausführende Frachtführer nicht in den Frachtvertrag seines Vertragspartners mit 23
dem Absender oder mit einem weiteren Frachtführer als Absender eintritt, wird die Rechts-konstruktion vertreten, seine Verantwortlichkeit sei eine Variante des gesetzlichen Schuld-beitritts zum Vertragsverhältnis des Hauptfrachtführers mit dem Ur-Absender. Bei dieser Konstruktion kann sich jedoch der Schuldbeitritt des ausführenden Frachtführers streng genommen immer nur auf das Vertragsverhältnis *seines* Auftraggebers, den allein er kennt (nur im Grundfall ist dies der vertragsschließende Hauptfrachtführer), zu seinem Vorder-mann (nur im Grundfall ist dies der Ur-Absender) beziehen, nicht aber auf eine Kette von Frachtverträgen. Dies würde bedeuten, dass, wo der Schuldbeitritt dogmatisch nicht gelingt (weil der vertragsschließende Hauptfrachtführer nicht der Vertragspartner des ausführenden Frachtführers ist), der Urabsender keinen unmittelbaren Anspruch gegen den ausführenden Frachtführer erlangt. Das ist immer dann problematisch, wenn nicht der Grundfall vorliegt, dass ein Hauptfrachtführer und ein Unterfrachtführer als ausführender Frachtführer mitei-nander kontrahieren, sondern wenn eine Kette von Frachtverträgen besteht.

**2. Einwendung des ausführenden Frachtführers.** Andererseits kann dann der aus- 24
führende Frachtführer als Endglied einer mehrgliedrigen Frachtführerkette ohne das Ver-ständnis seiner Mithaftung als Schuldbeitritt nicht die **Einwendungen** geltend machen, die dem Hauptfrachtführer aus dem Frachtvertrag (mit dem Ur-Absender) zustehen. Allenfalls könnte der ausführende Frachtführer konkludent seinen Schuldbeitritt erklären für *alle* ihm vorhergehenden Frachtverträge. Eine solche Vorgehensweise würde zu einer Vervielfälti-gung der Pflichten des ausführenden Frachtführers, jedenfalls aber zu einer Vervielfältigung der mit multiplen Frachtverträgen verbundenen Risiken führen, die dem ausführenden Frachtführern wohl kaum angesonnen werden können. Streng genommen finden sich diese Probleme schon bei § 437 HGB.

Die deutsch-rechtliche Bestimmung des § 437 HGB soll u. a. die Funktion haben, den 25
geschädigten Urabsender oder Endempfänger vor den Nachteilen einer Insolvenz des Hauptfrachtführers zu bewahren. Art. 4 CMNI verfolgt dieselbe Intention. Würde mit Blick auf die vorstehend erörterte Problematik die Auffassung vertreten, bei einer Kette von Frachtverträgen könne der Urabsender nicht unmittelbar den ausführenden Frachtführer in Anspruch nehmen, entfiele diese Funktion des Insolvenzschutzes. Der Urabsender müsste sich dann mit einer Kette von Abtretungen helfen. Die darin liegende Akkumulation von Insolvenzrisiken kann schwerlich im Sinne des Übereinkommens gewesen sein.

Die Begründung der Bundesregierung zur CMNI lässt die dogmatische Einkleidung des 26
Schuldbeitritts bewusst dahinstehen[22] und sieht Abs. 2 Satz 2 unabhängig davon jedenfalls als Normierung des Direktanspruchs. Direktanspruch und Einwendungserhalt werden schlicht ex conventione/ex lege angeordnet.

## X. Zurechnung

Der ausführende Frachtführer haftet auch für Handlungen und Unterlassungen seiner 27
**Bediensteten** und Beauftragten, dh. etwaiger ausführender Unterfrachtführer.

---

[21] *Koller* Rn. 2.
[22] Denkschrift, BT-Drucks. 563/06 S. 34 („Auch wenn der ausführende Frachtführer nicht in den vom vertraglichen Frachtführer mit seinem Kunden geschlossenen Vertrag eintritt").

28    Der vertragsschließende Frachtführer haftet nicht für Handlungen und Unterlassungen seines **Auftraggebers** oder dessen Bediensteter oder Beauftragter, etwa Verladefehler (Art. 18 CMNI),[23] folglich auch nicht der ausführende Frachtführer für Handlungen und Unterlassungen seines Auftraggebers, des Frachtführers, und erst recht nicht für dessen Vormänner bis hin zum Urversender.

## XI. Räumlicher Anwendungsbereich

29    Unklar ist in Ansehung von Abs. 1 S. 1 und von Abs. 2 S. 2 (Direktanspruch) das auf den ausführenden Frachtführer anwendbare Vertragsrechts- und Haftungsregime, wenn der Hauptfrachtführer eines CMNI-Transportes den Verkehr aufteilt und **mehrere ausführende Frachtführer für Teilstrecken** einsetzt, von denen einer keine Grenzen überschreitet. Der Hauptfrachtführer hat gegen seinen ausführenden Frachtführer nur Ansprüche nach Maßgabe des zwischen diesen Parteien geltenden Vertrages. Vertragsstatut für die inländische Teilstrecke ist im Grundsatz nationales Transportrecht. Nach dem insoweit nicht differenzierenden **Wortlaut** von Abs. 1 unterliegt der Frachtvertrag mit dem ausführenden Frachtführer hingegen der CMNI. Nach dem Wortlaut des Abs. 2 Satz 2 haftet der ausführende Frachtführer dem Absender direkt nach den Bestimmungen des Übereinkommens und unabhängig davon, ob nach seinem Vertrag die von ihm zu bedienende *Teilstrecke* Staatsgrenzen iSv. Art. 2 Abs. 1 überschreitet. Entscheidend ist nach dem Wortlaut beider Absätze also offenbar nur der **grenzüberschreitende Charakter des *Gesamttransports*.** Danach stände eine vertragliche Haftung und eine Direkthaftung des ausführenden Frachtführers nach CMNI nicht außer Frage, nur weil die von ihm vertraglich vereinbarte Teilstrecke nur innerhalb eines Staates läge.[24] Ist die Haftung des ausführenden Frachtführers dadurch ungünstiger als nach dem Recht der Teilstrecke, soll dem ausführenden Frachtführers gegen den vertraglichen Frachtführer ein Regressanspruch wegen Verletzung von Aufklärungspflichten (aber nicht nach CMNI) zustehen.[25]

30    „Systematische Schwierigkeiten"[26] unterschiedlicher Vertragsrechts- und Haftungsregime und mangelnde Interessengerechtigkeit sind mE nicht erkennbar. Denn der ausführende Frachtführer kommt indirekt in den Genuss des CMNI-Haftungsregimes. Ein nach nationalem Recht bestehender Direktanspruch des Absenders (oder Empfängers) gegen ihn besteht (jedenfalls bei § 437 HGB) im Umfang des gegen den Hauptfrachtführer bestehenden Haftungsanspruchs. Und der dem Teilstreckenrecht unterliegende vertragliche Anspruch des Hauptfrachtführers gegen den ausführenden Frachtführer dürfte in der Regel die nach CMNI (schwächeren) Ansprüche des Absenders/Empfängers gegen den Hauptfrachtführers liquidieren und nicht mehr. Privilegierungen der CMNI wirken in beiden Fällen fort

31    Eine Ausdehnung der CMNI auf die isoliert bediente nationale Teilstrecke verletzt in Ansehung der Lückenhaftigkeit der CMNI (vgl. oben Vor Art. 1 Rn. 27 ff., unten Art. 29 Rn. 1) vielmehr **Vertrauensschutzgesichtspunkte.** Der Auftraggeber (Absender) des Hauptfrachtführers mag möglicherweise noch mit der Geltung der CMNI auch für seinen Direktanspruch rechnen. Der Hauptfrachtführer aber rechnet im Verhältnis zu seinem Unterfrachtführer (in der dreigliedrigen Konstellation der ausführende Frachtführer) möglicherweise mit der Geltung des Teilstreckenrechts. Und der ausführende Frachtführer kann nach dem Zuschnitt *seines* Vertrages und vor allem ohne Wissen vom grenzüberschreitenden

---

[23] *Koller* Rn. 3; von Waldstein/*Holland* Binnenschifffahrtsrecht Rn. 5.

[24] So *Ramming* TranspR 2006, 373, 378; *ders.,* HdB Binnenschifffahrtsrecht, Rn. 327; Rn. 525, 526, 528 Erweiterung des Anwendungsbereichs der CMNI durch konstitutive Wirkung des Art. 4 Abs. 1 S. 1 CMNI auf nationale Teilstrecken ausführender Frachtführer); von Waldstein/*Holland* Binnenschifffahrtsrecht Rn. 5 und Art. 2 CMNI Rn. 2, abweichend aber wieder Art. 4 CMNI Rn. 2; *Hartenstein* TranspR 2012, 441, 442 (Wortlautargument; Anlehnung des Direktanspruchs gegen ausführenden Frachtführer an Anspruch gegen vertraglichen Frachtführer; systematische Schwierigkeiten; Besserstellung des ausführenden Frachtführers); *Trost* in Hartenstein/Reuschle, HdB Transport- und Speditionsrecht, Kap. 15 Rn. 13.

[25] *Hartenstein* TranspR 2012, 441, 442; von Waldstein/*Holland* Binnenschifffahrtsrecht Art. 4 Rn. 2; strenger offenbar *Ramming,* HdB Binnenschifffahrtsrecht, Rn. 327 bei Fn. 440, Rn. 528.

[26] *Hartenstein* TranspR 2012, 441, 442.

Charakter der Gesamtbeförderung auf Binnengewässern möglicherweise gar nicht damit rechnen, dem Recht der CMNI zu unterliegen, sondern nationalem Recht.

In der Gesetzesbegründung wurde das Problem offenbar – möglicherweise mangels prak- 32 tischer Relevanz[27] – nicht gesehen. Die Denkschrift (S. 34) geht nur von der Anwendung der CMNI auf den Hauptfrachtführer nach Art. 2 Abs. 1 aus.

Art. 4 Abs. 1 und Abs. 2 S. 2 sind daher einschränkend dahingehend auszulegen, dass 33 auch der vom Hauptfrachtführer mit dem ausführenden Frachtführer geschlossene Vertrag einen grenzüberschreitenden CMNI-Transport betreffen muss, um die Anwendbarkeit der CMNI zwischen ihnen herbeizuführen.[28] Folglich fällt der Direktanspruch des Absenders gegen den ausführenden Frachtführer, der nur eine inländische Teilstrecke bedient, weg, es sei denn man kann den Direktanspruch wieder über ergänzend nationales Recht (zB § 437 HGB) begründen. Der Absender ist hinreichend gewarnt durch die ihm gegenüber bestehende Informationspflicht des Hauptfrachtführers nach Abs. 3 über den Einsatz eines ausführenden Frachtführers. Eine Verletzung dieser Informationspflicht dürfte ihm freilich noch keinen Direktanspruch bescheren.

## Art. 5 Lieferfrist

**Der Frachtführer hat die Güter innerhalb der vertraglich vereinbarten Frist oder, mangels einer solchen Vereinbarung, innerhalb der Frist abzuliefern, die einem sorgfältigen Frachtführer unter Berücksichtigung der Umstände der Schiffsreise und bei unbehinderter Schifffahrt vernünftigerweise zuzubilligen ist.**

### Art. 5 Délai de livraison

Le transporteur doit livrer les marchandises dans le délai convenu dans le contrat de transport ou, s'il n'a pas été convenu de délai, dans le délai qu'il serait raisonnable d'exiger d'un transporteur diligent, compte tenu des circonstances du voyage et d'une navigation sans entraves.

### Art. 5 Delivery time

The carrier shall deliver the goods within the time limit agreed in the contract of carriage or, if no time limit has been agreed, within the time limit which could reasonably be required of a diligent carrier, taking into account the circumstances of the voyage and unhindered navigation.

### Übersicht

|                                               | Rn.   |                                             | Rn.   |
|-----------------------------------------------|-------|---------------------------------------------|-------|
| I. **Allgemeines und Normzweck** .......      | 1, 2  | 3. Vereinbarte Lieferfrist .................. | 9–12  |
| II. **Begriff der „Lieferfrist"** ............ | 3–13  | 4. Ladefrist ............................... | 13    |
| 1. Lieferfristüberschreitung ................ | 5     |                                             |       |
| 2. Lieferfrist ohne Vereinbarung .......... | 6–8   | III. **Rechtsfolgen** ....................... | 14    |

### I. Allgemeines und Normzweck

Art. 5 ergänzt die Art. 3 Abs. 1, 16 Abs. 1 und 24 Abs. 1 durch eine Legaldefinition der 1 **Lieferfrist.** Dadurch wird deutlich, dass der Zeitfaktor bei zunehmender Just-in-Time-Logistik auch in der Binnenschifffahrt eine immer größer werdende Rolle bei der Transportabwicklung spielt.[1] Die für die Fristbestimmung maßgeblichen Kriterien sind fast wortgleich dem § 423 HGB entnommen worden. Auch Art. 19 CMR enthält eine ähnliche Lieferfristdefinition.

Da die Überschreitung der Lieferfrist durchaus zur Haftung des Frachtführers nach Art. 16 2 Abs. 1 führen kann, hat Art. 5 eine erhebliche praktische Bedeutung.

---

[27] Voraussetzung für eine rein inländische Teilstrecke einer grenzüberschreitenden Gesamtstrecke wäre nämlich ein Umschlag.
[28] Wie hier *Koller* Rn. 3, 4; *Jaegers* ZfB 2008, Nr. 1/2, S. 71.
[1] EBJS/*Reuschle* § 423 HGB Rn. 1.

## II. Begriff der „Lieferfrist"

**3**  Bei Art. 5 geht es um die *„Lieferfrist"*, dh. um die Frist, welche dem Frachtführer zur Lieferung des Gutes ab einem vertraglich vereinbarten, fixem Übernahmedatum[2] zur Verfügung steht.[3] Auf eine Legaldefinition der *„Überschreitung der Lieferfrist"* wurde – wie auch in Art. 19 CMR sowie § 423 HGB – verzichtet, denn letztlich ergibt sich diese bereits aus der Umschreibung des Begriffs der Lieferfrist.[4] Die Lieferfrist beginnt frühestens dann zu laufen, wenn der Frachtführer die Güter zur Beförderung übernimmt. Art. 16 Abs. 1 knüpft jedoch an den Zeitpunkt, in dem das Gut spätestens abzuliefern ist. Die Rechtsfolgen des Art. 16 Abs. 1 treten ein, wenn der späteste Zeitpunkt der Ablieferung nicht eingehalten worden ist, dh. bei Lieferfristüberschreitung.

**4**  Ist eine bestimmte Lieferfrist vereinbart (zB: *„Ablieferung bis spätestens 8.3.2006"*), ist der **Zeitpunkt des Antritts** (Beginns) des Transports irrelevant. Maßgeblich ist lediglich die **fristgerechte Ablieferung.**

**4a**  Die Fristberechnung richtet sich nach dem ergänzend anwendbaren nationalen Recht (vgl. Art. 29). Bei Anwendung deutschen Rechts also nach den §§ 187 ff. BGB.[5]

**5**  **1. Lieferfristüberschreitung.** Eine Überschreitung der Lieferfrist ist anzunehmen, wenn die vereinbarte oder die nach Art. 5 angemessene Frist verstrichen ist und die Ablieferung entweder nicht beendet oder noch nicht erfolgt ist.[6] Dabei ist es unerheblich, wie groß die Abweichung von der vereinbarten oder als angemessen anzusehenden Beförderungsdauer zu der Lieferfristüberschreitung ist.[7] Die Überschreitung der Lieferfrist ist ein notwendiges Tatbestandsmerkmal für den Schadensersatzanspruch aus Art. 16 Abs. 1.

**6**  **2. Lieferfrist ohne Vereinbarung.** Fehlt eine Vereinbarung zwischen den Vertragsparteien über die Lieferfrist, so muss der Frachtführer das Gut innerhalb der Frist abliefern, die einem sorgfältigen Frachtführer, unter Berücksichtigung der Umstände der Schiffsreise und bei unbehinderter Schifffahrt vernünftigerweise zuzubilligen ist. Dem Wortlaut des Art. 5 ist allerdings nicht zu entnehmen, **ab wann** die Frist **zu laufen beginnt.** Mangels näherer Anhaltspunkte in der Denkschrift zum Übereinkommen kann davon ausgegangen werden, dass die Frist erst dann zu laufen beginnt, wenn der Frachtführer die Güter zur Beförderung übernimmt.[8] Nicht maßgeblich ist der Zeitpunkt des Vertragsabschlusses.

**7**  Dem Wortlaut des Art. 5 ist auch bezüglich des **Fristendes** nicht zu entnehmen, ob die ex ante zu erwartenden oder die ex post vorgefundenen Umstände zur Fristbestimmung heranzuziehen sind. Da diese Variante an die Stelle der Vereinbarung treten muss, spricht einiges dafür, dass man die ex ante bei Vertragsschluss zu erwartenden Umstände maßgeblich sind.[9] Im Übrigen gewährleistet die ex-ante-Betrachtung, dass der Frachtführer sachgerecht die Beweislast für die ex post auftauchenden Hindernisse trägt – wie dies bei vereinbarter Fristbestimmung der Fall wäre.

**8**  Art. 5 bestimmt, dass alle Umstände zu berücksichtigen sind, die ein sorgfältiger Frachtführer bei Vertragsschluss vorhersehen kann. Dazu gehören die erkennbare Art des Gutes (etwa Gefahrgut oder verderbliches Gut), die Schwere der Beladung und sonstige vorsehbare Verhältnisse (etwa der Wasserstand).

**9**  **3. Vereinbarte Lieferfrist.** Die Vertragsparteien können eine bestimmte Lieferfrist vereinbaren, welche dann von dem Frachtführer einzuhalten ist. Die Vereinbarung ist auch

---

[2] LG Aschaffenburg Urt. v. 14.5.2009 – 1 HK O 137/08 (Quelle: iuris) Rn. 164.
[3] *Koller* § 423 HGB Rn. 1.
[4] *Fremuth/Thume* § 423 HGB Rn. 1.
[5] *Fremuth/Thume* Art. 19 CMR Rn. 6.
[6] So 1. Aufl. MüKoHGB/*Basedow* Art. 19 CMR Rn. 12.
[7] *Herber/Piper* Art. 19 CMR Rn. 19; *Fremuth/Thume* Art. 19 CMR Rn. 15.
[8] *Jesser* Frachtführerhaftung S. 74; *de la Motte* VersR 1988, 317; *Thume* RIW 1992, 966 mwN zu Art. 19 CMR.
[9] So auch *Koller* § 423 HGB Rn. 10 zum insoweit wortgleichen § 423 HGB.

ohne Eintragung in der Frachturkunde (Art. 11) wirksam.[10] Die Fristvereinbarung ist somit formfrei. Da bekanntlich eine positive Eigenschaft der Binnenschifffahrt – bei der Einbindung in Transportketten – ihre Termintreue darstellt, sind Vereinbarungen über die Lieferfrist üblich. Die Vereinbarung einer sehr kurz erscheinenden Lieferfrist ist wirksam, insbesondere wenn diese objektiv eingehalten werden kann.[11] In aller Regel wird man von einem Frachtführer auch erwarten können, dass er in der Lage ist abzuschätzen, welchen Aufwand er treiben, welche Risiken er eingehen muss, um den versprochenen Termin einzuhalten. Daher ist **Sittenwidrigkeit** der Fristvereinbarung nur dann anzunehmen, wenn eine bewusste Ausnutzung der Notlage oder Unerfahrenheit des Frachtführers vorliegt.[12] Bei Nichtigkeit der Lieferfristvereinbarung tritt anstelle der vereinbarten die nach Art. 5 angemessene Frist ein.[13]

Haben die Parteien den Zeitpunkt der Ablieferung **kalendermäßig** festgelegt, so ergibt **10** sich aus dem Kalenderdatum, wann die Lieferfrist endet.[14] Die Lieferfrist kann auch durch einen **Zeitraum** vertraglich festgelegt werden (so etwa, wenn die Parteien bestimmen, dass die Güter *„innerhalb von 3 Tagen“* zu liefern sind).

Es muss eine echte Fristvereinbarung vorlegen: ungenaue Klauseln, wie etwa „prompt“, **11** „umgehend“, „schnellstmöglich“ oder „baldmöglichst“ reichen nicht aus.[15] Hingegen ist die Festlegung des Datums und der Uhrzeit der Ablieferung regelmäßig ausreichend.[16]

Haben die Vertragsparteien den Tag des Fristbeginns ausdrücklich festgelegt, so gelten **12** für den Fristlauf die ergänzend anwendbaren Regelungen des nationalen Rechts. Bei Anwendung deutschen Rechts, gelten die §§ 188 ff. BGB. Andernfalls ist der Beginn der Frist durch Auslegung zu bestimmen.[17]

**4. Ladefrist.** Von der Lieferfrist zu unterscheiden ist die sog. **Ladefrist.** Die Ladefrist **13** ist jene, die dem Frachtführer bis zur Übernahme des Gutes eingeräumt worden ist.[18] Überschreitet der Frachtführer die Ladefrist, die erst mit der Übernahme des Gutes endet, weil er sich verspätet hat, so haftet er nach ergänzend anwendbarem nationalem Recht.[19] Bei Anwendung deutschen Rechts kommt somit eine Haftung nach den §§ 280 Abs. 1 bis 3, 286 in Betracht (also nicht Rückgriff auf nationales Frachtrecht). Auch § 417 HGB ist zu berücksichtigen.

### III. Rechtsfolgen

Art. 5 enthält selbst keine Sanktionen oder sonstige Rechtsfolgen für die Überschreitung **14** von Lieferfristen. Vielmehr verweisen andere Normen des Übereinkommens auf Art. 5. So sieht Art. 16 Abs. 1 bei einer Überschreitung der Lieferfrist zugunsten des Absenders einen Schadensersatzanspruch gegen den Frachtführer vor. Dabei braucht die Überschreitung nicht beträchtlich zu sein, weil in der Regel die Termintreue für den Absender das wichtigste Kriterium für die Einschaltung eines bestimmten Frachtführers sein wird.[20] Nach Art. 16 Abs. 1 sind somit verzögerungskausale, dh. primäre Vermögensschäden zu ersetzen.[21] Wichtig in diesem Zusammenhang ist die in Art. 23 Abs. 5 enthaltene Regelung, wonach Schäden wegen verspäteter Ablieferung nur dann ersetzt werden können, wenn

[10] Vgl. zu Art. 19 CMR: BGH 30.9.1993, TranspR 1994, 16; OLG Düsseldorf 27.2.1997, TranspR 1998, 194.
[11] So zu Art. 19 CMR das OLG Hamburg 6.12.1979, VersR 1980, 290.
[12] Vgl. zu Art. 19 CMR nur OLG Düsseldorf 7.7.1988, TranspR 1988, 425, 428.
[13] *Fremuth/Thume* Art. 19 CMR Rn. 11; *Glöckner* Art. 19 CMR Rn. 9.
[14] *Koller* § 423 Rn. 7 HGB.
[15] *Thume* TranspR 1992, 403, *Fremuth/Thume* Art. 19 CMR Rn. 10.
[16] So zu Art. 19 CMR das OLG Saarbrücken 10.2.1971, VersR 1972, 757.
[17] EBJS/*Reuschle* § 423 HGB Rn. 8.
[18] *Fremuth/Thume* Art. 19 CMR Rn. 9.
[19] OLG Hamburg 25.6.1987, TranspR 1987, 458; OLG Hamm 20.3.1997, TranspR 1988, 297; *Zapp* TranspR 1993, 334 mwN.
[20] *Helmke* DVZ Nr. 113/2001, S. 3, *Koller* § 423 HGB Rn. 14.
[21] Vgl. zu § 423 HGB: *Fremuth/Thume* § 423 HGB Rn. 9.

der **Empfänger** beweisen kann, dass er dem Frachtführer die Verspätung innerhalb von 21 aufeinander folgenden Tagen nach der Ablieferung angezeigt hat und der Frachtführer die Anzeige erhalten hat. Andernfalls tritt ein von Amts wegen zu beachtender Rechtsverlust ein.[22]

### Art. 6 Pflichten des Absenders

(1) **Der Absender ist zur Zahlung der nach dem Frachtvertrag geschuldeten Beträge verpflichtet.**

(2) [1]**Der Absender hat dem Frachtführer vor Übergabe der Güter schriftlich folgende Angaben über die zu befördernden Güter zu machen:**
**a) Maß, Zahl oder Gewicht und Stauungsfaktor der Güter;**
**b) Merkzeichen, die für die Unterscheidung der Güter erforderlich sind;**
**c) Natur, besondere Merkmale und Eigenschaften der Güter;**
**d) Weisungen für die zollrechtliche oder sonstige amtliche Behandlung der Güter;**
**e) weitere für die Aufnahme in die Frachturkunde erforderliche Angaben.**
[2]**Der Absender hat dem Frachtführer ferner bei Übergabe der Güter alle vorgeschriebenen Begleitpapiere zu übergeben.**

(3) [1]**Der Absender hat die Güter, soweit deren Natur unter Berücksichtigung der vereinbarten Beförderung eine Verpackung erfordert, so zu verpacken, dass sie vor Verlust oder Beschädigung von der Übernahme bis zur Ablieferung durch den Frachtführer geschützt sind, und dass auch am Schiff oder an anderen Gütern keine Schäden entstehen können. [2]Der Absender hat die Güter ferner unter Berücksichtigung der vereinbarten Beförderung mit einer Kennzeichnung gemäß den anwendbaren internationalen oder innerstaatlichen Vorschriften oder, mangels solcher Vorschriften, gemäß allgemein in der Binnenschifffahrt anerkannten Regeln und Gepflogenheiten zu versehen.**

(4) **Vorbehaltlich der dem Frachtführer obliegenden Pflichten hat der Absender die Güter zu laden und nach Binnenschifffahrtsbrauch zu stauen und zu befestigen, soweit im Frachtvertrag nicht etwas anderes vereinbart wurde.**

### Art. 6 Obligations de l'expéditeur

1. L'expéditeur est tenu au paiement des sommes dues en vertu du contrat de transport.

2. L'expéditeur doit fournir au transporteur, avant la remise des marchandises et par écrit, les indications suivantes relatives aux marchandises à transporter:
a) dimensions, nombre ou poids et coefficient d'arrimage des marchandises;
b) marques qui sont nécessaires à l'identification des marchandises;
c) nature, caractéristiques et propriétés des marchandises;
d) instructions relatives au traitement douanier ou administratif des marchandises;
e) autres indications nécessaires devant figurer dans le document de transport.

### Art. 6 Obligations of the shipper

1. The shipper shall be required to pay the amounts due under the contract of carriage.

2. The shipper shall furnish the carrier in writing, before the goods are handed over, with the following particulars concerning the goods to be carried:
(a) dimensions, number or weight and stowage factor of the goods;
(b) marks necessary for identification of the goods;
(c) nature, characteristics and properties of the goods;
(d) instructions concerning the Customs or administrative regulations applying to the goods;
(e) other necessary particulars to be entered in the transport document.

---

[22] Vgl. zu Art. 19 und 30 Abs. 3 CMR: BGH 14.11.1991, TranspR 1992, 135.

L expéditeur doit en outre remettre au transporteur, lors de la remise des marchandises, tous les documents d'accompagnement prescrits.

3. L expéditeur doit, si la nature des marchandises l'exige, compte tenu du transport convenu, emballer les marchandises de sorte à prévenir leur perte ou avarie depuis la prise en charge jusqu'à la livraison par le tansporteur et de sorte qu'elles ne puissent causer de dommages au bateau ou aux autres marchandises. L expéditeur doit, en outre, compte tenu du transport convenu, prévoir un marquage approprié conforme à la réglementation internationale ou nationale applicable ou, en l'absence de telles réglementations, suivant les règles et usages généralement reconnus en navigation intérieure.

4. Sous réserve des obligations incombant au transporteur, l'expéditeur doit charger les marchandises, les arrimer et les caler conformément aux usages de la navigation intérieure à moins que le contrat de transport n'en dispose autrement.

The shipper shall also hand over to the carrier, when the goods are handed over, all the required accompanying documents.

3. If the nature of the goods so requires, the shipper shall, bearing in mind the agreed transport operation, pack the goods in such a way as to prevent their loss or damage between the time they are taken over by the carrier and their delivery and so as to ensure that they do not cause damage to the vessel or to other goods. According to what has been agreed with a view to carriage, the shipper shall also make provision for appropriate marking in conformity with the applicable international or national regulations or, in the absence of such regulations, in accordance with rules and practices generally recognized in inland navigation.

4. Subject to the obligations to be borne by the carrier, the shipper shall load and stow the goods and secure them in accordance with inland navigation practice unless the contract of carriage specifies otherwise.

## Übersicht

|  | Rn. |  | Rn. |
|---|---|---|---|
| I. **Allgemeines** | 1–3 | 4. Weisungen, Art. 6 Abs. 2 S. 1 lit. d | 21, 22 |
| II. **Zahlungspflicht des Absenders, Art. 6 Abs. 1** | 4–12 | 5. Sonstige Angaben | 23, 24 |
| 1. Frachtzahlung | 5–10 | IV. **Pflicht zur Übergabe von Begleitpapieren, Art. 6 Abs. 2 S. 2** | 25–30 |
| 2. Liegegeld | 11 |  |  |
| 3. Aufwendungsersatz bzw. Mehrvergütung | 12 | V. **Rechtsfolgen bei Verstoß gegen die Pflichten aus Abs. 2** | 31 |
| III. **Pflicht zu schriftlichen Angaben, Art. 6 Abs. 2 Satz 1** | 13–24 | VI. **Verpackungs- und Kennzeichnungspflicht, Art. 6 Abs. 3** | 32–40 |
| 1. Maß, Zahl oder Gewicht und Stauungsfaktor der Güter, Art. 6 Abs. 2 S. 1 lit. a | 17, 18 | 1. Verpackung des Gutes, Art. 6 Abs. 3 Satz 1 | 33–37 |
| 2. Unterscheidungserhebliche Merkzeichen, Art. 6 Abs. 2 S. 1 lit. b | 19 | 2. Kennzeichnung des Gutes, Art. 6 Abs. 3 Satz 2 | 38–40 |
| 3. Natur, besondere Merkmale und Eigenschaften der Güter, Art. 6 Abs. 2 S. 1 lit. c | 20 | VII. **Beförderungssicherheit, Art. 6 Abs. 4** | 41–46 |

## I. Allgemeines

Diese Norm regelt insgesamt die vertraglichen Pflichten des Absenders – also die **Haupt- 1 und Nebenpflichten.** Absatz 1 regelt die **Frachtzahlungspflicht,** Abs. 2 hingegen bestimmt welche **Angaben** der Absender bei der Übergabe der Güter zu machen hat und verpflichtet ihn, die erforderlichen Begleitpapiere zu übergeben. Art. 6 Abs. 3 regelt die **Verpackungs- und Kennzeichnungspflicht,** während Abs. 4 die **Verladungspflicht** normiert.

Die Umschreibung der gesamten frachtvertraglichen Absenderpflichten im Rahmen 2 einer einzigen Norm schafft mehr Rechtsklarheit durch Übersichtlichkeit. Ihr in Art. 6

geregelter Gegenstand entspricht den §§ 407 Abs. 2, 411, 412 Abs. 1 und 413 HGB. Die in Art. 6 enthaltenen Regelungen fallen nicht unter das von Art. 25 beschrieben änderungsfeste Minimum des Übereinkommens, sind also vertraglich abdingbar, etwa durch Übertragung auf den Frachtführer (bspw. Der Pflichten aus Abs. 4) oder durch gänzliche Befreiung des Absenders (etwa der Pflichten zu Angaben nach Abs. 2).

3     Die Rechtsfolgen aus Pflichtverstößen sind in Art. 6 nicht geregelt. Sie ergeben sich aus den Haftungsvorschriften zu Lasten des Absenders und Haftungsbefreiungen zugunsten des Frachtführers (Art. 8, 9, 18 und 21).

## II. Zahlungspflicht des Absenders, Art. 6 Abs. 1

4     Nicht geregelt ist, was unter den nach dem Frachtvertrag geschuldeten **Beträgen** iS von Art. 6 Abs. 1 zu verstehen ist. Damit ergibt sich die nähere Beschreibung der Beträge dem nach Art. 29 anwendbaren nationalen Recht. „Nach dem Frachtvertrag" geschuldete Beträge sind dabei nicht nur die vertraglich vereinbarten Zahlungen, sondern auch solche aus auf den Frachtvertrag anwendbarem Einheitsrecht und gem. Art. 29 subsidiär anwendbarem Gesetzesrecht, namentlich als neben der **Fracht** auch **Liegegeld**, ggf. **Aufwendungsersatz** und sonstige **Mehrvergütung**.

5     **1. Frachtzahlung.** Art. 6 Abs. 1 verpflichtet den Absender zur Zahlung der nach dem Frachtvertrag geschuldeten Beträge. Dem Grunde nach entspricht diese Regelung § 407 Abs. 2 HGB. Absatz 1 stellt insoweit klar, dass die Höhe der Vergütung sich grundsätzlich aus dem Frachtvertrag ergibt.

6     Der **Frachtzahlungsanspruch** wird nach deutschem Recht (§ 420 Abs. 1 HGB), soweit keine entgegenstehenden vertraglichen Abreden vorliegen, bei der Ablieferung, dh. mit der vollständigen Ausführung der Beförderung, **fällig.**

7     Nach Art. 11 Abs. 5 lit. h ist die **Höhe der Fracht** in die Frachturkunde einzutragen. Aus Art. 1 Nr. 1 ergibt sich, dass die Vereinbarung der Fracht ein konstitutives Element für die Annahme eines Frachtvertrages darstellt.

7a    Zur **Fälligkeit** und zur **Höhe** vertraglich nicht vereinbarter Frachten finden sich im Übereinkommen keine Regelungen. Die Beantwortung beider Fragen richtet sich nach dem gem. Art. 29 subsidiär anwendbaren Vertragsstatut.

8     Die Frachtzahlungspflicht des Absenders bleibt von der Zahlungsverpflichtung des Empfängers nach Art. 10 Abs. 1 S. 1 unberührt, sie ist unabhängig davon.[1] Allerdings befreit die Frachtzahlung durch den Empfänger den Absender von seiner Zahlungspflicht, da die Frachtforderung des Frachtführers dadurch erlischt.[2]

9     **Rücktritt** des Frachtführers vom Vertrag bei Pflichtverletzungen des Absenders nach Art. 9 Abs. 1 verschafft dem Frachtführer gem. Art. 9 Abs. 2 Ansprüche auf Faut- oder Distanzfracht. Ein Recht zur jederzeitigen **Kündigung** iSv. § 415 HGB mit den Folgen für den Frachtanspruch ist ebenfalls nicht im Übereinkommen geregelt, sondern über das nach Art. 29 zu ermittelnde Vertragsstatut zu klären.

10    Die **Verjährung** des Frachtanspruchs regelt Art. 24, zum Teil wiederum mit Verweisen auf nationales Recht.

11    **2. Liegegeld.** Der Protokollentwurf Nr. 2 über die Berechnung der Frachten und Verteilung der Schifffahrtskosten in der Binnenschifffahrt, welcher der Diplomatischen Konferenz zur Beratung vorgelegt wurde, sollte Lade- und Löschzeiten sowie das Liegegeld regeln, wurde jedoch schließlich auf der Diplomatischen Konferenz mangels Zeit zur Beratung ersatzlos gestrichen. Im Übrigen bestand dort die einhellige Auffassung, dass insoweit kein Regelungsbedarf vorhanden sei.[3] Hinweise zur Zulässigkeit von Liegegeldern auf der Grundlage von der CMNI unterliegenden Frachtverträgen ergeben sich aber aus dem Über-

---

[1] Denkschrift, BR-Drucks. 563/06 S. 35.
[2] *Koller* Rn. 1.
[3] *Czerwenka* TranspR 2001, 277, 279.

einkommen selbst (Art. 9 Abs. 2). Der Weg dahin ist daher frei über das ergänzend anwendbare Vertragsstatut, bei Geltung des deutschen Rechts mithin über § 412 Abs. 3 HGB in Verbindung mit der BinSchLV. Die Verjährung solcher Liegegelder richtet sich wiederum nach Art. 24 („alle Ansprüche aus einem diesem Übereinkommen unterstehenden Vertrag").[4]

**3. Aufwendungsersatz bzw. Mehrvergütung.** Abs. 1 erfasst auch Ansprüche auf   **12** Ersatz von Aufwendungen und auf Zahlung besonderer Vergütung. Regelungen dazu finden sich nicht in Art. 6, sondern verstreut in der CMNI und ggf. im nach Art. 29 ergänzend anwendbaren Vertragsstatut. Die CMNI regelt Aufwendungen im Zusammenhang mit der Beförderung gefährlicher Güter (Art. 7 Abs. 2, 3), mit nachträglichen Weisungen des Verfügungsberechtigten (Art. 15c), mit Vertragsverletzungen durch den Absender (Art. 8 Abs. 1) und mit dem Rücktritt des Frachtführers vom Frachtvertrag (Art. 9 Abs. 2b). Bei Geltung deutschen Rechts als Vertragsstatut finden sich Aufwendungsersatzansprüche für Vertragskündigung durch den Absender (§ 415 Abs. 2 Satz 1 Nr. 1 HGB), der Nichteinhaltung der Ladezeit (§ 417) oder der nur teilweisen Bereitstellung der Güter (§ 416 Abs. 2). Auch ihre Verjährung richtet sich insgesamt nach Art. 24.

### III. Pflicht zu schriftlichen Angaben, Art. 6 Abs. 2 Satz 1

Im Gegensatz zu § 408 Abs. 1 HGB ist nach Art. 11 Abs. 1 der Frachtführer derjenige,   **13** der die Frachturkunde bzw. den Frachtbrief immer (nicht nur auf Verlangen des Absenders) auszustellen hat, so dass hierfür (ablesbar aus Art. 6 Abs. 2 lit. e) er die in Art. 6 Abs. 2 genannten Angaben von dem Absender benötigt. Der Absender hat dem Frachtführer hierfür **Mindestangaben** über die zu befördernden Güter mitzuteilen. Zweck der Angaben sind die Erstellung der Frachturkunde (hier besonders wegen der Vermutungswirkung nach Art. 11 Abs. 3 Satz 2 iVm. Abs. 5 f.), der sachgerechten Vorbereitung der Beförderung (zB Schiffsauwahl), der Beladung (bspw. Ladegeschirr) und der Stauung (soweit der Frachtführer dazu verpflichtet ist). Zur Vorbereitung müssen diese Angaben nach dem insoweit eindeutigen Wortlaut des Art. 6 Abs. 2 allerdings (rechtzeitig) **vor Übergabe der Güter** übermittelt werden. Inhaltlich wird diese Pflicht bei gefährlichen oder umweltschädlichen Gütern durch Art. 7 Abs. 1 erweitert.

Außerdem hat der Absender dabei zu beachten, dass die Mitteilung der erforderlichen   **14** Angaben schriftlich erfolgt. Nach Art. 1 Nr. 8 des Übereinkommens bedeutet **schriftlich,** dass die Information – sofern die Vertragsparteien nichts anderes vereinbart haben – in elektronischen, optischen oder ähnlich beschaffenen Kommunikationsmitteln enthalten ist. Damit sind unter anderem folgende Medien gemeint: Telegramm, Telekopie, Telex, elektronische Post oder elektronischer Datenaustausch (EDI) – vorausgesetzt die Information ist in der Weise verfügbar, dass sie für eine spätere Bezugnahme verwendet werden kann.

Art. 6 Abs. 2 S. 1 trägt dem Umstand Rechnung, dass der Absender dem Transportgut   **15** näher steht als der Frachtführer. Der Absender ist der Warenexperte und kennt daher die Beschaffenheit und die Eigenschaften seiner Güter besser. Außerdem weiß er grundsätzlich, wie das Gut im Einzelfall zu behandeln ist.

**Verstöße** gegen die in Art. 6 Abs. 2 statuierten Pflichten ermöglichen den Ausschluss   **16** der Haftung des Frachtführers gem. Art. 18 Abs. 1, geben ihm ein Rücktrittsrecht nach Art. 9 und führen zur Absenderhaftung nach Art. 8 Abs. 1 lit. a).[5]

### 1. Maß, Zahl oder Gewicht und Stauungsfaktor der Güter, Art. 6 Abs. 2 S. 1   **17**
**lit. a.** Die Bezugnahme auf Maß, Zahl oder Gewicht entspricht Art. 11 Abs. 5 lit. f. **Gewichtsangaben** sind schon im Hinblick auf die Belastung des eingesetzten Transportmittels relevant.[6] Somit benötigt der Frachtführer die Angabe des Gewichts, um sich vor

---

[4] von Waldstein/*Holland* Binnenschifffahrtsrecht Rn. 4.
[5] *Koller* Rn. 2.
[6] *Fremuth/Thume* Art. 6 CMR Rn. 17.

Überladungen zu schützen.[7] Unter „*Gewicht*" ist grundsätzlich das **Bruttogewicht** des Gutes zu verstehen, weil in der Binnenschifffahrt die Beförderung von verpackter Ware eher selten vorkommt. Auch für die Bestimmung der Haftungshöchstgrenze nach Art. 20 Abs. 1 ist die Angabe des Gewichts bedeutsam. Die Angaben des **Maßes** und der **Zahl** der beförderten Güter sind unter anderem für die Identifizierung des abzuliefernden Gutes von Bedeutung.[8] Gemeint ist das Raummaß des Gutes mit samt seiner Verpackung.[9]

18    Ein Novum stellt die Pflicht zur Angabe des **Stauungsfaktors** der Güter dar, also des Verhältnisses des unter normalen Bedingungen benötigten Laderaumes im Schiff zum Gewicht der zu befördernden Güter.[10] Diese Angabe ist notwendig, um zu ermitteln, wie viel Laderaum auf dem Schiff benötigt wird, und um eine richtige Beladung des Schiffes zu ermöglichen. Die Pflicht betrifft Stückgüter wie Massengüter.

19    **2. Unterscheidungserhebliche Merkzeichen, Art. 6 Abs. 2 S. 1 lit. b.** Der Absender hat Merkzeichen anzugeben, die für die Unterscheidung der Güter erforderlich sind. Dabei soll diese Bestimmung die Individualisierung der Güter bei der Ablieferung erleichtern oder sogar ermöglichen. Die Merkzeichen können Nummern oder Zeichen sein. Die entsprechende Regelung für den Frachtbrief findet sich in Art. 11 Abs. 5 lit. f. Solche Individualisierung ist bei Stückgütern die Regel, aber auch bei Schütt- und Flüssiggütern denkbar: Merkzeichen können den Gütern oder Verpackungen anhaften, aber auch sonst das Gut beschreibend individualisieren (Eigenschaft, Farbe).

20    **3. Natur, besondere Merkmale und Eigenschaften der Güter, Art. 6 Abs. 2 S. 1 lit. c.** Die Angabe der Natur, besonderer Merkmale und Eigenschaften der Güter ist insbesondere bei der Beförderung **gefährlicher Güter** relevant. Bei Gefahrgütern sollte primär die in den einschlägigen Gefahrgutvorschriften vorgesehene Bezeichnung verwendet werden, um Missverständnisse zu vermeiden. Insoweit ist Art. 7 Abs. 1 zu beachten. Auch hinsichtlich sonstiger Güter ist diese Angabe von Bedeutung, weil sie dem Frachtführer wichtige Anhaltspunkte darüber liefert, wie die Güter während der Beförderung zu behandeln sind, also etwa hinsichtlich besonderer Temperatur-,[11] Nässe-, Geruchs- oder sonstiger Empfindlichkeit Angaben zur Natur der Güter können insbesondere bei der Ermittlung des Haftungshöchstbetrages nach Art. 20 Abs. 4a ein Rolle spielen.

21    **4. Weisungen, Art. 6 Abs. 2 S. 1 lit. d.** Der Absender muss vor der Übergabe der Güter Weisungen **schriftlich** mitteilen, welche für die zollrechtliche oder sonstige amtliche Behandlung der Güter erforderlich sind. Diese Weisungen versetzen den Frachtführer in die Lage, zu beurteilen, welche Maßnahmen er bei der Beförderung der Güter im Einzelfall zu ergreifen hat.[12] **Weisungen** unterscheiden sich von Auskünften oder sonstigen Mitteilungen (so in Art. 11 Nr. 1 CMR; § 413 HGB) in zweierlei Hinsicht: Zum einen verändern Weisungen den Vertragsinhalt einseitig und unmittelbar, und zum anderen sind Weisungen zwingend zu befolgen.

22    Ist das Gut laut Weisung zu verzollen, so hat der Frachtführer den Zoll im Voraus für den Absender zu entrichten.[13] Ist nach ergänzend anwendbarem Recht deutsches Recht anzuwenden, ergibt sich ein solcher Anspruch aus § 669 BGB.[14]

23    **5. Sonstige Angaben.** Art. 6 Abs. 2 lit. e normiert die Pflicht des Absenders, weitere Angaben zu machen, die für den Frachtbrief erforderlich sind. Dabei handelt es sich um Angaben zum Namen und zur Anschrift des Empfängers sowie gegebenenfalls zur Meldeadresse. Zu denken ist auch an Weisungen oder Angaben zur Beförderung von lebenden

---

[7]  *Koller* § 408 HGB Rn. 11.
[8]  Vgl. *Koller* § 408 HGB Rn. 10 f.
[9]  *Rabe* Seehandelsrecht § 563 HGB Rn. 3; von Waldstein/*Holland* Binnenschifffahrtsrecht Rn. 7.
[10] Denkschrift, BR-Drucks. 563/06 S. 35.
[11] Denkschrift, BR-Drucks. 563/06 S. 35.
[12] Denkschrift, BR-Drucks. 563/06 S. 35.
[13] *Fremuth/Thume* Art. 6 CMR Rn. 21.
[14] *Thume/Teutsch* Art. 9 CMR Rn. 19; *Koller* Art. 6 CMR Rn. 11.

Tieren (vgl. Art. 18 Abs. 1 lit. h). Auch die Angabe der Lieferfrist (vgl. Art. 5) könnte durchaus von praktischer Bedeutung sein.

Werden die vorgenannten Angaben nicht oder unrichtig gemacht, kann der Frachtführer **24** seine Haftung möglicherweise gem. Art. 18 ausschließen. Aus Art. 8 ergibt sich die Haftung des Absenders. Zusätzlich hat der Frachtführer nach Art. 9 ein Rücktrittsrecht. Art. 7 normiert zusätzliche Informationspflichten.

### IV. Pflicht zur Übergabe von Begleitpapieren, Art. 6 Abs. 2 S. 2

Die Vorschrift verpflichtet den Absender, dem Frachtführer – bei Übergabe der Güter – **25** alle vorgeschriebenen Begleitpapiere zu übergeben. Art. 6 Abs. 2 S. 2 entspricht Art. 11 Abs. 1 CMR und § 413 Abs. 1 HGB.[15] Während aber in § 413 Abs. 1 HGB von „erforderlichen" Urkunden die Rede ist, bestimmt Art. 6 Abs. 2 S. 2 lediglich, dass der Absender die **vorgeschriebenen** Begleitpapiere zur Verfügung zu stellen hat. Damit wird zum Ausdruck gebracht, dass der Absender **nur die objektiv erforderlichen** Dokumente besorgen muss. Damit können auch unübliche Begleitpapiere gemeint sein.[16] Urkunden, die eine Behörde rechtswidrig verlangt oder welche die behördliche Behandlung lediglich erleichtern,[17] sind nicht zur Verfügung zu stellen. Die Verpflichtung erstreckt sich jedoch nicht auf solche Urkunden, mit denen der Frachtführer ihn treffende *güterunabhängige* öffentlich-rechtliche Pflichten zu erfüllen hat. Art. 8 Abs. 1 lässt sich zusätzlich die – selbstverständliche – Pflicht entnehmen, dass die Papiere rechtsgültig und vollständig sein müssen.

Der Frachtführer hat seinerseits den ersichtlich unzureichend informierten Absender **26** über evidente Mängel der zur Verfügung gestellten oder noch zu stellenden Begleitpapiere aufzuklären.

Welche Begleitpapiere im Einzelfall vorgeschrieben sind, ergibt sich aus dem Frachtver- **27** trag und der darin vorgesehenen Beförderung.[18] Zu denken ist an Urkunden, die auf Grund gesundheitspolizeilicher oder zollrechtlicher Vorschriften das Beförderungsgut begleiten müssen.

Verstöße gegen die in Art. 6 Abs. 2 S. 2 ermöglichen den Ausschluss der Haftung des **28** Frachtführers gem. Art. 18 Abs. 1, geben ihm ein Rücktrittsrecht nach Art. 9 und führen zur Absenderhaftung nach Art. 8 Abs. 1 lit. c).[19] Für gefährliche oder umweltschädliche Güter enthält Art. 7 Abs. 2 wiederum eine Sonderbestimmung.

Art. 6 Abs. 2 Satz 2 ist dispositiv: (a. e. Art. 25): Die Parteien können vereinbaren, dass **29** bestimmte Begleitpapiere vom Frachtführer zu besorgen sind.

Übergabe der Papiere bei Übergabe der Güter ist ausreichend. Werden bestimmte **30** Papiere erst zu bestimmten Ereignissen benötigt, ist es ausreichend, dass sie dem Frachtführer zu diesem Zeitpunkt ausgehändigt werden.[20]

### V. Rechtsfolgen bei Verstoß gegen die Pflichten aus Abs. 2

Bei der Verletzung der Pflichten aus Abs. 2 haftet der Absender verschuldensunabhängig **31** auf Schadensersatz und Ersatz weiterer, notwendig gewordener Aufwendungen. Schadensursächlichen Verhalten seiner Leute wird im nach Art. 8 Abs. 2 zugerechnet. Daneben hat der Frachtführer nach Art. 9 das Recht, vom Frachtvertrag zurückzutreten und Distanz- oder Fautfracht zu verlangen.

### VI. Verpackungs- und Kennzeichnungspflicht, Art. 6 Abs. 3

Absatz 3 normiert eine Verpackungs- und Kennzeichnungspflicht des Absenders. Der **32** Absender muss demnach das Gut insgesamt in einem **beförderungsfähigen Zustand**

---

[15] Denkschrift, BR-Drucks. 563/06 S. 35.
[16] Vgl. zu § 413 HGB: EBJS/*Reuschle* § 413 HGB Rn. 3; *Koller* § 413 HGB Rn. 2.
[17] von Waldstein/*Holland* Binnenschifffahrtsrecht Rn. 13.
[18] Denkschrift, BR-Drucks. 563/06 S. 35 f.
[19] *Koller* Rn. 2.
[20] von Waldstein/*Holland* Binnenschifffahrtsrecht Rn. 14.

übergeben.[21] Hintergrund dieser Vorschrift ist der Grundsatz, wonach der Absender der **Warensachverständige** ist und daher besser als der Beförderer beurteilen kann, welche Anforderungen das Gut an eine geeignete Verpackung stellt, so dass die Ausführung der Beförderung ordnungsgemäß gelingt. Die Kennzeichnung obliegt dem Absender, weil er in der Lage ist, schon vor Übergabe der zu befördernden Güter diese so zu kennzeichnen, dass keine Verwechslungsgefahr mehr besteht. Die klare Zuweisung der Verpackungs- und Kennzeichnungspflicht schafft insoweit Rechtsklarheit.

**33**    **1. Verpackung des Gutes, Art. 6 Abs. 3 Satz 1.** Der Wortlaut des Art. 6 Abs. 3 Satz 1 orientiert sich inhaltlich und sprachlich weitgehend an dem Vorbild des § 411 S. 1 HGB.[22] Demnach muss eine Verpackung zunächst **erforderlich** sein, wobei zunächst die Vereinbarungen der Vertragsparteien zu berücksichtigen sind. Ansonsten hängt die Erforderlichkeit einerseits von der **Natur der Güter** ab, andererseits von der geplanten Beförderung und der sie begleitenden Umstände.[23] Steht fest, dass eine Verpackung erforderlich ist, hat der Absender die Transportgüter so zu verpacken, dass sie von der Übernahme bis zur Ablieferung durch den Frachtführer vor Verlust oder Beschädigung geschützt sind und dass Schiff und andere Rechtsgüter geschützt sind. Die Natur des Gutes erfordert eine Verpackung, wenn es hierdurch überhaupt erst beförderungsfähig wird.[24] Es kommt allgemein darauf an, welche Gefahren dem Gut während der Beförderung drohen oder von ihm ausgehen, und welche Verpackung zur Abwehr solcher Gefahren bei derartigen Gütern nach vernünftigem Ermessen geboten ist. Der Schutzzweck erstreckt sich nach dem eindeutigen Wortlaut des Art. 6 Abs. 3 Satz 1 aber auch auf das zur Beförderung eingesetzte Schiff — also nicht nur auf das beförderte Gut und auf anderen Gütern. Erfasst werden also insgesamt Personen- und Sachschäden, die dem Frachtführer selbst und seinem Eigentum (Schiff), Hilfspersonen des Frachtführers, anderen Ladungseigentümern oder außenstehenden Dritten entstehen.[25] Anders als bei § 411 S. 1 HGB ist der Wortlaut von Art. 6 Abs. 3 diesbezüglich bestimmter.

**34**    Eine Verpackung ist somit nur dann **geeignet,** wenn sie Schäden verhindert, die durch Einwirkungen auf das Gut während der Beförderung verursacht werden könnten[26] oder die vom Gut selbst ausgehen. Das bloße Versehen der Güter mit Warnsymbolen ersetzt nicht die erforderliche Verpackung.[27] Das Gut ist außerdem so zu verpacken, dass sich die bei einer ordnungsgemäßen Verladung vorhersehbaren Transporteinflüsse nicht schädigend auswirken können. Da der Frachtführer hingegen das Schiff als Beförderungsmittel zu stellen hat und nur der Frachtführer für den ordnungsgemäßen Zustand des Schiffes verantwortlich ist, braucht der Absender die Güter beispielsweise nicht vor den Einflüssen ungereinigter Beförderungsmittel zu schützen. Dafür ist der Frachtführer zuständig, so dass er sich im Nachhinein nicht erfolgreich auf die Nichtgeeignetheit der Verpackung berufen kann.

**35**    Ein **Verstoß** gegen die Verpackungspflicht (sie ist Obliegenheit des Absenders) führt nach Art. 18 Abs. 1 lit. E, Art. 21 zum (uU nur teilweisen) **Haftungsausschluss** beim Frachtführer, nicht aber zur eigenständigen Haftung des Absenders nach Art. 8 Abs. 1, der Verpackungsmängel nicht erfasst.[28] Art. 8 Abs. 2 enthält nur eine Zurechnungsnorm für das Verhalten seiner Leute, aber keine Normierung der Eigenhaftung. Soweit sich im Übereinkommen keine eigenen Regelungen zur Haftung finden, ist das nach Art. 29 auf den Frachtvertrag ergänzend anwendbare nationale Recht anzuwenden.[29]

---

[21] *Czerwenka* TranspR 2001, 277, 280.
[22] Denkschrift, BR-Drucks. 563/06 S. 35.
[23] Denkschrift, BR-Drucks. 563/06 S. 35.
[24] ZB flüssiges Gut. Vgl. dazu *Koller* § 411 HGB Rn. 5; MüKoHGB/*Thume* § 411 HGB Rn. 10 mwN.
[25] Denkschrift, BR-Drucks. 563/06 S. 35.
[26] Denkschrift, BR-Drucks. 563/06 S. 35.
[27] *Koller* § 413 HGB Rn. 5.
[28] *Koller* Rn. 4.
[29] *Koller* Rn. 4; *Ramming,* HdB Binnenschifffahrtsrecht, Rn. 400, 401; *Trost* in Hartenstein/Reuschle, HdB Transport- und Speditionsrecht, Kap. 15 Rn. 36.

Ungeklärt ist der **Verschuldensmaßstab** für diese **Haftung des Absenders.** Art. 8 **36** Abs. 1 Satz 1 normiert in den dort lit. a) bis c) genannten Fällen die *verschuldensunabhängige* Haftung. Verpackungsmängel bzw. eine Verletzung der in Art. 6 Abs. 3 aufgeführten Verpackungspflicht sind dort nicht erwähnt.[30] Im Umkehrschluss dazu wäre zu folgern, dass der Absender für Verpackungsmängel *verschuldensabhängig* haften würde. Ein solcher Umkehrschluss setzt freilich voraus, dass Art. 8 Abs. 1 S. 1 die Fälle der verschuldensunabhängigen Haftung des Absenders abschließend aufzählt. Eine nicht abschließende Aufzählung hätte demgegenüber zur Folge, dass für die nicht in Art. 8 Abs. 1 S. 1 aufgeführten Fälle das über Art. 29 ergänzend anwendbare nationale Vertragsstatut anzuwenden wäre. Bei Anwendbarkeit deutschen Sachrechts wäre dann etwa – über die verschuldensunabhängige Haftung für Verpackungsmängel in § 414 Abs. 1 S. 1 Ziff. 1 HGB[31] – der Anwendungsbereich der verschuldensunabhängigen Absenderhaftung größer als in den nach Art. 8 Abs. 1 explizit genannten Fällen. Der so herbeigeführte gleiche Haftungsmaßstab erscheint hilfreich. Doch könnte eine andere lex causae anders entscheiden.

Für eine abschließende Regelung der verschuldensunabhängigen Haftung in Art. 8 Abs. 1 **36a** S. 1 spricht, dass Verschuldensunabhängigkeit in Art. 8 Abs. 2 nicht erwähnt ist. Art. 8 Abs. 2 erfasst *alle* Aufgaben und Pflichten des Absenders nach Art. 6 und 7 außer den in Art. 8 Abs. 1 genannten, und damit auch die Verpackungspflicht. Eine Ausweitung der verschuldensunabhängigen Haftung auf die in Art. 6 Abs. 3 normierte Verpackungspflicht hätte auch durch Erwähnung in Art. 8 Abs. 1 erreicht werden können. Die Ausdifferenzierung in Art. 8 Abs. 1 und die *generelle* Verweisung auf Art. 6 und 7 in Art. 8 Abs. 2 ergibt ohne Unterscheidung des Verschuldensmaßstabs keinen rechten Sinn und könnte nur mit einem Redaktionsfehler erklärt werden. Verpackungsmängel sind auch qualitativ nicht ohne weiteres mit Kennzeichnungs-, Etikettierungsfehlern oder falschen Angaben vergleichbar. Für eine Analogie oder eine Lückenfüllung über die lex causae ist daher kein Raum.[32] Für **Verpackungsmängel** im Sinne eines Verstoßes gegen Art. 6 Abs. 3 haftet der Absender nach übereinkommensautonomer Auslegung daher nur bei **Verschulden.** Maßstäbe für Verschulden beurteilen sich nach dem Art. 29 des mittelbaren nationalen Rechts, im deutschen Recht folglich gemäß § 276 BGB.[33]

Die Haftung des Absenders für Verpackungsmängel ist verschuldensabhängig, aber **unbe- 37 grenzt.** Rechte und Pflichten des Frachtführers (Zurückbehaltungsrecht, Hinweispflicht), der einen Verpackungsmangel feststellt, richten sich wiederum nach ergänzend anwendbaren Vertragsstatut (Art. 29). Ein Rücktrittsrecht steht dem Frachtführer nicht zu (arg. e contrario Art. 9 Abs. 1). Der Frachtführer seinerseits ist nach den Art. 18 Abs. 1e, 21 von seiner Haftung befreit.

**2. Kennzeichnung des Gutes, Art. 6 Abs. 3 Satz 2.** Der Absender muss die Güter **38** ferner unter Berücksichtigung der vereinbarten Beförderung mit einer Kennzeichnung versehen. Die Kennzeichnung muss deutlich sein, dh. in einer die Verwechslungen ausschließenden Weise erfolgen und haltbar sein. Zweck der Kennzeichnung ist nämlich die **Individualisierung** der Güter und **rasche Arbeitsabläufe** zu ermöglichen sowie **Falschauslieferungen** zu **vermeiden.** Somit hat die Kennzeichnung so zu erfolgen, dass sie für einen ordentlichen Angehörigen des Unternehmens des Frachtführers Verwechslungen ausschließt.[34] Abweichend von § 411 S. 2 HGB dient die Kennzeichnungspflicht wie schon zuvor die Verpackungspflicht auch der Vermeidung von Schäden am beförder-

---

[30] Auch die Gesetzesbegründung nimmt darauf nicht Bezug, obwohl in Art. 8 offenbar explizit Anleihen an § 414 HGB gemacht wurden, Denkschrift, S. 36, 37.
[31] So *Koller* Rn. 4.
[32] So auch *Koller* Art. 8 Rn. 1 („Die Aufzählung der Haftungstatbestände verbietet haftungserweiternde Analogien."), der aber über Art. 29 und § 414 HGB zur Verschuldensunabhängigkeit gelangt, aaO, Art. 6 Rn. 4, 5 bei Fn. 8 und 9; ebenso *Ramming,* HdB Binnenschifffahrtsrecht, Rn. 413.
[33] von Waldstein/*Holland* Binnenschifffahrtsrecht Rn. 20; aA *Ramming,* HdB Binnenschifffahrtsrecht, Rn. 400; *Koller* Rn. 4, 5. (Möglichkeit der verschuldensunabhängigen Haftung, etwa – über Art. 29 – nach § 414 HGB).
[34] *Koller* § 411 HGB Rn. 19.

ten Gut sowie an sonstigen Gütern, die entweder mitbefördert werden oder mit denen der Transport in Berührung kommt. Mit der Kennzeichnungspflicht intendierte Zwecke sind also auch die Gütersicherheit und die Beförderungssicherheit. Eine Kennzeichnungspflicht hat sich daher auch an diesen Zwecken zu orientieren. Die Kennzeichnungspflicht nach Art. 6 Abs. 3 S. 2 erfasst auch die Beförderung gefährlicher oder umweltschädlicher Güter. (Vergleiche die Kennzeichnungspflicht nach den Vorschriften der ADNR.)

**39**    Außerdem muss der Absender bei der Kennzeichnung die im Einzelfall anwendbaren internationalen oder innerstaatlichen Vorschriften beachten, mangels solcher Vorschriften – auch insoweit unterscheidet sich Art. 6 Abs. 3 Satz 2 von § 411 S. 2 HGB[35] –, die allgemein in der Binnenschifffahrt anerkannten Regeln und Gepflogenheiten berücksichtigen. Es ist also Sache des Absenders, für eine differenzierte Signierung seiner Güter zu sorgen.

**40**    Ein **Verstoß** gegen die Kennzeichnungspflicht nach Art. 6 Absatz 3 S. 2 führt nach Art. 18 Abs. 1 lit. f, Art. 21 zum (uU nur teilweisen) Haftungsausschluss beim Frachtführer. Die Absenderhaftung für Folgen unzureichender Kennzeichnung normaler (also nicht gefährlicher oder umweltschädlicher) Güter ist mit der oben unter Rn. 36 dargelegten Argumentation **Verschuldenshaftung.** Lediglich bei Verletzung der Pflicht zur Kennzeichnung gefährlicher oder umweltschädlicher Güter haftet der Absender nach Art. 8 Abs. 1 S. 1 lit. b) **ohne Verschulden.**[36] Anders als nach deutschem Recht und allen bekannten Maximen der Gefährdungshaftung ist die Haftung des Absenders auch in diesen Fällen unbegrenzt.

## VII. Beförderungssicherheit, Art. 6 Abs. 4

**41**    Nach Art. 6 Abs. 4 hat der Absender das Gut zu laden, zu stauen und zu befestigen – m. a. W. **beförderungssicher** zu **verladen.** Diese Vorschrift trägt somit dem Umstand Rechnung, dass der Absender als der Warenexperte im Zweifel am besten beurteilen kann, wie das Gut zum Beförderungsmittel bewegt werden sowie vor Beförderungseinflüssen geschützt, gesichert und gestapelt werden kann.[37] Der Wortlaut dieser Norm lehnt sich an § 412 Abs. 1 S. 1 HGB. Den Frachtführer trifft keine Pflicht, die vom Absender durchgeführte Verladung zu überprüfen.[38] Daneben tritt jedoch die Pflicht des Frachtführers zur Sorge für die **Betriebssicherheit.** 2. Ladung, Stauung und Befestigung des Gutes dürfen die Sicherheit des Schiffes nicht gefährden.

**42**    Der Absender hat das Gut auf das Schiff zu verbringen und dort gegebenenfalls so zu stapeln, zu verstauen und zu befestigen, dass es allein durch die Einwirkungen der Beförderung nicht zu Schaden kommen kann bzw. nicht andere Güter oder das Beförderungsmittel beschädigen kann. Dabei hat die Stauung sowie die Befestigung des Gutes nach *„Binnenschifffahrtsgebrauch"* zu erfolgen, dh. so wie es im Verkehrskreis der Binnenschiffer üblich ist.

**43**    Durch die Formulierung *„vorbehaltlich der dem Frachtführer obliegenden Pflichten"*, wollten die Väter des Übereinkommens klarstellen, dass die in Art. 3 Abs. 5 statuierte Pflicht des Frachtführers, sicherzustellen, dass die Schiffssicherheit durch das Laden nicht gefährdet wird, fortbesteht. Darüber hinaus ist der Frachtführer weiterhin verpflichtet, ein fahr- und ladungstüchtiges Schiff zu stellen (Art. 3 Abs. 3).[39]

**44**    Schließlich dürfen die Vertragsparteien vereinbaren, dass die Verladung von dem Frachtführer übernommen werden soll.[40] Dies wird etwa der Fall sein, wenn die Verladung gewisse Vorkenntnisse über den Umgang mit dem Beförderungsmittel voraussetzt, die im konkreten Einzelfall nur der Frachtführer haben kann.

---

[35] Denkschrift, BR-Drucks. 563/06 S. 13.
[36] von Waldstein/*Holland* Binnenschifffahrtsrecht Rn. 25; aA *Ramming,* HdB Binnenschifffahrtsrecht, Rn. 401 (Haftung über Art. 29 nach § 414 HGB bei Geltung deutschen Sachrechts).
[37] *Neufang/Valder* TranspR 2002, 325, *Koller* § 412 HGB Rn. 1.
[38] von Waldstein/*Holland* Binnenschifffahrtsrecht Rn. 27.
[39] *Czerwenka* TranspR 2001, 277, 279.
[40] Denkschrift, BR-Drucks. 563/06 S. 14.

Eine Pflicht des Absenders zum **Entladen** wie in § 412 HGB findet sich weder hier **44a** noch sonst in der CMNI. Auch eine Pflicht des Frachtführers oder des Empfängers zur Löschung der Güter findet sich im Übereinkommen nicht. Insoweit ließe sich diese nur dem über Art. 29 herleitbaren, ergänzend anwendbaren Recht entnehmen. Das ist misslich. Nach Art. 3 Abs. 1 ist der Frachtführer nach Ankunft der Güter am Bestimmungsort nur zur Ablieferung an den Empfänger verpflichtet. Der Frachtführer hat die Güter lediglich bereitzustellen. Die Verpflichtung zur Ablieferung setzt nach Art. 10 Abs. 2 keine Löschung durch den Frachtführer voraus.

Ablieferung der Güter erfolgt regelmäßig bereits *im* Schiff (Art. 3 Abs. 1), also noch vor **45** Einsetzen des Löschvorgangs. Nach dieser Betrachtung kann die Entladung/das Löschen jedenfalls nicht ex lege zum Pflichtenkreis des Frachtführers gezählt werden, sondern zum dem des Empfängers oder des Absenders.[41] Eine Entscheidung zwischen beiden trifft aber auch Art. 18 Abs. 1 lit. b) nicht. Anderweitige Vereinbarung über den Ablieferungsort ist denkbar, Art. 3 Abs. 2 (Ablieferung etwa am Schiff oder am Terminal).[42] Ohne ausdrückliche Regelung der absenderseitigen Entladepflicht weist das Übereinkommen eine Lücke auf, die durch Analogie zu Artt. 3 Abs. 2 bzw. 6 Abs. 4[43] oder durch Lückenfüllung über anwendbares Sachrecht (Art. 29), im Falle deutschen Rechts über § 412 Abs. 1 S. 1 aE HGB (Absenderpflicht; Empfänger als Hilfsperson, Art. 8 Abs. 2; bei vertraglicher Übernahme durch Frachtführer Ablieferung abw. von Art. 3 Abs. 2 am Schiff)[44] zu schließen ist.

Bei **Verstoß** des Absenders gegen seine Lade-, Stau- und Befestigungspflicht haftet der **46** Absender für Güterschäden, Verlust oder Verspätung nicht nach dem Übereinkommen, sondern verschuldensabhängig nach ergänzend anwendbaren nationalen Vertragsstatut (Art. 29). Den Frachtführer trifft nach Maßgabe der Art. 18 Abs. 1b, Art. 21 keine eigene Haftung. Allerdings trifft ihn möglicherweise eine Hinweispflicht bei erkennbar fehlerhafter Verladung, deren Verletzung im Rahmen eines Mitverschuldens in Betracht kommen kann.

## Art. 7 Gefährliche oder umweltschädliche Güter

**(1) Sollen gefährliche oder umweltschädliche Güter befördert werden, so hat der Absender den Frachtführer vor Übergabe der Güter zusätzlich zu den Angaben nach Artikel 6 Absatz 2 auf die den Gütern innewohnenden Gefahren und Umweltrisiken und die zu treffenden Vorsichtsmaßnahmen schriftlich und deutlich hinzuweisen.**

**(2) Bedarf die Beförderung der gefährlichen oder umweltschädlichen Güter einer Bewilligung, so hat der Absender die erforderlichen Dokumente spätestens bei Übergabe der Güter zu übergeben.**

**(3) Können gefährliche oder umweltschädliche Güter mangels einer behördlichen Zustimmung nicht weiterbefördert, gelöscht oder abgeliefert werden, so trägt der Absender die Kosten des Rücktransports, wenn der Frachtführer die Güter zum Ladehafen oder einem näher liegenden Ort, wo sie gelöscht und abgeliefert oder entsorgt werden können, zurückbefördert.**

**(4) Besteht eine unmittelbare Gefahr für Menschenleben, Sachen oder die Umwelt, so ist der Frachtführer, auch wenn er vor Übernahme der Güter auf die ihnen innewohnenden Gefahren oder Umweltrisiken hingewiesen worden ist oder wenn ihm diese aufgrund anderer Informationen bekannt waren, berechtigt, die**

---

[41] *Ramming*, HdB Binnenschifffahrtsrecht, Rn. 188, 428, 403.
[42] *Ramming*, HdB Binnenschifffahrtsrecht, Rn. 38, 428.
[43] So *Koller* Rn. 6, so wohl auch von Waldstein/*Holland* Binnenschifffahrtsrecht Rn. 28. – Offenbar gingen die Vertragsstaaten davon aus, dass es in der Regel zu einer vertraglichen Verpflichtung des Frachtführers oder des Empfängers kommt.
[44] Vgl. *Ramming*, HdB Binnenschifffahrtsrecht, Rn. 403.

Güter auszuladen, unschädlich zu machen oder, sofern eine solche Maßnahme angesichts der von den Gütern ausgehenden Gefahr nicht unverhältnismäßig ist, zu vernichten.

(5) Ist der Frachtführer berechtigt, Maßnahmen nach Absatz 3 oder 4 zu ergreifen, so hat er Anspruch auf Ersatz des ihm entstandenen Schadens.

## Art. 7 Marchandises dangereuses ou polluantes

1. Si des marchandises dangereuses ou polluantes doivent être transportées, l'expéditeur doit, avant la remise des marchandises, et en plus des indications prévues à l'article 6 paragraphe 2, préciser par écrit au transporteur le danger et les risques de pollution inhérents aux marchandises ainsi que les précautions à prendre.

2. Si le transport des marchandises dangereuses ou polluantes requiert une autorisation, l'expéditeur doit remettre les documents nécessaires au plus tard lors de la remise des marchandises.

3. Lorsque la poursuite du transport, le déchargement ou la livraison des marchandises dangereuses ou polluantes sont rendus impossibles par l'absence d'une autorisation administrative, les frais occasionnés par le retour des marchandises au port de chargement ou à un lieu plus proche où elles peuvent être déchargées et livrées ou éliminées, sont à la charge de l'expéditeur.

4. En cas de danger immédiat pour les personnes, les biens ou l'environnement, le transporteur est en droit de débarquer, de rendre inoffensives les marchandises ou, à condition qu'une telle mesure ne soit pas disproportionnée au regard du danger qu'elles représentent, de détruire celles-ci même si, avant leur prise en charge, il a été informé ou a eu connaissance par d'autres moyens de la nature du danger ou des risques de pollution inhérents à ces marchandises.

5. Le transporteur peut prétendre au dédommagement du préjudice subi s'il est en droit de prendre les mesures visées au paragraphe 3 ou 4 ci-dessus.

## Art. 7 Dangerous and polluting goods

1. If dangerous or polluting goods are to be carried, the shipper shall, before handing over the goods, and in addition to the particulars referred to in article 6, paragraph 2, inform the carrier clearly and in writing of the danger and the risks of pollution inherent in the goods and of the precautions to be taken.

2. Where the carriage of the dangerous or polluting goods requires an authorization, the shipper shall hand over the necessary documents at the latest when handing over the goods.

3. Where the continuation of the carriage, the discharge or the delivery of the dangerous or polluting goods are rendered impossible owing to the absence of an administrative authorization, the shipper shall bear the costs for the return of the goods to the port of loading or a nearer place, where they may be discharged and delivered or disposed of.

4. In the event of immediate danger to life, property or the environment, the carrier shall be entitled to unload the goods, to render them innocuous or, provided that such a measure is not disproportionate to the danger they represent, to destroy them, even if, before they were taken over, he was informed or was apprised by other means of the nature of the danger or the risks of pollution inherent in the goods.

5. Where the carrier is entitled to take the measures referred to in paragraphs 3 or 4 above, he may claim compensation for damages.

### Übersicht

| | Rn. | | Rn. |
|---|---|---|---|
| **I. Allgemeines** | 1 | 2. Form und Zeitpunkt der Mitteilung | 4–8 |
| **II. Informationspflicht (Art. 7 Abs. 1)** | 2–8 | **III. Übergabe erforderlicher Dokumente (Art. 7 Abs. 2)** | 9, 10 |
| 1. Gefährliche und umweltschädliche Güter | 3 | **IV. Rücktransport (Art. 7 Abs. 3)** | 11–15 |

| | Rn. | | Rn. |
|---|---|---|---|
| **V. Schutzmaßnahmen (Art. 7 Abs. 4)** | 16–25 | 5. Schäden des Absenders | 24 |
| 1. Geschützte Rechtsgüter | 17 | 6. Art. 7 Abs. 4 als Rechtfertigungsgrund | 25 |
| 2. Unmittelbare Gefahr | 18 | **VI. Schadensersatz (Art. 7 Abs. 5)** | 26–29 |
| 3. Einzelne Maßnahmen | 19–21 | **VII. Beweislast** | 30 |
| 4. Einschränkungen | 22, 23 | **VIII. Abweichende Vereinbarungen** | 31 |

## I. Allgemeines

Art. 7 soll dazu beitragen, dass Schäden bei der Beförderung von gefährlichen oder **1** umweltschädlichen Gütern auf Binnenschiffen vermieden werden. Dabei sind die in dieser Vorschrift enthaltenen Regelungen an Art. 4 § 6 VR, Art. 13 HHR und Art. 22 CMR angelehnt. Den Absender treffen bestimmte erweiterte Informations- und Mitteilungspflichten. Art. 7 bestimmt auch die Rechtsfolgen, die sich daraus ergeben, dass der Frachtführer die Güter nicht weiterbefördern kann, dass die Güter gelöscht oder abgeliefert werden müssen. Der Frachtführer soll von Risiken entlastet, aber nicht völlig befreit werden, die mit der Beförderung gefährlicher oder umweltschädlicher Güter verbunden sind. Art. 7 soll insoweit für einen sachgerechten Risikoausgleich sorgen; denn der Frachtführer soll nur solche Risiken tragen, die ihm bekannt waren oder über die er in qualifizierter Form informiert worden ist.

## II. Informationspflicht (Art. 7 Abs. 1)

Abs. 1 regelt die Pflicht des Absenders, den Frachtführer über die Gefährlichkeit und **2** Umweltschädlichkeit der zu befördernden Güter zu informieren. Der Absender hat den Frachtführer über die innewohnenden Gefahren und Umweltrisiken als auch über etwa zu ergreifenden Vorsichtsmaßnahmen zu unterrichten. Art. 7 Abs. 1 beruht auf dem Grundsatz, wonach der Absender als **Warenexperte** die Eigenschaften der Transportgüter kennt und somit die damit verbundenen Gefahren und beförderungsbezogenen Risiken besser als der Frachtführer einschätzen kann.

**1. Gefährliche und umweltschädliche Güter.** Eine Definition der Begriffe „Gefährli- **3** che oder umweltschädliche Güter" enthält Art. 7 nicht. Der Begriff des gefährlichen Gutes entspricht den Begriffen in Art. 4 § 6 VR, Art. 13 HRR, Art. 22 CMR und § 410 HGB. Gefährliche Güter sind jedenfalls die in den einschlägigen Gefahrgutvorschriften (bspw. ADNR) genannten Güter in den dort genannten Mengen. Durch die Begriffswahl *„gefährliche oder umweltschädliche Güter"* soll jedoch deutlich gemacht werden, dass es bei diesen Gütern **nicht ausschließlich** auf deren Klassifikation nach den Gefahrgutvorschriften ankommt.[1] Vielmehr sind auch diejenigen Güter erfasst, die allein unter beförderungsspezifischen Gesichtspunkten als gefährlich oder umweltschädlich anzusehen sind[2] – nicht nur für die Rechtsgüter des Frachtführers, sondern auch für die Umwelt. Maßgeblich sind nur objektive Maßstäbe.[3] Geht man von der Prämisse aus, dass ein ordentlicher Frachtführer eine **Normalgefahr** zu tragen hat, sind alle Güter erst dann als gefährlich anzusehen, wenn deren Gefahrenpotential diese Normalgefahr **übersteigt.** In diesem Zusammenhang ist darauf hinzuweisen, dass sich die Gefährlichkeit auch aus der konkreten Beschaffenheit oder aus der Menge eines ansonsten ungefährlichen Gutes ergeben kann.[4] So kann zB eine Ladung Düngemittel, die ansonsten harmlos ist, die in Verbindung mit Feuchtigkeit jedoch schädlich auf das Schiffskasko einwirken kann, als ein gefährliches Gut qualifiziert werden. Umweltschädlich sind Güter, wenn sie eine unmittelbare Gefahr für die Umwelt darstellen,

---

[1] Denkschrift, BR-Drucks. 563/06 S. 36; *Koller* Rn. 2.
[2] Denkschrift, BR-Drucks. 563/06 S. 14; vgl. zum Begriff *Koller* Art. 22 CMR Rn. 2.
[3] von Waldstein/*Holland* Binnenschifffahrtsrecht Rn. 2. Bei irrtümlicher Annahme der Gefährlichkeit ergibt sich die Güterschadens- und Verspätungsschadenshaftung normal nach den Art. 16 ff.
[4] Vgl. dazu *Koller* § 410 HGB Rn. 2 ff.; Beispiel bei von Waldstein/*Holland* Binnenschifffahrtsrecht Rn. 2: Rapsöl.

mit der ein ordentlicher Frachtführer auf der Basis der ihm erteilten Informationen (dazu 2.) nicht rechnen muss.

**4**    **2. Form und Zeitpunkt der Mitteilung.** Der Frachtführer soll durch die rechtzeitige und explizite Mitteilung der erforderlichen Informationen in die Lage versetzt werden, die Beförderung dieser Güter unter Berücksichtigung der von ihnen ausgehenden Gefahren entsprechend vorzubereiten. Art. 7 Abs. 1 entspricht im Wesentlichen § 410 Abs. 1 HGB. Die Hinweispflichten treten zu denen nach Art. 6 Abs. 2 Satz 1 hinzu.

Daher bestimmt Art. 7 Abs. in dieser Hinsicht Folgendes:

**5**    Zum einen muss der Absender auf die den Gütern innewohnenden Gefahren und Umweltrisiken und die zu treffenden Vorsichtsmaßnahmen **schriftlich** und **deutlich** (iE geeignete Hervorhebung) hinweisen, so dass dem Frachtführer bzw. die von ihm zur Entgegennahme von hinweise Bevollmächtigte (Schiffsführer)[5] die drohenden Gefahren ohne weiteres erkennbar werden. Dabei schließt nach Art. 1 Nr. 8 der Begriff *„schriftlich"* den Fall ein, dass die Information in elektronischen, optischen oder ähnlich beschaffenen Kommunikationsmitteln enthalten ist. Mit dem Begriff *„deutlich"* bringt das Übereinkommen zum Ausdruck, dass eventuelle Unklarheiten zu Lasten des Absenders ausgelegt werden. Soweit Kenntnis der Gefahren und der Vorsichtsmaßnahmen erwartet werden kann, besteht eine Hinweispflicht nicht.[6]

**6**    Zum anderen setzt Art. 7 Abs. 1 voraus, dass der Frachtführer die Mitteilung **vor Übergabe der Güter** erhält. Insoweit weicht Art. 7 Abs. 1 von § 410 Abs. 1 HGB („rechtzeitig") ab.[7] Allerdings wirkt sich diese Abweichung nur dann aus, wenn sich die Verzögerung der Mitteilung auf den Beförderungsablauf noch nachteilig auswirkt, der Frachtführer also nicht mehr die Möglichkeit hat, die Beförderung *angemessen* vorzubereiten. Andernfalls fehlt für einen eventuellen Schadensersatzanspruch die haftungsbegründende Kausalität.[8]

**7**    Eine besondere **Kennzeichnungspflicht** normiert Art. 7 nicht. Sie folgt aber aus Art. 6 Abs. 3 Satz 2 iVm. mit nationalen oder internationalen Vorschriften oder iVm. anerkannten Regeln und Gepflogenheiten in der Binnenschifffahrt und gilt erst Recht für gefährliche und umweltschädliche Güter gem. Art. 7.

**8**    **Verletzung der Pflicht aus Art. 7 Abs. 1** und der vorgenannten Kennzeichnungspflicht gefährlicher oder umweltschädlicher Güter[9] aus Art. 6 Abs. 3 Satz 2 durch den Absender führt zu dessen verschuldensunabhängiger Haftung nach Art. 8 Abs. 1 Satz 1a (falls den Frachtführer kein Verschulden trifft, Art. 8 Abs. 1 Satz 2) und gibt dem Frachtführer das Recht, vom Vertrag zurückzutreten, Art. 9, sowie das Recht auf Distanz- oder Fautfracht, Art. 9 Abs. 2. Weitere Möglichkeiten der Risikobegrenzung hat der Frachtführer durch Ablehnung der Übernahme der Güter bzw. deren Zurückweisung, Art. 7 Abs. 4.

### III. Übergabe erforderlicher Dokumente (Art. 7 Abs. 2)

**9**    Die Beförderung von gefährlichen Gütern ist aus gefahrpräventiven Gründen in der Regel genehmigungspflichtig,[10] insbesondere wenn es sich um Gefahrgüter im Sinne der Gefahrgutbestimmungen (Bsp. ADNR) handelt. Damit der Frachtführer während der

---

[5] von Waldstein/*Holland* Binnenschifffahrtsrecht Rn. 5.

[6] *Koller* Rn. 2.

[7] Denkschrift, BR-Drucks. 563/06 S. 14; *Koller* Rn. 2; **aA** von Waldstein/*Holland* Binnenschifffahrtsrecht Art. 7 CMNI Rn. 5.

[8] Zum gleichen Ergebnis durch teleologische Reduktion der Norm kommen von Waldstein/*Holland* Binnenschifffahrtsrecht Rn. 4.

[9] Zu den Rechtsfolgen bei Verstoß gegen die Kennzeichnungspflicht sonstiger Güter s. oben Art. 6 Rn. 40.

[10] Auf Vorschlag der ungarischen Delegation sollte ein konkreter Hinweis auf Gefahrgutvorschriften (etwa auf die ADNR und auf das Basler Übereinkommen über die Kontrolle der grenzüberschreitenden Verbringung gefährlicher Abfälle und ihrer Entsorgung) erfolgen. Allerdings wurde dies abgelehnt, weil es vertragsrechtlich nicht möglich ist, in einem Übereinkommen Bestimmungen eines anderen Übereinkommens für anwendbar zu erklären, wenn nicht Identität der Vertragsstaaten besteht. Deshalb wurde eine neutrale Formulierung ausgewählt; vgl. Stellungnahme des Rapporteurs zum Vorschlag der ungarischen Delegation zur Änderung von Art. 5 (neu Art. 6) und Art. 6 (neu Art. 7) des Entwurfs, CMNI/PC (1997) 6, vom 21.1.1997.

Beförderung gefährlicher Güter nicht unnötig durch Behörden aufgehalten wird, welche die Vorlage der erforderlichen Gefahrgutdokumente verlangen, bestimmt Art. 7 Abs. 1 klarstellend, dass der Absender dem Frachtführer alle diese Dokumente („alle vorgeschriebenen Papiere") spätestens bei der Übergabe der Güter zu übergeben hat. Dabei handelt es sich um eine Nebenpflicht, die jedoch den Frachtführer berechtigt, die Ausführung der Beförderung solange zu verweigern, bis er die Gefahrgutdokumente erhält. Die Regelung steht im Einklang mit Art. 6 Abs. 1 S. 2, der ganz allgemein die Pflicht zur Übergabe von Begleitpapieren spätestens bei Übergabe der Güter normiert.[11] Verletzt der Absender diese Pflicht, haftet er nach Art. 8 Abs. 1 lit. c.

**Verletzung der Pflicht aus Art. 7 Abs. 2** durch den Absender führt ebenfalls zu dessen **10** verschuldensunabhängiger Haftung nach Art. 8 Abs. 1 Satz 1a (falls den Frachtführer kein Verschulden trifft, Art. 8 Abs. 1 Satz 2). Auch hier gibt Art. 9 dem Frachtführer das Recht, vom Vertrag zurückzutreten (Abs. 1) sowie das Recht auf Distanz- oder Fautfracht (Abs. 2). Die Möglichkeit zur Risikobegrenzung nach Art. 7 Abs. 4 ergibt sich auch hier.

### IV. Rücktransport (Art. 7 Abs. 3)

Auf Grund fehlender behördlicher Zustimmung, aber auch auf Grund behördlicher **11** Anordnung kann nach Antritt der Beförderung ein Beförderungs- bzw. Ablieferungshindernis für gefährliche oder umweltschädliche Güter eintreten. Dies kann insbesondere der Fall sein, wenn zB die Gefahrgutdokumente nicht vollständig an den Frachtführer übergeben wurden. Dann stellt sich neben der Frage nach den Rechtsfolgen[12] die weitere Frage, wer für die **Kosten** eines Rücktransports aufzukommen hat. Art. 7 Abs. 3 bürdet das Risiko eines Rücktransports dem Absender auf, so dass dieser die damit verbundenen Kosten zu übernehmen hat, wenn das Gut zum Ausgangshafen zurückbefördert wird oder zu einem anderen, näher liegenden Hafen, in dem Löschung, Ablieferung oder Entsorgung möglich sind. Insoweit trägt diese Norm dem Prinzip der Verhältnismäßigkeit Rechnung, das die Rücksichtnahmepflichten im Rahmen einer vertraglichen Beziehung prägt.

Diese Regelung weicht aber vom deutschen Recht ab. Sie setzt anders als § 419 HGB **12** nicht voraus, dass der Frachtführer nach dem Eintritt des Beförderungs- bzw. Ablieferungshindernisses Weisungen bei dem Absender oder beim verfügungsberechtigten Empfänger einzuholen hat.[13] Dies ist problematisch, denn im Zweifel kennt der Absender die Eigenschaften der beförderten Güter besser als der Frachtführer, so dass er besser einschätzen kann, wie das Gut im konkreten Fall zu behandeln ist. Insoweit wurde der ansonsten zum Ausdruck kommende Grundsatz, wonach der Absender und nicht der Frachtführer der Warenfachmann ist, in Art. 7 nicht berücksichtigt.

Im Übrigen gilt die Kostentragungspflicht des Absenders unabhängig von seinem Ver- **13** schulden, unabhängig von einer Genehmigungsbedürftigkeit und unabhängig von der Rechtmäßigkeit des Fehlens oder des Entzugs der behördlichen Zustimmung bzw. auch bei Verbot des (Weiter-)transports.[14] Nach dem Wortlaut des Art. 7 Abs. 3 soll der Absender selbst dann die Kosten für einen Rücktransport (und gem. Abs. 5 Ersatz von Schäden) tragen, wenn diese Maßnahmen aus Gründen erforderlich wurden, die im Risikobereich

---

[11] Denkschrift, BR-Drucks. 563/06 S. 14. Insoweit fungiert der Begriff „Begleitpapiere" als Oberbegriff für sämtliche Dokumente, die für eine ordnungsgemäße Beförderung der Transportgüter erforderlich sind.

[12] Das Übereinkommen regelt sie nicht. Anwendbar ist nach Art. 29 das ergänzend anwendbare nationale Frachtvertragsstatut.

[13] von Waldstein/*Holland* Binnenschifffahrtsrecht Rn. 12. – Im Rahmen der 6. Sitzung des gemeinsam von der ZKR, der Donaukommission und der UN/ECE eingesetzten Ausschusses zur Ausarbeitung des Übereinkommens vom 5.2.1999 wurde im Beschlussprotokoll eine Ergänzung zu Art. 7 Abs. 3 aufgenommen, wonach der Frachtführer mangels einer Reiseweisung nach dem am Ort des Reiseunterbruchs oder am Ablieferungsort geltenden innerstaatlichen Rechts hätte verfahren sollen. Dann wäre bei Anwendung deutschen Rechts die Einholung einer Weisung von dem Absender erforderlich gewesen; vgl. CMNI/PC (1999) 4, vom 1.3.1999. Auf Anlass der BRep. Dtl. wurde diese Verweisung auf nationales Recht gestrichen, weil sie im Widerspruch zu Art. 9 (Rücktrittsrecht) stand und als allgemeiner Hinweis auf die ergänzende Anwendung nationaler Vorschriften neben Art. 29 überflüssig war; vgl. CMNI/CONF (2000) 6, vom 17.7.2000.

[14] *Koller* Rn. 4 (Abs. 3 analog).

des Frachtführers liegen. Lediglich bei Verschulden des Frachtführers soll dem Absender nach nationalem Vertragsstatut die Abwehr des Kostenersatzanspruchs des Frachtführers als rechtsmissbräuchlich möglich sein.[15] Eine solche Verantwortungszuweisung ist in der Gesamtschau hinsichtlich der damit verbundenen finanziellen Belastung des Absenders äußerst bedenklich.[16] Bedenken wurden auch im Rahmen der Denkschrift zur CMNI erläutert. Allerdings wird als Relativierung dieser Asymmetrie angeführt, dass das Risiko von Ablieferungs- und Beförderungshindernissen bei gefährlichen Gütern besonders groß sei und idR von dem Absender mitübernommen werde, so dass die Regelung in Art. 7 Abs. 3 insgesamt als vertretbar anzusehen sei.

**14**   Dennoch ist nicht nachvollziehbar, weshalb der Absender auch diejenigen Risiken tragen soll, die über die mit der Beförderung gefährlicher Güter verbundenen Transportrisiken hinausgehen. Bei unbefangener Lektüre des Art. 7 Abs. 3 trägt der Absender selbst dann die Kosten des Rücktransports, wenn das eingetretene Beförderungs- oder Ablieferungshindernis in keinem unmittelbaren Zusammenhang mit den beförderten gefährlichen Gütern steht. Zur Lösung dieser ungerechten Risikoverteilung bietet sich eine *teleologische Reduktion* des Wortlauts an, so dass der Absender nur dann die Kosten des Rücktransports zu tragen hat, wenn er diesen auch veranlasst hat, etwa weil die Ursache des Beförderungs- oder Ablieferungshindernisses in seinen Risikobereich fällt.

**15**   Gleichfalls ist an eine teleologische Reduktion der Norm zu denken, wenn der Frachtführer das Beförderungshindernis verschuldet hat.[17] Ein Schadensersatzanspruch des Absenders kann sich in diesem Falle allerdings nur nach gem. Art. 29 ergänzend anwendbarem Recht eröffnen.[18]

### V. Schutzmaßnahmen (Art. 7 Abs. 4)

**16**   Art. 7 Abs. 4 berechtigt den Frachtführer zur Ausladung bzw. Unschädlichmachung oder Vernichtung der beförderten Güter, wenn während der Beförderung ein Beförderungs- oder Ablieferungshindernis dadurch entsteht, dass von den Gütern eine unmittelbare Gefahr für Menschen, Sachen oder die Umwelt ausgeht. Der Frachtführer wird dann nicht an seiner Pflicht zur Ladungsfürsorge, seiner Beförderungs- und Ablieferungspflicht festgehalten. Diese Rechte sind unabhängig davon, ob der Frachtführer von den Gefahren Kenntnis hatte oder darüber vom Absender nach Art. 7 Abs. 1 informiert worden war.

**17**   **1. Geschützte Rechtsgüter.** Die **Schutzrichtung** des Abs. 4 ist eindeutig: Diese Norm soll Gefahren für die körperliche Unversehrtheit, Gesundheit und das Leben von Menschen, das Eigentum an Sachen und – als Allgemeingut – die Umwelt verhindern bzw. mindern, indem sie den Beförderer berechtigt, die transportierten Güter so zu behandeln, dass diese Gefahren ausgeschlossen werden. Die in der Denkschrift, S. 15, enthaltene Einschränkung, wonach nur „Menschenleben" geschützt sein sollen,[19] ist zum einen wertungswidersprüchlich, zumal nach Abs. 4 auch Sachen und die Umwelt unter Schutz stehen, ohne dass sinnvollerweise an deren totale Preisgabe gedacht war. Zum anderen dürfte eine so verstandene Einschränkung nicht dem Telos der Bestimmung entsprechen.[20]

**18**   **2. Unmittelbare Gefahr.** Art. 7 Abs. 4 setzt für das Handeln des Frachtführers eine unmittelbare Gefahr für die oben genannten Rechtsgüter voraus. Von einer **unmittelbaren Gefahr** gerade durch die gefährlichen oder umweltschädlichen Güter[21] ist auszugehen, wenn bei ungehindertem Geschehensablauf in absehbarer Zeit mit hinreichender Wahr-

---

[15]   von Waldstein/*Holland* Binnenschifffahrtsrecht Rn. 12.
[16]   Denkschrift, BR-Drucks. 563/06 S. 15.
[17]   **Krit.** *Koller* Rn. 4.
[18]   von Waldstein/*Holland* Rn. 12; *Koller* Rn. 4.
[19]   So auch *Koller* Rn. 5, der Sach- und Umweltgefahren auf das für die Lebensgefährdung vergleichbare Maß beschränken will.
[20]   Vgl. insoweit auch den frz. Wortlaut („danger immédiat pour les personnes").
[21]   von Waldstein/*Holland* Binnenschifffahrtsrecht Rn. 15.

scheinlichkeit mit einem Schaden gerechnet werden kann.[22] Es ist ein objektiver Maßstab anzulegen.[23] Schaden bedeutet, dass die durch Art. 7 Abs. 4 geschützten Rechtsgüter verletzt bzw. gemindert werden. Das Merkmal „unmittelbar" macht das Einschreiten des Frachtführers von einer besonders qualifizierten Gefahrensituation abhängig. Insbesondere indiziert dieses Erfordernis eine besondere zeitliche Nähe des Schadenseintritts.

**3. Einzelne Maßnahmen.** Welche dieser Maßnahmen im konkreten Einzelfall zulässig 19 ist, beurteilt sich nach Treu und Glauben unter Berücksichtigung der **Verhältnismäßigkeit** und der **im Einzelfall gegebenen Umstände.**[24]

Als – für den Vertragspartner des Frachtführers – mildeste Maßnahme kommt zunächst 20 das **Ausladen** der Güter in Betracht. Das Ausladen fällt dann in den Verantwortungsbereich des Absenders. Eine Kostenregelung enthält Abs. 4 im Gegensatz zu Abs. 3 nicht. Damit verbundene Schäden trägt der Absender, Art. 7 Abs. 5. Reicht allein das Ausladen der Güter zur Beseitigung der eingetretenen Gefahr für die oben genannten Rechtsgüter nicht aus, so kann der Frachtführer die Transportgüter unschädlich machen. Ein Gut ist erst dann **unschädlich,** wenn es die gefährlichen Eigenschaften verliert.[25] Dagegen darf der Frachtführer erst dann die Güter **vernichten** – dh. zerstören[26] –, wenn eine solche Maßnahme angesichts der von den Gütern ausgehenden Gefahr nicht unverhältnismäßig ist. Damit wird deutlich, dass sich der Frachtführer stets fragen muss, ob eine andere – weniger einschneidende – Maßnahme genauso effektiv und sicher zur Gefahrenbehebung führen kann. Diese auf Verhältnismäßigkeitserwägungen beruhende Einschränkung der Vernichtungsmaßnahme des Frachtführers wurde auf Vorschlag der deutschen und französischen Delegation eingeführt, um Missbrauch zu vermeiden.[27] Die Vernichtung der Güter als äußerste Maßnahme darf nur dann eingesetzt werden, wenn die Gefahr so groß ist, dass diese Maßnahme der Einzige vorstellbare und praktikable Weg zu sein scheint, um die Bedrohung abzuwenden.[28] Mit der Wendung „zu sein scheint" wird deutlich, dass die Beurteilung der Gefahrensituation **ex ante aus der Sicht eines ordentlichen Frachtführers** zu erfolgen hat.

Im Gegensatz zu § 410 Abs. 2 Nr. 1 HGB und Art. 22 Abs. 2 CMR ist das Recht des 21 Frachtführers, die oben genannten Maßnahmen zu ergreifen, nicht auf den Fall unzureichender Information durch den Absender beschränkt. Dies lässt sich bereits mit der eindeutigen Schutzrichtung des Art. 7 Abs. 4 erklären und durch die Art der Gefahr rechtfertigen.[29]

**4. Einschränkungen.** Es ist darauf hinzuweisen, dass dieses Recht des Frachtführers 22 besonders einschneidend ist: Er ist nämlich nicht verpflichtet, den Absender oder Empfänger um Erteilung einer Weisung zu ersuchen.[30] Vielmehr räumt Art. 7 Abs. 4 dem Frachtführer die Möglichkeit ein, **unverzüglich** die notwendigen Maßnahmen zu ergreifen.[31] Außerdem besteht das Recht des Frachtführers aus Art. 7 Abs. 4 selbst dann, wenn der Absender seine

---

[22] So aus dem allg. Polizeirecht: vgl. *Würtenberger/Heckmann/Riggert,* Polizeirecht, Rn. 411 ff. Rechtsdogmatischen Bedenken gegen die Verwendung dieser Definition aus dem Polizeirecht könnten darin bestehen, dass im Zivilrecht keine Gefahrenprävention, sondern eine soziale Konfliktlösung stattfindet. Allerdings ist die auch gefahrenpräventive Funktion des Art. 7 Abs. nicht zu übersehen.

[23] von Waldstein/*Holland* Binnenschifffahrtsrecht Rn. 15.

[24] Siehe dazu EBJS/*Reuschle* § 410 HGB Rn. 9 und die Denkschrift des Bundesjustizministeriums zum Budapester Übereinkommen (CMNI), S. 15.

[25] Vgl. etwa *Koller* § 410 HGB Rn. 15.

[26] Vgl. dazu *Koller* § 410 HGB Rn. 15.

[27] Vgl. Stellungnahme der Regierung der Bundesrepublik Deutschland, CMNI/CONF (2000) 6, vom 17.7.2000, S. 11 und Vorlage der Regierung Frankreichs, CMNI/CONF (2000) 9, vom 31.8.2000, S. 2.

[28] So ausdrücklich die Vorlage der Regierung Frankreichs, CMNI/CONF (2000) 9, vom 31.8.2000, S. 2.

[29] Denkschrift, BR-Drucks. 563/06 S. 15; ein vergleichbarer Ansatz lässt sich auch aus Art. 4 § 6 VR, Art. 13 Abs. 4 HHR und § 564b Abs. 2 HGB entnehmen.

[30] Dies schließt jedoch nicht aus, dass der Frachtführer vor Maßnahmen iS des Art. 7 Abs. 4 beim Absender Rückfragen stellt; vgl. dazu *Koller* § 410 HGB Rn. 14, der eine solche Rückfragepflicht aus dem Verhältnismäßigkeitsprinzip herleitet.

[31] Denkschrift, BR-Drucks. 563/06 S. 15.

Pflichten aus Art. 7 Abs. 1 und Art. 6 Abs. 2 erfüllt hat.[32] Dies soll diesbezüglich Beweis-schwierigkeiten seitens des Frachtführers verhindern und somit zu einer eindeutigen Risikozu-weisung zu Lasten des Absenders führen. Dadurch wird zweierlei zum Ausdruck gebracht: Zum einen handelt es sich um Maßnahmen, die erst durch eine Notsituation erforderlich werden und wichtige Rechtsgüter vor erheblichen, existenziellen Schäden (Gefahr für Men-schenleben) bewahren sollen. Zum anderen soll die Ausführung dieser Maßnahmen nicht durch das Ersuchen von Weisungen – zumeist unnötig – verzögert werden.

23      Allgemein gilt jedoch auch hier die auf dem Grundsatz von Treu und Glauben (§ 242 BGB) beruhende Einschränkung iS des **Verhältnismäßigkeitsprinzips.** Der Frachtführer darf m. a. W. unter Berücksichtigung seines legitimen Interesses, sich der von dem gefährli-chen Gut ausgehenden Gefahren möglichst schnell zu entledigen, nur das den Absender und Eigentümer der Güter **schonendste Mittel** auswählen.[33] Dies betrifft die Art der Entledigung ebenso wie ihre Umsetzung im Einzelnen (Zeitpunkt, Ort und Art der Ausladung; Art der Vernichtung). Andererseits muss der drohende Schaden an den geschützten Rechtsgütern ein bestimmtes Maß erreichen, der die Ergreifung der normierten einschneidenden Rechtsfolgen verhältnismäßig erscheinen lässt.[34] Die qualifizierten Voraussetzungen des Art. 7 Abs. 4 und die vorgenannten Abwägungsgebote lassen es auch ohne ausdrückliche Regelung sinnvoll und angemessen erscheinen, dem Frachtführer bei Erkennbarkeit der unmittelbar drohenden Gefahr vor Übernahme der Güter das Recht zu geben, die Übernahme der Güter abzulehnen und sie zurückzuweisen, ohne dadurch den Frachtvertrag zu verletzen.[35]

24      **5. Schäden des Absenders.** Etwas eigenartig erscheint auf den ersten Blick, dass Abs. 4 keine Regelung über den Ersatz von Schäden des Absenders enthält, die dadurch entstehen, dass der Frachtführer bei der Ausführung der oben genannten Maßnahmen unsorgfältig handelt. Allerdings ist bei solchen Schäden auf die in Art. 16 Abs. 1 normierte Haftungs-grundlage zurückzugreifen.[36]

25      **6. Art. 7 Abs. 4 als Rechtfertigungsgrund.** Art. 7 Abs. 4 könnte im Übrigen auch einen Rechtfertigungsgrund für eine eventuelle deliktische Haftung des Frachtführers für Güterschäden darstellen. Der nicht mit dem Absender personengleiche Eigentümer der Güter könnte nämlich seinen durch die Vernichtung der Güter entstandenen Schaden gegen den Frachtführer geltend machen, wenn im Verhältnis zu Dritten Art. 7 Abs. 4 keine Rechtfertigungswirkung entfaltet. Allerdings kämen andere Rechtfertigungsgründe – wie etwa § 34 StGB oder §§ 228, 904 BGB – durchaus in Betracht. Schließlich könnte auch das Vorliegen eines Verschuldens schwer nachzuweisen sein.

### VI. Schadensersatz (Art. 7 Abs. 5)

26      Nach Art. 7 Abs. 5 kann der Frachtführer von dem Absender Ersatz für Schäden verlan-gen, die ihm im Zusammenhang mit den in Abs. 3 und Abs. 5 genannten Maßnahmen entstehen. Art. 7 Abs. 5 stellt eine selbständige Anspruchsgrundlage dar. Im Falle des Abs. 5 könnte die Fracht als Mindestschaden liquidierbar sein.

27      Allerdings setzt dieser Schadensersatzanspruch zunächst voraus, dass die von dem Fracht-führer getroffenen Maßnahmen **„berechtigt"** sind. Berechtigt sind jedoch nur solche Maß-nahmen, die im Einklang mit den in Abs. 3 und 5 umschriebenen Anforderungen ergriffen

---

[32] Insoweit ist der Wortlaut der Norm in ihrer endgültigen Fassung nicht so eindeutig („auch wenn er vor Übernahme der Güter auf die ihnen innewohnenden Gefahren oder Umweltrisiken hingewiesen worden ist") wie der des konsolidierten Entwurfes bis einschließlich 1998, vgl. CMNI/PC (1997) 28, vom 31. Dezem-ber 1997, S. 3, wo noch folgende Formulierung vorhanden war: „auch wenn der Absender seine Pflichten nach Art. 7 Abs. 1 eingehalten hat".

[33] *Koller* § 410 HGB Rn. 13; vgl. auch die Stellungnahme der Regierung der Brep. Dtld., CMNI/CONF (2000) 6, vom 17.7.2000, S. 11 und der Regierung Frankreichs, CMNI/CONF (2000) 9, vom 31.8.2000, S. 2.

[34] von Waldstein/*Holland* Binnenschifffahrtsrecht Rn. 15.

[35] von Waldstein/*Holland* Binnenschifffahrtsrecht Rn. 17.

[36] Vgl. zu diesem Punkt auch Denkschrift BR-Drucks. 563/06 S. 15.

wurden. Dazu zählen neben Schäden auch **freiwillige Aufwendungen** (a. e. Art. 7 Abs. 3; Art. 8 Abs. 1 Satz 1).[37] Insbesondere hat der Frachtführer das **Verhältnismäßigkeitsprinzip** zu beachten, das durch den Grundsatz von Treu und Glauben im frachtvertraglichen Verhältnis zum Absender Anwendung findet. Im Übrigen muss im Einzelfall die Ausführung der in Abs. 3 und 5 vorgesehenen Maßnahmen **kausal** für den entstandenen Schaden gewesen sein. Kosten, die dadurch entstehen, dass der Frachtführer die Güter zurückbefördern muss, sind schon nach Abs. 3 zu erstatten. Insoweit ist Abs. 3 die speziellere Regelung. Eine dem Art. 7 Abs. 5 vergleichbare Schadensersatzregelung findet sich in Art. 4 § 6 S. 1 aE HVR und in Art. 22 CMR.

Hat der Frachtführer die unmittelbar drohende Gefahr selbst schuldhaft herbeigeführt **28** oder hat er unberechtigterweise eine solche Gefahr angenommen, haftet er dem Absender für Güterschäden und Verspätungsschäden nach den Art. 16 ff. Für von Art. 16 nicht erfasste Schäden sind etwaige Ansprüche aus ergänzend anwendbarem nationalen Recht herzuleiten.

Ausschluss der Rechte aus Abs. 3 oder 4 wegen Verschuldens des Frachtführers führt **29** auch zum Wegfall des Ersatzanspruchs aus Abs. 5. Tritt der Frachtführer vom Frachtvertrag nach Art. 9 Abs. 2 zurück und entlädt er die Güter, so sind die Ansprüche aus Art. 7 Abs. 3 und 5 gleichfalls ausgeschlossen, und umgekehrt.[38]

### VII. Beweislast

Der Frachtführer hat darzulegen und zu beweisen, dass Gegenstand des Vertrages die **30** Beförderung gefährlicher oder umweltschädlicher Güter ist, dass eine unmittelbar drohende Gefahr bestand sowie die Voraussetzungen geltend gemachter Ansprüche (Entstehung und Umfang).

### VIII. Abweichende Vereinbarungen

Art. 7 ist dispositiv. Zulässig sind vertragliche Vereinbarungen, die den Absender von **31** seinen Verpflichtungen nach Abs. 1 und 2 befreien bzw. die den Frachtführer in seinen Rechten aus Abs. 3, 4 und 5 beschränken. Rechtsfolgen bei Nichterfüllung der Vereinbarungen ergeben sich wiederum je nach Schadensart aus den Art. 16 bzw. ergänzend anwendbarem nationalen Recht.

### Art. 8 Haftung des Absenders

(1) ¹**Der Absender haftet, auch ohne dass ihn ein Verschulden trifft, für alle Schäden und Aufwendungen, die dem Frachtführer oder dem ausführenden Frachtführer dadurch entstanden sind, dass**
a) **die Angaben oder Hinweise nach Artikel 6 Absatz 2 oder Artikel 7 Absatz 1 fehlen, unrichtig oder unvollständig sind,**
b) **gefährliche oder umweltschädliche Güter nicht gemäß anwendbaren internationalen oder innerstaatlichen Vorschriften oder, mangels solcher Vorschriften, gemäß allgemein in der Binnenschifffahrt anerkannten Regeln und Gepflogenheiten gekennzeichnet oder etikettiert sind,**
c) **die erforderlichen Begleitpapiere fehlen, unrichtig oder unvollständig sind.**
²**Der Frachtführer kann sich nicht auf die Haftung des Absenders berufen, wenn nachgewiesen wird, dass ihn selbst, seine Bediensteten oder Beauftragten ein Verschulden trifft. ³Gleiches gilt für den ausführenden Frachtführer.**

(2) **Der Absender hat für die Erfüllung seiner Aufgaben und Pflichten nach den Artikeln 6 und 7 Handlungen und Unterlassungen von Personen, deren er sich**

---

[37] von Waldstein/*Holland* Binnenschifffahrtsrecht CMNI Rn. 13 (Beispiele: Liegegeld, Lagerkosten, Kautionen).
[38] von Waldstein/*Holland* Binnenschifffahrtsrecht Rn. 14.

dafür bedient, wie seine eigenen Handlungen und Unterlassungen zu vertreten, sofern diese Personen in Ausübung ihrer Verrichtungen handeln.

## Art. 8 Responsabilité de l'expéditeur

1. L'expéditeur, même si aucune faute ne peut lui être imputée, répond de tous les dommages et dépenses occasionnés au transporteur ou au transporteur substitué par le fait que

a) les indications ou précisions visées à l'article 6 paragraphe 2 ou à l'article 7 paragraphe 1, sont manquantes, inexactes ou incomplètes;

b) les marchandises dangereuses ou polluantes ne sont pas marquées ou étiquetées conformément à la réglementation internationale ou nationale applicable ou, en l'absence de telles réglementations, suivant les règles et usages généralement reconnus en navigation intérieure;

c) les documents d'accompagnement nécessaires sont manquants, inexacts ou incomplets.

Le transporteur ne peut invoquer la responsabilité de l'expéditeur s'il est démontré que la faute est imputable à lui-même, à ses préposés ou mandataires. Il en est de même pour le transporteur substitué.

2. L'expéditeur répond des actes et omissions des personnes auxquelles il a recours pour assurer les tâches et satisfaire aux obligations visées aux articles 6 et 7, comme s'il s'agissait de ses propres actes et omissions pour autant que ces personnes agissent dans l'accomplissement de leurs fonctions.

## Art. 8 Liability of the shipper

1. The shipper shall, even if no fault can be attributed to him, be liable for all the damages and costs incurred by the carrier or the actual carrier by reason of the fact that:

(a) the particulars or information referred to in articles 6, paragraph 2, or 7, paragraph 1, are missing, inaccurate or incomplete;

(b) the dangerous or polluting goods are not marked or labelled in accordance with the applicable international or national regulations or, if no such regulations exist, in accordance with rules and practices generally recognized in inland navigation;

(c) the necessary accompanying documents are missing, inaccurate or incomplete.

The carrier may not avail himself of the liability of the shipper if it is proven that the fault is attributable to the carrier himself, his servants or agents. The same applies to the actual carrier.

2. The shipper shall be responsible for the acts and omissions of persons of whose services he makes use to perform the tasks and meet the obligations referred to in articles 6 and 7, when such persons are acting within the scope of their employment, as if such acts or omissions were his own.

### Übersicht

|  | Rn. |  | Rn. |
|---|---|---|---|
| I. Normzweck und Systematik | 1–4 | III. Fehlendes Verschulden des Frachtführers, Art. 8 Abs. 1 Satz 2 und 3 | 15 |
| II. Haftungstatbestände | 5–14 |  |  |
| 1. Art. 8 Abs. 1 S. 1 lit. a | 5–11 |  |  |
| a) Angaben nach Art. 6 Abs. 2 | 6, 7 | IV. Zurechnung von Verhalten Dritter, Art. 8 Abs. 2 | 16–19 |
| b) Angaben nach Art. 7 Abs. 1 | 8 |  |  |
| c) Unvollständigkeit, Unrichtigkeit oder Fehlen der Angaben bzw. Hinweise | 9–11 | V. Umfang der Haftung | 20 |
| 2. Art. 8 Abs. 1. S. 1 lit. b | 12, 13 | VI. Abweichende Parteivereinbarungen | 21–22a |
| 3. Art. 8 Abs. 1 S. 1 lit. c | 14 | VII. Beweislast | 23 |

## I. Normzweck und Systematik

1    Art. 8 Abs. 1 regelt die Absenderhaftung als Gegenstück zur Frachtführerhaftung (vgl. Art. 16 ff. des Übereinkommens). Somit setzt sich das zwischen den Risikobereichen des Absenders einerseits und des Frachtführers andererseits unterscheidende Haftungssystem –

das bereits in der CMR vorzufinden war und später durch die Transportrechtsreform[1] in das HGB eingeführt wurde – auch in der CMNI durch.

Art. 8 statuiert eine Haftung für alle Schäden und Aufwendungen für den Fall, dass **2** der Absender nicht vollständige Angaben über das Ladegut macht, wenn gefährliche oder umweltschädliche Güter nicht hinreichend gekennzeichnet sind oder wenn die erforderlichen Begleitpapiere fehlen, unrichtig oder unvollständig sind. Die Haftung des Absenders ist besonders streng: Er haftet **verschuldensunabhängig** und der Höhe nach **unbegrenzt.** Die Haftung des Absenders wird damit im Vergleich zum geltenden deutschen Frachtrecht – § 414 HGB sieht nämlich eine Haftungsbeschränkung auf 8,33 SZR je Kilogramm Sendung vor – erheblich verschärft.[2] Insgesamt wurden auch die enumerativ aufgelisteten Haftungstatbestände mit weiteren Pflichtverletzungen ergänzt, so dass der Umfang des Haftungstatbestands zu Lasten des Absenders im Vergleich zum deutschen Frachtrecht weiter gefasst wurde. Auf der einen Seite enthält Art. 8 Abs. 1 keine verschuldens*un*abhängige Haftung für ungenügende Verpackung.[3] Auf der anderen Seite haftet der Absender jedoch auch für gänzlich fehlende Angaben bzw. Hinweise. Zudem müssen die Angaben nicht im Frachtbrief eingetragen sein, aber dennoch schriftlich an den Frachtführer mitgeteilt werden. Obwohl die deutsche Delegation gegen diese im Vergleich zum deutschen Frachtrecht und zur Frachtführerhaftung nach der CMNI drastisch verschärfte Haftung des Absenders Bedenken äußerte, teilten andere Vertragsstaaten diese nicht.[4]

Hintergrund dieser verschuldensunabhängigen Haftung ist der Grundsatz, wonach der **3** Absender als **Warenfachmann** in der Regel die Wareneigenschaften besser als der Frachtführer kennt, so dass er durch vollständige und richtige Angaben sowie durch die Besorgung der erforderlichen Begleitdokumente Beförderungs- und Ablieferungshindernisse und sonstige Schäden bzw. Aufwendungen des Frachtführers vermeiden kann. Vergleichbare Schadensersatzregelungen sind in der CMR enthalten: Art. 7, 10, 11 Abs. 2 und 22 CMR. Auch Vorschriften aus dem deutschen Handelsrecht enthalten ähnliche Haftungsregelungen (vgl. etwa § 414 HGB).

Art. 8 enthält – jedenfalls in Ansehung von Verstößen gegen die Absenderpflichten aus **4** Art. 6 und Art. 7 – **abschließende Haftungstatbestände,** so dass eine **analoge Anwendung** auf andere Pflichtverletzungen des Absenders **unzulässig** ist.[5] Zum einen sind die sanktionierten Pflichtverletzungen enumerativ aufgelistet, so dass zum Ausdruck gebracht wird, dass der Absender nur bei Verletzung *dieser* ausdrücklich normierten Pflichten haftet. Zum anderen ist die strenge verschuldensunabhängige Haftung des Absenders nicht ohne weiteres auch auf andere, nicht ausdrücklich geregelte Verhaltensweisen übertragbar. Nach nationalem Recht kommt eine verschuldensunabhängige Haftung nicht in Betracht.[6] **AA** *Ramming* HdB Binnenschifffahrtsrecht, Rn. 413: **Sonstige Haftung** (wenn keiner der in Art. 8 Abs. 1 S. 1 aufgeführten Fälle in Betracht kommt) nach über Art. 29 anwendbarem Sachrecht, also nach § 414 HGB und ergänzend nach § 280 Abs. 1 BGB. Die Darlegung des Nichtverschulden bzw. des (Mit-)verschuldens des Frachtführers, seiner Bediensteten oder Beauftragten entlastet den Absender gem. Art. 8 Abs. 1 S. 2, gleich ob er verschuldensunabhängig oder verschuldensabhängig haftet (§ 280 Abs. 1 BGB).

## II. Haftungstatbestände

**1. Art. 8 Abs. 1 S. 1 lit. a.** Art. 8 I Abs. 1 lit. a knüpft an die bloße Tatsache an, dass **5** bestimmte Angaben oder Hinweise nach Art. 6 Abs. 2 und Art. 7 Abs. 1 gänzlich fehlen, unrichtig oder unvollständig sind.

---

[1] Gesetz zur Neuregelung des Fracht-, Speditions-, und Lagerrechts (Transportrechtsreformgesetz – TRG) vom 25.6.1998, BGBl. I S. 1588.
[2] Vgl. etwa Denkschrift, BR-Drucks. 563/06 S. 36 f.
[3] Str., vgl. oben Art. 6 Rn. 36a, 37, wobei dies auch damit begründet werden kann, dass bei Binnenschiffsbeförderungen die Transportgüter idR seltener verpackt werden als etwa bei Landtransporten.
[4] *Czerwenka* TranspR 2001, 277, 282.
[5] von Waldstein/*Holland* Binnenschifffahrtsrecht Rn. 6 iVm. Art. 6 CMNI Rn. 20; *Koller* Rn. 1.
[6] Str., vgl. oben Rn. 2 und Art. 6 Rn. 36a, 37.

**6**     **a) Angaben nach Art. 6 Abs. 2.** Der Absender hat nach Art. 6 Abs. 2 dem Frachtführer
vor Übergabe der Güter folgende Angaben bzw. Hinweise über die zu befördernden Güter
schriftlich (vgl. Art. 1 Nr. 8) mitzuteilen:
- Maß, Zahl oder Gewicht und Stauungsfaktor der Güter,
- Merkzeichen, die für die Unterscheidung der Güter erforderlich sind,
- Natur, besondere Merkmale und Eigenschaften der Güter,
- Weisungen für die zollrechtliche oder sonstige amtliche Behandlung der Güter,
- weitere für die Aufnahme in die Frachturkunde erforderliche Angaben.

**7** Auch hier gilt: Auf Grund der strengen Haftung des Absenders – verschuldensunabhängig
und der Höhe nach unbegrenzt –, sind die einzelnen Angabepflichten wortlautgetreu auszulegen. Eine Analogie zu ihnen ist grundsätzlich ausgeschlossen: Andernfalls könnte die
Haftung des Absenders – entgegen dem mit der enumerativen Auflistung der Angaben nach
Art. 6 Abs. 2 verfolgten Zweck des Übereinkommens – ausufern.

**8**     **b) Angaben nach Art. 7 Abs. 1.** Art. 8 Abs. 1 S. 1 lit. a regelt die verschuldensunabhängige Haftung des Absenders für fehlende, unrichtige oder unvollständige Angaben über
die gefährlichem Gut innewohnende Gefahren und Umweltrisiken und die zu treffenden
Vorsichtsmaßnahmen. Dieser Haftungstatbestand entspricht im Wesentlichen der Haftung
nach deutschem Frachtrecht (vgl. § 414 Abs. 1 S. 1 Nr. 3 HGB).[7] Da die Absenderhaftung
nach der CMNI nicht der Höhe nach begrenzt ist, stellt die Gefahrgutbeförderung nicht
nur für den Frachtführer, sondern auch für den Absender ein hohes – kaum einschätzbares –
Haftungsrisiko dar. Die verschuldensunabhängige Haftung des Absenders nach Art. 8 geht
auch insoweit weiter als die im deutschen Frachtrecht geregelte, als der Absender auch für
fehlende Mitteilungen bezüglich der einzuleitenden Vorsichtsmaßnahmen haftet.

**9**     **c) Unvollständigkeit, Unrichtigkeit oder Fehlen der Angaben bzw. Hinweise.**
Die Kumulation der Haftungstatbestände macht eine Abgrenzung der Einzelfälle obsolet.
**Unvollständigkeit** liegt dann vor, wenn wesentliche Angaben oder wesentliche Teile der
Angaben fehlen oder nicht eindeutig sind. Ein Umstand muss angesprochen worden und
die Angaben dazu müssen in sich unvollständig sein.[8] Andernfalls liegt das Tatbestandsmerkmal des Fehlens der Angabe vor. Anders als im deutschen Recht liegt durch Nichtaufnahme
von Angaben im Frachtbrief keine dem Absender anrechenbare Unvollständigkeit liegt vor,
denn nach Art. 11 Abs. 1 hat grundsätzlich der Frachtführer die Pflicht, die Frachturkunde
auszustellen.[9]

**10**     **Unrichtig** sind alle Angaben, die positiv nicht der objektiven Wahrheit entsprechen[10]
und somit geeignet sind, den Frachtführer in die Irre zu führen.

**11**     Anders als in Art. 7 CMR und in § 414 HGB sieht Art. 8 Abs. 1 eine Haftung auch für
gänzlich **fehlende Angaben** vor.[11] Eine Angabe fehlt, wenn sie schriftlich überhaupt nicht
mitgeteilt wurde. Dass der Absender auch für fehlende Angaben haftet, ist nicht selbstverständlich und stellt insoweit ein Novum im Rahmen der Absenderhaftung im Transportrecht dar. Jedenfalls wenn die Unvollständigkeit der Angaben für ihn erkennbar ist, könnte
der Frachtführer beim Fehlen von Angaben oder Hinweisen nicht schutzwürdig sein, weil
er vom Absender die Komplettierung verlangen kann.[12] Weil das Vorliegen einer solchen
Konstellation nicht immer sicher erweisbar ist, sondern eher streitbelastet zu werden droht,
haben sich die Signatarstaaten für eine durchgehende und ausdrückliche Normierung der
Haftung des Absenders auch für gänzlich fehlende Angaben entschieden. Andernfalls wäre

---

[7] Denkschrift, BR-Drucks. 563/06 S. 37.
[8] *Koller* § 414 HGB Rn. 9.
[9] von Waldstein/*Holland* Binnenschifffahrtsrecht Rn. 2.
[10] *Andresen/Valder* § 414 HGB Rn. 16; *Koller* § 414 HGB Rn. 9.
[11] Denkschrift, BR-Drucks. 563/06 S. 37.
[12] Vgl. zur Rechtslage der CMR: *Thume/Teutsch* Art. 7 CMR Rn. 7, *Koller* Art. 7 CMR Rn. 1 (der
jedoch eine Haftung nach ergänzend anwendbaren nationalen Recht annimmt), EBJS/*Boesche* Art. 7 CMR
Rn. 1.

auch zu befürchten gewesen, dass sich die im Rahmen der CMR vertretene herrschende Auffassung gegen eine solche Haftung des Absenders auch hier durchgesetzt hätte.

**2. Art. 8 Abs. 1. S. 1 lit. b.** Art. 8 Abs. 1 S. 1 lit. b sieht eine verschuldensunabhängige **12** Haftung des Absenders vor, wenn gefährliche oder umweltschädliche Güter nicht gemäß anwendbaren internationalen oder innerstaatlichen Vorschriften oder, mangels solcher Vorschriften, gemäß allgemein in der Binnenschifffahrt anerkannten Regeln und Gepflogenheiten gekennzeichnet oder etikettiert sind. Die Art der vereinbarten Beförderung ist bei Bezugnahme auf diese Rechtsquellen zu berücksichtigen (vgl. Art. 6 Abs. 3 Satz 2). Die allgemeine Kennzeichnungspflicht dient der **Vermeidung von Verwechslungen** und ist ordnungsgemäß erfüllt, wenn die unmittelbar mit der Verladung, Stauung und Entladung befassten Personen ohne Schwierigkeiten das Gut auf Vollzähligkeit und Identität überprüfen können und somit an den richtigen Empfänger abliefern können. Die besondere Kennzeichnung von Gefahrgütern dient aber darüber hinaus auch der **Verhinderung von Umwelt- und sonstigen Schäden.** Denn regelmäßig kann der richtige Empfänger mit dem Gefahrgut umgehen, weil er die speziellen Eigenschaften kennt bzw. kennen sollte. Somit lässt sich die gesonderte Haftung wegen der Verletzung von Etikettierungs- und Kennzeichnungspflichten bei Gefahrguttransporten erklären, die zB das deutsche Frachtrecht so nicht kennt. Eine etwas allgemeiner gefasste Regelung findet sich im deutschen Transportrecht in § 414 Abs. 1 S. 1 Nr. 1 HGB. Somit knüpft Art. 8 Abs. 1 S. 1 lit. b an die in Art. 6 Abs. 3 S. 2 begründete Pflicht des Absenders an, die Transportgüter zu kennzeichnen.[13]

Fehlt die Kennzeichnung gänzlich, stellt sich die Frage, inwiefern der Frachtführer den **13** Absender darauf hinzuweisen hat. Soweit dem Frachtführer die fehlende Kennzeichnung der Güter **positiv bekannt** ist, sollte er den Absender informieren, damit dieser seine Kennzeichnungs- und Etikettierungspflicht nachholen kann.[14]

**3. Art. 8 Abs. 1 S. 1 lit. c.** Fehlen die erforderlichen Begleitdokumente oder sind sie **14** unvollständig oder unrichtig, muss der Frachtführer idR mit **Beförderungs- und Ablieferungshindernissen** sowie mit **Bußgeldern** und sonstigen **hoheitlichen Maßnahmen** von Zollbehörden rechnen. Deshalb sieht Art. 8 Abs. 1 S. 1 lit. c eine Haftung des Absenders ohne Verschulden auch dann vor, wenn die erforderlichen Dokumenten vor Antritt der Beförderung nicht ordnungsgemäß zur Verfügung gestellt wurden. Insoweit knüpft dieser Haftungstatbestand an die nach Art. 6 Abs. 2 Satz 2 bestehende Pflicht des Absenders, die Begleitpapiere rechtzeitig dem Frachtführer zu übergeben. Dieser Haftungstatbestand entspricht weitgehend deutschem Frachtrecht (vgl. § 414 Abs. 1 S. 1 Nr. 4 HGB).[15] Auch die CMR kennt eine ähnliche Haftungsnorm (vgl. Art. 11 Abs. 2 S. 2 CMR).

**III. Fehlendes Verschulden des Frachtführers, Art. 8 Abs. 1 Satz 2 und 3**

Wird ein Verschulden des (ausführenden) Frachtführers oder seiner Bediensteten oder **15** Beauftragten nachgewiesen, kann er sich nicht auf die Haftung des Absenders berufen. Die Vorschrift ist ungenau. Sie konnotiert dem Wortlaut nach *völligen* Wegfall der Haftung des Absenders nach Art. 8 Abs. 1 Satz 1 bei auch nur geringstem Verschuldensanteil des Frachtführers.[16] Hierüber wird schon bei der ähnlich formulierten Haftungsnorm des Art. 11 Abs. 2 Satz 2 CMR gestritten.[17] Ein Alles-oder-Nichts-Prinzip iS kompensatorischen Mitverschuldens erscheint unausgewogen und konterkariert faktisch nur allzu leicht

---

[13] Denkschrift, BR-Drucks. 563/06 S. 37.

[14] So die hM zum deutschen Frachtrecht: OLG Hamburg 14.3.1969, VersR 1970, 51; OLG München 1.2.1992, TranspR 1992, 185, 186; *Koller* § 411 HGB Rn. 17; *Fremuth/Thume* § 411 HGB Rn. 12.

[15] Denkschrift, BR-Drucks. 563/06 S. 37.

[16] So *Koller* Rn. 2 sub e). Nicht betroffen sind also von vornherein die sich nach nationalem Recht (über Art. 29) richtenden Fälle. Hier gilt – etwa bei Geltung deutschen Rechts – uneingeschränkt § 254 BGB, von Waldstein/*Holland* Binnenschifffahrtsrecht Rn. 8.

[17] Zum Streitstand dort *Koller* Art. 11 CMNI Rn. 3 Fn. 39 (für Wegfall der Absenderhaftung nach dem Grundsatz des kompensatorischen Mitverschuldens; ebenso Art. 11 CMR Rn. 5; aA (für Anwendung der

die verschuldensunabhängige Absenderhaftung. Wegen seiner geradezu streitfördernden Wirkung sollte auch nach Ansicht der Bundesregierung trotz des ungenauen Wortlauts (es müsste heißen „*soweit* nachgewiesen ist") am Prinzip des komparativen Mitverschuldens festgehalten werden.[18] Damit bleibt es in dem Falle eines **Mitverschuldens** des Frachtführers oder dessen Beauftragter oder Bediensteter beim Verschuldenserfordernis für den Absender.[19] Es entfällt nur die verschuldensunabhängige Haftung des Absenders. Die Wirkung des Verhältnisses beider Verschulden wird vom (über Art. 29) ergänzend anwendbaren Vertragsstatut beherrscht.[20]

### IV. Zurechnung von Verhalten Dritter, Art. 8 Abs. 2

16    Nach Art. 8 Abs. 2 muss sich der Absender Handlungen und Unterlassungen der Personen, deren er sich zur Erfüllung seiner nach Art. 6 und 7 bestehenden Pflichten bedient, zurechnen lassen. Art. 17 Abs. 1 sieht für die Haftung des Frachtführers eine ähnliche Vorschrift vor, wo von Bediensteten und Beauftragten die Rede ist. Der abweichende Wortlaut in Art. 8 Abs. 2 („deren er sich bedient") spricht aber gegen Weisungsgebundenheit und für eine freiere Stellung des eingeschalteten Dritten. Erfasst sind daher auch Selbständige.[21]

17    Voraussetzung ist allerdings, dass diese Personen in **Ausübung ihrer Verrichtungen** (für den Absender) handeln und Schaden verursachen. Gefordert ist also ein innerer sachlicher Zusammenhang zwischen schadensverursachender Handlung und übertragener Verrichtung.[22] Die ist idR wohl dann der Fall, wenn die Übertragung einer Tätigkeit/Aufgabe das Schädigungsrisiko erheblich steigert und der Absender mit dessen Eintritt rechnen konnte.[23] Hier kann eine Einzelfallbetrachtung geboten sein. Der Sache nach handelt es sich um **Verhaltenszurechnung eigener Art** (dh. nicht nach § 278 BGB), unabhängig davon, welcher Verschuldensmaßstab (verschuldensunabhängig oder – abhängig) dazu Art. 6 Rn. 36a, 37) zugrunde gelegt wird.[24] Die Darlegung des Nichtverschulden bzw. des (Mit-)verschuldens des Frachtführers, seiner Bediensteten oder Beauftragten entlastet den Absender gem. Art. 8 Abs. 1 S. 2, gleich ob er verschuldensunabhängig oder verschuldensabhängig haftet (§ 280 Abs. 1 BGB). In allen nicht von Art. 8 Abs. 2 erfassten Fällen erfolgt eine Verhaltenszurechnung über Zurechnungsnormen des anwendbaren Sachrechts, bei deutschem Recht mithin nach § 278 BGB.

18    Das Verhalten außenstehender Dritter ist erst recht nicht zurechenbar.[25] Diese Einschränkung ist Ausgleich der Zurechnung von Drittverhaltens bei strenger Kausalhaftung des Absenders nach Abs. 1 Satz 1.[26]

19    Sachlich beschränkt sich die Zurechnung nach Art. 8 Abs. 2 auf die in Art. 6 und 7 genannten Pflichten. Die Verletzung anderer als dort genannter Pflichten ist nur nach (über Art. 29) ergänzend anwendbarem Vertragsstatut zurechenbar, im deutschen Recht folglich nach § 278 BGB für Vertragspflichten und nach § 831 BGB für die deliktische Haftung.

---

Grundsätze des Mitverschuldens und der Haftungsteilung nach § 254 BGB) *Herber/Piper* CMR Art. 11 Rn. 12; E/B/J/S/*Boesche* Art. 11 CMR Rn. 4; *Gündisch,* Absenderhaftung, 66; Staub/*Helm,* HGB, Anh. VI § 452, Art. 11 CMR Rn. 10; *Thume/Temme* CMR Art. 11 Rn. 24.

[18] So auch die Denkschrift, BT-Drucks. 563/06 S. 37 (linke Sp. unten); *Ramming,* HdB Binnenschifffahrtsrecht, Rn. 411.

[19] von Waldstein/*Holland* Binnenschifffahrtsrecht Rn. 9.

[20] LG Stade Urt. v. 25.5.2009, ZfB 2009, Nr. 10, 75–77, Rn. 31; von Waldstein/*Holland* Binnenschifffahrtsrecht Rn. 9 und 10.

[21] von Waldstein/*Holland* Binnenschifffahrtsrecht Rn. 13.

[22] von Waldstein/*Holland* Binnenschifffahrtsrecht Rn. 14; *Koller* Rn. 2 Fn. 6. – Zu Art. 8 Abs. 2 findet sich im deutschen Frachtrecht keine entsprechende Regelung. Allerdings gilt dort § 278 BGB, der die gleiche Rechtsfolge anordnet.

[23] *Koller* Art. 3 CMR Rn. 5; von Waldstein/*Holland* Binnenschifffahrtsrecht Rn. 14.

[24] So wohl auch von Waldstein/*Holland* Rn. 17; aA *Koller* Rn. 2; *Ramming,* HdB Binnenschifffahrtsrecht, Rn. 410, 413 (besonderer, „auf die Ursächlichkeit bezogener Entlastungsgrund").

[25] Bsp. bei *Koller* Rn. 2 sub d): Verfälschung einer Nachricht iSv. Art. 8 Abs. 1 Satz 1 lit. a.

[26] *Koller* Rn. 2 sub d).

## V. Umfang der Haftung

Der Absender hat alle Schäden und Aufwendungen zu ersetzen, die dem Frachtführer **20** oder dem ausführenden Frachtführer durch die haftungsbegründenden Tatbestände entstanden sind. Kausalitätsfragen regelt Art. 8 nicht. Sie sind nach dem gem. Art. 29 ergänzend anwendbaren Recht zu beurteilen.[27] Die verschuldensunabhängige Haftung tritt nur gegenüber dem Frachtführer und ausführenden Frachtführer ein. Mit letzterem ist der Absender nicht vertraglich verbunden. Art. 8 Abs. 1 Satz 1 ist daher als gesetzlicher Fall eines Vertrages mit Schutzwirkung zugunsten Dritter zu begreifen.[28] Der Absender hat außer gegenüber dem vertraglichen auch gegenüber dem ausführenden Frachtführer einzustehen, Art. 8 Abs. 1 S. 1. Er hat gegenüber beiden den Mitverschuldenseinwand, Art. 8 Abs. 1 S. 3.[29] Dritten gegenüber bestimmt sich die Haftung wiederum nach dem über Art. 29 ergänzend anwendbarem Recht.[30] Da auch der vertragliche Frachtführer gegenüber dem ausführenden Frachtführer die Stellung eines Absenders hat, haftet er diesem nach Art. 8 als Absender, nicht gemäß Art. 25 als Frachtführer. Dabei ist der ursprüngliche Absender (Urabsender) Hilfsperson des vertraglichen Frachtführers nach Art. 8 Abs. 2 mit der Folge gesamtschuldnerischer Haftung bei Inanspruchnahme.[31]

## VI. Abweichende Parteivereinbarungen

Die verschuldensunabhängige Haftung des Absenders nach Art. 8 knüpft an die Verlet- **21** zung von Pflichten aus Art. 6 und 7. Vereinbarungen der Parteien über den Umfang dieser Pflichten oder die wechselseitige Pflichtigkeit sind allerdings möglich. Sie können daher die Absenderhaftung mittelbar beeinflussen.[32]

Parteivereinbarungen sind auch unmittelbar über Regelungen von Art. 8 möglich. **22** Art. 25 beschränkt nur Vereinbarungen über die Frachtführerhaftung. Parteivereinbarungen in allgemeinen Geschäftsbedingungen unterliegen allerdings der Inhaltskontrolle nach nationalem Recht.[33]

Die vorgenannten Parteivereinbarungen sind als Individualvereinbarung wie auch als **22a** AGB möglich. Letzterenfalls unterliegen sie bei Anwendbarkeit deutschen Sachrechts freilich der Inhaltskontrolle nach § 307 BGB. Die Haftung des ursprünglichen Absenders gegenüber dem ausführenden Frachtführers kann durch Parteivereinbarung mit dem vertraglichen Frachtführer nicht abbedungen werden, weil dadurch eine unzulässige Drittbelastung geschaffen würde.[34]

## VII. Beweislast

Für eine verschuldensunabhängige Haftung des Absenders hat der Frachtführer die Tatbe- **23** standsvoraussetzungen nach Art. 8 Abs. 1 S. 1 zu beweisen. In einem solchen Fall kann der Absender seine Enthaftung nur durch den Nachweis bewirken, dass den Frachtführer selbst oder einen seiner Leute (Bedienstete oder Beauftragte) ein Verschulden trifft, Art. 8 Abs. 1 S. 2 und 3. Für die Zurechnung von Verhalten Dritter nach Art. 8 Abs. 2 ist vom Frachtführer der Nachweis zu führen, dass die Dritten zur Erfüllung der Absenderpflichten aus Art. 6 und 7 vom Absender eingesetzt worden waren und dass der Dritte auch eben in Ausübung seiner Verrichtung gehandelt hat.[35]

---

[27] *Koller* Rn. 3.
[28] von Waldstein/*Holland* Binnenschifffahrtsrecht Rn. 5; aA *Ramming* HdB Binnschiffahrtsrecht, Rn. 414 (Beurteilung nach den Grds. außervertraglicher Haftung).
[29] *Ramming,* HdB Binnenschifffahrtsrecht, Rn. 415.
[30] *Koller* Rn. 3.
[31] *Ramming,* HdB Binnenschifffahrtsrecht, Rn. 416.
[32] von Waldstein/*Holland* Binnenschifffahrtsrecht Rn. 15 (Beispiel: Vereinbarung über die Besorgung der Begleitpapiere durch den Frachtführer statt durch den Absender).
[33] von Waldstein/*Holland* Binnenschifffahrtsrecht Rn. 16; *Koller* Rn. 1; *Ramming,* HdB Binnenschifffahrtsrecht, Rn. 417.
[34] *Ramming,* HdB Binnenschifffahrtsrecht, Rn. 417.
[35] von Waldstein/*Holland* Binnenschifffahrtsrecht Rn. 17.

### Art. 9 Rücktrittsrecht des Frachtführers

**(1) Der Frachtführer kann vom Frachtvertrag zurücktreten, wenn der Absender seine Pflichten nach Artikel 6 Absatz 2 oder Artikel 7 Absätze 1 und 2 verletzt hat.**

**(2) Macht der Frachtführer von seinem Rücktrittsrecht Gebrauch, so kann er die Güter auf Kosten des Absenders wieder ausladen und wahlweise die Zahlung folgender Beträge verlangen:**
**a) ein Drittel der vereinbarten Fracht oder**
**b) neben etwaigen Liegegeldern eine Entschädigung in Höhe des Betrags der aufgewendeten Kosten und des entstandenen Schadens sowie, wenn die Reise bereits begonnen hat, die anteilige Fracht für den zurückgelegten Teil der Reise.**

### Art. 9 Résiliation du contrat de transport par le transporteur

1. Le transporteur peut résilier le contrat de transport si l'expéditeur a manqué à ses obligations visées à l'article 6 paragraphe 2 ou à l'article 7 paragraphes 1 et 2.

2. Si le transporteur fait usage de son droit de résiliation, il peut débarquer les marchandises aux frais de l'expéditeur et prétendre, au choix, au paiement des montants suivants:
a) un tiers du fret convenu, ou
b) en plus des surestaries éventuelles, une indemnisation égale au montant des frais engagés et du préjudice causé, ainsi que, lorsque le voyage a débuté, un fret proportionnel pour la partie du voyage déjà effectuée.

### Art. 9 Termination of the contract of carriage by the carrier

1. The carrier may terminate the contract of carriage if the shipper has failed to perform the obligations set out in article 6, paragraph 2, or article 7, paragraphs 1 and 2.

2. If the carrier makes use of his right of termination, he may unload the goods at the shipper's expense and claim optionally the payment of any of the following amounts:

(a) one third of the agreed freight; or
(b) in addition to any demurrage charge, a compensation equal to the amount of costs incurred and the loss caused, as well as, should the voyage have already begun, a proportional freight for the part of the voyage already performed.

### Übersicht

| | Rn. | | Rn. |
|---|---|---|---|
| I. Allgemeines | 1–4 | III. Rechtsfolgen | 11–14 |
| II. Voraussetzungen | 5–10 | | |

### I. Allgemeines

1    Art. 9 trägt den Interessen des Frachtführers Rechnung, der durch gravierende Pflichtverletzungen des Absenders in seiner **Dispositionsfreiheit** über Arbeitskraft und Kapitaleinsatz – auch zur Schließung oder Erfüllung anderer Beförderungsverträge – gestört wird. Gebundene Ressourcen werden wieder frei. Im Übrigen kann er zumindest eine **Teilvergütung** beanspruchen.

2    Entgegen dem Wortlaut von Art. 9 Abs. 1, Abs. 2 handelt es sich bei diesem Gestaltungsrecht des Frachtführers nicht um einen Rücktritts-, sondern lediglich um einen **Kündigungsrecht.** Wie sich auch aus der Denkschrift ergibt, soll das in Art. 9 Abs. 1 normierte Rücktrittsrecht nicht, wie nach allgemeinem Zivilrecht, das Vertragsverhältnis in ein Rückabwicklungsverhältnis umwandeln, sondern es lediglich für die Zukunft beenden *(ex nunc)*.[1] Schließlich ist allgemein bei Dauerschuldverhältnissen eine Kündigung einschlägig.[2]

---

[1] Denkschrift, BR-Drucks. 563/06 S. 37.
[2] Vgl. dazu Soergel/*Teichmann* § 643 BGB Rn. 6; Staudinger/*Peters* § 643 BGB Rn. 17.

Der Protokollentwurf sah noch ein Kündigungsrecht des Absenders vor, einschließlich **3** der im Fall einer solchen Kündigung zu zahlenden Entschädigung durch den Frachtführer. Während die Väter des Übereinkommens sich letztlich gegen die Aufnahme einer solchen Regelung entschieden, wurde ein Kündigungsrecht des Frachtführers in Art. 9 übernommen.[3]

Systematisch korrespondiert Art. 9 Abs. 1 auf den ersten Blick mit der werkvertraglichen **4** Kündigungsregelung in § 643 BGB. Das sieht offenbar auch der Gesetzgeber so.[4] Anders als im werkvertraglichen Haftungssystem stellen die hier mit der Kündigung sanktionierten Verstöße des Absenders aber **echte Schuldpflichten** und nicht bloße Mitwirkungsobliegenheiten dar. Das ergibt sich bereits aus der weiteren Sanktion in Art. 8, die sogar einen Schadensersatzanspruch des Frachtführers gegen den Absender vorsieht. Obliegenheiten bleiben im Gegensatz zu Schulpflichten regelmäßig sanktionslos, weil der Vertragspartner keinen Anspruch auf deren Erfüllung hat.[5]

## II. Voraussetzungen

Das Kündigungsrecht des Frachtführers setzt zunächst eine entsprechende Kündigungs**er- 5 klärung** voraus, die auch konkludent erklärt werden kann. Insoweit gelten die allgemeinen Grundsätze des über Art. 29 ergänzend anwendbaren Zivilrechts, weil das Übereinkommen diesbezüglich keine speziellen Regelungen enthält.[6]

Im Übrigen ist ein Kündigungs**grund** erforderlich. Art. 9 Abs. 1 nennt insoweit zwei **6** abschließende Gründe, die den Frachtführer berechtigen, den Vertrag einseitig zu beenden. In beiden Fällen handelt es sich um Verstöße gegen *Informationspflichten* des Absenders:

Zum einen ist der Frachtführer zur Kündigung berechtigt, wenn der Absender dem **7** Frachtführer vor Übergabe der Güter schriftlich alle die in Art. 6 Abs. 1 enumerativ aufgelisteten Informationen nicht richtig oder unvollständig mitteilt. Dabei bedeutet *schriftlich,* dass die Information – sofern die Vertragsparteien nichts anderes vereinbart haben – in elektronischen, optischen oder ähnlich beschaffenen Kommunikationsmitteln enthalten sein muss (Art. 1 Nr. 8). Zum anderen ist der Frachtführer zur Kündigung berechtigt, wenn der Absender gegen seine gefahrgutbezogene Mitteilungspflichten in Art. 7 Abs. 1 oder seine Dokumentationspflicht in Art. 7 Abs. 2 verstößt. In der Regel entfällt eine Auskunftspflicht des Absenders dann, wenn der Frachtführer die erforderlichen Informationen hinsichtlich des beförderten Gutes bereits positiv kennt. Da es sich hier jedoch um formgebundene Informationen handelt – Art. 6 Abs. 2, Art. 7 Abs. 1 setzen eine schriftliche Mitteilung voraus – kann der Frachtführer auch dann kündigen, wenn er die erforderlichen Auskünfte nicht formgerecht erhalten hat. Das ergibt sich aus der mit der vorgeschriebenen Form bezweckten Beweisfunktion. Somit setzen die in Art. 6 und 7 vorgesehenen Informationspflichten keinen konkreten Wissensvorsprung des Absenders voraus.

Objektive Verletzung der Pflichten durch den Absender reicht aus. Verschulden des **8** Absenders ist nicht erforderlich. Nach dem Wortlaut der Vorschrift entsteht das Kündigungsrecht des Frachtführers selbst bei eigenem Verschulden oder bei Evidenz der Mängel für ihn. Dies ist nicht zu rechtfertigen. Eine entsprechende Anwendung von Art. 8 Abs. 1 Satz 2 ist hier zu empfehlen, allerdings mit der Folge, dass das Kündigungsrecht des Frachtführers dann ganz entfällt.[7] Die bei Art. 8 im Wege der teleologischen Reduktion vertretene komparative Berücksichtigung des Mitverschuldens kommt bei der Gewährung eines Kündigungsrechts nicht in Betracht.

Im Gegensatz zu § 643 BGB sieht Art. 9 Abs. 1 keine **Frist** für die Ausübung des Kündi- **9** gungsrechts vor. Nach dem Wortlaut könnte also der Frachtführer sofort den Vertrag

---

[3] Dazu *Vartian* in Probleme des Binnenschifffahrtsrechts XI, S. 4.
[4] Denkschrift, BR-Drucks. 563/06 S. 37.
[5] *Braun,* Das frachtrechtliche Leistungsstörungsrecht, S. 277 ff.; *Müglich* § 413 HGB Rn. 3; einschränkend *Koller* § 411 HGB Rn. 10, zustimmend *Zapp* TranspR 2004, 333, 336.
[6] Vgl. *Ramming* TranspR 2006, 373, 378; *Jaegers* TranspR 2007, 141, 143.
[7] *Koller* Rn. 1 sub 2. a).

beenden und die Güter ausladen. Das entspricht aber nicht dem Rechtsgedanken von Treu und Glauben (vgl. § 242 BGB); auch unter Berücksichtigung des Verhältnismäßigkeitsgrundsatzes hat der Frachtführer dem Absender eine **angemessene Frist** zu setzen, so dass der Absender die Mitwirkungshandlungen nach Art. 6 Abs. 2 und 7 Abs. 1, Abs. 2 nachholen kann.[8] Insoweit spricht auch die Grundkonzeption des Übereinkommens nicht gegen die hier vertretene Ansicht: Denn auch in Art. 7 Abs. 4 wird das Prinzip der Verhältnismäßigkeit herangezogen, um Rechte des Frachtführers einzuschränken. Entsprechend § 643 BGB sollte auch im Rahmen des Art. 9 Abs. 1 der Frachtführer nur dann zur Kündigung berechtigt sein, wenn er zuvor dem Absender eine angemessene Frist gesetzt hat. Dabei muss die Frist so bemessen sein, dass die Nachholung der Handlung bei gehöriger Anstrengung auch möglich ist.[9]

10    Die CMNI regelt im Übrigen Beförderungs- und Ablieferungshindernisse nicht explizit. Daher ist ergänzend unvereinheitlichtes nationales Recht anzuwenden, bei deutschem Recht mithin die §§ 419, 420 HGB.[10] Das führt aber nicht zu Inkongruenzen: Hat der Frachtführer etwa nach Reiseantritt bemerkt, dass eine Pflichtverletzung des Absenders vorliegt, muss er von seinem Vertragspartner diesbezüglich Weisungen einholen (§ 419 Abs. 1 HGB). Insoweit unterscheidet das allgemeine Frachtrecht nicht danach, in welchem Risikobereich das Beförderungshindernis fällt. Die Weisung wird regelmäßig mit der angemessenen Kündigungsfrist einhergehen, so dass erst nach Fristablauf der Frachtführer die Transportgüter ausladen darf.

### III. Rechtsfolgen

11    Macht der Frachtführer von seinem Rücktrittsrecht Gebrauch, so kann er nach Art. 9 Abs. 2 den Transport beenden und die Güter auf Kosten des Absenders wieder ausladen. Er hat allerdings für die Sicherheit des Gutes Sorge zu tragen. Dies kann etwa durch Einlagerung in zuverlässiger Weise geschehen. Der Absender trägt das Risiko der Einlagerung an sich (etwa in Ansehung der dadurch verursachten Verzögerungsschäden), nicht aber das Risiko unsorgfältiger Einlagerung (etwa bei verderblicher Ware).

12    Zusätzlich kann der Frachtführer **wahlweise** entweder Fautfracht in Höhe eines Drittels der vereinbarten Fracht (lit. a) oder Liegegeld sowie Distanzfracht (lit. b) verlangen. Daneben besteht auch ein Aufwendungs- und Schadensersatzanspruch.

13    Allerdings ist das Verhältnis zum Schadensersatzanspruch des Frachtführers gegen den Absender nach Art. 8 Abs. 1 zu klären: Während Art. 8 Abs. 1 lit. a für *alle* Schäden und Aufwendungen gelten soll, die infolge der fehlerhaften oder gänzlich fehlenden Mitteilungen des Absenders nach Art. 6 Abs. 2 und 7 Abs. 1 entstehen, sollen durch Art. 9 Abs. 2 lit. b nur diejenigen Kosten und Schäden ersetzt werden, die dem Frachtführer durch die Ausladung des Gutes entstanden sind. Das ergibt sich aus dem Wortlaut von Art. 9 Abs. 2 („so kann er die Güter auf Kosten des Absenders wieder ausladen") in Verbindung mit dem alternativen[11] („wenn die Reise bereits begonnen hat") Zusatz in lit. b, wonach der Frachtführer nach Reiseantritt Distanzfracht verlangen soll. Das zeigt, dass Aufwendungs- und Schadensersatz nach Art. 9 Abs. 2 lit. b) nur dann verlangt werden kann, wenn die Beförderung noch nicht angetreten wurde.[12]

14    Art. 8 Abs. 1 lit. a setzt nämlich voraus, dass der Absender die dort genannten Informationen unrichtig, unvollständig oder überhaupt nicht mitteilt. Das könnte zu der Annahme führen, dass der Frachtführer auch dann zur Weiterbeförderung des Gutes berechtigt ist, wenn er die Pflichtverletzungen des Absenders bemerkt hat. Doch gerade dies soll nicht der Fall sein: Der Frachtführer, der die fehlenden bzw. unrichtigen Anga-

---

[8] **AA** *Koller* Rn. 1 (Art. 9 trage der Rechtssicherheit in besonderer Weise Rechnung. Die CMNI verdränge insoweit § 242 BGB).

[9] Bamberger/Roth/*Voit* § 643 BGB Rn. 3.

[10] *Didier*, Risikozurechnung bei Leistungsstörungen, S. 231.

[11] **AA** *Koller* Rn. 1.

[12] So auch *Koller* Rn. 1 sub 2. b).

ben des Absenders bemerkt, soll zunächst das Gut zurückweisen können. Daneben kann er auf sein Kündigungsrecht verweisen. Der Aufwendungs- und Schadensersatzanspruch nach Art. 8 soll hingegen grundsätzlich dann in Betracht kommen, wenn der Frachtführer etwa ohne sein Wissen gefährliche Güter befördert und dabei Schäden an seinem Binnenschiff eintreten.

## Art. 10 Ablieferung der Güter

**(1)** **¹Unbeschadet der Pflicht des Absenders nach Artikel 6 Absatz 1 haftet der Empfänger, der nach Ankunft der Güter am Ablieferungsort deren Auslieferung verlangt, nach Maßgabe des Frachtvertrags für die Fracht und die übrigen auf den Gütern lastenden Forderungen sowie für seine Beiträge im Fall einer großen Haverei. ²Fehlt eine Frachturkunde oder ist sie nicht vorgelegt worden, so haftet der Empfänger für die mit dem Absender vereinbarte Fracht, soweit diese marktüblich ist.**

**(2)** **¹Die Bereitstellung der Güter für den Empfänger in Übereinstimmung mit dem Frachtvertrag oder mit den für den betreffenden Handel geltenden Gebräuchen oder mit den im Löschhafen anzuwendenden Vorschriften ist als Ablieferung anzusehen. ²Die vorgeschriebene Übergabe der Güter an eine Behörde oder einen Dritten ist ebenfalls als Ablieferung anzusehen.**

### Art. 10 Livraison des marchandises

1. Nonobstant l'obligation de l'expéditeur visée à l'article 6 paragraphe 1, le destinataire qui, après l'arrivée des marchandises sur le lieu de livraison, en demande la livraison, répond, conformément au contrat de transport, du fret et des autres créances pesant sur les marchandises ainsi que de sa contribution en cas d'avarie commune. En l'absence d'un document de transport ou si celui-ci n'a pas été présenté, le destinataire répond du fret convenu avec l'expéditeur si celui-ci correspond à la pratique du marché.

2. Est considérée comme livraison, la mise à disposition des marchandises au destinataire conformément au contrat de transport ou aux usages du commerce considéré ou aux prescriptions en vigueur au port de déchargement. Est également considérée comme livraison la remise imposée à une autorité ou à un tiers.

### Art. 10 Delivery of the goods

1. Notwithstanding the obligation of the shipper under article 6, paragraph 1, the consignee who, following the arrival of the goods at the place of delivery, requests their delivery, shall, in accordance with the contract of carriage, be liable for the freight and other charges due on the goods, as well as for his contribution to any general average. In the absence of a transport document, or if such document has not been presented, the consignee shall be liable for the freight agreed with the shipper if it corresponds to market practice.

2. The placing of the goods at the disposal of the consignee in accordance with the contract of carriage or with the usage of the particular trade or with the statutory regulations applicable at the port of discharge shall be considered a delivery. The imposed handing over of the goods to an authority or a third party shall also be considered a delivery.

### Übersicht

| | Rn. | | Rn. |
|---|---|---|---|
| I. Normsystematik | 1, 2 | 2. Verlangen der Ablieferung durch den | |
| II. Zahlungspflicht des Empfängers, | | Empfänger | 8, 9 |
| Art. 10 Abs. 1 | 3–13 | 3. Rechtsfolgen | 10–13 |
| 1. Ankunft am Ablieferungsort | 4–7 | | |

*Otte*

## I. Normsystematik

**1**    Der **Empfänger** ist nach Art. 1 Nr. 5 die zur Empfangnahme der Güter berechtigte Person.[1] Hiermit wird deutlich, dass auch die Konzeption des CMNI-Frachtvertrages von einem *Vertrag zu Gunsten Dritter* ausgeht (§ 328 BGB).[2] So hat der Frachtführer die Transportgüter nach Art. 3 Abs. 1 zu befördern und fristgemäß am Ablieferungsort in demselben Zustand, in dem er sie erhalten hat, an den Empfänger abzuliefern. Außerdem kann der Empfänger nach Art. 14 Abs. 2 das Verfügungsrecht über das Gut allein durch das Verlangen der Ablieferung an sich ziehen.

**2**    Diese besondere Rechtsstellung des Empfängers hat ihre Kehrseite: Zu Gunsten des Frachtführers sieht Art. 10 Abs. 1 einen Anspruch des Frachtführers u. a. auf Frachtzahlung vor, wenn der Empfänger die Auslieferung der Güter verlangt hat. Eine entsprechende Regelung ist in § 421 Abs. 2 HGB zu finden.[3] Damit erhält der Frachtführer eine zusätzliche Möglichkeit, seine Fracht einzuziehen; daneben bleibt der Absender nämlich bis zur Zahlung des Empfängers dem Frachtführer gegenüber weiterhin zur **Frachtzahlung** verpflichtet. Dies ergibt sich bereits aus dem Wortlaut des Art. 10 Abs. 1 („Unbeschadet der Pflicht des Absenders nach Art. 6 Absatz 1"). Gleichzeitig ergibt sich aus der gesetzlichen Formulierung entnehmen, dass es sich um einen Fall des *gesetzlichen Schuldbeitritts* handelt.[4] Der Frachtführer gewinnt so neben dem Absender als dem primären frachtvertraglich Zahlungspflichtigen einen weiteren Schuldner.

## II. Zahlungspflicht des Empfängers, Art. 10 Abs. 1

**3**    Die gesetzliche Zahlungspflicht des Empfängers ist an mehrere Voraussetzungen geknüpft: In tatsächlicher Hinsicht müssen die Güter an dem Ablieferungsort angekommen sein. Darüber hinaus – wie sich aus dem Wortlaut von Art. 10 ergibt – muss der Empfänger die Auslieferung der Güter am Ablieferungsort *verlangen* haben.

**4**    **1. Ankunft am Ablieferungsort.** Nach Ankunft des Gutes an der Ablieferungsstelle geht das Verfügungsrecht nach Art. 14 Abs. 2 unmittelbar an den Empfänger über mit der Folge, dass der Frachtführer den Weisungen des Empfängers Folge leisten muss. Der Empfänger erwirbt gegenüber dem Frachtführer einen *Besitzverschaffungsanspruch* aus dem Frachtvertrag (Vertrag zu Gunsten Dritter, § 328 BGB).[5] Der Begriff **Ablieferungsort** wird im Übereinkommen nicht näher definiert: Regelmäßig enthält aber die Frachturkunde eine genaue Bezeichnung des Ablieferungsortes (Art. 11 Abs. 5 lit. d). Zu beachten ist, dass der Absender im Rahmen seiner Verfügungsbefugnis von dem Frachtführer verlangen kann, dass er den Ablieferungsort ändert (Art. 14).

**5**    Unter **Ablieferung** ist nach dem BGH nur die vertragsgemäße und vollständige Übergabe des unbeschädigten Gutes zu verstehen.[6] Diese Definition ist jedoch zu Recht in die Kritik geraten: Dem Empfänger steht nämlich ein Ablieferungsanspruch auch bei beschädigten Gütern zu.[7] Eine Übergabe liegt vor, wenn der Frachtführer *jeglichen Besitz* an dem Gut verliert und der Empfänger zumindest den mittelbaren Besitz mit Willen des Frachtführers verschafft bekommt.[8]

**6**    **Art. 10 Abs. 2** definiert näher, was unter dem Begriff Ablieferung zu verstehen ist.[9] So beschreibt Art. 10 Abs. 2 S. 1 die Ablieferung als **Bereitstellung** der Güter für den Empfän-

---

[1] Wer im konkreten Fall der Empfänger ist, ergibt sich regelmäßig aus dem Frachtbrief; vgl. Art. 11 V lit. b.

[2] Vgl. zur CMR: *Thume/Teutsch/Seltmann* Art. 4 CMR Rn. 7.

[3] Denkschrift, BR-Drucks. 563/06 S. 37.

[4] Vgl. zu § 421 HGB: § 421 HGB Rn. 31; *Fremuth/Thume* § 421 HGB Rn. 21; *Widmann* § 421 HGB Rn. 14.

[5] EBJS/*Reuschle* § 421 HGB Rn. 6; *Müglich* § 421 HGB Rn. 3.

[6] BGH 6.7.1979, VersR 1979, 1195, 1196.

[7] *Thume/Temme* Art. 13 CMR Rn. 8; EBJS/*Reuschle* § 421 HGB Rn. 12.

[8] EBJS/*Reuschle* § 421 HGB Rn. 12.

[9] Siehe auch die Vorbildnorm in Art. 4 Abs. 2 lit. b HHR.

ger in Übereinstimmung mit den Gesetzen, die am Ort des Löschhafens gelten. Bestehen keine Sondervorschriften am Ort des Löschhafens oder sind diese zumindest abdingbar, sind die frachtvertragliche Vereinbarung bzw. die für den betreffenden Handel maßgebenden Gebräuche maßgeblich.[10] Eine Übergabe der Güter ist daher nicht notwendig. Ausreichend ist die Bereitstellung der Güter unter Aufgabe des Besitzes in der Weise, dass der Empfänger die Sachherrschaft ohne weiteres erwerben kann.

Werden die Güter nicht dem Empfänger, sondern einer Behörde oder einem Dritten **7** übergeben, so kann hierunter nach Art. 10 Abs. 2 S. 2 ausnahmsweise auch eine Ablieferung zu verstehen sein. Wie sich aus dem eindeutigen Wortlaut der Norm ergibt, setzt dies allerdings voraus, dass die Übergabe der Güter an die Behörde zwingend vorgeschrieben ist. Wie aus der Stellungnahme des Gesetzgebers zu entnehmen ist, ist die nähere Definition der Ablieferung in Art. 10 Abs. 2 im Übrigen auch maßgeblich für die Bestimmung des genauen Haftungszeitraums nach Art. 16.[11] In der Praxis ist normalerweise mit der Vorlage des Schiffes und dem Aufdecken der Luken der Tatbestand der Ablieferung erfüllt. Das schließt allerdings weitere mitwirkende Handlungen der Schiffsbesatzung nicht aus, zB Verholen des Schiffes.

**2. Verlangen der Ablieferung durch den Empfänger.** Schon der Wortlaut indiziert, **8** dass das Verlangen der Ablieferung als **Willenserklärung** zu qualifizieren ist. Dafür spricht auch, dass der Gesetzgeber ausdrücklich § 421 Abs. 2 HGB als Vorbildnorm erwähnt und die hM im transportrechtlichen Schrifttum diese Vorschrift ebenso auslegt.[12] Die Zahlungsverpflichtung des Empfängers entsteht mit der Geltendmachung des Ablieferungsverlangens, nicht mit der bloß tatsächlichen Ablieferung des Gutes.[13]

Das Ablieferungsverlangen kann nicht – vorausgesetzt es ist deutsches Recht ergänzend **9** anwendbar – mit dem Einwand angefochten werden, dass dem Empfänger der Wille gefehlt habe, sich zur Zahlung zu verpflichten. Ein Rechtsfolgenirrtum *ex lege* berechtigt nämlich nicht zur Anfechtung einer Willenserklärung.[14]

**3. Rechtsfolgen.** Art. 10 Abs. 1 begründet somit als Rechtsfolge der Geltendmachung **10** des Ablieferungsanspruches die Zahlungspflicht des Empfängers. Soweit sich die Zahlungspflichten von Absender und Empfänger inhaltlich decken und ergänzend deutsches Recht anwendbar ist, sind sie **Gesamtschuldner** iS der §§ 421 ff. BGB.[15] Das gilt aber dann nicht, wenn der Absender eine weitergehende Zahlung schuldet.

Die Zahlungspflicht des Empfängers erstreckt sich zunächst auf die **Fracht:** Maßgeblich **11** zur Bestimmung der Höhe der geschuldeten Fracht ist die frachtvertragliche Vereinbarung. Art. 11 Abs. 5 lit. h sieht vor, dass die Bestimmungen über die Fracht in die Frachturkunde eingetragen werden, so dass der Empfänger sich regelmäßig danach richten kann. Fehlt eine Frachturkunde oder wird diese nicht vorgelegt, schränkt **Art. 10 Abs. 1 S. 2** die Zahlungsverpflichtung des Empfängers ein: Demnach schuldet der Empfänger nur die **marktübliche Vergütung.** Eine vergleichbare Regelung kennt auch das deutsche Frachtrecht in § 421 Abs. 2 S. 2 HGB. Im Übrigen bleibt jedoch der Absender zur Zahlung der nach dem Frachtvertrag geschuldeten Beträge verpflichtet (Art. 6 Abs. 1).[16] Ein allein vom Frachtführer ausgestelltes Dokument steht der Frachturkunde nicht gleich, weil dort der Empfänger nicht die Gewissheit hat, dass sich der Absender tatsächlich über den Betrag mit dem Frachtführer geeinigt hat und die Fracht deshalb geschuldet ist. Da die Vorlage der Frachturkunde den Empfänger vor Missbrauch durch den Frachtführer schützen soll, kann der Empfänger diese bereits vor Auslieferung der Güter einsehen. Nur so hat er die Gelegen-

---

[10] Denkschrift, BR-Drucks. 563/06 S. 37; *Koller* Rn. 2.
[11] Denkschrift, BR-Drucks. 563/06 S. 37.
[12] Vgl. nur *Koller* § 421 HGB Rn. 23; iErg. EBJS/*Reuschle* § 421 HGB Rn. 27.
[13] OLG Düsseldorf 11.12.1980, NJW 1981, 1910, 1911.
[14] MüKoBGB/*Kramer* § 119 Rn. 84; *Larenz/Wolf,* Allg. Teil des BGB, § 36 Rn. 76 f.
[15] *Fremuth/Thume* § 421 HGB Rn. 22.
[16] *Czerwenka* TranspR 2001, 277, 280.

heit zu prüfen, ob er unter den gegebenen Umständen die Güter annehmen soll oder nicht. Dafür spricht die *ratio legis*.

12    Neben dem Protokollentwurf Nr. 1 über die Lade- und Löschzeiten und Liegegelder gab es noch einen weiteren Protokollentwurf zur CMNI (Nr. 2) über die Berechnung der Frachten und Verteilung der Schifffahrtskosten in der Binnenschifffahrt. Schließlich einigten sich aber die Konferenzteilnehmer darüber, dass diesbezügliche Regelungen von den jeweils anwendbaren nationalen Rechtsordnungen bestimmt werden sollten, weil eine einheitliche Regelung insoweit als nicht notwendig erachtet wurde.[17]

13    Nach Art. 10 Abs. 1 muss der Empfänger auch für die **übrigen auf den Gütern lastenden Forderungen** haften. Damit sind etwa Liegegelder und ausgelegte Zölle gemeint.[18] Unberührt bleibt außerdem eine etwaige Verpflichtung des Empfängers zur Entrichtung eines Beitrages zur großen Haverei (vgl. Art. 26). Zu beachten ist, dass die dingliche Sicherung von Ansprüchen des Frachtführers für die Fracht und die übrigen auf den Gütern lastenden Forderungen, einschließlich der erwähnten Beiträge zur großen Haverei aus dem Regelungsbereich der CMNI ausdrücklich ausgenommen wurde.[19] Die CMNI weist diese Frage unabhängig von dem auf den Frachtvertrag allgemein anzuwendenden Recht dem Recht jenes Staates zu, in dem sich die Güter befinden (vgl. Art. 29 Abs. 4).

## Kapitel III. Frachturkunden

### Art. 11 Art und Inhalt

(1) [1]Der Frachtführer hat für jede unter dieses Übereinkommen fallende Beförderung von Gütern eine Frachturkunde auszustellen; ein Konnossement hat er nur auszustellen, wenn dies vom Absender verlangt und vor Verladung der Güter oder deren Übernahme zur Beförderung vereinbart worden ist. [2]Das Fehlen einer Frachturkunde oder die Tatsache, dass diese unvollständig ist, berührt nicht die Gültigkeit des Frachtvertrags.

(2) [1]Die Originalausfertigung der Frachturkunde ist vom Frachtführer oder Schiffsführer oder von einer vom Frachtführer ermächtigten Person zu unterzeichnen. [2]Der Frachtführer kann verlangen, dass der Absender das Original oder eine Kopie mit unterzeichnet. [3]Die Unterschriften können handschriftlich, in Faksimile gedruckt, perforiert, gestempelt, mit Zeichen oder sonstigen mechanischen oder elektronischen Mitteln gefertigt werden, wenn dies nach dem Recht des Staates, in dem die Urkunde ausgestellt wird, nicht verboten ist.

(3) [1]Die Frachturkunde dient bis zum Beweis des Gegenteils als Nachweis für den Abschluss und den Inhalt des Frachtvertrags sowie für die Übernahme der Güter durch den Frachtführer. [2]Sie begründet insbesondere die Vermutung, dass die Güter so zur Beförderung übernommen worden sind, wie sie in der Urkunde beschrieben werden.

(4) [1]Handelt es sich bei der Frachturkunde um ein Konnossement, so ist dieses allein für das Verhältnis zwischen dem Frachtführer und dem Empfänger der Güter maßgebend. [2]Für das Rechtsverhältnis zwischen dem Frachtführer und dem Absender bleiben die Bestimmungen des Frachtvertrags maßgebend.

(5) [1]Die Frachturkunde enthält außer ihrer Bezeichnung folgende Angaben:
a)  den Namen, Wohnsitz, Sitz oder Aufenthalt des Frachtführers und des Absenders;
b)  den Empfänger der Güter;

---

[17] Vgl. *Vartian* in Probleme des Binnenschifffahrtsrechts XI, S. 4.
[18] BR-Drucks. 563/06 S. 37.
[19] Näher dazu *Vartian* in Probleme des Binnenschifffahrtsrechts XI, S. 4.

c) den Namen oder die Nummer des Schiffes, wenn die Güter an Bord genommen sind, oder den Vermerk in der Frachturkunde, dass die Güter vom Frachtführer zur Beförderung übernommen, aber noch nicht an Bord des Schiffes verladen worden sind;

d) den Ladehafen oder Übernahmeort und den Löschhafen oder Ablieferungsort;

e) die übliche Bezeichnung der Art der Güter und ihrer Verpackung, und bei gefährlichen oder umweltschädlichen Gütern ihre nach den anwendbaren Vorschriften vorgesehene, sonst ihre allgemeine Bezeichnung;

f) Maß, Zahl oder Gewicht sowie Merkzeichen der an Bord verladenen oder zur Beförderung übernommenen Güter;

g) gegebenenfalls den Vermerk, dass die Güter auf Deck oder in offenen Schiffen befördert werden dürfen oder müssen;

h) die vereinbarten Bestimmungen über die Fracht;

i) bei Frachtbriefen die Bezeichnung als Original oder Kopie; bei Konnossementen die Anzahl der Originalausfertigungen;

j) den Ort und Tag der Ausstellung.

[2]Das Fehlen einer oder mehrerer in diesem Absatz genannten Angaben berührt nicht die Rechtsnatur einer Frachturkunde im Sinne von Artikel 1 Nummer 6 dieses Übereinkommens.

## Chapitre III. Documents de transport

### Art. 11 Nature et contenu

1. Le transporteur doit établir pour chaque transport de marchandises régi par la présente Convention un document de transport; il ne devra établir un connaissement que si l'expéditeur le demande et s'il en a été convenu ainsi avant le chargement des marchandises ou avant leur prise en charge en vue du transport. L absence d'un document de transport ou le fait que celui-ci soit incomplet n'affecte pas la validité du contrat de transport.

2. L exemplaire original du document de transport doit être signé par le transporteur, le conducteur du bateau ou une personne habilitée par le transporteur. Le transporteur peut exiger que l'expéditeur contresigne l'original ou une copie. La signature apposée peut être manuscrite, imprimée en facsimilé, appliquée par perforation ou par tampon, se présenter sous forme de symboles ou être reproduite par tout autre moyen mécanique ou électronique si ceci n'est pas interdit par la loi de l'Etat où le document de transport est émis.

3. Le document de transport fait foi, jusqu'à preuve du contraire, de la conclusion et du contenu du contrat de transport ainsi que de la prise en charge des marchandises par le transporteur. Il fonde notamment la présomption que les marchandises

## Chapter III. Transport documents

### Art. 11 Nature and content

1. For each carriage of goods governed by this Convention the carrier shall issue a transport document; he shall issue a bill of lading only if the shipper so requests and if it has been so agreed before the goods were loaded or before they were taken over for carriage. The lack of a transport document or the fact that it is incomplete shall not affect the validity of the contract of carriage.

2. The original of the transport document must be signed by the carrier, the master of the vessel or a person authorized by the carrier. The carrier may require the shipper to countersign the original or a copy. The signature may be in handwriting, printed in facsimile, perforated, stamped, in symbols or made by any other mechanical or electronic means, if this is not prohibited by the law of the State where the transport document was issued.

3. The transport document shall be prima facie evidence, save proof to the contrary, of the conclusion and content of the contract of carriage and of the taking over of the goods by the carrier. In particular, it shall provide a basis for the presumption that the

ont été prises en charge en vue du transport telles qu'elles sont décrites dans le document de transport.

4. Lorsque le document de transport est un connaissement, seul celui-ci fait foi dans les relations entre le transporteur et le destinataire. Les conditions du contrat de transport restent déterminantes dans les relations entre le transporteur et l'expéditeur.

5. Le document de transport contient, outre sa dénomination, les indications suivantes:

a) les noms, domiciles, sièges ou lieux de résidence du transporteur et de l'expéditeur;

b) le destinataire des marchandises;

c) le nom ou le numéro du bateau, si les marchandises sont prises à bord, ou la mention, dans le document de transport, que les marchandises ont été prises en charge par le transporteur mais n'ont pas encore été chargées à bord du bateau;

d) le port de chargement ou le lieu de prise en charge et le port de déchargement ou le lieu de livraison;

e) la désignation usuelle du type de marchandises et de leur emballage et, pour les marchandises dangereuses ou polluantes, leur désignation conformément aux prescriptions en vigueur ou, à défaut, leur désignation générale;

f) les dimensions, le nombre ou le poids ainsi que les marques d'identification des marchandises prises à bord ou prises en charge en vue du transport;

g) l indication, le cas échéant, que les marchandises peuvent ou doivent être transportées en pontée ou en cales ouvertes;

h) les dispositions convenues relatives au fret;

i) s agissant d'une lettre de voiture, la précision qu'il s'agit d'un original ou d'une copie; s'agissant d'un connaissement, le nombre d'exemplaires originaux;

j) le lieu et le jour de l'émission.

La nature juridique d'un document de transport au sens de l'article 1 paragraphe 6 de la présente Convention n'est pas affectée par le défaut d'une ou plusieurs des indications visées par le présent paragraphe.

goods have been taken over for carriage as they are described in the transport document.

4. When the transport document is a bill of lading, it alone shall determine the relations between the carrier and the consignee. The conditions of the contract of carriage shall continue to determine the relations between carrier and shipper.

5. The transport document, in addition to its denomination, contains the following particulars:

(a) the name, domicile, registered office or place of residence of the carrier and of the shipper;

(b) the consignee of the goods;

(c) the name or number of the vessel, where the goods have been taken on board, or particulars in the transport document stating that the goods have been taken over by the carrier but not yet loaded on the vessel;

(d) the port of loading or the place where the goods were taken over and the port of discharge or the place of delivery;

(e) the usual name of the type of goods and their method of packaging and, for dangerous or polluting goods, their name according to the requirements in force or, if there is no such name, their general name;

(f) the dimensions, number or weight as well as the identification marks of the goods taken on board or taken over for the purpose of carriage;

(g) the statement, if applicable, that the goods shall or may be carried on deck or on board open vessels;

(h) the agreed provisions concerning freight;

(i) in the case of a consignment note, the specification as to whether it is an original or a copy; in the case of a bill of lading, the number of originals;

(j) the place and date of issue.

The legal character of a transport document in the sense of article 1, paragraph 6, of this Convention is not affected by the absence of one or more of the particulars referred to in this paragraph.

## Übersicht

|  | Rn. |  | Rn. |
|---|---|---|---|
| **I. Normsystematik** | 1–6 | a) Allgemeines | 19–21 |
| 1. Der Begriff „Frachturkunde" | 3 | b) Inhalt, Art. 11 Abs. 5 lit. a bis j | 22–36 |
| 2. Funktion der Frachturkunden | 4–6 | **III. Wirkungen der Frachturkunden** | 37–48 |
| **II. Ausstellung einer Frachturkunde** | 7–36 | 1. Abschluss und Inhalt des Frachtvertra- |  |
| 1. Recht auf die Frachturkunde | 7–10 | ges | 37 |
| 2. Keine konstitutive Wirkung | 11–13 | 2. Übernahme des Gutes; Zustand des |  |
| 3. Ausfertigung der Frachturkunde | 14–17 | Gutes | 38–42 |
| a) Aussteller | 14–16 | 3. Widerlegung der Beweisvermutung | 43, 44 |
| b) Zeitpunkt der Ausstellung | 17 | 4. Subjektive Reichweite der Beweiswir- |  |
| 4. Form der Unterzeichnung | 18 | kung | 45 |
| 5. Inhalt der Frachturkunde | 19–36 | 5. Unterschrift des Absenders | 46–48 |

## I. Normsystematik

Die Art. 11–13 bilden einen Kernbereich des Übereinkommens. Hier findet man Rege- **1** lungen über Art, Inhalt und Funktion der Frachturkunden. Kapitel III behandelt den überwiegend verwendeten **Frachtbrief** und das **Konnossement,** das dem Ladeschein iS des allgemeinen deutschen Frachtrecht entspricht (vgl. § 444 HGB).[1] Der deutsch-rechtliche Begriff des Ladescheins für das Binnenschifffahrtskonnossement wird in der CMNI nicht mehr verwendet. Auch in der Praxis des Binnenschifffahrtsrechts war überwiegend schon die Bezeichnung Konnossement anstelle Ladeschein benutzt worden.[2]

Art. 11 spielt im Hinblick auf die Ermittlung der vertraglichen Rechte eine wichtige **2** Rolle: Diese Vorschrift normiert, wer eine Frachturkunde auszustellen hat (Art. 11 Abs. 1), wer sie unterzeichnen muss (Art. 11 Abs. 2), welchen konkreten Inhalt die Frachturkunde haben muss (Art. 11 Abs. 5) und welche Rechtswirkung ihr innerhalb der Rechtsbeziehungen der Ladungsbeteiligten zukommt (Art. 11 Abs. 3).

**1. Der Begriff „Frachturkunde".** Wie sich aus dem Wortlaut von Art. 1 Nr. 6 und **3** aus der amtlichen Überschrift von Kapitel III ergibt, ist die Frachturkunde ein **Oberbegriff** für die spezielleren Begriffe Frachtbrief und Konnossement. Nach Art. 1 Nr. 6 bedeutet somit „Frachturkunde" eine Urkunde, durch die Abschluss und Inhalt eines Frachtvertrages und die Übernahme oder das Verladen der Güter durch einen Frachtführer sowie ggf. der Güterzustand bei Übernahme bewiesen wird und die in der Form eines Frachtbriefes oder Konnossementes oder jeder anderen im Handel gebräuchlichen Urkunde mit ggf. noch weiteren (etwa wertpapierrechtlichen) Rechtswirkungen ausgestellt wird.

**2. Funktion der Frachturkunden.** Die Frachturkunden haben teilweise unterschied- **4** liche Funktionen: Der **Frachtbrief** erfüllt überwiegend die Funktion eines **Informationsträgers** für die am Frachtgeschäft beteiligten Personen.[3] Durch seine Angaben unterrichtet er nicht nur über Anzahl, Gewicht Beschreibung bzw. Zustand der Güter bei Übergabe (ggf. über einseitige Vorbehalte), über die Person des Empfängers oder die Beförderungsstrecken, sondern dokumentiert auch den Inhalt des Frachtvertrages, wie er zwischen den Parteien vereinbart wurde. Insoweit kommt dem Frachtbrief also eine **Beweisfunktion** zu, die in der Praxis eine erhebliche Rolle spielt.[4] Im Übrigen kann

---

[1] Denkschrift, BR-Drucks. 563/06 S. 37 f.; vgl. EBJS/*Reuschle* § 408 HGB Rn. 3; *Rabe* Seehandelsrecht Vor § 642 HGB Rn. 1–11.

[2] Die abweichende Regelung im deutschen Recht ist vermutlich Überbleibsel des Fuhrmannsrechts aus dem Allgemeinen Deutschen Handelsgesetzbuch des 19. Jahrhunderts. Den Fuhrleuten sollte die Arbeit des Ausstellens von Frachturkunden abgenommen werden. Auch der Binnenschiffsfrachtführer war Fuhrmann.

[3] EBJS/*Reuschle* § 408 HGB Rn. 10; MüKoHGB/*Thume* § 408 HGB Rn. 1, 8.

[4] *Fremuth/Thume* § 408 HGB Rn. 3; KG Berlin 11.1.1995, TranspR 1995, 342, 345; OLG Düsseldorf 13.1.1996, TranspR 1997, 284, 285. Ein Frachtbrief ist iS des § 416 ZPO eine Privaturkunde und begründet den vollen Beweis über Abschluss und Inhalt des Frachtvertrages, vgl. Baumbach/Lauterbach/Albers/*Hartmann* § 416 ZPO Rn. 3 mwN.

der Frachtbrief in Bezug auf die Menge und den Zustand der Güter auch als **Quittung** dienen.[5]

5    Die **Funktionen des Konnossements** ergeben sich hingegen aus Art. 13: Diese Norm stellt klar, dass es sich dabei – im Gegensatz zum Frachtbrief – um ein **Wertpapier** handelt (vgl. auch §§ 363 Abs. 2, 444 Abs. 2 HGB). Es verbrieft das Eigentum an der Ladung und eröffnet somit die Möglichkeit, die Ladung an Land zu handeln, während sie über See transportiert wird und dadurch rein physisch dem Rechtsverkehr entzogen ist. Die Ladung wird gehandelt und übereignet und das Konnossement als Wertpapier übertragen (zB als Orderpapier indossiert). Außerdem ist es ein **Legitimationspapier,** soweit eine Person bei Vorlage des Konnossements die Ablieferung des Gutes verlangen kann. Entsprechend § 448 HGB regelt Art. 13 Abs. 3 die der Übergabe des Konnossements innewohnende **Traditionswirkung,** welche die Übergabe der Gutes im Übereignungsvorgang ersetzt. Schließlich kommt dieser Frachturkunde auch eine **Beweisfunktion** zu (Art. 13 Abs. 4).[6]

6    Art. 11 Abs. 4 macht wie die deutsch-gesetzliche Regelung deutlich, dass das **Konnossement** allein für das Verhältnis zwischen dem Frachtführer und dem Empfänger der Güter maßgebend ist. Für das Rechtsverhältnis zwischen dem Frachtführer und dem Absender gelten die Bestimmungen des Frachtvertrages. Auf diese Weise können sich **unterschiedliche Bedingungen zwischen Frachtvertrag und den Bedingungen des Konnossements** ergeben.

## II. Ausstellung einer Frachturkunde

7    **1. Recht auf die Frachturkunde.** Art. 11 Abs. 1 regelt zunächst, wer die Frachturkunde auszustellen hat: Demnach ist der Frachtführer zur Ausstellung der Originalausfertigung der Frachturkunde – und zwar für jede Beförderung – verpflichtet, wenn der Absender die Angaben im Sinne von Art. 6 gemacht hat.[7] Im Gegensatz zu § 408 Abs. 1 HGB hat also der **Absender** gegen den Frachtführer und nicht der Frachtführer gegen den Absender einen **Anspruch auf Ausstellung** eines **Frachtbriefes.** Diese Regelung ist praxisgerecht. Überwiegend wird schon heute – abgesehen von Großunternehmen, die eine eigene Verfrachtungsabteilung unterhalten und von der Praxis in der Tankschifffahrt – die Frachturkunde vom Frachtführer ausgestellt.

8    Soweit hingegen das Konnossement betroffen ist, stimmt Art. 11 Abs. 1 mit dem allgemeinen deutschen Frachtrecht (§ 444 HGB) überein. Daran ändert auch Art. 11 Abs. 1 S. 1 HS 2 nichts, wonach der Frachtführer ein Konnossement nur nach vorheriger Vereinbarung auszustellen hat: Dies begründet keinen Ausstellungsanspruch des Absenders. Auch § 444 Abs. 1 HGB sieht einen Anspruch des Absenders auf Ausstellung des Ladescheins nicht vor.[8]

9    Grundsatz ist, dass **der Frachtführer** für jede Beförderung eine Frachturkunde auszustellen hat. Da auch jeder Unterfrachtführer Frachtführer ist, kann der Fall eintreten, dass für einen Transport **mehrere Frachtbriefe** existieren. Dies ist nicht wünschenswert. Ein Ausweg zur Vermeidung einer Mehrheit von Frachtbriefen könnte sein, ähnlich dem seerechtlichen Durch-Konnossement *einen* vom Hauptfrachtführer auszustellenden **Durch-Frachtbrief** zu verwenden.

10   Die Mehrheit von Dokumenten wird beim Konnossement vermieden. Verlangt der Absender das Ausstellen eines Konnossements, so kann nur *ein* Frachtführer – und das wird in der Regel der Hauptfrachtführer sein – das Konnossement ausstellen. Eine Mehrzahl von Konnossementen würde das Konnossement als Wertpapier als Träger des einen wertpa-

---

[5] EBJS/*Reuschle* § 408 HGB Rn. 10.
[6] *Klemme* TranspR 2002, 182, 183; *Rabe* Seehandelsrecht Vor § 642 HGB Rn. 1–11.
[7] Auch § 426 HGB aF bestimmte vor der Transportrechtsreform (Transportrechtsreformgesetz v. 25.6.1998, BGBl. I S. 1588), dass der Frachtführer vom Absender die Ausstellung eines Frachtbriefes verlangen konnte.
[8] Denkschrift, BR-Drucks. 563/06 S. 38.

pierrechtlichen Herausgabeanspruchs entwerten. Ausführende und Unterfrachtführer sind freilich darüber zu unterrichten, dass ein Konnossement ausgestellt wurde.

**2. Keine konstitutive Wirkung.** Weder dem Frachtbrief noch dem Konnossement **11** kommt in Bezug auf das Zustandekommen bzw. die Wirksamkeit des Frachtvertrages konstitutive Wirkung zu. Das bestimmt – in Anlehnung an Art. 4 Abs. 1 S. 2 CMR – Art. 11 Abs. 1 S. 2 ausdrücklich. Ebenso wenig führt das Fehlen einzelner in Art. 11 Abs. 5 aufgeführter Angaben in der Frachturkunde zu einer Unwirksamkeit des Frachtvertrages. Der als **Konsensualvertrag** geschlossene Frachtvertrag der CMNI besteht somit auch ohne Frachturkunde. Daher ist auch das Fehlen der Unterschrift des Absenders in der Frachturkunde für das Zustandekommen des Frachtvertrages eigentlich unerheblich.[9]

Im Gegensatz zu Art. 4 Abs. 1 CMR regelt aber Art. 11 Abs. 1 ausdrücklich, wer die **12** Frachturkunde auszustellen hat – nämlich der Frachtführer. Insoweit schafft diese Regelung Rechtsklarheit. Art. 11 Abs. 1 S. 2 weist aber auch einen **umgekehrten Regelungsgehalt** auf: Wird etwa ein CMNI-Frachtbrief wahrheitswidrig ausgestellt und bezeichnet sich der Aussteller darin wahrheitswidrig als CMNI-Frachtführer, wird allein dadurch kein der CMNI unterliegender Frachtvertrag geschlossen.[10]

Zu den Folgen eines Pflichtverstoßes des Frachtführers regelt die CMNI nichts. Für **13** etwaige Sanktionen ist daher auf das nach Art. 29 ergänzend anwendbare Recht zurückzugreifen.[11]

**3. Ausfertigung der Frachturkunde. a) Aussteller.** Art. 11 Abs. 2 regelt genau, wer **14** im Einzelfall die Frachturkunde zu unterzeichnen hat und welche Formvorschriften dabei zu beachten sind. Zunächst sieht Art. 11 Abs. 1 S. 1 vor, dass die Originalausfertigung der Frachturkunde vom **Frachtführer** unterzeichnet werden muss. Art. 11 Abs. 1 S. 1 lässt auch die **Unterzeichnung** durch den **Schiffsführer** oder eine sonst von dem Frachtführer **bevollmächtigte Person**[12] zu. Sodann folgt die Unterzeichnung des Originals oder einer Kopie durch den Absender; allerdings nur, wenn der Frachtführer dies verlangt. Dieses Recht kann wohl nur der Hauptfrachtführer ausüben, der in einem Vertragsverhältnis zum Absender steht.

Im Gegensatz zum innerdeutschen Frachtrecht (§ 409 HGB), wird das **Fehlen der 15 Unterschrift** des Absenders dem Wortlaut nach **nicht** mit Beweisnachteilen **sanktioniert:** Nach Art. 11 Abs. 3 kommt der Frachturkunde auch dann **erhöhte Beweiskraft** zu, wenn sie gem. Abs. 2 lediglich vom Frachtführer unterzeichnet wurde.[13] Das fördert auf den ersten Blick die schnellere Abwicklung der Beförderung (ein Zuwarten auf die Unterschrift des Absenders ist nicht erforderlich; das Ausführen der Beförderung ohne Unterschrift des Absenders ist – weil die Wirksamkeit des Frachtvertrages davon nicht abhängt – weniger risikobehaftet) und erleichtert dem Frachtführer wegen der Entbehrlichkeit der Unterschrift des Absenders die **Beweisführung** über den Zustand der übernommenen Güter. Da die Beweisvermutung widerleglich ausgestaltet ist, würde nach dieser Lesart die Auseinandersetzung über die Richtigkeit von Beschreibungen des Gutes oder über Vorbehalte im Frachtbrief aus dem Ausstellungsvorgang herausgezogen und auf einen späteren Zeitpunkt verlagert (vgl. Rn. 33). De facto wird somit der Absender aber gezwungen, Einblick in die Frachturkunde zu nehmen, um auf Grund der gesetzlich geregelten Vermutungen Beweisführungnachteile zu vermeiden (Art. 11 Abs. 3), etwa durch Nachschau, durch die zeitige Sicherung von Gegenbeweisen, aber eben nicht durch bloße Verweigerung seiner Unterschrift. Dies erscheint in einer Gesamtabwägung der Interessenlage wenig sachgerecht.

---

[9] **AA** offenbar *Ramming*, HdB Binnenschifffahrtsrecht, Rn. 375.
[10] Vgl. *Thume/Teutsch/Seltmann* Art. 4 CMR Rn. 27; OLG München 27.11.1992, TranspR 1993, 190, 191.
[11] *Koller* Rn. 2 (nach deutschem Recht also die §§ 273, 280 BGB, § 415 HGB).
[12] Diesbezüglich hat diese Norm nur eine klarstellende Funktion.
[13] Denkschrift, BR-Drucks. 563/06 S. 38.

Jedenfalls eine *gegen* den Absender wirkende Vermutung sollte nicht alleine von der Unterschrift des Frachtführers abhängig sein.[14]

16      Art. 11 regelt außer dem reinen Ausstellungsanspruch nicht, ob dem Absender die Urkunde in Original oder Kopie auch auszuhändigen ist. Wegen der Vermutungswirkung der Frachturkunde für Abschluss und Inhalt des Frachtvertrages erscheint es aber nicht sachgerecht, beim bloßen Ausstellungsanspruch stehen zu bleiben. Der Absender müsste sich zur Geltendmachung der Beweiswirkungen auf eine im Besitz des Frachtführers befindliche Urkunde berufen; der Frachtführer könnte sich der Beweiswirkung seinerseits durch Vorgabe von Verlust oder Unauffindbarkeit entziehen. Absender und Empfänger müssen außerdem die Frachturkunde in den Fällen des Art. 14 und Art. 15 zur Ausübung ihres Verfügungsrechts vorweisen können. Daher muss der Ausstellungsanspruch des Absenders in Erweiterung der Auslegung einen **Anspruch auf Aushändigung** von Original oder wenigstens einer **Kopie** der Frachturkunde umfassen.

17      **b) Zeitpunkt der Ausstellung.** Art. 11 regelt nicht, wann der Absender die Ausstellung der Frachturkunde verlangen kann. Ausstellung ist gleichbedeutend mit der Übergabe des vollständig ausgefertigten Frachtbriefs an den Absender.[15] Berücksichtigt man allerdings, dass ein Frachtbrief oder Konnossement die Funktion eines Begleitpapiers erfüllen, liegt es nahe, dass der Absender die Ausstellung einer Frachturkunde so rechtzeitig verlangen kann, dass diese bei der Übernahme der Güter durch den Frachtführer bereits vorliegen kann.[16] Die Möglichkeit der Aufnahme von Vorbehalten des Frachtführers in die Frachturkunde nach Art. 12 Abs. 1 setzt freilich Prüfung der Güter (ggf. erst nach Übernahme) voraus, so dass es sachgerecht erscheint, die Pflicht zur Ausstellung des Frachtbriefs unverzüglich *nach* Übergabe der Güter anzusiedeln.[17] Die CMNI schweigt hierzu. Ein – auf deutsches Sachrecht (über Art. 29) gestütztes – Recht des Absenders auf Zurückbehaltung (§ 273 BGB) der Übergabe der Güter[18] dürfte zu einem Patt der Beteiligten führen, das die Wirkung von Art. 12 Abs. 1 praktisch ins Leere laufen lässt.

18      **4. Form der Unterzeichnung.** Die **Form** der Unterzeichnung ist weitgehend freigestellt. Die Unterschrift des Frachtführers muss nach Art. 11 Abs. 3 nicht **handschriftlich** erfolgen. Vielmehr soll die Abwicklung in der Binnenschifffahrtspraxis deutlich dadurch erleichtert werden, dass auch eine mit **mechanischen Mitteln** gefertigte Unterschrift, insbesondere ein Faksimiledruck oder sogar ein Stempel zugelassen wird. Dies setzt jedoch voraus, dass das Recht des Ortes, an dem die Frachturkunde ausgestellt wird, eine solche Form der Unterschrift zulässt. Im Gegensatz zu Art. 5 Abs. 1 S. 2 CMR, der eine ähnliche Vorschrift enthält, soll auch eine Unterschrift genügen, die mit **elektronischen Mitteln** ausgefertigt wird, die die **Authentizität** des Dokuments garantieren. Auch dies gilt nur, wenn das Recht des Ortes, an dem etwa der Frachtbrief ausgefertigt wird, eine elektronische Form vorsieht. An dieser Stelle kommt zum Ausdruck, dass die primäre Intention des Übereinkommens darin liegt, dem zunehmenden Einsatz der elektronischen Datenübermittlung weitgehend gerecht zu werden. Wird die Frachturkunde in Deutschland ausgestellt, so beurteilt sich die Frage – wie auch aus der Stellungnahme des Gesetzgebers zu entnehmen ist[19] –, ob die eigenhändige Unterschrift durch eine elektronische bzw. mechanische ersetzt werden kann, nach den §§ 408 Abs. 2 S. 3, 444 Abs. 1 S. 2 HGB. Demnach

---

    [14] *Koller* Rn. 4, 5 (ohne Unterschrift des Absenders „grob sachwidrig"); differenzierend *Ramming*, HdB Binnenschifffahrtsrecht, Rn. 364, 375 (speziell nur für Abschluss und Inhalt des Frachtvertrages); aA für die anderen in Art. 11 Abs. 3 Satz 1 enthaltenen Vermutungen (Übernahme der Güter zur Beförderung und wie beschrieben) *Trost* in Hartenstein/Reuschle, HdB Transport- und Speditionsrecht, Kap. 15 Rn. 81. Meine in der Voraufl. an dieser Stelle geäußerte Auffassung zur Irrelevanz der Unterschrift des Absenders gebe ich auf.

    [15] *Koller* TranspR Rn. 4; *Ramming*, HdB Binnenschifffahrtsrecht, Rn. 366.

    [16] EBJS/*Reuschle* § 408 HGB Rn. 13; ähnlich. *Koller* Rn. 2 („spätestens *bei* der Übernahme des Gutes").

    [17] So auch bereits von Waldstein/*Holland* Binnenschifffahrtsrecht Art. 11, 12 Rn. 6; *Ramming*, HdB Binnenschifffahrtsrecht, Rn. 366.

    [18] So *Koller* TranspR Rn. 2; aA *Ramming*, HdB Binnenschifffahrtsrecht, Rn. 366 (stattdessen Zurückbehaltungsrecht des Absenders mit der Fracht).

    [19] Denkschrift, BR-Drucks. 563/06 S. 38.

sind Nachbildungen der eigenhändigen Unterschrift durch Aufdruck oder Stempelabdruck (Faksimilestempel) ausreichend, während eine qualifizierte elektronische Unterschrift unter ein vollelektronisches Dokument – iS von § 126 Abs. 3 iV mit § 126a BGB – derzeit noch nicht zulässig ist.[20] Durch das Wort „Nachbildungen" soll in § 408 Abs. 2 S. 3 bzw. § 444 Abs. 1 S. 2 HGB zum Ausdruck kommen, dass auch bei Ersetzung der eigenhändigen Unterschrift mindestens eine Faksimilierung der Unterschrift aus Gründen der Fälschungssicherheit erforderlich bleibt.[21] Eine elektronisches Dokument scheidet aber auch aus systematischen Gründen aus, weil das Übereinkommen in verschiedenen Stellen von einer oder mehreren *Originalausfertigungen* spricht und somit davon ausgeht, dass die Frachturkunde stets in **Papierform** auszustellen ist (Art. 11 Abs. 2 S. 1; Abs. 5 S. 1 lit. i, Art. 13 Abs. 2 und Art. 14 Abs. 2 lit. a).[22] Ferner sind die nach Art. 15b in die Frachturkunde einzutragenden Weisungen bei einem signierten reinen elektronischen Dokument nicht möglich. Nach der Systematik des Übereinkommens ist die Frachturkunde daher immer in Papierform auszustellen.

**5. Inhalt der Frachturkunde. a) Allgemeines.** Die in Art. 11 Abs. 5 aufgezählten **19** Angaben konkretisieren den Anspruch des Absenders auf Ausstellung eines Frachtbriefs inhaltlich. Die Aufzählung ist dem Art. 6 Abs. 1 CMR nachempfunden, entspricht aber weitgehend auch den §§ 408, 444 HGB. Wie aus Art. 11 Abs. 5 S. 2 deutlich hervorgeht, sind die enumerativ aufgezählten Angaben **keine zwingende Mindestangaben:** Zum einen spricht selbst das Fehlen einiger Angaben nicht gegen die Annahme einer wirksamen Frachturkunde und zum anderen sieht Art. 6 Abs. 2 S. 1 vor, dass bei Bedarf weitere Angaben in die Frachturkunde aufgenommen werden können. Umgekehrt können die Vertragsparteien gemeinsam auf einzelne Angaben im Frachtbrief verzichten.

Ein **einheitliches Formular** für einen CMNI-Frachtbrief hat sich in der Praxis offiziell **20** noch nicht durchgesetzt. Jedem Frachtführer bleibt es vorbehalten, seinen Frachtbrief zu verwenden.

Zur Vereinheitlichung sind bisher verschiedene Vorschläge unterbreitet worden. Nach **21** einem Vorschlag soll ein CMR-Frachtbrief, nach anderen Vorschlägen der CIM-Frachtbrief Vorbild für einen Binnenschifffahrts-Frachtbrief sein. Beide Typen enthalten zu starke landfrachtrechtliche Elemente. In der Binnenschifffahrt werden schon jetzt Frachturkunden verwendet, die durchaus den Erfordernissen einer Frachturkunde nach dem CMNI genügen (vgl. etwa das Muster der IVR[23]).

**b) Inhalt, Art. 11 Abs. 5 lit. a bis j. Lit. a. Name, Wohnsitz, Sitz oder Aufenthalt 22 des Frachtführers und des Absenders.** Diese Angaben betreffen idR die Vertragsparteien. Mit dem Wohnsitz, Sitz oder Aufenthalt ist jeweils die **Anschrift** der Partei gemeint. Zu beachten ist, dass hier bei einer Beförderung durch einen Unterfrachtführer nicht etwa dieser, sondern der Vertragspartner des Absenders einzutragen ist.[24] Der Absender ist hingegen die Person, von der oder in deren Namen oder für die ein Frachtvertrag mit einem Frachtführer abgeschlossen worden ist (Art. 1 Nr. 4). Name und Anschrift des Absenders haben insbesondere Bedeutung für die Haftung nach Art. 8 und für das Verfügungsrecht nach Art. 14.

**Lit. b. Empfänger der Güter.** Obwohl dies nicht spezifiziert ist, sollte auch nach dieser **23** Norm Name *und* Anschrift des Empfängers in die Frachturkunde eingetragen werden. Die Angabe einer **Meldeadresse,** wie sie in § 408 Abs. 1 Nr. 5 vorgesehen ist, wird hingegen

---

[20] Heymann/*Schlüter* § 408 HGB Rn. 5; vgl. *Koller* § 408 HGB Rn. 17 und *Müglich,* Das neue Transportrecht, § 408 HGB Rn. 22, die aber in bestimmten Fällen eine analoge Anwendung des § 408 Abs. 2 S. 3 HGB befürworten.

[21] Vgl. Denkschrift, BR-Drucks. 368/97 S. 36; EBJS/*Reuschle* § 408 HGB Rn. 7.

[22] Denkschrift, BR-Drucks. 563/06 S. 38; *Koller* Rn. 3; *Ramming,* HdB Binnenschifffahrtsrecht, Rn. 381.

[23] „Internationale Vereinigung zur Wahrnehmung der gemeinsamen Interessen der Binnenschifffahrt der Versicherung und zur Führung des Binnenschiffsregisters in Europa", mit Sitz in Rotterdam, www.ivr.nl (Stand: 8.4.2013).

[24] Heymann/*Schlüter* § 408 HGB Rn. 3; *Koller* § 408 HGB Rn. 6.

nicht verlangt;[25] denn schließlich hat der Absender nach Art. 11 V lit. d den Löschhafen oder den Ablieferungsort anzugeben. Relevant wird die Angabe des Empfängers vor allem nach Ankunft des Gut an den Ablieferungsort: Dann erlischt das **Verfügungsrecht** des Absenders, so dass nur der Empfänger Weisungen erteilen darf (Art. 14 Abs. 2).

24   **Lit. c. Name und Nummer des Schiffes, Übernahmevermerk.** Nach Art. 11 Abs. 5 lit. c sind Name und Nummer des Schiffes anzugeben, wenn die Güter an Bord genommen sind. Wurden jedoch die Güter von dem Frachtführer noch nicht an Bord genommen – etwa weil das Schiff einer Reinigung unterzogen wird – können die Vertragsparteien einen diesbezüglichen Vermerk in die Frachturkunde eintragen. Daraus kann dann hergeleitet werden, dass die Güter noch nicht an Bord des Binnenschiffes verladen worden sind.

25   **Lit. d. Ladehafen oder Übernahmeort; Löschhafen oder Ablieferungsort.** Aus der Frachturkunde soll hervorgehen, welche Strecke das beförderte Gut hinter sich hat. Daher sieht Art. 11 Abs. 5 lit. d vor, dass der Ladehafen oder der Übernahmeort und der Löschhafen oder der Ablieferungsort in den Frachtbrief eingetragen werden. Übernahme- und Ablieferungsort sind genau zu bezeichnen. Dasselbe gilt für die jeweiligen Häfen. Eine ähnliche Regelung sieht § 408 Abs. 1 Nr. 4 vor. Bei grenzüberschreitenden Beförderungen spielen diese Angaben eine besondere Rolle, um den Anwendungsbereich der CMNI zu bestimmen (Art. 2 Abs. 1).

26   **Lit. e. Art der Güter, Verpackung, allgemeine Bezeichnung gefährlicher Güter.** Diese Angaben entsprechen Art. 6 Nr. 1 lit. f CMR und § 408 Abs. 1 Nr. 6. Anzugeben ist zum einen die übliche Bezeichnung der beförderten Güter und der vom Absender zu verantwortenden Verpackung. Allgemein verwendete Bezeichnungen für die Art der Verpackung sind etwa die Begriffe „Sack", „Container", „Karton", „Kiste" oder „Kollo".

27   Wichtig ist die Art der Güter vor allem für die Beweiswirkung der Frachturkunde nach Art. 11 Abs. 3 S. 1, *dass* die Güter zur Beförderung übernommen worden sind.

28   Die Bezeichnung der Verpackung ist relevant für die Vermutungswirkung nach Art. 11 Abs. 3 S. 2: Die ausgestellte (dh. nach Auffassung der Denkschrift schon allein[26] vom Frachtführer unterschriebene) Frachturkunde begründet dem Wortlaut nach in vorbezeichneter Weise (oben Rn. 15) die widerlegliche Vermutung (Abs. 3: „bis zum Beweis des Gegenteils" und Rückschluss aus Art. 13 Abs. 4, wo der Gegenbeweis nicht zulässig ist), dass die Güter so zur Beförderung übernommen worden sind, wie sie in der Urkunde beschrieben werden, also mit der dort bezeichneten Art der Verpackung.

29   Die Bezeichnung von Gefahrgut erfolgt in der Transportpraxis durch die Verwendung der entsprechenden Gefahrgutvorschriften[27] bzw. der allgemeingültigen Bezeichnung.[28]

30   **Lit. f. Maß, Zahl oder Gewicht sowie Merkzeichen der Güter.** Diese Angaben entsprechen § 408 Abs. 1 Nr. 7 und Art. 6 Nr. 1 lit. g CMR: Sie haben Relevanz für Beförderungen über Stückgut. Die Merkzeichen dienen der Unterscheidung der Güter voneinander (Art. 6 Abs. 2 lit. b), während die Gewichtsangaben eine Überladung des Schif-

---

[25] Das Institut der Meldeadresse erlaubt gerade bei Binnenschifftransporten eine flexible Vertragsabwicklung: Der Hinweis auf die Meldeadresse trägt insbesondere auch den Besonderheiten der Binnenschifffahrt Rechnung, wonach bei Ausstellung des Frachtbriefs die Modalitäten der Empfangnahme regelmäßig noch nicht feststehen.

[26] Denkschrift, S. 38; **aA** *Koller* Rn. 4, 5; *Ramming,* HdB Binnenschifffahrtsrecht, Rn. 374, 364, 375, vgl. Kritik oben Rn. 14, 15.

[27] Das Übereinkommen über die zivilrechtliche Haftung für Schäden bei der Beförderung gefährlicher Güter auf der Straße, auf der Maschine und auf Binnenschiffen (CRTD), das von der Wirtschaftskommission für Europa der Vereinten Nationen im Jahre 1989 entworfen wurde, ist immer noch nicht in Kraft getreten. Der gemeinsame Ausschuss des VBW und der IVR hat im März 2002 den Entwurf eines Europäischen Übereinkommens über die Haftung und Entschädigung für Schäden bei der Beförderung schädlicher und gefährlicher Stoffe auf Binnenwasserstraßen (CRDNI) verabschiedet und der ZKR, der Donaukommission und der Europäischen Wirtschaftskommission der Vereinten Nationen zur weiteren Behandlung angeboten. Es wird sicherlich noch eine Reihe von Jahren dauern, bis es zur Zeichnung eines solchen Übereinkommens kommen wird; vgl. dazu im Einzelnen *Korioth* ZfB 2002, 53, 55; vgl. auch die Stellungnahme des Europäischen Wirtschafts- und Sozialausschusses zum Thema „Streben nach einer gesamteuropäischen Regelung der Binnenschifffahrt", Amtsblatt Nr. C 010 v. 14.1.2004, S. 49 ff.

[28] EBJS/*Reuschle* § 408 HGB Rn. 18.

fes verhindern sollen. Die Angaben in der Frachturkunde begründen insoweit die Vermutung, dass die Anzahl der Frachtstücke, ihre Merkzeichen und Nummern mit den Angaben im Frachtbrief bzw. Konnossement übereinstimmen (Art. 11 Abs. 3 S. 2, vgl. unten Rn. 38, Art. 12 Rn. 8).

Die **Beweisvermutungswirkung** entfällt, wenn die Frachturkunde einen begründeten **31** Vorbehalt enthält (Art. 12 Abs. 1 lit. a, b und Abs. 2, vgl. unten Rn. Art. 12 Rn. 3–9). Fehlen diese Angaben im Frachtbrief und teilt der Absender diese sonst nicht schriftlich mit (Art. 6 Abs. 2 lit. a), kann dieser uU nach **Art. 8 Abs. 1 lit. a** verschuldensunabhängig haften, wenn dem Frachtführer deswegen Schäden entstehen. Dasselbe gilt, wenn die Angaben unrichtig oder unvollständig sind.

**Lit. g. Vermerk über Beförderung auf Deck oder in offenen Schiffen.** Diese **32** Vorschrift findet ein Vorbild in § 408 Abs. 1 Nr. 12. Sie eröffnet den Parteien die Möglichkeit, Vereinbarungen über die Beförderung auf Deck eines Binnenschiffes im Frachtbrief festzulegen. Dies soll dem Umstand Rechnung tragen, dass bei Durchführung solcher Transporte ein besonderes Schadensrisiko für die dem Frachtführer übergebenen Güter besteht. Die Güter sind nämlich gesteigert äußeren Einflüssen ausgesetzt wie etwa Nässe, Witterung, Überbordspülen oder Beschädigungen durch Wasser. Die schriftliche Fixierung in der Frachturkunde erfüllt somit zusätzlich eine **Informations- und Warnfunktion.**[29]

**Lit. h. Fracht.** Die Eintragung der Frachtbestimmungen soll insbesondere den Empfän- **33** ger schützen. Dieser hat nach Art. 10 Abs. 1 nach Ankunft des Gutes die Fracht an den Frachtführer zu zahlen, wenn er die Auslieferung der Güter verlangt. Zur Bestimmung der Frachthöhe ist zwar in erster Linie der Frachtvertrag heranzuziehen. Art. 10 Abs. 1 S. 2 bringt aber die Frachturkunde als Beweisdokument mit ins Spiel: Grundsätzlich hat der Empfänger den dort eingetragenen Betrag zu entrichten. Fehlt eine Frachturkunde oder wird eine solche nicht vorgelegt, soll der Frachtführer nur die marktübliche Fracht entrichten (Art. 10 Abs. 1 S. 2). Allerdings ist der Schutz des Frachtbriefs nur relativ: Der Frachtführer muss diesen nämlich – wie dargelegt – von dem Absender unterzeichnen lassen, damit die Beweisvermutungswirkung zur Entfaltung kommt (vgl. Rn. 15), so dass insoweit eine gewisse Missbrauchsgefahr nicht ganz von der Hand zu weisen ist. Auch dies spricht für eine Anknüpfung der *gegen* Absender und Empfänger gerichteten Vermutungswirkung, wenigstens an eine weitere Unterschrift, nämlich an die des Absenders.

**Lit. i. HS 1. Bei Frachtbriefen die Bezeichnung als Original oder Kopie.** Wurde **34** von dem Absender ein Frachtbrief ausgestellt, so ist in den einzelnen Ausfertigungen zu bezeichnen, ob es sich jeweils um die Kopie oder um das Original handelt. Während der Frachtführer die Originalausfertigung zu unterzeichnen hat, muss der Absender auf Verlangen des Frachtführers entweder das Original oder die Kopie unterschreiben (Art. 11 Abs. 2).

**Lit. i. HS 2. Bei Konnossementen die Anzahl der Originalausfertigungen.** Wird **35** hingegen ein Konnossement als Frachturkunde verwendet, ist darin die Anzahl der Originalausfertigungen anzugeben.

**Lit. j. Ort und Tag der Ausstellung.** Hier sind Ort und Tag der Ausstellung der **36** Frachturkunde gemeint, die aber nicht notwendigerweise mit dem Ort und Tag des Frachtvertragsschlusses identisch sein müssen. Die Frachturkunde ist nämlich für das Zustandekommen des Frachtvertrages nicht konstitutiv. Dem Ausstellungsdatum kann aber eine indizielle, aber widerlegbare Bedeutung in Bezug auf den Vertragsschluss zukommen.[30] Regelmäßig wird der Frachtvertrag vor Ausstellung der Frachturkunden geschlossen.

### III. Wirkungen der Frachturkunden

**1. Abschluss und Inhalt des Frachtvertrages.** Die unterzeichnete Frachturkunde **37** entfaltet die **Beweiskraft** nach Art. 11 Abs. 3 S. 1 und schafft eine widerlegliche Vermutung in Bezug auf den **Abschluss** und den **Inhalt** des Frachtvertrages. Nicht erfasst werden der

---

[29] EBJS/*Reuschle* § 408 HGB Rn. 25; Heymann/*Schlüter* § 408 HGB Rn. 3.
[30] Heymann/*Schlüter* § 408 HGB Rn. 3.

Zeitpunkt des Vertragsschlusses, das Fehlen von Willensmängeln, die Geschäftsfähigkeit oder die Vertretungsmacht.[31] Die Beweiskraft geht sowohl von Original wie von unterschriebener Kopie aus.

**38**   **2. Übernahme des Gutes; Zustand des Gutes.** Sowohl Frachtbrief als auch Konnossement statuieren gem. Art. 11 Abs. 3 S. 2 neben dem Abschluss und dem Inhalt des Frachtvertrages eine widerlegliche Vermutung für die **Übernahme** des Gutes und die **Gütermenge** sowie den bei Übernahme der Güter durch den Frachtführer in dem in der Frachturkunde beschriebenen **Zustand** (gemeint ist die äußerlich erkennbare Beschaffenheit, Maß, Zahl, Gewicht, Merkzeichen), oder, mangels einer genauen Beschreibung, in äußerlich gutem Zustand (Art. 11 Abs. 5 lit. e, f; Art. 12 Abs. 1 (a), (b), (c), Abs. 2, Abs. 3).

**39**   Beide Vermutungen können zugunsten des Frachtführers als auch zugunsten des Absenders wirken. Letztere Beweiswirkungen treten auch dann ein, wenn der Absender nicht unterzeichnet hat.[32] Etwaige Auseinandersetzungen darüber sind aufgrund der Widerleglichkeit der Vermutung zu einem späteren Zeitpunkt zu führen.

**40**   Die Beweiswirkungen zugunsten des Absenders (kraft widerleglicher Vermutung) sind durch **Vorbehalte** des Frachtführers einschränkbar, Art. 12 Abs. 1 und 2, vgl. dazu Art. 12 Rn. 3–9.

**41**   Eine weitere gesetzliche Einschränkung der Vermutungswirkung eo ipso ergibt sich aus Art. 12 Abs. 3 für verschlossene, nicht einsehbare Transportbehältnisse, die eine Kontrolle bzw. Sichtung der Güter nicht erlauben, (vgl. dazu Art. 12 Rn. 11–16).

**42**   Dass die Vermutung des Art. 11 Abs. § Satz 2 indes von vornherein nur äußerlich erkennbare Umstände betrifft,[33] lässt sich weder aus dem Wortlaut noch aus der Gesetzesbegründung[34] herleiten. Vielmehr sind die Voraussetzungen des Art. 12 Abs. 3, unter denen eine widerlegliche Vermutung für die Richtigkeit der Angaben im Frachtbrief nicht begründet wird, eher eng (vgl. sogleich Art. 12).

**43**   **3. Widerlegung der Beweisvermutung.** Zu beachten ist, dass die **Beweisvermutung** im Verhältnis zwischen Frachtführer und Absender sowohl beim Frachtbrief als auch beim Konnossement **widerlegbar** ist, Art. 11 Abs. 3 Satz 1 („bis zum Beweis des Gegenteils"). : Geben also Frachtbrief oder Konnossement den genauen Inhalt der frachtvertraglichen Vereinbarungen nicht wahrheitsgetreu wider, können sich die dort genannten Personen (Frachtführer, Absender) im Verhältnis zueinander auf die Bestimmungen des Frachtvertrages (oder andere Beweismittel) berufen und die Beweisvermutung mithin widerlegen. Wurde ein Frachtbrief ausgestellt, dann gibt es diese Möglichkeit der Berufung auf den Frachtvertrag auch im Verhältnis von Frachtführer zu Empfänger.[35]

**44**   Das Konnossement verbrieft den Ablieferungsanspruch des Empfängers gegen den Frachtführer. Wurde ein Konnossement ausgestellt, bleibt die frachtvertragliche Beziehung zwischen Absender und Frachtführer unberührt. Abs. 4 macht deutlich, dass für das Verhältnis zwischen dem Frachtführer und dem Empfänger der Güter allein das Konnossement maßgebend ist. Über den Ursprung möglicher Einwendungen gegen den Konnossementsanspruch sagt diese Bestimmung freilich nichts aus. Die von dem Konnossement ausgehende Beweisvermutung ist im Verhältnis zu dem gutgläubig das Konnossement erwerbenden Empfänger unwiderleglich ausgestaltet (Art. 13 Abs. 4).

**45**   **4. Subjektive Reichweite der Beweiswirkung.** Vom Absender braucht die Frachturkunde der Denkschrift zufolge nicht unterschrieben zu sein, um die Beweiswirkungen zu entfalten.[36] Dies gilt zunächst unstreitig für die Vermutungswirkungen, die *gegen* den

---

[31]  *Herber/Piper* Art. 9 CMR Rn. 6; *Koller* Art. 9 CMR Rn. 2.
[32]  Vgl. oben Rn. 15 und 33 und 45.
[33]  So *Koller* TranspR Rn. 4; *Ramming,* HdB Binnenschifffahrtsrecht, Rn. 377.
[34]  Denkschrift S. 38 (r. Sp.).
[35]  *Czerwenka* TranspR 2001, 278. 281.
[36]  So uneingeschränkt die Denkschrift, BR-Drucks. 563/06 S. 38 (linke Spalte); enger *Ramming,* HdB Binnenschifffahrtsrecht, Rn. 375–377, für die Frage der Übernahme der Güter zur Beförderung und den Umstand der Güter bei Übernahme wie beschrieben.

**Frachtführer** gerichtet sind. Fraglich ist hingegen, ob **gegen den Absender** gerichtete Vermutungswirkungen allein von einer vom Frachtführer erstellten und unterschriebenen Urkunde herrühren können sollten. Sachgerecht erscheint es, solche Vermutungswirkungen (dh. zugunsten des Frachtführers und zu Lasten des Absenders) von der Unterschrift des Absenders abhängig zu machen, die der Frachtführer und der Absender einfordern können (vgl. Rn. 15, 33, 39). Ferner sollte auch Absender analog zu Art. 12 die Möglichkeit zur Geltendmachung eigener Vorbehalte gegeben werden. Der Umstand, dass durch Auseinandersetzungen über den Inhalt des Frachtbriefs die Ausstellung des Frachtbriefs und ggf. auch den Beginn der Beförderung hinausgezögert werden, wiegt weniger schwer. Zwischen den Wirkrichtungen der Vermutungen sollte daher unterschieden werden.

**5. Unterschrift des Absenders.** Der Absender hat auf Verlangen des Frachtführers die **46** Frachturkunde mit zu unterzeichnen, Art. 11 Abs. 2 Satz 2. Folgen einer Verweigerung des Absenders regelt die CMNI nicht.

Ist die Weigerung des Absenders berechtigt, etwa weil in der Frachturkunde unrichtige **47** Angaben gemacht werden oder weil die Frachturkunde nicht mit dem Inhalt des Frachtvertrages übereinstimmt, darf sie auch nicht sanktioniert werden.[37]

Das Fehlen der Absenderunterschrift in dem Fall unberechtigter Weigerung des Absen- **48** ders sollte entgegen der Denkschrift[38] allerdings nicht völlig folgenlos bleiben.[39] **Beweiswirkungen** zugunsten des Frachtführers und gegen den Absender hängen von der Mitunterzeichnung durch den Absender ab.[40] Ohne Sanktionen kann der Frachtführer die Beweiswirkung eines ordnungsgemäß erstellten Frachtbriefs gegen den Absender nicht erreichen. Solche Sanktionen – weil nicht in der CMNI geregelt – können daher nur dem gem. Art. 29 ergänzend anwendbarem Recht zu entnehmen sein. Dem Frachtführer steht – wenn über Art. 29 im Übrigen deutsches Recht anwendbar ist – bei Verweigerung der geforderten Unterschrift des Absenders ein **Zurückbehaltungsrecht** nach § 273 BGB zu dergestalt, dass er die Beförderung noch nicht vorzunehmen hat.[41]

### Art. 12 Vorbehalte in den Frachturkunden

**(1) Der Frachtführer ist berechtigt, in die Frachturkunde Vorbehalte aufzunehmen**

a) **bezüglich Maß, Zahl oder Gewicht der Güter, wenn er Grund zur Annahme hat, dass die Angaben des Absenders unrichtig sind, oder wenn er keine ausreichende Möglichkeit hat, diese Angaben nachzuprüfen, insbesondere weil ihm die Güter nicht zugezählt, zugemessen oder zugewogen worden sind, oder weil ohne ausdrückliche Vereinbarung das Maß oder Gewicht durch Eichaufnahme festgestellt worden ist;**

b) **bezüglich Merkzeichen, die nicht auf den Gütern selbst oder im Falle der Verpackung auf den Behältnissen oder Verpackungen deutlich und haltbar angebracht sind;**

c) **bezüglich des äußeren Zustandes der Güter.**

**(2) Unterlässt es der Frachtführer, den äußeren Zustand der Güter zu vermerken oder diesbezügliche Vorbehalte anzubringen, so wird angenommen, er habe in der Frachturkunde vermerkt, dass die Güter in äußerlich gutem Zustand waren.**

**(3) Sind die Güter gemäß den Angaben in der Frachturkunde in einem Container oder in Laderäumen des Schiffes verstaut worden, die von einer anderen Person als**

---

[37] *Koller* Rn. 5

[38] Denkschrift, BR-Drucks. 563/06 S. 38.

[39] So auch *Koller* Rn. 5.

[40] Vgl. Rn. 15, 33, 39, 45; anders hier die Voraufl., vgl. *Koller* Rn. 4, 5; *Ramming,* HdB Binnenschifffahrtsrecht, Rn. 364, 375.

[41] *Koller* TranspR Rn. 2; *Ramming,* HdB Binnenschifffahrtsrecht, Rn. 364.

dem Frachtführer, seinen Bediensteten oder Beauftragten versiegelt wurden, und sind weder der Container noch die Siegel bis zum Erreichen des Löschhafens oder Ablieferungsorts beschädigt, so besteht die Vermutung, dass ein Verlust oder eine Beschädigung der Güter nicht während der Beförderung entstanden ist.

## Art. 12 Inscription de réserves sur les documents de transport

1. Le transporteur est en droit d'inscrire des réserves sur le document de transport
a) concernant les dimensions, le nombre ou le poids des marchandises, s'il a des raisons de soupçonner que les indications de l'expéditeur sont inexactes ou s'il n'a pas eu de moyens suffisants pour contrôler ces indications, notamment parce que les marchandises n'ont pas été comptées, mesurées ou pesées en sa présence, de même que parce que, sans accord exprès, les dimensions ou le poids ont été déterminés par jaugeage;
b) concernant les marques d'identification qui n'ont pas été apposées clairement et durablement sur les marchandises mêmes ou, si elles sont emballées, sur les récipients ou emballages;
c) concernant l'état apparent des marchandises.

2. Lorsque le transporteur ne fait pas mention de l'état apparent des marchandises ou n'émet pas de réserves à ce sujet, il est réputé avoir mentionné dans le document de transport que les marchandises étaient en bon état apparent.

3. Lorsque, conformément aux indications figurant dans le document de transport, les marchandises ont été placées dans un conteneur ou dans des cales du bateau scellées par des personnes autres que le transporteur, ses préposés ou mandataires, et lorsque ni le conteneur ni les scellés ne sont endommagé ou brisés jusqu'au port de déchargement ou au lieu de livraison, il est présumé que la perte de marchandises ou les dommages n'ont pas été occasionnés pendant le transport.

## Art. 12 Reservations in transport documents

1. The carrier is entitled to include in the transport document reservations concerning:
(a) The dimensions, number or weight of the goods, if he has grounds to suspect that the particulars supplied by the shipper are inaccurate or if he had no reasonable means of checking such particulars, especially because the goods have not been counted, measured or weighed in his presence or because, without explicit agreement, the dimensions or weights have been determined by draught measurement;
(b) Identification marks which are not clearly and durably affixed on the goods themselves or, if the goods are packed, on the receptacles or packagings;
(c) The apparent condition of the goods.

2. If the carrier fails to note the apparent condition of the goods or does not enter reservations in that respect, he is deemed to have noted in the transport document that the goods were in apparent good condition.

3. If, in accordance with the particulars set out in the transport document, the goods are placed in a container or in the holds of the vessel and sealed by other persons than the carrier, his servants or his agents, and if neither the container nor the seals are damaged or broken when they reach the port of discharge or the place of delivery, it shall be presumed that the loss or damage to the goods did not occur during carriage.

### Übersicht

| | Rn. | | Rn. |
|---|---|---|---|
| I. Normsystematik | 1, 2 | 3. Merkzeichen | 8 |
| | | 4. Äußerer Zustand der Güter | 9 |
| II. Vorbehalte in der Frachturkunde, Art. 12 Abs. 1 | 3–9 | III. Unterlassen der Vorbehalte, Art. 12 Abs. 2 | 10 |
| 1. Allgemeines | 3–5 | | |
| 2. Maß, Zahl oder Gewicht der Güter | 6, 7 | IV. Container-Klausel, Art. 12 Abs. 3 | 11–16 |

## I. Normsystematik

Die **Beweisvermutungswirkung** der Frachturkunden nach Art. 11 Abs. 3 ist systema- 1
tisch mit Art. 12 eng verknüpft. Während Art. 11 Abs. 3 die Voraussetzungen der Beweisvermutung nennt, behandelt Art. 12 ausführlich deren **Entkräftung**.[1]

Nach Art. 11 Abs. 3 S. 2 dient die Frachturkunde bis zum Beweis des Gegenteils als 2
Nachweis dafür, dass die Güter so zur Beförderung übernommen wurden, wie sie in den
Frachtbrief oder Konnossement beschrieben wurden. In diesem Zusammenhang stellt
Art. 12 klar, was unter einer **Beschreibung der Güter** in diesem Sinne zu verstehen ist.
Insbesondere regelt diese Norm, welche Bedeutung Vorbehalte haben, die zu einzelnen
Angaben in der Frachturkunde aufgenommen werden.[2] Vorbilder für diese Vorschrift waren
Art. 16 HHR und Art. 3 § 3 1 VR. Im innerdeutschen Frachtrecht finden sich ähnliche
Regelungen in den §§ 409 Abs. 2, 444 Abs. 3 HGB.

## II. Vorbehalte in der Frachturkunde, Art. 12 Abs. 1

**1. Allgemeines.** Die Eintragung eines Vorbehalts ist ein Recht und keine Pflicht des 3
Frachtführers („berechtigt"). Im Gegensatz zur CMR[3] wird hier das **Vorbehaltsrecht**
jedoch **inhaltlich eingeschränkt**. Aus dem Wortlaut des Art. 12 Abs. 1 lit. a bis c lässt
sich entnehmen, dass Vorbehalte *nur* bezüglich der dort umschriebenen Angaben in die
Frachturkunde eingetragen werden dürfen. Unklar ist, ob der Frachtführer die einzutragenden Vorbehalte auch *begründen* muss: Art. 12 Abs. 1 sieht in lit. a vor, dass der Frachtführer
den Vorbehalt erst dann einzutragen hat, wenn er „Grund zur Annahme hat, dass die
Angaben des Absenders unrichtig sind". Eine Begründung wird dort nicht gefordert. Dagegen bestimmt etwa Art. 8 Abs. 2 CMR ausdrücklich, dass die Vorbehalte zumindest dann
zu begründen sind, wenn dem Frachtführer keine angemessenen Mittel zur Verfügung
stehen, die Angaben zu überprüfen[4] (und damit zu beweisen). Die bei Art. 12 bestehende
Unklarheit könnte noch Quelle von Streitigkeiten werden. Denn die Begründung der
einzelnen Vorbehalte kann im Prozess eine erhebliche Rolle spielen: Je unspezifischer die
Begründung, umso eher hat der Frachtführer zu befürchten, dass der Absender den Inhalt
des Vorbehalts später entkräften kann.

Die deutsche Delegation hatte daher zur Klärung vorgeschlagen, durch einen Textzusatz 4
zu regeln, dass Vorbehalte stets begründet werden müssen und zwar dahingehend, dass die
vermuteten unrichtigen Angaben oder andere konkrete Verdachtsmomente ausdrücklich
erwähnt werden und somit in Ermangelung einer Vorbehaltserklärung angenommen werde,
dass die in der Frachturkunde gemachten Angaben richtig seien. Der Vorschlag fand, außer
durch die österreichische Delegation, keine Unterstützung.[5] Damit wird sich in der Transportpraxis das Problem weiterhin stellen: Dem Frachtführer ist daher anzuraten, eine möglichst genaue Begründung des Vorbehalts in die Frachturkunde einzutragen.

Die CMNI regelt auch nicht, ob der Absender den eingetragenen Vorbehalt anerkennen 5
kann bzw. muss, um die volle Beweisvermutungswirkung der Frachturkunde nach Art. 11
Abs. 3 herbeizuführen. Eine dem Art. 8 Abs. 2 S 3 CMR entsprechende Regelung ist in
Art. 12 nicht normiert. Allein aus dem Umstand, dass der Absender die Frachturkunde
unterzeichnet, lässt sich im Einzelfall nicht ohne weiteres eine **Anerkennung des Vorbehalts** annehmen. Allerdings spricht die CMNI einer Anerkennung des Vorbehalts – im
Gegensatz zu Art. 8 Abs. 2 S. 3 CMR – auch keine besondere rechtliche Bedeutung zu,
so dass im Ergebnis eine allein vom Frachtführer unterzeichnete Frachturkunde samt Vorbehalt den Anforderungen von Art. 12 Abs. 1 genügt.

---

[1] Kritisch *Koller* Rn. 1 („aus gesetzessystematischer Sicht verunglückt").
[2] Denkschrift, BR-Drucks. 563/06 S. 39.
[3] Vgl. Art. 8 Abs. 2; *Thume/Teutsch* Art. 8 CMR Rn. 26; *Züchner* ZfV 1968, 460, 461, wonach auch
Vorbehalte wegen der Verladung und Verstauung der Güter zulässig sein sollen.
[4] *Loewe* ETR 1976, 503, 538; *Thume/Teutsch* Art. 8 CMR Rn. 23.
[5] Vgl. Niederschrift über die 6. Sitzung, CMNI/PC (99) 3, TRANS/SC.3/AC.5/9 v. 5.2.1999, S. 7.

**6**     **2. Maß, Zahl oder Gewicht der Güter.** Der Frachtführer kann einen Vorbehalt bezüglich Maß, Zahl oder Gewicht der Güter eintragen. Das setzt allerdings alternativ voraus, dass der Frachtführer entweder einen triftigen Grund für die Annahme hat, dass die Angaben des Absenders (gem. Art. 6 Abs. 2) unrichtig sind, oder dass er keine Überprüfungsmöglichkeiten hat. Letzteres dürfte eher häufig der Fall sein, wenn der Frachtführer nicht an der Übernahme des Gutes teilgenommen oder wenn eine Bemessung der Güter ihm gegenüber nicht stattgefunden hat; ersteres dürfte wohl nur der Fall sein, falls auf Grund konkreter Anhaltspunkte der dringende Verdacht von Falschangaben besteht.[6] Dem Einwand fehlender Teilnahme an der Übernahme kann der Absender begegnen. Der Frachtführer ist dem Absender auf Verlangen dazu verpflichtet, sich das Gut zumessen zu lassen. Auf diese Weise können unberechtigte Vorbehalte vermieden werden. Werden sie dennoch erklärt, sind sie unwirksam.

**7**     Wegen der Durchbrechung des Grundsatzes in Art. 11 Abs. 3 muss der Frachtführer in der vorgenannten Weise beweisen, dass er zu Vorbehalten berechtigt war. Eine weitergehende Begründung ist in der Regel allerdings nicht notwendig:[7] Numerische Abweichungen des Maßes, der Zahl oder des Gewichts der Frachtstücke werden als Tatsache festgestellt. Was jedermann ohne weiteres nachvollziehen kann (wie etwa die Anzahl der geladenen Kisten), bedarf regelmäßig keiner weiteren Begründung. Es ist auch kaum vorstellbar, dass der Absender etwa auf der Richtigkeit der Angaben beharrt, wenn der Frachtführer eine Abweichung vermerkt und damit einen Vorbehalt anbringt.

**8**     **3. Merkzeichen.** Ein Vorbehalt zu den Merkzeichen ist nur dann zulässig, wenn diese weder auf den Gütern selbst noch auf deren Behältnissen oder Verpackungen angebracht oder wenn sie nur schwer erkennbar oder nicht haltbar angebracht sind. Die Kennzeichnung der Güter soll eine schnellere und effizientere Beförderung ermöglichen; das Fehlen von Merkzeichen führt häufig zum Verlust der Güter. Daher darf der Frachtführer die nicht gekennzeichneten Güter zurückweisen.

**9**     **4. Äußerer Zustand der Güter.** Auch bezüglich des äußeren Zustands der Güter kann der Frachtführer Vorbehalte in die Frachturkunde eintragen. Hier sollte der Frachtführer den Vorbehalt – anders als nach Abs. 1 lit. a – konkret begründen, auch wenn dies nicht ausdrücklich in Art. 12 Abs. 1 lit. c vorgeschrieben wird. Entsprechend § 409 Abs. 2 HGB – im Gegensatz aber zu Art. 8 Abs. 1 CMR – verpflichtet Art. 12 Abs. 1 lit. c den Frachtführer nicht zur Überprüfung des äußeren Zustands der Güter. Es handelt sich lediglich um eine **Obliegenheit:** Unterlässt er nämlich die Überprüfung, sieht die CMNI keine Sanktion vor; Art. 12 Abs. 2 stellt aber die Vermutung auf, dass die Güter in einem äußerlich guten Zustand übernommen wurden. Eine Waren- und Tauglichkeitskontrolle seitens des Frachtführers wird also nicht verlangt und wäre angesichts dessen, dass Art. 12 Abs. 1 lit. c nur von dem **äußerlichen Zustand** der Güter spricht, unnötig. Nicht zu beweisen hat der Frachtführer, dass der Vorbehalt objektiv gerechtfertigt ist.[8]

### III. Unterlassen der Vorbehalte, Art. 12 Abs. 2

**10**     Trägt der Frachtführer einen Vorbehalt, der sich auf den äußeren Zustand der Güter bezieht, in die Frachturkunde ein, entfällt die Vermutung nach Art. 11 Abs. 3 S. 2, wonach die Güter so zur Beförderung übernommen worden sind, wie sie in der Urkunde beschrieben wurden. Da ein solcher Vorbehalt aber nicht notwendigerweise zu Angaben in der Frachturkunde gemacht wird, stellt Art. 12 Abs. 2 klar, dass das **Fehlen eines Vorbehalts** nach Art. 12 Abs. 1 lit. c die **Vermutung** begründet, dass die Güter bei ihrer Übernahme durch den Frachtführer äußerlich einem guten Zustand waren.[9] Abs. 2 erweitert damit die Beweiswirkung, indem die Vermutung begründet wird, dass das Gut – soweit äußerlich

---

6   Strenger *Koller* Rn. 2.
7   OLG Düsseldorf 24.9.1992, TranspR 1992, 54, 55; dazu ausführlich *Thume/Teutsch* Art. 8 CMR Rn. 24.
8   *Koller* Rn. 2 sub c).
9   Denkschrift, BR-Drucks. 563/06 S. 39.

erkennbar – der im Frachtbrief angegebenen Art nach beschaffen und schadensfrei ist. Eine vergleichbare Regelung findet sich in § 409 Abs. 2 S. 1 HGB.

## IV. Container-Klausel, Art. 12 Abs. 3

Kein Vorbehalt ist notwendig, wenn die Güter in einem **versiegelten**[10] **Container**  **11** oder **versiegelten Laderaum** befördert werden (sog. Container-Klausel).[11] Art. 12 Abs. 3 bestimmt eine speziellere Vermutung, die den Vermutungen aus Art. 11 Abs. 3 S. 1 (Übernahme der Güter) und aus Art. 11 Abs. 3 S. 2 (Übernahme der Güter wie beschrieben) vorgeht: Wenn sich die Transportgüter in einem vom Absender oder einer von ihm eingesetzten oder einer anderen Person (also jedenfalls nicht vom Frachtführer oder einem seiner Bediensteten oder Beauftragten) **versiegelten Container** oder **Laderaum** des Schiffes befinden und der Container oder das Siegel bis zum Erreichen des Löschhafens bzw. Ablieferungsortes beschädigt worden ist, begründen Angaben in der Frachturkunde über den Inhalt des Containers oder Laderaums keine Vermutung der Richtigkeit. Es besteht dann die Vermutung nicht, dass die Güter so zur Beförderung übernommen wurden, wie sie in der Frachturkunde beschrieben sind, oder mangels Beschreibung, dass sie sich bei Übernahme in äußerlich gutem Zustand befanden, Art. 12 Abs. 3.[12]

Sind hingegen weder Container noch Siegel beschädigt, begründet Art. 12 Abs. 3 die Vermutung, dass der Güter(teil-)verlust oder die Güterbeschädigung nicht während der Beförderung (in der Obhutsphase) eingetreten ist, sondern entweder bereits bei Übernahme zur Beförderung vorlagen oder nach Ablieferung eingetreten sind (mithin vollständig und unbeschädigt abgeliefert wurden).[13]

Voraussetzung ist allerdings – wie in der Stellungnahme zum Regierungsentwurf ange-  **12** nommen wird[14] –, dass weder das Siegel noch der Container während der Reise im Obhutszeitraum (bis zum Erreichen des Löschhafens oder Ablieferungsortes) beschädigt wurden.[15] Dann sprechen nämlich die Umstände wiederum *prima facie* dafür, dass der Schaden außerhalb des Obhutszeitraumes (Art. 16 Abs. 1) entstanden ist. Das Siegel muss von einer anderen Person als dem Frachtführer oder einer seiner Hilfspersonen angebracht worden sein (also vom Absender, einer Hilfspersonen oder von einer Behörde).

Die **Vermutungswirkung** von Abs. 3 ist vom Telos der Regelung her **zu begrenzen.**  **13** Sie erfasst nur solche Fälle, in denen die Unversehrtheit des Siegel und des Containers/des Laderaums es nahelegt, das die Güter nicht durch Eindringen Dritter in den Container verloren gegangen oder beschädigt worden sein kann. Nicht von ihr erfasst sein können jedoch Beschädigungen an den im Container oder Laderaum verstauten Gütern, die etwa durch eine Schiffskollision (Erschütterung) oder anderer äußere Ursachen verursacht wurden, während das Siegel und der Container/Laderaum äußerlich unversehrt geblieben ist.[16]

In gleichem Sinne lassen nur solche Beschädigungen von Siegel oder Container/Lade-  **14** raum die Vermutungswirkung des Abs. 3 (von der Nichtbeschädigung innerhalb des Obhutszeitraums) entfallen, die den Zugriff auf das verstaute Gut möglich erscheinen lassen. Der Frachtführer hat für diesen ihn entlastenden Umstand Beweis zu führen. Kann er dies nicht, greift die Vermutung gemäß Abs. 3, dh. der Unversehrtheit während des Obhutszeitraums, nicht ein. In diesem Fall ist wiederum die Vermutung des Art. 11 Abs. 3 aktiviert

---

[10] Dass der Absender den Container oder Laderaum versiegeln muss, ergibt sich aus einem Umkehrschluss der in Art. 12 Abs. 3 bezeichneten Personen.
[11] Vgl. zum Begriff *Korioth* ZfB 2002, 53, 54.
[12] *Czerwenka* TranspR 2001, 278, 281; Denkschrift, S. 38 r. Sp.; ebenso jetzt *Koller* Rn. 4; *Ramming*, HdB Binnenschifffahrtsrecht, Rn. 377, 378–380.
[13] *Ramming*, HdB Binnenschifffahrtsrecht, Rn. 380.
[14] BR-Drucks. 563/06 S. 39.
[15] Die Beschädigung des Laderaums in toto nennt Abs. 3 nicht. Insoweit sind die für den Container aufgestellten Regeln aber entsprechend anzuwenden, ebenso *Koller* Rn. 3 aE.
[16] So auch *Koller* Rn. 3; *Ramming*, HdB Binnenschifffahrtsrecht, Rn. 379.

(Übernahme der Güter wie in der Frachturkunde beschrieben) in Zusammenhang mit den nach Art. 12 Abs. 1 und 2 vom Frachtführer gemachten Vorbehalten.[17]

15    Das Internationale Übereinkommen über sichere Container (CSC)[18] enthält in Art. II Nr. 1 eine ausführliche Definition von Container. Demnach ist ein **Container** ein Transportgefäß von *dauerhafter Beschaffenheit* und daher genügend widerstandsfähig, um *wiederholt verwendet* werden zu können. Im Übrigen muss er besonders dafür gebaut sein, um die Beförderung von Gütern durch einen oder *mehrere Verkehrsträger ohne Umladung* des Inhalts zu erleichtern. Ferner muss er so gebaut sein, dass es gesichert und/oder leicht *umgeschlagen* werden kann und hierfür Eckbeschläge hat. Der Begriff „Container" schließt weder Fahrzeuge noch die Verpackung ein. Art. 12 Abs. 3 gilt nur für vollständig geschlossene Container und Laderäume.[19]

16    Die Vermutung und resultierende Beweiswirkung von Art. 12 Abs. 3 entspricht der geltenden Darlegungs- und Beweislast zur Liquidation sowohl von erkennbaren[20] wie nicht erkennbaren[21] Güterschäden und Güter(teil-)verlusten.

### Art. 13 Konnossement

**(1) Die Originalausfertigungen eines Konnossementes sind Wertpapiere, die auf den Namen des Empfängers, an Order oder auf den Inhaber lauten.**

**(2) Am Ablieferungsort werden die Güter nur gegen Rückgabe der zuerst vorgewiesenen Originalausfertigung des Konnossementes abgeliefert; sodann kann gegen Rückgabe der übrigen Originalausfertigungen die Ablieferung der Güter nicht mehr verlangt werden.**

**(3) Die Übergabe des Konnossementes an denjenigen, den das Konnossement zum Empfang der Güter legitimiert, hat, wenn die Güter vom Frachtführer übernommen sind, für den Erwerb von Rechten an den Gütern dieselben Wirkungen wie die Übergabe der Güter.**

**(4) Ist das Konnossement einem Dritten, einschließlich des Empfängers, übertragen worden, der gutgläubig im Vertrauen auf die im Konnossement enthaltene Beschreibung der Güter gehandelt hat, so ist diesem gegenüber der Gegenbeweis gegen die Vermutungen des Artikels 11 Absatz 3 und des Artikels 12 Absatz 2 nicht zulässig.**

### Art. 13 Connaissement

1. Les exemplaires originaux d'un connaissement constituent des titres de valeur émis au nom du destinataire, à ordre ou au porteur.

2. Au lieu de livraison, les marchandises ne sont livrées que contre remise de l'exemplaire original du connaissement présenté en premier lieu; par la suite, la livraison ne peut plus être exigée contre remise des autres exemplaires originaux.

3. Lorsque les marchandises sont prises en charge par le transporteur, la remise du

### Art. 13 Bill of lading

1. The originals of a bill of lading shall be documents of title issued in the name of the consignee, to order or to bearer.

2. At the place of destination, the goods shall be delivered only in exchange for the original of the bill of lading submitted initially; thereafter, further delivery cannot be claimed against other originals.

3. When the goods are taken over by the carrier, handing over the bill of lading to a

---

[17] *Koller* Rn. 3.
[18] CSC-Übereinkommen (International Convention for Safe Containers) v. 2.12.1972, BGBl. 1976 II S. 253, in der Fassung v. 2.8.1985, BGBl. II S. 1009.
[19] *Ramming*, HdB Binnenschifffahrtsrecht, Rn. 379.
[20] *Ramming*, HdB Binnenschifffahrtsrecht, Rn. 380, 430, 190, 191.
[21] *Ramming*, HdB Binnenschifffahrtsrecht, Rn. 380, 434, vgl. Art. 23 Rn. 31–34.

connaissement à une personne habilitée en vertu de celuici à recevoir les marchandises, produit les mêmes effets que la remise des marchandises pour ce qui concerne l'acquisition de droits sur celles-ci.

4. Lorsque le connaissement a été transmis à un tiers, y compris le destinataire, qui a agi de bonne foi en se fondant sur la description des marchandises contenue dans le connaissement, il ne peut lui être opposé la preuve contraire à la présomption de l'article 11 paragraphe 3 et de l'article 12 paragraphe 2.

person entitled thereby to receive the goods has the same effects as the handing over of the goods as far as the acquisition of rights to the goods is concerned.

4. If the bill of lading has been transferred to a third party, including the consignee, who has acted in good faith in reliance on the description of the goods therein, proof to the contrary of the presumption set out in article 11, paragraph 3, and article 12, paragraph 2, shall not be admissible.

**Schrifttum:** *Bästlein,* Skripturhaftung – ein in die Irre führendes Schlagwort? Zur Auslegung des § 656 Abs. 2 S. 2 HGB, TranspR 1997, 444; *Czerwenka,* Das Budapester Übereinkommen über den Vertrag über die Güterbeförderung in der Binnenschifffahrt (CMNI), TranspR 2001, 277; *Korioth,* Harmonisierung des europäischen Binnenschifffahrtsrechts und die Auswirkungen auf die Schifffahrtspraxis (Teil 2), ZfB 2002, 53; *Rabe,* Wiedereinführung der Skripturhaftung – ein irreführendes Schlagwort, TranspR 1997, 89.

**Übersicht**

| | Rn. | | | Rn. |
|---|---|---|---|---|
| I. Allgemeines | 1–6 | III. Wirkungen des Konnossements | | 9–13 |
| 1. Begriff | 2 | 1. Auslieferungsanspruch, Art. 13 Abs. 2 | | 10 |
| 2. Rechtsnatur | 3 | 2. Traditionswirkung, Art. 13 Abs. 3 | | 11 |
| 3. Praktische Bedeutung | 4–6 | 3. Wirkungen bei gutgläubigem Erwerb, | | |
| II. Ausstellung, Inhalt und Form des Konnossements | 7, 8 | Art. 13 Abs. 4 | | 12, 13 |

## I. Allgemeines

Art. 13 regelt die Rechtsnatur und die Wirkungen des Konnossements. Als Vorbilder – **1** wie sich aus der Stellungnahme zum Regierungsentwurf ergibt – dienten die seerechtlichen Regelungen in Art. 3 § 4 VR, Art. 16 HHR, § 363 Abs. 2 HGB und die frachtrechtlichen in §§ 444, 445 HGB.[1] Das Konnossement fällt – wie der Frachtbrief – unter den in Art. 11 und 12 verwendeten Oberbegriff der **Frachturkunde.**

**1. Begriff.** Wie sich aus Art. 1 Nr. 6 iV mit Art. 11 Abs. 1 ergibt, ist das Konnossement **2** eine Frachturkunde. Es entspricht im Grunde genommen dem Ladeschein in den §§ 444, 445 HGB. Nach Inhalt und Zweckbestimmung enthält das Konnossement ein **Empfangsbekenntnis** und ein **Auslieferungsversprechen** des Frachtführers betreffend der zur Beförderung übernommenen Transportgüter gegenüber dem Inhaber des Konnossements.[2] Es verbrieft den Auslieferungsanspruch.

**2. Rechtsnatur.** Art. 13 Abs. 1 bestimmt, dass das Konnossement ein **Wertpapier** ist. **3** Dabei wird klargestellt, dass nur die **Originalausfertigung** als Wertpapier dienen kann. Als solches kann es direkt auf den Empfänger lauten (Rektakonnossement); dann erfolgt die Übertragung nach §§ 398, 952 BGB (Die Forderung steht im Vordergrund; sie wird abgetreten; das Recht am Papier folgt nach). Es kann aber – das Papier im mit ihm der sachenrechtliche Erwerbstatbestand stehen im Vordergrund – auch an Order gestellt werden (Orderkonnossement; Berechtigter ist der, an dessen Order nach der Orderklausel auf dem Papier zu leisten ist) oder auf den Inhaber lauten (Inhaberkonnossement; Berechtigter ist der – nicht namentlich benannte – Inhaber); dann kann es durch Indossament übertragen

---

[1] Denkschrift, BR-Drucks. 563/06 S. 39.
[2] Vgl. zum Ladeschein: *Fremuth/Thume* § 444 HGB Rn. 3.

werden. Dies entspricht im Wesentlichen der Rechtslage nach §§ 363 Abs. 2, 444 Abs. 2 HGB.[3]

4     **3. Praktische Bedeutung.** Das Konnossement erfüllt in frachtrechtlicher Hinsicht insbesondere folgende Funktionen:

5     Zum einen richtet sich das **Rechtverhältnis** zwischen dem Frachtführer und dem durch das Konnossement legitimierten Empfänger nach dessen Inhalt (Art. 11 Abs. 4).

6     Zum anderen hat derjenige, der im Konnossement zum Empfang der Güter legitimiert wird, die frachtrechtlichen **Verfügungsrechte** gegenüber dem Frachtführer (Art. 13 Abs. 3, 14 Abs. 2 lit. b). Der Frachtführer ist aber nur gegen Rückgabe des quittierten Konnossements zur Ablieferung der Güter verpflichtet (Art. 13 Abs. 2 HS 1).

## II. Ausstellung, Inhalt und Form des Konnossements

7     **Aussteller** eines Konnossements ist stets der Frachtführer. Das ergibt sich aus Art. 11 Abs. 1 S. 1 HS 2. Eine gesetzliche Pflicht zur Ausstellung und ein entsprechender Anspruch zu Gunsten des Absenders bestehen nicht. Vielmehr geht Art. 11 Abs. 1 S. 1 HS 2 davon aus, dass die Ausstellung eines Konnossements von den Vertragsparteien vereinbart wird[4] und der Absender die Ausstellung des Konnossements verlangt. Diese Vereinbarung hat gem. Art. 11 Abs. 1 S. 1 HS 2 vor der Verladung der Güter oder vor deren Übernahme zur Beförderung zu erfolgen. weil nicht von Art. 25 erfasst, ist Art. 11 aber abdingbar. Folglich können Ausstellung und Begebung des Konnossements (zur Übertragung) auch nach der Verladung oder nach der Übernahme der Güter erfolgen.[5]

8     Art. 11 Abs. 2 und 5 behandelt Frachtbriefe und Konnossemente weitgehend gleich. Konnossemente werden – anders als Frachtbriefe – in **mehreren Originalen** ausgefertigt, deren Anzahl in den Konnossementen zu vermerken ist. Das Konnossement ist zu **unterzeichnen;** insoweit ist die Unterschrift eine Wirksamkeitsvoraussetzung. Eine **Stellvertretung** ist nach Art. 11 Abs. 2 S. 1 zulässig. Das Fehlen eines Konnossements oder dessen Unvollständigkeit berührt aber nicht die Wirksamkeit des Frachtvertrages. Im Übrigen bestimmt sich der Inhalt des Konnossements nach Art. 11 Abs. 5, wobei diese Norm **keine Mindestangaben** enthält und die Vertragsparteien grundsätzlich frei bestimmen können, welche Angaben einzutragen sind. Es genügt, dass zweifelsfrei erkennbar ist, dass es sich um einen Konnossement handelt.[6] Das ergibt sich unmittelbar aus Art. 11 Abs. 5 („außer ihrer Bezeichnung"). Der Frachtführer hat das Recht, eine vom Absender unterschriebene **Abschrift** des Konnossements zu erhalten (Art. 11 Abs. S. 2). Diese Abschrift hat dann zwar keinerlei Wertpapiercharakter; sie soll jedoch den Frachtführer beweisrechtlich vor Änderungen des Inhalts sichern.

## III. Wirkungen des Konnossements

9     Bis zu seiner Übertragung hat das Konnossement die gleiche Beweiswirkung wie ein Frachtbrief. Beide sind Frachturkunden iSv. Art. 11 und 12.

10     **1. Auslieferungsanspruch, Art. 13 Abs. 2.** Um den Frachtführer vor **doppelter Inanspruchnahme** zu schützen,[7] ordnet Art. 13 Abs. 2 an, dass der Frachtführer nur gegen Rückgabe der Originalausfertigung des Konnossements zur Auslieferung der Güter verpflichtet ist. Die Regelung entspricht dem § 445 HGB. Verfügen **mehrere Personen** über Originalausfertigungen des Konnossements und sind danach zum Empfang des Gutes legitimiert, hat der Frachtführer nur demjenigen die Güter auszuliefern, der als *erster* die Ausfertigungen des Konnossements vorlegt.[8] Der Frachtführer muss sich jedoch die Ausfer-

---

[3] Denkschrift, BR-Drucks. 563/06 S. 39.
[4] So auch *Korioth* ZfB 2002, 53, 54.
[5] *Koller* Rn. 2.
[6] *Fremuth/Thume* § 444 HGB Rn. 8.
[7] Vgl. auch zu § 445 HGB: § 445 HGB Rn. 1; *Müglich,* Das neue Transportrecht, § 445 HGB Rn. 1.
[8] Denkschrift, BR-Drucks. 563/06 S. 39.

tigung des Konnossements zurückgeben lassen. Art. 13 Abs. 2 HS 2 bestimmt, dass mit der Ablieferung des Gutes gegen Rückgabe der Ausfertigungen die Ansprüche der Inhaber der übrigen Ausfertigungen erlöschen, da alle Ausfertigungen des Konnossements nur einen Anspruch auf Auslieferung gewähren („nicht mehr verlangt werden").

**2. Traditionswirkung, Art. 13 Abs. 3.** Entsprechend § 448 HGB begründet Art. 13  **11** Abs. 3 die **Traditionswirkung** des Rekta-, Inhaber- und Orderkonnossements. Dessen Übergabe ersetzt somit bei der Eigentumsübertragung die Übergabe des Gutes (Publizitätswirkung). Neben Art. 13 Abs. 3 bleibt der **Eigentumserwerb** nach Maßgabe der §§ 929 ff. BGB – vorausgesetzt es kommt deutsches Recht ergänzend zur Anwendung – möglich. Allerdings ist zu beachten, dass bei einer Übereignung nach § 931 BGB auch die Übergabe des Konnossements erforderlich ist; denn der darin verbriefte Herausgabeanspruch darf nicht vom Besitz am Papier getrennt und gesondert geltend gemacht werden.[9]

**3. Wirkungen bei gutgläubigem Erwerb, Art. 13 Abs. 4.** Wird das Konnossement  **12** einem gutgläubigen Dritten übertragen, wird die Beweiswirkung – in Anlehnung an § 444 HGB – gem. Abs. 4 erweitert. Art. 13 Abs. 4 normiert insbesondere, welche Wirkungen das Konnossement hat, wenn es einem gutgläubigen Dritten überlassen wurde. Als Dritter iS von Art. 13 Abs. 4 kommt auch der Empfänger in Betracht.[10] Bei Übertragung des Konnossements an einen gutgläubigen Dritten erbringt dieses den unwiderleglichen Beweis für den Abschluss und den Inhalt des Frachtvertrages,[11] für den äußerlich guten Zustand der Güter und für die Richtigkeit der Angaben betreffend die zur Beförderung übernommenen Güter (vgl. Art. 11 Abs. 3, Abs. 5). Das gilt nicht, wenn der Frachtführer einen Vorbehalt in das Konnossement eingetragen hat (Art. 12 Abs. 1, Abs. 2).[12] Ein Gegenbeweis wird in Anlehnung an Art. 3 § 4 2 HVR und Art. 16 Abs. 3 lit. b HHR somit ausdrücklich ausgeschlossen. Mit dieser – seerechtlicher Skripturhaftung[13] entsprechenden – Regelung bestärkt das Übereinkommen die Umlaufsfähigkeit des Konnossements. Die Vorschrift entspricht auch dem § 444 Abs. 3 HGB.[14]

Gutgläubiger Dritter kann auch der Empfänger sein, wenn ihm das Konnossement vom  **13** Absender übertragen worden ist. Dies ist nicht der Fall, wenn dem Empfänger das Papier direkt von Frachtführer begeben worden ist.[15]

## Kapitel IV. Verfügungsrecht

### Art. 14 Verfügungsberechtigter

(1) **Der Absender ist berechtigt, über die Güter zu verfügen; er kann insbesondere verlangen, dass der Frachtführer die Güter nicht weiterbefördert, den Ablieferungsort ändert oder die Güter an einen anderen als den in der Frachturkunde angegebenen Empfänger abliefert.**

(2) **Das Verfügungsrecht des Absenders erlischt, sobald der Empfänger nach Ankunft der Güter an dem für die Ablieferung vorgesehenen Ort die Ablieferung der Güter verlangt hat und,**

a) **bei Beförderungen unter Verwendung eines Frachtbriefs, sobald die Originalausfertigung dem Empfänger übergeben worden ist,**

---

[9] BGH 15.12.1976, NJW 1977, 499; *Fremuth/Thume* § 448 HGB Rn. 3.
[10] Denkschrift, BR-Drucks. 563/06 S. 39.
[11] Ohne Begründung *Koller* Rn. 4.
[12] *Czerwenka* TranspR 2001, 277, 281.
[13] Vgl. dazu etwa *Rabe* TranspR 1997, 89; *Bästlein* TranspR 1997, 404.
[14] Denkschrift, BR-Drucks. 563/06 S. 39.
[15] *Koller* Rn. 4.

**b) bei Beförderungen unter Verwendung eines Konnossementes, sobald der Absender alle Originalausfertigungen in seinem Besitz einer anderen Person übergeben hat und nicht mehr darüber verfügt.**

**(3) Der Absender kann durch einen entsprechenden Vermerk im Frachtbrief von dessen Ausstellung an auf sein Verfügungsrecht zugunsten des Empfängers verzichten.**

| Chapitre IV. Droit de disposer des marchandises | Chapter IV. Right to dispose of the goods |
|---|---|
| **Art. 14 Titulaire du droit de disposer** | **Art. 14 Holder of the right of disposal** |

1. L'expéditeur est autorisé à disposer des marchandises; il peut exiger notamment que le transporteur ne poursuive pas le transport des marchandises, qu'il modifie le lieu de livraison ou livre les marchandises à un destinataire autre que celui indiqué dans le document de transport.

2. Le droit de disposer dont bénéficie l'expéditeur s'éteint dès que le destinataire, après l'arrivée des marchandises au lieu de livraison prévu, aura demandé la livraison des marchandises et,

a) s'agissant d'un transport sous couvert d'une lettre de voiture, dès que l'original aura été remis au destinataire;

b) s'agissant d'un transport sous couvert d'un connaissement, dès que l'expéditeur se sera dessaisi de tous les exemplaires originaux en sa possession en les remettant à une autre personne.

3. Par une mention correspondante dans la lettre de voiture, l'expéditeur peut, au moment de l'émission de celle-ci, renoncer à son droit de disposer au bénéfice du destinataire.

1. The shipper shall be authorized to dispose of the goods; in particular, he may require the carrier to discontinue the carriage of the goods, to change the place of delivery or to deliver the goods to a consignee other than the consignee indicated in the transport document.

2. The shipper's right of disposal shall cease to exist once the consignee, following the arrival of the goods at the scheduled place of delivery, has requested delivery of the goods and,

(a) where carriage is under a consignment note, once the original has been handed over to the consignee;

(b) where carriage is under a bill of lading, once the shipper has relinquished all the originals in his possession by handing them over to another person.

3. By an appropriate entry in the consignment note, the shipper may, when the consignment note is issued, waive his right of disposal to the consignee.

## Übersicht

|  | Rn. |  | Rn. |
|---|---|---|---|
| I. Normzweck und Systematik | 1–3 | 2. Inhalt des Verfügungsrechts, Art. 14 Abs. 1 HS 2 | 6 |
| II. Das frachtrechtliche Verfügungsrecht | 4–6 | III. Erlöschen der Verfügungsbefugnis, Art. 14 Abs. 2 | 7–10 |
| 1. Verfügungsberechtigter, Art. 14 Abs. 1 HS 1 | 4, 5 | IV. Verzicht auf das Verfügungsrecht, Art. 14 Abs. 3 | 11–13 |

## I. Normzweck und Systematik

**1**    Der Frachtvertrag ist so angelegt, dass die Interessen des Absenders bestmöglich gewahrt werden können. Ein effektives Instrument zur Durchsetzung dieser Interessen stellt zweifelsohne das **Verfügungsrecht** des Absenders dar, das dogmatisch aus dem **geschäftsbesorgungsrechtlichen Charakter** des Frachtvertrages herzuleiten ist.[1] Der Binnenschiffstransport nimmt üblicherweise einen gewissen Zeitraum in Anspruch, in dem sich etwa die

---

[1] Vgl. §§ 675, 665 BGB.

Nachfrage nach dem beförderten Gut am Zielort verändert haben kann. Auch wird das Gut oft auf die Reise geschickt, obwohl es noch nicht bezahlt wurde. Hinzu kommen sonstige güterbezogene Bedürfnisse, die sich bei längeren Transporten auf Grund der unterschiedlichen Eigenschaften der beförderten Güter ergeben können.[2] All diese Besonderheiten eines Transportvorgangs kann der Absender bzw. Empfänger anhand des Verfügungsrechts berücksichtigen. Art. 14 Abs. 1 trägt auch dem Umstand Rechnung, dass in der Regel der Absender und nicht der Frachtführer die beförderten Güter am besten kennt und somit im Zweifelsfall besser beurteilen kann, wie mit ihnen zu verfahren ist. Der Absender ist sozusagen der **Warenexperte**.[3]

Die Väter des Übereinkommens haben sich auf die Verwendung des Begriffes „Verfügungsrecht" geeinigt, obwohl an dieser Stelle der Begriff „Weisung" mehr Klarheit geschaffen hätte. Der Begriff „Weisung" wird etwa in Art. 6 Abs. 2 lit. d und Art. 15 lit. c verwendet. Dadurch wäre deutlicher zum Ausdruck gekommen, dass mit Verfügung nicht die sachen- oder schuldrechtliche Rechtsänderung, -übertragung oder -aufhebung, sondern lediglich die **Befugnis zur Einflussnahme auf die Vertragsabwicklung** gemeint ist.[4] Das Verfügungsrecht eröffnet das Recht, durch einseitige Erklärung vertragliche Pflichten zu ändern.[5]

**Kapitel 4** regelt insoweit nicht nur, unter welchen Voraussetzungen der Absender oder der Empfänger über das Gut verfügen, also dem Frachtführer nachträgliche Weisungen erteilen dürfen, sondern vielmehr auch den **Inhalt** des Verfügungsrechts und dessen **Erlöschen**. **Vorbilder** für diese Regelungen gibt es sowohl im internationalen Straßen- und Eisenbahngütertransportrecht (Art. 12 CMR, Art. 18 ER/CIM 1999) als auch im innerdeutschen Frachtrecht (§ 418 HGB).

## II. Das frachtrechtliche Verfügungsrecht

**1. Verfügungsberechtigter, Art. 14 Abs. 1 HS 1.** Nach Art. 14 Abs. 1 HS 1 ist 4 grundsätzlich der Absender über das Gut verfügungsberechtigt; Das Verfügungsrecht ist somit ein primäres Recht des Absenders. Er ist derjenige, der die Eigenschaften des Gutes besser kennt; er ist auch derjenige, der unmittelbar ein Interesse an der Beförderung hat. Nur er darf also **Weisungen** erteilen. Die Weisung ist ein **vertragliches Gestaltungsrecht,** entsteht erst mit Abschluss des Frachtvertrages[6] und ist von der Kündigung zu unterscheiden.[7] Weisungen sind nur verbindlich, wenn sie sich im Rahmen des abgeschlossenen Vertrags halten. Der Vertrag kann jedoch, wie dies im Frachtrecht von Gesetzes wegen vorgesehen ist, einem Vertragspartner ein Umgestaltungsrecht durch Weisungen einräumen.

Erlischt jedoch das Verfügungsrecht des Absenders nach Art. 14 Abs. 2 oder verzichtet 5 er nach Art. 14 Abs. 3 darauf, entsteht gleichzeitig ein Verfügungsrecht des **Empfängers.**

**2. Inhalt des Verfügungsrechts, Art. 14 Abs. 1 HS 2.** Das Verfügungsrecht gibt 6 zunächst dem Absender die Möglichkeit, die **Vertragspflichten** des Frachtführers hinsichtlich der Beförderung und Ablieferung der Transportgüter und damit zusammenhängender Maßnahmen, die auch nur mittelbar das Gut betreffen, durch einseitige Weisungen nachträglich zu **modifizieren** (entspr. § 418 Abs. 1 Satz 1, 2 HGB). Die Weisung ist als **Willenserklärung** zu qualifizieren.[8] Die zulässigen Weisungen werden jedoch **nicht abschließend** aufgezählt. Art. 14 Abs. 1 HS 2 erwähnt nur Beispiele, die in der Transportpraxis häufig in Betracht kommen. Das ergibt sich aus der offenen Formulierung in Art. 14 Abs. 1 HS 1 („insbesondere"). Das Übereinkommen zählt zu den üblichen Verfügungen die Weisung, das Gut nicht weiter zu befördern, es an einem anderen Ort

---

[2] *Koller* § 418 HGB Rn. 1; *Müglich,* Das neue Transportrecht, § 418 HGB Rn. 1.
[3] Kritisch zu diesem Gedanken *Heuer* TranspR 1998, 45, 46.
[4] § 418 Rn. 2; *Herber/Piper* Art. 12 CMR Rn. 1.
[5] *Koller* Rn. 2 lit. a).
[6] *Müglich,* Das neue Transportrecht, § 418 HGB Rn. 3.
[7] Dazu *Didier,* Risikozurechnung bei Leistungsstörungen im Gütertransportrecht, S. 235.
[8] EBJS/*Boesche* Art. 12 CMR Rn. 2; *Helm* VersR 1988, 548, 554.

abzuliefern[9] oder an einen anderen als den ursprünglich – zumeist in der Frachturkunde – benannten Empfänger abzuliefern. Darüber hinaus kommt etwa die Weisung in Betracht, das Gut teilweise auszuladen bzw. zu löschen oder es auf Kosten des Absenders verwahren zu lassen. Auch eine Weisung zur Wiederaufladung fällt unter das Verfügungsrecht des Absenders (vgl. § 37 aF BinSchG). Wie sich auch aus der Denkschrift ergibt, soll die offene Formulierung der Vielfalt möglicher Fallgestaltungen gerecht werden;[10] insoweit ist die Regelung praxisgerecht und flexibel ausgestaltet. Nicht erfasst sind Weisungen, andere Güter zu befördern.[11] Unzulässig sind auch Verbots- und sittenwidrige Verfügungen, unzumutbare oder nicht erfüllbare. Wer dies nicht dem Schweigen der CMNI zu entnehmen vermag, muss insoweit auf das ergänzend anzuwendende nationale Recht gemäß Art. 29 zurückgreifen.

### III. Erlöschen der Verfügungsbefugnis, Art. 14 Abs. 2

7    Das Verfügungsrecht des Absenders besteht nicht uneingeschränkt: Nach Art. 14 Abs. 2 lit. a **erlischt** es, wenn das Gut an der Ablieferungsstelle angekommen ist, der Empfänger die Ablieferung des Gutes verlangt *und* den das Gut begleitenden **Frachtbrief** erhalten hat. Somit setzt Art. 14 Abs. 2 im Vergleich zu § 418 Abs. 1 Satz 1 und 2 HGB höhere Anforderungen an das Erlöschen des Verfügungsrechts; im innerdeutschen Frachtrecht genügt es nämlich, dass das Gut am Ablieferungsort angekommen ist.[12] Kommt im Einzelfall deutsches Recht ergänzend zur Anwendung, so bestimmt § 418 Abs. 6 HGB, dass der Frachtführer unbeschränkt und ohne Verschulden gegenüber dem Verfügungsberechtigten haftet, wenn der Frachtführer eine Weisung ausführt, ohne sich den Frachtbrief vorlegen zu lassen.[13]

8    Bei Beförderungen unter Verwendung eines **Konnossements** hingegen **erlischt** das Verfügungsrecht, sobald der Absender *alle* Originalausfertigungen in seinem Besitz einer anderen Person übergeben hat und nicht mehr darüber verfügt, Art. 14 Abs. 2 lit. b). Diese Regelung entspricht § 446 Abs. 2 S. 1 HGB.[14] Wurde hingegen weder ein Frachtbrief noch ein Konnossement ausgestellt und liegt auch sonst keine vergleichbare Frachturkunde vor (Art. 1 Nr. 6), genügt für das Erlöschen des Verfügungsrechts des Absenders, dass das Gut angekommen ist und der Empfänger die Auslieferung verlangt hat.

9    Die **Ankunft von Teilen** einer zusammengehörenden Sendung führt nur für diese zum Verlust des Verfügungsrechts des Absenders. Ein Verfügungsrecht des Empfängers entsteht auch dann, wenn das Gut mit einem **Totalschaden,** also völlig wertlos an der Ablieferungsstelle ankommt. Dagegen bleibt bei einem **Totalverlust** des Gutes das Verfügungsrecht beim Absender, weil das Gut – wie Art. 14 Abs. 2 jedoch voraussetzt – nicht an der Ablieferungsstelle angekommen ist.[15]

10    Während nach Art. 15 lit. c) und d) der Frachtführer **Ersatz** der ihm durch die Ausführung der Weisung entstandenen **Kosten und Schäden** verlangen kann, bestimmt das Übereinkommen nicht, ob der Frachtführer auch die Ausführung der Weisungen im Einzelfall ablehnen darf. Diese Frage dürfte sich aber nach dem anwendbaren nationalen Recht beantworten (Art. 29), also bei Anwendung deutschen Rechts nach § 418 Abs. 1 Satz 3 HGB.[16]

### IV. Verzicht auf das Verfügungsrecht, Art. 14 Abs. 3

11    Der Absender kann nach Art. 14 Abs. 3 vorab auf sein Verfügungsrecht zugunsten des Empfängers verzichten: Voraussetzung für den Verzicht ist ein entsprechender **Vermerk**

---

[9]  **AA** *Koller* Rn. 2 lit. b.
[10]  Denkschrift, BR-Drucks. 563/06 S. 40.
[11]  *Koller* Rn. 2 lit. b.
[12]  *Fremuth/Thume* § 418 HGB Rn. 22.
[13]  *Wieske* TranspR 2003, 383, 385.
[14]  Denkschrift, BR-Drucks. 563/06 S. 40.
[15]  *Fremuth/Thume* § 418 HGB Rn. 23, 24.
[16]  *Czerwenka* TranspR 2001, 277, 280.

**im Frachtbrief** auch ohne Aushändigung an dem Empfänger. Mit dem Verzicht wird der Empfänger verfügungsberechtigt. Für einen Verzicht des Absenders besteht etwa dann Bedarf, wenn Rechte des Empfängers zu schützen sind, so zB wenn er die Ware bereits bezahlt hat.[17] Eine ähnliche Vorschrift sieht Art. 12 Abs. 3 CMR vor.

Ein Vermerk im Konnossement oder in einer sonstigen Frachturkunde reicht hingegen **12** nicht aus; eine **analoge** Anwendung des Art. 12 Abs. 3 kommt angesichts des eindeutigen Wortlauts auch **nicht** in Betracht. Auch rechtssystematische Gründe sprechen gegen eine Analogie: Denn im Rahmen des Art. 14 Abs. 2 unterscheidet das Übereinkommen ausdrücklich zwischen Frachtbrief und Konnossement, so dass insoweit auch nicht von einem redaktionellen Versehen ausgegangen werden darf.

Der Verzicht zugunsten des Empfängers ist nicht der einzige Fall des Erwerbs der Verfü- **13** gungsberechtigung durch den Empfänger. Art. 15 verweist für die Ausübung des Verfügungsrechts des Empfängers im Fall des Erlöschens nach Art. 14 Abs. 2 und 3 auf vier sich teilweise ggf. überscheidende Voraussetzungen (lit. a) bis d)).

## Art. 15 Voraussetzungen für die Ausübung des Verfügungsrechts

**Der Absender oder in den Fällen des Artikels 14 Absätze 2 und 3 der Empfänger hat, wenn er sein Verfügungsrecht ausüben will,**

a) **wenn es sich um ein Konnossement handelt, sämtliche Originalausfertigungen vor Ankunft der Güter an dem für die Ablieferung vorgesehenen Ort vorzuweisen;**

b) **wenn es sich um eine andere Frachturkunde als ein Konnossement handelt, diese Frachturkunde vorzuweisen, in der die dem Frachtführer erteilten neuen Weisungen einzutragen sind;**

c) **dem Frachtführer alle Kosten und Schäden zu ersetzen, die durch die Ausführung der Weisungen entstehen;**

d) **bei Wiederausladung der Güter vor Ankunft an dem für die Ablieferung vorgesehenen Ort die volle vereinbarte Fracht zu bezahlen, sofern im Frachtvertrag nicht etwas anderes vereinbart worden ist.**

## Art. 15 Conditions de l'exercice du droit de disposer

L'expéditeur ou, dans les cas de l'article 14 paragraphes 2 et 3, le destinataire doit, s'il veut exercer son droit de disposer:

a) s'agissant d'un connaissement, en présenter tous les exemplaires originaux avant l'arrivée des marchandises au lieu de livraison prévu;

b) s'agissant d'un document de transport autre qu'un connaissement, présenter ce document dans lequel doivent être inscrites les nouvelles instructions données au transporteur;

c) rembourser au transporteur tous les frais et compenser tous les dommages occasionnés par l'exécution des instructions;

d) payer, dans le cas d'un déchargement des marchandises avant l'arrivée au lieu de livraison prévu, la totalité du fret con-

## Art. 15 Conditions for the exercise of the right of disposal

The shipper or, in the case of article 14, paragraphs 2 and 3, the consignee, must, if he wishes to exercise his right of disposal:

(a) where a bill of lading is used, submit all originals prior to the arrival of the goods at the scheduled place of delivery;

(b) where a transport document other than a bill of lading is used, submit this document, which shall include the new instructions given to the carrier;

(c) Compensate the carrier for all costs and damage incurred in carrying out instructions;

(d) pay all the agreed freight in the event of the discharge of the goods before arrival at the scheduled place of delivery,

---

[17] EBJS/*Boesche* Art. 12 CMR Rn. 6.

venu, à moins qu'il en ait été disposé autrement dans le contrat de transport.

unless the contract of carriage provides otherwise.

**Übersicht**

|                                               | Rn.   |                                              | Rn.    |
|-----------------------------------------------|-------|----------------------------------------------|--------|
| I. Allgemeines                                | 1–4   | III. Schaden- und Kostenersatz,              |        |
| II. Voraussetzungen für das Verfü-            |       | Art. 15 lit. c                               | 9–11   |
| gungsrecht, Art. 15 lit. a und b              | 5–8   |                                              |        |
| 1. Konnossement                               | 6     | IV. Frachtzahlungsanspruch bei Wie-          |        |
| 2. Sonstige Frachturkunden                    | 7, 8  | derausladung, Art. 15 lit. d                 | 12–14  |

## I. Allgemeines

**1**     Art. 15 steht im engen systematischen Zusammenhang zu Art. 14. Art. 15 ergänzt insoweit die in Art. 14 enthaltenen Bestimmungen und regelt nicht nur die **Voraussetzungen** für die Entstehung des Verfügungsrechts beim Empfänger, sondern auch Rechtsfolgen seiner Ausübung. Dem Frachtführer stehen nach Art. 15 lit. c Ansprüche auf Ersatz von **Schäden und Kosten** gegen den Absender oder den Empfänger zu, die durch die Ausführung von Weisungen entstanden sind, und nach lit. d ein **Frachtzahlungsanspruch** im Falle der Wiederausladung der Güter vor Ankunft am Ablieferungsort zu.

**2**     Allerdings überzeugt die Systematik der Art. 14 und 15 insgesamt nicht: Insbesondere ist kein Grund ersichtlich, weshalb die Voraussetzungen der *Ausübung* des Verfügungsrechts erst nach den Regelungen über dessen *Erlöschen* normiert wurden. Insgesamt scheint die systematische Konzeption des frachtrechtlichen Verfügungsrechts mit der Aufspaltung in Legitimation einerseits und Ausübung des Verfügungsrechts andererseits nicht sonderlich gelungen.[1]

**3**     Nicht geregelt ist auch, inwieweit der Frachtführer Weisungen zu befolgen hat, die uU erhebliche wirtschaftliche Nachteile nach sich ziehen können oder deren Befolgung schlichtweg unmöglich ist. Dazu trifft etwa Art. 12 Abs. 5 lit. b CMR besondere Regelungen, die aber auch nicht ansatzweise von der CMNI übernommen wurden. Darüber, ob der Frachtführer die Ausführung der Weisungen also ablehnen kann, schweigt das Übereinkommen. Da Art. 15 insoweit nur die Voraussetzungen für die Ausübung des Verfügungsrechts bestimmt, dürfte sich diese Frage nach dem anwendbaren nationalen Recht beantworten, bei Anwendung deutschen Rechts also nach § 418 Abs. 1 S. 3 HGB.[2]

**4**     Die **Rechtsstellung des Empfängers** ergibt sich in der CMNI anhand einer Reihe von Vorschriften: Die Ablieferungspflicht des Frachtführers ergibt sich aus Art. 3 Abs. 1. Die näheren Umstände des Entstehens dieses **Ablieferungsanspruchs** sind in der CMNI nicht geregelt. Es entsteht jedenfalls dann, wenn der Empfänger das uneingeschränkte **Weisungsrecht** nach den Artt. 14 Abs. 2, 15 (a) und (b) erwirbt.[3] Bis dahin hat der Empfänger lediglich eine **Anwartschaft** aufgrund des Frachtvertrages als Vertrag zugunsten Dritter (falls er nicht mit dem Absender identisch ist). Diese Anwartschaft kann ihm durch Weisung des Absenders, an einen anderen abzuliefern, jedoch zu jeder Zeit wieder entzogen werden.[4] Der Frachtführer erwirbt seinerseits Ansprüche (auf Frachtzahlung und Erfüllung sonstiger auf den Gütern lastender Forderungen[5]) gegen den Empfänger nach Maßgabe von Art. 10 mit dessen Verlangen der Auslieferung am Ablieferungsort.[6]

## II. Voraussetzungen für das Verfügungsrecht, Art. 15 lit. a und b

**5**     Anders als in Art. 14 Abs. 2 unterscheidet Art. 15 bei der Umschreibung der Voraussetzungen für die Ausübung des Verfügungsrechts durch den Absender nicht zwischen Kon-

---

[1] Kritisch auch *Koller* Rn. 2.
[2] So auch *Czerwenka* TranspR 2001, 277, 280.
[3] *Ramming,* HdB Binnenschifffahrtsrecht, Rn. 422. – Vgl. auch Art. 10 Abs. 1 S. 1.
[4] *Ramming,* HdB Binnenschifffahrtsrecht, Rn. 422.
[5] Liegegelder, Zölle, Aufwendungsersatz, Beiträge aufgr. Großer Haverei.
[6] Zur dinglichen Sicherung dieser Forderungen vgl. Art. 29 Abs. 4 (lex rei sitae).

nossement und Frachtbrief, sondern ausdrücklich zwischen **Konnossement** (lit. a) und **sonstige Frachturkunden** (lit. b), zu denen ein Frachtbrief gehört.

**1. Konnossement.** Wurde zwischen den Vertragsparteien vereinbart, dass ein Konnos- **6** sement als Frachturkunde ausgestellt werden soll, sind für die Ausübung des Verfügungsrechts sämtliche **Originalausfertigungen** vor Ankunft der Güter an den für die Ablieferung vorgesehenen Ort vorzuweisen (nicht auszuhändigen!). Diese **Vorweisungspflicht** trifft entweder den Absender oder nach Erlöschen des Verfügungsrechts (Art. 14 Abs. 2) bzw. bei Verzicht durch den Absender (Art. 14 Abs. 3) den Empfänger. Das Konnossement muss sich also in den Händen des Legitimierten befinden, da die wertpapierrechtliche Rechtsposition vom Besitz der Originalurkunden abhängig ist.[7] Eine ähnliche Regelung ist in § 446 Abs. 2 HGB normiert.[8]

**2. Sonstige Frachturkunden.** Soweit hingegen ein Frachtbrief oder sonst eine Frach- **7** turkunde ausgestellt wurde, ist nach Art. 15 lit. b die Absenderausfertigung dieser Urkunde zur Ausübung des Verfügungsrechts vorzulegen. Art. 15 lit. b bestimmt darüber hinaus, dass darin die dem Frachtführer erteilten Weisungen einzutragen sind. Somit übernimmt die CMNI die in **Art. 12 Abs. 5 CMR** normierte **Sperrpapierfunktion** des Frachtbriefs,[9] sobald der wirksam ausgestellte Frachtbrief vom Absender aus der Hand gegeben ist:[10] Ohne die Vorlage des Frachtbriefs bzw. der sonstigen Frachturkunde kann das Verfügungsrecht nicht ausgeübt werden. Im Gegensatz dazu ist im innerdeutschen Frachtrecht die Sperrfunktion nur dann gegeben, wenn dies im Frachtbrief von den Parteien vorgeschrieben wurde (§ 418 Abs. 4 HGB).[11] Dabei ist etwa eine Vorlage durch **Telefax** nicht möglich, weil daraus nicht ersichtlich ist, ob der Verfügende im Besitz der Originalausfertigung oder nur einer Kopie war.[12]

Ist **keine Frachturkunde** ausgestellt worden, hindert dies die Erteilungen von Weisun- **8** gen durch den verfügungsberechtigten Absender grundsätzlich nicht. Die Vorlage der Frachturkunde dient nämlich dem **Schutz des Frachtführers** vor unbefugten Weisungen. Fehlt eine Frachturkunde, kommt ein Übergang der Verfügungsbefugnis auf den Empfänger nach Art. 14 Abs. 2 lit. a und b nicht in Betracht. Vielmehr reicht die Ankunft des Gutes und ein entsprechendes Auslieferungsverlangen seitens des Empfängers aus. Dann besteht aber auch nicht die Gefahr, dass ein nicht mehr Verfügungsberechtigter Weisungen erteilt, so dass ein Schutzbedürfnis des Frachtführers letztendlich fehlt.[13]

## III. Schaden- und Kostenersatz, Art. 15 lit. c

Die Ausführung von rechtmäßigen wie unrechtmäßiger[14] Weisungen kann für den **9** Frachtführer mit Aufwendungen und in manchen Fällen mit Einbußen nicht freiwilliger Art verbunden sein. Daher sieht Art. 15 lit. c zu Gunsten des Frachtführers einen **Schadens- und Aufwendungsersatzanspruch** gegen denjenigen, der die Weisung im Einzelfall erteilt hat. Dieser Anspruch ist an Art. 12 Abs. 5 lit. a HS 2 CMR angelehnt und **entfällt** in Anwendung des Rechtsgedankens des Art. 8 Abs. 1 S. 2, wenn der Frachtführer durch schuldhaftes Handeln die Weisung erforderlich gemacht hat oder die Schäden bzw. Aufwendungen sogar direkt verschuldet hat. Wie aus dem Wortlaut des Art. 15 lit. c zu entnehmen ist, ist der Ersatzanspruch **verschuldensunabhängig** und **unbegrenzt** Voraussetzung ist nur, dass die Kosten bzw. Schäden in einem **Kausalzusammenhang** zu den ausgeführten Weisungen stehen („durch die Ausführung").

---

[7]  § 446 HGB Rn. 4; *Müglich*, Das neue Transportrecht, § 446 HGB Rn. 3.
[8]  Denkschrift, BR-Drucks. 563/06 S. 40.
[9]  Denkschrift, BR-Drucks. 563/06 S. 40; vgl. zur CMR: *Herber/Piper* Art. 12 CMR Rn. 19; *Koller* Art. 12 CMR Rn. 1.
[10]  *Koller* Rn. 2.
[11]  *Czerwenka* TranspR 2001, 277, 280; *Ramming*, HdB Binnenschifffahrtsrecht, Rn. 420.
[12]  Art. 12 CMR Rn. 25; EBJS/*Boesche* Art. 12 CMR Rn. 10.
[13]  EBJS/*Boesche* Art. 12 CMR Rn. 11; *Herber/Piper* Art. 12 CMR Rn. 22.
[14]  von Waldstein/*Holland* Art. 14, 15 Rn. 12; *Ramming*, HdB Binnenschifffahrtsrecht, Rn. 421.

**10**  Nicht erforderlich ist, dass die Weisung vollständig ausgeführt wurde; vielmehr trifft den Frachtführer eine Schadensminderungspflicht, so dass er die Ausführung einer Weisung abzubrechen hat, wenn er merkt, dass dadurch Schäden entstehen. **Entgangener Gewinn,** etwa durch einen im Zusammenhang mit der Weisung verlorenen Beförderungsauftrag, ist als Schaden zu ersetzen.[15] Andererseits sind durch die Weisung **ersparte Aufwendungen** auszugleichen.[16]

**11**  Hat der Frachtführer die Weisung durch schuldhaftes Handeln selbst erforderlich gemacht, so kann der Verfügungsberechtigte, soweit er nicht bereits nach Art. 16 Ersatzansprüche infolge Verlusts, Güterbeschädigung oder Lieferfristüberschreitung geltend machen kann, für sonstige Schäden Ersatzansprüche nach dem gem. Art. 29 ergänzend anwendbaren nationalen Recht geltend machen bzw. die Aufrechnung gegen Ansprüche des Frachtführers erklären.[17] Die Ausführung der Weisung einer nicht legitimierten Person begründet qualifiziertes Verschulden nach Art. 21.[18]

### IV. Frachtzahlungsanspruch bei Wiederausladung, Art. 15 lit. d

**12**  Erteilt der Verfügungsberechtigte eine Weisung, das Gut vor Ankunft des Gutes an der Ablieferungsstelle wiederauszuladen, gilt die Beförderung als beendet. Dann stellt sich die Frage, ob der Frachtführer weiterhin die Fracht von dem Absender verlangen kann. Art. 15 lit. d beantwortet diese Frage dahingehend, dass unabhängig davon, wie weit die zurückgelegte Strecke ist, der Frachtführer die **volle Fracht** verlangen kann. Mehraufwendungen durch Beförderung über den Ablieferungsort hinaus sind nach lit. c ersetzbar.[19] Die Rechtsfolge nach lit. d soll nur dann nicht gelten, wenn die Vertragsparteien ausdrücklich etwa anderes im Frachtvertrag bestimmt haben. Diese Regelung weicht somit wesentlich vom allgemeinen deutschen Frachtrecht ab:[20] Nach § 420 Abs. 2, § 415 Abs. 2 HGB hat nämlich der Frachtführer nur einen Anspruch auf Distanzfracht, auf die vereinbarte Fracht abzüglich der ersparten Aufwendungen oder auf Fautfracht iH eines Drittels der vereinbarten Fracht.

**13**  **Problematisch** erscheint aber diese Regelung nicht so sehr im Hinblick auf die Rechtsfolge, sondern vielmehr in Bezug auf die **Entstehungsvoraussetzungen** des Frachtzahlungsanspruches. Denn insoweit unterscheidet der Wortlaut weder danach, ob der Umstand, der die Weisung erforderlich gemacht hat, dem Risikobereich des Absenders noch danach, ob der Absender den Eintritt des Umstands zu vertreten haben muss. Vergleichbar wie bei Art. 15 lit. c angenommen, entfällt somit der Frachtzahlungsanspruch zunächst in den Fällen, in denen der Frachtführer die Wiederausladung zu vertreten hat. Angesichts der neutralen Formulierung des Übereinkommens an dieser Stelle, erscheint es sogar sachgerecht, wenn diese Regelung unmittelbar nur dann Anwendung findet, wenn der Umstand, der die Weisung erforderlich gemacht hat, weder von dem Frachtführer zu vertreten ist noch sonst seinem Risikobereich zuzurechnen ist.[21]

**14**  Die Ausführungen zu lit. c zu Gegenansprüchen gegen den Frachtführer gelten entsprechend.

### Kapitel V. Haftung des Frachtführers

### Art. 16 Haftung für Schäden

**(1) Der Frachtführer haftet für den Schaden, der durch Verlust oder Beschädigung der Güter in der Zeit von der Übernahme zur Beförderung bis zur Abliefe-**

---

[15] Art. 12 CMR Rn. 30; *Thume/Temme* Art. 12 CMR Rn. 50.
[16] *Herber/Piper* Art. 12 CMR Rn. 33; *Koller* Art. 12 CMR Rn. 3.
[17] *Koller* Rn. 3.
[18] *Koller* Rn. 3 sub lit. c.
[19] *Koller* CMNI Rn. 3.
[20] Denkschrift, BR-Drucks. 563/06 S. 40.
[21] Weitergehender offenbar *Koller* Rn. 3.

rung oder durch Überschreitung der Lieferfrist entsteht, sofern er nicht beweist, dass der Schaden durch Umstände verursacht worden ist, die ein sorgfältiger Frachtführer nicht hätte vermeiden und deren Folgen er nicht hätte abwenden können.

(2) Die Haftung des Frachtführers für den Schaden, der durch Verlust oder Beschädigung der Güter in der Zeit vor dem Einladen der Güter in das Schiff oder nach deren Ausladen aus dem Schiff entsteht, bestimmt sich nach dem auf den Frachtvertrag anwendbaren Recht eines Staates.

### Chapitre V. Responsabilité du transporteur

### Art. 16 Responsabilité pour préjudice

1. Le transporteur est responsable du préjudice résultant des pertes ou dommages subis par les marchandises depuis leur prise en charge en vue du transport jusqu'à leur livraison ou résultant d'un dépassement du délai de livraison, à moins qu'il ne prouve que le préjudice résulte de circonstances qu'un transporteur diligent n'aurait pu éviter et aux conséquences desquelles il n'aurait pu obvier.

2. La responsabilité du transporteur pour préjudice résultant des pertes ou dommages subis par les marchandises causés pendant la période avant leur chargement à bord du bateau ou après leur déchargement est régie par la loi de l'Etat applicable au contrat de transport.

### Chapter V. Liability of the carrier

### Art. 16 Liability for loss

1. The carrier shall be liable for loss resulting from loss or damage to the goods caused between the time when he took them over for carriage and the time of their delivery, or resulting from delay in delivery, unless he can show that the loss was due to circumstances which a diligent carrier could not have prevented and the consequences of which he could not have averted.

2. The carrier's liability for loss resulting from loss or damage to the goods caused during the time before the goods are loaded on the vessel or the time after they have been discharged from the vessel shall be governed by the law of the State applicable to the contract of carriage.

### Übersicht

|  | Rn. |  | Rn. |
|---|---|---|---|
| I. Allgemeines | 1–2 | b) Übernahme zur Beförderung, vertragliche Modifikationen | 39–50 |
| II. Haftungssystem, Sorgfaltsverstoß | 3–16 | c) Ablieferung | 51–64 |
| III. Ersatzanspruch auf Grund Verlusts oder Beschädigung (Art. 16 Abs. 1, 1. Alt.) | 17–64 | IV. Ersatzanspruch wegen Überschreitung der Lieferfrist (Art. 16 Abs. 1, Alt. 2) | 65–70 |
| 1. Verlust | 17–22 | V. Darlegungs- und Beweislast | 71 |
| 2. Beschädigung | 23–26 | VI. Aktivlegitimation und Passivlegitimation | 72–76 |
| 3. Obhutszeit | 27–64 | VII. Mitverschulden | 77 |
| a) Allgemein | 27–38 |  |  |

## I. Allgemeines

Kernstück jeder frachtrechtlichen Konzeption sind die Bestimmungen über die Fracht- **1** führerhaftung, die sich in der CMNI in den Art. 16 bis 22 finden. Der nach § 16 Abs. 1 1. Halbsatz haftende Verfrachter hat sich selbst zu entlasten, entweder durch Berufung auf die besonderen Haftungsausschlussgründe des Art. 18 Abs. 1 oder durch Berufung auf den allgemeinen Haftungsausschlussgrund des Art. 16 Abs. 1, 2. Halbsatz.

Das Haftungssystem der CMNI ist – insbesondere hinsichtlich des Haftungsumfangs – **1a** in Anlehnung an die Hamburg-Regeln (HHR) und die Haag-Visby-Rules (HVR) **seefrachtrechtlich geprägt.** Problemlösungen, die von der Rechtspraxis im Rahmen der

Übereinkommen anderer Verkehrsträger bereits entwickelt wurden, können deshalb regelmäßig auf das internationale Frachtrecht der Binnenschifffahrt übertragen werden.[1] Seefrachtrechtlichen Ursprungs sind etwa der Haftungsausschlussgrund der erfolgten oder versuchten Hilfeleistung oder Rettung gemäß Art. 18 Abs. 1g, der in Art. 4 § 2l HVR seinen Ursprung hat,[2] und die Haftungshöchstbeträge nach Art. 20. Wesentliche Unterschiede zu der Haftung des Verfrachters ergeben sich aber bzgl. der typisch seefrachtrechtlichen **Haftungsausschlussgründe** „nautisches Verschulden" und „Feuer",[3] die die CMNI nicht als obligatorische Ausschlussgründe anordnet, sondern sie vertragsstaatlicher Option (Art. 32) und vertraglicher Vereinbarung (Art. 25 Abs. 2) überlässt. Auch die Wirksamkeit einer **Landschadensklausel** scheint in der Binnenschifffahrt anders zu beurteilen zu sein als bei der Seefracht (dazu Rn. 29 ff.).

2    Geregelt ist in den Art. 16 ff. die **Haftung der Beförderer,** dh. der Frachtführer und ausführenden Frachtführer. Schiffseigner und Schiffsführer sind nicht Frachtführer. Eine Frachtführerhaftung ergibt sich nur dann, wenn Schiffseigner bzw. Schiffsführer zugleich Bediensteter oder Beauftragter des Frachtführers oder ausführenden Frachtführers gemäß Art. 17 sind. Ansonsten bestimmt sich ihre Haftung nach ergänzend anwendbarem, kollisionsrechtlich bestimmtem Deliktsstatut, das sich vor einem deutschem Forum etwa nach Art. 40 EGBGB, Art. 4–9 der Rom II-VO[4] oder § 5m BinSchG ermitteln lässt. Bei Geltung deutschen Sachrechts ergibt sich ihre Haftung materiellrechtlich etwa nach den §§ 3, 4 ff., 7 f., 92 ff. BinSchG, die §§ 823 ff. BGB, § 22 WHG.

## II. Haftungssystem, Sorgfaltsverstoß

3    Wie auch in anderen internationalen Übereinkommen und im HGB-Landfrachtrecht lässt sich der Haftungsmaßstab der CMNI nicht bereits eindeutig dem Wortlaut entnehmen. Der Begriff des Verschuldens wird nicht verwendet. Die Haftung des Frachtführers ist dann ausgeschlossen, wenn von ihm bewiesen wird, dass der Schaden durch Umstände verursacht worden ist, die ein **sorgfältiger** Frachtführer nicht hätte vermeiden und deren Folgen er nicht hätte abwenden können. Dieser Haftungsmaßstab entspricht dem des Seefrachtrechts,[5] dem niederländischen Recht[6] und der Receptumshaftung des § 58 BinSchG aF.[7] Diese **Beweislastverteilung** trägt dem Umstand Rechnung, dass der Frachtführer über die Einzelheiten des Transportvorgangs Herrschaftswissen hat, deren Kenntnis und Kontrolle den übrigen Ladungsbeteiligten entzogen ist.[8]

4    Der Maßstab für diesen **Entlastungsbeweis** stellt eine Besonderheit zu der deutschgesetzlichen Regelung dar. Denn nach **§ 426 HGB** ist der Frachtführer von seiner Haftung nur befreit, wenn der Schaden auf Umständen beruht, die der Frachtführer auch **bei größter Sorgfalt** nicht vermeiden und deren Folgen er nicht abwenden konnte. Verlangt wird damit dort, dass der Frachtführer die *äußerste ihm zumutbare Sorgfalt* (gleichsam idealerweise) angewendet hat.

5    Obwohl der Gesetzestext den in der gesetzlichen Fahrlässigkeitsdefinition (§ 276 Abs. 1 S. 2 BGB) verwendeten Begriff „Sorgfalt" verwendet, versteht die weitaus überwiegende

---

[1] Denkschrift, BR-Drucks. 563/06 S. 25.

[2] Wohingegen die Haftungsausschlussgründe des Art. 18 CMNI im Wesentlichen § 427 HGB entsprechen.

[3] Vgl. Art. 25 CMNI.

[4] Verordnung (EG) Nr. 864/2007 des Europäischen Parlaments und des Rates vom 11. Juli 2007 über das auf außervertragliche Schuldverhältnisse anzuwendende Recht („Rom II"), Abl. Nr. L 199 vom 31.7.2007, S. 40, in Kraft getreten teils am 11.7.2008 (Art. 29), im Wesentlichen am 11.1.2009.

[5] Entsprechend §§ 487 Abs. 2, 498 Abs. 2, 523 Abs. 1 (vgl. 606 Satz 2 aF) HGB, Art. 4 § 2q HVR, Art. 5 Abs. 1 HHR. Zur Verschuldenshaftung bei Seefracht vgl.: *Rabe* § 606 Rn. 64, *Herber* Seehandelsrecht S. 314; *Schaps/Abraham* Seehandelsrecht § 559 Rn. 7, 9 mwN.

[6] Art. 901 Abs. 1 Satz 1 Bk 8 NWB.

[7] *Korioth* ZfB 2002, 1847; von Waldstein/*Holland* Binnenschifffahrtsrecht Rn. 1, 11 („hinsichtlich des geforderten Sorgfaltsmaßstabes keine Unterschiede"). § 58 Abs. 1 BinSchG lautete: „Der Frachtführer haftet für Schäden . . ., sofern er nicht beweist, dass der Verlust oder die Beschädigung durch Umstände herbeigeführt ist, welche durch die Sorgfalt eines ordentlichen Frachtführers nicht abgewendet werden konnten.".

[8] von Waldstein/*Holland* Binnenschifffahrtsrecht Rn. 16.

Auffassung das Sorgfaltskriterium des § 426 HGB nicht als *subjektives* Verschuldenselement im Sinne des § 276 BGB, sondern als ein **objektiv** bestimmbares Kriterium. Die Wahl des Begriffs der Sorgfalt war unglücklich, da dieser im Zivilrecht üblicherweise Bestandteil der Verschuldensdefinition ist. Mit dem Begriff sollte lediglich zum Ausdruck gebracht werden, dass an die Enthaftung des Frachtführers – als Ausnahme zur Regelhaftung – besonders hohe Anforderungen zu stellen seien und die Enthaftung somit der absolute Ausnahmefall bleiben muss. Ein Hinweis darauf ergibt sich aus der Gesetzgebungsgeschichte. Der Regierungsentwurf zur Transportrechtsreform enthielt die im umgesetzten § 426 HGB enthaltene Wendung „auch bei größter Sorgfalt" zunächst nicht. Diese Wendung wurde erst später auf Anraten des Rechtsausschusses[9] eingefügt. Dieser befürchtete, dass ohne diesen Passus das gesetzgeberische Ziel, nämlich eine Enthaftungsmöglichkeit *nur für ganz besondere Ausnahmetatbestände* zu schaffen, nicht sicher erreicht und das Ziel verschuldensunabhängiger Haftung damit konterkariert werden könnte.[10] Da auch der Vorschlag des Rechtsausschusses ausdrücklich davon ausging, dass der einzuführende § 426 HGB vollumfänglich den Art. 17 Abs. 2 Alt. 4 CMR nachbilden soll,[11] kann nicht angenommen werden, dass durch die nachträgliche Ergänzung des Erfordernisses der „äußersten Sorgfalt" vom Prinzip der Enthaftung bei Nichtzurechnung einer Risikosphäre abgewichen werden sollte. Im Gegenteil sollte der Begriff „größte Sorgfalt" gerade verdeutlichen, dass bei Abgrenzung der Risikosphären **objektiv** gerade von den Möglichkeiten eines *idealen* Frachtführers auszugehen ist. Dabei sollten die Objektivierung und die hohen Anforderungen, welche an den Frachtführer zu stellen sind, betont werden.[12] Das binnenschifffahrtsrechtliche **nationale** (deutsche) Frachtrecht sieht folglich eine verschuldens**un**abhängige Haftung vor.[13] Der Frachtführer haftet dort *ohne* Verschulden.

Im für den innerdeutschen Binnenschiffstransport maßgeblichen nationalen Land- **6** frachtrecht erfolgt eine Auslegung in Anlehnung an das aus dem deliktischen Verkehrsrecht bekannte Merkmal des „unabwendbaren Ereignisses" (§ 17 Abs. 3 StVG).[14] Das StVG versteht unter der Unabwendbarkeit keine absolute Unvermeidbarkeit, sondern verlangt *besonders sorgfältiges, sachgemäßes und geistesgegenwärtiges Handeln über den gewöhnlichen und persönlichen Maßstab hinaus*.[15] Kann dieses Verständnis im Rahmen einer nationalen deliktischen Haftungsnorm für die Auslegung der CMR als internationalem Übereinkommen schon einen ersten Anhaltspunkt geben,[16] so besteht die Möglichkeit der Anlehnung an das StVG umso mehr für die ebenfalls innerdeutsche Vorschrift des § 426 HGB. Sowohl bei Art. 17 CMR als auch bei § 426 HGB ist Unabwendbarkeit demzufolge anzunehmen, wenn ein Ereignis auch durch Anwendung äußerster, nach den Umständen möglicher Sorgfalt, nicht abgewendet werden konnte. Zu beachten ist insbesondere, dass

---

[9] Bericht des Rechtsausschusses, BT-Drucks. 13/10014 S. 48.
[10] Bericht des Rechtsausschusses, BT-Drucks. 13/10014 S. 48.
[11] Bericht des Rechtsausschusses, BT-Drucks. 13/10014 S. 48.
[12] LG Frankfurt/Main 9.5.2001, TranspR 2001, 393, 394; § 426 HGB Rn. 5 ff.; *Lammich/Pöttinger* § 427 Rn. 6.
[13] BGH v. 13.12.1990, BGHZ 113, 164, 165; OLG Köln v. 29.7.2003, VersR 2004, 1438; *Koller* § 426 HGB Rn. 2; EBJS/*Schaffert* § 425 HGB Rn. 15; *Fremuth/Thume* § 425 HGB Rn. 9.
[14] EBJS/*Boesche* Vor Art. 17 CMR Rn. 2; *Heuer* TranspR 1994, 107, 108; *Piper/Herber* Art. 17 CMR Rn. 42; *Piper*, Höchstrichterliche Rechtsprechung zum Speditions- und Frachtrecht, Rn. 392; *Zühner* VersR 1964, 220, 223. Ausdrücklich für HGB feststellend: *Lammich/Pöttinger* § 426 HGB Rn. 5 ff., der dieses gerade für das System einer verschuldensabhängigen Haftung typische Merkmal überraschenderweise innerhalb einer Verschuldenshaftung prüfen will.
BGH 28.2.1975, VersR 1975, 610, 611 (unabwendbarer Verkehrsunfall iSd. StVG ist auch unabwendbares Ereignis iSd. Art. 17 CMR); BGH 5.6.1981, VersR 1981, 1030 = TranspR 1981, 130; OLG Düsseldorf 12.1.1984, TranspR 1984, 102, 103; OLG Koblenz 16.10.1987, VersR 1989, 279; OGH Wien 19.1.1994, TranspR 1995, 65, 66; OLG Hamburg 7.12.1995, TranspR 1996, 283; OLG München 4.12.1996, TranspR 1997, 193, 195 f.; OLG Hamm 13.5.1993, NJW-RR 1994, 294; KG Berlin 11.1.1995, TranspR 1995, 342, 344; OGH Wien 19.1.1994, VersR 1994, 1455, 1456.
[15] Hentschel/König/Dauer, Straßenverkehrsrecht, 41. Aufl. 2011, § 17 StVG Rn. 16 mwN.
[16] EBJS/*Boesche* Art. 17 CMR Rn. 29. – Eine Anlehnung an die nationalen Bestimmungen des StVG im Rahmen der internationalen Regelung der CMR schon im Ansatz ablehnend: *Helm* Art. 17 CMR Rn. 34.

es auch dann an der Unabwendbarkeit fehlt, wenn die Beobachtung jeder nach den Umständen möglichen Sorgfalt eine auch an sich nicht voraussehbare Schadensursache unwirksam gemacht haben würde.[17]

**7**    Auf die CMNI sind diese Auslegungsgrundsätze nach den vorliegenden Gesetzesmaterialien so nicht übertragbar. In Bezug auf das Verschulden in der CMNI besteht offenbar ein **gradueller Unterschied.** Für die CMNI scheinen die Vertragsstaaten von einer **verschuldensabhängigen Haftung** ausgegangen zu sein.[18] Der Absender hat den Verlust oder die Beschädigung in der Zeit von der Übernahme zur Beförderung bis zur Ablieferung (Obhutszeit) bzw. die Lieferfristüberschreitung zu beweisen. Daran knüpft die Verschuldensvermutung mit der Möglichkeit des Entlastungsbeweises.[19]

**8**    Anders als nach allgemeinem deutschen Frachtrecht stellt die CMNI nicht auf einen besonders gewissenhaften Frachtführer ab, dessen Enthaftung nach dem Verständnis des deutschen Gesetzgebers gerade die Verschuldensunabhängigkeit der Haftung unterstrich. Ausreichend ist vielmehr die Beachtung *allgemeiner* Sorgfaltspflichten.[20] Es gilt damit wieder die Regelung, wie sie nach § 58 BinSchG aF bestanden hatte und im Seefrachtrecht in § 276 BGB und in § 347 Abs. 1 HGB noch heute besteht (s. o.).[21]

**9**    Dass und warum gerade ein vom innerdeutschen Binnenschifffahrtsfrachtrecht verschiedener Haftungsmaßstab Eingang in die CMNI finden sollte, ergibt sich aus der Denkschrift nur mittelbar. Mit Rücksicht auf die Niederlande (Art. 901 Abs. 1 Satz 1 Bk 8 NWB) wollte man *geringere* Anforderungen an die Sorgfaltspflicht des Frachtführers stellen. Freilich kann die Orientierung am niederländischen Recht (Art. 901 Abs. 1 Burgerlijke Wetboek) eine vertragsautonome Auslegung nicht ersetzen.[22] Die Denkschrift geht davon aus, dass damit der **Entlastungsbeweis** im Vergleich zum deutschen allgemeinen Transportrecht **erleichtert** ist.[23]

**10**    Anders als im deutsch-gesetzlichen Binnenschifffahrtsfrachtrecht kann die allgemeine Frachtführersorgfalt nach CMNI daher nicht ohne weiteres objektiv ausgelegt werden. Ob dies mit Nachteilen für die Einschätzung von Verhalten verbunden ist, kann angesichts weitausgreifender gerichtlich unterstützter Einzelfallbetrachtung nicht ohne weiteres gesagt werden. Jedenfalls sind die anzulegenden Maßstäbe im Vergleich zum nationalen Recht, welches die Einhaltung der äußersten Sorgfalt zur Bedingung der Enthaftung macht, vordergründig weniger streng. Damit wird der mit dem Transportrechtsreformgesetz 1998 im deutschen Recht eingeführte Bruch der Haftungsmaßstäbe zwischen Seefrachtrecht und Binnenschifffahrtsrecht jetzt – jedenfalls auf deutschem Territorium – in das Binnenschifffahrtsrecht übertragen; Bruchkante ist die vertraglich vorgesehene Grenzüberschreitung des Binnenschiffstransports iSv. Art. 2 CMNI, kein glücklicher Umstand!

**11**    Sorgfaltsmaßstäbe der Rechte der Vertragsstaaten sind nicht ohne weiteres übertragbar, auch wenn die Erwartung besteht, dass sich die Gerichte „mehr oder minder stark an nationalen Vorstellungen über schuldhaftes Verhalten orientieren".[24] Im deutschen Recht dürfte vermutlich der gleiche Sorgfaltsmaßstab angelegt werde, der schon nach altem Binnenschifffahrtsrecht angewendet wurde.[25]

---

[17] BGH 21.12.1966, NJW 1967, 499, 500; zustimmend: BGH 28.2.1975, NJW 1975, 1597, 1598; BGH 5.6.1981, VersR 1981, 1030; OLG Hamburg 1.4.1982, VersR 1982, 1171; OGH Wien 19.1.1994, VersR 1994, 1455, 1456; EBJS/*Boesche* Vor Art. 17 CMR Rn. 29; *Loewe* ETR 1976, 503, 555.

[18] Denkschrift, BR-Drucks. 563/06 S. 25.

[19] So auch die Vermutung bei von Waldstein/*Holland* Binnenschifffahrtsrecht Rn. 1.

[20] So auch zuletzt *Hartenstein* TranspR 2012, 441 („Sorgfaltsmaßstab ... hier ... ein wenig abgesenkt.").

[21] So auch *Czerwenka* TranspR 2001, 277, 279; von Waldstein/*Holland* Rn. 11; *Ramming,* HdB Binnenschifffahrtsrecht, Rn. 448.

[22] Ebenso *Koller* Rn. 2 sub b) dd); *Ramming,* HdB Binnenschifffahrtsrecht, Rn. 448; *Trost* in Hartenstein/Reuschle, HdB Transport- und Speditionsrecht, Kap. 15 Rn. 59; *Jaegers* in Kuhlen, Haftung, 91 (Orientierung der Gerichte an nationalen Vorstellungen über schuldhaftes Verhalten erwartet).

[23] Denkschrift, BR-Drucks. 563/06 S. 40; von Waldstein/*Holland* Binnenschifffahrtsrecht Rn. 11 („erleichtert ... beträchtlich").

[24] *Koller* Rn. 2.

[25] *Vortisch/Bemm*, Binnenschifffahrtsrecht, 4. Aufl. 1991; MüKoHGB/*Goette* (1997).

Eine abstrakte Beschreibung ist nicht zielführend. Ein Gesamtbildung notwendiger Sorg- **12**
faltsanforderungen ergibt sich aus der Summe von Einzelfallbetrachtungen,[26] viele noch aus
altem Recht. Zu sorgfältigem Verhalten des Frachtführers gehören zunächst vorab der
Beförderung die sorgfältige Auswahl des Schiffsführers sowie eigener Bediensteter und sonstiger Beauftragter, die Gestellung eines ladetüchtigen und fahrtüchtigen Schiffs, vorschrifts-
mäßige Ausrüstung und Bemannung, sodann bei der Beförderung die Befolgung der Verkehrsvorschriften, die Beachtung der Schifffahrtsbräuche sowie die Kenntnis und Ausübung
der nautischen Grundsätze einschließlich möglicher Rücksichtnahme auf vorhersehbare
Witterung und vorhersehbaren Wasserstand, ferner ordnungsgemäße Reinigung des Schiffes
zur Verhütung von Ladungsverunreinigungen,[27] hinreichende Ladungsfürsorge vom Verladen, Umladen bis Löschen der Güter, deren betriebssicheres Laden, Stauen, Befestigen und
ihre Beobachtung und sichere Behandlung während der Reise.

Nicht zurechenbar ist höhere Gewalt. Hierzu gehören nicht vorhersehbare Wetterereig- **13**
nisse und Eingriffe Dritter (Bsp. ggf. behördliches Handeln, Gewaltakte, Terrorismus,
Krieg).

Vertragliche Abweichungen von diesem Sorgfaltsmaßstab sind nach Art. 25 Abs. 1 nicht **14**
zulässig.

Nach der Verschuldensvermutung und der **Beweislastverteilung** des Art. 16 obliegt es **15**
dem Frachtführer darzulegen, dass der entstandene Schaden bzw. die schadensursächlichen
Umstände durch einen sorgfältigen Frachtführer nicht abzuwenden waren, dh. dass er und
seine Bediensteten und Beauftragten alles nach den Fallumständen Verkehrsübliche getan
haben, was sie zur Schadensverhinderung unternehmen konnten. Dazu kann ausreichen,
dass eine vom Frachtführer dargelegte anderer Schadensursache so wahrscheinlich ist, dass
keine andere – von ihm schuldhaft verursachte – Ursache denkbar ist. Unklarheit hinsichtlich der Schadensursache hingegen geht zu seinen Lasten.

Kann der Frachtführer nachweisen, dass einer der in Art. 18 genannten besonderen Haf- **16**
tungsausschlussgründe vorgelegen hat, greift die Beweislastverteilung des Art. 16 Abs. 1
nicht. Vielmehr wird dann vermutet, dass dieser Umstand schadensursächlich gewesen ist.

### III. Ersatzanspruch auf Grund Verlusts oder Beschädigung (Art. 16 Abs. 1, 1. Alt.)

**1. Verlust.** Der Begriff des Verlustes ist entsprechend dem Verständnis im Übrigen **17**
Transportrecht auszulegen. Sowohl nach innerdeutschem Frachtrecht wie auch nach den
internationalen Übereinkommen liegt ein Verlust des Gutes vor, wenn es untergegangen,
unauffindbar oder aus sonstigen tatsächlichen und/oder rechtlichen Gründen vom Frachtführer auf absehbare Zeit nicht an den berechtigten Empfänger ausgeliefert werden kann.[28]

Die Ursache der **Nichtablieferung** spielt keine Rolle. Insbesondere ist nicht erforder- **17a**
lich, dass das Gut vernichtet wurde oder sein Verbleib unbekannt ist.[29]

Ausschlaggebend ist, dass der Frachtführer seiner Ablieferungspflicht nicht nachkommen **18**
*kann*. Typisch und damit unproblematisch unter das Merkmal „Verlust" zu subsumieren
sind Fälle des Verlusts auf Grund von völliger Zerstörung, Diebstahl,[30] Unterschlagung,
Falschablieferung an einen Nichtberechtigten[31] und Verlieren des Gutes zB auf Grund

---

[26] So schon für altes Binnenschifffahrtsrecht MüKoHGB/*Goette*, 1. Aufl. 1997, § 58 BinSchG Rn. 13;
ebenso von Waldstein/*Holland* Binnenschifffahrtsrecht Rn. 12–15.
[27] LG Stade Urt. v. 25.5.2009, Az. 8 O 129/08, ZfB 2009, Nr. 10, 75–77, Rn. 25 (Vermischungsschäden
durch Getreide).
[28] RG 2.2.1918, RGZ 94, 97; RG 5.11.1921, RGZ 103, 146; BGH 16.3.1970, VersR 1970, 437; BGH
27.10.1978, VersR 1979, 276; BGH 13.1.1978, VersR 1978, 318; BGH 13.7.1979, VersR 1979, 1154;
MüKoHGB/*Basedow* Art. 17 CMR Rn. 8; *Herber/Piper* Art. 17 CMR Rn. 2; Thume/*Seltmann* Art. 17 CMR
Rn. 64 ff.
[29] Art. 17 CMR Rn. 9; *Clarke* S. 299.
[30] Siehe unten: Rechtsprechungsübersicht Diebstahl.
[31] Vgl. Art. 9 Abs. 1 Satz 2 CMNI. – BGH 27.10.1978, NJW 1979, 2473; BGH 13.7.1979, VersR
1979, 1154; OLG Frankfurt 30.3.1977, VersR 1978, 169; *Clarke* 299; Art. 17 CMR Rn. 9; *Ramming*, HdB
Binnenschifffahrtsrecht, Rn. 42.

mangelhafter Transportüberwachung (Schnittstellenkontrolle). Aber auch wenn das Gut zB beschlagnahmt,[32] vom Frachtführer unrechtmäßig versteigert[33] oder auf Grund der Verweigerung einer Importgenehmigung zurückgesendet wird[34] liegt ein Güterverlust vor.

**19**    Nicht einheitlich beantwortet wird die Frage, ob auch dann ein Verlust des Gutes anzunehmen ist, wenn es wirtschaftlich wertlos geworden ist. Dafür spricht, dass beim **wirtschaftlichen Totalschaden** weder seitens des Beförderers noch seitens des Empfängers ein wirtschaftliches Interesse an der Ablieferung besteht. Der Frachtführer müsste unnötige Kosten aufwenden, um das wertlose Gut weiter zu transportieren, der Absender kann mit dem abgelieferten Gut nichts mehr anfangen, da es wertlos und nicht mehr reparabel ist. Schon per Definition ist die Nichtablieferung als Verlust zu bewerten, unabhängig davon, ob das Gut körperlich noch vorhanden ist.

**20**    Nach anderer Auffassung ist ein wirtschaftlicher Totalschaden ein Fall der Beschädigung in der Form der Totalbeschädigung.[35] Immer dann wenn das Gut noch physisch vorhanden ist und abgeliefert werden *kann,* soll ein Verlust ausscheiden.

**21**    Zwar kann die Entscheidung für die eine oder andere Auffassung im Blick auf die Anspruchsbegründung dahinstehen, zu überprüfen ist aber, ob an das Merkmal des Verlustes oder der Beschädigung in der CMNI, ebenso wie etwa in der CMR, andere **Verjährungsvorschriften** angeknüpft werden. Gemäß Art. 24 Abs. 1 S. 1 CMNI beginnt die Verjährungsfrist entweder mit dem Tag der tatsächlichen Ablieferung oder (wenn nicht abgeliefert wird) mit dem vereinbarten Ablieferungstermin. Ob ein Anspruch auf Grund Verlustes oder Beschädigung gegeben ist, beeinflusst den Verjährungsbeginn lediglich tatsächlich. Auch im Fall des wirtschaftlichen Totalschadens ist für die Berechnung der Verjährungsfrist allein ausschlaggebend, ob das entwertete Gut tatsächlich abgeliefert wurde (dann beginnt die Verjährung zu diesem Zeitpunkt) oder ob auf die Ablieferung mangels wirtschaftlichen Interesses verzichtet wurde. Im letzten Fall berechnet sich die Verjährungsfrist anhand des vereinbarten Liefertermins. Im Gegensatz dazu kommt es bei der entsprechenden CMR-Vorschrift auf die Einordnung des wirtschaftlichen Totalschadens als Verlust oder Beschädigung tatsächlich an, da die jeweilige Verjährungsregelung zum einen direkt an diese Begriffe anknüpft und sich zum anderen auch die Fristen voneinander unterscheiden.[36] Da es, wie gezeigt, im Rahmen der CMNI keinen Unterschied macht, ob der wirtschaftliche Totalschaden als Verlust oder Beschädigung angesehen wird, ist der Streit hier rein akademischer Natur. Eine nähere Qualifikation kann daher dahinstehen.

**22**    Art. 16 Abs. 1 erfasst mit „Verlust" ohne besondere Regelung auch den **Teilverlust.**[37] In Ansehung der Rechtsfolge Wertersatz wird Teilverlust gem. Art. 19 Abs. 2 freilich der Beschädigung gleichgestellt. Geht nur ein Teil der Sendung verloren, so kann über diesen Teilverlust hinaus eine Beschädigung der Gesamtsendung vorliegen, nämlich, wenn durch den Verlust auch der Wert der restlichen Teile gemindert wird. In diesem Fall ist neben dem Wertersatz wegen (Teil)Verlustes auch die Wertminderung als Beschädigungsschaden[38] zu ersetzen.

**23**    **2. Beschädigung.** Aufgrund des Gesetzestextes sowie der Denkschrift zur CMNI ist nicht zu erwarten, dass der Begriff der Beschädigung im internationalen Binnenschiffstrans-

---

[32] *Thume,* GedS Helm, S. 341, 344.
[33] BGH 18.5.1995, NJW 1995, 2917.
[34] BGH 3.7.1974, LM CMR Nr. 5; aA *Putzeys* 229.
[35] von Waldstein/*Holland* Binnenschifffahrtsrecht Rn. 4.
[36] Verjährungsbeginn Beschädigung: gemäß Art. 32 Abs. 1a) mit Ablieferung; Verjährungsbeginn Verlust: Art. 32 Abs. 1b) 30 Tage nach vereinbartem Termin bzw. 60 Tage nach Übernahme.
[37] Anders insoweit ausdrücklich Art. 17 Abs. 1 CMR.
[38] Von Art. 16 Abs. 1 CMNI werden solche Wertminderungen erfasst, die infolge einer physikalischen oder chemischen Substanzveränderung des Gutes eintreten, Schiffahrtsobergericht Karlsruhe Urt. v. 19.5.2011, TranspR 2011, 238–244 = ZfB 2011, Nr. 9, 73–79 = VersR 2012, 1011–1014; von Waldstein/*Holland* Art. 16 CMNI Rn. 4, § 425 HGB Rn. 9; *Koller* § 425 HGB Rn. 13. Ausreichend ist insoweit der bloße, hinreichend begründete Verdacht einer Substanzveränderung, wenn er zu einer Wertminderung des Gutes geführt hat, weil er entweder Tests notwendig macht oder der Verdacht objektiv nicht ausgeräumt werden kann, vgl. dazu auch *Ramming,* HdB Binnenschifffahrtsrecht, Rn. 186. Nur in den Fällen, in denen die Art

port ein anderer ist als sonst im Transportrecht. Auf die allgemein anerkannte Definition des Merkmals der Beschädigung kann deshalb zurückgegriffen werden.

Unter Beschädigung ist eine **innere oder äußere Substanzveränderung** selbst oder 24 eine nachteilige Veränderung der dem Gut anhaftenden Beziehungen tatsächlicher, wirtschaftlicher oder rechtlicher Art[39] zu verstehen, die eine **Wertminderung** zur Folge hat.[40] Die Substanzveränderung muss nicht irreversibel sein.[41] Beispiele:[42] Substanzveränderung, Verschmutzung, Korrosion, Antauen, Kontamination, Verformung, Belastung mit Rechten Dritter, bloßer Schadensverdacht. Hingegen nicht: Veränderung nur der Verpackung. Eine Wertminderung ohne Substanzverletzung ist nie eine Beschädigung.[43] Die Beurteilung, ob eine Wertminderung eingetreten ist, bemisst sich zum einen rein objektiv durch Vergleich der Qualität des Gutes bei Übernahme und Ablieferung. Zum anderen kann aber auch der für den Frachtführer erkennbare weitere Verwendungszweck der Güter eine Rolle spielen. Kann das Gut ohne wirtschaftlichen Verlust wie beabsichtigt verwendet werden, liegt zumeist trotz Substanzveränderung keine Beschädigung vor. Diese Einordnung ist vor allem bei der Beurteilung einer Beschädigung von Lebensmitteln von Bedeutung.[44]

Auf der anderen Seite kann aber auch schon eine Beschädigung der Verpackung eine 25 Beschädigung des Gutes sein.[45]

Werden Teile einer Sachgesamtheit beschädigt oder gehen sie verloren so kann darin 26 eine Beschädigung der gesamten Sache gesehen werden. Dies ist immer dann anzunehmen, wenn die verlorenen oder beschädigten Teile nicht leicht ersetzbar sind und deshalb die Substanz der Sachgesamtheit nachhaltig verschlechtert wird.[46]

**3. Obhutszeit. a) Allgemein.** Der Frachtführer haftet wie allgemein im Transportrecht 27 nur für Verlust und Beschädigung, die sich während der Obhutszeit ereignen. Der Obhutszeitraum ist der **frachtrechtliche Haftungszeitraum.**[47] Dieser bestimmt sich sowohl unabhängig vom Zeitpunkt des Abschlusses des Frachtvertrages, wie auch unabhängig vom tatsächlichen Beginn des Transports[48] nur nach der Obhut des Frachtführers. Die Obhut iSd. CMNI („… haftet der Frachtführer …“) beginnt gemäß Art. 16 Abs. 1 CMNI grundsätzlich mit dem Zeitpunkt der **Übernahme** zur Beförderung und endet mit dem Zeitpunkt der **Ablieferung.** Nach Art. 3 Abs. 2 erfolgt – vorbehaltlich vertraglich abweichender Vereinbarungen – die für die Geltung der CMNI relevante Übernahme der Güter zur Beförderung erst **im Schiff** (dh. sobald die Güter in das Schiff gelangt sind) wie auch die Ablieferung der Güter noch **im Schiff**[49] (dh. sobald die Güter das Schiff verlassen), denn der Absender ist gemäß Art. 6 Abs. 4 vorbehaltlich abweichender Vereinbarungen zum

---

des Transports (Hier Einsatz falschen Bergungsgeräts) dazu führt, dass das Gut ohne Rücksicht auf eine etwaige Substanzveränderung nicht verwendet oder importiert werden darf, erfährt das Gut keine Beschädigung im Sinne des Art. 16 CNMI (vgl. *Koller* Rn. 14). Die Möglichkeit, diese Ladung nur noch als Schadware zu verkaufen, bedeutet eine Wertminderung.

[39] *Ramming,* HdB Binnenschifffahrtsrecht, Rn. 186.
[40] OLG Celle 13.1.1975, NJW 1975, 1603, 1604; *Heuer* S. 71 f.; *Clarke* S. 305; Art. 17 CMR Rn. 11.
[41] OLG Köln 26.9.1985, TranspR 1986, 285 (mit Anm. *Knorre*); OLG Celle 13.1.1975, NJW 1975, 1603.
[42] *Ramming,* HdB Binnenschifffahrtsrecht, Rn. 186.
[43] EBJS/*Boesche* Art. 17 CMR Rn. 5; *De la Motte* VersR 1988, 317; *Thume*/*Seltmann* Art. 17 CMR Rn. 73; *Thume,* GS Helm, S. 341, 347.
[44] AG Düsseldorf 12.9.1985, MDR 1986, 239 (Nachreifen von Obst), LG Aachen 29.10.1993, TranspR 1994, 241.
[45] *Helm* Art. 17 CMR Rn. 5; *Thume*/*Seltmann* Art. 17 CMR Rn. 60.
[46] ZB Verlust einer Motorschraube = Beschädigung des Bootes, Verlust eines Lexikonbandes = Beschädigung der Sammlung: Art. 17 CMR Rn. 11; Verlust zweier handgeschnitzter Schachfiguren = Beschädigung des Schachspiels: *Thume,* GS Helm, S. 341, 346; *De la Motte* VersR 1988, 317, 318; Auftauen einzelner Tiefkühlwaren = Entwertung und deshalb Beschädigung der ganzen Tiefkühlsendung: BGH 3.7.1974, VersR 1974, 1013.
[47] BGH 26.1.1995, NJW-RR 1995, 992; OGH Wien 7.3.1985, TranspR 1987, 374, 376; EBJS/*Boesche* Art. 17 CMR Rn. 8; *Herber/Piper* Art. 17 CMR Rn. 15.
[48] EBJS/*Boesche* Art. 17 CMR Rn. 8; *Heuer* VersR 1988, 312, 313; *Herber/Piper* Art. 17 CMR Rn. 16.
[49] Rb Rotterdam 30.9.2009, ZfB 2012, Nr. 1, S. 69 f.; (Übersetzung und Zusammenfassung); zust. *Hartenstein* TranspR 2012, 441, 444; von *Waldstein/Holland* Binnenschifffahrtsrecht Rn. 5.

Verladen und Verstauen des Gutes verpflichtet. Vertraglich können Übernahme zur Beförderung und Ablieferung vor Beladung und nach Entladung vereinbart sein.

**28**     Der **Haftungszeitraum nach CMNI** für Verluste oder Beschädigungen des Gutes
erstreckt sich folglich nur auf Schäden, die in diesem in Abs. 1 beschriebenen Zeitraum
entstanden sind.[50]

**29**     Für den internationalen Binnenschiffstransport wird in Art. 16 Abs. 2 CMNI festgelegt,
dass der Schaden, welcher *vor dem Einladen* oder *nach dem Ausladen* entsteht, nach Maßgabe
*nationalen* Rechts („nach dem auf den Frachtvertrag anwendbaren Recht eines Staates") zu
ersetzen ist, also nach dem gemäß Art. 29 CMNI zur Anwendung berufenen Vertragsstatut.
Dies könnte vermuten lassen, dass *jede* Behandlung der Güter seitens des Frachtführers
*außerhalb* des Schiffes grundsätzlich nicht in die Obhutzeit fallen soll. Danach würde der
Frachtführer ohne anderslautende vertragliche Vereinbarung für **„Landschäden"** nach
nationalem *allgemeinen* Schadensrecht (also nicht nach Frachtrecht) haften. Die CMNI als
vorrangiges internationales Einheitsrecht hätte damit die *frachtrechtliche* Obhutshaftung, wie
sie sich auch nach nationalem Recht ergeben kann, per vorgegebener vorrangiger Definition
somit ausgeschlossen. In Deutschland ergäbe sich für Landschäden damit eine Haftung aus
§§ 280 ff. BGB. Art. 16 Abs. 2 würde leerlaufen.

**30**     Gegen dieses das Frachtrecht *verdrängende* Verständnis spricht aber die Absicht der Unter-
zeichnerstaaten des Übereinkommens. Den Materialien zur CMNI zufolge wurden während der Verhandlungen auf der Diplomatischen Konferenz verschiedene Auffassungen zur
Ausgestaltung der aus dem Seefrachtrecht bekannten Möglichkeit einer **Landschadensklausel**[51] vertreten. Die Delegationen konnten sich nicht darauf einigen, ob für die Zeit
**von der Übernahme bis zum Einladen der Güter in das Schiff** und die Zeit **nach
dem Ausladen der Güter aus dem Schiff bis zu ihrer Ablieferung,** wie noch in einem
Vorentwurf vorgesehen, den Vertragsparteien gestattet werden sollte, einen Haftungsausschluss für Landschäden zu vereinbaren, oder ob die frachtrechtliche Haftung durchgehend
zwingend geregelt werden sollte.[52] Auf Vorschlag der russischen Delegation wurde schließlich in Anlehnung an Art. 7 HVR bestimmt, dass sich die Haftung für diesen Zeitraum
nach nationalem Recht richtet.[53]

**31**     Nach Art. 16 Abs. 2 unterliegen folglich die *vor* Einladen der Güter in das Schiff oder
*nach* Ausladen der Güter aus dem Schiff, aber **innerhalb des weiteren Obhutszeitraums**
des Frachtführers eintretenden sogenannten **Landschäden und -verluste** nicht den
Bestimmungen der CMNI, sondern dem auf den Frachtvertrag nach Art. 29 anwendbaren
Frachtrecht eines Staates.[54] Bei Geltung deutschen Rechts als ergänzend anwendbarem
Recht hat sich damit ausweislich der Denkschrift die zwingende Ausgestaltung der Frachtführerhaftung **während der gesamten Obhutszeit** – ohne die Möglichkeit der Vereinbarung einer Landschadensklausel – durchgesetzt, da in Ergänzung zur CMNI die frachtrecht-
lichen Bestimmungen der **§§ 425 ff. HGB** maßgeblich sind. Hiernach haftet der
Frachtführer während der Zeit von der Übernahme bis zum Einladen der Güter in das
Schiff und in der Zeit nach dem Ausladen der Güter aus dem Schiff bis zu ihrer Ablieferung
(auch Obhutszeit) durchgehend verschuldensunabhängig. Die Nichtanwendung der CMNI
auf Landschäden hat weitreichende Folgen: Die Art. 16 ff. sind komplett nicht anwendbar.
Dazu zählen auch die Vorschriften über die Haftungsausschlussgründe (Art. 18), Schadens-
berechnung (Art. 19), Haftungshöchstbeträge (Art. 20), Schadensanzeige (Art. 23) und die
Verjährung (Art. 24).

**32**     Unter Geltung deutschen Rechts bedarf es für diese Zwecke im Zweifelsfall auch beim
Binnenschifffahrtstransport der genauen **Auslegung der parteilichen Vereinbarung,** um

---

[50] Bei Stückgütern ist sukzessive Übernahme und Ablieferung denkbar.
[51] Also für die Schäden an Gütern von der Übernahme bis zu Einladung und von der Ausladung bis zur
Ablieferung. – Zur Rechtslage im Seefrachtrecht vgl. *Rabe* § 606 HGB Rn. 35 ff.
[52] Denkschrift, BR-Drucks. 563/06 S. 26.
[53] Denkschrift, BR-Drucks. 563/06 S. 26.
[54] Denkschrift, BR.-Drucks. 563/41; von Waldstein/*Holland* Binnenschifffahrtsrecht Rn. 6.

festzustellen, ab welchem Zeitpunkt das Gut übernommen wurde, abhängig davon, ob Handlungen schon dem Transportvertrag oder noch anderen Vereinbarungen zuzuordnen sind. Die Übernahme liegt dann bei solcher Vereinbarung – trotz Art. 3 Abs. 2 CMNI – **schon vor dem Einladen** auf das Schiff vor.

**Außerhalb des weiteren Obhutszeitraums** (also noch vor Übernahme und erst nach  33 Ablieferung) eintretende Landschäden und -verluste beurteilen sich nicht nach nationalem (Binnenschifffahrts-)frachtrecht, sondern nach nationalem Leistungsstörungs- und Schadensrecht,[55] bei Geltung deutschen Rechts also nach den §§ 280, 249 ff. BGB.[56]

Weil Art. 3 Abs. 2 Übernahme und Ablieferung *im Schiff* definiert, kann zur Bestimmung  34 des Haftungszeitraums der CMNI nach dem Wortlaut eigentlich nur auf das Ende des Einladens und den Beginn des Ausladens abgestellt werden. Diese Anknüpfung an den Beginn des Ausladens findet beispielsweise Bestätigung durch Rechtbank Rotterdam v. 30.9.2009 unter Hinweis auf Art. 10 Abs. 2, wonach bereits die *vertragsgemäße* Bereitstellung der Güter für den Empfänger als Ablieferung anzusehen sei Die Pflicht zur Ablieferung ist bereits mit Öffnung der Schiffsladeluken und Signalisierung der Löschbereitschaft erfüllt. Am Zielhafen wird der Obhutszeitraum dadurch beendigt. Durch Starkregen eintretende Nässeschäden begründen in diesem Falle keine Haftung.

Art. 16 Abs. 2 nimmt sprachlich Ereignisse *vor* dem Einladen und *nach* deren Ausladen  34a von der Geltung der CMNI aus. Erfolgt die Bezugnahme auf Ein- und Ausladen jeweils als Gesamtvorgang (also Ende des Einladens und Beginn des Ausladens), scheinen Art. 16 Abs. 1 und 2 insoweit eine **Regelungslücke** für die Fälle jeweils von *Beginn* der Einladung bis zu ihrem *Abschluss* (Güter im Schiff) und von *Beginn* der Ausladung bis zu ihrem *Abschluss* (Güter aus dem Schiff) zu schaffen, weil immer erst das *Ende* der Einladung den Beginn und immer erst der *Anfang* der Ausladung das Ende der CMNI-Haftung markiert. Die Lücke ist zu schließen durch Ausdehnung von Abs. 1 oder durch Ausdehnung von Abs. 2. Sinnvoll erscheint, den Haftungszeitraum der CMNI bereits dann beginnen zu lassen, wenn das Gut *nach Beginn* der Einladung und *vor Beendigung* der Ausladung so in den **Verantwortungsbereich** des Frachtführers gelangt ist, **dass er es *vom Schiff aus* vor Schäden bewahren kann.**[57] Entscheidend sind insoweit die **tatsächliche Verfügungsgewalt** des Frachtführers und sein **Herrschaftswille.**[58]Wird zum Beispiel während des Ladevorgangs von der Besatzung ein Ventil geöffnet und entsteht dadurch an der Ladung ein Nässeschaden, dann wird sich der Frachtführer nicht mit der Begründung exkulpieren können, die Beladung sei noch nicht beendet gewesen. In der Gesamtschau ergibt sich: Allgemein im Transportrecht ist das Gut übernommen, wenn es aus dem **Gewahrsam (Herrschaftsgewalt)** des Absenders in den des Frachtführers übergeht und dieser selbst oder seine Leute willentlich den unmittelbaren oder mittelbaren **Besitz zum Zweck der Beförderung**[59] übernehmen.[60] Eine vertragliche Vereinbarung derart, dass der Frachtführer das Gut auch außerhalb des Schiffes übernehmen kann, bleibt davon unberührt.[61]

Art. 3 Abs. 2 und Art. 6 Abs. 4 sind abdingbar. Bei **vertraglicher Vereinbarung der**  35 **Übernahme durch den Frachtführer außerhalb des Schiffs** kann die Übernahme bereits mit dem Beginn der Beladung beginnen [Übernahme (Haken)] durch den land-

---

[55] *Czerwenka* TranspR 2001, 279, 281.

[56] *Thume* TranspR 1995, 1, 2 (betr. CMR); von Waldstein/*Holland* Binnenschifffahrtsrecht Rn. 7.

[57] **AA** *Hartenstein* TranspR 2012, 441, 445 (CMNI Haftungsregime für während des Ein- oder Ausladens entstandenen Verlust/Schäden nur bei vereinbarungsgemäßer Übernahme zur Beförderung vor dem Einladen und/oder Ablieferung nach dem Ausladen.

[58] von Waldstein/*Holland* Binnenschifffahrtsrecht § 425 HGB Rn. 8.

[59] BGH 29.11.1984, VersR 1985, 258, 259; OLG Hamburg 9.2.1984, TranspR 1985, 38; Paris 9.2.1976, BullT 1976, 200; Hof's Gravenhage 15.6.1979, ETR 1980, 871, 881; OGH Wien 3.7.1985, TranspR 1987, 374, 376; Art. 17 CMR Rn. 17; *Clarke* 113; *Putzeys* S. 135.

[60] Art. 17 CMR Rn. 16 ff.; EBJS/*Boesche* Art. 17 CMR Rn. 9; *Koller* Art. 17 CMR Rn. 5; *Herber/Piper* Art. 17 CMR Rn. 18; Cour de cassation de France 8.2.1994, ETR 1994, 666, 667: Noch keine Übernahme, wenn Waren beim Absender zur Übernahme bereitgestellt werden.

[61] So auch *Ramming,* HdB Binnenschifffahrtsrecht, Rn. 515; daher insoweit auch kein Widerspruch zu *Koller* Rn. 2 (dort aber Fn. 2).

oder schiffsseitigen Kran zur Absetzung in das Schiff bzw. mit dem Beginn des Flusses von Flüssigkeiten aus der Landleitung in die Schiffsleitung.[62] In diesem Fall haftet der Frachtführer gemäß Art. 16 Abs. 2 ab Übernahme des Gutes und vor Ende der Einladung in das Schiff nach dem Recht des auf den Frachtvertrag gemäß Art. 29 anwendbaren Rechts.

36    Freilich wird sich der Frachtführer, der Güter vor dem Einladen in seine Obhut genommen hat, idR vertraglich zum **Umschlag** (zum Laden und/oder Löschen) verpflichten.[63] Die Übernahme kann vor dem Laden und die Ablieferung nach dem Löschen erfolgen (vgl. auch Art. 2 Abs. 1: Abweichung des Übernahmeortes vom Ladehafen und des Ablieferungsortes vom Löschhafen). Der Haftungszeitraum der CMNI sollte auch für diesen Fall den Zeitraum von Beginn des Einladens bis zum Endes des Ausladens umfassen, sei es als bloße Anlandung oder als Umladung auf ein anderes Beförderungsmittel – jedenfalls (enger) dann, wenn die Umladung Teil eines einheitlichen Löschvorgangs zu sehen ist[64]

36a    Für die Bestimmung des **Obhutzeitraums** (und damit für die frachtvertragliche Verpflichtung) kann die subjektive Sicht des Frachtführers mit maßgeblich sein. So wird die Obhut des Frachtführers durch die Bergung der Ladung im Anschluss an eine Havarie (Leichterung des havarierten Schiffes) **nicht** vorzeitig **beendet,** wenn der Frachtführer auch zu diesem Zeitpunkt im Rahmen der Gesamtumstände davon ausgeht, dass er weiterhin zum Transport der Ware nach dem Ablieferungsort verpflichtet war. Wird die Ladung etwa havariebedingt **nicht endgültig aus-, sondern** in ein anderes Gütermotorschiff **umgeladen,** das die Ware weiterbefördert, hat der Frachtführer das Gut damit **noch nicht** an den bestimmungsgemäßen Empfänger **abgeliefert** und es ist nicht davon auszugehen, dass der Frachtführerin diesem Fall bereits ein Ende seiner Transportpflicht annimmt.[65] Diese Sicht ist auch leitend im Normalfall (gemäß § 419 Abs. 3. Satz 5 HGB; Art 16 Abs. 2 CMR), wenn nach dem Entladen des Gutes die Beförderung als beendet gilt.[66] Voraussetzung auch dafür ist nämlich in jedem Fall, dass der Frachtführer beim Ausladen davon ausgegangen sein muss, dass damit die Transportpflicht endgültig beendet worden ist.[67]

37    Ausschlaggebend ist für die Ersatzfähigkeit des Schadens ist, ob die **Schaden**sursache **während der Obhutszeit entstanden** ist. Trifft dies zu, ist es unschädlich, wenn die Ursache erst später wirkt oder sich der Schaden erst später (also außerhalb des Obhutszeitraums) zeigt.[68] Verwirklicht sich die während der Obhutszeit gesetzte Ursache also erst später in einem Güterschaden, so haftet der Frachtführer gleichwohl auf Grund seiner Obhutshaftung. Der Frachtführer haftet hingegen nicht für den Verlust oder die Beschädigung, die während der Obhutszeit eintritt, wenn die Schadensursache zeitlich davor gesetzt wurde.

38    Die Betrachtung der Obhutszeiträume hat Bedeutung für die Haftung von **ausführenden Frachtführern.** Die haften nur für während ihrer Obhut eintretenden Schadens- oder Verzögerungsereignisse. Diese Obhut endet mit der Ablieferung an den im Unterfrachtvertrag benannten Empfänger. Dieser kann, muss aber nicht mit dem Empfänger identisch sein, der im Hauptfrachtvertrag benannt wurde.[69]

39    **b) Übernahme zur Beförderung, vertragliche Modifikationen.** Gerade die **Auslegung** einer vertraglichen, ggf. auch konkludenten Übernahmevereinbarung kann im Ein-

---

[62] Denkschrift, BR-Drucks. 563/06 S. 40.

[63] Vgl. *Koller* Rn. 2; § 407 Rn. 10, 10a.

[64] Weitergehend nur für das Seefrachtrecht BGH 3.1.2005, BGHZ 164, 394 ff. = TranspR 2006, 35 ff. (Löschen der Ladung einschließlich Verladung auf das nächste Transportmittel); enger BGH 18.10.2007, I ZR 138/04 TranspR 2007, 472 (300 m bis zum nächsten Beförderungsmittel: Landfrachtrecht).

[65] Schifffahrtsobergericht Karlsruhe Urt. v. 19.5.2011, TranspR 2011, 238–244, Rn. 48 = VersR 2012, 1011–1014 = ZfB 2011, Nr. 9, 73–79; zust. *Hartenstein* TranspR 2012, 441, 444; ähnlich LG Duisburg ZfB 2011, Nr. 5, S. 75, 77 (betr. HGB).

[66] Vgl. dazu auch LG Duisburg ZfB 2011, Heft 5 S. 75.

[67] Vgl. *Koller* Art. 16 CMR Rn. 6.

[68] OLG München 3.5.1989, TranspR 1991, 61; EBJS/*Boesche* Art. 17 CMR Rn. 8; so wohl auch *Koller* Art. 17 CMR Rn. 11 [anders *ders.* Rn. 2 sub b) cc) unter Bezug auf die engl. Fassung „caused"]; Art. 17 CMR Rn. 15; *Herber/Piper* Art. 17 CMR Rn. 15; EBJS/*Boesche* Art. 17 CMR Rn. 9; *Clarke* S. 218.

[69] von Waldstein/*Holland* Binnenschifffahrtsrecht Rn. 5.

zelfall Schwierigkeiten bereiten. Unzweifelhaft nicht zur Beförderung übernommen ist das Gut, wenn **rechtliche Grundlage der Inbesitznahme kein Beförderungsvertrag** ist. Wird das Gut jedoch im Hinblick auf einen später zu schließenden Transportvertrag übernommen und kommt dieser Vertrag tatsächlich zustande, kann **schon vor Abschluss** des Transportvertrages eine Übernahme vorliegen.[70]

Der Zeitpunkt der Übernahme ist zweifelhaft, wenn ein Gut übernommen wird, das **40** zunächst **gelagert** werden soll, aber schon bei Inbesitznahme feststeht, dass es zu einem späteren Zeitpunkt auch befördert werden soll. Verschiedene rechtliche Wertungen sind möglich:

Zum einen könnte bis zum Zeitpunkt der Beförderung ein anderer Vertrag, etwa ein **41** **Lagervertrag** oder, wenn noch andere Arbeiten vereinbart sind (Verpacken, Montage von Einzelteilen o. ä.), ein allgemeiner **Werkvertrag** vorliegen. Die Regelungen des Frachtrechts sollen dann erst nach Erfüllung des vorgelagerten Vertrages gelten. Schäden außerhalb der frachtrechtlichen Obhut, also vor der Übernahme zur Beförderung, sind dann gemäß dem vorgelagerten Vertrag zu ersetzen, also zumeist verschuldensabhängig und unbegrenzt.

Zu beachten ist allerdings, dass insbesondere Verpackungsarbeiten nicht unbedingt auf **42** Grund eines separaten Vertrages erfolgen. Sie können je nach Ausgestaltung des Vertrages auch den Transport vorbereitende Nebenleistung sein.[71]

Zum anderen ist bei der Auslegung aber grundsätzlich zu beachten, dass nicht jede **43** reine Lagerung des Gutes auf Grund eines anderen Vertrags erfolgt. Ist die Lagerung oder Zwischenlagerung *transportbedingt*, beginnt der frachtrechtliche Obhutszeitraum schon mit **Übernahme zur Lagerung** und endet ohne Unterbrechung mit endgültiger Ablieferung.

Eine **transportbedingte** Lagerung liegt typischerweise vor, wenn Güter als Sammella- **44** dung transportiert werden, bis zur Vervollständigung einer Ladung,[72] wenn sich der Beginn des Transports verzögert, wenn das Gut umgeladen wird, bis Verladung auf das nächste Transportmittel u. ä.

**Nicht transportbedingt** ist eine Lagerung jedoch, wenn sie zunächst ohne zeitliche **45** Begrenzung bis auf Abruf erfolgt. In diesen Fällen ist ein vorgeschalteter, nach nationalem Recht zu beurteilender Lagervertrag und ein nachgeschalteter Transportvertrag ab Abruf anzunehmen.[73]

Ob die Lagerung transportbedingt war oder auf Grund eines anderen Vertrages erfolgte, **46** ist durch Auslegung des tatsächlich geschlossenen Vertrages zu ermitteln.

Steht fest, dass der Frachtführer zunächst auf Grund eines anderen als transportrechtlichen **47** Vertrages lagerte und beginnt er den Transport ohne Weisung des Absenders, so lag keine Übernahme zum Transport vor. Ein Anspruch aus Obhutshaftung kann nicht entstehen.[74]

Auch oder gerade wenn die Verladung und die Übernahme der Güter in den gleichen **48** Zeitraum fallen, kann der genaue Zeitpunkt der **Übernahme** schwierig zu bestimmen sein. Ab wann das Gut als übernommen gilt, ist davon abhängig, welche Partei **zur Verladung verpflichtet** war. Ist es die Pflicht des Frachtführers, das Gut zu verladen, so haftet er für Schäden ab dem Zeitpunkt, ab dem ihm das Gut zur Verladung übergeben wird.[75] Muss hingegen der Absender verladen, so übernimmt der Frachtführer das Gut erst, wenn er es *zur Beförderung* **unter seine Kontrolle** bringt und nicht etwa schon ab dem Zeitpunkt, ab dem er dem Absender das Beförderungsmittel zur Beladung bereitstellt und dieser mit dem Beladen beginnt.[76] Gemäß Art. 6 Abs. 4 CMNI obliegt es dem Absender, das Schiff zu beladen, sofern sich aus dem Vertrag nichts anders ergibt.

---

[70] Art. 17 CMR Rn. 17; *Helm,* Haftung für Schäden an Frachtgütern, 97.
[71] Art. 17 CMR Rn. 18; *Koller* Art. 17 CMR Rn. 5; *Putzeys* S. 137, Nr. 378.
[72] Art. 17 CMR Rn. 18; *Koller* Art. 17 CMR Rn. 5.
[73] Art. 17 CMR Rn. 18; *Koller* Art. 17 CMR Rn. 5; *Heuer* 63; OGH Wien 15.4.1993, TranspR 1993, 425, 426. AA *Clarke* S. 114: Vorlagerung fällt immer schon in den transportrechtlichen Obhutszeitraum.
[74] OLG Düsseldorf 26.10.1978, MDR 1979, 405; *Koller* Art. 17 CMR Rn. 5.
[75] OGH Wien 7.3.1985, TranspR 1987, 374, 376 f.; Art. 17 CMR Rn. 19; *Clarke* S. 115.
[76] Art. 17 CMR Rn. 19; *Clarke* S. 113; Cour d'appel Paris 16.5.1969, Bull.T 1969, 190.

**49**  Hilft der **Fahrer** bei der Verladung, ohne dazu verpflichtet gewesen zu sein, so wird dadurch das Gut noch nicht übernommen.[77] Schon allein weil der Schiffsführer regelmäßig nicht berechtigt ist, die zwischen Absender und Frachtführer getroffenen Vereinbarungen zu ändern, kann hierin auch keine nachträgliche Übernahme der Verladepflicht gesehen werden.

**50**  Zu differenzieren ist lediglich, wenn schon vor der eigentlichen Entgegennahme zur Beförderung empfindliche Güter, wie zB frische Lebensmittel, verladen werden und nur der Frachtführer oder dessen Angestellten die Beschädigung, insbesondere Verhinderung des Verderbs, verhindern können. In einem solchen Fall kann angenommen werden, dass dieses Risiko, also die *diesbezügliche* Obhut, schon vorher auf den Frachtführer übergeht. Andere Risiken, wie zB Diebstahl verbleiben bis zur Übernahme zum Transport beim Absender.[78]

**51**  **c) Ablieferung.** Die Voraussetzungen der Ablieferung sind in Art. 10 Abs. 2 CMNI spezialgesetzlich geregelt. Hiernach ist die **Bereitstellung der Güter für den Empfänger** in Übereinstimmung mit dem Frachtvertrag oder mit den für den betreffenden Handel geltenden Gebräuchen oder mit den im Löschhafen anzuwendenden Vorschriften als Ablieferung anzusehen. Nach dem Wortlaut dieser Norm scheint sich das Verständnis der Ablieferung nach dem CMNI von dem Verständnis im innerdeutschen Frachtrecht und internationalen Straßenfrachtrecht zu unterscheiden.

**52**  Im Verständnis der §§ 425 ff. HGB ist die Ablieferung ein zweigliedriger Akt, der die Möglichkeit einer durch den Frachtführer **ungestörten Sachherrschaft des Empfängers** und das Element des **Einverständnisses** des Empfängers mit der Übernahme der Sachherrschaft umfasst.[79] Insbesondere muss der Empfänger also den Willen haben, die Sachherrschaft zu übernehmen. Zum HGB verlangt die Rechtsprechung teilweise, dass der Empfänger ausdrücklich oder stillschweigend seine Einwilligung in die Übernahme des Gewahrsams erklärt.[80] Unter Geltung der CMR wird ebenfalls ein **Übernahmewille,** wie auch eine Mitwirkungshandlung des Empfängers verlangt.[81] Dies ergibt sich bereits aus Art. 15 Abs. 1 Satz 2 CMR. Hiernach muss der Empfänger den Willen und die Möglichkeit zur Gewahrsamsbegründung haben. Ausreichend ist jedoch der natürliche Wille.[82] Die notwendige Mitwirkung des Empfängers ist nicht rechtsgeschäftlicher Natur. Dies bedeutet, dass es ausreicht, wenn für den Empfänger in Besitz genommen wird, auch ohne dass rechtsgeschäftliche Vertretungsmacht besteht.

**53**  Nach dem Wortlaut des Art. 10 Abs. 2 CMNI reicht demgegenüber bereits das **Bereitstellen der Güter als Ablieferung** aus. Die Mitwirkung des Empfängers wäre hiernach ausdrücklich keine Voraussetzung. Die Denkschrift zur CMNI spricht diese Abweichung zum allgemeinen Transportrecht nicht an. Abzuwarten bleibt die Anwendung in der Praxis. Folgt man diesem Verständnis, so ist zwar die Mitwirkung des Empfängers keine grundsätzliche Voraussetzung der Ablieferung.[83] Aus Art. 14 ergibt sich eine solche Empfangsbereitschaft nur für den Fall, dass der Empfänger die Ablieferung verlangt.[84] Dieses Erfordernis kann sich, schon nach dem Wortlaut des Art. 10 Abs. 2 CMNI, jedoch aus der jeweiligen

---

[77] *Koller* Art. 17 CMR Rn. 5; BGH 29.11.1984, VersR 1985, 258; OLG Hamburg 9.2.1984, TranspR 1985, 38.

[78] Art. 17 CMR Rn. 20. Dänisches Hojesteret UfR 1979, A 332; Hof 's Gravenhage 15.6.1979, ETR 1980, 871.

[79] *Koller* § 425 HGB Rn. 24.

[80] *Koller* § 425 HGB Rn. 31; RGZ 114, 308, 314; BGH 20.6.1963, VersR 1963, 775; BGH. 23.10.1981, NJW 1982, 1284; LG Hamburg TranspR 2001, 303, 304.

[81] BGH 29.11.1984, TranspR 1985, 182, 183; OLG Zweibrücken 23.11.1966, NJW 1967, 1717; OLG Nürnberg 21.12.1989, TranspR 1991, 99; OGH Wien 6.7.1989, VersR 1990, 1180; Art. 17 CMR Rn. 21.

[82] *Koller* § 425 HGB Rn. 31; *Fremuth/Thume* § 425 HGB Rn. 17; *Staub/Helm* § 429 HGB Rn. 51; 1. Aufl. MüKoHGB/*Herber* § 425 HGB Rn. 41, Müko HGB/*Jesser-Huß* Art. 17 CMR Rn. 21.

[83] In diesem Sinne auch Rb Rotterdam ZfB 2012, 69 (Mitteilung der Löschbereitschaft an Stauereibetrieb ausreichend.

[84] Weitergehend *Koller* Art. 10 Rn. 2.

vertraglichen Vereinbarung, den für den betreffenden Handel geltenden Gebräuchen oder den im Löschhafen anzuwendenden Vorschriften ergeben.

Besteht im konkreten Fall auf Grund der soeben genannten Umstände eine Mitwirkungs- **54** pflicht des Absenders, gelten dafür die gleichen Voraussetzungen wie im nationalen Transportrecht und beim internationalen Straßentransport. Im Einzelnen ist folgendes zu beachten: Abgeliefert werden kann nur an den bestimmungsgemäßen Empfänger. Wer dies ist ergibt sich entweder aus dem Vertrag oder auf Grund Weisung des Berechtigten.

Die Übergabe an einen Anderen ist nie Ablieferung, selbst wenn der Andere der wirt- **55** schaftliche Endempfänger ist.[85] Etwas anderes kann nur gelten, wenn der bestimmungsgemäße Empfänger seine Rechte aus dem Transportvertrag rechtsgeschäftlich abgetreten hat.[86]

Auch die Hinterlegung beim **Zoll** ist, wenn eine Mitwirkungspflicht des Empfängers **56** besteht, grundsätzlich keine Ablieferung.[87] Etwas anders kann sich aber aus dem Frachtvertrag, den jeweiligen Handelsbräuchen oder den Vorschriften des Löschhafens ergeben.

**Verweigert** der Empfänger seine **Mitwirkung,** so ist eine Ablieferung nicht möglich. **57** Besteht im konkreten Fall eine Mitwirkungspflicht des Empfängers und verweigert er diese, obwohl das Gut vertragsgemäß angeboten wird, endet die Obhut des Frachtführers zwar nicht, eine Haftung entfällt aber gegebenenfalls auf Grund seines gefahrbringenden Verhaltens (Art. 18 Abs. 1a CMNI).

Die **vorgeschriebene Ablieferung der Güter an eine Behörde** ist gemäß Art. 10 **58** Abs. 2 CMNI ebenfalls Ablieferung. Ausdrücklich darauf hingewiesen sei, dass dies am jeweiligen Ablieferungsort zwingend vorgeschrieben sein muss. Art. 10 Abs. 2 CMNI umfasst ebenfalls den Fall, dass die Übergabe an einen Dritten zwingend vorgeschrieben ist.[88] Art. 10 CMNI scheint somit in Anlehnung an Art. 4 Abs. 2 HHR dem Umstand Rechnung zu tragen, dass Hafenordnungen im Ausland oft die Einschaltung bestimmter, zumeist staatseigener Kaianstalten, vorschreiben.[89] In diesem Fall wäre es unbillig, den Frachtführer haften zu lassen. Für das Seefrachtrecht wird darauf hingewiesen, dass diese Norm gegen die Möglichkeit der Vereinbarung einer Landschadensklausel spräche. Nur wenn sich der Frachtführer nicht schon auf vertraglicher Grundlage für Schäden enthaften könne, welche nach dem Ausladen aus dem Schiff entstehen, sei die dargestellte gesetzliche Regelung notwendig. Diese Argumentation überzeugt jedoch nicht. Nach der gesetzlichen Regelung endet die Obhut mit der Übergabe an die staatliche Stelle. Mangels Obhut scheidet ab diesem Zeitpunkt eine Haftung aus. Wird nur eine Landschadensklausel (= vertragliche Haftungsbegrenzung) vereinbart, so wäre ohne die gesetzliche Sonderregelung eine Haftung dem Grunde nach im Schadensfall weiter gegeben. Bei qualifiziertem Verschulden könnte sich der Frachtführer auf die Landschadensklausel nicht mehr berufen und würde somit trotz grundsätzlich gültig vereinbarter Landschadensklausel haften. Entgegen der vorgenannten Ansicht spricht die Normierung des Art. 4 Abs. 2 HHR und dementsprechend die an diese Norm angelehnte Vorschrift des Art. 10 Abs. 2 CMNI nicht gegen die Möglichkeit der Vereinbarung einer Landschadensklausel.[90]

Eine wirksame Ablieferung kann nur **am richtigen Ablieferungsort** erfolgen. Dieser **59** bestimmt sich allgemein nach Vertrag oder Weisung des Empfängers. Nach der CMNI sind auch die jeweiligen Handelsbräuche und die Vorschriften des Löschhafens zu beachten. Abzuliefern ist zur vereinbarten Zeit. Erfolgt eine Ablieferung nicht, bleibt die Obhut des Frachtführers bis zur tatsächlichen Ablieferung bestehen. Für Schäden im Zeitraum zwischen vereinbartem und tatsächlichen Ablieferungstermin kann sich der Frachtführer aber eventu-

---

[85] BGH 13.7.1979, VersR 1979, 1154; OLG Frankfurt 30.3.1977, VersR 1978, 169.
[86] OGH Wien 29.10.1992, TranspR 1993, 424.
[87] OLG Hamburg 24.5.1984, TranspR 1984, 274; OLG Hamburg 16.1.1986, TranspR 1986, 229 f.; OLG Hamburg 25.2.1988, TranspR 1988, 277; Cour de cassation commercielle 24.11.1987, BullT 1988, 42.
[88] Denkschrift, BR-Drucks. 563/06 S. 18.
[89] Für Art. 4 Abs. 2 HHR: *Herber* Seehandelsrecht S. 315.
[90] Zur Auffassung des Justizministeriums bzgl. der Vereinbarkeit einer Landschadensklausel: Denkschrift, BR-Drucks. 563/06 S. 26. Zur diesbezüglichen Diskussion s. Rn. 30, 31.

ell gemäß Art. 18 Abs. 1a CMNI entlasten – und zwar immer dann, wenn die Nichtablieferung zur vereinbarten Zeit vom Empfänger verursacht war.[91]

**60**   Fallen Ablieferung und Entladung in den **gleichen Zeitraum,** ist die Bestimmung des genauen Zeitpunkts der Ablieferung schwierig. Im Gegensatz zur Einladepflicht ist die Entladepflicht in der CMNI nicht normiert. Ausschlaggebend ist demnach, ob der Frachtführer oder der Empfänger zur Entladung vertraglich verpflichtet ist. Welcher der Parteien diese Verpflichtung obliegt, ergibt sich aus dem ausdrücklich oder konkludent vertraglich Vereinbarten. Parallel zu der parteilichen Vereinbarung einer Einladepflicht, können sich auch bei der Auslegung einer Entladepflichtvereinbarung Probleme ergebe. Diese sind für die Entladepflicht entsprechend der zur Einladepflicht gemachten Ausführungen zu lösen.

**61**   Hat der **Frachtführer** die **Pflicht zu entladen,** findet die Ablieferung frühestens[92] mit Beendigung des Abladevorgangs statt.

**62**   Trifft die Abladepflicht hingegen den **Empfänger,** ist abgeliefert, wenn ihm die Ladefläche zugänglich gemacht wird und der Empfänger die Möglichkeit einer oberflächlichen Inspektion hatte.[93] Nicht ausreichend ist es hingegen, dass der Lkw am Ablieferungsort zum richtigen Zeitpunkt ankommt[94] oder das Transportmittel am vereinbarten Ablieferungsort abgestellt wird, selbst wenn dies auf Geheiß des Empfängers erfolgte.[95]

**63**   Selbst wenn die Mitwirkung des Empfängers grundsätzlich im konkreten Fall Voraussetzung ist, ist auch eine Ablieferung möglich, ohne dass das Gut dem Empfänger tatsächlich übergeben wird. Dazu ist es notwendig, dass beide Parteien durch einen weiteren Vertrag eine Nachlagerung vereinbaren. Aufgrund dieses weiteren Vertrages (Lagervertrag) kann nun der Frachtführer selbst für den Empfänger Besitz ergreifen und dadurch abliefern, ohne dass ein tatsächlicher Gewahrsamswechsel stattgefunden hat.[96]

**64**   Soll das Gut kraft Vereinbarung erst nach dem Ausladen aus dem Schiff abgeliefert werden, endet die CMNI-Haftung nach Art. 16 Abs. 1 mit dem Beginn des Ausladens aus dem Schiff (dh. mit Beginn der krangestützten Entladung aus dem Schiff bzw. mit Verbringung des flüssigen Gutes aus der Schiffs- und die Landleitung.). Auch hier muss gelten: Das Ende der CMNI-Haftung wird nicht immer erst durch den Beginn des Ausladens markiert. Der Haftungszeitraum der CMNI sollte erst dann enden, wenn sich das Gut vor Beendigung der Ausladung nicht mehr derart im **Verantwortungsbereich** des Frachtführers befindet, **dass er es vom Schiff aus vor Schäden bewahren kann.**

## IV. Ersatzanspruch wegen Überschreitung der Lieferfrist (Art. 16 Abs. 1, Alt. 2)

**65**   Für die Überschreitung der Lieferfrist (Art. 5) ergeben sich keine binnenschifffahrtsrechtlichen Besonderheiten. Auf die allgemein anerkannte Definition der Überschreitung kann zurückgegriffen werden.[97] **Verspätungsschäden** sind mit der Lieferverzögerung adäquat-kausal zusammenhängende, dem Frachtführer zurechenbare **Vermögensschäden** des Absenders oder Empfängers. Hierzu zählen alle Folgekosten (entgangener Gewinn etc.) beim Empfänger selbst durch bei ihm eingetretene Verzögerungen (Betriebsunterbrechungen) oder infolge Vertragsansprüchen von Abnehmern des Empfängers, bei denen die Verzögerung zu Schäden führt.

---

[91] Für die Parallelproblematik der CMR: ZB weil der Empfänger zur vereinbarten Zeit nicht annahmebereit war: Rb Rotterdam 8.1.1993, Schip & Schade 1993, Nr. 130. Keine Enthaftung bei Andienung zur Unzeit (zB kurz vor Feierabend): Cour d' appel Paris 15.6.1984, BullT 1984, 545; Rb Utrecht 10.2.1993, Schip & Schade 1993 Nr. 132.

[92] Wenn die Annahme durch den Empfänger zu diesem Zeitpunkt schon bekundet wurde.

[93] Rb Rotterdam 15.4.1971, ETR 1971, 417; LG Mönchengladbach 18.12.1969, VersR 1971, 218; AG Hamburg 21.6.1977, VersR 1977, 1048.

[94] Cour d' appel Paris 15.6.1984, BullT 1984, 545; Art. 17 CMR Rn. 25.

[95] Hof Arnheim 6.12.1978, Schip & Schade 1979 Nr. 114; Hof Antwerpen 13.2.1985, ETR 1986, 183, 185 f.; Art. 17 CMR Rn. 25.

[96] Art. 17 CMR Rn. 26; *Heuer* 66.

[97] Vgl. § 423 HGB.

Durch die Verspätung entstehende *Güter*schäden sind als solche separat liquidierbar. 66
Während der Verspätung eintretende, nicht mit ihr zusammenhängende Güterschäden sind
keine Verspätungsschäden.

Die objektiv weit reichenden Schäden wegen Lieferfristüberschreitung sind allerdings 67
nach § 20 Abs. 3 Satz 1 **auf einfache Fracht begrenzt.** Treffen Güterschäden und Verspätungsschäden zusammen, ist nach 20 Abs. 3 Satz 2 nicht mehr als der Verlustschaden zu
ersetzen.

Weitergehende Schäden, die weder Güter- noch Verspätungsschäden im vorgenannten 68
Sinne sind, sind nur nach ergänzend nationalem Recht ersetzbar, im deutschen Recht nach
§ 280 BGB.[98]

In einer **Frachtführerkette** sind Besonderheiten zu beachten. In **Unterfrachtverhält-** 69
**nissen** gilt die bilateral vereinbarte Lieferfrist. Der Unterfrachtführer, der nicht ausführender
Frachtführer ist, haftet nur seinem Auftraggeber.

Bei Einsatz eines **ausführenden Frachtführers** ist für dessen Haftung nach Art. 16 70
Abs. 1 zwar gemäß Art. 4 Abs. 2 Satz 2 die zwischen Absender und Hauptfrachtführer
vereinbarte Lieferfrist maßgebend. Für die Frage der Vermeidbarkeit der durch Fristüberschreitung entstandenen Schäden kommt es aber allein auf den ausführenden Frachtführer
an und nicht auf seinen Auftraggeber (Frachtführer oder Unterfrachtführer). Dessen Verhalten wird ihm nicht zugerechnet.

### V. Darlegungs- und Beweislast

Der Anspruchsteller/Geschädigte hat im Grundsatz nach allgemeinem Beweisrecht dar- 71
zulegen und zu beweisen, dass es während der oben beschriebenen Obhutszeit zu Verlust,
Beschädigung oder nicht ordnungsgemäßer Ablieferung (Art. 10 Abs. 2 Satz 1) gekommen ist, genauer zu den die Beschädigung verursachenden Ereignissen. Die vorbehaltslose
Annahme durch den Empfänger begründet nach Art. 23 die widerlegliche Vermutung der
Ablieferung in Zustand und Menge bei Übernahme. Die Vermutung kann der Anspruchsteller widerlegen durch den Beweis der Übernahme unbeschädigten und vollzähligen Gutes
durch den Frachtführer.[99] Ist eine Frachturkunde ausgestellt, dürfen sich die Vertragsparteien
in Bezug auf Gütermenge und Güterzustand zurzeit der Übernahme zur Beförderung iSv.
Art. 3 Abs. 2 auf die **Vermutungswirkung der Frachturkunde** iSv. Art. 11 Abs. 3,
Art. 12, Art 13 Abs. 4 berufen.[100] Die Nichtaufnahme eines Vorbehalts oder eines Zustands-
vermerks durch den Frachtführer erzeugt die Übernahme der Güter in äußerlich gutem
Zustand, Art. 12 Abs. 2. Außerdem ist der Schaden genau darzulegen.[101] Vertragliche
Abweichungen von dieser Beweislastverteilung sind nach Art. 25 Abs. 1 nicht zulässig. Der
Frachtführer muss nur die Ablieferung an sich nachweisen.

### VI. Aktivlegitimation und Passivlegitimation

Die CMNI regelt nicht die Frage, wem der Ersatzanspruch zusteht. Die Antwort ist 72
nicht ohne weiteres aus dem in Art. 14 und 15 geregelten Verfügungsrecht abzuleiten. Für
Fragen der Aktivlegitimation gibt daher das nach Art. 29 anwendbare nationale Recht Maß.

Aktivlegitimiert zur Geltendmachung von Ersatzansprüchen gemäß Art. 16 Abs. 1 gegen 73
den Frachtführer bzw. gegen den ausführenden Frachtführer (Art. 4) sind nur Absender
und verfügungsberechtigter Empfänger. Zwar enthält die CMNI keine ausdrückliche
Bestimmung, wem gegenüber Frachtführer und ausführender Frachtführer haften. Die
Aktivlegitimation des Empfängers hat die bisher dazu ergangene Rechtsprechung mangels

---

[98] BGH 14.7.1993, TranspR 1993, 426, 429; *Thume* TranspR 1995, 1, 7 f.; von Waldstein/*Holland* Binnenschifffahrtsrecht Rn. 10.
[99] So auch *Koller* Rn. 2; *Ramming* in Kuhlen, Haftung, 11.
[100] *Ramming,* HdB Binnenschifffahrtsrecht, Rn. 430, 190 f., 377, 585.
[101] So OLG Düsseldorf 15.12.1994, TranspR 1995, 244, 245 zu Art. 17 CMR; von Waldstein/*Holland*
Binnenschifffahrtsrecht Rn. 10.

ausdrücklicher Regelung dem nach Art. 29 anwendbaren Recht entnehmen wollen.[102] Demgegenüber wird zu Recht eine gespaltene Anknüpfung der Aktivlegitimation von Empfänger und Absender beklagt. Auch wird die Aktivlegitimation des Absenders in Art. 1 nicht klar geregelt. Staatsvertragsautonom[103] dürfte sich eine Aktivlegitimation des Empfängers neben der des Absenders (Doppellegitimation) freilich aus seiner Berücksichtigung an zahlreichen Stellen des Übereinkommens herleiten lassen (vgl. Art. 4 Abs. 4 Satz 1; Art. 11 Abs. 4 Satz 1). Auch kann insoweit der Vergleich zu anderen internationalen Transportrechtskonventionen angestellt werden (CMR; COTIF; WA; MÜ; HVR).[104]

**73a**   Der von Absender und Empfänger personenverschiedene Eigentümer beschädigter oder verlorengegangener Güter kann sich nicht auf die CMNI stützen, sondern nur auf Ersatzansprüche nach nationalem Recht (im Falle deutschen Rechts nach den dortigen *gesetzlichen* Ansprüchen auf Schadensersatz §§ 823 ff., GoA §§ 677 ff. BGB und dingliche Ansprüche gegen den unberechtigten Besitzer §§ 985 ff. BGB), und zwar in erster Linie gegen den unmittelbaren Schädiger oder unberechtigten Besitzer, im Falle eigenen Verschuldens aber auch gegen den Prinzipal (Bsp. § 831).

**74**   Auch gegenüber Schadensersatzansprüchen Dritter nach nationalem Recht kann sich der (ausführende) Frachtführer aber auf Haftungsausschlüsse und Haftungsbegrenzungen gemäß Art. 22 berufen, und zwar dann, wenn nach Maßgabe des ergänzend anwendbaren Rechts (weil die CMNI dazu schweigt) drittschützende Voraussetzungen (gegen die Geltendmachung von Haftungsausschlüssen und Haftungsbegrenzungen) erfüllt sind, wenn etwa der Dritte mit der Beförderung nach den Maßstäben von § 434 Abs. 2 einverstanden gewesen ist.[105] In einem solchen Fall ist es gerechtfertigt, den mit Haftungsausschlüssen und Haftungsbegrenzungen intendierten Schutz des Frachtführers auf aktivlegitimierte Dritte auszudehnen, anstatt ihn durch Drittansprüche mittelbar auszuhöhlen.

**75**   Für die gemäß Art. 16 Abs. 2 nach nationalem Recht liquidierbaren Landfrachtschäden sind aktivlegitimiert nach Frachtrecht (Bsp. §§ 425 ff. HGB) Absender und verfügungsberechtigter Empfänger, nach Schuldrecht (Bsp. §§ 280, 249 ff. BGB) der Absender, nach gesetzlichen Ansprüchen der Eigentümer. Passivlegitimiert im ersten und dritten Fall sind der ausführende Frachtführer und ggf. der vertragsschließende Hauptfrachtführer, im zweiten Fall nur der vertragsschließende Hauptfrachtführer.

**76**   Der Schaden kann bei Berechtigten (Vertragspartner des Frachtführers) eingetreten sein. Der dem Eigentümer entstandene Schaden kann aber auch im Wege der Drittschadensliquidation durch Absender oder verfügungsberechtigten Empfänger liquidiert werden.[106] In diesem Falle gilt Art. 22 direkt.

## VII. Mitverschulden

**77**   Ungeregelt sind nach CMNI auch Fragen des Mitverschuldens bei einer Mehrheit von Beteiligten. Auch hierfür ist auf das nach Art. 29 ergänzend anwendbare nationale Recht zurückzugreifen.

## Art. 17 Bedienstete und Beauftragte

**(1) Der Frachtführer haftet für Handlungen und Unterlassungen seiner Bediensteten und Beauftragten, deren er sich bei der Ausführung des Frachtvertrags**

---

[102] LG Stade ZfB 2009, Nr. 10, 75 ff.; zutreffend krit. *Hartenstein* TranspR 2012, 141, 143 (bei Nichtregelung der Empfängerstellung sei eigentlich die Rom I und Rom II-VO anwendbar).

[103] So iErg. zutreffend *Hartenstein* TranspR 2012, 41, 442 f. mit eingehender Diskussion.

[104] **AA** *Ramming,* HdB Binnenschifffahrtsrecht, Rn. 429 (nur herleitbar aus dem anwendbaren Sachrecht, bei dt. Recht aus § 421 Abs. 1 Satz 2); vgl. auch *von Waldstein/Holland* Rn. 17.

[105] Vgl. Art. 22 Rn. 5.

[106] BGH 6.7.2006, TranspR 2007, 308, 309; OLG Hamm 6.2.1997, TranspR 1998, 34 (zu Art. 17 CMR); *von Waldstein/Holland* Binnenschifffahrtsrecht Rn. 17; *Ramming,* HdB Binnenschifffahrtsrecht, Rn. 187, 427 (nur bei Anwendbarkeit dt. Sachrechts über Art. 29: § 421 Abs. 1 S. 3 HGB).

bedient, wie für eigene Handlungen und Unterlassungen, wenn diese Personen in Ausübung ihrer Verrichtungen gehandelt haben.

(2) Wird die Beförderung durch einen ausführenden Frachtführer nach Artikel 4 durchgeführt, so haftet der Frachtführer auch für Handlungen und Unterlassungen des ausführenden Frachtführers und der Bediensteten und Beauftragten des ausführenden Frachtführers, wenn diese Personen in Ausübung ihrer Verrichtungen gehandelt haben.

(3) Wird ein Anspruch gegen die Bediensteten und Beauftragten des Frachtführers oder ausführenden Frachtführers erhoben, so können sich jene, wenn sie beweisen, dass sie in Ausübung ihrer Verrichtungen gehandelt haben, auf die gleichen Haftungsbefreiungen und Haftungsgrenzen berufen, auf die sich der Frachtführer oder ausführende Frachtführer nach diesem Übereinkommen berufen kann.

(4) Ein Lotse, der von einer Behörde bestimmt wird und nicht frei ausgewählt werden kann, gilt nicht als Bediensteter oder Beauftragter im Sinne von Absatz 1.

## Art. 17 Préposés et mandataires

1. Le transporteur répond des actes et omissions de ses préposés et mandataires auxquels il recourt lors de l'exécution du contrat de transport, de la même manière que de ses propres actes et omissions, lorsque ces personnes ont agi dans l'accomplissement de leurs fonctions.

2. Lorsque le transport est effectué par un transporteur substitué selon l'article 4, le transporteur répond également des actes et omissions du transporteur substitué et des préposés et mandataires du transporteur substitué, lorsque ces personnes ont agi dans l'accomplissement de leurs fonctions.

3. Lorsqu'une action est engagée contre les préposés et mandataires du transporteur ou du transporteur substitué, ces personnes peuvent, si elles apportent la preuve qu'elles ont agi dans l'accomplissement de leurs fonctions, se prévaloir des mêmes exonérations et des mêmes limitations de responsabilité que celles dont le transporteur ou le transporteur substitué peut se prévaloir en vertu de la présente Convention.

4. Un pilote désigné par une autorité et ne pouvant être choisi librement n'est pas considéré comme un préposé ou un mandataire au sens du paragraphe 1.

## Art. 17 Servants and agents

1. The carrier shall be responsible for the acts and omissions of his servants and agents of whose services he makes use during the performance of the contract of carriage, when such persons are acting within the scope of their employment, as if such acts or omissions were his own.

2. When the carriage is performed by an actual carrier in accordance with article 4, the carrier is also responsible for the acts and omissions of the actual carrier and of the servants and agents of the actual carrier acting within the scope of their employment.

3. If an action is brought against the servants and agents of the carrier or the actual carrier, such persons, if they prove that they acted within the scope of their employment, are entitled to avail themselves of the exonerations and limits of liability which the carrier or the actual carrier is entitled to invoke under this Convention.

4. A pilot designated by an authority and who cannot be freely selected shall not be considered to be a servant or agent within the meaning of paragraph 1.

## Übersicht

| | Rn. | | Rn. |
|---|---|---|---|
| I. Allgemeines | 1–3 | III. Berufung der Dritten auf Haftungs- | |
| II. Haftung des Frachtführers für | | befreiungen | 14–20 |
| andere | 4–13 | | |

*Otte*

## I. Allgemeines

**1**    Die Vorschrift regelt in Abs. 1, 2 und 4 für die Haftung des Frachtführers die Zurechnung des Verhaltens (Handlungen oder Unterlassungen) Dritter (der Bediensteten und Beauftragten, des Frachtführers und der Bediensteten und Beauftragten des ausführenden Frachtführers) und in Abs. 3 die Möglichkeit dieser Dritten, sich bei Eigenhaftung auf die Haftungsbefreiungen nach der CMNI berufen zu können. Die Vorschrift fungiert bei Haftungsbegründung (Abs. 1, 2 und 4) und bei Haftungsbefreiung (Abs. 3) als **Zurechnungsnorm.**

**2**    Der Regelungsbereich des Art. 17 entspricht dem der §§ 428 Satz 1, 436 und 437 HGB.

**3**    Im Bezug auf Dritte unterscheidet Abs. 1 in Anlehnung an Art. 4 Abs. 3 HHR zwischen Bediensteten und Beauftragten. Im Wortlaut abweichend hierzu spricht § 428 HGB von Handlungen und Unterlassungen seiner Leute oder anderer Personen, denen sich der Frachtführer bei Ausführung der Beförderung bedient.

## II. Haftung des Frachtführers für andere

**4**    Nach **Abs. 1** muss sich der Frachtführer Handlungen und Unterlassungen **Dritter,** deren er sich bei der Ausführung des Frachtvertrags bedient, wie eigene zurechnen lassen, wenn diese Dritten in **Ausübung ihrer Verrichtungen** gehandelt haben. Zurechnung bedeutet, er muss sich so behandeln lassen, als habe er selbst gehandelt oder unterlassen.[1] Für die Frage der Handlungs- oder Unterlassungspflicht und für die Frage der Vermeidbarkeit oder Abwendbarkeit schadensursächlichen Verhaltens iSv. Art. 16 Abs. 1 kommt es daher auf die Person des Frachtführers an.[2]

**4a**    Wie in allen Zurechnungsnormen ist die Risikoübernahme bei Geschäftskreiserweiterung und Arbeitsteilung geregelt.[3]

**5**    „Bedienstete" und „Beauftragte" sind im Übereinkommen nicht definiert. Bedienstete sind **Arbeitnehmer** des Frachtführers („Leute"). Beauftragte sind nicht Arbeitnehmer, aber auch nicht ausführende Frachtführer. Die Begriffe werden inhaltsgleich in internationalem Recht[4] und im deutschen Sachrecht[5] gebraucht. Wegen der gleichen Rechtsfolgen[6] spielt diese Differenzierung im Ergebnis keine Rolle.[7]

**6**    Das Übereinkommen differenziert jedoch zur besseren Abgrenzung zwischen „Bediensteten" und „Beauftragten" einerseits und „ausführenden Frachtführern" andererseits. Der Frachtführer *bedient* sich seiner Bediensteten und Beauftragten zur Ausführung des Frachtvertrages, Art. 17 Abs. 1.[8] Wie nach dem Athener Übereinkommen und den Hamburg-Regeln beruht die Differenzierung zwischen den Begriffen „ausführender Frachtführer" und „Beauftragter" auf dem Verständnis, dass auch **Beauftragte** im Sinne des Übereinkommens nur solche Personen sind, die **weisungsabhängig** sind.[9] Die Zurechnung korreliert daher mit der jederzeitigen Eingriffsmöglichkeit des weisungsberechtigten Frachtführers. Wo diese Weisungsberechtigung fehlt und Zurechnung nicht möglich ist, bleibt Raum nur für Eigenhaftung des Frachtführers, etwa auf Grund mangelhafter Überprüfung des Weisungsunabhängigen. Das ist bei fehlender vertraglicher Bindung zwischen Frachtführer

---

[1]  *Koller* § 428 HGB Rn. 14; von Waldstein/*Holland* Binnenschifffahrtsrecht Rn. 5.

[2]  So schon von Waldstein/*Holland* Binnenschifffahrtsrecht Rn. 5.

[3]  Nachweise bei *Ramming* TranspR 2008, 107, 108 (l. Sp.).

[4]  Athener Übereinkommen, Art. 3 Abs. 1.

[5]  Anl. zu § 664 HGB, Art. 2 Abs. 1.

[6]  Vgl. von Waldstein/*Holland* Binnenschifffahrtsrecht § 77 BinSchG Rn. 9, Rn. 1, *dies.* Rn. 2, 3 („in Ausübung seiner Verrichtung").

[7]  Denkschrift, BR-Drucks. 563/06 S. 41.

[8]  So *Ramming* TranspR 2008, 107, 108 (r. Sp.); abweichend von Art. 3 CMR und § 428 HGB, Denkschrift, BR-Drucks. 563/06 S. 41; von Waldstein/*Holland* Binnenschifffahrtsrecht Rn. 4. Vgl. zur Sonderstellung des nicht frei ausgewählten, behördlich bestimmten Lotsen Art. 17 Abs. 4 (weder Bediensteter noch Beauftragter).

[9]  Wie zu Art. 1 Nr. 3 ausgeführt, *Czerwenka* TranspR 2001, 277, 279; Denkschrift, BR-Drucks. 563/06 S. 41; aA *Ramming* TranspR 2008, 107, 110.

und Drittem einleuchtend.[10] Andererseits ist ein Sichbedienen Dritter zur Ausführung des Frachtvertrages auch ohne vertragliche Bindung denkbar.[11] Hier kann freilich mit dem Wegfall jeder Weisungsberechtigung des Frachtführers der Zurechnungsgrund der jederzeitigen Eingriffsmöglichkeit fehlen. Er kann dann nur darin bestehen, das sich der Frachtführer die Handlungen des Drittens zunutze macht oder dies unterlässt. Die mit der Abgrenzung von Bedienstetem und Beauftragten in Art. 1 Nr. 3 intendierte Klarstellung der Rolle des ausführenden Frachtführers[12] ist damit nicht gefährdet.

**Abs. 4** stellt mit Blick auf die Weisungsabhängigkeit nochmals klar, dass ein Lotse, der **7** von einer Behörde bestimmt wird und nicht frei ausgewählt werden kann (**Zwangslotse**), nicht als Bediensteter oder Beauftragter im Sinne der Verhaltenszurechnung nach Absatz 1 angesehen werde kann. Für Fehler dieser Person hat also der Frachtführer folglich nicht einzustehen.[13]

Allerdings ist das Abgrenzungskriterium der Weisungsabhängigkeit nicht unproblema- **8** tisch. Der Unterfrachtführer hat als Absender iSv. Art. 4 Abs. 1 S. 2 gegenüber dem (ausführenden) Frachtführer nach Art. 14 und 15 ebenfalls Weisungsbefugnisse. Daher wird als Abgrenzungskriterium vorgeschlagen, ausführender Frachtführer sei, wer die *Beförderung durchführen soll,* Bediensteter und Beauftragten sei, wer *jede sonstige Tätigkeit* im Zusammenhang mit der Beförderung vornehme.[14] Auf die *gesollte* Beförderung kann es indes nicht ankommen. Entscheidend ist, wer die Obhut zur Durchführung der Beförderung *hat* und diese dann auch konkret durchführt.

Der Frachtführer haftet für das Fehlverhalten dieser **beiden** **Personengruppen** jeweils **9** nur dann, wenn diese zur Ausführung der vertraglich vereinbarten Beförderung herangezogen werden und dabei im Rahmen des ihnen vom Frachtführer übertragenen vertraglichen Aufgabenkreises (in Ausübung ihrer Verrichtungen) gehandelt haben. Notwendig ist ein sachlicher Zusammenhang der konkret schadensträchtigen Tätigkeit mit den den Bediensteten und Beauftragten zugewiesenen Aufgaben. Davon abweichend verlangen Art. 3 CMR und § 428 HGB **nur** bezüglich **anderer Personen als den Bediensteten,** dass sie zur Ausführung gerade der vertraglich vereinbarten Beförderung herangezogen werden.[15]

Zurechnen sind nach **Abs. 1** Handlungen und Unterlassungen der gerade zur „**Ausfüh- 10 rung des Frachtvertrags"** eingesetzten Bediensteten und Beauftragten. Ob mit dieser Anknüpfung eine Abweichung gegenüber dem Bezug „zur *Ausführung* gerade der vertraglich vereinbarten *Beförderung"* zu sehen ist, wie es die Begründung der Denkschrift zunächst nahe legt,[16] mag man bezweifeln. Selbst wenn ein Frachtvertrag mehrere Beförderungen bzw. Reisen zum Gegenstand hat, ist Verhalten von Bediensteten und Beauftragten nur bei der *Durchführung des Frachtvertrags* in der Obhutsphase schadensrelevant und zurechenbar. Frachtvertragsbezug und Beförderungsbezug decken sich in dieser Situation.[17]

**Absatz 2** macht darüber hinaus deutlich, dass sich der vertragliche Frachtführer auch **11** das Verhalten eines **ausführenden Frachtführers und dessen Bediensteter und Beauftragter** zurechnen lassen muss. Diese Regelung entspricht Art. 10 Abs. 1 Satz 2 HHR.[18]

---

[10] Bsp. nach *Korioth:* Zur Übernahme einer bestimmen Ladung muss ein Tankschiff besonders gereinigt werden. Beauftragt mit diesen Arbeiten wird ein selbstständiges Unternehmen. Die Tätigkeit dieses Unternehmen steht zwar in einem unmittelbaren Zusammenhang mit der Beförderung, doch ist dieses Unternehmen nicht weisungsabhängig. Für eine Handlung oder Unterlassung dieses selbstständigen Unternehmens haftet der Frachtführer daher nicht, doch kann dann wiederum seine Eigenhaftung eintreten, wenn *er* nicht die Arbeit dieses Unternehmens dahingehend überprüft, ob tatsächlich die Räume des Schiffes sauber sind.

[11] *Ramming* TranspR 2008, 107, 108: Beauftragter könne auch eine selbständige Hilfsperson sein. Erfasst seien auch beauftragte selbständige Unternehmensträger, die mit dem Frachtführer nicht vertraglich verbunden seien, derer er sich bei der Ausführung des Frachtvertrages „bediene".

[12] *Czerwenka* TranspR 2001, 277, 279 (vor 3.).

[13] Denkschrift, BR-Drucks. 563/06 S. 41; von Waldstein/*Holland* Binnenschifffahrtsrecht Rn. 2.

[14] *Ramming* TranspR 2008, 107, 110 (l. Sp.).

[15] Denkschrift, BR-Drucks. 563/06 S.

[16] So jedenfalls von Waldstein/*Holland* Binnenschifffahrtsrecht Rn. 4 (Art. 17 Einschränkung).

[17] Art. 17 Abs. 1 wirkt insofern nicht einschränkend.

[18] Denkschrift, BR-Drucks. 563/06 S. 41.

Zu dieser Zurechnung kommt es auch dann, wenn der ausführende Frachtführer nicht durch den vertraglichen Hauptfrachtführer selbst, sondern erst durch einen nachfolgenden Unterfrachtführer eingesetzt wurde. Zwar erfasst das Übereinkommen in der Regelung offenbar nicht den Fall der *mehrgliedrigen* Frachtführerkette. Auch mag der vertragliche Hauptfrachtführer bei Vertragsschluss mit seinem Unterfrachtführer nicht damit zu rechnen, dass dieser einen weiteren, ausführenden Frachtführer einsetzt. Eine Zurechnung (dem vertraglichen Frachtführer des Urabsenders) für *mittelbar* eingesetzte ausführende Kräfte ergibt sich zum einen schon aus der Zurechnung des Handelns von Bediensteten und Beauftragten des ausführenden Frachtführers nach Abs. 2.[19] Gleiches sollte für den nicht vom Übereinkommen erfassten Fall gelten, dass vom vertraglichen Frachtführer ein Unterfrachtführer eingesetzt wird, der den Transport nicht selbst ausführt. Die Zurechnung seines Verhaltens (oder das seiner Bediensteten oder Beauftragten) dem vertraglichen Frachtführer des Urabsenders gegenüber ist direkt weder unter Abs. 1 (der Unterfrachtführer ist weder Beauftragter noch Bediensteter des vertraglichen Frachtführers) noch unter Abs. 2 (der Unterfrachtführer ist nicht ausführender Frachtführer) subsumierbar. Der Unterfrachtführer steht zwischen dem weisungsgebundenen Beauftragten des vertraglichen Frachtführers nach Abs. 1 und dem nicht weisungsgebundenen ausführenden Frachtführers nach Abs. 2, was eine Lückenfüllung durch Analogieschluss zu beiden Normen rechtfertigt.[20] Außerdem haftet jeder Frachtführer nach Art. 4 Abs. 2 Satz 1 für die ganze von ihm übernommene Beförderung, auch wenn er die Ausführung der Beförderung ganz oder teilweise einem ausführenden Frachtführer übertragen hat, gleichviel, ob die Übertragung in Ausübung eines im Frachtvertrag eingeräumten Rechts oder nicht erfolgte, und gleich, ob die Ausführung zur Beförderung weiterübertragen wurde.

12  Umgekehrt haftet der ausführende Frachtführer nicht für Handlungen und Unterlassungen seines Auftraggebers oder dessen Auftraggeber (etwa im Falle falscher Information, Kennzeichnung, Weisung etc.).[21]

13  Zurechnung behindert nicht die Möglichkeit der **Eigenhaftung** von Bediensteten und Beauftragten gegenüber geschädigten Dritten und gegenüber dem ihnen vertraglich verbundenen Frachtführer. Die Eigenhaftung ist nicht Regelungsgegenstand des Übereinkommens und muss kollisionsrechtlich als Vertrags-, Delikts- oder arbeitsrechtliche Haftung gesondert angeknüpft werden. Gleiches gilt in umgekehrter Richtung für **Freistellungsansprüche** in Anspruch genommener Bediensteter und Beauftragter gegen die sie einsetzenden Frachtführer oder ausführenden Frachtführer.[22]

### III. Berufung der Dritten auf Haftungsbefreiungen

14  **Abs. 3** regelt in Anlehnung an Art. 4 bis Abs. 2 VR, Art. 7 Abs. 2 HHR und Art. 28 Abs. 2 CMR,[23] unter welchen Voraussetzungen sich auch die Personen, deren sich der Frachtführer zur Ausführung des Frachtvertrags bedient und die auf außervertraglicher Grundlage für Schäden infolge Verlusts oder Beschädigung des Gutes oder Lieferfristüberschreitung in Anspruch genommen werden (sie haften nicht selbst nach Vertrag und nach der CMNI), ihrerseits auf **Haftungsbefreiungen und -begrenzungen** *des Übereinkommens* berufen können.

15  Abs. 3 räumt den genannten Personen – in weitgehender Übereinstimmung mit § 436 HGB[24] – das Recht ein, sich auf die im Übereinkommen vorgesehenen Haftungsbefreiungen und -begrenzungen zu berufen, wenn die Personen **in Ausführung ihrer Ver-**

---

[19]  von Waldstein/*Holland* Binnenschifffahrtsrecht Rn. 6. Sie ist auch in anderen Übereinkommen anerkannt, vgl. Art. 2 CMR.

[20]  So schon von Waldstein/*Holland* Binnenschifffahrtsrecht Rn. 7 (Art. 17 Abs. 2 analog); aA *Ramming* TranspR 2008, 107, 110, 111 (Art. 17 Abs. 1: eingeschalteter Unter-Unterfrachtführer als Beauftragter des vertraglichen Frachtführers).

[21]  Vgl. Art. 4 Rn. 28.

[22]  So schon von Waldstein/*Holland* Binnenschifffahrtsrecht Rn. 8.

[23]  Denkschrift, BR-Drucks. 563/06 S. 41.

[24]  Denkschrift, BR-Drucks. 563/06 S. 41.

**richtungen** gehandelt haben. Die Regelung soll vor allem verhindern, dass die *im Über-einkommen* zum Schutz des vertraglichen Frachtführers normierten Haftungsbefreiungen und –begrenzungen in der Weise umgangen werden, dass die Bediensteten des Frachtführers in unbeschränkter Höhe in Anspruch genommen werden und dann in dieser Höhe einen arbeitsrechtlichen Freistellungsanspruch gegen den Frachtführer geltend machen können, der die Haftungsbefreiung oder –begrenzung des Frachtführers unterläuft.[25] Im Gegensatz zu § 436 Satz 1 HGB erfasst Abs. 3 gleichwohl nicht nur die **Bediensteten** des Frachtführers, sondern mit den „Beauftragten" auch **selbständige Erfüllungsgehilfen** und erweitert damit den Schutz des Frachtführer gegen Umgehung von Haftungsbefreiungen und –begrenzungen. Dies entspricht Art. 7 Abs. 2 HHR und Art. 41 § 2 ER CIM 1999.[26]

Für Frachtführer und ausführenden Frachtführer (Art. 21 Abs. 1) sowie für deren **16** Bedienstete und Beauftragte (Art. 21 Abs. 2) gilt jeweils: Eine Berufung auf Haftungsbeschränkungen des Übereinkommens ist nicht möglich bei qualifiziertem Verschulden, Art. 21 Abs. 2. Aus der separierten Anordnung dieser Rechtsfolge in Art. 21 ergibt sich im Umkehrschluss, dass eine Zurechnung des qualifizierten Verschuldens der Bediensteten oder Beauftragten nicht möglich ist, arg. e Art. 21 Abs. 1 und 2. Mit anderen Worten: Für die Frage, ob der Frachtführer sein Recht auf Haftungsbeschränkung verliert, wenn er sich vorsätzlich oder leichtfertig verhalten hat, kommt es allein auf sein eigenes Verhalten an.[27] Und Dritte können von der Haftungsbeschränkung des Frachtführers gegenüber seinem Vertragspartner nicht profitieren, wenn sie selbst ein qualifiziertes Verschulden trifft.

Gem. Art. 22 CMNI gelten die in diesem Übereinkommen vorgesehenen oder im **17** Frachtvertrag vereinbarten Haftungsbefreiungen und Haftungsgrenzen für jeden Anspruch wegen Verlust, Beschädigung oder verspäteter Ablieferung der Güter, die Gegenstand des Frachtvertrags sind, gleichviel ob der Anspruch auf einen Frachtvertrag, unerlaubte Handlung oder einen sonstigen Rechtsgrund gestützt wird. Art. 22 unterscheidet also nicht zwischen den in diesem Übereinkommen vorgesehenen oder im Frachtvertrag vereinbarten Haftungsbefreiungen und Haftungsgrenzen. Art. 17 Abs. 3 hingegen spricht nicht von *fracht-vertraglich vereinbarten* Haftungsbefreiungen und Haftungsgrenzen. Auf frachtvertraglich vereinbarte Haftungsbefreiungen und Haftungsgrenzen zugunsten von Frachtführer und ausführendem Frachtführer könnten sich die Bediensteten und Beauftragten folglich nicht berufen.[28] Zwar mag sich der nichthaftende Frachtführer gegen Rückgriffsansprüche seiner Bediensteten und Beauftragten dadurch absichern, dass er diese vertraglich in die Haftungsbefreiung mit einschließt.[29] Der ausführende Frachtführer wäre (durch Art. 4 Abs. 2 S. 2) aber weiterhin besser gestellt als der der weisungsanhängige Bedienstete oder Beauftragte. Das erscheint nicht einleuchtend.[30]

Art. 25 untersagt **vertragliche Abweichungen** von der im Übereinkommen geregelten **18** Haftung des Frachtführers, des ausführenden Frachtführers und derer Bediensteter und Beauftragten. Damit sind auch jegliche Abweichungen von der Zurechnungsnorm des Art. 17 unzulässig. Gleiches gilt für die Reichweite der Berufung auf Haftungsbeschränkungen und Haftungsbefreiungen des Prinzipals.

Dies gilt sowohl im Verhältnis zu Partnern des Frachtvertrages (Verbot des Vertrages zu **19** Lasten Dritter) als auch im Verhältnis des Frachtführers/ausführenden Frachtführers zu seinen Bediensteten und Beauftragten.

Die Zulässigkeit der er vertraglichen Ausschluss der Eigenhaftung von Bediensteten und **20** Beauftragten regelt die CMNI nicht. Sie bestimmt sich nach Vertragsstatut.[31]

---

[25] Denkschrift, BR–Drucks. 563/06 S. 41.
[26] Denkschrift, BR–Drucks. 563/06 S. 41.
[27] So schon von Waldstein/*Holland* Binnenschifffahrtsrecht Rn. 5, Art. 21 CMNI Rn. 2.
[28] *Koller* Rn. 3.
[29] So *Koller* Rn. 3 Fn. 11.
[30] **AA** *Koller* Rn. 3 unter Verweis auf Art. 25 A WA.
[31] von Waldstein/*Holland* Binnenschifffahrtsrecht Rn. 10.

### Art. 18 Besondere Haftungsausschlussgründe

(1) Der Frachtführer und der ausführende Frachtführer sind von ihrer Haftung befreit, soweit der Verlust, die Beschädigung oder die Verspätung auf einen der nachstehenden Umstände oder eine der nachstehenden Gefahren zurückzuführen ist:

a) Handlungen oder Unterlassungen des Absenders, Empfängers oder Verfügungsberechtigten;

b) Behandlung, Verladen, Verstauen oder Löschen der Güter durch den Absender oder Empfänger oder Dritte, die für den Absender oder Empfänger handeln;

c) Beförderung der Güter auf Deck oder in offenen Schiffen, wenn diese Art der Beförderung mit dem Absender vereinbart war, im Einklang mit den Gebräuchen des betreffenden Handels stand oder aufgrund geltender Vorschriften erforderlich war;

d) natürliche Beschaffenheit der Güter, derzufolge sie gänzlichem oder teilweisem Verlust oder Beschädigung, insbesondere durch Bruch, Rost, inneren Verderb, Austrocknen, Auslaufen, normalen Schwund (an Raumgehalt oder Gewicht) oder durch Ungeziefer oder Nagetiere ausgesetzt sind;

e) Fehlen oder Mängel der Verpackung, wenn die Güter infolge ihrer natürlichen Beschaffenheit bei fehlender oder mangelhafter Verpackung Verlusten oder Beschädigungen ausgesetzt sind;

f) ungenügende oder unzulängliche Kennzeichnung der Güter;

g) erfolgte oder versuchte Hilfeleistung oder Rettung auf schiffbaren Gewässern;

h) Beförderung lebender Tiere, es sei denn, der Frachtführer hat die im Frachtvertrag vereinbarten Maßnahmen oder Weisungen missachtet.

(2) [1]Ist ein Schaden eingetreten, der nach den Umständen des Falles aus einem der in Absatz 1 genannten Umstände oder einer der in Absatz 1 genannten Gefahren entstehen konnte, so wird vermutet, dass der Schaden aus diesem Umstand oder dieser Gefahr entstanden ist. [2]Beweist der Geschädigte, dass der Schaden nicht oder nicht ausschließlich aus einem der in Absatz 1 genannten Umstände oder einer der in Absatz 1 genannten Gefahren entstanden ist, entfällt diese Vermutung.

### Art. 18 Exonérations particulières de responsabilité

1. Le transporteur et le transporteur substitué sont exonérés de leur responsabilité lorsque la perte, les dommages ou le retard résultent de l'une des circonstances ou risques énumérés ci-après:

a) actes ou omissions de l'expéditeur, du destinataire ou de la personne habilitée à disposer;

b) manutention, chargement, arrimage ou déchargement des marchandises par l'expéditeur ou le destinataire ou par des tiers agissant pour le compte de l'expéditeur ou du destinataire;

c) transport des marchandises en pontée ou en cales ouvertes, si cela a été convenu avec l'expéditeur ou est conforme aux

### Art. 18 Special exonerations from liability

1. The carrier and the actual carrier shall be exonerated from their liability when the loss, damage or delay are the result of one of the circumstances or risks listed below:

(a) acts or omissions of the shipper, the consignee or the person entitled to dispose of the goods;

(b) handling, loading, stowage or discharge of the goods by the shipper, the consignee or third parties acting on behalf of the shipper or the consignee;

(c) carriage of the goods on deck or in open vessels, where such carriage has been agreed with the shipper or is in accor-

usages du commerce considéré ou est exigé par les prescriptions en vigueur;

d) nature des marchandises exposées en totalité ou partiellement à la perte ou l'avarie, notamment par bris, rouille, détérioration interne, dessiccation, coulage, freinte de route normale (en volume ou en poids) ou par action de la vermine ou de rongeurs;

e) absence ou défectuosité de l'emballage, lorsque les marchandises de par leur nature sont exposées à des pertes ou avaries en l'absence d'emballage ou en cas d'emballages défectueux;

f) insuffisance ou imperfection des marques d'identification des marchandises;

g) opérations ou tentatives d'opération de secours ou de sauvetage sur les voies navigables;

h) transport d'animaux vivants, sauf si le transporteur n'a pas pris les mesures ou observé les instructions convenues dans le contrat de transport.

2. Lorsque, eu égard aux circonstances de fait, un dommage a pu être causé par l'une des circonstances ou l'un des risques énumérés au paragraphe 1 du présent article, il est présumé avoir été causé par cette circonstance ou par ce risque. Cette présomption disparaît, si la victime prouve que le préjudice ne résulte pas ou pas exclusivement de l'une des circonstances ou de l'un des risques énumérés au paragraphe 1 du présent article.

dance with the practice of the particular trade, or if it is required by the regulations in force;

(d) nature of the goods which exposes them to total or partial loss or damage, especially through breakage, rust, decay, desiccation, leakage, normal wastage (in volume or weight), or the action of vermin or rodents;

(e) lack of or defective condition of packaging in the case of goods which, by their nature, are exposed to loss or damage when not packed or when the packaging is defective;

(f) insufficiency or inadequacy of marks identifying the goods;

g) rescue or salvage operations or attempted rescue or salvage operations on inland waterways;

(h) carriage of live animals, unless the carrier has not taken the measures or observed the instructions agreed upon in the contract of carriage.

2. When, in the circumstances of the case, damage could be attributed to one or more of the circumstances or risks listed in paragraph 1 of the present article, it is presumed to have been caused by such a circumstance or risk. This presumption does not apply if the injured party proves that the loss suffered does not result, or does not result exclusively, from one of the circumstances or risks listed in paragraph 1 of this article.

## Übersicht

| | Rn. | | Rn. |
|---|---|---|---|
| I. Allgemeines | 1 | 4. Natürliche Beschaffenheit der Güter, Abs. 1d | 26–28a |
| II. Haftungsausschlussgründe, Abs. 1 | 2–32 | 5. Fehlen oder Mängel der Verpackung, Abs. 1e | 29 |
| 1. Verhalten des Absenders, Empfängers oder Verfügungsberechtigten, Abs. 1a | 5–13 | 6. Mangelhafte Kennzeichnung, Abs. 1f | 30 |
| | | 7. Hilfeleistung, Rettung, Abs. 1g | 31 |
| 2. Behandlung, Verladen, Verstauen, Löschen der Güter, Abs. 1b | 14–19 | 8. Beförderung lebender Tiere, Abs. 1h | 32 |
| 3. Beförderung auf Deck oder im offenen Schiff, Abs. 1c | 20–25 | III. Kausalitätsvermutung, Gegenbeweis, Abs. 2 | 33–36 |
| | | IV. Parteivereinbarungen | 37 |

## I. Allgemeines

Die Vorschrift führt in Anlehnung an Art. 17 Abs. 4 CMR und Art. 4 § 2 VR in Absatz 1 **1** eine Reihe von besonderen Haftungsausschlussgründen auf, die in Verbindung mit Verhalten des Absenders oder Empfängers steht.[1] Es sind dies Fälle, bei deren Vorliegen sich der

---

[1] Weitere Parallelen finden sich in § 427 HGB und in § 59 BinSchG aF.

Frachtführer von seiner Haftung jedenfalls unter beweisrechtlich erleichterten Bedingungen (Abs. 2) befreien kann.[2]

## II. Haftungsausschlussgründe, Abs. 1

2    Die in **Absatz 1** aufgeführten Haftungsausschlussgründe sind geltendem See- und Straßenfrachtrecht nachgebildet (Bsp. § 427 Abs. 1 HGB). Nicht aufgeführt sind die im Seerecht geltenden generellen gesetzlichen Haftungsausschlussgründe (Art. 4 § 2 Buchstabe a und b HR bzw. HVR [§ 607 Abs. 2 aF] HGB) für nautisches Verschulden und Feuer. Hierüber hatte es lange Diskussionen gegeben (vgl. Art. 25 Rn. 12–24). Eine Aufnahme dieser beiden Haftausschlussgründe ex lege ist nicht zuletzt auf Grund des Widerstandes der deutschen und französischen Seite gescheitert.

3    Die CMNI gestattet insoweit eine abgeschwächte Lösung: Die Haftung des Frachtführers für Schäden wegen nautischer Fehler oder wegen Feuers oder Explosion wird *nicht von Gesetzes* wegen ausgeschlossen. Gestattet ist für diese Fälle allerdings in Art. 25 Abs. 2 unter bestimmten Voraussetzungen die *vertragliche* Vereinbarung eines Haftungsausschlusses.[3] Außerdem dürfen die CMNI-Vertragsstaaten nach Art. 32 einen Haftungsausschluss für Schäden infolge nautischer Fehler für *bestimmte regionale* Verkehre auch *gesetzlich normieren.*

4    Zu den in **Absatz 1** aufgeführten Haftungsausschlussgründen im Einzelnen:

5    **1. Verhalten des Absenders, Empfängers oder Verfügungsberechtigten, Abs. 1a. Buchstabe a** ist Art. 4 § 2 Buchstabe i VR nachgebildet.[4] Haftungsausschlussgründe sind ganz allgemein **Handlungen oder Unterlassungen** des Absenders, des Empfängers oder eines weisungsberechtigten Dritten (Verfügungsberechtigter). Besteht die Möglichkeit, dass ausschließlich *sie* den Schaden verursacht haben, ist der Frachtführer bis zum Beweis des Gegenteils von der Haftung befreit. Dahinter steht der Grundsatz, dass die Verantwortung für die einem Dritten entstandenen Schaden nicht entsteht, wo dieser Schaden von (nicht notwendigerweise personengleichen) Dritten selbst zu verantworten ist.

6    Verfügungsberechtigter ist, wem die **Weisungsbefugnis** von Absender oder Empfänger übertragen worden ist, wer also selbst *Inhaber* des Verfügungsrechts ist. Dies ist streng genommen bei der Übertragung des Rechts, das Verfügungsrecht mit Wirkung *für und gegen* den Absender oder Empfänger *auszuüben,* nicht der Fall. Im Übrigen werden Absender und Empfänger Handlungen oder Unterlassungen ihrer Bediensteten und Beauftragten dem Wortlaut nach (wie auch in Buchstabe b) im Grundsatz nicht zugerechnet, allenfalls bei Wahrnehmung eines „eigenen" Verfügungsrechts entsprechend Art. 17 Abs. 1 und Art. 8 Abs. 2, und jedenfalls auch dann, wenn sie sich dem Frachtführer zurechenbar im Rahmen ihrer Verrichtungen gehalten haben.[5] Dies muss im Rahmen von Art. 18 Abs. 1 Buchstabe a dann eigentlich ausreichen.[6]

7    Ausreichend aber auch notwendig ist allgemein **adäquate Kausalität** für den Schadenseinritt oder die Schadenshöhe[7] in dem Sinne, dass gerade die Gefahr des Eintritts eines Ladungsschadens erhöht wurde.[8] Rein äquivalente Kausalität etwa des Vertragsschlusses oder der Übergabe der Güter sind nicht hinreichend.[9] Dies ergibt sich im Rückschluss aus den besonderen Verhaltensweisen gem. den Buchstaben b, c, e, f und g. Verschulden ist nicht erforderlich.

---

[2] Denkschrift, BR-Drucks. 563/06 S. 41.

[3] Diesem Ansatz folgt nunmehr auch das deutsche Seerechtsreformgesetz 2013 mit § 512 Abs. 2 HGB.

[4] Vgl. auch § 425 Abs. 1 HGB.

[5] Wie hier wohl auch *Koller* Rn. 2 mit zutreffender Einschränkung *Ramming,* HdB Binnenschifffahrtsrecht, Rn. 437; *Trost* in Hartenstein/Reuschle Kap. 15 Rn. 53.

[6] von Waldstein/*Holland* Binnenschifffahrtsrecht Rn. 2.; so wohl auch *Ramming,* HdB Binnenschifffahrtsrecht, Rn. 437, *Koller* Rn. 2 bei Fn. 3 (Rückschluss aus lit. c), zu dem ich hier *keinen* Widerspruch sehe.

[7] von Waldstein/*Holland* Binnenschifffahrtsrecht Rn. 3.

[8] *Ramming,* HdB Binnenschifffahrtsrecht, Rn. 437.

[9] *Ramming,* HdB Binnenschifffahrtsrecht, Rn. 437.

Die Beschreibung des Haftungsausschlussgrundes in Buchstabe a ist so allgemein, dass es  **8**
eines eingrenzenden **Zurechnungskriteriums** bedarf. Die Anknüpfung an bloße Handlung oder Unterlassung dürfte zu allgemein sein, will man nicht bereits jede nach der Lebenserfahrung ursächlich wirkende Bedingung (Bsp.: Vertragsschluss)[10] erfassen. Nicht jedes schadensursächliche Verhalten ist den in Buchstabe a Genannten zurechenbar. Auch erscheint sonst der speziellere Art. 18 Abs. 1 Buchstabe c überflüssig. Andererseits erscheint zu eng, das Verhalten des Absenders, Empfängers oder Verfügungsberechtigten entlang von Sozialadäquanz einschränkend zu qualifizieren (etwa Zurechnung nur sozialinadäquaten Verhaltens).[11] Sozialadäquanz erfasst nur Verhaltensweisen, die zwar gefährlich sind, aber allgemein als üblich und normal angesehen werden.

Vor dem Hintergrund der speziellen verschuldensunabhängigen Absenderhaftung nach  **9**
Art. 8 (fehlende Angaben, Gefahrgut, fehlende Begleitpapiere) und der widerleglichen Verschuldensvermutung zu Lasten des Frachtführers nach § 16 Abs. 1 ist das angemessene, spiegelbildlich auf Absender, Empfänger und Verfügungsberechtigten anzuwendende Zurechnungskriterium auch hier die widerlegliche (wg. Abs. 2) Verschuldensvermutung.[12] Maßstab ist die **Sorgfalt eines ordentlichen Absenders beziehungsweise Empfängers** entsprechend Art. 16 Abs. 1 Halbsatz 2. Zurechenbar sind folglich nur solche Schadensursachen, die Absender oder Empfänger schuldhaft gesetzt haben. Nicht zurechenbar sind solche Schadensursachen, die auch ein sorgfältiger Absender beziehungsweise Empfänger nicht hätte vermeiden können und deren Folgen er nicht hätte abwenden können.[13] Hierfür tragen Absender bzw. Empfänger die Beweislast. Ausgenommen von dieser Einschränkung wiederum sind nur Vertragsverletzungen des Absenders, die unter Art. 8 Abs. 1 Satz 1 fallen.

Der Verursachungsbeitrag von Absender, Empfänger oder Verfügungsberechtigtem muss  **10**
**nicht im Zeitraum der Güterobhut** des Frachtführers gem. Art. 16 Abs. 1 erfolgt sein.[14]

Die im Schrifttum anzutreffende **Einschränkung der Zurechnung** auf Absender und  **11**
Empfänger ohne Zurechnung des Verhaltens von Bediensteten und Beauftragten im Umkehrschluss zu Buchstabe b[15] will nicht recht einleuchten. Die Zurechnung von Drittverhalten bei den in Buchstabe b genannten Tätigkeiten Behandlung, Beladung, Verstauen, Löschen ergibt Sinn, weil Absender und Empfänger diese Tätigkeiten häufig delegieren. Dieser Hinweis ist bei der generellen Einbeziehung von Handlungen oder Unterlassungen nicht notwendig.

**Zusammenwirkenden Schadensbeiträge** werden nach dem Grad der Mitverursa-  **12**
chung und dem Grad des Verschulden der Beteiligten (Frachtführer, Absender, Empfänger, Verfügungsberechtigte), ggf. nach der Anzahl der Mitverursachungsbeiträge und der Verursachungswahrscheinlichkeit zugerechnet und verantwortet („soweit"). Eine Verteilung der Verantwortlichkeiten ist nicht in jedem Fall zwingend. Qualifiziertes Verschulden des Frachtführers steht einem zurechenbaren Mitverschulden des Absenders nicht entgegen. Bemessungsgröße der Quotelung nach Mitverursachungsbeiträgen ist die nach Art. 19 zu berechnende, noch nicht durch Haftungshöchstgrenzen begrenzte Entschädigung.[16]

Buchstabe a ist der allgemeine Fall, dem die Buchstaben b, e und f als Sonderfälle vorge-  **13**
hen.

## 2. Behandlung, Verladen, Verstauen, Löschen der Güter, Abs. 1b. Buchstabe b  **14**
ist Sonderfall von Buchstabe a und führt als Haftungsausschlussgrund das Behandeln, Verladen, Verstauen oder Löschen der Güter durch den Absender oder Empfänger oder Dritter auf, soweit diese für den Absender oder Empfänger handeln, also ihre Erfüllungsgehilfen

---

[10]  von Waldstein/*Holland* Binnenschifffahrtsrecht Rn. 3. (so etwa nicht bereits der bloße Frachtauftrag).
[11]  So *Koller* Rn. 2.
[12]  von Waldstein/*Holland* Binnenschifffahrtsrecht Rn. 3.
[13]  Unklar insoweit von Waldstein/*Holland* Binnenschifffahrtsrecht Rn. 3, 5.
[14]  So auch von Waldstein/*Holland* Binnenschifffahrtsrecht Rn. 3.
[15]  *Koller* Rn. 2.
[16]  von Waldstein/*Holland* Binnenschifffahrtsrecht Rn. 4.

sind. In Art. 17 Abs. 4 Buchstabe c CMR[17] und § 427 Abs. 1 Nr. 3 HGB finden sich vergleichbare Haftungsausschlussgründe.

**15**   Laden und Verstauen wird bedeutungsgleich in Art. 6 Abs. 4 verwendet. Behandlung entspricht dem Verständnis in Art. 427 HGB und kann Handlung oder Unterlassung sein. Löschen umfasst die Entfernung der Güter vom Schiff und aus dem Schiff. Dritter ist jeder für Absender oder Empfänger Handelnde. Eine Ausführung der Verrichtung braucht hier nicht vorzuliegen (abweichend von Abs. 2).

**16**   Zu unterscheiden ist, ob der Güterschaden außerhalb oder innerhalb der Obhut des Frachtführers entstanden ist. Abhängig davon ergeben sich Unterschiede dafür, wann sich das schadensursächliche Verhalten des Absender, Empfängers oder Dritte ereignete:

**17**   Ist der **Schaden außerhalb des Obhutszeitraums entstanden,** erfasst Art. 18 Abs. 1b das schadensursächliche Verhalten von Absender, Empfänger oder Dritten nicht. Für vor Übernahme oder nach Ablieferung der Güter liegendes Schädigungsverhalten haftet der Frachtführer nicht nach den Art. 16 ff., sondern nach dem Schuld- und Haftungsrecht der über Art. 29 hilfsweise geltenden lex causae. Wo die Art. 16 ff. nicht anwendbar sind (keine Haftung), ist für Art. 18 Abs. 1b als Haftungsbefreiungsnorm kein Raum. Wo hingegen die Übernahme vor- oder die Ablieferung nach hinten verlegt werden, also abweichend von Art. 3 Abs. 2 vertraglich außerhalb des Schiffes vereinbart werden, ist der Obhutszeitraum des Frachtführers größer, sodass er Lade- und Löschvorgänge und damit zu dieser Zeit eintretende Schäden mit einschließt. In diesem Fall kommt es wieder darauf an, ob der Lade- oder Löschvorgang iSv. Abs. 1b trotz der Frachtführerobhut durch Absender, Empfänger, deren Leute oder Dritte vorgenommen wurde. Dies kann sogar offen in eigener Verantwortung geschehen und dann die Zurechnung von Verhalten der Leute des Frachtführers sogar mit einschließen. Davon abzugrenzen ist die Übernahme von Be- oder Entladung durch Absender, Empfänger oder Dritte aus Gefälligkeit.[18] Abzugrenzen ist auch der Fall, dass sich der zu Verladung, Stauung oder Entladung verpflichtete Frachtführer in eigener Verantwortung an dem schadensursächlichen Verhalten (Verladung, Stauung oder Entladung) von Absender etc. beteiligt hat.[19]

**18**   Ist der **Schaden innerhalb des Obhutszeitraums entstanden,** haftet der Frachtführer nach Art. 16 ff. grundsätzlich unabhängig von der Zuweisung von Lade- oder Löschpflichten. Mithin kommt es für den Haftungsausschluss nicht darauf an, zu welchem Zeitpunkt das schadensursächliche Verhalten von Absender, Empfänger oder Drittem erfolgte oder wirkte, ob außerhalb oder innerhalb des Obhutszeitraums. Liegt es vor, wirkt der Haftungsausschluss des Art. 18 Abs. 1b zugunsten des Frachtführers.

**19**   Der Haftungsausschluss wird relativiert durch eigene schadensursächliche Pflichtverletzungen. Eine generelle Pflicht des Frachtführers zur Überprüfung besteht zwar nicht. Bei der Verletzung besonderer eigener Überprüfungs- oder Hinweispflichten oder bei vertraglicher Übernahme von Behandeln, Verladen, Verstauen oder Löschen der Güter mag er jedoch in die Mitverantwortung genommen werden. Gleiches gilt, wenn die Verletzung seiner Pflicht zur Gestellung eines betriebssicheren Schiffs die geladenen Güter in Mitleidenschaft zieht. Nicht unüblich ist die Verladung, Stauung oder Entladung der Güter unter der Aufsicht nicht des dazu gesetzlich oder abweichend davon vertraglich Verpflichteten, sondern des jeweiligen Vertragspartners. In diesen Fällen kann die Haftung des Frachtführers oder seiner Leute trotz eigener Beteiligung ausgeschlossen bleiben (wenn der Absender dies überwacht) oder der Haftungsausschluss zugunsten des Frachtführers nicht greifen (Frachtführer hat Aufsicht).[20]

**20**   **3. Beförderung auf Deck oder im offenen Schiff, Abs. 1c. Buchstabe c** sieht einen Haftungsausschluss für den Fall der Beförderung in offenen Schiffen oder der Deck-

---

[17] *Koller* Art. 17 CMR Rn. 41; von Waldstein/*Holland* Binnenschifffahrtsrecht Rn. 6.
[18] *Koller* Art. 17 CMR Rn. 39.
[19] von Waldstein/*Holland* Binnenschifffahrtsrecht Rn. 8.
[20] von Waldstein/*Holland* Binnenschifffahrtsrecht Rn. 8; *Koller* Art. 17 CMR Rn. 46.

verladung[21] vor,[22] wenn der Schaden gerade auf die mit der betreffenden offenen Beförderung geschaffene Gefährdung zurückzuführen ist. Vergleichbare Regelungen finden sich in Art. 17 Abs. 4 Buchstabe a CMR, in Art. 9 HHR, in § 427 Abs. 1 Nr. 1 HGB sowie in § 59 Abs. 1 Nr. 1 BinSchG aF.[23] Seine Auslegung erfolgt nach Maßgabe des ergänzend anwendbaren Rechts (Art. 29 CMNI).[24]

**21** Voraussetzung des Haftungsausschlusses ist, dass diese Art der Beförderung zwischen Frachtführer und Absender *vereinbart* wurde (erlaubte Beförderung), dass sie im Einklang mit den *Gebräuchen des betreffenden Handels* stand oder dass sie *gesetzlich vorgeschrieben* war. Mit Bezugnahme auf die „Gebräuche des betreffenden Handels" will Buchstabe c denjenigen Fällen Rechnung tragen, in denen sich der offene Transport oder die Deckverladung etwa nach Art des Gutes, zB im Containerverkehr, als Selbstverständlichkeit darstellt. Durch Vereinbarungen kann aber auch hiervon abgewichen werden. Zu den gesetzlichen Vorschriften zählen unter anderem Gefahrgutvorschriften, nach denen eine Beförderung auf Deck oder im offenen schiff erforderlich ist (Bsp. ADNR).

**22** Eine erlaubte Beförderung der Güter auf Deck oder in offenen Schiffen bewirkt allerdings keineswegs einen „absoluten" Haftausschluss. Sind Güter nicht mit der erforderlichen Sorgfalt auf Deck gestaut worden, sodass sie infolge ungenügender Stauung verloren gehen, haftet der Frachtführer gleichwohl nach Art. 16 Abs. 1.

**23** Ein **Vermerk** darüber, dass das Gut auf Deck oder in offenen Schiffen befördert werden darf oder muss, braucht nicht in der **Frachturkunde** dokumentiert sein.[25] Zwar sieht Art. 11 Abs. 5 Satz 1 Buchstabe g vor, dass in der Frachturkunde ein Vermerk darüber enthalten ist. Ist dies jedoch nicht der Fall, wird die Wirksamkeit einer Vereinbarung davon nicht berührt. Gleiches gilt für die Wirksamkeit des Handelsbrauchs und natürlich für die gesetzliche Anordnung.

**24** Allerdings ist der Frachtführer ohne einen entsprechenden Vermerk im Frachtbrief darauf angewiesen, das Bestehen der Vereinbarung und damit das Vorliegen eines Haftungsausschlussgrunds durch andere Mittel zu beweisen. Denn wenn ein Frachtbrief ausgestellt wurde, so gilt dieser bis zum Beweis des Gegenteils als Nachweis für den Inhalt des Frachtvertrags (Art. 11 Abs. 3). Ein Fehlen des Frachtvermerks löst nach Art. 11 Abs. 3 Satz 1 die Vermutung aus, dass eine Beförderung in offenem Schiff oder auf Deck nicht erlaubt war. Der Frachtbriefvermerk dient daher der **Beweiserleichterung.**

**25** Bei unerlaubter Deckverladung haftet der Frachtführer nicht entsprechend den Hamburg-Rules *auf jeden Fall* und unter Verlust von Haftungsbeschränkungen. Der Frachtführer braucht nur dann Schadensersatz zu leisten, wenn der Schaden am Gut oder dessen Verlust aus dem Bereich der Gefahren stammt, der durch das Verbot der Deckverladung von dem Gut abgehalten werden soll. Wenn der Schaden nicht unter den **Schutzzweck** des Verbotes der Deckverladung fällt, wird eine Schadensersatzverpflichtung also entfallen.[26] Die Möglichkeit, sich auch bei unerlaubter Deckverladung auf Haftungsbeschränkungen zu berufen, bleibt dem Frachtführer erhalten; es sei denn, es liegt ein qualifiziertes Verschulden vor.

**26** ### 4. Natürliche Beschaffenheit der Güter, Abs. 1d. Buchstabe d stimmt weitgehend mit Art. 4 § 2 Buchstabe m HVR, mit Art. 17 Abs. 4 Buchstabe d CMR,[27] mit § 427 Abs. 1 Nr. 4 HGB[28] und mit § 59 Abs. 1 Nr. 4 BinSchG aF überein. Er sieht einen Haftungsaus-

---

[21] Auch bei Verladung auf die Luke, *Ramming,* HdB Binnenschifffahrtsrecht Rn. 438.
[22] Denkschrift, BR-Drucks. 563/06 S. 41.
[23] Dazu *Koller* § 427 HGB Rn. 4 ff.
[24] *Koller* Rn. 2.
[25] Anders als etwa nach CMR.
[26] Beispiel von *Korioth:* Wird zB Ladung auf Deck dadurch beschädigt, dass ein in unmittelbarer Nähe gestauter Container in Brand gerät und auf die unerlaubte Deckladung übergreift, dann besteht kein *innerer Zusammenhang mit dem Verstoß gegen das Verbot der Ladung an Deck.* Ein solcher Schaden kann auch unter Deck entstehen.
[27] Dazu *Koller* Art. 17 CMR Rn. 49 f.
[28] Dazu *Koller* § 427 HGB Rn. 4 ff.

schluss vor wegen einer über die durchschnittliche Schadensneigung *hinausgehenden* **besonderen Schadensanfälligkeit des Gutes** auf Grund seiner natürlichen Beschaffenheit.[29]
Dies gilt, obwohl dies im Wortlaut nicht besonders erwähnt ist. Für Schäden an durchschnittlich schadensgeneigten Gütern hat der Frachtführer hingegen einzustehen. Ob letzteres aber auch dann gelten soll, wenn die natürliche Beschaffenheit schadensvergrößernd
und schadensvertiefend wirkt, der Haftungsausschluss in diesen Fällen also nicht greifen
soll,[30] erscheint zweifelhaft. Denn insoweit ist eben besondere Schadensanfälligkeit gegeben.
Diese gilt nicht nur für das „Ob" des Schadenseintritts, sondern auch für das Ausmaß des
Schadens (Abs. 1 Satz 1: „insoweit §, Buchst. d: „oder teilweisem Verlust oder Beschädigung"). Das Gesetz unterscheidet insoweit nicht zwischen besonderer Schadensanfälligkeit
einerseits und schadensvergrößernder natürlicher, aber durchschnittlicher Beschaffenheit.
Die besondere Schadensanfälligkeit beurteilt sich nach der Verkehrsanschauung und den
Einzelfallumständen. Auch außerhalb der Güterbeschaffenheit liegende Umstände (etwa die
Verpackung) können relevante Einflussfaktoren darstellen.

27      Aus der Formulierung „insbesondere" ist abzuleiten, dass die Aufzählung nur exemplari-
schen Charakter hat. Sie kann daher je nach Bedarf ergänzt werden.[31]

28      Ein Zusammenwirkung von besonderer Schadensanfälligkeit und schadensmitverursa-
chendem Frachtführerverhalten führt weder zur Vollhaftung noch zum kompletten Haftungsausschluss, sondern zu einer nur teilweise Haftung nach Maßgabe der durch das Verhalten verursachten Schadensquote. Die Haftungsbefreiung entfällt gem. Art. 21 Abs. 1 nur
bei qualifiziertem Verschulden (Vorsatz oder Leichtfertigkeit).

28a     Nicht aufgeführt ist die **mangelhafte Beschaffenheit des Gutes** als Ausschlussgrund.
Nach Art. 4 § 2 (m) HR und HVR, § 525 Abs. 2 Fall 2 HGB (§ 608 Abs. 1 Nr. 7 aF HGB)
wird diese anspruchsmindernd berücksichtigt, wenn sie zum Ladungsschaden beigetragen
hat. Eine Aufführung als Haftungsausschlussgrund ist aber auch nicht notwendig, weil Darlegung und Beweis der Übergabe unbeschädigter Güter an den Frachtführer Sache des
Anspruchsstellers ist.[32]

29      **5. Fehlen oder Mängel der Verpackung, Abs. 1e.** Der in **Buchstabe e** enthaltene
Haftungsausschlussgrund „Fehlen oder Mängel der Verpackung" ist nach dem Vorbild des
Art. 4 § 2 Buchstabe n HVR sowie des Art. 17 Abs. 4 Buchstabe b CMR ausgestaltet. Die
Regelung entspricht § 427 Abs. 1 Nr. 2 HGB.[33] Verpackungspflichten treffen grundsätzlich
den Absender, Art. 6 Abs. 3. Er hat der Güternatur entsprechende Verpackung zu wählen.
Geschieht das nicht, ist der Frachtführer von der Haftung für daraus resultierende Güterschä-
den oder für Güterverlust nach Art. 16 Abs. 1 frei. Anders liegen die Dinge, wenn der
Frachtführer kraft Parteivereinbarung zur Verpackung der Güter verpflichtet war und Ver-
packungsmängel einen Schaden verursacht haben oder wenn er für die Gestellung eines
Schiffes zu sorgen hatte, dessen Ausrüstung oder Ausstattung eine besondere Verpackung
nicht erforderte, er dieser Pflicht aber nicht nachgekommen ist. Dann ist jede Berufung auf
Art. 18 Abs. 1e treuwidrig.[34]

30      **6. Mangelhafte Kennzeichnung, Abs. 1f.** Der in **Buchstabe f** enthaltene Haftungsausschlussgrund „**ungenügende oder unzulängliche Kennzeichnung** der Güter" entspricht im Wesentlichen Art. 4 § 2 Buchstabe o HVR, Art. 17 Abs. 4 Buchstabe e CMR
sowie § 427 Abs. 1 Nr. 5 HGB.[35] Die Pflicht zur Kennzeichnung trifft nach Art. 6 abs.
3 Satz 2 den Absender. Verletzung dieser Pflicht und Frachtführerverhalten können bei
Schadensentstehung zusammenwirken mit der Folge anteiliger Haftung.

---

[29] *Koller* Art. 17 CMR Rn. 49; § 466 HGB Rn. 66 f.
[30] So von Waldstein/*Holland* Binnenschifffahrtsrecht Rn. 10.
[31] Denkschrift, BR-Drucks. 563/06 S. 42.
[32] *Ramming*, HdB Binnenschifffahrtsrecht, Rn. 441.
[33] Denkschrift, BR-Drucks. 563/06 S. 42; *Koller* Art. 17 CMR Rn. 37; § 427 HGB Rn. 21 ff.
[34] von Waldstein/*Holland* Binnenschifffahrtsrecht Rn. 13.
[35] Denkschrift, BR-Drucks. 563/06 S. 42; *Koller* § 427 HGB Rn. 93. – Zur Kennzeichnungspflicht vgl.
Art. 6 Abs. 2 Satz 2 CMNI. und Art. 8 Abs. 1 Satz 1 Buchstabe b CMNI.

**7. Hilfeleistung, Rettung, Abs. 1g.** Ein weiterer in Art. 18 Abs. 1 vorgesehener Haft- 31
ausschlussgrund ist die *erfolgte* oder *versuchte* Rettung von Leben oder Hilfeleistung zur
Erhaltung von Eigentum **auf schiffbaren Gewässern** in Buchstabe g. Er hat sein Vorbild
in Art. 4 § 2 Buchstabe l HVR, der die Schutzgüter im Vergleich zu Art. 18 Abs. 1g ausdrücklich nennt, und soll verhindern, dass aus Sorge um Schäden an der Ladung Rettungs-
maßnahmen unterbleiben oder nicht konsequent durchgeführt werden. Nicht entscheidend
ist, dass die Hilfeleistung erfolgreich war.[36] Falls ein Ereignis gemäß Absatz 1 vorliegt, tritt
die Haftbefreiung dann ein, wenn der Frachtführer darlegt und beweist, dass der Schaden aus
diesem Umstand entstehen konnte. Dies befreit ihn davon, einen vollen Kausalitätsbeweis
zu führen. Die Vermutung zugunsten des Frachtführers kann dadurch widerlegt werden,
dass der Ersatzberechtigte den Beweis des Gegenteils führt.

**8. Beförderung lebender Tiere, Abs. 1h.** Der für die Beförderung lebender Tiere in 32
**Buchstabe h** vorgesehene Haftungsausschlussgrund entspricht weitgehend Art. 5 Abs. 5
HHR, Art. 17 Abs. 4f CMR und § 427 Abs. 1 Nr. 6 und Abs. 5 HGB. Abweichend von
diesen Vorschriften muss der Binnenschiffsfrachtführer zur Berufung auf den Haftungsausschlussgrund nach Buchstabe h jedoch nicht beweisen, dass er alle ihm nach den Umständen
obliegenden Maßnahmen getroffen und besondere Weisungen, deren Vorliegen der
Anspruchsteller zu beweisen hat, beachtet hat. **Die Beförderung lebender Tiere reicht
aus.** Die Möglichkeit der Berufung auf den Haftungsausschlussgrund „lebende Tiere" entfällt nur dann, wenn der Anspruchsteller beweist, dass *vereinbarte Maßnahmen nicht ergriffen
oder Weisungen missachtet* wurden.[37] Der Frachtführer muss also seinerseits nicht nachweisen,
dass er Pflichtenerfüllt und Weisungen beachtet hat.

### III. Kausalitätsvermutung, Gegenbeweis, Abs. 2

Liegt einer der in Absatz 1 aufgeführten Fälle vor, so ist der Frachtführer nach **Absatz 2** 33
**Satz 1** von seiner Haftung dann befreit, wenn er darlegt und beweist, dass der Schaden
durch diesen Umstand entstehen *konnte.* Die Regelung in Absatz 2 entspricht § 427 Abs. 2
Satz 1 HGB, § 608 Abs. 2 HGB und § 59 Abs. 2 BinSchG aF.

Der Nachweis der adäquaten (lebenserfahrungsgemäßen) *Möglichkeit* der Kausalität zwischen 34
einem vorstehend beschriebenen Umstand und dem Schaden begründet eine **Vermutung**
dafür, dass sich der Kausalverlauf in dieser Weise ereignet *hat.*[38] Der Frachtführer wird folglich
von seiner Haftung befreit, wenn einer der in Abs. 1 aufgeführten Risikofaktoren vorgelegen
hat.[39] Das Vorliegen des Risikofaktors hat er zu beweisen. Der Frachtführer muss indes keinen
vollen Kausalitätsbeweis zwischen Risikofaktor und Schaden, also hinsichtlich des objektiven
Zurechnungszusammenhangs, führen. Dies ist eine Beweiserleichterung. Theoretische bzw.
ganz fernliegende Ursachen liegen freilich außerhalb dieses Adäquanzmaßstabes.

**Satz 2** stellt entsprechend Art. 18 Abs. 2 Satz 2 CMR klar, dass die Vermutung dadurch 35
widerlegt werden kann, dass der Ersatzberechtigte den **Beweis des Gegenteils** in Form des
Vollbeweises führt: Er muss folglich liquide nachweisen, dass der Schaden nicht oder nicht ausschließlich von einer der in Abs. 1 aufgeführten und vom Frachtführer angeführten Schadensursachen herrührt. Zulässig ist auch der Gegenbeweis, dass der Schaden durch Ursachen verursacht oder mitverursacht worden ist, die nicht in Abs. 1 aufgeführt worden sind. Denn für
solche Ursachen soll die Privilegierung der Haftungsbefreiung nicht gelten; der Frachtführer
kann sich dann nicht auf die für ihn günstige Vermutung berufen. Mitverursachung meint dabei
nach dem klaren Wortlaut von Abs. 2 Satz 2 („nicht oder nicht ausschließlich") notwendige
Teilursache ebenso wie kumulative Kausalität. Ein Verschuldensnachweis ist hingegen nicht zu
führen.[40]

---

[36] *Ramming,* HdB Binnenschifffahrtsrecht, Rn. 444.
[37] Denkschrift, BR-Drucks. 563/06 S. 42.
[38] Vgl. § 59 Abs. 2 BinSchG aF; § 427 Abs. 2 HGB; § 608 Abs. 2 HGB.
[39] Nicht, dass er auch kausal „geworden ist", so aber missverständlich *Koller* Rn. 3.
[40] Abweichend von Art. 4 § 2(q) HR und HVR, § 499 Abs. 1 (§ 608 Abs. 3 aF) HGB.

**36**  Dieser Auslegung steht Abs. 1 Satz 1 („soweit") nicht entgegen. Die rechtsvergleichende Auslegung von Abs. 1 weist auf konditionale Formulierungen in der englischen („when") und in der französischen („lorsque") Fassung, denen eine Vollverursachung durch die in Abs. 1 genannten Fallgestaltungen gerade nicht zu entnehmen ist.[41]

### IV. Parteivereinbarungen

**37**  Art. 18 Abs. 1 und 2 sind wegen Art. 25 im Grundsatz nicht abdingbar. Art. 25 Abs. 2 erlaubt jedoch die Vereinbarung bestimmter Haftungsausschlüsse. Außerdem kann die vertragliche Abweichung von nach dem Übereinkommen in den Art. 6 ff. zugewiesenen Pflichten dazu führen, dass Mitverursachungsbeiträge beider Parteien zur geteilten Haftungsverantwortung führen oder der Haftungsausschluss nach Art. 18 ganz versagt (dazu Rn. 12, 34).

### Art. 19 Berechnung der Entschädigung

**(1)** [1]Haftet der Frachtführer für gänzlichen Verlust der Güter, so hat er nur den Wert der Güter am Ort und Tag, an dem sie nach dem Frachtvertrag hätten abgeliefert werden müssen, zu ersetzen. [2]Die Ablieferung an einen Nichtberechtigten wird wie ein Verlust behandelt.

**(2)** Bei teilweisem Verlust oder bei Beschädigung der Güter hat der Frachtführer nur in Höhe der Wertverminderung Schadensersatz zu leisten.

**(3)** Der Wert der Güter bestimmt sich nach dem Börsenwert, mangels eines solchen nach dem Marktpreis und mangels beider nach dem gemeinen Wert der Güter gleicher Art und Beschaffenheit am Ablieferungsort.

**(4)** Für Güter, die infolge ihrer natürlichen Beschaffenheit einem Schwund ausgesetzt sind, haftet der Frachtführer ohne Berücksichtigung der Dauer der Beförderung nur für den Teil des Schwundes, der den normalen Schwund (an Raumgehalt oder Gewicht), wie dieser im Frachtvertrag vereinbart oder, mangels Vereinbarung, in den am Ablieferungsort geltenden Vorschriften oder Gebräuchen des betreffenden Handels festgesetzt ist, übersteigt.

**(5)** Dieser Artikel berührt nicht die Frachtansprüche des Frachtführers, wie sie im Frachtvertrag oder, mangels Vereinbarung, in den anwendbaren nationalen Vorschriften oder Gebräuchen vorgesehen sind.

### Art. 19 Calcul de l'indemnité

1. Lorsque le transporteur est responsable de la perte totale des marchandises, l'indemnité due par lui est égale à la valeur des marchandises au lieu et au jour de livraison selon le contrat de transport. La livraison à une personne autre qu'un ayant droit est considérée comme une perte.

2. Lors d'une perte partielle ou d'un dommage aux marchandises, le transporteur ne répond qu'à hauteur de la perte de valeur.

3. La valeur des marchandises est déterminée selon la valeur en bourse, à défaut de celle-ci, selon le prix du marché et, à défaut de l'une et de l'autre, selon la valeur usuelle

### Art. 19 Calculation of compensation

1. Where the carrier is liable for total loss of goods, the compensation payable by him shall be equal to the value of the goods at the place and on the day of delivery according to the contract of carriage. Delivery to a person other than the person entitled is deemed to be a loss.

2. In the event of partial loss or damage to goods, the carrier shall be liable only to the extent of the loss in value.

3. The value of the goods shall be fixed according to the commodity exchange price or, if there is no such price, according to their market price or, if there is no commodity

---

[41] *Koller* Rn. 3 aE, vgl. oben Rn. 12.

de marchandises de même nature et qualité au lieu de livraison.

4. Pour les marchandises qui, par leur nature même, sont exposées à une freinte de route, le transporteur n'est tenu pour responsable, quelle que soit la durée du transport, que pour la part de freinte qui dépasse la freinte de route normale (en volume ou en poids) telle qu'elle est fixée par les parties au contrat de transport ou, à défaut, par les règlements ou usages en vigueur au lieu de destination.

5. Les dispositions du présent article n'affectent pas le droit du transporteur concernant le fret tel que prévu par le contrat de transport ou, à défaut d'accords particuliers sur ce point, par les réglementations nationales ou les usages applicables.

exchange price or market price, by reference to the normal value of goods of the same kind and quality at the place of delivery.

4. In respect of goods which by reason of their nature are exposed to wastage during carriage, the carrier shall be held liable, whatever the length of the carriage, only for that part of the wastage which exceeds normal wastage (in volume or weight) as determined by the parties to the contract of carriage or, if not, by the regulations or established practice at the place of destination.

5. The provisions of this article shall not affect the carrier's right concerning the freight as provided by the contract of carriage or, in the absence of special agreements in this regard, by the applicable national regulations or practices.

## I. Allgemeines

Die Regelungen des Art. 19 betreffen die Berechnung des vom Frachtführer zu leistenden **1** Schadensersatzes. Die Vorschrift ordnet in Anlehnung an Art. 23 Abs. 1 und 2 CMR, Art. 30 § 1 ER CIM 1999 eine Begrenzung der Frachtführerhaftung auf den **Wert des Gutes** (bei Totalverlust) bzw. auf die **Wertminderung** (bei Teilverlust oder Beschädigung) an und soll die Haftungsrisiken bei Güterbeförderung überschaubar machen. Ersatz von Güterfolgeschäden und Naturalrestitution sind ausgeschlossen.[1] Sie entspricht weitgehend § 429 HGB, Art. 23 Abs. 1 und 2, Art. 25 CMR und Art. 4 § 5b HVR. Die Begrenzung ist unabhängig von den Haftungshöchstbeträgen nach Art. 20. Sie entfällt aber mit der Durchbrechung nach Art. 21 CMNI, also bei absichtlichem oder leichtfertigem Handeln des Frachtführers. Ungeregelt sind hier die Wirkungen einer Schadensersatzpflicht auf den Frachtzahlungsanspruch. Die Regelungen des Art. 19 sind nach Art. 25 Abs. 1 schließlich nicht dispositiv.

## II. Totalverlust, Wertersatz, Abs. 1

**Abs. 1** regelt Rechtsfolgen bei dem **Totalverlust** der Güter. Unter Totalverlust fällt **2** nach **Satz 2** auch der Fall der Ablieferung des Gutes an einen Nichtberechtigten.

Nach **Satz 1** ist die Haftung des Frachtführers (nach Art. 16 ff.) bei Totalverlust auf den **3** **Wert dieser Güter** beschränkt.

Für die **Berechnung des Güterwertes** gibt gem. Abs. 3 der hypothetische Wert am **4** vertraglich vereinbarten **Ablieferungsort** und **Ablieferungstermin** Maß,[2] abweichend von Art. 23 Abs. 1 oder 2 CMR, Art. 30 ER CIM 1999 und § 429 Abs. 1 oder 3 Satz 1 HGB (Maßgeblichkeit von Übernahmeort und -termin).[3] Der Wert am Ablieferungsort schließt die Wertschöpfung durch die Beförderung mit ein. Zum Güterwert kommt daher die Fracht hinzu.[4]

---

[1] von Waldstein/*Holland* Binnenschifffahrtsrecht Rn. 1; *Czerwenka* TranspR 2001, 277, 282; vgl. auch *Pfirmann,* Die vertragliche und außervertragliche Haftung des Frachtunternehmers wegen Folgeschäden, 2008, 84, 91, 156.

[2] Ebenso das Schweizer See- und Binnenschifffahrtsrecht, Denkschrift, BR-Drucks. 563/06 S. 42.

[3] Satz 1 geht auf einen Vorschlag der Schweiz zurück, die eine vergleichbare Regelung in ihrem nationalen See- und Binnenschifffahrtsrecht hat (Art. 105, 127 des Schweizerischen Bundesgesetzes über die Seeschifffahrt unter der Schweizer Flagge (Seeschifffahrtsgesetz)).

[4] Kritisch von Waldstein/*Holland* Binnenschifffahrtsrecht Rn. 2.

### III. Teilverlust, Wertminderung, Abs. 2

5    Für den Fall des **teilweisen Verlusts** oder der **Beschädigung** der Güter bestimmt **Abs. 2,** dass eine Schadensersatzpflicht des Frachtführers in Höhe der Wertminderung am Ablieferungsort zum Ablieferungszeitpunkt (als Höchstschaden) besteht. Die Regelung entspricht § 429 Abs. 2 Satz 1 HGB.[5] Wertminderung ist abstrakt die Differenz zwischen schadensfreiem und schadensbelastetem Zustand. Diese Betrachtungsweise lässt sich unter Umständen dann nicht auf das einzelne Gut begrenzen, wenn beschädigte/verlorene Güter mit unbeschädigten Güter zusammen in einer **Wirtschaftseinheit** oder in einem Funktionszusammenhang stehen, kraft dessen der Verlust/die Beschädigung auch die Nutzung der anderen Güter beeinträchtigt.[6] Folgeschäden sind auch hier nicht zu ersetzen.

### IV. Güterwert, Abs. 3

6    Die Bestimmung des Wertes des Gutes als anzusetzender Höchstschaden richtet sich gem. **Abs. 3** abstrakt nach dem **Börsen- oder Marktpreis** oder in Ermangelung eines solchen nach dem **gemeinen Wert** von Gütern gleicher Art und Beschaffenheit am Ablieferungsort. Nicht erfasst sind Mittelbare Schäden, Folgeschäden, frustrierte Aufwendungen, Kosten der Schadensbeseitigung[7] und der Schadensfeststellung.[8] Insoweit entspricht die Vorschrift Art. 18 Abs. 2 CMR oder § 23 Abs. 2, Art. 30 § 1 ER CIM 1999, Art. 4 § 5b S. 2 HVR, § 429 Abs. 3 Satz 1 HGB. Ob ein Börsen- oder ein Marktpreis existiert, ist eine Frage des Einzelfalles. Marktpreis ist der vom Empfänger entrichtete Güterbeschaffungswert vor Übernahme durch den Frachtführer, oder, falls der mit dem Absender identische Empfänger nichts gezahlt hat, der hypothetisch vom Empfänger zu entrichtende Marktpreis, wenn er das Gut gekauft hätte.[9]

7    Der gemeine Wert ist durchschnittlicher Verkaufspreis am Ablieferungsort, oder, in Ermangelung dessen (etwa bei nicht marktgängigen Einzelstücken), der vom Empfänger gezahlte Preis.

### V. Schwund, Abs. 4

8    **Abs. 4** enthält eine Sonderregelung für die Fälle von Masseverlust des Gutes infolge von Schwund, wobei es nicht auf die Beförderungsdauer ankommt. **Normaler Schwund** stellt schon einen Haftungsausschlussgrund im Sinne von Art. 18 Abs. 1 Buchstabe d dar. Dazu zählt etwa unvermeidbares Verdunsten einer Ladung. Normalem Schwund ist gleichgestellt solcher Schwund, wie er in Vorschriften oder Gebräuchen des Handels festgelegt ist. Für Güterverlust auf Grund darüber hinausgehenden Schwundes wird jedoch gehaftet, es sei denn, die Parteien haben vertraglich anderes vereinbart.

### VI. Wirkung auf das Recht auf Frachtzahlung, Abs. 5

9    Nach **Abs. 5** berühren die in Art. 19 enthaltenen Regelungen über die Berechnung der Entschädigung bei Schlechterfüllung nicht Rechte des Frachtführers auf Frachtzahlung. Ob der Frachtführer trotz mangelhafter Ausführung der Beförderung die Zahlung der **vollen Fracht** verlangen kann, bestimmt sich nach vertraglicher oder nationaler gesetzlicher Regelung (Art. 29 CMNI) oder Gebräuchen außerhalb der CMNI. Die Delegationen konnten sich insoweit nicht auf eine einheitliche Regelung einigen.[10]

---

[5] Denkschrift, BR-Drucks. 563/06 S. 42.
[6] BGH 6.2.1997, TranspR 1997, 335 ff.; von Waldstein/*Holland* Binnenschifffahrtsrecht Rn. 5; *Koller* Art. 25 CMR Rn. 4.
[7] *Koller* Art. 23 CMR Rn. 5.
[8] von Waldstein/*Holland* Binnenschifffahrtsrecht Rn. 4 (abw. von § 430 HGB).
[9] von Waldstein/*Holland* Binnenschifffahrtsrecht Rn. 3; *Koller* Art. 23 CMR Rn. 3.
[10] Denkschrift, BR-Drucks. 563/06 S. 42.

## Art. 20 Haftungshöchstbetrag

(1) [1]Vorbehaltlich des Artikels 21 und des Absatzes 4 dieses Artikels haftet der Frachtführer in keinem Falle und aus welchem Rechtsgrund er auch in Anspruch genommen wird für höhere Beträge als 666,67 Rechnungseinheiten für jede Packung oder andere Ladungseinheit oder 2 Rechnungseinheiten für jedes Kilogramm des in der Frachturkunde erwähnten Gewichts der verlorenen oder beschädigten Güter, je nachdem, welcher Betrag höher ist. [2]Handelt es sich bei der Packung oder anderen Ladungseinheit um einen Container und werden in der Frachturkunde nicht Packungen oder Ladungseinheiten als im Container verpackt angegeben, so tritt an die Stelle des Betrags von 666,67 Rechnungseinheiten der Betrag von 1 500 Rechnungseinheiten für den Container ohne die darin verstauten Güter und zusätzlich der Betrag von 25 000 Rechnungseinheiten für die in dem Container verstauten Güter.

(2) [1]Wird ein Container, eine Palette oder ein ähnliches Beförderungsgerät benutzt, um Güter zusammenzufassen, so gelten die Packungen oder anderen Ladungseinheiten, die in der Frachturkunde als in oder auf diesem Beförderungsgerät verpackt angegeben sind, als Packungen oder Ladungseinheiten. [2]Anderenfalls gelten die Güter in oder auf einem solchen Beförderungsgerät als eine einzige Ladungseinheit. [3]In den Fällen, in denen das Beförderungsgerät selbst verloren gegangen oder beschädigt worden ist, wird dieses Gerät als solches, wenn es nicht dem Frachtführer gehört oder sonst von ihm gestellt wird, als eine besondere Ladungseinheit angesehen.

(3) [1]Für Schäden wegen verspäteter Ablieferung haftet der Frachtführer nur bis zum einfachen Betrag der Fracht. [2]Die Schadensersatzleistungen nach Absatz 1 dieses Artikels und Satz 1 dieses Absatzes dürfen aber zusammen den Betrag nicht übersteigen, der sich nach Absatz 1 für vollständigen Verlust der Güter ergeben würde, hinsichtlich derer die Haftung entstanden ist.

(4) Die in Absatz 1 genannten Haftungshöchstbeträge gelten nicht, wenn

a) in der Frachturkunde die Natur und der höhere Wert der Güter oder des Beförderungsgerätes ausdrücklich angegeben sind und der Frachtführer diese Angaben nicht widerlegt hat oder

b) die Parteien höhere Haftungshöchstbeträge ausdrücklich vereinbart haben.

(5) Der Gesamtbetrag, der für den gleichen Schaden vom Frachtführer, ausführenden Frachtführer und deren Bediensteten und Beauftragten als Ersatz zu leisten ist, darf die in diesem Artikel vorgesehenen Haftungshöchstbeträge nicht übersteigen.

## Art. 20 Limites maximales de responsabilité

1. Sous réserve de l'article 21 et du paragraphe 4 du présent article et quelle que soit l'action menée contre lui, le transporteur ne répond en aucun cas de montants excédant 666,67 unités de compte pour chaque colis ou autre unité de chargement ou 2 unités de compte pour chaque kilogramme du poids mentionné dans le document de transport, des marchandises perdues ou endommagées, selon le montant le plus élevé. Si le colis ou l'autre unité de chargement est un

## Art. 20 Maximum limits of liability

1. Subject to article 21 and paragraph 4 of the present article, and regardless of the action brought against him, the carrier shall under no circumstances be liable for amounts exceeding 666.67 units of account per package or other shipping unit, or 2 units of account per kilogram of weight, specified in the transport document, of the goods lost or damaged, whichever is the higher. If the package or other shipping unit is a container and if there is no mention in the transport document of any package or

conteneur et s'il n'est pas fait mention dans le document de transport d'autre colis ou unité de chargement réunis dans le conteneur, le montant de 666,67 unités de compte est remplacé par le montant de 1500 unités de compte pour le conteneur sans les marchandises qu'il contient et, en plus, le montant de 25 000 unités de compte pour les marchandises y contenues.

2. Lorsqu'un conteneur, une palette ou tout dispositif de transport similaire est utilisé pour réunir des marchandises, tout colis ou unité de chargement dont il est indiqué dans le document de transport qu'il se trouve dans ou sur ce dispositif est considéré comme un colis ou une autre unité de chargement. Dans les autres cas, les marchandises se trouvant dans ou sur un tel dispositif sont considérées comme une seule unité de chargement. Lorsque ce dispositif lui-même a été perdu ou endommagé, ledit dispositif est considéré, s'il n'appartient pas au transporteur ou n'est pas fourni par lui, comme une unité de chargement distincte.

3. En cas de préjudice dû à un retard de livraison, le transporteur ne répond que jusqu'à concurrence du montant du fret. Toutefois, le cumul des indemnités dues en vertu du paragraphe 1 et de la première phrase du présent paragraphe, ne peut excéder la limite qui serait applicable en vertu du paragraphe 1 en cas de perte totale des marchandises pour lesquelles la responsabilité est engagée.

4. Les limites maximales de responsabilité visées au paragraphe 1 ne s'appliquent pas:
a) Lorsque la nature et la valeur plus élevée des marchandises ou des dispositifs de transport ont été expressément mentionnées dans le document de transport et que le transporteur n'a pas réfuté ces précisions, ou
b) lorsque les parties sont convenues expressément de limites maximales de responsabilité supérieures.

5. Le montant total des indemnités dues pour le même préjudice par le transporteur, le transporteur substitué et leurs préposés et

shipping unit consolidated in the container, the amount of 666.67 units of account shall be replaced by the amount of 1,500 units of account for the container without the goods it contains and, in addition, the amount of 25,000 units of account for the goods which are in the container.

2. Where a container, pallet or similar article of transport is used to consolidate goods, the packages or other shipping units enumerated in the transport document as packed in or on such article of transport are deemed packages or shipping units. Except as aforesaid, the goods in or on such article of transport are deemed one shipping unit. In cases where the article of transport itself has been lost or damaged, that article of transport, if not owned or otherwise supplied by the carrier, is considered one separate shipping unit.

3. In the event of loss due to delay in delivery, the carrier's liability shall not exceed the amount of the freight. However, the aggregate liability under paragraph 1 and the first sentence of the present paragraph shall not exceed the limitation which would be established under paragraph 1 for total loss of the goods with respect to which such liability was incurred.

4. The maximum limits of liability mentioned in paragraph 1 do not apply:

(a) where the nature and higher value of the goods or articles of transport have been expressly specified in the transport document and the carrier has not refuted those specifications, or

(b) where the parties have expressly agreed to higher maximum limits of liability.

5. The aggregate of the amounts of compensation recoverable from the carrier, the actual carrier and their servants and agents

mandataires ne peut excéder au total les limites de responsabilité prévues par le présent article.

for the same loss shall not exceed overall the limits of liability provided for in this article.

### Übersicht

|  | Rn. |
|---|---|
| I. **Allgemeines** | 1–3 |
| II. **Güterschäden** | 4–33 |
| 1. Grundsatz, Verlust oder Beschädigung von Gütern, Abs. 1 Satz 1, 1. Alt. und 2. Alt. | 4–22 |
| a) Packung oder andere Ladungseinheit | 7–10 |
| b) Berechnung des Haftungshöchstbetrags anhand des frachturkundlich angegebenen Gewichts | 11–22 |
| 2. Verlust oder Beschädigung eines leeren Containers, Abs. 1 Satz 2 | 23 |
| 3. Verlust oder Beschädigung eines beladenen Containers | 24–28 |
| a) Inhalt ist in der Frachturkunde nicht oder nicht in der Form von Packungen oder Ladungseinheiten angegeben, Abs. 1 Satz 2 | 24–26 |

|  | Rn. |
|---|---|
| b) Inhalt ist in der Frachturkunde in der Form von Packungen oder Ladungseinheiten angegeben | 27, 28 |
| 4. Ähnliche Beförderungsgeräte, Abs. 2 | 29–32 |
| a) Inhalt ist frachturkundlich angegeben, Abs. 2 Satz 1 | 29–31 |
| b) Inhalt ist frachturkundlich nicht oder nicht in Form von Packungen oder Ladungseinheiten angegeben worden, Abs. 2 Satz 2 | 32 |
| 5. Verlust oder Beschädigung von Beförderungsgerät, Abs. 2 Satz 3 | 33 |
| III. **Verspätete Ablieferung, Lieferfristüberschreitung** | 34–39 |
| IV. **Haftungshöchstbeträge, Haftungserweiterungen** | 40–43 |
| V. **Beweislast** | 44 |
| VI. **Gesamtschuldnerische Haftung** | 45 |

### I. Allgemeines

Die Berechnung von Entschädigung knüpft an den Wert des Gutes am Löschort zur **1** vereinbarten oder zur tatsächlichen Löschzeit. Der Frachtführer haftet jedoch nur beschränkt, es sei denn, es fällt ihm ein qualifiziertes Verschulden zur Last. Art. 20 legt **Höchstbeträge** fest, bis zu denen der Frachtführer für Güterschäden haftet. Sie ist an Art. 4 HVR, Art. 6 HHR orientiert, enthält aber zahlreiche darüber hinausgehende, eigenständige Regelungen. Orientierungsgrößen sind Gewicht bzw. Stückzahl und Rechnungseinheiten iSv. Art. 28. Im grenzüberschreitenden Verkehr ist die Binnenschifffahrt durch die CMNI wieder etwas besser gestellt als bei Anwendbarkeit des deutschen Rechts, das dem Landfrachtrecht nachgebildet ist.

Die auf den Wert von Schiff und Fracht global begrenzte Haftung, wie sie in internationa- **2** len Übereinkommen (Straßburger Übereinkommen, CLNI) und in den §§ 4 ff. BinSchG geregelt ist (Summenhaftung des Schiffseigners), wird gemäß Art. 27 Abs. 1 von der Haftungsbegrenzung nach CMNI nicht berührt. Ist der Frachtführer also zugleich der Schiffseigner und tritt ein Schaden ein, der mit den Haftungshöchstbeträgen nach CMNI die Globalhaftung gemäß CLNI übersteigt, kann er seine Haftung durch Bildung eines Haftungsfonds beschränken.

Nach der verschachtelten Regelung des Art. 20 sind zahlreiche Fälle auseinanderzuhalten. **3** Maßgebend ist jedoch bei alternativ aufgeführten Anknüpfungspunkten für die Bemessung der Haftungshöchstgrenze immer nur die Berechnung, die den höchsten Haftungshöchstbetrag ergibt. Es sind daher zunächst alle Berechnungen vergleichend anzustellen.

### II. Güterschäden

**1. Grundsatz, Verlust oder Beschädigung von Gütern, Abs. 1 Satz 1, 1. Alt. und** **4** **2. Alt.** Nach der Grundregel des **Abs. 1 Satz 1** haftet der Frachtführer für Verlust oder Beschädigung von Gütern entweder bis zu 666,67 Rechnungseinheiten für *jede Packung* oder *andere Ladungseinheit* (Alt. 1) oder bis zu 2 Rechnungseinheiten *für jedes Kilogramm* des *in der Frachturkunde erwähnten Gewichts* der verlorenen oder beschädigten Güter (Alt. 2), je nachdem, welcher Betrag höher ist. Voraussetzung ist, dass die Ladeeinheit nicht ein Container ist oder dass die Ladeeinheit als im Container verpackt angegeben und damit eigener Anknüpfungspunkt für die Ermittlung der Haftungsgrenze ist.

**5** Diese Beträge entsprechen den Haftungshöchstbeträgen des Seerechts (Art. 4 § 5 Buchstabe a HVR). Soweit sie sich auf das Gewicht des Gutes beziehen, liegen sie unter denen des allgemeinen deutschen Transportrechts mit 8,33 Rechnungseinheiten (§ 431 HGB). Nach § 449 Abs. 2 nF HGB kann allerdings auch der in § 431 HGB vorgesehene Betrag durch Allgemeine Geschäftsbedingungen auf 2 Rechnungseinheiten abgesenkt werden. In einem solchen Fall bestehen im Ergebnis idR keine wesentlichen Unterschiede mehr. Die Notwendigkeit der Gewichtsangabe in der Frachturkunde nach CMNI findet im Seerecht keine Entsprechung.[1]

**6** Die Haftungsbeschränkung ist anders als nach deutschem Recht (änderbar gem. Individualvereinbarung oder AGB gem. § 449 Abs. 2 HGB) *gesetzlich* ausgestaltet. Eine Berufung auf die Haftungsbegrenzung nach Art. 20 ist dem Frachtführer nicht möglich, wenn ihn qualifiziertes Verschulden im Sinne von Art. 21 trifft (Absicht oder Leichtfertigkeit).

**7** **a) Packung oder andere Ladungseinheit.** Die Berechnung des Haftungshöchstbetrags erfolgt neben Gewicht auch anhand von **Packung oder andere Ladungseinheit**. Die Begriffe sind in der CMNI nicht definiert; ihre Bedeutungen bleiben unscharf. **Packungen** *(packages, colis)* sind üblicherweise mit äußerem Schutz versehene Güter und nicht lediglich Verpackungen. **Ladungseinheiten** *(other shipping unit, autre unité de chargement)* sind individuell bestimmbare Teile der Sendung.[2] Diese Regelung entspricht Art. 4 § 5 Buchstabe c HVR und Art. 6 Abs. 2 Buchstabe a HHR.[3] Aus Art. 20 Abs. 1 ist – für die gesamte Norm – ableitbar, dass Packung nur eine besondere Form der Ladungseinheit („oder andere Ladeeinheit") ist,[4] Ladeeinheit ist also der Oberbegriff. Die Anknüpfung an individuelle Bestimmbarkeit nimmt nach Gewicht oder Raummaß bestimmte Güter freilich vom Begriff der Ladeeinheit aus.[5]

**8** Die deutsche Rechtsprechung tendiert dahin, im Einzelfall auch **völlig unverpackte Güter** als Packung oder Ladeeinheit anzusehen, so zB unverpackte Schweinehälften in einem Kühlcontainer, Pkw, Baumstämme, Stahlcoils, während zB unverpackte Schuhe nicht als Packung oder Ladeeinheit in Betracht kommen werden.[6] Ladungseinheiten sind demnach alle individuell bestimmbaren Teile einer Sendung im Sinne einzelner Ladungsstücke unabhängig von Verpackung.[7] Diese Sichtweise ergibt auch für die CMNI Sinn. Im Ganzen ist daher eine Orientierung an der zu § 660 HGB ergangenen Rechtsprechung[8] hilfreich.

**9** Für Container, Paletten oder ähnliches Beförderungsgerät enthalten **Abs. 1 Satz 2 und Abs. 2 Satz 1 und 2 Sonderregelungen für Packungen und Ladungseinheiten,** unterschieden nach den Angaben in der Frachturkunde. Auch hier ist der jeweils höhere Haftungshöchstbetrag maßgeblich (dazu unten 3. und 4., Rn. 24 ff., 29 ff.).

**10** **Ohne frachturkundliche Angabe** von Packung oder Ladeeinheiten in einem Beförderungsgerät gelten gemäß Art. 20 Abs. 2 Satz 2 die darin zusammengefassten Güter insgesamt als einzige Ladungseinheit. Fungiert ein Container als Beförderungsgerät (egal ob

---

[1] Vgl. HVR und § 660 HGB: Das Gewicht gibt Maß für die Haftungsbeschränkung auch ohne frachturkundliche Fixierung.

[2] OLG Hamburg TranspR 1986, 389, 390; So auch *Koller* Rn. 4.; *Ramming* TranspR 2008, 189, 190 f. (allerdings ohne Verpackung); *Jaegers* in Kuhlen Haftung 96.

[3] Weiterreichend § 660 Abs. 1 aF HGB, der „Packung" durch „Stück" ersetzt und der keine Verpackung erfordert, *Rabe* Seehandelsrecht § 660 HGB Rn. 6 ff., 11 ff.

[4] Abweichend von § 660 Abs. 2 aF HGB mit strenger Alternativität „Stück oder Einheit".

[5] Str., wie hier bereits *Koller* Rn. 4; *Trost* in Hartenstein/Reuschle Kap. 15 Rn. 62; **aA** von Waldstein/ Holland BinSchR Art. 20 CMNI Rn. 4, der das für möglich hält (hilfsweise Verkehrsüblichkeit); ähnlich *Ramming* TranspR 2008, 189, 191, dagegen krit. *Koller* Rn. 4 Fn. 30 (erhebliche Manipulationsmöglichkeit).

[6] BGH 19.9.1983, BGHZ 88, 199, 203; OLG Hamburg 10.4.1986, TranspR 1986, 389; *Rabe* Seehandelsrecht § 660 HGB Rn. 11 f.; von Waldstein/*Holland* Binnenschifffahrtsrecht Rn. 4.

[7] *Koller* Rn. 4.

[8] Bsp. bei *Rabe* Seehandelsrecht § 660 HGB Rn. 6 f.

Tankhülle, Schüttgutbehälter oder Einzelstücke), ist ohne frachturkundliche Angabe des Inhalts der gesamte Inhalt *eine* Ladungseinheit und es ist Abs. 1 Satz 2 als Sonderregelung anwendbar (Containerklausel).

**b) Berechnung des Haftungshöchstbetrags anhand des frachturkundlich ange-** **11** **gebenen Gewichts.** Im Grundsatz gibt nach dem Übereinkommen nur der Teil der verlorenen oder beschädigten Güter Maß. Tritt infolge Beschädigung oder Verlusts eines Teils der Güter Entwertung der gesamten Ladung ein, ist für die Berechnung des Haftungshöchstbetrages auf das Gewicht der *gesamten* Ladung abzustellen.[9]

Für Zwecke der Berechnung des Haftungshöchstbetrages gehören das Gewicht des **12** Beförderungsgeräts und der Verpackung zum Gütergewicht, wenn sie vom Absender gestellt wurden und ihr Gewicht frachturkundlich angegeben wurde, Art. 1 Ziff. 7.

Problematisch ist diese Anknüpfung bei unverpackt in das Schiff geladener **Bulkware** **13** (Schüttgüter, flüssige Produkte), für die es an Gewichtsangaben und hinreichender frachturkundlicher Beschreibung fehlt.[10] Der Frachtführer haftet dann für die gesamte Ladung nur mit 666,67 SZR. Allerdings sollte bei einer Tankladung die frachturkundliche Angabe der *Menge* ausreichen.[11] Denn aus ihr lässt sich anhand des spezifischen Gewichts das Gesamtgewicht errechnen. Hier am Gesetzeswortlaut festzuhalten und nur bei ausdrücklicher *Gewichts*angabe die Berechnung von 2 SZR/kg zuzulassen,[12] erscheint angesichts der Möglichkeit und Notwendigkeit nur *eines* objektiven (nämlich mathematischen) Zwischenschritts nicht sachgerecht.[13]

Das Fehlen eines oder mehrerer der in Art. 11 Abs. 5 Satz 1 Buchstabe a) bis j) genannten **14** Kriterien berührt dort nach Satz 2 nicht die Rechtsnatur einer Frachturkunde (gleich ob Ladeschein, Frachtbrief oder etwas anderes) und damit nicht ihre Bedeutung im Rahmen von Art. 20. Ob die schwache **Formbedürftigkeit** nach Art. 11 Abs. 5 der großen Bedeutung der Frachturkunde für das Maß der gewichtsbezogenen Haftungsbeschränkung nach Art. 20 Abs. 1 Satz 1 (2 SZR/kg) gerecht wird,[14] lässt sich nicht sicher beurteilen. Immerhin definiert Art. 1 Ziff. 6 die Frachturkunde als Urkunde, die in der Form eines Konnossements, eines Frachtbriefs oder *jeder anderen im Handel gebräuchlichen Urkunde* ausgestellt wird. Handelsbrauch rangiert damit über den in Art. 11 Abs. 5 Satz 1 aufgeführten Merkmalen, was deutlich macht, dass die CMNI insoweit eine auf breite Anerkennung von Rechtsformen gerichtete Harmonisierung verfolgt.

Trägt der vertragsschließende Frachtführer nur sich selbst, Ladestelle und Löschstelle ein, **15** nicht aber den Absender, so kann sich dieser allerdings eigentlich nicht auf den Art. 20 Abs. 1 Satz 1 (etwa auf die gewichtsbezogene Haftung des Frachtführers) berufen, weil er nicht in der Frachturkunde eingetragen ist. Gleiches gälte für den nach Art. 14 Abs. 2 und 3 verfügungsberechtigten, urkundlich aber nicht benannten Empfänger, nachdem er mit dem Auslieferungsbegehren auch die Originalausfertigung der Frachturkunde erhält und damit Aktivlegitimierter des Ersatzanspruchs nach Art. 16 wird. Der Absender kann und sollte daher auf eine eigene Eintragung und die des Empfängers achten.

Problematisch erscheint die **subjektive Reichweite** der Frachturkunde für Zwecke des **16** gewichtsbezogenen Haftungsumfangs (2 SZR/kg) (vgl. dazu Art. 11 Rn. 37) auch in einer

---

[9] von Waldstein/*Holland* Binnenschifffahrtsrecht Rn. 9; arg. e. Art. 19 Abs. 2; parallel zur CMR: BGH 3.7.1974, NJW 1974, 1616 f.; OLG Stuttgart 15.9.1993, TranspR 1994, 156, 159. – Zum Vergleich im deutschen Recht § 431 Abs. 2 HGB.

[10] Was erst recht der Fall ist, wenn eine Frachturkunde nicht existiert.

[11] **AA** *Koller* Rn. 8; *Jaegers* in Kuhlen, Haftung des Binnenschifffahrts- – im Vergleich zum Seerecht, 2009, 85 ff.; ZfB 2007, 63; offenbar wie hier von Waldstein/*Holland* Binnenschifffahrtsrecht Rn. 4 (der Bezug auf die Festlegung der Ladungseinheit bei mengen- oder gewichtsmäßig beschriebenen Massengütern scheint mir nur missverständlich ausgedrückt).

[12] *Jaegers* in Kuhlen (Fn. 11) 85 ff.; ZfB 2007, 63.

[13] So wohl auch von Waldstein/*Holland* Art. 20 CMNI Rn. 4; *Ramming* TranspR 2008, 189, 191. Dass diese Vorgehensweise ganz allgemein bei Gütern anwendbar ist, erscheint mir nicht hinderlich, **aA** offenbar *Koller* Rn. 8 Fn. 43.

[14] So *Jaegers* in Kuhlen (Fn. 11) 85 ff.; ZfB 2007, 63.

einfachen **Frachtführerkette** (Absender – vertragsschließender Frachtführer – ausführender Frachtführer) sein. Denn nach dem gesetzlichen Modell entfaltet die Frachturkunde die beschriebene Beweiswirkung und Wirkung des Art. 20 Abs. 1 Satz 1 zunächst nur inter partes[15] zwischen kontrahierendem Absender (bzw. drittbegünstigend dem Empfänger) und Frachtführer.

**17** Trägt der tatsächlich ausführende Frachtführer nur sich selbst, seinen Absender (dh. den vertragsschließenden Hauptfrachtführer, seinen Auftraggeber) sowie Ladestelle und Löschstelle sowie Empfänger ein, haftet er gegenüber seinem Absender und dem Empfänger gewichtsbezogen. Es bleibt hingegen der Urabsender/Empfänger mit seinem Anspruch gegen dem vertragsschließenden Frachtführer (bzw. in der mehrgliedrigen Frachtführerkette alle anderen Beteiligten Vormänner) von der Wirkung des Art. 20 Abs. 1 Satz 1 jedenfalls auf Grund *dieser* Frachturkunde ausgeschlossen. Hat der vertragsschließende Frachtführer im Verhältnis zum Urabsender gleichzeitig keine eigene Frachturkunde ausgestellt, so haftet er diesem/dem Empfänger nur mit 666,67 SZR. Nach Art. 4 Abs. 2 Satz 2 haftet der ausführende Frachtführer gegenüber dem Urabsender/Empfänger wie der vertragsschließende Frachtführer. Nach dem Gedanken des Art. 4 Abs. 4 Satz 2 kann er dem vertragsschließenden Frachtführer zustehende Einwendungen auch gegenüber dem Urabsender/Empfänger entgegenhalten.

**18** Andererseits umfasst eine zwischen (Ur-)absender und vertragsschließendem Frachtführer ausgestellte Frachturkunde mit ihrer Wirkung nach Art. 20 Abs. 1 Satz 1 (gewichtsbezogene Haftung) für den vertragsschließenden Frachtführer ihrerseits nicht die nachfolgenden Unterfrachtführer bzw. nicht den ausführenden Frachtführer, soweit diese nicht urkundlich erwähnt sind.[16] Haftet der ausführende Frachtführer im Verhältnis zu seinem Absender (vertragsschließender Frachtführer) mangels frachturkundlicher Gewichtsangabe nicht gewichtsbezogen, dürfte auch die Haftung des ausführenden Frachtführers gegenüber dem Urabsender/Empfänger gemäß Art. 4 Abs. 2 Satz 2 nach dem Gedanken des Art. 4 Abs. 4 Satz 1 (Überleitung von Haftungserweiterungen nur bei Kenntnis und Zustimmung des ausführenden Frachtführers) nicht weiter gehen. Dies hat zur Folge, dass die Haftung des ausführenden Frachtführers gegenüber dem Urabsender/Empfänger – im Wege des Direktanspruchs – auf 666,67 SZR für geladene Bulkware in toto bzw. pro Packung oder je andere Ladeeinheit beschränkt wäre.

**19** Hilfe gibt das Gesetz hingegen bei **pflichtwidriger Nichtausstellung der Frachturkunde** oder bei **Ausstellungsfehlern.** Pflichtwidrigkeit führt – bei Verschulden – über Art. 29 zur Haftung nach ergänzend anwendbarem Vertragsstatut, also im Falle deutschen Rechts zur Haftung wegen Schlechterfüllung nach § 280 BGB wegen Nebenpflichtverletzung, hier mit der Wirkung, dass der Absender so zu stellen ist (§ 249 BGB), als sei eine formgerechte und inhaltlich korrekte Frachturkunde ausgestellt worden. Folge wäre die weitergehende Haftung Art. 20 Abs. 1 Satz 1 (2 SZR/kg).

**20** Für das Verschulden ist zu beachten: Die Pflicht des Frachtführers zur Ausstellung der Frachturkunde entsteht erst mit Übernahme der Ladung. Allerdings ist der Absender nach Art. 6 verpflichtet, die Transportmenge anzugeben. Macht er diese Angabe nicht, kann das Nichtausstellen der Urkunde dem Frachtführer unter Umständen nicht vorwerfbar sein. Allerdings wird hier angesichts der Ausstellungspflicht des Frachtführers eine den Umständen entsprechende Nachfrageobliegenheit in Betracht kommen.[17]

**21** Im Verhältnis zwischen Hauptfrachtführer und ausführendem Frachtführer verschafft gesamtschuldnerische Haftung nicht mehr als die Einzelhaftung der Gesamtschuldner, denn nach Art. 4 Abs. 5 reicht sie nur, soweit beide haften.

---

[15] Nach Art. 1 Nr. 6 erbringt die Frachturkunde Beweis über den Abschluss und Inhalt des Frachtvertrages, sowie der Übernahme oder Verladung der Güter. Art. 11 ist entgegen seinem Wortlaut dahin auszulegen, dass der Absender wenigstens eine Ausfertigung oder Kopie des unterschriebenen Frachtbriefes erhält. Außerdem kann der Frachtführer die Unterzeichnung durch den Absender verlangen (Art. 11 Abs. 2 Satz 2). Die Urkunde kann damit mehr als nur eine reine Empfangsquittung sein.

[16] So wohl auch *Koller* Art. 4 Rn. 3.

[17] Enger *Koller* Rn. 1 (keine Nachfrageobliegenheit bzgl. Gewicht, falls Absender nur Mengenangabe macht).

In der Gesamtschau erscheint es rechtspolitisch verfehlt, die (häufig niedrigere) nicht **22** gewichtsbezogene Haftungsgrenze daran zu knüpfen, dass der Frachtführer eine Frachturkunde *nicht* ausstellt oder in ihr Angaben zur Menge der Güter nach Maß, Zahl oder Gewicht *unterlässt*.[18]

**2. Verlust oder Beschädigung eines leeren Containers, Abs. 1 Satz 2.** In Abs. 1 **23** Satz 2 findet sich ferner die so genannte **Containerklausel.** War der beschädigte oder verlorene *leere* Container nicht vom Frachtführer gestellt worden (dh. ist er selbst als Gut oder als Verpackung/Ladungseinheit zu qualifizieren, a. e. Abs. 2 Satz 2), wird er als **besondere Ladungseinheit** angesehen, Abs. 2 Satz 3. In diesem Fall errechnet sich der Haftungshöchstbetrag aus bis zu 2 Rechnungseinheiten für jedes Kilogramm seines frachturkundlich verbrieften Leergewichts oder aus einem Haftungshöchstbetrag von 1500 Rechnungseinheiten, Art. 20 Abs. 1 Satz 2 iVm. Abs. 2 Satz 3. Für sonstiges leeres Beförderungsgerät gilt die Haftungshöchstsumme von 667,67 SZR oder das Leergewicht in kg mal 2 SZR, falls frachturkundlich erwähnt. Art. 1 Nr. 7 kommt nicht zur Anwendung.

**3. Verlust oder Beschädigung eines beladenen Containers. a) Inhalt ist in der** **24** **Frachturkunde nicht oder nicht in der Form von Packungen oder Ladungseinheiten angegeben, Abs. 1 Satz 2.** Beim beladenen Container, dessen genauer Inhalt nicht oder nicht in der Form von Packungen oder Ladungseinheiten in der Frachturkunde angegeben ist, ist nur der Verlust oder die Beschädigung von mehr als dem Container gewiss. In diesem Fall wird entweder sein fracht-urkundlich samt Inhalt angegebenes Gewicht in Kilogramm mit 2 Rechnungseinheiten multipliziert oder – anstelle des in Abs. 1 Satz 1 erwähnten Betrags von 667,67 Rechnungseinheiten – ein Haftungshöchstbetrag von 26 500 Rechnungseinheiten (1500 RE für den leeren Container + 25 000 RE für den Containerinhalt) angesetzt.[19] Voraussetzung dieser Betrachtung ist auch hier, dass der Container nicht vom Frachtführer gestellt wurde, dh. als Verpackung/Ladungseinheit oder Gut zu qualifizieren ist, arg. e Abs. 2 Satz 2.[20]

Die in Abs. 1 Satz 2 für Container und Inhalt in toto vorgesehenen 26 000 SZR dürften **25** nicht selten unter den Haftungshöchstbeträgen liegen, die nach Abs. 1 Satz 1 bezogen auf das Gewicht ansetzbar (2 SZR pro kg) sind. Leere Container haben je nach Größe ein **Eigengewicht** von 2000 bis 3000 kg. Allein für sie nach Satz 1 (Multiplikation mit 2 SZR) schon ein Haftungshöchstbetrag von 4000 bis 6000 SZR statt bloße 1500 SZR. Für einen voll beladener 20-Fuß-Container mit einem **zulässigen Bruttogewicht** von 20 320 kg lässt sich nach Satz 1 ein Haftungshöchstbetrag von 40 640 Rechnungseinheiten statt 26 500 RE SZR errechnen. Durch die Formulierung „tritt an die Stelle des Betrags von 666,67 Rechnungseinheiten" wird erreicht, dass die in Satz 1 enthaltene Günstigkeitsregel „je nachdem, welcher Betrag höher ist" in einem solchen Fall Anwendung findet, dh. wenn der für jede Packung oder Ladeeinheit anzusetzende Betrag den je Kilogramm anzusetzenden Betrag unterschreitet.[21]

Eine Einschränkung ergibt sich dann, wenn der Container vom Frachtführer gestellt **26** wird: Dann ist das Bruttogewicht nicht gleich dem Gewicht der *Güter* und das Eigengewicht des Containers ist dann abzuziehen. Aus diesem Grund hatte die deutsche Delegation auf der Diplomatischen Konferenz – vergeblich – vorgeschlagen, den Haftungshöchstbetrag für leere Container auf 5000 Rechnungseinheiten anzuheben.

**b) Inhalt ist in der Frachturkunde in der Form von Packungen oder Ladungs** **27** **einheiten angegeben.** Wird ein Container benutzt, um Güter zusammenzufassen, so gelten die Packungen oder anderen Ladungseinheiten, die in der Frachturkunde als in

---

[18] Kritisch auch von Waldstein/*Holland* Binnenschifffahrtsrecht Rn. 9.
[19] Art. 20 Abs. 2 Satz 2 verdrängt also nur Art. 20 Abs. 1 Satz 1, 1. Alt.
[20] Anders liegen die Dinge nur im internationalen Eisenbahnrecht, das für den Fall des Verlusts oder der Beschädigung eines Containers nur bestimmt, dass die Entschädigung auf den gemeinen Wert des Containers am Tag und am Ort der Übernahme beschränkt ist (Art. 30 § 3, Art. 32 § 3 ER CIM 1999).
[21] Denkschrift, BR-Drucks. 563/06 S. 43.

diesem Container verpackt angegeben sind, als Packungen oder Ladungseinheiten (s. Rn. 7 ff.). Ist für einen beladenen Container dessen genauer Inhalt in der Form von Packungen oder Ladungseinheiten in der Frachturkunde angegeben, ergibt sich die Haftungshöchstsumme daher entweder aus der Zahl der frachturkundlich angegebenen Packungen multipliziert mit 667,67 Rechnungseinheiten oder aus dem Gewicht der Packungen bzw. Ladungseinheiten in Kilogramm multipliziert mit 2 Rechnungseinheiten.

28    Ist der Container nicht vom Frachtführer gestellt und mithin als Packung oder Gut des Kunden zu qualifizieren, ist er ebenfalls entweder in toto mit 667,67 Rechnungseinheiten oder sein Gewicht samt Inhalt in Kilogramm multipliziert mit 2 Rechnungseinheiten anzusetzen.[22] Andernfalls ist das Gewicht des Containers nicht mitzuberechnen.

29    **4. Ähnliche Beförderungsgeräte, Abs. 2. a) Inhalt ist frachturkundlich angegeben, Abs. 2 Satz 1.** Werden Container,[23] Paletten oder ähnliche Beförderungsgeräte zur Zusammenfassung von Gütern verwendet, so gelten[24] **frachturkundlich** als darin oder darauf verpackt abgegebenen Packungen und Ladungseinheiten – auch ohne besondere Vereinbarung[25] und unabhängig von Gestellung und Eigentum des Beförderungsgeräts[26] – nach Art. 20 Abs. 2 Satz 1 als eigene Ladungseinheiten im Sinne von Art. 20 Abs. 2 Satz 1.

30    **Ähnliche Beförderungsgeräte** sind Paletten, Trailer, Fahrzeuge im Ro-Ro-Verkehr,[27] Wechselbrücken u. ä. Sie sind als selbständige Ladungseinheiten nur dann anzusehen und bei der gewichtsbezogenen Berechnung der Haftungshöchstbeträge nur dann zu berücksichtigen, wenn sie nicht dem Frachtführer gehören oder sonst von ihm gestellt werden, sondern vom Absender oder von Dritten. Andernfalls sind sie auch dann nicht in dieser Weise zu berücksichtigen, wenn ihr Gewicht im Frachtbrief genannt ist.

31    Nicht dem Container ähnliche Beförderungsmittel sind vom Frachtführer gestellte Leichter, weil sie Teil des befördernden Schiffes sind.[28] Der Einsatz frachtführerfremder Leichter, die der Beförderer auf Grund besonderen Schub- oder Schleppvertrages bewegt, sind wegen Art. 1 Nr. 7 hingegen ganz vom Anwendungsbereich der CMNI ausgenommen.

32    **b) Inhalt ist frachturkundlich nicht oder nicht in Form von Packungen oder Ladungseinheiten angegeben worden, Abs. 2 Satz 2.** In diesem Fall gelten Beförderungsgerät und die Güter in oder auf einem solchen Beförderungsgerät als eine einzige Ladungseinheit. Wiederum gilt für diese Ladungseinheit eine Haftungshöchstsumme von 667, 67 RE oder 2 RE pro kg Gewicht des Beförderungsgeräts (falls nicht dem Frachtführer gehörend oder von ihm gestellt) plus Gewicht des frachturkundlich dokumentierten Inhalts.

33    **5. Verlust oder Beschädigung von Beförderungsgerät, Abs. 2 Satz 3.** Bei **Beschädigung oder Verlust des Beförderungsgeräts selbst** gilt dieses zur Berechnung des Haftungshöchstbetrages als besondere Ladungseinheit, Art. 20 Abs. 2 Satz 3, sofern es dem Frachtführer weder gehört noch von ihm gestellt ist. Die Regelung ist Art. 6 Abs. 2 Buchstabe b HHR nachgebildet.

### III. Verspätete Ablieferung, Lieferfristüberschreitung

34    Was Verspätungsschäden anbelangt, so ist die Regelung nach dem Übereinkommen günstiger als nach deutschem Recht. Die Haftung ist beschränkt auf den einfachen Betrag

---

[22] Arg. e Abs. 2 Satz 2.
[23] Standard container (20', 40', 40' HC), hardtop container, opentop container, fleet container, flatracks, dry vam, plate, reefer container, tank container, bulk container, seecell container u. a.
[24] **AA** von Waldstein/*Holland* Binnenschifffahrtsrecht Rn. 4 („Vermutung").
[25] Abweichend von früherem Seerecht, vgl. BGH 22.9.1980, ZfB 1981, 23, 24; von Waldstein/*Holland* Binnenschifffahrtsrecht Rn. 5.
[26] von Waldstein/*Holland* Binnenschifffahrtsrecht Rn. 5.
[27] **AA** von Waldstein/*Holland* Binnenschifffahrtsrecht Rn. 5 mwN Fn. 9, weil „das Gut in den beförderten Fahrzeugen für den Transport in eben diesen Fahrzeugen zusammengefasst wurde und nicht für die Beförderung auf dem Schiff." Das überzeugt nicht: Ohne das Schiff könnte die Fahrzeuge als Beförderungsgerät den Wasserweg nicht nehmen. Hier kann nichts anderes gelten, wie für den umgeschlagenen, nicht selbst rollenden Container.
[28] von Waldstein/*Holland* Binnenschifffahrtsrecht Rn. 5.

der Fracht (Abs. 3), während nach deutschem Recht der dreifache Betrag in Betracht kommt. Der Ersatz für Schäden wegen **verspäteter Ablieferung** ist ebenfalls begrenzt. **Abs. 3** legt den Betrag fest, bis zu dem Schadensersatz zu leisten ist. Der Haftungshöchstbetrag richtet nach der **Höhe der** *einfachen* **Fracht.** Die Vorschrift regelt dies die in Übereinstimmung mit Art. 6 Abs. 1 Buchstabe b HHR, Art. 23 Abs. 5 CMR und Art. 33 § 1 ER CIM 1999.

Die Anknüpfung an einfache Fracht steht in Einklang mit Art. 23 Abs. 5 CMR, weicht **35** aber ab von Art. 6 Abs. 1 Buchstabe b HHR (*2,5-facher* Betrag der Fracht), von Art. 33 § 1 ER CIM 1999 (*4-facher* Betrag der Fracht) und von § 431 Abs. 3 HGB (*3-facher* Betrag der Fracht).

Die Regelung einer **Haftungsobergrenze** in **Satz 2**, wonach die Haftung nach Satz 1 **36** zu keiner höheren Haftung führen darf, als sie bei totalem Verlust der Güter bestünde, steht mit den sonstigen transportrechtlichen Regelungen voll in Einklang, etwa in Art. 6 Abs. 1 Buchstabe c HHR und Artikel 33 § 5 ER CIM 1999.[29]

Maßgeblicher Anknüpfungspunkt für die Berechnung ist die vereinbarte Fracht für sämt- **37** liche Güter für die ganze Strecke. Es kommt daher nicht darauf an, dass nur ein Teil der Güter verspätet abgeliefert wurde. Bei der Bestimmung des Haftungshöchstbetrages nach Fracht finden Ansprüche auf Liegegelder und Aufwendungsersatz keine Berücksichtigung.[30]

Treffen Güterschäden (Teilbeschädigung oder Teilverlust) und Verspätungsschäden (teil- **38** weise Lieferfristüberschreitung) zusammen, werden die Haftungshöchstbeträge nicht addiert. Der Frachtführer haftet auch nach Abs. 3 Satz 2 dann nur bis zu dem Haftungshöchstbetrag, der bei vollständigem Verlust aller übernommenen nach Art. 20 Abs. 1, 2 und 4 geschuldet ist.[31] Irrelevant ist, ob alle übernommenen Güter verloren gegangen sind. Abs. 3 Satz entspricht Art. 6 Abs. 1c HHR.

In Frachtführerketten können verschiedene Haftungshöchstbeträge vereinbart sein. Maß- **39** geblich ist immer die vom in Anspruch genommenen Frachtführer vereinbarte Fracht. Im Fall des Direktanspruchs des Absenders gegen den ausführenden Frachtführer nach Art. 4 Abs. 2 Satz 2 ist für die Bestimmung des Haftungshöchstbetrages die vom ausführenden Frachtführer vereinbarte Fracht maßgebend, im Fall des Absenderanspruchs gegen den vertragsschließenden Frachtführer oder gegen den nicht ausführenden Unterfrachtführer die jeweils von diesen mit ihren Auftraggebern vereinbarten Frachten.[32]

## IV. Haftungshöchstbeträge, Haftungserweiterungen

Die Änderung der in Abs. 1 für Verlust oder Beschädigung der Güter genannten Haf- **40** tungshöchstbeträge kann entweder durch **Wertdeklaration** oder durch **ausdrückliche Vereinbarung eines anderen Betrags** geschehen, letzteres entweder durch Angabe eins höheren Haftungsendbetrages oder durch Änderung der für die Berechnung der Haftungshöchstgrenze notwendigen Maßgrößen (Rechnungseinheiten, Gewicht, Ladungseinheiten).[33] Zulässig ist nur eine Heraufsetzung der Haftungsbeträge, keine Absenkung. Einen Haftungskorridor wie in § 449 Abs. 2 nF HGB kennt die CMNI nicht. Für Lieferfristüberschreitungen besteht keine Möglichkeit der Veränderung der Haftungshöchstbeträge.

Wird in der Frachturkunde der Wert des Gutes angegeben, so ist dieser nach Buchstabe a **41** der maßgebliche Haftungshöchstbetrag (nach Art. 20 Abs. 1 Satz 2 und nach Art. 20 Abs. 1 Satz 1, 1. Alt. iVm. Art. Abs. 2 Satz 3), sofern der Wert über dem nach Abs. 1 anzusetzenden Betrag liegt und der Frachtführer nicht die Unrichtigkeit dieser Wertangabe bewiesen hat.[34] Die Richtigkeit der frachturkundlichen Wertangabe wird also bis zum Beweis des

---

[29] Denkschrift, BR-Drucks. 563/06 S. 43.
[30] von Waldstein/*Holland* Binnenschifffahrtsrecht Rn. 14.
[31] Dazu von Waldstein/*Holland* Binnenschifffahrtsrecht Art. 16 Rn. 8; Art. 20 Rn. 15.
[32] von Waldstein/*Holland* Binnenschifffahrtsrecht Rn. 16.
[33] Denkschrift, BR-Drucks. 563/06 S. 46.
[34] Art. 20 Abs. 4a entspricht inhaltlich Art. 4 § 5a, 1. Alt. HVR sowie § 660 Abs. 1, Satz 1, 1. Alt. HGB.

Gegenteils vermutet[35] Auch die Güternatur bzw. Güterart (etwa iSv. Art. 6 Abs. 2 Satz 1 und § 11 Abs. 5 Satz 1 Buchst. e) und der Güterwert müssen in der Frachturkunde klar angegeben werden *(ausdrücklich, expressly, expressément)*. Beschaffenheitsangaben sind nur zur Bestimmung der Güterart notwendig.[36]

42    Haben die Parteien ausdrücklich einen von Abs. 1 abweichenden Haftungshöchstbetrag vereinbart, so ist dieser nach **Buchstabe b** der maßgebliche Haftungshöchstbetrag, wenn er über dem nach Abs. 1 anzusetzenden Betrag liegt. Die Vereinbarung kann bei Vertragsschluss oder jederzeit später getroffen werden, auch bei Ablieferung des Gutes. Eine mündliche Erklärung reicht aus; eine Eintragung in die Frachturkunde ist nicht notwendig.[37] Eine Änderung der in Abs. 3 bestimmten Haftungshöchstgrenze für Lieferfristüberschreitung ist nicht möglich.

Nach Art. 25 Abs. 1 können die Vertragsparteien die Haftung des Frachtführers im Grundsatz weder beschränken noch erweitern. Diese Regelung steht jedoch ausdrücklich unter dem Vorbehalt des Art. 20 Abs. 4.

43    Der Frachtführer ist vor höheren als gesetzlichen Haftungshöchstbeträgen dadurch geschützt, dass er selbst die Frachturkunde ausstellt.[38] Bei Vereinbarung eines höheren Haftungshöchstbetrages ist er zur Eintragung in die Frachturkunde verpflichtet. Seine Verpflichtung zur Eintragung eines höheren Haftungshöchstbetrages ergibt sich nur aus besonderer, darauf abzielender Abrede. Ihre Verletzung durch den Frachtführer verschafft dem Absender Schadensersatz-, Kündigungs- und Zurückbehaltungsrechte.[39]

### V. Beweislast

44    Frachtführer und Geschädigter müssen jeweils die von ihnen vorgetragenen Haftungshöchstgrenze und deren Voraussetzungen (Gewicht; Zahl der Ladungseinheiten; Wertdeklaration in der Frachturkunde; Vereinbarung eines Haftungshöchstbetrages) darlegen und beweisen. Über die Richtigkeit der Eintragung in der Frachturkunde kann der Frachtführer den Gegenbeweis antreten.

### VI. Gesamtschuldnerische Haftung

45    Haften Frachtführer, ausführender Frachtführer und deren Bediensteten und Beauftragten für den gleichen Schaden **gesamtschuldnerisch,** darf der geschuldete Betrag nach **Abs. 5** die in Art. 20 genannten Haftungshöchstbeträge nicht übersteigen. Jeder Gesamtschuldner kann sich auf den Haftungshöchstbetrag berufen. In Art. 7 Abs. 3 HHR und Art. 27 § 5 ER CIM 1999 finden sich vergleichbare Regelungen.

### Art. 21 Verlust des Rechtes auf Haftungsbeschränkung

**(1) Der Frachtführer oder der ausführende Frachtführer kann sich nicht auf die in diesem Übereinkommen vorgesehenen oder im Frachtvertrag vereinbarten Haftungsbefreiungen und Haftungsgrenzen berufen, wenn nachgewiesen wird, dass er selbst den Schaden durch eine Handlung oder Unterlassung verursacht hat, die in der Absicht, einen solchen Schaden herbeizuführen, oder leichtfertig und in dem Bewusstsein begangen wurde, dass ein solcher Schaden mit Wahrscheinlichkeit eintreten werde.**

**(2) Die für den Frachtführer oder ausführenden Frachtführer handelnden Bediensteten und Beauftragten können sich ebenfalls nicht auf die in diesem Übereinkommen oder im Frachtvertrag vereinbarten Haftungsbefreiungen und Haf-**

---

[35] Bei Weigerung der Aufnahme durch den Frachtführer hat dieser die Unrichtigkeit zu beweisen.
[36] von Waldstein/*Holland* Binnenschifffahrtsrecht Rn. 11.
[37] Vgl. Art. 11 Abs. 1 Satz 2, Abs. 5 Satz 2; von Waldstein/*Holland* Binnenschifffahrtsrecht Rn. 13.
[38] *Koller* Art. 11 CMNI Rn. 2.
[39] *Koller* Art. 21 CMNI Rn. 10.

tungsgrenzen berufen, wenn nachgewiesen wird, dass sie den Schaden in einer in Absatz 1 beschriebenen Weise verursacht haben.

**Art. 21 Déchéance du droit de limiter la responsabilité**

1. Le transporteur ou le transporteur substitué ne peut pas se prévaloir des exonérations et des limites de responsabilité prévues par la présente Convention ou dans le contrat de transport s'il est prouvé qu'il a lui-même causé le dommage par un acte ou une omission commis, soit avec l'intention de provoquer un tel dommage, soit témérairement et avec conscience qu'un tel dommage en résulterait probablement.

2. De même, les préposés et mandataires agissant pour le compte du transporteur ou du transporteur substitué ne peuvent pas se prévaloir des exonérations et des limites de responsabilité prévues par la présente Convention ou dans le contrat de transport, s'il est prouvé qu'ils ont causé le dommage de la manière décrite au paragraphe 1.

**Art. 21 Loss of right to limit liability**

1. The carrier or the actual carrier is not entitled to the exonerations and limits of liability provided for in this Convention or in the contract of carriage if it is proved that he himself caused the damage by an act or omission, either with the intent to cause such damage, or recklessly and with the knowledge that such damage would probably result.

2. Similarly, the servants and agents acting on behalf of the carrier or the actual carrier are not entitled to the exonerations and limits of liability provided for in this Convention or in the contract of carriage, if it is proved that they caused the damage in the manner described in paragraph 1.

## Übersicht

| | Rn. | | Rn. |
|---|---|---|---|
| I. Allgemeines | 1 | III. Durchbrechung der Haftungsbegrenzung für Bedienstete und Beauftragte, Abs. 2 | 10, 11 |
| II. Durchbrechung der Haftungsbegrenzung für Frachtführer, Abs. 1 | 2–9a | IV. Rechtsfolgen der Abs. 1 und 2 | 12 |
| | | V. Beweislast | 13 |

### I. Allgemeines

Die Vorschrift regelt den Verlust der in der *gesamten* CMNI („in diesem Übereinkommen") gewährten oder frachtvertraglich vereinbarten Haftungsbefreiungen und Haftungsbegrenzungen (Art. 17–20 sowie die Art. 22–24) im Falle qualifizierten Verschuldens: Sie gilt für Frachtführer und ausführende Frachtführer (Abs. 1) sowie deren Bedienstete und deren Beauftragte (Abs. 2), allerdings nur jeweils für deren eigenes Verschulden. **1**

### II. Durchbrechung der Haftungsbegrenzung für Frachtführer, Abs. 1

**Absatz 1** regelt den im Transportrecht verankerten Grundsatz, dass die dem Frachtführer **2** eingeräumten Haftungsprivilegien bei eigenem **qualifizierten Verschulden** entfallen. Dieser Verschuldensmaßstab entspricht internationalem See-, Straßen-, Eisenbahn- und Luftfrachtrecht (vgl. Art. 4 § 5 Buchstabe e HVR, Art. 8 Abs. 1 HHR, Art. 29 Abs. 1 CMR, Art. 36 ER CIM 1999; Art. 25 und 25a) WA 1955, Art. 22 Abs. 5 MÜ. Die Umschreibung des qualifizierten Verschuldens beruht auf dem seerechtlichen Londoner Haftungsbeschränkungsübereinkommen von 1976 (§ 4 London HBÜ). Eine gleichlautende Formulierung findet sich in § 435 HGB, § 660 Abs. 3 HGB.[1]

Ein qualifiziertes Verschulden liegt vor bei einer Schadenszufügung durch ein Verhalten **3** (Tun oder Unterlassen) in der **Absicht,** einen solchen Schaden herbeizuführen, oder **leicht-**

---

[1] Denkschrift, BR-Drucks. 563/06 S. 43. Vgl. auch § 5b Abs. 1 BinSchG; Art. 4 CLNI.

**fertig** und in dem **Bewusstsein,** dass ein solcher Schaden mit Wahrscheinlichkeit eintreten werde.

4    Die Absicht muss also auf Eintritt des konkreten eintretenden Schadens gerichtet sein. Die bloße Inkaufnahme oder ein Für-Möglich-Halten im Sinne von Eventualvorsatz reichen nicht aus. Der Nachweis dürfte schwierig sein.[2] Leichtfertigkeit und Bewusstsein des wahrscheinlichen Schadenseintritts ist weniger als Absicht oder Vorsatz, aber mehr als normale Fahrlässigkeit.

5    Die internationale Rechtsprechung wird sich mit dem Begriff des qualifizierten Verschuldens weiter auseinandersetzen müssen. Im Rahmen des **Warschauer Abkommens** geht die deutsche Rechtsprechung davon aus, dass es sich bei diesem qualifizierten Verschulden um einen Fall **grober Fahrlässigkeit** handelt.[3] Mit Blick auf die alte Fassung des § 4 des Binnenschifffahrtsgesetzes, wonach die dinglich-beschränkte Haftung nur bei „böslicher Handlungsweise des Schiffseigner – Schiffers" durchbrochen wurde, sind die Maßstäbe im Binnenschifffahrtsrecht traditionell strenger. Die viel kritisierte, ausufernde deutsche Rechtsprechung zur Durchbrechung der Haftungsbeschränkung[4] lässt ein strengeres Verständnis der subjektiven wie objektiven Voraussetzungen angeraten erscheinen. Das Bewusstsein eines wahrscheinlichen Schadenseintritts ist jedenfalls bei bewusster Missachtung der frachtvertraglich vereinbarten Reinheitsvorgaben und des schlechten Schiffszustandes anzunehmen, wenn dieser einen Transport des Gutes nicht zulässt, weil er den zwangsläufigen Schadenseintritt „vor Augen" treten lässt.[5]

6    Die Berücksichtigung vertragstypischer Risiken entbehrt bei diesem besonderen Verschulden der Berechtigung. Darüber hinaus kann sich ein qualifiziertes persönliches Verschulden des Frachtführers aus der mangelhaften Organisation des Betriebsablaufs ergeben (sog. **grobes Organisationsverschulden**).[6]

7    Kausalität und Schadensbegriff werden durch Art. 21 nicht festgelegt, sondern durch das nach Art. 29 maßgebliche, ergänzend anwendbare nationale Recht.

8    In Übereinstimmung mit internationalem Seerecht, jedoch anders als nach § 435 HGB sieht Absatz 1 einen Verlust der Haftungsbefreiung und der Haftungsbegrenzungen nur vor, wenn dem Frachtführer oder dem ausführenden Frachtführer ein *eigenes,* **persönliches Verschulden** vorzuwerfen ist. Eine Zurechnung qualifizierten Verschuldens der Bediensteten und Beauftragen findet nicht statt.[7] Qualifiziertes Verschulden eines Bediensteten oder Beauftragten des Frachtführers oder des ausführenden Frachtführers ist nach dem Wortlaut des Absatzes 1 für den Frachtführer selbst also grundsätzlich folgenlos. Diese Regelung bewirkt eine materiell-rechtliche Änderung des Prinzips der Einstandspflicht für Hilfspersonen. Sie begünstigt große Unternehmen gegenüber kleinen, so in der Binnenschifffahrt etwa Reedereien gegenüber Partikulieren,[8] allerdings nur soweit bei Frachtführer oder ausführendem Frachtführer kein eigenes qualifiziertes Organisationsverschulden vorliegt.

9    Handelt es sich bei dem Frachtführer um eine juristische Person, so ist persönliches Verschulden der juristischen Person jedenfalls dann anzunehmen, wenn die handelnde Person Mitglied des vertretungsberechtigten Organs des Frachtführers ist.[9]

9a    Die CMNI enthält abgesehen von Art. 18 CMNI keine Regelung des **Mitverschuldens.** Zum Mitverschulden sind daher die Regeln des nationalen Rechtes ergänzend heranzuziehen. Die Vorschrift des Art. 21 CMNI besagt nichts über eine Mithaftung des Absen-

---

[2] Ebenso schon von Waldstein/*Holland* Binnenschifffahrtsrecht Rn. 3.
[3] Ähnlich von Waldstein/*Holland* Binnenschifffahrtsrecht Rn. 4, vgl. dort auch zu Art. 5b BinSchG Rn. 4 ff.
[4] *Koller* § 435 HGB Rn. 2–17.
[5] LG Stade Urt. v. 25.5.2009, ZfB 2009, Nr. 10, 75–77, Rn. 29.
[6] Denkschrift, BR-Drucks. 563/06 S. 44; vgl. hierzu die Rspr. des BGH zu § 51 ADSp aF; dazu *Koller* Ziff. 27 ADSp Rn. 3.
[7] *Koller* Art. 17 CMNI Rn. 2.
[8] von Waldstein/*Holland* Binnenschifffahrtsrecht Rn. 2 unter Hinweis auf die Entwicklung in der jüngeren Seeschifffahrt, Art. 4 London HBÜ, Art. 13 AthenÜ, Art. 4 Abs. 5 HVR, Art. 4 CLNI.
[9] Denkschrift, BR-Drucks. 563/06 S. 44.

ders für schadensursächliche Umstände aus seinem Bereich. Bei Geltung deutschen Rechts kann das zur Schadensentstehung mitwirkende Verschulden der Ladungsseite nach § 254 BGB anspruchsmindernd berücksichtigt werden. Nach deutschem Recht kommt die Berücksichtigung eines mitwirkenden Schadensbeitrages nach § 425 Abs. 2 HGB auch dann in Betracht, wenn dem Frachtführer ein qualifiziertes Verschulden im Sinne von § 435 HGB anzulasten ist. Im Falle eines qualifizierten Verschuldens des Frachtführers entfällt also nicht der Einwand eines Mitverschuldens.[10]

## III. Durchbrechung der Haftungsbegrenzung für Bedienstete und Beauftragte, Abs. 2

**Absatz 2** durchbricht die Haftungsbegrenzung für Bedienstete und Beauftragte, wenn **10** sie für den vertraglichen oder ausführenden Frachtführer handeln. Die Vorschrift betrifft nur den Fall, dass die handelnden **Bediensteten oder Beauftragten** des vertraglichen oder ausführenden Frachtführers, mangels vertraglicher auf außervertraglicher Grundlage für Schäden infolge Verlust oder Beschädigung des Gutes oder Lieferfristüberschreitung in Anspruch genommen werden und sich gemäß Art. 17 Abs. 3 auf die Haftungsbefreiungen und -begrenzungen des Übereinkommens berufen, weil sie nachgewiesenermaßen in Ausübung ihrer Verrichtung gehandelt und dabei den Schaden verursacht hatten. Letzteres ist nicht möglich, wenn ihnen persönliches qualifiziertes Verschulden im Sinne von Absatz 1 vorzuwerfen ist. Der Geschädigte hat dies zu beweisen. Eine Zurechnung zu Lasten des vertraglichen oder ausführenden Frachtführers findet nicht statt. Die Regelung entspricht § 436 Satz 2 HGB.[11]

Arbeitsrechtliche oder sonstige **Regressansprüche** des Bediensteten oder Beauftragten **11** gegen den Dienstherrn (Frachtführer) auf *vertraglicher* Grundlage bleiben von Art. 21 Abs. 2 CMNI unberührt. Denn diese Regressansprüche werden nicht wegen Verlust oder Beschädigung geltend gemacht, sondern nach der Inanspruchnahme durch Dritte aus vertragsrechtlichen Beziehungen zu dem in Anspruch Genommenen.[12] Beschränkt oder gemäß Abs. 2 *unbeschränkt* haftende Bedienstete oder Beauftragte können folglich arbeitsrechtliche Regressansprüche gegen den Frachtführer haben. Sie sind ferner pfändbar.[13]

## IV. Rechtsfolgen der Abs. 1 und 2

**Rechtsfolge** qualifizierten Verschuldens ist sowohl im Falle von Abs. 1 wie Abs. 2 die **12** Durchbrechung *aller* Haftungsbeschränkungen und Haftungsbegrenzungen dieses Übereinkommens.[14] Dazu zählen die besonderen Haftungsausschlüsse in Art. 18, die Haftungshöchstbeträge in Art. 20, die Begrenzung auf Wertersatz in Art. 19, der Haftungsausschlussgrund des Mitverschuldens in Art. 18 Abs. 1, die Begrenzungswirkungen der Schadensanzeigeobliegenheiten in Art. 23[15] und der kurzen Verjährungsfrist des Art. 24,[16] die Erstreckung von Haftungsbegrenzungen und -befreiungen auf Bedienstete und Beauftragte gem. Art. 17 Abs. 3 sowie vertragliche Haftungsbefreiungen und -begrenzungen gem. Art. 25 Abs. 2. Soweit die Haftungsbeschränkungen und Haftungsbegrenzungen der CMNI wegen Art. 21 nicht greifen, ist auf Fragen des Schadensumfangs das gem. Art. 29 ergänzend anwendbare nationale Recht anwendbar.

## V. Beweislast

Der Geschädigte hat die Voraussetzung der Durchbrechung der Haftungsgrenzen und **13** -beschränkungen zu beweisen. Maßgeblich sind die Beweislastregeln des angerufenen

---

[10] LG Stade Urt. v. 25.5.2009, ZfB 2009, Nr. 10, 75–77, Rn. 31.
[11] Denkschrift, BR-Drucks. 563/06 S. 44.
[12] *Koller* Rn. 3; *Jaegers* in Kuhlen 101.
[13] *Koller* Rn. 3.
[14] von Waldstein/*Holland* Binnenschifffahrtsrecht Rn. 6.
[15] Vgl. zur Schadensanzeige Art. 30 CMR, § 611 HGB.
[16] Vgl. zur Verjährung § 612 HGB; § 439 HGB.

Forums.[17] Plausible Darlegung der Umstände qualifizierten Verschuldens verschiebt nach international vielfach kritisierter deutscher Rechtsprechung zu Art. 29 CMR und zu Art. 25 WA die Einlassungslast auf den Frachtführer, über Einzelheiten des Organisationsablaufs in seinem Betrieb Auskunft zu geben.[18] Praktisch mündet dies in eine Umkehrung der Beweislast. Mit der Pflicht zur Entlastung von der begrenzten Obhutshaftung nach Art. 16 lässt sich diese in unbegrenzte Haftung mündende Lastenverteilung nur begrenzt vergleichen.[19] Es steht zu erwarten, dass die deutsche Rechtsprechung bei Art. 21 CMNI ebenso verfahren wird. Vorgezeichnet ist diese Verschiebung der Einlassungsobliegenheit durch das Übereinkommen allerdings nicht.

## Art. 22 Anwendung der Haftungsbefreiungen und Haftungsgrenzen

**Die in diesem Übereinkommen vorgesehenen oder im Frachtvertrag vereinbarten Haftungsbefreiungen und Haftungsgrenzen gelten für jeden Anspruch wegen Verlust, Beschädigung oder verspäteter Ablieferung der Güter, die Gegenstand des Frachtvertrags sind, gleichviel ob der Anspruch auf einen Frachtvertrag, unerlaubte Handlung oder einen sonstigen Rechtsgrund gestützt wird.**

### Art. 22 Application des exonérations et des limites de responsabilité

Les exonérations et limites de responsabilité prévues par la présente Convention ou au contrat de transport sont applicables pour toute action pour perte, dommages ou livraison tardive des marchandises faisant l'objet du contrat de transport que l'action soit fondée sur la responsabilité délictuelle ou contractuelle ou sur tout autre fondement.

### Art. 22 Application of the exonerations and limits of liability

The exonerations and limits of liability provided for in this Convention or in the contract of carriage apply in any action in respect of loss or damage to or delay in delivery of the goods covered by the contract of carriage, whether the action is founded in contract, in tort or on some other legal ground.

## I. Allgemeines

1    Die Vorschrift bestimmt zwingend und nicht abdingbar (vgl. Art. 25), dass die in Bezug auf Ersatzansprüche wegen Güterverlust, Güterschäden oder Lieferfristüberschreitung im Übereinkommen vorgesehenen oder vertraglich vereinbarten Haftungsbefreiungen und -begrenzungen gleichermaßen für alle Ansprüche gelten, egal, auf welchem Rechtsgrund sie beruhen, also gleich, ob sie auf Frachtvertrag, unerlaubte Handlung oder auf einen sonstigen Rechtsgrund gestützt werden. Zu den vertraglichen Ansprüchen zählen auch solche aus Verschulden bei Vertragsschluss,[1] zu den gesetzlichen Ansprüchen solche aus Geschäftsführung ohne Auftrag, ungerechtfertigter Bereicherung und Eigentümer-Besitzer-Verhältnis.

2    Dadurch wird sichergestellt, dass das im Übereinkommen niedergelegte System von Haftungsbefreiungen und Haftungsbegrenzungen nicht dadurch ausgehebelt werden kann, dass andere als frachtvertragliche (nämlich etwa gesetzliche) Ansprüche unbegrenzt geltend gemacht werden. Die Regelung unterstützt die **Abschätzung und damit die Versicher-**

---

[17] OLG Düsseldorf 12.11.2003, VersR 2004, 1479, 1482.
[18] BGH 6.10.1994, TranspR 1995, 106, 110; 5.6.2003, NJW 2003, 3626, 3627; BGHZ 145, 170, 183 ff.; 18.12.2008, nach unveröff.; Zuletzt mit Einschränkungen zur Abwendbarkeit von Güterschäden, BGH 14.6.2006, TranspR 2006, 348; 26.4.2007, TranspR 2007, 464.
[19] So aber von Waldstein/*Holland* Binnenschifffahrtsrecht Rn. 10. *Dies.* zum Beweis der subjektiven Voraussetzungen bei Art. 21 CMNI vgl. § 5b BinSchG Rn. 6 und zur Aufklärungspflicht des Frachtführers beim Verklarungsverfahren vgl. § 5b BinSchG Rn. 12.
[1] Art. 28 CMR Rn. 5; von Waldstein/*Holland* Binnenschifffahrtsrecht Rn. 2.

**barkeit des Haftungsrisikos.**[2] Vergleichbare Regelungen finden sich in Art. 4 bis Abs. 1 HVR, Art. 7 Abs. 1 HHR, Art. 41 § 1 ER CIM 1999 und § 434 Abs. 1 HGB. Die **Beweislast** für das Vorliegen der Voraussetzungen nach Art. 22 hat der nach dieser Vorschrift Begünstigte, dh. der in Anspruch Genommene

## II. Erfasste Ansprüche

Art. 22 erfasst sicher **Ersatzansprüche von Absender und Empfänger.** Erfasst sind 3 von Art. 16 ff. wie von Art. 22 nur die im Übereinkommen geregelten Ersatzansprüche, dh. nur die **im Obhutszeitraum im Schiff** eintretenden Verluste, Beschädigungen und Lieferfristüberschreitungen. Die sog. Landschäden sind folglich nicht erfasst.[3]

Art. 21 Abs. 2 regelt in Ergänzung zu Art. 17 Abs. 3 den Fall, dass ein Anspruch wegen 4 Verlusts, Beschädigung oder verspäteter Ablieferung nicht nur gegen den (ausführenden) Frachtführer selbst geltend gemacht wird, sondern auch gegen deren Bedienstete oder Beauftragte. Soweit **arbeitsrechtliche** oder **sonstige Regressansprüche der Bediensteten oder Beauftragten** gegen den Dienstherrn (Frachtführer oder ausführender Frachtführer) auf *vertraglicher* Grundlage bleiben von Art. 21 (vgl. schon Art. 21 Rn. 11) unberührt bleiben, besteht freilich die Gefahr, dass Haftungsbefreiungen und –beschränkungen von Frachtführer oder ausführendem Frachtführer durch Regressansprüche *unbeschränkt* haftender Bediensteter oder Beauftragter umgangen wird. Folglich erfasst Art. 22 auch Ansprüche gegen letztere.[4]

**Ansprüche Dritter,** nicht am Frachtvertrag Beteiligter erwähnt Art. 22 – anders als 5 § 434 Abs. 2 HGB – nicht. Aber auch der unbegrenzte Ersatzanspruch des nicht am Frachtvertrag beteiligten Eigentümers gegen den Frachtführer etwa ließe dessen frachtvertragliche Haftungsbeschränkung und seine Erweiterung nach Art. 22 leerlaufen. Damit droht der mit Art. 22 intendierte Zweck unterlaufen zu werden. Eine Einschränkung auf frachtvertragliche oder mit ihnen konkurrierende Ansprüche[5] ist Art. 22 nicht zu entnehmen. Die Einschränkung auf den Gegenstand des Frachtvertrages bezieht sich auf die Güter und nicht auf den Anspruch.[6] Die Erstreckung von Art. 22 auf aktivlegitimierte Dritte schränkt deren Rechtsschutz freilich ein. Konsequenterweise trifft Art. 22, der diesen Fall nicht ausdrücklich regelt, keine Aussagen dazu, unter welchen Voraussetzungen diese Belastungen des Dritten verantwortbar erscheinen. Dies ist im deutschen Recht geschehen: Nach § 434 Abs. 2 HGB kann der Frachtführer auch gegenüber außervertraglichen Ansprüchen Dritter wegen Verlust oder Beschädigung des Gutes die Einwendungen nach Absatz 1 geltend machen. Die Einwendungen können jedoch nicht geltend gemacht werden, wenn der Dritte mit der Beförderung nicht rechnete oder ihr nicht zugestimmt hat[7] und der Frachtführer die fehlende Befugnis des Absenders, das Gut zu versenden, kannte oder fahrlässig nicht kannte oder das Gut vor Übernahme zur Beförderung dem Dritten oder einer Person, die von diesem ihr Recht zum Besitz ableitet, abhanden gekommen ist.

Der Drittanspruch wird nicht auf den Frachtvertrag gestützt. Wegen seiner Bedeutung 6 für das Haftungssystem des Übereinkommens sollte die Behandlung solcher Drittansprüche und ihre Beschränkung (wie bei gleichgelagerter Bedeutung auch anderer nicht rein als frachtvertraglich qualifizierbarer Fragen) durch das nach Art. 29 aufgefundene ergänzendes nationale Recht beherrscht werden.[8] Bei Geltung der deutschen lege causae käme § 434 HGB daher zur Anwendung.

---

[2] Unklar die Denkschrift, BR-Drucks. 563/06 S. 44.
[3] von Waldstein/*Holland* Binnenschifffahrtsrecht Rn. 3; *dies.* Art. 16 Rn. 5.
[4] **AA** *Koller* Rn. 1.
[5] So noch *Czerwenka* TranspR 2001, 277, 288.
[6] So auch von Waldstein/*Holland* Binnenschifffahrtsrecht Rn. 5; ebenso *Koller* Art. 28 CMR Rn. 3; *Rabe* Seehandelsrecht § 607a HGB Rn. 5 zu § 607a Abs. 1 HGB.
[7] Soweit auch *Koller* Rn. 1 (Parallele zu Art. 28 CMR).
[8] So auch schon von Waldstein/*Holland* Binnenschifffahrtsrecht Rn. 6; *Ramming,* HdB Binnenschifffahrtsrecht, Rn. 510; aA *Koller* Rn. 1.

## Kapitel VI. Fristen für die Geltendmachung von Ansprüchen

### Art. 23 Schadensanzeige

(1) Die vorbehaltslose Annahme der Güter durch den Empfänger begründet die Vermutung dafür, dass der Frachtführer die Güter in demselben Zustand und in derselben Menge abgeliefert hat, wie sie von ihm zur Beförderung übergeben worden sind.

(2) Der Frachtführer und der Empfänger können verlangen, dass der Zustand und die Menge der Güter bei der Ablieferung im Beisein beider Parteien festgestellt werden.

(3) Ist der Verlust oder die Beschädigung der Güter äußerlich erkennbar, muss, sofern der Empfänger und der Frachtführer den Zustand der Güter nicht gemeinsam festgestellt haben, jeder Vorbehalt des Empfängers spätestens bei Ablieferung schriftlich und mit Angabe der allgemeinen Natur des Schadens erklärt werden.

(4) Ist der Verlust oder die Beschädigung der Güter äußerlich nicht erkennbar, muss jeder Vorbehalt des Empfängers innerhalb von 7 aufeinander folgenden Kalendertagen nach der Ablieferung schriftlich erklärt werden, wobei die allgemeine Natur des Schadens anzuführen ist und der Geschädigte in diesem Fall nachzuweisen hat, dass der Schaden entstanden ist, während sich die Güter in der Obhut des Frachtführers befanden.

(5) Für Schäden wegen verspäteter Ablieferung ist kein Ersatz zu leisten, es sei denn, der Empfänger kann beweisen, dass er dem Frachtführer die Verspätung innerhalb von 21 aufeinander folgenden Tagen nach der Ablieferung angezeigt und der Frachtführer die Anzeige erhalten hat.

### Chapitre VI. Délais de réclamation
### Art. 23 Avis de dommage

1. L'acceptation sans réserve des marchandises par le destinataire constitue une présomption que le transporteur a livré les marchandises dans l'état et dans la quantité tels qu'elles lui ont été remises en vue du transport.

2. Le transporteur et le destinataire peuvent exiger que l'état et la quantité des marchandises soient constatés au moment de la livraison en présence des deux parties.

3. Si les pertes ou les dommages aux marchandises sont apparents, toute réserve du destinataire doit, à moins que le destinataire et le transporteur n'aient constaté contradictoirement l'état des marchandises, être formulée par écrit en indiquant la nature générale du dommage, au plus tard au moment de la livraison.

4. Si les pertes ou les dommages aux marchandises ne sont pas apparents, toute réserve du destinataire doit être émise par écrit en indiquant la nature générale du dommage, au plus tard dans un délai de 7

### Chapter VI. Claims period
### Art. 23 Notice of damage

1. The acceptance without reservation of the goods by the consignee is prima facie evidence of the delivery by the carrier of the goods in the same condition and quantity as when they were handed over to him for carriage.

2. The carrier and the consignee may require an inspection of the condition and quantity of the goods on delivery in the presence of the two parties.

3. Where the loss or damage to the goods is apparent, any reservation on the part of the consignee must be formulated in writing specifying the general nature of the damage, no later than the time of delivery, unless the consignee and the carrier have jointly checked the condition of the goods.

4. Where the loss or damage to the goods is not apparent, any reservation on the part of the consignee must be notified in writing specifying the general nature of the damage, no later than 7 consecutive days from the

jours consécutifs à compter du moment de la livraison, la personne lésée devant prouver dans ce cas que le dommage a été causé pendant que ces marchandises étaient sous la garde du transporteur.

5. Aucune réparation n'est due pour les dommages causés par un retard à la livraison, à moins que le destinataire ne prouve avoir informé le transporteur du retard dans un délai de 21 jours consécutifs suivant la livraison des marchandises et que l'avis en est parvenu au transporteur.

time of delivery; in such case, the injured party shall show that the damage was caused while the goods were in the charge of the carrier.

5. No compensation shall be payable for damage resulting from delay in delivery except when the consignee can prove that he gave notice of the delay to the carrier within 21 consecutive days following delivery of the goods and that this notice reached the carrier.

### Übersicht

|  | Rn. |  | Rn. |
|---|---|---|---|
| **I. Allgemeines** | 1–4 | 4. Äußerlich nicht erkennbare Güterschäden oder Güterverlust, Abs. 4 | 18–21 |
| **II. Reaktion bei Verlust oder Beschädigung** | 5–21 |  |  |
| 1. Vorbehaltslose Annahme, Vermutung der Unversehrtheit, Abs. 1 | 5 | **III. Reaktion bei Lieferfristüberschreitung, Abs. 5** | 22–27 |
| 2. Schadensfeststellung beider Parteien, Abs. 2 | 6–15 | **IV. Form und Wirkung des Vorbehalts** | 28–30 |
| 3. Äußerlich erkennbare Güterschäden oder Güterverlust, Abs. 3 | 16, 17 | **V. Beweislast** | 31–34 |

### I. Allgemeines

Durch Zeitablauf nach Ablieferung des Gutes drohen **Beweisverschlechterungen** zur **1** Frage, ob es gerade in der Obhut des Frachtführers zu Güterschäden gekommen ist. In Kapitel VI sind daher Fristen für die Geltendmachung von Ersatzansprüchen und deren Verjährung geregelt. Es enthält besondere Regelungen, um den Frachtführer vor besagter Verschlechterung der Beweislage wirksam zu schützen. Ferner soll beiden Vertragspartnern ermöglicht werden, Rechtsstreitigkeiten möglichst zu vermeiden oder ggf. zügig beizulegen. Geregelt ist daher die **Obliegenheit,** innerhalb welcher Frist der Empfänger selbst oder jemand für ihn (Art. 23 Abs. 1, 3, 5) bzw. der Geschädigte (Art. 23 Abs. 4) den Frachtführer über einen entstandenen Schaden **informieren** und gegebenenfalls Schadensersatzansprüche **gerichtlich geltend machen** (Art. 24) muss. Der Absender handelt nicht für den Empfänger.

Art. 23 regelt die **Obliegenheit der rechtzeitigen Anzeige** von Güterschäden, Güter- **2** verlust oder Lieferfristüberschreitung durch den Empfänger oder dessen Rechtsnachfolger und die **Rechtsfolgen** der vorbehaltslosen Annahme, der unterbliebenen Schadensanzeige und des nicht rechtzeitigen Verspätungsnachweises. Ausreichend ist die Weiterleitung eines durch Dritte für den Empfänger verfasstes Schadensprotokoll an den Frachtführer.[1] Die Vorschrift ist in Anlehnung an Art. 3 § 6 HVR, Art. 19 HHR, Art. 30 CMR und an Art. 42, 43, 47 ER CIM 1999 verfasst. § 438 HGB enthält eine vergleichbare Regelung. Gegenüber den CMR-Regelungen und den Regelungen in § 438 HGB ergeben sich inhaltlich keine wesentlichen Änderungen. Im Verhältnis zum ausführenden Frachtführer wirkt eine Schadensanzeige nur, wenn sie auch ihm gegenüber gemacht worden ist.[2]

In Art. 23 geht es um den Umgang mit äußerlich erkennbaren und äußerlich nicht **3** erkennbaren Güterschäden sowie Voraussetzungen und Folgen ihrer gemeinsamen Feststellung, um die Annahme unter einseitigem Vorbehalt und um die gänzlich unterbliebene Feststellung. Die Vorschrift spricht in ihrer Überschrift sowie im Zusammenhang mit der

---

[1] BGH 14.3.1985, VersR 1985, 686 = TranspR 1986, 22 (zu Art. 26 WA); von Waldstein/*Holland* Binnenschifffahrtsrecht Rn. 3.
[2] *Ramming*, HdB Binnenschifffahrtsrecht, Rn. 432.

Lieferfristüberschreitung von einer „Anzeige",[3] im Übrigen von der Erklärung eines „Vorbehalts" (Terminologie der CMR). In der Sache ergibt sich aus der Verwendung der unterschiedlichen Bezeichnungen jedoch keine Abweichung.[4]

**4**     Art. 23 ist weitgehend dispositiv, kann durch vertragliche Vereinbarungen also abbedungen werden. Für die Fristen des Art. 23 gilt dies nur eingeschränkt. Sie können nach Art. 25 Abs. 1 S. 1 verlängert, aber nicht verkürzt werden. Weil Art. 25 andere Einschränkungen nicht erwähnt, dürften alle anderen Regelungen des Art. 23 durch Parteivereinbarung abänderbar sein.[5]

## II. Reaktion bei Verlust oder Beschädigung

**5**     **1. Vorbehaltslose Annahme, Vermutung der Unversehrtheit, Abs. 1.** Wenn es der Empfänger iSv. von Art. 1 Nr. 5 CMNI (dh. die zur Empfangnahme des Gutes berechtigte Person) unterlässt, nach Ablieferung des Gutes an ihn einen – ggf. teilweisen – Verlust oder eine Beschädigung des Gutes anzuzeigen, nimmt er das Gut damit vorbehaltlos an. Nach Abs. 1 wird dann vermutet, dass das Gut vollständig und unbeschädigt abgeliefert worden ist, nämlich in dem Zustand und der Menge, wie sie *dem* Frachtführer übergeben worden waren.[6] Als Folge wird weiter vermutet, dass das Gut in der Zeit, während der es in der Obhut des Frachtführers war, weder – auch nicht teilweise – verloren gegangen noch beschädigt worden ist. Diese **Vermutung** ist **widerleglich**.[7] Es muss also der Empfänger den Beweis führen, dass Verlust oder Beschädigung noch in der Obhutszeit verursacht wurden (Umkehr der Beweislast, Abs. 4). Gleiches gilt, wenn die **Schadensanzeige nicht rechtzeitig erstattet** wird.

**6**     **2. Schadensfeststellung beider Parteien, Abs. 2.** Um einen Streit darüber zu vermeiden, ob das Gut verloren gegangen oder beschädigt worden ist, können nach Abs. 2 sowohl der Frachtführer als auch der Empfänger verlangen, dass bei der Schadensfeststellung beide Parteien zugegen sind. Die **gemeinsame Feststellung** des äußerlich erkennbaren Güterschadens oder Verlustes ist unproblematisch und beweissichernd. Mit ihr kann vom Grundsatz der einseitigen Schadensanzeige bzw. zur Erklärung eines Vorbehalts nach Abs. 1 abgewichen werden. Sie macht die gerichtliche Beweiserhebung entbehrlich.

**7**     Diese Vorgehensweise ist nach dem Wortlaut von Abs. 2 nur *bei der Ablieferung* möglich. Je nach den Umständen des Einzelfalls muss dem Empfänger nach Ablieferung aber noch Zeit zur Untersuchung jedenfalls auf äußerlich erkennbare Schäden und Verluste gegeben werden, an das sich das Verlangen nach gemeinsamer Schadens- oder Verlustfeststellung erst anschließt.[8]

**8**     Schon die gemeinsame Überprüfung stellt für den Frachtführer einen hinreichenden Anlass zur Beweissicherung dar. Die Vertragsparteien brauchen daher auf Grund der Überprüfung nicht zu einem übereinstimmenden Untersuchungsergebnis zu gelangen.[9] Bei Nichteinigung auf einvernehmliche Feststellungen ist keine Vertragspartei mit Behauptungen über Vorliegen oder Nichtvorliegen von Schäden und Verlusten ausgeschlossen.[10]

**9**     Ist der Zustand der Güter in Anwesenheit beider Parteien oder ihrer Vertreter[11] festgestellt worden, so bedarf es nach Absatz 2 der *schriftlichen* Anzeige des äußerlich erkennbaren

---

[3] Abweichend von den seerechtlichen Regelungen in den Visby- und Hamburg-Regeln sowie von § 438 HGB.

[4] von Waldstein/*Holland* Binnenschifffahrtsrecht Rn. 2.

[5] von Waldstein/*Holland* Binnenschifffahrtsrecht Rn. 26.

[6] Die deutsche Fassung „wie sie *von* ihm zur Beförderung übergeben worden sind", ist ein Redaktionsversehen. Gemeint war die Übergabe durch den Absender, nicht durch den Frachtführer. Hierzu unter Hinweis auf die englische und französische Textfassung schon von Waldstein/*Holland* Binnenschifffahrtsrecht Rn. 8; ebenso *Ramming,* HdB Binnenschifffahrtsrecht, Rn. 433.

[7] Von Waldstein/*Holland* Binnenschifffahrtsrecht Rn. 8.

[8] von Waldstein/*Holland* Binnenschifffahrtsrecht Rn. 15.

[9] von Waldstein/*Holland* Binnenschifffahrtsrecht Rn. 4.

[10] von Waldstein/*Holland* Binnenschifffahrtsrecht Rn. 17.

[11] Dies können auch Sachverständige sein. Denkbar ist auch ein gemeinsamer Vertreter, MüKoHGB/*Goette* 1. Aufl. § 61 BinSchG Rn. 11; von Waldstein/*Holland* Binnenschifffahrtsrecht Rn. 15.

Verlusts oder der Beschädigung nicht. Allerdings sind die Rechtsfolgen nicht so klar formuliert wie in Art. 30 Abs. 2 CMR: Zwar entfällt die Vermutung nach Abs. 1 zu Lasten des Ersatzberechtigten weg: Es wird dann nicht vermutet, dass der Frachtführer die Güter so abgeliefert hat, wie sie ihm zur Beförderung übergeben worden sind. Der Schadenseintritt in der Obhutsphase ist aber nicht ohne weiteres schon als durch die gemeinsame Feststellung bewiesen anzusehen. Vielmehr ist die Frage beweisrechtlich wieder offen (vgl. unten zu V, Rn. 31).

Die Reichweite der gemeinsamen Untersuchung erstreckt sich nur auf äußerlich erkennbare Mängel. Nur insoweit entsteht eine Bindung an gemeinsame Feststellungen. Die Anzeige äußerlich nicht erkennbarer Mängel und Teilverluste ist nachträglich möglich. Wer sich auf eine einvernehmliche Feststellung beruft, hat diese zu beweisen. **10**

Für den Fall der **Weigerung der Mitwirkung** zur gemeinsamen Feststellung enthält die CMNI keine Regelung. Nach gemäß Art. 29 CMNI ergänzend anwendbarem nationalen Recht sind dann uU Grundsätze der **Beweisvereitelung** heranzuziehen.[12] Die Berufung auf die unterbliebene Schadensanzeige wäre in einem solchen Fall rechtsmissbräuchlich. **11**

Die Weigerung des *Frachtführers* gegenüber einem berechtigten Untersuchungsverlangen des Empfängers hat zur Folge, dass die Anzeigeobliegenheit des Empfängers entfällt. Der Frachtführer muss zudem weitere Beweisnachteile fürchten. Weitergehende Ansprüche nach ergänzend anwendbarem Recht (Art. 29) sind nicht ausgeschlossen. **12**

Die Weigerung des *Empfängers* gegenüber einem berechtigten Untersuchungsverlangen des Frachtführers hat zur Folge, dass die Anzeigeobliegenheit des Empfängers bestehen bleibt: Sie kann als Beweisvereitelung des Empfängers mit Wirkung gegen den Geschädigten angesehen werden. Auch hier sind weitergehende Ansprüche nach ergänzend anwendbarem Recht (Art. 29) nicht ausgeschlossen. **13**

Selbstständiges Beweisverfahren und Verklarungsverfahren haben prozessual höhere Beweiskraft. Beide sind durch die gemeinsame Untersuchung und Feststellung nach Abs. 2 nicht ausgeschlossen.[13] **14**

Den Ersatz der Kosten gemeinsamer Feststellung regelt das Übereinkommen nicht. Auch diese Frage wird von dem ergänzend anwendbaren nationalen Recht (Art. 29) beherrscht. Im deutschen Recht regelt § 430 HGB die Ersatzpflicht des Frachtführers für Schadensfeststellungskosten. **15**

**3. Äußerlich erkennbare Güterschäden oder Güterverlust, Abs. 3.** Kommt es nicht zur gemeinsamen Feststellung, muss ein äußerlich erkennbarer Verlust oder eine äußerlich erkennbare Beschädigung nach Abs. 3 spätestens bei Ablieferung der Güter (vgl. Art. 10), dh. jedenfalls **unmittelbar nach Beendigung des Ablieferungsvorgangs** angezeigt werden.[14] Die schließt eine zumutbare Zeitspanne für notwendige und angemessene Untersuchungen des Gutes am Ablieferungsort und für Absetzung einer schriftlichen Stellungnahme mit ein.[15] Der Wortlaut „spätestens" konnotiert: Eine Anzeige **bereits vor der Ablieferung** wird bei Erkennbarkeit des Güterschadens oder des Güterverlustes zulässig sein müssen.[16] Beginn oder Beendigung des Ablieferungsvorgangs müssen nicht abgewartet werden. **16**

Bei Totalverlust kommt es gar nicht zur Ablieferung an den Empfänger. Die Anknüpfung der Obliegenheit zur Schadensanzeige an die Ablieferung („spätestens bei Ablieferung") läuft dann leer.[17] In diesem Fall ist das Beweissicherungsbedürfnis des Frachtführers auch ein anderes. **17**

---

[12] *Koller* Rn. 2; Art 30 CMR Rn. 11.
[13] von Waldstein/*Holland* Binnenschifffahrtsrecht Rn. 15.
[14] Zur äußeren Erkennbarkeit vgl. *Koller* § 438 HGB Rn. 3 f.
[15] von Waldstein/*Holland* Binnenschifffahrtsrecht Rn. 7.
[16] So auch *Ramming*, HdB Binnenschifffahrtsrecht, Rn. 432.
[17] *Koller* Art. 30 CMR Rn. 1; von Waldstein/*Holland* Binnenschifffahrtsrecht Rn. 3.

**18**    **4. Äußerlich nicht erkennbare Güterschäden oder Güterverlust, Abs. 4.** Ist der Verlust oder die Beschädigung des Gutes äußerlich nicht – auch nicht durch gemeinsame Überprüfungen – erkennbar,[18] so muss der Vorbehalt **spätestens innerhalb von 7 aufeinander folgenden Kalendertagen nach Ablieferung** angezeigt werden (Abs. 4). Die abweichende Vereinbarung einer längeren Frist ist zulässig, einer kürzeren Frist ist nicht zulässig, vgl. Art. 25 Abs. 1 S. 1. Unklar ist, ob maßgeblich für Rechtzeitigkeit der **Zeitpunkt** der Absendung ist oder der des Zugangs der Erklärung. Vom Telos der Warnung des Frachtführers und der Beweissicherung liegt es nahe, auf den Zugang der Erklärung bei Frachtführer abzustellen. Andererseits dürfte die Zeit von sieben Tagen dann im internationalen Kontext bei größeren Distanzen schwer einzuhalten sein. Die französische Textfassung („emise") legt nahe, auf den Absendezeitpunkt abzustellen. Diesem teleologischen und rechtsvergleichenden Auslegungsergebnis entspricht der aus Art. 23 Abs. 5 ableitbare Umkehrschluss, wonach dort explizit für die Rechtzeitigkeit auf den Zugang der Erklärung abgehoben wird.[19]

**18a**    Der Geschädigte hat bei Nichterkennbarkeit des Schadens („in diesem Fall") trotz ordnungsgemäßer Anzeige nachzuweisen, dass der Schaden entstanden ist, während sich die Güter in der Obhut des Frachtführers befanden. Damit gilt Gleiches wie in Abs. 1, wo die Vermutung der Schadensfreiheit bei Übernahme dem Geschädigten ebenfalls die Darlegungs- und Beweislast für die Schädigung in der Obhut des Frachtführers aufbürdet.[20]

**19**    Die Fristberechnung ihrerseits ergibt sich nicht aus dem Übereinkommen, sondern bemisst sich nach dem gem. Art. 29 anwendbaren nationalen Recht.[21]

**20**    Die Anforderungen an Form, Inhalt und Adressat des Vorbehalts entsprechen denen für Abs. 3. Allerdings enthebt der rechtzeitige Vorbehalt den Geschädigten nicht des Nachweises der Schädigung im Obhutszeitraum gem. Art. 16 Abs. 1 CMNI.

**21**    Fraglich sind die Rechtsfolgen eines verspäteten Vorbehalts. Abs. 5 bestimmt nur, dass etwa die Anzeige einer Lieferfristüberschreitung innerhalb von 21 Tagen nach der Ablieferung den Ersatzanspruch wegen Verspätung nicht erlöschen lässt. Das scheint nicht verallgemeinerbar.[22]

### III. Reaktion bei Lieferfristüberschreitung, Abs. 5

**22**    Im Fall der Lieferfristüberschreitung regelt bestimmt Abs. 5 weitergehende Rechtsfolgen. Abs. 5 entspricht weitgehend Art. 30 Abs. 3 CMR. Eine Lieferfristüberschreitung muss **innerhalb von 21 aufeinanderfolgenden Tagen nach Ablieferung des Gutes** vom Empfänger oder seinem Vertreter gegenüber dem Frachtführer angezeigt werden, der in Anspruch genommen wird, also gegenüber dem vertragsschließenden oder auch gegenüber dem ausführenden Frachtführer. Telos ist nicht Beweissicherung, sondern Information des Frachtführers über die Rechtswahrung des Empfängers zur Geltendmachung von Verspätungsschäden.

**23**    Wird die Verspätung nicht nach Abs. 5 fristgerecht durch den Empfänger angezeigt, hat der Frachtführer nicht Ersatz zu leisten. Dies betrifft alle gegen ihn gerichteten Ansprüche wegen Lieferfristüberschreitung, auch solche vom Empfänger personenverschiedener Geschädigter.

**24**    Die Frist beginnt am Tag nach der Ablieferung (iSv. Art. 10). Für die Rechtzeitigkeit der Anzeige ist – ebenso wie nach § 438 Abs. 4 Satz 2 HGB – die Absendung der Anzeige maßgeblich. Die Abweichung des Abs. 5 von Abs. 4 in der Bezeichnung der aufeinanderfol-

---

[18]  Dazu im Einzelnen *Koller* Art. 30 CMR Rn. 2, 13.

[19]  von Waldstein/*Holland* Binnenschifffahrtsrecht Rn. 13.

[20]  *Ramming*, HdB Binnenschifffahrtsrecht, HB Rn. 434.

[21]  Im deutschen Recht nach §§ 187 Abs. 1, 188 Abs. 1 BGB. Art. 23 Abs. 4 stellt allgemein auf Kalendertage ab und enthält keine Art. 30 Abs. 2 CMR entsprechende Ausnahme von Sonntagen und gesetzlichen Feiertagen. § 193 BGB gilt daher nicht.

[22]  So aber *Koller* Rn. 2 Anm. c) (Umkehrschluss).

genden Tage erscheint angesichts einheitlicher Wortfassungen in den englischen und französischen Texten unbeachtlich.[23]

Ein Schriftformerfordernis besteht bei Abs. 5 – anders als bei Abs. 3 und 4 – nicht und **25**
kann auch nicht aus dem Zugangserfordernis geschlossen werden, weil dieses erfüllt ist,
wenn die Erklärung auf verkehrsüblichem Weg in den Machtbereich des Frachtführers
gelangt. Dies kann auch durch mündliche Unterrichtung eingehalten werden.[24]

Zusätzlich muss der Empfänger oder der Geschädigte beweisen, dass die Verspätung **26**
eingetreten ist und dass der Frachtführer die Schadensanzeige des Empfängers auch tatsächlich erhalten hat, dass sie also nicht verloren gegangen ist.[25] Bei Verlust des abgesendeten
Vorbehalts ist wirksame Neuversendung nur innerhalb der Frist von 21 Tagen zulässig.[26]
Unterlässt es der Empfänger die Anzeige der Lieferfristüberschreitung anzuzeigen, so erlöschen etwaige Schadensersatzansprüche.

Verlust der Schadensanzeige innerhalb der Frist von 21 Tagen erfordert Neuabsendung **27**
einer Schadensanzeige innerhalb dieser Frist. Gleiches gilt bei Beweissicherung der Rechte
gegenüber einem ausführenden Frachtführer.[27]

### IV. Form und Wirkung des Vorbehalts

Der Vorbehalt oder die Schadensanzeige müssen konkret sein. Sie bedarf abweichend **28**
von § 438 HGB stets der **Schriftform (Art. 1 Nr. 8).** Mündlichkeit reicht nicht aus.
Erklärender muss der Empfänger, Adressat der Frachtführer sein. Dies ist bei einer Frachtführerkette der Hauptfrachtführer, im Falle der Inanspruchnahme des ausführenden
Frachtführers auch dieser. Die Aushändigung des Vorbehalts/der Schadensanzeige an bei
Ablieferung des Gutes anwesende Hilfspersonen des Frachtführers oder an den dort anwesenden ausführenden Frachtführer oder dessen Hilfspersonen ist ausreichend.[28] Sie sind
idR entweder Bevollmächtigte zur Entgegennahme der Erklärung oder Empfangsboten.[29]
Art. 1 Nr. 8 gibt hier weiten technischen Spielraum zur Fixierung der nötigen Informationen.

Nach Abs. 3 sind **Angaben zur allgemeinen Natur des Schadens** zu machen. Diese **29**
müssen jedenfalls so detailliert sein, dass der Frachtführer daraus ableiten kann, ob eine
Beweissicherung notwendig ist und auf welche Weise diese zu geschehen hat. Allgemeine
Vorbehalte oder Rügen sind daher nicht ausreichend, ein besonderes Schadensgutachten
aber auch nicht notwendig.[30]

Der wirksam erklärte Vorbehalt kehrt nicht die Beweislast um. Die Vermutung nach **30**
Art. 23 Abs. 1 tritt nicht ein und es bleibt bei den allgemeinen Beweislastregeln.[31] Der nicht
formgerecht erklärte Vorbehalt ist wirkungslos mit den Rechtsfolgen der vorbehaltslosen
Annahme (vgl. oben II. 1. Rn. 5), dh. mit der Folge der – widerleglichen – Vermutung
der Vollzähligkeit und Schadensfreiheit.

### V. Beweislast

Die Beweislast dafür, *dass* ein formgerechter Vorbehalt erklärt worden war, trägt der **31**
Empfänger. Wurde ein formgerechter Vorbehalt **bei äußerlich erkennbaren Schäden
oder Teilverlusten** rechtzeitig erklärt, tritt die Vermutung der Schadensfreiheit nach
Abs. 1 nicht ein. Allerdings wird nach Erklärung des Vorbehalts dann nicht vermutet, dass
der Vorbehalt zu Recht gemacht worden sei. Vielmehr ist die Frage der Beschädigung

---

[23] von Waldstein/*Holland* Binnenschifffahrtsrecht Rn. 24.
[24] von Waldstein/*Holland* Binnenschifffahrtsrecht Rn. 23.
[25] Denkschrift, BR-Drucks. 563/06 S. 44.
[26] *Koller* Rn. 3.
[27] *Koller* Rn. 3.
[28] *Koller* Rn. 2.
[29] von Waldstein/*Holland* Binnenschifffahrtsrecht Rn. 5 mwN.
[30] von Waldstein/*Holland* Binnenschifffahrtsrecht Rn. 6; ebenso schon *Koller* Art. 30 CMR Rn. 4 mwN.
[31] *Koller* Rn. 2.

der Güter vor Ablieferung in der Obhutszeit dadurch wieder **beweisrechtlich offen** und es gelten die allgemeinen Beweisgrundsätze.[32] Mithin hat nach Annahme des Gutes durch den Empfänger dann grundsätzlich wieder der Empfänger zu beweisen, dass das Gut *schon bei Ablieferung* beschädigt oder nicht vollständig war. Das Gleiche gilt für Wirkungen der gemeinsamen Feststellung von Beschädigung oder Verlust. Der Schadenseintritt in der Obhutsphase ist nicht ohne weiteres schon als bewiesen anzusehen (vgl. oben II.2., Rn. 9).

**32**  Die Beweislast zum Gegenteil (also hinsichtlich des Zustands, in dem der Frachtführer die Güter *übernommen* hat) trifft den **Frachtführer** (Parallele zu § 363 BGB).[33] Durch diese Beweisverschärfung soll der Frachtführer nicht durch Abstreiten seine Beweisposition künstlich verbessern können. Die Dinge kehren sich wiederum gegen den Empfänger bei dessen **Beweisvereitelung.**[34]

**33**  Bei **äußerlich nicht erkennbaren Schäden** oder Teilverlusten hat der Geschädigte (ggf. der Empfänger) die rechtzeitige Anzeige zu beweisen und den Umstand, dass der Schaden *zurzeit der Obhut des Frachtführers* entstanden war, Abs. 4. Hierdurch soll die Möglichkeit genommen werden, solche Schäden oder Teilverluste anzuzeigen, die erst nach Ablieferung der Güter entstanden sind. Die Beweislastverteilung entspricht allgemeinen Beweisgrundsätzen.[35]

**34**  Im Fall der **Lieferfristüberschreitung** muss der Empfänger beweisen, dass der Frachtführer die Schadensanzeige auch tatsächlich erhalten hat, dass sie also nicht verloren gegangen ist, Abs. 5.[36]

## Art. 24 Verjährung

(1) [1]**Alle Ansprüche aus einem diesem Übereinkommen unterstehenden Vertrag verjähren mit Ablauf eines Jahres von dem Tage an, an dem die Güter dem Empfänger abgeliefert worden sind oder hätten abgeliefert werden müssen.** [2]**Der Tag, an dem die Frist beginnt, bleibt bei der Berechnung der Frist außer Betracht.**

(2) [1]**Derjenige, demgegenüber ein Anspruch erhoben worden ist, kann jederzeit während der Frist diese durch eine schriftliche Erklärung gegenüber dem Geschädigten verlängern.** [2]**Diese Frist kann durch eine oder mehrere andere Erklärungen erneut verlängert werden.**

(3) [1]**Auf die Hemmung und Unterbrechung der Verjährung findet das Recht des Staates Anwendung, das auf den Frachtvertrag anzuwenden ist.** [2]**Die Anmeldung des Anspruchs in einem Verteilungsverfahren zur Durchführung der Haftungsbeschränkung für alle aus einem Schadensereignis entstandenen Ansprüche unterbricht die Verjährung.**

(4) **Ein Rückgriffsanspruch einer nach diesem Übereinkommen haftbar gemachten Person kann auch nach Ablauf der in den Absätzen 1 und 2 vorgesehenen Verjährungsfrist gerichtlich geltend gemacht werden, wenn die Klage innerhalb von 90 Tagen seit dem Tag erhoben wird, an dem derjenige, der die Rückgriffsklage erhebt, den Anspruch befriedigt hat oder an dem ihm die Klage zugestellt worden ist, oder wenn die Klage innerhalb einer längeren, vom Recht des Staates, in dem das Verfahren eingeleitet wird, bestimmten Frist erhoben wird.**

---

[32] Art. 30 CMR Rn. 16; *Koller* Art. 30 CMR Rn. 7; von Waldstein/*Holland* Binnenschifffahrtsrecht Rn. 8.
[33] Sehr str., vgl. *Koller* Art. 30 CMR Rn. 7 Fn. 37. Die Vorbehalte des Frachtführers bei *Übernahme* der Güter lösen wiederum eine Vermutung der Richtigkeit seiner Feststellungen aus bis um Beweis des Gegenteils.
[34] Vgl. *Koller* Art. 30 CMR Rn. 7.
[35] Das Motiv zu ihrer Klarstellung in Abs. 4 wird im französischen Recht vermutet, das an den erklärten Vorbehalt die Vermutung der Schadensverursachung in der Obhutzeit knüpft, von Waldstein/*Holland* Binnenschifffahrtsrecht Rn. 814.
[36] Denkschrift, BR-Drucks. 563/06 S. 44.

**(5) Verjährte Ansprüche können nicht auf dem Wege der Widerklage oder Einrede geltend gemacht werden.**

## Art. 24 Prescription

1. Toutes les actions nées d'un contrat régi par la présente Convention se prescrivent dans le délai d'un an à compter du jour où les marchandises ont été ou auraient dû être livrées au destinataire. Le jour du départ de la prescription n'est pas compris dans le délai.

2. La personne contre laquelle une action a été engagée peut à tout moment, pendant le délai de prescription, prolonger ce délai par une déclaration adressée par écrit à la personne lésée. Ce délai peut être de nouveau prolongé par une ou plusieurs autres déclarations.

3. La suspension et l'interruption de la prescription sont régies par la loi de l'Etat applicable au contrat de transport. L'introduction d'un recours, lors d'une procédure de répartition en vue de la mise en œuvre de la responsabilité limitée pour toutes créances résultant d'un événement ayant entraîné des dommages, interrompt la prescription.

4. Une action récursoire d'une personne tenue pour responsable en vertu de la présente Convention pourra être exercée même après l'expiration du délai de prescription prévu aux paragraphes 1 et 2 du présent article, si une procédure est engagée dans un délai de 90 jours à compter du jour où la personne qui exerce l'action récursoire a fait droit à la réclamation ou a été assignée ou si une procédure est engagée dans un délai plus long prévu par la loi de l'Etat où la procédure est engagée.

5. L'action prescrite ne peut pas être exercée sous forme de demande reconventionnelle ou d'exception.

## Art. 24 Limitation of actions

1. All actions arising out of a contract governed by this Convention shall be time-barred after one year commencing from the day when the goods were, or should have been, delivered to the consignee. The day on which the limitation period commences is not included in the period.

2. The person against whom an action is instituted may at any time during the limitation period extend that period by a declaration in writing to the injured party. This period may be further extended by one or more further declarations.

3. The suspension and interruption of the limitation period are governed by the law of the State applicable to the contract of carriage. The filing of a claim in proceedings to apportion limited liability for all claims arising from an event having led to damage shall interrupt the limitation.

4. Any action for indemnity by a person held liable under this Convention may be instituted even after the expiry of the limitation period provided for in paragraphs 1 and 2 of the present article, if proceedings are instituted within a period of 90 days commencing from the day on which the person instituting the action has settled the claim or has been served with process, or if proceedings are instituted within a longer period as provided by the law of the State where proceedings are instituted.

5. A right of action which has become barred by lapse of time may not be exercised by way of counter-claim or set-off.

### Übersicht

| | Rn. | | Rn. |
|---|---|---|---|
| I. Allgemeines, Anwendungsbereich | 1–3 | IV. Hemmung, Unterbrechung | 13, 14 |
| II. Verjährungswirkungen | 4–6 | V. Regressklagen | 15, 16 |
| III. Verjährungsfrist, Verjährungsbeginn | 7–12 | VI. Beweislast | 17 |

## I. Allgemeines, Anwendungsbereich

Die Vorschrift regelt in Anlehnung an Art. 3 § 6 Abs. 4 Satz 1 HVR, Art. 32 CMR, **1** Art. 48 § 1 ER CIM 1999 sowie in § 439 Abs. 1 Satz 1 HGB, welche Ansprüche der

Verjährung nach CMNI unterliegen, den Verjährungsbeginn und ihre Dauer. Sie bestimmt Einzelheiten der Verjährung von *allen* Ansprüchen aus einem Beförderungsvertrag, der diesem Übereinkommen iSv. Art. 2 iVm. Art. 1 Nr. 1 unterliegt. Sie gilt nach dem Wortlaut Abs. 1 im Grundsatz – vorbehaltlich Art. 22 – folglich *alle* Ansprüche aus einem dem Übereinkommen unterstehenden Vertrag, dh. zunächst für *vertragliche* **Ansprüche** wegen Verlust, Beschädigung oder Lieferfristüberschreitung, ferner für solche vertraglichen Ansprüche, die nicht auf Bestimmungen des Übereinkommens gestützt werden, sondern auf ergänzend anwendbares nationales Recht und deren Nichtverjährung die Vorschrift des Art. 24 ("alle Ansprüche") zu umgehen droht. Die Vorschrift erfasst also weitergehend etwa auch Ansprüche auf Fracht, Liegegeld, Frachtrückzahlung, Ersatzansprüche aus Vertragsverletzung, Nichterfüllung und Erfüllungsverweigerung[1] sowie Ersatz von Aufwendungen in Gefolge der Vertragsdurchführung (zB Feuerwehrkosten).

**2**    **Außervertragliche Ansprüche,** die mit vertraglichen Ansprüchen wegen Verlust, Beschädigung oder Lieferfristüberschreitung *konkurrieren,* sind entgegen dem Wortlaut von Abs. 1 schon über Art. 22 CMNI miterfasst. Denn Verjährung ist als Haftungsbefreiung zu qualifizieren, die nicht durch konkurrierende Deliktsansprüche umgangen werden soll.[2] Nicht mit Vertragsansprüchen wegen Verlust, Beschädigung oder Lieferfristüberschreitung konkurrierende, andere Ansprüche sind von Art. 22 aber nicht erfasst, etwa Bereicherungsansprüche, mit denen es gar nicht zur *Konkurrenz* mit Ansprüchen wegen Verlust, Beschädigung oder Lieferfristüberschreitung kommen kann. Bei hinreichendem Zusammenhang zu einem Frachtvertragsschluss sollten auch sie erfasst sein. Gleiches gilt für vorvertragliche Ansprüche aus Verschulden bei Vertragsschluss.[3]

**3**    Betroffen sind nach Abs. 1 Ansprüche von Frachtführer, Absender oder Empfänger aus dem der CMNI "unterstehenden Vertrag". Das scheint weniger weitreichend als etwa Art. 32 CMR, der alle Ansprüche aus einer der CMR "unterliegenden Beförderung" erfasst. Unterwirft man Ansprüche Dritter (etwa Eigentümer beförderter Güter) nach Art. 22 den Haftungsbegrenzen und Haftungsbefreiungen des Übereinkommens (dazu Art. 22 sub II), sollten sie auch der Verjährung nach Art. 24 unterfallen.[4]

## II. Verjährungswirkungen

**4**    Verjährungs*wirkungen* sind in Abs. 1 **nicht geregelt** ("Ansprüche . . . verjähren"). Abs. 3 verweist nur für die speziellen weiteren Wirkungen der Hemmung und Unterbrechung der Verjährung auf das nach Art. 29 zu bestimmende Vertragsstatut, nicht für Verjährungswirkungen selbst. Abs. 5 schließlich regelt nur **Einzelwirkungen** der Verjährung (Einrede). Die dadurch sichtbar werdende Regelungslücke ist durch Analogie zu Abs. 3 zu schließen: Verjährungswirkungen sind folglich dem nach Art. 29 CMNI ergänzend anwendbaren Recht zu entnehmen.[5]

**5**    Nach Abs. 5 können verjährte Ansprüche nicht durch **Widerklage** oder **Einrede** geltend gemacht werden. Die Regelung entspricht inhaltlich Art. 32 Abs. 4 CMR und Art. 48 § 4 ER CIM 1999. Sie ist jedoch strenger als § 215 BGB ab, wonach die Verjährung die Aufrechnung und die Geltendmachung eines Zurückbehaltungsrechts dann nicht ausschließt, wenn der Anspruch in dem Zeitpunkt noch nicht verjährt war, in dem erstmals aufgerechnet oder die Leistung verweigert werden konnte.[6]

**6**    Wie für Art. 32 Abs. 4 CMR vertreten,[7] sollte auch bei Art. 24 Abs. 5 die **Aufrechnung** vom Einredeverbot erfasst sein.[8]

---

[1] *Koller* Rn. 1; Denkschrift, BR-Drucks. 563/06 S. 44.
[2] *Koller* Rn. 1.
[3] So wohl auch von Waldstein/*Holland* Binnenschifffahrtsrecht Rn. 3 und § 439 HGB Rn. 2; aA *Koller* § 439 HGB Rn. 3.
[4] von Waldstein/*Holland* Binnenschifffahrtsrecht Rn. 2.
[5] *Koller* Rn. 1.
[6] Vgl. *Koller* Art. 32 CMR Rn. 19, 21; Denkschrift, BR-Drucks. 563/06 S. 45.
[7] BGH 7.3.1985, NJW 1985, 2091 f.; OLG Hamburg 10.5.1984, TranspR 1984, 196.
[8] So auch schon von Waldstein/*Holland* Binnenschifffahrtsrecht Rn. 12.

### III. Verjährungsfrist, Verjährungsbeginn

Nach Abs. 1 Satz 1 beträgt die **Verjährungsfrist** in Anlehnung an Art. 3 § 6 Abs. 4 Satz 1 **7** HVR, Art. 32 CMR, Art. 48 § 1 ER CIM 1999 sowie in § 439 Abs. 1 Satz 1 HGB **ein Jahr.**

Anders als nach internationalem Straßen- und Eisenbahnfrachtrecht sowie nach § 439 HGB **8** findet sich für qualifiziertes Verschulden des in Anspruch genommenen Frachtführers keine Sonderregelung. Eine Verlängerung der Verjährungsfrist bei **qualifiziertem Verschulden** ist also nicht vorgesehen. Daraus kann jedoch nicht der Schluss gezogen werden, auch im Falle des qualifizierten Verschuldens gelte die kurze Verjährungsfrist.[9] Dies ist auch nicht notwendig, denn die Verjährung ist abweichend von Art. 29 CMR im Übereinkommen durchgehend als Haftungsbefreiung gem. Art. 21, 22 zu qualifizieren, die bei qualifiziertem Verschulden des Verpflichteten/Haftenden nicht greift.[10] Art. 21 ff. gelten für alle im Übereinkommen geregelten Haftungsbefreiungen. Dadurch werden die betreffenden Ansprüche allerdings nicht verjährungsfrei. Die Verjährungsfrist der Ansprüche bei qualifiziertem Verschulden bestimmt sich vielmehr nach ergänzend anwendbarem nationalem Recht. Bei Geltung deutschen Vertragsstatuts wäre auf § 439 Abs. 1 S. 2 HGB zurückzugreifen Verlängerung auf drei Jahre.

Nach Abs. 2 hat der Schädiger die Möglichkeit, die Verjährungsfrist durch **einseitige 9 Erklärung** gegenüber dem Geschädigten **beliebig oft und lange** ohne Höchstdauer[11] **verlängern.** Durch eine solche Erklärung begünstigt der Schädiger den Geschädigten. Die Denkschrift geht davon aus, dass letzterer hiermit einverstanden ist.[12] Die Vorschrift hat ihr Vorbild in Art. 20 Abs. 4 HHR. Die Verlängerung bedarf der **Schriftform.** Eine einseitige Verlängerung ist rechtswirksam nur dann, wenn die darauf gerichtete Erklärung abgegeben wurde, nachdem die Verjährungsfrist zu laufen begonnen hat. Vor Anspruchsentstehung ist eine Verlängerung der Verjährung (etwaiger Ansprüche) nicht möglich. Eine **Verkürzung** der Verjährungsfrist ist nicht möglich (a. e. Art. 25 Abs. 1), gleich ob durch Vereinbarung über die Dauer der Verjährung oder über den Verjährungsbeginn. Durch Vorverlegung des Verjährungsbeginns wird dem Geschädigten die Frist für die Vornahme unterbrechender oder hemmender Handlungen verkürzt.[13]

**Verjährungsbeginn** ist für alle erfassten Ansprüche – außer für Regressansprüche (dazu **10** unten Rn. 15, 16) – nach Abs. 1 Satz 1 der **Tag der Ablieferung** des komplett abgelieferten Gutes[14] bzw. nicht erfolgter Ablieferung der Tag der nach Vertrag *vorgesehenen* Ablieferung des *kompletten* Gutes (innerhalb der vertraglich vorgesehenen Lieferfrist gem. Art. 5) beim Empfänger.

Bei **vertragswidriger Teillieferung** oder **Nichtlieferung** ist also **der gesollte Ablie- 11 ferungszeitpunkt** der einzig greifbare Anknüpfungspunkt für den Verjährungsbeginn.

Bei vertraglich vorgesehenen **Teillieferungen** (Sukzessivlieferungen) ist für den Tag der **12** Ablieferung auf den **letzten Ablieferungsakt** abzustellen.[15] Ab diesem beginnt der Lauf der Verjährungsfrist für die vorbezeichneten Ansprüche. So sollte auch bei Teillieferung oder verspäteter Lieferung verfahren werden.[16] Erst ab diesen Zeitpunkten gewinnt der ersatzberechtigte Empfänger Klarheit über seine Ansprüche.

### IV. Hemmung, Unterbrechung

Hemmungs- und Unterbrechungswirkung sind in der CMNI nicht geregelt. Nach **Abs. 3 13** Satz 1 findet auf die Hemmungs- und Unterbrechungswirkung der Verjährung vertraglicher

---

[9] So aber die Denkschrift, BR-Drucks. 563/06 S. 45.
[10] *Koller* Rn. 2; von Waldstein/*Holland* Binnenschifffahrtsrecht Rn. 5; Art. 21 Rn. 6.
[11] Anders § 202 Abs. 2 BGB.
[12] Denkschrift, BR-Drucks. 563/06 S. 45.
[13] von Waldstein/*Holland* Binnenschifffahrtsrecht Rn. 14.
[14] Vgl. *Koller* Art. 32 CMR Rn. 4.
[15] *Koller* Rn. 2, anders bei Fn. 5 (Beginn mit der teilweisen Ablieferung). Auf Art. 10 Abs. 2 (Bereitstellung als Ablieferung) ist insoweit für die Bestimmung von Ablieferung als Verjährungsbeginn nicht abzustellen.
[16] Anderer Ansicht *Koller* Rn. 2.

und nichtvertraglicher Ansprüche das nach Art. 29 ermittelbare **Vertragsstatut** Anwendung, dh. das Recht des Staates, das auf den zugrunde liegenden Frachtvertrag anzuwenden ist. Bei deutschem Frachtvertragsstatut richten sich mithin die **Hemmung,** die Ablaufhemmung sowie der Neubeginn (= Unterbrechung) der Verjährung nach den §§ 203–211, 213 BGB[17] sowie den in Ansehung der Form (schriftliche Reklamation) spezielleren § 439 Abs. 3 HGB.[18] Die Regelung in Abs. 3 Satz 1 entspricht insoweit Art. 10 Abs. 1 Buchstabe d des Schuldvertragsübereinkommens und dem ihn umsetzenden Art. 32 Abs. 1 Nr. 4 EGBGB.

14    Abs. 3 Satz 2 enthält abweichend von Satz 1 eine Sonderregelung der **Verjährungsunterbrechung.** Ist der Frachtführer zugleich Schiffseigner und ist ein Verfahren zur Errichtung und Verteilung eines Fonds zur Beschränkung der Haftung dieses Schiffseigners für alle aus einem Schadensereignis entstandenen Ansprüche eröffnet (sog. globale Haftungsbeschränkung, vgl. § 5d BinSchG), unterbricht die Anmeldung eines Anspruchs in diesem schifffahrtsrechtlichen **Verteilungsverfahren** die Verjährung und setzt den Verjährungslauf neu in Gang.[19] Die Wirksamkeit der Anmeldung ist ebenso wie das schifffahrtsrechtliche Verteilungsverfahren gesondert anzuknüpfen und beurteilt sich nach nationalem Recht.[20]

## V. Regressklagen

15    Abs. 4 bestimmt in Anlehnung an Art. 3 § 6 bis HVR und Art. 20 Abs. 5 HHR, dass sich für **Regressklagen** einer nach diesem Übereinkommen vertraglich haftbar gemachten Person[21] (Frachtführer, ausführende Frachtführer, Absender, Empfänger, nicht aber Bedienstete und Beauftragte[22]) gegen Dritte die in den Absätzen 1 und 2 genannten Verjährungsfristen insoweit **verlängern,** als es die lex fori zulässt. Kennt also das Recht des Staates, in dem das Verfahren anhängig gemacht wird, längere Fristen, so sind diese für die vorbenannten Regressklagen maßgebend.[23]

16    Zudem steht dem Regresskläger unabhängig von der lex fori nach Abs. 4 eine **Frist von 90 Tagen** ab dem Zeitpunkt zur Verfügung, an dem er den gegen ihn gerichteten Anspruch befriedigt hat oder nachdem ihm die gegen ihn gerichtete Klage, die seinen Regressanspruch auslösen könnte, zugestellt wurde.[24] Der Regressgläubiger kann sich auf die für ihn günstigste Frist berufen.[24] Voraussetzung ist, dass die Verjährungsfrist grundsätzlich zu beachten und dass sie abgelaufen war.[25]

## VI. Beweislast

17    Die Beweislast für die Anwendbarkeit von Art. 24 und für Beginn und Ende der Verjährungsfrist liegt beim Schuldner, die Beweislast für Voraussetzungen der Hemmung und Unterbrechung beim Gläubiger. Ein neuer Lauf der Verjährung (Ende der Hemmung oder Ablauf der Verjährung nach Unterbrechung) ist wiederum vom Schuldner zu beweisen.[26]

## Kapitel VII. Schranken der Vertragsfreiheit

### Art. 25 Nichtige Abreden

**(1) [1]Jede vertragliche Vereinbarung mit dem Zweck, die Haftung des Frachtführers, des ausführenden Frachtführers, ihrer Bediensteten oder Beauftragten**

---

[17] Vgl. dazu von Waldstein/*Holland* Binnenschifffahrtsrecht § 117 BinSchG Rn. 20 ff.

[18] Denkschrift nennt die §§ 204 ff BGB; *Koller* Fn. 52 auch § 203 BGB.

[19] Anders als in § 204 Abs. 1 Nr. 10 BGB (nur Hemmung).

[20] von Waldstein/*Holland* Binnenschifffahrtsrecht Rn. 10, vgl. § 5m BinSchG.

[21] Unklar *Koller* Rn. 4 (Regressanspruch *gegen* Dritte, die nach der CMNI haftbar gemacht ist).

[22] Beauftragte und Bedienstete haften nicht nach der CMNI und dem Geschädigten schon gar nicht vertraglich, vgl. Art. 24 Abs. 1 Satz 1, sondern genießen nur die Haftungsbefreiungen, Art. 17 Abs. 3.

[23] Vgl. im deutschen Recht dazu § 439 Abs. 2 Satz 3 HGB, der mit einem nach hinten verschoben Verjährungsbeginn im Ergebnis die Verjährung des Anspruchs hinausschiebt.

[24] *Koller* Rn. 4.

[25] *Koller* Rn. 4.

[26] *Koller* Rn. 6; *ders.* Art. 32 CMR Rn. 23.

nach diesem Übereinkommen auszuschließen, zu beschränken oder vorbehaltlich des Artikels 20 Absatz 4 zu erhöhen, die Beweislast für diese Haftung umzukehren oder die Anzeige- und Verjährungsfristen nach den Artikeln 23 und 24 zu verkürzen, ist nichtig. ²Jede Abrede mit dem Zweck, dem Frachtführer Ansprüche aus der Versicherung der Güter abzutreten, ist ebenfalls nichtig.

(2) Ungeachtet des Absatzes 1 und unbeschadet des Artikels 21 sind vertragliche Bestimmungen zulässig, in denen festgelegt wird, dass der Frachtführer oder der ausführende Frachtführer nicht für Schäden haftet, die

a)  durch eine Handlung oder Unterlassung des Schiffsführers, Lotsen oder sonstiger Personen im Dienste des Schiffes oder eines Schub- oder Schleppbootes bei der nautischen Führung oder der Zusammenstellung oder Auflösung eines Schub- oder Schleppverbandes verursacht werden, vorausgesetzt, der Frachtführer hat seine Pflichten nach Artikel 3 Absatz 3 hinsichtlich der Besatzung erfüllt, es sei denn, die Handlung oder Unterlassung wird in der Absicht, den Schaden herbeizuführen, oder leichtfertig und in dem Bewusstsein begangen, dass ein solcher Schaden mit Wahrscheinlichkeit eintreten werde;

b)  durch Feuer oder Explosion an Bord des Schiffes verursacht werden, ohne dass nachgewiesen wird, dass das Feuer oder die Explosion durch ein Verschulden des Frachtführers, des ausführenden Frachtführers oder ihrer Bediensteten oder Beauftragten oder durch einen Mangel des Schiffes verursacht wurde;

c)  auf vor Beginn der Reise bestehende Mängel seines oder eines gemieteten oder gecharterten Schiffes zurückzuführen sind, wenn er beweist, dass die Mängel trotz Anwendung gehöriger Sorgfalt vor Beginn der Reise nicht zu entdecken waren.

## Chapitre VII. Limites de la liberté contractuelle

### Art. 25 Clauses frappées de nullité

1. Toute stipulation contractuelle visant à exclure ou à limiter ou, sous réserve des dispositions de l'article 20 paragraphe 4, à aggraver la responsabilité, au sens de la présente Convention, du transporteur, du transporteur substitué ou de leurs préposés ou mandataires, à renverser la charge de la preuve ou à réduire les délais de réclamation et de prescription visés aux articles 23 et 24 est nulle. Est nulle également toute clause visant à céder au transporteur le bénéfice de l'assurance des marchandises.

2. Nonobstant les dispositions du paragraphe 1 du présent article, et sans préjudice de l'article 21, sont licites les clauses contractuelles stipulant que le transporteur ou le transporteur substitué ne répond pas des préjudices causés:

a) Par un acte ou une omission commis par le conducteur du bateau, le pilote ou toute autre personne au service du bateau ou du pousseur ou du remorqueur lors de la conduite nautique ou lors de la for-

## Chapter VII. Limits of contractual freedom

### Art. 25 Nullity of contractual stipulations

1. Any contractual stipulation intended to exclude or to limit or, subject to the provisions of article 20, paragraph 4, to increase the liability, within the meaning of this Convention, of the carrier, the actual carrier or their servants or agents, to shift the burden of proof or to reduce the periods for claims or limitations referred to in articles 23 and 24 shall be null and void. Any stipulation assigning a benefit of insurance of the goods in favour of the carrier is also null and void.

2. Notwithstanding the provisions of paragraph 1 of the present article and without prejudice to article 21, contractual stipulations shall be authorized specifying that the carrier or the actual carrier is not liable for losses arising from:

(a) an act or omission by the master of the vessel, the pilot or any other person in the service of the vessel, pusher or tower during navigation or in the formation or dissolution of a pushed or towed con-

mation ou de la dissolution d'un convoi poussé ou d'un convoi remorqué, à condition que le transporteur ait rempli les obligations relatives à l'équipage prévues à l'article 3 paragraphe 3, à moins que l'acte ou l'omission ne résulte d'une intention de provoquer le dommage ou d'un comportement téméraire avec conscience qu'un tel dommage en résulterait probablement;

b) Par le feu ou une explosion à bord du bateau sans qu'il soit possible de prouver que le feu ou l'explosion résulte de la faute du transporteur, du transporteur substitué ou de leurs préposés et mandataires ou d'une défectuosité du bateau;

c) Par des défectuosités de son bateau ou d'un bateau loué ou affrété existant antérieurement au voyage s'il prouve que ces défectuosités n'ont pu être décelées avant le début du voyage en dépit de la due diligence.

voy, provided that the carrier complied with the obligations set out for the crew in article 3, paragraph 3, unless the act or omission results from an intention to cause damage or from reckless conduct with the knowledge that such damage would probably result;

(b) fire or an explosion on board the vessel, where it is not possible to prove that the fire or explosion resulted from a fault of the carrier or the actual carrier or their servants or agents or a defect of the vessel;

(c) the defects existing prior to the voyage of his vessel or of a rented or chartered vessel if he can prove that such defects could not have been detected prior to the start of the voyage despite due diligence.

## Übersicht

| | Rn. | | Rn. |
|---|---|---|---|
| I. Allgemeines | 1–4a | IV. Speziell: Zulässige Vereinbarungen über die Frachtführerhaftung | 10–38 |
| II. Grundsatz: Vertragsfreiheit | 5 | 1. Haftungseinschränkungen zugunsten von Frachtführer und ausführendem Frachtführer | 10–36 |
| III. Einschränkungen der Vertragsfreiheit, zwingendes Recht und zulässige Abweichungen | 6–9 | a) Nautisches Verschulden | 12–30 |
| | | b) Feuer oder Explosion | 31–34 |
| 1. Haftung des (ausführenden) Frachtführers, Bediensteter und Beauftragter | 6–6b | c) Mängel des Schiffes | 35–36 |
| | | 2. Haftungserweiterungen | 37–38 |
| 2. Beweislast | 7 | V. Bedienstete und Beauftragte | 39 |
| 3. Verkürzung von Fristen für Anzeige und Verjährung | 8, 8a | VI. Haftung und Weisungsrecht von Absender und Empfänger | 40, 41 |
| 4. Abtretung von Transportversicherungsansprüchen | 9 | VII. Hinweise für Vereinbarungen in Bedingungswerken | 42–45 |

## I. Allgemeines

1 **Abs. 1 Satz 1** legt den Umfang zwingenden Rechts im Übereinkommen fest. Grundsätzlich ist jede vertragliche Vereinbarung – gleich ob durch Individualabrede oder durch AGB – **nichtig,** die einen Ausschluss, eine Beschränkung oder aber auch eine Erweiterung der des Frachtführers, des ausführenden Frachtführers, ihrer Bediensteten oder Beauftragten bezweckt. Ob dies nur bezweckt wurde, kann schon wegen der mit damit verbundenen Beweisprobleme keinen Unterschied machen. Entscheidend ist, welche Wirkung die Vereinbarung hat.[1]

2 Ebenso wie nach Art. 41 CMR, jedoch abweichend vom internationalen See- und Eisenbahnfrachtrecht (Art. 5 Satz 1 HVR, Art. 23 Abs. 2 HHR, Art. 5 ER CIM 1999) ist es also unzulässig, eine die Bestimmungen des Übereinkommens unterschreitende Beschränkung der Haftung des Frachtführers oder eine Erweiterung der Haftung des Frachtführers zu vereinbaren. Die Vorschrift ist beidseitig zwingend, gilt also für beide

---

[1] Undeutlich *Koller* Rn. 2 („Absicht; objektive Funktion der Abrede").

Vertragspartner und sowohl für Individualvereinbarungen wie für Änderungen in Bedingungswerken.

Eine Ausnahme gilt jedoch für Möglichkeit nach Art. 20 Abs. 4, die Haftungshöchstbe- **3** träge für Verlust und Beschädigung (nicht für Lieferfristüberschreitungen) durch eine Wertdeklaration oder durch ausdrückliche Vereinbarung *anzuheben*. Eine weitere Ausnahme nennt Art. 25 Abs. 2 selbst (Haftungsbefreiung bei nautischem Verschulden). Abgesehen von diesen Ausnahmen sind Individualvereinbarungen, die sogar nach deutschem Recht zulässig sind, nicht möglich.

Zwingend und änderungsfest sind auch die Beweislastregeln (Art. 16 ff.) und die Anzeige- **4** und Verjährungsfristen der Art. 23, 24.

Nicht in Art. 25 benannte Bestimmungen der CMNI (also nicht bloße Lücken des **4a** Übereinkommens) sind in beliebiger Weise durch Individualvereinbarung oder durch auf AGB (hier: Inhaltskontrolle nach Vertragsstatut) abdingbar.[2] Dies betrifft Regelungen zu sonstigen Pflichten von Frachtführer und Absender, zur Haftung des Absenders, das Weisungsrecht von Absender und Empfänger sowie die Bestimmungen über das besondere Rücktrittsrecht des Frachtführers und über Beförderungsurkunden.

## II. Grundsatz: Vertragsfreiheit

Grundsätzlich sind die Vertragsparteien frei, einen Frachtvertrag zu schließen, seinen **5** Inhalt zu bestimmen und – in den Grenzen von Art. 25 – Abweichungen von den Regelungen der CMNI zu vereinbaren.

## III. Einschränkungen der Vertragsfreiheit, zwingendes Recht und zulässige Abweichungen

**1. Haftung des (ausführenden) Frachtführers, Bediensteter und Beauftragter.** **6** Die den Frachtführer und den ausführenden Frachtführer betreffende Haftungsregelung in den Art. 16 ff. (iVm. Art. 4 Abs. 1 Satz 2, Abs. 2 Satz 2) samt **Begrenzungen und Befreiungen sind nicht abdingbar.** Gleiches gilt für deren Bedienstete und Beauftragte, um eine Umgehung des zwingenden Haftungsrechts – ggf. mit Regressfolgen für Frachtführer und ausführenden Frachtführer – zu verhindern, und für die die Frachtführerhaftung betreffenden **Beweislastregeln.**[3] Dies gilt für Abmilderungen der Haftung ebenso wie für ihre Verschärfungen.[4]

Einen Vorbehalt nennt Abs. 1 Satz 1 in Bezug auf **Art. 20 Abs. 4** und Abs. 2 in Bezug **6a** auf nautisches Verschulden.

Zur grds. Zulässigkeit vertraglicher Abweichung von Vorschriften zur Haftung von **6b** Absender und Empfänger s. unten Rn. 40 f., 42 ff.

**2. Beweislast.** Unzulässig ist jede Umkehr der Beweislast in Bezug auf die Haftung des **7** Frachtführers, des ausführenden Frachtführers, ihrer Bediensteten oder Beauftragten nach diesem Übereinkommen, unabhängig von wem der Beweis im Ausgang zu führen ist. Dies gilt auch für Beweiserleichterungen.[5]

**3. Verkürzung von Fristen für Anzeige und Verjährung.** Art. 23 regelt **Anzeige- 8 fristen** für die Haftung von Frachtführer, seiner Bediensteter und Beauftragter. Ihre Verkürzung ist nach Art. 25 Abs. 1 Satz 1 nicht zulässig, wohl aber ihre Verlängerung. Eine Verschärfung der Haftung der Frachtführerhaftung wird hierin nicht gesehen.

Auch die für die Haftung von Frachtführer, seiner Bediensteter und Beauftragter nach **8a** Art. 24 geltenden **Verjährungsfristen** dürfen **nicht verkürzt** werden. Auch andere Erleichterungen der Anspruchsverjährung dürfen nicht gewährt werden. Hierzu zählen die

---

[2] *Ramming*, HdB Binnenschifffahrtsrecht, Rn. 353.
[3] von Waldstein/*Holland* Binnenschifffahrtsrecht Rn. 3.
[4] In Anlehnung an Art. 41 CMR und abweichend von Art. 5 Satz 1 HVR und Art. 23 Abs. 2 HHR.
[5] *Ramming*, HdB Binnenschifffahrtsrecht, Rn. 338.

Vorverlegung des Beginns der Verjährungsfrist (Art. 24 Abs. 1 S. 1), die Einbeziehung des Tages des Fristbeginns (Art. 24 Abs. 1 S. 2) sowie jedwede Einschränkung von Fristverlängerungen, Hemmungen oder Unterbrechungen (Art. 24 Abs. 3).[6]

Diese Einschränkungen gelten für alle Ansprüche aus dem Frachtvertrag und dem Konnossement, etwa auch solche gegen Absender oder Empfänger gerichtet sind, Art. 24, sowie die Ablaufhemmung von Rückgriffsansprüchen (Art. 24 Abs. 4: 90 Tage).

Verlängerungen der Verjährungsfrist und jedwede Erschwerung der Verjährung bleiben nach Art. 25 zulässig. Insbesondere Art. 24 Abs. 2 erlaubt (mehrfache) **Verlängerung** durch einseitige Erklärung des Schuldners. Unzulässige Abreden dürfen weder vor noch nach Schadensentstehung getroffen werden.[7] Anstelle der nach Abs. 1 unwirksamen Vereinbarungen gelten auch insoweit die Regelungen der CMNI.

9    **4. Abtretung von Transportversicherungsansprüchen.** Nach **Abs. 1 Satz 2** steht eine vertragliche Vereinbarung, der zufolge sich der Frachtführer Ansprüche aus einer vom Absender oder Empfänger abgeschlossenen **Transportversicherung** abtreten lässt, einer nach Satz 1 für nichtig erklärten Vereinbarung über eine Haftungsbeschränkung gleich. Dahinter steht die Überlegung, dass mit der Abtretung von Ersatzansprüchen des Geschädigten wirtschaftlich gesehen eine wirtschaftliche Freizeichnung stattfindet, die durch Abs. 1 Satz 1 bereits untersagt ist. Der auf Schadensersatz in Anspruch genommene Frachtführer könnte sich einerseits beim Versicherer schadlos halten. Eine Abs. 1 Satz 2 vergleichbare Regelung ist aus Art. 23 Abs. 1 Satz 3 HHR und Art. 41 Abs. 2 CMR bekannt.[8]

Gleiches dürfte für einen mit der Transportversicherung vereinbarten Regressverzicht zugunsten des Frachtführers gelten[9] bzw. für die Abrede, dass der Frachtführer dem Geschädigten nicht haftet, wenn dieser eine Entschädigungsleistung von einem Ladungsversicherer verlangen kann. Letztere dürfte schon gegen Abs. 1 Satz 1 verstoßen.

### IV. Speziell: Zulässige Vereinbarungen über die Frachtführerhaftung

10    **1. Haftungseinschränkungen zugunsten von Frachtführer und ausführendem Frachtführer.** Eine wichtige **Ausnahme** von dem in Abs. 1 normierten Grundsatz sieht **Abs. 2** vor. Danach ist eine **Vereinbarung,** die die **Haftung** des Frachtführers oder des ausführenden Frachtführers **einschränkt**, in drei Fällen (lit. a–c) formfrei zulässig, die ihrerseits aber wiederum nicht zugunsten des Frachtführers abgeändert werden können.[10] Das Vereinbarungsmodell ist nach kontroverser Diskussion der Kompromiss zwischen weitreichender gesetzlicher Haftungsfreizeichnung und völliger Ablehnung von Haftungsausschlüssen. In der Gesamtschau mit dem abgesenkten Sorgfaltsmaßstab und der stärkeren Haftungsbegrenzung (2 SZR/kg) ist das Haftungsregime der CMNI für den nach CMNI verantwortlichen Frachtführer weniger streng als das HGB.[11]

11    Der zugunsten von Art. 21 gemachte Vorbehalt (keine Haftungsbeschränkung bei qualifiziertem Verschulden) läuft allerdings leer, weil die in Abs. 2 geregelten Haftungsausschlussfälle die von Art. 21 beschriebene Situation (Verlust des Rechts auf Haftungsbeschränkung bei qualifiziertem Verschulden) entweder selbst regeln oder ohnehin a priori vermeiden: Der Haftungsausschluss für nautisches Verschulden nach Abs. 2 Buchstabe a ist bei qualifiziertem Verschulden iSv. Art. 21 unwirksam; der Haftungsausschluss nach Abs. 2 Buchstabe b greift schon nicht bei schuldhafter Verursachung von Feuer oder Explosion durch den (ausführenden) Frachtführer, ihre Bediensteten oder Beauftragen und der Haftungsausschluss des

---

[6] *Ramming*, HdB Binnenschiffahrtsrecht, Rn. 350.
[7] von Waldstein/*Holland* Binnenschifffahrtsrecht Rn. 5.
[8] Denkschrift, BR-Drucks. 53/06 S. 46; *Koller* Art. 41 CMR Rn. 2.
[9] von Waldstein/*Holland* Binnenschifffahrtsrecht Rn. 5; vgl. *Koller* Art. 41 CMR Rn. 2 zu der dort gleichgelagerten Fragestellung. – Nicht untersagt ist die Abtretung von Ersatzforderungen nach Art. 16 ff. CMNI an den Transportversicherer, um den Schädiger nach Versicherungsleistung in Regress zu nehmen.
[10] von Waldstein/*Holland* Binnenschifffahrtsrecht Rn. 8.
[11] Zuletzt *Hartenstein* TranspR 2012, 441, 442.

Schiffsmangels nach Abs. 2 Buchstabe c ist auch nur zulässig, wenn seine Entdeckung auch bei Anwendung gehöriger Sorgfalt nicht möglich war.

Die in den lit. a) bis c) aufgeführten Vorbehalte für das Eingreifen der vereinbarten Haftungsbefreiungstatbestände müssen in der Vereinbarung weder ausdrücklich noch sinngemäß wiedergegeben werden. Es reicht aus, dass die Grundtatbestände der Haftungsbefreiung (nautisches Verschulden, Feuer und Explosion, Mängel des Schiffes) im Frachtvertrag bzw. im Konnossement erkennbar be- oder umschrieben sind.[12]

**a) Nautisches Verschulden.** Während in der CMNI Sorgfaltsmaßstab und Haftungsbe-   12
grenzung grundsätzlich unabdingbar[13] sind, ist nach **Buchstabe a** eine Einschränkung der Haftung des Frachtführers zulässig durch **Vereinbarung eines Haftungsausschlusses** für den Fall des **nautischen Verschuldens** der Schiffsbesatzung oder eines Lotsen. Die Frage des Ausschlusses der Haftung für Schäden aufgrund nautischen Verschuldens (sowie für Schäden durch Feuer und Explosion) war in den Verhandlungen zur CMNI eine der umstrittensten.

Im Grundsatz bestand zwar ausweislich der Denkschrift unter den Delegationen Einigkeit   13
darüber, dass der **Vertragsfreiheit** durch klare normative Vorgaben **Grenzen** gesetzt werden sollte – und zwar im Interesse der Rechtssicherheit und zur Vermeidung einer Übervorteilung der wirtschaftlich schwächeren Vertragspartei.

Die Grenzziehung selbst aber war im Einzelnen streitig.

Im Vordergrund stand die Auseinandersetzung darum, ob und unter welchen Vorausset-   14
zungen die Möglichkeit bestehen sollte, die Haftung für Schäden, die durch **nautisches Verschulden** verursacht werden, auszuschließen.

Die **Niederlande** und **Belgien** hatten in Anlehnung an ihr staatliches Recht zunächst   15
des Standpunkt vertreten, einen *gesetzlichen* **Haftungsausschluss** für nautisches Verschulden des Schiffers, der Schiffsoffiziere, der Schiffsmannschaft, des Lotsen und sonstiger im Dienste des Unternehmers stehenden Personen nach dem Vorbild des Art. 4 § 2 HVR zu normieren. Zugleich sollte – abweichend von den Visby-Regeln – eine *vertragliche* Abbedingung dieses Haftungsausschlusses nicht gestattet werden.

Im Widerstreit treffen land- und seefrachtrechtliche Schule aufeinander. Erstere argu-   16
mentiert gegen einen Haftausschluss für nautisches Verschulden. Nach ihrer Ansicht kann es keinen Unterschied machen, ob ein Lkw-Fahrer mit seinem Fahrzeug oder ein Schiffsführer mit seinem Schiff gegen einen Brückenpfeiler fährt. Wenngleich ein Haftausschluss nicht als ein natürliches Gebot der Gerechtigkeit erscheint, ist ein **wesentlicher, natürlicher Unterschied zwischen den Verkehrsträgern der Straße und der Schiene nicht von der Hand zu weisen:** Schiene und Straße sind stabil, während der Wasserweg seinerseits beweglich und ein Schiff Wind und Wellen und je nach Wasserstand oder Anschwemmungen oft täglichem, ja stündlichem Wechsel ausgesetzt ist. „Die Schiffsführung ist deshalb nicht nur eine Technik, sondern eine Kunst, die sich nur mit großer Erfahrung erlernen lässt".[14]

Mit diesen Eigenarten steht die Binnenschifffahrt **betrieblich und wirtschaftlich der**   17
**Seeschifffahrt wesentlich näher** als dem Landverkehr. Binnenschiffe und Seeschiffe verkehren auf Flüssen, in Flussmündungsgebieten und Häfen nebeneinander. Sie sind damit den gleichen Risiken ausgesetzt.

Darüber hinaus wird das **Binnenschifffahrtsrecht häufig in seerechtliche Überein-**   18
**kommen einbezogen,** etwa in Bezug auf die Bergung und möglicherweise hinsichtlich Personenverkehr (Athener Übereinkommen).

Auf die Bedenken von **Deutschland** (dessen Recht in § 427 HGB für Binnenschiffstrans-   19
porte einen gesetzlichen Haftungsausschluss für nautisches Verschulden nicht kennt und das

---

[12] *Ramming* TranspR 2006, 373, 379 f.; *ders.,* HdB Binnenschifffahrtsrecht, Rn. 341, 345; aA *Koller* TranspR Rn. 2.
[13] *Hartenstein* TranspR 2012, 441, 442.
[14] IVR-Kolloquium 1997, S. 43.

eine Einführung dieses Haftungsausschlusses durch Allgemeine Geschäftsbedingungen des Frachtführers nicht zulässt, § 449 Abs. 1 und 2 nF HGB) und **Frankreich** hin einigten sich die Delegationen schließlich darauf, zwar keinen *gesetzlichen* Haftungsausschluss für nautisches Verschulden zu normieren, den Vertragsparteien jedoch unter bestimmten Voraussetzungen zu gestatten, einen solchen **Haftungsausschluss vertraglich zu vereinbaren.**[15]

20   Nach dem Wortlaut der CMNI betrifft die Möglichkeit zum vertraglichen (zur Ausgestaltung vgl. Rn. 30) Haftungsausschluss eine Handlung oder Unterlassung *bei der nautischen Führung durch Schiffsführer, Lotsen oder einer Person im Dienst des Schiffsbetriebs oder der Zusammenstellung oder Auflösung eines Schub- oder Schleppverbandes.* Eine nähere Beschreibung fehlt; eine autonome Bestimmung wird daher durch historische Genese, rechtsvergleichende Auslegung oder durch ergänzend anwendbares Vertragsstatut vorzunehmen sein.

21   Das deutsche Binnenschifffahrtsrecht kennt den Begriff des nautischen Verschuldens nicht, aber internationales (Art. 4 § 2a HVR) und deutsches Seefrachtrecht. Gemäß § 512 Abs. 2 Ziff. 1 (§ 607 Abs. 2 aF) HGB bezieht sich das nautische Verschulden auf ein Verhalten *bei der Führung oder der sonstigen Bedienung (Betrieb) des Schiffes.* Unter **Führung des Schiffes** sind *alle navigatorischen Maßnahmen* zu verstehen,[16] die sich auf die **Fortbewegung** des Schiffes beziehen.[17] In Betracht kommen alle Schiffsmanöver, Ruder-, Maschinenkommandos, Standortbestimmung; Absetzen des Kurses, Besetzung von Radar, Ausguck und Steuer; Beobachtung und Deutung des Radars, Lichterführung, Signal- und Schallzeichengebung und Beachtung der Vorschriften des Seestraßenrechts, eingeschlossen die Entscheidung zum Reiseantritt,[18] nicht aber der Schiffsauswahl, Festmachen des Schiffes,[19] Be- und Entladung sowie Ladungsbehandlung,[20] **sonstige Bedienung** des Schiffes (*technische Handhabung des Betriebs,* soweit sie nicht die Navigation betrifft),[21] es sei denn, diese wiederum wirken sich auf die Betriebssicherheit des Schiffes (Schiffsstabilität, Tiefgang, Überlast) aus.[22]

22   Bei der **sonstigen Bedienung** des Schiffes handelt es sich um die *technische Handhabung,* soweit sie nicht die Navigation betrifft. Gleichgültig ist, ob das Schiff im Hafen liegt oder sich auf See befindet.

22a   Zur Zusammenstellung des Schub- bzw. Schleppverbandes gehören Planung der Zusammenstellung, Planung der Manöver, Manövrieren, Aufnahme weiterer Fahrzeuge in den Verband, Herstellung der Verbindung bis Herstellung der Abfahrbereitschaft. Nicht Maßnahmen zur Aufrechterhaltung der Einheit. Gleiches gilt für die Verfahrensschritte der Auflösung des Verbandes nach dessen Ankunft am Bestimmungsort.[23]

23   Fraglich ist, ob nach der CMNI das nautische Verschulden als Oberbegriff sowohl die **Navigation** als auch die **sonstige Bedienung (Betrieb) des Schiffes** umfasst. Qualifiziert

---

[15] Nachgezogen nunmehr auch im deutschen reformierten Seehandelsrecht 2013 die AGB-mäßige Haftungsfreistellung für Schäden durch nautisches Verschulden in § 512 Abs. 2 Ziff. 1 (Geltung für den Frachtvertrag) und in § 525 (Geltung für das Konnossement).

[16] Zusammenfassend *Korioth* Transport- und Vertriebsrecht (2000), 293 ff., 297; von Waldstein/*Holland* Binnenschifffahrtsrecht Rn. 9 mwN; *Ramming,* HdB Binnenschifffahrtsrecht, Rn. 342–345.

[17] BGH 26.10.2006, TranspR 2007, 36, 39; OLG Hamburg 18.12.2003, TranspR 2004, 127, 131 zu § 607 HGB; *Rabe* Seehandelsrecht § 607 Rn. 11; *Korioth* Transport- und Vertriebsrecht (2000), 293 ff., 297; *Ramming* TranspR 2004, 439, 444; *ders.,* HdB Binnenschifffahrtsrecht, Rn. 342.

[18] BGH 26.10.2006, TranspR 2007, 36, 38; OLG Hamburg 7.11.1974, VersR 1975, 801, 803; *Rabe* Seehandelsrecht § 607 HGB Rn. 11 ff.; *Korioth* Transport- und Vertriebsrecht (2000), 293 ff., 297; von Waldstein/*Holland* Binnenschifffahrtsrecht Rn. 9 mwN Fn. 8. vertragliche Begrenzung ist möglich, str., wie hier *Hartenstein* TranspR 2012, 441, 446; *Koller* Rn. 2; **aA** *Korioth,* in: Schäfer, Internationale Aspekte, 59, 74 f.; *Ramming* TranspR 2006, 373, 379.

[19] OLG Nürnberg 30.10.2006, ZfB 2007, 64, 65.

[20] BGH 26.10.2006, TranspR 2007, 36, 39.

[21] *Korioth,* in: Kuhlen, 61; *ders.,* in: Schäfer, Int. Aspekte, 59, 74; *Koller* Rn. 2.

[22] BGH 25.4.1974, VersR 1974, 798, 799 (Ladungsbehandlung).

[23] *Ramming,* HdB Binnenschifffahrtsrecht Rn. 344 mit dem Hinweis Rn. 349, der CMNI-Frachtbrief des IVR führe die Tatbestände Zusammenstellung und Auflösung von Schub- und Schleppverbänden nicht als unter nautisches Verschulden subsumierbar auf.

man die ausdrücklich normierte Zusammenstellung und die Auflösung eines zur Beförderung eingesetzten[24] Schub- oder Schleppverbandes als besondere Ausprägung der Bedienung eines Schiffes, die nicht zur nautischen Schiffsführung gehören, so ist nach einer Lesart
im Umkehrschluss ableitbar, vom Haftungsausschluss des Art. 25 Abs. 2 lit. a sei allgemein
die sonstige Bedienung des Schiffes miterfasst.[25] Zwingend ist dies jedoch nicht. Der Wortlaut kann auch eng navigationsbezogen und die bedienungsbezogene Ausnahme gerade
als Sonderfall verstanden werden.[26] Ebenso kann von Bedeutung sein, dass die mögliche
Freizeichnung wegen eines nautischen Verschuldens maßgeblich auf Betreiben der niederländischen Delegation zurückgeht. Das **niederländische** Recht sieht einen gesetzlichen
Haftausschluss bei einem nautischen Verschulden vor. Auch der Wortlaut der niederländischen gesetzlichen Bestimmung in Art. 8–901 Burgerlijke Wetboek, dem Art. 25 Abs. 2
mit kleinen abweichenden Nuancen sehr entspricht, könnte für das nautische Verschulden
im engeren Sinne sprechen (nur Führung des Schiffes).

Mit Blick auf das niederländische Seerecht wird jedoch andererseits die Auffassung vertre- **24**
ten, **es sei Absicht des niederländischen Gesetzgebers, das Haftungsregime des neuen
Binnenschifffahrtsrechts dem Seerecht gleichzustellen.** Die Kategorie „sonstige Bedienung des Schiffes" auszuschließen wäre ein Bruch mit der bestehenden Praxis. Unmotivierte
Unterschiede zwischen See- und Binnenschifffahrtsrecht sollten vermieden werden.[27] Ausgehend von dieser Interpretation des niederländischen Rechts erscheint es auch im Rahmen
des CMNI gerechtfertigt, das **nautische Verschulden** im oben beschriebenen **weiteren
Sinne** zu verstehen. Jedenfalls ergibt eine Ausweitung des nautischen Verschuldens insoweit
Sinn, als die Bedienung/der Betrieb des Schiffes auf die Führung des Schiffes einzuwirken
imstande ist. Hierzu bleibt die Rechtsprechung der nationalen Gerichte abzuwarten.[28]

Nach Abs. 2 lit. a muss zur Exkulpation des Frachtführers ferner ein Schiffsführer, Lotse **25**
und sonstige Personen **im Dienste des Schiffes** nautisch schuldhaft gehandelt haben. Im
Dienste des Schiffes sind *alle* Besatzungsmitglieder. Bei Beförderung durch einen **Schub-
oder Schleppverband** ist in Ansehung der *Führung* des Schiffes auf das nautische Verschulden der Besatzung nur des Schub- oder Schleppbootes abzustellen.[29] In Ansehung der
*Zusammenstellung* des Schub- oder Schleppverbandes ist auf das Verhalten der Personen
abzustellen, die im Dienste des Schub- bzw. Schleppbootes oder des geschobenen oder
geschleppten Fahrzeugs stehen.[30] Wo der Frachtführer das Schiff selbst verantwortlich
führt – in der Partikulierschifffahrt etwa – führt daher ein eigenes (nautisches) Verschulden
des Frachtführers zu dessen Enthaftung.

Die Freizeichnung steht unter dem **Vorbehalt,** dass der Frachtführer das Schiff vor und **26**
bei Antritt der Reise gemäß den geltenden Bestimmungen **bemannt**[31] ist. Hierfür trägt
der (ausführende) Frachtführer die Beweislast. Ihm ist es also verwehrt, sich auf den Haftungsausschluss zu berufen, wenn er diese in Art. 3 Abs. 3 normierte Pflicht nicht der
nach Art. 3 Abs. 3 notwendigen „gehörigen Sorgfalt" erfüllt hat.[32] Hier schadet uU schon
leichteste Fahrlässigkeit.

Eine Zurechnung des Verhaltens Bediensteter oder Beauftragter (also deren nautischen **26a**
Verschuldens) sollte in dem üblichen Umfang gem. Art. 17 Abs. 1 möglich sein.[33]

---

[24] *Ramming,* HdB Binnenschifffahrtsrecht, Rn. 343.

[25] von Waldstein/*Holland* Binnenschifffahrtsrecht Rn. 10.

[26] *Ramming,* HdB Binnenschifffahrtsrecht, Rn. 342.

[27] So etwa *Korioth,* Die neue Rechtslage durch das CMNI unter besonderer Berücksichtigung der Haftung
des Frachtführers, Vortrag vor VBV, Duisburg, 14.11.2006, Quelle: http://www.vbw-ev.de/download/
workshop_14112006.pdf.

[28] Zu weitgehend sicher die Anwendung der Norm auf die Mangelhaftigkeit von Gerät selbst (mangelhafte
Drähte, so v. Waldstein/Holland, Rn. 10; **aA** *Ramming,* HdB Binnenschifffahrtsrecht, Rn. 344 [Qualifikation
als unzureichende Ausrüstung iSv. lit. c)]).

[29] von Waldstein/*Holland* Binnenschifffahrtsrecht Rn. 11.

[30] *Ramming,* HdB Binnenschifffahrtsrecht, Rn. 343.

[31] ZKR ZfB 1998, SaS 1674; 1997 m SaS 1670; von Waldstein/*Holland* Binnenschifffahrtsrecht Rn. 12,
Art. 3 Rn. 12.

[32] Denkschrift, BR-Drucks. 563/06 S. 46.

[33] Anderer Ansicht unter Hinweis auf den Wortlaut von Waldstein/*Holland* Binnenschifffahrtsrecht Rn. 12.

**26b**  Für eine **Zurechnung des Verhaltens Dritter** sind die zur Zurechnung bei Eingriffen Dritter oder des Geschädigten entwickelten Grundsätze heranzuziehen. Danach ist der durch Dazwischentreten eines Dritten oder des Verletzten selbst herbei geführte Erfolg **dem nautischen Verschulden des ersten Verursachers** nicht schon dann zuzurechnen, wenn der Erfolg des Dritten nur adäquate, also nicht gänzlich unwahrscheinliche Konsequenz des zeitlich primär ursächlichen Umstandes ist. Vielmehr bedarf es einer Güter- und Interessenabwägung, in deren Rahmen es für die Zurechnung darauf ankommt, inwieweit der Erstverursacher (mit seinem nautischen Verschulden) eine **Gefahrerhöhung (Zurechnungszusammenhang)** herbeigeführt hat, ob sein Verhalten gewissermaßen **Aufforderungscharakter** hatte, inwieweit dem Eingreifen des Dritten oder des Geschädigten Dringlichkeit und Vernünftigkeit zuzusprechen ist und ob sein Verhalten mit Blick auf das von ihm verfolgte Ziel der Verhältnismäßigkeit entspricht.

Das Dazwischentreten eines Dritten oder des Verletzten kann solche Zurechnung unter zwei Gesichtspunkten ausschließen: Zurechnung kommt nicht in Betracht, wenn der schädigende Erfolg **völlig unabhängig** von der vom ersten Schädiger gesetzten Ursache eingetreten ist, wenn die Erstursache sich also im weiteren Geschehensverlauf nicht mehr aktualisiert, weil der für den ersten Umstand Verantwortliche das aus seinem Verhalten resultierende Risiko entweder vollständig neutralisiert oder wieder gutgemacht hat. Zurechnung kommt ferner nicht in Betracht, wenn der Dritte oder der Verletzte **in völlig ungewöhnlicher, in abwegiger oder in unsachgemäßer Weise in den Fortgang der Dinge eingegriffen** hat.[34]

Die gleichen Kriterien sind anwendbar für die Beurteilung der Frage, **wie weit** der – gemäß Art. 25 Abs. 2 lit. a zulässige – **vertragliche Haftungsausschluss** des Frachtführers für nautisches Verschulden bei Setzen der Erstursache reicht. Kommt es als Folge eines misslungenen Ablegemanövers (um das Schiff fortzubewegen, daher nautisches Verschulden) zu einem Schiffsunglück und ist infolgedessen eine Umladung (Notleichterung) der Güter erforderlich, bei der ein Güterschaden durch eine fehlerhafte Maßnahme eingetreten ist,[35] so ist das Schiffsunglück nicht nur notwendige Bedingung **(conditio sine qua non)** für die nachfolgende Notleichterung. Die Notleichterung steht auch **in enger Beziehung** zu dem Schiffsunglück, da gerade sie **erforderlich** war, um Schiff und Ladung aus einer akuten, nautisch verschuldeten Erstursache entspringenden Gefahrenlage zu retten. Dieser Zusammenhang besteht sogar dann, wenn zwischen der Havarie und dem Beginn der Leichterung mehr als 24 Stunden lagen. Die Notleichterung war folglich durch das nautische Missgeschick **unmittelbar bedingt.** Für eine an nautisches Verschulden anknüpfende Haftungsbefreiung darf daher nicht isoliert auf fehlerhafte Maßnahmen im Zusammenhang mit der Umladung abgestellt werden. Dies wird dem vorstehend beschriebenen Ursachenzusammenhang nicht gerecht.[36] Der vertragliche Ausschluss nautischen Verschuldens bei der Schiffsführung erfasst folglich auch die Schäden, die durch diese nautisch verschuldete Erstursache zurechenbar verursacht wurden.

Denkbar ist auch eigenes Organisationsverschulden des Frachtführers.

**27**  Unzulässig ist die Freizeichnung für *qualifiziertes* Verschulden der oben genannten Personen (Schiffsführer, Lotse, Besatzungsmitglieder) beim Führen oder bei Bedienung des Schiffes. Mit anderen Worten: Die Haftungsbefreiung wegen nautischen Verschuldens (des Frachtführers oder von Schiffsführer, Lotse, Besatzungsmitglieder) entfällt nicht nur bei qualifiziertem nautischem Verschulden des Frachtführers (Art. 21 Abs. 1), sondern auch bei qualifiziertem nautischem Verschulden dieser Personen.

**28**  Wertend kann festgestellt: **Im grenzüberschreitenden Verkehr** ist die Binnenschifffahrt durch die CMNI in Ansehung der Freizeichnungsmöglichkeit für nautisches Verschul-

---

[34] Rheinschifffahrtsobergericht Karlsruhe, Urt. v. 19.5.2011, Az.: 22 U 3/10 BSch, Rn. 52. TranspR 2011, 238–244 = VersR 2012, 1011–1014 = ZfB 2011, Nr. 9, 73–79. Vgl. auch *Geigel/Kerr,* Der Haftpflichtprozess, 26. Aufl. Kap. 1 Rn. 29 f. mwN.

[35] Verlust der GMP-Qualität für das umgeschlagene Gut, da GMP-zertifiziertes Umschlagsgerät nicht zur Verfügung gestanden hatte, Notleichterung.

[36] Rheinschifffahrtsobergericht Karlsruhe, aaO, Rn. 59.

den wieder etwas **besser gestellt** als bei Anwendbarkeit des deutschen Rechts nach dem
Transportrechtsreformgesetz, das die Freizeichnungsmöglichkeiten durch Vertrag und AGB
in § 449 HGB stark einschränkte. Mit anderen Worten ist sie **dem Rechtszustand *vor***
**der deutschen Transportrechtsreform von 1998 wieder angenähert,** der im Binnenschifffahrtsrecht zwar nicht die *gesetzliche* Freizeichnung für nautisches Verschulden wie im
Seefrachtrecht (§ 512 Abs. 2 Ziff. 1 nF bzw. § 607 Abs. 2 aF HGB) kannte, aber neben
der gesetzlichen Anordnung der Obhutshaftung der §§ 58, 59 BinSchG die weitgehende
*vertragliche* Freizeichnung für nautisches Verschulden zuließ, von der in allgemeinen
Geschäftsbedingungen auch ausgiebig Gebrauch gemacht wurde.

In Art. 32 Abs. 1 findet sich zusätzlich eine weitere Möglichkeit für die Vertragsstaaten, **29**
sich die Einführung einer **gesetzlichen Freistellung** von nautischem Verschulden **vorzu-**
**behalten** für rein innerstaatliche Beförderung und für internationale Beförderungen soweit,
als auch der davon betroffene andere Vertragsstaat einen entsprechenden Vorbehalt erklärt
hat. Je nach Ausgestaltung kann in einem solchen Fall eine gesetzliche Regelung die vertragliche Enthaftung für nautisches Verschulden überlagern. Insgesamt bleibt die rechtsvereinheitlichende Wirkung der CMNI trotzdem schwach. Eine sorgfältige Begleitung grenzüberschreitender Binnenschifftransporte durch AGB ist daher zu empfehlen.

In der CMNI wird genau genommen nicht geregelt, ob der vertragliche Haftungsaus- **30**
schluss auch in allgemeinen Geschäftsbedingungen zulässig ist. Angesichts der – jedenfalls
der deutschen Delegation bekannten – Möglichkeit zur Reglementierung in AGB (vgl.
§ 449 HGB) wird man davon ausgehen dürfen, dass eine solche **AGB-mäßige Ausgestal-**
**tung** des Haftungsausschlusses nach der CMNI zulässig sein sollte.[37] Die unterschiedlichen
Rechtslagen in HGB und CMNI erfordern jedenfalls Sorgfalt bei der Formulierung von
AGB (zur AGB-Kontrolle und Gestaltung der AGB-Klausel s. Rn. 42 ff.).

**b) Feuer oder Explosion.** Nach **Abs. 2 Buchstabe b** ist die **Vereinbarung eines** **31**
**Haftungsausschlusses** für Schäden zulässig, die durch **Feuer oder Explosion** an Bord
eines Schiffes verursacht werden. Beide Ereignisse können, müssen aber nicht zusammenhängen. Feuer oder Explosion ohne Einwirkung der jeweils anderen Schadensursache ist
denkbar. Erfasst sind der Ersatz der unmittelbar entstehenden Schäden, aber auch der mittelbar durch Löschaktionen oder durch Rauchentwicklung verursachten Schäden. Der Haftungsausschluss ist bedeutend, denn gerade im Tankschiffsbereich sind eine Reihe von
Unfällen durch Feuer oder Explosion an Bord eines Schiffes verursacht worden. Die Vorschrift lehnt sich an Art. 4 § 2 (b) HR bzw. HVR (§ 607 Abs. 2 S. 1 aF HGB) an.

Die Schadensursachen Feuer oder Explosion müssen sich **an Bord eines Schiffes ereig-** **32**
**net** haben. Der resultierende Schaden an den Gütern kann an Bord des Schiffes oder als
Folge von Feuer oder Explosion außerhalb des Schiffes eingetreten sein. Erfasst sind dabei
Güterschäden und Verspätungsschäden, auch wenn sie daraufhin kausal an Land eintreten.
Art. 16 Abs. 2, der Landschäden ausnimmt, kann insoweit keine Begrenzung darstellen,
wenn sich die Schadensursache eindeutig an Bord des Schiffes – im Obhutszeitraum des
Frachtführers – ereignete, deswegen ja auch ihre Enthaftungswirkung entfaltet und auf die
ausgeladenen Güter nur fortwirkt.[38]

Die Vorschrift greift nur dann nicht ein, wenn der Frachtführer, der ausführende Fracht- **33**
führer oder ein Bediensteter oder Beauftragter des Frachtführers oder des ausführenden
Frachtführers schuldhaft gehandelt haben oder das Schiff mangelhaft war.[39] Insoweit weicht
sie von Art. 4 § 2 Buchstabe b HVR insofern ab. Soweit zB unzulässige Verladungsarten
den Schaden nicht (mit)verursacht haben, bleibt der Haftungsausschluss wirksam. Der Mangel des Schiffes muss sich – anders als nach Abs. 2c – nicht vor der Reise ereignet haben,
sondern kann während der Reise entstehen (Geräteausfall; Maschinenschaden).[40]

---

[37] Zuletzt Rheinschifffahrtsobergericht Karlsruhe TranspR 2011, 238; so schon *Hartenstein* TranspR 2007,
386, 392; *ders.* TranspR 2012, 441, 445.
[38] *Ramming,* HdB Binnenschifffahrtsrecht, Rn. 346, Rn. 513–516; enger von *Waldstein/Holland* Binnenschifffahrtsrecht Rn. 15, die solche Landschäden wegen Art. 16 Abs. 2 ausnehmen wollen.
[39] Denkschrift, BR-Drucks. 563/06 S. 46.
[40] von *Waldstein/Holland* Binnenschifffahrtsrecht Rn. 16, Art. 3 Rn. 9 ff.

**34**    Der Frachtführer muss beweisen, dass der Schaden durch Feuer oder Explosion an Bord des Schiffes entstanden ist. Die volle **Beweislast** der dem Haftungsausschluss entgegenstehenden Umstände liegt dann bei dem geschädigten Ladungsinteressenten. Ist der Nachweis geführt, dass das Feuer etc. durch einen objektiven Mangel des Schiffes (mit-) verursacht war, so muss sich der Frachtführer allerdings dahingehend entlasten, dass er diesen Umstand nicht schuldhaft herbeigeführt hat.[41]

**35**    **c) Mängel des Schiffes. Buchstabe c** schließlich erlaubt (in Anlehnung an Art. 3 § 1, Art 4 § 1 HR bzw. HVR, § 498 Abs. 1 HGB [§ 559 aF]) die Vereinbarung eines **Haftungsausschlusses** für Schäden, die durch *vor* der Reise des eigenen, gemieteten oder gecharterten Schiffes entstandene, trotz Anwendung gehöriger Sorgfalt nicht erkennbare – auch nur vorübergehende – **Mängel des Schiffes** (Fahr- oder Ladeuntüchtigkeit) verursacht wurden. Nach Art. 3 Abs. 3 S. 2 trifft den Frachtführer vor und bei Reiseantritt die gehörige Sorgfalt zur Herstellung der Fahrtüchtigkeit des Schiffes. Der Absender von Stückgut hat diese Befugnis nicht.[42] Der Frachtführer hat die Möglichkeit.

**35a**    Es obliegt dem Frachtführer darzulegen und zu beweisen, dass diese Mängel trotz Anwendung der gehörigen Sorgfalt vor Beginn der Reise nicht zu entdecken waren. Eine entsprechende Einstandspflicht findet sich in den §§ 498 Abs. 2 iVm. § 485 nF HGB (§ 559 Abs. 2 HGB). Die Vorschrift wird gleichsam überlagert durch Art. 16 Abs. 1, Art. 3 Abs. 3 S. 2, wonach der Frachtführer ohnehin nicht haftet, wenn er beweist, dass der Schaden durch Umstände verursacht wurde, die ein sorgfältiger Frachtführer nicht hätte vermeiden und deren Folgen er nicht hätte abwenden können. Dies schließt das Verhalten seiner Hilfspersonen mit ein. Mit anderen Worten haftet der Frachtführer schon nach Art. 16 Abs. 1 für zufällig eingetretene Mängel unabhängig von ihrer Entdeckung nicht. Art. 25 Abs. 2 lit. c) kann daher in Ansehung von Art. 16 nicht im Umkehrschluss seiner Regelung dahingehend verstanden werden, dass für zufällige, aber entdeckbare Mängel gehaftet wird.[43] Außerdem kann der Frachtführer die Haftung für nicht entdeckbare Mängel abbedingen. Der Anwendungsbereich von Buchstabe c wird daher als praktisch gering eingeschätzt.[44]

**36**    Zum eigenen Verschulden zählt auch das Organisationsverschulden. Zurechnung des Verhaltens von Bediensteten und Beauftragten nach Art. 17 Abs. 1 ist – soweit sie in die Verpflichtung des Frachtführers zur Gestellung eines fahr- und ladetüchtigen Schiffes miteinbezogen waren – auch hier möglich.[45]

**37**    **2. Haftungserweiterungen.** Haftungsverschärfungen (Erhöhung der Haftungshöchstsumme; Umkehr der Beweislast zugunsten des Geschädigten) zu Lasten von Frachtführer oder ausführendem Frachtführer sind nur im Rahmen von Art. 20 Abs. 4 möglich. Das Verbot der **Haftungserweiterung** aus Abs. 1 gilt nicht, soweit es um die in Art. 20 Abs. 1 genannten Haftungshöchstbeträge geht. Abs. 1 Satz 1 verweist ausdrücklich auf Art. 20 Abs. 4 als Ausnahme („vorbehaltlich"). Danach ist eine **Anhebung der Haftungshöchstbeträge** für Güterschäden und Güterverlust durch Wertdeklaration oder durch ausdrückliche Vereinbarung **zulässig**.

**37a**    Zulässig ist die ausdrückliche Vereinbarung von Haftungshöchstbeträgen, wenn sie höher sind als nach Art. 20 Abs. 1, oder bei **ausdrücklicher frachturkundlicher Angabe** der Natur und des Wertes der Güter oder des Beförderungsmittels, wenn der in Anspruch Genommene diese Angaben zu widerlegen nicht imstande ist. Anstelle der nach Abs. 1 unwirksamen Vereinbarungen gelten wieder die Regelungen der CMNI.

**38**    Bei anderen Schadensarten als bei Güterschäden und Güterverlust ist eine vertragliche Anhebung der Haftungshöchstbeträge nicht möglich. Eine dem § 449 Abs. 1 nF HGB

---

[41] *Koller* Rn. 2.
[42] *Ramming,* HdB Binnenschifffahrtsrecht, Rn. 347.
[43] So auch bereits *Ramming,* HdB Binnenschifffahrtsrecht, Rn. 348.
[44] Denkschrift, BR-Drucks. 563/06 S. 46; kritisch auch *Ramming,* HdB Binnenschifffahrtsrecht, Rn. 348.
[45] Anderer Ansicht von Waldstein/*Holland* Binnenschifffahrtsrecht Rn. 18 unter enger Auslegung von Art. 3 Abs. 3 und Umkehrschluss aus Art. 25 Abs. 2b.

entsprechende Regelung, wonach *auch im Übrigen* durch Vereinbarung von den Haftungsvorschriften des Übereinkommens abgewichen werden kann, wenn diese Vereinbarung *im Einzelnen ausgehandelt* ist, findet sich im Übereinkommen nicht. Damit ist insbesondere jede Vereinbarung unzulässig, die für den Fall der *Lieferfristüberschreitung* eine Haftungshöchstgrenze vorsieht, die *über* dem einfachen Betrag der Fracht, wie es Art. 20 Abs. 3 vorschreibt, liegt.[46]

## V. Bedienstete und Beauftragte

**Bedienstete und Beauftragte** eines Frachtführers oder ausführenden Frachtführers, die **39** nach der CMNI nicht selbst haften, sind von Art. 25 Abs. 1 Satz 1 nur mittelbar betroffen, als sie gem. Art. 17 Abs. 3 von Haftungsbefreiungen und Haftungsgrenzen der CMNI profitieren.

## VI. Haftung und Weisungsrecht von Absender und Empfänger

Die gesetzliche Beschränkung des Abs. 1 betrifft nur die Haftung der Frachtführer und **40** der ausführenden Frachtführer sowie ihrer Bediensteten und Beauftragten. **Keiner gesetzlichen Beschränkung** unterliegt nach Abs. 1 die Gestaltungsfreiheit der Parteien über die **Haftung und die Weisungsbefugnis des Absenders.** Inwieweit eine Abweichung vom Übereinkommen unwirksam ist, bestimmt sich insoweit allein nach allgemeinen Vorschriften, bei Anwendung deutschen Rechts also etwa nach den Bestimmungen über Allgemeine Geschäftsbedingungen (§§ 305 ff. BGB). Die Absenderhaftung (Art. 8) ist vertraglich frei modifizierbar.[47]

Etwas anderes gilt für die Frist der **Verjährung** von Ansprüchen, die gegen Absender **41** oder Empfänger gerichtet sind. Die für sie geltenden Verjährungsvorschriften in Art. 24 dürfen nicht verkürzt, sondern nur verlängert werden, und zwar gem. Art. 24 Abs. 2 mehrfach und durch einseitige Erklärung des Schuldners.

## VII. Hinweise für Vereinbarungen in Bedingungswerken

Den Spielraum, den das CMNI in Art. 25 hinsichtlich der Vereinbarung möglicher **42** Haftausschlussgründe gewährt, kann sowohl durch Individualvereinbarung (§ 305b BGB) als auch durch Bedingungswerke – zweckmäßigerweise auf Grund von **Verlade- und Transportbedingungen** – genutzt werden. Der Umstand, dass die CMNI den vertraglichen Ausschluss der Haftung für nautisches Verschulden in Art. 25 Abs. 2 explizit zulässt und relativ eng umschreibt, lässt Zweifel an der Möglichkeit bzw. Notwendigkeit einer AGB-Kontrolle (über Art. 29 nach Vertragsstatut) aufkommen.[48] Bei Anlegung der Maßstäbe der §§ 305 ff. BGB dürften in Ansehung der klaren Regelung in Art. 25 Abs. 2 CMNI jedenfalls keine Zweifel an der Nichtgefährdung des Vertragszwecks bzw. der Angemessenheit eines solchen Ausschlusses aufkommen.[49] Anders als bei der Frage der inhaltlichen Wirksamkeit von AGB liegt es mit den Kontrollvorschriften zur wirksamen Einbeziehung von AGB in den Vertrag. Weil die CMNI das Zustandekommen des Transportvertrags nicht regelt, sind insoweit ebenfalls über Art. 29 lückenfüllend die Vorschriften des Vertragsstatuts – bei Geltung deutschen Rechts die §§ 305 (Transparenzgebot), 305b (Vorrang der Individualabrede), 305c (Unklarheiten zu Lasten des Verwenders), 306 (Verbot der geltungserhaltenden Reduktion) und 306a BGB (Umgehungsverbot) anzuwenden.[50]

---

[46] Denkschrift S. 46.
[47] Denkschrift, BR-Drucks. 53/06 S. 46; *Koller* Art. 41 CMR Rn. 4.
[48] Grds. ablehnend *Ramming* TranspR 2006, 373, 379; *ders.*, HdB Binnenschifffahrtsrecht, Rn. 352; *Koller* Art. 25 CMNI Rn. 1; *Krins*, Der Umfang des zwingende Charakters des deutschen Transportrechts 2012, 75; wohl auch *Trost* in Hartenstein/Reuschle, HdB Transport- und Speditionsrecht, Kap. 15 Rn. 20.
[49] So schon *Hartenstein* in Paschke/Graf/Olbrisch, Handbuch des Exportrechts, Kap. 17 Rn. 81; *ders.* TranspR 2012, 441, 445.
[50] *Hartenstein* TranspR 2012, 441, 445.

43     Streitig ist, ob die Vereinbarung des Haftungsausschlusses einen Hinweis auf die Einhaltung der Pflichten nach Art. 3 Abs. 3 und die Voraussetzungen des Art. 21 (keine bewusste Leichtfertigkeit) enthalten muss.[51] Angesichts des strengen Verschuldensmaßstabes und der Zurechnungsmöglichkeit des Verhaltens seiner Leute sollte der Frachtführer durch eine auf seine Pflichten hinweisende Vereinbarung gewarnt werden. Sämtliche Tatbestände in Art. 25 Abs. 2 (a) bis (c) enthalten bestimmte Vorbehalte, die sich auf die haftungsbegründenden Vorgänge beziehen, die ihrerseits regelmäßig nach Abschluss des Vertrages bzw. Ausstellung des Konnossements stattfinden.

44     Der Wortlaut des Abs. 2 Satz 1 („vertragliche Bestimmungen zulässig, in denen festgelegt wird, daß …") macht nicht hinreichend klar, in welchem Umfang Festlegungen im Vertrag zu den unter lit. a–c getroffenen Darlegungen, die an weitere Bedingungen geknüpft sind („vorausgesetzt, dass"; „es sei denn, …") zu treffen sind.[52] Es sollte allerdings genügen, dass jeweils die Tatbestände in Art. 25 Abs. 2 (a) bis (c) wörtlich oder ihrem Inhalt nach in die AGB-Klausel übernommen werden. Durch die Klarstellung in Art. 25 Abs. 2 allein, dass sich der Frachtführer, der ausführende Frachtführer sowie deren Bedienstete und Beauftragten im Falle eines qualifizierten Verschuldens von vornherein nicht auf zu ihren Gunsten vorgesehene Haftungsbefreiungen berufen können, sind die Beteiligten in Ansehung haftungsbeschränkender Vertragsbestimmungen (Individualabrede oder AGB) möglicherweise nicht hinreichend gewarnt.[53]

45     Die Ausgestaltung einheitlicher Verlade- und Transportbedingungen für den internationalen Bereich dürfte auf der Grundlage eines internationalen Übereinkommens leichter fallen, als auf der Grundlage verschiedener nationaler Rechte. Der Frachtbrief selbst kann sich sehr vereinfachen, wenn in ihm neben den nach den CMNI erforderlichen Angaben auf entsprechend ausgestaltete Verlade- und Transportbedingungen verwiesen wird.

## Kapitel VIII. Ergänzende Bestimmungen

### Art. 26 Große Haverei

**Dieses Übereinkommen berührt nicht die Anwendung von Bestimmungen des Frachtvertrags oder des innerstaatlichen Rechts über die Schadensberechnung und Beitragspflichten im Falle einer großen Haverei.**

| Chapitre VIII. Dispositions supplétives | Chapter VIII. Supplementary provisions |
|---|---|
| **Art. 26 Avaries communes** | **Art. 26 General average** |
| La présente Convention n'affecte pas l'application des dispositions du contrat de transport ou du droit interne relatives au calcul du montant des dommages et des contributions obligatoires dans le cas d'une avarie commune. | Nothing in this Convention shall prevent the application of provisions in the contract of carriage or national law regarding the calculation of the amount of damages and contributions payable in the event of general average. |

### I. Allgemeines

1     Im Falle der großen Haverei bleiben die Haftungsregelungen des Übereinkommens durch anderweitige gesetzliche oder vertragliche Regelungen über die **Schadensberech-**

---

[51] Einschränkend wohl *Ramming* TranspR 2006, 373, 379 f.; *ders.*, HdB Binnenschifffahrtsrecht, Rn. 345; *v. Waldstein/Holland* Binnenschifffahrtsrecht Art. 25 CMNI Rn. 8; so auch ein Hinweis auf nicht veröffentlichte Rspr. bei *Hartenstein* TranspR 2012 Rn. 441, 446.

[52] **AA** *Koller* Art. 25 CMNI Rn. 2.

[53] Die in der Vorauflage vertretene Auffassung gebe ich auf. Vgl. nunmehr auch § 15 Abs. 2 IVTB 2009/2010 (mit Klarstellung), in Abweichung von IVTB 2009/2010 (ohne Klarstellung).

**nung** und über die **Beitragspflicht des Frachtführers** unberührt. Die Vorschrift ist angelehnt an Art. 5 Abs. 2 Satz 2 HVR und an Artikel 24 Abs. 1 HHR. Sie ist abdingbar.[1]

Bei Anwendbarkeit deutschen Rechts finden sich die gesetzlichen Regelungen zur Schadensberechnung und Beitragspflicht einer großen Haverei in den **§§ 78 ff. Binnenschifffahrtsgesetz** (BinSchG). Daneben geht es um Entsprechendes regelnde Allgemeine Geschäftsbedingungen. Bekannt sind etwa die **Rheinregeln** (Havarie-Grosse-Regeln) der Internationalen Vereinigung zur Wahrnehmung der gemeinsamen Interessen der Binnenschifffahrt und der Versicherung und zur Führung des Binnenschiffsregisters in Europa (IVR).[2]  **2**

Nach § 10 Abs. 1 Satz 2 wird auch der Empfänger in die Haftung der Ladung zur großen Haverei miteinbezogen, wenn er am Ablieferungsort die Auslieferung es Gutes verlangt.[3]  **3**

## Art. 27 Andere anwendbare Vorschriften und Nuklearschäden

**(1) Dieses Übereinkommen ändert nicht die Rechte und Pflichten des Frachtführers, wie sie in internationalen Übereinkommen oder innerstaatlichem Recht über die Beschränkung der Haftung der Eigentümer von Binnen- oder Seeschiffen niedergelegt sind.**

**(2) Der Frachtführer ist von der Haftung nach diesem Übereinkommen für einen Schaden, der durch ein nukleares Ereignis verursacht wurde, befreit, wenn nach den Gesetzen und sonstigen Vorschriften eines Staates über die Haftung auf dem Gebiet der Kernenergie der Inhaber einer Kernanlage oder eine andere befugte Person für den Schaden haftet.**

### Art. 27 Autres dispositions applicables et dommages nucléaires

1. La présente Convention n'affecte pas les droits et obligations du transporteur résultant des conventions internationales ou de dispositions de droit interne concernant la limitation de la responsabilité des propriétaires de bateaux ou navires.

2. Le transporteur est dégagé de la responsabilité en vertu de la présente Convention à raison d'un dommage causé par un accident nucléaire si l'exploitant d'une installation nucléaire ou une autre personne autorisée répond de ce dommage en vertu des lois et règlements d'un Etat régissant la responsabilité dans le domaine de l'énergie nucléaire.

### Art. 27 Other applicable provisions and nuclear damage

1. This Convention does not modify the rights or duties of the carrier provided for in international conventions or national law relating to the limitation of liability of owners of inland navigation or maritime vessels.

2. The carrier shall be relieved of liability under this Convention for damage caused by a nuclear incident if the operator of a nuclear installation or other authorized person is liable for such damage pursuant to the laws and regulations of a State governing liability in the field of nuclear energy.

## I. Allgemeines

Die Vorschrift regelt das Verhältnis des Übereinkommens zu den Vorschriften über die **1** globale Haftungsbeschränkung und über die Haftung auf dem Gebiet der Kernenergie. Sie orientiert sich dabei an Art. 8 und 9 HVR sowie Art. 25 Abs. 1 und 3 HHR.

---

[1] *Koller* Rn. 1.
[2] Denkschrift, BR-Drucks. 563/06 S. 46; von Waldstein/*Holland* Binnenschifffahrtsrecht Anh §§ 90, 91 Rn. 2 ff.
[3] Vgl. § 90 Abs. 2 BinSchG.

2    In **Absatz 1** wird klargestellt, dass die CMNI nicht die Rechte und Pflichten des Frachtführers gemäß internationalen Übereinkommen oder innerstaatlichem Recht über die
Beschränkung der Haftung der Eigentümer von Binnen- oder Seeschiffen ändert.

3    Danach bleibt das **Privileg der Globalhaftung** nach der CLNI unberührt, dh. das
Recht des Frachtführers, seine Haftung nach den Bestimmungen über die globale Haftungsbeschränkung zu beschränken. Diese globale Haftungsbeschränkung tritt, soweit der persönliche Anwendungsbereich zugunsten des Frachtführers eröffnet ist, zu den Haftungsgrenzen
der CMNI hinzu. Im deutschen Recht sind dies die auf dem Straßburger Übereinkommen
von 1988 über die Beschränkung der Haftung in der Binnenschifffahrt **(CLNI)**[1] beruhenden
Bestimmungen der **§§ 4 bis 5m BinSchG.** Ist der Frachtführer zugleich Schiffseigner oder
eine dem Schiffseigner gemäß § 5c BinSchG gleichstehende Person, kann er mithin seine
**Haftung** für Ansprüche wegen Schäden, die an Bord oder in unmittelbarem Zusammenhang mit dem Betrieb des Schiffes eingetreten sind, nach den Bestimmungen des Binnenschifffahrtsgesetzes zusätzlich **beschränken.**[2]

4    **Absatz 2** sieht vor, dass ein Frachtführer in Ansehung seiner Frachtführerhaftung (iSd.
Art. 16 ff. für Ladungsschäden, Lieferfristüberschreitungen und Schäden an anderen
Gütern)[3] von den Vorschriften der CMNI dann befreit ist, wenn nach staatsvertraglich
vereinheitlichten oder staatlichen (iSv. Art. 29)[4] Sondervorschriften über die Haftung auf
dem Gebiet der Kernenergie der Inhaber der Kernenergieanlage oder eine andere befugte
Person (Betreiber) für Schäden durch nukleare Ereignisse haftet. Typischerweise wird die
dort angesiedelte Regelung der Haftung des Anlageninhabers mit dessen Pflicht zur
Deckungsvorsorge und mit der Freistellung der übrigen Beteiligten verknüpft. Einschlägig
sind hier das Pariser Übereinkommen vom 29.7.1960 über die Haftung gegenüber Dritten
auf dem Gebiet der Kernenergie[5], das Pariser Zusatzübereinkommen vom 31.1.1963[6], das
Gemeinsame Protokoll vom 21.9.1988 über die Anwendung beider Übereinkommen[7]
sowie die §§ 25 ff. dt. AtomG. Dies schließt nach Art. 4a und b Pariser Übk. idF 1982,
Art. IIb und c Wiener Übk. die Beförderung zu der Anlage und von der Anlage mit ein.

5    Die in Abs. 2 geregelte Haftungsbefreiung gilt auch für den ausführenden Frachtführer.[8]

6    Die Haftungsbefreiung nach Abs. 2 lässt die Anwendbarkeit der CMNI im Übrigen
unberührt. Gleiches müsste gelten, soweit der Frachtführer nach Vorschriften über die
Haftung auf dem Gebiet der Kernenergie selbst als Inhaber der Kernenergieanlage haftet.[9]

## Art. 28 Rechnungseinheit

[1]**Die in Artikel 20 dieses Übereinkommens genannte Rechnungseinheit ist das
vom Internationalen Währungsfonds festgelegte Sonderziehungsrecht.** [2]**Die in
Art. 20 genannten Beträge werden in die Landeswährung eines Staates entsprechend dem Wert dieser Währung am Tage des Urteils oder an dem von den
Parteien vereinbarten Tag umgerechnet.** [3]**Der Wert, im Verhältnis zum Sonderziehungsrecht, der Landeswährung eines Vertragsstaats wird nach der Bewertungsmethode berechnet, die der Internationale Währungsfonds am betreffenden
Tag tatsächlich in seinen eigenen Operationen und Transaktionen anwendet.**

---

[1] BGBl. 1998 II S. 1643.
[2] Denkschrift, BR-Drucks. 563/06 S. 46.
[3] Dh., nicht die Haftung nach dem über Art.
[4] *Ramming,* HdB Binnenschifffahrtsrecht, Rn. 451.
[5] (BGBl. 1975 II 957) idF des Zusatzprotokolls v. 28.1.1964 (BGBl. 1975 II 1007) und des Protokolls v.
16.11.1982 (BGBl. 1985 II 691), Bek. Vom 15.7.1985 (BGBl. 1985 II 963, 964).
[6] BGBl. 1975 II 992 idF des Zusatzprotokolls v. 28.1. 1964 (BGBl. 1975 II 1021) und des Protokolls vom
16.11.1982 (BGBl. 1985 II 690, 698), Bek. Vom 15.7.1985 (BGBl. 1985 II 963, 970).
[7] BGBl. 2001 II 202, 203.
[8] *Ramming,* HdB Binnenschifffahrtsrecht, Rn. 452.
[9] So wohl auch *Ramming,* HB Rn. 450; aA Denkschrift S. 47 (die Abs. 2 offenbar auf diesen Fall
beschränkt); v. Waldstein/*Holland,* Binnenschifffahrtsrecht Rn. 2.

## Art. 28 Unité de compte

L'unité de compte visée à l'article 20 de la présente Convention est le droit de tirage spécial fixé par le Fonds monétaire international. Les montants mentionnés à l'article 20 sont à convertir dans la monnaie nationale d'un Etat suivant la valeur de cette monnaie à la date du jugement ou à une date convenue par les parties. La valeur, en droits de tirage spéciaux, de la monnaie nationale d'un Etat Partie est calculée selon la méthode d'évaluation appliquée effectivement par le Fonds monétaire international à la date en question pour ses propres opérations et transactions.

## Art. 28 Unit of account

The unit of account referred to in article 20 of this Convention is the Special Drawing Right as defined by the International Monetary Fund. The amounts mentioned in article 20 are to be converted into the national currency of a State according to the value of such currency at the date of judgment or the date agreed upon by the parties. The value, in terms of the Special Drawing Rights, of a national currency of a Contracting State is to be calculated in accordance with the method of evaluation applied by the International Monetary Fund in effect at the date in question for its operations and transactions.

Definition und Berechnung der in den Art. 20 und 37 erwähnten Rechnungseinheit **1** gehören zum Standard transportrechtlicher Übereinkommen. Vergleichbare Regelungen finden sich in Art. 4 § 5 Buchstabe d Satz 1 bis 3 HVR, Art. 26 Abs. 1 Satz 1 bis 3 HHR, Art. 23 Abs. 7 CMR in der Fassung des Protokolls zur CMR von 1978[1] und Art. 9 des Übereinkommens über den internationalen Eisenbahnverkehr (COTIF) vom 9. Mai 1980 in der Fassung des Änderungsprotokolls vom 3. Juni 1999 (BGBl. 2002 II S. 2140, 2149).

Das **Sonderziehungsrecht** (SZR) (Special Drawing Right, SDR) ist nicht handelbare **2** künstliche Währungseinheit, die 1969 vom Internationalen Währungsfonds (IWF) eingeführt wurde.

Der Wechselkurs eines Sonderziehungsrechts ist durch einen **Währungskorb** wichtiger **3** Weltwährungen definiert.[2] Seit Januar 2006 enthält dieser Korb US-Dollar (44 %), Euro (34 %), Pfund Sterling und Yen (je 11 %).[3] Als Maßstab für die Höhe des Betrages und damit des Gewichts der einzelnen Währung dient der Anteil des betreffenden Staates am Weltexport. Alle fünf Jahre werden die Gewichtung und die teilnehmenden Währungen vom IWF-Vorstand überprüft. Der tagesaktuelle Wert eines SZR wird täglich vom IWF festgelegt, basierend auf den Umtauschraten der Währungen, aus denen sich das SZR bildet.[4] Es gilt die Kursnotierung der Londoner Börse um 12 Uhr. Falls die Börse in London geschlossen ist, gilt die Notierung in New York und sollte diese ebenfalls geschlossen sein, gilt der Referenzkurs der Europäischen Zentralbank.

Wenn der Gouverneursrat des IWF feststellt, dass ein weltweiter Bedarf an zusätzlicher **4** Liquidität besteht, werden SZR an die Mitgliedsländer zugeteilt. Jedes Land hat mit seinen zugeteilten SZR ein Guthaben gegenüber dem IWF, mit dem es seine Schulden gegenüber Gläubigerländern tilgen kann, da die Mitgliedsländer verpflichtet sind, Zahlungen durch SZR zu akzeptieren.

SZR sind ein Teil der Währungsreserven eines Landes. So hat jedes Land das Recht, **5** gegen Herausgabe von SZR innerhalb bestimmter Grenzen andere Währungen zu kaufen. Die SZR dienen damit als Devisenhilfe für einzelne in Schwierigkeiten geratene Länder. Das SZR ist eine Recheneinheit, die vom IWF und einigen anderen internationalen Organisationen benutzt wird. So legt zB der Weltpostvertrag die SZR als Währungseinheit für Zahlungen im internationalen Postverkehr fest. Einige Länder koppeln ihre Währung an die SZR, etwa beim Uganda-Schilling. Die Umrechnung in die nationale Währung erfolgt an dem von den Vertragsparteien vereinbarten Tag, sonst an dem Tag, an dem das Urteil erlassen wird.

---

[1] Hierzu *Koller* Art. 23 CMR Abs. 7.
[2] Zur Zusammensetzung: http://www.imf.org/external/np/tre/sdr/sdrbasket.htm.
[3] Vor der Einführung des Euro waren Deutsche Mark und Französischer Franc Teil des Korbs.
[4] Aktueller Gegenwert: http://www.imf.org/external/np/fin/data/rms_sdrv.aspx.

## Art. 29 Ergänzendes nationales Recht

(1) Soweit dieses Übereinkommen keine Bestimmungen enthält, findet das Recht desjenigen Staates auf den Frachtvertrag Anwendung, das die Parteien gewählt haben.

(2) Mangels Rechtswahl findet das Recht des Staates Anwendung, mit dem der Frachtvertrag die engsten Verbindungen aufweist.

(3) [1]Es wird vermutet, dass der Frachtvertrag die engsten Verbindungen mit dem Staat aufweist, in dem der Frachtführer im Zeitpunkt des Vertragsabschlusses seine Hauptniederlassung hat, sofern sich in diesem Staat auch der Ladehafen oder Übernahmeort oder der Löschhafen oder Ablieferungsort oder die Hauptniederlassung des Absenders befindet. [2]Befindet sich keine Niederlassung des Frachtführers an Land und hat der Frachtführer den Frachtvertrag an Bord seines Schiffes abgeschlossen, so wird vermutet, dass der Vertrag die engsten Verbindungen mit dem Staat aufweist, in dem das Schiff registriert ist oder dessen Flagge es führt, sofern sich in diesem Staat auch der Ladehafen oder Übernahmeort oder der Löschhafen oder der Ablieferungsort oder die Hauptniederlassung des Absenders befindet.

(4) Eine dingliche Sicherung der Ansprüche des Frachtführers nach Artikel 10 Absatz 1 bestimmt sich nach dem Recht des Staates, in dem sich die Güter befinden.

## Art. 29 Dispositions nationales supplémentaires

1. En l'absence de dispositions de la présente Convention, le contrat de transport est régi par la loi de l'Etat que les parties ont choisi.

2. A défaut de choix, le droit applicable est celui de l'Etat avec lequel le contrat de transport présente les liens les plus étroits.

3. Il est présumé que le contrat de transport présente les liens les plus étroits avec l'Etat dans lequel se trouve l'établissement principal du transporteur au moment de la conclusion du contrat, si le port de chargement ou le lieu de prise en charge, ou le port de déchargement ou le lieu de livraison ou l'établissement principal de l'expéditeur se trouve également dans cet Etat. Si le transporteur n'a pas d'établissement à terre et s'il a conclu le contrat de transport à bord de son bateau, il est présumé que le contrat présente les liens les plus étroits avec l'Etat dans lequel le bateau est enregistré ou dont il bat le pavillon, si le port de chargement ou le lieu de prise en charge, ou le port de déchargement ou le lieu de livraison ou l'établissement principal de l'expéditeur se trouve également dans cet Etat.

4. Le droit de l'Etat dans lequel les mar-

## Art. 29 Additional national provisions

1. In cases not provided for in this Convention, the contract of carriage is governed by the law of the State agreed by the Parties.

2. In the absence of such agreement, the law of the State with which the contract of carriage is most closely connected is to be applied.

3. It is to be presumed that the contract of carriage is most closely connected with the State in which the principal place of business of the carrier is located at the time when the contract was concluded, if the port of loading or the place where the goods are taken over, or the port of discharge or the place of delivery or the shipper's principal place of business is also located in that State. Where the carrier has no place of business on land and concludes the contract of carriage on board his vessel, it is to be presumed that the contract is most closely connected with the State in which the vessel is registered or whose flag it flies, if the port of loading or the place where the goods are taken over, or the port of discharge or the place of delivery or the shipper's principal place of business is also located in that State.

4. The law of the State where the goods

chandises se trouvent régit la garantie réelle dont bénéficie le transporteur pour les créances visées à l'article 10 paragraphe 1.

are located governs the real guarantee granted to the carrier for claims set out in article 10, paragraph 1.

### Übersicht

| | Rn. | | | Rn. |
|---|---|---|---|---|
| I. Allgemeines | 1–9c | | a) Engste Verbindung, Abs. 2 | 14 |
| II. Bestimmung des anwendbaren Rechts | 10–23 | | b) Vermutung der engsten Verbindung, Abs. 3 | 15–19 |
| 1. Rechtswahl, Abs. 1 | 10a–13 | | 3. Dingliche Sicherung, Abs. 4 | 20–22 |
| 2. Objektive Anknüpfung | 14–19 | | 4. Anwendbarkeit der CMNI nach Verweisung | 23 |

## I. Allgemeines

Bei Vorliegen der sachlichen und räumlichen Anwendungsvoraussetzungen (Art. 1, 2, **1** 30, 31) wenden Gerichte eines Vertragsstaates die CMNI unmittelbar und vorrangig an. Die Anwendungsnormen des Übereinkommens verweisen auf seine Sachnormen. Nach deutschem Recht sind diese Anwendungsnormen gegenüber autonomem Kollisionsrecht vorrangig, vgl. Art. 3 Ziff. 2 EGBGB. Das Übereinkommen regelt aber weder auf sach- noch auf kollisionsrechtlicher Ebene *alle* Fragen mit Bezug auf einen Frachtvertrag einer internationalen Binnenschiffsbeförderung. Spezielle Kollisionsnormen in der CMNI verweisen daher für benannte Lücken auf das allgemeine Vertragsstatut (zu (vgl. Rn. 2). Für alle nicht benannten Lücken enthält Art. 29 allgemeine Anknüpfungsregeln zu dessen Bestimmung. Alle Verweisungen sind Sachnormverweisungen, Art. 1 Nr. 9.

Der sachliche Anwendungsbereich der CMNI nach Art. 2 Abs. 1 iVm. Art. 1 Nr. 1 muss **2** also für die Anwendung ihrer weiteren kollisionsrechtlichen Bestimmungen eröffnet sein (scil.: soweit das anwendbare Übereinkommen keine materielle Regelung enthält).[1] Nicht ausreichend ist das Vorliegen einer internationalen Beförderung über Binnengewässer.

Art. 29 kommt daher zur Anwendung auf den Abschluss des Frachtvertrages, auf die **3** Pflicht zur Zahlung von Fracht und Zuschlägen, auf die Haftung des Frachtführers, wenn er den Frachtvertrag nicht ausführt, auf die Haftung des ausführenden Frachtführers,[2] auf die Dauer der Lade- und Löschzeiten, auf Rechtsfolgen von Beförderungs- und Ablieferungshindernissen, auf Liegegeldansprüche, Folgen von Störungen bei der Ausführung des Frachtvertrages, Zurückbehaltungsrechte und Pfandrechte, Nachnahme, Frachtführerhaftung bei großer Haverei und auf Fragen um Art. 6 Abs. 1. Es gelten die in Abs. 1 bis 3 aufgeführten Anknüpfungen, Abweichend von Art. 37 Satz 1 Nr. 1 EGBGB erfassen die Art. 29 Abs. 1 bis 3 auch Fragen des Konnossementrechts.[3]

Ein weiterer Weg führt zur CMNI, wenn autonomes Kollisionsrecht eines Nichtver- **4** tragsstaates, in dem Klage erhoben wurde, auf das Sachrecht eines CMNI-Vertragsstaates verweist. Das Forum wendet dann die CMNI an, wie sie in das Sachrecht des verwiesenen Rechts umgesetzt wurde.[4] Zur lediglich vertragsergänzenden Einbeziehung vgl. Rn. 5a

Die Kollisionsregel des Art. 29 ist auf allen Stufen als **loi uniforme** ausgestaltet, dh. das **5** verwiesene Recht kann das Recht eines Vertragsstaates oder das Recht eines Nichtvertragsstaates sein.[5] Der enge Anwendungsbereich der CMNI selbst steht dazu zunächst nicht in Widerspruch.[6]

---

[1] *Ramming,* HdB Binnenschifffahrtsrecht, Rn. 330, 562 ff.; *Mankowski* TranspR 2008, 177, 178 f.; **aA** *Hartenstein* TranspR 2007, 385, 391 (außerhalb des Anwendungsbereichs).

[2] *von Waldstein/Holland* Binnenschifffahrtsrecht Rn. 2.

[3] *Ramming* TranspR 2006, 373, 378; *ders.,* HdB Binnenschifffahrtsrecht, Rn. 566; *von Waldstein/Holland* Binnenschifffahrtsrecht Rn. 3.

[4] *Ramming,* HdB Binnenschifffahrtsrecht, Rn. 331; *von Waldstein/Holland* Binnenschifffahrtsrecht Art. 2 CMNI Rn. 1; *Jaegers* TranspR 2007, 141, 143; *ders.* ZfB 2008 Nr. 1/2 S. 71, 72.

[5] *Ramming,* HdB Binnenschifffahrtsrecht, Rn. 564; *Mankowski* TranspR 2008, 177, 178 f.

[6] Kritisch *Mankowski* TranspR 2008, 177, 178 f.

**6**    Innerhalb des eröffneten sachlichen Anwendungsbereichs der CMNI tritt die allgemeine kollisionsrechtliche Norm Art. 29 für die Abgrenzungsfrage, *wann* nicht die CMNI, sondern das allgemeine Vertragsstatut anzuwenden ist, hinter *speziellen* kollisionsrechtlichen Bestimmungen des Übereinkommens, die in Bezug auf einzelne ungeregelte Gegenstände Verweisungen enthalten, zurück. Dazu zählen die Art. 10 Abs. 2 Satz 1 und 2 (Begriff der Ablieferung: Recht des Löschhafens), Art. 11 Abs. 2 Satz 3 (Form der Unterzeichnung von Frachturkunden: Recht des Ausstellungsstaates), Art. 16 Abs. 2 (Haftung für Landschäden: Vertragsstatut), Art. 19 Abs. 5 (Frachtansprüche bei eigener Schadensersatzpflicht: Vertragsstatut), Art. 24 Abs. 3 Satz 1 (Hemmung und Unterbrechung der Verjährung: Vertragsstatut) sowie Art. 24 Abs. 4 (alternative Verjährung des Rückgriffsanspruchs: Vertragsstatut). Fraglich ist, ob mit diesen Verweisungen auf das Vertragsstatut nur auf das ohnehin lege conventione nach Art. 29 anwendbare Recht Bezug genommen wird[7] oder auf das nach dem autonomen Kollisionsrecht des Forums berufene Recht (in Deutschland also auf das nach den VOen Rom I und Rom II zu bestimmende Recht). Innerhalb der CMNI liegt Anknüpfungsgleichklang mit Art. 29 nahe.

**7**    Art. 29 verweist für innerhalb dieses Anwendungsbereichs vom CMNI nicht geregelte Fragen auf das ergänzende nationale Recht (dies ist nicht notwendig Frachtrecht, vgl. §§ 280 ff. BGB) und sieht in Anlehnung an das Europäische Schuldvertragsübereinkommen vom 19.6.1980 (EVÜ, Artt. 3 ff.)[8] bzw. den es umsetzenden Vorschriften der Art. 27 ff. EGBGB (ersetzt durch die VO Rom I [vertragliche Schuldverhältnisse, insbes. Art. 3 ff., seit 17.12.2009] und Rom II [außervertragliche Schuldverhältnisse, insbes. Art. 4, 10, 11 und 14, seit 11.1.2009], vgl. Art. 3 Ziff. 1 EGBGB) eine detaillierte Auffangregel vor. Art. 29 geht nationalen Kollisionsnormen des Forumsstaates (in Deutschland dem EGBGB und § 449 Abs. 4 HGB) und damit den Rom-VOen sowie den für Kabotage-Beförderungen spezialiter geltenden Kollisionsregeln der Art. 3 Abs. 1 8a) und Abs. 2 der VO 3921/91[9] (Recht des EU-Aufnahme-Mitgliedsstaates) vor.

**8**    Die Kollisionsnormen und die Sachnormen der CMNI gehen im Falle ihrer sachlichen und räumlichen Anwendbarkeit autonomem Kollisionsrecht vor, Art. 3 Nr. 2 EGBGB. Die kollisionsrechtliche Regelung war vor allem für jene Vertragsstaaten vorgesehen, die nicht gleichzeitig EU-Mitgliedsstaaten sind und in denen daher das EVÜ nicht galt (etwa die Schweiz oder Kroatien). Allerdings befreite die allgemein geltende Kollisionsregel des Art. 29 speziell für Binnenschifffahrtsfrachtverträge damit von der Bindung an das EVÜ, wo es normalerweise gilt, nunmehr also auch solche CMNI-Staaten, die EU-Staaten sind. Gleiches gilt daher auch für die das EVÜ ersetzende (Art. 24, Ausn. DN) Rom I-VO. Nach deren Art. 25 Abs. 1 bleiben internationale Übereinkommen von Mitgliedsstaaten unberührt. Die Rom I-VO hat nur Anwendungsvorrang vor ausschließlich zwischen EU-Mitgliedsstaaten geschlossenen Übk., Art. 25 Abs. 2 – dies freilich wiederum nur in den dort von Art. 23 gezogenen Grenzen (Vorrang besonderer gemeinschaftsrechtlicher Kollisionsnormen). Der Vorbehalt nach Art. 25 Abs. 2 Rom I-VO wirkt deshalb nicht, weil zu den CMNI-Vertragsstaaten auch EU-Nicht-Vertragsstaaten gehören.[10] Eine das CMNI in toto derogierende Rechtswahlmöglichkeit über die Rom I-VO oder autonomes Kollisionsrecht ist daher nicht eröffnet.[11] Die über Art. 29 Abs. 1 eröffnete Rechtswahlmöglichkeit bleibt

---

[7] **So** offenbar LG Stade v. 25.5.2009 – 8 O 129/08; Rn. 24 (auch bei Art. 16 Abs. 2 Anwendung von Art. 29; zweifelnd *Hartenstein* TranspR 2012, 441, 443); so aber wohl auch *Ramming,* HdB Binnenschifffahrtsrecht, Rn. 567.

[8] ABl. Nr. C 27 vom 26.1.1998, S. 34 ff.

[9] ABl. Nr. L 373 v. 31.12.1991, S. 1–3; diese geht § 449 Ab. 4 HGB vor. Zum ganzen *Mankowski* in Reithmann/Martiny, Vertragsrecht Rn. 1653; *Ramming,* HdB Binnenschifffahrtsrecht, Rn. 251; *ders.* TranspR 2007, 279, 281.

[10] *Ramming,* HdB Binnenschifffahrtsrecht, Rn. 576.

[11] *Ramming,* HdB Binnenschifffahrtsrecht, Rn. 330; teilw. mit abweichender Begründung *Jaegers* TranspR 2007, 141, 143 (sub 4a: Umgehungsverbot); *ders.,* ZfB 2008 Nr. 1/2 S. 71, 72 (zwingende Geltung der CMNI); *Hartenstein* TranspR 2012 141, 143 (allerdings mit Verweis auf den engeren Art. 25 Abs. 1).

aber bestehen. Damit entfällt auch die objektive Anknüpfung autonomen (bspw. Art. 28 EGBGB) und vereinheitlichten (bspw. Art. 5 Abs. 1 und 3 Rom I-VO) Kollisionsrechts.[12]

Die unter Rn. 2 gestellte Abgrenzungsfrage nach dem anwendbaren Kollisionsrecht stellt **8a** sich auch für die in Art. 29 gänzlich fehlenden Anknüpfungsgegenstände (für das Zustandekommen des Frachtvertrags als Anwendungsvoraussetzung der CMNI (Art. 10 Rom I-VO), das Zustandekommen und die rechtsgeschäftliche Wirksamkeit der Rechtswahl (Art. 3 Abs. 5 Rom I-VO), die Reichweite des Vertragsstatuts (Art. 12 Abs. 1, Art. 18 Rom I-VO), für den Vorbehalt bezüglich der Erfüllungsmodalitäten (Art. 12 Abs. 2 Rom I-VO) und für den Vorrang der zwingenden Bestimmungen des Staates, mit dem der Sachverhalt ausschließlich verbunden ist (Art. 3 Abs. 3 und 4 Rom I-VO) und für den Vorrang von Eingriffsnormen (Art. 9 Rom I-VO).

Die Kappung der Bindung an das EVÜ bzw. die Rom I-VO schafft ggf. Raum für neue **8b** Rechtsentwicklungen außerhalb eines zuvor vereinheitlichten Bereichs und begründet – wenigstens abstrakt – eine gewisse Möglichkeit von Rechtszersplitterung. Dieser Befund ist angesichts der beschriebenen Unterschiede[13] zwischen CMNI und EVÜ/Rom I-VO nicht ganz unerheblich. Zu Recht wird insoweit fehlender kollisionsrechtlicher Entscheidungseinklang beklagt.[14] Insoweit sollte das autonome Kollisionsrecht bzw. die Rom I-VO gelten.[15]

Außerhalb des sachlichen Anwendungsbereichs der CMNI und der Rom I-VO sind die **9** autonomen Kollisionsnormen des Forumstaates anwendbar.

Bei Nichtanwendbarkeit der CMNI und Geltung eines bestimmten Vertragsstatuts kann **9a** freilich die Anwendbarkeit aller oder einzelner Bestimmungen des Übereinkommens im Wege der **vertragsergänzenden Einbeziehung** individualvertraglich oder über AGB vereinbart werden. Die Wirksamkeit dieser Einbeziehung kraft vertraglicher Einbeziehung ist freilich an Schutzvorschriften des Vertragsstatuts (bspw. §§ 449, 439 Abs. 4 HGB) zu messen. Von zwingendem Haftungsrecht des deutschen Vertragsstatuts kann nur individualvertraglich und durch AGB nur unter den in § 449 Abs. 2 genannten Voraussetzungen (Haftungskorridor 2–40 SZR/kg oder ungünstigere Haftungshöchstbeträge für Verwender der AGB) abgewichen werden.[16] Diese Begrenzung *kann* im Einzelfall je nach Ladungsart von den in Art. 20 CMNI genannten Haftungshöchstbeträgen abweichen. Der grenzüberschreitende Kontext verändert die nationalen Schutzbedürfnisse dann nicht, wenn nicht die CMNI a priori anwendbar ist.[17]

Bei Geltung deutschen Vertragsstatuts unterliegen die als AGB zulässigerweise einbezogenen Bestimmungen der CMNI außerdem der Inhaltskontrolle nach § 307 BGB.[18] **9b**

Ferner mussten bei Geltung deutschen Vertragsstatuts durch Einbeziehung von CMNI-Vorschriften veränderte Haftungshöchstbeträge bis zur Reform des Seehandelsrechts 2013 nach § 449 Abs. 2 S. 2 aF HGB bei AGB-mäßigem Verweis drucktechnisch hervorgehoben werden.[19] Die Streichung des Gebots zur drucktechnischen Hervorhebung dürfte eine AGB-mäßige Vereinbarung der CMNI-Haftungshöchstbeträge erleichtern.

Bei rein innerdeutscher Beförderung setzt § 449 Abs. 4 die in 449 Abs. 1 bis 3 HGB **9c** enthaltenen Regelungen und damit die in Abs. 1 Satz 1 genannten zwingenden Vorschriften des deutschen Frachtrechts gegenüber ausländischem Vertragsstatut durch.

---

[12] *Ramming,* HdB Binnenschiffahrtsrecht, Rn. 330.

[13] Kritisch zur inhaltlichen Vereinbarkeit der CMNI mit dem EVÜ, *Ramming* TranspR 2006, 373, 379; *Hartenstein* TranspR 2007, 385, 389; 2012, 441, 443; *Mankowski* TranspR 2008, 177, 178 f.

[14] So schon *Hartenstein* TranspR 2007, 385, 389 (für dynamische Verweisung auf EVÜ und Rom I); **aA** offenbar *Ramming* HdB Binnenschifffahrtsrecht, Rn. 330 (für Art. 29 CMNI).

[15] *Czerwenka* TranspR 2001, 277, 279; *von Waldstein/Holland* Binnenschifffahrtsrecht Art. 29 Rn. 4; *Koller* Vor Art. 1 CMNI Rn. 3; aA *Ramming* Rn. 330, 568.

[16] *Ramming,* HdB Binnenschiffahrtsrecht Rn. 332.

[17] **AA** *Jaegers* ZfB 2008 Nr. 1/2 S. 71, 72 f. (sub 6b).

[18] *Ramming,* HdB Binnenschifffahrtsrecht, Rn. 332.

[19] Gestrichen in § 449 nF HGB durch Reform des Seehandelsrechts 2013.

## II. Bestimmung des anwendbaren Rechts

**10**    Art. 29 CMNI enthält in bewusster Anlehnung an Art. 3 Abs. 1 S. 1; 4 Abs. 1 S. 1; 4 Abs. 4 S. 2 EVÜ vom 19.6.1980 (in Deutschland zunächst umgesetzt in Art. 27 Abs. 1 S. 1; 28 Abs. 1 S. 1; 28 Abs. 4 S. 1 EGBGB aF, beide seit 17.12.2009 ersetzt durch die Art. 3 ff. Rom I-VO) eine mehrstufige Kollisionsregel.

**10a**    **1. Rechtswahl, Abs. 1.** Nach **Abs. 1** können die Parteien des Frachtvertrages **wählen,** welches nationale Recht für den Fall der Nichtregelung einer Frage durch das Übereinkommen mit der Frage subsidiär zu befassen ist. Abs. 1 entspricht Art. 3 Abs. 1 Satz 1 Rom I-VO (früher Art. 3 Abs. 3 Satz 1 EVÜ sowie Art. 27 Abs. 1 Satz 1 EGBGB aF.

**10b**    Die Rechtswahl kann ausdrücklich oder konkludent erfolgen. Die Indizien für Letztere sind die üblichen: Vereinbarung eines einheitlichen Gerichtsstandes, Erfüllungsortes oder Schiedsgerichts, Bezugnahme auf eine Rechtsordnung, auf einzelne Vorschriften daraus oder auf Verträge mit ausdrücklicher Rechtswahl sowie auf Verlade- und Transportbedingungen, die auf eine Rechtsordnung ausdrücklich Bezug nehmen oder auf ihr aufbauen.[20] Wie im Kollisionsrecht üblich wirken gleichgerichtete Indizien verstärkend, gegensätzliche entkräften sich gegenseitig.

**11**    Die Rechtswahl ist frei und unterliegt nicht Bindungen wie in Art. 3 Abs. 3, 4, Art. 5 Abs. 3 Rom I-VO (vgl. Art. 27 Abs. 3 EGBGB aF oder Art. 3 Abs. 3 EVÜ, etwa zum Sitz der Parteien oder zum Lade- oder Ablieferungsort). Das ist unschädlich. Sachferne wird sich dadurch wegen der zwingenden Geltung der CMNI nicht einschleichen.[21]

**12**    Allerdings fehlen in der CMNI – anders als seinerzeit im EVÜ und jetzt in Art. 10 Rom I-VO – wiederum Regelungen für das Zustandekommen der Rechtswahl und für eine nachträgliche bzw. stillschweigende Rechtswahl. Auch sie entnimmt man – kollisionsrechtlich üblich – dem durch ebendiese Rechtswahl erst zu ermittelnden Vertragsstatut (Art. 10, 11, 13 iVm. Art. 3, 5 Rom I-VO, vor dem 17.12.2009 Art. 31 EGBGB, Art. 3 Abs. 1 Satz 2 und Art. 4 iVm. Art. 8 EVÜ).

**13**    Kritisch zu beurteilen ist vorerst auch, dass Art. 29 – anders als Art. 3 EVÜ – nicht ausdrücklich die Möglichkeit der **Teilrechtswahl** (dépecage) vorsieht.[22] Sollte dies bedeuten, dass bei Geltung der CMNI für nicht vom Übereinkommen geregelte Fragen eine Teilrechtswahl ausgeschlossen ist, so fiele das Übereinkommen zumindest hinter die Gepflogenheiten im Binnenschifffahrtsfrachtrecht zurück. Denn speziell für Liegegeldansprüche – die die CMNI nicht regelt – kann die Geltung des einen oder anderen nationalen Rechts gewählt werden, während für andere Fragen eines Binnenschifffahrtsfrachtvertrages entweder die CMNI oder – mangels Regelung in der CMNI – anderes gewähltes Recht gälte. Aus diesem Grunde sollten alle Spielarten einer Rechtswahl von Art. 29 erfasst sein. Es erscheint auf den ersten Blick wenig plausibel, dass die mehrheitlich dem EVÜ angehörenden Vertragsstaaten diese Möglichkeit bewusst haben ausblenden wollen. Sachrechtlich wäre eine solche an Rechtseinheit orientierte und gegen Rechtsspaltung gerichtete Sichtweise im Einzelfall auch wenig vertragsinteressengerecht.

**14**    **2. Objektive Anknüpfung. a) Engste Verbindung, Abs. 2. Mangels Rechtswahl** findet nach **Abs. 2** das Recht des Staates Anwendung, mit dem der Frachtvertrag die **engsten Verbindungen** aufweist. Der Begriff der engsten Verbindungen wird in Abs. 3 näher bestimmt. Abs. 2 entspricht Art. 4 Abs. 4 Rom I-VO, der für Beförderungsverträge in Art. 5 Rom I-VO allerdings nicht aufgeführt ist (vgl. Art. 4 Abs. 1 Satz 1 des Schuldvertragsübereinkommens bzw. Art. 28 Abs. 1 Satz 1 EGBGB aF).

---

[20] von Waldstein/*Holland* Binnenschifffahrtsrecht Rn. 4; *Ramming,* HdB Binnenschifffahrtsrecht, Rn. 569.
[21] Ebenso schon von Waldstein/*Holland* Binnenschifffahrtsrecht Rn. 4.
[22] Dafür *Ramming,* HdB Binnenschifffahrtsrecht, Rn. 569; **aA** *Koller* Transportrecht Rn. 3 vor Art. 1 CMNI; Art. 1 CMNI Rn. 1; *v. Waldstein/Holland* Binnenschifffahrtsrecht Art. 29 CMNI Rn. 4; sehr kritisch *Hartenstein* TranspR 2007, 385, 390.

**b) Vermutung der engsten Verbindung, Abs. 3.** Nach **Abs. 3 Satz 1** wird – in   **15** gewisser Anlehnung an Art. 4 Abs. 4 Satz 2 des Schuldvertragsübereinkommens (vgl. auch Art. 28 Abs. 4 Satz 1 EGBGB aF, ersetzt durch Art. 5 Abs. 1 Rom I-VO) – die **engste Verbindung** grundsätzlich mit dem Staat **vermutet**, in dem der Frachtführer seine Hauptniederlassung hat, wenn sich dort zugleich der Lade- oder Löschhafen, der Übernahme- oder Ablieferungsort oder die Hauptniederlassung des Absenders befindet. Bei Konnossementen ist der Ausstellungsort allein kein Anknüpfungspunkt,[23] denn der Frachtvertragsschluss ist davon unabhängig.[24]

**Satz 2** enthält eine **Sonderregelung** für den Fall, dass der Frachtführer oder ausführende   **16** keine Niederlassung an Land hat, sondern an Bord des Schiffes lebt und dort auch den Frachtvertrag geschlossen hat. In diesem Fall ist das Recht des Registerortes des Schiffes oder das Recht des Staates, dessen Flagge es führt, anzuwenden, sofern sich dort zugleich der Lade- oder Löschhafen, der Übernahme- oder Ablieferungsort oder die Hauptniederlassung des Absenders befindet. Die Regelung steht mit der allgemeinen Regel in Abs. 2 in Einklang. Für den Abschluss an Bord des Schiffes reicht dabei aus, wenn dort die Willenserklärung des Frachtführers oder ausführenden Frachtführers abgegeben wurde. Um Manipulationen des Abschlussortes und damit des Vertragsstatuts zu verhindern – muss dies für den Absender erkennbar gewesen sein.[25]

Eine Niederlassung an Land dürfte der Frachtführer nur dann haben, wenn sein Gewerbe   **17** von dort aus auch betrieben wird.[26]

Art. 29 entspricht nicht vollständig Art. 5 Abs. 1 Rom I-VO (und ebensowenig Art. 4   **18** EVÜ). Dies gilt vor allem für die Vermutungsregel in Art. 29 Abs. 3 Satz 2 (Flaggenrecht), die aber im Binnenschifffahrtsrecht durchaus ein sachgerechtes Hilfskriterium darstellt.

Soweit die Anknüpfungspunkte für eine Vermutung nach Absatz 3 nicht vorliegen, sind   **18a** die engsten Verbindungen des Falles zu einer Rechtsordnung gem. Art. 29 Abs. 2 anhand *aller* Umstände zu ermitteln. Dazu gehören einzelne, in Abs. 3 genannte Indizien ebenso wie alle dort nicht genannten.

Ob die objektive Anknüpfung an die engste Verbindung in Art. 29 Abs. 2 und 3 ange-   **19** sichts der Ersetzung der Anknüpfung an den Sitz des Beförderers durch den gewöhnlichen Aufenthalt des Beförderers und den Verzicht auf Anknüpfung an die engste Verbindung noch zeitgemäß ist, mag bezweifelt werden. Auch hier sind in der Zukunft **Verwerfungen zwischen Rom I-VO und CMNI** denkbar.[27]

**3. Dingliche Sicherung, Abs. 4.** Abs. 4, wonach eine **dingliche Sicherung** (i. e.   **20** Begründung des Sicherungsrechts und Durchsetzung) an den abzuliefernden Gütern dem Recht des Staates unterliegt, in dem sich die Güter befinden (lex rei sitae), entspricht Art. 43 Abs. 1 EGBGB.[28] Dies gilt insbesondere für das Pfandrecht als dingliches Recht (in Deutschland die §§ 441 ff. HGB). Der lex rei sitae-Grundsatz hat grundsätzlich folgende Wirkung: Einmal begründete Rechte bleiben nach Verbringung in einen anderen Staat erhalten. Inhalt und Durchsetzung richten sich nach Belegenheitsrecht. Insoweit tritt Statutenwechsel ein. Art. 43 Abs. 2 und Art. 46 EGBGB werden verdrängt. Art. 43 Abs. 3 EGBGB ist ergänzend zu Art. 29 Abs. 4 CMNI anwendbar.[29]

Normalerweise befinden sich die Güter bei Ausübung des Pfandrechts noch im Schiff.   **21** Nach deutschem Recht erstreckt sich das Pfandrecht jedoch zB unter gewissen Vorausset-

---

[23] So aber noch *Ramming* TranspR 2006, 373, 378; ihm folgend *Koller* Rn. 2.

[24] von Waldstein/*Holland* Binnenschiffahrtsrecht Rn. 6.

[25] *Koller* Rn. 2 Anm. 2.b).

[26] Ähnlich von Waldstein/*Holland* Binnenschifffahrtsrecht Rn. 7 („gewisse Dauerhaftigkeit"): Unbeachtlichkeit der bloßen Postadresse oder einer Sammelanschrift.

[27] *Hartenstein* TranspR 2007, 385, 391 mit Vorschlag einer dynamischen Verweisung auf das EVÜ und auf die sie ersetzende die EU-VO Rom I.

[28] So bereits Denkschrift, BR-Drucks. 563/06 S. 47; *Ramming* TranspR 2006, 373, 379.– Entstehung und Umfang schuldrechtlicher Sicherungen wie das Zurückbehaltungsrecht beurteilen sich nach Frachtvertragsstatut gem. Art. 29 Abs. 1–3, vgl. *Ramming,* HdB Binnenschifffahrtsrecht, Rn. 573, 569–572.

[29] *Ramming,* HdB Binnenschifffahrtsrecht, Rn. 573.

zungen auf bereits gelöschte Güter (Verfolgungsrecht von drei Tagen). Wegen der Anknüpfung an Belegenheitsrecht sind Rechtsunterschiede bei der Ausbringung des Pfandrechtes an den Gütern zu beachten.

22     Die Bezugnahme auf Art. 10 Abs. 1 ist allerdings zu eng. Es geht nicht nur um die Sicherung der Frachtführeransprüche gegen den Empfänger, sondern auch solcher gegen den Absender als dem Vertragspartner des Frachtführers (Art. 6 Abs. 1).

23     **4. Anwendbarkeit der CMNI nach Verweisung.** Fraglich ist die Anwendbarkeit der CMNI nach Verweisung durch das Kollisionsrecht eines anderen Staates oder der Rom-I-VO auf das Recht eines CMNI-Vertragsstaats. (Bsp.: Geschädigter mit Sitz in einem CMNI-Vertragsstaat verklagt Frachtführer mit Sitz in anderem CMNI-Vertragsstaat wegen Schäden auf einem Transport zwischen zwei Nicht-CMNI-Staaten). Gelangt das Forum in einem solchen Fall über sein autonomes Kollisionsrecht (in Deutschland also über die Art. 27, 28 EGBGB oder über die Rom-I-EU-Verordnung[30]) zu staatlichem Recht eines CMNI-Vertragsstaates, wendet das erkennende Forum die Vorschriften der CMNI in der Weise an, wie sie in das Recht des Staates umgesetzt ist.[31] Die CMNI wird dabei nicht automatisch als Bestandteil des verwiesenen Rechts angewendet: Bei Nichtvorliegen etwa der räumlichen oder sonstiger Anwendungsvoraussetzungen der CMNI (Art. 2, 30–32) in diesem Staat bestimmt sich das anwendbare Frachtvertragsrecht nicht eo ipso nach dem Übereinkommen und folglich auch nicht nach dessen Art. 29. Da es an einer Art. 1 Abs. 1 CISG (Wiener UN-Kaufrecht[32]) entsprechenden Regelung in der CMNI fehlt, wäre autonomes Kollisionsrecht dieses Staates (einschließlich Weiter- oder Rückverweisung) oder nach dortigem Abbruch der Verweisung Sachrecht anzuwenden.[33]

## Kapitel IX. Erklärungen zum Anwendungsbereich

## Vorbemerkung

Die in Kapitel IX aufgenommenen Vorschriften eröffnen den Vertragsstaaten die Möglichkeit, bestimmte Vorschriften des Übereinkommens nur in modifizierter Form anzuwenden.

## Art. 30 Beförderungen auf bestimmten Wasserstraßen

**(1) [1]Jeder Staat kann bei Unterzeichnung dieses Übereinkommens oder der Ratifikation, der Annahme, der Genehmigung oder dem Beitritt erklären, dass er dieses Übereinkommen nicht auf Verträge über Beförderungen anwendet, die über bestimmte Wasserstraßen seines Hoheitsgebiets führen, die keinem internationalen Schifffahrtsregime unterliegen und keine Verbindung zwischen solchen internationalen Wasserstraßen darstellen. [2]Eine solche Erklärung darf jedoch nicht alle wichtigen Wasserstraßen dieses Staates benennen.**

**(2) Hat der Frachtvertrag die Beförderung von Gütern ohne Umladung sowohl auf in der Erklärung nach Absatz 1 nicht genannten Wasserstraßen als auch auf in dieser Erklärung genannten Wasserstraßen zum Gegenstand, so findet dieses Übereinkommen auch auf diesen Vertrag Anwendung, es sei denn, die auf diesen letztgenannten Wasserstraßen zurückzulegende Strecke ist die größere.**

---

[30] VO des Europ. Parlaments und des Rates über das auf vertragliche Schuldverhältnisse anzuwendende Recht (Rom I–VO) vom 15.12.2005 (KOM (2005) 650.

[31] von Waldstein/*Holland* Binnenschifffahrtsrecht Art. 2 Rn. 1; *Ramming,* HdB Binnenschifffahrtsrecht, Rn. 331.

[32] Übereinkommen der Vereinten Nationen über Verträge über den internationalen Warenkauf vom 11. April 1980, (CISG), für Deutschland i. Kraft seit 1.1.1990, BGBl. II 1989, S. 588.

[33] So schon *Hartenstein* TranspR 2007, 385, 391; vgl. oben Art. 2 Rn. 10.

(3) ¹Wird eine Erklärung nach Absatz 1 abgegeben, kann jeder andere Vertrags-staat erklären, dass auch er die Bestimmungen dieses Übereinkommens auf die in jener Erklärung genannten Verträge nicht anwendet. ²Die Erklärung nach diesem Absatz wird mit dem Inkrafttreten des Übereinkommens für den Staat, der die Erklärung nach Absatz 1 abgegeben hat, frühestens jedoch mit dem Inkrafttreten des Übereinkommens für den Staat, der eine Erklärung nach diesem Absatz abge-geben hat, wirksam.

(4) ¹Die Erklärungen nach den Absätzen 1 und 3 können jederzeit ganz oder teilweise durch Notifikation an den Depositar mit Angabe des Zeitpunkts, zu dem sie ihre Wirkung verlieren, zurückgezogen werden. ²Die Rücknahme dieser Erklärungen hat keine Auswirkung auf bereits abgeschlossene Verträge.

## Chapitre IX. Déclarations relatives au champ d'application
### Art. 30 Transports sur certaines voies navigables

1. Tout Etat peut, au moment de la signa-ture de la présente Convention, de sa ratifi-cation, de son acceptation, de son approba-tion ou de son adhésion, déclarer qu'il n'appliquera pas la présente Convention aux contrats relatifs à des transports dont le trajet emprunte certaines voies navigables situées sur son territoire, non soumises à un régime international relatif à la navigation et ne constituant pas une liaison entre de telles voies navigables internationales. Toutefois, une telle déclaration ne peut mentionner la totalité des voies navigables principales de cet Etat.

2. Si le contrat de transport a pour objet le transport de marchandises sans transbor-dement effectué à la fois sur des voies navig-ables non mentionnées dans la déclaration visée au paragraphe 1 du présent article et sur des voies navigables mentionnées dans cette déclaration, la présente Convention est également applicable à ce contrat sauf si la distance à parcourir sur ces dernières voies est la plus longue.

3. Lorsqu'une déclaration a été faite con-formément au paragraphe 1 du présent arti-cle, tout autre Etat contractant peut déclarer qu'il n'appliquera pas non plus les disposi-tions de la présente Convention aux contrats visés dans cette déclaration. La déclaration faite conformément au présent paragraphe sera effective au moment de l'entrée en vigueur de la Convention pour l'Etat qui a fait une déclaration conformément au para-graphe 1, mais au plus tôt au moment de l'entrée en vigueur de la Convention pour

## Chapter IX. Declarations concerning the scope of application
### Art. 30 Carriage by way of specific inland waterways

1. Each State may, at the time of signing this Convention or of ratification, accep-tance, approval or accession, declare that it will not apply this Convention to contracts relating to carriage by way of specific inland waterways situated on its territory and to which international rules of navigation do not apply and which do not constitute a link between such international waterways. However, such a declaration may not men-tion all main waterways of that State.

2. Where the purpose of the contract of carriage is the carriage of goods without transshipment both on waterways not men-tioned in the declaration referred to in para-graph 1 of this article and on waterways mentioned in this declaration, this Conven-tion equally applies to this contract, unless the distance to be travelled on the latter waterways is the longer.

3. When a declaration has been made according to paragraph 1, any other Con-tracting State may declare that it will not apply either the provisions of this Conven tion to the contracts referred to in this declaration. The declaration made in accor-dance with the present paragraph shall take effect at the time of entry into force of the Conven tion for the State which has made a declara tion according to paragraph 1, but at the earliest at the time of entry into force of the Convention for the State which has

l'Etat qui a fait une déclaration conformément au présent paragraphe.

4. Les déclarations visées aux paragraphes 1 et 3 du présent article peuvent être
retirées, en tout ou en partie, à tout
moment, par une notification à cet effet au
dépositaire, en indiquant la date à laquelle
la réserve cessera d'avoir effet. Le retrait de
ces déclarations n'a pas d'effet sur les contrats
déjà conclus.

made a declaration according to the present
paragraph.

4. The declarations referred to in paragraphs 1 and 3 of this article may be withdrawn in whole or in part, at any time, by
notification to the depositary to that effect,
indicating the date on which they shall cease
to have effect. The withdrawal of these
declarations shall not have any effect on
contracts already concluded.

## I. Allgemeines

**1**   Nach dieser auf französischen Wunsch eingeführten Vorschrift kann jeder Vertragsstaat
den **räumlichen Anwendungsbereich** der CMNI des Übereinkommens **beschränken.**[1]
Dies soll den Vertragsstaaten die Möglichkeit eröffnen, **auf internationale Güterbeförderungen** über Wasserstraßen, die nicht über den Rhein oder die Donau führen, **innerstaatliches Recht** anzuwenden.

**2**   Der betreffende Vertragsstaat hat dazu bei Unterzeichnung oder Ratifikation des Übereinkommens oder sonstigen auf völkerrechtliche Bindung abzielenden Akten (Annahme,
Genehmigung, Beitritt) eine **Erklärung** darüber abzugeben, für welche Wasserstraßen das
Übereinkommen keine Geltung erlangen soll. Bei diesen Wasserstraßen muss es sich dabei
um solche handeln, die auf dem Hoheitsgebiet des Staates liegen, der die Erklärung abgegeben hat, und die keinem internationalen Schifffahrtsregime unterliegen, keine Verbindung
zu einer solchen internationalen Wasserstraße darstellen und nicht alle wichtigen Wasserstraßen eines Staates erfassen. Letztere drei Qualifikationen soll einer Zersplitterung des internationalen Binnenschifffahrtsrechts vorbeugen.

**3**   Der betreffende Vertragsstaat wird auf diese Weise von der Verpflichtung frei, auf Verträge über eine Beförderung auf den in der Erklärung genannten Wasserstraßen das Übereinkommen anzuwenden.

**4**   Aus **Abs. 2** ergibt sich die Anwendung des Übereinkommens wiederum selbst dann,
wenn eine Beförderung auf den in der Erklärung nach Abs. 1 genannten Wasserstraßen *und*
auch auf anderen, dem Übereinkommen unterfallenden Wasserstraßen durchgeführt wird.

**5**   Eine Ausnahme von diesem Grundsatz gilt allerdings wiederum dann, wenn der Teil
der Beförderung, der auf der in der Erklärung nicht genannten Wasserstraße durchgeführt
wurde, der größere ist.[2] Die „CMNI-Pflichtigkeit" einer Beförderung ist also vorab sehr
sorgfältig zu klären.

**6**   **Gerichte anderer** *Vertrags*staaten sind an diese Erklärung **nicht gebunden** und können
ohne Rücksicht auf sie die CMNI anwenden, arg. e Abs. 3. Das ausgefeilte Regel-Ausnahme-Verhältnis ist komplex und der äußere Entscheidungseinklang wird gefährdet.[3]

**7**   Andere Vertragsstaaten können jedoch nach Absatz 3 Satz 1 erklären, dass sie den räumlichen Anwendungsbereich des Übereinkommens in gleicher Weise wie der Staat, der die
Erklärung nach Absatz 1 abgegeben hat, beschränken wollen. Dadurch wenden auch sie
das Übereinkommen nicht auf solche Frachtverträge an, die eine Güterbeförderung auf den
in der Erklärung nach Art. 30 Abs. 1 benannten Wasserstraßen zum Gegenstand haben,
entscheiden also nach Abs. 2. Dadurch wird der Grundsatz der **Gegenseitigkeit** gewahrt.

**8**   **Gerichte von Nichtvertragsstaaten,** deren Recht auf das Recht eines CMNI-Vertragsstaates verweist, haben wiederum neben Art. 2 Abs. 1 die Art. 30–32 mit dem von
diesem CMNI-Staat gewählten Optionen anzuwenden.[4]

---

[1] CMNI-Denkschrift S. 47.
[2] *Ramming,* HdB Binnenschifffahrtsrecht, Rn. 324; unklar insoweit die Denkschrift, BR-Drucks. 563/06
S. 47.
[3] Ebenso *Ramming,* HdB Binnenschifffahrtsrecht, Rn. 324 („eigenartige relative Wirkung").
[4] von Waldstein/*Holland* Binnenschifffahrtsrecht Rn. 5.

Gem. **Abs. 4** besteht die Möglichkeit des jederzeitigen Widerrufs der Erklärungen nach **9** Abs. 1 und 3. ein solcher berührt freilich nicht die zuvor geschlossenen Frachtverträge.[5]

Von der in Art. 30 vorgesehenen Möglichkeit hat bisher lediglich die **Schweiz** für ihre **10** nationalen Wasserstraßen einschließlich der Grenzgewässer, mit Ausnahme des Rheins von der deutsch-schweizerischen Grenze unterhalb von Basel bis nach Rheinfelden Gebrauch gemacht.[6] Damit unterfallen aus Schweizer Sicht alle übrigen Schweizer Binnenwasserstraßen samt der Grenzgewässer (Bodensee, Genfer See, Oberitalienische Seen) nicht dem Übereinkommen. In Bezug auf die vorgenannten Grenzgewässer steht eine Äußerung der angrenzenden Staaten noch aus. Eine Anpassung des Schweizer Rechtsstandpunktes auf entsprechende Stellungnahmen ist nicht ausgeschlossen.[7]

Der Initiator der Regelung, Frankreich wollte sich bei der CMNI (wie schon bei der **11** CLNI) die Möglichkeit bewahren, den Anwendungsbereich des Übereinkommens auf die Rhein- und Moselschifffahrt zu beschränken. Auch in Frankreich soll damit das innerfranzösische Regelungsregime der landfrachtrechtlichen Prägung von seerechtlicher Prägung europäischer Binnenwasserstraßen freigehalten werden.[8]

**Deutschland** hält Erklärungen im Interesse der Rechtsvereinheitlichung und Rechtssi- **12** cherheit weder zu Abs. 3 Satz 1 noch zu Satz 3 für geboten. Nach Auffassung der Bundesregierung soll das Übereinkommen bei Vorliegen der in Art. 2 genannten Voraussetzungen ohne weitere Modifikationen im Inland und in den Vertragsstaaten angewendet werden.[9]

## Art. 31 Nationale oder unentgeltliche Beförderungen

**Jeder Staat kann bei der Unterzeichnung dieses Übereinkommens, der Ratifikation, der Annahme, der Genehmigung oder dem Beitritt oder jederzeit danach erklären, dass er dieses Übereinkommen**

**a) auch auf Frachtverträge anwendet, nach denen der Ladehafen oder Übernahmeort und der Löschhafen oder Ablieferungsort innerhalb seines Hoheitsgebiets liegen;**

**b) in Abweichung von Artikel 1 Nummer 1 auch auf unentgeltliche Beförderungen anwendet.**

## Art. 31 Transports nationaux ou gratuits

Tout Etat peut, au moment de la signature de la présente Convention, de sa ratification, de son acceptation, de son approbation, de son adhésion ou à tout moment ultérieur, déclarer qu'il appliquera également la présente Convention

a) aux contrats de transport selon lesquels le port de chargement ou le lieu de prise en charge et le port de déchargement ou le lieu de livraison sont situés sur son propre territoire;

b) en dérogation à l'article 1 paragraphe 1, à des transports gratuits.

## Art. 31 National transport or transport free of charge

Each State may, at the time of the signature of this Convention, of its ratification, its approval, its acceptance, its accession thereto or at any time thereafter, declare that it will also apply this Convention:

(a) to contracts of carriage according to which the port of loading or the place of taking over and the port of discharge or the place of delivery are located in its own territory;

(b) by derogation from article 1, paragraph 1, to carriage free of charge.

---

[5] von Waldstein/*Holland* Binnenschifffahrtsrecht Rn. 3.
[6] Nicht im BGBl. II bekannt gemacht.
[7] Sammelbotschaft 03 038 des Schweizerischen Bundesrates vom 21.5.2003, 4010, zit. bei von Waldstein/*Holland* Binnenschifffahrtsrecht Rn. 7 Fn. 1.
[8] von Waldstein/*Holland* Binnenschifffahrtsrecht Rn. 1.
[9] Denkschrift, BR-Drucks. 563/06 S. 47.

**1**    Neben Art. 30 gestattet auch Art. 31 eine **Veränderung des räumlichen Anwendungsbereichs** des Übereinkommens.

**2**    Frachtvertrag bzw. Konnossement unterliegen nach Art. 2 Abs. 1 Satz 1 der CMNI, wenn Ladehafen bzw. Übernahmeort und Löschhafen bzw. Ablieferungsort in zwei verschiedenen Staaten liegen, von denen mindestens einer Vertragsstaat der CMNI ist. Nach Art. 31 **Buchstabe a** kann ein Vertragsstaat erklären, dass er das Übereinkommen abweichend von Art. 2 Abs. 1 auch auf **Verträge über rein innerstaatliche Beförderungen** anwendet. Die Erklärung wirkt zu dem von Art. 34 genannten Zeitpunkt.

**3**    Eine solche Erklärung bindet nur die Gerichte des erklärenden Staates. Die Gerichte anderer Vertragsstaaten, die eine solche Erklärung nicht abgegeben haben, wenden das Übereinkommen gem. Art. 2 Abs. 1 nur auf grenzüberschreitende Beförderungen an (Umkehrschluss aus Art. 30 Abs. 3, Art. 32 Abs. 2)[1] Allerdings haben wiederum Gerichte von Nichtvertragsstaaten, deren Recht auf das Recht eines CMNI-Vertragsstaates verweist, neben Art. 2 Abs. 1 die Art. 30–32 mit dem von diesem CMNI-Staat gewählten Optionen anzuwenden.[2]

**4**    Von der Erklärungsmöglichkeit nach Buchstabe a haben bisher nur die **Schweiz**,[3] **Ungarn und Rumänien** Gebrauch gemacht. Danach ist etwa in der Schweiz das Übereinkommen nach Art. 31 **Buchstabe a** auch auf Beförderungen von Gütern auf dem Rhein zwischen der Schweizer Grenze und Rheinfelden anzuwenden. Auf alle anderen Verträge über rein innerstaatliche Beförderungen wendet die Schweiz das Übereinkommen nicht an. Die **Niederlande** haben ihre Erklärung nach Art. 31a dahin gefasst, dass das Übereinkommen Frachtverträge über rein nationale Beförderungen nur dann erfasst, wenn die Vertragsparteien dies so vereinbart haben.

**5**    Alle anderen Vertragsstaaten und auch Deutschland haben bei Hinterlegung der Ratifikationsurkunde keine Erklärung nach Art. 31 abgegeben.[4] Auf Verträge über **rein innerdeutsche Beförderungen** ist damit auch weiterhin das allgemeine Transportrecht des **Handelsgesetzbuchs** anzuwenden.[5] Auf diese Weise wird an dem mit dem Transportrechtsreformgesetz vom 25. Juni 1998[6] verfolgten Ziel festgehalten, im Inland einheitliches Recht für Beförderungen auf der Straße, der Schiene, mit Binnenschiffen und mit Luftfahrzeugen zu schaffen. Bei innerdeutschen *Binnenschiffs*-Beförderungen gelten daher weiterhin die § 26 BinSchG, §§ 407 ff. HGB.

**6**    Eine gesetzliche Übertragung der CMNI auf Inlandstransporte wäre freilich im Sinne einer Vereinfachung der Rechtsanwendung und unter dem Gedanken der Wettbewerbsgleichheit eine sinnvolle und gebotene Maßnahme gewesen.[7] Mit der Rechtseinheit für innerdeutsche und grenzüberschreitende Binnenschifftransporte wären vor allem Rechtsnachteile gegenüber dem niederländischen Gewerbe beseitigt, das nach niederländischem Recht die Haftung für nautisches Verschulden auf für rein inländische Binnenschifftransporte ausschließen kann und das die Vereinbarung der CMNI auch für rein inländische Binnenschifftransporte zulässt. Beides ist in Deutschland nicht möglich. § 449 Abs. 2 HGB erschwert die Anpassung vertraglicher Regelungen an die Anforderungen der verschiedenen Verkehrsträger in ihrer jeweiligen Verkehrssituation.[8] Der deutsche Gesetzgeber gibt damit der Gleichbehandlung *verschiedener* Verkehrsträger im räumlichen Binnenbereich den Vorzug vor der Gleichbehandlung *gleicher* Verkehrsträger in einem supranationalen Bereich.

---

[1] von Waldstein/*Holland* Binnenschifffahrtsrecht Rn. 1, **aA** *Ramming,* HdB Binnenschifffahrtsrecht, Rn. 323.

[2] von Waldstein/*Holland* Binnenschifffahrtsrecht Rn. 1.

[3] Sammelbotschaft 03 038 des Schweizerischen Bundesrates vom 21.5.2003, 4010 f. Im BGBl. II ist der Vorbehalt nicht bekannt gemacht, vgl. BGBl. 2007 II S. 1360.

[4] Dieser Punkt war im Gesetzgebungsverfahren strittig, vgl. CMNI-Denkschrift S. 47; Stellungnahme BRat (BT-Drucks. 16/3225 S. 49) und Gegenäußerung BReg (BT-Drucks. 16/3225 S. 50).

[5] Denkschrift, BR-Drucks. 563/06 S. 47.

[6] BGBl. I S. 1588.

[7] So schon *Ramming* TranspR 2006, 373–380.

[8] *Jaegers* TranspR 2007, 143; ebenso *Hartenstein* TranspR 2007, 385, 392.

Der zugunsten der Einheitlichkeit des deutschen *Land*transportrechts hingenommene Wettbewerbsnachteil der Änderungsfestigkeit von Haftungsbestimmungen nach § 449 HGB findet hier im internationalen Kontext seine Entsprechung. Dahinter steht offenbar die Wertung, dass weder die strukturellen Unterschiede der Landverkehrsträger eine rechtliche Differenzierung rechtfertigen noch die Ähnlichkeit der Binnenschiffsverkehrsträger in einem räumlichen großen Gebiet ihre Gleichbehandlung gebieten.

Die Bundesregierung ist auch nicht der Anregung des Bundesrates[9] gefolgt, **Parteiver-** 7 **einbarungen** dahingehend zuzulassen, die CMNI auf innerdeutsche und unentgeltliche Transporte auszudehnen. Der Anregung lag eine Initiative der deutschen Binnenschifffahrtsverbände zugrunde, die sich ebenfalls eine Stärkung gegenüber dem niederländischen Binnenschiffsgewerbe erhofft hatte. Diese würde freilich mit **Rechtsunsicherheit** erkauft. Die Möglichkeit der Parteivereinbarung der CMNI für Inlandstransporte – ohne den Schutz des § 449 Abs. 4 nF HGB[10] – würde **in mehrgliedrigen Frachtführerketten** (deutscher Spediteur – deutscher Frachtführer – deutscher Unterfrachtführer – niederländischer ausführender Frachtführer) zur Geltung verschiedenen staatlichen Vertrags- und damit unterschiedlichen Haftungsrechten führen, die gerade im Kontext des Inlandstransports zu auffälligen Verwerfungen in Ansehung des gleichen Güterschadens (ADSp, Ziff. 23.1.1: 5 EUR je kg; §§ 425, 431 HGB: 8,33 SZR/kg; Art. 16, 20 CMNI: 2 SZR/kg oder 666,67 SZR/Kollo oder 26 500 SZR/Container)[11] bis hin zur kompletten Enthaftung für nautisches Verschulden (nl. Recht) führen kann. Einer parteiautonomen Optionslösung wäre daher eine gesetzliche Übertragung der CMNI auf inländische Transporte nach wie vor vorzuziehen.

Nach **Buchstabe b** erhält jeder Vertragsstaat weiterhin die Möglichkeit, das Überein- 8 kommen in Abweichung von Art. 1 Nr. 1 auch auf **unentgeltliche Beförderungen** anzuwenden. Auch insoweit sieht Deutschland kein Bedürfnis, von dieser Möglichkeit Gebrauch zu machen.[12] Bislang haben nur die Niederlande eine solche Erklärung abgegeben.

## Art. 32 Regionale Haftungsvorschriften

**(1) Jeder Staat kann bei der Unterzeichnung dieses Übereinkommens, der Ratifikation, der Annahme, der Genehmigung oder dem Beitritt oder jederzeit danach erklären, dass bei Beförderungen von Gütern zwischen Ladehäfen oder Übernahmeorten und Löschhäfen oder Ablieferungsorten, von denen entweder beide in seinem Hoheitsgebiet oder die einen in seinem Hoheitsgebiet sowie die anderen in dem Hoheitsgebiet eines Staates liegen, der dieselbe Erklärung abgegeben hat, der Frachtführer nicht für Schäden haftet, die durch eine Handlung oder Unterlassung des Schiffsführers, Lotsen oder sonstiger Personen im Dienste des Schiffes oder eines Schub- oder Schleppbootes bei der nautischen Führung oder der Zusammenstellung oder Auflösung eines Schub- oder Schleppverbandes verursacht werden, vorausgesetzt, der Frachtführer hat seine Pflichten nach Artikel 3 Absatz 3 hinsichtlich die Besatzung erfüllt, es sei denn, die Handlung oder Unterlassung wird in der Absicht, den Schaden herbeizuführen, oder leichtfertig und in dem Bewusstsein begangen, dass ein solcher Schaden mit Wahrscheinlichkeit eintreten werde.**

**(2) [1]Die Haftungsvorschrift nach Absatz 1 tritt zwischen zwei Vertragsstaaten mit dem Inkrafttreten des Übereinkommens für den zweiten Staat, der dieselbe Erklärung abgegeben hat, in Kraft. [2]Hat ein Staat die Erklärung abgegeben, nach-**

---

[9] BT-Drucks. 16/3225 S. 49.

[10] An § 449 Abs. 3 HGB hätte Deutschland bei Wahl der Optionslösung oder der Gesetzeslösung nach eigenem Bekunden der Bundesregierung nicht mehr festhalten können, s. Gegenäußerung der Bundesregierung zur Stellungnahme des Bundesrates, BT-Drucks. 16/3225 S. 50.

[11] Instruktives Beispiel bei *Jaegers* TranspR 2007, 141, 142.

[12] Denkschrift, BR-Drucks. 563/06 S. 47.

dem für ihn das Übereinkommen in Kraft getreten ist, so tritt die Haftungsvorschrift nach Absatz 1 am ersten Tag des Monats in Kraft, der auf einen Zeitabschnitt von drei Monaten nach dem Zeitpunkt folgt, zu dem die Erklärung dem Depositar notifiziert wurde. [3]Die Haftungsvorschrift findet nur auf Frachtverträge Anwendung, die nach ihrem Inkrafttreten geschlossen werden.

(3) [1]Eine nach Absatz 1 abgegebene Erklärung kann jederzeit durch eine Notifikation an den Depositar zurückgenommen werden. [2]Im Falle der Rücknahme tritt die Haftungsvorschrift nach Absatz 1 am ersten Tag des der Notifikation folgenden Monats oder an einem späteren, in der Notifikation genannten Zeitpunkt außer Kraft. [3]Auf Frachtverträge, die vor dem Außerkrafttreten der Haftungsvorschrift geschlossen wurden, wirkt sich die Rücknahme nicht aus.

## Art. 32 Réglementations régionales relatives à la responsabilité

1. Tout Etat peut, au moment de la signature de la présente Convention, de sa ratification, de son acceptation, de son approbation, de son adhésion ou à tout moment ultérieur, déclarer que pour les transports de marchandises effectués entre des ports de chargement ou des lieux de prise en charge et des ports de déchargement ou des lieux de livraison situés soit tous deux sur son propre territoire soit sur son territoire et sur le territoire d'un Etat ayant fait la même déclaration, le transporteur ne répond pas des préjudices causés par un acte ou une omission commis par le conducteur du bateau, le pilote ou toute autre personne au service du bateau ou d'un pousseur ou remorqueur lors de la conduite nautique ou lors de la formation ou de la dissolution d'un convoi poussé ou remorqué, à condition que le transporteur ait rempli les obligations relatives à l'équipage prévues à l'article 3 paragraphe 3, à moins que l'acte ou l'omission ne résulte d'une intention de provoquer le dommage ou d'un comportement téméraire avec conscience qu'un tel dommage en résulterait probablement.

2. La réglementation relative à la responsabilité visée au paragraphe 1 entre en vigueur entre deux Etats contractants au moment de l'entrée en vigueur de la présente Convention dans le deuxième Etat ayant fait la même déclaration. Si un Etat fait cette déclaration après que la Convention est entrée en vigueur pour lui, la réglementation relative à la responsabilité visée au paragraphe 1 entre en vigueur le premier jour du mois suivant l'expiration d'un délai de trois mois à compter de la notification de

## Art. 32 Regional provisions concerning liability

1. Each State may, at the time of signature of this Convention, or of its ratification, its approval, its acceptance, its accession thereto or at any time thereafter, declare that in respect of the carriage of goods between ports of loading or places where goods are taken over and ports of discharge or places of delivery, of which either both are situated on its own territory or one is situated on its own territory and the other on the territory of a State which has made the same declaration, the carrier shall not be liable for damage caused by an act or omission by the master of the vessel, pilot or any other person in the service of the vessel, pusher or tower during navigation or during the formation of a pushed or towed convoy, provided that the carrier complied with the obligations set out for the crew in article 3, paragraph 3, unless the act or omission results from an intention to cause damage or from reckless conduct with the knowledge that such damage would probably result.

2. The provision concerning liability referred to in paragraph 1 shall enter into force between two Contracting States when this Convention enters into force in the second State which has made the same declaration. If a State has made this declaration following the entry into force of the Convention for that State, the provision concerning liability referred to in paragraph 1 shall enter into force on the first day of the month following a period of three months as from the notification of the decla-

la déclaration au dépositaire. La réglementation relative à la responsabilité est uniquement applicable aux contrats de transport signés après son entrée en vigueur.

3. Une déclaration faite conformément au paragraphe 1 peut être retirée à tout moment par une notification au dépositaire. En cas de retrait, la réglementation relative à la responsabilité visée au paragraphe 1 cessera d'avoir effet au premier jour du mois suivant la notification ou à un moment ultérieur indiqué dans la notification. Le retrait ne s'applique pas aux contrats de transport signés avant que la réglementation relative à la responsabilité ait cessé d'avoir effet.

ration to the depositary. The provision concerning liability shall be applicable only to contracts of carriage signed after its entry into force.

3. A declaration made in accordance with paragraph 1 may be withdrawn at any time by notification to the depositary. In the event of withdrawal, the provisions concerning liability referred to in paragraph 1 shall cease to have effect on the first day of the month following the notification or at a subsequent time indicated in the notification. The withdrawal shall not apply to contracts of carriage signed before the provisions concerning liability have ceased to have effect.

Nach Art. 25 Abs. 2 können die Parteien eines Frachtvertrages einen Haftungsausschluss **1** für nautisches Verschulden vereinbaren. Nach **Abs. 1** kann jeder Vertragsstaat für Verträge über bestimmte Beförderungen den in Art. 25 Abs. 2 Buchstabe a der Parteivereinbarung überlassenen **Haftungsausschluss für nautisches Verschulden** aber auch unabhängig von einer Parteivereinbarung *gesetzlich* **normieren.** Diese Regelung ist Teil des Kompromisses um den Haftungsausschluss für nautisches Verschulden.[1]

Möglich ist dies für **rein innerstaatliche Beförderungen,** für die ein Vertragsstaat die **2** Geltung der CMNI nach Art. 31 Buchstabe a des Übereinkommens erklärt hat, und für **grenzüberschreitende Beförderungen,** bei denen sowohl der Ladehafen oder der Übernahmeort als auch der Löschhafen oder der Ablieferungsort in den Staaten liegen, die die Erklärung nach Art. 32 abgegeben haben. Das Übereinkommen fordert also **Gegenseitigkeit.**

**Abs. 2** enthält eine **intertemporale Regelung** für das Verhältnis zweier Vertragsstaaten **3** zueinander (Abs. 1 Satz 1, 2. Fall). Geben zwei Vertragsstaaten die Erklärung nach Abs. 1 zeitlich versetzt an, wird auch die zuerst abgegebene Erklärung im Verhältnis der beiden Staaten zueinander erst mit Abgabe der Erklärung des später erklärenden Vertragsstaates wirksam.

Nach **Abs. 3** kann die Erklärung nach Abs. 1 jederzeit zurückgenommen werden durch **4** Notifikation an den Depositar. Die Rücknahme erfolgt mit Wirkung zum 1. des der Notifikation folgenden Monats oder zu einen im der Notifikation benannten Zeitpunkt. Die Haftungsvorschrift nach Abs. 1 tritt damit zu diesen Zeitpunkten außer Kraft. Aus Vertrauensschutzgründen wirkt sich die Rücknahme nicht auf die vor Außerkrafttreten geschlossenen Frachtverträge aus.

Die Vorschrift geht auf Initiative Belgiens und die Niederlande zurück. Beide Staaten **5** haben in ihrem Recht einen Haftungsausschluss für nautisches Verschulden gesetzlich geregelt. Deutschland hat keine Erklärung nach Abs. 1 abgegeben.[2] Bisher hat kein Staat von der in Art. 32 eröffneten Möglichkeit Gebrauch gemacht. Nach Auffassung des deutschen Gesetzgebers besteht „keine Veranlassung, in Abweichung von dem für Binnenschiffstransporte geltenden innerstaatlichen Recht (§ 427 HGB) einen Haftungsausschlussgrund für nautisches Verschulden für internationale, dem Übereinkommen unterfallende Binnenschiffstransporte zu normieren."[3]

Zum 31.12.2008 hat noch keiner der Vertragsstaaten eine Erklärung nach Art. 32 Abs. 1 **6** abgegeben.

---

[1] Dazu vgl. Art. 25 CMNI Rn. 12 ff.
[2] Denkschrift, BR-Drucks. 563/06 S. 47.
[3] Denkschrift, BR-Drucks. 563/06 S. 47.

## Kapitel X. Schlussbestimmungen

### Art. 33 Unterzeichnung, Ratifikation, Annahme, Genehmigung, Beitritt

(1) [1]Dieses Übereinkommen liegt für ein Jahr am Sitz des Depositars für alle Staaten zur Unterzeichnung auf. [2]Die Zeichnungsfrist beginnt an dem Tag, an dem der Depositar feststellt, dass alle authentischen Texte des Übereinkommens vorliegen.

(2) Jeder Staat kann Vertragspartei dieses Übereinkommens werden,
a) indem er es ohne Vorbehalt der Ratifikation, Annahme oder Genehmigung unterzeichnet,
b) indem er es vorbehaltlich der späteren Ratifikation, Annahme oder Genehmigung unterzeichnet und danach ratifiziert, annimmt oder genehmigt,
c) indem er ihm nach Ablauf der Zeichnungsfrist beitritt.

(3) Die Ratifikations-, Annahme-, Genehmigungs- oder Beitrittsurkunde wird beim Depositar hinterlegt.

### Chapitre X. Dispositions finales

#### Art. 33 Signature, ratification, acceptation, approbation, adhésion

1. La présente Convention est ouverte pendant un an à la signature de tous les Etats au siège du dépositaire. Le délai de signature débute à la date à laquelle le dépositaire constate que tous les textes authentiques de la présente Convention sont disponibles.

2. Les Etats peuvent devenir Parties à la présente Convention,
a) en la signant sans réserve de ratification, d'acceptation ou d'approbation;
b) en la signant sous réserve de ratification, d'acceptation ou d'approbation ultérieure, puis en la ratifiant, l'acceptant ou l'approuvant;
c) en y adhérant audelà de la date limite de la signature.

3. Les instruments de ratification, d'acceptation, d'approbation ou d'adhésion sont déposés auprès du dépositaire.

### Chapter X. Final provisions

#### Art. 33 Signature, ratification, acceptance, approval, accession

1. This Convention shall be open for signature by all States for one year at the headquarters of the depositary. The period for signature shall start on the day when the depositary states that all authentic texts of this Convention are available.

2. States may become Parties to this Convention:
(a) by signature without reservation as to ratification, acceptance or approval;
(b) by signature subject to ratification, acceptance or approval, followed by ratification, acceptance or approval;
(c) by accession after the deadline set for signature.

3. Instruments of ratification, acceptance, approval or accession shall be deposited with the depositary.

## I. Allgemeines

1    Die Schlussklauseln des Kapitels X enthalten Regelungen über die Formalitäten für die Unterzeichnung, die Ratifikation oder den Beitritt (Art. 33) über das Inkrafttreten (Art. 34), über die Kündigung (Art. 35) und über die Aufgaben des Verwahrers und setzen völkervertragsrechtliche Erfordernisse um.

2    Verwahrer ist die Regierung der Republik Ungarn (Art. 36 und 38).

3    Innerhalb der in Art. 33 Abs. 1 bestimmten Zeichnungsfrist ist das Übereinkommen von folgenden Staaten **gezeichnet** worden: Belgien, Bulgarien, Deutschland, Frankreich, Kroatien, Luxemburg, Republik Moldawien, Niederlande, Polen, Portugal, Rumänien, Schweiz, Slowakei, Tschechien, Ukraine und Ungarn.

Gemäß Art. 33 Abs. 2 **ratifiziert** haben das Übereinkommen die Staaten Belgien, Bulga- 4
rien, Kroatien, Luxemburg, Moldawien, Niederlande, Rumänien, Russische Föderation,
Schweiz, Tschechien, Ungarn und Deutschland. Gemäß seinem Art. 34 Abs. 1 ist das Übereinkommen, nachdem Kroatien seine Ratifikationsurkunde am 7. Dezember 2004 hinterlegt hatte, am 1. April 2005 völkerrechtlich in Kraft getreten. Es ist zum Stand 31.12.2008
in folgenden Staaten **in Kraft:** Belgien, Bulgarien, Deutschland, Frankreich, Kroatien,
Luxemburg, Niederlande, Rumänien, Russische Föderation, Schweiz, Slowakei, Tschechische Republik und Ungarn, vgl. Vor CMNI Rn. 5.

Die Regelung über die **Änderung der Haftungshöchstbeträge und Rechnungsein-** 5
**heiten** (Art. 37) ist zum einen Seerecht nachgebildet (Art. 33 HHR und Art. 8 des Protokolls von 1996 zur Änderung des Übereinkommens von 1976 über die Beschränkung der
Haftung für Seeforderungen),[1] zum anderen Binnenschifffahrtsrecht (nämlich Art. 20
CLNI). Im Rahmen eines **vereinfachten Revisionsverfahrens** können die Haftungshöchstbeträge des Übereinkommens für den Fall geändert werden, „dass wegen zwischenzeitlich eingetretener Geldwertveränderungen und wegen des Umfangs eingetretener Schäden die Beträge für nicht mehr sachgerecht erachtet werden."[2]

Art. 37 Abs. 6 setzt **zeitliche und mengenmäßige Grenzen.** Eine zu häufige Ände- 6
rung der Haftungshöchstbeträge soll dadurch vermieden werden: Lit. a erlaubt die Änderung
der in dem Übereinkommen festgesetzten Haftungshöchstbeträge nur in einem **Fünfjahres-**
**abstand.** Der Höchstbetrag darf nach lit. b jeweils um nicht mehr als **sechs Prozent** erhöht
werden. Bei mehrfachen Änderungen des Haftungshöchstbetrags darf der Haftungshöchstbetrag insgesamt nicht um mehr als das Dreifache erhöht werden, lit. c.

Nach Abs. 4 muss der **Änderungsbeschluss** mit einer Zweidrittelmehrheit der anwe- 7
senden und abstimmenden Vertragsstaaten gefasst werden. Der Beschluss tritt nach den
Abs. 7 und 8 sechsunddreißig Monate nach dem Zeitpunkt, in dem der Verwahrer allen
Vertragsstaaten den Beschluss der Konferenz notifiziert hat, in Kraft, sofern nicht innerhalb
von achtzehn Monaten nach Notifikation ein Viertel der Vertragsstaaten dem Verwahrer
mitgeteilt hat, dass es die Änderung nicht annehme. Mit dem Inkrafttreten des Änderungsbe-
schlusses sind alle Vertragsstaaten durch die Änderung gebunden; sie haben jedoch die
Möglichkeit der Kündigung.

## Art. 34 Inkrafttreten

**(1) Dieses Übereinkommen tritt am ersten Tag des Monats in Kraft, der auf
einen Zeitabschnitt von drei Monaten nach dem Zeitpunkt folgt, zu dem fünf
Staaten dieses Übereinkommen ohne Vorbehalt der Ratifikation, Annahme oder
Genehmigung unterzeichnet oder ihre Ratifikations-, Annahme-, Genehmigungs-
oder Beitrittsurkunde beim Depositar hinterlegt haben.**

**(2) Für einen Staat, der dieses Übereinkommen nach Inkrafttreten ohne Vorbe-
halt der Ratifikation, Annahme oder Genehmigung unterzeichnet oder die Ratifi-
kations-, Annahme-, Genehmigungs- oder Beitrittsurkunde beim Depositar hinterlegt hat, tritt das Übereinkommen am ersten Tag des Monats in Kraft, der auf
einen Zeitabschnitt von drei Monaten nach der Unterzeichnung ohne Vorbehalt
der Ratifikation, Annahme oder Genehmigung oder nach der Hinterlegung der
Ratifikations-, Annahme-, Genehmigungs- oder Beitrittsurkunde folgt.**

## Art. 34 Entrée en vigueur

1. La présente Convention entrera en
vigueur le premier jour du mois suivant
l'expiration d'un délai de trois mois à comp-

## Art. 34 Entry into force

1. This Convention shall enter into force
on the first day of the month following the
expiration of a period of three months as

---

[1] BGBl. 2000 II S. 790.
[2] Denkschrift, BR-Drucks. 563/06 S. 48.

ter de la date à laquelle cinq Etats auront signé la présente Convention sans réserve de ratification, d'acceptation ou d'approbation ou bien déposé leurs instruments de ratification, d'acceptation, d'approbation ou d'adhésion auprès du dépositaire.

2. Pour l'Etat qui signerait la présente Convention sans réserve de ratification, d'acceptation ou d'approbation ou bien déposerait les instruments de ratification, d'acceptation, d'approbation ou d'adhésion auprès du dépositaire après l'entrée en vigueur de la présente Convention, celle-ci entrera en vigueur le premier jour du mois suivant l'expiration d'un délai de trois mois à compter de la signature sans réserve de ratification, d'acceptation ou d'approbation ou bien du dépôt des instruments de ratification, d'acceptation, d'approbation ou d'adhésion.

from the date on which five States have signed this Convention without any reservation as to ratification, acceptance or approval or have deposited their instruments of ratification, acceptance, approval or accession with the depositary.

2. For each State which signs this Convention without any reservation as to ratification, acceptance or approval, or deposits the instruments of ratification, acceptance, approval or accession with the depositary after the entry into force of this Convention, the same shall enter into force on the first day of the month following the expiration of a period of three months as from the date of signing without any reservation as to ratification, acceptance or approval, or the deposit of the instruments of ratification, acceptance, approval or accession with the depositary.

1    Die CMNI ist nach Art. 34 Abs. 2 für die Bundesrepublik Deutschland am 1.11.2007 in Kraft getreten, und zwar nach dem Zustimmungsgesetz vom 17.3.2007 in Verbindung mit der Bekanntmachung im Bundesgesetzblatt vom 3.8.2007. Der Gesetzgeber hat in Art. 3 des Zustimmungsgesetzes ausdrücklich zwischen dem Inkrafttreten des Zustimmungsgesetzes (am Tag nach seiner Verkündung, also am 23.3.2007) und dem Tag des Inkrafttretens des Übereinkommens für die Bundesrepublik Deutschland differenziert. Er hat damit auch der Regelung über das Inkrafttreten des Übereinkommens in Art. 34 zugestimmt. Für eine vorgezogen innerstaatliche Vorverlegung auf den Zeitpunkt des Inkrafttretens des Zustimmungsgesetzes finden sich im Zustimmungsgesetz keine Anhaltspunkte.[1]

## Art. 35 Kündigung

**(1) Dieses Übereinkommen kann von einer Vertragspartei nach Ablauf eines Jahres nach dem Zeitpunkt gekündigt werden, zu dem es für den betreffenden Staat in Kraft getreten ist.**

**(2) Die Kündigungsurkunde wird beim Depositar hinterlegt.**

**(3) Die Kündigung wird am ersten Tag des Monats wirksam, der auf einen Zeitabschnitt von einem Jahr nach Hinterlegung der Kündigungsurkunde oder auf einen längeren in der Kündigungsurkunde genannten Zeitabschnitt folgt.**

### Art. 35 Dénonciation

1. La présente Convention peut être dénoncée par un Etat Partie à l'expiration du délai d'un an à compter de la date à laquelle elle est entrée en vigueur pour cet Etat.

### Art. 35 Denunciation

1. This Convention may be donounced by a State Party on the expiration of a period of one year following the date on which it entered into force for that State.

---

[1] Rheinschiffahrtsobergericht Köln Urt. v. 10.7.2012 – 3 U 133/09 BSchRh, TranspR 2012, 472–475 = ZfB 2012, Nr. 10, 83–85; so auch OLG Stuttgart Urt. v. 1.7.2009 – 3 U 248/08 (TranspR 2009, 309–315 0 OLGR Stuttgart 2009, 824–828 = IPRspr. 2009, Nr. 46, 104) Rn. 38, 40; Urt. v. 20.8.2010 – 3 U 60/10, TranspR 2010, 387–396 = ZfB 2010, Nr. 10, 70–78 = VersR 2011, 1074–1079 0 IPRspr. 2010, Nr. 71, 138–142, Rn. 48; **abw.** LG Stade Urt. v. 25.5.2009, ZfB 2009, Nr. 10, 75–77, Rn. 23.

2. La notification de dénonciation est déposée auprès du dépositaire.

3. La dénonciation prendra effet le premier jour du mois suivant l'expiration d'un délai d'un an à compter de la date de dépôt de la notification de dénonciation ou après un délai plus long mentionné dans la notification de dénonciation.

2. Notification of denunciation shall be deposited with the depositary.

3. The denunciation shall take effect on the first day of the month following the expiration of a period of one year as from the date of deposit of the notification of denunciation or after a longer period referred to in the notification of denunciation.

## Art. 36 Revision und Änderung

**Der Depositar hat eine Konferenz der Vertragsstaaten zur Revision oder Änderung des Übereinkommens einzuberufen, wenn mindestens ein Drittel der Vertragsstaaten dies verlangt.**

### Art. 36 Révision et amendement

A la demande d'un tiers au moins des Etats contractants à la présente Convention, le dépositaire convoque une conférence des Etats contractants ayant pour objet de réviser ou d'amender la présente Convention.

### Art. 36 Review and amendment

At the request of not less than one third of the Contracting States to this Convention, the depositary shall convene a conference of the Contracting States for revising or amending it.

## Art. 37 Änderung der Haftungshöchstbeträge und der Rechnungseinheit

**(1) Unbeschadet des Artikels 36 hat der Depositar, wenn ein Vorschlag zur Änderung der in Artikel 20 Absatz 1 angeführten Beträge oder zur Ersetzung der in Artikel 28 festgelegten Einheit durch eine andere Einheit unterbreitet wird, auf Ersuchen von mindestens einem Viertel der Vertragsparteien dieses Übereinkommens allen Mitgliedern der Wirtschaftskommission der Vereinten Nationen für Europa, der Zentralkommission für die Rheinschifffahrt und der Donaukommission sowie allen Vertragsstaaten den Vorschlag zu unterbreiten und eine Konferenz einzuberufen, deren ausschließlicher Zweck die Änderung der in Artikel 20 Absatz 1 angeführten Beträge oder die Ersetzung der in Artikel 28 genannten Rechnungseinheit durch eine andere Einheit ist.**

**(2) Die Konferenz ist frühestens sechs Monate nach dem Tag der Übermittlung des Vorschlags einzuberufen.**

**(3) Alle Vertragsstaaten des Übereinkommens sind berechtigt, an der Konferenz teilzunehmen, gleichviel, ob sie Mitglieder der in Absatz 1 genannten Organisationen sind oder nicht.**

**(4) Änderungen werden mit Zweidrittelmehrheit der Vertragsstaaten des Übereinkommens beschlossen, die in der Konferenz anwesend sind und an der Abstimmung teilnehmen, vorausgesetzt, dass mindestens die Hälfte der Vertragsstaaten des Übereinkommens bei der Abstimmung anwesend sind.**

**(5) Bei der Beratung über die Änderung der in Artikel 20 Absatz 1 angeführten Beträge berücksichtigt die Konferenz die aus den Schadensereignissen gewonnenen Erfahrungen und insbesondere den Umfang der daraus entstandenen Schäden, die Geldwertveränderungen sowie die Auswirkungen der in Aussicht genommenen Änderung auf die Versicherungskosten.**

**(6)**

**a) Eine Änderung der Beträge aufgrund dieses Artikels darf frühestens fünf Jahre nach dem Tag, an dem dieses Übereinkommen zur Unterzeichnung aufgelegt**

wurde, und frühestens fünf Jahre nach dem Tag des Inkrafttretens einer früheren Änderung aufgrund dieses Artikels beraten werden.

b) Ein Betrag darf nicht so weit erhöht werden, dass er den Betrag übersteigt, der den in dem Übereinkommen festgesetzten Haftungshöchstbeträgen, zuzüglich 6 v. H. pro Jahr, errechnet nach dem Zinseszinsprinzip von dem Tag an, an dem dieses Übereinkommen zur Unterzeichnung aufgelegt wurde, entspricht.

c) Ein Betrag darf nicht so weit erhöht werden, dass er den Betrag übersteigt, der dem Dreifachen der in dem Übereinkommen festgesetzten Haftungshöchstbeträge entspricht.

(7) [1]Der Depositar notifiziert allen Vertragsstaaten jede nach Absatz 4 beschlossene Änderung. [2]Die Änderung gilt nach Ablauf einer Frist von achtzehn Monaten nach dem Tag der Notifikation als angenommen, sofern nicht innerhalb dieser Frist mindestens ein Viertel der Staaten, die zum Zeitpunkt der Entscheidung über die Änderung Vertragsstaaten waren, dem Depositar mitgeteilt hat, dass sie die Änderung nicht annehmen; in diesem Fall ist die Änderung abgelehnt und tritt nicht in Kraft.

(8) Eine nach Absatz 7 als angenommen geltende Änderung tritt achtzehn Monate nach ihrer Annahme in Kraft.

(9) [1]Alle Vertragsstaaten sind durch die Änderung gebunden, sofern sie nicht dieses Übereinkommen nach Artikel 35 spätestens sechs Monate vor Inkrafttreten der Änderung kündigen. [2]Die Kündigung wird mit Inkrafttreten der Änderung wirksam.

(10) [1]Ist eine Änderung beschlossen worden, die Frist von achtzehn Monaten für ihre Annahme jedoch noch nicht abgelaufen, so ist ein Staat, der während dieser Frist Vertragsstaat wird, durch die Änderung gebunden, falls sie in Kraft tritt. [2]Ein Staat, der nach Ablauf dieser Frist Vertragsstaat wird, ist durch eine Änderung, die nach Absatz 7 angenommen worden ist, gebunden. [3]In den in diesem Absatz genannten Fällen ist ein Staat durch eine Änderung gebunden, sobald diese Änderung in Kraft tritt oder sobald dieses Übereinkommen für diesen Staat in Kraft tritt, falls dieser Zeitpunkt später liegt.

## Art. 37 Révision des montants des limites et de l'unité de compte

## Art. 37 Revision of the amounts for limitation of liability and unit of account

1. Nonobstant les dispositions de l'article 36, lorsqu'une révision des montants fixés à l'article 20 paragraphe 1 ou le remplacement de l'unité définie à l'article 28 par une autre unité sont proposés, le dépositaire, à la demande d'un quart au moins des Etats Parties à la présente Convention, soumet la proposition à tous les membres de la Commission Economique des Nations Unies pour l'Europe, de la Commission Centrale pour la Navigation du Rhin et de la Commission du Danube, ainsi qu'à tous les Etats contractants et convoque une conférence ayant pour seul objet de réviser les montants fixés à l'article 20 paragraphe 1 ou de remplacer l'unité définie à l'article 28 par une autre unité.

1. Notwithstanding the provisions of article 36, when a revision of the amount specified in article 20, paragraph 1, or the substitution of the unit defined in article 28 by another unit is proposed, the depositary shall, when not less than one fourth of the States Parties to this Convention so request, submit the proposal to all members of the United Nations Economic Commission for Europe, the Central Commission for the Navigation of the Rhine and the Danube Commission and to all Contracting States and shall convene a conference for the sole purpose of altering the amount specified in article 20, paragraph 1, or of substituting the unit defined in article 28 by another unit.

2. La conférence est convoquée au plus tôt après un délai de six mois à compter du jour de la transmission de la proposition.

3. Tous les Etats contractants à la Convention sont en droit de participer à la conférence, qu'ils soient membres des organisations mentionnées au paragraphe 1 ou non.

4. Les amendements sont adoptés à la majorité des deux tiers des Etats contractants à la Convention représentés à la conférence et participant au vote, sous réserve que la moitié au moins des Etats contractants à la Convention soient représentés lors du vote.

5. Lors de la consultation relative à l'amendement des montants fixés à l'article 20 paragraphe 1, la conférence tient compte des enseignements tirés des événements ayant entraîné des dommages et notamment de l'ampleur des dommages ainsi occasionnés, des modifications de la valeur monétaire et de l'incidence de l'amendement envisagé sur les frais d'assurance.

6.

a) La modification des montants conformément au présent article peut intervenir au plus tôt après un délai de cinq ans à compter du jour de l'ouverture de la présente Convention à la signature et au plus tôt après un délai de cinq ans à compter du jour de l'entrée en vigueur d'une modification intervenue antérieurement, conformément au présent article.

b) Un montant ne peut être augmenté au point de dépasser le montant correspondant aux limites maximales de responsabilité fixées par la présente Convention, majorées de 6 pour cent par an, calculés suivant le principe des intérêts composés à partir du jour de l'ouverture de la présente Convention à la signature.

c) Un montant ne peut être augmenté au point de dépasser le montant correspondant au triple des limites maximales de responsabilité fixées par la présente Convention.

7. Le dépositaire notifie à tous les Etats contractants tout amendement adopté conformément au paragraphe 4. L amendement est réputé accepté après un délai de dix-huit mois suivant le jour de la notification, à moins que durant ce délai un quart au moins

2. The conference shall be convened at the earliest six months after the day on which the proposal was transmitted.

3. All Contracting States to this Convention are entitled to participate in the conference, whether or not they are members of the organizations referred to in paragraph 1.

4. The amendments shall be adopted by a majority of two thirds of the Contracting States to the Convention represented at the conference and taking part in the vote, provided that not less than one half of the Contracting States to this Convention are represented when the vote is taken.

5. During the consultation concerning the amendment of the amount specified in article 20, paragraph 1, the conference shall take account of the lessons drawn from the events having led to damage and in particular the amount of damage resulting therefrom, changes in monetary values and the effect of the proposed amendment on the cost of insurance.

6.

(a) The amendment of the amount in accordance with this article may take effect at the earliest five years after the day on which this Convention was opened for signature and at the earliest five years after the day on which an amendment made previously in accordance with this article entered into force.

(b) An amount may not be so increased as to exceed the amount of the maximum limits of liability specified by this Convention, increased by six per cent per annum, calculated according to the principle of compound interest as from the day on which this Convention was opened for signature.

(c) An amount may not be so increased as to exceed the triple of the maximum limits of liability specified by this Convention.

7. The depositary shall notify all Contracting States of any amendment adopted in accordance with paragraph 4. The amendment is deemed to have been accepted after a period of eighteen months following the day of notification, unless during such

des Etats qui étaient Etats contractants au moment de la décision relative à l'amendement aient informé le dépositaire qu'ils n'acceptent pas cet amendement; dans ce cas, l'amendement est rejeté et n'entre pas en vigueur.

period not less than one fourth of the States which were Contracting States at the time of the decision concerning the amendment have informed the depositary that they will not accept that amendment; in such case, the amendment is rejected and does not enter into force.

8. Un amendement réputé accepté conformément au paragraphe 7 entre en vigueur dix-huit mois après son acceptation.

8. An amendment which is deemed to have been accepted in accordance with paragraph 7 shall enter into force eighteen months after its acceptance.

9. Tous les Etats contractants sont liés par l'amendement à moins qu'ils ne dénoncent la présente Convention conformément à l'article 35 au plus tard six mois avant l'entrée en vigueur de l'amendement. La dénonciation prend effet à l'entrée en vigueur de l'amendement.

9. All Contracting States are bound by the amendment unless they denounce this Convention in accordance with article 35 not later than six months before the amendment enters into force. The denunciation takes effect when the amendment enters into force.

10. Lorsqu'un amendement a été adopté mais que le délai de dix-huit mois prévu pour l'acceptation n'est pas écoulé, un Etat qui devient Etat contractant au cours de ce délai est lié par l'amendement si celui-ci entre en vigueur. Un Etat qui devient Etat contractant après ce délai est lié par un amendement accepté conformément au paragraphe 7. Dans les cas cités au présent paragraphe, un Etat est lié par un amendement dès son entrée en vigueur ou dès que la présente Convention entre en vigueur pour cet Etat si celle-ci intervient ultérieurement.

10. When an amendment has been adopted but the scheduled eighteen-month period for acceptance has not elapsed, a State which becomes a Contracting State during that period is bound by the amendment if it enters into force. A State which becomes a Contracting State after that period is bound by an amendment accepted in accordance with paragraph 7. In the cases cited in the present paragraph, a State is bound by an amendment as soon as it enters into force or as soon as this Convention enters into force for that State if this takes place subsequently.

## Art. 38 Depositar

(1) **Dieses Übereinkommen wird bei der Regierung der Republik Ungarn hinterlegt.**

(2) **Der Depositar**
a) **übermittelt allen Staaten, die an der Diplomatischen Konferenz zur Annahme des Budapester Übereinkommens über den Vertrag über die Güterbeförderung in der Binnenschifffahrt teilgenommen haben, das Übereinkommen in der offiziellen sprachlichen Fassung, die auf der Konferenz noch nicht vorgelegen hat, zwecks Überprüfung dieser Fassung;**
b) **unterrichtet alle in Buchstabe a genannten Staaten über eingegangene Änderungsvorschläge zu dem nach Buchstabe a übersandten Text;**
c) **stellt den Tag fest, an dem alle sprachlichen Fassungen dieses Übereinkommens abgestimmt sind und als authentisch anzusehen sind;**
d) **teilt allen in Buchstabe a genannten Staaten den nach Buchstabe c festgestellten Tag mit;**
e) **übermittelt allen Staaten, die eine Einladung zur Teilnahme an der Diplomatischen Konferenz zur Annahme des Budapester Übereinkommens über den Vertrag über die Güterbeförderung in der Binnenschifffahrt erhalten haben,**

und denjenigen, die dieses Übereinkommen unterzeichnet haben oder die ihm beigetreten sind, beglaubigte Abschriften des Übereinkommens;

f) unterrichtet alle Staaten, die dieses Übereinkommen unterzeichnet haben oder ihm beigetreten sind,

   i) von jeder weiteren Unterzeichnung, jeder Notifikation und jeder dabei abgegebenen Erklärung unter Angabe des Zeitpunkts der Unterzeichnung, Notifikation oder Erklärung;

   ii) vom Zeitpunkt des Inkrafttretens dieses Übereinkommens;

   iii) von jeder Kündigung dieses Übereinkommens unter Angabe des Zeitpunkts, zu dem sie wirksam wird;

   iv) von jeder nach den Artikeln 36 und 37 beschlossenen Änderung des Übereinkommens unter Angabe des Zeitpunkts, zu dem sie in Kraft tritt;

   v) von jeder Mitteilung aufgrund einer Bestimmung dieses Übereinkommens.

(3) Nach Inkrafttreten dieses Übereinkommens übermittelt der Depositar dem Sekretariat der Vereinten Nationen eine beglaubigte Abschrift dieses Übereinkommens zur Registrierung und Veröffentlichung nach Artikel 102 der Charta der Vereinten Nationen.

Geschehen zu Budapest am 22. Juni 2001 in einer Urschrift, deren deutscher, englischer, französischer, niederländischer und russischer Wortlaut gleichermaßen verbindlich ist.

Zu Urkund dessen haben die bevollmächtigten Unterzeichneten, hierzu von ihren Regierungen gehörig befugt, dieses Übereinkommen unterzeichnet.

**Art. 38 Dépositaire**

1. La présente Convention sera déposée auprès du Gouvernement de la République de Hongrie.

2. Le dépositaire

a) communiquera à tous les Etats qui ont participé à la Conférence diplomatique d'adoption de la Convention de Budapest relative au contrat de transport de marchandises en navigation intérieure la présente Convention dans la version linguistique officielle qui n'était pas encore disponible lors de la Conférence en vue de sa vérification;

b) informera tous les Etats visés à la lettre a) de toute proposition d'amendement au texte communiqué conformément à la lettre a);

c) constatera la date à laquelle toutes les versions linguistiques officielles de la présente Convention ont été mises en conformité et sont à considérer comme authentiques;

d) communiquera à tous les Etats visés à la lettre a) la date constatée conformément à la lettre c);

e) remettra à tous les Etats ayant été invités à la Conférence diplomatique d'adoption

**Art. 38 Depositary**

1. This Convention shall be deposited with the Government of the Republic of Hungary.

2. The depositary shall:

(a) communicate to all States which participated in the Diplomatic Conference for the Adoption of the Budapest Convention on the Contract for the Carriage of Goods by Inland Waterway, for checking, the present Convention in the official language version which was not available at the time of the Conference;

(b) inform all States referred to under subparagraph (a) above of any proposal for the amendment of the text communicated in accordance with subparagraph (a) above;

(c) establish the date on which all official language versions of this Convention have been brought into conformity with each other and are to be considered authentic;

(d) communicate to all States referred to in subparagraph (a) above the date established in accordance with subparagraph (c) above;

(e) communicate to all States which were invited to the Diplomatic Conference

de la Convention de Budapest relative au contrat de transport de marchandises en navigation intérieure et à ceux ayant signé la présente Convention ou y ayant adhéré, des copies certifiées conformes de la présente Convention;

f) informe tous les Etats qui ont signé la présente Convention ou y ont adhéré;

i) de toute signature nouvelle, de toute notification ainsi que de toute déclaration, avec indication de la date de la signature, de la notification ou de la déclaration;

ii) de la date d'entrée en vigueur de la présente Convention;

iii) de toute dénonciation de la présente Convention avec indication de la date à laquelle celle-ci prend effet;

iv) de tout amendement décidé conformément aux articles 36 et 37 de la présente Convention avec indication de la date d'entrée en vigueur;

v) de toute communication requise par une disposition de la présente Convention.

3. Après l'entrée en vigueur de la présente Convention, le dépositaire transmet au Secrétariat des Nations Unies une copie certifiée conforme de la présente Convention en vue de l'enregistrement et de la publication conformément à l'article 102 de la Charte des Nations Unies.

Fait à Budapest le vingt-deux juin 2001 en un exemplaire original dont chacun des textes en allemand, anglais, français, néerlandais et russe font également foi.

En foi de quoi les plénipotentiaires soussignés, dûment autorisés à cet effet par leurs gouvernements, ont signé la présente Convention.

for the Adoption of the Budapest Convention on the Contract for the Carriage of Goods by Inland Waterway and to those which have signed this Convention or acceded thereto, certified true copies of this Convention;

(f) inform all States which have signed this Convention or acceded to it:

(i) of any new signature, notification or declaration made, indicating the date of the signature, notification or declaration;

(ii) of the date of entry into force of this Convention;

(iii) of any denunciation of this Convention and of the date on which such denunciation is to take effect;

(iv) of any amendment adopted in accordance with articles 36 and 37 of this Convention and of the date of entry into force of such amendment;

(v) of any communication required under a provision of this Convention.

3. After the entry into force of this Convention, the depositary shall transmit to the Secretariat of the United Nations a certified true copy of this Convention for registration and publication, in accordance with Article 102 of the Charter of the United Nations.

Done at Budapest on the twenty-second of June 2001 in a single original copy of which the Dutch, English, French, German and Russian texts are equally authentic.

In witness whereof, the undersigned plenipotentiaries, being duly authorized thereto by their Governments, have signed this Convention.

# 4. Teil. Beförderung durch Universalpostdienstleister

# Beförderung durch Universalpostdienstleister

**Schrifttum:** *Basedow,* Das neue Wirtschaftsrecht der Postdienste, 1995; Beck'scher PostG-Kommentar/ *Bearbeiter,* 2. Aufl. 2004; *Böhm,* Weltpostkongress 1999 in Beijing, China, Post- und Telekommunikationsgeschichte 1/2000 S. 17; *Brauns-Packenius,* Der Weltpostverein im Wandel der Zeit, Post- und Telekommunikationsgeschichte 1/1997 S. 37; *Bühler,* Der Weltpostverein Eine völkerrechtsgeschichtliche und wirtschaftspolitische Untersuchung, 1930; *Geiger,* EG-Vertrag, Kommentar zu dem Vertrag zur Gründung der Europäischen Gemeinschaft, 1993; *Handwörterbuch der Staatswissenschaften,* Hrsg. *Elster/Weber/Wieser,* 4. Aufl. Bd. VI, 1925; *Koller,* Die Tragweite von Vertragsabwehrklauseln und der Einwand des Mitverschuldens im Gütertransportrecht, VersR 2004, 269; *Krohn,* Die Gewährleistung nach den Weltpostverträgen, o. J. (1934?); *Meyer,* Die deutsche Post im Weltpostverein und im Wechselverkehr, 1908; *Ohnheiser,* Postrecht, Handbuch wichtiger Bestimmungen für das Post- und Fernmeldewesen mit Kommentar, 4. Aufl. 1984; *Rode,* Haftungsrahmen nach dem Weltpostvertrag, TranspR 2005, 301, englische Fassung E. T. L. 2005, 453; *Sasse,* Der Weltpostverein, 1959; *Sautter,* Geschichte der Deutschen Post, Teil 3 Geschichte der Deutschen Reichspost (1871 bis 1945), 1951; *Schwarz,* Zeittafeln zur deutschen Postgeschichte, 1935; *v. Fürstenwerth/Weiß,* Versicherungs-Alphabet (VA) 10. Aufl.; *Wipperfürth,* Das Postwesen: Monopolrechte und Infrastrukturgewährleistungsauftrag, 2005.

**Textnachweise:** Constitution, Règlement général, Règlements intérieurs, Statut juridique de l'UPU, Commentés par le Bureau international de l'UPU, Liste des résolutions et des décisions, 2010; Constitution, General Regulations, Rules of procedure, Legal status of the UPU, with commentary by the International Bureau of the UPU, List of resolutions and decisions, 2010; Weltposthandbuch Verträge des Weltpostvereins Peking 1999/Universal Postal Manual Acts of the Universal Postal Union (UPU) Beijing 1999, Deutsche Post AG 2001; Manuel de la poste aux lettres, UPU 2001; Manuel de la poste aux lettres/Letter Post Manual, UPU 2005; dito 2013; Manuel des colis postaux/Parcel Post Manual, UPU 2005; dito 2010, aktualisiert 2013.

**Internetseiten:** Bayerische Staatsbibliothek/Münchener Digitalisierungszentrum: http://www.digitale-sammlungen.de/index.html?c=digitale_sammlungen&l=de; Deutsche Post AG: http://www.deutsche-post.de/dpag; EUR-Lex: http://europa.eu.int/eur-lex/de/index.htm; Universal Postal Union: http://www.upu.int.

**Zitierweise:** Die *Deutsche Post AG* als Universaldienstleister wird in diesem Kapitel aus Vereinfachungsgründen nur *Deutsche Post* genannt.

## Übersicht

|  | Rn. |
| --- | --- |
| **A. AGB der Deutschen Post im innerdeutscher Bereich** | 1–30 |
| **I. Vorbemerkung** | 1–8 |
| 1. EU-Hintergrund | 1–4 |
| 2. Deutschland | 5–8 |
| **II. Beförderung von Briefen** | 9–19 |
| 1. HGB und AGB der Deutschen Post | 9, 10 |
| 2. Hinweise | 11–17 |
| 3. Text | 18 |
| 4. Einbeziehung | 19 |
| **III. Beförderung von Paketen** | 20–30 |
| 1. HGB und AGB DHL PAKET/ EXPRESS (NATIONAL) | 20 |
| 2. Hinweise | 21–27a |
| 3. Text | 28 |
| 4. Einbeziehung | 29, 30 |
| **B. Weltpostvertrag und AGB der Deutschen Post im internationalen Bereich** | 31–117 |
| **I. Vorbemerkung** | 31–37 |
| 1. Der Weltpostverein | 31–34 |

|  | Rn. |
| --- | --- |
| 2. Arbeitsweise | 35 |
| 3. Weltpostvertrag 1999 | 36 |
| 4. Umsetzung in Deutschland | 37 |
| **II. Beförderung nach dem Weltpostvertrag Peking 1999** | 38–95 |
| 1. Grundlagen und Beteiligte | 38 |
| 2. Briefpost | 39–51 |
| 3. Haftungsregeln Briefpost | 52–79 |
| 4. Paketpost | 80–90 |
| 5. Haftungsregeln Paketpost | 91–95 |
| **III. Änderungen durch den Weltpostvertrag Bukarest 2004 und folgende** | 96 |
| **IV. Beförderung durch die Deutsche Post** | 97–117 |
| 1. AGB BRIEF INTERNATIONAL | 97–108 |
| a) Hinweise | 98–106 |
| b) Text | 107 |
| c) Einbeziehung | 108 |
| 2. AGB PAKET INTERNATIONAL | 109–117 |
| a) Hinweise | 110–114 |
| b) Text | 115 |
| c) Einbeziehung | 116 |
| d) DHL Europaket | 117 |

## A. AGB der Deutschen Post im innerdeutscher Bereich

### I. Vorbemerkung

1    **1. EU-Hintergrund.** Der heutige Stand der Brief- und Paketbeförderung ist nicht ohne den europarechtlichen Hintergrund zu verstehen. Die Einheitliche Europäische Akte ergänzte den EWG-Vertrag mit Art. 8a[1] um das **Prinzip des Binnenmarktes.** Es sollte der gemeinsame Markt in seiner vollen Verwirklichung sein.[2] Um diesen durch ein möglichst einheitliches, effektives Postwesen weiter zu entwickeln, erarbeitete die Kommission gemeinsam mit den Mitgliedsstaaten der damaligen Europäischen Wirtschaftsgemeinschaft Anfang der Neunziger-Jahre des letzten Jahrhunderts ein *Grünbuch* als Diskussionsgrundlage, das am 11.6.1992 veröffentlicht wurde.[3] Harmonisierung und Liberalisierung wurden als Ziele herausgestellt, man unterschied reservierte Dienste öffentlicher Anbieter im Rahmen eines Monopols und nicht reservierte Dienste, die im freien Wettbewerb erbracht werden sollten, jedoch ohne genaue Definition. Postdienstleistungen, die flächendeckend für jedermann zu gleichen Bedingungen angeboten werden, nannte das Grünbuch erstmals **Universaldienst,** der Zugang dazu sollte grundsätzlich frei sein.

2    Auf dieser Grundlage unterbreitete die Kommission dem Rat und dem Parlament programmatische Leitlinien für die Entwicklung der gemeinschaftlichen Postdienste.[4] Auf beide Dokumente stützt sich die Entschließung des Rates der nunmehrigen Europäischen Union[5] vom 7.2.1994[6] mit den erklärten Zielen der gemeinschaftsweiten Einrichtung eines Universaldienstes mit bestimmten Qualitätskriterien zu an den Realkosten ausgerichteten Tarifen, sowie der stufenweisen und kontrollierten Liberalisierung des Postmarkts mit der Möglichkeit, trotz Privatisierung bestimmte, zu definierende Dienste zu reservieren. Die Mitgliedsstaaten wurden aufgefordert, diese Ziele zu unterstützen und sie mit geeigneten Maßnahmen zu verwirklichen.

3    Eine erste griffige **Definition** des Universalpostdienstleisters hatte unterdessen der EuGH mit seinem Urteil in der Strafsache Corbeau formuliert.[7] In dieser belgischen Wettbewerbssache zum Umfang des Postmonopols sieht der EuGH die ... *Régie des postes unbestreitbar mit einer Dienstleistung von allgemeinem wirtschaftlichem Interesse betraut, die in der Verpflichtung besteht, die Sammlung, die Beförderung und die Verteilung von Postsendungen zugunsten sämtlicher Nutzer, im gesamten Hoheitsgebiet des betreffenden Mitgliedstaats, zu einheitlichen Gebühren und in gleichmäßiger Qualität sowie ohne Rücksicht auf Sonderfälle und auf die Wirtschaftlichkeit jedes einzelnen Vorgangs sicherzustellen.*

4    Die **Richtlinie 97/67/EG**[8] definierte in den Erwägungsgründen 11–16 die Anforderungen an einen Universaldienst und regelte ihn in Kapitel 2, Art. 3 bis 6. In Art. 2 wurden Postsendungen definiert als adressierte Sendungen, die von Anbietern von Universaldienstleistungen übernommen werden, im Gegensatz zu Briefsendungen, die von anderen Dienstleistern befördert werden. Sie enthielt weiter Vorgaben zur Harmonisierung der reservierbaren Dienste, ohne das Wort Monopol zu verwenden. Art. 7 setzte die Gewichtsgrenze für reservierte Briefsendungen ab 1.1.2003 auf 100 g, ab 1.1.2006 auf 50 g fest. Bis 2009 sollte

---

[1] Einheitliche Europäische Akte vom 28.2.1986, ABl. EG 1987 Nr. L 169, CELEX-Nr. 11986U; Art. 7a des Unionsvertrages Fn. 4.

[2] *Geiger* Art. 7a Rn. 5.

[3] Grünbuch über die Entwicklung des Binnenmarktes für die Postdienste vom 11.6.1992, KOM/91/476ENDG, CELEX-Nr. 51991DC0476.

[4] Mitteilung der Kommission an den Rat und das Europäische Parlament vom 2.6.1993, KOM/93/247ENDG, CELEX-Nr. 51993DC0247.

[5] Vertrag von Maastricht vom 7.2.1992, in Kraft seit 1.11.1993, Urfassung ABl. EG 1992 Nr. C 191 S. 1 ff.

[6] Entschließung des Rates vom 7.2.1994 über die Entwicklung der Postdienste in der Gemeinschaft, ABl. EG 1994 Nr. C 48 vom 16.2.1994, S. 3, 4; CELEX-Nr. 31994Y0216(2).

[7] Rechtssache C-320/91, vom 19.5.1993, Sammlung der Rechtsprechung 1993 S. I-02533, CELEX-Nr. 61991J0320; kursiv Zitat aus Abs. 15 der Gründe.

[8] Richtlinie 97/67/EG des Europäischen Parlaments und des Rates vom 15.12.1997 über gemeinsame Vorschriften für die Entwicklung des Binnenmarktes der Postdienste der Gemeinschaft und die Verbesserung der Dienstequalität, ABl. EG 1998 Nr. L 15, S. 14–25, CELEX-Nr. 31997L0067.

der Binnenmarkt für Postdienste vollendet sein, dh. es sollte freier Wettbewerb ohne reservierte Dienste stattfinden. Die Richtlinie enthielt weitere Vorgaben zu den Bedingungen für die Bereitstellung nichtreservierter Dienste und den Zugang zum (Post-)Netz, zu Tarifierungs- und Qualitätsgrundsätzen, schließlich ordnete sie insbesondere für jeden Mitgliedsstaat die Einrichtung einer oder mehrerer **Regulierungsbehörden** für den Postsektor an, die von den Postbetreibern rechtlich getrennt und betrieblich unabhängig sind, Art. 22. Diese Richtlinie wurde auf Grund der inzwischen gesammelten Erfahrungen und Entwicklungen in den Mitgliedsländern durch die Richtlinien 2002/39/EG[9] und zuletzt 2008/6/EG[10] geändert. Durch diese wurde u. a. Art. 7 neu gefasst, die Mitgliedsstaaten gewähren keine ausschließlichen oder besonderen Rechte mehr für die Einrichtung und die Erbringung von Postdiensten. Durch Beschluss der Kommission vom 10.8.2010 wurde die Gruppe europäischer Regulierungsbehörden für Postdienste eingesetzt.[11]

**2. Deutschland.** In Deutschland hat der Bund gemäß Art. 73 Abs. 1 Nr. 7 GG die **5** ausschließliche Gesetzgebung für das Postwesen und die Telekommunikation. Die erste Stufe der Postreform regelte das **Poststrukturgesetz** 1989,[12] welches die Deutsche Bundespost als Sondervermögen des Bundes in drei öffentliche Unternehmen gliederte, darunter hier betreffend die Deutsche Bundespost POSTDIENST. Nach Art. 87f[13] Abs. 1 GG gewährleistet der Bund u. a. im Bereich des Postwesens flächendeckend angemessene und ausreichende Dienstleistungen, die nach Abs. 2 als privatwirtschaftliche Tätigkeiten durch die aus dem Sondervermögen Deutsche Bundespost hervorgegangenen Unternehmen und durch andere private Anbieter erbracht werden. Der Universaldienst ist gemeint, wird aber nicht genannt. Damit einhergehend wurde nach Art. 143b[14] Abs. 1 GG das Sondervermögen Deutsche Bundespost nach Maßgabe eines Bundesgesetzes in Unternehmen privater Rechtsform umgewandelt, in Abs. 2 ist das aus der Deutschen Bundespost POSTDIENST hervorgegangene Unternehmen genannt. Dieses maßgebliche Bundesgesetz ist das **Postumwandlungsgesetz**,[15] das in § 1 die Umwandlung der Unternehmen der Deutschen Bundespost in Aktiengesellschaften und deren Gründungsnamen festlegt. Seit der Gründung führt das Unternehmen, das die eigentlichen Postdienste im klassischen Sinne leistet, nämlich Brief- und Paketbeförderung, gemäß § 1 der Satzung[16] den Namen **Deutsche Post AG.**

Ursprünglich waren Brief- und Paketbeförderung der Post hoheitliches Handeln.[17] Mit **6** der Privatisierung ging der Wechsel von einem öffentlich-rechtlichen Benutzerverhältnis unter einem Beförderungsvorbehalt[18] zu einer Beziehung zwischen Unternehmen und Kunden einher. An die Stelle hoheitlicher Leistungserbringung trat Regulierung des Postwesens als hoheitliche Aufgabe, § 2 Abs. 1 PostG.[19] Einen Sonderfall enthält § 33 PostG, wonach ein Lizenznehmer für Briefzustelldienstleistungen verpflichtet ist, Schriftstücke nach

---

[9] Richtlinie 2002/39/EG des Europäischen Parlaments und des Rates vom 10. Juni 2002 zur Änderung der Richtlinie 97/67/EG im Hinblick auf die weitere Liberalisierung des Marktes für Postdienste in der Gemeinschaft, ABl. EG 2002 Nr. L 176 S. 21–25, CELEX-Nr. 32002L0039.

[10] Richtlinie 2008/6/EG des Europäischen Parlaments und des Rates vom 20. Februar 2008 zur Änderung der Richtlinie 97/67/EG im Hinblick auf die Vollendung des Binnenmarktes der Postdienste der Gemeinschaft, ABl. EU 2008 Nr. L 52 S. 3–20, CELEX-Nr. 32008L0006.

[11] ABl. EU 2010 Nr. C 217 S. 7, CELEX-Nr. 32010D0811(01).

[12] Poststrukturgesetz vom 8.6.1989, BGBl. I S. 1026, in Kraft seit 1.7.1989.

[13] Eingefügt durch das Gesetz zur Änderung des Grundgesetzes vom 30.8.1994, BGBl. I S. 2245. Zum Inhalt *Wipperfürth* S. 169 ff.

[14] Wie Fn. 12. S. zu Art. 87 f., 143 GG BVerfG 7.10.2003 NVwZ 2004, 329.

[15] Gesetz zur Umwandlung der Unternehmen der Deutschen Bundespost in die Rechtsform der Aktiengesellschaft (PostUmwG) vom 14.9.1994, BGBl. I S. 2325, 2339; Gesetz zur Neuordnung des Postwesens und der Telekommunikation (PTNeuOG) vom gleichen Tage, BGBl. I S. 2325.

[16] Satzung der Deutschen Post AG, Anhang des PostUmwG vom 14.9.1994, PostAGSa PostUmwG BGBl. I S. 2325, 2339, 2343.

[17] RGZ 158, 83 für Briefe; 161, 341;164, 273 für Pakete; bestätigend BGHZ 16, 111.

[18] Exemplarisch für das alte Recht *Ohnheiser* § 1 PostG Rn. 18, § 2 PostG Rn. 22.

[19] Postgesetz vom 22. Dezember 1997, BGBl. I S. 3294, zuletzt geändert durch Art. 272 der Verordnung vom 31.10.2006, BGBl. I S. 2407.

den Vorschriften der Prozessordnungen und der Gesetze zur Verwaltungszustellung förmlich zuzustellen. Insoweit ist der Lizenznehmer als beliehener Unternehmer mit Hoheitsbefugnissen ausgestattet, gleich dem Gerichtsvollzieher, s. §§ 168, 192 ff. ZPO. Zustellung und Beurkundung sind wesentliche Elemente des Rechtsstaatsprinzips.[20] Die Postordnung von 1989,[21] die letzte für das Sondervermögen Deutsche Bundespost, enthielt in den §§ 13, 14 hoheitliche Regelungen zu Verbotsgut, Verpackung, Haftung und Haftungsausschluss, die zwar an den Bestimmungen des Weltpostvertrages[22] orientiert waren, aber mit der notwendigen Neufassung im **Postneuordnungsgesetz** 1994[23] ersatzlos entfielen. Das aktuelle Postgesetz enthält keine Regelungen über die Beförderung. In § 18 wird die Bundesregierung zum Erlass einer **Postdienstleistungsverordnung** ermächtigt. Sie wurde am 21.8.2001 zur Umsetzung der Richtlinie 97/67 EG erlassen.[24] Vertragliche Regelungen für die postalische Beförderung konnten von da an nur im Wege von AGB getroffen werden, verbunden mit der Frage ihrer Einbeziehung in den Beförderungsvertrag und ihrer Inhaltskontrolle. Der Begriff des Universaldienstes wurde in § 11 Abs. 1 PostG übereinstimmend mit der Richtlinie 97/67/EG definiert. Auf der Ermächtigungsgrundlage nach § 11 Abs. 2 PostG erließ die Bundesregierung die **Post-Universaldienstleistungsverordnung**[25] mit dem Schwerpunkt von Qualitätsmerkmalen im Universaldienst. Hervorzuheben sind die Qualitätsmerkmale der Beförderung hinsichtlich der Zustellung, ggf. auch Ersatzzustellung, für Briefsendungen in § 2 Abs. 4 PUDLV und für Pakete in § 3 Abs. 3 PUDLV. Die verfassungsrechtliche Frage des Ermächtigungsrahmens[26] bleibt hier außer Betracht. Als nationale **Regulierungsbehörde** wurde am 1.1.1998 die *Regulierungsbehörde für Telekommunikation und Post* gegründet, eine Bundesoberbehörde im Bereich des BMWi. Nach Erweiterung des Zuständigkeitsbereichs heißt sie heute *Bundesnetzagentur für Elektrizität, Gas, Telekommunikation, Post und Eisenbahnen.*

7    Die Richtlinie 97/67/EG lässt offen, ob in einem Mitgliedstaat der Universaldienst durch einen oder mehrere Anbieter von Postdienstleistungen erbracht wird. § 51 Abs. 1 S. 1 PostG gewährte der Deutschen Post AG eine bis 31.12.2007 befristete **gesetzliche Exklusivlizenz** für Briefsendungen und adressierte Kataloge bis 50 g, gemäß S. 2 gab es aber auch für diese Sendungen Ausnahmen, wenn ihre Beförderung mit sogenannten höherwertigen Leistungen bzw. Mehrwertdiensten verbunden war wie Abholung, Sendungsverfolgung, Zustellung am gleichen Tag usw., grundsätzlich bereits in der Richtlinie 97/67/EG angedacht.[27]

8    Dafür verpflichtete § 52 PostG die Deutsche Post für diesen Zeitraum, **Universaldienstleistungen** im Sinne der nach § 11 Abs. 2 PostG erlassenen Verordnung (PUDLV) zu erbringen, und unterwarf sie in § 3 PDLV dem Kontrahierungszwang für Universaldienstleister.[28] Auch nach Ablauf der Frist ist die Deutsche Post der einzige echte Universalpostdienstleister in Deutschland. Da die Deutsche Post auch einziges deutsches Mitglied im Weltpostverein ist und damit immer noch eine herausgehobene Stellung hat, sind an dieser Stelle die AGB für die nationale und internationale Beförderung von Briefen und Paketen von Interesse. Die AGB anderer Unternehmen der KEP-Branche[29] und anderer lizenzierter Postdienstleister werden nicht besprochen, auch wenn ihre Wirksamkeit immer wieder gerichtlich überprüft wird.[30]

---

[20] BeckPostG/*Badura* § 33 Rn. 2, 14 ff.
[21] PostO in der Fassung der Bekanntmachung vom 23.6.1989, BGBl. I S. 1158.
[22] Näher dazu unter Weltpostvertrag und Beförderung von Postpaketen, Rn. 80 ff.
[23] S. o. Fn. 15.
[24] Postdienstleistungsverordnung vom 21. August 2001, BGBl. I S. 2178.
[25] Post-Universaldienstleistungsverordnung vom 15. Dezember 1999, BGBl. I S. 2418, zuletzt geändert durch Art. 3 Abs. 26 des Gesetzes vom 7. Juli 2005, BGBl. I S. 1970.
[26] BeckPostG/*v. Danwitz* § 1 PUDLV Rn. 27 ff., 29 ff.
[27] Richtlinie 97/67/EG (Fn. 8) Erwägungsgrund 18.
[28] Bei Druckschriften unabhängig von ihrer politischen Ausrichtung, BGH 20.9.2012, NJW 2013, 72.
[29] Kurier-, Express-, Paketdienste.
[30] So BGH 3.5.2007, TranspR 2007, 412; ebenda S. 414 und 419 und 421.

## II. Beförderung von Briefen

**1. HGB und AGB der Deutschen Post.** Die §§ 407 ff. erfassen grundsätzlich alle **9** Beförderungen im nationalen Rahmen. Bei der allgemeinen Briefbeförderung gilt regelmäßig der frachtrechtliche Begriff des Absenders. Das ist allein der Vertragspartner des Frachtführers, nicht der an der Beförderung Interessierte.[31] § 449 Abs. 1 nennt Vorschriften, von denen zu Lasten eines Verbrauchers als Absender nicht abgewichen werden kann, es sei denn, die Beförderung hat **Briefe oder briefähnliche Sendungen** zum Gegenstand, nämlich die Haftung des Frachtführers für die Begleitpapiere nach § 413 Abs. 2, die grundsätzlich verschuldensunabhängige Haftung des Absenders nach § 414, die unbegrenzte Haftung des Frachtführers für die Ausführung von Weisungen ohne Vorlage der Absenderausfertigung nach § 418 Abs. 6, die Haftung des Frachtführers bei Ablieferung des Gutes, ohne die Nachnahme einzuziehen nach § 422 Abs. 3, die Haftungsregelungen der §§ 425–438 und die Haftung des Frachtführers für die Ablieferung des Gutes oder Befolgung einer Weisung, ohne sich den Ladeschein zurückgeben zu lassen nach § 447. Nach § 449 Abs. 2 kann von den genannten Vorschriften für Briefe und briefähnliche Sendungen auch durch AGB abgewichen werden. **Briefe** sind nach der Legaldefinition des § 4 Nr. 2 S. 1 PostG adressierte schriftliche Mitteilungen. **Briefähnliche Sendungen** sind dem Brieftransport verwandte Sendungen wie Infopost, Postwurfsendungen, Zeitungen, Zeitschriften und Päckchen.[32] Die Erweiterung des gesetzlichen Dispositionsrahmens für die Beförderung dieser Sendungen beruht auf der Tatsache, dass die Mehrzahl der Briefe und briefähnlichen Sendungen ohne Kundenkontakt über Briefkästen eingeliefert werden und der Absender oft gar nicht bekannt ist. AGB sind für das **Massengeschäft** notwendig, da es für diese Sendungen keinen Frachtbrief mit den Eintragungen nach § 408 Abs. 1 gibt. Deshalb muss bei den kaum abschätzbaren Risiken dem Beförderer die Möglichkeit verbleiben, nicht nur die Haftungshöhe, sondern auch die Haftung dem Grunde nach durch AGB zu begrenzen.[33] Dies gilt nicht für die Beförderung von Paketen und die sog. Postfracht, ein historischer Begriff, der sich schon immer auf Beförderung durch die Post als gewöhnlicher Frachtführer außerhalb postalischer Privilegien bezog, heute von Paketdienstleistern verwendet. Bei der vorliegenden Betrachtung handelt es sich um physische Beförderungen. Sog. hybride Briefdienstleistungen[34] und rein elektronische Dienstleistungen bleiben unberücksichtigt.

Auf dieser Grundlage hat die Deutsche Post eine Reihe von **AGB** entwickelt, die in **10** der jeweils gültigen Fassung am Schalter oder im Internet einzusehen sind.[35] Mit den AGB und dem Verzeichnis *Leistungen und Preise* erfüllt die Deutsche Post auch die Verpflichtung nach § 4 Abs. 1 PDLV. Da AGB immer wieder geändert werden können, oder wegen technischer oder rechtlicher Änderungen angepasst werden müssen, beschränkt sich die Besprechung auf Hinweise.

**2. Hinweise.** Die **AGB BRIEF NATIONAL** definieren in Abschn. 1 den Anwen- **11** dungsbereich. Abs. 1 zählt die einbezogenen **Sendungsarten** auf. Abs. 2 bezieht ergänzende weitere Regelungen und Bedingungen ein. Das gesamte Bedingungswerk gilt nach Abs. 3, soweit nicht zwingendes Gesetz, schriftliche Einzelvereinbarungen oder die in Abs. 2 genannten speziellen Bedingungen etwas anderes bestimmen, ergänzend sind schließlich die allgemeinen Frachtvertragsregelungen der §§ 407 ff. anzuwenden. Für **schriftliche Einzelvereinbarung** ist zu beachten: Was ein Kunde Mitarbeitern am Schalter mündlich oder schriftlich anträgt, abweichend von der normalen Beförderung, kann ebenso wenig die Deutsche Post als Frachtführer binden wie vom Frachtvertrag abweichende Weisungen oder Aufträge des Absenders gegenüber dem Fahrer eines gewöhnlichen Frachtvertrags.

---

[31] OLG Düsseldorf 6.6.2012 in einer Vergabesache, ZfBR 2013, 310 (Zitat nach juris).
[32] BT-Drucks. 13/8445 S. 86; erweitert Abschn. 1 Abs. 1 S. 2 Nr. 2 AGB BRIEF NATIONAL der Deutschen Post.
[33] BT-Drucks. 13/8445 S. 86.
[34] Beförderung von Mitteilungen teils elektronisch, teils physisch.
[35] www.deutschepost.de, Sparte wählen, Suchbegriff AGB.

Die Schalterkraft ist ebenso wie der Fahrer nur Mitarbeiter eines privatrechtlichen Arbeitgebers, bei dem keine Anscheins- oder Duldungsvollmacht zur Erweiterung der vertraglich vereinbarten Pflichten oder zum Abschluss von Sondervereinbarungen über das angebotene Leistungsspektrum hinaus angenommen werden kann.[36] Was im individuellen Frachtvertrag nicht möglich ist, kann umso weniger im standardisierten Massengeschäft zugelassen werden.

12    In Abschn. 2 werden bedingungsgemäße Sendungen vorausgesetzt, damit Beförderungsverträge zustande kommen. Detailliert werden die Güter und Sendungen aufgeführt, die die Deutsche Post nicht befördern will. Hier findet sich das **Verbotsgut** wieder, das die früheren Postgesetze für die Deutsche Bundespost enthielten.[37] Es besteht keine Pflicht zu prüfen, ob Beförderungsausschlüsse vorliegen.

13    Abschn. 3 statuiert Rechte und Obliegenheiten des **Absenders,** die sich stark an den gesetzlichen Regeln orientieren. Das Weisungsrecht des Absenders gegenüber der Deutschen Post AG nach Übergabe/Übernahme der Sendung wird eingeschränkt. Die Absenderhaftung nach § 414 HGB wird konkretisiert.

14    Abschn. 4 regelt die **Leistungspflicht** der Deutschen Post AG. Die Regellaufzeiten werden angestrebt, bestimmte Lieferfristen oder Ablieferungstermine sind nach Abs. 1 weder garantiert noch geschuldet, es sei denn auf Grund besonderer Bedingungen einzelner Produkte. Dabei sind aber die Qualitätsmerkmale des § 2 Abs. 3 PUDLV einzuhalten. So darf der Absender eines fristgebundenen Schriftsatzes auf die angegebenen Leerungszeiten des von ihm benutzten Briefkastens vertrauen.[38] Abs. 2 definiert die Ablieferung („Zustellung") an berechtigte Empfänger. Abs. 3 statuiert das dem allgemeinen Transportrecht unbekannte Recht der **Ersatzzustellung** an einen eng begrenzten Personenkreis auf der Grundlage des § 2 Abs. 4 PUDLV. Dessen S. 3 fordert allgemein, eine Sendung, die dem Empfänger nicht unmittelbar oder durch entsprechende Vorrichtung (Hausbriefkasten) zugestellt werden kann, nach Möglichkeit einem Ersatzempfänger auszuhändigen, sofern der Absender nicht gegenteilige Weisung erteilt hat. Der Begriff ist also auszufüllen. Bestimmte Sendungen nimmt Abs. 3 generell von der Ersatzzustellung aus, erweitert jedoch den Kreis der Ersatzempfänger auf Hausbewohner und Nachbarn des Empfängers. Dabei muss den Umständen nach anzunehmen sein, dass sie zur Annahme der Sendung berechtigt sind. Der Begriff des Hausbewohners ist eindeutig. Wie der Begriff des Nachbarn ist er zB bei Wohnblocks mit Dutzenden Parteien vorsichtig auszulegen. Das Privileg der Ersatzzustellung gilt nicht für andere Postdienstleister, die nicht die Universaldienstleistungen nach § 1 PUDLV erbringen. Die Ersatzzustellung verstößt nicht gegen das Postgeheimnis.[39] Es handelt sich auch nicht um eine überraschende Klausel, die den Verbraucher-Empfänger benachteiligen könnte, da durch die Privatisierung des Postwesens keine neue **Interessenlage** weder des Absenders noch des Empfängers entstanden ist gegenüber derjenigen seit der ersten PostO vom 18.12.1874 und ihren Nachfolgern bis zur letzten PostO vom 16.5.1963. Diese regelte in § 51 PostO die Ersatzzustellung, sie galt bis 30.6.1991. § 418 Abs. 3 ist in § 449 Abs. 1 nicht genannt. Amtliche Schriftstücke können nach § 178 ZPO an Mitbewohner der Wohnung, einer in Geschäftsräumen beschäftigten Person, in Gemeinschaftseinrichtungen dem Leiter oder einem ermächtigten Vertreter ersatzweise zugestellt werden, nach § 180 ZPO durch Einlegen in den Briefkasten. Damit werden ggf. Notfristen in Lauf gesetzt, ebenso nach § 3 VwZG iVm. §§ 178 ff. ZPO. Somit greift der Einwand nicht durch, jemand werde durch diese AGB-Regelung überrascht oder benachteiligt. Ausschlaggebend ist die gesetzliche Ermächtigung des § 2 Abs. 4 PUDLV, die nicht überschritten wurde.[40] Das obligatorische Gegenstück zu diesem Privileg ist die Verpflichtung, den Empfänger durch eine Benachrich-

---

[36] Zweifelnd *Koller* § 407 Rn. 38.
[37] S. Rn. 6; Fn. 21.
[38] BGH 20.5.2009, NJW 2009, 2379.
[39] So schon BVerwG 15.3.1984, NJW 1984, 2112 zu Art. 10 GG, § 51 PostO 1963/1983.
[40] In der Begründung zur PUDLV (BT-Drucks. 14/1696 vom 30.9.1999, S. 8) wurden auch Inhaber oder Vermieter der Wohnung genannt, allerdings nicht die Nachbarn.

tigungskarte über seinen Hausbriefkasten zu informieren, um seine Belange hinreichend zu berücksichtigen.[41] Absender wie Empfänger können durch entsprechende **Weisung** der Ersatzzustellung widersprechen.[42] Abs. 4 regelt die Bereithaltungsfrist für unzustellbare Sendungen. Abs. 5 lässt die Verwendung elektronischer Hilfsmittel zur Empfangsbestätigung zu. Der Absender erklärt sich mit einem elektronischen Abliefernachweis einverstanden. In Abs. 6 und 7 sind die Rücksendung und der Umgang mit unzustellbaren Sendungen sowie deren Definition geregelt. Empfängerrechte iSd. § 421 werden nicht geregelt.

Bei den **Entgeltregelungen** unter Abschn. 5 wird auf Nettopreise verwiesen, zu denen **15** der Absender die Umsatzsteuer zu entrichten hat, *„soweit diese anfällt“*. Post-Universaldienstleistungen sind von der Umsatzsteuer befreit.[43] Abs. 5 ist besonders hervorzuheben, da er eine besondere Art grenzüberschreitender Sendungen betrifft: Absender in Deutschland lassen aus Kostengründen ihre an deutsche Empfänger gerichteten Sendungen im Ausland einliefern (Remailing, im Beispiel sogenanntes ABA-Remailing). Dieses anhaltende Problem, eine Kehrseite der Liberalisierung, hatte der WPV von Seoul 1994 in Art. 25 geregelt, auf den sich das Zitat bezieht, die heute entsprechende Regelung enthält Art. 43 WPV 1999[44].

Abschn. 6 enthält die Haftungsregelungen und die **Haftungsbegrenzung** für Verlust, **16** Beschädigung und die nicht ordnungsgemäße Erfüllung sonstiger Pflichten bei bedingungsgerechten und nicht ausgeschlossenen Sendungen. Es werden Höchstbeträge angesetzt, die den Absender entsprechend § 449 Abs. 2 Nr. 1 durch farbliche Unterlegung in geeigneter Weise auf die Abweichung vom gesetzlich vorgesehenen Betrag hinweisen. Diese Höchstbeträge gelten nur für Sendungen mit den Zusatzleistungen nach Abschn. 1 Abs. 1 S. 2 Nr. 3 beschränkt, und sie werden nur erreicht, wenn der Schaden im vertragstypischen Rahmen liegt. Für den einfachen Brief verbleibt es demnach bei der gesetzlichen Regelung. Die Haftung für Nachnahmefehler ist auf den Nachnahmebetrag begrenzt. Für verspätete Auslieferung wird abweichend von § 431 Abs. 3 der einfache Frachtsatz bzw. das gezahlte Entgelt vergütet. Die Haftungsbegrenzung für Einschreibebriefe auf EUR 25,00 ist wirksam; denn Briefe dienen vorrangig der Übermittlung individueller Gedankenerklärung, es bedarf auch keiner Schnittstellenkontrolle.[45]

Abschn. 7 verbietet in Anlehnung an Abschn. 19 ADSp, die nicht in Bezug genommen **17** sind, die Abtretung oder Verpfändung vertraglicher Ansprüche außer Geldforderungen und statuiert einen ausschließlichen Gerichtsstand für alle Vertragspartner, die nicht Verbraucher sind, am registrierten Sitz der Gesellschaft in Bonn.

## 3. Text.

AGB BRIEF NATIONAL[46]                                                                                   **18**

Allgemeine Geschäftsbedingungen der Deutschen Post AG
BRIEF NATIONAL (AGB BRIEF NATIONAL)

**1 Geltungsbereich und Rechtsgrundlagen**

(1) Diese allgemeinen Geschäftsbedingungen, nachfolgend „AGB", gelten für Verträge mit der Deutschen Post AG und ihren verbundenen Unternehmen, nachfolgend „Deutsche Post", über die Beförderung von Briefen und brieflichen Sendungen (§ 449 HGB), nachfolgend „Sendungen", im Inland. Der Geltungsbereich schließt besonders vereinbarte Zusatz- und Nebenleistungen ein. Diese AGB umfassen insbesondere folgende Produkte und Leistungen:
1. Briefe, E-Postbriefe (soweit physisch befördert), Postkarten, Infopost, Infobriefe, Telegramme, Blindensendungen und Postzustellungsaufträge; Letztere nur, soweit sie nicht durch zwingende öffentlich-rechtliche Vorschriften (Zivilprozessordnung, Postgesetz) geregelt sind; (Briefsendungen),

---

[41] OLG Köln 2.3.2011, WRP 2011, 1492 (Zitat nach juris).
[42] LG Bonn 26.11.2002, Az. 11 S 5/02; AG Bonn 13.3.2008, Az. 9 C 484/07, beide nicht veröffentlicht.
[43] BMF-Schreiben vom 21.10.2010, IV D 3 – S 7167-b/10/10002, zum USt-Anwendungserlass vom 1.10.2010.
[44] Siehe auch BGH 10.10.2002, BGHZ 152, 198 zum WPV 1989.
[45] Grundlegend BGH 15.11.2001 BGHZ 149, 337, 339 = NJW 2002, 3106, 3110 = TranspR 2002, 295. BGH 14.6.2006, TranspR 2006, 348, 349; BGH 26.4.2007 TranspR 2007, 464.
[46] Abdruck aller AGB mit freundlicher Genehmigung der Deutschen Post AG, die die alleinige Inhaberin aller Rechte ist.

2. Postwurfspezial, Postwurf-, Waren-, Büchersendungen, Päckchen, DHL Infopost und Blindensendungen Schwer; (briefähnliche Sendungen),
3. Einschreiben, Einschreiben Einwurf, Eigenhändig, Rückschein, Nachnahme, Werbeantwort sowie Premiumadresse und Anschriftenprüfung/-mitteilung; (Zusatzleistungen),
4. Nachsendung von Briefen und briefähnlichen Sendungen.

(2) Ergänzend zu diesen AGB gelten das Verzeichnis „Leistungen und Preise", die „Regelungen für die Postbeförderung von gefährlichen Stoffen und Gegenständen – Teil I" sowie die „Versandbedingungen DHL PAKET NATIONAL und INTERNATIONAL" in der jeweils gültigen Fassung, die bei den Geschäftsstellen der Deutschen Post zur Einsichtnahme bereitgehalten werden. Zudem gelten spezielle Leistungsbeschreibungen und Beförderungsbedingungen, auf die im Verzeichnis „Leistungen und Preise", in Rahmenvereinbarungen oder Beförderungspapieren (Einlieferungsbelegen usw.) verwiesen wird.

(3) Soweit – in folgender Rangfolge – durch zwingende gesetzliche Vorschriften, schriftliche Einzelvereinbarungen, die in Absatz 2 genannten speziellen Bedingungen oder diese AGB nichts anderes bestimmt ist, finden die Vorschriften der §§ 407 ff. HGB über den Frachtvertrag Anwendung.

**2 Vertragsverhältnis – Begründung und Ausschlüsse**

(1) Beförderungsverträge kommen für bedingungsgemäße Sendungen durch deren Übergabe durch oder für den Absender und deren Übernahme in die Obhut der Deutschen Post oder von ihr beauftragter Unternehmen („Einlieferung" bzw. „Abholung") nach Maßgabe der vorliegenden AGB zustande. Entgegenstehenden allgemeinen Geschäftsbedingungen des Absenders wird hiermit ausdrücklich widersprochen.

(2) Von der Beförderung sind ausgeschlossen:
1. Sendungen, deren Inhalt, äußere Gestaltung, Beförderung oder Lagerung gegen ein gesetzliches oder behördliches Verbot verstoßen oder besondere Einrichtungen (zB für temperaturgeführtes Gut), Sicherheitsvorkehrungen oder Genehmigungen erfordern; dazu gehören auch Sendungen, deren Inhalt gegen Vorschriften zum Schutz geistigen Eigentums verstößt einschließlich gefälschter oder nicht lizenzierter Kopien von Produkten (Markenpiraterie);
2. Sendungen, durch deren Inhalt oder äußere Beschaffenheit Personen verletzt, infiziert oder Sachschäden verursacht werden können;
3. Sendungen, die lebende Tiere oder sterbliche Überreste von Menschen beinhalten; ausgenommen sind Urnen sowie wirbellose Tiere wie Bienenköniginnen und Futterinsekten, sofern der Absender sämtliche Vorkehrungen trifft, die einen gefahrlosen, tiergerechten Transport ohne Sonderbehandlung sicherstellen;
4. Sendungen, deren Beförderung und/oder Lagerung gefahrgutrechtlichen Vorschriften unterliegt; für Ausnahmefälle gelten die „Regelungen für die Beförderung von gefährlichen Stoffen und Gegenständen – Teil I"; § 410 HGB bleibt unberührt;
5. Sendungen, die Geld oder andere Zahlungsmittel, Edelmetalle, Schmuck, Uhren, Edelsteine, Kunstgegenstände, Antiquitäten, Unikate oder sonstige Kostbarkeiten oder Wertpapiere, für die im Schadensfall keine Sperrungen sowie Aufgebots- und Ersatzverfahren durchgeführt werden können (Valoren II. Klasse), enthalten; zugelassen sind aber Briefmarken und Warengutscheine, jeweils bis zu einem tatsächlichen Wert von 25 EUR, sowie einzelne Fahrkarten und einzelne Eintrittskarten.
6. Sendungen, die nicht oder nicht ausreichend freigemacht sind und in der Absicht eingeliefert werden, die Beförderungsleistung ohne Zahlung der dafür geschuldeten Vergütung zu erschleichen.

(3) Entspricht eine Sendung hinsichtlich ihrer Beschaffenheit (Größe, Format und Gewicht usw.), aufgrund ihres Inhalts oder in sonstiger Weise nicht den in Abschnitt 1 Abs. 2 genannten Bedingungen oder diesen AGB, so steht es der Deutschen Post frei,
1. die Annahme der Sendung zu verweigern oder
2. eine bereits übergebene/übernommene Sendung zurückzugeben oder zur Abholung bereitzuhalten oder
3. diese ohne Benachrichtigung des Absenders zu befördern und ein entsprechendes Entgelt gemäß Abschnitt 5 Abs. 3 nachzufordern. Entsprechendes gilt, wenn bei Verdacht auf ausgeschlossene Sendungen oder auf sonstige Vertragsverstöße der Absender auf Verlangen der Deutschen Post Angaben dazu verweigert.

(4) Die Deutsche Post ist nicht zur Prüfung von Beförderungsausschlüssen gemäß Absatz 2 verpflichtet; sie ist jedoch bei Verdacht auf solche Ausschlüsse zur Öffnung und Überprüfung der Sendungen berechtigt.

**3 Rechte und Obliegenheiten des Absenders**

(1) Weisungen des Absenders, mit der Sendung in besonderer Weise zu verfahren, sind nur dann verbindlich, wenn diese in der im Verzeichnis „Leistungen und Preise" oder in einem Rahmenvertrag (Kundenvertrag) festgelegten Form erfolgen („Vorausverfügungen"). Der Absender hat jedoch keinen Anspruch auf Beachtung von Weisungen, die er der Deutschen Post nach Übergabe/Übernahme der Sendung erteilt.

(2) Dem Absender obliegt es, ein Produkt der Deutschen Post AG oder ihrer verbundenen Unternehmen mit der Haftung oder Versicherung zu wählen, die seinen Schaden bei Verlust, Beschädigung oder einer sonst nicht ordnungsgemäßen Leistung am ehesten deckt.

(3) Der Absender hat die Sendungen ausreichend zu kennzeichnen, wobei die äußere Verpackung keine Rückschlüsse auf den Wert des Gutes zulassen darf. Er wird – soweit möglich und erforderlich – vollständige und wahrheitsgemäße Angaben zu seiner Sendung machen, die auch im Schadensfall deren eindeutige Identifikation ermöglichen. Er wird die Sendungen so verpacken, dass sie vor Verlust und Beschädigung geschützt sind und dass auch der Deutschen Post und Dritten keine Schäden entstehen. Für Päckchen, DHL Infopost

und Blindensendungen Schwer gelten die Versandbedingungen DHL PAKET NATIONAL und INTERNA-
TIONAL. §§ 410, 411 HGB bleiben unberührt.

(4) Der Absender trägt die alleinige Verantwortung und das Risiko für alle Folgen, die aus einem – auch
nach anderen Bestimmungen als diesen AGB – unzulässigen Güterversand resultieren. Der Absender stellt
die Deutsche Post von jeglichen Ansprüchen Dritter, die allein aus oder im Zusammenhang mit Verstößen
des Absenders gegen den nach diesen AGB oder sonstigen Bestimmungen unzulässigen Güterversand entstehen, frei. Eine Verschuldenshaftung der Deutschen Post ist hiervon unberührt.

(5) Der Absender ist verpflichtet, postalische Stempel und Vermerke sowie Werbestempel auf der Sendung
zu dulden, sofern sie betrieblich erforderlich sind oder die Rechte des Absenders nur unwesentlich beeinträchtigen.

## 4 Leistungen der Deutschen Post

(1) Die Deutsche Post befördert die Sendungen zum Bestimmungsort und liefert sie an den Empfänger
unter der vom Absender genannten Anschrift ab. Die Deutsche Post unternimmt dabei zwar alle zumutbaren
Anstrengungen, um die Sendung innerhalb der Zeitfenster entsprechend ihren eigenen Qualitätszielen (Regellaufzeiten) abzuliefern. Diese internen zeitlichen Vorgaben sind jedoch weder garantiert noch in sonstiger
Weise Vertragsbestandteil, dh. die Deutsche Post schuldet nicht die Einhaltung einer bestimmten Lieferfrist
oder eines bestimmten Ablieferungstermins, soweit nicht für einzelne Produkte in den in Abschnitt 1 Abs. 2
genannten besonderen Bedingungen etwas anderes geregelt ist. Der Deutschen Post ist es unter Berücksichtigung der Interessen des Absenders freigestellt, Art, Weg und Mittel der Beförderung zu wählen und sämtliche
Leistungen durch Subunternehmer (Unterfrachtführer) erbringen zu lassen.

(2) Die Deutsche Post nimmt die Ablieferung („Zustellung") unter der auf der Sendung angebrachten
Anschrift durch Einlegen in einen für den Empfänger bestimmten und ausreichend aufnahmefähigen Hausbriefkasten oder eine vergleichbare Einrichtung (zB Postfach) vor. Die Zustellung kann auch durch Aushändigung an
den Empfänger oder an einen durch schriftliche Vollmacht des Empfängers ausgewiesenen Empfangsberechtigten
(„Empfangsbevollmächtigter") erfolgen. Sendungen an Empfänger in Gemeinschaftseinrichtungen (zB Haftanstalten, Gemeinschaftsunterkünften, Krankenhäusern) können auch an eine von der Leitung der Einrichtung mit
dem Empfang von Postsendungen beauftragte Person („Postempfangsbeauftragter") zugestellt werden. Satz 1 und
Satz 2 gelten nur, soweit die Deutsche Post nichts anderweitiges, wie zB Lagerung, Nachsendung oder Zustellung
durch Ablage an einem bestimmten Ort, mit dem Empfänger bzw. Empfangsbeauftragten vereinbart hat und
der Absender keine entgegenstehenden Vorausverfügungen getroffen hat. Sendungen mit den Zusatzleistungen
„Einschreiben", „Rückschein" und „Eigenhändig" werden nur gegen schriftliche Empfangsbestätigung und
Nachweis der Empfangsberechtigung abgeliefert. Sendungen mit der Zusatzleistung „Eigenhändig" werden
außer dem Empfänger nur einem hierzu besonders Bevollmächtigten ausgehändigt. Die Deutsche Post behält sich
vor, einen Nachweis der Empfangsberechtigung auch für andere Sendungen zu verlangen. Ein Nachweis wird
nicht verlangt, wenn der Empfangsberechtigte persönlich bekannt ist.

(3) Die Deutsche Post darf Sendungen, die nicht in der in Absatz 2 genannten Weise abgeliefert werden
können, einem Ersatzempfänger aushändigen. Dies gilt nicht für Sendungen mit der Zusatzleistung „Eigenhändig". Ersatzempfänger sind:

1. Angehörige des Empfängers;
2. andere, auch in den Räumen des Empfängers anwesende Personen;
3. Hausbewohner und Nachbarn des Empfängers, sofern
   - den Umständen nach angenommen werden kann, dass sie zur Annahme der Sendungen berechtigt sind,
   - der Zusteller den Empfänger unverzüglich mittels Benachrichtigungskarte über die Sendungen und die
     Person des Ersatzempfängers (Name und Anschrift des Hausbewohners bzw. Nachbarn) durch Einlegen
     in die Empfangseinrichtung des Empfängers (Hausbriefkasten usw.) informiert,
   - es sich nicht um Sendungen mit der Zusatzleistung „Einschreiben" oder „Rückschein" handelt,
   - der Absender – soweit zulässig – keine entgegenstehende Vorausverfügung erteilt und der Empfänger
     nicht durch Mitteilung in Textform eine derartige Ablieferung untersagt hat.

(4) Die Deutsche Post hält Sendungen, deren Ablieferung nach den Absätzen 2 und 3 nicht erfolgt ist,
innerhalb einer Frist von sieben Werktagen (einschl. Samstage), beginnend mit dem Tag, der auf die versuchte
Erstablieferung folgt, zur Abholung durch den Empfänger oder einen Empfangsbevollmächtigten in einer
Filiale/Agentur oder anderen geeigneten Einrichtung bereit. Dies gilt auch, wenn der Deutschen Post eine
Ablieferung wegen eines fehlenden, ungeeigneten oder unzugänglichen Hausbriefkastens oder wegen unver-
hältnismäßiger Schwierigkeiten nicht zumutbar ist.

(5) Die Deutsche Post kann zur Empfangsbestätigung elektronische Mittel einsetzen. Mit Hilfe dieser Mittel
wird entweder der gedruckte Name in Verbindung mit der digitalisierten oder elektronischen Unterschrift
oder eine andere Identifikation des Empfängers oder der empfangsberechtigten Person (zB PIN) dokumentiert.
Dem Absender reicht diese Form der Empfangsberechtigung als Nachweis der Ablieferung aus.

(6) Die Deutsche Post wird unzustellbare Sendungen zum Absender im Inland zurückbefördern, sofern
dies nach den in Abschnitt 1 Abs. 2 genannten Bedingungen für das jeweilige Produkt nicht ausgeschlossen
ist; eine (Rück-)Beförderung in das Ausland kann der Absender nicht beanspruchen. Sendungen sind unzustellbar, wenn bei der Zustellung keine empfangsberechtigte Person angetroffen wird und die Abholfrist
fruchtlos verstrichen ist oder die Annahme durch den Empfänger oder Empfangsbevollmächtigten verweigert
wird oder der Empfänger nicht ermittelt werden kann. Als Annahmeverweigerung gilt auch das Verhindern
der Ablieferung über eine vorhandene Empfangseinrichtung (zB Zukleben/Einwurfverbot am Hausbriefkas-

ten), die Weigerung zur Zahlung des Nachentgelts, des Nachnahmebetrags und die Weigerung zur Abgabe der Empfangsbestätigung.

(7) Kann eine unzustellbare Sendung nach der Rückbeförderung nicht entsprechend der in den Absätzen 2 bis 5 für die Zustellung geregelten Weise an den Absender zurückgegeben werden, ist die Deutsche Post zur Öffnung berechtigt. Ist der Absender oder ein sonstiger Berechtigter auch dadurch nicht zu ermitteln oder ist eine Ablieferung bzw. Rückgabe der Sendung aus anderen Gründen nicht möglich oder nicht zumutbar, ist die Deutsche Post nach Ablauf einer angemessenen Frist zu deren Verwertung nach den gesetzlichen Vorschriften berechtigt. Die Deutsche Post darf Sendungen nach den gesetzlichen Vorschriften sofort verwerten, wenn Empfänger und Absender die Annahme bzw. Rücknahme der Sendung verweigern. Unverwertbares oder verdorbenes Gut oder Sendungen im Sinne des Abschnitts 2 Abs. 2 Ziffer 2 und 4 kann die Deutsche Post sofort vernichten.

## 5 Entgelt

(1) Der Absender ist verpflichtet, für jede Leistung das dafür in dem Verzeichnis „Leistungen und Preise" oder anderen Preislisten vorgesehene Entgelt zu zahlen. Die Entgelte verstehen sich mangels ausdrücklicher anderweitiger Bestimmung als Nettopreise, zu denen der Absender zusätzlich die gesetzliche Umsatzsteuer (soweit diese anfällt) entrichtet. Bei Werbeantworten ist der Empfänger der Werbeantwort zur Zahlung verpflichtet.

(2) Der Absender hat das Entgelt im Voraus, spätestens bei Einlieferung der Sendung zu zahlen („Freimachung"), soweit nicht die in Abschnitt 1 Abs. 2 genannten Bedingungen besondere Zahlungsmodalitäten enthalten.

(3) Der Absender wird der Deutschen Post über das vereinbarte Entgelt hinaus sämtliche Kosten erstatten, die sie in besonderen Fällen aus Anlass der Beförderung der Sendung im Interesse des Absenders verauslagen muss (Abgaben, Lagerentgelte usw.). Der Absender stellt die Deutsche Post insoweit von sämtlichen Ansprüchen Dritter frei. Sämtliche dieser Kosten sind auf Anforderung sofort fällig.

(4) Der Empfänger kann bei unfreien Sendungen das Beförderungsentgelt zuzüglich eines Einziehungsentgelts sowie sonstige auf der Sendung lastende Kosten mit befreiender Wirkung für den Absender bezahlen („Nachentgelt"). Verweigert der Empfänger die vollständige Zahlung offener Kosten, gilt dies als Annahmeverweigerung. Unabhängig von dem vorgenannten Recht des Empfängers zur Zahlung des Nachentgelts bleibt der Absender zur Zahlung verpflichtet. Der Absender ist zur Zahlung eines erhöhten Einziehungsentgelts verpflichtet, wenn er Leistungen der Deutschen Post in der Absicht erschleicht, das Entgelt nicht oder nicht vollständig zu entrichten.

(5) Im Inland ansässige Absender, deren ins Inland gerichtete Sendungen im Ausland eingeliefert wurden, haben gemäß Weltpostvertrag das volle Entgelt für die entsprechende inländische Sendung zu entrichten. Handelt es sich dabei um Sendungen, die in einem anderen Mitgliedsstaat der EU eingeliefert wurden, wird die Deutsche Post die vom ausländischen Postunternehmen erhaltene Endvergütung anrechnen.

## 6 Haftung

(1) Die Deutsche Post haftet für Schäden, die auf eine Handlung oder Unterlassung zurückzuführen sind, die sie, einer ihrer Leute oder ein sonstiger Erfüllungsgehilfe (§ 428 HGB) vorsätzlich oder leichtfertig und in dem Bewusstsein, dass ein Schaden mit Wahrscheinlichkeit eintreten werde, begangen hat, ohne Rücksicht auf die nachfolgenden Haftungsbeschränkungen. Für Schäden, die auf das Verhalten ihrer Leute oder Erfüllungsgehilfen zurückzuführen sind, gilt dies nur, soweit diese Personen in Ausübung ihrer Verrichtungen gehandelt haben. Die Deutsche Post haftet außerdem unbegrenzt für Schäden aus der Verletzung des Lebens, des Körpers oder der Gesundheit, die auf einer fahrlässigen Pflichtverletzung der Deutschen Post oder einer vorsätzlichen oder fahrlässigen Pflichtverletzung eines ihrer gesetzlichen Vertreter oder Erfüllungsgehilfen beruht.

(2) Die Deutsche Post haftet im Übrigen für Verlust, Beschädigung und die nicht ordnungsgemäße Erfüllung sonstiger Verpflichtungen nur, wenn für bedingungsgerechte und nicht ausgeschlossene Sendungen die in Abschnitt 1 Abs. 1 Satz 2 Nr. 3 genannten Zusatzleistungen vereinbart wurden. Der Haftungsumfang ist auf den unmittelbaren vertragstypischen Schaden bis zu den Höchstbeträgen gemäß Absatz 3 begrenzt. Der Ersatz mittelbarer Schäden (u. a. entgangener Gewinn, entgangene Zinsen) ist ausgeschlossen. Dies gilt unabhängig davon, ob die Deutsche Post vor oder nach der Annahme der Sendung auf das Risiko eines solchen Schadens hingewiesen wurde.

Schadensersatzleistungen sind auf eine Forderung pro Sendung begrenzt, wobei deren Begleichung die vollständige und abschließende Regelung aller Schäden in diesem Zusammenhang darstellt, es sei denn, es handelt sich um Schäden im Sinne des Absatzes 1. Die Deutsche Post ist auch von dieser Haftung befreit, soweit der Schaden auf Umständen beruht, die sie auch bei größter Sorgfalt nicht vermeiden und deren Folgen sie nicht abwenden konnte (zB Streik, höhere Gewalt). Die in §§ 425 Abs. 2 und 427 HGB genannten Fälle der Schadensteilung und besonderen Haftungsausschlussgründe bleiben ebenso unberührt wie andere gesetzliche Haftungsbegrenzungen oder Haftungsausschlüsse.

(3) Die Haftung der Deutschen Post gem. Absatz 2 ist auf folgende Höchstbeträge begrenzt: Bei Brief- und briefähnlichen Sendungen mit

| | | |
|---|---|---|
| 1. | Einschreiben | 25 EUR |
| 2. | Einschreiben Einwurf | 20 EUR |

3.   Nachnahme – nur für Fehler bei der Einziehung oder Übermittlung des          Nachnahmebetrag
Betrages nach Ablieferung der Sendung
4.   Rückschein, Eigenhändig und Anschriftenprüfung/-mitteilung/Premiumad-          Zusatzentgelt
resse

Die Haftung der Deutschen Post für die Überschreitung der Lieferfrist oder wegen einer sonstigen Abweichung von einem vereinbarten Ablieferungstermin für Sendungen, für die die Einhaltung einer bestimmten Lieferfrist bzw. eines bestimmten Ablieferungstermins geschuldet ist, ist auf den einfachen Betrag der Fracht (Erstattung des Entgelts) begrenzt.

(4) Eine Sendung gilt als verloren, wenn sie nicht innerhalb von 20 Tagen nach Einlieferung an den Empfänger abgeliefert ist und ihr Verbleib nicht ermittelt werden kann. Abweichend von § 424 Abs. 3 HGB kann auch die Deutsche Post eine Erstattung ihrer nach den Absätzen 1 und 2 geleisteten Entschädigung verlangen.

(5) Die Haftung des Absenders, insbesondere nach § 414 HGB, bleibt unberührt. Der Absender haftet vor allem für den Schaden, der der Deutschen Post oder Dritten aus der Versendung ausgeschlossener Sendungen gemäß Abschnitt 2 Abs. 2 oder der Verletzung seiner Pflichten gemäß Abschnitt 3 entsteht. Der Absender stellt insoweit die Deutsche Post von jeglichen Ansprüchen Dritter frei.

**7 Sonstige Regelungen**

(1) Der Absender kann Ansprüche gegen die Deutsche Post, ausgenommen Geldforderungen, weder abtreten noch verpfänden.

(2) Der Absender kann gegen Ansprüche der Deutschen Post nur mit rechtskräftig festgestellten oder unbestrittenen Forderungen aufrechnen.

(3) Die Deutsche Post ist berechtigt, die Daten zu sammeln, zu speichern und zu verarbeiten, die vom Absender oder Empfänger im Zusammenhang mit den von ihr durchgeführten Leistungen übermittelt und/oder dafür benötigt werden. Weiterhin ist die Deutsche Post ermächtigt, Gerichten und Behörden im gesetzlich festgelegten Rahmen Daten mitzuteilen.

(4) Ausschließlicher Gerichtsstand für Rechtsstreitigkeiten mit Kaufleuten, juristischen Personen des öffentlichen Rechts oder öffentlich-rechtlichen Sondervermögen aus Verträgen, die diesen AGB unterliegen, ist Bonn.
Stand: 1.1.2012

**4. Einbeziehung.** Diese AGB BRIEF NATIONAL werden gemäß § 305a Nr. 2a BGB **19** auch ohne Einhaltung der in § 305 Abs. 2 Nr. 1 und 2 BGB bezeichneten Erfordernisse in einen Beförderungsvertrag einbezogen, der außerhalb von Geschäftsräumen durch den Einwurf in Briefkästen abgeschlossen wird, wenn zum einen die andere Vertragspartei mit ihrer Geltung einverstanden ist, zum andern, sofern sie im *Amtsblatt der Bundesnetzagentur für Elektrizität, Gas, Telekommunikation, Post und Eisenbahnen* **veröffentlicht** und in den Geschäftsstellen der Deutschen Post als Verwender bereitgehalten werden. Die Veröffentlichung erfolgte gemäß dieser Bestimmung.[47] In jeder Filiale oder Agentur[48] der Deutschen Post werden die AGB am Schalter bereitgehalten für Kunden, die Einsicht nehmen wollen, in den Preisaushängen ist ausdrücklich auf die AGB verwiesen wie auch in den Verzeichnissen über Leistungen und Preise. Ob die Berufung auf fehlendes Einverständnis des Kunden im Verlust- oder Schadensfalle durchgreift, wenn er seine Sendung in den Briefkasten eingeworfen hatte, erscheint zweifelhaft,[49] selbst bei Abgabe am Schalter. Man muss dann von konkludentem Einverständnis ausgehen, abgeleitet von der Tatsache des Einwurfs bzw. der Übergabe in den Betriebsräumen. Ein geheimer Vorbehalt fehlenden Einverständnisses ist nach § 116 BGB unbeachtlich. Eine Hinweispflicht des Schalterpersonals zu postulieren erscheint lebensfremd angesichts von Warteschlangen. Die aktuellen AGB für Briefe im nationalen und internationalen Bereich schließen die Haftung für Nebenpflichtverletzungen und außervertragliche Ansprüche weitgehend aus.

### III. Beförderung von Paketen

**1. HGB und AGB DHL PAKET/EXPRESS (NATIONAL).** Die AGB folgen in **20** ihrem Aufbau im Wesentlichen den AGB BRIEF NATIONAL. Sie machen im notwendi-

---

[47] Amtsblatt 23 der Bundesnetzagentur für Elektrizität, Gas, Telekommunikation, Post und Eisenbahnen) vom 7.12.2011, S. 4191.
[48] Postagenturen sind keine Erfindung der Gegenwart oder eine Folge der Privatisierung; im Interesse flächendeckender Versorgung mit Postdiensten wurden sie bereits 1871 für die kaiserliche Post als Abrechnungspostanstalten eingerichtet, 1881 außerdem Posthilfsstellen; *Handwörterbuch* S. 908 Fn. 1 (1913 mehr als 10 000 Postagenturen, gegen 19 000 Posthilfsstellen); *Schwarz* S. 36, 38.
[49] Palandt/*Grüneberg* § 305a Rn. 4.

gen Rahmen von der Möglichkeit Gebrauch, von den Bestimmungen des allgemeinen Frachtrechts im Interesse eines qualitativ guten Universaldienstes, flächendeckend und zu erschwinglichen Preisen, abzuweichen. Empfängerrechte iSd. § 421 werden auch hier nicht geregelt.

**21**   **2. Hinweise.** In Abschn. 1 Abs. 1 benennt die Deutsche Post sich und ihre verbundenen Unternehmen mit ihrer Marke für den Paket- und Gütertransport **DHL** als Vertragspartner des Absenders. Der Geltungsbereich umfasst Pakete und alle Arten von Express-Sendungen im Inland. Die Einbeziehung des Expressbriefes und damit dessen Gleichbehandlung mit Paketen fällt auf. Das allgemeine Frachtrecht wird in Abs. 3 ausdrücklich als Grundlage genannt.

**22**   Abschn. 2 behandelt detailliert, was von der Beförderung ausgeschlossen ist. Abweichend von den AGB BRIEF NATIONAL und weiter gehend als in § 410 wird der Absender verpflichtet, vor Abschluss des Beförderungsvertrages zu erklären, ob die Sendung **Verbotsgut** enthält, wobei DHL nicht zur Prüfung von sich aus verpflichtet ist, Abs. 3. Ein vorsätzlicher Verstoß gegen diese Hinweispflicht kann selbst bei Verlust der Sendung zum vollständigen Ausschluss der Haftung führen.[50] Zur Frage, wie das Vertragsverhältnis zu beurteilen ist, wenn verbotene Inhalte ohne Wissen der DHL befördert werden, s. die Kommentierung zum Frachtvertrag (§ 407 Rn. 105). Zu Nr. 5 gibt es ein Merkblatt unter dem Vorbehalt der Anpassung an die jeweilige Gesetzeslage. Es gilt für den nationalen Paketversand und das nationale Express Paket.[51] Nr. 7 verweist auf eine Liste ausschließlich für Werte.[52] Wichtig sind die Haftungsbegrenzungsbeträge mit dem Verweis auf Abschn. 6.

**23**   Abschn. 3 regelt die als **Obliegenheiten** definierten **Mitwirkungspflichten** des Absenders. Ein Weisungsrecht des Absenders gibt es nur in eingeschränktem Umfang, Abs. 1. Nach Übergabe der Sendung an die Deutsche Post ist das Kündigungsrecht des Absenders nach § 415 HGB ausgeschlossen, Abs. 2. Der Absender hat nach Abs. 3 ein Produkt aus dem Angebot der DHL zu wählen, bei dem der evtl. eintretende Schaden während des Transportes am ehesten gedeckt ist. Abs. 4 verpflichtet den Absender zur ausreichenden Kennzeichnung seiner Sendung, auch für den Fall des Rücktransports. In Abs. 5 wird ein Freistellungsanspruch für DHL gegenüber dem Absender begründet, falls ein Dritter Ansprüche wegen des Versandes verbotenen Guts erhebt.

**24**   Abschn. 4 stellt die Leistungen der DHL dar. Wie bei Briefen wird die Einhaltung der Regellaufzeiten angestrebt, ohne ausdrückliche Verpflichtung, Abs. 1. Wichtig ist auch hier die Möglichkeit der **Ersatzzustellung** nach Abs. 3 auf der Grundlage des § 3 Abs. 3 PUDLV (s. Rn. 6.) mit dem gleichen Personenkreis wie bei Briefzustellung (s. ergänzend dort Rn. 14) unter Einbeziehung von Hausbewohnern und Nachbarn des Empfängers. Dabei muss den Umständen nach anzunehmen sein, dass sie zur Annahme der Sendung berechtigt sind. Zur **Interessenlage** ist zu berücksichtigen, dass hier die deutsche Post als Universaldienstleister tätig ist, also im Massengeschäft zu erschwinglichen Preisen, die der Verpflichtung nachkommen muss, die Sendungen zuzustellen. Anders als bei auf den Paketdienst als Sonderleistung spezialisierten Unternehmen ist es im Massengeschäft eine kritische Kostenfrage, ob jedes Paket, das nicht im ersten Anlauf dem Empfänger persönlich ausgehändigt werden konnte, wieder auf Lager genommen werden muss oder nicht. Spezialisierte Unternehmen mit üblicherweise konzentrierter, nicht flächendeckender Dienstleistung können diesen Aspekt a priori in ihrer Kalkulation berücksichtigen, der Universaldienstleister darf gerade diese fallbezogene Kalkulation nicht aufstellen, § 6 PUDLV. Der Absender hat die Möglichkeit, durch entsprechende **Weisung** bzw. Vereinbarung eines besonderen Service wie „Eigenhändig" die Ersatzzustellung auszuschließen, wie auch der Empfänger durch entsprechende allgemeine Weisung, wie zB Einlegen von Postpaketen in die Packsta-

---

[50] BGH 13.7.2006, NJW-RR 2007, 179 = TranspR 2006, 448 = VersR 2007, 1102.
[51] „Regelungen für die Beförderung von gefährlichen Stoffen und Gegenständen, Teil 2: DHL Paket National", zuletzt gültig ab 1.7.2013.
[52] „Zulässige Inhalte im nationalen und internationalen Paketversand sowie für die nationale Express-Beförderung", Stand 07/2013.

tion oder Lagerung in einer „Wunschfiliale", letztere in Abs. 2. Abs. 4 regelt die Lagerfrist von sieben Werktagen bei missglückter Erstablieferung. Nach Abs. 5 können elektronische Mittel zur Empfangsbestätigung eingesetzt werden. In Abs. 6 und 7 ist geregelt, wie mit unzustellbaren Sendungen zu verfahren ist. Die Rücksendung erfolgt uU gegen ein besonderes Entgelt.

Abschn. 5 enthält die Frachtzahlung und ihre Berechnung, ein Aufwendungsersatzan- **25** spruch für DHL wird begründet. Die Weigerung des Empfängers, bei unfreier Sendung Fracht und Kosten zu zahlen, gilt als Annahmeverweigerung, Abs. 4.

Die **Haftungsregeln** in Abschn. 6 beruhen in erster Linie auf den gesetzlichen Bestim- **26** mungen. Abs. 1 führt die Voraussetzungen unbeschränkter Haftung auf. Die Haftung im Übrigen setzt nach Abs. 2 voraus, dass es sich um bedingungsgerechte Sendungen handelt. Für **Verbotsgut** soll nicht gehaftet werden (s. Rn. 12). Jedenfalls ist hier der Einwand des **Mitverschuldens** nach § 254 BGB zu beachten. Dieser kann beim Versand von Goldmünzen in Kenntnis des Ausschlussgrundes in Abschn. 2 Abs. 2 Nr. 7 zum gänzlichen Wegfall der Haftung führen, selbst bei qualifiziertem Verschulden.[53] Gemäß Abs. 3 beruft sich DHL im Falle des Verlusts, der Beschädigung oder der Verletzung sonstiger Pflichten nicht auf die gesetzlichen Haftungsgrenzen, wenn der Schaden nicht über EUR 500,00 hinausgeht. Dies gilt ohne Abschluss einer Transportversicherung durch den Absender, darf auch nicht mit einer automatischen Versicherung durch DHL gleichgestellt werden. Objektiv liegt eine Kulanzregelung für den Bagatellbereich vor, die den Absender besser stellt, als er von Gesetzes wegen stünde. Die Haftung für Überschreitung einer vereinbarten Lieferfrist ist auf das dreifache Frachtentgelt (Porto) begrenzt. Abs. 4 legt die Frist für die Verlustvermutung auf den Mindestzeitraum von 20 Tagen fest, § 424 Abs. 1 HGB, und räumt DHL einen Anspruch auf Erstattung bereits gewährter Entschädigung ein, jedoch gegen Abnahme des wieder aufgefundenen Guts. Diese Regelung lehnt sich an den Weltpostvertrag an (s. Rn. 79). Abs. 5 verweist auf die Absenderhaftung nach § 414 HGB und den Freistellungsanspruch der DHL gegen den Absender im Falle von Ansprüchen Dritter wegen der Verletzung der Absenderpflichten.

Abschn. 7 enthält die Grundregelungen zur **Transportversicherung,** die DHL auf **27** Wunsch des Absenders für ihn und auf seine Rechnung abschließt. „Auf Erstes Risiko" heißt, dass zB der Einwand der Unterversicherung nicht erhoben wird, vielmehr der Schaden bis zur Höhe der vereinbarten Versicherungssumme ersetzt wird.[54] Pakete mit dem regulären Versicherungsservice können nicht in Packstationen oder Paketboxen eingeliefert werden, Abs. 2. Vier besondere Ausschlüsse von der Versicherung zählt Abs. 3 auf. Die in Abs. 4 in Bezug genommene Broschüre „Transportversicherung" ist bei Redaktionsschluss nur ein zweiseitiges Merkblatt mit allgemeinen Hinweisen, Stand 07/2013. Es enthält aber die im Falle von Versicherungsansprüchen gegenüber DHL zuständigen Ansprechpartner.

Abschn. 8 gibt **sonstige** Bestimmungen wie das aus den AGB BRIEF NATIONAL **27a** bekannte Abtretungs- und Verpfändungsverbot in Anlehnung an Abschn. 19 ADSp wieder. Ferner datenschutzrechtliche Regeln und eine Selbstverpflichtung zur Wahrung des gesetzlich geregelten Postgeheimnisses, und letztlich die Gerichtsstandsvereinbarung für Vertragspartner, die nicht Verbraucher sind.

### 3. Text.

AGB DHL PAKET/EXPRESS (NATIONAL)                                                   **28**

Allgemeine Geschäftsbedingungen
DHL PAket/Express (National)
(AGB Paket/Express NATIONAL)

**1 Geltungsbereich und Vertragsgrundlagen**

(1) Diese Allgemeinen Geschäftsbedingungen, nachfolgend „AGB", gelten für Verträge mit der Deutsche Post AG und ihren verbundenen Unternehmen, nachfolgend „DHL", über die Beförderung von Paketen

---

[53] BGH 15.2.2007, BGHR 2007, 504 = TranspR 2007, 164 = VersR 2008, 97.
[54] *v. Fürstenwerth / Weiß* S. 212 Stichwort *Erstrisikoversicherung*.

einerseits und Express-Sendungen andererseits, nachfolgend „Sendungen", im Inland. Der Geltungsbereich schließt besonders vereinbarte Zusatz- und Nebenleistungen, nachfolgend „Services" sowie die Nachsendung von Paketen ein.

(2) Ergänzend zu diesen AGB gelten das Verzeichnis „Leistungen und Preise", die „Regelungen für die Beförderung von gefährlichen Stoffen und Gegenständen", die Broschüre „Transportversicherung" sowie die „Liste der zulässigen Inhalte" in der jeweils aktuellen Fassung, die bei den Geschäftsstellen der DHL zur Einsichtnahme bereitgehalten werden. Für Express-Sendungen gelten zusätzlich die Broschüren „DHL Express Servicehandbuch" und „DHL Express Preise und Laufzeiten", für Pakete finden die „Versandbedingungen DHL PAKET NATIONAL und INTERNATIONAL" ergänzende Anwendung. Ferner gelten spezielle Leistungsbeschreibungen, auf die allgemein im Verzeichnis „Leistungen und Preise", in Einzelvereinbarungen oder Beförderungspapieren (Frachtbriefen, Einlieferungsbelegen etc.) verwiesen wird.

(3) Soweit – in folgender Rangfolge – durch zwingende gesetzliche Vorschriften, Einzelvereinbarungen, die in Absatz 2 genannten speziellen Bedingungen oder diese AGB nichts anderes bestimmt ist, finden die Vorschriften der §§ 407 ff. HGB über den Frachtvertrag Anwendung.

### 2 Vertragsschluss; Ausschluss von Leistungen (Verbotsgut)

(1) Beförderungsverträge kommen für bedingungsgemäße Sendungen durch deren Übergabe durch oder für den Absender und deren Übernahme in die Obhut der DHL oder von ihr beauftragter Unternehmen („Einlieferung" bzw. „Abholung") nach Maßgabe der vorliegenden AGB zustande. Der Absender ist verpflichtet, vor dem Abschluss des Beförderungsvertrages zu erklären, ob Inhalt der Sendung die in Absatz 2 näher bestimmten ausgeschlossenen Güter („Verbotsgüter") sind. Entgegenstehenden Allgemeinen Geschäftsbedingungen des Absenders wird hiermit ausdrücklich widersprochen.

(2) Von der Beförderung ausgeschlossen (Verbotsgüter) sind:
1. Sendungen, deren Inhalt, äußere Gestaltung, Beförderung oder Lagerung gegen ein gesetzliches oder behördliches Verbot verstoßen; dazu gehören auch Sendungen, deren Inhalt gegen Vorschriften zum Schutz geistigen Eigentums verstößt, einschließlich gefälschter oder nicht lizenzierter Kopien von Produkten (Markenpiraterie);
2. Sendungen, die, ohne Abschluss einer entsprechenden Einzelvereinbarung mit DHL, besondere Einrichtungen (zB für temperaturgeführtes Gut), Sicherheitsvorkehrungen oder Genehmigungen erfordern;
3. Sendungen, deren Inhalt oder äußere Beschaffenheit bei gewöhnlichem Transportablauf geeignet sind, Personen zu verletzen oder zu infizieren oder Sachschäden zu verursachen;
4. Sendungen, die lebende Tiere oder sterbliche Überreste von Menschen enthalten; ausgenommen sind Urnen (nur für Paket) sowie wirbellose Tiere wie Bienen-Königinnen und Futterinsekten, sofern der Absender sämtliche Vorkehrungen trifft, die einen gefahrlosen, tiergerechten Transport ohne Sonderbehandlung sicherstellen;
5. Sendungen, deren Beförderung gefahrgutrechtlichen Vorschriften unterliegt, soweit diese nicht nach den „Regelungen für die Beförderung von gefährlichen Stoffen und Gegenständen" zugelassen sind; § 410 HGB bleibt unberührt;
6. Sendungen mit einem tatsächlichen Wert von mehr als 25.000,– EURO brutto; die Haftungsbeschränkungen gemäß Abschnitt 6 dieser AGB bleiben von dieser Wertgrenze unberührt;
7. Sendungen, die Geld, Edelmetalle, Schmuck, Uhren, Edelsteine, Kunstgegenstände, Antiquitäten, Unikate oder sonstige Kostbarkeiten, Scheckkarten, Kreditkarten, gültige Briefmarken oder andere Zahlungsmittel oder Wertpapiere, für die im Schadensfall keine Sperrungen sowie Aufgebots- und Ersatzverfahren durchgeführt werden können (Valoren II. Klasse), im Gesamtwert von mehr als 500,– EURO enthalten; Näheres bestimmt die „Liste der zulässigen Inhalte";
8. Alle am selben Tage übergebenen Sendungen an denselben Empfänger, die Güter gemäß Ziffer 7 im Gesamtwert von mehr als 500,– EURO enthalten.

(3) DHL ist nicht zur Prüfung von Sendungen auf das Vorliegen von Beförderungsausschlüssen gemäß Absatz 2 verpflichtet. DHL ist jedoch bei Verdacht auf solche Ausschlüsse zur Öffnung und Überprüfung der Sendungen berechtigt.

### 3 Rechte und Mitwirkungspflichten (Obliegenheiten) des Absenders

(1) Weisungen des Absenders, mit der Sendung in besonderer Weise zu verfahren, sind nur dann verbindlich, wenn sie im Verzeichnis „Leistungen und Preise" oder in einer Einzelvereinbarung vorgesehen sind und in der dort festgelegten Form erfolgen („Vorausverfügungen"). Für Express-Sendungen sind Vorausverfügungen nicht möglich. Der Absender hat keinen Anspruch auf Beachtung von Weisungen, die er DHL nach Übergabe/Übernahme der Sendung erteilt.

(2) Eine Kündigung durch den Absender gemäß § 415 HGB nach Übergang der Sendung in die Obhut der Deutschen Post ist ausgeschlossen.

(3) Dem Absender obliegt es, ein Produkt von DHL oder ihrer verbundenen Unternehmen mit der Haftung oder Versicherung zu wählen, die seinen Schaden bei Verlust, Beschädigung oder einer sonst nicht ordnungsgemäßen Leistung am ehesten deckt.

(4) Der Absender wird die Sendung ausreichend kennzeichnen, wobei die äußere Verpackung keinen Rückschluss auf den Wert des Gutes zulassen darf. Er wird – soweit möglich und erforderlich – vollständige und wahrheitsgemäße Angaben zu seiner Sendung machen, die auch im Schadensfall deren eindeutige Identifikation ermöglichen. Insbesondere gibt der Absender, auch für den Fall des Rücktransports nach Unzustellbar-

keit, eine vollständige inländische Anschrift (in Deutschland) für seine Person auf der Sendung an. Der Absender wird die Sendung so verpacken, dass sie vor Verlust und Beschädigung geschützt ist und dass auch DHL und Dritten keine Schäden entstehen. Näheres bestimmen die „Versandbedingungen DHL PAKET NATIONAL und INTERNATIONAL". Die §§ 410, 411 HGB bleiben unberührt.

(5) Der Absender trägt die alleinige Verantwortung und das Risiko für alle Folgen, die aus einem − auch nach anderen Bestimmungen als diesen AGB − unzulässigen Güterversand resultieren. Der Absender stellt DHL von jeglichen Ansprüchen Dritter, die aus oder im Zusammenhang mit Verstößen gegen solche Bestimmungen entstehen, frei.

## 4 Leistungen der DHL

(1) DHL befördert die Sendungen zum Bestimmungsort und liefert sie an den Empfänger unter der vom Absender genannten Anschrift ab. DHL unternimmt dabei zwar alle zumutbaren Anstrengungen, um die Sendung innerhalb der Zeitfenster entsprechend ihren eigenen Qualitätszielen (Regellaufzeiten) abzuliefern. Diese internen zeitlichen Vorgaben sind jedoch weder garantiert noch in sonstiger Weise Vertragsbestandteil, dh. DHL schuldet nicht die Einhaltung einer bestimmten Lieferfrist, soweit nicht für spezielle Produkte in Einzelvereinbarungen oder in den in Abschnitt 1 Abs. 2 genannten Bedingungen etwas anderes geregelt ist. DHL ist es unter Berücksichtigung der Interessen des Absenders freigestellt, Art, Weg und Mittel der Beförderung zu wählen und sämtliche Leistungen durch Subunternehmer (Unterfrachtführer) erbringen zu lassen.

(2) DHL nimmt die Ablieferung („Zustellung") unter der auf der Sendung angebrachten Anschrift durch Aushändigung gegen Empfangsbestätigung an den Empfänger oder an einen durch schriftliche Vollmacht des Empfängers ausgewiesenen Empfangsberechtigten („Empfangsbevollmächtigter") vor. Sendungen an Empfänger in Gemeinschaftseinrichtungen (zB Haftanstalten, Gemeinschaftsunterkünften, Krankenhäusern) können an eine von der Leitung der Einrichtung mit dem Empfang von Sendungen beauftragte Person (Empfangsbeauftragter) zugestellt werden. Satz 1 und Satz 2 gelten nur, soweit für DHL Paket nichts Anderweitiges, wie zB Lagerung in einer Filiale („Wunschfiliale"), Nachsendung, Zustellung durch Ablage an einem vereinbarten Ort oder durch Einlegen in eine DHL-Packstation, mit dem Empfänger bzw. Empfangsbeauftragten vereinbart wurde und der Absender keine entgegenstehenden Vorausverfügungen getroffen hat. Sendungen mit dem Service „Eigenhändig" und Express-Sendungen mit dem Service „Transportversicherung 25.000,− EURO" werden außer dem Empfänger nur einem hierzu schriftlich besonders Bevollmächtigten ausgehändigt. Sendungen mit dem Service „Identitäts- und Altersprüfung" und „DHL EXPRES IDENT" werden nur an den Empfänger persönlich gegen besondere Identifikation ausgehändigt. Der EXPRES BRIEF ohne die Services „Eigenhändig", „Zustellung gegen Unterschrift" und/oder „Transportversicherung" kann auch durch Einlegen in eine für den Empfänger bestimmte und ausreichend aufnahmefähige Einrichtung am Bestimmungsort (Hausbriefkasten), nicht jedoch in ein Postfach abgeliefert werden.

(3) DHL darf Sendungen, die nicht in der in Absatz 2 genannten Weise abgeliefert werden können, an einen Ersatzempfänger abliefern. Dies gilt nicht für Sendungen mit den Services „Identitäts- und Altersprüfung" und „Eigenhändig" sowie Express-Sendungen mit dem Service „DHL EXPRES IDENT", „Transportversicherung 25.000,− EURO" und EXPRES BRIEFE mit dem Service „Transportversicherung 2.500,− EURO". Ersatzempfänger sind

1. Angehörige des Empfängers
2. andere, auch in den Räumen des Empfängers anwesende Personen sowie
3. Hausbewohner und Nachbarn des Empfängers, sofern
   − den Umständen nach angenommen werden kann, dass sie zur Annahme der Sendungen berechtigt sind,
   − der Zusteller den Empfänger unverzüglich mittels Benachrichtigungskarte über die Sendungen und die Person des Ersatzempfängers (Name und Anschrift des Hausbewohners bzw. Nachbarn) durch Einlegen in die Empfangseinrichtung des Empfängers (Hausbriefkasten etc.) informiert,
   − der Absender − soweit zulässig − keine entgegenstehende Vorausverfügung erteilt und auch der Empfänger gegenüber DHL durch Mitteilung in Textform eine derartige Ablieferung nicht untersagt hat.

(4) DHL hält Sendungen, deren Ablieferung nach den Absätzen 2 und 3 nicht erfolgt ist, innerhalb einer Frist von sieben Werktagen (einschl. Samstage), beginnend mit dem Tag, der auf die versuchte Erstablieferung folgt, zur Abholung durch den Empfänger oder einen Empfangsbevollmächtigten in einer Filiale/Agentur, PACKSTATION oder anderen geeigneten Einrichtung bereit. Dies gilt auch, wenn DHL eine Ablieferung aufgrund außergewöhnlicher Umstände, unverhältnismäßiger Schwierigkeiten oder besonderer Gefahren am Bestimmungsort nicht zumutbar ist.

(5) DHL kann zur Empfangsbestätigung elektronische Mittel einsetzen. Mit Hilfe dieser Mittel wird entweder der gedruckte Name in Verbindung mit der digitalisierten oder elektronischen Unterschrift oder eine andere Identifikation des Empfängers oder der empfangsberechtigten Person (zB PIN) dokumentiert.

(6) DHL wird unzustellbare Sendungen zum Absender im Inland zurückbefördern, soweit dies nach den in Abschnitt 1 Abs. 2 genannten Bedingungen für das jeweilige Produkt nicht ausgeschlossen ist; eine (Rück-)Beförderung in das Ausland kann der Absender nicht beanspruchen. DHL erhält für die Rückbeförderung von unzustellbaren Paketen ein besonderes Entgelt („Rücksendeentgelt"), soweit dies in Einzelvereinbarungen oder produktbezogen in den in Abschnitt 1 Abs. 2 genannten speziellen Bedingungen bestimmt ist. DHL wird für unzustellbare Express-Sendungen nach Weisung weitere Zustellversuche oder eine Rückbeförderung gegen besonderes Entgelt vornehmen. Sendungen sind unzustellbar, wenn keine empfangsberechtigte Person im Sinne der Absätze 2 und 3 angetroffen wird und die Abholfrist fruchtlos verstrichen ist, die Annahme durch den Empfänger oder Empfangsbevollmächtigten verweigert wird oder der Empfänger nicht ermittelt

werden kann. Als Annahmeverweigerung gilt auch die Verhinderung der Ablieferung über eine vorhandene Empfangseinrichtung (zB Zukleben/Einwurfverbot am Hausbrief- oder Paketkasten), die Weigerung zur Zahlung des Nachentgelts, Nachnahmebetrages oder die Weigerung zur Abgabe der Empfangsbestätigung.

(7) Kann eine unzustellbare Sendung nach der Rückbeförderung nicht entsprechend der in den Absätzen 2 bis 5 für die Zustellung geregelten Weise an den Absender zurückgegeben werden, ist DHL zur Öffnung berechtigt. Ist der Absender oder ein sonstiger Berechtigter auch dadurch nicht zu ermitteln oder ist eine Ablieferung bzw. Rückgabe der Sendung aus anderen Gründen nicht möglich oder nicht zumutbar, ist DHL nach Ablauf einer angemessenen Frist zu deren Verwertung nach den gesetzlichen Vorschriften berechtigt. DHL darf Sendungen nach den gesetzlichen Vorschriften sofort verwerten, wenn Empfänger und Absender die Annahme bzw. Rücknahme der Sendung verweigern. Unverwertbares oder verdorbenes Gut oder Sendungen im Sinne des Abschnitts 2 Abs. 2 Ziffer 2 und 4 kann DHL sofort vernichten.

## 5 Entgelt (Fracht und sonstige Beförderungskosten); Zahlungsbedingungen

(1) Der Absender ist verpflichtet, für jede Leistung das dafür im Verzeichnis „Leistungen und Preise" oder einer anderen Preisliste vorgesehene Entgelt zu zahlen. Die Entgelte für Express-Sendungen werden auf der Basis des tatsächlichen Gewichts oder des Volumengewichts berechnet, je nachdem, welches Gewicht höher ist. Das Volumengewicht wird auf der Grundlage der jeweils aktuellen IATA-Bestimmungen berechnet. Die Entgelte verstehen sich mangels ausdrücklicher anderweitiger Bestimmung als Nettopreise, zu denen der Absender zusätzlich die gesetzliche Umsatzsteuer (soweit diese anfällt) entrichtet.

(2) Der Absender wird das Entgelt im Voraus, spätestens bei Einlieferung der Sendung zahlen (Freimachung), soweit nicht die in Abschnitt 1 Abs. 2 genannten Bedingungen besondere Zahlungsmodalitäten enthalten. Soweit danach oder in Einzelvereinbarungen eine Zahlung nach Rechnung von DHL vereinbart ist, ist diese Zahlung innerhalb von zwei Wochen nach deren Eingang ohne Abschlag fällig. Der Absender hat Einwendungen gegen Rechnungsbeträge innerhalb von 30 Kalendertagen nach Erhalt geltend zu machen; spätere Einwendungen sind ausgeschlossen.

(3) Der Absender wird DHL über das vereinbarte Entgelt hinaus sämtliche Kosten erstatten, die sie aus Anlass der Beförderung der Sendung im Interesse des Absenders verauslagt (Abgaben, Lagerentgelte usw.). Der Absender stellt DHL insoweit von sämtlichen Ansprüchen Dritter frei. Der Absender wird ferner die Kosten ersetzen, die aus Anlass einer Lagerung oder Rückbeförderung gemäß Abschnitt 4 Abs. 6 oder aus einer sonstigen besonderen Behandlung seiner Sendung entstehen. Sämtliche dieser Kosten sind auf Anforderung sofort fällig.

(4) Der Empfänger kann bei unfreien Sendungen das Beförderungsentgelt zuzüglich eines Einziehungsentgelts sowie sonstige auf der Sendung lastende Kosten mit befreiender Wirkung für den Absender bezahlen (Nachentgelt). Verweigert der Empfänger die vollständige Zahlung offener Kosten, gilt dies als Annahmeverweigerung; der Absender bleibt zur Zahlung verpflichtet.

## 6 Haftung

(1) DHL haftet für Schäden, die auf eine Handlung oder Unterlassung zurückzuführen sind, die sie, einer ihrer Leute oder ein sonstiger Erfüllungsgehilfe (§ 428 HGB) vorsätzlich oder leichtfertig und in dem Bewusstsein, dass ein Schaden mit Wahrscheinlichkeit eintreten werde, begangen hat, ohne Rücksicht auf die nachfolgenden Haftungsbeschränkungen. Für Schäden, die auf das Verhalten ihrer Leute oder Erfüllungsgehilfen zurückzuführen sind, gilt dies nur, soweit diese Personen in Ausübung ihrer Verrichtungen gehandelt haben. DHL haftet unbegrenzt für Schäden aus der Verletzung des Lebens, des Körpers oder der Gesundheit, die auf einer fahrlässigen Pflichtverletzung der DHL oder einer vorsätzlichen oder fahrlässigen Pflichtverletzung eines ihrer gesetzlichen Vertreter oder Erfüllungsgehilfen beruhen.

(2) DHL haftet im Übrigen für Verlust und Beschädigung von bedingungsgerechten Sendungen sowie für die schuldhaft nicht ordnungsgemäße Erfüllung sonstiger Pflichten nur im Umfang des unmittelbaren vertragstypischen Schadens bis zu den gesetzlichen Haftungsgrenzen. Der Ersatz aller darüber hinausgehenden Schäden ist ausgeschlossen (u. a. entgangener Gewinn, entgangene Zinsen); §§ 430, 432 HGB bleiben unberührt. Dies gilt unabhängig davon, ob DHL vor oder nach der Annahme der Sendung auf das Risiko eines solchen Schadens hingewiesen wurde, da besondere Risiken vom Absender versichert werden können. DHL ist von der Haftung befreit, soweit der Schaden auf Umständen beruht, die sie auch bei größter Sorgfalt nicht vermeiden und deren Folgen sie nicht abwenden konnte (zB Streik, höhere Gewalt). Die in den §§ 425 Abs. 2 und 427 HGB genannten Fälle der Schadensteilung und besonderen Haftungsausschlussgründe bleiben ebenso unberührt wie andere gesetzliche Haftungsbegrenzungen oder Haftungsausschlüsse.

(3) DHL beruft sich im Falle des Verlustes, der Beschädigung oder der schuldhaften Verletzung sonstiger Pflichten bei bedingungsgerechten und nicht als Verbotsgut ausgeschlossenen Sendungen nicht auf die gesetzlichen Haftungsgrenzen, soweit der Schaden nicht mehr als 500,– EURO beträgt. Soweit die Einhaltung einer bestimmten Lieferfrist oder eines bestimmten Ablieferungstermins geschuldet ist, ist die Haftung von DHL für die Überschreitung dieser Lieferfrist bzw. die Abweichung von diesem Termin auf den dreifachen Betrag der Fracht (dreifaches Entgelt) begrenzt. Die Haftung der DHL für den Service „Nachnahme" ist bei Fehlern bei der Einziehung oder Übermittlung des Betrages auf den Nachnahmebetrag begrenzt. Die Haftung der DHL für die Services „Rückschein" und „Eigenhändig" ist auf das Zusatzentgelt beschränkt.

(4) Eine Sendung gilt als verloren, wenn sie nicht innerhalb von 20 Kalendertagen nach Einlieferung an den Empfänger abgeliefert ist und ihr Verbleib nicht ermittelt werden kann. Abweichend von § 424 Abs. 3

HGB kann auch die DHL eine Erstattung ihrer nach den Absätzen 1 und 2 geleisteten Entschädigung verlangen.

(5) Die Haftung des Absenders, insbesondere nach § 414 HGB, bleibt unberührt. Der Absender haftet vor allem für den Schaden, der DHL oder Dritten aus der Versendung von Verbotsgütern oder der Verletzung seiner Pflichten gemäß Abschnitt 3 entsteht. Der Absender stellt insoweit DHL von jeglichen Ansprüchen Dritter frei.

**7 Versicherung**

(1) DHL schließt im Falle der Vereinbarung des Services „Transportversicherung 2.500 EURO", „Transportversicherung 25.000 EURO" oder „Transportversicherung für DHL Domestic" sowie der Zahlung des entsprechenden Zusatzentgelts eine Transportversicherung zugunsten und auf Rechnung des Absenders ab. Diese Versicherung deckt das Interesse des Absenders an jeder nach diesen AGB bedingungsgerechten Sendung gegen die Gefahren des Verlustes und der Beschädigung bis zu der vereinbarten Versicherungssumme je Sendung auf erstes Risiko.

(2) Pakete mit dem Service „Transportversicherung 2.500 EURO" oder „Transportversicherung 25.000 EURO" dürfen nur in den Filialen und Agenturen der DHL, nicht jedoch an anderen Übergabeeinrichtungen wie Packstationen oder Paketboxen eingeliefert werden. Die Übergabe von Paketen mit dem Service „Transportversicherung 2.500 EURO" ist ausnahmsweise auch im Rahmen der Abholung oder der Mitnahme durch Zusteller möglich, wenn die versicherten Pakete vom Absender einzeln und in besonders dokumentierter Weise persönlich übergeben werden, um einen genauen Nachweis und eine bestimmungsgemäße Behandlung zu ermöglichen.

(3) Vom Versicherungsschutz sind insbesondere nicht gedeckt:
1. Schäden an Sendungen, die Verbotsgüter im Sinne der Ziffer 2 Abs. 2 enthalten;
2. Schäden an Sendungen, deren äußere Gestaltung oder Verpackung Rückschlüsse auf den Wert des Gutes zulässt;
3. Schäden, die durch fehlende oder mangelhafte Verpackung oder durch vorsätzliche Herbeiführung des Schadenfalls vom Absender verursacht worden sind.
4. Schäden an Sendungen, die entgegen der Pflicht aus Absatz 2 nicht in Filialen oder Agenturen der DHL eingeliefert bzw. persönlich übergeben wurden.

(4) Die Einzelheiten der Transportversicherung regelt die Broschüre „Transportversicherung".

**8 Sonstige Regelungen**

(1) Der Absender kann Ansprüche gegen DHL, ausgenommen Geldforderungen, weder abtreten noch verpfänden.

(2) Der Absender kann gegen Ansprüche der DHL nur mit rechtskräftig festgestellten oder unbestrittenen Forderungen aufrechnen.

(3) DHL ist berechtigt, die Daten zu sammeln, zu speichern und zu verarbeiten, die vom Absender oder Empfänger im Zusammenhang mit den von ihr durchgeführten Leistungen übermittelt und/oder dafür benötigt werden. Weiterhin ist DHL ermächtigt, Gerichten und Behörden im gesetzlich festgelegten Rahmen Daten mitzuteilen. DHL wird das Postgeheimnis und den Datenschutz gemäß den für sie geltenden gesetzlichen Bestimmungen wahren.

(4) Ausschließlicher Gerichtsstand für Rechtsstreitigkeiten mit Kaufleuten, juristischen Personen des öffentlichen Rechts oder öffentlich-rechtlichen Sondervermögen aus Verträgen, die diesen AGB unterliegen, ist Bonn. Es gilt deutsches Recht.

Stand: 07/2013

**4. Einbeziehung.** Diese AGB DHL PAKET/EXPRESS (NATIONAL) werden nach **29** Maßgabe des § 305 Abs. 2 BGB in den Frachtvertrag einbezogen. Da Postpakete immer am Schalter persönlich oder, wenn vereinbart, dem Abholer übergeben werden, gibt es keine Privilegierung nach § 305a Nr. 2 BGB. Deshalb ist auf dem **Einlieferungsschein**[55], den der Absender ausfüllen muss, im Feld des Scheines für die Servicemarken rechts unten darauf hingewiesen, dass Auftragnehmer/Frachtführer die Deutsche Post AG auf der Grundlage u. a. dieser AGB sei, ungeachtet der Marke DHL. Unter diesen Umständen ist die Berufung des Absenders darauf, er habe von den AGB keine Kenntnis erhalten und sei mit der Einbeziehung nicht einverstanden gewesen, als widersprüchliches Verhalten zu werten. Außerdem geben die entscheidenden Passagen nur das Gesetz wieder, die AGB enthalten keine den Absender benachteiligenden Sonderregelungen oder überraschende bzw. mehrdeutige Klauseln iSd. § 305c BGB.

Vom Abdruck der **Versandbedingungen DHL PAKET NATIONAL und INTER- 30 NATIONAL,** Stand 07/2013, wird abgesehen. Der Geltungsbereich wird in Abschnitt 1 geregelt, Express-Sendungen sind ausdrücklich ausgenommen. Abschn. 2 behandelt die

---

[55] Bei Redaktionsschluss geltende Fassung vom 23.7.2013 für Paket und Päckchen Deutschland + EU.

Aufschrift und Kennzeichnung. Zu beachten ist, dass der oben Rn. 29 erwähnte **Einliefe-rungsschein,** der zugleich Aufschriftzettel ist, nach Abs. 4 für Privatkunden pflichtgemäß zu verwenden ist. Die Praxis am Schalter handhabt diese Regelung großzügig, so lange die allgemeinen Anforderungen an die Deutlichkeit und Befestigung der Aufschrift gewahrt sind. Dieser (früher so genannte) Posteinlieferungsschein ist nach der Privatisierung der deutschen Post nur noch eine Quittung iSd. § 368 BGB, deren Beweiswirkung der freien richterlichen Beweiswürdigung unterliegt, und nicht mehr öffentliche Urkunde iSd. § 418 ZPO[56] wie zu Zeiten des Staatsbetriebs. Abschn. 3 enthält Hinweise zur Verpackung und präzisiert detailliert die Anforderungen des § 411 HGB. Abschn. 4 bringt genauere Anmerkungen zu einzelnen Dienstleistungen, Abschn. 5 enthält datenschutzrechtliche Hinweise auch für den internationalen Postverkehr.

## B. Weltpostvertrag und AGB der Deutschen Post im internationalen Bereich

*Zitierweise zum Weltpostvertrag: SWPV (Satzung, Constitution), AVO (Allgemeine Verfahrensordnung, Règlement Général, General Regulations), WPV (Weltpostvertrag im engeren Sinne, Convention postale universelle, Universal Postal Convention), bei Abweichungen zwischen den Verträgen von 1999 und folgenden wird die Jahreszahl mit genannt). RE-LPR (Ergänzende Briefpostbestimmungen, Règlement de la poste aux lettres, Letter Post Regulations) und RE-PPR (Ergänzende Paketpostbestimmungen, Règlement concernant les colis postaux, Parcel Post Regulations) beziehen sich auf den Stand 1999. Die Entsprechungen in den Verträgen ab 2004 lauten RL für Briefe und RC für Pakete. Für die Akte und Verträge der Kongresse von Bukarest 2004, Genf 2008 und Doha 2012 gibt es noch keine amtlichen deutschen Übersetzungen.*

### I. Vorbemerkung

**31**  **1. Der Weltpostverein.** Auf Vorschlag des preußischen Generalpostdirektors Heinrich v. Stephan lud die Regierung der Schweiz für den 15. September 1874 zu einer internationalen Postkonferenz nach Bern, an der 22 Staaten teilnahmen. Am 9. Oktober 1874[57] unterzeichneten 21 teilnehmende Staaten[58] den **Vertrag von Bern.** Der Reichstag nahm den Vertrag nahezu einstimmig an.[59] Der so begründete Allgemeine Postverein trat zum 1. Juli 1875 in Kraft.[60] Der Postkongress von Paris 1878 nahm die Bezeichnung „Weltpostverein" für die Organisation an.[61]

**32**  Mit dem Vertrag von Bern entstand aus einem unübersichtlichen Netzwerk zweiseitiger Postverträge ein **einheitliches Postgebiet für den Briefverkehr,** das fast ganz Europa, die Türkei und Ägypten sowie die Vereinigten Staaten umfasste. Vorbild war der Deutsch-Österreichische Postverein von 1850. Zahlreiche Länder traten dem Vertrag von Bern bei. Die Konferenz von Paris 1880 beschloss den ersten Postpaketvertrag.[62] Der Weltpostverein hat heute 192 Mitglieder[63] und umfasst nahezu die ganze Erde. Von Beginn an war Französisch die offizielle Sprache des Weltpostvereins (Union Postale Universelle), Art. 6 SWPV, seit 1994 trat Englisch als Arbeitssprache hinzu (Universal Postal Union), Art. 107, 108 AVO. Mit dem Abkommen vom 4. Juli 1947, in Kraft seit 1. Juli 1948, wurde der Weltpost-

---

[56] OLG Hamm 30.8.1999, TranspR 2000, 430.
[57] Weltposttag jährlich 9. Oktober. Seit dem Kongress von Tokio 1969.
[58] Außer Frankreich. Frankreich trat am 3.5.1875 mit Wirkung zum 1.1.1876 dem Allgemeinen Postverein bei, *Bühler* S. 26, 27.
[59] Die Reichstagsprotokolle 1867–1895 und 1919–1939, 2. Legislaturperiode Bd. 38 1874/75, 20. Sitzung (28.11.1874) S. 365–370, 21. Sitzung (30.11.1874) S. 409, 410; http://mdz1.bib-bvb.de/cocoon/reichstag/Band_rtb038.html.
[60] *Schwarz* S. 28.
[61] *Krohn* S. 4 Fn. 8; Constitution A.4 Anm. vor Präambel.
[62] *Meyer* S. 173, 174; *Sasse* S. 12.
[63] Stand bei Redaktionsschluss Januar 2014; s. a. https://www.upu.int/en/the-upu/member-countries.html.

verein (UPU) zu einer **Sonderorganisation der Vereinten Nationen**[64] (UNO, innerhalb des Economic and Social Council), die intensiv mit anderen Organisationen zusammenarbeitet. Die Vereinten Nationen haben eine eigene Postverwaltung mit dem Recht, Briefmarken auszugeben.

Ziel des Vereins war von Beginn an der garantiert **freie Transit** der Postsendungen in **33** einem einheitlichen Postgebiet zu gemeinsamen Regeln, Art. 1 SWPV, unter möglichster Ausklammerung politischer Einflüsse oder von Aspekten wie Wahrung des Briefgeheimnisses oder der Zensur. Die Details der Ausführung blieben jeweils der nationalen Gesetzgebung überlassen. Es ist den Mitgliedsländern bzw. deren Postverwaltungen frei gestellt, **engere Vereine** auf regionaler Basis zu bilden und besondere Vereinbarungen über den Postdienst zu schließen, diese dürfen für den Postbenutzer aber nicht ungünstiger sein, als die Verträge, denen die Mitgliedsländer beigetreten sind, Art. 8 Abs. 1 SWPV.

Der Weltpostvertrag mit seinen Nebenabkommen bindet die Mitgliedsstaaten quasi als **34** Rahmenvertrag, der in den Mitgliedsstaaten erst umgesetzt werden muss. Dabei wird unter den Postverwaltungen jeder neue Weltpostvertrag mit allen seinen Regelungen im **Innenverhältnis** ab dem im Vertrag festgesetzten Zeitpunkt[65] angewandt, auch wenn er für ein Mitgliedsland intern und damit gegenüber den Kunden noch nicht in Kraft getreten ist;[66] denn nach Art. 31 Abs. 2 SWPV treten die Allgemeine Verfahrensordnung, der Weltpostvertrag und die Übereinkommen gleichzeitig in Kraft, mit dem festgesetzten Stichtag treten die entsprechenden Verträge des vorangegangenen Kongresses außer Kraft.

**2. Arbeitsweise.** Oberstes Organ des Weltpostvereins ist der **Kongress,** der sich aus **35** den bevollmächtigten Vertretern aller Mitgliedstaaten zusammensetzt, Art. 14 SWPV. Bis zum Kongress von Bukarest 2004 sollte der Kongress spätestens alle fünf Jahre zusammentreten, Art. 101 AVO 1999, dieser Zeitraum wurde auf vier Jahre herabgesetzt, Art. 101 Abs. 1 AVO 2004. Im Zusammenhang mit der Zulassung als Sonderorganisation der UNO wurde 1947 der **Verwaltungsrat** geschaffen, Art. 17 SWPV, daneben stehen der **Rat für Postbetrieb,** Art. 18 SWPV, und das **Internationale Büro,**[67] Art. 20 SWPV. Der Kongress von 2004 rief ein **Consultative Committee** ins Leben, Art. 106 AVO,[68] in dem nichtstaatliche Organisationen aus der Privatwirtschaft und Diensteanbieter vertreten sein sollen, die ein eigenes (wirtschaftliches) Interesse an internationalen Postdienstleistungen haben, die dem Abkommen unterliegen. Darin spiegeln sich die strategischen Ziele des Weltpostvereins. Seit 2008 werden bestimmte Beobachter zu den Beratungen und Sitzungen des Kongresses und der Untergliederungen zugelassen.[69]

**3. Weltpostvertrag 1999.** Bis zum Kongress in Wien 1964 wurde der Weltpostverein **36** auf jedem Kongress erneuert, die Satzung wurde häufig neu gefasst und aktuellen Bedürfnissen und Entwicklungen angepasst.[70] Der heutige Aufbau als **Vertragsbündel** aus Satzung, Allgemeiner Verfahrensordnung des Weltpostvereins, Weltpostvertrag ieS und Ergänzenden Bestimmungen oder Nebenverträgen geht im Kern auf diesen Kongress zurück. Die am 10.7.1964 beschlossene **Satzung** als Grundvertrag des Vereins, Art. 22 Abs. 1 SWPV, trat am 1.1.1966 für unbestimmte Zeit in Kraft, Art. 33 SWPV. Die Rechnungseinheit des Weltpostvereins ist das Sonderziehungsrecht (SZR) des Internationalen Währungsfonds, Art. 7 SWPV. Änderungen der Satzung werden nur noch in **Zusatzprotokollen** fixiert, die jeder Kongress beschließt, Art. 30 SWPV. **Vorbehalte**

---

[64] Ergebnis des 12. Kongresses in Paris 1947, Anlage zum neu gefassten Weltpostvertrag.
[65] Art. 65 WPV 1999: 1.1.2001; Art. 38 WPV 2004: 1.1.2006; Art. 38 WPV 2008: 1.1.2010; Art. 40 WPV 2012.
[66] Constitution A.28 Art. 33 Anm. 33.
[67] Zu den Aufgaben der Organe s. *Brauns-Packenius* S. 38, 39; Constitution XIII ff.
[68] Bei Redaktionsschluss lag noch keine deutsche amtliche Übersetzung der Dokumente des Bukarester Kongresses 2004 vor.
[69] General Regulations Art. 105, Decisions of the 2012 Doha Congress, UPU Bern 2013.
[70] Constitution A.15 Art. 14 Anm. 14.1.

zur Satzung sind nicht zulässig,[71] Vorbehalte zu einzelnen Regelungen des WPV, seinen Ergänzenden Bestimmungen oder einzelnen internen Übereinkommen werden in einem **Schlussprotokoll** erfasst, Art. 22 Abs. 6 SWPV. Zusatzprotokolle und Schlussprotokolle bedürfen als Vertragsbestandteile der Ratifikation der Mitgliedsstaaten, vgl. das Transformationsgesetz vom 18.6.2002 (s. Rn. 37) Art. 1 Nr. 1 und 3. Der Begriff des **Universalpostdienstes** wurde 1999 eingeführt, Art. 1 Abs. 1 WPV. Seit 2004 wurde über einen neuen Ausdruck für *Postverwaltungen* beraten, der den liberalisierten Postmärkten in vielen hoch entwickelten Mitgliedsstaaten nicht mehr entspricht. Das jüngste, Achte Zusatzprotokoll zur Satzung des Weltpostvereins vom 12. August 2008 trägt bereits dem Umstand Rechnung, dass Mitglieder des Weltpostvereins nicht *Postverwaltungen,* sondern **Mitgliedsländer** (Pays-membres/member countries) sind, die für ihr jeweiliges Gebiet opérateurs désignés/designated operators, also *Betreiber* benennen, *der/die auf ihrem/ihren Territorien offiziell mit der Besorgung der Postdienste und Erfüllung der in den Vertragswerken des Vereins enthaltenen Verpflichtungen betraut sind.*[72]

**37**    **4. Umsetzung in Deutschland.** Hier wurden zuletzt die Verträge des Weltpostvereins von Peking 1999 durch das **Transformationsgesetz** vom 18. Juni 2002[73] zu nationalem Recht mit Außenwirkung gegenüber den Kunden der Deutschen Post, Art. 4 Abs. 1. Nach Art. 7 Abs. 2 dieses Gesetzes wurde der Tag, an dem die Verträge des Weltpostvereins für Deutschland in Kraft treten, im Bundesgesetzblatt mit der **Bekanntmachung** vom 31. März 2003[74] bekannt gegeben. Stichtag ist der 8.11.2002 als der Tag, an dem die Ratifikationsurkunden in Bern hinterlegt wurden. Gemäß der **Ermächtigung** in Art. 3 des Transformationsgesetzes, die Ergänzenden Bestimmungen zum Brief- und Paketverkehr vom 1.12.1999 einschließlich künftiger Änderungen, die der Rat für Postbetrieb vor dem nächsten Weltpostkongress beschließen würde, durch **Rechtsverordnung** in Kraft zu setzen, wurden sie im Amtsblatt der Regulierungsbehörde verkündet.[75] Die Deutsche Post AG ist derzeit der einzige lizenzierte Universalpostdienstleister.[76] Bei Redaktionsschluss war die Ratifizierung der Bukarester Verträge 2004 nicht absehbar, ebenso wenig die der nachfolgenden von Genf 2008 und Doha 2012.

## II. Beförderung nach dem Weltpostvertrag Peking 1999

**38**    **1. Grundlagen und Beteiligte.** Das nationale Recht regelt die vertraglichen Beziehungen zwischen Absender und Frachtführer. Ein Transportvertrag wird auch beim grenzüberschreitenden Versand zwischen dem Nutzer der Postdienstleistungen und der Postverwaltung iSd. WPV geschlossen, jedoch unterliegt die vertragsgemäße Beförderung den Regeln, die der WPV für den Postverkehr zwischen den einzelnen Postverwaltungen aufgestellt hat. Dies bekräftigt auch Art. 24 SWPV, wonach die Bestimmungen der Verträge des Vereins die Rechtsvorschriften der Mitgliedsländer *insoweit unberührt* lassen, *als diese Verträge nicht ausdrücklich eine andere Regelung treffen.* Den Rahmen bilden die Art. 1, 2 und 10 WPV. Der WPV wirkt über seine Transformierung in innerstaatliches Recht unmittelbar auf den Vertrag zwischen dem Kunden und der Deutschen Post ein.[77] Nach Art. 1 Abs. 4 lit. a CMR, Art. 2 Abs. 2 WA 1955, Art. 2 Abs. 2 und 3 MÜ ist deren Anwendungen auf Postsendungen ausgeschlossen, der WPV geht als *lex specialis* diesen internationalen Abkommen vor.

[71] Art. 22 Abs. 1 S. 2 2. HS SWPV, eingefügt durch Art. III des 7. Zusatzprotokolls vom 5.10.2004.

[72] Art. 2 WPV 2004, österreichische amtliche Übersetzung, VERTRAGSWERKE DES WELTPOSTVEREINS BUKAREST 2004, 265 der Beilagen XXIII. GP – Beschluss NR – Vertragswerke französisch und deutsch (Normativer Teil) 1, auch österr. BGBl. III – Ausgegeben am 5. Mai 2008 – Nr. 53.

[73] Gesetz zu den Verträgen vom 15. September 1999 des Weltpostvereins, BGBl. 2002 II S. 1446.

[74] BGBl. 2003 II vom 4.4.2003, S. 327.

[75] VO vom 9.4.2003 BGBl. II S. 2592, Mitteilung der Regulierungsbehörde Nr. 164/2003 in Amtsblatt der Regulierungsbehörde für Telekommunikation und Post vom 18.6.2003, S. 589; s. Fn. 39.

[76] Siehe oben Rn. 8.

[77] *Rode* TranspR 2005, 301, 303, s. Rn. 52 ff., 92 ff.

## 2. Briefpost.

### Art. 1 Postuniversaldienst

(1) **Zur Förderung des Grundgedankens, demgemäß der Weltpostverein ein einziges Postgebiet bildet, sorgen die Mitgliedsländer dafür, dass alle Benutzer/ Kunden Zugang zu einem Postuniversaldienst haben, der in einem qualitativ guten Angebot an Basispostdiensten besteht, die an jedem Punkt ihres Gebietes zu erschwinglichen Preisen jederzeit bereitgestellt werden.**

(2) **Zu diesem Zweck legen die Mitgliedsländer im Rahmen ihrer innerstaatlichen Rechtsvorschriften im Bereich des Postwesens oder auf andere übliche Weise den Umfang der hierfür in Frage kommenden Postdienste sowie die Voraussetzungen für Qualität und erschwingliche Preise unter gleichzeitiger Berücksichtigung der Bedürfnisse der Bevölkerung und der innerstaatlichen Gegebenheiten fest.**

(3) **Die Mitgliedsländer sorgen dafür, dass die mit der Bereitstellung des Postuniversaldienstes beauftragten Betreiber das Angebot an Postdiensten sicherstellen und die Qualitätsnormen einhalten.**

### Art. 1er Service postal universel

(1) Pour renforcer le concept d'unicité du territoire postal de l'Union, les Pays-membres veillent à ce que tous les utilisateurs/clients jouissent du droit à un service postal universel qui correspond à une offre de services postaux de base de qualité, fournis de manière permanente en tout point de leur territoire, à des prix abordables.

(2) A cette fin, les Pays-membres établissent, dans le cadre de leur législation postale nationale ou par d'autres moyens habituels, la portée des services postaux concernés ainsi que les conditions de qualité et de prix abordables en tenant compte à la fois des besoins de la population et de leurs conditions nationales.

(3) Les Pays-membres veillent à ce que les offres de services postaux et les normes de qualité soient respectées par les opérateurs chargés d'assurer le service postal universel.

### Art. 1 Universal postal service

(1) In order to support the concept of the single postal territory of the Union, member countries shall ensure that all users/cus tomers enjoy the right to a universal postal service involving the permanent provision of quality basic postal services at all points in their territory, at affordable prices.

(2) With this aim in view, member countries shall set forth, within the framework of their national postal legislation or by other customary means, the scope of the postal services offered and the requirement for quality and affordable prices, taking into account both the needs of the population and their national conditions.

(3) Member countries shall ensure that the offers of postal services and quality standards will be achieved by the operators responsible for providing the universal postal service.

Art. 1 WPV enthält das Programm eines qualitätsvollen **Universalpostdienstes** im gesamten Gebiet des Weltpostvereins. Die Beschreibung dieses Universaldienstes deckt sich inhaltlich mit EU- bzw. innerdeutschen Regelungen. Die Maßnahmen der Mitgliedsländer sind von den mit der Bereitstellung des Postuniversaldienstes beauftragten Betreibern (nicht mehr Postverwaltungen) sicherzustellen. Der Marktentwicklung hin zu privatrechtlich organisierten Unternehmen, die im Wettbewerb stehen, wird so Rechnung getragen.

### Art. 2 Freiheit des Durchgangs

(1) ¹**Die Freiheit des Durchgangs ist in Artikel 1 der Satzung als Grundsatz verankert.** ²**Danach ist jede Postverwaltung verpflichtet, die ihr von einer anderen**

Postverwaltung übergebenen Kartenschlüsse und Briefsendungen des offenen Durchgangs stets auf den schnellsten Beförderungswegen und mit den sichersten Beförderungsmitteln weiterzuleiten, die sie für ihre eigenen Sendungen benutzt.

(2) [1]Mitgliedsländern, die sich am Austausch von Briefen mit leicht verderblichen biologischen Stoffen oder radioaktiven Stoffen nicht beteiligen, steht es frei, diese Sendungen nicht zum offenen Durchgang durch ihr Gebiet zuzulassen. [2]Dasselbe gilt für Briefsendungen, mit Ausnahme von Briefen, Postkarten und Blindensendungen, die nicht den gesetzlichen Vorschriften entsprechen, die ihre Veröffentlichung oder ihre Verbreitung im Durchgangsland regeln.

(3), (4) *(s. Paketpost)*

(5) Wenn ein Mitgliedsland die Bestimmungen über die Freiheit des Durchgangs nicht beachtet, sind die anderen Mitgliedsländer berechtigt, den Postverkehr mit diesem Land einzustellen.

### Art. 2 Liberate de transit

(1) Le principe de la liberté de transit est énoncé à l'article premier de la Constitution. Il entraîne l'obligation, pour chaque administration postale, d'acheminer toujours par les voies les plus rapides et les moyens les plus sûrs qu'elle emploie pour ses propres envois les dépêches closes et les envois de la poste aux lettres à découvert qui lui sont livrés par une autre administration postale.

(2) Les Pays-membres qui ne participent pas à l'échange des lettres contenant des matières biologiques périssables ou des matières radioactives ont la faculté de ne pas admettre ces envois au transit à découvert à travers leur territoire. Il en est de même pour les envois de la poste aux lettres, autres que les lettres, les cartes postales et les cécogrammes, à l'égard desquels il n'a pas été satisfait aux dispositions légales qui règlent les conditions de leur publication ou de leur circulation dans le pays traversé.

…

(5) Si un Pays-membre n'observe pas les dispositions concernant la liberté de transit, les autres Pays-membres ont le droit de supprimer le service postal avec ce pays.

### Art. 2 Freedom of transit

(1) The principle of the freedom of transit is set forth in article 1 of the Constitution. It shall carry with it the obligation for each postal administration to forward always by the quickest routes and the most secure means which it uses for its own items, closed mails and à découvert letter-post items which are passed to it by another postal administration.

(2) Member countries which do not participate in the exchange of letters containing perishable biological substances or radioactive substances shall have the option of not admitting these items in transit à découvert through their territory. The same shall apply to letter-post items, other than letters, postcards and literature for the blind which do not satisfy the legal requirements governing the conditions of their publication or circulation in the country crossed.

…

(5) If a member country fails to observe the provisions regarding freedom of transit, other member countries may discontinue their postal service with that country.

**41**   Art. 2 WPV regelt den **freien Durchgang** verschiedener Arten von Postsendungen allgemein. Das Prinzip der Durchgangsfreiheit impliziert die **Unantastbarkeit** der Transitsendungen. Die in Abs. 1 auftretenden Begriffe *Kartenschlüsse* und *offener Durchgang* beziehen sich auf Art. RE 802, RE 804 LPR, sie gehören zu den Verfahrensregelungen der Übersendung, Beförderung und Übernahme zwischen den Verwaltungen. Die Zusammenfassung der Sendungen in Bunden, Beuteln, Paketen oder Containern wird bevorzugt, der offene Durchgang ist auf Mindermengen beschränkt. Abs. 2 verweist inhaltlich auf Art. 25 WPV, nicht zulässige Sendungen, Verbote, und die Sonderregelung des Art. 26 WPV, Versand radioaktiver Stoffe. Abs. 3 und 4 beziehen sich zwar wörtlich auf den Paketverkehr (s. Rn. 82), sie verdeutlichen aber allgemein, dass es auf das Beförderungsmittel nicht ankommt, der Transport kann auch multimodal sein.

## Art. 3 Verfügungsrecht über Postsendungen

**(1) Eine Postsendung gehört so lange dem Absender, wie sie dem Empfangsberechtigten noch nicht ausgeliefert worden ist, es sei denn, dass sie in Anwendung der Rechtsvorschriften des Bestimmungslandes beschlagnahmt worden ist.**

### Art. 3 Appartenance des envois postaux

(1) Tout envoi postal appartient à l'expéditeur aussi longtemps qu'ill n'a pas été délivré à l'ayant droit, sauf si ledit envoi a été saisi en application de la législation du pays de destination.

### Art. 3 Ownership of postal items

(1) A postal item shall remain the property of the sender until it is delivered to the rightful owner, except when the item has been seized in pursuance of the legislation of the country of destination.

Die zahlreichen Vorbehalte zu Art. 3 WPV im Schlussprotokoll[78] zeigen, dass die kurze **42** Regelung keine Selbstverständlichkeit enthält. Sie ist nach deutschem Recht wichtig für die **Legitimation** des Anspruchstellers. Der auf der Sendung bezeichnete Empfänger hat gegenüber der Deutschen Post keine Ansprüche, so lange ihm die Sendung nicht ausgeliefert worden ist, oder ihm nach allgemeinen Regeln die Absenderrechte übertragen wurden. Der Ausnahmefall der Beschlagnahme entzieht auch dem Absender das Verfügungsrecht. Empfängerrechte iSd. § 421 werden damit nicht geregelt.

## Art. 10 Grunddienste

**(1) <sup>1</sup>Die Postverwaltungen stellen die Annahme, Bearbeitung, Beförderung und Auslieferung von Briefsendungen sicher. <sup>2</sup>Sie stellen dieselben Leistungen auch für Postpakete bereit, wobei sie entweder nach den Bestimmungen des Weltpostvertrags verfahren oder – bei abgehenden Paketen und auf der Grundlage zweiseitiger Vereinbarungen – von anderen Möglichkeiten Gebrauch machen, die für ihre Kunden günstiger sind.**

**(2) <sup>1</sup>Briefsendungen werden auf der Grundlage eines der beiden folgenden Systeme klassifiziert. <sup>2</sup>Es steht jeder Postverwaltung frei zu entscheiden, welches System sie bei ihrem abgehenden Verkehr anwendet.**

**(3) <sup>1</sup>Das erste System beruht auf der Geschwindigkeit, mit der die Sendungen bearbeitet werden. <sup>2</sup>In diesem Fall werden sie folgendermaßen unterteilt:**

**3.1 Vorrangsendungen: Sendungen, die auf dem schnellsten Beförderungsweg (Luftweg oder Land-/Seeweg) mit Vorrang befördert werden; Höchstgewicht: allgemein 2 Kilogramm, jedoch 5 Kilogramm im Verkehr zwischen Verwaltungen, die derartige Sendungen von ihren Kunden annehmen, 5 Kilogramm für Sendungen mit Büchern und Broschüren (fakultativer Dienst), 7 Kilogramm für Blindensendungen;**

**3.2 Nichtvorrangsendungen: Sendungen, für die der Absender eine niedrigere Gebühr gewählt hat, die eine längere Laufzeit zur Folge hat; Höchstgewicht: wie in Absatz 3.1 angegeben.**

**(4) <sup>1</sup>Das zweite System beruht auf dem Inhalt der Sendungen. <sup>2</sup>In diesem Fall werden sie folgendermaßen unterteilt:**

**4.1 Briefe und Postkarten, die zusammen als „LC" bezeichnet werden; Höchstgewicht: 2 Kilogramm, jedoch 5 Kilogramm im Verkehr zwischen Verwaltungen, die derartige Sendungen von ihren Kunden annehmen;**

**4.2 Drucksachen, Blindensendungen und Päckchen, die zusammen als „AO" bezeichnet werden; Höchstgewicht: für Päckchen 2 Kilogramm, jedoch**

---

[78] Schlussprotokoll 1999 Art. I enthält für zahlreiche Länder Ausnahmen, darunter Australien, Kanada, Dänemark, das Vereinigte Königreich Großbritannien und Nordirland sowie die davon abhängigen Überseegebiete, sowie Irland.

**5 Kilogramm im Verkehr zwischen Verwaltungen, die derartige Sendungen von ihren Kunden annehmen, 5 Kilogramm für Drucksachen, 7 Kilogramm für Blindensendungen.**

**(5) Besondere Beutel mit Druckerzeugnissen (wie Zeitungen, Zeitschriften, Bücher) an denselben Empfänger in demselben Bestimmungsort werden innerhalb der beiden Systeme als „M-Beutel" bezeichnet; Höchstgewicht: 30 Kilogramm.**

(6)–(8) *s. Paketpost*

## Art. 10 Services de base

(1) Les administrations postales assurent l'admission, le traitement, le transport et la distribution des envois de la poste aux lettres. Elles fournissent aussi les mêmes prestations pour les colis postaux soit en suivant les dispositions de la Convention, soit, dans le cas des colis partants et après accord bilatéral, en employant tout autre moyen plus avantageux pour leurs clients.

(2) Les envois de la poste aux lettres sont classifiés selon l'un des deux systèmes suivants. Chaque administration postale est libre de choisir le système qu'elle applique à son trafic sortant.

(3) Le premier système est fondé sur la vitesse de traitement des envois. Ces derniers sont alors répartis en :

3.1. envois prioritaires : envois transportés par la voie la plus rapide (aérienne ou de sur face) avec priorité; limites de poids : 2 kilogrammes en général, mais 5 kilogrammes dans les relations entre les administrations admettant de leurs clients des envois de cette catégorie, 5 kilogrammes pour les envois contenant des livres et brochures (service facultatif), 7 kilogrammes pour les cécogrammes;

3.2. envois non prioritaires : envois pour lesquels l'expéditeur a choisi un tarif moins élevé qui implique un délai de distribution plus long; limites de poids : identiques à celles sous 3.1.

(4) Le second système est fondé sur le con tenu des envois. Ces derniers sont alors répartis en:

4.1 lettres et cartes postales, collectivement dénommées « LC »; limite de poids : 2 kilogrammes, mais 5 kilogrammes dans les relations entre les administrations admettant de leurs clients des envois de cette catégorie;

4.2. imprimés, cécogrammes et petits paquets, collectivement dénommés „AO"; limites de poids : 2 kilogrammes pour les petits paquets, mais 5 kilogrammes dans les

## Art. 10 Basic services

(1) Postal administrations shall provide for the acceptance, handling, conveyance and delivery of letter-post items. They shall also provide the same for postal parcels either as laid down in the Convention, or, in the case of outward parcels and after bilateral agreement, by any other means which is more advantageous to its customers.

(2) Letter-post items shall be classified according to one of the following two systems. Every postal administration shall be free to choose the system that it applies to its outward traffic.

(3) The first system shall be based on the speed of treatment of the items. The latter shall therefore be divided into:

3.1 priority items, i.e. items conveyed by the quickest route (air or surface) with priority; weight limits: 2 kilogrammes in general, but 5 kilogrammes in relations between administrations admitting such items from their customers, 5 kilogrammes for items containing books and pamphlets (optional service), 7 kilogrammes for literature for the blind;

3.2 non-priority items, i.e. items for which the sender has chosen a lower rate, implying a longer delivery time; weight limits: same as those in 3.1.

(4) The second system shall be based on the contents of the items. The latter shall therefore be divided into:

4.1 letters and postcards, together called "LC"; weight limit: 2 kilogrammes, but 5 kilogrammes in relations between administrations admitting such items from their customers;

4.2 printed papers, literature for the blind and small packets together called "AO"; weight limits: 2 kilogrammes for small packets, but 5 kilogrammes in relations

relations entre les administrations admettant de leurs clients des envois de cette catégorie, 5 kilogrammes pour les imprimés, 7 kilogrammes pour les cécogrammes.

(5) Les sacs spéciaux contenant des imprimés (journaux, écrits périodiques, livres et autres), à l'adresse du même destinataire et de la même destination, sont dans les deux systèmes dénommés „sacs M"; limite de poids : 30 kilogrammes.

between administrations admitting such items from their customers, 5 kilogrammes for printed papers, 7 kilogrammes for literature for the blind.

(5) Special bags containing printed papers (newspapers, periodicals, books, etc) for the same addressee at the same address shall, in both systems, be called "M bags"; weight limit: 30 kilogrammes.

Der zweite Teil des WPV enthält Vorschriften sowohl für Briefpost wie für Paketpost, **43** beide sind hier in Art. 10 Abs. 1 WPV nebeneinander genannt. Die auf den Briefverkehr bezüglichen Abs. 2–5 berühren nur das Verhältnis zwischen den Postverwaltungen. Jedoch schreibt Art. RE 204 LPR detailliert Verpackung und Beschriftung der Sendungen vor, die Verwaltungen müssen die Beachtung der Vorschriften ihren Kunden empfehlen. Die AGB BRIEF INTERNATIONAL der Deutschen Post beruhen darauf, s. dort. Abs. 6–8 betreffen Paketpost (s. Rn. 83 ff.).

## Art. 25 Nichtzulässige Sendungen. Verbote

(1) Sendungen, die den im Weltpostvertrag und in den Ergänzenden Bestimmungen festgelegten Bedingungen nicht entsprechen, sind nicht zulässig.

(2) Abgesehen von den in den Ergänzenden Bestimmungen aufgeführten Ausnahmen ist die Aufnahme nachstehend genannter Gegenstände in Sendungen jeglicher Art verboten:

2.1     Betäubungs- und Rauschmittel sowie psychotrope Stoffe;
2.2     explosionsgefährliche, leicht entzündliche oder andere gefährliche Stoffe sowie radioaktive Stoffe;
2.2.1   unter dieses Verbot fallen jedoch nicht
2.2.1.1 in Briefsendungen versandte biologische Stoffe nach Artikel 44;
2.2.1.2 in Briefsendungen und Postpaketen versandte radioaktive Stoffe nach Artikel 26;
2.3     obszöne oder gegen die guten Sitten verstoßende Gegenstände;
2.4     lebende Tiere, sofern sie nicht unter die in Absatz 3 vorgesehenen Ausnahmen fallen;
2.5     Gegenstände, deren Einfuhr oder Verbreitung im Bestimmungsland verboten ist;
2.6     Gegenstände, die wegen ihrer Beschaffenheit oder Verpackung eine Gefahr für die Mitarbeiter der Post darstellen, andere Sendungen oder Einrichtungen der Post beschmutzen oder beschädigen können;
2.7     Schriftstücke mit dem Charakter einer aktuellen und persönlichen Mitteilung, die zwischen anderen Personen als dem Absender und dem Empfänger oder bei ihnen wohnenden Personen ausgetauscht werden.

(3) Zulässig sind jedoch:
3.1   in Briefsendungen außer Wertsendungen:
3.1.1 Bienen, Blutegel und Seidenraupen;
3.1.2 Parasiten und Vertilger schädlicher Insekten, die zur kontrollierten Bekämpfung solcher Insekten bestimmt sind, und die zwischen amtlich anerkannten Stellen ausgetauscht werden;
3.2   in Paketen: lebende Tiere, deren Beförderung mit der Post nach den Postvorschriften der beteiligten Länder zulässig ist.

(4) *s. Paketpost*

**(5) Es ist verboten, Münzen, Banknoten, Geldscheine oder Inhaberpapiere jeglicher Art, Reiseschecks, Platin, Gold oder Silber in verarbeiteter oder nicht verarbeiteter Form sowie geschliffene Edelsteine, Schmuck und andere Wertgegenstände:**

5.1 in Briefsendungen ohne Wertangabe aufzunehmen; wenn die innerstaatlichen Rechtsvorschriften des Einlieferungs- und des Bestimmungslandes es zulassen, dürfen diese Gegenstände jedoch in verschlossenem Umschlag als Einschreibsendungen versandt werden;

5.2 in Pakete ohne Wertangabe zwischen zwei Ländern, die Wertsendungen zulassen, aufzunehmen; außerdem hat jede Verwaltung die Möglichkeit, die Versendung von Goldbarren in Sendungen mit oder ohne Wertangabe aus oder nach ihrem Gebiet oder im Durchgang durch ihr Gebiet zu verbieten; sie kann den tatsächlichen Wert dieser Sendungen begrenzen.

**(6) Drucksachen und Blindensendungen**

6.1 dürfen weder Vermerke noch Schriftstücke mit dem Charakter einer aktuellen und persönlichen Mitteilung enthalten;

6.2 dürfen weder entwertete noch nicht entwertete Postwertzeichen oder Formblätter mit eingedruckter Freimachung noch Papiere mit Werteigenschaft enthalten.

**(7)** [1]Die Behandlung zu Unrecht zur Beförderung angenommener Sendungen ist in den Ergänzenden Bestimmungen geregelt. [2]Jedoch werden Sendungen, die in den Absätzen 2.1, 2.2 und 2.3 genannte Gegenstände enthalten, auf keinen Fall zum Bestimmungsort befördert, den Empfängern ausgeliefert oder zum Einlieferungsort zurückgesandt.

### Art. 25 Envois non admis. Interdictions

(1) Les envois qui ne remplissent pas les conditions requises par la Convention et les Règlements ne sont pas admis.

(2) Sauf exceptions établies dans les Règlements, l'insertion des objets visés ci-après est interdite dans toutes les catégories d'envois:

2.1 les stupéfiants et les substances psychotropes;

2.2 les matières explosibles, inflammables ou autres matières dangereuses ainsi que les matières radioactives;

2.2.1 ne tombent pas sous le coup de cette interdiction:

2.2.1.1 les matières biologiques expédiées dans les envois de la poste aux lettres visées à l'article 44;

2.2.1.2 les matières radioactives expédiées dans les envois de la poste aux lettres et les colis postaux visés à l'article 26;

2.3 les objets obscènes ou immoraux;

2.4 les animaux vivants, sauf les exceptions prévues sous 3;

2.5 les objets dont l'importation ou la circulation est interdite dans le pays de destination;

### Art. 25 Items not admitted. Prohibitions

(1) Items not fulfilling the conditions laid down in the Convention and the Regulations shall not be admitted.

(2) Subject to the exceptions set out in the Regulations, the insertion of the articles referred to below shall be prohibited in all categories of items:

2.1 narcotics and psychotropic substances;

2.2 explosive, flammable or other dangerous substances as well as radioactive materials;

2.2.1 the following shall not come within this prohibition:

2.2.1.1 the biological substances sent in letter-post items mentioned in article 44;

2.2.1.2 the radioactive materials sent in letter-post items and postal parcels mentioned in article 26;

2.3 obscene or immoral articles;

2.4 live animals, apart from the exceptions provided for in 3;

2.5 articles of which the importation or uttering is prohibited in the country of destination;

2.6 les objets qui, par leur nature ou leur emballage, peuvent présenter du danger pour les agents, salir ou détériorer les autres envois ou l'équipement postal;

2.7 les documents ayant le caractère de correspondance actuelle et personnelle échangés entre des personnes autres que l'expéditeur et le destinataire ou les personnes habitant avec eux.

(3) Sont toutefois admis:

3.1 dans les envois de la poste aux lettres autres que les envois avec valeur déclarée:

3.1.1 les abeilles, les sangsues et les vers à soie;

3.1.2 les parasites et les destructeurs d'insectes nocifs destinés au contrôle de ces insectes et échangés entre les institutions officiellement reconnues;

3.2 dans les colis, les animaux vivants dont le transport par la poste est autorisé par la réglementation postale des pays intéressés.
…

(5) Il est interdit d'insérer des pièces de monnaie, des billets de banque, des billets de monnaie ou des valeurs quelconques au porteur, des chèques de voyage, du platine, de l'or ou de l'argent, manufacturés ou non, des pierreries, des bijoux et autres objets précieux:

5.1 dans les envois de la poste aux lettres sans valeur déclarée; cependant, si la législation intérieure des pays d'origine et de destination le permet, ces objets peuvent être expédiés sous enveloppe close comme envois recommandés;

5.2 dans les colis sans valeur déclarée échangés entre deux pays qui admettent la déclaration de valeur; de plus, chaque administration a la faculté d'interdire l'insertion de l'or en lingots dans les envois avec ou sans valeur déclarée en provenance ou à destination de son territoire ou transmis en transit par son territoire; elle peut limiter la valeur réelle de ces envois.

(6) Les imprimés et les cécogrammes:

6.1 ne peuvent porter aucune annotation ni contenir aucun document ayant le caractère de correspondance actuelle et personnelle;

6.2 ne peuvent contenir aucun timbre-poste, aucune formule d'affranchissement, oblitérés ou non, ni aucun papier représentatif d'une valeur.

2.6 articles which, by their nature or their packing, may expose officials to danger, or soil or damage other items or postal equipment;

2.7 documents having the character of current and personal correspondence exchanged between persons other than the sender and the addressee or persons living with them.

(3) However, the following shall be admitted:

3.1 in letter-post items other than insured items:

3.1.1 bees, leeches and silk-worms;

3.1.2 parasites and destroyers of noxious insects intended for the control of those insects and exchanged between officially recognized institutions;

3.2 in parcels, live animals whose conveyance by post is authorized by the postal regulations of the countries concerned.
…

(5) It shall be prohibited to insert coins, bank notes, currency notes or securities of any kind payable to bearer, travellers' cheques, platinum, gold or silver, whether manufactured or not, precious stones, jewels or other valuable articles:

5.1 in uninsured letter-post items; however, if the internal legislation of the countries of origin and destination permits this, such articles may be sent in a closed envelope as registered items;

5.2 in uninsured parcels exchanged between two countries which admit insured parcels; in addition, any administration may prohibit the enclosure of gold bullion in insured or uninsured items originating from or addressed to its territory or sent in transit à découvert across its territory; it may limit the actual value of these items.

(6) Printed papers and literature for the blind:

6.1 shall not bear any inscription or contain any document having the character of current and personal correspondence;

6.2 shall not contain any postage stamp or form of prepayment, whether cancelled or not, or any paper representing a monetary value.

(7) Le traitement des envois admis à tort ressort des Règlements. Toutefois, les envois qui contiennent les objets visés sous 2.1, 2.2 et 2.3 ne sont en aucun cas acheminés à destination, ni livrés aux destinataires, ni renvoyés à l'origine.

(7) The treatment of items wrongly admitted is set out in the Regulations. However, items containing articles mentioned in 2.1, 2.2 and 2.3 shall in no circumstances be forwarded to their destination, delivered to the addressees or returned to origin.

44    Art. 25 WPV führt auf, was Sendungen im internationalen Postverkehr nicht enthalten dürfen. Es ist eine Regelung über **Verbotsgut,** die auf Grund des Transformationsgesetzes unmittelbar im Vertragsverhältnis Kunde/Deutsche Post als **gesetzliches Verbot** wirkt.

45    Abs. 1 unterstreicht den Grundsatz. Abs. 2 zählt dazu ausdrücklich die in Sendungen jedweder Art **verbotenen Stoffe und Gegenstände** auf, wiederum unter Hinweis auf besonders geregelte Ausnahmen zu biologischen und radioaktiven Stoffen gemäß Art. 44 und 26 WPV. Auf **Ausnahmen** in den Ergänzenden Bestimmungen für Briefe und Pakete wird allgemein Bezug genommen.

46    Abs. 2.1 erstreckt sich auf die vom Internationalen Drogenkontrollprogramm der Vereinten Nationen **UNDCP** herausgegebene Liste narkotischer Drogen unter internationaler Kontrolle („Yellow List") und die Liste psychotroper Substanzen unter internationaler Kontrolle („Green List").[79] Unter Abs. 2.2 fallen alle Stoffe und Substanzen, die im ADR genannt sind oder dem GGBefG unterliegen. Abs. 2.3 überlässt es der Entscheidung jeder Verwaltung, was sie als „obszön" einstufen will.[80] Abs. 2.4 untersagt die Versendung lebender Tiere, soweit sie nicht unter die Ausnahmen des Abs. 3 fallen. Abs. 2.5 macht den Rahmencharakter des WPV deutlich. Die einzelnen Verwaltungen sollen dem **Internationalen Büro** dazu mitteilen, was bei ihnen nach interner Gesetzeslage vom Transport oder Transit ausgeschlossen ist, das IB stellt auf der Grundlage dieser Mitteilungen **Listen** verbotener Gegenstände zusammen. Die Verwaltungen sind gehalten, ihre einschlägigen Regelungen klar, präzise und detailliert abzufassen und auf dem Laufenden zu halten.[81] Abs. 2.6 hat die Arbeitssicherheit der Mitarbeiter im Blick. Abs. 2.7 soll die „Post in der Post" unterbinden; wer anderen Persönliches mitteilen will, soll sich unmittelbar äußern und nicht über den Weg der Sendungen Dritter, um auf diesem Wege das Beförderungsentgelt/ Porto einzusparen. Zwischen Absender und Empfänger und ihren Mitbewohnern bleibt der Austausch aktueller persönlicher Mitteilungen in Sendungen jeglicher Art gestattet.

47    Abs. 3 lässt bestimmte Ausnahmen zum **Tierversand** zu, die züchterischen oder wissenschaftlichen Zwecken dienen, oder nach den inländischen Bestimmungen der beteiligten Länder zulässig sind. Abs. 4 erstreckt sich auf **Paketpost,** s. dort. Abs. 5 zählt **Wertsachen** auf, die grundsätzlich unzulässig sind, es sei denn, sie werden unter bestimmten Versendungsformen aufgegeben. Gesetzliche Verbote iSd. Abs. 5.1 kennt Deutschland nicht. Abs. 6 verbietet Vermerke oder bestimmte schriftliche **Mitteilungen,** naturgemäß an Sehende, da Blindensendungen nach Art. 8 Abs. 4 WPV von allen Entgelten außer den Luftpostzuschlägen befreit sind.

48    Abs. 7 verweist für weitere Einzelheiten auf die Ergänzenden Briefpost-/Paketpostbestimmungen. Gegen Abs. 2.1, 2.2 und 2.3 verstoßende Sendungen werden von der sie entdeckenden Verwaltung angehalten und an die einliefernde Verwaltung zurückgeleitet.

49    Mit Wirkung ab 1.5.2005 bestimmt Art. RE 500 bis LPR:[82]

**Verbotener Versand gefährlicher Stoffe in Briefpostsendungen**
1. Gegenstände, die in den Empfehlungen der Vereinten Nationen für die Beförderung gefährlicher Güter genannt werden, gelten mit Ausnahme von bestimmten gefährlichen Gütern, radioaktiven Stoffen und infektiösen Stoffen, die in diesen Ergänzenden Briefpostbestimmungen sowie in den Technischen Vorschriften der Internationalen Zivilluftfahrt-Organisation (ICAO) und in den

---

[79]  Manuel de la poste aux lettres, UPU 2001, Conv. Art. 25 Anm. zu 25.2.1 S. E 2.
[80]  Manuel Fn. 63, Conv. Art. 25 Anm. zu 25.2.3 S. E 3.
[81]  Manuel Fn. 63, Conv. Art. 25 Anm. zu 25.2.5 S. E 3, E 4; s. dazu auch Art. RE 1308 LPR Abs. 2.5.
[82]  Zu den in Bezug genommenen Empfehlungen s. die aktuelle 18. Fassung von 2013 der UN Recommendations on the Transport of Dangerous Goods, Model Regulations http://www.unece.org.

Vorschriften des Internationalen Luftverkehrsverbands (IATA) über die Beförderung gefährlicher Güter aufgeführt sind, nach den Bestimmungen von Artikel 25 Absatz 2.2 des Weltpostvertrags als gefährliche Stoffe, deren Versand in Briefpostsendungen verboten ist.

Die Empfehlungen der Vereinten Nationen richten sich an Regierungen und internatio-  **50** nale Organisationen, die mit der Sicherheit beim Transport gefährlicher Güter befasst sind, so mit auch an den Weltpostverein als Sonderorganisation. Das **Verbot**, die in den Empfehlungen genannten Güter als Briefpostsendungen zur Beförderung zu geben, richtet sich zwar an die Postverwaltungen des Weltpostvereins, wirkt aber unmittelbar gegenüber den **Kunden** der Postverwaltungen. Die ergänzenden Briefpostbestimmungen haben auf Grund ihrer Veröffentlichung den Rang einer Verordnung (s. Rn. 37).

Vom Abdruck des Art. RE 501 LPR wird abgesehen, da seine Regelung der Behandlung  **51** zu Unrecht zur Beförderung angenommener Sendungen sich nur auf die Beziehungen der Verwaltungen untereinander erstreckt, mit Ausnahme des Abs. 3, wonach die Bestimmungsverwaltung dem Empfänger den Teil des Inhalts ausliefern kann, der nicht unter ein Verbot fällt. Eine Beschlagnahme ist der Einlieferungsverwaltung mit einem besonderen Formblatt mitzuteilen, Abs. 5.

**3. Haftungsregeln Briefpost.** Auf dieser auf den Kern konzentrierten Grundlage der  **52** Briefbeförderung bauen die Haftungsregeln auf, die unmittelbar im Verhältnis zum Kunden der Deutschen Post wirken.

### Art. 34 Haftung der Postverwaltungen. Entschädigungen

**(1) Allgemeines**
**1.1**  Außer in den in Artikel 35 vorgesehenen Fällen haften die Postverwaltungen
**1.1.1**  bei Verlust, Beraubung oder Beschädigung von Einschreibsendungen, gewöhnlichen Paketen und Wertsendungen;
**1.1.2**  bei Verlust von Sendungen mit Auslieferungsnachweis.
**1.2**  Ist der Verlust, die vollständige Beraubung oder die vollständige Beschädigung einer Einschreibsendung, eines gewöhnlichen Pakets oder einer Wertsendung auf höhere Gewalt zurückzuführen und ist deshalb keine Entschädigung zu zahlen, so hat der Absender Anspruch auf Erstattung der entrichteten Gebühren mit Ausnahme der Wertgebühr.
**(2) Einschreibsendungen**
**2.1**  Bei Verlust, vollständiger Beraubung oder vollständiger Beschädigung einer Einschreibsendung hat der Absender Anspruch auf eine Entschädigung, deren Höhe in den Ergänzenden Briefpostbestimmungen festgelegt ist. Verlangt der Absender einen niedrigeren als den in den Ergänzenden Briefpostbestimmungen festgelegten Betrag, so können die Verwaltungen diesen niedrigeren Betrag zahlen und sich auf dieser Grundlage von den anderen gegebenenfalls betroffenen Verwaltungen entschädigen lassen.
**2.2**  Bei einer teilweisen Beraubung oder einer teilweisen Beschädigung einer Einschreibsendung hat der Absender Anspruch auf eine Entschädigung, die grundsätzlich dem tatsächlichen Umfang der Beraubung oder Beschädigung entspricht. Sie darf jedoch in keinem Fall den Betrag überschreiten, der in den Ergänzenden Briefpostbestimmungen für den Fall eines Verlustes, einer vollständigen Beraubung oder einer vollständigen Beschädigung festgelegt ist. Mittelbare Schäden oder entgangene Gewinne werden nicht berücksichtigt.
**(3) Sendungen mit Auslieferungsnachweis**
**3.1**  Bei Verlust, vollständiger Beraubung oder vollständiger Beschädigung einer Sendung mit Auslieferungsnachweis hat der Absender Anspruch auf Erstattung der entrichteten Gebühren.
**(4)** s. Paketpost

**(5) Wertsendungen**

**5.1** Bei Verlust, vollständiger Beraubung oder vollständiger Beschädigung einer Wertsendung hat der Absender Anspruch auf eine Entschädigung, die grundsätzlich der Höhe der Wertangabe in SZR entspricht.

**5.2** Bei einer teilweisen Beraubung oder einer teilweisen Beschädigung einer Wertsendung hat der Absender Anspruch auf eine Entschädigung, die grundsätzlich dem tatsächlichen Umfang der Beraubung oder Beschädigung entspricht. Sie darf jedoch in keinem Fall die Höhe der Wertangabe in SZR überschreiten. Mittelbare Schäden oder entgangene Gewinne werden nicht berücksichtigt.

**(6)** [1]In den in den Absätzen 4 und 5 genannten Fällen wird die Entschädigung nach dem in SZR umgerechneten handelsüblichen Preis berechnet, den gleichartige Gegenstände oder Waren am Einlieferungsort zu der Zeit hatten, zu der die Sendung zur Beförderung angenommen wurde. [2]Mangels eines handelsüblichen Preises wird die Entschädigung nach dem auf derselben Grundlage geschätzten gewöhnlichen Wert der Gegenstände oder Waren berechnet.

**(7)** [1]Ist für den Verlust, die vollständige Beraubung oder die vollständige Beschädigung einer Einschreibsendung, eines gewöhnlichen Pakets oder einer Wertsendung eine Entschädigung zu zahlen, so hat der Absender beziehungsweise der Empfänger darüber hinaus Anspruch auf Erstattung der entrichteten Gebühren und Abgaben mit Ausnahme der Einschreib- oder Wertgebühr. [2]Dasselbe gilt für Einschreibsendungen, gewöhnliche Pakete oder Wertsendungen, deren Annahme die Empfänger wegen ihres schlechten Zustands verweigert haben, wenn dieser vom Postdienst zu vertreten ist und dessen Haftung begründet.

**(8)** Abweichend von den in den Absätzen 2, 4 und 5 vorgesehenen Bestimmungen hat der Empfänger Anspruch auf die Entschädigung, wenn er eine beraubte oder beschädigte Einschreibsendung, ein beraubtes oder beschädigtes gewöhnliches Paket oder eine beraubte oder beschädigte Wertsendung bereits in Empfang genommen hat.

**(9)** [1]Die Einlieferungsverwaltung kann den Absendern in ihrem Land die nach ihren innerstaatlichen Rechtsvorschriften für Einschreibsendungen und Pakete ohne Wertangabe vorgesehenen Entschädigungen zahlen; diese dürfen jedoch nicht niedriger sein als die in den Absätzen 2.1 und 4.1 festgelegten Entschädigungen. [2]Dasselbe gilt für die Bestimmungsverwaltung, wenn die Entschädigung an den Empfänger gezahlt wird. [3]Die in den Absätzen 2.1 und 4.1 festgelegten Beträge gelten jedoch weiterhin

**9.1** im Fall des Rückgriffs gegen die haftende Verwaltung;

**9.2** wenn der Absender seine Ansprüche an den Empfänger abtritt oder umgekehrt.

**Art. 34 Responsabilité des administrations postales. Indemnités**

(1) Généralités

1.1 Sauf dans les cas prévus à l'article 35, les administrations postales répondent:

1.1.1 de la perte, de la spoliation ou de l'avarie des envois recommandés, des colis ordinaires et des envois avec valeur déclarée;

1.1.2 de la perte des envois à livraison attestée.

1.2 Lorsque la perte, la spoliation totale ou l'avarie totale d'un envoi recommandé,

**Art. 34 Liability of postal administrations. Indemnities**

(1) General

1.1 Except for the cases provided for in article 35, postal administrations shall be liable for:

1.1.1 the loss of, theft from or damage to registered items, ordinary parcels and insured items;

1.1.2 the loss of recorded delivery items;

1.2 When the loss of, total theft from or total damage to registered items, ordinary

d'un colis ordinaire ou d'un envoi avec valeur déclarée résulte d'un cas de force majeure ne donnant pas lieu à indemnisation, l'expéditeur a droit à la restitution des taxes acquittées, à l'exception de la taxe d'assurance.

(2) Envois recommandés

2.1 En cas de perte, de spoliation totale ou d'avarie totale d'un envoi recommandé, l'expéditeur a droit à une indemnité fixée par le Règlement de la poste aux lettres. Si l'expéditeur réclame un montant inférieur au montant fixé dans le Règlement de la poste aux lettres, les administrations ont la faculté de payer ce montant moindre et d'être remboursées sur cette base par les autres administrations éventuellement concernées.

2.2 En cas de spoliation partielle ou d'avarie partielle d'un envoi recommandé, l'expéditeur a droit à une indemnité qui correspond, en principe, au montant réel de la spoliation ou de l'avarie. Elle ne peut toutefois en aucun cas dépasser le montant fixé par le Règlement de la poste aux lettres en cas de perte, de spoliation totale ou d'avarie totale. Les dommages indirects ou les bénéfices non réalisés ne sont pas pris en considération.

(3) Envois à livraison attestée

3.1 En cas de perte, de spoliation totale ou d'avarie totale d'un envoi à livraison attestée, l'expéditeur a droit à la restitution des taxes acquittées.

…

(5) Envois avec valeur déclarée

5.1 En cas de perte, de spoliation totale ou d'avarie totale d'un envoi avec valeur déclarée, l'expéditeur a droit à une indemnité qui correspond, en principe, au montant, en DTS, de la valeur déclarée.

5.2 En cas de spoliation partielle ou d'avarie partielle d'un envoi avec valeur déclarée, l'expéditeur a droit à une indemnité qui correspond, en principe, au montant réel de la spoliation ou de l'avarie. Elle ne peut toutefois en aucun cas dépasser le montant, en DTS, de la valeur déclarée. Les dommages indirects ou les bénéfices non réalisés ne sont pas pris en considération.

(6) Dans les cas visés sous 4 et 5, l'indemnité est calculée d'après le prix courant, converti en DTS, des objets ou marchandises de

parcels and insured items is due to a case of force majeure for which indemnity is not payable, the sender shall be entitled to repayment of the charges paid, with the exception of the insurance charge.

(2) Registered items

2.1 If a registered item is lost, totally rifled or totally damaged, the sender shall be entitled to an indemnity set in the Letter Post Regulations. If the sender has claimed an amount less than the amount set in the Letter Post Regulations, administrations may pay that lower amount and shall receive reimbursement on this basis from any other administrations involved.

2.2 If a registered item is partially rifled or partially damaged, the sender shall be entitled to an indemnity corresponding, in principle, to the actual value of the theft or damage. It may, however, in no case exceed the amount set in the Letter Post Regulations in case of loss, total theft or total damage. Consequential losses or loss of profits shall not be taken into account.

(3) Recorded delivery items

3.1 If a recorded delivery item is lost, totally rifled or totally damaged, the sender shall be entitled to refund of the charges paid.

…

(5) Insured items

5.1 If an insured item is lost, totally rifled or totally damaged, the sender shall be entitled to an indemnity corresponding, in principle, to the insured value in SDRs.

5.2 If an insured item is partially rifled or partially damaged, the sender shall be entitled to an indemnity corresponding, in principle, to the actual value of the theft or damage. It may, however, in no case exceed the amount of the insured value in SDRs. Consequential losses or loss of profits shall not be taken into account.

(6) In the cases mentioned in 4 and 5, the indemnity shall be calculated according to the current price, converted into SDRs,

même nature, au lieu et à l'époque où l'envoi a été accepté au transport. A défaut de prix courant, l'indemnité est calculée d'après la valeur ordinaire des objets ou marchandises évalués sur les mêmes bases.

(7) Lorsqu'une indemnité est due pour la perte, la spoliation totale ou l'avarie totale d'un envoi recommandé, d'un colis ordinaire ou d'un envoi avec valeur déclarée, l'expéditeur ou, selon le cas, le destinataire a droit, en outre, à la restitution des taxes et droits acquittés, à l'exception de la taxe de recommandation ou d'assurance. Il en est de même des envois recommandés, des colis ordinaires ou des envois avec valeur déclarée refusés par les destinataires à cause de leur mauvais état, si celui-ci est imputable au service postal et engage sa responsabilité.

(8) Par dérogation aux dispositions prévues sous 2, 4 et 5, le destinataire a droit à l'indemnité après avoir pris livraison d'un envoi recommandé, d'un colis ordinaire ou d'un envoi avec valeur déclarée spolié ou avarié.

(9) L'administration d'origine a la faculté de verser aux expéditeurs dans son pays les indemnités prévues par sa législation intérieure pour les envois recommandés et les colis sans valeur déclarée, à condition qu'elles ne soient pas inférieures à celles qui sont fixées sous 2.1 et 4.1. Il en est de même pour l'administration de destination lorsque l'indemnité est payée au destinataire. Les montants fixés sous 2.1 et 4.1 restent cependant applicables:

9.1'en cas de recours contre l'administration responsable;

9.2 si l'expéditeur se désiste de ses droits en faveur du destinataire ou inversement.

of articles or goods of the same kind at the place and time at which the item was accepted for conveyance. Failing a current price, the indemnity shall be calculated according to the ordinary value of articles or goods whose value is assessed on the same bases.

(7) When an indemnity is due for the loss of, total theft from or total damage to a registered item, ordinary parcel or insured item, the sender, or the addressee, as the case may be, shall also be entitled to repayment of the charges and fees paid with the exception of the registration or insurance charge. The same shall apply to registered items, ordinary parcels or insured items refused by the addressee because of their bad condition if that is attributable to the postal service and involves its liability.

(8) Notwithstanding the provisions set out under 2, 4 and 5, the addressee shall be entitled to the indemnity after delivery of a rifled or damaged registered item, ordinary parcel or insured item.

(9) The administration of origin shall have the option of paying senders in its country the indemnities prescribed by its internal legislation for registered items and uninsured parcels, provided that they are not lower than those laid down in 2.1 and 4.1. The same shall apply to the administration of destination when the indemnity is paid to the addressee. However, the amounts laid down in 2.1 and 4.1 shall remain applicable:

9.1 in the event of recourse against the administration liable; or

9.2 if the sender waives his rights in favour of the addressee or vice versa.

**53** Art. 34 WPV enthält **Grundsätze** der Haftung und Entschädigung nach einem streng **enumerativen Prinzip:** Die Postverwaltung haftet nicht für Sendungsarten, die hier nicht aufgezählt sind. Subjektive Haftungsvoraussetzungen sind nicht genannt, es handelt sich also um eine **verschuldensunabhängige Haftung** für Schäden, die während der internationalen Beförderung und damit **im Gewahrsam** einer Postverwaltung entstanden sind. Daraus folgt im Umkehrschluss, dass für die internationale Beförderung des **einfachen Briefes** ohne die beschriebenen Zusatzleistungen jegliche Haftung der beteiligten Postverwaltungen **ausgeschlossen** ist. Im Falle eines Verlustes können sowohl Absender wie auch Empfänger einen Nachforschungsantrag nach Art. 30 WPV stellen, damit sind aber keine Empfängerrechte iSd. § 421 verbunden.

**54**     Nur für die aufgezählten Sendungsarten haften die Postverwaltungen außer in den Fällen des Art. 35 WPV, der für bestimmte Fälle die Haftung ausschließt, s. dort, nach Abs. 1.1.1 bei Verlust, Beraubung oder Beschädigungen von

(1) **Einschreibsendungen,** definiert in Art. 13 WPV als **Briefsendungen,** die eingeschrieben versandt werden können. Eingeschriebene Pakete gibt es nicht,

(2) **gewöhnlichen Paketen,** s. Abs. 4 unter Paketpost, (Rn. 91 ff.) und

(3) **Wertsendungen,** definiert in Art. 15 Abs. 1 WPV, nämlich **versicherte** Vorrang-
(in Deutschland *Wert International*) und Nichtvorrangsendungen, Briefe mit Wertpapieren,
Dokumenten oder Wertgegenständen sowie Pakete mit einer **Wertangabe** des Absenders. Die Höhe der Wertangabe ist grundsätzlich unbegrenzt, Art. 15 Abs. 2 WPV, es
ist den Postverwaltungen überlassen, Grenzen festzulegen. Der Wert ist in SZR, der
Währungseinheit des Weltpostvereins nach Art. 5 WPV, Art. 7 SWPV anzugeben, Art. 15
Abs. 2 WPV.

Ferner nach Abs. 1.1.2 für den Verlust von Sendungen mit **Auslieferungsnachweis,** 55
Art. 14 WPV, nur für Briefsendungen vorgesehen. Soweit die Postverwaltung nach Abs. 1.2
bei Verlust, vollständiger Beraubung oder vollständiger Beschädigung einer der in Abs. 1.1.1
aufgeführten Sendungsarten wegen **höherer Gewalt** nicht haftet und deshalb keine Entschädigung zu leisten hat, erhält der Absender die (vergeblich) entrichteten **Entgelte** mit
Ausnahme der Wertgebühr erstattet.

Die Abs. 2–5 behandeln die in Abs. 1.1.1 aufgeführten Sendungsarten bei Verlust und 56
vollständiger oder nur teilweiser Beraubung oder Beschädigung unterschiedlich. Als Verlust
gilt auch die **falsche Ablieferung** an einen anderen als den bezeichneten Empfänger.[83]

Abs. 2.1 verweist für den Entschädigungsanspruch des Absenders bei Verlust, vollstän- 57
diger Beraubung oder vollständiger Beschädigung einer Einschreibsendung auf die
**Ergänzenden Briefpostbestimmungen,** die die **Höhe** festlegen. Wenn der Absender
weniger als den Höchstbetrag verlangt, kann die Postverwaltung den niedrigeren Betrag
zahlen, allerdings dann auch nur im Rahmen der tatsächlich geleisteten Entschädigung
Rückgriff bei anderen beteiligten Postverwaltungen nehmen. Hier mischen sich Kunden-
beziehung und Beziehung der Postverwaltungen untereinander. Briefe als Einschreibsendungen sind nicht dafür gedacht, materielle Werte zu versenden, so dass die dafür gewährte
Entschädigung mehr eine pauschale Abgeltung des Interesses darstellt, das der Absender
der Beförderung persönlicher Äußerungen beimisst, nicht Wertersatz im engeren Sinne.[84]

Art. RE 701 Abs. 4 LPR lautet:

**Haftung der Postverwaltungen. Verfahren**

...

Die in Artikel 34 Absatz 2.1 des Weltpostvertrags vorgesehene Entschädigung bei Verlust, voll- 58
ständiger Beraubung oder vollständiger Beschädigung einer Einschreibsendung beträgt 30 SZR.
Bei Verlust, vollständiger Beraubung oder vollständiger Beschädigung eines eingeschriebenen M-
Beutels beträgt die Entschädigung 150 SZR.

30 SZR sind der **Höchstbetrag** an Entschädigung für eine **Einschreibsendung.** Der
in S. 2 erwähnte **M-Beutel** ist eine in den Ergänzenden Briefpostbestimmungen näher
aufgeführte Versendungsart,[85] dieser bezieht sich jedoch nur auf bestimmte Arten von
Beigaben zu Druckerzeugnissen wie Schallplatten, Magnetbänder oder Kassetten. Der
zwingende Zusammenhang mit den Druckerzeugnissen weist diese Sendungsart als Sonderleistung für gewerbliche Versender aus, die ebenfalls eingeschrieben zur Beförderung
gegeben werden kann. Die Deutsche Post bietet diese Sendungsart unter dem Stichwort
*Presse / Buch International* an. Hier beträgt der **Höchstbetrag** der Entschädigung 150 SZR.

Art. 34 WPV erwähnt nicht die **Nachnahmesendungen** nach Art. 16 WPV, weil diese 59
nur auf Grund ausdrücklichen Einverständnisses zwischen Postverwaltungen ausgetauscht
werden. Dann gilt die Bestimmung des

---

[83] Manuel Conv. Art. 34 Anm. 34.1.1.1 S. F 2.
[84] Manuel Conv. Art. 34 Anm. 34.2.2 S. F 2; s. auch BGH Fn. 37.
[85] In Art. 10 Abs. 5 WPV 1999 als Basisleistung genannt, s. dort; Art. 205 RE-LPR, Besondere Bestimmungen für die einzelnen Sendungskategorien, Abs. 7 M-Beutel.

**60**   Art. RE 701 Abs. 5 LPR:

Verwaltungen, die sich am Austausch von Nachnahmesendungen beteiligen, haften bis zur Höhe des Nachnahmebetrags, wenn Nachnahmesendungen ohne Einziehung der Beträge oder gegen Einziehung eines niedrigeren als des Nachnahmebetrags ausgeliefert werden. Die Verwaltungen übernehmen keinerlei Verantwortung für Verzögerungen, die eventuell bei der Einziehung und Übersendung der Beträge eintreten.

Verspätungsschäden werden ausdrücklich **ausgeschlossen.** § 422 Abs. 3 und Art. 21 CMR enthalten die gleiche Haftungsbegrenzung auf den Nachnahmebetrag als Höchstsatz.

**61**   Bei teilweiser Beraubung oder Beschädigung, Abs. 2.2, hat der Absender einen anteiligen Entschädigungsanspruch, der dem **tatsächlichen Umfang** der Beraubung oder Beschädigung entspricht. Die nach den Ergänzenden Briefpostbestimmungen festgelegte Entschädigung für Verlust, vollständige Beraubung oder vollständige Beschädigung ist die Höchstgrenze, die auf keinen Fall überschritten werden darf. **Schadenfolgeschäden** und **Vermögensschäden** sind ausdrücklich **ausgeschlossen,** somit auch die Haftung für **Verspätungsschäden.**[86] Diese generelle Regel des Abs. 2.2 S. 3 findet sich wörtlich in den Abs. 4.2 für Pakete und 5.2 für Wertsendungen wieder.

**62**   Der Ausschluss weiterer Haftung für Sendungen mit **Auslieferungsnachweis** folgt aus dem eindeutigen Wortlaut des Abs. 3.1. Der Absender hat bei Verlust, vollständiger Beraubung oder vollständiger Beschädigung einer solchen Sendung nur Anspruch auf Erstattung der entrichteten Entgelte. Diese Begrenzung ist gerechtfertigt, weil es sich gem. Art. 14 WPV um einfache Briefe mit der Sonderleistung des Ablieferungsnachweises handelt.

**63**   Abs. 4 s. unter **Paketpost** (s. Rn. 91). Nach Abs. 5.1 entspricht grundsätzlich die Entschädigung für Verlust, vollständige Beraubung oder vollständige Beschädigung einer **Wertsendung** der Wertangabe des Absenders in SZR. Abs. 5.2 setzt wie Abs. 2.2 einen anteiligen Ersatz fest, jedoch bezogen auf die Wertangabe als Obergrenze des Erstattungsanspruchs.

**64**   Zur **Behandlung** einer beraubten oder beschädigten Wertsendung ist Art. RE 702 LPR zu beachten:

**Auslieferung beraubter oder beschädigter Wertsendungen**

1. Die Stelle, die eine beraubte oder beschädigte Wertsendung ausliefert, prüft die Angelegenheit in Gegenwart der Beteiligten und nimmt eine Verhandlungsschrift CN 24 auf, die sie nach Möglichkeit vom Empfänger gegenzeichnen lässt. Eine Kopie der Verhandlungsschrift wird dem Empfänger ausgehändigt oder im Fall der Annahmeverweigerung oder Nachsendung der Sendung beigefügt. Eine Kopie bewahrt die Verwaltung auf, die die Verhandlungsschrift aufgenommen hat.
2. Die Kopie der gemäß Artikel RE 826 Absatz 10.2 aufgenommenen Verhandlungsschrift CN 24 wird der Sendung beigefügt und im Fall der Auslieferung der Sendung nach den Vorschriften des Bestimmungslandes behandelt. Wird die Annahme der Sendung verweigert, so bleibt die Kopie der Verhandlungsschrift bei dieser Sendung.
3. Wenn die Inlandsvorschriften es erfordern, wird eine nach Absatz 1 behandelte Sendung an den Absender zurückgeschickt, wenn der Empfänger sich weigert, die Verhandlungsschrift CN 24 gegenzuzeichnen.

Der Hinweis in Abs. 2 auf Art. RE 826 Abs. 10.2 LPR betrifft nicht den Absender oder Empfänger, er bezieht sich auf Formalien der Postverwaltungen untereinander. Aus der Regelung wird nicht deutlich, was mit der Sendung geschieht, wenn der Empfänger zwar die Annahme verweigert, aber die Niederschrift CN 24 unterzeichnet. Dann gilt die allgemeine Regelung des Art. 28 WPV, wonach Sendungen, die aus welchem Grund immer nicht zugestellt werden können, nach Maßgabe der vom Absender getroffenen Weisungen zu behandeln sind, idR zurückzusenden sind.

**65**   Nach Abs. 6 ist in den Fällen der Abs. 4 und 5 die Entschädigung nach dem am Ort und zurzeit der Übernahme geltenden handelsüblichen Preis, also dem **Marktpreis,** zu berechnen, in Ermangelung eines solchen ist der Wert auf der gleichen Grundlage zu schätzen.

---

[86] Manuel Conv. Art. 34 Anm. 34.1.1.1 S. F 2.

Neben der nach den vorstehenden Absätzen zu leistenden Entschädigung für die  **66**
aufgezählten Sendungsarten hat der Absender nach Abs. 7 noch Anspruch auf Erstattung
der gezahlten **Entgelte,** mit Ausnahme der Zuschläge für Einschreiben und Wertangabe.
Die **Annahmeverweigerung** des Empfängers wegen schlechten Zustands der Sendung,
den die Postverwaltung zu vertreten hat, die folglich dafür haftet, ist dem Verlust, der
vollständigen Beraubung oder Beschädigung gleichgestellt. Neben dem Absender ist erstmals der **Empfänger** als gleichrangiger Anspruchsberechtigter genannt, aber aus dem
Zusammenhang mit Abs. 8 ist zu entnehmen, zunächst nur für den Fall, dass er eine der
drei aufgezählten Sendungsarten beraubt oder beschädigt in Empfang genommen hat.
Grundsätzlich ist der **Absender** nach Art 3 WPV (s. Rn. 42) der Verfügungsberechtigte
und somit auch der Anspruchsberechtigte gegenüber der Deutschen Post. Bezahlt der
Empfänger auf der Sendung lastende Entgelte, zB bei Nachentgelt, unfreier Sendung
oder bei Sonderleistungen wie *Postlagernd* nach Art. 12 Abs. 2, 2.5 WPV, ist er ebenfalls
in den hier aufgezählten Fällen anspruchsberechtigt. Der Empfänger kann daneben nach
dem jeweiligen Landesrecht durch **Abtretung** der Absenderrechte zum Anspruchsberechtigten werden, Abs. 9.2. Art. 37 Abs. 2 WPV lässt dies ausdrücklich zu, s. dort.

Abs. 9 lässt der Postverwaltung einen engen **Spielraum** bei der Festsetzung der Ent-  **67**
schädigungsbeträge, die aber **nicht unter** den Beträgen nach Abs. 2.1 und 4.1 liegen
dürfen, das sind die 30 SZR des Art. RE 701 Abs. 4 S. 1 LPR für die gewöhnliche
Einschreibsendung. Diese Regelung wirkt unmittelbar zu Gunsten des Kunden der Deutschen Post, wenn das Gewicht zB für einen Standard-Einschreibebrief im Gramm-
Bereich liegt oder das Entgelt lediglich Grundporto zuzüglich Einschreibe-Zuschlag
beträgt.

Die Haftungsprinzipien des Art. 34 WPV gelten sinngemäß auch für Sendungen, die  **68**
**unentgeltlich** befördert werden, Art. 8 WPV, das sind neben bestimmter Dienstpost der
Postverwaltungen und des Weltpostvereins Sendungen für Kriegsgefangene, Zivilinternierte
und Blindensendungen.[87]

Die **Haftungsregeln** des WPV sind **abschließend,** es gibt **keine Durchbrechung** der  **69**
Haftungsbegrenzung aus subjektiven Gründen wie in § 435, Art. 29 CMR, Art. 22 Abs. 5
MÜ oder Art. 25 WA, und somit **keinen** Anspruch auf unbegrenzten Schadensersatz.

### Art. 35 Haftungsausschluss seitens der Postverwaltungen

(1) [1]**Die Postverwaltungen haften für Einschreibsendungen, Sendungen mit
Auslieferungsnachweis, Pakete und Wertsendungen von dem Zeitpunkt an nicht
mehr, zu dem sie sie unter den in ihren Vorschriften für gleichartige Sendungen
vorgesehenen Bedingungen ausgeliefert haben. [2]Die Haftung bleibt jedoch bestehen,**
**1.1 wenn eine Beraubung oder Beschädigung vor oder bei der Auslieferung der
Sendung festgestellt wird;**
**1.2 wenn, sofern dies nach den Inlandsvorschriften zulässig ist, der Empfänger
oder im Fall der Rücksendung an den Einlieferungsort der Absender bei der
Entgegennahme einer beraubten oder beschädigten Sendung Vorbehalte
macht;**
**1.3 wenn, sofern dies nach den Inlandsvorschriften zulässig ist, die Einschreibsen-
dung über einen Briefkasten zugestellt wurde und der Empfänger beim Nach-
forschungsverfahren erklärt, dass er sie nicht erhalten hat;**
**1.4** *s. Paketpost*
**(2) Die Postverwaltungen haften nicht:**
**2.1 bei höherer Gewalt vorbehaltlich des Artikels 12 Absatz 4;**

---

[87] Manuel Conv. Art. 34 Anm. 34 S. F 2.

2.2 wenn sie über den Verbleib der Sendungen deshalb keine Rechenschaft ablegen können, weil die Dienstpapiere durch höhere Gewalt vernichtet wurden und ihre Haftpflicht nicht anderweitig nachgewiesen wurde;

2.3 wenn der Schaden auf ein Verschulden oder die Fahrlässigkeit des Absenders oder auf die Beschaffenheit des Inhalts zurückzuführen ist;

2.4 wenn es sich um Sendungen handelt, deren Inhalt unter die in Artikel 25 vorgesehenen Verbote fällt, und diese Sendungen wegen ihres Inhalts von der zuständigen Behörde eingezogen oder vernichtet worden sind;

2.5 wenn die Sendung laut Mitteilung der Verwaltung des Bestimmungslandes nach den Rechtsvorschriften dieses Landes beschlagnahmt worden ist;

2.6 wenn es sich um Wertsendungen handelt, für die in betrügerischer Weise ein höherer als der tatsächliche Wert des Inhalts angegeben worden ist;

2.7 wenn der Absender innerhalb von sechs Monaten, vom Tag nach Einlieferung der Sendung an gerechnet, keinen Nachforschungsauftrag erteilt hat;

2.8 wenn es sich um Kriegsgefangenen- und Zivilinterniertenpakete handelt.

(3) Die Postverwaltungen übernehmen für Zollinhaltserklärungen, in welcher Form diese auch immer abgegeben werden, sowie für Entscheidungen, die Zolldienststellen bei der Prüfung der Zollkontrolle unterworfener Sendungen treffen, keinerlei Verantwortung.

### Art. 35 Non-responsabilité des administrations postales

(1) Les administrations postales cessent d'être responsables des envois recommandés, des envois à livraison attestée, des colis et des envois avec valeur déclarée dont elles ont effectué la remise dans les conditions prescrites par leur réglementation pour les envois de même nature. La responsabilité est toutefois maintenue:

1.1 lorsqu'une spoliation ou une avarie est constatée soit avant la livraison, soit lors de la livraison de l'envoi;

1.2 lorsque, la réglementation intérieure le permettant, le destinataire, le cas échéant l'expéditeur s'il y a renvoi à l'origine, formule des réserves en prenant livraison d'un envoi spolié ou avarié;

1.3 lorsque, la réglementation intérieure le permettant, l'envoi recommandé a été distribué dans une boîte aux lettres et que le destinataire déclare ne pas l'avoir reçu lors de la procédure de réclamation;

...

(2) Les administrations postales ne sont pas responsables :

2.1 en cas de force majeure, sous réserve de l'article 12.4;

2.2 lorsque, la preuve de leur responsabilité n'ayant pas été administrée autrement, elles ne peuvent rendre compte des envois par suite de la destruction des documents de service résultant d'un cas de force majeure;

### Art. 35 Non-liability of postal administrations

(1) Postal administrations shall cease to be liable for registered items, recorded delivery items, parcels and insured items which they have delivered according to the conditions laid down in their regulations for items of the same kind. Liability shall, however, be maintained:

1.1 when theft or damage is discovered either prior to or at the time of delivery of the item;

1.2 when, internal regulations permitting, the addressee, or the sender if it is returned to origin, makes reservations on taking de livery of a rifled or damaged item;

1.3 when, internal regulations permitting, the registered item was delivered to a private mail-box and, in the course of the inquiry, the addressee declares that he did not receive the item;

...

(2) Postal administrations shall not be liable:

2.1 in cases of force majeure, subject to article 12.4;

2.2 when they cannot account for items owing to the destruction of official records by force majeure, provided that proof of their liability has not been otherwise produced;

2.3 lorsque le dommage a été causé par la faute ou la négligence de l'expéditeur ou provient de la nature du contenu;

2.4 lorsqu'il s'agit d'envois dont le contenu tombe sous le coup des interdictions prévues à l'article 25, et pour autant que ces envois aient été confisqués ou détruits par l'autorité compétente en raison de leur contenu;

2.5 en cas de saisie, en vertu de la législation du pays de destination, selon notification de l'administration de ce pays;

2.6 lorsqu'il s'agit d'envois avec valeur déclarée ayant fait l'objet d'une déclaration frauduleuse de valeur supérieure à la valeur réelle du contenu;

2.7 lorsque l'expéditeur n'a formulé aucune réclamation dans le délai de six mois à compter du lendemain du jour de dépôt de l'envoi;

2.8 lorsqu'il s'agit de colis de prisonniers de guerre et d'internés civils.

(3) Les administrations postales n'assument aucune responsabilité du chef des déclarations en douane, sous quelque forme que celles-ci soient faites, et des décisions prises par les services de la douane lors de la vérification des envois soumis au contrôle douanier.

2.3 when such loss, theft or damage has been caused by the fault or negligence of the sender or arises from the nature of the contents;

2.4 in the case of items whose contents fall within the prohibitions specified in article 25, in so far as these items have been confiscated or destroyed by the competent authority because of their contents;

2.5 when the items have been seized under the legislation of the country of destination, as notified by the administration of that country;

2.6 in the case of insured items which have been fraudulently insured for a sum greater than the actual value of the contents;

2.7 when the sender has made no inquiry within six months from the day after that on which the item was posted;

2.8 in the case of prisoner-of-war or civilian internee parcels

(3) Postal administrations shall accept no liability for customs declarations in whatever form these are made or for decisions taken by the Customs on examination of items submitted to customs control.

Art. 35 WPV enthält **Haftungsausschlüsse** zu den in Art. 34 WPV genannten Sen- **70** dungsarten, für die ausschließlich eine grundsätzliche Haftung der Postverwaltung besteht. Abs. 1 schließt die Haftung nach dem WPV aus, wenn die Einschreibsendungen, Sendungen mit Auslieferungsnachweis, Pakete und Wertsendungen nach den nationalen Regeln für vergleichbare Sendungen ausgeliefert worden sind, denn dann gelten die nationalen Haftungsregeln. Dieser Haftungsausschluss nach dem WPV greift nicht ein,
– wenn eine Beraubung oder Beschädigung vor oder **bei Auslieferung** festgestellt wird Abs. 1.1. Die Feststellung kann auch vom Mitarbeiter der Postverwaltung stammen (vor Auslieferung), nicht nur vom Empfänger;
– wenn der Empfänger bzw. bei Rücksendung der Absender nach den Inlandsvorschriften zulässige **Vorbehalte** macht, Abs. 1.2; diese Vorbehalte sind im deutschen Recht zB die Schadensanzeigen des § 438, Art. 30 Abs. 1 CMR;
– wenn eine Einschreibsendung zulässigerweise über einen **Briefkasten** zugestellt wurde, der Empfänger aber im Rahmen des Nachforschungsverfahrens erklärt, die Sendung nicht erhalten zu haben, Abs. 1.3; das *Einwurfeinschreiben* der Deutschen Post ist eine solche zulässige Zustellung über Briefkasten.
Zu Abs. 1.4 s. unter **Paketpost** (s. Rn. 94)
Die Haftung der Postverwaltungen ist nach Abs. 2 ausgeschlossen, **71**
– wenn **höhere Gewalt** entweder bei der Schadensentstehung gewirkt hat, Abs. 2.1, oder bei der Vernichtung der Dienstpapiere, Abs. 2.2, und die Haftung nicht anderweitig nachgewiesen wurde. Der Vorbehalt zu Art. 12 Abs. 4 WPV, der bei Haftung für höhere Gewalt einen Entgeltzuschlag ermöglicht, greift nicht ein, da die Deutsche Post nach

ihren AGB für den internationalen Bereich ebenfalls die Haftung für höhere Gewalt
ausgeschlossen hat (s. Rn. 104 und 114);

- wenn der Schaden auf **Verschulden oder Fahrlässigkeit,** nach deutschem Recht nur
  die leichtere Art des Verschuldens iSd. §§ 276, 823 BGB, des Absenders zurückgeht oder
  auf die **Beschaffenheit** des Sendungsinhalts, Abs. 2.3;
- wenn der Sendungsinhalt nach Art. 25 WPV **verboten** war und die Sendung deshalb
  von Amts wegen eingezogen oder vernichtet worden ist, Abs. 2.4, oder laut Mitteilung
  der Verwaltung des Bestimmungslandes nach den dort geltenden Rechtsvorschriften
  beschlagnahmt worden ist, Abs. 2.5. Nach der gleichlautenden Formulierung *Verwaltung
  des Bestimmungslandes* im maßgeblichen französischen Text wie in der englischen Übersetzung
  ist die zuständige amtliche Stelle gemeint, nicht die Postverwaltung;
- wenn für Wertsendungen in betrügerischer Absicht ein über dem tatsächlichen Wert des
  Inhalts liegender angegeben worden ist, Abs. 2.6;
- wenn der Absender innerhalb von sechs Monaten ab der Einlieferung der Sendung keinen
  **Nachforschungsauftrag** gemäß Art. 30 WPV erteilt hat, die jede Postverwaltung
  annehmen muss, Abs. 2.7. Gemeint ist die Einlieferung des Absenders an seine Postverwaltung,
  nicht deren Abgabe an die übernehmende Postverwaltung,[88] aber die nach
  Fristablauf an sich von der Haftung befreite Postverwaltung kann darauf verzichten, sich
  auf den Haftungsausschluss zu berufen, wenn der Absender hinreichend beweist, dass die
  Verzögerung unvermeidlich war, zB durch Krankheit oder Unfall.

Abs. 2.8 betrifft **Pakete,** die nach Art. 8 Abs. 3 WPV bis zu einem Gewicht von 10 kg
entgeltfrei befördert werden.

**72**      Nach Abs. 3 übernehmen die Postverwaltungen keine Verantwortung für **Zollinhaltserklärungen,** gleich in welcher Form, sowie für Entscheidungen der Zollbehörden bei
der Prüfung gestellungspflichtiger Sendungen. Zwar bietet Art. 28 WPV die Zollgestellung
als Leistung an, wenn die Postverwaltungen dazu nach den innerstaatlichen Rechtsvorschriften
zugelassen sind. Es kann dafür ein Verzollungsentgelt nach Art. 29 WPV
erhoben werden. Jedoch ist die Zollinhaltserklärung für eine Sendung aus der Natur der
Sache Aufgabe des Absenders, der die Sendung verschlossen übergibt. Die annehmende
Postverwaltung hat üblicherweise keine unmittelbare Kenntnis vom Sendungsinhalt, sondern
ist selbst auf die Angaben des Absenders angewiesen. Folglich kann sie für dessen
Angaben und die daraus resultierenden Entscheidungen der Zollbehörden nicht haften.

### Art. 36 Haftung des Absenders

**(1) Der Absender einer Sendung haftet für alle Schäden, die infolge der Versendung
nicht zur Beförderung zugelassener Gegenstände oder der Nichtbeachtung
der Zulassungsbedingungen an anderen Postsendungen verursacht werden.**

**(2) Der Absender haftet im gleichen Umfang wie die Postverwaltungen.**

**(3) Der Absender haftet auch dann, wenn das Einlieferungsamt eine solche Sendung
zur Beförderung annimmt.**

**(4) Hingegen haftet der Absender nicht bei Verschulden oder Fahrlässigkeit der
Postverwaltungen oder der Beförderungsunternehmen.**

### Art. 36 Responsabilité de l'expéditeur

(1) L'expéditeur d'un envoi est responsable
de tous les dommages causés aux autres envois
postaux par suite de l'expédition d'objets non
admis au transport ou de la non-observation
des conditions d'admission.

### Art. 36 Sender's liability

(1) The sender of an item shall be liable
for any damage caused to other postal items
as a result of the dispatch of articles not
acceptable for conveyance or the non-
observance of the conditions of acceptance.

---

[88] Manuel Conv. Art. 35 Anm. 35.2.7 S. F 8.

(2) L'expéditeur est responsable dans les mêmes limites que les administrations postales.

(3) L'expéditeur demeure responsable même si le bureau de dépôt accepte un tel envoi.

(4) En revanche, l'expéditeur n'est pas responsable s'il y a eu faute ou négligence des administrations postales ou des transporteurs.

(2) The sender shall be liable within the same limits as postal administrations.

(3) The sender shall remain liable even if the office of posting accepts such an item.

(4) However, the sender shall not be liable if there has been fault or negligence on the part of administrations or carriers.

Nach Art. 36 WPV hafte der Absender für Schäden **an anderen Postsendungen,** die **73** infolge der Versendung von Verbotsgut iSd. Art. 25 WPV oder der Nichtbeachtung der (für Ausnahmefälle geltenden) Zulassungsbedingungen entstehen, Abs. 1. Die Regelung betrifft nicht die Haftung des Absenders gegenüber der Postverwaltung und Schäden an deren Eigentum. Daher ist es gerechtfertigt, den Absender nach Abs. 2 im Verhältnis zu anderen Absendern (nur) im gleichen Maße haften zu lassen, wie wenn die Postverwaltung für den Schaden verantwortlich wäre. Gemäß Abs. 3 haftet der Absender auch dann, wenn die Einlieferungsstelle die unzulässige oder Verbotsgut enthaltende Sendung zur Beförderung angenommen hat, zB auf Grund einer Fehleinschätzung der Schalterkraft. Damit verbleibt das Risiko, verbotene oder unzulässige Güter zu versenden, grundsätzlich beim Absender. Nur wenn über die Annahme der Sendung zur Beförderung hinaus Verschulden oder Fahrlässigkeit, nach deutschem Recht nur die leichtere Art des Verschuldens iSd. §§ 276, 823 BGB, seitens der Postverwaltung oder der Beförderungsunternehmen hinzutritt, ist der Absender von seiner Haftung befreit, Abs. 4. Art. 36 WPV gilt für **alle** Sendungsarten, auch Paketpost.

Den Fall, dass ein Schaden erst unter der Obhut einer anderen Postverwaltung festgestellt **74** wird, regelt Art. RE 703 LPR:

**Feststellung der Haftung des Absenders**

1. Die Verwaltung, die einen vom Absender zu vertretenden Schaden feststellt, benachrichtigt die Einlieferungsverwaltung davon; diese muss dann gegebenenfalls gegen den Absender vorgehen.

## Art. 37 Zahlung der Entschädigung

**(1) Vorbehaltlich des Rückgriffsrechts gegen die haftende Verwaltung ist die Einlieferungsverwaltung beziehungsweise die Bestimmungsverwaltung zur Zahlung der Entschädigung und zur Erstattung der Gebühren und Abgaben verpflichtet.**

**(2) ¹Der Absender kann seine Entschädigungsansprüche an den Empfänger abtreten. ²Umgekehrt kann auch der Empfänger seine Ansprüche an den Absender abtreten. ³Der Absender beziehungsweise der Empfänger kann einen Dritten bevollmächtigen, die Entschädigung in Empfang zu nehmen, sofern dies nach den innerstaatlichen Rechtsvorschriften zulässig ist.**

**(3) Die Einlieferungsverwaltung beziehungsweise die Bestimmungsverwaltung darf den Anspruchsberechtigten für Rechnung der an der Beförderung beteiligten und ordnungsgemäß mit der Angelegenheit befassten Verwaltung entschädigen, wenn diese zwei Monate und wenn die Angelegenheit mit Fernkopie oder einem anderen die Bestätigung des Eingangs des Nachforschungsantrags ermöglichen – den elektronischen Mittel gemeldet werde, dreißig Tage hat verstreichen lassen, ohne die Angelegenheit abschließend zu erledigen, oder ohne mitgeteilt zu haben, 3.1 dass der Schaden offenbar auf höhere Gewalt zurückzuführen ist;**

3.2 dass die Sendung wegen ihres Inhalts von der zuständigen Behörde zurückgehalten, eingezogen oder vernichtet oder nach den Rechtsvorschriften des Bestimmungslandes beschlagnahmt worden ist.

(4) Die Einlieferungsverwaltung beziehungsweise die Bestimmungsverwaltung darf den Anspruchsberechtigten auch dann entschädigen, wenn der Nachforschungsauftrag unvollständig ausgefüllt ist und zwecks Vervollständigung der Angaben zurückgeschickt werden muss und dadurch die in Absatz 3 vorgesehene Frist überschritten wurde.

(5) Handelt es sich um einen Nachforschungsauftrag, der eine Nachnahmesendung betrifft, so darf die Einlieferungsverwaltung den Anspruchsberechtigten in Höhe des Nachnahmebetrags für Rechnung der ordnungsgemäß mit der Angelegenheit befassten Bestimmungsverwaltung entschädigen, wenn diese zwei Monate hat verstreichen lassen, ohne die Angelegenheit abschließend zu erledigen.

## Art. 37 Paiement de l'indemnité

(1) Sous réserve du droit de recours contre l'administration responsable, l'obligation de payer l'indemnité et de restituer les taxes et droits incombe, selon le cas, à l'administration d'origine ou à l'administration de destination.

(2) L'expéditeur a la faculté de se désister de ses droits à l'indemnité en faveur du destinataire. Inversement, le destinataire a la faculté de se désister de ses droits en faveur de l'expéditeur. L'expéditeur ou le destinataire peut autoriser une tierce personne à recevoir l'indemnité si la législation intérieure le permet.

(3) L'administration d'origine ou de destination, selon le cas, est autorisée à désintéresser l'ayant droit pour le compte de l'administration qui, ayant participé au transport et régulièrement saisie, a laissé s'écouler deux mois et, si l'affaire a été signalée par télécopie ou par tout autre moyen électronique permettant de confirmer la réception de la réclamation, trente jours sans donner de solution définitive à l'affaire ou sans avoir signalé:

3.1. que le dommage paraissait dû à un cas de force majeure;

3.2. que l'envoi avait été retenu, confisqué ou détruit par l'autorité compétente en raison de son contenu ou saisi en vertu de la législation du pays de destination.

(4) L'administration d'origine ou de destination, selon le cas, est aussi autorisée à désintéresser l'ayant droit dans le cas où la formule de réclamation est insuffisamment remplie et a dû être retournée pour complé-

## Art. 37 Payment of indemnity

(1) Subject to the right of recourse against the administration which is liable, the obligation to pay the indemnity and to refund the charges and fees shall rest either with the administration of origin or with the administration of destination.

(2) The sender may waive his rights to the indemnity in favour of the addressee. Conversely, the addressee may waive his rights in favour of the sender. The sender or the addressee may authorize a third party to receive the indemnity if internal legislation allows this.

(3) The administration of origin or destination, as the case may be, shall be authorized to indemnify the rightful claimant on behalf of the administration which, having participated in the conveyance and having been duly informed, has allowed two months and, if the case was reported by fax or any other electronic means by which receipt of the inquiry can be confirmed, 30 days to pass without finally settling the matter, or without having reported:

3.1 that the damage appeared to be due to a case of force majeure;

3.2 that the item had been detained, confiscated or destroyed by the competent authority because of its contents or seized under the legislation of the country of destination.

(4) The administration of origin or destination, as the case may be, shall be authorized to indemnify the rightful claimant in cases where the inquiry form is not properly completed and has to be returned for addi-

ment d'information, entraînant le dépassement du délai prévu sous 3.

(5) S'agissant d'une réclamation relative à un envoi contre remboursement, l'administration d'origine est autorisée à désintéresser l'ayant droit à hauteur du montant du remboursement pour le compte de l'administration de destination qui, régulièrement saisie, a laissé s'écouler deux mois sans donner de solution définitive à l'affaire.

tional information, thereby causing the time limit set in 3 to be exceeded.

(5) In the case of an inquiry concerning a COD item, the administration of origin shall be authorized to indemnify the rightful claimant up to the COD amount on behalf of the administration of destination which, having been duly informed, has allowed two months to pass without finally settling the matter.

Art. 37 WPV regelt sowohl das Verhältnis des **Anspruchsberechtigten** gegenüber der **75** Postverwaltung als auch das Verhältnis der beteiligten Postverwaltungen untereinander. Ohne Rücksicht auf die Anzahl der beteiligten Postverwaltungen sind nach Abs. 1 die Einlieferungs- bzw. die Bestimmungsverwaltung zur Entschädigung und ggf. zur Erstattung der Entgelte verpflichtet. Sie können bei den tatsächlich haftenden Postverwaltungen Regress nehmen. Die Begründung, warum auch die Bestimmungsverwaltung gleichrangig mit der Einlieferungsverwaltung verpflichtet ist, gibt Abs. 2, wonach Absender und Empfänger sich wechselseitig ihre Ansprüche abtreten können, oder einen Dritten zur Entgegennahme der Entschädigung bevollmächtigen können, wenn dies nach innerstaatlichem Recht zulässig ist. Dies trifft für deutsches Recht zu, § 167 BGB, sei es in Form der Spezialvollmacht für einen besonderen Fall, oder als Art- oder Gattungsvollmacht für wiederkehrende, gleichartige Geschäfte.[89] Empfängerrechte iSd. § 421 werden damit nicht geregelt. Der Anspruchsberechtigte ist grundsätzlich der Absender.

Ist nach Abs. 3 eine der zuständigen Postverwaltungen **ordnungsgemäß** mit dem **76** Reklamationsfall befasst worden, also unmittelbar zB durch das CN 24-Verfahren gemäß Art. RE 702 LPR oder einen Nachforschungsauftrag nach Art. 30 WPV, ohne den Fall innerhalb von **zwei Monaten** zu erledigen oder zu erklären, dass der Schaden auf höhere Gewalt zurückzuführen ist oder dass die Sendung wegen ihres Inhalts von der zuständigen Behörde einbehalten, eingezogen, vernichtet oder beschlagnahmt worden ist, so ist im **Kundeninteresse** und zur **Qualitätssicherung** die jeweils andere Postverwaltung berechtigt, den Anspruchsberechtigten für Rechnung der jeweils anderen Postverwaltung zu entschädigen. Ebenso nach einer Frist von **30 Tagen,** wenn die Angelegenheit mittels **Fernkopie** oder einem anderen elektronischen Mittel gemeldet wurde, das zur Bestätigung des Eingangs des hier ausdrücklich genannten Nachforschungsauftrags geeignet ist. Nach deutschem Recht kommt die vereinbarte Form nach § 127 BGB in Betracht, außer der nicht praxisgerechten schriftlichen Urkunde des § 126 BGB, also die elektronische Form nach § 126a oder die Textform nach § 126b BGB. Übertragung durch elektronischen Brief gibt nach deutschem Recht noch keinen sicheren Nachweis des Zugangs.

Nach Abs. 4 gilt dies auch für den Fall, dass der **Nachforschungsauftrag** unvollständig **77** ausgefüllt war, zur Vervollständigung zurück geschickt werden musste, und die Frist allein deshalb verstrichen ist. Abs. 5 berechtigt im Sonderfall der Nachforschung nach einer **Nachnahmesendung** die Einlieferungsverwaltung, den Anspruchsberechtigten zu Lasten der Bestimmungsverwaltung in Höhe des Nachnahmebetrages zu entschädigen, Art. RE 701 Abs. 5 LPR, wenn diese ordnungsgemäß mit der Sache befasst war und zwei Monate ergebnislos hat verstreichen lassen.

Für **alle Fälle** der Entschädigung bestimmt Art. RE 704 LPR eine äußerste Frist: **78**

### Frist für die Zahlung der Entschädigung

1. Die Entschädigung ist so bald wie möglich zu zahlen, spätestens jedoch innerhalb von drei Monaten, vom Tag nach Erteilung des Nachforschungsauftrags an gerechnet.

---

[89] Palandt/*Ellenberger* § 167 BGB Rn. 6.

Nach dem Schlussprotokoll Art. XXII haben eine Reihe von Ländern **Vorbehalte** gegen
Abs. 3 geltend gemacht, sei es hinsichtlich der Fristen, der Entschädigung zu ihren Lasten
oder der Unterscheidung der Übertragungsmittel eines Nachforschungsauftrags. Die Postverwaltungen dieser Länder sind nach Art. RE 705 Abs. 2 LPR verpflichtet, bekanntzugeben, innerhalb welcher Frist sie die Angelegenheit erledigen, diese Frist darf **sechs Monate**
nicht überschreiten. Die Bekanntgabe ist unerlässlich, damit die Postkunden entsprechend
informiert werden können.[90]

### Art. 38 Eventuelle Zurückforderung der Entschädigung vom Absender oder vom Empfänger

(1) [1]Werden Einschreibsendungen, Pakete oder Wertsendungen, die ursprünglich als in Verlust geraten galten, oder ein Teil des Inhalts solcher Sendungen
nach Zahlung der Entschädigung wieder aufgefunden, so wird dem Absender
beziehungsweise dem Empfänger mitgeteilt, dass die betreffende Sendung gegen
Zurückzahlung der gezahlten Entschädigung drei Monate lang für ihn bereitgehalten wird. [2]Gleichzeitig wird er gefragt, wem die Sendung ausgeliefert werden soll.
[3]Erteilt er eine abschlägige Antwort oder antwortet er nicht fristgerecht, so wird
der gleiche Schritt beim Empfänger beziehungsweise beim Absender unternommen.

(2) Verzichten Absender und Empfänger auf die Übernahme der Sendung, so
geht diese in das Eigentum der Verwaltung beziehungsweise der Verwaltungen
über, die den Schaden getragen haben.

(3) Wird eine Wertsendung nachträglich wieder aufgefunden und wird festgestellt, dass ihr Inhalt einen geringeren Wert hat als die gezahlte Entschädigung,
so muss der Absender beziehungsweise der Empfänger diese Entschädigung unbeschadet der sich aus der betrügerischen Wertangabe ergebenden Konsequenzen
bei Aushändigung der Sendung zurückzahlen.

### Art. 38 Récupération éventuelle de l'indemnité sur l'expéditeur ou sur le destinataire

(1) Si, après paiement de l'indemnité, un
envoi recommandé, un colis ou un envoi
avec valeur déclarée ou une partie du contenu antérieurement considéré comme
perdu est retrouvé, l'expéditeur ou le destinataire, selon le cas, est avisé que l'envoi est
tenu à sa disposition pendant une période
de trois mois, contre remboursement du
montant de l'indemnité payée. Il lui est
demandé, en même temps, à qui l'envoi doit
être remis. En cas de refus ou de non-
réponse dans le délai imparti, la même
démarche est effectuée auprès du destinataire ou de l'expéditeur, selon le cas.

(2) Si l'expéditeur et le destinataire
renoncent à prendre livraison de l'envoi,
celui-ci devient la propriété de l'administration ou, s'il y a lieu, des administrations qui
ont supporté le dommage.

### Art. 38 Possible recovery of the indem-nity from the sender or the addressee

(1) If, after payment of the indemnity, a
registered item, a parcel or an insured item
or part of the contents previously considered
as lost is found, the sender or the addressee,
as the case may be, shall be advised that the
item is being held at his disposal for a period
of three months on repayment of the
amount of the indemnity paid. At the same
time he shall be asked to whom the item is
to be delivered. In the event of refusal or
failure to reply within the prescribed period,
the same approach shall be made to the
addressee or the sender as the case may be.

(2) If the sender and the addressee refuse
to take delivery of the item, it shall become
the property of the administration or, where
appropriate, administrations which bore the
loss.

---

[90] Manuel Conv. Art. 37 Anm. RE 705.2 S. F148.

(3) En cas de découverte ultérieure d'un envoi avec valeur déclarée dont le contenu est reconnu comme étant de valeur inférieure au montant de l'indemnité payée, l'expéditeur ou le destinataire, selon le cas, doit rembourser le montant de cette indemnité contre remise de l'envoi, sans préjudice des conséquences découlant de la déclaration frauduleuse de valeur.

(3) In the case of subsequent discovery of an insured item the contents of which are found to be of less value than the amount of the indemnity paid, the sender or the addressee, as the case may be, shall repay the amount of this indemnity against return of the item, without prejudice to the consequences of fraudulent insurance.

Art. 38 WPV sieht die Möglichkeit der Rückforderung geleisteter Entschädigung von **79** deren Empfänger vor. Nach Abs. 1 hält die Postverwaltung eine **Einschreibsendung,** ein **Paket** oder eine **Wertsendung,** die als verloren galten und nach Zahlung der Entschädigung ganz oder zu einem Teil ihres Inhalts wieder aufgefunden werden, **drei Monate** gegen Rückzahlung der Entschädigung für den Absender bzw. Empfänger bereit, je nach dem, wer die Entschädigungsleistung erhalten hat. Mit der Mitteilung hierüber wird der Betreffende gefragt, wem die Sendung ausgehändigt werden soll. Lehnt der so Befragte die Rücknahme ab oder antwortet er nicht fristgemäß, versucht es die Postverwaltung beim anderen Sendungsbeteiligten. Die Frist ist nicht definiert, also ist zu schließen, dass der zunächst Befragte die drei Monate der Bereithaltung theoretisch voll ausnutzen kann. Lehnen beide, Absender und Empfänger, die Übernahme der Sendung gegen Erstattung der Entschädigung ab, Abs. 2, geht die Sendung in das Eigentum der Postverwaltung oder Postverwaltungen über, die die Entschädigung geleistet haben. Die Postverwaltung hat **keinen Anspruch** auf Annahme der wieder aufgefundenen Sendung gegen Rückzahlung der Entschädigung. Anders bei einer **Wertsendung,** Abs. 3, bei der nach Wiederauffinden festgestellt wird, dass der Inhalt **weniger wert** war als angegeben. In diesem Fall **muss** der Empfänger der Entschädigung, je nach dem, Absender oder Empfänger, diese gegen Aushändigung der Sendung zurückzahlen. Diesen Anspruch kann die Postverwaltung ggf. gerichtlich durchsetzen. Daneben drohen dem Betreffenden wegen der betrügerischen Wertangabe auch strafrechtliche Konsequenzen nach der jeweiligen Rechtsordnung.

**4. Paketpost.** Der Weltpostverein hatte nach seiner Gründungsidee zunächst nur für **80** Briefsendungen das Ziel des freien Transits in einem einheitlichen Postgebiet. Erst der Kongress von Peking 1999 nahm die Paketpost unmittelbar in den WPV auf. Das **Sechste Zusatzprotokoll** zur Satzung des Weltpostvereins fasste den Art. 22 der Satzung neu, nach Abs. 3 enthalten der Weltpostvertrag, die Ergänzenden Briefpostbestimmungen und die Ergänzenden Paketpostbestimmungen die gemeinsamen Vorschriften für den internationalen Postdienst sowie die Bestimmungen über die Briefpost- und Paketpostdienste, diese Verträge sind für alle Mitgliedsländer verbindlich. Vorher gab es die gesonderten Postpaketübereinkommen, das letzte von Seoul 1994. Es hatte 43 Artikel und ein Schlussprotokoll und galt für Deutschland bis zum Inkrafttreten der Verträge des Weltpostvereins vom 15. September 1999 am 8. November 2002 auf der Grundlage des Transformationsgesetzes vom 18. Juni 2002 (s. Rn. 37). Art. 62 WPV stellt ausdrücklich klar, dass abweichend von Art. 10 Abs. 1 WPV Länder, die dem Postpaketübereinkommen vor Inkrafttreten dieses WPV nicht beigetreten waren, nicht verpflichtet sind, den Postpaketdienst durchzuführen.

Der WPV 1999 regelt die Beförderung von Briefsendungen wie Paketsendungen meist **81** nebeneinander. Der besseren Übersicht wegen werden die traditionell getrennt betrachteten Sendungsarten hier gesondert dargestellt. Insbesondere bei den Ergänzenden Bestimmungen gibt es jeweils besondere Regeln für Briefsendungen und Pakete, in beiden Regelungswerken werden die Artikel aber mit dem gleichen Präfix *RE* gezählt (s. Zitierweise vor Rn. 31). Weiter gelten die Ergänzenden Briefpostbestimmungen nach Art. RE 102 Abs. 1 PPR sinngemäß auch für den Postpaketdienst, soweit sie sich auf die allgemeinen Bestimmungen für den internationalen Postdienst beziehen.

## Art. 2 Freiheit des Durchgangs

...

(3) Die Freiheit des Durchgangs für auf dem Land- und auf dem Seeweg zu befördernde Postpakete ist auf das Gebiet der Länder beschränkt, die sich an diesem Dienst beteiligen.

(4) [1]Die Freiheit des Durchgangs für Luftpostpakete wird im gesamten Gebiet des Weltpostvereins gewährleistet. [2]Jedoch dürfen Mitgliedsländer, die sich nicht am Postpaketdienst beteiligen, nicht gezwungen werden, Luftpostpakete auf dem Land-/Seeweg zu befördern.

...

## Art. 2 Liberté de transit

...

(3) La liberté de transit des colis postaux à acheminer par les voies terrestre et maritime est limitée au territoire des pays participant à ce service.

(4) La liberté de transit des colis-avion est garantie dans le territoire entier de l'Union. Toutefois, les Pays-membres qui ne participent pas au service des colis postaux ne peuvent être obligés d'assurer l'acheminement, par voie de surface, des colis-avion.

...

## Art. 2 Freedom of transit

...

(3) Freedom of transit for postal parcels to be forwarded by land and sea routes shall be limited to the territory of the countries taking part in this service.

(4) Freedom of transit for air parcels shall be guaranteed throughout the territory of the Union. However, member countries which do not operate the postal parcels service shall not be required to forward air parcels by surface.

...

82     Die Freiheit des Durchgangs für Postpakete nach **Art. 2 Abs. 3 und 4 WPV** deckt sich nicht mit dem Gebiet des freien Durchgangs für Briefsendungen, da nicht alle Mitgliedsländer des Weltpostvereins den früheren Postpaketabkommen beigetreten waren. Nur für Länder, die sich am Paketdienst schon vor der Neufassung des WPV beteiligt hatten, gilt die Freiheit des Durchgangs auf dem Land und zur See. **Luftpostpakete** nehmen eine Sonderstellung ein, für sie ist im gesamten Vereinsgebiet der freie Durchgang garantiert. Jedoch nur in der Luft; Mitgliedsländer, die sich nicht am Postpaketdienst beteiligen, dürfen nicht zur Beförderung auf dem Land- oder Seeweg gezwungen werden. Nicht jedes mit einem Flugzeug beförderte Postpaket ist ein Luftpostpaket, Art. RE 101 Abs. 2 PPR definiert den Begriff als Pakete, die auf dem Luftwege mit Vorrang befördert werden.

## Art. 10 Grunddienste

(1) [1]Die Postverwaltungen stellen die Annahme, Bearbeitung, Beförderung und Auslieferung von Briefsendungen sicher. [2]Sie stellen dieselben Leistungen auch für Postpakete bereit, wobei sie entweder nach den Bestimmungen des Weltpostvertrags verfahren oder – bei abgehenden Paketen und auf der Grundlage zweiseitiger Vereinbarungen – von anderen Möglichkeiten Gebrauch machen, die für ihre Kunden günstiger sind.

...

(6) Der Austausch von Paketen, deren Stückgewicht 20 Kilogramm überschreitet, ist fakultativ; das Stückgewicht darf 50 Kilogramm jedoch nicht überschreiten.

(7) [1]Im Allgemeinen werden Pakete den Empfängern so schnell wie möglich nach den im Bestimmungsland geltenden Vorschriften ausgeliefert. [2]Werden Pakete nicht an die Anschrift des Empfängers zugestellt, so müssen die Empfänger unverzüglich von ihrem Eingang unterrichtet werden, es sei denn, dass dies nicht möglich ist.

(8) ¹Jedes Land, dessen Postverwaltung keine Pakete befördert, kann die Durchführung der Bestimmungen des Weltpostvertrags Beförderungsunternehmen
übertragen. ²Dabei darf es diesen Dienst auf Pakete aus oder nach Orten beschränken, die von diesen Unternehmen versorgt werden. ³Die Postverwaltung bleibt
für die Durchführung des Weltpostvertrags und der Ergänzenden Paketpostbestimmungen verantwortlich.

**Art. 10 Services de base**

(1) Les administrations postales assurent
l'admission, le traitement, le transport et la
distribution des envois de la poste aux lettres. Elles fournissent aussi les mêmes prestations pour les colis postaux soit en suivant
les dispositions de la Convention, soit, dans
le cas des colis partants et après accord bilatéral, en employant tout autre moyen plus
avantageux pour leurs clients.

...

(6) L'échange des colis dont le poids unitaire dépasse 20 kilogrammes est facultatif,
avec un maximum de poids unitaire ne
dépassant pas 50 kilogrammes.

(7) D une façon générale, les colis sont
livrés aux destinataires dans le plus bref délai
et conformément aux dispositions en
vigueur dans le pays de destination. Lorsque
les colis ne sont pas livrés à domicile, les
destinataires doivent, sauf impossibilité, être
avisés sans retard de leur arrivée.

(8) Tout pays dont l'administration postale ne se charge pas du transport des colis
a la faculté de faire exécuter les clauses de la
Convention par les entreprises de transport.
Il peut, en même temps, limiter ce service
aux colis en provenance ou à destination de
localités desservies par ces entreprises.
L'administration postale demeure responsable de l'exécution de la Convention et du
Règlement concernant les colis postaux.

**Art. 10 Basic services**

(1) Postal administrations shall provide
for the acceptance, handling, conveyance
and delivery of letter-post items. They shall
also provide the same for postal parcels
either as laid down in the Convention, or, in
the case of outward parcels and after bilateral
agreement, by any other means which is
more advantageous to its customers

...

(6) The exchange of parcels whose individual weight exceeds 20 kilogrammes shall
be optional, with a maximum individual
weight of 50 kilogrammes.

(7) As a general rule, parcels shall be
de livered to the addressees as soon as possible and according to the provisions in force
in the country of destination. When parcels
are not delivered to the addressee's address,
the addressee shall, unless this is impossible,
be advised of their arrival without delay.

(8) Any country whose postal administration does not undertake the conveyance of
parcels may arrange for the provisions of the
Convention to be implemented by transport
companies. It may, at the same time, limit
this service to parcels originating in or
addressed to places served by these companies. The postal administration shall remain
responsible for the execution of the Convention and of the Parcel Post Regulations.

Art. 10 Abs. 1 WPV nennt die Annahme, Bearbeitung, Beförderung und Auslieferung **83**
von Briefsendungen als Vergleichsmaßstab für den **Grunddienst** der Paketbeförderung,
wobei die Postverwaltungen alternativ nach dem WPV handeln oder bei abgehenden Pakten
und auf der Grundlage zweiseitiger Vereinbarungen andere Möglichkeiten nutzen können,
die für die Kunden günstiger sind.

Pakete werden nur unter besonderen Bedingungen zur Beförderung angenommen, **84**
wobei spezielle Anforderungen an die **Verpackung** gestellt werden. Weitergehend als in
§ 411 hat der Postkunde als Absender die Bedingungen mit Verordnungsrang (s. Rn. 37)
zu beachten. Sie bedürfen keiner Erläuterung, die detaillierte Fassung spricht für sich:

**Art. RE 106 PPR Bedingungen für die Annahme von Paketen**
1. Allgemeine Verpackungsbedingungen
   1.1   Pakete müssen dem Gewicht, der Form und der Art ihres Inhalts sowie der Art und
         Dauer der Beförderung entsprechend verpackt und verschlossen sein. Verpackung und
         Verschluss müssen den Inhalt so schützen, dass er weder zusammengedrückt noch

durch diverse Beanspruchungen in anderer Weise beschädigt werden kann, und verhindern, dass ein Zugriff auf den Inhalt erfolgen kann, ohne dass dies sichtbare Spuren hinterlässt.

1.2 Pakete müssen besonders sorgfältig verpackt werden, wenn sie:

1.2.1 über große Entfernungen befördert werden sollen;

1.2.2 häufig umgeladen werden müssen oder sonst vielfachen Beanspruchungen ausgesetzt sind;

1.2.3 gegen erhebliche Klima- und Temperaturunterschiede bzw. im Falle der Luftbeförderung gegen Druckunterschiede geschützt werden sollen.

1.3 Sie müssen so verpackt und verschlossen sein, dass sie für die Mitarbeiter der Post keine Gesundheitsgefährdung darstellen und jede Gefährdung ausschließen, wenn sie Gegenstände enthalten, die die Mitarbeiter bei der Bearbeitung verletzen, die anderen Pakete oder die Einrichtungen der Post verschmutzen oder beschädigen könnten.

1.4 Auf der Verpackung oder Umhüllung muss genügend Platz für Dienstvermerke, Stempelabdrucke und Klebezettel vorhanden sein.

1.5 Unverpackt zur Beförderung angenommen werden:

1.5.1 Gegenstände, die ineinander gestellt oder zusammengefasst und durch ein festes, mit Plomben und Siegeln versehenes Band so zusammengehalten werden können, dass sie ein einziges Paket bilden, das nicht auseinanderfallen kann;

1.5.2 aus einem einzigen Stück bestehende Pakete, wie Holzstücke, Metallstücke usw., die handelsüblich nicht verpackt werden.

2. Absender- und Empfängerangabe

2.1 Um zur Beförderung angenommen zu werden, muss ein Paket selbst oder ein mit der ganzen Fläche aufgeklebter Zettel die in lateinischen Schriftzeichen und arabischen Ziffern abgefassten vollständigen Anschriften des Empfängers und des Absenders tragen. Werden im Bestimmungsland andere Schriftzeichen und Ziffern verwendet, so empfiehlt es sich, die Anschrift auch in diesen Schriftzeichen und Ziffern abzufassen. Mit Bleistift geschriebene Anschriften sind unzulässig; jedoch werden Pakete auch zur Beförderung angenommen, wenn ihre Anschrift mit Tintenstift auf eine vorher angefeuchtete Fläche geschrieben ist.

2.2 Als Empfänger darf nur eine einzige natürliche oder juristische Person bezeichnet werden. Angaben wie „Herrn A in … für Herrn Z in …" oder „Bank von A in … für Herrn Z in …" können jedoch mit der Maßgabe zugelassen werden, dass die Verwaltungen nur die mit A bezeichnete Person als Empfänger ansehen. Außerdem müssen die Anschriften von A und Z im selben Land liegen.

2.3 Die Einlieferungsstelle muss dem Absender darüber hinaus empfehlen, ein Doppel seiner Anschrift und der des Empfängers in das Paket zu legen.

**Art. RE 108 PPR Besondere Verpackungen**

1. Die Vorschriften der Ergänzenden Briefpostbestimmungen über besondere Verpackungen sind sinngemäß anwendbar.

2. Darüber hinaus sind folgende Bedingungen einzuhalten.

2.1 Als Verpackung für Edelmetalle sind widerstandsfähige Metallkästen oder Holzkisten zu verwenden. Diese müssen bei Paketen bis 10 kg eine Wandstärke von mindestens 1 cm und bei Paketen über 10 kg eine Wandstärke von mindestens 1,5 cm haben. Die Verpackung kann auch aus zwei nahtlosen Beuteln als doppelter Umhüllung bestehen. Bei Sperrholzkisten genügt eine Wandstärke von 5 mm, wenn die Kanten mit Winkeleisen verstärkt sind.

2.2 Auf der Verpackung von Paketen mit lebenden Tieren sowie auf der dazugehörigen Paketkarte ist ein Zettel anzubringen, der den deutlich sichtbaren Vermerk „Animaux vivants" (Lebende Tiere) trägt.

2.3 Pakete mit radioaktiven Stoffen müssen in Inhalt und Beschaffenheit den Empfehlungen der Internationalen Atomenergie-Organisation entsprechen. Sie sind vom Absender mit dem deutlich sichtbaren und festhaftenden Vermerk „Matières radioactives". Quantités admises au transport par la poste" (Radioaktive Stoffe. Zur Postbeförderung zugelassene Mengen) zu versehen. Dieser Vermerk wird im Fall der Rücksendung der Verpackung an die Einlieferungsort automatisch durchgestrichen. Außerdem müssen sie außer dem Namen und der Anschrift des Absenders einen deutlich sichtbaren Vermerk tragen, mit dem die Rücksendung des Pakets im Falle der Unzustellbarkeit verlangt wird. Der Absender muss auf der Innenverpackung seinen Namen und seine Anschrift sowie den Inhalt des Pakets angeben.

**85** Für **Wertpakete** gelten verschärfte Verpackungsvorschriften, dazu Art. RE 201 PPR im betreffenden Auszug:

...
1.1 Für Wertpakete gelten die folgenden besonderen Verpackungsvorschriften:
1.1.1 Wertsendungen sind so zu verpacken, dass sie nicht beraubt werden können, ohne dass Umhüllung, Verpackung oder Siegel beschädigt werden. Sie müssen auf wirksame Weise, zB mit dünnem Klebeband mit einem einheitlichen absendertypischen Aufdruck oder Merkmal versiegelt werden. Die Verwaltungen können jedoch vereinbaren, dass sie einen solchen Aufdruck bzw. ein solches Merkmal nicht verlangen.
1.1.2 Ungeachtet der in Absatz 1.1.1 vorgesehenen Bestimmungen können die Verwaltungen verlangen, dass Wertsendungen durch mehrere gleiche Siegelabdrucke, durch Plomben oder andere wirksame Mittel mit einem einheitlichen absendertypischen Aufdruck oder Merkmal versiegelt werden.
1.1.3 Zwischen den einzelnen Siegelabdrucken, Siegeln, Klebezetteln aller Art und gegebenenfalls auf das Paket geklebten Postwertzeichen muss genügend Abstand gelassen werden, damit sie nicht Beschädigungen der Verpackung verdecken können.
1.1.4 Klebezettel und Postwertzeichen dürfen nicht von einer Seite der Verpackung auf die andere übergreifen und auf diese Weise eine Kante verdecken.
1.1.5 Aufschriftzettel dürfen auf die Verpackung selbst geklebt werden.
...

**Päckchen** kommen im WPV unmittelbar nicht vor, sie sind nur eine **besondere Versendungsart** nach Art. RE 205 Abs. 6 LPR. Sie müssen als solche **erkennbar bezeichnet** sein, dürfen auch Schriftstücke mit persönlichen **Mitteilungen** des Absenders an den Empfänger enthalten, wenn dies nach den Inlandsvorschriften zulässig ist. Für ihren Verschluss gibt es keine besonderen Anforderungen, vor allem können sie zur Prüfung ihres Inhalts von der Postverwaltung **geöffnet** werden. 86

Art. 10 Abs. 6 WPV geht von einem üblichen Gewicht eines Postpakets von **20 kg** aus, höheres Gewicht bis **maximal 50 kg** kann eine Postverwaltung zulassen. Paketsendungen über 50 kg werden nicht nach dem WPV befördert, es handelt sich dann um internationales Frachtgut, dessen Beförderung ggf. der CMR unterliegt. Die Deutsche Post nimmt bei Redaktionsschluss Pakete sowohl im Inland wie im internationalen Bereich bis 31,5 kg in Quaderform an. 87

Abs. 7 geht grundsätzlich von möglichst rascher Auslieferung an den Empfänger, also Zustellung, aus. Anderenfalls muss der Empfänger unverzüglich vom Eingang des Postpaketes unterrichtet werden, sofern es möglich ist. Damit sind keine Empfängerrechte iSd. § 421 begründet. Für den Fall der **Unzustellbarkeit** hat der Absender nach Art. RE 110 PPR auf der zwingend vorgesehenen **Paketkarte**, Art. RE 109 PPR, **Vorausverfügungen** zu treffen, nämlich sofortige Rücksendung an den Absender, Rücksendung nach Ablauf einer im Bestimmungsland zulässigen Lagerfrist, Nachsendung zur Aushändigung an den Empfänger, jeweils wahlweise auf dem preisgünstigsten Beförderungsweg oder auf dem Luftweg, oder die Preisgabe des Pakets. Nachsendung kann aber nach Art. 27 Abs. 2.1 WPV vom Absender ausdrücklich ausgeschlossen werden, ein entsprechender **Vermerk** ist auf französisch oder einer im Bestimmungsland bekannten Sprache anzubringen. 88

Gemäß Abs. 8 kann ein Land, dessen Postverwaltung keine Pakete befördert, Beförderungsunternehmen ggf. mit eingeschränktem Liniennetz beauftragen. Wird der Paketdienst durch Beförderungsunternehmen ausgeführt, muss die Postverwaltung nach Art. RE 103 Abs. 1 PPR mit diesen entsprechende **Vereinbarungen** treffen, um sicherzustellen, dass sie alle Bestimmungen des Weltpostvertrags und der Ergänzenden Paketpostbestimmungen, insbesondere die Einrichtung des **Auswechslungsdienstes,** uneingeschränkt ausführen. Die Postverwaltung ist für die gesamten Beziehungen dieser Beförderungsunternehmen zu den Verwaltungen der anderen Vertragsländer und zum Internationalen Büro verantwortlich. Der besonders hervorgehobene Auswechslungsdienst bezieht sich auf den Austausch von Paketkartenschlüssen über sogenannte Auswechslungsstellen, Art. RE 601 Abs. 12 PPR.[91] 89

---

[91] Zum Kartenschluss s. Rn. 41.

## Art. 25 Nichtzulässige Sendungen. Verbote

...

**(4) Die Aufnahme nachstehend genannter Gegenstände in Postpakete ist verboten:**

4.1 **Schriftstücke mit dem Charakter einer aktuellen und persönlichen Mitteilung, die zwischen dem Absender und dem Empfänger oder bei ihnen wohnenden Personen ausgetauscht werden;**

4.2 **Mitteilungen jeglicher Art, die zwischen anderen Personen als dem Absender und dem Empfänger oder bei ihnen wohnenden Personen ausgetauscht werden.**

...

### Art. 25 Envois non admis. Interdictions

...

(4) L'insertion des objets visés ci-après est interdite dans les colis postaux:

4.1 les documents ayant le caractère de correspondance actuelle et personnelle échangés entre l'expéditeur et le destinataire ou les personnes habitant avec eux;

4.2 les correspondances de toute nature échangées entre des personnes autres que l'expéditeur et le destinataire ou les personnes habitant avec eux.

...

### Art. 25 Items not admitted. Prohibitions

...

(4) The insertion of the articles mentioned below shall be prohibited in postal parcels.

4.1 documents having the character of current and personal correspondence exchanged between the sender and the addressee or persons living with them;

4.2 correspondence of any kind exchanged between persons other than the sender and the addressee or persons living with them.

...

**90**    Art. 25 WPV enthält außer der Aufzählung der für alle Sendungen verbotenen Gegenstände und Stoffe in Abs. 4 das besonders hervorgehobene **Verbot,** in Postpakete **persönliche aktuelle Mitteilungen** zwischen Absender und Empfänger und ihren Mitbewohnern einzulegen, Abs. 4.1, oder Mitteilungen jeglicher Art zwischen Dritten, die nicht Mitbewohner des Absenders oder des Empfängers sind, Abs. 4.2. Dieses Verbot geht über das in Abs. 2.7 enthaltene hinaus, welches den Austausch aktueller persönlicher Mitteilungen gerade zwischen Absender und Empfänger und ihren Mitbewohnern (in anderen Sendungsarten als Briefen) zulässt. Gleichwohl lässt Art. RE 301 Abs. 2 PPR Ausnahmen von diesem Verbot zu, wenn die Inlandsvorschriften der betreffenden Postverwaltungen den Austausch solcher Mitteilungen in Paketen gestatten. Ergänzend gilt Art. RE 300 bis PPR zum Verbot des Versandes gefährlicher Stoffe, der wortgleich mit Art. RE 500 bis LPR ist (s. Rn. 49), lediglich angepasst den Versand in Postpaketen untersagt.

### 5. Haftungsregeln Paketpost.

**91**  ## Art. 34 Haftung der Postverwaltungen. Entschädigungen

...

**(4) Gewöhnliche Pakete**

4.1 **Bei Verlust, vollständiger Beraubung oder vollständiger Beschädigung eines gewöhnlichen Pakets hat der Absender Anspruch auf eine Entschädigung, deren Höhe in den Ergänzenden Paketpostbestimmungen festgelegt ist.**

4.2 **Bei einer teilweisen Beraubung oder einer teilweisen Beschädigung eines gewöhnlichen Pakets hat der Absender Anspruch auf eine Entschädigung, die grundsätzlich dem tatsächlichen Umfang der Beraubung oder Beschädigung** entspricht. **Sie darf jedoch in keinem Fall den Betrag überschreiten, der in den Ergänzenden Paketpostbestimmungen für den Fall eines Verlustes, einer vollständigen Beraubung oder einer vollständigen Beschädigung festgelegt ist. Mittelbare Schäden oder entgangene Gewinne werden nicht berücksichtigt.**

**4.3 Die Postverwaltungen können vereinbaren, dass sie im gegenseitigen Verkehr den in den Ergänzenden Paketpostbestimmungen je Paket festgelegten Betrag anwenden, und zwar unabhängig vom Gewicht des Pakets.**

**Art. 34 Responsabilité des administrations postales. Indemnités**

...

(4) Colis ordinaires

4.1 En cas de perte, de spoliation totale ou d'avarie totale d'un colis ordinaire, l'expéditeur a droit à une indemnité fixée par le Règlement concernant les colis postaux.

4.2 En cas de spoliation partielle ou d'avarie partielle d'un colis ordinaire, l'expéditeur a droit à une indemnité qui correspond, en principe, au montant réel de la spoliation ou de l'avarie. Elle ne peut toutefois en aucun cas dépasser le montant fixé par le Règlement concernant les colis postaux en cas de perte, de spoliation totale ou d'avarie totale. Les dommages indirects ou les bénéfices non réalisés ne sont pas pris en considération.

4.3 Les administrations postales peuvent convenir d'appliquer dans leurs relations réciproques le montant par colis fixé par le Règlement concernant les colis postaux, sans égard au poids du colis.

**Art. 34 Liability of postal administrations. Indemnities**

...

(4) Ordinary parcels

4.1 If a parcel is lost, totally rifled or totally damaged, the sender shall be entitled to an indemnity of an amount set in the Parcel Post Regulations.

4.2 If a parcel is partially rifled or partially damaged, the sender shall be entitled to an indemnity corresponding, in principle, to the actual value of the theft or damage. It may, however, in no case exceed the amount set in the Parcel Post Regulations in case of loss, total theft or total damage. Consequential losses or loss of profits shall not be taken into account.

4.3 Postal administrations may agree to apply, in their reciprocal relations, the amount per parcel set in the Parcel Post Regulations, regardless of the weight.

Grundsätzlich kann auf die Anmerkungen zu Art. 34 WPV bei Briefpost verwiesen **92** werden (s. Rn. 53). Abs. 4.1 WPV verweist für den Fall des Verlustes, vollständiger Beraubung oder vollständiger Beschädigung eines gewöhnlichen Pakets auf eine Entschädigung nach Maßgabe der Ergänzenden Paketpostbestimmungen. Hierzu regelt Art. RE 501 Abs. 2.1 PPR:

2.1 Die in Artikel 34 Absatz 4.1 des Weltpostvertrags vorgesehene Entschädigung darf bei gewöhnlichen Paketen in keinem Fall die durch Kombination des Vergütungssatzes von 40 SZR je Paket und des Vergütungssatzes von 4,50 SZR je Kilogramm berechneten Beträge überschreiten.

Für Verlust, vollständige Beraubung oder vollständige Beschädigung eines gewöhnlichen Postpakets von 2,5 kg Gewicht steht dem Absender somit eine Entschädigung von **40 SZR** als Grundbetrag sowie 2,5-mal **4,50 SZR** auf das Gewicht bezogen, demnach ein weiterer Betrag von 11,25 SZR zu, insgesamt eine Entschädigung von 51,25 SZR. Weitergehende Ansprüche gibt es wie bei Briefpost nicht. Bei **teilweiser** Beraubung oder Beschädigung ist die Entschädigung anteilig gemessen am tatsächlichen Umfang des Schadens bis zum Höchstbetrag zu leisten, Abs. 4.2. Ersatz für Schadenfolgeschäden oder Vermögensschäden sowie für Verspätungsschäden gibt es nicht, die Haftungsbegrenzung kann nicht durchbrochen werden.

Von der Möglichkeit, eine gewichtsunabhängige **Pauschalabfindung** nach Abs. 4.3 **93** iVm. Art. RE 501 Abs. 2.2 PPR in Höhe von 130 SZR zu vereinbaren, hat die Deutsche

Post nicht Gebrauch gemacht. Manche Postverwaltungen lassen in ihrem Bereich Pakete mit einem Gewicht über 20 kg zu.[92] Es ist also eine kaufmännische Rechnung, dass sich bei überwiegender Zahl von Paketen mit niedrigen Gewichten die Pauschalentschädigung nicht lohnt, die exakt den normalen Haftungsbetrag für ein Paket von 20 kg abdeckt (40 SZR + 20 × 4,50 SZR). Die aktuelle Regelung der Deutschen Post ist zu beachten, s. o. Rn. 87.

## Art. 35 Haftungsausschluss seitens der Postverwaltungen

...

**1.4 wenn der Empfänger oder im Fall der Rücksendung an den Einlieferungsort der Absender eines Pakets oder einer Wertsendung trotz ordentlicher unbeanstandeter Annahme der jeweiligen Sendung gegenüber der Verwaltung, die ihm die Sendung ausgeliefert hat, unverzüglich erklärt, dass er einen Schaden festgestellt hat; er muss beweisen, dass die Sendung nicht erst nach der Auslieferung beraubt oder beschädigt wurde.**

### Art. 35 Non-responsabilité des administrations postales

...

1.4 lorsque le destinataire ou, en cas de renvoi à l'origine, l'expéditeur d'un colis ou d'un envoi avec valeur déclarée, nonobstant décharge donnée régulièrement, déclare sans délai à l'administration qui lui a livré l'envoi avoir constaté un dommage; il doit administrer la preuve que la spoliation ou l'avarie ne s'est pas produite après la livraison.

### Art. 35 Non-liability of postal administrations

...

1.4 when the addressee or, in the case of return to origin, the sender of a parcel or of an insured item, although having given a proper discharge, notifies the delivery administration without delay that he has found theft or damage. He shall furnish proof that such theft or damage did not occur after delivery.

94    Art. 35 Abs. 1.4 WPV lässt trotz unbeanstandeter Ablieferung eines Pakets oder einer Wertsendung die Postverwaltung haften, wenn der Empfänger oder bei Rücksendung der Absender gegenüber der zuständigen Postverwaltung **unverzüglich** erklärt, er habe einen Schaden festgestellt, und **beweist,** dass die Sendung nicht erst nach der Auslieferung beraubt oder beschädigt wurde. Im Vergleich zum allgemeinen Transportrecht handelt es sich nicht unbedingt um einen verdeckten Schaden bei reiner Ablieferungsquittung, der Schaden kann vom Empfänger der Auslieferung auch nur übersehen worden sein, obwohl er äußerlich erkennbar war. Im Alltag bedeutet dies, dass der Sendungsempfänger nur schwer der Beweislast für Beraubung oder Beschädigung vor Auslieferung an ihn wird entsprechen können. In der Regel wird die Bestimmung zu einem Haftungsausschluss führen.

95    Die Art. 36 bis 38 WPV gelten allgemein, auf die Anmerkungen hierzu bei Briefpost wird verwiesen (s. Rn. 73 ff.). Die Ergänzenden Paketpostbestimmungen enthalten mit abweichender Zählung im Wesentlichen gleiche Regelungen, soweit sie sich auf den Absender oder Empfänger beziehen. Sehr detaillierte Regelungen betreffen das Verhältnis der Postverwaltungen untereinander, sind hier aber nicht darzustellen.

## III. Änderungen durch den Weltpostvertrag Bukarest 2004 und folgende

96    Es wurde mehrmals erwähnt, dass der aktuell geltende WPV 1999 von den Akten des 23. Weltpostkongresses in Bukarest 2004 überholt wurde. Am 15. Oktober 2012 endete der 25. Weltpostkongress in Doha. Wie und wann der Gesetzgeber darauf reagieren wird,

---

[92] Art. VIII Schlussprotokoll zum Weltpostvertrag vom 15. September 1999: Kanada begrenzt das Höchstgewicht für ankommende und abgehende Pakete auf 30 kg.

ist noch nicht abzusehen. Für den täglichen Gebrauch der Postbeförderung erübrigt sich daher ein vorausschauender Vergleich. Bei den in diesen folgenden Verträgen beschlossenen Vertragsänderungen handelt es sich im Wesentlichen um organisatorische, grundsätzliche Änderungen, die der Marktentwicklung mit einer eigenen Strategie insbesondere hinsichtlich neuer elektronischer Dienstleistungen folgen, weniger um Änderungen des Verhältnisses zwischen Postdienstleister und Kunden.

## IV. Beförderung durch die Deutsche Post

**1. AGB BRIEF INTERNATIONAL.** Anders als die AGB BRIEF NATIONAL, die   **97** inhaltlich teilweise auf die Regelungen der früheren Postordnung zurückgreifen, sich sonst weitgehend an den Bestimmungen des allgemeinen Frachtrechts orientieren, liegt dem internationalen Briefpostdienst ein völkerrechtlicher Vertrag mit Gesetzesrang zugrunde, die Ergänzenden Briefpostbestimmungen haben den Rang einer Rechtsverordnung (s. Rn. 37). Prüfmaß für diese AGB sind daher weniger die §§ 307 bis 309 BGB, sondern primär die Akte des Weltpostvereins. Trotz der unterschiedlichen Basis ähneln sich beide AGB in zahlreichen Punkten.

**a) Hinweise.** Abschn. 1 umreißt den **Geltungsbereich** und zählt die Rechtsgrundlagen   **98** auf. Die AGB gelten für Verträge mit der Deutschen Post AG und ihren verbundenen Unternehmen über die grenzüberschreitende Beförderung von Briefen und briefähnlichen Sendungen, § 449 Abs. 1. Die erfassten **Sendungsarten** und Zusatzleistungen werden genannt. Auf ergänzend geltende Leistungsbeschreibungen und **Beförderungsbedingungen** wird verwiesen. Das Verzeichnis *Leistungen und Preise* ist leicht erhältlich, es kann wie die anderen genannten Informationsschriften auch im Internet eingesehen werden. Soweit nicht zwingendes Recht, schriftliche Einzelvereinbarungen, die genannten speziellen Bedingungen und die AGB etwas anderes bestimmt, gelten die Verträge des Weltpostvereins *in der jeweils gültigen Fassung.* Die gültige Fassung für Deutschland ist bis auf weiteres aber nur der WPV 1999 als Gesetz und seine Nebenbestimmungen als Verordnung, daher kann sich der Verweis tatsächlich nur darauf beziehen.

Abschn. 2 regelt die Begründung des Beförderungsvertrags für bedingungsgemäße Sen-   **99** dungen wie in den AGB BRIEF NATIONAL. Abweichenden AGB wird widersprochen. Der Ausschluss von **Verbotsgut** ist um die internationalen Bezugnahmen des WPV erweitert. Die Aufzählung der Verbotsgüter in Abs. 2 erstreckt sich auch auf gesetzlich oder behördlich verbotene Güter und solche, die besondere Einrichtungen oder Sicherheitsvorkehrungen oder Genehmigungen erfordern. Die AGB verbieten **alle Güter,** die nach Art. 25 WPV verboten sind. Hinsichtlich der Aufzählung von Wertsachen weichen die AGB zu Gunsten des Kunden von der rigiden Grundregelung des Art. 25 Abs. 5 WPV ab und nützen die Ausnahmemöglichkeiten. Höchster zur Beförderung angenommener tatsächlicher Wert ist EUR 25.000, in der Valorenklasse II höchstens EUR 500 und in der Valorenklasse I höchstens 5.000 EUR. Abs. 3 nennt die Bedingungen, unter denen die Deutsche Post eine Sendung nicht oder anders als vom Absender gewünscht befördert. Die Deutsche Post ist nach Abs. 4 nicht zu Prüfungen verpflichtet, aber bei Verdacht zur Öffnung und Prüfung berechtigt. Eine Sonderrolle spielen Luftpostsendungen wegen der EU-Luftsicherheitsvorschriften. Diesen nicht entsprechende Sendungen, oder auch nur verdächtige Sendungen, können gegebenenfalls zu Land oder See befördert werden, wenn sie die Deutsche Post nicht gänzlich zurückweist.

Soweit sich die Verbotsgutklauseln auf die Verträge des Weltpostvereins beziehen, geht   **100** die Kritik an den Vertragsabwehrklauseln zu weit.[93] Die Wiedergabe gesetzlicher Verbote, wie der Versand von Betäubungsmitteln oder berauschenden Stoffen, Waffen, Explosivmitteln oder Gefahrgut iSd. ADR oder GGVSE, ist nur eine Wiederholung der bestehenden Rechtslage, weder überraschend noch den Absender benachteiligend. Verstöße gegen ein

---

[93] *Koller* VersR 2004, 269 ff.

gesetzliches Verbot führen zur Nichtigkeit des Vertrages, § 134 BGB. Einschränkungen kann es geben, wenn zB beim Versand von Valoren die Wertfestsetzung auch von subjektiven Elementen getragen ist. Diese Fälle können haftungsrechtlich mit dem Einwand des Mitverschuldens geregelt werden.

**101**    Abschn. 3 regelt Rechte, Pflichten und Obliegenheiten des Absenders. Weisungen müssen formgerechte **Vorausverfügungen** sein, Weisungen nach Übernahme der Sendung durch die Post müssen nicht befolgt werden, vgl. Art. 29 WPV. Der Absender hat nach Abs. 2 für seine Sendung die geeignete Dienstleistung auszuwählen, um den Schaden bei Verlust, Beschädigung oder sonstiger Leistungsstörung so gering wie möglich zu halten. Die **Kennzeichnungs- und Verpackungspflichten** nach dem WPV und den Ergänzenden Briefpostbestimmungen sind auf das wesentliche konzentriert wiedergegeben, Abs. 4. Es ist selbstverständlich, dass zollrechtliche Vorschriften zu beachten sind. Auch hier bedingt sich die Deutsche Post in Abs. 5 eine Freistellung von Ansprüchen Dritter aus, die wegen eines Verstoßes des Absenders gegen seine statuierten Pflichten erhoben werden.

**102**    In Abschn. 4 beschreibt die Deutsche Post ihre **Leistungen.** In Übereinstimmung mit dem WPV wird die Einhaltung von Lieferfristen oder bestimmter Termine nicht geschuldet, soweit sie nicht im Rahmen besonders vereinbarter Dienstleistungen einzuhalten sind. Unter Berücksichtigung der Interessen des Absenders dürfen auch Unterfrachtführer eingesetzt werden. Rücktransport an den Absender bei entsprechender Verfügung wird für aus dem Ausland retournierte Sendungen zugesagt, Art. 28 WPV. Auch das Öffnungs- und Verwertungsrecht der Deutschen Post als Postverwaltung iSd. Verträge des Weltpostvereins ist durch Art. 28 WPV gedeckt. Dieser behandelt unzustellbare Pakete und zählt zu den gesetzlichen Regelungen, die die Deutsche Post berücksichtigt. Nach Abs. 5 können Absender oder Empfänger binnen sechs Monaten ab Einlieferung Nachforschungsanträge stellen, entsprechend Art. 30 WPV. Empfängerrechte iSd. § 421 werden damit nicht geregelt.

**103**    Abschn. 5 regelt die spätestens bei Einlieferung fälligen Entgelte, **Freimachung,** und den Anspruch auf Erstattung der Auslagen, die die Deutsche Post für den Absender vorschießt, wie Zölle, Gestellungsgebühren, Ein- und Ausfuhrabgaben. Der Absender stellt auch insoweit die Deutsche Post von allen Ansprüchen Dritter frei, außerdem sind alle Kosten bei Anforderung sofort fällig.

**104**    Das **Haftungssystem** des Abschn. 6 richtet sich am WPV aus und gibt dessen **verbindliche und abschließende** Entschädigungssätze wieder. Bedingungsgerechte Sendungen iSd. Abs. 1 sind im internationalen Postverkehr nicht nur solche, die den vorliegenden AGB entsprechen, sie müssen iSd. der Verträge des Weltpostvereins bedingungsgerecht sein. Der WPV selbst hat Gesetzesrang, die Ergänzenden Briefpostbestimmungen Verordnungsrang (s. Rn. 37). Entgangener Gewinn oder Zinsen werden nicht ersetzt. Wegen einer Sendung kann es auch nur einmal Ansprüche geben, die durch Zahlung erledigt werden. Für einen beraubten Wertbrief ist der Entschädigungsanspruch nicht höher als in Art. 34 WPV vorgesehen.[94] Der Ausschluss der Haftung für Nebenpflichtverletzungen und außervertragliche Ansprüche stimmt mit den Haftungsbestimmungen in Art. 34 WPV und Art. RE 701 Abs. 4 LPR überein. Abs. 5 ist das fast wörtliche Pendant zu Art. 35 Abs. 2.7 WPV. Die Haftung des Absenders über den Art. 36 WPV hinaus gegenüber der Deutschen Post beruht auf innerdeutschem Recht.

**105**    Der WPV kennt **keine** Verjährungsregelung für den Anspruchsberechtigten wie Abschn. 7, setzt vielmehr hinsichtlich der Entschädigungszahlung sehr kurze Fristen, Art. 37 WPV iVm. Art. RE 704 LPR. Art. 35 Abs. 2.7 WPV enthält eine Ausschlussfrist zur Geltendmachung von Ansprüchen wie Art. 35 Abs. 1 MÜ, keine Verjährung. Nach Abschn. 7 setzen die AGB eine Verjährungsfrist von einem Jahr fest, in Übereinstimmung

---

[94] BGH 28.1.2003, BGHZ 153, 327 = NJW 2003, 1602 = TranspR 2003, 238; in der Rechtsprechung beziehen sich die Zitate der Verträge des WPV auf den bei Entstehung des Falles vorhandenen Vertragsstand; sie bleiben dennoch aktuell, da das Verhältnis Postverwaltung/Postkunde je nach der aktuell geltenden Fassungen des WPV verbindlich bleibt.

mit anderen internationalen Abkommen im Transportbereich, wie Art. 32 Abs. 1 CMR, Art. 48 § 1 S. 1 CIM.

Die **sonstigen** Regelungen des Abschn. 8 enthalten ein Abtretungs-, Verpfändungs- und Aufrechnungsverbot sowie eine Gerichtsstandsregelung. Abs. 3 regelt den Umgang mit Kundendaten. **106**

## b) Text.

**Allgemeine Geschäftsbedingungen der Deutschen Post AG BRIEF INTERNATIONAL**   **107**

*(AGB BRIEF INTERNATIONAL)*
Allgemeine Geschäftsbedingungen der Deutschen Post AG
BRIEF INTERNATIONAL (AGB BRIEF INTERNATIONAL)

### 1 Geltungsbereich und Rechtsgrundlagen

(1) Diese Allgemeinen Geschäftsbedingungen, nachfolgend „AGB", gelten für Verträge mit der Deutschen Post AG und ihren verbundenen Unternehmen, nachfolgend „Deutsche Post", über die grenzüberschreitende Beförderung von Briefen und briefähnlichen Sendungen, nachfolgend „Sendungen". Der Geltungsbereich schließt besonders vereinbarte Zusatz- und Nebenleistungen ein. Diese AGB umfassen insbesondere folgende Produkte und Leistungen:
1. Brief, Postkarte, Infopost International, Infobrief International, Presse und Buch International, Blindensendung und Briefe zum Kilotarif; (Briefsendungen),
2. Päckchen International, Economy Päckchen, Premium Päckchen; (Päckchen),
3. Einschreiben, Wertbrief International, Eigenhändig, Rückschein, Nachnahme, Eil International, Internationale Werbeantwort, Internationaler Antwortschein, Anschriftenprüfung/-mitteilung; (Zusatzleistungen),
4. Nachsendung von Briefsendungen und Päckchen.

(2) Ergänzend zu diesen AGB gelten das Verzeichnis „Leistungen und Preise" und die Broschüre „Internationaler Briefversand: Wichtige Informationen für Gestaltung und Einlieferung.", in der jeweils gültigen Fassung, die bei den Geschäftsstellen der Deutschen Post und im Internet zur Einsichtnahme bereitgehalten werden. Zudem gelten spezielle Leistungsbeschreibungen und Beförderungsbedingungen, auf die allgemein in dem Verzeichnis „Leistungen und Preise", in Rahmenvereinbarungen oder Beförderungspapieren (Einlieferungsbelegen etc.) verwiesen wird. Weitere aktuelle Informationen stellt die Deutsche Post im Internet unter www.deutschepost.de/globalmail/land-fuer-land („Länderliste") bereit.

(3) Soweit – in folgender Rangfolge – durch zwingende gesetzliche Vorschriften, Einzelvereinbarungen, die in Absatz 2 genannten speziellen Bedingungen und diese AGB nichts anderes bestimmt ist, findet der Weltpostvertrag und seine Nebenabkommen (insbesondere Ergänzende Briefpostbestimmungen), nachfolgend „Verträge des Weltpostvereins", in der jeweils gültigen Fassung Anwendung.

### 2 Vertragsverhältnis – Begründung und Ausschluss von Verbotsgut

(1) Beförderungsverträge kommen für bedingungsgemäße Sendungen durch deren Übergabe durch oder für den Absender und deren Übernahme in die Obhut der Deutschen Post oder von ihr beauftragter Unternehmen („Einlieferung" bzw. „Abholung") nach Maßgabe der vorliegenden AGB zustande. Entgegenstehenden Allgemeinen Geschäftsbedingungen des Absenders wird hiermit ausdrücklich widersprochen.

(2) Von der Beförderung sind ausgeschlossen:
1. Sendungen, deren Inhalt, äußere Gestaltung, Beförderung oder Lagerung gegen ein gesetzliches oder behördliches Verbot, insbesondere gegen Aus-, Einfuhr- oder zollrechtliche Bestimmungen des Einlieferungs-, Durchgangs- oder Bestimmungslandes verstoßen oder besondere Einrichtungen (zB für temperaturgeführtes Gut), Sicherheitsvorkehrungen oder Genehmigungen erfordern; hierzu gehören auch Sendungen bzw. Güter, deren Beförderung nach den Verträgen des Weltpostvereins nicht zugelassen ist; dazu gehören auch Sendungen, deren Inhalt gegen Vorschriften zum Schutz geistigen Eigentums verstößt, einschließlich gefälschter oder nicht lizenzierter Kopien von Produkten (Markenpiraterie);
2. Sendungen, durch deren Inhalt oder äußere Beschaffenheit Personen verletzt, infiziert oder Sachschäden verursacht werden können;
3. Sendungen, die lebende Tiere oder sterbliche Überreste von Menschen enthalten; ausgenommen sind Urnen und wirbellose Tiere, wie Bienen-Königinnen und Futterinsekten, sofern der Absender sämtliche Vorkehrungen trifft, die einen gefahrlosen, tiergerechten Transport ohne Sonderbehandlung sicherstellen;
4. Sendungen, die Betäubungsmittel oder berauschende Mittel enthalten;
5. Sendungen, deren Beförderung und/oder Lagerung gefahrgutrechtlichen Vorschriften unterliegt; ausgeschlossen sind auch alle gemäß den jeweils gültigen IATA- und ICAO-Gefahrgutvorschriften nicht uneingeschränkt zugelassenen Güter;
6. Sendungen mit einem tatsächlichen Wert von mehr als 25.000 EUR; die Haftungsbeschränkungen gemäß Abschnitt 6 bleiben von dieser Wertgrenze unberührt;
7. Sendungen, die Geld oder andere Zahlungsmittel, Edelmetalle, Schmuck, Uhren, Edelsteine, Kunstgegenstände, Antiquitäten oder sonstige Kostbarkeiten oder Wertpapiere, für die im Schadensfall keine Sperrung sowie Aufgebots- und Ersatzverfahren durchgeführt werden kann, enthalten. Ausnahmsweise sind

bestimmte besonders wertvolle Güter, aber nur in Sendungen mit der Zusatzleistung Wertbrief International, zugelassen, und zwar die in der Broschüre „Internationaler Briefversand: Wichtige Informationen für Gestaltung und Einlieferung." aufgezählten Güter:

a) der Valorenklasse II (außer Geld oder andere Zahlungsmittel), bis zu einem tatsächlichen Wert von 500 EUR

b) der Valorenklasse I bis zu einem tatsächlichen Wert von 5.000 EUR. Zugelassen sind außerdem Sendungen mit der Zusatzleistung Einschreiben, die Briefmarken, Warengutscheine und geringwertige Güter dieser Klassen (zB Modeschmuck, und Werbeartikel), jeweils bis zu einem tatsächlichen Wert von 30 Sonderziehungsrechten des Internationalen Währungsfonds (SZR) pro Sendung, sowie einzelne Fahrkarten und einzelne Eintrittskarten enthalten;

8. Sendungen, die nicht oder nicht ausreichend freigemacht sind und in der Absicht eingeliefert werden, die Beförderungsleistung ohne Zahlung der dafür geschuldeten Vergütung zu erschleichen;

9. Sendungen, die an natürliche oder juristische Personen auf Sanktionslisten gerichtet sind, oder die in Länder transportiert werden sollen, für die Beschränkungen im Außenwirtschaftsverkehr (Embargo-Maßnahmen) bestehen;

10. Sendungen, die Waffen, insbesondere Schusswaffen, oder Teile davon, Waffenimitate oder Munition enthalten.

(3) Entspricht eine Sendung hinsichtlich ihrer Beschaffenheit (Größe, Format, Gewicht, usw.), aufgrund ihres Inhalts oder in sonstiger Weise nicht den in Abschnitt 1 Abs. 2 genannten Bedingungen oder diesen AGB, so steht es der Deutschen Post frei,

1. die Annahme der Sendung zu verweigern oder

2. eine bereits übergebene/übernommene Sendung zurückzugeben oder zur Abholung bereitzuhalten oder

3. diese ohne Benachrichtigung des Absenders, auch auf einem anderen als dem vereinbarten Weg (zB per Land- oder See- statt per vorgesehenem Lufttransport) – soweit erforderlich und/oder gesetzlich vorgeschrieben, zu befördern und ein entsprechendes Entgelt gemäß Abschnitt 5 Abs. 3 nachzufordern. Entsprechendes gilt bei Verdacht auf ausgeschlossene Sendungen oder auf sonstige Vertragsverstöße, und wenn der Absender auf Verlangen der Deutschen Post Angaben dazu verweigert.

(4) Die Deutsche Post ist nicht zur Prüfung von Beförderungsausschlüssen gemäß Absatz 2 verpflichtet. Die Deutsche Post ist jedoch bei Verdacht auf solche Ausschlüsse zur Öffnung und Überprüfung der Sendungen berechtigt. Sie nimmt ferner aufgrund von EU-Luftsicherheitsvorschriften pflichtgemäß regelmäßige Überprüfungen vor. Werden bei diesen Überprüfungen Güter festgestellt, oder besteht ein begründeter Verdacht auf solche, die nicht – wie vereinbart bzw. vorgesehen – per Luftfahrzeug befördert werden dürfen, so ist die Deutsche Post zur Beförderung unbeschadet ihrer anderen Rechte aus Absatz 3 auf dem Land- oder Seeweg berechtigt.

### 3 Rechte, Pflichten und Obliegenheiten des Absenders

(1) Weisungen des Absenders, mit der Sendung in besonderer Weise zu verfahren, sind nur dann verbindlich, wenn diese in der im Verzeichnis „Leistungen und Preise" oder in einem Rahmenvertrag (Kundenvertrag) festgelegten Form erfolgen (Vorausverfügungen). Der Absender hat keinen Anspruch auf Beachtung von Weisungen, die er der Deutschen Post nach Übergabe/Übernahme der Sendungen erteilt.

(2) Dem Absender obliegt es, ein Produkt der Deutschen Post oder ihrer verbundenen Unternehmen mit der Haftung oder Versicherung zu wählen, die seinen Schaden bei Verlust, Beschädigung oder einer sonst nicht ordnungsgemäßen Leistung am ehesten deckt.

(3) Der Absender hat die Sendungen ausreichend zu kennzeichnen, wobei die äußere Verpackung keine Rückschlüsse auf den Wert des Gutes zulassen darf. Er wird – soweit möglich und erforderlich – vollständige und wahrheitsgemäße Angaben zu seiner Sendung machen, die auch im Schadenfall deren eindeutige Identifikation ermöglichen. Insbesondere gibt der Absender, auch für den Fall des Rücktransports nach Unzustellbarkeit, eine vollständige inländische Anschrift (in Deutschland) für seine Person auf der Sendung an. Sendungen sind so zu verpacken, dass sie vor Verlust und Beschädigung geschützt sind und dass auch der Deutschen Post und Dritten keine Schäden entstehen. Näheres bestimmen die speziellen Leistungsbeschreibungen und Beförderungsbedingungen gemäß Abschnitt 1 Abs. 2.

(4) Der Absender hat die Aus- und Einfuhrbestimmungen sowie die Zollvorschriften des Abgangs-, Durchgangs- und Bestimmungslandes einzuhalten. Der Absender hat die erforderlichen Begleitpapiere (Zollinhaltserklärung, Ausfuhrgenehmigungen usw.) vollständig und wahrheitsgemäß auszufüllen und der Sendung beizufügen.

(5) Der Absender trägt alleinige Verantwortung und das Risiko für alle Folgen, die aus einem – auch nach anderen Bestimmungen als diesen AGB – unzulässigen Güterversand in das Ausland und Verstößen gegen solche Vorschriften resultieren. Der Absender stellt die Deutsche Post von jeglichen Ansprüchen Dritter, die allein aus oder im Zusammenhang mit Verstößen des Absenders gegen den nach diesen AGB oder sonstigen Bestimmungen unzulässigen Güterversand entstehen, frei. Eine Verschuldenshaftung der Deutschen Post ist hiervon unberührt.

### 4 Leistungen der Deutschen Post

(1) Die Deutsche Post befördert die Sendung und übergibt sie den beteiligten ausländischen Unternehmen zur Weiterbeförderung und Ablieferung an den jeweiligen Empfänger. Die Einhaltung einer bestimmten Lieferfrist oder eines bestimmten Ablieferungstermins ist nicht geschuldet, soweit nicht für einzelne Produkte

in den in Abschnitt 1 Abs. 2 genannten besonderen Bedingungen etwas anderes geregelt ist. Der Deutschen Post ist es unter Berücksichtigung der Interessen des Absenders freigestellt, Art, Weg und Mittel der Beförderung zu wählen und sämtliche Leistungen durch frei von ihr gewählte Subunternehmer (Unterfrachtführer) erbringen zu lassen.

(2) Die Deutsche Post bescheinigt dem Absender bei Sendungen mit den Zusatzleistungen Einschreiben, Wertbrief International, Nachnahme, Rückschein und Eigenhändig die Übernahme der Sendungen.

(3) Die Deutsche Post befördert die ihr von ausländischen Unternehmen zurückgegebenen (zB unzustellbaren) Sendungen im Inland an den Absender zurück und liefert sie unter der von ihm angegebenen inländischen Anschrift ab, soweit der Absender eine entsprechende Vorausverfügung getroffen hat; die (Rück-) Beförderung in das Ausland kann der Absender nicht beanspruchen. Für die Ablieferung dieser Sendungen (Rückgabe an den Absender) gilt Abschnitt 4 der Allgemeinen Geschäftsbedingungen der Deutschen Post BRIEF NATIONAL (AGB BRIEF NATIONAL) entsprechend, soweit in den vorliegenden AGB keine besonderen Regelungen vorgesehen sind.

(4) Kann eine gemäß Absatz 3 zurückbeförderte Sendung nicht an den Absender zurückgegeben werden, ist die Deutsche Post zur Öffnung berechtigt. Ist der Absender oder ein sonstiger Berechtigter auch dadurch nicht zu ermitteln oder ist eine Rückgabe der Sendung aus anderen Gründen nicht möglich oder nicht zumutbar, ist die Deutsche Post nach Ablauf einer angemessenen Frist zu deren Verwertung nach den gesetzlichen Vorschriften berechtigt. Die Deutsche Post darf Sendungen nach den gesetzlichen Vorschriften sofort verwerten, wenn der Absender die Rücknahme der Sendung verweigert. Unverwertbares und verdorbenes Gut oder Sendungen im Sinne des Abschnitts 2 Abs. 2 Ziffer 2, 3 und 5 kann die Deutsche Post sofort vernichten.

(5) Die Deutsche Post führt auf Antrag des Absenders oder des Empfängers Nachforschungen nach dem Verbleib von Sendungen durch. Nachforschungsaufträge können nur innerhalb einer Frist von sechs Monaten, beginnend mit dem Tag der Einlieferung der Sendung, gestellt werden.

## 5 Entgelt

(1) Der Absender ist verpflichtet, für jede Leistung das dafür in dem Verzeichnis „Leistungen und Preise" oder einer anderen Preisliste vorgesehene Entgelt zu zahlen. Die Entgelte verstehen sich mangels ausdrücklicher anderweitiger Bestimmung als Nettopreise, zu denen der Absender zusätzlich die gesetzliche Umsatzsteuer (soweit diese anfällt) entrichtet.

(2) Der Absender hat das Entgelt im Voraus, spätestens bei Einlieferung der Sendung zu zahlen (Frankierung), soweit nicht die in Abschnitt 1 Abs. 2 genannten Bedingungen besondere Zahlungsmodalitäten enthalten. Soweit danach oder in Rahmenverträgen eine Zahlung nach Rechnung der Deutschen Post vereinbart ist, ist die Zahlung innerhalb von zwei Wochen nach deren Eingang ohne Abschlag fällig. Der Absender hat Einwendungen gegen Rechnungsbeträge innerhalb von 30 Tagen nach Erhalt geltend zu machen; spätere Einwendungen sind ausgeschlossen.

(3) Der Absender hat der Deutschen Post über das vereinbarte Entgelt hinaus sämtliche Kosten zu erstatten, die sie in besonderen Fällen aus Anlass der Beförderung der Sendung im Interesse des Absenders verauslagen muss (Zölle, Ein- und Ausfuhrabgaben, Gestellungsentgelte usw.). Der Absender hat der Deutschen Post ferner die Kosten zu ersetzen, die ihr aus Anlass einer Rückbeförderung seiner Sendung gemäß Abschnitt 4 Abs. 3 und Abs. 4 entstehen (Rücksendungsentgelte, Gestellungsentgelte, Verpackungs- und Lagerentgelte usw.) Der Absender stellt die Deutsche Post insoweit von sämtlichen Ansprüchen Dritter frei. Sämtliche dieser Kosten sind auf Anforderung sofort fällig.

## 6 Haftung

(1) Die Deutsche Post haftet für Verlust, Beraubung und Beschädigung von bedingungsgerechten und nicht ausgeschlossenen Sendungen sowie für die schuldhafte nicht ordnungsgemäße Erfüllung sonstiger Vertragspflichten nur im Umfang des unmittelbaren vertragstypischen Schadens und bis zu bestimmten Höchstbeträgen gemäß Absatz 3. Der Ersatz mittelbarer Schäden (u. a. entgangener Gewinn, entgangene Zinsen) ist ausgeschlossen. Dies gilt unabhängig davon, ob die Deutsche Post vor oder nach der Annahme der Sendung auf das Risiko eines solchen Schadens hingewiesen wurde. Schadensersatzleistungen sind auf eine Forderung pro Sendung begrenzt, wobei deren Begleichung die vollständige und abschließende Regelung aller Schäden in diesem Zusammenhang darstellt.

(2) Die Deutsche Post ist von der Haftung gemäß Absatz 1 befreit, soweit der Schaden auf Umständen beruht, die sie auch bei größter Sorgfalt nicht vermeiden und deren Folgen sie nicht abwenden konnte (zB Streik, höhere Gewalt, Beschlagnahme). Entsprechendes gilt für Schäden, die auf ein schuldhaftes oder nachlässiges Verhalten des Absenders, einen Verstoß gegen die Obliegenheiten gemäß Abschnitt 3, die Beschaffenheit des Inhalts oder einen sonstigen gesetzlichen, insbesondere im Weltpostvertrag und den Ergänzenden Briefpostbestimmungen bestimmten Haftungsausschluss zurückzuführen sind. Die Deutsche Post haftet nicht für ausgeschlossene Sendungen gemäß Abschnitt 2 Abs. 2.

(3) Die Haftung der Deutschen Post gemäß Absatz 1 ist auf folgende Höchstbeträge begrenzt:
1. Für Sendungen mit der Zusatzleistung Einschreiben entsprechend Weltpostvertrag und den Ergänzenden Briefpostbestimmungen auf 30 Sonderziehungsrechte des Internationalen Währungsfonds (SZR) pro Sendung.
2. Für Sendungen mit der Zusatzleistung Wertbrief International auf den Betrag der vereinbarten Haftung, maximal jedoch 5.000 EUR. Die Wertgrenzen gemäß Abschnitt 2 Abs. 2 Nr. 6 und 7 bleiben unberührt.

3. Für die Zusatzleistung Nachnahme – nur für Fehler bei der Einziehung oder Übermittlung des Betrages nach Ablieferung der Sendung – auf den Nachnahmebetrag.

(4) Darüber hinaus ist eine Haftung der Deutschen Post, soweit nicht zwingende Rechtsvorschriften entgegenstehen, ausgeschlossen. Dies gilt auch für Ansprüche aus Nebenpflichtverletzungen und für alle außervertraglichen Ansprüche.

(5) Ansprüche nach Absätzen 1 und 3 sind ausgeschlossen, wenn der Absender nicht innerhalb einer Frist von sechs Monaten, beginnend mit dem Tag der Einlieferung der Sendung, einen Nachforschungsantrag gestellt hat.

(6) Die Haftung des Absenders gemäß Weltpostvertrag und den Ergänzenden Briefpostbestimmungen) bleibt unberührt. Der Absender haftet vor allem für die Schäden, die der Deutschen Post oder Dritten aus der Versendung ausgeschlossener Güter gemäß Abschnitt 2 Abs. 2 oder der Verletzung seiner Pflichten gemäß Abschnitt 3 entstehen. Der Absender stellt insoweit die Deutsche Post von jeglichen Ansprüchen Dritter frei, soweit dem nicht gesetzliche Haftungsbeschränkungen entgegen stehen.

**7 Verjährung**

In ergänzender Anwendung des § 439 HGB verjähren alle Ansprüche im Geltungsbereich dieser AGB in einem Jahr. Die Verjährung beginnt mit Ablauf des Tages, an dem die Sendung abgeliefert wurde oder hätte abgeliefert werden müssen.

**8 Sonstige Regelungen**

(1) Der Absender kann Ansprüche gegen die Deutsche Post, ausgenommen Geldforderungen, weder abtreten noch verpfänden.

(2) Der Absender kann gegen Ansprüche der Deutschen Post nur mit rechtskräftig festgestellten oder unbestrittenen Forderungen aufrechnen.

(3) Die Deutsche Post ist berechtigt, die Daten zu sammeln, zu speichern und zu verarbeiten, die vom Absender oder Empfänger im Zusammenhang mit den von ihr durchgeführten Leistungen übermittelt und/oder dafür benötigt werden. Weiterhin ist die Deutsche Post ermächtigt, Gerichten und Behörden im gesetzlich festgelegten Rahmen Daten mitzuteilen.

(4) Ausschließlicher Gerichtsstand für Rechtsstreitigkeiten mit Kaufleuten, juristischen Personen des öffentlichen Rechts oder öffentlich-rechtlicher Sondervermögen aus Verträgen, die diesen AGB unterliegen, ist Bonn.

Stand: 1.1.2012

**108** **c) Einbeziehung.** Hierzu ist auf die Anmerkungen zu den AGB BRIEF NATIONAL zu verweisen (s. Rn. 19). Die AGB BRIEF INTERNATIONAL wurden im Amtsblatt der Regulierungsbehörde veröffentlicht.[95] Soweit sie nur die Bestimmungen der Verträge des Weltpostvereins wiedergeben, bedarf es keiner Einbeziehung, da diese von Gesetzes wegen gelten. Wirksame Einbeziehung kann nur dort problematisch sein, wo die AGB über den Rahmen des WPV hinausgehen.

**109** **2. AGB PAKET INTERNATIONAL.** Sie gliedern sich in neun Abschnitte mit einem fast gleichartigen Aufbau wie die AGB PAKET/EXPRESS NATIONAL.

**110** **a) Hinweise.** Abschn. 1 gibt den **Geltungsbereich** für die Deutsche Post und ihre verbundenen Unternehmen, die hier geregelten Dienstleistungen und die Rechtsgrundlagen an. Auf andere einbezogene Bedingungswerke wird verwiesen. Die Verträge des Weltpostvereins gelten als Basis, soweit nicht vorrangige Regelungen einschließlich der AGB anderes bestimmen. Ausdrücklich sind ergänzend die §§ 407 ff. anzuwenden.

**111** Abschn. 2 stellt die Begründung des Vertragsverhältnisses und die Verbotsgüter dar. Abs. 1 ist fast wortgleich mit dem entsprechenden in den AGB PAKET/EXPRESS NATIONAL. Abs. 2 stellt die **Ausschlüsse** für die Beförderung von Verbotsgut in elf Positionen dar. Die Aufzählung der Verbotsgüter deckt sich aus verständlichen Gründen teilweise wörtlich mit den AGB BRIEF INTERNATIONAL, Art. 25 WPV steht dahinter. Diese Ausschlüsse greifen durch, weil sie sich im WPV und seinen Nebenverträgen finden, oder nur ein gesetzliches Verbot wiedergeben, das ohnehin und ohne Bezug auf AGB gilt (s. auch Rn. 44 ff., 90). Hier ist auf das Merkblatt „Zulässige Inhalte" zu verweisen, das wertvolle Gegenstände auch für den internationalen Paketversand in Valorenklassen einteilt. Die Regelung des Rechts zur Prüfung, ohne Verpflichtung, in Abs. 3 entspricht den anderen AGB.

---

[95] S. Fn. 39, Amtsblatt der Bundesnetzagentur für Elektrizität, Gas, Telekommunikation, Post und Eisenbahnen Nr. 22 vom 23.11.2011 S. 3974.

Rechte, Pflichten und Obliegenheiten des **Absenders** enthält wie bei den AGB BRIEF   **112**
INTERNATIONAL Abschn. 3. Sie stimmen nahezu vollständig überein. Ebenso die
Beschreibung der **Leistungen** der Deutschen Post in Abschn. 4. Art. 28 WPV ist umschrieben. Auch hier sind keine Empfängerrechte iSd. § 421 geregelt. Die **Entgeltregelungen**
des Abschn. 5 stimmen fast wörtlich mit dem gleichen Abschn. 5 der BRIEF-AGB überein.

Die **Haftungsregelungen** in Abschn. 6 variieren nur soweit, als es sich hier um Postpa-   **113**
kete mit den Haftungsbeträgen nach Art. 34 WPV iVm. Art. RE 501 Abs. 2.1 PPR handelt.
Die Begrenzung für Pakete mit Wertangabe nach Abschn. 6 Abs. 3 Nr. 2 befreit die Deutsche Post von allen weitergehenden Ansprüchen.[96] Die Benennung der Serviceleistung
„Wertpaket International" sowohl in Abs. 3 Nr. 1 als gewöhnliches Paket mit der Grundhaftung des Art. 34 WPV, als auch in Abs. 3 Nr. 2 als Paket mit Wertangabe dürfte ein
redaktionelles Versehen sein. Die tatsächliche jeweilige Haftungsbegrenzung ergibt sich aus
dem Zusammenhang.

Die Abs. 4 und 5 stimmen fast wörtlich mit den Abs. 5 und 6 der AGB BRIEF INTER-   **114**
NATIONAL überein. Die unmittelbare Wirkung der Bestimmungen des Weltpostvertrages
mit seinen Nebenverträgen gegenüber dem Kunden ist wiederholt von der Rechtsprechung
bestätigt worden.[97] Abschn. 7 erklärt die **Transportversicherung,** die für bestimmte Sendungsarten geboten wird, und ihre Ausschlüsse. Die Abschn. 8 und 9 entsprechen wiederum
fast wörtlich den Abschn. 7 und 8 der BRIEF-AGB.

## b) Text.

**Allgemeine Geschäftsbedingungen der Deutschen Post PAKET INTERNATIONAL**      **115**

*(AGB PAKET INTERNATIONAL)*
Allgemeine Geschäftsbedingungen der Deutschen Post Paket International
(AGB PAKET INTERNATIONAL)

### 1 Geltungsbereich und Vertragsgrundlagen

(1) Diese Allgemeinen Geschäftsbedingungen (AGB) gelten für Verträge mit der Deutsche Post AG und
ihren verbundenen Unternehmen, nachfolgend „Deutsche Post", über die grenzüberschreitende Beförderung
von WELTPAKETEN und DHL PAKETEN International, nachfolgend „Pakete". Sie umfassen besonders
vereinbarte Zusatz- und Nebenleistungen, nachfolgend „services" sowie die Nachsendung von Paketen in
das Ausland.
(2) Ergänzend zu diesen AGB gelten die „Versandbedingungen DHL PAKET NATIONAL und INTER-
NATIONAL", das Verzeichnis „Leistungen und Preise", die Broschüre „Transportversicherung", die „Liste
der zulässigen Inhalte" sowie die Broschüre „Handbuch – Informationen zu Annahme und Ausgabe von
Briefen, Päckchen, Paketen, Express-Sendungen national und international, Finanzdienstleistungen" in der
jeweils gültigen Fassung, die bei den Geschäftsstellen der Deutschen Post zur Einsichtnahme bereitgehalten
werden. zudem gelten spezielle Leistungsbeschreibungen oder Beförderungsbedingungen, auf deren Anwendung allgemein im Verzeichnis „Leistungen und Preise", in Einzelvereinbarungen oder Beförderungspapieren
(Frachtbriefen, Einlieferungsbelegen etc.) verwiesen wird.
(3) Soweit – in folgender Rangfolge – durch zwingende gesetzliche Vorschriften, Einzelvereinbarungen,
die in Absatz 2 genannten speziellen Bedingungen und diese AGB nichts anderes bestimmt, finden der
Weltpostvertrag und seine Nebenabkommen (Ergänzende Paketpostbestimmungen etc.), nachfolgend einheitlich „Weltpostvertrag", in der jeweils gültigen Fassung sowie ergänzend die Vorschriften der §§ 407 ff. HGB
über den Frachtvertrag Anwendung.

### 2 Vertragsverhältnis – Begründung und Ausschluss von Leistungen (Verbotgut)

(1) Beförderungsverträge kommen für bedingungsgemäße Sendungen durch die Übergabe von Paketen
durch oder für den Absender und deren Übernahme in die Obhut der Deutschen Post oder von ihr beauftragter
Unternehmen (Einlieferung bzw. Abholung) nach Maßgabe der vorliegenden AGB zustande. Der Absender
ist verpflichtet, vor dem Abschluss des Beförderungsvertrages zu erklären, ob Inhalt der Sendung die in
Absatz 2 näher bestimmten ausgeschlossenen Güter („Verbotsgüter") sind. Entgegenstehenden Allgemeinen
Geschäftsbedingungen wird hiermit ausdrücklich widersprochen.
(2) Von der Beförderung ausgeschlossen (Verbotsgüter) sind:
1. Pakete, deren Inhalt, äußere Gestaltung, Beförderung oder Lagerung gegen ein gesetzliches oder behördliches Verbot, insbesondere gegen Aus-, Einfuhr- oder zollrechtliche Bestimmungen des Einlieferungs-,

---

[96] BGH 3.3.2005, NJW-RR 2005, 1058 = TranspR 2005, 307 = VersR 2005, 1412.
[97] Grundlegend BGH 31.1.1980 BGHZ 76, 358 = NJW 1980, 1222; BGH 10.10.2002, BGHZ 152, 198,
201 ff. = TranspR 2003, 83 = NJW 2003, 134; BGH 22.9.2005, TranspR 2006, 468; BGH 3.3.2005 NJW-
RR 2005, 1133 = TranspR 2005, 307 = VersR 2005, 1412.

Durchgangs- oder Bestimmungslandes verstoßen; hierzu gehören auch Pakete bzw. Güter, deren Beförderung nach dem Weltpostvertrag nicht zugelassen ist;

2.  Pakete, die besondere Einrichtungen (zB für temperaturgeführtes Gut), Sicherheitsvorkehrungen oder Genehmigungen erfordern;

3.  Pakete, deren Inhalt oder äußere Beschaffenheit bei gewöhnlichem Transportverlauf geeignet sind, Personen zu verletzen oder zu infizieren oder Sachschäden zu verursachen;

4.  Pakete, die lebende Tiere, Tierkadaver, Körperteile oder sterbliche Überreste von Menschen enthalten;

5.  Pakete, die Betäubungsmittel oder berauschende Mittel enthalten;

6.  Pakete, deren Beförderung und/oder Lagerung gefahrgutrechtlichen Vorschriften unterliegt; ausgeschlossen sind auch alle gemäß den jeweils gültigen IATA- (Internationale Flug-Transport-Vereinigung) und ICAO- (Internationale Zivilluftfahrt-Organisation) Gefahrgutvorschriften nicht uneingeschränkt zugelassenen Güter;

7.  Pakete mit einem tatsächlichen Wert von mehr als 25.000,– EURO; die Haftungsbeschränkungen gemäß Abschnitt 6 dieser AGB bleiben von dieser Wertgrenze unberührt;

8.  Pakete, die Geld, Edelmetalle, Scheckkarten, Kreditkarten, gültige Briefmarken oder andere Zahlungsmittel oder Wertpapiere, für die im Schadensfall keine Sperrungen sowie Aufgebots- und Ersatzverfahren durchgeführt werden können (Valoren 11. Klasse) im Gesamtwert von mehr als 500,– EURO pro Paket enthalten, sofern gemäß den Länderinformationen keine noch niedrigeren Wertgrenzen für diese Güter vorgesehen sind; Näheres bestimmt die „Liste der zulässigen Inhalte";

9.  Pakete, die an natürliche oder juristische Personen auf Sanktionslisten gerichtet sind oder die in Länder transportiert werden sollen, für die Beschränkungen im Außenwirtschaftsverkehr (Embargomaßnahmen) bestehen;

10. Pakete, deren Inhalt gegen Vorschriften der Gesetze zum Schutz geistigen Eigentums verstößt, einschließlich gefälschter oder nicht lizenzierter Kopien von Produkten (Markenpiraterie);

11. Pakete, die Waffen, insbesondere Schusswaffen, oder Teile davon, Waffenimitate oder Munition enthalten.

(3) Die Deutsche Post ist nicht zur Prüfung von Paketen auf das Vorliegen von Beförderungsausschlüssen gemäß Absatz 2 verpflichtet; sie ist jedoch bei Verdacht auf solche Ausschlüsse zur Öffnung und Überprüfung der Pakete berechtigt. Sie nimmt ferner aufgrund von EU-Luftsicherheitsvorschriften pflichtgemäß regelmäßige Überprüfungen vor, wobei der Absender die Eignung zu solchen Überprüfungen und zur Beförderung im Luftverkehr gewährleistet. Werden bei diesen Überprüfungen Güter festgestellt, oder besteht ein begründeter Verdacht auf solche, die nicht – wie vereinbart bzw. vorgesehen – per Luftfahrzeug befördert werden dürfen, so ist die Deutsche Post zur Beförderung auf dem Land- oder Seeweg berechtigt. Der Absender stellt die Deutsche Post von allen dadurch entstehenden zusätzlichen Kosten und Ansprüchen Dritter (zB Abgaben) frei.

### 3 Recht und Mitwirkungspflichten (Obliegenheiten) des Absenders

(1) Weisungen des Absenders, mit den Paketen in besonderer Weise zu verfahren, sind nur dann verbindlich, wenn sie im Verzeichnis „Leistungen und Preise" oder in einer Einzelvereinbarung vorgesehen sind und in der dort festgelegten Form erfolgen („Vorausverfügungen"). Der Absender hat keinen Anspruch auf Beachtung von Weisungen, die er der Deutschen Post nach Übergabe/Übernahme der Pakete erteilt.

(2) Eine Kündigung durch den Absender nach Übergang der Pakete in die Obhut der Deutschen Post ist ausgeschlossen.

(3) Dem Absender obliegt es, ein Produkt der Deutschen Post AG oder ihrer verbundenen Unternehmen mit der Haftung zu wählen, die seinen Schaden bei Verlust, Beschädigung oder einer sonst nicht ordnungsgemäßen Leistung der Deutschen Post AG oder ihrer verbundenen Unternehmen am ehesten deckt.

(4) Der Absender hat die Pakete ausreichend zu kennzeichnen, wobei die äußere Verpackung keinen Rückschluss auf den Wert des Gutes zulassen darf. Er wird – soweit möglich und erforderlich – vollständige und wahrheitsgemäße Angaben zu machen, die auch im Schadenfall deren eindeutige Identifikation ermöglichen. Insbesondere gibt der Absender, auch für den Fall des Rücktransports nach Unzustellbarkeit, eine vollständige inländische Anschrift (in Deutschland) für seine Person auf der Sendung an. Der Absender wird die Sendung so verpacken, dass sie vor Verlust und Beschädigung geschützt ist und dass auch der Deutschen Post und Dritten keine Schäden entstehen. Näheres bestimmen die „Versandbedingungen DHL PAKET NATIONAL und INTERNATIONAL"; §§ 410, 411 HGB bleiben unberührt.

(5) Der Absender hat die Aus- und Einfuhrbestimmungen sowie die Zollvorschriften des Abgangs-, Durchgangs- und Bestimmungslandes einzuhalten. Der Absender hat die erforderlichen Begleitpapiere (Zollinhaltserklärung, Ausfuhrgenehmigungen usw.) vollständig und wahrheitsgemäß auszufüllen und den Paketen beizufügen. Die Deutsche Post übernimmt für den Inhalt dieser Papiere keine Verantwortung. Der Absender trägt vielmehr die alleinige Verantwortung und das Risiko für alle Folgen, die aus einem – auch nach anderen Bestimmungen als diesen AGB – unzulässigen Güterversand in das Ausland und Verstößen gegen solche Vorschriften resultieren.

### 4 Leistungen der Deutschen Post

(1) Die Deutsche Post befördert die Pakete und übergibt sie den beteiligten ausländischen Unternehmen zur Weiterbeförderung und Ablieferung entsprechend den im jeweiligen Bestimmungsland für Pakete üblichen Verfahren an den jeweiligen Empfänger. Die Einhaltung einer bestimmten Lieferfrist ist nicht geschuldet.

Der Deutschen Post ist es unter Berücksichtigung der Interessen des Absenders freigestellt, Art, Weg und Mittel der Beförderung zu wählen und sämtliche Leistungen durch dritte Transportunternehmen erbringen zu lassen.

(2) Die Deutsche Post bescheinigt dem Absender die Übernahme (Einlieferung) der Pakete. Dies gilt nicht, wenn auf Wunsch des Absenders eine vereinfachte Einlieferung nach den in Abschnitt 1 Abs. 2 genannten Bedingungen erfolgt.

(3) Die Deutsche Post befördert die ihr von ausländischen Unternehmen zurückgegebenen (z. B. unzustellbaren) Pakete im Inland an den Absender zurück und liefert sie unter der von ihm angegebenen (inländischen) Anschrift ab, soweit der Absender keine andere Vorausverfügung getroffen hat. Für die Ablieferung dieser Pakete (Rückgabe an den Absender) gilt Abschnitt 4 der Allgemeinen Geschäftsbedingungen der DHL PAKET/EXPRESS NATIONAL (AGB PAKET/EXPRESS NATIONAL) entsprechend, soweit in den vorliegenden AGB keine besonderen Regelungen vorgesehen sind. Die Deutsche Post erhält für die Rückbeförderung von Paketen ein besonderes Entgelt („Rücksendeentgelt"), soweit dies in Einzelvereinbarungen oder in den in Abschnitt 1 Abs. 2 genannten speziellen Bedingungen bestimmt ist.

(4) Die Deutsche Post kann Pakete mit Gütern, deren Verderb droht, ohne vorherige Benachrichtigung des Absenders oder Empfängers öffnen und die Güter zugunsten des Berechtigten verkaufen. Ist ein Verkauf nicht möglich, so können sie vernichtet werden.

(5) Die Deutsche Post führt auf Antrag des Absenders oder des Empfängers Nachforschungen nach dem Verbleib von Paketen durch. Nachforschungsaufträge können nur innerhalb einer Frist von sechs Monaten, beginnend mit dem Tag der Einlieferung des Paketes, gestellt werden.

## 5 Entgelt (Fracht und sonstige Kosten); Zahlungsbedingungen

(1) Der Absender ist verpflichtet, für jede Leistung das dafür im Verzeichnis „Leistungen und Preise" oder einer anderen Preisliste vorgesehene Entgelt zu zahlen. Die Entgelte verstehen sich mangels ausdrücklicher anderweitiger Bestimmung als Nettopreise, zu denen der Absender zusätzlich die gesetzliche Umsatzsteuer (soweit diese anfällt) entrichtet.

(2) Der Absender hat das Entgelt im Voraus, spätestens bei Einlieferung des Paketes zu zahlen (Freimachung), soweit nicht die in Abschnitt 1 Abs. 2 genannten Bedingungen besondere Zahlungsmodalitäten enthalten. Soweit danach oder in Einzelverträgen eine Zahlung nach Rechnung vereinbart ist, ist diese Zahlung innerhalb von zwei Wochen nach deren Eingang ohne Abschlag fällig. Der Absender hat Einwendungen gegen Rechnungsbeträge innerhalb von 30 Kalendertagen nach Erhalt geltend zu machen; spätere Einwendungen sind ausgeschlossen.

(3) Der Absender hat der Deutschen Post über das Beförderungsentgelt hinaus sämtliche Kosten zu erstatten, die sie aus Anlass der Beförderung des Paketes im Interesse des Absenders verauslagt (Zölle, Ein- und Ausfuhrabgaben, Gestellungsentgelt usw.). Der Absender stellt die Deutsche Post insoweit von sämtlichen Ansprüchen Dritter frei. Der Absender hat der Deutschen Post ferner die Kosten zu ersetzen, die ihr aus Anlass einer Rückbeförderung seiner Pakete gemäß Abschnitt 4 Abs. 3 entstehen (ggf. Rücksendeentgelte, Gestellungsentgelte, Verpackungs- und Lagerentgelte usw.).

## 6 Haftung

(1) Die Deutsche Post haftet für Verlust, Beraubung und Beschädigung von bedingungsgerechten Paketen sowie für die schuldhafte nicht ordnungsgemäße Erfüllung sonstiger Vertragspflichten nur im Umfang des unmittelbaren vertragstypischen Schadens und bis zu bestimmten Höchstbeträgen gemäß Absatz 3.

(2) Die Deutsche Post ist von der Haftung gemäß Absatz 1 befreit, soweit der Schaden auf Umständen beruht, die sie auch bei größter Sorgfalt nicht vermeiden und deren Folgen sie nicht abwenden konnte (zB Streik, höhere Gewalt, Beschlagnahme). Entsprechendes gilt für Schäden, die auf ein schuldhaftes oder nachlässiges Verhalten des Absenders, einen Verstoß gegen die Obliegenheiten gemäß Abschnitt 3, die Beschaffenheit des Inhalts oder einen sonstigen gesetzlichen, insbesondere einen im Weltpostvertrag bestimmten Haftungsausschluss zurückzuführen sind. Die Deutsche Post haftet nicht für ausgeschlossene Pakete gemäß Abschnitt 2 Abs. 2 (Verbotsgut).

(3) Die Haftung der Deutschen Post gemäß Absatz 1 ist vorbehaltlich zwingend anderer gesetzlicher Vorschriften auf folgende Höchstbeträge begrenzt:
1. für gewöhnliche Pakete entsprechend den Bestimmungen des Weltpostvertrages auf 40 Sonderziehungsrechte des Internationalen Währungsfonds (SZR) pro Paket (Stück) zuzüglich 4,50 SZR je kg. Gewöhnliche Pakete sind Pakete ohne den Service „PREMIUM" oder den Service „Wertpaket International" (keine Wertpakete im Sinne des Weltpostvertrages).
2. für Pakete mit dem Service „Wertpaket International" auf den Betrag der Wertangabe; maximal jedoch auf 5.000 EURO, es sei denn, es ist gemäß den Broschüren „Leistungen und Preise" oder „Handbuch – Informationen zu Annahme und Ausgabe von Briefen, Päckchen, Paketen, Express-Sendungen national und international, Finanzdienstleistungen" für das jeweilige Bestimmungsland nur ein geringerer Höchstbetrag zugelassen.
3. für den Service „Nachnahme" – nur für Fehler bei der Einziehung oder Übermittlung des Betrages nach Ablieferung der Pakete – auf den Nachnahmebetrag.

(4) Ansprüche nach den Absätzen 1 und 3 sind ausgeschlossen, wenn der Absender nicht innerhalb einer Frist von sechs Monaten, beginnend mit dem Tag der Einlieferung des Paketes, einen Nachforschungsantrag gestellt hat.

(5) Die Haftung des Absenders, insbesondere nach den Bestimmungen des Weltpostvertrages, bleibt unberührt. Der Absender haftet vor allem für den Schaden, der der Deutschen Post oder Dritten aus der Versendung ausgeschlossener Güter gemäß Abschnitt 2 Abs. 2 oder der Verletzung seiner Pflichten gemäß Abschnitt 3 entsteht. Der Absender stellt insoweit die Deutsche Post von jeglichen Ansprüchen Dritter frei, soweit dem nicht gesetzliche Haftungsbeschränkungen entgegenstehen.

### 7 Transportversicherung

(1) Die Deutsche Post schließt bei Vereinbarung des Services „Transportversicherung 2.500 EURO" oder „Transportversicherung 25.000 EURO" – nur für Vertragskunden (Unternehmen) – sowie der Zahlung des entsprechenden Zusatzentgelts eine Transportversicherung zugunsten und auf Rechnung des Absenders ab. Diese Versicherung deckt das Interesse des Absenders an jedem bedingungsgerechten Paket gegen die Gefahren des Verlustes und der Beschädigung (nur durch Wertsatz) mit der vereinbarten Versicherungssumme von 2.500 EURO oder 25.000 EURO je Paket auf erstes Risiko.

(2) Die Deutsche Post schließt bei Vereinbarung der Leistung „DHL Paket International (EU)" oder des Services „Premium" für „DHL Paket International (Non-EU)" ohne Anfall eines zusätzlichen Entgeltes eine dem Absatz 1 entsprechende Transportversicherung, allerdings nur bis zur Versicherungssumme von 500 EURO, ab.

(3) Vom Versicherungsschutz nach den vorstehenden Absätzen sind insbesondere nicht gedeckt:
1. Pakete, die gemäß Abschnitt 2 Abs. 2 von der Beförderung ausgeschlossen sind;
2. Pakete, deren äußere Gestaltung oder Verpackung Rückschlüsse auf den Wert des Gutes zulässt.
3. Schäden, die durch fehlende oder mangelhafte Verpackung oder durch vorsätzliche Herbeiführung des Schadenfalls durch den Absender entstanden sind.

(4) Die Einzelheiten der Transportversicherung regelt die Broschüre „Transportversicherung".

### 8 Verjährung

In ergänzender Anwendung des § 439 HGB verjähren alle Ansprüche im Geltungsbereich dieser AGB in einem Jahr. Die Verjährung beginnt mit Ablauf des Tages, an dem die Pakete abgeliefert worden sind oder hätten abgeliefert werden müssen. Die Ausschlussfrist gemäß Abschnitt 6 Abs. 4 dieser AGB bleibt unberührt.

### 9 Sonstige Regelungen

(1) Der Absender kann Ansprüche gegen die Deutsche Post, ausgenommen Geldforderungen, weder abtreten noch verpfänden.

(2) Der Absender kann gegen Ansprüche der Deutschen Post nur mit rechtskräftig festgestellten oder unbestrittenen Forderungen aufrechnen.

(3) Die Deutsche Post ist berechtigt, die Daten zu sammeln, zu speichern und zu verarbeiten, die vom Absender oder Empfänger im Zusammenhang mit den von ihr durchgeführten Leistungen übermittelt und/oder dafür benötigt werden. Weiterhin ist sie ermächtigt, Gerichten und Behörden im gesetzlich festgelegten Rahmen Daten mitzuteilen. Die Deutsche Post wird das Postgeheimnis und den Datenschutz gemäß den für sie geltenden gesetzlichen Bestimmungen wahren.

(4) Ausschließlicher Gerichtsstand für Rechtsstreitigkeiten mit Kaufleuten, juristischen Personen des öffentlichen Rechts oder öffentlich-rechtlichen Sondervermögen aus Verträgen, die diesen AGB unterliegen, ist Bonn. Es gilt deutsches Recht.

Stand: 07/2013

**116**    **c) Einbeziehung.** Es gelten bei gleicher Sachlage hier auch die Anmerkungen zu den AGB BRIEF INTERNATIONAL, ferner zu den AGB PAKET/EXPRESS NATIONAL, s. dort.[98] AGB zur Paketpost werden nicht im Amtsblatt der Bundesnetzagentur veröffentlicht, da diese Sendungen typischerweise vom Absender individuell am Schalter übergeben werden, sofern sie nicht im Rahmen einer Sonderdienstleistung von der Deutschen Post abgeholt werden.

**117**    **d) DHL Europaket.** Speziell für den grenzüberschreitenden Pakettransport im innereuropäischen Bereich gibt es das „Business-to-Business-Produkt DHL EUROPAKET". Die AGB DHL EUROPAKET mit dem Stand 07/2013 beruhen ausdrücklich auf der CMR, vorbehaltlich individueller Vereinbarungen. Der Wortlaut stimmt weitgehend mit den AGB PAKET INTERNATIONAL überein, die Haftung richtet sich nach der CMR. Erkennbar handelt es sich bei dieser Dienstleistung aber um normales Frachtrecht außerhalb der Universalpostdienstleistungen. Daher wird hier vom Abdruck und der Besprechung abgesehen.

---

[98] S. Rn. 19, 29, 108.

# Sachverzeichnis

Bearbeiter: Christian Klie, Rechtsanwalt in Berlin
Fette Zahlen = Paragrafen, magere Zahlen = Randnummern

**Abdingbarkeit**
– Ablieferungsverlangen **421** 3
– Begleitpapiere **487** 9
– Fixkostenspedition **459** 38 ff.
– Interessenwahrungspflicht **454** 110
– Personenbeförderungsvertrag **536–552** 77
– Pfandrecht **440** 45, **441** 10, **495** 20
– Sammelladungsspedition **460** 53
– Schadensanzeige **23 CMNI** 4
– Selbsteintritt **458** 9
– Spediteurhaftung **466** 2 ff.
– Umzugsvertrag **451** 23
– Verbraucherinformation **451g** 17
– Verfrachterhaftung **498** 97, **501** 23,
  **Vor 498** 28 ff.
– Verjährung **32 CMR** 46, **463** 22
– Verschulden, qualifiziertes **435** 57
– Versender **455** 23

**Abfall- und Entsorgungstransporte**
**Vor VBGL** 11

**Abfertigungsspediteur 453** 68

**Abholung 454** 61

**Ablader 481** 12
– Angaben zum Gut **482** 12
– Begriff **513**, 16
– Haftung *siehe* Abladerhaftung
– Stückgutfrachtvertrag **481** 5
– Verfrachterschutz **482** 13
– Wahl des Ladeplatzes **528** 13

**Abladerhaftung**
– Haftungsbeschränkung **488** 24
– Konnossementsmängel **488** 14 ff.
– Mithaftung des Verfrachters **488** 19
– Mitwirkung des Verfrachters **488** 17

**Abladerrevers 517** 20

**Abladetatsachen 517** 3

**Abladung**
– Abladetermin **486** 6, **490** 4
– Aufforderung **486** 5
– Befrachter **486** 3
– Begleitpapiere **486** 5
– Bewirken der **490** 6
– Empfangsbekenntnis **486** 8
– endgültige Verweigerung **490** 20
– Hindernis **486** 3
– Kaianstalt **490** 6
– Linienverkehr **486** 5
– nicht rechtzeitige **486** 7
– säumige **490** 4
– Schutz bei säumiger **490** 1
– teilweise **490** 18
– unverzügliche **490** 5
– Verpackungsmängel **490** 8

– Zeitspanne **486** 5 f.

**Ablieferung 13 CMR** 7, **Vor ADSp** 64
– Abdingbarkeit **421** 3
– Ablieferungsort **16 CMNI** 59
– Aktivlegitimation **421** 12
– Anspruch des Empfängers **13 MÜ** 10
– Anspruchsinhalt **421** 8
– Anspruchszweck **421** 8
– äußerlich erkennbare Schäden **30 CMR** 7
– Beförderungsvertrag (Eisenbahn) **17 CIM** 1
– Begriff **407** 35 ff.
– Besitzaufgabe **407** 38, **481** 17
– Besitzerwerb **407** 44
– Bestimmungsort des Empfängers **13 MÜ** 8
– Beweislast **18 MÜ** 72
– Einwilligung des Verfügungsberechtigten
  **407** 46
– Erschwerung **419** 7
– falsche **445** 13
– Frachtführer **10 CMNI** 5 ff., **407** 22
– Frachtführerhaftung **16 CMNI** 51, **17**
  **CMR** 21
– Frachtvertrag **3 CMNI** 7a, **13 CMR** 7
– gemeinsame Überprüfung **30 CMR** 18
– Kasse gegen Dokumente-Klausel **13 MÜ**
  19
– Ladeschein **443** 30, **445** 3 ff.
– Luftfrachtführer **13 MÜ** 2 f.
– Mitwirkungspflicht **30 CMR** 25
– Nachnahme **13 MÜ** 20
– Passivlegitimation **421** 14
– Quantitätsmängel **30 CMR** 4
– Reisefrachtvertrag **527** 19
– Schadensersatz **421** 17
– Stückgutfrachtvertrag **481** 17
– Unterfrachtführer **421** 15
– Verfrachter **481** 17, **Vor 481** 12
– Verfrachterhaftung **498** 43
– Verlust der Güter **13 MÜ** 23
– Verlustvermutung **424** 9 f.
– Vorbehalt **30 CMR** 9
– vorbehaltlose Annahme **30 CMR** 14
– Vorbehaltsfrist **30 CMR** 13
– Vorleistung **13 MÜ** 21
– Wiederauffinden **424** 25
– Willenserklärung **421** 10
– wirksamer Vorbehalt **30 CMR** 16

**Ablieferungshindernis 419** 4 f., *s.a.* Hinder-
nis
– Annahmeverweigerung **419** 13
– Beispiele **419** 12
– Drittempfänger **492** 11
– Entladezeitüberschreitung **419** 15

– Entladungsverweigerung **419** 14
– Erkennbarkeit **492** 7
– Frachtführer **15 CMR** 2
– maßgeblicher Zeitpunkt **492** 7
– Maßnahmen des Verfrachters **492** 19 ff.
– Nachnahme, unmögliche **422** 15
– Risikobereich des Verfrachters **492** 28
– Stückgutfrachtvertrag **492** 5
– Weisungen **492** 10
– Weisungsersuchen des Verfrachters **492** 13
– Weisungspflicht **492** 12
**Ablieferungsort 10 CMNI** 4
**Ablieferungspflicht 3 CMNI** 2
**Ablieferungsstelle 17 CMR** 23
**Absender 12 MÜ** 2
– AGB BRIEF INTERNATIONAL **Post-**
  **transport** 101
– AGB BRIEF NATIONAL **Posttransport**
  13
– AGB PAKET INTERNATIONAL **Post-**
  **transport** 112
– Aktivlegitimation **13 CMR** 18
– Aufwendungsersatz **6 CMNI** 12
– Auskünfte **413** 8
– Auskünfte, erforderliche **413** 9
– Beförderungssicherheit **6 CMNI** 41
– Befrachter **481** 9
– Begleitpapiere **6 CMNI** 25, **413** 3
– Begriff **407** 11 ff.
– Entladen **412** 20
– Erlöschen des Verfügungsrechts **14 CMNI**
  7
– Frachtvertrag **1 CMNI** 41
– Frachtzahlung **6 CMNI** 5 ff.
– gefährliches Gut **6 CMNI** 20, **7 CMNI** 3,
  **22 CMR** 11, **451b** 5
– gefährliches Gut, Mitteilungspflicht **410**
  4 ff.
– Gesamtgläubiger **421** 24
– Gesamtschuld mit Empfänger **13 MÜ** 17
– geschuldete Beträge **13 MÜ** 14
– Gewichtsangaben **6 CMNI** 17
– Haftung für falsche Angaben **10 MÜ** 4
– Haftung für Verpackungsfehler **10 CMR** 3
– Haftungsbeschränkung **25 CMNI** 40
– Haftungsbestimmungen **451g** 4
– Haftungsgrenze für falsche Angaben **10**
  **MÜ** 5
– Haftung für Verpackungsfehler **10 CMR** 3
– Informationspflicht **7 CMNI** 2, **451b** 6,
  **451b** 10, **Vor VBGL** 6
– Kennzeichnung **6 CMNI** 38 ff., **411** 18
– Kennzeichnungsmängel **6 CMNI** 40
– Kündigung des Frachtvertrags **415** 1 f.
– Ladezeit, Nichteinhaltung der **417** 4
– Liegegeld **6 CMNI** 11
– Luftbeförderungsvertrag **1 MÜ** 20
– Luftfrachtbriefdritt **7 MÜ** 11

– Merkzeichen **6 CMNI** 19
– Mindestangaben **6 CMNI** 13
– Mitwirkungspflichten **Posttransport** 23
– Nebenpflichten **407** 72 ff.
– Organisationsbereich **412** 41
– Pflichtverstoß **6 CMNI** 31
– Skripturhaftung **10 MÜ** 6
– Standgeld **412** 32
– Stauungsfaktor **6 CMNI** 18
– Übergabe der erforderlichen Urkunden **16**
  **MÜ** 2
– umweltschädliche Güter **7 CMNI** 3
– Urkundenbeschaffung **451b** 13
– Verfügungsberechtigter **14 CMNI** 4
– Verfügungsrecht **12 CMR** 2, **14 CMNI** 2
– Verfügungsrecht über Güter **12 MÜ** 4
– Verfügungsrechtsinhalt **14 CMNI** 6
– Verladen **412** 11
– Verpackung **6 CMNI** 33 ff., **411** 5
– Verpackungsmängel **6 CMNI** 35
– Verweigerung der Beladung **417** 15
– Verzicht auf das Verfügungsrecht **14**
  **CMNI** 11
– Weisungen **6 CMNI** 21
– Weisungen zum Transportablauf **12 MÜ** 3
– Weisungsbeschränkung **25 CMNI** 40
– Wiederausladung **15 CMNI** 12
**Absenderhaftung**
– abweichende Vereinbarungen **8 CMNI**
  21 ff.
– Auskünfte **16 MÜ** 7 ff.
– Auskunftsmängel **414** 15
– Begleitdokumente **8 CMNI** 14
– Begleitpapiermängel **414** 15
– Beweislast **8 CMNI** 23
– Drittschadensliquidation **414** 6
– fehlende Angaben **8 CMNI** 6
– Frachtbriefmängel **414** 11
– Handlungen Dritter **414** 4
– Hilfspersonen **414** 34
– Kennzeichnungsmängel **414** 8
– Kennzeichnungspflicht **8 CMNI** 12
– Konkurrenzen **414** 35 ff.
– Luftfrachtführer **16 MÜ** 9
– Mitteilung über Gefährlichkeit **414** 13
– Mitverschulden **8 CMNI** 15
– Umfang **8 CMNI** 20
– unvollständige Angaben **8 CMNI** 9
– Urkundenübergabe **16 MÜ** 7 ff.
– Verbraucherprivileg **414** 29
– Verbraucherverschulden **414** 32
– Verhalten Dritter **8 CMNI** 16 ff.
– Verpackung, ungenügende **414** 8
– Verschulden **8 CMNI** 15
– Verschulden des Luftfrachtführers **16 MÜ**
  11
– verschuldensunabhängige **414** 3
**Abtretung**
– Empfänger **421** 7

– Weisungen **418** 4
**abweichende Vereinbarungen**
– Absenderhaftung **8 CMNI** 21 ff.
– Frachtführer **451a** 15
**Abwicklungsstörungen 456** 26
**ADSp-Spediteur 453** 5
**AGB**
– Beförderungen, aufeinanderfolgende **36
 MÜ** 10
– FBL **452d** 54
– Frachtbrief **451b** 17
– Frachtführerhaftung **25 CMNI** 42, **449**
 18 ff.
– Frachtvertrag **407** 106 ff.
– Güterkraftverkehr *siehe* VBGL
– Haftung **451d** 23
– Haftungshöchstbetrag **451e** 5
– HLB **Einl. HLB** 4
– Konnossement **525** 7 ff.
– Lagervertrag **471** 27 ff., **473** 20 f.
– Logistikunternehmer *siehe* VBGL
– Luftfrachtführer **1 MÜ** 60, **27 MÜ** 10
– Luftfrachtvertrag **9 MÜ** 8
– Multimodalfrachtvertrag **452d** 8 ff.
– Speditionsvertrag *siehe* ADSp
– Stückgutfrachtvertrag **481** 25
– Umzugsvertrag **451** 23, **451a** 3
– Verbraucherumzug **451h** 3, **451h** 13
– Zeitchartervertrag **Vor 557** 4
– Zollvorschriften **451b** 17
**AGB BRIEF INTERNATIONAL Post-
 transport** 97 ff.
– Absender **Posttransport** 101
– aktuelle Fassung **Posttransport** 107
– Einbeziehung **Posttransport** 108
– Geltungsbereich **Posttransport** 98
– Haftung **Posttransport** 104
– Leistungen **Posttransport** 102
– Verbotsgut **Posttransport** 99
**AGB BRIEF NATIONAL**
– Absender **Posttransport** 13
– aktuelle Fassung **Posttransport** 18
– Einbeziehung **Posttransport** 19
– Entgelte **Posttransport** 15
– Ersatzzustellung **Posttransport** 14
– Haftungsbegrenzung **Posttransport** 15
– Inhaltsübersicht **Posttransport** 11 ff.
– Leistungspflicht **Posttransport** 14
– Remailing **Posttransport** 15
– Sendungsarten **Posttransport** 11
– Verbotsgut **Posttransport** 12
**AGB DHL EUROPAKET Posttransport**
 117
**AGB DHL PAKET/EXPRESS (NATIO-
 NAL) Posttransport** 20 ff.
– aktuelle Fassung **Posttransport** 28
– Annahmeverweigerung **Posttransport** 25
– Aufwendungsersatz **Posttransport** 25

– Einbeziehung **Posttransport** 29
– Ersatzzustellung **Posttransport** 24
– Haftung **Posttransport** 26
– Mitverschulden **Posttransport** 26
– Mitwirkungspflichten des Absenders **Post-
 transport** 23
– Transportversicherung **Posttransport** 27
– Verbotsgut **Posttransport** 22
**AGB PAKET INTERNATIONAL**
– Absender **Posttransport** 112
– akuelle Fassung **Posttransport** 115
– Einbeziehung **Posttransport** 116
– Geltungsbereich **Posttransport** 110
– Haftung **Posttransport** 113
– Transportversicherung **Posttransport** 114
– Verbotsgut **Posttransport** 111
**Aktivlegitimation**
– Ablieferung **421** 12
– Absender **13 CMR** 18
– Beförderungsvertrag (Eisenbahn) **44 CIM** 3
– Begleitpapierhaftung **11 CMR** 15
– Beschädigung **425** 62
– Empfänger **18 MÜ** 88
– Frachtführer **421** 46
– Frachtführerhaftung **16 CMNI** 73
– Frachtvertrag **Vor 425** 43
– Kapitän **479** 10
– Luftfrachtführerhaftung **18 MÜ** 87 ff.
– Spediteur **18 MÜ** 90
– Unterfrachtführer **421** 46
– Verfrachterhaftung **498** 79
– Verlust **425** 64
**Allgemeine Beförderungsbedingungen 3
 CIM** 4
**Allgemeine Deutsche Spediteurbedin-
 gungen (ADSp)**
– Ablieferung **Vor ADSp** 64
– Anwendungsausschlüsse **Vor ADSp** 37 ff.
– Anwendungsbereich **Vor ADSp** 8,
 **Vor ADSp** 20 ff.
– Aufrechnungsverbot **Vor ADSp** 134 ff.
– Auftraggeber **Vor ADSp** 23
– Aufwendungsersatz **Vor ADSp** 127 ff.
– Auskunftspflicht **Vor ADSp** 121
– Auslandsbezug **Vor ADSp** 13
– Besichtigungsrecht **Vor ADSp** 76
– Einbeziehung **Vor ADSp** 6 ff.
– Einbeziehungsabrede **Vor ADSp** 26
– Empfänger **Vor ADSp** 24
– Frachtvertrag **Vor ADSp** 31
– Fremdwährung **Vor ADSp** 99
– gefährliches Gut **Vor ADSp** 79
– geltungserhaltende Reduktion **Vor ADSp**
 19
– Geschäftsbesorgung **Vor ADSp** 46
– Haftungsbefreiung **Vor ADSp** 85
– Haftungshöchstbetrag **Vor ADSp** 10
– Herausgabepflicht **Vor ADSp** 122

– Interessenwahrungspflicht **Vor ADSp** 43
– Kalkulation **Vor ADSp** 101 ff.
– kartellrechtliche Zulässigkeit **Vor ADSp** 5
– Kennzeichnung **Vor ADSp** 93
– Klauselkontrolle **Vor ADSp** 18
– Kontrollpflicht **Vor ADSp** 57
– Lagerung **Vor ADSp** 73 ff.
– Lagervertrag **471** 27 ff., **473** 20 f.,
  **Vor ADSp** 32
– logistische Leistungen **Vor ADSp** 33
– Mitwirkungspflichten **Vor ADSp** 78 ff.
– Quittierungspflicht **Vor ADSp** 59
– Rechnungslegung **Vor ADSp** 71
– Rechtsnatur **Vor ADSp** 2
– Schnittstelle **Vor ADSp** 53
– Schnittstellenkontrolle **Vor ADSp** 52
– Seefrachtvertrag **Vor ADSp** 31
– Spediteur **Vor ADSp** 21
– Spediteurshaftung **Vor ADSp** 161 ff., *s.a.
  dort*
– Speditionsüblichkeit **Vor ADSp** 34
– Speditionsvertrag **Vor ADSp** 30
– stillschweigende Unterwerfung **Vor ADSp**
  12
– Tiere **Vor ADSp** 80
– Vergütung **Vor ADSp** 72, **Vor ADSp** 97
– Verkehrsvertrag **Vor ADSp** 29
– Verpackung **Vor ADSp** 47, **Vor ADSp**
  88
– Versicherung **Vor ADSp** 67
– Vertragspflichten **Vor ADSp** 41 ff.
– Weisungen **Vor ADSp** 62
– Wertgegenstände **Vor ADSp** 81
– Wirkung auf Dritte **Vor ADSp** 27
– Zollbehandlung **Vor ADSp** 48
– zwingendes Recht **Vor ADSp** 15
**andere Personen 428** 7 ff.
**Anhänger 1 CMR** 16
**Anlieferung 554** 2
**Anlieferungsfenster 554** 5
**Anlieferungsort 554** 8
**Annahmeverweigerung Posttransport** 25
**Anscheinsbeweis 570** 19 ff.
**Antrittsfrist 423** 4
**Arglisteinrede 440** 41
**Aufwendungen 407** 58a; **456** 52
– Begriff **414** 18
– ersparte **415** 15
– nach Kündigung **415** 13
**Aufwendungsersatz Posttransport** 25
– Abgrenzung zur Provision **456** 55
– Absender **6 CMNI** 12
– Aufwendung **456** 52
– Auskunftsmängel **414** 16 f.
– Begleitpapiermängel **414** 16 f.
– bei Nichtausführung **456** 73
– Bereicherung **456** 99
– Drittabsprachen **456** 71

– EBV **456** 98
– Eigenbeförderung, -lagerung **456** 79
– Einfuhrumsatzsteuer **456** 84
– Erforderlichkeit **456** 58
– Erfüllungsort **456** 87
– Fälligkeit **456** 90
– Fixkostenspedition **456** 102, **459** 58
– Fracht **456** 75
– Frachtbriefmängel **414** 16 f.
– für Verfrachter nach Kündigung **489** 15
– gefährliches Gut **410** 22, **483** 16
– GoA **456** 94, **456** 97
– Kennzeichnungsmängel **414** 16 f.
– Lagerkosten **456** 78
– Lagervertrag **474** 2
– Rechtsgrundlagen **456** 51
– Rückfragepflicht **456** 61
– Sammelladungsspedition **456** 103, **460** 47
– Schadensersatz **456** 95
– Schuldner des **456** 85
– Selbsteintritt **456** 101, **458** 61
– Spediteur **Vor ADSp** 127 ff.
– Teilbeförderung **416** 9, **533** 11
– Verfrachter **491** 28 f., **492** 26, **493** 9
– Verjährung **456** 93
– Verpackungsmängel **414** 16 f.
– Vorschuss **456** 91
– Vorteilsanrechnung **489** 16
– Währung **456** 88
– Weisungen **418** 34
– Weisungswidrigkeit **456** 67
– weitere Aufwendungen **456** 81
– Zinsen **456** 90
– Zölle **456** 84
– Zusatzaufwendungen **456** 82
**ausführender Frachtführer** *s.a. Frachtführer,
  ausführender*
**ausführender Verfrachter** *s.a. Verfrachter,
  ausführender*
**Ausführungsgeschäft** *s.a. Spediteur*
– in fremdem Namen **454** 106
– Spediteur **454** 12
– Übergabe des Guts **454** 50
– Überwachung **454** 49
– Weisungen **454** 48
**Ausführungsphase 454** 2
**Aushändigung 4 MÜ** 8
**Auskünfte**
– Absender **413** 8
– Absenderhaftung **16 MÜ** 7 ff.
– Befrachter **487** 3
– Mitverursachung bei Mängeln **413** 28
– Verschulden **413** 13
**Auskunftsmängel**
– Absenderhaftung **414** 15
– Schadensersatz **414** 16 f.
**Auskunftspflicht Vor ADSp** 121
**Ausladen 410** 19

**Ausladerecht 16 CMR** 9
**Ausrüster 477** 1, **553** 7
– Exkulpation **477** 5
– Identitätsauskunft **477** 5
– Mietrecht **477** 2
– Quasi-Ausrüster **477** 4
– Reeder **476** 8
– Schiffsbesatzung **478** 1
– Schiffsüberlassungsvertrag **477** 2
– Wartung/Pflege des Schiffes **477** 3
– Weisungsbefugnis **477** 7
– Zeitcharterer **477** 7
**Ausschlussfrist**
– Berechnung **35 MÜ** 18 f.
– Schadensersatz **35 MÜ** 6
– Wahrung **35 MÜ** 20 f.
**außervertragliche Ansprüche**
– Dritter **434** 19 ff., **506** 15 ff.
– Frachtführerhaftung **28 CMR** 4, **434** 5 ff.
– Hilfspersonen **28 CMR** 17
– Verfrachterhaftung **501** 19
– Zeitvercharterer **567** 6
**Ausstellung 4 MÜ** 8

**Bahnspediteur 453** 69
**Bahnwagen**
– Eisenbahnverkehrsunternehmen **2 CUV** 2
– Haftung **4 CUV** 2 ff.
– Haftungsbeschränkungen **4 CUV** 2 ff.
– Heimatbahnhof **2 CUV** 9
– Privatgüterwagen **Vor CUV** 2
– Verlust **6 CUV** 1 ff.
– Wagenverwendungsvertrag **1 CUV** 4
**BALTIME Vor 557** 3
**Bareboat Charter** *siehe* Schiffsmietvertrag
**Bareboat Charterer 477** 1 f.
**Beförderer 1 CIM** 25, **3 CIM** 2
– ausführender **3 CIM** 3, **27 CIM** 2
– Beweiskraft des Frachtbriefs **12 CIM** 4 ff.
– Prüfungspflicht **11 CIM** 6 ff.
– Prüfungsrecht **11 CIM** 2
**Beförderermehrheit 26 CIM** 2 ff.
**Beförderung 407** 24
– Erschwerung **419** 7
– gemischte **38 MÜ** 1
– grenzüberschreitende **424** 5
– Schleppen **407** 30
– über See **481** 2
– Umschlag **407** 27
– Verlustvermutung **424** 5
**Beförderungen, aufeinanderfolgende**
– AGB **36 MÜ** 10
– einheitliche Leistung **36 MÜ** 13
– Luftfrachtführer, nachfolgender **36 MÜ** 18 ff.
– Passivlegitimation **36 MÜ** 25
– unmittelbare Ansprüche **36 MÜ** 5
**Beförderungsdokumente**
– Konnossement *s. dort*

– Seefrachtbrief **513** 3
**Beförderungshindernis 419** 4 f., *s. a.* Hindernis
– behebbares **14 CMR** 15
– Beispiele **419** 11
– Drittempfänger **492** 11
– Erkennbarkeit **492** 7
– Lieferfrist **423** 10
– maßgeblicher Zeitpunkt **492** 7
– Maßnahmen des Verfrachters **492** 19 ff.
– Risikobereich des Verfrachters **492** 28
– Stückgutfrachtvertrag **492** 5
– Weisungen **492** 10
– Weisungspflicht **492** 12
**Beförderungskette 456** 15
**Beförderungsmittel 407** 24
– Reisefrachtvertrag **527** 10
**Beförderungspflicht 3 CMNI** 2
**Beförderungssicherheit 6 CMNI** 41
**Beförderungsvertrag (Eisenbahn)**
– Ablieferung **17 CIM** 1, **17 CIM** 1 ff.
– Ablieferungshindernis **21 CIM** 2 ff.
– Aktivlegitimation **44 CIM** 3
– Beförderer, ausführender **27 CIM** 2
– Beförderermehrheit **26 CIM** 2 ff.
– Beförderung von Eisenbahnfahrzeugen **24 CIM** 2 ff.
– Beförderungshindernis **20 CIM** 2 ff.
– Begleitpapiere **15 CIM** 2 ff.
– Beschädigungsentschädigung **32 CIM** 1
– Beweislast **25 CIM** 1 ff.
– bewusste Leichtfertigkeit **36 CIM** 3
– Eisenbahn-Seebeförderung **38 CIM** 2
– Erfüllungsgehilfen **40 CIM** 4
– Erlöschen der Ansprüche **47 CIM** 3
– Frachtbrief **6 CIM** 3 ff., *s. a.* dort
– Frachtbriefdoppel **6 CIM** 10
– Frachtbriefform **6 CIM** 6
– Frachtbriefinhalt **7 CIM**
– Frachtbriefwirkung **6 CIM** 11
– gefährliches Gut **9 CIM** 2 ff.
– Gerichtsstand **46 CIM** 5
– Haftung **23 CIM** 1 ff.
– Haftung für Frachtbrief **8 CIM** 2 ff.
– Haftungsbefreiung **23 CIM** 17 ff.
– Haftungstatbestände **23 CIM** 7 ff.
– Hilfspersonen **40 CIM** 4
– Hindernisfolgen **22 CIM** 2 ff.
– Höchstlieferfristen **16 CIM** 3
– Kosten **10 CIM** 2
– Kostenschuldner **10 CIM** 3
– Lieferfristen **16 CIM** 2 ff.
– Lieferfristüberschreitung **16 CIM** 9, **23 CIM** 10, **33 CIM** 2
– Nachnahme **17 CIM** 10
– Neuaufgabe **28 CIM** 2
– nukleares Ereignis **39 CIM** 2
– Passivlegitimation **45 CIM** 1

– Privatgüterwagen **Vor CUV** 2
– Prüfungspflicht des Beförderers **11 CIM** 6 ff.
– Prüfungsrecht des Beförderers **11 CIM** 2
– Reklamation **43 CIM** 2
– Rückgriffsrecht **50 CIM** 2
– schwundgefährdetes Gut **31 CIM** 2
– Tatbestandsaufnahme **42 CIM** 2
– Übergabebescheinigung **6 CIM** 7
– Unterfrachtführer **41 CIM** 9
– Verfügungshaftung **19 CIM** 4 ff.
– Verfügungsrecht **18 CIM** 3
– Verfügungszurückweisung **19 CIM** 3
– Verjährung **48 CIM** 3 ff.
– Verladen **13 CIM** 1 ff., **23 CIM** 39
– Verladungshaftung **13 CIM** 6 ff.
– Verlustentschädigung **30 CIM** 1 ff
– Verlustvermutung **29 CIM** 2
– Verpackung **14 CIM** 1 ff.
– Verpackungsmängel **23 CIM** 35
– Vertragstyp **6 CIM** 1
– Verzinsung **37 CIM** 2
– Wagenstellungsvertrag **13 CIM** 2
– Wegfall von Haftungsbeschränkungen **36 CIM** 2 ff.

**Befrachter Vor 481** 4
– Abladetermin **486** 6, **490** 4
– Abladung **486** 3
– Absender **481** 9
– Angaben zum Gut **482** 1
– Annahmeverzug **493** 21
– Auskunftserteilung **487** 3
– Ausübung des Weisungsrechts **491** 7
– Begleitpapiere **487** 1
– Benennung unsicherer Ladehafen/-platz **528** 14
– Beschaffenheit des Gutes **482** 10
– Doppellegitimation **494** 17
– Drittschadensliquidation **494** 19
– Ersatzhafen **528** 22
– FIO-Klausel **530** 23
– Fracht **481** 9
– Frachtfälligkeit **493** 4
– fremde Güter **481** 10
– gefährliches Gut **483** 6 ff.
– Gesamtgläubiger **494** 18
– Gewicht der Güter **482** 9
– Haftung **Vor 481** 9 *siehe* Befrachterhaftung
– Haftung für Begleitpapiere **487** 18
– Hauptpflichten **481** 1, **527** 1
– Kennzeichnung **484** 1, **484** 11
– Kündigung **489** 1, **527** 19, **532** 4, **Vor 481** 10
– Kündigung Dauerschuldverhältnis **489** 5
– Kündigungsfolge **489** 2, **489** 10
– Kündigungsfolgen, Übersicht **532** 5
– Kündigungsform **489** 6
– Liegegeld **528** 22

– Maß **482** 7
– Merkzeichen **482** 8
– Nachfristsetzung **490** 3
– nachträgliche Weisungen **491** 1
– notwendige Begleitpapiere **487** 5
– Projektladung **482** 7
– Raummaß **482** 7
– säumige Abladung **490** 4
– Seefrachtvertrag **Vor 481** 7
– Spediteur **481** 7
– Stauer **486** 11
– Stauung eines Containers **484** 3, **484** 5
– Teilbeförderung **533** 4
– teilweise Abladung **490** 18
– Textform **482** 6
– Umfang des Weisungsrechts **491** 5
– unrichtige Angaben Dritter **482** 13
– Urkundsüberlassung **487** 3
– Verfügungsrecht **491** 1, **491** 5
– Verladen **531** 4
– Verladepflicht **531** 1
– Verpackung **484** 1
– Verpackungspflicht **484** 4
– Wahl des Ladeplatzes **528** 3, **528** 13
– Zahlungspflicht **481** 9

**Befrachterhaftung**
– Ablader **488** 6
– Ablieferungshindernis **492** 33 f.
– Angaben zum Gut **488** 10
– Beförderungshindernis **492** 33 f.
– Begleitpapiere **488** 13
– Dritte **488** 6
– Ersatzberechtigter **488** 2
– Gesamtschuld **488** 9
– Haftungsbefreiung **488** 5 ff.
– Haftungsbeschränkung **488** 24
– Kennzeichnungsmängel **488** 12
– Konnossement **488** 3
– Konnossementsmängel **488** 14 ff.
– Mithaftung des Verfrachters **488** 19
– Mitwirkung des Verfrachters **488** 17
– Pflichtverletzungen **488** 1
– unterlassene Gefahrmitteilung **488** 11
– Verpackungsmängel **488** 12
– verschuldensabhängige **488** 5

**Befrachtungsmakler 558** 7
**Begleitpapiere**
– Abdingbarkeit **487** 9
– Abladung **486** 5
– Absender **6 CMNI** 25, **413** 3
– Absenderhaftung **8 CMNI** 14
– Beförderungsvertrag (Eisenbahn) **15 CIM** 2 ff.
– Befrachter **487** 1
– Befrachterhaftung **488** 13
– Begriff **413** 5
– Beweislast für Vollständigkeit **487** 11
– erforderliche **413** 6

– Frachtführerhaftung **413** 11 f.
– Haftung des Befrachters **487** 2
– Haftung für Verlust **487** 10
– Haftungsbegrenzung **413** 17
– Hinweispflicht des Frachtführers **413** 21
– Mitverursachung **413** 15
– Mitverursachung bei Mängeln **414** 28
– notwendige **487** 5
– Pflichtverletzung durch den Absender **413** 18
– Schadensersatz **413** 16
– Spediteur **454** 83
– Übergabezeitpunkt **413** 7
– unrichtige Verwendung **413** 12
– Verfrachter **487** 8
– Verschulden **413** 13
– Zeitpunkt der Übergabe **487** 6
– Zurückbehaltungsrecht **413** 20
**Behandlung 427** 18
– Frachtführerhaftung **18 CMNI** 15 ff.
**Benachrichtigungsverlangen 511** 11
**Berechnung**
– Fracht **493** 26
– Ladezeit **530** 20 ff.
– Überliegezeit **530** 20 ff.
**Bereitstellung**
– fehlerhafte **559** 8
– Zeitchartervertrag **559** 1
**Bergelohn Vor 574** 3
**Berger 618** 1
**Berth–Charter 529** 4
**Berufsspediteur 453** 70
**Beschädigung**
– Aktivlegitimation **425** 62
– Frachtführerhaftung **17 CMR** 11 ff., **25 CMR** 1, **425** 20
– Haftungshöchstbetrag **25 CMR** 15 ff.
– Luftfrachtführerhaftung **18 MÜ** 33
– Verfrachterhaftung **498** 23
**Beschäftigungsvertrag 407** 85
**Besitzaufgabe 407** 38, **481** 17
**besondere Gefahren 427** 5 ff.
**Besorgung 453** 106
**Bestimmungsort 407** 33
– Empfangsbestätigung über Güter **5 MÜ** 6
– Luftfrachtbrief **5 MÜ** 6
– Stückgutfrachtvertrag **481** 16
**Betrieb des Schiffes 479** 8
**Beweislast**
– Ablieferung **18 MÜ** 72, **425** 49
– Absenderhaftung **8 CMNI** 23
– allgemeine Ausschlussgründe **18 CMR** 8
– Annahme der Güter **18 MÜ** 67
– außervertragliche Haftung **434** 28
– Beförderungsvertrag (Eisenbahn) **25 CIM** 1 ff.
– Behandlungsmängel **18 CMR** 20
– Beschaffenheitsschäden **18 CMR** 22

– Beweismaß **18 CMR** 11
– CMR **18 CMR** 1 ff.
– Distanzfracht **493** 19
– Fixkostenspedition **459** 31
– Frachtführerhaftung **16 CMNI** 71, **425** 44 ff.
– Gewicht, Maße, Verpackung und Anzahl **18 MÜ** 68
– Haftung **451g** 15
– Haftungsbefreiung **18 CMR** 5
– Haftungshöchstbetrag **20 CMNI** 44, **431** 22
– Hindernis **420** 20
– Ladebereitschaft **529** 11
– Lieferfristüberschreitung **425** 51
– Liegegeld **530** 26
– Luftfrachtführerhaftung **18 MÜ** 66 ff.
– offene Fahrzeuge **18 CMR** 14
– Sammelladungsspedition **460** 31
– Schaden auf Teilstrecke **452a** 9
– Schaden bei vorzeitiger Rückgabe **569** 9
– Schäden nach Ablieferung **18 MÜ** 73
– Schadensanzeige **23 CMNI** 31, **438** 32, **510** 32
– Schadensumfang **425** 52
– Selbsteintritt **458** 46
– Standgeld **412** 46
– Tiere **18 CMR** 25
– Übernahme **425** 45
– unabwendbare Umstände **426** 24
– Verfrachterhaftung **498** 63 ff.
– Verjährung **439** 36, **463** 28
– Verpackungsmängel **18 CMR** 17
– Verschulden, qualifiziertes **435** 53
– Verspätung **19 MÜ** 46
– Vorsatz **29 CMR** 40
– vorsatzgleiches Verschulden **29 CMR** 41
– während der Luftbeförderung **18 MÜ** 66
– Weisungsnichtbefolgung **418** 44
– Wert des Gutes **429** 20
– Zustand der Güter **18 MÜ** 69
**Beweismaß 18 CMR** 11
**Beweiswirkung**
– Frachtbrief **409** 1
– Konnossement **517** 3 ff.
**bewusste Leichtfertigkeit 36 CIM** 3
**Binnenkonnossement Vor 443** 2
**Binnenschiff 481** 19, **553** 3
– Reeder **476** 3
– Schiffszusammenstoß **573** 1
– Verladen **412** 9
– Zeitchartervertrag **557** 4
**Binnenschiffstransport, multimodaler 452a** 28
**Binnenwasserstraßen 1 CMNI** 13
**BinSchLV 412** 49
**Bordero 453** 197
**Börsenpreis 23 CMR** 7

# Sachverzeichnis

Böswilligkeit **415** 16
Both to blame collision clause **571** 7
briefähnliche Sendungen Posttransport 9
Briefbeförderung **449** 3
Briefe Posttransport 9
Briefspediteur **453** 71
Buchungsnote **481** 24, **527** 13

Cancelling Clauses **529** 14
Charterer by Demise **477** 1
Chartermiete **556** 11
Chartervertrag **453** 65
Chief **479** 13
CIM *s.a.* Beförderungsvertrag (Eisenbahn)
– abweichende Vereinbarungen **5 CIM** 1
– Abweichungen **4 CIM** 1
– Anwendungsbereich **1 CIM** 1 ff.
– ausführender Beförderer **3 CIM** 3
– Auslegung **Vor CIM** 7
– Beförderer **1 CIM** 25
– eingeschränkter Beitritt **1 CIM** 20
– ergänzende Transporte **1 CIM** 11b
– Harmonisierung **Vor CIM** 4
– Hilfstransporte **Vor CIM** 12
– Kollision mit CMR **1 CIM** 15a
– Landesrecht **5 CIM** 9 ff.
– Rangfolge **5 CIM** 14
– Schifffahrtslinien **1 CIM** 16
– Unterfrachtführer **1 CIM** 24
– Vereinbarung **1 CIM** 26
– Vor- oder Nachläufe **1 CIM** 11
CIT COTIF 49
CMNI
– Änderung der Haftungshöchstbeträge **33 CMNI** 6, **37 CMNI**
– Anwendungsbereich **Einl. CMNI** 7 ff.
– Auslegung **Einl. CMNI** 19
– Beschränkung auf best. Wasserstraßen **30 CMNI** 2 ff.
– dingliche Sicherung **Einl. CMNI** 38
– ergänzendes nationales Recht **29 CMNI** 1
– Fixkostenspediteur 2 CMNI 17
– Fracht **Einl. CMNI** 34
– Frachturkunde **Einl. CMNI** 44
– Gerichtszuständigkeit **2 CMNI** 21
– große Haverei **Einl. CMNI** 45
– Haftung außerhalb des Beförderungszeitraums **Einl. CMNI** 36
– innerstaatliche Beförderungen **31 CMNI** 2 ff.
– internationale Zuständigkeit **Einl. CMNI** 29
– keine Haftung für nautisches Verschulden **32 CMNI** 1 ff.
– Kollisionsrecht **29 CMNI** 4, **Einl. CMNI** 22
– Kündigung **35 CMNI**
– Lade- und Löschzeiten **Einl. CMNI** 30
– mehrstufige Kollisionsregel **29 CMNI** 6

– Ratifikation **33 CMNI** 3 ff.
– räumlicher Anwendungsbereich **2 CMNI** 1
– Regelungslücken **Einl. CMNI** 30 ff.
– sachlicher Anwendungsbereich **2 CMNI** 15 ff.
– Sammelladungsspediteur **2 CMNI** 19
– Schwund **Einl. CMNI** 48
– Seefrachtrecht **2 CMNI** 15
– Speditionsverträge **2 CMNI** 17
– Übersicht **Einl. CMNI** 11 ff.
– Umgehung des **2 CMNI** 12
– Umleitung **2 CMNI** 2
– ungeregelte Sachverhalte **29 CMNI** 3
– Vereinheitlichungsbedarf **Einl. CMNI** 57
– Verjährungsregeln **Einl. CMNI** 43
– Vertragstaaten **Einl. CMNI** 5
– Visby-Regel **Einl. CMNI** 15
– zeitlicher Anwendungsbereich **2 CMNI** 20 ff.
CMR
– abweichende Vereinbarungen **41 CMR** 1 ff.
– Anwendungsbereich **Einl. CMR** 24
– Anwendungsbereich, räumlicher **1 CMR** 28 ff.
– Anwendungsbereich, sachlicher **1 CMR** 2 ff.
– Auslegung **Einl. CMR** 18 ff.
– Außerkrafttreten **45 CMR** 1
– Beförderungsvertrag **1 CMR** 3
– Beitrittsrecht **42 CMR** 4
– Beweislast **18 CMR** 1 ff., *s.a. dort*
– bilaterale Verkehrsverträge **Einl. CMR** 10
– Chartervertrag **1 CMR** 9
– Depositar **51 CMR** 1
– Derogation **31 CMR** 24
– EG-Verkehr **Einl. CMR** 8
– Eilverfahren **31 CMR** 26
– Entstehung **Einl. CMR** 13
– EuGVVO **31 CMR** 9 ff.
– Frachtbrief *s. dort*
– Frachtführerhaftung **17 CMR** 5, *s.a.* Frachtführerhaftung
– Gericht des Übernahmeorts **31 CMR** 22
– Gerichtsstandsvereinbarungen **31 CMR** 24
– gewöhnlicher Aufenthalt **31 CMR** 18
– Haftungsbefreiung *s. dort*
– Hauptniederlassung des Beklagten **31 CMR** 19
– Identität des Streitgegenstands **31 CMR** 30
– internationale Zuständigkeit **31 CMR** 16
– Internationaler Gerichtshof **47 CMR** 1, **48 CMR** 1
– internationales Zivilprozessrecht **31 CMR** 3
– IPR **Einl. CMR** 35 ff.
– Kernpunkttheorie **31 CMR** 30
– Kollisionsnormen **Einl. CMR** 38

– Konventionskonflikte **Einl. CMR** 25
– Luganer Übereinkommen **31 CMR** 15
– Multimodalfrachtvertrag **2 CMR** 1
– Notifikation **50 CMR** 1
– örtliche Zuständigkeit **31 CMR** 18, **31 CMR** 22 ff.
– Prorogation **31 CMR** 24
– Prozesskosten **31 CMR** 39
– Rechtshängigkeitseinrede **31 CMR** 28
– Rechtskrafteinrede **31 CMR** 28
– Rechtsquellen **Einl. CMR** 15
– Rechtsvergleichung **Einl. CMR** 52 ff.
– Reform **Einl. CMR** 33 ff.
– Revisionskonferenz **49 CMR** 1
– Speditionsvertrag **1 CMR** 5
– Spezialisierung **Einl. CMR** 3
– Teilgebiete eines Staates **46 CMR** 1
– unwirksame Vereinbarungen **41 CMR** 5
– Verdrängung durch anderes Transportrecht **2 CMR** 10 ff.
– Vertragsstaat **1 CMR** 32
– Vertragsstaaten **42 CMR** 1
– Vollstreckbarkeit von Urteilen **31 CMR** 34
– Vollstreckungsverfahren **31 CMR** 36
– Weisungsrecht *s.a.* Weisungen
– wirksame Vereinbarungen **41 CMR** 8
– Zweigniederlassung **31 CMR** 20
**Code-Sharing 1 MÜ** 25, **39 MÜ** 11
**CONGENBILL 527** 15
**Container 12 CMNI** 15
– Deckverladung **484** 10, **486** 20
– Flatrack **486** 12
– Ladungstüchtigkeit **485** 9
– Umladung **486** 12
**Container-Klausel 12 CMNI** 11
– Haftungshöchstbetrag **504** 16
**Containerbrücken 482** 9
**COTIF**
– Anhänge **COTIF** 9
– CIT **COTIF** 49
– EG-Recht **COTIF** 38 ff.
– Entstehungsgeschichte **COTIF** 1 ff.
– Grundübereinkommen **COTIF** 8
– Mitgliedstaaten **COTIF** 14
– Organe **COTIF** 20 ff.
– Rechtscharakter **COTIF** 36 f.
– Revisionsverfahren **COTIF** 29 ff.
– SMGS **COTIF** 44
– UIC **COTIF** 50
**Crewing Agentur 478** 5
**Culpa in contrahendo 28 CMR** 5

**Dauerfrachtvertrag 407** 83
**Deckverladung**
– Ausnahme **486** 19
– Ausschluss der Frachtführerhaftung **18 CMNI** 20
– Container **484** 10, **486** 20

– Frachtführer **3 CMNI** 28
– Gebräuche des betreffenden Handels **3 CMNI** 33
– gefährliches Gut **486** 21
– gesetzliche Vorschriften **3 CMNI** 34
– Ladungsschäden **3 CMNI** 36
– Schutzmaßnahmen **486** 22
– Verbot **486** 17
– Vereinbarung **3 CMNI** 30
– Verpackung **484** 8
– Zustimmung zur **486** 23
**Delkredere 456** 45
**Deviation 499** 52
**Dispache Vor 588** 7
**Distanzfracht 420** 11, **493** 14
– Berechnung **420** 19, **493** 18
– Beweislast **493** 19
– Hindernis **419** 44, **420** 13
– Interesse des Absenders **420** 16
– Kündigung **420** 14
– Verlust des Gutes **420** 15
– vorzeitige Beendigung **493** 17
**Dokumentation der Art der Güter 6 MÜ** 1
– Erfordernis **6 MÜ** 4
– Informationsfunktion **6 MÜ** 8
– Mängel **6 MÜ** 9
– Notwendigkeit **6 MÜ** 5
– Verlangen auf **6 MÜ** 7
**Doppellegitimation**
– Befrachter **494** 17
– Empfänger **421** 23, **494** 13
– Schadensersatz **421** 23
**Drittempfänger**
– Ablieferungshindernis **492** 11
– Beförderungshindernis **492** 11
**Drittschadensliquidation**
– Absenderhaftung **414** 6
– Befrachter **494** 19
– Empfänger **421** 26, **494** 14, **494** 19, **494** 29
– Frachtführerhaftung **425** 65 ff.
– Verfrachterhaftung **498** 81
**Durchkonnossement 443** 35, **452** 41, **453** 195
– FBL **452d** 50
**Durchlieferungen 418** 22

**Eilgeld 530** 10
**Einbauküchen 451a** 6, **451a** 10
**Einbeziehung Vor ADSp** 6 ff.
**Einfuhrumsatzsteuer 456** 84
**Einheit 504** 15
**Eintreffensanzeige 13 MÜ** 13
**Eisenbahn-Seebeförderung 38 CIM** 2
**Eisenbahnbeförderung** *siehe* Beförderungs-vertrag (Eisenbahn)
**Eisenbahntransportrecht 452a** 24

# Sachverzeichnis

fette Zahlen = §§

**Eisenbahnverkehrsunternehmen 2 CUV** 2
**Eisklausel 528** 21, **530** 31
**elektronische Signatur**
– Empfangsbestätigung über Güter **11 MÜ** 8
– Luftfrachtbrief **4 MÜ** 16
**Empfänger**
– Abladepflicht **16 CMNI** 62
– Ablieferung **10 CMNI** 5
– Ablieferung am Bestimmungsort **13 MÜ** 8
– Ablieferungsanspruch **13 MÜ** 10, **421** 8 ff.
– Ablieferungsort **10 CMNI** 4
– Ablieferungsverlangen **10 CMNI** 8, **494** 4
– Abtretung **421** 7
– Aktivlegitimation bei Verlust **13 MÜ** 23
– Ankunft des Gutes **494** 9
– Ausfertigung, zweite **7 MÜ** 8
– Beförderungsbedingungen **13 MÜ** 22
– Beförderungsverzögerungen **494** 27
– Begriff **407** 14 ff.
– begünstigter Dritter **13 MÜ** 8
– bloße Entgegennahme **13 MÜ** 15
– CMR **13 CMR** 4
– Doppellegitimation **421** 23, **494** 13
– Drittschadensliquidation **421** 26, **494** 14, **494** 19, **494** 29
– Eintreffensanzeige **13 MÜ** 13
– Entstehen der Rechte **494** 9
– Ersetzung des **13 MÜ** 5
– Fracht **421** 40, **494** 23
– Frachtbrief **421** 48
– frachtbriefmäßiger **407** 15
– Frachthöhe **421** 41
– Frachtvertrag **1 CMNI** 42, **13 CMR** 4, **421** 4
– Frachtzahlungsabreden **421** 40
– Gesamtgläubiger **421** 24, **494** 18
– Gesamtschuld **13 MÜ** 17
– geschuldete Beträge **13 MÜ** 14 f.
– gesetzlicher Schuldbeitritt **494** 22
– Handeln in fremdem Interesse **421** 25
– Ist-Empfänger **494** 10
– Konnossement **494** 10
– Lieferverzögerung **494** 16
– Lien-Klausel **494** 7
– Luftbeförderungsvertrag **1 MÜ** 26
– marktübliche Vergütung **10 CMNI** 11
– Mitwirkungspflicht **16 CMNI** 57
– nachträgliche Weisungen **491** 1
– Order-Konnossement **481** 11
– Organisationsbereich **412** 41
– Passivlegitimation **421** 27
– Recht auf Ablieferung **494** 10
– Rechtsstellung **421** 6
– Schaden während der Luftbeförderung **13 MÜ** 24
– Schadensanzeige **31 MÜ** 13
– Schadensersatz **494** 13

– Schiffsagent **494** 10
– Schuldbeitritt **13 MÜ** 17
– Schuldbeitritt, gesetzlicher **421** 35
– Standgeld **421** 43
– Stückgutfrachtvertrag **481** 11, **494** 1
– unangemessene Fracht **494** 24 f.
– Verfügungsberechtigter **421** 18
– Verfügungsrecht **491** 1
– Vollmacht des **494** 10
– Zahlungspflicht **10 CMNI** 3, **13 CMR** 21, **421** 37, **494** 6
– Zufallsempfänger **494** 10
– Zug-um-Zug-Erfüllung **494** 21
**Empfangsbekenntnis 486** 8
**Empfangsbestätigung 409** 28
**Empfangsbestätigung über Güter**
– Abschluss des Frachtvertrags **11 MÜ** 12
– Annahme der Güter **11 MÜ** 14
– Art der Güter **5 MÜ** 12 f.
– Art, Anzahl und Umfang **11 MÜ** 22
– Beförderungsbedingungen **11 MÜ** 15
– Bestimmungsort **5 MÜ** 6
– Eigentum des Absenders **4 MÜ** 37
– elektronische **11 MÜ** 7
– elektronische Signatur **11 MÜ** 8
– Fracht **5 MÜ** 20
– Gerichtsstand **5 MÜ** 8
– Gewicht **5 MÜ** 10, **11 MÜ** 20
– Haftungshöchstbetrag **5 MÜ** 18
– Inhalt **5 MÜ** 4
– Luftfrachtbriefdritt **4 MÜ** 37
– Luftfrachtvertrag **4 MÜ** 34
– Mängel **4 MÜ** 35, **5 MÜ** 2
– mehrere **8 MÜ** 2
– Menge, Rauminhalt und Zustand **11 MÜ** 23
– notify-Person **5 MÜ** 19
– Papierform **4 MÜ** 36
– Personenbenennung **5 MÜ** 5
– separate Transportdokumente **8 MÜ** 6
– Urkundenbeweis **11 MÜ** 4 ff.
– Verpackung **11 MÜ** 21
– Weisungsrecht des Absenders **4 MÜ** 38
– Wertdeklaration **5 MÜ** 14
– Widerlegbarkeit der Beweisvermuung **11 MÜ** 25 ff.
– Zwischenlandepunkt **5 MÜ** 7
**Empfangsspediteur 453** 72 ff.
**Employment-Klausel 476** 8
**Entgeltlichkeit**
– Beförderung **1 CIM** 4
– Frachtvertrag **1 CMNI** 16
– Speditionsvertrag **453** 137 ff.
**Entladen Vor VBGL** 7
– Absender **412** 20
– Begriff **412** 22
– durch Absender **415** 31
– Entladezeit **412** 29

– Fehlverhalten des Absenders **412** 25 f.
– Fehlverhalten des Frachtführers **412** 26
– Hindernis **419** 29
– Kosten nach Kündigung **415** 28
– nach Kündigung **415** 26
– Obhutszeit **419** 39
– Pflichtumfang **412** 22 ff.
– Schadensersatz **412** 25a f.
– Spediteur **454** 71
**Entladezeit**
– Beginn **412** 29
– Dauer **412** 30
**Entladezeitüberschreitung 419** 15
**Entschädigung**
– Güterwert **19 CMNI** 6
– Schwund **19 CMNI** 8
– Teilverlust **19 CMNI** 5
– Totalverlust **19 CMNI** 2
**Erfüllungsgehilfen** *siehe* Hilfspersonen
**Erfüllungsort**
– Spediteur **454** 14
– Vergütung **456** 24
**Erhaltungspflicht 560** 1
**Errichterschiff 553** 3
**Ersetzungsbefugnis 557** 7
**erweiterte Seebeförderung 481** 4
**Erwerb durch Seefahrt 476** 6
**ETA-Meldung 529** 12
**Exkulpation 477** 5
– Ausrüster **477** 5
– Luftfrachtführerhaftung **18 MÜ** 19
– Reeder **477** 5

**Fahrtüchtigkeit 3 CMNI** 13
**Fakturenwert 23 CMR** 12
**Fautfracht 415** 17, **452** 67, **489** 18
– Höhe **415** 18
– Kündigung **415** 17
– Ladezeit **530** 6
– Verfrachter **489** 11, **Vor 481** 10
**FBL**
– AGB **452d** 54
– Durchkonnossement **452d** 50
– Güterschäden **452d** 57
– Kollision mit AGB-Recht **452d** 60 ff.
– Multimodalfrachtvertrag **452d** 44 ff.
– Schadensanzeige **452d** 58
**Fehlfracht 533** 9
**Fernschädigung 572** 1
– Nichtbeachtung einer Schifffahrtsregel **572** 3
– Schwellschäden an Landanlagen **572** 4
**FIO-Klausel 530** 23
**Fixhandelskauf 559** 8
**Fixing Letter 527** 10
**Fixkostenspediteur 2 CMNI** 17
– CMNI **2 CMNI** 17
– Verfrachter **481** 7

**Fixkostenspedition 453** 81, **459** 1
– Abdingbarkeit **459** 38 ff.
– andere Leistungen **459** 32 ff.
– auf eigene Rechnung **459** 24
– Aufwendungsersatz **456** 102, **459** 58
– Beförderung **459** 13
– Beförderungspflicht **459** 8
– bestimmter Betrag **459** 14 ff.
– Beweislast **459** 31
– Einigung **459** 23, **459** 26
– Entstehung **459** 2 ff.
– erfasste Transportrechtsordnungen **459** 41 ff.
– externe Preise **459** 20
– Haftung **459** 47 ff.
– Haftungseinschränkungen **459** 49
– Hauptpflichten **459** 44 ff.
– Interessenwahrungspflicht **459** 45
– Kosten **459** 10
– Obergrenze **459** 21
– Preisvorbehalte **459** 17
– Rechtsfolgen **459** 36 ff.
– Rechtsnatur **459** 7
– Rückwirkung **459** 28
– Selbsteintritt **458** 24, **459** 53
– übliche Sätze **459** 18
– Umgehungsvereinbarungen **459** 9
– Unterfrachtführer **459** 50
– Vergütung **456** 17, **459** 55
– Verjährung **459** 54
– Zweitspediteur **459** 51
**flag carrier 2 MÜ** 4
**Flatrack 486** 12
**Form**
– Luftbeförderungsvertrag **1 MÜ** 12, **27 MÜ** 1
– Schadensanzeige **31 MÜ** 23
– Wertdeklaration **22 MÜ** 8
**forum non-conveniens-doctrine 33 MÜ** 31
**Fracht 481** 9, **493** 3, **Einl. CMNI** 34
– Absender **6 CMNI** 5 ff.
– Annahmeverzug **420** 25
– Annahmeverzug des Befrachters **493** 21
– Aufwendungen **420** 5
– Aufwendungen, ersparte **420** 26
– Auslagen **420** 7
– Beförderungsrisiko des Befrachters **493** 21
– Beförderungsunmöglichkeit **420** 22
– Begriff **407** 58
– Berechnung **493** 26
– Beweis für Ablieferung **493** 7
– Distanzfracht **420** 10, **493** 14
– Empfänger **421** 40, **494** 23
– Erfüllungsort **493** 8
– Erwerb, anderweitiger **420** 26
– Fälligkeit **407** 60, **420** 2, **493** 4
– Frankaturvermerk **420** 2

– Hindernis **420** 13
– Höhe **407** 59, **420** 32
– Luftfrachtbrief **5 MÜ** 20
– nach Kündigung **415** 11
– nach Teilkündigung **415** 11
– Schuldner **407** 61
– Teilbeförderung **416** 7
– teilweise unmögliche Beförderung **493** 14
– übliche **493** 3
– unmögliche Beförderung **493** 13
– Verzögerung der Beförderung **420** 27 ff.
– Verzögerung durch Befrachter **493** 23 f.
– Vorauszahlung **493** 5
– vorzeitige Beendigung **493** 17
– Zeitfracht **565** 5
– Zurückbehaltungsrecht **493** 6
**Frachtbrief 4 CMR** 8 ff., **6 CIM** 3 ff., **408** 1
– Ablieferung **17 CIM** 4
– Absenderhaftung **414** 11
– Angabe eines Lieferinteresses **26 CMR** 7
– Aufwendungen **409** 24
– Ausfertigungen **408** 16
– Aussteller **408** 13
– Begleitpapiere **11 CMR** 2 ff.
– Begleitpapierhaftung **11 CMR** 13 ff.
– Beweisfunktion **408** 4
– Beweiskraft **12 CIM** 2 ff.
– Beweiskraft, erhöhte **409** 1 ff.
– Beweisreichweite **409** 5 ff.
– Beweisvermutung **9 CMR** 3 ff.
– Beweisvermutung bzgl. des Gutes **9 CMR** 7 ff.
– CMR-Vermerk **6 CMR** 25
– durchgehender **34 CMR** 9
– einseitig unterschriebener **409** 25
– elektronische Signatur **5 CMR** 13
– elektronischer **5 CMR** 16, **408** 22 f.
– fehlender **409** 27
– Frachtbriefdoppel **408** 17
– Frachtführer **451b** 2
– Frachtstücke **409** 14
– Frankaturvermerk **408** 41
– Funktion **408** 2 f.
– gefährliches Gut **9 CIM** 2 ff., **22 CMR** 7
– Haftung Absenderangaben **7 CMR** 2 ff.
– Haftung des Absenders **8 CIM** 2 ff.
– Haftung des Beförderers **8 CIM** 6
– Haftung Frachtführerangaben **7 CMR** 9 f.
– Inhalt (Eisenbahn) **7 CIM** 2 ff.
– Inhalt, freiwilliger **6 CMR** 27 ff., **408** 45
– Inhalt, zwingender **6 CMR** 4 ff., **408** 23 ff.
– Instruktionsfunktion **408** 8
– Ladeschein **443** 7
– Ladeschein, Abgrenzung zum **408** 12
– Mitverursachung bei Mängeln **414** 25
– Multimodalfrachtvertrag **452** 41
– Nachnahme **6 CMR** 33

– Pflichtverletzungen **408** 46 ff.
– Prüfungspflicht des Beförderers **11 CIM** 6 ff.
– Prüfungsrecht des Beförderers **11 CIM** 2
– Quittungsfunktion **408** 7
– Rechtsnatur **408** 10 ff.
– Sperrpapier **408** 9, **446** 11
– Teilfrachtbrief **5 CMR** 14
– Transportversicherung **6 CMR** 38
– Übergabe **13 CMR** 11
– Überprüfung der Angaben **409** 21 ff.
– Überprüfungspflicht **8 CMR** 6 ff.
– Umzugsvertrag **451b** 2
– unrichtige Angaben **414** 12
– Unterschrift **5 CMR** 6, **408** 18 ff.
– unvollständige Angaben **414** 12
– Verfügungsrecht **15 CMNI** 7
– Vermutungswirkung **409** 4 ff.
– Verpackung **409** 9
– Vorbehalt **8 CMR** 15 ff., **409** 16
– Vorlage **418** 16
– Wertdeklaration **6 CMR** 36, **24 CMR** 6
– Zahlungspflicht **13 CMR** 21
– Zurückbehaltungsrecht **408** 46
– Zustand des Gutes **409** 10
**Frachtbriefdoppel 6 CIM** 10, **408** 17
**Frachtführer 1 CMNI** 21 ff., **Vor VBGL** 5
– Abladepflicht **407** 40a
– Ablieferung **10 CMNI** 5 ff., **407** 22
– Ablieferungshindernisse **15 CMR** 2
– abweichende Vereinbarungen **451a** 15
– Aktivlegitimation **421** 46
– Annahmeverweigerung **15 CMR** 5
– Aufklärungspflichten **451a** 7
– Auslade kosten **16 CMR** 13
– Ausladerecht **16 CMR** 9
– Beförderungshindernisse **14 CMR** 5
– Beförderungssicherheit **3 CMNI** 26
– Begleitpapiere **3 CMNI** 21
– Begriff **407** 3
– Behandeln des Gutes **451d** 8
– behebbare Beförderungshindernisse **14 CMR** 15
– Besitzaufgabe **407** 38
– Beweislast **451d** 20
– Deckverladung **3 CMNI** 28
– Direktanspruch **4 CMNI** 5
– durchgehender Frachtbrief **34 CMR** 9
– Eigenleistung des Hauptfrachtführers **34 CMR** 13
– Einbauküchen **451a** 6
– Einholung von Weisungen **14 CMR** 11, **15 CMR** 7
– Empfangsbestätigung **13 CMR** 13
– empfindliche Güter **451d** 15
– Frachtbrief **451b** 2
– Frachtführerkette **4 CMNI** 21
– Frachtnachnahme **21 CMR** 1

– Frachturkunde **11 CMNI** 9
– Funktionsstörungen **451d** 16
– Fürsorgepflicht **407** 21
– gefährliches Gut **22 CMR** 5, **451b** 4
– gesetzliches Leitbild **451a** 3
– große und schwere Güter **451d** 11
– Gut in Behältern **451d** 9
– Haftung **451** 4, **451** 18
– Haftungserweiterung **4 CMNI** 9
– Haftungshinweis **451d** 22
– Hauptleistungen **407** 21
– Informationspflicht **4 CMNI** 6, **451b** 7
– inkonnexe Forderungen **440** 13
– Kennzeichnung **451a** 13, **451d** 7
– Kündigung **9 CMNI** 2, **417** 10
– Kündigungserklärung **9 CMNI** 5
– Kündigungsfolgen **9 CMNI** 11 ff.
– Kündigungsfrist **9 CMNI** 9
– Kündigungsgrund **9 CMNI** 6 ff.
– Ladeschein *s. dort*
– Leistungsumfang **451a** 4
– Leistungsverweigerungsrecht **421** 33
– Möbel **451a** 6
– MTO **Vor 452** 1
– Multimodalfrachtführer **452** 40
– Nachnahme *s. dort*
– nachnahmeähnliche Aufträge **21 CMR** 8
– Nebenpflichten **407** 65 ff.
– offene Verladung **3 CMNI** 35
– Opfergrenze **14 CMR** 6
– Organisationsbereich **412** 40
– Paletten **407** 70
– Pfandrecht **440** 1, *s.a. dort*
– Pflanzen **451d** 14
– Pflichten ggü. Unternehmern **451a** 14
– Pflichtenkatalog **451a** 1
– Rügepflichten **451** 4
– Samtfrachtführer **34 CMR** 2
– Schadensanzeige *s. dort*
– Schadensersatz **451b** 8, *s.a. dort*
– Schadensersatz für Weisungen **15 CMNI** 9
– Schifffahrtshindernisse **3 CMNI** 23
– Schiffstyp **3 CMNI** 22
– Schuldbeitritt, gesetzlicher **421** 35
– Schutz vor Beschädigungen **451a** 5
– Selbsteintritt **458** 66 ff.
– Selbsthilfeverkauf **16 CMR** 17 ff.
– sonstige Leistungen **451a** 9
– Teilbeförderung bei Nachfrist **417** 13
– Tiere **451d** 14
– Transportversicherung **451a** 9
– Übernahmebescheinigung **407** 66
– Übernahmekontrollpflicht **407** 68
– Überprüfungspflicht **8 CMR** 6 ff.
– Überprüfungspflicht auf Verlangen **8 CMR** 22 ff.
– Umladung **3 CMNI** 24 f.
– unmittelbare Gefahr **7 CMNI** 18

– Unmöglichkeit **14 CMR** 5
– Unternehmen, gewerbliches **407** 125 ff.
– unvorhersehbare Umstände **3 CMNI** 22 f.
– Urkunden **451b** 14 ff.
– Urkundenüberprüfungspflicht **413** 10
– Verbraucherschutz **451a** 8
– Verfügungsrecht **20 CMR** 11
– Verjährung **439** 1 ff., *s.a. dort*
– Verladung **3 CMNI** 26
– Verpacken **451d** 10
– Verpackung **451a** 12, **451d** 7
– Verschulden **451d** 18
– Versicherungspflicht **407** 71
– vertraglicher **4 CMNI** 4
– Vertragsverletzung **451b** 8
– Verwahrungspflicht **16 CMR** 12
– Warennachnahme **21 CMR** 1
– Weisungen **427** 35
– Weisungskostenerstattung **16 CMR** 2
– Wertgegenstände **451d** 5
– Wiederausladung **15 CMNI** 12
– Zoll **407** 67
– Zoll- und Verwaltungsvorschriften **451b** 9 ff.
– Zumutbarkeitsgrenze **14 CMR** 8
– Zurückbehaltungsrecht **13 CMR** 28
– Zwischenfrachtführer **34 CMR** 3
**Frachtführer, aufeinanderfolgende 34 CMR** 6
– Anspruchsgegner **36 CMR** 5
– Außenhaftung **36 CMR** 1
– Einrede **39 CMR** 3
– Einredeverlust **39 CMR** 4
– Empfangsbestätigung **35 CMR** 2 ff.
– Ersatzansprüche **36 CMR** 4
– Gesamtschuld **36 CMR** 6
– Insolvenz eines F. **38 CMR** 1 ff.
– internationale Zuständigkeit **39 CMR** 6
– Klagehäufung **36 CMR** 7
– Regress **37 CMR** 2 ff.
– Rückgriff **37 CMR** 5 ff.
– Rückgriffsprozess **39 CMR** 1 ff.
– Rückgriffsverjährung **39 CMR** 9
– Vorbehalt **35 CMR** 4
**Frachtführer, ausführender 1 CMNI** 24 ff., **4 CMNI** 2
– Ablieferung **445** 18
– Begriff **407** 7
– deliktischer Ersatzanspruch **1 CMNI** 35
– Direktanspruch des Urabsenders **4 CMNI** 22
– Einreden **4 CMNI** 12
– Einwendungen **4 CMNI** 11, **4 CMNI** 24
– Entlastung **437** 22
– Frachtführerhaftung **437** 4
– Frachtführerkette **1 CMNI** 32
– Gerichtsstand **437** 53
– Gesamtschuldner **437** 39

# Sachverzeichnis

– Haftungsumfang **4 CMNI** 18
– Haftungsvereinbarungen **437** 29
– Ladeschein **444** 17
– Multimodalfrachtvertrag **437** 50
– qualifiziertes Verschulden **4 CMNI** 20
– räumlicher Anwendungsbereich **4 CMNI** 29
– Schadensanzeige **437** 43
– Zurechnung **4 CMNI** 27
**Frachtführerhaftung 425** 5 ff.
– Ablieferung **16 CMNI** 51, **17 CMR** 21, **425** 41, *s.a. dort*
– Ablieferung im Schiff **16 CMNI** 34
– Ablieferungsort **16 CMNI** 59
– Ablieferungsstelle **17 CMR** 23
– Absenderersatzansprüche **22 CMNI** 3
– Abtretung Transportversicherung **25 CMNI** 9
– AGB **25 CMNI** 42, **449** 18 ff.
– AGB-Einzelfälle **449** 33 ff.
– Aktivlegitimation **16 CMNI** 73
– andere Personen **428** 7 ff.
– Angabe eines Lieferinteresses **26 CMR** 5
– Ansprüche Dritter **28 CMR** 9
– aufeinanderfolgende Frachtführer **34 CMR** 15
– ausführender Frachtführer **437** 4, **437** 13 ff.
– ausländisches Recht **449** 50
– Ausschluss **426** 1, **427** 1
– Ausschluss bei Deckverladung **18 CMNI** 20
– außerhalb des Obhutszeitraums **16 CMNI** 33
– außervertragliche Ansprüche **28 CMR** 4, **434** 5 ff.
– außervertraglicher Anspruch eines Dritten **434** 19 ff.
– Beauftragte **17 CMNI** 5
– Bedienstete **17 CMNI** 5
– Begleitpapiere **413** 11 f.
– Behandlung **18 CMNI** 15 ff.
– bei Weisungen **17 CMR** 34
– Bereitstellen **16 CMNI** 53
– Beschädigung **16 CMNI** 24 ff., **17 CMR** 11 ff., **25 CMR** 1, **425** 20
– besondere Gefahren **427** 5 ff.
– Beweislast **16 CMNI** 71, **425** 44 ff., *s. dort*
– Börsenpreis **23 CMR** 7
– Briefbeförderung **449** 3, **449** 47
– CMR **17 CMR** 5
– culpa in contrahendo **28 CMR** 5
– Drittschadensliquidation **425** 65 ff.
– Eigenhaftung Hilfspersonen **17 CMNI** 13
– Einbeziehung AGB **449** 26
– Einschränkungen der Vertragsfreiheit **25 CMNI** 6
– Empfängerersatzansprüche **22 CMNI** 3
– Entlastungsbeweis **16 CMNI** 4

– Entschädigung *s. dort*
– Ersatzansprüche Dritter **22 CMNI** 5
– Fakturenwert **23 CMR** 12
– Falschauslieferung **17 CMR** 45
– fehlerhafte Weisungsausführung **418** 40
– Feuer oder Explosion **25 CMNI** 31
– Frachtführer, ausführender **17 CMNI** 11
– Frachtvertrag **17 CMR** 5
– Globalhaftungsprivileg **27 CMNI** 3
– grobe Fahrlässigkeit **21 CMNI** 5, **29 CMR** 14
– grobe Organisationsmängel **21 CMNI** 6, **29 CMR** 38a
– Haftungsausschlussgründe **18 CMNI** 4 ff.
– Haftungsbefreiung **17 CMR** 27 ff.
– Haftungsbefreiung Hilfspersonen **17 CMNI** 14 ff.
– Haftungsbeschränkung **25 CMNI** 10 ff., **28 CMR** 2, **28 CMR** 10 f., *s.a. dort*
– Haftungserweiterung **24 CMR** 2
– Haftungshöchstbetrag **23 CMR** 17, **23 CMR** 24, **25 CMR** 15 ff., *s.a. dort*
– Haftungskorridor **449** 24
– Haftungsmaßstab **16 CMNI** 3 ff.
– Haftungsverschärfungen **25 CMNI** 37 ff.
– Haftungszeitraum **17 CMR** 14
– Handlungen Dritter **17 CMNI** 4
– Handlungen Verfügungsberechtigter **18 CMNI** 5 ff.
– Hilfeleistung **18 CMNI** 31
– Hilfspersonen **3 CMR** 2, **3 CMR** 13 ff., **29 CMR** 30, **428** 5 ff.
– Himalaya-Klausel **28 CMR** 3
– Hindernis **419** 48 f.
– höhere Gewalt **16 CMNI** 13
– immaterielle Schäden **26 CMR** 11
– Individualvereinbarung **25 CMNI** 42, **449** 2
– Kabotagetransport **449** 50
– kein vorsatzgleiches Verschulden **29 CMR** 25 ff.
– Kennzeichnungsmängel **18 CMNI** 30
– Kernenergie **27 CMNI** 4
– kollusives Zusammenwirken **29 CMR** 37
– Korridorlösung **449** 2
– Kursschwankungen **27 CMR** 31
– Ladeschein **449** 30
– Landschäden **16 CMNI** 29 ff.
– leichtfertiges Handeln **29 CMR** 15
– Leute **428** 5 ff., **436** 3 ff.
– Lieferfristüberschreitung **16 CMNI** 65, **23 CMR** 45, **425** 24, **425** 31
– Lotse **17 CMNI** 7
– Mängel des Fahrzeugs **17 CMR** 49
– Mängel des Schiffes **25 CMNI** 35
– Mängel des Transportgutes **17 CMR** 37
– Marktpreis **23 CMR** 8 ff.
– mehrere Schadensursachen **17 CMR** 102

– mittelbare Schäden **26 CMR** 10
– Mitverschulden **16 CMNI** 77, **21 CMNI** 9a, **29 CMR** 36, **425** 53 ff., **435** 31
– Multimodalfrachtvertrag **452** 50
– Nachlagerung **17 CMR** 26
– Nachnahme **422** 19 ff.
– natürliche Beschaffenheit des Gutes **17 CMR** 72
– nautisches Verschulden **25 CMNI** 3, **25 CMNI** 12
– Nichteinziehung der Nachnahme **422** 22 ff.
– nichtige Vereinbarungen **25 CMNI** 1
– Notleichterung **25 CMNI** 26
– Obhutszeit **425** 34
– Obhutszeitraum **16 CMNI** 27
– offene Fahrzeuge **17 CMR** 54
– Passivlegitimation **16 CMNI** 75, **425** 76 ff.
– Prozessstandschaft **425** 70
– qual. Verschulden von Hilfspersonen **21 CMNI** 10
– qualifizierte Individualvereinbarung **449** 14
– qualifiziertes Verschulden **21 CMNI** 2
– Quantitätsmängel **30 CMR** 4
– Raubüberfälle **17 CMR** 46
– Risikoaffinität des Gutes **17 CMR** 73
– Rügeobliegenheit **30 CMR** 1
– Schaden **425** 7
– Schadensanfälligkeit des Gutes **18 CMNI** 26
– Schadensberechnung **23 CMR** 4
– Schadensersatz *s.a. dort*
– Schadensfeststellungskosten **430** 5
– Schadensminderung **25 CMR** 11
– Schadensteilung **17 CMR** 100
– Schadensverhütungsmaßnahmen **426** 7 ff.
– Schuldwährung **27 CMR** 25
– Sonderziehungsrecht (SZR) **23 CMR** 19, **28 CMNI** 2 ff.
– sonstige Kosten **23 CMR** 37, **432** 7 ff.
– Teilbeschädigung **25 CMR** 13
– Teilverlust **16 CMNI** 22, **23 CMR** 15
– Tiere **18 CMNI** 32
– transportbedingte Lagerung **16 CMNI** 44
– Transportversicherer **425** 73
– Übernahme **16 CMNI** 39, **17 CMR** 16, **425** 35
– Übernahmewille **16 CMNI** 52
– Umladen **16 CMNI** 36a
– Umrechnungsmodalitäten **27 CMR** 30
– Umschlag **16 CMNI** 36
– unabwendbare Umstände **426** 4
– ungenügende Bezeichnung **17 CMR** 86
– unterlassene Wertdeklaration **29 CMR** 38c
– Unternehmergeschäfte **449** 10
– unvermeidbare Umstände **17 CMR** 40
– Verbotsgutklausel **29 CMR** 38b
– Verbrauchergeschäfte **449** 43 ff.
– Verkürzung von Anzeigefristen **25 CMNI** 8

– Verkürzung von Verjährungsfristen **25 CMNI** 8a
– Verladung **16 CMNI** 48
– Verlust **16 CMNI** 18, **17 CMR** 8 ff., **23 CMR** 3, **425** 14
– Verlustvermutung **425** 17
– Vermischungsschäden **425** 11
– Verpackungsmängel **17 CMR** 59, **18 CMNI** 29
– Versandwert **23 CMR** 5, **25 CMR** 7 ff.
– Verschulden **16 CMNI** 7, **17 CMR** 29
– Verspätungshaftung **17 CMR** 90
– Vertragsstrafen **23 CMR** 48, **26 CMR** 14
– Verzinsung **27 CMR** 4, *s.a. dort*
– Vorlagerung **17 CMR** 18
– Vorsatz **29 CMR** 2
– vorsatzgleiches Verschulden **29 CMR** 6 ff.
– Währung des Versandlandes **27 CMR** 27
– Weisungsausführung ohne Vorlage **418** 42
– Weisungsberechtigung **17 CMNI** 6
– Weisungsnichtbefolgung **418** 43
– Wertdeklaration **24 CMR** 1
– Wertersatz **23 CMR** 3, **25 CMR** 2, **429** 2
– Wertminderung **25 CMR** 1
– Wertvergleich **429** 22 ff.
– wirtschaftlicher Totalschaden **16 CMNI** 19
– Zeitpunkt der Übernahme **16 CMNI** 40
– Zinssatz **27 CMR** 9
– Zoll **23 CMR** 35
– zusammenwirkende Schadensbeiträge **18 CMNI** 12
**Frachtführerkette 4 CMNI** 21
– Frachtführer, ausführender **1 CMNI** 32
– Frachtvertrag **1 CMNI** 32
– Haftungshöchstbetrag **20 CMNI** 39
– Nachnahme **422** 17
**Frachtnachnahme 21 CMR** 1
**Frachtrecht**
– Anwendungsbereich **407** 111 ff.
– Art des Transportmittels **407** 114 ff.
– handelsrechtliche Sondervorschriften **Vor 407** 14
– internationale Übereinkommen **Vor 407** 15
– Leistungsstörungsrecht **Vor 407** 5 ff.
– Nebenpflichtverletzung **Vor 407** 10
– Qualität des Transportmittels **407** 120 ff.
– Unmöglichkeit **Vor 407** 6
– Versicherung **Vor 407** 16
– Verzug **Vor 407** 8
– Werkvertrag **Vor 407** 4
**Frachtstück**
– Begriff **407** 49
– Frachtbrief **408** 6, **409** 14
**Frachturkunde 11 CMNI** 3
– Aussteller **11 CMNI** 14
– Ausstellung **11 CMNI** 7
– Beweisvermutungswirkung **11 CMNI** 28

– Frachtbrief **11 CMNI** 4, *s.a. dort*
– Frachtvertrag **1 CMNI** 43
– Haftungshöchstbetrag **20 CMNI** 13 ff.
– Inhalt **11 CMNI** 19 ff.
– Konnossement **11 CMNI** 5, *s.a. dort*
– Unterschrift des Absenders **11 CMNI** 46
– Unterzeichnung **11 CMNI** 18
– Vorbehalte **12 CMNI** 3 ff., *s.a. dort*
– Widerlegung der Beweisvermutung **11 CMNI** 43
– Wirkung **11 CMNI** 11, **11 CMNI** 37 ff.
– Zeitpunkt der Ausstellung **11 CMNI** 17
– Zustand des Gutes **11 CMNI** 38
**Frachtvertrag 1 CMNI** 2 ff., **451** 2
– Abgrenzung zum Logistikvertrag **407** 82
– Abgrenzung zur Spedition **407** 78 ff.
– Ablieferung **3 CMNI** 7a, **13 CMR** 7
– Ablieferungspflicht **3 CMNI** 2
– Absender **1 CMNI** 41, **407** 11 ff.
– Absenderpflichten **6 CMNI** 4 ff.
– ADSp **Vor ADSp** 31
– AGB **407** 106 ff.
– Aktivlegitimation **Vor 425** 43
– Anhänger **1 CMR** 16
– Aufwendungen **407** 58a
– Beförderung **407** 24
– Beförderungsbedingungen **407** 106 ff.
– Beförderungsgerät **1 CMNI** 48
– Beförderungsmittel **407** 24
– Beförderungspflicht **3 CMNI** 2
– Beschäftigungsvertrag **407** 85
– Beschränkung auf best. Wasserstraßen **30 CMNI** 2 ff.
– Beteiligte **407** 2
– Binnenwasserstraßen **1 CMNI** 13
– Dauerfrachtvertrag **407** 83
– dingliche Sicherung **29 CMNI** 16
– Einigung **407** 102 ff.
– Empfänger **1 CMNI** 42, **13 CMR** 4, **407** 14 ff., **421** 4
– Entgeltlichkeit **1 CMNI** 16, **407** 57
– Erfüllungsort **Vor ADSp** 289
– ergänzendes nationales Recht **29 CMNI** 1
– Fahrtüchtigkeit **3 CMNI** 13
– Flaggenrecht **1 CMNI** 14
– Fracht **407** 58
– Frachtbrief **4 CMR** 8 ff.
– Frachtführer **407** 3, *s.a. dort*
– Frachtführerhaftung **17 CMR** 5
– Frachtführerkette **1 CMNI** 32
– Frachturkunde **1 CMNI** 43
– Fristberechnung **5 CMNI** 4a
– gehörige Sorgfalt **3 CMNI** 20
– gemischter Vertrag **407** 28a
– Gerichtsstand **31 CMR** 24, **Vor ADSp** 284
– Gewicht **6 CMNI** 17
– große Haverei **26 CMNI** 1

– Güter **3 CMNI** 6
– Haftung **Vor VBGL** 16
– Hauptleistungen des Frachtführers **407** 21
– Hilfspersonen **3 CMR** 13 ff.
– Huckepacktransport **2 CMR** 4
– Just-in-time-Lieferungen **Einl. CMR** 4
– Kabotageverkehr **Einl. CMR** 12
– Kapitän **479** 6
– Konnossement *s. dort*
– Konsensualvertrag **4 CMR** 5
– Kontrahierungszwang **407** 99 f.
– Kraftfahrzeug **1 CMR** 16
– Kündigung **9 CMNI** 2 ff., **44 CMR** 1
– Kündigung durch Absender **415** 1 f.
– Kündigungsberechtigter **415** 3
– Kündigungserklärung **415** 6
– Ladefrist **5 CMNI** 13
– Ladehafen **2 CMNI** 7
– Ladeschein *s. dort*
– Ladungssicherheit **3 CMNI** 17
– Lieferfrist **3 CMNI** 7, **5 CMNI** 3
– Lieferfristüberschreitung **5 CMNI** 5
– Lieferfristvereinbarung **5 CMNI** 9
– Lo/Lo-Transport **2 CMR** 4
– Lohnfuhrvertrag **407** 32
– Löschhafen **2 CMNI** 7
– Multimodalfrachtvertrag **1 CMNI** 10, **2 CMR** 1
– Nebenpflichten des Absenders **407** 72 ff.
– Nebenpflichten des Frachtführers **407** 65 ff.
– Nichtigkeit **407** 110
– Ortsveränderung **3 CMNI** 5
– Palettengeschäft **407** 86
– Passivlegitimation **Vor 425** 45
– Pfandrecht **440** 1, *s.a. dort*
– Rahmenvertrag **407** 84
– Rechtsnatur **407** 88 ff.
– Rechtswahl **29 CMNI** 6a ff., **Vor ADSp** 282
– Reiseantritt **3 CMNI** 18
– Samtfrachtführer **407** 10
– Sattelanhänger **1 CMR** 16
– Sattelkraftfahrzeug **1 CMR** 16
– Schadensanzeige *s. dort*
– Schadensersatz **Vor 425** 1 ff., *s.a. dort*
– Schiedsvereinbarung **33 CMR** 2
– Schiedsvereinbarungsform **33 CMR** 3
– Schiedsvereinbarungswirkung **33 CMR** 5a
– Schiffsart **3 CMNI** 11
– Schiffstyp **3 CMNI** 12
– Spediteur *s. dort*
– Speditionsvertrag **1 CMNI** 18
– Standgeld **407** 58a
– Teilfrachtbrief **5 CMR** 14
– Teilfrachtführer **407** 9
– Teilkündigung **415** 5
– Trucking **1 CMR** 10
– Übernahme **3 CMNI** 9

– Umladung **2 CMR** 7
– Umschlag **407** 28 ff.
– Umschlagtätigkeit **407** 29
– Unterfrachtführer **407** 5
– Unterfrachtvertrag **407** 23
– Verfügungsrecht **12 CMR** 2
– Verjährung **439** 1 ff., *s.a. dort*
– Verladen **3 CMNI** 1
– Vermutung der engsten Verbindung **29 CMNI** 11
– Verweisung **29 CMNI** 19
– Weisungsrecht **12 CMR** 6
– Zufallsempfänger **421** 4
– Zwischenfrachtführer **407** 8
**Frankaturvermerk 408** 41, **420** 2
**Fremdwährung Vor ADSp** 99
**Frist**
– Berechnung **31 MÜ** 20
– Schadensanzeige **31 MÜ** 10, **31 MÜ** 17

**gebrochene Abfertigung 1 CIM** 6
**gebrochener Verkehr 452** 7
**Gefahrgut 454** 86
**gefährliches Gut 22 CMR** 5, **410** 2 f., **451b** 4 ff., **483** 3, **Vor ADSp** 79, **Vor RID** 1
– Absender **6 CMNI** 20, **7 CMNI** 3
– Absenderhaftung **414** 13
– abweichende Vereinbarungen **7 CMNI** 31
– Aufwendungsersatz **410** 22
– Aufwendungsersatzanspruch des Verfrachters **483** 16
– Ausladen **410** 19
– Beförderung in anderen Zügen **5 RID** 1
– Befrachter **483** 6 ff.
– Deckverladung **486** 21
– Dokumente **7 CMNI** 9
– Einlagern **410** 19
– Einschränkungen **3 RID** 1
– Ende der Obhutpflicht **483** 17
– Frachtbrief **22 CMR** 7
– Freistellungen **2 RID** 1
– Gefahrenklasse **483** 9
– GGVSee **483** 4 ff.
– Haftung des Absenders **22 CMR** 11
– IMDG-Code **483** 4
– Information **451b** 6
– internationale Schienenbeförderung **1 RID** 1
– Kapitän **483** 7
– Landesrecht **4 RID** 1
– Mitteilung bei Übergabe **483** 11
– Mitteilung, fehlende **410** 17
– Mitteilungsform **410** 12 f., **483** 10
– Mitteilungsinhalt **410** 10 f.
– Mitteilungspflicht des Absenders **410** 4 ff.
– Mitteilungspflicht des Befrachters **483** 7
– Mitteilungszeitpunkt **410** 14
– Rücktransport **7 CMNI** 11

– Schadensersatz **7 CMNI** 27, **410** 23 ff.
– Schutzmaßnahmen **7 CMNI** 19
– Selbsthilfe **410** 19
– Selbsthilfe des Verfrachters **483** 12
– Umladung **486** 16
– unmittelbare Gefahr **7 CMNI** 18
– Verfrachter **483** 1
– Verhältnismäßigkeitsprinzip **7 CMNI** 23
**Gelegenheitsspediteur 453** 82
**Gemischtbetrieb 453** 7
– Selbsteintritt **458** 2
**gemischter Vertrag**
– Frachtvertrag **407** 28a
– Logistikvertrag **407** 82
**GENCON-Charterparty 527** 11
**gerichtliche Beschlagnahme 499** 22
**Gerichtsstand**
– Beförderungsvertrag (Eisenbahn) **46 CIM** 5
– Empfangsbestätigung über Güter **5 MÜ** 8
– Frachtvertrag **31 CMR** 24, **Vor ADSp** 284
– Luftfrachtbrief **5 MÜ** 8
– Luftfrachtführer, ausführender **33 MÜ** 29, **39 MÜ** 38
– Luftfrachtführerhaftung **33 MÜ** 2, **33 MÜ** 17 ff.
– Wahl **33 MÜ** 17 ff.
**Gesamtschuld**
– Befrachterhaftung **488** 9
– Frachtführer, aufeinanderfolgende **36 CMR** 6
– Luftfrachtführer, ausführender **39 MÜ** 35
– Schadensersatz **421** 31
– Schiffszusammenstoß **571** 12
**Geschäftsbesorgung Vor ADSp** 46
– Luftfrachtvertrag **1 MÜ** 58
**Gestellung des Fahrzeugs Vor VBGL** 8
**Gewerbsmäßigkeit**
– Lagervertrag **467** 12
– Speditionsvertrag **453** 136
**Gewicht**
– Absenderangaben **6 CMNI** 17
– Empfangsbestätigung über Güter **5 MÜ** 10
– Frachtvertrag **6 CMNI** 17
– Luftfrachtbrief **5 MÜ** 10
**GGVSee 483** 4 ff.
**Gläubigerverzug 456** 31
**GoA 456** 94, **456** 97
**Grenzspediteur 453** 83
**grenzüberschreitender Transport 451** 4
**grobe Fahrlässigkeit**
– Frachtführerhaftung **29 CMR** 14
– Länderübersicht **29 CMR** 17 ff.
**grobe Organisationsmängel 435** 21
– Frachtführerhaftung **29 CMR** 38a
– Haftungsbeschränkung **435** 21
**grobes Verschulden**
– Haftungshöchstbetrag **22 MÜ** 7

– Trucking **38 MÜ** 12
**große Haverei Einl. CMNI** 45, **Vor 588** 4
– Multimodalfrachtvertrag **452a** 49
**GüKUMB 451** 3
**Gut 1 CIM** 3, **1 MÜ** 29, **4 MÜ** 6, **18 MÜ** 27, **453** 107
– amtliche Behandlung **413** 5
– Ankunft **418** 7
– Begriff **407** 49
– Frachtvertrag **3 CMNI** 6
– Leiche **407** 56
– Luftbeförderungsvertrag **1 MÜ** 29
– natürliche Beschaffenheit **427** 21
– Reisegepäck **407** 55
– schwundgefährdetes **31 CIM** 2
– Tiere **407** 50
– Transportmittel **407** 53
– Verpackung **407** 52
– Wertersatz **429** 11
**Güterfolgeschäden 498** 7
**Güterschäden**
– Anspruchsgegner **494** 20
– FBL **452d** 57
– Frachtführer **Vor 425** 7
– Haftungsgrenzen **461** 8
– Luftfrachtführerhaftung **18 MÜ** 7
– Multimodalfrachtvertrag **452** 43 ff.
**Güterumschlag 452a** 30; **509** 57 ff.

**Haag-Visby-Regeln 608** 1
**Haager Regeln 6 EGHGB** 1
**Hafengebühren 564** 8
**Haftpflichtversicherung**
– Luftfrachtführer **18 MÜ** 100
– Luftfrachtführerhaftung **18 MÜ** 100
– Spediteur **Vor ADSp** 272
**Haftung Vor VBGL** 16, *s.a.* Frachtführerhaftung, *s.a.* Spediteurhaftung, *s.a.* Verfrachterhaftung
– Abdingbarkeit **451g** 17
– AGB PAKET INTERNATIONAL **Posttransport** 113
– Angabe eines Interesses **35 CIM** 2
– Bahnwagen **4 CUV** 2 ff., **7 CUV** 5
– Bahnwagenverlust **6 CUV** 1 ff.
– Beförderungsvertrag (Eisenbahn) **23 CIM** 1 ff.
– Befrachter **Vor 481** 9
– Befreiung **451g** 4
– Begrenzung **451g** 4
– Beschädigung **454** 88
– Beweislast **451g** 15
– des Einlagerers **468** 10
– des Lagerhalters **471** 26, **475** 3 ff.
– Erweiterung **451g** 5
– Fixkostenspedition **459** 47 ff.
– Folgen fehlender Information **451g** 9
– Folgen fehlender Unterrichtung **451g** 14
– Frachtführer **451** 4, **451** 18

– Gepäckschäden **536–552** 57 ff.
– Haftungshöchstbetrag **Vor VBGL** 19
– Hilfspersonen **9 CUV** 3
– Hinweis **451g** 6
– Hinweisgestaltung **451g** 8
– Informationspflicht **451g** 4
– multimodaler Transport **Vor 425** 39 ff.
– Personenschäden **536–552** 38 ff.
– Rügefrist **451g** 14
– Sammelladungsspedition **460** 48 ff.
– Selbsteintritt **458** 65 ff.
– Transportversicherung **451g** 5
– Verbraucherumzug **451h** 3
– Verlust **454** 88
– Verspätungsschäden **536–552** 64
– Weltpostvertrag **Posttransport** 52 f.
**Haftungsausschluss**
– Behandlung **18 CMNI** 15 ff.
– Handlungen Verfügungsberechtigter **18 CMNI** 5 ff.
– Kausalitätsvermutung **18 CMNI** 33
– Kennzeichnungsmängel **18 CMNI** 30
– Parteivereinbarungen **18 CMNI** 37
– Schadensanfälligkeit des Gutes **18 CMNI** 26
– Verpackungsmängel **18 CMNI** 29
– Weltpostvertrag **Posttransport** 70
– zusammenwirkende Schadensbeiträge **18 CMNI** 12
**Haftungsausschlussgründe**
– Eigenart der Güter **18 MÜ** 79
– Frachtvertrag **426** 1, **427** 1
– hoheitliches Handeln **18 MÜ** 84
– Kriegshandlung **18 MÜ** 83
– Luftfrachtführerhaftung **18 MÜ** 74 ff.
– Umzugsvertrag **451d** 1
– Verfrachterhaftung **499** 1
– Verpackungsmängel **18 MÜ** 81
**Haftungsbefreiung**
– ADSp **Vor ADSp** 85
– Beförderungsvertrag (Eisenbahn) **23 CIM** 17 ff.
– Befrachterhaftung **488** 5 ff.
– Behandlung des Gutes **17 CMR** 65
– Beweislast **18 CMR** 5
– Frachtführerhaftung **17 CMNI** 14 ff., **17 CMR** 27 ff.
– Mängel des Fahrzeugs **17 CMR** 49
– Mängel des Transportgutes **17 CMR** 37
– natürliche Beschaffenheit des Gutes **17 CMR** 72
– offene Fahrzeuge **17 CMR** 54
– Raubüberfälle **17 CMR** 46
– Tiere **17 CMR** 88
– ungenügende Bezeichnung **17 CMR** 86
– unvermeidbare Umstände **17 CMR** 40
– Verladen **17 CMR** 68
– Verpackungsmängel **17 CMR** 59

– Verzicht des Luftfrachtführers **20 MÜ** 1
– Wegfall bei Verfrachterhaftung **507** 4 ff.
**Haftungsbeschränkung Posttransport** 15,
  *s.a.* Haftungshöchstbetrag
– Abladerhaftung **488** 24
– Bahnwagen **4 CUV** 2 ff.
– Befrachterhaftung **488** 24
– Begleitpapiere **487** 14 f.
– Frachtführerhaftung **28 CMR** 2, **28 CMR**
  10 f.
– grobe Organisationsmängel **435** 21
– Hafenanlagen **614** 2
– Haftungsfonds **611** 11, **615** 7 ff.
– Haftungsfondsverfahren **617** 2
– HBÜ **611** 6
– kleine Schiffe **613** 2
– Lagervertrag **475** 21
– Leichtfertigkeit **435** 12
– Leute **Vor 435** 25
– Lotse **615** 4
– Mitverschulden **435** 31
– Ölverschmutzungsschäden **611** 19
– Rechtsfolgen **28 CMR** 12
– Reisende **615** 6
– Schaden, ungewöhnlich hoher **435** 44
– Seeforderung **611** 1
– Spediteurshaftung **Vor ADSp** 189 ff.
– Verbotsgut **435** 35 f.
– Verschulden, qualifiziertes **435** 8
– Verteilungsverfahren **611** 15
– vorsätzliche Schädigung **29 CMR** 1
– Wasserstraßen **614** 2
– Wegfall **616** 2
– Wertersatz **429** 3
– Wrackbeseitigung **612** 3
**Haftungshöchstbetrag Vor ADSp** 10,
  **Vor VBGL** 19
– ähnliche Beförderungsgeräte **20 CMNI** 30
– Ausschluss **26 MÜ** 3
– außervertraglicher Anspruch **434** 5 ff.
– Beschädigung **431** 8
– Beweislast **20 CMNI** 44, **504** 26
– Bulkware **20 CMNI** 13
– Container unbekannten Inhalts **20 CMNI**
  24
– Containerklausel **20 CMNI** 10, **20 CMNI**
  23, **504** 16
– Durchbrechung **Vor 425** 20
– Einheit **504** 15
– Erhöhung **26 CMR** 12
– Frachtführerhaftung **23 CMR** 17, **23
  CMR** 24, **25 CMR** 15 ff.
– Frachtführerkette **20 CMNI** 39
– Frachturkunde **20 CMNI** 13 ff.
– Gesamtschuld **20 CMNI** 45
– Gewicht **504** 12
– gewichtsbezogener **Vor ADSp** 220 ff.
– grobes Verschulden **22 MÜ** 7

– Güterschäden **20 CMNI** 4
– HBÜ **611** 8 ff.
– Heraufsetzung **20 CMNI** 40
– Inventurdifferenzen **Vor ADSp** 223
– kleine Schiffe **613** 3
– Ladeeinheit **20 CMNI** 8
– Ladung **504** 10
– Leute **25 MÜ** 7, **30 MÜ** 13
– Lieferfristüberschreitung **20 CMNI** 34, **431**
  18 ff.
– Luftfrachtbrief **5 MÜ** 18
– Luftfrachtführer, ausführender **25 MÜ** 6,
  **40 MÜ** 7
– Luftfrachtführerhaftung **18 MÜ** 21 f., **18
  MÜ** 96 ff., **19 MÜ** 45, **22 MÜ** 2 ff.
– Mitverschulden **431** 28, **504** 29
– Multimodalfrachtvertrag **452** 46, **452a** 45
– Nachnahme **422** 25
– Packung **20 CMNI** 7
– Personenschäden **536–552** 49 ff.
– Rechnungseinheit **431** 23
– Rechtsverfolgungskosten **22 MÜ** 23
– Schifffahrtrecht **431** 29
– Sonderziehungsrecht (SZR) **431** 23, **505** 1
– Stück **504** 14
– Teilschäden **22 MÜ** 22
– Teilverlust **23 CMR** 28
– Teilverlust/-beschädigung **431** 13 ff., **504**
  21 ff.
– Überprüfung **24 MÜ** 3
– Vereinbarung **20 CMNI** 40 ff., **22 MÜ** 2
– Vereinbarung über **25 MÜ** 2
– Verfrachterhaftung **504** 1
– Verlust **431** 8
– Vermögensschäden, sonstige **433** 7, **433** 13
– Verspätung **19 MÜ** 45
– Vertragsverletzungen **22 MÜ** 20
– Verzicht **25 MÜ** 4
– Weltpostvertrag **Posttransport** 58, **Post-
  transport** 92
– Wertdeklaration **18 MÜ** 99, **20 CMNI** 40,
  **22 MÜ** 9, **22 MÜ** 17
– Wrackbeseitigung **612** 2
– Zinsen **22 MÜ** 24
**Haftungsvereinbarungen 461** 35 ff.
**Haftungszeitraum 18 MÜ** 36
**Hamburger Lagerungsbedingungen 467**
  43
**Hauptspediteur 453** 84
**Hausspediteur 453** 85
**Havereibonds Vor 588** 10
**Heimatbahnhof 2 CUV** 9
**Heuer 596** 2
– Zeitvercharterer **564** 4
**Heuerverhältnis 478** 5
– anwendbares Recht **478** 7
– Flaggenrecht **478** 6
– Heuerschein **478** 6

– Kapitän **479** 3
– Rechtswahl **478** 6
– Schiffsbesetzungsverordnung **478** 6
– Schiffsbetriebskosten **478** 6
**Hilfspersonen**
– Absenderhaftung **414** 34
– außervertragliche Ansprüche **28 CMR** 17
– Beförderungsvertrag (Eisenbahn) **40 CIM** 4
– Drittschadensliquidation **28 CMR** 17
– Eigenhaftung **17 CMNI** 13, **29 CMR** 40
– Frachtführerhaftung **3 CMR** 2, **3 CMR**
  13 ff., **29 CMR** 30
– Frachtvertrag **3 CMR** 13 ff.
– Haftung **9 CUV** 3
– Zeitcharterer **563** 5
**Himalaya-Klausel 28 CMR** 3
**Hindernis 419** 5 ff.
– Abladung **486** 3
– Aufwendungsersatz **419** 45
– Beweislast **420** 20
– Dispositionsbefugnisse des Frachtführers
  **419** 22
– Distanzfracht **419** 44
– Entladen **419** 29
– Erkennbarkeit **419** 17
– Frachtführerhaftung **419** 48 f.
– Konkurrenzen **419** 50 ff.
– Maßnahmen des Frachtführers **419** 28 ff.
– Mitteilung des Frachtführers **419** 17
– Obhut des Frachtführers **419** 9
– Prätendentenstreit **419** 37
– Risikobereich des Frachtführers **419** 42
– Rückbeförderung **419** 32
– Selbsthilfeverkauf **419** 34
– Vernichtung **419** 38
– Versteigerung **419** 36
– Verwahrung **419** 29 f.
– Weisung, nicht zu erlangende **419** 25 ff.
– Weisungsberechtigter **419** 19
– Weisungseinholung **419** 16 ff.
– Zahlungsansprüche des Frachtführers **419**
  40 ff.
– Zeitpunkt, maßgeblicher **419** 9
**Hubinsel 553** 3
**Huckepacktransport 2 CMR** 4
– Frachtvertrag **2 CMR** 4
– Multimodalfrachtvertrag **452** 55

**IATA – Air Waybill 4 MÜ** 11
**Individualvereinbarung**
– Frachtführerhaftung **25 CMNI** 42, **449** 2
– Konnossement **525** 6 ff.
– Lagervertrag **Vor 467** 18
– Multimodalfrachtvertrag **452d** 5
**Informationspflicht**
– Absender **Vor VBGL** 6
– Folgen fehlender Information **451g** 9
– Frachtführer **451b** 7, **451b** 10
– Haftung **451g** 4

– Hinweisgestaltung **451g** 8
– Schadensersatz **451b** 8, **451b** 16
– Schiffsmietvertrag **555** 9
– über Verhalten im Schadensfall **451g** 11 ff.
– Verletzung **451b** 8, **451b** 16
– Zoll- und Verwaltungsvorschriften **451b** 9
**Inhaberlagerschein 475c** 14
– Rechtserwerb **475c** 35
**Inhalt**
– Empfangsbestätigung über Güter **5 MÜ** 4
– Frachtbrief *s. dort*
– Konnossement **515** 3 ff.
– Ladeschein **443** 10 ff.
– Lagerschein **475c** 26 ff.
– Luftfrachtbrief **5 MÜ** 4
– Reklamation **32 CMR** 28
– Schadensanzeige **31 MÜ** 25
– Seefrachtbrief **526** 4
**Inter-Club Agreement 563** 11
– Haftungsverteilung **563** 12
– Kondensationsschäden **563** 12
– Konnossement **563** 11
**Interessenwahrungspflicht**
– Abdingbarkeit **454** 110
– Aufklärung **454** 124
– Fixkostenspedition **459** 45
– Spediteur **454** 11, **454** 108 ff.
**intermodale Transporteinheit 3 CIM** 9
**internationale Beförderung 1 MÜ** 39
– innerstaatliche Frachtgutbeförderung **1 MÜ**
  37
– mehrere Luftfrachtführer **1 MÜ** 46
– Stückgutfrachtvertrag **481** 28
**internationale Spedition 453** 200 ff.
– Gerichtsstand **453** 206
– Rechtswahl **453** 201
– Rom I-VO **453** 203
– Zuständigkeit **453** 209
**internationale Übereinkommen**
– Frachtrecht **Einl.** 30
– Umzugsvertrag **451** 20
**internationales Zivilprozessrecht**
– CMR **31 CMR** 3
– kombinierte Transporte **31 CMR** 6
– Spediteur **31 CMR** 7
**IPR**
– CMR **Einl. CMR** 35 ff.
– Konnossement **Vor 513** 35 ff.
– Konnossementsmodifizierungen **6**
  **EGHGB** 17 ff.
**Ist-Empfänger 494** 10

**Just-in-Time-Lieferung 423** 7
– Frachtvertrag **Einl. CMR** 4
– Lieferfrist **423** 7
– Verfrachter **490** 21

**Kabotagetransport 449** 50, **Einl. CMR**
  12, **Einl. CMR** 49
**Kaianstalt 490** 6

**Kaiumschlagbetrieb 498** 36
**Kalkulation Vor ADSp** 101 ff.
**Kapitän 479** 1
– Aktivlegitimation **479** 10
– als Vertreter **479** 2
– Beratungslotse **570** 46
– Betrieb des Schiffes **479** 8
– Frachtvertrag **479** 6
– gefährliche Güter **483** 7
– Heuerverhältnis **479** 3
– Innenverhältnis **479** 9
– Kommunikation **479** 7
– Konnossement **479** 6
– Ladungssicherungsmängel **563** 9 f.
– Logbuch **479** 4, **479** 11
– Lotsenbefreiungszertifikat **564** 9
– Maschinentagebuch **479** 13
– Passivlegitimation **479** 10
– Schiffstagebuch **479** 4, **479** 11
– Tagebücher, weitere **479** 13
– Verfrachter **479** 6
– Vertretungsmacht **479** 3
– Vollmachtsumfang **479** 6
– Zustellungsvollmacht **479** 10
**Kasse gegen Dokumente-Klausel 13 MÜ**
19
**Kauffahrteischiffe 476** 3
**Kennzeichnung**
– Absender **6 CMNI** 38 ff., **411** 18
– ADSp **Vor ADSp** 93
– Befrachter **484** 1, **484** 11
– Pflichtumfang **411** 17
– Pflichtverletzung **411** 21
– Spediteur **454** 80
– ungenügende **427** 26
– unzureichende **484** 12
– Verfrachterhaftung **499** 26 ff.
– Versender **455** 4
**Kennzeichnungsmängel**
– Absender **6 CMNI** 40
– Befrachterhaftung **488** 12
– Frachtführerhaftung **18 CMNI** 30
– Mitverursachung **414** 23
**Kennzeichnungspflicht 8 CMNI** 12
**Kernenergie 27 CMNI** 4
**Kleingewerbetreibende**
– Schiffsmietvertrag **553** 16
– Zeitchartervertrag **557** 12
**Kollisionsverhütungsregeln 570** 23
**kombinierter Verkehr 452** 16
**Kommission 453** 61
**Konkurrenzen**
– Absenderhaftung **414** 35 ff.
– Kündigung **415** 33 ff.
**Konnossement 13 CMNI** 2, **513** 2, **513** 5
– Abdingbarkeit der Haftung **525** 3
– Abladerangaben **515** 20 ff.
– Abladerhaftung für Mängel **488** 14 ff.

– Abladerrevers **517** 20
– Abladetatsachen **517** 3
– Ablieferung **521** 11 ff.
– Ablieferungshindernis **492** 10
– Ablieferungsverlangen **521** 3
– AGB **525** 7 ff.
– Auslieferung **13 CMNI** 10
– Aussteller **13 CMNI** 7
– Beförderungshindernis **492** 10
– Befrachterhaftung **488** 3
– Begebung des K. **524** 8
– Besitz des Verfrachters **524** 7
– Beweiswirkung **513** 21, **517** 3 ff.
– Bordkonnossement **513** 14, **514** 6 ff., **514**
  13
– dingliche Einigung **524** 16 ff.
– Einwendungen **522** 4 ff.
– Empfänger **481** 11, **494** 10
– Empfängerpflicht **521** 16
– Empfangsbekenntnis **486** 8
– Empfangsvermutung **517** 5
– Falschablieferung **521** 24
– fehlende/unrichtige Angaben **523** 6 ff.
– Frachtschuld **521** 19
– Funktionen **13 CMNI** 4 ff.
– geschlossenes Lademittel **517** 9
– gesetzliche Vertretungsmacht des Kapitäns
  **513** 29
– Gutglaubensschutz **522** 19 ff.
– gutgläubiger Erwerb **13 CMNI** 12
– Haager Regeln **6 EGHGB** 1
– Haftung für unrichtiges **517** 19
– identity of carrier-Klausel **514** 9
– Individualvereinbarung **525** 6 ff.
– Individualvereinbarung über Begleitpapiere
  **487** 17
– Inhalt **515** 3 ff.
– Inter-Club Agreement **563** 11
– IPR **Vor 513** 35 ff.
– Kapitän **479** 6
– Konnossementsrechtsverhältnis **513** 23 ff.
– Lien-Klausel **493** 6
– Luftfrachtbrief **4 MÜ** 17
– mangelhafte Verfrachterangabe **518** 4 ff.
– mehrere Originale **514** 14 f.
– Modifizierung des IPR **6 EGHGB** 17 ff.
– Orderkonnossement **513** 13
– Reeder **518** 7 ff.
– Reisefrachtvertrag **527** 15
– Rektakonnossement **513** 13
– Schiffsagent **494** 10
– Seefrachtvertrag **450** 11
– Sperre für frachtvertragliche Ansprüche
  **519** 10 ff.
– Stückgutfrachtvertrag **481** 25
– Substitutionsklausel **486** 14
– Traditionswirkung **13 CMNI** 11, **524** 5 ff.
– Übernahmekonnossement **513** 14, **514** 6 ff.

– Übertragung des K. **524** 13 ff.
– unrichtige Verfrachterangabe **523** 13 ff.
– Verfrachter **481** 6
– Verfrachter, ausführender **522** 27 ff.
– Verfügung ohne K. **524** 20
– Verfügungsrecht **15 CMNI** 6
– Verlust des K. **521** 15
– Visby Regeln **6 EGHGB** 11
– Vorbehalte **517** 11 ff.
– Weisungen **520** 3 ff.
– Weisungsberechtigung **491** 11
– Wirkung **13 CMNI** 9 ff.
**Konsensualvertrag 453** 17
– Frachtvertrag **4 CMR** 5
**Kontrollpflicht Vor ADSp** 57
**Korridorlösung 449** 2
**Kraftfahrzeug 1 CMR** 16
**kriegerische Ereignisse 499** 12
**Kriegshandlung 18 MÜ** 83
**Kündigung**
– abweichende Vereinbarungen **415** 37
– Aufwendungen **415** 13
– Befrachter **489** 1, **532** 4, **Vor 481** 10
– Distanzfracht **420** 14
– Entladen **415** 26
– Entladungskosten **415** 28
– Fautfracht **415** 17, **532** 5
– Fracht **415** 12
– Frachtführer **9 CMNI** 2, **417** 10
– Frachtvertrag **44 CMR** 1, **415** 1 f.
– Interessenwegfall **415** 22
– K.grund im Risikobereich des Frachtführers **415** 20
– Konkurrenzen **415** 33 ff.
– Ladezeitüberschreitung **412** 28
– Liegegeld **532** 6
– nach Verladung **415** 23
– Nachfrist durch Verfrachter **534** 4
– Reisefrachtvertrag **532** 1
– Risikobereich des Verfrachters **532** 8
– Schadensersatz **569** 7
– Schiffsmietvertrag **556** 1, **556** 6
– Spediteursvertrag **453** 165 ff.
– Standgeld **415** 12
– teilweise **533** 5
– Verfrachter **490** 12 ff., **534** 3
– Verwahrung **415** 29
– Vorteilsanrechnung **415** 14
– Wahlrecht nach Verladung **415** 23 f.
– Wochenfrist **556** 8
– zum Quartal **556** 10
**Kursschwankungen 27 CMR** 31

**Lade- und Löschzeiten Einl. CMNI** 30
**Ladebereitschaft 528** 1, **528** 4, **529** 3
– Anzeige **529** 7 ff.
– Beweislast **529** 11
– Cancelling Clauses **529** 14
– ETA-Meldung **529** 12

– Time-Loss-Klausel **529** 18
– Voranzeige **529** 12
– WIBON **529** 17
– WIPON **529** 16
– Zeitpunkt **529** 14
**Ladefertigkeit 529** 6
**Ladefrist 5 CMNI** 13
**Ladehafen 2 CMNI** 7, **528** 5, *s.a.* Ladeplatz
– alternativer sicherer Platz **528** 19
– Außenreede **528** 19
**Lademittel 411** 8 ff.; **486** 19; **504** 16 f.
**Ladeplatz 528** 10 ff.
– mehrere **528** 16
– nicht rechtzeitige Benennung **528** 16
– unsicherer **528** 14
– Wahl durch Befrachter **528** 13
– Weisungen **528** 15
**Ladeschein 443** 1
– Ablieferung **443** 30, **445** 3 ff.
– Ablieferungsverlangen **445** 12
– Aufgebotsverfahren **445** 20
– Auslieferungsverpflichtung **443** 4
– Beweiswirkung **444** 1
– Binnenkonnossement **Vor 443** 2
– Binnenschifffahrt **443** 33
– Durchkonnossement **443** 35
– Einwendungen **447** 4
– elektronischer **443** 31
– Falschablieferung **445** 13
– Fehlerfolgen **443** 29
– Form **443** 28
– Frachtbrief **443** 7
– Frachtbrief, Abgrenzung zum **408** 12
– gutgläubiger Erwerber **444** 9
– Inhalt **443** 10 ff.
– Konnossement **443** 54 ff.
– Liberationswirkung **445** 3
– Multimodalfrachtvertrag **452** 41
– Seefrachtvertrag **450** 13 ff.
– Traditionswirkung **448** 4
– Übernahmevermutung **444** 5
– unrichtige Angaben **444** 11
– Verfügungsrecht **446** 3
– Verlust **445** 20
– Weisungen **446** 3
– Zweck **443** 3
**Ladezeit 530** 4, **530** 11
– ausgeschlossene Zeiträume **530** 22
– Auslegungsregeln **530** 27
– Beginn **412** 29, **530** 14
– Berechnung **530** 20 ff.
– Dauer **412** 30, **530** 5
– Eisklausel **530** 31
– Fautfracht **530** 6
– Frist **530** 7
– Kündigung **412** 28, **417** 10
– Liegegeld **530** 6
– Nachfrist **533** 20 ff.

– Nachfristfristsetzung **417** 7 f.
– Nichteinhaltung **533** 18
– Nichteinhaltung durch Absender **417** 4
– Risikobereich **530** 22 ff.
– Überschreiten **412** 38
– Verpackungsmängel **533** 19
– weather permitting **530** 30
– weather working days **530** 29
– working days **530** 28
**Ladungsfürsorge 498** 54
**Ladungstüchtigkeit 481** 19, **485** 8, **528** 4
– Container **485** 9
– Kühl- und Gefrierräume **485** 9
– Ladungsbehandlungsprobleme **485** 13
– Rechtsfolgen bei fehlender **485** 11
– relative **485** 10
– Schiffsmietvertrag **554** 10
– Stückgut **485** 9
– Zeitchartervertrag **560** 6 ff.
**Ladungsuntüchtigkeit 498** 73
**Lagerempfangsschein 453** 195
**Lagerkosten 456** 78
**Lagerschein 475c** 3
– Auslieferung des Gutes **475e** 7
– Beweisvermutung **475d** 5
– Einwendungen **475f** 2
– Empfangsberechtigung **475e** 4
– Freihalteerklärung **475e** 7
– Haftung bei Auslieferung **475e** 12
– Inhalt **475c** 26 ff.
– Rechtsvermutung **475d** 8
– Sammellagerung **475c** 27g
– teilweise Auslieferung **475e** 10
**Lagerung**
– ADSp **Vor ADSp** 73 ff.
– Spediteur **454** 65
**Lagervertrag**
– Abgrenzung **467** 31
– ADSp **471** 27 ff., **473** 20 f., **475** 23 ff.,
  **Vor ADSp** 32
– AGB **471** 27 ff., **473** 20 f.
– anteilige Auslieferung **469** 32
– Art der Lagerung **467** 19
– Aufrechnung trotz Verjährung **475a** 28
– Aufwendungsersatz **474** 2
– Beendigung **467** 32
– Beschädigungshaftung **475** 5
– Besichtigung des Gutes **471** 6
– Beweislast bei Haftung **475** 15
– Dokumente **467** 33
– Einlagerer **467** 5, **Vor 467** 6
– Einlagerer ist Verbraucher **468** 6
– Einlagerung bei Dritten **472** 11 ff.
– Empfangnahme **470** 4
– Erhaltung des Gutes **471** 13
– FIATA Warehouse Receipt **475c** 25
– gefährliche Güter **468** 4
– gesicherte Forderungen **475b** 12 ff.

– Gewerbsmäßigkeit **467** 12
– Güter **467** 12
– Haftung des Einlagerers **468** 10
– Haftung des Lagerhalters **471** 26
– Haftungsbeschränkung **475** 21
– Haftungsumfang **475** 17
– Hamburger Lagerungsbedingungen **467** 43
– Hauptpflichten **467** 17 ff.
– Herausgabeanspruch **469** 14
– Herausverlangen **473** 2
– Individualvereinbarung **Vor 467** 18
– Inhaberlagerschein **475c** 14, **475c** 35
– Kontroll- und Mitteilungspflichten **467** 25
– Kündigung **473** 2, **473** 5, **473** 11
– Lagerempfangsschein **467** 33
– Lagerhalter **467** 2
– Lagerort **467** 34 ff.
– Lagerschein **475c** 3, *s.a. dort*
– Lieferschein **475c** 22
– Logistik **467** 46
– Miteigentum **469** 27
– multimodaler Transport **Vor 467** 27
– Namenslagerschein **475c** 9, **475c** 33
– Obhutszeitraum **475** 7
– Orderlagerschein **475b** 27, **475c** 5, **475c**
  31, *s.a. dort*
– Pfandgegenstand **475b** 9
– Pfandrecht **475b** 2 ff.
– Pfandrechtsbestand **475b** 29
– Pfandrechtsrang **475b** 25
– Pfandverkauf **475b** 21
– Probeentnahme **471** 9
– Quittung **475c** 19
– Rechtswahrungspflicht **470** 7
– Rücknahmeverlangen **473** 11
– Schadensanzeige **471** 17
– Schutz- und Obhutspflichten **467** 24
– Seehandelsrecht **Vor 467** 28
– Tiere **467** 12
– Umschlagsrecht **Vor 467** 23
– unzulässige Sammellagerung **469** 8 ff.
– Verbraucher **475h** 1 ff.
– Vergütung **467** 28
– Verjährung **475a** 5 ff.
– Verjährungsfrist **475a** 6 ff.
– Verjährungshemmung **475a** 15
– Verjährungsneubeginn **475a** 22
– Verjährungsvereinbarungen **475a** 23 ff.
– Verlusthaftung **475** 4
– Vermischung **469** 12, **469** 21
– Vermischungsbefugnis **469** 17 ff.
– vermutetes Verschulden **475** 10
– Verpackung **468** 5
– Versicherung **472** 2, **472** 5
– Vertragsverletzung **467** 29
– Verwaltungsbefugnis **469** 36
– Verzicht auf Rückgabe **473** 19
– vorvertragliche Pflichten **467** 30

– Weisungen **471** 19
– Zugang des Einlagerers **471** 1
**Landschäden**
– Frachtführerhaftung **16 CMNI** 29 ff.
– Verfrachterhaftung **498** 46
**Leichtern 528** 18
**Leichtfertigkeit 29 CMR** 15, **435** 12
**Leistungsstörung**
– Frachtrecht **Vor 407** 5 ff.
– Schiffsmietvertrag **553** 11
– Zeitchartervertrag **559** 10 f.
**Leistungstermin 454** 20
**Leistungsverweigerungsrecht 491** 32
**Leute 19 MÜ** 36 ff., **428** 5 ff.
– ausführender Verfrachter **509** 53 ff.
– Begriff **407** 19
– eigene Haftung **30 MÜ** 7 ff.
– Haftungshöchstbetrag **25 MÜ** 7, **30 MÜ**
  13
– Luftfrachtführer, ausführender **41 MÜ** 12,
  **43 MÜ** 1
– Luftfrachtführerhaftung **18 MÜ** 17, **30 MÜ**
  6
– Verfrachterhaftung **501** 7
**Liberationswirkung 445** 3
**Lieferfrist 19 CMR** 2
– Angemessenheit **19 CMR** 9
– Beförderungshindernis **423** 10
– Begriff **423** 3
– Fixgeschäft, absolutes **423** 10
– Frachtvertrag **3 CMNI** 7, **5 CMNI** 3
– gesetzliche **423** 9
– Just in time-Lieferung **423** 7
– Nachfrist **20 CMR** 7
– Vereinbarung **19 CMR** 6, **423** 5
**Lieferfristüberschreitung**
– Beförderungsvertrag (Eisenbahn) **23 CIM**
  10, **33 CIM** 2
– Entschädigungshöchstbetrag **33 CIM** 7
– Frachtführerhaftung **23 CMR** 45, **425** 24
– Schadensanzeige **23 CMNI** 22, **438** 24
– Umzugsvertrag **451d** 2
**Lieferverzögerung**
– Anspruchsgegner **494** 20
– Empfänger **494** 16
**Liegegeld 528** 22, **530** 1, **530** 11, *s.a.* Stand-
  geld
– angemessenes **530** 19
– Beweislast **530** 26
– Ladezeit **530** 6
– Schuldner **530** 12
– Teilbeförderung **533** 10
– Verzögerungsgründe **530** 24
**Liegeplatz 491** 9, **494** 9
– Garantie **529** 19
**Lien-Klausel 493** 6
**Liniensystem 1 CIM** 7
**Linienverkehr 486** 5

**Lisbon Rules 570** 49
**Lloyds Open Form (LOF) Vor 574** 2
**Lo/Lo-Transport 2 CMR** 4
**Logbuch 479** 4, **479** 11
**Logistikvertrag 407** 82
**Lohnfuhrvertrag 407** 32, **453** 64,
  **Vor VBGL** 4, **Vor VBGL** 10
**Löschbereitschaft 535** 4
– Anzeige **535** 5
– mehrere Empfänger **535** 7
– unbekannter Empfänger **535** 6
**Löschen 486** 15
– Zeitcharterer **563** 3
**Löschhafen 2 CMNI** 7
**Löschplatz 491** 8, **494** 9
**Löschzeit 535** 9
– Eilgeld **535** 13
– Liegegeld **535** 11
– Überliegezeit **535** 10
**Lotse**
– Beratungslotse **570** 46
– Frachtführerhaftung **17 CMNI** 7
– Haftungsbeschränkung **615** 4
– Kosten **564** 4
– Lotsengelder **564** 9, **596** 9
– Schiffsbesatzung **478** 4
– Schiffszusammenstoß **570** 44
– Seefrachtvertrag **480** 10 f.
– Verfrachterhaftung **501** 16
**low emission areas 564** 14
**Luftbeförderungsvertrag 1 MÜ** 9
– Abschlussfreiheit **27 MÜ** 5
– Absender **1 MÜ** 20
– Einwendungsverzicht **27 MÜ** 7
– Empfänger **1 MÜ** 26
– Form **1 MÜ** 12, **27 MÜ** 1
– Güter **1 MÜ** 29
– Inhaltsfreiheit **27 MÜ** 3
– Multimodalfrachtvertrag **38 MÜ** 6, **452**
  58 ff.
– notify-Person **1 MÜ** 27
– Rechtsgrundlagen **1 MÜ** 11
– Schiedsverfahren **34 MÜ** 1
– Trucking **38 MÜ** 8 ff.
– vertragsfremde Transportbeteiligte **1 MÜ**
  23 ff.
– Vertragspartner **1 MÜ** 13 ff.
**Luftersatzverkehr 452** 59
**Luftfahrtunternehmen 1 MÜ** 31
– Luftfrachtführer **1 MÜ** 30
**Luftfahrtunternehmen der Gemeinschaft
  19 MÜ** 4
– VO (EG) Nr. 2111/2005 **29 MÜ** 24
– VO (EG) Nr. 261/2004 **29 MÜ** 23
– VO (EG) Nr. 785/2004 **29 MÜ** 19
– VO (EG) Nr. 889/2002 **29 MÜ** 21
**Luftfahrzeug 1 MÜ** 35, **407** 124
**Luftfrachtbrief 4 MÜ** 1, **7 MÜ** 3
– Abschluss des Frachtvertrags **11 MÜ** 12

– abweichende Vereinbarungen **15 MÜ** 5 f.
– andere Aufzeichnung **4 MÜ** 29
– Annahme der Güter **11 MÜ** 14
– Art der Güter **5 MÜ** 12 f.
– Art, Anzahl und Umfang **11 MÜ** 22
– Ausfertigung, dritte **7 MÜ** 11
– Ausfertigung, erste **7 MÜ** 7
– Ausfertigung, zweite **7 MÜ** 8
– Ausfertigungen **4 MÜ** 12, **7 MÜ** 5
– Aushändigung **4 MÜ** 8, **7 MÜ** 6
– außergewöhnliche Umstände **51 MÜ** 1 ff.
– Ausstellung **4 MÜ** 8
– Beförderungsbedingungen **11 MÜ** 15
– Begleitpapier **7 MÜ** 9 f.
– Bestimmungsort **5 MÜ** 6
– Beweiswirkung **7 MÜ** 13
– CARGO-IMP **4 MÜ** 32 f.
– Dokumentenakkreditiv **4 MÜ** 21
– elektronische Signatur **4 MÜ** 16
– elektronischer **4 MÜ** 4, **4 MÜ** 31
– Fracht **5 MÜ** 20
– Funktion **4 MÜ** 9
– Gerichtsstand **5 MÜ** 8
– Gewicht **5 MÜ** 10, **11 MÜ** 20
– Haftungshöchstbetrag **5 MÜ** 18
– IATA – Air Waybill **4 MÜ** 11
– Inhalt **5 MÜ** 4
– Konnossement **4 MÜ** 17
– Luftfrachtbriefdritt **4 MÜ** 18
– Mängel **4 MÜ** 25
– Mängelhaftung **4 MÜ** 26
– mehrere **8 MÜ** 2
– mehrere Frachtstücke **8 MÜ** 1
– Menge, Rauminhalt und Zustand **11 MÜ** 23
– notify-Person **5 MÜ** 19
– Personenbenennung **5 MÜ** 5
– Rechtsqualität **4 MÜ** 14
– Richtigkeitsvermutung **4 MÜ** 15
– Schadensersatz **4 MÜ** 27
– separate Transportdokumente **8 MÜ** 6
– Sperrpapier **4 MÜ** 19
– ungenaue Angaben **10 MÜ** 13
– unrichtige Angaben **10 MÜ** 11
– unvollständige Angaben **10 MÜ** 13
– Urkundenbeweis **11 MÜ** 4 ff.
– Verpackung **11 MÜ** 21
– Wertdeklaration **5 MÜ** 14
– Widerlegbarkeit der Beweisvermuung **11 MÜ** 25 ff.
– Zurückbehaltungsrecht **4 MÜ** 22
– Zwischenlandepunkt **5 MÜ** 7
**Luftfrachtführer 1 MÜ** 14 ff.
– ABB-Fracht **1 MÜ** 19
– Ablieferung **13 MÜ** 2, **13 MÜ** 2 f.
– AGB **1 MÜ** 60, **27 MÜ** 10
– aufeinanderfolgende **1 MÜ** 18
– Ausfertigung, erste **7 MÜ** 7

– Ausstellung des Luftfrachtbriefs **7 MÜ** 14
– Code-Sharing **1 MÜ** 25
– doppelte Rechtshängigkeit **45 MÜ** 4
– Eintreffensanzeige **13 MÜ** 13
– Einwendungsverzicht **27 MÜ** 7
– entgangener Gewinn **10 MÜ** 9
– erforderliche öffentliche Urkunden **16 MÜ** 5
– falsche Angaben des Absenders **10 MÜ** 9
– Fortbestehen des Frachtanspruchs **14 MÜ** 6 f.
– Haftpflichtversicherung **18 MÜ** 100
– Haftung *siehe* Luftfrachtführerhaftung
– juristische Person **1 MÜ** 15
– Kaufmann **1 MÜ** 51
– Kostenerstattung nach Weisung **12 MÜ** 29
– Luftfahrtunternehmen **1 MÜ** 30
– Nachnahme **13 MÜ** 20
– Postsendungen **2 MÜ** 6
– Schadensanzeige **31 MÜ** 14
– Schadensersatz **12 MÜ** 27 f.
– Schadensersatz bei Tod **32 MÜ** 3
– Spediteur **1 MÜ** 21
– Staat **2 MÜ** 2
– Unternehmer **1 MÜ** 16
– Versicherung **50 MÜ** 8
– Versicherung, Mindesthöhe **50 MÜ** 12 ff.
– Versicherungsnachweis **50 MÜ** 20
– Vorleistung **13 MÜ** 21
– Weisungen mit Schadensgefahr **12 MÜ** 24
– weisungswidriges Handeln **12 MÜ** 27 f.
– Werkvertrag **1 MÜ** 54
– Wertdeklaration, Einverständnis mit **22 MÜ** 11
– Zwangsvollstreckung **33 MÜ** 38
**Luftfrachtführer, ausführender 1 MÜ** 24
– doppelte Rechtshängigkeit **45 MÜ** 4
– Dritter **39 MÜ** 27 ff.
– Einvernehmen **39 MÜ** 21
– Gerichtsstand **33 MÜ** 29, **39 MÜ** 38
– Gesamtschuld **39 MÜ** 35
– Haftung **39 MÜ** 18 ff.
– Haftung für Leute **43 MÜ** 1
– Haftungen, parallele **41 MÜ** 3
– Haftungsausschluss **39 MÜ** 34
– Haftungseinschränkung **40 MÜ** 10
– Haftungshöchstbetrag **40 MÜ** 7
– Haftungshöchstbetrag, Änderung **25 MÜ** 6
– Haftungshöchstbetragsvereinbarung **41 MÜ** 9
– Innenverhältnis **48 MÜ** 5 f.
– Leute **41 MÜ** 12
– Passivlegitimation **39 MÜ** 43
– Reklamation **42 MÜ** 2
– Schadensersatzbegrenzung **44 MÜ** 3
– Streitverkündung **45 MÜ** 2
– wechselseitige Zurechnung **41 MÜ** 1, **41 MÜ** 5

– Weisungen **42 MÜ** 1
– weiterer Gerichtsstand **46 MÜ** 4
**Luftfrachtführer, nachfolgender 36 MÜ** 18 ff.
**Luftfrachtführerhaftung**
– Aktivlegitimation **18 MÜ** 87 ff.
– Anspruchsbeschränkung auf MÜ **29 MÜ** 7
– auf einem Flughafen **18 MÜ** 38
– ausführender Luftfrachtführer **18 MÜ** 9 ff., **19 MÜ** 3
– Beförderung zur Verladung **18 MÜ** 62
– Beschädigung **18 MÜ** 33
– Beweislast **18 MÜ** 66 ff.
– Dokumentenfehler **9 MÜ** 5 f., **10 MÜ** 15 ff.
– Dritteigentümer **29 MÜ** 13
– Entlastungsbeweis bei Verspätung **18 MÜ** 27 ff.
– Exkulpation **18 MÜ** 19
– Gerichtsstand **33 MÜ** 2, **33 MÜ** 17 ff.
– Geschädigter **20 MÜ** 11
– grobes Verschulden **18 MÜ** 98
– Güterschäden **18 MÜ** 7
– Haftpflichtversicherung **18 MÜ** 100
– Haftungsausschlussgründe **18 MÜ** 74 ff.
– Haftungsgrenze für falsche Angaben **10 MÜ** 17
– Haftungshöchstbetrag **18 MÜ** 21, **18 MÜ** 21 f., **18 MÜ** 96 ff., **22 MÜ** 2 ff.
– Haftungshöchstbetragsausschluss **26 MÜ** 3
– Haftungszeitraum **18 MÜ** 36
– Höchsthaftungsbetrag **19 MÜ** 45
– innerdeutsche Lufttransporte **18 MÜ** 4
– Leute **18 MÜ** 17, **19 MÜ** 31 ff., **30 MÜ** 6
– Luftpostsendungen **18 MÜ** 6
– Multimodalfrachtvertrag **18 MÜ** 53
– Nichterfüllung des Frachtvertrags **19 MÜ** 51
– Obhut **18 MÜ** 39 ff.
– Obhutshaftung **18 MÜ** 16
– Passivlegitimation **18 MÜ** 85
– Postsendungen **2 MÜ** 8
– Reisegepäck **18 MÜ** 5
– Schaden bei einem Dritten **18 MÜ** 91
– Schadensanzeige **18 MÜ** 8
– Schadensereignis **18 MÜ** 49
– Schadensersatz außerhalb des MÜ **29 MÜ** 10 ff.
– Schadensersatz bei Verspätung **19 MÜ** 43
– Schadensersatzumfang **18 MÜ** 92 ff.
– Schadensort, bekannter **18 MÜ** 64
– Schadensort, unbekannter **18 MÜ** 65
– Sonderziehungsrecht (SZR) **22 MÜ** 3
– SZR **22 MÜ** 3
– Trucking **18 MÜ** 25, **18 MÜ** 54
– Verlust **18 MÜ** 30
– Verspätung **19 MÜ** 42
– Verzicht auf Haftungsbefreiung **20 MÜ** 1

– Vor- und Nachtransporte **18 MÜ** 52
– Werkmangel **19 MÜ** 50
– Wertersatz **19 MÜ** 44
– Zeitraum der Luftbeförderung **18 MÜ** 50, **18 MÜ** 55
– Zerstörung **18 MÜ** 29
**Luftfrachtvertrag**
– AGB **9 MÜ** 8
– Dokumentation der Art der Güter **6 MÜ** 1
– Dokumentenfehler **9 MÜ** 2
– Empfänger als Nicht-Partei **13 MÜ** 7
– Empfangsbestätigung **4 MÜ** 34
– Ersetzung des Empfängers **13 MÜ** 5
– fehlender Luftfrachtbrief **4 MÜ** 2, **4 MÜ** 24
– Formfreiheit **9 MÜ** 7 f.
– Geschäftsbesorgung **1 MÜ** 58
– Multimodalfrachtvertrag **452a** 25
**Luganer Übereinkommen 31 CMR** 15

**Maritime Labour Convention 2006 478** 7
**Marktpreis 23 CMR** 8 ff., **429** 15, **502** 14
**Massengüter 527** 7
– Stückgutfrachtvertrag **481** 14
**Mehrpersonalität 453** 155 ff.
**Mengenvertrag Vor 481** 6
**merkantiler Minderwert 502** 25
**Merkzeichen**
– Befrachter **482** 8
– Vorbehalte **12 CMNI** 8
**Minderlieferung 490** 19
**Mitverschulden**
– Absenderhaftung **8 CMNI** 15
– AGB DHL PAKET/EXPRESS (NATIONAL) **Posttransport** 26
– Frachtführerhaftung **16 CMNI** 77
– Geschädigter **20 MÜ** 11
– Reeder **571** 2 f.
– Schiffszusammenstoß **571** 2 ff.
– Verfrachterhaftung **498** 14, **498** 74 ff
– Wertdeklaration **20 MÜ** 7
– Zeitvercharterer **561** 9
**Mitverursachung**
– Begleitpapiere **413** 15
– Verpackungsmängel **414** 23
**Mitwirkungspflicht**
– Ablieferung **30 CMR** 25
– Absender **Posttransport** 23
– Auftraggeber **Vor ADSp** 78 ff.
**Möbel 451a** 6
**Möbelspedition 453** 88
**Montrealer Übereinkommen (MÜ)**
– abgelöste Abkommen **Einl. MÜ** 10
– Anwendungsbereich **1 MÜ** 5 ff.
– Auslegung **Einl. MÜ** 48 ff.
– deutsches Luftbeförderungsrecht **Einl. MÜ** 28 ff.
– Einheitsrecht **Einl. MÜ** 11
– Entgeltlichkeit **1 MÜ** 32

– EU-Recht **Einl. MÜ** 23 ff.
– Güter **1 MÜ** 29, **4 MÜ** 6
– hoheitliche Aufgaben **57 MÜ** 1
– Inkrafttreten **Einl. MÜ** 19
– innerstaatliche Frachtgutbeförderung **1 MÜ** 37
– internationale Beförderung **1 MÜ** 37
– keine Anwendbarkeit **1 MÜ** 41 ff.
– Luftfahrzeug **1 MÜ** 35
– Luftfrachtführer **Einl. MÜ** 7
– Luftfrachtführerhaftung **Einl. MÜ** 6
– militärische Luftfahrzeuge **57 MÜ** 1
– Mitgliedsstaaten **1 MÜ** 64
– Multimodalfrachtvertrag **1 MÜ** 35
– nationales Recht **1 MÜ** 47 ff., **Einl. MÜ** 55 ff.
– Neuerungen **Einl. MÜ** 34 ff.
– Originalsprachen **Einl. MÜ** 12
– Prozessrecht **33 MÜ** 34
– Rechtswahl **Einl. MÜ** 61 ff.
– Regelungsgegenstand **Einl. MÜ** 3
– Schiedsverfahren **34 MÜ** 1
– Tage **52 MÜ** 3
– Verbraucherschutz **Einl. MÜ** 16
– Vereinbarungen nach Schadensfall **49 MÜ** 7 ff.
– Vorgeschichte **Einl. MÜ** 13 ff.
– Warschauer System **Einl. MÜ** 21
– Zwangsvollstreckung **33 MÜ** 38
– zwingendes Recht **49 MÜ** 4 ff.
– Zwischenlandungen **1 MÜ** 45
**Multimodalfrachtführer 452** 40
**Multimodalfrachtvertrag 1 CIM** 11b, **2 CMR** 1, **451** 10, **451** 22, **452** 11, **452** 55 ff., **452c** 1 ff.
– AGB **452d** 8 ff.
– AGB-Grenzen **452d** 13 ff.
– Anwendbarkeit des allgemeinen Frachtrechts **452** 28
– ausführender Frachtführer **437** 50
– Binnenschiffstransportrecht **452a** 28
– Durchkonnossement **443** 35, **452** 41
– Ein- und Ausladen **452** 24, **452** 27
– einheitlicher Frachtvertrag **452** 14
– Eisenbahntransportrecht **452a** 24
– Fautfracht **452** 67
– FBL **452d** 44 ff.
– Frachtbrief **452** 41
– Frachtführer, ausführender **437** 50
– Frachtführerhaftung **452** 50
– Frachtvertrag **1 CMNI** 10, **2 CMR** 1
– gebrochener Verkehr **452** 7
– Gerichtsstand **452** 42
– große Haverei **452a** 49
– Güterschäden **452** 43 ff.
– Güterumschlag **452a** 30
– Haftung **Vor 425** 39 ff.
– Haftungshöchstbetrag **452** 46, **452a** 45

– Haftungszeitraum **18 MÜ** 61
– Huckepack-Verkehr **452** 55
– Individualvereinbarung **452d** 5
– internationale Übereinkommen **452** 52 ff.
– kombinierter Verkehr **452** 16
– Ladeschein **443** 35, **452** 41
– Lagervertrag **Vor 467** 27
– Luftbeförderung **452** 58 ff.
– Luftbeförderungsvertrag **38 MÜ** 6
– Luftersatzverkehr **452** 59
– Luftfrachtführerhaftung **18 MÜ** 53
– Lufttransportrecht **452a** 25
– mit Seestrecke **452** 61 ff., **452a** 39 ff.
– Montrealer Übereinkommen (MÜ) **1 MÜ** 35
– Network-Prinzip **452a** 1
– Ro/Ro-Verkehr **452** 55
– Schaden auf Teilstrecke **452a** 6, **452a** 14 ff.
– Schadensanzeige **452b** 3 ff.
– Seefrachtvertragshaftung **452** 69 ff.
– Seetransportrecht **452a** 29
– Spediteurhaftung **Vor ADSp** 199
– Straßentransportrecht **452a** 23
– Stückgutfrachtvertrag **481** 4
– Teilstreckenvertrag **452** 28 ff.
– Tokyo Rules **Vor 452** 8
– UNCTAD/ICC – Dokument **Vor 452** 14
– unimodale Beförderung **452** 12
– Verjährung **452b** 9 ff.
– Verspätungen **452** 47
– York-Antwerp-Rules **452a** 49
– Zwischenlagerung **452** 22

**NAABSA-Klausel 528** 6
**Nachfrist**
– Lieferfrist **20 CMR** 7
– Schiffsmietvertrag **554** 6
– Überliegezeit **533** 20 ff.
– Verfrachter **533** 20
**Nachfristsetzung**
– Befrachter **490** 3
– Verfrachter **490** 9
– Zeitchartervertrag **565** 4
**Nachlagerung 17 CMR** 26
**Nachnahme 422** 3, **Vor ADSp** 108
– Ablieferung **13 MÜ** 20
– Ablieferungshindernis **422** 15
– Barzahlung **422** 4, **422** 11
– Beförderungsvertrag (Eisenbahn) **17 CIM** 10
– Frachtführerhaftung **422** 19 ff.
– Frachtführerkette **422** 17
– Frachtnachnahme **21 CMR** 1, **422** 3
– Haftung **21 CMR** 11, **454** 93
– Haftungshöchstbetrag **422** 25
– Haftungsumfang **21 CMR** 15
– Herausgabe **454** 97
– Herausgabe des Erlangten **422** 16
– Kasse gegen Dokumente-Klausel **422** 10
– Luftfrachtführer **13 MÜ** 20

– nachnahmeähnliche Aufträge **21 CMR** 8
– nachnahmeähnliche Vereinbarung **422** 5
– Nebenabrede **422** 6
– Scheckhereinnahme **21 CMR** 12
– Vereinbarung **422** 6, **454** 89
– Warennachnahme **21 CMR** 1, **422** 3
– Weisungen **422** 8
**nachvertragliche Pflichten 453** 153
**Namenslagerschein 475c** 9
– Rechtserwerb **475c** 33
**nautisches Verschulden 512** 21
**Navigation 561** 10
**Near-Klausel 528** 17
**Nebenpflichten**
– Absender **407** 72 ff.
– Spediteur **454** 56
– Speditionsvertrag **453** 39
**Nettofracht 489** 19
**Network-Prinzip 452a** 1
**Neuaufgabe 28 CIM** 2
**Nichterfüllung des Frachtvertrags 19 MÜ**
51 ff.
**Notice of Readiness 529** 8
**notify-Person**
– Empfangsbestätigung über Güter **5 MÜ** 19
– Luftfrachtbrief **5 MÜ** 19
**Notleichterung 25 CMNI** 26
**nukleares Ereignis 39 CIM** 2
**Nutzungsausfallschaden 570** 57
**NYPE Vor 557** 3

**Obhut**
– Luftfrachtführerhaftung **18 MÜ** 39 ff.
– Seefrachtvertrag **Vor 481** 5
**Obhutshaftung 461** 3
– Beweislast **461** 6
– Folgeschäden **461** 12
– Frachtführer **Vor 425** 7
– Güterschäden **461** 2 ff.
– Verzögerungsschäden **461** 10
**Obhutszeit 425** 34
– Ablieferung **425** 41
– Entladen **419** 39
– Frachtführerhaftung **16 CMNI** 27
– Lagervertrag **475** 7
– Übernahme **425** 35
– Verfrachter **492** 25
– Verfrachterhaftung **498** 31
**öffentlich-rechtliche Akte Vor ADSp** 117
**Opfergrenze 14 CMR** 6
**Orderkonnossement 513** 13
**Orderlagerschein**
– mehrere **475g** 15
– Rechtserwerb **475c** 31, **475g** 7 ff.
– Repräsentationstheorie **475g** 4
– Sperrpapier **475g** 14
– Traditionswirkung **475g** 3
– Übertragung **475g** 11
– Wirkung der Übergabe **475g** 12 f.

**Packgut 411** 2
**Packstück 411** 2
**Paletten 407** 70
– Geschäft **407** 86
– Tausch **407** 87
**Paramount-Klausel 512** 25
**Partenreederei 476** 2
**Passivlegitimation**
– Ablieferung **421** 14
– Beförderungen, aufeinanderfolgende **36
MÜ** 25
– Beförderungsvertrag (Eisenbahn) **45 CIM** 1
– Empfänger **421** 27
– Frachtführerhaftung **16 CMNI** 75, **425**
76 ff.
– Frachtvertrag **Vor 425** 45
– Kapitän **479** 10
– Luftfrachtführer, ausführender **39 MÜ** 43
– Luftfrachtführerhaftung **18 MÜ** 85
– Unterfrachtführer **421** 28, **425** 77
– Verfrachterhaftung **498** 92
– Verpackungsfehler **10 CMR** 6
**Personenbeförderungsvertrag**
– Abdingbarkeit **536–552** 77
– Beförderung über See **536–552** 32
– Einschiffung **536–552** 40
– Entgeltlichkeit **536–552** 31
– Erlöschen von Schadensersatzansprüchen
**536–552** 75
– Gepäckschäden **536–552** 57 ff.
– Haftung für andere **536–552** 67 f.
– Haftung von anderen **536–552** 69 f.
– Haftungsbeschränkung **536–552** 48 ff.
– internationale Rechtsentwicklung **536–552**
2 ff.
– nationale Rechtsentwicklung **536–552**
17 ff.
– Personenschäden **536–552** 38 ff.
– Schadensanzeige **536–552** 72
– Schadensersatz **536–552** 46 ff.
– Schifffahrtsereignis **536–552** 42
– Verschulden **536–552** 41
– Verspätungsschäden **536–552** 64
– vertragliche Beförderung **536–552** 30
– Vorrang anderer Regelungen **536–552**
34 ff.
**Pfandrecht**
– Abdingbarkeit **440** 45, **441** 10, **495** 20
– Arglisteinrede **440** 41, **495** 19
– beförderungsbezogenes **442** 3
– Begleitpapiere **440** 27
– Besitzrecht **440** 28
– doppelte Inanspruchnahme **566** 14
– Eigentum **495** 11 f.
– Eigentum am Frachtgut **440** 17 ff.
– Einziehungsermächtigung **441** 4
– Entstehung **440** 6 ff.
– Erlöschen **440** 33 ff., **495** 17

– Erlöschen der Forderung **599** 1
– Erstreckung auf Ersatzansprüche **598** 6
– Forderungsübergang **441** 8
– Fortbestand **440** 36 ff.
– Frachtführer **440** 1
– gesicherte Forderungen **495** 7 ff.
– Hinterlegungsbefugnis **566** 14
– inkonnexe Forderungen **440** 13
– Insolvenz **440** 31
– Kaskoversicherung **598** 7
– konnexe Forderungen **440** 9
– künftige Forderungen **566** 15
– Lagerhalter **475b** 2 ff.
– Lagervertrag
– letzter Frachtführer **441** 7
– mehrere **442** 1 ff.
– mitwirkender Spediteur **496** 7
– nachfolgender Verfrachter **496** 2 ff.
– nicht beförderungsbezogenes **442** 6
– Objekte **440** 26
– Pfandverwertung **440** 42 ff.
– Rangfolge **442** 3 ff., **497**
– Schiff **597** 3
– Schiffsgläubiger **597** 3 ff.
– Schiffsgläubigerpfandrechte **566** 16 ff.
– Schiffszubehör **598** 1 ff.
– Spediteur **464** 2 ff.
– Stückgutfrachtvertrag **495** 5
– Traditionspapiere **495** 6
– Verfrachter **495** 1 ff., **533** 14, **Vor 481** 13
– Verwertungsrecht **440** 29
– vorhergehender Frachtführer **441** 1, **441** 4
– vorhergehender Verfrachter **496** 5
– Vorrang der Schiffsgläubiger **602** 2
– Zeitablauf **600** 1
– Zeitvercharterer **566** 1
– Zwangsvollstreckung **440** 30
**Pfandverwertung**
– Frachtführer **440** 42 ff.
– Speditionsvertrag **464** 12
**Pflichtverletzung**
– Mitverschulden **Vor ADSp** 265
– Spediteur **Vor ADSp** 261 ff.
**POD-Antrieb 570** 3
**Port-Charter 529** 4
**Postsendungen**
– Luftfrachtführerhaftung **2 MÜ** 8, **18 MÜ** 6
– Versicherungsanforderungen **2 MÜ** 13
**Privatgüterwagen Vor CUV** 2
**Privatyacht 476** 6
**Prozessstandschaft**
– Frachtführerhaftung **425** 70
– Verfrachterhaftung **498** 86

**Quantitätsmängel 30 CMR** 4
**Quasi-Ausrüster 477** 4
**Quittung Vor ADSp** 59
– Luftfrachtbriefdritt **7 MÜ** 12
– Spediteur **454** 63

**Raubüberfälle 17 CMR** 46
**Raumfrachtvertrag 527** 2, **Vor 481** 1,
  **Vor 481** 6
**recap 558** 7
**Rechnungslegung Vor ADSp** 71
**Rechtswahl 478** 6
**Reeder 476** 1
– Ausrüster **476** 8
– betriebenes Schiff **476** 5
– Binnenschiff **476** 3
– Eigentumsstellung **476** 2
– Erwerb durch Seefahrt **476** 6
– Exkulpation **477** 5
– Flaggenführungsbefugnis **476** 2
– Kapitän **478** 3
– Kauffahrteischiffe **476** 3
– Mitverschulden **571** 2 f.
– Mitverschuldensquoten **571** 4 ff.
– Partenreederei **476** 2
– Privatyacht **476** 6
– Reederverbände **476** 9
– Schiffsbesatzung **478** 1
– Schiffsregister **476** 4
– Schiffszusammenstoß **570** 1
– Verfrachter **481** 6
– Zeitcharter **476** 8
**Reederverbände 476** 9
**Reiseantritt 3 CMNI** 18
**Reisefrachtvertrag 481** 21, **Vor 481** 3
– Abgrenzung **527** 2, **Vor 527** 5
– Abgrenzung zum Chartervertrag **527** 18
– Ablieferung **527** 19
– Beendigung **527** 19
– Beförderungsmittel **527** 10
– bestimmtes Schiff **527** 14
– Beteiligte **527** 5
– Beweisurkunde **527** 11
– Buchungsnote **527** 13
– Charterarten **527** 6
– CONGENBILL **527** 15
– Dispositivität **527** 20
– Einnahme des Gutes **528** 4
– Eisklausel **528** 21
– Fixing Letter **527** 10
– GENCON-Charterparty **527** 11
– geschuldeter Erfolg **527** 9
– Hauptpflichten **527** 1
– Indossament **527** 24
– kaufmännisches Bestätigungsschreiben **527** 13
– kombinierte Reise **527** 8
– Konnossement **527** 15
– Kündigung **Vor 527** 7 f.
– Kündigung des Befrachters **527** 19
– Kündigung durch Befrachter **532** 1
– Kündigung durch Verfrachter **533** 24, **534** 3
– Kündigungsfolgen **532** 5

– Ladebereitschaft **528** 1
– Ladehafen **528** 5
– Leichtern **528** 18
– Massengüter **527** 7
– Near-Klausel **528** 17
– Punktation **527** 13
– Raumfrachtvertrag **527** 2
– Rider Clauses **527** 21
– Schiffsbeschreibung **527** 22
– Schiffsmakler **527** 12
– Seefrachtbrief **527** 16
– Slotcharter **527** 10
– Standardverträge **527** 21
– Teilbeförderung **533** 2
– Trampschiffe **527** 7
– Typus **Vor 527** 1
– Überliegezeit **530** 1
– Übertragung der Rechte **527** 23
– Vertragsfreiheit **Vor 527** 3
**Reisetüchtigkeit 485** 4
– Schiffsmietvertrag **554** 11
– Zeitchartervertrag **560** 7
**Reklamation**
– Adressat **32 CMR** 32
– Beförderungsvertrag (Eisenbahn) **43 CIM** 2
– Drittwirkung **32 CMR** 33
– Form **32 CMR** 35
– Inhalt **32 CMR** 28
– Luftfrachtführer, ausführender **42 MÜ** 2
– Verfasser **32 CMR** 30
– Verjährung **32 CMR** 28
– wiederholte **32 CMR** 42
– Wirkung **32 CMR** 36
**Remailing Posttransport** 15
**Restwert 502** 23
**Revierfahrten 561** 8
**Rider Clauses 527** 21, **Vor 557** 5
**Risikobereich 492** 28
**Ro/Ro-Verkehr 452** 55
**Rohgewicht 408** 37
**rollende Ware 418** 22
**Rollgeld Vor ADSp** 109
**Rom I-VO 453** 203, **Einl. HGB** 64
**Rotterdam-Regeln**
– dokumentärer Absender **482** 14
– Multimodalfrachtvertrag **481** 4
**Rückgabe**
– Kündigung, außerordentliche **569** 3
– Schiffsmietvertrag **554** 17
– Zeitcharterer **569** 1
**Rücktritt**
– Schiffsmietvertrag **553** 12
– Zeitchartervertrag **559** 8, **565** 4
**Rügefrist 451g** 14
**Rügeobliegenheit 454** 82
**Rügepflicht 451** 4

**safe berth 528** 11
**safe port 528** 5 ff.

**Safety Management System (SMS) 485** 6
**Sammelladung 460** 22
**Sammelladungsspediteur 2 CMNI** 19
**Sammelladungsspedition 453** 88
– Abdingbarkeit **460** 53
– Abgrenzung **460** 12 ff.
– Ablauf **460** 3
– angemessene Vergütung **460** 37, **460** 40 ff.
– auf eigene Rechnung **460** 25
– Aufwendungsersatz **456** 103, **460** 47
– Beweislast **460** 31
– Bewirken der Versendung **460** 29
– Frachtvertrag **460** 24
– Haftung **460** 48 ff.
– Kundensatz **460** 41
– Mittelstandsempfehlung **460** 41
– Pflichten des Spediteurs **460** 33 ff.
– Preisempfehlung **460** 41
– Rechtsfolgen **460** 32 ff.
– Sammelladung **460** 22
– Selbsteintritt **458** 25
– Teilfrachtberechnung **460** 7
– unzulässige **460** 18
– Vergütung **456** 16, **460** 36 ff.
– vertragswidrige Verladungsart **460** 45 f.
– Wahlrecht **460** 9 ff.
– Werksammelladung **460** 20
– Zulässigkeit **460** 17
**Sammellagerung, unzulässige 469** 8 ff.
**Sammelpackung 411** 2
**Sammelversendung 453** 49, **460** 3
**Samtfrachtführer 34 CMR** 2, **407** 10
**Sattelanhänger 1 CMR** 16
**Sattelkraftfahrzeug 1 CMR** 16
**Schadensanzeige**
– Abdingbarkeit **23 CMNI** 4
– Ablieferung **438** 3, **510** 5
– abweichende Vereinbarungen **451f** 18
– Adressat **438** 14, **510** 22
– Anzeigefrist **23 CMNI** 18, **23 CMNI** 24
– ausführender Frachtführer **437** 43
– ausführender Verfrachter **509** 49
– äußerlich erkennbarer Verlust/Beschädigung **23 CMNI** 16
– äußerlich nicht erkennbarer Verlust/Beschädigung **23 CMNI** 18
– Beweislast **23 CMNI** 31, **438** 32, **451f** 16, **510** 32
– Empfänger **31 MÜ** 13
– Erkennbarkeit **438** 4, **510** 11
– FBL **452d** 58
– fehlende **438** 17, **510** 25
– Form **31 MÜ** 23, **438** 10, **438** 30, **451f** 8, **451f** 12, **510** 30
– Frist **31 MÜ** 10, **31 MÜ** 17, **451f** 2, **451f** 10, **451f** 13
– Fristberechnung **31 MÜ** 20
– gemeinsame Feststellung **23 CMNI** 6

– Güterschäden **451f** 4
– Information des Absenders **451g** 10
– Information des Empfängers **451f** 17, **451g** 12
– Inhalt **31 MÜ** 25, **438** 11, **451f** 7, **510** 17
– Lagervertrag **471** 17
– letzter Frachtführer **438** 31
– letzter Verfrachter **510** 31
– Lieferfristüberschreitung **23 CMNI** 22, **438** 24
– Luftfrachtführer **31 MÜ** 14
– mehrere Frachtführer **451f** 15
– Multimodalfrachtvertrag **452b** 3 ff.
– nicht erforderliche **510** 15
– Rechtsfolgen fehlerhafter S. **451f** 13
– Reisegepäck, aufgegebenes **31 MÜ** 29
– Reklamierender **438** 13, **510** 20
– Sukzessivlieferverträge **438** 6, **510** 13
– Totalverlust **438** 9, **510** 10
– Untersuchung **451f** 5
– Unversehrtheitsvermutung **23 CMNI** 5
– verdeckter Mangel **31 MÜ** 22, **438** 18 ff., **510** 26 ff.
– Vermutungswirkung **31 MÜ** 7
– Verpackung **438** 7, **510** 14
– Versäumnis **31 MÜ** 30
– Vorbehalt **23 CMNI** 20
– Vorbehaltswirkung **23 CMNI** 28
– Weigerung der Mitwirkung **23 CMNI** 11
– Weigerung des Empfängers **23 CMNI** 13
– Weigerung des Frachtführers **23 CMNI** 12
– Wirkung **438** 16, **510** 24
**Schadensersatz** *s.a.* Frachtführerhaftung
– Ablieferung **421** 17
– Auskunftsmängel **414** 16 f.
– Ausschlussfrist **35 MÜ** 6
– Begleitpapiere **413** 16
– Begleitpapiermängel **414** 16 f.
– Beschädigung **421** 19
– Beweislast **451d** 20
– Doppellegitimation **421** 23
– Empfänger **494** 13
– Entladen **412** 25a f.
– Frachtbriefmängel **414** 16 f.
– Frachtführer **451b** 8
– Frachtführerhaftung *s. dort*
– Frachtvertrag **Vor 425** 1 ff.
– gefährliches Gut **410** 23 ff.
– Gerichtsstand **33 MÜ** 13
– Gesamtgläubiger **421** 24
– Gesamtschuld **421** 31
– Haftungshöchstbetrag **451e** 1
– Informationspflicht **451b** 8
– Kausalität **451d** 17
– Kennzeichnungsmängel **414** 16 f.
– Kündigung, außerordentliche **569** 7
– Lieferfristüberschreitung **421** 20
– Luftfrachtbrief **4 MÜ** 27

– Luftfrachtführer **12 MÜ** 27 f.
– Luftfrachtführerhaftung **19 MÜ** 43
– Nichtzahlung der Zeitfracht **565** 5
– Personenbeförderungsvertrag **536–552** 46 ff.
– Rückgriff **37 MÜ** 3
– Schäden Dritter **570** 61
– Schäden durch den Mieter **555** 3
– Schäden durch Dritte **555** 4
– Schaden während der Luftbeförderung **13 MÜ** 24
– Schadensanzeige **451f** 1, *s.a. dort*
– Schiffsmietvertrag **553** 13, **554** 17
– Schiffszusammenstoß **570** 49 ff.
– Tod des Luftfrachtführers **32 MÜ** 3
– Umfang **Vor 425** 13 ff.
– unklare Schadensursache **555** 6
– unzulässige Rechtsausübung **35 MÜ** 16
– Verladen **412** 18 f.
– Verlust **421** 19
– Verpackungsmängel **414** 16 f.
– Verschulden **451d** 18
– Vorteilsausgleichung **570** 63
– Weisungsnichtbefolgung **418** 43
– Wiederauffinden **424** 26
– Zeitpunkt der Entstehung **425** 27 ff.
– Zurechenbarkeit des Schadens **421** 30
**Schadensfeststellungskosten 430** 5
– Verfrachterhaftung **503** 4
**Schadensort, bekannter 18 MÜ** 64
**Schadensort, unbekannter 18 MÜ** 65
**Schadensverhütungsmaßnahmen 426** 7 ff.
**Schein-Reeder 477** 1
**Schiedsverfahren**
– Frachtvertrag **33 CMR** 2
– Lufttransportvertrag **34 MÜ** 1
– Stückgutfrachtvertrag **481** 28
– Vereinbarung **34 MÜ** 3
**Schiff 481** 18, **553** 3
– Bereitstellung **559** 1
– Binnenschiff **481** 19, **553** 3
– Errichterschiff **553** 3
– Hubinsel **553** 3
– Ladungstüchtigkeit *s.dort*
– Seeschiff **481** 19
– Seetüchtigkeit *s.dort*
– Wertermittlung bei Verlust **570** 56
**Schifffahrtsereignis 536–552** 42
**Schifffahrtshindernisse 3 CMNI** 23
**Schiffsbesatzung 478** 1, **480** 5
– Crewing Agentur **478** 5
– Kapitän **478** 3
– Lotse **478** 3
– Schiffsmannschaft **478** 3
– Schiffsoffiziere **478** 3
– sonstige Personen **478** 4
**Schiffsbesetzungsverordnung 478** 6
**Schiffsbetriebskosten, fixe 564** 3

**Schiffsbetriebskosten, variable 564** 7
**Schiffsgewalt 479** 1
**Schiffsgläubiger**
– Befriedigung **601** 1 ff.
– Eigentumsfiktion **601** 3
– Erlöschen des Pfandrechts **599** 1, **600** 1
– Klagezustellung an Kapitän **619** 1 ff.
– Pfandrecht **597** 3 ff.
– Rangordnung der Pfandrechte **603** 2
– Rangordnung unter derselben Nummer
    **604** 2 f.
– Schiffszubehör **598** 1 ff.
– Vorrang der Pfandrechte **602** 2
**Schiffsgläubigerrecht Vor 596** 1
– Abgaben **596** 6
– atomrechtliche Ansprüche **596** 18
– ausländische **Vor 596** 5 ff.
– Entstehung **Vor 596** 2
– Erlöschen **Vor 596** 4
– große Haverei **596** 13
– Heuer **596** 2
– Rangfolge **Vor 596** 3
– Schadensersatzansprüche **596** 10
– Sozialversicherungen **596** 16
– Verjährung **605** 11
**Schiffsmakler 527** 12
**Schiffsmannschaft 478** 3, **480** 6
– Chief **479** 13
– Heuerverhältnis **478** 5
**Schiffsmietvertrag 553** 6
– Abnutzung, übergebührliche **554** 16
– Anlieferung **554** 2
– Anlieferungsfenster **554** 5
– Anlieferungsort **554** 8
– Anlieferungszustand **554** 9
– Bemessung der Miete **556** 12
– Chartermiete **556** 11
– Erhaltungspflicht **554** 13
– Erwerb durch die Seefahrt **553** 15
– Hauptpflicht Mieter **553** 10
– Hauptpflicht Vermieter **553** 7
– Informationspflicht **555** 9
– Instandhaltung **554** 1, **554** 4
– Kleingewerbetreibende **553** 16
– Kündigung, außerordentliche **556** 6
– Kündigung, ordentliche **556** 1
– Kündigungfrist **556** 13
– Ladungstüchtigkeit **554** 10
– Leistungsstörungen **553** 11
– Mietzeit **553** 9
– Nachfrist **554** 6
– Reisetüchtigkeit **554** 11
– Rückgabe **554** 17
– Rückgabeort **554** 15
– Rückgabezustand **554** 14
– Rücktritt **553** 12
– Schäden durch den Mieter **555** 3
– Schäden durch Dritte **555** 4
– Schadenbeseitigungspflicht **555** 10
– Schadenminderungspflicht **553** 14
– Schadensersatz **553** 13, **554** 17
– Schiffsüberlassungsvertrag **Vor 553** 6
– Seetüchtigkeit **554** 10
– Sicherungspflichtsgrenze **555** 19
– Sicherungspflichtsumfang **555** 12 ff.
– unklare Schadensursache **555** 6
– Untervermietung **553** 17
– Verwendungsabsicht **553** 15
– Zeitcharter **554** 18
**Schiffsoffiziere 478** 3
**Schiffsraum 486** 18
**Schiffstagebuch 479** 4, **479** 11
**Schiffsüberlassungsvertrag Vor 553** 1
– Ausrüster **477** 2
– bisheriges Recht **Vor 553** 4
– Crewing Agentur **Vor 553** 9
– Kauf bricht nicht Miete **Vor 553** 10
– Schiffsmietvertrag **Vor 553** 6
– Verjährung **605** 8, **Vor 553** 1
– Zeitchartervertrag **Vor 553** 6
**Schiffszubehör 598** 1 ff.
**Schiffszusammenstoß 570** 2
– AIS **570** 16
– Anscheinsbeweis **570** 19 ff.
– auf der Hohen See **Vor 570** 14
– Binnenschiff **573** 1
– Both to blame collision clause **571** 7
– Ersatz für Schäden Dritter **570** 61
– Ersatzberechtigte **570** 53
– Fernschädigung **572** 1
– Flaggenrecht **Vor 570** 16 f.
– Gerichtszuständigkeit **Vor 570** 29 ff.
– Gesamtschuld **571** 12
– Gesamtschuld, gestörte **571** 15
– IÜZ **Vor 570** 1
– Kollisionsverhütungsregeln **570** 23
– lex loci delicti **Vor 570** 11
– Lisbon Rules **570** 49
– Lotse **570** 44
– Mitverschulden **571** 2 ff.
– Mitverschuldensquoten **571** 4 ff.
– Nutzungsausfallschaden **570** 57
– Personenschäden **570** 67 ff.
– Radarüberwachung **570** 16
– Reeder **570** 1
– Sachschäden, weitere **570** 66
– Schaden, ersatzfähiger **570** 50
– Schäden, typische **570** 51
– Schadensersatz **570** 49 ff.
– Schleppverband **570** 32 ff.
– Schleppzug **570** 4
– Seeamtsverfahren **Vor 570** 42 ff.
– Seerechtsreformgesetz **Vor 570** 1 ff.
– Seeschiff **570** 5 ff.
– Seeschifffahrtsstraßenordnung **570** 28
– Seeunfalluntersuchung **Vor 570** 35 ff.

– VDR **570** 16
– Verschulden des Reeders **570** 43
– Verschulden, kein konkretes **571** 10
– Verschuldenshaftung **570** 1
– Verursachung **570** 12
– Vorteilsausgleichung **570** 63
– Wertermittlung bei Verlust **570** 56
**Schleppverband**
– Fremdhaftung des Seeschiffes **570** 41
– Hafenassistenz **570** 42
– Haftungseinheit **570** 33
– haftungsrelevantes Verhalten **570** 34
– Schiffszusammenstoß **570** 32 ff.
**Schleppvertrag 481** 22, **Vor 481** 6
**Schnittstelle Vor ADSp** 53, **Vor VBGL** 14
**Schnittstellenkontrolle Vor ADSp** 52
**Schuldwährung 27 CMR** 25
**Schwund Einl. CMNI** 48
**scopic–Klausel Vor 574** 5
**Seeforderung 611** 2
**Seefrachtbrief 513** 3
– elektronischer **526** 14
– Empfangsbekenntnis **486** 8
– Inhalt **526** 4
– Rechtswirkung **526** 5, **526** 9
– Reisefrachtvertrag **527** 16
– Sperrpapier **491** 34, **526** 12
– Weisungsberechtigung **491** 12
**Seefrachtvertrag Vor 481** 1
– Ablader **513** 3
– adjektizische Haftung **480** 1
– ADSp **Vor ADSp** 31
– Beförderungsdokumente *s. dort*
– Beförderungserfolg **Vor 481** 5
– Befrachter **Vor 481** 4, **Vor 481** 7
– größere Seestrecke **450** 8
– Haftung *siehe* Verfrachterhaftung
– Inhalt **Vor 481** 4
– Konnossement **450** 11, *s. dort*
– Ladeschein **450** 13 ff.
– Ladungsbeteiligte **480** 16 f.
– Lotse **480** 10 f.
– Mengenvertrag **Vor 481** 6
– Obhut **Vor 481** 5
– Raumfrachtvertrag **Vor 481** 1
– Reederhaftung **480** 1
– Schiffsbesatzung **480** 5
– Schiffsmannschaft **480** 6
– Schleppvertrag **Vor 481** 6
– sonstige Personen **480** 7
– Stückgutfrachtvertrag **Vor 481** 1
– Umladung **450** 5a
– Verfrachter **Vor 481** 7
– Verfrachterhaftung *s. dort*
– Verjährung **605** 7
**Seegefahr 499** 11
**Seerechtsreformgesetz (SRG) Einl. HGB** 39

**Seeschiff 481** 19, **570** 5 ff.
**Seeschifffahrtsstraßenordnung 570** 28
**Seetüchtigkeit 481** 19, **485** 4
– absolute **560** 8
– Behebbarkeit mit Bordmitteln **485** 12
– organisatorische **554** 12
– Rechtsfolgen bei fehlender **485** 11
– Reisetüchtigkeit **485** 4
– relative **485** 5, **560** 8
– Safety Management System (SMS) **485** 6
– Schiffsmietvertrag **554** 10
– Seeuntüchtigkeit **485** 7
– Verfrachter **485** 1
– Verladen **531** 6
– Zeitchartervertrag **560** 6 ff.
– Zeitvercharterer **563** 8
**Seeunfalluntersuchung Vor 570** 25 ff.
**Seeuntüchtigkeit 485** 7, **498** 73
**Seewurf 483** 15
**Selbsteintritt**
– Abbedingung **458** 9
– andere Ausführungsgeschäfte **458** 8
– Änderungskündigung **458** 11
– Aufwendungsersatz **456** 101, **458** 61
– Beförderungsarten **458** 7
– Beweislast **458** 46
– dispositives Transportrecht **458** 50
– eigene Beförderungsmittel **458** 22
– Erlöschen **458** 39
– Fixkostenspedition **458** 24, **459** 53
– Frachtführerhaftung **458** 66 ff.
– gegenteilige Weisung **458** 10
– Gemischtbetrieb **458** 2
– gesonderte Gestattung **458** 28
– gewöhnliche Fracht **458** 18, **458** 58
– Haftung **458** 65 ff.
– Haftung bei Unzulässigkeit **458** 81 ff.
– Interessenwidrigkeit **458** 12 ff.
– Kommissionsrecht **458** 4
– Mitteilungspflicht **458** 41
– nachträgliches Abgehen **458** 40
– Pflichten **458** 62 ff.
– Pflichtenkreise **458** 52
– Realakt **458** 30, **458** 34
– Rechtsfolgen **458** 47 ff.
– Rechtsfolgen bei Unzulässigkeit **458** 73 ff.
– Rechtsnatur **458** 29
– Sammelladungsspedition **458** 25
– Spezialordnungen **458** 53
– Teilselbsteintritt **458** 17, **458** 44
– unechter **458** 42
– Unzulässigkeit **458** 71 ff.
– Vergütung **456** 16, **458** 56
– Willenserklärung **458** 32
– Zulässigkeit **458** 5 ff.
– zwingendes Transportrecht **458** 49
**Selbsthilfe**
– gefährliches Gut **410** 19

**Selbsthilfeverkauf**
– Frachtführer **16 CMR** 17 ff.
– Hindernis **419** 34
– Verfrachter **492** 23
**Sicherheitsleistung 533** 14
**Skripturhaftung 10 MÜ** 6
**Slotcharter 527** 10
**SMGS COTIF** 44
**Sonderfrachtvertrag 451** 1
**Sonderziehungsrecht (SZR) 23 MÜ** 4
– außergerichtlich **23 MÜ** 11 ff.
– Frachtführerhaftung **23 CMR** 19, **28
  CMNI** 2 ff.
– Gesamtgewicht **22 MÜ** 5
– Haftungshöchstbetrag **431** 23, **505** 1
– Luftbeförderungsrecht **23 MÜ** 7
– Luftfrachtführerhaftung **22 MÜ** 3
– Poincaré-Franc **23 MÜ** 4
– Transportrecht **23 MÜ** 9
– Umrechnung **23 MÜ** 10, **505** 4
– Weltpostvertrag **Posttransport** 58
**Spediteur 453** 1 ff., **Vor ADSp** 21,
  **Vor VBGL** 12
– Abholung **454** 61
– Ablieferung **Vor ADSp** 62
– Abweichen vom vereinbarten Auftreten
  **453** 126 ff.
– Aktivlegitimation **18 MÜ** 90
– Aufrechnungsverbot **Vor ADSp** 134 ff.
– Aufwendungsersatz **Vor ADSp** 127 ff.
– Ausführungsgeschäft **454** 12
– Ausführungsphase **454** 2
– Auskunftspflicht **Vor ADSp** 121
– Befrachter **481** 7
– Begleitpapiere **454** 83
– Bordero **453** 197
– Durchkonnossement **453** 195
– Einzelfälle **453** 68 ff.
– Einzelheiten des Transports **454** 23 ff.
– Einzugspflicht **465** 5
– Entgeltansprüche **Vor ADSp** 96 ff.
– Entladung **454** 71
– Erfüllungsort **454** 14
– Fremdwährung **Vor ADSp** 99
– Gefahrgut **454** 86
– Geschäftsbesorgung **Vor ADSp** 46
– Güterüberlassung ohne Vertragsschluss **453**
  140 ff.
– Haftpflichtversicherung **Vor ADSp** 272
– Haftung **454** 88 *siehe* Spediteurshaftung
– Hauptpflichten **453** 38
– Herausgabepflicht **Vor ADSp** 122
– Insolvenz **453** 186
– Interessenwahrungspflicht **454** 11, **454**
  108 ff., **Vor ADSp** 41, *s.a. dort*
– Kalkulation **Vor ADSp** 101 ff.
– Kennzeichnung **454** 80
– Kontrollpflichten **Vor ADSp** 57

– Lagerempfangsschein **453** 195
– Lagerung **454** 65, **Vor ADSp** 73
– Leistungstermin **454** 20
– leitender Angestellter **Vor ADSp** 258
– Liquidation **453** 185
– Luftfrachtführer **1 MÜ** 21
– Mitverschulden **Vor ADSp** 265
– Nachnahme **454** 89, *s.a. dort*
– nachvertragliche Pflichten **453** 153
– Nebenpflichten **453** 39, **454** 56, **454** 61 ff.
– öffentlich-rechtliche Akte **Vor ADSp** 117
– Pfandrecht **464** 2 ff., **Vor ADSp** 147
– Pflichtverletzung **Vor ADSp** 261 ff.
– Quittierungspflicht **454** 63, **Vor ADSp** 59
– Rechenschaft **454** 130
– Rechte (Liste) **453** 154
– Rügeobliegenheit **454** 82
– Sammelladungsspedition *s. dort*
– Schnittstellenkontrolle **Vor ADSp** 52
– Selbsteintritt *s. dort*
– Sicherung von SEansprüchen **454** 53
– Sicherungsmaßnahmen **454** 78
– Spediteurquittung **453** 196
– Tod **453** 181
– Transportbescheinigung **453** 195
– Transportdokumente **453** 194
– Übergabe des Guts **454** 50
– Übernahmebescheinigung **453** 195
– Unmöglichkeit **Vor ADSp** 111
– Untersuchung **454** 81
– Verfrachter **481** 7
– Vergütung **456** 6, *s.a. dort*
– Verladung **454** 70
– Verpackung **454** 57, **454** 73
– Verpackung/Verwiegung/Untersuchung
  **Vor ADSp** 47
– Versendungshindernisse **454** 15 ff.
– Versicherung **454** 100 ff., **Vor ADSp** 67
– Vertragspflichten (Liste) **453** 152
– Verwiegung **454** 79
– Verzollung **454** 87
– Verzug **454** 21
– Vormann **465** 3, **465** 9
– vorvertragliche Pflichten **453** 139 ff.
– Weisungen **454** 111 ff., **Vor ADSp** 62,
  *s.a.dort*
– Wertdeklaration **454** 80
– Zollbehandlung **Vor ADSp** 48
– Zuführung **454** 66
– Zurückbehaltungsrecht **Vor ADSp** 154
– Zweitspediteur **454** 7, *s.a. dort*
**Spediteurhaftung Vor ADSp** 161 ff., *s.a.*
  Haftung
– Abdingbarkeit **466** 2 ff.
– abweichende Vereinbarungen **466** 2
– aus Delikt **461** 20
– Beweislast **Vor ADSp** 230
– Beweislast Ersatzanspruch **461** 22

- BGB-Schadensersatz **461** 17
- Drittschäden **461** 25 ff.
- Eigenhaftung der Erfüllungsgehilfen **462** 9 ff.
- für Erfüllungsgehilfen **462** 4
- gesetzliche Verweisungen **466** 11
- Großschäden **Vor ADSp** 201
- Güterschäden **461** 2 ff., **Vor ADSp** 194
- Haftungsbegrenzungen **Vor ADSp** 189 ff.
- Haftungsbeschränkungen **Vor ADSp** 171 ff.
- Haftungsvereinbarungen **461** 35 ff.
- Höchsthaftungsbetrag *s. dort*
- Leutehaftung **462** 3
- Mitverantwortung des Versenders **461** 30 ff.
- Multimodalfrachtvertrag **Vor ADSp** 199
- nicht obhutsbezogene Pflichtverletzungen **461** 14 ff.
- Obhutshaftung **461** 3, *s.a. dort*
- Schadensort **Vor ADSp** 234
- sonstige Vermögensschäden **Vor ADSp** 202 ff.
- Tatbestände **Vor ADSp** 163 ff.
- Transportschaden **Vor ADSp** 196
- verfügte Lagerung **Vor ADSp** 218
- Verschuldensbeweislast **Vor ADSp** 178
- Wegfall **Vor ADSp** 238 ff.

**Spediteurquittung 453** 196
**Speditionsgeschäft** *siehe* Speditionsvertrag
**Speditionspapiere 453** 57
**Speditionsüblichkeit Vor ADSp** 34
**Speditionsvertrag 453** 6, **Vor VBGL** 13
- Abgrenzung **453** 42 ff.
- Abgrenzung zum Frachtvertrag **407** 78 ff.
- ADSp **Vor ADSp** 30
- allgemeines Handelsrecht **453** 188
- Auslegung **453** 112 ff.
- Beendigungsgründe **453** 162 ff.
- Besorgung **453** 106
- Dokumente **453** 191
- durch Schweigen **453** 29
- Entgeltlichkeit **453** 137 ff.
- Frachtvertrag **1 CMNI** 18
- gesicherte Forderungen **464** 3
- Gewerbsmäßigkeit **453** 136
- Gut **453** 107
- Haftungswille **453** 45
- Handelsvertreter **453** 113
- Hauptpflichten **453** 38
- im eigenen Namen **453** 109
- internationale Spedition **453** 200 ff.
- Kündigung **453** 165 ff.
- Mehrpersonalität **453** 155 ff.
- Merkmale **453** 11
- Mindestinhalt **453** 35
- Nebenpflichten **453** 39
- Nichtgewerbetreibende **453** 189

- Parteien **453** 32
- Pfandrecht **464** 2 ff.
- Pfandverwertung **464** 12
- Rechtsnatur **453** 17 ff.
- Rechtsquellen **453** 100 ff.
- Sammelladungsspedition *s. dort*
- Speditionspapiere **453** 57
- Tod/Auflösung/Insolvenz einer Partei **453** 178 ff.
- Verjährung **463** 5 ff.
- Vertragspflichten (Liste) **453** 152
- zugunsten Dritter **453** 25
- Zurückbehaltungsrecht **464** 15
- Zustandekommen **453** 27 ff.

**Sperrpapier**
- Frachtbrief **408** 9, **446** 11
- Luftfrachtbrief **4 MÜ** 19
- Orderlagerschein **475g** 14
- Seefrachtbrief **491** 34, **526** 12

**Sphäre, neutrale 412** 43
**Sphärengedanke 22 CMR** 1, **412** 38, **530** 22
**Standgeld 407** 58a, **Vor VBGL** 7
- Beweislast **412** 46
- Empfänger **421** 43
- Höhe **412** 47
- Liegegeld **412** 34
- nach Kündigung **415** 12
- Risikobereich des Absenders **412** 41
- Risikobereich des Frachtführers **412** 39
- Schuldner **412** 32
- Teilbeförderung **416** 8
- Vergütung **412** 33
- Verladen **412** 27
- Verordnungsermächtigung **412** 49
- Warten **412** 35 f.

**Stauer 486** 11
**Stauungsfaktor 6 CMNI** 18
**Stelle 408** 27
**Stellvertretung 418** 4
**Stopper 563** 6
**Straßengütertransport** *siehe* CMR
**Straßengüterverkehr 451** 21
**Straßentransportrecht 452a** 23
**Stück 504** 14
**Stückgut 481** 14
**Stückgutfrachtvertrag Vor 481** 1
- Abgrenzung **481** 20
- Ablader **481** 5, **481** 12
- Ablieferung **481** 17
- Ablieferungserschwerung **492** 6
- Ablieferungshindernis **492** 5
- Abschlussfreiheit **481** 24
- AGB **481** 25
- Beendigung **481** 26
- Beförderung über See **481** 2
- Beförderungserschwerung **492** 6
- Beförderungshindernis **492** 5

– Beförderungsmittel **481** 18
– Bestimmungsort **481** 16
– Buchungsnote **481** 24
– Container **481** 14
– Empfänger **481** 11, **494** 1
– Fracht **493** 3, *s.a. dort*
– Hauptpflichten **481** 1
– internationale Zuständigkeit **481** 28
– Konnossement **481** 25
– Kündigung durch Befrachter **489** 1
– Kündigungsberechtigung **489** 7
– Leistungsstörungen **493** 1
– Massengüter **481** 14
– Multimodalvertrag **481** 4
– Rechtswahl **481** 27
– Rotterdam-Regeln **481** 4
– Schiedsgericht **481** 28
– Schiff **481** 18
– Stückgut **481** 14
– Teilkündigung **489** 8
– Umschlag **481** 15
– Unmöglichkeit **492** 6
– Unterfrachtvertrag **481** 8
– Unternehmer **481** 3
– Vertrag zugunsten Dritter **481** 14
**Substitution** **454** 34
**Substitutionsklausel** **486** 14

**Tage** **52 MÜ** 3
**Teilbeförderung**
– Anrechnung **533** 12
– Aufwendungsersatz **416** 9, **533** 11
– Befrachter **533** 4
– Ersatzladung **416** 10
– Fehlfracht **533** 9
– Fracht **416** 7, **533** 8
– Geltendmachung **416** 4
– Konkurrenzen **416** 14
– Liegegeld **533** 10
– Nachbesicherung **416** 11
– Nachfristsetzung **417** 13
– schiffstechnische Mängel **533** 15
– Sicherheitsleistung **533** 14
– Standgeld **416** 8
– Teilkündigung **416** 3
– Verfrachter **533** 7
– Verladen **416** 2
– Zurückbehaltungsrecht **416** 5
**Teilfrachtberechnung** **460** 7
**Teilfrachtbrief** **5 CMR** 14
**Teilfrachtführer** **407** 9
**Teilkündigung** **416** 3
**Teilschäden** **22 MÜ** 22
**Teilstrecke** **452** 28 ff.
**Teilverlust** **16 CMNI** 22
**Tiere** **Vor ADSp** 80
– Beweislast **18 CMR** 25
– Frachtführerhaftung **18 CMNI** 32
– Haftungsbefreiung **17 CMR** 88

**Tierversand** **Posttransport** 47
**Time-Loss-Klausel** **529** 18
**Tokyo Rules** **Vor 452** 8
**Towage** **481** 22
**trade allowance** **499** 48
**Traditionswirkung** **524** 5 ff.
– Ladeschein **448** 4
**Trageumzug** **407** 25
**Trampschiffe** **527** 7
**Transitstaaten** **1 CIM** 8
**Transport, grenzüberschreitender** **451** 4
**Transportablauf** **491** 15
**Transportbescheinigung** **453** 195
**Transportkette** **38 MÜ** 1
**Transportkommissionär** *siehe* Spediteur
**Transportrechtsreformgesetz (TRG)**
　　**Einl. HGB** 19, **Vor 453** 2 ff.
**Transportversicherung** **451a** 9,
　　**Vor VBGL** 23
– AGB DHL PAKET/EXPRESS (NATIO-
　　NAL) **Posttransport** 27
– AGB PAKET INTERNATIONAL **Post-**
　　**transport** 114
– Frachtführerhaftung **425** 73
**Transportvertrag, unbenannter** **407** 115
**Treibstoff** **564** 11 ff.
**Trucking** **1 CMR** 10, **18 MÜ** 54, **38 MÜ**
　　8 ff.
– Frachtvertrag **1 CMR** 10
– gegen den Willen des Absenders **18 MÜ**
　　60, **38 MÜ** 13
– grobes Verschulden **38 MÜ** 12
– Luftfrachtersatzverkehr **38 MÜ** 10
– ohne Zustimmung des Absenders **18 MÜ**
　　55, **38 MÜ** 11

**Überliegezeit** **412** 37, **530** 1, **530** 11, **530**
　　16
– Ablauf **530** 18
– ausgeschlossene Zeiträume **530** 22
– Berechnung **530** 20 ff.
– Löschzeit **535** 10
– Nachfrist **533** 20 ff.
– Nichteinhaltung **533** 18
– once on demurrage-Klausel **530** 32
– Risikobereich **530** 22 ff.
– Verpackungsmängel **533** 19
– Warten **530** 17
**Übernahme** **425** 35
– Frachtführerhaftung **16 CMNI** 40, **17**
　　**CMR** 16
– Frachtvertrag **3 CMNI** 9
– Verfrachterhaftung **498** 32
**UIC COTIF** 50
**Umladeverbot** **531** 11
**Umladung**
– CMR **2 CMR** 7
– Container **486** 12
– Frachtführer **3 CMNI** 24 f.

– Frachtvertrag **2 CMR** 7
– gefährliche Güter **486** 16
– Notfall **486** 16
– Seefrachtvertrag **450** 5a
– Umladeverbot **486** 13
– Verfrachter **486** 12
**Umrechnungsmodalitäten 27 CMR** 30
**Umschlag 407** 27
– Stückgutfrachtvertrag **481** 15
**Umschlagsvertrag 481** 23
– Umschlag **407** 28 ff.
– Umschlagtätigkeit **407** 79
**umweltschädliche Güter**
– Absender **7 CMNI** 3
– Rücktransport **7 CMNI** 11
**Umzug 451** 11
**Umzugsgut 451** 6, **451** 11 f.
– Einlagerung **451** 13
– Kennzeichnung **451a** 13
– Leistungsumfang **451a** 4
– Schutz vor Beschädigungen **451a** 5
– Verpackung **451a** 12
**Umzugsvertrag 451** 1, **451** 7
– Abdingbarkeit **451** 23
– Abgrenzung **451** 14 f.
– AGB **451** 23
– Anwendung Frachtrecht **451** 16
– besondere Gefahren **451d** 3
– Do-it-yourself-Umzug **451** 9
– Einbauküchen **451a** 6
– Frachtbrief **451b** 2
– Frachtführer *s. dort*
– Frachtrecht **Vor 425** 34 ff.
– gefährliches Gut **451b** 4
– Haftung des Frachtführers **451** 18
– Haftungsausschlüsse **451** 5
– Haftungsausschlussgründe **451d** 1
– internationale Übereinkommen **451** 20, **452c** 5
– Leistungsbeschreibung **451** 5
– Lieferfristüberschreitungen **451d** 2
– Möbel **451a** 6
– multimodaler Transport **451** 10, **451** 22, **452c** 1 ff.
– Straßengüterverkehr **451** 21
– Unterfrachtführer **451** 17
– Verladen **412** 3
– Vertragsgestaltung **451** 20 ff.
– Vertragspartner **451** 8
– Wertgegenstände **451d** 5
– zusätzliche Pflichten des Absenders **451b** 1
**unabwendbare Umstände 426** 4
**unimodale Beförderung 481** 20
**Universaldienst Posttransport** 1
**Universalpostdienstleister Posttransport** 3
**Unmöglichkeit**
– Frachtführer **14 CMR** 5

– Frachtrecht **Vor 407** 6
– Stückgutfrachtvertrag **492** 6
– Vergütung **456** 34 ff.
**Unruhen 499** 14
**Unterfrachtführer 451** 17
– Ablieferung **421** 15
– Aktivlegitimation **421** 46
– Beförderungsvertrag (Eisenbahn) **41 CIM** 9
– Begriff **407** 5
– CIM **1 CIM** 24
– Passivlegitimation **421** 28, **425** 77
**Unterfrachtvertrag 407** 23
**Unterspediteur 453** 75, **453** 91
**Untersuchung 454** 81
**Unterverfrachter**
– Begriff **481** 8
– Haftung **498** 93 ff.
**unvermeidbare Umstände 17 CMR** 40
**unvorhersehbare Umstände 3 CMNI** 22 f.
**Urkunden**
– Frachtführer **451b** 14 ff.
– Übergabe öffentlich-rechtlicher U. **16 MÜ** 6
– Überprüfungspflicht **413** 10
**Urkundenbeweis**
– Empfangsbestätigung über Güter **11 MÜ** 4 ff.
– Luftfrachtbrief **11 MÜ** 4 ff.
**Urkundenübergabe**
– Absender **16 MÜ** 7 ff.
– Befrachter **487** 3

**VBGL**
– Abfall- und Entsorgungstransporte **Vor VBGL** 11
– Absenderpflichten **Vor VBGL** 6
– Anwendbarkeit **Vor VBGL** 1
– Entladen **Vor VBGL** 7
– Frachtführer **Vor VBGL** 5
– Frachtvertrag **Vor VBGL** 16
– Geltungsbereich **Vor VBGL** 4
– Gestellung des Fahrzeugs **Vor VBGL** 8
– Haftung **Vor VBGL** 16
– Haftungshöchstbetrag **Vor VBGL** 19
– Informationspflicht **Vor VBGL** 6
– Lohnfuhrvertrag **Vor VBGL** 4, **Vor VBGL** 10
– Schnittstelle **Vor VBGL** 14
– Spediteur **Vor VBGL** 12
– Speditionsvertrag **Vor VBGL** 13
– Standgeld **Vor VBGL** 7
– Transportversicherung **Vor VBGL** 23
– Verladen **Vor VBGL** 7
**Verbotsgut 435** 35 f., **Posttransport** 12, **Posttransport** 22
– AGB BRIEF INTERNATIONAL **Posttransport** 99
– AGB PAKET INTERNATIONAL **Posttransport** 111

– Weltpostvertrag **Posttransport** 44 ff.
**Verbraucher** 414 31
**Verbrauchergeschäfte** 449 43 ff.
**Verbraucherprivileg** 414 29
**Verbraucherschutz** 451 3, 451 19
**Verbraucherumzug** 451h 3
– abweichende Vereinbarungen 451h 6
– AGB 451h 13
– Beweislast 451h 15
– Haftung 451h 3
– Individualvereinbarung 451h 8 ff.
**Verbraucherverschulden** 414 32
**Verfrachter**
– Abladungshindernis 486 3
– Ablieferung 481 17, **Vor 481** 12
– Ablieferungshindernis 492 14 ff.
– Ablieferungsverlangen 494 12
– allgemeine Obhutspflicht 488 22
– anderweitiger Erwerb 493 22
– Ansprüche trotz Kündigung 534 7
– Aufwendungsersatz 491 28 f., 492 26, 493 9
– Aufwendungsersatz nach Kündigung 489 15
– Beförderungshindernis 492 14 ff.
– Beförderungsverweigerung 484 13
– Begleitpapiere 487 8
– Behandlung der Güter 482 2
– Berechnung der Fracht 482 3
– Berth-Charter 529 4
– Deckverladung ohne Zustimmung 486 24
– Eilgeld 530 10
– Empfangsbekenntnis 486 8
– Empfangslegitimation 494 11
– endgültige Weigerung des Befrachters 534 8
– erforderliche Aufwendungen 493 11
– ersparte Aufwendungen 493 17
– Falschablieferung 521 24
– Fautfracht 489 11, 489 18, **Vor 481** 10
– FIATA Multimodal Transport Bill of Lading (FBL) 481 7
– Fixkostenspediteur 481 7
– Frachtzahlungsanspruch nach Kündigung 489 11
– gefährliches Gut 483 1
– Haftung *siehe* Verfrachterhaftung
– Hauptpflichten 481 1, 485 3, 527 1
– Just-in-Time-Vertrag 490 21
– Kapitän 479 6
– keine Fautfracht 489 20 f.
– Konnossement 481 6, 482 4
– Kündigung 481 26, 490 12 ff., 527 19, 533 24, 534 3
– Kündigung mangels Begleitpapiere 490 7
– Kündigung nach Verladung 489 22
– Kündigungsfolge 490 14
– Kündigungsfolgen 534 6

– Ladebereitschaft 529 1, *s.a. dort*
– Ladezeit 530 4
– Leistungspflicht 481 6
– Leistungsverweigerungsrecht 491 32
– Löschbereitschaft 535 4
– Löschen 486 15
– Minderlieferung 490 19
– Nachfrist 533 20
– Nachfristsetzung 490 9, 534 5
– Nachfristsetzungsausnahme 490 10
– Nettofracht 489 19
– nicht rechtzeitige Abladung 486 7
– Non-Vessel Owning Carrier (NVOC) 481 6
– Obhutszeit 492 25
– Pfandrecht 533 14, **Vor 481** 13
– Port-Charter 529 4
– Reeder 481 6
– Reiseantritt 485 2
– Risikobereich 488 20, 490 23, 492 28
– Rückbeförderung 492 22
– Schadensersatz wg. unsicherem Ladehafen/-platz 528 14
– Schutz bei säumiger Abladung 490 1
– Seefrachtvertrag **Vor 481** 7
– Seetüchtigkeit 485 1
– Seewurf 483 15
– Selbsthilfe bei gefährlichen Gütern 483 12 ff.
– Selbsthilfeverkauf 492 23
– Sicherheitsleistung 533 14
– Spediteur 481 7
– Teilbeförderung 490 15 f., 533 7
– Teilfrachtzahlungsanspruch nach Kündigung 489 14
– Umladeverbot 486 13
– Umladung 486 12
– Unterverfrachter 481 8, 494 12
– unzumutbare Fortsetzung 490 21
– Vergütung 491 30
– Verladen 486 1, 486 10
– Vernichtung des Gutes 489 24, 492 24
– Verpackung 484 6
– Verpackungsmängel 484 9
– Verschulden der Leute 488 18
– Verwahrung 492 20 f.
– Vorschuss 491 32
– Vorteilsanrechnung 489 16
– Wahlrecht bei Kündigung 532 7
– Wahlrecht bei Kündigung nach Verladung 489 24
– Wahlrecht nach Kündigung 489 11
– Wahlrecht zur Teilbeförderung 490 16
– Zurückbehaltungsrecht 493 6, 494 7
**Verfrachter, ausführender**
– Begriff 481 5; 509 7 ff.
– Haftung 509 20 ff.
– Haftung, aus Konnossement 522 27 ff.

**Verfrachterhaftung**
- Abdingbarkeit **501** 23, **Vor 498** 28 ff.
- Abdingbarkeit der Haftung **498** 97
- Ablieferung **498** 43
- Ablieferungshindernis **492** 31
- Ablieferungswert **502** 2
- AGB **512** 11 ff.
- Aktivlegitimation **498** 79
- andere Personen **501** 12
- andere Vertragsverletzungen **Vor 498** 31
- ausführender Verfrachter **509** 7 ff.
- ausführender Verfrachter, Güterumschlag **509** 57
- ausführender Verfrachter, Haftung **509** 20 ff.
- ausführender Verfrachter, Leute **509** 53 ff.
- außervertragliche Ansprüche **501** 19
- außervertragliche Ansprüche Dritter **506** 15 ff.
- Beförderungshindernis **492** 31
- Begleitpapiere **487** 10
- Benachrichtigungsverlangen **511** 11
- Beschädigung **498** 23
- Beweislast **498** 63 ff.
- Deckverladung **500** 1, **507** 23
- Deviation **499** 52
- Dritte **506** 15
- Drittschadensliquidation **498** 81
- Entstehung des Schadens **498** 28
- Erfüllungsgehilfen **508** 7
- Falschauslieferung **498** 17
- gemeiner Wert **502** 14
- gerichtliche Beschlagnahme **499** 22
- Gesamtschuld **509** 45
- grobes Organisationsverschulden **507** 12
- Güterfolgeschäden **498** 7
- Güterschäden **498** 6 ff.
- Haftungsausschlussgründe **499** 1
- Haftungshöchstbetrag **504** 1, *s.a. dort*
- Individualvereinbarung **512** 7
- Individualvereinbarung über Begleitpapiere **487** 16
- Kaiumschlagbetrieb **498** 36
- Kennzeichnung **499** 26 ff.
- kriegerische Ereignisse **499** 12
- Ladungsfürsorge **498** 54
- Landschäden **498** 46
- Leute **501** 7, **508** 4, **Vor 498** 24
- Lieferfristüberschreitung **498** 58
- Lotse **501** 16
- Marktpreis **502** 14
- Mitverschulden **498** 14, **498** 74 ff.
- nautisches Verschulden **512** 21
- Obhutszeitraum **498** 31
- Passivlegitimation **498** 92
- Pfandrecht *s. dort*
- pflichtwidriger Umgang mit Begleitpapieren **487** 12 f.
- Prozessstandschaft **498** 86
- Schaden **498** 6 ff.
- Schadensanzeige *s. dort*
- Schadensfeststellungskosten **503** 4
- Schiffsbesatzung **501** 11
- Schlechterfüllung **498** 3
- See- oder Ladungsuntüchtigkeit **498** 73
- Seegefahr **499** 11
- Tiere **499** 49
- trade allowance **499** 48
- Transportversicherung **498** 89
- Übernahme **498** 32
- Übersicht **Vor 498** 12 ff.
- Unruhen **499** 14
- Unterverfrachter **501** 13, **508** 8
- Verfügungen von hoher Hand **499** 16 ff.
- Verjährung **Vor 498** 26
- Verladen **499** 41
- Verlust des Gutes **498** 15
- Verlustvermutung **511** 4
- Vermischungsschäden **498** 11
- Verpackung **499** 25 ff.
- Verschulden **498** 48 ff., **499** 54
- Verspätungsschäden **498** 57, **Vor 498** 30
- VisbyR Rules **Vor 498** 2
- Wegfall der Haftungsbefreiungen **507** 4 ff.
- Weisungen **491** 35 f.
- Wertersatz **502** 1 ff.

**Verfügung 418** 2
**Verfügungen von hoher Hand 499** 16 ff.
**Verfügungsrecht 491** 5
- Absender **12 CMR** 2, **12 MÜ** 4
- Befrachter **491** 1
- Empfänger **491** 1
- Frachtvertrag **12 CMR** 2
**Vergütung 456** 5, **Vor ADSp** 72, **Vor ADSp** 97
- Abwicklungsstörungen **456** 26
- Anspruchsentstehung **456** 7
- Aufrechnung **456** 43
- Aufwendungsersatz *s. dort*
- Beförderungsketten **456** 15
- Delkredere **456** 45
- des Spediteurs **456** 6
- Erfüllungsort **456** 24
- Fälligkeit **456** 8 ff.
- fehlende Übergabe **456** 30
- Fixkostenspedition **456** 17, **459** 55
- Gläubigerverzug **456** 31
- Höhe der **456** 18
- Kündigung **456** 39
- Lagervertrag **467** 28
- Liegegeld **530** 13
- Nachnahme **456** 13
- ortsübliche **456** 20
- Provision **456** 2
- Sammelladungsspedition **456** 16
- Schuldnerverzug **456** 38

– Selbsteintritt **456** 16, **458** 56
– Sondervergütung **456** 44 ff.
– Standgeld **412** 33
– Unmöglichkeit **456** 34 ff.
– Verjährung **456** 42
– Verzinsung **456** 49
– Währung **456** 22
– Weisungen **418** 36
**Verholen 529** 13
**Verjährung Einl. CMNI** 43
– Abdingbarkeit **32 CMR** 46, **463** 22
– Ablieferung **463** 12 ff.
– Ablieferungszeitpunkt **24 CMNI** 11
– Annahmeverweigerung **32 CMR** 21
– Ansprüche Dritter **439** 8, **463** 27
– Anspruchsgegner Straßengüterverkehr **32 CMR** 8
– Anspruchsgrundlagen Straßengüterverkehr **32 CMR** 6
– Anwendbarkeit **Vor 605** 3
– Arglisteinwand **463** 31
– Aufrechnung **463** 25
– ausführender Verfrachter **509** 50
– Ausschlussfrist **Vor 605** 12
– außervertragliche Ansprüche **24 CMNI** 2
– Beendigung der Hemmung **439** 29, **608** 12
– Beförderungsvertrag (Eisenbahn) **48 CIM** 3 ff.
– Beginn **24 CMNI** 10, **439** 13 ff., **463** 12 ff.
– Beginn bei Nichtablieferung **607** 3
– Beginn bei Rückgriffsansprüchen **439** 17
– Beginn bei Teillieferung **607** 4
– bei qualifiziertem Verschulden **439** 11
– Bereicherungsansprüche **463** 7
– Bergung **606** 8
– Beweislast **439** 36, **463** 28
– Bezug zur Beförderung **439** 5
– CMR-Transporte **32 CMR** 5
– Dauer **439** 10 ff.
– Einschlafenlassen der Verhandlungen **608** 11
– Erleichterung der **609** 10
– Fernschädigung **606** 7
– Fixkostenspedition **459** 54
– Frist **24 CMNI** 7, **32 CMR** 11, **463** 11
– Fristbeginn **32 CMR** 12 ff.
– Fristbeginn bei Beschädigung **32 CMR** 15
– Fristbeginn bei Totalverlust **32 CMR** 16
– Fristberechnung **32 CMR** 25
– Geltung der §§ 194 ff. BGB **Vor 605** 7
– Gepäckbeförderung **607** 17 f.
– Große Haverei **607** 15
– Haag-Visby-Regeln **608** 1
– Hemmung **24 CMNI** 13, **32 CMR** 44, **439** 19 ff., **463** 19, **608** 3
– Hemmungsbeginn **32 CMR** 36
– Hemmungsende **32 CMR** 38
– Hilfstätigkeiten **32 CMR** 10

– Individualvereinbarung **439** 33, **609** 4
– Klagerhebung **Vor 605** 9 ff.
– Konkurrierende Ansprüche **610** 1
– Lagervertrag **475a** 5 ff.
– Multimodalfrachtvertrag **452b** 9 ff.
– Personenbeförderung **607** 17 f.
– Rechtsgrund **439** 4
– Regressansprüche Frachtführer **32 CMR** 22
– Regressklagen **24 CMNI** 15
– Reisefrachtvertrag **607** 6
– Reklamation **32 CMR** 28, **32 CMR** 28 ff., **608** 5 ff.
– Rückgriffsansprüche **607** 7
– Sachnormverweisung **32 CMR** 4
– Schiffsgläubigerrecht **605** 11, **606** 11
– Schiffsmietverträge **607** 13
– Schiffsüberlassungsvertrag **605** 8, **Vor 553** 1
– Schiffszusammenstoß **606** 7, **607** 19
– Seefrachtvertrag **605** 7
– Speditionsvertrag **463** 5 ff.
– Sukzessivlieferungen **24 CMNI** 12
– Unterbrechung **24 CMNI** 14, **32 CMR** 45
– Unterverfrachter **607** 11
– Verfrachterhaftung **Vor 498** 26
– Verzicht **463** 30
– wiederholte Reklamation **439** 32, **608** 15
– Wirkung **24 CMNI** 4
– Wirkungen **32 CMR** 48 ff.
– Zeitchartervertrag **557** 6, **607** 13
– Zurückweisung **32 CMR** 38 ff.
**Verkehrsgefahren 412** 13
**Verkehrsvertrag Vor ADSp** 29
**Verladen 486** 10, **Vor VBGL** 7
– Absender **412** 11
– abweichende Umstände **412** 14
– abweichende Vereinbarungen **412** 4
– beförderungssicheres **412** 8
– Beförderungsvertrag (Eisenbahn) **23 CIM** 39
– Befrachter **531** 4
– Begriff **412** 7
– betriebssicheres **412** 12
– Binnenschifffahrt **412** 9
– Deckverladung **500** 1
– Fehler des Dritten **412** 5
– Fehlverhalten des Absenders **412** 16 ff.
– Fehlverhalten des Frachtführers **412** 19
– Frachtführer **3 CMNI** 26
– Frachtführerhaftung **16 CMNI** 48
– Frachtführerrisikobereich **416** 12
– Frachtvertrag **3 CMNI** 1
– Kostenverteilung **486** 11
– Ladezeit **412** 29
– Mithilfe des Frachtführers **412** 6
– Mitverschulden des Verfrachters **531** 9
– Mitwirkungspflicht des Frachtführers **412** 11

– Pflichtenverteilung **412** 1 ff.
– Schäden **531** 8
– Schadensersatz **412** 18 f.
– Seetüchtigkeit **531** 6
– Spediteur **454** 70
– Standgeld **412** 27
– Stauer **486** 11
– Stauereiunternehmen **531** 8
– Teilbeförderung **416** 2
– Umladeverbot **531** 11
– Umzugsvertrag **412** 3
– Verantwortlichkeit **486** 1
– Verfrachter **486** 1, **486** 10
– Verfrachterhaftung **499** 41
– Verkehrsgefahren **412** 13
– Verkehrssitte **412** 15
– Verordnungsermächtigung **412** 49
– vor Kündigung **415** 23
– Zeitcharterer **563** 3
– Zeitvercharterer **563** 8
– Zustimmung **500** 5 ff.
**Verlust des Gutes**
– Ablieferung **13 MÜ** 23
– Aktivlegitimation **425** 64
– Frachtführerhaftung **16 CMNI** 18, **17 CMR** 8 ff., **425** 14
– Luftfrachtführerhaftung **18 MÜ** 30
– Verfrachterhaftung **498** 15
**Verlustvermutung 20 CMR** 2, **424** 1
– Ablieferung **424** 9 f.
– Ablieferung, fehlende **424** 9 f.
– Anspruchsberechtigter **424** 11
– Beförderung, grenzüberschreitende **424** 5
– Beförderungshindernis **424** 7
– Beförderungsvertrag (Eisenbahn) **29 CIM** 2
– Benachrichtigungsverlangen **424** 17
– Doppellegitimation **424** 13
– Frist, abzuwartende **424** 4
– Rückforderungsrecht **20 CMR** 9
– Teilverlust **20 CMR** 6
– Verfrachterhaftung **511** 4
– Verfügungsrecht **20 CMR** 11
– Wahlrecht **424** 12
– Wiederauffinden **20 CMR** 8, **424** 21
– Zusatzfrist **424** 4
**Vermischungsschäden 425** 11
– Frachtführerhaftung **425** 11
– Verfrachterhaftung **498** 11
**Vermutungswirkung 409** 4 ff.
**Verpackung 411** 2
– Absender **6 CMNI** 33 ff., **18 MÜ** 82, **411** 5
– abweichende Vereinbarungen **411** 8
– ADSp **Vor ADSp** 47, **Vor ADSp** 88
– beförderungsfähige **411** 10
– Beförderungsvertrag (Eisenbahn) **14 CIM** 1 ff.
– Befrachter **484** 1

– Beschaffenheit des Beförderungsmittels **411** 14
– Beschaffenheit des Gutes **411** 9 ff.
– Deckverladung **484** 8
– Erschütterungen **411** 13
– Frachtbrief **409** 9
– Haftung für Verpackungsfehler **10 CMR** 3
– Lagervertrag **468** 5
– Packgut **411** 2
– Packhilfsmittel **411** 3
– Packstück **411** 2
– Pflichtverletzung **411** 21
– Sammelpackung **411** 2
– Schadensanzeige **438** 7
– Seebeförderung **484** 7
– Spediteur **454** 57
– Überprüfungspflicht **8 CMR** 11
– ungenügende **414** 9, **427** 14
– unzureichende durch Befrachter **484** 12
– Verfrachter **484** 6
– Verfrachterhaftung **499** 25 ff.
– Versender **454** 73
– Wirtschaftlichkeit **411** 16
– Zurückbehaltungsrecht **411** 22
**Verpackungsmängel**
– Abladung **490** 8
– Absender **6 CMNI** 35
– Absenderhaftung **414** 8
– Aufwendungsersatz **414** 16 f.
– Beförderungsvertrag (Eisenbahn) **23 CIM** 35
– Beförderungsverweigerung **484** 13
– Befrachterhaftung **488** 12
– Beweislast **18 CMR** 17
– Frachtführerhaftung **17 CMR** 59, **18 CMNI** 29
– Haftungsausschlussgründe **18 MÜ** 81
– Ladezeit **533** 19
– Mitverursachung **414** 23
– Schadensersatz **414** 16 f.
– Überliegezeit **533** 19
– Verfrachter **484** 9
**Versandspediteur 453** 94
**Verschulden**
– Begleitpapiere **413** 13
– Frachtführerhaftung **17 CMR** 29
– Schiffszusammenstoß **570** 43
– Zeitchartervertrag **567** 4
**Verschulden, qualifiziertes 435** 8
**Verschuldensbeweislast Vor ADSp** 178
**Versender**
– Abdingbarkeit **455** 23
– Abtretung **457** 4
– Aufwendungsersatz **455** 19
– Auskunftspflicht **455** 5
– Forderungen des Spediteurs auf Rechnung des **457** 1 ff.
– gefährliche Güter **455** 8

# Sachverzeichnis

fette Zahlen = §§

- Haftung **455** 13
- Hinweispflichten des Spediteurs **455** 9
- Kennzeichnung **455** 4
- Nebenpflichten **455** 3 ff.
- Übertragungsfiktion **457** 5
- Urkunden **455** 5
- Verbraucher als **455** 15
- Verpackung **454** 73
- Zurückweisungsrecht **454** 120
**Versendung als Nebenpflicht 453** 40
**Versendungshindernisse 454** 15 ff.
**Versendungskauf 453** 66
**Versicherung**
- Abschlusspflicht **407** 71
- ADSp **Vor ADSp** 67
- Frachtrecht **Vor 407** 16
- Kriegsrisiko **564** 10
- Lagervertrag **472** 2, **472** 5
- Luftfrachtführer **50 MÜ** 8
- Mindesthöhe **50 MÜ** 12 ff.
- Nachweis **50 MÜ** 8
- Piraterie **564** 10
- Transportversicherung **Vor 407** 17
- Verkehrshaftungsversicherung **Vor 407** 19
- Zeitchartervertrag **564** 10
- Zeitvercharterer **564** 6
**Verspätung 19 MÜ** 15
- Auslegung **19 MÜ** 14
- bei der Luftbeförderung **19 MÜ** 19
- Beweislast **19 MÜ** 46
- Entlastungsbeweis **19 MÜ** 27 ff.
- Höchsthaftungsbetrag **19 MÜ** 45
- Multimodalfrachtvertrag **452** 47
- Rechtzeitigkeit **19 MÜ** 16
**Verspätungsschaden** *s.a.* Lieferfristüberschreitung
- Verfrachterhaftung **Vor 498** 30
**Vertragsstrafen 23 CMR** 48, **26 CMR** 14
**Verwahrung**
- Hindernis **419** 29 f.
- nach Kündigung **415** 29
- Verfrachter **492** 20 f.
**Verwahrungspflicht 16 CMR** 12
**Verwiegung 454** 79
**Verzug 454** 21
- Frachtrecht **Vor 407** 8
**Visby-Regeln 6 EGHGB** 11, **Einl. CMNI** 15, **Einl. HGB** 31
**VO Athen Einl. HGB** 56
**Vor- oder Nachläufe 1 CIM** 11
**Vor- und Nachtransporte 18 MÜ** 52
**Vorbehalt**
- Ablieferung **30 CMR** 9
- Angaben bzgl. des Gutes **12 CMNI** 6
- äußerer Zustand **12 CMNI** 9
- Begründungsnotwendigkeit **409** 17
- Container-Klausel **12 CMNI** 11
- Frachtbrief **409** 16

- Frachturkunde **12 CMNI** 3 ff.
- Fristbeginn **30 CMR** 22
- Fristberechnung **30 CMR** 23
- Fristwahrung **30 CMR** 24
- Lieferfristüberschreitung **30 CMR** 20
- Merkzeichen **12 CMNI** 8
- objektiv falscher **409** 31
- Unterlassen **12 CMNI** 10
- wirksamer **30 CMR** 16
**Vorlagerung 17 CMR** 18
**Vorsatz**
- Beweislast **29 CMR** 40
- Frachtführerhaftung **29 CMR** 2
**vorsatzgleiches Verschulden**
- Belgien **29 CMR** 22
- Beweislast **29 CMR** 41
- Dänemark **29 CMR** 24
- England **29 CMR** 20
- Frachtführerhaftung **29 CMR** 6 ff.
- Frankreich **29 CMR** 21
- Länderübersicht **29 CMR** 8 ff.
- Maßstab des § 435 HGB **29 CMR** 18
- Niederlande **29 CMR** 23
- Österreich **29 CMR** 19
**Vorschuss 456** 91
**vorvertragliche Pflichten 453** 139 ff.

**Wagenstellungsvertrag 13 CIM** 2
**Wagenverwendungsvertrag 1 CUV** 4
**Währung 456** 22
**Warennachnahme 21 CMR** 1
**Weisungen**
- Ablehnung **418** 26 ff.
- Ablehnung durch Verfrachter **491** 24
- Ablehnungsgründe **418** 29 ff.
- Ablieferung, teilweise **418** 9
- Ablieferungshindernis **492** 10
- Absender **6 CMNI** 21, **12 CMR** 6
- Abtretung **418** 4
- Adressat **12 MÜ** 10, **418** 12, **491** 13
- ADSp **Vor ADSp** 62
- anderer Empfänger **418** 22
- Änderung der Pflichtenverteilung **418** 19
- Änderung des Bestimmungsorts **418** 21
- atypische Transportrisiken **418** 30
- Aufwendungsersatz **418** 34
- Aufwendungsersatz Verfrachter **491** 28 f.
- Ausübung durch Befrachter **491** 7
- Beförderungshindernis **492** 10
- Benachrichtigung bei Ablehnung **418** 32
- Benachrichtigung bei Nichtbefolgung **491** 26
- Benachrichtigungsverpflichtung **12 CMR** 22
- Berechtigte **491** 9
- Berechtigung bei Hindernis **419** 39
- Bestimmungsort, anderer **491** 17
- Dritter **12 CMR** 12 ff., **418** 11
- eigenmächtiges Abgehen **454** 117 ff.

2728

– Empfänger **12 CMR** 9 ff., **418** 10
– Empfänger, anderer **491** 20
– Ende des Weisungsrechts **12 MÜ** 32
– Erlöschen der Befugnis **418** 6
– Ersatzpflicht des W.gebers **12 CMR** 27
– fehlerhafte Ausführung **418** 40, **491** 35
– Form **12 MÜ** 9, **418** 13
– Frachtführer **427** 35
– Frachtführerhaftung **17 CMR** 34
– Frachtvertrag **12 CMR** 6
– Geltendmachung im eigenen Namen **14 MÜ** 3
– Grenzen **491** 21 ff.
– Haftungsbegrenzung **418** 41
– Inhalt des Absenderrechts **12 MÜ** 11
– Inhalt, zulässiger **418** 18
– Konnossement **491** 11, **520** 3 ff.
– Kostenerstattung **16 CMR** 2
– Kostenerstattung durch Absender **12 MÜ** 29
– Ladeplatz **528** 15
– Ladeschein **446** 3
– Lagervertrag **471** 19
– Legitimation des Absenders **12 MÜ** 15 ff.
– Leistungsbestimmung **418** 3
– Löschplatz, anderer **491** 19
– Luftfrachtführer, ausführender **42 MÜ** 1
– Nachnahme **422** 8
– nachträgliche **418** 2, **454** 113
– nachträgliche W. durch Befrachter **491** 1
– neuer Empfänger **15 CMR** 14
– nicht durchführbare **454** 116
– nicht zu erlangende **419** 25 ff.
– Nichtausführung von **12 CMR** 33
– Nichtbefolgung **491** 35
– Nichterhältlichkeit von **14 CMR** 16
– partielle Ausführung **418** 27
– Pflichterfüllung des Absenders **12 MÜ** 20 ff.
– Prioritätsprinzip **15 CMR** 13
– Reichweite des Absenderrechts **12 MÜ** 5
– Rücktransport **418** 21
– Schäden anderer Befrachter/Empfänger **491** 25
– Schadensgefahr **12 MÜ** 24
– Schuldner der Zahlungspflicht **418** 39
– Selbsteintritt **458** 10
– sonstige **418** 23
– Spediteur **454** 111 ff.
– Sperrfunktion **12 CMR** 12, **12 CMR** 24
– Sperrvermerk **418** 15
– Stellvertretung **418** 4
– Transportablauf **12 MÜ** 3, **491** 15
– Übermittlungsgefahr **418** 13
– Umfang des Weisungsrechts des Befrachters **491** 5
– ungünstige W. für Versender **454** 114
– unmögliche Ausführung **12 MÜ** 26, **418** 28

– Unterfrachtführer **418** 12
– unverbindliche W. des Absenders **12 MÜ** 14
– Vereinbarung über Erweiterung **12 MÜ** 30
– Verfrachterhaftung **491** 34 ff.
– Verfügungsberechtigter **418** 5
– Vergütung **418** 36, **491** 30
– Vertragsänderung **12 CMR** 14
– Vorlage des Frachtbriefs **418** 15
– Vorlage des Ladescheins **418** 17
– Vorschuss **418** 38, **491** 32
– Weiterbeförderung, keine **491** 16
– Wiederaufleben des Weisungsrechts **12 MÜ** 34
– Zeitpunkt **418** 14
**Weiterbeförderung 491** 16
**Weltpostverein Posttransport** 31 ff.
– Organe **Posttransport** 35
**Weltpostvertrag Posttransport** 34, **Posttransport** 36
– Absenderhaftung **Posttransport** 73
– Durchgangsfreiheit **Posttransport** 41
– Entschädigung **Posttransport** 53, **Posttransport** 75
– Entschädigungsrückzahlung **Posttransport** 79
– Grunddienste **Posttransport** 43
– Haftung **Posttransport** 52 f.
– Haftungsausschluss **Posttransport** 70
– Haftungsausschluss Paket **Posttransport** 94
– Haftungshöchstbetrag **Posttransport** 58
– Haftungshöchstbetrag Paket **Posttransport** 92
– Päckchen **Posttransport** 86
– Pakethöchstgewicht **Posttransport** 87
– Paketpost **Posttransport** 80 ff.
– Paketverpackung **Posttransport** 84
– SZR **Posttransport** 58, **Posttransport** 92
– Tierversand **Posttransport** 47
– Umsetzung in Deutschland **Posttransport** 37
– Universalpostdienst **Posttransport** 39 f.
– Verbotsgut **Posttransport** 44 ff.
– Verfügungsrecht **Posttransport** 42
**Werksammelladung 460** 20
**Werkvertrag Vor 407** 4
**Wertdeklaration**
– Einverständnis des Luftfrachtführers **22 MÜ** 11
– Empfangsbestätigung über Güter **5 MÜ** 14
– Form **22 MÜ** 8
– Frachtbrief **6 CMR** 36, **24 CMR** 6
– Frachtführerhaftung **24 CMR** 1
– Haftungsfolge **22 MÜ** 9
– Haftungshöchstbetrag **18 MÜ** 99, **20 CMNI** 40, **22 MÜ** 9, **22 MÜ** 17
– Inhalt **22 MÜ** 10
– Luftfrachtbrief **5 MÜ** 14

– Mitverschulden **20 MÜ** 7
– Rechtswirksamkeit **22 MÜ** 12 ff.
– Spediteur **454** 80
– unterlassene **5 MÜ** 15 ff.
**Wertersatz**
– Beschädigung **502** 19
– Frachtführerhaftung **23 CMR** 3, **429** 2
– Gut **429** 11
– Haftungsbeschränkung **429** 3
– Luftfrachtführerhaftung **19 MÜ** 44
– Marktpreis **502** 14
– merkantiler Minderwert **502** 25
– Restwert **502** 23
– Verfrachterhaftung **502** 1 ff.
– Verlust **502** 7 ff.
– Wertvergleich **502** 20
**Wertgegenstände Vor ADSp** 81
**Wertvergleich 429** 22 ff., **502** 20
**WIBON 529** 17
**Wiederauffinden 424** 22
– Ablieferung **424** 25
– Ablieferungsverlangen **424** 24
– Schadensersatz **424** 26
– Wahlrecht **424** 23
**Wiederausladung 15 CMNI** 12
**WIPON 529** 16
**Wrack 481** 18

**York-Antwerp-Rules Vor 588** 1

**Zeitcharter 553** 18
– Reeder **476** 8
**Zeitcharterer**
– Anweisung **561** 5
– Ausrüster **477** 7
– beförderungssicher **563** 4
– Erfüllungsgehilfen **563** 5
– Feuer **563** 6
– Hafen, sicherer **561** 6
– Hafen, unsicherer **561** 6
– Hafengebühren **564** 8
– Haftung bei Be-/Entladung **567** 12
– Laschmaterial, besonderes **563** 7
– Liegeplatz, unsicherer **561** 6
– Löschen **563** 3
– Lotsengelder **564** 9
– low emission areas **564** 14
– Revierfahrten **561** 8
– Rückgabe **569** 1
– Rückgabeort **569** 4
– Schiffsbetriebskosten, variable **564** 7
– Schiffsgläubigerpfandrechte **566** 16 ff.
– Schlepperhilfen **564** 9
– Sicherheit, relative **561** 7
– Sorgfalt, gebotene **561** 4
– Stopper **563** 6
– Treibstoff **564** 11
– Treibstoff, ungeeigneter **564** 12 f.
– Umweltschutzvorschriften **564** 14
– Unterrichtungspflicht **562** 4 f.

– Verladen **563** 3
– Weitervercharterung **561** 11
– wirtschaftliche Verwendungsbefugnis **561** 2 f.
**Zeitchartervertrag 557** 3
– abweichende Vereinbarungen **Vor 557** 3
– AGB **Vor 557** 4
– Ausrüstung **564** 5
– BALTIME **Vor 557** 3
– Befrachtungsmakler **558** 7
– Bereitstellungszustand **559** 7
– Bereitstellung **559** 1
– Bereitstellungsort **559** 6
– Bereitstellungszeit **559** 5
– Beurkundung **558** 1
– Binnenschiff **557** 4
– Charterzahlungsmodus **565** 1
– Erhaltungspflicht **560** 1, **560** 4
– Ersetzungsbefugnis **557** 7
– Erwerb durch Seefahrt **557** 5, **557** 11
– Fixhandelskauf **559** 8
– Gegenstand **557** 7
– Hauptpflichten des Charterers **557** 10
– Hauptpflichten des Vercharterers **557** 8
– Inter-Club Agreement **563** 11
– kaufmännischen Bestätigungsschreiben **558** 9
– Ladungsschäden **563** 9, **563** 12
– Ladungstüchtigkeit **560** 6 ff.
– Makler ohne Vertretungsmacht **558** 12
– Maklerunterschrift **558** 10
– Nachfristsetzung **565** 4
– navigatorische Verantwortung **561** 2
– Nichtzahlung der Zeitfracht **565** 3
– NYPE **Vor 557** 3
– Pflichtverletzungsfolgen **567** 1 ff.
– recap **558** 7
– Reisetüchtigkeit **560** 7
– Rider Clauses **Vor 557** 5
– Rücktritt **559** 8, **565** 4
– Schadensersatz **565** 5
– Schiffsbetriebskosten **564** 3 ff.
– Seetüchtigkeit **560** 6 ff.
– Sorgfaltspflichten, wechselseitige **567** 4
– Uniform Time-Charter **Vor 557** 3
– Unterhaltung **564** 5
– Verjährung **557** 6
– Verschulden **567** 4
– Versicherung **564** 10
– Vertragsurkunde **558** 4
– Wahlrecht bei Leistungsstörung **559** 10 f.
– wirtschaftliche Verwendungsbefugnis **561** 2 f.
– Zeitcharterer s. dort
– Zeitfracht **557** 10
– Zeitverzcharterer s. dort
– Zurückbehaltungsrecht **558** 6
**Zeitfracht 557** 10
– Minderung der vertragsgemäßen Verwendung **565** 9

- Nichtzahlung **565** 3
- Rücktritt **565** 4
- Schadensersatz **565** 5
- teilweiser Ausfall des Schiffes **565** 8
- Totalausfall des Schiffes **565** 7
**Zeitungsspedition 453** 95
**Zeitvercharterer**
- Ansprüche Dritter **567** 6
- außervertragliche Ansprüche **567** 6
- Besatzung, Kosten der **564** 4
- Beweislast bei vorzeitiger Rückgabe **569** 9
- Freihalteforderungen **566** 5
- Haftung **567** 5
- Haftung als ausführender Beförderer **567** 9
- Haftung als ausführender Verfrachter **567** 7
- Haftung für Verlust/Beschädigung **567** 11
- Heuerkosten **564** 4
- Ladungssicherung **563** 9
- Mitverschulden **561** 9
- Navigation **561** 10
- Pfandrecht **566** 1
- Pfandrecht als ausführender Verfrachter **566** 8
- Pfandrecht anderer Transportbeteiligter **566** 6
- Pfandrecht, gutgläubiger Erwerb **566** 10
- Pfandrechtsanzeige **566** 12
- Pfandrechtsforderungen **566** 5
- Pfandrechtsreichweite **566** 11
- Schiffsbetriebskosten, fixe **564** 3
- Seetüchtigkeit **563** 8
- technische Handhabung des Schiffes **561** 10
- Unterrichtungspflicht **562** 6
- Verladen **563** 8
- Versicherung **564** 6
- Zurückbehaltungsrecht **568** 1 ff.
**Zerstörung 18 MÜ** 29
**Zinsen**
- ausgeschlossene Ansprüche **27 CMR** 5
- Beginn **27 CMR** 10 ff.
- Ende **27 CMR** 18
- Frachtführerhaftung **27 CMR** 4
- grobes Verschulden **27 CMR** 23
- Haftungshöchstbetrag **22 MÜ** 24
- Klageerhebung **27 CMR** 15

- Reklamation **27 CMR** 11
- Schriftformerfordernis **27 CMR** 13
- Verzugsschaden **27 CMR** 21 f.
- Zinseszins **27 CMR** 19
**Zoll Vor ADSp** 48
- Aufwendungsersatz **456** 84
- erforderliche Auskünfte **16 MÜ** 5
- Frachtführer **407** 67
- Frachtführerhaftung **23 CMR** 35
- Spediteur **454** 87
**Zollspediteur 453** 83
**Zollvorschriften 451b** 17
**Zufallsempfänger 494** 10
**Zumutbarkeitsgrenze 14 CMR** 8
**Zurückbehaltungsrecht**
- Begleitpapiere **413** 20
- Frachtbrief **408** 46
- Frachtführer **13 CMR** 28
- Luftfrachtbrief **4 MÜ** 22
- Speditionsvertrag **464** 15
- Teilbeförderung **416** 5
- Verfrachter **493** 6, **494** 7
- Verpackung **411** 22
- Zeitchartervertrag **558** 6
- Zeitvercharterer **568** 1
**Zurückweisung**
- Beteiligte **32 CMR** 39
- Form **32 CMR** 40
- Inhalt **32 CMR** 39
- Teilanerkenntnis **32 CMR** 41
- Verjährung **32 CMR** 38 ff.
**Zweigniederlassung 31 CMR** 20
**Zweitspediteur**
- Abgrenzung **454** 27 ff.
- Auswahlverschulden **454** 30
- Beiziehung **454** 32
- Empfangsspedition **454** 38
- Erfüllungsgehilfe **454** 30
- Fixkostenspedition **459** 51
- Kosten **454** 46
- Substitution **454** 34
- Versender **454** 42
**Zwischenfrachtführer 407** 8
**Zwischenlagerung 452** 22 ff., 27
**Zwischenspediteur 453** 75, **453** 96, **454** 7